France
2011

Sommaire   Contents

FRANÇAIS

INTRODUCTION

Mode d'emploi	4
Engagements	6
Édito	7
Classements & Distinctions	8
Équipements & Services	10
Prix	11
Villes	12
Plans	13

ENGLISH

➜ INTRODUCTION

How to use this guide	14
Commitments	16
Dear reader	17
Classification & awards	18
Facilities & services	20
Prices	21
Towns	22
Town plans	23

DISTINCTIONS 2011

Carte des étoiles	26
Les tables étoilées	30
Carte des Bib Gourmand	38
Bib Gourmand	42
Bib Hôtel	48
Hébergements agréables	51
Restaurants agréables	60
SPA - Bel espace de bien-être et de relaxation	64

➜ AWARDS 2011

Map of stars	26
Starred establishments	30
Map of Bib Gourmand	38
Bib Gourmand	42
Bib Hotel	48
Pleasant hotels	51
Pleasant restaurants	60
Wellness – Extensive facility for relaxation and well-being	64

POUR EN SAVOIR PLUS

Vignobles & spécialités régionales   68
Choisir le bon vin   70

➜ FURTHER INFORMATION

  Vineyards & Regional Specialities   68
  Choosing a good wine   70

LOCALITÉS de A à Z   89

Principauté d'Andorre   1845
Principauté de Monaco   1855

➜ TOWNS from A to Z   89
  Principalty of Andorra   1845
  Principalty of Monaco   1855

CARTES RÉGIONALES DES LOCALITÉS   1869

Distances entre les principales villes   1919

➜ REGIONAL MAP OF LISTED TOWNS   1869
  Distances between major towns   1919

Mode d'emploi

INFORMATIONS TOURISTIQUES

Distances depuis les villes principales, offices de tourisme, sites touristiques locaux, moyens de transports, golfs et loisirs...

ABBEVILLE – 80 Somme – **301** E7 – 24 000 h. – alt. 8

Nord Pas-de-Calais Picardie

Paris 186 – Amiens 51 – Boulogne-sur-M

d'Avignon – ℰ 04 90 81 51 51, par N3 et

1 place de l'Amiral Courbet, ℰ 03 22 24
– office.tourisme.abbeville@wanadoo

d'Abbeville, Route du Val par rte St-V

Vitraux contemporains ★★ de l'églis
St-Vulfran – Musée Boucher de Per

Vallée de la Somme ★ SE – Châtea

Les Jardins du Château – ℰ 04 79 01 46
24 rue des Tanneurs – www.jardinsdu chateau.com – Fer
15 ch (1/2 P seult), 5 suites 250/4
Rest Le Cœur d'Or – ℰ 04 79 01
Rest Terrasses du Cœur d'Or –
♦ Comme à la montagne ! Lauze
de luxeux chalets. Superbes ch
Décor tout bois et coins "cosy

Le Relais
rte de Boulogne, D 541 : 1
– Fermé 31 oct.-18 nov., 1
42 ch – ♦40/60 € ♦♦60/
♦ Sur la route de la me
goût et bien équipé. P
brouillard.

Atelier des Sa
10 chaussée des B
– Fermé 14 nov.
Rest (dîner seul
Spéc. Homard
truffe. Galett
♦ Élégante ve
raffiné pour

L'Escal

L'HÉBERGEMENT

De 🏨🏨🏨🏨 à 🏠, ⌂ : catégories de confort.
En rouge 🏨🏨🏨🏨 ... 🏠,⌂ : les plus agréables.

LES MEILLEURES ADRESSES À PETITS PRIX

😊 Bib Gourmand.
🏨 Bib Hôtel.

LES RESTAURANTS

De XXXXX à X : catégories de confort. En rouge XXXXX... X : les plus agréables.

LES TABLES ÉTOILÉES

❀❀❀ Vaut le voyage.
❀❀ Mérite un détour.
❀ Très bonne cuisine.
(Entre parenthèses : nom du chef-propriétaire)

4

LOCALISER LA VILLE

Repérage de la localité sur
la carte régionale en fin de guide
(n° de la carte et coordonnées).

36 A1

00

en 106

31 08 26

me : 4 km, ☎ 03 22 24 98 5

ulcre – Façade ★ de la collégiale

lle ★

**AUTRES
PUBLICATIONS MICHELIN**

Références de la carte et du Guide Vert
Michelin où vous retrouverez la localité.

**LOCALISER
L'ÉTABLISSEMENT**

Localisation sur le plan de ville
(coordonnées et indice).

AXb

mi-avril

ex 300 €

seult) Menu 28 € – Carte 35/65 €

i) Menu 60 € – Carte 75/90 €

is "vieilli" composent cet étonnant ensemble

ipées high-tech et toutes dotées d'une loggia.

Or. Cuisine simple du terroir aux Terrasses.

**DESCRIPTION DE
L'ÉTABLISSEMENT**

Atmosphère, style,
caractère et spécialités.

**LES HÔTELS
TRANQUILLES**

⌂ hôtel tranquille.
⌂ hôtel très tranquille.

CZa

5 46 57 22 – www.lerelais.com

m. soir

– Menu 26 € (déj. en sem.) – Carte 32/75 €

stallé dans un ancien relais de poste restauré avec

sy avec cheminée, et bibliothèque pour les soirs de

**ÉQUIPEMENTS
ET SERVICES**

DSe

s Prouvet)

2 98 77 41 – www.ateliersdesaveurs-abbeville.com

PRIX

m.

0/190 € – Carte 100/140 €

itron. Noix de ris de veau aux épices. Ficelle picarde à la

x pommes. **Vins** Pacherenc du Vic-Bilh.

nt sur le ciel et sobre décor d'inspiration Napoléon III : un cadre

nissant saveurs maritimes, régionales et normandes.

AUd

3 61 39 07 – www.escalepicarde.fr – Fermé dim. soir

€ – Carte 32/45 €

iance de bistrot de quartier, qui a ses habitués. Au comptoir

à l'ardoise, on redécouvre les plats de toujours.

AZf

Engagements

« Ce guide est né avec le siècle et il durera autant que lui. »

Cet avant-propos de la première édition du Guide MICHELIN 1900 est devenu célèbre au fil des années et s'est révélé prémonitoire. Si le Guide est aujourd'hui autant lu à travers le monde, c'est notamment grâce à la constance de son engagement vis-à-vis de ses lecteurs.
Nous voulons ici le réaffirmer.

Les engagements du Guide Michelin :

La visite anonyme : les inspecteurs testent de façon anonyme et régulière les tables et les chambres afin d'apprécier le niveau des prestations offertes à tout client. Ils paient leurs additions et peuvent se présenter pour obtenir des renseignements supplémentaires sur les établissements. Le courrier des lecteurs nous fournit par ailleurs une information précieuse pour orienter nos visites.

L'indépendance : la sélection des établissements s'effectue en toute indépendance, dans le seul intérêt du lecteur. Les décisions sont discutées collégialement par les inspecteurs et le rédacteur en chef. Les plus hautes distinctions sont décidées à un niveau européen. L'inscription des établissements dans le guide est totalement gratuite.

La sélection : le Guide offre une sélection des meilleurs hôtels et restaurants dans toutes les catégories de confort et de prix. Celle-ci résulte de l'application rigoureuse d'une même méthode par tous les inspecteurs.

La mise à jour annuelle : chaque année toutes les informations pratiques, les classements et les distinctions sont revus et mis à jour afin d'offrir l'information la plus fiable.

L'homogénéité de la sélection : les critères de classification sont identiques pour tous les pays couverts par le Guide Michelin.

... et un seul objectif : tout mettre en oeuvre pour aider le lecteur à faire de chaque sortie un moment de plaisir, conformément à la mission que s'est donnée Michelin : contribuer à une meilleure mobilité.

Cher lecteur,

Nous avons le plaisir de vous proposer notre 102ᵉ édition du Guide MICHELIN France. Cette sélection des meilleurs hôtels et restaurants, dans chaque catégorie de prix, est effectuée par une équipe d'inspecteurs professionnels, de formation hôtelière. Tous les ans, ceux-ci sillonnent le pays pour visiter de nouveaux établissements et vérifier le niveau des prestations de ceux déjà cités dans le guide.

Au sein de la sélection, nous reconnaissons également chaque année les meilleures tables, en leur décernant des étoiles, de ✿ à ✿✿✿. Celles-ci distinguent les établissements qui proposent la meilleure qualité de cuisine, dans tous les styles, en tenant compte du choix des produits, de la personnalité de la cuisine, de la maîtrise des cuissons et des saveurs, du rapport qualité/prix ainsi que de la constance de la prestation. Cette année encore, de nombreuses tables ont été remarquées pour l'évolution de leur cuisine : un « N » accompagne les nouveaux promus de ce millésime 2011, annonçant leur arrivée parmi les établissements couronnés d'une, de deux ou de trois étoiles.

De plus, nous signalons les « espoirs » pour la distinction supérieure. Ces établissements, repérés en rouge dans notre liste et dans nos pages, sont les meilleurs de leur catégorie. Ils pourront accéder à la distinction supérieure dès lors que la régularité de leurs prestations, dans le temps et sur l'ensemble de la carte, se sera confirmée. Par cette mention spéciale, nous entendons vous faire connaître les tables qui constituent, à nos yeux, les espoirs de la gastronomie de demain.

Votre avis nous intéresse, en particulier sur ces « espoirs ». N'hésitez donc pas à nous écrire ; votre participation est importante pour orienter nos visites et améliorer sans cesse votre Guide.

Merci encore de votre fidélité. Nous vous souhaitons de bons voyages avec le Guide MICHELIN 2011.

Consultez le Guide Michelin sur **www.viamichelin.com**
et écrivez-nous à : **leguidemichelin-france@fr.michelin.com**

Classement
& distinctions

LES CATÉGORIES DE CONFORT

Le guide MICHELIN retient dans sa sélection les meilleures adresses dans chaque catégorie de confort et de prix. Les établissements sélectionnés sont classés selon leur confort et cités par ordre de préférence dans chaque catégorie.

🏨🏨🏨🏨	XXXXX	**Grand luxe et tradition**
🏨🏨🏨	XXXX	**Grand confort**
🏨🏨	XXX	**Très confortable**
🏨	XX	**De bon confort**
🏠	X	**Assez confortable**
⌂		**Maison d'hôtes**
sans rest		**L'hôtel n'a pas de restaurant**
avec ch		**Le restaurant possède des chambres**

LES DISTINCTIONS

Pour vous aider à faire le meilleur choix, certaines adresses particulièrement remarquables ont reçu cette année une distinction.

Pour les adresses distinguées par une étoile ou un Bib Gourmand, la mention « **Rest** » apparaît en rouge dans le descriptif de l'établissement.

Pour les adresses distinguées par un Bib Hôtel, la mention « **ch** » apparaît en bleu dans le descriptif de l'établissement.

LES ÉTOILES : LES MEILLEURES TABLES

Les étoiles distinguent les établissements, tous styles de cuisine confondus, qui proposent la meilleure qualité de cuisine. Les critères retenus sont : le choix des produits, la personnalité de la cuisine, la maîtrise des cuissons et des saveurs, le rapport qualité-prix ainsi que la régularité.

❀❀❀	**Cuisine remarquable, cette table vaut le voyage**
25	On y mange toujours très bien, parfois merveilleusement.
❀❀	**Cuisine excellente, cette table mérite un détour**
76	
❀	**Une très bonne cuisine dans sa catégorie**
470	

LES BIBS : LES MEILLEURES ADRESSES À PETIT PRIX

😋	**Bib Gourmand**
601	Établissement proposant une cuisine de qualité au prix maximum de 29 € en province et 35 € à Paris (prix d'un repas hors boisson). En province, il s'agit le plus souvent d'une cuisine de type régional.

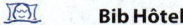

Bib Hôtel

255   Établissement offrant une prestation de qualité avec une majorité de chambres au prix maximum de 75 € en province et 90 € dans les grandes villes et stations touristiques importantes (prix pour 2 personnes, hors petit-déjeuner).

LES ADRESSES LES PLUS AGRÉABLES

Le rouge signale les établissements particulièrement agréables. Cela peut tenir au caractère de l'édifice, à l'originalité du décor, au site, à l'accueil ou aux services proposés.

🏠 à 🏠🏠🏠🏠   **Hôtels agréables**

🛖   **Maisons d'hôtes agréables**

X à XXXXX   **Restaurants agréables**

LES MENTIONS PARTICULIÈRES

En dehors des distinctions décernées aux établissements, les inspecteurs MICHELIN apprécient d'autres critères souvent importants dans le choix d'un établissement.

SITUATION

Vous cherchez un établissement tranquille ou offrant une vue attractive ?
Suivez les symboles suivants :

🐾   **Hôtel tranquille**

🐾   **Hôtel très tranquille**

≤   **Vue intéressante**

≤   **Vue exceptionnelle**

CARTE DES VINS

Vous cherchez un restaurant dont la carte des vins offre un choix particulièrement intéressant ?
Suivez le symbole suivant :

🍇   **Carte des vins particulièrement attractive**

Toutefois, ne comparez pas la carte présentée par le sommelier d'un grand restaurant avec celle d'une auberge dont le patron se passionne pour les vins de sa région.

Équipements & services

30 ch	Nombre de chambres
🚗 🌳	Jardin de repos – Parc
🏠	Repas servi au jardin ou en terrasse
🏊 🏊	Piscine de plein air / couverte
Spa	Bel espace de bien-être et de relaxation
🏋 🎾	Salle de remise en forme – Court de tennis
🛗 ♿	Ascenseur – Aménagements pour personnes à mobilité réduite
A/C	Air conditionné
📶 📞	Connexion Internet Wifi/ADSL dans les chambres
🍽	Salons pour repas privés
🧑	Salles de conférences
🅿	Restaurant proposant un service voiturier (pourboire d'usage)
P P	Parking / parking clos réservé à la clientèle
🚗	Garage (généralement payant)
🐕	Accès interdit aux chiens
M	Station de métro la plus proche
Ouvert / Fermé mai-oct	Période d'ouverture ou de fermeture communiquée par l'hôtelier

TABLES D'HÔTES

Les tables d'hôtes sont réservées exclusivement aux résidents.
Elles ne sont généralement proposées que le soir, le plus souvent sur réservation et pas forcément tous les jours.
Aussi, pensez à vérifier les jours de fermeture et à réserver votre dîner si vous souhaitez profiter de la table lors de votre séjour.

Les prix indiqués dans ce guide ont été établis à l'automne 2010. Ils sont susceptibles de modifications, notamment en cas de variation des prix des biens et des services. Ils s'entendent taxes et service compris. Aucune majoration ne doit figurer sur votre note sauf éventuellement la taxe de séjour. Les hôteliers et restaurateurs se sont engagés, sous leur propre responsabilité, à appliquer ces prix aux clients. À l'occasion de certaines manifestations : congrès, foires, salons, festivals, événements sportifs…, les prix demandés par les hôteliers peuvent être sensiblement majorés. Par ailleurs, renseignez-vous pour connaître les éventuelles conditions avantageuses accordées par les hôteliers.

RÉSERVATION ET ARRHES

Pour la confirmation de la réservation certains établissements demandent le numéro de carte de paiement ou un versement d'arrhes. Il s'agit d'un dépôt-garantie qui engage l'établissement comme le client. Bien demander à l'hôtelier de vous fournir dans sa lettre d'accord toutes précisions utiles sur la réservation et les conditions de séjour.

CARTES DE PAIEMENT

VISA MC AE DC   Cartes de paiement acceptées :
Visa – MasterCard – American Express – Diners Club

CHAMBRES

ch – ♂ 50/80 €	Prix des chambres minimum / maximum pour 1 personne
ch – ♂♂ 60/100 €	Prix des chambres minimum / maximum pour 2 personnes
suites – ♂♂ 400/600 €	Prix des suites minimum / maximum pour 2 personnes
🛏 9 €	Prix du petit-déjeuner
ch 🛏	Petit-déjeuner compris

DEMI-PENSION

½ P 50/70 €   Prix de la demi-pension mini / maxi (chambre, petit-déjeuner et un repas) par personne. Ces prix s'entendent pour une chambre double occupée par deux personnes pour un séjour de trois jours minimum. Une personne seule occupant une chambre double se voit souvent appliquer une majoration. La plupart des hôtels de séjour pratiquent également la pension complète.

RESTAURANT

(13 €)	Formule entrée-plat ou plat-dessert au déjeuner en semaine
✆	Menu à moins de 19 €
Menu 15 € (déj.)	Menu uniquement servi au déjeuner
Menu 17 € (sem.)	Menu uniquement servi en semaine
Menu 16/38 €	Menu le moins cher / le plus cher
Carte 24/48 €	Repas à la carte hors boisson : le premier prix correspond à un repas simple comprenant une entrée, un plat et un dessert. Le deuxième prix concerne un repas plus complet (avec spécialité) comprenant deux plats, fromage et dessert.
bc	Boisson comprise

Villes

GÉNÉRALITÉS

63300	Numéro de code postal de la localité *les deux premiers chiffres correspondent au numéro de département*
✉ 57130 Ars	Numéro de code postal et nom de la commune de destination
P ⟨SP⟩	Préfecture – Sous-préfecture
337 E5	Numéro de la carte « DEPARTEMENTS France » MICHELIN et coordonnées permettant de se repérer sur la carte
▌ **Jura**	Voir le Guide Vert MICHELIN de la région
1057 h.	Nombre d'habitants (source : www.insee.fr)
alt. 75	Altitude de la localité
Sta. therm.	Station thermale
1200/1900	Altitude de la station et altitude maximum atteint par les remontées mécaniques
🚡 2	Nombre de téléphériques ou télécabines
🎿 14	Nombre de remonte-pentes et télésièges
🎿	Ski de fond
BY **b**	Lettres repérant un emplacement sur le plan de ville
🏌 **9**	Golf et nombre de trous
❊ ⟨	Panorama, point de vue
✈ �	Aéroport – Localité desservie par train-auto *Renseignements au numéro de téléphone indiqué*
🚢	Transports maritimes
🚢	Transports maritimes pour passagers seulement
🛈	Information touristique

INFORMATIONS TOURISTIQUES

INTÉRÊT TOURISTIQUE

★★★	Vaut le voyage
★★	Mérite un détour
★	Intéressant

Les musées sont généralement fermés le mardi

SITUATION DU SITE

👁	A voir dans la ville
🧭	A voir aux environs de la ville
N, S, E, O	La curiosité est située : au Nord, au Sud, à l'Est, à l'Ouest
② ④	On s'y rend par la sortie ② ou ④ repérée par le même signe sur le plan du guide
6 km	Distance en kilomètres

Plans

- ● □ Hôtels
- ● ■ Restaurants

CURIOSITÉS

■ ■ ■ Bâtiment intéressant
Édifice religieux intéressant :
⛪ ⛪ - Catholique – Protestant

VOIRIE

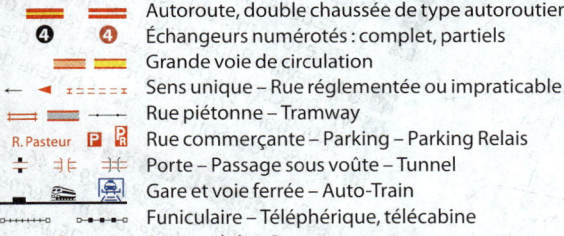

Autoroute, double chaussée de type autoroutier
④ ④ Échangeurs numérotés : complet, partiels
Grande voie de circulation
← ◄ ⚏⚏⚏ Sens unique – Rue réglementée ou impraticable
Rue piétonne – Tramway
R. Pasteur 🅿 🅿 Rue commerçante – Parking – Parking Relais
⚓ ╪ ╪ Porte – Passage sous voûte – Tunnel
Gare et voie ferrée – Auto-Train
◦┼┼┼┼◦ ●━━● Funiculaire – Téléphérique, télécabine
△ 🅱 Pont mobile – Bac pour autos

SIGNES DIVERS

🛈 Information touristique
☪ ✡ Mosquée – Synagogue
● ⸪ ⭑ ♜ Tour – Ruines – Moulin à vent – Château d'eau
t † † Jardin, parc, bois – Cimetière – Calvaire
Stade – Golf – Hippodrome – Patinoire
Piscine de plein air, couverte
Vue – Panorama – Table d'orientation
■ ◎ ☼ Monument – Fontaine – Usine
🛒 🎬 Centre commercial – Cinéma Multiplex
Port de plaisance – Phare – Tour de télécommunications
✈ 🚇 S.N.C.F. Aéroport – Station de métro – Gare routière
Transport par bateau : passagers et voitures, passagers seulement
③ Pastille de sortie de ville
Bureau principal de poste restante et Téléphone
✚ ✉ Hôpital – Marché couvert – Caserne
Bâtiment public repéré par une lettre :
A C - Chambre d'agriculture – Chambre de commerce
G H J - Gendarmerie – Hôtel de ville – Palais de justice
M P T - Musée – Préfecture, sous-préfecture – Théâtre
U - Université, grande école
POL. - Police (commissariat central)
〈4²⁵〉 18T 18 Passage bas (inf. à 4 m 50) – Charge limitée (inf. à 19 t)

Attention : en France, nouvelle numérotation en cours des routes nationales et départementales.

13

How to use this guide

TOURIST INFORMATION

Distances from the main towns, tourist offices, local tourist attractions, means of transport, golf courses and leisure activities...

ABBEVILLE – 80 Somme – **301** E7 – 24 000 h. – alt. 8 m – ⊠
Nord Pas-de-Calais Picardie
Paris 186 – Amiens 51 – Boulogne-sur-Mer 79 –
d'Avignon – ℰ 04 90 81 51 51, par N3 et N7 : 8...
1 place de l'Amiral Courbet, ℰ 03 22 24 27 92
– office.tourisme.abbeville@wanadoo.fr, ℰ
d'Abbeville, Route du Val par rte St-Valéry-
Vitraux contemporains ★★ de l'église du
St-Vulfran – Musée Boucher de Perthes-
Vallée de la Somme★ SE – Château de

Les Jardins du Château – ℰ 04 79 01 46 46
24 rue des Tanneurs – ℰ 04 79 01 46 46
www.jardinsdu chateau.com – Fermé r
15 ch (1/2 P seult), 5 suites 250/440 €
Rest Le Cœur d'Or – ℰ 04 79 01 46
Rest Terrasses du Cœur d'Or – (fer
♦ Comme à la montagne ! Lauze, pie
de luxeux chalets. Superbes cham
Décor tout bois et coins "cosy" au

Le Relais ⌂
rte de Boulogne, D 541 : 1 km
– Fermé 31 oct.-18 nov., 19-3
42 ch – ♦40/60 € ♦♦60/85
♦ Sur la route de la mer, u
goût et bien équipé. Peti
brouillard.

Atelier des Save
10 chaussée des Bois
– Fermé 14 nov. au
Rest (dîner seult)
Spéc. Homard p
truffe. Galette s
♦ Élégante ver
raffiné pour u

L'Escale

LODGING

From 🏨 to 🏠, ⌂ :
categories of comfort.
In red 🏨 ... 🏠 , ⌂ :
the most pleasant.

GOOD FOOD & ACCOMMODATION AT MODERATE PRICES

🕾 Bib Gourmand.
🛏 Bib Hotel.

RESTAURANTS

From 🍴🍴🍴🍴 to 🍴 :
categories of comfort.
In red 🍴🍴🍴🍴 ... 🍴 :
the most pleasant.

STARS

🕸🕸🕸 Worth a special journey.
🕸🕸 Worth a detour.
🕸 A very good restaurant.
(In brackets: name of the Chef-owner)

14

LOCATING THE TOWN

Locate the town on the map at the end of the guide (map number and coordinates).

36 A1

OTHER MICHELIN PUBLICATIONS

References for the Michelin map and Green Guide which cover the area.

LOCATING THE ESTABLISHMENT

Located on the town plan (coordinates and letters giving the location).

26
4 km, ℰ 03 22 24 98 5
– Façade★ de la collégiale

AX**b**

DESCRIPTION OF THE ESTABLISHMENT

Atmosphere, style, character and specialities.

vril
300 €
ult) Menu 28 € – Carte 35/65 €
Menu 60 € – Carte 75/90 €
ieilli" composent cet étonnant ensemble
es high-tech et toutes dotées d'une loggia.
Cuisine simple du terroir aux Terrasses.

CZ**a**

QUIET HOTELS

quiet hotel.
very quiet hotel.

6 57 22 – www.lerelais.com
. soir
Menu 26 € (déj. en sem.) – Carte 32/75 €
allé dans un ancien relais de poste restauré avec
y avec cheminée, et bibliothèque pour les soirs de

DS**e**

FACILITIES & SERVICES

PRICES

Prouvet)
98 77 41 – www.ateliersdesaveurs-abbeville.com
n.
190 € – Carte 100/140 €
tron. Noix de ris de veau aux épices. Ficelle picarde à la
*pommes. **Vins** Pacherenc du Vic-Bilh.*
t sur le ciel et sobre décor d'inspiration Napoléon III : un cadre
unissant saveurs maritimes, régionales et normandes.

AU**d**

93 61 39 07 – www.escalepicarde.fr – Fermé dim. soir
€ – Carte 32/45 €
e de bistrot de quartier, qui a ses habitués. Au comptoir
"rdoise, on redécouvre les plats de toujours.

AZ**f**
mptoir

15

Commitments

"This volume was created at the turn of the century and will last at least as long".

This foreword to the very first edition of the MICHELIN guide, written in 1900, has become famous over the years and the guide has lived up to the prediction. It is read across the world and the key to its popularity is the consistency of its commitment to its readers, which is based on the following promises.

The MICHELIN guide's commitments:

Anonymous inspections: our inspectors make regular and anonymous visits to hotels and restaurants to gauge the quality of products and services offered to an ordinary customer. They settle their own bill and may then introduce themselves and ask for more information about the establishment. Our readers' comments are also a valuable source of information, which we can then follow up with another visit of our own.

Independence: Our choice of establishments is a completely independent one, made for the benefit of our readers alone. The decisions to be taken are discussed around the table by the inspectors and the editor. The most important awards are decided at a European level. Inclusion in the guide is completely free of charge.

Selection and choice: The guide offers a selection of the best hotels and restaurants in every category of comfort and price. This is only possible because all the inspectors rigorously apply the same methods.

Annual updates: All the practical information, the classifications and awards are revised and updated every single year to give the most reliable information possible.

Consistency: The criteria for the classifications are the same in every country covered by the MICHELIN guide.

... and our aim: to do everything possible to make travel, holidays and eating out a pleasure, as part of MICHELIN's ongoing commitment to improving travel and mobility.

Dear reader

Dear reader,

We are delighted to introduce the 102nd edition of The MICHELIN guide France. This selection of the best hotels and restaurants in every price category is chosen by a team of full-time inspectors with a professional background in the industry. They cover every corner of the country, visiting new establishments and testing the quality and consistency of the hotels and restaurants already listed in the guide.

Every year we pick out the best restaurants by awarding them with stars from ❀ to ❀❀❀. Michelin stars are awarded to establishments serving cuisine, of whatever style, which is of the highest quality, taking into consideration the quality of ingredients, the flair and skill in their preparation, the combination of flavours, the value for money and the consistency of culinary standards.

Newly promoted restaurants which, over the last year, have raised the quality of their cooking to a new level, whether they have gained a first star, risen from one to two stars, or moved from two to three, are marked with an 'N' next to their entry to signal their new status in 2011.

We have also picked out a selection of "Rising Stars". These establishments, listed in red, are the best in their present category. They have the potential to rise further, and already have an element of superior quality; as soon as they produce this quality consistently, and in all aspects of their cuisine, they will be hot tips for a higher award. We've highlighted these promising restaurants so you can try them for yourselves; we think they offer a foretaste of the gastronomy of the future.

We're very interested to hear what you think of our selection, particularly the "Rising Stars", so please continue to send us your comments. Your opinions and suggestions help to shape your guide, and help us to keep improving it, year after year.

Thank you for your support. We hope you enjoy travelling with the MICHELIN guide 2011.

Consult the Michelin Guide at **www.ViaMichelin.com** and write to us at: **leguidemichelin-france@fr.michelin.com**

Classification & awards

CATEGORIES OF COMFORT

The MICHELIN guide selection lists the best hotels and restaurants in each category of comfort and price. The establishments we choose are classified according to their levels of comfort and, within each category, are listed in order of preference.

🏨🏨🏨	XXXXX	**Luxury in the traditional style**
🏨🏨🏨	XXXX	**Top class comfort**
🏨🏨	XXX	**Very comfortable**
🏨	XX	**Comfortable**
🏠	X	**Quite comfortable**
⌂		**Guesthouse**
sans rest		**This hotel has no restaurant**
avec ch		**This restaurant also offers accommodation**

THE AWARDS

To help you make the best choice, some exceptional establishments have been given an award in this year's guide.

For those awarded a star or a Bib Gourmand, the mention "**Rest**" appears in red in the description of the establishment.

For those awarded a Bib Hotel, the mention "**ch**" appears in blue in the description of the establishment.

THE STARS: THE BEST CUISINE

MICHELIN stars are awarded to establishments serving cuisine, of whatever style, which is of the highest quality. The cuisine is judged on the quality of ingredients, the flair and skill in their preparation, the combination of flavours, the value for money and the consistency of culinary standards.

❀❀❀	**Exceptional cuisine, worth a special journey**
25	One always eats extremely well here, sometimes superbly.
❀❀	**Excellent cooking, worth a detour**
76	
❀	**A very good restaurant in its category**
470	

THE BIB : GOOD FOOD
AND ACCOMMODATION AT MODERATE PRICES

(face) **Bib Gourmand**
601 Establishment offering good quality cuisine at a maximum price of 29 € or 35 € in the Paris region (price of a meal not including drinks). Outside the Paris region, these establishments generally specialise in regional cooking.

⊠ **Bib Hotel**
255 Establishment offering good levels of comfort and service, with most rooms priced at a maximum price of 75 € or under 90 € in the main cities and popular tourist resorts (price of a room for 2 people not including breakfast).

PLEASANT HOTELS AND RESTAURANTS

Symbols shown in red indicate particularly pleasant or restful establishments: the character of the building, its décor, the setting, the welcome and services offered may all contribute to this special appeal.

🏠 to 🏠🏠🏠🏠 **Pleasant hotels**

🏠 **Pleasant guesthouses**

🌶 to 🌶🌶🌶🌶🌶 **Pleasant restaurants**

OTHER SPECIAL FEATURES

As well as the categories and awards given to the establishment, MICHELIN inspectors also make special note of other criteria which can be important when choosing an establishment.

LOCATION

If you are looking for a particularly restful establishment, or one with a special view, look out for the following symbols:

🐿 **Quiet hotel**

🐿 **Very quiet hotel**

≼ **Interesting view**

≼ **Exceptional view**

WINE LIST

If you are looking for an establishment with a particularly interesting wine list, look out for the following symbol:

🍇 **Particularly interesting wine list**
This symbol might cover the list presented by a sommelier in a luxury restaurant or that of a simple inn where the owner has a passion for wine. The two lists will offer something exceptional but very different, so beware of comparing them by each other's standards.

Facilities & services

30 ch	Number of rooms
🚗 🌳	Garden – Park
	Meals served in garden or on terrace
	Swimming pool: outdoor or indoor
Spa	An extensive facility for relaxation and well-being
	Exercise room – Tennis court
	Lift – Establishment at least partly accessible to those of restricted mobility
AC	Air conditioning
	Wireless/broadband connection in bedrooms
	Private dining rooms
	Equipped conference room
	Restaurant offering valet parking (tipping customary)
P **P**	Car park / Enclosed car park for customers only
	Garage (additional charge in most cases)
	No dogs allowed
M	Nearest metro station
Ouvert / Fermé mai-oct	Dates when open or closed as indicated by the hotelier.

Prices

Prices quoted in this guide were supplied in autumn 2010. They are subject to alteration if goods and service costs are revised.

By supplying the information, hotels and restaurants have undertaken to maintain these rates for our readers.

In some towns, when commercial, cultural or sporting events are taking place the hotel rates are likely to be considerably higher.

Out of season, certain establishments offer special rates. Ask when booking.

RESERVATION AND DEPOSITS

Some establishments will ask you to confirm your reservation by giving your credit card number or require a deposit which confirms the commitment of both the customer and the establishment. Ask the hotelier to provide you with all the terms and conditions applicable to your reservation in their written confirmation.

CREDIT CARDS

Credit cards accepted by the establishment:

VISA **MC** **AE** **DC**   Visa – MasterCard – American Express – Diners Club

ROOMS

ch – 👤 50/80 €	Lowest price / highest price for a single room
ch – 👤👤 60/100 €	Lowest price / highest price for a double or a twin room
suites – 👤👤 400/600 €	Lowest price / highest price for a suite
☕ 9 €	Price of breakfast
ch ☕	Breakfast included

HALF BOARD

½ P 50/70 €   Lowest and highest prices for half board (room, breakfast and a meal) per person. These prices are valid for a double room occupied by two people for a minimum stay of three nights. If a single person occupies a double room a supplement may apply. Most of the hotels also offer full board terms on request.

RESTAURANT

(13 €)	2 course meal, on weekday lunchtimes
🎀	Menu for less than 19 €
Menu 15 € (déj.)	Set menu served only at lunchtime
Menu 17 € (sem.)	Set menu served only on weekdays
Menu 16/38 €	Cheapest set meal / Highest set menu
Carte 24/48 €	A la carte meal, drinks not included. The first figure is for a plain meal and includes first course, main dish of the day and dessert. The second price is for a fuller meal (with speciality) including starter, main course, cheese and dessert.
bc	House wine included

Towns

GENERAL INFORMATION

63300	Local postal number *the first two numbers are the same as the département number*
✉ 57130 Ars	Postal number and the name of the postal area
P ⟨**SP**⟩	Prefecture – Sub-prefecture
337 E5	Number of the appropriate sheet and grid square reference of the Michelin road map in the "DEPARTEMENTS France" MICHELIN series
Jura	See the regional MICHELIN Green Guide
1057 h.	Population (source: www.insee.fr)
alt. 75	Altitude (in metres)
Sta. therm.	Spa
1200/1900	Altitude of resort and highest point reached by lifts
🚡 2	Number of cable-cars
🎿 14	Number of ski and chair-lifts
🎿	Cross-country skiing
BY **b**	Letters giving the location of a place on a town plan
⛳	Golf course and number of holes
❄ ≤	Panoramic view, viewpoint
✈ 🚆	Airport – Places with motorail pick-up point. *Further information from phone number listed*
⛴ ⛴	Shipping line – Passenger transport only
🛈	Tourist information

TOURIST INFORMATION

STAR-RATING

★★★	Highly recommended
★★	Recommended
★	Interesting *Museums and art galleries are generally closed on Tuesday*

LOCATION

👁	Sights in town
⟳	On the outskirts
N, S, E, O	The sight lies north, south, east or west of the town
② ④	Signs ② or ④ on the town plan show the road leading to a place of interest and correspond to the same signs on MICHELIN road maps.
6 km	Distance in kilometres

Town plans

● □   Hotels
● ■   Restaurants

SIGHTS

Place of interest
Interesting place of worship:
- Catholic – Protestant

ROAD

Motorway, dual carriageway
Numbered junctions : complete, limited
Major thoroughfare
One-way street – Unsuitable for traffic or street
subject to restrictions
Pedestrian street – Tramway
 R. Pasteur   Shopping street – Car park – Park and Ride
Gateway – Street passing under arch – Tunnel
Station and railway – Motorail
Funicular – Cable-car
Lever bridge – Car ferry

VARIOUS SIGNS

Tourist Information Centre
Mosque – Synagogue
Tower – Ruins – Windmill – Water tower
Garden, park, wood – Cemetery – Cross
Stadium – Golf course – Racecourse – Skating rink
Outdoor or indoor swimming pool
View – Panorama – Viewing table
Monument – Fountain – Factory
Shopping centre – Multiplex Cinema
Pleasure boat harbour – Lighthouse – Communications tower
Airport – Underground station – Coach station
Ferry services : passengers and cars, passengers only
Reference number common to town plans
Main post office with poste restante and telephone
Hospital – Covered market – Barracks
Public buildings located by letter :
   A   C   - Chamber of Agriculture – Chamber of Commerce
G H J   - Gendarmerie – Town Hall – Law Courts
M P T   - Museum – Prefecture or sub-prefecture – Theatre
   U   - University, College
  POL.   - Police (in large towns police headquarters)
Low headroom (15 ft. max.) – Load limit (under 19 t)

Please note: the *route nationale* and *route départementale* road numbers ar currently being changed in France.

23

Distinctions 2011

Awards 2011

Les Tables étoilées 2011

Bois-Gren
Wimereux
Laventie
Boulogne-sur-Mer
Le Touquet-Paris-Plage
Busnes
Montreuil
La Madelaine-sous-Montreuil
Le Bourg-Dun
Dury
Ingouville
Cherbourg-Octeville
Le Havre
Ro
Honfleur
Conteville Frichemesnil
Carteret
Rouen
Étou
Deauville
Blainville-sur-Mer
Audrieu
Caen
La Saussaye
Perros-Guirec
Trébeurden
La Ville Blanche
Beuvron-en-Auge
Bray-et-Lû
Roscoff
St-Servan-sur-Mer
Le Breuil-en-Auge
Paris
Lannilis
St-Malo
St-Brieuc
Sous-la-Tour
Cancale
Versailles
Carantec
La Ferrière-aux-Étangs
Brest
St-Brieuc
Plancoët
La Gouesnière
A
Plomodiern
Mûr-de-Bretagne
Bagnoles-de-l'Orne
Quimper
St-Grégoire
Mayenne
Chartres
Les Béza
Pont-Aven
Noyal-
Le Mans
Montargis
Loctudy
Hennebont
Rennes
sur-Vilaine
Orléans
Raguenès-Plage
St-Avé
Amboise
Onzain
Montlivault
Lorient
Questembert
Loiré Briollay
Rochecorbon
Billiers
Tours
Blois
Romorantin-
Port-Louis
Le Croisic
St-Joachim
Montbazon
Lanthenay
Portivy
Angers
Restigné
Sancer
La Baule
Nantes
Saumur
Saché
Bourg
La Plaine-sur-Mer
Haute-Goulaine
Cholet
Marçay
Chenonceaux
Issoudun
L'Herbaudière
Le-Petit-Pressigny
St-Sulpice-le-Verdon
St-Benoît
St-Savin
Les Sables-d'Olonne
Curzay-sur-Vonne
La Rochelle
Bourg-
Limoges
Breuillet
Charente
La Roche-l'Abeille
Champagnac-
St-Émilion
de-Belair
Terrasson-Lavilledieu
Pauillac
Chancelade
Varetz
Lormont
Périgueux
Souceyrac
Cenon
Sarlat-la-Canéda
St-Céré
Laguio
Bordeaux
Bouliac
Bergerac Trémolat
Lacave
Calvinet
Gujan-Mestras
Ste-Sabine St-Médard
Conques
Martillac
Langon
Puymirol
Mercuès
Bozouls
La Brède
Villeneuve-s-Lot
Belcastel
Ro
Grenade-
Agen
Lamagdelaine
sur-l'Adour
Moirax
Cahuzac-s-Vère
Albi
Mont-
Montauban
Magescq
de-Marsan
Condom
Sauveterre-de-Rouerg
Bayonne
Rouffiac-Tolosar
Biarritz
Eugénie-les-Bains
Castres
Bidart
Arcangues
Pujaudran
Lastou
Guéthary
Hasparren
Jurançon
Colomiers
Aragon
St-Pée-sur-Nivelle
Pezens
Carcassonne
Ainhoa
Bosdarros
Toulouse
St-Jean-Pied-de-Port
La Pomarède
Fontjoncous
Maury

La couleur correspond à l'établissement
le plus étoilé de la localité.

Paris ✳✳✳ La localité possède au moins
un restaurant 3 étoiles

Rouen ✳✳ La localité possède au moins
un restaurant 2 étoiles

Rennes ✳ La localité possède au moins
un restaurant 1 étoile

ondues

ille

Ligny-en-Cambrésis

ethondes
St-Jean-aux-Bois
Courcelles-sur-Vesle
Reuilly-Sauvigny
Reims
Montchenot
Vinay
Épernay
Châlons-en-Champagne
Belleville
Pont-Ste-Marie
Sens
Joigny
St-Père
Prenois
La Bussière-sur-Ouche
Dijon
Saulieu
levers
Beaune
Chassagne-Montrachet
Montceau-les-Mines
Chagny **Arbois**
St-Rémy
Tournus
Levernois
Pernand-Vergelesses
Sampans
Dole
Port-Lesney
Malbuisson

Zoufftgen
Hagondange
Stiring-Wendel
Metz
Sarrebourg
Languimberg
Nancy
Lunéville
Colombey-les-Deux-Églises
Épinal
Vauchoux
Danjoutin
Montbéliard
Sevenans
Chamesol
Bonnétage
Villers-le-Lac
Morteau

Sarreguemines
Phalsbourg
Bitche
Untermuhlthal
Lembach
Gundershoffen
Marlenheim
La Wantzenau
Strasbourg
Obernai
Rosheim
C
Illhaeusern
Mulhouse
Riedisheim
Sierentz

D

Ambierle
Roanne
Vonnas
ichy
Chasselay
Mionnay
Annecy
Chamonix-Mont-Blanc
ermont-Ferrand
Bort-l'Étang
Lyon
Megève
St-Just-St-Rambert
Sarpoil
Vienne
Le-Bourget-du-Lac
St Martin-de-Belleville
narbonnières-les-Bains
Courchevel 1850
St-Bonnet-le-Froid
Pont-de-l'Isère
Val-Thorens
Le Puy-en-Velay
Uriage-les-Bains
Corrençon-en-Vercors
Les Deux-Alpes
Alleyras
Lamastre
Granges-les-Beaumont
haudes-Aigues
St-Agrève
Valence

B
Les Baux-de-Provence
Moustiers-Ste-Marie
La Turbie
Collias
Bonnieux
Vence
E
Monte-Carlo
Tornac
Tourtour
Callas
Éze
Gignac
Garons
Lorgues
Le Cannet
Beaulieu-sur-Mer
Arles
Montpellier
Cannes
L'Île Rousse
Erbalunga
Béziers
Le Castellet
Ste-Maxime
Lumio
St-Florent
Marseille
La Napoule
Calvi
Narbonne
St-Tropez
erpignan
Ile de Porquerolles
Aiguebelle
St-Cyprien
Bormes-les-Mimosas
Collioure
aroque-des-Albères
Ajaccio
Cala Rossa
Porto-Vecchio

Les Tables étoilées 2011

La couleur correspond à l'établissement
le plus étoilé de la localité.

Ile-de-France

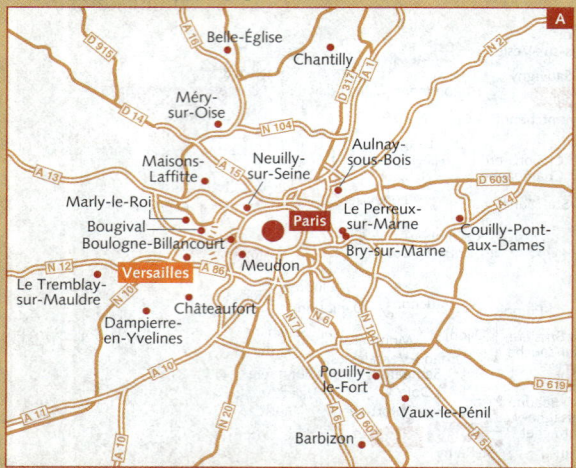

Provence

Alsace

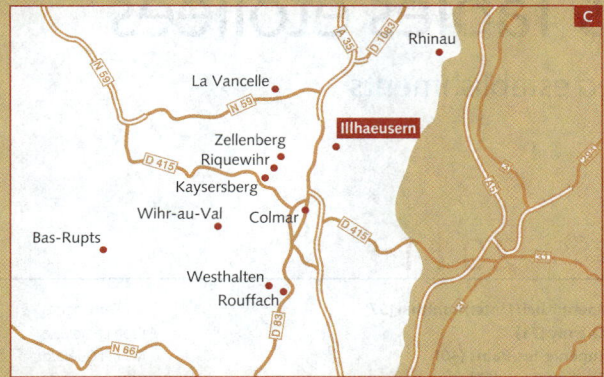

Rhône-Alpes

Côte-d'Azur

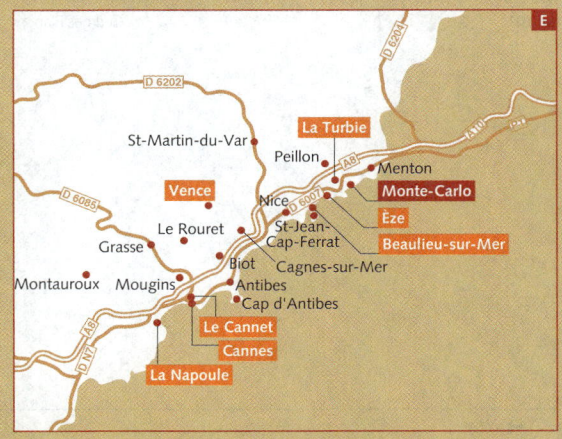

Les Tables étoilées

Starred establishments

✿✿✿ 2011

Baerenthal/ Untermuhlthal (57)	L'Arnsbourg
Chagny (71)	Maison Lameloise
Eugénie-les-Bains (40)	Michel Guérard
Fontjoncouse (11)	Auberge du Vieux Puits
Illhaeusern (68)	Auberge de l'Ill
Joigny (89)	La Côte St-Jacques
Laguiole (12)	Bras
Lyon (69)	Paul Bocuse
Marseille (13)	Le Petit Nice
Monte-Carlo (MC)	Le Louis XV-Alain Ducasse
Paris/ Paris 1er	Le Meurice
Paris/ Paris 4e	L'Ambroisie
Paris/ Paris 7e	Arpège
Paris/ Paris 8e	Alain Ducasse au Plaza Athénée
Paris/ Paris 8e	Le Bristol
Paris/ Paris 8e	Ledoyen
Paris/ Paris 8e	Pierre Gagnaire
Paris/ Paris 16e	Astrance
Paris/ Paris 16e	Le Pré Catelan
Paris/ Paris 17e	Guy Savoy
Roanne (42)	Troisgros
Saint-Bonnet-le-Froid (43)	Régis et Jacques Marcon
Saulieu (21)	Le Relais Bernard Loiseau
Valence (26)	Pic
Vonnas (01)	Georges Blanc

❀❀ 2011

→ **En rouge** les espoirs 2011 pour ❀❀❀

→ **In red** the 2011 Rising Stars for ❀❀❀

Annecy (74)	Le Clos des Sens
Arbois (39)	Jean-Paul Jeunet
Arles (13)	L'Atelier de Jean-Luc Rabanel
Les Baux-de-Provence (13)	
	L'Oustaù de Baumanière
Beaulieu-sur-Mer (06)	
	La Réserve de Beaulieu et Spa
Béthune/ Busnes (62)	Le Château de Beaulieu
Bonnieux (84)	La Bastide de Capelongue
Bordeaux/ Bouliac (33)	Le St-James
Le-Bourget-du-Lac (73)	Le Bateau Ivre
Cannes (06)	La Palme d'Or
Cannes/ Le Cannet (06)	Villa Archange **N**
Carantec (29)	
	L'Hôtel de Carantec-Patrick Jeffroy
Le Castellet/Circuit Paul Ricard (83)	
	Du Castellet
Chamonix-Mont-Blanc (74)	
	Hameau Albert 1er
Chasselay (69)	Guy Lassausaie
Courchevel (73)	Cheval Blanc
Courchevel/ Courchevel 1850 (73)	Les Airelles
Courchevel/ Courchevel 1850 (73)	
	Le Chabichou
Èze (06)	Château de la Chèvre d'Or
Gundershoffen (67)	Le Cygne
Honfleur (14)	Sa. Qua. Na
L'Isle-Jourdain/ Pujaudran (32)	
	Le Puits St-Jacques
Lorient (56)	L'Amphitryon
Lyon (69)	Auberge de l'Ile
Lyon (69)	Mère Brazier
Lyon/ Charbonnières-les-Bains (69)	
	Philippe Gauvreau
Magescq (40)	Relais de la Poste
Mandelieu/ La Napoule (06)	L'Oasis
Megève/ Leutaz (74)	Flocons de Sel
Mionnay (01)	Alain Chapel
Monte-Carlo (MC)	Joël Robuchon Monte-Carlo
Montpellier (34)	Le Jardin des Sens
Nantes/ Haute-Goulaine (44)	
	Manoir de la Boulaie
Nîmes/ Garons (30)	Alexandre
Obernai (67)	La Fourchette des Ducs
Onzain (41)	Domaine des Hauts de Loire
Paris/ Paris 1er	Carré des Feuillants

Paris/ Paris 1er	L'Espadon
Paris/ Paris 1er	Le Grand Véfour
Paris/ Paris 2e	Passage 53 **N**
Paris/ Paris 6e	Relais Louis XIII
Paris/ Paris 7e	
	L'Atelier de Joël Robuchon - St-Germain
Paris/ Paris 7e	Jean-François Piège **N**
Paris/ Paris 8e	Apicius
Paris/ Paris 8e	
	L'Atelier de Joël Robuchon - Étoile **N**
Paris/ Paris 8e	Le Cinq
Paris/ Paris 8e	Lasserre
Paris/ Paris 8e	Senderens
Paris/ Paris 8e	Taillevent
Paris/ Paris 17e	Bigarrade
Paris/ Paris 17e	Michel Rostang
Pauillac (33)	Château Cordeillan Bages
La Plaine-sur-Mer (44)	Anne de Bretagne
Plomodiern (29)	Auberge des Glazicks
Pont-du-Gard/ Collias (30)	
	Hostellerie Le Castellas
Porto-Vecchio (2A)	Casadelmar
Puymirol (47)	Michel Trama
Reims (51)	L'Assiette Champenoise
La Rochelle (17)	
	Richard et Christopher Coutanceau
Romans-sur-Isère/	
Granges-les-Beaumont (26)	Les Cèdres
Rouen (76)	Gill
Saint-Émilion (33)	Hostellerie de Plaisance
Saint-Just-Saint-Rambert (42)	
	Le Neuvième Art
Saint-Martin-de-Belleville (73)	La Bouitte
Saint-Sulpice-le-Verdon (85)	
	Thierry Drapeau Logis de la Chabotterie **N**
Saint-Tropez (83)	Résidence de la Pinède
Sens (89)	La Madeleine
Toulouse (31)	Michel Sarran
Toulouse/ Colomiers (31)	L'Amphitryon
La Turbie (06)	Hostellerie Jérôme
Uriage-les-Bains (38)	Grand Hôtel
Val-Thorens (73)	L'Oxalys
Vence (06)	Le St-Martin
Versailles (78)	Gordon Ramsay au Trianon
Vézelay/ Saint-Père (89)	L'Espérance
Vienne (38)	La Pyramide

→ **N** Nouveau   → New

✿ 2011

→ *En rouge* les espoirs 2011 pour ✿✿   → *In red* the 2011 Rising Stars for ✿✿

Agen (47) — Mariottat
Agen/ Moirax (47) — Auberge le Prieuré
Ainhoa (64) — Ithurria
Aix-en-Provence (13) — Le Clos de la Violette
Aix-en-Provence (13) — Pierre Reboul
Ajaccio (2A) — Palm Beach
Albi (81) — L'Esprit du Vin
Alleyras (43) — Le Haut-Allier
Ambierle (42) — Le Prieuré
Amboise (37) — Château de Pray **N**
Amiens/ Dury (80) — L'Aubergade
Andrézieux-Bouthéon (42) — Les Iris
Anduze/Tornac (30)
Les Demeures du Ranquet
Angers (49) — Le Favre d'Anne
Angers (49) — Une Île
Annecy (74) — Le Belvédère
Annecy (74) — La Ciboulette
Annecy/ Veyrier-du-Lac (74)
La Nouvelle Maison de Marc Veyrat **N**
Antibes (06) — Le Figuier de St-Esprit
Antibes/ Cap d'Antibes (06) — Les Pêcheurs
Arles (13) — La Chassagnette
Arles (13) — Le Cilantro
Aulnay-sous-Bois (93)
Auberge des Saints Pères
Avignon (84) — Christian Étienne
Avignon (84) — D'Europe **N**
Avignon (84) — Le Diapason **N**
Avignon (84) — La Mirande
Avignon (84) — Le Saule Pleureur
Azay-le-Rideau/Saché (37)
Auberge du XIIe Siècle
Bagnoles-de-l'Orne (61) — Le Manoir du Lys
Barbizon (77) — Les Pléiades
Barneville-Carteret/Carteret (50)
De la Marine
La Baule (44) — Castel Marie-Louise
Les Baux-de-Provence (13) — Le Cabro d'Or
Bayeux/ Audrieu (14) — Château d'Audrieu
Bayonne (64) — Auberge du Cheval Blanc
Beaune (21) — Le Bénaton
Beaune (21) — Loiseau des Vignes
Beaune/Levernois (21)
Hostellerie de Levernois
Beaune/ Pernand-Vergelesses (21)
Le Charlemagne
Belcastel (12) — Vieux Pont
Belfort/ Danjoutin (90) — Le Pot d'Étain

Belfort/ Sevenans (90)
Auberge de la Tour Penchée **N**
Belle-Église (60) — La Grange de Belle-Église
Belleville (54) — Le Bistroquet
**Bergerac/ Moulin
de Malfourat (24)** — La Tour des Vents
Beuvron-en-Auge (14) — Le Pavé d'Auge
Les Bézards (45) — Auberge des Templiers
Béziers (34) — L'Ambassade
Béziers (34) — Octopus
Biarritz (64) — Du Palais
Biarritz (64) — Les Rosiers
Biarritz/ Arcangues (64) — Le Moulin d'Alotz
Bidart (64) — Table et Hostellerie
des Frères Ibarboure
Billiers (56) — Domaine de Rochevilaine
Biot (06) — Les Terraillers
Bitche (57) — Le Strasbourg
Blainville-sur-Mer (50) — Le Mascaret
Blois (41) — Au Rendez-vous des Pêcheurs
Blois (41) — Le Médicis
Blois (41) — L'Orangerie du Château
Bonnétage (25) — L'Étang du Moulin
Bordeaux (33) — 7ème Péché **N**
Bordeaux (33) — Le Chapon Fin
Bordeaux (33) — Le Gabriel
Bordeaux (33) — Le Pavillon des Boulevards
Bordeaux (33) — Le Pressoir d'Argent
Bordeaux/ Cenon (33) — La Cape
Bordeaux/ Lormont (33) — Jean-Marie Amat
Bordeaux/Martillac (33)
Les Sources de Caudalie
Bormes-les-Mimosas (83) — La Rastègue
Bosdarros (64) — Auberge Labarthe
Bougival (78) — Le Camélia
Boulogne-Billancourt (92) — Au Comte
Boulogne-Billancourt (92) — Ducoté Cuisine
Boulogne-sur-Mer (62) — La Matelote
Le Bourg-Dun (76) — Auberge du Dun
Bourg-en-Bresse/Péronnas (01) — La Marelle
Bourges (18) — Le d'Antan Sancerrois
Le-Bourget-du-Lac (73) — Auberge Lamartine
Le-Bourget-du-Lac (73) — La Grange à Sel **N**
Le-Bourget-du-Lac/Les Catons (73)
Atmosphères
Bourgueil/Restigné (37)
Manoir de Restigné
Bozouls (12) — Le Belvédère

→ **N** *Nouveau*   → *New*

Brantôme/ Champagnac-de-Belair (24)
Le Moulin du Roc
Bray-et-Lû (95) Les Jardins d'Epicure
La Brède (33) La Table de Montesquieu
Brest (29) L'Armen
Le Breuil-en-Auge (14) Le Dauphin
Breuillet (17) L'Aquarelle
Briollay (49) Château de Noirieux
Brive-la-Gaillarde/Varetz (19)
Château de Castel Novel
Bry-sur-Marne (94) Auberge
du Pont de Bry "La Grapille" **N**
La Bussière-sur-Ouche (21)
Abbaye de la Bussière
La Cadière-d'Azur (83) Hostellerie Bérard
Caen (14) Ivan Vautier **N**
Caen (14) Stéphane Carbone -
Restaurant Incognito
Cagnes-sur-Mer (06) Bistrot de la Marine -
Jacques Maximin **N**
Cagnes-sur-Mer (06) Josy-Jo
Cahors/ Lamagdelaine (46) Marco
Cahors/ Mercuès (46) Château de Mercuès
Cahuzac-sur-Vère (81) Château de Salettes
Cahuzac-sur-Vère (81) La Falaise
Callas (83) Hostellerie Les Gorges
de Pennafort
Calvi (2B) Emile's
Calvi (2B) La Villa
Calvinet (15) Beauséjour
Cancale (35) Le Coquillage
Cannes (06) Mon Rêve de Gosse **N**
Cannes (06) Le Park 45
Carcassonne (11) De La Cité
Carcassonne (11) Domaine d'Auriac
Carcassonne (11) Le Parc Franck Putelat
Carcassonne/ Aragon (11) La Bergerie
Carcassonne/ Pezens (11) L'Ambrosia
Cassis (13) La Villa Madie
Castres (81) Bistrot Saveurs
La Celle (83) Hostellerie de l'Abbaye
de la Celle
Cergy-Pontoise/
Méry-sur-Oise (95) Le Chiquito **N**
Chaintré (71) La Table de Chaintré
Châlons-en-Champagne (51) D'Angleterre
Chalon-sur-Saône/
Saint-Rémy (71) L'Amaryllis
Chamesol (25) Mon Plaisir
Chamonix-Mont-Blanc (74) Le Bistrot
Chantilly (60) Dolce Chantilly
La Chapelle-de-Guinchay (71) La Poularde
Chartres (28) Le Grand Monarque
Chassagne-Montrachet (21) Le Chassagne

Château-Arnoux-Saint-Auban (04)
La Bonne Étape
Châteaufort (78) La Belle Époque
Chaudes-Aigues (15) Serge Vieira
Chenonceaux (37) Auberge
du Bon Laboureur
Cherbourg-Octeville (50) Le Pily
Chinon/ Marçay (37) Château de Marçay
Cholet (49) Au Passé Simple
Clères/ Frichemesnil (76) Au Souper Fin
Clermont/ Étouy (60) L'Orée de la Forêt
Clermont-Ferrand (63) Apicius
Clermont-Ferrand (63) Emmanuel Hodencq
Clermont-Ferrand (63) Fleur de Sel
Clermont-Ferrand (63) Jean-Claude Leclerc
Collioure (66) Relais des Trois Mas
Colmar (68) L'Atelier du Peintre **N**
Colmar (68) JY'S
Colombey-les-Deux-Églises (52)
Hostellerie la Montagne
Compiègne/ Rethondes (60) Alain Blot
Condom (32) La Table des Cordeliers
Conques (12) Hervé Busset
Conteville (27) Auberge du Vieux Logis
Cordon (74) Les Roches Fleuries
Couilly-Pont-aux-Dames (77)
Auberge de la Brie
Courcelles-sur-Vesle (02)
Château de Courcelles
Courchevel/ Courchevel 1850 (73)
Le Bateau Ivre
Courchevel/
Courchevel 1850 (73) Le Kilimandjaro
Courchevel/
Courchevel 1850 (73) Le Strato **N**
Courchevel/ Le-Praz (73) Azimut
Courchevel/ La Tania (73) Le Farçon
Le Croisic (44) Le Fort de l'Océan **N**
Cucuron (84) La Petite Maison
Curzay-sur-Vonne (86) Château de Curzay
Dampierre-en-Yvelines (78) Auberge
du Château "Table des Blot"
Deauville (14) Royal-Barrière
Les Deux-Alpes (38) Chalet Mounier
Dijon (21) Hostellerie du Chapeau Rouge
Dijon (21) Le Pré aux Clercs
Dijon (21) Stéphane Derbord
Dijon/ Prenois (21) Auberge de la Charme
Dole (39) La Chaumière
Dole/ Sampans (39) Château du Mont Joly
Douvaine (74) Ô Flaveurs
Épernay (51) Les Berceaux
Épernay/ Vinay (51) Hostellerie La Briqueterie
Épinal (88) Les Ducs de Lorraine

→ **N** *Nouveau* → *New*

Erbalunga (2B)	Le Pirate
Eygalières (13)	Maison Bru
Èze (06)	Château Eza
Flers/ La Ferrière-aux-Étangs (61)	
	Auberge de la Mine
Fleurie (69)	Le Cep
Forbach/	
Stiring-Wendel (57)	La Bonne Auberge
Gargas (84)	Domaine de la Coquillade **N**
Gérardmer/ Bas-Rupts (88)	Les Bas-Rupts
Gignac (34)	de Lauzun
Gordes (84)	Les Bories et Spa
La Gouesnière (35)	Maison Tirel-Guérin
Grasse (06)	La Bastide St-Antoine
Grasse (06)	Lou Fassum "La Tourmaline"
Grenade-sur-l'Adour (40)	Pain Adour
	et Fantaisie
Guéthary (64)	Briképténia
Gujan-Mestras (33)	La Guérinière
Hagondange (57)	Quai des Saveurs
Hasparren (64)	Ferme Hégia
Le Havre (76)	Jean-Luc Tartarin
Hennebont (56)	Château de Locguénolé
Île de Noirmoutier/	
L'Herbaudière (85)	La Marine
Ile de Porquerolles (83)	Le Mas du Langoustier
L'Île-Rousse (2B)	Pasquale Paoli
L'Isle-sur-la-Sorgue (84)	Le Vivier
Issoire/ Sarpoil (63)	La Bergerie **N**
Issoudun (36)	Rest. La Cognette
Istres (13)	La Table de Sébastien
Jarnac/ Bourg-Charente (16)	La Ribaudière
Jongieux (73)	Auberge Les Morainières
Joucas (84)	Hostellerie Le Phébus et Spa
Kaysersberg (68)	Chambard
Lacave (46)	Château de la Treyne
Lacave (46)	Pont de l'Ouysse
Lamastre (07)	Midi
Langon (33)	Claude Darroze
Languimberg (57)	Chez Michèle
Lannilis (29)	Auberge des Abers
Lannion/	
La Ville Blanche (22)	La Ville Blanche
Laroque-des-Albères (66)	Les Palmiers
Lastours (11)	Le Puits du Trésor
Le Lavandou/ Aiguebelle (83)	Le Sub **N**
Laventie (62)	Le Cerisier
Lembach (67)	Auberge du Cheval Blanc
Lezoux/	
Bort-l'Étang (63)	Château de Codignat
Lièpvre/	
La Vancelle (67)	Auberge Frankenbourg
Ligny-en-Cambrésis (59)	Château de Ligny
Lille (59)	A L'Huîtrière
Lille (59)	La Laiterie
Lille (59)	Le Sébastopol
Lille/ Bois-Grenier (59)	La Table des Jardins **N**
Lille/ Bondues (59)	Val d'Auge
Limoges (87)	Amphitryon
Loctudy (29)	Auberge Pen Ar Vir
Loiré (49)	Auberge de la Diligence
Lorgues (83)	Bruno
Lorient (56)	Henri et Joseph
Lourmarin (84)	Auberge La Fenière
Lumio (2B)	Chez Charles
Lunéville (54)	Château d'Adoménil
Lyon (69)	L'Alexandrin
Lyon (69)	Auberge de Fond Rose
Lyon (69)	Au 14 Février **N**
Lyon (69)	Le Gourmet de Sèze
Lyon (69)	Maison Clovis
Lyon (69)	Pierre Orsi
Lyon (69)	Takao Takano **N**
Lyon (69)	Les Terrasses de Lyon
Lyon (69)	Les Trois Dômes
Lyon (69)	Têtedoie
Lyon/ Rillieux-la-Pape (69)	Larivoire
Mâcon (71)	Pierre
Maisons-Laffitte (78)	Tastevin
Malbuisson (25)	Le Bon Accueil
Le Mans (72)	Le Beaulieu
Marlenheim (67)	Le Cerf
Marly-le-Roi (78)	Le Village **N**
Marseille (13)	L'Épuisette
Marseille (13)	Une Table au Sud
Maury (66)	Pascal Borrell
Mayenne (53)	L'Eveil des Sens **N**
Melun/ Vaux-le-Pénil (77)	La Table St-Just
Menton (06)	Mirazur
Metz (57)	La Citadelle
Meudon (92)	L'Escarbille
Montargis (45)	La Gloire
Montauban (82)	
	Abbaye des Capucins Spa et Resort **N**
Montauroux (83)	Auberge Eric Maio
Montbazon (37)	Chancelière "Jeu de Cartes"
Montbéliard (25)	Le St-Martin
Montceau-les-Mines (71)	Le France
Mont-de-Marsan (40)	Les Clefs d'Argent
Monte-Carlo (MC)	Mandarine
Monte-Carlo (MC)	Vistamar **N**
Monte-Carlo (MC)	Yoshi
Montlivault (41)	La Maison d'à Côté
Montpellier (34)	La Réserve Rimbaud
Montreuil (62)	Château de Montreuil
Montreuil/ La Madelaine-sous-Montreuil (62)	
	Auberge de la Grenouillère
Montrevel-en-Bresse (01)	Léa

Morteau (25)	Auberge de la Roche
Mougins (06)	Le Mas Candille
Mougins (06)	Le Moulin de Mougins
Moustiers-Sainte-Marie (04)	La Bastide de Moustiers
Mulhouse (68)	Il Cortile
Mulhouse/ Riedisheim (68)	La Poste
Munster/ Wihr-au-Val (68)	Nouvelle Auberge
Mûr-de-Bretagne (22)	Auberge Grand'Maison
Nancy (54)	Le Grenier à Sel
Nantes (44)	L'Atlantide
Narbonne (11)	La Table St-Crescent
Neuilly-sur-Seine (92)	La Truffe Noire
Nevers (58)	Jean-Michel Couron
Nevez/Raguenès-Plage (29)	Ar Men Du
Nice (06)	Aphrodite
Nice (06)	L'Aromate
Nice (06)	Chantecler
Nice (06)	Flaveur **N**
Nice (06)	Keisuke Matsushima
Nice (06)	L'Univers-Christian Plumail
Nîmes (30)	Le Lisita
Obernai (67)	Le Bistro des Saveurs
Orange/ Sérignan-du-Comtat (84)	Le Pré du Moulin
Orléans (45)	Le Lièvre Gourmand **N**
Paris/ Paris 1ᵉʳ	Le Baudelaire **N**
Paris/ Paris 1ᵉʳ	Yam'Tcha
Paris/ Paris 2ᵉ	Le Céladon
Paris/ Paris 2ᵉ	Pur'
Paris/ Paris 4ᵉ	Benoit
Paris/ Paris 5ᵉ	La Tour d'Argent
Paris/ Paris 6ᵉ	Fogón
Paris/ Paris 6ᵉ	Hélène Darroze
Paris/ Paris 6ᵉ	Jacques Cagna
Paris/ Paris 6ᵉ	Paris
Paris/ Paris 6ᵉ	Le Restaurant
Paris/ Paris 6ᵉ	Sensing **N**
Paris/ Paris 6ᵉ	Ze Kitchen Galerie
Paris/ Paris 7ᵉ	Aida
Paris/ Paris 7ᵉ	Auguste
Paris/ Paris 7ᵉ	Les Fables de La Fontaine
Paris/ Paris 7ᵉ	Gaya Rive Gauche par Pierre Gagnaire
Paris/ Paris 7ᵉ	Il Vino d'Enrico Bernardo
Paris/ Paris 7ᵉ	Le Jules Verne
Paris/ Paris 7ᵉ	Le Divellec
Paris/ Paris 7ᵉ	35 ° Ouest
Paris/ Paris 7ᵉ	Vin sur Vin
Paris/ Paris 7ᵉ	Le Violon d'Ingres
Paris/ Paris 8ᵉ	Les Ambassadeurs **N**
Paris/ Paris 8ᵉ	L'Angle du Faubourg
Paris/ Paris 8ᵉ	L'Arôme
Paris/ Paris 8ᵉ	Le Chiberta
Paris/ Paris 8ᵉ	Dominique Bouchet
Paris/ Paris 8ᵉ	Laurent
Paris/ Paris 8ᵉ	Stella Maris
Paris/ Paris 8ᵉ	La Table du Lancaster
Paris/ Paris 9ᵉ	Jean
Paris/ Paris 12ᵉ	Au Trou Gascon
Paris/ Paris 16ᵉ	Antoine **N** etc...
Paris/ Paris 16ᵉ	La Grande Cascade
Paris/ Paris 16ᵉ	Hiramatsu
Paris/ Paris 16ᵉ	Passiflore
Paris/ Paris 16ᵉ	Le Pergolèse
Paris/ Paris 16ᵉ	Relais d'Auteuil
Paris/ Paris 16ᵉ	La Table du Baltimore
Paris/ Paris 17ᵉ	Agapé
Paris/ Paris 17ᵉ	La Braisière
Paris/ Paris 17ᵉ	La Fourchette du Printemps **N**
Paris/ Paris 17ᵉ	Frédéric Simonin **N**
Pau/ Jurançon (64)	Chez Ruffet
Peillon (06)	Auberge de la Madone
Périgueux (24)	L'Essentiel
Périgueux/ Chancelade (24)	Château des Reynats **N**
Perpignan (66)	La Galinette
Le Perreux-sur-Marne (94)	Les Magnolias
Perros-Guirec (22)	L'Agapa
Perros-Guirec (22)	La Clarté
Le-Petit-Pressigny (37)	La Promenade
Phalsbourg (57)	Au Soldat de l'An II
Pierrefonds/ Saint-Jean-aux-Bois (60)	Auberge à la Bonne Idée **N**
Plancoët (22)	Maxime et Jean-Pierre Crouzil et Hôtel L'Ecrin
Poitiers/ Saint-Benoît (86)	Passions et Gourmandises
La Pomarède (11)	Hostellerie du Château de la Pomarède
Pont-Aven (29)	Le Moulin de Rosmadec
Pont-du-Gard/ Castillon-du-Gard (30)	Le Vieux Castillon
Port-Lesney (39)	Château de Germigney
Port-Louis (56)	Avel Vor
Porto-Vecchio (2A)	Belvédère
Porto-Vecchio (2A)	Grand Hôtel de Cala Rossa
Porto-Vecchio (2A)	U Santa Marina **N**
Port-sur-Saône/ Vauchoux (70)	Château de Vauchoux
Pouilly-le-Fort (77)	Le Pouilly
Pujaut (30)	Entre Vigne et Garrigue
Le Puy-en-Velay (43)	François Gagnaire
Questembert (56)	Le Bretagne et sa Résidence

Quiberon/ Portivy (56)	
	Le Petit Hôtel du Grand Large **N**
Quimper (29)	La Roseraie de Bel Air
Reims (51)	Château les Crayères **N**
Reims (51)	Le Foch
Reims (51)	Le Millénaire
Reims/ Montchenot (51)	Le Grand Cerf
Rennes (35)	Le Coq-Gadby
Rennes/ Noyal-sur-Vilaine (35)	
	Auberge du Pont d'Acigné
Rennes/ Saint-Grégoire (35)	Le Saison
Reuilly-Sauvigny (02)	Auberge Le Relais
Rhinau (67)	Au Vieux Couvent
Riquewihr (68)	Table du Gourmet
Riquewihr/ Zellenberg (68)	Maximilien
La Roche-l'Abeille (87)	Le Moulin de la Gorce
Rodez (12)	Goûts et Couleurs
Romorantin-Lanthenay (41)	
	Grand Hôtel du Lion d'Or
Roscoff (29)	Le Brittany
Roscoff (29)	Le Temps de Vivre
Rosheim (67)	Hostellerie du Rosenmeer
Rouffach (68)	Philippe Bohrer
Le Rouret (06)	Le Clos St-Pierre
Roye (80)	La Flamiche
Les Sables-d'Olonne/ à l'anse de Cayola (85)	Cayola
Saint-Agrève (07)	Faurie
Saint-Brieuc (22)	Aux Pesked
Saint-Brieuc (22)	Youpala Bistrot
Saint-Brieuc/ Sous-la-Tour (22)	La Vieille Tour
Saint-Céré (46)	Les Trois Soleils de Montal
Saint-Chamond (42)	Les Ambassadeurs **N**
Saint-Cyprien (66)	L'Ile de la Lagune
Saint-Florent (2B)	La Roya
Saint-Jean-Cap-Ferrat (06)	
	Grand Hôtel du Cap Ferrat
Saint-Jean-Pied-de-Port (64)	Les Pyrénées
Saint-Joachim (44)	La Mare aux Oiseaux
Saint-Julien-en-Genevois/ Bossey (74)	La Ferme de l'Hospital
Saint-Malo (35)	Le Chalut
Saint-Malo (35)	À la Duchesse Anne
Saint-Malo/ Saint-Servan-sur-Mer (35)	Le St-Placide
Saint-Martin-du-Var (06)	
	Jean-François Issautier
Saint-Médard (46)	Gindreau
Saint-Pée-sur-Nivelle (64)	
	L'Auberge Basque
Saint-Rémy-de-Provence (13)	
	La Maison de Bournissac
Saint-Rémy-de-Provence (13)	
	La Maison Jaune
Saint-Rémy-de-Provence (13)	
	Marc de Passorio
Saint-Savin (86)	Christophe Cadieu
Saint-Tropez (83)	Villa Belrose
Saint-Valery-en-Caux/ Ingouville (76)	Les Hêtres **N**
Sainte-Maxime (83)	La Badiane **N**
Sainte-Sabine (24)	
	Étincelles-La Gentilhommière
Sancerre (18)	La Tour **N**
Sarlat-la-Canéda (24)	Le Grand Bleu
Sarrebourg (57)	Mathis
Sarreguemines (57)	Auberge St-Walfrid
Saumur (49)	Le Gambetta
La Saussaye (27)	Manoir des Saules
Sauveterre-de-Rouergue (12)	Le Sénéchal
Sierentz (68)	Auberge St-Laurent
Sousceyrac (46)	Au Déjeuner de Sousceyrac
Strasbourg (67)	Au Crocodile
Strasbourg (67)	Buerehiesel
Strasbourg (67)	La Cambuse **N**
Strasbourg (67)	La Casserole
Strasbourg (67)	Umami
Strasbourg/ La Wantzenau (67)	Relais de la Poste **N**
Talloires (74)	L'Auberge du Père Bise
Terrasson-Lavilledieu (24)	L'Imaginaire
Thoiry (01)	Les Cépages
Thonon-les-Bains (74)	Le Prieuré
Toulouse (31)	En Marge
Toulouse (31)	Metropolitan
Toulouse/ Rouffiac-Tolosan (31)	Ô Saveurs
Le Touquet-Paris-Plage (62)	Westminster
Tournus (71)	Aux Terrasses
Tournus (71)	Rest. Greuze
Tours (37)	Charles Barrier
Tours (37)	La Roche Le Roy
Tours/ Rochecorbon (37)	
	Les Hautes Roches
Tourtour (83)	Les Chênes Verts
Trébeurden (22)	Manoir de Lan-Kerellec
Le Tremblay-sur-Mauldre (78)	
	Laurent Trochain
Trémolat (24)	Le Vieux Logis
Troyes/ Pont-Sainte-Marie (10)	
	Hostellerie de Pont-Ste-Marie
Vaison-la-Romaine (84)	Le Moulin à Huile
Vaison-la-Romaine/ Roaix (84)	Le Grand Pré
Val-d'Isère (73)	La Becca **N**
Val-d'Isère (73)	Les Barmes de l'Ours
Valence (26)	La Cachette
Valence (26)	Flaveurs

→ **N** *Nouveau*   → *New*

Valence/ Pont-de-l'Isère (26) Michel Chabran
Vannes/ Saint-Avé (56) Le Pressoir **N**
Vence (06) Les Bacchanales
Ventabren (13) La Table de Ventabren
Versailles (78) L'Angélique
Vichy (03) Maison Decoret
Vienne/ Chonas-l'Amballan (38) Domaine de Clairefontaine
Villard-de-Lans/ Corrençon-en-Vercors (38) du Golf
Villeneuve-lès-Avignon (30) Le Prieuré
Villeneuve-sur-Lot (47) La Table des Sens **N**
Villers-le-Lac (25) Le France
Viré (71) Frédéric Carrion Cuisine Hôtel
Westhalten (68) Auberge du Cheval Blanc
Wimereux (62) Épicure
Zoufftgen (57) La Lorraine

LES ESPOIRS 2011 POUR ✿

The 2011 Rising Stars for ✿

Annecy (74) Les Trésoms
Beaune (21) Hostellerie Le Cèdre
Biarritz (64) L'Atelier
Clermont-Ferrand (63) Le Pré Carré
Ponthierry (77) L'Inédit
Propriano (2A) Le Lido
Tours (37) Barju
Vaux-en-Beaujolais (69) Auberge de Clochemerle

→ **N** *Nouveau* → *New*

Localités possédant au moins
un établissement avec un Bib Gourmand

Bib Gourmand 2011

A Alsace

Niedersteinbach
Altwiller
Reipertswiller
Graufthal
Weyersheim
Birkenwald
Strasbourg
Natzwiller
Fouday
Ottrott
Barr
Mittelbergheim
Saulxures
Itterswiller
Scherwiller
Blienschwiller
St-Hippolyte
Sélestat
Riquewihr
Bergheim
Colmar
Ingersheim
Eguisheim

ourcoing
Gruson
ille
Cambrai
Liessies
Charleville-Mézières
Neufchâtel-
sur-Aisne
Carignan
Mouzon
Épernay
Ste-Menéhould
Nancy
St-Quirin
Nogent-sur-Seine
Rouvres-
en-Xaintois
Pont-Ste-Marie
Le Valtin
Bar-sur-Aube
Gérardmer
Col de la Schlucht
Vagney
Le-Val-d'Ajol
La Bresse
Combeaufontaine
A
uxerre
C
Dijon
Valdahon
Saules
Ornans
Chalon-
sur-Saône
Parcey
Port-Lesney
Granges-Ste-Marie
Jougne
Mirebel

B Auvergne

Vallon-
en-Sully
Chevagnes
Reugny
Billy
Vichy

Orcines
Riom
Pontgibaud
Pont-du-Château
Mazaye
Bouzel
Chamalières
Clermont-Ferrand
Le Mont-Dore
Ambert
Boudes
Sauxillanges
Vergongheon
Beauzac
Salers
Bransac
Dunières
Vic-sur-Cère
St-Flour
Saugues
St-Bonnet-
Aurillac
le-Froid
Montsalvy
St-Julien-
Pailherols
Chapteuil
Vieillevie
Le Puy-en-Velay

Vichy
Clermont-Ferrand
B
Aix-les-Bains
E
Le Puy-
en-Velay
Grenoble
La Garde
Valence
Aumont-Aubrac
Mende
Montélimar
Cocurès
Florac
Alès
Aguessac
Méjannes-lès-Alès
St-Jean-du-Bruel
Ferrières-les-Verreries
illau
Nîmes
mbes
Lunel
Gallargues-le-Montueux
Vailhan
Montpellier
Pézenas
Aix-en-Provence
F
Sète
Nice
Magalas
Sérignan
ages
Marseille

San-Martino-
di-Lota

Porto

Ajaccio

C Bourgogne

St-Julien-du-Sault
Auxerre
L'Isle-sur-Serein
Vincelottes
St-Rémy
Valloux
Alise-Ste-Reine
Cosne-Cours-sur-Loire
Quarré-les-Tombes
Dijon
Chenôve
Gevrey-Chambertin
Chambolle-Musigny
Nuits-St-Georges
Ladoix-Serrigny
Sauvigny-les-Bois
St-Romain
Beaune
Levernois
Autun
Santenay
Montcenis
St-Martin-en-Bresse
Luzy
Buxy
St-Germain-du-Bois
Blanzy
Chalon-sur-Saône
St-Loup-de-Varennes
Mancey
Le Villars
Ozenay

D Centre

Cherisy
Nogent-le-Roi
Brou
La Chapelle-St-Mesmin
Orléans
Lorris
Oucques
Olivet
Vendôme
St-Benoît-sur-Loire
Yvoy-le-Marron
Coullons
Neuillé-le-Lierre
Bracieux
Bonny-sur-Loire
Semblançay
Veuves
Luynes
Sancerre
Tours
Langeais
Bléré
Oisly
Azay-le-Rideau
Vallières
Vierzon
Chinon
Nérondes
Savonnières
Fléré-la-Rivière
Plaimpied-Givaudins
Buzançais
Bruère-Allichamps
Noirlac
Lys-St-Georges

Bib Gourmand 2011

Localités possédant au moins
un établissement avec un Bib Gourmand.

Rhône-Alpes

Montrevel-en-Bresse
Yvoire
Port-de-Séchex
Messery
Amphion-les-Bains
Pont-de-Vaux
Coligny
La Chapelle-d'Abondance
Bâgé-le-Châtel
Polliat
Contamine-sur-Arve
Thoissey
Bourg-en-Bresse
Vougy
Les Praz-de-Chamonix
Belleville
Buellas
Servoz
Chamonix-
Renaison
Ambronay
Mont-Blanc
Roanne
Annecy
St-Gervais-les-Bains
St-Alban-les-Eaux
Pommiers
Chazey-sur-Ain
Megève
Villefranche-sur-Saône
Notre-Dame-de-Bellecombe
Ste-Euphémie
Seillonnaz
Montrond-les-Bains
Lyon
Chavanoz
Favergès
Savigneux
Aix-
les-Bains
Cevins
Montarcher
St-Priest-en-Jarez
La Bâtie-Divisin
Marnans
Le Sappey-en-Chartreuse
Annonay
St-Vallier
Grenoble
Tain-l'Hermitage
Villard-de-Lans
Valence
Monestier-de-Clermont
Vals-
les-Bains
Gresse-en-Vercors
Neyrac-les-Bains
Cliousclat
Aubenas
Montélimar
Viviers
Grignan
Nyons
Plaisians

Le Monêtier-les-Bains
Puy-St-Pierre
Puy-St-Vincent
St-Disdier
St-Crépin
St-Julien-
en-Champsaur
Vaison-la-Romaine
Roaix
Château-Arnoux-
St-Auban
Ste-Cécile-les-Vignes
Beaumes-
de-Venise
Puimichel
Beuil
Uchaux
Vacqueyras
Vescous
Pernes-les-Fontaines
Caseneuve
Moustiers-Ste-Marie
Monti
Avignon
Villars
La Garde
Vence
La Turbie
L'Isle-sur-la-Sorgue
Manosque
Fayence
Nice
Maillane
Robion
Ste-Croix-
Seillans
La Colle-sur-Loup
Eygalières
de-Verdon
Antibes
Verquières
La Motte-
Rians
Flayosc
Le Cannet
d'Aigues
Draguignan
La Napoule
Martigues
Le Luc
La Roquette-sur-Siagne
Aubagne
Grimaud
Valescure
Bandol
Frêjus
Ramatuelle
Gassin
Rayol-Canadel-sur-Mer

Provence Alpes
Côte d'Azur

Bib Gourmand

Repas soignés à prix modérés
Good food at moderate prices

Abbeville (80)	L'Escale en Picardie **N**	**Baden (56)**	Le Gavrinis
Agen (47)	L'Atelier **N**	**Bâgé-le-Châtel (01)**	La Table Bâgésienne
Agen (47)	Le Margoton	**Bagnoles-de-l'Orne (61)**	Ô Gayot
Aguessac (12)	Auberge Le Rascalat	**Bandol (83)**	L'Espérance **N**
Aire-sur-la-Lys/ Isbergues (62)	Le Buffet	**Barr (67)**	Aux Saisons Gourmandes
Aix-les-Bains (73)	Auberge St-Simond	**Bar-sur-Aube (10)**	La Toque Baralbine
Aizenay (85)	La Sittelle	**Bastia (2B)**	La Corniche
Ajaccio (2A)	A Nepita **N**	**La Bâtie-Divisin (38)**	L'Olivier
Ajaccio (2A)	U Licettu	**Bayonne (64)**	François Miura
Albi (81)	La Table du Sommelier	**Beaune (21)**	La Ciboulette
Alès (30)	Le Riche **N**	**Beaune (21)**	Koki
Alès/ Méjannes-lès-Alès (30)		**Beaune/ Ladoix-Serrigny (21)**	
	Auberge des Voutins		Les Terrasses de Corton
Altwiller (67)	L'Écluse 16	**Beaune/ Levernois (21)**	La Garaudière
Ambert (63)	Les Copains	**Beauvais (60)**	La Baie d'Halong
Ambronay (01)	Auberge de l'Abbaye	**Beauzac (43)**	L'Air du Temps
Amiens (80)	Au Relais des Orfèvres	**Beauzac/ Bransac (43)**	La Table du Barret
Amphion-les-Bains (74)	Le Tilleul	**Bellême/ Nocé (61)**	Auberge des 3 J
Ancenis (44)	La Toile à Beurre	**Belleville (69)**	Le Beaujolais
Angers (49)	Autour d'un Cep **N**	**Bergerac (24)**	L'Imparfait **N**
Angers (49)	Le Petit Comptoir	**Bergerac (24)**	La Table du Marché **N**
Angoulême (16)	L'Aromate	**Bergheim (68)**	Wistub du Sommelier
Angoulême (16)	Le Terminus	**La Bernerie-en-Retz (44)**	L'Artimon
Annecy (74)	Café Brunet	**Béthune/ Busnes (62)**	Le Jardin d'Alice
Annecy (74)	Contresens	**Beuil (06)**	L'Escapade
Annonay (07)	Marc et Christine	**Billy (03)**	Auberge du Pont **N**
Antibes (06)	Oscar's	**Birkenwald (67)**	Au Chasseur **N**
Argoules (80)	Auberge du Coq-en-Pâte	**Blangy-sur-Bresle (76)**	Les Pieds dans le Plat
Asnières-sur-Seine (92)	La Petite Auberge	**Bléré (37)**	La Boulaye **N**
Aubagne (13)	Les Arômes **N**	**Blienschwiller (67)**	Le Pressoir de Bacchus
Aube (61)	Auberge St-James	**Bois-Colombes (92)**	Le Chefson
Aubenas (07)	Le Coyote **N**	**Bonneuil-Matours (86)**	Le Pavillon Bleu
Auch (32)	Le Bistrot des Gourmandises	**Bonneville/ Vougy (74)**	Capucin Gourmand
Auderville (50)	La Malle aux Épices	**Bonny-sur-Loire (45)**	Des Voyageurs
Aumont-Aubrac (48)	Le Compostelle	**Bordeaux (33)**	Auberge 'Inn
Auray (56)	Terre-Mer **N**	**Bordeaux/ Bouliac (33)**	Café de l'Espérance
Aurillac (15)	Quatre Saisons	**Boudes (63)**	Le Boudes La Vigne
Autun (71)	Le Chapitre	**Boulogne-sur-Mer (62)**	Rest. de Nausicaa
Auvers-sur-Oise (95)	Auberge Ravoux **N**	**Bourg-en-Bresse (01)**	Mets et Vins
Auxerre (89)	Le Bourgogne	**Bourg-en-Bresse (01)**	Les Quatre Saisons
Auxerre/ Vincelottes (89)	Auberge Les Tilleuls	**Bourth (27)**	Auberge Chantecler
Avallon/ Valloux (89)	Auberge des Chenêts	**Bouzel (63)**	L'Auberge du Ver Luisant
Avignon (84)	L'Essentiel	**Bozouls (12)**	À la Route d'Argent
Ax-les-Thermes (09)	Le Chalet	**Bracieux (41)**	Rendez-vous des Gourmets
Azay-le-Rideau (37)	L'Aigle d'Or	**La Bresse (88)**	Le Clos des Hortensias

➜ **N** *Nouveau* 😊   ➜ *New* 😊

Bretenoux/
Port-de-Gagnac (46) Hostellerie Belle Rive
Briançon/ Puy-Saint-Pierre (05)
La Maison de Catherine **N**
Brive-la-Gaillarde (19) La Toupine
Brou (28) L'Ascalier
Buellas (01) L'Auberge Bressane de Buellas
Buxy (71) Aux Années Vins
Buzançais (36) L'Hermitage
Cabourg/ Dives-sur-Mer (14)
Chez le Bougnat
Caen (14) Le Bouchon du Vaugueux
Caen (14) Café Mancel
Cahors (46) La Garenne
Cahors (46) L'Ô à la Bouche
Calais (62) Au Côte d'Argent
Calais (62) Histoire Ancienne
Cambrai (59) Auberge Fontenoise
Cancale (35) Côté Mer **N**
Cancale (35) Le Surcouf
Cannes/ Le Cannet (06) Bistrot des Anges **N**
Carignan (08) La Gourmandière
Carpentras/
Beaumes-de-Venise (84) Dolium
Caseneuve (84) Le Sanglier Paresseux **N**
Casteljaloux (47) La Vieille Auberge
Castellane/ La Garde (04) Auberge du Teillon
Castéra-Verduzan (32) Le Florida
Castres/ Burlats (81) Les Mets d'Adélaïde
Caussade/ Monteils (82) Le Clos Monteils
Cevins (73) La Fleur de Sel **N**
Challans/ La Garnache (85) Le Petit St-Thomas
Chalon-sur-Saône (71) L'Auberge des Alouettes
Chalon-sur-Saône/
Saint-Loup-de-Varennes (71) Le Saint Loup
Chambolle-Musigny (21) Le Chambolle
Chamonix-Mont-Blanc (74) Atmosphère
Chamonix-Mont-Blanc (74) Café de l'Arve **N**
Chamonix-Mont-Blanc (74) La Maison Carrier
Chamonix-Mont-Blanc/ Les Praz-
de-Chamonix (74) La Cabane des Praz
La Chapelle-d'Abondance (74) L'Ensoleillé
La Chapelle-d'Abondance (74)
Les Gentianettes
Charleville-Mézières (08)
La Table d'Arthur «R»
Château-Arnoux-Saint-Auban (04)
La Magnanerie **N**
Châtelaillon-Plage (17) Les Flots
Châtellerault (86) Bernard Gautier
Châtillon (92) Barbezingue
Chavanoz (38) Aux Berges du Rhône
Chazey-sur-Ain (01) La Louizarde
Chénérailles (23) Le Coq d'Or
Cherbourg-Octeville (50) Café de Paris
Chevagnes (03) Le Goût des Choses **N**
Chinon (37) Au Chapeau Rouge **N**
Chinon (37) L'Océanic
Cholet (49) Le Pouce Pied **N**

Clères (76) Auberge du Moulin
Clermont-Ferrand (63) Amphitryon Capucine
Clermont-Ferrand (63) L'Annexe **N**
Clermont-Ferrand/
Chamalières (63) Ô Gré des Saveurs **N**
Clermont-Ferrand/
Orcines (63) Auberge de la Baraque
Cliousclat (26) La Treille Muscate **N**
Clisson/ Gétigné (44) La Gétignière
Coirac (33) Le Flore
Col de la Schlucht (88) Le Collet
Coligny (01) Au Petit Relais
La Colle-sur-Loup (06) Le Blanc Manger
Colmar (68) Aux Trois Poissons
Colmar (68) Chez Hansi
Colmar (68) Côté Cour
Colmar/
Ingersheim (68) La Taverne Alsacienne
Combeaufontaine (70) Le Balcon
Conilhac-Corbières (11) Auberge Côté Jardin
Contamine-sur-Arve (74) Le Tourne Bride
Cosne-Cours-sur-Loire (58) Chat
Coullons (45) La Canardière
Coulon (79) Le Central
Coutances (50) Le Clos des Sens
Le Creusot/ Montcenis (71) Le Montcenis
Le Croisic (44) Le Saint-Alys
Crozon (29) Le Mutin Gourmand
Daglan (24) Le Petit Paris
Deauville/ Touques (14) Les Landiers
Deauville/ Touques (14) L'Orangeraie
Dijon (21) Porte Guillaume
Dijon/ Chenôve (21) Le Clos du Roy
Dinan (22) Au Coin du Feu
Dole/ Parcey (39) Les Jardins Fleuris
Doué-la-Fontaine (49) Auberge Bienvenue
Draguignan (83) Lou Galoubet **N**
Draguignan/ Flayosc (83) L'Oustaou
Dreux/ Cherisy (28) Le Vallon de Chérisy
Dunes (82) Les Templiers
Dunières (43) La Tour
Dunkerque/
Coudekerque-Branche (59) Le Soubise
Eguisheim (68) Le Pavillon Gourmand
Entraygues-sur-Truyère (12) Les Deux Vallées
Épernay (51) La Grillade Gourmande
Espalion (12) Le Méjane
Évron (53) Au Relais du Gué de Selle
Évron (53) La Toque des Coëvrons
Eygalières (13) Sous Les Micocouliers
Faverges (74) Florimont
Favières (80) La Clé des Champs
Fayence (83) La Table d'Yves
Ferrières-les-Verreries (34)
La Cour-Mas de Baumes **N**
Fléré-la-Rivière (36) Le Relais du Berry
Flers (61) Au Bout de la Rue
Florac (48) Des Gorges du Tarn
Florac/ Cocurès (48) La Lozerette

➡ **N** *Nouveau* 😊   ➡ *New* 😊

Fontenay-le-Comte/ Saint-Hilaire-des-Loges (85)	Le Pantagruelion
Fouday (67)	Julien
Fouesnant/ Cap-Coz (29)	De la Pointe du Cap Coz
Fougères (35)	Haute Sève
Francescas (47)	Le Relais de la Hire
Fréjus (83)	L'Amandier
Gallargues-le-Montueux (30)	Orchidéa **N**
Gasny (27)	Auberge du Prieuré Normand
Gassin (83)	Auberge la Verdoyante
Gérardmer (88)	L'Assiette du Coq à l'Âne **N**
Gevrey-Chambertin (21)	Chez Guy
Gilette/ Vescous (06)	La Capeline
Godewaersvelde (59)	L'Estaminet du Centre
Grandcamp-Maisy (14)	La Marée
Grenoble (38)	Le Coup de Torchon
Gresse-en-Vercors (38)	Le Chalet
Grignan (26)	Le Poème de Grignan **N**
Grimaud (83)	La Bretonnière **N**
Le Gua (17)	Le Moulin de Châlons
La Guerche-de-Bretagne (35)	La Calèche
Guilliers (56)	Au Relais du Porhoët
Le Havre (76)	La Petite Auberge
Honfleur (14)	Le Bréard
Houlgate (14)	L'Éden
Île de Noirmoutier/ L'Herbaudière (85)	La Table d'Elise
L'Isle-sur-la-Sorgue (84)	L'Oustau de l'Isle
L'Isle-sur-Serein (89)	Auberge du Pot d'Étain
Itterswiller (67)	Winstub Arnold **N**
Jougne (25)	La Couronne **N**
Lamalou-les-Bains/ Combes (34)	Auberge de Combes **N**
Langeais (37)	Au Coin des Halles
Langon/ Saint-Macaire (33)	Abricotier
Lannepax (32)	Les Caprices d'Antan **N**
Libourne (33)	Chez Servais
Liessies (59)	Le Carillon
Lille (59)	La Table du Champlain
Lille/ Capinghem (59)	La Marmite de Pierrot
Lille/ Gruson (59)	L'Arbre
Limoges (87)	La Table du Couvent-Paroles de Chef
Limoges (87)	Le Vanteaux
Lorient (56)	L'Alto **N**
Lorient (56)	Le Yachtman
Lorris (45)	Guillaume de Lorris
Le Luc (83)	Le Gourmandin
Luché-Pringé (72)	Auberge du Port des Roches
Lunel (34)	Chodoreille
Luynes (37)	Le XII de Luynes **N**
Luzy (58)	Le Morvan **N**
Lyon (69)	Daniel et Denise
Lyon (69)	Léon de Lyon
Lyon (69)	M
Lyon (69)	Mon Bistrot à Moi
Lyon (69)	Les Oliviers
Lyon (69)	L'Ouest
Lyon (69)	Ponts et Passerelles **N**
Lyon (69)	La Terrasse St-Clair
Lyon (69)	33 Cité
Lyon (69)	Le Verre et l'Assiette
Lys-Saint-Georges (36)	Auberge La Forge
Magalas (34)	Ô. Bontemps
Maisons-Alfort (94)	La Bourgogne **N**
Malbuisson/ Granges-Sainte-Marie (25)	Auberge du Coude **N**
Mancey (71)	Auberge du Col des Chèvres
Mandelieu/ La Napoule (06)	Les Bartavelles
Mandelieu/ La Napoule (06)	Le Bistrot L'Etage **N**
Manosque (04)	Sens et Saveurs **N**
Mansle/ Luxé (16)	Auberge du Cheval Blanc
Margaux/ Arcins (33)	Le Lion d'Or
Marnans (38)	Auberge de Marnans «Atelier Nicolas Grandclaude»
Martigues (13)	Le Bouchon à la Mer **N**
Mazaye (63)	Auberge de Mazayes
Megève (74)	Flocons Village
Mende (48)	La Safranière
Menton/ Monti (06)	Pierrot-Pierrette
Messery (74)	L'Atelier des Saveurs
Meyronne (46)	La Terrasse
Millau (12)	Capion
Mirebel (39)	Mirabilis
Mittelbergheim (67)	Am Lindeplatzel
Mittelbergheim (67)	Gilg
Monestier-de-Clermont (38)	Au Sans Souci
Montarcher (42)	Le Clos Perché **N**
Montbard/ Saint-Rémy (21)	La Mirabelle
Montbrison/ Savigneux (42)	Yves Thollot
Montceau-les-Mines/ Blanzy (71)	Le Plessis
Le Mont-Dore (63)	La Golmotte **N**
Montech (82)	La Maison de l'Éclusier
Montélimar (26)	Aux Gourmands
Montélimar (26)	Jéroboam
Montmorillon (86)	Hôtel de France et Lucullus
Montpellier (34)	Insensé **N**
Montpellier (34)	Prouhèze Saveurs
Montpon-Ménestérol/ Ménestérol (24)	Auberge de l'Eclade
Montrevel-en-Bresse (01)	Le Comptoir **N**
Montrond-les-Bains (42)	Carré Sud **N**
Montsalvy (15)	L'Auberge Fleurie
Morlaix (29)	L'Estaminet
Morlanne (64)	Cap e Tot **N**
La Motte-d'Aigues (84)	Du Lac **N**
Moustiers-Sainte-Marie (04)	La Treille Muscate
Mouzon (08)	Les Échevins
Mur-de-Barrez (12)	Auberge du Barrez
Nancy (54)	V Four
Nantes (44)	L'Océanide **N**
Nantes/ Château-Thébaud (44)	Auberge la Gaillotière **N**
Nantes/ Couëron (44)	Le François II

Nantes/ Saint-Herblain (44)	Les Caudalies
Narbonne/ Bages (11)	Le Portanel
Natzwiller (67)	Auberge Metzger
Nérondes (18)	Le Lion d'Or **N**
Neufchâtel-sur-Aisne (02)	Le Jardin
Neuillé-le-Lierre (37)	Auberge de la Brenne
Nevers/	
Sauvigny-les-Bois (58)	Moulin de l'Étang
Neyrac-les-Bains (07)	Du Levant
Nice (06)	Au Rendez-vous des Amis
Nice (06)	Les Pêcheurs
Niedersteinbach (67)	Cheval Blanc
Nîmes (30)	Aux Plaisirs des Halles
Nîmes (30)	Le Magister **N**
Noailhac (81)	Hostellerie d'Oc
Nogent-le-Roi (28)	Relais des Remparts
Nogent-sur-Seine (10)	Beau Rivage
Notre-Dame-de-Bellecombe (73)	
	La Ferme de Victorine
Noyalo (56)	L'Hortensia
Nuits-Saint-Georges (21)	La Cabotte
Nyons (26)	Le Petit Caveau
Obernai/ Ottrott (67)	À l'Ami Fritz
Oisly (41)	St-Vincent
Orléans (45)	La Dariole
Orléans (45)	Eugène
Orléans/ La Chapelle-Saint-Mesmin (45)	
	Côté Saveurs **N**
Orléans/ Olivet (45)	La Laurendière
Ornans (25)	Le Courbet
Ornans/ Saules (25)	La Griotte **N**
Ossès (64)	La Ferme Gourmande **N**
Oucques (41)	Du Commerce
Pailherols (15)	Auberge des Montagnes
Pamiers (09)	De France
Paris/ Paris 1er	La Régalade St-Honoré **N**
Paris/ Paris 1er	Zen
Paris/ Paris 2e	Aux Lyonnais
Paris/ Paris 2e	Café Moderne **N**
Paris/ Paris 2e	Frenchie
Paris/ Paris 2e	Osteria Ruggera **N**
Paris/ Paris 3e	Pramil
Paris/ Paris 4e	Suan Thaï
Paris/ Paris 5e	Ribouldingue
Paris/ Paris 6e	L'Épi Dupin
Paris/ Paris 6e	La Maison du Jardin
Paris/ Paris 6e	Le Timbre
Paris/ Paris 7e	L'Affriolé
Paris/ Paris 7e	Au Bon Accueil
Paris/ Paris 7e	Café Constant
Paris/ Paris 7e	Chez les Anges
Paris/ Paris 7e	Le Clarisse
Paris/ Paris 7e	Le Clos des Gourmets
Paris/ Paris 7e	Les Cocottes
Paris/ Paris 7e	Kinnari **N**
Paris/ Paris 7e	P'tit Troquet
Paris/ Paris 8e	Le Bouco
Paris/ Paris 9e	Carte Blanche

Paris/ Paris 9e	La Petite Sirène
	de Copenhague
Paris/ Paris 9e	Le Pré Cadet
Paris/ Paris 9e	Café Panique
Paris/ Paris 10e	Chez Michel
Paris/ Paris 11e	Auberge Pyrénées Cévennes
Paris/ Paris 11e	Bistrot Paul Bert
Paris/ Paris 11e	Caffé dei Cioppi
Paris/ Paris 11e	Mansouria
Paris/ Paris 11e	Villaret
Paris/ Paris 12e	L'Auberge Aveyronnaise
Paris/ Paris 12e	Jean-Pierre Frelet **N**
Paris/ Paris 13e	Au Petit Marguery **N**
Paris/ Paris 13e	Les Cailloux
Paris/ Paris 13e	Impérial Choisy
Paris/ Paris 13e	Lao Lane Xang 2 **N**
Paris/ Paris 13e	L'Ourcine
Paris/ Paris 13e	Variations **N**
Paris/ Paris 14e	La Cantine du Troquet
Paris/ Paris 14e	La Cerisaie
Paris/ Paris 14e	L'Entêtée
Paris/ Paris 14e	Maison Courtine
Paris/ Paris 14e	L'Ordonnance
Paris/ Paris 14e	Les Petits Plats **N**
Paris/ Paris 14e	La Régalade
Paris/ Paris 15e	Le Bélisaire
Paris/ Paris 15e	Beurre Noisette
Paris/ Paris 15e	Le Caroubier
Paris/ Paris 15e	Le Grand Pan
Paris/ Paris 15e	L'Inattendu
Paris/ Paris 15e	Jadis
Paris/ Paris 15e	L'Os à Moelle
Paris/ Paris 15e	Stéphane Martin
Paris/ Paris 15e	Le Troquet
Paris/ Paris 16e	A et M Restaurant
Paris/ Paris 16e	Chez Géraud
Paris/ Paris 17e	L'Accolade
Paris/ Paris 17e	Chez Léon **N**
Paris/ Paris 17e	L'Entredgeu
Paris/ Paris 17e	Graindorge
Paris/ Paris 17e	Hier et Aujourd'hui
Paris/ Paris 17e	Meating
Paris/ Paris 18e	Miroir **N**
Paris/ Paris 18e	L'Oxalis
Paris/ Paris 18e	La Table d'Eugène
Paris/ Paris 20e	Les Allobroges
Paris/ Paris 20e	Le Baratin
Pauillac (33)	Café Lavinal
Périgueux (24)	Le Grain de Sel **N**
Pernes-les-Fontaines (84)	Au Fil du Temps **N**
Perpignan (66)	Les Antiquaires
La-Petite-Pierre/	
Graufthal (67)	Au Cheval Blanc
Pézenas (34)	L'Entre Pots **N**
Plaimpied-Givaudins (18)	Aux Marais **N**
Plaisians (26)	Auberge de la Clue
Pléneuf-Val-André/	
Le-Val-André (22)	Au Biniou
Ploemeur/ Lomener (56)	Le Vivier

Ploubalay (22)	De la Gare
Polliat (01)	De la Place
Pommiers (69)	Les Terrasses de Pommiers
Pons (17)	De Bordeaux
Pont-Aven (29)	Sur le Pont ...
Pont-de-Vaux (01)	Les Platanes
Pont-de-Vaux (01)	Le Raisin
Pont-du-Château (63)	Auberge du Pont **N**
Pontgibaud (63)	L'Ours des Roches **N**
Pont-Scorff (56)	L'Art Gourmand **N**
Port-Lesney (39)	Le Bistrot Pontarlier
Port-Manech (29)	Du Port et de l'Aven
Porto (2A)	Bella Vista
Pouillon (40)	L'Auberge du Pas de Vent
Puimichel (04)	Chez Jules **N**
Le Puy-en-Velay (43)	Comme à la Maison
Le Puy-en-Velay (43)	Tournayre
Puy-l'Évêque/	
Anglars-Juillac (46)	Clau del Loup **N**
Puy-Saint-Vincent (05)	La Pendine
Quarré-les-Tombes (89)	Le Morvan
Quédillac (35)	Le Relais de la Rance
Quettehou (50)	Auberge de Ket Hou
Quiberon (56)	La Chaumine **N**
Quimper/	
Ty-Sanquer (29)	Auberge de Ti-Coz
Ramatuelle (83)	L'Écurie du Castellas **N**
Rayol-Canadel-sur-Mer (83)	
	Le Relais des Maures **N**
Réalmont (81)	Les Secrets Gourmands
Reipertswiller (67)	La Couronne **N**
Renaison (42)	Jacques Cœur **N**
Rennes (35)	Le Quatre B
La Réole (33)	Aux Fontaines
Reugny (03)	La Table de Reugny
Rians (83)	La Roquette
Riom (63)	Le Flamboyant
Riquewihr (68)	Le Sarment d'Or
Roanne (42)	Le Central
Robion (84)	L'Escanson
Rodez (12)	Les Jardins de l'Acropolis
La Roque-Gageac (24)	La Belle Étoile **N**
La Roquette-sur-Siagne (06)	La Terrasse
Rostrenen (22)	L'Éventail des Saveurs
Rouvres-en-Xaintois (88)	Burnel
Royan (17)	Les Filets Bleus
Les Sables-d'Olonne (85)	La Pilotine
Saillagouse (66)	
	Planes (La Vieille Maison Cerdane)
Saint-Alban-les-Eaux (42)	Le Petit Prince
Saint-Amand-Montrond/	
Bruère-Allichamps (18)	Les Tilleuls
Saint-Amand-Montrond/	
Noirlac (18)	Auberge de l'Abbaye de Noirlac
Saint-Benoît-sur-Loire (45)	Grand St-Benoît
Saint-Bonnet-le-Froid (43)	André Chatelard
Saint-Bonnet-le-Froid (43)	Le Clos des Cimes
Saint-Bonnet-le-Froid (43)	Le Fort du Pré
Saint-Brieuc (22)	Ô Saveurs
Saint-Brieuc/ Cesson (22)	La Croix Blanche
Saint-Chély-d'Apcher/	
La Garde (48)	Le Rocher Blanc
Saint-Crépin (05)	Les Tables de Gaspard
Saint-Disdier (05)	La Neyrette
Saint-Étienne/	
Saint-Priest-en-Jarez (42)	Du Musée
Saint-Flour (15)	Grand Hôtel de l'Étape
Saint-Geniès (24)	Le Château **N**
Saint-Germain-du-Bois (71)	
	Hostellerie Bressane
Saint-Gervais-les-Bains (74)	Le Sérac
Saint-Gilles-Croix-de-Vie/	
Coëx (85)	Le Balata **N**
Saint-Girons/	
Lorp-Sentaraille (09)	La Petite Maison
Saint-Hippolyte (68)	Le Parc
Saint-Jean-du-Bruel (12)	Du Midi-Papillon
Saint-Julien-Chapteuil (43)	Vidal
Saint-Julien-de-Lampon (24)	La Gabarre **N**
Saint-Julien-du-Sault (89)	Le Bistrot
Saint-Julien-en-Champsaur (05)	
	Les Chenets
Saint-Malo/	
Saint-Servan-sur-Mer (35)	La Gourmandise
Saint-Mandé (94)	L'Ambre d'Or
Saint-Martin-en-Bresse (71)	Au Puits Enchanté
Saint-Michel-Mont-Mercure (85)	Auberge
	du Mont Mercure
Saint-Palais-sur-Mer (17)	Les Agapes
Saint-Priest-Taurion (87)	Relais du Taurion
Saint-Quirin (57)	Hostellerie du Prieuré
Saint-Raphaël/ Valescure (83)	Le Jardin
	de Sébastien **N**
Saint-Rémy-de-Provence/	
Maillane (13)	L'Oustalet Maïanen **N**
Saint-Rémy-de-Provence/	
Verquières (13)	Le Croque Chou **N**
Saint-Romain (21)	Les Roches
Saint-Suliac (35)	La Ferme du Boucanier
Saint-Thégonnec (29)	Auberge Saint-Thégonnec
Saint-Vaast-la-Hougue (50)	France et Fuchsias
Saint-Valery-en-Caux (76)	Du Port
Saint-Valery-sur-Somme (80)	
	Du Port et des Bains
Saint-Vallier (26)	Le Bistrot d'Albert
Sainte-Cécile-les-Vignes (84)	
	Campagne, Vignes et Gourmandises
Sainte-Croix-de-Verdon (04)	L'Olivier
Sainte-Euphémie (01)	Au Petit Moulin
Sainte-Geneviève-des-Bois (91)	
	La Table d'Antan
Sainte-Menéhould (51)	Le Cheval Rouge
Saintes (17)	L'Adresse
Saintes (17)	Clos des Cours
Salers (15)	Le Bailliage
Salies-de-Béarn (64)	Des Voisins
Sancerre (18)	La Pomme d'Or
Santenay (21)	Le Terroir

➜ **N** *Nouveau* 😊   ➜ *New* 😊

Le Sappey-en-Chartreuse (38)	Les Skieurs
Sassetot-le-Mauconduit (76)	
	Le Relais des Dalles
Saugues (43)	La Terrasse
Saulxures (67)	La Belle Vue **N**
Saumur (49)	L'Escargot **N**
Sauternes (33)	Saprien
Sauxillanges (63)	Restaurant de la Mairie
Savonnières (37)	La Maison Tourangelle
Scherwiller (67)	Auberge Ramstein **N**
Seillans (83)	Le Relais
Seillonnaz (01)	La Cigale d'Or
Sélestat (67)	La Vieille Tour **N**
Semblançay (37)	La Mère Hamard
Sérignan (34)	L'Harmonie
Serre-Chevalier/ Le Monêtier-	
les-Bains (05)	La Table du Chazal
Servon (50)	Auberge du Terroir
Servoz (74)	Les Gorges de la Diosaz
Sète (34)	Paris Méditerranée
Sillé-le-Guillaume (72)	Le Bretagne
Sorges (24)	Auberge de la Truffe
La Souterraine/ Saint-Étienne-	
de-Fursac (23)	Nougier
Steenvoorde (59)	Auprès de mon Arbre
Strasbourg (67)	Le Clou
Tain-l'Hermitage (26)	Le Quai **N**
Tarascon-sur-Ariège/Rabat-les-Trois-	
Seigneurs (09)	La Table de la Ramade
Tarbes (65)	L'Étoile **N**
Tarbes (65)	L'Isard **N**
Tarbes (65)	Trait Blanc **N**
Tharon-Plage (44)	L'Empreinte **N**
Thoissey (01)	Côté Saône
Thonon-les-Bains/	
Port-de-Séchex (74)	Le Clos du Lac
Toulouse/	
Castanet-Tolosan (31)	La Table des Merville
Toulouse/ L'Union (31)	La Bonne Auberge
Tourcoing (59)	La Baratte
Tournus/ Ozenay (71)	Le Relais d'Ozenay
Tournus/	
Le Villars (71)	L'Auberge des Gourmets
Tours (37)	L'Arche de Meslay
Tours (37)	Le Bistrot de la Tranchée
Tours (37)	Casse-Cailloux
Tours (37)	La Deuvalière
Tours (37)	Le St-Honoré
Tours/ Vallières (37)	Auberge de Port Vallières
Tremblay-en-France (93)	La Jument Verte
Trémolat (24)	Bistrot d'en Face
Troyes/	
Pont-Sainte-Marie (10)	Bistrot DuPont
La Turbie (06)	Café de la Fontaine
Uchaux (84)	Côté Sud
Uchaux (84)	Le Temps de Vivre
Uzerche/	
Saint-Ybard (19)	Auberge Saint-Roch
Vacqueyras (84)	L'Éloge **N**
Vagney (88)	Les Lilas
Vailhan (34)	L'Auberge du Presbytère **N**
Vaison-la-Romaine (84)	Le Brin d'Olivier
Vaison-la-Romaine/	
Roaix (84)	Bistro Préface **N**
Valady (12)	Auberge de l'Ady
Valdahon (25)	Relais de Franche Comté **N**
Le-Val-d'Ajol (88)	La Résidence
Valence (26)	Le 7
Vallon-en-Sully (03)	Auberge des Ris
Valmont (76)	Le Bec au Cauchois
Vals-les-Bains (07)	Le Vivarais **N**
Le Valtin (88)	Auberge du Val Joli
Vannes (56)	L'Éden **N**
Vannes (56)	Le Vent d'Est
Varades (44)	La Closerie des Roses
Venarey-les-Laumes/Alise-Sainte-Reine	
(21)	Auberge du Cheval Blanc
Vence (06)	Le Vieux Couvent
Vendôme (41)	Le Terre à TR
Vergongheon (43)	La Petite École
Vern-d'Anjou (49)	Le Pigeon Blanc
Vernon (27)	Les Fleurs
Veuves (41)	L'Auberge de la Croix Blanche **N**
Vic-Fezensac/	
Préneron (32)	Auberge La Baquère **N**
Vichy (03)	L'Alambic
Vichy (03)	La Table de Marlène
Vic-sur-Cère (15)	Bel Horizon
Vic-sur-Cère/ Col-de-Curebourse (15)	
	Hostellerie St-Clément
Vieillevie (15)	La Terrasse
Vierzon (18)	Le Champêtre
Villard-de-Lans (38)	Les Trente Pas
Villars (84)	La Table de Pablo
Villedieu-les-Poêles (50)	
	Manoir de l'Acherie
Villefranche-de-Conflent (66)	
	Auberge Saint-Paul
Villefranche-de-Rouergue (12)	
	Côté Saveurs **N**
Villefranche-de-Rouergue (12)	L'Épicurien
Villefranche-sur-Saône (69)	Le Juliénas
Villeneuve-sur-Lot/ Pujols (47)	Lou Calel
Vitrac (24)	La Treille **N**
Viviers (07)	Le Relais du Vivarais
Weyersheim (67)	
	Auberge du Pont de la Zorn **N**
Wierre-Effroy (62)	La Ferme du Vert
Yvoire (74)	Les Flots Bleus
Yvoire (74)	Le Pré de la Cure
Yvoy-le-Marron (41)	
	Auberge du Cheval Blanc **N**

➡ **N** *Nouveau* 😊   ➡ *New* 😊

Bib Hôtel

Bonnes nuits à petits prix en province
Good accommodation at moderate prices outside the Paris region

Aguessac (12)	Auberge le Rascalat
Aire-sur-l'Adour/	
Ségos (32)	Minvielle et les Oliviers
Aix-les-Bains (73)	Auberge St-Simond
Alençon (61)	Des Ducs
Allevard (38)	Les Alpes
Ampuis (69)	Le Domaine des Vignes
Angers (49)	Le Progrès
Arèches (73)	Auberge du Poncellamont
Argentat (19)	Sablier du Temps
Aubeterre-sur-Dronne (16)	
	Hostellerie du Périgord
Aubigny-sur-Nère (18)	La Chaumière N
Aubusson (23)	Villa Adonis
Aulnay (17)	Du Donjon
Aurec-sur-Loire (43)	Les Cèdres Bleus
Autrans (38)	Les Tilleuls
Autun (71)	La Tête Noire
Avignon/	
Île de la Barthelasse (84)	La Ferme
Azay-le-Rideau (37)	De Biencourt
Azay-le-Rideau (37)	Des Châteaux
Baix (07)	Les Quatre Vents
Balot (21)	Auberge de la Baume
Ban-de-Laveline (88)	Auberge Lorraine
Baratier (05)	Les Peupliers
Barr (67)	Château d'Andlau N
Beaugency (45)	Sologne
Beaune (21)	Grillon
Beaune/ Levernois (21)	Le Parc
Beauzac (43)	L'Air du Temps
Beauzac/ Bransac (43)	La Table du Barret
Bédoin/ Sainte-Colombe (84)	La Garance N
Bénodet (29)	Domaine de Kereven
Bergerac (24)	Europ Hôtel N
Biarritz/ Arbonne (64)	Laminak
Bielle (64)	L'Ayguelade N
Bitche (57)	Le Strasbourg
Blienschwiller (67)	Winzenberg
Bollezeele (59)	Hostellerie St-Louis
Bonifacio (2A)	Domaine de Licetto
Bonnétage (25)	L'Étang du Moulin
Bonneval-sur-Arc (73)	À la Pastourelle
Bourges (18)	Le Christina
Bozouls (12)	À la Route d'Argent
Bretenoux/	
Port-de-Gagnac (46)	Hostellerie Belle Rive
Buis-les-Baronnies (26)	
	Les Arcades-Le Lion d'Or
Burnhaupt-le-Haut (68)	Le Coquelicot
Buzançais (36)	L'Hermitage
Caen (14)	Des Quatrans
Calès (46)	Le Petit Relais N
Calvinet (15)	Beauséjour
Camaret-sur-Mer (29)	Vauban
Cambo-les-Bains (64)	Ursula
Cancale (35)	Le Chatellier
Cannes (06)	Florian
Carennac (46)	Hostellerie Fénelon
Carhaix-Plouguer (29)	Noz Vad
Le Cergne (42)	Bel'Vue N
Cernay (68)	Hostellerie d'Alsace
Chagny (71)	De la Poste
Champlive (25)	Auberge du Château de Vaite
Chandolas (07)	Auberge les Murets
Château-Gontier/	
Coudray (53)	L'Amphitryon
Chaudes-Aigues (15)	Beauséjour
Chaumont/ Chamarandes (52)	
	Au Rendez-Vous des Amis
Chauvigny (86)	Lion d'Or
Cherbourg-Octeville (50)	La Renaissance
Cherbourg-Octeville (50)	Louvre
Chézery-Forens (01)	Commerce
Chinon (37)	Diderot
Col de la Schlucht (88)	Le Collet
Colmar/	
Sainte-Croix-en-Plaine (68)	Au Moulin
Concarneau (29)	Des Halles
Coti-Chiavari (2A)	Le Belvédère

→ **N** Nouveau 🛏 → New 🛏

Coulombiers (86)	Auberge le Centre Poitou
Coulon (79)	Le Central
La Courtine (23)	Au Petit Breuil
Coutras (33)	Henri IV
Crozon (29)	De la Presqu'île
Cruis (04)	Auberge de l'Abbaye
Dambach-la-Ville (67)	Le Vignoble
Damgan (56)	Albatros
Donzenac (19)	Relais du Bas Limousin
Donzy (58)	Le Grand Monarque **N**
Doué-la-Fontaine (49)	Auberge Bienvenue
Drusenheim (67)	Auberge du Gourmet
Entraygues-sur-Truyère/	
Le Fel (12)	Auberge du Fel
Épaignes (27)	L'Auberge du Beau Carré
Erquy (22)	Beauséjour
Le Falgoux (15)	Des Voyageurs
La Ferté-Saint-Cyr (41)	Saint-Cyr
Feurs (42)	Etésia **N**
Fouesnant/ Cap-Coz (29)	Belle-Vue
Fougères (35)	Les Voyageurs
Gérardmer (88)	Gérard d'Alsace
Gérardmer (88)	Les Reflets du Lac **N**
Giffaumont-Champaubert (51)	
	Le Cheval Blanc
Gimel-les-Cascades (19)	
	Hostellerie de la Vallée
Guebwiller (68)	Domaine du Lac
Guilliers (56)	Au Relais du Porhoët
Hagetmau (40)	Le Jambon
Hesdin (62)	Trois Fontaines
Les Houches (74)	Auberge Le Montagny
Île-de-Sein (29)	Ar Men
Illhaeusern (68)	Les Hirondelles
L'Isle-d'Abeau (38)	Le Relais du Çatey
L'Isle-sur-Serein (89)	Auberge du Pot d'Étain
Jonzac/ Clam (17)	Le Vieux Logis
Jougne (25)	La Couronne
Juvigny-sous-Andaine (61)	Au Bon Accueil
Kaysersberg (68)	Constantin
Lacapelle-Viescamp (15)	Du Lac
Lac Chambon (63)	Le Grillon
Laguiole (12)	Régis
Lamoura (39)	La Spatule
Lanarce (07)	Le Provence
Lodève (34)	Paix
Loudéac (22)	Voyageurs
Lucinges (74)	Le Bonheur dans Le Pré
Luz-Saint-Sauveur/	
Esquièze-Sère (65)	Terminus
Mansle (16)	Beau Rivage
Margès (26)	Auberge Le Pont du Chalon
Mauriac (15)	Auv'Hôtel
Mazaye (63)	Auberge de Mazayes

Meaulne (03)	Au Cœur de Meaulne **N**
Melle (79)	Les Glycines
Métabief (25)	Étoile des Neiges
Meyrueis (48)	Family Hôtel
Meyrueis (48)	Du Mont Aigoual
Mittelhausen (67)	À l'Étoile
Molsheim (67)	Le Bugatti
Les Molunes (39)	Le Pré Fillet
Monestier-de-Clermont (38)	Au Sans Souci
Montargis/ Amilly (45)	Le Belvédère
Montauban (82)	Du Commerce
Montélier (26)	La Martinière
Montigny-la-Resle (89)	Le Soleil d'Or
Montluel (01)	Petit Casset
Montmelard (71)	Le St-Cyr
Montpellier (34)	Du Parc
Montpellier (34)	Ulysse
Montsalvy (15)	L'Auberge Fleurie
Mortagne-au-Perche (61)	Du Tribunal
Morteau (25)	La Guimbarde **N**
Mulhouse/	
Frœningen (68)	Auberge de Froeningen
Najac (12)	L'Oustal del Barry
Nantua (01)	L'Embarcadère
Natzwiller (67)	Auberge Metzger
Neufchâteau (88)	
	Le Romain et H. Le Richevaux **N**
Niederschaeffolsheim (67)	Au Bœuf Rouge
Niedersteinbach (67)	Cheval Blanc
Nogent-le-Rotrou (28)	Brit Hôtel du Perche
Nogent-le-Rotrou (28)	Sully
Nogent-sur-Seine (10)	Beau Rivage
Les Nonières (26)	Le Mont-Barral
Nontron (24)	Grand Hôtel
Le Nouvion-en-Thiérache (02)	Paix
Noyalo (56)	L'Hortensia
Oberhaslach (67)	Hostellerie St-Florent
Obersteinbach (67)	Anthon
Omonville-la-Petite (50)	Fossardière
Orléans (45)	Marguerite
Pailherols (15)	Auberge des Montagnes
Paimpol/	
Ploubazlanec (22)	Les Agapanthes
Patrimonio (2B)	Du Vignoble
Pau (64)	Le Bourbon
Pégomas (06)	Bosquet
Piana (2A)	Le Scandola **N**
Pierre-Buffière (87)	La Providence
Pierrefort (15)	Du Midi
Pont-Aven (29)	Les Ajoncs d'Or
Pont-de-Vaux (01)	Les Platanes
Pont-du-Bouchet (63)	La Crémaillère
Pont-du-Château (63)	L'Estredelle **N**
Port-Manech (29)	Du Port et de l'Aven

→ **N** *Nouveau* 🏠   → *New* 🏠

Le Pouldu (29)	Le Panoramique
Quarré-les-Tombes (89)	Le Morvan
Quédillac (35)	Le Relais de la Rance
Quinson (04)	Relais Notre-Dame **N**
Quintin (22)	Du Commerce
Rehaupal (88)	Auberge du Haut-Jardin **N**
Reipertswiller (67)	La Couronne
Rennes (35)	Britannia
Rennes (35)	Des Lices
Rieumes (31)	Auberge les Palmiers
Riom-Ès-Montagnes (15)	St-Georges
La Rochette (73)	Du Parc
Romagnieu (38)	
	Auberge les Forges de la Massotte
Roure (06)	Auberge le Robur
Rouvres-en-Xaintois (88)	Burnel
Les Sables-d'Olonne (85)	Antoine
Les Sables-d'Olonne (85)	Arc en Ciel
Les Sables-d'Olonne (85)	Les Embruns
Saillagouse (66)	
	Planes (La Vieille Maison Cerdane)
Saint-Agnan (58)	La Vieille Auberge
Saint-Ambroix/ Larnac (30)	Le Clos des Arts
Saint-Chély-d'Apcher/	
La Garde (48)	Le Rocher Blanc
Saint-Flour (15)	L'Ander
Saint-Flour (15)	Auberge de La Providence
Saint-Gervais-d'Auvergne (63)	
	Le Relais d'Auvergne
Saint-Guénolé (29)	Ondines
Saint-Jean-du-Bruel (12)	Du Midi-Papillon
Saint-Jean-en-Royans/	
Col de la Machine (26)	Du Col de la Machine
Saint-Lary (09)	Auberge de l'Isard
Saint-Louis (68)	Berlioz
Saint-Malo (35)	Le Nautilus **N**
Saint-Malo (35)	San Pedro
Saint-Rémy-de-Provence (13)	L'Amandière
Saint-Valery-en-Caux (76)	Les Remparts
Sainte-Menéhould (51)	Le Cheval Rouge
Saintes (17)	L'Avenue
Salins-les-Bains (39)	Charles Sander
Sallanches (74)	Auberge de l'Orangerie
Sand (67)	La Charrue
Sarlat-la-Canéda (24)	Le Mas de Castel
Sarlat-la-Canéda (24)	Le Mas del Pechs
Sarreguemines (57)	Amadeus
Sars-Poteries (59)	Marquais
Saugues (43)	La Terrasse
Sauveterre-de-Béarn (64)	
	La Maison de Navarre
Saverne (67)	Le Clos de la Garenne
Scherwiller (67)	Auberge Ramstein **N**
Sées/ Macé (61)	Île de Sées
Semur-en-Auxois (21)	Les Cymaises
Sermersheim (67)	Au Relais de l'Ill **N**
Servon (50)	Auberge du Terroir
Solignac (87)	St-Éloi
Sommières (30)	De l'Estelou
Sondernach (68)	A l'Orée du Bois
Souillac (46)	Le Quercy
Sousceyrac (46)	Au Déjeuner de Sousceyrac
Strasbourg/ Entzheim (67)	Père Benoit
Sully-sur-Loire (45)	La Closeraie **N**
Tain-l'Hermitage (26)	Les 2 Coteaux
Thann (68)	Aux Sapins
Le Thillot/ Le Ménil (88)	Les Sapins
Thizy (69)	La Terrasse
Tournon-sur-Rhône (07)	Les Amandiers
Tours (37)	Du Manoir **N**
Tours (37)	Ronsard **N**
Uzès (30)	Le Patio de Violette
Valgorge (07)	Le Tanargue
Valleraugue (30)	Auberge Cévenole
Vaux-en-Beaujolais (69)	
	Auberge de Clochemerle
Vaux-sous-Aubigny (52)	Le Vauxois
Vézelay/	
Pierre-Perthuis (89)	Les Deux Ponts
Viaduc-de-Garabit (15)	Beau Site
Vic-en-Bigorre (65)	Réverbère
Vichy (03)	Arverna **N**
Vic-sur-Cère/ Col-de-Curebourse (15)	
	Hostellerie St-Clément
Villé (67)	La Bonne Franquette
Villiers-sur-Marne (52)	La Source Bleue **N**
Vittel (88)	Providence
Viviers (07)	Le Relais du Vivarais
Vougeot/	
Gilly-lès-Cîteaux (21)	L'Orée des Vignes
Wissembourg (67)	Au Moulin de la Walk
Yvetot (76)	Du Havre

Hébergements agréables

Pleasant accommodation

Antibes/ Cap d'Antibes (06)	Du Cap	**Nice (06)**	Negresco
La Baule (44)	Hermitage Barrière	**Paris/ Paris 1er**	Le Meurice
Beaulieu-sur-Mer (06)		**Paris/ Paris 1er**	Ritz
	La Réserve de Beaulieu et Spa	**Paris/ Paris 8e**	Le Bristol
Biarritz (64)	Du Palais	**Paris/ Paris 8e**	Crillon
Cannes (06)	Carlton Inter Continental	**Paris/ Paris 8e**	Four Seasons George V
Cannes (06)	Majestic Barrière	**Paris/ Paris 8e**	Plaza Athénée
Cannes (06)	Martinez	**Paris/ Paris 8e**	Le Royal Monceau
Courchevel/		**Paris/ Paris 9e**	Intercontinental Le Grand
Courchevel 1850 (73)	Les Airelles	**Paris/ Paris 16e**	Raphael
Courchevel/		**Paris/ Paris 16e**	Shangri-La
Courchevel 1850 (73)	Cheval Blanc	**Saint-Jean-Cap-Ferrat (06)**	
Deauville (14)	Normandy-Barrière		Grand Hôtel du Cap Ferrat
Deauville (14)	Royal-Barrière	**Saint-Tropez (83)**	Byblos
Évian-les-Bains (74)	Royal	**Saint-Tropez (83)**	Château de la Messardière
Monte-Carlo (MC)	Hermitage	**Tourrettes (83)**	Four Seasons Resort Provence
Monte-Carlo (MC)	Paris		at Terre Blanche

Ablis (78)	Château d'Esclimont	**Brive-la-Gaillarde/**	
Aix-en-Provence (13)	Villa Gallici	**Varetz (19)**	Château de Castel Novel
Antibes/ Cap d'Antibes (06)		**Cahors/ Mercuès (46)**	Château de Mercuès
	Impérial Garoupe	**Calvi (2B)**	La Villa
Avallon/ Vault-de-Lugny (89)		**Cannes (06)**	3.14 Hôtel
	Château de Vault de Lugny	**Carcassonne (11)**	De La Cité
Avignon (84)	La Mirande	**Le Castellet/**	
Bagnols (69)	Château de Bagnols	**Circuit Paul Ricard (83)**	Du Castellet
Beaune (21)	Le Cep	**Cavalière (83)**	Le Club de Cavalière et Spa
Beaune/ Levernois (21)		**Chamonix-Mont-Blanc (74)**	
	Hostellerie de Levernois		Hameau Albert 1er
Belle-Ile/ Port-Goulphar (56)	Castel Clara	**La Chapelle-en-Serval (60)**	Mont Royal
Béthune/		**Colroy-la-Roche (67)**	
Busnes (62)	Le Château de Beaulieu		Hostellerie La Cheneaudière
Les Bézards (45)	Auberge des Templiers	**Courcelles-sur-Vesle (02)**	
Bidarray (64)	Ostapé		Château de Courcelles
Billiers (56)	Domaine de Rochevilaine	**Courchevel/ Courchevel 1850 (73)**	
Bordeaux (33)	The Regent Grand Hotel		Amanresorts Le Mélézin
Bordeaux/		**Courchevel/**	
Martillac (33)	Les Sources de Caudalie	**Courchevel 1850 (73)**	Le Kilimandjaro
Briollay (49)	Château de Noirieux	**Courchevel/ Courchevel 1850 (73)**	Le Lana
		Courchevel/ Courchevel 1850 (73)	Le Strato

51

Curzay-sur-Vonne (86)   Château de Curzay
Dinard (35)   Grand Hôtel Barrière de Dinard
Divonne-les-Bains (01)   Le Grand Hôtel
Eugénie-les-Bains (40)   Les Prés d'Eugénie
Évian-les-Bains (74)   Ermitage
Èze (06)   Château de la Chèvre d'Or
Èze-Bord-de-Mer (06)   Cap Estel
Figeac (46)   Château du Viguier du Roy
Forcalquier/ Mane (04) Couvent des Minimes
Gargas (84)   Domaine de la Coquillade
Gordes (84)   La Bastide de Gordes et Spa
Grasse (06)   La Bastide St-Antoine
Honfleur (14)   La Ferme St-Siméon
Île de Ré/ La Flotte (17)   Richelieu
Joigny (89)   La Côte St-Jacques
Juan-les-Pins (06)   Juana
Lacave (46)   Château de la Treyne
Ligny-en-Cambrésis (59)   Château de Ligny
Lille (59)   L'Hermitage Gantois
Luynes (37)   Domaine de Beauvois
Lyon (69)   Cour des Loges
Lyon (69)   Villa Florentine
Lyon/ Charbonnières-les-Bains (69)
   Le Pavillon de la Rotonde
Megève (74)   Le Fer à Cheval
Megève (74)   Les Fermes de Marie
Megève (74)   Lodge Park
Mirambeau (17)   Château de Mirambeau
Montbazon (37)   Château d'Artigny
Monte-Carlo (MC)
   Monte Carlo Bay Hotel and Resort
Monte-Carlo (MC)   Métropole
Monte-Carlo/ Monte-Carlo-Beach (MC)
   Monte-Carlo Beach Hôtel
Montpellier/ Castelnau-le-Lez (34)
   Domaine de Verchant
Mougins (06)   Le Mas Candille
Obernai (67)   Le Parc
Onzain (41)   Domaine des Hauts de Loire
Paris/ Paris 1er   Le Burgundy
Paris/ Paris 1er   Costes

Paris/ Paris 1er   De Vendôme
Paris/ Paris 3e   Pavillon de la Reine
Paris/ Paris 8e   Champs-Élysées Plaza
Paris/ Paris 8e   Fouquet's Barrière
Paris/ Paris 8e   Napoléon
Paris/ Paris 9e   Scribe
Paris/ Paris 16e   St-James Paris
Perros-Guirec (22)   L'Agapa
Porticcio (2A)   Le Maquis
Porto-Vecchio (2A)   Casadelmar
Porto-Vecchio (2A) Grand Hôtel de Cala Rossa
Pouilly-en-Auxois/ Chailly-
   sur-Armançon (21)   Château de Chailly
Puymirol (47)   Michel Trama
Ramatuelle (83)   La Réserve Ramatuelle
Reims (51)   Château les Crayères
Roanne (42)   Troisgros
Saint-Émilion (33)   Hostellerie de Plaisance
Saint-Jean-Cap-Ferrat (06)   La Voile d'Or
Saint-Jean-Cap-Ferrat (06)   Royal Riviera
Saint-Tropez (83)   La Bastide de St-Tropez
Saint-Tropez (83)   Résidence de la Pinède
Saint-Tropez (83)   Sezz
Saint-Tropez (83)   Villa Belrose
Saint-Tropez (83)   Villa Marie
Sainte-Foy-la-Grande (33)
   Château des Vigiers
Saulieu (21)   Le Relais Bernard Loiseau
Strasbourg (67)   Régent Petite France
Talloires (74)   L'Auberge du Père Bise
Tignes/ Val-Claret (73) Les Suites du Nevada
Valence (26)   Pic
Versailles (78)   Trianon Palace
Vienne (38)   La Pyramide
Villeneuve-lès-Avignon (30)   Le Prieuré
Vonnas (01)   Georges Blanc
Vougeot/
   Gilly-lès-Cîteaux (21)   Château de Gilly
Vougeot /
   Gilly-lès-Cîteaux (21)   Château de Gilly

Aigues-Mortes (30)   Villa Mazarin
Aillant-sur-Tholon (89)
   Domaine du Roncemay
Aix-en-Provence (13)   Le Pigonnet
Aix-en-Provence/
   Celony (13)   Le Mas d'Entremont
Ajaccio (2A)   Dolce Vita
Albi (81)   La Réserve
Alpe-d'Huez (38)   Au Chamois d'Or
Amboise (37)   Le Choiseul

Amboise (37)   Le Manoir Les Minimes
Amboise/ Saint-Règle (37)
   Château des Arpentis
Antibes/ Cap d'Antibes (06)
   Cap d' Antibes Beach Hôtel
Arles (13)   L'Hôtel Particulier
Avignon/ Montfavet (84)
   Hostellerie Les Frênes
Avignon/ Le Pontet (84)
   Auberge de Cassagne et Spa

Bagnoles-de-l'Orne (61)	Le Manoir du Lys
Bagnols-sur-Cèze (30)	Château de Montcaud
Bandol (83)	Île Rousse
Barbizon (77)	Hôtellerie du Bas-Bréau
La Baule (44)	Castel Marie-Louise
Les Baux-de-Provence (13)	La Cabro d'Or
Bayeux (14)	Château de Sully
Bayeux/ Audrieu (14)	Château d'Audrieu
Beaune (21)	L'Hôtel
Belleville/ Pizay (69)	Château de Pizay
Bénodet/ Sainte-Marine (29)	Villa Tri Men
Béthune/	
Gosnay (62)	Chartreuse du Val St-Esprit
Biarritz (64)	Beaumanoir
Biarritz/	
Lac de Brindos (64)	Château de Brindos
Bonnieux (84)	La Bastide de Capelongue
Bordeaux/ Bouliac (33)	Le St-James
Boulogne-sur-Mer (62)	La Matelote
Le-Bourget-du-Lac (73)	Ombremont
Bourgueil/	
Restigné (37)	Manoir de Restigné
Boutigny-sur-Essonne (91)	
	Domaine de Bélesbat
Brantôme (24)	Le Moulin de l'Abbaye
Brantôme/ Champagnac-de-Belair (24)	
	Le Moulin du Roc
La Bussière-sur-Ouche (21)	
	Abbaye de la Bussière
La Cadière-d'Azur (83)	Hostellerie Bérard
Cagnes-sur-Mer (06)	Le Cagnard
Callas (83)	Hostellerie Les Gorges de Pennafort
Calvi (2B)	La Signoria
Cancale (35)	De Bricourt-Richeux
Carantec (29)	Hôtel de Carantec-Patrick Jeffroy
Carcassonne (11)	Domaine d'Auriac
Carpentras/ Mazan (84)	Château de Mazan
Les Carroz-d'Arâches (74)	
	Les Servages d'Armelle
Cassel (59)	Châtellerie de Schoebeque
La Celle (83)	Hostellerie de l'Abbaye de la Celle
Cergy-Pontoise/	
Méry-sur-Oise (95)	Château de Méry
Chagny (71)	Maison Lameloise
Chambolle-Musigny (21)	
	Château André Ziltener
Chamonix-Mont-Blanc (74)	
	Grand Hôtel des Alpes
Château-Arnoux-Saint-Auban (04)	
	La Bonne Étape
Chenonceaux (37)	
	Auberge du Bon Laboureur
Cognac (16)	Château de l'Yeuse
Coise-Saint-Jean-Pied-Gauthier (73)	
	Château de la Tour du Puits
La Colle-sur-Loup (06)	Alain Llorca
Colmar (68)	Les Têtes
Colombey-les-Deux-Églises (52)	
	Hostellerie la Montagne
Condrieu (69)	Hôtellerie Beau Rivage
Connelles (27)	Le Moulin de Connelles
Cordon (74)	Le Cerf Amoureux

Cordon (74)	Les Roches Fleuries
Courchevel/	
Courchevel 1850 (73)	La Sivolière
Crillon-le-Brave (84)	Crillon le Brave
Le Croisic (44)	Le Fort de l'Océan
La Croix-Valmer/	
Gigaro (83)	Château de Valmer
Crozet (01)	Jiva Hill Park Hôtel
Cruseilles (74)	Château des Avenières
Dinard (35)	Villa Reine Hortense
Enghien-les-Bains (95)	Grand Hôtel Barrière
Épernay/ Champillon (51)	Royal Champagne
Épernay/ Vinay (51)	Hostellerie La Briqueterie
Èze (06)	Château Eza
Fère-en-Tardenois (02)	Château de Fère
Fouday (67)	Julien
Gémenos (13)	Relais de la Magdeleine
Gérardmer (88)	Le Manoir au Lac
Gérardmer/ Bas-Rupts (88)	Les Bas-Rupts
Les Gets (74)	Labrador
Gordes (84)	Les Bories et Spa
Grasse (06)	La Bastide St-Mathieu
Le Grau-du-Roi/	
Port-Camargue (30)	Spinaker
Gray/ Rigny (70)	Château de Rigny
Gressy (77)	Le Manoir de Gressy
Guidel (56)	Le Domaine de Kerbastic
Hennebont (56)	Château de Locguénolé
Honfleur (14)	Le Manoir du Butin
Hossegor (40)	Les Hortensias du Lac
Igé (71)	Château d'Igé
Ile de Bendor (83)	Delos
Ile de Porquerolles (83)	
	Le Mas du Langoustier
Île de Ré/	
Saint-Martin-de-Ré (17)	De Toiras
Joucas (84)	Hostellerie Le Phébus et Spa
Jungholtz (68)	Violettes
Lacave (46)	Pont de l'Ouysse
Laguiole (12)	Bras
Langeais/	
Saint-Patrice (37)	Château de Rochecotte
Lezoux/	
Bort-l'Étang (63)	Château de Codignat
Limoges/ Saint-Martin-du-Fault (87)	
	Chapelle St-Martin
Locquirec (29)	Le Grand Hôtel des Bains
Lorgues (83)	Château de Berne
Lunéville (54)	Château d'Adoménil
Lyon (69)	Le Royal Lyon
Magescq (40)	Relais de la Poste
La Malène (48)	Château de la Caze
Manigod (74)	Chalet Hôtel Croix-Fry
Marlenheim (67)	Le Cerf
Marseille (13)	Le Petit Nice
Massignac (16)	Domaine des Étangs
Maussane-les-Alpilles/	
Paradou (13)	Le Hameau des Baux
Megève (74)	Alpaga
Megève (74)	Chalet du Mont d'Arbois
Megève (74)	Chalet St-Georges
Megève (74)	Mont-Blanc

Méribel (73)	Allodis
Méribel (73)	L'Hélios
Méribel (73)	Le Grand Cœur et Spa
Méribel (73)	Le Yéti
Mirepoix (09)	Relais Royal
Missillac (44)	La Bretesche
Moëlan-sur-Mer (29)	Manoir de Kertalg
Moissac (82)	Le Manoir St-Jean
Molitg-les-Bains (66)	Château de Riell
Montbazon (37)	Domaine de la Tortinière
Montélimar (26)	Domaine du Colombier
Montreuil (62)	Château de Montreuil
Mougins (06)	De Mougins
Moustiers-Sainte-Marie (04)	
	La Bastide de Moustiers
Nans-les-Pins (83)	Domaine de Châteauneuf
Nice (06)	La Pérouse
Nieuil (16)	Château de Nieuil
Nîmes (30)	Jardins Secrets
Niort (79)	La Chamoiserie
Obernai (67)	À la Cour d'Alsace
Paris/ Paris 6e	L'Abbaye
Paris/ Paris 6e	D'Aubusson
Paris/ Paris 6e	Esprit St-Germain
Paris/ Paris 6e	L'Hôtel
Paris/ Paris 6e	Relais Christine
Paris/ Paris 6e	Relais St-Germain
Paris/ Paris 6e	Le Six
Paris/ Paris 7e	Duc de St-Simon
Paris/ Paris 8e	Daniel
Paris/ Paris 8e	François 1er
Paris/ Paris 8e	Intercontinental Avenue Marceau
Paris/ Paris 8e	De Sers
Paris/ Paris 11e	Les Jardins du Marais
Paris/ Paris 16e	Dokhan's Radisson Blu
Paris/ Paris 16e	Keppler
Paris/ Paris 16e	Sezz
Paris/ Paris 16e	Square
Paris/ Paris 17e	Regent's Garden
Paris/ Paris 18e	Kube
Pauillac (33)	Château Cordeillan Bages
Pérouges (01)	Ostellerie du Vieux Pérouges
La Plaine-sur-Mer (44)	Anne de Bretagne
Pons/ Mosnac (17)	Moulin du Val de Seugne
Pont-du-Gard/ Castillon-du-Gard (30)	Le Vieux Castillon
Pornichet (44)	Sud Bretagne
Port-en-Bessin (14)	La Chenevière
Port-Lesney (39)	Château de Germigney
Porto-Vecchio (2A)	Belvédère
Propriano (2A)	Miramar Boutique Hôtel
Rayol-Canadel-sur-Mer (83)	
	Le Bailli de Suffren
Reims (51)	L'Assiette Champenoise
Ribeauvillé (68)	Le Clos St-Vincent
Rodez (12)	Ferme de Bourran
Roscoff (29)	Le Brittany
Roscoff (29)	Le Temps de Vivre
Royat (63)	Princesse Flore
Saint-Arcons-d'Allier (43)	
	Les Deux Abbesses
Saint-Émilion (33)	Château Grand Barrail
Saint-Florent (2B)	Demeure Loredana
Saint-Florent (2B)	La Dimora
Saint-Germain-en-Laye (78)	La Forestière
Saint-Germain-en-Laye (78)	Pavillon Henri IV
Saint-Jean-de-Luz (64)	Grand Hôtel Loreamar Thalasso et Spa
Saint-Jean-de-Luz (64)	Parc Victoria
Saint-Jean-de-Luz (64)	Zazpi
Saint-Jean-Pied-de-Port (64)	Les Pyrénées
Saint-Omer/ Tilques (62)	Château Tilques
Saint-Paul (06)	La Colombe d'Or
Saint-Paul (06)	Le Mas de Pierre
Saint-Paul (06)	Le Saint-Paul
Saint-Paul-Trois-Châteaux (26)	Villa Augusta
Saint-Rémy-de-Provence (13)	Hostellerie du Vallon de Valrugues
Saint-Rémy-de-Provence (13)	Le Château des Alpilles
Saint-Rémy-de-Provence (13)	Les Ateliers de l'Image
Saint-Tropez (83)	La Ferme d'Augustin
Saint-Tropez (83)	Kube
Saint-Tropez (83)	La Tartane Saint-Amour
Saint-Tropez (83)	Le Yaca
Saint-Tropez (83)	Muse
Saint-Tropez (83)	Pan Deï Palais
Saint-Tropez (83)	Villa Cosy
Sainte-Anne-la-Palud (29)	De La Plage
Sainte-Lucie-de-Porto-Vecchio (2A)	Le Pinarello
Sainte-Maure-de-Touraine/ Noyant-de-Touraine (37)	Château de Brou
Sainte-Preuve (02)	Domaine du Château de Barive
Saintes (17)	Relais du Bois St-Georges
Saintes-Maries-de-la-Mer (13)	Lodge de la Fouque
Salon-de-Provence (13)	Abbaye de Sainte-Croix
Le Sambuc (13)	Le Mas de Peint
Sarlat-la-Canéda (24)	Clos La Boëtie
Saumur (49)	Château de Verrières
Saumur/ Chênehutte-les-Tuffeaux (49)	Le Prieuré
La Saussaye (27)	Manoir des Saules
Savigneux (01)	Domaine de Fontanelle
Sélestat (67)	Hostellerie Abbaye de la Pommeraie
Strasbourg (67)	Cour du Corbeau
Strasbourg (67)	Régent Contades
Strasbourg/ Plobsheim (67)	Le Kempferhof
Tarbes (65)	Le Rex Hotel
Théoule-sur-Mer/ Miramar (06)	Miramar Beach
Théoule-sur-Mer/ Miramar (06)	Tiara Yaktsa
Thuret (63)	Château de la Canière
Tournus (71)	Hôtel de Greuze
Tours/ Joué-lès-Tours (37)	Château de Beaulieu
Tours/ Rochecorbon (37)	Les Hautes Roches

Tourtour (83)	La Bastide de Tourtour
Trébeurden (22)	Manoir de Lan-Kerellec
Trébeurden (22)	Ti al Lannec
Trégunc (29)	Auberge Les Grandes Roches
Trémolat (24)	Le Vieux Logis
Trigance (83)	Château de Trigance
Troyes (10)	La Maison de Rhodes
Troyes (10)	Le Champ des Oiseaux
Uriage-les-Bains (38)	Grand Hôtel

Verdun/ Les Monthairons (55)	
	Hostellerie du Château des Monthairons
Verneuil-sur-Avre (27)	Le Clos
Vézelay/ Saint-Père (89)	L'Espérance
Ville-d'Avray (92)	Les Étangs de Corot
Villiers-le-Mahieu (78)	
	Château de Villiers-le-Mahieu
Vitrac (24)	Domaine de Rochebois
Ygrande (03)	Château d'Ygrande

Agde/ Le Cap-d'Agde (34)	La Bergerie du Cap
Aix-en-Provence (13)	Bastide du Cours
Ajaccio (2A)	Les Mouettes
Alençon/	
Saint-Paterne (72)	Château de St-Paterne
Alleyras (43)	Haut-Allier
Amboise (37)	Château de Pray
Anduze/	
Tornac (30)	Les Demeures du Ranquet
Argelès-sur-Mer (66)	Auberge du Roua
Argelès-sur-Mer (66)	Le Cottage
Argenton-sur-Creuse/	
Bouesse (36)	Château de Bouesse
Auch (32)	Château les Charmettes
Auribeau-sur-Siagne (06)	
	Auberge de la Vignette Haute
Auxerre (89)	Le Parc des Maréchaux
Bagnoles-de-l'Orne (61)	Bois Joli
Barcelonnette/ Jausiers (04)	Villa Morélia
Barneville-Carteret/	
Carteret (50)	Des Ormes
Les Baux-de-Provence (13)	
	La Riboto de Taven
Les Baux-de-Provence (13)	Mas de l'Oulivié
Bayonne (64)	Villa Hôtel
Beaune/ Montagny-lès-Beaune (21)	Le Clos
Beaune/ Savigny-lès-Beaune (21)	
	Le Hameau de Barboron
Beaurepaire (85)	Château de la Richerie
Bédarieux/	
Hérépian (34)	Le Couvent d'Hérépian
Belle-Ile/ Bangor (56)	La Désirade
Bergerac (24)	Château Rauly-Saulieut
Bergerac/	
Saint-Nexans (24)	La Chartreuse du Bignac
Bermicourt (62)	La Cour de Rémi
Besançon (25)	Charles Quint
Biarritz (64)	Le Château du Clair de Lune
Bidart (64)	L'Hacienda
Bidart (64)	Villa L'Arche
Bize-Minervois (11)	La Bastide Cabezac
Bonifacio (2A)	Genovese
Bonnat (23)	L'Orangerie
Bormes-les-Mimosas (83)	
	Le Domaine du Mirage

Bourbon-l'Archambault (03)	
	Grand Hôtel Montespan-Talleyrand
Bourges (18)	D'Angleterre
Bourges (18)	Villa C
Brantôme (24)	Moulin de Vigonac
Brantôme/ Bourdeilles (24)	
	Hostellerie Les Griffons
Cambremer (14)	Château Les Bruyères
Canet-en-Roussillon/	
Canet-Plage (66)	Le Mas de la Plage
Cangey (37)	Le Fleuray
Cannes (06)	Cavendish
Carcassonne (11)	Du Château
Carpentras/	
Monteux (84)	Domaine de Bournereau
Carsac-Aillac (24)	La Villa Romaine
Céret (66)	Le Mas Trilles
Chablis (89)	Du Vieux Moulin
Chablis (89)	Hostellerie des Clos
Chamonix-Mont-Blanc/	
Le Lavancher (74)	Les Chalets de Philippe
Charleville-Mézières (08)	Le Dormeur du Val
Châteaudun/	
Flacey (28)	Domaine de Moresville
Le Châtelet/ Notre-Dame d'Orsan (18)	
	La Maison d'Orsan
Châtillon-sur-Chalaronne (01)	La Tour
La Colle-sur-Loup (06)	L'Abbaye
Concarneau (29)	Sables Blancs
Conques (12)	Hervé Busset
Crépon (14)	Ferme de la Rançonnière
Deauville (14)	81 L'Hôtel
Les Deux-Alpes (38)	Chalet Mounier
Duingt (74)	Clos Marcel
Épernay (51)	La Villa Eugène
Erbalunga (2B)	Castel'Brando
Eugénie-les-Bains (40)	La Maison Rose
Les Eyzies-de-Tayac (24)	Ferme Lamy
Fayence (83)	Moulin de la Camandoule
Fontaine-de-Vaucluse (84)	Du Poète
Forcalquier (04)	La Bastide Saint Georges
Fort-Mahon-Plage (80)	Auberge Le Fiacre
Fréjus (83)	L'Aréna
La Gacilly (56)	Grée des Landes
Gensac (33)	Château de Sanse
Gex/ Échenevex (01)	Auberge des Chasseurs

Goumois (25)	Taillard
Graveson (13)	Moulin d'Aure
Grignan (26)	Le Clair de la Plume
Grimaud (83)	Le Verger Maelvi
Guéthary (64)	Villa Catarie
Gundershoffen (67)	Le Moulin
Hauteluce (73)	La Ferme du Chozal
Le Havre (76)	Vent d'Ouest
Honfleur (14)	absinthe
Honfleur (14)	Écrin
Honfleur (14)	La Chaumière
Honfleur (14)	Les Maisons de Léa
Honfleur (14)	La Maison de Lucie
Île de Noirmoutier/	
Noirmoutier-en-l'Île (85)	Fleur de Sel
Ile de Port-Cros (83)	Le Manoir
Île de Ré/	
Saint-Martin-de-Ré (17)	Clos St-Martin
Île de Ré/ Saint-Martin-de-Ré (17)	
	Domaine de la Baronnie
L'Île-Rousse (2B)	Palazzu Pigna
Juan-les-Pins (06)	La Villa
Juan-les-Pins (06)	Ste-Valérie
Jumièges (76)	Le Clos des Fontaines
Lacabarède (81)	Demeure de Flore
Lapoutroie (68)	Les Alisiers
Le Lavandou (83)	Baptistin
Levie (2A)	A Pignata
Lille/ Emmerin (59)	La Howarderie
Limoux (11)	Grand Hôtel Moderne et Pigeon
Lumbres (62)	Moulin de Mombreux
Lyons-la-Forêt (27)	La Licorne
La Malène (48)	Manoir de Montesquiou
Marsolan (32)	Lous Grits
Martel (46)	Relais Ste-Anne
Maussane-les-Alpilles/	
Paradou (13)	Du Côté des Olivades
Mauzac-et-Saint-Meyme-de-Rozens (24)	
	La Métairie
Megève (74)	Au Coin du Feu
Mende (48)	De France
Ménerbes (84)	La Bastide de Marie
Meyronne (46)	La Terrasse
Monpazier (24)	Edward 1er
Montpellier (34)	D'Aragon
Montpellier/ Castries (34)	Disini
Montsoreau (49)	La Marine de Loire
Morzine (74)	Bergerie
Moudeyres (43)	Le Pré Bossu
Mougins (06)	Le Manoir de l'Étang
Mussidan/	
Sourzac (24)	Le Chaufourg en Périgord
Nancy (54)	D'Haussonville
Nantes (44)	L'Hôtel
Neauphle-le-Château (78)	
	Domaine du Verbois
Nice (06)	Le Grimaldi
Nîmes (30)	La Maison de Sophie
Nitry (89)	Auberge La Beursaudière

Obernai/ Ottrott (67)	À l'Ami Fritz
Oradour-sur-Vayres (87)	
	La Bergerie des Chapelles
Orgon (13)	Le Mas de la Rose
Osthouse (67)	À la Ferme
Paris/ Paris 2e	De Noailles
Paris/ Paris 3e	Du Petit Moulin
Paris/ Paris 4e	Bourg Tibourg
Paris/ Paris 6e	Récamier
Paris/ Paris 7e	Le Bellechasse
Paris/ Paris 8e	Le A
Paris/ Paris 8e	Le 123
Paris/ Paris 8e	Cristal
Paris/ Paris 8e	Le Mathurin
Paris/ Paris 8e	Pershing Hall
Paris/ Paris 9e	Secret de Paris
Paris/ Paris 11e	Gabriel
Paris/ Paris 17e	Banville
Paris/ Paris 17e	Hidden
Paris/ Paris 17e	Les Jardins de la Villa
Paris/ Paris 18e	L'Hôtel Particulier Montmartre
Paris/ Paris 20e	Mama Shelter
Peillon (06)	Auberge de la Madone
Perros-Guirec (22)	Le Manoir du Sphinx
Petit-Bersac (24)	Château Le Mas de Montet
Le Pradet/ Les Oursinières (83)	L'Escapade
Le Puy-en-Velay (43)	Du Parc
Quimper (29)	Manoir-Hôtel des Indes
Ramatuelle (83)	La Vigne de Ramatuelle
Rennes (35)	Le Coq-Gadby
Les Riceys (10)	Marius
Rocamadour (46)	Domaine de la Rhue
Rocamadour (46)	Les Vieilles Tours
Rodez (12)	Château de Labro
Romans-sur-Isère (26)	L'Orée du Parc
La Roque-sur-Pernes (84)	Château la Roque
Le Rouret (06)	Du Clos
Roussillon (84)	Le Clos de la Glycine
Sabres (40)	Auberge des Pins
Saillagouse/ Llo (66)	L'Atalaya
Saint-Affrique-les-Montagnes (81)	
	Domaine de Rasigous
Saint-Amour-Bellevue (71)	
	Auberge du Paradis
Saint-Bernard (01)	Le Clos du Chêne
Saint-Cirq-Lapopie/	
Tour-de-Faure (46)	Le Saint Cirq
Saint-Émilion (33)	Au Logis des Remparts
Saint-Étienne-de-Baïgorry (64)	Arcé
Saint-Jean-de-Luz (64)	La Devinière
Saint-Laurent-des-Arbres (30)	
	Le Saint-Laurent
Saint-Paul (06)	La Grande Bastide
Saint-Paul (06)	Le Hameau
Saint-Rémy-de-Provence (13)	Gounod
Saint-Rémy-de-Provence (13)	
	La Maison de Bournissac
Saint-Saud-Lacoussière (24)	
	Hostellerie St-Jacques

Saint-Tropez (83)	Benkiraï
Saint-Tropez (83)	La Maison Blanche
Saint-Tropez (83)	La Mistralée
Saint-Tropez (83)	Pastis
Saint-Valery-sur-Somme (80)	Les Corderies
Sainte-Anne-d'Auray (56)	L'Auberge
Salers (15)	Le Bailliage
Salers/	
Le Theil (15)	Hostellerie de la Maronne
Sare (64)	Arraya
Saulxures (67)	La Belle Vue
Sauternes (33)	Relais du Château d'Arche
Sauveterre (30)	Château de Varenne
Sélestat (67)	Auberge de l'Illwald
Sélestat (67)	Les Prés d'Ondine

Sézanne/ Mondement-Montgivroux (51)	
	Domaine de Montgivroux
Toulouse (31)	Garonne
Toulouse (31)	Le Grand Balcon
Tournus/	
Brancion (71)	La Montagne de Brancion
La Trinité-sur-Mer (56)	Le Lodge Kerisper
Turquant (49)	Demeure de la Vignole
Uchaux (84)	Château de Massillan
Uzès (30)	Hostellerie Provençale
Valaurie (26)	Le Moulin de Valaurie
Valenciennes (59)	Auberge du Bon Fermier
Vannes (56)	Villa Kerasy
Vannes/ Arradon (56)	Le Parc er Gréo
Viré (71)	Frédéric Carrion Cuisine Hôtel

Argenton-sur-Creuse (36)	
	Manoir de Boisvillers
Avensan (33)	Clos de Meyre (Le)
Beaune/	
Puligny-Montrachet (21)	La Chouette
Biarritz (64)	Maison Garnier
Bonnieux (84)	Le Clos du Buis
Bormes-les-Mimosas (83)	
	Hostellerie du Cigalou
Boulbon (13)	La Bastide de Boulbon
Briançon (05)	La Chaussée
Cancale (35)	Auberge de la Motte Jean
Chorges (05)	Ax'Hôtel
Clermont-l'Hérault/	
Saint-Saturnin-de-Lucian (34)	Du Mimosa
Cliousclat (26)	La Treille Muscate
Crest-Voland (73)	Le Caprice des Neiges
Cuq-Toulza (81)	Cuq en Terrasses
Deauville (14)	Villa Joséphine
Douarnenez/ Tréboul (29)	Ty Mad
Eygalières (13)	Mas dou Pastré
Florac/ Cocurès (48)	La Lozerette
Forcalquier (04)	Auberge Charembeau
La Garde-Guérin (48)	Auberge Régordane
Gérardmer/	
Bas-Rupts (88)	Auberge de la Poulcière
Gordes (84)	La Ferme de la Huppe
Le Grand-Bornand/	
Le Chinaillon (74)	Les Cimes
Graveson (13)	Le Cadran Solaire
Île de Ré/ Ars-en-Ré (17)	Le Sénéchal
Île de Ré/	
Saint-Martin-de-Ré (17)	La Maison Douce
L'Isle-sur-la-Sorgue (84)	Le Mas des Grès
Lyons-la-Forêt (27)	Les Lions de Beauclerc
Le Mans/Saint-Saturnin	
	Domaine de Chatenay
Maubec (84)	La Bastide du Bois Bréant

Meung-sur-Loire (45)	Relais Louis XI
Montauban-sur-l'Ouvèze (26)	La Badiane
Montclus (30)	La Magnanerie de Bernas
Monte-Carlo (MC)	Ni
Moustiers-Sainte-Marie (04)	La Ferme Rose
Nyons (26)	Une Autre Maison
Paris/ Paris 5ᵉ	Le Petit Paris
Paris/ Paris 9ᵉ	Relais Madeleine
Paris/ Paris 16ᵉ	Windsor Home
Plan-de-la-Tour (83)	Mas des Brugassières
Puycelci (81)	L'Ancienne Auberge
Rocamadour (46)	Troubadour
Roquebrune (06)	Roquebrune
Saint-Alban-sur-Limagnole (48)	
	Relais St-Roch
Saint-Céré (46)	Villa Ric
Saint-Chély-d'Apcher/	
La Garde (48)	Le Rocher Blanc
Saint-Laurent-du-Verdon (04)	
	Le Moulin du Château
Saint-Malo/	
Saint-Servan-sur-Mer (35)	L'Ascott
Saint-Prix (95)	Hostellerie du Prieuré
Saint-Rémy-de-Provence (13)	
	Sous les Figuiers
Sainte-Maxime/ Val (83)	La Villa
Salers (15)	Saluces
Sancerre/ Saint-Thibault (18)	De la Loire
Seillans (83)	Des Deux Rocs
Serre-Chevalier/	
Le Monêtier-les-Bains (05)	Alliey
Strasbourg (67)	Chut - Au Bain aux Plantes
Sully-sur-Loire (45)	La Closeraie
Le Thor (84)	La Bastide Rose
Tréguier (22)	Kastell Dinec'h
Valberg (06)	Blanche Neige
Val-d'Isère (73)	La Becca
Wierre-Effroy (62)	La Ferme du Vert

Alès/ Saint-Hilaire-de-Brethmas (30)
Comptoir St-Hilaire
Alleins (13) Domaine de Méjeans
Allex (26) Petite Aiguebonne
Amboise (37) Le Vieux Manoir
Apt/ Saignon (84)
Chambre de Séjour avec Vue
Arbois (39) Closerie les Capucines
Argelès-sur-Mer (66) Château Valmy
Aujols (46) Lou Repaou
Aureille (13) Le Balcon des Alpilles
Auteuil (60) Le 33
Autun (71) Le Moulin Renaudiots
Auxerre/ Appoigny (89) Le Puits d'Athie
Auxerre/ Villefargeau (89)
Le Petit Manoir des Bruyères
Avignon (84) Lumani
Ayguesvives (31) La Pradasse
Baden (56) Le Val de Brangon
Bagnères-de-Bigorre (65) Les Petites Vosges
Le Barroux (84) Aube Safran
Bastia (2B) Château Cagninacci
La Bastide-Clairence (64) Maison Maxana
La Baume (74) La Ferme aux Ours
Bazouges-la-Pérouse (35)
Château de la Ballue
Beaulieu-sur-Dordogne/
Brivezac (19) Château de la Grèze
Beaumont-du-Périgord (24)
Le Coteau de Belpech
Beaune (21) La Terre d'Or
Belle-Ile/
Le Palais (56) Château de Bordenéo
Bénodet/
Sainte-Marine (29) La Ferme Saint-Vennec
Bessonies (46) Château de Bessonies
Béziers/
Villeneuve-lès-Béziers (34) La Chamberte
Biarritz (64) Nere-Chocoa
Biarritz (64) Villa Le Goëland
Biarritz/ Arcangues (64) Les Volets Bleus
Biron (24) Le Prieuré
Bonneuil (16) Le Maine Pertubaud-Jenssen
Bordeaux (33) La Maison Bord'Eaux
La Bourboule (63) La Lauzeraie
Bourg-de-Bresse/
Lalleyriat (01) Le Nid à Bibi
Bras (83) Une Campagne en Provence
Le Bugue (24) Maison Oléa
Cancale (35) Les Rimains
Cancon/ Saint-Eutrope-de-Born (47)
Domaine du Moulin de Labique
Carcassonne (11) La Maison Coste
Carpentras (84) Château du Martinet
Carpentras/ Beaumes-de-Venise (84)
Le Clos Saint Saourde
Cerdon (45) Les Vieux Guays
Cervione (2B) Casa Corsa
Chadurie (16) Le Logis de Puygâty

Charolles (71) Le Clos de l'Argolay
Chassagne-Montrachet (21)
Château de Chassagne-Montrachet
Châteauneuf-Villevieille (06) La Parare
Chaumont-sur-Tharonne (41) Le Mousseau
Cholet (49) Demeure l'Impériale
Collonges-la-Rouge (19) Jeanne
Cordes-sur-Ciel/ Campes (81)
Le Domaine de la Borie Grande
Coursac (24) Le Clos Bruyols
Cucugnan (11) La Tourette
Cucuron (84) Le Pavillon de Galon
Cult (70) Les Egrignes
Cuzance (46) Manoir de Malagorse
Danizy (02) Domaine le Parc
Derchigny (76) Manoir de Graincourt
Dieulefit (26) La Bergerie de Féline
Drain (49) Le Mésangeau
Eccica-Suarella (2A) Carpe Diem Palazzu
Les Échelles/
Saint-Christophe-la-Grotte (73)
La Ferme Bonne de la Grotte
Ennordres (18) Les Chatelains
Épernay/ Ay (51) Le Manoir des Charmes
Épinal/ Fontenay (88) La Grange
Escatalens (82) Maison des Chevaliers
Èze/ Col d'Èze (06) La Bastide aux Camélias
Faverney/ Breurey-lès-Faverney (70)
Château de la Presle
Fontenay-le-Comte (85)
Le Logis de la Clef de Bois
Fréland (68) La Haute Grange
Fresne-Cauverville (27)
Le Clos de l'Ambroisie
Garrigues (34) Château Roumanières
Génissac (33) L'Arbre Rouge
Gramat (46) Moulin de Fresquet
Le Grand-Bornand/
Le Bouchet (74) Le Chalet des Troncs
Grasse (06) Moulin St-François
Grez-en-Bouère (53) Château de Chanay
Grignan (26) La Maison du Moulin
Guebwiller/ Murbach (68) Le Schaeferhof
Guéthary (64) Arguibel
Hasparren (64) Ferme Hégia
Honfleur (14) Le Clos Bourdet
Honfleur (14) La Petite Folie
Île de Groix (56) Le Sémaphore de la Croix
Île de Noirmoutier/
Noirmoutier-en-l'Île (85) Maison de Marine
L'Isle-sur-la-Sorgue (84)
La Maison sur la Sorgue
Ivoy-le-Pré (18) Château d'Ivoy
Jarnac (16) Château Saint-Martial
Jullié (69) Domaine de la Chapelle de Vâtre
Lailly-en-Val (45) Domaine de Montizeau
Lascabanes (46) Le Domaine de Saint-Géry
Laval/ Argentré (53) Château d'Hauterives
Lavannes (51) La Closerie des Sacres

Legé (44)	Villa des Forges
Libourne/	
La Rivière (33)	Château de La Rivière
Lille (59)	La Maison Carrée
Linières-Bouton (49)	Château de Boissimon
Lissac-sur-Couze (19)	Château de Lissac
Logonna-Daoulas (29)	
	Le Domaine de Moulin Mer
Louhans/	
Bruailles (71)	La Ferme de Marie-Eugénie
Lyon/ Écully (69)	Les Hautes Bruyères
Mâcon/ Hurigny (71)	Château des Poccards
Le Mans/	
Savigné-l'Évêque (72)	La Villa des Arts
Marquay (24)	Maison de Marquay
Martigné-Briand (49)	Château des Noyers
Martigné-sur-Mayenne (53)	
	Château de Mythème
Maussane-les-Alpilles/ Paradou (13)	
	La Maison du Paradou
Meauzac (82)	Manoir des Chanterelles
Merry-sur-Yonne (89)	Le Charme Merry
Monestier (24)	Château des Baudry
Monhoudou (72)	Château de Monhoudou
Montagnac (04)	La Maison du Bois Doré
Montbenoît/ La Longeville (25)	
	Le Crêt l'Agneau
Montcuq (46)	Four
Montesquiou (32)	Maison de la Porte Fortifiée
Montigny-lès-Arsures (39)	
	Château de Chavanes
Montpellier (34)	Baudon de Mauny
Montpellier (34)	Clos de l'Herminier
Morlaix (29)	Manoir de Coat Amour
Moustiers-Sainte-Marie (04)	La Bouscatière
Mulhouse/ Rixheim (68)	La Grange à Élise
Muro (2B)	Casa Theodora
Mutigny (51)	Manoir de Montflambert
Le Muy (83)	Château des Demoiselles
Nancy (54)	Maison de Myon
Nantes/	
Sucé-sur-Erdre (44)	Les Arbres Rouges
Narbonne/	
Canet (11)	Château des Fontaines
Négreville (50)	Château de Pont Rilly
Notre-Dame-du-Guildo (22)	
	Château du Val d'Arguenon
Notre-Dame-du-Pé (72)	La Reboursière
Nyons/ Montaulieu (26)	Les Terrasses
Oinville-sous-Auneau (28)	
	Caroline Lethuillier
Orange (84)	Justin de Provence
Ornans (25)	Le Jardin de Gustave
Planguenoual (22)	Manoir de la Hazaie
Plazac (24)	Béchanou
Pleudihen-sur-Rance (22)	
	Manoir de Saint-Meleuc
Plougasnou (29)	Ar Velin Avel
Pluvigner (56)	Domaine de Kerbarh
Poligny (05)	Le Chalet des Alpages
Privas/ Rochessauve (07)	
	Château de Rochessauve
Provins (77)	Demeure des Vieux Bains

Quimperlé (29)	Château de Kerlarec
Riquewihr (68)	Le B. Espace Suites
Rochefort (17)	Palmier sur Cour
Rouen/	
Martainville-Épreville (76)	Sweet Home
Saint-Adjutory (16)	Château du Mesnieux
Saint-André-de-Roquelongue (11)	
	Demeure de Roquelongue
Saint-Calais (72)	Château de la Barre
Saint-Étienne-la-Thillaye (14)	
	La Maison de Sophie
Saint-Florent (2B)	La Maison Rorqual
Saint-Front (43)	La Vidalle d'Eyglet
Saint-Front-de-Pradoux (24)	
	Château la Thuilière
Saint-Léon (47)	Le Hameau des Coquelicots
Saint-Mathurin (85)	
	Le Château de la Millière
Saint-Michel-Mont-Mercure (85)	
	Château de la Flocellière
Saint-Palais-sur-Mer (17)	Ma Maison de Mer
Saint-Pierre-d'Albigny (73)	
	Château des Allues
Saint-Rémy-de-Provence (13)	
	La Maison du Village
Saint-Saturnin (63)	
	Château Royal de Saint-Saturnin
Saint-Silvain-Bellegarde (23)	Les Trois Ponts
Saint-Sornin (17)	La Caussolière
Saint-Valery-en-Caux (76)	
	Château du Mesnil Geoffroy
Saint-Vallier (26)	Domaine des Buis
Saint-Witz (95)	Villa 1865
Sainte-Mère-Église (50)	
	Château de L'Isle Marie
Sainte-Nathalène (24)	La Roche d'Esteil
Segonzac (19)	Pré Laminon
Sennecey-le-Grand/ Jugy (71)	Crot Foulot
Soustons (40)	Domaine de Bellegarde
Terraube (32)	Maison Ardure
Thibivillers (60)	Le Puits d'Angle
Le Thoronet (83)	Bastide des Hautes Moures
Toulouse (31)	Les Loges de St-Sernin
Tourrettes-sur-Loup (06)	Histoires de Bastide
Troyes/ Moussey (10)	Domaine de la Creuse
Tulette (26)	K-Za
Uchaud (30)	Le Huit
Uzer (07)	Château d'Uzer
Uzès/ Montaren-et-Saint-Médiers (30)	
	Clos du Léthé
Valojoulx (24)	La Licorne
Vals-les-Bains (07)	Château Clément
Vence (06)	La Maison du Frêne
Vergoncey (50)	Château de Boucéel
Verteuil-sur-Charente (16)	
	Le Couvent des Cordeliers
Villemontais (42)	Domaine du Fontenay
Villetoureix (24)	Le Moulin de Larcy
Villiers-sous-Grez (77)	La Cerisaie
Vollore-Ville (63)	Château de Vollore
Vouvray (37)	Domaine des Bidaudières
Wailly-Beaucamp (62)	La Prairière
Wierre-Effroy (62)	Le Beaucamp

Restaurants agréables
Pleasant restaurants

XXXXX

Antibes/ Cap d'Antibes (06)	Eden Roc
Les Baux-de-Provence (13)	
	L'Oustaù de Baumanière
Illhaeusern (68)	Auberge de l'Ill
Lyon (69)	Paul Bocuse
Monte-Carlo (MC)	Le Louis XV-Alain Ducasse
Paris/ Paris 1er	L'Espadon
Paris/ Paris 1er	Le Meurice
Paris/ Paris 5e	La Tour d'Argent

Paris/ Paris 8e	Alain Ducasse au Plaza Athénée
Paris/ Paris 8e	Les Ambassadeurs
Paris/ Paris 8e	Le Bristol
Paris/ Paris 8e	Le Cinq
Paris/ Paris 8e	Lasserre
Paris/ Paris 8e	Ledoyen
Paris/ Paris 8e	Taillevent
Paris/ Paris 16e	Le Pré Catelan
Valence (26)	Pic

XXXX

Baerenthal/	
Untermuhlthal (57)	L'Arnsbourg
Bordeaux (33)	Le Pressoir d'Argent
Cannes (06)	La Palme d'Or
Chagny (71)	Maison Lameloise
Eugénie-les-Bains (40)	Michel Guérard
Joigny (89)	La Côte St-Jacques
Laguiole (12)	Bras
Lyon (69)	Pierre Orsi
Lyon/ Charbonnières-les-Bains (69)	
	Philippe Gauvreau
Mandelieu/ La Napoule (06)	L'Oasis
Marseille (13)	Le Petit Nice
Mionnay (01)	Alain Chapel
Monte-Carlo (MC)	Grill de l'Hôtel de Paris
Monte-Carlo (MC)	
	Joël Robuchon Monte-Carlo

Montpellier (34)	Le Jardin des Sens
Nice (06)	Chantecler
Nîmes/ Garons (30)	Alexandre
Paris/ Paris 1er	Le Grand Véfour
Paris/ Paris 4e	L'Ambroisie
Paris/ Paris 8e	Apicius
Paris/ Paris 16e	La Grande Cascade
Roanne (42)	Troisgros
La Rochelle (17)	
	Richard et Christopher Coutanceau
Romans-sur-Isère/	
Granges-les-Beaumont (26)	Les Cèdres
Saint-Bonnet-le-Froid (43)	
	Régis et Jacques Marcon
Saulieu (21)	Le Relais Bernard Loiseau
Versailles (78)	Gordon Ramsay au Trianon
Vonnas (01)	Georges Blanc

Agen (47)	Mariottat
Annecy (74)	Le Clos des Sens
Annecy/ Veyrier-du-Lac (74)	
	La Nouvelle Maison de Marc Veyrat
Antibes/ Cap d'Antibes (06)	Bacon
Antibes/ Cap d'Antibes (06)	Le Pavillon
Antibes/ Cap d'Antibes (06)	Les Pêcheurs

Avignon (84)	Christian Étienne
Balleroy (14)	Manoir de la Drôme
Belle-Église (60)	La Grange de Belle-Église
Bidart (64)	Table et Hostellerie
	des Frères Ibarboure
Biot (06)	Les Terraillers
Bonnieux (84)	La Bastide de Capelongue

Bordeaux (33)	Le Gabriel
Boulogne-sur-Mer (62)	La Matelote
Le-Bourget-du-Lac (73)	Le Bateau Ivre
Bourron-Marlotte (77)	Les Prémices
Cannes/ Le Cannet (06)	Villa Archange
Cassis (13)	La Villa Madie
Chalon-sur-Saône/	
Saint-Rémy (71)	L'Amaryllis
Chantilly (60)	Le Verbois
Chasselay (69)	Guy Lassausaie
Chaudes-Aigues (15)	Serge Vieira
Clisson (44)	La Bonne Auberge
Compiègne/ Rethondes (60)	Alain Blot
Conteville (27)	Auberge du Vieux Logis
Courchevel/	
Courchevel 1850 (73)	Le Bateau Ivre
Dijon (21)	Le Pré aux Clercs
Dole/ Sampans (39)	Château du Mont Joly
Dunkerque/	
Coudekerque-Branche (59)	Le Soubise
Eygalières (13)	Maison Bru
Èze (06)	Château de la Chèvre d'Or
Fayence (83)	Le Castellaras
Fontjoncouse (11)	Auberge du Vieux Puits
Forbach/	
Stiring-Wendel (57)	La Bonne Auberge
Grimaud (83)	Les Santons
Gundershoffen (67)	Le Cygne
Issoudun/ Saint-Valentin (36)	Au 14 Février
Jarnac/ Bourg-Charente (16)	La Ribaudière
Lille (59)	A L'Huîtrière
Loiré (49)	Auberge de la Diligence
Lourmarin (84)	Auberge La Fenière
Lyon (69)	Takao Takano
Lyon (69)	Les Terrasses de Lyon
Lyon (69)	Les Trois Dômes
Lyon (69)	Têtedoie
Maisons-Laffitte (78)	Tastevin
Marseille (13)	L'Épuisette
Megève/ Leutaz (74)	Flocons de Sel
Monte-Carlo (MC)	Vistamar
Montluçon (03)	Grenier à Sel
Montpellier/ Lattes (34)	Domaine de Soriech

Moulins (03)	Le Clos de Bourgogne
Mulhouse (68)	Il Cortile
Nantes/	
Haute-Goulaine (44)	Manoir de la Boulaie
Obernai (67)	La Fourchette des Ducs
Orléans/ Olivet (45)	Le Rivage
Ozoir-la-Ferrière (77)	La Gueulardière
Paris/ Paris 6ᵉ	Paris
Paris/ Paris 7ᵉ	Le Jules Verne
Paris/ Paris 8ᵉ	Les Enfants Terribles
Paris/ Paris 8ᵉ	1728
Paris/ Paris 8ᵉ	Senderens
Paris/ Paris 8ᵉ	La Table du Lancaster
Paris/ Paris 16ᵉ	Prunier
Pau (64)	Au Fin Gourmet
Pont-Aven (29)	Le Moulin de Rosmadec
Port-Louis (56)	Avel Vor
Port-sur-Saône/	
Vauchoux (70)	Château de Vauchoux
Le Puy-en-Velay (43)	François Gagnaire
Questembert (56)	Le Bretagne et sa Résidence
Reims/ Montchenot (51)	Le Grand Cerf
Rennes/ Saint-Grégoire (35)	Le Saison
Reuilly-Sauvigny (02)	Auberge Le Relais
Riquewihr (68)	Table du Gourmet
La Roche-l'Abeille (87)	Le Moulin de la Gorce
Saint-Germain-en-Laye (78)	Cazaudehore
Saint-Joachim (44)	La Mare aux Oiseaux
Saint-Saturnin-lès-Apt (84)	
	Domaine des Andéols
Saint-Sulpice-le-Verdon (85)	
	Thierry Drapeau Logis de la Chabotterie
Sierentz (68)	Auberge St-Laurent
Strasbourg (67)	Buerehiesel
Toulon (83)	Les Pins Penchés
Toulouse/ Colomiers (31)	L'Amphitryon
Tournus (71)	Rest. Greuze
Vannes/ Saint-Avé (56)	Le Pressoir
Villeneuve-le-Comte (77)	A la Bonne Marmite
Zoufftgen (57)	La Lorraine
Villeneuve-le-Comte (77)	A la Bonne Marmite
Zoufftgen (57)	La Lorraine

Aire-sur-la-Lys/ Isbergues (62)	Le Buffet
Aix-en-Provence (13)	Pierre Reboul
Ajaccio (2A)	Palm Beach
Albertville/ Monthion (73)	Les 16 Clochers
Albi (81)	L'Esprit du Vin
Alès/ Saint-Privat-des-Vieux (30)	
	Le Vertige des Senteurs

Ansouis (84)	La Closerie
Antibes (06)	Bastion
Antibes (06)	Oscar's
Arcachon (33)	Le Patio
Azay-le-Rideau/	
Saché (37)	Auberge du XIIe Siècle
Bannegon (18)	Moulin de Chaméron

Le Bar-sur-Loup (06)	La Jarrerie
Bayonne (64)	Auberge du Cheval Blanc
Beaune (21)	Caveau des Arches
Beaune (21)	Loiseau des Vignes
Bédoin (84)	Le Mas des Vignes
Belcastel (12)	Vieux Pont
Belfort/ Sevenans (90)	Auberge de la Tour Penchée
Belgentier (83)	Le Moulin du Gapeau
Biarritz (64)	Campagne et Gourmandise
Biarritz (64)	Philippe
Biarritz/ Arcangues (64)	Le Moulin d'Alotz
Blainville-sur-Mer (50)	Le Mascaret
Le-Bourget-du-Lac (73)	La Grange à Sel
Bray-et-Lû (95)	Les Jardins d'Epicure
Le Breuil-en-Auge (14)	Le Dauphin
Bully (69)	Auberge du Château
Cahors/ Caillac (46)	Le Vinois
Cancale (35)	Le Coquillage
Carpentras/ Le Beaucet (84)	Auberge du Beaucet
Chaintré (71)	La Table de Chaintré
Chamonix-Mont-Blanc (74)	La Maison Carrier
Chamonix-Mont-Blanc/ Les Praz-de-Chamonix (74)	La Cabane des Praz
Châtillon-sur-Chalaronne/ L'Abergement-Clémenciat (01)	St-Lazare
Chénas (69)	Platanes de Chénas
Clermont-Ferrand (63)	Le Pré Carré
Couilly-Pont-aux-Dames (77)	Auberge de la Brie
La Crau (83)	Auberge du Fenouillet
Cucuron (84)	La Petite Maison
Divonne-les-Bains (01)	Le Rectiligne
Épernay/ Ay (51)	Le Vieux Puits-Clos St-Georges
Eugénie-les-Bains (40)	La Ferme aux Grives
Falicon (06)	Parcours
Ferrières-les-Verreries (34)	La Cour-Mas de Baumes
Fontevraud-l'Abbaye (49)	Licorne
Gordes (84)	Le Mas Tourteron
Goult (84)	La Bartavelle
Groisy (74)	Auberge de Groisy
Le Havre (76)	Jean-Luc Tartarin
Ile d'Oléron/ Le Château-d'Oléron (17)	Jardins d'Aliénor
L'Isle-sur-la-Sorgue (84)	La Prévôté
L'Isle-sur-Serein (89)	Auberge du Pot d'Étain
Issoire/ Perrier (63)	La Cour Carrée
Kilstett (67)	Au Cheval Noir
Laroque-des-Albères (66)	Les Palmiers
Le Lavandou/ Aiguebelle (83)	Le Sub
Lièpvre/ La Vancelle (67)	Auberge Frankenbourg
Lille/ Bois-Grenier (59)	La Table des Jardins
La Londe-les-Maures (83)	Cédric Gola
Lyon (69)	Auberge de l'Île
Lyon (69)	La Rémanence
Malbuisson (25)	Le Bon Accueil
Manosque (04)	Sens et Saveurs
Le Mans (72)	La Maison d'Élise
Marly-le-Roi (78)	Le Village
Megève/ Leutaz (74)	La Sauvageonne - Chez Nano
Méribel (73)	Le Plantin
Merkwiller-Pechelbronn (67)	Auberge Baechel-Brunn
Meudon (92)	L'Escarbille
Mollégès (13)	Mas du Capoun
Montauroux (83)	Auberge Eric Maio
Montbazon (37)	Chancelière "Jeu de Cartes"
Monte-Carlo (MC)	Café de Paris
Monte-Carlo (MC)	Maya Bay
Monte-Carlo (MC)	La Trattoria
Monte-Carlo (MC)	Yoshi
Montner (66)	Auberge du Cellier
Morteau (25)	Auberge de la Roche
Mougins (06)	La Place de Mougins
Moustiers-Sainte-Marie (04)	La Ferme Ste-Cécile
Nans-les-Pins (83)	Château de Nans
Nantes (44)	L'Abélia
Nexon (87)	Les Chaumières
Nice (06)	La Réserve de Nice
Nieuil (16)	La Grange aux Oies
Ollioules (83)	La Table du Vigneron
Orange (84)	Le Mas des Aigras - Table du Verger
Paris/ Paris 2e	Mori Venice Bar
Paris/ Paris 6e	Le Restaurant
Paris/ Paris 6e	La Société
Paris/ Paris 7e	Il Vino d'Enrico Bernardo
Paris/ Paris 7e	Jean-François Piège
Paris/ Paris 7e	Les Ombres
Paris/ Paris 8e	114, Faubourg
Paris/ Paris 8e	Mini Palais
Paris/ Paris 8e	Le Relais Plaza
Paris/ Paris 16e	Bon
Paris/ Paris 16e	Cristal Room Baccarat
Paris/ Paris 17e	Frédéric Simonin
Pouilly-le-Fort (77)	Le Pouilly
Le Pradet/ Les Oursinières (83)	La Chanterelle
Ramatuelle (83)	L'Écurie du Castellas
La Rivière-Thibouville (27)	Le Manoir du Soleil d'Or
Le Rouret (06)	Le Clos St-Pierre
Saint-Galmier (42)	Le Bougainvillier
Saint-Geniès (24)	Le Château
Saint-Malo/ Saint-Servan-sur-Mer (35)	Le St-Placide
Saint-Martin-de-Belleville (73)	La Bouitte
Saint-Pée-sur-Nivelle (64)	L'Auberge Basque

Saint-Valery-en-Caux/	
Ingouville (76)	Les Hêtres
Sare (64)	Olhabidea
Sassetot-le-Mauconduit (76)	
	Le Relais des Dalles
Serre-Chevalier/	
Le Monêtier-les-Bains (05)	La Table du Chazal
Sessenheim (67)	Au Boeuf
Strasbourg (67)	La Cambuse
La Turbie (06)	Hostellerie Jérôme
Uchaux (84)	Côté Sud

Uzès (30)	L'Artemise
Vaison-la-Romaine (84)	Le Moulin à Huile
Vaison-la-Romaine/ Roaix (84)	
	Le Grand Pré
Vence (06)	Le Vieux Couvent
Ventabren (13)	La Table de Ventabren
Verdun-sur-le-Doubs (71)	Hostellerie
	Bourguignonne
Vienne-en-Val (45)	Auberge de Vienne
Villefranche-sur-Mer (06)	L'Oursin Bleu
Willgottheim (67)	La Cour de Lise

Ambronay (01)	Auberge de l'Abbaye
Arles (13)	L'Atelier de Jean-Luc Rabanel
Arles (13)	La Chassagnette
Auriac (19)	Les Jardins Sothys
Auvers-sur-Oise (95)	Auberge Ravoux
Avignon (84)	Les 5 Sens
Bastia (2B)	A Casarella
Blois (41)	Au Rendez-vous des Pêcheurs
Bonnieux (84)	L'Arôme
Bonnieux (84)	Le Fournil
Bordeaux (33)	C'Yusha
Cancale (35)	La Table de Breizh Café
Carnac (56)	La Calypso
Castres (81)	Bistrot Saveurs
Cernay-la-Ville/ La Celle-les-Bordes (78)	
	L'Auberge de l'Élan
Chalon-sur-Saône (71)	Le Bistrot
Chevagny-les-Chevrières (71)	
	L'Arbre Blanc
Cieurac (46)	Table de Haute Serre
Clermont-Ferrand (63)	Fleur de Sel
Cormeilles (27)	Gourmandises
Épaignes (27)	L'Auberge du Beau Carré
Erquy/ Saint-Aubin (22)	Relais St-Aubin
Fayence (83)	La Table d'Yves
Fléchin (62)	La Maison
Hendaye (64)	Ez Kecha Bar Lieu Dit Vin
Iguerande (71)	La Colline du Colombier
L'Isle-sur-la-Sorgue (84)	Le Jardin du Quai
Langeais (37)	Au Coin des Halles
Lille/ Gruson (59)	L'Arbre
Lorient (56)	Henri et Joseph
Luynes (37)	Le XII de Luynes
Lyon (69)	Au 14 Février
Lyon (69)	Maison Clovis

Magalas (34)	Ô. Bontemps
Maisons-Laffitte (78)	La Plancha
Marseille (13)	Le Ventre de l'Architecte
	- Le Corbusier
Montpellier (34)	Tamarillos
Notre-Dame-de-Bellecombe (73)	
	La Ferme de Victorine
Noyers (89)	Les Millésimes
Paris/ Paris 7ᵉ	L'Atelier de Joël Robuchon -
	St-Germain
Paris/ Paris 8ᵉ	L'Atelier de Joël Robuchon -
	Étoile
Paris/ Paris 8ᵉ	Café Lenôtre - Pavillon Elysée
Paris/ Paris 17ᵉ	Caïus
Porto-Vecchio (2A)	Des Hauts de Santa Giulia
Pratz (39)	Les Louvières
Le Puy-en-Velay (43)	Le Poivrier
Rambouillet (78)	L'Huître sur le Zinc
Riquewihr (68)	Grappe d'Or
Saint-Agrève (07)	Faurie
Saint-Alban-sur-Limagnole (48)	
	La Petite Maison
Saint-Marc-À-Loubaud (23)	Les Mille Sources
Saint-Paul (06)	La Toile Blanche
Sainte-Cécile-les-Vignes (84)	
	Campagne, Vignes et Gourmandises
Sartène (2A)	Santa Barbara
Seillans (83)	Le Relais
Tourrettes-sur-Loup (06)	Clovis
Tours (37)	Le St-Honoré
Tourtour (83)	La Table
Turenne (19)	Maison des Chanoines
Vence (06)	Les Bacchanales
Vergongheon (43)	La Petite École
Yvetot (76)	Auberge du Val au Cesne

Spa

Bel espace de bien-être et de relaxation
Extensive facility for relaxation and well-being

Aix-en-Provence (13)	Aquabella	
Aix-les-Bains (73)	Mercure Ariana	
Aix-les-Bains (73)	Radisson Blu	
Alpe-d'Huez (38)	Au Chamois d'Or	
Anglet (64)	Atlanthal	
Annecy (74)	Les Trésoms	
Antibes (06)	Baie des Anges-Thalazur	
Antibes/ Cap d'Antibes (06)	Du Cap	
Arles (13)	Le Calendal	
Arzon/ Port du Crouesty (56)	Miramar	
Avignon/ Le Pontet (84)		
	Auberge de Cassagne et Spa	
Bandol (83)	Île Rousse	
Barbizon (77)	Les Pléiades	
Bastia (2B)	Ostella	
Les Baux-de-Provence (13)		
	L'Oustaù de Baumanière	
Les Baux-de-Provence (13)	La Cabro d'Or	
Les Baux-de-Provence (13)	Le Manoir	
Beaulieu-sur-Mer (06)		
	La Réserve de Beaulieu et Spa	
Bédarieux/ Hérépian (34)		
	Le Couvent d'Hérépian	
Belle-Ile/ Port-Goulphar (56)	Castel Clara	
Belleville/ Pizay (69)	Château de Pizay	
Biarritz (64)	Biarritz	
Biarritz (64)	Du Palais	
Biarritz (64)	Sofitel le Miramar Thalassa	
Billiers (56)	Domaine de Rochevilaine	
Bonifacio (2A)	A Madonetta	
Bonifacio (2A)	U Capu Biancu	
Bordeaux/ Martillac (33)		
	Les Sources de Caudalie	
La Cadière-d'Azur (83)	Hostellerie Bérard	
Calais/ Coquelles (62)	Holiday Inn	
Calvi (2B)	La Signoria	
Calvi (2B)	La Villa	
Canet-en-Roussillon/		
Canet-Plage (66)	Les Flamants Roses	
Cannes (06)	Majestic Barrière	
Cannes (06)	Martinez	
Cannes (06)	1835 White Palm Hotel	
Cannes (06)	Novotel Montfleury	
Capbreton (40)	Baya Hôtel et Spa	
Carnac (56)	Carnac Thalasso et Spa Resort	
Cassel (59)	Châtellerie de Schoebeque	
Le Castellet/		
Circuit Paul Ricard (83)	Du Castellet	
Cavalière (83)	Le Club de Cavalière et Spa	
Chambéry/ Barberaz (73)	Altédia Lodge	
Chambretaud (85)	Château du Boisniard	
Chamonix-Mont-Blanc (74)	Les Aiglons	
Chamonix-Mont-Blanc (74)		
	Hameau Albert 1er	
Chamonix-Mont-Blanc (74)	Le Morgane	
Chantilly/ Gouvieux (60)		
	Château de Montvillargenne	
La Chapelle-en-Serval (60)	Mont Royal	
Chartres (28)	Le Grand Monarque	
Château-Thierry (02)	Ile de France	
Châtel-Guyon (63)	Splendid	
Chorges (05)	Ax'Hôtel	
Contrexéville (88)	Cosmos	
Courban (21)	Château de Courban	
Courchevel (73)	Manali	
Courchevel/		
Courchevel 1850 (73)	Les Airelles	
Courchevel/ Courchevel 1850 (73)		
	Amanresorts Le Mélézin	
Courchevel/ Courchevel 1850 (73)		
	Annapurna	
Courchevel/ Courchevel 1850 (73)		
	Cheval Blanc	
Courchevel/ Courchevel 1850 (73)		
	Le Kilimandjaro	
Courchevel/ Courchevel 1850 (73)		
	Le Lana	
Courchevel/ Courchevel 1850 (73)		
	Saint-Roch	
Courchevel/ Courchevel 1850 (73)		
	La Sivolière	
Courchevel/ Courchevel 1850 (73)		
	Le Strato	
Courchevel/ Courchevel 1850 (73)		
	Les Suites de la Potinière	
La Croix-Valmer/ Gigaro (83)		
	Château de Valmer	
Crozet (01)	Jiva Hill Park Hôtel	

Dax/ Saint-Paul-lès-Dax (40) Calicéo

Les Deux-Alpes (38) Chalet Mounier

Dinard (35) Novotel Thalassa

Divonne-les-Bains (01) La Villa du Lac

Embrun (05) Les Bartavelles

Enghien-les-Bains (95)
Grand Hôtel Barrière

Enghien-les-Bains (95) Du Lac

Épernay/ Vinay (51)
Hostellerie La Briqueterie

Épinal (88) La Fayette

Épinal (88) Mercure

Eugénie-les-Bains (40) Les Prés d'Eugénie

Évian-les-Bains (74) Ermitage

Évian-les-Bains (74) Hilton

Évian-les-Bains (74) Royal

Èze-Bord-de-Mer (06) Cap Estel

Forcalquier (04) La Bastide Saint Georges

Forcalquier/ Mane (04) Couvent
des Minimes

Fouday (67) Julien

La Gacilly (56) Grée des Landes

Garrevaques (81) Le Château
de Garrevaques

Garrevaques (81) Le Pavillon du Château

Gérardmer (88) Beau Rivage

Gérardmer (88) Le Grand Hôtel

Gérardmer/ Xonrupt-Longemer (88)
Les Jardins de Sophie

Les Gets (74) La Marmotte

Gordes (84) Les Bories et Spa

Gordes (84) La Bastide de Gordes et Spa

La Grande-Motte (34) Les Corallines

Granville (50) Mercure le Grand Large

Le Grau-du-Roi/
Port-Camargue (30) Mercure

Gray/ Nantilly (70) Château de Nantilly

Grenoble/ Eybens (38) Château
de la Commanderie

Le Havre (76) Pasino

Hendaye/
Hendaye-Plage (64) Serge Blanco

Honfleur (14) La Ferme St-Siméon

Honfleur/ Cricquebœuf (14) Manoir
de la Poterie et Spa

Honfleur/ La Rivière-Saint-Sauveur (14)
Antarès

Île de Ré/ La Flotte (17) Richelieu

Île de Ré/
Saint-Martin-de-Ré (17) Clos St-Martin

Île de Ré/
Sainte-Marie-de-Ré (17) Atalante

Joigny (89) La Côte St-Jacques

Joucas (84) Hostellerie Le Phébus et Spa

Jungholtz (68) Violettes

Kaysersberg (68) Chambard

Lieusaint (77) Clarion Suites

Ligny-en-Cambrésis (59) Château de Ligny

Locquirec (29) Le Grand Hôtel des Bains

Lons-le-Saunier/ Chille (39) Parenthèse

Lorgues (83) Château de Berne

Lyon (69) Cour des Loges

Lyon (69) Lyon Métropole

Lyon/ Charbonnières-les-Bains (69)
Le Pavillon de la Rotonde

Lyons-la-Forêt (27) Le Grand Cerf

Margaux (33) Relais de Margaux

Marlenheim (67) Le Cerf

Marne-la-Vallée/ Magny-le-Hongre (77)
Dream Castle

Marne-la-Vallée/ Magny-le-Hongre (77)
Magic Circus

Marne-la-Vallée/ Magny-le-Hongre (77)
Radisson Blu at Disneyland

Marseille (13) Sofitel Vieux Port

Maussane-les-Alpilles/ Paradou (13)
B design et Spa

Megève (74) Chalet du Mont d'Arbois

Megève (74) Le Fer à Cheval

Megève (74) Les Fermes de Marie

Megève (74) Lodge Park

Megève (74) Mont-Blanc

Megève/ Leutaz (74) Flocons de Sel

Les Menuires (73) Chalet Hôtel Kaya

Méribel (73) Allodis

Méribel (73) Le Grand Cœur et Spa

Missillac (44) La Bretesche

Moissac (82) Le Moulin de Moissac

Molsheim (67) Diana

Montauban (82)
Abbaye des Capucins Spa et Resort

Montbazon (37) Château d'Artigny

Monte-Carlo (MC) Fairmont Monte-Carlo

Monte-Carlo (MC) Hermitage

Monte-Carlo (MC)
Monte Carlo Bay Hotel and Resort

Monte-Carlo (MC) Métropole

Monte-Carlo (MC) Paris

Monte-Carlo (MC) Port Palace

Monte-Carlo/ Monte-Carlo-Beach (MC)
Monte-Carlo Beach Hôtel

Montpellier/ Baillargues (34)
Golf Hôtel de Massane

Montpellier/ Castelnau-le-Lez (34)
Domaine de Verchant

Montpellier/ Castries (34) Disini

Morsbronn-les-Bains (67)
La Source des Sens

Mosnes (37) Domaine des Thômeaux

Mougins (06) Le Mas Candille

Mougins (06) Royal Mougins Golf Resort

Munster (68) Verte Vallée

Nantes/ Orvault (44) Le Domaine d'Orvault

Nice (06) Exedra

Nice (06) Hi Hôtel

Nice (06) Splendid

Nîmes (30) Jardins Secrets

Nîmes (30) Vatel

Obernai (67) Le Parc

Obernai/ Ottrott (67)	Hostellerie des Châteaux	🏨🏨
Obernai/ Ottrott (67)	Le Clos des Délices	🏨🏨
Olmeto (2A)	Marinca	🏨🏨
Paris/ Paris 1ᵉʳ	Le Burgundy	🏨🏨
Paris/ Paris 1ᵉʳ	Le Meurice	🏨🏨🏨
Paris/ Paris 1ᵉʳ	Renaissance Paris Vendôme	🏨🏨
Paris/ Paris 1ᵉʳ	Ritz	🏨🏨🏨
Paris/ Paris 2ᵉ	Park Hyatt	🏨🏨🏨
Paris/ Paris 3ᵉ	Pavillon de la Reine	🏨🏨
Paris/ Paris 6ᵉ	Le Six	🏨🏨
Paris/ Paris 8ᵉ	Le Bristol	🏨🏨🏨
Paris/ Paris 8ᵉ	Fouquet's Barrière	🏨🏨
Paris/ Paris 8ᵉ	Four Seasons George V	🏨🏨🏨
Paris/ Paris 8ᵉ	Hilton Arc de Triomphe	🏨🏨
Paris/ Paris 8ᵉ	Le Mathurin	🏨
Paris/ Paris 8ᵉ	Plaza Athénée	🏨🏨🏨
Paris/ Paris 8ᵉ	Le Royal Monceau	🏨🏨🏨
Paris/ Paris 9ᵉ	Intercontinental Le Grand	🏨🏨🏨
Paris/ Paris 9ᵉ	Scribe	🏨🏨
Paris/ Paris 16ᵉ	Shangri-La	🏨🏨🏨
Paris/ Paris 16ᵉ	Square	🏨🏨
Paris/ Paris 16ᵉ	Villa Majestic	🏨🏨
Pau (64)	Parc Beaumont	🏨🏨
Perros-Guirec (22)	L'Agapa	🏨🏨
La-Petite-Pierre (67)	Au Lion d'Or	🏨
La-Petite-Pierre (67)	La Clairière	🏨🏨
Le Pian-Médoc (33)	Golf du Médoc Hôtel et Spa	🏨🏨
La Plagne/ Plagne-Bellecôte (73)	Carlina	🏨
Ploërmel (56)	Le Roi Arthur	🏨🏨
Pornic (44)	Alliance	🏨🏨
Porticcio (2A)	Sofitel Thalassa	🏨🏨
Porto-Vecchio (2A)	Casadelmar	🏨🏨
Porto-Vecchio (2A)	Grand Hôtel de Cala Rossa	🏨🏨
Propriano (2A)	Neptune	🏨
Provins (77)	Aux Vieux Remparts	🏨
Quiberon (56)	Sofitel Diététique	🏨🏨
Quiberon (56)	Sofitel Thalassa	🏨🏨
Ramatuelle (83)	La Réserve Ramatuelle	🏨🏨
Rennes (35)	Le Coq-Gadby	🏨
Roissy-en-France (95)	Novotel Convention et Wellness	🏨🏨
Rouen (76)	De Bourgtheroulde	🏨🏨
Rouffach (68)	Château d'Isenbourg	🏨🏨
Rueil-Malmaison (92)	Le Relais de la Malmaison	🏨🏨
Les Sables-d'Olonne (85)	Mercure Thalassa	🏨🏨
Saint-Cyprien (66)	La Lagune	🏨
Saint-Cyr-sur-Mer (83)	Dolce Frégate	🏨🏨
Saint-Émilion (33)	Château Grand Barrail	🏨🏨
Saint-Gervais-les-Bains/ Le Bettex (74)	Arbois-Bettex	🏨
Saint-Jean-Cap-Ferrat (06)	Grand Hôtel du Cap Ferrat	🏨🏨🏨
Saint-Jean-Cap-Ferrat (06)	Royal Riviera	🏨🏨
Saint-Jean-de-Luz (64)	Grand Hôtel Loreamar Thalasso et Spa	🏨🏨
Saint-Jean-de-Luz (64)	Hélianthal	🏨🏨
Saint-Jean-de-Monts (85)	Mercure	🏨🏨
Saint-Laurent-de-Cerdans (66)	Domaine de Falgos	🏨🏨
Saint-Malo (35)	Grand Hôtel des Thermes	🏨🏨
Saint-Martin-de-Belleville (73)	La Bouitte	🏨
Saint-Paul (06)	Le Mas de Pierre	🏨🏨
Saint-Paul (06)	Mas d'Artigny	🏨🏨
Saint-Raphaël/ Valescure (83)	Golf de Valescure	🏨🏨
Saint-Rémy-de-Provence (13)	Hostellerie du Vallon de Valrugues	🏨🏨
Saint-Tropez (83)	Byblos	🏨🏨🏨
Saint-Tropez (83)	Château de la Messardière	🏨🏨🏨
Saint-Tropez (83)	Sezz	🏨🏨
Saint-Tropez (83)	Villa Marie	🏨🏨
Sainte-Preuve (02)	Domaine du Château de Barive	🏨🏨
Saintes-Maries-de-la-Mer (13)	Lodge de la Fouque	🏨🏨
Salers (15)	Le Bailliage	🏨
Saulieu (21)	Le Relais Bernard Loiseau	🏨🏨
Serre-Chevalier/ Le Monêtier-les-Bains (05)	Alliey	🏨
Strasbourg/ Ostwald (67)	Château de l'Île	🏨🏨
Théoule-sur-Mer/ Miramar (06)	Miramar Beach	🏨🏨
Tignes (73)	Les Campanules	🏨🏨
Tignes (73)	Les Suites du Montana	🏨🏨
Tignes (73)	Village Montana	🏨🏨
Tignes/ Val-Claret (73)	Les Suites du Nevada	🏨🏨
Le Touquet-Paris-Plage (62)	Novotel	🏨
Le Touquet-Paris-Plage (62)	Westminster	🏨🏨
Tourrettes (83)	Four Seasons Resort Provence at Terre Blanche	🏨🏨🏨
Trébeurden (22)	Ti al Lannec	🏨🏨
Uriage-les-Bains (38)	Grand Hôtel	🏨🏨
Val-d'Isère (73)	Avenue Lodge	🏨🏨
Val-d'Isère (73)	Les Barmes de l'Ours	🏨🏨
Val-d'Isère (73)	Le Blizzard	🏨🏨
Val-d'Isère (73)	Le Tsanteleina	🏨🏨
Val-d'Isère (73)	Savoie	🏨🏨
Val-Thorens (73)	Fitz Roy	🏨🏨
Vence (06)	Château St-Martin et Spa	🏨🏨🏨
Versailles (78)	Trianon Palace	🏨🏨
Vichy (03)	Vichy Spa Hôtel et Resort Les Célestins	🏨🏨
Villiers-le-Mahieu (78)	Château de Villiers-le-Mahieu	🏨🏨
Vittel (88)	L'Orée du Bois	🏨🏨
Vonnas (01)	Georges Blanc	🏨🏨

Pour en savoir plus

Further information

Vignobles
& Spécialités régionales

Vineyards & Regional Specialities

① NORMANDIE

Demoiselles de Cherbourg à la nage,
Andouille de Vire,
Sole dieppoise,
Poulet Vallée d'Auge,
Tripes à la mode de Caen,
Canard à la rouennaise,
Agneau de pré-salé,
Camembert, Livarot, Pont-l'Évêque,
Neufchâtel,
Tarte aux pommes au calvados,
Crêpes à la normande, Douillons

② BRETAGNE

Fruits de mer, Crustacés, Huîtres de Belon,
Galettes au sarrazin/blé noir, Charcuteries,
Andouille de Guéméné, St-Jacques à la bretonne,
Homard à l'armoricaine,
Poissons : bar, turbot, lieu jaune,
maquereau, etc.,
Cotriade, Kig Ha Farz,
Légumes : artichaut, chou-fleur, etc.,
Crêpes, Gâteau breton, Far, Kouing-aman

③ VAL DE LOIRE

Rillettes de Tours, Andouillette au vouvray,
Poissons de rivière : brochet, sandre, etc.,
Saumon beurre blanc, Gibier de Sologne,
Fromages de chèvre : Ste-Maure, Valençay,
Crémet d'Angers, Macarons, Nougat glacé,
Pithiviers, Tarte tatin

④ SUD-OUEST

Garbure, Ttoro, Jambon de Bayonne,
Foie gras, Omelette aux truffes,
Pipérade, Lamproie à la bordelaise,
Poulet basquaise, Cassoulet,
Confit de canard ou d'oie,
Cèpes à la bordelaise,
Tomme de brebis, Roquefort,
Gâteau basque, Pruneaux à l'armagnac

⑤ CENTRE-AUVERGNE

Cochonnailles, Tripous,
Champignons : cèpes, girolles, etc.,
Pâté bourbonnais, Aligot, Potée auvergnate,
Chou farci, Pounti, Lentilles du Puy,
Cantal, St-Nectaire, Fourme d'Ambert,
Flognarde, Gâteau à la broche

⑬ NORD-PICARDIE

Moules, Ficelle picarde,
Flamiche aux poireaux,
Poissons : sole, turbot, etc.,
Potjevlesch, Waterzoï,
Gibier d'eau,
Lapin à la bière, Hochepot,
Boulette d'Avesnes,
Maroilles, Gaufres

⑫ BOURGOGNE

Jambon persillé,
Gougère,
Escargots de Bourgogne,
Œufs en meurette,
Pochouse, Coq au vin,
Jambon chaud à la crème,
Viande de charolais,
Bœuf bourguignon,
Époisses, Poire dijonnaise,
Desserts au pain d'épice

⑪ ALSACE-LORRAINE

Charcuterie, Presskopf,
Quiche lorraine, Tarte à l'oignon,
Grenouilles, Asperges,
Poissons : sandre, carpe, anguille,
Coq au riesling, Spaetzle,
Choucroute, Baeckeoffe,
Gibiers : biche, chevreuil, sanglier,
Munster, Kougelhopf,
Tarte aux mirabelles ou aux
quetsches, Vacherin glacé

⑩ FRANCHE-COMTÉ/JURA

Jésus de Morteau, Saucisse de Montbéliard,
Croûte aux morilles, Soufflé au fromage,
Poissons de lac et rivières : brochet, truite,
Grenouilles, Coq au vin jaune, Comté, Vacherin,
Morbier, Cancoillotte, Gaudes au maïs

⑨ LYONNAIS-PAYS BRESSAN

Rosette de Lyon, Grenouilles de la Dombes,
Gâteau de foies blonds, Quenelles de brochet,
Saucisson truffé pistaché, Poularde demi-deuil,
Tablier de sapeur, Cardons à la moelle,
Volailles de Bresse à la crème,
Cervelle de canut, Bugnes

⑧ SAVOIE-DAUPHINÉ

Gratin de queues d'écrevisses,
Poissons de lac : omble chevalier, perche, féra,
Ravioles du Royans, Fondue, Raclette, Tartiflette,
Diots au vin blanc, Fricassée de caïon, Potée savoyarde,
Farçon, Farcement, Gratin dauphinois,
Beaufort, Reblochon, Tomme de Savoie,
St-Marcellin, Gâteau de Savoie, Gâteau aux noix,
Tarte aux myrtilles

⑦ PROVENCE-MÉDITERRANÉE

Aïoli, Pissaladière, Salade niçoise, Bouillabaisse,
Anchois de Collioure, Loup grillé au fenouil,
Brandade nîmoise, Bourride sétoise,
Pieds paquets à la marseillaise, Petits farcis niçois,
Daube provençale,
Agneau de Sisteron,
Picodon, Crème catalane,
Calissons, Fruits confits

⑥ CORSE

Jambon, Figatelli,
Lonzo, Coppa,
Langouste,
Omelette au brocciu,
Civet de sanglier,
Chevreau,
Fromages de brebis (Niolu),
Flan de châtaignes,
Fiadone

Côtes de Toul ⑪
CHAMPAGNE
Strasbourg
ALSACE
Colmar
⑫
BOURGOGNE
Dijon
Côte de Nuits
Côte de Beaune **Jura** ⑩
Mâcon
Bugey
BEAUJOLAIS
⑨ **Savoie**
Lyon
Côte Rôtie ⑧
Hermitage
CÔTES DU RHÔNE
Châteauneuf-du-Pape
Tavel
Avignon ⑦ Nice
Côtes de Provence
Coteaux d'Aix
Marseille **PROVENCE**
Cassis **Bandol**
Bastia
⑥
Ajaccio

⑦ CORSE

Jambon
→ Spécialités régionales
→ Regional specialities

Choisir le bon vin
Choosing a good wine

	1998	1999	2000	2001	2002	2003	2004	2005	2006	2007	2008	2009
Alsace												
Bordeaux blanc												
Bordeaux rouge												
Bourgogne blanc												
Bourgogne rouge												
Beaujolais												
Champagne												
Côtes du Rhône Septentrionales												
Côtes du Rhône Méridionales												
Provence												
Languedoc *Roussillon*												
Val de Loire *Muscadet*												
Val de Loire *Anjou-Touraine*												
Val de Loire *Pouilly-Sancerre*												

 **Grandes années**
➜ Great years

 **Bonnes années**
➜ Good years

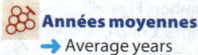 **Années moyennes**
➜ Average years

Les grandes années depuis 1970 :
1970 - 1975 - 1982 - 1985 - 1989 - 1990 - 1996 - 2005
➜ The greatest vintages since 1970

ASSOCIER LES METS & LES VINS
➡ **Suggestions for complementary dishes and wines**

	Région vinicole	Appellation
➡ **CRUSTACÉS & COQUILLAGES** **Blancs secs** ➡ SHELLFISH : Dry whites	Alsace Bordeaux Bourgogne Côtes du Rhône Provence Languedoc-Roussillon Val de Loire	Sylvaner/Riesling Entre-deux-Mers Chablis/Mâcon Villages St Joseph Cassis/Palette Picpoul de Pinet Muscadet/Montlouis
➡ **POISSONS** **Blancs secs** ➡ FISH : Dry whites	Alsace Bordeaux Bourgogne Côtes du Rhône Provence Corse Languedoc-Roussillon Val de Loire	Riesling Pessac-Léognan/Graves Meursault/Chassagne-Montrachet Hermitage/Condrieu Bellet/Bandol Patrimonio Coteaux du Languedoc Sancerre/Menetou-Salon
➡ **VOLAILLES & CHARCUTERIES** **Blancs et rouges légers** ➡ POULTRY : Whites and light reds	Alsace Champagne Bordeaux Bourgogne Beaujolais Côtes du Rhône Provence Corse Languedoc-Roussillon Val de Loire	Pinot gris/Pinot noir Coteaux Champenois blanc et rouge Côtes de Bourg/Blaye/Castillon Mâcon/St Romain Beaujolais Villages Tavel (rosé)/Côtes du Ventoux Coteaux d'Aix-en-Provence Coteaux d'Ajaccio/Porto-Vecchio Faugères Anjou/Vouvray
➡ **VIANDES** **Rouges** ➡ MEATS : Reds	Bordeaux/Sud-Ouest Bourgogne Beaujolais Côtes du Rhône Provence Languedoc-Roussillon Val de Loire	Médoc/St Émilion/Buzet Volnay/Hautes Côtes de Beaune Moulin à Vent/Morgon Vacqueyras/Gigondas Bandol/Côtes de Provence Fitou/Minervois Bourgueil/Saumur
➡ **GIBIER** **Rouges corsés** ➡ GAME : Hearty reds	Bordeaux/Sud-Ouest Bourgogne Côtes du Rhône Languedoc-Roussillon Val de Loire	Pauillac/St Estèphe/Madiran/Cahors Pommard/Gevrey-Chambertin Côte-Rotie/Cornas Corbières/Collioure Chinon
➡ **FROMAGES** **Blancs et rouges** ➡ CHEESES : Whites and reds	Alsace Bordeaux Bourgogne Beaujolais Côtes du Rhône Languedoc-Roussillon Jura/Savoie Val de Loire	Gewurztraminer St Julien/Pomerol/Margaux Pouilly-Fuissé/Santenay St Amour/Fleurie Hermitage/Châteauneuf-du-Pape St Chinian Vin Jaune/Chignin Pouilly-Fumé/Valençay
➡ **DESSERTS** **Vins de desserts** ➡ DESSERTS : Dessert wines	Alsace Champagne Bordeaux/Sud-Ouest Bourgogne Jura/Bugey Côtes du Rhône Languedoc-Roussillon Val de Loire	Muscat d'Alsace/Crémant d'Alsace Champagne blanc et rosé Sauternes/Monbazillac/Jurançon Crémant de Bourgogne Vin de Paille/Cerdon Muscat de Beaumes-de-Venise Banyuls/Maury/Muscats/Limoux Coteaux du Layon/Bonnezeaux

➡ *Région vinicole*   ➡ *Region of production*

➡ *Appellation*   ➡ *Appellation*

Vous CONNAISSEZ le guide MICHELIN

...CONNAISSEZ-VOUS VRAIMENT MICHELIN ?

Données au 31/12/2009

N°1 mondial des pneumatiques avec 16,3 % du marché

Une présence commerciale dans plus de 170 pays

Une implantation industrielle au cœur des marchés

72 sites industriels dans **19** pays ont produit en 2008 :

- **150** millions de pneus
- **10** millions de cartes et guides

Des équipes très internationales

Plus de **109 200** employés* de toutes cultures sur tous les continents dont **6 000** personnes employées dans les centres de R&D en Europe, aux Etats-Unis, en Asie.

*102 692 en équivalents temps plein

Le groupe Michelin en un coup d'œil

Michelin présent en compétition

A fin 2009

24h du Mans
11 années de victoires consécutives

Endurance 2008
- 6 victoires sur 6 épreuves en Le Mans Series
- 12 victoires sur 12 épreuves en American Le Mans Series

Paris-Dakar
Depuis le début de l'épreuve, le groupe Michelin remporte toutes les catégories (auto, moto, camion)

Moto GP
Champion du monde 2009

Trial
Tous les titres de champion du monde depuis 1981 (sauf 1992)

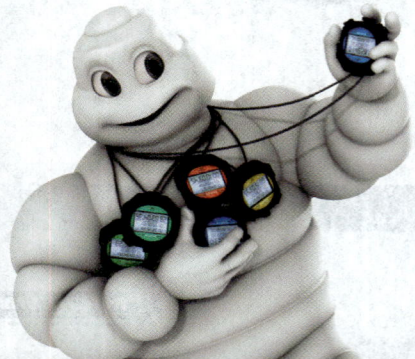

Michelin, implanté près de ses clients

○ 72 sites de production dans 19 pays

- Algérie
- Allemagne
- Brésil
- Canada
- Chine
- Colombie
- Espagne
- Etats-Unis
- France
- Hongrie
- Italie
- Japon
- Mexique
- Pologne
- Roumanie
- Royaume-Uni
- Russie
- Serbie
- Taïlande

● Un centre de Technologies réparti sur 3 continents

- Amérique du Nord
- Asie
- Europe

● Production de caoutchouc naturel

- Brésil

Notre mission

Contribuer, de manière durable, au progrès de la mobilité des personnes et des biens en facilitant la liberté, la sécurité, l'efficacité et aussi le plaisir de se déplacer.

Michelin s'engage pour l'environnement

Michelin, 1er producteur mondial de pneus à basse résistance au roulement, contribue à la diminution de la consommation de carburant et des émissions de gaz par les véhicules.

Michelin développe, pour ses produits, les technologies les plus avancées afin de :
- diminuer la consommation de carburant, tout en améliorant les autres performances du pneumatique ;
- allonger la durée de vie pour réduire le nombre de pneus à traiter en fin de vie ;
- privilégier les matières premières à faible impact sur l'environnement.

Par ailleurs, à fin 2008, 99,5 % de la production de pneumatiques en tonnage est réalisé dans des usines certifiées ISO 14001*.
Michelin est engagé dans la mise en œuvre de filières de valorisation des pneus en fin de vie.

*certification environnementale

Tourisme camionnette

Poids lourd

Michelin
au service de la mobilité

Génie civil

Avion

Agricole

Deux roues   Distribution

Partenaire des constructeurs, à l'écoute des utilisateurs, présent en compétition et dans tous les circuits de distribution, Michelin ne cesse d'innover pour servir la mobilité d'aujourd'hui et inventer celle de demain.

Cartes et Guides   ViaMichelin, des services d'aide au voyage   Michelin Lifestyle, des accessoires pour vos déplacements

MICHELIN
joue l'équilibre des performances

- Longévité des pneumatiques
- Economies de carburant
- Sécurité sur la route

... les pneus MICHELIN vous offrent les meilleures performances, sans en sacrifier aucune.

Le pneu MICHELIN
un concentré de technologie

1 Bande de roulement
Une épaisse couche de gomme
assure le contact avec le sol.
Elle doit évacuer l'eau
et durer très longtemps.

2 Armature de sommet
Cette double ou triple ceinture armée
est à la fois souple verticalement
et très rigide transversalement.
Elle procure la puissance de guidage.

3 Flancs
Ils recouvrent et protègent la carcasse
textile dont le rôle est de relier la bande
de roulement du pneu à la jante.

4 Talons d'accrochage à la jante
Grâce aux tringles internes,
ils serrent solidement le pneu
à la jante pour les rendre solidaires.

5 Gomme intérieure d'étanchéité
Elle procure au pneu l'étanchéité
qui maintient le gonflage à la bonne
pression.

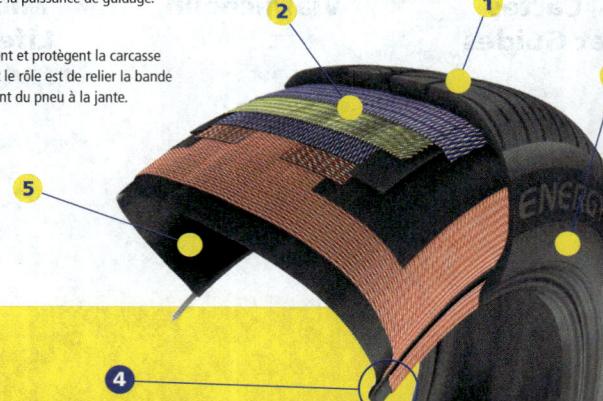

Suivez les conseils
du bonhomme MICHELIN

Pour gagner en sécurité

- Je roule avec une pression adaptée
- Je vérifie ma pression tous les mois
- Je fais contrôler régulièrement mon véhicule
- Je contrôle régulièrement l'aspect de mes pneus (usure, déformations)
- J'adopte une conduite souple
- J'adapte mes pneus à la saison

www.michelin.com
www.michelin.(votre extension pays - ex : fr pour France)

You know
the MICHELIN guide

...DO YOU REALLY
KNOW **MICHELIN**?

Data 31/12/2009

The world No.1 in tyres
with 16.3% of the market

A business presence in over 170 countries

A manufacturing footprint
at the heart of markets

In 2009 **72** industrial sites in **19** countries produced:

- **150** million tyres
- **10** million maps and guides

Highly international teams

Over **109 200** employees* from all cultures on all continents

including **6 000** people employed in R&D centres

in Europe, the US and Asia.

*102 692 full-time equivalent staff

The Michelin Group
at a glance

Michelin
competes

At the end of 2009

Le Mans 24-hour race
12 consecutive years of victories

Endurance 2009
- 6 victories on 6 stages
in Le Mans Series
- 12 victories on 12 stages
in American Le Mans Series

Paris-Dakar
Since the beginning of the event,
the Michelin group has won
in all categories

Moto endurance
2009 World Champion

Trial
Every World Champion title
since 1981 (except 1992)

Michelin, established close to its customers

- ● **72 plants in 19 countries**
  - Algeria
  - Brazil
  - Canada
  - China
  - Colombia
  - France
  - Germany
  - Hungary
  - Italy
  - Japan
  - Mexico
  - Poland
  - Romania
  - Russia
  - Serbia
  - Spain
  - Thailand
  - UK
  - USA

- ● **A Technology Centre spread over 3 continents**
  - Asia
  - Europe
  - North America

- ● **Natural rubber plantations**
  - Brazil

Our mission

To make a sustainable contribution to progress in the mobility of goods and people by enhancing freedom of movement, safety, efficiency and the pleasure of travelling.

Michelin: committed to environmental-friendliness

Michelin, world leader in low rolling resistance tyres, actively reduces fuel consumption and vehicle gas emission.

For its products, Michelin develops state-of-the-art technologies in order to:
- Reduce fuel consumption, while improving overall tire performance.
- Increase life cycle to reduce the number of tyres to be processed at the end of their useful lives;
- Use raw materials which have a low impact on the environment.

Furthermore, at the end of 2008, 99.5% of tyre production in volume was carried out in ISO 14001* certified plants.

Michelin is committed to implementing recycling channels for end-of-life tyres.

*environmental certification

**Passenger Car
Light Truck**

Truck

Michelin
a key mobility enabler

Earthmover

Aircraft

Agricultura

Two-wheel   ## Distribution

Partnered with vehicle manufacturers, in tune with users, active in competition and in all the distribution channels, Michelin is continually innovating to promote mobility today and to invent that of tomorrow.

Maps and Guides   ## ViaMichelin, travel assistance services   ## Michelin Lifestyle, for your travel accessories

MICHELIN
plays on balanced performance

- **Long tyre life**
- **Fuel savings**
- **Safety on the road**

... MICHELIN tyres provide you with the best performance, without making a single sacrifice.

The MICHELIN tyre
pure technology

1 Tread
A thick layer of rubber
provides contact with the ground.
It has to channel water away
and last as long as possible.

2 Crown plies
This double or triple reinforced belt
has both vertical flexibility
and high lateral rigidity.
It provides the steering capacity.

3 Sidewalls
These cover and protect the textile casing
whose role is to attach the tyre tread
to the wheel rim.

4 Bead area for attachment to the rim
Its internal bead wire
clamps the tyre firmly
against the wheel rim.

5 Inner liner
This makes the tyre
almost totally impermeable
and maintains the correct inflation pressure.

ENERGY

Heed
the MICHELIN Man's advice

To improve safety:

- I drive with the correct tyre pressure
- I check the tyre pressure every month
- I have my car regularly serviced
- I regularly check the appearance of my tyres (wear, deformation)
- I am responsive behind the wheel
- I change my tyres according to the season

www.michelin.com
www.michelin.(your country extension – e.g. .fr for France)

Villes
de A à Z

Towns
from A to Z

ABBEVILLE ⊗ – 80 Somme – **301** E7 – 24 052 h. – alt. 8 m   **36** A1
– ⊠ 80100 ▯ Nord Pas-de-Calais Picardie

▶ Paris 186 – Amiens 51 – Boulogne-sur-Mer 79 – Rouen 106

🗓 1, place de l'Amiral Courbet ✆ 03 22 24 27 92

🏌 d'Abbeville Route du Val, par rte St-Valèry-s-Somme : 4 km, ✆ 03 22 24 98 58

⊙ Vitraux contemporains★★ de l'église du St-Sépulcre - Façade★ de la
collégiale St-Vulfran - Musée Boucher de Perthes★ BY **M.**

ⓖ Vallée de la Somme★ SE - Château de Bagatelle★ S.

🏠	**Mercure Hôtel de France**	📶 ♿ AC ᵚ⅄ 🔥 VISA ✪ AE ⑩

19 pl.du Pilori – ✆ *03 22 24 00 42 – www.mercure.com*   BY**a**
72 ch – ♦97/117 € ♦♦114/137 € – ☖ 14 €
Rest – (17 €) Menu 20 € – Carte 25/48 €

◆ Belle cure de jouvence pour cet immeuble en brique rouge : chambres
contemporaines, junior suite avec baignoire balnéo et bar feutré très tendance.
Au restaurant, cuisine traditionnelle.

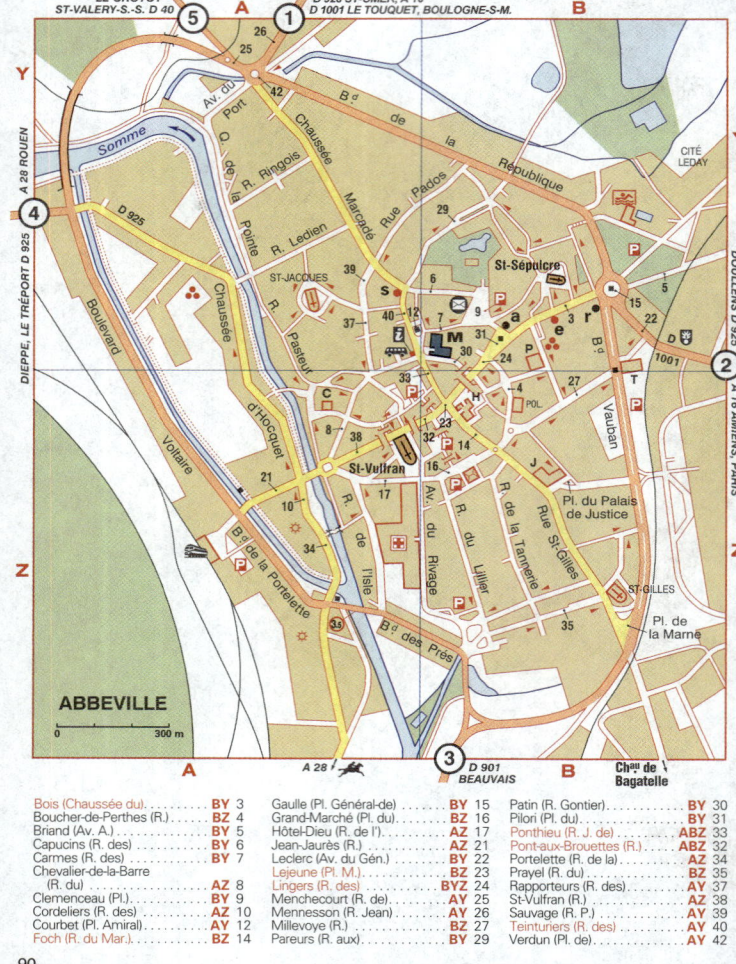

ABBEVILLE

0   300 m

Bois (Chaussée du)......... **BY** 3	Gaulle (Pl. Général-de)..... **BY** 15	Patin (R. Gontier)........... **BY** 30
Boucher-de-Perthes (R.)..... **BZ** 4	Grand-Marché (Pl. du)...... **BZ** 16	Pilori (Pl. du)............... **BY** 31
Briand (Av. A.)............. **BY** 5	Hôtel-Dieu (R. de l')........ **AZ** 17	Ponthieu (R. J. de)......... **ABZ** 33
Capucins (R. des).......... **BY** 6	Jean-Jaurès (R.)........... **AZ** 21	Pont-aux-Brouettes (R.).... **ABZ** 32
Carmes (R. des)........... **BY** 7	Leclerc (Av. du Gén.)...... **BY** 22	Portelette (R. de la)........ **AZ** 34
Chevalier-de-la-Barre	Lejeune (Pl. M.)........... **BZ** 23	Prayel (R. du)............. **BZ** 35
(R. du)................. **AZ** 8	Lingers (R. des).......... **BYZ** 24	Rapporteurs (R. des)....... **AY** 37
Clemenceau (Pl.).......... **BY** 9	Menchecourt (R. de)...... **AY** 25	St-Vulfran (R.)............ **AZ** 38
Cordeliers (R. des)........ **AZ** 10	Mennesson (R. Jean)..... **AY** 26	Sauvage (R. P.)........... **AY** 39
Courbet (Pl. Amiral)....... **AY** 12	Millevoye (R.)............ **BZ** 27	Teinturiers (R. des)........ **AY** 40
Foch (R. du Mar.)......... **BZ** 14	Pareurs (R. aux).......... **BY** 29	Verdun (Pl. de)............ **AY** 42

🏠 **Relais Vauban** sans rest ⚘ ⫟ *VISA* 🐼 AE
4 bd Vauban – ☎ 03 22 25 38 00 – www.relais-vauban.com – Fermé 5-13 mars et 17 déc.-2 janv. BY**r**
22 ch – ♦59 € ♦♦62 € – ⊇ 9 €
♦ Sur un boulevard passant, non loin du centre-ville, ce petit hôtel dispose de chambres claires et fonctionnelles, à la tenue impeccable. Accueil charmant.

✗✗ **L'Escale en Picardie** ⚘ *VISA* 🐼 AE
😊
15 r. des Teinturiers – ☎ 03 22 24 21 51 – Fermé 17 août-5 sept., 16 fév.-7 mars, jeudi soir, dim. soir, lundi et soirs fériés AY**s**
Rest – Menu 25/65 € – Carte 48/75 €
♦ Une belle escale maritime ! Poissons, coquillages et crustacés se donnent rendez-vous dans ce sympathique restaurant ; le patron les cuisine avec délice. Accueil charmant.

✗ **La Corne** ⇔ *VISA* 🐼 AE
32 chaussée du Bois – ☎ 03 22 24 06 34 – Fermé 15 juil.-2 août, vacances de Noël, merc. soir, sam. midi et dim. BY**e**
Rest – (16 €) Menu 26 € – Carte 30/45 €
♦ La façade bleue de cette vieille maison abbevilloise dissimule un agréable intérieur rétro où l'on apprécie de généreux plats bistrotiers : ris de veau, andouillette...

à **St-Riquier** 9 km par ②, D 925 – 1 246 h. – alt. 29 m – ⊠ 80135
🛈 le Beffroi ☎ 03 22 28 91 72

🏨 **Jean de Bruges** sans rest ⊞ *VISA* 🐼
18 pl. de l'Église – ☎ 03 22 28 30 30 – www.hotel-jean-de-bruges.com
11 ch – ♦95/120 € ♦♦95/234 € – ⊇ 14 €
♦ Sur le parvis de l'abbatiale, élégante demeure du 17ᵉ s. en pierres blanches. Chambres de caractère décorées de meubles anciens ; salle des petits-déjeuners sous verrière.

à **Mareuil-Caubert** 4 km au Sud par D 928 (direction hippodrome puis rte de Rouen) – 922 h. – alt. 12 m – ⊠ 80132

✗ **Auberge du Colvert** P *VISA* 🐼 ⓪
4 rte de Rouen – ☎ 03 22 31 32 32 – Fermé 1 sem. en juil., 1 sem. en août, lundi soir de sept. à juin, dim. soir, mardi soir et merc.
Rest – (14 €) Menu 20/32 € – Carte 31/40 €
♦ Auberge champêtre, où l'on se régale de bons plats de tradition et de saison. Dans la salle, vue sur les cuisines et douce tiédeur d'un bon feu de cheminée.

L'ABERGEMENT-CLÉMENCIAT – 01 Ain – **328** C4 – rattaché à Châtillon-sur-Chalaronne

ABLIS – 78 Yvelines – **311** G4 – 3 142 h. – alt. 151 m – ⊠ 78660 **18** A2
🅳 Paris 62 – Chartres 31 – Mantes-la-Jolie 64 – Orléans 79
🛈 Hôtel de Ville ☎ 01 30 46 06 06

à l'**Ouest** 6 km par D 168

🏯 **Château d'Esclimont** ⚘ ≼ ⇔ 🎿 🏊 ✗ ⊞ 🐴 ch, ⫟ 🎱 P
2 r. du Château-d'Esclimont *VISA* 🐼 AE ⓪
⊠ *28700 St-Symphorien-le-Château – ☎ 02 37 31 15 15 – www.esclimont.fr*
48 ch – ♦185/610 € ♦♦185/610 € – 4 suites – ⊇ 22 €
Rest – (43 €) Menu 59/89 € – Carte 70/90 €
♦ Goûtez à la vie de château en cette demeure des 15ᵉ et 16ᵉ s., ancienne résidence des La Rochefoucauld. Magnifique parc avec étang, rivière et jardin à la française. Cuisine actuelle servie dans la salle de style 18ᵉ s. ou dans celle réputée pour ses cuirs de Cordoue.

ABRESCHVILLER – 57 Moselle – **307** N7 – 1 481 h. – alt. 340 m **27** D2
– ⊠ 57560 ▌ Alsace Lorraine
🅳 Paris 433 – Baccarat 46 – Lunéville 62 – Phalsbourg 62
🛈 78, rue Jordy ☎ 03 87 03 77 26

XX **Auberge de la Forêt** 🚿 🏠 & 🄰🄲 **P** **VISA** ⚫⚫
276 r. des Verriers, à Lettenbach : 0,5 km – ℰ 03 87 03 71 78
– www.aubergedelaforet57.com – Fermé 17-31 oct., 10-31 janv., mardi soir et lundi
Rest – (13 €) Menu 27/48 € – Carte 32/51 €
♦ Pimpante auberge de village abritant de coquettes salles à manger ; la plus récente présente un agréable cadre contemporain. Cuisine traditionnelle et spécialités régionales.

ACCOLAY – 89 Yonne – **319** F6 – 462 h. – alt. 125 m – ⊠ 89460   **7 B2**
🟩 Bourgogne
▶ Paris 188 – Avallon 31 – Auxerre 23 – Tonnerre 40

XX **Hostellerie de la Fontaine** avec ch ⅏ 🚿 🏠 **VISA** ⚫⚫ 🄰🄴
16 r. de Reigny – ℰ 03 86 81 54 02 – *www.hostelleriedelafontaine.fr – Ouvert 15 fév.-30 nov. et fermé dim. soir, mardi midi et lundi*
6 ch – †53/56 € ††53/56 € – ⏥ 9 € – ½ P 62 €
Rest – (13 € bc) Menu 27/52 € – Carte 31/54 €
♦ Maison bourguignonne au cœur d'un paisible village de la vallée de la Cure. On y sert une cuisine traditionnelle dans les anciens chais ou, si le temps le permet, dans l'agréable jardin fleuri. Chambres simples, pratiques pour l'étape.

ACQUIGNY – 27 Eure – **304** H6 – 1 614 h. – alt. 19 m – ⊠ 27400   **33 D2**
▶ Paris 105 – Évreux 22 – Mantes-la-Jolie 54 – Rouen 38

XX **L'Hostellerie d'Acquigny** 🏠 ⅍ **P** **VISA** ⚫⚫
1 r. d'Évreux – ℰ 02 32 50 20 05 – *www.hostellerie-acquigny.fr – Fermé de mi-juil. à mi-août, 25 fév.-13 mars, lundi et mardi*
Rest – Menu 33/75 € bc – Carte 39/88 €
♦ Cuisine au goût du jour et suggestions du marché à apprécier dans l'ambiance douillette et feutrée d'une salle aux tons chauds, discrètement contemporaine.

AFFIEUX – 19 Corrèze – **329** L2 – 366 h. – alt. 480 m – ⊠ 19260   **25 C2**
▶ Paris 472 – Brive-la-Gaillarde 64 – Limoges 83 – Tulle 39

X **Le Cantou** 🏠 ⇄ **P** **VISA** ⚫⚫
ⵛⵛ *au bourg* – ℰ 05 55 98 13 67 – *Fermé dim. soir et merc.*
Rest – (13 €) Menu 16 € (déj.)/55 € – Carte 35/45 €
♦ L'hiver, on apprécie la petite salle rustique et son cantou ; l'été, on préfère la véranda. Et en toute saison, on se régale de goûteux plats mi-traditionnels mi-régionaux.

AGAY – 83 Var – **340** Q5 – ⊠ 83530 🟩 Côte d'Azur   **42 E2**
▶ Paris 880 – Cannes 34 – Draguignan 43 – Fréjus 12
🅱 place Giannetti BP 45 ℰ 04 94 82 01 85
🅶 Massif de L'Estérel ★★★.

🏠 **Les Flots Bleus** ⩽ 🏠 & rest, 🄰🄲 📶 **P** **VISA** ⚫⚫
83 rte St-Barthélémy, Anthéor Plage – ℰ 04 94 44 80 21
– www.hotel-cote-azur.com – Ouvert 26 mars-21 oct.
18 ch – †59/67 € ††59/67 € – ⏥ 7 € – ½ P 55/59 €
Rest – Menu 21/43 € – Carte 27/65 €
♦ Au pied d'un imposant viaduc ferroviaire, face à la mer, un hôtel aux chambres simples et originales : "Soleillou", "Laurier rose", "Papillon"... Au restaurant, véranda lumineuse, terrasse sous les platanes et cuisine non dénuée de créativité.

X **Villa Matuzia** 🏠 ⇄ **VISA** ⚫⚫ 🄰🄴 ⓞ
15 bd Ste-Guitte – ℰ 04 94 82 79 95 – *www.matuzia.com – Fermé lundi*
Rest – *(nombre de couverts limité, prévenir)* (20 €) Menu 28/40 €
– Carte 40/60 €
♦ Un joli décor de bonbonnière, un petit jardin noyé sous la verdure, une terrasse éclairée le soir à la bougie... et des assiettes qui font plaisir aux yeux autant qu'aux papilles.

AGDE – 34 Hérault – **339** F9 – 21 293 h. – alt. 5 m – Casino : au Cap
d'Agde **BY** – ⊠ **34300** ▌ Languedoc Roussillon   **23** C2

- ▶ Paris 754 – Béziers 24 – Lodève 60 – Millau 118
- ▮ 1, place Molière ℰ 04 67 94 29 68
- ▦ du Cap-d'Agde au Cap-d'Agde 4 avenue des Alizés, S : 4 km par D 32,
  ℰ 04 67 26 54 40
- ◉ Ancienne cathédrale St-Étienne★.

⌂ **Athéna** sans rest   🔊 AC 📶 P 🚗 VISA 🐵
18 r. de La Haye , rte du Cap-d'Agde, D 32^{E10} – ℰ 04 67 94 21 90
– www.hotel-athena-agde.com – Fermé fév.
32 ch – ✦50/90 € ✦✦50/90 € – ⌷ 7 €
◆ Aux portes de la ville, dans un bâtiment des années 1970, des chambres simples et bien tenues, avec terrasse ou loggia, plus calmes sur l'arrière. Petit-déjeuner face à la piscine.

✕✕ **Le Bistrot d'Hervé**   🔊 & AC VISA 🐵
47 r. Brescou – ℰ 04 67 62 30 69 – www.bistroherve.com – Fermé vacances de
Noël, merc. soir, sam. midi et dim.
Rest – (nombre de couverts limité, prévenir) (16 €) Carte 29/48 €
◆ Une adresse contemporaine et intimiste, où l'on déguste une excellente cuisine de saison (asperges de Frontignan, sauce hollandaise et œuf poché ; finger au chocolat façon opéra).

✕✕ **La Table de Stéphane**   🔊 AC VISA 🐵
2 r. des Moulins-à-Huile, (ZI Les Sept Fonts) – ℰ 04 67 26 45 22
– www.latabledestephane.com – Fermé 17-23 oct., 2-14 janv., dim. soir sauf du
12 juil. au 30 août, sam. midi et lundi
Rest – (prévenir) (15 €) Menu 22 € (déj. en sem.), 26/59 € – Carte 40/76 € 🍷
◆ Dans la zone industrielle des Sept Fonts, une table dans l'air du temps, proposant notamment poissons et produits de la mer locaux. Bon choix de vins du Languedoc-Roussillon.

à La Tamarissière 4 km au Sud-Ouest par D 32^{E12} – ⊠ 34300

✕ **Le K Lamar**   🔊 AC VISA 🐵 AE
33 quai Théophile-Cornu – ℰ 04 67 94 05 06 – www.restaurant-klamar.com
– Fermé 6 déc.-16 janv., dim. soir à jeudi de nov. à mars, lundi et mardi sauf le
soir en juil.-août
Rest – (16 €) Menu 28/54 € – Carte 33/57 €
◆ Bon choix de poissons, bouillabaisse servie en deux fois (à la marseillaise !), spécialités méridionales... Une maison agréable au bord de l'Hérault. Jolie terrasse à fleur d'eau.

au Grau d'Agde 4 km au Sud-Ouest par D 32^E – ⊠ 34300

✕✕ **L'Adagio**   ≤ 🔊 AC VISA 🐵 AE
3 quai Cdt-Méric – ℰ 04 67 21 13 00 – http://ladagio.net – Fermé 18-25 déc.,
2-31 janv., dim. soir, lundi hors saison et merc. sauf le soir en juil.-août
Rest – (21 €) Menu 25/37 € – Carte 30/57 € 🍷
◆ Une façade engageante sur un quai jalonné de restaurants : cette table propose une cuisine régionale plutôt soignée, à base de produits frais. Belle terrasse face à l'Hérault...

au Cap d'Agde 5 km au Sud-Est par D 32^{E10} – ⊠ 34300

- ▮ rond-point du Bon Accueil ℰ 04 67 01 04 04
- ◉ Ephèbe d'Agde★★ au musée de l'Ephèbe.

Plans pages suivantes

⌂⌂⌂ **Du Golfe**   🏊 ⅃ ₤ & AC 📶 🎿 P VISA 🐵 AE
Île des Loisirs – ℰ 04 67 26 87 03 – www.hotel-golfe.com
– Ouvert d'avril à oct.   **BYm**
49 ch – ✦95/180 € ✦✦95/180 € – 3 suites – ⌷ 20 € – ½ P 85/127 €
Rest *Caladoc* – voir ci-après
◆ Au cœur de la bien nommée île des Loisirs, cet hôtel moderne, de style néo-provençal, s'épanouit dans un séduisant jardin arboré. Beaux équipements.

Palmyra Golf Hôtel sans rest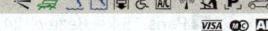

4 av. des Alizés – ✆ *04 67 01 50 15*
– www.palmyragolf.com
– Ouvert 1ᵉʳ avril-13 nov. et 30 déc.-2 janv. AX**p**
32 ch – ♦105/240 € ♦♦105/240 € – 2 suites – ⌑ 20 €

◆ Une architecture assez soignée de style méditerranéen (tons ocre, arcades) et un environnement très calme : les chambres, spacieuses, ouvrent sur le grand patio ou le golf...

LE CAP D'AGDE

Acadiens (Allée des) . . . . **CX** 3
Alfonse (Av. du Chevalier d') . **AX** 4
Alizés (Av. des) . . . . **AXY**
Antilles (Rd-Pt des) . . . . **AY** 6
Beaupré (Quai du) . . . . **CX** 7
Belle Isle (Av. de) . . . . **ABX**
Bon Accueil (Rd-Pt du) . . . . . **BX** 9
Bouteillou (Rd-Pt du) . . . . . . **CX** 10
Cantinières (Av. des) . . . . . . **CX**
Capelet (Quai du) . . . . **AX** 12
Challiès (Av. du Passeur) . . **ABY**
Chandelles (R. des) . . . . **BX** 15
Contrebandiers (Av. des) . . **BCX**
Corsaires (R. des) . . . . **AY**
Courette (R. de la) . . . . **CX** 17
Dominico (Quai Di) . . . . **BX** 18
Estacade (R. de l') . . . . **BY** 19
Falaise (R. de la) . . . . **CY** 21
Flânerie (Allée de la) . . . . . . **CX** 23
Fouquet (Rd-Pt Nicolas) . . . . **BX** 24
Gabelle (R. de la) . . . . **BX** 26
Galères (Av. des) . . . . **CX**
Gallo-Romains (R. des) . . . . **AX**
Garnison (R. de la) . . . . **CXY**
Gentilshommes (Cours des)**CXY**
Gouverneur (R. du) . . . . **CX**
Grenadiers (R. des) . . . . **CX** 31
Hallebardes (Av. des) . . . . . **CX** 32
Hune (R. de la) . . . . **BX** 34
Iles-d'Amérique (Av. des) . . **AY** 36
Ile (Av. de l') . . . . **BCY**
Jetée (Av. de la) . . . . **CY**
Joutes (Quai des) . . . . **BX** 39
Labech (R. du) . . . . **BX**
Louisiane (Allée de la) . . . . . **CX** 40
Méditerranée (Av. de la) . . . . **CX**
Miquel (Quai Jean) . . . . **BCX**
Outre-Mer (Av. d') . . . . **AY**
Pacifique (R. du) . . . . **AY**
Phocéens (Quai des) . . . . . . **CY** 42
Radoub (Rd-Pt du) . . . . **AY** 43
St-Martin-des-Vignes (R.) . . . . **AX**
St-Martin (Quai) . . . . **BX** 48
Sarret-de-Coussergue (R.) . **ABX**
Sergents (Av. des) . . . . **BCX**
Soldats (Av. des) . . . . **CX**
Surintendant (Av. du) . . . . . . **BX**
Tambour (R. du) . . . . **BX** 51
Tirème (Quai de la) . . . . **CXY** 56
Tours-de-St-Martin
  (Rd-Pt des) . . . . **AX** 53
Trinquette (Quai de la) . . . . . **CX** 54
Vaisseaux (R. des) . . . . **CX**
Vent-des-Dames (R. du) . . . . **BX**
Vieux Cap (Quai du) . . . . . . **BY**
Volvire-de-Brassac (R.) . . . . . **AX**
2-Frères (R. des) . . . . **CY**
4-Cantons (Allée des) . . . . . **CX** 60

Capaô

r. des Corsaires – ☎ 04 67 26 99 44 – www.capao.com – Ouvert 15 avril-1er oct.
55 ch – †80/155 € – ††80/155 € – ☐ 12 €   AYb
Rest Capaô Beach – ☎ 04 67 26 41 25 *(fermé mardi soir et lundi)* Carte 29/85 €
◆ Ambiance estivale dans ce complexe hôtelier proche de la plage Richelieu. Les chambres sont assez spacieuses ; décor contemporain et balcon. Sauna, hammam, fitness, activités sportives, etc. Au Capaô Beach, salades et poissons grillés les pieds dans le sable...

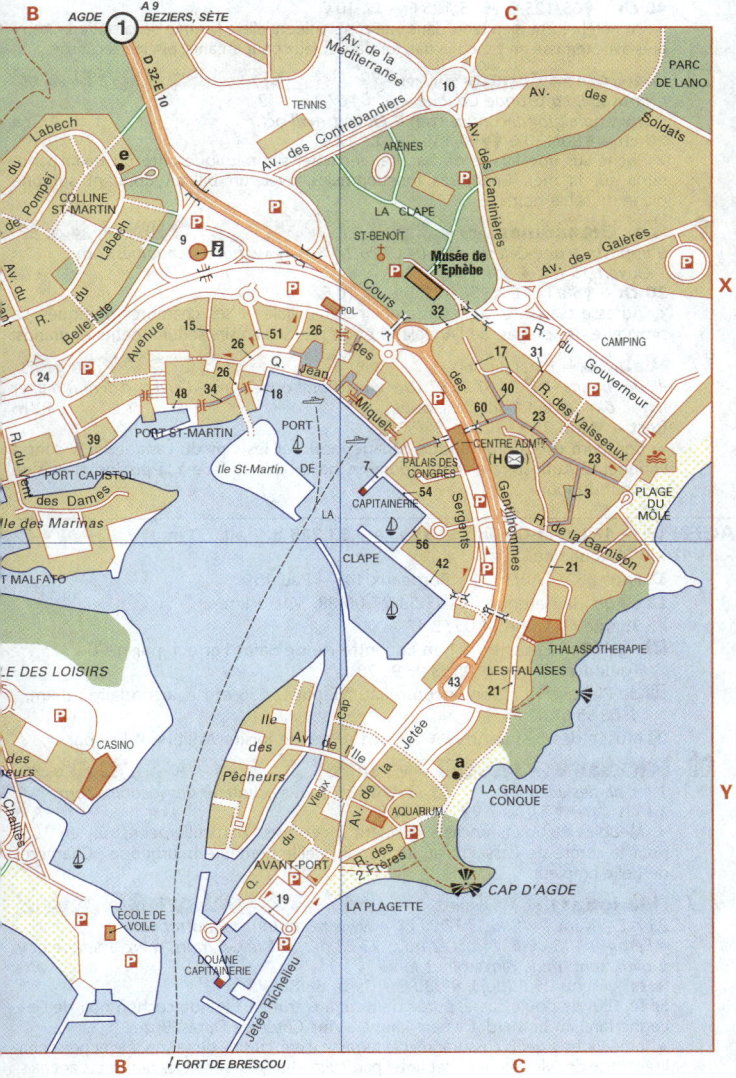

La Bergerie du Cap sans rest ⊰   🛋 ₺ 🅰🅲 📶 🅿 🅿 💳 🐼 🆎
4 av. Cassiopée - CX - ℰ 04 67 01 71 35 - www.labergerieducap.com
– Ouvert 22 avril-24 sept.
12 ch – †89/260 € ††89/260 € – ☷ 16 €
♦ Un lieu original au Cap, avec un certain cachet : à l'extérieur de la station, une ancienne bergerie du 18ᵉ s., aux abords très fleuris. Patio avec piscine.

Hélios sans rest   🚗 🛋 ₺ 🅰🅲 📶 🅿 💳 🐼 🆎 ⑩
12 r. Labech - ℰ 04 67 01 37 68 - www.hotel-helios.com - Ouvert
1ᵉʳ avril-30 sept.   **BXe**
40 ch – †65/125 € ††75/125 € – ☷ 10 €
♦ Un hôtel récent bien tenu, dans une zone résidentielle à l'entrée de la station. Chambres avec terrasse en rez-de-jardin, transats et jeux pour enfants, piscine sécurisée...

La Grande Conque sans rest ⊰   ≼ 🛗 🅰🅲 🕉 📶 🅿 💳 🐼
r. Etrusque, La Grande Conque - ℰ 04 67 26 11 42
– www.hotelgrandeconque.com – Ouvert avril-oct.   **CYa**
20 ch – †80/130 € ††99/130 € – ☷ 12 €
♦ Juché sur une falaise de basalte, cet hôtel sympathique offre un beau panorama sur la mer. Chambres fonctionnelles, avec un balcon donnant sur une plage de sable noir...

Les Grenadines sans rest ⊰   🛋 🅰🅲 📶 🅿 💳 🐼 🆎
6 impasse Marie-Céleste - ℰ 04 67 26 27 40 - www.hotelgrenadines.com
– Ouvert 15 fév.-4 nov.   **AYk**
20 ch – †58/111 € ††58/111 € – ☷ 10 €
♦ Adresse plaisante pour son ambiance familiale et ses chambres pratiques. La proximité des plages, de l'Aqualand et de l'île des Loisirs séduira petits et grands.

✕✕ Caladoc – Hôtel du Golfe   🍴 🅰🅲 🅿 💳 🐼 🆎
Île des Loisirs - ℰ 04 67 26 87 18 - www.hotel-golfe.com - Ouvert d'avril à oct. et fermé dim. et lundi sauf juil.-août   **BYm**
Rest – Menu 25 € – Carte 35/50 €🍷
♦ Son nom évoque un ancien cépage local... et les vins du Languedoc y sont à l'honneur ! Atmosphère contemporaine, belle terrasse face à la piscine et cuisine au goût du jour.

AGEN 🅿 – 47 Lot-et-Garonne – 336 F4 – 33 728 h. – alt. 50 m   4 C2
– ✉ 47000 ▌Aquitaine

■ Paris 662 – Auch 74 – Bordeaux 141 – Pau 159
🛫 d'Agen-la-Garenne : ℰ 05 53 77 00 88, SO : 3 km.
🗹 38, rue Garonne ℰ 05 53 47 36 09
🖸 Agen Bon-Encontre à Bon-Encontre rte de Saint Ferréol, par rte de Toulouse : 7 km, ℰ 05 53 96 95 78
🖸 de Pleneselve à Bon-Encontre, au NE par D 656 et rte secondaire : 8 km, ℰ 05 53 67 52 65
◎ Musée des Beaux-Arts★★ AXY M - Parc de loisirs Walibi★ 4 km par ⑤.

Château des Jacobins sans rest ⊰   🅰🅲 🕉 📶 🅿 💳 🐼 🆎
1 ter pl. des Jacobins - ℰ 05 53 47 03 31 - www.chateau-des-jacobins.com
14 ch ☷ – †72/80 € ††120/152 €   **AYf**
♦ Meubles et objets anciens donnent à cet hôtel particulier, construit en 1830 pour le comte de Cassaigneau, un esprit "vieille demeure bourgeoise". Chambres de belle ampleur.

✕✕✕ Mariottat (Éric Mariottat)   🍴 ₺ 🅰🅲 ⇩ 🅿 💳 🐼
⅋ℰ ₃ *25 r. L.-Vivent - ℰ 05 53 77 99 77 - www.restaurant-mariottat.com*
– Fermé 11-18 avril, 24 oct.-2 nov., 23-28 déc., 21 fév.-5 mars, merc. midi de nov. à avril, sam. midi, dim. soir et lundi   **AYs**
Rest – Menu 25 € (déj.), 48/80 € – Carte 68/80 €🍷
Spéc. Œuf de poule cassé, purée de ratte aux truffes. Pied de cochon noir de Gascogne farci au homard. Dessert "jaune". **Vins** Côtes de Duras, Buzet.
♦ Intérieur bourgeois cossu, agréable terrasse d'été, cuisine de saison fine et personnalisée, carte des vins étoffée : cet hôtel particulier du 19ᵉ s. séduit les gourmets agenais.

NESPRESSO®

Le café corps et âme

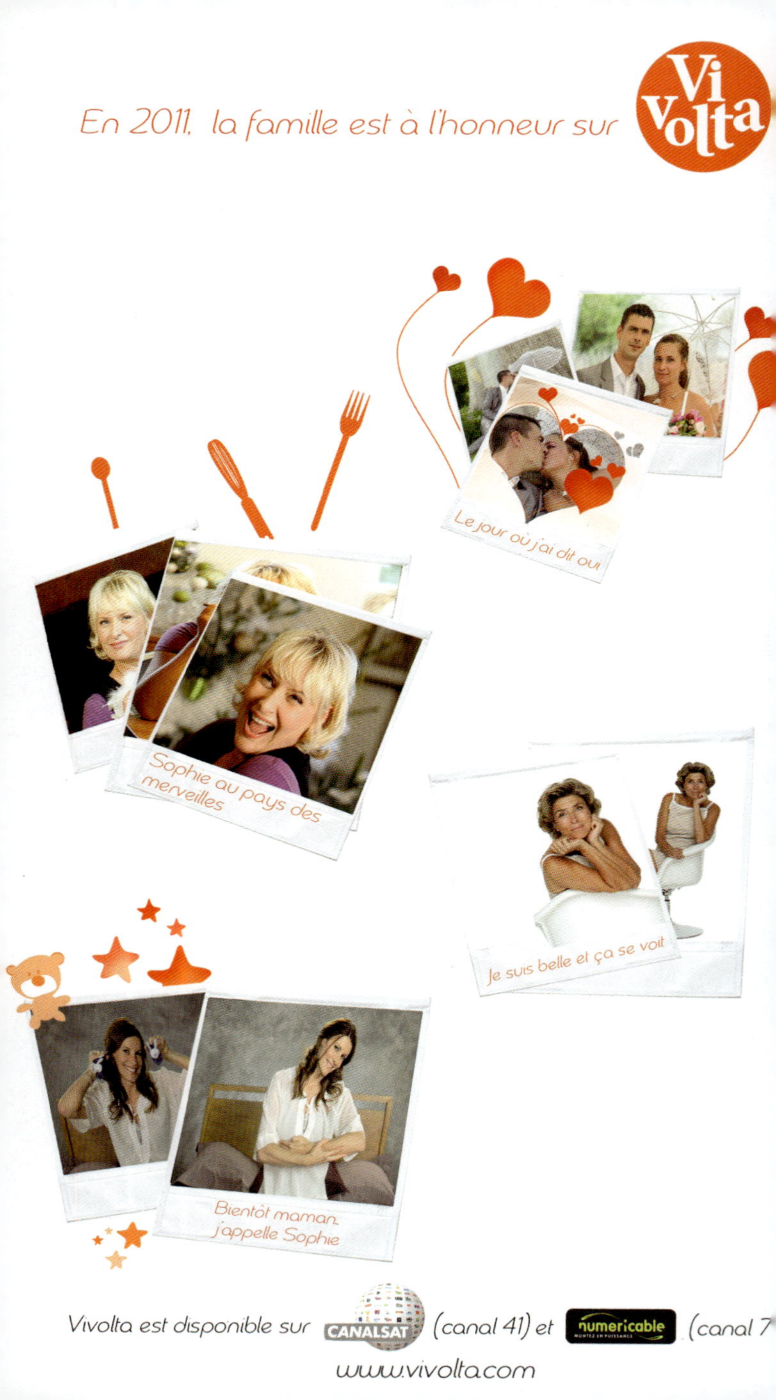
En 2011, la famille est à l'honneur sur
Vi volta
Le jour où j'ai dit oui
Sophie au pays des merveilles
Je suis belle et ça se voit
Bientôt maman… j'appelle Sophie
Vivolta est disponible sur
CANALSAT
(canal 41) et
numericable
(canal 7
www.vivolta.com

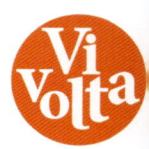

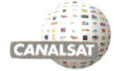

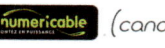

Banabéra (R.) . . . . **AX** 2	Garonne (R.) . . . . **AX** 18	Puits-du-Saumon (R.) . . . . . . **AX** 31
Barbusse (Av. H.) . . . . **BX** 3	Héros-de-la-Résistance	Rabelais (Pl.) . . . . **BX** 32
Beauville (R.) . . . . **AY** 4	(R. des) . . . . **BX** 20	République (Bd de la) . . . . . . **ABX**
Cessac (R. de) . . . . **AY** 5	Jacquard (R.) . . . . **ABX** 21	Richard-Cœur-de-Lion
Chaudordy (R.) . . . . **AY** 6	Laitiers (Pl. des) . . . . **AX** 22	(R.) . . . . **AY** 33
Colmar (Av. de) . . . . **BZ** 7	Lattre-de-Tassigny	Tissidre (Av. A.) . . . . **AZ** 34
Cornières (R. des) . . . . **AX** 8	(R. Maréchal-de) . . . . **AY** 24	Vivent (R. Louis) . . . . **AY** 35
Desmoulins (R. C.) . . . . **BX** 9	Lomet (R.) . . . . **AY** 27	Voltaire (R.) . . . . **AX** 36
Docteur-P.-Esquirol (Pl.) . . . . **AY** 10	Moncorny (R.) . . . . **AY** 28	Washington (Cours) . . . . **BY** 37
Dolet (R. E.) . . . . **AY** 13	Montesquieu (R.) . . . . **AXY** 30	9e-de-Ligne (Cours du) . . . . **AYZ** 38
Durand (Pl. J.-B.) . . . . **AX** 14	Président-Carnot	14-Juillet (Cours du) . . . . **BX** 39
Floirac (R.) . . . . **AX** 17	(Bd du) . . . . **BXY**	14-Juillet (Pl. du) . . . . **BX** 41

✕✕ **Le Washington** 🛋 🆎 ⟷ **VISA** ⦿ ⓘ

7 cours Washington

– 𝒞 05 53 48 25 50

– *www.le-washington.com*

– *Fermé 1er-28 août, sam. et dim.* AYr

Rest – (16 € bc) Menu 21 € (déj.)/38 € – Carte 42/84 €

◆ Dans une maison édifiée par l'architecte Charles Garnier, restaurant contemporain où l'on sert une carte traditionnelle et des plats du marché soutenus par un beau choix de vins.

XX **La Table d'Armandie** 🛜 ⌖ 🅰🅒 🕏 🄿 🆅🅸🆂🅰 ⓩ

1350 av. du Midi – ⌀ *05 53 96 15 15 – www.restaurant-agen.com – Fermé*
8-25 août, 24 déc.-2 janv., dim. et lundi AZa
Rest – Menu 15/45 € – Carte 38/50 €
♦ Décor contemporain épuré avec grande table d'hôte, cuisine ouverte et écran
géant (retransmissions sportives). Suggestions du marché et carte des vins essentiellement régionale.

XX **Le Margoton** 🅰🅒 🆅🅸🆂🅰 ⓩ 🅰🅴 ⓞ

52 r. Richard-Cœur-de-Lion – ⌀ *05 53 48 11 55 – www.lemargoton.com*
– Fermé 20 juil.-4 août, 22 déc.-5 janv., sam. midi, dim. et lundi AYe
Rest – (16 €) Menu 25/35 € – Carte 38/45 €
♦ Sympathique adresse de la vieille ville : accueil familial, décor à base de maté-
riaux traditionnels, couleurs cosy et notes actuelles. Appétissante cuisine dans l'air
du temps.

X **La Part des Anges** 🛜 🆅🅸🆂🅰 ⓩ

14 r. Émile-Sentini – ⌀ *05 53 68 31 00 – www.lapartdesanges.eu – Fermé*
15-31 août, vacances de fév., dim. et lundi BXu
Rest – Menu 15 € (déj. en sem.), 20/29 € – Carte 25/40 €
♦ Livres de cuisine et vieilles caisses de vin ornent ce petit restaurant du centre-
ville où l'on se sent un peu comme chez des amis. Copieux plats du terroir à prix
tout doux.

X **Le Tram's** 🛜 ⌖ 🅰🅒 ⬄ 🄿 🆅🅸🆂🅰 ⓩ 🅰🅴

r. du Trech, ZAC Agen-Sud par av. du Midi - ZA – ⌀ *05 53 98 48 14*
– www.letrams.com – Fermé 8-20 août, lundi soir, mardi soir, merc. soir et dim.
Rest – (14 € bc) Menu 25 € (dîner) – Carte 23/43 €🍴
♦ Dans un décor branché, ce restaurant situé au cœur d'une ZAC vous réserve
quelques surprises : cuisine fusion, recettes du terroir gascon ou spécialités de
plats en cocotte.

X **L'Atelier** 🅰🅒 🕏 🆅🅸🆂🅰 ⓩ

14 r. du Jeu-de-Paume – ⌀ *05 53 87 89 22* AYg
Rest – (16 €) Menu 26/31 € – Carte 38/49 €
♦ Dans ce petit restaurant près des rues piétonnes, la décoration, bien dans son
époque, sert d'écrin à la cuisine fraîche et colorée de la jeune chef. Rafraîchissant.

à Moirax 9 km par ④, N 21 et D 268 – 1 084 h. – alt. 154 m – ⌂ 47310

🄱 Le bourg ⌀ 05 53 87 13 73

XX **Auberge le Prieuré** (Benjamin Toursel) 🛜 ⌖ 🅰🅒 🆅🅸🆂🅰 ⓩ
🕸
Le Bourg – ⌀ *05 53 47 59 55 – www.aubergeduprieuredemoirax.fr – Fermé*
vacances de la Toussaint, de fév., dim. soir, lundi et mardi
Rest – (nombre de couverts limité, prévenir) Menu 50/65 €
Spéc. Langoustines en cappuccino de fenouil. Agneau de lait du Quercy, pois chiche
en émulsion, condiment rose-rhubarbe (saison). Framboises, crème citron et meringue
moelleuse à l'estragon (été). **Vins** Vin de pays des Côtes de Gascogne, Côtes du
Marmandais.
♦ Une cuisine spontanée, pleine d'audace, presque en mouvement ! On
la déguste dans une belle maison de village plusieurs fois centenaire, qui a
conservé le charme de l'ancien.

au Sud-Ouest 12 km par ④, rte d'Auch (N 21) puis D 268 – ⌂ 47310 Laplume

🏨 **Château de Lassalle** 🍃 🄿 🛜 🟥 ⌖ ch, 🎵 🚿 🄿 🆅🅸🆂🅰 ⓩ 🅰🅴

Brimont – ⌀ *05 53 95 10 58 – www.chateaudelassalle.com – Fermé vacances de*
Noël, de fév., sam. et dim. du 1ᵉʳ nov. au 30 avril
17 ch – 🛉119/199 € 🛉🛉119/249 € – ⏦ 13 € – ½ P 98/124 €
Rest – (27 €) Menu 34/44 € – Carte 34/56 €
♦ Douillettes chambres contemporaines (bois, pierre, tons clairs) et délicieuse
ambiance guesthouse pour cette demeure du 18ᵉ s. nichée dans un parc de 8
ha. Séjours à thème. Restaurant sous verrière ou dans l'ex-salle des gardes (11ᵉ
s.) ; carte traditionnelle.

à Brax 6 km par ⑤ et D 119 – 1 742 h. – alt. 49 m – ⊠ 47310

Au Colombier du Touron   🚗 🛖 AC ch, ⁉️ 🍴 P VISA ☎ AE
187 av. des Landes – ℰ 05 53 87 87 91 – www.colombierdutouron.com – Fermé vacances de la Toussaint et 26 fév.-5 mars
9 ch – †50 € ††59/82 € – � 10 € – ½ P 61/67 €
Rest – *(fermé dim. soir et lundi)* (15 €) Menu 30/47 € – Carte 36/46 €
◆ L'enseigne évoque le colombier du 18ᵉ s. qui jouxte l'hôtel. Ce dernier dispose de grandes chambres colorées, progressivement rénovées. Cuisine gasconne proposée dans une confortable salle à manger donnant sur le jardin, ou sur la terrasse ombragée.

AGNEAUX – 50 Manche – **303** F5 – rattaché à St-LÔ

AGNIERES-EN-DEVOLUY – 05 Hautes-Alpes – **334** D4 – 259 h.   **40** B1
– alt. 1 263 m – ⊠ 05250
▶ Paris 690 – Gap 42 – Marseille 204 – Vizille 73

Le Refuge de l'Eterlou sans rest   ≼ 🚗 ♿ ⁉️ P VISA ☎
La Joue du Loup, 4 km à l'Est – ℰ 04 92 23 33 80 – www.hotel-eterlou.com – Ouvert 2 juil.-4 sept. et 18 déc.-25 avril
30 ch – †65/70 € ††80/85 € – ⊐ 9 €
◆ Chalet moderne sur les hauteurs de la station, reliée à SuperDévoluy. Décoration "tout bois" pour la salle des petits-déjeuners et les chambres spacieuses d'esprit actuel.

AGUESSAC – 12 Aveyron – **338** K6 – 832 h. – alt. 375 m – ⊠ 12520   **29** D2
▶ Paris 628 – Florac 76 – Mende 87 – Millau 9

Auberge le Rascalat   🚗 🛖 🏊 🍴 rest, ⁉️ P 🛋 VISA ☎
2 km rte de Verrières sur D 809 – ℰ 05 65 59 80 43 – www.auberge-lerascalat.fr – Ouvert 11 fév.-30 nov.
14 ch – †62/72 € ††62/72 € – ⊐ 10 € – ½ P 64/74 €
Rest – *(fermé mardi midi hors saison et lundi sauf le soir en saison)*
Menu 25/49 € – Carte 45/75 €
◆ Ex-moulin à huile situé entre Causses et rivière. Chambres campagnardes, petit-déjeuner sous les voûtes de la cave ; piscine à débordement. Table bourgeoise où l'on apprécie une cuisine franche et goûteuse (agneau du pays rôti à la broche dans la cheminée).

AHETZE – 64 Pyrénées-Atlantiques – **342** C2 – 1 468 h. – alt. 28 m   **3** A3
– ⊠ 64210
▶ Paris 767 – Bordeaux 207 – Pau 127 – Donostia-San Sebastián 52

La Ferme Ostalapia avec ch   🛖 🍴 ⁉️ P VISA ☎
chemin d'Ostalapia, 3 km au Sud par D 855 – ℰ 05 59 54 73 79 – www.ostalapia.fr – Fermé 17-31 janv., merc. hors saison et le midi en juil.-août
8 ch – †65/155 € ††65/155 € – ⊐ 10 €
Rest – (15 €) Menu 50 € – Carte 35/50 €
◆ Ancienne ferme du pays dont la réputation locale n'est plus à faire. On y sert une bonne cuisine du terroir dans un décor typiquement basque. Terrasse au pied des vignes, face aux montagnes. Chambres coquettes et rustiques, bien tenues.

L'AIGLE – 61 Orne – **310** M2 – 8 415 h. – alt. 220 m – ⊠ 61300   **33** C2
▌ Normandie Vallée de la Seine
▶ Paris 137 – Alençon 68 – Chartres 79 – Dreux 61
🛈 place Fulbert-de-Beina ℰ 02 33 24 12 40

Du Dauphin   ⁉️ 🍴 VISA ☎ AE ①
pl. de la Halle – ℰ 02 33 84 18 00 – www.hotel-dauphin.fr
30 ch – †65/85 € ††65/85 € – ⊐ 10 € – ½ P 61/71 €
Rest – *(fermé dim. soir)* Menu 35/40 € – Carte 56/75 €
Rest *La Renaissance* – Menu 15 € – Carte 20/45 €
◆ Le plus ancien des deux bâtiments hébergeait déjà une hôtellerie en 1618. Chambres au confort actuel, salon-cheminée, boutique de produits régionaux. Carte dans l'air du temps et cadre traditionnel au restaurant. Joli décor de brasserie rétro à La Renaissance.

AIGUEBELETTE-LE-LAC – 73 Savoie – **333** H4 – 220 h. – alt. 410 m   **46** F2
– ✉ 73610 ▮ Alpes du Nord

▶ Paris 552 – Belley 34 – Chambéry 22 – Grenoble 76
◉ Lac★ - Panorama★★ sur la route du col de l'Épine N.

à Novalaise-Lac (rive Ouest) 7 km par D 921 – 1 661 h. – alt. 427 m – ✉ 73470

▭ **Le Chalet du Lac**   ≤ 🚗 🎴 ⁽ᵗ⁾ **P** 💳 ⓪ ㈀ ⓪
Le Neyret – 𝒞 04 79 36 02 19 – www.le-chaletdulac.com – Fermé 2 janv.-3 fév.
13 ch – †60/90 € ††60/90 € – ☲ 10 €
Rest – *(fermé mardi soir et merc. d'oct. à mi-mars)* (26 €) Menu 29/89 €
– Carte 56/75 €
◆ Sur la route bordant le lac d'Aiguebelette, ce chalet à la façade blanche dispose de chambres simples et fonctionnelles, avec vue sur les flots. Cuisine actuelle servie dans un cadre lumineux ou sur la terrasse. Carte d'été sur la plage.

à St-Alban-de-Montbel (rive Ouest) 7 km par D 921 – 554 h. – alt. 400 m – ✉ 73610

▭ **Les Lodges du Lac**   🚗 🎴 ⌷ ⁽ᵗ⁾ ⅍ **P** 💳 ⓪
La Curiaz, D 921 – 𝒞 04 79 36 00 10 – www.leslodgesdulac.com – Fermé dim. soir, mardi midi et lundi du 12 sept. au 21 juin
13 ch – †50 € ††70 € – ☲ 8 € – ½ P 52/60 €
Rest – *(fermé 1 sem. en mars, 1ᵉʳ-15 oct., 1 sem. à Noël)* (12 €) Menu 20/28 €
– Carte 25/40 €
◆ Hôtel situé en retrait du lac. Chambres joliment décorées dans le bâtiment principal ; celles de l'annexe, plus simples, donnent de plain-pied sur le jardin. Cuisine traditionnelle et spécialités savoyardes... à apprécier sous la véranda l'été venu.

à la Combe (rive Est) 4 km par D 921ᵈ – ✉ 73610

✗✗ **La Combe "chez Michelon"** avec ch ⇲   ≤ 🎴 ✗ ch, **P** 💳 ⓪
– 𝒞 04 79 36 05 02 – www.chez-michelon.fr – Fermé de mi-nov. à fin janv., lundi soir en juil.-août, mardi sauf le midi d'avril à juin et merc. sauf juil.-août
5 ch – †59 € ††71 € – ☲ 8,50 € – ½ P 76 €
Rest – (19 €) Menu 22 € (sem.), 24/48 € – Carte 38/60 €◈
◆ Une accueillante maison dans un environnement privilégié (vue imprenable sur le lac) ; sublime carte de vins régionaux escortant plats traditionnels et poissons des lacs d'Annecy ou du Bourget.

AIGUEBELLE – 83 Var – **340** N7 – rattaché au Lavandou

AIGUES-MORTES – 30 Gard – **339** K7 – 7 115 h. – alt. 3 m – ✉ 30220   **23** C2
▮ Languedoc Roussillon

▶ Paris 745 – Arles 49 – Montpellier 38 – Nîmes 42
🛈 place Saint-Louis 𝒞 04 66 53 73 00
◉ Remparts★★ et tour de Constance★★ : ⁂★★ - Eglise Notre-Dame des Sablons★.

▭▭▭ **Villa Mazarin**   🚗 🎴 ⌷ ⅃⅃ & 🅰🅲 ⁽ᵗ⁾ ⅍ 🚘 💳 ⓪ ㈀
35 bd Gambetta – 𝒞 04 66 73 90 48 – www.villamazarin.com
20 ch – †120/350 € ††120/350 € – ☲ 14 € – ½ P 105/220 €
Rest *La Table* – *(fermé 2 sem. en nov., 2 sem. en fév., lundi et mardi hors saison et le midi sauf dim.)* Menu 29/44 €
◆ Au cœur d'Aigues, une demeure du 15ᵉ s. tout en pierre blonde. Escalier à balustres, mobilier ancien, piscine intérieure, jardinet... on apprécie l'élégance et la discrétion des lieux. Esprit baroque au restaurant, pour une cuisine actuelle fine et goûteuse.

▭▭ **Canal** sans rest   ⌷ & 🅰🅲 ✗ ⁽ᵗ⁾ ⅍ **P** 🚘 💳 ⓪
440 rte de Nîmes – 𝒞 04 66 80 50 04 – www.hotelcanal.fr
– Fermé 15 nov.-16 déc. et 8 janv.-8 fév.
25 ch – †71/155 € ††71/155 € – ☲ 12 €
◆ À l'entrée de la ville, face au canal (hors les murs, donc), un hôtel moderne assez agréable : décor sobre, piscine, solarium, copieux petit-déjeuner...

St-Louis 🍴 🌐 🛏 VISA ⑩ AE

10 r. Am.-Courbet – ℰ 04 66 53 72 68 – www.lesaintlouis.fr – Ouvert 27 mars-23 oct.
22 ch – ♦62/94 € ♦♦79/102 € – ☑ 10 € – ½ P 65/77 €
Rest – (15 €) Menu 19/29 € – Carte 33/45 €

♦ Intra-muros, à deux pas de la tour de Constance, cette bâtisse du 18ᵉ s. allie simplicité et charme de l'ancien : un joli escalier dessert les chambres, apprêtées aux couleurs
de la Provence. Au restaurant, décor vert amande, agréable patio et saveurs du Sud...

Les Arcades avec ch ⑤ 🍴 AC 🌐 VISA ⑩ AE

*23 bd Gambetta – ℰ 04 66 53 81 13 – www.les-arcades.fr – Fermé mardi midi et
lundi sauf le soir en juil.-août*
9 ch – ♦98/102 € ♦♦104/140 € – ☑ 12 €
Rest – Menu 20 € (déj. en sem.), 35/45 € – Carte 36/66 €

♦ Sous les arcades d'une maison du 16ᵉ s., où s'épanouissent quelques tables
aux beaux jours... Cette table rustique propose une bonne cuisine régionale, atta-
chée aux produits de saison. Les quelques chambres sont spacieuses, avec un certain cachet (tons pastel).

AILLANT-SUR-THOLON – 89 Yonne – 319 D4 – 1 416 h. – alt. 112 m   7 B1
– ✉ 89110

▶ Paris 144 – Auxerre 20 – Briare 70 – Clamecy 61
🛈 1, cour de la Halle aux Grains ℰ 03 86 63 54 17
🏌 du Roncemay Domaine et Golf du Roncemay, Chassy, ℰ 03 86 73 50 50

au Sud-Ouest 7 km par D 955, D 57 et rte secondaire

Domaine du Roncemay ⑤ ≤ 🛀 ⚘ ☎ ⌘ ♨ 🏌 & AC ch 🌐

✉ 89110 Chassy – ℰ 03 86 73 50 50   ⚘ P VISA ⑩ AE ①
– www.roncemay.com – Ouvert de mars à nov.
15 ch – ♦100/120 € ♦♦180/220 € – 3 suites – ☑ 18 € – ½ P 118/237 €
Rest – (fermé dim. soir, lundi et mardi hors saison) (15 €) Menu 22 € (déj.),
35/54 € – Carte 50/75 €

♦ Bel hôtel construit dans la pure tradition régionale, associé à un vaste golf. Les
chambres, séduisantes et confortables, ont le beau charme d'antan. Fitness et superbe
hammam. Salle à manger donnant sur le parc ; cuisine gastronomique d'influence
bourguignonne.

AIMARGUES – 30 Gard – 339 K6 – 4 173 h. – alt. 6 m – ✉ 30470   23 C2
▶ Paris 740 – Aigues-Mortes 16 – Alès 62 – Montpellier 40

Un Mazet sous les platanes 🍴 AC VISA ⑩

3 bd St-Louis – ℰ 04 66 51 73 03 – Fermé 20-31 déc., sam. midi, dim. soir et lundi
Rest – (15 €) Menu 28 € bc – Carte 25/45 €

♦ Une petite maison basse sur un cours planté de... platanes. Son décor comme
sa cuisine sont chaleureux, mêlant les styles provençaux et marocains ! Terrasse
face au potager.

AINHOA – 64 Pyrénées-Atlantiques – 342 C5 – 648 h. – alt. 130 m   3 A3
– ✉ 64250 ▌Pays Basque et Navarre

▶ Paris 791 – Bayonne 28 – Biarritz 29 – Cambo-les-Bains 11
◉ Village basque caractéristique ★.

Ithurria (Xavier Isabal) 🛀 ☎ ⌘ 📶 AC 🌐 P VISA ⑩ AE ①

❀ *pl. du Fronton – ℰ 05 59 29 92 11 – www.ithurria.com – Ouvert 8 avril-1ᵉʳnov.*
28 ch – ♦95/125 € ♦♦135/160 € – ☑ 13 € – ½ P 110/125 €
Rest – (fermé jeudi midi sauf juil.-août et merc.) (prévenir le week-end)
Menu 38/60 € – Carte 52/78 € ⑧⑧
Spéc. Rossini de pied de porc, foie gras poêlé et petite salade, vinaigrette truffée.
Pigeon rôti, beurre sous la peau, fricassée de légumes en cocotte. Millefeuille ren-
versé aux fruits rouges. **Vins** Jurançon sec, Irouléguy.
Rest *Bistrot Ithurria* – (fermé merc. et jeudi sauf juil.-août, dim. et le soir) Carte 21/35 €

♦ Un hôtel de tradition, face au fronton de pelote du village : ces murs du 17ᵉ s.
cachent des chambres coquettes et confortables, ainsi qu'une belle salle à manger hautement rustique ! On y déguste une cuisine classique, à base de produits
du terroir et du marché travaillés avec grand soin. Le petit bistrot est charmant.

Argi Eder ⚜ ⬧ ⬧ 🏡 ⬧ ⬧ ⬧ AK ⬧ 🍴 P VISA ⬧ AE ⬧

rte de la Chapelle – ℰ 05 59 93 72 00 – www.argi-eder.com – Ouvert 1er avril-2 nov.
19 ch – ♦85/105 € ♦♦95/125 € – 7 suites – ☲ 12 € – ½ P 91/123 €
Rest – (fermé merc. sauf le soir en juil.-août, lundi midi et vend. midi)
Menu 29/48 € – Carte 55/65 € 🍷

◆ À flanc de colline, une grande bâtisse régionale et sa piscine dans un parc arboré et fleuri. Vastes chambres avec balcon et joli salon-bar (belle collection d'armagnacs). Salle à manger basque ; plats du terroir et superbe carte de bordeaux.

La Maison Oppoca 🏡 AK ch, 🍴 P VISA ⬧

r. Principale – ℰ 05 59 29 90 72 – www.oppoca.com – Fermé 9 janv.-4 fév.
et 20 nov.-19 déc.
10 ch – ♦75/130 € ♦♦85/150 € – ☲ 9 € – ½ P 82/114 €
Rest – Menu 60 € – Carte 28/48 €
Rest *Le Pilotari* – (ouvert avril-oct.) Menu 15 € (déj. en sem.)/23 € – Carte 18/25 €
◆ Cette belle maison basque du 17e s. abrite des chambres confortables et spacieuses (parquets anciens, tons lin et crème). Au restaurant gastronomique, deux ambiances – rustique ou contemporaine – et des mets alliant saveurs basques et exotiques. Côté bistrot, spécialités régionales (piperade, axoa...).

AIRAINES – 80 Somme – **301** E8 – 2 101 h. – alt. 30 m – ⬚ 80270   **36** A1
❚ Nord Pas-de-Calais Picardie
    ◗ Paris 172 – Abbeville 22 – Amiens 30 – Beauvais 69
    🛈 place de la Mairie ℰ 03 22 29 34 07

à Allery 5 km à l'Ouest par D 936 – 759 h. – alt. 50 m – ⬚ 80270

Relais Forestier du Pont d'Hure ⬧ ⬧ P VISA ⬧ AE

rte du Treport – ℰ 03 22 29 42 10 – www.pontdhure.com – Fermé 1er-20 août,
1er-20 janv., mardi et le soir sauf sam.
Rest – (14 €) Menu 19 € (sem.), 24/39 € – Carte 30/60 €
◆ Atmosphère pavillon de chasse (trophées, mobilier rustique) pleine de charme après une balade en forêt... Au programme, rôtisserie et grillades au feu de bois.

AIRE-SUR-L'ADOUR – 40 Landes – **335** J12 – 6 089 h. – alt. 80 m   **3** B3
– ⬚ 40800 ❚ Aquitaine
    ◗ Paris 722 – Auch 84 – Condom 68 – Dax 77
    🛈 20, bis rue Carnot ℰ 05 58 71 64 70
    ◉ Sarcophage de Ste-Quitterie★ dans l'église St-Pierre-du-Mas.

Chez l'Ahumat ⬧ P VISA ⬧

2 r. Mendès-France – ℰ 05 58 71 82 61 – Fermé 17-31 mars, 1er-16 sept., mardi
soir et merc.
Rest – (10 €) Menu 12/30 € – Carte 20/35 €
◆ Restaurant tenu par la même famille depuis trois générations. Salles rustiques agrémentées d'objets anciens (collection d'assiettes, vieux vaisselier) et cuisine régionale.

à Ségos (32 Gers) 9 km par N 134 et D 260 – 250 h. – alt. 111 m – ⬚ 32400

Domaine de Bassibé ⚜ ⬧ 🏡 ⬧ P VISA ⬧ AE

– ℰ 05 62 09 46 71 – www.bassibe.fr – Ouvert de Pâques à mi-nov. et fermé
mardi et merc. sauf juil.-août
9 ch – ♦140/165 € ♦♦140/215 € – 7 suites – ☲ 16 € – ½ P 132/170 €
Rest – (fermé le midi sauf sam., dim. en juil.-août) Menu 49/61 €
◆ Bassibé : "Là où l'on est bien" en patois. Dans cette ancienne ferme en pleine campagne, on cultive le romantisme et l'art de bien vivre... Chambres coquettes et très douillettes. Cuisine classique à déguster dans l'ancien pressoir ou à l'ombre des platanes.

Minvielle et les Oliviers ⬧ AK rest, 🍴 P VISA ⬧ AE

– ℰ 05 62 09 40 90
18 ch – ♦43/50 € ♦♦50/57 € – ☲ 7 € – ½ P 50/55 €
Rest – (fermé sam. midi et dim. soir) (14 € bc) Menu 19/28 € – Carte 27/40 €
◆ Dans un petit village du Gers, bâtisse moderne d'esprit régional. Décor provençal dans les chambres de l'annexe (plus récentes) et grand balcon. Au restaurant, cuisine traditionnelle.

AIRE-SUR-LA-LYS – 62 Pas-de-Calais – **301** H4 – 9 606 h. – alt. 30 m   **30** B2
– ✉ 62120 ▐ Nord Pas-de-Calais Picardie

> ▶ Paris 236 – Arras 56 – Boulogne-sur-Mer 68 – Calais 60
>
> 🛈 "Grand-Place ""le Baillage""" ℰ 03 21 39 65 66
>
> 🔲 Bailliage★ - Tour★ de la Collégiale St-Pierre★.

Hostellerie des 3 Mousquetaires 🕭   ♨ ⚒ 🅿 VISA ◍ AE
Château de la Redoute, rte de Béthune (D 943) – ℰ 03 21 39 01 11
– www.hostelleriedes3mousquetaires.com – Fermé 3-13 janv.
28 ch – ♦90/150 € ♦♦90/150 € – 2 suites – ☑ 15 €
Rest – (18 €) Menu 21/60 € – Carte 40/70 €
♦ Charme bucolique d'une demeure du 19ᵉ s. entourée d'un parc. La décoration
des chambres (lit à baldaquin, objets chinés) crée une douce atmosphère d'antan. La table, traditionnelle, laisse le choix du spectacle : cuisine ouverte ou vue
sur la vallée.

à Isbergues 6 km au Sud-Est par D 187 – 9 503 h. – alt. 25 m – ✉ 62330

Le Buffet avec ch   ☞ AC rest, "♔ ⚒ VISA ◍
22 r. de la Gare – ℰ 03 21 25 82 40 – www.le-buffet.com
– Fermé 1ᵉʳ-21 août, vacances de fév., lundi sauf fériés le midi et dim. soir
5 ch – ♦62 € ♦♦70 € – ☑ 10 €
Rest – (16 €) Menu 19 € (sem.), 25/88 € bc – Carte 48/68 €
♦ L'ancien buffet de la gare a aujourd'hui fière allure ! C'est un endroit élégant
(mobilier de style) et l'on y savoure une goûteuse cuisine régionale de saison.
Chambres confortables pour l'étape.

AISONVILLE-ET-BERNOVILLE – 02 Aisne – **306** D3 – 297 h.   **37** C1
– alt. 155 m – ✉ 02110

> ▶ Paris 200 – Amiens 115 – Laon 50 – Saint-Quentin 31

Le 1748 🕭   ☞ � "♔ ⚒ 🅿 VISA ◍
9 r. de Condé – ℰ 03 23 66 85 85 – http://le1748.monsite.orange.fr – Fermé
2-12 janv.
16 ch – ♦60/95 € ♦♦60/95 € – ☑ 12 € – ½ P 61/80 €
Rest – (dîner seult) Menu 28/45 € – Carte 38/65 €
♦ Dans l'ancienne ferme du château de Bernoville, des chambres douillettes et
intimes, quelques-unes logées sous de belles charpentes. Plats du terroir, flami-
ches et grillades au feu de bois dans le superbe décor des anciennes écuries...
datant de 1748.

AIX (ÎLE-D') – 17 Charente-Maritime – **324** C3 – voir à Île-d'Aix

AIX-EN-PROVENCE ⬡ – 13 Bouches-du-Rhône – **340** H4   **40** B3
– 142 534 h. – alt. 206 m – Casino **AV** – ✉ 13100 ▐ Provence

> ▶ Paris 752 – Avignon 82 – Marseille 30 – Nice 177
>
> 🛈 2, place du Général-de-Gaulle ℰ 04 42 16 11 61
>
> 🖸 Set Golf 1335 chemin de Granet, O : 6 km par D 17,
> ℰ 04 42 29 63 69
>
> 🖸 d'Aix-Marseille à Les Milles Domaine de Riquetti, par rte de Marignane et
> D 9 : 8 km, ℰ 04 42 24 20 41
>
> 🖸 Sainte-Victoire Golf Club à Fuveau "Lieu dit ""Château l'Arc""", par rte
> d'Aubagne et D 6 : 14 km, ℰ 04 42 29 83 43
>
> 🔲 Le Vieil Aix★★ - Cours Mirabeau★★ - Cathédrale St-Sauveur★ : triptyque
> du Buisson Ardent★★ - Cloître★ **BX B⁸** - Place Albertas★ **BY 3** - Place★ de
> l'hôtel de ville **BY 37** - Cour★ de l'hôtel de ville **BY H** - Quartier Mazarin★ :
> fontaine des Quatre-Dauphins★ **BY D** - Musée Granet★ **CY M⁶** - Musée
> des Tapisseries★ **BX M²** - Fondation Vasarely★ **AV M⁵.**

Plans pages suivantes

AIX-EN-PROVENCE

Berger (Av. G.) . . . . BV 7
Brossolette (Av.). . . . . AV 13
Club Hippique (Av.). . . . . . AV 18
Dalmas (Av. J.) . . . . AV 23
Ferrini (Av. F.). . . . . AV 30
Fourane (Av. de la) . . . . . . AV 32
Galice (Rte de) . . . . AV 33
Isaac (Av. J.) . . . . BV 41
Malacrida (Av. H.) . . . . BV 48
Minimes (Crs des) . . . . . . AV 52
Moulin (Av. J.). . . . . BV 56
Pigonnet (Av. du) . . . . AV 62
Poilus (Bd des). . . . . BV 67
Prados (Av. E.). . . . . AV 68
Solari (Av. Ph.). . . . . AV 76

Villa Gallici
ch, rest, VISA

18 bis av. de la Violette – ✆ 04 42 23 29 23 – www.villagallici.com – Fermé 20-27 déc. et 3 janv.-3 fév. BVk

17 ch – †230/780 € ††230/780 € – 5 suites – ☕ 28 €

Rest – *(fermé mardi d'oct. à mai et merc.) (nombre de couverts limité, prévenir)* (45 €) Menu 60 € (déj.)/100 € – Carte 60/100 €

◆ Platanes, cyprès, fontaine, piscine, cigales... Un morceau de Provence idyllique en cette discrète villa juchée sur les hauteurs d'Aix. Chambres raffinées au charme très 19e s. Cuisine classique gorgée de soleil. L'été, profitez de la ravissante terrasse ombragée.

Grand Hôtel Roi René
VISA

24 bd du Roi-René – ✆ 04 42 37 61 00 – www.grand-hotel-roi-rene-aix-en-provence.com BZb

131 ch – †135/345 € ††135/365 € – 3 suites – ☕ 23 €

Rest *La Table du Roi* – Menu 39 €

◆ Si l'architecture de cet hôtel né en 1929 s'inspire du style régional, les chambres, accueillantes et cossues, sont très contemporaines. Grand patio avec piscine. À La Table du Roi, cuisine classique aux notes régionales servie dans une salle un tantinet glamour.

Le Pigonnet
rest, VISA

5 av. du Pigonnet ✉ 13090 – ✆ 04 42 59 02 90 – www.hotelpigonnet.com AVa

48 ch – †115/210 € ††170/530 € – ☕ 21 €

Rest – *(ouvert 1er avril-31 oct. et fermé sam. midi et dim.)* (29 €) Menu 39/65 € – Carte 60/110 €

◆ Dans un beau parc, face à la Ste-Victoire, grande maison au calme, où Cézanne lui-même s'imprégna des parfums et couleurs de la Provence... Chambres romantiques et cossues. Élégantes salles à manger et terrasse tournées vers la verdure ; cuisine de produits frais.

Aquabella
VISA

2 r. des Étuves – ✆ 04 42 99 15 00 – www.aquabella.fr AXa

110 ch – †149/155 € ††169/175 € – ☕ 18 €

Rest *L'Orangerie* – Menu 24/39 € – Carte 42/48 €

◆ Aux portes de la vieille ville, cet imposant hôtel moderne jouxte les Thermes Sextius (nombreux soins). Aux derniers étages, chambres avec terrasse et vue sur la cité. Restaurant à la structure "verre et acier", prolongé d'une belle terrasse ; cuisine régionale.

AIX-EN-PROVENCE

Agard (Passage) . . . . **CY** 2
Albertas (Pl.) . . . . **BY** 3
Aude (R.) . . . . **BY** 4
Bagniers (R. des) . . . . **BY** 5
Bellegarde (Pl.) . . . . **CX** 6
Bon Pasteur (R.) . . . . **BX** 9
Boulégon (R.) . . . . **BX** 12
Brossolette (Av.) . . . . **AZ** 13
Cardeurs (Pl. des) . . . . **BY** 16
Clemenceau (R.) . . . . **BY** 18

Cordeliers (R. des) . . . . **BY** 20
Couronne (R. de la) . . . . **BY** 21
Curie (R. Pierre-et-Marie) . . . **BX** 22
Espariat (R.) . . . . **BY** 26
Fabrot (R.) . . . . **BY** 28
Foch (R. du Maréchal) . . . . . **BY** 30
Hôtel de Ville (Pl.) . . . . **BY** 37
Italie (R. d') . . . . **CY** 42
Lattre-de-Tassigny (Av. de) . . **AY** 46
De-la-Roque (R. J.) . . . . **BX** 25
Matheron (R.) . . . . **BY** 49
Méjanes (R.) . . . . **BY** 51
Minimes (Crs des) . . . . **AY** 52

Mirabeau (Cours) . . . . **BCY**
Montigny (R. de) . . . . **BY** 55
Napoléon-Bonaparte (Av.) . . . **AY** 57
Nazareth (R.) . . . . **BY** 58
Opéra (R. de l') . . . . **CY** 62
Pasteur (Av.) . . . . **BX** 64
Paul-Bert (R.) . . . . **BX** 66
Prêcheurs (Pl. des) . . . . **CY** 70
Richelme (Pl.) . . . . **BY** 72
Saporta (R. G.-de) . . . . **BX** 75
Thiers (R.) . . . . **CY** 80
Verdun (Pl. de) . . . . **CY** 85
4-Septembre (R.) . . . . **BZ** 87

Bastide du Cours
🌿 ⅊ ch, AC ch, 🍴 SA VISA ⋯ AE ⓸

43-47 cours Mirabeau – ☏ *04 42 26 10 06*
– *www.bastideducours.com*   **BYe**
7 ch – ♦145/245 € ♦♦145/245 € – 4 suites – ☷ 6,50 €
Rest – Menu 20/45 € – Carte 32/60 €
◆ Cette grande brasserie très animée du centre-ville cache, côté cour intérieure, de grandes chambres confortables et décorées à l'ancienne ; quatre d'entre elles donnent sur le beau cours Mirabeau. Ambiance cosy dans les salons aux
tons chauds (bibliothèque).

Cézanne sans rest
⬚ AC 🛜 ⌂ VISA ⋯ AE

40 av. Victor-Hugo – ☏ *04 42 91 11 11*
– *www.hotelaix.com/cezanne*   **BZh**
55 ch – ♦165/230 € ♦♦185/250 € – 2 suites – ☷ 19 €
◆ Belles chambres design pour ce "boutique hôtel" situé entre la gare et le centre-ville. Business center, open bar, garage gratuit et petit-déjeuner maison servi
jusqu'à midi.

St-Christophe 🛏 🖼 ⅙ ch, 🆎 🛜 ⚓ 🅅🅸🅂🅰 ⓿ 🅰🅴 ⓪
2 av. Victor-Hugo – 𝒞 04 42 26 01 24 – www.hotel-saintchristophe.com
67 ch – †84/149 € ††92/174 € – ⌷ 12 €   BYa
Rest Brasserie Léopold – Menu 25 € – Carte 27/42 €
♦ Derrière une façade traditionnelle, des chambres très variées : grandes, petites, d'esprit provençal, très années 1930 ou au contraire résolument contemporaines. Joli cadre Art déco à la brasserie du rez-de-chaussée, dont les tables gagnent le trottoir en été.

Le Globe sans rest 🖼 🆎 🛜 ⚓ 🅅🅸🅂🅰 ⓿ 🅰🅴 ⓪
74 cours Sextius – 𝒞 04 42 26 03 58 – www.hotelduglobe.com – Fermé
18 déc.-17 janv.   AYe
46 ch – †59/62 € ††74/85 € – ⌷ 8 €
♦ Accueil sympathique dans ce petit hôtel proposant des chambres simples mais bien insonorisées et rigoureusement tenues. Terrasse-solarium sur le toit d'où se déploie une belle vue.

L'Épicerie sans rest 🚐 🆎 🛜 🅅🅸🅂🅰 ⓿
12 r. du Cancel – 𝒞 06 08 85 38 68 – www.unechambreenville.eu   BXa
5 ch ⌷ – †100/130 € ††100/130 €
♦ Maison du 18e s. au cœur de la vieille ville. Chambres soignées (boutis, lit à baldaquin ou baignoire à l'ancienne) et petits-déjeuners servis dans un décor d'épicerie d'antan !

XXX **Le Clos de la Violette** (Jean-Marc Banzo) 🛜 🆎 ⇔ 🅅🅸🅂🅰 ⓿ 🅰🅴
☸ 10 av. de la Violette – 𝒞 04 42 23 30 71 – www.closdelaviolette.fr – Fermé
1er-17 août, 19 fév.-7 mars, dim. et lundi   BVa
Rest – Menu 50 € (sem.), 90/130 € – Carte 80/100 €🍴
Spéc. Petits farcis de légumes, jus émulsionné à l'anis (mai à oct.). Éclaté de pigeon en sanguette paysanne. Strate de noisettes et chocolat. **Vins** Palette, Coteaux d'Aix-en-Provence.
♦ Romarin et basilic frais, huile d'olive, échalote confite… Le fil d'Ariane d'une bonne cuisine ancrée dans le Sud, mais ouverte à toutes les tendances, sans jamais se perdre. Grande villa perchée sur les hauteurs (cadre feutré, terrasse sous les platanes).

XX **Pierre Reboul** 🆎 🅅🅸🅂🅰 ⓿ 🅰🅴
☸ 11 Petite-Rue-St-Jean – 𝒞 04 42 20 58 26 – www.restaurant-pierre-reboul.com
– Fermé 14-29 août, 23 déc.-16 janv., mardi midi, dim. et lundi   CYa
Rest – Menu 39/120 €🍴
Spéc. Menu du marché. **Vins** Palette, Bandol.
♦ Dans la vieille ville, un lieu original et stylé : voûtes blanches arrondies, panneaux lumineux colorés, mobilier design… Effets de miroir avec la cuisine, avant tout créative, mêlant notes ludiques et effets graphiques (menu unique). Beaux accords mets-vins.

XX **Les 2 Frères** 🛜 ⅙ 🆎 🅿 🅅🅸🅂🅰 ⓿ 🅰🅴
4 av. Reine-Astrid – 𝒞 04 42 27 90 32 – www.les2freres.com   AZs
Rest – (19 €) Menu 25/31 € – Carte 46/82 €
♦ Restaurant très contemporain d'esprit (inox brossé, bois brut, mobilier blanc), avec une grande terrasse "zen" sous les platanes, très prisée. Cuisine actuelle, ouverte au monde.

XX **Le Formal** 🆎 🛜 🅅🅸🅂🅰 ⓿
32 r. Espariat – 𝒞 04 42 27 08 31 – Fermé sam. midi, dim. et lundi   BYw
Rest – (22 €) Menu 36/70 € – Carte 36/70 €
♦ Adresse chaleureuse et animée, installée dans de belles caves voûtées du 15e s. Le chef propose une cuisine d'inspiration provençale avec un grand souci de qualité.

X **Yamato** 🛜 🆎 🅅🅸🅂🅰 ⓿ 🅰🅴
21 av. des Belges – 𝒞 04 42 38 00 20 – www.restaurant-yamato.com – Fermé
lundi sauf le soir en juil.   AZe
Rest – (36 €) Menu 49/98 € – Carte 45/105 €🍴
♦ Table japonaise proposant une cuisine fine et soignée, très fraîche (bons desserts "fusion"). Belle cave au sous-sol. La propriétaire assure l'accueil en costume traditionnel.

※ **Le Poivre d'Ane**   🛋 🕎 VISA ⚫⚫

40 pl. des Cardeurs – 𝒞 04 42 21 32 66 – www.restaurantlepoivredane.com
– Fermé vacances de Noël, 2 sem. en fév., merc. et le midi   **BYu**
Rest – *(nombre de couverts limité, prévenir)* Carte 28/45 €
♦ Sur une place touristique du centre-ville, un petit restaurant tenu par une équipe jeune et dynamique. Décor seventies et cuisine tendance, à prix raisonnable.

※ **Yôji**   🛋 🗚 🕎 VISA ⚫⚫ 🗚

😊

7 av. Victor-Hugo – 𝒞 04 42 38 48 76 – www.yoji.fr
– Fermé 2 sem. en oct., 2 sem. en fév., lundi midi et dim.   **BYg**
Rest – Menu 17 € (déj.), 21/30 € – Carte 30/40 €
♦ Petit goût d'Asie, à deux pas de l'office du tourisme d'Aix : cuisine japonaise par un chef vietnamien, barbecue coréen (à chaque table) et bar à sushis, dans un décor zen.

※ **Ze Bistro**   🗚 VISA ⚫⚫ 🗚

7 r. de la Couronne – 𝒞 04 42 39 81 88 – Fermé 14 août-5 sept., 23 déc.-3 janv.,
20 fév.-7 mars, le midi en juil.-août, sam. midi, dim. et lundi   **BYd**
Rest – *(nombre de couverts limité, prévenir)* (23 €) Menu 29 € (déj.), 34/64 € bc
♦ Bistro contemporain tenu par un jeune chef qui s'approvisionne au marché et auprès des producteurs locaux : de belles saveurs à la carte ! Son épouse assure un service sympathique.

au Canet 8 km par ② par D 7n – ✉ 13100 Beaurecueil

※※ **L'Auberge Provençale**   🛋 🗚 🅿 VISA ⚫⚫ ⓘ

imp. de Provence, au lieu-dit Le Canet-de-Meyreuil – 𝒞 04 42 58 68 54
– www.auberge-provencale.fr – Fermé 12-28 juil., 24-29 déc., mardi sauf le midi
de sept. à mai et merc.
Rest – Menu 27/49 € – Carte 55/65 € ⯏
♦ Jolie auberge de bord de route, cachant un décor jaune paille très méridional. Cuisine traditionnelle et soignée, ancrée dans la région ; belle carte de vins locaux.

à Beaurecueil 10 km par ②, N 7 et D 58 – 611 h. – alt. 254 m – ✉ 13100

※※ **La Table de Beaurecueil**   🛋 ⅃ 🗚 ⬄ 🅿 VISA ⚫⚫

66 rte de Meyreuil, allée des Muriers – 𝒞 04 42 66 94 98
– www.latabledebeaurecueil.com – Fermé vacances de la Toussaint, dim. soir,
lundi et merc.
Rest – (20 €) Menu 28/62 €
♦ Dans une ancienne bergerie au décor résolument contemporain (seules subsistent quelques touches rustiques), cuisine du terroir réalisée avec de bons produits ; vins au verre.

au Sud-Ouest 5 km par ③, D9 ou A 51, sortie Les Milles - ✉ 13546 Aix-en-Provence

🏠🏠🏠 **Château de la Pioline**   🚗 🛋 ⅃ 🗃 🗚 ch, 🕎 rest, 🖄 🅿
                                                        VISA ⚫⚫ 🗚 ⓘ
260 r. Guillaume-du-Vair – 𝒞 04 42 52 27 27
– www.chateaudelapioline.fr
30 ch – †165/240 € ††240/365 € – 3 suites – ⌓ 20 € – ½ P 39 €
Rest – *(fermé dim.)* (29 €) Menu 39/64 € – Carte 60/90 €
♦ Belle demeure classée (18ᵉ s.), avec son jardin à la française, son grand escalier, sa terrasse sous les tilleuls. Chambres joliment meublées, plus petites dans l'aile récente. Cuisine gastronomique servie dans un décor très "vie de château".

🏠🏠 **De l'Arbois**   🚗 🛋 ⅃⯏ 🗃 🗚 🕪 🖄 🅿 VISA ⚫⚫ 🗚

97 r. du Dr.-Albert-Aynaud, 10 km à l'Ouest, dir. Europôle de l'Arbois ✉ 13857
– 𝒞 04 42 58 59 60 – www.hotelarbois.com
56 ch – †119/179 € ††119/179 € – 2 suites – ⌓ 12 €
Rest – *(fermé sam. et dim. hors saison)* (17 €) Menu 25 € (sem.) – Carte 27/47 €
♦ Pour un voyage d'affaires ou une étape (la gare TGV est toute proche), cet hôtel récent propose des chambres confortables. Bonnes prestations, dont un espace fitness. Cuisine régionale servie dans un restaurant au décor lumineux et vitaminé, ou en terrasse.

à Celony 3 km sur D 7n – ⊠ 13090 Aix en Provence

🏠🏠 **Le Mas d'Entremont** ⤷   ‹🖧 🏛 🍴 ⅃ ⅃ᵇ 🍽 ⬛ 𝔸ℂ ch, 🍴 😊 𝐏 𝚅𝙸𝚂𝙰 ⊙⊙
315 rte Nationale 7 – ℰ 04 42 17 42 42 – www.masdentremont.com – Ouvert
15 mars-31 oct.   **AVg**
14 ch – ♦155/170 € ♦♦155/260 € – 6 suites – ⊆ 19 €
Rest – *(fermé dim. soir et lundi midi)* (39 €) Menu 42/47 € – Carte environ 45 €
♦ Sur les hauteurs d'Aix, belle bastide nichée dans un parc avec bassin, colonnes et jets d'eau. Chambres à l'avenant : étoffes claires et boiseries sombres. Cuisine très classique servie près de la cheminée l'hiver et sur une délicieuse terrasse ombragée l'été.

AIX-LES-BAINS – 73 Savoie – **333** I3 – 27 375 h. – alt. 200 m – Stat.   **46 F2**
therm. : mi janv.-mi déc. – **Casinos : Grand Cercle CZ, Nouveau Casino BZ**
– ⊠ 73100 ▮ Alpes du Nord

  ▶ Paris 539 – Annecy 34 – Bourg-en-Bresse 115 – Chambéry 18
  ✈ de Chambéry-Savoie : ℰ 04 79 54 49 54, à Viviers-du-Lac 8 km par ③.
  ℤ place Maurice Mollard ℰ 04 79 88 68 00
  ▦ d'Aix-les-Bains Avenue du Golf, par rte de Chambéry : 3 km,
    ℰ 04 79 61 23 35
  ◉ Esplanade du Lac★ - Escalier★ de l'Hôtel de Ville **CZ H** - Musée Faure★
    - Vestiges Romains★ - Casino Grand Cercle★.
  ◖ Lac du Bourget★★ - Abbaye de Hautecombe★★ - Les Bauges★.

🏠🏠 **Radisson Blu**   🚲 🏛 ▦ 🕸 ⅃ᵇ 🏛 ᄼ ch, ⬛ ℂ ᅂᶜ rest, 🍴 😊 𝐏 🚗
av. Ch.-de-Gaulle – ℰ 04 79 34 19 19   𝚅𝙸𝚂𝙰 ⊙⊙ 𝙰𝙴 ⊙
– www.radissonblu.com/hotel-aixlesbains   **CZx**
102 ch – ♦115/200 € ♦♦115/200 € – 10 suites – ⊆ 18 € – ½ P 90/132 €
Rest – (20 €) Menu 27 € – Carte 32/51 €
♦ Au cœur du parc du casino, doté d'un jardin japonais, imposant hôtel moderne dont les chambres sont fonctionnelles et bien équipées. Spa et espaces séminaires. Cuisine d'inspiration brasserie servie dans un décor actuel ou sur l'agréable terrasse.

🏠🏠 **Mercure Ariana** ⤷   🖧 🏛 ▦ 🕸 ⅃ᵇ 🏛 ᄼ ch, ⬛ 🍴 😊 𝐏 𝚅𝙸𝚂𝙰 ⊙⊙ 𝙰𝙴
111 av. de Marlioz, à Marlioz : 1,5 km – ℰ 04 79 61 79 79 – www.mercure.com
60 ch – ♦104/180 € ♦♦118/200 € – ⊆ 16 € – ½ P 93/134 €   **AXa**
Rest – (23 €) Menu 28/39 € – Carte 26/49 €
♦ Dans le parc des thermes de Marlioz, cet établissement dispose de chambres spacieuses et d'un centre de balnéothérapie dernier cri, décoré à la manière d'un bateau. Au restaurant, cuisine traditionnelle et terrasse avec vue sur les arbres centenaires.

🏠🏠 **Astoria**   🏛 ▮ ᄼ ch, ᅂᶜ ch, 🍴 😊 𝚅𝙸𝚂𝙰 ⊙⊙ 𝙰𝙴
pl. des Thermes – ℰ 04 79 35 12 28 – www.hotelastoria.fr – Ouvert
1ᵉʳ avril-30 nov.   **CZz**
94 ch – ♦78/90 € ♦♦105/125 € – ⊆ 15 €
Rest L'Hysope – (20 €) Menu 32 € (dîner) – Carte 30/40 € le midi
♦ Ce palace construit en 1906 témoigne du passé fastueux d'Aix-les-Bains. Décor Belle Époque habilement rénové, chambres agréables et confortables. À l'Hysope, cuisine créative dans un cadre contemporain ; terrasse face aux thermes.

🏠🏠 **Le Manoir** ⤷   🚲 ▦ ⬛ 🍴 rest, 😊 𝐏 🚗 𝚅𝙸𝚂𝙰 ⊙⊙ 𝙰𝙴 ⊙
37 r. Georges-1ᵉʳ – ℰ 04 79 61 44 00 – www.hotel-lemanoir.com
– Fermé 18 déc.-6 janv.   **CZr**
73 ch – ♦89/130 € ♦♦99/170 € – 3 suites – ⊆ 14 € – ½ P 94/130 €
Rest – (24 €) Menu 29/49 € – Carte 33/64 €
♦ Un Manoir aménagé dans les dépendances de l'ancien palace Splendide-Royal. La Villa Grimotière, de style 1900, abrite des chambres plus raffinées. Cadre oriental à l'espace bien-être. Plaisante salle à manger et véranda ouverte sur un jardin fleuri.

AIX-LES-BAINS

Bains (R. des) .... **CZ** 2
Berthollet (Bd) .... **CZ** 3
Boucher (Sq. A.) .... **CY** 5
Carnot (Pl.) .... **CZ** 6
Casino (R. du) .... **CZ** 8
Chambéry (R. de) .... **CZ** 9
Charcot (Bd J.) .... **AX** 10
Clemenceau (Pl.) .... **BY** 12
Dacquin (R.) .... **CZ** 13
Davat (R.) .... **CZ** 15
Fleurs (Av. des) .... **CZ** 16
Garibaldi (Bd) .... **AX** 17
Garrod (R. Sir-A.) .... **CZ** 18
Gaulle (Av. de) .... **CZ** 19
Georges-1er (R.) .... **CZ** 21
Lamartine (R.) .... **CZ** 22
Lattre-de-Tassigny
  (Bd. Mar.-de) ...... **AX, BY** 23
Liège (R. de) .... **CZ** 24
Marlioz (Av. de) .... **AX** 25
Mollard (Pl. M.) .... **CZ** 26
Monard (R. S.) .... **CZ** 27
Petit Port (Av. du) ... **AX, BYZ** 28
Pierpont-Morgan (Bd) ...... **BY** 29
Près-Riants (R.) .... **BY** 30
République (R.) .... **CY** 32
Revard (Pl. du) .... **CZ** 33
Roche-du-Roi (Bd de la) ... **CZ** 34
Roosevelt (Av. F.) .... **AX** 35
Rops (Av. D.) .... **AX** 37
Russie (Bd de) .... **AX** 39
Seyssel (R. C.-de) .... **CZ** 40
Temple-de-Diane (Sq.) ..... **CZ** 45
Temple (R. du) .... **CZ** 43
Verdun (Av. de) .... **BZ** 46
Victoria (Av.) .... **CZ** 47

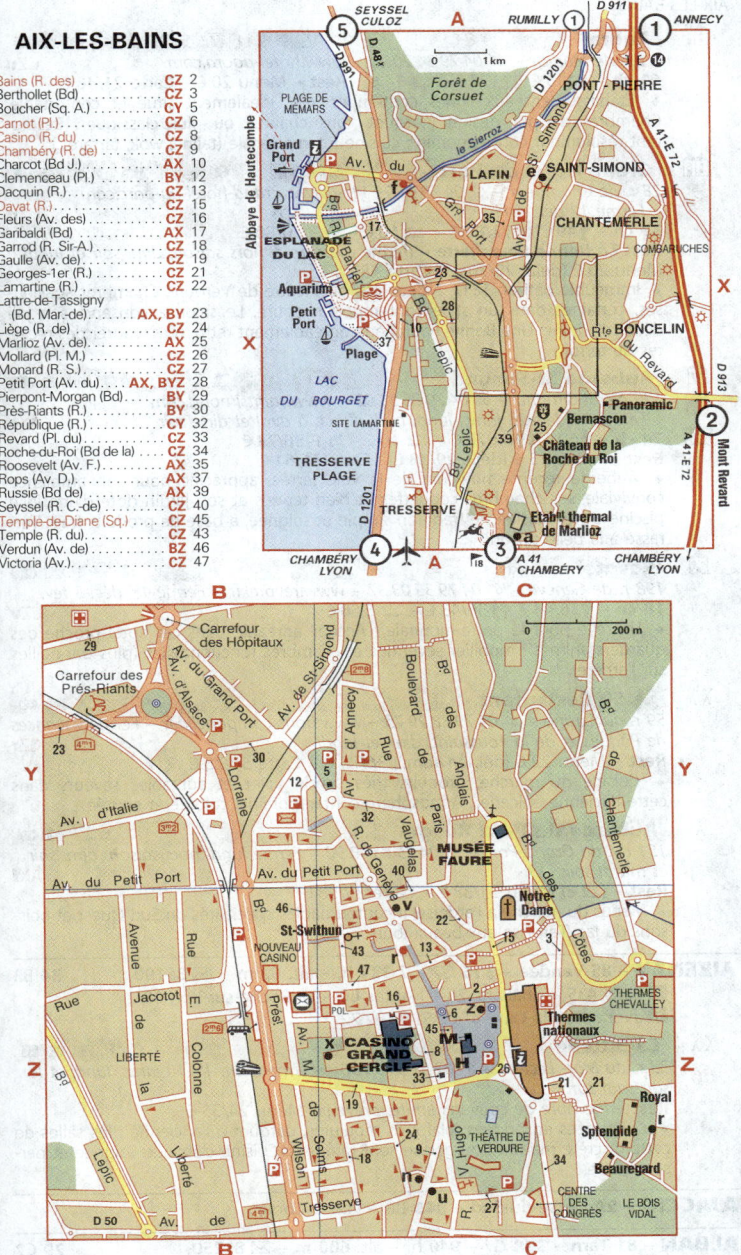

🏨 Agora

1 av. de Marlioz – ☎ 04 79 34 20 20 – www.hotel-agora.com   **CZu**
61 ch – ✝115 € ✝✝127 € – ⌷ 14 €   **Rest** – Menu 20 € – Carte 21/46 €
◆ Établissement aux lignes contemporaines, idéalement situé et confortable. Chambres d'esprit design (parquet, tons chauds) ou plus classiques. Restaurant résolument contemporain ; cuisine internationale (tajine, wok, tartare...).

🏨 Grand Hôtel du Parc

28 r. de Chambéry – ☎ 04 79 61 29 11 – www.grand-hotel-du-parc.com
– Fermé 12 déc.-4 fév.   **CZn**
39 ch – ✝49 € ✝✝71/85 € – ⌷ 10 € – ½ P 70/80 €
Rest *La Bonne Fourchette* – *(fermé merc. midi hors saison, dim. soir et lundi)*
Menu 20 € (déj.), 29/70 € – Carte 48/75 €
◆ Immeuble bâti en 1817, à deux pas du théâtre de Verdure. Chambres spacieuses, certaines dans un style contemporain épuré. Le salon a conservé son joli décor d'origine. Une Bonne Fourchette agréablement rétro, où savourer des recettes du terroir.

🏠 Auberge St-Simond

130 av. St-Simond – ☎ 04 79 88 35 02 – www.saintsimond.com
– Fermé 15 déc.-25 janv., lundi midi d' oct. à avril et dim. soir   **AXe**
24 ch – ✝60 € ✝✝62/78 € – ⌷ 10 € – ½ P 56/73 €
Rest – Menu 23 € (déj.), 29/38 € – Carte 36/51 €
◆ Auberge récente non loin de la voie ferrée, appréciée pour son ambiance conviviale, ses chambres coquettes et bien tenues et son jardin doté d'une jolie piscine d'été. Cuisine de tradition simple et soignée, à base de produits frais. Terrasse à la belle saison.

🏠 Revotel sans rest

198 r. de Genève – ☎ 04 79 35 03 37 – www.revotel.fr – Fermé 1er déc.-5 fév.
18 ch – ✝36/43 € ✝✝36/43 € – ⌷ 6,50 €   **CZv**
◆ Un rêve pour le porte-monnaie ! Accueil agréable dans cet hôtel proche des quartiers animés ; mobilier seventies et chambres fonctionnelles (plus tranquilles sur l'arrière).

🍴🍴 Le 59 Restaurant

59 r. du Casino – ☎ 04 79 88 29 75 – www.boris-campanella.fr – Fermé vacances de Pâques et de la Toussaint, dim. et lundi   **CZr**
Rest – Menu 22 € (déj. en sem.), 36/85 € – Carte 50/75 €
◆ Cuisine du marché, produits triés sur le volet et agréables saveurs dans cette ancienne épicerie... Atmosphère contemporaine, colorée et épurée.

🍴 Auberge du Pont Rouge

151 av. du Grand-Port – ☎ 04 79 63 43 90 – Fermé lundi hors saison, dim. soir et mardi soir   **AXf**
Rest – (22 €) Menu 34/38 € – Carte 35/58 €
◆ Menus du marché à l'ardoise, incontournables spécialités du Sud-Ouest et poissons du lac. Terrasse aux beaux jours.

AIZENAY – 85 Vendée – **316** G7 – 7 334 h. – alt. 62 m – ⌷ 85190   **34** B3
▶ Paris 435 – Challans 26 – Nantes 60 – La Roche-sur-Yon 18
ℹ avenue de la Gare ☎ 02 51 94 62 72

🍴🍴 La Sittelle

33 r. du Mar- Leclerc – ☎ 02 51 34 79 90 – Fermé août, 1er-10 janv., lundi et le soir sauf sam.
Rest – *(nombre de couverts limité, prévenir)* Menu 24/35 €
◆ Cheminées en briques, plafonds moulurés, parquet à l'ancienne : les salles de cette discrète maison bourgeoise sont raffinées. Cuisine classique soignée et personnalisée.

AJACCIO – 2A Corse-du-Sud – **345** B8 – voir à Corse

ALBAN – 81 Tarn – **338** G7 – 940 h. – alt. 600 m – ⌷ 81250   **29** C2
▶ Paris 723 – Albi 29 – Castres 54 – Toulouse 106
ℹ 21, place des Tilleuls ☎ 05 63 55 93 90

✗ **Au Bon Accueil** avec ch ☞ ♍ **P** *VISA* **©**
49 av. de Millau – ✆ *05 63 55 81 03 – Fermé janv.*
11 ch – ✝47/51 € ✝✝54/70 € – ☲ 8 € – ½ P 55/60 €
Rest – *(fermé vend. soir, dim. soir et lundi)* (17 €) Menu 23/30 € – Carte 25/50 €
◆ Pratique pour l'étape, entre Albi et Millau, cette petite auberge familiale propose une généreuse cuisine traditionnelle. Cadre rustique (boiseries et poutres d'origine). Chambres simples et rafraîchies, plus au calme sur l'arrière.

ALBERT – 80 Somme – **301** I8 – 10 079 h. – alt. 65 m – ✉ 80300   **36 B1**
▯ Nord Pas-de-Calais Picardie
▷ Paris 156 – Amiens 30 – Arras 50 – St-Quentin 53
ℹ 9, rue Léon Gambetta ✆ 03 22 75 16 42

🏠 **Royal Picardie**   ✗ ৬ ch, **AK** rest, ✍ ♍ ੬ **P** *VISA* **©** **AE**
138 av. du Gén. Leclerc, (rte d'Amiens) – ✆ *03 22 75 37 00*
– www.royalpicardie.com – Fermé 20 déc.-2 janv.
23 ch – ✝89/128 € ✝✝89/128 € – ☲ 12 € – ½ P 85/104 €
Rest – *(dîner seult)* Menu 28/41 € – Carte 28/64 €
◆ Chambres fonctionnelles dans un imposant édifice à la sortie de la ville. Quelques détails soignés : les presse-pantalons électriques et les plateaux de courtoisie. Cuisine traditionnelle servie dans une grande salle garnie de mobilier de style Louis XIII.

à Authuille 5 km au Nord par D 50 – 165 h. – alt. 85 m – ✉ 80300

✗✗ **Auberge de la Vallée d'Ancre**   ☞ **AK** ↔ *VISA* **©**
6 r. Moulin – ✆ *03 22 75 15 18 – Fermé 22 août-5 sept., vacances scolaires de fév., dim. soir, merc. soir et lundi*
Rest – Menu 23/33 € – Carte 50/85 €
◆ Au bord d'une rivière, sympathique auberge de pays. L'accueil y est charmant ; les habitués saluent le chef, tandis qu'il concocte des plats de tradition dans sa cuisine ouverte.

ALBERTVILLE ⟨ﾟ⟩ – 73 Savoie – **333** L3 – 18 009 h. – alt. 344 m   **46 F2**
– ✉ 73200 ▯ Alpes du Nord
▷ Paris 581 – Annecy 46 – Chambéry 51 – Chamonix-Mont-Blanc 64
ℹ place de l'Europe ✆ 04 79 32 04 22
◉ Bourg de Conflans★, porte de Savoie ⟨≼★ Grande Place★ - Route du fort du Mont ★★

🏠 **Million**   ☞ 🛎 **AK** rest, ♍ ੬ **P** ⇔ *VISA* **©** **AE** ⓞ
8 pl. de la Liberté – ✆ *04 79 32 25 15 – www.hotelmillion.com – Fermé 9-22 mai, 31 oct.-13 nov.*
26 ch – ✝93/110 € ✝✝137/165 € – ☲ 12 € – ½ P 88/105 €
Rest – *(fermé sam. midi, dim. soir et lundi)* Menu 28/80 € – Carte 64/77 €⅜
◆ Cette fière demeure du centre-ville abrite un hôtel depuis 1770. Intérieur cossu et bourgeois ; chambres en partie climatisées et garnies de meubles anciens. Cuisine classique servie dans une salle où dominent les tons taupe et lie-de-vin. Terrasse verdoyante.

✗ **Le Bistrot Gourmand**   *VISA* **©**
8 pl. Charles-Albert – ✆ *04 79 32 79 06 – Fermé août, vacances de Noël, dim. soir, mardi soir et merc.*
Rest – (15 €) Menu 23/45 € – Carte 44/68 €
◆ Atmosphère bistrotière, simple et conviviale, et animation de la cuisine, ouverte sur la salle, en guise de sympathique toile de fond... Carte renouvelée au fil des saisons.

à Monthion 7 km au Sud par rte de Chambéry (sortie 26) et D 64 – ✉ 73200

✗✗ **Les 16 Clochers**   ⟨≼ ☞ ✍ **P** *VISA* **©**
91 chemin des 16 Clochers – ✆ *04 79 31 30 39 – Fermé 1 sem. en avril, 1 sem. en sept., vacances de Noël, dim. soir, lundi et mardi*
Rest – (23 €) Menu 34/55 € – Carte 61/86 €
◆ Chaleureux intérieur façon chalet et terrasse offrant une vue superbe sur la vallée et les montagnes. Le chef fait son marché et réalise une cuisine savoureuse et généreuse.

ALBI P – 81 Tarn – **338** E7 – **48 712 h.** – **alt. 174 m** – ✉ **81000** **29** C2

Midi-Toulousain

Paris 694 – Béziers 150 – Clermont-Ferrand 286 – Toulouse 76

place Sainte-Cécile ✆ 05 63 49 48 80

Albi Lasbordes Château de Lasbordes, O : 4 km par r. de la Berchère, ✆ 05 63 54 98 07

de Florentin-Gaillac à Marssac-sur-Tarn Al Bosc, par rte de Toulouse : 11 km, ✆ 05 63 55 20 50

Circuit automobile ✆ 05 63 43 23 00, 2 km par ⑤.

Cathédrale Ste-Cécile★★★ : Jubé★★★ - Palais de la Berbie★ : musée Toulouse-Lautrec★★ - Le Vieil Albi★★ : hôtel Reynès★ Z **C** - Pont Vieux★ - Pharmacie des Pénitents★ - ≤★ depuis les moulins albigeois.

La Réserve

81 rte de Cordes, 3 km par ⑥ – ✆ 05 63 60 80 80 – www.lareservealbi.com – Ouvert 1er mai-31 oct.

23 ch – †168/328 € ††168/328 € – 2 suites – ☕ 20 €

Rest – *(fermé le midi sauf dim.)* Menu 45/60 € – Carte 70/90 €

◆ Dans un parc au bord du Tarn, grande villa accueillante dont les chambres personnalisées (mobilier chiné et contemporain) ont vue sur la piscine et la reposante rivière. Lumineuse salle à manger actuelle et vaste terrasse surplombant le cours d'eau.

Hostellerie St-Antoine sans rest

17 r. St-Antoine – ✆ 05 63 54 04 04 – www.hotel-saint-antoine-albi.com – Fermé 19 déc.-4 janv. **Zd**

40 ch – †97/195 € ††112/255 € – 2 suites – ☕ 19 €

◆ Dans cet hôtel fondé en 1734 (l'un des plus vieux de France), le jardin et le mobilier ancien recréent l'atmosphère douillette des maisons d'antan, le confort moderne en plus.

Chiffre

50 r. Séré-de-Rivières – ✆ 05 63 48 58 48 – www.hotelchiffre.com – Fermé 15 déc.-15 janv. **Zb**

36 ch – †57/112 € ††72/169 € – 2 suites – ☕ 11 € – ½ P 71/86 €

Rest – *(fermé sam., dim. et le midi)* Menu 20/27 € – Carte 30/45 €

◆ Cet ex-relais de poste entoure un patio fleuri. Les chambres sont raffinées et personnalisées : tons pastel, reproductions de tableaux. Plats traditionnels servis dans une chaleureuse salle de restaurant aux murs lambrissés.

Mercure

41 bis r. Porta – ✆ 05 63 47 66 66 – http://lemoulin-albi.fr **Yn**

56 ch – †98 € ††116 € – ☕ 12 €

Rest – *(fermé 20 déc.-4 janv., sam. midi, dim. midi et le soir du vend. au dim. du 1er déc. au 28 fév.)* (18 €) Menu 20/52 € bc – Carte 28/49 €

◆ Ce moulin à farine du 18e s. dominant le Tarn abrite, derrière sa typique façade en briques roses, un hôtel au cadre sobre et au confort moderne. Le restaurant et la terrasse offrent une vue imprenable sur la cathédrale ; cuisine dans l'air du temps.

Grand Hôtel d'Orléans

pl. Stalingrad – ✆ 05 63 54 16 56 – www.hotel-orleans-albi.com **Xe**

56 ch – †62/81 € ††72/122 € – 2 suites – ☕ 10 € – ½ P 72/77 €

Rest – *(fermé 1er-15 août, 1er-11 nov., 1er-16 janv., 15-21 fév., sam. sauf le soir d'avril à oct., lundi midi d'avril à oct. et dim.)* Menu 17/23 € – Carte 34/48 €

◆ Depuis 1902, de père en fils, on installe le voyageur dans des chambres fonctionnelles décorées dans un esprit contemporain, pour un quiet séjour au pays de Lautrec. Confortable salle à manger, terrasse autour de la piscine et recettes traditionnelles.

Cantepau sans rest

9 r. Cantepau – ✆ 05 63 60 75 80 – www.hotelcantepau.fr – Fermé 23-31 déc.

33 ch – †57/84 € ††57/84 € – ☕ 9 € **Va**

◆ Meubles en osier et rotin, tons crème et tabac, ventilateurs : le décor de ce petit hôtel familial situé dans une rue tranquille s'inspire du style colonial. Accueil aimable.

ALBI

Alsace-Lorraine (Bd) V
Andrieu (Bd Ed.) . . . . X 2
Archevêché (Pl. de l') . . . . . . Y 3
Berchère (R. de la) X
Bodin (Bd P.) . . . . X 5
Cantepau (R. de) V
Carnot (Bd) X
Castelviel (R. du) . . . . Y 7
Choiseul (Quai) . . . . Y 8
Croix-Blanche (R. de la) . . . . . Y 9
Croix-Verte (R.) . . . . V, YZ 12
Dembourg (Av.) . . . . V 13
Dr-Camboulives (R. du) . . . . . . X 14
Empeyralots (R. d') . . . . X 15
Foch (Av. Mar.) X
Gambetta (Av.) X
Gaulle (Av. Gén.-de) X
Genève (R. de) . . . . Z 17
Gorsse (Pl. H. de) . . . . Y 18
Grand (R. E.) . . . . Y
Hôtel-de-Ville (R. de l') . . . . . Z 19
Jean-Jaurès (Pl.) . . . . Z
Joffre (Av. Mar.) . . . . X 22
Lacombe (Bd) . . . . X 23
Lamothe (R. de) . . . . V, Y
Lapérouse (Pl.) . . . . Z
Lattre-de-Tassigny
  (Av. Mar.-de) . . . . V 24
Loirat (Av. du) V
Lude (Bd du) X
Malroux (R. A.) . . . . Y 25
Maquis (Pl. du) . . . . X 26
Mariès (R.) . . . . Y
Montebello (Bd) . . . . X 27
Moulin (Lices J.) . . . . X 28
Nobles (R. des) . . . . Z 29
Oulmet (R. de l') . . . . Z 30
Palais (Pl. du) . . . . Z 31
Palais (R. du) . . . . Z
Partisans (Espl. des) . . . . Y
Pénitents (R. des) . . . . Z 33
Peyrolière (R.) . . . . YZ 34
Pompidou (Lices G.) . . . . YZ
Porta (R.) . . . . Y
Porte-Neuve (R. de la) . . . . . . Z 35
Puech-Bérenguier (R.) . . . . . . Z 37
République (R. de la) . . . . . V, Y
Rinaldi (R.) . . . . Y
Rivière (R. de la) . . . . Y 40
Roquelaure (R.) . . . . Z 41
Ste-Cécile (Pl.) . . . . Y 46
Ste-Cécile (R.) . . . . Y 47
Ste-Claire (R.) . . . . Y 48
St-Afric (R.) . . . . Y 42
St-Amarand (Pl.) . . . . V 69
St-Antoine (R.) . . . . Z 43
St-Clair (R.) . . . . Z 44
St-Julien (R.) . . . . Z 45
Saunal (R. de) . . . . Z 49
Savary (R. H.) . . . . Z 51
Sel (R. du) . . . . Z 52
Séré-de-Rivière (R.) . . . . Z 53
Sibille (Bd Gén.) . . . . Z
Soult (Bd) VX
Strasbourg (Bd de) . . . . . . V, Y 54
Teyssier (Av. Col.) X
Thomas (Av. A.) . . . . Z 57
Timbal (R.) . . . . Z 58
Toulouse-Lautrec (R. H.-de) . . . Z 60
Valmy (Bd) VX
Verdier (Av. F.) . . . . X 62
Verdun (Pl. de) . . . . X 63
Verdusse (R. de) . . . . Z 64
Vigan (Pl. du) . . . . Z 65
Visitation (R. de la) . . . . Y 67
8-Mai-1945 (Pl. du) X

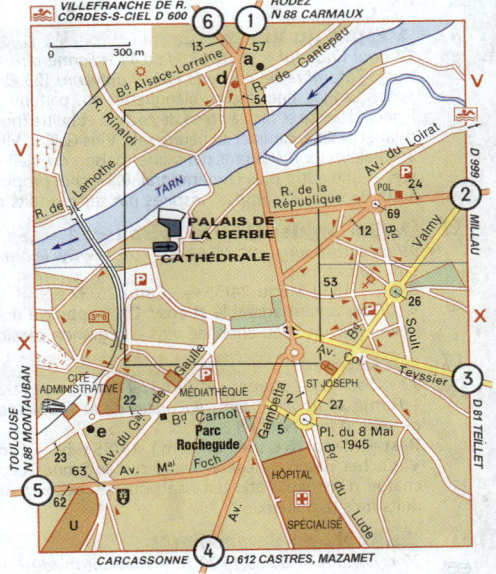

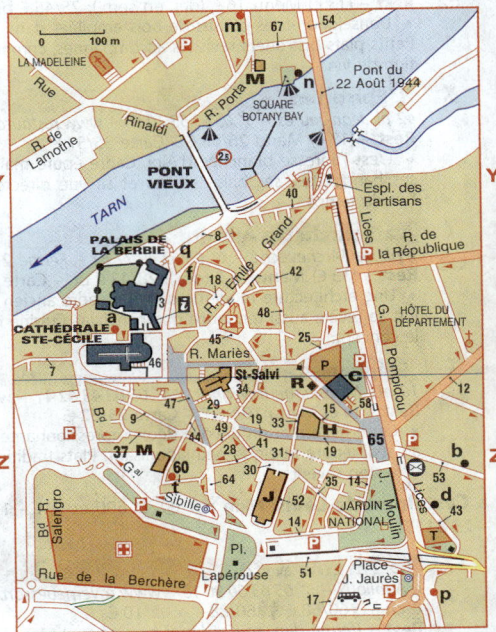

113

✕✕ ❀ L'Esprit du Vin (David Enjalran)   AC VISA ◉ AE

11 quai Choiseul – 𝒞 05 63 54 60 44 – Fermé dim. et lundi   **Yq**
Rest – (nombre de couverts limité, prévenir) (23 €) Menu 60/98 €
Spéc. Langoustine façon blanquette au parfum de citronnelle (juin à août). Pigeon désossé et farci au pied de cochon et huître (nov. à mai). Tube craquant de chocolat et praliné, caramel au beurre salé. **Vins** Gaillac, Vin de pays des Côtes-du-Tarn.
♦ Chaleureux restaurant dans une maison du vieil Albi, avec une belle salle voûtée, et une autre plus contemporaine. Le chef propose une cuisine fine et créative, au fil de menus "surprise" inspirés par ses produits de prédilection (pas de carte).

✕✕ Le Jardin des Quatre Saisons   🌿 AC VISA ◉ AE

19 bd Strasbourg – 𝒞 05 63 60 77 76 – www.lejardindes4saisons.fr.st – Fermé dim. soir et lundi   **Vd**
Rest – (15 €) Menu 24/35 € – Carte 25/37 € 🍴
♦ Un restaurant agréable et cosy. On y apprécie une généreuse cuisine traditionnelle, avec un beau choix de vins – la grande passion du patron !

✕✕ 🥜 Le Lautrec   🌿 VISA ◉ AE ⓞ

13 r. Toulouse-Lautrec – 𝒞 05 63 54 86 55 – www.restaurant-le-lautrec.com – Fermé 24 août-1er sept., vacances de la Toussaint, 18-25 fév., dim. sauf le midi de sept. à juin et lundi   **Zt**
Rest – Menu 16 € (déj. en sem.), 18/55 € bc – Carte 34/40 €
♦ Cachet naturel préservé dans ces anciennes écuries où trône un vieux puits chargé d'histoire. Patio-terrasse pour les beaux jours et recettes à base de produits frais régionaux.

✕ 🥜 🥜 La Table du Sommelier   🌿 AC VISA ◉

20 r. Porta – 𝒞 05 63 46 20 10 – www.latabledusommelier.com – Fermé dim. et lundi   **Ym**
Rest – (13 €) Menu 16 € (déj. en sem.), 25/45 € bc – Carte 16/24 € 🍴
♦ L'enseigne et les caisses de bois empilées dans l'entrée annoncent la couleur. Petits plats bistrotiers revisités accompagnés, comme il se doit, d'une belle sélection de vin.

✕ L'Epicurien   🌿 ♿ AC VISA ◉ AE

42 pl. Jean-Jaurès – 𝒞 05 63 53 10 70 – www.restaurantlepicurien.com – Fermé dim.
Rest – (17 €) Menu 26/68 € – Carte 35/57 €   **Zp**
♦ C'est l'adresse branchée d'Albi. Cadre épuré mais néanmoins chaleureux avec ses banquettes, ses baies vitrées et sa vue directe sur les cuisines. Carte dans l'air du temps.

✕ 🥜 La Fourchette Adroite   🌿 VISA ◉

7 pl. de l'Archevêché – 𝒞 05 63 49 77 81 – Fermé 2-17 oct. et 16 janv.-1er fév.
Rest – (13 €) Menu 16 € (déj.), 28/42 € bc – Carte 36/50 € le soir   **Yf**
♦ Une architecture moderne dans un cadre ancien : ce restaurant aux allures de loft se révèle aussi tendance que convivial. Cuisine inventive, bien en phase avec le concept.

✕ 🥜 Stéphane Laurens   🌿 AC VISA ◉ AE

10 pl . Monseigneur-Mignot – 𝒞 05 63 43 62 41 – www.stephanelaurens.com
Rest – (9 €) Menu 19/26 € – Carte 23/62 €   **Ya**
♦ Cette belle maison dévoile deux impressionnantes salles (hautes et profondes) au style épuré quelque peu japonisant. Plats traditionnels remis au goût du jour, riches en saveurs.

à Castelnau-de-Lévis 7 km par ⑥, D 600 et D 1 – 1 520 h. – alt. 221 m – ✉ 81150

✕✕ La Taverne avec ch   🌿 🏠 ♿ rest, AC 📶 VISA ◉ AE

r. Aubijoux – 𝒞 05 63 60 90 16 – www.tavernebesson.com – Fermé 28 fév.-15 mars
8 ch – †60/68 € ††60/88 € – 🍽 10 €
Rest – (fermé dim. soir et lundi hors saison) Menu 20/53 € – Carte 50/65 €
♦ Ancienne coopérative boulangère dont les fours en briques agrémentent l'une des deux confortables salles à manger. Cuisine raffinée s'inspirant du terroir et de la tradition.

ALENÇON P – 61 Orne – 310 J4 – 28 458 h. – alt. 135 m – ✉ 61000 **33** C3

🟢 Normandie Cotentin

▶ Paris 190 – Chartres 119 – Évreux 119 – Laval 90

🛈 place de la Magdeleine ✆ 02 33 26 11 36

✈ d'Alençon-en-Arçonnay à Arçonnay Le Petit Maleffre, par rte du Mans : 3 km, ✆ 02 33 28 56 67

◎ Église Notre-Dame★ - Musée des Beaux-Arts et de la Dentelle★ : collection de dentelles★ BZ **M².**

🏨 **Mercure** sans rest   🖥 ♿ 🛜 🖧 **P** VISA ☎ AE ①
187 av. Gén- Leclerc, 2 km par ④ – ✆ 02 33 28 64 64 – www.mercure.com – Fermé 23 déc.-2 janv.
53 ch – ♦72/77 € ♦♦76/82 € – �) 10 €
◆ Établissement situé dans une petite zone commerciale. Les chambres, pratiques et bien insonorisées, arborent une décoration plus contemporaine au 2e étage. Plaisant salon-bar.

ALENÇON

Argentan (R. d')	**AY**	2
Basingstoke (Av. de)	**AY**	3
Bercail (R. du)	**BZ**	4
Capucins (R. des)	**CZ**	6
Clemenceau (Cours)	**BCZ**	
Duchamp (Bd)	**AY**	8
Écusson (R. de l')	**AY**	9
Fresnay (R. de)	**BZ**	13
Grandes-Poteries (R. des)	**BZ**	14
Grande-Rue	**BZ**	15
Halle-au-Blé (Pl. de la)	**BZ**	17
Lattre-de-Tassigny (R. du Mar.-de)	**BCZ**	19
Leclerc (Av. du Gén.)	**AY**	20
La Magdeleine (Pl.)	**CZ**	18
Mans (R. du)	**AY**	24
Marguerite-de-Lorraine (Pl.)	**BZ**	25
Porte-de-la-Barre (R.)	**BZ**	30
Poterne (R. de la)	**CZ**	32
Quakenbruck (Av. de)	**AY**	34
Rhin-et-Danube (Av.)	**AY**	35
Sieurs (R. aux)	**BZ**	
Tisons (R. des)	**AY**	39
1er Chasseurs (Bd)	**AY**	40
14e Hussards (R. du)	**AY**	42

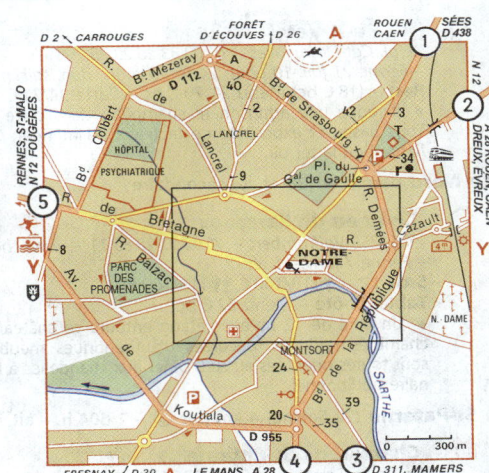

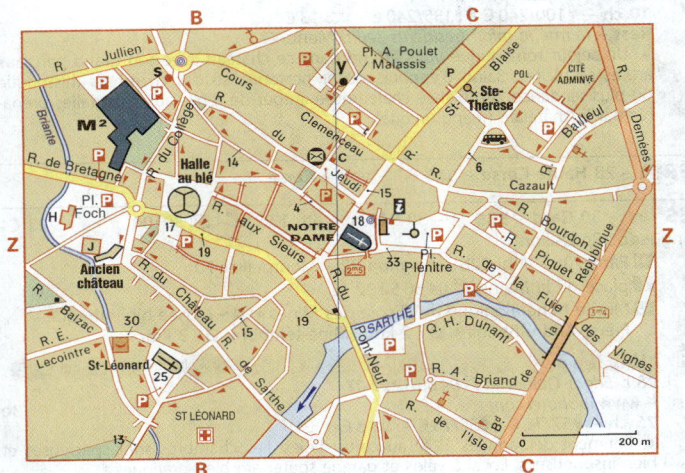

Des Ducs sans rest   ⍐ P VISA ⚫⚫

50 av. Wilson – ☎ *02 33 29 03 93*
– www.hoteldesducs-alencon.fr   **AYr**
28 ch – ♦57 € ♦♦73 € – ⊑ 8 €
♦ Véritable cure de jouvence pour cet hôtel face à la gare, qui a pour atout
des chambres modernes (couleurs tendance), fonctionnelles et bien équipées.
Bar, jardin et terrasse.

Ibis sans rest   ▤ ⅙ ⍐ VISA ⚫⚫ AE

13 pl. Poulet-Malassis – ☎ *02 33 80 67 67*
– www.ibishotel.com   **CZy**
52 ch – ♦56/68 € ♦♦56/68 € – ⊑ 8 €
♦ À deux pas du centre-ville et dans un quartier résidentiel calme. Mobilier
contemporain dans les chambres et la salle des petits-déjeuners. Ambiance feutrée au salon-bar.

✗✗ Au Petit Vatel   ⇆ VISA ⚫⚫ AE

72 pl. Cdt-Desmeulles – ☎ *02 33 26 23 78*
– Fermé 21 juil.-10 août, 24 fév.-9 mars, dim. soir, mardi soir et merc.
Rest – (18 € bc) Menu 21/70 € bc – Carte 34/71 €   **BZs**
♦ Il règne une atmosphère champêtre dans cette maison en pierres du pays.
Tons pastel et exposition de tableaux à l'intérieur. Cuisine sans fausse note qui
fleure bon le terroir.

au Nord par ① N 138 et rte secondaire

⌂ Château de Sarceaux ⌖   ⍟ 🖤 ⍐ P VISA ⚫⚫

✉ *61250 Valframbert –* ☎ *02 33 28 85 11 – www.chateau-de-sarceaux.com*
– Fermé 7 janv.-11 fév.
5 ch ⊑ – ♦118/160 € ♦♦118/160 €
Table d'hôte – Menu 52 € bc
♦ Un parc de 12 ha avec étang entoure ce château des 17ᵉ et 19ᵉ s. dont les
chambres raffinées, décorées d'authentiques meubles et tableaux de famille,
sont toutes orientées au sud. Dîner aux chandelles à la table d'hôte ; registre culinaire traditionnel.

à St-Paterne (72 Sarthe) 4 km par ③ – 1 604 h. – alt. 160 m – ✉ 72610

Château de St-Paterne ⌖   ⍟ ⏚ ⍐ P VISA ⚫⚫ AE

4 r. de la Gaieté – ☎ *02 33 27 54 71 – www.chateau-saintpaterne.com*
– Fermé 1ᵉʳ janv.-15 mars
10 ch – ♦100/240 € ♦♦135/240 € – ⊑ 13 €
Rest – *(fermé le midi) (résidents seult)* Menu 47 €
♦ Un séjour romantique vous attend dans ce château avec son grand parc aux
arbres séculaires. Salon d'époque, décor personnalisé des chambres (historique
ou plus tendance). Ambiance chaleureuse autour de repas aux chandelles préparés par le châtelain (menu unique).

ALÉRIA – 2B Haute-Corse – 345 G7 – voir à Corse

ALÈS ⦿ – 30 Gard – 339 J4 – 39 943 h. – alt. 136 m – ✉ 30100   23 C1
▌Languedoc Roussillon

◪ Paris 706 – Albi 226 – Avignon 72 – Montpellier 70
▌ place de la Mairie ☎ 04 66 52 32 15
◙ Musée minéralogique de l'Ecole des Mines★ N - Musée-bibliothèque
    Pierre-André-Benoit★ O : 2 km - Mine-témoin★ O : 3 km.

Ibis sans rest   ▤ ⅙ AC ⍐ 🚗 VISA ⚫⚫ AE ⓿

18 r. Edgar-Quinet – ☎ *04 66 52 27 07*
– www.ibishotel.com   **Be**
75 ch – ♦57/75 € ♦♦57/75 € – ⊑ 8 €
♦ Bâtiment des années 1970 au cœur d'Alès. Les chambres sont spacieuses et
bien insonorisées. Local à vélos et garage souterrain bien pratiques.

ALÈS

Albert-1er (R.) . . . . **B** 2
Audibert (R. Cdt) . . . . **A** 3
Avéjan (R. d') . . . . **B**
Barbusse (Pl. Henri) . . . . **B** 4
Docteur-Serres (R.) . . . . **B**

Edgar-Quinet (R.) . . . . **B**
Hôtel-de-Ville (Pl. de l') . . . . . **A** 5
Lattre-de-Tassigny (Av. de) . . **B** 6
Leclerc (Pl. Gén.) . . . . **B** 8
Louis-Blanc (Bd) . . . . **B**
Martyrs-de-la-Résistance (Pl.) . **B** 9
Michelet (R.) . . . . **B** 10
Paul (R. Marcel) . . . . **B** 12

Péri (Pl. Gabriel) . . . . **B** 13
Rollin (R.) . . . . **A** 14
St-Vincent (R.) . . . . **B** 15
Semard (Pl. Pierre) . . . . **B** 16
Soleil (R. du Faubourg du) . . . **B** 17
Stalingrad (Av. de) . . . . **B** 18
Taisson (R.) . . . . **B** 19
Talabot (Bd) . . . . **B** 20

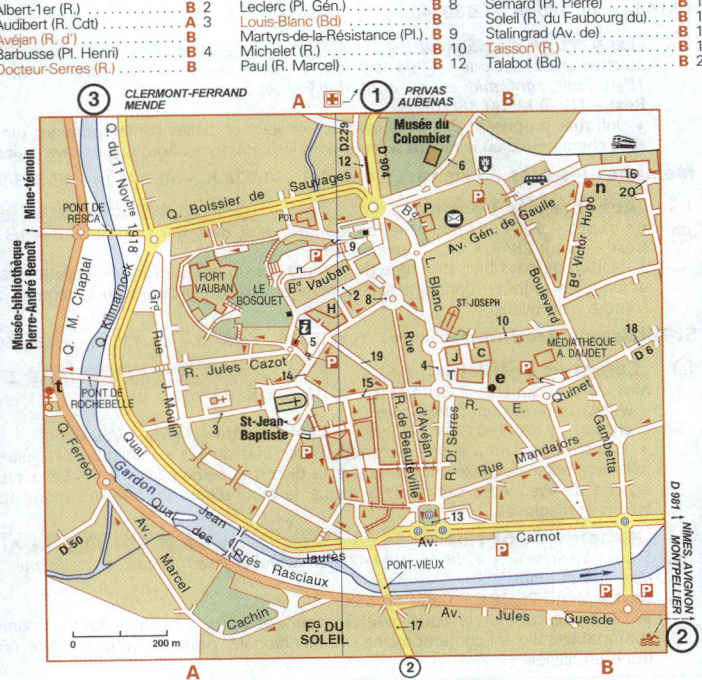

Le Riche avec ch

42 pl. Sémard – ✆ *04 66 86 00 33* – *www.leriche.fr*
– *Fermé août*

B n

19 ch – ⚬55 € ⚬⚬72 € – ⚬ 9 € – ½ P 54 €

Rest – Menu 22/50 € – Carte 40/50 €

◆ Dans ce bel immeuble du début du 20ᵉ s., l'Art nouveau flamboie de tous ses stucs, dorures et miroirs. On y déguste aussi bien des involtinis au pélardon que du lapin aux cèpes. Chambres d'esprit contemporain, pour l'étape.

L'Atelier des Saveurs

16 fg de Rochebelle – ✆ *04 66 86 27 77*
– *www.latelierdessaveurs.net*
– *Fermé 22 août-11 sept., sam. midi, dim. soir et lundi*

A t

Rest – (19 €) Menu 29/68 € – Carte 42/71 €

◆ Lumineux intérieur un brin champêtre, patio ombragé, ambiance conviviale et recettes très originales, par un chef qui s'essaye à la cuisine moléculaire.

à St-Martin-de-Valgalgues 2 km par ① – 4 166 h. – alt. 148 m – ✉ 30520

Le Mas de la Filoselle

344 r. du 19-mars-1962 – ✆ *06 61 23 19 75* – *http://filoselle.free.fr*
– *Fermé janv.*

4 ch ⚬ – ⚬73 € ⚬⚬85 €

Table d'hôte – Menu 18 € bc/25 € bc

◆ On se sent très vite chez soi dans cette ancienne magnanerie perchée sur les hauteurs du village. Ravissantes chambres thématiques (Lavande, Olivier, etc.) et beau jardin en terrasses. Table d'hôte le soir sur réservation (produits du terroir).

à St-Privat-des-Vieux 4 km par ②, rte de Montélimar, D 216 et rte secondaire
– 4 314 h. – alt. 180 m – ⊠ 30340

✗✗　**Le Vertige des Senteurs**　🚗 🍴 🕭 ⇔ 🅿 VISA ◉◎ AE
35 chemin de l'Usclade – ✆ 04 66 91 08 84 – www.vertige-des-senteurs.fr – Fermé
1ᵉʳ-10 janv., sam. midi en juil.-août, dim. soir et lundi
Rest – (19 €) Menu 38/70 €
◆ Joli mas proposant des plats inventifs et soignés. Salles contemporaines (une
avec cheminée) d'où le regard se perd dans les Cévennes... Boutique et cave à vins.

à Méjannes-lès-Alès 7,5 km par ② et D 981 – 1 026 h. – alt. 141 m – ⊠ 30340

✗✗　**Auberge des Voutins**　🍴 AC ⇔ 🅿 VISA ◉◎ AE
😊　*rte d'Uzès – ✆ 04 66 61 38 03 – Fermé mardi midi, dim. soir et lundi sauf fériés*
Rest – Menu 28/60 € bc – Carte 50/65 €
◆ Maison de pays bien protégée de la route par un rideau d'arbres. Recettes traditionnelles à goûter dans une salle à manger campagnarde ou sur la terrasse, à
l'ombre d'un tilleul.

à St-Hilaire-de-Brethmas 3 km par ② et D 936 – 4 257 h. – alt. 125 m – ⊠ 30560

🏠　**Comptoir St-Hilaire** 🌿　⪻ 🍴 🏊 ✗ 🌿 ch, ¶ 🅿 VISA ◉◎ AE
Mas de la Rouquette, 2 km à l'Est – ✆ 04 66 30 82 65
– www.comptoir-saint-hilaire.com
5 ch ⊑ – ♦250/390 € ♦♦250/390 €　**Table d'hôte** – Menu 25/50 €
◆ Catherine Painvin a entièrement repensé ce mas du 17ᵉ s. : chambres et suites
follement originales, luxe omniprésent mais discret, superbe parc avec les Cévennes
à perte de vue... Avec ses dîners à thème, la table d'hôte procure des moments
inédits et magiques.

✗✗✗　**Auberge de St-Hilaire**　🚗 🍴 🕭 AC ⇔ 🅿 VISA ◉◎
5 r. André-Schenk – ✆ 04 66 30 11 42 – www.aubergesainthilaire.com – Fermé
dim. soir et lundi
Rest – Menu 25/68 € – Carte 50/65 €
◆ Goûteuse cuisine classique revisitée pour cet élégant pavillon dévoilant une
confortable salle mi-contemporaine, mi-méridionale. Agréable terrasse d'été où
trône un olivier.

ALFORTVILLE – 94 Val-de-Marne – **312** D3 – **101** 27 – **voir à Paris, Environs**

ALGAJOLA – 2B Haute-Corse – **345** C4 – **voir à Corse**

ALISE-STE-REINE – 21 Côte-d'Or – **320** G4 – **rattaché à Venarey-les-Laumes**

ALIX – 69 Rhône – **327** G4 – 686 h. – alt. 287 m – ⊠ 69380　　　**43** E1
　◘ Paris 442 – L'Arbresle 12 – Lyon 28 – Villefranche-sur-Saône 12

✗✗　**Le Vieux Moulin**　🍴 🅿 VISA ◉◎
chemin du Vieux-Moulin – ✆ 04 78 43 91 66 – www.lemoulindalix.com
– Fermé lundi et mardi
Rest – Menu 25/52 € – Carte 27/50 €
◆ Moulin rhodanien en pierre converti en auberge villageoise. Intérieur champêtre et paisible terrasse ombragée, très prisée en été. Carte traditionnelle et suggestions du moment.

ALLAS-LES-MINES – 24 Dordogne – **329** H6 – **rattaché à St-Cyprien**

ALLEINS – 13 Bouches-du-Rhône – **340** F3 – 2 368 h. – alt. 180 m – ⊠ 13980　　**42** E1
　◘ Paris 725 – Aix-en-Provence 34 – Avignon 47 – Marseille 63

🏠　**Domaine de Méjeans** 🌿　🚗 🏊 AC ch, ✗ ¶ 🅿 VISA ◉◎
3 km par D 71B – ✆ 04 90 57 31 74 – www.domainedemejeans.com
5 ch ⊑ – ♦160/230 € ♦♦170/240 €　**Table d'hôte** – Menu 32/45 €
◆ Une allée de peupliers mène à ce domaine paisible et raffiné : parc luxuriant,
lac, piscine, cuisine d'été et... chambres aux noms et aux coloris délicats de bonbons du Sud. Élégante table d'hôte et petite restauration près de la piscine.

ALLERY – 80 Somme – **301** E8 – **rattaché à Airaines**

ALLEVARD – 38 Isère – **333** J5 – 3 853 h. – alt. 470 m – Sports 46 F2

d'hiver : au Collet d'Allevard 1 450/2 100 m ⚡13 – Stat. therm. : début mars-mi-oct.
– Casino – ⊠ 38580 🟩 Alpes du Nord

▶ Paris 593 – Albertville 50 – Chambéry 33 – Grenoble 40

🛈 place de la Résistance ⌀ 04 76 45 10 11

⊡ Route du Collet ★★ par D525ᴬ.

🏠 **Les Alpes**　　　　　　　　　　　　　　　　　　　ẠC rest, ⁛ VISA ⊙⊙

pl. du Temple – ⌀ 04 76 45 94 10 – www.lesalpesallevard.com
– Fermé 4-20 avril, 19 oct.-9 nov., vend. hors saison et dim. soir　　　　**d**

15 ch – †55 € ††59 € – ⊡ 10 € – ½ P 65/70 €

Rest – Menu 14 € (déj. en sem.), 31/42 € – Carte 25/60 €

◆ Cet hôtel familial, repérable à sa façade jaune et verte, se trouve au cœur de la
station thermale. Chambres assez vastes, personnalisées et propres. Salle à manger
récemment refaite dans un style classique, au diapason d'une cuisine traditionnelle.

à Pinsot 7 km au Sud par D 525 A – 180 h. – alt. 730 m – ⊠ 38580

🏠 **Pic de la Belle Étoile** ⬿　　　⩹ 🛋 🛁 🖳 ⅃ᴶ ⅁ ⁛ Ḽ P VISA ⊙⊙ ẠE

⌀ 04 76 45 89 45 – www.pbetoile.com – Fermé 24 avril-10 mai, 16 juil.-12 août,
22 oct.-2 nov., vend. soir, sam. et dim. sauf 2-9 avril, 12-19 août, 18 déc.-2 janv.
et 6 fév.-6 mars

40 ch – †71/104 € ††88/130 € – ⊡ 13 € – ½ P 84/106 €

Rest – (16 €) Menu 22/47 €

◆ À l'entrée du village, imposante maison régionale récemment agrandie dont le
jardin dégringole jusqu'à un torrent. Optez pour les chambres situées dans l'aile
neuve. Recettes traditionnelles et régionales servies dans une salle à manger
moderne ou en terrasse.

au Sud 17 km par D 525A et rtre secondaire - ⊠ 38580 Allevard

🏠 **Auberge Nemoz** ⬿　　　　　　　⩹ 🛋 ℀ ch, ⁛ P VISA ⊙⊙

au hameau "La Martinette" – ⌀ 04 76 45 03 10 – www.auberge-nemoz.com
– Fermé avril et nov.

5 ch ⊡ – †85 € ††95 €　**Table d'hôte** – Menu 24/40 €

◆ Dans la vallée du Haut Bréda, chalet en bois et en pierre abritant des chambres personnalisées (meubles anciens et objets de famille). Promenades à cheval ou en raquettes (l'hiver). Restaurant rustique et très convivial ; la cheminée
sert aux raclettes. Plats du terroir.

ALLEVARD

Baroz (R. Emma) 2
Charamil (R.) 5
Chataing (R. Laurent) 6
Chenal (R.) 7
Davallet (Av.) 8
Docteur-Mansord (R.) 9
Gerin (Av. Louis) 15
Grand Pont (R. du) 19
Libération (R. de la) 21
Louaraz (Av.) 22
Niepce (R. Bernard) 23
Ponsard (R.) 24
Rambaud (Pl. P.) 25
Résistance (Pl. de la) 27
Savoie (Av. de) 28
Soierie (R. de) 3
Thermes (R. des) 29
Verdun (Pl. de) 32
8-Mai-1945 (R. du) 34

Rues piétonnes en
saison thermale

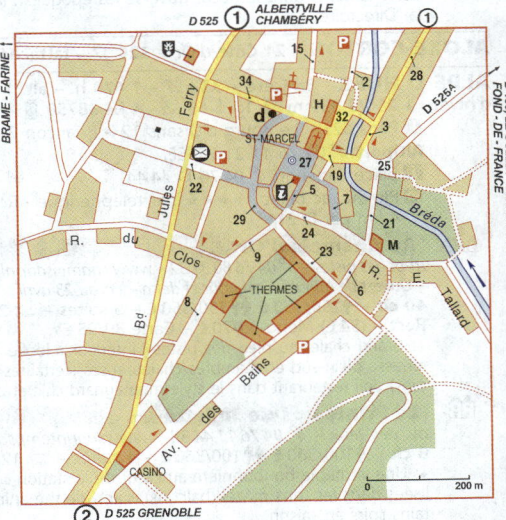

119

ALLEX – 26 Drôme – **332** C5 – 2 369 h. – alt. 160 m – ⊠ 26400   **44** B3

🗗 Paris 588 – Lyon 126 – Romans-sur-Isère 46 – Valence 24

🛈 avenue Henri Seguin ℰ 04 75 62 73 13

⌂   **La Petite Aiguebonne** sans rest ॐ   🖨 ☟ ⅏ 🅿 VISA ◉◉
chemin d'Aiguebonne, 2 km à l'Est par D 93 – ℰ 04 75 62 60 68
– www.petite-aiguebonne.com
6 ch ⊡ – †85/120 € ††100/120 €
♦ Zanzibar, Pondichéry, Louisiane... autant d'idées décoratives pour les coquettes chambres de cette ferme drômoise du 13ᵉ s. On trouve même une chambre dans une roulotte contemporaine !

ALLEYRAS – 43 Haute-Loire – **331** E4 – 176 h. – alt. 779 m – ⊠ 43580   **6** C3

🗗 Paris 549 – Brioude 71 – Langogne 43 – Le Puy-en-Velay 32

🕌   **Le Haut-Allier** (Philippe Brun) ॐ   ≤ ₤ॐ 🖥 � 🗚 rest, ℉ ᴬ 🅿
❀   *2 km au Pont d'Alleyras, au Nord par D 40* – ℰ 04 71 57 57 63   VISA ◉◉ AE
– www.hotel-lehautallier.com – Ouvert de mi-mars à mi-nov. et fermé lundi et mardi sauf juil.-août et fériés
12 ch – †95/130 € ††95/130 € – ⊡ 15 € – ½ P 98/120 €
Rest – *(fermé lundi et mardi sauf le soir en juil.-août et fériés)* (35 €)
Menu 48/90 € – Carte 55/85 € 🕸
Spéc. Symbiose de morilles et écrevisses aux influences thaïes, herbes odorantes de la Margeride (avril-mai). Agneau du marché de Saugues en variation. Révélation de perles rouges des Monts du Velay, lait du Gévaudan glacé (juin à sept.).
Vins Saint-Joseph, Boudes.
♦ Belle adresse dans un hameau reculé, aux confins des gorges de l'Allier. Confort bourgeois sans ostentation, calme, tenue parfaite, accueil charmant... Au restaurant, cuisine étudiée à base d'excellents produits, navigant entre terroir et invention.

LES ALLUES – 73 Savoie – **333** M5 – rattaché à Méribel

ALLY – 15 Cantal – **330** B3 – 671 h. – alt. 720 m – ⊠ 15700   **5** A3

🗗 Paris 532 – Aurillac 46 – Clermont-Ferrand 119 – Tulle 71

⌂   **Château de la Vigne** sans rest ॐ   🎧 ℉ 🅿
1 km au Nord-Est par D 680 – ℰ 04 71 69 00 20 – www.chateaudelavigne.com
– Ouvert avril-oct.
3 ch – †120/140 € ††120/140 € – ⊡ 8 €
♦ Dans la même famille depuis son édification (15ᵉ-18ᵉ s.), ce château propose des chambres dont le décor traverse les époques : la "Louis XV", la "Troubadour", la "Directoire"...

ALOXE-CORTON – 21 Côte-d'Or – **320** J7 – rattaché à Beaune

ALPE D'HUEZ – 38 Isère – **333** J7 – 1 479 h. – alt. 1 860 m – **Sports**   **45** C2
d'hiver : 1 250/3 330 m ⛷ 15 ⛷ 69 ⅍ – ⊠ 38750 🟩 Alpes du Nord

🗗 Paris 625 – Le Bourg-d'Oisans 12 – Briançon 71 – Grenoble 63

Altiport ℰ 04 76 11 21 73, SE.

🛈 place Paganon ℰ 04 76 11 44 44

◉ Pic du Lac Blanc ⁂ ★ ★ ★ par téléphérique - Route de Villars-Reculas ★
   4 km par D 211ᴮ.

🏨   **Au Chamois d'Or** ॐ   ≤ 🎇 🖥 ◉ ⅏ 🖥 ⅆ ch, ⅏ rest, ℉ ᴬ 🅿 🚗
rd-pt des pistes – ℰ 04 76 80 31 32 – www.chamoisdor-alpedhuez.com   VISA ◉◉
– Ouvert de mi-juin à mi-août et de mi-déc. au 23 avril   **Be**
40 ch – †250/350 € ††250/550 € – 5 suites – ⊡ 20 € – ½ P 190/315 €
Rest – (34 €) Menu 39/70 € – Carte 39/95 €
♦ Grand chalet au pied des pistes : intérieur relooké, spa complet, espace enfants, terrasse plein sud et chambres chaleureuses (certaines ont vue sur le massif de l'Oisans). Joli restaurant dans le style montagnard chic et cuisine classique bien faite.

🕌   **Le Printemps de Juliette** sans rest   ≤ 🖥 ⅆ ℉ 🚗 VISA ◉◉ AE
av. des Jeux – ℰ 04 76 11 44 38 – www.leprintempsdejuliette.com   **Ba**
8 ch – †100/360 € ††100/360 € – 4 suites – ⊡ 12 €
♦ Une véritable bonbonnière au cœur de la station : chambres et suite personnalisées dans les tons pastel (balcons), salon de thé animé par un saxophoniste certains soirs en saison.

ALPE D'HUEZ

Bergers (Chemin des) . . . . **B** 2

Cognet (Pl. du) . . . . **B** 4
Fontbelle (R. de) . . . . **B** 5
Meije (R. de la) . . . . **B** 6
Pagnon (Pl. Joseph) . . . . **A** 7

Pic Bayle (R. du) . . . . **B** 8
Poste (Rte de la) . . . . **A** 9
Poutat (R. du) . . . . **B** 10
Siou Coulet (Rte du) . . . . **A** 12

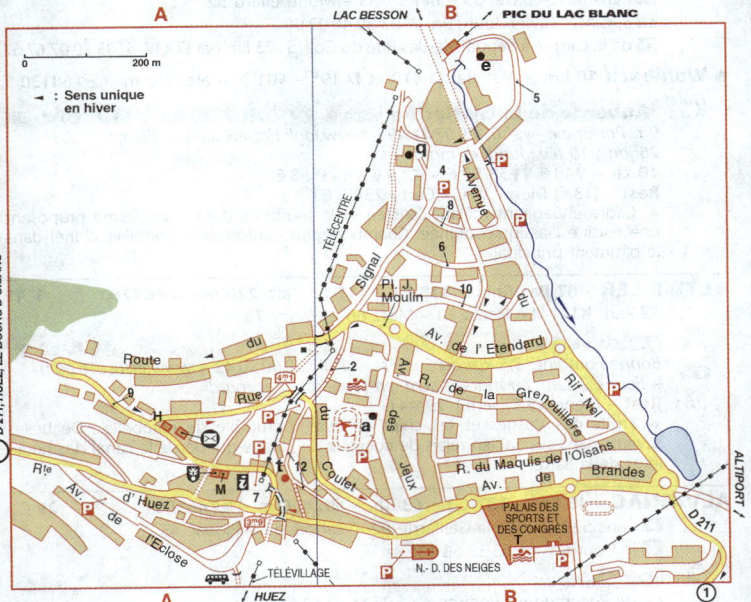

Le Dôme

◄ 国 ⅍ rest, 🕪 🐾 **P** 🚗 *VISA* ⓜ

pl. du Cognet – ✆ *04 76 80 32 11* – *www.dome-alpedhuez.com* – *Ouvert de déc.
à avril et juil.-août*
Bq

23 ch – ✝85/191 € ✝✝102/192 € – ☑ 14 € – ½ P 106/151 €

Rest – *(ouvert de déc. à avril)* (18 €) Menu 30 € – Carte 26/45 €

◆ Hôtel fondé par le grand-père de l'actuel patron, à l'emplacement de l'ex-
refuge du Touring Club. Chambres récemment refaites, dans l'esprit local. Galerie
marchande. Petite salle à manger à l'atmosphère montagnarde ; plats traditionnels et régionaux.

Au P'tit Creux

🌾 *VISA* ⓜ AE

chemin des Bergers – ✆ *04 76 80 62 80* – *Fermé 1ᵉʳ mai-1ᵉʳ juin, 3-28 nov., lundi midi,
mardi midi du 1ᵉʳ janv. au 1ᵉʳ mai, lundi soir et mardi soir du 1ᵉʳ sept. au 11 nov.*

Rest – *(prévenir)* Menu 48 € – Carte 28/55 €
At

◆ Boiseries anciennes, nappage beige et rouge et chaises en paille composent le
nouveau décor alpin de ce coquet restaurant agrandi d'une véranda. Cuisine traditionnelle.

à Huez 3,5 km au Sud-Ouest par D 211 – 1 327 h. – alt. 1 495 m – ✉ 38750

L' Ancolie ⍦

🌾 16 ⍦ **P** *VISA* ⓜ

av. de l'Église – ✆ *04 76 11 13 13* – *www.ancolie-hotel.com*
– *Ouvert 1ᵉʳ juin-22 août, 2-30 sept. et 1ᵉʳ déc.-24 avril*

16 ch – ✝54/112 € ✝✝58/126 € – ☑ 12 € – ½ P 61/102 €

Rest – *(fermé le midi)* Menu 25/50 €

◆ Belle maison de pays située dans un vieux village préservé. Intérieur décoré
dans un esprit montagnard (pierre et bois), chambres coquettes et environnement paisible. Cuisine traditionnelle, fondues au fromage et jolie vue sur l'Oisans.

ALPUECH – 12 Aveyron – **338** J2 – rattaché à Laguiole

ALTENSTADT – 67 Bas-Rhin – **315** L2 – rattaché à Wissembourg

ALTKIRCH ⚛ – **68** Haut-Rhin – **315** H11 – 5 575 h. – alt. 312 m **1** A3
– ✉ 68130 ▮ Alsace Lorraine

▶ Paris 457 – Basel 33 – Belfort 35 – Montbéliard 52

🛈 5, place Xavier Jourdain ℘ 03 89 40 02 90

🖼 de la Largue à Seppois-le-Bas Rue du Golf, S : 23 km par D 432, ℘ 03 89 07 67 67

à Wahlbach 10 km à l'Est par D 419 et D 19ᴮ – 401 h. – alt. 320 m – ✉ 68130

XX   **Auberge de la Gloriette** avec ch   🚗 🛋 AC rest, 🍽 ⚿ P VISA ⚛ AE
9 r. Principale – ℘ 03 89 07 81 49 – www.lagloriette68.com – Fermé
26 janv.-10 fév., lundi et mardi
10 ch – †48 € ††58/90 € – � 9 € – ½ P 58 €
Rest – (13 €) Menu 28 € – Carte 25/65 €
♦ Cadre engageant mêlant l'ancien et le moderne dans cette ferme proposant
une cuisine classique soignée. Chambres plus confortables (mobilier chiné) dans
le bâtiment principal.

ALTWILLER – **67** Bas-Rhin – **315** F3 – 411 h. – alt. 220 m – ✉ 67260 **1** A1
▶ Paris 412 – Le Haras 10 – Metz 86 – Nancy 73

XX   **L'Écluse 16**   🚗 P VISA ⚛
⚙   Bonne Fontaine, 3,5 km au Sud-Est – ℘ 03 88 00 90 42 – www.ecluse16.com
😊   – Fermé 2 sem. en mars, 2 sem. en sept., lundi et mardi
Rest – Menu 18 € (sem.), 29/44 €
♦ Truite des Vosges et ses chips au cumin, crumble de mirabelle... De belles
saveurs dans cet ancien relais de chevaux de halage qui borde le canal des houil-
lères de la Sarre.

ALVIGNAC – **46** Lot – **337** G3 – 638 h. – alt. 400 m – ✉ 46500 **29** C1
▶ Paris 529 – Brive-la-Gaillarde 52 – Cahors 65 – Figeac 43

🛈 le Bourg ℘ 05 65 33 66 42

🏠   **Du Château**   🚗 🛋 🏊 VISA ⚛
⚙   rte de Rocamadour Padirac – ℘ 05 65 33 60 14
– www.hotel-chateau-alvignac.com – Ouvert 8 avril-31 oct.
28 ch – †45/49 € ††45/49 € – ⊇ 7 €   **Rest** – (fermé merc. soir et dim. soir
sauf juil.-août) (15 €) Menu 16/28 € – Carte 15/35 €
♦ Adossée à l'église, une bâtisse séculaire dont la façade en pierre est tapissée
de vigne vierge. Chambres fonctionnelles et bien tenues, agréable jardin. Salle à
manger simple et chaleureuse, en accord avec la cuisine du terroir.

AMBÉRIEUX-EN-DOMBES – **01** Ain – **328** C5 – 1 436 h. – alt. 296 m **43** E1
– ✉ 01330
▶ Paris 437 – Bourg-en-Bresse 40 – Lyon 35 – Mâcon 43

🛈 267, rue Jean-Marie Vianney ℘ 04 74 08 10 76

🏠   **Auberge des Bichonnières**   🚗 🛋 🍽 P VISA ⚛
545 rte du 3-Septembre-1944 – ℘ 04 74 00 82 07
– www.aubergedesbichonnieres.com – Fermé 20 déc.-25 janv., dim. soir sauf
hôtel en juil.-août
9 ch – †50 € ††60 € – ⊇ 9 € – ½ P 60/73 €
Rest – (fermé mardi midi et lundi en juil.-août) (nombre de couverts limité,
prévenir) (18 € bc) Menu 26/34 € – Carte 40/50 €
♦ Cette ancienne ferme typique de la Dombes abrite des chambres proprettes,
ornées de fresques représentant des scènes champêtres. En été, on s'attable
volontiers dans l'avenante cour-terrasse fleurie. Cuisine mi-classique, mi-terroir à
goûter dans un cadre rustique.

AMBERT ⚛ – **63** Puy-de-Dôme – **326** J9 – 7 057 h. – alt. 535 m **6** C2
– ✉ 63600 ▮ Auvergne
▶ Paris 438 – Brioude 63 – Clermont-Ferrand 77 – Thiers 53

🛈 4, place de Hôtel de Ville ℘ 04 73 82 61 90

◉ Église St-Jean★ - Vallée de la Dore★ N et S - Moulin Richard-de-
Bas★ 5,5 km à l'Est par D 996 - Musée de la Fourme et du fromage - Train
panoramique★ (juil.-août).

XX **Les Copains** avec ch   AC ch. VISA

42 bd Henri-IV – ☎ 04 73 82 01 02 – www.hotelrestaurantlescopains.com
– Fermé 30 avril-8 mai, 10 sept.-10 oct., 20-28 fév., dim. soir, sam. et fériés le soir
10 ch – ♦48/50 € ♦♦50/62 € – ☐ 7 € – ½ P 50/70 €
Rest – Menu 14 € (déj. en sem.), 27/55 € – Carte 46/54 €
♦ En face de la pittoresque mairie en rotonde célébrée par Jules Romains dans
Les Copains. On y déguste de généreuses spécialités régionales et de la fourme
d'Ambert !

AMBIALET – 81 Tarn – 338 G7 – 439 h. – alt. 220 m – ⊠ 81430   **29** C2
█ Midi-Toulousain

  ▶ Paris 718 – Albi 23 – Castres 55 – Lacaune 52
  🛈 le bourg ☎ 05 63 55 39 14
  👁 Site★.

🏨 **Du Pont**   AC P VISA AE ①

– ☎ 05 63 55 32 07 – www.hotel-du-pont.com – Ouvert de mi-fév. à mi-nov.
20 ch – ♦63/70 € ♦♦63/70 € – ☐ 8,50 € – ½ P 61/65 €
Rest – (15 €) Menu 22/48 € bc – Carte 39/57 €
♦ Au bord du Tarn, maison régionale ayant vue sur Ambialet et son prieuré.
Chambres fraîches, climatisées, ouvertes sur la campagne ou sur la rivière. Attablez-vous dans la salle à manger rustique ou sur la terrasse panoramique, autour
de petits plats traditionnels.

AMBIERLE – 42 Loire – 327 C3 – 1 811 h. – alt. 467 m – ⊠ 42820   **44** A1
█ Lyon Drôme Ardèche

  ▶ Paris 379 – Lapalisse 33 – Roanne 18 – Thiers 81
  👁 Église★.

XXX **Le Prieuré** (Thierry Fernandes)   AC VISA

☼   r. de la Mairie – ☎ 04 77 65 63 24 – www.restaurant-le-prieure-ambierle.fr
– Fermé dim. soir, mardi et merc.
Rest – Menu 30 € (sem.)/75 € – Carte 65/80 €
Spéc. Saint-Jacques rôties à la plancha, cocktail acidulé. Ris de veau piqué d'un
bois de réglisse caramélisé dans son jus. Sphère chocolat, craquant au sésame et
chantilly pralinée. **Vins** Côte Roannaise.
♦ Une étape gourmande, où le chef s'exprime pleinement dans une cuisine tout
en subtilité : saveurs et produits choisis composent des assiettes étonnantes. Intérieur zen et élégant.

AMBOISE – 37 Indre-et-Loire – 317 O4 – 12 691 h. – alt. 60 m   **11** A1
– ⊠ 37400 █ Châteaux de la Loire

  ▶ Paris 223 – Blois 36 – Loches 37 – Tours 27
  🛈 quai Général de Gaulle ☎ 02 47 57 09 28
  👁 Château★★ : ≤★★ de la terrasse, ≤★★ de la tour des Minimes - Clos-
  Lucé★ - Pagode de Chanteloup★ 3 km par ④.

Plan page suivante

🏠 **Le Choiseul**   ≤ AC P VISA AE ①

36 quai Charles-Guinot – ☎ 02 47 30 45 45 – www.le-choiseul.com   **Bv**
32 ch – ♦135/305 € ♦♦135/305 € – 4 suites – ☐ 19 €
Rest Le 36 – (27 €) Menu 35/80 € – Carte 57/79 €
♦ Belle propriété érigée face à la Loire, avec petit parc fleuri et piscine. Chambres
bourgeoises. Au 36, recettes au goût du jour servies dans une salle lumineuse
(vue sur le fleuve ou sur les jardins à l'italienne) ou en terrasse.

🏠 **Le Manoir Les Minimes** sans rest   ≤ AC P VISA

34 quai Charles-Guinot – ☎ 02 47 30 40 40 – www.manoirlesminimes.com
– Fermé 30 janv.-10 fév.   **Bx**
13 ch – ♦129/200 € ♦♦129/200 € – 2 suites – ☐ 14 €
♦ Cette demeure du 18e s. située en bord de Loire vous accueille avec élégance. De superbes meubles de style habillent ses beaux salons bourgeois et ses
chambres raffinées.

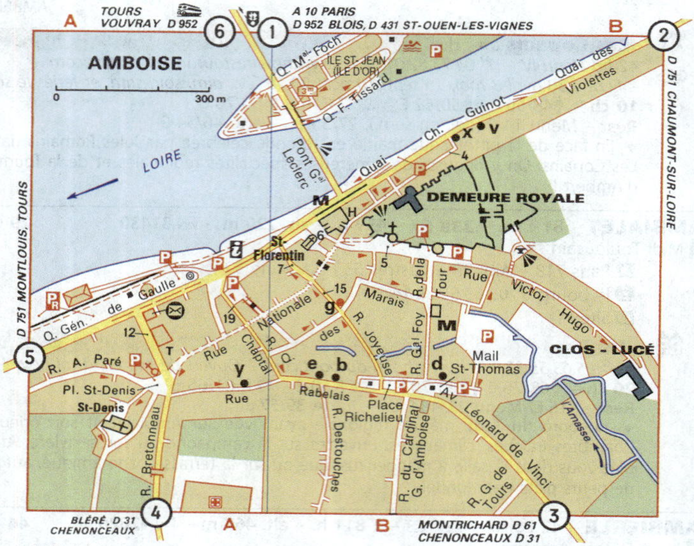

AMBOISE

(Map)

TOURS
VOUVRAY D 952
A 10 PARIS
D 952 BLOIS, D 431 ST-OUEN-LES-VIGNES

LOIRE

DEMEURE ROYALE

St-Florentin

CLOS - LUCÉ

Pl. St-Denis
St-Denis

BLÉRÉ, D 31
CHENONCEAUX

MONTRICHARD D 61
CHENONCEAUX D 31

Concorde (R. de la)	**B** 4	J.-J. Rousseau (R.)	**B** 7	Orange (R. d')	**B** 15		
Debré (Pl. M.)	**B** 5	Martyrs-de-la-R. (Av.)	**A** 12	Victor-Hugo (R.)	**B**		
François-1er (R.)	**B** 6	Nationale (R.)	**AB**	Voltaire (R.)	**A** 19		

Le Manoir St-Thomas sans rest

1 Mail St-Thomas – ℰ 02 47 23 21 82
– www.manoir-saint-thomas.com
– Fermé janv.

Bd

8 ch – †120/145 € ††120/145 € – 2 suites – ⬜ 12 €

♦ Ce manoir Renaissance met tout en œuvre pour le confort de ses clients. Jardin avec piscine, agréables salons et chambres de caractère (poutres apparentes ou plafonds peints).

Novotel

17 r. des Sablonnières, 2 km au Sud par ③ rte de Chenonceaux
– ℰ 02 47 57 42 07 – www.novotel.com
121 ch – †95/155 € ††95/155 € – ⬜ 14 €
Rest – (16 €) Carte 25/50 €

♦ Ce bâtiment domine Amboise et la vallée de la Loire. Chambres spacieuses et de style actuel, à l'image du dernier concept de la chaîne ; certaines ont vue sur le château. Salle trendy et carte "Novotel Café", conformes au nouveau look de l'enseigne.

Château de Pray

3 km, rte de Chargé par ② et D 751
– ℰ 02 47 57 23 67 – http://praycastel.online.fr
– Fermé 14-29 nov. et 3-25 janv.
19 ch – †145/195 € ††145/195 € – ⬜ 19 € – ½ P 135/160 €
Rest – (fermé lundi et mardi sauf le soir de mai à oct. et merc. midi sauf de nov. à avril) Menu 52/65 € – Carte 75/90 €
Spéc. Pigeonneau du pays de Racan, poitrine pochée, cuisse confite et croustillante. Belles langoustines de Plouhinec au cacao, poireaux et orange amère. Macaron aux framboises fraîches, sorbet de leur jus.

♦ D'imposantes tours rondes, un grand parc arboré, quelques lits à baldaquin... Sur des fondations médiévales, ce petit château date essentiellement du 17ᵉ s. : caractère et agrément ! Mêmes atouts au restaurant, où tout est très bon ; le chef privilégie les producteurs locaux, en phase avec les saisons.

124

Le Clos d'Amboise sans rest 〔symbols〕

27 r. Rabelais – ℰ 02 47 30 10 20 – www.leclosamboise.com – Ouvert
7 fév.-27 nov.   **Bb**
17 ch – †83/145 € ††83/145 € – ⏁ 12 €
♦ Un beau parc avec piscine chauffée et de coquettes chambres font l'attrait de cette maison de maître proche du château. Fitness et sauna logés dans d'anciennes écuries.

Domaine de l'Arbrelle 🍃 〔symbols〕

Berthellerie, par D31 – ℰ 02 47 57 57 17 – www.arbrelle.com
– Fermé 15 déc.-15 janv.
21 ch – †80/155 € ††80/155 € – ⏁ 11 € – ½ P 74/110 €
Rest – *(fermé le midi)* Menu 28/44 € – Carte 45/55 €
♦ Au cœur d'un parc et en lisière de forêt, une ferme restaurée, au grand calme. Les chambres, confortables à souhait, ont un petit côté chalet à la campagne. Au dîner, sous la véranda ou en terrasse, on choisit, au gré des saisons, entre deux menus.

Le Vinci Loire Valley sans rest 〔symbols〕

12 av. Émile-Gounin, 1 km au Sud par ④ – ℰ 02 47 57 10 90
– www.vinciloirevalley.com
26 ch – †65/96 € ††65/96 € – ⏁ 12 €
♦ Dans les faubourgs de la ville, cet hôtel est idéalement situé sur la route des châteaux de la Loire. Décor contemporain dans les chambres, confortables et bien équipées.

Le Vieux Manoir sans rest 🍃 〔symbols〕

13 r. Rabelais – ℰ 02 47 30 41 27 – www.le-vieux-manoir.com – Ouvert
15 mars-15 nov.   **Ay**
6 ch ⏁ – †140/155 € ††140/190 €
♦ Dans un jardin à la française, cette maison bourgeoise du 18e s. est meublée avec style et tendue de beaux tissus. Chambres à la mode rétro : armoires et tableaux anciens.

Au Charme Rabelaisien sans rest 〔symbols〕

25 r. Rabelais – ℰ 02 47 57 53 84 – www.au-charme-rabelaisien.com – Ouvert
15 mars-12 nov.   **Be**
3 ch ⏁ – †82/92 € ††129/149 €
♦ Cette demeure bourgeoise qui abrita banque, école et étude notariale, propose aujourd'hui des chambres soignées. Accueil familial et tranquillité ; petit jardin avec piscine.

Le Pavillon des Lys avec ch 〔symbols〕

9 r. d'Orange
– ℰ 02 47 30 01 01 – www.pavillondeslys.com
– Fermé 22 nov.-2 déc., 17 janv.-1er fév., mardi et le midi sauf sam. et dim.
7 ch – †98/230 € ††98/230 € – ⏁ 14 €   **Bg**
Rest – Menu 28/39 €
♦ Cette demeure du 18e s. dispose de deux petites salles intimes et raffinées. En été, on dîne dans la cour intérieure. Cuisine du marché inventive, mettant les légumes à l'honneur. Chambres agréables, à l'atmosphère cosy.

à Limeray 7 km par ① et D 952 – 1 055 h. – alt. 70 m – ✉ 37530

Auberge de Launay avec ch 〔symbols〕

9 r. de la Rivière – ℰ 02 47 30 16 82 – www.aubergedelaunay.com – Fermé de
mi-déc. à mi-janv.
15 ch – †58/77 € ††58/77 € – ⏁ 8 € – ½ P 51/62 €
Rest – *(fermé lundi midi, sam. midi et dim.)* (19 €) Menu 24/36 € 🎋
♦ Cette ancienne ferme du 18e s. abrite une jolie salle campagnarde et une véranda lumineuse. Cuisine actuelle, spécialités et vins de Loire et agréable terrasse aux beaux jours. Chambres sobres, tenues avec un soin méticuleux.

à St-Ouen-les-Vignes 6,5 km par ① et D 431 – 1 033 h. – alt. 80 m – ⊠ 37530

XXX **L'Aubinière** avec ch ⊗   🚗 🏠 🌊 **AC** rest, 🛜 🚼 **P** **VISA** 🅾️ **AE**
29 r. Jules Gautier – ℰ 02 47 30 15 29 – www.aubiniere.com
– Fermé 15 fév.-25 mars
6 ch – †95/150 € ††95/250 € – ⊇ 15 € – ½ P 105/135 €
Rest – *(fermé dim. soir d'oct. à mai, merc. sauf le soir de juin à sept. et lundi)*
(20 €) Menu 32 € bc (déj. en sem.), 35/65 € – Carte 37/58 € 🈁
♦ Une belle salle à manger, une terrasse donnant sur un jardin, une cuisine de saison qui ne triche pas sur la qualité des produits et une cave riche en vins régionaux, chambres douillettes en sus : cette auberge a tout pour plaire !

à St-Règle 3 km au Sud-Est par D 31 – 381 h. – alt. 80 m – ⊠ 37530

🏠🏠 **Château des Arpentis** sans rest ⊗   ⪡ 🗘 🌊 🎃 ⅍ **AC** ℣ 🛜 **P**
– ℰ 02 47 23 00 00 – www.chateaudesarpentis.com   **VISA** 🅾️
12 ch ⊇ – †95/290 € ††130/340 €
♦ Un château entouré de douves, dans un parc de 30 ha, au grand calme. Les chambres sont raffinées et tendues de superbes tissus. On accède à la piscine par l'un des souterrains !

AMBRONAY – 01 Ain – **328** F4 – 2 241 h. – alt. 250 m – ⊠ 01500   **44** B1
🟩 Franche-Comté Jura
▶ Paris 463 – Belley 53 – Bourg-en-Bresse 28 – Lyon 59

X **Auberge de l'Abbaye**   🏠 **VISA** 🅾️
😊 *47 pl. des Anciens-Combattants – ℰ 04 74 46 42 54*
– www.aubergelabbaye-ambronay.com – Fermé 1er-7 mars, 26 avril-2 mai,
11-18 juil., 1er-8 août, 24 oct.-2 nov., 31 déc.-3 janv., merc. soir, dim. soir et lundi
Rest – *(nombre de couverts limité, prévenir)* Menu 29/40 € 🈁
♦ Une auberge digne du 21e s., au décor sobre et lumineux. Le chef annonce de vive voix l'appétissant menu du jour, élaboré au gré du marché.

X **Le Comptoir des Moines**   🏠 **VISA** 🅾️
45 pl. des Anciens-Combattants – ℰ 04 74 36 56 28
– www.aubergedelabbaye-ambronay.com – Fermé 18-25 avril, 24 juil.-15 août,
17-24 oct., 24-26 déc., 31 déc.-3 janv., merc. soir, dim. et lundi
Rest – (12 € bc) Menu 22/27 €
♦ Dans ce bistrot gourmand au décor d'épicerie villageoise (bouteilles de vins et conserves en vente), la cuisine simple, généreuse et canaille s'affiche à l'ardoise, à prix sages.

L'AMÉLIE-SUR-MER – 33 Gironde – **335** E2 – rattaché à Soulac-sur-Mer

AMIENS **P** – 80 Somme – **301** G8 – 136 105 h. – Agglo. 160 815 h.   **36** B2
– alt. 34 m – ⊠ 80000 🟩 Nord Pas-de-Calais Picardie
▶ Paris 142 – Lille 123 – Reims 173 – Rouen 122
🅸 6 bis, rue Dusevel ℰ 03 22 71 60 50
🛫 d'Amiens à Querrieu par rte d'Albert : 7 km, ℰ 03 22 93 04 26
🛫 de Salouel à Salouel Rue Robert Mallet, SO : 5 km, ℰ 03 22 95 40 49
◎ Cathédrale Notre-Dame★★★ (stalles★★★) - Hortillonnages★ - Hôtel de Berny★ CY **M³** - Quartier St-Leu★ - Musée de Picardie★★ - Théâtre de marionnettes "ché cabotans d'Amiens" CY **T²**.

Plans pages suivantes

🏠🏠 **Mercure**   🈁 ⅍ **AC** 🛜 🚼 **VISA** 🅾️ **AE** ⓪
21 r. Flatters – ℰ 03 22 80 60 60 – www.echanson.fr   **CYb**
99 ch – †96/189 € ††111/204 € – 3 suites – ⊇ 15 €
Rest – (14 €) Menu 25 € – Carte environ 28 €
♦ À côté de la cathédrale, profitez de grandes chambres à la décoration actuelle (mobilier contemporain) ; coin salon pour les catégories supérieures. Bel espace séminaires. Au restaurant, carte renouvelée deux fois par an.

All Seasons Cathédrale sans rest ⬚ 🔲 🔲 🔲 🔲 VISA ○○ AE

17 pl. au Feurre – ☎ *03 22 22 00 20* – *www.allseasons.com* **BY**r
47 ch ⬚ – †104 € ††114/129 €

◆ En plein centre-ville, le charme d'un bel édifice du 18ᵉ s. et le confort de chambres de facture moderne, bien équipées et insonorisées (certaines conçues pour les familles).

Le Saint-Louis sans rest 🔲 🔲 VISA ○○ AE

24 r. des Otages – ☎ *03 22 91 76 03* – *www.le-saintlouis.com* **CZ**h
25 ch – †62 € ††62 € – ⬚ 8 €

◆ Accueil souriant dans cet établissement situé aux portes du centre-ville. Chambres bien tenues, pour des nuits douillettes.

Victor Hugo sans rest 🔲 VISA ○○

2 r. Oratoire – ☎ *03 22 91 57 91* – *www.hotel-a-amiens.com* **CY**v
10 ch – †45 € ††45/50 € – ⬚ 7 €

◆ Un hôtel familial à deux pas de la cathédrale gothique et de son célèbre Ange pleureur. On accède aux chambres, simples et bien tenues, par un joli escalier en bois.

✂✂✂ **Le Vivier** 🔲 P VISA ○○ AE

593 rte de Rouen – ☎ *03 22 89 12 21* – *www.restaurantlevivier-amiens.com*
– *Fermé août, 24 déc.-4 janv., dim. et lundi* **AZ**d
Rest – Menu 25/75 € – Carte 55/90 €

◆ Un vivier à crustacés trône au centre de ce restaurant, qui célèbre la mer et ses saveurs avec raffinement. Élégant jardin d'hiver ; formule attractive au déjeuner.

✂✂ **La Table du Marais** 🔲 VISA ○○ AE

472 chaussée Jules-Ferry par ③ – ☎ *03 22 46 17 44* – *www.latabledumarais.fr*
– *Fermé 1ᵉʳ-7 mars, 31 juil.-22 août, 22 déc.-5 janv., dim. soir et lundi*
Rest – (27 €) Menu 32 € – Carte 45/58 €

◆ Un paysage de verdure, une terrasse tournée vers les étangs... aux portes de la ville et déjà à la campagne ! La carte change régulièrement, pour le plaisir des gourmands.

✂✂ **L' Orée de la Hotoie** 🔲 VISA ○○ AE ①

17 r. Jean-Jaurès – ☎ *03 22 91 37 05* – *Fermé 20 juil.-15 août, 20-27 déc., sam. midi, dim. soir et lundi* **BY**f
Rest – Menu 20 € (sem.), 29/59 € – Carte 39/56 €

◆ Au calme ! Dans cette petite maison donnant sur un parc, on savoure une cuisine de saison concoctée par un chef passionné, qui sait révéler l'âme de ses bons produits.

✂✂ **Au Relais des Orfèvres** VISA ○○ AE

14 r. des Orfèvres – ☎ *03 22 92 36 01* – *www.restaurant-relais-orfevres.fr*
– *Fermé 3 sem. en août, 2 sem. en fév., sam. midi, dim. et lundi* **CY**m
Rest – (23 €) Menu 30/52 € – Carte 50/60 €

◆ Après avoir visité la superbe cathédrale, prenez place dans cette jolie salle à manger contemporaine (tons gris et rouge) pour savourer une cuisine au goût du jour à prix doux.

✂ **Le Bouchon** 🔲 VISA ○○

10 r. A.-Fatton – ☎ *03 22 92 14 32* – *www.lebouchon.fr* – *Fermé dim. soir*
Rest – Menu 18/42 € bc – Carte 30/70 € **CY**t

◆ Un bouchon chic et contemporain, où plats traditionnels et suggestions du marché du jour (à l'ardoise) mettent l'eau à la bouche.

rte de Roye 7 km par ③, N 29 et D 934

🏨🏨🏨 **Novotel** ⬚ 🔲 🔲 🔲 🔲 ch, 🔲 🔲 🔲 P VISA ○○ AE ①

7 r. des Indres Noires ✉ *80440 Boves* – ☎ *03 22 50 42 42* – *www.novotel.com*
94 ch – †117/137 € ††117/137 € – ⬚ 14 € **Rest** – (16 €) Carte 22/28 €

◆ Hôtel des années 1970 rénové dans un esprit contemporain. Chambres confortables et salles de bains façon "cabine de bateau". Au restaurant, carte Novotel Café ; terrasse dressée au bord de la piscine.

Aguesseau (Pl.)	**CY**	3
Alsace-Lorraine (Bd d')	**CY**	5
Beauvais (R. de)	**BY**	
Briand (Pl. A.)	**CXY**	10
Cange (Pt du)	**CY**	15
Catelas (R. Jean)	**BY**	
Cauvin (R. E.)	**CY**	17
Célestins (Bd des)	**CX**	19
Chapeau-des-Violettes (R.)	**BY**	20
Châteaudun (Bd de)	**AZ**	21
Chaudronniers (R. des)	**BY**	23
Cormont (R.)	**CY**	27
Courbet (R. de l'Amiral)	**CY**	29
Défontaine (R. du Cdt)	**BY**	31
Delambre (R.)	**BY**	32
Denfert-Rochereau (R.)	**AZ**	33
Déportés (R. des)	**CX**	34
Dodane (Pont de la)	**CY**	36
Dodane (R. de la)	**CY**	35
Don (Pl. du)	**CY**	37
Duméril (R.)	**BY**	38
Engoulvent (R. d')	**CY**	40
Fil (Pl. au)	**BY**	43
Fiquet (Pl. Alphonse)	**CZ**	44
Flatters (R.)	**CY**	45
Francs-Mûriers (R. des)	**CY**	51
Fusillés (Bd des)	**CX**	52
Gambetta (Pl.)	**BY**	53
Gde-Rue de la Veillère	**BY**	57
Gloriette (R.)	**CY**	54
Goblet (Pl. René)	**CY**	55
Granges (R. des)	**BY**	58
Gresset (R.)	**BY**	59

Henri-IV (R.)	**CY**	60
Hocquet (R. du)	**CY**	62
Jacobins (R. des)	**CY**	65
Jardin-des-Plantes (Bd)	**BX**	67
Lattre-de-Tassigny (R. Mar.-de)	**BY**	76
Leclerc (R. du Gén.)	**BY**	78
Lefèvre (R. Adéodat)	**CY**	80
Leroux (R. Florimond)	**BY**	81
Lin (R. au)	**BY**	83

Majots (R. des)	**CY**	85
Marché-aux-Chevaux (R. du)	**BY**	87
Marché-de-Lanselles (R. du)	**BY**	88
Motte (R.)	**CY**	89
Noyon (R. de)	**CY**	93
Oratoire (R. de l')	**CZ**	94
Otages (R. des)	**CY**	93
Parmentier (Pl.)	**CY**	96

Prémontrées (R. des)	**AY**	102
République (R. de la)	**BZ**	105
Résistance (R. de la)	**BX**	106
St-Fuscien (R.)	**CZ**	108
Sergents (R. des)	**CY**	115
Trois-Cailloux (R. des)	**CY**	120
Vanmarcke (R.)	**CY**	121
Vergeaux (R. des)	**BY**	122
Victor-Hugo (R.)	**CY**	123
2e-D.-B. (Av. de la)	**BY**	124

à Dury 6 km par ④ – 1 239 h. – alt. 115 m – ⌗ 80480

⌂ **Petit Château** sans rest   🏢 ⅍ 🅿
     2 r. Grimaux – ℰ 03 22 95 29 52
     5 ch ⌁ – †60 € ††72/80 €
     ♦ Charmant accueil et douceur de vivre dans cette ancienne ferme du château local. Si vous aimez les voitures de collection, le patron vous ouvrira les portes de son atelier.

XXX   **L'Aubergade** (Eric Boutté)   🏢 *VISA* ◑◑ AE
❀   *78 rte Nationale* – ℰ 03 22 89 51 41 – www.aubergade-dury.com
     – *Fermé 4-20 avril, 8-24 août, 19 déc.-4 janv., dim. et lundi*
     Rest – Menu 39/75 € – Carte 70/110 €
     Spéc. Coquilles Saint-Jacques (oct. à avril). Véritable chou farci "hommage à Jean Delaveyne". Boule craquante de chocolat noir (oct. à mai).
     ♦ Une collection replète de guides Michelin, un cadre mêlant blancheur immaculée et tons chauds... enfin, last but not least, les saveurs de saison d'une cuisine au goût du jour.

X   **La Bonne Auberge**   *VISA* ◑◑
     63 rte Nationale – ℰ 03 22 95 03 33 – *Fermé 15 juil.-7 août, vacances de fév., dim. soir, mardi et merc.*
     Rest – (20 €) Menu 25 € (sem.), 37/50 € – Carte 40/55 €
     ♦ Une auberge pimpante et typique, très fleurie l'été venu. Vous y apprécierez une cuisine dans l'air du temps, teintée d'exotisme et un brin créative.

AMILLY – 45 Loiret – **318** N4 – rattaché à Montargis

AMMERSCHWIHR – 68 Haut-Rhin – **315** H8 – 1 875 h. – alt. 215 m   **2** C2
– ⌗ 68770 🟩 Alsace Lorraine
▶ Paris 441 – Colmar 9 – Gérardmer 49 – St-Dié 44

XXX   **Aux Armes de France** avec ch   🏢 ⌂ 🅿 *VISA* ◑◑ AE ①
     1 Grand'Rue – ℰ 03 89 47 10 12 – www.armesfrance.fr
     10 ch – †71/90 € ††71/90 € – ⌁ 12 €
     Rest – *(fermé merc.)* Menu 30 € (sem.)/50 € – Carte 39/79 € ⅋
     ♦ Poussez la porte de cette hôtellerie de style régional pour découvrir les saveurs d'une carte classique pimentée de modernité, dans un cadre alsacien actualisé et cossu. Terrasse à la belle saison.

X   **Aux Trois Merles**   🏢 🏢 🅿 *VISA* ◑◑ AE ①
     5 r. de la 5ème-Division-Blindée – ℰ 03 89 78 24 35 – www.troismerles.com
     – *Fermé dim. soir et lundi*
     Rest – (15 €) Menu 22/29 € – Carte 30/40 €
     ♦ Plaisante adresse située dans l'un des villages de la célèbre route des Vins. Intérieur sagement rustique, terrasse ombragée tournée vers le jardin et cuisine traditionnelle.

AMNÉVILLE – 57 Moselle – **307** H3 – 10 172 h. – alt. 162 m – Stat.   **26** B1
therm. : début mars-début déc. – Casino – ⌗ 57360 🟩 Alsace Lorraine
▶ Paris 319 – Briey 17 – Metz 21 – Thionville 16
🛈 2, rue du casino ℰ 03 87 70 10 40
⛳ d'Amnéville BP 99, S : 2 km, ℰ 03 87 71 30 13
⊙ Parc zoologique du bois de Coulange★★.
⊙ Parc d'attraction Walibi-Schtroumpf★ 3 km S.

au Parc de Loisirs 2,5 km, bois de Coulange au Sud – ⌗ 57360 Amnéville

⌂ **Diane** sans rest   🖥 🛰 ⌂ *VISA* ◑◑ AE
     r. de la Source – ℰ 03 87 70 16 33 – www.accueil-amneville.com
     48 ch – †73 € ††82 € – 3 suites – ⌁ 9 €
     ♦ Au cœur du parc de loisirs, hôtel disposant de chambres confortables, décorées dans un style sobre et contemporain. Salle des petits-déjeuners ouverte sur la nature.

✕✕ La Forêt ⬚ 𝐀𝐂 𝘝𝘐𝘚𝘈 ⬚ 𝐀𝐄

*1 r. de la Source – ℰ 03 87 70 34 34 – www.restaurant-laforet.com
– Fermé 25 juil.-8 août, 23 déc.-6 janv., dim. soir, fériés le soir et lundi*
Rest – Menu 20 € (sem.), 29/42 € – Carte 35/55 €⬚

◆ Carte traditionnelle à l'affiche de cette table familiale. À déguster dans l'ample et claire salle relookée ou sur la terrasse, face au bois de Coulange. Belle carte de vins.

AMOU – 40 Landes – **335** G13 – **1 567 h.** – alt. 44 m – ✉ 40330   **3** B3

▶ Paris 760 – Aire-sur-l'Adour 51 – Dax 31 – Mont-de-Marsan 47

ℹ 10, place de la poste ℰ 05 58 89 02 25

🏨 Au Feu de Bois ⬚ ⬚ ⬚ ⬚ ⬚ ⬚ 𝐏 𝘝𝘐𝘚𝘈 ⬚

*20 av. des Pyrénées – ℰ 05 58 89 06 76 – www.hotel-aufeudebois.fr – Fermé
24 déc.-1ᵉʳ janv. et merc. soir hors saison*
11 ch – ♦50/80 € ♦♦50/80 € – ⬚ 7 € – ½ P 47/62 €
Rest – (12 € bc) Menu 21 € bc/35 € – Carte 21/61 €

◆ Cet ancien relais routier a fait peau neuve : c'est désormais un sympathique hôtel familial, doté d'un salon agréable et de chambres actuelles, simples et confortables. Au restaurant, espace contemporain associant pierre et bois et cuisine régionale.

🏠 Le Commerce ⬚ ⬚ ⬚ 𝘝𝘐𝘚𝘈 ⬚ 𝐀𝐄
🥜
*2 pl. de la Poste, (près de l'église) – ℰ 05 58 89 02 28
– www.hotel-lecommerceamou.com – Fermé 8-29 nov., 21 fév.-7 mars, dim. soir
et lundi sauf juil.-août*
15 ch – ♦60 € ♦♦60/75 € – ⬚ 7 € – ½ P 90 €
Rest – Menu 16 € (sem.)/36 € – Carte 30/55 €

◆ Le charme des anciennes auberges de village, la touche contemporaine et familiale en plus... Chambres cosy, d'une excellente tenue ; agréable bar aux tons taupe. Spécialités maison (pâté, terrine et confit) servies dans une salle joliment campagnarde.

AMPHION-LES-BAINS – 74 Haute-Savoie – **328** M2 – ✉ 74500   **46** F1
🟩 Alpes du Nord

▶ Paris 573 – Annecy 81 – Évian-les-Bains 4 – Genève 40

ℹ 215, rue de la Plage ℰ 04 50 70 00 63

✕✕ Le Tilleul avec ch ⬚ ⬚ ⬚ 𝐀𝐂 rest, ⬚ 𝐏 𝘝𝘐𝘚𝘈 ⬚ 𝐀𝐄
🥜
🔴 *252 av. de la Rive, (RN 5) – ℰ 04 50 70 00 39 – www.letilleul.com – Fermé
22 déc.-5 janv., dim. soir et lundi sauf en juil.-août*
19 ch – ♦65/75 € ♦♦75/95 € – ⬚ 9 € – ½ P 68/78 €
Rest – Menu 19 € (déj. en sem.), 27/43 € – Carte 39/58 €

◆ De belles surprises culinaires vous attendent dans cette maison anodine en bord de route. Décor rétro et cuisine classique gourmande ; spécialités de perches et féras du Léman. Chambres simples ; préférez celles sur l'arrière plus calmes.

AMPUIS – 69 Rhône – **327** H7 – **2 497 h.** – alt. 150 m – ✉ 69420   **44** B2

▶ Paris 492 – Condrieu 5 – Givors 17 – Lyon 37

🏠 Le Domaine des Vignes sans rest ⬚ ⬚ 𝐀𝐂 ⬚ ⬚ 𝐏 𝘝𝘐𝘚𝘈 ⬚ 𝐀𝐄
▧
41 rte Taquière - D 386 – ℰ 04 74 59 21 24 – www.hoteldomainedesvignes.com
12 ch – ⬚ – ♦75 € ♦♦85 €

◆ Confort et modernité caractérisent cette grande villa au cœur du célèbre vignoble de la Côte Rôtie. Jolies chambres dans l'air du temps agrémentées de tableaux. Une valeur sûre.

ANCENIS ⬚ – 44 Loire-Atlantique – **316** I3 – **7 407 h.** – alt. 13 m   **34** B2
– ✉ 44150 🟩 Châteaux de la Loire

▶ Paris 347 – Angers 55 – Châteaubriant 48 – Cholet 49

ℹ 27, rue du Château ℰ 02 40 83 07 44

🏠 Hôtel de La Loire
%& 🛏 ⚟ 🅿 VISA ◑ AE

2 km à l'Est, par D 723 rte d'Angers – 📞 *02 40 96 00 03 – www.hotel-loire.net*
42 ch – 🛏64/76 € 🛏🛏64/80 € – ☲ 10 €
Rest – *(fermé 24 déc.-2 janv., sam. midi et dim.)* (15 €) Menu 18/35 €
– Carte 40/50 €

◆ Construction moderne rénovée en 2007 et abritant des chambres lumineuses
et très bien tenues, la plupart avec balcon ou terrasse privative côté jardin (quelques familiales). Cadre moderne au restaurant, cuisine traditionnelle.

✕✕ La Charbonnière
≼ 🚗 🍽 ⚟ AK 🅿 VISA ◑ AE

au bord de la Loire par bd Joubert – 📞 *02 40 83 25 17*
*– www.restaurant-la-charbonniere.com – Fermé sam. midi d'oct. à mars, dim.
soir, merc. soir, soirs fériés et lundi*
Rest – Menu 15 € (sem.), 19/51 € – Carte 37/74 €

◆ Espace, tranquillité... la véranda et la terrasse dressée dans le jardin offrent une
jolie perspective sur la Loire et le pont suspendu. Cuisine traditionnelle soignée.

✕ La Toile à Beurre
🍽 VISA ◑ AE

82 r. St-Pierre – 📞 *02 40 98 89 64 – Fermé 17-31 mars, 1ᵉʳ-18 sept., dim.
soir, merc. soir et lundi*
Rest – Menu 19 € (déj. en sem.), 28/55 € – Carte 35/45 €

◆ Pierres, poutres et tomettes font le cachet rustique de cette maison de 1753,
bordée d'une jolie terrasse. Cuisine traditionnelle franche et goûteuse (poissons
de la Loire).

LES ANDELYS ✆ – 27 Eure – **304** I6 – 8 318 h. – alt. 28 m
33 D2
– ✉ 27700 ▌ Normandie Vallée de la Seine

▶ Paris 93 – Évreux 38 – Gisors 30 – Mantes-la-Jolie 54
🛈 rue Philippe Auguste 📞 02 32 54 41 93
◉ Ruines du Château Gaillard★★ ≼★★ - Église Notre-Dame★.

✕✕✕ La Chaîne d'Or avec ch ⚟
≼ 🚗 🍽 🛁 🅿 VISA ◑ AE

25 r. Grande – 📞 *02 32 54 00 31 – www.hotel-lachainedor.com*
– Fermé 20-28 déc., 2-22 janv., lundi soir, mardi de nov. à avril et merc.
12 ch – 🛏89/145 € 🛏🛏89/145 € – ☲ 12 €
Aa
Rest – (20 €) Menu 26 € (déj. en sem.), 46/88 € – Carte 57/90 €

◆ Ce relais de poste du 18ᵉ s. faisait aussi office d'octroi : une chaîne barrait alors
la Seine. Élégante salle à manger tournée vers le fleuve et cuisine au goût du jour.

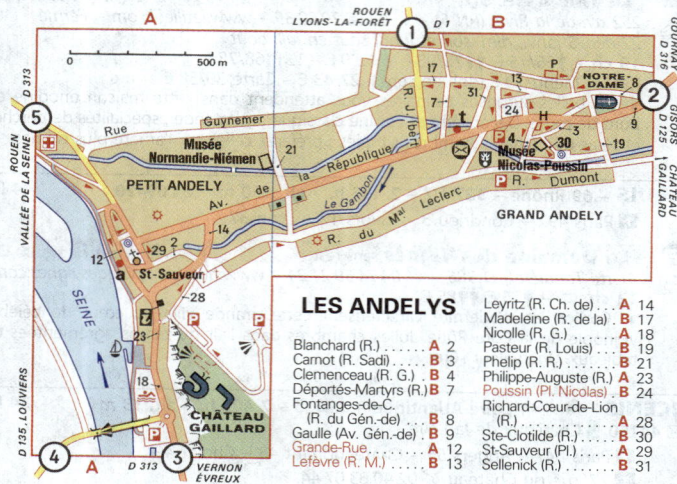

LES ANDELYS

Blanchard (R.) . . . . **A** 2	Leyritz (R. Ch. de) . . . **A** 14
Carnot (R. Sadi) . . . . . **B** 3	Madeleine (R. de la) . **B** 17
Clemenceau (R. G.) . **B** 4	Nicolle (R. G.) . . . . . . **A** 18
Déportés-Martyrs (R.) **B** 7	Pasteur (R. Louis) . . . **B** 19
Fontanges-de-C.	Phelip (R. R.) . . . . **B** 21
(R. du Gén.-de) . . . **B** 8	Philippe-Auguste (R.) **A** 23
Gaulle (Av. Gén.-de) . **B** 9	Poussin (Pl. Nicolas) . **B** 24
Grande-Rue. . . . . **A** 12	Richard-Cœur-de-Lion
Lefèvre (R. M.) . . . . **B** 13	(R.) . . . . **A** 28
	Ste-Clotilde (R.) . . . . **B** 30
	St-Sauveur (Pl.) . . . . . **A** 29
	Sellenick (R.) . . . . **B** 31

XX **De Paris** avec ch 🛜 📶 🕭 P 𝑉𝐼𝑆𝐴 ⓦ
10 av. de la République – 𝒞 *02 32 54 00 33 –* www.hotel-andelys.fr
11 ch – 🛏60/75 € 🛏🛏60/75 € – ⌧ 8 € – ½ P 80 € **Bt**
Rest – *(fermé dim. soir, lundi midi et merc.)* (18 €) Menu 25/38 € – Carte 25/44 €
♦ Ce restaurant, logé dans une maison de maître (1880), a élégamment
repensé sa décoration dans un esprit classique et intimiste. Cuisine traditionnelle
et agréable cour-terrasse. Les chambres sont sobrement aménagées (trois
plus actuelles dans l'annexe).

ANDLAU – 67 Bas-Rhin – 315 I6 – 1 844 h. – alt. 215 m – ✉ 67140   2 C1
🟩 Alsace Lorraine
🔼 Paris 501 – Erstein 25 – Le Hohwald 8 – Molsheim 25
🅸 5, rue du Général-de-Gaulle 𝒞 03 88 08 22 57
🟢 Église St-Pierre-et-St-Paul ★ : portail ★★, crypte ★.

🏠 **Zinckhotel** sans rest 🚗 🏫 🕭 📶 🕭 P 𝑉𝐼𝑆𝐴 ⓦ 𝐴𝐸
13 r. de la Marne – 𝒞 *03 88 08 27 30 –* www.zinckhotel.com
18 ch – 🛏60/105 € 🛏🛏60/105 € – ⌧ 11 €
♦ Sur la route des Vins, dans le village d'Andlau, un ancien moulin et son extension ultracontemporaine. Chambres zen, pop, jazzy, Empire... Insolite et décalé !

🏠 **Kastelberg** ⌺ 🚗 🏫 📶 🕭 P 𝑉𝐼𝑆𝐴 ⓦ 𝐴𝐸
10 r. Gén.-Koenig – 𝒞 *03 88 08 97 83 –* www.kastelberg.com
29 ch – 🛏61/65 € 🛏🛏65/78 € – ⌧ 10 € – ½ P 65/72 €   **Rest** – *(ouvert 1ᵉʳ avril-
2 nov. et 28 nov.-4 janv.) (dîner seult)* Menu 17/45 € – Carte 24/71 €
♦ Adossé aux vignes, un grand bâtiment néoalsacien, aux chambres sobres et
fonctionnelles, mansardées ou avec balcon. Au restaurant, décor classique et cuisine familiale du terroir.

XX **Bœuf Rouge** ⌺ 🚗 🔅 𝑉𝐼𝑆𝐴 ⓦ 𝐴𝐸
6 r. du Dr-Stoltz – 𝒞 *03 88 08 96 26 –* Fermé
22 juin-10 juil., 25 fév.-12 mars, merc. et jeudi sauf du 11 juil. au 30 sept.
Rest – (10 €) Menu 16/30 € – Carte 24/56 €
♦ Dans cette belle maison à colombages au cœur du village, le patron – et cuisinier – est
fier de perpétuer la tradition familiale ! Spécialités alsaciennes ; petits plats côté winstub.

ANDORRE (PRINCIPAUTÉ D') – 343 H9 – voir en fin de guide

ANDREZÉ – 49 Maine-et-Loire – 317 D5 – 1 798 h. – alt. 87 m – ✉ 49600   34 B2
🔼 Paris 371 – Angers 80 – Nantes 62 – La Roche-sur-Yon 84

🏠 **Le Château de la Morinière** ⌺ 🔊 🔅 ch, 📶 𝑉𝐼𝑆𝐴 ⓦ
– 𝒞 *02 41 75 40 30 –* www.chateau-de-la-moriniere.com
5 ch ⌧ – 🛏79/89 € 🛏🛏79/89 €   **Table d'hôte** – Menu 35 € bc
♦ Construit sur les ruines d'un château médiéval, cet édifice romantique d'architecture Napoléon III domine la vallée. Les chambres sont poétiquement décorées
sur le thème des fées, des éléments... Dîner aux chandelles autour de la table
d'hôte. Cours de cuisine.

ANDRÉZIEUX-BOUTHÉON – 42 Loire – 327 E6 – 9 508 h.   44 A2
– alt. 395 m – ✉ 42160
🔼 Paris 460 – Lyon 76 – Montbrison 20 – Roanne 71
🅸 11, rue Charles-de-Gaulle 𝒞 04 77 55 37 03
🟢 Lac de retenue de Grangent ★★ S : 9 km 🟩 Lyon Drôme Ardèche.

XXX **Les Iris** (Lionel Githenay) avec ch ⌺ 🚗 🛜 ⛱ 📶 P 𝑉𝐼𝑆𝐴 ⓦ ⓞ
❀ *32 av. J.-Martouret , (en direction de la gare) –* 𝒞 *04 77 36 09 09
–* www.les-iris.com *– Fermé 16-23 août, 2-11 janv. et dim. soir*
10 ch – 🛏75 € 🛏🛏85 € – ⌧ 12 € – ½ P 89 €
Rest – *(fermé dim. soir, mardi midi et lundi)* (33 €) Menu 47/93 € – Carte 69/84 €
Spéc. Salade de homard bleu aux légumes, herbes et fleurs champêtres (juin à
août). Pigeon rôti à la livèche, purée et chips de racine de persil (mars à mai).
Moelleux au potimarron, catalane et crème glacée au cèpe (oct. à déc.). **Vins** Vin
de pays d'Urfé, Saint-Joseph.
♦ Belle cuisine inventive servie dans une ambiance feutrée. La jolie salle marie à
merveille cadre classique (parquet, moulures, cheminée) et mobilier tendance.
Petites chambres à l'annexe, certaines donnant sur le jardin.

ANDUZE – 30 Gard – **339** I4 – 3 262 h. – alt. 135 m – ✉ 30140   **23** C2
▌ Languedoc Roussillon

> ▸ Paris 718 – Alès 15 – Florac 68 – Montpellier 60
> ℹ plan de Brie ☏ 04 66 61 98 17
> ◉ Bambouseraie de Prafrance★★ N : 3 km par D 129.
> ☒ Grottes de Trabuc★★ NO : 11 km - Le Mas soubeyran : musée du
> Désert★ (souvenirs protestants 17e-18e s.) NO : 7 km.

au Nord-Ouest par rte de St-Jean-du-Gard – ✉ 30140 Anduze

🏠 **La Porte des Cévennes**   ⬅ 🐟 🎏 🔲 AK ⚙ 📶 🔐 🅿 VISA ⚫ AE
à 3 km – ☏ 04 66 61 99 44 – www.porte-cevennes.com
– Ouvert 1er avril-14 oct.
38 ch – ♛83/90 € ♛♛83/90 € – ☲ 10 €
Rest – (dîner seult) Menu 24/30 € – Carte 29/30 €
◆ Non loin de la bambouseraie où fut tourné Le Salaire de la peur, paisible maison disposant de grandes chambres fonctionnelles, pour la moitié tournées vers
la vallée du Gardon. Table traditionnelle au décor champêtre, et terrasse panoramique en prime.

XX **Le Moulin de Corbès** avec ch 🛏   🐟 🎏 🔲 📶 🅿 VISA ⚫ AE
à 4 km – ☏ 04 66 61 61 83 – www.moulin-corbes.com
5 ch – ♛80/90 € ♛♛90/100 € – ☲ 12 €   **Rest** – Menu 40 €
◆ Le Gardon coule à ses pieds… Cette maison d'aspect traditionnel abrite trois
grandes salles ensoleillées (murs jaunes, larges fenêtres sur la verdure). Cuisine
traditionnelle (produits frais). Quelques chambres, fonctionnelles et calmes.

à Tornac 6 km au Sud-Est par D 982 – 844 h. – alt. 140 m – ✉ 30140

🏠 **Les Demeures du Ranquet** 🛏   🔊 🎏 🔲 🔍 ch. AK ch. 📶 📶 🅿
❀ 2 km rte de St-Hippolyte-du-Fort – ☏ 04 66 77 51 63   VISA ⚫ AE
– www.ranquet.com – Fermé 15 nov.-10 déc. et 1er-10 fév.
10 ch – ♛135/195 € ♛♛135/195 € – ☲ 17 € – ½ P 130/160 €
Rest – (fermé lundi, mardi et merc. sauf le soir du 15 avril au 15 sept.)
Menu 38/82 € – Carte 70/80 €
Spéc. Foie gras en terrine dans son macaron et en crème brûlée, le coing du jardin. Turbot rôti et ses légumes croquants, bouillon miso-gingembre et herbes fraîches. Soufflé glacé au Grand Marnier. **Vins** Vin de pays de l'Hérault, Faugères.
◆ Ce charmant mas cévenol (11e s.) et ses pavillons récents ont pour cadre un
beau parc niché dans le maquis. Chambres contemporaines, toutes avec terrasse
privative. Cuisine actuelle aux influences méditerranéennes, avec les produits du
potager et du jardin aromatique.

ANET – 28 Eure-et-Loir – **311** E2 – 2 633 h. – alt. 73 m – ✉ 28260   **11** B1
> ▸ Paris 76 – Chartres 51 – Dreux 16 – Évreux 37
> ℹ 8, rue Delacroix ☏ 02 37 41 49 09
> ◉ Château★ ▌ Normandie Vallée de la Seine.

XX **Auberge de la Rose**   ⬍ VISA ⚫
6 r. Ch.-Lechevrel – ☏ 02 37 41 90 64
– Fermé 12 déc.-3 janv., dim. soir et lundi
Rest – Menu 25 € – Carte 45/65 €
◆ Une auberge familiale déjà citée au Guide Michelin en 1900 ! Repas traditionnels
servis dans trois salles à manger soignées et dotées de mobilier de style Louis XIII.

XX **Manoir d'Anet**   VISA ⚫
3 pl. du Château – ☏ 02 37 41 91 05 – www.lemanoirdanet.com – Fermé mardi
et merc.
Rest – (20 € bc) Menu 26 € (sem.), 35/48 € – Carte 45/60 €
◆ Table idéalement située face au château de Diane de Poitiers. Une imposante
cheminée en pierre trône au milieu de la salle à manger rustique et fleurie. Bar-
salon de thé.

ANGERS P – 49 Maine-et-Loire – **317** F4 – **152 337 h.** **35** C2
– **Agglo. 226 843 h.** – **alt. 41 m** – ✉ **49000** Châteaux de la Loire

▶ Paris 294 – Laval 79 – Le Mans 97 – Nantes 88

✈ Aéroport d'Angers-Loire, ✆ 02 41 33 50 20, 20 km par ①.

ℹ 7, place Kennedy ✆ 02 41 23 50 00

18 d'Avrille à Avrillé Château de la Perrière, NO : 5 km par D 175, ✆ 02 41 69 22 50

18 d'Angers à Brissac-Quincé Moulin de Pistrait, par rte de Cholet et D 751 : 8 km, ✆ 02 41 91 96 56

18 Golf d'Anjou à Champigné Route de Cheffes, N : 24 km par D 775 et D 768, ✆ 02 41 42 01 01

◉ Château★★★ : tenture de l'Apocalypse★★★, tenture de la Passion et Tapisseries mille-fleurs★★, ⋞★ de la tour du Moulin - Vieille ville★ : cathédrale★, galerie romane★★ de la préfecture★ BZ **P**, galerie David d'Angers★ BZ **B**, - Maison d'Adam★ BYZ **K** - Hôtel Pincé★ - Choeur★★ de l'église St-Serge★ - Musée Jean Lurçat et de la Tapisserie contemporaine★★ dans l'ancien hôpital St-Jean★ - La Doutre★ AY - Musée régional de l'Air★.

◉ Château de Pignerolle★ : musée européen de la Communication★★ E : 8 km par D 61.

D'Anjou

VISA

1 bd Mar.- Foch – ✆ 02 41 21 12 11 – www.hoteldanjou.fr CZ**h**

53 ch – 🚹79/122 € 🚹🚹85/176 € – ☕ 14 €

Rest *La Salamandre* – ✆ 02 41 88 99 55 *(fermé dim. sauf le midi de sept. à juin)* (22 €) Menu 28/75 € – Carte 41/73 €

◆ Au cœur d'Angers, cet hôtel né en 1845 conserve des intérieurs historiques, mêlant les inspirations Renaissance, classique et Art déco. Patine et confort... Au restaurant, carte traditionnelle et décor François Ier : fresques, plafond à la française et salamandres.

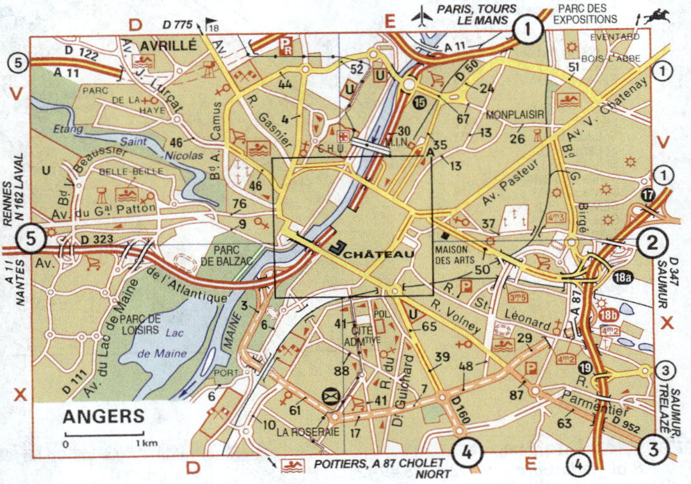

Barangé (Bd Ch.) DX 3	Estienne d'Orves (Bd) EX 29	Monplaisir (Bd de) EV 51
Barra (R.) DV 4	Félix-Faure (Q.) EV 30	Montaigne (Av.) EX 50
Baumette (Pr. de la) DX 6	Joxe (Av. J.) EV 35	Moulin (Bd J.) DEV 52
Bedier (Bd J.) EX 7	Larevellière (R.) EV 37	Portet (Bd J.) DX 61
Bon-Pasteur (Bd) DV 9	Lattre-de-Tassigny (Bd de) EX 39	Pyramide (Rte de la) EX 63
Bouchemaine (Rte de) DX 10	Letanduère (R. de) EX 41	Rabelais (R.) EX 65
Chalouère (R. de la) EV 13	Lizé (R. du Gén.) DV 44	Ramon (Bd G.) EV 67
Chaumin (Bd E.) EX 17	Meignanne (R. de la) DV 46	St-Jacques (R.) DV 76
Doyenné (Bd du) EV 24	Millot (Bd J.) EX 48	Saumuroise (R.) EX 87
Dunant (Bd H.) EV 26		Strasbourg (Bd de) DEX 88

ANGERS

Alsace (R. d') . . . . **CZ**
Aragon (Av. Yolande d') . . **AY** 2
Baudrière (R.) . . . . **BY** 5
Beaurepaire (R.) . . . . **AY**
Bichat (R.) . . . . **AY** 8
Bon-Pasteur (Bd du) . . . . **AY** 9
Bout-du-Monde
  (Prom. du) . . . . **AY** 12
Bressigny (R.) . . . . **CZ**
Chaperonnière (R.) . . . . **BYZ** 15
Commerce (R. du) . . . . . **CY** 19
David-d'Angers (R.) . . . . **CY** 21
Denis-Papin (R.) . . . . . . **BZ** 22
Droits-de-l'Homme
  (Av. des) . . . . **CY** 25
Espine (R. de l') . . . . **BY** 27
Estoile (Sq. J. de l') . . . . . **AY** 28
Foch (Bd du Mar.) . . . . **BCZ**
Freppel (Pl.) . . . . **BY** 31
Gare (R. de la) . . . . **BZ** 32
Laiterie (Pl.) . . . . **AY**
Lenepveu (R.) . . . . **CY** 40
Lices (R. des) . . . . **BZ**
Lionnaise (R.) . . . . **AY**
Lise (R. P.) . . . . **CY** 43
Marceau (R.) . . . . **AZ** 45
Mirault (Bd) . . . . **BY** 49
Mondain-Chanlouineau
  (Sq.) . . . . **BY** 51
Oisellerie (R.) . . . . **BY** 53
Parcheminerie (R.) . . . . . **BY** 54
Pasteur (Av.) . . . . **CY** 55
Pilori (Pl. du) . . . . **CY** 56
Plantagenêt (R.) . . . . **BY** 57
Pocquet-de-Livonnières
  (R.) . . . . **CY** 58
Poëliers (R. des) . . . . . . **CY** 59
Pompidou (Allées) . . . . . **CY** 60
Prés.-Kennedy (Place du) **AZ** 62
Ralliement (Pl. du) . . . . . **BY** 66
Résistance-et-de-la-Déport.
  (Bd) . . . . **CY** 68
Robert (Bd) . . . . **BY** 69
La Rochefoucauld Liancourt
  (Pl.) . . . . **ABY** 38
Roë (R. de la) . . . . **BY** 70
Ronceray (Bd du) . . . . . . **AY** 71
Ste-Croix (Pl.) . . . . **BZ** 86
St-Aignan (R.) . . . . **AY** 72
St-Aubin (R.) . . . . **AY** 73
St-Étienne (R.) . . . . **CY** 75
St-Julien (R.) . . . . **BCZ**
St-Laud (R.) . . . . **BY** 77
St-Lazare (R.) . . . . **AY** 79
St-Martin (R.) . . . . **BZ** 80
St-Maurice (Mtée) . . . . . **BY** 82
St-Maurille (R.) . . . . **CY** 83
St-Michel (Bd) . . . . **CY** 84
St-Samson (R.) . . . . **CY** 85
Talot (R.) . . . . **BZ** 89
Tonneliers (R. des) . . . . . **AY** 90
Ursules (R. des) . . . . **CY** 91
Voltaire (R.) . . . . **BZ** 93
8-Mai-1945 (Av. du) . . . . **CZ** 94

Hôtel de France

8 pl. de la Gare – ℰ 02 41 88 49 42
– www.hoteldefrance-angers.com
55 ch – †80/165 € ††80/165 € – 1 suite – ☐ 15 €
Rest *Les Plantagenêts* – ℰ 02 41 88 02 27 *(fermé 3 sem. en août, sam. midi et dim. soir)* (19 €) Menu 31/50 € – Carte 53/81 €

◆ Face à la gare, derrière une belle façade classique, hôtel tenu en famille depuis 1893. Chambres cossues, contemporaines au dernier étage ; bon petit-déjeuner (produits locaux). Aux Plantagenêts, cadre moderne, cuisine actuelle et bon choix de vins du cru.

AZt

[icons: 🕭 AC ❄ ch, 🛏 ẛ̀ VISA ⦿ AE ⓪]

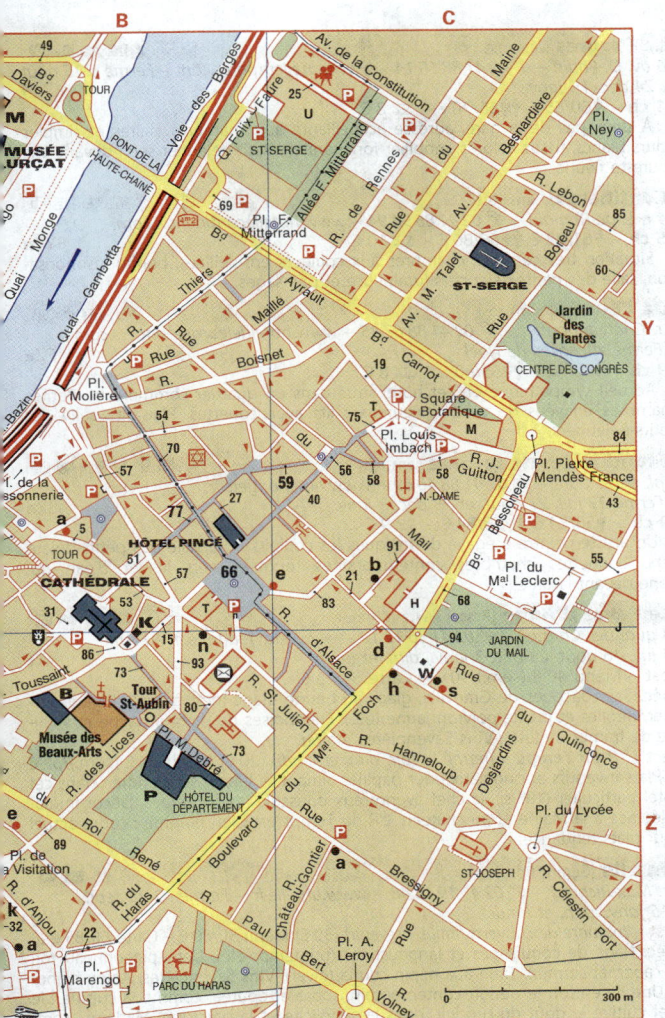

Mercure Centre Gare sans rest

18 bd Foch – $\mathscr{C}$ *02 41 87 37 20* – *www.mercure.com*
            CZw
80 ch – ♦65/223 € ♦♦65/233 € – ☕ 14 €
♦ Situation privilégiée sur un boulevard animé du centre-ville. Chambres spacieuses, bien insonorisées, habillées de bois wengé et de prune. Intéressants tarifs week-end.

Du Mail sans rest

8 r. des Ursules – $\mathscr{C}$ *02 41 25 05 25* – *www.hotel-du-mail.com*
            CYb
26 ch – ♦42/100 € ♦♦62/100 € – ☕ 10 €
♦ Hôtel de caractère établi dans une discrète demeure du 17e s. (ancien couvent). Chambres classiques, de taille très variable. Avantage d'un parking en centre-ville.

Le Progrès sans rest
🏠 🎦 ¹⁰ⁿ VISA ◐ AE ①

26 av. D.-Papin – ℰ 02 41 88 10 14 – www.hotelleprogres.com – Fermé 6-15 août et 24 déc.-1er janv.
AZf
41 ch – ♦60/65 € ♦♦65/70 € – ☲ 8 €

♦ À deux pas de la gare, adresse accueillante aux chambres claires et simples (murs blancs, tissus colorés, mobilier fonctionnel). Petit-déjeuner servi devant une courette fleurie.

Continental sans rest
🏠 AC ¹⁰ⁿ VISA ◐ AE ①

14 r. L.-de-Romain – ℰ 02 41 86 94 94 – www.hotellecontinental.com
25 ch – ♦61/83 € ♦♦66/86 € – ☲ 10 €
BYZn

♦ Situation très centrale, chambres aux couleurs ensoleillées, bonne insonorisation, salle des petits-déjeuners lumineuse et prix sages.

De l'Europe sans rest
¹⁰ⁿ VISA ◐ AE

3 r. Châteaugontier – ℰ 02 41 88 67 45 – www.hoteldeleurope-angers.com – Fermé vacances de Noël
CZa
29 ch – ♦50/72 € ♦♦55/80 € – ☲ 8 €

♦ Accueil sympathique en cet hôtel situé dans un quartier commerçant. Petites chambres égayées de tons chaleureux ; lits avec couettes. Plaisante salle des petits-déjeuners.

Grand Hôtel de la Gare sans rest
🏠 🎦 ¹⁰ⁿ VISA ◐ AE

5 pl. de la Gare – ℰ 02 41 88 40 69 – www.hotel-angers.fr – Fermé 29 juil.-21 août, et 23 déc.-8 janv.
BZa
52 ch – ♦58/84 € ♦♦58/84 € – ☲ 9 €

♦ Un artiste-peintre a égayé de fresques les couloirs et la salle des petits-déjeuners. Coquettes chambres contemporaines tournées vers le jet d'eau qui trône devant la gare.

✕✕✕ Le Favre d'Anne (Pascal Favre d'Anne)
← 🏠 🔄 VISA ◐ AE
🌼

18 quai des Carmes – ℰ 02 41 36 12 12 – www.lefavredanne.fr – Fermé 24 juil.-16 août, 23 déc.-3 janv., dim. et lundi
AYt
Rest – Menu 40 € (sem.)/90 € – Carte 50/75 €
Spéc. Saint-Jacques de Granville, glace au beurre blanc (nov. à avril). Pigeon fermier, girolles et jus de poivron jaune (été). Framboises du pays, pistache et vinaigre de framboise (été). **Vins** Savennières, Anjou.
Rest L' R du Temps – *(fermé le soir, dim. et lundi)* (20 €) Menu 24 € (sem.)/32 €
♦ Plats inventifs et originaux aimant se laisser surprendre : dans cet hôtel particulier (19e s.), le chef aventureux bouscule ses habitudes. Décor immaculé, face à la Maine et au château. L'R du Temps est bien nommé : cadre actuel pour plats tendance.

✕✕ Une Île (Gérard Bossé)
♿ AC VISA ◐
🌼

9 r. Max-Richard – ℰ 02 41 19 14 48 – www.une-ile.fr – Fermé 12-28 sept., 2-15 janv., dim. et lundi
AZg
Rest – *(nombre de couverts limité, prévenir)* (30 €) Menu 50/80 € – Carte 60/85 € 🕸
Spéc. Nage de coquillages et langoustines (printemps-été). Demi-pigeonneau rôti au cabernet surmûri. Tatin à la pépin cogna (hiver). **Vins** Savennières, Anjou blanc.
♦ Une île en forme de loft contemporain, sobre et épurée, comme la cuisine : le chef cultive le goût du produit, dans la simplicité et la précision. Madame, sommelière, suggère les accords mets et vins.

✕✕ Le Relais
VISA ◐ AE

9 r. de la Gare – ℰ 02 41 88 42 51 – Fermé 7-17 avril, 11 août-5 sept., 23 déc.-3 janv., dim. et lundi
BZk
Rest – (24 €) Menu 28/50 €

♦ Banquettes, sol en mosaïque, belles fresques sur le thème du vin et du "bien vivre" ajoutent à la chaleur de ce lieu élégant. Cuisine traditionnelle.

✕✕ Provence Caffé
AC VISA ◐

9 pl. Ralliement – ℰ 02 41 87 44 15 – www.provence-caffe.com – Fermé dim. et lundi
Rest – *(prévenir)* (15 €) Menu 18 € (sem.)/32 € – Carte environ 32 €
BCYe

♦ Mobilier design, éclairage tamisé et fond musical : ambiance lounge pour ce Caffé qui manifeste un fort tropisme vers le Sud (épices, poisson, notes méditerranéennes, etc.).

Le Petit Comptoir `AK` `VISA` `CO`
40 r. David-d'Angers – ℰ 02 41 88 81 57 – Fermé 25 juil.-16 août, 16-31 janv.,
dim., lundi et fériés CZd
Rest – (18 €) Menu 29 €

◆ La façade rouge carmin de ce bistrot angevin cache une toute petite salle : au menu, tables serrées, ambiance bon enfant et cuisine généreuse... douée de créativité !

Le Crèmet d' Anjou `&` `AK` `VISA` `CO`
21 r. Delaâge – ℰ 02 41 88 38 38
– Fermé 20 juil.-20 août, 1er-8 janv., sam. et dim. BZe
Rest – (14 €) Menu 22/28 €

◆ Du nom d'un fameux dessert régional, une bonne petite adresse réputée pour son ambiance conviviale et ses robustes plats traditionnels (produits fermiers, préparations maison).

Autour d'un Cep `❀` `VISA` `CO`
9 r. Baudrière – ℰ 02 41 42 61 00 – Fermé 9-15 mai, août, vacances de Noël,
sam. midi, dim. et lundi BYa
Rest – (nombre de couverts limité, prévenir) (17 €) Menu 27/35 €

◆ Un petit restaurant épatant, tenu par deux jeunes associés : l'un bon cuisinier, respectueux de la tradition ; l'autre bon sommelier et fils de vigneron. Un duo complémentaire...

Chez Rémi `VISA` `CO`
7 bis bd Foch – ℰ 02 41 24 95 44
– Fermé 24 juil.-15 août, sam., dim. et lundi CZs
Rest – (nombre de couverts limité, prévenir) (17 €) Menu 27 € (dîner)/32 €

◆ Long bistrot habillé de bois, façon cale de bateau. Idéal pour se régaler entre amis des petits plats du jeune chef, qui œuvre à vue : tout est fait maison (produits frais, bio).

à Beaucouzé 7 km par ⑤ – 4 677 h. – alt. 54 m – ⌧ 49070

L'Hoirie `❀` `&` `AK` `⇔` `P` `VISA` `CO` `AE`
r. Henri-Faris, (zone commerciale D 723) – ℰ 02 41 72 06 09 – Fermé dim. soir et
lundi
Rest – Menu 25 € (sem.)/55 € – Carte 45/65 €

◆ Maison de style régional dans une zone d'activité facile d'accès. Deux espaces : confort côté véranda, convivialité côté bar ; cuisine actuelle à prix sage, service agréable.

à St-Jean-de-Linières 8 km par ⑤, D 323 et D 723 – 1 550 h. – alt. 75 m – ⌧ 49070

Auberge de la Roche `⇔` `P` `VISA` `CO`
rte Nationale – ℰ 02 41 39 72 21 – fermé 8-29 août, dim. soir et lundi
Rest – (13 €) Menu 21/41 € – Carte 34/55 €

◆ Bavarois de poivron et sa crème d'ail, caviar d'aubergine... une cuisine dans l'air du temps dans une maison ancienne. Côté véranda, ardoise plus simple le midi.

ANGERVILLE – 91 Essonne – 312 A6 – 3 384 h. – alt. 141 m – ⌧ 91670   18 B3
▶ Paris 70 – Ablis 29 – Chartres 46 – Étampes 21

De France `❀` `⊫` `❛❜` `&` `P` `VISA` `CO` `AE`
2 pl. du Marché – ℰ 01 69 95 11 30 – www.hotelfrance3.com – Fermé dim. et
lundi midi
21 ch – †72/106 € ††108/140 € – ⌷ 14 €
Rest – Menu 29 € – Carte 31/60 €

◆ Tomettes vernies du 16e s., petits coins-salons, objets chinés, chambres coquettes et confortables ornées de mobilier de style... Une auberge rustique pétrie de charme. Une cheminée en pierres réchauffe l'élégante salle de restaurant. Cuisine traditionnelle.

ANGLARDS-DE-ST-FLOUR – 15 Cantal – 330 G5 – rattaché à Viaduc de Garabit

ANGLARS-JUILLAC – 46 Lot – **337** D5 – rattaché à Puy-l'Évêque

LES ANGLES – 30 Gard – **339** N5 – rattaché à Villeneuve-lès-Avignon

ANGLES-SUR-L'ANGLIN – 86 Vienne – **322** L4 – 388 h. – alt. 100 m   **39** D1
– ⊠ 86260 ▮ Poitou Vendée Charentes

▶ Paris 336 – Châteauroux 78 – Châtellerault 34 – Montmorillon 34

🅸 1, rue de l'Église ✆ 05 49 48 86 87

🔵 Site★ - Ruines du château★.

🏠 **Le Relais du Lyon d'Or** ⌖   🚿 ⛩ ☆ ch, ⋔ 🅿 🆅🆂🅰 ⓪⓪ 🅰🅴
4 r. d'Enfer – ✆ 05 49 48 32 53 – www.lyondor.com
10 ch – ♦75/135 € ♦♦75/135 € – ⚏ 13 € – ½ P 78/108 €
Rest – (ouvert 26 mars-6 nov. et fermé le midi) Carte 31/42 €
◆ Cette maison du 14ᵉ s. propose de jolies chambres garnies d'un mobilier chiné et un délicieux jardin de repos. Repas servis auprès de l'âtre ou dans la cour si le temps le permet. Livre de cave élaboré par le propriétaire, ex-négociant en vins.

ANGLET – 64 Pyrénées-Atlantiques – **342** C4 – 37 646 h. – alt. 20 m   **3** A3
– ⊠ 64600 ▮ Pays Basque et Navarre

▶ Paris 769 – Bayonne 5 – Biarritz 4 – Cambo-les-Bains 18

🛫 de Biarritz-Anglet-Bayonne ✆05 59 43 83 83, 2 km au SO.

🅸 1, avenue de la Chambre d'Amour ✆ 05 59 03 77 01

⛳ de Chiberta 104 boulevard des Plages, N : 5 km par D 5, ✆05 59 52 51 10

Plan : voir Biarritz-Anglet-Bayonne

🏨 **Atlanthal** ⌖   ⟨ 🚿 ⛩ 🛋 🅽 ⊛ 📶 ▮ ⌖ ⛲ 🅼 ☆ rest, ⋔ 🔐 🅿 🆅🆂🅰 ⓪⓪ 🅰🅴 ⓪
153 bd des Plages – ✆ 0 825 12 64 64 – www.biarritz-thalasso.com
99 ch ⚏ – ♦84/126 € ♦♦114/156 € – ½ P 113/155 €   **ABX**
Rest – (20 €) Menu 29 € bc/40 €
◆ Un temple du bien-être : centre de thalasso, véritable club de sport dans un cadre contemporain. Vue sur l'Atlantique depuis certaines chambres. Cuisine traditionnelle dans une salle d'esprit bistrot. Plats basques et bar à tapas pour les petites faims.

🏨 **De Chiberta et du Golf** ⌖   ⟨ 🚿 ⛩ 🛋 🅽 📶 ⛲ ch, 🅼 ch, ☆ ⋔ 🔐
104 bd des Plages – ✆ 05 59 58 48 48   🅿 🆅🆂🅰 ⓪⓪ 🅰🅴
– www.hmc-hotels.com
92 ch – ♦120/160 € ♦♦130/180 € – ⚏ 14 €   **ABX**
Rest – Menu 27 € – Carte 29/48 €
◆ Situés le long du prestigieux golf de Chiberta, un bâtiment principal (années 1920) et une résidence plus récente (chambres fraîchement rénovées dans cette dernière). Cuisine traditionnelle servie dans la véranda ou sur la jolie terrasse ombragée, face au lac.

🍴 **La Fleur de Sel**   ⛩ ⟳ 🆅🆂🅰 ⓪⓪ 🅰🅴 ⓪
5 av. de la Fôret – ✆ 05 59 63 88 66 – www.lafleurdeselanglet.fr – Fermé
27 juin-3 juil., 14 nov.-1ᵉʳ déc., 20 fév.-5 mars, mardi midi en juil.-août, dim. soir
de sept. à juin, merc. midi et lundi   **BXa**
Rest – (20 €) Menu 33/43 € – Carte 33/43 €
◆ Cette maison conviviale abrite une salle spacieuse et lumineuse, ouverte sur une terrasse. Décor un brin champêtre et cuisine traditionnelle au diapason du marché.

ANGOULÊME 🅿 – 16 Charente – **324** K6 – 42 096 h.   **39** C3
– Agglo. 103 746 h. – alt. 98 m – ⊠ 16000 ▮ Poitou Vendée Charentes

▶ Paris 447 – Bordeaux 119 – Limoges 105 – Niort 116

🛫 d'Angoulême-Brie Champniers : ✆05 45 69 88 09, 15 km au NE

🅸 7 bis, rue du Chat - Place des Halles ✆ 05 45 95 16 84

⛳ de l'Hirondelle Chemin de l'Hirondelle, S : 2 km, ✆ 05 45 61 16 94

🔵 Site★ - La Ville haute★★ - Cathédrale St-Pierre★★ : façade★★ **Y F**
- La Cité de la bande dessinée et de l'image ★★ **Y** - Musée
d'Angoulême★ : Le Casque d'Agris★★.

ANGOULÊME

Aguesseau (Rampe d') .... **Y** 2
Arsenal (R. de l') .... **Z** 4
Basseau (R. de) .... **X** 6
Beaulieu (Rempart de) .... **Y** 8
Belat (R. de) .... **Z** 10
Bouillaud (Pl.) .... **Z** 12
Briand (Bd A.) .... **Y** 14
Chabasse (Bd R.) .... **X** 17
Churchill (Bd W.) .... **Z** 20
Corderie (R. de la) .... **Y** 24
Desaix (Rempart) .... **Z** 26
Dr-E.-Roux (Bd du) .... **Z** 28
Fontaine-du-Lizier (R.) ...... **Y** 30
Frères-Lumière (R. des) ..... **Y** 32
Gambetta (Av.) .... **Y** 34
Gaulle (Av. du Gén.-de) .... **Y** 36
Guérin (R. d') .... **Y** 37
Guillon (Pl. G.) .... **Y** 38
Iéna (R. d') .... **Y** 40
Lattre-de-Tassigny
(Av. du Mar. de) ...... **X, Y** 42
Liedot (Bd) .... **X** 44
Louvel (Pl. F.) .... **Y** 46
Marengo (Pl.) .... **YZ** 47
Midi (Rempart du) .... **Y** 48
Monlogis (R.) .... **X** 50
Papin (R. D.) .... **Y** 52
Paris (R. de) .... **Y**
Pasteur (Bd) .... **X** 53
Périgueux (R. de) .... **X** 55
Postes (R. des) .... **Y** 57
Renoleau (R. A.) .... **Z** 58
République (Bd de la) ..... **X, Y** 59
La Rochefoucauld (R. de la) . **Y** 41
Saintes (R.) .... **Y**
St-André (R.) .... **Y** 60
St-Antoine (R.) .... **X** 61

St-Martial (Pl. et R.) .... **Z** 65
St-Roch (R.) .... **X, Y** 67
Soleil (R. du) .... **Y** 70
Tharaud (Bd J. et J.) .... **Z** 72

Turenne (R. de) .... **Y** 73
3-Fours (R. des) .... **Y** 75
8-Mai-1945 (Bd du) .... **X** 80

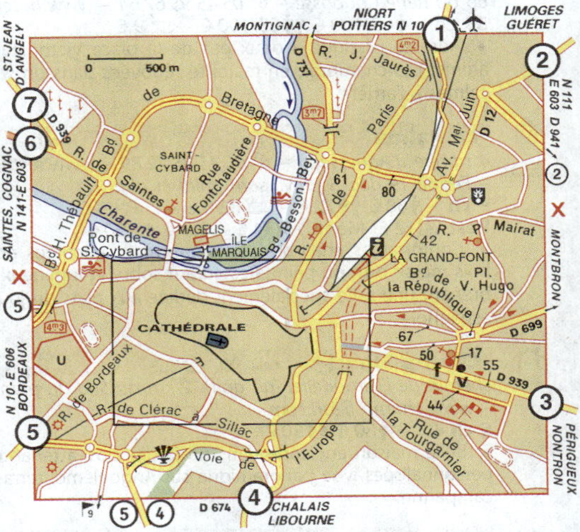

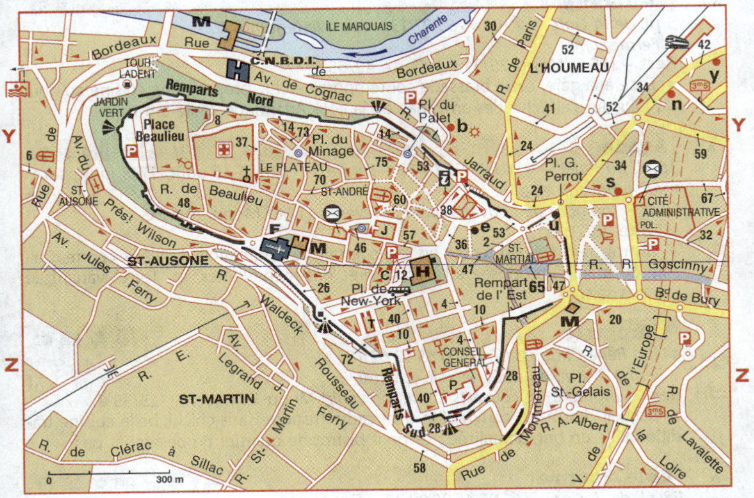

🏨 **Mercure Hôtel de France**   🛎️ 🚗 📶 💳 **VISA** 💳 **AE** 🌐

1 pl. des Halles-Centrales, (réouverture prévue en mai après rénovation)
– ℰ 05 45 95 47 95   **Y e**

89 ch – ♦100/164 € ♦♦110/164 € – 🍽 15 €

Rest – *(fermé dim. midi et sam.)* Menu 25/50 €

◆ L'hôtel occupe la maison natale de Guez de Balzac agrandie d'une aile moderne. Agréables chambres de style actuel et joli jardin avec échappée sur la Charente. Petite salle à manger contemporaine ouverte sur une paisible terrasse d'été.

L'Épi d'Or sans rest
⌗⌗ ☆ ⁜ 🄰 P VISA ◉ 🄰🄴 Xv

66 bd René-Chabasse – ℰ 05 45 95 67 64 – www.hotel-epidor.fr
33 ch – ♦65/100 € ♦♦65/100 € – ☞ 9 €

♦ Adresse pratique à deux pas de la place Victor-Hugo où se tient un marché animé. Les chambres, en majorité rénovées dans un style actuel épuré, sont plus calmes à l'arrière.

Le Palma
🄰🄲 ch ☆ ⁜ VISA ◉ 🄰🄴 ⓪

4 rampe d'Aguesseau – ℰ 05 45 95 22 89 – www.restaurant-hotel-palma.com
– Fermé 19 déc.-5 janv., sam. midi et dim. Yu
9 ch – ♦68 € ♦♦72 € – ☞ 8,50 € – ½ P 60 €
Rest – (12 €) Menu 15/34 € – Carte 40/50 €

♦ Confortables chambres soigneusement décorées et garnies d'un mobilier en bois massif brut ou peint. Restaurant sobre et lumineux (carte traditionnelle) comprenant une salle spécialement dédiée aux plats du jour et à quelques spécialités espagnoles.

Champ Fleuri sans rest ☙
← 🚗 ⌿ ☆ ⁜ P

chemin de l'Hirondelle, (au golf), 2 km au Sud du plan – ℰ 06 85 34 47 68
– www.champ-fleuri.com
5 ch ☞ – ♦80 € ♦♦80 €

♦ Belle maison ancienne dans un jardin clos, attenante au golf. Jolies chambres personnalisées, vue panoramique sur Angoulême, terrasse et piscine : la ville à la campagne.

Le Terminus
🏠 🄰🄲 ⟷ VISA ◉ 🄰🄴 ⓪

3 pl. de la Gare – ℰ 05 45 95 27 13 – www.le-terminus.com
– Fermé dim. Yn
Rest – (15 €) Menu 25/31 € – Carte 42/65 €

♦ Face à la gare, cette brasserie contemporaine chic propose une cuisine au goût du jour qui s'enrichit des arrivages de la côte Atlantique. Belle terrasse.

Agape
VISA ◉ 🄰🄴

16 pl. du Palet – ℰ 05 45 95 18 13 – Fermé 2-5 juin, 6-15 août, 1er-8 janv., sam. midi, lundi soir et dim. Yb
Rest – (nombre de couverts limité, prévenir) (17 €) Menu 29/59 €
– Carte 38/79 €

♦ Bistrot dans l'air du temps en léger retrait de l'animation du vieux centre. Cuisine du marché proposée à l'ardoise avec des menus "Mer" et "Terre" variant au gré des saisons.

L'Aromate
⟷ VISA ◉

41 bd René-Chabasse – ℰ 05 45 92 62 18
– Fermé 3 sem. en août, le soir et lundi Xf
Rest – (nombre de couverts limité, prévenir) Menu 15 € (sem.), 23/35 €

♦ Accueil charmant, convivialité d'un cadre rustique sans chichi, belle cuisine traditionnelle un brin actualisée : ce petit bistrot de quartier ne désemplit pas.

Côté Gourmet
🄰🄲 ☆ VISA ◉ 🄰🄴 ⓪

23 pl. de la Gare – ℰ 05 45 95 00 27 – Fermé août, merc. soir, sam. midi et dim.
Rest – (15 € bc) Menu 23/33 € – Carte environ 35 € Yy

♦ Décor de bistrot moderne à l'étage, tables hautes au rez-de-chaussée, confort simple et cuisine dans l'air du temps : une adresse bienvenue pour les gourmets angoumois.

La Cité
🏠 VISA ◉ 🄰🄴

28 r. St-Roch – ℰ 05 45 92 42 69 – Fermé 1er-25 août, 15 fév.-3 mars, dim. et lundi Ys
Rest – Menu 13 € (déj. en sem.), 18/29 € – Carte 20/33 €

♦ Mobilier d'esprit rustique et tons frais et lumineux composent le cadre de cet établissement familial qui propose une cuisine traditionnelle axée sur le poisson.

à Soyaux 4 km par ③ – 10 386 h. – alt. 133 m – ✉ 16800

×× **La Cigogne** ≤ 🍴 ⇔ 🅿 VISA ⓪ 🄰🄴
5 imp. Cabane-Bambou, à la mairie, prendre r. A.-Briand et 1,5 km
– ℰ 05 45 95 89 23 – www.la-cigogne-angouleme.com – Fermé 1ᵉʳ-15 mars,
23 oct.-10 nov., 23 déc.-3 janv., merc. soir, dim. soir et lundi
Rest – (22 € bc) Menu 38/50 € – Carte 53/84 €
◆ Accolée à une ancienne champignonnière, salle au décor sobre et contemporain ; lumineuse véranda et terrasse côté campagne. Cuisine au goût du jour à
base de produits locaux.

à Roullet 14 km par ⑤ et N 10, dir. Bordeaux – 3 662 h. – alt. 50 m – ✉ 16440

🏠🏠 **La Vieille Étable** ⚜ 🍴 🍽 ⅋ ⅋ rest, ⅋ 🅿 VISA ⓪ 🄰🄴
🈁 1,5 km rte de Mouthiers – ℰ 05 45 66 31 75 – www.hotel-vieille-etable.com
– Fermé dim. soir d'oct. à mi-mai
29 ch – ♦75/120 € ♦♦75/135 € – ⅏ 14 € – ½ P 100/115 €
Rest – (13 €) Menu 19 € (sem.)/56 € – Carte 40/60 €
◆ Au calme, cette ferme restaurée et ses dépendances abritent des chambres
conçues comme un motel (certaines sont climatisées). Beau parc avec plan
d'eau, piscine et tennis. Carte traditionnelle servie dans une salle bourgeoise ou
sous la véranda face au parc.

ANNECY 🅿 – 74 Haute-Savoie – **328** J5 – 51 023 h. **46** F1
– Agglo. 136 815 h. – alt. 448 m – Casino : l'Impérial – ✉ 74000 🏔 Alpes du Nord

▶ Paris 536 – Aix-les-Bains 34 – Genève 42 – Lyon 138
✈ d'Annecy-Haute-Savoie ℰ 04 50 27 30 06, 4 km par N 508 BU et D 14.
🅵 1, rue Jean Jaurès, Bonlieu ℰ 04 50 45 00 33
🈁 du Belvédère à Saint-Martin-Bellevue Chef Lieu, par rte de la Roche-sur-
Foron : 6 km, ℰ 04 50 60 31 78
🈁 du Lac d'Annecy à Veyrier-du-Lac Route du Golf, par rte de Talloires :
10 km, ℰ 04 50 60 12 89
🈁 de Giez-Lac-d'Annecy à Giez, par rte d'Albertville : 24 km, ℰ 04 50 44 48 41
◉ Le Vieil Annecy★★ : Descente de Croix★ dans l'église St-Maurice EY E,
Palais de l'Isle★★ EY M², rue Ste-Claire★ - pont sur le Thiou ≤★ EY N
- Musée-château d'Annecy★ - Les Jardins de l'Europe★ - Les bords du
lac★★ ≤★*.
🔘 Tour du lac★★★ - Gorges du Fier★★ : 11 km par D 16 BV - Col de la
Forclaz★★ - Forêt du crêt du Maure★ : ≤★★ 3 km par D 41 CV.

Plans pages suivantes

🏨🏨 **L'Impérial Palace** ⚜ ≤ 🍴 Ⅰ🕭 🕮 ⅋ ch, 🄰🄲 ⅋ ⅋ 🕭 VISA ⓪ 🄰🄴 ⓪
allée de l'Impérial – ℰ 04 50 09 30 00 – www.hotel-imperial-palace.com
91 ch – ♦300/450 € ♦♦300/450 € – 8 suites – ⅏ 25 € CVs
Rest La Voile – Menu 30 € (déj.)/34 € – Carte 42/62 €
◆ Ce grand hôtel de 1913 se dresse fièrement dans un parc au bord du lac.
Chambres sobres et bien équipées (la plupart avec vue), centre de congrès,
casino et institut de beauté. Belle salle à manger et sa superbe terrasse ouverte
sur les flots et les jardins.

🏨🏨 **Les Trésoms** ⚜ ≤ 🍴 🍴 🍽 SPA Ⅰ🕭 ⅋ 🕭 ⅋ rest, ⅋ 🅿
3 bd de la Corniche – ℰ 04 50 51 43 84 VISA ⓪ 🄰🄴 ⓪
– www.lestresoms.com CVf
50 ch – ♦129/239 € ♦♦149/269 € – ⅏ 18 €
Rest La Rotonde – (fermé sam. midi, dim. soir, lundi et le midi du 15 juil. au
30 août) Menu 33 € (sem.), 49/89 € – Carte 73/95 €
Rest La Coupole – (fermé mardi soir, merc. soir, jeudi soir et le midi sauf juil.-
août) Menu 33 € – Carte 39/66 €
◆ Au-dessus du lac, cette demeure des années 1930 conserve un certain charme
Art déco, mais son aménagement est résolument moderne – et confortable (spa).
Superbe vue sur les flots depuis la Rotonde, où l'on déguste une cuisine fine et
très travaillée, où éclosent de belles idées… Repas plus simples à la Coupole.

147

ANNECY

Aléry (Av. d')................ **BV** 4
Aléry (Gde-R. d')............ **BV** 7
Balmettes (Fg des).......... **CV** 10
Beauregard (Av. de)......... **BV** 13
Bel-Air (R. du)............. **CU** 15
Bordeaux (R. Henry)........ **CU** 18
Boschetti (Av. Lucien)...... **BCV** 21
Chambéry (Av. de).......... **BV** 23
Chevêne (Av. de)........... **BV** 29

Corniche (Bd de la)........ **CV** 32
Crête (R. de la)........... **BU** 38
Crêt-de-Maure (Av. du)..... **CV** 35
Fins Nord (Ch. des)........ **BCU** 45
Hirondelles (Av. des)....... **BV** 52
Leclerc (R. du Mar.)....... **BU** 59
Loverchy (Av. de).......... **BV** 63
Martyrs-de-la-Déportation
  (R. des).................. **CU** 64
Mendès-France (Av. Pierre). **BV** 65
Mermoz (R. Jean).......... **CU** 66
Novel (Av. de)............. **CU** 69

Perréard (Av. Germain)..... **BU** 73
Pont-Neuf (Av. du)......... **BV** 77
Prélevet (Av. de).......... **BV** 79
Prés-Riants (R. des)....... **CU** 81
Saint-Exupéry (R. A.-de)... **CU** 86
Stade (Av. du)............. **BCU** 92
Theuriet (R. André)........ **CV** 93
Thônes (Av. de)........... **CV** 97
Trésum (Av. de)........... **CV** 97
Trois-Fontaines
  (Av. de)................. **BV** 98
Val-Vert (R. du).......... **BV** 99

🏠🏠 Le Pré Carré sans rest
🛗 ⅙ 🅰🅒 🕪 🎧 ⇔ 🆅🆂🅰 ⓿ 🅐🅔
27 r. Sommeiller – 𝒞 04 50 52 14 14 – www.hotel-annecy.net
27 ch – 🛏152/182 € 🛏🛏182/202 € – 2 suites – ⌷ 14 €   **EXb**
♦ Ancien cinéma proche de la vieille ville et du lac. Chambres très contemporaines, dans un camaïeu de tons sobres. Petit-déjeuner sous une verrière. Jacuzzi, sauna.

🏠🏠 Novotel Atria
🛗 ⅙ 🅰🅒 🕪 🎧 ⇔ 🆅🆂🅰 ⓿ ⓪
🐾 *1 pl. Marie-Curie – 𝒞 04 50 33 54 54 – www.novotel.com*
95 ch – 🛏87/189 € 🛏🛏87/189 € – ⌷ 14 €   **DXh**
Rest – Menu 16/22 € – Carte 19/46 €
♦ Derrière la gare, bâtiment en verre attenant à un centre de congrès. Les chambres sont confortables et insonorisées, et l'accueil tout sourire. Le restaurant, décoré dans des tonalités tendance, propose un bon panel de formules au goût du jour.

ANNECY

Chambéry (Av. de) . . . . **DY** 23
Chappuis (Q. Eustache) . . . . **EY** 26
Filaterie (R.) . . . . **EY** 43
Grenette (R.) . . . . **EY** 51

Hôtel-de-Ville (Pl. de l') . . . . **EY** 53
Jean-Jacques-Rousseau (R.) **DY** 55
Lac (R. du) . . . . **EY** 57
Libération (Pl. de la) . . . . . . **EY** 61
Pâquier (R. du) . . . . **EY** 71
Perrière (R.) . . . . **EY** 75
Pont-Morens (R. du) . . . . . . **EY** 76

Poste (R. de la) . . . . **DY** 78
République (R.) . . . . **DY** 83
Royale (R.) . . . . **DY** 85
Ste-Claire (Fg et R.) . . . . . . **DY** 91
St-François-de-Sales (Pl.) . . **EY** 87
St-François-de-Sales (R.) . . . **DY** 89
Tour-la-Reine (Ch.) . . . . **EY** 95

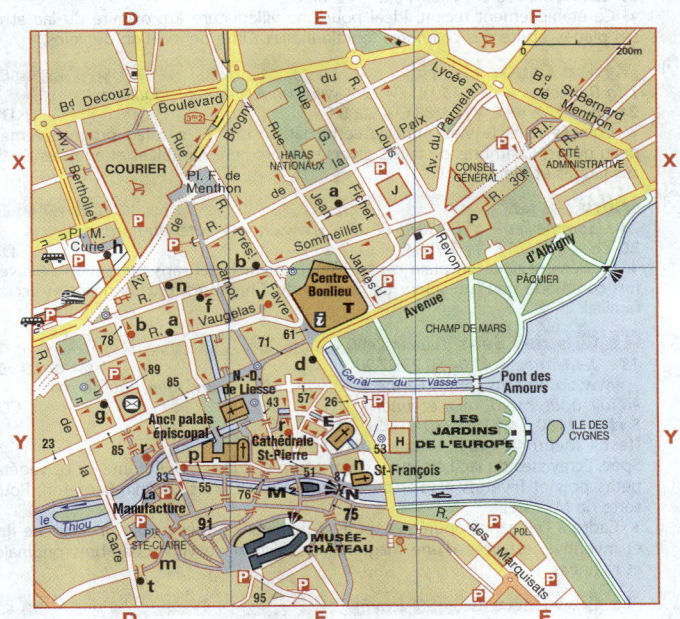

🏨 **Splendid** sans rest   🖥 & AC 🌐 🏋 VISA ⚫ AE

4 quai E.-Chappuis – ☎ 04 50 45 20 00 – www.splendidhotel.fr   **EYd**
47 ch – ♦119/140 € ♦♦131/160 € – ☱ 14 €

♦ Agréablement placé au bord du canal du Vassé, entre le centre historique et le lac, cet hôtel d'esprit Art déco a de grandes chambres pratiques et bien isolées. Salon-bar cossu.

🏨 **Allobroges Park** sans rest   🖥 AC 🌐 🏋 P VISA ⚫ AE

11 r. Sommeiller – ☎ 04 50 45 03 11 – www.allobroges.com   **DYn**
49 ch – ♦69/99 € ♦♦79/129 € – ☱ 9 €

♦ Établissement du centre-ville. Rénovation réussie pour les chambres entièrement refaites, décorées dans un style actuel misant sur les coloris rouge, chocolat et beige.

🏨 **Mercure** sans rest   🖥 AC 🌐 VISA ⚫ AE

26 r. Vaugelas – ☎ 04 50 45 59 80 – www.mercure.com   **DYa**
39 ch – ♦78/159 € ♦♦89/169 € – ☱ 14 €

♦ Cet hôtel de chaîne du centre-ville vous assure des nuits tranquilles dans des chambres bien rénovées, affichant un style sobrement contemporain (grands lits, écrans plats).

🏨 **De Bonlieu** sans rest   🖥 & AC 🌐 🏋 P VISA ⚫ AE ⓪

5 r. Bonlieu – ☎ 04 50 45 17 16 – www.annecybonlieuhotel.fr
– Fermé 30 oct.-15 nov.   **EXa**
35 ch – ♦88/106 € ♦♦96/114 € – ☱ 11 €

♦ Dans une rue calme du centre-ville, petit hôtel moderne proposant des chambres pratiques, agencées de façon contemporaine et reposante.

Amiral sans rest 🕮 ⛚ ⓘ 🚗 P VISA ⚌ AE
61 r. Centrale, à Annecy-le-Vieux par ② ✉ 74940 – 𝒞 *04 50 23 29 26*
– www.marinabay-hotel.com
57 ch – ✝60/100 € ✝✝70/170 € – ⌑ 8,50 €
♦ Ce établissement récent, idéal pour une villégiature à proximité du lac et de ses plages, abrite des chambres fonctionnelles. Offre de location de vélos.

Kyriad Centre sans rest 🕮 ⓘ VISA ⚌ AE
1 fg Balmettes – 𝒞 *04 50 45 04 12 – www.annecy-hotel-kyriad.com*
24 ch – ✝62/88 € ✝✝62/88 € – ⌑ 8 € DYt
♦ Coincée dans le vieil Annecy, cette bâtisse du 16e s. refait progressivement peau neuve. Chambres de tailles diverses, sobrement meublées et égayées de tissus jaunes et bleus.

Nord sans rest 🕮 AK ⓘ VISA ⚌ AE
24 r. Sommeiller – 𝒞 *04 50 45 08 78 – www.annecy-hotel-du-nord.com*
30 ch – ✝57/75 € ✝✝64/75 € – ⌑ 7 € DYf
♦ Idéalement situé en plein centre-ville, ce petit hôtel sans prétention se révèle fort commode pour un séjour de découverte. Chambres fonctionnelles et accueil familial.

XXX **Le Clos des Sens** (Laurent Petit) avec ch ⌂ 🕮 🕮 ⓘ ch, ⓘ
⬡⬡ *13 r. J.-Mermoz –* 𝒞 *04 50 23 07 90* VISA ⚌ AE ①
– www.closdessens.com – Fermé 4-22 sept., 1er-12 janv., dim. sauf le soir
en juil.-août, mardi midi et lundi CUu
5 ch – ✝180 € ✝✝180/230 € – ⌑ 20 €
Rest – Menu 48/110 € – Carte 80/100 € 🏵
Spéc. Écrevisses du lac Léman au thym-citron et kumbawa. Comme un os végétal, petits pois et févettes. Papier de sucre kalamansi. **Vins** Chignin-Bergeron, Roussette de Marestel.
♦ Cadre à l'élégance épurée et terrasse dominant Annecy, pour une cuisine fine et inventive, escortée d'une magnifique sélection de vins. Chambres originales et raffinées.

XXX **La Ciboulette** (Georges Paccard) 🕮 VISA ⚌
⬡ *10 r. Vaugelas, (cour du Pré Carré) –* 𝒞 *04 50 45 74 57*
– www.laciboulette-annecy.com – Fermé 1er-24 juil., vacances de la
Toussaint, de fév., dim. et lundi EYv
Rest – Menu 32 € (sem.)/60 € – Carte 70/78 € 🏵
Spéc. Écrevisses des lacs alpins, soupe de tomate glacée, sorbet basilic (été). Turbot grillé, coque de sérac de brebis, émulsion de roquette. Soufflé chaud à la verveine fraîche (été). **Vins** Chignin-Bergeron, Mondeuse.
♦ Un restaurant au décor étudié et de bon goût, mi-classique, mi-contemporain. On y prépare une belle cuisine dans l'air du temps sur des bases classiques.

XXX **Le Belvédère** (Vincent Lugrin) avec ch ⌂ ⬡ 🕮 ⓘ P VISA ⚌ AE
⬡ *7 chemin Belvédère, 2 km, rte Semnoz au Sud-Est par r. Marquisat*
– 𝒞 *04 50 45 04 90 – www.belvedere-annecy.com – Fermé janv., mardi sauf le*
soir de juin à sept., dim. soir et merc. CVt
5 ch – ✝85/145 € ✝✝85/145 € – ⌑ 12 € – ½ P 98/113 €
Rest – Menu 28 € (déj. en sem.), 45/85 € – Carte 58/105 €
Spéc. Foie gras de canard parfumé à la vanille bourbon. Omble chevalier cuit à la plancha. Crème caramel demi-sel, perles de cognac. **Vins** Mondeuse d'Arbin, Chignin-Bergeron.
♦ Appétissante cuisine actuelle à déguster dans ce restaurant surplombant le lac d'Annecy. Agréable terrasse d'été et chambres au calme, où l'on profite du panorama.

XX **Le Bilboquet** VISA ⚌
14 fg Ste-Claire – 𝒞 *04 50 45 21 68 – www.restaurant-lebilboquet.fr*
– Fermé 26 fév.-6 mars, dim. sauf le soir en juil.-août et lundi DYm
Rest – Menu 20 € (déj. en sem.), 29/48 € – Carte 45/55 €
♦ Les vieux murs épais garantissent une certaine fraîcheur dans cet agréable restaurant qui jouxte la porte Ste-Claire. Saveurs traditionnelles au gré du marché.

XX **Auberge du Lyonnais** avec ch 📶 VISA ⚫⚫ AE
9 r. de la République – ℰ 04 50 51 26 10 – www.auberge-du-lyonnais.com
– Fermé 16-26 nov. et 18-28 janv. DYp
10 ch – †60/70 € ††65/120 € – ⊇ 8 €
Rest – Menu 25 € (sem.), 36/42 € – Carte 45/60 €
◆ Cette vieille maison du centre historique entre deux bras du canal du Thiou vous accueille dans une salle d'esprit marin (terrasse au fil de l'eau). La carte valorise le poisson et des recettes au goût du jour. Chambres fonctionnelles de style montagnard.

XX **Auberge de Savoie** 📶 VISA ⚫⚫ AE
1 pl. St-François-de-Sales – ℰ 04 50 45 03 05 – www.aubergedesavoie.fr – Fermé
23 oct.-9 nov., 8-12 janv., mardi sauf juil.-août et merc. EYn
Rest – (21 €) Menu 27/59 € – Carte 58/82 €
◆ Accueil et service très pros dans ce restaurant contemporain et chaleureux, adossé à l'église St-François. La terrasse sur une petite place a vue sur le Thiou et le château.

XX **La Brasserie St-Maurice** 📶 VISA ⚫⚫ AE
⌘ *7 r. Collège-Chapuisien – ℰ 04 50 51 24 49 – www.stmau.com – Fermé*
dim. sauf juil.-août et lundi EYr
Rest – Menu 19 € (déj.)/39 € – Carte 32/45 €
◆ Restaurant aménagé dans une maison de 1675. Salle à manger à l'étage joliment décorée, avec de belles colonnes en bois d'origine. Terrasse d'été, carte traditionnelle.

X **Contresens** 📶 AC VISA ⚫⚫ AE
😊 *10 r. de la Poste – ℰ 04 50 51 22 10 – www.closdessens.com – Fermé 1er-17 janv.,*
dim. et lundi DYb
Rest – (22 €) Menu 29 €
◆ On mange un peu au coude à coude et le "Tout-Annecy" se presse dans ce restaurant proposant une séduisante cuisine actuelle et ludique, façon bistrot moderne. Terrasse-trottoir.

X **Café Brunet** VISA ⚫⚫ AE
😊 *18 pl. Gabriel-Fauré – ℰ 04 50 27 65 65 – www.closdessens.com – Fermé*
1er-17 janv., dim. sauf le midi en juil.-août et lundi CUa
Rest – (22 €) Menu 29 €🍽
◆ Le temps n'a pas de prise sur ce café de 1875 (terrasse, jeu de boules). Devenu l'annexe du "Clos des Sens", il garde l'âme d'un authentique bistrot. Cuisine canaille et plats mijotés.

X **Nature et Saveur** 📶 VISA ⚫⚫
pl. des Cordeliers – ℰ 04 50 45 82 29 – www.nature-saveur.com – Fermé
vacances de Noël, dim., lundi et le soir DYr
Rest – (nombre de couverts limité, prévenir) (34 €) Menu 44 € bc
◆ Une cuisine créative et personnelle de produits choisis, misant sur le goût et la qualité nutritionnelle, tel est le credo de Laurence Salomon, naturopathe et chef passionnée.

à Veyrier-du-Lac 5,5 km par ② – 2 138 h. – alt. 504 m – ⊠ 74290

🛈 rue de la Tournette ℰ 04 50 60 22 71

XXX **La Nouvelle Maison de Marc Veyrat** avec ch 🌿 ≤ 🚗 📶 ⋯
❀ *13 Vieille-Route-des-Pensières – ℰ 04 50 09 97 49* ⅊ AC 🅟 VISA ⚫⚫ AE
– www.yoann-conte.com – Fermé nov. et 2-10 janv.
6 ch – †250/500 € ††250/500 € – 2 suites – ⊇ 30 €
Rest – (fermé dim. soir de déc. à avril, lundi et mardi) Menu 82/138 €
Spéc. – Raviolis de légumes, pimpiolet, benoîte urbaine et polenta. Omble chevalier des lacs alpins, beurre de bouillon de légumes et carottes confites au miel de sapin. Savarin d'autrefois et d'aujourd'hui aux fruits et aux légumes, glace du jardin.
◆ Renaissance de cette institution du lac d'Annecy, ex-repaire de Marc Veyrat. Depuis 2010, c'est Yoann Conte, jeune disciple de "l'homme au chapeau", qui règne sur les cuisines... Il reprend les recettes à base d'herbes et de fleurs d'alpage qui ont fait le renom de son mentor. Grand confort côté hôtel.

à Sévrier 6 km au Sud par ③ – 3 922 h. – alt. 456 m – ✉ 74320

🄸 Mairie ✆ 04 50 52 40 56
🔵 Musée de la Cloche★.

🏠 Auberge de Létraz ◁ 🛋 🏡 ⛱ 🏊 🛎 ℡ P VISA ⚫ AE ①

921 rte d'Albertville – ✆ 04 50 52 40 36
– www.auberge-de-letraz.com
22 ch – †72/215 € ††72/215 € – 1 suite – ⊇ 18 € – ½ P 93/164 €
Rest – *(fermé de mi-nov. à mi-déc., dim. soir et lundi d'oct. à mai)* (28 €)
Menu 30/75 € – Carte 64/92 €
♦ Le jardin de cet hôtel occupe une situation de choix face au lac. Les chambres, refaites dans un style actuel, sont plus calmes côté flots. Salle de restaurant et terrasse tournés vers le joyau d'Annecy. Registre culinaire traditionnel actualisé.

à Pringy 8 km au Nord par ① et rte secondaire – 3 249 h. – alt. 483 m – ✉ 74370

✗✗ Le Clos du Château 🏡 ⅙ ⇔ P VISA ⚫ AE

70 rte Cuvat, dir. Promery – ✆ 04 50 66 82 23 – www.le-clos-du-chateau.com
– Fermé 27 juil.-18 août, 22 déc.-4 janv., dim. soir, merc. soir et lundi
Rest – (19 €) Menu 33/56 € – Carte 44/61 €
♦ Adresse à l'agréable cadre contemporain épuré. Goûteuse cuisine dans l'air du temps mitonnée par un jeune chef talentueux, avec un "menu affaires" particulièrement raisonnable.

Passée en rouge, la mention **Rest** repère l'établissement auquel est attribué une distinction culinaire, ✿ (étoile) ou ✿ (Bib Gourmand).

ANNEMASSE – 74 Haute-Savoie – 328 K3 – 28 572 h. 46 F1
– Agglo. 106 673 h. – alt. 432 m – Casino : Grand Casino – ✉ 74100

▶ Paris 538 – Annecy 46 – Bonneville 22 – Genève 8
🄸 place de la Gare ✆ 04 50 95 07 10

🏠 Mercure 🛋 🏡 ⛱ 🛎 ⅙ 🄰🄺 ch, ℡ 🚶 P VISA ⚫ AE ①

9 r. des Jardins, par ③ et rte Gaillard ✉ 74240 – ✆ 04 50 92 05 25
– www.mercure.com
78 ch – †69/190 € ††79/200 € – ⊇ 17 € Rest – Carte 23/38 €
♦ Localisé à proximité de l'autoroute, cet hôtel profite d'alentours très verts où chemine une rivière. Chambres assez spacieuses, confortables et bien insonorisées. Restaurant rénové dans un style moderne, terrasse face à la piscine et cuisine traditionnelle.

🏠 La Place sans rest 🛎 ℡ P VISA ⚫ AE

10 pl. Jean-Deffaugt – ✆ 04 50 92 06 44 – www.laplacehotel.com Yn
43 ch – †61 € ††77 € – ⊇ 8 €
♦ Un beau salon design, des chambres d'esprit contemporain sobre et épuré et un accueil des plus sympathique, voici une étape centrale agréable sur la route de la Suisse.

à Gaillard 3 km au Sud-Ouest – 11 507 h. – alt. 425 m – ✉ 74240

✗✗ La Pagerie 🏡 ⅙ 🄰🄺 VISA ⚫

12 r. de la Libération – ✆ 04 50 38 34 00 – www.restaurant-lapagerie.com
– Fermé 1er-25 août
Rest – (26 €) Menu 45/65 € bc – Carte 50/70 €
♦ Derrière cette façade anodine, on se régale d'une cuisine traditionnelle soignée utilisant les produits de la région (poissons du lac, légumes, bœuf simmenthal). Cadre feutré.

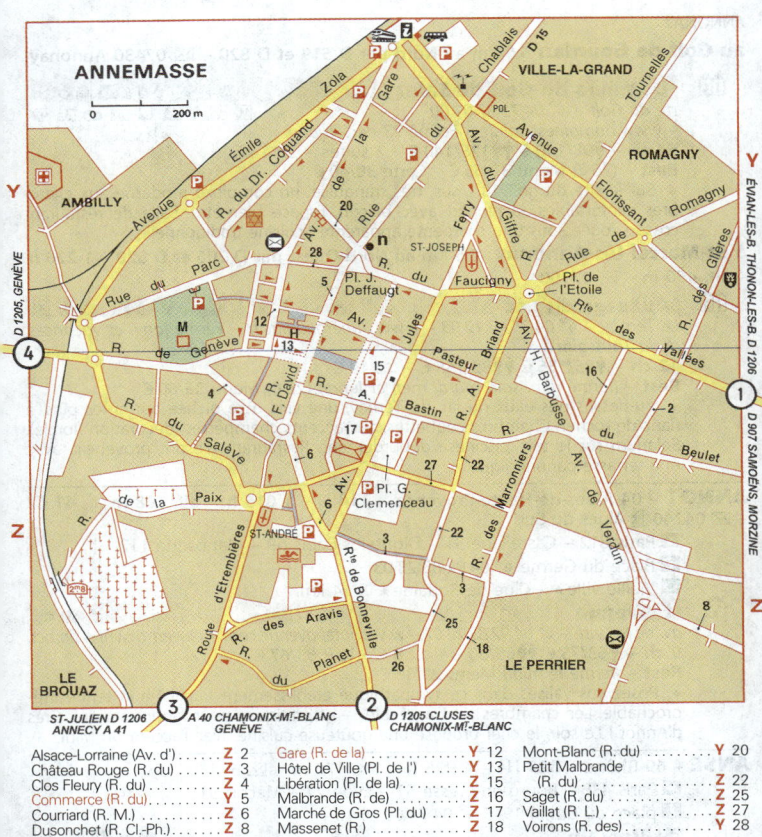

ANNEMASSE

VILLE-LA-GRAND

AMBILLY

ROMAGNY

ST-JOSEPH

Pl. de l'Etoile

LE PERRIER

ST-ANDRE

LE BROUAZ

Alsace-Lorraine (Av. d')	**Z** 2	Gare (R. de la)	**Y** 12	Mont-Blanc (R. du)	**Y** 20
Château Rouge (R. du)	**Z** 3	Hôtel de Ville (Pl. de l')	**Y** 13	Petit Malbrande	
Clos Fleury (R. du)	**Z** 4	Libération (Pl. de la)	**Z** 15	(R. du)	**Z** 22
Commerce (R. du)	**Y** 5	Malbrande (R. de)	**Z** 16	Saget (R. du)	**Z** 25
Courriard (R. M.)	**Z** 6	Marché de Gros (Pl. du)	**Z** 17	Vaillat (R. L.)	**Z** 27
Dusonchet (R. Cl.-Ph.)	**Z** 8	Massenet (R.)	**Z** 18	Voirons (R. des)	**Y** 28

ANNONAY – 07 Ardèche – **331** K2 – 17 088 h. – alt. 350 m – ⊠ 07100 **44** B2

🟩 Lyon Drôme Ardèche

▶ Paris 529 – St-Étienne 44 – Valence 56 – Yssingeaux 57

ℹ️ place des Cordeliers ☏ 04 75 33 24 51

🏌️ du Domaine de Saint-Clair Le Pelou, par rte de Serrières et D 820 : 6 km, ☏ 04 75 67 03 84

🏌️ d'Albon à Saint-Rambert-d'Albon Château de Senaud, E : 19 km par D 82, ☏ 04 75 03 03 90

Marc et Christine   *VISA* ●●

29 av. Marc-Seguin – ☏ 04 75 33 46 97 – Fermé 7-14 mars, 2-9 mai, 22 août-5 sept., 7-14 mars, dim. soir et lundi
Rest – Menu 20/49 € – Carte 29/54 €🍴

◆ Ici, le temps ne semble pas avoir de prise… Délicieusement vieille France, le décor comble les nostalgiques ! Comme la cuisine, qui cultive la tradition avec gourmandise.

Opus Wine   *AC VISA* ●●

17 pl. des Cordeliers – ☏ 04 75 32 04 62 – Fermé 7-18 août, dim. et lundi
Rest – (15 € bc) Menu 23/36 € – Carte 24/36 €🍴

◆ Sur la place principale, un bistrot à vin pur jus : grand bar en bois, petites tables serrées, bouteilles de rouge et ardoises du jour. Un opus bien interprété.

149

au Golf de Gourdan 6,5 km au Nord par D 519 et D 820 – ⌧ 07430 Annonay

Domaine du Golf de Saint Clair ⚘   🛁 🏠 ⅃ ₤ 📶 🎏 ᵭ ch,
rte du Golf – 𝒞 04 75 67 01 00   ㎉ ch, ⁱⁱ 🍴 👪 🅿 𝒱𝐼𝑆𝐴 ⚬⚬ 𝐀𝐄 ⓪
– *www.domainestclair.fr* – Fermé 23 déc.-4 janv.
54 ch – ♦98/140 € ♦♦125/140 € – 2 suites – ⌑ 14 €
Rest – (26 €) Menu 32/55 € – Carte 30/40 €
◆ Sur le site du golf 18 trous, très tranquille, un complexe moderne aux chambres confortables, la plupart avec balcon. Espace bien-être. Salle de restaurant cossue, logée sous une charpente apparente ; cuisine traditionnelle.

à St-Marcel-lès-Annonay 8,5 km au Nord-Ouest par D 206 et D 820 – 1 226 h. – alt. 450 m – ⌧ 07100

Auberge du Lac   ⇐ 🏠 ⅃ 🎏 ᵭ ㎉ ch, ⁱⁱ 🍴 🅿 𝒱𝐼𝑆𝐴 ⚬⚬ 𝐀𝐄
Le Ternay – 𝒞 04 75 67 12 03 – *www.aubergedulac.fr* – Fermé janv. et vacances de la Toussaint
12 ch – ♦85/155 € ♦♦85/155 € – ⌑ 12 €
Rest – *(fermé dim. soir, mardi midi et lundi)* (28 €) Menu 35/60 €
◆ Au-dessus des eaux du lac du Ternay, une villa ocre nichée parmi les pins, à flanc de rocher. Chambres coquettes, aux accents champêtres (décoration florale). Solarium sur le toit, piscine à débordement. Restaurant d'esprit provençal, avec une terrasse panoramique.

ANNOT – 04 Alpes-de-Haute-Provence – **334** I9 – 1 015 h. – alt. 708 m   **41** C2 – ⌧ 04240 🔲 Alpes du Sud

▶ Paris 812 – Castellane 31 – Digne-les-Bains 69 – Manosque 112
🚉 Place du Germe 𝒞 04 92 83 23 03
◉ Vieille ville★ - Clue de Rouaine★ S : 4 km.

L'Avenue   🏠 🎐 ⁱⁱ 𝒱𝐼𝑆𝐴 ⚬⚬
av. de la Gare – 𝒞 04 92 83 22 07 – *www.hotel-avenue.com* – Ouvert d'avril à fin oct.
9 ch – ♦63/75 € ♦♦65/80 € – ⌑ 8 € – ½ P 63/67 €
Rest – *(fermé le midi)* Menu 25/36 €
◆ Posez vos valises dans ce sympathique établissement familial à la tenue irréprochable. Les chambres sont agréables – et pratiques pour randonner aux Grès d'Annot ! Le soir, le chef propose une goûteuse cuisine avec l'accent du Midi.

ANSE – 69 Rhône – **327** H4 – 4 996 h. – alt. 170 m – ⌧ 69480   **43** E1

▶ Paris 436 – Bourg-en-Bresse 57 – Lyon 27 – Mâcon 51
🚉 place du 8 mai 1945 𝒞 04 74 60 26 16

St-Romain ⚘   🏠 🏠 ᵭ ch, ⁱⁱ 👪 🅿 𝒱𝐼𝑆𝐴 ⚬⚬
rte des Graves – 𝒞 04 74 60 24 46 – *www.hotel-saint-romain.fr*
23 ch – ♦50 € ♦♦55 € – ⌑ 8 €
Rest – *(fermé sam. midi et dim. soir)* (15 €) Menu 20/38 €
◆ Cette grande ferme beaujolaise en pierre dispose de chambres calmes, fraîches et rénovées petit à petit. Au restaurant, lumineuse salle à manger et belle terrasse où l'on sert une cuisine traditionnelle.

Au Colombier   ⇐ 🛁 🏠 ᵭ ⇔ 🅿 𝒱𝐼𝑆𝐴 ⚬⚬ 𝐀𝐄
126 allée Colombier, (Pont St Bernard) – 𝒞 04 74 67 04 68 – *www.aucolombier.com* – Fermé 1er-10 janv., 30 oct.-14 nov., dim. soir et lundi d'oct. à mai
Rest – (16 €) Menu 19 € (déj.), 30/48 € – Carte 39/60 €
◆ Jolie maison du 18e s. bordant la Saône. Terrasse fleurie pour les repas estivaux, cheminée en pierre pour l'hiver et véranda couverte de chaume en toutes saisons. Cuisine actuelle.

ANSOUIS – 84 Vaucluse – **332** F11 – 1 105 h. – alt. 380 m – ⌧ 84240   **40** B2

▶ Paris 751 – Aix-en-Provence 35 – Avignon 79 – Marseille 63
🚉 place du Château 𝒞 04 90 09 86 98

La Closerie   🏠 ⇔ 𝒱𝐼𝑆𝐴 ⚬⚬
bd des Platanes – 𝒞 04 90 09 90 54 – Fermé 2 janv.-2 fév., dim. soir, merc. et jeudi
Rest – *(nombre de couverts limité, prévenir)* (23 €) Menu 36 € – Carte 55/65 €
◆ Le chef ne manque pas d'inspiration pour renouveler ses menus, riches en saveurs et en parfums de la Provence. Une adresse sympathique, avec une jolie terrasse face au Luberon.

ANTIBES – 06 Alpes-Maritimes – **341** D6 – 75 820 h. – alt. 2 m   **42** E2
– Casino : "la Siesta" bord de mer par ① – ⊠ 06600 ▊ Côte d'Azur

▶ Paris 909 – Aix-en-Provence 160 – Cannes 11 – Nice 21

🖬 11, place du Général-de-Gaulle ℰ 04 92 23 11 11

◙ Vieille ville★: Promenade Amiral-de-Grasse ≪★ DXY - Château Grimaldi (Déposition de Croix★, Musée donation Picasso★) DX - Musée Peynet et de la Caricature★ DX **M²** - Marineland★ 4 km par ①.

Plans pages suivantes

🏠 **Le Petit Castel** sans rest   AC 🛜 **P** 𝘝𝘐𝘚𝘈 ⊚
22 chemin des Sables – ℰ 04 93 61 59 37 – www.lepetitcastel.fr   BU**b**
16 ch – †98/178 € †100/188 € – ⊑ 12 €
♦ Accueil convivial dans ce pavillon d'un quartier résidentiel. Chambres entièrement rénovées affichant une déco dans l'air du temps, solarium-jacuzzi, vélos à disposition.

🏠 **Josse** sans rest   ≪ 🚗 AC 🛜 **P** 🚗 𝘝𝘐𝘚𝘈 ⊚ AE ⓞ
8 bd James-Wyllie – ℰ 04 92 93 38 38 – www.hotel-josse.com   BU**s**
26 ch – †91/165 € ††102/183 € – ⊑ 11 €
♦ Une adresse tout en sobriété mais bien pratique : près de la plage de la Salis, chambres simples avec balcon (trois "familiales"), certaines tournées vers la grande bleue.

🏠 **Mas Djoliba** sans rest ৡ   🚗 ⛱ AC 🍴 🛜 **P** 𝘝𝘐𝘚𝘈 ⊚ AE
29 av. de Provence – ℰ 04 93 34 02 48 – www.hotel-djoliba.com – Ouvert 10 mars-12 nov.   CY**d**
13 ch – †85/100 € ††90/178 € – ⊑ 12 €
♦ Relaxez-vous entre palmiers et bougainvillées, à la piscine ou dans les coquettes chambres de cette villa 1920 ; celle du dernier étage offre une terrasse avec vue sur le Cap.

🏠 **Modern Hôtel** sans rest   AC 🍴 🛜 𝘝𝘐𝘚𝘈 ⊚ AE ⓞ
1 r. Fourmillière – ℰ 04 92 90 59 05 – www.modernhotel06.com – Fermé 15 déc.-15 janv.   CX**a**
17 ch – †66/82 € ††66/82 € – ⊑ 6 €
♦ Cet hôtel situé à l'entrée de la zone piétonne abrite des chambres à la décoration sobre, bénéficiant d'une literie confortable et d'un mobilier fonctionnel.

XXX **Les Vieux Murs**   ≪ ⛱ AC ⇄ 🍴 𝘝𝘐𝘚𝘈 ⊚ AE
25 promenade Amiral-de-Grasse – ℰ 04 93 34 06 73 – www.lesvieuxmurs.com – Fermé 10-25 janv., mardi midi d'oct. à mi-juin et lundi   DY**f**
Rest – (29 €) Menu 34 € (déj.), 44/60 € – Carte 58/79 €
♦ Les vieux murs sont désormais peints en orange et cette maison située sur les remparts possède une belle terrasse face à la mer. Cuisine gastronomique du Sud (pêche locale).

XXX **Le Figuier de St-Esprit** (Christian Morisset)   ⛱ AC 𝘝𝘐𝘚𝘈 ⊚ AE
ಭ *14 r. St-Esprit – ℰ 04 93 34 50 12 – www.christianmorisset.fr – Fermé 1er-15 mars, 13-22 juin, 31 oct.-22 nov., lundi midi, merc. midi et mardi*   DX**a**
Rest – (36 € bc) Menu 59/79 € – Carte 85/120 €
Spéc. Cannelloni de supions à l'encre de seiche. Selle d'agneau cuite en terre d'argile de Vallauris. Moelleux au chocolat. **Vins** Vin de pays de Saint-Jeannet, Bellet.
♦ Dans le vieux Antibes, entre mer et ville, cette maison de pays embaume d'une cuisine provençale aux saveurs authentiques. Patio intimiste, tout en pierre, sous le figuier. Service décontracté.

XX **Le Bastion**   ⛱ AC 𝘝𝘐𝘚𝘈 ⊚ AE
1 av. Général-Maizière – ℰ 04 93 34 59 86 – www.restaurant-bastion.com
Rest – (22 €) Menu 40 € (dîner)/58 € – Carte 32/78 €   DY**u**
♦ Sur la terrasse, le temps s'arrête face à la mer. Autre ambiance à l'intérieur, chic et design, avec bar lounge. Cuisine inventive faisant un clin d'œil aux cinq continents.

151

ANTIBES

Châtaignier (Av. du)	**AU**	13
Contrebandiers (Ch. des)	**BV**	16
Ferrié (Av. Gén.)	**AU**	26
Gardiole-Bacon (Bd)	**BUV**	31

Garoupe (Bd de la)	**BV**	33
Garoupe (Ch. de la)	**BV**	34
Grec (Av. Jules)	**ABU**	38
Malespine (Av.)	**BV**	50
Phare (Rte du)	**BV**	62
Raymond (Ch.)	**BV**	64
Reibaud (Av.)	**AU**	65

Salis (Av. de la)	**BV**	77
Sella (Av. André)	**BV**	78
Tamisier (Ch. du)	**BV**	79
Tour-Gandolphe		
(Av. de la)	**BV**	82
Vautrin (Bd. du Gén.)	**BU**	84
11-Novembre (Av. du)	**BU**	91

Flèche noire Sens unique en saison

Oscar's

*8 r. Rostan – ☎ 04 93 34 90 14 – www.oscars-antibes.com – Fermé 1er-15 juin,
20 déc.-5 janv., dim. et lundi*　　　　　　　　　　　　　　　**DXs**
Rest – *(nombre de couverts limité, prévenir)* Menu 29/56 € – Carte 72/89 €
♦ Laissez-vous surprendre par ce décor original de niches agrémentées de sculptures et paysages antiquisants. La goûteuse cuisine italo-provençale assure le succès de la maison.

✗ **L' Armoise**　　　　　　　　　　　　　　　　　AC VISA ●●

*2 r. de la Tourraque – ☎ 04 92 94 96 13 – Fermé 1er-15 juil., 13-25 déc., mardi
midi, merc. midi du 1er sept. au 30 juin, le midi en juil.-août et lundi*
Rest – Menu 34 € – Carte 36/42 €　　　　　　　　　　　　**DYe**
♦ Convivialité assurée dans ce restaurant de poche où la salle, actuelle, ouvre sur les
cuisines. Suggestions à l'ardoise élaborées avec des produits frais (marché provençal).

152

ANTIBES

Albert 1er (Bd) . . . . **CDY**
Alger (R. d') . . . . **CX** 3
Arazy (R.) . . . . **DXY** 4
Barnaud (Pl. Amiral) . . . . . **DY** 6
Barquier (Av.) . . . . **DY** 8
Bas-Castelet (R. du) . . . . . **DY** 9
Bateau (R. du) . . . . **DX** 10
Clemenceau (R. G.) . . . . . **DX** 14
Dames-Blanches (Av. des) . . **CY** 19

Directeur Chaudon (R.) . . . **CY** 20
Docteur Rostan (R. du) . . . **DX** 24
Gambetta (Av.) . . . . **CX** 30
Gaulle (Pl. du Gén.-de) . . . **CXY**
Grand-Cavalier (Av. du) . . . **CX** 37
Guynemer (Pl.) . . . . **CX** 40
Haut-Castelet (R. du) . . . . **DY** 42
Horloge (R. de l') . . . . . . **DX** 43
Martyrs-de-la-Résistance
(Pl. des) . . . . **CDX** 51
Masséna (Cours) . . . . . . **DX** 52
Meissonnier (Av.) . . . . . . **CDY** 54

Nationale (Pl.) . . . . **DX** 55
Orme (R. de l') . . . . **DX** 57
République (R. de la) . . . . **CDX** 67
Revely (R. du) . . . . **DX** 68
Revennes (R. des) . . . . . . **DY** 69
St-Roch (Av.) . . . . **CX** 72
Saleurs (Rampe des) . . . . **DX** 75
Tourraque (R. de la) . . . . . **DY** 83
Vautrin (Bd. du Gén.) . . . . **CX** 84
8-Mai 1945
(Square du) . . . . **DX** 90
24-Août (Av. du) . . . . **CY** 92

rte de Nice par ① et D 6007 – ⊠ 06600 Antibes

Baie des Anges-Thalazur ⇐ 🚗 ⛵ 🏊 🚲 📶 ⅃à 🕹 🕭 ch, 🅰🅲 ⅗ 🚁 🏋
770 chemin Moyennes-Breguières, (près de l'hôpital) 🅿 VISA 🄌 AE ①
– ℰ 04 92 91 82 00
– www.thalazur.fr
164 ch – ♦84/192 € ♦♦109/295 € – ⅏ 15 € – ½ P 92/186 €
Rest – Menu 19 € bc/45 € – Carte 33/45 €
♦ Sur les collines d'Antibes, hôtel lié à un centre de thalassothérapie disposant de grandes chambres bien équipées (certaines ont vue sur la baie). Trois piscines panoramiques. Plats traditionnels ou diététiques servis dans la salle à manger et sur la superbe terrasse.

Bleu Marine sans rest 　　　　　　　　　　🛗 AC ⬚ 🌐 P VISA ⬚ AE ⓪
chemin des Quatre Chemins, (près de l'hôpital) – ℰ 04 93 74 84 84
– *www.bleumarineantibes.com*
18 ch – †59/66 € ††69/84 € – � 7 €

♦ Construction récente à proximité de l'hôpital. Les chambres, fonctionnelles et pratiques, sont bien entretenues. Celles des étages supérieurs profitent d'une échappée sur la mer.

CAP D'ANTIBES – 06 Alpes-Maritimes – ✉ 06160 Juan les Pins　　42 E2

▶ Paris 922 – Antibes 6 – Marseille 174 – Nice 35

◙ Plateau de la Garoupe ☀★★ - Jardin Thuret★ BV - ≼★ Pointe Bacon
- ≼★ de la plate-forme du bastion (musée naval) ABV.

Du Cap ⬚ 　　　　≼ 🏵 ⌇ 🌐 🖧 ✕ 🍴 AC ⬚ 🌐 🔧 🚗 VISA ⬚ AE ⓪
bd JF-Kennedy – ℰ 04 93 61 39 01 – *www.hotel-du-cap-eden-roc.com*
– *Ouvert 15 avril-16 oct.*　　　　　　　　　　　　　　　　　　　　BV**x**
110 ch – †350/490 € ††350/1820 € – 12 suites – ⊹ 35 €
Rest *Eden Roc* – voir ci-après

♦ Passage obligé de la jet-set, ce majestueux palace du 19ᵉ s. est niché dans un grand parc fleuri face à la mer. Luxe, raffinement, espace et calme en font un lieu magique.

Impérial Garoupe ⬚ 　　　🚗 🏠 ⌇ 🛗 🕭 AC ⬚ rest, 🍴 🔧 P 🚗
770 chemin Garoupe – ℰ 04 92 93 31 61　　　　　　　　VISA ⬚ AE ⓪
– *www.imperial-garoupe.com* – *Ouvert 22 avril-19 oct.*　　　　BV**r**
30 ch – †300/650 € ††300/650 € – 4 suites – ⊹ 32 €
Rest *Le Pavillon* – voir ci-après
Rest *Le Pavillon Beach* – ℰ 04 92 90 23 97 *(ouvert 1ᵉʳjuin-15 sept.) (déj. seult)*
(65 €) Carte 60/80 €

♦ Belle demeure méditerranéenne entourée d'une végétation luxuriante. Chambres très raffinées, avec balcon, terrasse ou même petit jardin privé. Au restaurant de plage (l'été), cuisine soignée tournée vers l'Orient.

Cap d'Antibes Beach Hôtel 　　　≼ 🚗 🏠 ⌇ AC 🍴 🚗 VISA ⬚ AE ⓪
10 bd Mar.-Juin – ℰ 04 92 93 13 30 – *www.ca-beachhotel.com* – *Ouvert*
1ᵉʳ avril-31 oct.　　　　　　　　　　　　　　　　　　　　　　　　BV**e**
22 ch – †390/900 € ††390/900 € – 5 suites – ⊹ 29 €
Rest *Les Pêcheurs* – voir ci-après
Rest *La Plage* – *(ouvert d'avril à mi-oct.) (déj. seult)* Carte 34/79 €

♦ Nouvelle adresse luxueuse, alliant chic balnéaire, design épuré et vue imprenable sur la Méditerranée, le cap et les îles de Lérens. Chambres lumineuses décorées de fresques marines. À La Plage, carte simple servie sous les pins maritimes.

Vogue Hôtel Don César 　　　≼ 🏠 ⌇ 🛗 🕭 ch, AC ⬚ rest, 🍴 P 🚗
46 bd de la Garoupe – ℰ 04 93 67 15 30　　　　　　　VISA ⬚ AE ⓪
– *www.voguehotel.fr* – *Ouvert 13 mars-5 nov.*　　　　　　　　BV**s**
20 ch – †165/355 € ††165/355 € – ⊹ 19 €
Rest – *(ouvert 1ᵉʳ mai-30 sept. et fermé dim., lundi et le midi) (nombre de couverts limité, prévenir)* Menu 35 € – Carte 32/51 €

♦ Parmi les atouts de cette grande villa méditerranéenne : une terrasse privée sur la mer pour chacune des chambres – toutes très cossues – et une belle piscine à débordement. Salle à manger intime ; cuisine inventive où s'illustrent les produits régionaux.

La Baie Dorée ⬚ 　　　　　≼ 🏠 ⬚ AC 🍴 🔧 P VISA ⬚ AE ⓪
579 bd la Garoupe – ℰ 04 93 67 30 67
– *www.baiedoree.com*　　　　　　　　　　　　　　　　　　　　　BV**v**
17 ch – †250/720 € ††250/720 € – ⊹ 20 €
Rest – *(ouvert d'avril à sept.)* Carte 40/100 €

♦ Cette lumineuse villa méridionale a les pieds dans l'eau. Les chambres, accueillantes et soignées, avec terrasse ou balcon, donnent toutes sur la baie. Ponton privé. Aux beaux jours, on dresse les tables du restaurant face à la mer (cuisine aux saveurs iodées).

🏠🏠 **Beau Site** sans rest 🏊 ⇅ AC ((•)) P VISA MC AE

141 bd Kennedy – ✆ 04 93 61 53 43 – www.hotelbeausite.net
– Ouvert 15 mars-5 nov. BV**t**

30 ch – 👤75/145 € 👥85/175 € – 2 suites – ☕ 13 €

◆ Terrasse ombragée d'essences méditerranéennes, agréable piscine et charmantes chambres au mobilier peint dans le style régional du 18ᵉ s. : un lieu qui respire la Provence !

🏠🏠 **La Garoupe et Gardiole** sans rest ☼ 🏊 AC ⚒ ((•)) P VISA MC AE

60 chemin Garoupe – ✆ 04 92 93 33 33 – www.hotel-lagaroupe-gardiole.com
– Ouvert 8 avril-16 oct. BV**k**

37 ch – 👤78/160 € 👥98/195 € – ☕ 12 €

◆ Piscine, jardin et belle terrasse-pergola participent au charme de ces jolies maisons décorées à la provençale. Chambres fraîches à la Garoupe et rustiques à la Gardiole.

🏠 **Castel Garoupe** sans rest ☾ ☼ 🏊 🎾 AC P VISA MC AE

959 bd la Garoupe – ✆ 04 93 61 36 51 – www.castel-garoupe.com
– Ouvert mars-oct. BV**a**

26 ch – 👤98/148 € 👥130/172 € – 3 suites – ☕ 10 €

◆ Intérieur mêlant mobilier ancien et objets chinés. Chambres confortables, toutes avec balcon ou terrasse. Piscine protégée dans un jardin, tennis et terrain de pétanque.

✗✗✗✗✗ **Eden Roc** – Hôtel du Cap ⋖ ☂ AC ⚒ P VISA MC AE ◐

bd JF-Kennedy – ✆ 04 93 61 39 01 – www.hotel-du-cap-eden-roc.com
– Ouvert 15 avril-16 oct. BV**z**

Rest – Menu 80 € (déj.)/140 € – Carte 110/220 € 🍇

◆ Superbe villa isolée sur un roc en bordure de mer : difficile de trouver meilleure situation pour goûter au luxe d'un lieu mythique où s'attabler sur la terrasse est un "must".

✗✗✗ **Le Pavillon** – Impérial Garoupe ☼ ☂ AC ⚒ VISA MC AE ◐

✆ 04 92 93 31 64 – www.imperial-garoupe.com
– Ouvert 22 avril-19 oct. BV**r**

Rest – *(fermé le midi du 1ᵉʳ juin au 15 sept. et merc. sauf juil.-août)* (65 €) Carte 95/130 €

◆ La terrasse sous les arbres est un hymne au romantisme, surtout éclairée à la bougie la nuit venue… Moment d'exception porté par des mets superbes.

✗✗✗ **Bacon** ⋖ ☂ AC ⚒ 🚗 soir, P VISA MC AE ◐

bd Bacon – ✆ 04 93 61 50 02 – www.restaurantdebacon.com
– Ouvert 1ᵉʳ mars-31 oct. et fermé mardi midi et lundi BU**m**

Rest – Menu 49 € (déj. en sem.)/79 € – Carte 100/230 €

◆ Une grande salle habillée de blanc, des œuvres d'art contemporain et une vue superbe sur la baie des Anges... La Méditerranée est reine ici, comme le poisson dans l'assiette.

✗✗✗ ✿ **Les Pêcheurs** – Cap d'Antibes Beach Hôtel ⋖ ☼ ☂ 🏊 ♿ AC 🚗 VISA MC AE ◐

10 bd Mar. Juin – ✆ 04 92 93 13 30
– www.lespecheurs-lecap.com – Ouvert 1ᵉʳavril-31 oct. et fermé le midi BV**u**

Rest – Menu 78/98 € – Carte 85/135 €

Spéc. Langoustines des côtes bretonnes aux agrumes. Poissons de Méditerranée cuits au plat. Citron en texture crémeuse, comète glacée aux calissons d'Aix. **Vins** Côtes de Provence, Bellet.

◆ Subtile cuisine du Sud avec pour spécialité le poisson de la Méditerranée grillé aux herbes. Décor moderne et terrasse panoramique ombragée par des toiles en forme de voile.

ANTONY – **92 Hauts-de-Seine** – **311** J3 – **101** 25 – **Voir à Paris, Environs**

ANTRAIGUES-SUR-VOLANE – **07 Ardèche** – **331** I5 – **583 h.** **44** A3
– **alt. 470 m** – ✉ **07530** ▮ Lyon Drôme Ardèche

▶ Paris 637 – Aubenas 15 – Lamastre 58 – Langogne 67

ℹ Maison d'Antraigues ✆ 04 75 88 23 06

La Remise
au pont de l'Huile – ✆ 04 75 38 70 74 – Fermé 20-30 juin, 5-16 sept., 12 déc.-7 janv., dim. soir, jeudi soir et vend. sauf juil.-août
Rest – *(réservation conseillée le soir hors saison)* Menu 22/35 €
◆ Ici, le patron propose de vive voix ses recettes du terroir concoctées en fonction du marché. Bonne franquette et nappes à carreaux dans une vieille grange ardéchoise.

ANZIN-ST-AUBIN – 62 Pas-de-Calais – 301 J6 – rattaché à Arras

AOSTE – 38 Isère – 333 G4 – 2 000 h. – alt. 221 m – ✉ 38490 45 C2

Alpes du Nord

Paris 512 – Belley 25 – Chambéry 37 – Grenoble 55

à la Gare de l'Est 2 km au Nord-Est sur D 1516 – ✉ 38490 Aoste

Au Coq en Velours avec ch
1800 rte de St-Genix – ✆ 04 76 31 60 04 – www.au-coq-en-velours.com – Fermé janv., jeudi soir (sauf hôtel), dim. soir et lundi
7 ch – †68/78 € ††68/78 € – ☕ 10 €
Rest – (21 €) Menu 29/59 € – Carte 40/70 €
◆ Décor actuel sur le thème du coq, jardin-terrasse fleuri, alléchante carte mi-bressane, mi-dauphinoise : une bonne auberge de village, tenue par la même famille depuis 1900. Chambres spacieuses, bien au calme face au jardin.

APPOIGNY – 89 Yonne – 319 E4 – rattaché à Auxerre

APT – 84 Vaucluse – 332 F10 – 11 229 h. – alt. 250 m – ✉ 84400 42 E1

Provence

Paris 728 – Aix-en-Provence 56 – Avignon 54 – Digne-les-Bains 91
20, avenue Ph. de Girard ✆ 04 90 74 03 18

Le Couvent sans rest
36 r. Louis-Rousset – ✆ 04 90 04 55 36 – www.loucouvent.com
5 ch ☕ – †95/125 € ††95/140 €
◆ Cet ancien couvent (17e s.) typiquement provençal a perdu en austérité ce qu'il a gagné en sobre élégance. Chambres de charme, petit-déjeuner sous les voûtes du réfectoire.

La Manade
8 r. René-Cassin – ✆ 04 90 04 79 06 – Fermé 20 déc.-20 janv., dim. soir et jeudi soir en hiver, sam. midi, mardi soir et merc.
Rest – (15 €) Menu 25/31 € – Carte environ 36 €
◆ Un petit restaurant rustique près de la place Jean-Jaurès. Avec des produits frais, le chef élabore une cuisine régionale de saison (quelques plats à base de viande de taureau).

à Saignon 4 km au Sud-Est par D 48 – 1 039 h. – alt. 450 m – ✉ 84400

Auberge du Presbytère
pl. de la Fontaine – ✆ 04 90 74 11 50 – www.auberge-presbytere.com – Fermé de mi-janv. à fin-fév.
16 ch – †50/155 € ††50/155 € – ☕ 12 €
Rest – *(fermé merc.) (prévenir)* (22 €) Menu 38/48 € – Carte 30/48 €
◆ Mobilier ancien, tomettes, poutres apparentes et cheminée préservent l'âme de cette délicieuse maison. Chambres coquettes, dont deux avec terrasse offrant une vue unique. Jolie salle à manger-véranda, patio et terrasse dressée le midi sur la place du village.

Chambre de Séjour avec Vue sans rest
r. de la Burgade – ✆ 04 90 04 85 01 – www.chambreavecvue.com – Ouvert de mars à nov.
5 ch ☕ – †80/120 € ††80/120 €
◆ Dans un charmant village, une maison d'hôtes atypique, à la fois lieu d'échange culturel et résidence d'artistes. Chambres design décorées dans un style industriel chic.

⊗ **La Petite Cave**   VISA ●●

r. le Quai – ℰ 04 90 76 64 92 – www.lapetitecave-saignon.com
– Ouvert mars-nov. et fermé dim. et lundi
Rest *– (dîner seult) (nombre de couverts limité, prévenir)* Menu 39/60 €
♦ Une cave médiévale transformée avec goût en petit restaurant contemporain. Menu du marché alléchant et cuisine actuelle préparée à partir de produits de qualité.

ARAGON – 11 Aude – **344** E3 – **rattaché à Carcassonne**

ARBIGNY – 01 Ain – **328** C2 – 349 h. – alt. 280 m – ✉ 01190   **44** B1
▶ Paris 381 – Bourg-en-Bresse 61 – Chalon-sur-Saône 42 – Lyon 99

⌂ **Moulin de la Brevette** sans rest ♿   ⇚ 📶 **P** VISA ●● ⓪

rte de Cuisery – ℰ 03 85 36 49 27 – www.hotel-macon.net – Fermé vacances de la Toussaint et 1 sem. en fév.
17 ch – †48 € ††53 € – � 8 €
♦ Au calme dans la verdure, ce moulin du 18ᵉ s. en bord de rivière propose des chambres simples et fraîches. Petit-déjeuner dans une salle à manger champêtre ou dans la cour.

ARBOIS – 39 Jura – **321** E5 – 3 509 h. – alt. 350 m – ✉ 39600   **16** B2
🟩 Franche-Comté Jura
▶ Paris 407 – Besançon 46 – Dole 34 – Lons-le-Saunier 40
🏢 10, rue de l'Hôtel de Ville ℰ 03 84 66 55 50
◉ Maison paternelle de Pasteur★ - Reculée des Planches★★ et grottes des Planches★ E : 4,5 km par D 107 - Cirque du Fer à Cheval★ S : 7 km par D 469 puis 15 mn - Église Saint-Just★.

⌂ **Messageries** sans rest   📶 ⇚ VISA ●●

r. de Courcelles – ℰ 03 84 66 15 45 – www.hoteldesmessageries.com
– Fermé déc. et janv.
26 ch – †53 € ††66 € – ⊔ 9 €
♦ Sur une artère fréquentée, vieux relais de poste à la façade recouverte de lierre jouxtant un petit café. Chambres plus tranquilles sur l'arrière.

↥ **Closerie les Capucines** sans rest   ⇚ ⛱ 📶 VISA ●●

7 r. de la Bourgogne – ℰ 03 84 66 17 38 – www.closerielescapucines.com
– Fermé 23 déc.-31 janv.
5 ch ⊔ – †115/130 € ††115/130 €
♦ Cet ancien couvent du 17ᵉ s. se veut confortable, calme et authentique. Pari réussi grâce à des chambres contemporaines personnalisées, un patio exquis, un jardin coquet...

⊗⊗⊗ **Jean-Paul Jeunet** avec ch   🎁 ⒶⒸ rest, 📶 ♨ VISA ●● ⒶⒺ ⓪
❀❀
9 r. de l'Hôtel-de-Ville – ℰ 03 84 66 05 67 – www.jeanpauljeunet.com
– Fermé déc., janv., mardi et merc. sauf le soir de juil. à mi-sept.
12 ch – †92 € ††120/150 € – ⊔ 17 € – ½ P 118/130 €
Rest – Menu 58/135 € – Carte 87/105 €🍴
Spéc. Écrevisses, artichauts et citron confit. Poulette de Bresse au vin jaune et morilles. Variation sur la morille et le genièvre (printemps et automne). **Vins** Arbois-Pupillin, Côtes du Jura.
♦ Élégante salle rustique, cuisine du terroir saupoudrée d'inventivité et superbe carte des vins : la recette gagnante de cette halte gourmande, au cœur d'Arbois.

Le Prieuré 🏠 ♿   ⇚ **P** VISA ●●

– ℰ 03 84 66 05 67 – www.jeanpauljeunet.com – Fermé déc., janv., mardi et merc. de mi-sept. à juin
7 ch – †72 € ††88 € – ⊔ 17 €
♦ À 200 m de la maison mère, dans une demeure du 17ᵉ s. dotée d'un agréable jardin fleuri, chambres au confort bourgeois, d'un charme suranné.

XXX Les Caudalies avec ch   🚤 & 🄰🄲 rest. ⁽ⁱ⁾ 🛁 🄿 🅿 VISA ⊕

20 av. Pasteur – ℰ 03 84 73 06 54 – www.lescaudalies.fr
9 ch – †55/95 € ††75/125 € – ☐ 11 €
Rest – *(fermé 24 oct.-8 nov., 27 fév.-13 mars)* (16 €) Menu 19 € (déj. en sem.),
39/72 € bc – Carte 36/74 €⅋

◆ Au cœur des vignobles, cuisine au goût du jour soignée, servie dans une salle lumineuse, avec mobilier et parquet en bois clair. Vue sur le parc. L'hôtel, sis dans un ancien manoir du 19ᵉ s., propose des chambres toutes différentes, spacieuses et de bon confort.

XX La Balance Mets et Vins   🛜 ⇔ VISA ⊕

47 r. de Courcelles – ℰ 03 84 37 45 00 – www.labalance.fr
– Fermé 15-23 juin, 19 déc.-3 mars, mardi soir de sept. à juin et merc.
Rest – (16 €) Menu 24/55 € – Carte environ 45 €

◆ Nombreuses recettes réalisées en accord avec les vins du Jura et relevées de quelques épices du monde. Décor intérieur épuré et agréable terrasse.

XX Le Caveau d'Arbois   🄰🄲 🄿 VISA ⊕ 🄰🄴 ⓪

3 rte de Besançon – ℰ 03 84 66 10 70 – www.caveau-arbois.com – Fermé dim.
soir et lundi
Rest – (14 €) Menu 17/30 € – Carte 28/52 €

◆ À l'orée d'Arbois, maison de pays où les saveurs du terroir jurassien se révèlent dans un nouveau décor chaleureux et moderne. Un lustre conique original éclaire chaque table.

à Pupillin 3 km au Sud par D 469 et D 248 – 246 h. – alt. 450 m – ☒ 39600

X Le Grapiot   🛜 & 🄰🄲 ⇔ 🄿 VISA ⊕

r. Bagier – ℰ 03 84 37 49 44 – www.legrapiot.com – Fermé
3-14 juil., 24 déc.-24 janv., mardi hors saison et lundi
Rest – (16 € bc) Menu 25/53 € bc – Carte 30/40 €

◆ Une cuisine du terroir revisitée, de bons produits locaux et un chef au vrai savoir-faire font de cette adresse, au cadre rustique, une halte culinaire fort recommandable.

ARBONNE – 64 Pyrénées-Atlantiques – **342** C4 – **rattaché à Biarritz**

L'ARBRESLE – 69 Rhône – **327** G4 – 6 020 h. – alt. 230 m – ☒ 69210   **43** E1

▶ Paris 453 – Lyon 28 – Mâcon 68 – Roanne 58

🄸 18, place Sapéon ℰ 04 74 01 48 87

X Capucin   🛜 VISA ⊕

27 r. P.-Brossolette – ℰ 04 37 58 02 47 – Fermé 1ᵉʳ-23 août, 20 déc.-4 janv., dim.
et lundi
Rest – (14 € bc) Menu 19 € (dîner), 25/31 € – Carte 28/39 € le soir

◆ Cette maison du 17ᵉ s. borde une rue piétonne où l'on dresse quelques tables en été. Pierres apparentes et chaises rustiques dans la salle où l'on sert une cuisine traditionnelle.

ARCACHON – 33 Gironde – **335** D7 – 12 153 h. – alt. 5 m – Casino BZ   **3** B2
– ☒ 33120 ▮ Aquitaine

▶ Paris 650 – Agen 196 – Bayonne 181 – Bordeaux 67

🄸 esplanade Georges Pompidou ℰ 05 57 52 97 97

🄸⁸ d'Arcachon à La Teste-de-Buch 35 boulevard d'Arcachon, ℰ 05 56 54 44 00

◉ Front de mer★ : ≼★ de la jetée - Boulevard de la Mer★ - La Ville d'Hiver★ - Musée de la maquette marine : port★ BZ **M.**

🏨 Ville d'Hiver   ★ 🛜 🌊 🄰🄲 ⁽ⁱ⁾ 🄿 VISA ⊕ 🄰🄴

20 av. Victor-Hugo – ℰ 05 56 66 10 36 – www.hotelvilledhiver.com   BZf
12 ch – †125/225 € ††125/225 € – ☐ 12 €
Rest – Menu 18 € (déj.)/25 € – Carte 35/65 €

◆ Hôtel flambant neuf créé dans d'anciens bâtiments de la Compagnie générale des eaux. L'usine (19ᵉ s.) et deux pavillons de style balnéaire abritent de belles chambres contemporaines, avec balcon. Espace bien-être. Restaurant au décor rétro, avec spécialités à l'ardoise.

Point France sans rest

1 r. Grenier – ☏ *05 56 83 46 74 – www.hotel-point-france.com – Ouvert de mars à début nov.*

34 ch – ♦89/155 € ♦♦122/190 € – ☐ 13 €

BZ**q**

♦ Plaisant hôtel des années 1970 dont les chambres, refaites, sont décorées selon des styles différents, allant du moderne au plus ethnique. Certaines ont une terrasse côté mer.

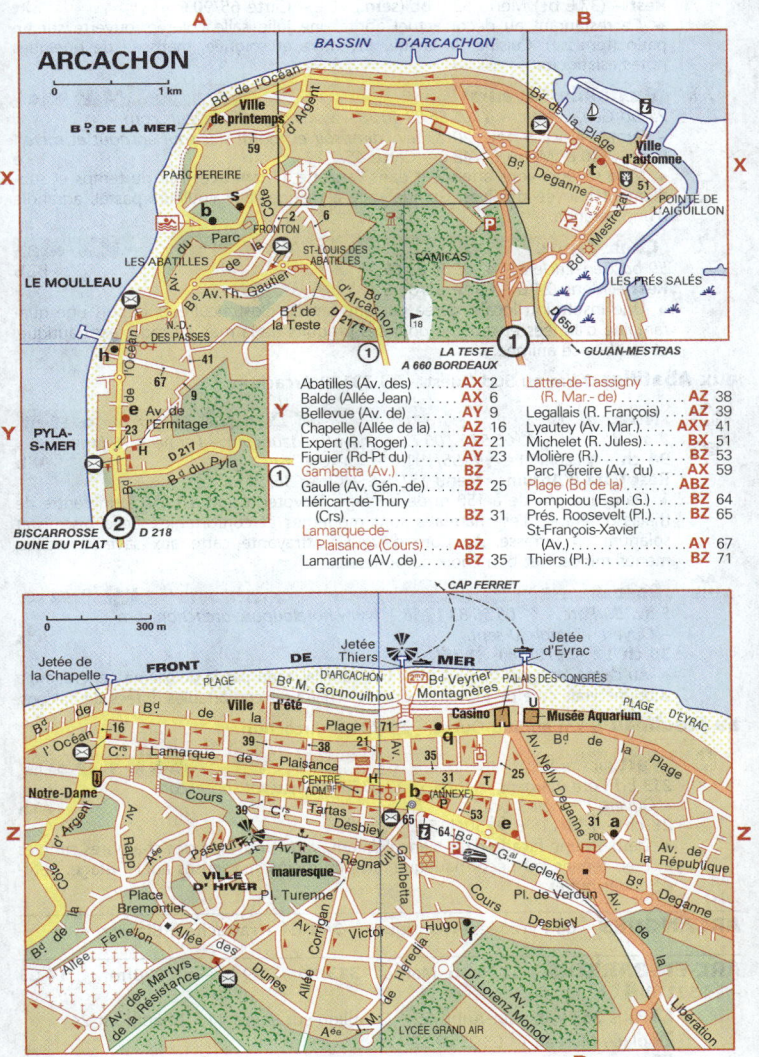

Abatilles (Av. des) . . . . . . **AX** 2	Lattre-de-Tassigny
Balde (Allée Jean) . . . . . **AX** 6	(R. Mar.- de) . . . . . **AZ** 38
Bellevue (Av. de) . . . . . . **AY** 9	Legallais (R. François) . . . **AZ** 39
Chapelle (Allée de la) . . . **AZ** 16	Lyautey (Av. Mar.) . . . . . **AXY** 41
Expert (R. Roger) . . . . . . **AZ** 21	Michelet (R. Jules) . . . . . **BX** 51
Figuier (Rd-Pt du) . . . . . . **AY** 23	Molière (R.) . . . . **BZ** 53
Gambetta (Av.) . . . . **BZ**	Parc Péreire (Av. du) . . . **AX** 59
Gaulle (Av. Gén.-de) . . . . **BZ** 25	Plage (Bd de la) . . . . **ABZ**
Héricart-de-Thury	Pompidou (Espl. G.) . . . . **BZ** 64
(Crs) . . . . **BZ** 31	Prés. Roosevelt (Pl.) . . . . **BZ** 65
Lamarque-de-	St-François-Xavier
Plaisance (Cours) . . . **ABZ**	(Av.) . . . . **AY** 67
Lamartine (AV. de) . . . . . . **BZ** 35	Thiers (Pl.) . . . . **BZ** 71

Le Dauphin sans rest 🕭   🔲 🕭 ⅄ AC ⁽ᵢ⁾ ⅍ P VISA ⚫ AE

7 av. Gounod – ℰ 05 56 83 02 89 – www.dauphin-arcachon.com   **BZa**
50 ch – ✝68/110 € ✝✝78/120 € – ⬠ 10 €

♦ Située dans un quartier résidentiel, cette villa arcachonnaise (18e s.) dispose de petites chambres sobres, certaines avec balcon. Copieux petit-déjeuner et agréable piscine.

Le Patio   🍴 VISA ⚫ AE ①

10 bd de la Plage – ℰ 05 56 83 02 72 – www.lepatio-thierryrenou.com – Fermé 15-31 oct., 15-28 fév., dim. soir et lundi sauf le soir du 14 juil. au 31 août
Rest – (37 € bc) Menu 53 € bc (sem.)/70 € – Carte 65/90 €   **BXt**

♦ Ce restaurant au décor actuel abrite une jolie salle colorée, ouverte sur un patio (terrasse). Cuisine de la mer inventive et soignée, métissée de quelques notes asiatiques.

Aux Mille Saveurs   AC VISA ⚫

25 bd Gén.-Leclerc – ℰ 05 56 83 40 28 – www.auxmillesaveurs.com
– Fermé 24 oct.-5 nov., 20-28 fév., dim. soir et mardi soir sauf en août et merc.
Rest – (20 €) Menu 30/48 € – Carte 45/70 €   **BZe**

♦ Mille saveurs vous attendent dans l'assiette, flirtant avec l'air du temps et subtilement relevée d'épices. Grande salle à manger aux couleurs pastel, agrandie d'une véranda.

Chez Yvette   AC VISA ⚫ AE

59 bd Gén.-Leclerc – ℰ 05 56 83 05 11   **BZb**
Rest – Menu 24 € – Carte 32/80 €

♦ Une institution locale, gérée par une famille d'ostréiculteurs depuis une quarantaine d'années et réputée pour ses produits de la mer. Le cadre est nautique, et l'ambiance animée.

aux Abatilles 2 km au Sud-Ouest – ⊠ 33120 Arcachon

Novotel 🕭   🍴 🔲 🕭 ⅄ AC ⁽ᵢ⁾ ⅍ P VISA ⚫ AE ①
⚭

9 av. du Parc – ℰ 05 57 72 06 72 – www.thalazur.com – Fermé 3-15 janv.
94 ch – ✝126/191 € ✝✝155/191 € – ⬠ 15 €   **AXb**
Rest Côté d'Arguin – Menu 15/35 € – Carte 36/54 €

♦ Dans une pinède à 150 m de la plage, Novotel récent associé à un centre de thalassothérapie. Les chambres sont modernes et confortables. Belle piscine et solarium en terrasse. Au Côté d'Arguin, attrayante carte aux saveurs iodées, menus minceur et bon choix de bordeaux.

Parc sans rest 🕭   🕭 ⅍ P VISA ⚫

5 av. du Parc – ℰ 05 56 83 10 58 – www.hotelduparc-arcachon.com
– Ouvert 1ᵉʳ mai-30 sept.
30 ch ⬠ – ✝70/98 € ✝✝78/109 €   **AXs**

♦ Au calme, entouré de pins, cet hôtel familial, tenu par la deuxième génération, a subi une vraie cure de jouvence. Grandes chambres confortables dotées de balcons.

au Moulleau 5 km au Sud-Ouest – ⊠ 33120 Arcachon

Yatt sans rest   🕭 & AC ⁽ᵢ⁾ VISA ⚫ AE

253 bd Côte-d'Argent – ℰ 05 57 72 03 72 – www.yatt-hotel.com
– Ouvert 1ᵉʳ avril-3 oct.
28 ch – ✝50/115 € ✝✝50/115 € – ⬠ 6 €   **AYh**

♦ Derrière une façade d'un blanc éclatant, vous trouverez des chambres simples et bien tenues, au décor nautique, un peu moins spacieuses au 1ᵉʳ étage. Petit-déjeuner buffet.

ARCANGUES – 64 Pyrénées-Atlantiques – **342** C4 – rattaché à Biarritz

ARC-EN-BARROIS – 52 Haute-Marne – **313** K6 – 789 h. – alt. 270 m   **14 C3**
– ⊠ 52210 ▮ Champagne Ardenne

▶ Paris 263 – Bar-sur-Aube 55 – Châtillon-sur-Seine 44 – Chaumont 24
🛈 place Moreau ℰ 03 25 02 52 17
🏌 d'Arc-en-Barrois Club House, S : 1 km par D 6, ℰ 03 25 01 54 54

Du Parc
1 pl. Moreau – ℰ 03 25 02 53 07 – www.relais-sud-champagne.com
– *Fermé de mars à début avril, mardi soir et merc. de début sept. à fin fév.*
16 ch – ♦60/65 € ♦♦60/65 € – ⏞ 8,50 € – ½ P 62 €
Rest – (14 €) Menu 19/42 € – Carte 35/65 €
♦ Cet ancien relais de poste au cœur du village daterait du 17ᵉ s. Il dispose de petites chambres simples, aux couleurs chaleureuses. Salle à manger d'allure cossue (parquet, mobilier de style) pour une cuisine traditionnelle. Brasserie au décor contemporain.

ARC-ET-SENANS – 25 Doubs – **321** E4 – 1 364 h. – alt. 231 m   **16** B2
– ✉ 25610 ▌ Franche-Comté Jura
▶ Paris 396 – Besançon 37 – Pontarlier 62 – Salins-les-Bains 16
ℹ Porche de la Saline ℰ 03 81 57 43 21
◉ Saline Royale★★.
◉ Port-Lesney★.

Le Relais d'Arc et Senans
9 pl. de l'Église – ℰ 03 81 57 40 60 – www.le-relais-darc-et-senans – *Fermé 1ᵉʳ-8 oct. et de mi-déc. à mi-janv.*
Rest – (14 €) Carte environ 30 €
♦ Une maison franc-comtoise à 800 m de la Saline royale (classée au patrimoine de l'Unesco). Salle rustique et cuisine actuelle privilégiant les produits locaux.

ARCHAMPS – 74 Haute-Savoie – **328** J4 – rattaché à St-Julien-en-Genevois

ARCINS – 33 Gironde – **335** G4 – rattaché à Margaux

LES ARCS – 83 Var – **340** N5 – 6 108 h. – alt. 80 m – ✉ 83460   **41** C3
▌ Côte d'Azur
▶ Paris 848 – Cannes 59 – Draguignan 11 – Fréjus 25
◉ Polyptyque★ dans l'église - Chapelle Ste-Roseline★ NE : 4 km.

Le Relais des Moines
1,5 km à l'Est par rte Ste-Roseline – ℰ 04 94 47 40 93
– www.lerelaisdesmoines.com – *Fermé 7-28 nov., 10-18 janv., mardi d'oct. à mai et lundi*
Rest – (25 € bc) Menu 37/59 € – Carte 50/65 €
♦ Cette bergerie à flanc de colline abritait jadis des moines. Cadre chaleureux rehaussé d'arcades en pierre du 16ᵉ s. et terrasse ombragée pour apprécier des plats contemporains.

Logis du Guetteur avec ch ⌂
au village médiéval – ℰ 04 94 99 51 10 – www.logisduguetteur.com – *Fermé 8 fév.-16 mars*
13 ch – ♦130/154 € ♦♦130/225 € – ⏞ 17 €
Rest – (23 €) Menu 27/98 € – Carte 60/95 €
♦ Une robuste demeure médiévale (11ᵉ s.), perchée à l'aplomb du village... En terrasse, où l'on guette le panorama à loisir, ou sous les voûtes séculaires du bâtiment, on savoure une cuisine généreuse, marquée par le terroir. Agréable esprit provençal dans les chambres.

ARC-SUR-TILLE – 21 Côte-d'Or – **320** L5 – 2 458 h. – alt. 219 m   **8** D1
– ✉ 21560
▶ Paris 323 – Avallon 119 – Besançon 97 – Dijon 13

Auberge Les Marronniers
16 r. de Dijon – ℰ 03 80 37 09 62
19 ch – ♦60 € ♦♦65/80 € – ⏞ 10 € – ½ P 78 €
Rest – (20 €) Menu 36/60 € – Carte 33/60 €
♦ Chambres spacieuses et simples dotées de salles de bains bien conçues. Au restaurant, décor champêtre, vivier à crustacés et carte orientée poissons ; jolie terrasse dressée l'été sous les marronniers centenaires.

ARDENTES – 36 Indre – **323** H6 – 3 582 h. – alt. 172 m – ✉ 36120 **12** C3
🟩 Limousin Berry

▶ Paris 275 – Argenton-sur-Creuse 43 – Bourges 66 – Châteauroux 14

🍴🍴 **La Gare** 😊 🅿 VISA ⦿ AE
∞ 2 av. de la Gare – ✆ 02 54 36 20 24 – Fermé dim. soir, merc. du 15 sept. au 15 juin
Rest – Menu 12 € (déj.), 18/31 € – Carte 20/36 €

◆ Dans un quartier calme proche de l'ancienne gare, façade assez anodine abritant une salle de restaurant rustique et soignée, coiffée de poutres apparentes. Cuisine traditionnelle copieuse.

ARDRES – 62 Pas-de-Calais – **301** E2 – 4 191 h. – alt. 11 m – ✉ 62610 **30** A1
🟩 Nord Pas-de-Calais Picardie

▶ Paris 273 – Calais 18 – Arras 93 – Boulogne-sur-Mer 38
🅸 place d'Armes ✆ 03 21 35 28 51

🍴🍴 **Le François 1er** VISA ⦿
pl. des Armes – ✆ 03 21 85 94 00 – www.lefrancois1er.com
– Fermé 16-18 avril, 1er-13 sept., 26 déc.-12 janv. merc. soir, dim. soir et lundi
Rest – (prévenir) (18 €) Menu 25/49 € – Carte 52/65 €

◆ Belle demeure sur la pittoresque Grand-Place, décorée avec élégance. Le chef met en valeur les produits du terroir (ris de veau aux morilles, turbot à la crème de homard).

ARÊCHES – 73 Savoie – **333** M3 – alt. 1 080 m – Sports d'hiver : **45** D1
1 050/2 300 m � 15 ☃ – ✉ 73270 Beaufort sur Doron 🟩 Alpes du Nord

▶ Paris 606 – Albertville 26 – Chambéry 77 – Megève 42
🅸 route Grand Mont ✆ 04 79 38 37 57
👁 Hameau de Boudin ★ E : 2 km.

🏠 **Auberge du Poncellamont** 🌿 ≤ 🚗 😊 🕸 📶 🅿 VISA ⦿
🍽 – ✆ 04 79 38 10 23 – www.hotel-poncellamont-areches.com
– Ouvert 15 juin-15 sept. et 20 déc.-15 avril et fermé dim. soir, lundi midi et merc. hors saison
14 ch – †65/80 € ††80/90 € – ☑ 11 € – ½ P 69 €
Rest – (dîner seult en hiver) (15 €) Menu 24/49 € – Carte 34/40 €

◆ Chalet savoyard abondamment fleuri en été. Chambres simples et pratiques ; certaines sont mansardées, d'autres pourvues de balcons. Salle à manger rustique et terrasse bercée par le murmure d'une fontaine. Plats traditionnels et du terroir.

ARÈS – 33 Gironde – **335** E6 – 5 341 h. – alt. 6 m – ✉ 33740 **3** B1
🟩 Pays Basque et Navarre

▶ Paris 627 – Arcachon 47 – Bordeaux 48
🅸 esplanade G. Dartiquelongue ✆ 05 56 60 18 07
🅶 des Aiguilles Vertes à Lanton Route de Bordeaux, SE : 12 km, ✆ 05 56 82 95 71

🍴🍴 **St-Éloi** avec ch 😊 📶 VISA ⦿ ⦿
11 bd Aérium – ✆ 05 56 60 20 46 – www.le-saint-eloi.com – Fermé 5 janv.-10 fév., merc. soir, dim. soir et lundi du 15 sept. au 15 juin
8 ch – †50/65 € ††55/85 € – ☑ 8,50 € – ½ P 45/55 €
Rest – (19 € bc) Menu 33 € (sem.), 43/62 € – Carte environ 50 €🍷

◆ Agréable salle à manger contemporaine, terrasse, cuisine traditionnelle et chambres ethniques ou marines vous attendent en cette maison balnéaire blanche proche du bassin d'Arcachon.

ARGELÈS-GAZOST 👁 – 65 Hautes-Pyrénées – **342** L6 – 3 254 h. **28** A3
– alt. 462 m – Stat. therm. : mi avril-fin oct. – Casino Y – ✉ 65400
🟩 Midi-Toulousain

▶ Paris 863 – Lourdes 13 – Pau 58 – Tarbes 32
🅸 15, place République ✆ 05 62 97 00 25

ARGELÈS-GAZOST

Alicot (R. Michel)	**Y** 3
Bourdette (R. Jean)	**Z** 18
Bourg Neuf (R. du)	**Y** 19
Coubertin (Av. P. de)	**Z** 29
Dambé (Av. Jules)	**Y** 30
Digoy (R. Capitaine)	**YZ** 33

Edouard-VII (Pl.)	**Z** 36
Foch (R. du Mar.)	**Y** 39
Gassan (Av. Ernile)	**Y** 42
Joffre (Pl.)	**YZ** 53
Nansouty (Av. du Gén.)	**Y** 69
Pasteur (R.)	**Z** 75
Pérus (Pl.)	**Y** 77
Poilus (R. des)	**Y** 80
Reine Nathalie (Av.)	**Y** 84

République (Pl. de la)	**Z** 85
Sainte-Castere (R.)	**Z** 91
Saint-Orens (R.)	**Z** 88
Sassere (Av. Hector)	**Y** 92
Sorbe (R.)	**Y** 93
Sylvestre (Av. Armand)	**Z** 96
Victoire (Pl. de la)	**Y** 100
Vieuzac (R. de)	**Y** 101
8-Mai (R. du)	**Y** 106

Le Miramont 〆 🛗 🅰🅺 rest, ⚒ ch, 📶 🅿 VISA ㏌ AE ①

44 av. des Pyrénées – ✆ *05 62 97 01 26* – *www.bestwestern-lemiramont.com*
– *Fermé de mi-nov. à mi-déc.*

Zn

19 ch – ♦56/165 € ♦♦69/165 € – ⛉ 13 € – ½ P 54/117 €

Rest – *(fermé merc. sauf le soir en juil.-août) (prévenir le week-end)* (16 €)
Menu 21/29 € bc – Carte 32/55 €

◆ Cette villa blanche des années 1930, aux allures de paquebot, cache un joli jardin et des chambres de bon confort. Restaurant lumineux agrémenté d'une véranda pour déguster des plats au goût du jour.

Les Cimes ⚘   🚗 🎾 📺 🛎 AC rest, 🍽 rest, �']' 🦽 P VISA ⚭

1 pl. d'Ourout – ℰ 05 62 97 00 10 – www.hotel-lescimes.com
– Fermé 25 oct.-25 déc. et 2 janv.-6 fév.
  Za
26 ch – †48/59 € ††69/86 € – ⌂ 10 € – ½ P 55/70 €
Rest – (10 €) Menu 19/45 € – Carte 20/50 €
♦ Grand édifice disposant de chambres confortables, à l'ancienne ou dans l'air du temps. Petit-déjeuner dans l'agréable patio fleuri ; piscine couverte. Carte traditionnelle au restaurant ouvert sur la verdure.

Soleil Levant   🚗 🎾 🛎 AC rest, ⚱ P VISA ⚭ AE ①

17 av. des Pyrénées – ℰ 05 62 97 08 68 – www.hotel-soleil-levant-argeles
– Fermé 20 nov.-22 déc. et 2 janv.-1ᵉʳ février
  Yt
32 ch – †47/56 € ††47/56 € – ⌂ 8 € – ½ P 48/53 €
Rest – Menu 14 € (sem.), 22/45 €
♦ Adresse familiale depuis trois générations, située dans la ville basse. Chambres fonctionnelles et pratiques ; certaines ont vue sur les montagnes Hautacam ou mont de Gez. Cuisine traditionnelle au restaurant.

à St-Savin 3 km au Sud par D 101 - **Z** – 377 h. – alt. 580 m – ⊠ 65400

🖸 Site ★ de la chapelle de Piétat S : 1 km.

XXX   **Le Viscos** avec ch   🎾 🦽 rest, AC ⚱ P VISA ⚭ AE ①

1 r. Lamarque – ℰ 05 62 97 02 28 – www.hotel-leviscos.com – Fermé 3 sem.
en janv., dim. soir et lundi sauf vacances scolaires
10 ch – †79/125 € ††79/125 € – ⌂ 12 € – ½ P 78/88 €
Rest – (21 €) Menu 27/89 € – Carte 40/95 €
♦ Auberge familiale cultivant la tradition du bon accueil et de la table depuis 1840. Cuisine actuelle axée terroir ; belle salle ouverte sur la terrasse avec vue sur les cimes. Chambres douillettes.

ARGELÈS-SUR-MER – 66 Pyrénées-Orientales – **344** J7 – 9 928 h.   **22** B3
– alt. 19 m – Casino : à Argelès-Plage **BV** – ⊠ 66700 🍴 Languedoc Roussillon
▶ Paris 872 – Céret 28 – Perpignan 22 – Port-Vendres 9
🛈 place de l'Europe ℰ 0468811585

Plans pages suivantes

Le Cottage sans rest ⚘   🚗 🏊 🦽 AC ⚱ 🦽 P VISA ⚭

21 r. Arthur-Rimbaud – ℰ 04 68 81 07 33 – www.hotel-lecottage.com – Ouvert
1ᵉʳ avril-15 oct.
  DYa
28 ch – †75/285 € ††75/285 € – 5 suites – ⌂ 15 €
♦ Hôtel moderne doté d'espaces de loisirs et de détente (piscine, minigolf, jacuzzi, hammam). Les coquettes chambres bénéficient de la tranquillité du jardin et du quartier.

⌂   **Château Valmy** sans rest ⚘   ≤ 🔆 🏊 🛎 ⚱ ⚱ P VISA ⚭

chemin de Valmy – ℰ 04 68 95 95 25 – www.chateau-valmy.com – Ouvert d'avril
à nov.
  AXa
5 ch ⌂ – †160/370 € ††160/370 €
♦ Ce château érigé en 1900 par un architecte danois se dresse majestueusement au cœur du vignoble. Chambres haut de gamme, splendide vue sur mer et dégustations de vins au chai.

à Argelès-Plage 2,5 km à l'Est – ⊠ 66700 Argelès-sur-Mer – 9 869 h.
🍴 Languedoc Roussillon

🖸 SE : Côte Vermeille ★★.

Grand Hôtel du Lido   ≤ 🚗 🎾 🏊 🛎 🦽 ch, AC ⚱ P VISA ⚭ AE ①

50 bd de la Mer – ℰ 04 68 81 10 32 – www.hotel-le-lido.com
– Ouvert 22 avril-1ᵉʳ oct.
  BVu
66 ch – †84/215 € ††84/215 € – ⌂ 11 € – ½ P 78/148 €
Rest – (19 € bc) Menu 27 € (déj.), 30/47 € – Carte 40/55 €
♦ Agréablement posé en bord de plage, le Lido abrite des chambres colorées et bien équipées avec balcons, la plupart tournés vers la mer. Salle à manger-véranda, terrasses ombragées et fleuries pour une cuisine traditionnelle (buffets mercredi et dimanche).

ARGELÈS-SUR-MER

Albères (Bd des) . . . . **BV** 2	Corbières (Av. des) . . . . **BV** 17	Platanes (Av. des) . . . . **BV** 39
Arrivée (Rond-Point de l') . . . . . **BV** 6	Gaulle (Av. du Gén.-de) . . . . **BV** 21	Port (R. du) . . . . **BX** 40
Buisson (Allée Ferdinand) . . . . **AV** 10	Grau (Av. du) . . . . **BX** 24	Racou (Allée du) . . . . **BVX** 42
Charlemagne (Av. de) . . . . **BX** 16	Méditerranée (Bd de la) . . . . . . **BV** 29	Ste-Madeleine (Chemin) . . . . **AX** 43
	Mimosas (Av. des) . . . . **BV** 30	Trabucaires (R. des) . . . . **AV** 44
	Pins (Allée des) . . . . **BV** 37	14-Juillet (R. du) . . . . **AV** 49
	Pins (Av. des) . . . . **BV** 38	

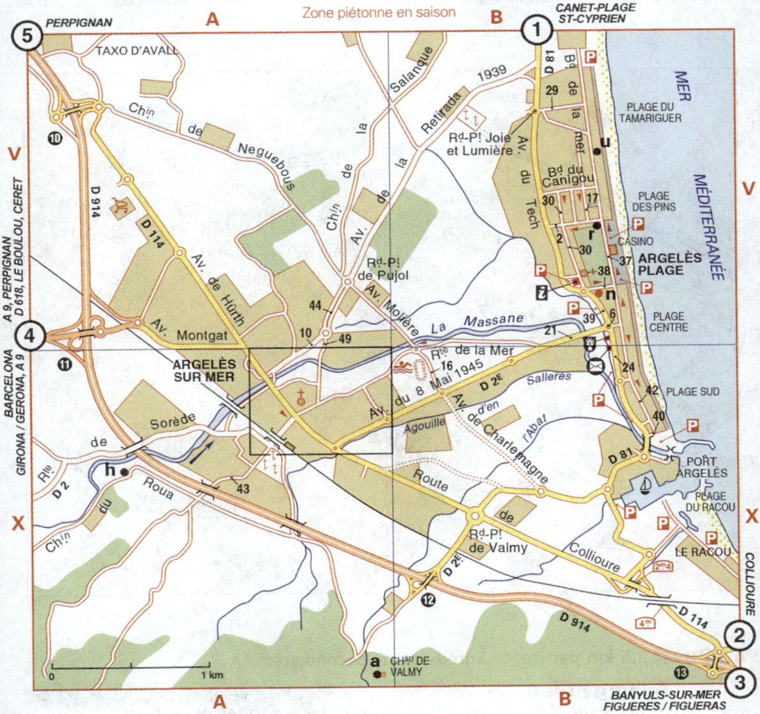

De la Plage des Pins sans rest

allée des Pins – ✆ 04 68 81 09 05 – www.plage-des-pins.com – Ouvert 16-30 avril et 2 juin- 25 sept. BV**r**

50 ch – 🚹70/105 € 🚹🚹80/154 € – ☕ 13 €

◆ Cette grande bâtisse face à la Méditerranée bénéficie de chambres sobres et fonctionnelles, toutes dotées de balcons. Celles côté mer offrent plus d'ampleur. Belle piscine.

L'Amadeus

av. des Platanes – ✆ 04 68 81 12 38 – www.lamadeus.fr – Fermé 12 nov.-20 déc., 2 janv.-2 fév., lundi et mardi sauf le soir en saison et merc. midi du 16 juin au 14 sept. BV**n**

Rest – (16 €) Menu 30/46 € – Carte 48/80 €

◆ Spécialités régionales dans une salle à manger contemporaine avec cheminée et plantes vertes, ou sur une agréable terrasse en zone piétonne ; calme patio sur l'arrière.

rte de Collioure 4 km au Sud-Est **DZ** – ✉ 66700 Argelès-sur-Mer

Les Mouettes sans rest

La Corniche – ✆ 04 68 81 82 83 – www.hotel-lesmouettes.com – Ouvert 15 avril-15 oct.

31 ch – 🚹95/200 € 🚹🚹95/250 € – ☕ 15 €

◆ Hôtel avec jardin, espace zen (jacuzzi, hammam) et piscine panoramique. Salon contemporain ouvert sur la terrasse et agréables chambres ou studios.

ARGELÈS-SUR-MER

Albert (R. Marcelin) . . . . **CY** 3
Bel Air (R. de) . . . . **CY** 7
Blanqui (R.) . . . . **CY** 9
Castellans (Pl. des) . . . . **CY** 13
Castellans (R.) . . . . **CY** 14

Desclot (R.) . . . . **CY** 18
Gambetta (R.) . . . . **CDZ** 20
Gendarmerie (R. de la) . . . . . . **CDZ** 22
Jean-Jaurès (R.) . . . . **CY** 26
Libération (Av. de la) . . . . . **CDYZ**
Majorque (R. de) . . . . **CY** 27
Morata (R. Juan) . . . . **CY** 32
Nationale (Rte) . . . . **CYZ**

Notre-Dame-de-Vie (Rte) . . . . **CZ** 33
Paix (R. de la). . . . . **CY** 35
Remparts (R. des) . . . . **CY** 41
République (Pl. de la) . . . . **CY** 42
République (R. de la) . . . . **CY**
Travail (R. du) . . . . **CY** 45
Wilson (R.) . . . . **CZ** 47
11-Novembre (Av. du) . . . . . . **CY** 48

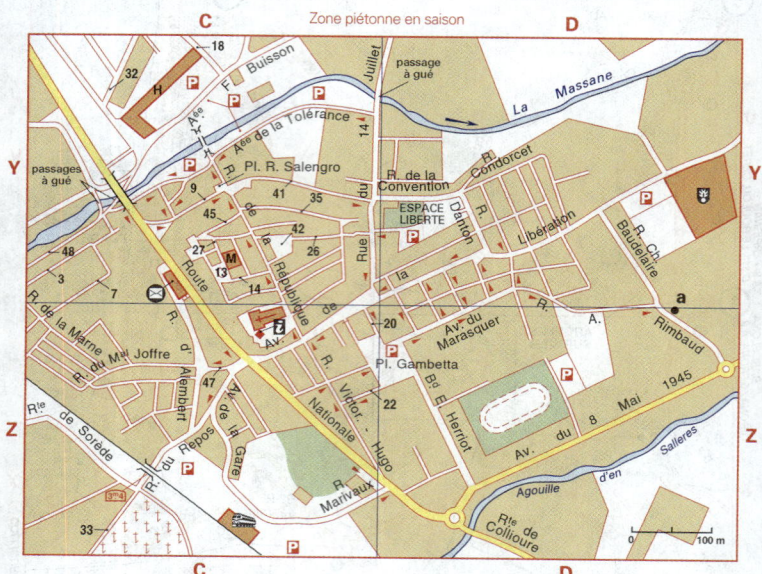

à l'Ouest 1,5 km par rte de Sorède et rte secondaire

Auberge du Roua 🌿

46 chemin du Roua ⊠ 66700 Argelès-sur-Mer – 𝒞 *04 68 95 85 85*
– www.aubergeduroua.com – Ouvert 1ᵉʳ fév.-14 nov.
14 ch – †69/189 € ††69/189 € – 3 suites – ⊔ 12 € – ½ P 78/138 €
Rest – *(fermé le midi sauf dim. et fériés)* (20 €) Menu 43/75 € – Carte 49/58 €

AXh

◆ Authentique mas du 17ᵉ s. Dans les chambres rénovées avec goût, la décoration moderne épurée (tons beige, taupe et marron) s'accorde parfaitement aux
murs anciens. Cuisine méditerranéenne revisitée servie sous de belles voûtes
ou au bord de la piscine.

ARGENTAN – 61 Orne – 310 I2 – 14 900 h. – alt. 160 m

33 C2

– ⊠ 61200 ▯ Normandie Cotentin

▶ Paris 191 – Alençon 46 – Caen 59 – Dreux 115
🛈 rue Lautour Labroise 𝒞 02 33 67 12 48
🏌 des Haras à Nonant-le-Pin Les Grandes Bruyères, E : 22 km,
𝒞 02 33 27 00 19
◉ Église St-Germain ★.

Ariès

Z.A. Beurrerie, 1 km par D 916 – 𝒞 *02 33 39 13 13 – www.arieshotel.fr*
43 ch – †60/64 € ††64/68 € – ⊔ 8 € – ½ P 44/48 €
Rest – *(fermé vend. soir, sam. et dim.)* (12 €) Menu 16/23 € – Carte 22/38 €
◆ À proximité d'un axe à forte circulation, hôtel moderne simple et très bien insonorisé. Chambres fonctionnelles de conception identique. Au restaurant, salle claire
et spacieuse, mobilier de bistrot, carte classique, formules buffets et plats du jour.

XXX **La Renaissance** avec ch ⌂ 〈↑〉 **P** VISA ⦿ AE

20 av. 2e-Division-Blindée – ℰ 02 33 36 14 20 – www.hotel-larenaissance.com
– Fermé 26 juil.-16 août, 20-27 fév. et dim. soir
14 ch – ♦64/86 € ♦♦69/90 € – � 10 € – ½ P 71/97 €
Rest – (fermé lundi) (18 €) Menu 27/65 € – Carte 61/87 €

◆ De grandes baies vitrées donnant sur le jardin éclairent cette salle à manger bourgeoise ornée d'une cheminée d'inspiration Renaissance. Belle cuisine inventive. Chambres agréables pour l'étape.

au Nord-Est 11 km par N 26 et D 729

▢ **Pavillon de Gouffern** ⌂ ⌖ ⌂ ⌖ XX ⌖ 〈↑〉 ⌂ **P** VISA ⦿ AE ⓪

l'Orée du bois – ℰ 02 33 36 64 26 – www.pavillondegouffern.com
20 ch – ♦60/200 € ♦♦70/200 € – ⊠ 12 € – ½ P 93/103 €
Rest – (25 €) Menu 38/100 € bc

◆ Dans un parc entouré de bois, pavillon de chasse du 19e s. avec façade à colombages. Chambres spacieuses, aménagées dans un esprit contemporain. Les deux salles à manger, relookées au goût du jour, offrent une belle vue sur le domaine. Cuisine traditionnelle.

à Fontenai-sur-Orne 4,5 km au Sud-Ouest – 263 h. – alt. 65 m – ⌧ 61200

XX **Faisan Doré** avec ch ⌖ 〈↑〉 ⌂ **P** VISA ⦿
⌘ – ℰ 02 33 67 18 11 – www.lefaisandore.com – Fermé 1er-15 août, sam. midi et dim. soir
16 ch – ♦60/150 € ♦♦60/150 € – ⊠ 9 €
Rest – (13 €) Menu 17 € (sem.), 25/35 € – Carte 19/45 €

◆ Une auberge normande située au bord d'une route fréquentée. La salle à manger, précédée d'un bar-salon cosy, ose le papier peint fleuri et les couleurs vives. Carte régionale. Chambres progressivement rénovées (style contemporain et teinte chocolat dominante).

ARGENTAT – 19 Corrèze – **329** M5 – 3 119 h. – alt. 183 m – ⌧ 19400   **25** C3

▮ Limousin Berry

▶ Paris 503 – Aurillac 54 – Brive-la-Gaillarde 45 – Mauriac 49

ℹ place da Maïa ℰ 05 55 28 16 05

▢ **Le Sablier du Temps** ⌖ ⌂ ⌖ ⌖ AC rest. 〈↑〉 **P** **P** VISA ⦿ AE ⓪

▨ 13 r. J.-Vachal – ℰ 05 55 28 94 90 – www.sablier-du-temps.com
– Fermé 3 janv.-11 fév.
24 ch – ♦50/58 € ♦♦52/95 € – ⊠ 9 € – ½ P 53/75 €
Rest – (fermé vend. d'oct. à avril) (12 €) Menu 21 € (déj. en sem.), 23/43 €
– Carte 32/55 €

◆ Un jardin arboré agrémenté d'une piscine entoure cet hôtel proche du centre-ville. Les chambres, actuelles, sont progressivement personnalisées et très bien tenues. Cuisine du terroir servie dans une grande salle à manger-véranda ouvrant sur la terrasse.

▢ **Fouillade** ⌖ ⛨ rest. 〈↑〉 VISA ⦿ AE
⌘ 11 pl. Gambetta – ℰ 05 55 28 10 17 – www.fouillade.com
– Fermé 15 déc.-4 janv. et vacances de fév.
15 ch – ♦50 € ♦♦52/73 € – ⊠ 7 € – ½ P 45 €
Rest – (fermé dim. soir et lundi du 15 sept. au 15 juin) Menu 14 € (sem.), 25/39 € – Carte 18/46 €

◆ Hôtel au calme vous hébergeant dans des chambres au mobilier fonctionnel de style actuel et dotées de lits confortables. Plats traditionnels aux accents régionaux servis sous les poutres de la salle à manger rustique ; terrasse en façade.

XX **Saint-Jacques** ⌂ VISA ⦿
⌘ 39 av. Foch – ℰ 05 55 28 89 87 – Fermé 7-28 mars, 3-17 oct., dim. soir d'oct. à avril et lundi
Rest – (14 €) Menu 19/55 € – Carte 46/76 €

◆ Monsieur réalise une goûteuse cuisine actuelle tandis que madame prend soin de vous accueillir. Salle confortable et raffinée, véranda et belle terrasse ombragée.

X **Auberge des Gabariers** 🛜 VISA ⓒⓑ
15 quai Lestourgie – ℰ 05 55 28 05 87 – www.aubergedesgabariers.com – Ouvert
28 mars-10 nov. et fermé mardi soir et merc. sauf juil.-août
Rest – (16 €) Menu 27/36 € – Carte 35/48 €
♦ Jolie maison du 16ᵉ s. en bord de Dordogne. Salle à manger rustique à souhait, cuisine à la broche et terrasse riveraine ombragée par un tilleul. Chambres charmantes tournées vers les flots.

ARGENTEUIL – 95 Val-d'Oise – **305** E7 – **101** 14 – **voir à Paris, Environs**

ARGENTIÈRE – 74 Haute-Savoie – **328** O5 – alt. 1 252 m – Sports   **45** D1
d'hiver : voir Chamonix – ✉ 74400 ▌Alpes du Nord

▶ Paris 619 – Annecy 106 – Chamonix-Mont-Blanc 10 – Vallorcine 10
🛈 24, route du village ℰ 04 50 54 02 14
◉ Aiguille des Grands Montets★★★ : ❄★★★ - Réserve naturelle des
Aiguilles Rouges★★★ N : 3 km - Col de la Balme★★ : ❄★★.

🏨 **Grands Montets** sans rest ⑤   ≤ 🚗 🖥 🎢 ⓐ 👶 ❄ 🎯 🅿 VISA ⓒⓑ AE ①
340 chemin des Arberons, (près du téléphérique de Lognan) – ℰ 04 50 54 06 66
– www.hotel-grands-montets.com – Ouvert 26 juin-29 août et 17 déc.-1ᵉʳ mai
45 ch � – †115/200 € ††125/210 € – 3 suites
♦ Cet hôtel a de séduisants atouts : calme, proximité du téléphérique, décor régional au bar-salon, belle piscine, fitness et chambres avec vue. Préférez celles récemment rénovées.

🏨 **Montana**   ≤ 🚗 🛜 🖥 👶 ch, 🎯 🅿 VISA ⓒⓑ AE ①
24 clos du Montana – ℰ 04 50 54 14 99 – www.hotel-montana.fr
– Ouvert 30 juin-30 sept. et 8 déc.-11 mai
22 ch ⚎ – †105/180 € ††120/300 €
Rest – (ouvert 30 juin-30 sept.) (dîner seult) (résidents seult) Menu 29 €
♦ Une adresse recherchée pour son ambiance familiale, particulièrement chaleureuse et amicale. Chambres sobrement meublées, dotées de balcons tournés vers les Grands Montets. Restaurant au décor alpin, terrasse face aux montagnes et plats traditionnels simples.

ARGENTON-SUR-CREUSE – 36 Indre – **323** F7 – 5 185 h.   **11** B3
– alt. 100 m – ✉ 36200 ▌Limousin Berry

▶ Paris 297 – Châteauroux 32 – Limoges 93 – Montluçon 103
🛈 13, place de la République ℰ 02 54 24 05 30
◉ Vieux pont ≤★ - ≤★ de la terrasse de la chapelle N.-D.-des-Bancs.

🏠 **Manoir de Boisvillers** sans rest ⑤   🚗 🛥 ⚘ 🅿 VISA ⓒⓑ
11 r. Moulin-de-Bord – ℰ 02 54 24 13 88 – www.manoir-de-boisvillers.com   e
– Fermé 4 janv.-1ᵉʳ fév.
16 ch – †56/113 € ††60/113 € – ⚎ 8 €
♦ Belle demeure bourgeoise du 18ᵉ s. posée sur une rive de la Creuse. Chambres de style, ethniques ou rustiques, salon contemporain et agréable jardin autour de la piscine.

🏠 **Le Cheval Noir** 🛜 🛥 AC rest, 🎯 🅿 VISA ⓒⓑ
27 r. Auclert-Descottes – ℰ 02 54 24 00 06 – www.le-chevalnoir.fr – Fermé dim.
soir hors saison   n
20 ch – †46 € ††70 € – ⚎ 7 €
Rest – (fermé en nov. et en janv.) (10 €) Menu 23/31 € – Carte 26/46 €
♦ Ancien relais de poste, géré de père en fils depuis plus d'un siècle. Chambres sobres, de styles et de tailles variés. Salle à manger contemporaine et terrasse dans une cour fleurie. Cuisine traditionnelle complétée, à midi, d'une petite formule du jour.

ARGENTON-SUR-CREUSE

Acacias (Allée des) 2
Barbès (R.) 5
Brillaud (R. Charles) 6
Chapelle-N.-D. (R. de la).... 7
Châteauneuf (R.) 8
Chauvigny (R. A. de) 10
Coursière (R. de la) 12
Gare (R. de la) 14
Grande (R.) 15
Merle-Blanc (R.) 18
Point-du-Jour (R. du) 20
Pont-Neuf (R. du) 23
Raspail (R.) 24
République (Pl. de la) 27
Rochers-St-Jean (R. des)..... 27
Rosette (R.) 28
Rousseau (R. Jean-J.) 29
Tanneurs (R. des) 31
Victor-Hugo (R.) 33
Villers (Impasse de) 35

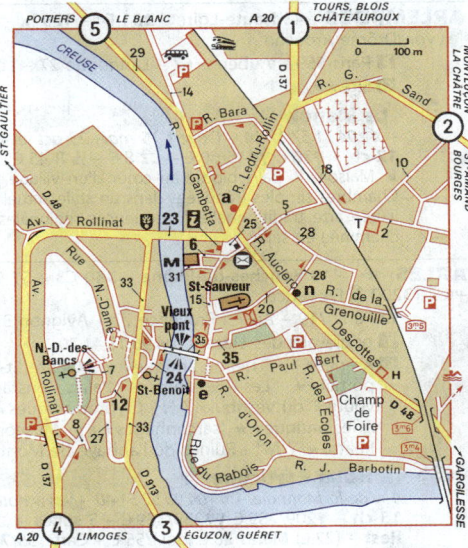

à Bouësse 11 km par ② – 391 h. – alt. 185 m – ✉ 36200

Château de Bouesse ✍ ≤ ⌂ 🛏 ⑪ ⚙ **P** **VISA** 🌐 AE
– ☎ 02 54 25 12 20 – www.chateau-bouesse.com – *Ouvert 1er avril-1er janv. et fermé lundi et mardi sauf du 16 mai au 30 sept.*
8 ch – †95/130 € ††95/140 € – 4 suites – ☐ 12 € – ½ P 88/121 €
Rest – *(fermé mardi sauf juil.-août et lundi)* Menu 20 € (déj.), 36/50 € Carte 54/75 €
◆ Jeanne d'Arc aurait séjourné en ce château du 13e s. entouré d'un parc. L'intérieur allie style médiéval et confort moderne. Chambres au mobilier ancien, dont une magnifique au donjon. Au restaurant : décor du 18e s. et repas dans l'air du temps.

ARGENTRÉ – 53 Mayenne – **310** F6 – **rattaché à Laval**

ARGENT-SUR-SAULDRE – 18 Cher – **323** K1 – 2 285 h. – alt. 171 m   **12** C2
– ✉ 18410 ▌Limousin Berry
▶ Paris 171 – Bourges 57 – Cosne-sur-Loire 46 – Gien 22

Relais du Cor d'Argent avec ch   🛏 ⑪ **VISA** 🌐
39 r. Nationale – ☎ 02 48 73 63 49 – www.lecordargent.com
– *Fermé 28 juin-7 juil., 18-27 oct., 15 fév.-16 mars, mardi et merc.*
7 ch – †42/46 € ††42/46 € – ☐ 8 € – ½ P 45 €
Rest – Menu 18 € (sem.), 28/58 € – Carte 40/70 €
◆ Un Cor d'Argent fleuri et rustique... Salles à manger sobres et champêtres, où l'on savoure une cuisine traditionnelle variant avec le marché et les saisons. Petites chambres simples pour l'étape.

ARGOULES – 80 Somme – **301** E5 – 335 h. – alt. 18 m – ✉ 80120   **36** A1
▌Nord Pas-de-Calais Picardie
▶ Paris 217 – Abbeville 34 – Amiens 82 – Calais 93
◉ Abbaye★★ et jardins★★ de Valloires NO : 2 km.

Auberge du Coq-en-Pâte   🛏 **VISA** 🌐
37 rte de Valloires – ☎ 03 22 29 92 09 – *Fermé 5-12 avril, 30 août-10 sept., 18-25 oct., 3 sem. en janv., mardi sauf le midi en saison, dim. soir et lundi*
Rest – *(nombre de couverts limité, prévenir)* Menu 20 € – Carte 25/45 €
◆ Dans les années 1930, cette auberge typiquement régionale fut offerte par le châtelain d'Argoules à sa cuisinière. Les plats, goûteux, magnifient le terroir picard à leur façon.

ARLEMPDES – 43 Haute-Loire – **331** F4 – 129 h. – alt. 840 m – ⊠ 43490   **6** C3
Lyon Drôme Ardèche

▶ Paris 559 – Aubenas 67 – Langogne 27 – Le Puy-en-Velay 29
◉ Site ★★.

Le Manoir ⟱   ← 🍴 🦢 ⅝ ch, 🚭 VISA ⓒⓞ
– ℰ 04 71 57 17 14 – Ouvert 15 mars-23 oct. et fermé dim. soir
12 ch – ♦36 € ♦♦46/60 € – ⊡ 8 € – ½ P 45 €   **Rest** – Menu 17/40 €
◆ Maison de pays blottie au cœur d'un village pittoresque baigné par la Loire.
Chambres simples (rénovées dans un style actuel au 1er étage) et ambiance familiale. Carte traditionnelle à séquences régionales ; parements de pierre et jolie
cheminée en salle.

ARLES ◁▷ – 13 Bouches-du-Rhône – **340** C3 – 51 970 h. – alt. 13 m   **40** A3
– ⊠ 13200 Provence

▶ Paris 719 – Aix-en-Provence 77 – Avignon 37 – Marseille 94
ℹ boulevard des Lices ℰ 04 90 18 41 20
◉ Arènes ★★ - Théâtre antique ★★ - Cloître St-Trophime ★★ et église ★ -
portail ★★ - Les Alyscamps ★ - Palais Constantin ★ Y **S** - Hôtel de ville :
voûte ★ du vestibule Z **H** - Cryptoportiques ★ Z **E** - Musée départemental
Arles antique ★★ (sarcophages ★★) - Museon Arlaten ★ Z **M⁶** - Musée
Réattu ★ Y **M⁴** - Ruines de l'abbaye de Montmajour ★ 5 km par ①.

L'Hôtel Particulier ⟱   🚪 🍴 ⅃ 🅰🅲 ch, ⅝ rest, 📶 🄿 VISA ⓒⓞ 🄰🄴
4 r. de la Monnaie – ℰ 04 90 52 51 40 – www.hotel-particulier.com   **Z**d
15 ch – ♦209/289 € ♦♦239/389 € – 5 suites – ⊡ 22 € – ½ P 350/415 €
Rest – (22 €) Menu 28 € (déj.)/55 € – Carte 55/75 € le soir
◆ Superbe hôtel particulier du quartier de la Roquette, mariant l'ancien et le
moderne avec élégance. Chambres claires et luxueuses, massages et soins. Salle
à manger toute vêtue de blanc et cuisine actuelle à base de produits frais (formule plus simple le midi).

Nord Pinus sans rest   🄴 🅰🅲 📶 ⟆ VISA ⓒⓞ 🄰🄴 ⓞ
pl. du Forum – ℰ 04 90 93 44 44 – www.nord-pinus.com – Ouvert 15 fév.-15 nov.
24 ch – ♦170 € ♦♦170/310 € – 2 suites – ⊡ 20 €   **Z**t
◆ Le superbe décor de cette institution arlésienne (mobilier signé du 20e siècle, collection de photographies) distille une atmosphère rétro. Idéal pour se balader en ville.

D'Arlatan sans rest ⟱   🚪 ⅃ 🄴 🅰🅲 📶 🕍 🅰 ⟆ VISA ⓒⓞ 🄰🄴 ⓞ
26 r. Sauvage – ℰ 04 90 93 56 66 – www.hotel-arlatan.fr – Ouvert 1er avril-13 nov.
41 ch – ♦85/157 € ♦♦85/157 € – 7 suites – ⊡ 15 €   **Y**f
◆ Dès la façade, une certitude : cette gracieuse demeure du 15e s. est un lieu
chargé d'histoire. Salons et chambres avec poutres et tomettes, beau mobilier
ancien. Agréable jardin.

Le Calendal sans rest   🚪 🅲🅿🄶 🅰🅲 ⅝ 📶 VISA ⓒⓞ 🄰🄴 ⓞ
5 r. Porte-de-Laure – ℰ 04 90 96 11 89 – www.lecalendal.com   **Z**s
38 ch – ♦79/109 € ♦♦99/169 € – ⊡ 12 €
◆ De belles petites chambres provençales avec vue sur les arènes ou le jardin.
Salon de thé et restauration sur le pouce l'été (snacking, en-cas). Parcours thermal
"romain" au spa.

Mireille   🍴 ⅃ 🅰🅲 ⅝ rest, 📶 🚗 VISA ⓒⓞ 🄰🄴 ⓞ
2 pl. St-Pierre, (à Trinquetaille) – ℰ 04 90 93 70 74 – www.hotel-mireille.com
– Fermé 4 janv.-29 fév.   **Y**h
34 ch – ♦75/165 € ♦♦85/165 € – ⊡ 14 € – ½ P 85/126 €
Rest – (fermé lundi midi et dim.) Menu 33 € – Carte 39/53 €
◆ Ne vous fiez pas à l'emplacement de cet hôtel : les chambres, provençales, y
sont coquettes ; l'accueil agréable et le petit-déjeuner de qualité. Piscine et boutique de produits du terroir. Terrasse bordée de mûriers pour les amateurs de cuisine méridionale.

Amphithéâtre sans rest   🅳 🅰🅲 ⅝ 📶 VISA ⓒⓞ 🄰🄴 ⓞ
5 r. Diderot – ℰ 04 90 96 10 30 – www.hotelamphitheatre.fr   **Z**n
30 ch – ♦50/55 € ♦♦55/95 € – 3 suites – ⊡ 8 €
◆ Chambres colorées (bois peint, fer forgé) dans un bel immeuble du 17e s., plus
grandes et raffinées dans l'hôtel particulier mitoyen. Jolie salle des petits-déjeuners.

Alyscamps (Av. des)	Z	2
Amphithéâtre (R. de l')	Y	3
Anatole-France (R.)	Z	4
Antonelle (Pl.)	Z	5
Arènes (Rd-Pt des)	YZ	6
Arènes (R. des)	YZ	7
Balze (R.)	Z	8
Blum (R. Léon)	Y	10
Calade (R. de la)	Z	12
Cavalerie (R. de la)	Y	13
Cloître (R. du)	Z	14

Forum (Pl. du)	Z	15
Gambetta (R.)	Z	17
Hôtel de Ville (R. de l')	Z	18
Jean-Jaurès (R.)	Z	19
Lamartine (Av.)	Y	21
Lices (Bd des)	Z	
Maïsto (R. Dominique)	Z	27
Major (Pl. de la)	Y	29
Mistral (R. Frédéric)	Z	30
Place (R. de la)	Y	32

Plan de la Cour (R. du)	Z	33
Porte de Laure (R.)	Z	36
Président Wilson (R. du)	Z	37
Réattu (R.)	Y	41
Redoute (Pl. de la)	Z	42
République (Pl. de la)	Z	39
République (R. de la)	Z	40
Vauban (Montée)	Z	43
Voltaire (R.)	Y	45
4-Septembre (R. du)	Y	47

Muette sans rest ☐ AC 🛜 🚗 VISA ⬥ AE

15 r. des Suisses – 𝒞 04 90 96 15 39 – www.hotel-muette.com – Fermé fév.
18 ch – †45/65 € ††54/65 € – ⊒ 8 €   **Yq**

◆ Près des arènes, belle façade du 12ᵉ s. Mobilier rustique ou contemporain dans les chambres (pierres et poutres apparentes). Salle du petit-déjeuner gaie et colorée.

Les Acacias sans rest 🏢 AC ⚡ 🛜 VISA ⬥

2 r. de la Cavalerie – 𝒞 04 90 96 37 88 – www.hotel-acacias.com
– Ouvert 4 avril-20 oct.   **Yt**
33 ch – †55/100 € ††55/100 € – ⊒ 6 €

◆ Hôtel totalement remis à neuf, au pied de la porte de la Cavalerie. Atmosphère camarguaise dans le hall et décor provençal dans les chambres, pratiques et colorées.

✕✕ Le Cilantro (Jérôme Laurent) 🛜 & AC VISA ⬥
✿

31 r. Porte-de-Laure – 𝒞 04 90 18 25 05 – www.restaurantcilantro.com
– Fermé 30 oct.-7 nov., 25 fév.-12 mars, lundi sauf le soir en juil.-août, sam. midi et dim.   **Za**
Rest – Menu 30 € (déj. en sem.), 65/99 € – Carte 65/75 € 🍴

Spéc. Cromesquis d'encornets et langoustines à la plancha, jus de tomate rôtie et ail des ours (automne). Pigeon des Costières en croûte de foie de volaille, gratin de macaronis truffé (hiver). Cerises flambées au kirsch, glace pistache (juin). **Vins** Coteaux du Languedoc, Les Baux-de-Provence.

◆ Derrière le théâtre antique, près des arènes, les "Idées du chef" changent chaque semaine, inspirées par le Sud et ses parfums. Une cuisine actuelle, servie dans un cadre contemporain élégant ou en terrasse aux beaux jours.

✕ L'Atelier de Jean-Luc Rabanel 🛜 AC VISA ⬥ AE
✿✿

7 r. des Carmes – 𝒞 04 90 91 07 69 – www.rabanel.com – Fermé lundi et mardi
Rest – *(nombre de couverts limité, prévenir)* Menu 45 € (déj.),   **Zk**
85/150 € bc

Spéc. Tartine végétale, légumes du printemps crus et cuits, pain-focaccia avec anchoïade (été). Turbot saisi "aller-retour", bouillon de coquillages, éclats d'olives et salicornes. Gaspacho d'abricot, fines coupes de brioche et glace noisette (été). **Vins** Vin de pays des Alpilles, Vin de pays des Bouches du Rhône.

◆ Plus qu'un repas, une expérience ! Jean-Luc Rabanel invente une cuisine saine, proche de la nature, en perpétuelle métamorphose. Le menu unique comporte 13 plats le soir et 7 le midi, et tous sont remarquables. Un art consommé...

✕ L'Autruche 🛜 AC

5 r. Dulau – 𝒞 04 90 49 73 63 – Fermé 1ᵉʳ-21 nov., dim. et lundi   **Zr**
Rest – *(nombre de couverts limité, prévenir)* (17 €) Menu 25 € (déj.) – Carte 45/60 €

◆ Ne faites pas l'autruche, ce bistrot contemporain est une bonne adresse ! Un duo de jeunes chefs talentueux y prépare, avec de beaux produits, une cuisine fine et actuelle.

✕ Bistrot "À Côté" 🛜 & AC VISA ⬥

21 r. des Carmes – 𝒞 04 90 47 61 13 – www.bistro-acote.com   **Zu**
Rest – (23 €) Menu 29/37 € – Carte 37/46 €

◆ L'annexe de Jean-Luc Rabanel, à côté de son Atelier : atmosphère décontractée à la mode espagnole (jambons, vins exposés, comptoir...) et qualité des produits au rendez-vous.

rte du Sambuc 17 km par ④, D 570 et D 36 – ✉ **13200 Arles**

✕ La Chassagnette (Armand Arnal) 🚳 & AC ⟷ P VISA ⬥ AE ⓞ
✿

– 𝒞 04 90 97 26 96 – www.chassagnette.fr – Fermé 20 déc.-24 fév., mardi sauf du 1ᵉʳ au 15 juil. et merc.
Rest – *(nombre de couverts limité, prévenir)* Menu 36 € (déj.), 63/130 € – Carte 63/72 €

Spéc. Velouté d'herbes amères, brousse de chèvre frais. Pigeon rôti aux légumes du potager. Soufflé chaud selon la saison. **Vins** Vin de pays d'Oc, Côtes du Rhône-Villages.

◆ Un lieu magique que ce mas isolé ! Le chef mise sur une cuisine épurée, dans le respect des saisons et des produits du potager bio pour une explosion de saveurs naturelles.

ARMOY – 74 Haute-Savoie – **328** M2 – **rattaché à Thonon-les-Bains**

ARNAGE – 72 Sarthe – **310** K7 – **rattaché au Mans**

ARNAY-LE-DUC – 21 Côte-d'Or – **320** G7 – 1 708 h. – alt. 375 m   **8** C2
– ✉ 21230 ▌Bourgogne
  ▶ Paris 285 – Autun 28 – Beaune 36 – Chagny 38
  🛈 15, rue Saint-Jacques ✆ 03 80 90 07 55

🏨 **Chez Camille**   ☂ ℙ 𝘝𝘐𝘚𝘈 ⓒⓞ 𝖠𝖤 ⓞ
  1 pl. Edouard-Herriot – ✆ *03 80 90 01 38 – www.chez-camille.fr*
  11 ch – ♦79 € ♦♦79 € – ☲ 9 €   **Rest** – Menu 22/100 € – Carte 49/71 €
  ◆ Chambres personnalisées, plutôt cosy. Certaines jouissent du privilège d'un petit
  salon ; d'autres, au second étage, font admirer leur charpente apparente. Plats aux
  accents bourguignons à déguster dans une salle de style jardin d'hiver avec verrière.

LES ARQUES – 46 Lot – **337** D4 – 173 h. – alt. 254 m – ✉ 46250   **28** B1
▌Périgord Quercy
  ▶ Paris 569 – Cahors 28 – Gourdon 27 – Villefranche-du-Périgord 19
  👁 Église St-Laurent★ : Christ★ et Pietà★ - Fresques murales★ de l'église
    St-André-des-Arques.

✗ **La Récréation**   🍴 𝘝𝘐𝘚𝘈 ⓒⓞ
  le bourg – ✆ *05 65 22 88 08 – Ouvert de mars à oct. et fermé merc. et jeudi*
  Rest – Menu 22 € (déj. en sem.)/34 €
  ◆ L'école est finie ! À la place, une sympathique maison, doucement nostalgique : classe-salle à manger, préau-terrasse, jardin potager dans la cour de
  récré. Plats actuels.

ARRADON – 56 Morbihan – **308** O9 – **rattaché à Vannes**

ARRAS ℙ – 62 Pas-de-Calais – **301** J6 – 42 015 h. – Agglo. 124 206 h.   **30** B2
– alt. 72 m – ✉ 62000 ▌Nord Pas-de-Calais Picardie
  ▶ Paris 179 – Amiens 69 – Calais 110 – Charleville-Mézières 159
  🛈 place des Héros ✆ 03 21 51 26 95
  🚗 d'Arras à Anzin-Saint-Aubin Rue Briquet Taillandier, N0 : 5 km par D 341,
    ✆ 03 21 50 24 24
  👁 Grand'Place★★★ et Place des Héros★★★ - Hôtel de Ville et beffroi★ BY **H** -
    Ancienne abbaye St-Vaast★★ : musée des Beaux-Arts★ - Carrière Wellington★.

Plans pages suivantes

🏨 **De l'Univers** ⌂   ▤ ⅁ ch, ✗ ☂ ⅏ ℙ 𝘝𝘐𝘚𝘈 ⓒⓞ 𝖠𝖤 ⓞ
  3 pl. de la Croix-Rouge – ✆ *03 21 71 34 01 – www.hotel-univers-arras.com*
  38 ch – ♦75/145 € ♦♦95/195 € – ☲ 14 € – ½ P 88/138 €   **BZ**v
  Rest – (19 €) Menu 26 € (sem.)/39 € – Carte 41/55 €
  ◆ Cette élégante demeure du 16e s. abrita un monastère, puis un hôpital... Désormais, on s'y ressource paisiblement, dans un décor soigné (objets ethniques et
  contemporains). Au restaurant, appétissante cuisine classique.

🏨 **Mercure Atria**   ▤ ⅁ ch, ☂ ⅏ 𝘝𝘐𝘚𝘈 ⓒⓞ 𝖠𝖤 ⓞ
  58 bd Carnot – ✆ *03 21 23 88 88 – www.mercure.com*   **CZ**b
  80 ch – ♦75/145 € ♦♦85/155 € – ☲ 14 €
  Rest – (fermé sam. midi, dim. midi et fériés le midi) (15 €) Carte 23/29 €
  ◆ Derrière sa façade de verre et de brique, cet hôtel du centre d'affaires cache des
  chambres décorées dans un esprit contemporain : mobilier en bois clair et couleurs tendance. Plantes vertes et fleurs habillent agréablement le restaurant. Carte traditionnelle.

🏨 **D'Angleterre** sans rest   ▤ ⅁ 𝖠𝖢 ☂ ⅏ 𝘝𝘐𝘚𝘈 ⓒⓞ 𝖠𝖤
  7 pl. Foch – ✆ *03 21 51 51 16 – www.hotelangleterre.info*   **CZ**r
  19 ch – ♦88/155 € ♦♦99/180 € – ☲ 10 €
  ◆ Tout près de la gare TGV, cet élégant édifice en brique (1929) dispose de
  chambres spacieuses et soignées (moquette, mobilier classique ou rustique). Bar
  british, évidemment.

173

ARRAS

Adam (R. Paul) . . . . **AY** 2
Agaches (R. des) . . . . . . **BY** 3
Albert-ler-de-Belgique (R.) **BY** 4
Ancien-Rivage (Pl. de l') . **BY** 5
Barbot (R. du Gén.) . . . . . **BY** 6
Baudimont (Rd-Pt) . . . . . **AY** 7
Carabiniers-d'Artois
(R. des). . . . . **AY** 8
Cardinal (R. du) . . . . **CZ** 9
Delansorne (R. D.) . . . . . **BZ** 10
Doumer (R. P.). . . . . **BY** 12
Ernestale (R.). . . . . **BZ** 13
Ferry (R. J.) . . . . **AY** 15
Foch (R. Maréchal) . . . . . **CZ** 16
Gambetta (R.). . . . . **BCZ**
Gouvernance (R. de la). . **BY** 18
Guy Mollet (Pl.) . . . . **CY** 19
Kennedy (Av. J.) . . . . **AZ** 24
Legrelle (R. E.) . . . . **BCZ** 25
Madeleine (Pl. de la) . . . . **BY** 28
Marché-au-Filé (R. du) . . **BY** 30
Marseille (Pl. de) . . . . . . **BZ** 31
Robespierre (R.) . . . . **BZ** 34
Ronville (R.). . . . . **CZ** 35
Ste-Claire (R.) . . . . **AZ** 37
Ste-Croix (R.) . . . . **CY** 39
St-Aubert (R.) . . . . **BY**
Strasbourg (Bd de) . . . . . **CZ** 42
Taillerie (R. de la). . . . . . **CY** 43
Teinturiers (R. des) . . . . . **BY** 45
Théâtre (Pl. et R.) . . . . . . **BZ** 47
Verdun (Cours de). . . . . . **AZ** 49
Victor-Hugo (Pl.) . . . . . . **AZ** 51
Wacquez-Glasson (R.) . . . **CZ** 52
Wetz-d'Amain (Pl. du). . . **BY** 53
29-Juillet (R. du) . . . . . . **BY** 54
33e (Pl. du) . . . . **BY** 55

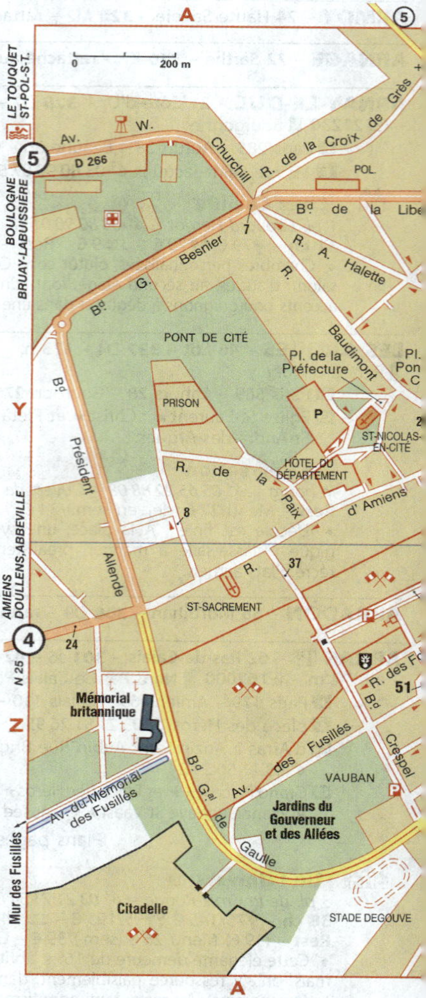

Express by Holiday Inn sans rest 🏥 🕭 🕼 🛜 🛜 🚾 🚙 💳
3 r. du Dr Brassart – ☏ 03 21 60 88 88
– www.holidayinn-arras.com
98 ch ⌧ – ♦98/150 € ♦♦98/150 €   **CZt**

♦ Bâtiment contemporain à proximité immédiate de la gare. Chambres modernes bien équipées, parfaitement adaptées à la clientèle d'affaires.

Moderne sans rest 🏥 🕼 🛜 💳 🚾 🚙 💳
1 bd de Faidherbe – ☏ 03 21 23 39 57 – www.hotel-moderne-arras.com
– Fermé 18 déc.-3 janv.
50 ch – ♦71/129 € ♦♦81/129 € – ⌧ 9 €   **CZm**

♦ Face à la gare et à deux pas de la Grand-Place, ce bel immeuble (1920) abrite des chambres simples et fonctionnelles, égayées de tissus colorés.

SCARPE

ST-NICOLAS

Pl. de
Tchécoslovaquie   Bd

CITÉ NATURE   Schuman

JARDIN
MINEUR   du

Quai   du Rivage   Rue   R. V. Leroy

Crinchon

ST-GÉRY

MEAULENS

des   Augustines

CENTRE
ADMINISTRATIF

Av. P. Michonneau

R.   J. Bodel

R.   Legay

45

Cathédrate

**ANCIENNE
ABBAYE
ST-VAAST**

19

30   39   f   r

a

GRAND'PLACE

43

12

28

18   4

53

6   12

34   47   T

10   J

13

V   R. des
Quatre-Crosses

Carrefour
d' Hagerue   Bd

Vauban

31

N.-D.-des
Ardents

Gambetta

35   42

x

r   m

16

b   t

COMMUNAUTÉ
URBAINE

Rue Degeorge

F.   J. d'Arc

Carnot

d'Achicourt

9

H

PL.
DES HÉROS

n

52   ST-JEAN-BAPTISTE

R.

Pasteur   R.   de   D 42

Av. du Mal Leclerc

Breton   E.

R.   R.

Branly   St-Quentin

E.

R. des Rosati

St-Michel

R. C. Dutilleux   Douai

Bd   Faidherbe

D 3 E

D 39 CAMBRAI
A 1-E 15 PARIS

PARC DES EXPOSITIONS

D 919   BAPAUME
PUISIEUX   D 917   ③ ST-QUENTIN

🏠 **3 Luppars** sans rest   📶 ♿ 📻 VISA ⑩ AE ①

49 Grand'Place – 𝒞 *03 21 60 02 03*
– www.ostel-les-3luppars.com   **CYr**
42 ch – ♛60/75 € ♛♛75 € – ⊑ 8 €
◆ La plus ancienne demeure d'Arras, érigée en 1467, affiche fièrement sa superbe
façade gothique. Chambres simplement agencées, plus calmes sur l'arrière.

🏠 **Ibis** sans rest   📶 ♿ 🅰🅲 📻 VISA ⑩ AE ①

11 r. de la Justice – 𝒞 *03 21 23 61 61*
– www.ibishotel.com   **CZn**
63 ch – ♛63/100 € ♛♛63/100 € – ⊑ 8 €
◆ Hôtel idéalement posté entre les deux magnifiques places arrageoises. Les
chambres, de dimension modeste, sont fonctionnelles et bien insonorisées.

La Corne d'Or sans rest
🛏 📶 VISA 🌐
1 pl. Guy-Mollet – ℰ 03 21 58 85 94 – www.lamaisondhotes.com
CYa
5 ch – ✝72/92 € ✝✝80/119 € – ☕ 9 €
♦ Savourez l'atmosphère romantique et le doux raffinement de cet hôtel particulier remanié au 18e s. Chambres classiques ou contemporaines, loft mansardé, superbes caves.

La Faisanderie
🌿 VISA 🌐 AE
45 Grand'Place – ℰ 03 21 48 20 76 – www.restaurant-la-faisanderie.com
– Fermé 1er-22 août, 27 fév.-14 mars, jeudi midi, dim. soir, lundi et soirs fériés
Rest – Menu 29/45 € – Carte 32/45 €
CYf
♦ Dans les caves d'une demeure du 17e s., aux voûtes de brique soutenues par d'imposantes colonnes en pierre ! À l'extérieur, belle terrasse sous les arcades. Carte actuelle.

La Coupole d'Arras
VISA 🌐 AE ①
26 bd de Strasbourg – ℰ 03 21 71 88 44 – Fermé dim. soir
CZx
Rest – Menu 25/30 € – Carte 29/57 €
♦ On savoure ici une cuisine traditionnelle (beau choix de pâtisseries maison) dans une atmosphère de brasserie Art nouveau : reproductions de Mucha, vitraux...

à Rœux 14 km à l'Est par ①, N 50, D 33 et D 42 – 1 379 h. – alt. 59 m – ✉ 62118

Le Grand Bleu
≤ 🌿 ⇔ P VISA 🌐 AE ①
41 r. Henri-Robert – ℰ 03 21 55 41 74 – www.legrandbleu-roeux.fr – Fermé le soir du mardi au jeudi, sam. midi, dim. soir et lundi
Rest – (20 €) Menu 25 € (déj. en sem.), 42/55 €
♦ La courte carte de ce Grand Bleu varie sans cesse, mêlant saveurs de saison et pointe d'exotisme... On se restaure dans une salle colorée ou sur la terrasse, face au lac.

à Mercatel 8 km par ③, D 917 et D 34 – 629 h. – alt. 88 m – ✉ 62217

Mercator
🌿 ⇔ VISA 🌐 AE
24 r. de la Mairie – ℰ 03 21 73 48 33 – Fermé 22-29 mars, 1er-16 août, sam. et le soir sauf vend.
Rest – (18 €) Menu 28/40 € – Carte 34/75 € 🍃
♦ Ambiance familiale, salle à manger rustique et plats traditionnels escortés de vins soigneusement choisis : de passage à Arras, projetez donc un repas au Mercator.

à Anzin-St-Aubin 5 km au Nord-Ouest par D 341 – 2 655 h. – alt. 71 m
– ✉ 62223

Du Golf d'Arras 🌿
≤ 🌿 📺 🛗 🕭 ch, 📶 🛁 P VISA 🌐 AE
r. Briquet-Tallandier – ℰ 03 21 50 45 04 – www.golf-arras.com
64 ch – ✝89/115 € ✝✝99/115 € – 8 suites – ☕ 14 €
Rest – (22 €) Menu 24/28 € bc
♦ À l'entrée d'un golf 18 trous, bâtisse en bois clair, très "Nouvelle-Orléans". Chambres raffinées, la plupart donnant sur les greens. Répertoire culinaire au goût du jour et cadre lumineux pour une pause gourmande entre deux swings.

L'Infini
🌿 AC P VISA 🌐
r. Briquet-Tallandier – ℰ 03 21 50 27 22 – www.golf-arras.com – Fermé 1 sem. à Noël, dim. soir, lundi soir et mardi soir
Rest – Carte 30/55 €
♦ On accède à ce restaurant design par la terrasse. Situé le long du golf, il bénéficie d'une agréable vue sur les greens. Carte traditionnelle variant avec les saisons.

ARREAU – 65 Hautes-Pyrénées – **342** O7 – 838 h. – alt. 705 m
28 A3
– ✉ 65240 ▌Midi-Toulousain

▶ Paris 818 – Auch 91 – Bagnères-de-Luchon 34 – Lourdes 81

🔢 Château des Nestes ℰ 05 62 98 63 15

◉ Vallée d'Aure★ S – ❄★★★ du col d'Aspin NO : 13 km.

Angleterre ⚏   🏊 🔽 ▮⬤ &. ch, 🛇 📶 🛗 🅿 🆅🆂🅰 ⬤⬤ 🅰🅴

18 rte de Luchon – ℰ 05 62 98 63 30 – www.hotel-angleterre-arreau.com
– Ouvert de mi-mai à mi-oct., week-ends et vacances scolaires de Noël , de fév.
et fermé lundi en mai-juin et sept.
16 ch – ✚70/120 € ✚✚75/130 € – ☑ 10 € – ½ P 70/98 €
Rest – (dîner seult) Menu 20/40 € – Carte 20/52 €

◆ Dans un petit village typique de la vallée, relais de poste transformé en hôtel
de caractère. Un bel escalier dessert les chambres, cosy et bien tenues. Au restaurant, atmosphère feutrée, mi-contemporaine, mi-campagnarde.

ARROMANCHES-LES-BAINS – 14 Calvados – **303** I3 – 602 h.   **32** B2
– alt. 15 m – ✉ 14117 ▮ Normandie Cotentin

▶ Paris 266 – Bayeux 11 – Caen 34 – St-Lô 46
🚺 2, rue du Maréchal Joffre ℰ 02 31 22 36 45
◉ Musée du débarquement - La Côte du Bessin★ O.

La Marine   ⬅ 🏠 ▮⬤ &. 🅰🅲 rest, 📶 🅿 🆅🆂🅰 ⬤⬤ 🅰🅴

1 quai du Canada – ℰ 02 31 22 34 19 – www.hotel-de-la-marine.fr
– Ouvert 6 fév.-11 nov.
28 ch – ✚61/96 € ✚✚61/96 € – ☑ 12 € – ½ P 65/90 €
Rest – (18 €) Menu 22/35 € – Carte 30/75 €

◆ Les chambres récemment rajeunies de cette maison (1837) profitent pour
la plupart d'une vue imprenable sur la Manche. Boutique de vins, épicerie fine et
art de la table. Cuisine traditionnelle au restaurant de style actuel, dont les
baies vitrées contemplent les flots.

à Manvieux 2,5 km au Sud-Ouest par D 516 et D 514 – **303** I3 – 112 h.
– alt. 53 m – ✉ 14117

La Gentilhommière sans rest ⚏   ⬅ 🛇 📶 🅿

4 r. du Port, lieu dit L'Eglise – ℰ 02 31 51 97 91
– www.lagentilhommiere-arromanches.com
5 ch ☑ – ✚68 € ✚✚68/75 €

◆ Cette demeure en pierre du 18ᵉ s. garantit des nuits paisibles dans ses chambres, personnalisées par une couleur. Brioche, confitures et yaourt maison au
petit-déjeuner.

à La Rosière 3 km au Sud-Ouest par rte de Bayeux – ✉14117 Tracy-sur-Mer

La Rosière sans rest   ⬅ &. 📶 🅿 🆅🆂🅰 ⬤⬤

14 rte de Bayeux – ℰ 02 31 22 36 17 – www.hotellarosierebayeux.com – Ouvert
12 mars-13 nov.
24 ch ☑ – ✚61/130 € ✚✚77/133 €

◆ Un ensemble de bâtiments, en léger retrait de la route. Les chambres fonctionnelles, très bien tenues, à majorité de plain-pied, donnent sur le jardin. Petit-
déjeuner buffet.

ARS-EN-RÉ – 17 Charente-Maritime – **324** A2 – **voir à Ile de Ré**

ARTRES – 59 Nord – **302** J6 – **rattaché à Valenciennes**

ARVIEU – 12 Aveyron – **338** H5 – 865 h. – alt. 730 m – ✉ 12120   **29** D2

▶ Paris 663 – Albi 66 – Millau 59 – Rodez 31
🚺 Le Bourg ℰ 05 65 46 71 06

Au Bon Accueil   🆅🆂🅰 ⬤⬤

pl. du Marché – ℰ 05 65 46 72 13 – www.aubon-accueil.com – Fermé
15 déc.-20 janv.
11 ch – ✚45/48 € ✚✚45/48 € – ☑ 7 € – ½ P 43/45 €
Rest – (13 €) Menu 19/34 € – Carte 22/43 €

◆ Les villageois se retrouvent au bar de cette charmante auberge installée sur la
place centrale du bourg. Quelques chambres ont été rénovées et toutes sont bien
tenues. Au restaurant, décor rustique et carte traditionnelle simple, avec quelques
plats du pays.

ARVIEUX – 05 Hautes-Alpes – **334** I4 – 348 h. – alt. 1 550 m – ⊠ 05350   **41** C1
🟩 Alpes du Sud

▶ Paris 782 – Briançon 55 – Gap 80 – Marseille 254
🛈 la ville ℰ 04 92 46 75 76

La Ferme de l'Izoard ⬟   ⇐ 🚗 🛜 🖼 🛗 ⓦ 🅿 ⬚ 𝗩𝗜𝗦𝗔 ⬚
La Chalp , rte du Col – ℰ 04 92 46 89 00 – www.laferme.fr
– *Fermé avril et 25 sept.-20 déc.*
23 ch – †62/164 € ††62/164 € – 3 suites – ☑ 11 € – ½ P 62/113 €
Rest – *(fermé mardi midi et jeudi midi hors vacances scolaires)* (14 €)
Menu 23/51 € – Carte 27/55 €
◆ Ferme traditionnelle queyrassine. Grandes chambres décorées dans une veine locale, dotées d'un balcon ou d'une terrasse avec vue sur la vallée. Jacuzzi et hammam. À table, spécialités du terroir et grillades au feu de bois préparées devant le client.

ARZ (ÎLE-D') – 56 Morbihan – **308** O9 – voir à Île-d'Arz

ARZON – 56 Morbihan – **308** N9 – 2 170 h. – alt. 9 m – Casino   **9** A3
– ⊠ 56640 🟩 Bretagne

▶ Paris 487 – Auray 52 – Lorient 94 – Quiberon 81
🛈 rond-point du Crouesty ℰ 02 97 53 69 69
◉ Tumulus de Tumiac ou butte de César ❄ ★ E : 2 km puis 30 mn.

au Port du Crouesty 2 km au Sud-Ouest – ⊠ 56640 Arzon

Miramar ⬟   ⇐ 🖼 ♨ 𝑰𝟰 🛗 ⓖ 🖼 𝒳 rest, ⓦ 🅪 🅿 ⬚ 𝗩𝗜𝗦𝗔 ⬚ 🅰🅴 ⓪
– ℰ 02 97 53 49 00 – www.miramarcrouesty.com – *Fermé janv.*
104 ch – †101/245 € ††122/310 € – 12 suites – ☑ 18 €
Rest *Le Diététique* – (28 €) Menu 40/75 € – Carte 40/99 €
Rest *Le Ruban Bleu* – (28 €) Menu 40/75 € – Carte 40/99 €
◆ Arrimé à la pointe de la presqu'île de Rhuys, cet hôtel profilé comme un paquebot vous loge dans de vastes chambres tournées vers l'océan. Centre de thalassothérapie et spa complet. Cuisine inventive et légère au Diététique. Cuisine traditionnelle au gré du marché et jolie vue sur l'océan au Ruban Bleu.

Le Crouesty sans rest   ⓦ 🅿 𝗩𝗜𝗦𝗔 ⬚ 🅰🅴
r. du Croisty – ℰ 02 97 53 87 91 – www.hotellecrouesty.com – *Ouvert de mars à mi-nov.*
26 ch – †69/81 € ††81/155 € – ☑ 10 €
◆ Idéalement situé sur la presqu'île de Rhuys, tout près du port de plaisance d'Arzon et des plages. Chambres très bien tenues, peu à peu rénovées dans un style épuré et lumineux.

à Port Navalo 3 km à l'Ouest – ⊠ 56640 Arzon

Grand Largue   ⇐ 🛜 ⓖ 𝗩𝗜𝗦𝗔 ⬚ 🅰🅴
à l'embarcadère – ℰ 02 97 53 71 58 – www.grand.largue.fr – *Fermé 12 nov.-25 déc., 5 janv.-10 fév., mardi sauf juil.-août et lundi*
Rest – Menu 38/89 € – Carte 50/100 €
Rest *Le P'tit Zeph* – ℰ 02 97 49 40 34 – Menu 28/32 € – Carte 30/50 €
◆ À l'étage de cette villa, on savoure aussi bien la vue panoramique sur le golfe du Morbihan qu'une cuisine gastronomique basée sur de beaux produits de la mer (homard, bar de ligne, coquillages). Au rez-de-chaussée, un vent marin souffle sur le bistrot le P'tit Zeph.

ASLONNES – 86 Vienne – **322** I6 – rattaché à Poitiers

ASNIÈRES-SUR-SEINE – 92 Hauts-de-Seine – **311** J2 – **101** 15 – voir à Paris, Environs

ASPRES-LES-CORPS – 05 Hautes-Alpes – **334** D4 – rattaché à Corps

ASTAFFORT – 47 Lot-et-Garonne – **336** F5 – 1 989 h. – alt. 65 m – ⊠ 47220   **4** C2
▶ Paris 674 – Agen 19 – Auvillar 29 – Condom 31
🛈 13 place de la Nation ℰ 05 53 67 13 33

XX **Cochon, Canard et Compagnie** 🍴 VISA ⓪
9 fg Corné, (face à la poste) – ℰ 05 53 67 10 27 – Fermé nov., dim. soir, lundi, mardi et merc.
Rest – (16 €) Menu 25/39 €
◆ Un bistrot de campagne "chic" qui, comme son nom l'indique, privilégie le terroir et la simplicité. Les produits sont bien choisis : foie gras, viande CCC, melon de pays...

ATTICHY – 60 Oise – **305** J4 – 1 917 h. – alt. 73 m – ✉ 60350   **37** C2
▶ Paris 101 – Compiègne 18 – Laon 62 – Noyon 26

XX **La Croix d'Or** avec ch 🅿 VISA ⓪
⊖ *13 r. Tondu-de-Metz – ℰ 03 44 42 15 37 – www.croixdor.fr – Fermé 1ᵉʳ-6 mars*
4 ch ⊃ – †35 € ††43 €
Rest – *(fermé dim. soir, mardi soir et lundi)* (14 €) Menu 17 € (sem.), 32/45 €
◆ Un relais de poste du 19ᵉ s. et, passé la cour, une maison de style régional. D'un côté, le restaurant, traditionnel et proposant une cuisine aux accents régionaux ; de l'autre, des chambres simples et pratiques.

ATTIGNAT – 01 Ain – **328** D3 – 2 487 h. – alt. 227 m – ✉ 01340   **44** B1
▶ Paris 420 – Bourg-en-Bresse 13 – Lons-le-Saunier 76 – Louhans 46

XX **Dominique Marcepoil** avec ch 🍴 🅿 VISA ⓪ AE
481 Grande Rue, (D 975) – ℰ 04 74 30 92 24 – www.marcepoil.com
– Fermé 8-21 août, 19-30 déc., lundi midi, merc. midi et dim.
12 ch – †57/65 € ††63/71 € – ⊃ 9 € – ½ P 72 €
Rest – (15 €) Menu 25/60 € – Carte 43/97 € le soir
◆ Grenouilles, poulets de Bresse... les incontournables de la région dans votre assiette ! Régalez-vous aussi de recettes plus actuelles... Chambres calmes côté piscine.

AUBAGNE – 13 Bouches-du-Rhône – **340** I6 – 44 682 h. – alt. 102 m   **40** B3
– ✉ 13400 ▐ Provence
▶ Paris 788 – Aix-en-Provence 39 – Brignoles 48 – Marseille 18
🇮 8, cours Barthélémy ℰ 04 42 03 49 98

🏠 **Souléia** VISA ⓪ AE ⓪
4 cours Voltaire – ℰ 04 42 18 64 40 – www.hotel-souleia.com
72 ch – †82/132 € ††82/132 € – ⊃ 10 €
Rest – *(fermé sam. soir, vend. de sept. à mai, le midi de juin à août et dim. midi)* (12 €) Menu 20 € – Carte 21/43 €
◆ Dans la capitale du santon, un bâtiment moderne aux chambres fonctionnelles, presque minimalistes, certaines dotées d'une terrasse. Brasserie ouverte sur la place. Cuisine provençale au restaurant panoramique situé sur le toit (solarium).

XX **Les Arômes** AK VISA ⓪
8 r. Moussard – ℰ 04 42 03 72 93 – http://lesaromes.vpweb.fr – Fermé mardi soir, merc. soir, sam. midi, dim. et lundi
Rest – *(nombre de couverts limité, prévenir)* (22 €) Menu 29 € – Carte 45/65 €
◆ On se sent chez soi dans ce restaurant familial joliment décoré par la maîtresse des lieux. Tous les parfums de Provence se retrouvent à la carte et sur le menu du marché !

au Nord 4 km par D 44 et rte secondaire

XX **La Ferme** 🅿 VISA ⓪
La Font de Mai, (chemin Ruissatel) ✉ 13400 Aubagne – ℰ 04 42 03 29 67
– www.aubergelaferme.com – Fermé août, vacances de fév., sam. midi, lundi et le soir sauf vend. et sam.
Rest – Menu 50 € – Carte 30/70 €
◆ Une maison en pleine garrigue, au cœur du pays de Pagnol. On y déguste, en salle ou à l'ombre d'un vieux chêne, des plats traditionnels (civets, rognons de veau, riz au lait).

AUBAZINE – 19 Corrèze – **329** L4 – 807 h. – alt. 345 m – ✉ 19190   25 C3
▊ Périgord Quercy

> ☑ Paris 480 – Aurillac 86 – Brive-la-Gaillarde 14 – St-Céré 50
> ℹ le Bourg ✆ 05 55 25 79 93
> 🏌 d'Aubazine à Beynat Complexe Touristique Coiroux, E : 4 km,
>   ✆ 05 55 27 26 93
>
> ◉ Abbaye cistercienne St-Etienne★ : clocher★, mobilier★, tombeau de
>   St-Étienne★★, armoire liturgique★.

🏠 **De la Tour**   ⁽ʸ⁾ *VISA* ⬤
pl. de l'Église – ✆ 05 55 25 71 17 – www.hoteldelatour19.com – Fermé 2-10 janv.,
dim. soir et lundi midi sauf juil.-août
17 ch – ●54/70 € ●●54/70 € – ⏦ 8 € – ½ P 64 €
Rest – Menu 24/30 € – Carte 31/66 €
◆ Face à l'abbaye, vieille maison de caractère flanquée d'une tour. Chambres anciennes égayées de papiers peints colorés. Cuisine régionale servie dans des salles rustiques agrémentées de cuivres et d'étains.

AUBE – 61 Orne – **310** M2 – 1 460 h. – alt. 230 m – ✉ 61270   33 C3
▊ Normandie Vallée de la Seine

> ☑ Paris 144 – L'Aigle 7 – Alençon 55 – Argentan 47

🍴 **Auberge St-James**   *VISA* ⬤
62 rte de Paris – ✆ 02 33 24 01 40 – Fermé dim. soir, mardi soir et merc.
Rest – Menu 17/30 € – Carte 29/46 €
◆ Une adresse simple et sympathique à dénicher dans le village où vécut la comtesse de Ségur. La carte est composée de goûteux petits plats issus de diverses régions françaises.

AUBENAS – 07 Ardèche – **331** I6 – 11 773 h. – alt. 330 m – ✉ 07200   44 A3
▊ Lyon Drôme Ardèche

> ☑ Paris 627 – Alès 76 – Montélimar 41 – Privas 32
> ℹ 4, boulevard Gambetta ✆ 04 75 89 02 03
>
> ◉ Site★ – Façade★ du château.

🏠 **Ibis** sans rest   ⌿ 🌐 ⅋ 🅰🅲 ⁽ʸ⁾ 🎴 🅿 *VISA* ⬤ 🄰🄴 ⓞ
rte de Montélimar – ✆ 04 75 35 44 45 – www.ibishotel.com
63 ch – ●70/78 € ●●70/78 € – ⏦ 8 €
◆ À la sortie sud de la ville, des chambres conformes aux normes de la chaîne. Petite restauration.

🍴 **La Villa Tartary**   🍽 ⅋ 🅿 *VISA* ⬤
64 r. de Tartary – ✆ 04 75 35 23 11 – www.restaurant-ardeche.com – Fermé 2-11 mai,
20 août-11 sept., 23 déc.-8 janv., sam. midi, merc. et dim. sauf midi hors juil.-août
Rest – (16 €) Menu 20 € (déj. en sem.), 27/36 € – Carte 27/39 €
◆ De belles voûtes en pierres de taille, des cuisines ouvertes, un mobilier design, une terrasse face au château d'Aubenas... et à la carte, des saveurs retrouvées ou plus inventives.

🍴 **Le Coyote**   🍽 🅰🅲 *VISA* ⬤
13 bd Jean-Mathon – ✆ 04 75 35 01 28 – www.restaurantlecoyote.com – Fermé
24 déc.-5 janv.
Rest – *(nombre de couverts limité, prévenir)* (16 €) Menu 18 € (déj.), 21/30 €
– Carte 34/40 €
◆ Du foie gras et un chutney de figues, un confit de canard aux girolles fraîches, des Saint-Jacques aux truffes... des saveurs classiques et raffinées ; une atmosphère conviviale.

AUBETERRE-SUR-DRONNE – 16 Charente – **324** L8 – 418 h.   39 C3
– alt. 72 m – ✉ 16390 ▊ Poitou Vendée Charentes

> ☑ Paris 494 – Angoulême 48 – Bordeaux 90 – Périgueux 54
> ℹ place du Château ✆ 05 45 98 57 18
> 🏌 d'Aubeterre à Saint-Séverin Le Manoir de Longeveau, NE : 7 km par D 17
>   et D 78, ✆ 05 45 98 55 13
>
> ◉ Église monolithe★★.

Hostellerie du Périgord
🛏 🍴 ⌧ ⅍ AC rest. ☎ P VISA ◎

(quartier Plaisance) – ☎ 05 45 98 50 46 – www.hostellerie-perigord.com – Fermé 2-16 janv.

11 ch – †50 € ††60/80 € – ⌧ 9 € – ½ P 60 €

Rest – *(fermé dim. soir et lundi)* (17 €) Menu 27/33 €

♦ Au pied de l'un des plus beaux villages de France, cet hôtel familial, couvert de vigne vierge, propose des chambres fraîches et fonctionnelles, insonorisées et bien tenues. Au restaurant, carte mi-traditionnelle, mi-actuelle. Véranda côté jardin et piscine.

AUBIGNY-SUR-NÈRE – 18 Cher – **323** K2 – 5 775 h. – alt. 180 m **12** C2
– ✉ 18700 🟩 Limousin Berry

▶ Paris 180 – Orléans 67 – Bourges 48 – Cosne-Cours-sur-Loire 41

🇮 1, rue de l'Église ☎ 02 48 58 40 20

La Chaumière
AC rest. ☎ P VISA ◎ AE

2 r. Paul-Lasnier – ☎ 02 48 58 04 01 – www.hotel-restaurant-la-chaumiere.com – fermé 8-21 août, 19 fév.-19 mars, dim. soir et lundi sauf juil.-août et fériés

19 ch – †56/81 € ††72/130 € – ⌧ 14 € – ½ P 64/67 €

Rest – Menu 19 € (sem.), 27/55 € – Carte 40/60 €

♦ Une belle maison ancienne qui soigne son image champêtre : les chambres, habillées de pierre et de bois, sont confortables et douillettes. Au restaurant, le chef concocte une cuisine bien agréable, qui met en valeur les saisons et les produits du marché.

Villa Stuart
🛏 ⌧ ⅍ ☎ ⅍ P VISA ◎

12 av. de Paris – ☎ 02 48 58 93 30 – www.villastuart.com

5 ch ⌧ – †72 € ††85 € **Table d'hôte** – Menu 28 € bc

♦ Agréable séjour dans cette belle demeure bourgeoise. Chambres spacieuses et claires, décorées selon des thèmes variés (voyage, art, histoire...). Chefs en herbe, réjouissez-vous ! Le propriétaire réalise ses propres confitures et propose des cours de cuisine.

Le Bien Aller
AC ⇄ VISA ◎ AE

3 r. des Dames – ☎ 02 48 58 03 92 – *Fermé mardi soir et merc.*

Rest – Menu 17 € (déj.)/30 €

♦ Le Bien Aller et... le bien manger ! Que vous soyez d'esprit bistrot ou plus baroque (deux atmosphères), composez votre menu à partir des suggestions du jour à l'ardoise.

AUBRAC – 12 Aveyron – **338** J3 – alt. 1 300 m – ✉ 12470 **29** D1
🟩 Languedoc Roussillon

▶ Paris 581 – Aurillac 97 – Mende 66 – Rodez 56

La Dômerie 🦢
🛏 ⅏ ⅍ VISA ◎

1 r. Audrain – ☎ 05 65 44 28 42 – www.hoteldomerie.com – Ouvert 1er avril-16 oct.

24 ch – †70/97 € ††70/97 € – ⌧ 12 € – ½ P 70/80 €

Rest – *(fermé le midi en sem. sauf juil.-août et merc. soir sauf août)*
Menu 23/36 € – Carte 27/59 €

♦ Belle demeure en basalte et granit au centre du village ; quelques chambres rénovées, la plupart étant rustiques. Au restaurant, la viande d'Aubrac est à l'honneur : les femmes de la famille se succèdent aux fourneaux depuis cinq générations !

AUBUSSON – 23 Creuse – **325** K5 – 4 239 h. – alt. 440 m **25** C2
– ✉ 23200 🟩 Limousin Berry

▶ Paris 387 – Clermont-Ferrand 91 – Guéret 41 – Limoges 89

🇮 rue Vieille ☎ 05 55 66 32 12

◉ Musée départemental de la Tapisserie★ (Centre Culturel Jean-Lurçat).

🏨 **Villa Adonis** sans rest   🍴 ⚗ 🎱 🅿 🚗 VISA ◑◑ AE
🏨
14 av. de la République – ℰ 05 55 66 46 00 – www.villa-adonis.com
– Fermé 23 déc.-2 janv.
10 ch – ♦59/69 € ♦♦59/69 € – ☑ 7 €
♦ Cette maison en pierre cache un intérieur contemporain soigné et cosy.
Chambres confortables avec, côté jardin, vue sur un superbe séquoïa en bordure
de rivière.

🏨 **Le France**   🍴 📶 ⅍ rest, ⁽ℙ⁾ 🆑 VISA ◑◑ AE
6 r. des Déportés – ℰ 05 55 66 10 22 – www.aubussonlefrance.com – Fermé
24 déc.-7 janv.
21 ch – ♦65/100 € ♦♦65/100 € – ☑ 12 € – ½ P 56/73 €
Rest – (fermé dim. soir du 7 nov. au 12 juin) Menu 20 € (sem.), 26/38 € Carte 23/55 €
♦ Près de l'église Ste-Croix, jolie demeure du 18ᵉ s. aux chambres confortables et
aménagées avec goût (meubles chinés, tissus choisis). Petit espace détente. Élégante salle à manger et terrasse dressée dans la cour intérieure ; cuisine traditionnelle de belle tenue.

AUCH 🅿 – 32 Gers – 336 F8 – 21 545 h. – alt. 169 m – ⌧ 32000   **28** B2
▌ Midi-Toulousain
▶ Paris 713 – Agen 74 – Bordeaux 205 – Tarbes 74
🛈 1, rue Dessoles ℰ 05 62 05 22 89
▨ d'Auch-Embats, O : 5 km par D 924, ℰ 05 62 61 10 11
◨ de Gascogne à Masseube Les Stournes, S : 25 km, ℰ 05 62 66 03 10
◉ Cathédrale Ste-Marie★★ : stalles★★★, vitraux★★.

🏨 **Château les Charmettes** sans rest ⌖   🌀 ▨ ⅍ ⚗ 🄰🄲 ⁽ℙ⁾ 🅿
21 rte de Duran, 2 km à l'Ouest par D 924 et D 148   VISA ◑◑ AE
– ℰ 05 62 62 10 10 – www.chateaulescharmettes.com
6 ch – ♦120/160 € ♦♦160/345 € – ☑ 20 €
♦ Luxueux manoir ocre et bleu : chaque chambre est décorée selon une thématique différente (blues, fugue, concerto...). Suites avec jacuzzi. Parc, piscine... Une
belle adresse.

🍴 **Le Bistrot des Gourmandises**   🄰🄲 VISA ◑◑
😊
8 av. de la Marne – ℰ 05 62 05 10 79 – Fermé 2 sem. en été, dim. et lundi
Rest – (12 €) Menu 22/29 €   BYa
♦ Un bistot éclectique et sans chichi, un menu de saison renouvelé chaque mois,
de beaux produits frais et de bons petits vins au verre... une pure gourmandise !

🍴 **Le Bartok**   🍴 🄰🄲 ⟷ VISA ◑◑
🥜
1 r. Gambetta – ℰ 05 62 05 87 82 – www.le-bartok.com – Fermé dim. soir et lundi
Rest – (11 €) Menu 14 € (déj. en sem.), 22/38 €   AYa
♦ Dans ce couvent du 14ᵉ s., le décor est chaleureux et l'on découvre un patio
fleuri. Le chef travaille de beaux produits frais, typiques d'une cuisine de marché.

🍴 **La Table d'Oste**   🍴 🄰🄲 VISA ◑◑ AE
🥜
7 r. Lamartine – ℰ 05 62 05 55 62 – www.table-oste-restaurant.com
– Fermé 12-20 mars, 11-20 juin, 5-14 nov., 22-31 janv., sam. soir de fin juin
à déc., lundi midi et dim.   AYb
Rest – (nombre de couverts limité, prévenir) Menu 16 € (déj. en sem.), 25/48 €
– Carte 24/52 €
♦ Recettes du terroir gascon et spécialités de canard à savourer dans une ambiance
familiale, au milieu des poutres peintes et des bibelots anciens. Pensez à réserver.

rte d'Agen 7 km par ① – ⌧ 32810 Montaux-les-Créneaux

🍴🍴 **Le Papillon**   🍴 🍴 🄰🄲 🅿 VISA ◑◑
🥜
N 21 – ℰ 05 62 65 51 29 – www.restaurant-lepapillon.com – Fermé 1 sem.
en juil., 2 sem. en sept., 2 sem. vacances scolaires de fév., dim. soir et lundi
Rest – Menu 15 € (déj. en sem.), 27/43 € – Carte 37/45 €
♦ Bonne cuisine du chef qui joue sur un registre régional bien maîtrisé. Tout est fait
maison. Cadre contemporain et lumineux dans la salle ; terrasse aux beaux jours.

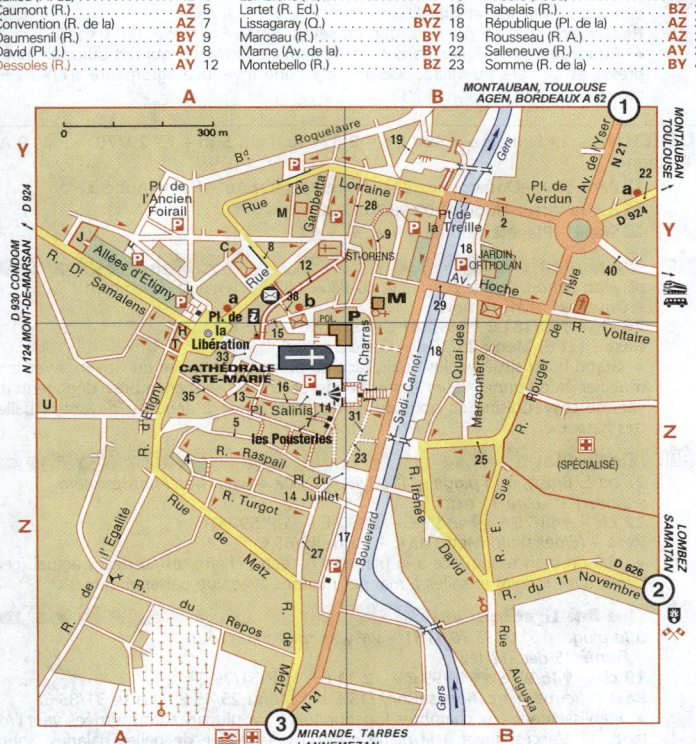

AUCH

Alsace (Av. d') . . . . **BY** 2
Caillou (Pl. du) . . . . **AZ** 4
Caumont (R.) . . . . **AZ** 5
Convention (R. de la) . . . . . . **AZ** 7
Daumesnil (R.) . . . . **BY** 9
David (Pl. J.J.) . . . . **AY** 8
Dessoles (R.) . . . . **AY** 12

Espagne (R.) . . . . **AZ** 13
Fabre d'Églantine (R.) . . . . . . **AZ** 14
Gambetta (R.) . . . . **AY**
Lagarrasic (Allées) . . . . **ABZ** 17
Lamartine (R.) . . . . **AY** 15
Lartet (R. Ed.) . . . . **AZ** 16
Lissagaray (Q.) . . . . **BYZ** 18
Marceau (R.) . . . . **BY** 19
Marne (Av. de la) . . . . **BY** 22
Montebello (R.) . . . . **BZ** 23

Pasteur (R.) . . . . **BZ** 25
Pont-National
   (R. du) . . . . **AZ** 27
Pouy (R. du) . . . . **BY** 28
Prieuré (Pt du) . . . . **AZ** 29
Rabelais (R.) . . . . **BZ** 31
République (Pl. de la) . . . . . . **AZ** 33
Rousseau (R. A.) . . . . **AZ** 35
Salleneuve (R.) . . . . **AY** 38
Somme (R. de la) . . . . **BY** 40

à St-Jean-le-Comtal 10 km au Sud-Ouest par ③, N 21 et D150 – 381 h.
– alt. 190 m – ✉ 32550

✕✕ Le Château de Camille   🛬 P VISA ◑◐

– ☎ 05 62 05 34 58 – www.lechateaudecamille.com – *Fermé 1 sem. en oct.,
2 sem. en janv., lundi, mardi sauf le soir en juil.-août et sam. midi*
Rest – (20 €) Menu 26 € – Carte 30/37 €
◆ Une belle bâtisse du 17e s., très élégante, dans un parc planté d'essences
anciennes. Porc noir gascon, foie et magret de canard pour le terroir, et cuisine
du marché.

AUDERVILLE – 50 Manche – **303** A1 – 287 h. – alt. 55 m – ✉ 50440   **32** A1
🟩 Normandie Cotentin

▶ Paris 382 – Caen 149 – Saint-Lô 113 – Cherbourg 29
🛈 3, rue du Port ☎ 02 33 04 50 26

✕ Auberge de Goury   🛬 AK P VISA ◑◐
🍽 *Port de Goury* – ☎ 02 33 52 77 01 – www.aubergedegoury.com – *Fermé janv.,
dim. soir sauf du 14 juil. au 15 sept. et lundi*
Rest – Menu 19 € (sem.), 27/60 € – Carte 30/50 €
◆ Le chef, figure de la région, concocte une cuisine marine, avec de beaux produits de la mer, et terrienne, avec des viandes grillées dans la cheminée. Belle
maison en granit.

✗ **La Malle aux Épices**　　　　　　　　　　　　　VISA ⦿⦿
⧇ – ℰ 02 33 52 77 44 – www.lamalleauxepices.com – fermé de mi-fév. à mi-mars,
dim. soir, lundi soir et mardi
⊛ **Rest** – (prévenir) Menu 15 € (déj. en sem.), 24/50 € – Carte 35/50 €
◆ Atmosphère conviviale dans ce restaurant de la Hague qui fait office de point
presse et de café du village. Goûteuse cuisine inventive agrémentée d'épices en
provenance d'Asie.

AUDIERNE – 29 Finistère – **308** D6 – 2 321 h. – alt. 5 m – ✉ **29770**　　　**9** A2
▌Bretagne

　▶ Paris 599 – Douarnenez 21 – Pointe du Raz 16 – Pont-l'Abbé 32
　⒑ 8, rue Victor Hugo ℰ 02 98 70 12 20
　◉ Site★ - Planète Aquarium★★.

⌂⌂⌂ **Le Goyen**　　　　　　　　⩔ 🕽 📶 ⛱ ♨ VISA ⦿⦿ AE ⓪
pl. Jean Simon, (sur le port) – ℰ 02 98 70 08 88 – www.le-goyen.com
– Ouvert 1er avril-14 nov.
26 ch – ♥89/181 € ♥♥89/181 € – ⌸ 12 € – ½ P 89/135 €
Rest – (21 €) Menu 29/79 € – Carte 55/70 €
◆ Grand hôtel situé sur les quais, face au port et à l'estuaire du Goyen. Avec leur
mobilier traditionnel, leurs tissus fleuris et colorés, les chambres dégagent un
charme cosy. Cuisine au goût du jour personnalisée à déguster devant le ballet
des bateaux.

⌂⌂ **De la Plage**　　　　　　　⩔ 📶 ⴵ ⛱ **P** VISA ⦿⦿
21 bd E. Brusq, à la plage – ℰ 02 98 70 01 07 – www.hotel-finistere.com
– Ouvert 1er avril-31 oct.
22 ch – ♥48/75 € ♥♥48/95 € – ⌸ 12 € – ½ P 59/90 €
Rest – (dîner seult) Menu 45 € – Carte 40/65 €
◆ Maison bien tenue face à la plage et l'océan ; chambres au décor actuel (certaines avec loggia) et salles à manger marines avec vue panoramique.

⌂⌂ **Au Roi Gradlon**　　　　　　⩔ 🅰🅲 rest, **P.** VISA ⦿⦿ AE ⓪
à la plage – ℰ 02 98 70 04 51 – www.auroigradlon.com
– Fermé 15 déc.-12 fév.
19 ch – ♥46/99 € ♥♥46/99 € – ⌸ 11 € – ½ P 61/79 €
Rest – (fermé merc. hors saison) (13 € bc) Menu 25/45 € – Carte 31/85 €
◆ Établissement aux chambres fonctionnelles ; la plupart sont tournées vers l'Atlantique. L'accès direct à la plage offre la perspective de belles balades. Sobre
salle à manger ouverte sur la baie d'Audierne : la table met à l'honneur les produits de l'océan.

✗✗ **L'Iroise**　　　　　　　　　　📶 ⴵ VISA ⦿⦿ AE
8 quai Camille-Pelletan – ℰ 02 98 70 15 80 – www.restaurant-liroise.com
– Fermé 2-27 janv., lundi et mardi sauf du 13 juil. au 31 août
Rest – Menu 26/60 €
◆ Posée sur le port, cette maison bretonne à la jolie façade est, à juste titre, fort
engageante : cuisine créative et raffinée servie dans une élégante salle dressée
avec soin.

AUDINCOURT – 25 Doubs – **321** L2 – 14 637 h. – alt. 323 m　　　**17** C1
– ✉ **25400** ▌Franche-Comté Jura

　▶ Paris 476 – Basel 96 – Belfort 21 – Besançon 75
　◉ Église du Sacré-Coeur : baptistère★ AY **B.**

　　　　　　Voir plan de Montbéliard agglomération.

⌂⌂ **Les Tilleuls** sans rest　　　　　🖉 ⟋ 📶 **P** VISA ⦿⦿ AE
51 r. du Mal. F.-Foch – ℰ 03 81 30 77 00
– www.hotel-tilleuls.fr　　　　　　　　　　　　　　　　　**Y**s
47 ch – ♥52/74 € ♥♥62/80 € – ⌸ 8,50 €
◆ Dans un quartier calme, un bâtiment traditionnel rénové et ses deux annexes
(dans le jardin) abritent des chambres propres, fonctionnelles et bien équipées.

à Taillecourt 1,5 km au Nord, rte de Sochaux – 1 045 h. – alt. 330 m – ⊠ 25400

XXX **Auberge La Gogoline** 🖾 🍴 **P** **VISA** ⬤ **AE** ⑨
20 r. Croisée – ℰ 03 81 94 54 82 – Fermé sam. midi, dim. soir, lundi et mardi
Rest – Menu 28 € (sem.), 36/65 € – Carte 48/74 € Y**k**
◆ Son jardin la préserve de la zone commerciale ; son toit de chaume cache un confortable intérieur bourgeois ; enfin, sa carte mêle plaisamment tradition et bons vins...

AUDRESSEIN – 09 Ariège – **343** E7 – 118 h. – alt. 509 m – ⊠ 09800   **28** B3
🚹 Paris 788 – Bagnères-de-Luchon 68 – St-Gaudens 62 – St-Girons 13

XX **L'Auberge d'Audressein** 🍴 **AC** **VISA** ⬤
☜ – ℰ 05 61 96 11 80 – www.auberge-audressein.com – Ouvert 1er mars-30 sept. et fermé dim. soir et lundi
Rest – Menu 16/52 € – Carte 35/65 €
◆ Ces vieux murs de pierre abritaient une forge au 19e s. Salle à manger aux tons chauds, agréable véranda surplombant la rivière et cuisine inspirée par le terroir.

AUDRIEU – 14 Calvados – **303** I4 – rattaché à Bayeux

AUGEROLLES – 63 Puy-de-Dôme – **326** I8 – 908 h. – alt. 540 m – ⊠ 63930   **6** C2
🚹 Paris 411 – Clermont-Ferrand 61 – Montluçon 149 – Roanne 65

X **Les Chênes** ⅃ ⬄ **P** **VISA** ⬤
☜ rte de Courpière, 1 km à l'Ouest par D 42 – ℰ 04 73 53 50 34
– www.restaurant-les-chenes.com – Fermé 3-13 juil., 24 déc.-3 janv.,
28 fév.-5 mars, mardi soir sauf juil.-août, sam. soir, dim. soir et lundi soir
Rest – (12 € bc) Menu 19 € (sem.)/47 €
◆ Cette auberge familiale est à la fois champêtre et accueillante. L'appétissante cuisine traditionnelle valorise les produits locaux (viandes label Rouge, miel, myrtilles...).

AUGERVILLE-LA-RIVIÈRE – 45 Loiret – **318** L2 – 228 h. – alt. 100 m   **12** C1
– ⊠ 45330
🚹 Paris 92 – Orléans 76 – Évry 59 – Corbeil-Essonnes 62

🏨 **Château d'Augerville** ॐ 🎇 🍴 **T8** 🖥 **AC** ch, ☎ 🏊 **P** **VISA** ⬤ **AE**
pl. du Château – ℰ 02 38 32 12 07 – www.chateau-augerville.com
38 ch – †185/325 € ††185/325 € – 2 suites – ☑ 18 €
Rest – Menu 45 € – Carte 50/70 €
◆ Des chambres signées de l'architecte Patrick Ribes, un superbe domaine de 112 ha et un parcours 18 trous : ce château de style Renaissance est un paradis pour golfeurs. Belle salle à manger historique (boiseries, cheminée monumentale) et cuisine soignée.

AUJOLS – 46 Lot – **337** F5 – 272 h. – alt. 200 m – ⊠ 46090   **29** C1
🚹 Paris 599 – Agen 145 – Cahors 18 – Toulouse 114

🏠 **Lou Repaou** ॐ 🖾 ⅃ 🍴 ch, **P**
☜ – ℰ 05 65 22 03 47 – www.lourepaou.fr – Fermé mi-nov. à mi-déc.
5 ch ☑ – †89/109 € ††99/119 € **Table d'hôte** – Menu 23 € bc/33 € bc
◆ Au cœur du village, la déco atypique de cette ancienne ferme évoque les nombreux pays visités par les propriétaires. L'accueil participe au charme du lieu. Recettes familiales à la table d'hôte.

AULLÈNE – 2A Corse-du-Sud – **345** D9 – voir à Corse

AULNAY – 17 Charente-Maritime – **324** H3 – 1 467 h. – alt. 63 m   **38** B2
– ⊠ 17470 ▐ Poitou Vendée Charentes
🚹 Paris 424 – Angoulême 66 – Niort 41 – Poitiers 87
🆔 290, avenue de l'Église ℰ 05 46 33 14 44
◉ Église St-Pierre★★.

185

Du Donjon sans rest   &. ⓨ *VISA* ⓪⓪

4 r. des Hivers – ℰ 05 46 33 67 67 – www.hoteldudonjon.com – Fermé une sem. en fév.
10 ch – †55/69 € ††55/77 € – ⌑ 7 €
◆ Charmante maison saintongeaise non loin de l'église St-Pierre. Intérieur décoré avec goût : pierres et poutres anciennes, mobilier rustique et confort moderne. Agréable jardin.

AULNAY-SOUS-BOIS – 93 Seine-Saint-Denis – **305** F7 – **101** 18 – voir à Paris, Environs

---

AULON – 65 Hautes-Pyrénées – **342** N7 – **77** h. – alt. 1 213 m – ✉ 65240   **28** A3
▶ Paris 830 – Bagnères-de-Luchon 44 – Col d'Aspin 24 – Lannemezan 38

Auberge des Aryelets   ⓨ *VISA* ⓪⓪

Pl. du Village – ℰ 05 62 39 95 59 – Fermé de mi-nov. à mi-déc., dim. soir, lundi et mardi hors vacances scolaires et jours fériés
Rest – (18 €) Menu 22/36 € – Carte environ 43 €
◆ Petite maison en pierre de taille qui a su préserver son caractère rustique et authentique. Cuisine de pays généreuse, élaborée avec de bons produits ; ambiance conviviale.

AUMALE – 76 Seine-Maritime – **304** K3 – **2 447** h. – alt. 130 m   **33** D1
– ✉ 76390 ▊ Normandie Vallée de la Seine
▶ Paris 136 – Amiens 48 – Beauvais 49 – Dieppe 69
🖪 rue Centrale ℰ 02 35 93 41 68

Villa des Houx   🚘 🏡 🖪 &. ch, ⓨ 🅿 🔁 *VISA* ⓪⓪

6 av. Gén.-de-Gaulle – ℰ 02 35 93 93 30 – www.villa-des-houx.com
– Fermé 1er janv.-8 fév. et dim. soir du 15 sept. au 15 mai sauf fériés
22 ch – †68/80 € ††72/140 € – ⌑ 9 € – ½ P 70/80 €
Rest – (fermé dim. soir et lundi du 15 sept. au 15 juin sauf fériés) Menu 17/28 € – Carte environ 43 €
◆ Cette hostellerie familiale arbore une jolie façade à colombages. Vous y dormirez la conscience tranquille dans des chambres tout confort. Salle à manger, véranda et terrasse d'été ouvrent sur le paisible jardin. Carte classique inspirée du terroir.

AUMONT-AUBRAC – 48 Lozère – **330** H6 – **1 092** h. – alt. 1 040 m   **23** C1
– ✉ 48130
▶ Paris 549 – Aurillac 115 – Espalion 57 – Marvejols 25
🖪 rue de l'Église ℰ 04 66 42 88 70

Grand Hôtel Prouhèze   🖪 🅿 *VISA* ⓪⓪ AE

2 rte du Languedoc – ℰ 04 66 42 80 07 – www.prouheze.com – Fermé 2 nov.-1er déc. et 18 janv.-10 fév.
23 ch – †50/90 € ††50/90 € – ⌑ 13 € – ½ P 79/98 €
Rest *Le Compostelle* – voir ci-après
Rest – (ouvert 13 mars-1er nov. et fermé le midi sauf sam., dim. et fériés) Carte 58/72 € 🕸
◆ Sur la place de la gare, cette demeure familiale propose des chambres à la décoration harmonieuse et colorée, mêlant la simplicité des lignes actuelles aux détails anciens. Goûteuse cuisine du terroir et vins du Languedoc servis dans un cadre chaleureux.

Chez Camillou sans rest   🔟 🖪 ⓨ 🅿 *VISA* ⓪⓪ AE

10 rte du Languedoc – ℰ 04 66 42 80 22 – www.hotel-camillou.com
– Ouvert 18 mars-6 nov.
34 ch – †69/99 € ††69/101 € – 3 suites – ⌑ 10 €
◆ En léger retrait de la nationale, deux bâtiments récents dans un environnement boisé. Les chambres, de bonne ampleur, arborent une décoration de style rustique.

Cyril Attrazic   🏡 ⇔ 🅿 *VISA* ⓪⓪ AE

10 rte du Languedoc – ℰ 04 66 42 86 14 – www.chezcamillou.com – Fermé 10 janv.-14 fév.
Rest – (fermé dim. soir, mardi midi et lundi sauf le soir en juil.-août) (25 €) Menu 38/109 € bc – Carte 50/70 €
Rest *Le Gabale* – (15 €) Menu 22/32 € – Carte 32/42 €
◆ Belle salle à manger contemporaine où l'on sert une cuisine actuelle aux accents régionaux. Recettes du terroir au Gabale.

✗ **Le Compostelle** – Grand Hôtel Prouhèze   🌃 **P** **VISA** **◯◯** **AE**
2 rte du Languedoc – 𝒞 04 66 42 80 07 – www.prouheze.com
– Fermé 2 nov.-2 déc., 18 janv.-9 fév., lundi soir, merc. midi et mardi de déc.
à mars
Rest – Menu 19/29 € – Carte 29/44 €
◆ Aligot, chou farci, tripoux... tout l'Aubrac dans votre assiette ! Les recettes du
terroir sont mises à l'honneur dans ce petit bistrot au charme très campagnard.

AUNAY-SUR-ODON – 14 Calvados – **303** I5 – 2 939 h. – alt. 188 m   **32** B2
– ⊠ **14260** ▌Normandie Cotentin
▶ Paris 269 – Caen 36 – Falaise 42 – Flers 37
🅖 rue Verdun 𝒞 02 31 77 60 32

✗✗ **St-Michel** avec ch   🌐 **P** **VISA** **◯◯** **AE**
6 r. de Caen – 𝒞 02 31 77 63 16 – Fermé lundi sauf le soir en juil.-août et dim.
soir de sept. à juin
6 ch – †49 € ††49 € – ⊇ 8 € – ½ P 48 €
Rest – Menu 15 € (sem.)/45 € – Carte 37/58 €
◆ Sobre petite auberge familiale où l'on prépare une cuisine traditionnelle dans
la note régionale. Salle à manger confortable et lumineuse. Chambres simples et
pratiques.

AUPS – 83 Var – **340** M4 – 2 029 h. – alt. 496 m – ⊠ 83630   **41** C3
▌Côte d'Azur
▶ Paris 818 – Aix-en-Provence 90 – Digne-les-Bains 78 – Draguignan 29
🅖 place Frédéric Mistral 𝒞 04 94 84 00 69

✗ **Des Gourmets**   **AE** **VISA** **◯◯**
5 r. Voltaire – 𝒞 04 94 70 14 97 – Fermé 20 juin-12 juil., 28 nov.-16 déc., dim.
soir et lundi
Rest – Menu 17 € (sem.), 19/38 €
◆ Adresse familiale dans ce village célèbre pour son marché aux truffes.
Cadre coloré (fresques évoquant la Provence), goûteuse cuisine traditionnelle et
joli chariot de fromages.

à Moissac-Bellevue 7 km à l'Ouest par D9 – 263 h. – alt. 599 m – ⊠ 83630

🏘 **Bastide du Calalou** ॐ   ← 🚲 🏠 ⌘ ✗ 🖥 🌐 ⚙ **P** **VISA** **◯◯** **AE**
rte de Baudinard – 𝒞 04 94 70 17 91 – www.bastide-du-calalou.com
28 ch – †78/160 € ††78/275 € – 4 suites – ⊇ 17 €
Rest – (22 €) Menu 28/80 € – Carte 48/55 €
◆ Une grande bastide dans un écrin de verdure... Les chambres distillent un joli
esprit d'antan, avec leurs mobilier et tableaux chinés par la propriétaire,
ancienne décoratrice. Agréable piscine au bord de laquelle se prélasser... Le restaurant explore le terroir.

AURAY – 56 Morbihan – **308** N9 – 12 420 h. – alt. 35 m – ⊠ 56400   **9** A3
▌Bretagne
▶ Paris 477 – Lorient 41 – Pontivy 54 – Quimper 102
☎ 𝒞 3635 et tapez 42 (0,34 €/mn)
🅖 20, rue du Lait-Chapelle de la congrégation 𝒞 02 97 24 09 75
◉ Quartier St-Goustan★ - Promenade du Loch★ - Église St-Gildas★
  - Ste-Avoye : Jubé★ et charpente★ de l'église 4 km par ①.

Plan page suivante

🏠 **Auditel le Branhoc** sans rest   🚲 ⚙ 🌐 ⚙ **P** **VISA** **◯◯** **AE**
à 1,5 km par ① rte du Bono – 𝒞 02 97 56 41 55
– www.auditel-hotel.fr
29 ch – †47/79 € ††47/79 € – ⊇ 9 €
◆ Tout près de la route, ce petit hôtel des années 1980 dispose de chambres
fonctionnelles et bien tenues. Buffet au petit-déjeuner, à apprécier sur la terrasse
aux beaux jours.

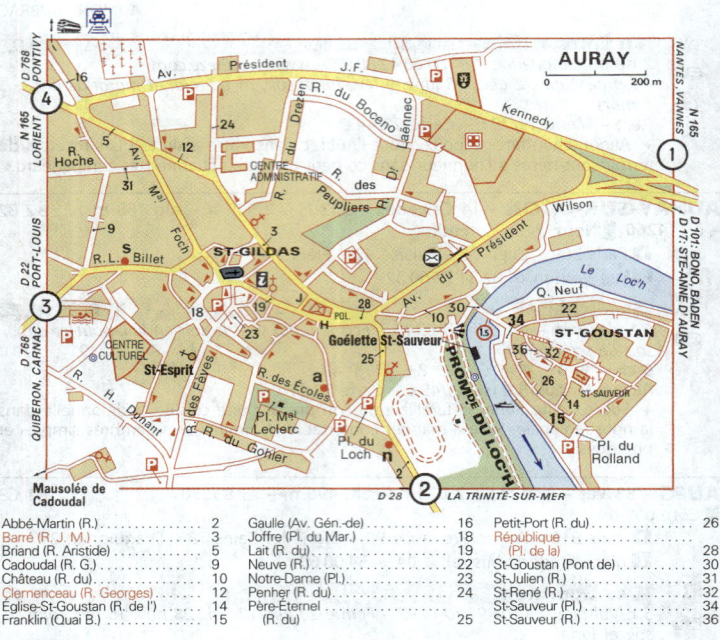

AURAY

0   200 m

Abbé-Martin (R.)	2	Gaulle (Av. Gén.-de)	16	Petit-Port (R. du)	26
Barré (R. J. M.)	3	Joffre (Pl. du Mar.)	18	République	
Briand (R. Aristide)	5	Lait (R. du)	19	(Pl. de la)	28
Cadoudal (R. G.)	9	Neuve (R.)	22	St-Goustan (Pont de)	30
Château (R. du)	10	Notre-Dame (Pl.)	23	St-Julien (R.)	31
Clemenceau (R. Georges)	12	Penher (R. du)	24	St-René (R.)	32
Église-St-Goustan (R. de l')	14	Père-Éternel		St-Sauveur (Pl.)	34
Franklin (Quai B.)	15	(R. du)	25	St-Sauveur (R.)	36

XXX   **Closerie de Kerdrain**

20 r. Louis Billet – ℰ 02 97 56 61 27 – www.lacloseriedekerdrain.com
– Fermé 21 mars-4 avril, 26 sept.-4 oct., 9-23 janv., mardi midi et dim. soir
de sept. à juin et lundi   **s**

Rest – (25 €) Menu 40/90 € – Carte 64/85 €

◆ Classique et raffiné : tel est ce beau manoir breton du 17e s. Le chef aime utiliser les herbes et les fleurs du jardin, le tout accompagné de bien beaux flacons.

X   **La Chebaudière**

6 r. Abbé Joseph Martin – ℰ 02 97 24 09 84
– Fermé 1 sem. en juin, 1 sem. en oct., 1 sem. en fév., mardi soir, dim. soir
et merc.   **n**

Rest – Menu 19 € (sem.), 30/35 € – Carte 39/51 €

◆ Néobistrot de quartier, où l'on aime à se retrouver autour d'un bon petit plat de saison, telles ces tagliatelles aux fèves et lardons et leur filet de merluchon à la vapeur...

X   **Terre-Mer**

16 r. du Jeu-de-Paume – ℰ 02 97 56 63 60 – Fermé 2 sem. en avril, 1 sem.
en fév., dim. soir et lundi   **a**

Rest – (17 €) Menu 19 € (déj. en sem.), 28/32 €

◆ Derrière ces murs de granit, la terre épouse la mer – et uniquement pour le meilleur ! De jolies saveurs dans un décor soigné, pour cette table reprise en 2010 par un jeune couple.

au golf de St-Laurent 10 km par ③, D 22 et rte secondaire – ⊠ 56400 Auray

▲   **Du Golf de St-Laurent** sans rest

– ℰ 02 97 56 88 88 – www.hotel-golf-saint-laurent.com
– Ouvert 1er avril-1er oct.

42 ch – †99/199 € ††99/199 € – ☲ 12 €

◆ Sauna, jacuzzi, billard et piscine à deux pas du golf : dans cet hôtel, la détente n'est pas en option ! Chambres fonctionnelles, avec balcon ou terrasse.

AUREC-SUR-LOIRE – 43 Haute-Loire – **331** H1 – 5 229 h. – alt. 435 m   **6 D2**
– ✉ 43110

▶ Paris 536 – Firminy 11 – Le Puy-en-Velay 56 – St-Étienne 22

🛈 Château du Moine-Sacristain   ☏ 04 77 35 42 65

Les Cèdres Bleus   🚲 🛏 ᚼ ch, 𝖠𝖪 rest, ᚼ rest, 🕾 🛜 P VISA ᛬ AE

23 r. de la Rivière – ☏ 04 77 35 48 48 – www.lescedresbleus.com – Fermé
16-29 août, 2 janv.-2 fév. et dim. soir

15 ch ⌨ – †51 € ††90 € – ½ P 67 €

Rest – *(fermé dim. soir, lundi midi et mardi midi)* (20 €) Menu 23 € (sem.), 34/88 €

♦ Adresse située entre les gorges de la Loire et le lac de Grangent. Chambres
fonctionnelles et bien équipées, réparties dans trois chalets en bois, au cœur
d'un agréable parc arboré. Cuisine traditionnelle à déguster dans la salle panoramique ou sur la terrasse.

AUREILLE – 13 Bouches-du-Rhône – **340** E3 – 1 450 h. – alt. 134 m   **42 E1**
– ✉ 13930

▶ Paris 719 – Aix-en-Provence 59 – Avignon 38 – Marseille 73

Le Balcon des Alpilles sans rest 🐌   🚲 ⛆ ᚼ ᚼ 🕾 P

rte de Mouries, par D24 ᴬ – ☏ 04 90 59 94 24 – http://lebalcondesalpilles.com
– *Ouvert 1ᵉʳ avril-1ᵉʳ nov.*

5 ch ⌨ – †110/120 € ††130/140 €

♦ Ici les chambres portent des noms de fleurs. Le mas est décoré avec style ; oliviers, pins et lavandins parfument le jardin : tout est paisible. Superbe petit-
déjeuner !

AURIAC – 19 Corrèze – **329** N4 – 218 h. – alt. 608 m – ✉ 19220   **25 C3**

▶ Paris 545 – Aurillac 58 – Limoges 153 – Tulle 61

Les Jardins Sothys   ⟨ 🚲 🛏 ᚼ P VISA ᛬

rte de Darazac-Le-Bourg – ☏ 05 55 91 96 89 – www.lesjardinssothys.com
– *Ouvert de mi-mars à mi-nov. et fermé mardi soir, dim. soir et lundi.*

Rest – (13 €) Menu 26 € (déj. en sem.), 30/37 € – Carte 36/43 €

♦ Dans la campagne, construction récente respectant l'environnement : charpente de bois, murs en pierres locales, jardin botanique. Décor actuel, cuisine un
brin inventive.

AURIBEAU-SUR-SIAGNE – 06 Alpes-Maritimes – **341** C6 – 2 710 h.   **42 E2**
– alt. 85 m – ✉ 06810 🟩 Côte d'Azur

▶ Paris 900 – Cannes 15 – Draguignan 62 – Grasse 9

🛈 place en Aïre   ☏ 04 93 40 79 56

Auberge de la Vignette Haute 🐌   ⟨ 🚲 🛏 ⛆ ᚼ ch, 𝖠𝖪 🕾 P

370 rte du Village – ☏ 04 93 42 20 01   🚗 VISA ᛬ AE
– www.vignettehaute.com

16 ch – †120/240 € ††120/310 € – 1 suite – ⌨ 23 €

Rest – *(fermé lundi et mardi de nov. à avril)* (35 €) Menu 45 € (dîner), 95/110 €
– Carte 60/110 € le soir

♦ Confort, charme et originalité caractérisent cette ex-auberge : antiquités,
objets chinés, piscine façon "bains turcs", minimusée de l'érotisme… Étonnant !
Au restaurant, vieilles pierres, bois brut, vaisselle en étain, lampes à huile
et… petite bergerie.

AURILLAC P – 15 Cantal – **330** C5 – 29 477 h. – alt. 610 m – ✉ 15000   **5 B3**
🟩 Auvergne

▶ Paris 557 – Brive-la-Gaillarde 98 – Clermont-Ferrand 158 – Montauban 174

🛫 Aurillac ☏ 04 71 64 50 00, 3 km par ③.

🛈 7 rue des Carmes ☏ 04 71 48 46 58

🛈₁₈ de Haute-Auvergne à Arpajon-sur-Cère La Bladade, SO par N 122 et
   D 153 : 7km, ☏ 04 71 47 73 75

🛈₉ de Vézac Aurillac à Vézac Mairie, SE par D 990 : 8 km, ☏ 04 71 62 44 11

🟦 Château St-Étienne : muséum des Volcans★.

Plan page suivante

AURILLAC

0   200m

Angoulême (Cours d')	....	**BY** 2
Arbre Croumaly (R. de l')	....	**AY** 3
Carmes (R. des)	....	**BZ**
Champeil (R. J.-B.)	....	**BY** 6
Château St-Étienne (R. du)..		**BY** 7
Consulat (R. du)	....	**BY** 8
Coste (R. de la)	....	**BY** 9
Duclaux (R. Émile)	....	**BY** 13
Fargues (R. des)	....	**BY** 18
Ferry (R. Jules)	....	**BZ** 19
Frères (R. des)	....	**BY** 22

Gambetta (Av.)	....	**BZ** 23
Gerbert (Pl.)	....	**BY** 24
Marchande (R.)	....	**BY** 25
Maynard (R. F.)	....	**AZ** 26
Monastère (R. du)	......	**BY** 27
Monthyon (Cours)	......	**BY** 28
Mont Mouchet		
(R. du)	....	**AZ** 29
Noailles (R. de)	....	**BY** 30
Pavatou (Bd du)	....	**BY** 31
Prés.-Delzons (R. du)	.....	**BY** 32

Pupilles de la Nation		
(Av. des)	....	**AZ** 33
République (Av. de la)	......	**AZ**
St-Géraud (Pl.)	....	**BY** 34
St-Jacques (R.)	....	**BY** 35
Square (Pl. du)	....	**BY** 36
Vaissière (R. Robert de la)	...	**AY** 37
Vermenouze (R. Arsène)	....	**BY** 38
Veyre (Av. J.-B.)	....	**BY** 39
14-Juillet (R. du)	....	**BZ** 40
139e-R.-I. (R. du)	....	**BZ** 44

🏨 Grand Hôtel de Bordeaux sans rest   🏧 AC 📶 ⚙ 🚭 💳 VISA ⊙ AE

2 av. de la République – ℰ 04 71 48 01 84 – www.hotel-de-bordeaux.fr – Fermé
18 déc.-2 janv.   **BY**r

32 ch – ✝66/94 € ✝✝88/118 € – 2 suites – ⊴ 11 €

◆ Bel immeuble du début du 20ᵉ s. aux chambres claires, confortables et actuelles (mobilier de style ou rotin).

🏠 Delcher   🎧 📺 ⚙ ch, 🍽 ch, 📶 ⚙ **P** ⚙ 💳 VISA ⊙ AE

😷 *20 r. Carmes – ℰ 04 71 48 01 69 – www.hotel-delcher.com – Fermé 1ᵉʳ -8 mai ,*
14-31 juil. et 23 déc.-8 janv.   **BZ**q

23 ch – ✝49 € ✝✝54 € – ⊴ 7 € – ½ P 52 €

Rest – *(fermé dim. soir et fériés)* (14 €) Menu 18/30 € – Carte 16/32 €

◆ L'artiste danois Gorm Hansen a séjourné dans cet hôtel en 1912 et payé son
séjour en fresques reproduisant les paysages environnants. Chambres plus récentes et calmes à l'annexe. Cuisine traditionnelle servie, en été, dans la cour-terrasse.

Quatre Saisons   🔥 AK VISA ✆

10 r. Champeil – ℰ 04 71 64 85 38 – www.quatresaisons.fr – Fermé 19-25 août, 25 oct.-2 nov., 1 sem. en fév., dim. soir, mardi midi et lundi   **BYt**
Rest – (18 €) Menu 29/56 € – Carte 45/65 €
◆ Le cadre a été entièrement rénové en 2010 mais la priorité reste la goûteuse cuisine du marché, réalisée avec des produits ultrafrais, dont les légumes du potager !

à Vézac par ③, D 920 et D 990 : 10 km – 1 073 h. – alt. 650 m – ✉ 15130

Château de Salles ॐ   ≤ 🔥 🏡 🔥 ᶫᵏ ✕ 🗐 🔥 ch. 🔥 P VISA ✆ AE ①

rte du Château – ℰ 04 71 62 41 41 – www.chateausalles.com
– Ouvert Pâques-Toussaint
22 ch – †108/174 € ††108/174 € – 8 suites – �> 19 € – ½ P 94/127 €
Rest – (23 €) Menu 26/44 € – Carte 46/55 €
◆ Ce château du 15ᵉ s. et son parc bénéficient d'une vue dégagée sur les monts du Cantal. Chambres personnalisées et deux duplex originaux ; équipements de loisirs. Salle à manger-véranda face à la campagne et terrasse dominant le golf de Vézac.

AURON – 06 Alpes-Maritimes – 341 C2 – alt. 1 100 m – ✉ 06660   41 C-D2
St Etienne de Tinee ▮ **Alpes du Sud**

▶ Paris 914 – Marseille 263 – Nice 93 – Borgo San Dalmazzo 206
🛈 Grange Cossa ℰ 04 93 23 02 66

Le Chalet d'Auron ॐ   ≤ 🔥 🏡 🔥 ᶫᵏ 🔥 ch. ✕ rest, ᵀ P VISA ✆

voie du Berger – ℰ 04 93 23 00 21 – www.chaletdauron.com
– Ouvert 29 juin-31 août et 11 déc.-31 mars
15 ch (½ P seult) – 2 suites – ½ P 100/207 €
Rest – Carte 45/65 €
◆ Totalement rénové, ce chalet offre une atmosphère montagnarde raffinée avec son salon cosy et ses chambres personnalisées. Terrasse face aux monts. Piscine, hammam. Dans la salle à manger "tout bois", le chef propose une cuisine traditionnelle orientée terroir.

AUSSOIS – 73 Savoie – 333 N6 – 668 h. – alt. 1 489 m – Sports   45 D2
d'hiver : 1 500/2 750 m ⚡11 🎿 – ✉ 73500 ▮ **Alpes du Nord**

▶ Paris 670 – Albertville 97 – Chambéry 110 – Lanslebourg-Mont-Cenis 17
🛈 route des Barrages ℰ 04 79 20 30 80
◉ Monolithe de Sardières★ NE : 3 km - Ensemble fortifié de l'Esseillon★ S : 4 km.

Du Soleil ॐ   ≤ ᶫᵏ 🗐 ᵀ P VISA ✆ AE

15 r. de l'Église – ℰ 04 79 20 32 42 – www.hotel-du-soleil.com
22 ch – †50/80 € ††65/106 € – �> 10 € – ½ P 59/84 €
Rest – (fermé de mi-avril à mi-juin, de mi-oct. à mi-déc. et le midi) (prévenir) Menu 20/36 € – Carte 33/57 €
◆ Ce plaisant hôtel abrite des chambres tournées vers la montagne ; fitness, sauna, hammam... Accueil sympathique. On se régale de belles recettes du marché accompagnées de vins choisis.

AUTEUIL – 60 Oise – 305 D4 – 575 h. – alt. 150 m – ✉ 60390   36 AB2
▶ Paris 68 – Amiens 71 – Beauvais 15 – Rouen 85

Le 33 sans rest ॐ   🚗 ᵀ P

33 r. de Gournay – ℰ 03 44 81 94 90 – http://letrentetrois.free.fr
3 ch �> – †70 € ††90 €
◆ Raffinement et esprit contemporain dans cet ancien relais postal de la fin du 16ᵉ s. Jolis accords entre les cheminées en marbre, les couettes moelleuses, les camaïeux de gris...

AUTHUILLE – 80 Somme – 301 J7 – rattaché à Albert

AUTRANS – 38 Isère – **333** G6 – 1 663 h. – alt. 1 050 m – Sports **45** C2
d'hiver : 🚠 1 050/1 710 m ⛷13 🎿 – ⊠ 38880 🟩 Alpes du Nord

▷ Paris 586 – Grenoble 36 – Romans-sur-Isère 58 – St-Marcellin 47

🚹 rue du Cinéma 🖉 04 76 95 30 70

🏠 **La Poste** ⭿ 🏡 📺 ⅃⅋ 🎐 🍽 rest, 🍴 🖭 💳 ⓒⓞ ﾑ
– 🖉 04 76 95 31 03 – www.hotel-barnier.com – Ouvert 11 mai, 18 oct.
et 4 déc.-16 avril
28 ch – †72/98 € ††72/104 € – � 10 € – ½ P 67/86 €
Rest – (fermé dim. soir, mardi midi et lundi sauf juil.-août et 20 déc.-14 mars)
Menu 24/45 € – Carte 32/52 €
◆ Au cœur du village, avenante maison tenue par la même famille depuis 1937.
Chambres rustiques peu à peu rénovées. Ici et là, huiles sur bois anciennes. Sauna
et hammam. Chaleureuse salle lambrissée, tables joliment dressées, plats traditionnels et régionaux.

🏠 **Les Tilleuls** 🏡 ⅃ 🎐 rest, 🍴 🅿 💳 ⓒⓞ ﾑ
🍽 la Côte – 🖉 04 76 95 32 34 – www.hotel-tilleuls.com – Fermé 31 mars-21 avril,
mardi soir et merc. hors saison et hors vacances scolaires
18 ch – †51/66 € ††60/80 € – 2 suites – ☐ 9 € – ½ P 60/70 €
Rest – Menu 21/42 € – Carte 34/58 €
◆ Près du centre de cette station incluse dans le Parc naturel régional du Vercors, accueillante bâtisse aux chambres fonctionnelles et bien tenues, dont six
refaites à neuf. Cuisine classique, gibier en saison et une spécialité maison : la
caillette.

à Méaudre 5,5 km au Sud par D 106ᶜ – 1 199 h. – alt. 1 012 m – Sports
d'hiver : 1000/1600 m ⛷10 🎿 – ⊠ 38112

🚹 le Village 🖉 04 76 95 20 68

🍴 **Auberge du Furon** avec ch 🏡 🍴 🅿 💳 ⓒⓞ ﾑ
ⓒⓞ La Combe – 🖉 04 76 95 21 47 – www.auberge-furon.fr
9 ch – †56/62 € ††56/62 € – ☐ 9 €
Rest – (fermé merc. soir, dim. soir et lundi sauf juil.-août et sauf vacances
de fév.) Menu 16/30 € – Carte 24/43 €
◆ Carte traditionnelle changée régulièrement et plats régionaux font l'attrait de
ce petit chalet au décor sagement montagnard, situé au pied des pistes. Chambres dans le style local.

AUTUN 👁 – 71 Saône-et-Loire – **320** F8 – 14 806 h. – alt. 326 m **8** C2
– ⊠ 71400 🟩 Bourgogne

▷ Paris 287 – Avallon 78 – Chalon-sur-Saône 51 – Dijon 85

🚹 13, rue du Général Demetz 🖉 03 85 86 80 38

🏌 d'Autun Le Plan d'Eau du Vallon, par rte de Chalon-s-Saône : 3 km,
🖉 03 85 52 09 28

◉ Cathédrale St-Lazare★★ (tympan★★★, chapiteau★★) – Musée Rolin★ (la
Tentation d'Eve★★, Nativité au cardinal Rolin★★, vierge d'Autun★★) BZ
M² - Porte St-André★ - Grilles★ du lycée Bonaparte AZ **B**
- Manuscrits★ (bibliothèque de l'Hôtel de Ville) BZ **H.**

🏠 **La Tête Noire** 🏠 ⅃ 🆔 rest, 🍴 🖭 💳 ⓒⓞ ﾑ
ⓒⓞ 3 r. Arquebuse – 🖉 03 85 86 59 99 – www.hoteltetenoire.fr
– Fermé 19 déc.-23 janv. BZ**n**
🍽 **31 ch** – †64/75 € ††75/94 € – ☐ 10 € – ½ P 62/69 €
Rest – (15 €) Menu 18/46 € – Carte 26/48 €
◆ Adresse du centre-ville dont les chambres, garnies d'un mobilier rustique en
bois peint, s'avèrent pratiques et bien insonorisées. Accueil familial. À table, carte
régionale et menu terroir.

🏠 **Ibis** 🏡 🆔 ch, 🆔 🍴 🍣 🅿 💳 ⓒⓞ ﾑ ⓞ
ⓒⓞ 2 km rte Chalon par ③ – 🖉 03 85 52 00 00 – www.ibishotel.com
46 ch – †57/68 € ††66/68 € – ☐ 8 €
Rest – (fermé sam. et dim. hors saison et le midi) Menu 15/19 €
◆ Cet Ibis, installé au bord d'un plan d'eau (base de loisirs) et à deux pas du centre-ville historique, profite de chambres fonctionnelles aux dernières normes de la
chaîne. Restaurant convivial et cuisine traditionnelle.

De Dietrich crée le Piano. À vous de composer.
De Dietrich invente le premier espace de cuisson 100% induction.

De Dietrich
OBJETS DE VALEUR DEPUIS 1684

De Dietrich
OBJETS DE VALEUR DEPUIS 1684

Découvrez le Piano et
toute la collection De Dietrich
sur www.de-dietrich.com
et à la Galerie De Dietrich

6 rue de la Pépinière,
Paris VIIIe, tel. 01 71 19 72 50
Ouvert du mardi au samedi de 10h à 19h.

AUTUN

Arbalète (R. de l')	**BZ** 2	Dijon (R. de)	**BY** 13	Marbres (R. des)	**BZ** 29
Arquebuse (R. de l')	**BZ** 3	Dr-Renaud (R.)	**AZ** 15	Martin (R. Maître G.)	**BY** 43
Cascade (R. de la)	**BZ** 4	Eumène (R.)	**AY** 16	Notre-Dame (R.)	**AZ** 31
Chauchien (Gde-Rue)	**BZ** 6	Gaillon (R. de)	**BY** 18	Paris (R. de)	**ABY** 32
Cocand (R.)	**AZ** 7	Gaulle (Av. Ch.-de)	**AYZ** 19	Passage couvert	**BZ** 33
Cordeliers (R. des)	**BZ** 9	Grange-Vertu (Rue de la)	**AY** 21	Pernette (R.)	**AZ** 35
Cordiers (R. aux)	**BZ** 12	Jeannin (R.)	**BY** 23	Raquette (R.)	**BZ** 37
		Lattre-de-Tassigny (R. de)	**BZ** 27	St-Saulge (R.)	**AZ** 40
		Laureau (Bd)	**BY** 28	Vieux-Colombier (R. du)	**BZ** 42

⌂ **Le Moulin Renaudiots** 🍃   📶 P VISA ⊕⊕

*chemin du Vieux-Moulin, 5 km au Sud-Est par N 80 et D 978
– ℰ 03 85 86 97 10 – www.moulinrenaudiots.com
– Ouvert mars-nov.*
5 ch ⊆ – 👤115/150 € 👥👥115/150 €
Table d'hôte – Menu 45 € bc
♦ Magnifique villa couverte de vigne vierge et son jardin à la française. Décor
intérieur élégamment minimaliste, contemporain et confortable, qui invite à la
sérénité. Grande table d'hôte pour les petits-déjeuners composés de produits artisanaux et les repas.

⌂ **Maison Sainte-Barbe** sans rest   📶 P

7 pl. Ste-Barbe – ℰ 03 85 86 24 77 – www.maisonsaintebarbe.com   **BZt**
4 ch ⊆ – 👤65 € 👥👥68 €
♦ Ancien logis de chanoines (15ᵉ-18ᵉ s.) au pied de la cathédrale. Grandes chambres personnalisées, jolie salle des petits-déjeuners agrémentée de meubles
anciens, jardin clos.

XX **Le Chalet Bleu** AC VISA ☺ AE

3 r. Jeannin – ℰ 03 85 86 27 30 – www.lechaletbleu.com – Fermé 1ᵉʳ-5 janv.,
1ᵉʳ-23 fév., lundi soir, dim. soir sauf juil.-août et mardi BYZs
Rest – Menu 17 € (sem.)/58 € – Carte 30/45 €
♦ Derrière une devanture vitrée, salle à manger aux murs ornés de fresques
représentant des paysages et jardins imaginaires. Carte mariant tradition et terroir ; menus thématiques les vendredis soirs.

X **Le Chapitre** VISA ☺

13 pl. du Terreau – ℰ 03 85 52 04 01 – www.restaurantlechapitre.com – Fermé
19-28 déc., 15 fév.-6 mars, dim. soir, mardi midi et lundi BZd
Rest – *(nombre de couverts limité, prévenir)* (15 €) Menu 28/39 € – Carte environ 40 €
♦ Beaucoup de goût(s) pour cette table en prise sur les tendances. La salle affiche un bel esprit contemporain, tout en offrant une jolie vue sur le parvis de la
cathédrale.

AUVERS – 77 Seine-et-Marne – **312** D5 – **rattaché à Milly-la-Forêt (Essonne)**

AUVERS-SUR-OISE – 95 Val-d'Oise – **305** E6 – **106** 6 – **101** 3 – **voir à Paris,
Environs**

AUVILLAR – 82 Tarn-et-Garonne – **337** B7 – **985 h.** – **alt. 141 m** **28** B2
– ✉ 82340

▶ Paris 652 – Agen 28 – Montauban 42 – Auch 62
🛈 place de la Halle ℰ 05 63 39 89 82

XX **L'Horloge** avec ch 🍴 🛉 🏖 VISA ☺

pl. de l'Horloge – ℰ 05 63 39 91 61 – www.horlogeauvillar.monsite.orange.fr
– Fermé 17 déc.-6 janv. et vend. du 15 oct. au 15 avril
10 ch – 🛉50 € 🛉🛉56/76 € – ☲ 10 €
Rest – *(fermé sam. midi sauf juil.-août)* Menu 27/120 € – Carte 50/80 €
Rest Le Bouchon – *(fermé vend., sam., dim. et le soir)* (15 €) Menu 19 €
– Carte 23/39 €
♦ Jouxtant l'élégante tour de l'Horloge, ravissante maison aux volets vert tendre
et sa terrasse sous les platanes. Cadre actuel de bon ton. Recettes et vins de la
région. À l'heure du déjeuner, Le Bouchon propose des petits plats bistrot orientés terroir.

à Bardigues 4 km au Sud par D 11 – 252 h. – alt. 160 m – ✉ 82340

XX **Auberge de Bardigues** 🍴 ዕ AC VISA ☺

au bourg – ℰ 05 63 39 05 58 – www.aubergedebardigues.com – Fermé dim. soir
et lundi
Rest – (13 € bc) Menu 17 € (déj. en sem.), 30/58 € bc
♦ Adresse familiale tenue entre frères au cœur d'un agréable petit village rural.
Terrasse panoramique, déco contemporaine et cuisine de "bistrot-gastro".

AUXERRE Ⓟ – 89 Yonne – **319** E5 – 37 419 h. – alt. 130 m – ✉ 89000 **7** B1
▯ Bourgogne

▶ Paris 166 – Bourges 144 – Chalon-sur-Saône 176 – Dijon 152
🛈 1-2, quai de la République ℰ 03 86 52 06 19
◉ Cathédrale St-Étienne★★ (vitraux★★, crypte★, trésor★) - Ancienne
abbaye St-Germain★★ (crypte★★).
🄶 Gy-l'Évêque : Christ aux Orties★ de la chapelle 9,5 km par ③.

🏠 **Le Parc des Maréchaux** sans rest 🎵 🖥 🌡 AC 🛰 Ⓟ VISA ☺ AE ①

6 av. Foch – ℰ 03 86 51 43 77 – www.hotel-parcmarechaux.com AZu
25 ch – 🛉97/146 € 🛉🛉97/146 € – ☲ 12 €
♦ Demeure Napoléon III aux jolies chambres cosy, meublées dans le style Empire
plus de calme côté parc. Bar feutré habillé de velours rouge.

AUXERRE

Boucheries (R. des) . . . . **BZ** 3
Bourbotte (Av.) . . . . **BY** 4
Chesnez (R. M. des) . . . . **AZ** 5
Coche-d'Eau (Pl. du) . . . . **AZ** 8
Cochois (R.) . . . . **BY** 9
Diderot (R.) . . . . **AZ** 10
Dr-Labosse (R. du) . . . . **BY** 11
Draperie (R. de la) . . . . **AZ** 12
Eckmühl (R. d') . . . . **AZ** 14

Fécauderie (R.) . . . . **AZ** 16
Foch (Av.) . . . . **AZ** 18
Grand-Caire (R. du) . . . . **AY** 20
Horloge (R. de l') . . . . **AZ** 22
Hôtel-de-Ville (Pl. de l') . . . . **AZ** 23
Jean-Jaurès (Av.) . . . . **BY** 26
Jean-Jaurès (R.) . . . . **BZ** 27
Leclerc (Pl. du Mar.) . . . . **AZ** 34
Lepère (Pl. Ch.) . . . . **AZ** 35
Maison-Fort (R.) . . . . **BY** 36
Marine (R. de la) . . . . **BY** 37

Mont-Brenn (R. du) . . . . **BY** 38
Paris (R. de) . . . . **AY**
Puits-des-Dames (R. du) . . . . **BZ** 40
St-Germain (R.) . . . . **ABY** 44
St-Nicolas (Pl.) . . . . **BY** 45
Schaeffer (R. René) . . . . **AZ** 46
Surugue (Pl. Ch.) . . . . **AZ** 47
Temple (R. du) . . . . **AZ**
Tournelle (Av. de la) . . . . **BY** 48
Yonne (R. de l') . . . . **BY** 52
24-Août (R. du) . . . . **AZ** 54

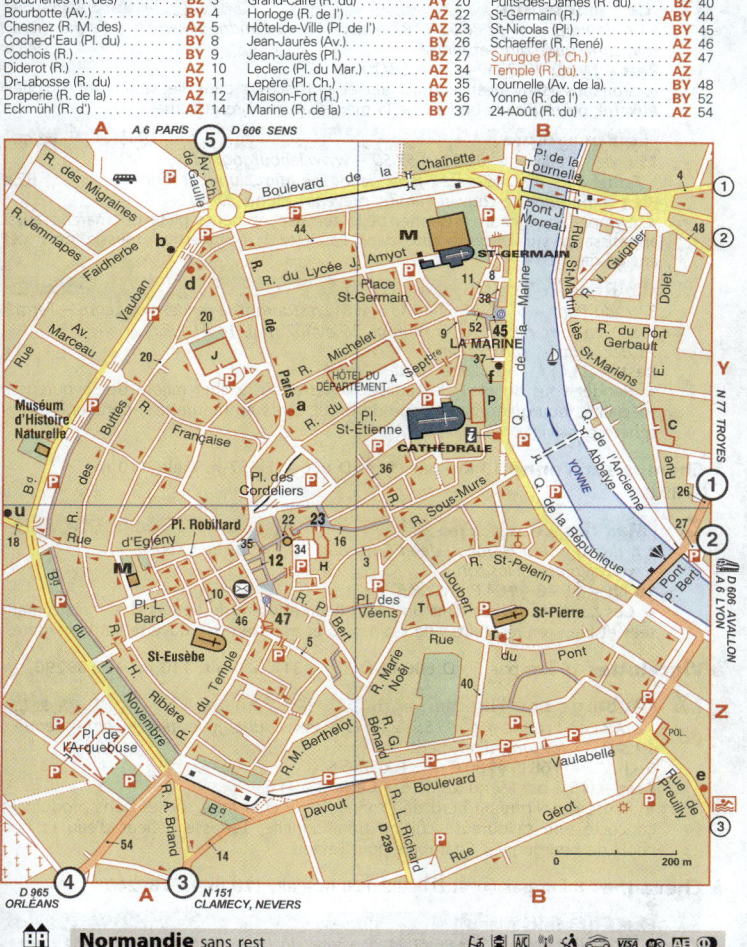

🏨 **Normandie** sans rest   🛗 ♿ AC 📶 🕍 🚗 VISA ⁕ AE ①
41 bd Vauban – ℰ 03 86 52 57 80 – www.hotelnormandie.fr – Fermé 17 déc.-2 janv.
47 ch – ♦69/77 € ♦♦77/99 € – ☕ 9 €   AY**b**
♦ Cette demeure bourgeoise (19ᵉ s.) a tout pour plaire : paisible cour, chambres
coquettes et colorées, salon meublé Art déco, billard et fitness.

🏨 **Le Maxime** sans rest   🕍 AC 📶 🕍 P VISA ⁕ AE ①
2 quai de la Marine – ℰ 03 86 52 14 19 – www.lemaxime.com   BY**f**
26 ch – ♦92/157 € ♦♦92/157 € – ☕ 12 €
♦ Au 19ᵉ s., ce grenier à sel des bords de l'Yonne s'est mué en hôtel. Chambres
coquettes et feutrées (tons gris, taupe...), avec vue sur le fleuve ou la cour.

🍴 **Le Jardin Gourmand**   � 🏠 ♿ 🕍 VISA ⁕
56 bd Vauban – ℰ 03 86 51 53 52 – www.lejardingourmand.com – Fermé 28 fév.-
15 mars, 13-21 juin, 5-13 sept., 14-29 nov., lundi et mardi   AY**d**
Rest – *(nombre de couverts limité, prévenir)* (49 €) Menu 70/110 € – Carte 84/100 €
♦ Cette ancienne maison de vigneron distille charme classique et fantaisie contemporaine... On y savoure une bonne cuisine du marché, qui varie avec les saisons. Raffiné.

195

XX **La Salamandre**   AC ⟷ VISA ◉ AE
84 r. de Paris – ℰ 03 86 52 87 87 – www.lasalamandre-auxerre.fr – Fermé merc.
soir, sam. midi, dim. et fériés   **AYa**
Rest – Menu 40/72 € – Carte 58/100 €
◆ Poissons (sauvages), coquillages et crustacés : dans ce restaurant du vieil
Auxerre, on respire le bon air de la mer ! Décor sobre et actuel.

X **Le Bourgogne**   🛋 & AC P VISA ◉
15 r. de Preuilly – ℰ 03 86 51 57 50 – www.lebourgogne.fr
– Fermé 8-29 mai, 19 déc.-2 janv., jeudi soir, dim., lundi et fériés   **BZe**
Rest – *(nombre de couverts limité, prévenir)* Menu 29/40 €
◆ Sympathique cadre rustique, belle terrasse et petits plats du marché aussi
appétissants sur l'ardoise que dans l'assiette : reconversion réussie pour cet
ancien garage !

X **Le Rendez-Vous**   VISA ◉ AE
37 r. du Pont – ℰ 03 86 51 46 36 – www.restaurant-le-rendez-vous.com – Fermé
le soir en sem. de mi-oct. à mi-mai, 25 avril-2 mai, 14-31 juil.,
23 déc.-2 janv., sam. et dim.   **BZr**
Rest – (21 €) Menu 32 € – Carte 31/66 €
◆ Rendez-vous au pied de l'église St-Pierre, où le chef mijote de savoureuses
spécialités bourguignonnes (joue de bœuf, œufs en meurette...) dans une atmosphère conviviale.

à Champs-sur-Yonne 10 Km par ② et D 606 – 1 557 h. – alt. 110 m
– ✉ 89290

🏠 **Mas des Lilas** sans rest   🚗 AC ✂ 📶 P VISA ◉
1 r. du Pont, (au Hameau de la Cour Barrée) – ℰ 03 86 53 60 55
– www.lemasdeslilas.com
16 ch – ✝55 € ✝✝64 € – ⊑ 8 €
◆ Ces pavillons nichés dans un jardin fleuri abritent de petites chambres climatisées et bien tenues, toutes de plain-pied et avec terrasse ouverte sur la verdure.

à Vincelottes 16 km par ② D 606 et D 38 – 312 h. – alt. 110 m – ✉ 89290

XX **Auberge Les Tilleuls** avec ch   🛋 VISA ◉ AE
12 quai de l'Yonne – ℰ 03 86 42 22 13 – www.auberge-les-tilleuls.com – Fermé
19 déc.-11 fév., mardi et merc.
5 ch ⊑ – ✝68 € ✝✝80 € – ½ P 65/76 €
Rest – (15 € bc) Menu 28/50 € – Carte 43/94 €🍴
◆ Pause bucolique au bord de l'Yonne. Ici, le chef mise sur les bons produits et
concocte une savoureuse cuisine traditionnelle. Terrasse à fleur d'eau et bon
choix de bourgognes. Chambres pour l'étape.

à Chevannes 8 km par ③ et D1 – 2 120 h. – alt. 170 m – ✉ 89240

XX **La Chamaille**   🎧 🛋 P VISA ◉
4 rte de Boiloup – ℰ 03 86 41 24 80 – www.lachamaille.fr – Fermé 16-31 août,
24 oct.-3 nov., 27 fév.-13 mars, dim. soir et lundi
Rest – Menu 35/67 € – Carte 54/79 €
◆ Tandis qu'on savoure une cuisine traditionnelle dans la véranda de cette ferme
rustique, les canards se chamaillent dans le ruisseau du parc fleuri... La campagne !

à Villefargeau 5,5 km par ④ – 852 h. – alt. 130 m – ✉ 89240

🏠 **Le Petit Manoir des Bruyères** ✎   🎧 🛋 P VISA ◉ AE
Les Bruyères, 4 km à l'Ouest – ℰ 03 86 41 32 82
– www.petit-manoir-bruyeres.com
5 ch ⊑ – ✝140/220 € ✝✝140/220 €
Table d'hôte – Menu 46/60 €
◆ À l'orée du bois, ce manoir au toit vernissé est un véritable havre de paix
Chambres raffinées (18e s.) et suite royale "Montespan". Cueillette des champignons en saison... Table d'hôte richement dressée devant la cheminée Louis XIII
plats bourguignons.

à Appoigny 8 km par ⑤ et D 606 – 3 091 h. – alt. 110 m – ✉ 89380

🔲 4, rue du Fer à Cheval 📞 03 86 53 20 90

⌂ **Le Puits d'Athie** 🍃 🚗 📶 🅿
1 r. de l'Abreuvoir – 📞 *03 86 53 10 59* – *www.puitsdathie.com*
4 ch 🛏 – 🛏75/180 € 🛏🛏75/180 € **Table d'hôte** – Menu 45 € bc
◆ Les chambres de cette demeure bourguignonne possèdent un charme rare (meubles chinés), en particulier "Mykonos", habillée de bleu et blanc, et "Porte d'Orient", décorée d'une porte du Rajasthan. La patronne concocte des plats régionaux ou méditerranéens.

AVALLON ◁🆂🅿▷ – 89 Yonne – **319** G7 – 7 483 h. – alt. 250 m – ✉ 89200   **7** B2
🟩 Bourgogne

▶ Paris 222 – Auxerre 51 – Beaune 103 – Chaumont 134
🔲 6, rue Bocquillot 📞 03 86 34 14 19
◉ Site★ - Ville fortifiée★ : Portails★ de l'église St-Lazare - Miserere★ du musée de l'Avallonnais **M¹** - Vallée du Cousin★ S par D 427.

⌂ **Dak'Hôtel** sans rest   🚗 🛏 ⅋ AC 📶 🚕 🅿 VISA ⓜⓞ AE
119 r. de Lyon, par ② – 📞 *03 86 31 63 20* – *www.dak-hotel.com*
27 ch – 🛏57 € 🛏🛏63 € – 🛏 8,50 €
◆ Un hôtel fonctionnel tout près de la route, avec piscine et jardin. Les chambres sont bien entretenues et insonorisées. Pratique et sympathique !

✕ **Le Gourmillon**   AC VISA ⓜⓞ
😞 *8 r. de Lyon* – 📞 *03 86 31 62 01* – *www.legourmillon.com* – *Fermé 10-23 janv., jeudi soir hors saison et dim. soir*   v
Rest – (12 € bc) Menu 18/34 € – Carte 25/43 €
◆ Petit restaurant familial en plein centre-ville, où simplicité rime avec générosité. Cadre agréable et sagement champêtre ; menus faisant la part belle au terroir.

AVALLON

Belgrand (R.) 2
Bocquillot (R.) 3
Capucins (Prom. des) 5
Collège (R. du) 6
Fontaine-Neuve (R.) 8
Fort-Mahon (R.) 9
Gaulle (Pl. Gén.-de) 12
Gde-Rue A. Briand 13
Odebert (R. des) 14
Paris (R. de) . . . .
Porte-Auxerroise (R.) 16
Terreaux Vauban (Prom. des) 18
Vauban (Pl.) . . . .

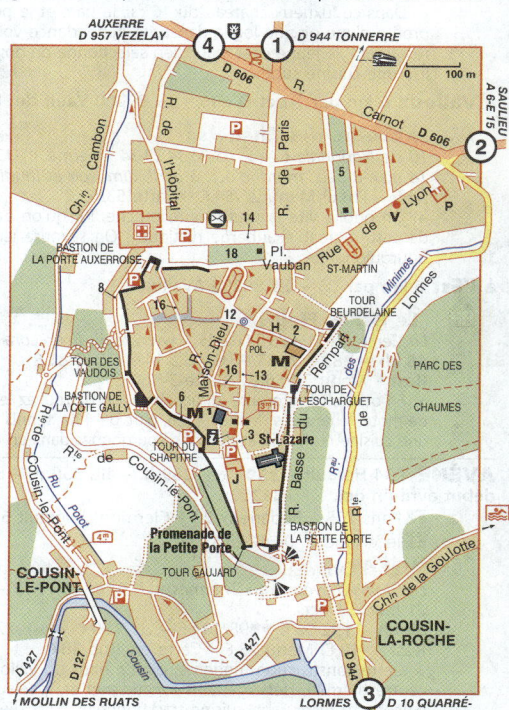

à Pontaubert 5 km par ④ et D 957 – 390 h. – alt. 160 m – ✉ 89200

Les Fleurs avec ch
69 rte de Vézelay – ✆ 03 86 34 13 81 – www.hotel-lesfleurs.com – Fermé 18 déc.-3 fév.
7 ch – †51 € ††63 € – ☕ 9 €
Rest – *(fermé jeudi sauf le soir du 1er mai au 15 sept. et merc.)* Menu 19/43 € – Carte 35/55 €
◆ Une sympathique auberge familiale, où manger une cuisine traditionnelle et régionale. L'été, on profite du jardin. Chambres bien tenues.

dans la Vallée du Cousin 6 km par ④, Pontaubert et D 427 – ✉ 89200 Avallon

Hostellerie du Moulin des Ruats
– ✆ 03 86 34 97 00 – www.moulindesruats.com – Ouvert de mi-fév. au 11 nov.
25 ch – †82/154 € ††82/154 € – ☕ 13 € – ½ P 99/135 €
Rest – *(fermé le midi sauf dim. et lundi)* Menu 30/47 € – Carte 45/69 €
◆ Au calme dans la vallée du Cousin, ce moulin du 18e s. invite à la détente : atmosphère feutrée dans le bar-bibliothèque et chambres au charme surrané. On dîne dans une salle ouverte sur le domaine ou en terrasse ; cuisine classique, au diapason des lieux.

à Vault de Lugny 6 km par ④ et D 142 – 326 h. – alt. 148 m – ✉ 89200

Château de Vault de Lugny
11 r. du Château – ✆ 03 86 34 07 86 – www.lugny.fr – Ouvert 8 avril-5 nov.
14 ch – †185/650 € ††185/650 € – 2 suites – ☕ 25 €
Rest – *(fermé le midi sauf dim.) (nombre de couverts limité, prévenir)* Menu 49 €, 69/98 € – Carte 67/124 €
◆ Dans ce luxueux château du 16e s., le parc et le potager sont superbes et l'on profite d'une piscine logée dans une dépendance voûtée. Calme et idyllique ! Au restaurant, le jeune chef mauricien sélectionne de bons produits régionaux et réalise une cuisine subtile.

à Valloux 6 km par ④ et D 606 – ✉ 89200 Vault de Lugny

Auberge des Chenêts
10 rte Nationale 6 – ✆ 03 86 34 23 34 – Fermé 1er-13 mars, 20 juin-5 juil., 14 nov.-8 déc., mardi d'oct. à avril, dim. soir et lundi
Rest – (18 €) Menu 26/54 € – Carte 53/63 €
◆ On oublie vite la route toute proche, lorsqu'on s'attable près de la cheminée de cette agréable auberge rustique ! On savoure ici de bons plats d'inspiration bourguignonne.

à l'Est 6 km par ② – ✉ 89200 Avallon

Le Relais Fleuri
La Cerce – ✆ 03 86 34 02 85 – www.relais-fleuri.com
48 ch – †83 € ††83/96 € – ☕ 14 € – ½ P 85 €
Rest – Menu 22/56 € – Carte 34/60 €
◆ En quittant l'autoroute (direction Avallon), trouvez le repos dans ce Relais aux airs de motel (chambres de plain-pied, parc de 4 ha, tennis et piscine chauffée). Savourez une cuisine régionale et de bons bourgognes dans un cadre élégant et champêtre.

AVÈNE – 34 Hérault – **339** D6 – 289 h. – alt. 350 m – Stat. therm. : début avril-fin oct. – ✉ 34260 **22** B2

Paris 705 – Bédarieux 25 – Clermont-l'Hérault 51 – Montpellier 83
le Village ✆ 04 67 23 43 38

Val d'Orb
Les Bains-d'Avène, aux Thermes – ✆ 04 67 23 44 45 – www.valdorb.com – Ouvert 21 mars-31 oct.
58 ch – †92/98 € ††98/104 € – ☕ 9,50 € – ½ P 72/84 €
Rest – (19 €) Menu 25 € – Carte environ 30 €
◆ Cette construction moderne, blottie dans un vallon verdoyant, est intégrée au centre thermal. Hébergement fonctionnel et spacieux. Quelques chambres avec balcon. Au restaurant, cuisine traditionnelle, plats diététiques et menu-pension.

AVENSAN – 33 Gironde – **335** G4 – 2 052 h. – alt. 25 m – ✉ 33480   **3** B1

▶ Paris 589 – Bordeaux 30 – Mérignac 28 – Pessac 34

🏠 **Le Clos de Meyre** sans rest   � 🔻 ❄ 🛰 P VISA ⚫⚫ AE ⓪
16 rte de Castelnau – ☎ 05 56 58 22 84 – www.chateaumeyre.com
– Ouvert 1er mars-1er nov.
9 ch ⊐ – †85/105 € ††115/240 €
◆ Entre vignobles de Margaux et de Haut Médoc, ce château est une propriété viticole depuis trois siècles. Chambres de caractère, classiques ou actuelles. Piscine d'été, tennis.

AVESSAC – 44 Loire-Atlantique – **316** E2 – 2 357 h. – alt. 55 m   **34** A2
– ✉ 44460

▶ Paris 406 – Nantes 78 – Rennes 63 – St-Nazaire 54

au Sud-Est 3 km par D 131 (direction Plessé)

🍴🍴 **Restaurant d'Edouard**   ♿ ✋ P VISA ⚫⚫
La Ville en Pierre ✉ 44460 Avessac – ☎ 02 99 71 01 02 – www.edouardset.com
– Fermé 14 juil.-20 sept., lundi, mardi, merc. et jeudi
Rest – Menu 29/61 € – Carte 50/62 €
◆ Dans cette ancienne ferme, la décoration design tranche avec les murs en brique et les poutres apparentes. On y sert une cuisine inventive, joliment présentée. Cave à vin.

AVIGNON P – 84 Vaucluse – **332** B10 – 92 454 h. – Agglo. 253 580 h.   **42** E1
– alt. 21 m – ✉ 84000 🟩 Provence

▶ Paris 682 – Aix-en-Provence 82 – Arles 37 – Marseille 98

✈ d'Avignon : ☎ 04 90 81 51 53, 9 km par ③ et N 7.

☎ 3635 et tapez 42 (0,34 €/mn)

🛈 41, cours Jean Jaurès ☎ 04 32 74 32 74

⛳ de Châteaublanc à Morières-lès-Avignon Les Plans, E : 8 km par D 58,
☎ 04 90 33 39 08

⛳ du Grand Avignon à Vedène Les Chênes Verts, E : 9 km par D 28,
☎ 04 90 31 49 94

◉ Palais des Papes★★★ : ≤★★ de la terrasse des Dignitaires - Rocher des Doms ≤★★ - Pont St-Bénézet★★ - Remparts★ - Vieux hôtels★ (rue Roi-René) EZ **F²** - Coupole★ de la cathédrale Notre-Dame-des-Doms - Façade★ de l'hôtel des Monnaies EY **K** - Vantaux★ de l'église St-Pierre EY - Retable★ de l'église St-Didier EZ - Musées : Petit Palais★★ EY, Calvet★ EZ **M²**, Lapidaire★ EZ **M⁴**, Louis Vouland (faïences★) DYZ **M⁵** - Fondation Angladon-Dubrujeaud★★ EZ **M¹.**

Plans pages suivantes

🏨 **La Mirande** ♨   ≤ � ♨ 🖥 AK 🛰 🧖 🚗 VISA ⚫⚫ AE ⓪
❀ 4 pl. Amirande – ☎ 04 90 14 20 20
– www.la-mirande.fr   EY**g**
25 ch – †330/560 € ††330/560 € – 1 suite – ⊐ 26 €
Rest – ☎ 04 90 85 93 93 (fermé 9 janv.-9 fév.) Menu 35 € (déj. en sem.), 72/93 € – Carte environ 83 €🍽
Spéc. Miroir d'eau de tomates confites, crémeux de burrata et sorbet fenouil (saison). Dos de cabillaud rôti, pommes de terre écrasées à l'huile d'olive et truffe d'été. Œufs à la neige, crème anglaise pralinée et mousse au café. **Vins** Vin de pays de Vaucluse, Châteauneuf-du-Pape.
◆ La Mirande est un lieu superbe : décoration dans l'esprit provençal du 18e s., meubles d'antiquaires, objets d'art... raffinement exquis ! Goûteux plats traditionnels à base de produits bio ; table d'hôte certains soirs dans les anciennes cuisines.

🏨 D'Europe 🛜 📶 AC 📶 🗜️ 🚗 VISA ⓒⓞ AE ①

☼ *12 pl. Crillon –* 📞 *04 90 14 76 76*

– *www.heurope.com* EY**d**

41 ch – 🛏️190/540 € 🛏️🛏️210/540 € – 3 suites – 🍽 18 €

Rest – *(fermé dim. et lundi)* Menu 35 € (déj.), 39/120 €

– Carte 66/148 €

Spéc. Aiguillette de thon comme un tataki. Ris de veau doré au beurre d'algues et légumes du marché. Pain perdu à la fleur d'oranger.

◆ Décor délicat dans cet hôtel particulier du 16ᵉ s., au cœur de la cité. Certaines suites offrent une échappée sur le palais des Papes. On déguste ici une fine cuisine classique relevée de saveurs méditerranéennes. En terrasse, doux murmure de la fontaine...

AVIGNON

Amandier (Av. de l'). . . . . . **CX**
Aulnes (Av. des) . . . . . . **CX**
Avignon (Av. d') . . . . . . **CX**
Croix Rouge (Av. de la) **BX**
Docteur-Pons
  (Rte Touristique) . . . **BV**
Eisenhower (Av.) . . . . . **AX**
Europe (Pont de l') . . . **AX**
Ferry (Bd J.) . . . . **AX**
Folie (Av. de la) . . . . . **BCX** 29
Foncouverte (Av. de) **BCX** 31
Gaulle
  (Rocade Ch.-de) . . **ABX**
Lyon (Rte de) . . . . **AX**
Marseille (Rte de) . . . **BCX** 51
Monclar (Av.) . . . . **AX**
Monod (Bd J.) . . . . **AX** 58
Montfavet (Rte de) . . **BCX** 60
Morières (Rte de) . . . **BCV**
Moulin Notre-Dame
  (Av. du) . . . . **BX** 61
Réalpanier (Carr.) . . . . **CV**
Reine-Jeanne
  (Av. de la) . . . . . . **BX** 81
Royaume (Pont du) . . **AV** 92
St-Chamand (Av.) . . . **BX** 95
St-Ruf (Av.) . . . . **AX**
Semard (Av. P.) . . . . . . **BX**
Sixte-Isnard (Bd) . . . . **BX** 112
Souspirous (Av. de) . . **CX**
Tarascon (Av. de) . . . . **AX**
1re Division Blindée
  (Bd de la) . . . . **BX** 125

LES ANGLES

Pinède (Ch. de la) . . . . **AV**

LE PONTET

Delorme (Av. Th.) . . . . **CV**
Gaulle (Av. Ch. de) . . . **CV**
Goutarel (Av. G.) . . . . **CV** 38
Lascours (Av. F.) . . . . . **CV**
Pasteur (Av. L.) . . . . . . **CV**

VILLENEUVE-LÈS-AVIGNON

Camp de Bataille (R.) . **AV** 15
Chartreux (Ch. des) . . **AV** 16
Ducros (Bd Edmond) . **AV**
Fort St-André
  (Montée du) . . . . . **AV** 32
Gaulle (Av. Ch.-de) . . . **AV** 36
Hôpital (R. de l') . . . . . **AV** 43
Joffre (Rte) . . . . **AV**
Leclerc (Av. Gén.) . . . . **AV**
Monnaie (R. de la) . . . **AV** 57
Pasteur (Av.) . . . . **AV**
Péri (Av. G.) . . . . **AV**
Ravoux (Av. Paul) . . . . **AV**
République (R. de la) . **AV** 87
Tour (Montée de la) . . **AV** 115
Verdun (Av. de) . . . . . **AV** 117

Cloître St-Louis ⚜

20 r. Portail-Boquier
– ☎ 04 90 27 55 55
– *www.cloitre-saint-louis.com*
80 ch – ♦210/330 € ♦♦210/330 € – ☐ 16 €
Rest – *(fermé 22 oct.-2 nov., 25 fév.-11 mars et sam. midi)* (18 €)
Menu 28 € (déj.)/38 €
– Carte 32/45 €

◆ Dans ce cloître du 16ᵉ s., les chambres allient sobriété moderne et charme des vieilles pierres. Piscine et terrasse sur le toit ; aile contemporaine (verre et acier). Restaurant sous les arcades ; l'été, on s'installe dans la paisible cour, à l'ombre des platanes.

EZ**s**

AVIGNON

Amirande (Pl. de l')	**EY**	2
Arroussaire (Av. de l')	**FZ**	3
Aubanel (R. Théodore)	**EZ**	5
Balance (R. de la)	**EY**	7
Bancasse (R.)	**EY**	9
Bertrand (R.)	**FY**	10
Bon Martinet (R. du)	**FZ**	13
Campane (R.)	**FY**	14
Collège d'Annecy (R.)	**EZ**	18
Collège du Roure (R. du)	**EY**	19

Corps Saints (Pl. des)	**EZ**	20
David (R. Félicien)	**EY**	22
Dorée (R.)	**EY**	23
Folco-de-Baroncelli (R.)	**EY**	28
Fourbisseurs (R. des)	**EY**	34
Four de la Terre (R. du)	**FZ**	35
Four (R. du)	**FY**	33
Galante (R.)	**EY**	37
Grande Fusterie (R. de la)	**EY**	39
Grottes (R. des)	**EY**	41
Italiens (Av. des)	**GY**	44
Jean-Jaurès (Cours)	**EZ**	
Jérusalem (Pl.)	**FY**	45

Ledru-Rollin (R.)	**FY**	
Manivet (R. P.)	**EFZ**	
Marchands (R. des)	**EY**	
Masse (R. de la)	**FZ**	
Molière (R.)	**EY**	
Monclar (Av.)	**EY**	
Mons (R. de)	**EY**	
Muguet (R.)	**GY**	
Ortolans (R. des)	**EZ**	
Palais (Pl. du)	**EY**	
Palapharnerie (R.)	**FY**	
Petite Calade (R. de la)	**EY**	
Petite Fusterie (R. de la)	**EY**	

tite Saunerie (R. de la)	**FY** 70	Rouge (R.)	**EY** 90	Sarraillerie (R. de la)	**EYZ** 110
tramale (R.)	**EZ** 72	Ste-Catherine (R.)	**FY** 109	Taulignan (R. de)	**EY** 113
yrollerie (R.)	**EY** 73	St-Agricol (R.)	**EY** 94	Tour (R. de la)	**GY** 116
nt (R. du)	**EY** 74	St-Christophe (R.)	**FZ** 97	Vernet (R. Horace)	**EZ** 118
esident-Kennedy (Cours)	**EZ** 76	St-Dominique (Bd)	**DZ** 98	Vernet (R. Joseph)	**EYZ**
vot (R.)	**EZ** 77	St-Étienne (R.)	**EY** 99	Viala (R. Jean)	**EY** 119
scas (R. de)	**GY** 79	St-Jean le Vieux		Vice-Légat (R.)	**EY** 120
mpart de l'Oulle (R. du)	**DY** 82	(Pl.)	**FY** 101	Vieux Sextier	
mpart du Rhône (R. du)	**EY** 83	St-Jean le Vieux (R.)	**FY** 102	(R. du)	**EFY** 122
mpart St-Michel (R. du)	**FZ** 84	St-Joseph (R.)	**EY** 104	Vilar (R. Jean)	**EY** 123
mpart St-Roch (R. du)	**DEZ** 86	St-Michel (R.)	**EZ** 105	Violette (R.)	**EZ** 124
publique (R. de la)	**EYZ**	St-Pierre (Pl.)	**EY** 106	3 Pilats (R. des)	**FY** 127
ône (Pte du)	**EY** 88	St-Ruf (Av.)	**FZ** 108	3 Faucons (R. des)	**EZ** 126

Mercure Pont d'Avignon sans rest ❧

r. Ferruce, (quartier Balance) – ⌀ 04 90 80 93 93
– *www.mercure.com*   **EYr**
87 ch – ♦117/182 € ♦♦127/192 € – ☱ 13 €
• Emplacement idéal pour visiter le palais des Papes. Les chambres de cet hôtel sont petites, mais fonctionnelles et chaleureuses. Agréable salle des petits-déjeuners.

Kyriad Courtine sans rest

2 r. Mère-Térésa, Avenue de la Gare TGV – ⌀ 04 32 76 88 00 – *www.kyriad.fr*
95 ch – ♦69/150 € ♦♦69/150 € – ☱ 10 €   **AXa**
• Cet hôtel proche de la gare TGV possède les avantages d'une construction récente : bonne insonorisation, équipements modernes complets et déco contemporaine.

Bristol sans rest

44 cours Jean-Jaurès – ⌀ 04 90 16 48 48 – *www.bristol-avignon.com*
65 ch – ♦64/103 € ♦♦86/126 € – 2 suites – ☱ 12 €   **EZm**
• Entre la gare et les quartiers animés, cet immeuble abritait déjà un hôtel dans les années 1920. Préférez les chambres rénovées, assez chaleureuses (couettes, tons chocolat).

De Blauvac sans rest

11 r. de la Bancasse – ⌀ 04 90 86 34 11 – *www.hotel-blauvac.com*   **EYm**
16 ch – ♦65/85 € ♦♦70/95 € – ☱ 8 €
• La résidence du marquis de Blauvac (17e s.) a conservé son lustre rustique (pierres apparentes). Chambres à l'avenant (certaines familiales) et agréables salles de bains.

Le Colbert sans rest

7 r. Agricol Perdiguier – ⌀ 04 90 86 20 20 – *www.avignon-hotel-colbert.com*
– *Ouvert 5 mars-31 oct.*   **EZa**
14 ch – ♦65/112 € ♦♦78/126 € – ☱ 11 €
• Dans cet hôtel, on se sent comme à la maison : chambres bien entretenues, tons chauds et affiches colorées... Le petit plus : un délicieux patio, où trône un palmier.

Lumani sans rest

37 rempart St-Lazare – ⌀ 04 90 82 94 11 – *www.avignon-lumani.com* – *Fermé 4 nov.-25 déc. et 7 janv.-7 mars*   **FYa**
5 ch ☱ – ♦90/170 € ♦♦90/170 €
• Dans cette belle maison du 19e s., les propriétaires cultivent leur sens artistique – madame peint ; monsieur est saxophoniste – et vous reçoivent en amis. De l'âme et du style !

Christian Étienne

10 r. Mons – ⌀ 04 90 86 16 50 – *www.christian-etienne.fr* – *Fermé vacances de la Toussaint, dim. et lundi sauf en juil.*   **EYh**
Rest – (31 €) Menu 65/135 € – Carte 60/130 €🕏
Spéc. Tartare de tomate (juil. à mi-oct.) Rouget à la recette de saison. Dessert aux fraises de Carpentras (printemps). **Vins** Côtes du Ventoux, Cairanne.
• Demeure médiévale accolée au palais des Papes. Dans ce cadre chargé d'histoire, C. Étienne réalise une belle cuisine, rendant un vibrant hommage aux produits de sa Provence natale.

Hiély-Lucullus

5 r. de la République, (1er étage)
– ⌀ 04 90 86 17 07 – *www.hiely-lucullus.com*
– *fermé 26 avril-9 mai, 25 juin-8 juil., 8-14 janv., jeudi midi, sam. midi et merc.*
Rest – (19 €) Menu 25 € (déj. en sem.), 40/60 € – Carte 55/95 €   **EYn**
• Véritable institution depuis 1938 ! Ici, on se délecte du décor Belle Époque (vitraux, boiseries de style Majorelle) autant que de la cuisine classique revisitée.

XXX **Le Diapason** (Erwan Houssin)   🛜 AC 🕎 🖨 VISA ⓜ
☆
1764 av. du Moulin-Notre-Dame - *BX* – ℰ 04 90 81 00 00
– www.lediapason-restaurant.com – *Fermé 1 sem. fin août, 1 sem. en nov.,*
3 sem. en janv., mardi sauf juil.-août et lundi
Rest – Menu 21 € (déj.), 26/64 €
Spéc. Velouté glacé de tomate, brousse à l'estragon, jambon de cochon noir de
Bigorre. Pigeon de Bresse rôti sur l'os, jus de presse à l'origan. Charlotte à l'abricot
et chocolat, sorbet fromage blanc.
♦ Aux portes de la ville règne une douce harmonie champêtre. Charme des pierres apparentes et des tons clairs ; vue sur les cuisines et… savoureuses recettes
créatives, signées par un couple talentueux (lui au chaud, elle à la pâtisserie). Met-
tez-vous au diapason !

XX **Piedoie**   AC VISA ⓜ
☜
26 r. 3-Faucons – ℰ 04 90 86 51 53 – *Fermé fin août, vacances de fév., mardi et*
merc.   EZ**d**
Rest – (14 €) Menu 18 € (sem.)/29 €
♦ On apprécie l'atmosphère familiale de ce petit bistrot joliment rustique (parquet, poutres apparentes, murs blancs) ; on se régale des plats du marché
concoctés par le chef.

XX **Le Moutardier du Pape**   🛜 AC VISA ⓜ AE
15 pl. du Palais-des-Papes – ℰ 04 90 85 34 76 – www.restaurant-moutardier.fr
Rest – (23 €) Menu 32/48 € – Carte 48/69 €   EY**z**
♦ Moutardier du pape ? Une charge jadis très prisée et joliment évoquée par
les fresques de la salle. Ici, plaisirs du palais et terrasse splendide donnant sur…
le palais !

XX **L'Essentiel**   🛜 よ AC VISA ⓜ AE
☺
2 r. Petite-Fusterie – ℰ 04 90 85 87 12 – www.restaurantlessentiel.com
– *fermé 26 fév.-11 mars, dim. et merc.*   EY**y**
Rest – (17 €) Menu 28/39 € – Carte 41/53 €
♦ Comme son nom l'indique, cette table va à l'essentiel… des saveurs, et réjouira
les amateurs d'une cuisine généreuse. Le décor, lui, joue la carte de la modernité épurée.

XX **Le Numéro 75**   🛜 🖨 VISA ⓜ
75 r. Guillaume-Puy – ℰ 04 90 27 16 00 – www.numero75.com – *Fermé dim.*
Rest – Menu 33 € (déj.)/35 € – Carte 30/48 €   FZ**b**
♦ Un sympathique restaurant haut en couleurs, niché dans un hôtel particulier
du 19ᵉ s. On y savoure une goûteuse cuisine du marché et, aux beaux jours, on
s'attable dans la cour.

X **Les 5 Sens**   🛜 AC VISA ⓜ AE
18 r. Joseph-Vernet, (pl. Plaisance) – ℰ 04 90 85 26 51
– www.restaurantles5sens.com – *Fermé dim. et lundi*   EY**a**
Rest – (20 €) Menu 39/45 € – Carte 55/76 €
♦ Il faut dénicher ce petit restaurant, blotti sur une placette discrète… Là, dépaysement garanti : objets asiatiques et cuisine actuelle teintée de saveurs exotiques.

X **La Fourchette**   AC VISA ⓜ
17 r. Racine – ℰ 04 90 85 20 93 – *Fermé 1ᵉʳ-22 août, sam. et dim.*   EY**u**
Rest – *(nombre de couverts limité, prévenir)* (26 €) Menu 32/34 €
♦ Collection de fourchettes, cigales, photos, cartes de vœux, bibelots : ce bistrot
– au décor chargé mais charmant – affiche souvent complet. Cuisine aux savoureux accents du Sud.

X **Brunel**   🛜 AC VISA ⓜ
46 r. Balance – ℰ 04 90 85 24 83 – www.restaurantbrunel.fr – *Fermé vacances*
scolaires de Noël, dim. et lundi sauf en juil.   EY**e**
Rest – (15 € bc) Menu 25/33 €
♦ Ce néobistrot au décor minimaliste a le vent en poupe ! Ici, cap sur les produits frais : le soir, carte aux accents provençaux et, le midi, formule autour du
plat du jour.

L'Isle Sonnante ✕ 🏠 AC VISA ⊕ AE
7 r. Racine – ℰ 04 90 82 56 01 – www.lislesonnante.com
– Fermé 2-12 août, vacances de la Toussaint, vacances de fév., dim. et lundi
Rest – (17 €) Menu 25/45 € – Carte 29/45 €   **EYv**
♦ Derrière l'opéra, un petit néobistrot sympathique et chaleureux (grands miroirs, plafond rose...). On y déguste une cuisine aux accents du Sud accompagnée de crus régionaux.

dans l'île de la Barthelasse 5 km au Nord par D 228 et rte secondaire
– ✉ 84000 Avignon

La Ferme ❧ 🏠 🖼 AC ch, ✗ 📶 P VISA ⊕ AE
110 chemin des Bois – ℰ 04 90 82 57 53 – www.hotel-laferme.com – Ouvert 15 mars-31 oct.
20 ch – ♦68/75 € ♦♦78/86 € – ☕ 10 € – ½ P 70/76 €
Rest – (fermé le midi) Menu 25/42 € – Carte 25/42 €
♦ Idéal pour se mettre au vert sans trop s'éloigner du centre-ville. Chambres simples et bien tenues, au mobilier de style provençal. Cuisine traditionnelle servie dans une salle campagnarde (poutres apparentes, cheminée et vieilles pierres). Terrasse ombragée.

au Pontet 6 km vers ② par rte de Lyon – 17 365 h. – alt. 40 m – ✉ 84130

Auberge de Cassagne & Spa ❧ 🏠 🖼 ⊕ 📶 ⚅ & AC 📶 🕏 P VISA ⊕ AE ⓞ
450 allée de Cassagne – ℰ 04 90 31 04 18
– www.aubergedecassagne.com – Fermé 2-27 janv.
45 ch – ♦169/488 € ♦♦169/488 € – 3 suites – ☕ 25 € – ½ P 155/334 €
Rest – (33 €) Menu 59/94 € – Carte 73/130 €🌺
♦ Atmosphère chaleureuse dans cette bastide de 1850 : charmants petits salons, cheminée, mobilier chiné et chambres au décor provençal tournées vers le jardin. Beau spa. Cuisine classique et vins choisis dans la jolie salle rustique (poutres et solives).

Les Agassins ❧ 🏠 🖼 🕏 AC ✗ rest, 📶 & P VISA ⊕ AE
52 av. Ch.-de-Gaulle – ℰ 04 90 32 42 91 – www.agassins.com – Fermé 15 fév.-6 mars   **CVu**
26 ch – ♦100/240 € ♦♦120/380 € – ☕ 19 € – ½ P 117/232 €
Rest – (17 €) Menu 23 € (déj.)/59 € – Carte 55/61 €🌺
♦ Une grande maison d'inspiration régionale dans un jardin fleuri. Les chambres, pratiques et sobres, bénéficient presque toutes d'une petite terrasse. Restaurant ensoleillé et, aux beaux jours, tables dressées dans la cour arborée ; mets et vins honorent la Provence.

à Montfavet - **CX** – ✉ 84140

Hostellerie Les Frênes ❧ ⓞ 🏠 🕏 🖼 AC 📶 🕏 P VISA ⊕ AE ⓞ
645 av. Vertes-Rives – ℰ 04 90 31 17 93 – www.lesfrenes.com – Ouvert de mars à nov.
12 ch – ♦120/650 € ♦♦120/650 € – 6 suites – ☕ 20 €
Rest – (22 €) Menu 29 € (déj. en sem.), 47/67 € – Carte 65/85 €
♦ Des platanes, des frênes... de la verdure ! Cette demeure bourgeoise (1800) et ses dépendances, nichées dans un parc, disposent de chambres confortables (mobilier de style, plus de cachet dans la bâtisse principale). Restaurant cossu, bar cosy et jolie terrasse.

à l'aéroport 8 km par ③ – ✉ 84140

Paradou 🏠 🖼 🕏 ✗ & ch, AC 📶 & P VISA ⊕ AE ⓞ

– ℰ 04 90 84 18 30 – www.hotel-paradou.fr
60 ch – ♦105/110 € ♦♦115/170 € – ☕ 13 €
Rest – (fermé dim. sauf le soir d'avril à sept.) Menu 19/39 € – Carte 25/50 €
♦ Cet hôtel des années 1980, qui jouxte l'aéroport, se révèle accueillant et confortable : chambres sobres et bien tenues avec balcon, petite terrasse ou accès au jardin. Restaurant lumineux décoré façon bistrot, cuisine traditionnelle et vins régionaux.

rte de Carpentras 12 km par ② D 942, sortie Althen-des-Paluds

XXX **Le Saule Pleureur** (Laurent Azoulay)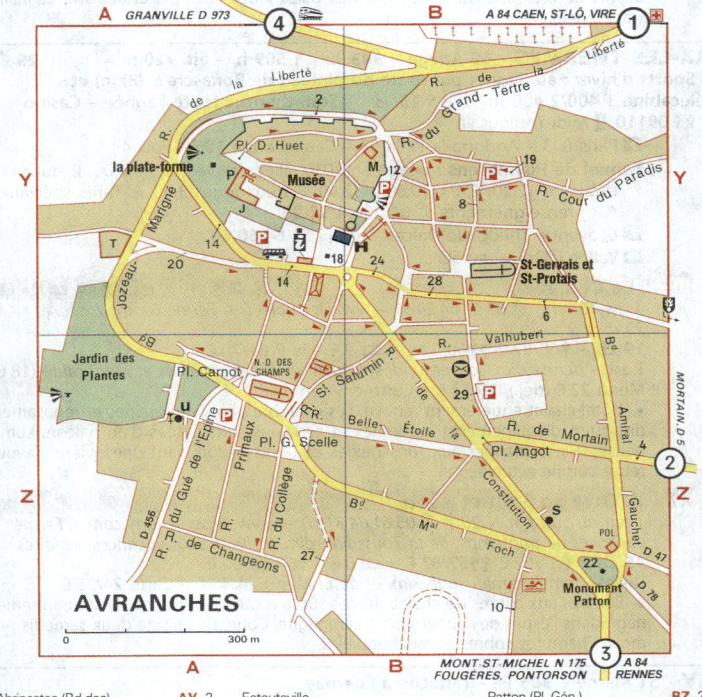
145 chemin de Beauregard ⊠ 84180 Monteux – ℰ 04 90 62 01 35
– www.le-saule-pleureur.com – Fermé 21 mars-4 avril, 31 oct.-7 nov., 2-9 janv.,
sam. midi, dim. soir et lundi sauf fériés et sauf juil.-août
Rest – (nombre de couverts limité, prévenir) (26 €) Menu 39 € (sem.)/89 € – Carte 78/98 €
Spéc. Tomates de Provence multicolores dans tous leurs états (juin à sept.).
Menu "Truffe Noire du Vaucluse" (déc.à mars). Chocolats de l'opéra en touches
gourmandes, sorbet cacao intense. **Vins** Côtes du Ventoux, Rasteau.
◆ Un beau jardin fleuri, une grande villa... On oublie immédiatement la route toute pro-
che pour jouir de l'essentiel : la cuisine généreuse, délicate et sagement créative du chef.

*Voir aussi ressources hôtelières de **Villeneuve-lès-Avignon***

AVIGNON (Aéroport d') – 84 Vaucluse – **332** C10 – rattaché à Avignon

AVRANCHES – 50 Manche – **303** D7 – 8 239 h. – alt. 108 m   **32** A3
– ⊠ **50300** ▌ Normandie Cotentin

▶ Paris 337 – Caen 105 – Rennes 85 – St-Lô 58

🛈 2, rue Général-de-Gaulle ℰ 02 33 58 00 22

◎ Manuscrits ★★ du Mont-St-Michel (musée) - Jardin des Plantes : ❋★ - La
"plate-forme" ❋★.

Abrincates (Bd des) .... **AY** 2	Estouteville	Patton (Pl. Gén.) .... **BZ** 22
Bindel (R. du Cdt) .... **BZ** 4	(Pl. d') .... **BY** 12	Pot-d'Étain (R. du) .... **BY** 24
Bremesnil (R. de) .... **BY** 6	Gaulle (R. Gén.-de) .... **AY** 14	Puits-Hamel
Chapeliers (R. des) .... **BY** 8	Littré (Pl.) .... **AY** 18	(R. du) .... **AZ** 27
Constitution (R. de la) .... **BZ**	Marché (Pl. du) .... **BY** 19	St-Gaudens (R.) .... **BY** 28
Écoles (R. des) .... **BZ** 10	Millet (R. L.) .... **AY** 20	St-Gervais (R.) .... **BZ** 29

La Croix d'Or 🕭 ☕️ 🍴 P VISA ⚫ AE ⓪

*83 r. de la Constitution – ℰ 02 33 58 04 88 – www.hoteldelacroixdor.fr
– Fermé 1er-20 janv. et dim. soir du 15 oct. au 1er avril*   **BZs**
27 ch – †62/75 € ††77/110 € – ⊊ 10 € – ½ P 78/95 €
Rest – Menu 18/49 € – Carte 37/60 €

♦ Façade à ossature de bois, beau hall-salon (mobilier régional) et jardin fleuri
que regardent la plupart des agréables chambres dans cet ancien relais de poste
du 17e s. Authentique cachet normand dans la salle à manger ; carte classique et
régionale.

La Ramade sans rest 🚗 ☕️ 🍴 P VISA ⚫ AE

*2 r. de la Côte, 1 km par ④ à Marcey les Grèves – ℰ 02 33 58 27 40
– www.laramade.fr – Fermé 21-30 nov. et 29 déc.-4 fév. et dim. de nov. à mars*
12 ch – †70/109 € ††78/190 € – ⊊ 11 €

♦ Demeure bourgeoise des années 1950 proposant des chambres douillettes et
personnalisées sur le thème floral, ou une suite familiale pour cinq personnes. Verrière à l'ancienne.

Au Jardin des Plantes 🍴 & ch, 🍴 🅿 VISA ⚫ AE ⓪

*10 pl. Carnot – ℰ 02 33 58 03 68 – www.le-jardin-des-plantes.fr – Fermé
25 déc.-3 janv.*   **AZu**
19 ch – †50/88 € ††50/88 € – ⊊ 10 € – ½ P 68 €
Rest – Menu 17/45 € – Carte 28/72 €

♦ Cet hôtel jouxte l'entrée du jardin des plantes ; l'accueil se fait au bar. Chambres rustiques, plus spacieuses dans le bâtiment arrière. La salle à manger aux
allures de brasserie ouvre ses grandes baies vitrés côté place. Registre culinaire
traditionnel.

AX-LES-THERMES – 09 Ariège – **343** J8 – 1 509 h. – alt. 720 m   **29** C3
– **Sports d'hiver : au Saquet par route du plateau de Bonascre★ (8km) et**
télécabine 1 400/2 400 m ❄ 1 ⚡15 ⚡ – Stat. therm. : toute l'année – Casino
– ✉ 09110 ▌ Midi-Toulousain

▶ Paris 803 – Andorra-la-Vella 59 – Carcassonne 106 – Foix 44

Tunnel de Puymorens : péage en 2010, aller simple : autos 6,00 €, auto et
caravane 12,20 €, P.L. 19,80 à 32,40 €, deux-roues 3,60 €. Tarifs spéciaux
A.R. : renseignements ℰ 04 68 04 97 20.

🄸 6, avenue Théophile Delcassé ℰ 05 61 64 60 60
🔵 Vallée d'Orlu★ au SE.

Le Chalet 🍴 📺 & ch, 🍽 rest, 🍴 VISA ⚫ AE ⓪

*4 av. Turrel – ℰ 05 61 64 24 31 – www.le-chalet.fr – Fermé 6 nov.-7 déc. et
23 avril-9 mai*
19 ch – †60/82 € ††60/82 € – ⊊ 9 € – ½ P 61/70 €
Rest – *(fermé dim. soir et lundi soir hors vacances scolaires et lundi midi)* (18 €)
Menu 22 € (déj.), 29/52 € – Carte environ 48 €

♦ Hôtel-chalet entièrement rénové. Les chambres, contemporaines et reposantes,
disposent d'équipements modernes et certaines sont dotées d'un balcon. Lumineuse salle à manger aux tons beiges et terrasse dominant une rivière. Savoureuse cuisine actuelle.

🍴🍴 L'Orry Le Saquet avec ch 🍴 🍴 P VISA ⚫

*1 km au Sud par N 20 – ℰ 05 61 64 31 30 – www.auberge-lorry.com – Fermé
vacances de printemps, de la Toussaint, dim. et lundi sauf vacances scolaires*
15 ch – †57/62 € ††57/62 € – ⊊ 8 € – ½ P 54/60 €
Rest – *(fermé le midi sauf sam. et dim.)* Menu 24/45 € – Carte 24/35 €

♦ Bâtisses aux allures de chalet situées sur la route de l'Andorre. Restaurant aménagé dans l'esprit des auberges de campagne. Cours de cuisine deux samedis par
mois. Chambres sobres et fonctionnelles.

AY – 51 Marne – **306** F8 – rattaché à Épernay

AYGUESVIVES – 31 Haute-Garonne – **343** H4 – 2 143 h. – alt. 164 m   **29** C2
– ✉ 31450 ▌ Midi-Toulousain

▶ Paris 704 – Colomiers 36 – Toulouse 25 – Tournefeuille 38

⌂ **La Pradasse** sans rest ⚘   📠 🔄 & 🅰🅲 ⚙ 🅟 𝖵𝖨𝖲𝖠 ⏺

39 chemin de Toulouse, D 16 – 𝒞 *05 61 81 55 96 – www.lapradasse.com*

5 ch ⌘ – †79/85 € ††98/105 €

◆ Cette grange superbement restaurée abrite des chambres qui rivalisent de charme dans leur décor en brique, bois et fer forgé conçu par les propriétaires. Délicieux parc avec étang.

AY-SUR-MOSELLE – 57 Moselle – **307** I3 – 1 550 h. – alt. 160 m   **26** B1
– ⊠ 57300

▶ Paris 327 – Briey 31 – Metz 17 – Saarlouis 56

✕✕ **Le Martin Pêcheur**   📠 🍴 🅰🅲 ⇔ 🅟 𝖵𝖨𝖲𝖠 ⏺

1 rte d'Hagondange – 𝒞 *03 87 71 42 31 – www.restaurant-martin-pecheur.fr
– Fermé 25 avril-2 mai, 16 août-1ᵉʳ sept., 24 oct.-2 nov., 27 fév.-5 mars, merc. soir, sam. midi, dim. soir et lundi*

Rest – (30 €) Menu 40 € (déj.), 57 € bc/100 € bc – Carte 50/70 €🌿

◆ Entre canal et Moselle, ex-maison de pêcheurs (1928) agrémentée d'un beau jardin où l'on s'attable en été. Accueil avenant, salles colorées, cuisine actuelle et cave bien fournie.

AZAY-LE-RIDEAU – 37 Indre-et-Loire – **317** L5 – 3 337 h. – alt. 51 m   **11** A2
– ⊠ 37190 ▮ Châteaux de la Loire

▶ Paris 265 – Châtellerault 61 – Chinon 21 – Loches 58

ℹ 4, rue du Château 𝒞 02 47 45 44 40

◉ Château★★★ - Façade★ de l'église St-Symphorien.

🏠 **Des Châteaux**   📠 & ⚙ 🅟 𝖵𝖨𝖲𝖠 ⏺

2 rte de Villandry – 𝒞 *02 47 45 68 00 – www.hoteldeschateaux.com
– Ouvert 28 fév.-23 oct.*

27 ch – †58/85 € ††64/85 € – ⌘ 10 € – ½ P 59/70 €

Rest – (fermé dim. et le midi) Menu 22/30 € – Carte 27/34 €

◆ Étape idéale sur la route des châteaux de la Loire ! Cet hôtel, peu à peu rénové, dispose de coquettes chambres gaies et colorées. Au restaurant, cuisine traditionnelle mitonnée par la patronne.

🏠 **De Biencourt** sans rest   ⚙ ⚙ 𝖵𝖨𝖲𝖠 ⏺

7 r. Balzac – 𝒞 *02 47 45 20 75 – www.hotelbiencourt.com
– Ouvert 1ᵉʳ avril-4 nov.*

16 ch – †59 € ††65 € – ⌘ 8 €

◆ Près du château, une maison tourangelle du 18ᵉ s., autrefois école primaire. Les chambres sont sobres, avec de beaux planchers. Agréable patio fleuri et bon petit-déjeuner.

✕✕ **L'Aigle d'Or**   📠 🅰🅲 ⇔ 𝖵𝖨𝖲𝖠 ⏺

10 av. A.-Riché – 𝒞 *02 47 45 24 58 – www.laigle-dor.fr – Fermé 1ᵉʳ-7 sept., 11-27 nov., 3 janv.-11 fév., lundi soir de déc. à avril, mardi soir sauf juil.-août, dim. soir et merc.*

Rest – (prévenir) (20 €) Menu 27/72 € bc – Carte 35/64 €🌿

◆ La maison est coquette et l'on s'y sent bien. Le chef prépare une cuisine du marché très actuelle, telle cette gelée de lapin à l'espuma de petits pois.

à Saché 6,5 km à l'Est par D 17 – 1 160 h. – alt. 78 m – ⊠ 37190

✕✕ **Auberge du XIIᵉ Siècle** (Xavier Aubrun et Thierry Jimenez)
    🍴

1 r. du Château – 𝒞 *02 47 26 88 77*   𝖵𝖨𝖲𝖠 ⏺
– Fermé 30 mai-8 juin, 29 août-7 sept., 14-23 nov., 2-18 janv., dim. soir, mardi midi et lundi

Rest – (prévenir le week-end) Menu 35/85 €

Spéc. Œufs brouillés, crème de morilles, tartelettes aux grattons de foie gras. Saint-pierre rôti entier, beurre d'herbes, barigoule de poivrade. Crème chaud-froid café, chocolat et sa tuile. **Vins** Chinon, Touraine Azay-le-Rideau.

◆ Vénérable auberge à colombages où Balzac avait ses habitudes, à deux pas du château qui l'accueillit si souvent. Cadre historique bien conservé pour une cuisine très classique.

au Nord-Ouest 4 km par D 57 et rte secondaire - ✉ 31190 Azay-le-Rideau

🍴 **Auberge Pom' Poire** avec ch ♿ 🛖 ♿ 🖼 rest, 📶 🅿 💳 🚗 AE
21 rte de Vallères – 📞 *02 47 45 83 00 – www.aubergepompoire.com
– Fermé 18-25 déc., 18-22 janv., dim. soir sauf juil.-août,
lundi sauf le soir d'avril à fév., et mardi midi*
6 ch – 🚹60/70 € 🚹🚹75/85 € – 😐 9 €
Rest – (18 €) Menu 26/52 € – Carte 38/45 €
♦ Une auberge en pleine campagne, au milieu des poiriers et des pommiers. Le chef prépare des produits frais : gaspacho de noire de Crimée, poulette de Racan, sandre "chantant"... Quelques chambres très colorées, aux noms de fruits bien entendu!

BADEFOLS-SUR-DORDOGNE – 24 Dordogne – **329** F6 – 200 h.   **4** C3
– alt. 42 m – ✉ 24150 🟩 Périgord Quercy
▶ Paris 595 – Agen 115 – Bordeaux 151 – Périgueux 63

🏠 **Côté Rivage** ♿ 🛖 🖼 ch, 🍴 rest, 📶 💳 🚗
– 📞 *05 53 23 65 00 – www.coterivage.com – Fermé 1er déc.-13 fév.*
7 ch – 🚹87 € 🚹🚹97 € – 😐 11 €
Rest – Menu 27 € (déj.)/39 € – Carte 23/39 € le midi
♦ Un petit havre de paix au bord de la Dordogne. Intérieur original décoré de meubles anciens et contemporains. La curiosité : la collection d'objets publicitaires du propriétaire. Au restaurant, des plats traditionnels avec un menu proposé à l'ardoise.

BADEN – 56 Morbihan – **308** N9 – 3 899 h. – alt. 28 m – ✉ 56870   **9** A3
▶ Paris 473 – Auray 9 – Lorient 52 – Quiberon 40

🏠 **Le Gavrinis** 🚗 🛖 ♿ rest, 📞 🅿 💳 🚗
😊 *1 r. de L'Île-Gavrinis, à Toulbroch, 2 km par rte Vannes –* 📞 *02 97 57 00 82
– www.gavrinis.com – Fermé 15-30 nov. et 9 janv.-8 fév.*
18 ch – 🚹55/125 € 🚹🚹55/125 € – 😐 12 € – ½ P 60/90 €
Rest – (Fermé dim. soir hors saison, lundi sauf le soir du 15 juin au 15 sept. et sam. midi) (15 €) Menu 23/62 € – Carte 33/61 €
♦ Cette maison néobretonne des années 1970, ceinte d'un beau jardin, dispose de chambres fraîches (bois blond, teintes claires), ou plus simples mais bien tenues. La Bretagne et ses produits sont à l'honneur de cette table gourmande et actuelle.

🏠 **Le Val de Brangon** ♿ 🚗 🛖 🖼 🍴 ch, 📶 🅿
Lieu-dit Brangon, 2 km à l'Est par D 101 et C 204 – 📞 *02 97 57 06 05
– www.levaldebrangon.com – Fermé janv.*
5 ch 😐 – 🚹150/170 € 🚹🚹160/180 €
Table d'hôte – Menu 35 € bc/90 €
♦ Avant d'embarquer pour l'île aux Moines, arrêtez-vous dans cette longère de 1824 admirablement restaurée. Décoration élégante (pierres d'origine, objets chinés, œuvres d'art), grand jardin et piscine chauffée. Cuisine de saison fraîche et légère.

BAERENTHAL – 57 Moselle – **307** Q5 – 698 h. – alt. 220 m – ✉ 57230   **27** D1
▶ Paris 449 – Bitche 15 – Haguenau 33 – Strasbourg 62
🅸 1, rue du Printemps d'Alsace 📞 03 87 06 50 26

🏠 **Le Kirchberg** sans rest ♿ 🚗 ♿ 🅿 💳 🚗
8 imp. de la Forêt – 📞 *03 87 98 97 70 – www.le-kirchberg.com – Fermé
2 janv.-10 fév.*
20 ch – 🚹41/52 € 🚹🚹62/66 € – 😐 8 €
♦ Hôtel de notre temps établi au cœur du parc régional. Chambres actuelles fraîches et nettes (dix avec cuisinette) à choisir sur l'arrière pour la vue vosgienne. Air pur garanti !

à Untermuhlthal 4 km au Sud-Est par D 87 – ✉ 57230 Baerenthal

XXXX   **L'Arnsbourg** (Jean-Georges Klein)   🚗 AC P VISA ⓒⓒ AE ①

❀❀❀   *18 Untermuhlthal – ☏ 03 87 06 50 85 – www.arnsbourg.com*
– Fermé 30 août-14 sept., 30 déc.-25 janv., mardi et merc.
Rest – *(prévenir le week-end)* Menu 65 € (déj. en sem.), 130/170 € Carte 115/190 €
Spéc. Émulsion de pommes de terre et truffe. Saint-pierre infusé au laurier en
croûte de sel. Tartelette tiède au chocolat râpé de fève de Tonka, crème glacée
au grué de cacao. **Vins** Riesling, Pinot gris.
♦ En pleine campagne vosgienne, maison à fière allure vous convient aux plaisirs
d'un repas délicieusement inventif dans une élégante salle aux notes actuelles
surplombant la Zinsel.

K 🏠🏠 ⚓   ⟨ 🚗 ▐▌ AC ✂ 📶 P VISA ⓒⓒ
5 Untermuhlthal – ☏ 03 87 27 05 60 – Fermé 30 août-14 sept., 30 déc.-25 janv.,
mardi et merc.
12 ch – ✝230/295 € ✝✝230/295 € – 6 suites – ☕ 28 €
♦ Appréciez une architecture moderne tout en transparence qui fait entrer la
nature dans de confortables chambres aux lignes épurées.

BÂGÉ-LE-CHÂTEL – 01 Ain – **328** C3 – 802 h. – alt. 209 m – ✉ 01380   **44** B1
▶ Paris 396 – Bourg-en-Bresse 35 – Mâcon 11 – Pont-de-Veyle 7
🛈 2, rue Marsale ☏ 03 85 30 56 66

XX   **La Table Bâgésienne**   🚗 ♿ VISA ⓒⓒ AE ①
19 Grande-Rue – ☏ 03 85 30 54 22 – www.latablebagesienne.com – Fermé
😊   *17-31 août, 21-28 déc., 25 fév.-9 mars, lundi soir, mardi soir et merc.*
😊   **Rest** – Menu 19 € (déj. en sem.), 26/60 € – Carte 45/60 €
♦ Décor dans les tons gris, lin et cacao pour cette table à l'ambiance contemporaine. Cuisine régionale actualisée et généreuse. Terrasse ombragée par un tilleul.

BAGES – 11 Aude – **344** I4 – rattaché à Narbonne

BAGNÈRES-DE-BIGORRE 👓 – 65 Hautes-Pyrénées – **342** M4   **28** A3
– 8 016 h. – alt. 551 m – Stat. therm. : mi mars-fin nov. – Casino – ✉ 65200
🟩 Midi-Toulousain
▶ Paris 829 – Lourdes 24 – Pau 66 – St-Gaudens 65
🛈 3, allée Tournefort ☏ 05 62 95 50 71
🔞 de la Bigorre à Pouzac Quartier Serre Devant, NE par D 938 : 3 km,
☏ 05 62 91 06 20
🔵 Parc thermal de Salut★ par Av. Pierre-Noguès - Grotte de Médous★★ SE :
2,5 km par D 935.

🏨   **La Résidence** ⚓   ⟨ 🚗 ▐▌ XX 🏠 ✂ P VISA ⓒⓒ
Vallon de Salut – ☏ 05 62 91 19 19 – www.residotel.com – Ouvert 2 mai-30 sept.
26 ch (½ P seult) – 3 suites – ½ P 70/80 €   **Rest** – *(dîner seult) (résidents seult)*
♦ Dans le cadre champêtre du parc de la station thermale, une imposante
demeure blanche de la fin du 18ᵉ s. Les chambres sont spacieuses et plutôt
modernes (certaines avec balcon) et ouvrent sur le vallon de Salut. Salle à manger
cossue et cuisine traditionnelle.

🏠   **Les Petites Vosges** sans rest   ✂ 📶 VISA ⓒⓒ
17 bd Carnot – ☏ 05 62 91 55 30 – www.lespetitesvosges.com – Fermé 12-30 nov.
4 ch ☕ – ✝75 € ✝✝95 €
♦ Pimpante maison où meubles chinés et contemporains s'harmonisent avec originalité. Chambres douillettes et salon de thé raffiné. La propriétaire saura vous
conseiller de belles randonnées dans les environs.

X   **L' Auberge Gourmande**   VISA ⓒⓒ
1 bd d'Hyperon – ☏ 05 62 95 52 01 – Fermé 15-30 nov., mardi sauf juil.-août et
😊   *lundi*
Rest – (13 €) Menu 19/55 € – Carte 35/64 €
♦ Près des thermes, cette jolie maison de pays abrite une salle élégante (murs jaunes, lustres en cuivre...). Cuisine d'esprit terroir.

Le Jardin des Brouches VISA

22 bd Carnot – 05 62 91 07 95 – www.lejardindesbrouches.com – Fermé dim. soir et lundi

Rest – (19 €) Menu 29/55 €

◆ Près des thermes, une maison dont le jardin est joliment fleuri et l'intérieur provençal. De beaux produits, deux menus renouvelés régulièrement : une cuisine plaisante !

à Gerde Sud 2 km par rte de Campan – 1 140 h. – alt. 570 m – ✉ 65200

Le Relais des Pyrénées rest, VISA AE

1 av. 8-Mai-1945 – 05 62 44 66 67 – www.relais-des-pyrenees.com

51 ch – 76/88 € 84/96 € – 10 € – ½ P 70/77 €

Rest *Briques et Marronniers* – 05 62 91 62 19 – (16 €) Menu 34 € – Carte 25/45 €

◆ Ancienne usine textile sur les rives de l'Adour, aux pieds du pic du Midi. Chambres récentes et fonctionnelles (quelques duplex). Belle vue sur les Pyrénées. Au bord de l'eau, grande salle à manger vitrée d'esprit brasserie et cuisine régionale.

à Lesponne 8 km au Sud par D 935 et D 29 – ✉ 65710 Campan

Domaine de Ramonjuan rest, VISA AE

– 05 62 91 75 75 – www.ramonjuan.com

17 ch – 50/80 € 60/90 € – 10 € – ½ P 60/80 €

Rest – *(fermé 10-26 nov., dim., lundi et le midi) (résidents seult)* Menu 22/45 €

◆ Ferme de montagne muée en hôtel disposant de bons équipements de loisirs. Chambres claires et joliment arrangées, beaucoup de matières et teintes naturelles (lin, rotin...). Cuisine régionale dans la véranda ou sur la terrasse d'été.

BAGNÈRES-DE-LUCHON – 31 Haute-Garonne – 343 B8 – 2 619 h. – alt. 630 m – Sports d'hiver : à Superbagnères, 1 440/2 260 m 1 14 – Stat. therm. : début mars-fin oct. – Casino Y – ✉ 31110 Midi-Toulousain

28 B3

Paris 814 – St-Gaudens 48 – Tarbes 98 – Toulouse 141

18, allée d'Étigny 05 61 79 21 21

de Luchon Route de Montauban, 05 61 79 03 27

D'Étigny rest, rest, VISA

face établ. thermal – 05 61 79 01 42 – www.hotel-etigny.com – Ouvert 1er mai-22 oct. Zk

63 ch – 50/125 € 50/125 € – 5 suites – 10 € – ½ P 50/90 €

Rest – (14 €) Menu 19/49 € – Carte 38/65 €

◆ En face des thermes, ancien hôtel particulier (19e s.) tenu par la même famille depuis quatre générations. Chambres classiques, peu à peu rénovées. Cuisine au goût du jour servie dans la salle à manger habillée de boiseries.

Acta sans rest VISA AE

19 allées d'Etigny – 05 61 79 56 97 – www.hotelluchon.com Yz

47 ch – 69/105 € 83/130 € – 12 €

◆ Hommes d'affaires et skieurs apprécient cet hôtel moderne pour sa situation centrale et ses jolies chambres parfaitement équipées. Agréable piscine intérieure et espace fitness.

La Rencluse rest, VISA

à St-Mamet – 05 61 79 02 81 – www.hotel-larencluse.com – Ouvert 2 mai-10 oct., vacances de Noël et de fév. Zy

24 ch – 47/57 € 54/63 € – 7 € – ½ P 59 €

Rest – (16 €) Menu 17/27 € – Carte 30/40 €

◆ Sympathique auberge familiale sur la route de l'Espagne. Chambres de style montagnard au décor chaleureux (plus simples à l'annexe), certaines avec jolie vue sur les hauteurs. Salle à manger rustique ou pergola en saison pour apprécier une cuisine traditionnelle.

BAGNÈRES-DE-LUCHON

Alexandre-Dumas (Av.) . . . . **Y** 2
Bains (Allées des) . . . . **Z** 3
Barrau (Av. J.) . . . . **Z** 4
Boileau (R. P.) . . . . **X** 8
Boularan (Av. Jean) . . . . **Y** 6

Carnot (Av.) . . . . **Y** 9
Colomic (R.) . . . . **X** 12
Dardenne (Bd.) . . . . **Y** 13
Dr-Germès
  (R. du) . . . . **X** 14
Étigny (Allées d') . . . . **YZ** 16
Fontan (Bd A.) . . . . **XY** 17
Gambetta (R.) . . . . **Y** 18
Joffre (Pl. Mar.) . . . . **X** 20
Laity (R.) . . . . **X** 22

Lamartine (R.) . . . . **Y** 23
Nadau (R. G.) . . . . **X** 25
Nérée-Boubée
  (R.) . . . . **X** 26
Pyrénées (Av. des) . . . . **Z** 28
Quinconces (Cours des) . . . . . . **Y** 30
Rostand (Bd E.) . . . . **Y** 32
Thiers (R.) . . . . **Y** 33
Toulouse (Av. de) . . . . **X** 34
Victor-Hugo (R.) . . . . **Y** 36

D 125 ① TOULOUSE, TARBES

AÉRO-CLUB

D 618 COL DE PEYRESOURDE

Av. J. Moulin

Crs de la Casseyde

Cr. Maréchal

R. C. Ader

Bd Ch. de Gaulle

One

Av. H. Dumant

R. Soulerat

H. Russell

R. S. Liégeard

a

34

26

25

14

8

Pl. G. Rouy

ASSOMPTION

Av. de Montauban

D 27ᶜ

22

20

18

9

33

36

16

23

R. Hortence

R. Spont

12

2

17

13

17

POL.

Bg Henri de Gorsse

Pique

i

Z

H

M

6

Bd Ch. Tron

Bd Dr Estradère

CASINO

32

16

k

3

FRONTON

ÉTABNT THERMAL

PARC DES QUINCONCES

30

4

Z

y

Sᵗ-MAMET

Av. de Gascogne

D 618ᴬ

28

▶ Sens unique en saison

↙ SUPERBAGNÈRES

SUPERBAGNÈRES, VALLÉE DU LYS ↓
VALLÉE DE LA PIQUE

COL DU PORTILLON ②

300 m

213

⌂ **Pavillon Sévigné**   🗊 🕏 ⚲ �📶 **P**
2 av. Jacques-Barrau – ℰ 05 61 79 31 50 – www.pavillonsevigne.com
5 ch ⚏ – †80/85 € ††90/95 € – ½ P 75/78 €   **Zz**
Table d'hôte – Menu 30 € bc

♦ Fresques murales, escalier en bois, meubles anciens chinés ou de famille : tout le cachet d'un paisible manoir du 19ᵉ s., avec équipements modernes et accueil délicieux. À la table d'hôte, menu unique à déguster dans l'agréable salle à manger ouverte sur le jardin.

✕✕ **L'Heptameron des Gourmets**
3 bd Charles-de-Gaulle – ℰ 05 61 79 78 55 – www.heptamerondesgourmets.com
– Fermé 14 nov.-16 déc., le midi sauf dim. et lundi   **Xa**
Rest – *(réservation indispensable)* Menu 55 €

♦ Ambiance raffinée et chaleureuse dans ce restaurant installé dans la maison même des propriétaires ! Menu unique en sept services composé au fil du marché, assorti de vins choisis.

à St-Paul-d'Oueil 8 km par③, D618 et D51 – 53 h. – alt. 1 000 m – ✉ 31110

⌂ **Maison Jeanne** sans rest 🍃   🗊 ⚲
– ℰ 05 61 79 81 63 – www.maison-jeanne-luchon.com
4 ch ⚏ – †67 € ††79 €

♦ Accueil fort chaleureux dans cette maison de pays ouverte sur un jardin et sur la montagne. Chambres décorées de meubles de famille et de pochoirs réalisés par la propriétaire.

BAGNOLES-DE-L'ORNE – 61 Orne – **310** G3 – 2 488 h. – alt. 140 m   **32** B3
– Stat. therm. : mi mars-fin oct. – Casino A – ✉ 61140 ▌Normandie Cotentin
   ▶ Paris 236 – Alençon 48 – Argentan 39 – Domfront 19
   ℹ place du Marché ℰ 02 33 37 85 66
   ⛳ de Bagnoles-de-l'Orne Route de Domfront, ℰ 02 33 37 81 42
   ◉ Site★ - Lac★ - Parc de l'établissement thermal★.

🏘 **Le Manoir du Lys** (Franck Quinton) 🍃   🔊 🍴 🛋 🖼 ⚲ 🛂 📶 ♿ **P**
✿ *2 km rte Juvigny-sous-Andaine par ③ – ℰ 02 33 37 80 69*   **VISA** 🆚 AE ①
– www.manoir-du-lys.fr – Fermé 2 janv.-11 fév., dim. soir, mardi midi et lundi de nov. à avril sauf Pâques
23 ch – †100/220 € ††125/300 € – 7 suites – ⚏ 16 € – ½ P 127/215 €
Rest – *(fermé mardi midi, merc. midi et lundi de mai à oct.)* Menu 43/95 €
– Carte 65/100 € 🍃
Spéc. Andouille de Vire en papillote transparente au foin vert, crème de camembert. Pigeonneau rôti entier. Macaron crème tendre à la vanille, sorbet aux champignons.
♦ Au milieu des bois, belle demeure normande avec son parc. Chambres personnalisées réparties entre le manoir et un original pavillon (les plus récentes et les plus spacieuses). Cuisine régionale servie dans une superbe salle à manger d'esprit contemporain ou sur une exquise terrasse.

🏨 **Bois Joli** 🍃   🔊 📶 AC rest, ⚲ 📶 **P** **VISA** 🆚 AE ①
av. Ph.-du-Rozier – ℰ 02 33 37 92 77 – www.hotelboisjoli.com   **Aw**
20 ch – †78/166 € ††78/166 € – ⚏ 11 € – ½ P 71/116 €
Rest – Menu 21/63 € – Carte 37/85 €

♦ Élégante maison anglo-normande du 19ᵉ s. dans un parc arboré. Intérieur cossu, meubles anciens, chambres coquettes et très romantiques. Salle à manger avec beaux lambris d'origine et cheminée en bois sculpté ; courte carte traditionnelle aux accents du terroir.

🏨 **Nouvel Hôtel**   🗊 📶 AC rest, ⚲ 📶 **P** 🛋 **VISA** 🆚
✿ *8 av. Dr-P.-Noal – ℰ 02 33 30 75 00 – www.nouvel-hotel-bagnoles.fr*
– Ouvert d'avril à oct.   **Ae**
30 ch – †61/100 € ††67/105 € – ⚏ 9 € – ½ P 59/68 €
Rest – Menu 19/34 € – Carte 31/48 €
♦ Cette jolie villa du début du 20ᵉ s. bénéficie de chambres fonctionnelles, plaisantes et bien insonorisées. Salon doté d'un piano et paisible jardin fleuri. Trois salles dont une occupant l'agréable véranda ; menus traditionnels, diététiques et végétariens.

BAGNOLES-DE-L'ORNE

Bois-Motté (Bd du) . . . . **A** 2

Casinos (R. des) . . . . **A** 3
Château (Av. du) . . . . **A** 4
Dr-Pierre-Noal
  (Av. du) . . . . **A** 7
Dr-Poulain (Av. du) . . . . **A** 8
Gaulle (Pl. Général-de) . . . . . . **B** 9

Hartog (Bd G.) . . . . **A** 13
Lemeunier-de-la-Raillère
  (Bd) . . . . **B** 14
Rozier (Av. Ph.-du) . . . . **A** 15
Sergenterie-de-Javains
  (R.) . . . . **A** 18

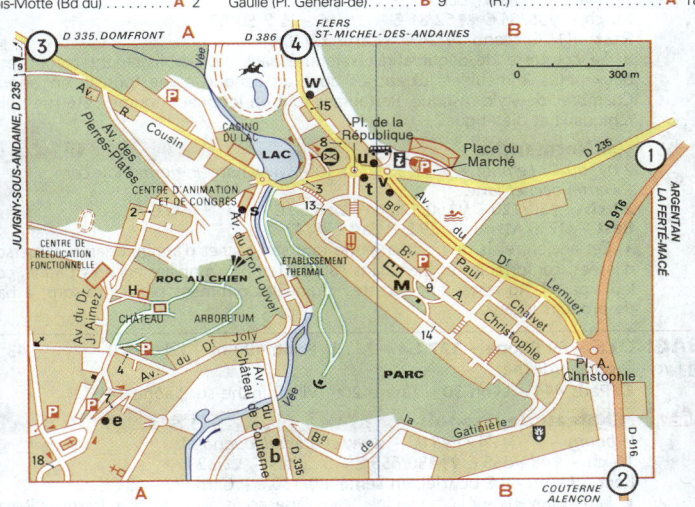

Ô Gayot

2 av. de la Ferté-Macé – ℰ *02 33 38 44 01* – *www.ogayot.com* – *Fermé dim. soir du 15 nov. au 1ᵉʳ avril*   **Au**

16 ch – 🛏55/80 € 🛏🛏55/95 € – ⌐ 9 € – ½ P 52/72 €

Rest – *(fermé jeudi sauf en août, lundi midi du 15 nov. au 1ᵉʳ avril et dim. soir)* (15 €) Menu 19 € (sem.)/25 € – Carte 27/40 €

◆ Au centre de la station thermale, hôtel au concept "tout en un" : chambres épurées, sur le thème de l'eau ou de la forêt ; bar, salon de thé, boutique de produits régionaux. Bistrot contemporain où vous attend une cuisine actuelle à prix attractifs. Terrasse.

Bagnoles Hôtel

6 pl. de la République – ℰ *02 33 37 86 79*
– *www.bagnoles-hotel.com*   **At**

20 ch – 🛏72/92 € 🛏🛏72/102 € – ⌐ 9 € – ½ P 61/76 €

Rest *Bistrot Gourmand* – (17 €) Menu 22 € – Carte 29/38 €

◆ Cet hôtel récemment rénové abrite des chambres fonctionnelles aux couleurs tendance, chaudes et reposantes. La plupart disposent d'un balcon couvert ou d'une terrasse aménagée. Ambiance bistrot chic au restaurant, moderne ; goûteuse cuisine du marché.

Les Camélias

av. Château-de-Couterne – ℰ *02 33 37 93 11* – *www.cameliashotel.com*
– *Ouvert 14 fév.-31 déc. et fermé dim. soir, mardi midi et lundi du 1ᵉʳ nov. au 31 déc.*   **Ab**

26 ch – 🛏51 € 🛏🛏56 € – ⌐ 8,50 € – ½ P 46 €

Rest – Menu 20 € – Carte 22/59 €

◆ Au cœur d'un quartier pavillonnaire, maison normande du début du 20ᵉ s. appréciée pour son calme et son jardin fleuri. Chambres régulièrement rafraîchies, pratiques et colorées. Cuisine traditionnelle inspirée du terroir servie dans une salle à manger lumineuse.

Le Roc au Chien

10 r. Prof.-Louvel – ℰ 02 33 37 97 33 – www.hotelrocauchien.fr
– Ouvert 5 mars-31 oct.

As

36 ch – †55/64 € ††62/81 € – ☑ 9 € – ½ P 50/63 €
Rest – (14 €) Menu 19/34 € – Carte 27/40 €

◆ La comtesse de Ségur aurait séjourné dans cet établissement composé de deux petits immeubles juxtaposés dont un flanqué d'une tourelle en briques. Chambres de style rustique. Restaurant tout en longueur, tourné côté rue ; plats régionaux et diététiques.

Le Normandie

2 av. du Dr-Lemuet – ℰ 02 33 30 71 30 – www.hotel-le-normandie.com
– Fermé déc. et janv.

Bv

22 ch – †50/120 € ††50/120 € – ☑ 8,50 € – ½ P 37/90 €
Rest – (17 €) Menu 19/29 € – Carte 38/47 €

◆ Cet ancien relais de poste a gardé tout son cachet d'antan. Chambres personnalisées, confortables et bien dans l'air du temps : mobilier en bois patiné, couleurs pastel. Au restaurant, recettes régionales rythmées par les saisons, à base de produits locaux.

BAGNOLS – 69 Rhône – 327 G4 – 731 h. – alt. 400 m – ⊠ 69620   43 E1
◻ Lyon Drôme Ardèche

▶ Paris 444 – Lyon 30 – Tarare 20 – Villefranche-sur-Saône 14

Château de Bagnols ⌂

le bourg – ℰ 04 74 71 40 00 – www.chateaudebagnols.fr
16 ch – †480/655 € ††480/655 € – 5 suites – ☑ 32 €
Rest – Menu 48 € bc (déj. en sem.), 80/130 € – Carte 87/140 €

◆ Jardins ouverts sur la campagne beaujolaise, accès par pont-levis, fresques Renaissance et superbes chambres : la vie de château ! Cuisine classique au restaurant, sis dans la majestueuse salle des gardes (cheminée gothique, meubles ancestraux).

BAGNOLS-SUR-CÈZE – 30 Gard – 339 M4 – 18 545 h. – alt. 51 m   23 D1
– ⊠ 30200 ◻ Languedoc Roussillon

▶ Paris 653 – Alès 54 – Avignon 34 – Nîmes 56

◻ Espace Saint-Gilles ℰ 04 66 89 54 61

◉ Musée d'Art moderne Albert-André★.

◉ Site★ de Roques-sur-Cèze.

Château du Val de Cèze ⌂

69 r. Léon Fontaine, 1 km rte d'Avignon – ℰ 04 66 89 61 26
– www.sud-provence.com – Fermé 19 déc.-2 janv.

22 ch – †85/120 € ††95/130 € – 1 suite – ☑ 12 € – ½ P 78/99 €
Rest – (fermé sam. de juin à sept., lundi d'oct. à mai et dim.) (19 €)
Menu 25/45 € – Carte 40/70 €

◆ Ce château du 17e s. et son parc sont très prisés de la clientèle d'affaires (séminaires, réunions...). Chambres provençales (fer forgé, tomettes) dans des pavillons récents. Restaurant et cuisine aux couleurs du Sud.

rte d'Alès 5 km Ouest par D 6 et D 143

Château de Montcaud ⌂

Hameau de Combe ⊠ 30200 Bagnols-sur-Cèze
– ℰ 04 66 89 60 60 – www.chateau-de-montcaud.com – Ouvert 16 avril-24 oct.
26 ch – †120/360 € ††120/360 € – 2 suites – ☑ 23 € – ½ P 192/432 €
Rest Les Jardins de Montcaud – (dîner seult) Menu 30/75 € – Carte 31/66 €
Rest Bistrot Il Giardino – (déj. seult) (21 €) Carte 30/40 €

◆ Cette noble demeure du 19e s., au cœur d'un parc arboré, est un havre de paix. Meubles de style et tons chauds dans les chambres. Table traditionnelle à tendance méridionale et beau patio aux Jardins de Montcaud. Courte carte (plats italiens) au Bistrot Il Giardino ; en été, brunch dominical avec concerts de jazz.

BAIE DES TRÉPASSÉS – 29 Finistère – 308 C6 – rattaché à Pointe du Raz

BAILLARGUES – 34 Hérault – 339 J7 – rattaché à Montpellier

BAILLEUL – 59 Nord – **302** E3 – 13 616 h. – alt. 44 m – ⊠ 59270   **30** B2

🟩 Nord Pas-de-Calais Picardie

▶ Paris 244 – Armentières 13 – Béthune 31 – Dunkerque 44

🛈 3, Grand'place ℰ 03 28 43 81 00

◉ ✳ ★ du beffroi.

🔠 **Belle Hôtel** sans rest   🕭 ᵶ ᵞ 🅿 VISA ☻☯ AE ⓪
19 r. de Lille – ℰ 03 28 49 19 00 – www.bellehotel.fr – Fermé 8-21 août
et 24 déc.-1er janv.
31 ch – †85/160 € ††85/160 € – � 13 €
♦ Deux jolies maisons typiquement flamandes. Chambres spacieuses et raffinées
(meubles de style) dans l'une ; plus actuelles et tout aussi confortables dans l'autre.

BAIX – 07 Ardèche – **331** K5 – 1 010 h. – alt. 80 m – ⊠ 07210   **44** B3

▶ Paris 588 – Crest 30 – Montélimar 22 – Privas 18

🏠 **Les Quatre Vents** sans rest 🕭   ⊯ ᵶ ᵞ 🅿 VISA ☻☯
🍴 rte Chomérac, 2 km au Nord-Ouest – ℰ 04 75 85 80 64 – Fermé 26 déc.-17 janv.
20 ch – †45/55 € ††52/58 € – ⊥ 7 € – ½ P 80/83 €
♦ Façade ocre et volets bleus pour ces deux bâtiments en léger retrait d'une
route passante. Chambres pratiques rénovées. Petits-déjeuners d'été en terrasse, avec vue champêtre.

🍴🍴 **Les Quatre Vents**   ⊯ 🏠 AC ⇔ 🅿 VISA ☻☯
rte Chomérac, 2 km au Nord-Ouest – ℰ 04 75 85 84 49
– www.restaurantles4vents.fr – Fermé 26 déc.-15 janv., sam. midi et dim. soir
Rest – (14 €) Menu 22 € (sem.), 32/56 € – Carte 37/56 €
♦ Au restaurant : charpente apparente, décor revu et coloré, orné de tableaux et
d'un trompe-l'oeil, cuisine actuelle.

BALARUC-LES-BAINS – 34 Hérault – **339** H8 – 6 232 h. – alt. 3 m   **23** C2
– Stat. therm. : début mars.-mi déc. – Casino – ⊠ 34540 🟩 Languedoc Roussillon

▶ Paris 781 – Agde 32 – Béziers 52 – Frontignan 8

🛈 Pavillon Sévigné ℰ 04 67 46 81 46

🍴🍴🍴 **Le St-Clair**   ≼ 🏠 VISA ☻☯
quai du Port – ℰ 04 67 48 48 91 – www.restaurant-saintclair.com
Rest – (20 €) Menu 30 € (déj. en sem.)/60 € – Carte 54/99 €
♦ Une maison élégante sur les quais ; la terrasse sous les palmiers ouvre sur le
bassin de Thau... Incontournable pour les amateurs de poissons et de coquillages !
Produits frais.

BALDERSHEIM – 68 Haut-Rhin – **315** I10 – rattaché à Mulhouse

---

BÂLINES – 27 Eure – **304** F9 – rattaché à Verneuil-sur-Avre

---

BALLEROY – 14 Calvados – **303** G4 – 754 h. – alt. 70 m – ⊠ 14490   **32** B2

🟩 Normandie Cotentin

▶ Paris 276 – Bayeux 16 – Caen 42 – St-Lô 23

◉ Château ★.

🍴🍴🍴 **Manoir de la Drôme**   ⊯ ᵞ 🅿 VISA ☻☯
129 r. des Forges – ℰ 02 31 21 60 94 – www.manoir-de-la-drome.com – Fermé
17 fév.-11 mars, dim. soir, mardi midi, lundi et merc.
Rest – Menu 49/70 € – Carte 60/75 €
♦ Cet ensemble de caractère (17e s.) fut la propriété d'un maître de forge. Dégustez
des repas classiques dans un cadre soigné. Agréable jardin fleuri où se glisse la Drôme.

BALOT – 21 Côte-d'Or – **320** G3 – 91 h. – alt. 272 m – ⊠ 21330   **8** C1

▶ Paris 235 – Auxerre 74 – Chaumont 74 – Dijon 82

🔠 **Auberge de la Baume**   ᵞ ch, ᵞ VISA ☻☯ AE
r. d'en haut – ℰ 03 80 81 40 15 – www.aubergedelabaume.com – Fermé 24 déc.-3 janv.
10 ch – †48/62 € ††48/62 € – ⊥ 8 € – ½ P 68/70 €
🍴 **Rest** – Menu 17 € (déj. en sem.), 24/33 € – Carte 22/46 €
♦ Cette auberge située face à l'église vous réserve un accueil attentif et propose des chambres fonctionnelles, bien tenues. Belle collection de soupières anciennes dans la salle rustique dotée d'une grande cheminée. Cuisine traditionnelle.

BAN-DE-LAVELINE – 88 Vosges – **314** K3 – 1 260 h. – alt. 427 m
– ✉ 88520

27 D3

▶ Paris 411 – Colmar 59 – Épinal 67 – St-Dié 14

✗✗   **Auberge Lorraine** avec ch   🚗 🛜 🖳 **P** 𝖵𝖨𝖲𝖠 ⓦ
⊖   *5 r. du 8-mai – ℰ 03 29 51 78 17 – www.auberge-lorraine.biz – Fermé*
27 août-9 sept. et 23 janv.-7 fév.
7 ch – �$50/59 € �$�$59 € – 🍽 11 € – ½ P 61 €
Rest – *(fermé dim. soir et lundi)* (14 €) Menu 20/30 € – Carte 27/58 €
♦ En 2010, cette auberge du pays vosgien a été reprise par un jeune couple, qui
propose une cuisine tournée en prise sur les saisons (sauté de joue de bœuf,
vacherin glacé). À l'étage, on trouve des chambres assez spacieuses et douillettes.

BANDOL – 83 Var – **340** J7 – 8 647 h. – alt. 1 m – Casino – ✉ 83150
🟩 Côte d'Azur

40 B3

▶ Paris 818 – Aix-en-Provence 68 – Marseille 48 – Toulon 18
🛥 Accès à l'Île de Bendor par vedette (traversée 7mn) ℰ 04 94 29 44 34.
🛈 allées Vivien - B.P. 45 ℰ 09 60 42 10 37
⛳ de Frégate à Saint-Cyr-sur-Mer Route de Bandol, par rte de Marseille :
    4 km, ℰ 04 94 29 38 00
👁 Allées Jean-Moulin★.

🏠   **Île Rousse**   ← 🛜 🏊 🔲 📶 🧖 🖐 🚷 🆔 🛎 🅿 🚗 𝖵𝖨𝖲𝖠 ⓦ 🆎 ⓪
25 bd Louis-Lumière – ℰ 04 94 29 33 00 – www.ile-rousse.com
62 ch – �$160/450 € �$�$160/450 € – 5 suites – 🍽 25 €
Rest – *(fermé le midi en juil.-août)* Menu 40/70 € – Carte 63/77 €
♦ Une situation idéale pour cet hôtel chic, zen et... les pieds dans l'eau ! La décoration
ultracontemporaine, la piscine d'eau de mer, le superbe centre de thalasso : tout
séduit. Cuisine fine et soignée aux Oliviers, à l'unisson du panorama méditerranéen.

🏠   **Golf Hôtel**   ← 🛜 🆔 ch, 🚷 **P** 𝖵𝖨𝖲𝖠 ⓦ
10 Promenade de la Corniche, sur plage Renécros par bd L. Lumière
– ℰ 04 94 29 45 83 – www.golfhotel.fr – Ouvert de mi-mars à mi-oct.
24 ch – �$60/125 € �$�$60/125 € – 🍽 10 € – ½ P 98/101 €
Rest – *(ouvert d'avril à fin sept. et fermé le soir sauf du 18 juin au 5 sept.)*
Menu 23 € – Carte 30/42 €
♦ Une accueillante villa des années 1900 ancrée dans le sable fin, les pieds dans
l'eau. Certaines chambres (la plupart contemporaines) disposent d'une loggia ou
d'un balcon. Restaurant de plage en saison.

🏠   **Les Galets**   ← 🛜 🆔 rest, 🚷 **P** 𝖵𝖨𝖲𝖠 ⓦ 🆎 ⓪
49 montée Voisin – ℰ 04 94 29 43 46 – www.lesgalets-bandol.com
– Ouvert 10 janv.-12 nov.
21 ch – �$68/70 € �$�$70/88 € – 🍽 8,50 € – ½ P 68/79 €
Rest – (19 €) Menu 23/31 € – Carte 31/38 €
♦ Cet hôtel bâti à flanc de colline jouit d'une vue imprenable sur la mer. Chambres
sobres et lumineuses, disposant presque toutes d'un balcon face à la grande bleue. Cuisine traditionnelle servie dans une salle chaleureuse ou sur la terrasse panoramique.

✗✗   **L'Espérance**   🛜 🆔 𝖵𝖨𝖲𝖠 ⓦ
😊   *21 r. L.-Marçon – ℰ 04 94 05 85 29 – www.restaurant-lesperance.com*
– Fermé 1 sem. en juin, 1 sem. en oct., 2 sem. en janv., vend. midi de juil.
à sept., mardi sauf le soir de juil. à sept., dim. soir d'oct. à juin et lundi
Rest – *(nombre de couverts limité, prévenir)* (25 € bc) Menu 29/46 € Carte 46/54 €
♦ Dans ce restaurant cosy, à l'écart de l'agitation touristique, le jeune chef élabore une cuisine raffinée, où explosent les parfums et les couleurs (herbes, fleurs).

✗   **Le Clocher**   🛜 𝖵𝖨𝖲𝖠 ⓦ
1 r. de la Paroisse – ℰ 04 94 32 47 65 – www.leclocher.fr – Fermé dim. soir et merc.
Rest – *(nombre de couverts limité, prévenir)* Menu 29/39 € – Carte 35/49 €
♦ Un Clocher très bistrotier au cœur du vieux Bandol ! Cuisine variant au gré du
marché et mettant en avant les saveurs méditerranéennes ; terrasse dans la ruelle.

au Nord 1,5 km par D 559 rte de Sanary - ⊠ 83110 Sanary-sur-Mer

XX **Le Castel** avec ch ॐ   P VISA ⬤ AE
925 rte de la Canolle – ℰ 04 94 29 82 98 – Fermé 15 janv.-28 fév. et dim. soir du 15 nov. au 15 janv.
9 ch – ✝66 € ✝✝78 € – ☲ 8,50 € – ½ P 71 €
Rest – *(prévenir)* Menu 35 € – Carte 55/70 €
◆ Petite auberge familiale – avec sa coquette salle rustique –, où le chef concocte une cuisine traditionnelle, authentique et simple. Chambres sobres, la plupart de plain-pied.

BANGOR – 56 Morbihan – **063** 11 – voir à Belle-Ile-en-Mer

BANNALEC – 29 Finistère – **308** I7 – 5 061 h. – alt. 98 m – ⊠ 29380   **9** B2
◗ Paris 535 – Carhaix-Plouguer 51 – Châteaulin 67 – Concarneau 25
🔝 Kerbail ℰ 02 98 39 43 34

rte de St-Thurien 4,5 km au Nord-Est par D 23 et rte secondaire – ⊠ 29380 Bannalec

🏠 **Le Manoir du Ménec** ॐ   ♻ ◨ ᴷᶻ ⌘ ⁕ P VISA ⬤
ℰ 02 98 39 47 47 – www.manoirdumenec.com – Fermé 3 janv.-12 fév.
15 ch ☲ – ✝80/90 € ✝✝90/100 €
Rest – *(fermé merc. de mi-nov. à mi-mars et le midi)* Menu 30/43 € – Carte 30/60 €
◆ Vastes chambres à l'ancienne dans le manoir, moins amples dans les dépendances, mais souvent dotées de lits à baldaquin. Espace détente. Table au goût du jour et au cadre rustique : poutres, vieilles pierres, âtre en granit.

BANNEGON – 18 Cher – **323** M6 – 270 h. – alt. 180 m – ⊠ 18210   **12** D3
◗ Paris 284 – Bourges 43 – Moulins 70 – St-Amand-Montrond 22

XX **Moulin de Chaméron** avec ch ॐ   ⊞ ⇲ ☓ P VISA ⬤ AE
2,5 km par rte de Neuilly-en-Dun et rte secondaire – ℰ 02 48 61 84 48 – www.moulindechameron.fr.st – Ouvert 15 mars-30 nov. et fermé mardi midi et lundi
13 ch – ✝70 € ✝✝93 € – ☲ 13 €   **Rest** – Menu 27/45 € – Carte 46/52 €
◆ Dans un cadre bucolique à souhait, ce moulin du 18ᵉ s. héberge un plaisant restaurant et un musée de la meunerie. On y déguste une agréable cuisine traditionnelle. L'hôtel, plus récent, dispose de chambres sobres.

BANYULS-SUR-MER – 66 Pyrénées-Orientales – **344** J8 – 4 632 h.   **22** B3
– alt. 1 m – ⊠ 66650 ▊ Languedoc Roussillon
◗ Paris 887 – Cerbère 11 – Perpignan 37 – Port-Vendres 7
🔝 avenue de la République ℰ 04 68 88 31 58
👁 ⁕⁕ ★★ du cap Réderis E : 2 km.

🏠 **Les Elmes**   ⇽ ⊞ ᕱ ᵫ AK ⁑ ⁂A P VISA ⬤ AE ⓪
plage des Elmes – ℰ 04 68 88 03 12 – www.hotel.des.elmes.com
31 ch – ✝48/82 € ✝✝48/125 € – ☲ 10 € – ½ P 65/105 €
Rest *Littorine* – *(fermé 15 nov.-1ᵉʳ déc. et le midi du lundi au merc.)* (25 €)
Menu 28/48 € – Carte 32/48 €🍴
◆ Accueillant hôtel situé en bord de plage. Les chambres, de tailles variables, affichent un cadre moderne (style boisé marin pour celles rénovées au 2ᵉ étage). Poissons et coquillages jouent les vedettes au restaurant avec terrasse ouvert sur la Méditerranée.

LA BARAQUE – 63 Puy-de-Dôme – **326** F8 – rattaché à Clermont-Ferrand

BARAQUEVILLE – 12 Aveyron – **338** G5 – 2 838 h. – alt. 792 m   **29** C1
– ⊠ 12160
◗ Paris 639 – Albi 58 – Millau 75 – Rodez 17
🔝 place du Marché ℰ 05 65 69 10 78

Segala Plein Ciel ⟨ 🎴 🎇 🗻 🍴 📶 🌡️ ㄴ ch, 🅰️🅲 rest, 📶 🎣 🅿️ 🚗 🆅🅸🆂🅰️ 🆎
*rte d'Albi – ℰ 05 65 69 03 45 – www.hotel-segala-pleinciel.com – Fermé en déc.,
dim. soir et vend. soir sauf juil.-août*
46 ch – �player48 € ♟♟75 € – ☲ 8 € – ½ P 55 €
Rest – Menu 20/45 € – Carte 35/55 €
◆ Sur les hauteurs du bourg, bâtisse des années 1970 et son parc. Grandes
chambres d'esprit japonais ou canadien, avec balcon ou terrasse tournés vers la
vallée. Salle à manger panoramique au décor marin original ; cuisine régionale
avec quelques incursions côté mer.

BARATIER – 05 Hautes-Alpes – **334** G5 – 517 h. – alt. 855 m   **41** C1
– ✉ 05200

▶ Paris 705 – Gap 40 – Grenoble 143 – Marseille 215

Les Peupliers ⟨ ⟨ 🎇 🗻 📶 🅿️ 🆅🅸🆂🅰️ 🆎 🅰️🅴
*chemin de Lesdier – ℰ 04 92 43 03 47 – www.hotel-les-peupliers.com
– Fermé 27 mars-21 avril et 25 sept.-27 oct.*
24 ch – ♟50 € ♟♟63/70 € – ☲ 8 € – ½ P 59/63 €
Rest – *(fermé mardi midi, merc. midi, jeudi midi et vend. midi sauf juil.-août)*
Menu 18/39 € – Carte 24/44 €
◆ Dans un village tranquille, cet avenant chalet aux abords verdoyants profite
de coquettes chambres montagnardes ; certaines avec balcon et vue sur un lac.
Espace détente. Salle à manger alpine où l'on sert une cuisine actuelle à base de
produits du terroir.

BARBASTE – 47 Lot-et-Garonne – **336** D4 – 1 472 h. – alt. 45 m   **4** C2
– ✉ 47230 ▌Aquitaine

▶ Paris 703 – Agen 34 – Bordeaux 125 – Villeneuve-sur-Lot 50
🅩 place de la Mairie ℰ 05 53 65 84 85

La Cascade aux Fées ⟨ 🎴 🎇 🗻 📶 🅿️ 🅳
3 r. de la Riberotte – ℰ 05 53 97 05 96 – www.cascade-aux-fees.com
4 ch – ♟72/82 € ♟♟80/100 € – ☲ 9 €   **Table d'hôte** – Menu 35 € bc
◆ Donnant sur un superbe parc fleuri bordé par la Gélise, cette demeure du
18e s. vous recevra chaleureusement. Décoration simple mais soignée (meubles
anciens). Cuisine familiale à la table d'hôte qui s'affiche bourgeoise en salle,
ombragée en terrasse.

BARBAZAN – 31 Haute-Garonne – **343** B6 – 438 h. – alt. 464 m   **28** B3
– ✉ 31510

▶ Paris 779 – Bagnères-de-Luchon 32 – Lannemezan 27 – St-Gaudens 14
🅩 route Loures - Maison De La Prade ℰ 05 61 88 35 64

Hostellerie de l'Aristou avec ch ⟨ 🚗 🎇 🍴 📶 🅿️ 🆅🅸🆂🅰️ 🆎
rte de Sauveterre – ℰ 05 61 88 30 67 – Fermé 6 nov.-13 fév.
6 ch – ♟70 € ♟♟75 € – ☲ 9 € – ½ P 60 €
Rest – *(fermé le midi du lundi au vend. de mai à août, dim. soir, lundi et mardi
midi de sept. à avril)* Menu 25/45 € – Carte 35/66 €
◆ Cette ferme du 19e s. convertie en auberge champêtre offre deux accueillantes
salles à manger et une petite terrasse. Chambres garnies de meubles rustiques
ou de style.

LA BARBEN – 13 Bouches-du-Rhône – **340** G4 – rattaché à Salon-de-Provence

---

BARBENTANE – 13 Bouches-du-Rhône – **340** D2 – 3 711 h. – alt. 40 m   **42** E1
– ✉ 13570 ▌Provence

▶ Paris 692 – Avignon 10 – Arles 33 – Marseille 103
🅩 4, le Cours ℰ 04 90 90 85 86
◎ Château★★.

Castel Mouisson sans rest 🕭   🚗 🏊 ✂ 🎵 🅿 VISA ⦿

chemin sous les Roches – ☎ 04 90 95 51 17 – www.hotel-castelmouisson.com
– Ouvert 15 mars-14 oct.
17 ch – †49/70 € ††49/70 € – ⏤ 9 €
♦ Cette agréable maison provençale, au pied de la Montagnette, dispose de chambres proprettes, ouvertes sur le beau et vaste jardin arboré. Une sympathique adresse.

BARBERAZ – 73 Savoie – **333** I4 – rattaché à Chambéry

BARBEZIEUX-ST-HILAIRE – 16 Charente – **324** J7 – 4 646 h.   **38** B3
– alt. 100 m – ⊠ 16300 ▮ Poitou Vendée Charentes
  ▶ Paris 480 – Bordeaux 84 – Angoulême 36 – Cognac 36
  🛈 Le Château Place Verdun ☎ 05 45 78 91 04

La Boule d'Or   🚗 🏡 🖥 ﴾ rest, 🎵 🐎 VISA ⦿ AE

9 bd Gambetta – ☎ 05 45 78 64 13 – www.labouledor.net – *Fermé*
22 déc.-4 janv., vend. soir et dim. soir d'oct. à avril
18 ch – †58 € ††58 € – ⏤ 7 € – ½ P 49 €   **Rest** – Menu 14/36 € Carte 29/45 €
♦ Au centre de la "capitale" de la Petite Champagne cognaçaise, accueillante maison de 1852 aux grandes chambres fonctionnelles. Salle à manger rénovée, misant sur la sobriété ; paisible terrasse ombragée d'un marronnier centenaire. Cuisine traditionnelle.

à La Magdeleine 8 km au Nord-Ouest par D 1 et D 151 – 119 h. – alt. 153 m
– ⊠ 16240

Le Logis du Paradis 🕭   🚗 🏡 🏊 ✂ 🎵 🅿 VISA ⦿

– ☎ 05 45 35 39 43 – www.logisduparadis.com – *Fermé 5 janv.-28 fév.*
5 ch ⏤ – †85/110 € ††95/120 €   **Table d'hôte** – Menu 29 € bc/39 € bc
♦ Au cœur du vignoble, chambres d'hôtes cosy et feutrées, aménagées dans une ancienne distillerie de Cognac (1712) comptant plusieurs bâtiments. À table, cuisine régionale sous influences internationales. Dégustation de pineau et de cognac. Terrasse ombragée.

BARBIZON – 77 Seine-et-Marne – **312** E5 – 1 571 h. – alt. 80 m   **19** C3
– ⊠ 77630 ▮ Île de France
  ▶ Paris 56 – Étampes 41 – Fontainebleau 10 – Melun 13
  🛈 place Marc Jacquet ☎ 01 60 66 41 87
  🏌 Cély Golf Club à Cély Route de Saint Germain, O : 9 km par D64 et D11,
  ☎ 01 64 38 03 07
  👁 Auberge du Père Ganne★.

Hôtellerie du Bas-Bréau 🕭   🎧 🏡 🏊 AK ch, 🎵 🏋 🅿 🐎

22 r. Grande-Rue – ☎ 01 60 66 40 05 – www.bas-breau.com   VISA ⦿ AE ⓪
16 ch – †150/180 € ††180/390 € – 4 suites – ⏤ 25 €
Rest – (28 €) Menu 45/76 € – Carte 75/110 €🕭
♦ Les séjours de R. L. Stevenson et de peintres célèbres ont fait la réputation de ce lieu. Belles chambres ornées de meubles anciens, donnant sur le parc aux mille fleurs. Décor bourgeois au restaurant, terrasse ombragée et cuisine classique (gibier en saison).

Les Pléiades   🎧 🏊 🏓 🕭 ᏝᎦ 🖥 ﴾ AK 🎵 🅿 VISA ⦿ AE

21 Grande Rue – ☎ 01 60 66 40 25 – www.hotel-les-pleiades.com
16 ch – †190/320 € ††250/320 € – 4 suites – ⏤ 22 €
Rest – *(fermé dim. soir, merc. midi, lundi et mardi)* Menu 75/135 € bc
– Carte environ 85 €🕭
Spéc. Nougat de foie gras au croustillant carambar, caviar de melon et biscotte de pain d'épice. Noisettes de filet de bœuf et son jus à la réglisse. Liaison fatale de chocolat, daiquiri banane.
Rest *L'Atelier* – *(fermé dim. soir)* Carte 35/52 €
♦ Cet hôtel des années 1920, entièrement repensé, célèbre l'art de vivre : chambres sobres et contemporaines, espace bien-être, expos de peintures et de sculptures, piscine. Dégustez des recettes actuelles, renouvelées au fil des saisons, dans un cadre élégant (objets anciens, cheminée). Carte brasserie à L'Atelier.

Hostellerie La Clé d'Or 🚗 🏠 📶 🖥 **P** **VISA** 🌐 **AE**
73 Grande-Rue – 𝒞 01 60 66 40 96 – www.hotel-restaurant-cledor.com
16 ch – ♦56/60 € ♦♦75/138 € – � 11 € – ½ P 78 €
Rest – *(fermé dim. soir de mi-oct. à fin mars)* Menu 32/42 € – Carte 47/60 €
◆ Meubles rustiques, en bois cérusé ou de style, personnalisent les chambres de cet ancien relais de poste (18ᵉ s.). Agréable jardin intérieur. Cuisine traditionnelle servie dans une salle à manger cossue ; terrasse en été et large choix de vins (250 références).

L'Angélus 🏠 **AC** **P** **VISA** 🌐 **AE**
31 Grande-Rue – 𝒞 01 60 66 40 30 – www.langelus-restaurant.com
Rest – (27 €) Menu 29 € (sem.)/36 € – Carte 39/53 €
◆ Pimpante auberge rustique et sa terrasse ombragée, dont l'enseigne rend hommage à l'une des plus fameuses œuvres de Millet, peinte à Barbizon. Carte traditionnelle.

BARBOTAN-LES-THERMES – 32 Gers – **336** B6 – Stat. therm. : **28** A2
fin fév.-fin nov. – Casino – ✉ 32150 Cazaubon ▌Midi-Toulousain
▶ Paris 703 – Aire-sur-l'Adour 37 – Auch 75 – Condom 37
🛈 Maison du tourisme et du thermalisme 𝒞 05 62 69 52 13

Les Fleurs de Lees 🏠 🏊 🚭 ch. 📶 📶 **P** **VISA** 🌐 **①**
24 av. Henri IV, rte d'Agen – 𝒞 05 62 08 36 36 – www.fleursdelees.com
– Ouvert avril-nov.
16 ch – ♦65/125 € ♦♦90/125 € – ⊆ 9 € – ½ P 70/85 €
Rest – (22 €) Menu 28/50 € bc – Carte 39/63 €
◆ Pimpante maison au cœur de l'Armagnac. Chambres feutrées, parfois avec terrasse. Quelques grandes chambres à thème ("Afrique", "Asie", "Inde", etc.). Meubles et objets de Dubaï ornent le restaurant ; la cuisine panache parfums du monde et saveurs régionales.

Cante Grit 🏠 🚭 rest. 📶 **P** **VISA** 🌐 **AE**
51 av. des Thermes – 𝒞 05 62 69 52 12 – www.cantegrit.com – Ouvert
16 mars-14 nov.
20 ch – ♦60/70 € ♦♦70/85 € – ⊆ 9 € – ½ P 85/95 € **Rest** – (18 €) Menu 22 €
◆ Cette villa bourgeoise (1930), tapissée de vigne vierge, possède un certain cachet (poutres, cheminée). Il y règne une atmosphère de pension de famille. Les chambres sont peu à peu rénovées. Cuisine traditionnelle appréciée des curistes.

Beauséjour 🚗 🏠 🖥 🚭 ch. **AC** **P** **VISA** 🌐
6 av. des Thermes – 𝒞 05 62 08 30 30 – www.hotel-barbotan.com
– Ouvert de mars à nov.
25 ch – ♦34/75 € ♦♦34/75 € – ⊆ 9 € – ½ P 52/90 €
Rest – Menu 20 € (déj. en sem.)/40 €
◆ Grande maison de style régional renfermant des chambres classiques, coquettement rénovées, et un petit salon d'esprit british. Joli jardin arboré. Un menu unique (cuisine traditionnelle) est prévu pour les pensionnaires. Réservation obligatoire pour les autres.

BARCELONNETTE ◉ – 04 Alpes-de-Haute-Provence – **334** H6 **41** C2
– 2 818 h. – alt. 1 135 m – Sports d'hiver : Le Sauze/Super Sauze 1 400/2 000 m
🎿23 🎿 et Pra-Loup 1 500/2 600 m 🎿3 🎿29 🎿 – ✉ 04400 ▌Alpes du Sud
▶ Paris 733 – Briançon 86 – Cannes 161 – Digne-les-Bains 88
🛈 place Frédéric Mistral 𝒞 04 92 81 04 71
◉ Église de St-Pons★ NO : 2 km.

Azteca sans rest 🏡 🖥 🚭 📶 🖥 **P** **VISA** 🌐
3 r. François-Arnaud – 𝒞 04 92 81 46 36 – www.azteca-hotel.fr – Fermé
11 nov.-6 déc.
27 ch – ♦61/110 € ♦♦61/110 € – ⊆ 11 €
◆ Jolie villa où meubles et objets artisanaux mexicains composent un décor original évoquant l'épopée des Barcelonnettes au Mexique (19ᵉ s.). Une partie des chambres décline ce thème.

✗ **Le Passe-Montagne** 🛥 🍴 **P** VISA ⚫ AE
à 3 km, rte Col de la Cayolle – ℰ 04 92 81 08 58 – *Ouvert 1ᵉʳ juil.-15 sept.,*
20 déc.-2 mai et fermé mardi et merc. sauf vacances scolaires
Rest – *(prévenir)* Menu 21/30 € – Carte 32/49 €
◆ Ambiance conviviale et cadre rustique alpin pour ce petit chalet situé à l'orée
d'une pinède, au départ du col de la Cayolle. Cuisine montagnarde en hiver et
provençale en été.

à St-Pons 2 km au Nord-Ouest par D 900 et D 9 – ✉ 04400

⌂ **Domaine de Lara** sans rest 🌿 ≤ 🌙 🍴 **P**
– ℰ 04 92 81 52 81 – www.domainedelara.com – *Fermé 25 juin-4 juil.*
et 12 nov.-19 déc.
5 ch ⌷ – †90/98 € ††95/103 €
◆ Dans un parc avec une belle vue sur les sommets, bastide provençale et de
caractère (poutres, tomettes, vieilles pierres, mobilier de famille, style cosy). Petit-
déjeuner soigné.

au Sauze 4 km au Sud-Est par D 900 et D 209 – ✉ 04400 Enchastrayes – **Sports
d'hiver : 1 400/2 000 m ✭23** ❄

🛈 Immeuble Perce-Neige ℰ 04 92 81 05 61

🏠 **Montana Chalet** sans rest 🌿 ≤ 🛏 ⅏ 🍴 ⁽ᵠ⁾ 🛁 **P** VISA ⚫
Centre station – ℰ 04 92 81 05 97 – www.montana-chalet.com
20 ch ⌷ – †80/110 € ††100/160 €
◆ Un beau chalet en bois blond juste au pied des pistes, une cheminée crépi-
tante, des chambres chaleureuses avec balcon : l'équation montagnarde parfaite !

à Jausiers 8 km au Nord-Est par D 900 – 1 013 h. – alt. 1 240 m – ✉ 04850

🛈 Rue Principale ℰ 04 92 81 21 45

🏠 **Villa Morelia** 🌿 🚗 🛥 🛁 & ch, ⁽ᵠ⁾ **P** VISA ⚫ AE ①
– ℰ 04 92 84 67 78 – www.villa-morelia.com – *Fermé avril et 8 nov.-27 déc.*
24 ch – †100/140 € ††120/350 € – ⌷ 20 €
Rest – *(fermé dim., lundi et mardi sauf juin, août et sept.)* *(prévenir)* (35 €)
Menu 49/86 €
◆ Construite en 1900, cette fière villa "mexicaine" a conservé son cachet et pro-
pose des chambres chic, plus contemporaines à l'annexe. Le restaurant distille un
charme bourgeois, écrin flatteur pour une cuisine du marché fine et inventive.

à Pra-Loup 8,5 km au Sud-Ouest par D 902, D 908 et D 109 – ✉ 04400 Uvernet
Fours – **Sports d'hiver : 1 500/2 600 m ✭3 ✭29** ❄

🛈 Maison de Pra-Loup ℰ 04 92 84 10 04

🏠 **Le Prieuré de Molanès** 🚗 🛥 ⅃ 🍴 rest, ⁽ᵠ⁾ **P** VISA ⚫
à Molanès – ℰ 04 92 84 11 43 – www.prieure-praloup.com
– *Ouvert 5 juin-21 sept. et 15 déc.-20 avril*
13 ch – †65/72 € ††72/93 € – ⌷ 10 € – ½ P 68/80 €
Rest – *(fermé le midi)* (14 €) Menu 20/30 € – Carte 23/49 €
◆ Près du télécabine, ex-prieuré devenu une hôtellerie familiale, estimée pour
son atmosphère montagnarde authentique et ses chambres sobres et rustiques.
Repas régional axé terroir, dans un cadre agreste et chaleureux (poutres, cheminée, outils paysans).

BARCUS – 64 Pyrénées-Atlantiques – **342** H5 – 741 h. – alt. 230 m **3** B3
– ✉ 64130

▶ Paris 813 – Mauléon-Licharre 14 – Oloron-Ste-Marie 18 – Pau 52

XXX Chilo avec ch 🐾   🚗 🍽 🏊 ⅙ ch, 📞 🅿 VISA 🞉 AE

– 𝒞 05 59 28 90 79 – www.hotel-chilo.com – Fermé 8-30 janv., dim. soir, lundi
et mardi midi d'oct. à avril
10 ch – †50/85 € ††65/110 € – ⊑ 8,50 € – ½ P 70/91 €
Rest – (20 €) Menu 39/69 € – Carte 45/65 €
• Belle maison blanche aux volets bleus, dans un village paisible. La salle à manger, chaleureuse, ouvre sur le jardin et la piscine, face aux montagnes. Cuisine actuelle (produits régionaux). Chambres coquettes, à l'ancienne.

BARDIGUES – 82 Tarn-et-Garonne – 337 B7 – rattaché à Auvillar

---

BARFLEUR – 50 Manche – 303 E1 – 644 h. – alt. 5 m – ⊠ 50760   32 A1
▌ Normandie Cotentin

▶ Paris 355 – Carentan 48 – Cherbourg 29 – St-Lô 75

🄳 2, rond-point le Conquérant 𝒞 02 33 54 02 48

🄾 Phare de la Pointe de Barfleur : ❄★★ N : 4 km - Intérieur★ de l'église de Montfarville 2 km S.

🏠 Le Conquérant sans rest   🚗 🌿 🅿 VISA 🞉

18 r. St-Thomas-Becket – 𝒞 02 33 54 00 82 – www.hotel-leconquerant.com
– Ouvert avril-oct.
10 ch – †73 € ††73/112 € – ⊑ 12 €
• À deux pas du port, belle demeure du 17ᵉ s. en granit avec son jardin clos à la française. Charmant accueil familial ; chambres rafraîchies, plus au calme sur l'arrière.

XX Moderne   🍽 🅿 VISA 🞉 AE

1 pl. Gén.-de-Gaulle – 𝒞 02 33 23 12 44
– www.hotel-restaurant-moderne-barfleur.com – Fermé 2-15 janv., mardi soir et
merc. du 15 sept. au 13 juil.
Rest – Menu 20/58 € – Carte 45/70 €
• Recettes traditionnelles revisitées et incontournables produits de la pêche locale vous attendent dans ce restaurant qui déborde, en été, sur une plaisante terrasse.

BARJAC – 30 Gard – 339 L3 – 1 498 h. – alt. 171 m – ⊠ 30430   23 D1
▶ Paris 666 – Alès 34 – Aubenas 45 – Mende 114

🄳 place Charles Guynet 𝒞 04 66 24 53 44

🏨 Le Mas du Terme 🐾   🚗 🍽 🏊 ⅙ ⅙ ch, 🄺 ch, ℁ 🅿 VISA 🞉

4 km au Sud-Est par D 901 et rte secondaire – 𝒞 04 66 24 56 31
– www.masduterme.com – Ouvert 15 mars-15 nov.
23 ch – †80/150 € ††80/350 € – ⊑ 15 € – ½ P 96/250 €
Rest – (34 €) Menu 42 € – Carte 46/62 €
• Un jardin entouré de vignes et d'oliviers, de jolies piscines... qu'il fait bon paresser au soleil de cette ancienne magnanerie et prendre le frais dans une chambre provençale, ou contemporaine (annexe toute neuve). Cuisine du terroir sous de belles voûtes du 18ᵉ s.

BAR-LE-DUC ℙ – 55 Meuse – 307 B6 – 16 041 h. – alt. 188 m   26 A2
– ⊠ 55000 ▌ Alsace Lorraine

▶ Paris 255 – Metz 97 – Nancy 84 – Reims 113

🄳 7, rue Jeanne-d'Arc 𝒞 03 29 79 11 13

🄸🄸 de Combles-en-Barrois à Combles-en-Barrois 38 rue Basse, par rte de St-Dizier : 5 km, 𝒞 03 29 45 16 03

🄾 "le Transi" (statue)★★ dans l'église St-Étienne

X Bistro St-Jean   AC VISA 🞉

132 bd de La Rochelle – 𝒞 03 29 45 40 40 – www.bistrosaintjean.fr – Fermé
9 juil.-2 août, 29 janv.-7 fév., sam. midi, dim. soir et lundi
Rest – (22 €) Menu 30 € – Carte 37/49 €
• Aménagé dans une ancienne épicerie, un bistrot typique – bar, banquettes, vieilles affiches – proposant une savoureuse carte saisonnière (plats bistrotiers et produits de la mer).

à Trémont-sur-Saulx 9,5 km au Sud-Ouest par D 3 – 642 h. – alt. 166 m
– ✉ 55000

 La Source ⌖   🖼 🍴 ⅙ 𝔸ℂ rest, ℅ rest, ℡ 🛏 🅿 𝗩𝗜𝗦𝗔 ⦿ 𝔸𝔼
2 r. de Beurey – 𝒞 03 29 75 45 22 – www.hotel-restaurant-lasource.fr – Fermé
2-24 août, 2-18 janv., dim. soir, lundi midi et vend. soir
24 ch – †71/98 € ††77/130 € – ⊆ 10 € – ½ P 75 €
Rest – (25 €) Menu 29/56 € – Carte 30/70 €
♦ Motel des années 1980 profitant d'un cadre campagnard. Chambres fonctionnelles – dont deux plus vastes – très bien tenues. Accueil sympathique. Restaurant flirtant avec la tradition qui s'invite dans le décor et dans l'assiette (truffe
en saison).

BARNEVILLE-CARTERET – 50 Manche – **303** B3 – 2 334 h.   **32** A2
– alt. 47 m – ✉ 50270 ▌ Normandie Cotentin

　　▶ Paris 356 – Carentan 43 – Cherbourg 39 – Coutances 47
　　🛈 10, rue des Ecoles 𝒞 02 33 04 90 58
　　🏌 de la Côte-des-Isles à Saint-Jean-de-la-Rivière Chemin des Mielles, SE :
　　5 km par D 90, 𝒞 02 33 93 44 85

à Barneville-Plage

 Des Isles   ⩽ ⤢ ℡ 🛏 𝗩𝗜𝗦𝗔 ⦿ 𝔸𝔼 ⓘ
9 bd Maritime – 𝒞 02 33 04 90 76 – www.hoteldesisles.com
30 ch – †98/128 € ††98/128 € – ⊆ 13 € – ½ P 84/99 €
Rest – (17 €) Menu 26/31 € – Carte 38/56 €
♦ Face à la mer, cet hôtel dispose de chambres de diverses tailles à la décoration
marine (tons bleus, couettes moelleuses). Piscine et jacuzzi. Buffet d'entrées et de
desserts à volonté pour des repas décontractés.

à Carteret – 2 324 h.

　　🛈 10, rue des Ecoles 𝒞 02 33 04 90 58
　　◉ Table d'orientation ⩽ ★.

De la Marine (Laurent Cesne) ⌖   ⩽ 🖼 🛏 ⅙ 𝔸ℂ rest, ℅ ℡ 🛏 🅿
❀ *11 r. de Paris – 𝒞 02 33 53 83 31 – www.hotelmarine.com*   𝗩𝗜𝗦𝗔 ⦿ 𝔸𝔼
– Fermé 23 déc.-20 fév.
26 ch – †90/240 € ††90/260 € – ⊆ 15 € – ½ P 100/185 €
Rest – *(ouvert 17 mars-11 nov. et fermé dim. soir, jeudi midi et lundi*
en mars, oct. et nov., lundi midi et jeudi midi en avril, mai, juin et sept.)
Menu 37 € (sem.), 50/90 € – Carte 65/110 €
Spéc. L'huître creuse de Denneville dans tous ses états. Saint-pierre étuvé au
beurre d'algues, haricots terre et mer, quelques bigorneaux et crevettes grises. Soufflé au chocolat noir, guacamole d'avocat, banane et fruit de la passion,
sorbet banane-passion.
♦ Quasiment les pieds dans l'eau, cette maison est tenue par la même famille
depuis 1876. La plupart des nouvelles chambres, spacieuses et modernes, ont
une terrasse côté port. Belle vue sur la mer du restaurant panoramique et de sa
terrasse ; goûteuse cuisine inventive valorisant le produit.

 Des Ormes ⌖   ⩽ 🖼 🛏 ⅙ ch, ℡ 🅿 𝗩𝗜𝗦𝗔 ⦿ 𝔸𝔼
quai Barbey d'Aurevilly – 𝒞 02 33 52 23 50 – www.hoteldesormes.fr – Fermé janv.
12 ch – †125/175 € ††125/175 € – ⊆ 14 € – ½ P 105/130 €
Rest – *(fermé dim. soir, lundi et mardi hors saison, lundi midi et mardi midi en*
saison) (19 €) Menu 35/45 € – Carte 42/58 €
♦ Face au port de plaisance, demeure du 19ᵉ s. rénovée avec raffinement. Chambres délicieuses, salon cosy et beau jardin fleuri en saison. Élégante salle à manger contemporaine d'esprit romantique où l'on déguste une cuisine "terre et mer".

BARON – 60 Oise – **305** H5 – 779 h. – alt. 80 m – ✉ 60300   **36** B3
▌ Île de France

　　▶ Paris 65 – Amiens 110 – Argenteuil 63 – Montreuil 55

⛩ **Le Domaine de Cyclone** sans rest ⌀   ⬅ 🐕 🖥 📶 **P**
2 r. de la Gonesse – ⌀ 06 08 98 05 50 – http://pagesperso-orange.fr/domaine.cyclone
5 ch ⌷ – †70 € ††85/95 €
• Cette belle demeure des 17-18ᵉ s. est devancée d'une tour du 12ᵉ s. où Jeanne d'Arc aurait dormi ! Le domaine est dédié aux chevaux de course, et le décor des chambres leur rend hommage.

LE BARP – 33 Gironde – **335** G7 – 4 293 h. – alt. 72 m – ⊠ 33114   **3** B2
P Paris 604 – Bordeaux 45 – Mérignac 41 – Pessac 32

✗ **Le Résinier** avec ch   🛖 ⛱ ⅋ ch, 🖥 ch, 🟡 **P** **VISA** ⬤⬤
☜ *68 av. des Pyrénées, D 10 – ⌀ 05 56 88 60 07 – www.leresinier.com*
11 ch – †60/80 € ††84/100 € – ⌷ 10 €
Rest – (16 €) Menu 18 € (sem.)/55 € – Carte 37/59 €
• Cette maison de pays conviviale rappelle l'atmosphère d'une auberge d'autre-fois. Cuisine traditionnelle axée sur le terroir et vins à choisir dans la cave. Ter-rasse sous une vigne. Chambres confortables, rénovées en 2009 sur des thèmes "nature" liés à la région.

BARR – 67 Bas-Rhin – **315** I6 – 6 599 h. – alt. 200 m – ⊠ 67140   **2** C1
▌Alsace Lorraine
P Paris 495 – Colmar 43 – Le Hohwald 12 – Saverne 46
ℹ place de l'Hôtel de Ville ⌀ 03 88 08 66 65

✗✗ **Aux Saisons Gourmandes**   🛖 **P** **VISA** ⬤⬤
☺ *23 r. Kirneck – ⌀ 03 88 08 12 77 – www.saisons-gourmandes.com – Fermé*
5-23 juil., 3-13 janv., vacances de fév., dim. soir de janv. à avril, mardi et merc.
Rest – (17 €) Menu 25/41 € – Carte 32/47 €
• Cette maison à colombages du centre-ville affiche un décor sobrement contemporain. Cuisine du marché au bon goût de tradition. Terrasse ombragée dans la cour intérieure.

rte du Mont Ste-Odile par D 854

🏠 **Château d'Andlau** ⌀   🚗 🟡 **P** **VISA** ⬤⬤ **AE** ⓘ
▥ *113 r. Vallée-St-Ulrich, à 2 km ⊠ 67140 Barr – ⌀ 03 88 08 96 78*
– www.hotelchateauandlau.fr – Fermé 12-24 nov. et 1ᵉʳ-23 janv.
22 ch – †51/62 € ††59/76 € – ⌷ 9 € – ½ P 65/73 €
Rest – (ouvert le soir du mardi au sam., dim. midi et fériés) Menu 27/40 €
– Carte 28/51 € 🏵
• Nuits sereines en perspective dans ce sympathique hôtel au cadre bucolique et aux chambres simples et rustiques. Salle à manger bourgeoise, mets classiques et superbe carte des vins du monde, présentée comme un manuel d'œnologie et primée pour son originalité.

LE BARROUX – 84 Vaucluse – **332** D9 – 615 h. – alt. 325 m – ⊠ 84330   **42** E1
P Paris 684 – Avignon 38 – Carpentras 12 – Vaison-la-Romaine 16

⛩ **L'Aube Safran** ⌀   🚗 🛖 ⛱ ⅋ ch, 🖥 **P** **VISA** ⬤⬤
450 chemin du Patifiage – ⌀ 04 90 62 66 91 – www.aube-safran.com – Ouvert
15 avril-15 nov.
5 ch ⌷ – †120/170 € ††155/185 €   **Table d'hôte** – Menu 45 € bc
• Marie et François ont tout quitté pour s'installer dans ce joli mas, au pied du mont Ventoux. L'endroit est idyllique, les chambres raffinées et spacieuses. Table d'hôte deux fois par semaine : le safran, cultivé par les propriétaires, accommode les plats provençaux.

✗✗ **Gajulea**   ⬅ 🛖 ⅋ **AC** **VISA** ⬤⬤ **AE**
☜ *201 cours Louise-Raymond – ⌀ 04 90 62 36 94 – www.gajulea.fr – Fermé*
15-31 mars, 15-30 nov. et 3-9 janv.
Rest – (fermé le midi sauf dim.) (nombre de couverts limité, prévenir) Menu 35 €
Rest Entre' Potes – ⌀ 04 90 65 57 43 – Menu 16 € (déj. en sem.)/23 €
• Dans cet ancien entrepôt mué en restaurant cossu, on se régale de belles saveurs provençales et l'on peut boire un verre à L'Entre' Potes, le bistrot à vin tenu par le fils du patron (restauration plus simple)... Vue sur la garrigue en terrasse !

BAR-SUR-AUBE ⊛ – 10 Aube – **313** I4 – 5 492 h. – alt. 190 m   **14** C3
– ⊠ 10200 ▮ Champagne Ardenne

> ▶ Paris 230 – Châtillon-sur-Seine 60 – Chaumont 41 – Troyes 53
> **i** Place de l'Hôtel de Ville *℘* 03 25 27 24 25
> ◉ Église St-Pierre★.

⌂ **Le Saint-Nicolas** sans rest   ⌿ ⅃ AC ⌐ VISA ◖◗
   2 r. du Gén.-de-Gaulle – *℘* 03 25 27 08 65 – www.lesaintnicolas.com
   27 ch – †65 € ††68 € – ⌷ 9 €
   ♦ Les chambres de ces jolies maisons en pierre, assez simples mais agréables, s'articulent autour de la piscine. Établissement calme, un peu à l'écart du centre-ville.

✕✕ **La Toque Baralbine**   ⌂ VISA ◖◗ AE ◑
☺ *18 r. Nationale –* *℘* 03 25 27 20 34 – www.latoquebaralbine.com – Fermé dim. soir et lundi sauf fériés
   Rest – Menu 22 € (sem.), 26/58 € – Carte 32/58 €
   ♦ Dégustez, dans la chaleureuse salle à manger ou sur la terrasse fleurie aux beaux jours, une cuisine actuelle bien faite où pointe l'accent du terroir.

LE BAR-SUR-LOUP – 06 Alpes-Maritimes – **341** C5 – 2 726 h.   **42** E2
– alt. 320 m – ⊠ 06620 ▮ Côte d'Azur

> ▶ Paris 916 – Grasse 10 – Nice 31 – Vence 15
> **i** place Francis Paulet *℘* 04 93 42 72 21
> ◉ Site★ - Danse macabre★ (peintures sur bois) dans l'église St-Jacques
>   - ≼★ de la place de l'église.

✕✕ **La Jarrerie**   ⌂ ⅏ VISA ◖◗ AE ◑
   8 av. de l'Amiral de Grasse – *℘* 04 93 42 92 92 – www.restaurant-la-jarrerie.com
   – Fermé 2-31 janv., merc. midi et mardi
   Rest – (19 €) Menu 27/49 € – Carte 39/52 €
   ♦ Autrefois monastère, puis conserverie et parfumerie, cette bâtisse régionale du 17e s. abrite une grande salle à manger rustique avec cheminée, pierres et poutres apparentes.

✕✕ **Hostellerie du Château** avec ch ⌖   ⌂ ⌷ VISA ◖◗
   6 pl. F.- Paulet – *℘* 04 93 42 41 10 – www.lhostellerieduchateau.com
   6 ch – †140/160 € ††140/220 € – ⌷ 16 €
   Rest – (fermé mardi d'oct. à mai et lundi) Menu 29 € (déj.)/64 € – Carte 66/85 €
   ♦ Élégant cadre contemporain (terrasse avec vue à l'étage) et savoureuse carte au goût du jour. Des chambres provençales raffinées (meubles anciens, bois précieux, tomettes) caractérisent ce château ayant appartenu aux comtes de Grasse. Certaines surplombent la vallée.

✕✕ **L'École des Filles**   ⌂ P VISA ◖◗
   380 av. Amiral-de-Grasse – *℘* 04 93 09 40 20 – www.restaurantecoledesfilles.fr
   – Fermé dim. soir et lundi
   Rest – (24 €) Menu 39/65 € – Carte 30/50 €
   ♦ Deux pimpantes petites salles à manger hébergées dans une ancienne école communale (1929) pour se régaler de recettes bien d'aujourd'hui. Terrasse dans la cour de récréation.

BAR-SUR-SEINE – 10 Aube – **313** G5 – 3 430 h. – alt. 157 m   **13** B3
– ⊠ 10110 ▮ Champagne Ardenne

> ▶ Paris 197 – Bar-sur-Aube 37 – Châtillon-sur-Seine 36 – St-Florentin 57
> **i** 33, rue Gambetta *℘* 03 25 29 94 43
> ◉ Intérieur★ de l'église St-Étienne.

✕ **Du Commerce** avec ch   AC rest, ⅏ ⌐ ⌘ P VISA ◖◗
☺☺ *30 r. de la République –* *℘* 03 25 29 86 36 – www.hotelrestaurantducommerce.fr
   – Fermé vend. soir et dim.
   13 ch – †47 € ††49/55 € – ⌷ 6,50 € – ½ P 44 €
   Rest – (11 €) Menu 13 € (sem.)/40 € – Carte 28/46 €
   ♦ Cuisine traditionnelle réalisée avec de bons produits régionaux, servie dans une salle rustique avec colombages et cheminée. Petites chambres au confort simple. Prix serrés.

près échangeur 9 km autoroute A5, Nord-Est par D 443

🏠🏠   **Le Val Moret**   🏡 & 🅰🅲 rest, ⅍ ⟨¹⟩ 🖄 🅿 𝘷𝘪𝘴𝘢 ⓒⓔ 🄰🄴
⏣⏣   *r. du Mar.-Leclerc* ✉ *10110 Magnant* – ℰ *03 25 29 85 12*
    – www.le-val-moret.com
    42 ch – †64/91 € ††64/91 € – ⌧ 11 €
    Rest – Menu 16 € (sem.)/48 € – Carte 27/65 €
    ♦ Près de l'autoroute (mais sans nuisances sonores), quatre bâtiments de plain-pied de type motel ; chambres fonctionnelles et assez spacieuses. Aire de jeux pour les enfants. Salles à manger actuelles dont une en véranda ; carte traditionnelle et plats régionaux.

à Bourguignons 4 km au Nord par N 71 – 282 h. – alt. 156 m – ✉ 10110

✗✗   **Domaine de Foolz** avec ch ⌖   🚗 🏡 & 🅰🅲 rest, ⟨¹⟩ 🖄 🅿 𝘷𝘪𝘴𝘢 ⓒⓔ
⏣⏣   *N 71* – ℰ *03 25 29 06 83* – *www.domainedefoolz.com* – *Fermé 15-31 août,*
    1ᵉʳ janv.-7 fév., dim. soir et lundi
    11 ch – †78 € ††78 € – ⌧ 8 €
    Rest – (15 €) Menu 18 € (déj. en sem.), 23/47 € – Carte 39/74 €
    ♦ Dans un cadre verdoyant, cette maison champenoise réhabilitée propose une honnête cuisine traditionnelle. Bonne carte de champagnes. Le Domaine dispose de onze chalets en bois avec terrasse indépendante. Une adresse bucolique.

BAS-RUPTS – 88 Vosges – **314** J4 – rattaché à Gérardmer

BASSAC – 16 Charente – **324** I6 – rattaché à Jarnac

BASSE-GOULAINE – 44 Loire-Atlantique – **316** H4 – rattaché à Nantes

BASTELICA – 2A Corse-du-Sud – **345** D7 – voir à Corse

BASTIA – 2B Haute-Corse – **345** F3 – voir à Corse

LA BASTIDE-CLAIRENCE – 64 Pyrénées-Atlantiques – **342** E2   **3** B3
– 990 h. – alt. 50 m – ✉ 64240
    ◗ Paris 771 – Bayonne 27 – Irun 59 – Bordeaux 185
    🅸 Place des Arceaux ℰ 05 59 29 65 05

🏠   **Maison Maxana**   🏡 ⌧ 🖳 & ch, ⅍ ⟨¹⟩ 𝘷𝘪𝘴𝘢 ⓒⓔ
  r. Notre-Dame – ℰ *05 59 70 10 10* – *www.maison-maxana.com*
    5 ch ⌧ – †90/110 € ††100/120 €   **Table d'hôte** – Menu 35 € bc
    ♦ Rêveries, Voyages... Le nom des chambres de cette maison basque donne le ton. Mariage réussi de meubles anciens, contemporains et d'objets ethniques, dans un esprit toujours zen. À la table d'hôte, plats mâtinés d'épices rapportées d'Afrique (sur réservation).

LA BASTIDE-DES-JOURDANS – 84 Vaucluse – **332** G11 – 1 211 h.   **40** B2
– alt. 412 m – ✉ 84240
    ◗ Paris 762 – Aix-en-Provence 39 – Apt 40 – Digne-les-Bains 77

✗✗   **Auberge du Cheval Blanc** avec ch   🏡 ⌧ 🅰🅲 ⅍ rest, 🅿 𝘷𝘪𝘴𝘢 ⓒⓔ
  – ℰ *04 90 77 81 08* – *www.auberge-chevalblanc-labastide.fr* – *Fermé fév. et*
    jeudi hors saison
    4 ch ⌧ – †80 € ††90 € – ½ P 75 €
    Rest – (19 € bc) Menu 30 € – Carte 45/55 €
    ♦ Demeure provençale située au cœur du village. Salle à manger bourgeoise aux couleurs du Midi et généreuse cuisine aux accents du terroir. Coquettes chambres au décor soigné.

LA BÂTIE-DIVISIN – 38 Isère – **333** G4 – 846 h. – alt. 521 m   **45** C2
– ✉ 38490
    ◗ Paris 539 – Lyon 82 – Grenoble 45 – Chambéry 41

✗ **L'Olivier** 🛋 ⟡ 🄿 ᴠɪsᴀ ⦿ ᴀᴇ

😊

100 rte du Vernay, Les Etrets – ☏ 04 76 31 00 60 – www.restaurant-l-olivier.com
😊 *– Fermé 26 oct.-9 nov., 15 fév.-1er mars, dim. soir et lundi*

🍴 **Rest** – (13 €) Menu 17 € (déj. en sem.), 23/50 € – Carte 21/60 €
◆ L'enseigne évoque l'un des produits préférés du chef, qui mitonne des plats fins et actuels essentiellement à l'huile d'olive. Salle à manger contemporaine et jardin-terrasse.

LA BÂTIE-NEUVE – 05 Hautes-Alpes – **334** F5 – rattaché à Gap

---

BATZ (ÎLE-DE-) – 29 Finistère – **308** G2 – voir à Île-de-Batz

---

BATZ-SUR-MER – 44 Loire-Atlantique – **316** B4 – 3 217 h. – alt. 12 m   **34** A2
– ✉ **44740** ▌Bretagne

▶ Paris 457 – La Baule 7 – Nantes 84 – Redon 64

🛈 25, rue de la Plage ☏ 02 40 23 92 36

◉ ✳ ★★ de l'église St-Guenolé★ - Chapelle N.-D. du Mûrier★ - Excursions guidées★ dans les marais (musée des Marais salants) - La Côte Sauvage★.

🏨 **Le Lichen** sans rest ⌂ ⟨ 🚲 🄿 ᴠɪsᴀ ⦿ ᴀᴇ

Baie du Manerick - Côte Sauvage, 2 km au Sud-Est par D 45 – ☏ 02 40 23 91 92
– www.le-lichen.com
17 ch – ♦60/230 € ♦♦70/260 € – ☕ 12 €
◆ Sur la côte sauvage, vaste villa néobretonne (1956) jouissant du spectacle unique de l'océan. La moitié des chambres, certaines avec terrasse, donne sur les flots.

LA BAULE – 44 Loire-Atlantique – **316** B4 – 16 095 h. – alt. 31 m   **34** A2
– Casino : Grand Casino **BZ** – ✉ **44500** ▌Bretagne

▶ Paris 450 – Nantes 76 – Rennes 120 – St-Nazaire 19

🛈 8, place de la Victoire ☏ 02 40 24 34 44

🏌 de Guérande à Guérande Ville Blanche, par rte de Nantes : 6 km,
☏ 02 40 66 43 21

🏌 de La Baule à Saint-André-des-Eaux Domaine de Saint Denac, NE : 9 km,
☏ 02 40 60 46 18

◉ Front de mer★ - Parc des Dryades★ **DZ**

Plan page suivante

🏨🏨 **Hermitage Barrière** ⌂ ⟨ 🚲 🛋 ⛳ ⣿ ᴌ♭ 🛗 & ch, 🄰🄲 ✂ rest, ⁎¹ ♨
5 espl. Lucien-Barrière – ☏ 02 40 11 46 46 🄿 ᴠɪsᴀ ⦿ ᴀᴇ ①
– www.hermitage-barriere.com – Ouvert 2 avril-24 sept., 22 sept.-2 nov. et
26 déc.-2 janv. **BZh**
202 ch – ♦116/699 € ♦♦116/699 € – 5 suites – ☕ 24 €
Rest *La Terrasse* – (fermé 25 avril-1er juin, 5-10 juin, 13 juin-2 juil. et 22 août-
21 oct.) (35 €) Carte 35/84 € le soir
Rest *L' Eden Beach* – ☏ 02 40 11 46 16 (ouvert 1er avril-16 oct. et fermé du
dim. soir au vend. midi du 26 sept. au 16 oct.) (25 €) Menu 30 € – Carte 42/95 €
◆ Malgré les modes et l'usure du temps, le charme reste intact dans ce palace des années 1920, dont la façade anglo-normande se dresse face à la plage, parmi les pins. Vastes chambres classiques, piscine, hammam… Décor élégant au restaurant La Terrasse, qui propose une cuisine traditionnelle. Carte marine à L'Eden Beach.

🏨🏨 **Royal-Thalasso Barrière** ⌂ ⟨ 🎭 🛋 ⣿ ᴌ♭ 🛗 🄰🄲 ✂ rest, ⁎¹ ♨
6 av. Pierre Loti – ☏ 02 40 11 48 48 🄿 ⌂ ᴠɪsᴀ ⦿ ᴀᴇ ①
– www.lucienbarriere.com – Fermé 27 nov.-18 déc. **BZt**
91 ch – ♦192/589 € ♦♦192/589 € – 6 suites – ☕ 27 €
Rest *La Rotonde* – Menu 43 € – Carte 52/70 €
Rest *Le Ponton* – ☏ 02 40 60 52 05 (fermé le soir d'oct. à mars et vacances
scolaires) (24 € bc) Carte 30/72 €
◆ Bien-être et confort, dans cet édifice séculaire (1896) associé à un centre de thalassothérapie. Jacques Garcia a assuré la décoration des chambres il y a quelques années ; vue sur la baie ou sur le parc. Cuisine diététique et mets traditionnels à La Rotonde. Restauration de plage au Ponton.

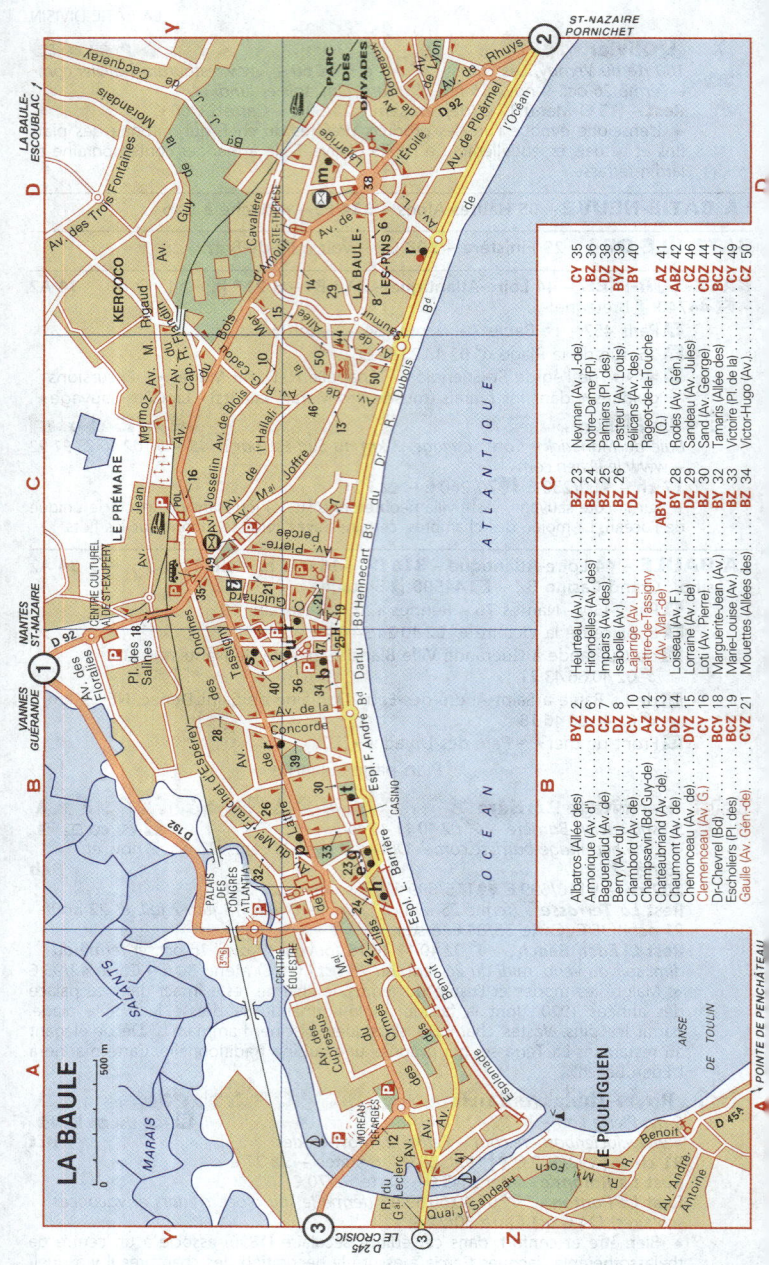

LA BAULE

500 m

Albatros (Allée des)	BYZ 2	Heurteau (Av.)	Newman (Av. J.-de)	CY 35
Amorique (Av. d')	DZ 6	Hirondelles (Av. des)	Notre-Dame (Pl.)	BZ 36
Baguenaud (Av. de)	DZ 7	Impairs (Av. des)	Palmiers (Pl. des)	DZ 38
Berry (Av. du)	CY 10	Isabelle (Av. L.)	Pasteur (Av. Louis)	BYZ 39
Chambord (Av. de)	DZ	Lajarrige (Av. L.)	Pélicans (Av. des)	BY 40
Champsavin (Bd Guy-de)	AZ 12	Lattre-de-Tassigny	Rageot-de-la-Touche	
Chateaubriand (Av. de)	CYZ 13	(Av. Mal-de)	ABYZ	(Q.)	AZ 41
Chaumont (Av. de)	BY 28	Loiseau (Av. F.)	Rodes (Av. Gén.)	ABZ 42
Chenonceau (Av. de)	DYZ 15	Lorraine (Av. de)	BZ 29	Sandeau (Av. Jules)	CZ 46
Clemenceau (Av. G.)	CY 16	Loti (Av. Pierre)	BZ 30	Sand (Av. George)	CDZ 44
D'-Chevrel (Bd)	BCY 18	Marguerite-Jean (Av.)	BZ 32	Tamaris (Allée des)	BCZ 47
Escholiers (Pl. des)	BCZ 19	Marie-Louise (Av.)	BZ 33	Victoire (Pl. de la)	CY 49
Gaulle (Av. Gén-de)	CYZ 21	Mouettes (Allées des)	BZ 34	Victor-Hugo (Av.)	CZ 50

Castel Marie-Louise ⚜ ⟨ 🚿 ⌷ ℀ rest, ℡ ⅏ 🅿 VISA ⬤ AE ⓪

1 av. Andrieu – ℰ 02 40 11 48 38 – www.castel-marie-louise.com
– Fermé 2 janv.-3 fév.   BZg
29 ch – ♦179/645 € ♦♦179/645 € – 2 suites – �???? 21 €
Rest – *(fermé le midi sauf sam. en juil.-août et sauf dim.)* Menu 57/110 €
– Carte 75/131 € 🏵

Spéc. Foie gras de canard façon nougat aux fruits secs torréfiés. Épaule de cochon noir cuite lentement, fruits rôtis. Fraises flambées à la liqueur de rose (été). **Vins** Muscadet de Sèvre-et-Maine sur lie, Saumur.

♦ Il reçut son nom en l'honneur d'une femme aimée, et reste propice à la romance : architecture Belle Époque, tentures, mobilier ancien, entre parc arboré et bord de mer... On dîne dans un cadre feutré, près des grandes baies ou en terrasse, sous les pins, d'une belle cuisine inspirée des produits du moment.

Bellevue Plage ⟨ ⌷ ℡ 🅿 🅿 VISA ⬤ AE

27 bd de l'Océan – ℰ 02 40 60 28 55 – www.hotel-bellevue-plage.fr
– Fermé 10 déc.-18 fév.   DZr
35 ch – ♦95/195 € ♦♦95/195 € – �???? 14 €
Rest *La Véranda* – voir ci-après

♦ Une lucarne sur les années 1950 : cet hôtel élégant a été décoré de belles pièces de design moderniste. La terrasse du dernier étage domine toute la baie ! Balcons côté plage.

Mercure Majestic ⟨ ⌷ ⅐ AC ℡ ⅏ 🅿 VISA ⬤ AE ⓪

espl. Lucien-Barrière – ℰ 02 40 60 24 86 – www.hotelmercure-labaule.com
83 ch – ♦89/195 € ♦♦99/265 € – �???? 16 €   BZe
Rest *Le Ruban Bleu* – (18 €) Menu 25/30 € – Carte 22/42 €

♦ Une haute façade blanche signale cet hôtel né en 1930, non loin du casino, en bord de plage. L'esprit Art déco – chic et confort – plane toujours en partie sur les lieux, rénovés en 2004. Ambiance transatlantique au Ruban bleu ; cuisine régionale (produits de la mer).

St-Christophe ⚜ 🚿 🏠 ℡ ⅏ 🅿 VISA ⬤ ⓪

pl. Notre-Dame – ℰ 02 40 62 40 00 – www.st-christophe.com   BZu
45 ch – ♦68/200 € ♦♦68/200 € – �???? 12 € – ½ P 73/140 €
Rest – (19 €) Menu 29/39 € – Carte 32/42 €

♦ Quatre villas nichées au creux d'un jardin verdoyant... Le charme agit : architectures 1900 (tourelles, balcons de bois), mobilier ancien, aquarelles signées par la maîtresse de maison, etc. La table est appréciée : cuisine terre et mer, et décor coloré.

Brittany sans rest AC ℡ VISA ⬤ AE ⓪

7 av. des Impairs – ℰ 02 40 60 30 25 – www.brittanylabaule.com   BZb
19 ch – ♦100/195 € ♦♦100/195 € – �???? 13 €

♦ Cette maison des années 1930 abrite des chambres raffinées et bien équipées (salles de bain avec balnéo). Un joli atout : le très agréable solarium sur le toit terrasse.

Lutetia et rest. le Rossini 🏠 ⅙ ch, ℡ 🅿 VISA ⬤ AE

13 av. Olivier-Guichard – ℰ 02 40 60 25 81 – www.lutetia-labaule.com
26 ch – ♦45/190 € ♦♦69/190 € – �???? 12 € – ½ P 80/142 €   CZr
Rest – *(fermé 13-29 nov., 23 janv.-15 mars, dim. soir, lundi soir du 1er sept. au 30 juin, lundi midi et mardi midi)* (17 €) Menu 23 € (déj. en sem.), 35/47 € bc
– Carte 55/65 €

♦ Agréable adresse : derrière une façade Art déco, le Lutetia affiche un style contemporain et coloré ; en annexe, la Villa St-Bernard joue la thématique sportive (chambres "Golf", "Voile", etc.). Produits de la mer au Rossini.

Alcyon sans rest ⌷ ℡ ⅏ 🅿 VISA ⬤ AE

19 av. Pétrels – ℰ 02 40 60 19 37 – www.alcyon-hotel.com
– Fermé 2-23 janv.   BYs
32 ch – ♦74/135 € ♦♦74/135 € – �???? 12 €

♦ Près du marché, façade en angle garnie de balcons, à l'exception du dernier étage. Préférez les chambres rénovées et leur décoration zen et colorée. Bar agréable avec terrasse.

Villa Cap d'Ail sans rest · · VISA ◑
145 av.de Lattre-de-Tassigny – 𝒞 *02 40 60 29 30 – www.villacapdail.com*
22 ch – ♦69/120 € ♦♦72/140 € – ☷ 12 €   **BZp**
♦ À 100 m de la plage, cette villa des années 1920, décorée dans un style actuel (bois peint, tons gris), a conservé son charme originel. Ambiance jeune et décontractée.

Hostellerie du Bois ◫ ◫ · VISA ◑ ◐
65 av. Lajarrige – 𝒞 *02 40 60 24 78 – www.hostellerie-du-bois.com – Ouvert 13 mars-15 nov. et vacances de Noël*   **DZm**
15 ch – ♦60/79 € ♦♦60/83 € – ☷ 7 € – ½ P 59/68 €
Rest – *(fermé le midi) (résidents seult)* Menu 22 €
♦ Maison à colombages (1923) au charme vieille France préservé, tant dans les chambres que dans le reste de l'hôtel, bien tenu et orné d'objets rapportés de voyages. Jardin. Petit-déjeuner servi dans une salle rustique et feutrée ; repas le soir, pour les résidents.

St-Pierre sans rest · VISA ◑ ◐
124 av. du Mar. de Lattre-de-Tassigny – 𝒞 *02 40 24 05 41*
– www.hotel-saint-pierre.com   **BYZr**
19 ch – ♦59/79 € ♦♦69/132 € – ☷ 10 €
♦ Une villa typique des années trente, habillée de colombages bleus. Chambres cosy décorées dans le style baulois, agréable véranda, accueil charmant : une bonne adresse.

✗✗ **La Véranda** – Hôtel Bellevue Plage ◁ AC ◑ ◐
27 bd de l'Océan – 𝒞 *02 40 60 57 77 – www.restaurant-laveranda.com*
– Fermé 15 déc.-1ᵉʳ fév., dim. soir, mardi midi de sept. à juin et lundi sauf le soir en juil.-août   **DZr**
Rest – (22 € bc) Menu 32 € (dîner en sem.), 39/85 € bc – Carte 60/90 € ❀
♦ Cette Véranda offre une vue privilégiée sur la plage et l'océan… Le poisson domine à la carte, relevée de quelques notes créatives. Décor très sobre (salle carrelée).

✗✗ **Carpe Diem** ✪ P VISA ◑ ◐
∞ *29 av. J.-Boutroux, 5 km au Nord par rte du golf de la Baule –* 𝒞 *02 40 24 13 14 – www.le-carpediem.fr – Fermé 23 fév.-7 mars, mardi soir et merc. hors saison*
Rest – (15 €) Menu 18/46 € – Carte 34/52 €
♦ L'établissement a joui d'un relooking complet : mobilier contemporain, teintes douces et sobres cohabitent avec cheminée et poutres apparentes. Cuisine classique.

LA BAUME – 74 Haute-Savoie – **328** M3 – 252 h. – alt. 730 m – ⊠ 74430   **46** F1
◪ Paris 597 – Lyon 214 – Annecy 95 – Genève 52

🏠 **La Ferme aux Ours** ☞ ◁ ◫ ◱ · P
La Voagère – 𝒞 *04 50 72 19 88 – www.lafermeauxours.com – Fermé nov.*
3 ch ☷ – ♦105/115 € ♦♦105/115 €
Table d'hôte – *(fermé en été)* Menu 28 € bc
♦ Belle ferme savoyarde isolée, dominant la vallée. Jolies chambres douillettes (collection d'ours en peluche) et accueil charmant de la propriétaire, férue de randonnées. Sauna.

BAUME-LES-DAMES – 25 Doubs – **321** I2 – 5 349 h. – alt. 280 m   **17** C2
– ⊠ 25110 ▮ Franche-Comté Jura
◪ Paris 440 – Belfort 62 – Besançon 30 – Lure 45
🛈 8, rue de Provence 𝒞 03 81 84 27 98
🖼 du Château de Bournel à Cubry, N : 20 km par D 50, 𝒞 03 81 86 00 10

✗✗✗ **Hostellerie du Château d'As** avec ch ◁ ◫ · P VISA ◑ ◐
∞ *24 r. Château-Gaillard –* 𝒞 *03 81 84 00 66 – www.chateau-das.fr – Fermé dim. soir, mardi midi et lundi*
6 ch – ♦69 € ♦♦69 € – ☷ 12 € – ½ P 64/70 €
Rest – Menu 19 € bc (déj. en sem.), 31/69 € – Carte 34/66 €
♦ Charmante atmosphère d'antan dans cette grande villa des années 1930. Cuisine actuelle servie dans une salle à manger lumineuse et élégante (superbe lustre en nacre). Chambres spacieuses.

LES BAUX-DE-PROVENCE – 13 Bouches-du-Rhône – **340** D3   **42** E1
– 381 h. – alt. 185 m – ⊠ 13520 ▯ Provence

▶ Paris 712 – Arles 20 – Avignon 30 – Marseille 86

🖈 lot Post Tenebras Lux - Maison du Roy ✆ 04 90 54 34 39

🏴 des Baux-de-Provence Domaine de Manville, S : 2 km, ✆ 04 90 54 40 20

◉ Site★★★ - Village★★★ : Place★ et église St-Vincent★ - Château★ : ⁂★★
- Monument Charloun Rieu ≼★ - Tour Paravelle ≼★ - Musée Yves-
Brayer★ - Cathédrale d'Images★ N : 1 km par D 27 - ⁂★★★ sur le village
N : 2,5 km par D 27.

dans le Vallon

La Riboto de Taven ⌂   ≼ 🚗 🍃 🏊 ♨ ch, 🅰 ch, 🍽 🅿 𝚅𝙸𝚂𝙰 ⓪ 🅰🅴
– ✆ 04 90 54 34 23 – www.riboto-de-taven.fr – Fermé 31 oct.-12 mars
5 ch – ♦195/300 € ♦♦195/300 € – 1 suite – ⌒ 20 € – ½ P 155/203 €
Rest – (fermé merc.) (dîner seult) (résidents seult) Menu 55 €
◆ Charmant petit mas avec vue imprenable sur les Baux. Jardin fleuri, agréable
piscine et chambres décorées avec goût (deux d'entre elles sont troglodytiques).
Cuisine provençale utilisant les produits du marché, servie dans une belle salle
avec poutres et cheminée.

L'Oustaù de Baumanière avec ch ⌂   ≼ 🌣 🍃 🏊 📶 📶 🕭 🅰 ♉
✿✿   – ✆ 04 90 54 33 07   ⌂⌐ 🅿 𝚅𝙸𝚂𝙰 ⓪ 🅰🅴 ⓪
– www.oustaudebaumaniere.com – Ouvert mars-nov. et fermé mardi soir,
jeudi midi et merc. de mars à avril et d'oct. à nov.
16 ch – ♦205/440 € ♦♦205/440 € – ⌒ 24 € – ½ P 265/380 €
Rest – Menu 95 € (déj. en sem.), 130/175 € – Carte 131/198 €⧗
Spéc. Œuf de poule, eau d'un gaspacho servie tremblotante, jus et condiment.
Rouget barbet, croustillant au basilic vert, tapenade d'olive noire et shiso. Crêpe
soufflée au Grand Marnier "Hommage à Monsieur Thuilier". **Vins** Les-Baux-de-Pro-
vence.
◆ Demeure du 16e s. aux voûtes séculaires, superbe terrasse avec les Alpilles en
toile de fond : un lieu magique pour une cuisine gorgée de soleil. Belle cave.
Confortables chambres et suites distinguées réparties entre la maison et le
petit mas La Guigou.

Le Manoir 🏠 ⌂   ≼ 🌣 🍃 📶 ♨ 🅰 ♉ 🅿 𝚅𝙸𝚂𝙰 ⓪ 🅰🅴 ⓪
à 1 km rte d'Arles par D 27 – ✆ 04 90 54 33 07 – www.oustaudebaumaniere.com
7 ch – ♦245/430 € ♦♦245/430 € – 7 suites – ⌒ 22 € – ½ P 265/380 €
◆ Les chambres de cette élégante bastide conjuguent confort, raffinement et
charme provençal d'antan. Parc arboré (dont un splendide platane séculaire) et
jardin à la française.

rte d'Arles Sud-Ouest par D 27

La Cabro d'Or ⌂   ≼ 🌣 🍃 🏊 📶 🍽 🅰 ch, ♉ 🐴 🅿 𝚅𝙸𝚂𝙰 ⓪ 🅰🅴 ⓪
à 1 km – ✆ 04 90 54 33 21 – www.lacabrodor.com – Fermé dim. et lundi de
mi-oct. à fin mars
21 ch – ♦170/370 € ♦♦170/370 € – 7 suites – ⌒ 24 € – ½ P 159/262 €
Rest – (fermé dim. soir, lundi et mardi midi de mi-oct. à fin mars) Menu 49 € bc
(déj. en sem.), 68/110 € – Carte 97/106 €
Spéc. Ravioles de langoustines aux courgettes et poireaux, jus aux girolles. Carré
d'agneau rôti, petits farcis à ma façon et socca provençale. Mousseux au chocolat
grand cru et fleur de sel de Camargue. **Vins** Les Baux-de-Provence.
◆ Pour les amateurs de quiétude et de raffinement, une belle demeure couverte
de lierre, avec des chambres provençales très chic (certaines avec terrasse) et un
ravissant jardin fleuri. Au restaurant, on déguste une cuisine provençale créative,
d'une grande fraîcheur ; quelques tables sous les platanes.

Mas de l'Oulivié sans rest ⌂   ≼ 🚗 🏊 🍽 🕭 🐴 🅿 𝚅𝙸𝚂𝙰 ⓪ 🅰🅴 ⓪
Quartier les Arcoules, à 2,5 km – ✆ 04 90 54 35 78 – www.masdeloulivie.com
– Ouvert 1er avril-6 nov.
25 ch – ♦130/305 € ♦♦130/305 € – 2 suites – ⌒ 16 €
◆ Au cœur d'une oliveraie, un mas pour se relaxer : décor provençal, piscine à
débordement dans le jardin, massages... Petite restauration au déjeuner pour les
résidents.

Auberge de la Benvengudo ⌂ ⟨ 🍽 🏠 ⛱ ✗ & ch. Ⓚ ch. ♿

Vallon de l'Arcoule, (D78F), à 2 km – ☎ *04 90 54 32 54* 🅿 VISA ⊙ AE
– www.benvengudo.fr – Ouvert 18 mars-5 nov. et 16-31 déc.
22 ch – †105/205 € ††105/205 € – 5 suites – ☲ 16 €
Rest – Menu 45 € (dîner) – Carte 24/47 € le midi
♦ Authentique bastide à l'intérieur de style classique provençal, dans un joli jardin paysagé. Chambres déclinant le blanc sur tous les tons, moins récentes dans l'annexe. À table, menu régional selon le marché et petits plats servis au bord de la piscine le midi.

BAVAY – 59 Nord – **302** K6 – 3 396 h. – alt. 148 m – ⊠ 59570 **31** D2
🟩 Nord Pas-de-Calais Picardie

🄳 Paris 229 – Avesnes-sur-Helpe 24 – Lille 79 – Maubeuge 15
🄸 rue Saint-Maur ☎ 03 27 39 81 65

✗✗ Le Bagacum 🍽 🅿 VISA ⊙

r. Audignies – ☎ *03 27 66 87 00 – www.bagacum.com – Fermé dim. soir et lundi sauf fériés*
Rest – Menu 27 € bc (déj. en sem.), 34 € bc/50 € bc – Carte 45/65 €
♦ Charpente apparente, vieux objets agricoles, bibelots et tableaux font le cachet de cette ancienne grange du 19e s. disposant d'une terrasse fleurie. Cuisine traditionnelle.

BAVELLA (COL DE) – 2A Corse-du-Sud – **345** E9 – voir à Corse

---

BAYARD (COL) – 05 Hautes-Alpes – **334** E5 – voir à Col Bayard

---

BAYEUX ⟨⟩ – 14 Calvados – **303** H4 – 14 466 h. – alt. 50 m **32** B2
– ⊠ 14400 🟩 Normandie Cotentin

🄳 Paris 265 – Caen 31 – Cherbourg 95 – Flers 69
🄸 pont Saint-Jean ☎ 02 31 51 28 28
🄘 AS Bayeux Omaha Beach Golf à Port-en-Bessin Ferme Saint Sauveur, par rte de Port-en-Bessin et D 514 : 11 km, ☎ 02 31 22 12 12
◙ Tapisserie dite "de la reine Mathilde" ★★★ - Cathédrale Notre-Dame★★ - Musée-mémorial de la bataille de Normandie★ Y **M¹** - Maison à colombage★ (rue St-Martin) Z**N.**

🏨 Le Lion d'Or ⌂ 🍽 🛎 Ⓚ ♿ 🅿 VISA ⊙ AE ⓪

71 r. St-Jean – ☎ *02 31 92 06 90 – www.liondor-bayeux.fr* Z**e**
27 ch – †90/195 € ††90/195 € – 1 suite – ☲ 13 € – ½ P 83/146 €
Rest – *(fermé 19 déc.-13 janv., dim. soir, lundi soir de mi-nov. à mi-mars, lundi midi, mardi midi et sam. midi)* (20 €) Menu 25 € (déj.), 38/47 € – Carte 47/63 €
♦ Cet ancien relais de poste du 18e s. précédé d'une jolie cour pavée abrite des chambres calmes d'ambiances différentes. Celles de l'annexe sont récentes et actuelles. Table traditionnelle et soignée. Des photos des célébrités passées en ces lieux ornent le salon feutré.

🏨 Novotel 🍽 🏠 ⛱ 🛗 & Ⓚ ch. ♿ 🅿 VISA ⊙ AE ⓪

117 r. St-Patrice – ☎ *02 31 92 16 11 – www.novotel.com* Y**x**
77 ch – †77/99 € ††77/149 € – ☲ 14 €
Rest – (17 €) Menu 20 € – Carte 20/35 €
♦ Hôtel relooké aux dernières normes de la chaîne : bar et salons modernes, chambres pratiques dans l'air du temps. Le restaurant d'esprit bistrot s'ouvre sur une terrasse face à la piscine. Carte et suggestions à l'ardoise assorties d'un bon choix de vins au verre.

🏨 Château de Bellefontaine sans rest ⌂ 🍽 🛎 & ♿ 🅿

49 r. Bellefontaine – ☎ *02 31 22 00 10* VISA ⊙ AE
– www.hotel-bellefontaine.com – Fermé 2 janv.-2 fév. Y**v**
20 ch – †70/120 € ††75/150 € – ☲ 12 €
♦ Un parc arboré avec un plan d'eau sert d'écrin à ce château du 18e s. aux chambres de style (Louis XIII, Empire). Duplex plus actuels pour les familles, dans les anciennes écuries.

BAYEUX

Aure (Bords de l'). . . . . **Z** 2
Bienvenu (R. du) . . . . **Z** 3
Bois (Pl. au) . . . . **Z** 4
Bouchers (R. des) . . . . **Z**
Bourbesneur (R.) . . . . **Z** 6
Bretagne (R. de la) . . . . **Z**
Chanoines (R. des) . . . . **Z** 7
Chartier (R. A.) . . . . **Z** 8
Churchill (Bd W.) . . . . **Y**
Clemenceau (Av. G.) . . . . **Z**
Conseil (Av.) . . . . **Y**
Courseulles (R. de) . . . . **Y** 9
Cuisiniers (R. des) . . . . **Z** 12
Dais (R. Gén.-de) . . . . **Z**
Dr-Michel (R.) . . . . **Y** 13
Eindhoven (Bd) . . . . **Y**
Eisenhower (Rond-Point) . . . . **Y** 14
Foch (R. Mar.) . . . . **Z** 15
Franche (R.) . . . . **Z**
Gaulle (Pl. Ch.-de) . . . . **Z**
Laitière (R.). . . . . **Z** 16
Larcher (R.). . . . . **Z**
Leclerc (Bd Mar.). . . . . **Y** 17
Leforestier (R. Lambert) . . . . . **Z** 18
Liberté (R. de la) . . . . **Z** 19
Maîtrise (R. de la). . . . . **Z** 20
Marché (R.) . . . . **Z** 21
Montgomery (Bd Mar.) . . . . . **Y** 23
Nesmond (R. de) . . . . **Z**
Pigache (R. de la) . . . . **Y** 24
Pont-Trubert (R. du). . . . . **Y** 25
Poterie (R. de la) . . . . **Z** 28
Royale (R.) . . . . **Y**
Sadi-Carnot (Bd) . . . . **Y** 29
St-Jean (R.) . . . . **Y, Z**
St-Laurent (R.). . . . . **Y, Z**
St-Loup (R.). . . . . **Y, Z** 30
St-Malo (R.) . . . . **Z**
St-Martin (R.) . . . . **Z**
St-Patrice (R. et Pl.) . . . . **Z** 31
St-Quentin (R.). . . . . **Y** 41
Schumann (R. M.) . . . . **Y** 42
Tardif (R.) . . . . **Z**
Teinturiers (R. des). . . . . **Z** 32
Terres (R. des) . . . . **Z** 33
Vaucelles (Rond-Point de). . . . **Y** 35
Verdun (R. de) . . . . **Y** 37
Ware (Bd F.). . . . . **Y** 38
6-Juin (Bd du) . . . . **Y**

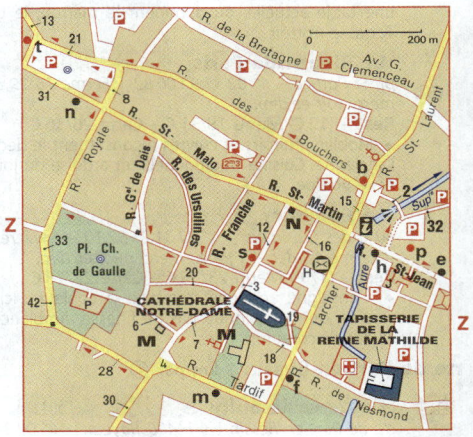

🏨 **Churchill** sans rest   🚭 ❄ 📶 📶 ᴠɪꜱᴀ ⊙⊙

14 r. St-Jean – ℰ 02 31 21 31 80 – www.hotel-churchill.fr
– Ouvert de mars à nov.
Zh

32 ch – ♦95/102 € ♦♦100/135 € – ☐ 10 €

◆ Un hôtel plein d'attrait : chambres cosy (mobilier Louis XVI), salle lumineuse servant de salon de thé, bar, photos historiques sur le débarquement, épicerie fine, boutique de déco.

🏨 **D'Argouges** sans rest ⬩   🚗 🚭 ❄ 📶 **P** 🛋 ᴠɪꜱᴀ ⊙⊙ ⓪

21 r. St-Patrice – ℰ 02 31 92 88 86 – www.hotel-dargouges.com
– Fermé nov., déc. et janv.
Zn

28 ch – ♦66 € ♦♦77/125 € – ☐ 12 €

◆ Profitez, en plein centre-ville, du calme du délicieux jardin qui accueille ces deux maisons de caractère (18ᵉ s.). Belles chambres rénovées au mobilier ancien ; salons classiques.

🏠 **Le Bayeux** sans rest ⬩   🚭 📶 ᴠɪꜱᴀ ⊙⊙

9 r. Tardif – ℰ 02 31 92 70 08 – www.lebayeux.net
Zm

29 ch – ♦50/120 € ♦♦50/120 € – ☐ 8 €

◆ Bon accueil dans cet hôtel familial et fonctionnel, situé dans une rue calme, à deux pas de la cathédrale. Petit-déjeuner sous forme de buffet, servi dans un cadre rustique.

⌂ **Tardif Noble Guesthouse** sans rest ⌖   🖼 ⚙ 📶 **P** 𝗩𝗜𝗦𝗔 ⓒⓑ
16 r. de Nesmond – ☏ *02 31 92 67 72 – www.hoteltardif.com*   **Z f**
5 ch – ♦50/150 € ♦♦70/170 € – ⬚ 9 €

• Un ancien hôtel particulier avec un jardin, à deux minutes du centre historique. Meubles de style, tapisseries et tableaux confèrent un cachet certain aux chambres et au salon.

ХХ **La Rapière**   ⚙ 𝗩𝗜𝗦𝗔 ⓒⓑ ᴬᴱ
⊂⊃ *53 r. St-Jean –* ☏ *02 31 21 05 45 – www.larapiere.net – Fermé 22 déc.-22 janv.,*
merc. et jeudi   **Z p**
Rest – Menu 16 € (déj.), 28/33 € – Carte 32/56 €

• Dans une rue pittoresque du vieux Bayeux, une maison du 15ᵉ s. au bel intérieur rustique, décoré d'épées croisées et de tableaux. Goûteuse cuisine du terroir normand.

ХХ **La Coline d'Enzo**   📶 𝗩𝗜𝗦𝗔 ⓒⓑ
2 r. des Bouchers – ☏ *02 31 92 03 01 – www.restaurantbayeux.net – Fermé mardi*
soir de nov. à fin avril, sam. midi, dim. et lundi   **Z b**
Rest – (14 €) Menu 24/34 € – Carte 40/55 €

• Les propriétaires de ce restaurant (du nom de leurs deux enfants) proposent une table actuelle, où dominent le marron, le turquoise, les poutres et pierres. Terrasse-trottoir.

Х **Le Bistrot de Paris**   ⅙ ᴬᴄ 𝗩𝗜𝗦𝗔 ⓒⓑ
⊂⊃ *pl. St-Patrice –* ☏ *02 31 92 00 82 – Fermé 16-29 août, 16 fév.-2 mars, lundi soir,*
merc. soir et dim.   **Z t**
Rest – (12 €) Menu 18/31 € – Carte 26/36 €

• Mobilier, miroirs et cuivres reconstituent le décor et l'atmosphère d'un bistrot à l'ancienne. Cuisine traditionnelle et ardoise du jour ; formules plus simples à l'Annexe voisine.

Х **Le Pommier**   📶 ⅙ 𝗩𝗜𝗦𝗔 ⓒⓑ ᴬᴱ
40 r. des Cuisiniers – ☏ *02 31 21 52 10 – www.restaurantlepommier.com*
– Fermé 15 déc.-15 janv., merc. midi et dim.   **Z s**
Rest – (17 €) Menu 23/35 € – Carte 28/48 €

• L'enseigne annonce d'emblée la couleur : ici, on revendique une carte normande, qui ne manque pas de finesse. Ambiance décontractée mariant rustique et détails contemporains.

rte de Port-en-Bessin 3 km par ⑤

🏠 **Château de Sully** ⌖   🔊 🖼 ⅙ ⅙ ch, ⚙ rest, 📶 ᐧᴬ **P** 𝗩𝗜𝗦𝗔 ⓒⓑ ᴬᴱ ①
rte de Port-en-Bessin ⊠ *14400 Bayeux –* ☏ *02 31 22 29 48*
– www.chateau-de-sully.com – Fermé 4 déc.-20 janv.
22 ch – ♦130/280 € ♦♦150/280 € – 1 suite – ⬚ 19 €
Rest – *(fermé le midi sauf dim.) (nombre de couverts limité, prévenir)*
Menu 49/89 € – Carte 59/95 €

• Parc et château de charme (18ᵉ s.) pour un séjour détente. Les chambres personnalisées cultivent un luxe discret. Piscine, jacuzzi, sauna. Le restaurant propose deux cadres, l'un classique, l'autre plus actuel (véranda). Cuisine au goût du jour à base de beaux produits, souvent bio.

à Audrieu 13 km par ① et D 158 – 953 h. – alt. 71 m – ⊠ 14250

🏠 **Château d'Audrieu** ⌖   ≤ 🔊 🖼 ⚙ rest, 📶 **P** 𝗩𝗜𝗦𝗔 ⓒⓑ ᴬᴱ
❀ *–* ☏ *02 31 80 21 52 – www.chateaudaudrieu.com – Fermé 4 déc.-11 fév.*
25 ch – ♦159/499 € ♦♦159/499 € – 4 suites – ⬚ 26 € – ½ P 164/335 €
Rest – *(fermé lundi et le midi sauf sam., dim. et fériés)* Menu 39/99 €
– Carte 66/105 € ❀

Spéc. Velouté vichyssois servi glacé, huître et jambon bellota. Turbot au champagne, fondue d'oignons nouveaux au lard paysan. Pêche laquée au safran, glace pistache (saison).

• Ce château du 18ᵉ s., classé monument historique, isolé au sein d'un immense et ravissant parc, abrite de vastes chambres (meubles anciens). Salles à manger très châtelaines, cuisine inventive et soignée accompagnée d'une carte des vins étoffée pour gourmets raffinés.

▶ Paris 765 – Bordeaux 183 – Biarritz 9 – Pamplona 109

✈ de Biarritz-Anglet-Bayonne : ℰ 05 59 43 83 83, 5 km au SO par N 10 AZ.

🛈 place des Basques ℰ 08 20 42 64 64

🏌18 Makila Golf Club à Bassussarry Route de Cambo, S : 6 km par D 932,
ℰ 05 59 58 42 42

◉ Cathédrale Ste-Marie★ et Cloître★ **B** - Fêtes★ (début août) - Musée
Bonnat★★ BY **M²** - Musée basque★★★.

Accès et sorties : voir à Biarritz.

Argenterie (R.)	**AZ** 3	Hugo (R. Victor)	**AZ** 125	Orbe (R.)	**AZ** 92
Bastion Royal (R. du)	**BZ** 12	Jaureguiberry (Q.)	**AZ** 57	Pannecau (Pont)	**BZ** 93
Bernède (R.)	**AY** 15	Lachepaillet		Pelletier (R.)	**BZ** 95
Bonnat (Av. Léon)	**AY** 16	(Bd		Port-de-Castets	
Bourgneuf (R.)	**BYZ** 17	du Rempart)	**AZ** 64	(R.)	**AZ** 97
Château-Vieux (Pl.)	**AZ** 24	Laffitte (R. Jacques)	**BYZ** 65	Port-Neuf (R.)	**BZ** 98
Cordeliers (R. des)	**BZ** 26	Lamarque		Ravignan (R.)	**BZ** 104
Corsaires (Quai des)	**BZ** 28	(Av. du Chanoine)	**AZ** 23	Roquebert (Q. du Cdt)	**BZ** 108
Dubourdieu (Q. Amiral)	**BZ** 31	Liberté (Pl. de la)	**BY** 73	Ste-Catherine (R.)	**BY** 109
Duvergier-de-Hauranne		Lormand (R.)	**AY** 74	Thiers (R.)	**AY**
(Av.)	**BZ** 32	Marengo (Pont et R. de)	**BZ** 80	Tonneliers (R. des)	**BZ** 112
Galuperie (Quai)	**BZ** 35	Marines (Av. des Allées)	**AY** 81	Tour-de-Sault (R.)	**AZ** 120
Génie (Pont du)	**BZ** 39	Mayou (Pont)	**BY** 83	11-Novembre (Av.)	**AY** 128
Gouverneurs (R. des)	**AZ** 41	Monnaie (R. de la)	**AZ** 86	49e (R. du)	**AY** 129

La Villa Hôtel sans rest ⌂   🚗 ᴋ AC ☆ 🂟 P VISA ⏣ AE
12 chemin de Jacquette – ℰ 05 59 03 01 20 – www.bayonne-hotel-lavilla.com
10 ch – ♦90/200 € ♦♦90/200 € – ⌷ 16 €   BZd
♦ Au calme dans son jardin d'inspiration italienne, cette maison de maître offre une jolie vue sur la Nive et les Pyrénées. Décoration soignée ; meubles anciens chinés.

Auberge du Cheval Blanc (Jean-Claude Tellechea)   AC VISA ⏣ AE
68 r. Bourgneuf – ℰ 05 59 59 01 33 – Fermé 4-12 juil., 27 juil.-1ᵉʳ août, 7-14 nov., 27 fév.-19 mars, sam. midi, dim. soir et lundi   BZb
Rest – Menu 46/85 € – Carte 55/80 €
Spéc. Pressé de truite fumée maison, foie gras et poires réduites au porto. Parmentier de xamango au jus de veau truffé. Moelleux au chocolat bayonnais. **Vins** Jurançon, Irouléguy.
♦ Ce relais de poste du 18ᵉ s. est tenu par la même famille depuis 1959. Le décor arbore les couleurs blanc et rouge du Pays basque. Produits frais, bon choix d'irouléguys.

La Feuillantine   AC ☆ VISA ⏣ AE
quai Amiral-Dubourdieu – ℰ 05 59 46 14 94 – www.lafeuillantine-bayonne.fr – Fermé 15 fév.-2 mars, une sem. début juil., 21-28 déc., dim. et merc.
Rest – (20 €) Menu 25/67 € – Carte 45/83 €   BYf
♦ L'une des meilleures tables de la ville, derrière une jolie façade classée... Décor feutré (boiseries, photos du Pays basque) et cuisine raffinée (produits du marché).

François Miura   AC VISA ⏣ AE
24 r. Marengo – ℰ 05 59 59 49 89 – Fermé mars, dim. soir et merc.
Rest – Menu 21/32 € – Carte 42/57 €   BZr
♦ Dans le vieux Bayonne, une cuisine du marché 100 % maison, simple et goûteuse ! Voûtes de pierre et décoration contemporaine.

L'Embarcadère   🖥 VISA ⏣
15 quai A.-Jauréguiberry – ℰ 05 59 25 60 13 – Fermé 2 sem. en janv., 1 sem. en oct.   ABZe
Rest – Carte 30/45 €
♦ En bord de Nive, derrière une mignonne façade, un décor rustique (poutres, tresses de piments) et une belle cuisine du marché, par un jeune chef et son beau-père, ex-pâtissier.

La Grange   🖥 VISA ⏣ AE
26 quai Galuperie – ℰ 05 59 46 17 84 – Fermé dim. sauf fériés et août
Rest – Menu 20 € – Carte 35/58 €   BZa
♦ Dans cet ancien magasin de primeurs, tresses de piments et objets chinés créent une atmosphère d'antan... Terrasse sous les arcades en été. La carte est bistrotière.

BAY-SUR-AUBE – 52 Haute-Marne – 313 K7 – 56 h. – alt. 320 m   14 C3
– ✉ 52160
▶ Paris 312 – Châlons-en-Champagne 214 – Chaumont 65 – Langres 33

La Maison Jaune ⌂   🚗 ☆ ch, P
11 r. du four-Banal – ℰ 03 25 84 99 42 – Ouvert d'avril à oct.
4 ch ⌷ – ♦75 € ♦♦80 € **Table d'hôte** – Menu 30 € bc
♦ Cette ancienne ferme ravira les amateurs d'art : superbe bibliothèque, tableaux partout – certains peints par la propriétaire –, mobilier chiné. Jolies chambres sur le thème des couleurs. Table d'hôte pleine de charme ; possibilité de panier pique-nique.

BAZAS – 33 Gironde – 335 J8 – 4 585 h. – alt. 70 m – ✉ 33430   3 B2
▌Aquitaine
▶ Paris 637 – Agen 84 – Bergerac 105 – Bordeaux 62
ℹ 1, place de la Cathédrale ℰ 05 56 25 25 84
◉ Cathédrale St-Jean★ - Château de Cazeneuve★★ SO : 11 km par D 9
- Château de Roquetaillade★★ NO : 2 km - Collégiale d'Uzeste★.

XX **Les Remparts**   🏠 AC VISA ⓒⓞ
49 pl. de la Cathédrale, (Espace Mauvezin) – 𝒞 05 56 25 95 24
– www.restaurant-les-remparts.com – Fermé 22 oct.-10 nov., 22 fév.-4 mars,
merc. soir de sept. à mars, dim. soir et lundi
Rest – (14 € bc) Menu 24/49 € – Carte 40/65 €
♦ Salle moderne (tableaux) et superbe terrasse sur les remparts de la cité médiévale, près de la cathédrale. Spécialités de lamproie à la bordelaise et de bœuf bazadais.

à Bernos-Beaulac 6 km au Sud par D932 – 1 065 h. – alt. 66 m – ⊠ 33430

⌂ **Dousud** ⌖   🚗 🏠 ⛱ ⓦ P VISA ⓒⓞ
au Doux Sud – 𝒞 05 56 25 43 23 – www.dousud.fr – Fermé 1ᵉʳ-15 fév.
5 ch ⊠ – ♦60/70 € ♦♦70/95 €   **Table d'hôte** – Menu 20 € bc
♦ Cette jolie ferme landaise profite de la tranquillité d'un parc de 9 ha où sont élevés des chevaux. Les chambres, personnalisées, se trouvent dans les dépendances ; deux d'entres elles possèdent une terrasse. Le soir, repas mitonnés par la propriétaire, ancienne restauratrice.

BAZEILLES – 08 Ardennes – **306** L4 – rattaché à Sedan

BAZINCOURT-SUR-EPTE – 27 Eure – **304** K6 – rattaché à Gisors

BAZOUGES-LA-PÉROUSE – 35 Ille-et-Vilaine – **309** M4 – 1 840 h.   **10** D2
– alt. 106 m – ⊠ 35560 ▌Bretagne
  ▶ Paris 376 – Fougères 34 – Rennes 45 – Saint-Malo 53
  🛈 2, place de l'Hôtel de Ville 𝒞 02 99 97 40 94

⌂ **Château de la Ballue** sans rest ⌖   🌳 🛁 ⓦ P VISA ⓒⓞ AE
4 km au Nord-Est – 𝒞 02 99 97 47 86 – www.laballue.com
5 ch – ♦160/170 € ♦♦180/295 € – ⊠ 18 €
♦ De superbes jardins d'esprit baroque et à la française entourent ce château du 17ᵉ s. Grandes chambres raffinées : hauteur sous plafond, boiseries d'époque, mobilier ancien.

BEAUCAIRE – 30 Gard – **339** M6 – 15 099 h. – alt. 18 m – ⊠ 30300   **23** D2
▌Languedoc Roussillon
  ▶ Paris 703 – Arles 18 – Avignon 27 – Nîmes 24
  🛈 24, cours Gambetta 𝒞 04 66 59 26 57
  ◉ Château ★.

⌂ **L'Oliveraie** ⌖   ⛱ 👌 AC ch, ⓦ 🛁 P VISA ⓒⓞ AE
chemin Clapas de Cornut, rte de Nîmes – 𝒞 04 66 59 16 87
– www.oliveraie-hotel.fr – Fermé 24 déc.-3 janv.
38 ch – ♦70 € ♦♦70 € – ⊠ 10 € – ½ P 80 €
Rest – (fermé dim. soir sauf en juil.-août et sam. midi) (15 €) Menu 21/33 €
– Carte 38/50 €
♦ Un bâtiment traditionnel et une aile plus récente, aux abords fleuris. Les chambres sont assez cosy, plus fonctionnelles dans l'annexe. Balcon ou terrasse, piscine. Le restaurant est décoré de nombreux bibelots (collection de poupées) ; plats traditionnels.

au Sud-Ouest 6 km (rte de St Gilles) puis à gauche, écluse de Nouriguier

⌂ **Mas de Lafont** sans rest ⌖   🚗 ⛱ P
chemin du Mas d'Aillaud ⊠ 30300 Beaucaire – 𝒞 04 66 59 29 59
– www.masdelafont.com – Ouvert 1ᵉʳ mai-1ᵉʳ oct.
3 ch ⊠ – ♦70/80 € ♦♦80/100 €
♦ Entre vignes et abricotiers, un mas du 17ᵉ s. aux chambres spacieuses, ornées d'un superbe mobilier provençal. Toutes ouvrent sur le jardin. Cuisine à la disposition des hôtes.

BEAUCENS – 65 Hautes-Pyrénées – **342** L5 – 426 h. – alt. 450 m   **28** A3
– ⊠ 65400 ▌Midi-Toulousain
  ▶ Paris 866 – Pau 59 – Tarbes 38 – Toulouse 191
  ◉ Donjon des Aigles

⌂ **Eth Béryè Petit** ♨ ⩽ ⌿ ⑲ **P**
15 rte de Vielle – ℰ 05 62 97 90 02 – www.beryepetit.com
3 ch ⌂ – ✝58/64 € ✝✝58/64 €
Table d'hôte – *(ouvert vend. soir et sam. soir de nov. à avril)* Menu 18 € bc
♦ Ce petit verger ("Eth Béryè petit" en basque) est une accueillante maison bigourdane de 1790. Chambres cosy (parquet, tapis, mobilier ancien) ménageant un splendide panorama sur la vallée. Dîner et petit-déjeuner dans un joli salon au coin du feu ou en terrasse.

✕ **Le Petit Couassert** ⌂ VISA ⚭
20 rte de Vielle – ℰ 05 62 97 90 25 – www.lepetitcouassert.fr – Fermé une sem. en avril, vacances de la Toussaint et merc. sauf vacances scolaires
Rest – Menu 18/25 € – Carte 25/36 €
♦ Une auberge familiale jouant le contraste : rustique et touches néobaroques ; murs en pierre, cheminée et toiles colorées. Cuisine traditionnelle et belle vue sur la terrasse.

LE BEAUCET – 84 Vaucluse – **332** D10 – **rattaché à Carpentras**

BEAUCOUZÉ – 49 Maine-et-Loire – **317** F4 – **rattaché à Angers**

BEAUFORT – 73 Savoie – **333** M3 – 2 196 h. – alt. 750 m – ✉ 73270 **45** D1
▌ Alpes du Nord

▶ Paris 601 – Albertville 21 – Chambéry 72 – Megève 37
i route Grand Mont ℰ 04 79 38 37 57
◉ Beaufortain★★.

⌂ **Du Grand Mont** ⑲ VISA ⚭
pl. de l'Église – ℰ 04 79 38 33 36 – www.hotelbeaufort.com – Fermé 1 sem. début mai et de mi-oct. à mi-nov.
15 ch – ✝49/55 € ✝✝58/62 € – ⌂ 8,50 € – ½ P 48/64 €
Rest – *(fermé dim. de nov. à janv. sauf vacances scolaires)* (11 €) Menu 20/32 € – Carte 24/42 €
♦ Cette sympathique maison de village appartient à la même famille depuis quatre générations. Chambres simples et rustiques, petites ou familiales (avec mezzanine). Cuisine du terroir et spécialités fromagères à base de beaufort servies dans un cadre régional.

BEAUGENCY – 45 Loiret – **318** G5 – 7 584 h. – alt. 99 m – ✉ 45190 **12** C2
▌ Châteaux de la Loire

▶ Paris 152 – Blois 35 – Châteaudun 42 – Orléans 31
i 3, place Dr Hyvernaud ℰ 02 38 44 54 42
36 de Ganay à Saint-Laurent-Nouan Prieuré de Ganay, S : 7 km par D 925, ℰ 02 54 87 26 24
18 Les Bordes Golf International à Saint-Laurent-Nouan Les Petits Rondis, S : 9 km par D 925, ℰ 02 54 87 72 13
◉ Église Notre-Dame★ - Donjon★ - Tentures★ dans l'hôtel de ville **H** - Musée régional de l'Orléanais★ dans le château.

⌂ **Hostellerie de l'Écu de Bretagne** ⛲ ⤴ & ch, ⑲ ♨ **P**
pl. Martroi – ℰ 02 38 44 67 60 – www.ecu-de-bretagne.fr VISA ⚭ AE ⓘ
34 ch – ✝50/130 € ✝✝50/130 € – ⌂ 14 € – ½ P 93 € **n**
Rest – (13 €) Menu 22/36 € – Carte 42/74 €
♦ Au cœur d'une cité médiévale ligérienne, un charmant relais de poste du 17ᵉ s. Poutres, charpentes et teintes chaudes dans les chambres. Jardin et jolie piscine chauffée. Cuisine régionale de saison, accompagnée de crus locaux et servie dans un cadre bourgeois.

⌂ **Grand Hôtel de l'Abbaye** sans rest ⑲ **P** VISA ⚭
2 quai de l'Abbaye – ℰ 02 38 45 10 10 – www.grandhoteldelabbaye.com – Fermé janv. **s**
19 ch – ✝89/169 € ✝✝169/189 € – ⌂ 16 €
♦ Pour découvrir Beaugency, cette ancienne abbaye – escalier monumental et boiseries sombres – vous attend au bord de la Loire. Chambres très stylées, dans un esprit Grand Siècle.

BEAUGENCY

Abbaye (R. de l') 2
Bretonnerie (R. de la) 3
Change (R. du) 4
Châteaudun (R. de) 5
Cordonnerie (R. de la) 6
Dr-Hyvernaud (Pl.) 8
Dunois (Pl.) 9
Maille-d'Or (R. de la) 10
Martroi (Pl. du) . . . .
Pellieux (Passage) 12
Pont (R. du) . . . .
Puits-de-l'Ange (R. du) 14
Sirène (R. de la) 15
Traîneau (R. du) 17
Trois-Marchands (R. des) 18

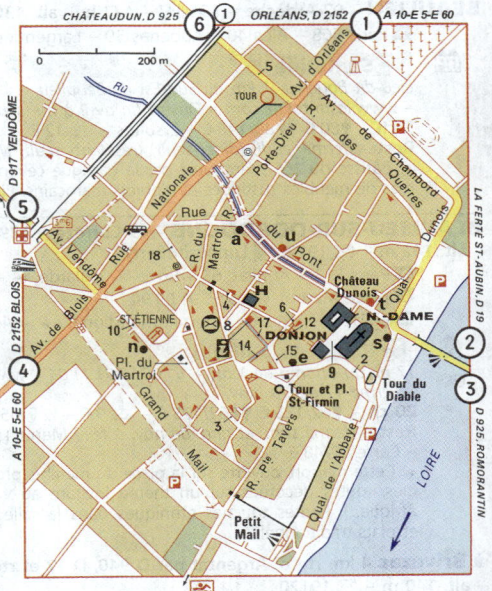

🏠 **De la Sologne** *sans rest*   ((¡)) VISA ⓴ AE
🍴 *6 pl. St-Firmin –* ℰ *02 38 44 50 27 – www.hoteldelasologne.com – Fermé 22 déc.-8 janv.*
16 ch – ♦55/72 € ♦♦55/72 € – � 9 €   **e**
♦ Un ensemble de deux maisons du 19ᵉ s., toutes fleuries en été, à deux pas de la tour St-Firmin. Petites chambres d'esprit bonbonnière ; elles sont régulièrement rafraîchies.

🏠 **Le Relais des Templiers** *sans rest*   🖂 ((¡)) VISA ⓴ AE
68 r. du Pont – ℰ *02 38 44 53 78 – www.hotelrelaistempliers.com – Fermé*
26 déc.-12 janv.   **a**
15 ch – ♦49/52 € ♦♦56/62 € – ⊻ 8 €
♦ Un hôtel avec une belle façade blanche, au bord d'un ru, idéal pour découvrir le centre historique. Dans les salons, des poutres et du rotin tressé. Chambres toutes simples.

✂✂ **Le Petit Bateau**   🍴 VISA ⓴ AE
54 r. du Pont – ℰ *02 38 44 56 38 – www.le-petit-bateau.com – Fermé 20-30 nov.,*
15-30 janv., mardi midi et lundi   **u**
Rest – Menu 20/38 € – Carte 35/70 €
♦ Ce petit bateau, en fait une auberge familiale au charme rustique, vogue sur la tradition. On mange ici de bonnes terrines et des recettes simples et authentiques.

✂ **Le Relais du Château**   VISA ⓴
🖇 *8 r. du Pont –* ℰ *02 38 44 55 10 – Fermé 1 sem. en janv., 1 sem. en mars, mardi*
soir d'oct. à juin, jeudi sauf le midi d'oct. à juin et merc.   **t**
Rest – Menu 16/37 € – Carte 27/50 €
♦ Coquet petit restaurant situé dans une rue commerçante à proximité du donjon (11ᵉ s.) et décoré dans un style rustique. Cuisine traditionnelle changeant au fil des saisons.

à Tavers 3 km par ④ et rte secondaire – 1 284 h. – alt. 100 m – ✉ 45190

🏠🏠 **La Tonnellerie** *sans rest* 📶   🖂 ⬛ 🍴 ((¡)) 🏊 VISA ⓴ AE
12 r. des Eaux-Bleues, (près de l'église) – ℰ *02 38 44 68 15 – www.tonelri.com*
– Fermé 12 déc.-31 janv.
18 ch – ♦90/115 € ♦♦95/180 € – 2 suites – ⊻ 14 €
♦ Tout le charme d'autrefois pour cette demeure de 1870 et son agréable jardin avec piscine. Les chambres, comme les salons, sont décorés dans un style "maison de famille".

241

BEAULIEU – 07 Ardèche – **331** H7 – 427 h. – alt. 130 m – ⊠ 07460   **44** A3

▶ Paris 668 – Alès 40 – Aubenas 39 – Largentière 29

🏠   **La Santoline** ⌖   ≤ 🗄 🗄 🗑 🗄 🗄 ch, 🍴 rest, **P** 💳 ⊚⊚

Lieu-dit Bouchet, 1 km au Sud-Est de Beaulieu – 𝒞 04 75 39 01 91
– www.lasantoline.com – Ouvert fin avril à mi- sept.
5 ch – ♦80 € ♦♦80/148 € – 2 suites – � 12 €
Rest – *(fermé jeudi) (dîner seult) (résidents seult)* Menu 30 €

♦ Bâtisse du 16ᵉ s. entourée par la garrigue cévenole. Les chambres sont décorées de meubles rustiques et d'objets marocains. Piscine dans la nature.

BEAULIEU-SUR-DORDOGNE – 19 Corrèze – **329** M6 – 1 287 h.   **25** C3
– alt. 142 m – ⊠ 19120 ▯ Limousin Berry

▶ Paris 513 – Aurillac 65 – Brive-la-Gaillarde 44 – Figeac 56
𝐳 place Marbot 𝒞 05 55 91 09 94
◉ Église St-Pierre★★ : portail méridional★★ - Vieille Ville★.

🏠   **Le Relais de Vellinus**   🗄 🍴 ch, 🍴 💳 ⊚⊚ 🄰🄴 ⓘ

⊜⊜   *17 pl. du Champ-de-Mars* – 𝒞 05 55 91 11 04 – *www.vellinus.com*
– Fermé 17 déc.-3 janv.
20 ch – ♦62/125 € ♦♦62/125 € – ⊋ 9 € – ½ P 65/85 €
Rest – *(fermé sam. et dim. de nov. à fév.)* Menu 15 € (déj. en sem.), 28/35 €
– Carte 32/48 €

♦ Cette maison, ouverte sur la place du marché, propose des chambres confortables, toutes décorées sur un thème invitant au voyage (mauresque, zen, mer,
Afrique...). Petites touches ethniques dans la salle à manger, agréable terrasse
et plats traditionnels.

à Brivezac 4 km rte d' Argentat par D 940, D 12 et rte secondaire – 189 h.
– alt. 140 m – ⊠ 19120

🏠   **Château de la Grèze** ⌖   🗄 🌙 🗄 🍴 🛜

– 𝒞 05 55 91 08 68 – www.chateaudelagreze.com – Fermé 15 nov.-15 mars
5 ch ⊋ – ♦80/105 € ♦♦90/115 €
Table d'hôte – *(fermé merc., sam. et dim. en juil.-août)* Menu 32 € bc

♦ Entourée d'un parc, cette élégante demeure du 18ᵉ s. recèle de grandes chambres personnalisées, offrant une vue imprenable sur la vallée. Piscine et promenades équestres.

BEAULIEU-SUR-MER – 06 Alpes-Maritimes – **341** F5 – 3 714 h.   **42** E2
– Casino – ⊠ 06310 ▯ Côte d'Azur

▶ Paris 935 – Menton 20 – Monaco 10 – Nice 8
𝐳 place Georges Clemenceau 𝒞 04 93 01 02 21
◉ Site★ de la Villa Kerylos★ - Baie des Fourmis★.

🏛 🏛 🏛 **La Réserve de Beaulieu & Spa** ⌖   ≤ 🗄 🗄 🗄 🖥 🗄 ⅃𝑎 🛗 🗄 rest,

❀❀   *5 bd Mar.-Leclerc* – 𝒞 04 93 01 00 01   🄰🄲 ch, 🍴 🛜 💳 ⊚⊚ 🄰🄴 ⓘ
– www.reservebeaulieu.com – Fermé 22 oct.-21 déc.   **Zw**
34 ch – ♦160/1240 € ♦♦160/1785 € – 5 suites – ⊋ 40 €
Rest – *(fermé le midi de juin à oct.)* Menu 175/250 € – Carte 112/268 € le soir
Spéc. Rouget de roche dans l'esprit d'une escabèche au safran. Saint-pierre de
petit bateau, courgettes croquantes (été). Soufflé à l'orange amère, biscuit façon
tarte tropézienne. **Vins** Côtes de Provence.

♦ Luxueux palace de bord de mer (1880) de style néo-Renaissance décoré avec
faste (mobilier ancien, tapisseries, boiseries). Face à la grande bleue, superbe piscine d'eau de mer chauffée. Salle à manger raffinée, terrasse avec vue sur la baie
et cuisine recherchée à base d'excellents produits.

🏠   **Carlton** sans rest ⌖   🗄 🖥 🄰🄲 🍴 🄾🄰 **P** 🛜 💳 ⊚⊚ 🄰🄴

7 av. Edith Cavell – 𝒞 04 93 01 44 70 – *www.carlton-beaulieu.com*
– Fermé 6 janv.-17 fév.   **Zs**
34 ch – ♦79/200 € ♦♦79/200 € – ⊋ 10 €

♦ Cette villa des années 1930, dans un quartier résidentiel proche de la plage et
du casino, dispose de chambres classiques. Agréable piscine. Accueil attentionné
et service pro.

BEAULIEU-SUR-MER

Albert-1er (Av.) . . . . **Z**
Alsace-Lorraine (Bd) . . . . . . **Y** 3
Bracco (R. J.) . . . . **Y**
Cavell (Av. Edith) . . . . **Z** 4
Charles II Comte de Provence
(Av.). . . . . **Z** 6
Clemenceau (Pl. et R.) . . . **Y** 5
Déroulède (Bd) . . . . **Y**
Doumer (R. Paul) . . . . **Z** 7
Dunan (Av. F.) . . . . **Z**
Edouard-VII (Bd) . . . . **Y**
Eiffel (R.) . . . . **Z**
Gaulle (Pl. Charles-de) . . . . **Y**
Gauthier (Bd Eugène) . . . . **Y** 13
Hellènes (Av. des) . . . . **Z** 14
Joffre (Bd Maréchal) . . . . . **Z**
Leclerc (Bd Maréchal) . . . . **Z**
Marinoni (Bd) . . . . **Y** 19
May (Av. F.) . . . . **Z** 21
Myrtes (Ch. des) . . . . **Z**
Orangers (Montée des). . . . **Z** 22
Rouvier (Promenade de M.) **Z**
St-Jean (Pont) . . . . **Z**
Whitechurch (Quai) . . . . . . **Y**
Yougoslavie (R. de) . . . . . . **Z** 27

🏨 **Frisia** sans rest ⬳ 🛋 AC ⁽ᵗ⁾ VISA ⚫◯ AE ◑

2 bd E- Gauthier – ℰ 04 93 01 01 04 – www.frisia-beaulieu.com **Y**r
– Fermé 6 nov.-13 déc.
33 ch – ✝62/145 € ✝✝69/145 € – 1 suite – ☷ 9 €

◆ La moitié des chambres et le toit-solarium regardent le port de plaisance et le rivage. Dans la cour-jardin, annexe accueillant une grande chambre et une suite avec terrasse.

🏨 **Comté de Nice** sans rest 🛋 AC ♨ 🌫 VISA ⚫◯ AE

bd Marinoni – ℰ 04 93 01 19 70 – www.hotel-comtedenice.com – Fermé **Y**a
19-25 déc.
32 ch – ✝62/109 € ✝✝72/119 € – ☷ 10 €

◆ Dans un immeuble discret du centre-ville, chambres de bonne ampleur et bien équipées, à choisir côté mer pour plus de tranquillité. Salons et bar confortables.

🏠 **Riviera** sans rest AC ♨ ⁽ᵗ⁾ VISA ⚫◯

6 r. Paul-Doumer – ℰ 04 93 01 04 92 – www.hotel-riviera.fr – Fermé **Z**b
20 oct.-27 déc.
14 ch – ✝56/90 € ✝✝56/90 € – ☷ 9 €

◆ Accueil charmant des patrons dans cette villa année 1930 à la pimpante façade jaune et aux petites chambres fonctionnelles impeccablement tenues. Patio pour les petits-déjeuners.

✗✗ **Les Agaves** AC VISA ⚫◯

4 av. du Mar.-Foch – ℰ 04 93 01 13 12 – www.lesagaves.com – Fermé **Y**n
20 nov.-14 déc., le midi et dim.
Rest – Menu 36 € – Carte 38/75 €

◆ La Provence s'invite dans le décor (tons bleu et jaune, moulures d'origine, boi-series) et les assiettes, parfois inventives, de ce discret restaurant ouvert seule-ment le soir.

*Voir aussi ressources hôtelières à **St-Jean-Cap-Ferrat***

BEAUMARCHÉS – 32 Gers – **336** C8 – 655 h. – alt. 175 m – ✉ 32160   **28** A2

▶ Paris 755 – Agen 108 – Mont-de-Marsan 65 – Pau 64

à Cayron 5 km à l'Est par D 946 – ✉ 32230

🏠 **Relais du Bastidou** ⌂   🛥 🕼 🏊 ₺ 🖁 📶 **P** 💳 👁 🖭

2 km au Sud par rte secondaire – ✆ 05 62 69 19 94
– www.le-relais-du-bastidou.com – Fermé nov. et 15-25 fév.
8 ch – 🛆55/75 € 🛆🛆55/75 € – ⌂ 9 € – ½ P 50/85 €
Rest – *(fermé dim. soir et lundi sauf juil.-août) (prévenir)* Menu 20/36 €
– Carte 26/48 €

◆ Calme garanti dans cette ancienne ferme isolée en pleine nature. Les chambres, installées dans la grange, sont joliment décorées dans un style rustique. Sauna et jacuzzi. Cuisine traditionnelle, simple et plaisante, faisant honneur aux beaux produits du Gers.

BEAUMES-DE-VENISE – 84 Vaucluse – **332** D9 – rattaché à Carpentras

---

BEAUMONT-DE-LOMAGNE – 82 Tarn-et-Garonne – **337** B8   **28** B2
– 3 691 h. – alt. 400 m – ✉ 82500 🟩 Midi-Toulousain

▶ Paris 662 – Agen 60 – Auch 51 – Toulouse 58
🛈 3, rue Pierre Fermat ✆ 05 63 02 42 32

🏠 **Le Commerce**   🗛🖸 rest, ⌀ ch, 📶 💳 👁 🖭

58 r. Mar.-Foch – ✆ 05 63 02 31 02 – www.hotellecommerce.com – *Fermé 20 déc.-11 janv., 1 sem. en mai et 1 sem. en oct.*
12 ch – 🛆45/50 € 🛆🛆48/53 € – ⌂ 8 € – ½ P 50 €
Rest – *(fermé vend. soir hors saison et dim. soir)* (10 €) Menu 20/34 €
– Carte 24/43 €

◆ Maison de pays à l'entrée du village. Cette auberge familiale abrite des chambres simples et bien tenues, offrant tout le confort désiré. La salle de restaurant conserve son charme campagnard ; cuisine traditionnelle.

BEAUMONT DU PERIGORD – 24 Dordogne – **329** F7 – 1 142 h.   **4** C1
– alt. 160 m – ✉ 24440 🟩 Périgord Quercy

▶ Paris 602 – Agen 93 – Bordeaux 153 – Périgueux 82
🛈 16, place Jean Moulin ✆ 05 53 22 39 12

🏠 **Le Coteau de Belpech** ⌂   ⇐ 🕭 🕼 🏊 ⌀ 📶 **P** 💳 👁
♊ – ✆ 05 53 22 87 58 – www.coteau-belpech.com
4 ch ⌂ – 🛆110 € 🛆🛆135 €   **Table d'hôte** – Menu 19/25 €

◆ De quoi être aux anges... Sur un coteau, une chapelle romane du 11e s. restaurée par un couple amoureux des vieilles pierres. Chambres soignées, dont l'une dans le clocher avec une vue à 360° ! Cuisine traditionnelle de qualité à la table d'hôte.

BEAUMONT-EN-AUGE – 14 Calvados – **303** M4 – 464 h. – alt. 90 m   **32** A3
– ✉ 14950 🟩 Normandie Vallée de la Seine

▶ Paris 199 – Caen 42 – Deauville 12 – Le Havre 49

❌❌ **Auberge de l'Abbaye**   💳 👁 🖭

2 r. de la Libération – ✆ 02 31 64 82 31 – www.aubergelabbaye.com
– Fermé 28 sept.-7 oct., 4 janv.-4 fév., lundi soir de nov. à mars, mardi sauf juil.-août et merc.
Rest – Menu 34/57 € – Carte 55/70 €

◆ Maison normande du 18e s. couverte de vigne vierge. Trois petites salles à manger joliment rustiques servent de cadre à une généreuse cuisine préparée à l'ancienne.

BEAUNE ◉ – 21 Côte-d'Or – **320** I7 – 21 778 h. – alt. 220 m – ✉ 21200   **7** A3
🟩 Bourgogne

▶ Paris 308 – Autun 49 – Chalon-sur-Saône 29 – Dijon 45
🛈 Porte Marie de Bourgogne 6, boulevard Perpeuil ✆ 03 80 26 21 30
🏌18 de Beaune Levernois à Levernois, SE : 4 km par D 970, ✆ 03 80 24 10 29
◉ Hôtel-Dieu★★★ : polyptyque du Jugement dernier★★★, Grand'salle salle ou chambre des pauvres★★★ - Collégiale Notre-Dame★ : tapisseries★★
- Hôtel de la Rochepot★ AY **B** - Remparts★.

Le Cep sans rest ⬟ 🔲 📶 ♿ 🅰🅲 📶 🅿 📶 VISA 🆎 ①

27 r. Maufoux – ☎ 03 80 22 35 48

– www.hotel-cep-beaune.com

49 ch – ♦134/214 € ♦♦174/254 € – 15 suites – ⬡ 19 €

AZz

♦ Hôtels particuliers (16e et 18e s.) dont les vastes chambres abritent chacune un vrai musée. Petits-déjeuners servis dans un caveau voûté ou, l'été, dans la cour Renaissance.

Hostellerie Le Cèdre 🔲 📶 🅰🅲 📶 ♿ 📶 VISA 🆎

12 bd Mar.-Foch – ☎ 03 80 24 01 01 – www.lecedre-beaune.com

AYt

40 ch – ♦159/278 € ♦♦159/278 € – ⬡ 18 € – ½ P 144/171 €

Rest – (fermé 3-17 janv., lundi du 22 nov. au 21 mars et le midi) Menu 48/75 € – Carte 66/89 €

♦ Une belle demeure bourgeoise (début 20e s.), empreinte de classicisme : boiseries, moulures, mobilier de style... et sens du confort ! Œuf cuit à 64°, carpaccio de cèpes et truffes ; rouget barbet, pommes de terre safranées, émulsion de coquillages ; figue rôtie au thym citron : la table ne laisse pas indifférent.

BEAUNE

Alsace (R. d') .... **AZ** 2	Dames (Rempart des) ..... **AZ** 13
Belin (R.) .... **AZ** 4	Dr-Jorrot (Pl. du) ...... **BY** 15
Bourgelat (R.) .... **AZ** 5	Enfant (R. de l') .... **AY** 16
Carnot (Petite-Pl.) .... **AZ** 6	Enfert (R. d') .... **AY** 17
Carnot (R.) .... **AZ** 7	Favart (R.) .... **AY** 18
Carnot (R.) .... **AZ** 9	Fleury (Pl.) .... **AY** 19
Château (R. du) .... **BY** 10	Fraysse (R. E.) .... **AZ** 21
	Halle (Pl. de la) ...... **AZ** 23
	Lorraine (R. de) ...... **AY**
	Maufoux (R.) .... **AZ** 25

Monge (Pl.) .... **AY** 26
Monge (R.) .... **AZ** 28
Perpreuil (Bd.) .... **AZ** 29
Poterne (R.) .... **AZ** 30
Rolin (R.) .... **AZ** 31
Rousseau-Deslandes (R.) . **BY** 32
Ste-Marguerite (R.) ...... **AY** 35
St-Nicolas (R. du Fg) ..... **AY** 34
Tonneliers (R. des) ...... **AZ** 37
Ziem (Pl.) .... **AZ** 40

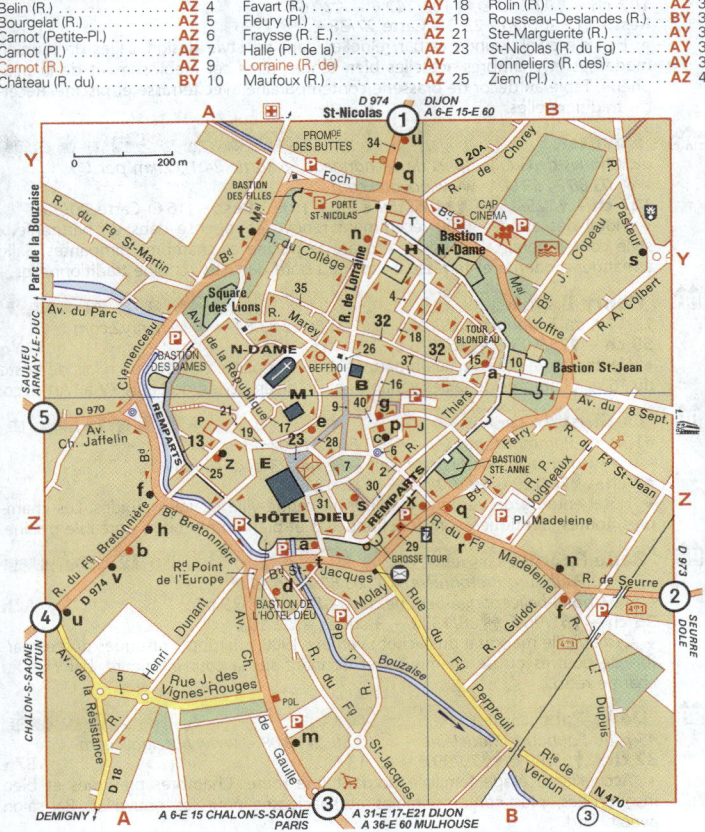

De la Poste

5 bd Clemenceau – ℰ *03 80 22 08 11* – *www.hoteldelapostebeaune.com*
33 ch – †165/290 € ††165/290 € – 3 suites – ☲ 18 €   **AZf**
Rest – *(fermé mardi et le midi)* Menu 37/60 € – Carte 55/80 €
Rest *Le Bistro* – *(fermé mardi et le soir)* (19 €) Menu 26 €
◆ Ce relais de poste du 19ᵉ s. a subi une importante cure de jouvence. Chambres dotées de meubles anciens ou contemporains, bar Art déco et salon-billard. Belle salle à manger classique pour savourer une cuisine au goût du jour. Recettes régionales au Bistro.

L'Hôtel

5 r. Samuel-Legay – ℰ *03 80 25 94 14* – *www.lhoteldebeaune.com* – *Fermé déc.*
7 ch – †200/370 € ††200/370 € – ☲ 25 €   **AZp**
Rest *Bistro de l'Hôtel* – ℰ *03 80 25 94 10 (fermé 20 déc.-6 janv. et dim. midi)*
Menu 35/70 € – Carte 35/90 €
◆ Luxueuses chambres de style Empire, bonne insonorisation, équipements high-tech, salles de bains design et salon-bar feutré caractérisent cette demeure bourgeoise. Au Bistro (cadre chic et cuisine ouverte sur la salle) : carte inventive et menus thématiques.

Mercure

7 av. Charles-de-Gaulle – ℰ *03 80 22 22 00* – *www.mercure.com*
107 ch – †92/142 € ††108/162 € – ☲ 16 €   **AZm**
Rest – (17 €) Menu 22 € – Carte 27/38 €
◆ Hall d'accueil, lounge et bar relookés dans un style design, salles de réunion modernes et chambres actuelles bien tenues dans cet établissement de la périphérie. Table au décor de brasserie contemporaine avec terrasse et piscine. Recettes traditionnelles.

Novotel

av. Charles-de-Gaulle, (près de l'échangeur A6 sortie 24.1), 2 km par ③
– ℰ *03 80 24 59 00* – *www.novotel.com*
127 ch – †125/159 € ††135/159 € – ☲ 15 €   **Rest** – (16 €) Carte 20/50 €
◆ Hôtel des années 1990 récemment rénové et repensé dans un harmonieux style contemporain. Hall-salon côtoyant la piscine et chambres pimpantes. Salle à manger moderne et terrasse en teck au bord de l'eau ; cuisine traditionnelle.

Henry II sans rest

12-14 r. du Faubourg-St-Nicolas – ℰ *03 80 22 83 84* – *www.henry2.com*
58 ch – †75/105 € ††85/175 € – ☲ 10 €   **AYq**
◆ L'extension a été conçue en harmonie avec la partie classée : un relais de poste du 16ᵉ s. Chambres de tailles variables et de divers styles, du Louis XV à l'Art déco.

La Closerie sans rest

61 rte de Pommard, par ④ – ℰ *03 80 22 15 07*
– *www.hotel-laclocerie-beaune.com* – *Fermé 23 déc.-15 janv.*
47 ch – †78/129 € ††100/149 € – ☲ 13 €
◆ Hôtel entouré de verdure, établi entre centre-ville et voies rapides. Les chambres, toutes identiques, sont fonctionnelles et bien entretenues. Agréable piscine.

Belle Époque sans rest

15 r. du Faubourg-Bretonnière – ℰ *03 80 24 66 15*
– *www.hotel-belleepoque-beaune.com* – *Fermé 18-25 déc.*
25 ch – †61/96 € ††88/137 € – 3 suites – ☲ 10 €   **AZh**
◆ Cette vieille maison a du cachet : verrière 1900, chambres rustiques dotées parfois de poutres ou de cheminées et donnant sur la cour intérieure, bar chic au charme rétro.

De la Paix sans rest

45 r. du Faubourg-Madeleine – ℰ *03 80 24 78 08* – *www.hotelpaix.com*
32 ch – †69/89 € ††79/99 € – ☲ 13 €   **BZn**
◆ Accueillante étape familiale bordant une route. Chambres pratiques et bien insonorisées, plus contemporaines et spacieuses pour les nouvelles. Bar-salon avec billard.

Grillon sans rest ⌂
21 rte Seurre, 1 km par ② – ℰ 03 80 22 44 25 – www.hotel-grillon.fr
– Fermé 1er-7 déc. et fév.
20 ch – †60/135 € ††60/135 € – ⌑ 10 €
♦ Pimpante demeure rose blottie dans son jardin clos. Coquettes chambres personnalisées, salon-bar en caveau et terrasse fleurie pour petits-déjeuners d'été.

Hostellerie de Bretonnière sans rest
43 r. du Faubourg-Bretonnière – ℰ 03 80 22 15 77 – www.hotelbretonniere.com
– Fermé 17-23 janv.   AZv
32 ch – †56/110 € ††56/110 € – ⌑ 10 €
♦ Ancien relais de poste et ses dépendances agencés autour de cours intérieures. La majorité des chambres sont en rez-de-jardin ; petit-déjeuner servi dans la véranda.

La Villa Fleurie sans rest
19 pl. Colbert – ℰ 03 80 22 66 00 – www.lavillafleurie.fr – Fermé janv.
10 ch – †70/100 € ††70/100 € – ⌑ 8,50 €   BYs
♦ Maison-bonbonnière devancée d'un jardinet fleuri. Belles chambres contemporaines ou garnies de meubles anciens, salon cosy et charmante salle des petits-déjeuners.

Alésia sans rest
4 av. de la Sablière, 1 km rte Dijon par ① – ℰ 03 80 22 63 27
– http://perso.wanadoo.fr/hotel.alesia/
15 ch – †44/80 € ††44/80 € – ⌑ 8 €
♦ Aux portes de Beaune, sympathique adresse où les chambres, intimes et fraîches, sont bien tenues. Une navette gratuite vous permet de rejoindre les restaurants du centre-ville.

Beaune Hôtel sans rest
55 bis r. du Faubourg-Bretonnière – ℰ 03 80 22 11 01 – www.beaunehotel.com
– Ouvert 5 mars-17 nov.   AZu
21 ch – †68/87 € ††77/101 € – ⌑ 8 €
♦ Discrète bâtisse proche d'un carrefour. Les chambres, un peu petites mais fonctionnelles et scrupuleusement tenues, profitent presque toutes du calme de la cour intérieure.

La Terre d'Or sans rest ⌂
r. Izembart, (à la Montagne), 3 km par ③ et rte secondaire – ℰ 03 80 25 90 90
– www.laterredor.com – Fermé fév.
5 ch – †110/205 € ††110/205 € – ⌑ 15 €
♦ Jolies chambres (mobilier contemporain et ancien), jardin dominant Beaune, étonnant espace détente dans une grotte naturelle et accueil délicieux... Une adresse en or !

XXX Le Jardin des Remparts
10 r. Hôtel-Dieu – ℰ 03 80 24 79 41 – www.le-jardin-des-remparts.com
– Fermé déc., dim. et lundi sauf fêtes   AZa
Rest – (28 €) Menu 70 € (dîner)/90 € – Carte 63/102 € ⌘
♦ Dans une maison des années 1930 accrochée aux remparts, belles salles à manger bourgeoises et ravissant jardin-terrasse. Cuisine actuelle réalisée avec de bons produits.

XXX L'Écusson
pl. Malmédy – ℰ 03 80 24 03 82 – www.ecusson.fr – Fermé 15 fév.-16 mars,
10-20 août, merc. et dim. sauf fériés   BZf
Rest – Menu 25/65 € ⌘
♦ Repas au goût du jour, selon le marché et l'inspiration du chef-patron. Ambiance conviviale en salle (cadre classico-rustique raffiné) ou en terrasse. Beaux bourgognes.

XX 🕄 **Loiseau des Vignes**   🍴 ♿ AC VISA ⚫ AE ⓪
31 r. Maufoux – ℰ 03 80 24 12 06 – www.bernard-loiseau.com – Fermé 1ᵉʳ fév.
-1ᵉʳ mars, dim. et lundi AZz
Rest – (20 €) Menu 28 € (déj.)/95 € – Carte 48/120 €🍽
Spéc. Œufs meurette façon Bernard Loiseau. Quenelles de sandre maison façon-
nées à la cuillère, sauce homardine. Palet chocolat-cassis. **Vins** Rully, Volnay.
♦ Une adresse "Loiseau" au cœur du vieux Beaune : la carte décline classiques du
maître et propositions personnelles du chef. Ces assiettes de caractère s'apprécient avec un choix rare de 70 vins au verre ! Lieu au cachet sûr (poutres, pierres)
et service agréable.

XX **Caveau des Arches**   AC VISA ⚫ AE
10 bd Perpreuil – ℰ 03 80 22 10 37 – www.caveau-des-arches.com
– Fermé 18 juil.-19 août, 20 déc.-19 janv., dim. et lundi ABZx
Rest – (15 €) Menu 22/48 € – Carte 30/60 €🍽
♦ Insolite, ce restaurant logé dans un caveau souterrain en pierre (18ᵉ s.) intégrant les
soubassements d'un pont du 15ᵉ s. Carte traditionnelle et bon choix de bourgognes.

XX 🕄 **Le Bénaton** (Bruno Monnoir)   🍴 🍴 VISA ⚫ AE
25 r. du Faubourg-Bretonnière – ℰ 03 80 22 00 26 – www.lebenaton.com
– Fermé 1ᵉʳ-7 juil., 5-15 déc., vacances de fév., sam. midi d'avril à nov., jeudi sauf
le soir d'avril à nov. et merc. AZb
Rest – Menu 28 € (déj.), 50/95 € – Carte 60/85 €
Spéc. Tête de veau rôtie et grosses langoustines frites. Demi-pigeon du Louhanais
désossé, filet rôti, cuisse farcie et jus au melilot. Gateau chocolat chaud manjari, coulant cassis et crème glacée aux bourgeons de cassis. **Vins** Mâcon, Gevrey-Chambertin.
♦ Original ! Ici, la vaisselle personnalisée participe à la création des recettes
jouant sur les textures et les contrastes. À découvrir dans la salle contemporaine
ou en terrasse.

XX **Sushikai**   🍴 🍴 ♿ AC 🍴 VISA ⚫
50 r. du Faubourg-St-Nicolas – ℰ 03 80 24 02 87 – www.sushikai.fr – Fermé merc.
et jeudi AYu
Rest – (19 €) Menu 25/58 € – Carte 45/55 €
♦ Bois sombre, galets, bambou et jardin japonais agrémenté d'un petit pont : ce
restaurant zen et épuré propose une authentique cuisine nippone assortie de vins
régionaux.

XX **Auberge du Cheval Noir**   🍴 🍴 VISA ⚫
17 bd St-Jacques – ℰ 03 80 22 07 37 – www.restaurant-lechevalnoir.fr
– Fermé 1ᵉʳ-9 mars, dim. soir de nov. à avril, mardi et merc. AZt
Rest – Menu 21 €, 33/55 € – Carte 29/56 €
♦ La clientèle locale apprécie cette auberge conviviale et son joli cadre contempo-
rain épuré. L'assiette généreuse est composée au gré du marché. Service attentif.

X **Via Mokis** avec ch   🛏 AC 🍴 VISA ⚫ AE ⓪
1 r. Eugène Spüller – ℰ 03 80 26 80 80 – www.viamokis.com – Fermé 19-27 déc.
et 16 janv.-11 fév. BYa
5 ch – †175/235 € ††175/265 € – ☕ 15 €
Rest – (fermé le midi) Menu 28/52 € – Carte 33/59 €🍽
♦ Cuisine créative maîtrisée, servie en mokis (petits plats) dans un cadre bistrot assez
branché. Possibilité de s'attabler au comptoir ou en salle. Beau choix de vins au verre.
Grandes chambres modernes, personnalisées et bien insonorisées. Spa au sous-sol.

X **La Ciboulette**   AC VISA ⚫ AE
69 r. de Lorraine – ℰ 03 80 24 70 72 – Fermé 2-20 août, 1ᵉʳ-25 fév., lundi et mardi
Rest – Menu 20/32 € – Carte 28/56 € AYn
♦ Deux salles à manger égayées d'un mobilier en rotin vert et de boiseries.
Appétissante petite carte traditionnelle mâtinée d'une touche bourguignonne.

X **Ma Cuisine**   AC VISA ⚫
passage Ste-Hélène – ℰ 03 80 22 30 22 – Fermé août, merc., sam. et dim. AZs
Rest – (nombre de couverts limité, prévenir) Menu 24 € – Carte 35/75 €🍽
♦ Tout tourne autour du vin dans ce petit restaurant aux couleurs du sud. Le livre
de cave, riche de quelque 800 références, accompagne les suggestions du marché.

Aux Vignes rouges
VISA ⓒⓞ AE ⓞ

*4 bd Jules-Ferry – ℰ 03 80 24 71 28 – www.auxvignesrouges.com – Fermé
15-26 août, 1ᵉʳ-26 janv., mardi et merc.* BZq

Rest – (12 € bc) Menu 18/46 € – Carte 23/59 €

♦ Décoration naturelle en pierre pour ces deux belles salles installées dans un caveau voûté. On y apprécie une cuisine régionale utilisant les produits frais locaux.

Le P'tit Paradis
VISA ⓒⓞ

*25 r. Paradis – ℰ 03 80 24 91 00 – www.restaurantleptitparadis.fr – Fermé 2 sem.
en août, 2 dernières sem. de déc., 2 sem. en avril, dim. et lundi* AZe

Rest – (prévenir) Menu 28/36 € – Carte environ 45 €

♦ Un "P'tit coin de paradis" niché dans une vieille rue pavée du centre. Salle cosy un peu petite mais joliment décorée pour déguster des recettes de saison. Terrasse en été.

Le Comptoir des Tontons
VISA ⓒⓞ

*22 r. du Faubourg-Madeleine – ℰ 03 80 24 19 64 – www.lecomptoirdestontons.com
– Fermé 27 juil.-25 août, 1ᵉʳ-16 fév., dim. et lundi* BZr

Rest – (20 €) Menu 30/34 €

♦ Une atmosphère sympathique flotte dans ce petit bistrot où l'on savoure, dans un décor dédié au film Les Tontons Flingueurs, un menu du marché qui fleure bon la Bourgogne.

Bissoh
VISA ⓒⓞ

*1a r. du Faubourg-St-Jacques – ℰ 03 80 24 99 50 – www.bissoh.com
– Fermé 1 sem. en juin, 11-29 janv., lundi et mardi* AZd

Rest – Menu 13 € (déj.), 16/79 € – Carte 18/54 € le soir

♦ Adresse simple où le chef, d'origine nipponne, réalise des plats traditionnels de son pays avec les produits du terroir français. Vins choisis pour mettre en valeur la cuisine.

Koki
AK 🍽 VISA ⓒⓞ

10 pl. Ziem – ℰ 03 80 24 06 61 – www.kokifoodshop.com AZg

Rest – Menu 18 € (déj. en sem.)/20 € – Carte 20/29 €

♦ Sur le comptoir tournant style sushi-bar, cuisine inventive et savoureuse réalisée par un jeune chef talentueux. Cadre contemporain et terrasse en teck. Une adresse déroutante.

à Savigny-lès-Beaune 7 km par ①, D 18 et D 2 – 1 376 h. – alt. 237 m – ✉ 21420

🛈 13, rue Vauchey Very ℰ 03 80 26 12 56

Le Hameau de Barboron 🌱
& ch., 🍽 ⵙ P VISA ⓒⓞ AE

– ℰ 03 80 21 58 35 – www.hameaudebarboron.com

12 ch – †110/170 € ††110/200 € – �⑁ 15 € **Rest** – Menu 38/61 €

♦ Au milieu d'une vaste réserve de chasse, bel ensemble de fermes fortifiées (16ᵉ s.) restaurées, où vous logerez dans des chambres personnalisées, au cachet champêtre préservé. Cuisine simple, du terroir, dans une petite salle rustique à souhait.

La Cuverie
🍽 VISA ⓒⓞ

*5 r. Chanoine-Donin – ℰ 03 80 21 50 03 – Fermé 1ᵉʳ-10 juil. , 24-31 août,
vacances de Noël, mardi soir de déc. à avril, dim. soir et merc.*

Rest – (15 €) Menu 23/28 € – Carte 30/36 €

♦ Mobilier bourguignon, vieilles pierres et belle collection de cafetières dans cette ancienne cuverie (18ᵉ s.) vous convient à un repas traditionnel orienté terroir.

à Pernand-Vergelesses 7 km au Nord par D18 – 283 h. – alt. 275 m – ✉ 21420

Le Charlemagne (Laurent Peugeot)
← 🍽 AK 🍽 ⟡ P VISA ⓒⓞ AE

*rte des Vergelesses – ℰ 03 80 21 51 45 – www.lecharlemagne.fr – Fermé merc.
sauf le soir de juin à août et mardi*

Rest – Menu 29 € (déj. en sem.), 48/88 € – Carte 77/89 €

Spéc. Tartare de daurade royale, velouté froid de petits pois, fraîcheur mascarpone citron caviar. Saint-pierre dans une sphère fumante de thym, marmelade yuzu, ananas, coriandre. Cheesecake made in Burgundy, so cassis et sablé au pain d'épice. **Vins** Meursault, Chambolle-Musigny.

♦ Recettes créatives à découvrir dans un cadre moderne épuré, sur la terrasse face aux vignes de Corton Charlemagne ou... dans la cuisine (le chef y a installé des tables d'hôte) !

rte de Dijon 4 km par ①

Ermitage de Corton ⟨ 🚗 🖳 AC ℗ 🅿 VISA ⦿ AE

✉ 21200 Chorey-lès-Beaune – ℰ 03 80 22 05 28 – www.ermitagecorton.com
– Fermé 20-29 déc. et mi-fév. à mi-mars

7 ch – †150/250 € ††150/250 € – 5 suites – ⊆ 17 €

Rest – (fermé merc. sauf le soir de mars à nov.) (22 €) Menu 46 € (déj. en sem.),
65/75 € – Carte 65/83 € le soir ⦂

♦ Cette imposante auberge située entre la nationale et le vignoble abrite des
chambres et des suites spacieuses, pour la plupart récemment rénovées dans un
style tendance. Grande salle à manger classique (plafond à caisson) et belles
tables. Cuisine rythmée par les saisons.

à Aloxe-Corton 6 km par ① – 188 h. – alt. 255 m – ✉ 21420

Villa Louise sans rest 🌿 🚗 🖳 ℋ 🛁 🅿 VISA ⦿ AE

9 r. Franche – ℰ 03 80 26 46 70 – www.hotel-villa-louise.fr – Fermé
11 janv.-15 fév.

13 ch – †98/195 € ††98/195 € – ⊆ 15 €

♦ Belle demeure vigneronne du 17e s. et son jardin (tilleul vénérable) se perdant
dans les parcelles de Corton. Chambres personnalisées et ambiance cosy au salon.

à Ladoix-Serrigny 7 km par ① et D 974 – 1 709 h. – alt. 200 m – ✉ 21550

Les Terrasses de Corton avec ch 🚗 ℋ 🅿 VISA ⦿

38-40 rte de Beaune – ℰ 03 80 26 42 37 – www.terrasses-de-corton.com
– Fermé 1er-10 mars, 21-30 déc., 10 janv.-28 fév., dim. soir de nov. à mars,
jeudi midi et merc.

10 ch – †50 € ††61 € – ⊆ 10 € – ½ P 55 €

Rest – Menu 25/45 € – Carte 27/52 €

♦ Au cœur d'un petit village de vignerons, cette auberge familiale, dotée d'une
terrasse ombragée, propose une carte d'inspiration régionale assortie de vins à
prix doux. À l'étage, chambres bien tenues et simples.

à Challanges 4 km par ② puis D 111 – ✉ 21200

Château de Challanges sans rest 🌿 ⟨ 🐾 🖳 ℋ ℋ 🅿 VISA ⦿ AE

478 r. des Templiers – ℰ 03 80 26 32 62 – www.chateaudechallanges.com
– Ouvert 15 mars- fin nov.

20 ch – †96/145 € ††96/145 € – 4 suites – ⊆ 14 €

♦ Gentilhommière de 1870 nichée dans un parc. Les chambres marient charme
d'antan et confort moderne. Caveau de dégustation des vins régionaux et, en
été, envols de montgolfières.

à Levernois 5 km au Sud-Est par rte de Verdun-sur-le-Doubs, D 970 et D 111L
- BZ - 257 h. – alt. 198 m – ✉ 21200

Hostellerie de Levernois 🌿 🐾 🚗 ✕ ᴅ rest, AC ℋ 🛁 🅿

r. du Golf – ℰ 03 80 24 73 58 – www.levernois.com VISA ⦿ AE ①
– Fermé 29 janv.-15 mars

25 ch – †135/400 € ††135/400 € – 1 suite – ⊆ 22 € – ½ P 153/285 €

Rest – (fermé merc. de nov. à mars et le midi sauf dim. et fériés) Menu 68/105 €
– Carte 89/111 € ⦂

Spéc. Risotto carnaroli au vert, cuisses de grenouille et escargots de Bourgogne. Pigeonneau en cocotte, rostie de foie gras au lard paysan. Soufflé chaud
au Grand Marnier, sorbet orange sanguine. **Vins** Clos-Vougeot, Savigny-lès-
Beaune.

Rest Le Bistrot du Bord de l'Eau – ℰ 03 80 24 89 58 (Fermé mardi soir et
merc. soir) (25 €) Menu 29 € (déj. en sem.)/38 €

♦ Au cœur d'un parc traversé par un ruisseau, cette belle gentilhommière du
19e s. et ses dépendances abritent de jolies chambres de caractère. Élégante
table au goût du jour ouvrant sur le jardin à la française. Soirées à thèmes ; dégustation et vente de vins. Plats revisitant le terroir au Bistrot du Bord de l'Eau.

🏨 **Golf Hôtel Colvert** sans rest ⤴   ⟨ 📶 & ⁱⁱ 🚗 VISA ⓿ AE

23 r. du Golf – ℰ 03 80 24 78 20 – www.colvert-golf-hotel.com
24 ch – †85/95 € ††110/140 € – � 13 €

◆ Construction moderne ouverte sur le golf. Carte du vignoble bourguignon au mur et balcon côté green agrémentent les chambres fonctionnelles. Cheminée au salon.

🏠 **Le Parc** sans rest ⤴   🐾 🌿 ⁱⁱ P VISA ⓿ AE ⓞ
📶

13 r. du Golf – ℰ 03 80 24 63 00 – www.hotelleparc.fr – Fermé 29 janv.-15 mars
17 ch – †55/70 € ††55/85 € – ⊑ 8 €

◆ Une cour fleurie et un joli parc donnant sur la campagne font de cette ancienne ferme (18ᵉ s.) une étape propice au ressourcement. Douillettes chambres classiquement aménagées.

🍴 **La Garaudière**   🚗 🌿 P VISA ⓿ AE

🐾

😊 *10 Grand'Rue – ℰ 03 80 22 47 70 – Fermé fin nov. à mi janv., sam. midi d'avril à nov., dim. de mi-janv. à fin mars et lundi*
Rest – Menu 17 € (sem.), 21/35 € – Carte 30/50 €

◆ Ex-grange convertie en auberge sympathique : plats régionaux, grillades saisies à la braise de la cheminée, intérieur rustique chaleureux et restaurant d'été sous tonnelle.

à Montagny-lès-Beaune 3 km par ③ et D 113 – 660 h. – alt. 206 m – ✉ 21200

🏨 **Le Clos** sans rest ⤴   🚗 & AC 🌿 ⁱⁱ 🛁 P VISA ⓿ AE

22 r. Gravières – ℰ 03 80 25 97 98 – www.hotelleclos.com – Fermé 28 nov.-22 janv.
24 ch – †85/120 € ††85/120 € – ⊑ 13 €

◆ Cette propriété (1779) au cachet vigneron vous héberge dans de jolies chambres enrichies de meubles d'antiquaire. Petit-déjeuner dans une salle façon boulangerie et beau jardin.

🏠 **Adélie** sans rest   🚗 ⟰ ⁱⁱ P VISA ⓿ ⓞ

1 rte de Bligny – ℰ 03 80 22 37 74 – www.hoteladelie.com
18 ch – †60 € ††67 € – ⊑ 9 €

◆ Idéal pour une étape sur la route des vacances, car proche de l'autoroute mais sans en subir les nuisances. Petites chambres très bien tenues, dotées de meubles en pin.

à Meursault 8 km par ④ – 1 567 h. – alt. 243 m – ✉ 21190

🔲 place de l'Hôtel de Ville ℰ 03 80 21 25 90

🏨 **Les Charmes** sans rest ⤴   🚗 ⟰ ⁱⁱ P VISA ⓿ AE

10 pl.du Murger – ℰ 03 80 21 63 53 – www.hotellescharmes.com – Fermé 8-22 janv. et dim. de nov. à mars
14 ch – †80/100 € ††85/110 € – ⊑ 10 €

◆ Ex-propriété de viticulteur du 18ᵉ s. abritant des chambres spacieuses, soit garnies de meubles anciens, soit contemporaines et colorées. Joli jardin arboré.

🍴🍴 **Le Relais de la Diligence**   ⟨ 🌿 ⟺ P VISA ⓿ AE ⓞ

😊

49 r. de la Gare, 2,5 km au Sud-Est par D 23 – ℰ 03 80 21 21 32 – www.relaisdeladiligence.com – Fermé 18 déc.-25 janv., mardi soir et merc.
Rest – Menu 10 € (déj.), 18/45 € – Carte 26/43 €

◆ Ancien relais de diligences en pierres du pays, proche de la gare. Deux salles sont largement ouvertes sur les vignes, au même titre que la terrasse. Choix traditionnel.

🍴🍴 **Le Chevreuil** avec ch   🚗 AC rest, ⁱⁱ 🚗 VISA ⓿ ⓞ

pl. de l'Hôtel-de-Ville – ℰ 03 80 21 23 25 – www.lechevreuil.fr – Fermé fév.
11 ch – †60 € ††70/80 € – ⊑ 9 €
Rest – *(fermé jeudi midi, dim. soir et merc.)* (16 €) Menu 22/59 €
– Carte 44/53 € le soir

◆ Charmante bâtisse aux volets verts. Parmi les goûteuses recettes du restaurant, figure l'incontournable terrine chaude, spécialité de la maison. Beau livre de cave. Chambres relookées dans un esprit contemporain.

Le Bouchon ✗ ⚬ 🅥🅘🅢🅐 ⓐⓑ 🅐🅔

1 pl. de l'Hôtel-de-Ville – ☎ *03 80 21 29 56 – www.restaurant-le-bouchon.com*
– Fermé 11-20 juil., 20 déc.-12 janv., 28 fév.-9 mars, sam. midi, dim. soir et lundi
Rest – (10 €) Menu 16/28 € – Carte 27/46 €
◆ La façade affiche d'emblée l'esprit bouchon de ce petit bistrot. Salle aux grandes baies vitrées tournées vers l'hôtel de ville. Menus traditionnels et plats du terroir.

à Pommard 4,5 km par ④ , N 74 et D 973 – 552 h. – alt. 250 m – ⌧ 21630

Auprès du Clocher ✗✗

1 r. de Nackenheim – ☎ *03 80 22 21 79 – www.aupresduclocher.com – Fermé 24 déc.-1er janv., mardi et merc.*
Rest – Menu 24 € (déj.), 28/65 € – Carte 40/80 €
◆ Au cœur de ce village de vignerons, restaurant au cadre contemporain où l'on savoure une fine cuisine dans l'air du temps et quelques recettes bourguignonnes.

à Puligny-Montrachet 12 km par ④ et D 974 – 431 h. – alt. 227 m – ⌧ 21190

Le Montrachet ⚶ 🄰🄲 rest, 🅿 🅥🅘🅢🅐 ⚬ 🅐🅔 ⓞ

10 pl. des Marronniers – ☎ *03 80 21 30 06 – www.le-montrachet.com*
– Fermé 28 nov.-13 janv.
31 ch – ✝130/160 € ✝✝130/160 € – ⌕ 14 €
Rest – Menu 28 € (déj.), 55/74 € – Carte 65/90 € 🕸
◆ Cette maison de 1824 vous accueille dans un salon raffiné et de confortables chambres privilégiant le bois (mobilier, plafond à la française). Salle à manger cossue pour savourer une cuisine au goût du jour et une belle sélection de bourgognes. Bar à vins.

La Maison d'Olivier Leflaive ⚶ 🄰🄲 ⚿ 🅥🅘🅢🅐 ⚬

10 pl. du Monument – ☎ *03 80 21 95 27 – www.maison-olivierleflaive.fr – Fermé 31 déc.-11 fév.*
13 ch – ✝130/220 € ✝✝130/220 € – ⌕ 12 €
Rest – *(fermé dim.)* Menu 25/60 € bc
◆ Au cœur du village, maison proposant des chambres de charme, décorées dans différents styles : baroque, campagnard, pop, romantique, rétro... Petite restauration pour accompagner la dégustation des vins (visite des caves et vignes).

La Chouette sans rest ⚶ 🛜 ✆ 🅿 🅥🅘🅢🅐 ⚬ 🅐🅔 ⓞ

3 bis r. des Creux-de-Chagny – ☎ *03 80 21 95 60 – www.la-chouette.fr*
– Fermé 17 déc.-3 janv.
6 ch ⌕ – ✝125/135 € ✝✝140/150 €
◆ De grandes chambres personnalisées et cosy vous attendent dans cette paisible maison bourguignonne. Confortable salon classico-moderne avec cheminée et jardin face aux vignes.

à Volnay par ④ et D 974 – 287 h. – alt. 290 m – ⌧ 21190

Auberge des Vignes ✗ 🛜 🅿 🅥🅘🅢🅐 ⚬

D 974 – ☎ *03 80 22 24 48 – www.aubergedesvignes.fr*
– Fermé 1er-8 juil., 19 fév.-7 mars, jeudi soir, dim. soir et lundi sauf fériés
Rest – Menu 19/40 € – Carte 27/50 €
◆ Ancienne ferme où mets traditionnels et suaves volnays se dégustent dans un cadre rustique. Flambées réconfortantes en hiver ; véranda et terrasses tournées vers les vignes.

à Bouze-lès-Beaune 6,5 km par ⑤ et D 970 – 326 h. – alt. 400 m – ⌧ 21200

La Bouzerotte ✗ 🛜 🅥🅘🅢🅐 ⚬

– ☎ *03 80 26 01 37 – www.labouzerotte.com – Fermé 23 déc.-4 janv., 25 fév.-11 mars, lundi et mardi*
Rest – *(prévenir le week-end)* (14 €) Menu 18 € (déj.), 24/34 € – Carte 25/40 €
◆ Table sympathique située dans les Hautes Côtes de Beaune. Le chef propose une cuisine de saison et un menu régional dans un cadre néo-rustique ou sur la verdoyante terrasse.

BEAURECUEIL – 13 Bouches-du-Rhône – **340** I4 – rattaché à Aix-en-Provence

BEAUREPAIRE – 85 Vendée – **316** J6 – 1 927 h. – alt. 95 m – ⊠ 85500 **34** B3

▶ Paris 371 – Cholet 33 – Nantes 59 – La Roche-sur-Yon 51

🏨 **Château de la Richerie** sans rest 🕭   🔊 ⚎ ⚗ ⚙ ⚑ **P** 𝗩𝗜𝗦𝗔 ⊛
4 km au Sud-Est par D 23 et D 37 – ⌀ 02 51 07 06 06
– www.chateaularicherie.com – Fermé nov., fév. et mars
14 ch – ♦60 € ♦♦80/150 € – ⌸ 12 €
◆ Petit château de 1875 sur un domaine traversé par une rivière. Chambres personnalisées au mobilier de style, lits à baldaquin et souvenirs d'Afrique ; magnifiques salons.

BEAUREPAIRE-EN-BRESSE – 71 Saône-et-Loire – **320** M9 – 585 h. **8** D3
– alt. 147 m – ⊠ 71580

▶ Paris 383 – Châlon-sur-Saône 49 – Bourg-en-Bresse 65 – Lons-le-Saunier 13

🏠 **Auberge de la Croix Blanche** ⚎ ⚙ 𝗩𝗜𝗦𝗔 ⊛ 𝗔𝗘
⌀ – ⌀ 03 85 74 13 22 – www.hotel-jura-bourgogne.com – Fermé
14-21 juin, 15 nov.-6 déc., 4-11 janv., dim. soir et lundi sauf juil.-août
14 ch – ♦55/61 € ♦♦55/61 € – ⌸ 6,50 € – ½ P 61/63 €
Rest – Menu 15 € (sem.), 24/48 € – Carte 35/65 €
◆ Au bord d'un axe fréquenté, auberge repérable à la croix blanche de sa toiture
et aux épis de maïs séchant sous l'appentis de sa façade. Chambres proprett-
tes côté jardin. Table au décor bressan ; produits régionaux préparés dans un
registre actuel.

BEAUSOLEIL – 06 Alpes-Maritimes – **341** F5 – 13 416 h. – alt. 89 m **42** E2
– ⊠ 06240 ⏺ Côte d'Azur

▶ Paris 947 – Monaco 4 – Menton 11 – Monte-Carlo 2

🛈 32, boulevard de la République ⌀ 04 93 78 01 55

Voir plan de Monaco (Principauté de).

🏨 **Olympia** sans rest 📶 & 𝗔𝗖 ⚗ ⚙ 𝗩𝗜𝗦𝗔 ⊛ 𝗔𝗘
17 bis bd Gén.- Leclerc – ⌀ 04 93 78 12 70 – www.olympiahotel.fr   **DXt**
31 ch – ♦85/130 € ♦♦85/170 € – 1 suite – ⌸ 15 €
◆ Sur la frontière franco-monégasque, cet hôtel arbore une belle façade en pierres de taille égayée de balcons et d'une corniche ouvragés. Chambres sobres et
insonorisées.

🏠 **Capitole** sans rest 📶 & 𝗔𝗖 ⚗ ⚙ ⚎ 𝗩𝗜𝗦𝗔 ⊛ 𝗔𝗘
19 bd Gén.-Leclerc – ⌀ 04 93 28 65 65 – www.hotel-capitole.fr   **DXt**
19 ch – ♦92/110 € ♦♦115/145 € – ⌸ 10 €
◆ Un immeuble rose de 1906, sur le boulevard délimitant la frontière entre
Monaco et la France. Une bonne petite adresse proposant des chambres chaleureuses et confortables.

BEAUVAIS P – 60 Oise – **305** D4 – 55 481 h. – Agglo. 100 733 h. **36** B2
– alt. 67 m – ⊠ 60000 ⏺ Nord Pas-de-Calais Picardie

▶ Paris 87 – Amiens 63 – Boulogne-sur-Mer 182 – Compiègne 60

✈ de Beauvais-Tillé ⌀ 03 44 11 46 70, 3,5 km au NE

🛈 1, rue Beauregard, ⌀ 03 44 15 30 30

⛳ du Vivier à Ons-en-Bray RN 31, par rte de Gournay-en-Bray : 15 km,
⌀ 03 44 84 24 11

◉ Cathédrale St-Pierre★★★ : horloge astronomique★ - Église St-Étienne★ :
vitraux★★ et arbre de Jessé★★★ - Musée départemental de l'Oise★ dans
l'ancien palais épiscopal **M²**.

Plan page suivante

🏠 **Hostellerie St-Vincent** ⚎ & ch. ⚙ 🛋 **P** 𝗩𝗜𝗦𝗔 ⊛ 𝗔𝗘 ⊙
⌀ *241 r. de Clermont, 3 km par ③ (Espace St-Germain)* – ⌀ 03 44 05 49 99
– www.stvincent-beauvais.com
79 ch – ♦73/89 € ♦♦73/89 € – 1 suite – ⌸ 10 € – ½ P 55 €
Rest – (13 €) Menu 18/32 € – Carte 23/43 €
◆ À proximité de l'autoroute, hôtel fonctionnel formé de deux bâtiments, dont
l'un rénové récemment (décor contemporain). Salle à manger spacieuse et claire,
agrémentée d'une terrasse ; menus traditionnels et suggestions sur ardoise.

BEAUVAIS

Beauregard (R.)	2
Brière (Bd J.)	3
Carnot (R.)	
Clemenceau (Pl.)	4
Dr-Gérard (R.)	5
Dr-Lamotte (Bd du)	6
Dreux (R. Ph. de)	7
Gambetta	

Grenier-à-Sel (R.)	8
Guéhengnies (R. de)	9
Hachette (Pl. J.)	10
Halles (Pl. des)	12
Leclerc (R. Mar.)	13
Lignières (R. J. de)	15
Loisel (Bd A.)	16
Malherbe (R. de)	18
Nully-d'Hécourt (R.)	19
République (Av. de la)	20

St-André (Bd)	22
St-Laurent (R.)	23
St-Pierre (R.)	24
Scellier (Cours)	27
Taillerie (R. de la)	29
Tapisserie (R. de la)	30
Villiers-de-l'Isle-Adam (R.)	35
Vincent-de-Beauvais (R.)	26
Watrin (R. du Gén.)	36
27-Juin (R. du)	38

🏠 **Ibis** 🛏 📺 ⛶ ch, 🅰🅲 ⅍ rest, ℃ 🅿 VISA ⚫ ﾑ ⓪

1 r. J.-Goddet, 5 km par ②, Z.A.C la Marette – ℰ *03 44 03 49 49 – www.ibishotel.com*
78 ch – 🚹64/82 € 🚹🚹64/82 € – ⌷ 8 €
Rest – *(dîner seult)* Menu 14 € – Carte 18/35 €

♦ Les chambres de cet Ibis bénéficient des dernières normes de la chaîne : parquet, écran plat, plan de travail, salles de bains avec grande douche. Au restaurant, plats traditionnels et pâtes fraîches.

✗✗ **La Maison Haute** 🛋 🅿 VISA ⚫ ⓪

128 r. de Paris, (quartier Voisinlieu), 1,5 km par ④ – ℰ *03 44 02 61 60*
– www.lamaisonhaute.fr – Fermé 17-26 avril, 24 juil.-17 août, 18 déc.-2 janv., sam. midi, dim. et lundi
Rest – (34 €) Menu 39/43 €

♦ Dans un quartier résidentiel, restaurant dont le décor contemporain (tons clairs et boiseries sombres) s'accorde tout à fait à la cuisine dans l'air du temps. Accueil aimable.

X **La Baie d'Halong**   AC ⁄ VISA ⬤⬤
☺ *49 r. Madeleine – ℰ 03 44 45 39 83 – Fermé 20 avril-4 mai, 14 juil.-15 août,*
21 déc.-2 janv., merc. midi, sam. midi, dim. et lundi   **a**
Rest – (23 €) Menu 29/37 €
◆ Le chef prépare une excellente cuisine vietnamienne alliant bons produits frais et savant dosage d'épices. À apprécier sur fond de tableaux représentant la baie d'Halong.

à l'Est 5 km par ④, D 1001 (direction Paris)

🏨 **Mercure**   🍴 ⃓ & ch, AC 🛉 ⃟ P VISA ⬤⬤ AE ①
60 ch – ✦107 € ✦✦117 € – ⌣ 15 €
21 av. Montaigne – ℰ 03 44 02 80 80 – www.mercure.com
Rest – (fermé 25 déc.-1er janv.) Menu 25/48 € bc – Carte 28/38 €
◆ Dans une zone commerçante, ce bâtiment des années 1970 abrite des chambres spacieuses, au décor contemporain et bien insonorisées. Salle à manger avec cheminée, terrasse au bord de la piscine et attrayante carte traditionnelle.

XX **Le Bellevue**   🍴 AC P VISA ⬤⬤ AE
3 av. Rhin-et-Danube – ℰ 03 44 02 17 11 – www.restaurantlebellevue.com
– Fermé 7-23 août, sam. et dim.
Rest – Menu 29 € (sem.) – Carte 28/55 €
◆ En périphérie, au cœur d'une zone commerciale, restaurant d'esprit rustique égayé d'expositions de tableaux. Cuisine classique assortie de suggestions du marché.

BEAUVOIS-EN-CAMBRÉSIS – 59 Nord – **302** I7 – 2 104 h.   **31** C3
– alt. 89 m – ✉ 59157
  ▶ Paris 190 – Arras 48 – Cambrai 12 – St-Quentin 40

XX **La Buissonnière**   🍴 ⃟ P VISA ⬤⬤
92 r. Victor-Watiemez – ℰ 03 27 85 29 97 – Fermé dim. soir, merc. soir et lundi
Rest – (17 €) Menu 22 € (sem.)/32 € – Carte 33/56 €
◆ Aux portes du bourg, restaurant dont la cuisine traditionnelle s'enrichit des opportunités du marché. Deux salles dont une rustique soignée et récemment rafraîchie ouvrant sur la terrasse.

BEAUZAC – 43 Haute-Loire – **331** G2 – 2 563 h. – alt. 565 m – ✉ 43590   **6** C3
▮ Lyon Drôme Ardèche
  ▶ Paris 556 – Craponne-sur-Arzon 31 – Le Puy-en-Velay 45 – St-Étienne 44
  🛈 Avenue Maréchal Leclerc ℰ 04 71 61 50 74

XX **L'Air du Temps** avec ch   & rest, AC rest, 🛉 ⃟ VISA ⬤⬤
☺ *à Confolent, 4 km à l'Est par D 461 – ℰ 04 71 61 49 05 – www.airdutemps.fr*
🏨 *– Fermé janv., dim. soir et lundi*
8 ch – ✦49/54 € ✦✦49/54 € – ⌣ 8 € – ½ P 46 €
Rest – (12 €) Menu 21/53 € – Carte 36/63 €
◆ Dans cette maison de pays : salle à manger lumineuse et actuelle agrandie d'une belle véranda, carte régionale créative et variée ; chambres confortables et bien équipées.

à Bransac 3 km au Sud par D 42 – ✉ 43590

XX **La Table du Barret** avec ch   ⁄ ch, 🛉 ⃟ P VISA ⬤⬤
☺ *– ℰ 04 71 61 47 74 – www.latabledubarret.com – Fermé 29 août-5 sept.,*
🏨 *25 oct.-3 nov., 2-23 janv., dim. soir, mardi et merc.*
7 ch – ✦55 € ✦✦60 € – ⌣ 10 €
Rest – Menu 23 € (déj. en sem.), 28/47 € – Carte 59/69 €
◆ Dans un paisible hameau proche de la Loire, sobre salle de restaurant contemporaine où l'on sert une appétissante cuisine au goût du jour. Chambres confortables.

BEBLENHEIM – 68 Haut-Rhin – **315** H8 – 954 h. – alt. 212 m – ✉ 68980   **2** C2
▮ Alsace Lorraine
  ▶ Paris 444 – Colmar 11 – Gérardmer 55 – Ribeauvillé 5

✗ **Auberge Le Bouc Bleu** 🎐 VISA ⊙⊙ ◍
2 r. 5-Décembre – 𝒞 *03 89 47 88 21 – Fermé merc. et jeudi*
Rest *– (nombre de couverts limité, prévenir)* (28 €) Menu 37/52 €
♦ Livres, vieux objets, collection de menus anciens, etc. donnent un air de brocante à ce sympathique restaurant rustique. Cour-terrasse pavée et cuisine du
marché.

LE BEC-HELLOUIN – **27** Eure – **304** E6 – 413 h. – alt. 101 m **33** C2
– ✉ 27800 ▌ Normandie Vallée de la Seine

▶ Paris 153 – Bernay 22 – Évreux 46 – Lisieux 46
◉ Abbaye ★★.

🏠 **Auberge de l'Abbaye** 🎐 ᵬ ch. 🎐 🗱 🅿 VISA ⊙⊙
12 pl. Guillaume-le-Conquérant – 𝒞 *02 32 44 86 02 – www.hotelbechellouin.com
– Fermé 15 nov.-10 fév.*
10 ch – ❶85/115 € ❷❷85/125 € – ☞ 12 €
Rest *– (fermé mardi midi et lundi)* Menu 20 € (sem.), 27/37 € – Carte 35/65 €
♦ Accueillant les voyageurs depuis le 18ᵉ s., cette pimpante demeure à pans de
bois abrite des chambres rénovées, joliment personnalisées. Cuisine traditionnelle,
enrichie de produits du terroir, servie dans des salles à manger campagnardes.

✗ **Le Canterbury** 🎐 🎐 VISA ⊙⊙
⊝ *3 r. de Canterbury –* 𝒞 *02 32 44 14 59 – www.lecanterbury.com – Fermé dim.
soir, mardi soir et merc. sauf juil.-août*
Rest *–* Menu 19 € (déj. en sem.), 24/39 € – Carte 34/50 €
♦ Derrière sa façade à colombages tapissée de vigne vierge, cette table traditionnelle révèle un cadre actuel, en tons pastel. Aux beaux jours, profitez de la terrasse verdoyante.

BÉDARIEUX – **34** Hérault – **339** D7 – 6 518 h. – alt. 196 m – ✉ 34600 **22** B2
▌ Languedoc-Roussillon

▶ Paris 723 – Béziers 34 – Lodève 29 – Montpellier 70
🄋 1, rue de la République 𝒞 04 67 95 08 79

✗✗ **La Forge** 🎐 ᵬ 🅿 VISA ⊙⊙
⊝ *22 av. Abbé-Tarroux, (face à l'Office de tourisme) –* 𝒞 *04 67 95 13 13 – Fermé
16-30 nov., 4-25 janv., dim. soir, merc. soir sauf juil.-août et lundi*
Rest *–* Menu 16/36 € – Carte 37/54 €
♦ Écurie puis forge… ces hautes voûtes de pierre du 17ᵉ s. sont impressionnantes
! Elles distillent une agréable fraîcheur en été… La cuisine est ancrée dans le terroir.

à Hérépian 6 km au Sud-Est par D 908 – 1 446 h. – alt. 191 m – ✉ 34600
🄋 avenue Bédarieux 𝒞 04 67 23 23 96

🏠 **Le Couvent d'Hérépian** sans rest 🖺 ⊛ 🎐 🄌 🅿 VISA ⊙⊙ 🄰🄴
2 r. du Couvent – 𝒞 *04 67 23 36 30 – www.garrigaeresorts.com*
7 ch – ❶125/285 € ❷❷125/285 € – 6 suites – ☞ 16 €
♦ Esprit et élégance. Au cœur du village, ce couvent du 17ᵉ s. allie charme de
l'ancien et confort haut de gamme (tons contemporains, équipements high-
tech). Idéal pour une romance…

✗ **L'Ocre Rouge** avec ch 🎐 🎐 ch. 🄌 VISA ⊙⊙
12 pl. de la Croix – 𝒞 *04 67 95 06 93 – www.locrerouge.fr – Fermé 6-23 juin,
1ᵉʳ-12 janv., mardi midi et merc. midi hors saison, mardi soir de la Toussaint à
mi-fév., dim. soir et lundi*
5 ch ☞ –❶54/63 € ❷❷60/85 €
Rest *–* (19 € bc) Menu 25 € (sem.), 30/46 € – Carte 40/81 €
♦ Un relais de poste à la façade… ocre rouge. Sous les voûtes des anciennes
écuries ou dans la cour intérieure, à l'ombre du figuier, on apprécie une cuisine
de saison où dominent les produits frais et locaux. Quelques jolies chambres
sous les toits…

à Villemagne-l'Argentière 8 km à l'Ouest par D 908 et D 922 – 426 h.
– alt. 193 m – ⌧ 34600

✗ **Auberge de l'Abbaye** avec ch   🌿 🍴 VISA ⦿ AE ⓪
pl. du couvent – ✆ 04 67 95 34 84 – www.aubergeabbaye.com
– Fermé 21 nov.-12 fév., dim. soir et le midi du lundi au jeudi de fév. à juin, le midi du lundi au merc. en juil.-août, dim. soir, lundi et mardi de sept. à nov.
3 ch ⌧ – †80 € ††100/130 €   **Rest** – (18 € bc) Menu 28/60 €
♦ Logée dans les anciennes caves de l'abbaye bénédictine, la salle à manger marie voûtes en pierres apparentes et petites touches modernes. La carte privilégie le terroir. Chambres thématiques pour l'étape : japonaise, nature ou orientale.

BÉDOIN – 84 Vaucluse – **332** E9 – 2 974 h. – alt. 295 m – ⌧ 84410   **42** E1
🟩 Provence
▶ Paris 692 – Avignon 43 – Carpentras 16 – Nyons 36
🛈 Espace Marie-Louis Gravier ✆ 04 90 65 63 95
👁 Le Paty ≪ NO : 4,5 km.

🏨 **Des Pins** ⟆   🌾 🌿 🏊 ⅃ ch, AC rest, 🍴 rest, ☏ P VISA ⦿ AE ⓪
chemin des Crans, 1 km à l'Est par rte secondaire – ✆ 04 90 65 92 92
– www.hoteldespins.net – Ouvert de mars à nov.
25 ch – †60/105 € ††60/105 € – ⌧ 10 €
Rest – *(ouvert de mi-mars à fin oct. et fermé le midi en sem.)* Menu 28/40 €
– Carte 30/68 €
♦ Au milieu d'une pinède, ce grand mas abrite de jolies chambres de style provençal, toutes différentes, et une très grande suite avec terrasse privative. Piscine et pièce d'eau. Au restaurant ou en pleine nature, on déguste une cuisine du marché aux accents du Sud.

rte du Mont-Ventoux 6 km à l'Est

✗✗ **Le Mas des Vignes**   ≪ 🌿 P
au virage de St-Estève ⌧ 84410 Bédoin – ✆ 04 90 65 63 91 – Ouvert avril-oct. et *fermé le midi en juil.-août sauf dim. et fériés, mardi midi et lundi de sept. à juin*
Rest – (28 €) Menu 38/50 €
♦ Dans ce joli mas, le chef travaille de bons produits frais et concocte une cuisine régionale fort sympathique... Et en terrasse, la vue sur la Provence est magnifique !

à Ste-Colombe 4 km à l'Est par rte du Mont-Ventoux – ⌧ 84410

🏠 **La Garance** sans rest   ≪ ⅃ ☏ P VISA ⦿
Ste-Colombe – ✆ 04 90 12 81 00 – www.lagarance.fr – Ouvert 1er avril-31 oct.
13 ch – †56/83 € ††60/85 € – ⌧ 8 €
♦ Le Ventoux pour toile de fond, dans un hameau entre vignes et vergers... Cette ancienne ferme, simple mais bien tenue, est prisée des randonneurs. Chambres soignées, avec terrasse.

BÈGLES – 33 Gironde – **335** H5 – rattaché à Bordeaux

BÉHEN – 80 Somme – **301** D7 – 436 h. – alt. 105 m – ⌧ 80870   **36** A1
▶ Paris 195 – Amiens 77 – Abbeville 19 – Berck 59

🏠 **Château de Béhen** ⟆   🔔 🌿 ☏ P VISA ⦿ AE ⓪
8 r. du Château – ✆ 03 22 31 58 30 – www.chateau-de-behen.com
5 ch ⌧ – †109 € ††119 €   **Table d'hôte** – Menu 41 € bc/52 € bc
♦ Vivez la vie de château dans ce bel édifice du 18e s. au cœur d'un parc verdoyant. Belles boiseries, mobilier de style et chambres de caractère (mansardées au 2e étage). À la table d'hôtes, recettes traditionnelles servies dans la salle à manger classique.

BELCASTEL – 12 Aveyron – **338** G4 – 234 h. – alt. 406 m – ⌧ 12390   **29** C1
🟩 Midi-Toulousain
▶ Paris 623 – Decazeville 28 – Rodez 25 – Villefranche-de-Rouergue 36
🛈 Maison du Patrimoine ✆ 05 65 64 46 11

✗✗ Vieux Pont (Nicole Fagegaltier et Bruno Rouquier) avec ch ⟨⟩   ⟨AC⟩ ⟨↑⟩
⟨✿⟩   ℰ 05 65 64 52 29 – www.hotelbelcastel.com   ⟨P⟩ ⟨VISA⟩ ⟨◉◉⟩
– Fermé 2 janv.-17 mars, 27 juin-2 juil., dim. soir sauf juil.-août,
mardi midi et lundi
7 ch – ♦85/88 € ♦♦85/102 € – ☲ 15 € – ½ P 100/105 €
Rest – *(nombre de couverts limité, prévenir)* Menu 29 € (déj. en sem.), 45/78 €
– Carte 52/80 € ⟨✿⟩
Spéc. Foie de canard grillé et tuile au gomasio. Pavé de veau de l'Aveyron du
Ségala servi rosé, citron et gingembre. Le chocolat en sucré, salé, acide, amer.
Vins Marcillac, Vin d'Entraygues et du Fel.
◆ Un vieux pont de pierre du 15ᵉ s. sépare ces deux maisons de pays. Belle cuisine régionale actualisée servie dans un cadre moderne élégant. Chambres calmes et cosy dans l'ex-grange, de l'autre côté de la rivière, au bord de laquelle on petit-déjeune en été.

BELFORT ⟨P⟩ – 90 Territoire de Belfort – **315** F11 – 50 863 h.   **17** C1
– **Agglo. 104 962 h. – alt. 360 m – ⌧ 90000** ⟨▮⟩ Franche-Comté Jura

▶ Paris 422 – Basel 78 – Besançon 93 – Épinal 95
⟨ℹ⟩ 2 bis, rue Clemenceau ℰ 03 84 55 90 90
⟨18⟩ de Rougemont-le-Château à Rougemont-le-Château Route de Masevaux,
NE : 16 km par D 83 et D 25, ℰ 03 84 23 74 74
◉ Le Lion★★ - La Citadelle★★ : ⁂★★ de la terrasse du fort - Vieille ville★ :
porte de Brisach★ - Orgues★ de la cathédrale St-Christophe Y B
- Fresque★ (parking rue de l'As-de-Carreau Z 6) - Cabinet d'un amateur★ :
Donation Maurice Jardot **M¹**.

⟨🏨⟩ Novotel Atria   ⟨❘⟩⟨&⟩⟨AC⟩⟨↑⟩⟨⌂⟩⟨🚗⟩⟨VISA⟩⟨◉◉⟩⟨AE⟩⟨①⟩
av. Espérance , (au centre des Congrès) – ℰ 03 84 58 85 00
– www.accorhotels.com   **Y u**
79 ch – ♦67/157 € ♦♦67/157 € – ☲ 14 € – ½ P 90/168 €
Rest – (12 €) Menu 22 € – Carte 19/41 €
◆ Élégante architecture futuriste pour cet hôtel intégré à un centre de congrès.
Chambres spacieuses refaites aux dernières normes de la chaîne ; certaines regardent les fortifications. Formule Novotel Café au restaurant.

⟨🏨⟩ Boréal sans rest   ⟨❘⟩⟨AC⟩⟨↑⟩⟨&⟩⟨🚗⟩⟨VISA⟩⟨◉◉⟩⟨AE⟩⟨①⟩
2 r. Comte-de-la-Suze – ℰ 03 84 22 32 32 – www.hotelboreal.com
– Fermé 18 déc.-3 janv.   **Z r**
52 ch – ♦117 € ♦♦117 € – 2 suites – ☲ 11 €
◆ Dans une rue calme de la rive droite, un hôtel apprécié pour le confort de
ses chambres – les plus récentes en particulier – et la prévenance de son
personnel.

⟨🏨⟩ Grand Hôtel du Tonneau d'Or sans rest   ⟨❘⟩⟨&⟩⟨↑⟩⟨&⟩⟨VISA⟩⟨◉◉⟩⟨AE⟩⟨①⟩
1 r. Reiset – ℰ 03 84 58 57 56 – www.tonneaudor.fr   **Y e**
52 ch – ♦149 € ♦♦149 € – ☲ 13 €
◆ Superbe façade, impressionnant hall Belle Époque (escalier monumental,
vitraux) et vastes chambres au mobilier fonctionnel caractérisent cet immeuble
de 1907.

⟨🏠⟩ Les Capucins   ⟨❘⟩⟨AC⟩⟨↑⟩⟨&⟩⟨VISA⟩⟨◉◉⟩⟨AE⟩
⟨⟨⟩⟩ *20 fg Montbéliard* – ℰ 03 84 28 04 60
– www.capucins-hotel.com   **Z n**
38 ch – ♦60/66 € ♦♦67/73 € – ☲ 8 € – ½ P 50/53 €
Rest – (fermé 3 sem. en août, vacances de Noël, sam. midi, dim. et fériés)
Menu 16 € (déj. en sem.), 35/39 € – Carte 35/50 €
◆ Accueil chaleureux dans cet hôtel du centre-ville ; chambres bien tenues,
égayées de boutis et de couleurs vives. Cuisine traditionnelle servie dans
deux salles à manger, l'une de style rétro avec de grands miroirs, l'autre
contemporaine.

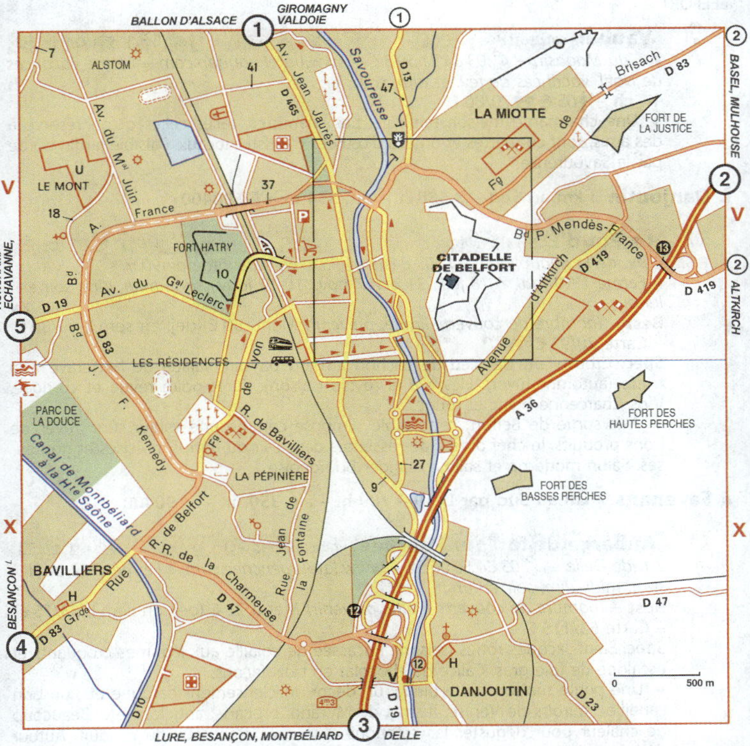

Map labels (upper map)

ALSTOM
Av. du Mal Juin France
LE MONT
V
FORT HATRY
Av. du Gal Leclerc
D 19
⑤
LES RÉSIDENCES
PARC DE LA DOUCE
Canal de Montbéliard à la Hte Saône
BAVILLIERS
④
BESANÇON
X
Av. Jean Jaurès
Av. de la Savoureuse
LA MIOTTE
FORT DE LA JUSTICE
Brisach D 83
BASEL, MULHOUSE ②
②
Bd P. Mendès-France
CITADELLE DE BELFORT
V ②
d'Altkirch
D 419
D 419 ALTKIRCH ②
R. de Bavilliers
R. de Belfort
LA PÉPINIÈRE
A 36
FORT DES HAUTES PERCHES
FORT DES BASSES PERCHES
Rue de la Charmeuse
Rue de la Fontaine
D 47
H
DANJOUTIN
D 47
D 23
0   500 m
D 19

BELFORT

Ancêtres (Fg des) .... Y 3
Armes (Pl. d') .... Y 5
As-de-Carreau (R. de l') ...... Z 6
Auxelles (Via d') .... Y 7
Besançon (R. de) .... X 9
Boulloche (Pt A.) .... Y 10
Bourgeois (Pl. des) .... Y 12
Carnot (Bd) .... Z 15
Château-d'Eau (Av. du) ...... Y 18
Clemenceau (R. G.) .... Y 20
Denfert-Rochereau (R.) .... Y 21
Dr-Corbis (Pl. du) .... Z 23
Dr-Fréry (R. du) .... Y 24
Dreyfus-Schmidt (R.) .... Y 25
Dunant (Bd H.) .... X 27
Espérance (Av. de l') .... Y 28
Foch (Av. Mar.) .... Y 29
France (Fg de) .... Y 30
Gaulard (R. du Gén.) .... Z 31
Grande-Fontaine (Pl. de la) ... Z 32
Grande-Fontaine (R.) .... Y 33
Grand'Rue .... Y 34
Joffre (Bd du Mar.) .... YV 37
Kléber (R.) .... Y 40
Lille (R. de) .... Y 41
Magasin (Q. du) .... Y 43
Metz-Juteau (R.) .... Y 45
Moulin (Av. J.) .... Y 47
Mulhouse (R. de) .... Y 46
Pompidou (R. G.) .... Y 48
République (Pl. de la) .... Y 49
République (R. de la) .... Z 50
Roussel (R. du Gén.) .... Y 51
Sarrail (Av. du Gén.) .... Z 52
Vauban (Q.) .... Y 60

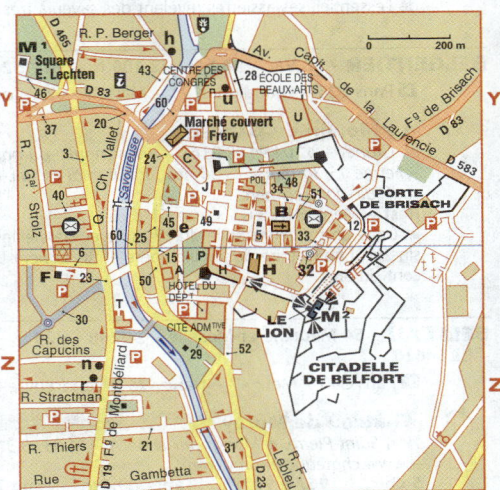

Map labels (lower map)

M¹
Square E. Lechten
R. P. Berger
h
CENTRE DES CONGRÈS
Av. Capit. de la Laurencie
Fg de Brisach
ÉCOLE DES BEAUX-ARTS
D 83
D 583
Y
Marché couvert Fréry
PORTE DE BRISACH
POL
B
HÔTEL DU DÉPT
CITÉ ADMTIVE
R. des Capucins
R. Stractman
LE LION
CITADELLE DE BELFORT
M²
Z
R. Thiers
R. Gambetta
Rue Lebleu
D 19
D 23
0   200 m

⌂ **Vauban** sans rest   🚐 💱 ☎ VISA ⦿ AE

4 r. du Magasin – ☎ *03 84 21 59 37 – www.hotel-vauban.com – Fermé vacances de Noël, vacances de fév. et dim. soir*   **Yh**

14 ch – ♦65 € ♦♦70/80 € – ☲ 10 €

◆ Une charmante maison familiale. Les chambres, telles celles qu'on réserve à des amis, sont coquettes et ornées d'œuvres d'artistes locaux. Paisible jardin bordé par la Savoureuse.

à Danjoutin 3 km au Sud – 3 558 h. – alt. 354 m – ✉ 90400

XX **Le Pot d'Étain** (Philippe Zeiger)   ⇔ P VISA ⦿ AE

❀ *4 av. de la République –* ☎ *03 84 28 31 95 – www.lepotdetain90.fr – Fermé 1ᵉʳ-9 mai, 4-18 juil., 31 oct.-7 nov., 10-17 janv., sam. midi, dim. soir et lundi*   **Xv**

Rest – *(nombre de couverts limité, prévenir)* Menu 30 € (déj. en sem.), 49/80 € – Carte 70/95 € ✿

Spéc. Croustillant de pied de cochon au lard paysan, salade de betterave à la truffe (automne-hiver). Lièvre à la royale (saison). Forêt noire revue et corrigée. **Vins** Charcenne blanc et rouge.

◆ À la sortie de Belfort, cette table s'impose comme une valeur sûre : avec de bons produits, le chef dresse des assiettes dans l'air du temps, précises et goûteuses. Salon moderne et salle à manger bourgeoise.

à Sevenans 7 km au Sud par D 19 – 789 h. – alt. 350 m – ✉ 90400

XX **Auberge de la Tour Penchée** (François Duthey)   AC VISA ⦿ AE

❀ *2 r. de Delle –* ☎ *03 84 56 06 52 – www.latourpenchee.com – Fermé 7-22 août, sam. midi, dim. soir et lundi*

Rest – *(nombre de couverts limité, prévenir)* Menu 22 € (déj. en sem.), 53/75 € – Carte 53/115 €

Spéc. Saint-Jacques rôties (saison). Fricassée de volaille aux légumes croquants et escalope de foie gras. Calice de chocolat en trois façons.

◆ Une petite maison toute bleue, un décor délicieusement baroque et... un brin canaille : miroirs de Venise, lustres de Murano, brocarts, angelots, etc. Beaucoup de chaleur pour déguster les créations d'un chef amoureux du produit. Autour de l'essentiel, ses assiettes révèlent des saveurs très justes.

BELGENTIER – 83 Var – **340** L6 – 2 180 h. – alt. 152 m – ✉ 83210   **41** C3

▶ Paris 826 – Draguignan 71 – Marseille 62 – Toulon 23

XX **Le Moulin du Gapeau**   🚐 🏡 AC VISA ⦿ AE ⓞ

pl. Granet – ☎ *04 94 48 98 68 – www.moulin-du-gapeau.fr – Fermé 15-30 mars, 15-30 nov., lundi midi en juil.-août, dim. soir, jeudi soir sauf juil.-août et merc.*

Rest – Menu 31/85 € – Carte 61/85 €

◆ Dans un moulin à huile du 17ᵉ s., avec de vieilles meules en décor. Ici, la cuisine est une histoire de famille : père et fils signent une cuisine savoureuse, à l'accent du Sud.

BELLEAU – 54 Meurthe-et-Moselle – **307** I6 – 720 h. – alt. 172 m   **26** B2 – ✉ 54610

▶ Paris 340 – Metz 47 – Nancy 25 – Vandœuvre-lès-Nancy 35

⌂ **Château de Morey** ⌖   ⧉ 🐾 🖵 💱 ☎ P VISA ⦿ AE

19 r. Saint-Pierre, à Morey, par D 44 A – ☎ *03 83 31 50 98 – www.chateaudemorey.com*

5 ch ☲ – ♦67 € ♦♦77 €   **Table d'hôte** – Menu 20 € bc/25 € bc

◆ Dans un parc dominant la vallée, château du 16ᵉ s. dont les grandes chambres (avec salon) sont appréciées des familles. Décor simple et rustique. Piscine, VTT, salle de jeux... Table d'hôtes sur réservation.

BELLE-ÉGLISE – 60 Oise – **305** E5 – 568 h. – alt. 69 m – ✉ 60540 **36** B3

▶ Paris 53 – Beauvais 32 – Compiègne 64 – Pontoise 29

XXX
❀❀

La Grange de Belle-Église (Marc Duval) 🛋 AC P VISA ⦿

28 bd René-Aimé-Lagabrielle – ℰ 03 44 08 49 00 – www.lagrangedebelleeglise.fr
– Fermé 1er-20 août, 15 fév.-2 mars, dim. soir, mardi midi et lundi
Rest – (25 €) Menu 60/79 € – Carte 90/152 €🦞

Spéc. Rosace de Saint-Jacques aux truffes (nov. à mars). Médaillons de homard bleu à la nage. "Magie du voyage" au pays du chocolat de Mélanie.
♦ Des mets soignés, des produits nobles, une belle cave de bordeaux et de champagne : la bonne chère dans de beaux atours classiques. Cadre feutré et élégant.

BELLEGARDE – 45 Loiret – **318** L4 – 1 677 h. – alt. 113 m – ✉ 45270 **12** C2

🟩 Châteaux de la Loire

▶ Paris 110 – Gien 41 – Montargis 24 – Nemours 41

🛈 12 bis, place Charles Desvergnes ℰ 02 38 90 25 37

👁 Château ★.

à Montliard 7 km au Nord-Ouest par D 44 – 215 h. – alt. 126 m – ✉ 45340

🏠

Château de Montliard sans rest 🌿 🔊 ♨ ((¶)) P

5 rte de Nesploy – ℰ 02 38 33 71 40 – www.chateau-de-montliard.com – Ouvert
de Pâques à la Toussaint
4 ch ⬜ – †58/90 € ††69/100 €
♦ Ce château ceint de douves vous fera voyager dans le temps ! Bel intérieur historique (escalier à vis, murs épais, vitraux). Chambres sobrement meublées, l'une avec cheminée.

BELLEGARDE-SUR-VALSERINE – 01 Ain – **328** H4 – 11 497 h. **45** C1
– alt. 350 m – ✉ 01200 🟩 Franche-Comté Jura

▶ Paris 497 – Annecy 43 – Bourg-en-Bresse 73 – Genève 43

🛈 24, place Victor Bérard ℰ 04 50 48 48 68

👁 Berges de la Valserine N : 2 km par N84.

à Lancrans 3 km au Nord par D 1084 et D 991 – 1 005 h. – alt. 500 m
– ✉ 01200

🏠
☕☕

Le Sorgia 🛋 🍴 ((¶)) P VISA ⦿

39 Gde-Rue – ℰ 04 50 48 15 81
– Fermé 6-30 août, 24 déc.-18 janv., dim. et lundi
17 ch – †54/60 € ††54/60 € – ⬜ 8,50 € – ½ P 52 €
Rest – *(fermé sam. midi, dim. soir et lundi)* Menu 15 € (sem.), 26/48 €
– Carte 22/32 €
♦ Au cœur du village, la même famille reçoit les visiteurs dans son auberge depuis 1890. Hébergement simple mais propre et régulièrement rafraîchi. Salle à manger champêtre et terrasse fleurie dressée au bord du jardin. Carte du terroir régulièrement renouvelée.

à Eloise (74 H.-Savoie) 5 km au Sud-Est par D 1508 et rte secondaire – 898 h.
– alt. 511 m – ✉ 01200

🏨
☕☕

Le Fartoret 🌿 ← 🔊 🍴 ☄ ✗ ⚙ P VISA ⦿ AE

130 r. du 14 juin 1944 – ℰ 04 50 48 07 18 – www.fartoret.com – Fermé
23 déc.-3 janv. et dim. soir hors saison
40 ch – †45/96 € ††61/96 € – ⬜ 10 € – ½ P 72/93 €
Rest – Menu 19 € (déj.), 26/45 € – Carte 37/54 €
♦ Ensemble hôtelier bâti autour d'une ferme centenaire, agrémenté d'un parc avec piscine et tennis. Chambres anciennes mais bien tenues. Immense collection de coqs. Grandes salles à manger et terrasse couverte avec vue sur les arbres. Cuisine classique.

BELLE-ÎLE-EN-MER ★★ – 56 Morbihan – **308** L10 ∎ Bretagne   **9** B3

Accès par transports maritimes pour **Le Palais** (en été **réservation indispensable** pour le passage des véhicules).

🚢 depuis **Port-Navalo** - (avril-oct.) - Traversée 1 h - Renseignements et tarifs ; Navix S.A. à Port-Navalo ℰ 0 825 132 120 (0,15 €/mn)

🚢 depuis **Vannes** - (avril-oct.) - Traversée 2 h – Renseignements et tarifs : Navix S.A., Gare Maritime ℰ 0 825 132 100 (0,15 €/mn), www.navix.fr

🚢 depuis **Lorient** - Service saisonnier - Traversée 50 mn (passagers uniquement, réservation obligatoire) - Renseignements et Tarifs S.M.N. ℰ 0 820 056 000 (0,12 €/mn) - Pour **Le Palais** et pour **Sauzon** : depuis **Quiberon** - Service saisonnier - Traversée 25 mn - Renseignements et tarifs : S.M.N. ℰ 0 820 056 000 (0,12 €/mn) (Quiberon) - Renseignements et tarifs : Navix S.A

🚢 depuis **Locmariaquer** - ℰ 0 825 162 130 (0,15 €/mn) - **Auray Le Bono** - ℰ 0 825 162 140 (0,15 €/mn) - **La Trinité-sur-Mer** traversée 1 h (14 juil.-22 août) - ℰ 0 825 132 150 (0,15 €/mn).

🚢 depuis **Quiberon** (Port-Maria) - Traversée 30 mn - Renseignements et tarifs : S.M.N. ℰ 0 820 056 000 (Le Palais), www.smn-navigation.fr.

🛈 quai Bonnelle, Le Palais ℰ 02 97 31 81 93

◉ Côte sauvage★★★- Pointe des Poulains★★★.

BANGOR – 56 Morbihan – 875 h. - alt. 45 m – ✉ 56360   **9** B3

▶ Paris 513 – Auray 34 – Rennes 162 – Vannes 53

◉ Le Palais : citadelle Vauban★ NE : 3,5 km.

🏨   **La Désirade** ⌂   🚗 🍴 ⌤ Ⅰ₄ & ❀ rest, ⌂ **P** 🆚 ⓪ 🅰

Le Petit Cosquet – ℰ 02 97 31 70 70 – www.hotel-la-desirade.com
– *Ouvert 1ᵉʳ avril-3 nov. et 28 déc.-3 janv.*
29 ch – ♦140/176 € ♦♦140/176 € – 3 suites – ⌷ 16 €
Rest *La Table* – *(fermé le midi hors week-ends et vacances scolaires)*
Menu 30/82 € – Carte 46/67 €

♦ Un hôtel de charme réparti dans plusieurs maisons récentes de style breton. On savoure le calme dans un charmant salon cosy et dans les chambres habillées de lambris. Espace bien-être complet. Cuisine plaisante puisant son inspiration dans les produits locaux.

LE PALAIS – 56 Morbihan – 2 526 h. - alt. 7 m – ✉ 56360   **9** B3

▶ Paris 508 – Lorient 3 – Rennes 157 – Vannes 48

◉ Citadelle Vauban★.

🏨   **Citadelle Vauban Hôtel-Musée** ⌂   ≤ 🚗 🍴 ⌤ Ⅰ₄ ≣ &
– ℰ 02 97 31 84 17   ❀ rest, ⌂ **P** 🆚 ⓪ 🅰 ⓪
– www.citadellevauban.com – *Ouvert 23 avril-2 oct.*
52 ch – ♦125/325 € ♦♦125/325 € – 7 suites – ⌷ 14 € – ½ P 115/220 €
Rest *La Table du Gouverneur* – (20 €) Menu 35 € (déj.)/65 € – Carte 45/85 €

♦ Cet hôtel-musée a investi la citadelle Vauban. Les chambres, décorées sur le thème de la Compagnie des Indes, donnent presque toutes sur la mer et invitent à des rêves de voyages. Cuisine iodée à déguster dans un cadre d'une luxueuse austérité.

🏠   **Le Clos Fleuri** sans rest   🚗 ⁽ⁱ⁾ ⌂ **P** 🆚 ⓪ 🅰 ⓪

rte de Sauzon, à Bellevue – ℰ 02 97 31 45 45
21 ch – ♦85/127 € ♦♦85/127 € – ⌷ 11 €

♦ Sur les hauteurs de la ville, cet hôtel typique de l'architecture locale abrite des petites chambres coquettes, certaines donnant sur le jardin, forcément fleuri !

🏠   **Château de Bordenéo** sans rest ⌂   🚗 ⌕ ⁽ⁱ⁾ **P** 🆚 ⓪

2 km au Nord-Ouest par rte de Sauzon, à Bordenéo – ℰ 02 97 31 80 77
– www.chateau-bordeneo.fr
5 ch ⌷ – ♦132/202 € ♦♦144/214 €

♦ Cette gentilhommière du 19ᵉ s. rêve parmi les palmiers et les arbres exotiques. Ambiance feutrée dans les chambres et détente absolue à la piscine entourée de grandes fenêtres.

✗ **L'Annexe** 🍴 VISA ⓪

3 quai de l'Yser – ℰ 02 97 31 81 53 – Fermé mars, lundi et mardi du 15 nov. au 1er mars , merc. et le midi
Rest – Carte 30/50 €
♦ Un décor simple, façon bistrot marin : on vient surtout ici pour la qualité des produits de la mer et l'atmosphère conviviale. Viandes et poissons sont grillés dans la cheminée.

PORT-GOULPHAR – 56 Morbihan – ✉ 56360 Bangor **9** B3

▶ Paris 517 – Auray 38 – Rennes 166 – Vannes 57
◉ Site★ : ≤★.

🏨 **Castel Clara** ⚘ ≤ 🍴 🛁 🗕 ⊕ 🛁 🎿 🛎 ᕕ 🎿 🕪 🏔 🅿 VISA ⓪ AE
– ℰ 02 97 31 84 21 – www.castel-clara.com – Fermé 13 nov.-16 déc.
63 ch – ♦180/360 € ♦♦180/360 € – 6 suites – 🍽 25 € – ½ P 170/260 €
Rest – *(fermé le soir hors saison sauf week-ends)* Menu 38/55 €🔖
Rest *Le Bleu Manière Verte* – *(dîner seult)* Menu 65/140 €
♦ Emplacement idyllique sur la côte sauvage, centre "thalasso", chambres et suites raffinées, vue panoramique : le luxe discret... au bout du monde ! Buffets de fruits de mer et de crustacés au Café Clara. Table élégante avec vue sur les falaises, pour une cuisine gastronomique à base de produits frais.

🏨 **Le Grand Large** ⚘ ≤ 🍴 🛎 🕪 🎿 rest. 🕪 🏔 🅿 VISA ⓪ AE
– ℰ 02 97 31 80 92 – www.hotelgrandlarge.com – Fermé 15 nov.-15 mars
34 ch – ♦119/359 € ♦♦119/359 € – 🍽 15 €
Rest – (18 €) Menu 24/33 € – Carte 35/65 €
♦ Ce manoir, posé sur la côte sauvage, contemple l'océan et les aiguilles de Port-Coton. Les chambres, rénovées en 2010, donnent sur les flots ou la lande. Au restaurant, esprit lounge et grandes baies vitrées. Fruits de mer et cuisine du moment.

SAUZON – 56 Morbihan – 860 h. – alt. 35 m – ✉ 56360 **9** B3

▶ Paris 515 – Lorient 9 – Rennes 164 – Vannes 55
◉ Site★ - Pointe des Poulains★★ : ✳★ NO : 3 km puis 30 mn - Port-Donnant : site★★ S : 6 km puis 30 mn.

🏠 **Hostellerie La Touline** sans rest ⚘ 🚗 🕪 VISA ⓪
r. du Port-Vihan – ℰ 02 97 31 69 69 – www.hostellerielatouline.com
– Ouvert 1er avril-25 sept.
5 ch – ♦106/128 € ♦♦106/128 € – 🍽 14 €
♦ Une ancienne maison de pêcheur, sur les hauteurs du petit port de Sauzon. Dans les chambres, on part à l'abordage de la Bretagne, de Zanzibar... Jardin reposant (jacuzzi).

✗✗ **Roz Avel** 🍴 VISA ⓪ AE ⓪
r. du Lieutenant Riau, (derrière l'église) – ℰ 02 97 31 61 48 – Fermé
15 nov.-15 déc., 4 janv.-20 mars et merc.
Rest – *(nombre de couverts limité, prévenir)* (24 €) Menu 30/48 € – Carte 47/63 €
♦ Dans cette maison de pays, le mobilier est bel et bien breton. La cuisine est joliment tournée et fait la part belle aux produits de la mer. Terrasse et jardinet.

✗ **Café de la Cale** 🍴 VISA ⓪
quai Guerveur – ℰ 02 97 31 65 74 – Ouvert d'avril à début oct. et vacances scolaires
Rest – *(prévenir)* Carte 34/48 €
♦ Cette ancienne sardinerie s'est transformée en bistrot marin. On joue des coudes pour apprécier la fraîcheur des poissons, des coquillages et de la cuisine régionale.

BELLÊME – 61 Orne – **310** M4 – 1 602 h. – alt. 241 m – ✉ 61130 **33** C3
❚ Normandie Vallée de la Seine

▶ Paris 168 – Alençon 42 – La Ferté-Bernard 23 – Le Mans 55
🎫 bd Bansard des Bois ℰ 02 33 73 09 69
🏌 De Bellême Saint-Martin Les Sablons, SO : 2 km, ℰ 02 33 73 12 79
◉ Forêt★.

🏠 **Relais Saint-Louis**　　　　　　　🕭 ⅋ "ℙ" P 𝓥𝓘𝓢𝓐 ⦿ AE
1 bd Bansard-des-Bois – ℰ 02 33 73 12 21 – www.relais-st-louis.com – Fermé 15-22 fév. et 12-30 nov.
9 ch – ♦65/87 € – ♦♦65/87 € – ⊇ 8 € – ½ P 84/97 €
Rest – Menu 25/48 € – Carte 27/48 €
◆ Cet ancien relais de poste bien rénové s'illustre par son atmosphère romantique. Chambres coquettes avec ciel de lit ou baldaquin (deux plus modernes dans l'annexe). Au restaurant, belle cheminée, collection de vieux outils et cuisine traditionnelle connotée terroir.

à Nocé 8 km à l'Est par D 203 – 778 h. – alt. 120 m – ✉ 61340

✗✗ **Auberge des 3 J**　　　　　　　　　⟷ 𝓥𝓘𝓢𝓐 ⦿
😊 *1 pl. du Dr-Gireaux – ℰ 02 33 73 41 03 – Fermé 27 sept.-11 oct., 1ᵉʳ-15 janv., mardi de sept. à juin, dim. soir et lundi*
Rest – Menu 25/47 € – Carte environ 36 €
◆ Tables joliment dressées et tableaux agrémentent la salle rustique de cette auberge familiale où dominent la pierre et le bois. Cuisine soignée, mi-traditionnelle, mi-terroir.

BELLEU – 02 Aisne – **306** C6 – rattaché à Soissons

BELLEVAUX – 74 Haute-Savoie – **328** M3 – 1 321 h. – alt. 913 m　　**46** F1
– Sports d'hiver : 1 100/1 800 m ≴23 ≵ – ✉ 74470 ▯ Alpes du Nord
▯ Paris 572 – Annecy 70 – Bonneville 29 – Genève 44
▯ imm les Contamines ℰ 04 50 73 71 53
◉ Site★.

🏠 **La Cascade**　　　　　　　≤ 🚗 ⅋ ch, "ℙ" P 𝓥𝓘𝓢𝓐 ⦿
Chef-lieu – ℰ 04 50 73 70 22 – www.hotel-lacascade.com – Fermé 26 mars-18 avril et oct.
12 ch – ♦40 € – ♦♦50 € – ⊇ 7 € – ½ P 50/60 €
Rest – (15 €) Menu 20/22 € – Carte 15/22 €
◆ Bâtisse de la fin du 19ᵉ s. située au cœur de la petite station. Chambres simples à la déco rustique, toutes avec balcon et vue sur les montagnes alentour. Salle à manger en rotonde où l'on sert une cuisine traditionnelle et régionale.

🏠 **Les Moineaux** ⌇　　　　　　≤ 🚗 ⌇ ✗ P 𝓥𝓘𝓢𝓐 ⦿
😊 *Le Borgel – ℰ 04 50 73 71 11 – www.hotel-les-moineaux.com – Ouvert 20 juin-10 sept. et 20 déc.-10 avril*
14 ch – ♦48 € – ♦♦62 € – ⊇ 6,50 € – ½ P 51/54 €
Rest – Menu 19 € (déj. en sem.), 23/40 €
◆ Deux bâtiments de type chalet en contrebas du village. Les chambres, fonctionnelles et bien tenues, sont dotées de balcons tournés vers les montagnes. Salle à manger rustique ; cuisine familiale à l'accent savoyard et menu végétarien.

à Hirmentaz 7 km au Sud-Ouest par D 26 et D 32 – ✉ 74470 Bellevaux

🏠 **Le Christania** ⌇　　　　≤ ⌇ ▯ ⅋ rest, "ℙ" P 𝓥𝓘𝓢𝓐 ⦿ AE
Hirmentaz – ℰ 04 50 73 70 77 – www.hotel-christania.com – Ouvert 4 juin-10 sept. et 18 déc.-2 avril
35 ch – ♦52/56 € – ♦♦58/60 € – ⊇ 8 € – ½ P 55/67 €
Rest – (15 €) Menu 20/32 € – Carte 26/38 €
◆ Au pied des pistes, cet hôtel familial des années 1970 a gardé son style d'origine. Chambres rustiques, majoritairement équipées de balcons et mansardées au dernier étage. Restaurant tourné vers la piscine et la terrasse ; cuisine régionale, carte traditionnelle.

BELLEVESVRE – 71 Saône-et-Loire – **320** M8 – 270 h. – alt. 188 m　　**8** D3
– ✉ 71270
▯ Paris 371 – Chalon-sur-Saône 51 – Dole 54 – Lons-le-Saunier 28

✗✗ **Le Temps de Vivre**   ⅖ VISA ✖

🍽 *16 Grande Rue* – ✆ *03 85 72 36 44* – *Fermé 3-20 janv., 27 juin-15 juil., sam. midi
et le soir de dim. à merc.*
Rest – *(nombre de couverts limité, prévenir)* Menu 19 € (déj.)/37 €
◆ Un accueil tout sourire vous attend dans cette maison de village. Sympathique cadre champêtre et cuisine traditionnelle soignée, parfumée aux herbes
du potager.

BELLEVILLE – 54 Meurthe-et-Moselle – **307** H6 – 1 461 h. – alt. 190 m   **26** B2
– ✉ 54940

▶ Paris 359 – Metz 42 – Nancy 19 – Pont-à-Mousson 14

✗✗✗ **Le Bistroquet**   🌿 AC P VISA ✖ AE

❀ *97 rte Nationale* – ✆ *03 83 24 90 12* – *www.le-bistroquet.fr*
– *Fermé 15-30 août, 1 sem. en janv., sam. midi, dim. soir, lundi et mardi*
Rest – *(nombre de couverts limité, prévenir)* Menu 35 € (sem.), 55/72 €
– *Carte 66/85 €*
Spéc. Foie gras de canard lorrain poêlé. Carré d'agneau allaiton lorrain. Soufflé
chaud à la liqueur de mirabelle de Lorraine. **Vins** Gris de Toul, Pinot noir des
Côtes de Toul.
◆ La discrète façade dissimule une salle à manger au décor rafraîchi, d'inspira-
tion 1900 (miroirs, affiches et lustres). Terrasse fleurie et cuisine classique prépa-
rée avec art.

✗✗ **La Moselle**   🌿 🌿 AC P VISA ✖

1 r. Prosper-Cabirol, (face à la gare) – ✆ *03 83 24 91 44*
– *www.restaurant-lamoselle.fr* – *Fermé 16 août-5 sept., 15-28 fév., dim. soir, lundi
soir, mardi soir et merc.*
Rest – Menu 24 € (sem.), 34/53 € – Carte 50/85 €
◆ Les deux salles à manger de cette petite adresse familiale sont séparées par
des panneaux ornés de vitraux rappelant le style de l'école de Nancy. Agréable
terrasse ombragée.

BELLEVILLE – 69 Rhône – **327** H3 – 7 113 h. – alt. 192 m – ✉ 69220   **43** E1
🟩 Lyon Drôme Ardèche

▶ Paris 416 – Bourg-en-Bresse 43 – Lyon 45 – Mâcon 31
ℹ 68, rue de la République ✆ 04 74 66 44 67

🏠 **Le Clos Beaujolais** ⬙   🌿 🏊 🚭 ch. 🕸 P VISA ✖

Les Poutoux – ✆ *04 74 66 54 73* – *www.closbeaujolais.com*
4 ch ⬚ – ♦70 € ♦♦75/90 €   **Table d'hôte** – Menu 25 € bc
◆ Accueil très sympathique des propriétaires de cette ancienne maison régionale
parfaitement restaurée, proposant des chambres calmes au décor assez sobre.

✗ **Le Beaujolais**   AC P VISA ✖

🍽 *40 r. Mar.-Foch , (près de la gare)* – ✆ *04 74 66 05 31*
🔴 – *www.restaurant-le-beaujolais.com* – *Fermé 1er-8 mai, 1er-21 août, 21-27 déc.,
dim. soir, lundi soir, mardi soir et merc.*
Rest – (13 €) Menu 16 € (déj. en sem.), 26/42 € – Carte 26/38 €
◆ Tout près de la gare, cette auberge familiale et chaleureuse marie l'ancien et le
moderne. Accueil et service aimables. Cuisine traditionnelle revisitée. Jolis vins
locaux.

à Pizay 5 km au Nord-Ouest par D 18 et D 69 – ✉ 69220 St-Jean-d'Ardières

🏰 **Château de Pizay** ⬙   🌿 🌿 🏊 🍸 ✗ ⅖ ch. AC 🕸 🧖 P P

rte des Crus-du-Beaujolais – ✆ *04 74 66 51 41*   VISA ✖ AE ①
– *www.chateau-pizay.com* – *Fermé 18 déc.-4 janv.*
62 ch – ♦247/320 € ♦♦247/320 € – ⬚ 21 €
Rest – *(fermé le midi en sem. sauf fériés)* Menu 44/71 € – Carte 62/120 €
◆ Beau château (15e-17e s.) au cœur du vignoble. Chambres traditionnelles ou
suites duplex plus contemporaines logées dans la dépendance du parc. Spa complet. Salle à manger mariant ancien et moderne, terrasse dans la cour d'honneur
et fine cuisine classique actualisée.

BELLEY ⊚ – 01 Ain – **328** H6 – 8 466 h. – alt. 279 m – ⊠ 01300 **45** C1
🟩 Franche-Comté Jura

▶ Paris 507 – Aix-les-Bains 31 – Bourg-en-Bresse 83 – Chambéry 36
🛈 34, Grande Rue ℰ 04 79 81 29 06
◉ Chœur★ de la cathédrale St-Jean - Charpente★ du château des Allymes.

🏠 Sweet Home 🖥 ఈ ch, ⁎ rest, ☏ *VISA* ◍ AE
⊜ bd du Mail – ℰ 04 79 81 01 20 – www.sweethomehotel.fr
35 ch – ♦59/69 € ♦♦59/69 € – ⏂ 8,50 € – ½ P 85 €
Rest – *(fermé sam. midi et dim.)* Menu 13 € (déj.)/17 €
♦ Adresse utile pour l'étape en centre-ville. Chambres actuelles et fonctionnelles.
Petit-déjeuner servi sous forme de buffet. Au restaurant : photos d'acteurs en noir
et blanc, courte carte traditionnelle.

au Sud-Est 3 km sur rte Chambéry

✕✕ La Fine Fourchette ⇐ 🛋 P *VISA* ◍
N 504 ⊠ 01300 Belley – ℰ 04 79 81 59 33 – www.aubergedelafinefourchette.fr
– Fermé 18 août-1er sept., 23 déc.-2 janv., dim. soir et lundi
Rest – Menu 24/54 € – Carte 40/50 €
♦ En surplomb de la route, charmant pavillon tourné vers la campagne et le
canal du Rhône. Les larges baies de la salle à manger, redécorée, s'ouvrent sur la
terrasse. Cuisine classique.

à Contrevoz 9 km au Nord-Ouest sur D 32 – 459 h. – alt. 320 m – ⊠ 01300

✕✕ Auberge de Contrevoz 🚗 🛋 P *VISA* ◍
– ℰ 04 79 81 82 54 – www.auberge-de-contrevoz.com – Fermé 2 sem.
début janv., 2 sem. début oct., merc. soir, dim. soir et lundi
Rest – (15 €) Menu 21 € (sem.), 25/40 € – Carte environ 34 €
♦ On se sent bien dans cette maison régionale à l'intérieur rustique. Généreuse
cuisine actuelle avec des touches terroir (menus à thèmes selon les saisons, truffe
du Bugey...).

à Pugieu 9 km au Nord-Ouest sur D 1504 – 128 h. – alt. 247 m – ⊠ 01510

✕ Le Moulin du Martinet 🚗 🛋 P *VISA* ◍ AE
⊜ – ℰ 04 79 87 82 03 – www.moulindumartinet.fr – Fermé 10-20 mars, 10-15 oct.,
4-15 janv., dim. soir, mardi soir et merc.
Rest – (13 €) Menu 17 € (sem.), 23/48 € – Carte 27/54 €
♦ Jardin face à la montagne, canards en liberté, bassin à truites, agréable terrasse, repas au coin du feu en hiver et cuisine actuelle : un vieux moulin (1825)
bien séduisant.

BELVÈS – 24 Dordogne – **329** H7 – 1 503 h. – alt. 175 m – ⊠ 24170 **4** D1
🟩 Périgord Quercy

▶ Paris 552 – Bergerac 56 – Bordeaux 197 – Périgueux 66
🛈 1, rue des Filhols ℰ 05 53 29 10 20

🏠 Clément V sans rest AC ☏ *VISA* ◍ AE ◉
15 r. J.-Manchotte – ℰ 05 53 28 68 80 – www.clement5.com
10 ch – ♦100/125 € ♦♦100/210 € – ⏂ 13 €
♦ Dans un village médiéval haut perché, cette coquette maison propose des
chambres de caractère, dont l'une occupe une cave voûtée du 11e s. Véranda sur
une petite cour fleurie.

à Sagelat 2 km au Nord par D 53 – 348 h. – alt. 78 m – ⊠ 24170

✕ Auberge de la Nauze avec ch 🛋 AC rest, ☏ P *VISA* ◍
⊜ Fongauffier – ℰ 05 53 28 44 81 – www.aubergedelanauze.fr – Fermé
26 juin-5 juil., 20 nov.-7 déc., 12-20 fév., lundi sauf le soir en juil.-août, mardi soir
et sam. midi de sept. à juin
8 ch – ♦36/58 € ♦♦36/58 € – ⏂ 6 € – ½ P 38/48 €
Rest – (12 € bc) Menu 14 € (déj. en sem.), 22/52 € – Carte 30/62 €
♦ Dans cette maison en pierre de pays, on s'attable autour de bons plats traditionnels, sous les poutres ou sur la terrasse, en pleine campagne. L'auberge propose également de petites chambres, bien tenues.

BÉNESTROFF – Moselle – **307** L5 – 489 h. – alt. 250 m – ⊠ 57670   **27** C2
Benestroff

▶ Paris 414 – Grevenmacher 138 – Metz 89 – Saarbrücken 59

※   **La Toque Blanche**   🍴 *VISA* ⚌ 🅰🅴 ⓪
49 Grand' Rue – ℰ 03 87 01 51 85 – www.latoque-blanche.fr – Fermé
17 juil.-2 août, 2-9 nov., vacances de fév., dim. soir, mardi soir et lundi
Rest – Menu 14 € (déj. en sem.), 27/55 € – Carte 38/48 €
♦ Terrine maison, souris d'agneau à la fleur de thym, retour de pêche… Cette toque honore la tradition, avec une note d'exotisme (sushis, crevettes tigrées, etc.). Décor soigné.

BÉNODET – 29 Finistère – **308** G7 – 3 159 h. – Casino – ⊠ 29950   **9** A2
🟩 Bretagne

▶ Paris 563 – Concarneau 19 – Fouesnant 8 – Pont-l'Abbé 13

ℹ 29, avenue de la Mer ℰ 02 98 57 00 14

⛳ de l'Odet Clohars Fouesnant, N : 4 km par D 34, ℰ 02 98 54 87 88

◉ Pont de Cornouaille ≼ ★ - L'Odet ★★ en bateau : 1h30.

🏨   **Kastel**   ≼ 🌳 📶 🎙 💆 **P** *VISA* ⚌ 🅰🅴
corniche de la Plage – ℰ 02 98 57 05 01 – www.hotel-kastel.com
– Fermé 4-17 déc.
22 ch 🛏 – †57/219 € ††94/232 €
Rest – (21 €) Menu 28/45 € – Carte 34/48 €
♦ À proximité de la plage et du centre de thalassothérapie, hôtel entièrement rénové dans un esprit contemporain. Les chambres, spacieuses, ont pris le parti décoratif de l'épure. Cuisine au goût du jour servie au restaurant, dans un cadre gai et lumineux.

🏨   **Le Grand Hôtel Abbatiale**   📶 🕭 ch, 🎙 💆 **P** *VISA* ⚌ 🅰🅴 ⓪
4 av. Odet – ℰ 02 98 66 21 66 – www.hotelabbatiale.com – Fermé 23-26 déc.
50 ch – †72/92 € ††82/112 € – 🛏 11 € – ½ P 77/92 €
Rest – (dîner seult) Menu 22/32 € – Carte 30/45 €
♦ L'atout majeur de cet hôtel de belle ampleur : son emplacement face au port de la station balnéaire bretonne. Chambres soit sobres et fonctionnelles, soit d'esprit plus contemporain. Cuisine traditionnelle et produits de la mer.

🏨   **Domaine de Kereven** sans rest 🌿   🔆 🌳 🎙 **P** *VISA* ⚌
2 km rte de Quimper – ℰ 02 98 57 02 46 – www.kereven.com – Ouvert
Paques-30 sept.
12 ch – †58/68 € ††68/95 € – 🛏 10 €
♦ Au cœur d'un grand parc ombragé, plusieurs bâtiments récents et paisibles d'inspiration régionale. Chambres douillettes et personnalisées. Tenue irréprochable et accueil charmant.

🏨   **Les Bains de Mer**   🏊 📶 🆎 rest, 🎙 **P** *VISA* ⚌ 🅰🅴
11 r. Kerguelen – ℰ 02 98 57 03 41 – www.lesbainsdemer.com – Fermé janv.
32 ch – †45/60 € ††52/75 € – 🛏 8,50 € – ½ P 50/68 €
Rest – (fermé sam. midi, mardi midi et vend. d'oct. à Pâques) (11 €) Menu 16 €, 21/55 € – Carte 22/48 €
♦ Après un bain de mer, installez-vous dans l'une des chambres sobrement décorées de cet accueillant hôtel situé au centre de la cité d'adoption d'Éric Tabarly. Table traditionnelle aux tons contrastés : murs verts et tentures prune, comme les sièges.

※   **Escapades**   🌳 *VISA* ⚌
37 r. du Poulquer – ℰ 02 98 66 27 97 – www.escapades-benodet.com – Fermé
15 nov.-7 déc.
Rest – Menu 17 € – Carte 34/47 €
♦ Au bout de la plage du Trez, sympathique bistrot contemporain tenu par deux chefs associés, l'un en salle l'autre en cuisine. Menu du jour à l'ardoise et carte traditionnelle.

à Clohars-Fouesnant 3 km au Nord-Est par D 34 et rte secondaire – 2 062 h.
– alt. 30 m – ✉ 29950

XX **La Forge d'Antan**　　　　　　🍴 🈂 ℙ 🅿 VISA 🆔
*31 rte de Nors Vraz – ℰ 02 98 54 84 00 – www.laforgedantan.fr – Fermé mardi
sauf le soir en juil.-août , dim. soir de sept. à juin et lundi*
Rest – (25 €) Menu 35/70 € – Carte 50/70 €
◆ Plaisante auberge de campagne disposant de deux salles à manger : l'une rustique chaleureuse et l'autre plus claire, côté jardin. Cuisine classique privilégiant
le poisson.

à Ste-Marine 5 km à l'Ouest par pont de Cornouaille – ✉ 29120 Combrit

🏠 **Villa Tri Men** 🕭　　　　⟨ 🈂 🈂 🈸 ⅍ 🎙 ℙ 🅿 VISA 🆔
*16 r. du Phare – ℰ 02 98 51 94 94 – www.trimen.fr – Fermé 15 nov.-18 déc. et
3 janv.-7 fév.*
20 ch – � 115/295 € ♦♦ 115/295 € – ☐ 14 €
Rest – *(ouvert 2 avril-16 oct. et fermé dim. et lundi sauf du 15 juin au 15 sept. et
le midi)* Menu 35/65 € – Carte 47/75 €
◆ Belle villa 1900 nichée dans un jardin arboré en bordure de mer. Les chambres
sont élégantes et spacieuses, garnies de meubles et tableaux modernes. Cuisine
actuelle mariant produits locaux, herbes et épices, servie dans une salle contemporaine ou en terrasse.

🏠 **La Ferme Saint-Vennec** sans rest 🕭　　🎵 ⅍ ⅍ 🎙 ℙ VISA 🆔
*r. de la Clarté – ℰ 02 98 56 74 53
– www.lafermesaintvennec.com*
5 ch – ♦85/175 € ♦♦85/175 € – ☐ 12 €
◆ En quête de sérénité et d'authenticité ? Ces jolies maisons bretonnes restaurées marient confort et raffinement, dans un style mi-ancien mi-actuel. Accueil
charmant.

BÉNOUVILLE – 14 Calvados – **303** K4 – rattaché à Caen

BERCK-SUR-MER – 62 Pas-de-Calais – **301** C5 – 15 145 h. – alt. 5 m　　**30** A2
– Casino – ✉ 62600 🟢 Nord Pas-de-Calais Picardie
▶ Paris 232 – Abbeville 48 – Arras 93 – Boulogne-sur-Mer 40
🗓 5, avenue Francis Tattegrain ℰ 03 21 09 50 00
🏌 de Nampont Saint-Martin à Nampont-Saint-Martin Maison Forte, par D 940
et D 901 : 15 km, ℰ 03 22 29 92 90
🟢 Parc d'attractions de Bagatelle★ 5 km par ①.

à Berck-Plage – ✉ 62600

XX **La Verrière**　　　　　　　🈂 AC VISA 🆔 AE ①
*pl. 18-Juin – ℰ 03 21 84 27 25 – www.casinoberck.com
– Fermé 21-27 mars, 21-27 nov., dim. soir, mardi soir, merc. soir d'oct. à avril et
lundi sauf en juil.-août*
Rest – (14 € bc) Menu 19 € (sem.), 25/50 € – Carte 50/60 €
◆ La gare routière est devenue un casino... et ce dernier héberge un restaurant fort
sympathique (cuisines ouvertes) ! Petits plats dans l'air du temps et menu du jour.

BERGERAC ✍ – 24 Dordogne – **329** D6 – 27 716 h. – alt. 37 m　　**4** C1
– ✉ 24100 🟢 Périgord Quercy
▶ Paris 534 – Agen 91 – Angoulême 110 – Bordeaux 94
✈ Bergerac-Dordogne-Périgord : ℰ 05 53 22 25 25, 3 km par ③.
🗓 97, rue Neuve d'Argenson ℰ 05 53 57 03 11
🏌 Château les Merles à Mouleydier D 660, par rte de Sarlat : 15 km,
ℰ 05 53 63 13 42
🟢 Le Vieux Bergerac★★ : musée du Tabac★★ (maison Peyrarède★) - Musée
du Vin, de la Batellerie et de la Tonnellerie★ **M³**.

La Flambée

49 av. Marceau-Feyry, 3 km par ① rte de Périgueux
– ℰ 05 53 57 52 33 – www.laflambee.com
20 ch – †55/65 € ††68/78 € – ☑ 8 €
Rest – Menu 17 € bc (déj. en sem.), 26/35 € – Carte 25/42 €

◆ À la sortie de la ville, une ancienne ferme (18ᵉ s.) dans un parc arboré. Chambres spacieuses, au mobilier de style colonial ; celles de l'ancien chai jouissent d'une terrasse. Au restaurant, décor périgourdin et cuisine régionale... qui n'oublie pas le poisson !

De France sans rest

18 pl. Gambetta – ℰ 05 53 57 11 61
– www.hoteldefrance-bergerac.com
– *Fermé vacances de fév.*   **AYb**
20 ch – †60/65 € ††69/74 € – ☑ 9 €

◆ Face à la place ombragée du marché (mercredi et samedi), l'hôtel de France, rénové, offre un nouveau visage. Les chambres sont simples et plus calmes côté piscine.

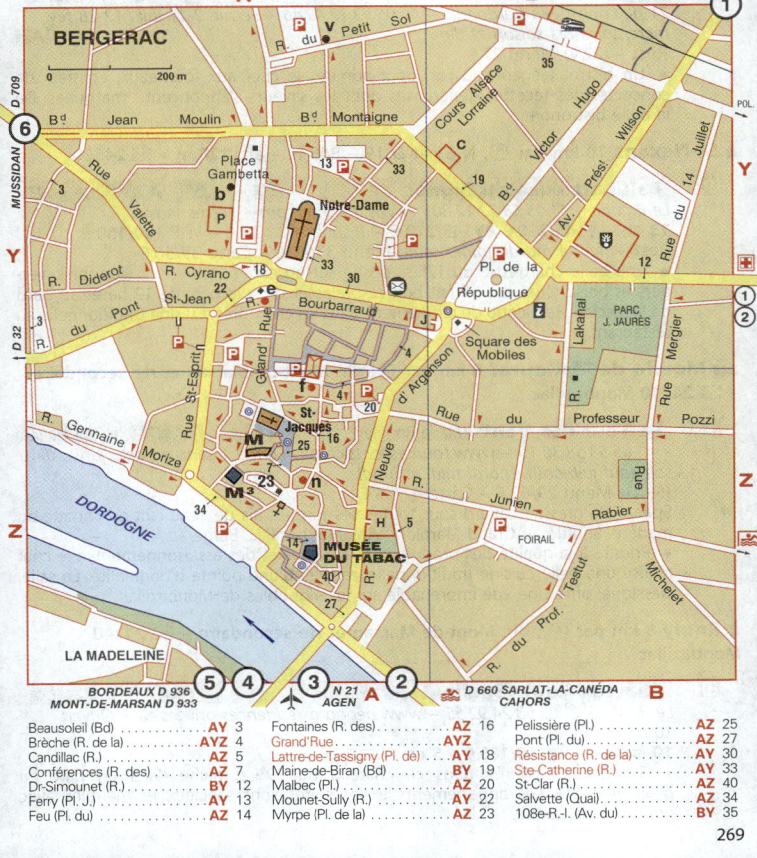

Beausoleil (Bd)	**AY** 3	Fontaines (R. des)	**AZ** 16	Pelissière (Pl.)	**AZ** 25
Brèche (R. de la)	**AYZ** 4	Grand'Rue	**AYZ**	Pont (Pl. du)	**AZ** 27
Candillac (R.)	**AZ** 5	Lattre-de-Tassigny (Pl. de)	**AY** 18	Résistance (R. de la)	**AY** 30
Conférences (R. des)	**AZ** 7	Maine-de-Biran (Bd)	**BY** 19	Ste-Catherine (R.)	**AY** 33
Dr-Simounet (R.)	**BY** 12	Malbec (Pl.)	**AZ** 20	St-Clar (R.)	**AZ** 40
Ferry (Pl. J.)	**AY** 13	Mounet-Sully (R.)	**AY** 22	Salvette (Quai)	**AZ** 34
Feu (Pl. du)	**AZ** 14	Myrpe (Pl. de la)	**AZ** 23	108e-R.-I. (Av. du)	**BY** 35

Europ Hôtel sans rest

🚗 🍴 📶 P VISA ⓜⓞ AE ①

20 r. Petit-Sol – ℰ 05 53 57 06 54 – www.europ-hotel-bergerac.com/
22 ch – †46 € ††46/57 € – ☑ 8 € AYv

• Le jardin jouxtant la piscine est l'atout majeur de cet hôtel situé dans le quartier de la gare. Chambres rénovées et bien tenues (climatisation et double-vitrage côté rue).

L'Imparfait

🍴 VISA ⓜⓞ AE

8 r. des Fontaines – ℰ 05 53 57 47 92 – www.imparfait.com
– Fermé 25 déc.-17 janv. AZn
Rest – (24 €) Menu 29/36 € – Carte 30/50 €

• Dans cette bâtisse médiévale du vieux Bergerac, l'art culinaire se conjugue au présent ! Cuisine goûteuse inspirée du terroir et teintée d'exotisme. Parfait rapport plaisir-prix.

Le Repaire de Savinien

🍴 VISA ⓜⓞ

15 r. Mounet-Sully – ℰ 05 53 24 35 46 – Fermé 1ᵉʳ-9 mai,
10-28 nov., 26 fév.-5 mars, dim. et lundi AYe
Rest – Carte 25/35 €

• Ambiance bistrot à quelques pas de l'église Notre-Dame : repas au coude-à-coude et carte proposée à l'ardoise. Plats traditionnels respectueux des saisons et des produits.

La Table du Marché

🍴 AC VISA ⓜⓞ AE

21 pl. Louis-de-la-Bardonnie – ℰ 05 53 22 49 46 – Fermé 2-11 juil., 12-28 fév.,
merc. soir hors saison et dim. AZf
Rest – (22 €) Menu 27 €

• Un bistrot élégant, où l'on peut admirer le chef aux fourneaux, en train de concocter des recettes généreuses dont les saveurs s'annoncent... marquées. De la belle bistronomie.

à St-Nexans 10 km par ③, N 21 et D 19 – 845 h. – alt. 120 m – ⊠ 24520

La Chartreuse du Bignac 🦚

≤ 🕊 🍴 🏊 ᨕ 📶 P VISA ⓜⓞ AE

Le Bignac – ℰ 05 53 22 12 80 – www.abignac.com – Fermé janv.
13 ch – †145/210 € ††145/210 € – 1 suite – ☑ 17 € – ½ P 130/150 €
Rest – (fermé mardi) (dîner seult) Menu 32/40 € – Carte 39/56 €

• Une belle chartreuse du 17ᵉ s., posée sur un coteau dominant vignobles, vergers et bois... Quel site ! Il fait bon se prélasser dans le parc de 12 ha et au bord de la piscine. Beaucoup de raffinement dans les chambres. Cuisine traditionnelle au restaurant.

au Moulin de Malfourat 8 km par ④, dir. Mont-de-Marsan et rte secondaire – ⊠ 24240 Monbazillac

La Tour des Vents (Marie Rougier)

≤ 🚗 🍴 P VISA ⓜⓞ AE

– ℰ 05 53 58 30 10 – www.tourdesvents.com – Fermé 1 sem. en oct., janv., dim.
soir sauf juil.-août, mardi midi et lundi
Rest – Menu 29/62 € – Carte 47/65 €
Spéc. Foie gras de canard sous toutes ses formes. Ris de veau cuit en cocotte au madère. Soufflé au Grand Marnier. **Vins** Monbazillac, Bergerac.

• Priorité à la qualité des produits, des cuissons et des assaisonnements : le chef réalise une belle cuisine traditionnelle, relevée d'une pointe d'originalité. La salle, classique, offre une vue imprenable sur les vignobles de Monbazillac.

à Rauly 8 km par ④ , dir. Mont-de-Marsan et rte secondaire – ⊠ 24240 Monbazillac

Château Rauly-Saulieut sans rest 🦚

🕊 🏊 📶 P VISA ⓜⓞ

Le Rauly – ℰ 05 53 24 92 55 – www.perigord-residences-privees.eu – Ouvert
16 mars-1ᵉʳ nov.
10 suites – ††160/185 € – 5 ch – ☑ 13 €

• Tranquillité assurée dans ce château du 19ᵉ s. niché dans un parc en plein vignoble. Les appartements et les suites sont spacieux et meublés avec goût. Piscine, sauna.

BERGÈRES-LÈS-VERTUS – 51 Marne – 306 F9 – rattaché à Vertus

BERGHEIM – 68 Haut-Rhin – 315 I7 – 1 837 h. – alt. 235 m – ⊠ 68750   2 C2
▊ Alsace Lorraine

▶ Paris 449 – Colmar 18 – Ribeauvillé 4 – Sélestat 11

✕✕ La Bacchante avec ch   🛜 🗚 ㊟ 🅿 𝘝𝘪𝘴𝘢 ⓞ 𝔸𝔼
9 Grand Rue – ℰ 03 89 73 31 15 – www.cheznorbert.com – Fermé 8-27 mars, 4-10 juil. et 14-24 nov.
8 ch – ♦60/80 € ♦♦80/115 € – ⌚ 15 €
Rest – *(fermé merc. midi, vend. midi, jeudi et le midi)* Menu 30/48 €
– Carte 32/45 €
◆ Cette ancienne exploitation viticole arbore un décor rustique plein de caractère. Jolie terrasse dans une cour intérieure pavée et cuisine traditionnelle assortie de suggestions du jour. Chambres simples réparties dans des bâtiments du 17ᵉ et du 18ᵉ s.

✕ Wistub du Sommelier   🛜 𝘝𝘪𝘴𝘢 ⓞ
🤶 *51 Grand-Rue – ℰ 03 89 73 69 99 – www.wistub-du-sommelier.com – Fermé vacances de fév., merc. et jeudi*
Rest – *(17 €)* Menu 21 € (sem.), 28/40 € – Carte 29/41 €
◆ Parquet et comptoir du 19ᵉ s., boiseries, poêle en faïence : un sympathique décor de wistub modernisé se cache derrière cette jolie façade alsacienne. Goûteux plats du terroir.

BERGUES – 59 Nord – 302 C2 – 3 959 h. – alt. 4 m – ⊠ 59380   30 B1
▊ Nord Pas-de-Calais Picardie

▶ Paris 279 – Calais 52 – Dunkerque 9 – Hazebrouck 34
🅩 Place Henri Billiaert ℰ 03 28 68 71 06
◉ Couronne d'Hondschoote★.

🏠 Au Tonnelier   🛜 ㊐ ch, 🌡 🅿 𝘝𝘪𝘴𝘢 ⓞ 𝔸𝔼
🔗 *4 r. Mont-de-Piété , (près de l'église) – ℰ 03 28 68 70 05 – www.autonnelier.com – Fermé 23 déc.-8 janv.*
24 ch – ♦50/60 € ♦♦60/70 € – ⌚ 12 € – ½ P 57/60 €
Rest – *(fermé dim. soir)* (13 €) Menu 16 € (sem.), 21/33 € – Carte 22/38 €
◆ Cette petite adresse familiale, qui occupe une maison en briques abondamment fleurie de la cité en partie fortifiée par Vauban, abrite des chambres fonctionnelles. Accueillante salle à manger (boiseries, mobilier de style bistrot) et cuisine traditionnelle.

✕✕✕ Cornet d'Or   𝘝𝘪𝘴𝘢 ⓞ
26 r. Espagnole – ℰ 03 28 68 66 27 – Fermé dim. soir et lundi
Rest – *(20 €)* Menu 33/45 €
◆ Ce restaurant a fière allure avec sa jolie façade flamande et son intérieur résolument bourgeois. La généreuse carte, traditionnelle, sait valoriser des produits simples et bons.

BERMICOURT – 62 Pas-de-Calais – 301 G5 – 149 h. – alt. 118 m   30 B2
– ⊠ 62130

▶ Paris 234 – Arras 50 – Lens 61 – Lille 100

🔡 La Cour de Rémi ⌂   🌿 🛜 ㊐ ㊝ ch, 🅿 𝘝𝘪𝘴𝘢 ⓞ
1 r. Baillet – ℰ 03 21 03 33 33 – www.lacourderemi.com
10 ch – ♦80/160 € ♦♦80/160 € – ⌚ 10 €
Rest – *(fermé sam. midi, dim. soir et lundi)* (18 €) Menu 29/39 €
◆ Au bout d'une allée bordée de tilleuls et de châtaigniers, un joli château du 19ᵉ s. et ses dépendances... Chambres spacieuses, tout en sobriété et élégance. On se délecte de plats de saison dans une salle lumineuse et épurée, très contemporaine.

BERNAY ⟨ⓈⓃⒸⒻ⟩ – 27 Eure – 304 D7 – 10 635 h. – alt. 105 m – ⊠ 27300   33 C2
▊ Normandie Vallée de la Seine

▶ Paris 155 – Argentan 69 – Évreux 49 – Le Havre 72
🅩 29, rue Thiers ℰ 02 32 43 32 08
◉ Boulevard des Monts★.

Acropole Hôtel sans rest 🎇 🖼 ⚙ 🍽 🎱 P VISA ➌ AE ①

10 r. Grande-Malouve, 3 km au Sud-Ouest par rte de Broglie (D 438)
– 𝒞 02 32 46 06 06 – www.hotel-acropole.com
51 ch – ♦58/68 € ♦♦58/68 € – ⬄ 8 € – ½ P 74 €

◆ Excentré dans une zone commerciale, établissement proposant un hébergement avant tout pratique, bénéficiant d'équipements fonctionnels et d'une
bonne insonorisation.

XXX **Hostellerie du Moulin Fouret** 🎵 🈸 P VISA ➌

2 r. du Moulin Fouret, 3,5 km au Sud par rte de St-Quentin-des-Isles
– 𝒞 02 32 43 19 95 – www.moulin-fouret.com – Fermé mardi de janv. à mars,
dim. soir et lundi sauf fériés
Rest – (25 €) Menu 40/56 € – Carte 75/95 €

◆ Élégante salle à manger ouverte sur le bar où se trouvent les rouages de ce
moulin reconverti. La paisible terrasse est prolongée par un parc fleuri bordant
la rivière. Carte actuelle.

LA BERNERIE-EN-RETZ – 44 Loire-Atlantique – 316 D5 – 2 499 h. – 34 A2
– alt. 24 m – ⬄ 44760

▶ Paris 434 – Nantes 46 – St-Herblain 46 – St-Nazaire 38
🅳 3, chaussée du Pays de Retz 𝒞 02 40 82 70 99

XX **L'Artimon** AC VISA ➌
😊
17 r. J. du Plessis – 𝒞 02 51 74 61 60 – Fermé 7-14 mars, dim. soir, mardi et
🈁 *merc. de sept. à juin et lundi*
Rest – (nombre de couverts limité, prévenir) Menu 18 € (déj. en sem.), 27/35 €
◆ Cet Artimon porte haut les valeurs de la bonne cuisine, attirant de loin les amateurs : le chef travaille en vrai artisan de beaux produits locaux. Petite salle d'esprit marin.

BERNEUIL-SUR-AISNE – 60 Oise – 305 J4 – 989 h. – alt. 45 m 37 C2
– ⬄ 60350

▶ Paris 107 – Amiens 97 – Compiègne 17 – Creil 55

⌂ **Le Manoir de Rochefort** sans rest 🦋 🎇 ⚙ P

– 𝒞 03 44 85 81 78 – www.domainederochefort.fr – Fermé 1ᵉʳ janv.-31 mars
4 ch – ♦79 € ♦♦90 €

◆ L'ancienne chapelle (17ᵉ s.) de ce manoir abrite des chambres élégantes, décorées avec soin par la propriétaire, chineuse passionnée. Petits plus : la forêt voisine et le calme.

BERNEX – 74 Haute-Savoie – 328 N2 – 1 137 h. – alt. 955 m – Sports 46 F1
d'hiver : 1 000/2 000 m ⚶13 ⚶ – ⬄ 74500 🟩 Alpes du Nord

▶ Paris 590 – Annecy 97 – Évian-les-Bains 10 – Morzine 32
🅳 le Clos du Moulin 𝒞 04 50 73 60 72

à La Beunaz 1,5 km au Nord-Ouest par D 52 – ⬄74500 Bernex – alt. 1 000 m

🏨 **Bois Joli** 🦋 ⟨ 🎇 🈸 ⬛ 🄵 📶 📶 P VISA ➌ AE ①

– 𝒞 04 50 73 60 11 – www.hotel-bois-joli.fr – Ouvert 22 avril-10 oct.
et 20 déc.-20 mars
20 ch – ♦60/76 € ♦♦76/90 € – 1 suite – ⬄ 10 € – ½ P 64/70 €
Rest – (fermé dim. soir et merc.) Menu 26/48 € – Carte 42/59 €
◆ Pimpant chalet noyé dans la verdure. Chambres décorées à la mode savoyarde,
avec balcon tourné vers la Dent d'Oche ou le mont Billiat. Espace bien-être. Cuisine traditionnelle au restaurant, dans un cadre montagnard ou sur la terrasse
d'été (belle vue).

BERNIÈRES-SUR-MER – 14 Calvados – 303 J4 – 2 373 h. – ⬄ 14990 32 B2
🟩 Normandie Cotentin

▶ Paris 252 – Caen 20 – Hérouville-Saint-Clair 21 – Le Havre 107
🅳 159, rue Victor Tesnières 𝒞 02 31 96 44 02

XX **L'As de Trèfle** P VISA ⓒ AE
420 r. Léopold Hettier – ℰ 02 31 97 22 60 – www.restaurant-asdetrefle.com
– Fermé 3 janv.-10 fév., lundi et mardi
Rest – (15 €) Menu 20 € (sem.)/39 € – Carte 35/61 €
♦ En retrait du rivage, bâtisse de 1934 d'inspiration mauresque, cachant un intérieur contemporain (murs blanc ou ocre, parquet). Atout maître : les plats de poisson (pêche locale).

BERNOS-BEAULAC – 33 Gironde – **335** J8 – rattaché à Bazas

BERRWILLER – 68 Haut-Rhin – **315** H9 – 1 106 h. – alt. 260 m   **1** A3
– ✉ 68500
▶ Paris 467 – Belfort 45 – Colmar 31 – Épinal 99

XX **L'Arbre Vert** AC VISA ⓒ ⓞ
96 r. Principale – ℰ 03 89 76 73 19 – www.restaurant-koenig.com
– Fermé 20-27 mars, 5-25 juil., jeudi soir, dim. soir et lundi
Rest – Menu 22/48 € – Carte 37/58 € ♨
♦ Charmante auberge fleurie tenue par la même famille depuis 5 générations. Cuisine actuelle personnalisée privilégiant les produits de saison et belle carte des vins d'Alsace.

BERRY-AU-BAC – 02 Aisne – **306** F6 – 521 h. – alt. 62 m – ✉ 02190   **37** D2
▶ Paris 161 – Laon 30 – Reims 21 – Rethel 46

XX **La Cote 108** 🚗 🍴 P VISA ⓒ AE
ⓒ *1 r. du Col. Vergezac – ℰ 03 23 79 95 04 – www.lacote108.com*
– Fermé 25 juil.-9 août, 19 déc.-3 janv., dim. soir, lundi et mardi
Rest – (prévenir le week-end) Menu 15 €, 24/89 € – Carte 60/80 € ♨
♦ Pause gourmande face à la cote 108 : cette maison propose une cuisine de saison dans un cadre contemporain raffiné. Bon choix de vins et de champagnes.

BERZE-LA-VILLE – 71 Saône-et-Loire – **320** I11 – 516 h. – alt. 350 m   **8** C3
– ✉ 71960 ▮ Bourgogne
▶ Paris 408 – Charolles 47 – Cluny 13 – Mâcon 13

à la Croix-Blanche 2 km à l'Ouest – ✉ 71960

XX **Le Relais du Mâconnais** 🍴 P VISA ⓒ AE ⓞ
lieu-dit la Croix Blanche, D 17 – ℰ 03 85 36 60 72 – www.lannuel.com
– Fermé janv., dim. soir, mardi midi et lundi
Rest – Menu 28/60 € – Carte 49/57 €
♦ Belle maison régionale au centre du bourg. Cuisine dans l'air du temps mitonnée par un jeune chef talentueux et servie dans une salle contemporaine mariant les tons chaud-froid.

BESANÇON P – 25 Doubs – **321** G3 – 117 080 h. – Agglo. 134 376 h.   **16** B2
– alt. 250 m – Casino BY – ✉ 25000 ▮ Franche-Comté Jura
▶ Paris 405 – Basel 167 – Bern 180 – Dijon 91
🛈 2, place de la 1ère Armée Française ℰ 03 81 80 92 55
🏌 de Besançon à Mamirolle La Chevillotte, E : 13 km par N 57, D 464 et D 104, ℰ 03 81 55 73 54
◉ Site★★★ - Citadelle★★ : musée d'Histoire naturelle★ **M³**, musée comtois★ **M²**, musée de la Résistance et de la Déportation★ **M⁴** - Vieille ville★★ ABYZ : Palais Granvelle★, cathédrale★ (Vierges aux Saints★), horloge astronomique★, façades des maisons du 17ᵉ s.★ - Préfecture★ AZ **P** - Bibliothèque municipale★ BZ **B** - Grille★ de l'Hôpital St-Jacques AZ - Musée des Beaux-Arts et d'Archéologie★★.

Plans pages suivantes

BESANÇON

Allende (Bd S.) . . . . AX 2
Belfort (R. de) . . . . BX
Brulard (R. Gén.) . . . . AX 5
Carnot (Av.) . . . . BX 7
Chaillot (R. de) . . . . BX 12
Clemenceau (Av. Georges) . AX 15
Clerc (R. F.) . . . . BX 16
Fontaine-Argent (Av.) . . . . BX 19
Jouchoux (R. A.) . . . . AX 25
Lagrange (Av. Léo) . . . . AX 27
Montrapon (Av. de) . . . . AX 34
Observatoire (Av. de l') . . . . AX 35
Ouest (Bd) . . . . AX 37
Paix (Av. de la) . . . . BX 38
Vaite (R. de la) . . . . BX 55
Voirin (R.) . . . . BX 57

Mercure Parc Micaud

3 av. Edouard-Droz – ✆ 03 81 40 34 34 – www.mercure.com BY**d**

91 ch – †69/170 € ††79/180 € – ☕ 17 €

Rest – *(fermé sam. midi et dim. midi)* Menu 15 € (déj.) – Carte 27/41 €

◆ Près de la vieille ville, hôtel bien situé, au bord du Doubs et face au parc Micaud. Chambres spacieuses, rénovées en 2010 selon les normes de la chaîne ; agréable bar feutré. Au restaurant, plats traditionnels et décoration sur le thème du temps.

Charles Quint sans rest

3 r. du Chapitre – ✆ 03 81 82 05 49 – www.hotel-charlesquint.com – Fermé 20-26 fév. BZ**f**

9 ch – †89/145 € ††89/145 € – ☕ 12 €

◆ Ferronnerie d'art, mobilier chiné, moulures... Une paisible demeure bourgeoise (18e s.) d'esprit maison d'hôtes. Chambres soignées, donnant sur le jardin ou la cathédrale.

De Paris sans rest

33 r. des Granges – ✆ 03 81 81 36 56 – www.besanconhoteldeparis.com ABY**a**

50 ch – †60 € ††75 € – ☕ 12 €

◆ Un hôtel de caractère, mêlant harmonieusement chatoiements de l'ancien et esprit design ! La plupart des chambres, élégantes, donnent sur deux paisibles cours intérieures.

Ibis Centre sans rest

21 r. Gambetta – ✆ 03 81 81 02 02 – www.ibis.com BY**k**

49 ch – †62/91 € ††62/91 € – ☕ 8 €

◆ Ce bâtiment industriel en pierre de taille fut une usine d'aiguilles de montres au 19e s. Chambres conformes aux standards Ibis et salle des petits-déjeuners contemporaine.

BESANÇON

Battant (Pont) . . . . **AY** 3
Battant (R.) . . . . **AY**
Bersot (R.) . . . . **BY**
Carnot (Av.) . . . . **BYX** 7
Castan (Sq.) . . . . **BZ** 8
Chapitre (R. du) . . . . **BZ** 14
Convention (R. de la) . . . . **BZ** 4
Denfert-Rochereau (Av.) . . . **BY** 17
Denfert-Rochereau
   (Pont) . . . . **BY** 18

Fusillés-de-la-Résistance
   (R. des) . . . . **BZ** 20
Gambetta (R.) . . . . **ABY** 21
Gare-d'eau (Av. de la) . . . . **AZ** 22
Gaulle (Bd Ch.de) . . . . . . **AZ** 23
Girod-de-Chantrans (R.) . . **AYZ** 24
Grande-Rue . . . . **ABYZ**
Granges (R. des) . . . . . . **ABY**
Krug (R. Ch.) . . . . **BY** 26
Lycée (R. du) . . . . **BZ** 28
Madeleine (R. de la) . . . . . **AY** 29
Martelots (Pl. des) . . . . . . **BZ** 30
Mégevand (R.) . . . . **ABZ** 32

Moncey (R.) . . . . **BY** 33
Orme-de-Chamars (R. de l'). **AZ** 36
République (R. de la) . . . . **ABY** 40
Pouillet (R. C.) . . . . **AY** 39
Révolution (Pl. de la) . . . . **AY** 41
Rivotte (Faubourg) . . . . . **BZ** 42
Ronchaux (R.) . . . . **BZ** 43
Rousseau (R. J. J.) . . . . . **AY** 45
Saint-Amour (Sq.) . . . . . . **BY** 48
Sarrail (R. Gén.) . . . . **ABY** 52
Vauban (Q.) . . . . **AY** 56
1ère-Armée-Française
   (Pl. de la) . . . . **BY** 58

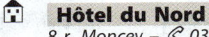

🏠 ## Hôtel du Nord *sans rest*

8 r. Moncey – ☎ 03 81 81 34 56
– www.hotel-du-nord-besancon.com
44 ch – †49/57 € ††59/68 € – ☑ 7 €

BYr

◆ Une bâtisse du 19ᵉ s. en plein centre, idéale pour partir à la découverte de la ville... Les chambres sont très bien tenues et insonorisées. Accueil charmant.

XXX ## Le Manège

2 fg Rivotte – ☎ 03 81 48 01 48
– www.restaurant-le-manege.fr
– Fermé 1ᵉʳ-15 août, 21 fév.-7 mars, dim. soir et lundi

BZu

Rest – (17 €) Menu 24/42 € – Carte 41/62 €

◆ Dans cette jolie maison au pied de la citadelle, le chef, autodidacte, concocte de goûteux plats dans l'air du temps (saumon mariné aux légumes croquants, pannacotta...).

XXX **Le St-Pierre**   AC ↔ VISA OO AE

104 r. Battant – ℰ 03 81 81 20 99 – www.restaurant-saintpierre.com – Fermé
vacances de Pâques, 3 sem. en août, vacances de Noël, sam. midi, dim. et fériés
Rest – *(prévenir)* Menu 38 € bc/70 € – Carte 75/95 €   AY**t**
• Une cuisine fine mettant le poisson et les bons produits à l'honneur ; un cadre
élégant (pierres apparentes et touches contemporaines) : un petit paradis que ce
Saint-Pierre.

XX **Le Poker d'As**   AC VISA OO AE

14 square St-Amour – ℰ 03 81 81 42 49 – www.restaurant-lepokerdas.fr
– Fermé 12 juil.-11 août, vacances de Noël, dim. et lundi   BY**u**
Rest – Menu 20/50 € – Carte 30/72 €
• Une affaire familiale : le fils de la patronne mitonne à sa façon de bons
petits plats traditionnels et régionaux. Salle ornée de cloches de vaches et de
sculptures en bois.

à Chalezeule 5,5 km par ① et D 217 – 1 061 h. – alt. 252 m – ⊠ 25220

🏠 **Les Trois Iles** ⤶   🍽 ⚘ rest, ⁜ ⚗ P VISA OO AE ⓪

1 r. des Vergers – ℰ 03 81 61 00 66 – www.hoteldes3iles.com
– Fermé 26 déc.-8 janv.
17 ch – †65/80 € ††65/90 € – ⊇ 8 € – ½ P 60/75 €
Rest – *(fermé 23 déc.-10 janv.) (dîner seult)* Menu 20 €
• Calme et verdure alentour : tels sont les atouts de cet hôtel. Optez pour l'une
des cinq chambres "Club", plus spacieuses et confortables. Menu du jour
(unique) servi dans une salle aux couleurs du Sud.

à Montfaucon 9 km par ②, D 464 et D 146 – 1 454 h. – alt. 491 m – ⊠ 25660

XX **La Cheminée**   ⋖ 🍽 ⚖ P VISA OO

rte du Belvédère – ℰ 03 81 81 17 48 – www.restaurantlacheminee.fr
– Fermé 29 août-13 sept., dim. soir, merc. soir et lundi
Rest – Menu 21 € (sem.), 29/53 € – Carte 47/75 €
• Cuisine classique et régionale à déguster sur les hauteurs du village... Jolies
salles rustiques (cheminée, larges baies ouvertes sur la nature), plaisante terrasse
et piscine.

à Champvans-les-Moulins 8 km par ④ sur D 70 – 332 h. – alt. 252 m
– ⊠ 25170

X **La Source**   🍽 P VISA OO AE
ఞ
4 r. des Sources – ℰ 03 81 59 90 57 – www.lasource-besancon.com
– Fermé 31 août-12 sept., 30 déc.-10 janv., merc. soir sauf de juin à août, dim.
soir et lundi
Rest – Menu 17 € (déj. en sem.), 24/36 € – Carte 32/44 €
• Une source de tradition et de terroir ! Touche d'originalité : un cadran d'horloge projeté sur l'un des murs de la salle, agréable et lumineuse au demeurant.
Jolie terrasse.

à Geneuille 13 km par ⑤, N 57 et D 1 – 1 225 h. – alt. 220 m – ⊠ 25870

🏛 **Château de la Dame Blanche** ⤶   🎭 📶 ఓ ⁜ ⚗ P VISA OO AE

1 chemin de la Goulotte – ℰ 03 81 57 64 64
– www.chateau-de-la-dame-blanche.com – Fermé dim. soir
24 ch – †98/119 € ††115/138 € – 2 suites – ⊇ 12 € – ½ P 149 €
Rest – *(fermé dim. soir et lundi)* (24 €) Menu 32/75 € – Carte 60/73 €
• Dans un beau parc boisé, un petit château raffiné. Élégantes chambres au
décor soigné : classique, ethnique, ou plus contemporain à l'annexe. Salons bourgeois, cuisine actuelle (lieu et coulis de betterave, poêlée d'abricots à l'hibiscus...)
et terrasse ombragée.

LE BESSAT – 42 Loire – **327** G7 – 439 h. – alt. 1 170 m – Sports   **44** B2
d'hiver : 1 170/1 427 m ⚶ – ⊠ 42660 ▮ Lyon Drome Ardèche
▶ Paris 530 – Annonay 29 – St-Chamond 19 – St-Étienne 19
ℹ Place de l'église ℰ 04 77 20 43 76

✗✗ **La Fondue "Chez l'Père Charles"** avec ch   🛰 ⁀ⁱ *VISA* ◍

Grande rue – ℰ 04 77 20 40 09 – www.lafonduechezleperecharles.fr – Fermé
22 déc.-5 janv.
8 ch – ♦40/50 € ♦♦40/60 € – ⴰ 7 € – ½ P 65 €
Rest – (15 €) Menu 22/39 € – Carte 34/59 €
◆ Repaire gourmand blotti au cœur d'un petit village du parc naturel du Pilat.
Les amateurs de cuisine régionale s'y régalent de truite du Lignon farcie et
de volaille bressane aux morilles. Chambres calmes et confortables, pour les randonneurs et les autres.

BESSE-ET-ST-ANASTAISE – 63 Puy-de-Dôme – **326** E9 – 1 632 h.   **5** B2
– alt. 1 050 m – Sports d'hiver : à Super Besse – ⊠ 63610 ▌Auvergne

▶ Paris 462 – Clermont-Ferrand 46 – Condat 28 – Issoire 30

🖈 place du Dr Pipet ℰ 04 73 79 52 84

◎ Église St-André★ - Rue de la Boucherie★ - Porte de ville★ - Lac Pavin★★
≼★ et Puy de Montchal★★ ❄★★ SO : 4 km par D 978.

🏠 **La Gazelle** ⌂   ≼ 🚃 🔲 ⁀ⁱ 🅿 *VISA* ◍ 🆎

ⵌ *rte Compains* – ℰ 04 73 79 50 26 – www.lagazelle.fr – Fermé 15 mars-15 mai
et 4 oct.-17 déc.
35 ch – ♦58/73 € ♦♦58/73 € – ⴰ 8,50 € – ½ P 57/66 €
Rest – (fermé le midi) Menu 18 €
◆ Cet hôtel aux allures de grand chalet moderne offre une belle vue sur Besse
"la médiévale". Chambres de style montagnard, certaines avec balcon. Petits-
déjeuners servis sous la véranda. Plats traditionnels à apprécier devant un
superbe panorama.

✗✗ **Hostellerie du Beffroy** avec ch   🍴 rest, ⁀ⁱ *VISA* ◍ 🆎

26 r. Abbé-Blot – ℰ 04 73 79 50 08 – www.lebeffroy.com
– Rest. Ouvert 18 avril-11 nov. et fermé lundi soir et mardi sauf en juil.-aout et
lundi midi ; hôtel : fermé 12 nov.- 15 déc., lundi et mardi sauf en juil.-août
12 ch – ♦65/75 € ♦♦65/120 € – ⴰ 12 € – ½ P 70/120 €
Rest – (prévenir le week-end) Menu 28 € (sem.), 36/70 € – Carte 52/65 €
◆ Une maison du 15ᵉ s. décorée de meubles patinés par les ans, et de beaux produits travaillés avec modernité : souris d'agneau au foin, parfait à la gentiane, etc.

BESSINES-SUR-GARTEMPE – 87 Haute-Vienne – **325** F4 – 2 900 h.   **24** B1
– alt. 335 m – ⊠ 87250

▶ Paris 355 – Argenton-sur-Creuse 58 – Bellac 29 – Guéret 55
🖈 6, avenue du 11 novembre ℰ 05 55 76 09 28

🏠 **Bellevue**   ᴗ 🆎 ⁀ⁱ 🅿 *VISA* ◍ 🆎

ⵌ *2 av. de Limoges* – ℰ 05 55 76 01 99 – www.bellevue87.com
– Fermé 8 janv.-8 fév. et 23-30 sept.
12 ch – ♦55 € ♦♦55 € – ⴰ 8 € – ½ P 71 €
Rest – Menu 13 € (déj.)/51 € – Carte 31/46 €
◆ Cette auberge de village à l'ambiance familiale, idéale pour l'étape, met à votre
disposition des chambres fonctionnelles, simples et bien pratiques. Salles à manger au cadre sobre, pour une table traditionnelle à composantes limousines.

🏠 **Château Constant**   ᴗ ⁀ⁱ 🅿

av. 11-Novembre-1918 – ℰ 05 55 76 78 42 – http://
chateauconstant.spaces.live.com/
5 ch ⴰ – ♦69/75 € ♦♦79/85 €
Table d'hôte – Menu 22 € bc
◆ Cette maison de maître, dans un parc d'arbres centenaires, est tenue par un
sympathique couple d'Hollandais qui a beaucoup voyagé. Mobilier varié : de
style, ancien, ethnique... Cuisine internationale servie dans une grande salle à
manger bourgeoise.

BESSONIES – 46 Lot – **337** I3 – 107 h. – alt. 520 m – ✉ 46210   **29** C1

> ▶ Paris 587 – Aurillac 34 – Cahors 95 – Toulouse 215

⌂ **Château de Bessonies** ♨   🛋 P

Le Bourg – ☏ *06 03 82 20 18 – www.chateau-bessonies.com – Ouvert d'avril à mi-nov.*
5 ch ⌂ – ✦139/159 € ✦✦139/159 €
Table d'hôte – Menu 30 €

◆ Le maréchal Ney se cacha dans ce château (1550) avant son arrestation. La propriétaire, passionnée, vous dira tout de cette demeure historique, qui abrite des chambres superbes. Charme d'antan et esprit champêtre ! Cuisine du terroir à la table d'hôte.

BÉTHUNE ◉ – 62 Pas-de-Calais – **301** I4 – 26 472 h.   **30** B2
– **Agglo. 259 198 h. – alt. 34 m –** ✉ 62400 ▮ Nord Pas-de-Calais Picardie

> ▶ Paris 214 – Arras 34 – Boulogne-sur-Mer 90 – Calais 83
> 🛈 3, rue Aristide Briand ☏ 03 21 52 50 00
> 🏁 du Vert-Parc à Illies 3 route d'Ecuelles, par rte de Lille : 18 km,
>   ☏ 03 20 29 37 87

✗✗✗ **Au Départ**   ⇔ VISA ⦿ ①

1 pl. F.-Mitterand, (face à la gare SNCF) – ☏ *03 21 57 18 04 – Fermé 5-25 août, vacances de fév., sam. midi, dim. soir, lundi et mardi*
Rest – Menu 20 € (déj. en sem.), 32/62 € – Carte 50/90 €

◆ Face à la gare, on remarque cette maison de pays pour sa façade noir et blanc. L'intérieur, coloré et audacieux, interpelle, tout comme la cuisine, actuelle et soignée.

à Labourse 4 km par ②, D 943 et D 65 – 2 166 h. – alt. 25 m – ✉ 62113

✗✗ **Terre et Mer**   ⛱ ♨ ⇔ VISA ⦿ AE

⊖ *16 r. A.-Larue –* ☏ *03 21 64 03 57 – Fermé 2-21 août, 28 fév.-6 mars, sam. midi, dim. soir et lundi*
Rest – (12 €) Menu 15 € (déj.), 28/40 € – Carte 43/63 € ❀

◆ Mur parementé de briques, cheminée en marbre et tapisserie rayée composent le cadre de ce restaurant familial de la périphérie béthunoise. Cuisine de tradition bien maîtrisée.

à Gosnay 5 km par ④, D 941 et D 181 – 1 092 h. – alt. 29 m – ✉ 62199

🏨 **Chartreuse du Val St-Esprit** ♨   ⏧ ⛱ ⅙ ✗ 🖥 ⅙ ch, ✗ rest, 🛎
1 r. Fouquières – ☏ *03 21 62 80 00*   ♨ P VISA ⦿ AE ①
– www.lachartreuse.com
52 ch – ✦140 € ✦✦140 € – 1 suite – ⌂ 20 €
Rest Robert II – Menu 64/130 € – Carte 70/130 € ❀
Rest La Distillerie – ☏ 03 21 62 89 89 *(fermé 25 juil.-10 août et dim. soir)*
Menu 35 €
Rest Le Vasco – *(fermé sam. midi)* (25 €) Carte 26/53 €

◆ Bâti sur les ruines d'une ancienne chartreuse, cet élégant château (1762) abrite des chambres de caractère (mobilier de style). Recettes actuelles et carte des vins séduisantes, proposées dans la salle cossue du Robert II. Cadre rustique d'esprit 19e s. à la Distillerie pour une cuisine traditionnelle et régionale. Au Vasco, décor colonial, ambiance décontractée et carte de brasserie.

La Métairie 🏨 ♨   ⏧ ⅙ ✗ ⅙ AK 🛎 P
1 r. Fouquières – ☏ *03 91 80 11 20*
– www.hotel-lametairie.com
40 ch – ✦108 € ✦✦108 € – 3 suites – ⌂ 15 €

◆ Dans l'enceinte du domaine, deux bâtiments contemporains aux chambres agréables, certaines tendance.

BÉTHUNE

Albert-1er (R.) . . . . **YZ** 2
Arras (R. d') . . . . **Z** 3
Bruay (R. de) . . . . **Z** 6
Buridan (R.) . . . . **Z** 7
Clemenceau (Pl. G.) . . . . **Z**

Egalité (R. de l') . . . . **Y** 8
Gambetta (R.) . . . . **YZ** 10
Grand'Place . . . . **Z**
Haynaut (R. Eugène) . . . . **Z** 12
Juin (Av. du Mar.) . . . . **Z** 14
Kennedy (Av. du Prés.) . . . . . . **Z** 15
Lamartine (Pl.) . . . . **Y** 17
Lattre-de-Tassigny (Av. de) . . **Z** 18

Pont de Pierre (R. du) . . . . . . **Y** 20
Quai du Rivage
   (R. du) . . . . **Y** 21
République (Pl. de la) . . . . . . **Y** 22
Sadi-Carnot (R.) . . . . **Y**
Treilles (R. des) . . . . **Z** 25
Vauban (Bd) . . . . **Z** 26
Zola (R. Emile) . . . . **Z** 27

à Busnes 14 km par ⑤, D 943 et D 187 – ⊠ 62350

Le Château de Beaulieu (Marc Meurin) 🌿
1098 rte de Lillers – ☎ 03 21 68 88 88
– www.lechateaudebeaulieu.fr

16 ch – †170/430 € ††170/430 € – 4 suites – ⊑ 22 €
Rest *Le Jardin d'Alice* – voir ci-après
Rest *Meurin* – (fermé 1er-25 août, 2-17 janv., mardi midi, sam. midi, dim. soir et lundi) Menu 60 € (déj. en sem.), 98/125 € – Carte 122/179 €🏵
Spéc. Collection de la mer. Cœur de ris de veau pané aux arachides, crème d'oignon brûlée, girolles, pousses de tétragone. Assiette de chocolat, barre chocolatée au café, cappuccino glacé.
◆ Cet élégant château et son parc (vignes et jardin d'herbes aromatiques) sont parfaits pour un week-end de charme. Les chambres, de style contemporain, sont sophistiquées. Beaux moments culinaires au Meurin, où le chef signe des plats pleins de finesse.

XX **Le Jardin d'Alice** – Hôtel Le Château de Beaulieu 🛜 🅅🅸🆂🅰 ⓒⓞ 🅰🅴

1098 rte de Lillers – ☏ *03 21 68 88 88* – *www.lechateaudebeaulieu.fr*
Rest – *(fermé dim. soir du 1ᵉʳnov. au 1ᵉʳmai)* (20 €) Menu 29/63 € bc
– Carte 34/65 €
◆ Un beau Jardin d'Alice sur l'arrière du château de Beaulieu (baies vitrées et ter-
rasse). Ambiance lounge – chaises tigrées, écrans plats – pour une belle cuisine
traditionnelle.

LE BETTEX – 74 Haute-Savoie – **328** N5 – rattaché à St-Gervais-les-Bains

---

BEUIL – 06 Alpes-Maritimes – **341** C3 – 489 h. – alt. 1 450 m – **Sports**   **41** D2
d'hiver : 1 470/2 100 m ⩹26 ⩎ – ✉ **06470** ▌Alpes du Sud

▶ Paris 809 – Barcelonnette 80 – Digne-les-Bains 117 – Nice 79
🆔 quartier du Pissaïre ☏ 04 93 02 32 58
◉ Site★ - Peintures★ de l'église.

🏠 **L'Escapade** ⩹ 🛜 🕪 🅅🅸🆂🅰 ⓒⓞ

au village – ☏ *04 93 02 31 27* – *www.hotelescapade.fr* – *Fermé 11-22 avril
et 1ᵉʳoct.-26 déc.*
11 ch – ♦59/89 € ♦♦59/89 € – ⊆ 14 € – ½ P 64/79 €
Rest – Menu 24/29 € – Carte 30/40 €
◆ Les chambres, petites et bien tenues, révèlent un décor dans l'esprit montagnard ; certaines sont mansardées, d'autres ont un balcon (côté sud). Au restaurant, sympathique intérieur campagnard agrémenté de vieux objets agricoles et
généreuse cuisine régionale.

LA BEUNAZ – 74 Haute-Savoie – **328** M2 – rattaché à Bernex

BEUVRON-EN-AUGE – 14 Calvados – **303** L4 – 219 h. – alt. 11 m   **33** C2
– ✉ **14430** ▌Normandie Vallée de la Seine

▶ Paris 219 – Cabourg 14 – Caen 32 – Lisieux 25
◉ Village★ - Clermont-en-Auge★ NE : 3 km.

🏠 **Le Pavé d'Hôtes** sans rest ⤸ 🚃 🕪 🅿 🅅🅸🆂🅰 ⓒⓞ

Le bourg – ☏ *02 31 39 39 10* – *www.pavedauge.com* – *Fermé 25 nov.-27 déc. et
1 sem. en fév.*
7 ch ⊆ – ♦77/122 € ♦♦84/129 €
◆ Paisible maison aménagée dans un ancien corps de ferme du 19ᵉ s., et dont
les chambres épurées marient avec goût tradition et confort. Jus de pomme et
confitures maison.

XXX **Le Pavé d'Auge** (Jérôme Bansard) 🛜 🅅🅸🆂🅰 ⓒⓞ

– ☏ *02 31 79 26 71* – *www.pavedauge.com* – *Fermé 21 nov.-27 déc., 20-28 fév.,
mardi sauf du 15 juil. au 31 août et lundi*
Rest – Menu 37/65 € ⏦
Spéc. Saint-Jacques en cappuccino de champignons (oct. à mars). Pigeonneau
rôti, royale d'abats, jus gras (sept. à mai). Soufflés. **Vins** Vin de pays du Calvados.
◆ Une atmosphère conviviale et typiquement normande (colombages, cheminée
en pierre) imprègne ce restaurant occupant les anciennes halles. Cuisine traditionnelle, service soigné.

BEUZEVILLE – 27 Eure – **304** C5 – 3 508 h. – alt. 129 m – ✉ **27210**   **32** A3
▌Normandie Vallée de la Seine

▶ Paris 179 – Bernay 38 – Deauville 26 – Évreux 76
🆔 52, rue Constant Fouché ☏ 02 32 57 72 10

à l'Ouest 3 km par N 175 – ✉ **14130** Quetteville

🏠🏠 **Hostellerie de la Hauquerie-Chevotel** sans rest ⤸ ⩹ 🚃 🖂

Lieu-dit La Hocquerie – ☏ *02 31 65 62 40* ⫝̸ ⅏ 🕪 ⵚ 🅿 🅅🅸🆂🅰 ⓒⓞ 🅰🅴
– *www.chevotel.com* – *Ouvert 15 mars-15 déc.*
16 ch – ♦110/210 € ♦♦110/210 € – 2 suites – ⊆ 14 €
◆ Atmosphère "cottage" en cet hôtel-haras dédié aux amis des pur-sang. Les
chambres, dont le décor évoque des étalons renommés, s'ouvrent sur la verdure.

LES BÉZARDS – 45 Loiret – **318** N5 – ⊠ 45290 **12** D2

▶ Paris 136 – Auxerre 79 – Gien 17 – Joigny 58

🏨 **Auberge des Templiers** 🕭 ⚫ 🕭 🍴 🎿 ⚫ & AC ch, 🍴 🍴 📇 ⚫
ॐ à 4 km de l'autoroute A 77, sortie 19 – ℰ 02 38 31 80 01 VISA ⚫ AE ⚫
– www.lestempliers.com – Fermé 3 sem. en fév.
22 ch – ♦195/310 € ♦♦195/310 € – 6 suites – ☲ 25 € – ½ P 180/235 €
Rest – Menu 45 €, 76/125 € – Carte 80/140 € 🍷
Spéc. Ravioles de girolles dans un velouté au jus de truffe (saison). Gibier de
Sologne (saison). Entremets de l'Auberge. **Vins** Pouilly-Fumé, Sancerre.
◆ De beaux bâtiments à colombages, de superbes salons ; la grande tradition
française ! Les cottages, disséminés dans le parc, sont bien agencés, avec du
mobilier d'époque. Restaurant très chic, avec une terrasse entourée de rosiers.
On y savoure de beaux classiques (homard, pigeon de Sologne, soufflé Rotschild).

BÈZE – 21 Côte-d'Or – **320** L5 – 709 h. – alt. 217 m – ⊠ 21310 **8** D2

▶ Paris 337 – Dijon 34 – Dole 86 – Chenôve 47

🏠 **Le Bourguignon** 🕭 & ch, AC rest, 🍴 📇 🚗 VISA ⚫
8 r. Porte-de-Bessey – ℰ 03 80 75 34 51 – www.lebourguignon.com – Fermé
24 oct.-22 nov.
25 ch – ♦47 € ♦♦62 € – ☲ 8,50 € – ½ P 63 €
Rest – (14 €) Menu 22/40 € – Carte 35/52 €
◆ Convivialité assurée dans cet établissement regroupant trois bâtisses, dont une
maison à pans de bois. Chambres bien tenues (préférez celles refaites, plus gaies).
Logée derrière une façade Renaissance, la salle à manger rustique propose
des plats du terroir.

BÉZIERS ⚫ – 34 Hérault – **339** E8 – 72 245 h. – Agglo. 124 967 h. **22** B2
– alt. 17 m – ⊠ 34500 🔲 Languedoc Roussillon

▶ Paris 758 – Marseille 234 – Montpellier 71 – Perpignan 93
🛫 de Béziers-Cap d'Agde : ℰ 04 67 80 99 09, 10 km par ④.
🛈 29, avenue Saint-Saëns ℰ 04 67 76 84 09
🏌 de Saint-Thomas Route de Pezenas, NE : 12 km, ℰ 04 67 39 03 09
◉ Anc. cathédrale St-Nazaire★ : terrasse ≤★ - Musée du Biterois★ BZ **M³**
- Jardin St Jacques ≤★.

Plans pages suivantes

🏨 **Mercure** sans rest 🕭 & AC 🍴 🚗 VISA ⚫ AE ⚫
33 av. Camille-St-Saëns – ℰ 04 67 00 19 96 – www.mercure.com CY**f**
58 ch – ♦120/147 € ♦♦136/155 € – ☲ 14 €
◆ Hôtel moderne entre l'office de tourisme et le palais des congrès. Les chambres arborent un style "cabine de péniche du canal du Midi" : boiseries, hublots
et formes arrondies !

🏠 **Des Poètes** sans rest 🍴 🚗 VISA ⚫ AE
80 allées Paul-Riquet – ℰ 04 67 76 38 66 – www.hoteldespoetes.net
– Fermé 30 déc.-4 janv. CZ**t**
14 ch – ♦45/70 € ♦♦45/70 € – ☲ 7 €
◆ Chambres contemporaines et soignées dans ce petit hôtel confortable du centre. La salle des petits-déjeuners, réchauffée l'hiver par une cheminée, s'ouvre sur
le parc des Poètes.

🏠 **Le Clos de Maussanne** 🕭 🍴 🌊 🍴 📇 VISA ⚫
rte de Pézenas, (Domaine de Montpeyroux) – ℰ 04 67 39 31 81
– www.leclosdemaussanne.com
5 ch ☲ – ♦92 € ♦♦125 € **Table d'hôte** – Menu 28/45 €
◆ En pleine nature à 10mn du centre de Béziers, dans un jardin clos de murs, cet
ancien couvent abrite de grandes chambres au charme inclassable (meubles de
style et antiquités). Table d'hôte aux saveurs méditerranéennes.

281

🍴🍴🍴 **L'Ambassade** (Patrick Olry)

`AC` `VISA` `◎◎` `AE`

22 bd de Verdun, (face à la gare) – ✆ *04 67 76 06 24*
– Fermé dim. et lundi

CZn

Rest – Menu 29 € (sem.)/105 € – Carte 45/60 € 🍷

Spéc. Figue fraîche et foie gras de canard poêlé sur tranche de pain d'épice. Tronçon de baudroie méditerranéenne, artichaut poivrade et escargots de mer en barigoule. Velours noir fruité, parfait au cassis, crémeux chocolat blanc. **Vins** Faugères, Coteaux du Languedoc.

● Une décoration résolument contemporaine (boiseries blondes, verre sablé), des plats savoureux et une carte des vins exceptionnelle : le "Tout-Béziers" s'y précipite !

🍴🍴 **Octopus** (Fabien Lefebvre)

`🌳` `AC` `VISA` `◎◎`

12 r. Boïeldieu – ✆ *04 67 49 90 00* – *www.restaurant-octopus.com*
– Fermé 16 août-1ᵉʳ sept., 24 déc.-3 janv., dim. et lundi

CYt

Rest – (22 € bc) Menu 30/75 € – Carte 60/94 €

Spéc. Langoustine bretonne voilée de colonnata (printemps-été). Homard bleu distillé (été-automne). Cédrat de Méditerranée confit-givré (hiver). **Vins** Faugères, Corbières.

● Moment de gastronomie au cœur de Béziers : cet Octopus propose une savoureuse cuisine de saison, épurée et centrée sur le produit. Décor simple et agréable, terrasse dans le patio.

🍴 **La Maison de Petit Pierre**

`🌳` `&` `AC` `VISA` `◎◎`

22 av. Pierre-Verdier – ✆ *04 67 30 91 85* – *www.lamaisondepetitpierre.fr* – *Fermé 17 août-4 sept, 24-30 decembre, 28 fév.-6 mars, lundi soir, mardi soir, merc. soir et dim.*

AXd

Rest – (15 €) Menu 23 € (déj.)/65 € – Carte 30/60 €

● Non loin des arènes, une maison de campagne aux allures d'hacienda, avec un grand patio très agréable l'été ! Cuisine actuelle ; bar à tapas.

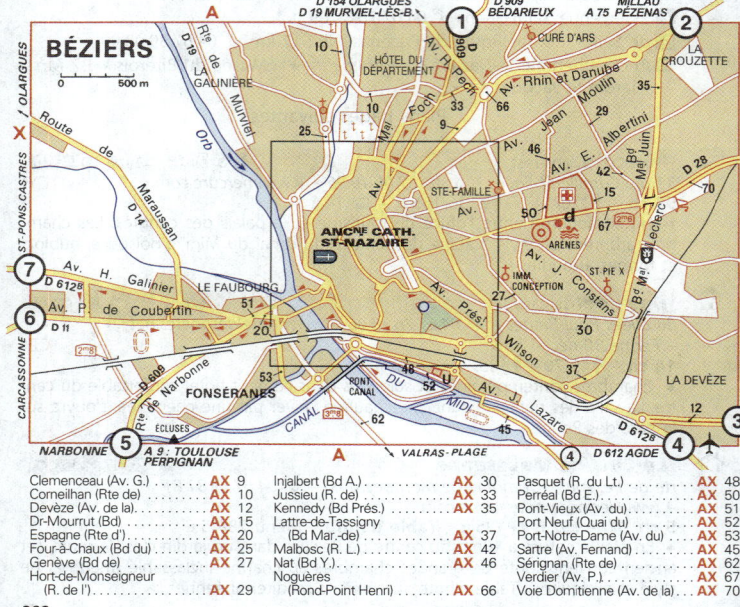

Clemenceau (Av. G.) . . . . **AX** 9
Corneilhan (Rte de la) . . . . **AX** 10
Devèze (Av. de la). . . . . **AX** 12
Dr-Mourrut (Bd) . . . . **AX** 15
Espagne (Rte d') . . . . **AX** 20
Four-à-Chaux (Bd du) . . . . **AX** 25
Genève (Bd de) . . . . **AX** 27
Hort-de-Monseigneur
(R. de l') . . . . **AX** 29

Injalbert (Bd A.) . . . . **AX** 30
Jussieu (R. de) . . . . **AX** 33
Kennedy (Bd Prés.) . . . . **AX** 35
Lattre-de-Tassigny
(Bd Mar.-de) . . . . **AX** 37
Malbosc (R. L.) . . . . **AX** 42
Nat (Bd Y.). . . . . **AX** 46
Noguères
(Rond-Point Henri) . . . . **AX** 66

Pasquet (R. du Lt.) . . . . **AX** 48
Perréal (Bd E.). . . . . **AX** 50
Pont-Vieux (Av. du). . . . . **AX** 51
Port Neuf (Quai du) . . . . **AX** 52
Port-Notre-Dame (Av. du) . . . . **AX** 53
Sartre (Av. Fernand) . . . . **AX** 45
Sérignan (Rte de) . . . . **AX** 62
Verdier (Av. P.) . . . . **AX** 67
Voie Domitienne (Av. de la) . . . **AX** 70

BÉZIERS

Abreuvoir (R. de l')	**BZ**	2
Albert-1er (Av.)	**CY**	3
Bonsi (R. de)	**CY**	4
Brousse (Av. Pierre)	**BZ**	5
Canterelles (R.)	**BZ**	6
Capus (R. du)	**BZ**	7
Citadelle (R. de la)	**BZ**	9

Drs-Bourguet (R. des)	**BZ**	13
Estienne-d'Orves (Av. d')	**BZ**	22
Flourens (R. Pierre)	**BY**	23
Garibaldi (Pl.)	**CZ**	26
Joffre (Av. Mar.)	**CZ**	32
Massol (R.)	**BZ**	43
Moulins (Rampe des)	**BY**	44
Orb (R. de l')	**BZ**	47
Péri (Pl. G.)	**BYZ**	49
Puits-des-Arènes (R. du)	**BZ**	54

République (R. de la)	**BY**	55
Révolution (Pl. de la)	**BZ**	57
Riquet (R. P.)	**BY**	58
St-Jacques (R.)	**BZ**	60
Strasbourg (Bd de)	**CY**	64
Tourventouse (Bd)	**BZ**	65
Victoire (Pl. de la)	**BCY**	68
Viennet (R.)	**BZ**	69
4-Septembre (R. du)	**BY**	72
11-Novembre (Pl. du)	**CY**	74

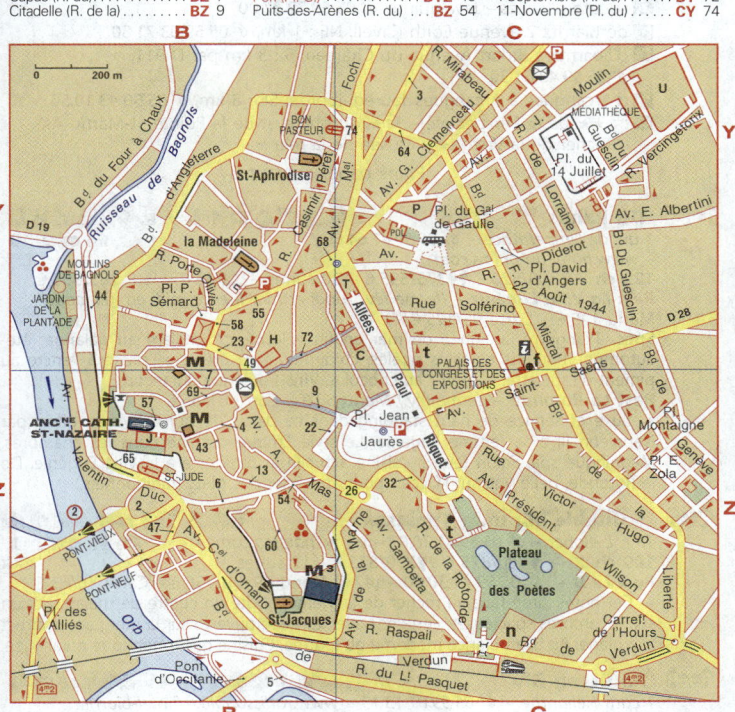

à Villeneuve-lès-Béziers 7 km par ③, D 612 et D 37 – 3 586 h. – alt. 6 m – ⌖ 34420

🛈 24, rue la Fontaine ℰ 04 67 39 48 83

La Chamberte
r. de la Source – ℰ 04 67 39 84 83 – www.lachamberte.com – Fermé 1ᵉʳ-15 mars
et 1ᵉʳ-21 nov.

5 ch ⌕ – ♦72 € ♦♦102 €   **Table d'hôte** – (fermé lundi soir) Menu 28/35 €
♦ Couverte de verdure, cette ancienne cave à vin séduit d'emblée par son beau
jardin-patio, véritable havre de paix. Le décor est aussi tendance que chaleureux
(influences andalouse, exotique...). Table d'hôte dressée sous une belle charpente
(plats du marché).

à Maraussan 6 km à l'Ouest par D 14 – 3 180 h. – alt. 38 m – ⌖ 34370

Parfums de Garrigues
37 r. de l'Ancienne-Poste – ℰ 04 67 90 33 76 – www.parfumsdegarrigues.fr
– Fermé 12-21 avril, 25 oct.-4 nov., 16-24 fév., dim. soir de sept. à juin, lundi
en juil.-août, merc. sauf le soir en juil. août et mardi
Rest – (20 €) Menu 25/83 € bc – Carte 33/50 €
♦ Une bâtisse joliment restaurée, comptant une confortable salle aux tons d'oc et
une cour intérieure abritant une terrasse ombragée. Cuisine aux parfums de la
garrigue, bien sûr !

BIARRITZ – 64 Pyrénées-Atlantiques – 342 C4 – 26 690 h. – alt. 19 m   3 A3
– Casino – ⊠ 64200 ▮ Pays Basque et Navarre

▶ Paris 772 – Bayonne 9 – Bordeaux 190 – Pau 122

✈ de Biarritz-Anglet-Bayonne : ℰ 05 59 43 83 83, 2 km ABX.

☎ ℰ 3635 et tapez 42 (0,34 €/mn)

ℹ square d'Ixelles - Javalquinto ℰ 05 59 22 37 00

🏌 de Biarritz 2 avenue Edith Cavell, NE : 1 km, ℰ 05 59 03 71 80

🏌 d'Ilbarritz à Bidart Avenue du Château, S : 3 km par D 911,
ℰ 05 59 43 81 30

🏌 d'Arcangues à Arcangues Jaureguiborde, SE : 8 km, ℰ 05 59 43 10 56

👁 ≼★★ de la Perspective - ≼★ du phare et de la Pointe St-Martin AX
- Rocher de la Vierge★ - Musée de la mer★.

Plans pages suivantes

🏨🏨🏨🏨 **Du Palais** ⊗   ≼ 🛋 🎗 🖻 🌐 ℓ₆ 🖥 & ch, ᴀᴄ ⅗ rest, ⁙ 🛋 🅿
🏵   *1 av. de l'Impératrice – ℰ 05 59 41 64 00*   ᴠɪsᴀ ◉◉ ᴀᴇ ◉
       – www.hotel-du-palais.com   **EYk**
122 ch – †300/520 € ††375/595 € – 30 suites – ⊃ 33 € – ½ P 283/393 €
Rest *La Villa Eugénie – (fermé fév., lundi et mardi et le midi en juil.-août)*
Menu 125 € – Carte 95/125 €🍷
Spéc. Txangurro, araignée de mer en fin velouté, croustillant au galanga (été-automne). Rougets en filets poêlés, chipirons et riz crémeux, sauce à l'encre au piment d'Espelette. L'instant au chocolat. **Vins** Irouléguy, Jurançon.
Rest *La Rotonde – (fermé fév.)* Menu 58 € – Carte 61/85 €
♦ Luxe et service de haut standing dans ce palais de bord de mer, offert par Napoléon III à sa femme Eugénie. Le style Empire domine dans les chambres. Magnifique spa. Salon feutré, cuisine actuelle et régionale à la Villa Eugénie. De la Rotonde, belle vue sur l'Océan pour apprécier des plats traditionnels.

🏨🏨🏨 **Sofitel le Miramar Thalassa** ⊗   ≼ 🛋 🎗 🖻 🌐 ℓ₆ 🖥 & ᴀᴄ ⁙ 🛋
13 r. L.-Bobet – ℰ 05 59 41 30 01 – www.thalassa.com   ⌂ ᴠɪsᴀ ◉◉ ᴀᴇ ◉
109 ch ⊃ – †180/875 € ††290/875 € – 17 suites   **AXk**
Rest *Le B –* ℰ 05 59 41 30 00 – (42 €) Menu 49 € bc/56 € – Carte 56/63 €
♦ Cet hôtel, situé face au rocher de la Vierge, abrite un centre de thalasso et un spa. Chambres spacieuses, certaines avec terrasse ouverte sur la mer ; accès direct à la plage. Au B, ambiance moderne ou feutrée. Cuisine gastronomique ou allégée.

🏨🏨🏨 **Radisson Blu**   ≼ 🛋 🎗 ℓ₆ 🖥 & ᴀᴄ ⅗ rest, ⁙ 🛋 ⌂ ᴠɪsᴀ ◉◉ ᴀᴇ ◉
1 carr. Hélianthe – ℰ 05 59 01 13 13 – www.radissonblu.fr/hotel-biarritz
150 ch – †99/325 € ††120/550 € – ⊃ 23 € – ½ P 94/197 €   **DZt**
Rest – (17 €) Menu 32 € – Carte 26/43 €
♦ Décor actuel dans les chambres spacieuses de cet hôtel, mitoyen du spa Serge Betsen. Salle de jeux pour les enfants, grande terrasse et piscine sur le toit. Lounge-bar et restaurant d'esprit trendy. Cuisine fusion (cuissons à la plancha et grillades).

🏨🏨🏨 **Beaumanoir** sans rest ⊗   🛋 🎗 ⁙ 🅿 ᴠɪsᴀ ◉◉ ᴀᴇ ◉
10 av. de Tamamès – ℰ 05 59 24 89 29 – www.lebeaumanoir.com – Ouvert de
début avril à mi-nov.   **AXn**
5 ch – †285/425 € ††285/425 € – 3 suites – ⊃ 24 €
♦ Mobilier baroque et design, salle à manger d'esprit orangeraie, bar à champagne et suites ! Un charme luxueux règne dans ces anciennes écuries, à deux pas du centre et des plages.

🏨🏨🏨 **Le Café de Paris**   ≼ 🛋 🖥 ᴀᴄ ⅗ ⁙ 🛋 ᴠɪsᴀ ◉◉ ᴀᴇ
5 pl. Bellevue – ℰ 05 59 24 19 53 – www.hmc-hotels.com   **EYt**
17 ch – †190/420 € ††250/430 € – 2 suites – ⊃ 20 €
Rest – (21 €) Carte 35/85 €
♦ Ambiance jeune et animée dans cette institution de Biarritz au cadre résolument contemporain : mobilier design, murs ornés de peintures d'un artiste basque. Chambres avec vue sur l'Océan et le phare. Restaurant moderne avec belle terrasse ; carte brasserie.

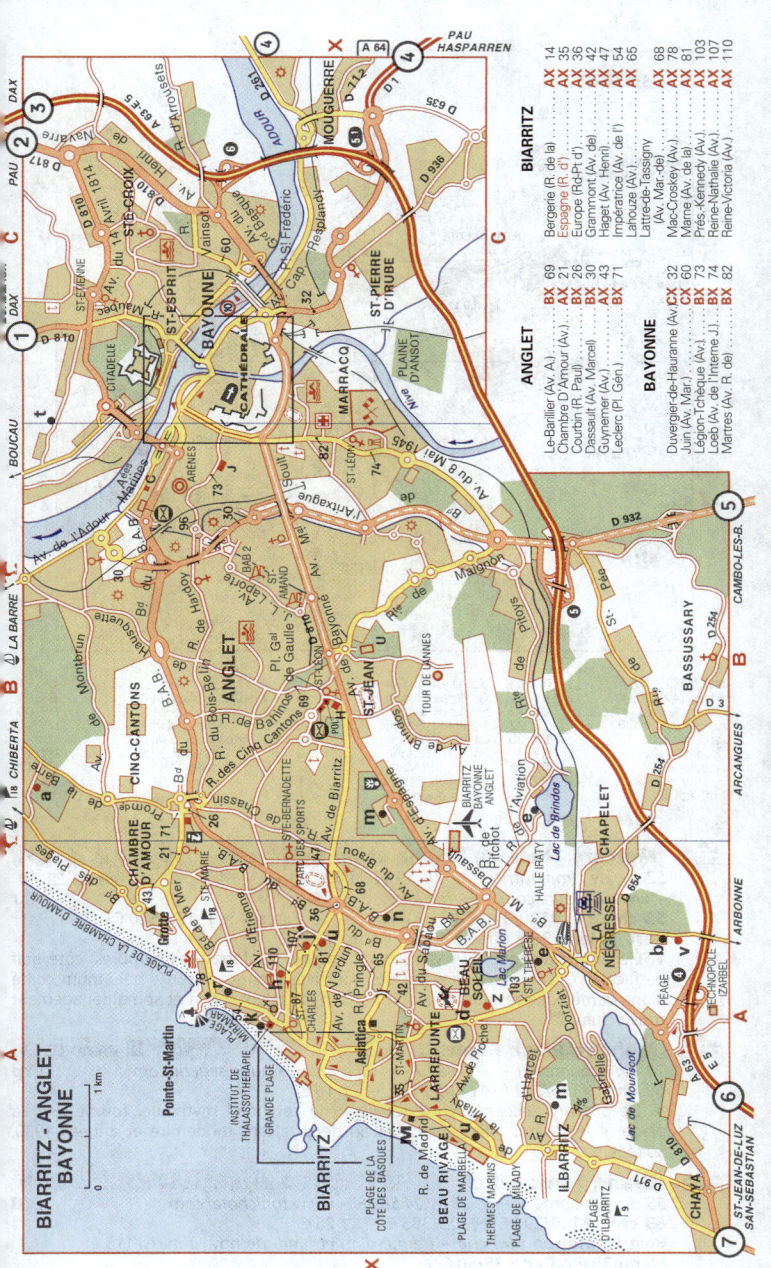

BIARRITZ - ANGLET
BAYONNE

ANGLET

Le-Barilier (Av. A.)	BX 69
Chambre D'Amour (Av.)	AX 21
Courbin (R. Paul)	BX 26
Dessaut (Av. Marcel)	AX 30
Leclerc (Pl. Gén.)	BX 71

BAYONNE

Duvergier-de-Hauranne (Av.)	CX 32
Juin (Av. Mar.)	CX 60
Lagon-Tchéque (Av.)	BX 73
Loeb (Av. de interne J.)	BX 74
Martres (Av. R. de)	BX 82

BIARRITZ

Bergerie (R. de la)	AX 14
Espagne (R. d')	AX 35
Europe (Rd-Pt d')	AX 36
Grammont (Av. de)	AX 42
Haget (Av. Henri)	AX 47
Impératrice (Av. de l')	AX 54
Lahouze (Av.)	AX 65
Lattre-de-Tassigny (Av. Mar-de)	AX 68
Mac-Croskey (Av.)	AX 81
Marne (Av. de la)	AX 81
Prés-Kennedy (Av.)	AX 103
Reine-Nathilée (Av.)	AX 107
Reine-Victoria (Av.)	AX 110

BIARRITZ

0 — 200 m

ROCHER DE LA VIERGE
ATALAYE
ROCHER DU BASTA
Plateau de l'Atalaye
ESPACE BELLEVUE
CASINO
Grande Plage
Édouard-VII
PORT DES PÊCHEURS
STE-EUGÉNIE
MUSÉE DE LA MER
Plage du Port-Vieux
Pl. Ste-Eugénie
Pl. Bellevue
POL.
Av. de Verdun
OCÉAN
La Perspective de la Côte des Basques
Gambetta
Hugo
Jaulerry
GARE DU MIDI
ATLANTIQUE
R. Duler
Av. du Jardin Public
Avenue
Av. de Londres
Carnot
Rue Jean Jaurès
Av. de la République
Foch
Rond-Point Lichtenberger
R. Loustau
FRONTON PARC MAZON
Plage de la Côte des Basques
R. Paul Bert
Av. du Mal Joffre
D 910

Atalaye (Pl.)	**DY** 4	Gaulle (Bd du Gén.-de)	**EY** 37	Mazagran (R.)	**EY** 84
Barthou (Av. Louis)	**EY** 11	Goélands (R. des)	**DY** 40	Osuna (Av. d')	**EY** 95
Beaurivage (Av.)	**DZ** 12	Helder (R. du)	**EY** 49	Port-Vieux (Pl. du)	**DY** 99
Champ-Lacombe (R.)	**EZ** 22	Hélianthe (Rd-Pt)	**DZ** 50	Port-Vieux (R. du)	**DY** 100
Clemenceau (Pl.)	**EY** 25	Larralde (R.)	**EY** 66	Rocher de la Vierge
Édouard-VII (Av.)	**EY**	Larre (R. Gaston)	**DY** 67	(Espl. du)	**DY** 114
Espagne (R. d')	**DZ** 35	Leclerc (Bd Mar.)	**DEY** 70	Sobradiel (Pl.)	**EZ** 117
Foch (Av. du Mar.)	**EZ**	Libération (Pl. de la)	**EZ** 72	Verdun (Av. de)	**EY**
Gambetta (R.)	**DEZ**	Marne (Av. de la)	**EY** 81	Victor-Hugo (Av.)	**EYZ**

Mercure Thalassa Regina et du Golf
52 av. de l'Impératrice – ℰ *05 59 41 33 00*
– www.mercure.com – Fermé janv.
VISA AE ①
AXr
55 ch ⌷ – ♦120/320 € ♦♦140/420 € – 12 suites – ½ P 170/520 €
Rest – Menu 28 € (dîner)/40 € – Carte 45/59 €

♦ Élégante résidence de style Second Empire. Confortables chambres, côté golf ou face à l'Océan, desservies par des coursives plongeant sur le bel atrium coiffé d'une verrière. Le restaurant séduit par son joli décor marin et son aménagement sous vélum.

Mercure Plaza Centre sans rest
10 av. Édouard-VII – ℰ *05 59 24 74 00 – www.groupe-segeric.com*
EYp
69 ch – ♦126/222 € ♦♦138/242 € – ⌷ 16 €

♦ L'esprit Art déco imprègne les lieux de cet hôtel mythique, tourné vers la plage et le casino. Jolies chambres au décor alliant modernité et années 1930. Soirées jazz.

Grand Tonic Hôtel
58 av. Édouard-VII – ℰ *05 59 24 58 58 – www.tonichotel.com*
EYd
63 ch – ♦100/295 € ♦♦125/355 € – ⌷ 25 €
Rest *La Maison Blanche* – *(fermé dim. et lundi de nov. à mars)* (15 €)
Menu 35 € – Carte 35/50 €

♦ Un hôtel élégant et moderne à deux pas de la Grande Plage. Chambres au design soigné, équipées de baignoires hydromassantes pour des réveils toniques ! Agréable salle à manger contemporaine et cuisine en harmonie avec le cadre.

Édouard VII *sans rest* AC 🚫 📶 VISA AE

21 av. Carnot – 📞 *05 59 22 39 80 – www.hotel-edouardvii.com* EZ**k**

18 ch – 🛏80/148 € 🛏🛏80/148 € – � 10 €

♦ Accueil sympathique en cette jolie villa biarrote de la fin du 18e s. Chambres claires, agréablement personnalisées dans un esprit maison bourgeoise.

Le Président *sans rest* 🖥 ♿ AC 🚫 🔧 VISA ◉ AE ◑

18 pl. G.-Clemenceau – 📞 *05 59 24 66 40 – www.mercure.com* EY**b**

69 ch – 🛏112/208 € 🛏🛏124/228 € – ⊡ 16 €

♦ Un hôtel des années 1970, mais une décoration et un confort très actuels : notes vives, surf à l'honneur et dominante de blanc dans les chambres (certaines avec vue sur la baie).

Alcyon *sans rest* 🖥 AC 🚫 📶 VISA ◉ AE

8 r. Maison-Suisse – 📞 *05 59 22 64 60 – www.hotel-alcyon-biarritz.com*

– Fermé 2 janv.-10 mars EY**x**

15 ch – 🛏80/105 € 🛏🛏80/150 € – ⊡ 11 €

♦ Cet hôtel marie charme des maisons anciennes et confort moderne : salon contemporain, salle des petits-déjeuners design et chambres aux tons chauds, dans l'air du temps.

Windsor ⟨ 🍴 🖥 ♿ ch, AC 📶 🔧 VISA ◉ AE ◑

19 bd du Gén.-de-Gaulle, (Grande Plage) – 📞 *05 59 24 08 52*

– www.hotelwindsorbiarritz.com EY**a**

48 ch – 🛏80/265 € 🛏🛏80/265 € – ⊡ 13 € – ½ P 78/171 €

Rest *Le Galion –* 📞 *05 59 24 20 32 (fermé dim. soir du 16 nov. au 29 fév., lundi sauf le soir du 1er juil. au 15 sept. et mardi midi)* (18 €) Menu 20/30 € – Carte 42/58 €

♦ Océan, ville ou cour : l'exposition des chambres de cette bâtisse voisine de la Grande Plage varie. Préférez celles rénovées, modernes et épurées. Situé à 50 m, le restaurant panoramique offre une vue sur l'Atlantique. Plats traditionnels axés produits de la mer.

Biarritz 🍴 ◉ 🛁 ♿ AC 🚫 rest, 📶 🔧 P VISA ◉ AE

30 av. de la Milady – 📞 *05 59 23 83 03 – www.hotel-lebiarritz.com* AX**u**

49 ch – 🛏90/130 € 🛏🛏170/210 € – ⊡ 12 € – ½ P 96/134 €

Rest – (16 €) Menu 26 € – Carte 26/44 €

♦ À deux pas des thermes marins (accessibles à des tarifs préférentiels), cet hôtel propose de confortables chambres contemporaines d'esprit bord de mer. Le Ponton ouvre grand ses baies sur l'Océan. Terrasse aux beaux jours et carte actuelle.

Maïtagaria *sans rest* 🚃 📶 VISA ◉

34 av. Carnot – 📞 *05 59 24 26 65 – www.hotel-maitagaria.com*

– Fermé 22 nov.-13 déc. EZ**m**

15 ch – 🛏55/74 € 🛏🛏62/99 € – ⊡ 9 €

♦ Demeure de style régional et d'esprit maison d'hôte. Le mobilier chiné des chambres (fonctionnelles ou plus confortables) est largement Art déco. Salon ouvert sur le jardin.

Maison Garnier *sans rest* 🚫 📶 VISA ◉

29 r. Gambetta – 📞 *05 59 01 60 70 – www.hotel-biarritz.com – Fermé 5-18 déc., 3-19 janv.* EZ**e**

7 ch – 🛏95/115 € 🛏🛏100/170 € – ⊡ 11 €

♦ Coquette villa biarrote du 19e s., agréablement aménagée. Mobilier ancien et décoration soignée font tout le cachet des chambres, assez grandes.

Marbella 🖥 AC ch, 📶 VISA ◉

11 r. du Port-Vieux – 📞 *05 59 24 04 06 – www.hotel-marbella.fr* DY**a**

29 ch – 🛏83/160 € 🛏🛏83/160 € – ⊡ 10 € – ½ P 70/89 €

Rest *La Ruelle –* 📞 *05 59 24 84 56 – (13 €) Menu 19/33 € – Carte 40/50 €*

♦ À quelques encablures du rocher de la Vierge et du musée de la Mer, un établissement d'esprit familial doté de chambres plaisantes et bien tenues. Cuisine régionale mettant le poisson à l'honneur ; cadre chaleureux et chatoyant.

🏠 **Oxo** sans rest   👌 ⁿ VISA ✦ AE
38 av. de Verdun – 𝒞 05 59 24 26 17 – www.hotel-oxo.com – Fermé
21 déc.-4 janv.   **EYe**
20 ch – ♦65/80 € ♦♦70/95 € – � 8 €
◆ Oxo... pour oxygène des montagnes et océan. Établissement situé sur un axe
passant (face à la médiathèque) ; chambres d'esprit contemporain, mêlant gris
souris et couleurs vives.

⌂ **Villa Le Goëland** sans rest ⧜   ≤ ⌘ ⁿ P VISA ✦
12 plateau de l'Atalaye – 𝒞 05 59 24 25 76 – www.villagoeland.com
4 ch ⊟ – ♦140/260 € ♦♦150/300 €   **DYw**
◆ Grande villa érigée sur l'un des sites les plus agréables de Biarritz : le panorama, superbe, va de l'Espagne à la côte landaise. Certaines chambres ont une
terrasse.

⌂ **Nere-Chocoa** sans rest ⧜   🚗 ⌘ ⁿ P
28 r. Larreguy – 𝒞 06 08 33 84 35 – www.nerechocoa.com   **AXe**
5 ch – ♦75/80 € ♦♦75/80 € – ⊟ 9 €
◆ Cette maison basque entourée de chênes a hébergé des hôtes illustres, telle
l'impératrice Eugénie. Ambiance galerie d'art contemporain (vernissages, expositions), grandes chambres.

⌂ **La Ferme de Biarritz** sans rest   🚗 ⌘ ⁿ P
15 r. Harcet – 𝒞 05 59 23 40 27 – www.fermedebiarritz.com – Fermé 1er-16 déc.
5 ch – ♦55/85 € ♦♦55/85 € – ⊟ 8,50 €   **AXm**
◆ Près de la plage, ferme basque du 17e s. bien restaurée. Coquettes chambres
mansardées, agrémentées de meubles anciens. Petit-déjeuner dans le jardin ou
devant la cheminée.

✕✕ **Philippe**   📷 VISA
30 av. du Lac-Marion – 𝒞 05 59 23 13 12 – www.restaurantphilippe.fr
– Fermé 2 sem. en mars, 2 sem. en nov., mardi d'oct. à juin et lundi sauf août
Rest – (dîner seult) (nombre de couverts limité, prévenir)   **AXd**
Menu 35/65 € – Carte 50/65 € 🕮
◆ Cuisines ouvertes, plats inventifs à base de produits bio, décor avant-gardiste
dans un cadre style hangar : ce restaurant surprend et séduit. Dépôt-vente d'art
contemporain.

✕✕ **Les Rosiers** (Andrée et Stéphane Rosier)   AC VISA ✦ AE
🏵 32 av. Beausoleil – 𝒞 05 59 23 13 68 – www.restaurant-lesrosiers.fr – Fermé lundi
et mardi sauf le soir en juil.-août   **AXz**
Rest – Menu 36 € (déj. en sem.)/72 € – Carte 57/85 €
Spéc. Crabe et avocat en fine gelée de crustacés, mouillettes au citron confit.
Merlu de ligne en croûte d'ail, mousseline de cocos piquillos, chipirons et jus de
persil (printemps-automne). Moelleux au chocolat, coeur fondant à la confiture
de lait, glace caramel au beurre demi sel. **Vins** Jurançon, Irouléguy.
◆ Cadre élégant, tout en sobriété, servant d'écrin à une séduisante cuisine
"vérité" réalisée à quatre mains. Madame a été la première "Meilleure ouvrière
de France" !

✕✕ **L'Atelier**   AC VISA ✦ AE
18 r. de la Bergerie – 𝒞 05 59 22 09 37 – www.latelierbiarritz.com – Fermé 1 sem.
en juin, 2 sem. en oct., 2 sem. en janv., dim. soir et lundi sauf vacances scolaires
et fériés   **AXh**
Rest – (25 €) Menu 48/70 € – Carte environ 58 €
◆ Un véritable atelier culinaire, par un jeune chef qui va de l'avant ! On apprécie
sa cuisine décomplexée, aux saveurs nettes et bien dosées, mâtinées de pointes
acidulées.

✕✕ **Sissinou**   AC VISA ✦ AE
5 av. Mar.-Foch – 𝒞 05 59 22 51 50 – Fermé 26 juin-5 juil., vacances de la
Toussaint et de fév., dim. et lundi sauf août et le midi en août   **EZn**
Rest – (30 €) Menu 40 € (déj.)/55 €
◆ Agréable atmosphère néobistrot (banquettes, teintes chatoyantes, service
décontracté) et recettes actuelles, généreuses et gourmandes.

XX **La Table d'Aranda**   AC VISA ⓒⓞ AE

87 av. de la Marne – ℰ 05 59 22 16 04 – www.tabledaranda.fr – Fermé 2 sem.
en janv., lundi sauf le soir en juil.-août et dim.   AX**j**
Rest – (15 €) Menu 20 € (déj.) – Carte 38/48 €

◆ Bon bouche à oreille pour cette table vouée à la satisfaction de vos papilles... Ambiance rustique et basque (ancienne rôtisserie) ; cuisine personnelle, autour du sucré-salé.

XX **Café de la Grande Plage**   ≤ 斧 AC VISA ⓒⓞ AE ①

1 av. Edouard-VII, (casino) – ℰ 05 59 22 77 77 – www.lucienbarriere.com
Rest – (22 €) Menu 27/30 € – Carte 29/47 €   EY**h**

◆ Au rez-de-chaussée du casino, face à l'Océan, brasserie de style Art déco ornée de mosaïques. Vue idéale sur la plage et les surfeurs. Cuisine simple et banc d'écailler.

X **L'Instant**   VISA ⓒⓞ AE

4 r. du Port-Vieux – ℰ 05 59 24 84 65 – www.restaurant-linstant.com – Fermé
20 mars-6 avril, 4-15 déc., mardi et merc. sauf juil.-août   DY**p**
Rest – (15 €) Menu 50 € – Carte 37/55 €

◆ Ce petit bistrot contemporain, niché au cœur d'un quartier touristique, propose une cuisine du marché fraîche, goûteuse et sincère, renouvelée tous les mois. Un bel instant !

X **Léonie**   AC VISA ⓒⓞ

7 av. Larochefoucauld – ℰ 05 59 41 01 26 – www.restaurant-leonie.com – Fermé
19 juin-3 juil., 27 nov.-11 déc., 20-27 mars, sam. midi, dim. soir et merc.
Rest – (15 €) Menu 24 € – Carte 30/45 €   AX**u**

◆ Épure du blanc immaculé rehaussée de touches colorées (peintures et sculptures en exposition). Dans l'assiette : plats bistrotiers, simples, goûteux et généreux.

X **Le Clos Basque**   斧 VISA ⓒⓞ

12 r. L.-Barthou – ℰ 05 59 24 24 96 – Fermé 21 juin-5 juil., 25 oct.-15 nov.,
22 fév.-15 mars, dim. soir sauf juil.-août et lundi   EY**v**
Rest – (nombre de couverts limité, prévenir) Menu 24/28 €

◆ Pierres apparentes et azulejos confèrent un esprit ibérique à la petite salle à manger, où l'on mange au coude-à-coude. Terrasse d'été très courue. Recettes dans l'air du temps.

X **Chez Albert**   斧 VISA ⓒⓞ AE

au Port-des-Pêcheurs – ℰ 05 59 24 43 84 – www.chezalbert.fr – Fermé
21 nov.-15 déc., 6 janv.-12 fév. et merc.   DY**v**
Rest – Menu 38 € – Carte 40/65 €

◆ Tous les chemins mènent à Rome ; une seule route conduit chez Albert. Adresse animée et décontractée du vieux port des pêcheurs ; les produits de la mer sont à l'honneur !

au lac de Brindos 4 km au Sud-Est – ⊠ 64600 Anglet

🏠 **Château de Brindos** ⑤   ≤ ⓘ 斧 ⅃ ↳ⓖ 凰 & ch, AC ⑁ ⓢㅎ 卪
VISA ⓒⓞ AE ①

1 allée du Château – ℰ 05 59 23 89 80
– www.chateaudebrindos.com – Fermé 15 fév.-5 mars   BX**e**
24 ch – †175/275 € ††220/335 € – 5 suites – ⌑ 25 €
Rest – (fermé dim. soir et lundi sauf de Pâques à la Toussaint) (35 € bc)
Menu 55/75 € – Carte 63/85 €

◆ Élégante bâtisse invitant au repos, située au bord d'un lac privé de 10 ha. Salons ornés de belles boiseries, chambres spacieuses tournées vers l'eau et luxueuses salles de bains. Cuisine au goût du jour servie dans la salle en rotonde. Terrasse sur les flots.

rte d'Arbonne 4 km au Sud par La Négresse et D 255 – ⊠ 64200 Biarritz

🏠 **Le Château du Clair de Lune** sans rest ⑤   ⓘ ⓨㅎ 卪 VISA ⓒⓞ

48 av. Alan-Seeger – ℰ 05 59 41 53 20 – www.hotelclairlune.com   AX**b**
17 ch – †90/120 € ††100/155 € – ⌑ 10 €

◆ Dans un joli parc où flâner au clair de lune, charmante demeure bourgeoise (1902) abritant des chambres raffinées ; décor plus champêtre dans le pavillon.

XX **Campagne et Gourmandise** ⇐ 🚗 🍴 P VISA ◎ AE ⓪
52 av. Alan-Seeger – 𝒞 05 59 41 10 11 – www.campagneetgourmandise.com
– Fermé 12 juil.-31 août, dim. soir, lundi midi et merc. AXv
Rest – Menu 36/72 € – Carte 50/80 €
• Cette ancienne ferme nichée dans un vaste jardin, face aux Pyrénées, propose
une cuisine classique actualisée. Salle cosy, belle cheminée et jolie terrasse.

à Arbonne 7 km au Sud par La Négresse et D 255 – 1 784 h. – alt. 37 m
– ⊠ 64210

🏨 **Laminak** sans rest ⏳ ⇐ 🚗 ⌛ ⅗ ⁞ P VISA ◎
🍴 rte de St-Pée – 𝒞 05 59 41 95 40 – www.hotel-laminak.com
12 ch – †73 € ††87/103 € – ☑ 10 €
• Jolie ferme du 18e s. dans un jardin verdoyant. Chambres au décor soigné ;
petits-déjeuners (confitures maison) servis sous la véranda, ouverte sur la piscine.

à Arcangues 8 km par La Négresse, D 254 et D 3 – 2 985 h. – alt. 80 m
– ⊠ 64200

🆔 le bourg 𝒞 05 59 43 08 55

⌂ **Les Volets Bleus** sans rest ⏳ 🚗 ⌛ ⅗ ⁞ P VISA ◎
chemin Etchegaraya, 2 km au Sud sur ancienne rte de St-Pée – 𝒞 06 07 69 03 85
– www.lesvoletsbleus.fr – Fermé janv. et fév.
5 ch ☑ – †98/160 € ††98/170 €
• Quiétude, verdure, authenticité : les atouts de cette villa basque perdue en
pleine campagne. Matériaux nobles, chambres spacieuses aux murs patinés,
tomettes et boutis.

XX **Le Moulin d'Alotz** (Benoît Sarthou) 🚗 🍴 AC P VISA ◎ AE ⓪
£3 3 km au Sud par rte d'Arbonne et rte secondaire – 𝒞 05 59 43 04 54 – Fermé
20-29 juin, 2-31 janv., merc. sauf le soir en juil.-août et mardi
Rest – (nombre de couverts limité, prévenir) Carte environ 65 €
Spéc. Homard caramélisé, pinces croustillantes et foie chaud. Poularde cuite à
plat sur peau croustillante, haricots plats et girolles. Gâteau frangipane à la pistache, crème glacée à la verveine. **Vins** Irouléguy.
• Ce coquet moulin basque daterait de 1694. Cuisine de saison, inventive et raffinée, à déguster au coin du feu dès les premiers frimas, ou sur la plaisante terrasse l'été venu.

Voir aussi ressources hôtelières à **Anglet**

BIDARRAY – 64 Pyrénées-Atlantiques – **342** D3 – 637 h. – alt. 110 m **3 A3**
– ⊠ 64780 ▌ Pays Basque et Navarre
▶ Paris 799 – Biarritz 37 – Cambo-les-Bains 17 – Pau 127

🏨 **Ostapé** ⏳ ⇐ 🎎 🍴 ⌛ ⅓ AC ⁞ ⛵ P 🚗 VISA ◎ AE ⓪
rte d'Itxassou, 4 km au Nord par D 349 – 𝒞 05 59 37 91 91 – www.ostape.com
– Ouvert d'avril à mi-nov.
22 suites – ††140/410 € – ☑ 22 €
Rest – (fermé mardi et le midi en sem. de sept. à juin) Menu 38/69 €
– Carte 51/61 €
• Plusieurs villas de style basque qui se fondent littéralement dans le paysage
– un parc de 45 ha que l'on parcourt en golfette ! Chambres spacieuses et raffinées, piscine, fitness... Cuisine gastronomique servie dans le décor d'une maison
de maître du 17e s.

BIDART – 64 Pyrénées-Atlantiques – **342** C4 – 5 614 h. – alt. 40 m **3 A3**
– ⊠ 64210 ▌ Pays Basque et Navarre
▶ Paris 778 – Bayonne 17 – Biarritz 7 – Pau 122
🆔 rue d'Erretegia 𝒞 05 59 54 93 85
🏌 d'Ilbarritz Avenue du Château, N : 3 km par N 10 et D 911,
𝒞 05 59 43 81 30
◎ Chapelle Ste-Madeleine ✳ ★.

Villa L'Arche sans rest ⟜ ≤ 🚗 ⁽¹⁾ 🛜 𝖵𝖨𝖲𝖠 ⓂⓄ 𝖠𝖤

chemin Camboénéa – ℰ 05 59 51 65 95 – www.villalarche.com
– *Ouvert 16 fév.-20 nov.*
8 ch – ♦115/275 € ♦♦115/275 € – ⌂ 14 €

◆ Une grande villa ornée de mosaïques bleues, comme un Gaudí sur la falaise. L'intérieur a été entièrement refait dans un style design ; accès direct à la plage par un petit chemin.

L'Hacienda sans rest ⟜ 🚗 ᨈ 💺 ⁽¹⁾ 𝐏 𝖵𝖨𝖲𝖠 ⓂⓄ

50 r. Bassilour, 3 km au Sud par N10, rte Ahetze et rte secondaire
– ℰ 05 59 54 92 82 – www.hacienda-bidart.com – *Ouvert avril-nov.*
14 ch – ♦115/170 € ♦♦115/180 € – ⌂ 12 €

◆ Cette jolie demeure a comme un petit air espagnol. À l'intérieur, tout est charmant, fleuri et romantique. Les chambres évoquent les fleurs, les couleurs, le ciel, le miel...

🏠

Ouessant-Ty sans rest 🍴 ᨈ 𝖠𝖢 🍴 ⁽¹⁾ 🛜 𝖵𝖨𝖲𝖠 ⓂⓄ

3 r. Erretegia – ℰ 05 59 54 71 89 – www.ouessantty.com
12 ch – ♦55/105 € ♦♦55/105 € – ⌂ 8,50 €

◆ Un bâtiment tout blanc avec des volets bleus au centre du village, à deux pas des plages. Grandes chambres meublées de rotin et appart-hôtels à la semaine. Crêperie attenante.

🏠

Irigoian sans rest 🚗 🔲 𝐟ᵃ 🍴 ⁽¹⁾ 𝐏 𝖵𝖨𝖲𝖠 ⓂⓄ

av. de Biarritz – ℰ 05 59 43 83 00 – http://www.irigoian.com
5 ch – ♦95/120 € ♦♦95/120 € – ⌂ 9 €

◆ Ferme du 17ᵉ s. aux colombages bleus, typiquement basque, près d'un golf et de la plage. Jolies chambres simples, spacieuses et habillées de teintes pastel. Accueil convivial.

𝕏𝕏𝕏
❀

Table et Hostellerie des Frères Ibarboure (Jean-Philippe et Xabi Ibarboure) avec ch ⟜ 🚗 🐕 🍴 🔲 💺 ᨈ ch, 𝖠𝖢 🌡 🎐 𝐏 𝖵𝖨𝖲𝖠 ⓂⓄ 𝖠𝖤

chemin de Ttalienea, 4 km au Sud par D 810, rte Ahetze et rte secondaire
– ℰ 05 59 54 81 64 – www.freresibarboure.com – *Fermé 14 nov.-1ᵉʳ déc. et 2-19 janv.*
12 ch – ♦115/230 € ♦♦130/230 € – ⌂ 14 €

Rest – *(fermé merc. de sept. à juin, dim. soir sauf août et lundi midi en juil.-août)*
Menu 37 € (déj. en sem.), 55/103 € – Carte 67/108 €
Spéc. Craquelon de tourteau façon txangurro. Poularde en deux services. Dégustation de grands crus de chocolat. **Vins** Irouléguy, Jurançon.

◆ Grande demeure basque aux murs ocre, dans un joli parc planté de pins. En terrasse ou dans les salles feutrées d'esprit contemporain, on savoure une cuisine classique actualisée, inspirée du terroir. Spacieuses chambres personnalisées, au grand calme.

BIEF – 25 Doubs – **321** K3 – **rattaché à Villars-sous-Dampjoux**

BIELLE – 64 Pyrénées-Atlantiques – **342** J6 – 460 h. – alt. 448 m **3** B3
– ✉ **64260** ▮ Aquitaine

◗ Paris 803 – Laruns 9 – Lourdes 43 – Oloron-Ste-Marie 26

🏠
♻
⛤

L'Ayguelade 🚗 ᨈ rest, 𝖠𝖢 rest, ⁽¹⁾ 𝐏 🛜 𝖵𝖨𝖲𝖠 ⓂⓄ 𝖠𝖤

1 km par rte de Pau – ℰ 05 59 82 60 06 – www.hotel-ayguelade.com
– *Fermé janv., sam. midi et merc. sauf juil.-août et mardi soir*
10 ch – ♦50 € ♦♦50/62 € – ⌂ 8 € – ½ P 49/53 €

Rest – (16 €) Menu 18 €, 23/40 € – Carte 35/45 €

◆ Hôtel situé sur la route d'Espagne, entièrement rénové en 2010. Chambres fonctionnelles et douillettes (tissus et murs colorés). Cuisine traditionnelle servie sous une véranda ou dans la salle à manger, fraîche et pimpante.

BIESHEIM – 68 Haut-Rhin – **315** J8 – **rattaché à Neuf-Brisach**

BIGNAN – 56 Morbihan – **308** O7 – **rattaché à Locminé**

BILLIERS – 56 Morbihan – **308** Q9 – 892 h. – alt. 20 m – ⊠ 56190   **10** C3

▶ Paris 461 – La Baule 42 – Nantes 87 – Redon 39

Domaine de Rochevilaine ⌂   ≼ 🚗 🔟 ⊛ ⫯⍟ 🏊 ⌘ rest, ⫯⍟ 🔱 🅿

à la Pointe de Pen Lan , 2 km par D 5 – ℰ 02 97 41 61 61   🆅🆂🅰 ◉◎ 🅰🅴 ⓪
– www.domainerochevilaine.com

34 ch – ⫯155/440 € ⫯⫯155/440 € – 4 suites – � 22 € – ½ P 150/418 €

Rest – Menu 40 € (déj. en sem.), 74/134 € bc – Carte 75/105 €⫰

Spéc. Expression bretonne au gré du retour de pêche. Homard bleu de casier sauce coraillée. Les desserts bretons revisités.

♦ Hameau de belles demeures bretonnes et centre de balnéothérapie ancrés sur une pointe rocheuse face à l'océan. Chambres spacieuses et personnalisées. Carte classique actualisée, proposée dans un cadre mêlant boiseries, miroirs, tissus rouges, et surplombant les flots.

Les Glycines sans rest   🚗 ⌘ ⫯⍟ 🅿 🆅🆂🅰 ◉◎

17 pl. de l'Église – ℰ 06 11 86 07 52 – www.les-glycines-billiers.com

5 ch – ⫯84/104 € ⫯⫯92/112 €

♦ Maison tout de bleu et de blanc sur la place du village. Salon avec piano, rempli de livres, bibelots et tableaux. Chambres hautes en couleur ; salle de jeu pour les enfants.

BILLY – 41 Loir-et-Cher – **318** G8 – 792 h. – alt. 90 m – ⊠ 41130   **11** B1

▶ Paris 252 – Blois 40 – Châteauroux 62 – Orléans 127

Le Pont de Sauldre 🏡   🏡 ⌘ 🅰🅲 🅿 🆅🆂🅰 ◉◎

2 r. Nationale, 2 km au Nord rte de Selles-sur-Cher – ℰ 02 54 96 21 65 – fermé dim. soir et lundi

Rest – Menu 17/40 € – Carte 32/39 €

♦ Galantine, jambon de pays, fromages de chèvre de la région, tarte au citron... Ode à la tradition dans une jolie salle aux murs vermillon. Bons produits frais et prix doux !

BILLY – 03 Allier – **326** H5 – 852 h. – alt. 250 m – ⊠ 03260 ▌Auvergne   **6** C1

▶ Paris 344 – Clermont-Ferrand 83 – Moulins 47 – St-Étienne 157

🛈 rue du Château ℰ 04 70 43 51 51

Auberge du Pont   🏡 🆅🆂🅰 ◉◎

1 rte de Marcenat – ℰ 04 70 43 50 09 – www.auberge-du-pont-billy.com

Rest – (15 €) Menu 18 € (déj. en sem.), 28/60 € bc

♦ Esprit bistrot gourmand pour cette auberge conviviale tenue par deux jeunes chefs déjà expérimentés. Au menu : produits de saison et simplicité, pour un maximum de goût.

BIOT – 06 Alpes-Maritimes – **341** D6 – 8 791 h. – alt. 80 m – ⊠ 06410   **42** E2
▌Côte d'Azur

▶ Paris 910 – Antibes 6 – Cagnes-sur-Mer 9 – Cannes 17

🛈 46, rue Saint-Sébastien ℰ 04 93 65 78 00

🏌 de Biot Avenue Michard Pelissier, S : 1 km, ℰ 04 93 65 08 48

◉ Musée national Fernand Léger★★ - Retable du Rosaire★ dans l'église.

Domaine du Jas sans rest   ≼ 🚗 🏊 ⌘ 🅰🅲 ⌘ ⫯⍟ 🅿 🆅🆂🅰 ◉◎ 🅰🅴

625 rte de la Mer , D 4 – ℰ 04 93 65 50 50 – www.domainedujas.com
– Fermé déc. à fév.

19 ch – ⫯80/100 € ⫯⫯90/225 € – � 12 €

♦ Mignonnes chambres provençales (dont trois familiales et un duplex) avec balcon ou terrasse donnant sur la piscine, le jardin ou le village de Biot : vivez au rythme du Sud !

XXX **Les Terraillers** (Michaël Fulci)

🕸 *11 rte Chemin-Neuf , au pied du village* – ℰ 04 93 65 01 59
– www.lesterraillers.com – Fermé nov., merc. et jeudi
Rest – (39 €) Menu 55 € bc (déj.), 65/110 € – Carte 90/118 €
Spéc. Langoustines tièdes aux perles de caviar. Agneau en déclinaison, côte et
selle sur lit de semoule virtuelle, jus d'agneau. Fraises des bois sur tarte renversée,
mousseline de framboise et sorbet verveine (printemps-été). **Vins** Côtes de Provence, Bandol.
♦ Poterie du 16ᵉ s. où vous choisirez de savourer une cuisine aux accents du Sud
dans la belle salle à manger voûtée, l'ancien four transformé en petit salon ou la
terrasse en été.

✗ **Chez Odile**

au village, chemin des Bachettes – ℰ 04 93 65 15 63 – *Fermé déc., janv., le midi
en juil.-août, merc. et jeudi hors saison*
Rest – (20 €) Carte 32/46 €
♦ Peynet avait son rond de serviette dans cette auberge rustique élevée au rang
d'institution locale. Odile, joviale et passionnée, annonce le menu oralement
(recettes du pays).

BIOULE – 82 Tarn-et-Garonne – **337** F7 – 878 h. – alt. 84 m – ✉ 82800   **28** B2

▶ Paris 613 – Cahors 53 – Montauban 22 – Toulouse 75

🏠 **Les Boissières**

708 rte de Caussade – ℰ 05 63 24 50 02 – *www.lesboissieres.com – Fermé
en août, vacances de la Toussaint, en janv., sam. midi, dim. soir et lundi*
8 ch – †75/115 € ††75/115 € – ☑ 10 € – ½ P 68/79 €
Rest – *(fermé deux sem. août, vacances de Toussaint, deux sem. en janv.,
sam. midi, dim. soir et lundi)* (21 €) Menu 29/55 € – Carte environ 54 €
♦ Composée d'une maison de maître (19ᵉ s.) et de son étable (18ᵉ s.) en briques
rouges, cette hôtellerie, entourée par un parc, propose des chambres aux styles
rustique et actuel. Salle à manger complétée par une pergola aux beaux jours.
Cuisine dans l'air du temps.

BIRIATOU – 64 Pyrénées-Atlantiques – **342** B4 – **rattaché à Hendaye**

BIRKENWALD – 67 Bas-Rhin – **315** I5 – 281 h. – alt. 295 m – ✉ 67440   **1** A1

▶ Paris 461 – Molsheim 23 – Saverne 12 – Strasbourg 34

🏠 **Au Chasseur** ⚜

🕸 *7 r. de l'Église* – ℰ 03 88 70 61 32 – *Fermé 20 déc.-15 janv.*
😊 **19 ch** – †65/70 € ††90/95 € – 3 suites – ☑ 15 € – ½ P 70/97 €
Rest – *(fermé mardi midi, merc. midi et lundi)* Menu 15 € (déj. en sem.), 28/65 €
– Carte 33/64 €
♦ Dans un charmant village, une auberge régionale chaleureuse, proposant de
belles chambres contemporaines, certaines tournées vers les Vosges. Le restaurant est élégant (beau plafond peint) et savoureux : rognons aux spaetzele maison, foie gras au gewurztraminer...

BIRON – 24 Dordogne – **329** G8 – 178 h. – alt. 200 m – ✉ 24540   **4** C2

▶ Paris 625 – Agen 76 – Bordeaux 172 – Périgueux 100

🏠 **Le Prieuré** sans rest ⚜

– ℰ 05 53 61 93 03 – *www.leprieurebiron.com – Fermé janv.*
5 ch ☑ – †110/150 € ††120/160 €
♦ Historique ! De belles chambres dans les dépendances d'un château, avec vue
imprenable sur la campagne. Magnifique cheminée en bois dans la "Cardinal".

BISCARROSSE – 40 Landes – **335** E8 – 12 031 h. – alt. 22 m – Casino   **3** B2
– ✉ 40600 ▮ Aquitaine

▶ Paris 656 – Arcachon 40 – Bayonne 128 – Bordeaux 74
🄸 55, place Georges Dufau ℰ 05 58 78 20 96
🄸 de Biscarrosse 400, avenue du Golf, E : 9 km par D 83 et D 305,
     ℰ 05 58 09 84 93

à Ispe 6 km au Nord par D 652 et D 305 – ⊠ 40600 Biscarosse

La Caravelle ⊛ ⩽ 🖙 ℅ ch, ⑪ **P** _VISA_ ⊚⊚
5314 rte des lacs – ℰ 05 58 09 82 67 – www.lacaravelle.fr
– Ouvert 1er mars-1er nov.
15 ch – ♦48 € ♦♦73/113 € – ⊆ 8 € – ½ P 67/82 €
Rest – (fermé lundi midi et mardi midi sauf juil.-août) Menu 16/40 €
– Carte 26/65 €
♦ Au bord du lac, une ancienne guinguette transformée en hôtel-restaurant
après la Seconde Guerre mondiale. Quelques chambres offrent une belle vue sur
les flots. Une annexe à 100 m. Véranda panoramique et terrasse au restaurant ;
cuisine régionale.

Au Golf 7 km au Nord-Ouest par D 652 et D 305

Le Parcours Gourmand ⩽ 🖙 **P** _VISA_ ⊚⊚ 𝔸𝔼
av. du Golf – ℰ 05 58 09 84 44 – www.biscarrossegolf.com
– Fermé 3 janv.-10 fév., mardi soir hors saison, dim. soir et lundi
Rest – (14 €) Menu 17 € (déj.), 28/32 €
♦ Carte classique valorisant les produits locaux servie dans ce restaurant posé
sur le golf, au milieu d'une pinède. Élégant intérieur épuré et terrasse avec vue
sur les greens.

BITCHE – 57 Moselle – **307** P4 – 5 607 h. – alt. 300 m – ⊠ 57230   **27** D1
❚ Alsace Lorraine

▶ Paris 438 – Haguenau 43 – Sarrebourg 62 – Sarreguemines 33
🛈 4, rue du glacis du Château ℰ 03 87 06 16 16
🖪 Holigest Golf de Bitche 2 rue des Prés, E : 1 km par D 662, ℰ 03 87 96 15 30
◉ Citadelle★ - Ligne Maginot : Gros ouvrage du Simserhof★ O : 4 km.

Le Strasbourg (Lutz Janisch) avec ch ⑪ 🟰𝔸 _VISA_ ⊚⊚ 𝔸𝔼 ⓞ
⊛ 24 r. Col-Teyssier – ℰ 03 87 96 00 44 – www.le-strasbourg.fr – Fermé 1er-10 janv.,
vacances de fév., 24-31 juil. et vacances de la Toussaint
10 ch – ♦50 € ♦♦60/70 € – ⊆ 10 €
Rest – (fermé dim. soir, mardi midi et lundi) Menu 21 € (sem.), 31/55 €
– Carte 39/58 €🏵
Spéc. Foie gras d'oie servi à la cuillère. Cuisses de grenouille fraîches parfumées à
l'ail confit. Variation surprise autour du chocolat. **Vins** Pinot gris de Moselle, Pinot
noir d'Alsace.
♦ Dans une lumineuse salle à manger d'esprit Art déco, dégustez la séduisante
cuisine du chef, soignée et généreuse. Les prix savent rester sages. Confortables
chambres discrètement personnalisées (Afrique, Asie, Provence, etc.).

La Tour ℅ **P** _VISA_ ⊚⊚
3 r. de la Gare – ℰ 03 87 96 29 25 – Fermé 24 janv.-8 fév., mardi soir et lundi
Rest – (9 €) Menu 13 € (sem.), 23/60 € bc – Carte 25/70 €
♦ Entre gare et centre-ville, grande bâtisse flanquée d'une tourelle. Une décoration d'inspiration Belle Époque rend attrayantes les trois salles à manger. Carte au
goût du jour.

BIZANET – 11 Aude – **344** I4 – 1 233 h. – alt. 42 m – ⊠ 11200   **22** B3
▶ Paris 802 – Beziers 46 – Carcassonne 49 – Narbonne 15
🛈 Mairie ℰ 04 68 45 11 85

La Table du Château 🖙 𝔸ℂ _VISA_ ⊚⊚ 𝔸𝔼 ⓞ
16 r. de Paris – ℰ 04 68 93 51 19 – www.latableduchateau.fr
– Fermé 15 fév.-15 mars, 1er-7 nov., mardi de nov. à Pâques sam. midi
d'avril à oct. et lundi
Rest – (16 €) Menu 29/34 € – Carte 29/49 €
♦ Au cœur d'un petit village des Corbières, restaurant familial au décor méridional. Cuisine traditionnelle avec des touches actuelles. Agréable patio-terrasse aux
beaux jours.

BIZANOS – 64 Pyrénées-Atlantiques – **342** J3 – rattaché à Pau

BIZE-MINERVOIS – 11 Aude – **344** I3 – 1 042 h. – alt. 58 m – ⊠ 11120   **22 B2**

▶ Paris 792 – Béziers 33 – Carcassonne 49 – Narbonne 22

🏨 **La Bastide Cabezac**   🌐 ⤴ & 🅰 📶 🌿 🅿 <u>VISA</u> ⚌

18 Hameau de Cabezac, 3 km au Sud par D 5 – ℰ 04 68 46 66 10
– www.la-bastide-cabezac.com – Fermé 8-30 nov. et 15-28 fév.
12 ch – †85/130 € ††85/130 € – ⌑ 12 €
Rest – *(fermé mardi et merc. du 16 sept. au 14 juin, lundi midi, jeudi midi et*
sam. midi) (15 €) Menu 28/87 € bc – Carte environ 47 €🎨

◆ Ancien relais de poste du 18e s. repris par un jeune couple enthousiaste. Aménagements et décor soignés (meubles régionaux, tons chaleureux) en font un plaisant lieu de séjour. Au restaurant, cuisine actuelle inspirée par les saveurs du Sud. Vins locaux.

BLAGNAC – 31 Haute-Garonne – **343** G3 – rattaché à Toulouse

BLAINVILLE-SUR-MER – 50 Manche – **303** C5 – 1 525 h. – alt. 26 m   **32 A2**
– ⊠ 50560

▶ Paris 347 – Caen 116 – St-Lô 41
🛈 12 bis, route de la mer ℰ 02 33 07 90 89

🍴🍴 **Le Mascaret** (Philippe Hardy) avec ch 🌐   🌐 & 🍽 📶 <u>VISA</u> ⚌ <u>AE</u> ①
❀ *1 r. de Bas – ℰ 02 33 45 86 09 – www.restaurant-lemascaret.fr – Fermé*
23 nov.-5 déc. et 2-28 janv.
5 ch – †95/110 € ††105/195 € – ⌑ 17 €
Rest – *(fermé dim. et merc. soir sauf du 15 juil. au 30 août et lundi)* (25 €)
Menu 39/78 € – Carte 70/85 €
Spéc. Ormeaux sauvages et cerfeuil tubéreux (nov.-déc.). Turbot de ligne au jus d'étrilles et légumes des sables. Macaron de pomme givré au nitrogène liquide et nectar de chocolat chaud.

◆ Une cour, un jardin d'herbes aromatiques et une cuisine précise et créative, conjuguant avec bonheur les saveurs "terre et mer", font tout le charme de cette maison du 18e s. Chambres originales et baroques (mélange de motifs, baignoire décorative). Espace bien-être pour la relaxation.

LE BLANC 👁 – 36 Indre – **323** C7 – 6 927 h. – alt. 85 m – ⊠ 36300   **11 B3**
🟩 Limousin Berry

▶ Paris 326 – Bellac 62 – Châteauroux 61 – Châtellerault 52
🛈 place de la Libération ℰ 02 54 37 05 13

🍴🍴 **Le Cygne**   🅰 <u>VISA</u> ⚌
8 av. Gambetta – ℰ 02 54 28 71 63 – Fermé 19 juin-5 juil., 2-10 janv., dim. soir,
lundi et mardi
Rest – *(nombre de couverts limité, prévenir)* Menu 20/44 € – Carte 35/56 €

◆ Non loin de l'église réputée pour ses guérisons miraculeuses, agréable restaurant aux tables soigneusement dressées. La cuisine, au goût du jour, évolue au gré du marché.

LE BLANC-MESNIL – 93 Seine-Saint-Denis – **305** F7 – **101** 17 – voir à Paris,
Environs (Le Bourget)

BLANGY-SUR-BRESLE – 76 Seine-Maritime – **304** J2 – 3 171 h.   **33 D1**
– alt. 70 m – ⊠ 76340

▶ Paris 156 – Abbeville 29 – Amiens 56 – Dieppe 55
🛈 1, rue Checkroun ℰ 02 35 93 52 48

🍴 **Les Pieds dans le Plat**   🅰 <u>VISA</u> ⚌
❀ *27 r. St-Denis – ℰ 02 35 93 38 36 – Fermé vacances de fév., jeudi soir, dim. soir et*
🙂 *lundi*
Rest – (14 €) Menu 16 € (sem.), 25/34 € – Carte 24/46 €

◆ Pimpante et lumineuse salle à manger égayée de tableaux d'un artiste local et d'originales fleurs en verre. Ambiance conviviale et cuisine du terroir, généreuse et soignée.

BLANQUEFORT – 33 Gironde – **335** H5 – rattaché à Bordeaux

BLANZY – 71 Saône-et-Loire – **320** G9 – rattaché à Montceau-les-Mines

BLENDECQUES – 62 Pas-de-Calais – **301** G3 – rattaché à St-Omer

BLÉNEAU – 89 Yonne – **319** A5 – 1 476 h. – alt. 200 m – ⊠ 89220   **7** A1
- Paris 156 – Auxerre 56 – Clamecy 59 – Gien 30
- 2, rue Aristide Briand ℰ 03 86 74 82 28
- Château de St Fargeau★★ ▌ Bourgogne

Blanche de Castille   ⌂ **P** VISA ⦿ AE
17 r. d'Orléans – ℰ 03 86 74 92 63 – www.hotelblanchecastille.facite.com
13 ch – ♦50/80 € ♦♦50/80 € – ⊊ 8 € – ½ P 59 €
Rest – *(fermé 7-15 sept., 23 déc.-5 janv., dim. et jeudi)* (8 €) Menu 12 € (déj.)/
26 € – Carte 26/45 €
♦ Un hôtel familial, dans un ancien relais de poste. Les chambres répondent aux doux noms de Blanche, Aurore ou Léonie ; celles du dernier étage sont mansardées. À la carte, escargots, andouillette et gigot à déguster dans un cadre classique ou en terrasse.

Auberge du Point du Jour   AC VISA ⦿
pl. de la Mairie – ℰ 03 86 74 94 38 – www.aubergepointdujour.com
– Fermé 1er-5 janv., dim. soir et lundi
Rest – (12 €) Menu 21/29 € – Carte 35/45 €
♦ Poutres apparentes, belles boiseries et fleurs fraîches rendent ce petit restaurant bien agréable. Cuisine traditionnelle régionale ; formule bistrot le midi en semaine.

BLÉNOD-LÈS-PONT-À-MOUSSON – 54 Meurthe-et-Moselle – **307** H5
– rattaché à Pont-à-Mousson

BLÉRÉ – 37 Indre-et-Loire – **317** O5 – 5 048 h. – alt. 59 m – ⊠ 37150   **11** A1
▌ Châteaux de la Loire
- Paris 234 – Blois 48 – Château-Renault 36 – Loches 25
- 8, rue Jean-Jacques Rousseau ℰ 02 47 57 93 00

Cheval Blanc   ⌂ ⌂ ⊼ AC rest, **P** VISA ⦿ AE
pl. de l'Église – ℰ 02 47 30 30 14 – www.lechevalblancblere.com – Fermé 13-23 nov. et 2 janv.-9 fév.
12 ch – ♦66 € ♦♦69 € – ⊊ 10 €
Rest – *(fermé vend. midi, dim. soir et lundi sauf fériés) (prévenir)* Menu 27 € (sem.), 45/62 € – Carte 52/70 €
♦ Une demeure de caractère (17e s.), dont les chambres et le jardin fleuri ont conservé le charme d'antan. Concession à la modernité : la piscine ! Le restaurant est agréable, idéal pour déguster une cuisine classique et des vins du Val de Loire.

à l'Ouest 6 km par D 976 et rte secondaire – ⊠ 37270

La Boulaye   **P** VISA ⦿
lieu-dit La Boulaye – ℰ 02 47 50 29 21 – www.laboulaye.fr – Fermé vacances de Toussaint, de Noël et de fév., merc. sauf le soir de mai à sept. et mardi
Rest – (20 €) Menu 25/34 € ⌘
♦ Il faut se perdre un peu dans la campagne pour trouver cette grange du 17e s. La patronne cuisine des plats personnels, généreux et aromatiques, où même la simplicité régale...

BLÉRIOT-PLAGE – 62 Pas-de-Calais – **301** E2 – rattaché à Calais

BLESLE – 43 Haute-Loire – **331** B2 – 657 h. – alt. 520 m – ⊠ 43450   **5** B3
▌ Auvergne
- Paris 484 – Aurillac 92 – Brioude 23 – Issoire 39
- place de l'Église ℰ 04 71 76 26 90
- Église St-Pierre★.

La Bougnate 🛖 AC ch, VISA ⦾

pl. Vallat – ℰ 04 71 76 29 30 – www.labougnate.com – Fermé déc.-janv. et lundi d'oct. à avril
8 ch – †60/95 € ††60/95 € – ⴱ 9 € – ½ P 75 €   **Rest** – (17 €) Carte 21/30 €
♦ Paisible et charmante auberge installée dans une vraie maison de village. Chambres simples et coquettes ; celles de la petite tour sont assez pittoresques. Boutique d'artisanat. À table, joli décor rustique, cuisine du terroir et vins choisis.

BLIENSCHWILLER – 67 Bas-Rhin – **315** I6 – 293 h. – alt. 230 m   **2** C1
– ⊠ 67650
▶ Paris 504 – Barr 51 – Erstein 26 – Obernai 19
🖪 4, rue du Winzenberg ℰ 03 88 92 40 16

Winzenberg sans rest 🛇 ❄ ℡ P VISA ⦾ AE

58 rte des Vins – ℰ 03 88 92 62 77 – www.winzenberg.fr – Fermé 13 mars-15 avril, 30 juil.-8 août et 24 déc.-3 janv.
11 ch – †42/50 € ††45/55 € – ⴱ 7 €
♦ Façade très fleurie, jolie cour intérieure, chambres coquettes (mobilier en bois peint) : un certain cachet dans cet hôtel familial aménagé dans une ancienne maison de vigneron.

Le Pressoir de Bacchus VISA ⦾

50 rte des Vins – ℰ 03 88 92 43 01 – Fermé 1er-15 juil., 2 sem. en fév., lundi soir, merc. midi et mardi
Rest – *(nombre de couverts limité, prévenir)* (15 €) Menu 25/46 € – Carte 31/52 €
♦ Cuisine régionale (avec un zeste d'originalité) et carte mettant à l'honneur les 27 vignerons du village ! Un endroit soigné, mêlant notes alsaciennes et âme bistrotière.

BLOIS 🄿 – 41 Loir-et-Cher – **318** E6 – 48 487 h. – Agglo. 116 544 h.   **11** A1
– alt. 73 m – ⊠ 41000 ▮ Châteaux de la Loire
▶ Paris 182 – Le Mans 111 – Orléans 61 – Tours 66
🖪 23, place du Château ℰ 02 54 90 41 41
🖪₈ du Château de Cheverny à Cheverny La Rousselière, par rte de Cheverny : 15 km, ℰ 02 54 79 24 70
◎ Château★★★ : musée des Beaux-Arts★ – Le Vieux Blois★ : Église St-Nicolas★ – Cour avec galeries★ de l'hôtel d'Alluye YZ **E** – Jardins de l'Evêché ≤★ – Jardin des simples et des fleurs royales ≤★ **L** – Maison de la Magie Robert-Houdin★.

Plan page suivante

Mercure Centre 🖥 ᵽ ᕒ ch, AC ℡ ♨ 🏊 VISA ⦾ AE ⓞ

28 quai St-Jean – ℰ 02 54 56 66 66 – www.mercure.com   **Y**f
96 ch – †105/200 € ††115/240 € – ⴱ 15 €
Rest – (21 €) Menu 28/30 € – Carte 30/50 €
♦ Chambres contemporaines et suites originales, en partie desservies par une coursive ouvrant sur un atrium. Bar, piscine, sauna et hammam. Petite vue sur la Loire. Le restaurant est tourné vers le fleuve ; intéressante sélection de vins au verre.

Monarque AC ℡ VISA ⦾

61 r. Porte-Chartraine – ℰ 02 54 78 02 35 – www.annedebretagne.free.fr – Fermé 19 déc.-24 janv.   **Y**a
22 ch – †58/60 € ††58/60 € – ⴱ 8 € – ½ P 52 €
Rest – (11 €) Menu 18/28 € – Carte environ 26 €
♦ Non loin du centre piéton, un hôtel accueillant dans une bâtisse du 19e s. Décor sobre et contemporain, avec partout de nombreuses affiches de Tintin, la passion du patron ! Formules et menus traditionnels au restaurant.

Ibis sans rest 🖥 AC ℡ VISA ⦾ AE ⓞ

3 r. Porte-Côté – ℰ 02 54 74 01 17 – www.ibishotel.com   **Z**x
56 ch – †63/92 € ††63/92 € – ⴱ 8 €
♦ Une adresse centrale, dans un ancien hôtel particulier. Chambres fonctionnelles et bien insonorisées, accès Internet gratuit.

BLOIS

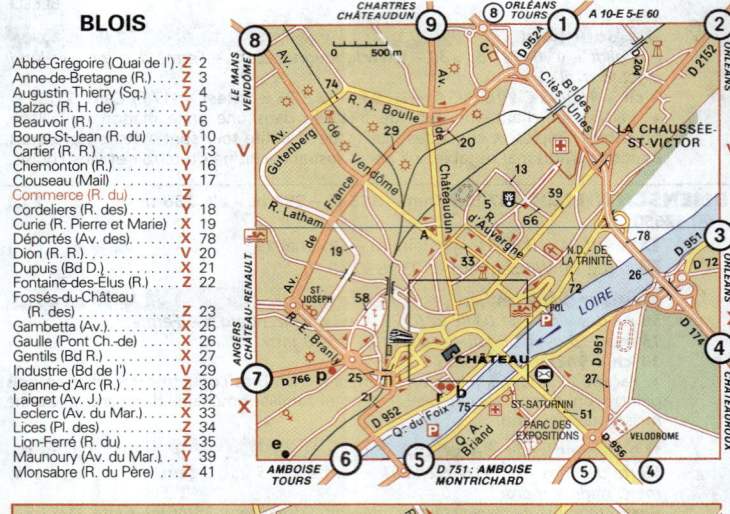

Abbé-Grégoire (Quai de l') . . . **Z** 2
Anne-de-Bretagne (R.) . . . . **Z** 3
Augustin Thierry (Sq.) . . . . **V** 4
Balzac (R. H. de) . . . . **V** 5
Beauvoir (R.) . . . . **Y** 6
Bourg-St-Jean (R. du) . . . . **Y** 10
Cartier (R. R.) . . . . **V** 13
Chemonton (R.) . . . . **Y** 16
Clouseau (Mail) . . . . **Z** 17
Commerce (R. du) . . . . . . **Z**
Cordeliers (R. des) . . . . . **Y** 18
Curie (R. Pierre et Marie) . . **X** 19
Déportés (Av. des) . . . . . . **X** 78
Dion (R. R.) . . . . **X** 20
Dupuis (Bd D.) . . . . **X** 21
Fontaine-des-Élus (R.) . . . . **X** 22
Fossés-du-Château
  (R. des) . . . . **Z** 23
Gambetta (Av.) . . . . **X** 25
Gaulle (Pont Ch.-de) . . . . . **Z** 26
Gentils (Bd R.) . . . . **X** 27
Industrie (Bd de l') . . . . . **X** 29
Jeanne-d'Arc (R.) . . . . . . **X** 30
Laigret (Av. J.) . . . . **Z** 32
Leclerc (Av. du Mar.) . . . . **X** 33
Lices (Pl. des) . . . . **X** 34
Lion-Ferré (R. du) . . . . . . **Z** 35
Maunoury (Av. du Mar.) . . . **Y** 39
Monsabre (R. du Père) . . . **Z** 41

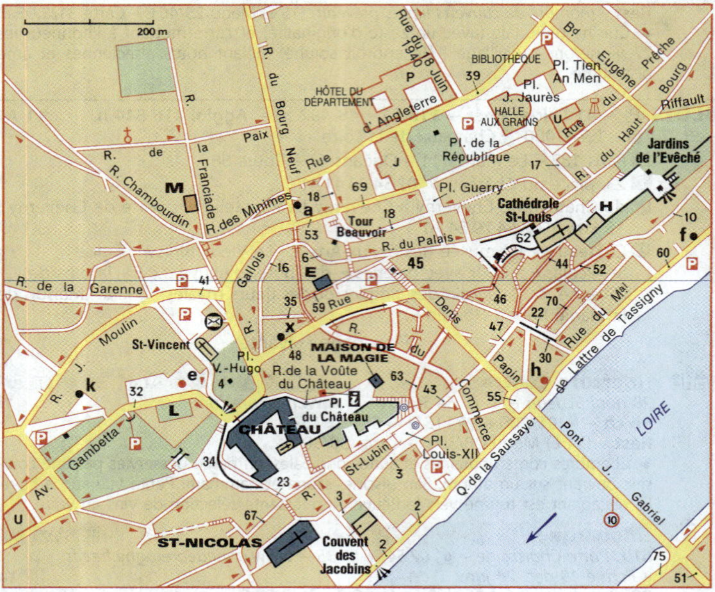

Orfèvres (R. des) . . . . **Z** 43
Papegaults (R. des) . . . . **Y** 44
Papin (Escaliers Denis) . . . . **Y** 45
Papin (R. Denis) . . . . **Z**
Pierre-de-Blois (R.) . . . . . . **Z** 46
Poids-du-Roi (R. du) . . . . . . **Z** 47
Porte-Côté (R.) . . . . **Z** 48
Président-Wilson (Av.) . . . **X, Z** 51

Puits-Châtel (R. du) . . . . . . **Y** 52
Remparts (R. des) . . . . **Y** 53
Résistance (Carrefour de la) . . **Z** 55
Ronsard (R. P. de) . . . . **X** 58
St-Honoré (R.) . . . . **YZ** 59
St-Jean (Q.) . . . . **Y** 60
St-Louis (Pl.) . . . . **Y** 62
St-Martin (R.) . . . . **Z** 63

Schuman (Av. R.) . . . . **V** 64
Signeulx (R. de) . . . . **V** 66
Trois-Marchands (R. des) . . . **Z** 67
Trouessard (R.) . . . . **Y** 69
Vauvert (R.) . . . . **V** 70
Verdun (Av. de) . . . . **X** 72
Vezin (R. A.) . . . . **V** 74
Villebois-Mareuil (Q.) . . . **X, Z** 75

Anne de Bretagne sans rest   ⁿ� VISA ⬤ AE

31 av. J.-Laigret – ℰ *02 54 78 05 38*
– *http://annedebretagne.free.fr*
– *Fermé 1ᵉʳ-6 mars, 28 nov.-12 déc. et 19 fév.-11 mars*   **Zk**
27 ch – ♦45/51 € ♦♦54/58 € – ⌴ 8 €

◆ Sur une place arborée voisine du château, une adresse familiale où il fait bon s'arrêter : salon cosy, chambres simples et joliment colorées, petit-déjeuner servi dehors l'été.

Le Clos Pasquier sans rest ॐ   ▱ ℅ ⁿ❢ P

10 impasse de l'Orée-du-Bois, à 5 km par r. Albert-1ᵉʳ – ℰ *02 54 58 84 08*
– *www.leclospasquier.fr*
4 ch ⌴ – ♦100/130 € ♦♦110/130 €

◆ À l'orée de la forêt – au grand calme ! –, une belle demeure régionale (16ᵉ s.) dans un jardin soigné. Chambres jolies et cosy, alliant cachet de l'ancien et sobriété contemporaine.

Le Plessis sans rest   ▱ 🔟 AC ⁿ❢ P

195 r. Albert-1ᵉʳ – ℰ *02 54 43 80 08*
– *www.leplessisblois.com*   **Xe**
5 ch ⌴ – ♦110 € ♦♦140 €

◆ Une propriété viticole joliment reconvertie : salon de lecture et petit-déjeuner façon brunch dans la maison principale (18ᵉ s.), chambres soignées aménagées dans le pressoir.

L'Orangerie du Château (Jean-Marc Molveaux)   ⬅ 🍴 AC ⇔ P
                                                      VISA ⬤ AE

1 av. J.-Laigret – ℰ *02 54 78 05 36*
– *www.orangerie-du-chateau.fr – Fermé 23-26 août, 15 fév.-11 mars, dim. et lundi sauf fériés*   **Ze**
Rest – Menu 35 € bc (sem.), 57/79 € – Carte 73/100 €
Spéc. Cuisses de grenouille désossées à la crème de chevriers et noisettes torréfiées. Poitrine de pigeonneau du Vendômois rôtie sur l'os, homard bleu et cébettes. Soufflé chaud marron, chocolat, rhum (automne-hiver). **Vins** Cour-Cheverny, Touraine.

◆ Dans une dépendance du château (15ᵉ s.), avec une belle terrasse ouvrant sur le monument... L'esprit de la Renaissance n'est sans doute pas étranger à la cuisine, à la fois fine, légère et soignée.

Le Médicis (Damien Garanger) avec ch   AC ℅ ⁿ❢ VISA ⬤ AE ⓪

2 allée François-1ᵉʳ – ℰ *02 54 43 94 04 – www.le-medicis.com*
– *Fermé 27 oct. 2 nov., 3-31 janv., dim. soir de nov. à mai et lundi de nov. à mars*   **Xp**
10 ch – ♦87 € ♦♦87/150 € – ⌴ 12 € – ½ P 95/114 €
Rest – (23 €) Menu 30/72 € – Carte 44/72 € ॐ
Spéc. Florentin de foie gras de canard mariné au vin du Layon. Ris de veau aux morilles et raviole de légumes printaniers (avril à juin). Assiette tout chocolat grand cru. **Vins** Cheverny, Touraine.

◆ Une demeure 1900 au décor bourgeois (moulures au plafond, mobilier Second Empire, véranda), où l'on apprécie une cuisine centrée sur le produit. Bon choix de vins régionaux. Chambres confortables et soignées.

Au Rendez-vous des Pêcheurs (Christophe Cosme)   AC ⇔ VISA ⬤

27 r. Foix – ℰ *02 54 74 67 48*
– *www.rendezvousdespecheurs.com*
– *Fermé 31 juil.-22 août, lundi midi et dim.*   **Xr**
Rest – *(nombre de couverts limité, prévenir)* (20 € bc) Menu 30 € (sem.), 49/69 € – Carte 60/80 €
Spéc. Fleur de courgette "vallée des rois" farcie aux légumes (juin à oct.). Sandre cuit à basse température. Assiette de gourmandises. **Vins** Jasnières, Touraine.

◆ Un ancien repaire de pêcheurs dont le décor cultive un très bel esprit bistrotier ! Poissons de la Loire, légumes bio de la région : les assiettes pétillent de fraîcheur et de saveurs, avec une originalité toute maîtrisée... Épatant.

X **Côté Loire "Auberge Ligérienne"** avec ch

2 pl. de la Gréve – ✆ *02 54 78 07 86* – *www.coteloire.com*
– *Fermé 29 mai-7 juin, 28 août-6 sept., 13-29 nov., 3 janv.-3 fév.* **Xb**
7 ch – †56/79 € ††56/79 € – ☕ 8,50 € – ½ P 65/75 €
Rest – *(fermé sam. midi en juil.-août, dim. et lundi)* (19 €) Menu 29 €
◆ Cette auberge fut fondée au 16e s. ! Poutres d'origine, vaisselier ancien, tables en bois verni, terrasse verdoyante et menu unique, évoluant au gré du marché et proposé à l'ardoise. Petites chambres rustiques à l'étage.

X **Le Bistrot de Léonard**

8 r. Mar.-de Lattre-de-Tassigny – ✆ *02 54 74 83 04* – *www.lebistrotdeleonard.com*
– *Fermé 24 déc.-1er janv., sam. midi et dim.* **Zh**
Rest – Carte 28/40 €
◆ Sur les quais, derrière une jolie façade en bois, un bistrot... à la parisienne, avec des clins d'œil à Léonard de Vinci. À l'ardoise ? Des plats canailles (tartare, rognons...).

à St-Denis-sur-Loire 6 km par ② – 870 h. – alt. 92 m – ✉ 41000

XX **Le Grand Atelier** avec ch

r. 8-Mai-1945 – ✆ *02 54 74 10 64* – *www.hotel-restaurant-atelier.com*
– *Fermé dim. soir et lundi*
5 ch – †100 € ††115 € – ☕ 12 €
Rest – *(fermé vacances de fév.)* Menu 30/65 €
◆ Cette jolie maison, qui fut l'atelier d'un peintre blésois, a gardé son âme d'artiste : de nombreuses toiles ornent la salle à manger. Cuisine actuelle. Quelques chambres pour l'étape.

à Molineuf 9 km par ⑦ – 800 h. – alt. 115 m – ✉ 41190

X **La Poste**

11 av. de Blois – ✆ *02 54 70 03 25* – *www.restaurant-delaposte.fr* – *Fermé 15 nov.-3 déc., 21 fév.-7 mars, dim. soir de sept. a juin, mardi d'oct. à avril et merc.*
Rest – (16 €) Menu 29/61 € – Carte 45/65 €
◆ En lisière de forêt, une auberge de pays flanquée d'une véranda. Le chef – qui a repris l'affaire en 2010 – propose une cuisine assez moderne, en prise sur le terroir et les saisons.

BLONVILLE-SUR-MER – 14 Calvados – 303 M3 – 1 546 h. – alt. 10 m – ✉ 14910 32 A3

Paris 205 – Caen 46 – Deauville 5 – Le Havre 50
32 bis, avenue Michel d'Ornano ✆ 02 31 87 91 14

L'Épi d'Or rest,

23 av. Michel-d'Ornano – ✆ *02 31 87 90 48* – *www.hotel-normand.com* – *Fermé 18-29 déc. et 9 janv.-17 fév.*
40 ch – †52/120 € ††60/170 € – ☕ 9 € – ½ P 65/120 €
Rest – *(fermé merc. et jeudi sauf juil.-août)* (16 €) Menu 20/52 € – Carte 30/75 €
◆ Avenante maison de style normand bien rénovée. Les chambres, toutes semblables, sont avant tout pratiques. Sobre salle à manger actuelle et carte traditionnelle ; repas rapides à la brasserie dans un décor rustique.

BOIS-COLOMBES – 92 Hauts-de-Seine – 311 J2 – 101 15 – voir à Paris, Environs

---

BOIS DE BOULOGNE – 75 Ville-de-Paris – voir à Paris (Paris 16e)

BOIS DE LA CHAIZE – 85 Vendée – 316 C5 – voir à Île de Noirmoutier

---

BOIS-GRENIER – 59 Nord – 302 E4 – rattaché à Lille

BOIS-LE-ROI – 77 Seine-et-Marne – **312** F5 – 5 433 h. – alt. 80 m   **19** C2
– ⊠ 77590

> ◘ Paris 58 – Fontainebleau 10 – Melun 10 – Montereau-Fault-Yonne 26
> ◙ U.C.P.A. Bois-le-Roi Base de loisirs, NO : 2 km, ℰ 01 64 81 33 31

✗✗   **La Marine**   ᴿ VISA ◕◕
52 quai Olivier Metra, (près de l'écluse) – ℰ 01 60 69 61 38
– Fermé 18 oct.-5 nov., 25 fév.-8 mars, dim. soir d'oct. à avril, lundi et mardi
Rest – Menu 28/33 € – Carte 44/65 €
♦ Cette auberge jouit d'une situation attractive en bord de Seine, face à une écluse. Sympathique cuisine traditionnelle dans la salle sagement rustique ou sur la terrasse d'été.

BOIS-PLAGE-EN-RÉ – 17 Charente-Maritime – **324** B2 – voir à Île de Ré

BOISSET – 15 Cantal – **330** B6 – 637 h. – alt. 426 m – ⊠ 15600   **5** A3

> ◘ Paris 559 – Aurillac 31 – Calvinet 18 – Entraygues-sur-Truyère 48

🏠   **Auberge de Concasty** ⌖   ♨ ᴿ ⊡ ⅙ ch, ⁽ᵗ⁾ ℙ VISA ◕◕ AE ◑
3 km au Nord-Est par D 64 – ℰ 04 71 62 21 16 – www.auberge-concasty.com
– Ouvert 1ᵉʳ avril-30 nov.
11 ch – ♦63/74 € ♦♦84/128 € – 1 suite – ⊆ 17 € – ½ P 72/121 €
Rest – *(fermé le midi)* Menu 32/42 €
♦ Air pur et calme en ce domaine ouvert sur la campagne cantalienne. Coquettes chambres actuelles, plus spacieuses dans la remise. Brunch auvergnat et massages sur demande. Menu unique servi dans un décor rustique ; recettes régionales avec les légumes du jardin.

BOISSIÈRES – 46 Lot – **337** E4 – 350 h. – alt. 229 m – ⊠ 46150   **28** B1

> ◘ Paris 573 – Cahors 16 – Fumel 43 – Souillac 64

🏠   **Michel & Lydia** ⌖   ⊞ ⊡ ⅗ ⁽ᵗ⁾ ℙ
lieu-dit Bertouille , 1 km à l' Est par rte secondaire – ℰ 05 65 21 43 29
– www.micheletlydia.fr – Fermé 3 déc.-3 janv.
4 ch – ⊆ – ♦59/73 € ♦♦64/78 €
Table d'hôte – *(fermé merc., jeudi et dim.)* Menu 25 € bc
♦ Dans cette belle demeure du Quercy avec pigeonnier, Michel et Lydia sont aux petits soins ! Les chambres, confortables, sont décorées de mobilier chiné. Cuisine traditionnelle du patron – un ancien boulanger ! Viennoiseries et pâtisseries maison.

BOLLENBERG – 68 Haut-Rhin – **315** H9 – rattaché à Rouffach

BOLLEZEELE – 59 Nord – **302** B2 – 1 382 h. – alt. 40 m – ⊠ 59470   **30** B1

> ◘ Paris 274 – Calais 45 – Dunkerque 24 – Lille 68

🏠   **Hostellerie St-Louis** ⌖   ⊞ ᴵ⊟ ⅙ rest, ⁽ᵗ⁾ ⊾ ℙ VISA ◕◕ AE
47 r. de l'Église – ℰ 03 28 68 81 83 – www.hostelleriesaintlouis.com
– Fermé 18-31 juil., 23 déc.-15 janv. et dim. soir
26 ch – ♦46/72 € ♦♦62/72 € – ⊆ 9 € – ½ P 63/78 €
Rest – *(fermé le midi sauf dim.)* Menu 25 € (dîner en sem.)/46 € – Carte 42/54 €
♦ Cette belle maison du début du 19ᵉ s. possède un plaisant jardin d'agrément avec bassin. Les chambres, récentes, sont spacieuses et bien agencées. Généreuse cuisine traditionnelle servie avec le sourire dans un cadre bourgeois (mobilier de style et tons pastel).

BONDUES – 59 Nord – **302** G3 – rattaché à Lille

BONIFACIO – 2A Corse-du-Sud – **345** D11 – voir à Corse

BONLIEU – 39 Jura – **321** F7 – 238 h. – alt. 785 m – ⊠ 39130   **16** B3
▮ Franche-Comté Jura

> ◘ Paris 439 – Champagnole 23 – Lons-le-Saunier 32 – Morez 24

XX **La Poutre** avec ch   P VISA ©®

*25 Grande-Rue – ℰ 03 84 25 57 77 – Ouvert de début mai à début nov. et
fermé une sem. en juin, mardi et merc. sauf juil.-août et lundi midi*
8 ch – †46/60 € ††46/60 € – � 10 € – ½ P 62 €
Rest – Menu 25/70 € – Carte 48/81 €
♦ Ferme familiale de 1740 située au centre du bourg. Dans la salle à manger rustique (poutres et vieilles pierres), on se régale d'une cuisine raffinée cent pour
cent maison.

BONNAT – 23 Creuse – **325** I3 – 1 318 h. – alt. 330 m – ⊠ 23220   **25** C1
▶ Paris 329 – Châtre 37 – Guéret 20 – Montluçon 72

🏠 **L'Orangerie** ⊗   🛏 🏡 ⊒ XX ⅙ 🖈 P VISA ©® AE

*3 bis r. de la Paix – ℰ 05 55 62 86 86 – www.hotel-lorangerie.fr – Ouvert d'avril
à oct.*
30 ch – †87 € ††87 € – ⊒ 12 € – ½ P 81/96 €   **Rest** – (fermé le midi en sem.
et lundi soir et dim. hors saison) Menu 29/50 € – Carte environ 43 €
♦ Agréables salons, chambres confortables (joli mobilier de style Louis XV) et
petit-déjeuner en terrasse : cette séduisante demeure bourgeoise tient ses promesses. La table, traditionnelle, fait la part belle aux légumes (superbe potager
dans le parc).

BONNATRAIT – 74 Haute-Savoie – **328** L2 – **rattaché à Thonon-les-Bains**

BONNE – 74 Haute-Savoie – **328** K3 – 2 538 h. – alt. 457 m – ⊠ 74380   **46** F1
▶ Paris 545 – Annecy 45 – Bonneville 16 – Genève 18

🏠 **Baud**   🛏 🏡 ⅙ rest, ⁇¶ P VISA ©® AE ①

181 av. du Léman – ℰ 04 50 39 20 15 – www.hotel-baud.com
19 ch – †135/245 € ††135/245 € – ⊒ 15 €
Rest – (fermé dim. soir) Menu 25 € (déj. en sem.), 39/79 € – Carte 50/75 € ⅝
♦ Belle atmosphère dans cette hôtellerie bien dans notre époque : décor design et
confort (éclairages étudiés, équipements high-tech), excellent petit-déjeuner (produits artisanaux). Cuisine au goût du jour servie face à un charmant écran de verdure.

au Pont-de-Fillinges 2,5 km à l'Est – ⊠ 74250

XX **Le Pré d'Antoine**   🏡 AC P VISA ©® AE

*15 rte de Chez Radelet – ℰ 04 50 36 45 06 – www.lepredantoine.com – Fermé
1er-8 janv., dim. soir et lundi*
Rest – (20 €) Menu 22 € (déj. en sem.), 36/52 € – Carte 46/62 €
♦ Construction moderne de type chalet abritant une belle salle à manger
contemporaine aux couleurs claires, complétée d'une terrasse bien exposée. Goûteuse cuisine traditionnelle.

BONNE-FONTAINE – 57 Moselle – **307** O6 – **rattaché à Phalsbourg**

BONNÉTAGE – 25 Doubs – **321** K3 – 739 h. – alt. 960 m – ⊠ 25210   **17** C2
▶ Paris 468 – Belfort 69 – Besançon 65 – Biel/Bienne 62

🏠 **L'Étang du Moulin** (Jacques Barnachon) ⊗   ≼ 🛏 ⅙ rest, ⁇¶ 🖈 P
🌳   VISA ©® AE
😊   *5 chemin de l'étang du Moulin, 1,5 km par D 236 et chemin
😺   privé – ℰ 03 81 68 92 78 – www.etang-du-moulin.fr – Fermé 23-27 déc.,
2 janv.-8 fév., dim. soir et lundi du 15 nov. au 15 mars et mardi sauf juil.-août*
17 ch – †65/120 € ††75/180 € – 2 suites – ⊒ 11 € – ½ P 65/105 €
Rest – (fermé lundi et mardi sauf le soir en juil.-août et merc. midi) Menu 23 €
(sem.), 39/100 € – Carte 50/100 € ⅝
Spéc. Morilles cuites en ragoût au vin jaune à la crème fraîche de Bonnétage. Ris
de veau caramélisés au miel de sapin et vinaigre balsamique, haricots et
navets. Dessert autour du vin jaune, tuile aux noix et suc de vin jaune. **Vins** Vin
de pays de Charcenne, Arbois-Trousseau.
♦ La nature et le calme pour écrin ! Au bord d'un étang, ce chalet dispose de
chambres élégantes et confortables (avec grand balcon), décorées dans un esprit
original et contemporain. Délicieuse cuisine du terroir (carte de foies gras) et beau
choix de vins.

BONNEUIL – 16 Charente – **324** J6 – 246 h. – alt. 100 m – ⊠ 16120　　**39** B3

　　▶ Paris 482 – Angoulême 34 – Poitiers 146 – Saintes 59

⌂　**Le Maine Pertubaud-Jenssen** ⌖　　🍽 🍴 ⌱ ✕ 🅰 ⌖ ⁿ ⌂ **P**
　　2 km à l'Est par D 699 – 🕿 *05 45 96 99 50 – www.jenssen.fr*　　**VISA** **◉◎** **AE**
　　– Fermé 9-16 août et 20-27 déc.
　　5 ch – ✚100/140 € ✚✚100/140 € – ⌑ 12 €
　　Table d'hôte – Menu 35 € bc/60 € bc
　　◆ Au milieu d'un vignoble de 24 ha en Grande Champagne, petit hameau du 18e
　　s. rénové luxueusement. Confort haut de gamme dans la villa récente. Distillerie
　　du cognac Jenssen sur place. Table d'hôte dressée dans une salle rustique. Cui-
　　sine traditionnelle.

BONNEUIL-MATOURS – 86 Vienne – **322** J4 – 1 930 h. – alt. 60 m　　**39** C1
– ⊠ 86210

　　▶ Paris 322 – Bellac 79 – Le Blanc 51 – Châtellerault 17
　　🄸 Carrefour Maurice Fombeure 🕿 05 49 85 08 62

✂✂　**Le Pavillon Bleu**　　　　　　　　　　　　　　　**VISA** **◉◎**
😊　*D 749 , (face au pont)* – 🕿 *05 49 85 28 05 – Fermé 20 sept.-11 oct., merc. soir*
　　d'oct. à mai, dim. soir et lundi
　　Rest – *(13 €)* Menu 20/43 €
　　◆ Passez la Vienne par le pont suspendu pour rejoindre cette coquette auberge
　　familiale que l'on apprécie pour son atmosphère reposante et ses goûteuses
　　recettes traditionnelles.

BONNEVAL – 28 Eure-et-Loir – **311** E6 – 4 161 h. – alt. 128 m　　**11** B1
– ⊠ 28800 ▌ Châteaux de la Loire

　　▶ Paris 121 – Chartres 31 – Lucé 34 – Orléans 66
　　🄸 2, square Westerham 🕿 02 37 47 55 89

🄷🄷　**Hostellerie du Bois Guibert** ⌖　　　⌔ 🍴 ⌖ ⁿ ⌂ **P** **VISA** **◉◎**
　　à Guibert, 2 km au Sud-Ouest – 🕿 *02 37 47 22 33 – www.bois-guibert.com*
　　– Fermé 21 fév.-6 mars et 24 oct.-2 nov.
　　20 ch – ✚69/160 € ✚✚69/160 € – ⌑ 12 € – ½ P 81/125 €
　　Rest – *(fermé sam. midi, dim. soir et lundi)* Menu 28/67 € – Carte 53/70 €
　　◆ Au cœur d'un ravissant parc, un gentilhommière du 18e s. dont les cham-
　　bres sont garnies d'un mobilier ancien. Celles de l'annexe récente sont plus spa-
　　cieuses et actuelles. Élégant restaurant prolongé d'une terrasse côté jardin. Recet-
　　tes classiques et menu végétarien.

BONNEVAL-SUR-ARC – 73 Savoie – **333** P5 – 239 h. – alt. 1 800 m　　**45** D2
– **Sports d'hiver : 1 800/3 000 m** ⛷10 – ⊠ 73480 ▌ Alpes du Nord

　　▶ Paris 706 – Albertville 133 – Chambéry 146 – Lanslebourg 21
　　🄸 la Ciamarella 🕿 04 79 05 95 95
　　◉ Vieux village★★.

🄷　**À la Pastourelle** ⌖　　　　　　　　⩽ ⌖ ⁿ **VISA** **◉◎** **AE**
😊　– 🕿 *04 79 05 81 56 – www.pastourelle.com – Fermé une sem. en juin et vacances*
🍽　*de la Toussaint*
　　12 ch – ✚55/58 € ✚✚62/64 € – ⌑ 8 € – ½ P 56 €
　　Rest – *(ouvert 18 déc.-23 avril) (dîner seult) (résidents seult)* Menu 12/21 €
　　– Carte 12/25 €
　　◆ Accueil avenant dans cette maison familiale de style montagnard (pierre et
　　bois). Petites chambres, douillettes et bien tenues. Raclettes, fondues, crêpes et
　　diot (la spécialité régionale) à savourer au coin du feu, dans la salle à manger rus-
　　tique à souhait.

BONNEVILLE ◉ – 74 Haute-Savoie – **328** L4 – 10 691 h. – alt. 450 m　　**46** F1
– ⊠ 74130 ▌ Alpes du Nord

　　▶ Paris 556 – Annecy 42 – Chamonix-Mont-Blanc 54 – Nantua 87
　　🄸 148, place de l'Hôtel de Ville 🕿 04 50 97 38 37

à **Vougy** 5 km à l'Est par D 1205 – 1 317 h. – alt. 471 m – ⊠ 74130

XXX **Le Capucin Gourmand**　　　　　　　　🛋 Ⓐ ⌘ ⇔ Ⓟ 🆅 ⓞⓞ
⊙⊙　*1520 rte de Genève, D 1205*
　　– ☏ 04 50 34 03 50 – www.lecapucingourmand.com
　　– *Fermé 7-30 août, 1ᵉʳ-8 janv., sam. midi, dim. et lundi sauf fêtes*
　　Rest – Menu 38/58 € – Carte 44/54 € 🍷
　　Rest *Le Bistro du Capucin* – (21 €) Menu 28 € – Carte 32/51 €
　　◆ Le restaurant révèle une élégante salle dans les tons café et un salon avec che-
　　minée monumentale. Cuisine classique accompagnée de vins choisis. Côté Bistro :
　　plats de tradition (cassolette d'escargots, tête de veau…), décor rétro et tables à
　　touche-touche.

BONNIEUX – 84 Vaucluse – 332 E11 – 1 400 h. – alt. 400 m – ⊠ 84480　　42 E1
🟩 Provence

　　🔲 Paris 721 – Aix-en-Provence 49 – Apt 12 – Carpentras 42
　　ℹ 7, place Carnot ☏ 04 90 75 91 90
　　⊙ Terrasse ⩽ ★.

🏠 **La Bastide de Capelongue** ⊗　　　　⩽ 🔥 ⌾ Ⓐ ⅏ Ⓟ 🆅 ⓞⓞ ⒜Ⓔ ⓞ
　　rte de Lourmarin, (face au pont), 1,5 km par D 232 et voie secondaire
　　– ☏ 04 90 75 89 78 – www.capelongue.com – *Fermé 10 nov.-18 déc. et
　　10 janv.-12 fév.*
　　18 ch – †160/220 € ††190/380 € – 9 suites – � 22 €
　　Rest *La Bastide de Capelongue* – voir ci-après
　　◆ Au sommet des collines plantées de cèdres, ce beau mas est un hymne à la
　　Provence. La plupart des chambres, confortables et raffinées, jouissent d'une ter-
　　rasse ou d'un balcon. Magnifique bassin de nage parmi les lavandes.

🏠 **Le Clos du Buis** sans rest　　　　　⩽ 🚲 ⌾ ⅖ Ⓐ ⌾ 🌐 Ⓟ 🆅 ⓞⓞ
　　r. Victor-Hugo – ☏ 04 90 75 88 48 – www.leclosdubuis.fr – *Ouvert de début mars
　　à mi-nov. et 23 déc.-4 janv.*
　　8 ch – ⊒ †102/132 € ††102/132 €
　　◆ Dans son ravissant jardin (avec piscine), cette jolie maison réussit le mariage
　　de la tradition et du confort : chambres agréables et salons cosy – l'un avec un
　　four à pain !

XXX **La Bastide de Capelongue** (Edouard Loubet)　　⩽ 🚲 🛋 ⌾ Ⓐ
⊛⊛　*Hôtel la Bastide de Capelongue*　　　　　　　　　🆅 ⓞⓞ ⒜Ⓔ
　　rte de Lourmarin, (face au pont), 1,5 km par D 232 et voie secondaire
　　– ☏ 04 90 75 89 78 – www.capelongue.com
　　– *Fermé 8 nov.-18 déc. et 9 janv.-12 fév.*
　　Rest – *(fermé mardi midi et merc. sauf juil.-août)* Menu 58 € (déj. en sem.),
　　140/190 € – Carte 130/180 € 🍷
　　Spéc. Cœur de tournesol à la truffe d'été et salade de girolles (juil.-août). Loup
　　saisi à la fleur de sel, infusion à la sauge et chips d'orange. Fraises des bois en
　　cristalline (juil.-août). **Vins** Côtes du Luberon.
　　◆ De l'élégante salle à manger, baignée de lumière, on aperçoit les champs de
　　lavande… Édouard Loubet s'inspire de ce paysage pour créer ses superbes assiet-
　　tes, magnifiées par les produits du Luberon, notamment les herbes et les fleurs.

X **Le Fournil**　　　　　　　　　　　　　　🛋 🆅 ⓞⓞ
　　pl. Carnot – ☏ 04 90 75 83 62 – www.lefournil-bonnieux.com
　　– *Fermé 21 nov.-10 fév., mardi d' oct. à Pâques, sam. midi de Pâques à sept. et
　　lundi*
　　Rest – *(nombre de couverts limité, prévenir)* (21 €) Menu 27 € (déj.)/55 €
　　– Carte 27/55 €
　　◆ Maison adossée à la colline avec une terrasse sur la placette et une salle à
　　manger troglodytique fraîche et originale. Cuisine méridionale utilisant de
　　beaux produits.

✗ L'Arôme 🏠 VISA ⓒ AE

*2 r. Lucien-Blanc – ℰ 04 90 75 88 62 – www.larome-restaurant.com – Fermé
4 janv.-31 mars, jeudi sauf le soir d'avril à oct. et merc.*
Rest – Menu 29/38 € – Carte 45/70 €
◆ Charmante maison en pierre blonde fort ancienne (voûtes du 14e s.) au décor
soigné et champêtre. On y sert une cuisine régionale actualisée et généreuse, surtout du poisson.

BONNY-SUR-LOIRE – 45 Loiret – 318 O6 – 2 032 h. – alt. 190 m   12 D2
– ✉ 45420

> ▶ Paris 167 – Auxerre 64 – Cosne-Cours-sur-Loire 25 – Gien 24
> 🛈 29, Grande Rue ℰ 02 38 31 57 71

✗✗ Des Voyageurs avec ch 🅰🅲 rest, 🅿 VISA ⓒ AE

*10 Grande-Rue – ℰ 02 38 27 01 45 – Fermé 23 août-7 sept., 2-7 janv.,
18 fév.-4 mars, dim. soir, mardi midi et lundi*
6 ch – †42 € ††42/52 € – ☐ 6 € – ½ P 54 €
Rest – Menu 19 € (sem.), 22/48 € – Carte 27/59 €
◆ Dans cette auberge, les voyageurs auront le plaisir de découvrir une cuisine
gourmande, où les produits de saison s'accordent avec justesse. Chambres simples pour l'étape.

LE BONO – 56 Morbihan – 308 N9 – 2 112 h. – alt. 10 m – ✉ 56400   9 A3

> ▶ Paris 475 – Auray 6 – Lorient 49 – Quiberon 37

🏠 Alicia 🏠 ♿ ✄ ch, 🛗 🅿 VISA ⓒ AE

1 r. du Gén.-de-Gaulle – ℰ 02 97 57 88 65 – www.hotel-alicia.com – Fermé janv.
21 ch – †59/99 € ††59/99 € – ☐ 10 €
Rest – (fermé le midi) (résidents seult) Menu 22 €
◆ À la sortie du village, un hôtel avec terrasse donnant sur la rivière du Bono. Les
chambres, décorées dans un style contemporain classique, respirent le confort. En
saison, les résidents savourent une cuisine traditionnelle privilégiant le bio.

BONS-EN-CHABLAIS – 74 Haute-Savoie – 328 L3 – 4 531 h.   46 F1
– alt. 565 m – ✉ 74890

> ▶ Paris 552 – Annecy 60 – Bonneville 30 – Genève 25

🏠 Le Progrès 🎫 ♿ ch, 🎙 🅿 VISA ⓒ

*r. Annexion – ℰ 04 50 36 11 09 – www.hotel-le-progres.com – Fermé
15 juin-6 juil., 1er-10 janv., vend. soir, dim. soir et lundi*
10 ch – †52 € ††62 € – ☐ 15 € – ½ P 118 €
Rest – (15 €) Menu 18 € (sem.), 23/50 € – Carte 30/50 €
◆ Deux maisons de village dont une abritant de confortables chambres bien
tenues. Une base de randonnées pratique vers le Grand Signal des Voirons. Restaurant mi-rustique, mi-bourgeois décoré avec soin et registre culinaire classique.

Bordeaux

BORDEAUX

Département : 🅟 33 Gironde
Carte Michelin LOCAL : 335 H5
▶ Paris 579 – Lyon 537 – Nantes 323 – Strasbourg 970
Population : 232 260 h.
Pop. agglomération : 753 931 h.

Altitude : 4 m
Code Postal : ✉ 33000
🟩 Aquitaine
Carte régionale : 3 B1

RÉPERTOIRE DES RUES	308
PLANS DE BORDEAUX	
AGGLOMÉRATION	310
BORDEAUX CENTRE	312
HÔTELS ET RESTAURANTS	314

RENSEIGNEMENTS PRATIQUES

🅱 OFFICE DE TOURISME
12, cours du 30 juillet ☎ 05 56 00 66 00

MAISON DU VIN DE BORDEAUX
linformations, dégustations
(fermé week-ends et j. fériés)
1 cours du 30 Juillet ☎ 05 56 00 22 66
bar à vin ouvert tlj sauf le dim. de 11 h à 22 h.

TRANSPORTS
🚃 Auto-train ☎ 3635 (dîtes auto-train - 0,34 €/mn)

AÉROPORT
✈ Bordeaux-Mérignac : ☎ 05 56 34 50 00, **AU** : 10 km

CASINO
de Bordeaux-Lac, r. Cardinal Richaud ☎ 05 56 69 49 00 BT

QUELQUES GOLFS
🏌 de Bordeaux-Lac Avenue de Pernon, N : 5 km par D 209, ☎ 05 56 50 92 72
🏌 du Médoc à Le Pian-Médoc Chemin de Courmateau, par rte de Castelnau : 16 km, ☎ 05 56 70 11 90
🏌 de Pessac à Pessac Rue de la Princesse, SO : 16 km par D 1250, ☎ 05 57 26 03 33

👁 À VOIR

BORDEAUX DU 18ᵉ S.

Grand théâtre★★ - Place de la Comédie
- Place Gambetta - Cours de
l'intendance - Église Notre-Dame★ **DX**
- Place de la Bourse★★ - Place du
Parlement★ - Basilique St-Michel★
Porte de la Grosse Cloche★ **EY**
Fontaines★ du monument aux
Girondins, Esplanade des Quinconces.

QUARTIER DES CHARTRONS

Entrepôts de vins - Balcons★ du cours
Xavier-Arnozan - Entrepôt Lainé★ :
musée d'Art contemporain★ **BU M²**
Musée des Chartrons **BU M⁵**

QUARTIER PEY BERLAND

Cathédrale St-André★ - Hôtel de Ville
DY H - ≼★★ de la tour Pey Berland★
DY Q
Musée : Beaux-Arts★ **DY M⁴**
- Aquitaine★★ **DY M¹** - Arts décoratifs★
DY M³

BORDEAUX CONTEMPORAIN

Quartier Mériadeck **CY** : espaces verts,
immeuble en verre et béton (Caisse
d'Épargne, Bibliothèque, Hôtel de
Région, Hôtel des Impôts).

RÉPERTOIRE DES RUES DE BORDEAUX

BÈGLES

Buisson (R. F.) . . . . **BV** 28
Capelle (Av. A.) . . . . **BV** 31
Chevalier-de-la-Barre
 (R. du) . . . . **BV** 42
Guesde (Av. J.) . . . . **BV** 76
Jeanne-d'Arc (Av.) . . . . **BV**
Labro (R. A.) . . . . **BV**
Mitterrand (Pont F.) . . . . . **BV**
Toulouse (Rte de) . . . . **BV**
Victor-Hugo (Crs) . . . . **BV**

BORDEAUX

Abbé-de-l'Épée (R.) . . . . . **CX**
Albert-1er (Bd) . . . . **BV**
Albret (Crs d') . . . . **CY**
Aliénor-d'Aquitaine (Bd) . . . **BT** 3
Allo (R. R.) . . . . **CX**
Alsace-et-Lorraine
 (Crs d') . . . . **DEY**
Aquitaine (Pont d') . . . . . **BT**
Arès (Av. d') . . . . **AU**
Arès (Barrière d') . . . . **AU**
Argentiers (R. des) . . . . . **EY** 4
Argonne (Crs de l') . . . . . **DZ**
Arsenal (R. de l') . . . . . . **BU** 6
Audeguil (R. F.) . . . . **CZ**

Ausone (R.) . . . . **EY** 7
Bacalan (Quai de) . . . . . . **BT** 9
Barbey (Crs) . . . . **EFZ**
Barthou (Av. L.) . . . . **AU** 12
Baysselance (R. A.) . . . . . **DZ**
Bègles (Barrière de) . . . . . **BV**
Bègles (R. de) . . . . **EZ**
Belfort (R. de) . . . . **CYZ**
Belleville (R.) . . . . **CY**
Bénauge (R. de la) . . . . . **FX**
Bir-Hakeim (Pl. de) . . . . . **EY**
Bonnac (R. G.) . . . . **CXY**
Bonnier (R. C.) . . . . **CY**
Bordelaise (Galerie) . . . . **DX** 21
Bosc (Bd J. J.) . . . . **BU**
Bourse (Pl. de la) . . . . . . **EX**
Boutaut (Allée de) . . . . . **BT** 22
Brandenburg (BD) . . . . . . **BT** 24
Brazza (Quai de) . . . . **BT** 25
Briand (Crs A.) . . . . **DYZ**
Brienne (Quai de) . . . . . . **BU** 27
Burguet (R. J.) . . . . **DY**
Cadroin (R.) . . . . **DZ**
Camelle (R. P.) . . . . **FX**
Canteloup (Pl.) . . . . **EY**
Capdeville (R.) . . . . **CX** 30
Capucins (Pl. des) . . . . . . **EZ**
Carde (R. G.) . . . . **FX**
Carles (R. V.) . . . . **DXY**

Carpenteyre (R.) . . . . **EFY** 33
Chapeau-Rouge (Crs) . . . . **EX** 36
Chapelet (Pl. du) . . . . **DX**
Chartres (Allées de) . . . . . **DX** 37
Chartrons (Quai des) . . . . **BTU** 39
Château-d'Eau (R. du) . . . **CXY** 40
Clemenceau (Crs G.) . . . . **DX**
Comédie (Pl. de la) . . . . . **DX** 43
Costedoat (R. E.) . . . . **DZ**
Croix-de-Seguey (R.) . **BU, CX** 45
Cursol (R. de) . . . . **DY**
Daney (Bd) . . . . **BT**
Dassault (Av. M.) . . . . . . **BT** 46
Deschamps (Quai) . . . . . **FX**
Dr-A.-Barraud (R.) . . . . . . **CX**
Dr-Nancel-Pénard (R.) . . . **CX** 48
Domercq (R. C.) . . . . **FZ** 49
Domergue (Bd G.) . . . . . . **BT** 51
Douane (Quai de la) . . . . **EX** 52
Douves (R. des) . . . . **EZ**
Duburg (Pl.) . . . . **EY**
Duché (R. des Gén.) . . . . **BT** 55
Duffour-Dubergier (R.) . . **DY** 57
Duhen (R. P.) . . . . **CDZ**
Esprit-des-Lois (R. de l') . . **EX** 62
Faures (R. des) . . . . **EY**
Faure (R. L.) . . . . **BT**
Ferme-de-Richemont
 (Pl. de la) . . . . **DY** 63

och (R. Mar.) . . . . **DX** 64
ondaudège (R.) . . . . **CDX**
usterie (R. de la) . . . . . **EY** 65
alin (R.) . . . . **BU** 66
allieni (Crs Mar.) . . . . . . **ABU**
ambetta (Crs) . . . . **BUV**
ambetta (Pl.) . . . . **DX**
aulle (Espl. Ch.-de) . . . . **CY**
autier (Bd A.) . . . . **AU** 72
eorges-V (Bd) . . . . **BU** 73
odard (Bd) . . . . **BT**
rands-Hommes
 (Pl. des) . . . . **DX** 75
rassi (R. de) . . . . **DX**
rave (Q. de la) . . . . **EFY**
amel (R. du) . . . . **EZ**
uguerie (R.) . . . . **DX**
ntendance (Crs de l') . . . **DX**
ean-Jaurès (Pl.) . . . . **EX**
offre (R. du Mar.) . . . . . . **DY**
ohnston (R. D.) . . . . **BU, CX** 81
oliot-Curie (Bd) . . . . **BU** 84
udaïque (Barrière) . . . . . **AU**
udaïque (R.) . . . . **CX**
uin (Crs Mar.) . . . . **CY**
ullian (Pl. C.) . . . . **DY**
léber (R.) . . . . **EZ**
achassaigne (R.) . . . . . . **CX**
afargue (Pl.) . . . . **EY**
afontaine (R.) . . . . **EZ**
amouroux (R. de) . . . . . **CDZ**
ande (R. P.-L.) . . . . **DY**
attre-de-Tassigny
 (Av. de) . . . . **AT**
atule (Pl. de) . . . . **BT**
eberthon (R.) . . . . **DZ**
eclerc (Av. Gén.) . . . . . . **AU** 90
eclerc (Bd Mar.) . . . . **BU** 93
eyteire (R.) . . . . **EYZ**
ibération (Crs de la) . . . **CDY**
ombard (R.) . . . . **BT** 96
ouis-XVIII (Quai) . . . . . . **EX**
albec (R.) . . . . **FZ**
arne (Crs de la) . . . . **EZ**
artyrs-de-la-Résistance
 (Pl. des) . . . . **CX**
autrec (R.) . . . . **DX** 100
azarin (R.) . . . . **DZ**
édoc (Barrière du) . . . . . **BU**
érignac (Av. de) . . . . . . **AU** 101
eunier (Pl. A.) . . . . **FZ**
eynard (Pl.) . . . . **EY** 102
ie (R. L.) . . . . **CZ**
irail (R. du) . . . . **EY**
onnaie (Quai de la) . . . . **FY**
otelay (R. Léonce) . . . . . **FX**
ouneyra (R.) . . . . **CYZ**
euve (R.) . . . . **EY**
uyens (R.) . . . . **FX**
rléans (Allées d') . . . . . **EX** 106
rnano (Barrière d') . . . . . **AU**
alais Gallien (R. du) . . . . **CX**
alais (Pl. du) . . . . **EY**
aludate (Quai de) . . . . . . **FZ**
arlement St-Pierre
 (R. du) . . . . **EX** 110
arlement (Pl. du) . . . . . . **EX** 109
asteur (Crs) . . . . **DY**
as-St-Georges (R. du) . . **EXY** 112
essac (Barrière de) . . . . **CZ**
essac (R. de) . . . . **CZ**
eyronnet (R.) . . . . **FZ**
hilippart (R. F.) . . . . **EX** 114
ierre (Pont de) . . . . **EFY**
ierre-1er (Bd) . . . . **BT** 115
orte de la Monnaie (R.) . . **FY** 118
orte Dijeaux (R. de la) . . **DX**
résident-Wilson (Bd) . . . **AU** 119
ressensé (Pl. de) . . . . . . **DY**
ueyries (Quai des) . . . . **EFX**
uinconces (Espl. des) . . . **DX**

Ravesies (Pl.) . . . . **BT**
Reignier (R.) . . . . **FX**
Remparts (R. des) . . . . . **DXY**
Renaudel (Pl. P.) . . . . **FZ** 120
République (Av. de la) . . . **AU** 121
République (Pl. de la) . . . **DY**
Richelieu (Quai) . . . . **EY**
Rioux (R. G.) . . . . **DZ**
Roosevelt (Bd Franklin) . . **BU** 123
Rousselle (R. de la) . . . . . **EY** 126
Roy (R. Eug. le) . . . . **FZ**
Ste-Catherine
 (R.) . . . . **DXY**
Ste-Croix (Quai) . . . . **FY**
St-François (R.) . . . . **EY**
St-Genès (Barrière) . . . . . **BU**
St-Genès (R. de). . . . . . . **CDZ**
St-James (R.) . . . . **EY**
St-Jean (Pont) . . . . **FY**
St-Médard (Barrière) . . . . **AU**
St-Nicolas (R.) . . . . **DZ**
St-Pierre (Pl.) . . . . **EX** 129
St-Projet (Pl.) . . . . **DY** 130
St-Rémi (R.) . . . . **EX** 132
Salinières (Q. des) . . . . . **EY**
Sarget (Passage) . . . . . . **DX** 133
Sauvageau (R. C.) . . . . . **EFY**
Serr (R.) . . . . **FX**
Somme (Crs de la) . . . . . **DZ**
Sourdis (R. F. de) . . . . . . **CYZ**
Souys (Quai de la) . . . . . **BU**
Stalingrad (Pl. de) . . . . . . **FX**
Steeg (R. J.) . . . . **EZ**
Tauzia (R. de) . . . . **FZ**
Thiac (R.) . . . . **CX**
Thiers (Av.) . . . . **FX, BU** 134
Tondu (R. du) . . . . **CZ**
Toulouse (Barrière de) . . . **BU**
Tourny (Allées de) . . . . . . **DX**
Tourny (Pl. de) . . . . **DX**
Tourville (Av. de) . . . . **BT** 136
Treuils (R. des) . . . . **CZ**
Turenne (R.) . . . . **CDX**
Verdun (Crs de) . . . . **DX** 139
Victoire (Pl. de la) . . . . . . **DZ**
Victor-Hugo (Crs) . . . . . . **EY**
Vilaris (R.) . . . . **EZ** 142
Villedieu (R.) . . . . **DZ**
Yser (Crs de l') . . . . **EZ**
3-Conils (R. des) . . . . **DY**

BRUGES
Gaulle (Av. Gén.-de) . . . . . **AT** 70
Médoc (Rte du) . . . . **AT**
Parc des Expositions
 (Bd) . . . . **BT**
Quatre-Ponts (R. des) . . . . **AT** 120

CENON
Carnot (Av.) . . . . **BT** 32
Cassagne (Av. R.) . . . . . . **BTU**
Entre-Deux-Mers
 (Bd de l') . . . . **BU** 61
Jean-Jaurès (Av.) . . . . **BU** 79

EYSINES
Haillon (Av. du) . . . . **AT**
Hippodrome (Av. de l') . . . . **AT**
Libération (Av. de la) . . . . . **AT** 94
Médoc (Av. du) . . . . **AT**
Mermoz (Av. J.) . . . . **AT**
Taillan-Médoc (Av. du). . . . **AT**

FLOIRAC
Cabannes (Av. G.) . . . . **BU**
Gambetta (Crs) . . . . **BU** 67
Guesde (R. J.) . . . . **BU** 78

Pasteur (Av.) . . . . **BU**

GRADIGNAN
Gaulle (Crs Gén.-de) . . . . . **AV**

LATRESNE
Latresne (Rte de) . . . . **BV**

LE BOUSCAT
Ezsines (Av. d') . . . . **AT**
Libération (Av. de la) . . . . **AT** 95
Louis-Blanc (Cours). . . . . . **BT** 97
Tivoli (Av. de) . . . . **BT** 135
Zola (R. Émile). . . . . **AT** 145

LE HAILLAN
Pasteur (Av.) . . . . **AT**

LORMONT
Paris (Rte de). . . . . **BT** 108

MÉRIGNAC
Argonne (Av. de l') . . . . . . **AU**
Arlac (R. d') . . . . **AU**
Barbusse (Av. H.) . . . . **AT** 10
Beaudésert
 (Av. de) . . . . **AU** 13
Belfort (Av. de) . . . . **AU** 15
Bon-Air (Av.) . . . . **AU** 18
Briand (Av. A.) . . . . **AU**
Cassin (Av. R.) . . . . **AU** 34
Dassault (Av. M.) . . . . **AU**
Garros (Av. Rolland) . . . . . **AU** 69
Gouraud (Pl. du Gén.) . . . . **AU** 74
Kaolack (Av. de) . . . . **AU** 87
Leclerc (Av. M.) . . . . **AU** 91
Libération (Av. de la). . . . . **AU**
Magudas (Av. de) . . . . **AT**
Marne (Av. de la) . . . . **AU**
Princesse (Chemin de la) . . **AU**
St-Médard (Av. de) . . . . . . **AT**
Somme (Av. de la) . . . . . . **AU**
Souvenir (Av. du) . . . . **BU** 131
Verdun (Av. de) . . . . **AU**
Yser (Av. de l') . . . . **AU**

PESSAC
Beutre (Av. de) . . . . **AV**
Bougailh (Av. du) . . . . **AV**
Dr-A.-Schweitzer (Av.) . . . . **AV**
Dr-Nancel-Pénard (Av.). . . . **AV** 47
Eiffel (Av. Gustave). . . . . . **AV** 60
Haut-l'Evêque (Av. du) . . . . **AV**
Jean-Jaurès (Av.) . . . . **AV**
Leclerc (Av. du Gén.) . . . . . **AV**
Madran (R. de) . . . . **AV** 99
Montagne (R. P.). . . . . **AV** 103
Pasteur (Av.) . . . . **AV**
Pont-d'Orient (Av. du). . . . . **AV** 117
Transvaal (Av. du) . . . . . . **AV** 137

TALENCE
Gambetta (Crs) . . . . **BV**
Lamartine (R.) . . . . **BV** 88
Libération (Crs de la) . . . . **BV**
Roul (Av.) . . . . **BV** 124
Thouars (Av. de) . . . . **BV**
Université (Av. de l') . . . . . **AV** 138

VILLENAVE D'ORNON
Leysotte (Chemin de) . . . . **BV**
Toulouse (Rte de) . . . . **BV**

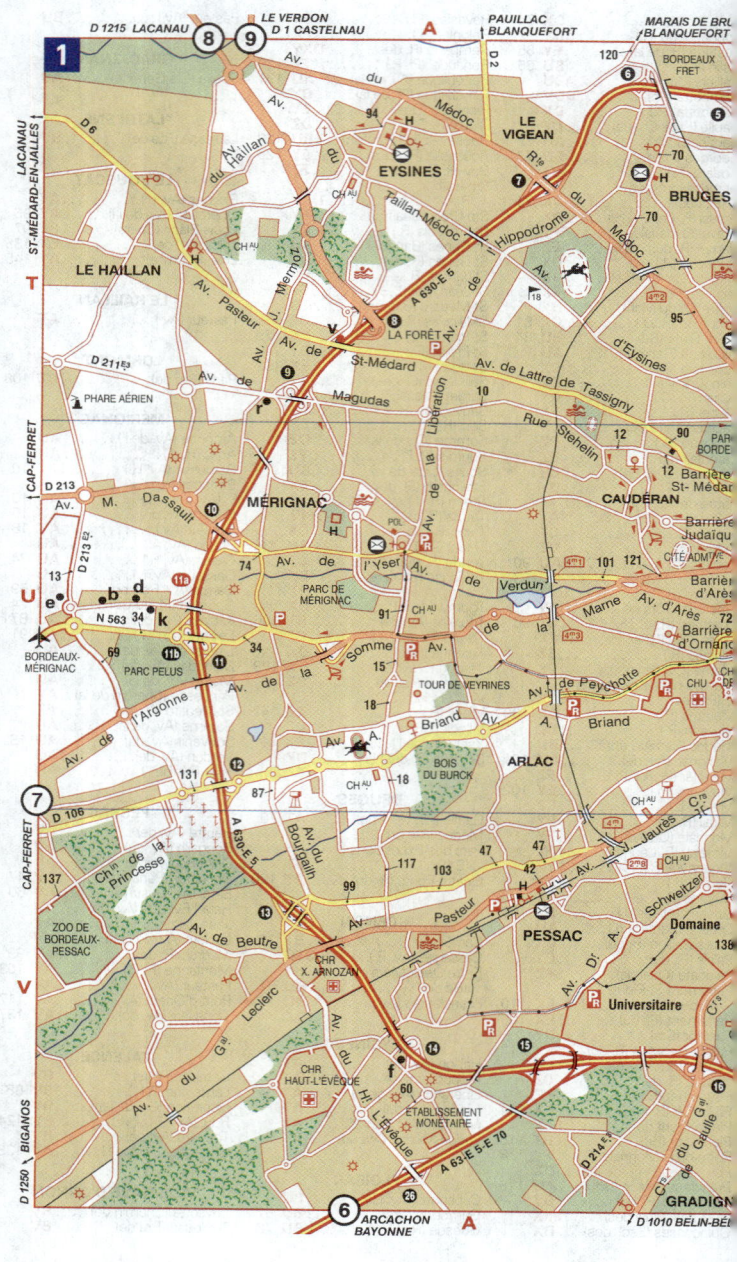

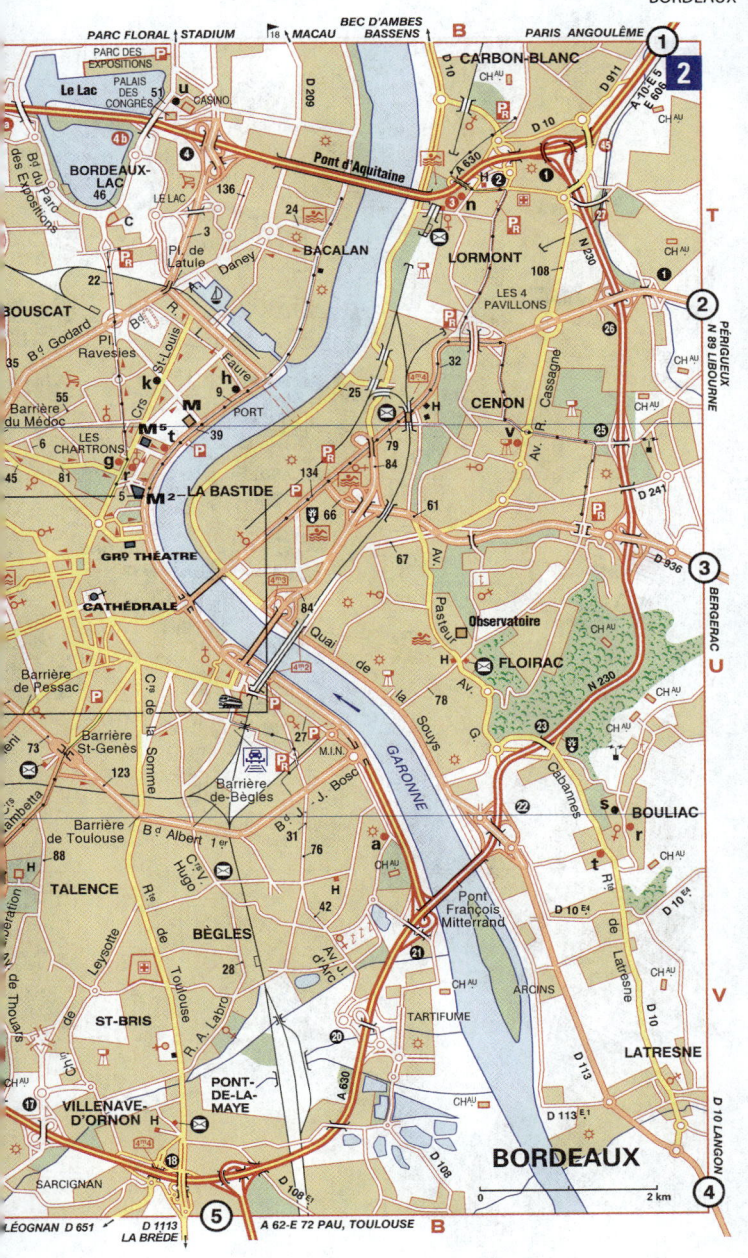

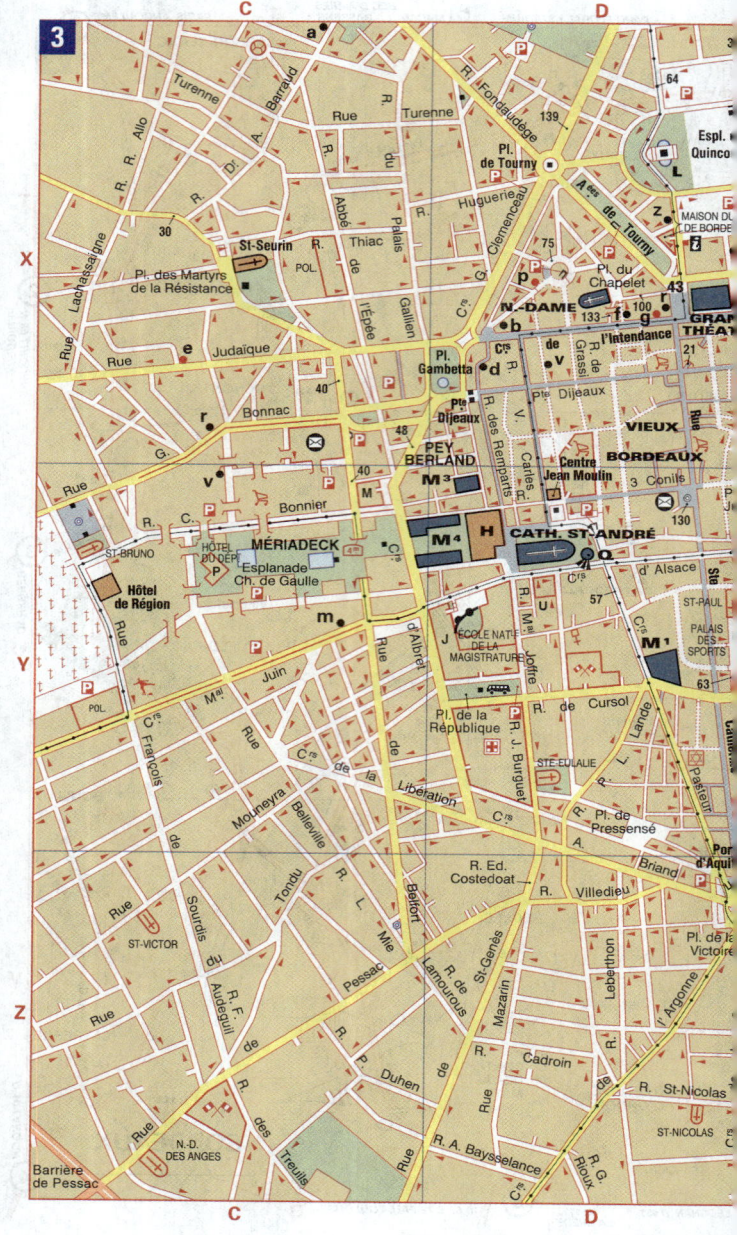

The Regent Grand Hotel 🛜 📶 ఉ 🄰🄲 🕱 rest, 🛎 🏊 🚗 VISA 🆗 AE

2 pl. de la Comédie – ℰ 05 57 30 44 44 – *www.theregentbordeaux.com*
150 ch – 🛉260/465 € 🛉🛉260/465 € – 22 suites – ⌷ 32 €   **3DX r**
Rest *Le Pressoir d'Argent* – voir ci-après
Rest *Brasserie l'Europe* – ℰ 05 57 30 43 46 – Carte 30/60 €
♦ Hôtel prestigieux dans un immeuble du 18ᵉ s. faisant face au Grand Théâtre. Chambres cossues au décor néoclassique signé Jacques Garcia, offrant un aménagement haut de gamme. La Brasserie jouit d'une belle terrasse sur la place de la Comédie.

Burdigala 📶 ఉ ch, 🄰🄲 🛎 🏊 🚗 VISA 🆗 AE ⓘ

115 r. G.-Bonnac – ℰ 05 56 90 16 16 – *www.burdigala.com*   **3CX r**
77 ch – 🛉230/350 € 🛉🛉230/350 € – 6 suites – ⌷ 23 €
Rest *Le Jardin de Burdigala* – (28 €) Menu 38/70 € – Carte 50/80 €
♦ Hôtel du nom de l'ancienne cité gallo-romaine situé à proximité du centre historique. Chambres dotées de meubles de style ou contemporains ; belle suite Le Corbusier. Au Jardin de Burdigala, salle en rotonde autour d'un puits de lumière avec sculpture centrale.

Seeko'o sans rest 📶 ఉ 🄰🄲 🛎 🏊 🚗 VISA 🆗 AE

54 quai de Bacalan – ℰ 05 56 39 07 07 – *www.seekoo-hotel.com*   **2BT h**
45 ch – 🛉199 € 🛉🛉199 € – ⌷ 20 €
♦ Son nom (iceberg en inuit) donne le ton de cet hôtel surgi sur les bords de la Gironde. Sa façade en corian cache des chambres lookées pop ; salles de bains intégrées au décor.

De Normandie sans rest 📶 🄰🄲 🛎 🏊 VISA 🆗 AE ⓘ

7 cours 30-Juillet – ℰ 05 56 52 16 80 – *www.hotel-de-normandie-bordeaux.com*
91 ch – 🛉65/120 € 🛉🛉108/255 € – ⌷ 15 €   **3DX z**
♦ À l'entrée de ce bel hôtel, un vaste hall raffiné dessert des chambres fonctionnelles contemporaines, presque toutes rénovées. Préférez celles des 5ᵉ et 6ᵉ étages, avec balcon.

Mercure Bordeaux Centre 📶 ఉ ch, 🄰🄲 🛎 🏊 VISA 🆗 AE ⓘ

5 r. R.-Lateulade – ℰ 05 56 56 43 43 – *www.mercure.com*   **3CY v**
194 ch – 🛉85/225 € 🛉🛉135/225 € – 2 suites – ⌷ 15 €
Rest – *(fermé sam. et dim.)* Menu 20 € (déj.) – Carte 30/40 €
♦ Décoration sur le thème du 7ᵉ art (affiches, photos, objets cinématographiques), confortables chambres (modernisées au 8ᵉ étage) et salles de séminaires bien équipées. Café-lounge où l'on présente une carte saisonnière dans une ambiance cosy.

Mercure Château Chartrons 🛜 📶 ఉ 🛎 🏊 🚗 VISA 🆗 AE ⓘ

81 cours St-Louis – ℰ 05 56 43 15 00 – *www.hotel-chateau-chartrons-bordeaux.com*
144 ch – 🛉75/175 € 🛉🛉85/185 € – 1 suite – ⌷ 16 €   **2BT k**
Rest – (13 €) Carte 24/44 €
♦ Une étonnante façade victorienne (1850) surmontée d'une galerie vitrée cache des chambres toutes rénovées, à la décoration contemporaine dans des tons bordeaux et moutarde. Au restaurant, cuisine traditionnelle servie dans une sympathique atmosphère de bar à vin.

Novotel Bordeaux Centre 🛜 📶 ఉ ch, 🄰🄲 🛎 🏊 VISA 🆗 AE ⓘ

45 cours du Mar.-Juin – ℰ 05 56 51 46 46 – *www.novotel.com*   **3CY m**
137 ch – 🛉113/165 € 🛉🛉113/165 € – ⌷ 14 €   **Rest** – Carte 21/35 €
♦ Une architecture bien intégrée au quartier Mériadeck, des chambres spacieuses climatisées et une bonne insonorisation caractérisent ce Novotel. Salle de restaurant colorée et terrasse d'où l'on aperçoit la ville. Espace café design.

Bayonne Etche-Ona sans rest 🐾 📶 🄰🄲 🕱 🛎 🏊 VISA 🆗 AE ⓘ

4 r. Martignac – ℰ 05 56 48 00 88 – *www.bordeaux-hotel.com*
– Fermé 22 déc.-3 janv.   **3DX f**
57 ch – 🛉92/185 € 🛉🛉109/215 € – 4 suites – ⌷ 14 €
♦ Dans le "Triangle d'Or", cet hôtel occupant deux immeubles du 18ᵉ s. cultive tradition et élégance. Chambres personnalisées et progressivement refaites.

Majestic sans rest 🛋 AC ⁽¹⁾ 🚗 VISA ⓜ AE ⓞ

2 r. Condé – ☎ *05 56 52 60 44 – www.hotel-majestic.com* **3DXa**
49 ch – ✝85/230 € ✝✝85/230 € – ☕ 12 €

◆ Faites une pause dans ce bel immeuble typiquement bordelais du 18ᵉ s. Décor des chambres et du salon dédié à la musique (partitions de Bach, baguettes de chef d'orchestre).

Royal St-Jean sans rest 🛋 ♿ AC ⁽¹⁾ 🚗 VISA ⓜ AE

15 r. Charles-Domercq – ☎ *05 56 91 72 16*
– www.hotel-bordeaux-saint-jean.com **4FZb**
37 ch – ✝90/100 € ✝✝95/115 € – ☕ 13 €

◆ Situé à deux pas de la gare, hôtel entièrement rénové bénéficiant d'un garage privé. Intérieur contemporain et chambres confortables bien équipées. Cannelés au petit-déjeuner.

Grand Hôtel Français sans rest 🛋 ♿ AC ⁽¹⁾ 🏋 VISA ⓜ AE ⓞ

12 r. du Temple – ☎ *05 56 48 10 35*
– www.grand-hotel-francais.com **3DXv**
35 ch ☕ – ✝117/162 € ✝✝144/198 €

◆ Très belle façade du Bordeaux historique. Cet immeuble du 18ᵉ s. a préservé son atmosphère feutrée (mobilier de style dans les salons). Chambre actuelles rénovées au 3ᵉ étage.

La Tour Intendance sans rest 🛋 AC ⁽¹⁾ VISA ⓜ AE

16 r. de la Vieille Tour – ☎ *05 56 44 56 56*
– www.hotel-tour-intendance.com **3DXd**
27 ch – ✝78/128 € ✝✝108/158 € – ☕ 12 €

◆ Érigé sur les vestiges d'une ancienne tour, hôtel familial fraîchement rénové tout en pierres apparentes. Chambres à la décoration claire et douce où l'on se sent comme chez soi.

Aliénor 🏠 sans rest 🛋 AC ⁽¹⁾
12 ch – ✝75/88 € ✝✝85/128 € – ☕ 12 €

◆ Cette annexe toute proche possède des chambres de même esprit, dont deux avec mezzanine.

Continental sans rest 🛋 ⁽¹⁾ 🏋 VISA ⓜ AE ⓞ

10 r. Montesquieu – ☎ *05 56 52 66 00 – www.hotel-le-continental.com*
50 ch ☕ – ✝86/105 € ✝✝98/125 € – 1 suite **3DXb**

◆ Ancien hôtel particulier du 18ᵉ s. situé à proximité de la galerie des Grands Hommes. Chambres sobres, progressivement rafraîchies (mobilier couleur chêne clair) ; salon cosy.

La Maison Bord'Eaux 🍴 🍽 rest, ⁽¹⁾ 🚗 VISA ⓜ AE ⓞ

113 r. du Dr.-Albert-Barrau – ☎ *05 56 44 00 45 – www.lamaisonbordeaux.com*
5 ch – ✝140/190 € ✝✝160/210 € – ☕ 15 € – ½ P 190/240 € **3CXa**
Table d'hôte – Menu 35/150 € bc

◆ Décor design et coloré dans cette demeure du 18ᵉ s. et ses dépendances, à 10mn à pied du cœur de Bordeaux. Prestations de qualité et accueil cordial. Mobilier signé Starck à la table d'hôte, où l'on se restaure sur demande ; menus classiques, vins de Bordeaux.

Le Pressoir d'Argent – The Regent Grand Hotel AC VISA ⓜ AE ⓞ

5 Cours de l'Intendance, (1ᵉʳ étage) – ☎ *05 57 30 43 04*
– www.lepressoirdargent.com – Fermé 31 juil.-22 août, 23 oct.-1ᵉʳ nov.,
20-28 fév., dim., lundi et fériés **3DXg**
Rest – Menu 90/160 € – Carte 88/155 €

Spéc. Crabe royal de la mer des glaces, cuit sur lit de gros sel aux multiples poivres et algues. Homard bleu, ris de veau, sauce béarnaise au jus de presse. Mangue et mascarpone, sorbet citron basilic et vinaigre de framboise.

◆ Le décor au luxe opulent est signé Jacques Garcia : un esprit baroque et théâtral souffle donc sur les lieux. Côté assiette, on joue une cuisine de la mer aussi précise que sincère. Produits de premier choix.

XXXX   **Le Chapon Fin**   🄰🄲 🆅🅸🆂🅰 ⓿ 🄰🄴
⍟   *5 r. Montesquieu – ☏ 05 56 79 10 10 – www.chapon-fin.com – Fermé
24 juil.-23 août, 1 sem. en fév., dim., lundi et fériés*   **3DXp**
Rest – Menu 38 € (déj.), 65/95 € – Carte 90/110 €🕸
Spéc. Langoustines et caviar d'Aquitaine "en boîte". Ris de veau poêlé, canneloni
de sarrasin aux pignons de pins et jus aux huîtres (printemps-été). Parfait citron
vert, petite nougatine et sorbet au thé. **Vins** Graves, Saint-Estèphe.
♦ Une vraie institution bordelaise fréquentée par les gourmets : belle cuisine
actuelle, riche carte des vins, élégant mobilier contemporain et original décor de
rocaille 1900.

XXX   **Le Gabriel**   ⩤ 🕭 🄰🄲 ⇄ 🆅🅸🆂🅰 ⓿ 🄰🄴
⍟   *10 pl.de la Bourse, (2ème étage) – ☏ 05 56 30 00 70 – www.bordeaux-gabriel.fr
– Fermé 26 juil.-10 août, 3-9 janv., 21 fév.-7 mars, dim. et lundi*   **4EXf**
Rest – (37 € bc) Menu 55/80 € – Carte 78/100 €
Spéc. Homard en carpaccio, tartare à la mangue et vinaigrette passion (printemps-été). Bar de nos côtes, poché au lait de nori (saison). Chocolat, en finger,
croustillant et sorbet chocolat (automne-hiver). **Vins** Bordeaux, Pessac-Léognan.
Rest *Le Bistrot du Gabriel* – ☏ 05 56 30 00 30 – (20 €) Menu 28 €
– Carte 41/55 €
♦ Cadre d'exception pour cet établissement, créé dans le pavillon central de la
célèbre place de la Bourse. Ses délicieux salons 18e s. se prêtent à la dégustation
d'une cuisine créative et haute en saveurs. Au Bistrot, plats classiques et
menus aux prix mesurés.

XXX   **Le Pavillon des Boulevards** (Denis Franc)   🏡 🄰🄲 🕉 🆅🅸🆂🅰 ⓿ 🄰🄴
⍟   *120 r. Croix-de-Seguey – ☏ 05 56 81 51 02 – www.lepavillondesboulevards.fr
– Fermé 15-31 août, 1er-8 janv., sam. midi, lundi midi et dim.*   **2BUa**
Rest – Menu 40 € (déj.), 80/120 € – Carte 90/100 €🕸
Spéc. Langoustines panées en tartare au wasabi et tiédies dans un bouillon de
sauternes. Turbot rôti à la crème de chou fleur, jus aux algues, feuille iodée au
caviar de citron. Passion chocolat, du fruit acidulé au caramel salé. **Vins** Côtes de
Castillon, Côtes de Blaye.
♦ Ce restaurant, ouvert sur la terrasse verdoyante, illustre une belle modernité :
murs drapés de voilages blancs et recettes inventives parfumées de saveurs exotiques.

XXX   **Jean Ramet**   🄰🄲 🆅🅸🆂🅰 ⓿ 🄰🄴
*7 pl. J.-Jaurès – ☏ 05 56 44 12 51 – www.restaurant-jean-ramet.com
– Fermé 12-18 avril, 9-29 août, dim. et lundi*   **4EXu**
Rest – (25 €) Menu 31 € (déj.), 55/65 € – Carte 57/83 €
♦ Les Bordelais se retrouvent autour d'une cuisine classique actualisée dans ce
restaurant des bords de la Garonne. Cadre chaleureux aux tons ensoleillés.

XXX   **Le Vieux Bordeaux**   🏡 🄰🄲 🆅🅸🆂🅰 ⓿ 🄰🄴 ⓪
*27 r. Buhan – ☏ 05 56 52 94 36 – www.le-vieux-bordeaux.com
– Fermé 3-24 août, 23 fév.-8 mars, dim., lundi et fériés*   **4EYa**
Rest – (20 € bc) Menu 30/55 € – Carte 60/80 €
♦ Deux salles à manger décorées avec goût (contemporaine ou dotée d'un
mur original appelé "terres et vignes"). Agréable patio-terrasse et généreuse cuisine classique.

XXX   **L'Alhambra**   🄰🄲 ⇄ 🆅🅸🆂🅰 ⓿
*111bis r. Judaïque – ☏ 05 56 96 06 91 – Fermé 14 juil.-15 août, sam. midi, lundi
midi et dim.*   **3CXe**
Rest – Menu 20 € (déj.), 30/42 € – Carte 40/55 €
♦ Avec ses quenelles de brochet et son gibier en saison, cette adresse est un
peu le conservatoire de la cuisine classique à Bordeaux. Salle agencée à la façon
d'un jardin d'hiver.

XX   **Le Clos d'Augusta**   🌲 🏡 🄰🄲 🄿 🆅🅸🆂🅰 ⓿ 🄰🄴 ⓪
*339 r. Georges-Bonnac – ☏ 05 56 96 32 51 – www.leclosdaugusta.fr
– Fermé 26 juil.-16 août, 23-30 déc., lundi soir, sam. midi, dim. et fériés*
Rest – (22 €) Menu 43/65 € – Carte 52/64 €   **1AUa**
♦ Grande salle feutrée dans les tons pastel avec mezzanine, délicieux jardin-terrasse ombragé et recettes actuelles un brin originales caractérisent ce sympathique restaurant.

XX **L'Oiseau Bleu**   AC VISA ⊚ AE

127 av. Thiers – ℰ 05 56 81 09 39 – www.loiseaubleu.fr
– Fermé 10-18 avril, 1er-22 août, 18-26 déc., dim. et lundi   **4FXe**
Rest – (19 €) Menu 22 € (déj.), 36/55 € – Carte 59/69 €
♦ Cette récente adresse installée dans une jolie maison en pierre abrite deux salles épurées dans les tons blanc et bleu. Agréable terrasse côté jardin et cuisine au goût du jour.

XX **La Tupina**   VISA ⊚ AE ⓪

6 r. Porte-de-la-Monnaie – ℰ 05 56 91 56 37 – www.latupina.com   **4FYq**
Rest – (16 €) Menu 32 € (déj. en sem.), 45 € bc/65 € – Carte 55/100 €
♦ Ambiance familale et décontractée dans cette auberge à l'atmosphère champêtre. Copieux plats mijotés du Sud-Ouest et viandes rôties au feu de bois. Belle carte des vins.

X **C'Yusha**   AC VISA ⊚ AE

12 r. Ausone – ℰ 05 56 69 89 70 – www.cyusha.com
– Fermé 3 sem. en août, 1 sem. en janv., dim. et lundi   **4EYb**
Rest – *(nombre de couverts limité, prévenir)* Menu 19 € (déj. en sem.)/33 €
– Carte 42/50 €
♦ Cuisine actuelle aux notes d'épices, de plantes et d'herbes, signée par un chef expérimenté travaillant seul pour – et devant – un nombre limité de clients. Bel espace contemporain.

X **Gravelier**   AC VISA ⊚ AE ⓪

114 cours Verdun – ℰ 05 56 48 17 15 – www.gravelier.com
– Fermé 26 juil.-24 août, vacances de fév., sam. et dim.   **2BUr**
Rest – Menu 24 € (déj.), 39/55 € – Carte 45/60 €
♦ Teck, zinc, couleurs vives et cuisines visibles. Ici, on sert une cuisine moderne proposée autour d'une courte carte et d'un menu du soir à choix unique. Présentations soignées.

X **7ème Péché** (Jan Schwitalla)   AC VISA ⊚ AE

65 cours de Verdun – ℰ 05 56 06 42 16 – www.7peche.fr – Fermé 14 juil.-11 août,
1er-12 janv., le midi sauf dim., mardi et merc.   **2BUg**
Rest – *(nombre de couverts limité, prévenir)* Menu 49/75 € – Carte 60/100 €
Spéc. Œuf ozen, chapelure chinoise et coulis de truffe. Agneau cuit à basse température, millefeuille oriental et jus safrané. Texture chocolat manjari et ivoire, sorbet passion.
♦ Ambiance feutrée et décor épuré pour cette salle à manger de poche (une vingtaine de couverts) et pour une cuisine créative associant habilement les saveurs et les textures.

X **Auberge ' Inn**   VISA ⊚ AE

245 r. de Turenne – ℰ 05 56 81 97 86 – www.auberge-inn.fr
– Fermé 30 juil.-22 août, 24 déc.-2 janv., 18-27 fév., sam., dim. et fériés
Rest – Menu 19 € (déj.), 29/50 € – Carte 45/70 €   **2BUb**
♦ Murs en pierre et couleurs vives, décor contemporain épuré, mobilier moderne, chaleureuse petite terrasse et cuisine dans l'air du temps : une auberge vraiment tendance...

X **L'Estaquade**   ← AC VISA ⊚ AE ⓪

quai des Queyries – ℰ 05 57 54 02 50 – www.lestacade.com – Fermé
23 déc.-2 janv.   **4EXa**
Rest – *(prévenir)* Menu 16 € (déj. en sem.) – Carte 42/57 €
♦ Une insolite construction sur pilotis posée sur la Garonne. Vue imprenable sur Bordeaux, décor épuré, carte actuelle et bon choix de vins du Languedoc-Roussillon et de Bourgogne.

X **La Petite Gironde**   ← AC VISA P VISA ⊚

75 quai des Queyries – ℰ 05 57 80 33 33 – www.lapetitegironde.fr – Fermé
24 janv.-4 janv. et dim. soir   **4EXb**
Rest – Menu 17 € (sem.)/33 € – Carte 29/49 €
♦ Ce restaurant prisé pour sa situation sur la rive droite de la Garonne arbore un sympathique décor contemporain. Grande terrasse "les pieds dans l'eau" et plats traditionnels.

✗ **Café du Théâtre** 🌿 ⚹ 🆚 ⓒ 🅰🅴
pl. Renaudel – ℰ 05 57 95 77 20 – Fermé août, dim. et lundi **4FZa**
Rest – (14 €) Menu 20 € (déj.)/29 € – Carte 36/49 €
• Cadre moderne, petite terrasse, courte carte de plats traditionnels ou menus associant mets et vins : une adresse séduisante qui assure un service tardif les soirs de spectacle.

✗ **Quaizaco** 🅰🅲 🆚 ⓒ 🅰🅴
80 quai des Chartrons – ℰ 05 57 87 67 72 – Fermé 9-23 août, sam. midi et dim.
Rest – (12 €) Menu 26/35 € – Carte 39/46 € **2BUt**
• La façade de ces entrepôts du 19ᵉ s. (anciens chais) cache un intérieur singulier mêlant pierres apparentes et décoration contemporaine aux touches colorées. Carte actuelle.

à Bordeaux-Lac (près parc des expositions) – ✉ 33300 Bordeaux

🏨 **Pullman** 🌿 🏊 🖥 ⚹ ch, 🅰🅲 🍴 🚄 🅿 🆚 ⓒ 🅰🅴 ①
av. J.-G.-Domergue – ℰ 05 56 69 66 66 – www.pullmanhotels.com **2BTu**
166 ch – ♦140/350 € ♦♦140/350 € – 19 suites – ☲ 23 €
Rest *L'Aquitania* – (24 € bc) Menu 29 € bc – Carte 44/65 €
• Accès direct au Palais des Congrès, salles de réunion sur 2000 m², confortables chambres : rénovation réussie pour cet hôtel très apprécié de la clientèle d'affaires. Cuisine classique, décor contemporain et terrasse d'été ouverte sur le lac à l'Aquitania.

par la rocade A 630 :

à Blanquefort 3 km au Nord, sortie n° 6 – 14 944 h. – alt. 17 m – ✉ 33290

🏨 **Hostellerie Des Criquets** 🚄 🌿 🖥 🅰🅲 ch, 🍴 🚄 🅿 🆚 ⓒ 🅰🅴 ①
130 av. du 11-Novembre (D 210) – ℰ 05 56 35 09 24 – www.lescriquets.com
21 ch – ♦74 € ♦♦96 € – ☲ 14 € – ½ P 92 €
Rest – *(fermé sam. midi, dim. soir et lundi)* (20 €) Menu 40/60 € – Carte 60/82 €
• Il règne une atmosphère de maison de campagne familiale dans cette ancienne ferme et ses coquettes chambres personnalisées, peu à peu rénovées. Agréable salle à manger, terrasse face au jardin et recettes dans l'air du temps.

à Lormont Nord-Est, sortie n°2 – 20 944 h. – alt. 60 m – ✉ 33310

🛈 4, avenue de la Libération ℰ 05 56 74 29 17

✗✗ **Jean-Marie Amat** 🅰🅲 🅿 🆚 ⓒ 🅰🅴
🕸 *1 r. du Prince Noir – ℰ 05 56 06 12 52 – www.jm-amat.com – Fermé 3 sem.*
en août, 1 sem. en déc., sam. midi, dim. et lundi **2BTn**
Rest – Menu 30 € (déj.)/50 € – Carte 75/120 €
Spéc. Salade de homard "comme dans un jardin". Pigeon grillé aux épices, pastilla de cuisse et salade d'herbes. Ananas vanillé et glace pinacolada (hiver). **Vins** Bordeaux supérieur.
• L'ancien "enfant terrible" signe son retour avec une table contemporaine, logée dans un château réhabilité : belle cuisine actuelle, véranda épurée, vue sur la verdure et le pont d'Aquitaine.

à Cenon Est, sortie n° 25 – 23 171 h. – alt. 50 m – ✉ 33150

✗✗ **La Cape** (Nicolas Magie) 🌿 🅰🅲 🆚 ⓒ
🕸 *allée Morlette – ℰ 05 57 80 24 25 – Fermé 1ᵉʳ-21 août, vacances de Noël, sam.,*
dim. et fériés **2BUv**
Rest – Menu 25 € (déj.), 40/85 € bc – Carte 70/100 €
Spéc. Gambas saisies, agneau confit en moussaka, tomate et aubergine fumée, jus concentré. Saint-pierre saisi, lard croustillant, moelle et chorizo, fleur de courgette en tempura. Abricot confit à la verveine, meringue et sorbet acidulé, pistaches torréfiées. **Vins** Bordeaux, Médoc.
• On se "bouscule" au portillon de ce pavillon pour savourer une belle cuisine inventive (menu renouvelé régulièrement). Cadre contemporain sobre et chic et agréable jardin-terrasse.

à Bouliac Sud-Est, sortie n° 23 – 3 087 h. – alt. 74 m – ⊠ 33270

Le St-James ⊗   ← 🚗 🏡 🔲 🔯 🗚 ch, 🍴 ⚙ 🅿 VISA ◎ AE ①
3 pl. Camille Hostein, près de l'église – ℰ 05 57 97 06 00
– www.saintjames-bouliac.com – Fermé 1er-16 janv.   **2BUs**
15 ch – †195/330 € ††195/330 € – 3 suites – � 25 €
Rest – (fermé 10-25 avril, 28 août-5 sept., 23 oct.-3 nov., 1er-16 janv., dim. et
lundi) Menu 45 € bc (déj.), 65/132 € – Carte 100/150 €⅞
Spéc. Foie gras en raviole et bouillon thaï, légumes croquants. Homard bleu grillé
au beurre de corail, risotto iodé. Paris-brest, crème vanillée, fruits du moment frais
et glacés. **Vins** Saint-Estèphe, Premières Côtes de Bordeaux.
Rest *Côté Cour* – ℰ 05 57 97 06 06 (fermé 8-29 août, 1er-16 janv., sam. et dim.)
(19 €) Menu 26 € (déj.)/30 € – Carte 34/54 €
◆ Conçue par Jean Nouvel, cette maison qui surplombe les vignes s'inspire de
l'architecture des séchoirs à tabac traditionnels de la région. Chambres design
épurées. Le chef signe une cuisine raffinée, avec des mariages de saveurs subtils
et harmonieux. Côté Cour, on mise sur une cuisine du marché.

Café de l'Espérance   🏡 VISA ◎
10 r. de l'Esplanade, (derrière l'église) – ℰ 05 56 20 52 16
– www.cafe-esperance.com   **2BVr**
Rest – Menu 15 € (déj. en sem.)/28 € – Carte 27/43 €
◆ Buffets d'entrées et de desserts, grillades au feu de bois, frites maison... C'est
simple, très frais, copieux et bon. Les nostalgiques des troquets de village seront
comblés !

à Bègles Sud-Est, sortie n°21 – 24 417 h. – alt. 6 m – ⊠ 33130

Chiopot   🏡 🔯 ⟷ 🅿 VISA ◎ AE ①
281 r. des Quatre-Castera – ℰ 05 56 85 62 41 – chiopot.free.fr – Fermé sam. midi
et dim.   **2BVa**
Rest – Menu 19 € (sem.) – Carte 26/63 €⅞
◆ Ce bistrot-brasserie très convivial vous reçoit autour de plats traditionnels.
Spécialités de viandes grillées (agneau de lait des Pyrénées, bœuf charolais) et
bons vins.

à Martillac 9 km au Sud, sortie n° 18, D 1113 et rte secondaire – 2 265 h.
– alt. 40 m – ⊠ 33650

Les Sources de Caudalie ⊗   🚗 🏡 🔲 ⊛ 🅱️ 🕍 & ch, 🔯 ⅗ rest, 🍴
chemin de Smith-Haut-Lafitte – ℰ 05 57 83 83 83   ⚙ 🅿 VISA ◎ AE ①
– www.sources-caudalie.com – Fermé 3-25 janv.
42 ch – †200/300 € ††200/300 € – ⊇ 22 €
Rest *La Grand'Vigne* – (fermé 3 janv.-1er fév., merc. midi, jeudi midi, vend.
midi, lundi et mardi) Menu 65/95 € – Carte 80/116 €⅞
Spéc. "L'Aquitaine", en carpaccio de bœuf et grains de caviar primeur, toasts œufs
de caille (avril à oct.). Turbot aux coquillages et ormeaux, jus chlorophylle et jeunes poireaux (nov. à mars). Transparence aux fraises, blanc-manger et sorbet
citron basilic (mai à août). **Vins** Graves.
Rest *La Table du Lavoir* – (26 €) Menu 35 €
◆ Ce domaine incluant un institut de vinothérapie offre luxe et remise en forme
au milieu des vignobles. À La Grand'Vigne (orangerie du 18e s.) est arrivé un chef
de talent et inventif, maître dans l'assemblage des saveurs. La Table (lavoir des
vendangeuses reconstitué) propose une cuisine du terroir.

au Sud-Ouest sortie n° 14 - ⊠ 33600 Pessac

Holiday Inn Bordeaux Sud   🏡 🔲 & 🔯 🍴 ⚙ 🅿 VISA ◎ AE
10 av. Antoine Becquerel – ℰ 05 56 07 59 59 – www.holidayinn.fr   **1AVf**
90 ch – †90/170 € ††90/170 € – ⊇ 16 €
Rest – (fermé sam., dim. et fériés) (20 €) Menu 25 € – Carte 26/60 €
◆ Proche d'une rocade autoroutière, cet hôtel moderne bénéficie de confortables chambres contemporaines (lits king size). Salles de réunions aux équipements
dernier cri. Chaleureuse salle à manger de type bistrot et cuisine traditionnelle.

à Mérignac Ouest, sortie n° 9 – 65 469 h. – alt. 35 m – ⊠ 33700

Kyriad Prestige

� ⅃ ɪ̵̵ ∤ ⓘ ᴼ ʤ ch, Ⓜ (ᵗ) ᴊᴀ P ⱽⁱˢᴬ ∞ ᴬᴱ

116 av. Magudas – 🖉 *05 57 92 00 00 – www.bordeaux-hotels.net*   **1ATr**

75 ch – †119 € ††119 € – ⊊ 14 € – ½ P 90/100 €

Rest – *(fermé dim.)* (18 €) Menu 27/42 € – Carte 30/42 €

♦ Chambres spacieuses, insonorisées et rafraîchies, de plusieurs catégories : standard, executive ou familiale. Salle des petits-déjeuners réchauffée d'une flambée en hiver. Repas sous forme de buffets dressés dans une salle avec cheminée et charpente apparente.

à Eysines Ouest, sortie n° 9 – 19 279 h. – alt. 15 m – ⊠ 33320

Les Tilleuls

� Ⓜ ⇔ P ⱽⁱˢᴬ ∞ ᴬᴱ

à La Forêt, 205 av. St-Médard – 🖉 *05 56 28 04 56 – Fermé 21 fév.-1ᵉʳ mars, sam. midi, dim. soir et lundi*   **1ATv**

Rest – Menu 18 € (déj. en sem.)/28 € – Carte 32/70 €

♦ Sympathique adresse où l'on mitonne plats traditionnels et spécialités régionales. Salle à manger campagnarde au décor provençal ; cheminée en hiver et jolie terrasse d'été.

à l'aéroport de Bordeaux-Mérignac Ouest, sortie n° 11 en venant du Sud, sortie n° 11ᵇ en venant du Nord – ⊠ 33700 Mérignac

Mercure Bordeaux Aéroport

� ⅃ ∤ ⓘ ᴼ ʤ ch, Ⓜ (ᵗ) ᴊᴀ P P

1 av. Ch.-Lindbergh – 🖉 *05 56 34 74 74*   ⱽⁱˢᴬ ∞ ᴬᴱ ①

– www.mercure.com   **1AUe**

149 ch – †75/155 € ††85/175 € – ⊊ 15 €

Rest – (15 €) Menu 22 € – Carte 30/55 €

♦ Adresse parfaite pour se reposer entre deux vols. Bar de style anglais, salles de réunion et chambres bien pensées (leur décor décline le thème des cinq continents). Cuisine traditionnelle servie dans une élégante salle à manger tournée vers la terrasse.

Novotel Aéroport

✈ � ⅃ ∤ ⓘ ᴼ ch, Ⓜ (ᵗ) ᴊᴀ P ⱽⁱˢᴬ ∞ ᴬᴱ ①

80 av. J.F.-Kennedy – 🖉 *05 57 53 13 30 – www.accor-hotels.com*   **1AUk**

137 ch – †110/160 € ††110/160 € – ⊊ 15 €   **Rest** – (16 €) Carte 20/47 €

♦ L'hôtel, tendance et feutré, abrite des chambres de type "Novation" et un café répondant aussi au dernier concept du groupe. Pinède et aire de jeux pour les enfants. À table, cuisine simple axée sur les grillades et agréable vue sur le jardin.

All Seasons Bordeaux Aéroport

� ∤ ⓘ ᴼ ʤ Ⓜ (ᵗ) ᴊᴀ P ⱽⁱˢᴬ ∞ ᴬᴱ

95 av. J.F.-Kennedy – 🖉 *05 56 55 93 42 – www.all-seasons-hotels.com*

81 ch ⊊ – †65/105 € ††65/190 €   **1AUd**

Rest – *(fermé 1ᵉʳ-15 août, 25 déc.-1ᵉʳ janv., vend. soir, sam. et dim.)* (15 €) Carte environ 25 €

♦ Cet hôtel flambant neuf affiche un intérieur moderne. Mobilier design et couleurs tendance aux touches acidulées dans des chambres très fonctionnelles équipées d'écrans plats. Restaurant traditionnel avec un buffet d'entrées et de desserts.

L'Iguane

� ʤ Ⓜ ⱽⁱˢᴬ ∞ ᴬᴱ ①

83 av. J.F.-Kennedy – 🖉 *05 56 34 07 39 – www.liguane.fr*

– Fermé 1ᵉʳ août-4 sept., vend. soir, sam. midi et dim.   **1AUb**

Rest – (25 €) Menu 35/75 € – Carte 48/83 € 🏵

Rest L'Olive de Mer – 🖉 *05 56 12 99 99* – (15 €) Menu 21 € (déj.)

– Carte 26/49 €

♦ Salle en longueur, claire, contemporaine (sol et stores en bois). Cuisine actuelle métissée de saveurs exotiques et belle cave de 700 références de toutes régions vinicoles. Un vent méditerranéen souffle sur la carte de L'Olive de Mer (décor branché).

LES BORDES – 45 Loiret – **318** L5 – rattaché à Sully-sur-Loire

BORMES-LES-MIMOSAS – 83 Var – 340 N7 – 7 051 h. – alt. 180 m 41 C3
– ⊠ 83230 ▌Côte d'Azur

▶ Paris 871 – Fréjus 57 – Hyères 21 – Le Lavandou 4

🇮 1, place Gambetta ✆ 04 94 01 38 38

🄵 de Valcros à La Londe-les-Maures, NO : 12 km, ✆ 04 94 66 81 02

◉ Site★ - Les vieilles rues★ - ≤★ du château.

Hostellerie du Cigalou 🛗 ⊼ 🕴 ⅃ AC 🛜 VISA ◑ AE
pl. Gambetta, au vieux village – ✆ 04 94 41 51 27
– www.hostellerieducigalou.com
17 ch – †111/189 € ††134/256 € – 3 suites – ⊒ 13 €
Rest – (14 €) Menu 18/36 € – Carte 25/45 €
◆ La propriétaire de cette jolie maison a décoré son intérieur avec raffinement, mêlant styles provençal et baroque. Certaines chambres bénéficient d'une
terrasse privative. Au restaurant, recettes à dominante régionale, dans une
ambiance bistrot décontractée.

La Bastide des Vignes 🌿 🗆 🛗 ⊼ 🛠 🛜 P
464 chemin du Patelin – ✆ 04 94 71 20 29 – www.bastidedesvignes.fr
5 ch ⊒ – †117/137 € ††117/137 € **Table d'hôte** – Menu 43 € bc
◆ Un véritable havre de paix et de gentillesse que cette maison de vigneron de
1902, cernée par les vignes. Chambres aux couleurs de la Provence, ouvertes sur
le luxuriant jardin (pas de TV). Dégustation de plats et vins régionaux à la table
d'hôte (sur réservation).

Les Plumbagos sans rest ≤ 🗆 ⊼ AC 🛠 🛜 P
88 impasse du Pin, quartier Le Pin, par bd Mont des Roses – ✆ 06 09 82 42 86
– www.lesplumbagos.com – Ouvert avril-oct.
3 ch ⊒ – †115/132 € ††115/132 €
◆ Une situation calme et privilégiée en surplomb de la baie, de coquettes chambres provençales et un agréable jardin : cette belle bâtisse des années 1920 ne
manque pas d'atouts.

La Rastègue (Jérôme Masson) ≤ 🛗 VISA ◑
48 bd Levant, 2 km au Sud, quartier Le Pin – ✆ 04 94 15 19 41
– www.larastegue.com – Fermé 4-31 janv., le midi sauf dim. et lundi
Rest – (nombre de couverts limité, prévenir) Menu 39/55 € – Carte 43/60 €
Spéc. Parfait tiède de langoustines, le jus des têtes en bisque. Poisson sauvage
cuit à la plancha, fumet émulsionné et légumes du moment. Assiette gourmande.
Vins Côtes de Provence.
◆ Priorité aux saveurs ! Les cuisines, ouvertes sur la salle, permettent d'admirer le
jeune chef à l'œuvre. Accommodant bons produits et arômes avec précision et
équilibre, ce dernier réalise des plats inventifs et sans artifice. Service attentionné.

Le Garde Manger AC 🛠 VISA ◑
29 r. Carnot – ✆ 04 94 71 15 45 – www.mathiasdandine.com – Ouvert
16 mars-14 nov.
Rest – (nombre de couverts limité, prévenir) Carte 40/70 €
◆ Autrefois boucherie, puis épicerie – tenue par les parents du chef –, désormais
un charmant petit bistrot contemporain où l'on vous garde à manger... Cuisine du
marché fine et goûteuse.

au Sud 1 km – ⊠ 83230 Bormes-les-Mimosas

Le Domaine du Mirage 🌿 ≤ 🗆 🛗 🛠 🕴 🕹 AC ch, 🛜 🏝 P
38 r. Vue-des-Iles – ✆ 04 94 05 32 60 🚗 VISA ◑ AE
– www.domainedumirage.com – Ouvert 1er avril-15 oct.
35 ch – †116/180 € ††116/278 € – ⊒ 14 €
Rest – Menu 36 € (dîner) – Carte 30/40 € le midi
◆ Dominant la baie, une belle bâtisse de style victorien entourée d'un jardin
fleuri. Chambres contemporaines, en majorité avec balcon ou terrasse face à la
mer. Décor raffiné au restaurant, où l'on apprécie une cuisine qui fleure bon la
Provence.

BORNY – 57 Moselle – 307 I4 – rattaché à Metz

BORT-L'ÉTANG – 63 Puy-de-Dôme – 326 H8 – rattaché à Lezoux

BOSDARROS – 64 Pyrénées-Atlantiques – **342** J5 – 1 021 h. – alt. 370 m   **3** B3
– ✉ 64290

▶ Paris 790 – Lourdes 36 – Oloron-Ste-Marie 29 – Pau 14

XX   **Auberge Labarthe** (Éric Dequin)   🔲 ✧ 𝚅𝙸𝚂𝙰 ⓒⓑ 𝔸𝔼
❀   1 r. P.-Bidau – ℰ 05 59 21 50 13 – www.auberge-pau.com – Fermé 4-20 juil.,
     17-31 janv., dim. soir, lundi et mardi
     Rest – (prévenir le week-end) Menu 29 € (sem.), 49/73 € – Carte 76/83 €
     Spéc. Homard à l'estragon, sabayon gratiné et champignons sauvages. Magret de
     pigeonneau rôti, jus aux épices. Poires au caramel de nougatine, mousseux gian-
     duja et crème vanille (automne). **Vins** Jurançon, Béarn rouge.
     ♦ Derrière l'église, maison accueillante à la belle façade fleurie. Savoureuse et
     généreuse cuisine régionale servie dans une salle cosy et sagement contempo-
     raine.

BOSSEY – 74 Haute-Savoie – **328** J4 – rattaché à St-Julien-en-Genevois

LES BOSSONS – 74 Haute-Savoie – **328** O5 – rattaché à Chamonix

BOUC-BEL-AIR – 13 Bouches-du-Rhône – **340** H5 – 13 711 h.   **40** B3
– alt. 259 m – ✉ 13320

▶ Paris 758 – Aix-en-Provence 10 – Aubagne 41 – Marseille 22

🏨   **L'Étape Lani**   🍽 🛏 ᴌ ch, 🔲 ch, 🛁 ch, 🛜 🖹 𝙿 𝚅𝙸𝚂𝙰 ⓒⓑ 𝔸𝔼 ⓞ
     au Sud sur D 6 rte de Gardane-Marseille – ℰ 04 42 22 61 90
     – www.hotelaix-etape.com
     35 ch – †65/88 € ††80/98 € – ☑ 12 € – ½ P 63/121 €
     Rest – (fermé 19 déc.-2 janv., dim. sauf le midi de sept. à juin, lundi midi en juil.-
     août et sam. midi) (18 €) Menu 27/56 € – Carte 42/56 €
     ♦ L'accueil, les chambres bien insonorisées du bâtiment principal et le plaisant
     décor provençal de l'annexe font vite oublier la proximité de la route passante.
     Coquet restaurant séparé en deux salles (Marguerite et Lucie) et proposant une
     cuisine ensoleillée.

BOUCÉ – 03 Allier – **326** H5 – rattaché à Varennes-sur-Allier

LE BOUCHET – 74 Haute-Savoie – **328** L5 – rattaché au Grand-Bornand

BOUDES – 63 Puy-de-Dôme – **326** G10 – 266 h. – alt. 466 m – ✉ 63340   **5** B2

▶ Paris 462 – Brioude 29 – Clermont-Fd 52 – Issoire 16

XX   **Le Boudes La Vigne** avec ch   🛜 🔲 rest, 🛜 𝚅𝙸𝚂𝙰 ⓒⓑ 𝔸𝔼
☺   pl. de la Mairie – ℰ 04 73 96 55 66 – leboudeslavigne.pagesperso-orange.fr
     – Fermé 27 juin-8 juil., 22 août-1er sept., 2-20 janv., dim. soir, lundi et mardi
     sauf juil.-août
     7 ch – †45 € ††45 € – ☑ 7 € – ½ P 50 €   **Rest** – (17 €) Menu 23/50 €
     ♦ Construite sur d'anciennes fortifications, cette maison a gardé le charme des
     vieilles pierres. Cuisine réalisée avec finesse, accompagnée de crus locaux, dont
     le boudes !

BOUËSSE – 36 Indre – **323** G7 – rattaché à Argenton-sur-Creuse

BOUGIVAL – 78 Yvelines – **311** I2 – **101** 13 – voir à Paris, Environs

LA BOUILLADISSE – 13 Bouches-du-Rhône – **340** I5 – 5 561 h.   **40** B3
– alt. 220 m – ✉ 13720

▶ Paris 776 – Aix-en-Provence 27 – Brignoles 43 – Marseille 31
🛈 place de la Libération ℰ 04 42 62 97 08

🏠   **La Fenière**   🛜 🛏 ᴌ ch, 🔲 rest, 🛜 𝙿 𝚅𝙸𝚂𝙰 ⓒⓑ 𝔸𝔼
     8 r. J. Pourchier – ℰ 04 42 72 38 38 – www.hotelfeniere.com
     10 ch – †60/100 € ††65/100 € – ☑ 8 €
     Rest – (fermé 28 août-5 sept., dim. et lundi) (17 €) Menu 21/45 € – Carte 27/57 €
     ♦ Un établissement tout simple, avec une jolie petite piscine et un jardin. Les
     chambres sont fraîches, gaies et méticuleusement tenues. Le restaurant, de style
     provençal (poutres apparentes, cheminée) et agrémenté d'une terrasse, sert une
     cuisine régionale.

BOUILLAND – 21 Côte-d'Or – **320** I7 – 189 h. – alt. 400 m – ⊠ 21420   **8** C2
◼ Bourgogne

▶ Paris 295 – Autun 54 – Beaune 17 – Bligny-sur-Ouche 13

Hostellerie du Vieux Moulin ⌂   🚲 🏠 🖼 ⌂ & ch, 🅰 rest, 🛜 🎿
1 r. de la Forge – 𝒞 *03 80 21 51 16*   🅿 🆅🅸🆂🅰 🆎
– www.moulin-de-bouilland.com – Ouvert 12 mars-27 nov. et 13-31 déc.
24 ch – ♦90/168 € ♦♦90/168 € – 2 suites – ⊡ 18 € – ½ P 68 €
Rest – *(fermé le midi du lundi au jeudi)* (27 €) Menu 39/95 € – Carte 60/94 €
♦ À deux pas de l'A6 et des grands vignobles bourguignons, deux bâtiments, dont un ancien moulin, aux chambres en partie rénovées. Fitness et piscine. Cuisine actuelle servie dans une salle à manger plus contemporaine. Vue sur la campagne ; service prévenant.

❌   **Auberge St-Martin**   🛜 🆅🅸🆂🅰 🆎
17 rte de Beaune – 𝒞 *03 80 21 53 01 – Fermé 1ᵉʳ-7 juil., 13 déc.-3 fév., mardi et merc.*
Rest – (16 €) Menu 21/29 € – Carte 25/40 €
♦ La petite salle campagnarde de cette accueillante auberge (18ᵉ s.) donne sur une miniterrasse-balcon. Appétissante cuisine traditionnelle et spécialités régionales.

LA BOUILLE – 76 Seine-Maritime – **304** F5 – 805 h. – alt. 5 m   **33** D2
– ⊠ 76530 ◼ Normandie Vallée de la Seine

▶ Paris 132 – Bernay 44 – Elbeuf 12 – Louviers 32

🏠   **Le Bellevue**   ⟨ 🛜 🛗 🛜 🎿 🆅🅸🆂🅰 🆎 🆎
13 quai Hector-Malot – 𝒞 *02 35 18 05 05 – www.hotel-le-bellevue.com*
20 ch – ♦76/80 € ♦♦76/84 € – ⊡ 9 € – ½ P 60/70 €
Rest – Menu 20/34 € – Carte 25/50 €
♦ Demeure (début 20ᵉ s.) située sur une rive de la Seine. Chambres fraîches et colorées, progressivement rénovées ; certaines bénéficient d'une belle vue sur le fleuve. Plats traditionnels à déguster dans une salle de restaurant qui a conservé son âme normande.

❌❌   **St-Pierre**   ⟨ 🛜 🆅🅸🆂🅰 🆎 🆎 🅾
4 pl. du Bateau – 𝒞 *02 35 68 02 01 – www.restaurantlesaintpierre.com*
– Fermé 21 fév.-8 mars , 22 août-7 sept., dim. soir, lundi et mardi
Rest – (18 €) Menu 25/65 € – Carte 55/76 €
♦ Cuisine d'aujourd'hui servie dans une salle claire et actuelle ou en plein air, avec la Seine et le va-et-vient des bateaux pour toile de fond. Accueil et service avenants.

❌❌   **De la Poste**   ⟨ 🛜 🆅🅸🆂🅰 🆎
6 pl.du Bateau – 𝒞 *02 35 18 03 90 – Fermé 3 sem. en déc., dim. soir, lundi et mardi*
Rest – Menu 20 € (sem.), 28/44 € – Carte 50/70 €
♦ Jolie façade à colombages d'un relais de poste (18ᵉ s.) ancré sur les quais. Salle rustique ou, à l'étage, cadre plus récent et plus clair avec vue sur la Seine. Carte classique.

❌❌   **Les Gastronomes**   🛜 🆅🅸🆂🅰 🆎
1 pl. du Bateau – 𝒞 *02 35 18 02 07 – www.lesgastronomes-labouille.com – Fermé
21 oct.-10 nov., 24 fév.-16 mars, merc. et jeudi sauf fériés*
Rest – Menu 20 € (sem.), 28/45 € – Carte 42/56 €
♦ À côté de l'église, restaurant familial traditionnel abritant deux salles : ambiance bistrot Belle Époque dans celle du bas ; touches rustiques et coup d'œil batelier à l'étage.

BOUIN – 85 Vendée – **316** E6 – 2 206 h. – alt. 5 m – ⊠ 85230   **34** A3
▶ Paris 435 – Challans 22 – Nantes 51 – Noirmoutier-en-l'Île 29
🈂 boulevard Sébastien Luneau 𝒞 02 51 68 88 85

🏠   **Domaine le Martinet** ⌂   🚲 🖼 & 🛜 🎿 🅿 🆅🅸🆂🅰 🆎 🆎
🔗   *pl. du Gén.-Charette –* 𝒞 *02 51 49 23 23 – www.domaine-lemartinet.com*
– Ouvert 16 avril-31 oct.
25 ch – ♦49/84 € ♦♦56/120 € – ⊡ 10 €   **Rest** – 𝒞 02 51 49 23 48 *(fermé dim.
soir hors saison, lundi midi et mardi midi)* (12 €) Menu 17/36 € – Carte 22/45 €
♦ Hôtel situé dans un bourg tranquille du marais breton vendéen. Chambres d'antan dans la maison de bourg ; celles situées dans les dépendances sont plus spacieuses et coquettes. Cuisine traditionnelle servie dans l'ancien grenier à sel au cadre rustique soigné.

BOULBON – 13 Bouches-du-Rhône – **340** D2 – 1 532 h. – alt. 18 m   **42** E1
– ✉ 13150

> ▶ Paris 703 – Avignon 18 – Marseille 113 – Nîmes 34

     La Bastide de Boulbon ⚜   🚗 ⛲ ᗙ ch. 🅰️ ⚙ ⁀ 🅿 VISA ⓩ
r. de l'Hôtel-de-Ville – ☏ 04 90 93 11 11 – www.labastidedeboulbon.com
– *Ouvert avril-oct.*
10 ch – †85/125 € ††95/155 € – ☎ 15 €
Rest – *(fermé le dim. soir) (dîner seult) (nombre de couverts limité, prévenir)*
(29 €) Menu 35 €
◆ Au cœur d'un village, cette demeure bourgeoise (1850) aux allures de maison
d'hôte invite à la détente, avec son beau jardin aux platanes bicentenaires. Chambres actuelles. Cuisine du marché servie dans une salle intime ou sur la terrasse
ombragée.

BOULIAC – 33 Gironde – **335** H6 – rattaché à Bordeaux

BOULIGNEUX – 01 Ain – **328** C4 – rattaché à Villars-les-Dombes

---

BOULOGNE-SUR-MER 🚇 – 62 Pas-de-Calais – **301** C3 – 44 273 h.   **30** A2
– **Agglo. 135 116 h.** – alt. 58 m – Casino (privé) **Z** – ✉ 62200
🔲 Nord Pas-de-Calais Picardie

> ▶ Paris 265 – Amiens 130 – Arras 122 – Calais 35
> 🛈 24, Parvis Nausicaä ☏ 03 21 10 88 10
> 🏌️ de Wimereux à Wimereux Avenue François Mitterrand, par rte de
> Wimereux : 8 km, ☏ 03 21 32 43 20
> ◉ Nausicaa★★ - Ville haute★★ : crypte et trésor★ de la basilique ≼★ du
> Beffroi **Y H** - Perspectives★ des remparts - Calvaire des marins ≼★ **Y**
> - Château-Musée★ : vases grecs★★, masques inuits et aléoutes★★ - Colonne
> de la Grande Armée★ : ⁂★★ 5 km par ① - Côte d'Opale★ par ①.

     La Matelote   ≼ 🔲 🛁 ❙ ᗙ 🅰️ ⁀ 🏊 🚗 VISA ⓩ 🅰🅴
70 bd Ste-Beuve – ☏ 03 21 30 33 33 – www.la-matelote.com   **Yq**
35 ch – †85/185 € ††100/185 € – ☎ 15 €
Rest *La Matelote* – voir ci-après
◆ Fière bâtisse des années 1930 sur le front de mer, face au Nausicaa. Ambiance
chaleureuse, chambres de bon confort et espace détente de qualité (piscine à
contre courant).

Métropole sans rest   🚗 ❙ 🅰️ ⁀ 🚗 VISA ⓩ 🅰🅴
51 r. Thiers – ☏ 03 21 31 54 30 – www.hotel-metropole-boulogne.com – *Fermé*
20 déc.-12 janv.   **Ze**
25 ch – †70/80 € ††89/97 € – ☎ 11 €
◆ Hôtel familial dans le centre-ville, près du port et des commerces, aux chambres
spacieuses et confortables. Jolie salle des petits-déjeuners, ouverte sur le jardin.

Hamiot   ❙ 🅰️ rest. ⁀ 🏊 🅿 🚗 VISA ⓩ 🅰🅴
1 r. Faidherbe – ☏ 03 21 31 44 20 – www.hotelhamiot.com   **Zh**
12 ch – †65/95 € ††80/100 € – ☎ 10 €
Rest *Grand Restaurant* – *(fermé dim. soir et merc.)* (19 €) Menu 22 € (déj. en
sem.), 27/39 € – Carte 42/81 €
Rest *Brasserie* – (12 €) Menu 18/32 € – Carte 15/50 €
◆ Ce bâtiment d'après-guerre donne sur le port et propose des chambres confortables (beau mobilier en bois) et bien insonorisées. Atmosphère feutrée, vue sur
l'animation portuaire et cuisine axée mer au Grand Restaurant. Ambiance animée
et terrasse à la Brasserie.

XXX **La Matelote** (Tony Lestienne) – Hôtel La Matelote   🈺 🅰️ VISA ⓩ 🅰🅴
❀   *80 bd Ste Beuve* – ☏ 03 21 30 17 97 – www.la-matelote.com – *Fermé*
22 déc.-15 janv. et jeudi midi   **Yq**
Rest – Menu 31/70 € – Carte 64/80 €
Spéc. Salade de homard, sauce crustacés. Darne de turbot poêlée au beurre de
thym. Tarte banoffee, parfait vanille aux popcorns, caramel au vieux rhum.
◆ Un restaurant au cadre élégant et feutré, dans les tons rouge et or, avec une
belle terrasse d'été. Cuisine de la mer superbement mise en valeur.

BOULOGNE-SUR-MER

Adam (R. A.) . . . . X 2
Aumont (R. d') . . . . Z 7
Beaucerf (Bd) . . . . Z 8
Beaurepaire (R.) . . . . X 9
Bras-d'Or (R. du) . . . . Z 13
Colonne (R. de la) . . . . X 17
Diderot (Bd) . . . . X 18
Duflos (R. Louis) . . . . X 19
Dutertre (R.) . . . . Y 20
Égalité (R. de) . . . . X 22
Entente-Cordiale (Pont de l') . . Z 23
Faidherbe (R.) . . . . Y
Grande-Rue . . . . YZ
Huguet (R. A.) . . . . X 29
Jean-Jaurès (Bd et Viaduc) . . . X 30
J.-J. Rousseau (Viaduc) . . . . . . X 31
Lampe (R. de la) . . . . Z 32
Lattre-de-Tassigny (Av. de) . . . Y 33
Lavocat (R. Albert) . . . . X 34
Liberté (Bd de la) . . . . X 35
Lille (R. de) . . . . Y 37
Marguet (Pont) . . . . Z 38
Michelet (R. J.) . . . . X 39
Mitterrand (Bd F.) . . . . Z 40
Montesquieu (R.) . . . . X 42
Mont-Neuf (R. du) . . . . X 44
Orme (R. de l') . . . . X 46
Perrochel (R. de) . . . . Z 48
Porte-Neuve (R.) . . . . Y 49
Puits-d'Amour (R.) . . . . Z 53
Résistance (Pl.) . . . . XY 55
Ste-Beuve (Bd) . . . . XY 59
St-Louis (R.) . . . . Y 56
Thiers (R. A.) . . . . YZ 60
Tour-N.-Dame (R.) . . . . Y 61
Victoires (R. des) . . . . X 63
Victor-Hugo (R.) . . . . YZ
Wicardenne (R. de) . . . . X 64

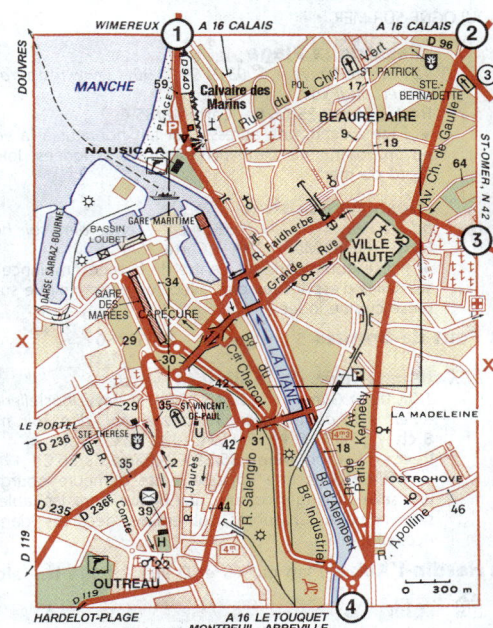

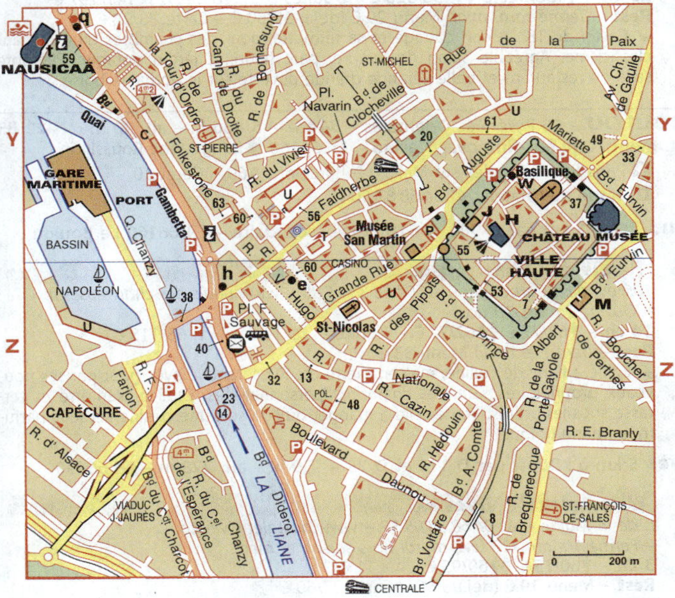

XX **Rest. de la Plage** ⇔ VISA ◐ AE
124 bd Ste-Beuve – ℰ 03 21 99 90 90 – www.restaurantdelaplage.fr – Fermé dim.
soir et lundi soir **X v**
Rest – Menu 25/65 € – Carte 48/85 €
♦ Face à l'eau, une adresse qui fait honneur à la vocation maritime de la ville
en proposant une carte riche en saveurs iodées. Joli décor actuel sur le thème
"bord de mer".

X **Rest. de Nausicaa** ⇐ AK VISA ◐
🦀 *bd Ste-Beuve – ℰ 03 21 33 24 24 – Fermé dim. soir hors saison et lundi soir*
Rest – (18 €) Menu 28 € – Carte 26/48 € **Y t**
♦ Pause gourmande au Centre de la mer. Ambiance animée dans deux immenses salles d'esprit brasserie, avec vue panoramique sur le port et la plage. Savoureuse cuisine iodée.

à Pont-de-Briques 5 km par ④ – ✉ 62360

XXX **Hostellerie de la Rivière** avec ch 🛥 🚋 ❄ ch, ⁽ฅ⁾ P VISA ◐ AE ⑩
17 r. de la Gare – ℰ 03 21 32 22 81 – www.lhostelleriedelariviere.fr
– Fermé 16 août-1er sept., 10 janv.-4 fév., dim. soir, mardi midi et lundi
8 ch – †75/99 € ††99/119 € – �= 12 €
Rest – (30 € bc) Menu 35/59 € – Carte 63/86 €
♦ Retirée dans une impasse, cette demeure bourgeoise toute blanche abrite
une salle à manger cossue ; aux beaux jours, les tables investissent le jardin. Cuisine actuelle. Chambres sobrement décorées dans un style contemporain.
Accueil familial.

à Hesdin-l'Abbé 9 km par ④ et D 901 – 1 915 h. – alt. 50 m – ✉ 62360

🏨 **Cléry** ⌂ 🦮 ℔ க ch, ⁽ฅ⁾ 🚪 P VISA ◐ AE ⑩
r. du Château, au village – ℰ 03 21 83 19 83 – www.hotelclery-hesdin-labbe.com
25 ch – †158/320 € ††158/320 € – 2 suites – �= 16 € – ½ P 141/297 €
Rest – *(fermé sam. midi)* Menu 29 € (déj.), 35/50 € – Carte 38/74 €
♦ Castel du 18e s., son cottage et sa fermette, pour des chambres d'un élégant
classicisme. Agréable salon de lecture, parc fleuri et jardin potager. Plaisante
salle de restaurant et belle véranda grande ouverte sur le domaine boisé.

LE BOULOU – 66 Pyrénées-Orientales – **344** I7 – 5 066 h. – alt. 90 m **22 B3**
– Stat. therm. : mi fév.-fin nov. – Casino – ✉ 66160 ▯ Languedoc Roussillon
▶ Paris 869 – Argelès-sur-Mer 20 – Barcelona 169 – Céret 10
🛈 1, rue du Château ℰ 04 68 87 50 95

au Sud-Est 4,5 km par D 900, D 618 et rte secondaire – ✉ 66160 Le Boulou

🏨 **Relais des Chartreuses** ⌂ 🛥 🚋 ◢ க ch, ❄ rest, ⁽ฅ⁾ P VISA ◐
106 av. d'En-Carbouner – ℰ 04 68 83 15 88 – www.relais-des-chartreuses.fr
– Ouvert 2 mars-10 nov.
14 ch – †62/77 € ††62/77 € – 1 suite – �= 12 € – ½ P 68/115 €
Rest – *(fermé le midi)* Menu 33 €
♦ Édifié à flanc de colline, mas en pierre du 17e s. rénové avec goût par ses nouveaux propriétaires. Grandes chambres personnalisées. Espace bien-être et terrasse sous les arbres. Petite salle à manger où l'on sert une cuisine actuelle parfumée (menu unique).

à Vivès 5 km à l'Ouest par D 115 et D 73 – 159 h. – alt. 228 m – ✉ 66490

X **L'Hostalet de Vivès** avec ch ⌂ AK ❄ ch, VISA ◐
🦀 *r. de la Mairie – ℰ 04 68 83 05 52 – www.hostalet-vives.com*
– Fermé 10 janv.-27 fév., mardi hors saison et merc.
3 ch – †60/75 € ††60/95 € – �= 11 €
Rest – Menu 19 € (déj.)/30 € – Carte 27/60 €
♦ Ravissante maison en pierre du 12e s. ayant conservé son cachet d'antan. Service en costume traditionnel et "gargantuesques" plats catalans. Quelques chambres fonctionnelles.

BOURBACH-LE-BAS – 68 Haut-Rhin – **315** G10 – 625 h. – alt. 340 m — 1 A3
– ⊠ 68290

▶ Paris 451 – Altkirch 27 – Belfort 26 – Mulhouse 25

🍴 **A la Couronne d'Or** avec ch 🕭   🅿 VISA ☎ AE
9 r. Principale – ✆ 03 89 82 51 77 – *Fermé mardi soir et lundi*
7 ch – †43 € ††59 € – ⊏ 7 € – ½ P 53 €
Rest – Menu 10 € (déj. en sem.), 23/48 € – Carte 23/45 €
♦ Dans un village de la vallée de la Doller, cette maison abrite une grande salle rustique et une autre plus intime avec un poêle en faïence. Plats traditionnels. Chambres simples.

BOURBON-LANCY – 71 Saône-et-Loire – **320** C10 – 5 466 h. — 7 B3
– alt. 240 m – Stat. therm. : début avril-fin oct. – Casino – ⊠ 71140 ▌Bourgogne

▶ Paris 308 – Autun 62 – Mâcon 110 – Montceau-les-Mines 55

🅸 place d'Aligre ✆ 03 85 89 18 27

🄳 de Givalois Givallois, E : 3 km, ✆ 03 85 89 05 48

🔘 Maison de bois et tour de l'horloge ★.

🏠 **La Tourelle du Beffroi** sans rest   & ((ŋ)) VISA ☎
17 pl. de la Mairie – ✆ 03 85 89 39 20 – www.hotellatourelle.fr
8 ch – †55 € ††55 € – ⊏ 10 €
♦ Emplacement agréable, près des remparts de la vieille ville et à l'ombre du beffroi, pour ce petit établissement aux airs de pension de famille. Chambres parfois exiguës.

BOURBON-L'ARCHAMBAULT – 03 Allier – **326** F3 – 2 617 h. — 5 B1
– alt. 367 m – Stat. therm. : début mars-début nov. – Casino – ⊠ 03160 ▌Auvergne

▶ Paris 292 – Montluçon 53 – Moulins 24 – Nevers 54

🅸 1, place de l'Hotel de Ville ✆ 04 70 67 09 79

🔘 Nouveau parc ⩽★ - Château ⩽★.

🏨 **Grand Hôtel Montespan-Talleyrand**   🛋 ⊐ 🛗 ℅ rest, 🛁
pl. des Thermes – ✆ 04 70 67 00 24   VISA ☎ AE
– www.hotel-montespan.com – *Ouvert 2 avril-20 oct.*
42 ch – †64/66 € ††67/125 € – 2 suites – ⊏ 13 € – ½ P 66/84 €
Rest – (12 €) Menu 21/50 € – Carte 30/50 €
♦ Au cœur de la station thermale, trois demeures historiques (11ᵉ-18ᵉ s.) : Mme de Sévigné et Talleyrand y logèrent, la Montespan y mourut… Chambres spacieuses, aux décors de caractère ; jardin à la française. À table, tradition bourbonnaise, poutres et pierres.

BOURBONNE-LES-BAINS – 52 Haute-Marne – **313** O6 – 2 275 h. — 14 D3
– alt. 290 m – Stat. therm. : début mars-fin nov. – Casino – ⊠ 52400
▌Champagne Ardenne

▶ Paris 313 – Chaumont 55 – Dijon 124 – Langres 39

🅸 place des Bains ✆ 03 25 90 01 71

🏨 **Hérard**   ⊐ & ((ŋ)) VISA ☎
29 Grande-Rue – ✆ 03 25 90 13 33 – www.hotelbourbonne.com
17 ch – †45/70 € ††45/70 € – 2 suites – ⊏ 7 € – ½ P 48/75 €
Rest – (fermé lundi et mardi du 1ᵉʳdéc. au 31 janv.) (13 €) Menu 27/32 €
– Carte 15/25 €
♦ Dans une rue commerçante du centre-ville, un hôtel entièrement rénové en 2009. Les chambres, confortables, sont thématiques (Africaine, NY, Bio...) et un brin ludique. Cet établissement familial sert une restauration simple, de type brasserie.

🏠 **Orfeuil**   🛋 ⊐ 🛗 & ℅ rest, 🅿 VISA ☎
29 r. Orfeuil (près des Thermes) – ✆ 03 25 90 05 71 – *Ouvert 3 avril-22 oct.*
30 ch – †51/57 € ††55/70 € – ⊏ 9 € – ½ P 41/50 €
Rest – (fermé dim. soir et lundi) Menu 14/30 € – Carte 18/37 €
♦ Près des thermes, un établissement traditionnel avec son salon bourgeois, parfait pour les curistes. Chambres fonctionnelles équipées d'une kitchenette. Paisible jardin et sa belle piscine. Mobilier sixties et plantes vertes dans le lumineux restaurant.

X X Jeanne d'Arc avec ch

12 r. de l'Amiral-Pierre – ℰ 03 25 90 46 00 – www.hotel-rest-jda52.com – Fermé 27 nov.-1ᵉʳ fév., dim. soir et lundi

13 ch – ♦62 € ♦♦62 € – ☲ 9 € **Rest** – Menu 19 € – Carte 28/55 €

♦ Une bonne adresse pour manger à Bourbonne, car le chef sait mettre en valeur les produits du terroir. Le décor est classique, avec une petite cour intérieure pour l'été. Chambres simples et bien tenues.

LA BOURBOULE – 63 Puy-de-Dôme – 326 D9 – 2 049 h. – alt. 880 m   5 B2
– Stat. therm. : début février-début oct. – Casino **AZ** – ⌧ 63150 Auvergne

▶ Paris 469 – Aubusson 82 – Clermont-Ferrand 50 – Mauriac 71

🛈 place de la République ℰ 04 73 65 57 71

◉ Parc Fenêstre★ - Murat-le-Quaire : musée de la Toinette★ N : 2 km.

Le Parc des Fées

*107 quai Mar.-Fayolle – ℰ 04 73 81 01 77 – www.parcdesfees.com
– Fermé 30 oct.-20 déc.*   **AZx**

42 ch – ♦56/65 € ♦♦69/74 € – ☲ 12 € – ½ P 77/85 €

Rest – (14 €) Menu 18/55 € – Carte 35/42 €

♦ La moitié des chambres de cette bâtisse centenaire donne sur la Dordogne. Ampleur, décoration actuelle et confort sont au rendez-vous. Salle de jeux pour les enfants. Chaleureux restaurant où dominent les tons pastel et les miroirs. Carte traditionnelle.

Le Charlet

bd L.-Choussy – ℰ 04 73 81 33 00 – www.lecharlet.fr – Fermé 14 nov.-17 déc.

36 ch – ♦49/74 € ♦♦59/74 € – ☲ 9 € – ½ P 100/132 €   **AZg**

Rest – Menu 18/37 € – Carte 25/45 €

♦ Dans un quartier assez calme, cet hôtel propose des petites chambres fonctionnelles et des infrastructures sportives très complètes (piscine, fitness). Cuisine traditionnelle et régionale dans un cadre plutôt simple.

LA BOURBOULE

Alsace-Lorraine (Av.) . . . . **BY** 2
Clemenceau (Bd G.) . . . . . **ABY**
États-Unis (Av. des) . . . . **BY** 3
Féron (Quai) . . . . **BY**

Foch (Av. Mar.) . . . . **AY** 6
Gambetta (Quai) . . . . **AZ** 7
Guéneau-de-Mussy (Av.) . . . **AY** 8
Hôtel de Ville (Quai) . . . . . . **AY** 10
Jeanne-d'Arc (Quai) . . . . **BY** 12
Jet-d'eau (Square du) . . . . . **AY** 13
Joffre (Sq. du Mar.) . . . . **BY** 15

Lacoste (Pl. G.) . . . . **AY** 16
Libération (Q. de la) . . . . **AZ** 17
Mangin (Av. du Général) . . . . **AZ** 19
République
  (Pl. de la) . . . . **AZ** 21
Souvenir (Pl. du) . . . . **BY** 22
Victoire (Pl. de la) . . . . **AY** 23

Régina

🔲 ⅃𝟨 ⌷ ⁇ 𝐏 𝑉𝐼𝑆𝐴 ◯ 𝐀𝐄

48 av. Alsace-Lorraine – ℰ 04 73 81 09 22 – www.hotelregina-labourboule.com
– Fermé 5-29 janv.   **BYv**
20 ch – ♦58/80 € ♦♦65/100 € – ⌑ 8 € – ½ P 55/75 €
Rest – (16 €) Menu 18/31 € – Carte 28/46 €
◆ Une bâtisse du 19ᵉ s. sur les rives de la Dordogne. Chambres fonctionnelles et
bien équipées, piscine couverte et espace fitness. Deux salles à manger : l'une
de style Art déco (moulures et parquet anciens), l'autre plus moderne. Cuisine
traditionnelle.

Aviation

🔲 ⅃𝟨 ⌷ 𝒳 rest, ⁇ 𝖘𝖆 🚗 𝑉𝐼𝑆𝐴 ◯ 𝐀𝐄

r. de Metz – ℰ 04 73 81 32 32 – www.aviation.fr
– Fermé 25 sept.-17 déc.   **BZb**
43 ch – ♦53/63 € ♦♦53/63 € – ⌑ 8 € – ½ P 54/59 €
Rest – (13 €) Menu 16/30 € – Carte 21/32 €
◆ Cette maison du début du 20ᵉ s., à quelques pas du parc Fenestre, propose
des chambres bien tenues. Pour les loisirs : piscine, fitness, salle de jeux, billard...
Des plats classiques et des spécialités régionales sont servis dans une grande salle
à manger.

La Lauzeraie sans rest ⌂

🌿 🔲 ⅃𝟨 𝒳 ⁇ 𝐏

577 chemin de la Suchère – ℰ 04 73 81 15 70 – www.lalauzeraie.net – Fermé
15 oct.-28 déc.   **AZt**
4 ch ⌑ – ♦80/120 € ♦♦99/145 €
◆ Entourée d'un agréable jardin, cette maison au toit de lauze a du
charme : matériaux anciens, mobilier chiné et bassin à poissons ! Piscine couverte, fitness, hammam.

BOURDEILLES – 24 Dordogne – **329** E4 – **rattaché à Brantôme**

BOURG-ACHARD – 27 Eure – **304** E5 – 2 792 h. – alt. 124 m   **33** C2
– ✉ 27310 ▮ Normandie Vallée de la Seine

▶ Paris 141 – Bernay 39 – Évreux 62 – Le Havre 62

L'Amandier

𝑉𝐼𝑆𝐴 ◯ 𝐀𝐄

581 rte Rouen – ℰ 02 32 57 11 49 – Fermé 1ᵉʳ-10 août, 31 janv.-10 fév., dim.
soir, mardi et merc.
Rest – Menu 17 € (déj. en sem.), 28/48 € – Carte 50/70 €
◆ Au centre du village, agréable restaurant décoré dans un esprit sobrement
actuel (baies vitrées ouvrant sur le jardin). Accueil aimable et généreuse cuisine
au goût du jour.

BOURG-CHARENTE – 16 Charente – **324** I5 – **rattaché à Jarnac**

LE BOURG-DUN – 76 Seine-Maritime – **304** F2 – 455 h. – alt. 17 m   **33** C1
– ✉ 76740 ▮ Normandie Vallée de la Seine

▶ Paris 188 – Dieppe 20 – Fontaine-le-Dun 7 – Rouen 56
🛈 route de Dieppe ℰ 02 35 84 19 55
◉ Tour★ de l'église.

Auberge du Dun (Pierre Chrétien)

𝒳 𝐏 𝑉𝐼𝑆𝐴 ◯

3 rte de Dieppe, (face à l'église) – ℰ 02 35 83 05 84 – www.auberge-du-dun.fr
– Fermé 2-15 nov., 2-12 janv., merc. sauf le midi du 1ᵉʳ mars au 15 oct., dim. soir
et lundi
Rest – (prévenir le week-end) Menu 30 € (sem.), 50/89 € – Carte 70/95 €
Spéc. Foie gras chaud de canard caramélisé aux fruits de saison. Fricassée de sole
aux petits pois, persil frit "dessus" (avril à juin). Crêpes soufflées au calvados.
◆ Coquette auberge disposant de deux jolies salles à manger rustiques, séparées
du spectacle des cuisines par une baie vitrée. Recettes au goût du jour soignées.

BOURG-EN-BRESSE P – 01 Ain – **328** E3 – 40 156 h.   **44** B1
– Agglo. 101 016 h. – alt. 251 m – ⊠ 01000 ▌ Bourgogne

▶ Paris 424 – Annecy 113 – Genève 112 – Lyon 82

🏢 6, avenue Alsace Lorraine ℰ 04 74 22 49 40

🏌 de Bourg-en-Bresse Parc de Loisirs de Bouvent, par rte de Nantua : 2 km,
ℰ 04 74 24 65 17

◉ Église de Brou★★ (tombeaux★★★, stalles★★, jubé★★, vitraux★★,
chapelle et oratoires★★★, portail★) X B - Stalles★ de l'église Notre-Dame
Y - Musée du monastère★ X E.

Mercure
🚗 🛏 📶 🖕 ch, 🅰 📶, 🎽 rest, 🍽 🅿 🖧 VISA 🐈 AE ⓪
10 av. Bad-Kreuznach – ℰ 04 74 22 44 88 – www.mercure.com   Xe
60 ch – †85/106 € ††90/117 € – 😐 15 € – ½ P 73/83 €
Rest – (fermé sam. midi et dim. midi) Menu 20/39 € – Carte 29/49 €
• Ce Mercure propose plusieurs types de chambres ; toutes sont confortables et
bien équipées dans l'ensemble. Le restaurant, avec terrasse couverte et vue sur
un jardin, a adopté un style contemporain sans perdre son charme feutré. Cuisine
traditionnelle.

De France sans rest
📶 🅰 🍽 🖧 🖧 VISA 🐈 AE ⓪
19 pl. Bernard – ℰ 04 74 23 30 24 – www.grand-hoteldefrance.com
43 ch – †80/93 € ††91/105 € – 1 suite – 😐 13 €   Yr
• À deux pas de l'église Notre-Dame, des chambres spacieuses et plutôt jolies,
d'un style classique pimenté de couleurs. Hall restauré dans son esprit 1900
d'origine.

Ariane
🚗 🛏 🏊 📶 🖕 ch, 🅰 🍽 🖧 🅿 🖧 VISA 🐈 AE
bd Kennedy – ℰ 04 74 22 50 88 – www.hotel-ariane-bourg.com   Xs
40 ch – †80 € ††85 € – 😐 11 €
Rest – (fermé dim. et fériés) Menu 22/45 € – Carte 34/49 €
• Une construction des années 1980, toute proche du boulevard circulaire. Chambres aux tons chaleureux et colorés ; mobilier sobre et fonctionnel. Dans la salle à
manger ou sur la terrasse, on jouit d'une vue imprenable sur le jardin et la piscine.

Logis de Brou sans rest
🚗 📶 🍽 🖧 🅿 🖧 VISA 🐈 AE
132 bd de Brou – ℰ 04 74 22 11 55 – www.logisdebrou.net   Zk
30 ch – †65/75 € ††71/81 € – 😐 10 €
• Cet hôtel des années 1970 se refait peu à peu une jeunesse. Chambres avec balcon, colorées et aménagées dans divers styles. Jardin fleuri et bon petit-déjeuner.

L'Auberge Bressane
< 🍽 🅰 🅿 VISA 🐈 AE ⓪
166 bd de Brou – ℰ 04 74 22 22 68 – www.aubergebressane.fr – Fermé mardi
Rest – (23 €) Menu 29/71 € – Carte 65/85 € 🈺   Xf
• Table incontournable : cuisine qui fait la part belle aux spécialités régionales, beau
choix de bourgognes, collection de coqs et terrasse avec vue sur l'église de Brou.

La Reyssouze
🅰 VISA 🐈 AE
20 r. Ch.-Robin – ℰ 04 74 23 11 50 – Fermé 22 avril-3 mai, merc. soir, dim. soir et
lundi   Yn
Rest – Menu 25 € (déj. en sem.), 36/56 €
• Nouveau décor feutré et intime pour ce restaurant baptisé du nom de la rivière
toute proche. Généreuse cuisine des terroirs bressan et de la Dombes, préparée "à
l'ancienne".

Place Bernard
🍽 VISA 🐈 AE ⓪
19 pl. Bernard – ℰ 04 74 45 29 11 – www.georgesblanc.com – Fermé 1ᵉʳ-15 nov.
Rest – (15 €) Menu 19 € (déj.)/45 € – Carte 33/55 €   Yg
• Maison 1900 décorée façon bistrot chic : tons vifs, banquettes rouges, meubles
anciens et véranda rétro font de l'effet. La carte, personnalisée, honore les saveurs
régionales.

Le Français
🍽 🅰 ↔ VISA 🐈 AE
7 av. Alsace-Lorraine – ℰ 04 74 22 55 14 – www.brasserielefrancais.com
– Fermé 1ᵉʳ-23 août, 24 déc.-4 janv., sam. soir, dim. et fériés   Zr
Rest – Menu 25/56 € – Carte 34/78 €
• Depuis 1932, la même famille vous accueille dans cette institution locale au
cadre Belle Époque. Banc d'écailler, répertoire culinaire de type brasserie et tou-
ches bressannes.

BOURG-EN-BRESSE

Anciens Combattants
(Av. des) . . . . Z 3
Arsonval (Av. A. d') . . . . . X 4
Bad-Kreuznach (Av. de). . X 5
Basch (R. Victor) . . . . Z 6
Baudin (Av. A.) . . . . Z 7
Belges (Av. des) . . . . Y 9
Bernard (Pl.) . . . . Y 10
Bons Enfants (R. des) . . YZ 12
Bouveret (R.) . . . . Y 13
Champ-de-Foire (Av. du) . Y 14
Citadelle (R. de la) . . . . . X 15
Crêts (R. des) . . . . X 16
Debeney (R. Général) . . . Y 17
Europe (Car. de l') . . . . . X 19
Foch (R. Maréchal) . . . . . Z 20
Gambetta (R.) . . . . Z 21
Huchet (Bd E.) . . . . X 22
Jean-Jaurès (Av.) . . . X, Z 23
Joliot-Curie (Bd Irène) . . X 24
Juin (Av. Maréchal) . . . . . X 26
Lévrier (Bd A.) . . . . X 27
Lyon (Pont de) . . . . X 28
Mail (Av. du) . . . . X 30
Migonney (R. J.) . . . . Z 31
Morgon (R. J.) . . . . Z 32
Muscat (Av. A.) . . . . X 33
Neuve (Pl.) . . . . Y 34
Notre-Dame (R.) . . . . Y 35
Palais (R. du) . . . . Z 36
St-Nicolas (Bd) . . . . X 37
Samaritaine (R.) . . . . Z 38
Semard (Av. P.) . . . . X 40
Teynière (R.) . . . . Z 42
Valéry (Bd P.) . . . . X 43
Verdun (Cours de) . . . . . X 44
Victoire (Av. de la) . . . . . X 45
4-Septembre (R. du) . . . . Y 48
23e-R.I. (R. du) . . . . X 50

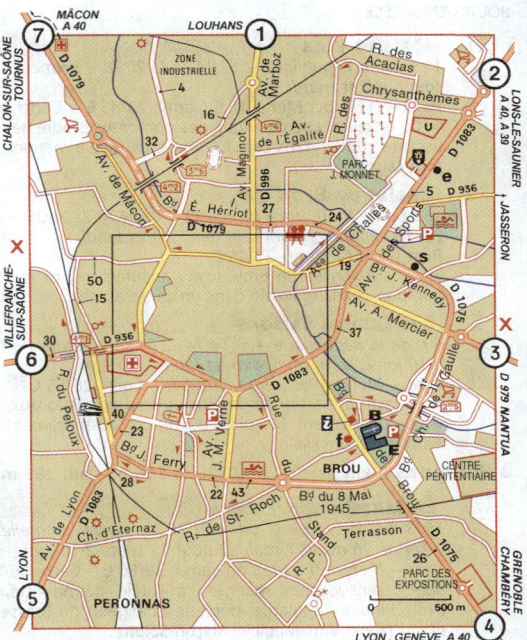

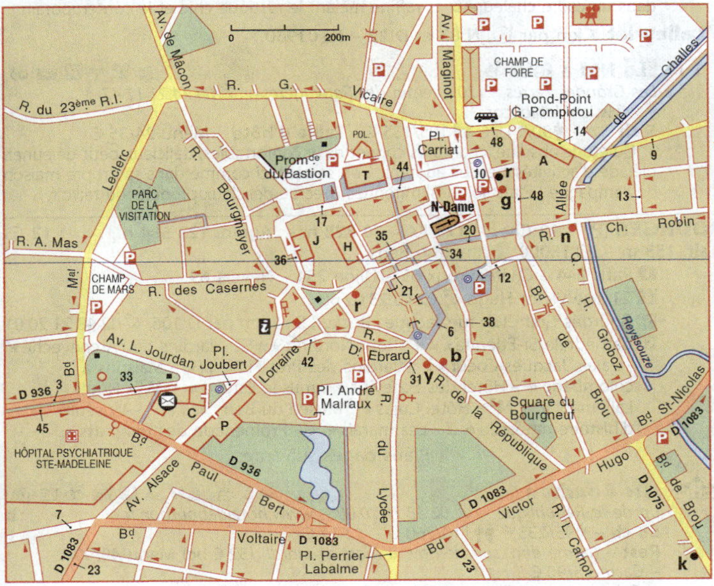

XX **Mets et Vins** ⓥⓈⒶ ⓌⓄ ⒶⒺ
😊 *11 r. de la République – ℰ 04 74 45 20 78 – Fermé 11-20 juil., 1ᵉʳ-10 janv., dim.*
soir, lundi et mardi **Zb**
🎐 **Rest** – (12 € bc) Menu 18 € (sem.), 23/45 € – Carte 26/47 €
♦ Ce restaurant se distingue des nombreuses adresses voisines grâce à son appétissante cuisine dans l'air du temps. La salle à manger se veut un brin rétro (tons
rose-saumon).

XX **Chalet de Brou** ⟨ 🏡 ⓥⓈⒶ ⓌⓄ ⒶⒺ
168 bd de Brou, (face à l'église) – ℰ 04 74 22 26 28 – Fermé 25 juin-2 juil.,
23 déc.-20 janv., jeudi soir, dim. soir et lundi **Xf**
Rest – (16 €) Menu 22/46 €
♦ Face à l'église de Brou, joyau architectural, ce restaurant familial perpétue la
tradition culinaire locale dans un cadre au charme désuet.

X **Les Quatre Saisons** ⓥⓈⒶ ⓌⓄ
😊 *6 r. de la République – ℰ 04 74 22 01 86 – Fermé 1ᵉʳ-10 mai, 15-30 août,*
2-10 janv., sam. midi, dim. et lundi **Zy**
🎐 **Rest** – Menu 19 € (sem.), 29/55 € – Carte 28/55 €🍷
♦ Le patron, passionné de vins et de produits locaux, vous mettra en appétit en
vous commentant ses plats du terroir, aussi joliment réinventés que généreux.
Ambiance conviviale.

à Péronnas 3 km par ⑤, D 1083 – 6 106 h. – alt. 281 m – ✉ 01960

XXX **La Marelle** (Didier Goiffon) 🚗 🏡 ⇔ Ⓟ ⓥⓈⒶ ⓌⓄ
🌼 *1593 av. de Lyon – ℰ 04 74 21 75 21 – www.lamarelle.fr*
– Fermé 26 avril-11 mai, 22 août-12 sept., 2-16 janv., dim. soir, mardi et merc.
Rest – Menu 29 € (déj. en sem.), 39/80 € – Carte 56/80 €🍷
Spéc. Saint-Jacques marinées à l'huile de noisette, sorbet au corail (oct. à
avril). Pintade, poularde, poulette et pigeon de Bresse. Poire tapée aux morilles
et vin jaune. **Vins** Manicle, Macon-Solutré.
♦ De la terre jusqu'au ciel, retrouvez à la Marelle une séduisante cuisine inventive
dans un cadre chaleureux et raffiné mêlant le rustique chic et le contemporain.

à Lalleyriat 7 km par ⑤, N 83 et D 22 – ✉ 01960

🏠 **Le Nid à Bibi** 🦢 🚗 📺 🛁 ℀ 🛜 Ⓟ ⓥⓈⒶ ⓌⓄ
Les Grandes Terres - 120 chemin des Sauvagères – ℰ 04 74 21 11 47
– www.lenidabibi.com
5 ch ⚏ – †90/115 € ††105/135 € **Table d'hôte** – Menu 24/35 €
♦ Quiétude absolue, chambres coquettes et confortables, délicieux petit-déjeuner,
pléiade d'activités, accueil adorable : on se sent ici comme dans sa propre maison
de campagne ! Plats soignés, mitonnés avec de délicieux produits du terroir.

BOURGES Ⓟ – 18 Cher – **323** K4 – 70 828 h. – Agglo. 123 584 h. **12** C3
– alt. 153 m – ✉ 18000 ▮ Limousin Berry
▶ Paris 244 – Châteauroux 65 – Dijon 254 – Nevers 69
🄸 21, rue Victor Hugo ℰ 02 48 23 02 60
🄸🄸 Bourges Golf Club rue Jacques Becker, S : 5 km par D 106, ℰ 02 48 21 20 01
🄾 Cathédrale St-Étienne★★★ : tour Nord ⟨★★ Z - Jardins de l'Archevêché★
- Palais Jacques-Cœur★★ - Jardins des Prés-Fichaux★ - Maisons à
colombage★ - Hôtel des Échevins★ : musée Estève★ Y M² - Hôtel
Lallemant★ Y M³ - Hôtel Cujas★ : Musée du Berry★ Y M¹ - Muséum
d'histoire naturelle★ Z - Les marais★ V - Promenade des remparts★.
Plans pages suivantes

🏨 **De Bourbon** 🖥 ৬ ch, 🄰🄲 🛜 🕯 Ⓟ ⓥⓈⒶ ⓌⓄ ⒶⒺ ⓄⒹ
bd de la République – ℰ 02 48 70 70 00 – www.hoteldebourbon.fr **Yb**
58 ch – †95/235 € ††110/260 € – ⚏ 17 €
Rest – (fermé dim. soir de nov. à mars et mardi) (32 € bc) Menu 49/90 €
– Carte 75/90 €🍷
♦ Près du centre-ville, cette abbaye du 17ᵉ s. abrite un hôtel très agréable, dont les
chambres sont fonctionnelles et confortables. L'ex-chapelle et son immense voûte :
un bel écrin alliant classique et contemporain pour une cuisine dans l'air du temps.

D'Angleterre sans rest

1 pl. des Quatre-Piliers – ☏ 02 48 24 68 51
– www.bestwestern-angleterre-bourges.com – Fermé 26 déc.- 2 janv.   **Yt**
31 ch ☞ – †98/148 € ††118/148 €

♦ Cet hôtel bénéficie non seulement d'un bel emplacement près du palais Jacques Cœur, mais aussi d'une complète cure de jouvence qui rend l'adresse très agréable et confortable.

Villa C sans rest

20 av. Henri-Laudier – ☏ 02 18 15 04 00 – www.hotelvillac.com   **Vb**
12 ch – †95/195 € ††115/195 € – ☞ 12 €

♦ À quelques pas de la gare, une belle demeure du 19e s. distillant une sobre élégance contemporaine... Joli salon feutré, quelques chambres avec terrasse.

BOURGES

Baffier (R. J.) . . . . **X** 3
Bérégovoy (Av. P.) . . . . **V** 6
Deux-Ponts (R. des) . . . . **V** 16
Dormoy (Av. M.) . . . . **V** 19
Farman (Rd-Pt H.) . . . . **X** 21

Foch (Bd du Mar.) . . . . **X** 23
Frères-Voisin (Av. des) . . . . **X** 25
Industrie (Bd de l') . . . . **X** 30
Joffre (Bd du Mar.) . . . . **X** 34
J.-J.-Rousseau (R.) . . . . **X** 33
Laudier (Av. H.) . . . . **V** 38
Liberté (Bd de la) . . . . **X** 41
Mitterrand (Av. F.) . . . . **X** 47

Orléans (Av. d') . . . . **V** 48
Pignoux (R. de) . . . . **X** 51
Près-le-Roi (Av. des) . . . . **X** 53
Prospective (Av. de la) . . . . **X** 56
Pyrotechnie (Pl. de la) . . . . **X** 57
Santos-Dumont (Bd) . . . . **X** 65
Sellier (R. H.) . . . . **X** 66
Semard (Av. P.) . . . . **X** 68

333

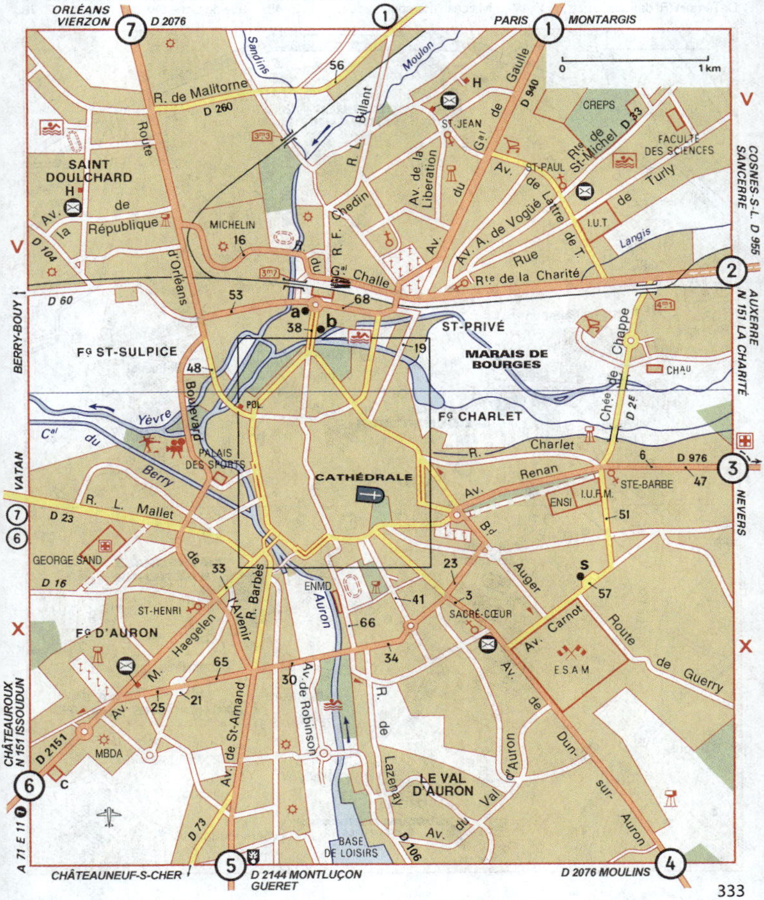

Le Christina sans rest

5 r. de la Halle
– ℰ 02 48 70 56 50
– www.le-christina.com **Zm**
71 ch – †50/75 € ††50/75 € – ☷ 8 €

♦ Près du centre-ville, face à la jolie halle au blé du 19ᵉ s. Les chambres sont fonctionnelles (mobilier simple), mais celles de catégorie supérieure ont été bien rénovées.

BOURGES

Armuriers (R. des)	Z	2
Auron (Bd d')	Z	
Barbès (R.)	Z	4
Beaux-Arts (R. des)	Y	5
Bourbonnoux (Prom.)	YZ	
Calvin (R.)	Y	7
Cambournac (R.)	Z	8
Champ-de-Foire (R. du)	Z	12
Commerce (R. du)	Y	13
Coursarlon (R.)	Y	
Cujas (Pl.)	Z	15
Dr-Témoin (R. du)	Y	17

Dormoy (Av. Marx)	Y	19
Équerre (R. de l')	Z	20
George-Sand (Escalier)	Z	27
Hémerettes (R. des)	Z	29
Jacobins (Cour des)	Z	31
Jacques-Coeur (R.)	Z	32
Jean-Jaurès (Av.)	Y	
Joyeuse (R.)	Y	35
Juranville (Pl.)	Z	36
J.-J. Rousseau (R.)	Z	33
Leblanc (R. N.)	YZ	40
Linières (R. de)	Z	42
Louis XI (Av.)	Z	43
Mallet (R. L.)	Z	44
Marceau (Rampe)	Z	45

Mirebeau (R.)	Y	
Moyenne (R.)	YZ	
Orléans (Av. d')	Y	48
Pelvoysin (R.)	Y	50
Poissonnerie (R. de la)	Y	52
Prinal (R. du)	Y	55
Rimbault (R. J.)	Z	61
Strasbourg (Bd de)	Z	71
Thaumassière		
(R. de la)	Y	72
Tory (R. G.)	Y	73
Victor-Hugo (R.)	Y	74
3-Maillets (R. des)	Z	75
4-Piliers (Pl. des)	Z	76
95e-de-Ligne (Av. du)	Z	78

Les Tilleuls sans rest   🔊 🌲 ᵹ 🄰🄲 📶 ⚕ 🅿 🆅🅸🆂🅰 ⦾ 🄰🄴

7 pl. Pyrotechnie – ℰ 02 48 20 49 04 – www.les-tilleuls.com   **Xs**

39 ch – †59/67 € ††67/74 € – � 8 €

◆ Dans les faubourgs, adresse familiale où règne la simplicité. Les chambres sont logées dans une maison de maître (19e s.) et une annexe moderne. Agréable petit jardin et piscine.

Le Berry   🛗 🄰🄲 📶 ⚕ 🆅🅸🆂🅰 ⦾ 🄰🄴 ⓘ

3 pl. du Gén.-Leclerc – ℰ 02 48 65 99 30 – www.le-berry.com   **Va**

64 ch – †63/80 € ††73/85 € – �⊏ 8,50 € – ½ P 82 €

Rest – (fermé 24 déc.-1er janv., sam. midi et dim.) Menu 16 € (déj.)
– Carte 25/40 €

◆ Face à la gare, un grand bâtiment moderne qui dissimule des chambres fraîches : couleurs vives, boiseries peintes et tableaux africains. Esprit ethnique et tour du monde des saveurs au restaurant.

Ibis   🔊 🛗 🄰🄲 📶 ⚕ 🆅🅸🆂🅰 ⦾ 🄰🄴 ⓘ

r. Jankélévitch, quartier Prado – ℰ 02 48 65 89 99 – www.ibishotel.com

86 ch – †59/83 € ††59/83 € – ⊏ 8 €   **Zv**

Rest – (dîner seult) Menu 19 € – Carte 21/28 €

◆ Les points forts de cet Ibis : son accueil, ses chambres bien tenues et sa bonne situation ; 10mn de marche suffisent pour gagner la cathédrale ou le palais. Bar, salon et restaurant.

Le Cèdre Bleu sans rest   🔊 🌿 📶

14 r. Voltaire – ℰ 02 48 25 07 37 – www.lecedrebleu.fr – Fermé 1er-23 août

3 ch ⊏ – †72 € ††80 €   **Yh**

◆ Perle rare en pleine ville : cette demeure bourgeoise de style Napoléon III, agrémentée d'un agréable jardin, dispose de chambres personnalisées à la tenue irréprochable.

Le d'Antan Sancerrois (Stéphane Rétif)   🄰🄲 🆅🅸🆂🅰 ⦾ 🄰🄴

🌸 50 r. Bourbonnoux – ℰ 02 48 65 96 26 – www.dantansancerrois.fr
– Fermé 2-23 août, 23 déc.-4 janv., dim., lundi et fériés   **Zn**

Rest – (34 €) Menu 56/85 € – Carte 54/65 €

Spéc. Homard décliné en trois recettes. Filet de colvert rôti, cuisse confite au miel et pommes rattes écrasées aux truffes (oct.-nov.). Croustillant chocolat au cœur fondant, crème anglaise Bourbon. **Vins** Menetou-Salon, Sancerre.

◆ Dans un cadre élégant (vieilles pierres, mobilier moderne et tons gris bleu), belle partition du chef qui signe une cuisine originale, aux saveurs franches et marquées.

Le Beauvoir   🄰🄲 🆅🅸🆂🅰 ⦾

1 av. Marx-Dormoy – ℰ 02 48 65 42 44 – www.restaurantlebeauvoir.com
– Fermé 2-23 août et dim. soir   **Ye**

Rest – Menu 14 € (sem.), 27/48 € – Carte 50/60 € 🕸

◆ Recettes actuelles et belle carte des vins à découvrir dans un intérieur contemporain, lumineux et aux tons chauds : une séduisante et sympathique adresse des faubourgs.

Le Bourbonnoux   🄰🄲 🆅🅸🆂🅰 ⦾

44 r. Bourbonnoux – ℰ 02 48 24 14 76 – www.bourbonnoux.com
– Fermé 15-22 avril, 16 août-5 sept., 3-12 mars, sam. midi, dim. soir et vend.   **Ya**

Rest – Menu 13 € (sem.), 19/32 € – Carte 25/43 €

◆ Coloris vifs et colombages composent le plaisant intérieur de ce restaurant situé dans une rue jalonnée de boutiques d'artisans. Accueil aimable. Cuisine classique actualisée.

La Prose   🆅🅸🆂🅰 ⦾ 🄰🄴

pl. Gordaine – ℰ 02 48 70 70 30 – www.restaurant-la-prose.com   **Yz**

Rest – (20 €) Menu 31 € (déj. en sem.), 35/44 € – Carte 35/44 €

◆ En centre-ville, agréable restaurant au cadre tendance (mobilier et éclairage design). La chef y propose une cuisine actuelle pleine de fraîcheur, avec un judicieux choix de vins.

LE BOURGET – 93 Seine-Saint-Denis – **305** F7 – **101** 17 – voir à Paris, Environs

BOURG-ET-COMIN – 02 Aisne – **306** D6 – 730 h. – alt. 55 m – ✉ 02160   **37** D2

▶ Paris 141 – Reims 40 – Château-Thierry 54 – Laon 25

🏠   **De la Vallée**   🛏 🈂 🍴 📶 👍 📖 🅿 **VISA** 🐾
♨   *6 r. d'Oeuilly – ℰ 03 23 25 81 58 – www.auberge-delavallee.com – Fermé janv.,*
mardi soir et merc.
10 ch – †45/55 € ††45/55 € – ☑ 8,50 € – ½ P 53/62 €
Rest – Menu 13 € bc (déj.), 17/38 € – Carte 28/57 €
♦ Sur le circuit-mémoire du Chemin des Dames. Les chambres, fonctionnelles et
bien tenues, ont bénéficié d'une récente cure de jouvence. Accueil chaleureux.
Cuisine traditionnelle.

LE BOURGET-DU-LAC – 73 Savoie – **333** I4 – 4 125 h. – alt. 240 m   **46** F2
– ✉ 73370 🟩 Alpes du Nord

▶ Paris 531 – Aix-les-Bains 10 – Annecy 44 – Belley 23
🛈 place Général Sevez ℰ 04 79 25 01 99
◎ Lac★★ - Église : frise sculptée★ du choeur.

🏨   **Ombremont** 🦢   ← 🎐 🍃 🏊 AK 🌳 🅿 **VISA** 🐾 AE ①
2 km au Nord par D 1504 – ℰ 04 79 25 00 23 – www.hotel-ombremont.com
– Fermé 15 nov.-4 déc., 3-23 janv., lundi et mardi de déc. à avril
15 ch – †140/320 € ††140/320 € – 2 suites – ☑ 22 € – ½ P 150/260 €
Rest *Le Bateau Ivre* – voir ci-après
♦ Dans un superbe parc arboré, vaste demeure de 1930 dont les chambres, au
décor soigné (style contemporain ou raffinement bourgeois), jouissent presque
toutes d'une vue magnifique. Piscine.

🍴🍴🍴   **Le Bateau Ivre** (Jean-Pierre Jacob) – Hôtel Ombremont   ← 🈂 🅿
❁❁   *2 km au Nord par D 1504 – ℰ 04 79 25 00 23*   **VISA** 🐾 AE ①
– www.hotel-ombremont.com – Fermé 16 nov.-4 déc., 6-22 janv., lundi sauf le soir
de mi-juin à mi-sept., mardi sauf le soir de mai à oct. et jeudi midi de mai à oct.
Rest – Menu 48/150 € – Carte 140/170 €
Spéc. Quenelles de brochet à l'émulsion d'écrevisses. Lavaret poché, baselle,
bouillon froid coco et cardamome. Chocolat mi-amer en mousse soufflée chaude,
sorbet. **Vins** Chignin-Bergeron, Roussette de Monterminod.
♦ Au Bateau Ivre, cap sur une belle cuisine classique réalisée avec des produits
du terroir et de saison ; lac et mont Revard à l'horizon !

🍴🍴🍴   **Auberge Lamartine** (Pierre Marin)   ← 🛏 🈂 ✿ 🅿 **VISA** 🐾 AE
❁   *3,5 km au Nord par D 1504 – ℰ 04 79 25 01 03 – www.lamartine-marin.com*
– Fermé 23 déc.-27 janv., lundi et mardi de sept. à juin et dim. soir sauf fériés
Rest – Menu 26 € (déj.), 43/83 € – Carte 67/95 €
Spéc. Lavaret du lac du Bourget mariné à cru au soja et huile de sésame, purée d'aubergine (été). Pigeon sur canapé d'abats, cuisse confite et petits légumes. Écume
tiède de chocolat guanaja, sorbet de saison. **Vins** Mondeuse, Chignin-Bergeron.
♦ Face au lac cher à Lamartine, on déguste une goûteuse cuisine du marché, tout
entière dévouée au produit ; le décor est chaleureux, l'accueil soigné... Ô temps,
suspends ton vol !

🍴🍴   **La Grange à Sel**   🛏 🈂 ♿ ✿ 🅿 **VISA** 🐾 AE ①
❁   *ℰ 04 79 25 02 66 – www.lagrangeasel.com – Fermé 2 janv.-11 fév., dim. soir et merc.*
Rest – Menu 27 € (déj. en sem.), 38/63 € – Carte 55/80 €🏵
Spéc. Cuisses de grenouille en persillade. Gibier (saison). Soufflé chaud à la Char-
treuse. **Vins** Chignin-Bergeron, Mondeuse.
♦ Pierres et poutres apparentes font le cachet de cette ancienne grange à sel du
17ᵉ s., bordée par un joli jardin où l'on s'attable aux beaux jours... Un chef de métier
y propose une cuisine bien maîtrisée et très savoureuse.

🍴🍴   **Beaurivage** avec ch   ← 🈂 🍴 ch, 📶 🅿 **VISA** 🐾 AE
1171 bd du Lac – ℰ 04 79 25 00 38 – www.beaurivage-bourget-du-lac.com
– Fermé 17 oct.-26 nov., merc. sauf juil.-août, dim. soir et jeudi
4 ch – †70 € ††70/72 € – ☑ 8 €
Rest – (21 €) Menu 25 € (déj. en sem.), 28/65 € – Carte 49/77 €
♦ Carte étoffée et inventive faisant la part belle aux produits régionaux et aux
poissons du lac. Belle terrasse ombragée. Les chambres, confortables, jouissent
d'une jolie vue.

336

aux Catons 2,5 km au Nord-Ouest par D 42 – ⊠ 73370

XX   **Atmosphères** (Alain Périllat-Mercerot) avec ch
83   *618 rte des Tournelles – ℰ 04 79 25 01 29*
www.atmospheres-hotel.com – Fermé 26 avril-12 mai, 18 oct.-11 nov., mardi et merc.
4 ch – †100/120 € ††100/120 € – ☲ 13 €
Rest – (25 €) Menu 42/75 € – Carte 62/72 €
Spéc. Brochet, consommé glacé de champignons, céleri et pomme. Lavaret du lac
du Bourget, cuisson basse température, millefeuille de vert et côtes de blette
(février à oct.). Carpaccio de figues, huile d'olive, fromage de chèvre glacé (sept.
à déc.). **Vins** Roussette de Savoie, Vin de pays d'Allobrogie.
♦ Atmosphère, Atmosphère... Ici, pas de canal St-Martin en vue, mais le lac pour
écrin somptueux de la cuisine du chef. Sans renier ses bases classiques, ce dernier réalise des plats créatifs, aux saveurs délicates. Chambres séduisantes, épurées et colorées.

BOURGOIN-JALLIEU – 38 Isère – **333** E4 – 23 659 h. – alt. 235 m   **44** B2
– ⊠ 38300 ▊ Lyon Drôme Ardèche
▶ Paris 503 – Bourg-en-Bresse 81 – Grenoble 66 – Lyon 43
🅸 1, place Carnot ℰ 04 74 93 47 50
🅱 des Trois Vallons à L'Isle-d'Abeau Le Rival, par rte de Lyon (D 1006) : 5 km,
ℰ 04 74 43 28 84

🏠   **Domaine des Séquoias**   rest,
54 Vie-de-Boussieu, 2,5 km à l'Est par D 1006 et rte de Boussieu
– ℰ 04 74 93 78 00 – www.domaine-sequoias.com
19 ch – †110/240 € ††110/240 € – ☲ 18 €
Rest – (fermé en août, 24 déc.-5 janv., mardi soir, mardi midi et lundi) (20 €)
Menu 30 € (déj. en sem.), 38/110 € – Carte 60/95 €
♦ Côté hôtel, vous aurez le choix entre les chambres classiques et spacieuses de
la Demeure, ou celles plus modernes et design de la Ferme. Côté restaurant, salle
mi-bourgeoise, mi-contemporaine, ouverte sur le parc arboré et la piscine ; fine
cuisine traditionnelle.

🏠   **Des Dauphins** sans rest
8 r. François-Berrier, 1,5 km à l'Ouest par D 312 – ℰ 04 74 93 00 58
– www.hoteldesdauphins.fr
20 ch – †55 € ††55/70 € – ☲ 8 €
♦ Maison bourgeoise (1910) et ses deux annexes, proposant des chambres agréables et bien tenues. Pour la détente : terrasse face au jardin où trône un beau
séquoïa, petit fitness.

à La Grive 4,5 km à l'Ouest par D 312 – ⊠ 38300 Bourgoin Jallieu

XX   **Bernard Lantelme**
D 312 – ℰ 04 74 28 19 12 – www.restaurantlantelme.com – Fermé
30 juil.-30 août, sam. midi et dim.
Rest – (18 €) Menu 22 € (sem.), 34/44 € – Carte 39/53 €
♦ Ferme du 19ᵉ s. transformée en restaurant. Les tableaux modernes qui égaient
la coquette salle à manger rustique forment un heureux contraste avec la cuisine
traditionnelle.

BOURG-ST-ANDÉOL – 07 Ardèche – **331** J7 – 7 390 h. – alt. 36 m   **44** B3
– ⊠ 07700 ▊ Lyon Drôme Ardèche
▶ Paris 640 – Aubenas 57 – Montélimar 26 – Orange 34
🅸 place du champs de Mars ℰ 04 75 54 54 20

🏠   **Le Clos des Oliviers**   rest,
😊   *pl. du Champ-de-Mars – ℰ 04 75 54 50 12 – www.closdesoliviers.fr*
– Fermé 23 déc.-3 janv., sam. et dim. d'oct. à mars
24 ch – †40/50 € ††50/60 € – ☲ 7 € – ½ P 44/48 €
Rest – (11 €) Menu 15 € (déj.)/27 € – Carte 23/30 €
♦ Sur la place principale du village, cette maison ancienne, bien rénovée, abrite
de petites chambres fonctionnelles et colorées. Celles de l'annexe sont plus calmes. Au restaurant, terrasse au milieu des oliviers et... saveurs du Sud.

BOURG-ST-MAURICE – 73 Savoie – **333** N4 – 7 634 h. – alt. 850 m **45** D2
– Sports d'hiver : voir aux Arcs – ⊠ 73700 ▮ Alpes du Nord

> ▶ Paris 635 – Albertville 54 – Aosta 79 – Chambéry 103
> ▮ 105, place de la Gare ✆ 04 79 07 12 57
> ▮ des Arcs Chalet des Villards, S : 20 km, ✆ 04 79 07 43 95
> ◩ Fresques★ de la chapelle St-Grat à Vulmix S : 4 km.

🏠 **L'Autantic** sans rest ⬦ ◁ 🖼 ♿ ⍨ 🖧 ℙ 🆅🅸🆂🅰 ◍ 🄰🄴
69 rte d'Hauteville – ✆ 04 79 07 01 70 – www.hotel-autantic.fr
29 ch – ♦40/130 € ♦♦40/130 € – ☲ 10 €
♦ Authentique, ce chalet en pierre et bois ! Chambres épurées, mêlant murs immaculés, bois et fer forgé (terrasse ou un balcon dans certaines). Agréable piscine couverte.

✗ **L'Arssiban** 🖼 🆅🅸🆂🅰 ◍ 🄰🄴
253 av. Antoine-Borrel – ✆ 04 79 07 77 35 – Fermé 19 juin-9 juil., 23 oct.-3 nov., lundi en juil.-août, merc. sauf juil.-août et dim. soir
Rest – (20 €) Menu 26/35 € – Carte 35/62 €
♦ Voûtes en pierre, carrelage ancien, tables en bois et arssiban (typique "banc-coffre" savoyard en pin) : un décor chaleureux pour une cuisine au goût du jour.

✗ **Le Montagnole** 🖼 🆅🅸🆂🅰 ◍
⊛ 26 av. du Stade – ✆ 04 79 07 11 52 – www.restaurantlemontagnole.com
– Fermé 10-27 mai, 15 nov.-8 déc. et mardi
Rest – (15 €) Menu 19/29 € – Carte 34/57 €
♦ Les propriétaires, tous deux artistes, exposent leurs œuvres picturales et poétiques dans la salle. Dans l'assiette, cuisine traditionnelle à base de produits frais.

BOURGUEIL – 37 Indre-et-Loire – **317** J5 – 3 923 h. – alt. 42 m **11** A2
– ⊠ 37140 ▮ Châteaux de la Loire

> ▶ Paris 281 – Angers 81 – Chinon 16 – Saumur 23
> ▮ 16, place de l'église ✆ 02 47 97 91 39

✗✗ **La Rose de Pindare** 🍽 ♿ ⍨ 🆅🅸🆂🅰 ◍ 🄰🄴 ⓪
⊛ 4 pl. Hublin – ✆ 02 47 97 70 50 – www.larosedepindare.com – Fermé 1er-10 fév. et merc.
Rest – Menu 18/38 € – Carte 27/50 €
♦ Anagramme de Pierre Ronsard, La Rose de Pindare offre un décor simple, blanc et fleuri avec ses poutres apparentes. La cuisine est plaisante, à base de produits frais.

✗ **Le Moulin Bleu** ◁ 🍽 🖼 ℙ 🆅🅸🆂🅰 ◍ 🄰🄴
⊛ 7 rte du Moulin-Bleu, 2 km au Nord par rte de Courléon – ✆ 02 47 97 73 13
– www.lemoulinbleu.com – Fermé de mi-déc. à fin fév., dim. soir, lundi soir, mardi soir et merc.
Rest – (15 €) Menu 19/37 € – Carte 34/43 €
♦ Ce Moulin Bleu est de style angevin (15e s.). Cuisine traditionnelle servie sous les voûtes ou en terrasse, face au vignoble. Évidemment, les vins de Bourgueil sont à l'honneur !

à Restigné 5 km à l'Est par D 35 – 1 162 h. – alt. 32 m – ⊠ 37140

🏠 **Manoir de Restigné** ⬦ 🖼 🍽 ⛲ ♿ ⍨ 🕻 🖧 ℙ 🆅🅸🆂🅰 ◍
❀ 15 rte de Tours – ✆ 02 47 97 00 06 – www.manoirderestigne.com – Fermé 15-25 nov. et 2 janv.-14 fév.
5 ch – ♦175 € ♦♦205 € – 4 suites – ☲ 20 €
Rest Le Chai – (fermé mardi sauf le soir de juin à sept. et lundi) Menu 27 € (déj. en sem.), 50/80 € – Carte 65/90 €
Spéc. Foie gras de canard en chaud-froid aux morilles et asperges vertes (printemps). Blanc de turbot sauvage poché, beurre fondu, amandes fraîches comme un risotto (saison). Cube croquant et onctueux au chocolat blanc, mangue pochée, sorbet passion (printemps). **Vins** Anjou blanc, Saint-Nicolas de Bourgueil.
♦ Au cœur des vignes, cette demeure des 17e et 18e s. a bénéficié d'une restauration d'un grand raffinement. Les chambres sont vastes, confortables... Dans l'ancien chai, on déguste une cuisine maîtrisée, gorgée de couleurs et de saveurs bien tranchées.

BOURGUIGNONS – 10 Aube – **313** G5 – rattaché à Bar-sur-Seine

BOURNEVILLE – 27 Eure – **304** D5 – 827 h. – alt. 124 m – ⌨ 27500   **32** B3

▶ Paris 155 – Le Havre 45 – Rouen 43 – Brionne 25

🛈 6, Grande Rue ✆ 02 32 57 32 23

✕ **Risle Seine**   🚗 VISA ⦿ AE

⊖ *5 pl. de la Mairie – ✆ 02 32 42 30 22 – www.risle-seine.com – Fermé vacances de la Toussaint, de fév., mardi soir et merc.*
Rest – (12 €) Menu 17/30 € – Carte 20/35 €
◆ Cette petite auberge située au centre du village abrite une salle rustique et une véranda de style plus actuel tournée sur la verdure. Cuisine traditionnelle mitonnée avec soin.

BOURRON-MARLOTTE – 77 Seine-et-Marne – **312** F5 – 2 858 h.   **19** C3
– alt. 71 m – ⌨ 77780

▶ Paris 72 – Fontainebleau 9 – Melun 26 – Montereau-Fault-Yonne 26

🛈 37, rue Mürger ✆ 01 64 45 88 86

✕✕✕ **Les Prémices**   🌳 **P** VISA ⦿ AE

Château de Bourron – ✆ 01 64 78 33 00 – www.restaurant-les-premices.com – Fermé 1er-15 août, vacances de Noël, dim. soir, lundi et mardi
Rest – Menu 33/75 € – Carte 60/80 €🌿
◆ Dans les dépendances du château de Bourron (fin 16e-début 17e s.), salle moderne et terrasse fleurie. Cuisine inventive fervente des produits exotiques ; belle carte de vins.

BOURTH – 27 Eure – **304** E9 – 1 200 h. – alt. 182 m – ⌨ 27580   **33** C2

▶ Paris 125 – L'Aigle 16 – Alençon 78 – Évreux 46

✕✕ **Auberge Chantecler**   🌳 🍴 VISA ⦿

⊖ *6 pl. de l'Église – ✆ 02 32 32 61 45 – Fermé dim. soir et lundi*
Rest – Menu 17 € (déj. en sem.), 27 € – Carte 33/51 €
◆ Cette auberge arbore une façade en briques chaulées recouverte de fleurs l'été. Deux salles à manger rustiques ; appétissante cuisine traditionnelle.

BOUSSAC – 23 Creuse – **325** K2 – 1 436 h. – alt. 376 m – ⌨ 23600   **25** C1
🟩 Limousin Berry

▶ Paris 333 – Aubusson 50 – La Châtre 37 – Guéret 41

🛈 place de l'Hôtel de Ville ✆ 05 55 65 05 95

👁 Site ★.

à Nouzerines 10 km au Nord-Ouest par D97 – 253 h. – alt. 407 m – ⌨ 23600

✕✕ **La Bonne Auberge** avec ch   🌳 🦽 rest, 🍴 VISA ⦿ AE

1 r. des Lilas – ✆ 05 55 82 01 18 – www.la-bonne-auberge.net – Fermé 1er-13 mars, 29 août-2 sept., 10-27 oct. et 20-28 fév.
6 ch – †55/70 € ††55/70 € – �a 9 €
Rest – (fermé dim. soir et lundi) (15 €) Menu 25/50 € – Carte 31/60 €
◆ Auberge traditionnelle aux volets verts. La salle à manger principale, lumineuse et coquette, propose une cuisine traditionnelle orientée terroir. Terrasse dans le jardin. Les chambres ont été rénovées en 2009.

BOUTIGNY-SUR-ESSONNE – 91 Essonne – **312** D5 – 3 075 h.   **18** B3
– alt. 61 m – ⌨ 91820

▶ Paris 58 – Corbeil-Essonnes 29 – Étampes 19 – Fontainebleau 29

🏠 **Domaine de Bélesbat** 🌿   ← 🐾 🌳 🏊 🖼 16 🎦 🏨 🦽 ch, 🍴 🍴

– ✆ 01 69 23 19 00 – www.belesbat.com – Fermé   🔊 **P** VISA ⦿ AE ⓞ
25 juil.-16 août, 24 déc.-2 janv., lundi et mardi
59 ch – †370/650 € ††370/650 € – 1 suite – ☓ 20 €
Rest L'Orangerie – ✆ 01 69 23 19 30 – Menu 29 € (déj.) – Carte environ 45 €
◆ Henri IV et Voltaire séjournèrent dans ce château des 15e et 18e s. Luxueuses chambres contemporaines ou classiques. Superbe parc traversé par un bras de l'Essonne et golf 18 trous. Cuisine actuelle à déguster à l'Orangerie, restaurant moderne au design épuré.

BOUZEL – 63 Puy-de-Dôme – **326** G8 – 665 h. – alt. 320 m – ⊠ 63910   **6** C2

▶ Paris 432 – Ambert 57 – Clermont-Ferrand 23 – Issoire 38

XX   **L'Auberge du Ver Luisant**   🌿 AC 🔁 VISA ⓒⓞ
2 r. Breuil – ℰ 04 73 62 93 83 – www.restaurantleverluisant.com
– Fermé 14-20 avril, 15 août-7 sept., 1er-8 janv., dim. soir, mardi soir, merc. soir,
jeudi soir et lundi
Rest – (15 €) Menu 25/48 € – Carte 40/50 €
◆ Cette sympathique maison de pays a su conserver tout le charme de la campagne. On y mange une cuisine traditionnelle soignée, de bons produits, variant au rythme des saisons.

BOUZE-LÈS-BEAUNE – 21 Côte-d'Or – **320** I7 – rattaché à Beaune

---

BOUZIGUES – 34 Hérault – **339** G8 – rattaché à Mèze

BOUZY – 51 Marne – **306** G8 – 960 h. – alt. 111 m – ⊠ 51150   **13** B2

▶ Paris 168 – Châlons-en-Champagne 29 – Épernay 21 – Reims 27

⌂   **Les Barbotines** sans rest 🌿   🚗 ⅙ 🌿 ⁽¹⁾ 🆑 **P** VISA ⓒⓞ
1 pl. A. Tritant – ℰ 03 26 57 07 31 – www.lesbarbotines.com – Fermé 1er-14 août
et 10 déc.-1er fév.
5 ch ⊇ – †72 € ††96 €
◆ La prestigieuse route du Champagne s'offre à votre curiosité depuis cette belle maison de vigneron du 19e s. Coquettes chambres garnies de meubles chinés chez les antiquaires.

BOZOULS – 12 Aveyron – **338** I4 – 2 723 h. – alt. 530 m – ⊠ 12340   **29** D1
🟩 Midi-Toulousain

▶ Paris 603 – Espalion 11 – Mende 94 – Rodez 22
🇮 7 bis, place de la Mairie ℰ 05 65 48 50 52
◉ Trou de Bozouls★.

🏰   **À la Route d'Argent**   🚗 🔟 ⅙ AC rest, ⁽¹⁾ 🆑 **P** 🚘 VISA ⓒⓞ
rte d'Espalion – ℰ 05 65 44 92 27 – www.laroutedargent.com – Fermé janv. et fév.
21 ch – †45/65 € ††45/65 € – ⊇ 9 € – ½ P 55/65 €
Rest – (fermé lundi sauf le soir de mi-juil. à mi-août et dim. soir hors saison)
Menu 19 € (sem.), 30/38 €
◆ Bâtisse hôtelière (fin 20e s.) vous logeant côté route ou bien côté piscine. Une annexe abrite six chambres neuves (même confort). Repas traditionnel selon le marché, dans un cadre actuel : panneaux en verre sablé, lumière tamisée, toiles modernes.

⌂   **Hameau des Brunes** sans rest 🌿   🚗 ⁽¹⁾ **P** VISA ⓒⓞ
hameau les Brunes, 5 km au Sud par D 920 et rte secondaire – ℰ 05 65 48 50 11
– www.lesbrunes.com
5 ch ⊇ – †102/145 € ††102/145 €
◆ Hébergement de charme en cette demeure du 18e s. avec tourelle. Mobilier ancien, petit-déjeuner (produits régionaux) près du cantou, jardin-verger et campagne pour toile de fond...

X   **Le Belvédère** (Guillaume Viala) avec ch   🌿 ⁽¹⁾ VISA ⓒⓞ
11 rte du Maquis Jean-Pierre, rte de St-Julien – ℰ 05 65 44 92 66
– www.belvedere-bozouls.com – Fermé 1er-18 mars, 14 nov.-14 déc., mardi midi
sauf juil.-août, dim. soir et lundi
10 ch – †55/65 € ††55/65 € – ⊇ 9 € – ½ P 50 €
Rest – (nombre de couverts limité, prévenir) Menu 20 € (déj. en sem.), 35/49 €
Spéc. Filet de truite fario d'Estaing juste saisi et cèpes bouchons (automne). Pigeonneau du Mont-Royal en deux cuissons. Rouleau garni de faisselle fermière au citron-gingembre, fraise mara des bois et glace sureau (printemps). **Vins** Vins de pays de l'Aveyron.
◆ Auberge en pierre surplombant un cirque naturel grandiose (le "Trou de Bozouls"). Arrivé en cuisine après un passage en fac, le jeune chef a visiblement trouvé sa voie : originale et pure, dominée par les légumes et les produits locaux. Accueil charmant. Chambres simples et bien tenues.

BRACIEUX – 41 Loir-et-Cher – 318 G6 – 1 265 h. – alt. 70 m – ⊠ 41250   11 B1
🟩 Châteaux de la Loire

▶ Paris 185 – Blois 19 – Montrichard 39 – Orléans 64

🛈 10 Les Jardins du Moulin ℰ 02 54 46 09 15

🏠 **L'Orée des Châteaux** sans rest   ⅍ ✆ 🅿 VISA ⑳

9 bis rte de Blois – ℰ 02 54 46 40 19 – www.oree-des-chateaux.com – Ouvert 2 mars-14 nov.

10 ch – †57 € ††68 € – ⚏ 8 €

◆ Ce petit hôtel familial ouvert en 2008 dispose de chambres lumineuses et pratiques. Une étape idéale sur la route des châteaux de la Loire.

🏠 **De la Bonnheure** sans rest   🚗 🅿 VISA ⑳ AE

9 bis r. R.-Masson – ℰ 02 54 46 41 57 – www.hoteldelabonnheur.com – Ouvert de mi-mars à début déc.

14 ch – †62 € ††62/90 € – 2 suites – ⚏ 9 €

◆ Des outils agricoles dans le jardin, des chambres rustiques, de bons petits-déjeuners et un patron aux petits soins avec les cyclistes et randonneurs : un vrai esprit auberge !

🍴 **Le Rendez-vous des Gourmets**   🌿 🅿 VISA ⑳ AE
😊

20 r. Roger-Brun – ℰ 02 54 46 03 87 – Fermé vacances de printemps, 23-31 août, vacances de la Toussaint, 23 déc.-20 janv., dim. soir sauf juil.-août, sam. midi et merc.

Rest – (16 €) Menu 20 € (sem.), 24/60 € – Carte 38/68 €

◆ Cette auberge familiale, située dans l'hôtel du Cygne, se révèle claire et lumineuse. Le chef travaille de beaux produits : gâteau de foie de volaille, marmite de poisson, etc.

BRAM – 11 Aude – 344 D3 – 3 156 h. – alt. 134 m – ⊠ 11150   22 A2
▶ Paris 749 – Carcassonne 24 – Castres 67 – Montpellier 173

au Nord rte de Castelnaudary : 4 km par D 4, N 6113 et rtre secondaire - ⊠ 11150 Bram

🏠 **Château de la Prade** 🌿   🌿 ⛱ ⅍ ch, ✆ 🅿 🚗 VISA ⑳

– ℰ 04 68 78 03 99 – www.chateaulaprade.eu – Ouvert de mi-mars à mi-nov.

4 ch ⚏ – †95/115 € ††95/115 €   **Table d'hôte** – Menu 24 €

◆ Maison bourgeoise de caractère en bordure du canal du Midi. Parc soigné avec arbres centenaires et piscine. Décoration classique et mobilier plaisant, sans luxe ostentatoire. Alléchant petit-déjeuner avec confitures maison servi au salon ou en terrasse.

BRANCION – 71 Saône-et-Loire – 320 I10 – rattaché à Tournus

LA BRANDE – 36 Indre – 323 H7 – rattaché à Montipouret

BRANNE – 33 Gironde – 335 J6 – 949 h. – alt. 10 m – ⊠ 33420   4 C1
▶ Paris 593 – Bordeaux 35 – Bergerac 57 – Libourne 13

🛈 29, rue Emmanuel Roy ℰ 05 57 74 90 24

🍴 **Le Caffé Cuisine**   🌿 AK VISA ⑳ AE

7 pl. du Marché , (au pont) – ℰ 05 57 24 19 67 – fermé dim. soir et lundi

Rest – (14 € bc) Carte 30/46 €

◆ À côté du pont jeté sur la Dordogne, restaurant convivial au cadre ancien modernisé avec brio. Service sans chichi et cuisine traditionnelle soignée valorisant les produits.

BRANSAC – 43 Haute-Loire – 331 G2 – rattaché à Beauzac

BRANTÔME – 24 Dordogne – 329 E3 – 2 112 h. – alt. 104 m – ⊠ 24310   4 C1
🟩 Périgord Quercy

▶ Paris 470 – Angoulême 58 – Limoges 83 – Nontron 23

🛈 boulevard Charlemagne ℰ 05 53 05 80 52

🟢 Clocher★★ de l'église abbatiale - Bords de la Dronne★★.

Le Moulin de l'Abbaye ⟨icons⟩

1 rte de Bourdeilles – ℰ *05 53 05 80 22* – *www.moulinabbaye.com*
– *Ouvert 1ᵉʳ avril-6 nov.*
19 ch – ♦150/550 € ♦♦150/550 € – ⬜ 22 € – ½ P 165/375 €
Rest – Menu 38 € (déj. en sem.), 58/85 € – Carte 51/102 €

◆ Ce ravissant moulin et sa maison de meunier révèlent un cadre romantique à souhait. Chambres personnalisées, bercées par le murmure d'une cascade. La terrasse au bord de l'eau et l'élégant restaurant (cuisine régionale) offrent une vue bucolique sur la Dronne.

Charbonnel ⟨icons⟩

57 r. Gambetta – ℰ *05 53 05 70 15* – *www.lesfrerescharbonnel.com* – *fermé 15 nov.-15 déc., dim. soir d'oct. à juin et lundi*
18 ch – ♦50/65 € ♦♦80/90 € – ⬜ 12 € – ½ P 77/90 €
Rest – (20 €) Menu 30 € (sem.), 46/66 € – Carte 44/70 €

◆ Une maison de tradition qui épouse pleinement son époque : les chambres, confortables et douillettes, se refont peu à peu une beauté. Recettes de toujours (lapin, escargots...) revisitées. Salle contemporaine et terrasse donnant sur la Dronne.

Moulin de Vigonac 🌿 ⟨icons⟩

– ℰ *05 53 05 87 59* – *www.moulindevigonac.com* – *Ouvert 15 mars-15 nov.*
10 ch – ♦120/270 € ♦♦120/270 € – ⬜ 15 €
Rest – (*dîner seult sauf week-ends et fériés*) (*nombre de couverts limité, prévenir*) Menu 45/65 € – Carte 55/100 €

◆ Esprit romantique en ce moulin du 16ᵉ s., bercé par la Dronne. La décoration actuelle, sans trahir le charme originel du lieu, lui apporte sérénité et confort. Parc, piscine. Agréable cuisine traditionnelle servie dans le cadre feutré du restaurant.

✗ Au Fil du Temps ⟨icons⟩

1 chemin du Vert Galand – ℰ *05 53 05 24 12* – *www.fildutemps.com*
Rest – (14 €) Carte 32/49 €

◆ On se délecte ici de savoureux plats du terroir et de viandes à la broche (rôtisserie). Au fil des saisons, on paresse sous le tilleul ou au coin du feu...

✗ Au Fil de l'Eau ⟨icons⟩

21 quai Bertin – ℰ *05 53 05 73 65* – *www.fildeleau.com* – *Ouvert d'avril à oct. et fermé merc. soir et jeudi du 1ᵉʳ avril au 1ᵉʳ juil.*
Rest – Menu 28/33 € – Carte 30/41 €

◆ Coquette guinguette où fritures et matelotes sont à l'honneur. Sous les saules pleureurs bordant la Dronne, on se rêve soudain pêcheur du dimanche, flânant au bord de l'eau.

✗ Les Saveurs ⟨icons⟩

6 r. Georges-Saumande – ℰ *05 53 05 54 23* – *www.restaurant-les-saveurs.com*
– *Fermé vacances de Toussaint, 2 sem. en janv., vacances de fév., dim. soir et mardi soir de nov. à mars et merc.*
Rest – (17 €) Menu 26/45 € – Carte 46/71 €

◆ Un intérieur sobre et chaleureux pour déguster une cuisine gourmande qui valorise le produit. À midi, profitez du menu "bistrot" concocté selon le marché et l'humeur du chef.

à **Champagnac de Belair** 6 km au Nord-Est par D 78 et D 83 – 738 h.
– alt. 135 m – ✉ 24530

Le Moulin du Roc (Alain Gardillou) 🌿 ⟨icons⟩

ℰ *05 53 02 86 00* – *www.moulinduroc.com* – *Ouvert 24 mars-20 nov.*
15 ch – ♦130/200 € ♦♦130/220 € – ⬜ 18 € – ½ P 153/198 €
Rest – (*fermé merc. midi et mardi*) Menu 45 € bc (déj. en sem.)/70 € – Carte 70/90 €
Spéc. Émulsion de lard fumé, foie gras poché, feuilles de chou et pousses de salades. Pavé de bar, girolles et lentilles vertes, bouillon de céleri branche et truffes d'été (juin à sept.). Tarte soufflée au citron vert, fraises du Périgord et sorbet citron (avril à oct.). **Vins** Bergerac, Pécharmant.

◆ Le lieu est magique : un luxueux moulin à huile sur la Dronne, entouré de verdure. Les chambres sont superbes et l'on se perd dans un dédale d'escaliers ou dans le jardin au fil de l'eau. Au restaurant, le chef revisite le terroir avec délicatesse ; sa belle cuisine est mise en valeur par la beauté du cadre.

à Bourdeilles 10 km au Sud-Ouest par D 78 – 782 h. – alt. 103 m – ⊠ 24310

🖼 place des Tilleuls ✆ 05 53 03 42 96

🔲 Château★ : mobilier★★, cheminée★★ de la salle à manger.

🏨 **Hostellerie Les Griffons** ⪉ 🕭 🏊 ❄ rest, **P** 𝗩𝗜𝗦𝗔 ⚈

Le Pont – ✆ 05 53 45 45 35 – www.griffons.fr – Ouvert 16 avril-1er nov.
10 ch – ✝90/112 € ✝✝90/112 € – ⊑ 12 € – ½ P 88/99 €
Rest – (fermé le midi sauf dim. et fériés) Menu 35/56 €
◆ Charme des belles poutres et des vieilles pierres, vue sur la Dronne : au pied
du château, cette maison bourgeoise du 17e s. cultive élégamment un certain
romantisme rural. Cadre cossu pour une cuisine au goût du jour. Véranda donnant
sur la rivière et jardin.

BRAS – 83 Var – **340** K5 – 1 996 h. – alt. 280 m – ⊠ 83149   **41** C3

▶ Paris 814 – Aix-en-Provence 55 – Marseille 62 – Toulon 61
🖼 place du 14 juillet ✆ 04 94 69 98 26

⌂ **Une Campagne en Provence** 🌿   🛁 🕭 🏊 ❄ ch, 📞 **P** 𝗩𝗜𝗦𝗔 ⚈ 𝗔𝗘

Domaine Le Peyrourier, 3 km au Sud-Ouest par D 28 et rte secondaire
– ✆ 04 98 05 10 20 – www.provence4u.com – Ouvert avril-nov.
5 ch ⊑ – ✝92/136 € ✝✝92/136 €   **Table d'hôte** – Menu 30 € bc/36 € bc
◆ Idéale pour une retraite au plus près de la nature, cette ancienne ferme des
Templiers (remontant au 12e s.) se dresse parmi les prairies et les vignes. Chaleureux et charmant décor provençal. À la table d'hôte, cuisine régionale et vins de
la propriété.

BRAX – 47 Lot-et-Garonne – **336** F4 – rattaché à Agen

BRAY-ET-LU – 95 Val-d'Oise – **305** A6 – **106** – 911 h. – alt. 28 m   **18** A1
– ⊠ 95710

▶ Paris 70 – Rouen 61 – Gisors 26 – Pontoise 36

💥💥 **Les Jardins d'Epicure** avec ch 🌿   🔊 🕭 🔲 ⅋ ch, ❄ 📞 🛆 **P**
🕸   𝗩𝗜𝗦𝗔 ⚈ 𝗔𝗘
16 Grande-Rue – ✆ 01 34 67 75 87
www.lesjardinsdepicure.com – Fermé 2 janv.-10 fév., dim. soir, mardi midi et lundi
18 ch – ✝110/250 € ✝✝110/250 € – ⊑ 15 €
Rest – (28 €) Menu 39/105 € – Carte 68/101 €🍴
Spéc. Queue de grosse langoustine, potager de légumes (été). Poitrine de pigeon
servie rosée, ratatouille au basilic (été). Dôme au chocolat, cœur pistache et biscuit moelleux.
◆ Dans un parc traversé par une rivière, deux maisons de maître du 19e s. et
d'anciennes écuries : un trio de charme abritant des chambres de caractère. Au
restaurant, le jeune chef démontre une grande maîtrise dans le travail de beaux
produits, et une inventivité qui touche juste ; salle cossue face à la piscine.

BREBIÈRES – 62 Pas-de-Calais – **301** L5 – rattaché à Douai

LA BRÈDE – 33 Gironde – **335** H6 – 3 601 h. – alt. 18 m – ⊠ 33650   **3** B2

▶ Paris 584 – Agen 123 – Bordeaux 24 – Mont-de-Marsan 112
🖼 3, place Marcel Vayssière ✆ 05 56 78 47 72

💥💥 **La Table de Montesquieu** 🕭 𝗔𝗖 ❄ ⇆ 𝗩𝗜𝗦𝗔 ⚈ 𝗔𝗘
🕸 pl. St-Jean d'Etampes, (derrière l'église) – ✆ 05 56 78 52 91
– www.latabledemontesquieu.fr – Fermé 17-25 avril, 15 août-1er sept.,
20 déc.-4 janv., dim. et lundi
Rest – Menu 50/68 €🍴
Spéc. Sardines océanes farcies aux huit saveurs (mai à oct.). Pigeonneau laqué aux
épices marocaines et foie gras grillé. Notre vision de la barre chocolatée. **Vins** Graves.
◆ Sur la place du village, dans l'ancienne école communale (1890), un décor
contemporain où faire l'expérience d'une cuisine ludique et aventureuse juste
comme il faut, à base de bons produits du terroir girondin.

BRÉHAT (ÎLE-DE) – 22 Côtes-d'Armor – **309** D1 – voir à Île-de-Bréhat

BRÉLÈS – 29 Finistère – **308** C4 – 792 h. – alt. 52 m – ✉ 29810   **9** A1
▶ Paris 616 – Brest 25 – Quimper 99 – Rennes 264

⌂ **Auberge de Bel Air** 🚗 🍴 📶 **P**
rte de Lanildut – ℰ *02 98 04 36 01 – www.aubergedebelair.ovh.org – Fermé 28 sept.-10 oct. et 5-31 janv.*
3 ch – ❶56/65 € ❶❶56/65 € – ☕ 8 €
Table d'hôte – *(fermé mardi soir et merc. soir hors vacances scolaires, dim. soir et lundi)* Menu 22/54 €
♦ Au bord de l'aber Ildut, dans un site verdoyant, vieille ferme en granit donnant sur un grand jardin et son étang. Coquettes chambres de bon confort ; terrasse côté rivière. Cadre rustique et menu du marché sur mesure à la table d'hôte.

BRÉLIDY – 22 Côtes-d'Armor – **309** C3 – 309 h. – alt. 100 m – ✉ 22140   **9** B1
▶ Paris 503 – Lannion 27 – Rennes 151 – St-Brieuc 55

🏠 **Château de Brélidy** ⤵   🔥 🔲 🍴 rest, 🐾 **P** 🚗 **VISA** ⚫⚫
– ℰ *02 96 95 69 38 – www.chateau-brelidy.com*
– Ouvert de début avril à mi-déc.
14 ch – ❶85/99 € ❶❶105/173 € – ☕ 13 € – ½ P 103/149 €
Rest – *(dîner seult)* Menu 32/66 € bc – Carte 32/38 €
♦ Difficile de résister aux attraits de ce château du 16ᵉ s. : petites chambres personnalisées, salons cossus, salle à manger rustique, parc (parcours de pêche en rivière).

LA BRESSE – 88 Vosges – **314** J4 – 4 728 h. – alt. 636 m – Sports   **27** C3
d'hiver : 650/1 350 m ⚡31 ⚡ – ✉ 88250 ▮ Alsace Lorraine
▶ Paris 437 – Colmar 52 – Épinal 52 – Gérardmer 13
🏢 2a, rue des Proyes ℰ 03 29 25 41 29

🏠 **Les Vallées** 🔥 🍴 🔲 🍴 📶 🐾 ch, 🐾 🏊 **P** 🚗 **VISA** ⚫⚫ **AE** ⓪
31 r. Paul Claudel – ℰ *03 29 25 41 39 – www.labellemontagne.com*
56 ch – ❶53/76 € ❶❶56/102 € – ☕ 12 € – ½ P 54/85 €
Rest – *(14 €)* Menu 25 € (déj.)/55 € – Carte 33/57 € le soir
♦ Chambres fonctionnelles de tailles variées, équipements complets pour séminaires et installations de loisirs : cet imposant complexe hôtelier est fréquenté hiver comme été. Haute charpente en bois blond, grandes baies vitrées et plats régionaux au restaurant.

✗ **La Table d'Angèle** 🍴 🐾 🍴 **P** **VISA** ⚫⚫
30 Grande Rue – ℰ *03 29 25 41 97 – www.resto.fr/latabledangele – Fermé 19-30 juin, 20-30 nov., lundi et mardi sauf vacances scolaires*
Rest – *(13 €)* Menu 25/35 € – Carte 36/52 €
♦ Petits appétits s'abstenir : les portions sont gargantuesques ! Ce bistrot contemporain, tenu par une famille sympathique, explore le terroir avec générosité.

au Sud 3 km, rte de Cornimont par D 486 – ✉ 88250 La Bresse

✗✗ **Le Clos des Hortensias** ⟳ **P** **VISA** ⚫⚫
🍃 *51 rte de Cornimont –* ℰ *03 29 25 41 08 – Fermé 6-22 nov., dim. soir, merc. soir,*
😊 *lundi et soir fériés*
Rest – *(prévenir)* Menu 16 € (sem.), 21/40 €
♦ Élégance bourgeoise, appétissants petits plats traditionnels et accueil tout sourire : on oublie vite la façade un brin désuète de ce restaurant !

BRESSIEUX – 38 Isère – **333** E6 – 83 h. – alt. 510 m – ✉ 38870   **43** E2
▶ Paris 533 – Grenoble 50 – Lyon 76 – Valence 73

✗ **Auberge du Château** ⟨ 🐾 **P** **VISA** ⚫⚫
– ℰ *04 74 20 91 01 – www.aubergedebressieux.fr – Fermé 24 oct.-3 nov.,*
15 fév.-6 mars, dim. soir hors saison, mardi et merc.
Rest – *(20 €)* Menu 28/58 € – Carte 40/64 €
♦ Au faîte d'un vieux village perché, accueillante maison ancienne bien restaurée. La terrasse ombragée offre un beau point de vue sur la vallée et les monts du Lyonnais.

BRESSON – 38 Isère – **333** H7 – rattaché à Grenoble

BRESSUIRE – 79 Deux-Sèvres – **322** D3 – 18 225 h. – alt. 186 m   **38** B1
– ⊠ 79300 ▮ Poitou Vendée Charentes
- ▶ Paris 364 – Angers 84 – Cholet 45 – Niort 64
- ▮ place de l'Hotel de Ville ✆ 05 49 65 10 27

🏠   **Les 3 Marchands**   🍽 ⅋ ⒱ **P** 🆅🅸🆂🅰 ⊙⊙
&   *les Sicaudières, 2 km par rte de Nantes –* ✆ *05 49 65 01 19*
– www.hotel-restaurant-bressuire.com – Fermé 1ᵉʳ-15 août
21 ch – ♦49 € ♦♦60 € – ☲ 8 € – ½ P 51/56 €
Rest – *(fermé vend. soir de mi-sept. à mi-mai, sam. midi et dim. soir)* Menu 13 €
(déj. en sem.), 18/35 € – Carte 24/49 €
♦ Sur la route de Nantes, adresse familiale et sérieuse qui se révèle pratique pour
l'étape entre le Puy du Fou et le Futuroscope. Chambres fonctionnelles ; préférez
les plus récentes. Cuisine traditionnelle, avec la viande de bœuf à l'honneur.

Il fait beau ? Savourez le plaisir de manger en terrasse : 🍽

BREST – 29 Finistère – **308** E4 – 144 548 h. – Agglo. 210 055 h.   **9** A2
– alt. 35 m – ⊠ 29200 ▮ Bretagne
- ▶ Paris 596 – Lorient 133 – Quimper 72 – Rennes 246
- ✈ de Brest-Bretagne ✆ 02 98 32 86 00, 10 km au NE
- ▮ Place de la Liberté ✆ 02 98 44 24 96
- ▦ de Brest les Abers à Plouarzel Kerhoaden, NE : 24 km par D 5,
  ✆ 02 98 89 68 33
- ◉ Océanopolis ★★★ - Cours Dajot ⩥★★ - Traversée de la rade★ - Arsenal et
  base navale ★ DZ - Musée des Beaux-Arts★ EZ **M¹** - Musée de la Marine★
  DZ **M²** - Conservatoire botanique du vallon du Stang-Alar★.
- ◪ Les Abers ★★

Plans pages suivantes

🏨   **Océania**   🛎 ⅋ rest. ⒱ 🆂🅰 🆅🅸🆂🅰 ⊙⊙ 🅰🅴 ⓪
82 r. de Siam – ✆ *02 98 80 66 66 – www.oceaniahotels.com*   **EYr**
82 ch – ♦85/165 € ♦♦85/165 € – ☲ 14 €
Rest *Nautilus* –   ✆ *02 98 80 90 67* – Menu 20 € (sem.) – Carte 28/39 €
♦ Ce confortable hôtel refait de pied en cap, est situé rue de Siam, évoquée dans
un célèbre poème de J. Prévert (Barbara). Chambres dans l'air du temps, parfaitement insonorisées. Cuisine actuelle axée plats à la plancha, servie dans le cadre
moderne du Nautilus.

🏨   **L'Amirauté**   🛎 🅰🅲 ⅋ rest. ⒱ 🆂🅰 🔊 🆅🅸🆂🅰 ⊙⊙ 🅰🅴 ⓪
41 r. Branda – ✆ *02 98 80 84 00 – www.oceaniahotels.com*   **BXt**
84 ch – ♦79/135 € ♦♦79/135 € – ☲ 14 €
Rest – *(fermé 14 juil.-28 août, 26 déc.-1ᵉʳ janv., sam., dim. et fériés)* (18 €)
Menu 22 € (déj.), 29/39 €
♦ Hôtel d'architecture récente aux lignes élégantes, disposant de chambres de
bonne ampleur, bien insonorisées et garnies d'un mobilier fonctionnel. Restaurant
agencé à la façon d'une brasserie où l'on sert une cuisine au goût du jour (produits du terroir).

🏨   **La Paix**   🛎 ⅋ ⒱ 🆅🅸🆂🅰 ⊙⊙ 🅰🅴 ⓪
&   *32 r. Algésiras –* ✆ *02 98 80 12 97 – www.hoteldelapaix-brest.com*
– Fermé 23 déc.-2 janv.   **EYy**
29 ch – ♦49/130 € ♦♦59/130 € – ☲ 11 €
Rest *Square* – (14 €) Menu 17 € (déj.)/29 € – Carte 27/43 €
♦ Hôtel du centre-ville rénové dans un style moderne épuré. Belles chambres
d'esprit contemporain, bien équipées et insonorisées. Copieux buffet au petit-
déjeuner. Restaurant lounge au sous-sol servant une cuisine au goût du jour.

BREST

Aiguillon (R. d') . . . . **EZ**
Albert-1er (Pl.) . . . . **BZ**
Algésiras (R. d') . . . . **EY** 2
Anatole-France (R.) . . . . **AX**
Beaumanoir (R.) . . . . **AX** 3

Blum (Bd Léon) . . . . **BV**
Botrel (R. Th.) . . . . **BV**
Bot (R. du) . . . . **CV**
Le Bris (R. J.-M.) . . . . **EZ**
Brossolette (R. Pierre) . . . . **DZ**
Bruat (R.) . . . . **BX**
Caffarelli (Porte) . . . . **AX**

Château (R. du) . . . . **EYZ**
Clemenceau (Av. G.) . . . . . . **EY**
Colbert (R.) . . . . **EY** 5
Collet (R. Yves) . . . . **BX**
Corniche (Rte de la) . . . . **AX**
Dajot (Cours) . . . . **EZ**
Denvers (R.) . . . . **EZ**

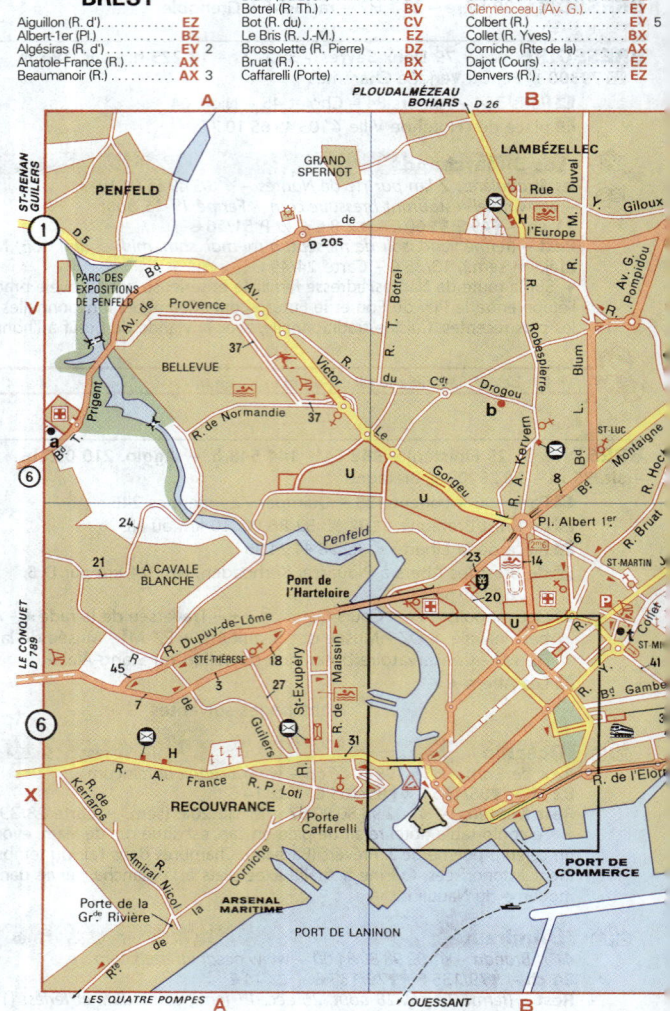

🏠 **De la Rade** sans rest   🖥 🛜 🅥🅘🅢🅐 ⓾ 🅐🅔

6 r. de Siam – 🕿 02 98 44 47 76 – www.hoteldelarade.com   **DZf**
48 ch – 🛏63 € – 🛏🛏68 € – ⚆ 7,50 €

◆ À proximité du château et du pont de Recouvrance, cet hôtel totalement remis à neuf abrite des chambres tendance, élégantes et claires, très bien tenues.

🏠 **Du Questel** sans rest   🖥 ♿ 🛜 🅿 🅥🅘🅢🅐 ⓾ 🅐🅔 ⓞ

120 r. F.-Thomas – 🕿 02 98 45 99 20 – www.hotel-du-questel.fr
– Fermé 26 déc.-2 janv.   **AVa**
36 ch – 🛏45/55 € – 🛏🛏60/62 € – ⚆ 8 €

◆ Un hôtel flambant neuf très pratique : proximité de la rocade Nord (mais au calme), chambres fonctionnelles bien tenues, prix tout doux et, sur demande, petit service snack.

Desmoulins (Av. C.) . . . . **BX** 6
Dr-Kerrien (R. du) . . . . **AX** 7
Doumer (R. Paul) . . . . **BV** 8
Dourjacq (Rte du) . . . . **CV**
Drogou (R. Com.) . . . . **BV**
Dupuy-de-Lôme (R.) . . . . **AX**
Duquesne (R.) . . . . **EY**

Duval (R. Marcellin) . . . . **BV**
Eau-Blanche (R. de l') . . . . **CV**
Elorn (R. de l') . . . . **BX**
Europe (Bd de l') . . . . **ACV**
Ferry (R. J.) . . . . **BCX** 12
Foch (Av. Mar.) . . . . **BX** 14
Forestou (Pont du) . . . . **CX** 15
Français-Libres (Bd des) . . . . **DZ** 16
Frégate-La-Belle-Poule (R. de la) . . . . **EZ** 17
Gallieni (R. du Mar.) . . . . **AX** 18
Gambetta (Bd) . . . . **BX**
Le Gorgeu (Av. Victor) . . . . **AV**
Gouesnou (Rte de) . . . . **CV**
Grande-Rivière (Porte de la) . . . . **AX**
Guilers (R. de) . . . . **AX**
Harteloire (Pt. de l') . . . . **AX**
Harteloire (R. de l') . . . . **AX** 20
Hoche (R.) . . . . **BV**
Jean-Jaurès (R.) . . . . **EY**
Kent (R. de) . . . . **AX** 21
Kérabécam (R. de) . . . . **EY** 22
Kérraros (R. de) . . . . **AX**
Kervern (R. Auguste) . . . . **BV**
Kiel (Av. de) . . . . **CX**
Lamotte-Picquet (R.) . . . . **BX** 23
Lesven (R. Jules) . . . . **BCV**
Libération (Av. de la) . . . . **AX** 24
Liberté (Pl. de la) . . . . **EY**
Loti (R. Pierre) . . . . **AX**
Louppe (R. Albert) . . . . **CV**
Lyon (R. de) . . . . **DEY**
Macé (R. Jean) . . . . **EZ**
Maissin (R. de) . . . . **AX**
Marine (Bd de la) . . . . **DZ** 25
Michelet (R.) . . . . **DV**
Montaigne (Bd) . . . . **DV**
Mouchotte (Bd Cdt) . . . . **AX** 27
Moulin (Bd Jean) . . . . **DY**
Nicol (R. de l'Amiral) . . . . **AV**
Normandie (R. de) . . . . **CV**
Paris (R. de) . . . . **CV**
Pompidou (R. G.) . . . . **BV**
Porte (R. de la) . . . . **AX** 31
Prigent (Bd T.) . . . . **AV**
Provence (Av. de) . . . . **AV**
Quimper (Rte de) . . . . **CV**
Recouvrance (Pt de) . . . . **DZ**
Réveillère (Av. Amiral) . . . . **EY** 33
Richelieu (R.) . . . . **CX**
Robespierre (R.) . . . . **BY**
Roosevelt (Av. Fr.) . . . . **DZ** 34
Saint-Exupéry (R.) . . . . **AX**
St-Marc (R.) . . . . **CX**
Salaün-Penquer (Av.) . . . . **EZ**
Sébastopol (R.) . . . . **CX** 35
Semard (R. Pierre) . . . . **CX**
Siam (R. de) . . . . **EY**
Strasbourg (Pl. de) . . . . **CV**
Tarente (Av. de) . . . . **AV** 37
Tourbihan (R. de) . . . . **DZ** 38
Tourville (Porte) . . . . **CX**
Tritshler (R. du) . . . . **CX**
Troude (R. Amiral) . . . . **BX** 39
Valmy (R. de) . . . . **CX** 40
Verdun (R. de) . . . . **CX**
Victor-Hugo (R.) . . . . **BX** 41
Vieux-St-Marc (R. du) . . . . **CX**
Villeneuve (R. de la) . . . . **CV**
Voltaire (R.) . . . . **EZ**
Wilson (Pl.) . . . . **EZ**
Zédé (R. G.) . . . . **CV**
Zola (R. Émile) . . . . **EY**
2e-R.C.I. (R. du) . . . . **DY**
8-Mai-1945 (R. du) . . . . **CV**
11-Martyrs (R. des) . . . . **EY** 42
19-Mars-1962 (R. du) . . . . **AX** 45

Le M

XXX   🚗 🍴 ⇔ **P** 🅥🅘🅢🅐 ⑥⑥

22 r. du Cdt-Drogou – ℰ 02 98 47 90 00 – www.le-m.fr
– Fermé 8-30 août et 1er-12 janv.   **BVb**
Rest – Menu 38 € (déj.), 42/65 €

◆ Belle maison bretonne des années 1930 : intérieur moderne soigné et jardin fleuri. Cuisine actuelle raffinée, adepte du sucré-salé.

La Fleur de Sel

XXX   ⇔ 🅥🅘🅢🅐 ⑥⑥ 🄰🄴

15 bis r. de Lyon – ℰ 02 98 44 38 65 – www.lafleurdesel.com – Fermé
1er-22 août, 1er-10 janv., sam. midi, lundi midi et dim.   **EYq**
Rest – (17 €) Menu 30/65 € – Carte 42/76 €

◆ Le chef prépare une cuisine inventive terre et mer en privilégiant les produits de la région. Intérieur contemporain (salon particulier). Service agréable et dynamique.

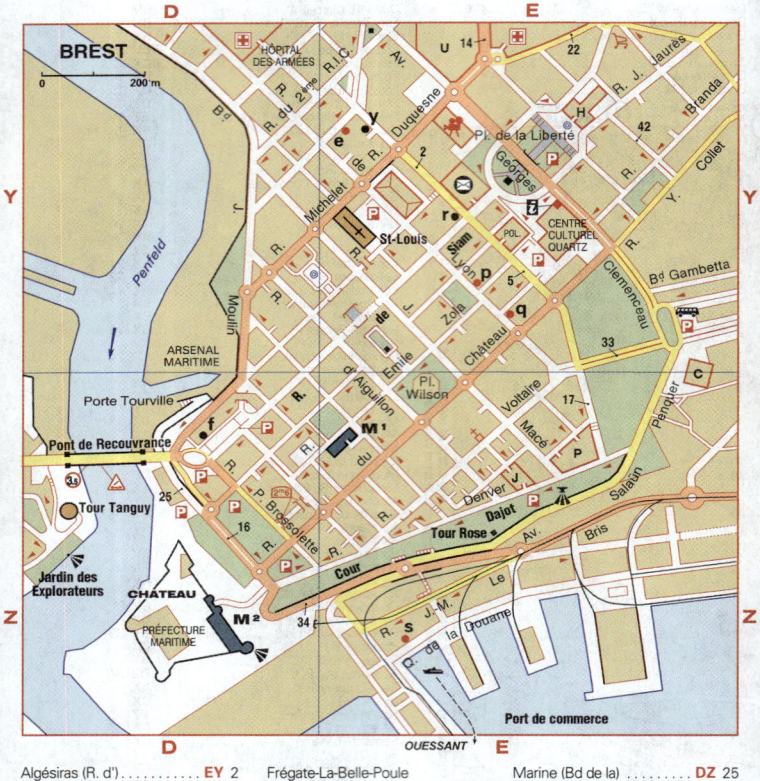

BREST

0 200 m

HÔPITAL
DES ARMÉES

ARSENAL
MARITIME

Porte Tourville

Pont de Recouvrance

Tour Tanguy

Jardin des
Explorateurs

CHÂTEAU

PRÉFECTURE
MARITIME

Pl. de la Liberté

CENTRE
CULTUREL
QUARTZ

Pl.
Wilson

Tour Rose

Port de commerce

OUESSANT

Algésiras (R. d') . . . . **EY** 2	Frégate-La-Belle-Poule	Marine (Bd de la) . . . . **DZ** 25
Clemenceau (Av. G.) . . . . . **EY**	(R. de la) . . . . **EZ** 17	Réveillère (Av. Amiral) . . . . . **EY** 33
Colbert (R.) . . . . **EY** 5	Jean-Jaurès (R.) . . . . **EY**	Roosevelt (Av. Fr.) . . . . **DZ** 34
Foch (Av. Mar.) . . . . **EY** 14	Kérabécam (R. de) . . . . **EY** 22	Siam (R. de) . . . . **EY**
Français-Libres	Liberté (Pl. de la) . . . . **EY**	11-Martyrs
(Bd des) . . . . **DZ** 16	Lyon (R. de) . . . . **DEY**	(R. des) . . . . **EY** 42

L'Armen (Yvon Morvan)

⚄ ⚄   ❀

21 r. de Lyon – ☏ 02 98 46 28 34 – www.armen-restaurant.fr
– *Fermé 31 juil.-15 août, dim. et lundi*   EY**p**

Rest – (25 €) Menu 58/85 € – Carte 55/72 €

Spéc. Petits ormeaux des abers. Médaillons de homard côtier. Gâteau coulant au chocolat.

◆ Ancienne pâtisserie élégante dont on a conservé les peintures murales (1953), avec boiseries et miroirs. Cuisine classique et fine sur de beaux produits, signée par un chef formé à l'école des grands.

L'Imaginaire

⚄ ⚄

23 r. Fautras – ☏ 02 98 43 30 13 – www.imaginaire-restaurant.blogspot.com
– *Fermé 10-30 août, 1er-16 janv., merc. soir, dim. soir et lundi*   EY**e**

Rest – (18 € bc) Menu 32/60 € – Carte 45/60 €

◆ Amusante entrée par une petite boutique de vente à emporter. Cuisine actuelle personnalisée servie dans une salle de restaurant classique, aux tons pastel apaisants.

La Maison de l'Océan

⚄

2 quai de la Douane, port de commerce – ☏ 02 98 80 44 84
– *www.maisondelocean.com*   EZ**s**

Rest – (14 €) Menu 17/38 € – Carte 26/105 €

◆ "L'Océan" célébré dans le décor – banc d'écailler, mobilier et bibelots – et dans l'assiette (produits de la mer) : cette adresse du port compte bon nombre de fidèles.

348

au Nord 5 km par D 788 **CV** – ⊠ 29200 Brest

ᐁᑎᐁ **Oceania Brest Aéroport** 🍴 🏊 ⚒ ch, 🅰🄲 ⅏ rest, ⁙ 🛌 **P.**
32 av. Baron Lacrosse – ℰ 02 98 02 32 83 🆅🆂🅰 🆎 🅰🅴 ⓿
– www.oceaniahotels.com
82 ch – ♦65/139 € ♦♦65/139 € – � 14 €
Rest – *(fermé le midi du 1ᵉʳ au 16 août, vend. soir, sam., dim. et fériés)* (20 €)
Carte 22/37 €

◆ Construction des années 1970 bénéficiant de l'agrément d'un petit cadre de
verdure. Chambres totalement rénovées, fonctionnelles et spacieuses ; certaines
donnent sur la piscine. Plaisant restaurant lumineux où l'on propose des recettes
traditionnelles.

au port de plaisance du Moulin Blanc 7 km par ⑤ – ⊠ 29200 Brest

ᐁ **Plaisance Hôtel** ⟨ 🍴 ⅏ ⚒ 🅰🄲 rest, ⁙ 🛌 🚗 🆅🆂🅰 🆎 🅰🅴 ⓿
⊜ *37 r. du Moulin Blanc – ℰ 02 98 42 33 33*
46 ch ⊒ – ♦67 € ♦♦74 €
Rest – *(fermé sam. midi en hiver et dim. soir)* (14 €) Menu 17 € (déj.)/27 €
– Carte 35/45 €

◆ Hôtel bien situé proposant des chambres fonctionnelles, toutes identiques, pratiques et colorées. Une adresse idéale pour partir en visite à Océanopolis. Cuisine traditionnelle revue à la façon du chef, servie dans un décor sobrement contemporain.

BRETENOUX – 46 Lot – **337** H2 – 1 311 h. – alt. 136 m – ⊠ 46130   **29** C1
▌Périgord Quercy

▶ Paris 521 – Brive-la-Gaillarde 44 – Cahors 83 – Figeac 48
🅸 avenue de la Libération ℰ 05 65 38 59 53
◉ Château de Castelnau-bretenoux★★ : ⟨★ SO : 3,5 km.

au Port de Gagnac 6 km au Nord-Est par D 940 et D 14 – ⊠ 46130 Gagnac-
sur-Cère

ᐁ **Hostellerie Belle Rive** 🍴 ⅏ ch, ⁙ 🆅🆂🅰 🆎 🅰🅴
😊 *Port-de-Gagnac – ℰ 05 65 38 50 04 – www.bellerive-dordogne-lot.com – Fermé*
🍽 *17 déc.-3 janv.*
12 ch – ♦55/85 € ♦♦75/120 € – 1 suite – ⊒ 9 € – ½ P 75/95 €
Rest – *(fermé mardi, sam. midi et dim. soir de mi-avril à mi-juil. et de
fin août à mi-oct., et le week-end de mi-oct. à mi-avril)* (15 €) Menu 25 € (déj. en
sem.)/31 € – Carte 36/57 €

◆ Dans un hameau au bord de la Cère, une vieille maison lotoise aux chambres
colorées et confortables. Au restaurant, le chef travaille de bons produits et manie
la tradition avec brio ; atmosphère cosy et jolie terrasse fleurie.

BRÉTIGNOLLES-SUR-MER – 85 Vendée – **316** E8 – 3 454 h.   **34** A3
– alt. 14 m – ⊠ 85470

▶ Paris 465 – Challans 30 – Nantes 86 – La Roche-sur-Yon 44
🅸 1, boulevard du Nord ℰ 02 51 90 12 78

⚔⚔ **J.-M. Pérochon et Hôtellerie des Brisants** avec ch ⟨ 🅰🄲 rest,
63 av. de la Grand'Roche – ℰ 02 51 33 65 53 📞 🆅🆂🅰 🆎 🅰🅴
– www.lesbrisants.com – Fermé 15 nov.-8 déc. et 20 fév.-16 mars
15 ch – ♦63/105 € ♦♦78/105 € – ⊒ 12 € – ½ P 67/81 €
Rest – *(fermé lundi sauf le soir en juil.-août, dim. soir de sept. à juin et mardi
midi)* Menu 30/79 € bc – Carte 57/69 €

◆ Jolie vue sur l'Atlantique de la grande salle à manger au style contemporain
épuré et reposant. Carte au goût du jour dictée par la marée. Chambres simples
mais bien tenues.

BRETONVILLERS – 25 Doubs – **321** J3 – 227 h. – alt. 727 m   **17** C2
– ⊠ 25380

▶ Paris 479 – Besançon 67 – Fribourg 163 – Neuchâtel 75

🏠 **De Gigot** ⌂   🍴 ⅟ rest, ⅜ **P** 🆅🆂🅰 ⓪
  à Gigot, 4,5 km au Sud-Ouest – ℰ 03 81 68 91 18
– www.hotel-gigot-vallee-dessoubre.com – Fermé vacances de la Toussaint,
15 janv.-28 fév., lundi soir, merc. soir et jeudi de mi-sept. à mi-mai
15 ch – †49/55 € ††49/55 € – ⊇ 7 € – ½ P 56/60 €
Rest – Menu 13 € (déj. en sem.), 19/32 € – Carte 21/55 €
♦ Hôtel familial en pleine nature, au cœur de la magnifique vallée du Dessoubre,
paradis des pêcheurs. Chambres fraîches et bien tenues. Dans un cadre rustique,
on déguste une cuisine traditionnelle (spécialités : truite et grenouille).

BRETTEVILLE-SUR-LAIZE – 14 Calvados – 303 C2 – 1 551 h.   32 B2
– alt. 54 m – ⊠ 14680
  🚹 Paris 245 – Caen 18 – Hérouville-Saint-Clair 23 – Lisieux 52

🏠 **Château des Riffets** sans rest ⌂   🌳 🏊 🛁 ⅜ **P**
  – ℰ 02 31 23 53 21 – www.chateau-des-riffets.com
4 ch ⊇ – †120 € ††120/170 €
♦ Dominant un vaste parc boisé, ce joli château de 1850 abrite des chambres
spacieuses et élégantes. Mobilier d'époque et équipements modernes contribuent au confort des lieux.

LE BREUIL – 71 Saône-et-Loire – 320 G9 – rattaché au Creusot

LE BREUIL-EN-AUGE – 14 Calvados – 303 N4 – 939 h. – alt. 38 m   33 C2
– ⊠ 14130
  🚹 Paris 196 – Caen 55 – Deauville 21 – Lisieux 10

✗✗ **Le Dauphin** (Régis Lecomte)   ⇔ 🆅🆂🅰 ⓪ 🅰🅴
❀   2 r. de l'Église – ℰ 02 31 65 08 11 – www.ledauphin-restaurant.com
– Fermé 14 nov.-6 déc., vacances de fév., merc. midi en août, dim. soir et lundi
Rest – Menu 38 € (sem.)/47 € – Carte 80/100 €
Spéc. Escalope de foie gras au vinaigre de Xérès. Tajine de homard (mai à oct.).
Soufflé Grand-Marnier aux écorces d'oranges confites.
♦ Cette maison normande séduit autant par sa belle cuisine personnalisée
que par son cadre rustique chaleureux et soigné (cheminée à blason, cuisinière
chromée, aquarelles).

BREUILLET – 17 Charente-Maritime – 324 D5 – 2 495 h. – alt. 28 m   38 A3
– ⊠ 17920
  🚹 Paris 509 – Poitiers 176 – La Rochelle 69 – Rochefort 39

✗✗ **L'Aquarelle** (Xavier Taffart)   🅰🅲 🆅🆂🅰 ⓪
❀   22 rte du Candé – ℰ 05 46 22 11 38 – www.laquarelle.net – Fermé 1 sem.
en juin, 1 sem. en oct., 1 sem. en janv., dim. soir, mardi midi et lundi
Rest – (25 €) Menu 38/70 € bc – Carte 46/60 €
Spéc. Raviole de tourteau à l'huile d'amande et avocat (août à déc.). Lotte frottée
au curry, bouillon à la noix de coco, tartare de courgette et palourdes (août à
oct.). Gâteau de sable (août à déc.). **Vins** Vins de pays Charentais.
♦ Pourpre, vert pomme, chocolat : le cadre coloré se prête à la découverte d'une
cuisine créative fort bien maîtrisée, à base de savoureux produits locaux. Bon rapport qualité-prix.

BREUREY-LES-FAVERNEY – 70 Haute-Saône – 314 E6 – rattaché à Faverney

---

BRÉVONNES – 10 Aube – 313 G3 – 664 h. – alt. 120 m – ⊠ 10220   13 B3
  🚹 Paris 198 – Bar-sur-Aube 30 – St-Dizier 59 – Troyes 28

✗✗ **Au Vieux Logis** avec ch   🏡 🍴 & rest, ⅜ **P** 🆅🆂🅰 ⓪
⌂   1 r. Piney – ℰ 03 25 46 30 17 – www.auvieuxlogis.com – Fermé janv., dim. et
lundi sauf le soir en saison
5 ch – †50/65 € ††50/65 € ⊇ 8 € – ½ P 59/85 €   **Rest** – (12 €) Menu 17/32 €
♦ Côté restaurant, salle au décor rustique à souhait (tommettes, bibelots chinés)
ou jolie terrasse, avec jardin fleuri, pour goûter d'honnêtes recettes traditionnelles. Côté hôtel, quelques chambres simples et bien tenues.

BRIANÇON 🚲 – 05 Hautes-Alpes – **334** H3 – 11 542 h. – alt. 1 321 m   **41** C1
– Sports d'hiver : 1 200/2 800 m ⛷ 9 ⛷67 ⛷ – Casino – ⌧ 05100 ▌Alpes du Sud

▶ Paris 681 – Digne-les-Bains 145 – Gap 89 – Grenoble 119

🚄 ⌀ 3635 et tapez 42 (0,34 €/mn)

🛈 1, place du Temple ⌀ 04 92 21 08 50

⛳ de Montgenèvre à Montgenèvre Route d'Italie, NE : 12 km, ⌀ 04 92 21 94 23

👁 Ville haute★★ : Grande Gargouille★, Statue "La France"★**B** - Chemin de
ronde supérieur★, ≤★ de la porte de la Durance - Puy St-Pierre ☀★★ de
l'église SO : 3 km par Rte de Puy St-Pierre.

🅖 Croix de Toulouse ≤★★ par Av. de Toulouse et D232ᵀ : 8,5 km.

🏨 **Parc Hôtel** sans rest   🖭 ⚊ 📶 ⛵ P̲ VISA ⬤
Central Parc – ⌀ 04 92 20 37 47 – www.soleilvacances.com   **Aa**
60 ch – ♦60/134 € ♦♦70/198 € – ⌣ 10 €
♦ Pratique et fonctionnel, cet immeuble situé en plein centre-ville propose des chambres spacieuses (idéales pour les familles), certaines avec vue sur le massif du Prorel.

🏠 **La Chaussée**   📶 ⌣ VISA ⬤ AE ⬤
4 r. Centrale – ⌀ 04 92 21 10 37 – www.hotel-de-la-chaussee.com
– *Fermé 30 avril-26 mai, 15 oct.-5 nov., lundi midi, mardi midi et merc. midi*
14 ch – ♦65/70 € ♦♦68/85 € – ⌣ 8,50 € – ½ P 65/70 €   **Ae**
Rest – (16 €) Menu 23/42 € – Carte 25/39 €
♦ D'emblée on se sent bien dans cet hôtel familial transformé en "refuge montagnard" :
vieux meubles, objets anciens, chambres coquettes et douillettes, belles salles de bains.
Harmonie parfaite entre le décor du restaurant et la cuisine, typiquement locale.

BRIANÇON

0   300 m

Alphand (R.) . . . . A 2	Col-d'Izoard (Av.) . . . . A 12	Italie (Rte d') . . . . A 18
Baldenberger (Av. P.) . . . . . . A 4	Daurelle (Av. A.) . . . . A 13	Pasteur (R.) . . . . A 23
Centrale (R.) . . . . A 10	Gaulle (Av. Gén.-de) . . . . . . A 16	159e-R.-I.-A. (Av.) . . . . A 30

à La Vachette 3 km par ① – ⌧ 05100

X **Le Vach' tin**   P VISA ⓒⓄ
*rte d'Italie – ℰ 04 92 46 93 13 – Fermé vacances de la Toussaint et lundi
sauf juil.-août*
Rest – *(dîner seult) (prévenir)* (15 €) Carte 27/49 €
♦ Vieille maison de pays dans un village typique. La salle voûtée a un certain
cachet avec son décor mi-rustique, mi-régional. Carte traditionnelle et spécialités
locales.

à Puy-St-Pierre 3 km à l'Ouest par D 135 – 478 h. – ⌧ 05100

🏠 **La Maison de Catherine** ⌂   ⟨ 🍴 📶 P VISA ⓒⓄ AE
ⓒ *chemin des Blés – ℰ 04 92 20 40 89 – www.aubergecatherine.fr
– Fermé 16 avril-2 mai et 22 oct.-7 nov.*
11 ch – ♦52 € ♦♦60 € – ⥮ 6 € – ½ P 15 €
Rest – *(fermé dim. soir, merc. midi et lundi)* Menu 24/35 € – Carte environ 33 €
♦ Parfait pour se ressourcer en montagne, avec un panorama superbe sur les
cimes et la vallée… Accueil familial et ambiance cosy dans les chambres (bois
clair, fleurs séchées, bibelots). Le restaurant offre charme et simplicité : décor
soigné et fines recettes du pays.

BRIARE – 45 Loiret – **318** N6 – 5 703 h. – alt. 135 m – ⌧ 45250   **12** D2
▌Châteaux de la Loire
▶ Paris 155 – Auxerre 76 – Cosne-Cours-sur-Loire 31 – Gien 10
🅸 1, place de Gaulle ℰ 02 38 31 24 51

🏨 **Le Domaine des Roches** ⌂   ⟨ ✿ 🍴 ▦ 🛁 ✕ ▮ 🕭 ch, Ⓚ 📶 P
2 r. de la Plaine – ℰ 02 38 05 09 00   VISA ⓒⓄ AE
– www.domainesdesroches.com
12 ch – ♦110/270 € ♦♦110/270 € – 1 suite – ⥮ 16 € – ½ P 99/179 €
Rest – *(fermé 5 janv.-8 fév., dim. soir et lundi d'oct. à mars)* (22 €) Menu 32 €
– Carte 48/74 €
♦ Belle demeure bourgeoise du 19ᵉ s. au milieu d'un grand parc. La décoration
est classique(moulures anciennes, grand escalier). En sus des chambres, cottages
fonctionnels. Élégant restaurant pour une cuisine gastronomique de saison.

BRICQUEBEC – 50 Manche – **303** C3 – 4 221 h. – alt. 145 m – ⌧ 50260   **32** A1
▶ Paris 348 – Caen 115 – Cherbourg 26 – St-Lô 76
🅸 13, place Sainte-Anne ℰ 02 33 52 21 65

🏨 **L'Hostellerie du Château**   📶 P VISA ⓒⓄ AE
ⓒ *Cour du Château – ℰ 02 33 52 24 49 – www.lhostellerie-bricquebec.com – Fermé
15 déc.-31 janv.*
17 ch – ♦72/75 € ♦♦88/120 € – ⥮ 12 € – ½ P 75/80 €
Rest – *(fermé mardi midi)* (12 €) Menu 16/40 € – Carte 31/60 €
♦ Occupant une partie d'un authentique château médiéval, cet hôtel dispose de
chambres dotées de meubles de style ou rustiques. Cuisine traditionnelle servie
dans la "salle des chevaliers" où cheminée, colonnes en pierre et armures concou-
rent à l'ambiance.

BRIDES-LES-BAINS – 73 Savoie – **333** M5 – 578 h. – alt. 580 m   **46** F2
– Sports d'hiver : 1 450/2 950 m ⃡ 16 ⟱ 45 ⟰ – Stat. therm. : début mars-fin oct.
– Casino – ⌧ 73570 ▌Alpes du Nord
▶ Paris 612 – Albertville 32 – Annecy 77 – Chambéry 81
🅸 place du Centenaire ℰ 04 79 55 20 64

🏨 **Golf-Hôtel**   ⟨ 🍴 🕭 ✕ rest, 📶 🛁 P VISA ⓒⓄ AE
*av. Greyffié de Bellecombe – ℰ 04 79 55 28 12 – www.golf-hotel-brides.com
– Fermé 1ᵉʳ nov.-25 déc.*
53 ch ⥮ – ♦84/124 € ♦♦109/150 € – 1 suite – ½ P 76/163 €
Rest – *(fermé le midi du 26 déc. au 2 janv.)* Menu 26 €
♦ Ce bel hôtel des années 1920 retrouve une nouvelle jeunesse. Superbe
hall, chambres modernes offrant, pour certaines, une jolie vue sur la Vanoise.
Grande salle à manger lumineuse ; menu diététique ou traditionnel.

Amélie 🚲 🍴 🏊 📶 ♿ ✂ rest, 🐾 🅿 🚗 VISA ⊚ AE
r. Émile-Machet – ✆ 04 79 55 30 15 – www.hotel-amelie.com
– Fermé 31 oct.-16 déc.
41 ch – ♦82/159 € ♦♦82/159 € – ☒ 11 € – ½ P 67/93 €
Rest *Les Cerisiers* – Menu 21/24 € – Carte 39/69 €
◆ Un hôtel des années 1990 situé au cœur du village, à deux pas de la télécabine menant à Méribel. Chambres bien insonorisées, salles de bains en marbre et agréable bar cosy. Au restaurant, spécialités du terroir et menus diététiques. L'été, barbecue au jardin.

Le Belvédère sans rest 🏊 📶 ✂ 🐾 🅿 VISA ⊚ AE
r. Émile-Machet, quartier des Sources – ✆ 04 79 55 23 41
– www.hotel-73-belvedere.com – Fermé de fin oct. à mi-déc.
28 ch ☒ – ♦49/55 € ♦♦78/90 €
◆ Belle maison bourgeoise dotée de balcons et tournée vers le massif de la Vanoise. Chambres simples et bien tenues, d'esprit chalet. Jacuzzi, hammam et piscine d'été chauffée.

BRIE-COMTE-ROBERT – 77 Seine-et-Marne – **312** E3 – **101** 39 – **voir à Paris, Environs**

LA BRIGUE – 06 Alpes-Maritimes – **341** G3 – **rattaché à Tende**

BRINON-SUR-SAULDRE – 18 Cher – **323** J1 – 1 048 h. – alt. 147 m   **12** C2
– ✉ 18410

◨ Paris 190 – Bourges 66 – Cosne-Cours-sur-Loire 59 – Gien 37

Les Bouffards 🌿 🎧 🏊 ✂ 🐾 🅿 VISA ⊚
8 km sur D 923 rte de lamotte-Beuvron – ✆ 02 48 58 59 88 – www.bouffards.fr
5 ch ☒ – ♦70/105 € ♦♦105/130 €   **Table d'hôte** – Menu 18/25 € bc
◆ En pleine campagne et au calme ! Maison bourgeoise au cœur d'un joli parc de trois hectares, avec piscine. Les chambres y sont spacieuses et confortables.

BRIOLLAY – 49 Maine-et-Loire – **317** F3 – 2 531 h. – alt. 20 m   **35** C2
– ✉ 49125

◨ Paris 288 – Angers 15 – Château-Gontier 44 – La Flèche 45

ℹ Place O'Kelly ✆ 02 41 42 16 84

◉ Plafond★★★ de la salle des Gardes du château de Plessis-Bourré NO : 10 km
    ▌ Châteaux de la Loire

par rte de Soucelles 3 km (D 109) – ✉ 49125 Briollay

Château de Noirieux 🌿 ◁ 🌿 🍴 🏊 ✂ ♨ 🅿 VISA ⊚ AE ⓪
26 rte du Moulin – ✆ 02 41 42 50 05 – www.chateaudenoirieux.com
– Fermé 15 fév.-24 mars, 13 nov.-1er déc., dim. et lundi d'oct. à mai
19 ch – ♦175/425 € ♦♦175/425 € – ☒ 23 € – ½ P 168/280 €
Rest – (fermé dim. soir, lundi et mardi midi d'oct. à mai) Menu 55 € (déj. en sem.), 65/125 € – Carte 105/130 € 🎋
Spéc. Lasagne d'araignée de mer à la truffe en soupe mousseuse d'écrevisses. Zéphyr de homard bleu et sole de petit bateau, légumes primeurs, jus de crustacés. Soufflé au Cointreau, cassolette de fruits rôtis à la cassonade. **Vins** Savennières, Anjou-Villages.
Rest *Côté Véranda* – (fermé sam. soir, dim., lundi et mardi midi d'oct. à mai) (28 €) Menu 34 € (sem.)/42 €
◆ Tout est raffinement dans cette superbe propriété ! Chambres dans le château du 17e s. ou au manoir (15e s.), avec une belle vue sur le parc ou sur le Loir. Au restaurant, Gérard Côme propose des créations subtiles à partir d'excellents produits régionaux. Côté Véranda, on sert une élégante cuisine bistrot.

BRION – 01 Ain – **328** G3 – **rattaché à Nantua**

BRIONNE – 27 Eure – **304** E6 – 4 329 h. – alt. 56 m – ✉ 27800 **33** C2
Normandie Vallée de la Seine

Paris 156 – Bernay 16 – Évreux 40 – Lisieux 40

1, rue du Général-de-Gaulle ☎ 02 32 45 70 51

du Champ de Bataille à Le Neubourg Château du Champ de Bataille, O : 18 km par D 137 et D 39, ☎ 02 32 35 03 72

Abbaye du Bec-Hellouin★★ N : 6 km - Harcourt : château★ et arboretum★ SE : 7 km.

XXX **Le Logis** avec ch

pl. St-Denis – ☎ 02 32 44 81 73 – www.lelogisdebrionne.com – Fermé 2 sem. en août, 25 déc.-2 janv., 5 fév.-12 mars, sam. midi, dim. soir et lundi soir
12 ch – †85 € ††85 € – ☕ 13 € – ½ P 78/85 €
Rest – (20 €) Menu 30/62 € – Carte 75/88 €
◆ Salle à manger contemporaine agrémentée de nombreuses plantes vertes. On y déguste une cuisine au goût du jour et des spécialités du pays. Chambres garnies de meubles anciens.

BRIOUDE – 43 Haute-Loire – **331** C2 – 6 688 h. – alt. 427 m – ✉ 43100 Auvergne **6** C3

Paris 479 – Clermont-Ferrand 69 – Le Puy-en-Velay 62 – St-Flour 52

place Lafayette ☎ 04 71 74 97 49

Basilique St-Julien★★ (chevet★★, chapiteaux★★).

Lavaudieu : fresques★ de l'église et cloître★★ de l'ancienne abbaye 9,5 km par ①.

La Sapinière rest, VISA AE

av. P.-Chambriard – ☎ 04 71 50 87 30 – www.hotel-sapiniere-brioude.com – Fermé fév. et dim. soir sauf juil.-août **m**
11 ch – †85/95 € ††98/112 € – ☕ 11 € – ½ P 78/85 €
Rest – *(ouvert de Pâques au 31 déc. et fermé 23-30 oct., dim. soir, lundi et le midi sauf dim.)* Menu 23 € (sem.), 28/48 € – Carte 36/52 €
◆ Au cœur de la cité mais au calme d'un joli parc, plaisante maison récente abritant d'amples chambres décorées dans un esprit champêtre. Belle piscine couverte ; jacuzzi. Charpente apparente, bois blond et agréable luminosité au restaurant.

BRIOUDE

Assas (R. d') 2
Blum (Av. Léon) 3
Briand (Bd Aristide) 4
Chambriard (Av. P.) 5
Chapitre (R. du) 6
Chèvrerie (R. de la) 7
Commerce (R. du) 8
La-Fayette (Pl.) 12
Gilbert (Pl. Eugène) 9
Grégoire-de-Tours (Pl.) 10
Lamothe (Av. de) 13
Liberté (Pl. de la) 14
Maigne (R. J.) 15
Mendès-France (Av. P.) 16
Michel-de-l'Hospital (R.) 17
Pascal (R.) 18
République (R. de la) 19
Résistance (Pl. de la) 20
St-Jean (Pl.) 21
Sébastopol (R.) 22
Séguret (R.) 23
Talairat (R.) 24
Vercingétorix (Bd) 25
Victor-Hugo (Av.) 26
4-Septembre (R. du) 27
14-Juillet (R. du) 28
21-Juin-1944 (R. du) 29

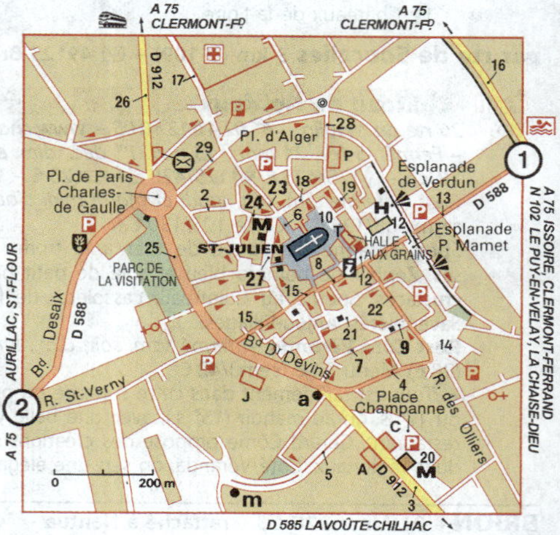

🏨 Artemis 🚷 🛋 🖥 & ch, 🅰🅲 📶 🕍 🅿 💳 ⦿ 🅰🅴

Parc des Conchettes, Rocade N 102 : 2 km au Nord-Ouest – 𝒞 04 71 50 45 04
– www.artemis-hotel.com
40 ch – †60/75 € ††60/75 € – � 10 € – ½ P 59/68 €
Rest – (11 €) Menu 23/38 € – Carte 26/61 €
◆ Au bord de la nationale contournant Brioude, cet hôtel propose chambres, jardin, piscine et salle de séminaires. Agencements contemporains et pratiques ; bonne insonorisation. Cuisine traditionnelle dans une salle à manger actuelle aux tons crème.

🏠 Poste et Champanne 🅰🅲 rest, 📶 🅿 🚗 💳 ⦿ 🅰🅴

1 bd Dr-Devins – 𝒞 04 71 50 14 62 – www.hotel-de-la-poste-brioude.com
– Fermé vacances de la Toussaint, fév., dim. soir et lundi midi   **a**
17 ch – †52 € ††52/62 € – ⊒ 8 € – ½ P 52/55 €   Rest – Menu 16/45 €
◆ Établissement familial du centre-ville. Chambres rénovées, fonctionnelles dans l'aile principale, plus calmes et confortables à l'annexe. Le restaurant rustique et rétro respire l'authenticité, tout comme la cuisine aux accents auvergnats, copieuse et savoureuse.

BRISSAC – 34 Hérault – 339 H5 – 596 h. – alt. 145 m – ⊠ 34190   23 C2

▶ Paris 732 – Alès 55 – Montpellier 41 – Le Vigan 25

✕✕ Jardin aux Sources avec ch 🈳 🏡 🅰🅲 ch, 🍴 ch, 📶 🕍 🅿

30 av. du Parc – 𝒞 04 67 73 31 16   💳 ⦿ 🅰🅴 ⓪
– www.lejardinauxsources.com – Fermé 2-20 janv., dim. soir, lundi et merc. hors saison
3 ch ⊒ – †85/95 € ††95/105 €
Rest – *(nombre de couverts limité, prévenir)* (19 €) Menu 31/95 € bc Carte environ 43 €
◆ Maison en pierre au cœur d'un pittoresque village. Jolie salle de restaurant voûtée avec vue sur les cuisines, ravissante terrasse et carte inventive. Chambres coquettes.

BRISSAC-QUINCÉ – 49 Maine-et-Loire – 317 G4 – 2 552 h. – alt. 65 m   35 C2
– ⊠ 49320 🏴 Châteaux de la Loire

▶ Paris 307 – Angers 18 – Cholet 62 – Saumur 39

🛈 8, place de la République 𝒞 02 41 91 21 50

👁 Château★★.

🏨 Le Castel sans rest 🚷 📶 🅿 💳 ⦿ ⓪

1 r. L.-Moron, (face au château) – 𝒞 02 41 91 24 74 – www.hotel-lecastel.com
11 ch – †46/80 € ††46/80 € – ⊒ 7 €
◆ Petit hôtel familial commode pour faire étape, en lien avec la visite du château tout proche. Chambres classiques (têtes de lit fleuries, frises murales).

BRIVE-LA-GAILLARDE 👓 – 19 Corrèze – 329 K5 – 50 009 h.   24 B3
– alt. 142 m – ⊠ 19100 🏴 Périgord Quercy

▶ Paris 480 – Albi 218 – Clermont-Ferrand 170 – Limoges 92

📧 𝒞 3635 et tapez 42 (0,34 €/mn)

🛈 place du 14 Juillet 𝒞 05 55 24 08 80

⛳ de Brive Vallée de Planchetorte, SO : 5 km, 𝒞 05 55 87 57 57

👁 Musée de Labenche★.

Plans pages suivantes

🏘 La Truffe Noire 🏡 🖥 🅰🅲 📶 🕍 🅿 💳 ⦿ 🅰🅴 ⓪

22 bd A.-France – 𝒞 05 55 92 45 00 – www.la-truffe-noire.com   **CYv**
27 ch – †95/105 € ††115/145 € – ⊒ 12 €
Rest – (17 €) Menu 27/65 € – Carte 40/75 €
◆ Au seuil de la vieille ville, cette grande maison régionale du 19e s. s'est offert une seconde jeunesse. Chambres rafraîchies au décor discret servi par des teintes beiges. Intérieur moderne ou terrasse pour déguster truffes et spécialités corréziennes actualisées.

BRIVE-LA-GAILLARDE

Blum (Av. L.)	**AX** 4
Clemenceau (Bd)	**AX** 6
Dalton (R. Gén.)	**AX** 7
Dellessert (R. B.)	**AX** 9
Dr-Marbeau (Bd)	**AX** 10
Dormoy (Bd M.)	**AX** 13
Dubois (Bd Cardinal)	**AX** 15
Foch (Av. du Mar.)	**AX** 17
Germain (Bd Colonel)	**AX** 20
Grivel (Bd Amiral)	**AX** 22
Hériot (Av. E.)	**AX** 24
Leclerc (Av. Mar.)	**AX** 31
Michelet (Bd)	**AX** 33
Paris (Av. de)	**AX** 34
Pasteur (Av.)	**AX** 35
Pompidou (Av. G.)	**AX** 37

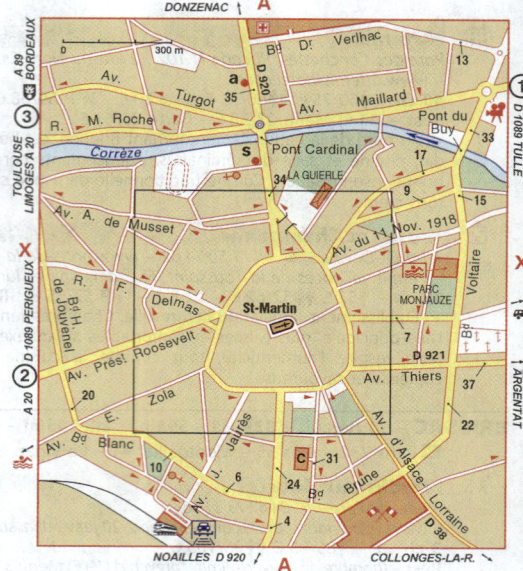

🏠 **Le Collonges** sans rest   🛗 🛜 VISA 🌐 AE

3 pl. W.-Churchill – 𝒞 *05 55 74 09 58 – www.hotel-le-collonges.com*
24 ch – ♦54/59 € ♦♦54/64 € – ⌧ 9 €   **CZn**

♦ Cet hôtel familial est situé en léger retrait du boulevard ceinturant le centre-ville. Salon-bar coquet et chambres sobrement modernes assurent le bien-être des voyageurs.

🏠 **Le Coq d'Or** sans rest   AC 🛜 VISA 🌐

16 bd Jules-Ferry – 𝒞 *05 55 17 12 92 – www.hotel-coqdor.com*
8 ch – ♦65 € ♦♦65 € – ⌧ 9 €   **CZe**

♦ À deux pas du centre, cet hôtel rénové propose des chambres décorées de meubles anciens et de toile de Jouy.

XX **La Toupine**   🌿 AC ✥ VISA 🌐
😊

27 av. Pasteur – 𝒞 *05 55 23 71 58 – Fermé 1er-25 août, vacances de fév., dim. et lundi*   **AXa**

Rest – *(prévenir)* (12 €) Menu 27/40 € – Carte 34/46 €

♦ Pour manger en toute quiétude, ce restaurant au décor contemporain, mariant avec goût l'inox et le bois de rose, régale d'une savoureuse cuisine au goût du jour.

X **Auberge de Chanlat**   ≼ 🌿 ✥ P. VISA 🌐

34 r. G-Buisson, (au Sud du plan), 2 km par rte de Noailles – 𝒞 *05 55 24 02 03*
– Fermé dim. soir, lundi et mardi

Rest – (15 €) Menu 20 € (déj. en sem.)/28 € – Carte 30/70 €

♦ Auberge familiale où le cœur balance entre le banc d'écailler et le vivier à homards. Spécialités de viandes du Limousin vivement conseillées également. Salle panoramique.

X **Chez Francis**   VISA 🌐 AE
😊

61 av. de Paris – 𝒞 *05 55 74 41 72 – www.chezfrancis.fr*
– Fermé 12-20 juin, 4-9 sept., 8-13 janv., dim. et lundi   **AXs**

Rest – *(nombre de couverts limité, prévenir)* Menu 16/25 €
– Carte 35/60 € 🍷

♦ Pubs rétro et dédicaces laissées par les clients décorent ce sympathique restaurant aux allures de bistrot parisien. Cuisine traditionnelle revisitée ; vins du Languedoc.

BRIVE-LA-GAILLARDE

Alsace-Lorraine (Av. d') . . . . . CZ 2
Anatole-France (Bd) . . . . CY 3
Dalton (R. Gén.) . . . . CY 7
Dauzier (Pl. J.-M.) . . . . CY 8
Dellessert (R. B.). . . . . CY 9
Dr-Massénat (R.). . . . . CY 12
Échevins (R. des) . . . . CZ 14
Faro (R. du Lt-Colonel) . . . . . CZ 16
Gambetta (R.) . . . . CZ
Gaulle (Pl. Ch. de) . . . . CZ 18
Halle (Pl. de la) . . . . CY 23
Herriot (Av. E.). . . . . CZ 24
Hôtel-de-Ville (Pl. de l') . . . . . CY 26
Hôtel-de-Ville (R. de l') . . . . . BZ 27
Latreille (Pl.). . . . . CZ 30
Lattre-de-Tassigny (Pl. de) . . . . CZ 29
Leclerc (Av. Mar.) . . . . CZ 31
Lyautey (Bd Mar.). . . . . BZ 32
Majour (R.) . . . . BYZ 36
Paris (Av. de). . . . . BY
Puyblanc (Bd de). . . . . CZ 19
Raynal (R. B.). . . . . CZ 40
République (Pl. de la) . . . . . . BZ 42
République (R. de la) . . . . . . BZ 43
Salan (R. du) . . . . CZ 45
Ségéral-Verninac (R.) . . . . BY 46
Teyssier (R.). . . . . CY 47
Toulzac (R.) . . . . CY 48
14 Juillet (Av. du) . . . . CY 21

à Ussac 5 km au Nord-Ouest par D 920 AX et D 57 – 3 475 h. – alt. 350 m – ✉ 19270

Auberge St-Jean

5 pl. de l'Église – ✆ 05 55 22 87 55 – www.auberge-saint-jean.fr

22 ch – †56/59 € ††59/62 € – ☕ 8 € – ½ P 59/62 € **Rest** – (19 €) Menu 23/43 €

◆ Au centre du village, voici une sympathique auberge familiale où vous attendent de coquettes chambres bien tenues et peu à peu rénovées. Grande salle à manger et terrasse respirant l'air du jardin pour savourer une appétissante cuisine au goût du jour.

rte d'Aurillac Est par D 921 CZ – ✉ 19360 Malemort

Auberge des Vieux Chênes

31 av. Honoré-de-Balzac, à 2,5km – ✆ 05 55 24 13 55 – www.aubergedesvieuxchenes.fr – Fermé dim. et fériés

16 ch – †55 € ††60 € – ☕ 8 € – ½ P 60/72 €

Rest – (14 €) Menu 17/36 € – Carte 42/70 €

◆ Aux portes de Brive, grande bâtisse abritant hôtel, café, commerce de tabacs et de journaux. Petites chambres pratiques bien équipées et à la tenue très correcte. Restaurant au sobre cadre actuel ; cuisine traditionnelle et plats régionaux.

à Varetz 10 km par ③, D 901 et D 152 – 2 086 h. – alt. 109 m – ⌖ 19240

Château de Castel Novel ⌖   ⌖ ⌖ ⌖ ⌖ ⌖ ⌖ ⌖ ⌖ ⌖ ⌖ ⌖ ⌖
❀ – ℰ 05 55 85 00 01 – www.castelnovel.com   VISA ◉ AE ⓪
– *Fermé 13-20 nov., 1ᵉʳ-22 janv., 26 fév.-4 mars, dim. soir
et lundi sauf juil.-août*
32 ch – ♦96/380 € ♦♦116/400 € – 5 suites – ⌖ 23 € – ½ P 138/300 €
Rest – *(fermé le midi en juil.-août sauf dim., sam. midi, dim. soir et lundi de sept.
à juin)* (28 €) Menu 55/87 € – Carte 80/123 €
Spéc. Variation de foie gras assaisonné à la moutarde violette de Brive. Noix de ris
de veau dorée, asperges et girolles au poêlon, jus de veau à l'arabica. Soufflé chaud
à l'armagnac à l'orange, pamplemousse glacé. **Vins** Vin de pays de la Corrèze.
♦ Pour un séjour au calme, sur les pas de Colette qui vécut dans cet ancien château fort en grès rose (13ᵉ-15ᵉ s.), d'allure romantique. Les chambres raffinées
ouvrent sur le vaste parc. Au restaurant, sérieuse cuisine au goût du jour, qui
met à l'honneur les produits du terroir.

BRIVEZAC – 19 Corrèze – **329** M5 – rattaché à Beaulieu-sur-Dordogne

BROU – 28 Eure-et-Loir – **311** C6 – 3 572 h. – alt. 150 m – ⌖ 28160   **11** B1
▶ Paris 142 – Chartres 38 – Châteaudun 22 – Le Mans 86
🖪 rue de la Chevalerie ℰ 02 37 47 01 12

L'Ascalier   ⌖ VISA ◉ AE
9 pl. du Dauphin – ℰ 02 37 96 05 52 – *Fermé dim. soir, lundi soir et mardi soir*
Rest – *(prévenir)* (14 €) Menu 19/40 € – Carte 20/48 €
♦ Le bel "ascalier" du 16ᵉ s. dessert la salle à manger de l'étage. Intérieur rustique,
terrasse fleurie et cuisine soignée revisitant la tradition : une adresse très courue.

BROUCKERQUE – 59 Nord – **302** B2 – 1 276 h. – alt. 2 m – ⌖ 59630   **30** B1
▶ Paris 283 – Calais 37 – Cassel 26 – Dunkerque 14

Middel Houck   ⌖ ⌖ VISA ◉ AE
pl. du Village – ℰ 03 28 27 13 46 – www.mh-receptions.com – *Fermé 1 sem.
en août, le soir et sam.*
Rest – Menu 17/55 € bc – Carte 34/51 €
♦ Murs en briques, superbes poutres apparentes et fleurs fraîches : une atmosphère sympathique se dégage de cet ex-relais de poste. Carte traditionnelle aux
accents de la région.

BROUILLA – 66 Pyrénées-Orientales – **344** I7 – 965 h. – alt. 45 m   **22** B3
– ⌖ 66620
▶ Paris 873 – Figueres 47 – Montpellier 176 – Perpignan 20

L'Ancienne Gare sans rest   ⌖ ⌖ P
lieu-dit "Le Millery", 1 km au Nord par D 8 B – ℰ 04 68 89 88 21
– www.anciennegare.net – *Fermé 20 déc.-6 janv.*
5 ch ⌖ – ♦57 € ♦♦72 €
♦ Tout près de la frontière espagnole, l'ex-gare ferroviaire est devenue une maison d'hôtes très chaleureuse. Chambres romantiques, cachet ancien, terrasse et
vue sur le Canigou.

BROUILLAMNON – 18 Cher – **323** I4 – rattaché à Charost

LES BROUZILS – 85 Vendée – **316** I6 – 2 392 h. – alt. 64 m – ⌖ 85260   **34** B3
▶ Paris 427 – Cholet 77 – Nantes 46 – La Roche-sur-Yon 37

Manoir de la Thébline sans rest ⌖   ⌖ ⌖ ⌖ P
rte de l'Herbergement – ℰ 06 77 71 67 25 – www.manoirthebline.com
3 ch ⌖ – ♦90 € ♦♦90 €
♦ De beaux meubles anciens donnent un cachet aux douillettes chambres de cette jolie
demeure du 19ᵉ s. Plaisant parc fleuri, salon-billard, bibliothèque. Tenue exemplaire.

BRUAILLES – 71 Saône-et-Loire – **320** L10 – rattaché à Louhans

BRUÈRE-ALLICHAMPS – 18 Cher – **323** K6 – rattaché à St-Amand-Montrond

BRUGAIROLLES – **11 Aude** – **344** D4 – **236 h.** – **alt. 182 m** – ✉ **11300** **22** A3

▶ Paris 770 – Carcassonne 33 – Castelnaudary 32 – Castres 82

🍴🍴 **Domaine Gayda** ‹ ⛱ AC P VISA ⓜ ⓓ

rte de Malvés – ✆ 04 68 20 65 87 – www.maisongayda.com – Fermé merc. soir et sam. midi de janv. à avril, lundi et mardi

Rest – (22 € bc) Menu 39 € (sem.)/49 € – Carte 37/53 €

◆ Au-dessus des chais, salle de restaurant actuelle et plats au goût du jour. L'été, vaste terrasse ménageant une échappée sur le vignoble et paillotes réparties dans le jardin.

BRULLIOLES – **69 Rhône** – **327** F5 – **706 h.** – **alt. 650 m** – ✉ **69690** **44** B1

▶ Paris 485 – Clermont-Ferrand 138 – Lyon 43 – Saint-Étienne 75

🍴🍴 **L'Auberge** avec ch ⛱ ⛰ ▤ ♿ AC ✆ VISA ⓜ AE

⚭ *pl. Neuve – ✆ 04 72 54 55 24 – www.l-auberge.fr – Fermé 20 déc.-20 janv., 16-28 fév., dim. soir, mardi et merc. sauf de mai à août*

7 ch – †95/105 € ††95/105 € – ☕ 12 €

Rest – Menu 18 € (sem.), 25/57 € – Carte 38/57 €

◆ Si vous allez par monts (en l'occurrence du Lyonnais) et par vaux, cette auberge contemporaine – créée en 2010 – tombe à point nommé. Son architecture respecte l'esprit du village, de même la cuisine (spécialités régionales). Les chambres, flambant neuves, sont confortables et agréables avec leur joli mobilier chiné.

BRÛLON – **72 Sarthe** – **310** H7 – **1 407 h.** – **alt. 102 m** – ✉ **72350** **35** C1

▶ Paris 239 – Laval 55 – Le Mans 41 – Nantes 167

ℹ 2 place Albert Liébault ✆ 02 43 95 05 10

⌂ **Château de l'Enclos** sans rest 🐌 ♣ ✂ 📶 P

2 av. de la Libération – ✆ 02 43 92 17 85 – www.chateau-enclos.com

5 ch ☕ – †110 € ††110 €

◆ Cette belle maison bourgeoise recèle bien des trésors : salon original dans la cave, chambres cosy au château, "kota" (maison lapone en bois) perchée sur trois arbres du parc.

BRUMATH – **67 Bas-Rhin** – **315** K4 – **9 737 h.** – **alt. 145 m** – ✉ **67170** **1** B1

▶ Paris 472 – Haguenau 14 – Molsheim 45 – Saverne 35

🍴🍴🍴 **À L'Écrevisse** ⛱ ⛱ AC ⇔ P VISA ⓜ AE ⓓ

4 av. de Strasbourg – ✆ 03 88 51 11 08 – www.hostellerie-ecrevisse.com

Rest – (13 €) Menu 20/72 € – Carte 30/60 €

◆ Cette maison alsacienne est dirigée par la même famille depuis sept générations ! Cuisine régionale servie dans deux salles, l'une bourgeoise, l'autre d'esprit winstub.

BRY-SUR-MARNE – **94 Val-de-Marne** – **312** E2 – **101** 18 – **voir à Paris, Environs**

BUELLAS – **01 Ain** – **328** D3 – **1 650 h.** – **alt. 225 m** – ✉ **01310** **43** E1

▶ Paris 424 – Annecy 120 – Bourg-en-Bresse 9 – Lyon 69

🍴 **L'Auberge Bressane de Buellas** ⛱ ♿ P VISA ⓜ AE

⚭ *pl. du Prieuré – ✆ 04 74 24 20 20 – www.auberge-buellas.com – Fermé 28 fév.-16 mars, 1er-8 août, 24 oct.-2 nov., dim. soir, mardi et merc.*

☺ **Rest** – (12 €) Menu 19/43 € – Carte 32/43 €

◆ De belles recettes du terroir, un zeste de saveurs du Sud et une dose d'inventivité : on se régale dans cette auberge (une ex-boulangerie) au décor méridional. Service attentionné.

LE BUGUE – **24 Dordogne** – **329** G6 – **2 762 h.** – **alt. 62 m** – ✉ **24260** **4** C3

▮ Périgord Quercy

▶ Paris 522 – Bergerac 47 – Brive-la-Gaillarde 72 – Périgueux 42

ℹ Rue Jardin Public ✆ 05 53 07 20 48

⛳ de La Marterie à Saint-Félix-de-Reillac-et-Mortemart Domaine de la Marterie, N : 13 km par D 710, ✆ 05 53 05 61 00

◉ Gouffre de Proumeyssac★★ S : 3 km.

rte de Sarlat 3 km à l'Est par D 703 et rte secondaire ✉ 24260

⌂ **Maison Oléa** sans rest ⌖   ← 🚗 ⤴ 🅰🅲 📶 🅿

La Combe de Leygue – ℰ 05 53 08 48 93 – www.olea-dordogne.com – Fermé 21 déc.-4 janv.

5 ch ⇆ – ♦70/100 € ♦♦75/105 €

♦ Derrière cette architecture inspirée des anciennes granges à tabac se cache un rêve mauresque ! Chambres avec loggia orientées plein sud et vue sur la vallée de la Vézère.

BUIS-LES-BARONNIES – 26 Drôme – **332** E8 – 2 283 h. – alt. 365 m   **44** B3
– ✉ 26170 ▮ Alpes du Sud

▶ Paris 685 – Carpentras 39 – Nyons 29 – Orange 50

🖪 14, boulevard Eysserie ℰ 04 75 28 04 59

◉ Vieille ville ★.

🏨 **Les Arcades-Le Lion d'Or** sans rest   🚗 ⤴ 🍴 📶 🚗 🆅🅸🆂🅰 ⚫

pl. du Marché – ℰ 04 75 28 11 31 – www.hotelarcades.fr – Ouvert de mars à nov.

15 ch – ♦48/72 € ♦♦58/78 € – 1 suite – ⇆ 9 €

♦ On entre dans l'hôtel par les belles arcades (15ᵉ s.) de la place centrale. Chambres de style provençal, charmant jardin intérieur (tonnelle, glycine), jacuzzi et sauna.

LE BUISSON-CORBLIN – 61 Orne – **310** F2 – **rattaché à Flers**

LE BUISSON-DE-CADOUIN – 24 Dordogne – **329** G6 – 2 114 h.   **4** C3
– alt. 63 m – ✉ 24480

▶ Paris 532 – Bergerac 38 – Brive-la-Gaillarde 81 – Périgueux 52

🖪 place André Boissière ℰ 05 53 22 06 09

à Paleyrac 4 km au Sud-Est par D 25 et rte secondaire – ✉ 24480

⌂ **Le Clos Lascazes** sans rest ⌖   🚗 🌡 🍴 📶 🅿 🆅🅸🆂🅰 ⚫

– ℰ 05 53 74 33 94 – www.clos-lascazes.com – Ouvert de mars à mi-nov.

5 ch ⇆ – ♦76/98 € ♦♦84/109 €

♦ Trois maisons de siècles différents invitent à une étape détente très tranquille (parc, piscine d'eau salée). Chambres lumineuses aux murs blancs, tissus brodés, gravures...

BULGNEVILLE – 88 Vosges – **314** D3 – 1 300 h. – alt. 350 m   **26** B3
– ✉ 88140 ▮ Alsace Lorraine

▶ Paris 342 – Belfort 133 – Épinal 55 – Langres 71

🖪 105, rue de l'Hôtel de Ville ℰ 03 29 09 14 67

⌂ **Benoit Breton** sans rest ⌖   🚗 📶 🅿

74 r. des Récollets – ℰ 03 29 09 21 72 – www.benoitbreton.fr

4 ch ⇆ – ♦70 € ♦♦75 €

♦ Antiquaire de son métier, monsieur Breton a donné une âme à sa maison : chambres spacieuses, meubles et bibelots raffinés. Petits-déjeuners campagnards devant la jolie cheminée.

🍽 **La Marmite Beaujolaise**   🔤 🆅🅸🆂🅰 ⚫ 🅰🅴

⊗ *34 r. de l'Hôtel-de-Ville – ℰ 03 29 09 16 58*

– www.restaurant-lamarmitebeaujolaise.com – Fermé 1ᵉʳ-15 janv., dim. soir et lundi

Rest – Menu 14 € (déj.), 21/35 € – Carte 35/50 €

♦ Cette auberge propose une cuisine traditionnelle soignée et de beaux produits (grenouille, poisson, canard). Le cadre est à la fois rustique et raffiné, le sourire en plus !

BULLY – 69 Rhône – **327** G4 – 1 973 h. – alt. 313 m – ✉ 69210   **43** E1

▶ Paris 471 – Lyon 32 – Saint-Étienne 92 – Villeurbanne 41

🍽 **Auberge du Château**   🔤 ⛭ 🆅🅸🆂🅰 ⚫ 🅰🅴

pl. de l'Église – ℰ 04 74 01 25 36 – www.aubergedu-chateau.com – fermé une sem. en mai, 1ᵉʳ-15 sept., 1ᵉʳ-15 janv., mardi de nov. à mars, sam. midi, dim. soir et lundi

Rest – (20 €) Menu 33/62 € – Carte 48/68 € le soir

♦ En face de l'église du village, cette vénérable auberge de 1749 cache un restaurant rénové : salle et terrasse d'esprit actuel. Cuisines visibles ; menu-carte moderne.

BURLATS – 81 Tarn – **338** F9 – rattaché à Castres

BURNHAUPT-LE-HAUT – 68 Haut-Rhin – **315** G10 – 1 599 h.   **1** A3
– alt. 300 m – ⊠ 68520

▶ Paris 454 – Altkirch 16 – Belfort 32 – Mulhouse 17

Le Coquelicot   🚗 🚗 & ch, ⚫ rest, 🛜 🛁 **P** 𝘝𝘐𝘚𝘈 ◑ 🅰🅴

au Pont d'Aspach, 1 km au Nord – ℰ 03 89 83 10 10 – www.lecoquelicot.fr
– *Fermé 26 déc.-3 janv.*
26 ch – ♥70 € ♥♥70 € – ⊑ 12 € – ½ P 66/76 €
Rest – *(fermé 23 juil.-15 août, 26 déc.-3 janv., sam. midi et dim. soir)* (12 €)
Menu 28 € (sem.)/58 € – Carte 25/55 €
◆ Village aux portes de la pittoresque région du Sundgau. L'hôtel, proche d'axes
routiers fréquentés, dispose de chambres confortables, rafraîchies régulièrement.
Au retaurant, tons pastel et terrasse fleurie créent une ambiance printanière. Plats
traditionnels.

BUSNES – 62 Pas-de-Calais – **301** I4 – rattaché à Béthune

BUSSEAU-SUR-CREUSE – 23 Creuse – **325** J4 – ⊠ 23150 Ahun   **25** C1

▶ Paris 368 – Aubusson 27 – Guéret 17

◎ Moutier d'Ahun : boiseries★★ de l'église SE : 5,5 km - Ahun :
boiseries★ de l'église SE : 6 km 🟩 Berry Limousin.

✕✕ **Le Viaduc** avec ch   ⋖ 🛜 𝘝𝘐𝘚𝘈 ◑

9 Busseau Gare – ℰ 05 55 62 57 20 – www.restaurant-leviaduc.com
– *Fermé 1 sem. en juin, 2 sem. en janv., dim. soir et lundi*
5 ch – ♥48 € ♥♥48 € – ⊑ 7 € – ½ P 65 €
Rest – (14 €) Menu 22/45 € – Carte 35/50 €
◆ Cette auberge tire profit de sa situation dominante : la salle à manger rustique
et la terrasse offrent une belle vue sur un viaduc de 1863 qui enjambe la Creuse.
Cuisine traditionnelle actualisée à base de bons produits. À l'étage, chambres
bien tenues.

LA BUSSIÈRE-SUR-OUCHE – 21 Côte-d'Or – **320** I6 – 163 h.   **8** C2
– alt. 320 m – ⊠ 21360 🟩 Bourgogne

▶ Paris 297 – Dijon 34 – Chalon-sur-Saône 63 – Beaune 34

Abbaye de la Bussière 🖐   🏮 & 🛜 **P** 𝘝𝘐𝘚𝘈 ◑ 🅰🅴

D 33 – ℰ 03 80 49 02 29 – www.abbayedelabussiere.fr – *Fermé 4 janv.-9 fév.*
17 ch – ♥195/470 € ♥♥195/470 € – ⊑ 19 €
Rest – *(fermé lundi, mardi et le midi sauf dim.)* Menu 60/110 €
– Carte 103/117 € le soir
Spéc. Cœur de chou palmiste, truffe de Bourgogne et purée de brocoli vanillée (été).
Faux-filet de bœuf, polenta à la fourme d'Ambert, sauce diable (automne). Anis de
Flavigny en jeu de texture et de saveur. **Vins** Pommard, Gevrey-Chambertin.
Rest *Le Bistrot* – *(fermé le soir, lundi et mardi)* Menu 26/30 €
◆ Une abbaye cistercienne du 12e s. noyée dans la verdure. Si le cloître des moi-
nes a disparu, la quiétude reste entière : architectures gothiques, pièce d'eau,
chambres luxueuses... Sous de superbes voûtes d'ogives, on déguste une cuisine
fine qui respecte les produits et les saisons. Choix simplifié le midi au Bistrot.

BUSSY-ST-GEORGES – 77 Seine-et-Marne – **312** F2 – **101** 20 – **voir à Paris,
Environs (Marne-la-Vallée)**

BUXY – 71 Saône-et-Loire – **320** I9 – 2 164 h. – alt. 263 m – ⊠ 71390   **8** C3

▶ Paris 351 – Chagny 25 – Chalon-sur-Saône 17 – Montceau-les-Mines 33

🛈 place de la gare ℰ 03 85 92 00 16

✕✕ **Aux Années Vins**   🚗 𝘝𝘐𝘚𝘈 ◑ 🅰🅴

2 Grande-Rue – ℰ 03 85 92 15 76 – www.aux-annees-vins.com – *Fermé
22-31 août, 20 fév.-14 mars, merc. sauf le soir du 1er avril au 11 nov., lundi soir
du 11 nov. au 31 mars et mardi*
Rest – (17 €) Menu 23/59 € – Carte 35/65 €
◆ Bien situé au centre du village, dans les anciennes fortifications, ce restaurant élégant propose une cuisine traditionnelle soignée et un beau choix de fromages affinés.

BUZANÇAIS – 36 Indre – **323** E5 – 4 535 h. – alt. 111 m – ✉ 36500 **11** B3

Paris 286 – Le Blanc 47 – Châteauroux 25 – Chatellerault 78

55, rue Ponts ✆ 02 54 84 22 00

L'Hermitage rest,

1 chemin de Vilaine – ✆ 02 54 84 03 90 – www.lhermitagehotel.com – Fermé 2-25 janv., lundi sauf le soir en saison et dim. soir

12 ch – 🚹59/71 € 🚹🚹64/71 € – ☕ 8 € – ½ P 68/80 €

Rest – *(prévenir le week-end)* (16 €) Menu 20 € (sem.), 26/48 € – Carte 55/70 €

◆ Propriété accueillante agrémentée d'un jardin arboré où se glisse l'Indre. Les chambres, de style rustique et bien équipées, profitent presque toutes de cette vue apaisante. Aux beaux jours, on sert les repas sous une pergola ouverte sur la terrasse.

CABANAC-SÉGUENVILLE – 31 Haute-Garonne – **343** E2 – 151 h. **28** B2
– alt. 200 m – ✉ 31480

Paris 668 – Colomiers 39 – Montauban 46 – Toulouse 51

Château de Séguenville

par D 1 et D 89A – ✆ 05 62 13 42 67 – www.chateau-de-seguenville.com – Fermé 15 déc.-15 janv.

5 ch ☕ – 🚹100 € 🚹🚹120 €

Table d'hôte – *(fermé sam. en juil.-août et dim.)* Menu 30/50 €

◆ Joli château gascon du 19e s. entouré d'arbres centenaires. Vastes chambres meublées avec goût ; l'une d'elles ouvre sur une immense terrasse dominant la campagne. Cuisine régionale.

CABESTANY – 66 Pyrénées-Orientales – **344** I6 – rattaché à Perpignan

CABOURG – 14 Calvados – **303** L4 – 3 965 h. – alt. 3 m – Casino **32** B2
– ✉ 14390 Normandie Vallée de la Seine

Paris 220 – Caen 24 – Deauville 23 – Lisieux 35

jardins de l'Hotel de Ville ✆ 02 31 06 20 00

Public de Cabourg Avenue de l'Hippodrome, 1 km par av. de l'Hippodrome, ✆ 02 31 91 70 53

de Cabourg Le Home à Varaville 38 avenue du Pdt René Coty, par rte de Caen : 3 km, ✆ 02 31 91 25 56

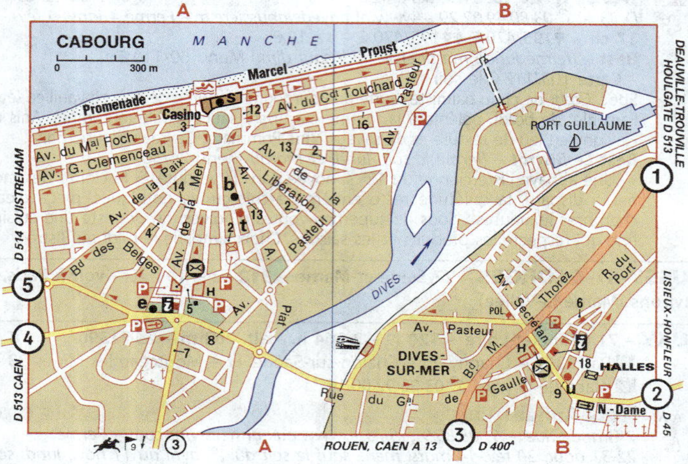

Bertaux-Levillain (Av. du Cdt) . . . . **A** 2
Castelnau (Av. Gén.-de) . . . . . **A** 4
Coquatrix (Pl. B.) . . . . **A** 5
Hastings (R. d') . . . . **B** 6
Hippodrome (Av. de l') . . . . . . **A** 7
Leclerc (Av. du Gén.) . . . . **A** 8
Manneville (R. Gaston) . . . . . . **B** 9
Mermoz (Av. Jean) . . . . **A** 12
Mer (Av. de la) . . . . **A**
Prempain (Av. A.) . . . . **A** 3
Prés. R.-Poincaré (Av. du) . . . . **A** 13
République (Av. de la) . . . . **A** 14
République (Pl. de la) . . . . **B** 18
Roi-Albert-1er (Av. du) . . . . . . **B** 16

Grand Hôtel ⬡   ← 🛜 📶 🚪 ⚔ rest, 🛎 🍴 VISA ⚫ AE ⓪   **As**

prom. M.-Proust – ☎ 02 31 91 01 79 – www.mgallery.com

68 ch – ♦175/390 € ♦♦175/390 € – 2 suites – ☐ 23 € – ½ P 185 €

Rest – Menu 39/49 € – Carte 45/60 €

◆ Palace du front de mer hanté par le souvenir de Marcel Proust : sa chambre attitrée est reconstituée à l'identique. Dans un décor cosy et feutré, on ne voit guère le temps passer... Cuisine traditionnelle au restaurant, façon brasserie chic ; belle vue sur le large.

Mercure Hippodrome ⬡   🛜 📶 ⚔ ch, AC rest, 🛎 🍴 P   VISA ⚫ AE ⓪

av. M.-d'Ornano, par av. Hippodrome A

– ☎ 02 31 24 04 04 – www.hotel-cabourg-hippodrome.com

75 ch – ♦118/155 € ♦♦118/155 € – ☐ 14 €

Rest – *(ouvert 1er avril-30 nov. et fermé dim. et lundi sauf juil.-août)* Menu 20 €

◆ Deux bâtiments récents d'allure normande jouxtant l'hippodrome. Chambres aménagées dans un style contemporain et pratique. Chaleureuse et agréable salle à manger profitant d'une belle vue sur le champ de courses.

Du Golf   🛜 📶 🛎 ⚔ P VISA ⚫ AE ⓪

av. M.-d'Ornano, par av. Hippodrome A – ☎ 02 31 24 12 34

– www.hotel-du-golf-cabourg.com – Ouvert 16 mars-15 nov.

39 ch – ♦62/80 € ♦♦62/80 € – ☐ 8,50 € – ½ P 58/68 €

Rest – *(fermé le midi du 15 mars au 30 avril, du 15 sept. au 15 nov. et vend.)* Menu 17 € (déj.)/25 € – Carte 30/49 €

◆ Cet établissement de type motel, situé en bordure du golf, abrite des chambres simples et fonctionnelles, de plain-pied avec la terrasse. La salle à manger, confortable et sobrement contemporaine, est tournée vers les greens.

Castel Fleuri sans rest   🛜 🍴 VISA ⚫ AE ⓪

4 av. Alfred Piat – ☎ 02 31 91 27 57 – www.castel-fleuri.com

– Fermé 5-24 janv.   **Ab**

22 ch ☐ – ♦75/80 € ♦♦80/90 €

◆ Maison de maître de 1920 précédée d'un joli jardin où l'on sert le petit-déjeuner dès les premiers beaux jours. Chambres coquettes et fraîches. Accueil aimable et souriant.

Le Cottage sans rest   🛜 VISA ⚫

24 av. du Gén.-Leclerc – ☎ 02 31 91 65 61 – www.hotel-cottage-cabourg.com

– Fermé 8-31 janv.   **Ae**

14 ch – ♦49/59 € ♦♦63/73 € – ☐ 10 €

◆ Atmosphère de maison d'hôtes en ce cottage des années 1900 devancé par un jardinet. Les chambres, simples mais régulièrement rafraîchies, offrent toutes un décor différent.

Le Baligan   🛜 AC VISA ⚫

8 av. Alfred-Piat – ☎ 02 31 24 10 92 – www.lebaligan.fr – Fermé 5 déc.-2 janv. et merc. sauf fériés   **At**

Rest – Menu 17 € (déj. en sem.), 27/50 € – Carte 24/68 €

◆ Dans ce bistrot au décor très marin (cannes à pêche, lithographies, fresque), on vous propose les produits de la criée locale ; fraîcheur garantie ! Terrasse d'été sur rue.

à Dives-sur-Mer Sud du plan – 5 864 h. – alt. 3 m – ☒ 14160

🅸 Village Guillaume-le-Conquérant, 2 rue d'Hastings ☎ 02 31 91 24 66

🔲 Halles ★.

Chez le Bougnat   VISA ⚫

27 r. G.-Manneville – ☎ 02 31 91 06 13 – www.chezlebougnat.fr

– Fermé 1 sem. en oct., 18 déc.-5 janv. et le soir du dim. au merc. sauf vacances scolaires   **Bu**

Rest – Menu 16 € (déj. en sem.), 26/28 € – Carte 30/50 €

◆ Ancienne quincaillerie transformée en bistrot convivial. Murs tapissés de vieilles affiches et étonnant bric-à-brac d'objets chinés en guise de décor. Carte selon le marché.

au Hôme 2 km par ⑤ – ⊠ 14390

🛈 Mairie 𝒞 02 31 24 73 83

XX **Au Pied des Marais**   ☄ 𝘝𝘐𝘚𝘈 ⓒⓞ 𝔸𝔼
⊝⊜ *26 av. du Prés.-Coty – 𝒞 02 31 91 27 55 – Fermé 21 juin-30 juil.,*
13-27 déc., 24 janv.-9 fév., mardi et merc. sauf le soir en juil.-août
Rest – Menu 18 € (déj. en sem.), 32/52 € – Carte 40/75 €
♦ Plats traditionnels, spécialités (dont les fameux pieds de cochon) et grillades
cuites au feu de bois, à apprécier dans un cadre rustique agrémenté de touches
actuelles.

CABRIÈRES – 30 Gard – **339** L5 – 1 284 h. – alt. 120 m – ⊠ 30210   **23** D2
🖻 Paris 695 – Alès 64 – Arles 40 – Avignon 33

🖿 **L'Enclos des Lauriers Roses** ᔓ   🚃 🛋 ⅃ 𝕂 ch, 🕾 𝘝𝘐𝘚𝘈 ⓒⓞ 𝔸𝔼
71 r. du 14-Juillet – 𝒞 04 66 75 25 42 – www.hotel-lauriersroses.com
– Ouvert 18 mars-6 nov.
20 ch – †80/115 € ††80/115 € – 2 suites – ⊑ 15 € – ½ P 70/100 €
Rest – Menu 23/43 € – Carte 37/57 €♨
♦ Des maisons gardoises dans un joli jardin planté de lauriers roses, quatre piscines, des chambres d'esprit provençal (la plupart avec terrasse) : un enclos bien
agréable ! Au restaurant, le décor et les saveurs ont l'accent chantant du Sud.

CABRIÈRES-D'AVIGNON – 84 Vaucluse – **332** D10 – 1 705 h.   **42** E1
– alt. 167 m – ⊠ 84220 🟩 Provence
🖻 Paris 715 – Aix-en-Provence 74 – Avignon 34 – Marseille 88

🖿 **La Bastide de Voulonne** ᔓ   🚃 🛋 ⅃ ☄ rest, 🛗 ℙ 𝘝𝘐𝘚𝘈 ⓒⓞ
2133 rte des Beaumettes, 2,5 km au Sud-Ouest par D 148 – 𝒞 04 90 76 77 55
– www.bastide-voulonne.com – Ouvert de mi-fév. à mi-nov.
13 ch – †95/150 € ††95/150 € – ⊑ 12 € – ½ P 86/112 €
Rest – *(fermé dim. sauf de juin à sept.) (dîner seult) (résidents seult)* Menu 32 €
♦ Au milieu des vignes et des arbres fruitiers, une ravissante bastide de 1764.
Chambres coquettes et soignées, possibilité de séjours à thèmes (huile d'olive,
truffes...). Le soir, les produits du terroir sont à la fête avec le menu unique de la
table d'hôte.

CABRIÈS – 13 Bouches-du-Rhône – **340** H5 – 8 362 h. – alt. 177 m   **40** B3
– ⊠ 13480
🖻 Paris 773 – Avignon 100 – Marseille 21 – Toulon 86
🛈 avenue René Cassin - Trébillane 𝒞 04 42 69 05 48

XX **La Bastide de Cabriès** avec ch ᔓ   🏠 ᵴ rest, 𝕂 ☄ 📶 🛗 ℙ
r. du Lac – 𝒞 04 42 69 07 81 – www.bastidecabries.com   𝘝𝘐𝘚𝘈 ⓒⓞ 𝔸𝔼
12 ch – †98/120 € ††113/140 € – ⊑ 13 €
Rest – *(fermé 1ᵉʳ-10 août, dim. sauf le midi en saison et sam. midi)* Menu 30 €
(sem.)/80 € – Carte 65/95 €
♦ À l'ombre des platanes ou dans la salle aux tons chocolat et pistache, on goûte
une belle cuisine actuelle, toute en textures et en parfums. Carte des vins orientée plein Sud. Chambres thématiques (écologique, provençale...) dans une bastide
au calme.

CABRIS – 06 Alpes-Maritimes – **341** C6 – **rattaché à Grasse**

CADEROUSSE – 84 Vaucluse – **332** B9 – **rattaché à Orange**

LA CADIÈRE-D'AZUR – 83 Var – **340** J6 – 5 039 h. – alt. 144 m   **40** B3
– ⊠ 83740 🟩 Côte d'Azur
🖻 Paris 815 – Aix-en-Provence 66 – Brignoles 53 – Marseille 45
🛈 place Général-de-Gaulle 𝒞 04 94 90 12 56
◉ ⩗ ★ - Le Castelet : Village★ NE : 4 km.

Hostellerie Bérard (Jean-François Bérard) ⊗   ← 🚗 🏡 🏊 🚿 ♨ 🆑 AC

av. Gabriel-Péri – ℰ 04 94 90 11 43   � needed

– www.hotel-berard.com – Fermé 3 janv.-10 fév.

35 ch – ♥99/189 € ♥♥99/189 € – 2 suites – ⊑ 21 € – ½ P 142/188 €

Rest – *(fermé mardi sauf le soir du 15 juin au 30 sept. et lundi)* Menu 44 € (sem.)/149 € – Carte 87/115 € ❀

Spéc. Rouget de pays, supion et risotto à l'encre de seiche (été). Poulette de Bresse rôtie à la broche, fourrée sous la peau à la brousse d'herbes. Figue de Solliès gratinée au miel de romarin, sablé aux épices (été). **Vins** Bandol.

Rest *Le Bistrot de Jef* – *(fermé jeudi sauf le soir du 1ᵉʳ juil. au 1ᵉʳ sept. et merc.)* (20 €) Menu 29 € – Carte 42/58 €

◆ Cette hôtellerie familiale, composée de maisons de caractère dont un couvent du 11ᵉ s., abrite de belles chambres provençales. Superbe spa d'inspiration gallo-romaine. Restaurant tourné vers le vignoble de Bandol, jolie terrasse et savou-reuse cuisine actuelle. Le Bistrot de Jef est idéal pour manger sur le pouce.

CADILLAC – 33 Gironde – **335** J7 – 2 427 h. – alt. 16 m – ✉ 33410   **3** B2

▌ Aquitaine

▶ Paris 607 – Bordeaux 41 – Langon 12 – Libourne 40

🛈 9, place de la Libération ℰ 05 56 62 12 92

Du Château de la Tour   🔊 🏡 🏊 🖥 🗏 ⅓ ch, AC ⁽ᵗ⁾ ⅙ 🗏 VISA ◐ AE

av. de la libération, (D 10) – ℰ 05 56 76 92 00

– www.hotel-restaurant-chateaudelatour.com

32 ch – ♥75/200 € ♥♥90/230 € – ⊑ 11 €

Rest – *(fermé dim. soir de nov. à fév.)* (15 €) Menu 28/49 € – Carte 40/49 €

◆ Bâti dans l'ancien potager du château des ducs d'Épernon, l'hôtel refait par étapes abrite des chambres contemporaines. Parc bordé d'une rivière, sauna. Au restaurant, belle charpente et terrasse ; la cuisine est actuelle, à base de produits du terroir.

CAEN ℗ – 14 Calvados – **303** J4 – 110 399 h. – **Agglo. 199 490 h.**   **32** B2

– alt. 25 m – ✉ 14000 ▌ Normandie Cotentin

▶ Paris 236 – Alençon 105 – Cherbourg 125 – Le Havre 91

🛪 de Caen-Carpiquet : ℰ 02 31 71 20 10, 7 km par D 9.

🛈 Hotel d'Escoville - 12, place Saint-Pierre ℰ 02 31 27 14 14

🚉 de Caen à Biéville-Beuville Le Vallon, N : 5 km par D 60, ℰ 02 31 94 72 09

⛳ de Garcelles à Garcelles-Secqueville Route de Lorguichon, par rte de Falaise : 15 km, ℰ 02 31 39 09 09

◉ Abbaye aux Hommes★★ : église St-Étienne★★ - Abbaye aux Dames★ : église de la Trinité★★ - Chevet★★, frise★★ et voûtes★★ de l'église St-Pierre★ - Église et cimetière St-Nicolas★ - Tour-lanterne★ de l'église St-Jean EZ - Hôtel d'Escoville★ DY **B** - Vieilles maisons★ (n° 52 et 54 rue St-Pierre) DY **K** - Musée des Beaux-Arts★★ dans le château★ DX **M¹** - Mémorial★★★ AV - Musée de Normandie★ DX **M².**

Plans pages 367, 368, 369

Le Dauphin   🆑 🖥 ⅙ ch, ⁽ᵗ⁾ ⅙ 🗏 VISA ◐ AE ◐

29 r. Gémare – ℰ 02 31 86 22 26 – *www.le-dauphin-normandie.com*

37 ch – ♥75/185 € ♥♥85/200 € – ⊑ 13 € – ½ P 65/140 €   DY**a**

Rest – *(fermé 18 juil.-7 août, sam. midi et dim.)* (18 €) Menu 23/60 € – Carte 50/80 €

◆ Ancien prieuré proche des murailles du château. Chambres personnalisées, parfois agrémentées de poutres patinées et de meubles de style. Agréable salle à manger cossue ; cuisine traditionnelle aux accents du terroir. Salon-bar attenant.

Moderne sans rest   🖥 AC ⅙ ⁽ᵗ⁾ 🚗 VISA ◐ AE ◐

116 bd Mar.-Leclerc – ℰ 02 31 86 04 23 – *www.hotel-caen.com*   DY**d**

40 ch ⊑ – ♥95/145 € ♥♥120/220 €

◆ Discrète construction d'après-guerre aux chambres régulièrement rafraîchies. Au 5ᵉ étage, la salle des petits-déjeuners offre une vue sur les toits de la ville.

Mercure Port de Plaisance sans rest

1 r. Courtonne – ℰ 02 31 47 24 24 – www.mercure.com

126 ch – †100/220 € ††120/220 € – 4 suites – �) 15 €   EYb

◆ Hôtel de chaîne face au port de plaisance. Le hall expose des tableaux d'artistes locaux. Chambres de bonne ampleur, progressivement rajeunies dans un style plus actuel.

Des Quatrans sans rest

17 r. Gemare – ℰ 02 31 86 25 57 – www.hotel-des-quatrans.com – Fermé 24 déc.-2 janv.   DYp

47 ch – †60/80 € ††65/80 € – � 9 €

◆ Au cœur du centre-ville, près du château, hôtel vous accueillant dans un salon-bar cosy. Chambres chaleureuses et propres, régulièrement rénovées (plus calmes sur l'arrière).

Du Château sans rest

5 av. du 6-Juin – ℰ 02 31 86 15 37 – www.hotel-chateau-caen.com

24 ch – †50/60 € ††60/70 € – ☒ 8 €   EYn

◆ Entre le port de plaisance et le château, adresse sympathique profitant d'un emplacement de choix. Chambres assez petites et sobrement décorées dans des coloris pastel.

Du Havre sans rest

11 r. du Havre – ℰ 02 31 86 19 80 – www.hotelduhavre.com – Fermé 15 déc.-2 janv.

19 ch – †52 € ††62 € – ☒ 7 €   EZv

◆ Cet hôtel familial, régulièrement rafraîchi, propose des chambres sans luxe mais pratiques, très tranquilles côté église. Tenue scrupuleuse et prix doux. Accueil aimable.

Bristol sans rest

31 r. du 11-Novembre – ℰ 02 31 84 59 76 – www.hotelbristolcaen.com

24 ch – †60/65 € ††80/95 € – ☒ 9 €   EZs

◆ Cet édifice de 1955 proche de l'hippodrome et de la gare abrite des chambres bien tenues, bénéficiant toutes d'un double vitrage. Petit-déjeuner sous forme de buffet.

De France sans rest

10 r. de la Gare – ℰ 02 31 52 16 99 – www.hoteldefrance-caen.com

47 ch – †66/93 € ††66/93 € – ☒ 15 €   EZe

◆ À deux pas de la gare, établissement rénové doté de chambres d'ampleur moyenne, simples et nettes (bonne literie, mobilier en bois plaqué et double vitrage).

XXX **Ivan Vautier** avec ch

3 av. Henry Chéron – ℰ 02 31 73 32 71 – www.ivanvautier.com   AVv

19 ch – †108 € ††155 € – ☒ 20 €

Rest – (fermé dim. soir et lundi) Menu 27 € (déj. en sem.), 48/80 € – Carte 65/90 €

Spéc. Tartare de grosses langoustines mi-cuites mi-crues, saveurs du voyage. Pavé de bar rôti sur peau, purée de cocos de Paimpol, bouillon de coquillages. Millefeuille "haut comme un gratte ciel".

◆ Limpidité, précision, maîtrise : dans ce Pressoir, les assiettes ont du style, et ce sans sacrifier la nature et la saveur des produits, au contraire ! Sobre décor contemporain. Les chambres, créées en 2009, sont assez spacieuses et tout aussi épurées.

XXX **Stéphane Carbone - Restaurant Incognito**

14 r. de la Courtonne – ℰ 02 31 28 36 60

– www.stephanecarbone.fr – Fermé le midi du 8 au 21 août, sam. midi et dim.

Rest – (27 €) Menu 35/79 € – Carte 55/90 €   EYu

Spéc. Raviole de langoustine aux petits légumes (avril à oct.). Ris de veau doré au jus gras, émincé de pois gourmands au sésame. Entremets au chocolat mangaro.

Vins Vin de pays du Calvados.

◆ Restaurant contemporain près du bassin St-Pierre : cuisines ouvertes sur la salle. Le chef signe des plats épurés, précis dans les cuissons et les harmonies de saveurs.

XX **ArchiDona**

9 r. Gémare – ℰ 02 31 85 30 30 – www.archidona.fr – Fermé dim. et lundi

Rest – (14 €) Menu 18 € (déj.), 25/46 € – Carte 25/46 €   DYh

◆ L'Archidona – nom d'un village andalou – est situé près du château. Cadre contemporain sobre et épuré, lumières tamisées au dîner, cuisine dans l'air du temps.

CAEN

Baladas (Bd des)............. **AV** 6
Chemin-vert (R. du)....... **AV** 19
Chéron (Av. Henri)........ **AV** 20
Clemenceau (Av. G.)...... **BV** 22
Copernic (Av. N.)......... **ABV** 23

Côte-de-Nacre (Av. de la)... **AV** 24
Courseulles (Av. de)...... **AV** 25
Délivrande (R. de la)...... **AV** 29
Demi-Lune (Pl. de la)..... **BV** 30
Lyautey (Bd Mar.)........ **AV** 53
Montalivet (Cours)....... **BV** 59
Montgomery (Av. Mar.)... **AV** 60
Mountbatten (Av. Am.)... **AV** 62

Pasteur (R. L.)............ **BV** 63
Père-Ch.-de-Foucault (Av.)... **AV** 64
Poincaré (Bd R.).......... **BV** 66
Pompidou (Bd G.)......... **AV** 67
Rethel (Bd de)........... **BV** 70
Richemond (Bd)........... **AV** 71
Rouen (Av. de)........... **BV** 95
Trouville (Rte de)......... **BV** 84

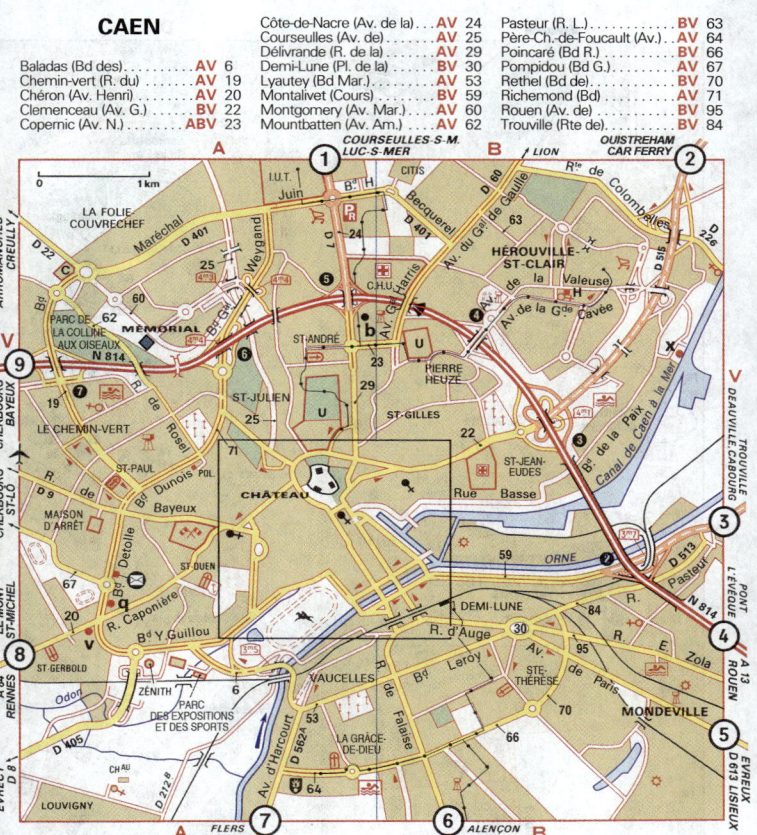

Villa Eugène

XX

75 bd André-Detolle – ℰ 02 31 75 12 12 – www.villa-eugene.fr – Fermé 1er-15 août, 1 sem. en fév., sam. midi, dim. et fériés

AVq

Rest – (16 €) Menu 21 € (déj.) – Carte 30/40 €

♦ Ce nouveau restaurant plaît grâce à son décor plutôt branché aux tons prune et sa terrasse verdoyante protégée de la rue par des arbustes. Cuisine actuelle, bon choix de vins.

Le Carlotta

XX

16 quai Vendeuvre – ℰ 02 31 86 68 99 – www.lecarlotta.fr – Fermé dim.

EYm

Rest – Menu 24 € (sem.), 28/37 € – Carte 30/50 €

♦ Grande brasserie d'inspiration Art déco fréquentée pour son atmosphère animée et sa cuisine typique du genre, enrichie de plats de poissons. Véranda ouverte, l'été, sur le port.

Café Mancel

X

au Château – ℰ 02 31 86 63 64 – www.cafemancel.com – Fermé vacances de fév., dim. soir et lundi

DXt

Rest – (15 €) Menu 21/31 € – Carte 26/42 €

♦ Discret car situé dans le château, le Café du musée des Beaux-Arts mérite le détour : sobre cadre contemporain, terrasse, soirées musicales et surtout appétissante cuisine actuelle.

✂

Pain et Beurre

VISA ⊕⊙

46 r. Guillaume-le-Conquérant – ℰ 02 31 86 04 57 – Fermé 1ᵉʳ-23 août, sam. midi, dim. soir et lundi

Rest – (15 €) Menu 18 € (déj. en sem.)/30 €

CYr

♦ Près de l'église Saint-Étienne et de l'abbaye aux Hommes, cette maison sur trois niveaux a revu son cadre d'origine dans un esprit épuré. Carte fusion à base de produits de saison.

CAEN

Académie (R. de l') . . . . **CY** 2
Alliés (Bd des) . . . . **DY** 3
Bagatelle (Av. de) . . . . **CX** 4
Barbey-d'Aurevilly (R.) . . . . . **CX** 7
Bayeux (R. de) . . . . **CX** 8
Bir-Hakeim (Pont de) . . . . **EZ** 9
Brunet (R. H.) . . . . **EYZ** 10
Caponière (R.) . . . . **CY** 12
Carrières-St-Julien (R. des) . **CDX** 13
Caumont (R. A. de) . . . . **CY** 15
Chanoine X. de St-Paul (R.) . **CDX** 16
Chaussée-Ferrée (R. de la) . . **EZ** 18
Churchill (Pont) . . . . **EZ** 21
Courtonne (Pl.) . . . . **EY** 26
Creully (Av. de) . . . . **CX** 27
Decaen (R. Gén.) . . . . **EZ** 28
Délivrande (R. de la) . . . . **DX** 29
Docteur-Rayer (R.) . . . . **CX** 32
Doumer (R. Paul) . . . . **DY** 33
Écuyère (R.) . . . . **CY**
Édimbourg (Av. d') . . . . **DX** 35
Falaise (R. de) . . . . **EZ** 38
Foch (Pl. Mar.) . . . . **DZ** 39
Fontette (Pl.) . . . . **CY** 40
Froide (R.) . . . . **DY** 42
Fromages (R. aux) . . . . **CY** 43
Guillaume-le-Conquérant (R.) . **CY** 45
Guillouard (Pl. L.) . . . . **CY** 46
Juifs (R. aux) . . . . **CX** 47
Lair (R. P.-A.) . . . . **CY** 49
Lebisey (R. de) . . . . **EX** 50
Lebret (R. G.) . . . . **DYZ** 51
Leclerc (Bd Mar.) . . . . **DYZ**
Libération (Av. de la) . . . . . . **DXY** 52
Malherbe (Pl.) . . . . **CDY** 54
Manissier (R.) . . . . **EX** 55
Marot (R. J.) . . . . **CY** 56
Meslin (Q. E.) . . . . **EZ** 57
Miséricorde (R. de la) . . . . . . **EYZ** 58
Montalivet (Cours) . . . . **EZ** 59
Montoir-Poissonnerie (R.) . . . **DY** 61
Pémagnie (R.) . . . . **CX** 63
Petit-Vallerent (Bd du) . . . . . . **CZ** 65
Pont-St-Jacques (R. du) . . . . . **DY** 68
Reine-Mathilde (Pl.) . . . . **EX** 69
Sadi-Carnot (R.) . . . . **DZ** 72
St-Gabriel (R.) . . . . **CY** 74
St-Jean (R.) . . . . **DEYZ**
St-Manvieu (R.) . . . . **CY** 75
St-Michel (R.) . . . . **EZ** 77
St-Nicolas (R.) . . . . **CY** 78
St-Pierre (Pl.) . . . . **DY** 80
St-Pierre (R.) . . . . **DY**
Sévigné (Prom. de) . . . . **EZ** 81
Strasbourg (R. de) . . . . **DY** 83
Vaucelles (R. de) . . . . **EZ** 85
Vaugueux (R. du) . . . . **DX** 86
6-Juin (Av. du) . . . . **DEYZ**
11-Novembre (R. du) . . . . . . **DEZ** 90

✕ **Le Bouchon du Vaugueux**　　　　　　　　　🍴 VISA ⓒⓑ

ⓢ *12 r. Graindorge – ℰ 02 31 44 26 26*
　 – Fermé dim. et lundi　　　　　　　　　　　　　　　　**DYg**

🍴 **Rest** – *(prévenir)* (13 €) Menu 18 € (déj. en sem.)/26 €
　 ◆ Sous ses airs simples, ce sympathique bistrot au style bouchon vous régale
　 de plats actuels, sensibles aux saisons. Sélection de vins de petits producteurs
　 à l'ardoise.

369

à l'échangeur Caen-Université (bretelle du bd périphérique, sortie n° 5)
– ⊠ 14000 Caen

Novotel Côte de Nacre 🚗 🛬 🏊 |🖥| 🔥 🏃 🅿 *VISA* 🌐 Æ ⓘ
av. de la Côte-de-Nacre – 𝒞 02 31 43 42 00 – www.novotel.com AVb
126 ch – ♦101/141 € ♦♦101/141 € – ☐ 14 € **Rest** – (12 €) Carte 16/32 €
♦ Proche d'axes routiers importants, cet hôtel met à disposition de ses clients
des chambres rénovées en majorité selon les dernières normes de la chaîne. Au
restaurant, formule Novotel Café dans un cadre épuré, ouvert sur la piscine. Sympathique salon-bar.

à Hérouville St-Clair 3 km au Nord-Est – 22 766 h. – alt. 20 m – ⊠ 14200

XX **L'Espérance** ⟷ 🅿 *VISA* 🌐
512 r. Abbé-Alix, (au bord du canal) – 𝒞 02 31 44 97 10
– www.restaurant-esperance.com – Fermé 16 août-2 sept., 4-20 janv., dim. soir et lundi
Rest – (14 €) Menu 20 € (déj. en sem.), 26/34 € – Carte environ 43 € BVx
♦ Dans ce restaurant qui jouit d'un cadre agréable (vue sur le canal reliant Caen à la
mer), on sert une cuisine d'inspiration traditionnelle. Salle au décor contemporain.

à Bénouville 10 km par ② – 1 931 h. – alt. 8 m – ⊠ 14970

👁 Château★ : escalier d'honneur★★ - Pegasus Bridge★.

La Glycine ÀC rest, ⁰ſ 🏃 🅿 *VISA* 🌐 Æ
11 pl. Commando-n° 4, (face à l'église) – 𝒞 02 31 44 61 94 – www.la-glycine.com
– Fermé 15 déc.-4 janv.
35 ch – ♦58/59 € ♦♦68 € – ☐ 8,50 € – ½ P 68 €
Rest – (fermé dim. soir d'oct. à avril) Menu 20 € (sem.), 28/55 € – Carte 34/68 €
♦ Le fameux Pegasus Bridge disputé lors du "D Day" est proche de ces deux maisons reliées par un patio fleuri. Les chambres récentes de l'annexe sont plus
modernes et épurées. Cuisine traditionnelle servie dans un cadre contemporain.

XX **Le Manoir d'Hastings et la Pommeraie** avec ch ⌖ 🚗 🛬 🅿
18 av. Côte-de-Nacre, (près de l'église) – 𝒞 02 31 44 62 43 *VISA* 🌐 Æ
– www.manoirhastings.com
15 ch – ♦75/90 € ♦♦90/120 € – ☐ 10 € – ½ P 80/90 €
Rest – Menu 25 € (déj. en sem.), 35 € bc/48 € bc – Carte environ 53 €
♦ Salle à manger rustique, véranda et coquettes chambres côté prieuré (17e s.),
aménagements plus fonctionnels dans le bâtiment récent. Cuisine traditionnelle.
Jardin arboré.

à Fleury-sur-Orne 4 km par ⑦ – 4 039 h. – alt. 33 m – ⊠ 14123

XX **Auberge de l'Île Enchantée** ⟻ ⟷ *VISA* 🌐
1 r. St-André, (au bord de l'Orne) – 𝒞 02 31 52 15 52 – www.aubergelileenchantee.com
– Fermé 4-14 août, mardi soir hors saison, merc. soir, dim. soir et lundi
Rest – (19 €) Menu 23/42 € – Carte 40/64 €
♦ Cet ancien bar de pêcheurs dans les années 1930 est devenu une auberge à
colombages, tapissée en partie de vigne vierge. Les salles campagnardes donnent
sur l'Orne. Plats actuels.

CAGNES-SUR-MER – 06 Alpes-Maritimes – **341** D6 – 48 313 h. **42** E2
– alt. 20 m – Casino – ⊠ 06800 🟩 Côte d'Azur
▶ Paris 915 – Antibes 11 – Cannes 21 – Grasse 25
🅹 6, boulevard Maréchal Juin 𝒞 04 93 20 61 64
👁 Haut-de-Cagnes★ - Château-musée★ : patio★★, ⁂★ de la tour - Musée Renoir.

Domaine Cocagne ⌖ 🚗 🛬 🏊 🔥 ÀC ⁰ſ 🏃 🅿 *VISA* 🌐 Æ ⓘ
30 chemin du Pain de Sucre, colline de la rte de Vence, 2 km par ①, D 36 et rte
secondaire – 𝒞 04 92 13 57 77 – www.domainecocagne.com – Ouvert
8 mars-6 nov. et fermé dim. et lundi
21 ch – ♦100/270 € ♦♦100/270 € – 9 suites – ½ P 80/165 €
Rest – (fermé dim. soir, lundi et mardi) (28 €) Menu 35/50 € – Carte 40/65 € ⅋
♦ Dans un cadre idyllique (fleurs, palmiers), luxueuses chambres avec balcon ou
terrasse, décor contemporain épuré signé Jan des Bouvrie et expositions de peintures. Brasserie au cadre tendance servant une cuisine au goût du jour.

CAGNES-VILLE

Béranger (R. Gén.) . . . . **BZ** 3
Chevalier-Martin (R.) . . . . **BZ** 6
Gaulle (Pl. Gén.-de) . . . . **BZ** 15
Giacosa (R. J.-P.) . . . . **BZ** 17
Hôtel-des-Postes (Av. de l') . . **BZ** 19
Hôtel-de-Ville (Av. de l') . . . . **BZ** 20
Mistral (Av. F.) . . . . **BZ** 24
Renoir (Av. A.) . . . . **BZ**

HAUT-DE-CAGNES

Château (Montée du) . . . . . . **AZ** 4
Clergue (R. Denis J.) . . . . **AZ** 7
Dr-Maurel (Pl. du) . . . . **AZ** 8
Dr-Provençal (R. du) . . . . **AZ** 10
Geniaux (R. Ch.) . . . . **AZ** 16

Grimaldi (Pl.) . . . . **AZ** 18
Paissoubran (R.) . . . . **AZ** 27
Piolet (R. du) . . . . **AZ** 28
Planastel (R. du) . . . . **BX** 29
Pontis-Long (R. du) . . . . **AZ** 30
St-Sébastien (R.) . . . . **AZ** 33
Sous-Baous (Montée) . . . . . . **AZ** 37

CROS-DE-CAGNES

Jean-Jaurès (Av.) . . . . **BX** 22
Leclerc (Av. Gén.) . . . . **BX** 23
Nice (Av. de) . . . . **BX** 25
Oliviers (Av. des) . . . . **BX** 26
Serre (Av. de la) . . . . **BX** 36

CAGNES-SUR-MER-
VILLENEUVE-LOUBET

371

Tiercé sans rest   🛗 AC ❄ ☎ P VISA ⦿ AE ①
33 bd Kennedy – ℰ 04 93 20 02 09 – www.tiercehotel.com – Fermé nov.
23 ch – †75/90 € ††85/161 € – ⬚ 10 €   BX**r**
• Tiercé gagnant pour cet hôtel près de la plage et de l'hippodrome. Les chambres, de style contemporain, sont très confortables, et plusieurs d'entre elles ont vue sur la mer.

Splendid sans rest   🛗 AC ❄ ☎ P VISA ⦿ AE ①
41 bd Mar.-Juin – ℰ 04 93 22 02 00 – www.hotel-splendid-riviera.com
26 ch – †72/130 € ††91/140 € – ⬚ 9 €   BX**x**
• Cet hôtel du centre-ville dispose de chambres fonctionnelles et claires, qui donnent presque toutes sur l'arrière, profitant ainsi du calme.

Le Chantilly sans rest   ☎ P VISA ⦿ AE ①
31 chemin Minoterie – ℰ 04 93 20 25 50 – www.hotel-lechantilly.fr
17 ch – †60/66 € ††68/77 € – ⬚ 8 €   BX**b**
• Villa balnéaire fleurie en saison. Hall et salon possèdent le charme d'une maison de famille. Les chambres sont diversement meublées et certaines bénéficient d'un balcon.

au Haut-de-Cagnes

Le Cagnard sans rest ⬚   ← 🛗 AC ⚖ P VISA ⦿ AE ①
45 r. Sous-Barri – ℰ 04 93 20 73 21 – www.le-cagnard.com – Fermé de mi-nov. à mi-déc.
14 ch – †85/140 € ††100/250 € – 6 suites – ⬚ 16 €   AZ**e**
• Cette maison historique a accueilli des hôtes illustres : Simenon, Renoir, Soutine, Modigliani, etc. Chambres tournées vers la mer, certaines avec terrasse.

Fleur de Sel   AC VISA ⦿
85 montée de la Bourgade – ℰ 04 93 20 33 33 – www.restaurant-fleurdesel.com
– Fermé 10-17 juin, 25 oct.-7 nov., 6-20 janv., jeudi midi, merc. et le midi en juil.-août
Rest – Menu 33/66 € – Carte 44/65 €   AZ**m**
• Sympathique petite adresse voisine de l'église. Cuisine visible de tous dans la salle mi-rustique, mi-provençale décorée de cuivres et de tableaux. Carte alléchante.

Josy-Jo (Josy Bandecchi)   🍽 AC VISA ⦿ AE
2 r. Planastel – ℰ 04 93 20 68 76 – www.restaurant-josyjo.com – Fermé 1 sem. en mars, 15 nov.-13 déc., le midi en juil.-août, lundi de sept. à juin et dim.
Rest – Menu 28 € bc (déj.)/42 € – Carte 42/91 €   AZ**a**
Spéc. Farcis "Grand'Mère". Carré d'agneau des Hautes-Alpes. Mousse au citron du pays. **Vins** Bellet, Vin de l'Île Saint Honorat.
• Lieu simple mais très convivial : vieux murs en pierre, tableaux, objets en ferronerie et cuisine ouverte. Service sans tralala, fameuses grillades et bons petits plats provençaux.

à Cros-de-Cagnes 2 km au Sud-Est – ⊠ 06800 Cagnes-sur-Mer

La Bourride   ← 🍽 AC VISA ⦿ AE
(port du Cros) – ℰ 04 93 31 07 75 – http://labourride.com – Fermé vacances
de fév., mardi soir et merc.   BX**e**
Rest – Menu 40/80 € – Carte 55/75 €
• Nouvelle décoration contemporaine dans cette salle très lumineuse. Dans l'assiette, produits du marché avec, à l'honneur, poissons et fruits de mer. Une adresse sérieuse.

Bistrot de la Marine - Jacques Maximin   🍽 AC ❄ VISA ⦿
96 bd de la Plage – ℰ 04 93 26 43 46 – www.bistrotdelamarine.com – Fermé
lundi et le midi en juil.-août   BX**n**
Rest – (nombre de couverts limité, prévenir) (25 €) Menu 34 € (déj. en sem.)/
43 € – Carte 40/65 €
Spéc. Ratatouille de crustacés. Filet de loup rôti à la Niçoise. Sablé pur beurre aux framboises.
• Le nouveau défi de Jacques Maximim : "ouvrir une petite maison et une grande table". C'est chose faite avec ce bistrot pensé dans un esprit "marin-malin" !

Catherine   🍽 VISA ⦿ AE
91 bd de la Plage – ℰ 04 93 31 00 17 – Fermé 23-27 déc., 7-21 fév., dim. soir et
lundi sauf juil.-août   BX
Rest – Menu 25 € (déj. en sem.)/39 € – Carte 60/130 €
• Ancien nez dans le parfum, la propriétaire soigne l'alliance des arômes ! Fraîchement débarqué des petits pointus locaux, le poisson embaume. Terrasse en bord de plage.

CAHORS 🅿 – 46 Lot – 337 E5 – 20 062 h. – alt. 135 m – ✉ 46000   28 B1
🟩 Périgord Quercy

🔁 Paris 575 – Agen 85 – Albi 110 – Brive-la-Gaillarde 98

ℹ️ place François Mitterrand ☎ 05 65 53 20 65

🔷 Pont Valentré★★ - Portail Nord★★ et cloître★ de la cathédrale St-Etienne ★BY E - ≤★ du pont Cabessut - Croix de Magne ≤★ O : 5 km par D 27 - Barbacane et tour St-Jean★ - ≤★ du nord de la ville.

Plan page suivante

🏨 Terminus   🗔 🗛🗔 🕻 🔥 🅿 ☑️ ⚫⚫ 🗛🗔 ⚫
5 av. Ch.-de-Freycinet – ☎ 05 65 53 32 00 – www.balandre.com – Fermé 15-30 nov.
22 ch – †60/160 € ††70/160 € – ☑ 12 €   AYs
Rest *Le Balandre* – voir ci-après

♦ C'est au Terminus que tout le monde descend ! Les atouts de cette demeure bourgeoise des années 1910 : de grandes chambres nettes et insonorisées et un bar Art déco.

🏠 Jean XXII sans rest   🕏 🕪 ☑️ ⚫⚫ 🗛🗔
2 r. E. Albe – ☎ 05 65 35 07 66 – www.hotel-jeanxxii.com – Fermé dim. d'oct. à mai
9 ch – †50 € ††60 € – ☑ 7 €   BYv

♦ Voici un point de chute pratique et calme, au pied de la tour Jean XXII. Les murs de ce palais, édifié par la famille du pontife, abritent des chambres au cachet agréable.

ⵚⵚⵚ Le Balandre – Hôtel Terminus   🗛🗔 ☑️ ⚫⚫ 🗛🗔 ⚫
5 av. Ch.-de-Freycinet – ☎ 05 65 53 32 00 – www.balandre.com
– Fermé 15-30 nov., dim. sauf fériés et lundi   AYs
Rest – (18 €) Menu 36 € (dîner), 75 € – Carte 30/60 €🕏

♦ Le chef invente une cuisine aux saveurs actuelles, à déguster dans une élégante salle égayée de vitraux. En prime : une superbe sélection de vins et un menu plus simple le midi.

ⵚⵚ L'Ô à la Bouche   🕏 🗛🗔 ☑️ ⚫⚫
😊 134 r. Ste-Urcisse, (transfert prévu au 56 allées Fénelon) – ☎ 05 65 35 65 69
– Fermé vacances de Pâques et de la Toussaint, dim. et lundi   BZa
Rest – (19 € bc) Menu 27 € bc/40 € – Carte environ 30 €

♦ Des plats dans l'air du temps... qui mettent l'eau à la bouche ! L'enseigne devrait quitter, au printemps 2011, ses vieux murs du centre-ville – en emportant leur âme, espérons-le.

ⵚⵚ Le Marché   🕏 🗛🗔 ☑️ ⚫⚫ 🗛🗔
27 pl. Chapou – ☎ 05 65 35 27 27 – www.restaurantlemarche.com – Fermé
1er-8 mai, 1er-15 nov., 21-28 fév., lundi sauf juil.-août et dim.   BZd
Rest – (14 €) Menu 33 €

♦ Adresse en vue, autant pour son cadre – une salle tout en longueur (banquettes beiges et prune, mur en ardoise) – que pour sa cuisine, tendance et inspirée.

ⵚ Au Fil des Douceurs   ≤ 🕏 🗛🗔 ☑️ ⚫⚫
😊 90 quai de la Verrerie – ☎ 05 65 22 13 04 – Fermé 21 juin-5 juil., 2-18 janv., dim.
et lundi   BYx
Rest – Menu 14 € (déj. en sem.), 24/50 € – Carte 27/39 €

♦ Embarquement immédiat sur ce bateau qui offre une vue imprenable sur le Lot et le vieux Cahors. Cuisine traditionnelle proposée dans deux salles à manger superposées.

à Caillac 13 km par ① , rte de Bergerac et D145 – 563 h. – alt. 161 m – ✉ 46140

ⵚⵚ Le Vinois avec ch   🕏 🗖 & ch, 🕻 ☑️ ⚫⚫
Le bourg – ☎ 05 65 30 53 60 – www.levinois.com – Fermé 3-18 oct., 10 janv.-9 fév.
10 ch – †82/150 € ††89/150 € – ☑ 14 € – ½ P 83/112 €
Rest – (fermé lundi sauf le soir en juil.-août, dim. soir et mardi midi) (15 €)
Menu 35/69 € – Carte 45/64 €

♦ Au cœur du vignoble de Cahors, ne ratez pas cette étonnante auberge, agencée de manière ultramoderne, et sa goûteuse cuisine, actuelle et soignée. L'hôtel joue aussi la carte de la modernité dans les chambres, agréables et confortables.

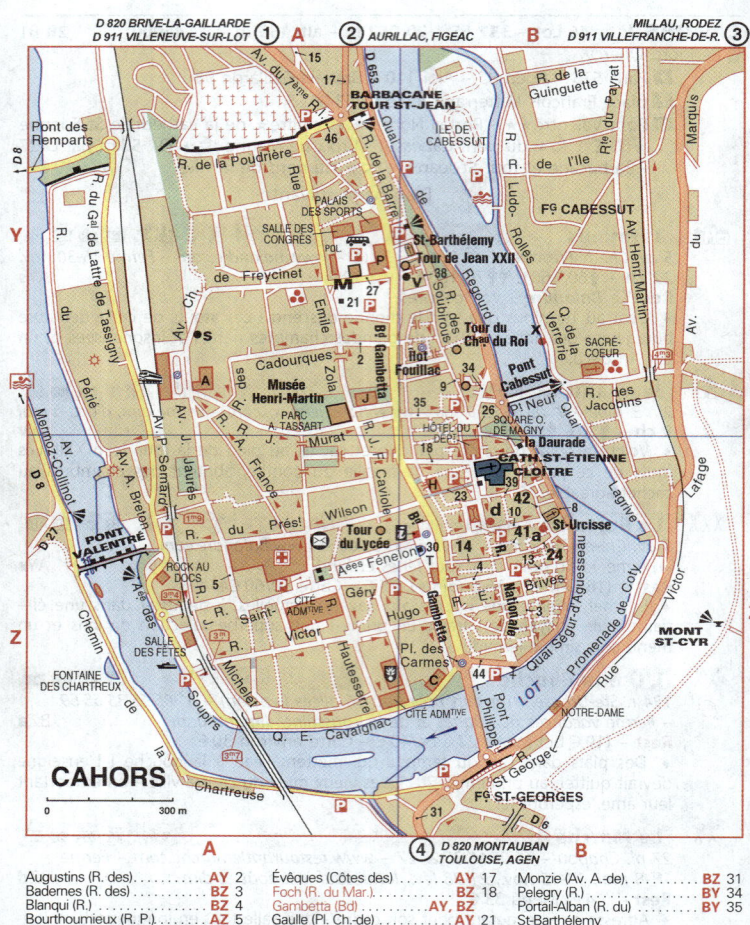

CAHORS

Augustins (R. des) . . . . **AY** 2
Badernes (R. des) . . . . **BZ** 3
Blanqui (R.) . . . . **BZ** 4
Bourthoumieux (R. P.) . . . . . . **AZ** 5
Champollion (Quai) . . . . **BZ** 8
Château-du-Roi (R. du) . . . . . . **BY** 9
Clemenceau (R. G.) . . . . **BZ** 10
Delmas (R. du Col.) . . . . **BZ** 13
Dr-Bergounioux (R.) . . . . **BZ** 14
Dr-J.-Ségala (R. du) . . . . **AY** 15

Évêques (Côtes des) . . . . **AY** 17
Foch (R. du Mar.) . . . . **BZ** 18
Gambetta (Bd) . . . . **AY, BZ**
Gaulle (Pl. Ch.-de) . . . . **AY** 21
Joffre (R. du Mar.) . . . . **BZ** 23
Lastié (R.) . . . . **BZ** 24
Marot (R. Clément) . . . . **BY** 26
Mendès-France
  (R. P.) . . . . **AY** 27
Mitterrand (Pl. F.) . . . . **BZ** 30

Monzie (Av. A.-de) . . . . **BZ** 31
Pelegry (R.) . . . . **BY** 34
Portail-Alban (R. du) . . . . **BY** 35
St-Barthélemy
  (R.) . . . . **BY** 38
St-James (R.) . . . . **BZ** 39
St-Priest (R.) . . . . **BZ** 41
St-Urcisse (R.) . . . . **BZ** 42
Vaxis (Cours) . . . . **BZ** 44
Villars (R. René) . . . . **AY** 46

à Mercuès 10 km par ① et D 811 – 1 056 h. – alt. 133 m – ✉ 46090

🏨🏨 **Château de Mercuès** ⊗ ⟨ 🍴 ≋ ♨ ✖ 📶 ⚫ ✗ rest, 🐾 ♿ **P**

※ – 𝒞 05 65 20 00 01 – www.chateaudemercues.com **VISA ⦿③ AE ①**
 – *Ouvert de Pâques à la Toussaint*
24 ch – 🛏190/220 € – 🛏🛏190/220 € – 6 suites – ⊑ 22 € – ½ P 163/185 €
Rest – *(fermé lundi sauf le soir du 10 juil. au 20 août, mardi midi, merc. midi et jeudi midi)* Menu 65/120 € – Carte 74/139 €
Spéc. Minestrone de légumes au pistou, cromesquis de pied de veau. Côte de veau cuite en cocotte et purée de pommes "ratte" aux truffes (été). Pêche saturne, crémeux verveine et arlette croustillante (saison). **Vins** Cahors.
◆ Le designer François Champsaur a insufflé un style contemporain à ce château historique (13ᵉ s.), dont les points forts sont les majestueuses chambres et le beau panorama sur la vallée du Lot. Le chef concocte une cuisine inventive, au diapason du décor "griffé".

⌂ **Le Mas Azemar** ⌖   🔲🏡🗡️🍽️📶 🅿️
r. du Mas-de-Vinssou – ☎ 05 65 30 96 85 – www.masazemar.com
5 ch ☐ – †109 € ††109 €   **Table d'hôte** – Menu 34 € bc/42 € bc
◆ Les propriétaires de cette maison de maître du 18ᵉ s., ancienne dépendance du château de Mercuès, sont passionnés d'art et de mobilier ancien. Une belle atmosphère... Cuisine traditionnelle familiale dans un cadre chaleureux et rustique (poutres, murs en pierre, cheminée).

rte de Brive par ① et D 820 – ✉ 46000 Cahors

✕✕ **La Garenne**   🔲🏡 🅿️ 💳 ⓪
⊜
🤎 *St-Henri, à 7 km* – ☎ 05 65 35 40 67 – Fermé 6-13 juil., 16-23 nov.,1ᵉʳ fév.-2 mars, lundi soir, mardi soir et merc.
Rest – Menu 19 € (déj. en sem.), 29/55 € – Carte 37/76 €
◆ L'écurie d'une ferme, ou presque ! Dans cette atmosphère bucolique et rétro, la cuisine se fait tantôt classique, tantôt mâtinée de touches régionales.

à Lamagdelaine 7 km par ② – 762 h. – alt. 122 m – ✉ 46090

✕✕✕ **Marco** (Richard Marco) avec ch ⌖   🔲🏡🗡️🄰🄲 ch, 🅿️ 💳 ⓪ 🄰🄴
❀ *chemin des Écoles* – ☎ 05 65 35 30 64 – www.restaurantmarco.com
– Fermé 17-27 oct., 3 janv.-4 mars, dim. soir du 15 sept. au 15 juin, mardi midi et lundi du 15 juin au 15 sept.
5 ch – †95/145 € ††110/145 € – ☐ 12 €
Rest – Menu 30 € (sem.), 52/78 € – Carte 52/96 €
Spéc. Foie de canard à la braise, fond d'artichaut et cèpes, jus de truffe crémé. Suprême de colvert fourré à la datte et au foie gras (sept. à mai). Déclinaison tout chocolat. **Vins** Cahors.
◆ Monsieur Marco laisse la place à... Monsieur Marco ! Tel père, tel fils : dans cette maison, la cuisine est subtile, actuelle... Homard, turbot, foie gras : de bien belles saveurs pour un bien joli moment. Chambres soignées.

CAHUZAC-SUR-VÈRE – 81 Tarn – 338 D7 – 1 023 h. – alt. 240 m   29 C2
– ✉ 81140

▶ Paris 655 – Albi 28 – Gaillac 11 – Montauban 60
🄵 Place Hautpoul ☎ 05 63 33 68 91

🏨 **Château de Salettes** ⌖   ◁🔲🏡🗡️♿🄰🄲📞🛁🅿️💳 ⓪ 🄰🄴 ⓞ
❀ *3 km au Sud par D 922* – ☎ 05 65 33 60 60 – www.chateaudesalettes.com
– Fermé 2-16 janv. et 28 fév.-13 mars, dim. soir, lundi, mardi et merc. du 17 janv. au 23 avril
18 ch – †135/370 € ††135/370 € – ☐ 20 €
Rest – (fermé dim. soir et lundi en mai, lundi midi, mardi midi, merc. midi et jeudi midi de juin à sept.) (27 € bc) Menu 39 € (sem.), 53/90 € – Carte 78/84 €
Spéc. Foie gras grillé, pomelos et fût de poireau, campari et soja. Langoustines vitreuses et raviolis de thé vert matcha, rave à la vanille, jus de coquillages. Croûte de dragées, chocolat ivoire, gelée de mara des bois, crème glacée verveine. **Vins** Gaillac.
◆ Au cœur des vignes, château du 13ᵉ s. entièrement rebâti. Belle décoration contemporaine et mobilier design, chambres spacieuses. La salle à manger au cadre épuré offre un bel écrin pour l'intéressante cuisine du chef. Dégustations des vins de la propriété.

✕✕ **La Falaise** (Guillaume Salvan)   🏡🍽️ 🅿️ 💳 ⓪ 🄰🄴
❀ *rte de Cordes* – ☎ 05 63 33 96 31 – www.lafalaiserestaurant.com
– Fermé 1ᵉʳ-15 déc., dim. soir, mardi midi et lundi
Rest – (20 €) Menu 31/57 € – Carte 61/67 €
Spéc. Cannellonis de boudin noir et chair de tourteau (janv.-fév.). Filet d'anguille grillé à la mangue verte et sucs de piquillos (mars-avril). Framboises de pays à la guimauve grillée, agastache et sorbet à l'huile d'amandon (juil.-août). **Vins** Gaillac.
◆ À la sortie du village, une petite maison où le chef signe une séduisante cuisine riche en saveurs. Joli choix de vins du vignoble voisin de Gaillac. En été, terrasse dressée sous les saules.

à Donnazac 5 km au Nord-Est par D 922 et rte secondaire – 92 h. – alt. 291 m – ⊠ 81170

⌂ **Les Vents Bleus** sans rest ⌖   ⛲ ⤳ ⚿ 📶 Ⓟ
rte de Caussade – ℰ 05 63 56 86 11 – www.lesventsbleus.com – Ouvert 1er avril-31 oct.
5 ch ⌑ – ♥90 € ♥♥90/150 €
◆ Au cœur du vignoble de Gaillac, paisible demeure en pierre blanche (1844), flanquée d'un pigeonnier. Chambres raffinées et personnalisées dans l'ancien chai. Terrasse-patio.

CAILLAC – 46 Lot – **337** E5 – rattaché à Cahors

CAIRANNE – 84 Vaucluse – **332** C8 – 871 h. – alt. 136 m – ⊠ 84290   **40** A2
▶ Paris 650 – Avignon 43 – Bollène 47 – Montélimar 51
ℹ Route de Sainte Cécile ℰ 04 90 30 76 53

⌂ **Auberge Castel Miréïo**   ⛲ ⤳ ⛿ ch, AC 📶 Ⓟ VISA ⚙
⚘ rte de Carpentras par D 8 – ℰ 04 90 30 82 20 – www.castelmireio.fr
– Fermé 15 déc.-2 mars
8 ch – ♥66/71 € ♥♥67/72 € – 1 suite – ⌑ 8,50 € – ½ P 63/66 €
Rest – (fermé merc. soir et dim. soir de sept. à juin, mardi midi, jeudi midi, vend. midi et sam. midi en juil.-août et lundi midi) Menu 19 € (déj. en sem.), 24/30 € – Carte 26/40 €
◆ L'annexe récente de cette demeure familiale (19e s.) abrite des chambres simples, égayées de tissus provençaux ; chacune d'elles porte le nom d'un cépage. Restaurant rustique, affichant fièrement son carrelage centenaire ; copieux plats du terroir.

✗✗ **Coteaux et Fourchettes**   ⬱ ⛲ ⛿ AC Ⓟ VISA ⚙
rte de Violés, croisement de la Courançonne (D8 et D 975) – ℰ 04 90 66 35 99
– Fermé 2 sem. en janv., dim. soir, lundi soir et jeudi
Rest – (19 €) Menu 22 € (déj. en sem.), 29/45 € – Carte 38/52 € ⚙
◆ Jolie enseigne... Dans cet ancien caveau, le terroir s'exprime aussi bien par l'assiette – savoureuse – que par le flacon – excellent choix de vins locaux. Agréable décor contemporain, terrasse ouverte sur le vignoble.

✗ **Le Tourne au Verre**   ⛲ ⛿ AC VISA ⚙ AE
⚘ rte de Ste-Cécile – ℰ 04 90 30 72 18 – www.letourneauverre.com – Fermé mi-nov. à début janv., le soir sauf vend., sam. d'oct. à avril, merc. midi et mardi de mai à sept. et merc. d'oct. à avril.
Rest – Menu 14 € (déj. en sem.)/23 € ⚙
◆ Atmosphère bar à vins (tonneaux, grande cave vitrée comptant 650 références), belle terrasse sous les platanes, cuisine régionale et ardoise du jour... Un lieu sympathique !

CAJARC – 46 Lot – **337** H5 – 1 088 h. – alt. 160 m – ⊠ 46160   **29** C1
🟩 Périgord Quercy
▶ Paris 586 – Cahors 52 – Figeac 25 – Rocamadour 59
ℹ Tour de Ville ℰ 05 65 40 72 89

⌂ **La Ségalière** ⌖   ⛲ ⛲ ⤳ AC ch, 📶 ⚙ Ⓟ VISA ⚙
380 av. François Mitterrand, (rte de Capdenac) – ℰ 05 65 40 65 35
– www.lasegaliere.com – Fermé janv.
24 ch – ♥50/70 € ♥♥80/115 € – ⌑ 10 € – ½ P 60/70 €
Rest – (fermé le midi sauf juil. août, dim. et fériés) (19 €) Menu 27/34 € – Carte 20/35 €
◆ Adresse détente dans ce village qui vit naître Françoise Sagan. Cet hôtel moderne est agréable à vivre, et les chambres bien tenues. Les plus : la grande piscine et le jardin. La carte du restaurant allie tradition et créativité. Terrasse aux beaux jours.

CALACUCCIA – 2B Haute-Corse – **345** D5 – voir à Corse

CALAIS ⍟ – 62 Pas-de-Calais – **301** E2 – 74 888 h. **30** A1
– **Agglo. 104 852 h.** – alt. 5 m – Casino CX – ⊠ 62100 ▯ Nord Pas-de-Calais Picardie

▶ Paris 290 – Boulogne-sur-Mer 35 – Dunkerque 46 – St-Omer 43

Tunnel sous la Manche : Terminal de Coquelles AU, renseignements
"Le Shuttle" ℰ 03 21 00 61 00.

✉ ℰ 3635 et tapez 42 (0,34 €/mn)

🛈 12, boulevard Clemenceau ℰ 03 21 96 62 40

◉ Monument des Bourgeois de Calais (Rodin)★★ - Phare ✳✳★★ DX - Cité
internationale de la Dentelle et de la Mode★★ - Musée des Beaux-Arts et
de la Dentelle★ CX **M²**.

◖ Cap Blanc Nez★★ : 13 km par④.

Plans pages suivantes

🏨 **Meurice** 📶 🕾 🖨 VISA ⓒⓞ AE ⓞ
⌂⌂ 5 r. E.-Roche – ℰ 03 21 34 57 03 – www.hotel-meurice.fr CXv
39 ch – †85/150 € ††85/150 € – ⊇ 12 € – ½ P 68/98 €
Rest – (fermé sam. midi) (15 €) Menu 17/45 € – Carte environ 33 €
◆ L'hôtel le plus ancien de la ville, près du musée des Beaux-Arts, a conservé un
certain charme suranné. Chambres confortables, plus modernes dans l'aile
récente. Cuisine traditionnelle servie dans le décor cossu du restaurant.

🏨 **Holiday Inn** ≤ 🖨 ᵹ ch. 🖩 🕾 🔧 🅿 🕾 VISA ⓒⓞ AE ⓞ
⌂⌂ bd des Alliés – ℰ 03 21 34 69 69 – www.holidayinn.fr/calais-nord CXa
63 ch – †105/142 € ††105/142 € – ⊇ 14 €
Rest – (fermé sam. midi, dim. midi et fériés midi) (9 €) Menu 18 € bc (dîner)/
24 € bc – Carte 18/30 €
◆ En face du port de plaisance, cette bâtisse imposante dispose de chambres
agréables et confortables, la moitié d'entre elles donnant sur la mer. Cuisine traditionnelle au restaurant, dont les baies vitrées s'ouvrent sur les mâts des voiliers.

🏨 **Mercure Centre** sans rest 🖨 ᵹ 🖩 🕾 🔧 🅿 VISA ⓒⓞ AE ⓞ
36 r. Royale – ℰ 03 21 97 68 00 – www.mercure.com CXd
41 ch – †85/115 € ††95/130 € – ⊇ 14 €
◆ Cet hôtel qui borde une artère commerçante, près du casino, arbore le nouveau concept de la chaîne : chambres contemporaines, camaïeu de gris-marron,
mobilier en alu brossé.

🏨 **Métropol** sans rest 🖨 ᵹ 🕾 🕾 🕾 VISA ⓒⓞ AE ⓞ
43 quai du Rhin – ℰ 03 21 97 54 00 – www.metropolhotel.com – Fermé 18 déc.-8 janv.
40 ch – †50 € ††70/160 € – ⊇ 11 € CYh
◆ Dans un immeuble ancien en brique rouge, derrière la gare. Chambres pratiques pour une étape vers la Grande-Bretagne... Le salon-bar a d'ailleurs déjà des
airs de pub anglais.

🍴 **Au Côte d'Argent** ≤ 🕾 🖙 VISA ⓒⓞ AE ⓞ
1 digue G.-Berthe – ℰ 03 21 34 68 07 – www.cotedargent.com
– Fermé 23 août-12 sept., 20 déc.-4 janv., 2 sem. en fév., merc. soir de sept.
à mars, dim. soir et lundi CXf
Rest – Menu 18 € (sem.), 25/40 € – Carte 40/60 €🕸
◆ Embarquement immédiat pour un voyage gourmand, riche en saveurs iodées !
Cadre inspiré des cabines de bateau ; intéressante carte de vins (belle sélection
de bordeaux).

🍴 **Channel** 🖩 VISA ⓒⓞ AE
3 bd de la Résistance – ℰ 03 21 34 42 30 – www.restaurant-lechannel.com
– Fermé 2-7 janv., dim. soir et lundi CXe
Rest – Menu 19/52 € – Carte 44/95 €🕸
◆ Décor élégant, cuisine classique, produits de la mer et très belle carte des vins
(cave ouverte sur la salle) : une plaisante escale avant la traversée du "channel".

🍴 **Aquar'aile** (4ᵉ étage) – ℰ 03 21 34 00 00 – www.aquaraile.com – Fermé dim. soir
≤ 🖩 VISA ⓒⓞ AE ⓞ
255 r. J.-Moulin, (4ᵉ étage) – ℰ 03 21 34 00 00 – www.aquaraile.com – Fermé dim. soir
Rest – Menu 30/45 € – Carte 40/65 € ATs
◆ L'atout majeur de cet agréable restaurant, situé au 4ᵉ étage d'un immeuble ?
Son panorama unique sur la Manche et les côtes anglaises ! Cuisine mettant en
valeur la pêche locale.

377

Histoire Ancienne

20 r. Royale – ☎ 03 21 34 11 20 – www.histoire-ancienne.com – Fermé lundi soir et dim. **CXx**

Rest – (13 €) Menu 16 € (déj. en sem.), 19/36 € – Carte 26/44 €

◆ Ce sympatique bistrot néorétro (banquettes, fresques, vieux zinc) n'est pas de l'histoire ancienne ; on y savoure une cuisine traditionnelle goûteuse et quelques grillades.

Le Grand Bleu

quai de la Colonne – ☎ 03 21 97 97 98 – www.legrandbleu-calais.com – Fermé 23 août-9 sept., 15 fév.-3 mars, mardi soir et merc. **CXn**

Rest – (16 €) Menu 19 € (sem.), 25/45 € – Carte 29/39 €

◆ Ce Grand Bleu-là a installé sa terrasse en face du port de pêche. Les produits servis sont ultra frais, souvent bio, et travaillés avec une pointe d'originalité.

à Coquelles 6 km a l'Ouest par av. R. Salengro AT – 2 332 h. – alt. 5 m – ✉ 62231

Holiday Inn

av. Charles de Gaulle – ☎ 03 21 46 60 60 – www.holidayinncoquelles.com

118 ch – 🚹105/125 € 🚹🚹125/260 € – ☕ 15 € – ½ P 133/153 €

Rest – (16 €) Menu 28 € – Carte 23/50 €

◆ Ce complexe moderne situé à 3 km de l'Eurostar (gare de Calais-Fréthun) propose des chambres de bon confort. Sauna, hammam, piscine intérieure, club de gym et de squash. Restaurant décoré dans un style actuel, carte d'hôtel classique et spécialités de poisson.

CALAIS

Bossuet (R.) . . . . BT 9
Cambronne (R.) . . . . AU 12
Chateaubriand (R.) . . . . . . BT 15
Égalité (Bd de l') . . . . BT 18
Einstein (Bd) . . . . AU 19
La-Fayette (Bd) . . . . AT 39
Fontinettes (R. des) . . . . . . ATU 25
Four-à-Chaux (R. du) . . . . . . AU 27
Gambetta (Bd Léon) . . . . . . AT 28
Gaulle (Bd du Gén.-de) . . . . AT 30
Hoche (R.) . . . . ATU 33
Jacquard (Bd) . . . . AT 34
Lattre-de-Tassigny (R. Mar.-de) . . . . . . AT 40
Lheureux (Quai L.) . . . . BU 41
Maubeuge (R. de) . . . . BT 43
Phalsbourg (R. de) . . . . BT 51
Prairies (R. des) . . . . AU 52
Ragueneau (R. de) . . . . BTU 57
Valenciennes (R. de) . . . . . . AU 69
Verdun (R. de) . . . . AT 73

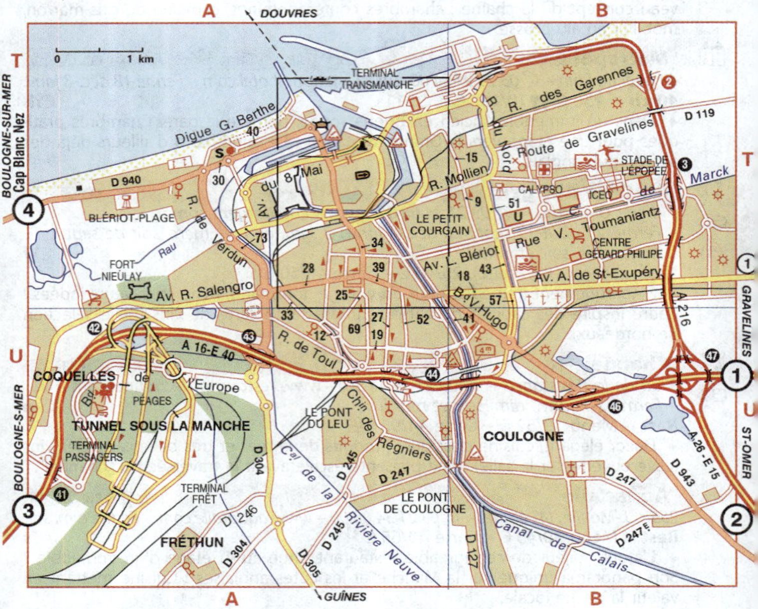

CALIS

Amsterdam (R. d') . . . . **DXY** 3
Angleterre (Pl. d') . . . . **DX** 4
Barbusse (Pl. Henri) . . . . **DX** 5
Bonnique (R. du Cdt) . . . . **DX** 6
Bruxelles (R. de) . . . . **DX** 10
Chanzy (R. du Gén.) . . . . **DY** 13
Commune-de-Paris (R. de la) **CDY** 16
Escaut (Quai de l') . . . . **CY** 21
La-Fayette (Bd) . . . . **DY**

Foch (Pl. Mar.) . . . . **CXY** 22
Fontinettes (R. des) . . . . **CDY** 24
Gambetta (Bd Léon) . . . . **CY**
Georges-V (Pont) . . . . **CY** 31
Jacquard (Bd) . . . . **CDY**
Jacquard (Pont) . . . . **CY** 36
Jean-Jaurès (R.) . . . . **DY** 37
Londres (R. de) . . . . **DX** 42
Mer (R. de la) . . . . **CX** 45
Notre-Dame (R.) . . . . **CDX** 46
Paix (R. de la) . . . . **CX** 48
Pasteur (Bd) . . . . **DY**

Paul-Bert (R.) . . . . **CDY** 49
Prés.-Wilson (Av. du) . . . . **CY** 54
Quatre-Coins (R. des) . . . . . . **CY** 55
Rhin (Quai du) . . . . **CY** 58
Richelieu (R.) . . . . **CX** 60
Rome (R. de) . . . . **CY** 61
Royale (R.) . . . . **CX** 63
Soldat-Inconnu (Pl. du) . . . . . **DY** 64
Tamise (Quai de la) . . . . **CDY** 66
Thermes (R. des) . . . . **CX** 67
Varsovie (R. de) . . . . **DY** 70
Vauxhall (R. du) . . . . **CY** 72

🛏🛏 **Suite Novotel** sans rest   📶 🛗 ㅤ ⓐ ⓣ 🅿 🆅🅸🆂🅰 ⓒⓞ 🅰🅴 ⓞ
pl. de Cantorbery – ℰ 03 21 19 50 00 – www.suitenovotel.com
100 ch – 🛏107/112 € 🛏🛏107/112 € – ⌛ 12 €
♦ Votre suite ? Pas moins de 30 m² avec espace à vivre (bureau et salon), chambre cloisonnable et salle de bains bien équipée (douche et baignoire).

CALALONGA (PLAGE DE) – 2A Corse-du-Sud – **345** E11 – voir à Corse (Bonifacio)

CALA-ROSSA – 2A Corse-du-Sud – **345** F10 – voir à Corse (Porto-Vecchio)

CALÈS – 46 Lot – **337** F3 – 125 h. – alt. 273 m – ⊠ 46350   **29** C1
▶ Paris 528 – Cahors 52 – Gourdon 21 – Sarlat-la-Canéda 42

🏠 **Le Petit Relais** ⊗   🍽 ⅃ ㅤ ch, 🆅🅸🆂🅰 ⓒⓞ 🅰🅴
🍴 au bourg – ℰ 05 65 37 96 09 – www.hotel-petitrelais.fr – Fermé mars et 20-27 déc.
13 ch – 🛏45/50 € 🛏🛏55/60 € – ⌛ 9 € – ½ P 59/68 €
Rest – (fermé dim. soir et merc. d'oct. à mai) (13 €) Menu 21/39 € bc
– Carte 30/50 €
♦ Au cœur du village, sur une petite place sympathique, une agréable maison en pierre aux chambres sobres et confortables. Côté restaurant, le chef cultive le goût du terroir – et parfois de ses origines avec un menu ch'ti !

CALLAS – 83 Var – **340** O4 – 1 713 h. – alt. 398 m – ⊠ 83830 ▮ Côte d'Azur   **41** C3
▶ Paris 872 – Castellane 51 – Draguignan 14
🛈 place du 18 juin 1940 ℰ 04 94 39 06 77

rte de Muy 7 km au Sud-Est par D 25 – ⊠ 83830 Callas

🏠🏠🏠 **Hostellerie Les Gorges de Pennafort**   ≪ 🍽 🍴 ⅃ 📶 🍽 ㅤ 🅶
🌼 D 25 – ℰ 04 94 76 66 51   🏖 🅿 🆅🅸🆂🅰 ⓒⓞ 🅰🅴
– www.hostellerie-pennafort.com – Fermé 15 janv.-20 mars
12 ch – 🛏135/150 € 🛏🛏185/220 € – 4 suites – ⌛ 19 € – ½ P 165/180 €
Rest – (fermé dim. soir sauf juil.-août, lundi sauf le soir en juil.-août et merc. midi) (49 €) Menu 65/140 € – Carte 110/160 €🍷
Spéc. Raviolis de foie gras et parmesan. Ris de veau braisé au porto. Palet au chocolat noir et café. **Vins** Coteaux Varois en Provence, Côtes de Provence.
♦ Harmonie de couleurs et de matières où tout a été pensé pour créer une atmosphère raffinée. Le soir, jeux de lumières sur les falaises rouges des gorges. Espace bien-être et hammam. Salle à manger contemporaine d'inspiration Art déco, cuisine savoureuse et belle cave.

CALVI – 2B Haute-Corse – **345** B4 – voir à Corse

CALVINET – 15 Cantal – **330** C6 – 462 h. – alt. 600 m – ⊠ 15340   **5** A3
▶ Paris 576 – Aurillac 34 – Entraygues-sur-Truyère 32 – Figeac 40

🍴🍴 **Beauséjour** (Louis-Bernard Puech) avec ch   🖋 🅿 🆅🅸🆂🅰 ⓒⓞ 🅰🅴 ⓞ
🌼 – ℰ 04 71 49 91 68 – www.cantal-restaurant-puech.com – Fermé 20-24 juin,
5 janv.-5 mars, dim. soir et lundi sauf juil.-août
🍽 **8 ch** – 🛏50/60 € 🛏🛏60/80 € – ⌛ 10 € – ½ P 68/90 €
Rest – (fermé dim. soir sauf juil.-août, mardi midi et lundi) (nombre de couverts limité, prévenir) Menu 26 € (sem.), 38/60 €🍷
Spéc. Œuf au pot gourmand. Assiette "tout cochon", pied farci, boudin et travers. Sablé à la châtaigne, pommes reinettes et glace au miel de châtaignier. **Vins** Côtes d'Auvergne, Marcillac.
♦ Maison de pays où l'on s'attache à faire découvrir les saveurs d'une cuisine contemporaine ancrée dans le terroir. Vins régionaux à prix doux. Chambres modernes pour l'étape.

CAMARET-SUR-MER – 29 Finistère – **308** D5 – 2 624 h. – alt. 4 m   **9** A2
– ⊠ 29570 ▮ Bretagne
▶ Paris 597 – Brest 4 – Châteaulin 45 – Crozon 11
🛈 15, quai Kleber ℰ 02 98 27 93 60
🗺 Pointe de Penhir★★★ SO : 3,5 km.

🏠 **De France** ⟨ 🌳 ❄️ 📶 AC rest, ¶¹ VISA ⓐ AE ⓪

quai G.-Toudouze – ℰ *02 98 27 93 06 – www.hotel-france-camaret.com*
– Ouvert 1ᵉʳ mars-15 déc.
20 ch – †55/98 € ††55/98 € – ☲ 10 € – ½ P 56/78 €
Rest *– (ouvert de Pâques au 1ᵉʳ nov.)* (15 €) Menu 21/50 € – Carte 31/60 €
♦ Chambres d'inspiration marine, bien tenues et insonorisées ; la moitié regarde
les bateaux, les autres sont plus petites mais plus calmes. Spécialités de fruits de
mer au restaurant.

Bellevue 🏨 🍃 ⟨ 📶 P VISA ⓐ AE

– ℰ *02 98 17 12 50 – Fermé 15 janv.-15 fév.*
15 ch – †65/85 € ††65/140 € – ☲ 10 € – ½ P 60/85 €
♦ Vue panoramique sur le port et tranquillité assurée dans les studios fonctionnels de l'annexe, équipés de cuisinettes.

🏠 **Vauban** sans rest ⟨ 🌳 ❄️ 📶 ♿ P VISA ⓐ

4 quai du Styvel – ℰ *02 98 27 91 36 – www.hotelvauban-camaret.fr – Fermé*
vacances de Noël et de fév.
16 ch – †33/56 € ††33/56 € – ☲ 6,50 €
♦ Les navigateurs ne s'y trompent pas en faisant escale ici : l'hôtel est plutôt
modeste, mais ses prix sages et son chaleureux accueil justifient qu'on change
de cap !

LA CAMBE – 14 Calvados – **303** F3 – 609 h. – alt. 25 m – ⊠ 14230 **32** B2
🅿 Paris 289 – Bayeux 26 – Caen 56 – Saint-Lô 31

🏠 **Ferme Savigny** sans rest 🍃 🌳 ❄️ 📶 P

2,5 km par D 613 et D113 – ℰ *02 31 21 12 33*
– http://perso.wanadoo.fr/ferme-savigny/
4 ch ☲ – †41 € ††50 €
♦ Un corps de ferme (16ᵉ - 17ᵉ s.) avec un bel escalier en pierre desservant des
chambres simples, d'esprit rustique. Petit-déjeuner maison servi, l'été, dans un
délicieux jardin.

CAMBO-LES-BAINS – 64 Pyrénées-Atlantiques – **342** D4 – 5 671 h. **3** A3
– alt. 67 m – Stat. therm. : début mars-mi déc. – ⊠ 64250 ▮ Pays Basque et Navarre
🅿 Paris 783 – Biarritz 21 – Pau 115
🅱 avenue de la Mairie ℰ 05 59 29 70 25
🅶 Epherra à Souraïde Urloko Bidea, O : 13 km par D 918, ℰ 05 59 93 84 06
◉ Villa Arnaga★★.

🏠 **Le Bellevue** ⟨ 🌳 ❄️ 📶 AC rest, ❄️ rest, ¶¹ P VISA ⓐ

r. des Terrasses – ℰ *05 59 93 75 75 – www.hotel-bellevue64.fr – Fermé*
4 janv.-10 fév.
7 suites – ††70/110 € – ☲ 7 €
Rest *– (fermé jeudi soir sauf juil.-août, dim. soir et lundi)* (13 €) Menu 20/45 €
♦ Dans cette maison du 19ᵉ s., bien rénovée, on trouve des suites familiales d'esprit contemporain, spacieuses et bien tenues. Jardin verdoyant et transats autour
de la piscine. Au restaurant, décor soigné et cuisine dans l'air du temps.

🏠 **Ursula** sans rest 🌳 ♿ AC ¶¹ P VISA ⓐ

quartier Bas-Cambo, 2 km au Nord – ℰ *05 59 29 88 88 – www.hotel-ursula.fr*
– Fermé 20 déc.-10 janv.
15 ch – †51 € ††56/66 € – ☲ 10 €
♦ Petit hôtel familial, convivial et coloré, au cœur du pittoresque quartier du Bas-
Cambo. Chambres très bien tenues et climatisées. Jambon et confitures maison
au petit-déjeuner.

🍴 **Auberge "Chez Tante Ursule"** VISA ⓐ

fronton du Bas-Cambo, 2 km au Nord – ℰ *05 59 29 78 23*
– www.auberge-tante-ursule.com – Fermé 15-28 fév. et mardi
Rest – Menu 16 € (déj. en sem.), 20/35 € – Carte 23/41 €
♦ Près du fronton de pelote du Bas-Cambo, une grande salle à manger aménagée dans un ancien atelier de menuiserie. La cuisine à l'âme basque.

🟩 Nord Pas-de-Calais Picardie

▶ Paris 179 – Amiens 98 – Arras 36 – Lille 77

ℹ 48, rue du Noyon ✆ 03 27 78 36 15

◉ Mise au tombeau★★ de Rubens dans l'église St-Géry **AY** - Musée Beaux-Arts : clôture du chœur★, char de procession★ **AZ M.**

CAMBRAI

Albert-1er (Av.)	**BY** 2	
Alsace-Lorraine (R. d')	**BYZ** 4	
Berlaimont (Bd de)	**BZ** 5	
Briand (Pl. A.)	**AYZ** 6	
Cantimpré (R. de)	**AY** 7	
Capucins (R. des)	**AY** 8	
Château-de-Selles (R. du)	**AY** 10	
Clefs (R. des)	**AY** 12	
Épée (R. de l')	**AZ** 13	
Fénelon (Gde-R.)	**AY** 15	

Fénelon (Pl.)	**AY** 16	
Feutriers (R. des)	**AY** 17	
Gaulle (R. Gén.-de)	**BZ** 18	
Grand-Séminaire (R. du)	**AZ** 19	
Lattre-de-Tassigny (R. Mar.-de)	**BZ** 21	
Leclerc (Pl. du Mar.)	**BZ** 22	
Lille (R. de)	**BY** 23	
Liniers (R. des)	**AZ** 24	
Moulin (Pl. J.)	**AZ** 25	
Nice (R. de)	**AZ** 27	
Pasteur (R.)	**AZ** 29	
Porte-de-Paris (Pl. de la)	**AZ** 32	

Porte-Notre-Dame (R.)	**BY** 31	
Râtelots (R. des)	**AZ** 33	
Sadi-Carnot (R.)	**AY** 35	
St-Aubert (R.)	**AY** 36	
St-Géry (R.)	**AY** 37	
St-Ladre (R.)	**AZ** 39	
St-Martin (Mail)	**AZ** 40	
St-Sépulcre (Pl.)	**AZ** 41	
Selles (R. des)	**AZ** 43	
Vaucelette (R.)	**AZ** 45	
Victoire (Av. de la)	**AZ** 46	
Watteau (R.)	**BZ** 47	
9-Octobre (Pl. du)	**AY** 48	

Beatus 🕭 🚗 🏚 ⁽ᵗ⁾ 🏋 P VISA ⓒ AE
718 av. de Paris, 1,5 km par ⑤ – ℰ 03 27 81 45 70 – www.hotel-beatus.fr
32 ch – ♦71/102 € ♦♦76/102 € – ☷ 10 €
Rest – *(fermé août, 24 déc.-4 janv. et week-ends) (dîner seult) (résidents seult)*
Menu 22/25 € – Carte 28/60 €
♦ À l'ombre de grands arbres, demeure toute blanche dont le superbe escalier conduit à de spacieuses chambres, toutes différentes, contemporaines ou de style. Salon-bar feutré.

Le Clos St-Jacques sans rest ⁽ᵗ⁾ VISA ⓒ
9 r. St-Jacques – ℰ 03 27 74 37 61 – www.leclosstjacques.com – Fermé
11-23 août et 21 déc.-5 janv. BYe
5 ch – ♦76 € ♦♦80 € – ☷ 10 €
♦ Monsieur conte volontiers l'histoire de ce bel hôtel particulier que madame a superbement redécoré en conservant son âme originelle. Excellent petit-déjeuner, accueil délicieux.

Au Fil de l'Eau VISA ⓒ AE
1 bd Dupleix – ℰ 03 27 74 65 31 – www.aufildeleau-cambrai.fr – Fermé
14 juil.-13 août, 19-25 fév., dim. soir, merc. soir et lundi AYf
Rest – (19 €) Menu 23/47 € – Carte 28/50 €
♦ Sympathique petit restaurant proche d'une écluse du canal de St-Quentin où vous attendent convivialité, déco colorée et goûteuse cuisine traditionnelle aux saveurs iodées.

rte de Bapaume 4 km par ⑥ – ⊠ 59400 Fontaine-Notre-Dame

Auberge Fontenoise 🅐 ⇔ P VISA ⓒ AE
543 rte de Bapaume – ℰ 03 27 37 71 24 – www.auberge-fontenoise.com
– Fermé sam. midi d'oct. à avril, dim. soir et lundi
Rest – Menu 28/64 € bc – Carte environ 48 €
♦ Dans cette auberge familiale, on se régale de recettes mises au goût du jour teintées d'influences régionales : des produits de qualité et une bonne dose de savoir-faire !

CAMBREMER – 14 Calvados – 303 M5 – 1 098 h. – alt. 100 m – ⊠ 14340 33 C2
🄳 Paris 211 – Caen 38 – Deauville 28 – Falaise 38
🄸 rue Pasteur ℰ 02 31 63 08 87

Château Les Bruyères 🕭 🕭 🚗 🐟 🕭 ⁽ᵗ⁾ P P VISA ⓒ AE ①
rte du Cadran (D 85) – ℰ 02 31 32 22 45 – www.chateaulesbruyeres.com – Fermé
4 janv.-9 fév.
13 ch – ♦95/195 € ♦♦160/225 € – 1 suite – ☷ 20 €
Rest – *(fermé lundi et mardi d'oct. à avril) (dîner seult)* Menu 42/85 €
– Carte 65/90 €
♦ Cette noble demeure se dresse au cœur d'un agréable parc arboré. Élégant salon bourgeois et jolies chambres personnalisées pour un séjour au grand calme. Menus "terre et mer" composés selon les arrivages du marché ; plantes aromatiques et produits du potager.

CAMON – 09 Ariège – 343 J6 – 160 h. – alt. 349 m – ⊠ 09500 29 C3
▮ Midi-Toulousain
🄳 Paris 780 – Carcassonne 63 – Pamiers 37 – Toulouse 103
🄸 10, rue Georges d'Armagnac ℰ 05 61 68 88 26

L'Abbaye-Château de Camon 🕭 ⇐ 🚗 🕭 🐟 P VISA ⓒ
– ℰ 05 61 60 31 23 – www.chateaudecamon.com – Ouvert 16 mars-31 oct.
6 ch – ♦120/160 € ♦♦130/190 € – ☷ 18 € **Table d'hôte** – Menu 40 €
♦ Le temps semble s'être arrêté dans ce site enchanteur. Les chambres, personnalisées, occupent d'anciennes cellules monacales. Le jardin offre de multiples recoins pour s'isoler. Le soir, rejoignez le cloître où vous attend une cuisine traditionnelle autour d'un menu-carte.

CAMPAGNE – 24 Dordogne – 329 G6 – **rattaché au Bugue**

CAMPES – 81 Tarn – 338 D6 – **rattaché à Cordes-sur-Ciel**

CAMPIGNY – 27 Eure – **304** D6 – rattaché à Pont-Audemer

CANAPVILLE – 14 Calvados – **303** M4 – rattaché à Deauville

CANCALE – 35 Ille-et-Vilaine – **309** K2 – 5 285 h. – alt. 50 m – ✉ 35260 **10** D1
Bretagne

Paris 398 – Avranches 61 – Dinan 35 – Fougères 73

44, rue du Port ✆ 02 99 89 63 72

Site★ - Port de la Houle★ - ✳★ de la tour de l'église St-Méen - Pointe du Hock et sentier des Douaniers ≤★.

Pointe du Grouin★★.

De Bricourt-Richeux

rte du Mont-St-Michel : 6,5 km par D 76, D 155 et voie secondaire – ✆ 02 99 89 64 76 – www.maisons-de-bricourt.com – Fermé 9 janv.-6 fév. et 27 fév.-13 mars

11 ch – †165/310 € ††165/310 € – 2 suites – ☕ 23 €

Rest *Le Coquillage* – voir ci-après

◆ Dans un parc (plantes aromatiques, animaux) dominant la baie du Mont-St-Michel, superbe villa de 1922 où séjourna Léon Blum. Chambres très raffinées, accueil soigné.

Le Continental

4 quai Thomas – ✆ 02 99 89 60 16 – www.hotel-cancale.com – Fermé 4 janv.-6 fév.

16 ch – †65/150 € ††85/165 € – ☕ 13 € – ½ P 85/125 € **Zs**

Rest *L'Ormeau* – *(fermé mardi et merc. sauf le soir de juin à sept.)* (18 €)
Menu 23 € (déj.)/65 € – Carte 32/65 €

◆ Une petite adresse sympathique : situation privilégiée face au port, chambres confortables et très bien tenues, confitures maison au petit-déjeuner. À l'Ormeau, belles boiseries rehaussées de miroirs et vue sur la flotille de pêche ; spécialités de poisson.

Le Querrien

rest,

7 quai Duguay-Trouin – ✆ 02 99 89 64 56 – www.le-querrien.com **Zv**

15 ch – †69/89 € ††95/169 € – ☕ 10 €

Rest – Menu 16 € (sem.)/30 € – Carte 25/65 €

◆ Maison bretonne et sa véranda en bois donnant sur le quai. Les chambres, vastes, portent des noms de bateaux et arborent les couleurs du large ; neuf donnent sur les flots. Le décor (vivier, boiseries, fresque marine) et la carte du restaurant rendent hommage à l'océan.

CANCALE

Bricourt (Pl.) Y 3
Calvaire (Pl. du) Z 4
Duguay-Trouin (Quai) Z 9
Duquesne (R.) Y 10
Du-Guesclin (R.) Y 8
Fenêtre (Jetée de la) Z 12
Gallais (R.) Y 13
Gambetta (Quai) Z 14
Hock (R. du) Z 16
Jacques-Cartier (Quai) Z 17
Juin (R. du Mar.) Z 18
Kennedy (Quai) Z 19
Leclerc (R. Gén.) YZ 20
Mennais (R. de la) Y 22
Port (R. du) Z
République (Pl. de la) Z 23
Rimains (R. des) Y 24
Roulette (R. de la) Z 25
Stade (R. du) Y 27
Surcouf (R.) Y 28
Thomas (Quai) Z 30

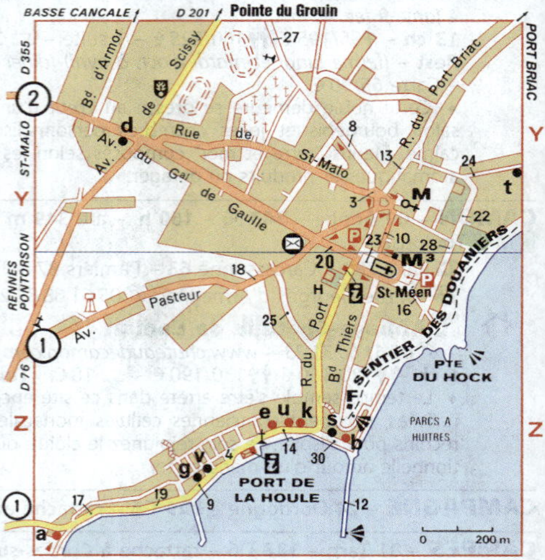

Le Manoir des Douets Fleuris 🐾

1,5 km par ② et D 355 – ℰ 02 23 15 13 81 – www.manoirdesdouetsfleuris.com
– Fermé janv.
7 ch – †85/130 € ††85/130 € – 3 suites – ⌑ 13 €
Rest – *(fermé mardi midi et lundi)* (15 €) Carte 30/80 €

◆ La patronne aime ce manoir du 17ᵉ s., dans sa famille depuis cinq générations. Chambres feutrées (dont une suite avec cheminée en granit), âtre monumental au salon : de l'âme ! À table, atmosphère bistrotière mariant vieilles pierres et plats de tradition.

Auberge de la Motte Jean sans rest 🐾

2 km par ② et D 355 – ℰ 02 99 89 41 99 – www.hotelpointedugrouin.com
– Fermé 1ᵉʳ déc.-31 janv.
13 ch – †65/130 € ††65/130 € – ⌑ 8 €

◆ Au jardin ou au bord de l'étang, profitez des plaisirs de la campagne cancalaise ! Corps de ferme de 1707 doté de chambres classiques et romantiques ; accueil charmant.

Alg Hôtel

59 bis av. du Gén.-de-Gaulle – ℰ 02 99 89 50 00 – www.cancale.brit-hotel.fr
– Fermé janv. **Yd**
30 ch – †45/75 € ††49/89 € – ⌑ 10 € – ½ P 89/129 €
Rest – *(fermé dim. soir et lundi hors saison, lundi midi, mardi midi et merc. midi en saison)* (12 €) Menu 15/25 €

◆ À l'entrée de Cancale, un hôtel entièrement dédié au bien-être. Chambres fonctionnelles, décorées dans un esprit zen. Au bistrot, tout est "pica-pica" : des brochettes en bambou piquées de viandes, de légumes et de fruits de mer ; le tout cuit à la plancha.

Duguay Trouin sans rest

11 quai Duguay-Trouin – ℰ 02 23 15 12 07 – www.hotelduguaytrouin.com
7 ch – †85 € ††95/110 € – ⌑ 8 € **Zg**

◆ Hôtel du port de pêche où simplicité et gentillesse sont reines ! Chambres côté baie ou rochers, sobrement marines et décorées d'objets chinés dans de lointaines contrées...

Le Chatellier sans rest

1 km par ② et D 355 – ℰ 02 99 89 81 84 – www.hotellechatellier.com
– Ouvert avril-nov.
13 ch – †55/60 € ††70/90 € – ⌑ 9 €

◆ Belle demeure bretonne au charme familial préservé. Chambres sobres et cosy (mobilier patiné, parquet...), mansardées à l'étage ; certaines donnent sur l'agréable jardin.

Les Rimains sans rest 🐾

62 r. des Rimains – ℰ 02 99 89 64 76 – www.maisons-de-bricourt.com – Ouvert de mi-mars à mi-déc. **Yt**
4 ch – †170/310 € ††170/310 € – ⌑ 23 €

◆ Olivier Roellinger a fait de ce ravissant cottage des années 1930 – ceint d'un jardin surplombant la mer –, une charmante maison d'hôtes. Chambres raffinées (meubles chinés).

Le Coquillage – Hôtel de Bricourt-Richeux

rte du Mont-St-Michel : 6,5 km par D 76, D 155 et voie secondaire
– ℰ 02 99 89 25 25 – www.maisons-de-bricourt.com – Fermé 27 fév.-13 mars et 9 janv.-6 fév.
Rest – Menu 54 € (déj. en sem.), 62/110 €
Spéc. Araignée de mer et vinaigrette flibustière. Homard au cacao, piment et xérès. La roulante des gourmandises. **Vins** Muscadet, Muscadet de Sèvre-et-Maine sur lie.

◆ Poissons et coquillages d'une grande fraîcheur, relevés de savants mélanges d'épices : la figure tutélaire d'Olivier Roellinger plane sur cette table – un menu reprend d'ailleurs ses créations. Grande salle lumineuse ouvrant sur le jardin en bord de mer.

XX **Côté Mer**

4 r. E.-Larmort, rte de la corniche – ✆ 02 99 89 66 08 – www.restaurant-cotemer.fr – Fermé 24-30 juin, 2 sem. en nov., vacances de fév., mardi soir, dim. soir hors saison et merc. Za

Rest – (22 €) Menu 27/72 € – Carte 50/70 €

◆ La vue sur la baie et le port est bien agréable. Poisson, coquillages et crustacés ont ici le vent en poupe et sont préparés avec finesse. Plateaux de fruits de mer sur commande.

XX **Le Cancalais** avec ch

rest, ch, VISA

12 quai Gambetta – ✆ 02 99 89 61 93 – www.lecancalais.com – Fermé déc., janv., dim. soir Zu

10 ch – †65/90 € ††65/90 € – ☕ 8 €

Rest – Menu 15 € (sem.), 27/39 € – Carte 36/58 €

◆ Une institution cancalaise joliment rustique (meubles d'inspiration bretonne), où apprécier une agréable cuisine traditionnelle faisant la part belle aux produits de la mer. Véranda panoramique. Chambres coquettes.

X **La Table de Breizh Café**

7 quai Thomas, (1er étage) – ✆ 02 99 89 56 46 – www.breizhcafe.com – Fermé mardi sauf juil.-août et merc. Zb

Rest – *(nombre de couverts limité, prévenir)* (38 €) Menu 58/90 €

◆ Le chef japonais est passé par de grandes maisons hexagonales, et sa cuisine se mêle de belles influences françaises. Cadre raffiné et vue imprenable sur le port et la baie.

X **Le Surcouf**

7 quai Gambetta – ✆ 02 99 89 61 75 – www.lesurcouf.fr – Fermé déc., janv., mardi et merc. Zk

Rest – (16 €) Menu 26 € (sem.)/44 € – Carte 45/60 €

◆ Bordant le port, ce joli petit bistrot marin sort du lot ! Vue sur la jetée (plus étendue à l'étage) et goûteuse cuisine de la mer.

X **Le Troquet**

19 quai Gambetta – ✆ 02 99 89 99 42 – Fermé 15 nov.-31 janv., jeudi et vend. sauf août Ze

Rest – Menu 23/55 € – Carte 32/65 €

◆ Un sympathique petit "Troquet" sur les quais, face à la baie. Poissons et crustacés de premier choix, dont les fameuses huîtres de Cancale.

à la Pointe du Grouin ★★ 4,5 km au Nord par D 201 – ✉ 35260 Cancale

La Pointe du Grouin

– ✆ 02 99 89 60 55 – www.hotelpointedugrouin.com – Ouvert 1er avril-15 nov.

15 ch – †84/92 € ††84/150 € – ☕ 8,50 € – ½ P 84/117 €

Rest – *(fermé jeudi midi sauf du 14 juil. au 31 août et mardi)* (15 €) Menu 21/40 € – Carte 45/68 €

◆ Il règne comme un délicieux parfum de bout du monde dans cette demeure bretonne perchée sur une falaise, face aux îles et au Mont-St-Michel. Chambres romantiques à souhait. Au restaurant, superbe vue sur le large. Tradition et produits de la mer à l'honneur.

CANCON – 47 Lot-et-Garonne – 336 F2 – 1 283 h. – alt. 199 m – ✉ 47290 4 C2

Paris 581 – Agen 51 – Bergerac 40 – Bordeaux 134

place de la Halle ✆ 05 53 01 09 89

à St-Eutrope-de-Born 9 km au Nord-Est par D 124 et D 153 – 667 h. – ✉ 47210

Domaine du Moulin de Labique

ch, VISA

rte de Villeréal – ✆ 05 53 01 63 90 – www.moulin-de-labique.fr – Fermé 17-23 nov.

5 ch – †75 € ††90/115 € – ☕ 10 € – ½ P 83/95 €

Table d'hôte – Menu 27/31 €

◆ Domaine paisible, bordé par un ruisseau et agrémenté d'une piscine, d'un potager et d'un coin pêche. Belles chambres logées dans la maison, l'écurie et la grange. Servie dans une salle à manger champêtre, la cuisine honore joliment le terroir.

CANDES-ST-MARTIN – 37 Indre-et-Loire – **317** J5 – 222 h.   **11** A2
– alt. 35 m – ✉ 37500 ▯ Châteaux de la Loire

▶ Paris 290 – Angers 76 – Chinon 16 – Saumur 13

◉ Collégiale ★.

✗ **Auberge de la Route d'Or**   VISA ☺☺
2 pl. de l'Église – ℰ 02 47 95 81 10 – Ouvert début avril à mi-nov. et fermé lundi sauf le midi en juil.-août et mardi
Rest – *(nombre de couverts limité, prévenir)* (17 €) Menu 23/35 €
– Carte 38/56 €
◆ Une petite auberge du 17ᵉ s., au pied de l'église d'un joli village. La cuisine, traditionnelle, puise son inspiration dans le terroir et sied à l'agréable décor rustique.

CANDÉ-SUR-BEUVRON – 41 Loir-et-Cher – **318** E7 – 1 408 h.   **11** A1
– alt. 70 m – ✉ 41120

▶ Paris 199 – Blois 15 – Chaumont-sur-Loire 7 – Montrichard 21

🛈 10, route de Blois ℰ 02 54 44 00 44

🏠 **La Caillère** ⤸   🚗 🏠 ᘒ ch, ⸙ 🅟 VISA ☺☺
36 rte de Montils – ℰ 02 54 44 03 08 – www.lacaillere.com – fermé janv. et fév.
18 ch – ♦52 € ♦♦74 € – ⌑ 11 € – ½ P 58/67 €
Rest – *(fermé lundi midi, jeudi midi et merc.)* Menu 20 € (sem.), 30/46 €
– Carte 43/58 €
◆ Isolée de la route par un rideau de verdure, cette ancienne ferme est flanquée d'une aile moderne abritant des chambres sobres et bien tenues. Cuisine traditionnelle de saison dans une salle au cachet campagnard (vieilles soupières, plafond à la française).

LE CANET – 13 Bouches-du-Rhône – **340** I5 – rattaché à Aix-en-Provence

---

CANET – 11 Aude – **344** I3 – rattaché à Narbonne

CANET-EN-ROUSSILLON – 66 Pyrénées-Orientales – **344** J6   **22** B3
– 11 702 h. – alt. 11 m – Casino **BZ** – ✉ 66140

▶ Paris 849 – Argelès-sur-Mer 21 – Narbonne 66 – Perpignan 11

🛈 Place Méditerranée ℰ 04 68 86 72 00

à Canet-Plage – ✉ 66140

Plan page suivante

🏨 **Les Flamants Roses** ⤸   ⇐ 🚗 🏠 ⊼ 🔲 ☺ ᒪ᭄ 🖼 ᘒ 🆔 ⸙ 🅟
1 voie des Flamants-Roses, par ① – ℰ 04 68 51 60 60   VISA ☺☺ AE ①
– www.hotel-flamants-roses.com
59 ch – ♦140/290 € ♦♦140/290 € – 3 suites – ⌑ 18 € – ½ P 124/188 €
Rest *L'Effet Mer* – *(ouvert 15 juin-15 sept. et fermé le soir)* Menu 29 €
– Carte 37/47 €
Rest *L'Horizon* – Menu 29 € (déj. en sem.), 44/95 € – Carte 44/55 €
◆ Établissement moderne bordant la plage et couplé à un centre de thalassothérapie. Les chambres, largement ouvertes sur les flots, offrent un intérieur chaleureux. Cuisine de type brasserie à l'Effet Mer. À l'Horizon : plats actuels ou allégés et jolie vue.

🏠 **Le Mas de la Plage**   🚗 🏠 ⊼ 🖼 ch, ⸙ 🆔 🅟 VISA ☺☺
34 av. Roussillon – ℰ 04 68 80 32 63 – www.lemasdelaplageetdespins.com
– Ouvert 20 mars-12 nov.   **AY**a
19 ch ⌑ – ♦80/110 € ♦♦95/160 € – ½ P 85/95 €
Rest – *(dîner seult)* Menu 34 €
◆ À l'ombre d'un parc fleuri planté de pins centenaires, charmant mas catalan du 19ᵉ s. et ses confortables chambres personnalisées aux couleurs du Sud. Cuisine soignée servie près de la cheminée habillée d'éclats de faïence ou sur la belle terrasse.

CANET-PLAGE

Aigues Marines (R. des) .... **BZ** 2
Albères (R. des) .... **BY** 5
Amandiers (R. des) .... **BY** 6
Anémones (Bd des) .... **AYZ** 7
Balcons du Front de Mer (Av. des) **BZ** 8
Bourgogne-Morvan (R.) .... **BZ** 9

Capcir (Galerie du) .... **BY** 12
Cassanyes (Galerie) .... **BY** 14
Catalogne (Av. de la) .... **BY** 15
Cerdagne (R. de) .... **BY** 18
Cerisiers (R. des) .... **BY** 20
Champagne (R. de) .... **BZ** 22
Coquillages (R. des) .... **BZ** 25
Corbières (R. des) .... **BY** 28

Grande-Bretagne
  (R. de) .... **BYZ** 29
Gratia (Av. Edmond) .... **BZ** 30
Île-de-France (R.) .... **BZ** 32
Jouy d'Arnaud (R.) .... **BY** 33
Pountarrou (Av. du) .... **AY** 34
Pyrénées (R. des) .... **BY** 35
Sardane (R. de la) .... **ABY** 36

388

All Seasons sans rest

120 prom. de la Côte-Vermeille – ✆ *04 68 80 28 59*　BZ**b**
48 ch ☐ – ✝95/135 € ✝✝105/145 €

♦ Immeuble du front de mer proposant des chambres contemporaines, entièrement rénovées (lits king size), pour moitié tournées vers la grande bleue et pourvues de balcons.

 Le Galion

20 bis av. du Grand-large – ✆ *04 68 80 28 23 – www.hotel-le-galion.com*
28 ch – ✝64/132 € ✝✝64/132 € – ☐ 11 € – ½ P 64/99 €　BZ**r**
Rest – (18 €) Menu 26/30 € – Carte 28/38 €

♦ Ce Galion-là se trouve à quelque 150 m des flots : maison familiale dont la majorité des chambres, peu à peu modernisées, possèdent un balcon. Le restaurant ouvre sur la piscine et la terrasse (grillades aux beaux jours). Recettes catalanes.

Du Port

21 bd de la Jetée – ✆ *04 68 80 62 44 – www.hotel-du-port.net – Ouvert avril-nov.*
35 ch – ✝60/105 € ✝✝70/105 € – ☐ 8 €　BY**e**
Rest – (Fermé le midi) (résidents seult) Menu 20 €

♦ À mi-chemin entre le port et la plage, cette adresse datant des années 1980 est appréciée pour le calme et le confort de ses sobres chambres, toutes dotées d'un balcon. Cuisine traditionnelle sans prétention et ambiance marine dans la salle à manger.

✕✕ **Le Don Quichotte**

22 av. de Catalogne – ✆ *04 68 80 35 17 – www.ledonquichotte.com*
– Fermé mi-janv.-mi-fév., lundi et mardi sauf fériés　BY**r**
Rest – Menu 18 € (déj.)/46 € – Carte 25/55 €

♦ Le patron de ce sympathique restaurant soutient les viticulteurs locaux en proposant une belle sélection de leurs vins pour escorter sa carte mi-traditionnelle, mi-catalane.

CANGEY – 37 Indre-et-Loire – **317** P4 – 1 024 h. – alt. 85 m – ⌂ 37530　**11** A1
▶ Paris 210 – Amboise 12 – Blois 28 – Montrichard 26
▣ de Fleuray Route de Dame-Marie-les-Bois, N : 8 km par D 74,
✆ 02 47 56 07 07

 Le Fleuray ॐ

7 km au Nord, par D 74 rte Dame-Marie-les-Bois – ✆ *02 47 56 09 25*
– www.lefleurayhotel.com
20 ch – ✝78/96 € ✝✝78/148 € – ☐ 14 € – ½ P 82/127 €
Rest – (fermé le midi sauf dim.) (nombre de couverts limité, prévenir)
Menu 29/49 € – Carte 49/76 €

♦ Une ferme restaurée, si charmante avec son verger et sa piscine. On vous accueille avec le sourire, et les chambres, douillettes, ont des noms de fleurs. Restaurant façon jardin d'hiver, avec une belle vue sur la campagne. Cuisine bien faite et joliment présentée.

CANNES – 06 Alpes-Maritimes – **341** D6 – 70 610 h. – alt. 2 m　**42** E2
– Casinos : **Palm Beach X**, Croisette **BZ** – ⌂ 06400 ▣ Côte d'Azur
▶ Paris 898 – Aix-en-Provence 149 – Marseille 160 – Nice 33
▯ 1, boulevard de La Croisette ✆ 04 92 99 84 22
▣ Riviera Golf Club à Mandelieu Avenue des Amazones, par rte de la
Napoule : 8 km, ✆ 04 92 97 49 49
▣ de Cannes Mougins à Mougins 175 avenue du Golf, NO : 9 km,
✆ 04 93 75 79 13
▣ Royal Mougins Golf Club à Mougins 424 avenue du Roi, par rte de Grasse :
10 km, ✆ 04 92 92 49 69
◉ Site★★ - Le front de Mer★★ : boulevard★★ et pointe★ de la croisette
- ≼★ de la tour du Mont-Chevalier AZ - Musée de la Castre★★ AZ
- Chemin des Collines★ NE : 4 km V - La Croix des Gardes X ≼★ O : 5 km
puis 15 mn.

Plans pages suivantes

CANNES

Albert-Édouard (Jetée) . . . . **BZ**
Alexandre-III (Bd) . . . . **X** 2
Alsace (Bd) . . . . **BDY**
Anc.-Combattants-d'Afrique-du-Nord
(Av.) . . . . **AYZ** 4
André (R. du Cdt) . . . . **CZ**
Antibes (R. d') . . . . **BCY**
Bachaga-Saïd-Boualam (Av.) . . **AY** 5
Beauséjour (Av.) . . . . **DYZ**
Beau-Soleil (Bd) . . . . **X** 10
Belges (R. des) . . . . **BZ** 12
Blanc (R. Louis) . . . . **AYZ**
Broussailles (Av. des) . . . . **X** 16
Buttura (R.) . . . . **BZ** 17
Canada (R. du) . . . . **DZ**
Carnot (Bd) . . . . **X**
Carnot (Square) . . . . **V** 20
Castre (Pl. de la) . . . . **AZ** 21
Chabaud (R.) . . . . **CY** 22
Clemenceau (R. G.) . . . . **AZ**
Coteaux (Av. des) . . . . **V**
Croisette (Bd de la) . . . . **BDZ**
Croix-des-Gardes (Bd) . . . . . . **VX** 29
Delaup (Bd) . . . . **AY** 30
Dr-Pierre Gazagnaire (R.) . . . . **AZ** 32
Dr-R. Picaud (Av.) . . . . **X**
Dollfus (R. Jean) . . . . **AZ** 33
États-Unis (R. des) . . . . **CZ** 35
Favorite (Av. de la) . . . . **X** 38
Félix-Faure (R.) . . . . **ABZ**
Ferrage (Bd de la) . . . . **ABY** 40
Fiesole (Av.) . . . . **X** 43
Foch (R. du Mar.) . . . . **BY** 44
Gallieni (R. du Mar.) . . . . . **BY, X** 48
Gaulle (Pl. Gén-de) . . . . **BZ** 51
Gazagnaire (Bd Eugène) . . . . . **X**
Grasse (Av. de) . . . . **VX** 53
Guynemer (Av.) . . . . **AY**
Hespérides (Av. des) . . . . **X** 55
Hibert (Bd Jean) . . . . **AZ**
Hibert (R.) . . . . **AZ**
Isola-Bella (Av. d') . . . . **X**
Jean-Jaurès (R.) . . . . **BCY**
Joffre (R. du Mar.) . . . . **BY** 60
Juin (Av. Mar.) . . . . **DZ**

Koening (Av. Gén.) . . . . **DY**
Lacour (Bd Alexandre) . . . . **X** 62
Latour-Maubourg (R.) . . . . **DZ**
Lattre-de-Tassigny (Av. de) . . . **AY** 63
Laubeuf (Quai Max) . . . . **AZ**
Lérins (Av. de) . . . . **X** 65
Liberté-Charles de Gaulle
(A. de la) . . . . **AZ** 70
Lorraine (Bd de) . . . . **CDY**
Macé (R.) . . . . **CZ** 66
Madrid (Av. de) . . . . **DZ**
Meynadier (R.) . . . . **ABY**
Midi (Bd du) . . . . **X**
Mimont (R. de) . . . . **BY**
Montfleury (Bd) . . . . **CDY** 74
Monti (R. Marius) . . . . **AY** 75
Mont-Chevalier (R. du) . . . . . . **AZ** 72
Noailles (Av. J.-de) . . . . **X**
Observatoire (Bd de l') . . . . . . **X** 84
Oxford (Bd d') . . . . **V** 87
Paillassou (Av. R. et I.) . . . . **V** 64
Pantiero (La) . . . . **ABZ**
Paradis-Terrestre (Corniches du) **V** 88
Pasteur (R.) . . . . **DZ**
Pastour (R. Louis) . . . . **AY** 90
Perier (Bd du) . . . . **V** 91
Perrissol (R. Louis) . . . . **AZ** 92
Petit-Juas (Av. du) . . . . **VX**
Pins (Bd des) . . . . **X** 95
Pompidou (Espl. G.) . . . . **BZ**
Prince-de-Galles (Av. du) . . . . . **X** 97
République (Bd de la) . . . . **X**
Riouffe (R. Jean de) . . . . **BY** 98
Riou (Bd du) . . . . **VX**
Roi-Albert 1er (Av.) . . . . **X**
Rouguière (R.) . . . . **BY** 100
St-Antoine (R.) . . . . **AZ** 102
St-Nicolas (Av.) . . . . **BY** 105
St-Pierre (Quai) . . . . **AZ**
Sardou (R. Léandre) . . . . **X** 108
Serbes (R. des) . . . . **BZ** 110
Source (Bd de la) . . . . **X** 112
Stanislas (Pl.) . . . . **AY**
Strasbourg (Bd de) . . . . **CDY**
Teisseire (R.) . . . . **CY** 114
Tuby (Bd Victor) . . . . **AYZ** 115
Vallauris (Av. de) . . . . **VX** 116

Vallombrosa (Bd) . . . . **AY** 1
Vautrin (Bd Gén.) . . . . **DZ**
Vidal (R. du Cdt) . . . . **CY** 12
Wemyss (Av. Amiral Wester) . . . **X** 12
1ère Division-Française
(Bd de la) . . . . **BCY** 12

LE CANNET

Aubarède (Ch. de l') . . . . **V** 8
Bellevue (Pl.) . . . . **V** 13
Bréguières (Rte des) . . . . **V** 14
Cannes (R. de) . . . . **V** 19
Carnot (Bd) . . . . **V**
Cheval (Av. Maurice) . . . . **V** 23
Collines (Ch. des) . . . . **V**
Doumer (Bd Paul) . . . . **V** 31
Écoles (Av. des) . . . . **V** 34
Four-à-Chaux (Bd du) . . . . **V** 45
Gambetta (Bd) . . . . **V** 50
Gaulle (Av. Gén.-de) . . . . **V**
Jeanpierre (Av. Maurice) . . . . . **V** 58
Mermoz (Av. Jean) . . . . **V** 67
Monod (Bd Jacques) . . . . **V** 68
Mont-Joli (Av. du) . . . . **V** 72
N.-D.-des-Anges
(Av.) . . . . **V** 79
Olivetum (Bd d') . . . . **V** 80
Olivet (Ch. de l') . . . . **V** 89
Paris (R. de) . . . . **V** 89
Pinède (Av. de la) . . . . **V** 94
Pompidou (Av. Georges) . . . . . **V** 90
République (Bd de la) . . . . **V**
Roosevelt (Av. Franklin) . . . . . . **V** 99
St-Sauveur (R.) . . . . **V** 10
Victoria (Av.) . . . . **V**
Victor-Hugo (R.) . . . . **V** 1

VALLAURIS

Cannes (Av. de) . . . . **V** 18
Clemenceau (Av. G.) . . . . **V** 25
Dr J. Ugo (Bd du) . . . . **V** 56
Golfe (Av. du) . . . . **V** 52
Picasso (Av. Pablo) . . . . **V** 93
Rouvier (Bd Maurice) . . . . **V** 1
Tapis-Vert (Av. du) . . . . **V** 1

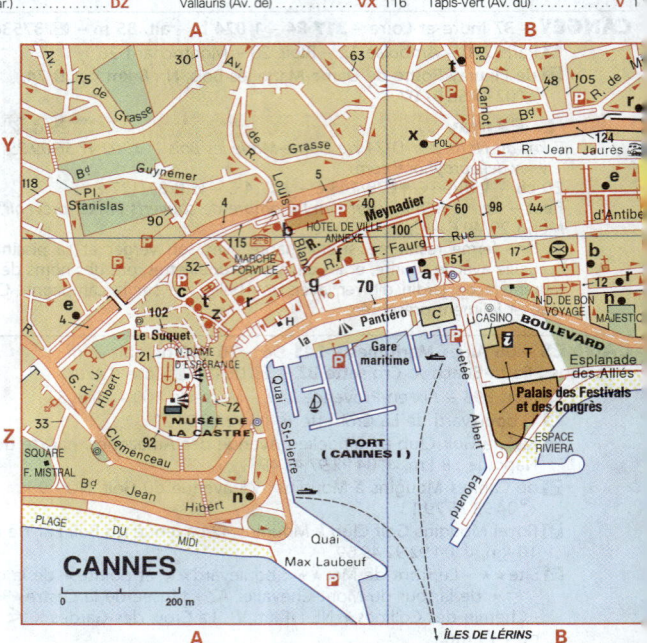

CANNES

0   200 m

ÎLES DE LÉRINS

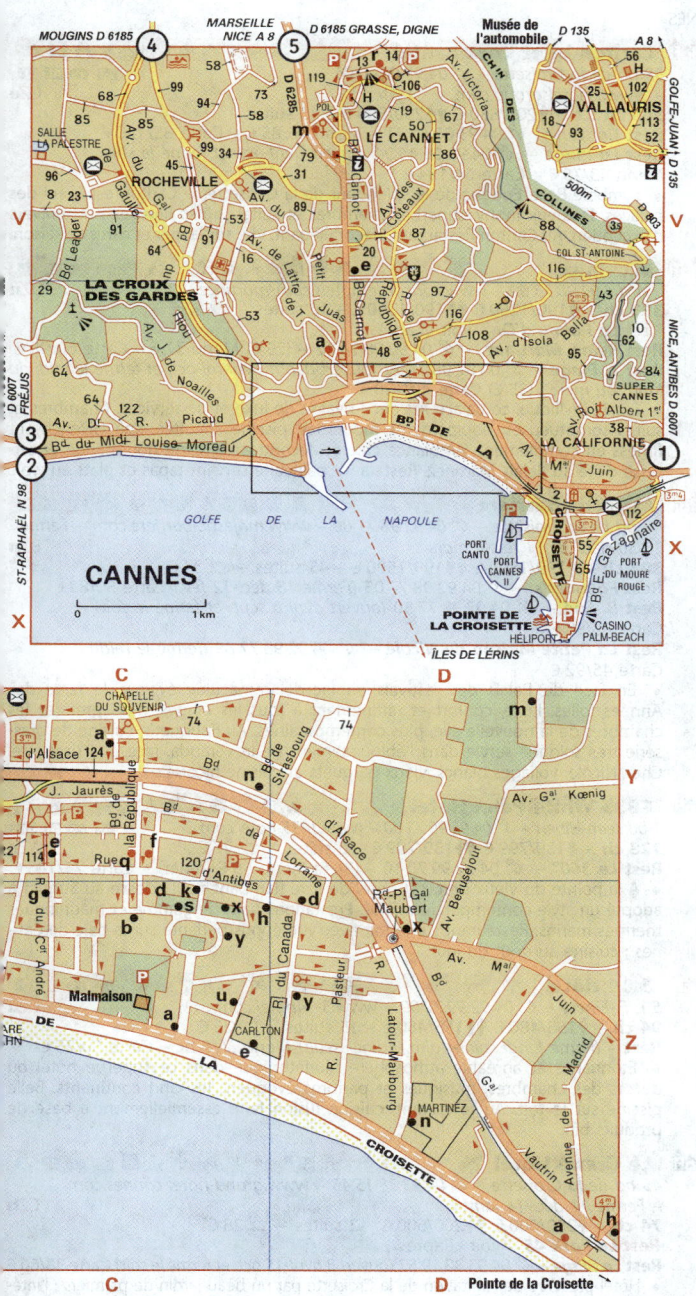

CANNES

Carlton Inter Continental ⇐ 🌳 🔥 🎱 ♿ 🅰🅲 rest, 📶 🛗 🅿 🏊
58 bd de la Croisette – 𝒞 04 93 06 40 06
– www.ichotelsgroup.com   VISA ⦿ AE ⓘ CZe
300 ch ⌓ – 🛏200/850 € 🛏🛏200/850 € – 43 suites
Rest Carlton – 𝒞 04 93 06 40 21 – Menu 46/85 € – Carte 85/120 €
Rest La Plage – 𝒞 04 93 06 44 94 (ouvert avril-oct. et fermé le soir)
Menu 43/75 € – Carte 64/134 €
♦ Symbole Belle Époque de la splendeur de la Croisette, le Carlton est le roi des palaces. Luxueux lobby, superbes chambres et suites, hôtes illustres : un univers d'exception. Au Carlton Restaurant, décor élégant, vue sur la mer et carte de saison.

Martinez ⇐ 🏊 ⊕ 🔥 🎱 ♿ 🅰🅲 ch, 📶 🛗 🏊 VISA ⦿ AE
– 𝒞 04 92 98 73 00 – www.concorde-hotels.com/martinez   DZn
393 ch – 🛏190/1250 € 🛏🛏190/1250 € – 16 suites – ⌓ 37 €
Rest La Palme d'Or – voir ci-après
Rest Relais Martinez – 𝒞 04 92 98 74 12 – (29 €) Menu 37 € – Carte 60/95 €
Rest Z. Plage – 𝒞 04 92 98 74 22 (ouvert début avril-mi-oct. et fermé le midi du lundi au merc.) (35 €) Carte 40/120 €
♦ Escale idyllique, ce palace Art déco rivalise de luxe et de services. Chambres et suites somptueuses, équipements modernes, piscine chauffée, spa Givenchy et fitness en complément. Ambiance chic et décontractée, carte gourmande et terrasse d'été au Relais Martinez. Restaurant balnéaire servant tapas et plats au wok.

Majestic Barrière ⇐ 🌳 🏊 ⊕ 🔥 🎱 ♿ 🅰🅲 📶 🏊 VISA ⦿ AE
10 bd de la Croisette – 𝒞 04 92 98 77 00 – www.majestic-barriere.com – Fermé 10-30 déc. et 11 fév.-4 mars   BZn
304 ch – 🛏199/1500 € 🛏🛏199/1500 € – 45 suites – ⌓ 34 €
Rest Fouquet's – 𝒞 04 92 98 77 05 (Fermé 18 déc.-12 fév.) Carte 50/82 €
Rest B. Sud – 𝒞 04 92 98 77 30 (ouvert avril à sept. et fermé le soir)
Carte 38/98 €
Rest La Petite Maison de Nicole – 𝒞 04 92 98 77 89 (fermé le midi)
Carte 45/92 €
♦ En face du Palais des festivals, sa façade immaculée évoque le faste des Années folles. Luxe, confort et raffinement à tous les étages, mais préférez les chambres de la nouvelle aile, plus contemporaines. Au Fouquet's, cuisine de brasserie très soignée servie dans l'éblouissement de la véranda, face à la Croisette. Chez Nicole, voilages blancs, vieux parquets et cuisine niçoise...

1835 White Palm Hotel ⇐ 🌳 🏊 🔲 ⊕ 🔥 🎱 ♿ 🅰🅲 📶 🛗 🏊
1 bd Jean-Hibert – 𝒞 04 92 99 73 00 – www.1835-hotel.com   VISA ⦿ AE
128 ch – 🛏139/799 € 🛏🛏139/799 € – 6 suites – ⌓ 27 €   AZn
Rest Le 360° – 𝒞 04 92 99 73 10 – (34 €) Menu 55 € (dîner) – Carte 75/145 €
♦ À la pointe du vieux port, cet hôtel de luxe flambant neuf adossé au Suquet a adopté un style contemporain raffiné. Prestations haut de gamme et magnifiques thermes marins. Restaurant sur le toit avec vue époustouflante sur la baie de Cannes ; cuisine au goût du jour.

3.14 Hôtel 🌳 🏊 🎱 ♿ 🅰🅲 📶 ch, 📶 🛗 🏊 VISA ⦿ AE ⓘ
5 r. F.-Einesy – 𝒞 04 92 99 72 00 – www.3-14hotel.com   CZu
94 ch – 🛏155/480 € 🛏🛏155/480 € – 15 suites – ⌓ 25 €
Rest – (fermé lundi soir et dim.) (dîner seult) Menu 35 € bc – Carte 50/75 €
♦ Étonnante et agréable atmosphère pluriethnique dans ce superbe hôtel où décors des chambres, musiques et parfums évoquent les cinq continents. Belle piscine sur le toit. Au restaurant, cuisine fusion faite essentiellement à base de produits bio.

Le Grand Hôtel 🦢 ⇐ 🎱 ♿ 🅰🅲 📶 rest, 📞 🏊 🅿 VISA ⦿ AE ⓘ
45 bd de la Croisette – 𝒞 04 93 38 15 45 – www.grand-hotel-cannes.com
– Fermé 11 déc.-14 janv.   CZb
74 ch – 🛏200/600 € 🛏🛏200/600 € – 2 suites – ⌓ 28 €
Rest Le Park 45 – voir ci-après
Rest La Plage – 𝒞 04 93 38 19 57 (ouvert 3 avril-15 oct. et fermé le soir) Carte 38/60 €
♦ Hôtel préservé de l'agitation de la Croisette par un beau jardin de palmiers ; l'intérieur soigné mêle touches seventies et contemporaines. Recettes estivales à La Plage.

Gray d'Albion

38 r. des Serbes – ℰ 04 92 99 79 79 – www.gray-dalbion.com – *Fermé 10-29 déc.*
199 ch ⬚ – **†**210/400 € **††**210/400 € – 8 suites   **BZd**
Rest *38 The Restaurant* – ℰ 04 92 99 79 60 *(fermé dim. et lundi)* (23 € bc)
Menu 40 € bc – Carte 49/61 €
◆ Cet immeuble des années 1970 abrite une galerie marchande et des chambres récemment relookées dans un esprit contemporain. Plage privée sur la Croisette. Décor épuré non dénué de convivialité et cuisine actuelle au restaurant 38.

J W Marriott

50 bd de la Croisette – ℰ 04 92 99 70 00 – www.palaisstephanie.com
224 ch – **†**165/690 € **††**165/690 € – 39 suites – ⬚ 26 €   **CZa**
Rest *La Scena* – ℰ 04 92 99 70 92 – (25 € bc) Carte 44/65 €
◆ Face à la mer, cet hôtel de luxe a été totalement et judicieusement rénové en 2009 : chambres spacieuses et chaleureuses, très confortables. Cuisine d'inspiration italo-asiatique au restaurant, qui a également fait peau neuve.

Novotel Montfleury ⌂

25 av. Beauséjour – ℰ 04 93 68 86 86
– www.novotelcannes.com   **DYm**
182 ch – **†**99/268 € **††**99/268 € – 1 suite – ⬚ 19 €   **Rest** – Carte 48/59 €
◆ L'hôtel jouxte le quartier de la Californie et ses luxueuses villas. Confortables chambres actuelles, piscine et terrasse sous les palmiers. Potentiel pour congrès et réceptions. Restauration Novotel Café.

Croisette Beach sans rest

13 r. du Canada – ℰ 04 92 18 88 00 – www.croisettebeach.com – *Fermé*
9-26 déc.   **DZy**
94 ch – **†**107/307 € **††**107/307 € – ⬚ 18 €
◆ Chambres spacieuses au confort moderne, entièrement rajeunies et pour la plupart dotées d'une terrasse. Plage privée installée sur la Croisette.

Splendid sans rest

4 r. F.-Faure – ℰ 04 97 06 22 22 – www.splendid-hotel-cannes.fr   **BZa**
62 ch – **†**103/174 € **††**104/351 € – ⬚ 12 €
◆ Un accueil courtois et chaleureux vous attend dans cet hôtel. Façade 19e s. face au port des yachts et intérieur soigné avec des chambres alliant ambiance d'antan et modernité.

Sun Riviera sans rest

138 r. d'Antibes – ℰ 04 93 06 77 77 – www.sun-riviera.com   **CZh**
40 ch – **†**134/267 € **††**134/267 € – 2 suites – ⬚ 16 €
◆ Hôtel traditionnel dans une rue jalonnée de belles boutiques. Chambres assez élégantes et parfaitement équipées ; côté jardin, elles sont plus calmes et possèdent un balcon.

Eden Hôtel

133 r. d'Antibes – ℰ 04 93 68 78 00 – www.eden-hotel-cannes.com   **DZd**
116 ch – **†**110/450 € **††**110/450 € – 1 suite – ⬚ 20 €
Rest – *(dîner seult)* (20 €) Menu 27 € – Carte 28/47 €
◆ Hôtel au design raffiné dans l'air du temps. Grandes chambres au décor sobre et élégant. Piscine intérieure avec hammam, une autre sur le toit avec solarium, fitness. Cuisine actuelle, ambiance contemporaine et touches ethniques au restaurant.

Amarante

78 bd Carnot – ℰ 04 93 39 22 23 – www.jjwhotels.com   **Ve**
71 ch – **†**150/210 € **††**150/210 € – ⬚ 17 €
Rest – *(fermé 27 nov.-28 déc., sam., dim. et le soir)* (19 € bc) Menu 26 € bc/39 €
◆ En bordure d'un boulevard très fréquenté, chambres bien équipées et remarquablement insonorisées. Parking souterrain pratique et cour intérieure avec piscine. Agréable salle à manger ouverte sur la terrasse, où le décor et l'assiette honorent la Provence.

🏨 **Cavendish** sans rest   🛗 AC 🍽 📶 VISA ☎ AE
11 bd Carnot – ℰ 04 97 06 26 00 – www.cavendish-cannes.com   BY**t**
34 ch � – †140/220 € ††140/220 €
♦ Belles chambres personnalisées d'un hôtel de tradition aux fonctionnement et services haut de gamme. Bar gratuit pour les résidents et délicieux petits-déjeuners.

🏨 **Villa Garbo** sans rest   Ⓕ 🛗 🍽 📶 🔩 🚗 VISA ☎ AE ①
64 bd d'Alsace – ℰ 04 93 46 66 00 – www.villagarbo-cannes.com – Fermé 10 déc.-3 janv.   DZ**x**
10 suites � – ††180/450 € – 1 ch
♦ Derrière la façade classée de cette demeure (1884) se cache un hôtel confidentiel assurant des prestations luxueuses. Design raffiné et équipements high-tech. Open bar le soir.

🏨 **Château de la Tour** sans rest 🐾   ← 🚗 🛗 & AC 🔩 P VISA ☎ AE
*10 av. Font-de-Veyre, par ③ – ℰ 04 93 90 52 52
– www.hotelchateaudelatour.com – Fermé 30 janv.-20 fév.*
34 ch – †125/375 € ††125/375 € – � 17 €
♦ Cette ancienne maison nobiliaire ceinte d'un beau jardin clos jouit d'une délicieuse tranquillité. Chambres de grand confort, entièrement aménagées dans un esprit néobaroque.

🏨 **Le Canberra**   🌿 🏊 🛗 🍽 ch, 📶 VISA ☎ AE ①
*120 r. d'Antibes, (rond-point Duboys-d'Angers) – ℰ 04 97 06 95 00
– www.hotel-cannes-canberra.com*   CZ**k**
30 ch – †140/500 € ††140/500 € – 5 suites – � 21 €
Rest – (19 €) Menu 26/33 € – Carte 40/55 €
♦ Hôtel entièrement rénové situé rue d'Antibes, dont l'intérieur met en scène un décor glamour années cinquante. Chambres très confortables aux meubles contemporains épurés. Le restaurant tourné sur le jardin et la piscine propose une cuisine traditionnelle.

🏨 **Cézanne** sans rest   🚗 Ⓕ 🛗 & AC 📶 🔩 🚗 VISA ☎ AE ①
40 bd d'Alsace – ℰ 04 92 59 41 00 – www.hotel-cezanne.com   CY**n**
28 ch – †159/329 € ††159/329 € – � 17 €
♦ Séduisantes chambres contemporaines mariant chacune le gris à une couleur vive (jaune, turquoise), fitness, hammam et petit-déjeuner sous les palmiers : rénovation réussie !

🏨 **Renoir** sans rest   🛗 & AC 📶 🚗 ☎ AE ①
7 r. Edith-Cavell – ℰ 04 92 99 62 62 – www.hotel-renoir-cannes.com – Fermé 2-20 janv. et 4-27 fév.   BY**x**
26 ch – †159/379 € ††159/379 € – � 15 €
♦ Tout est neuf derrière cette façade de caractère (1913). Décor intérieur ultra-contemporain parsemé de touches néobaroques ; chambres et suites modernes, dans le même esprit.

🏨 **Victoria** sans rest   🏊 🛗 AC 📶 🚗 VISA ☎ AE ①
*rd-pt Duboys-d'Angers – ℰ 04 92 59 40 00 – www.cannes-hotel-victoria.com
– Fermé 29 janv.-24 fév.*   CZ**x**
25 ch – †110/305 € ††110/305 € – � 18 €
♦ Hôtel proche de la Croisette occupant deux étages d'un immeuble. Chambres confortables et actuelles (tons beige et bleu) ; bar ouvrant sur une terrasse face à la petite piscine.

🏨 **America** sans rest   🛗 AC 🍽 📶 VISA ☎ AE ①
13 r. St-Honoré – ℰ 04 93 06 75 75 – www.hotel-america.com – Fermé 15 déc.-15 janv.   BZ**r**
28 ch – †80/150 € ††80/150 € – � 15 €
♦ Dans une petite rue calme proche de la Croisette. Les chambres, fraîches et dans l'air du temps, sont bien insonorisées et généralement spacieuses. Tenue irréprochable.

🏨 **Fouquet's** sans rest   AC 📶 🚗 VISA ☎ AE ①
*2 rd-pt Duboys-d'Angers – ℰ 04 92 59 25 00 – www.le-fouquets.com
– Ouvert avril-8 nov.*   CZ**y**
12 ch – †120/200 € ††140/260 € – � 14 €
♦ Sur un rond-point relativement calme, grandes chambres assez gaies, joliment refaites dans un esprit provençal. Accueil prévenant et tenue rigoureuse.

La Villa Cannes Croisette sans rest �) 🔃 AC ⁿ¹ 🛁 VISA ⚫ AE ①
8 traverse Alexandre-III – ℰ 04 93 94 12 21 – www.hotel-villa-cannes.com
33 ch – ♦110/170 € ♦♦130/300 € – ⊑ 16 €   DZ**h**
• Ces belles maisons ordonnées autour d'un jardin-piscine abritent des chambres confortables, décorées dans un style très frais et coloré ; certaines possèdent une terrasse.

Cannes Riviera sans rest 🔃 🔃 AC ⁿ¹ 🛁 🚗 VISA ⚫ AE ①
16 bd d'Alsace – ℰ 04 97 06 20 40 – www.cannesriviera.com   BY**r**
61 ch – ♦105/160 € ♦♦120/180 € – 2 suites – ⊑ 15 €
• La façade agrémentée d'un portrait géant de Marilyn Monroe attire le regard. Intérieur résolument provençal, chambres rénovées et piscine panoramique sur le toit-terrasse.

De Paris sans rest 🔃 🔃 AC ⁿ¹ 🛁 🚗 VISA ⚫ AE ①
34 bd d'Alsace – ℰ 04 97 06 98 81 – www.hoteldeparis.fr – Fermé 16-26 déc. et 8-19 janv.   CY**a**
47 ch – ♦75/140 € ♦♦90/165 € – 3 suites – ⊑ 15 €
• Proche d'un axe fréquenté mais parfaitement insonorisé, hôtel particulier du 19e s. abritant des chambres bourgeoises bien tenues. Piscine au milieu des palmiers.

Villa de l'Olivier sans rest 🔃 AC ⁿ¹ 🅿 VISA ⚫ AE
5 r. Tambourinaires – ℰ 04 93 39 53 28 – www.hotelolivier.com – Fermé 27 nov.-26 déc., 7-21 janv. et 28 janv.-28 fév.   AZ**e**
24 ch – ♦80/120 € ♦♦90/155 € – ⊑ 12 €
• Dans le quartier du Suquet, villa familiale aux chambres coquettes (deux avec terrasse et vue sur l'Estérel). Buffet de petits-déjeuners dans la véranda ou face à la piscine.

Le Mondial sans rest 🔃 ♿ AC ⁿ¹ VISA ⚫ AE ①
1 r. Teisseire – ℰ 04 93 68 70 00 – www.hotellemondial.com   CY**e**
49 ch – ♦80/123 € ♦♦110/410 € – ⊑ 14 €
• Élégante façade de style Art déco. Les chambres, aux tons chocolat, affichent un cadre plutôt ethnique ; certaines possèdent un balcon avec vue sur mer (étages supérieurs).

La Villa Tosca sans rest 🔃 AC ⁿ¹ VISA ⚫ AE ①
11 r. Hoche – ℰ 04 93 38 34 40 – www.villa-tosca.com – Fermé 12-26 déc.
22 ch – ♦61/98 € ♦♦82/220 € – ⊑ 13 €   BY**e**
• Cette belle façade "à l'italienne" jaune citron dissimule un intérieur contemporain associant meubles et objets modernes ou anciens. Petites chambres joliment refaites.

Le Mistral sans rest AC ⁿ¹ VISA ⚫ AE
13 r. des Belges – ℰ 04 93 39 91 46 – www.mistral-hotel.com – Fermé 12-26 déc. et 13-28 fév.   BZ**b**
10 ch – ♦59/109 € ♦♦69/149 € – ⊑ 8 €
• Un hôtel de poche récent situé derrière le Palais des festivals. Les jolies petites chambres contemporaines portent chacune un nom de vent. Accueil familial et prévenant.

De Provence sans rest 🔃 AC ⁿ¹ VISA ⚫ AE ①
9 r. Molière – ℰ 04 93 38 44 35 – www.hotel-de-provence.com – Fermé 23 nov.-15 janv.   CZ**s**
30 ch – ♦70/92 € ♦♦87/207 € – ⊑ 10 €
• Un charmant jardin planté de palmiers devance cet hôtel idéalement proche de la Croisette. Les chambres ne sont pas très grandes mais coquettes et bien tenues (quelques balcons). Rénovation programmée début 2011.

Florian sans rest 🔃 AC ⁿ¹ VISA ⚫ AE ①
8 r. Cdt-André – ℰ 04 93 39 24 82 – www.hotel-leflorian.com – Fermé 1er déc.-10 janv.   CZ**g**
20 ch – ♦52/72 € ♦♦64/84 € – ⊑ 6 €
• Accueil tout sourire dans cet hôtel familial doté de chambres simples et rigoureusement tenues. Certaines possèdent un balcon où vous pourrez apprécier un bon petit-déjeuner.

XXXX **La Palme d'Or** – Hôtel Martinez   ⫷ 🛏 & AC ⊶ P VISA ◎ AE ◑
😣 😣 *73 bd de la Croisette – 𝒞 04 92 98 74 14 – www.concorde-hotels.com/martinez*
– Fermé 2 janv.-1ᵉʳ mars, mardi sauf de juin à oct., dim. et lundi   **DZn**
Rest – Menu 66 € bc (déj.), 95/185 € – Carte 120/195 €🈂

Spéc. Pixels des saveurs comme des perles noires aux condiments d'agrumes
(hiver). Sardine grillée, ragoût de poivrons cuisinés comme un stockfish. Palet fondant au chocolat gianduja aux noisettes, glace à la fève de tonka. **Vins** Vin de
pays de l'Île Saint-Honorat, Côtes de Provence.
• Photos de stars et bois nobles subliment le séduisant intérieur Art déco
ouvrant "plein cadre" sur la Croisette. Superbe terrasse panoramique. Brillante cuisine gorgée de soleil.

XXX **Le Mesclun**   AC VISA ◎ AE
16 r. St-Antoine – 𝒞 04 93 99 45 19 – www.lemesclun-restaurant.com
– Fermé 3-10 juil., 30 janv.-3 mars et dim.   **AZt**
Rest – *(dîner seult)* Menu 39 € – Carte 70/110 €
• Lumière tamisée, boiseries, tableaux et couleurs chaudes composent un décor
idéal pour déguster une cuisine méditerranéenne goûteuse et soignée. Service
compétent et souriant.

XXX **Le Park 45** – Le Grand Hôtel   ⫷ 🛏 & AC 🍽 ⊶ VISA ◎ AE ◑
😣 *45 bd de la Croisette – 𝒞 04 93 38 15 45 – www.grand-hotel-cannes.com*
– Fermé 12 déc. - 14 janv.   **CZb**
Rest – *(34 €)* Menu 45/80 € – Carte 63/105 €
Spéc. Émietté de tourteau, écume de yaourt, gelée de concombre-citron et huile
d'avocat. Côte de veau rôtie aux aromates, cèpe et truffe d'été (saison). Pêche de
vigne à la citronnelle, glace verveine (été). **Vins** Vin de l'île de Saint Honorat, Bellet.
• Le nouveau chef, riche d'une belle expérience, exécute une cuisine toute de
fraîcheur et de saveurs, et met le produit en valeur avec un plaisir évident.
Décor épuré et terrasse ouverte sur le parc.

XX **Mantel**   AC VISA ◎ AE
22 r. St-Antoine – 𝒞 04 93 39 13 10 – www.restaurantmantel.com – Fermé
1ᵉʳ-15 juil., 23-29 déc., jeudi midi, merc. et le midi en juil.-août   **AZc**
Rest – Menu 25 € (déj.), 28/57 € – Carte 50/90 €
• Derrière une façade discrète, sympathique entrée (vitrine de pâtisseries et cave
à vins) et salle décorée avec goût dans un esprit contemporain. Belle cuisine aux
saveurs provençales.

XX **Rest. Arménien**   AC VISA ◎ ◑
82 bd de la Croisette – 𝒞 04 93 94 00 58 – www.lerestaurantarmenien.com
Rest – *(dîner seult)* Menu 45 €   **DZa**
• Le menu du jour convie à une goûteuse – et très copieuse – escapade culinaire
en Arménie. Cadre un peu kitsch, service jusqu'à minuit, accueil charmant et
clientèle fidèle.

XX **Relais des Semailles**   AC ✧ VISA ◎
9 r. St-Antoine – 𝒞 04 93 39 22 32 – www.lerelaisdessemailles.fr – Fermé fév.,
dim. soir et lundi midi   **AZz**
Rest – *(22 €)* Menu 34/42 € – Carte 55/90 €
• Tableaux, meubles anciens et bibelots composent le cadre cosy de ce restaurant situé dans une ruelle de la vieille ville (salon pour repas privés). Cuisine à l'accent provençal.

XX **Rendez-Vous**   🛏 AC VISA ◎ AE
35 r. Félix Faure – 𝒞 04 93 68 55 10 – Fermé 13-21 déc. et 4-21 janv.
Rest – *(16 €)* Menu 23/31 € – Carte 35/50 €   **AZg**
• Rendez-Vous dans ce joli restaurant révélant un nouveau décor contemporain
d'inspiration Art déco. Poissons, crustacés et plats traditionnels à l'accent méridional.

XX **Côté Jardin**   🛏 AC VISA ◎ AE
12 av. St-Louis – 𝒞 04 93 38 60 28 – www.restaurant-cotejardin.com – Fermé
22 oct.-2 nov., dim. et lundi   **Xa**
Rest – *(23 €)* Menu 30/38 €
• Sympathique petit restaurant dans un quartier résidentiel. Salle à manger-
véranda et jardinet-terrasse ombragé. Plats familiaux et du marché, à découvrir
sur l'ardoise du jour.

X **L'Affable**   ♿ AC VISA ◯◯ AE

5 r. la Fontaine – ℰ 04 93 68 02 09 – www.restaurant-laffable.fr – Fermé août,
sam. midi et dim.   **CZd**
Rest – Menu 24 € (déj.)/38 € – Carte 62/84 €

♦ Décor épuré rehaussé de tableaux modernes et cuisine visible de tous dans
ce bistrot contemporain proposant une carte assez courte, à la fois sage et
appétissante.

X **Caveau 30**   🌳 AC VISA ◯◯ AE

45 r. F.-Faure – ℰ 04 93 39 06 33 – www.lecaveau30.com   **AZf**
Rest – (15 €) Menu 25/36 € – Carte 40/65 €

♦ Deux grandes salles à manger façon brasserie des années 1930. Bar moderne
et terrasse donnant sur une grande place ombragée. Poissons, coquillages et
plats traditionnels.

X **Mon Rêve de Gosse** (Ludovic Ordas)   AC VISA ◯◯ AE

✿ *11 r. L.-Blanc – ℰ 04 93 39 68 08 – www.monrevedegosse.com – fermé*
20 déc.-31 janv., lundi et mardi   **AYb**
Rest – (16 €) Carte 40/60 €

Spéc. Risotto crémeux au calamar, pistou et copeaux de parmesan. Filet de cabillaud cuit sur peau, péquillos farcis au caviar d'aubergine, jus d'arêtes au paprika.
Tarte fine d'une marmelade de prune.

♦ Les recettes jouent la carte de la fraîcheur, des saveurs et de la simplicité : un
trio gagnant pour ce chef épanoui et… visiblement heureux d'avoir réalisé son
rêve de gosse ! Décor convivial et chaleureux, façon bistrot chic.

X **La Cave**   AC VISA ◯◯ AE

9 bd de la République – ℰ 04 93 99 79 87 – www.restaurant-lacave.com
– Fermé 2-17 juil., sam. midi et dim.   **CYq**
Rest – Menu 25 € (déj.)/31 € – Carte 40/70 € 🍷

♦ Un vrai petit bistrot, actuel et convivial, avec ses ardoises de suggestions du
jour et sa riche carte des vins hexagonale particulièrement bien composée.

X **Aux Bons Enfants**   🌳 AC

80 r. Meynadier – Fermé 27 nov.-3 janv. et dim.   **AZr**
Rest – (nombre de couverts limité, prévenir) (20 €) Menu 24 € – Carte 29/44 €

♦ Sympathique adresse familiale d'esprit bistrot où l'on cultive avec bonheur l'art
de recevoir. Cuisine provençale. Pas de téléphone et paiement en liquide.

X **La Table du Chef**   AC VISA ◯◯ AE

5 r. Jean-Daumas – ℰ 04 93 68 27 40 – Fermé 3-10 avril, 4-11 oct., 1er-18 janv.,
mardi soir, merc. soir, dim. et lundi   **CYf**
Rest – (nombre de couverts limité, prévenir) (25 €) Menu 37 € (dîner)

♦ Voici un bistrot de poche à découvrir à deux pas de la rue d'Antibes.
Accueil prévenant et cuisine traditionnelle de qualité, avec un "menu surprise"
unique le soir.

au Cannet 3 km au Nord - **V** – 42 531 h. – alt. 80 m – ✉ 06110

🛈 avenue du Campon ℰ 04 93 45 34 27

XXX **Villa Archange** (Bruno Oger)   🌳 ♿ AC 🍷 ⟷ P VISA ◯◯ AE

✿✿ *15 bis r. Notre-Dame-des-Anges, (par av. Campon - D 6285)*
– ℰ 04 92 18 18 28 – www.bruno-oger.com
– fermé dim., lundi et le midi sauf vend. et sam.   **Vm**
Rest – (nombre de couverts limité, prévenir) Menu 70/150 €

Spéc. Cappuccino de grenouilles à l'ail doux. Jarret de veau du Limousin cuisiné
vingt quatre heures, carottes fondantes. "Traou Mad" à la vanille et aux fraises
écrasées. **Vins** Côtes de Provence.

♦ Une jolie bâtisse du 18e s. décorée avec beaucoup de goût (parquets, tableaux,
mobilier chiné...). Bruno Oger signe des plats très parfumés, savamment composés et extrêmement précis dans leur exécution, qui font pousser des ailes à la
gastronomie méridionale !

XX **Bistrot des Anges** 🛜 ⅃ 🄰🄲 🄿 🆅🄸🅂🄰 ⅏

😊 15 bis r. Notre-Dames-des-Anges, (par avenue Campon - D 6285)
– ☏ 04 92 18 18 28 – www.bruno-oger.com   **Vm**
Rest – Menu 29/65 € – Carte 41/77 €
Rest *L'Ange Bar* – Carte environ 20 €
♦ Dans l'échelle séraphique, l'équipe de la Villa Archange pense brasserie : ici, décor de loft new-yorkais, formules ensoleillées et chariot de douceurs... angélique. Pour grignoter, profitez de la déco pop et élégante du "lounge Bar".

X **Pézou** 🛜 ⅏ 🆅🄸🅂🄰 ⅏

😊 346 r. St-Sauveur – ☏ 04 93 69 32 50 – Fermé 10 nov.-10 déc., dim. soir
sauf juil.-août et merc.   **Vr**
Rest – (14 €) Menu 18 € (déj.), 26/32 € – Carte 35/42 €
♦ Dans le quartier pittoresque du vieux Cannet, sympathique restaurant situé sur une jolie placette où l'on dresse la terrasse sous les platanes. Cuisine à l'accent provençal.

LE CANNET – 06 Alpes-Maritimes – **341** D6 – **rattaché à Cannes**

CAPBRETON – 40 Landes – **335** C13 – **7 565 h. – alt. 6 m – Casino**   **3** A3
– ✉ **40130** ▊ Aquitaine

▶ Paris 749 – Bayonne 22 – Biarritz 29 – Mont-de-Marsan 90
🅉 avenue Georges Pompidou ☏ 05 58 72 12 11
🄸🄶 de Seignosse à Seignosse Av. du Belvédère, N : 8 km par D 152, ☏ 05 58 41 68 30

quartier de la plage

🏠🏠🏠 **Baya Hôtel & Spa** ⟨ 🛜 ⅃ 🌐 🄵🛁 🄲🄰 🅟 🆅🄸🅂🄰 ⅏

85 av. du Mar.-de-Lattre-de-Tassigny – ☏ 05 58 41 80 00 – www.bayahotel.com
75 ch ⟁ – †89/360 € ††99/360 €
Rest – (19 €) Menu 29 € (dîner)/33 € – Carte 30/42 € le soir
♦ Un hôtel au bord de l'Océan, d'esprit zen et ethnique (chambres fonctionnelles, dont certaines design). Temple de la détente : hammam, piscine chauffée, massages thaï... Cuisine au goût du jour mâtinée d'exotisme ; menu barbecue l'été. La terrasse donne sur la plage.

🏠 **L'Océan** ⟨ 🄰🄲 rest, 🗣 🅟 🆅🄸🅂🄰 ⅏ ⅑

😊 85 av. Georges Pompidou – ☏ 05 58 72 10 22 – www.hotel-capbreton.com
– Fermé 27 nov.-24 déc. et 8-28 janv.
24 ch – †48/78 € ††59/114 € – ⟁ 9 €   **Rest** – (13 €) Menu 18/25 € – Carte 29/44 €
♦ Au bord du chenal, une façade immaculée cachant des chambres simples, avec balcon. À la brasserie, l'Atlantique est à l'honneur, tant dans le décor (filets de pêche et faux poissons) que dans l'assiette.

quartier la Pêcherie

XX **Le Regalty** 🛜 🆅🄸🅂🄰 ⅏ ⅑

port de plaisance, (quai Mille-Sabords) – ☏ 05 58 72 22 80
www.restaurant-leregalty.com – Fermé merc. soir, dim. soir de sept. à juin et lundi
Rest – Menu 31 € bc/65 € – Carte 31/50 €
♦ Au pied d'un immeuble moderne, une salle chaleureuse, en partie ouverte sur les cuisines. Un mur végétal borde la terrasse. Menu homard, belle carte des vins.

X **Le Pavé du Port** 🛜 🄰🄲 🆅🄸🅂🄰 ⅏

😊 port de plaisance, (quai Mille Sabords) – ☏ 05 58 72 29 28
– www.le-pave-du-port.com – Fermé des vacances de Noël à mi-janv., lundi midi
et merc. midi en juil.-août, merc. de mi-sept. à mi-avril et mardi
Rest – Menu 16 € (sem.), 27/30 € – Carte 30/40 €
♦ Une adresse toute simple, qui honore la pêche : chaque jour, le patron se fournit en poisson auprès des petits chaluts du port ! Terrasse face aux bateaux de plaisance.

CAP COZ – 29 Finistère – **308** H7 – **rattaché à Fouesnant**

CAP-d'AGDE – 34 Hérault – **339** G9 – **rattaché à Agde**

CAP d'AIL – 06 Alpes-Maritimes – **341** F5 – 4 887 h. – alt. 51 m – ⊠ 06320   **42** E2

▶ Paris 945 – Monaco 3 – Menton 14 – Monte-Carlo 4

🛈 87, avenue du 3 Septembre ✆ 04 93 78 02 33

Voir plan de Monaco (Principauté de)

🏨 **Marriott Riviera la Porte de Monaco**   ≤ 🏤 🏊 ♨ 🛗 & ch, 🅰🅲
au port – ✆ 04 92 10 67 67   ℅ rest, 🐾 🚅 🚗 *VISA* ⦿ ᴀᴇ ⓪
– www.marriottportedemonaco.com   **AVn**
186 ch – 🛏119/534 € 🛏🛏119/534 € – 15 suites – ☲ 21 €
Rest – Menu 20 € (déj. en sem.), 29/39 € – Carte 30/65 €
♦ Immeuble moderne face à la marina de Cap-d'Ail. Chambres très confortables, conformes aux normes de la chaîne ; la plupart sont dotées de loggias avec vue sur la mer. Restaurant de style brasserie chic, terrasse sur le port ; cuisine traditionnelle.

CAP d'ANTIBES – 06 Alpes-Maritimes – **341** D6 – **rattaché à Antibes**

CAPDENAC-LE-HAUT – 46 Lot – **337** I4 – **rattaché à Figeac**

CAP-FERRET – 33 Gironde – **335** D7 – alt. 11 m – ⊠ 33970 🟩 Aquitaine   **3** B2

▶ Paris 650 – Arcachon 66 – Bordeaux 71 – Lacanau-Océan 55

◉ ☀ ★ du phare.

🏨 **La Frégate** sans rest   🏊 & 🚅 🅿 🅿 *VISA* ⦿ ᴀᴇ ⓪
34 av. de l'Océan – ✆ 05 56 60 41 62 – www.hotel-la-fregate.net – *Fermé déc. et janv.*
29 ch – 🛏49/159 € 🛏🛏49/159 € – ☲ 11 €
♦ Autour d'une agréable piscine, ces deux maisons balnéaires ont retrouvé leur éclat ; les chambres rénovées arborent un look à la fois sobre (tons blancs), actuel et chic.

✕ **Le Pinasse Café**   ≤ 🏤 *VISA* ⦿
2 bis av. de l'Océan – ✆ 05 56 03 77 87 – www.pinassecafe.com
– *Ouvert 1er avril-12 nov.*
Rest – (23 € bc) Menu 39 € – Carte 35/75 €
♦ Grande salle (avec terrasse) face au bassin et à la dune du Pilat. Décor marin et cuisine iodée, huîtres en tête. La pinasse est le bateau traditionnel du littoral arcachonnais.

CAP FRÉHEL – 22 Côtes-d'Armor – **309** I2 – Casino – ⊠ 22240   **10** C1
Plevenon 🟩 Bretagne

▶ Paris 438 – Dinan 43 – Dinard 36 – Lamballe 36

◉ Site★★★ – ☀★★★ - Fort La Latte : site★★, ☀★★ SE : 5 km.

✕ **La Fauconnière**   ≤ *VISA* ⦿
à la Pointe – ✆ 02 96 41 54 20 – *Ouvert début avril-1er nov. et fermé merc. de sept. à oct. et jeudi en oct.*
Rest – (déj. seult) (14 €) Menu 20/28 € – Carte 23/46 €
♦ Ce restaurant situé dans un site classé uniquement accessible à pied, est ancré sur les roches rouge violacé de la Fauconnière. Décor très sobre mais vue exceptionnelle.

CAP GRIS-NEZ ★★ – 62 Pas-de-Calais – **301** C2 – ⊠ 62179   **30** A1
Audinghen 🟩 Nord Pas-de-Calais Picardie

▶ Paris 288 – Arras 139 – Boulogne-sur-Mer 21 – Calais 32

✕ **La Sirène**   ≤ ℅ 🅿 *VISA* ⦿
– ✆ 03 21 32 95 97 – *Fermé 15 déc.-25 janv., le soir sauf de mai à août, dim. soir et lundi*
Rest – (17 €) Menu 23/38 € – Carte 23/46 €
♦ Point de sirènes à l'horizon, mais homards et poissons vous charmeront dans cette maison postée au bord de l'eau, face aux côtes anglaises (visibles par beau temps).

CAPINGHEM – 59 Nord – **302** F4 – **rattaché à Lille**

CAPPELLE-LA-GRANDE – 59 Nord – **302** C2 – **rattaché à Dunkerque**

CARANTEC – 29 Finistère – **308** H2 – 3 088 h. – alt. 37 m – ✉ 29660   **9** B1

🟩 Bretagne

▶ Paris 552 – Brest 71 – Lannion 53 – Morlaix 14

ℹ 4, rue Pasteur ✆ 02 98 67 00 43

🏌 de Carantec Rue de Kergrist, S : 1 km par D 73, ✆ 02 98 67 09 14

◉ Croix de procession★ dans l'église – "Chaise du Curé" (plate-forme) ✦★.

◙ Pointe de Pen-al-Lann ≼★★ E : 1,5 km puis 15 mn.

🏨🏨 **L'Hôtel de Carantec-Patrick Jeffroy** ⊗   ≼ 🛋 📶 🌿 🕭 **P**
20 r. du Kelenn – ✆ 02 98 67 00 47   VISA ◉◉ AE
– www.hoteldecarantec.com – Fermé 14 nov.-7 déc., 17 janv.-2 fév., dim.
soir, lundi et mardi sauf fériés et sauf vacances scolaires du 14 sept. au 16 juin,
lundi midi, mardi midi et jeudi midi du 13 juin au 11 sept.
12 ch – †98/195 € ††129/236 € – ☐ 18 €
Rest – (prévenir) Menu 40 € (déj. en sem.), 68/140 € – Carte 92/195 € 🍴
Spéc. Pressé de tourteau et artichaut camus au wakamé, crème de coco curry
(mai à oct.). Homard breton "Breizh West" et tête de veau rôtie (mai à nov.).
Sablé de sarrasin aux fruits de saison.
♦ Cette charmante maison de 1936 surplombe la superbe baie de Morlaix. Les
chambres (avec terrasse au 2ᵉ étage), contemporaines et épurées, donnent toutes
sur la Manche. Restaurant panoramique où l'on se régale d'une cuisine inventive,
"terre et mer" à l'unisson.

CARCASSONNE **P** – 11 Aude – **344** F3 – 46 639 h. – alt. 110 m   **22** B2
– ✉ 11000 🟩 Languedoc Roussillon

▶ Paris 768 – Albi 110 – Narbonne 61 – Perpignan 114

✈ de Carcassonne-en pays Cathare : ✆ 04 68 71 96 46, 3 km par ④.

ℹ 28, rue de Verdun ✆ 04 68 10 24 30

🚲 de Carcassonne Route de Saint Hilaire, S : 4 km par D 118 et D 104,
✆ 06 13 20 85 43

◉ La Cité★★★ - Basilique St-Nazaire★ : vitraux★★, statues★★ - Musée du
château Comtal : calvaire★ de Villanière - Montolieu★ (village du livre)
- Châteaux de Latours★ .

🏨 **Les Trois Couronnes**   ≼ 🛋 🗔 📶 🕭 ⅃. ch, 🅰🅒 📡 🕭 🚗 VISA ◉◉ AE ⓘ
2 r. Trois-Couronnes – ✆ 04 68 25 36 10 – www.hotel-destroiscouronnes.com
– Fermé 24 déc.-10 janv.   **BZ**v
70 ch – †95/145 € ††95/145 € – ☐ 11 € – ½ P 126/176 €
Rest – (12 €) Menu 25 € – Carte 25/42 € le soir
♦ Cet hôtel a fait peau neuve en 2009 : cadre actuel, couleurs tendance (rouge,
gris) et vue remarquable sur la Cité depuis la quarantaine de chambres avec balcon. Petite piscine au 4e étage. Tout en haut, restaurant panoramique tourné
vers la forteresse.

🏠 **La Maison Coste**   🛋 🌿 📡 VISA ◉◉ AE
40 r. Coste-Reboulh – ✆ 04 68 77 12 15 – www.maison-coste.com – Fermé
30 janv.-8 fév.   **BZ**n
5 ch ☐ – †73/145 € ††88/160 €   **Table d'hôte** – Menu 30 € bc
♦ Tout a été pensé pour que l'on se sente bien dans cette accueillante maison
décorée dans un style contemporain sobre et du meilleur goût. Jardin-terrasse,
jacuzzi et solarium. Menu unique (annoncé le soir même) à la table d'hôtes ; apéritif et café offerts.

🍴🍴🍴 **Le Parc Franck Putelat**   🛋 ⅃. 🅰🅒 **P** VISA ◉◉ AE
🌸 80 chemin des Anglais, au Sud de la Cité - **C** - ✆ 04 68 71 80 80
– www.restaurantleparcfranckputelat.fr – Fermé 1ᵉʳ-24 janv., vacances de la
Toussaint, dim. et lundi sauf fériés
Rest – (30 € bc) Menu 48 € (sem.), 68/108 € – Carte 70/95 € 🍴
Spéc. Pomme de terre ratte confite, brousse de brebis et comté de mon Jura,
truffe aestivum (juin à août). Rouget de Méditerranée cuit façon pan con tomate
et encre de seiche (mai à août). Tarte tout chocolat guanara.   **Vins** Corbières,
Limoux.
♦ Au pied de la Cité médiévale, une salle contemporaine et lumineuse, ouverte
sur un jardin (terrasse). Cuisine très soignée et savoureuse, créative sans excès,
et dont le caractère s'affirme.

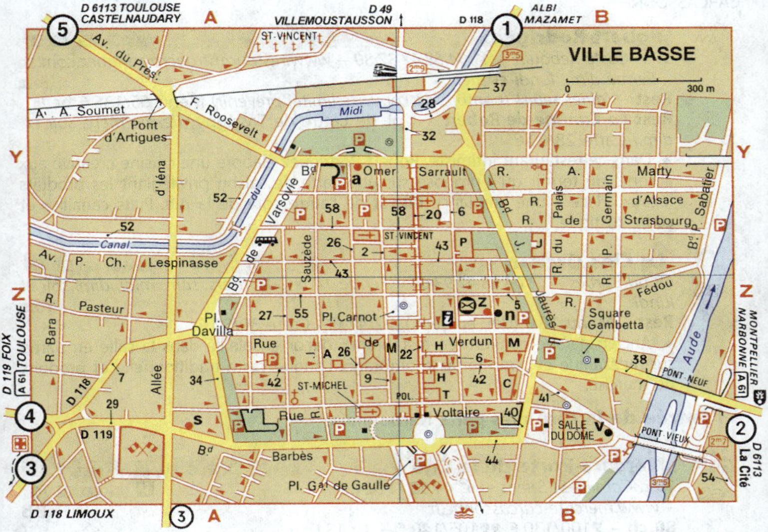

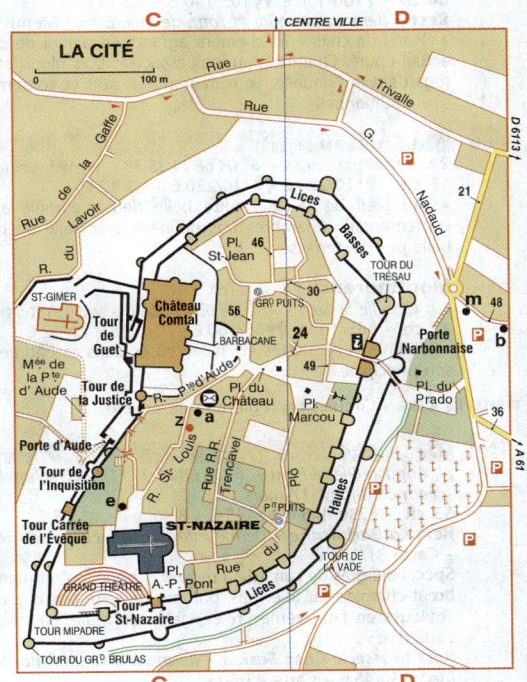

CARCASSONNE

Armagnac (R. A.) . . . . **AY** 2
Barbès (R.) . . . . **BZ** 5
Bringer (R. Jean) . . **BYZ** 6
Bunau-Varilla (Av.) . . . **AZ** 7
Chartran (R.) . . . . **AZ** 9
Clemenceau (R. G.) . . **BY** 20
Combéléran (Mtée G.) . . **D** 21
Courtejaire (R.) . . . . . **BZ** 22
Cros-Mayrevieille (R.) . . **D** 24
Dr-A.-Tomey (R.) . . . **AYZ** 26
Études (R. des) . . . . . . **AZ** 27
Foch (Av. du Mar.) . . . **BY** 28
Gout (Av. Henri) . . . . . **AZ** 29
Grand-Puits (R. du) . . . **CD** 30
Joffre (Av. du Mar.) . . . **BY** 32
Marcou (Bd) . . . . **AZ** 34
Médiévale (Voie) . . . . . **D** 36
Minervoise (Rte) . . . . . **BY** 37
Mullot (Av. Arthur) . . . **BZ** 38
Pelletan (Bd C.) . . . . . **BZ** 40
Pont-Vieux (R. du) . . . . **BZ** 41
Ramon (R. A.) . . . . . **ABZ** 42
République
(R. de la) . . . . **ABY** 43
Roumens
(Bd du Cdt) . . . . . . **BZ** 44
St-Jean (R.) . . . . **C** 46
St-Saëns (R. C.) . . . . . **D** 48
St-Sernin (R.) . . . . **D** 49
Semard (Av. Pierre) . . **AY** 52
Trivalle (R.) . . . . **BZ** 54
Verdun (R. de) . . . . . **ABZ**
Victor-Hugo (R.) . . . . . **AZ** 55
Viollet-le-Duc (R.) . . . . **C** 56
4-Septembre
(R. du) . . . . **ABY** 58

XX **Robert Rodriguez**   AC ⇔ VISA ᠊᠊ AE

39 r. Coste-Reboulh – ℰ *04 68 47 37 80 – www.restaurantrobertrodriguez.com*
– Fermé dim., lundi et merc.   **BZz**
Rest *– (dîner seult) (nombre de couverts limité, prévenir)* Menu 65/135 € bc ᠊᠊
Rest *La Cantine de Robert* – 1 pl. de Lattre de Tassigny *(fermé merc. soir et dim.)* Carte 28/60 €

♦ Dans ce restaurant intimiste, Robert Rodriguez élabore une cuisine créative aux accents du terroir qu'il propose sur une carte de saison privilégiant les produits locaux. Place à une ambiance bistrot de l'autre côté de la rue. Plats canailles et cadre rustique.

XX **Le Clos Occitan**   ᠊᠊ & AC VISA ᠊᠊ AE ᠊᠊

68 bd Barbès – ℰ *04 68 47 93 64 – Fermé 14 fév.-14 mars, sam. midi, dim. soir et lundi*   **AZs**
Rest *–* Menu 16 € (déj. en sem.), 22/41 € – Carte 30/50 €

♦ Ancien garage converti en restaurant : décor ensoleillé dans la salle en partie sur mezzanine et patio-terrasse ombragé. Longue carte traditionnelle et produits du marché.

à l'entrée de la Cité près porte Narbonnaise

🏨 **Mercure Porte de la Cité** ᠊᠊   ᠊᠊ ᠊᠊ ⅃ 🖥 & ch, AC ⅍ rest, 🍴 🛗

18 r. Camille-St-Saens – ℰ *04 68 11 92 82*   P VISA ᠊᠊ AE ᠊᠊
– www.mercure-carcassonne.fr   **Db**
80 ch – †100/130 € ††105/140 € – ⴾ 13 €
Rest *– (fermé dim. midi et sam. de nov. à fév.)* Menu 17 € – Carte 20/45 €

♦ Hôtel de chaîne fraîchement agrandi et rajeuni de pied en cap dans un style actuel épuré. Chambres au look associant bois blond et teintes pastel ; certaines regardent la Citadelle. Le restaurant, élégant et contemporain, propose une cuisine traditionnelle.

🏨 **Du Château** sans rest   ᠊᠊ ⅃ & AC 🍴 P VISA ᠊᠊ AE ᠊᠊

2 r. Camille-St-Saens – ℰ *04 68 11 38 38 – www.hotelduchateau.net*
17 ch – †110/220 € ††110/220 € – ⴾ 12 €   **Dm**

♦ Au pied de la Cité, cette belle demeure mêle astucieusement ancien et contemporain. Chambres très raffinées avec salle de bains en pierre, bar cosy, belle piscine, terrasse.

Montmorency 🏨 sans rest   & AC 🍴 P VISA ᠊᠊ AE ᠊᠊

2 r. Camille-St-Saens – ℰ *04 68 11 96 70 – www.hotelmontmorency.com*
27 ch – †65/160 € ††65/160 € – 1 suite – ⴾ 12 €   **Dm**

♦ Chambres coquettes et chaleureuses dans ce bâtiment sur l'arrière de la maison principale.

dans la Cité - Circulation réglementée en été

🏨 **De La Cité** ᠊᠊   ᠊᠊ ᠊᠊ ⅃ 🖥 & ch, AC ⅍ rest, 🍴 🛗 P ᠊᠊ VISA ᠊᠊ AE ᠊᠊

pl. Auguste-Pierre-Pont – ℰ *04 68 71 98 71 – www.hoteldelacite.com*
– Fermé 30 janv.-17 mars   **Ce**
53 ch – †230/445 € ††445 € – 8 suites – ⴾ 28 €
Rest *La Barbacane – (fermé mardi, merc. et le midi)* Menu 75/160 € bc
– Carte 81/135 €
Spéc. Foie gras de canard au naturel, "chouchou" et marmelade d'orange. Filet de bœuf charolais au foie gras, pomme de terre aux oignons et truffe. Violettes de Toulouse en fine crème brûlée, gelée de mûre, crémeux chocolat. **Vins** Limoux, Cabardès.
Rest *Brasserie Chez Saskia – (fermé le soir sauf mardi et merc.)* (19 €)
Menu 30/45 € – Carte 45/60 €

♦ Prestigieuse demeure remplie de calme, entourée d'un jardin avec piscine côté remparts. Agencements luxueux, chambres personnalisées, quelques balcons et terrasses avec vue sur la Cité. À La Barbacane, cuisine actuelle et cadre néogothique cosy. Chez Saskia, brasserie à l'ambiance décontractée.

Le Donjon 🚗 🏡 🖥 ⚙ ch, 🏧 ⁿ ⚙ 🅿 VISA ⊕ ÆE ①
2 r. Comte-Roger – ☎ 04 68 11 23 00 – www.hotel-donjon.fr **Ca**
62 ch – †105/183 € ††105/183 € – 2 suites – ⊆ 12 € – ½ P 78/112 €
Rest – (fermé dim. soir de nov. à mars) (15 €) Menu 20/29 € – Carte 31/50 €
◆ Lové au cœur des remparts de la Cité, hôtel à l'atmosphère médiévale composé de trois maisons. Chambres personnalisées d'esprit cosy ou contemporaines dans l'annexe voisine. Cuisine traditionnelle servie à la brasserie (déco actuelle tendance Moyen Âge revisité).

Comte Roger 🏡 VISA ⊕ ÆE
14 r. St-Louis – ☎ 04 68 11 93 40 – www.comteroger.com – Fermé fév., dim. et lundi sauf fériés **Cz**
Rest – (19 €) Menu 35/50 € – Carte environ 58 €
◆ Vos flâneries dans la Cité vous mèneront peut-être à cette terrasse ombragée dressée au bord d'une venelle animée. Intérieur moderne épuré et carte attentive au marché.

à Aragon 10 km par ① D 118 et D 935 – 441 h. – alt. 195 m – ✉ 11600

La Bergerie (Fabien Galibert) 🈯 ⩽ 🏡 ⃛ ⚙ ch, 🏧 ch, ⁿ 🅿 VISA ⊕ ÆE
🌱 allée Pech-Marie – ☎ 04 68 26 10 65 – www.labergeriearagon.com
– Fermé 16 oct.-2 nov. et 15 fév.-10 mars
8 ch – †70/90 € ††90/120 € – ⊆ 10 €
Rest – (fermé lundi midi, mardi midi et merc. midi de juin à sept., mardi et merc. d'oct. à mai) Menu 39/90 € bc – Carte 62/68 €
Spéc. Terrine de foie gras, artichaut et riz soufflé. Fondue d'agneau aux lentilles. Gourmandise fraise citronnée (juil. à sept.). Vins Cabardès.
◆ Maison récente qui se fond bien dans le décor de ce pittoresque village perché. Agréables chambres provençales d'où l'on admire le vignoble de Cabardès. Le restaurant propose une cuisine de saison inventive – sans négliger le terroir.

au hameau de Montredon 4 km au Nord-Est par r. A. Marty **BY**
– ✉ 11000 Carcassonne

Hostellerie St-Martin 🈯 🔔 ⃛ ⚙ 🏧 ⁿ 🅿 VISA ⊕
– ☎ 04 68 47 44 41 – www.chateausaintmartin.net – ouvert 19 mars-14 nov.
15 ch – †70/80 € ††80/105 € – ⊆ 10 €
Rest Château St-Martin – voir ci-après
◆ Bâtie dans un parc paisible, cette maison languedocienne recèle de confortables chambres au charme campagnard (mobilier en chêne et équipements actuels). Jolie piscine d'été.

Château St-Martin ''Trencavel'' 🔔 🏡 ⇔ 🅿 VISA ⊕ ÆE
– ☎ 04 68 71 09 53 – www.chateausaintmartin.net – fermé première quinz. de mars, dim. soir et merc.
Rest – Menu 34/58 € – Carte 41/70 €
◆ Au fond d'un parc, belle demeure des 17e et 18e s., flanquée d'une tour médiévale. Sobre intérieur agrémenté d'une fresque et agréable terrasse d'été. Cuisine classique.

à Floure 11 km par ② et D 6113 – 351 h. – alt. 77 m – ✉ 11800

Château de Floure 🈯 🚗 🏡 ⃛ 🈭 🖥 ⚙ ch, 🏧 🈭 rest, ⚙ 🅿
1 allée Gaston-Bonheur – ☎ 04 68 79 11 29 VISA ⊕ ÆE ①
– www.chateau-de-floure.com – Ouvert 1er avril-31 oct.
21 ch – †140/220 € ††140/220 € – 4 suites – ⊆ 18 € – ½ P 131/171 €
Rest – (fermé le mardi de mars à mai et de sept. à nov.) (dîner seult) Menu 39 € (sem.)/79 € – Carte 73/81 €
◆ Jadis villa romaine puis monastère, ce château (12e-17e s.) arbore un cadre opulent (dorures, tapisseries). Chambres de caractère donnant sur le jardin à la française. Restaurant au cadre bourgeois relevé d'une touche médiévale et cuisine traditionnelle.

au Sud par ③ **3 km et par D104 –** ✉ **11000 Carcassonne**

Domaine d'Auriac ⌘   ⟨ 🔥 🏠 🏊 ⚒ 📺 💺 AC 🍴 ⚓ P 🏞
☆ ℰ 04 68 25 72 22 – www.domaine-d-auriac.com   VISA 🔴🟢 AE ①
– Fermé 7-14 nov., 2 janv.-6 fév., dim. soir et lundi d'oct. à
Pâques sauf fériés
24 ch – ♦100/450 € ♦♦100/450 € – �) 23 € – ½ P 150/325 €
Rest – (fermé dim. soir et lundi d'oct. à mars, lundi midi, mardi midi et merc. midi
d'avril à sept. sauf fériés) Menu 45 € bc (déj. en sem.), 70/150 € bc – Carte 78/110 €
Spéc. Assiette de dégustation autour de l'anchois de Collioure. Cassoulet du
Domaine. Grande assiette de desserts. **Vins** Vin de pays de l'Hérault, Corbières.
Rest *Bistrot d'Auriac* – ℰ 04 68 25 37 19 (fermé 21-29 nov., lundi et le soir du
mardi au jeudi d'oct. à avril et dim. soir sauf fériés) Menu 30 €
– Carte 29/66 € le soir

♦ Belle demeure du 19ᵉ s. dans un parc avec golf 18 trous. Chambres personnalisées au château, grandes et méridionales dans les dépendances. Savoureuse cuisine du terroir servie dans une salle à manger bourgeoise prolongée d'une terrasse. Club-house façon bistrot.

à Cavanac 7 km par ③ et rte de St-Hilaire – 826 h. – alt. 138 m – ✉ 11570

Château de Cavanac ⌘   🐎 🏠 🏊 ⚒ 💺 & ch, AC ch, ⚒ ch, 🍴 🛁
– ℰ 04 68 79 61 04 – www.chateau-de-cavanac.fr   P VISA 🔴🟢
– Fermé 2 sem. en nov., janv., et fév.
24 ch – ♦68/150 € ♦♦68/150 € – 4 suites – �) 12 €
Rest – (fermé dim. soir sauf de mi-avril à mi-sept. et lundi) (dîner seult sauf dim.)
Menu 42 € bc/68 €

♦ Château du 17ᵉ s. dans un petit village flirtant avec un domaine viticole. Ravissantes chambres baptisées de noms de fleurs. Véranda-terrasse pour les petits-
déjeuners. Plats traditionnels et vins de la propriété dans le cadre rustique d'anciennes écuries.

à Pezens 10 km au Nord-Ouest par ⑤ et D 6113 – 1 234 h. – alt. 117 m
– ✉ 11170

🍴🍴 **L'Ambrosia** (Daniel Minet)   AC P VISA 🔴🟢 ①
☆ carrefour la Madeleine , D 6113 – ℰ 04 68 24 92 53 – Fermé 3 janv.-9 fév.,
3-18 oct., merc. midi, dim. soir et lundi
Rest – Menu 32 € (déj. en sem.), 42/92 € bc – Carte 60/83 €
Spéc. Paella version XXIᵉᵐᵉ siècle (juil. à sept.). Agneau en déclinaison "voyage à
Marrakech" (avril à juin). Le "4C" chocolat, chicorée, caramel et café. **Vins** Miner-
vois, Corbières.

♦ Après avoir repris cette affaire à l'âge de 22 ans, le jeune chef confirme son
étonnant talent : recettes inventives et pétillantes, pleines de sincérité, dans un
environnement pourtant sans éclat, à l'extérieur de la ville.

CARENNAC – 46 Lot – **337** G2 – 385 h. – alt. 123 m – ✉ 46110   **29** C1
▌Périgord Quercy

▶ Paris 520 – Brive-la-Gaillarde 39 – Cahors 79 – Martel 16
🖪 Cours du Prieuré, le Bourg ℰ 05 65 10 97 01
◉ Portail★ de l'église St Pierre - Mise au tombeau★ dans la salle capitulaire
du cloître.

🏠 **Hostellerie Fénelon** ⌘   🏠 🏊 P VISA 🔴🟢
🍴⊙ Le Bourg – ℰ 05 65 10 96 46 – www.hotel-fenelon.com – Fermé
16 nov.-19 déc., 5 janv.-14 mars et vend. du 1ᵉʳ oct. au 30 avril
15 ch – ♦51/59 € ♦♦54/72 € – �) 11 € – ½ P 63/72 €
Rest – (fermé lundi midi, vend. midi et sam. midi sauf juil.-août) (18 €)
Menu 25/46 € – Carte 27/60 €

♦ Une grande maison quercynoise où règne une sympathique ambiance. Vous
préférerez les chambres offrant une vue sur la Dordogne. Le fils de la famille
œuvre en cuisine ; carte traditionnelle servie dans un décor rustique (objets paysans), face à la campagne.

CARGÈSE – 2A Corse-du-Sud – **345** A7 – voir à Corse

CARHAIX-PLOUGUER – 29 Finistère – **308** J5 – 7 676 h. – alt. 138 m　　**9** B2
– ✉ 29270 ▌Bretagne

▶ Paris 506 – Brest 86 – Guingamp 49 – Lorient 74

ℹ rue Brizeux ☎ 02 98 93 04 42

Noz Vad sans rest　　　　　　　　　　　　⌨ ఈ ⟨ɣ⟩ 🏋 VISA ⚫
12 bd de la République – ☎ 02 98 99 12 12 – www.nozvad.com
– Fermé 21 déc.-11 janv.
44 ch – ♦42/91 € ♦♦49/97 € – ⊑ 11 €
◆ Intérieur contemporain ponctué de touches de décoration bretonnes (peintures, photos, etc.). Vous passerez une "noz vad" (bonne nuit) dans une chambre
sobre et fonctionnelle.

à Port de Carhaix 6 km au Sud-Ouest par rte de Lorient
– ✉ 29270 Carhaix-Plouguer

XX **Auberge du Poher**　　　　　　　　　　　🚗 P VISA ⚫
– ☎ 02 98 99 51 18 – www.auberge-du-poher.com – Fermé le soir et merc.
Rest – (11 €) Menu 25/45 € – Carte 32/53 €
◆ Cette gentille auberge abrite une salle à manger champêtre tournée vers un
jardin. Cuisine traditionnelle concoctée avec de beaux produits.

CARIGNAN – 08 Ardennes – **306** N5 – 3 188 h. – alt. 174 m – ✉ 08110　　**14** C1

▶ Paris 264 – Charleville-Mézières 43 – Mouzon 8 – Montmédy 24

XXX **La Gourmandière**　　　　　　　　　🚗 🏡 ఈ P VISA ⚫ AE
19 av. de Blagny – ☎ 03 24 22 20 99 – www.la-gourmandiere.com – Fermé lundi
sauf fériés
Rest – (22 €) Menu 29/69 € – Carte 55/70 €🍴
◆ Cette maison bourgeoise de 1890 choie ses convives : cuisine gourmande et
généreuse (à base de produits du potager), belle carte des vins, et espace lounge.

CARNAC – 56 Morbihan – **308** M9 – 4 445 h. – alt. 16 m – Casino **Z**　　**9** B3
– ✉ 56340 ▌Bretagne

▶ Paris 490 – Auray 13 – Lorient 49 – Quiberon 19

ℹ 74, avenue des Druides ☎ 02 97 52 13 52

🏌 de Villarceaux à Auray Ploemel, N : 8 km par D 196, ☎ 02 97 56 85 18

◉ Musée de préhistoire★★ **M** - Église St-Cornély★ **E** - Tumulus St-Michel★ -
‹≼★ - Alignements du Ménec★★ par D 196 : 1,5 km - Alignements de
Kermario★★ par ② : 2 km - Alignements de Kerlescan★ par ② : 4,5 km.

Plan page suivante

🏨 **Le Diana**　　　　　　　‹≼ 🏡 🏊 Fo 🏡 ఈ ⟨ɣ⟩ 🏋 P 🚗 VISA ⚫ AE ⓪
21 bd de la Plage – ☎ 02 97 52 05 38 – www.lediana.com
– Ouvert 15 avril-2 oct.　　　　　　　　　　　　　　　　　　　**Z**r
35 ch – ♦127/255 € ♦♦142/255 € – 3 suites – ⊑ 21 € – ½ P 126/183 €
Rest – (ouvert 29 avril-2 oct.) (dîner seult sauf sam. et dim.) Menu 39/69 €
– Carte 50/69 €🍴
◆ Atmosphère cossue dans cet hôtel de style néobreton. Les chambres, plutôt
spacieuses, ont vue sur l'océan ou – plus au calme – sur le minigolf. Espace
bien-être. Au restaurant, vue sur les flots et carte axée produits de la mer. Beau
choix de vins et rhums.

🏨 **Carnac Thalasso & Spa Resort** ⌂　　　‹≼ 🚗 🏡 🔲 ◉ Fo ⟨ɣ⟩ XX ⌨ ఈ
av. de l'Atlantique – ☎ 02 97 52 53 00　　　　　AC 🍴 rest, ⟨ɣ⟩ 🏋 P VISA ⚫ AE ⓪
– www.thalasso-carnac.com – Fermé 2-16 janv.　　　　　　　　　**Z**s
109 ch – ♦120/232 € ♦♦139/237 € – 1 suite – ⊑ 16 € – ½ P 115/163 €
Rest *Le Clipper* – (23 €) Menu 30 € – Carte 34/59 €
Rest *Secrets de Cuisine* – Menu 30 €
◆ Accès direct à la thalasso, piscine d'eau de mer, spa moderne, fitness, tennis et
chambres avenantes : un Novotel ressourçant ! Au Clipper, plats traditionnels et
cadre contemporain. Secrets de Cuisine propose des recettes diététiques et
inventives.

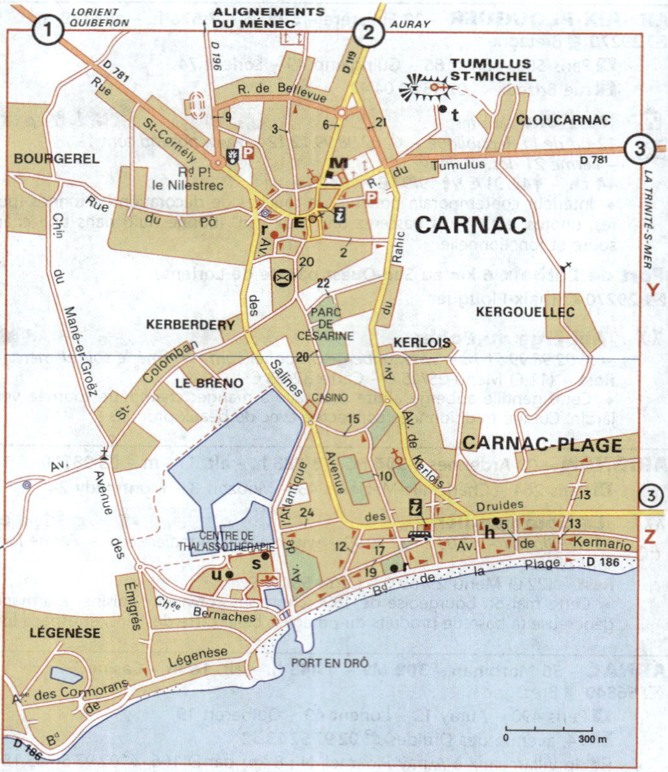

Colary (R.)	Y	2
Courdiec (R. de)	Y	3
Cromlech (Allée du)	Z	5
Korrigans (R. des)	Y	6
Ménec (R. du)	Y	9
Menhirs (Av. des)	Z	10
Miln (Av.)	Z	12
Montagne (Allée de la)	Z	13
Palud (Av.)	Z	15
Parc (Allée du)	Z	17
Port en Dro (Av. de)	Z	19
Poste (Av. de la)	Y	20
Poul Person (R. de)	Y	21
Roer (Av. du)	Y	22
Talleyrand (R. de)	Z	24

Le Churchill sans rest ⌖ 〈 🏊 🛗 👤 🅰🄺 「¹」 🚗 ｖｉｓａ ⓿ 🄰🄴

70 bd de la Plage, 1 km à l'Est par D 186 - Z
– 𝒞 02 97 52 50 20 – www.lechurchill.com
– *Ouvert 15 mars-14 nov.*
28 ch – †150/290 € ††150/290 € – ⌑ 18 €
♦ À la pointe Churchill, édifice néobreton rénové sous le vocable de la mer (photos de Plisson). Chambres contemporaines à l'aménagement soigné. Espace bien-être et piscine.

Tumulus ⌖ 〈 🚘 🌳 🏊 🛗 👤 📶 🅰 🅿 ｖｉｓａ ⓿ 🄰🄴

chemin du Tumulus – 𝒞 02 97 52 08 21
– *www.hotel-tumulus.com*
– *Fermé 5 nov.-12 fév.* **Yt**
23 ch – †90/142 € ††90/142 € – ⌑ 16 € – ½ P 96 €
Rest – *(fermé le midi sauf dim.)* (15 €) Menu 27/68 € – Carte 32/67 €
♦ Au calme ! Ce petit manoir des années 1920 est perché sur les hauteurs de Carnac ; on loge dans des chambres confortables (les plus spacieuses avec terrasse) et on profite du bel espace bien-être. Au restaurant, baie de Quiberon en toile de fond et cuisine actuelle.

Celtique

82 av. des Druides – ℰ 02 97 52 14 15 – www.hotel-celtique.com **Z h**
43 ch – ♦90/190 € ♦♦90/190 € – 12 suites – ☷ 13 €
Rest – *(fermé dim. de nov. à mars) (dîner seult)* Menu 23/35 € – Carte 32/41 €
♦ À proximité de la plage, cet hôtel abrite des chambres actuelles et fonctionnelles. Agréable espace bien-être : piscine couverte, sauna, hammam, soins esthétiques... Au restaurant, cuisine traditionnelle à déguster sous la véranda.

Carnac Thalasso

av. de l'Atlantique – ℰ 02 97 52 54 00
– www.thalasso-carnac.com – Fermé 2-16 janv. **Z u**
121 ch – ♦77/156 € ♦♦85/156 € – ☷ 11 €
Rest – (19 €) Menu 25 € – Carte 22/44 €
♦ Au pied des anciennes salines, cet hôtel de la fin des années 1980 est relié au centre de thalassothérapie. Chambres fonctionnelles avec balcon ; belle piscine couverte. Grand buffet dressé dans une salle contemporaine, avec vue sur le plan d'eau.

La Côte

3 impasse er Forn, (alignements de Kermario), 2 km par ② – ℰ 02 97 52 02 80
– www.restaurant-la-cote.com – Fermé 3-9 oct., 3 janv.-9 fév., sam. midi, dim.
soir de sept. à juin, mardi midi en juil.-août et lundi
Rest – Menu 35/85 € – Carte 50/70 €
♦ Atmosphère rustique ou contemporaine ? On a le choix, dans cette ferme proche du site mégalithique de Kermario. La cuisine du chef est inventive et réalisée avec de bons produits.

La Calypso

158 r. du Pô, zone ostréicole du Pô - **Y** – ℰ 02 97 52 06 14 – www.calypso-carnac.com
– Fermé 1 sem. en juin, 13 nov.-3 fév., dim. soir sauf juil.-août et lundi
Rest – Carte 35/115 €
♦ Les habitués ne s'y trompent pas : dans ce charmant bistrot marin, poissons, coquillages et crustacés sont d'une grande fraîcheur et préparés avec simplicité.

Auberge le Râtelier avec ch

4 chemin du Douet – ℰ 02 97 52 05 04 – www.le-ratelier.com – Fermé
17 nov.-10 déc. et 5 janv.-4 fév. **Y r**
8 ch – ♦45/65 € ♦♦45/65 € – ☷ 8 € – ½ P 49/62 €
Rest – *(fermé mardi et merc. d'oct. à Pâques, mardi midi et merc. midi en juin et sept.)* Menu 21/46 € – Carte 40/80 €
♦ La façade en granit (19ᵉ s.) de cette auberge est recouverte de vigne vierge. Cette touche bucolique séduit, tout comme l'ambiance conviviale et la cuisine, régionale et axée poisson. Chambres simples pour l'étape.

CARNON-PLAGE – 34 Hérault – 339 I7 – ⊠ 34280   23 C2

▶ Paris 758 – Aigues-Mortes 20 – Montpellier 20 – Nîmes 56
🛈 rue du Levant ℰ 04 67 50 51 15

Neptune

au port – ℰ 04 67 50 88 00 – www.hotel-neptune.fr – Fermé 18 déc.-10 janv.
53 ch – ♦60/92 € ♦♦72/112 € – ☷ 12 €
Rest – *(fermé 21 déc.-15 janv., sam. midi et dim. soir sauf juil.-août)* (17 €)
Menu 22 € (sem.), 25/35 € – Carte 25/35 €
♦ Face au port de plaisance, bâtiment moderne abritant des chambres claires et confortables, rénovées dans un style contemporain. Accueil convivial. Petite carte de fruits de mer au restaurant en complément des cartes et menus traditionnels.

CARPENTRAS – 84 Vaucluse – 332 D9 – 27 451 h. – alt. 102 m   42 E1
– ⊠ 84200 ▌ Provence

▶ Paris 679 – Avignon 30 – Digne-les-Bains 139 – Gap 146
🛈 97, Place du 25 Août 1944 ℰ 04 90 63 00 78
▣ Provence Country Club à Saumane-de-Vaucluse Route de Fontaine de Vaucluse, par rte de Cavaillon : 18 km, ℰ 04 90 20 20 65
◉ Ancienne cathédrale St-Siffrein ★ : Synagogue ★.

Plan page suivante

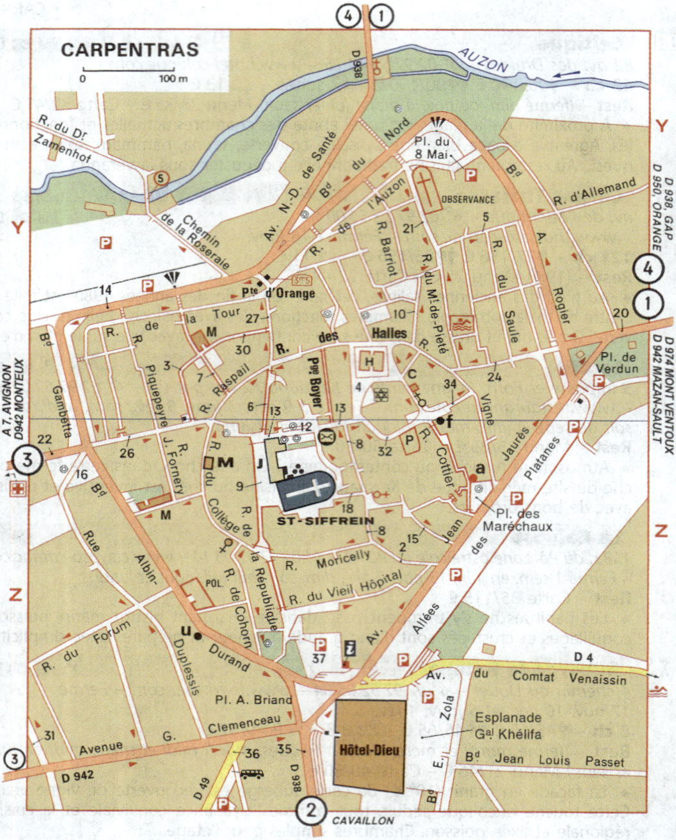

Barjavel (R.) . . . . Z 2	Inguimbert (Pl. d') . . . . Z 12	Pte de Monteux (R.) . . . . Z 26
Briand (Pl. A.) . . . . Z	Inguimbert (R. d') . . . . YZ 13	Pte Orange (R.) . . . . Y 27
Carmel (R. du) . . . . Y 3	Khélifa (Espl. Gén.) . . . . Z	République (R. de la) . . . . Z
Charretier (Pl. M.) . . . . Y 4	Leclerc (Bd Mar.) . . . . Y 14	Stes-Maries (R. des) . . . . Y 30
Clapiès (R. de) . . . . Y 5	Marins (R. des) . . . . Z 15	St-Jean (R.) . . . . Y 34
Évêché (R. de l') . . . . Y 6	Marotte (Pl. de la) . . . . Z 16	Sémard (Av. Pierre) . . . . Z 31
Frères-Laurens (R. des) . . . . . Y 7	Mercière (R.) . . . . Z 18	Sous-Préfecture (R.) . . . . Z 32
Gaudibert-Barret (R.) . . . . Z 8	Mont Ventoux (Av. du) . . . . . . Y 20	Victor-Hugo (Av.) . . . . Z 35
Gaulle (Pl. du Gén.-de) . . . . . Z 9	Observance (R. de l') . . . . Y 21	Wilson (Av.) . . . . Z 36
Guillabert (R. D.) . . . . Y 10	Pétrarque (Av.) . . . . Z 22	25-Août-1944 (Pl. du) . . . . Z 37
Halles (R. des) . . . . Y	Pte de Mazan (R.) . . . . Y 24	

Safari

1060 av. Jean-Henri Fabre, par ③ – ✆ 04 90 63 35 35 – www.safarihotel.fr

35 ch – †70/120 € ††80/180 € – ☕ 12 € – ½ P 75/160 €

Rest – *(fermé dim. soir hors saison)* (18 €) Menu 27/47 € – Carte 15/35 €

◆ Hôtel rénové de pied en cap en 2009 : mobilier design, touches de couleurs vives, œuvres d'art primitif – la passion du patron –, équipements dernier cri... Dans l'ascenseur vitré, vue sur le mont Ventoux. Au restaurant, on s'attable autour de plats provençaux.

Le Comtadin sans rest

65 bd Albin-Durand – ✆ 04 90 67 75 00 – www.le-comtadin.com
– Fermé 17 déc.-2 janv., 19-27 fév. et dim. d'oct. à fév. Zu

19 ch – †65/115 € ††85/115 € – ☕ 12 €

◆ Bel hôtel particulier de la fin du 18e s. La plupart des chambres, confortables et bien insonorisées, donnent sur le patio, où l'on prend le petit-déjeuner en été.

⌂ **Château du Martinet** sans rest ⚶ 🔴 🔳 ❄ AC ❄ 📶 🅿️ VISA ⦾
rte de Mazan, 2,5 km par ① – 𝒞 04 90 63 03 03 – www.chateau-du-martinet.fr
– Ouvert avril-déc.
5 ch ⊐ – †170/275 € ††190/295 €

◆ Un superbe château du 18ᵉ s. (classé). On flâne dans son immense parc ; on paresse dans l'une de ses somptueuses chambres et l'on se fait groupie autour du piano...

⌂ **Maison Trevier** ❄ 📶 VISA ⦾
36 pl. du Dr-Cavaillon – 𝒞 04 90 51 99 98 – www.maison-trevier.com
5 ch – †105/125 € ††105/145 € – ⊐ 10 €
Table d'hôte – Menu 28/55 € YZf

◆ Un hôtel particulier (1742) au cœur de la vieille ville. La propriétaire, esthète, passionnée de cuisine et de voyages, a créé un lieu raffiné, mêlant rétro et contemporain. En semaine, plats régionaux accompagnés de vins naturels ; cours de cuisine.

✗ **Chez Serge** 🏗 ⟷ VISA ⦾ AE
❀ *90 r. Cottier – 𝒞 04 90 63 21 24 – www.chez-serge.com* Za
Rest – (12 €) Menu 15 € (déj.)/69 € – Carte 40/80 € ❁

◆ Dans une bâtisse du 16ᵉ s., un bistrot où le décor "maison de famille" rencontre la tendance industrielle... Cuisine traditionnelle – ici, la truffe est reine – et très bons crus.

à Beaumes-de-Venise 10 km par ① D 7 puis D 21 – ✉ 84190

🅸 place du Marché 𝒞 04 90 62 94 39

⌂ **Le Clos Saint Saourde** sans rest ⚶ ⟜ 🔳 ❄ 📶 🅿️ VISA ⦾
rte de St-Véran, 3 km au Sud-Est par D 21 et rte secondaire – 𝒞 04 90 37 35 20
– www.leclossaintsaourde.com
5 ch ⊐ – †170/430 € ††170/430 €

◆ Un mas du 18ᵉ s. tout en raffinement et caractère ! Belles chambres taillées dans la roche, matériaux bruts et... somptueuse "cabane" en bois au fond du jardin (avec petit spa).

✗ **Dolium** 🏗 ⅙ AC 🅿️ VISA ⦾
⊛ *pl. Balma-Vénitia, (cave des vignerons) – 𝒞 04 90 12 80 00*
– www.dolium-restaurant.com – Fermé 15 déc.-15 janv., le soir du 16 sept. au 13 juin sauf vend.-sam. et merc. toute l'année
Rest – (nombre de couverts limité, prévenir) (20 €) Menu 29/50 €

◆ Bistrot contemporain au sein de la cave des vignerons de Beaumes-de-Venise. On déguste ici une bonne cuisine régionale misant sur la vérité du produit frais ; vins du cru.

à Mazan 7 km à l'Est par D 942 – 5 445 h. – alt. 100 m – ✉ 84380

🅸 83, place du 8 Mai 𝒞 04 90 69 74 27
◉ Cimetière ≤ ★.

🏠 **Château de Mazan** ⟜ 🏗 🔳 📱 ⅙ ch, AC ch, ❄ rest, 📶 🛁 🅿️
pl. Napoléon – 𝒞 04 90 69 62 61 VISA ⦾ AE
– www.chateaudemazan.com – Fermé 2 janv.-4 mars
28 ch – †105/145 € ††105/145 € – 2 suites – ⊐ 17 €
Rest – (fermé le midi en sem., lundi de nov. à avril et mardi) Menu 35 €
– Carte 50/67 €

◆ Cette demeure du 18ᵉ s. appartint au marquis de Sade. Moulures, tomettes, touches néorétro : l'élégance d'une maison de famille provençale. Belle piscine et séduisant jardin. Cuisine créative à déguster dans de jolis salons ou sur la superbe terrasse ombragée.

au Beaucet 11 km au Sud-Est par D 4 et D 39 – 362 h. – alt. 275 m – ✉ 84210

✗✗ **Auberge du Beaucet** ≤ ⟜ 🏗 AC VISA ⦾
r. Coste-Chaude – 𝒞 04 90 66 10 82 – www.aubergedubeaucet.fr
– Fermé 15 nov.-2 déc., 6 janv.-6 fév., dim. soir et lundi
Rest – (nombre de couverts limité, prévenir) Menu 24/39 € – Carte environ 42 €

◆ Auberge rustique au cœur de cette pittoresque bourgade adossée à la falaise. Bonne cuisine provençale ; l'été, on la déguste au jardin ou dans la véranda sur le toit !

à Monteux 4,5 km au Sud-Ouest – 10 704 h. – alt. 42 m – ✉ 84170

🖈 place des Droits de l'Homme ✆ 04 90 66 97 52

🏨 **Domaine de Bournereau** sans rest 🕭   🚗 ⤳ & AC P VISA ⚖
579 chemin de la Sorguette, rte d'Avignon et rte secondaire – ✆ *04 90 66 36 13*
– www.bournereau.com – Ouvert de mars à oct.
12 ch – ♦100/140 € ♦♦110/170 € – 1 suite – ⴾ 14 €

♦ Un majestueux platane centenaire trône au milieu de la cour de ce paisible
mas provençal. Chambres colorées, spacieuses et confortables ; tenue impeccable.

CARQUEIRANNE – 83 Var – **340** L7 – 9 482 h. – alt. 30 m – ✉ 83320   **41** C3
▸ Paris 849 – Draguignan 80 – Hyères 7 – Toulon 16

✕ **La Maison des Saveurs**   🌿 VISA ⚖ AE ❶
18 av. J.-Jaurès, (centre ville) – ✆ *04 94 58 62 33 – www.maisondessaveurs.com*
– Fermé dim. soir et lundi sauf juil.-août
Rest – (21 €) Menu 27 €

♦ Cuisine méditerranéenne concoctée par un chef autodidacte et servie dans un
cadre clair, feutré et serein ou sur la jolie terrasse estivale, à l'ombre des platanes.

à l'Est 2 km par D 559 ✉83320 Carqueiranne

⌂ **Val d'Azur** sans rest   AC ⅏ ⁽ℹ⁾ P
3 imp. de la Valérane – ✆ *06 09 07 23 87 – www.valdazur.com*
5 ch – ⴾ – ♦90/135 € ♦♦90/135 €

♦ Sur les hauteurs de Carqueiranne, face à la mer, belle villa contemporaine disposant de confortables chambres au décor exotique et soigné (bain balnéo ou
hammam).

LES CARROZ-D'ARÂCHES – 74 Haute-Savoie – **328** M4   **46** F1
– alt. 1 140 m – Sports d'hiver : 1 140/2 500 m ⅗ 5 ⅙70 ⅊ – ✉ 74300
🟩 Alpes du Nord
▸ Paris 580 – Annecy 67 – Bonneville 25 – Chamonix-Mont-Blanc 47
🖈 9, place Ambiance ✆ 04 50 90 00 04
🟦 de Pierre Carrée à Flaine, E : 12 km par D 106, ✆ 04 50 90 85 44

🏨 **Les Servages d'Armelle** 🕭   ≼ 🌿 ⁽ℹ⁾ P VISA ⚖ AE
841 rte des Servages – ✆ *04 50 90 01 62 – www.servages.com – Fermé mai*
et nov.
8 ch – ♦220/380 € ♦♦220/380 € – 3 suites – ⴾ 25 € – ½ P 180/260 €
Rest *Les Servages* – *(fermé lundi, mardi et merc. hors saison) (résidents seult)*
Menu 30 € (sem.)/60 € – Carte 40/65 €

♦ Vieux bois patinés, équipements high-tech et touches design se marient avec
raffinement dans les chambres de ce superbe chalet restauré avec des matériaux
anciens. Vue sur les cuisines ultramodernes depuis la salle à manger très montagnarde ; recettes actuelles.

⌂ **Les Airelles**   🌿 ⁽ℹ⁾ P VISA ⚖ AE
346 rte Moulins – ✆ *04 50 90 01 02 – www.chalet-lesairelles.com – Ouvert*
20 juin-30 sept. et 15 déc.-28 avril
12 ch – ♦55/64 € ♦♦68/100 € – 3 suites – ⴾ 10 € – ½ P 65/110 €
Rest – *(fermé le midi en juin et sept.) (prévenir)* Menu 24 € (dîner)/29 €
– Carte 24/40 €

♦ Les chambres du premier chalet sont petites, mais coquettes (bois, tons
chauds) ; le second, plus récent, abrite de confortables appartements. Table montagnarde dans le décor et dans l'assiette. Spécialité maison : les diots (saucisses
savoyardes) au chou.

✕ **La Croix de Savoie**   ≼ 🌿 P VISA ⚖ AE
768 rte du Pernand – ✆ *04 50 90 00 26 – www.lacroixdesavoie.fr*
Rest – Menu 22/48 € – Carte 37/47 €

♦ Une table appréciée pour ses appétissantes recettes régionales revisitées par
la patronne et sa terrasse estivale qui offre une vue splendide sur les montagnes
et la vallée.

CARRY-LE-ROUET – 13 Bouches-du-Rhône – **340** F6 – 6 358 h. **40** B3
– alt. 5 m – Casino – ⊠ 13620 ▌Provence
- ▶ Paris 765 – Aix-en-Provence 39 – Marseille 34 – Martigues 20
- **𝑖** avenue Aristide Briand ℰ 04 42 13 20 36

X **Le Madrigal** ⇐ 🛋 **P** 𝘝𝘐𝘚𝘈 ⓸ **AE**
4 av. du Dr. Gérard Montus – ℰ *04 42 44 58 63* – *www.restaurant-lemadrigal.com*
– Fermé de mi-nov. à début déc., dim. soir et lundi de sept. à avril
Rest – Menu 34/59 € – Carte 37/62 €
♦ Sur les hauts de Carry, la vue de cette maison rose sur le port compose un madrigal estival. Généreuse cuisine sous les pins parasols, poisson et glaces artisanales.

CARSAC-AILLAC – 24 Dordogne – **329** I6 – 1 460 h. – alt. 80 m **4** D3
– ⊠ 24200 ▌Périgord Quercy
- ▶ Paris 536 – Brive-la-Gaillarde 59 – Gourdon 18 – Sarlat-la-Canéda 9

🏨 **La Villa Romaine** 🌿 🛋 🛋 ⅃ ♨ **AC** ⚘ ch. 🍴 **♨ P** 𝘝𝘐𝘚𝘈 ⓸ **AE**
St-Rome , 3 km par rte de Gourdon – ℰ *05 53 28 52 07*
– www.lavillaromaine.com – Fermé 14 nov.-8 déc. et 15 fév.-15 mars
15 ch – ✝110/190 € ✝✝110/190 € – 2 suites – ⊊ 15 €
Rest – *(ouvert 30 avril-12 nov. et fermé merc. et dim. sauf juil.-août et le midi)*
Menu 29/45 € – Carte 52/80 €
♦ Bâtie sur un site gallo-romain proche de la Dordogne, cette ancienne métairie a effectivement un petit air italien, avec ses cyprès ! Terrasses, jardin et piscine sont très agréables. La cuisine est goûteuse, réalisée par un jeune chef appliqué. Cadre plaisant.

CARTERET – 50 Manche – **303** B3 – **rattaché à Barneville-Carteret**

CARVIN – 62 Pas-de-Calais – **301** K5 – 17 744 h. – alt. 31 m – ⊠ 62220 **31** C2
- ▶ Paris 204 – Arras 35 – Béthune 28 – Douai 23

🏨 **Parc Hôtel** 🛋 ⅃ **AC** rest. 🍴 **♨ P** 𝘝𝘐𝘚𝘈 ⓸ **AE** ⓪
Z.I. du Château – ℰ *03 21 79 65 65* – *www.parc-hotel.com*
46 ch – ✝55/79 € ✝✝63/89 € – ⊊ 11 €
Rest – *(fermé dim. soir et fériés le soir)* (17 €) Menu 21/35 € bc – Carte 27/47 €
♦ Près de l'autoroute, hôtel actuel disposant de chambres fonctionnelles rénovées dans un style contemporain épuré, à choisir de préférence côté campagne. Salle à manger claire et spacieuse où les repas peuvent être servis sous forme de buffet. Belle terrasse.

XX **Le Charolais** 🛋 🛋 **AC** ⟷ **P** 𝘝𝘐𝘚𝘈 ⓸
ⓢ *Domaine de la Gloriette, 143 bis r. Mar.-Foch* – ℰ *03 21 40 12 98*
– www.le-charolais.fr – Fermé 2 sem. en août et le soir sauf le sam.
Rest – (12 €) Menu 15 € (sem.), 20/30 € – Carte 30/45 €
♦ Le bœuf charolais est à l'honneur dans cette maison de style régional ; tables bien espacées et cadre soigné agrémenté de nombreux tableaux.

CASAMOZZA – 2B Haute-Corse – **345** F4 – **voir à Corse**

CASCASTEL-DES-CORBIÈRES – 11 Aude – **344** H5 – 207 h. **22** B3
– alt. 140 m – ⊠ 11360
- ▶ Paris 835 – Perpignan 52 – Carcassonne 70 – Narbonne 48

🏠 **Domaine Grand Guilhem** sans rest 🌿 🛋 ⅃ ⚘ 🍴
1 chemin du Col-de-la-Serre – ℰ *04 68 45 86 67* – *www.grandguilhem.com*
– Fermé en fév.
4 ch ⊊ – ✝80 € ✝✝90 €
♦ Demeure en pierre (19ᵉ s.) à l'authentique et rassurante ambiance maison de famille. Chambres coquettes d'une tenue impeccable. Dégustations de vins du domaine dans le caveau.

CASENEUVE – 84 Vaucluse – **332** F10 – 407 h. – alt. 595 m **40** B2
– ⊠ 84750
- ▶ Paris 745 – Avignon 63 – Digne-les-Bains 83 – Marseille 121

✗

Le Sanglier Paresseux ≤ 需 & 🎬 ✿ 💳 ◎

Le Village – ℘ 04 90 75 17 70 – www.sanglierparesseux.com – Fermé dim. soir et merc.
Rest – Menu 23 € (sem.)/29 €
◆ Chaleureux ! Brésilien, le chef a posé ses valises dans ce village et repris l'ancienne auberge communale. Sa cuisine, assez personnelle, est tout simplement savoureuse.

CASSEL – 59 Nord – **302** C3 – 2 322 h. – alt. 175 m – ⊠ 59670   **30** B2

▶ Paris 250 – Calais 58 – Dunkerque 30 – Hazebrouck 11
🏛 20, Grand'Place ℘ 03 28 40 52 55
◉ Site★.

🏠 **Châtellerie de Schoebeque** *sans rest* ⊗   ≤ 🛋 🛌 ◎ & ⓣ 🏊 **P**

32 r. du Maréchal Foch – ℘ 03 28 42 42 67   💳 ◎ 🅰🄴 ⓪
– www.schoebeque.com
14 ch – ❅95 € ❅❅201 € – ⌷ 14 €
◆ Demeure historique (18ᵉ s.) où les chambres arborent un décor personnalisé (la Mer, l'Aziza, les Comédiens...). Vue unique sur les Flandres depuis la véranda du petit-déjeuner.

✗✗✗ **Au Petit Bruxelles**   ⓓ 需 & ✿ **P** 💳 ◎ 🅰🄴

1656 rte Nationale, au Petit-Bruxelles, Sud-Est : 3,5 km sur D 916 – ℘ 03 28 42 44 64
– www.aupetitbruxelles.com – Fermé dim. soir, lundi soir, mardi et merc.
Rest – Menu 39 € bc/48 € – Carte 30/50 €
◆ Ancien relais de poste à la jolie façade en briques rouges typique de la région. Chaleureux décor rustique, ambiance bon enfant et cuisine au goût du jour, gourmande et soignée.

CASSIS – 13 Bouches-du-Rhône – **340** I6 – 7 788 h. – alt. 10 m – Casino   **40** B3
– ⊠ 13260 ▮ Provence

▶ Paris 800 – Aix-en-Provence 51 – La Ciotat 10 – Marseille 30
🏛 Quai des Moulins ℘ 08 92 25 98 92
◉ Site★ - Les Calanques★★ (1h en bateau) - Mt de la Saoupe ❄★★ : 2 km par D 41A.
🄲 Cap Canaille, la plus haute falaise maritime d'Europe, ≤★★★ 5 km par D41A - Sémaphore ❄★★★ - Corniche des Crêtes★★ de Cassis à La Ciotat.

🏠 **Royal Cottage** *sans rest* ⊗   🛋 🛌 ⓢ & 🎬 ❀ ⓣ 🏊 **P** 🚗

6 av. 11 Novembre , par ① – ℘ 04 42 01 33 34   💳 ◎ 🅰🄴 ⓪
– www.royal-cottage.com – Fermé 11-30 déc.
25 ch – ❅80/215 € ❅❅80/215 € – ⌷ 13 €
◆ Bâtisse moderne sur les hauteurs disposant de chambres sobres et spacieuses, certaines avec vue sur le port. Belle piscine au milieu d'une luxuriante végétation exotique.

CASSIS

Abbé-Mouton (R.) 2
Arène (R. de l') 4
Autheman (R. V.) 5
Baragnon (Pl.) 6
Barthélemy (Bd) 7
Barthélemy . . . .
   (Quai Jean-Jacques) 8
Baux (Quai des) 9
Ciotat (R. de la) 10
Clemenceau (Pl.) 12
Ganteaume (Av. de l'Amiral) . . 14
Jean-Jaurès (Av.) 16
Leriche (Av. Professeur) 17
Mirabeau (Pl.) 22
Moulins (Quai des) 23
République (Pl.) 25
Revestel (Av. du) 26
St-Michel (Pl.) 27
Thiers (R. Adolphe) 29
Victor-Hugo (Av.) 32

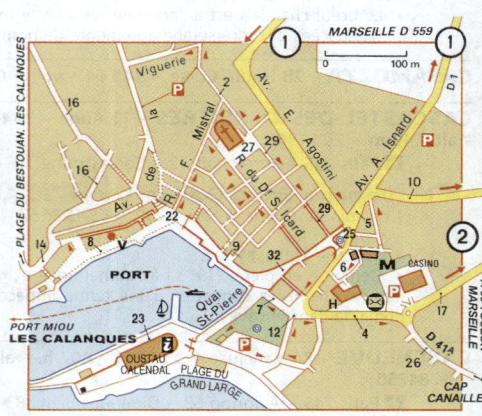

Les Jardins de Cassis sans rest ⬛ 🟦 🍴 AC 🅿️
VISA ⦿ AE ⓪

r. A. Favier, 1 km par ① – ☎ 04 42 01 84 85
– *www.lesjardinsdecassis.com* – *Ouvert de mars à nov.*
36 ch – ♦77/150 € ♦♦77/150 € – ⏱ 14 €
◆ Bâtiments ocre sur les hauteurs de Cassis. Chambres coquettes (un peu moins de cachet en annexe, aux Restanques), souvent avec terrasse privée. Beau jardin méridional.

La Villa Madie (Jean-Marc Banzo) ⬅ ⬛ 🟦 🕭 AC 🚿 ⇔ 🅿️ VISA ⦿ AE
⭐⭐

av. du Revestel, Sud-Est par D 41A, (anse de Corton) – ☎ 04 96 18 00 00
– *www.lavillamadie.com* – *Fermé 20 déc.-20 fév., lundi et mardi de sept. à mai*
Rest – Menu 97 € (déj.) – Carte 100/140 € 🎍
Spéc. Rouget de roche, barigoule d'artichaut violet et vinaigrette de coquillages (mai à sept.). Dos de loup rôti contisé au citron. Soufflé chaud sous toutes ses formes. **Vins** Cassis, Bandol.
Rest *La Petite Cuisine* – Menu 40 €
◆ Vue sur le large et les pins, cadre design et épuré, terrasses descendant jusqu'à la mer et... la cuisine actuelle de Jean-Marc Banzo, qui ménage des émotions gustatives au diapason. À l'étage, l'annexe propose une "petite" cuisine du marché pour les midis pressés.

Nino avec ch ⬅ 🚿 🕭 VISA ⦿ AE ⓪

port de Cassis – ☎ 04 42 01 74 32 – *www.nino-cassis.com* – *Fermé 6 déc.-3 janv., dim. soir hors saison et lundi*
3 ch ⏱ – ♦130/200 € ♦♦130/200 € **Rest** – Menu 33 € – Carte 45/65 €
◆ Une institution locale depuis 1962 : comme un navire à quai où déguster la bouillabaisse, mais aussi des produits de la mer ultrafrais ! Terrasse fleurie côté port. À l'étage, trois belles chambres inondées de soleil avec une vue et un confort au top.

CASTAGNÈDE – 64 Pyrénées-Atlantiques – **342** G4 – rattaché à Salies-de-Béarn

CASTANET-TOLOSAN – 31 Haute-Garonne – **343** H3 – rattaché à Toulouse

CASTELJALOUX – 47 Lot-et-Garonne – **336** C4 – 4 617 h. – alt. 52 m　　**4** C2
– ✉ **47700** 🔲 Aquitaine
▶ Paris 674 – Agen 55 – Langon 55 – Marmande 23
🔲 Maison du Roy ☎ 05 53 93 00 00
🔲 de Casteljaloux Rte de Mont de Marsan, S : 4 km par D 933, ☎ 05 53 93 51 60

Les Cordeliers 🔲 AC rest. 🕭 🖴 🅿️ ⬅ VISA ⦿ AE

r. Cordeliers – ☎ 05 53 93 02 19 – *www.hotel-cordeliers.fr* – *Fermé 23 déc.-10 janv.*
24 ch – ♦45 € ♦♦49/70 € – ⏱ ½ P 48/52 €
Rest – (12 €) Menu 16/29 € – Carte 28/48 €
◆ Accueil souriant en cet établissement situé dans une venelle donnant sur la grande place. On rafraîchit peu à peu les chambres, fonctionnelles et bien tenues. Le restaurant sert une cuisine traditionnelle dans un décor frais et coloré.

La Vieille Auberge AC 🅿️ VISA ⦿

11 r. Posterne – ☎ 05 53 93 01 36
– *Fermé 20 juin-3 juil., 21 nov.-7 déc., 22 fév.-3 mars, dim. soir et merc.*
Rest – Menu 19/60 € – Carte 45/53 €
◆ Charmante maison de pierre bordant une ruelle de la bastide. La salle à manger bourgeoise, redécorée et colorée, est bien fleurie. Cuisine classique soignée.

CASTELLANE ◉ – 04 Alpes-de-Haute-Provence – **334** H9 – 1 630 h.　　**41** C2
– alt. 730 m – ✉ **04120** 🔲 Alpes du Sud
▶ Paris 797 – Digne-les-Bains 54 – Draguignan 59 – Grasse 64
🔲 rue Nationale ☎ 04 92 83 61 14
🔲 de Taulane à La Martre Le Logis du Pin, E : 17 km par D 4085,
☎ 04 93 60 31 30
◉ Site★ - Lac de Chaudanne★ 4 km par ①.
◉ - Grand canyon du Verdon★★★.

à la Garde 6 km par D 559 et D 4085 – 88 h. – alt. 928 m – ⊠ 04120

X X **Auberge du Teillon** avec ch   🛜 P VISA ⦵
   rte Napoléon – ℰ 04 92 83 60 88 – www.auberge-teillon.com
– *Ouvert 15 mars-15 nov. et fermé dim. soir et lundi hors saison et fériés;*
lundi midi et mardi midi en juil.-août
8 ch – †60/65 € ††60/65 € – ☑ 8 € – ½ P 57/60 €
Rest – Menu 26/52 € – Carte 43/65 €
   ♦ Des produits au top, des assiettes qui débordent de saveurs : cette auberge rustique célèbre la tradition avec un bel accent du Sud. Accueil tout sourire et ambiance conviviale. À l'étage, quelques petites chambres fraîches, pratiques pour l'étape.

LE CASTELLET – 83 Var – **340** J6 – 4 154 h. – alt. 252 m – ⊠ 83330   **40** B3
▶ Paris 816 – Aubagne 30 – Marseille 46 – Toulon 23
Circuit Paul Ricard ℰ 04 94 98 36 66

X **Castel Lumière**   ← 🏡 VISA ⦵ AE
2 r. Douce, (au vieux village) – ℰ 04 94 32 62 20 – www.castellumiere.fr
– *Fermé 14 nov.-2 déc., 2-20 janv., lundi et mardi sauf du 1er juil. au 15 sept.*
Rest – Menu 27/48 € – Carte 30/55 €
   ♦ Face aux larges baies vitrées, on profite de la vue sur le village de La Cadière – la mer en toile de fond – et l'on savoure une fine cuisine aux accents régionaux.

à Ste-Anne-du-Castellet 4,5 km au Nord par D 226 et D 26 – ⊠ 83330

🏠 **Castel Ste-Anne** sans rest ॐ   🚗 ⅃ ♿ 🕸 🛜 P VISA ⦵ ⓘ
81 chemin Chapelle – ℰ 04 94 32 60 08
24 ch – †55 € ††95 € – ☑ 8 €
   ♦ Quiétude, jardin fleuri et jolie piscine : un hôtel familial bien sympathique. Chambres sobres, plus récentes et dotées d'une terrasse à l'annexe.

au Circuit Paul Ricard 11 km au Nord par D 226, D 26 et D N8 – ⊠ 83330 Le Beausset

🏨 **Du Castellet** ॐ   ← 🏡 🏡 ⅃ 🖥 SPA 🛁 ※ 📱 ♿ AC 🕸 🛜 🏋 P
❀❀ *3001 rte Hauts-du-Camp – ℰ 04 94 98 37 77*   VISA ⦵ AE ⓘ
– *www.hotelducastellet.com – Fermé déc. et janv.*
33 ch – †320/680 € ††320/680 € – 15 suites – ☑ 32 €
Rest *Monte Cristo* – *(fermé dim. soir, lundi, mardi et le midi)*
Menu 145/170 € bc – Carte 130/165 €🍴
Spéc. Sardine de Méditerranée et coquillages. Pigeonneau au sang cuit en croûte de sel épicée. Soufflé au Grand Marnier. **Vins** Bandol, Les Baux de Provence.
Rest *San Felice* – Carte 50/80 €
   ♦ En bordure du circuit, ce domaine, vaste et luxueux, mêle les influences architecturales provençale et toscane. Belles chambres au décor feutré ; magnifique terrasse (patios...). Au Monte Cristo, cuisine méditerranéenne signée par le chef Christophe Bacquié, Meilleur Ouvrier de France. Carte bistrotière au San Felice.

🏨 **Grand Prix**   🚗 🏡 ⅃ 🛁 📱 ♿ AC 🕸 🛜 🏋 P VISA ⦵ AE ⓘ
3100 rte des Hauts du Camp – ℰ 04 94 88 80 80
– *www.grandprixhotel.fr*
117 ch – †110 € ††110 € – ☑ 15 €
Rest – (19 €) Menu 28 € – Carte 30/45 €
   ♦ À deux pas du circuit, cet hôtel design et épuré dispose de chambres contemporaines (murs blanc et taupe) bénéficiant d'équipements dernier cri. Espace bien-être. Au restaurant, photos de compétitions automobiles et cuisine actuelle.

CASTELNAUDARY – 11 Aude – **344** C3 – 11 575 h. – alt. 175 m   **22** A2
– ⊠ 11400 🟩 Languedoc Roussillon
▶ Paris 735 – Carcassonne 42 – Foix 70 – Pamiers 49
🛈 place de Verdun ℰ 04 68 23 05 73

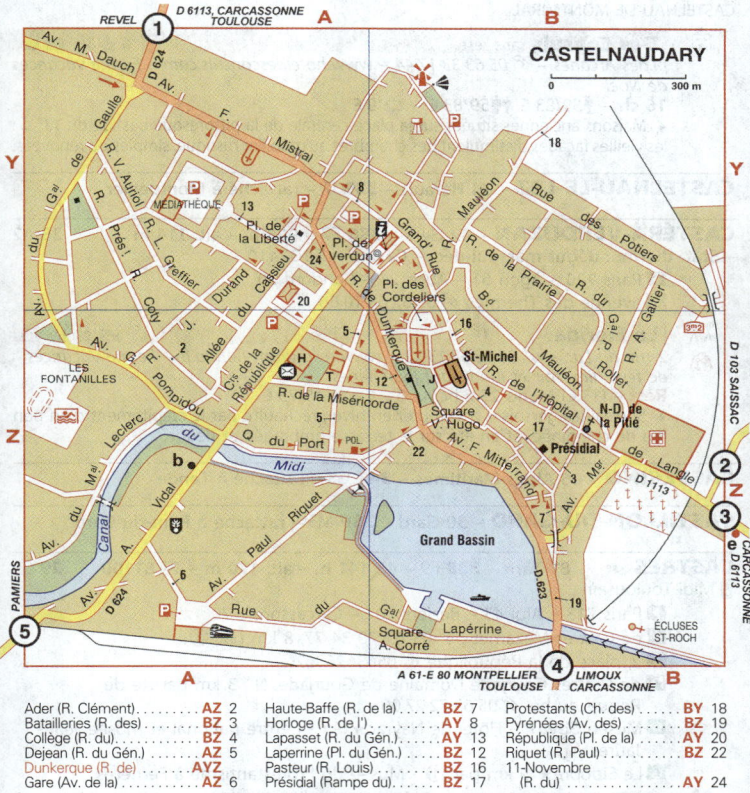

CASTELNAUDARY

0   300 m

Ader (R. Clément) . . . . **AZ** 2	Haute-Baffe (R. de la) . . . **BZ** 7	Protestants (Ch. des) . . . . . **BY** 18
Batailleries (R. des) . . . . . **BZ** 3	Horloge (R. de l') . . . . **AY** 8	Pyrénées (Av. des) . . . . . . **BZ** 19
Collège (R. du) . . . . **BZ** 4	Lapasset (R. du Gén.) . . . . **AY** 13	République (Pl. de la) . . . . **AY** 20
Dejean (R. du Gén.) . . . . . **AZ** 5	Laperrine (Pl. du Gén.) . . . **BZ** 12	Riquet (R. Paul) . . . . **BZ** 22
Dunkerque (R. de) . . . . **AYZ**	Pasteur (R. Louis) . . . . . . **BZ** 16	11-Novembre
Gare (Av. de la) . . . . **AZ** 6	Présidial (Rampe du) . . . . **BZ** 17	(R. du) . . . . **AY** 24

🏠 **Du Canal** sans rest 🅢   🚭 & ⟨⟨ϟ⟩⟩ ⅙ **P** **VISA** 🐈 **AE** **①**

2 ter av. A. Vidal – ✆ 04 68 94 05 05 – www.hotelducanal.com   **AZb**
38 ch – ♦51/64 € ♦♦58/77 € – ⌑ 6 €

◆ À quelques pas du centre, bâtisse ocre, autrefois usine à chaux, longée par le canal du Midi. Chambres pratiques décorées sobrement. Petits-déjeuners servis au bord de l'eau.

✕✕ **Le Tirou**   🚗 🈧 **AC** ⇦⇨ **P** **VISA** 🐈

90 av. Mgr de Langle – ✆ 04 68 94 15 95 – www.letirou.com – Fermé
23-30 juin, 20 déc.-20 janv., le soir et lundi   **BZe**
Rest – Menu 22 € (sem.)/41 € – Carte 35/50 €🐝

◆ Le chef prépare son cassoulet avec des produits du terroir. Beau choix de vins régionaux et agréable salle ouverte sur un jardin où paissent des chèvres et un âne.

CASTELNAU-DE-LÉVIS – 81 Tarn – **338** E7 – **rattaché à Albi**

CASTELNAU-DE-MONTMIRAL – 81 Tarn – **338** C7 – **940 h.**   **29** C2
– alt. 287 m – ✉ 81140

▶ Paris 645 – Toulouse 69 – Cordes-sur-Ciel 22 – Gaillac 12
🚸 place de la Mairie ✆ 05 63 33 15 11

⌂ **Des Consuls** sans rest   🏢 ♿ 📞 VISA 🔵
pl.des Arcades – ℰ 05 63 33 17 44 – www.hoteldesconsuls.com – *Fermé vacances de Noël*
16 ch – ♦59/83 € ♦♦59/83 € – ☟ 9 €
◆ Maisons anciennes situées sur la place centrale de la pittoresque bastide du 13ᵉ s. : les vieilles façades dissimulent des chambres au mobilier rustique, simples ou rénovées.

CASTELNAU-LE-LEZ – 34 Hérault – **339** I7 – rattaché à Montpellier

---

CASTÉRA-VERDUZAN – 32 Gers – **336** E7 – 906 h. – alt. 114 m   28 A2
– Stat. therm. : début mars-mi-déc. – Casino – ✉ 32410

▶ Paris 720 – Agen 61 – Auch 26 – Condom 20
🄳 avenue des Thermes ℰ 05 62 68 10 66

✕✕ **Le Florida**   🌳 VISA 🔵 AE ⓪
😊 *2 rue du Lac* – ℰ 05 62 68 13 22 – www.restaurant-florida.fr – *Fermé vacances de fév., dim. soir et lundi sauf jours fériés*
Rest – (13 €) Menu 25 € bc/45 € – Carte 45/75 €
◆ Spécialités gersoises à savourer en hiver, réchauffé par le crépitement d'un bon feu de cheminée, et en été sur la terrasse ombragée et fleurie.

CASTERINO – 06 Alpes-Maritimes – **341** G3 – rattaché à Tende

---

CASTILLON-DU-GARD – 30 Gard – **339** M5 – rattaché à Pont-du-Gard

---

CASTRES ⬠ – 81 Tarn – **338** F9 – 43 141 h. – alt. 170 m – ✉ 81100   29 C2
▌Midi-Toulousain

▶ Paris 718 – Albi 43 – Béziers 107 – Carcassonne 70
🄰 de Castres-Mazamet : ℰ 05 63 70 34 77, 8 km par ③.
🄳 2, place de la République ℰ 0563626362
🄶 de Castres Gourjade Domaine de Gourjade, N : 3 km par rte de Roquecourbe, ℰ 05 63 72 27 06
◉ Musée Goya★ - Hôtel de Nayrac★ **AY** - Centre national et musée Jean-Jaurès **AY**.
🄲 Le Sidobre★ 9 km par ① - Musée du Protestantisme à Ferrières.

🏨 **Occitan**   🌳🌳 🔲 🏢 ♿ AC 📶 🖧 🅿 VISA 🔵 AE
😊 *201 av. Ch. de Gaulle, par ③* – ℰ 05 63 35 34 20
– www.hotel-restaurant-l-occitan.fr – *Fermé 18 déc.-2 janv.*
62 ch – ♦65/93 € ♦♦72/105 € – ☟ 11 € – ½ P 60/86 €
Rest – *(fermé dim. midi de la Toussaint à Pâques et sam. midi)* Menu 14 € (sem.)/40 € – Carte 23/60 €
◆ Hôtel pratique pour une étape aux portes de la ville. Les chambres, toutes climatisées, ont été rénovées ; certaines occupent une aile très récente. Sauna et jacuzzi. Cuisine traditionnelle servie dans un cadre contemporain ou en terrasse, face à la piscine.

⌂ **Miredames**   🌳 🏢 ♿ ch, AC 📶 VISA 🔵 AE ⓪
😊 *1 pl. R. Salengro* – ℰ 05 63 71 38 18 – www.hotel-miredames.com   **BY**f
14 ch – ♦53/57 € ♦♦60/71 € – ☟ 8 €
Rest *Relais du Pont Vieux* – ℰ 05 63 35 56 14 – Menu 12 € (déj. en sem.), 17/33 € – Carte 20/40 €
◆ L'enseigne de cette maison de la vieille ville évoque le coche d'eau qui remonte l'Agout. Chambres fonctionnelles et bien tenues. Le Relais du Pont Vieux donne sur une place où murmure une fontaine, mais déploie sa terrasse côté rivière. Plats traditionnels.

✕✕ **Le Victoria**   AC VISA 🔵
24 pl. 8-Mai-1945 – ℰ 05 63 59 14 68 – *Fermé 1 sem. en juil., sam. midi et dim. soir*
Rest – (13 €) Menu 24/50 € – Carte 30/50 €   **BZ**s
◆ Trois salles à manger assez intimes aménagées dans un sous-sol voûté ; la plus plaisante donne sur la cave à vins. Cuisine traditionnelle soignée.

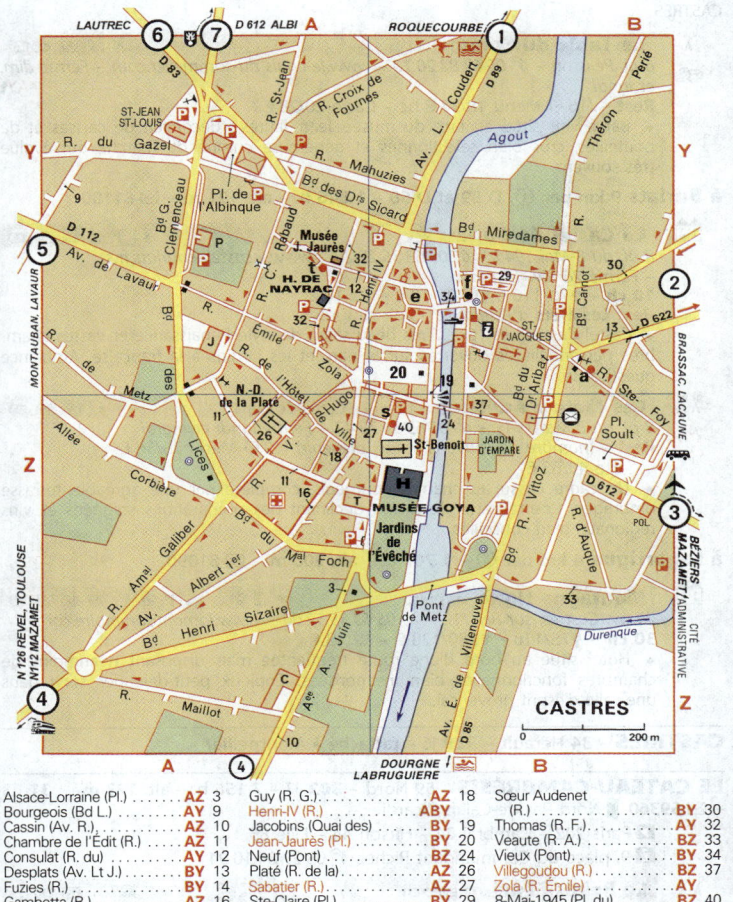

CASTRES

0   200 m

Alsace-Lorraine (Pl.)	**AZ** 3	Guy (R. G.)	**AZ** 18
Bourgeois (Bd L.)	**AY** 9	Henri-IV (R.)	**ABY**
Cassin (Av. R.)	**AZ** 10	Jacobins (Quai des)	**BY** 19
Chambre de l'Édit (R.)	**AZ** 11	Jean-Jaurès (Pl.)	**BY** 20
Consulat (R. du)	**AY** 12	Neuf (Pont)	**BZ** 24
Desplats (Av. Lt J.)	**BY** 13	Platé (R. de la)	**AZ** 26
Fuziès (R.)	**BY** 14	Sabatier (R.)	**AZ** 27
Gambetta (R.)	**AZ** 16	Ste-Claire (Pl.)	**BY** 29

Sœur Audenet (R.)	**BY** 30
Thomas (R. F.)	**AY** 32
Veaute (R. A.)	**BZ** 33
Vieux (Pont)	**BY** 34
Villegoudou (R.)	**BZ** 37
Zola (R. Émile)	**AY**
8-Mai-1945 (Pl. du)	**BZ** 40

XX **Mandragore**   AC VISA ❿ AE
🍷   *1 r. Malpas – ☎ 05 63 59 51 27 – Fermé 1 sem. en mars, 1 sem. en sept., dim. et*
    lundi   BY**e**
    Rest – (13 € bc) Menu 15 € (déj. en sem.)/27 € – Carte 29/42 € le soir
    ◆ Cette maison du vieux Castres est décorée dans un style contemporain, où domi-
    nent bois blond et verre dépoli. On y déguste des préparations traditionnelles.

X   **Bistrot Saveurs** (Simon Scott)   & AC ❄ VISA ❿ AE
❀   *5 r. Ste-Foy – ☎ 05 63 50 11 45 – www.bistrot-saveurs.com – Fermé 1er-22 août,*
    23-31 oct., 28 fév.-4 mars, sam., dim. et fériés   BY**a**
    Rest – (22 € bc) Menu 24 € (déj.), 38/95 € bc – Carte 60/80 € le soir
    Spéc. Foie gras de canard à ma façon. Tronçon de turbot cuit à 63°C à l'huile
    d'olive et tarte fine à la tomate noire de Crimée (juil. à sept). Sphère de chocolat
    noir et blanc. **Vins** Vin de pays de la Vallée du Paradis, Irouléguy.
    ◆ Ce chef britannique (déjà) distingué a pris ses quartiers en 2009 dans ce
    décor contemporain et épuré. Priorité aux produits : carte courte et renouvelée
    chaque jour, compositions inventives sans excès, pour que les saveurs tombent
    juste. All right !

☆ La Table du Sommelier 🛍 AC VISA ⚫ AE

😊 *6 pl. Pélisson – ☎ 05 63 82 20 10 – www.le-chais-du-sommelier.com – Fermé dim. et lundi* AYt

Rest – (16 €) Menu 18/37 € bc – Carte 20/28 € 🍴

♦ Bar à vins situé en face du musée Jean Jaurès : décor fait de caisses et de bouteilles, crus bien sélectionnés et généreuse cuisine du marché qui évolue très souvent.

à Burlats 9 km par ①, D 89 et D 58 – 1 846 h. – alt. 191 m – ⌧ 81100

🛏 Le Castel de Burlats ⚘ 🌙 🕯 🕍 P VISA ⚫

8 pl. du 8-Mai-1945 – ☎ 05 63 35 29 20 – www.lecasteldeburlats.fr.st – Fermé 26 fév.-14 mars
10 ch – ♦70/110 € ♦♦70/110 € – � 10 €
Rest *Les Mets d'Adélaïde* – voir ci-après

♦ Castel des 14e et 16e s. Très beau salon de style Renaissance et vastes chambres personnalisées ouvertes sur le parc et les jardins à la française. Ambiance guesthouse.

☆☆ Les Mets d'Adélaïde – Hôtel Le Castel de Burlats 🌙 🛍 VISA ⚫

😊 *8 pl. du 8-Mai-1945 – ☎ 05 63 35 78 42 – Fermé lundi et mardi*
Rest – (nombre de couverts limité, prévenir) (19 €) Menu 25/56 €
– Carte 40/65 €

♦ Un cadre cossu au charme bourgeois, complété par une agréable terrasse ombragée. Courte carte de saison déclinant des préparations soignées et vins régionaux bien conseillés.

à Lagarrigue 4 km par ③ – 1 707 h. – alt. 200 m – ⌧ 81090

🛏 Montagne Noire sans rest 🖥 🛗 ♿ AC 🕯 🕍 P VISA ⚫ AE ⚫

29 av. Castres, sur RN 112 – ☎ 05 63 35 52 00 – www.lamontagnenoire.com
30 ch – ♦75/116 € ♦♦80/128 € – ⊆ 13 €

♦ Hôtel situé au bord d'une route fréquentée mais disposant néanmoins de chambres fonctionnelles bien insonorisées. Copieux petit-déjeuner servi dans une salle d'esprit provençal.

CASTRIES – 34 Hérault – 339 I6 – rattaché à Montpellier

LE CATEAU-CAMBRÉSIS – 59 Nord – 302 J7 – 7 156 h. – alt. 123 m 31 C3
– ⌧ 59360 ▮ Nord Pas-de-Calais Picardie

▯ Paris 202 – Cambrai 24 – Hirson 44 – Lille 86
🖪 9, place du Commandant Richez ☎ 03 27 84 10 94

☆☆ Le Relais Fénelon avec ch 🚗 🛍 VISA ⚫ AE

21 r. Mar.-Mortier – ☎ 03 27 84 25 80 – www.relais-fenelon.fr – Fermé 4-27 août, dim. soir et lundi sauf fériés
5 ch – ♦48 € ♦♦48 € – ⊆ 7 € – ½ P 41 €
Rest – (15 €) Menu 22/32 € – Carte 35/53 €

♦ Cette fière maison bourgeoise du 19e s. cache une salle à manger au charme provincial, précédée d'un salon, et une terrasse d'été dressée côté jardin. Cuisine traditionnelle.

LE CATELET – 02 Aisne – 306 B2 – 201 h. – alt. 90 m – ⌧ 02420 37 C1
▯ Paris 170 – Cambrai 22 – Le Cateau-Cambrésis 29 – Laon 66

☆☆ La Coriandre ⟷ P VISA ⚫

68 r. du Gén.-Augereau – ☎ 03 23 66 21 71 – Fermé 25 juil.-20 août, 3-12 janv., lundi et le soir sauf vend. et sam.
Rest – Menu 23 € (déj. en sem.), 40/56 € – Carte 60/72 €

♦ Salade de homard à la crème de ciboulette ; barbue dorée à l'huile d'olive, lasagnes de céleri ; dentelle croustillante de fraises... Une cuisine soignée, dans un cadre rustique.

LES CATONS – 73 Savoie – 333 I4 – rattaché au Bourget-du-Lac

CAUDEBEC-EN-CAUX – 76 Seine-Maritime – **304** E4 – 2 336 h.   **33** C1
– alt. 6 m – ⊠ 76490 ▌Normandie Vallée de la Seine

> ▶ Paris 162 – Lillebonne 17 – Le Havre 53 – Rouen 37
> ▮ place du General de Gaulle ℰ 02 32 70 46 32
> ◉ Église Notre-Dame★.
> ◉ Vallon de Rançon★ NE : 2 km.

Normotel La Marine   ≼ 🕸 📶 🛁 **P** VISA ⚫ AE
18 quai Guilbaud – ℰ 02 35 96 20 11 – www.normotel-lamarine.fr – Fermé
20 déc.-3 janv.
31 ch – ♦72/112 € ♦♦72/112 € – � 9 € – ½ P 62/78 €
Rest – *(fermé sam. midi et dim. soir)* (15 €) Menu 26/36 € – Carte 48/57 €
◆ Face à la Seine animée par le va-et-vient des bateaux, grande bâtisse hôtelière dont les meilleures chambres ont un balcon tourné vers le fleuve. Salle de
restaurant panoramique proposant des repas traditionnels ; terrasse d'été au
bord de l'eau.

Le Normandie   ≼ 📶 **P** VISA ⚫ AE
19 quai Guilbaud – ℰ 02 35 96 25 11 – www.le-normandie.fr
– Fermé 17 déc.-4 janv.
15 ch – ♦59 € ♦♦79 € – ⊇ 8 € – ½ P 58 €
Rest – *(fermé lundi midi, merc. midi et dim. soir)* (14 €) Menu 21/42 €
– Carte 40/66 €
◆ Sur le quai longeant la Seine, chambres fonctionnelles, parfois garnies de meubles rustiques ; les plus spacieuses, en façade, ont un balconnet et offrent une
échappée sur le fleuve. Vue batelière par les baies du restaurant ; plats traditionnels et normands.

Le Cheval Blanc   🕸 📶 **P** VISA ⚫ AE ⓪
4 pl. René Coty – ℰ 02 35 96 21 66 – www.le-cheval-blanc.fr – Fermé
25 déc.-3 janv.
14 ch – ♦56 € ♦♦58 € – ⊇ 7 €
Rest – *(fermé 21 déc.-3 janv., sam. midi, dim. soir et vend.)* (13 €) Menu 16 €
(sem.)/35 € – Carte environ 33 €
◆ Claires et fraîches, toutes les chambres de cet établissement du centre-
ville bénéficient d'une insonorisation satisfaisante ; celles du second étage sont
mansardées. Le chef-patron propose une cuisine du terroir. Terrasse fleurie aux
beaux jours.

CAUREL – 22 Côtes-d'Armor – **309** D5 – 379 h. – alt. 188 m – ⊠ 22530   **10** C2
> ▶ Paris 461 – Carhaix-Plouguer 45 – Guingamp 48 – Loudéac 24

✕✕ Beau Rivage avec ch ⬲   ≼ 🕸 🛁 VISA ⚫
au Lac de Guerlédan , 2 km par D 111 – ℰ 02 96 28 52 15
– www.le-beau-rivage.infos – Fermé dim. soir et lundi
3 ch – ♦62 € ♦♦62 € – ⊇ 8 €
Rest – Menu 20 € (sem.), 31/44 € – Carte environ 22 €
◆ Appréciée des gens de la région comme des touristes, cette maison profite de
sa situation au bord du lac de Guerlédan. Restaurant panoramique et cuisine
sagement traditionnelle. Les chambres simples donnent sur le lac.

CAUSSADE – 82 Tarn-et-Garonne – **337** F7 – 6 463 h. – alt. 109 m   **29** C2
– ⊠ 82300 ▌Midi-Toulousain
> ▶ Paris 606 – Cahors 38 – Gaillac 51 – Montauban 28
> ▮ 11, rue de la République ℰ 05 63 26 04 04

Dupont   📶 🛁 ch, 📶 🛁 **P** VISA ⚫
r. Récollets – ℰ 05 63 65 05 00 – www.hotel-restaurant-dupont.com – Fermé
24 déc.-10 janv.
30 ch – ♦47/60 € ♦♦47/60 € – ⊇ 9 € – ½ P 45/50 €
Rest – *(fermé vend., sam. et dim.)* (dîner seult) Menu 15/22 € – Carte 15/30 €
◆ La petite capitale du chapeau de paille compte parmi ses demeures cet ancien
relais de poste bâti au 18ᵉ s. Toutes les chambres ont été rénovées en 2009. Plaisante salle à manger rustique et cuisine d'inspiration régionale.

à Monteils 3 km au Nord-Est par D 17 – 1 223 h. – alt. 120 m – ✉ 82300

✂ **Le Clos Monteils** ⟨⟩ ⟨⟩ VISA ⟨⟩

⟨⟩ *7 chemin du Moulin – ℰ 05 63 93 03 51 – Fermé 1 sem. en nov., mi-janv. à mi-fév., mardi midi, dim. et lundi*

Rest – *(nombre de couverts limité, prévenir)* (18 €) Menu 29/54 €

◆ L'ex-presbytère (1771) de ce village quercynois, transformé en restaurant, est décoré dans l'esprit d'une maison particulière. Agréable terrasse. Cuisine du terroir revisitée.

CAUTERETS – 65 Hautes-Pyrénées – **342** L7 – 1 109 h. – alt. 932 m   **28** A3
– **Sports d'hiver** : 1 000/2 350 m 🚡 3 🎿 18 🚶 – **Stat. therm.** : début fév.-fin nov.
– **Casino** – ✉ 65110 ▮ Midi-Toulousain

▶ Paris 880 – Argelès-Gazost 17 – Lourdes 30 – Pau 75

🅱 place Foch ℰ 05 62 92 50 50

◉ La station★ - Route et site du Pont d'Espagne★★★ (chutes du Gave) au Sud par D 920 - Cascade★★ et vallée★★ de Lutour S : 2,5 km par D 920.

◉ Cirque du Lys★★.

🏨 **Astérides-Sacca** 🛗 🔲 AC rest, ⟨⟩ rest, 🅿 VISA ⟨⟩ AE

⟨⟩ *bd Latapie-Flurin – ℰ 05 62 92 50 02 – www.asterides-sacca.com
– Fermé 10 oct.-10 déc.*
    a

56 ch – ♦38/75 € ♦♦38/75 € – ☕ 7 €   **Rest** – Menu 18/45 € – Carte 35/54 €

◆ Ces étoiles de mer (astérides) ont élu domicile à la montagne... Derrière une belle façade de style bigourdan, des chambres fonctionnelles, certaines décorées dans un esprit actuel. Salles chaleureuses où déguster une cuisine traditionnelle et soignée.

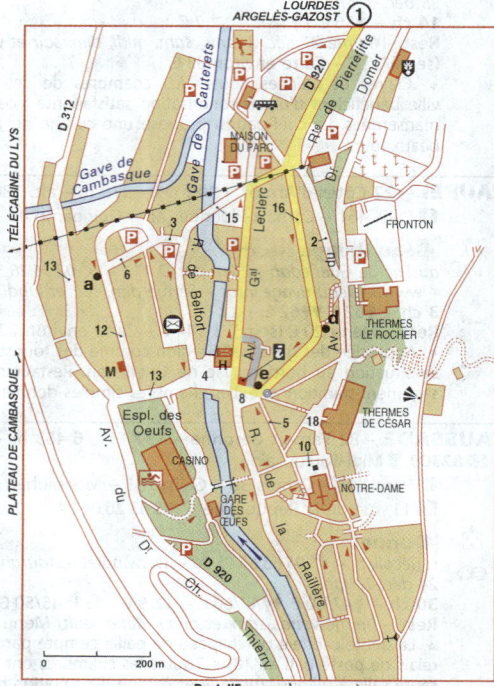

CAUTERETS

Benjamin-Dulau (Av.) 2
Bordenave (Pl.) 3
Clemenceau (Pl. G.) 4
Etigny (R. d') 5
Féria (R. de la) 6
Foch (Pl. Mar.) 8
Jean-Moulin (Pl.) 10
Latapie-Flurin (Bd) 12
Mamelon Vert (Av.) 13
Pont-Neuf (R. du) 15
Richelieu (R. de) 16
Victoire (Pl. de la) 18

⌂ **Du Lion d'Or** 📶 ⚡ 📶 VISA ⦿ AE

*12 r. Richelieu – ℰ 05 62 92 52 87 – www.liondor.eu – Fermé 25 avril-13 mai
et 9 oct.-18 déc.* **d**

19 ch – †71/120 € ††73/125 € – ⌷ 11 € – ½ P 66/90 €

Rest – *(dîner seult) (résidents seult)* Menu 21/28 €

♦ Hôtel familial construit au 19e s. (portes-fenêtres, balconnets en fer forgé...).
Chambres douillettes à la décoration soignée (objets chinés). Confitures et tourtes
maison au petit-déjeuner. Cuisine de tradition servie dans une salle à manger
ancienne.

⌂ **Le Bois Joli** sans rest 📶 ⚡ VISA ⦿ AE

*1 pl. du Mar.-Foch – ℰ 05 62 92 53 85 – www.hotel-leboisjoli.com
– Fermé 25 avril-1er juin et 16 oct.-3 déc.* **e**

12 ch – †85/96 € ††96/110 € – ⌷ 10 €

♦ Au cœur de la station, bâtisse du 19e s. au cachet préservé. Chambres d'esprit
chalet, très colorées et décorées suivant trois thèmes : fleurs, animaux et monts.

✗✗ **L' Abri du Benques** 📶 ⚡ VISA ⦿

*2 km au Sud par D 920 au lieu-dit la Raillère – ℰ 05 62 92 50 15 – Fermé
12 nov.-20 déc., lundi soir, mardi soir et merc. sauf vacances scolaires*

Rest – (12 €) Menu 22/58 € – Carte 31/65 €

♦ Sur la route du pont d'Espagne, dans un cadre magique – entre montagne et
torrents –, ce restaurant au décor contemporain propose une cuisine actuelle.

CAVAILLON – 84 Vaucluse – 332 D10 – 25 819 h. – alt. 75 m **42** E1
– ⌧ 84300 ▮ Provence

▶ Paris 702 – Aix-en-Provence 60 – Arles 44 – Avignon 25

🛈 place Francois Tourel ℰ 04 90 71 32 01

◉ Musée de l'Hôtel-Dieu : collection archéologique★ - ≼★ de la colline
   St-Jacques.

✗✗✗ **Prévôt** AC VISA ⦿ AE ①

*353 av. de Verdun – ℰ 04 90 71 32 43 – www.restaurant-prevot.com – Fermé
dim. et lundi sauf juil.-août et fériés*

Rest – Menu 25 € (déj.), 44/110 € – Carte 65/79 €

♦ Dans cette sympathique maison familiale, on célèbre le melon – un menu
entier lui est même dédié. Truffes et légumes du pays occupent aussi une place
de choix sur la carte.

à Cheval-Blanc 5 km à l'Est par D 973 – 3 981 h. – alt. 83 m – ⌧ 84460

✗✗ **L' Auberge de Cheval Blanc** 📶 AC VISA ⦿ AE ①

*481 av. de la Canebière – ℰ 04 32 50 18 55 – www.auberge-de-chevalblanc.com
– Fermé sam. midi, dim. soir et lundi de sept. à juin*

Rest – *(nombre de couverts limité, prévenir)* (20 €) Menu 28 € (déj.)/68 €
– Carte 45/70 €

♦ Des produits frais, une agréable cuisine de saison : cette discrète auberge de
bord de route promet un agréable moment gourmand... et sa terrasse est idyllique.

CAVALAIRE-SUR-MER – 83 Var – 340 O6 – 6 351 h. – alt. 2 m **41** C3
– Casino – ⌧ 83240 ▮ Côte d'Azur

▶ Paris 880 – Draguignan 55 – Fréjus 41 – Le Lavandou 21

🛈 Maison de la Mer ℰ 04 94 01 92 10

◉ Massif des Maures★★★.

🏨 **La Calanque** ❧ ≼ 📶 🏊 📶 AC 📶 🅿 VISA ⦿ AE

*r.de la Calanque – ℰ 04 94 01 95 00 – www.residences-du-soleil.com/lacalanque
– Ouvert 1er avril-30 oct.*

28 ch – †186/208 € ††233/269 € – ⌷ 15 € **Rest** – Menu 27/56 €

♦ Choisissez cet hôtel pour sa vue : il est perché sur une calanque du massif des
Maures ! Les chambres, spacieuses et actuelles, dominent la Méditerranée. Restaurant et terrasse panoramiques ouverts sur la mer ; spécialités régionales.

CAVALIÈRE – 83 Var – **340** N7 – alt. 4 m – ⊠ 83980 Le Lavandou   **41** C3
🟢 Côte d'Azur

▶ Paris 880 – Draguignan 68 – Fréjus 55 – Le Lavandou 7
🟢 Massif des Maures ★★★.

🏨🏨🏨🏨   **Le Club de Cavalière & Spa** 🌿   ⪡ 🕭 🍴 🍹 ⅃₅ 🍽 ⅃ᴱ 👆 🗚 🅟 ▮
30 av. Cap Nègre – 𝒞 04 98 04 34 34   🚗 VISA ◉ ΑΕ ①
– www.clubdecavaliere.com – Ouvert 6 mai-1ᵉʳ sept.
32 ch ⊡ – ♦335/815 € ♦♦430/1025 € – 5 suites
Rest – Menu 49 € (déj.), 80/94 € – Carte 58/180 €🏵

◆ Une demeure élégante face à la mer, abritant de magnifiques chambres contemporaines. Tout pour les loisirs : piscine, plage privée, spa, sauna, jacuzzi, fitness... Belle cuisine au restaurant, décoré avec goût ; de la terrasse, on domine les flots.

CAVANAC – 11 Aude – **344** E3 – **rattaché à Carcassonne**

CAYRON – 32 Gers – **336** C8 – **rattaché à Beaumarchés**

CEILLAC – 05 Hautes-Alpes – **334** I4 – 294 h. – alt. 1 640 m – **Sports**   **41** C1
d'hiver : 1 700/2 500 m ⅃6 ⅃ – ⊠ 05600 🟢 Alpes du Sud

▶ Paris 729 – Briançon 50 – Gap 75 – Guillestre 14
🅱 le village- Place Philippe Lamour 𝒞 04 92 45 05 74
🟢 Site★ - Église St-Sébastien★.
🟢 Vallon du Mélezet★ - Lac Ste-Anne★★.

🏠   **La Cascade** 🌿   ⪡ 🕭 🍽 👆 🅟 VISA ◉ ΑΕ
⊛   *au pied du Mélezet, 2 km au Sud-Est* – 𝒞 04 92 45 05 92
– www.hotel-la-cascade.com – Ouvert 28 mai-11 sept. et 18 déc.-30 mars
22 ch – ♦46/64 € ♦♦54/77 € – ⊡ 9 € – ½ P 52/69 €
Rest – Menu 14/25 € – Carte 28/38 €

◆ Hôtel isolé dans un beau site alpestre. Des meubles ornés de sculptures au couteau, typiques du Queyras, décorent les chambres de style montagnard. Joli espace bien-être. Le restaurant et la terrasse offrent une jolie vue sur les montagnes ; cuisine régionale.

CEILLOUX – 63 Puy-de-Dôme – **326** I9 – 156 h. – alt. 615 m – ⊠ 63520   **6** C2

▶ Paris 464 – Clermont-Ferrand 50 – Cournon-d'Auvergne 36 – Riom 62

🏠   **Domaine de Gaudon** *sans rest* 🌿   ◑ 🅟
4 km au Nord par D 304 – 𝒞 04 73 70 76 25 – www.domainedegaudon.fr
5 ch ⊡ – ♦90 € ♦♦110 €

◆ Adresse rare que cette maison du 19ᵉ s. bordée d'un arborétum et d'un étang de pêche. Les chambres et la salle du petit-déjeuner sont superbes.

LA CELLE – 83 Var – **340** L5 – 1 239 h. – alt. 260 m – ⊠ 83170   **41** C3

▶ Paris 812 – Aix-en-Provence 63 – Draguignan 62 – Marseille 65
🅱 place des Ormeaux 𝒞 04 94 59 19 05

🏨🏨🏨   **Hostellerie de l'Abbaye de la Celle**   ◑ 🕭 🍽 👆 🗚 ch, 🍽 rest,
🌸   *10 pl. du Gén. de Gaulle* – 𝒞 04 98 05 14 14   🕭 🖧 🅟 VISA ◉ ΑΕ ①
– www.abbaye-celle.com – Fermé 4 janv.-4 fév., mardi et merc. de mi-oct. à mi-avril
10 ch – ♦250/450 € ♦♦250/450 € – ⊡ 20 €
Rest – Menu 45 € (déj.), 65/85 € – Carte 53/92 €
Spéc. Légumes des jardins de Provence cuits à la barigoule (printemps-été). Épaule d'agneau de lait confite, pomme de terre farcie et côte de sucrine (hiver). Crêpes Suzette (automne-hiver). **Vins** Coteaux Varois en Provence, Côtes de Provence.

◆ Jouxtant l'abbaye, une demeure provençale du 18ᵉ s. (ex-prieuré puis magnanerie) érigée dans un beau parc. Grandes chambres classiques et confortables. Au restaurant de cette maison du groupe Ducasse, séduisante cuisine méridionale ; belle terrasse ombragée.

LA CELLE-LES-BORDES – 78 Yvelines – **311** H4 – **106** 28 – **101** 31 – **voir à Paris, Environs (Cernay-la-Ville)**

422

CELLES-SUR-DUROLLE – 63 Puy-de-Dôme – **326** I7 – 1 850 h.   **6** C2
– alt. 660 m – ⊠ 63250

> ▶ Paris 460 – Clermont-Ferrand 55 – Moulins 140 – Saint-Étienne 101

Auberge du Palais   🚗 🏠 🗓 ⅛ ch, AC ch, 🛰 VISA ©©

Le Bourg – ⌀ 04 73 51 89 15 – www.aubergedupalais.com – *Fermé fév. et 16-31 août*

13 ch – †65/85 € ††69/89 € – ⊊ 8 € – ½ P 66/86 €

Rest – Menu 23/35 € – Carte 38/52 €

◆ Cadre d'esprit classique dans la bâtisse principale ou ambiance plus feutrée et moderne à l'annexe. À vous de choisir votre style dans cet hôtel situé face à l'église. Grande ambiance champêtre et recettes inspirées des expériences du chef à l'étranger.

CELLETTES – 41 Loir-et-Cher – **318** F6 – 2 209 h. – alt. 78 m – ⊠ 41120   **11** A1

> ▶ Paris 189 – Blois 9 – Orléans 68 – Romorantin-Lanthenay 36

🔡 2, rue de la Rozelle ⌀ 02 54 70 30 46

✕✕ **La Vieille Tour**   AC VISA ©©

7 r. Nationale – ⌀ 02 54 74 67 15 – www.vieilletour.com – *Fermé sam. midi, dim. soir et lundi*

Rest – Menu 23/43 € – Carte 47/57 €

◆ La vieille tour de cette maison du 15e s., visible de loin, vous guidera vers cette halte gourmande… Belle cuisine actuelle à savourer dans un cadre contemporain et épuré.

CELONY – 13 Bouches-du-Rhône – **340** H4 – rattaché à Aix-en-Provence

---

CÉNAC-ET-ST-JULIEN – 24 Dordogne – **329** I7 – 1 193 h. – alt. 70 m   **4** D1
– ⊠ 24250

> ▶ Paris 547 – Bordeaux 205 – Périgueux 73 – Cahors 71

⚑ **La Guérinière** ⌖   🚗 🏠 ⛬ ✕ 🌿 ch, 🛰 P

sur D 46 – ⌀ 05 53 29 91 97 – www.la-gueriniere-dordogne.com – *Ouvert 1er avril-1er nov.*

5 ch ⊊ – †80/95 € ††80/95 €   **Table d'hôte** – *(fermé dim. soir)* Menu 25 €

◆ Située face à la bastide de Domme, cette chartreuse périgourdine profite d'un cadre verdoyant et serein. Chambres coquettes décorées avec soin, grand parc, piscine et tennis. Le soir, recettes régionales servies dans un agréable décor rustique.

⚑ **Le Moulin Rouge** sans rest   🚗 🌿 🛰 P VISA ©©

– ⌀ 05 53 28 23 66 – www.lemoulinrouge.org

3 ch – †45/65 € ††50/70 € – ⊊ 8 €

◆ Un moulin au charme bucolique, au bord d'un petit étang invitant à la baignade. Les charmants propriétaires vous retraceront avec plaisir son histoire. Chambres douillettes.

CENON – 33 Gironde – **335** H5 – rattaché à Bordeaux

CERDON – 45 Loiret – **318** L6 – 1 050 h. – alt. 145 m – ⊠ 45620   **12** C2

> ▶ Paris 185 – Orléans 73 – Fleury-les-Aubrais 63 – Olivet 59

⚑ **Les Vieux Guays** ⌖   🎣 🏠 ⛬ ✕ 🛰 P VISA ©©

rte des Hauteraults, 3 km au Sud-Ouest par D 65 et rte secondaire – ⌀ 02 38 36 03 76 – www.lesvieuxguays.com – *Fermé 21 fév.-9 mars*

5 ch ⊊ – †70 € ††80 €   **Table d'hôte** – Menu 30 € bc

◆ Superbe relais de chasse des années 1950, dans un parc avec étang, piscine et tennis. Chambres confortables, tendues de jolis tissus fleuris et décorées avec raffinement. Dans ce cadre rustique, on savoure une cuisine de saison, inspirée par le terroir.

CÉRET ⊛ – 66 Pyrénées-Orientales – **344** H8 – 7 568 h. – alt. 153 m   **22** B3
– ⊠ 66400 🟩 Languedoc Roussillon

> ▶ Paris 875 – Gerona 81 – Perpignan 34 – Port-Vendres 37

🔡 1, avenue Georges Clemenceau ⌀ 04 68 87 00 53

🔵 Vieux pont★ - Musée d'Art Moderne★★.

La Terrasse au Soleil ♨   ← 🚗 🛋 🔳 ✱ ৬ ch, 🅺 ch, ⚓ 🅿️

1,5 km à Ouest par rte Fontfrède – 📞 04 68 87 01 94
– *www.terrasse-au-soleil.com* – *Fermé 20 déc.-7 fév.*   VISA ⊚⊚ AE
35 ch – †69/169 € ††91/199 € – 2 suites – ⊇ 15 €
Rest – *(fermé mardi midi, merc. midi, jeudi midi, vend. midi, dim. soir et lundi d'oct. à avril)* Menu 35/49 € – Carte 53/80 €
♦ Charles Trenet vécut dans ce mas catalan isolé sur les vertes hauteurs de Céret. Chambres fonctionnelles sur l'arrière. Piscine, jacuzzi, sauna. Faïences et meubles régionaux ensoleillent la salle à manger. Terrasse avec vue sur le Canigou et cuisine actuelle.

Le Mas Trilles sans rest ♨   🚗 🔳 📶 🅿️ VISA ⊚⊚

au Pont de Reynès, 3 km après Céret direction Amélie-les-Bains
– 📞 04 68 87 38 37 – *www.le-mas-trilles.com* – *Ouvert 30 avril-8 oct.*
8 ch – †93/154 € ††93/217 € – 2 suites – ⊇ 11 €
♦ Cette maison du 17e s. nichée dans un vallon soigne son accueil. Ravissantes chambres aux couleurs du Sud, souvent avec terrasse ou jardin privatif. Piscine dominant le Tech.

Les Arcades sans rest   📱 📶 🚗 VISA ⊚⊚

1 pl. Picasso – 📞 04 68 87 12 30 – *www.hotel-arcades-ceret.com*
30 ch – †46/63 € ††46/63 € – ⊇ 7 €
♦ Hôtel ambiance années 1980, décoré d'œuvres d'artistes de "L'École de Céret". Chambres ornées de mobilier catalan (quelques cuisinettes). Petit-déjeuner avec des produits locaux.

Le Chat qui Rit   🏠 🅺 🅿️ VISA ⊚⊚ ①

1 rte de Céret, (à la Cabanasse), 1,5 km par rte Amélie – 📞 04 68 87 02 22
– *Fermé 7-13 mars, 19-26 déc., 10-30 janv., dim. soir de sept. à juin, lundi soir de janv. à mars, mardi soir et merc.*
Rest – Menu 14 € (déj. en sem.), 23/40 € – Carte 38/70 €
♦ Emblème de cette maison de pays, le chat fait partie intégrante du décor. Cadre moderne (exposition de tableaux) et cuisine traditionnelle valorisant les produits catalans.

Del Bisbe avec ch   🏠 ✄ VISA ⊚⊚

4 pl. Soutine – 📞 04 68 87 00 85 – *www.hotelvidalceret.com*
– *Fermé juin, nov., fév., mardi et merc.*
9 ch – †45 € ††60 € – ⊇ 6 €   **Rest** – (15 €) Menu 26/32 € – Carte 38/53 €
♦ Demeure du 18e s. dont l'enseigne signifie "maison de l'Évêque" en catalan. Authentique décor rustique, jolie terrasse sous une treille et cuisine du terroir. À l'étage, des chambres simples pour petits budgets ont été rafraîchies.

LE CERGNE – 42 Loire – 327 E3 – 701 h. – alt. 640 m – ⌧ 42460   **44** A1

▶ Paris 414 – Charlieu 17 – Chauffailles 15 – Lyon 78

Bel'Vue   ← 🏠 ৬ ch, 📶 VISA ⊚⊚ AE ①

– 📞 04 74 89 87 73 – *http://lebelvue.com* – *Fermé 15-28 août, 26 fév.-5 mars, vend. soir et dim. soir*
15 ch – †60 € ††72 € – ⊇ 9 € – ½ P 58 €
Rest – Menu 21 € bc/60 € – Carte 36/50 €
♦ Dans le village, au cœur des monts du Forez, cette maison propose des chambres confortables et bien tenues, de styles variés (fleuri, coloré, oriental...). Comme son nom l'indique, belle vue sur la vallée depuis la salle à manger panoramique. Cuisine traditionnelle.

CERGY – 95 Val-d'Oise – 305 D6 – 106 5 – 101 2 – voir à Paris, Environs (Cergy-Pontoise)

CÉRILLY – 03 Allier – 326 D3 – 1 407 h. – alt. 340 m – ⌧ 03350   **5** B1
🟩 Auvergne

▶ Paris 298 – Bourges 66 – Montluçon 41 – Moulins 47
🛈 place du Champ de Foire 📞 04 70 67 55 89

🏠 **Chez Chaumat**　　　　　　　　　　　　　🆎 ⁽¹⁾ 🚗 VISA 🕭 AE
pl. Péron – ℰ 04 70 67 52 21 – www.chezchaumat.com
– Fermé 20-30 juin, 15-25 sept., 20 déc.-6 janv., dim. soir et lundi
8 ch – ⦙44 € ⦙⦙52 € – ⬛ 8 €
Rest – (9 €) Menu 17 € (déj. en sem.), 21/35 € – Carte 15/30 €
　◆ Établissement familial d'esprit auberge de campagne, à proximité de la superbe forêt domaniale de Tronçais. Les chambres, sobres et fonctionnelles, sont bien insonorisées. Cuisine traditionnelle servie dans une atmosphère bistrotière et rustique.

CERNAY – 68 Haut-Rhin – **315** H10 – 10 752 h. – alt. 275 m – ✉ 68700　　**1** A3
🟩 Alsace Lorraine
　▶ Paris 461 – Altkirch 26 – Belfort 39 – Colmar 37
　ℹ 1, rue Latouche ℰ 03 89 75 50 35

✗✗　**Hostellerie d'Alsace** avec ch　　　　🆎 rest, ⁽¹⁾ 🏖 🅿 VISA 🕭 AE
61 r. Poincaré – ℰ 03 89 75 59 81 – www.hostellerie-alsace.fr – Fermé
25 juil.-14 août, 1er-9 janv., sam. et dim.
10 ch – ⦙54 € ⦙⦙68 € – ⬛ 8 €　**Rest** – Menu 19/58 € – Carte 41/61 €
　◆ Grande maison à colombages dans la lignée des auberges alsaciennes. La salle à manger et les chambres, personnalisées, contrastent par leur cadre contemporain. Carte classique.

CERNAY-LA-VILLE – 78 Yvelines – **311** H3 – **106** 29 – **101** 31 – **voir à Paris, Environs**

CERVIONE – 2B Haute-Corse – **345** F6 – **voir à Corse**

CESSON – 22 Côtes-d'Armor – **309** F3 – **rattaché à St-Brieuc**

CESSON-SÉVIGNÉ – 35 Ille-et-Vilaine – **309** M6 – **rattaché à Rennes**

CESTAYROLS – 81 Tarn – **338** D7 – 507 h. – alt. 233 m – ✉ 81150　　**29** C2
　▶ Paris 660 – Albi 19 – Castres 59 – Toulouse 71

✗　**Lou Cantoun**　　　　　　　　　　　🏡 ⅘ 🎖 VISA 🕭 AE
Le village – ℰ 05 63 53 28 39 – www.loucantoun.fr – Fermé 1er-9 mars,
2-19 janv., mardi et merc.
Rest – (14 €) Menu 18 € (sem.), 25/45 € – Carte 36/54 €
　◆ La terrasse de cette bâtisse ancienne donne sur l'église. On y sert une cuisine actuelle (risotto de chou vert, turbot à la citronnelle, lotte vanille praline, etc.).

CEVINS – 73 Savoie – **333** L4 – 657 h. – alt. 400 m – ✉ 73730　　**46** F2
　▶ Paris 629 – Lyon 172 – Chambéry 63 – Annecy 57

✗✗　**La Fleur de Sel**　　　　　　　　🏡 ⇔ 🅿 VISA 🕭 AE
Les Marais – ℰ 04 79 37 49 98 – www.restaurant-fleurdesel.fr – Fermé dim. soir,
mardi soir et lundi
Rest – (15 €) Menu 19 € (déj. en sem.), 32/52 € – Carte 45/69 €
　◆ Entre mer et montagne… Sur la route des stations, cette maison récente mêle le bois, la pierre et les inspirations marines (objets, peintures). Appétissante cuisine de saison.

CHABLIS – 89 Yonne – **319** F5 – 2 482 h. – alt. 135 m – ✉ 89800　　**7** B1
🟩 Bourgogne
　▶ Paris 181 – Auxerre 21 – Avallon 39 – Tonnerre 18
　ℹ 1, rue du Maréchal de Lattre ℰ 03 86 42 80 80

🏠🏠　**Hostellerie des Clos**　　　🍷 🖥 🅰 🆎 rest, ⁽¹⁾ 🏖 🅿 VISA 🕭 AE ⓞ
18 r. Jules Rathier – ℰ 03 86 42 10 63 – www.hostellerie-des-clos.fr
– Fermé 19 déc.-21 janv.
32 ch – ⦙62/104 € ⦙⦙64/134 € – 4 suites – ⬛ 14 € – ½ P 95/155 €
Rest – (fermé lundi midi, mardi midi, merc. midi et jeudi midi) Menu 42/78 €
– Carte 58/98 € 🥂
　◆ Une agréable hostellerie au cœur de Chablis. On peut prendre ses aises au salon – avec feu de cheminée l'hiver – avant de gagner l'une des chambres, à la fois traditionnelles et cosy (quelques-unes en annexe). Classicisme, terroir et vins locaux au restaurant.

Du Vieux Moulin sans rest 🅰🅚 ﹖ **P** 🆅🅸🆂🅰 ⊕ 🅰🅴 ⊕

18 r. des Moulins – ℰ 03 86 42 47 30 – www.larochehotel.fr
– Fermé 15 déc.-15 fév.
5 ch – ♦100/175 € ♦♦100/175 € – 2 suites – ⊑ 12 €
◆ Subtile alliance de tradition (poutres, pierres) et de modernité (salles de bain design, écrans plats)… Une certaine idée du luxe, sans ostentation.

CHADURIE – 16 Charente – **324** K7 – 512 h. – alt. 150 m – ⊠ 16250　　　**39** C3
🄳 Paris 957 – Angoulême 21 – Barbezieux-St-Hilaire 31 – Périgueux 77

Le Logis de Puygâty ⤺　　　🄻 🚿 ⤵ ﹖ **P** 🆅🅸🆂🅰 ⊕

4 km au Nord par rte d'Angoulême et rte secondaire – ℰ 05 45 21 75 11
– www.logisdepuygaty.com – Fermé fév.
4 ch – ♦135/285 € ♦♦135/285 € – ⊑ 13 €　　**Table d'hôte** – Menu 50 € bc
◆ Entre vignes, champs et forêts, chambres d'hôtes aménagées dans une demeure fortifiée du 15ᵉ s. Décoration harmonieuse qui mélange l'ancien et le contemporain. Piscine à l'écart. À table, cuisine à base de bons produits du terroir servie dans une ex-grange.

CHAGNY – 71 Saône-et-Loire – **320** I8 – 5 406 h. – alt. 215 m – ⊠ 71150　　　**7** A3
🄳 Paris 327 – Autun 44 – Beaune 15 – Chalon-sur-Saône 20
🄸 2, place des Halles ℰ 03 85 87 25 95

Maison Lameloise 🅸🅴 🅰🅚 ﹖ 🚗 🆅🅸🆂🅰 ⊕ 🅰🅴 ⊕

36 pl. d'Armes – ℰ 03 85 87 65 65 – www.lameloise.fr – Fermé 20 déc.-26 janv.,
mardi et merc. d'oct. à mars
16 ch – ♦120/170 € ♦♦230/350 € – ⊑ 26 €
Rest *Maison Lameloise* – voir ci-après
◆ Cette haute maison bourguignonne – un ancien relais de poste fondé au 15ᵉ s. – incarne la grande hôtellerie de tradition ! Le restaurant vaut le voyage (voir ci-après) et le séjour est fort plaisant : les chambres sont à la fois classiques, raffinées et spacieuses…

De la Poste sans rest ⤺　　　🚲 ﹖ **P** 🚗 🆅🅸🆂🅰 ⊕ 🅰🅴

17 r. Poste – ℰ 03 85 87 64 40 – www.hoteldelaposte-chagny71.com
– Fermé 28 août-5 sept. et 22 déc.-2 janv.
11 ch – ♦42/50 € ♦♦45/62 € – ⊑ 7 €
◆ L'établissement est situé au cœur du bourg, mais au calme d'une impasse. Toutes les chambres, rénovées et nettes, sont en rez-de-jardin.

La Ferté sans rest　　　🚲 ﹖ **P** 🆅🅸🆂🅰 ⊕

11 bd Liberté – ℰ 03 85 87 07 47 – www.hotelferte.com
13 ch – ♦39/59 € ♦♦41/78 € – ⊑ 8 €
◆ Les propriétaires, également artistes, de ce petit établissement, à deux pas de Lameloise, vous reçoivent avec beaucoup d'égards. Expo d'art ; beau jardin fleuri.

Maison Lameloise – Hôtel Maison Lameloise 🅰🅚 ⚘ ⇔ 🆅🅸🆂🅰 ⊕ 🅰🅴 ⊕

36 pl. d'Armes – ℰ 03 85 87 65 65 – www.lameloise.fr – Fermé 21 déc.-26 janv.,
mardi et merc. d'oct. à juin
Rest – (prévenir) Menu 100 € bc (déj. en sem.), 130/160 € – Carte 110/180 €
Spéc. Foie gras de canard en robe de pommes de terre à la vapeur, bouillon parfumé à la truffe. Poitrine de pigeonneau rôtie au pralin de pain d'épice. Variation chocolat, croustillant gianduja, crémeux guanaja, émulsion tiède chocolat. **Vins** Rully, Chassagne-Montrachet.
◆ Jacques Lameloise a porté la table au firmament, Éric Pras reprend aujourd'hui le flambeau – très étoilé – en réinterprétant tous les classiques de la maison avec une sémillante touche de légèreté… Au cœur de la gastronomie française.

Pierre & Jean 🚿 🅰 🅰🅚 🆅🅸🆂🅰 ⊕ 🅰🅴

2 r. de la Poste – ℰ 03 85 87 08 67 – www.pierrejean-restaurant.fr – Fermé
22 déc.-21 janv., dim. soir et lundi
Rest – (21 €) Menu 28/34 € – Carte 40/46 €
◆ "La cuisine d'en face" du Lameloise, qui arbore les prénoms de ses fondateurs, aïeuls de Jacques. Cuisine actuelle, version bistrot, sous les belles charpentes d'un chai du 17ᵉ s.

rte de Chalon 2 km au Sud-Est par N 6 et rte secondaire – ✉ 71150 Chagny

Hostellerie du Château de Bellecroix ⚘   🔥 ♨ ⛵ **P**
20 chemin de Bellecroix – ℰ 03 85 87 13 86   VISA ⬤⬤ AE ⓪
– *www.chateau-bellecroix.com* – Fermé 18 déc.-13 fév. et merc. sauf de juin à sept.
19 ch – †90 € ††90/230 € – 1 suite – ☐ 15 € – ½ P 105/170 €
Rest – *(fermé lundi midi, jeudi midi et merc.)* Menu 25 € (déj. en sem.), 49/63 €
– Carte 50/90 €
◆ Ancienne demeure des chevaliers de Malte nichée dans un parc. Les chambres, personnalisées, sont vastes dans la commanderie du 12ᵉ s., plus petites dans le château du 18ᵉ s. Le restaurant a fière allure : cheminée, boiseries ouvragées et mobilier de style.

CHAILLES – 73 Savoie – **333** H5 – rattaché aux Échelles

CHAILLY-SUR-ARMANÇON – 21 Côte-d'Or – **320** G6 – rattaché à Pouilly-en-Auxois

CHAINTRÉ – 71 Saône-et-Loire – **320** I12 – 519 h. – alt. 284 m – ✉ 71570   **8** C3
▶ Paris 397 – Bourg-en-Bresse 45 – Lyon 70 – Mâcon 10

La Table de Chaintré (Sébastien Grospellier)   & AC VISA ⬤⬤
– ℰ 03 85 32 90 95 – *www.latabledechaintre.com*
– Fermé 16 août-2 sept., 2-18 janv., dim. soir, lundi et mardi sauf fériés
Rest – *(nombre de couverts limité, prévenir)* Menu 38 € (déj. en sem.)/52 €
Spéc. Saint-Jacques d'Erquy sur velouté de châtaigne à la vanille (oct. à mars). Lièvre à la royale (saison). Crème brûlée à la praline rose. **Vins** Mâcon-Chaintré, Morgon.
◆ Accueil tout sourire dans cette élégante table, au cœur du vignoble de Pouilly-Fuissé. Délicieux menu dégustation (produits du marché) et vins des meilleurs vignerons français.

LA CHAISE-DIEU – 43 Haute-Loire – **331** E2 – 801 h. – alt. 1 080 m   **6** C3
– ✉ 43160 ▮ Auvergne
▶ Paris 503 – Ambert 29 – Brioude 35 – Issoire 59
▮ Place de la Mairie ℰ 04 71 00 01 16
◉ Église abbatiale St-Robert★★ : tapisseries★★★.

L'Écho et l'Abbaye avec ch ⚘   🔥 ⚘ 🛰 VISA ⬤⬤ AE
pl. Écho – ℰ 04 71 00 00 45 – Ouvert 3 avril-8 nov. et fermé merc. sauf juil.-août
10 ch – †44 € ††49/78 € – ☐ 8,50 € – ½ P 59 €
Rest – *(nombre de couverts limité, prévenir)* (18 €) Menu 28/38 € – Carte 29/52 €
◆ Tables joliment dressées, cuisine traditionnelle réalisée par le chef-patron, carte des vins étoffée... et clientèle V.I.P. lors du festival de musique. Hôtel néorustique au sobre confort. Création récente de deux chambres d'hôtes.

CHALEZEULE – 25 Doubs – **321** G3 – rattaché à Besançon

CHALLANGES – 21 Côte-d'Or – **320** J7 – rattaché à Beaune

CHALLANS – 85 Vendée – **316** E6 – 17 676 h. – alt. 8 m – ✉ 85300   **34** A3
▮ Poitou Vendée Charentes
▶ Paris 436 – Cholet 84 – Nantes 58 – La Roche-sur-Yon 42
▮ place de l'Europe ℰ 02 51 93 19 75
Plan page suivante

De l'Antiquité sans rest   ⛵ ⚘ 🛰 VISA ⬤⬤ AE ⓪
14 r. Galliéni – ℰ 02 51 68 02 84 – *www.hotelantiquite.com*   **B**a
20 ch – †55/140 € ††60/150 € – ☐ 9 €
◆ Maison récente de style vendéen. Le mobilier chiné chez les antiquaires personnalise les jolies chambres, toutes tournées vers la cour ; celles de l'annexe sont très soignées.

à la Garnache 6,5 km par ① – 4 202 h. – alt. 28 m – ✉ 85710

Le Petit St-Thomas   AC VISA ⬤⬤
25 r. de Lattre-de-Tassigny – ℰ 02 51 49 05 99 – *www.restaurant-petit-st-thomas.com*
– Fermé 20 juin-12 juil., 2-27 janv., dim. soir, merc. soir et lundi
Rest – (18 €) Menu 25 € (sem.), 31/63 € – Carte 45/60 €
◆ Dans cette petite maison vendéenne, le chef concocte une cuisine soignée, au gré du marché... Jolie véranda donnant sur une courette fleurie et expositions d'artistes locaux.

CHALLANS

Baudry (R. P.) . . . . **A**
Bazin (Bd R.) . . . . **A**
Biochaud (Av.) . . . . **B**
Bois de Céné (R. de) . . . **A** 2
Bonne Fontaine (R.) . . . **B**
Briand (Pl. A.) . . . . **A** 3
Calmette (R.) . . . . **A**
Carnot (R.) . . . . **A**
Champ de Foire (Pl. du) . **B** 4
Cholet (R. de) . . . . **B** 5
Clemenceau (Bd) . . . . . **A**
Dodin (Bd L.) . . . . **B**
F.F.I. (Bd des) . . . . **A** 6
Gambetta (R.) . . . . **B**
Gare (Bd de la) . . . . . . **B**
Gaulle (Pl. du Gén.de) . **A** 7
Guérin (Bd) . . . . **B**
Leclerc (R. du Général) . **A** 8
Lézardière (R. P. de) . . . **A** 10
Lorraine (R. de) . . . . . . **A** 12
Marzelles (R. des) . . . . **B** 13
Monnier (R. P.) . . . . . . **A** 15
Nantes (R. de) . . . . . . **AB**
Roche-sur-Yon (R. de la) **B** 16
Sables (R. des) . . . . . . **B** 17
Strasbourg (Bd de) . . . **A**
Viaud Grand Marais (Bd) **B**
Yole (Bd J.) . . . . **AB**

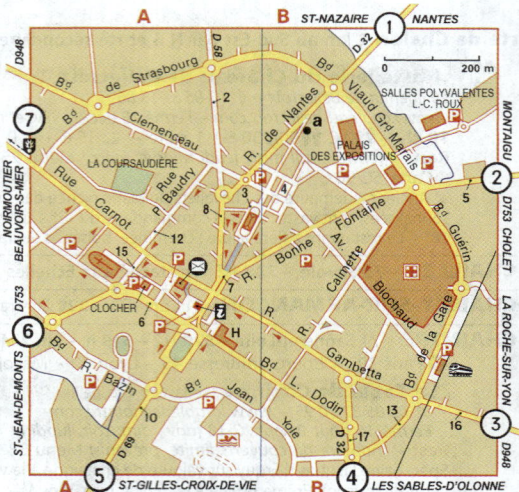

rte de St-Gilles-Croix-de-Vie par ⑤ – ✉ 85300 Challans

Château de la Vérie ⬧ 🔅 🍴 ⤢ ※ 🅿 VISA 🌐 ①
rte de Soullans, 2,5 km sur D 69 – ℰ 02 51 35 33 44
– www.chateau-de-la-verie.com
21 ch – †75/168 € ††75/168 € – ⊑ 15 € – ½ P 84/130 €
Rest – *(fermé 17 oct.-7 nov., 19-26 déc., 20 fév.-14 mars, dim. soir, mardi midi et lundi)* (17 € bc) Menu 29/49 € – Carte 34/54 €

♦ Château du 16ᵉ s. classé monument historique et son beau parc entre rivière et marais. Spacieuses chambres au grand calme garnies de meubles de style ou d'origine. Boiseries et cheminées anciennes appuient le caractère intime des salles à manger ; cuisine actuelle.

CHALLES-LES-EAUX – 73 Savoie – **333** I4 – rattaché à Chambéry

CHÂLONS-EN-CHAMPAGNE 🅿 – 51 Marne – **306** I9 – 46 184 h. **13 B2**
– alt. 83 m – ✉ 51000 🟩 Champagne Ardenne

▶ Paris 188 – Dijon 259 – Metz 157 – Nancy 162

🔲 3, quai des Arts ℰ 03 26 65 17 89

🔲 de la Grande-Romanie à Courtisols Route Départementale 994, par rte de Verdun : 15 km, ℰ 03 26 66 65 97

◻ Cathédrale St-Étienne★★ - Église N.-D.-en-Vaux★ : intérieur★★ **F**
- Statues-colonnes★★ du musée du cloître de N.-D.-en-Vaux★ AY **M¹**.

◻ Basilique N.-D.-de-l'Épine★★.

D'Angleterre (Jacky Michel) 🔲🔲 🆔 🔲 🅿 🔲 VISA 🌐 🆎 ①
19 pl. Mgr Tissier – ℰ 03 26 68 21 51 – www.hotel-dangleterre.fr
– Fermé 24 juil.-16 août, vacances de Noël, dim. et fériés **BYg**
25 ch – †85/150 € ††95/200 € – ⊑ 16 €
Rest Jacky Michel – *(fermé lundi midi, sam. midi, dim. et fériés)* Menu 35 € (déj.), 57/78 € – Carte 62/98 €
Spéc. Langoustines rôties aux légumes de saison, tomates à la citronnelle (mai à sept.). Canard sauvage cuit rosé au ratafia et aux poires (sept. à janv.). Soufflé chaud au chocolat. **Vins** Champagne, Coteaux Champenois.
Rest Les Temps changent – 1 r. Garinet, ℰ 03 26 66 41 09 *(fermé lundi midi, sam. midi, dim. et fériés)* (19 €) Menu 25 € – Carte 30/45 €

♦ Chambres très confortables et, parfois décorées dans un chaleureux esprit chalet. Agréables salles de bains en marbre. Cuisine classique, réalisée dans les règles de l'art, à la table de Jacky Michel. Côté brasserie : menu du jour et plats de saison.

CHÂLONS-EN-CHAMPAGNE

Arche-de-Mauvillain (Pt de l') . . **BZ** 2
Bourgeois (R. Léon) . . . . **ABY**
Brossolette (Av. Pierre) . . . . **X** 4
Chastillon (R. de) . . . . **ABZ** 6
Croix-des-Teinturiers (R.) . . . . . **AZ** 9
Dr-Pellier (R. du) . . . . **X** 11
Flocmagny (R. du) . . . . **BY** 12
Foch (Pl. du Maréchal) . . . . . . **AY** 13
Gantelet (Rue du) . . . . **AY** 14
Gaulle
  (Av. du Gén. Charles-de) . . **BZ** 15
Godart (Pl.) . . . . **AY** 17
Jacquiert (R. Clovis) . . . . **X** 18
Jeanne-d'Arc (Av.) . . . . **X** 21
Jean-Jaurès (R.) . . . . **AZ** 20
Jessaint (R. de) . . . . **AY** 22
Libération (Pl. de la) . . . . **AZ** 24
Mariniers (Pt des) . . . . **AY** 26
Marne (R. de la) . . . . **AY**
Martyrs-de-la-Résistance
  (R. des) . . . . **BY** 29
Orfeuil (R. d') . . . . **AZ** 31
Ormesson (Cours d') . . . . **AZ** 32
Prieur-de-la-Marne (R.) . . . . . . **BY** 36
Récamier (R. Juliette) . . . . **AZ** 38
République (Pl. de la) . . . . **AZ** 39
Roosevelt (Av. du Prés.) . . . . . . **X** 41
Simon (Av. Jacques) . . . . **X** 45
Vaux (R. de) . . . . **X** 47
Vieilles-Postes (R. des) . . . . . . **X** 48
Vinetz (R. de) . . . . **BZ** 49
Viviers (Pt des) . . . . **AY** 50

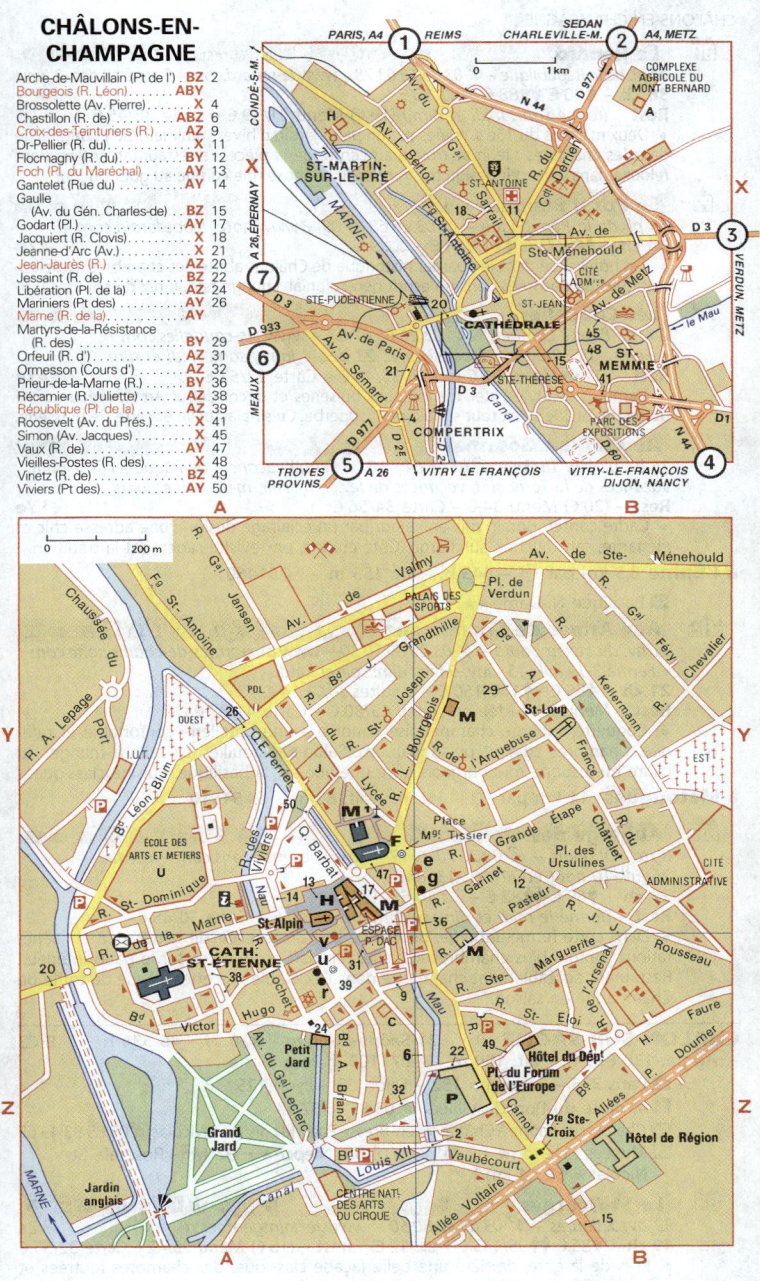

🏨 **Le Renard** 🛗 ⅗ 🅰️🄲 rest. 🎙️ 🕍 🅿️ 🆅🅸🆂🅰 ⊙⊙ 🄰🄴 ①
24 pl. de la République – 𝒞 *03 26 68 03 78 – www.le-renard.com – Fermé 17 déc.-3 janv.*
38 ch – †80 € **††**88 € – � 10 € AZ**r**
Rest *– (fermé sam. midi et dim.)* (19 €) Menu 21/39 € – Carte 38/45 €
◆ Deux maisons du 15e s. reliées par un patio-jardin d'hiver. Minimalisme et originalité dans les chambres : le lit se trouve au centre de la pièce. Le restaurant, entièrement relooké dans un esprit design très tendance, propose une cuisine au goût du jour.

🏨 **Le Pot d'Étain** sans rest 🛗 🎙️ 🆅🅸🆂🅰 ⊙⊙ 🄰🄴
18 pl. de la République – 𝒞 *03 26 68 09 09 – www.hotel-lepotdetain.com*
30 ch – †68/71 € **††**73/84 € – ⊂ 9 € AZ**u**
◆ Cet hôtel situé dans le quartier historique de Châlons abrite des chambres actuelles, rustiques ou décorées dans un esprit néo-colonial. Lounge bar au rez-de-chaussée.

✗✗ **Les Caudalies** 🌳 🅰️🄲 ⅗ ⬦ 🆅🅸🆂🅰 ⊙⊙ 🄰🄴
2 r. de l'Abbé-Lambert – 𝒞 *03 26 65 07 87 – www.les-caudalies.com
– Fermé 15-30 août, 23 oct.-2 nov., 23 déc.-4 janv., sam. midi et dim.*
Rest *– (17 €)* Menu 22 € (sem.), 35/45 € – Carte 22/52 € AY**v**
◆ Verrières de style Eiffel, magnifiques boiseries et décor début Art nouveau : cette demeure du 19e s. est tout simplement superbe. Cuisine actuelle et carte de brasserie.

✗✗ **Au Carillon Gourmand** 🅰️🄲 🆅🅸🆂🅰 ⊙⊙
15 bis pl. Mgr Tissier – 𝒞 *03 26 64 45 07 – Fermé vacances de Pâques, 1ᵉʳ-22 août, vacances de la Toussaint, vacances de fév., dim. soir, merc. soir et lundi*
Rest *– (20 €)* Menu 34 € – Carte 34/56 € BY**e**
◆ Cadre contemporain mis en valeur par un éclairage design : une adresse chic et élégante, sans aucune surcharge. Côté cuisine, on revisite sagement la tradition.

à l'Épine 8,5 km par ③ – 645 h. – alt. 153 m – ⊠ 51460

🄾 Basilique N.-Dame★★.

🏨🏨 **Aux Armes de Champagne** 🚗 ✗ 🅰️🄲 rest. 🎙️ 🕍 🅿️ 🆅🅸🆂🅰 ⊙⊙ 🄰🄴
31 av. du Luxembourg – 𝒞 *03 26 69 30 30 – www.aux-armes-de-champagne.com
– Fermé 3-19 juil., 15 janv.-9 fév., dim. soir et lundi*
21 ch – †85 € **††**100/150 € – 2 suites – ⊂ 14 €
Rest *–* Menu 25 € (déj. en sem.), 45/80 € – Carte 41/87 €🍷
◆ Coquette auberge champenoise couplée à une hôtellerie confortable et raffinée. Chambres cosy et personnalisées. Salon-bar douillet. La salle à manger au cadre mi-rustique mi-bourgeois offre une vue sur la basilique. Cuisine classique.

à Matougues 11 km par ⑦ – 645 h. – alt. 82 m – ⊠ 51510

🏨 **Auberge des Moissons** ⌖ 🚗 ➳ ⅗ 🅰️ rest. 🎙️ 🕍 🅿️ 🆅🅸🆂🅰 ⊙⊙ 🄰🄴
8 rte Nationale – 𝒞 *03 26 70 99 17 – www.des-moissons.com – Fermé
26 juil.-10 août et 22 déc.-13 janv.*
27 ch – †69 € **††**82 € – ⊂ 10 € – ½ P 72 €
Rest *– (fermé le midi et dim. soir)* Menu 23/40 € – Carte 30/45 €
◆ Dans cette ferme-auberge, on cultive l'art de recevoir de génération en génération. Confortables chambres actuelles, en parties ouvertes sur le patio intérieur. Restaurant agréablement champêtre dans l'ex-étable ; recettes à base de truffe de Champagne en saison.

CHALON-SUR-SAÔNE ⬟ – 71 Saône-et-Loire – **320** J9 – 46 534 h. **8** C3
– Agglo. 130 825 h. – alt. 180 m – ⊠ 71100 ▯ Bourgogne
▣ Paris 335 – Besançon 132 – Dijon 68 – Lyon 125
🆔 4, place du Port de Villiers 𝒞 03 85 48 37 97
📷ı₈ Chalon-sur-Saône à Châtenoy-en-Bresse Parc de Loisirs St-Nicolas, 𝒞03 85 93 49 65
🄾 Musées : Denon★ BZ **M**¹, Nicéphore Niepce★★ BZ **M**² - Roseraie St-Nicolas★ SE : 4 km X.

🏨 **Le St-Georges** 🛗 🅰️🄲 🎙️ 🕍 🅿️ 🚗 🆅🅸🆂🅰 ⊙⊙ 🄰🄴 ①
32 av. J. Jaurès – 𝒞 *03 85 90 80 50 – www.le-saintgeorges.fr* AZ**s**
49 ch – †86 € **††**95/145 € – ⊂ 12 € **Rest** *– (16 €)* Menu 25/42 € Carte 32/55 €
◆ Près de la gare, derrière une belle façade classique, des chambres feutrées et contemporaines, après une complète rénovation en 2010. Au restaurant, cuisine traditionnelle estampillée "by Georges Blanc".

CHALON-SUR-SAÔNE

Arnal (R. R.)	**X**	2
Banque (R. de la)	**BZ**	3
Blum (Av. L.)	**X**	4
Châtelet (Pl. du)	**BZ**	5
Châtelet (R. du)	**CZ**	6
Citadelle (R. de la)	**BY**	7
Coubertin (R. P. de)	**X**	8
Couturier (R. Ph.-L.)	**BZ**	9
Duhesme (R. du Gén.)	**AY**	12
Europe (Av. de l')	**X**	14
Evêché (R. de l')	**CZ**	15
Fèvres (R. aux)	**CZ**	16
Gaulle (Pl. Gén.-de)	**BZ**	17
Hôtel-de-Ville (Pl. de l')	**BZ**	19
Grande-R.	**BZ**	18
Lardy (Av. P.)	**X**	20
Leclerc (R. Gén.)	**BZ**	
Lyon (R. de)	**BZ**	21
Mac-Orlan (R. P.)	**X**	22
Messiaen (R. O.)	**AZ**	24
Nugues (Av. P.)	**X**	25
Obélisque (Pl. de l')	**BY**	27
Pasteur (R.)		28
Poilus-d'Orient (R.)	**X**	29
Poissonnerie (R. de la)	**CZ**	31
Pompidou (Av. G.)	**AZ**	32
Pont (R. du)	**CZ**	35
Porte-de-Lyon (R.)	**BZ**	36
Port-Villiers (R. du)	**BZ**	37
Poterne (Q. de la)	**CZ**	38
Pretet (R. René)	**AZ**	40
République (Bd)	**ABZ**	42
Ste-Marie (Prom.)	**CZ**	47
St-Georges (R.)	**X**	45
St-Vincent (Pl. et R.)	**CZ**	46
Strasbourg (R. de)	**CZ**	48
Thénard (R. L.-J.)	**X**	49
Trémouille (R. de la)	**BCY**	51
8-Mai-1945 (Av.)	**X**	52
56e-R.I. (R. du)	**X**	54
134e-R.I. (R. du)	**X**	58

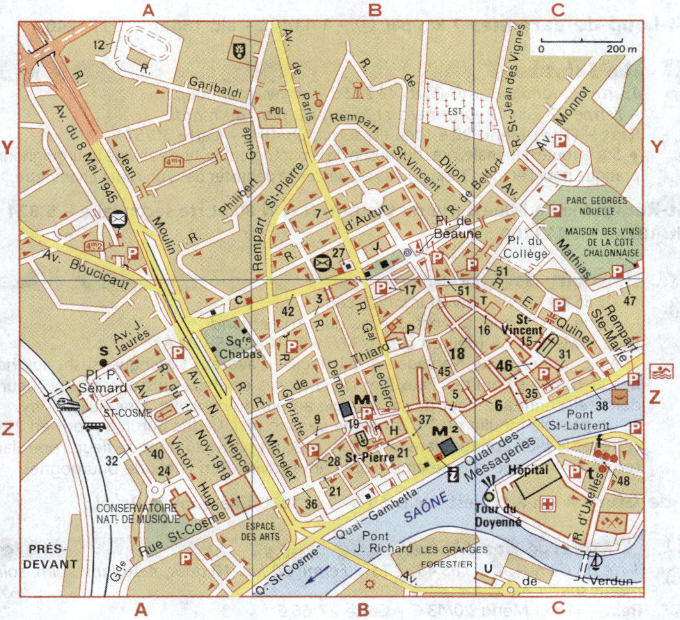

XX Le Bourgogne   🛢 AC ⇔ VISA ◎ AE ①

28 r. Strasbourg – ℰ 03 85 48 89 18 – www.restau-lebourgogne-chalon.fr
– Fermé 26 avril-4 mai, 4-20 juil., 8-16 nov., 25-30 déc., sam. midi, dim. soir et lundi
Rest – (16 €) Menu 18/48 € – Carte 45/70 €   CZ**t**
• Le haut plafond aux poutres apparentes et le mobilier d'inspiration Louis XIII de la salle à manger affirment le cadre "rustico-bourguignon" du restaurant. Carte traditionnelle.

X Le Bistrot   & AC ⇔ VISA ◎

31 r. de Strasbourg – ℰ 03 85 93 22 01 – Fermé 1er-21 août, vacances de fév., sam. et dim.   CZ**f**
Rest – Menu 28 € (déj.)/39 € – Carte 41/55 €
• Agréable bistrot tout de rouge vêtu (boiseries, banquettes, lustres...). Au sous-sol, le salon voûté donne sur la cave vitrée. Cuisine actuelle avec légumes du jardin et beaux bourgognes.

X Chez Jules   AC VISA ◎

11 r. de Strasbourg – ℰ 03 85 48 08 34 – Fermé 25 juil.-7 août, vacances de fév., sam. midi et dim.   CZ**f**
Rest – Menu 19 € (sem.)/36 € – Carte 29/44 €
• Sur l'île St-Laurent, étroite façade vitrée laissant découvrir une salle au cadre agreste et simple. Dans l'assiette : tradition, suggestions du jour et grand choix de desserts.

X La Table de Fanny   AC VISA ◎ AE

21 r. de Strasbourg – ℰ 03 85 48 23 11 – Fermé 5-21 sept., 23 déc.-4 janv., lundi midi, sam. midi et dim.   CZ**f**
Rest – Menu 19/32 € – Carte 19/32 €
• Des intitulés ludiques et une cuisine pleine d'inventivité, voici le secret de cette table tendance qui offre un joli décor (chaises en osier, murs en briques et colombages).

à St-Loup-de-Varennes 7 km par ③ – 1 114 h. – alt. 186 m – ⊠ 71240

XX Le Saint Loup   AC P VISA ◎

13 rte Nationale 6 – ℰ 03 85 44 21 58 – www.lesaintloup.fr
– Fermé 27 juin-12 juil., merc. et le soir du dim. au mardi
Rest – (18 €) Menu 20 € (déj. en sem.), 28/48 € – Carte 30/57 €
• Sur la route nationale, près du musée de la photographie, une auberge bourguignonne pratique pour l'étape. Cuisine du terroir sincère à déguster dans un cadre champêtre.

à St-Rémy 4 km à l'Ouest (rte du Creusot) N 6, N 80 et rte secondaire – 5 824 h. – alt. 187 m – ⊠ 71100

XXX L'Amaryllis (Cédric Burtin)   🛢 AC P VISA ◎ AE

ℰ 03 85 48 12 98 – www.lamaryllis.com
– Fermé 1er-15 août, 24 oct.-3 nov., dim. soir et lundi   X**k**
Rest – Menu 27 € (déj. en sem.), 37/79 € – Carte 58/83 €
Spéc. Crabe royal de Norvège en millefeuille d'avocat et mangue, sushi aux herbes et tomates confites. Faux-filet de charolais en deux cuissons, rôti au beurre demi-sel, confit à la fleur de sel. Trilogie autour du chocolat. **Vins** Rully, Givry.
• Un paisible moulin du 19e s. baigné par son bief. Cédric Burtin a repris en 2010 cette table bien connue dans la région, avec un nouveau nom de fleur... pour laisser s'épanouir une cuisine empreinte d'inventivité. Bon choix de bourgognes.

rte de Givry 4 km à l'Ouest sur D 69 – ⊠ 71880 Châtenoy-le-Royal :

XX L'Auberge des Alouettes   AC VISA ◎

1 rte de Givry – ℰ 03 85 48 32 15 – Fermé 20 juil.-10 août, 4-18 janv., dim. soir, mardi soir et merc.   X**e**
Rest – (16 €) Menu 20/43 € – Carte 27/66 €
• Atmosphère chaleureuse dans cette auberge bordant une artère fréquentée. Attablez-vous près de l'élégante cheminée en pierre pour déguster les suggestions du jour.

à Dracy-le-Fort 6 km par ⑥ et D 978 – 1 321 h. – alt. 180 m – ⊠ 71640

Le Dracy 🕭   🍴 🖨 🏊 ᵴ 📶 ⛱ 🄿 VISA ⓐ ⓐ
4 r. du Pressoir – 𝒞 03 85 87 81 81 – www.ledracy.com
47 ch – ♦80/130 € ♦♦80/130 € – ⊑ 12 € – ½ P 79/105 €
Rest *La Garenne* – Menu 18 € (déj. en sem.), 28/48 € – Carte 44/59 €
◆ Pour un séjour au vert placé sous le signe de la détente : chambres rénovées dans un style cosy et dotées de terrasses privatives côté jardin. Belle piscine. Cuisine traditionnelle servie dans une salle à manger contemporaine ou en terrasse.

à Sassenay 9 km au Nord-Est par D 5, rte de Seurre – 1 476 h. – alt. 178 m – ⊠ 71530

✕✕ **Le Magny**   🄰🄲 VISA ⓐ
29 Grande-Rue – 𝒞 03 85 91 61 58 – www.lemagny.com – Fermé 4-11 mai,
27 juil.-13 août, 4-11 janv., mardi soir et lundi
Rest – (14 €) Menu 22/36 € – Carte 26/61 €
◆ Avec sa façade jaune aux volets verts et son intérieur campagnard (armoires
bressannes, parquet, cheminée), cette auberge de village offre un cadre chaleureux. Cuisine régionale.

CHAMAGNE – 88 Vosges – **314** F2 – **rattaché à Charmes**

CHAMALIÈRES – 63 Puy-de-Dôme – **326** F8 – **rattaché à Clermont-Ferrand**

CHAMARANDES – 52 Haute-Marne – **313** K5 – **rattaché à Chaumont**

CHAMBERET – 19 Corrèze – **329** L2 – 1 319 h. – alt. 450 m – ⊠ 19370   **25** C2
▶ Paris 453 – Guéret 84 – Limoges 66 – Tulle 45
🄸 5, place du Marché 𝒞 05 55 98 30 12
🄶 Mont Gargan ❊❊ ★★ NO : 9 km 📗 Limousin Berry

🏠 **De France**   🄰🄲 rest, 📶 🄿 VISA ⓐ
– 𝒞 05 55 98 30 14 – Fermé 23 déc.-30 janv.
15 ch – ♦42/52 € ♦♦42/52 € – ⊑ 8 € – ½ P 59 €   **Rest** – *(fermé vend. soir et*
dim. soir de sept. à mai) Menu 13 € (déj. en sem.), 21/35 € – Carte 21/47 €
◆ Ambiance familiale dans une pimpante maison de pierre proposant des petites
chambres correctement équipées. Café-comptoir pour la clientèle locale. Restaurant plaisamment campagnard (vieux meubles et fresques de paysages corré-
ziens) et cuisine traditionnelle régionale.

CHAMBÉRY 🄿 – 73 Savoie – **333** I4 – 57 543 h. – **Agglo. 113 457 h.**   **46** F2
– alt. 270 m – Casino : à Challes-les-Eaux – ⊠ 73000 📗 Alpes du Nord
▶ Paris 562 – Annecy 50 – Grenoble 55 – Lyon 101
🛫 de Chambéry-Aix-les-Bains : 𝒞 04 79 54 49 54, à Viviers-du-Lac 8 km par ④.
🄸 5 bis place Palais de Justice 𝒞 04 79 33 42 47
🄶 du Granier Apremont à Apremont Chemin de Fontaine Rouge, SE : 8 km
par D 201, 𝒞 04 79 28 21 26
👁 Vieille ville★★ : Château★, place St-Léger★, grilles★ de l'hôtel de
Châteauneuf (n° 18 rue de la Croix-d'Or) - Crypte★ de l'église St-Pierre-de-
Lémenc - Rue Basse-du-Château★ - Cathédrale métropolitaine St-François-
de-Sales★ - Musée Savoisien★ **M¹** - Musée des Beaux-Arts★ **M²**.

Plan page suivante

🏨 **Mercure** sans rest   🖨 ᵴ 🄰🄲 📶 🚗 VISA ⓐ ⓐ ⓐ
183 pl. de la Gare – 𝒞 04 79 62 10 11 – www.mercure.com   **A**s
81 ch – ♦79/209 € ♦♦89/219 € – ⊑ 17 €
◆ Face à la gare, architecture résolument moderne (verre et béton). Plaisant hall
d'accueil, salon-bar contemporain, chambres spacieuses et bien insonorisées.

🏨 **Des Princes** sans rest   🖨 📶 ᵴ🄰 VISA ⓐ ⓐ ⓐ
4 r. de Boigne – 𝒞 04 79 33 45 36 – www.hoteldesprinces.eu   **B**r
45 ch – ♦80 € ♦♦95 € – ⊑ 9 €
◆ Près de la fontaine des Éléphants, un charmant hôtel dont la décoration se
veut royale : portraits de la grande famille de Savoie, chambres thématiques sur
le thème du voyage.

CHAMBÉRY

Allobroges (Q. des) . . . . **A** 2
Banque (R. de la) . . . . **B** 3
Basse-du-Château (R.) . . . . . **A** 4
Bernardines (Av. des) . . . . . **A** 6
Boigne (R. de) . . . . **B**
Borrel (Q. du Sénateur A.) . . **B** 7
Charvet (R. F.) . . . . **B** 9
Château (Pl. du) . . . . **A** 10
Colonne (Bd de la) . . . . . . **B** 12

Ducis (R.) . . . . **B** 13
Ducs-de-Savoie (Av. des) . . **B** 14
Europe (Espl. de l') . . . . . . **B** 16
Freizier (R.) . . . . **AB** 17
Gaulle (Av. Gén.-de) . . . . . **B** 18
Italie (R. d') . . . . **B** 20
Jean-Jaurès (Av.) . . . . **A** 21
Jeu-de-Paume (Q. du) . . . . **A** 23
Lans (R. de) . . . . **A** 24
Libération (Pl. de la) . . . . . **B** 25
Maché (Pl.) . . . . **B** 27

Maché (R. du Fg) . . . . **A** 28
Martin (R. Cl.) . . . . **B** 30
Métropole (Pl.) . . . . **B** 31
Michaud (R.) . . . . **B** 32
Mitterrand (Pl. F.) . . . . **B** 33
Musée (Bd du) . . . . **AB** 34
Ravet (Q. Ch.) . . . . **B** 35
St-François (R.) . . . . **B** 38
St-Léger (Pl.) . . . . **B**
St-Antoine (R.) . . . . **A** 36
Théâtre (Pl. du) . . . . **B** 39
Vert (Av. du Comte) . . . . . **A** 40

🍴 **Brasserie Le Z**　　　　　　　　　　 AC 🔄 VISA ⦿

12 av. des Ducs de Savoie – 𝒞 04 79 85 96 87 – www.zorelle.fr　　**Bz**

Rest – (13 €) Menu 28 € (dîner) – Carte 25/40 €

◆ Cadre contemporain, vue sur les cuisines, cave vitrée à flanc de rocher, carte inter-nationale et banc d'écailler... Une brasserie dans l'air du temps, très prisée en ville.

🍴 **L'Atelier**　　　　　　　　　　　　 🛋 🍽 VISA ⦿

59 r. de la République – 𝒞 04 79 70 62 39 – www.atelier-chambery.com – Fermé 29 août-12 sept., dim. et lundi　　**Bt**

Rest – (17 €) Menu 20 € (déj.)/39 €

◆ L'atmosphère de ce relais de poste converti en restaurant façon bistrot – comptoir et ardoises dans l'une des trois salles à manger – se veut branchée. Cuisine actuelle sans chichi.

à Sonnaz 8 km par ① sur D 991 – 1 257 h. – alt. 370 m – ✉ 73000

🍴🍴 **Auberge Le Régent**　　　　　　　 📠 🌿 🍽 **P** VISA ⦿

453 rte d'Aix-les-Bains – 𝒞 04 79 72 27 70 – Fermé 15 août-10 sept., dim. soir et merc.

Rest – (18 €) Menu 28/44 € – Carte 37/63 €

◆ Ce restaurant familial, ancienne ferme savoyarde (19e s.), abrite deux coquettes salles à manger rustiques. Délicieuse terrasse ombragée face au jardin. Cuisine traditionnelle.

à St-Alban-Leysse 4 km par ①, D 1006 et rte secondaire – 5 462 h. – alt. 285 m – ✉ 73230

⌂ **L'Or du Temps** ⚘ 🎿 ♿ 📶 🛁 P 🚗 VISA ⓐ AE
814 rte de Plainpalais – ℰ 04 79 85 51 28 – www.or-du-temps.com – Fermé 10-31 août et 1er-10 janv.
18 ch – ♦60 € ♦♦70 € – ⛶ 7 € – ½ P 55 €
Rest – (fermé sam. midi, dim. soir et lundi) Menu 24 € (déj. en sem.)/49 € – Carte 44/70 €
♦ Cette bâtisse régionale offre une vue splendide sur le massif des Bauges. Chambres simples, pour l'étape. Au restaurant, pierres apparentes, tons chauds et crème, terrasse ombragée : une atmosphère douce au service d'une appétissante cuisine d'aujourd'hui ...

à Barberaz 3 km par ① , N 201 (sortie 19 : La Ravoire) – 4 708 h. – alt. 315 m – ✉ 73000

🏨 **Altédia Lodge** 🎿 🕐 🍴 ♨ 🛁 ♿ AC 🍽 rest. 🕐 🛁 P VISA ⓐ AE ⓓ
61 r. de la République – ℰ 04 79 60 05 00 – www.hotel-altedia.com
34 ch – ♦88/130 € ♦♦88/130 € – 8 suites – ⛶ 13 €
Rest La Maison Rouge – ℰ 04 79 60 07 00 (fermé 1er-15 août) (16 €)
Menu 19 € (déj.), 32/39 € – Carte 27/52 €
♦ Orange, vert, rouge, gris souris, cet hôtel voit la vie en couleur... Fauteuils Louis XVI revisités par Starck, écrans plats, films à la demande et espace forme : un lieu jeune (beaucoup d'événementiel). À la Maison Rouge, carte brasserie.

Altédia Hôtel 🏨 ♿ AC 📶 P VISA ⓐ AE ⓓ
41 ch – ♦45/75 € ♦♦45/75 € – ⛶ 8 €
♦ L'annexe dispose de chambres familiales. Petit-déjeuner sous forme de buffet.

à Challes-les-Eaux 7 km par ②par D 1006 et rte secondaire – 4 829 h. – alt. 310 m – ✉ 73190

🇮 avenue de Chambéry ℰ 04 79 72 86 19

🏨 **Château des Comtes de Challes** ⚘ 🍴 🏊 🍴 📶 🛁 P P
247 montée du Château – ℰ 04 79 72 72 72   VISA ⓐ
– www.chateaudescomtesdechalles.com – Fermé 24 oct.-14 nov.
54 ch – ♦65 € ♦♦85/89 € – 4 suites – ⛶ 12 € – ½ P 98 €
Rest – (26 €) Menu 40/55 € – Carte 64/78 €
♦ Grand parc, arbres centenaires, chapelle et chambres raffinées (ciels de lit et baldaquins dans certaines)... un élégant château du 15e s. à l'atmosphère romantique. Salles à manger cossues ; cheminée de 1650 trônant dans l'une d'elles. Cuisine classique.

à Chambéry-le-Vieux 5 km par ③ par N 201 et rte secondaire (sortie Chambéry-le-Haut) – ✉ 73000

🏨 **Château de Candie** ⚘ 🍴 🏊 🍴 🍽 rest. 🛁 P VISA ⓐ AE
r. du Bois-de-Candie – ℰ 04 79 96 63 00 – www.chateaudecandie.com
23 ch – ♦160/260 € ♦♦160/260 € – 5 suites – ⛶ 20 € – ½ P 132/182 €
Rest – (fermé mardi midi, dim. soir et lundi) (32 €) Menu 56/72 € – Carte 67/105 € 🍴
♦ Cette maison forte, bâtie au 14e s. par des Croisés, domine la vallée. Chambres cosy alliant styles ancien et contemporain ; superbe suite avec jacuzzi dans la tour. Élégantes salles à manger et agréable terrasse.

CHAMBOLLE-MUSIGNY – 21 Côte-d'Or – **320** J6 – 308 h. – 8 D1 alt. 280 m – ✉ 21220

▶ Paris 326 – Beaune 28 – Dijon 17

🏨 **Château André Ziltener** sans rest ⚘ 📶 🛁 P 🚗 VISA ⓐ AE ⓓ
r. de la Fontaine – ℰ 03 80 62 41 62 – www.chateau-ziltener.com – Fermé 6 déc.-6 mars
8 ch – ♦220/250 € ♦♦220/250 € – 2 suites – ⛶ 18 €
♦ Cette demeure du 18e s. vous invite à partager le luxe discret de ses spacieuses chambres de style Louis XV, mariage réussi de l'ancien et du moderne. Petit musée du vin.

✗✗ Le Millésime   🕭 ⇔ VISA ⦿ AE

1 r. Traversière – 𝒞 03 80 62 80 37 – Fermé 1er-15 janv., dim. soir, mardi midi et lundi
Rest – (18 €) Menu 26/41 € – Carte 34/59 €

◆ Au centre de ce village réputé pour sa production viticole, ancien bistrot repris par un jeune chef talentueux. Cuisine au goût du jour (prix raisonnables). Vins à emporter.

✗ Le Chamballe   🕭 VISA ⦿

28 r. Caroline-Aigle – 𝒞 03 80 62 86 26 – www.restaurant-lechamballe.com
– Fermé 20 déc.-4 fév., dim. soir de déc. à mars, merc. et jeudi
Rest – (nombre de couverts limité, prévenir) Menu 23/45 € – Carte 35/60 €

◆ Dans cette salle à manger chaleureuse et rustique (imposante cheminée), on s'attable pour goûter des plats de terroir très savoureux. Accueil tout sourire.

CHAMBON-LA-FORÊT – 45 Loiret – 318 K3 – 709 h. – alt. 117 m   12 C2
– ✉ 45340

▶ Paris 96 – Châteauneuf-sur-Loire 26 – Montargis 43 – Orléans 43

✗✗ Auberge de la Rive du Bois   🚗 🏠 ⇔ P VISA ⦿ AE

11 r. de la Rive du Bois, 1 km au Nord par rte de Pithiviers – 𝒞 02 38 32 28 44
– www.auberge-rivedubois.com – Fermé 4-23 août, 20 déc.-3 janv., lundi soir,
mardi soir et merc.
Rest – Menu 16 € (sem.)/48 € – Carte 29/57 €

◆ Dans un paisible hameau, sympathique auberge propice aux repas de famille et d'affaires : salles à manger champêtres, terrasse fleurie et véranda. Cuisine traditionnelle.

LE CHAMBON-SUR-LIGNON – 43 Haute-Loire – 331 H3 – 2 661 h.   6 D3
– alt. 967 m – ✉ 43400 ❙ Lyon Drôme Ardèche

▶ Paris 573 – Annonay 48 – Lamastre 32 – Privas 75
🛈 2, route de Tence 𝒞 04 71 59 71 56
🖽 du Chambon-sur-Lignon La Pierre de la Lune, SE : 5 km par D 103,
   𝒞 04 71 59 28 10

🏠 Bel Horizon   ≤ 🚗 🏠 ⅃ ℔ 🕭 ch, ℁ rest, ⁗ 🛁 P VISA ⦿ AE ⓞ

chemin de Molle – 𝒞 04 71 59 74 39 – www.belhorizon.fr – Fermé 2-24 janv.,
lundi (sauf hôtel) et dim. soir du 1er oct. au 30 avril
30 ch – †60/108 € ††60/108 € – ☲ 10 € – ½ P 76/90 €
Rest – (15 €) Menu 18/36 € – Carte 30/50 €

◆ Ambiance décontractée dans cet hôtel axé détente et loisirs (centre de remise en forme complet). Dix nouvelles chambres, au décor contemporain, réparties dans de confortables chalets. Restaurant aux tons ensoleillés et terrasse face au jardin ; carte classique.

au Sud 3 km par D 151, rte de la Suchère et rte secondaire – ✉ 43400 Chambon-sur-Lignon

🏠 Le Bois Vialotte   ≤ 🚗 ℁ rest, ⁗ 🛁 P VISA ⦿

rte de la Suchère – 𝒞 04 71 59 74 03 – www.leboisvialotte.com
– Ouvert 31 mai-1er oct.
17 ch – †57/70 € ††57/70 € – ☲ 10 € – ½ P 58/66 €
Rest – (dîner seult) (résidents seult) Menu 15/26 €

◆ Au calme en lisière de forêt, établissement familial proposant des chambres simples, rénovées ou plus désuètes mais toujours impeccablement tenues. Salle de restaurant au charme d'antan ; cuisine traditionnelle où tout est fait maison.

à l'Est 3,5 km par D 157 et D 185 – ✉ 43400 Chambon-sur-Lignon

🏠 Clair Matin   ≤ 🐬 🏠 ⅃ ℔ ℁ 🕭 ch, ℁ rest, ⁗ 🛁 P 🚗

Les Barandons – 𝒞 04 71 59 73 03
   VISA ⦿ AE ⓞ
– www.hotelclairmatin.com – Fermé 30 nov.-30 janv., lundi et mardi hors saison
25 ch – †55/70 € ††55/130 € – 2 suites – ☲ 12 € – ½ P 60/94 €
Rest – Menu 20/39 € – Carte 30/60 €

◆ Cet accueillant chalet dispose d'une vue étendue sur les Cévennes. Air pur garanti ! Chambres fonctionnelles et nombreux loisirs dans le parc (piscine, tennis, fitness). Style néorustique au restaurant ; cuisine traditionnelle avec une touche actuelle.

CHAMBOULIVE – 19 Corrèze – **329** L3 – 1 272 h. – alt. 429 m — 25 C3
– ⊠ 19450 ▮ Limousin Berry

▶ Paris 463 – Bourganeuf 80 – Brive-la-Gaillarde 43 – Seilhac 10
🛈 place de l'Église 🕿 05 55 21 47 60

🏠 **Deshors Foujanet** 〰 🚗 🗟 ⅏ 🎧 𝘝𝘐𝘚𝘈 ⚌ 𝘈𝘌
rte Treignac – 🕿 05 55 21 62 05 – www.deshors-foujanet.com – Fermé 1 sem.
en juin, 3 sem. en oct., 1 sem. en fév., dim. soir et lundi sauf juil.-août
22 ch – ♦52/55 € ♦♦60/65 € – ⊑ 8,50 € – ½ P 60/62 €
Rest – Menu 15/50 € bc – Carte 26/51 €
♦ Au cœur du village, une hostellerie familiale dont les chambres sont progressivement rénovées dans un esprit contemporain et fonctionnel. Jardin et agréable
piscine d'été. Ambiance rustique au restaurant où l'on sert une cuisine du terroir
corrézien.

CHAMBRETAUD – 85 Vendée – **316** K6 – 1 402 h. – alt. 214 m — 34 B3
– ⊠ 85500

▶ Paris 373 – Angers 85 – Bressuire 50 – Cholet 21

🏰 **Château du Boisniard** 〰 🔔 🗟 ⊕ 🍽 🕭 ch, 𝘈𝘊 ch, 𝘚⅏ 🎧 𝘴𝘢 🅿
– 🕿 02 51 67 50 01 – www.chateau-boisniard.com 𝘝𝘐𝘚𝘈 ⚌ 𝘈𝘌
– Fermé 1er-15 nov.
17 ch – ♦95/395 € ♦♦250/650 € – ⊑ 32 €
Rest – (fermé dim. soir du 30 sept. au 31 mars) Menu 28 € (déj.)/55 €
– Carte 48/55 €
♦ Non loin du Puy du Fou, château du 15e s. dans un parc avec étangs. Idéal
pour un séjour serein dans des chambres spacieuses au charme médiéval ;
celles du Manoir sont plus actuelles. Cuisine traditionnelle.

CHAMESOL – 25 Doubs – **321** K2 – 363 h. – alt. 730 m – ⊠ 25190 — 17 C2

▶ Paris 453 – Besançon 91 – Belfort 43 – Montbéliard 30

XXX **Mon Plaisir** (Christian Pilloud) 𝘈𝘊 𝘚⅏ 🅿 𝘝𝘐𝘚𝘈 ⚌ 𝘈𝘌 ⓞ
𝕮 22 lieu-dit Journal – 🕿 03 81 92 56 17 – Fermé 29 août-13 sept., 18-27 déc., dim.
soir, lundi et mardi sauf fériés le midi
Rest – Menu 38/80 € bc ⅏
Spéc. Foie gras revisité. Grenouilles fraîches de Franche-Comté (fin fév. à fin
mars). Assortiment de desserts. Vins Arbois.
♦ À l'entrée du village, cette accueillante maison de pays est tout entière dédiée
à votre plaisir : ambiance cosy (confortable salon, élégante salle à manger bourgeoise) et belle cuisine du chef, fine et harmonieuse.

CHAMONIX-MONT-BLANC – 74 Haute-Savoie – **328** O5 – 9 195 h. — 45 D1
– alt. 1 040 m – **Sports d'hiver** : 1 035/3 840 m 🚠 14 🚡 36 🎿 – **Casino** AY
– ⊠ 74400 ▮ Alpes du Nord

▶ Paris 610 – Albertville 65 – Annecy 97 – Aosta 57
Tunnel du Mont-Blanc : péage en 2010, aller simple : autos 35,10 €, auto et
caravane 46,40 €, camions 127,10 à 271,10 €, motos 23,20 €.
Renseignements ATMB 🕿 04 50 55 55 00 et 🕿 04 50 55 39 36.
🛈 85, place du Triangle de l'Amitié 🕿 04 50 53 00 24
🏌 de Chamonix à Les Praz-de-Chamonix 35 route du Golf, N : 3 km,
🕿 04 50 53 06 28
◪ E : Mer de glace★★★ et le Montenvers★★★ par chemin de fer à
crémaillère - SE : Aiguille du midi ❄★★★ par téléphérique (station
intermédiaire : plan de l'Aiguille★★) - NO : Le Brévent ❄★★★ par
téléphérique (station intermédiaire : Planpraz★★) - N : Col de Balme★★
(Alpages de Charamillon).

Plan page suivante

CHAMONIX-MONT-BLANC

Aiguille-du-Midi (Av.)	**AY** 2
Angeville (Rte H. d')	**AX** 3
Balmat (Pl. Jacques)	**AY** 5
Blanche (Rte)	**AY**
Bois-du-Bouchet (Av. du)	**AX** 6
Cachat-le-Géant (Av.)	**AX** 7
Courmayeur (Av. de)	**AY** 9
Cour (Pont de)	**AY** 8
Cristalliers (Ch. des)	**AX** 10
Croix-des-Moussoux (Montée)	**AZ** 12
Croz (Av. Michel)	**AY** 13
Devouassoux (Ch. F.)	**AY** 14
Gaillands (Rte des)	**AZ** 18
Gare (Pl. de la)	**AY** 20
Helbronner (R.)	**AY**
Lyret (R.)	**AY**
Majestic (Allée du)	**AY** 21
Mollard (Ch. de la)	**AX** 23
Mont-Blanc (Av. et Pl.)	**AX** 24
Moussoux (Rte des)	**AZ** 26
Mummery (R.)	**AX** 27
Nants (Rte des)	**AZ**
Paccard (R. du Dr)	**AY** 28
Pècles (Rte des)	**AZ** 29
Pèlerins (Rte des)	**AZ**
Plage (Av. de la)	**AX**
Ravanel-le-Rouge (Av.)	**AY** 31
Recteur-Payot (Allée)	**AXY** 32
Roumnaz (Rte de la)	**AZ** 33
Triangle-de-l'Amitié (Pl. du)	**AX** 34
Tunnel (Rte du)	**AX**
Vallot (R. J.J.)	**AX**
Whymper (R.)	**AX** 37

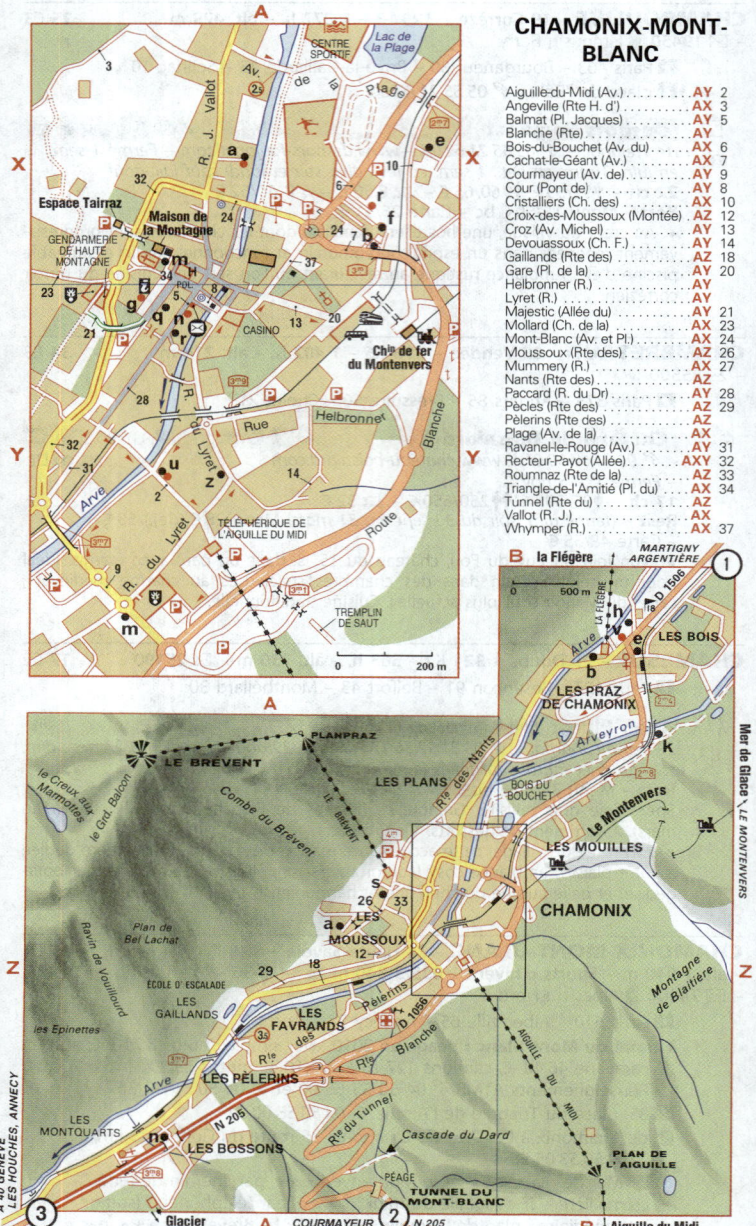

Hameau Albert 1er (Pierre Carrier et Pierre Maillet)

38 rte du Bouchet
– ℰ 04 50 53 05 09 – www.hameaualbert.fr – Fermé 8-26 mai et 30 oct.-1er déc.
32 ch – ♦140/540 € ♦♦140/540 € – 2 suites – ⊇ 21 €   AXf
Rest *La Maison Carrier* – voir ci-après
Rest – *(fermé 8-26 mai, 6 nov.- 1erdéc., mardi midi, jeudi midi et merc.)* (39 €)
Menu 56 € (sem.)/138 € – Carte 120/190 €
Spéc. Risotto à la truffe blanche d'Alba (sept. à janv.). Omble chevalier du lac
Léman proposé entier, oxalis et chicorée. Soufflé chaud à la Chartreuse verte, sor-
bet Chartreuse. **Vins** Mondeuse, Chignin.
♦ Ce "hameau" cultive avec bonheur tradition et modernité. À l'hôtel, superbes
chambres avec belles boiseries et équipements dernier cri. À la "Ferme", décor
contemporain mariant bois de vieux chalets d'alpage et design. Élégant restaurant, brillante cuisine classique subtilement modernisée et carte des vins étoffée.

Grand Hôtel des Alpes sans rest

75 r. du Dr Paccard – ℰ 04 50 55 37 80 – www.grandhoteldesalpes.com – Fermé
15 avril-7 juin et 1er oct.-15 déc.   AYr
30 ch – ♦190/600 € ♦♦190/600 € – 3 suites – ⊇ 20 €
♦ Ce "grand hôtel" bâti en 1840 a été merveilleusement restauré en 2004 : hall
cossu, bar feutré, élégants salons, chambres raffinées et ambiance intimiste.

Le Morgane

145 av. Aiguille du Midi – ℰ 04 50 53 57 15 – www.morgane-hotel-chamonix.com
56 ch – ♦110/250 € ♦♦140/380 € – ⊇ 15 €   AYu
Rest *Le Bistrot* – voir ci-après
♦ La nature est ici respectée : engagement environnemental (zéro carbone),
cadre épuré et beaux matériaux (bois brut, pierre, coton bio). Voilà l'hôtel de
montagne du 21e s.

Auberge du Bois Prin

69 chemin de l'Hermine, (aux Moussoux) – ℰ 04 50 53 33 51 – www.boisprin.com
– Fermé 25 avril-19 mai et 24 oct.-2 déc.   AZa
8 ch ⊇ – ♦196/323 € ♦♦229/340 € – 2 suites – ½ P 145/184 €
Rest – *(fermé lundi midi, mardi midi et merc. midi)* (19 €) Menu 34/44 € bc
– Carte 48/79 €
♦ Joli chalet perché sur les hauteurs de la station. Décoration design, équipements high-tech et lambris se marient avec goût dans les chambres luxueusement rénovées. Panorama sur le Mont-Blanc depuis la salle à manger et la terrasse ; produits du marché et du potager.

Les Aiglons

270 av. Courmayeur – ℰ 04 50 55 90 93 – www.aiglons.com   AYm
107 ch – ♦90/210 € ♦♦110/450 € – ⊇ 13 €
Rest – (16 €) Menu 35 € (dîner)/55 € – Carte 30/57 €
♦ À deux pas du départ pour l'Aiguille du Midi, cet hôtel contemporain a fait
peau neuve en 2008 : chambres actuelles, piscine chauffée et spa complet. Un
lieu à l'esprit sportif. Cuisine au goût du jour et formule déjeuner-spa ; salle
confortable et grande terrasse.

Chalet Hôtel Hermitage

63 chemin du Cé – ℰ 04 50 53 13 87 – www.hermitage-paccard.com
– Ouvert 17 juin-18 sept. et 17 déc.-24 avril   AXe
23 ch – ♦100/197 € ♦♦100/197 € – 7 suites – ⊇ 14 €
Rest – *(ouvert 17 juin-18 sept. et fermé merc.) (dîner seult) (résidents seult)* Menu 25 €
♦ Cet hôtel dispose de chambres et de suites confortables, refaites dans un style
montagnard et contemporain. Certaines profitent d'une belle vue sur le massif.
Bar-salon avec cheminée. Cuisine traditionnelle pour les résidents.

L'Oustalet sans rest

330 r. Lyret – ℰ 04 50 55 54 99 – www.hotel-oustalet.com – Fermé 23 mai-7 juin
et 2 nov.-16 déc.   AYz
15 ch – ♦95/135 € ♦♦115/180 € – ⊇ 15 €
♦ Chalet récent au décor chaleureux et coquet. Chambres spacieuses, idéales
pour les familles. Hammam, sauna et jacuzzi en hiver, piscine l'été. Salon de thé
(pâtisseries maison).

Auberge du Manoir sans rest

8 rte du Bouchet – ✆ 04 50 53 10 77 – www.aubergedumanoir.com
18 ch – ✝88/142 € ✝✝102/256 € – ☒ 18 €   AX**b**

• Entièrement rénové en 2008, cet hôtel a su conserver son charme savoyard. Confortables chambres "tout bois", tissus chaleureux. Salon avec billard et jardin.

Park Hotel Suisse

75 allée du Majestic – ✆ 04 50 53 07 58 – www.chamonix-park-hotel.com
– Ouvert de mi-juin à fin sept. et de mi-déc. à mi-avril   AY**q**
64 ch – ✝76/170 € ✝✝98/230 € – 2 suites – ☒ 14 € – ½ P 76/154 €
Rest – (ouvert 12 juin-12 sept., 19 déc.-31 mars) (15 €) Menu 22 € (dîner)/25 €

• Hôtel familial dans lequel on profite de chambres lambrissées, d'un salon avec billard et d'une terrasse-solarium. Été comme hiver, on y admire toute la chaîne du Mont-Blanc. Au restaurant, cuisine traditionnelle et spécialités savoyardes.

La Savoyarde sans rest

28 rte Moussoux – ✆ 04 50 53 00 77 – www.lasavoyarde.com – Ouvert de juin
à sept. et de déc. à avril   AZ**s**
14 ch – ✝61/81 € ✝✝110/149 € – ☒ 12 €

• Coquette maison chamoniarde du 19e s. située à 50 m du téléphérique du Brévent. Chambres simples, lambrissées, parfois mansardées ou agrandies d'une mezzanine.

Faucigny sans rest

118 pl. de l'Église – ✆ 04 50 53 01 17 – www.hotelfaucigny-chamonix.com
– Ouvert 22 déc.-1er mai, 11 juin-26 sept.   AX**m**
20 ch – ✝50/64 € ✝✝80/109 € – ☒ 8,50 €

• Ce sympathique petit hôtel du centre-ville a été soigneusement rénové ; chambres chaleureuses, certaines sous les mansardes. Salon avec cheminée. Prix raisonnables.

De l'Arve sans rest

60 impasse des Anémones – ✆ 04 50 53 02 31 – www.hotelarve-chamonix.com
– Fermé de fin oct. à mi-déc.   AX**a**
37 ch – ✝64/107 € ✝✝64/123 € – ☒ 11 €

• Hôtel familial aux chambres d'esprit savoyard, petites mais fonctionnelles. Salon-billard et jardinet face au mont Blanc. Fitness avec équipements complets et mur d'escalade.

Arveyron

1650 rte du Bouchet, 2 km – ✆ 04 50 53 18 29 – www.hotel-arveyron.com
– Ouvert de mi-juin au 22 sept. et vacances de Noël à mi-avril   BZ**k**
30 ch – ✝52 € ✝✝52/88 € – ☒ 11 € – ½ P 68/74 €
Rest – (fermé avril, lundi et merc.) (20 €) Menu 23/26 €

• Ce plaisant hôtel familial abrite des chambres montagnardes, plus au calme côté forêt. Bar-salon, billard et jardin... sous les aiguilles de Chamonix ! Salle à manger "tout bois" et agréable terrasse ; la cuisine traditionnelle prend des accents du terroir.

XXX Le Bistrot (Michael Bourdillat) – Hôtel Le Morgane
✿

151 av. Aiguille du Midi – ✆ 04 50 53 57 64 – www.lebistrotchamonix.com
Rest – (17 €) Menu 65/85 € – Carte 45/80 €   AY**u**
Spéc. Tomate farcie d'escargots du Mont-Blanc, jus aux olives de Nice. Fricassée de filets de perche du Léman, émulsion de beurre noisette, câpres, citron et croûtons. Mousse de fromage blanc aux myrtilles de pays (juin à août). **Vins** Roussette de Savoie, Chignin-Bergeron.

• Ce restaurant affiche un esprit contemporain d'une sobre élégance. À table, goûteuse cuisine accompagnée d'une belle sélection de vins. Formule imbattable au déjeuner !

XXX Les Jardins du Mont Blanc

62 allée du Majestic – ✆ 04 50 53 05 64 – www.hotelmontblancchamonix.com
– Fermé 1er oct.-18 déc., et le midi de déc. à avril   AY**g**
Rest – Menu 26 € (déj.), 42/98 € – Carte 60/95 € le soir

• Une institution ! Le chef, arrivé en 2010, concocte une cuisine inventive (plus simple le midi) ; on s'en régale dans une belle salle, où trône une grande cheminée.

XX **La Maison Carrier** – Hôtel Hameau Albert 1er 　　　VISA ○○ AE ①
44 rte du Bouchet – ℰ 04 50 53 00 03 – www.hameaualbert.fr
– Fermé 8-26 mai, 6 nov.-13 déc., lundi sauf juil.-août et fériés 　　AXr
Rest – (18 €) Menu 23 € (déj. en sem.), 28/39 € – Carte 40/70 €🍸
♦ Salle des guides, "borne" (cheminée) où fument les charcuteries maison : un intérieur savoyard typique pour cette jolie ferme reconstituée avec le bois de vieux chalets d'alpage. Belle cuisine du terroir.

XX **Atmosphère** 　　　AC VISA ○○ AE ①
123 pl. Balmat – ℰ 04 50 55 97 97 – www.restaurant-atmosphere.com
Rest – (20 €) Menu 23/30 € – Carte 30/64 €🍸 　　AYn
♦ Cette adresse ne manque pas d'atmosphère : décor contemporain, cuisine tradition-nelle, belle carte des vins et ambiance conviviale. Quelques tables avec vue sur l'Arve.

X **Café de l'Arve** 　　　🌿 P VISA ○○
60 impasse des Anémones – ℰ 04 50 53 58 57 – www.cafe-arve.com
– Fermé début nov. à mi-déc. 　　AXa
Rest – (fermé dim. soir, mardi midi et lundi) (16 €) Menu 23/35 € – Carte 26/39 €
♦ Êtes-vous "locavore" ? Cette table contemporaine privilégie les produits locaux ! La cuisine, simple et soignée (rôti de porc aux crozets), ravit Chamonix...

aux Praz-de-Chamonix 2,5 km au Nord – ✉ 74400 Chamonix-Mont-Blanc
– alt. 1 060 m

　　◉ La Flégère ≤ ★★ par téléphérique BZ.

🏠 **Le Labrador** sans rest ⌂ 　　≤ ⅃₆ 🍴 ⌨ ℉ ᠅ P VISA ○○ AE
au golf – ℰ 04 50 55 90 09 – www.hotel-labrador.com
– Fermé 26 avril-6 mai et 23 oct.-9 déc. 　　BZh
33 ch – †90/210 € ††100/250 € – 2 suites – ⊆ 11 €
♦ Ce chalet à la silhouette scandinave jouit d'un environnement exceptionnel : les chambres ménagent une vue superbe sur le Mont-Blanc et la vallée de Cha-monix. Salons cosy.

🏠 **Eden** 　　≤ 🌿 ℉ P 🚗 VISA ○○ AE
35 rte des Gaudenays – ℰ 04 50 53 18 43 – www.hoteleden-chamonix.com
– Fermé 25 oct.-30 nov. 　　BZe
31 ch – †89/125 € ††98/135 € – ⊆ 11 € – ½ P 75/120 €
Rest – (fermé 15 oct.-1er déc. et mardi) (dîner seult) Menu 19/39 € – Carte 36/50 €
♦ Sympathique hôtel proposant des chambres pratiques et claires, et des appar-tements (avec cuisine) parfaits pour des séjours familiaux. Au restaurant, cuisine au goût du jour servie, l'été, en terrasse.

🏠 **Les Lanchers** 　　≤ 🌿 ⅃ rest, ℉ rest, 🍴 VISA ○○
1459 rte des Praz – ℰ 04 50 53 47 19 – www.hotel-lanchers-chamonix.com
19 ch – †50/85 € ††60/98 € – ⊆ 10 € – ½ P 55/79 € 　　BZb
Rest – Menu 13 € (déj.), 18/24 € – Carte 22/29 €
♦ Derrière la façade égayée de fresques, vous trouverez de grandes chambres au confort simple, mais agréables (rénovation en 2009). Salle à manger-véranda meu-blée dans le style bistrot ; cuisine traditionnelle, spécialités italiennes et savoyardes.

XX **La Cabane des Praz** 　　≤ 🌿 ⅃ P VISA ○○ AE
23 rte du Golf – ℰ 04 50 53 23 27 – www.restaurant-cabane.com – Fermé 6-30 nov.
Rest – (19 €) Menu 28 € – Carte 32/76 € 　　BZv
♦ Superbement refaite, cette élégante cabane en rondins finlandais offre un chic décontracté : salon cossu, terrasse avec vue sur le golf et les aiguilles, cuisine au goût du jour.

aux Tines 4 km par ①, D 1506 et rte secondaire – ✉ 74400 Chamonix-Mont-Blanc

🏠 **Excelsior** ⌂ 　　≤ 🚗 ⅃ 🍴 ⅃ ⌨ ⅃ & ch, ℉ rest, 🍴 P VISA ○○ AE
251 chemin de St-Roch – ℰ 04 50 53 18 36 – www.hotelexcelsior-chamonix.com
– Fermé 11-25 mai et 5 nov.-15 déc.
36 ch – †40/65 € ††65/95 € – ⊆ 10 € – ½ P 63/78 € 　　**Rest** – (fermé le midi de mi-déc. à fin avril sauf sam. et dim.) (16 € bc) Menu 27/45 € – Carte 27/45 €
♦ Au pied de l'aiguille Verte et du Dru, engageante maison tenue par la même famille depuis 1913. Plaisantes chambres rénovées, habillées de bois clair. Le res-taurant ouvre ses baies sur les sommets alentour ; plats d'inspiration classique.

au Lavancher 6 km par ①, D 1506 et rte secondaire – ⊠ 74400 Chamonix-Mont-Blanc – **Sports d'hiver : voir à Chamonix**

👁️ ≤ ★★.

Le Jeu de Paume 🍃   ≤ 🚗 🏡 🔲 ✕ 🖥️ ✕ rest, 🍴 🔥 🅿️
705 rte Chapeau – ℰ 04 50 54 03 76   VISA ⬤ AE ①
– www.jeudepaumechamonix.com – Ouvert 24 juin-15 sept. et 15 déc.-10 mai
23 ch – 🛏️160/255 € 🛏️🛏️160/255 € – 🍽️ 15 €
Rest – *(fermé mardi midi et merc. midi)* Menu 35/58 € – Carte 38/65 €
◆ Billard, piscine couverte, sauna, jacuzzi, salons-cheminée... Détente assurée dans ce chalet traditionnel au décor "tout bois" très raffiné. Vue sur les aiguilles ou la vallée. Cuisine au goût du jour dans une élégante salle.

Les Chalets de Philippe sans rest 🍃   ≤ 🚗 🍴 🅿️ VISA ⬤ AE
700-718 rte Chapeau – ℰ 06 07 23 17 26 – www.chaletsphilippe.com
10 ch – 🛏️120/400 € 🛏️🛏️120/400 € – 🍽️ 15 €
◆ Parmi les sapins, luxueux chalets à flanc de montagne. Vieux bois, équipements de pointe, meubles chinés, objets rares... Services personnalisés.

aux Bossons 3,5 km au Sud – ⊠ 74400 Chamonix-Mont-Blanc – **alt. 1 005 m**

Aiguille du Midi   ≤ 🔥 🏡 🏊 ⅃₀ ✕ 🖥️ 🅰️ rest, 🍴 🔥 🅿️ VISA ⬤ AE
479 chemin Napoléon – ℰ 04 50 53 00 65 – www.hotel-aiguilledumidi.com
– Ouvert 14 mai-17 sept. et 17 déc.-2 avril   **AZn**
39 ch – 🛏️60/140 € 🛏️🛏️73/140 € – 🍽️ 14 € – ½ P 72/110 €
Rest – *(fermé merc. midi de déc. à avril)* (18 €) Menu 24/52 € – Carte 23/61 €
◆ Dans cet hôtel bâti en 1908, préférez les chambres récemment rénovées dans un style montagnard et design. Salon panoramique face au glacier des Bossons. Salle de massage. Restaurant en rotonde, jolie terrasse côté jardin, plats traditionnels et savoyards.

CHAMOUILLE – 02 Aisne – **306** D6 – rattaché à Laon

CHAMPAGNAC-DE-BELAIR – 24 Dordogne – **329** F3 – rattaché à Brantôme

---

CHAMPAGNÉ – 72 Sarthe – **310** L6 – 3 561 h. – alt. 53 m – ⊠ 72470   **35** D1
▶ Paris 205 – Alençon 67 – Le Mans 14 – Nantes 204
🔟 place de l'Église ℰ 02 43 89 89 89

✕✕ Le Cochon d'Or   🚗 🏡 🅰️ ✕ ⇔ 🅿️ VISA ⬤ AE ①
49 rte de Paris, D 323 – ℰ 02 43 89 50 08 – www.lecochondor.fr
– Fermé 25 juil.-19 août, 2-11 janv., lundi et le soir sauf sam.
Rest – (16 €) Menu 20 € (déj.), 29/51 € – Carte 40/60 €
◆ Cure de jeunesse pour cette maison bordant une route passante. Grande salle aux couleurs vives et tendances, ouvrant sur le jardin (baie vitrée). Cuisine traditionnelle.

CHAMPAGNEUX – 73 Savoie – **333** G4 – rattaché à St-Genix-sur-Guiers

---

CHAMPAGNEY – 70 Haute-Saône – **314** I6 – rattaché à Ronchamp

---

CHAMPAGNOLE – 39 Jura – **321** F6 – 8 135 h. – alt. 541 m   **16** B3
– ⊠ 39300 ▮ Franche-Comté Jura
▶ Paris 420 – Besançon 66 – Dole 68 – Genève 86
🔟 rue Baronne Delort ℰ 03 84 52 43 67
👁️ Musée archéologique : plaques-boucles ★.

Le Bois Dormant 🍃   🔥 🏡 🔲 ✕ & ch, 🍴 🔥 🅿️ VISA ⬤
rte de Pontarlier, 1,5 km – ℰ 03 84 52 66 66 – www.bois-dormant.com
– Fermé 21-27 déc.
40 ch – 🛏️67 € 🛏️🛏️75 € – 🍽️ 10 € – ½ P 65 €
Rest – Menu 17 € (sem.), 25/50 € – Carte 23/70 €
◆ Au sein d'un parc arboré, établissement au décor chaleureux et moderne. Chambres fonctionnelles, habillées de bois blond et de tons roses. Piscine côté jardin. Grande salle à manger-véranda et paisible terrasse ; carte traditionnelle et vins du Jura.

rte de Genève 8 km au Sud – ⊠39300 Champagnole

※※　**Auberge des Gourmets** avec ch　🚗 🚳 📶 📡 P VISA ⚈ AE ①
1 la Billaude du haut, sur N 5 – ℰ *03 84 51 60 60 – www.auberge-des-gourmets-jura.fr – Fermé 1ᵉʳ déc.-5 fév., dim. soir et lundi sauf vacances scolaires*
6 ch – †77 € ††88 € – ⏂ 10 € – ½ P 78 €
Rest – (15 €) Menu 34/48 € – Carte 35/58 €
◆ Petits plats traditionnels faits maison, servis dans plusieurs salles à manger (dont une véranda) rustico-bourgeoises et soignées. Les chambres côté terrasse sont plus calmes.

CHAMPAGNY-EN-VANOISE – 73 Savoie – **333** N5 – 654 h.　　**45** D2
– alt. 1 240 m – ⊠ 73350 ▊ Alpes du Nord

▶ Paris 625 – Albertville 44 – Chambéry 94 – Moûtiers 19
🛈 Le Centre ℰ 04 79 55 06 55
👁 Retable★ dans l'église - Télécabine de Champagny★ : ≼★ - Champagny-le-Haut★★.

🏨　**L'Ancolie** 🐾　　　≼ 🚳 🏊 🖥 ᵫ ch, ⁒ rest, 📡 🏋 VISA ⚈
Les Hauts du Crey – ℰ *04 79 55 05 00 – www.hotel-ancolie.com*
– Ouvert 18 juin-5 sept. et 20 déc.-18 avril
31 ch – †65/105 € ††65/130 € – ⏂ 10 € – ½ P 53/94 €
Rest – Menu 20/35 € – Carte 29/39 €
◆ La fleur sauvage a prêté son nom à cet hôtel perché sur les hauteurs d'un authentique village-station. Petites chambres fonctionnelles, pour la plupart dotées d'un balcon orienté au sud. Au restaurant, décor montagnard et cuisine régionale simple.

🏠　**Les Glières** 🐾　　　≼ 🚳 ⁒ rest, 📡 VISA ⚈
🔗　*à Planchamp –* ℰ *04 79 55 05 52 – www.hotel-glieres.com*
– Ouvert 2 juil.-20 août et 18 déc.-16 avril
20 ch – †75/115 € ††75/115 € – ⏂ 10 € – ½ P 65/85 €
Rest – (fermé lundi en été) (14 €) Menu 19/31 € – Carte 22/37 €
◆ Établissement familial situé dans un hameau, au calme. Chambres coquettes, certaines dans un esprit chalet (boiseries et tissus coordonnés). Sauna et salon-cheminée ouvert sur une terrasse verdoyante. Au restaurant, cuisine et cadre typiquement savoyards.

CHAMPEIX – 63 Puy-de-Dôme – **326** F9 – 1 256 h. – alt. 456 m　　**5** B2
– ⊠ 63320 ▊ Auvergne

▶ Paris 440 – Clermont-Ferrand 30 – Condat 49 – Issoire 14
🛈 place du Pré ℰ 04 73 96 26 73
🟢 Église de St-Saturnin★★ N : 10 km.

à Montaigut-le-Blanc 3 km à l'Ouest par D 996 – 717 h. – alt. 500 m – ⊠ 63320

🏠　**Le Chastel Montaigu** sans rest 🐾　　　≼ 🚗 ⁒ P
au château – ℰ *04 73 96 28 49 – www.lechastelmontaigu.com – Ouvert d'avril à oct.*
4 ch ⏂ – †125/135 € ††140/150 €
◆ L'originalité de cette maison d'hôtes haut perchée : ses superbes chambres (lits à baldaquin) logées dans un donjon crénelé, avec vue plongeante sur les monts Dore et le Forez.

CHAMPIGNÉ – 49 Maine-et-Loire – **317** F3 – 1 869 h. – alt. 25 m　　**35** C2
– ⊠ 49330

▶ Paris 287 – Angers 24 – Château-Gontier 24 – La Flèche 41
🏌 Anjou Golf & Country Club Route de Cheffes, S : 3 km par D 190, ℰ 02 41 42 01 01

au Nord-Ouest 3 km par D 768 et D 190 - ⊠ 49330 Champigné

Château des Briottières 🔊   🌙 🔟 ※ ⅋ rest, ¶¹ ⅛ 🅿 🆅🆂🅰 ⊕ 🄰🄴
rte de Marigné – ℰ *02 41 42 00 02* – *www.briottieres.com*
17 ch – †140/250 € ††180/350 € – ☑ 15 €
Rest – *(dîner seult) (résidents seult)* Menu 39 €
♦ Un raffinement très 18ᵉ s. règne dans ce château familial entouré d'un parc avec un étang. Chambres et salons sont décorés avec style et le soir, on dîne aux chandelles.

CHAMPILLON – 51 Marne – **306** F8 – rattaché à Épernay

CHAMPLIVE – 25 Doubs – **321** H3 – 263 h. – alt. 404 m – ⊠ 25360   **17** C1
▶ Paris 438 – Besançon 24 – Lausanne 121

✗   **Auberge du Château de Vaite** avec ch   🚃 🛏 ¶¹ 🅿 🆅🆂🅰 ⊕ 🄰🄴
17 Grande-Rue – ℰ *03 81 55 20 66* – *www.auberge-chateau-vaite.com* – *Fermé 20 déc.-20 janv.*
9 ch – †49 € ††49 € – ☑ 7 €
Rest – Menu 11 € (déj. en sem.), 22/30 € – Carte 20/52 €
♦ Dans une grande salle à manger, vous apprécierez une fine cuisine traditionnelle réalisée avec de bons produits locaux. Les neuf chambres de l'hôtel proposent autant d'ambiances différentes (chic, blanche, nature...).

CHAMPS-SUR-TARENTAINE – 15 Cantal – **330** D2 – 1 041 h.   **5** B2
– alt. 450 m – ⊠ 15270
▶ Paris 500 – Aurillac 90 – Clermont-Ferrand 82 – Condat 24
🄸 Mairie ℰ 04 71 78 79 74
🄶 Gorges de la Rhue★★ SE : 9 km 🬀 Auvergne.

Auberge du Vieux Chêne sans rest 🔊   🚃 ¶¹ 🅿 🆅🆂🅰 ⊕
34 rte des Lacs – ℰ *04 71 78 71 64* – *www.advc.free.fr* – *Ouvert 1ᵉʳ mai-30 sept.*
15 ch – †63/91 € ††63/91 € – ☑ 10 €
♦ Ambiance champêtre dans une authentique ferme du 19ᵉ s. Chambres simples et chaleureuses, propices à un séjour empreint de quiétude. Vente de confitures et gelées maison.

CHAMPS-SUR-YONNE – 89 Yonne – **319** E5 – rattaché à Auxerre

CHAMPTOCEAUX – 49 Maine-et-Loire – **317** B4 – 2 162 h. – alt. 68 m   **34** B2
– ⊠ 49270 🬀 Châteaux de la Loire
▶ Paris 357 – Ancenis 9 – Angers 65 – Beaupréau 30
🄸 Le Champalud ℰ 02 40 83 57 49
🄶 de l'Ile d'Or à La Varenne, O : 5 km par D 751, ℰ 02 40 98 58 00
🄾 Site★ - Promenade de Champalud★★.

Le Champalud   🔊 ⅛ ch, ¶¹ ⅛ 🆅🆂🅰 ⊕ 🄰🄴
1 pl. du Chanoine-Bricard – ℰ *02 40 83 50 09* – *www.lechampalud.com*
19 ch – †61/99 € ††61/99 € – ☑ 8,50 € – ½ P 65/70 €
Rest – *(fermé dim. soir d'oct. à mars)* (12 €) Menu 18/41 € – Carte 29/45 €
♦ Au cœur du village, face à l'église, petit hôtel bien tenu, mêlant mobilier fonctionnel, poutres apparentes et vieilles pierres. Chambres spacieuses et bien équipées. Côté restaurant, décor rustique et cuisine traditionnelle. Bar-pub.

CHAMPVANS-LES-MOULINS – 25 Doubs – **321** F3 – rattaché à Besançon

CHANAS – 38 Isère – **333** B6 – 2 255 h. – alt. 150 m – ⊠ 38150   **43** E2
▶ Paris 512 – Grenoble 89 – Lyon 57 – St-Étienne 75

Mercure   🛏 ※ 🛌 ⅛ 🄰🄺 ¶¹ ⅛ 🅿 🅿 🆅🆂🅰 ⊕ 🄰🄴 ⓪
à l'échangeur A 7 – ℰ *04 74 84 27 50* – *www.mercure.com*
42 ch – †70/90 € ††82/98 € – ☑ 14 €
Rest – *(fermé sam. midi et dim.)* (12 €) Menu 16/22 € – Carte 25/70 €
♦ Pour une étape sur la route des vacances, hôtel disposant de chambres récemment rénovées, pratiques et pourvues d'une bonne isolation phonique. Lumineux restaurant agrémenté de claustras et de plantes vertes ; cuisine traditionnelle.

CHANCELADE – 24 Dordogne – **329** E4 – rattaché à Périgueux

CHANDAI – 61 Orne – **310** N2 – 630 h. – alt. 200 m – ⊠ 61300   **33** C3

▶ Paris 129 – L'Aigle 10 – Alençon 72 – Chartres 71

✕✕ **L'Écuyer Normand**   _VISA_ ◉◎ AE ◍
23 rte de Paris, D 626 – ℰ 02 33 24 08 54 – www.ecuyer-normand.com – Fermé
merc. soir, dim. soir et lundi
Rest – (14 €) Menu 19/39 € – Carte 54/82 €
♦ Cette jolie maison en briques rouges vous reçoit dans un cadre élégant, décoré
de tableaux peints par une artiste locale. Cuisine traditionnelle orientée terroir.

CHANDOLAS – 07 Ardèche – **331** H7 – 426 h. – alt. 115 m – ⊠ 07230   **44** A3

▶ Paris 662 – Alès 43 – Aubenas 34 – Privas 66

⌂ **Auberge les Murets** ⊱   🔊 🛖 🎋 🍴 ch, 🅰️ 🎋 ch, ⚑ 🅿️ _VISA_ ◉◎ AE
D 104, quartier Langarnayre – ℰ 04 75 39 08 32 – www.aubergelesmurets.com
– Fermé 21nov.-4 déc., 3 janv.-4 fév.
10 ch – ✝65/85 € ✝✝65/85 € – � 10 € – ½ P 57/65 €
Rest – (fermé lundi et mardi du 15 nov. au 31 mars, lundi midi d'avril au
15 nov.) Menu 19 € (sem.), 22/33 € – Carte 25/37 €
♦ Ferme cévenole du 18ᵉ s. entourée d'un parc ouvert sur la campagne et les
vignes. Chambres pimpantes, meublées en rotin ; trois nouvelles plus spacieuses
et modernes. Au restaurant, caves voûtées et terrasse ombragée par un mûrier ;
cuisine traditionnelle.

CHANTEMERLE – 05 Hautes-Alpes – **334** H3 – rattaché à Serre-Chevalier

CHANTILLY – 60 Oise – **305** F5 – 11 045 h. – alt. 59 m – ⊠ 60500   **36** B3
▌Île de France

▶ Paris 51 – Beauvais 55 – Compiègne 44 – Meaux 53
ℹ 60, avenue du Maréchal Joffre ℰ 03 44 67 37 37
🏌 Dolce Chantilly à Vineuil-Saint-Firmin Route d'Apremont, par rte
d'Apremont : 3 km, ℰ 03 44 58 47 74
🏌 d'Apremont à Apremont CD 606, N : 7 km par D 606, ℰ 03 44 25 61 11
🏌 Les Golfs de Mont-Griffon à Luzarches Route Départementale 909, S :
11km par N 16, ℰ 01 34 68 10 10
◉ Château★★★ - Parc★★ - Grandes Écuries★★ : musée vivant du Cheval★★
- L'Aérophile★ (vol en ballon captif) : ≤★.
◉ Site★ du château de la Reine-Blanche S : 5,5 km.

Plan page suivante

🏨 **Hotel du Parc** sans rest   🚇 ▐▌ ⚑ 🛎 _VISA_ ◉◎ AE ◍
36 av. Mar. Joffre – ℰ 03 44 58 20 00 – www.hotel-parc-chantilly.com
57 ch – ✝105/125 € ✝✝135/165 € – � 12 €   **Aa**
♦ Bâtiment moderne, aux chambres assez spacieuses, claires et fonctionnelles,
bénéficiant parfois d'une terrasse ; les plus calmes sont tournées vers le jardin.
Bar anglais.

rte d'Apremont par ① et D 606

🏨🏨 **Dolce Chantilly** ⊱   ≤ 🔊 🛖 🖼 🎱 🏌 ▐▌ 🍴 ch, 🅰️ 🎋 ⚑ 🛎 🅿️
💮 à 3 km – ℰ 03 44 58 47 77 – www.dolcechantilly.com   _VISA_ ◉◎ AE ◍
– Fermé 22 déc.-2 janv.
194 ch – ✝150/300 € ✝✝150/300 € – 6 suites – � 21 €
Rest Carmontelle – (fermé sam. midi, dim., lundi et fériés) (nombre de couverts
limité, prévenir) Menu 43 € bc (déj.), 70 € bc/120 € bc – Carte 85/120 €🕸
Spéc. Saint-Jacques, dieppoise rôtie au beurre de roquette, marinée de soja,
croustillant de riz (oct. à mars). Homard bleu cuisiné au beurre d'estragon, carotte
jaune au caviar d'Aquitaine. Chocolat grand cru en trois textures et trois saveurs.
Rest L'Étoile – Menu 43 € bc/63 € bc – Carte 41/65 €
Rest Le Swing – (déj. seult) Menu 25 € (sem.), 28/34 €
♦ Au vert, resort avec golf, terrain de polo, espace détente, salles de séminaires… Grand bâtiment d'inspiration classique, aux chambres spacieuses et modernes ; fil rouge : le cheval. Au Carmontelle, cadre cossu et cuisine actuelle valorisant d'excellents produits. Carte plus traditionnelle à L'Étoile. Buffets au Swing.

CHANTILLY

Berteux (Av. de)............ **A** 2
Canardière (Quai de la)...... **A** 3
Cascades (R. des)........... **A** 4
Chantilly (R. de) .... **B** 5
Condé (Av. de)............. **B** 6

Connétable (R. du) .... **AB**
Embarcadère
(R. de l') .... **A** 8
Faisanderie (R. de la) ...... **B** 9
Gaulle (Av. du Gén.-de)..... **A** 10
Joffre (Av. du Mar.)....... **A**
Leclerc (Av. du Gén.)....... **A** 12

Libération Maurice
Schumann (Bd de
la)................... **A** 18
Orgemont (R. d')......... **A** 15
Paris (R. de)............. **A** 16
Vallon (Pl. Omer)........ **A** 21
Victor-Hugo (R.)......... **A** 22

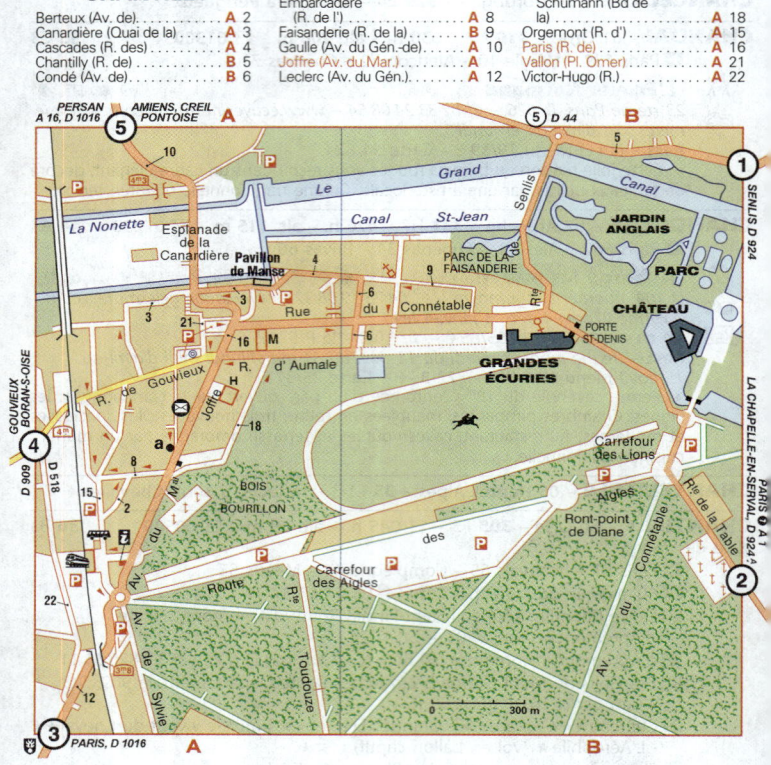

✕✕ **Auberge La Grange aux Loups** avec ch ⬭   ⬭ ⬭ ⬚ rest, 📶
      8 r. du 11 novembre, à Apremont, 6 km ✉ *60300*   VISA ⬤⬤ AE
      – ☎ *03 44 25 33 79*
      – *www.lagrangeauxloups.com*
      – *Fermé 16-31 août, 2-17 janv., dim. soir et lundi*
      4 ch – 🛉80 € 🛉🛉80 € – ⬚ 10 €
      Rest – Menu 26 € (sem.), 52/57 € – Carte 70/77 €
      ◆ Auberge villageoise logée sous les poutres et solives d'une jolie salle rustique
      (cheminée centrale). Terrasse d'été et choix classique à la carte. Chambres calmes
      et bien tenues, installées dans une dépendance.

à Montgrésin 5 km par ② – ✉ 60560 Orry-la-Ville

🏠 **Relais d'Aumale** ⬭   ⬭ ⬭ ✕ 🍴 ⬚ ch, 📶 🛁 **P** VISA ⬤⬤ AE ①
      37 pl. des Fêtes – ☎ *03 44 54 61 31*
      – *www.relais-aumale.fr*
      – *fermé 23 déc.-4 janv.*
      22 ch ⬚ – 🛉128/158 € 🛉🛉140/188 € – 2 suites – ½ P 118/140 €
      Rest – (28 €) Menu 36 € (sem.)/46 € – Carte 55/85 €🎋
      ◆ Ancien pavillon de chasse du duc d'Aumale, niché dans un jardin à l'orée de la
      forêt. Chambres confortables et joliment décorées. Deux salles à manger : l'une
      actuelle, l'autre châtelaine, avec boiseries, plafond à la française et tableaux. Recet-
      tes traditionnelles.

à Gouvieux 4 km par ④ – 9 386 h. – alt. 26 m – ⊠ 60270

Château de Montvillargenne ⌂   ≤ ⏿ 🛋 ▦ ⊕ ℔ ✗ ▤ ⊠ ⊕
6 av. François Mathet – ℰ 03 44 62 37 37   ㎻ 🅿 ⱽⁱˢᴬ ⊕ ⴹ ⓞ
– www.montvillargenne.com
120 ch – ♦210/1000 € ♦♦210/1000 € – ⊇ 19 €
Rest – *(fermé le midi sauf week-end)* Menu 43/87 € bc – Carte 40/100 €
♦ Immense château construit à l'aube du 20ᵉ s. dans un style éclectique (colombages, meneaux, etc.). Chambres souvent très spacieuses, au décor teinté d'exotisme ("Asie", "Afrique", etc.). Spa, fitness, salles de réception. Cuisine actuelle (poisson) au restaurant.

Château de la Tour ⌂   ≤ ⏿ 🛋 ⅁ ✗ ℔ ㎻ 🅿 ⱽⁱˢᴬ ⊕ ⴹ ⓞ
chemin de la Chaussée – ℰ 03 44 62 38 38 – www.lechateaudelatour.fr
41 ch ⊇ – ♦170/195 € ♦♦170/195 € – ½ P 110/130 €
Rest – (30 € bc) Menu 39 € (déj.), 45/86 € bc – Carte 52/65 €
♦ Belle demeure du début du 20ᵉ s. et son extension contemporaine dans un joli parc de 5 ha. À l'intérieur, raffinement et atmosphère bourgeoise. Hauts plafonds ouvragés et cheminées dans les salles de restaurant, rénovées en 2009 ; superbe terrasse. Carte classique.

Le Pavillon St-Hubert ⌂   ≤ ⎚ 🛋 ℔ ㎻ 🅿 ⱽⁱˢᴬ ⊕ ⴹ
à Toutevoie – ℰ 03 44 57 07 04 – www.pavillon-saint-hubert.com – Fermé 2-20 janv.
18 ch – ♦60/85 € ♦♦60/90 € – ⊇ 9 €
Rest – *(fermé 2 janv.-8 fév., dim. soir et lundi)* Menu 25 € (sem.), 33/55 €
– Carte 35/50 €
♦ Maison de caractère et son joli jardin situé au bord de l'Oise. Confortables petites chambres. Restaurant meublé dans le style Louis XIII ; l'été, la terrasse dressée à l'ombre des tilleuls profite d'une vue sur le trafic des péniches. Plats traditionnels.

La Renardière   ⒶⒸ ⱽⁱˢᴬ ⊕
2 r. Frères Segard, (La Chaussée) – ℰ 03 44 57 08 23
– www.restaurantlarenardiere.fr – Fermé dim. soir et lundi
Rest – Menu 15/49 € – Carte 55/90 €
♦ Cette sympathique auberge vous accueille dans un plaisant cadre rustique. Cuisine traditionnelle et carte des vins habilement composée par la patronne, sommelière de la maison.

Ô Relais de la Côte   ⎚ ⱽⁱˢᴬ ⊕
9 r. de Chantilly – ℰ 03 44 57 01 19 – Fermé 26 juil.-9 août, 1 sem. en fév., dim. soir, lundi soir et mardi
Rest – *(nombre de couverts limité, prévenir)* (14 €) Menu 28/34 € – Carte 28/55 €
♦ À la sortie de la ville, restaurant au style actuel (murs blancs, tableaux modernes, mobilier contemporain), jouissant d'une belle terrasse arborée. Cuisine au goût du jour.

rte de Creil 4 km par ⑤ – ⊠ 60740 St-Maximin

Le Verbois   ⎚ ⏿ ⟳ 🅿 ⱽⁱˢᴬ ⊕
6 r. L.-Dubois, D 1016 – ℰ 03 44 24 06 22 – www.leverbois.com – Fermé
16-31 août, 3-17 janv., dim. soir et lundi
Rest – (30 €) Menu 36/67 € – Carte 63/91 €
♦ À l'orée de la forêt, ex-relais de chasse (1886) évoquant une maison de maître, agrandi d'une véranda cernée par le jardin. Tenue soignée. Cuisine du marché et de saison (gibier).

CHANTONNAY – 85 Vendée – **316** J7 – 7 958 h. – alt. 58 m – ⊠ 85110   **34** B3
▣ Paris 410 – Nantes 79 – La Roche-sur-Yon 34 – Cholet 53
▯ place de la Liberté ℰ 02 51 09 45 77

Manoir de Ponsay ⌂   ≤ ⏿ ⅁ ✗ ch, 🅿
5 km à l'Est par rte de Pouzauges et rte secondaire – ℰ 02 51 46 96 71
– www.manoirdeponsay.com
5 ch – ♦62/115 € ♦♦62/115 € – ⊇ 9 € – **Table d'hôte** – Menu 32 € bc
♦ Pour jouir de la vie de château, ce manoir classé, transmis de père en fils depuis 1644, est idéal : spacieuses chambres décorées d'objets accumulés au fil des siècles, parc, piscine. Belle salle à manger et table d'hôte à la demande.

CHAOURCE – 10 Aube – **313** E5 – 1 104 h. – alt. 150 m – ✉ 10210 **13** B3
🟩 Champagne Ardenne

▶ Paris 196 – Auxerre 66 – Bar-sur-Aube 58 – Châtillon-sur-Seine 52

🗓 2, Place de l'Échiquier ✆ 03 25 40 97 22

👁 Église St-Jean-Baptiste★ : sépulcre★★.

à Maisons-lès-Chaource 6 km au Sud-Est par D 34 – 178 h. – alt. 235 m
– ✉ 10210

🏨 **Aux Maisons** ⑤ 　🔲 🔲 🔳 🅰 🔲 🔳 🅟 🅿 🌀 📧 🆎
11 r. des AFN – ✆ 03 25 70 07 19 – www.logis-aux-maisons.com
23 ch – †68 € ††72 € – ☑ 10 € – ½ P 72 €
Rest – (fermé dim. soir du 15 oct. au 15 mars) (17 € bc) Menu 25/68 € bc
– Carte 42/58 €
◆ Au centre du village, ces deux bâtisses champenoises abritent des chambres
récemment rénovées, confortables et fonctionnelles. Vue sur la piscine ou sur les
prairies. Salle à manger au décor bourgeois ; cuisine traditionnelle soignée. Belle
carte de champagnes.

LA CHAPELLE-AUX-CHASSES – 03 Allier – **326** I2 – 226 h. **6** C1
– alt. 225 m – ✉ 03230

▶ Paris 294 – Moulins 21 – Bourbon-Lancy 22 – Decize 25

🍴🍴 **Auberge de la Chapelle aux Chasses** 　🔳 🔳 🔳 🌀 📧
– ✆ 04 70 43 44 71 – Fermé 28 fév.-17 mars, 24 oct.-3 nov., mardi et merc.
Rest – (prévenir) (15 €) Menu 22/50 € – Carte 48/63 €🌿
◆ Dans cet ancien presbytère au cœur du village, l'accueil est sympathique et
l'on savoure une appétissante cuisine du moment, qui évolue au gré des saisons...

LA CHAPELLE-D'ABONDANCE – 74 Haute-Savoie – **328** N3 **46** F1
– 781 h. – alt. 1 020 m – Sports d'hiver : 1 000/1 850 m ⚡1 ⚡11 ⚡ – ✉ 74360
🟩 Alpes du Nord

▶ Paris 600 – Annecy 108 – Châtel 6 – Évian-les-Bains 29

🗓 Chef-lieu ✆ 04 50 73 51 41

🏨🏨 **Les Cornettes** 　🔳 🔳 🔳 ⑤ 🅵 🔳 🅰 rest, 🍴 🅰 🅟 🌀 📧
– ✆ 04 50 73 50 24 – www.lescornettes.com – Fermé 3-16 avril et de mi-oct. à
mi-déc.
42 ch – †75/105 € ††115/150 € – ☑ 13 € – ½ P 85/155 €
Rest – (18 €) Menu 23 € (sem.), 30/60 € – Carte 35/100 €
◆ Dans la même famille depuis 1894, ces bâtiments reliés par un souterrain abritent de confortables chambres lambrissées. Équipements de loisirs et petit musée
savoyard. Salle à manger montagnarde (objets régionaux chinés) ; cuisine du terroir et salaisons maison.

🏨 **Les Gentianettes** 　🔳 🔳 🔳 ☱ ch, 🔳 rest, 🍴 🅟 🌀 📧
😊 rte de Chevenne – ✆ 04 50 73 56 46 – www.gentianettes.fr – Ouvert 1er juin à
mi-sept. et 18 déc. à Pâques
36 ch – †95/170 € ††95/170 € – ☑ 13 € – ½ P 91/125 €
Rest – Menu 21/65 € – Carte 44/65 €
◆ Un chalet où domine le style montagnard chic et où les chambres ont toutes leur décoration propre. Espace balnéo avec une piscine à jets. Goûteuse cuisine régionale et atmosphère cosy au restaurant : cuivres, objets paysans et
décor soigné.

🏨 **L'Ensoleillé** 　🔳 🔳 🔳 🔳 🍴 🅟 🌀 📧
😊 – ✆ 04 50 73 50 42 – www.hotel-ensoleille.com – Ouvert de fin mai à début sept.
et de mi-déc. à fin mars
35 ch – †65/85 € ††75/110 € – ☑ 12 € – ½ P 60/100 €
Rest – (fermé mardi) (15 €) Menu 20 € (sem.), 29/54 € – Carte 31/60 €
◆ Hôtel-chalet proposant des chambres sobres, dotées de balcon. Espace "forme"
complet. Recettes traditionnelles revisitées dans un joli cadre champêtre (fresques
représentant le village, collection de cafetières) ou spécialités savoyardes dans un
décor tout bois.

LA CHAPELLE-DE-GUINCHAY – 71 Saône-et-Loire – **320** I12   **8** C3
– 3 336 h. – alt. 200 m – ⊠ 71570

▶ Paris 412 – Bourg-en-Bresse 50 – Caluire-et-Cuire 64 – Dijon 142

XX   **La Poularde** (Olivier Muguet)   🦐 AC 🕸 ⇔ VISA ☯
❄   *pl. de la Gare* – 🕿 03 85 36 72 41 – www.lapoularde.free.fr
– *Fermé 26 avril-4 mai, 18 juil.-4 août, 21 fév.-10 mars, dim. soir, mardi et merc.*
Rest – Menu 35/60 € – Carte 60/70 € 🏵
Spéc. Fraîcheur de légumes verts craquants et coulis de petit pois. Homard rôti
au vinaigre de mangue et semoule façon tajine. Tarte aux pommes revisitée.
Vins Saint-Véran, Fleurie.
♦ Accueil souriant, cuisine bien maîtrisée, savoureuse et précise dans son exécu-
tion : voilà les atouts de cette maison avenante au décor contemporain, située à
côté de la gare.

LA CHAPELLE-EN-SERVAL – 60 Oise – **305** G6 – 2 462 h.   **36** B3
– alt. 104 m – ⊠ 60520

▶ Paris 41 – Beauvais 64 – Chantilly 10 – Compiègne 43

🏨   **Mont Royal** 🐚   ⇐ 🦵 🦐 🖼 📶 🛁 🛎 🛗 占 AC 🕸 rest, 🍽 🖲 🅿
   rte de Plailly, 1 km à l'Est par D 118 – 🕿 03 44 54 50 50   VISA ☯ AE ①
   – www.tiara-hotels.com
109 ch – †150/420 € ††160/420 € – 5 suites – ⊇ 25 €
Rest – *(fermé le midi)* Menu 59 € – Carte 70/100 €
♦ Superbe château de 1909 (style classique), dressé dans un parc et entièrement
rénové. Dès l'entrée, haut plafond, miroir, mobilier de style donnent le ton : luxe
et raffinement. Élégante salle à manger en rotonde ornée de lustres en cristal ;
cuisine traditionnelle.

LA CHAPELLE-EN-VERCORS – 26 Drôme – **332** F4 – 674 h.   **43** E2
– alt. 945 m – Sports d'hiver : au Col de Rousset 1 255/1 700 m ⛷8 ⛷ – ⊠ 26420
🟩 Alpes du Nord

▶ Paris 604 – Die 41 – Grenoble 60 – Romans-sur-Isère 47

🄸 place Piétri 🕿 04 75 48 22 54
🄵 Chapelle-en-Vercors, S : 2 km, 🕿 04 75 48 19 86
🄾 Grotte de la Draye blanche★, 5 km au S par D 178.

🏨   **Des Sports**   🦐 🕸 ch, 🚗 VISA ☯
⌘   *av. des Grands Goulets* – 🕿 04 75 48 20 39 – www.hotel-des-sports.com – *Fermé*
   12 nov.-26 déc., 4 janv.-1er fév., dim. soir et lundi
10 ch – †54/58 € ††54/58 € – ⊇ 8,50 € – ½ P 57/59 €
Rest – (13 €) Menu 18/32 € – Carte 26/42 €
♦ Dans une rue commerçante à l'entrée du village, un véritable pied-à-terre
pour cyclistes et randonneurs parcourant le Vercors. Chambres pimpantes et
très bien tenues. Au restaurant, cadre campagnard, plats traditionnels et spécialités régionales.

LA CHAPELLE-ST-MESMIN – 45 Loiret – **318** H4 – rattaché à Orléans

CHARBONNIÈRES-LES-BAINS – 69 Rhône – **327** H5 – rattaché à Lyon

CHARENTON-LE-PONT – 94 Val-de-Marne – **312** D3 – **101** 26 – voir à Paris, Environs

CHARETTE – 38 Isère – **333** F3 – 358 h. – alt. 250 m – ⊠ 38390   **44** B1

▶ Paris 479 – Aix-les-Bains 68 – Belley 39 – Grenoble 100

🏨   **Auberge du Vernay**   🦐 🛗 占 🍽 🛗 🅿 VISA ☯
   rte Optevoz, D 52 – 🕿 04 74 88 57 57 – www.auberge-du-vernay.fr
7 ch – †55/80 € ††80/120 € – ⊇ 10 € – ½ P 70/90 €
Rest – *(fermé sam. midi, dim. soir, merc. midi et lundi) (nombre de couverts
limité, prévenir)* (16 €) Menu 20 € (sem.), 28/84 € – Carte 55/95 €
♦ Le calme de la campagne environnante et les coquettes chambres personnalisées font l'attrait de cette accueillante ferme du 18e s. joliment réhabilitée. Au restaurant : décor mi-rustique, mi-contemporain, belle cheminée et cuisine au goût
du jour pleine de saveurs.

LA CHARITÉ-SUR-LOIRE – 58 Nièvre – **319** B8 – 5 366 h. – alt. 170 m   **7** A2
– ✉ 58400 ◻ Bourgogne

▶ Paris 212 – Auxerre 109 – Bourges 51 – Montargis 102

🛈 5, place Sainte-Croix ℰ 03 86 70 15 06

◉ Église N.-Dame★★ – ≼★★ sur le chevet - Esplanade rue du Clos ≼★.

🛇 Auberge de Seyr   *VISA* ◉◎

4 Grande Rue – ℰ 03 86 70 03 51 – Fermé 22-29 mars, 16 août-6 sept., jeudi soir
dim. soir et lundi

Rest – Menu 12/35 € – Carte 15/45 €

♦ Un restaurant tout simple, dont les salles sont rustiques et chaleureuses (poutres peintes, murs blancs). Le chef concocte de bons petits plats traditionnels.

CHARLEVILLE-MÉZIÈRES Ⓟ – 08 Ardennes – **306** K4 – 51 997 h.   **13** B1
– Agglo. 107 777 h. – alt. 145 m – ✉ 08000 ◻ Champagne Ardenne

▶ Paris 230 – Luxembourg 168 – Reims 85 – Sedan 26

🛈 4, place Ducale ℰ 03 24 55 69 90

▣ des Sept-Fontaines à Fagnon Abbaye de Sept Fontaines, SO : 10 km par
   D 139, ℰ 03 24 37 38 24

▣ des Ardennes à Villers-le-Tilleul Base de Loisirs des Poursaudes, S : 21 km
   par D 764 et D 33, ℰ 03 24 35 64 65

◉ Place Ducale★★ - Musée de l'Ardenne★ BX **M**¹ - Musée Rimbaud BX **M**²
   - Basilique N.-D.-d'Espérance : vitraux★★ BZ.

🏨 Le Dormeur du Val sans rest   🗗 占 🅰🅲 "🛜" 🎧 *VISA* ◉◎ 🅰🅴

32 bis r. de la Gravière – ℰ 03 24 42 04 30 – www.dormeur.fr   BY**d**

17 ch – †90/150 € ††90/150 € – ⊡ 14 €

♦ Ode à la poésie rimbaldienne dans cette ancienne imprimerie... Ici, le design et l'originalité arty sont de mise ; les chambres se font "Rime", "Strophe" ou "Poème".

🍴🍴🍴 La Clef des Champs   🗗 🅰🅲 *VISA* ◉◎ 🅰🅴

33 r. du Moulin – ℰ 03 24 56 17 50 – www.laclefdeschamps.fr – Fermé dim. soir

Rest – (19 €) Menu 23/65 € – Carte 50/80 €   BX**e**

♦ Deux jolies salles à manger (une avec cheminée en brique et bois) et une courterrasse d'été dans une demeure du 17ᵉ s. Recettes au goût du jour avec quelques touches asiatiques.

🍴🍴 La Côte à l'Os   🗗 占 🅰🅲 *VISA* ◉◎ 🅰🅴

11 cours A. Briand – ℰ 03 24 59 20 16 – www.restaurant-charleville-lacotealos.fr

Rest – (14 €) Menu 21 € (sem.)/29 € – Carte 25/45 €   BY**e**

♦ Viandes (choix de gibier en saison) et beaux plateaux de fruits de mer servis dans une ambiance animée ou plus intimiste à l'étage. Décor néoclassique façon brasserie cossue.

🍴 La Papillote   🅰🅲 *VISA* ◉◎

7 bis r. d'Aubilly – ℰ 03 24 37 41 34 – Fermé 3 sem. en août, dim. soir et lundi

Rest – (21 €) Menu 27/32 €   BX**b**

♦ La maison date du 17ᵉ s. Intérieur chaleureux avec boiseries, poutres apparentes, cheminée et tables joliment dressées. Côté cuisine, un menu-carte et registre traditionnel.

🍴 La Table d'Arthur "R"   🎽 *VISA* ◉◎

9 r. Bérégovoy – ℰ 03 24 57 05 64 – Fermé vacances de printemps,
7-31 août, lundi soir, merc. soir, dim. et fériés   BX**a**

Rest – (20 €) Menu 26 €

♦ Au bout d'une impasse, un univers dédié au vin et au bien manger. Après la découverte des nombreux flacons, on descend à la cave... pour déguster une cuisine franche et sincère.

🍴 Amorini   *VISA* ◉◎

46 pl. Ducale – ℰ 03 24 37 48 80 – Fermé 2-19 mai, 1ᵉʳ-23 août, dim. et lundi

Rest – (déj. seult) Carte 22/32 €   BX**t**

♦ Goûtez à la "dolce vita" dans un cadre typiquement italien avec ses fresques figurant des angelots. Sur les tables, plats et vins transalpins aux notes ensoleillées.

CHARLEVILLE-MÉZIÈRES

Arches (Av. d') . . . . **BYZ**
Arquebuse (R. de l') . . . . . . **BX** 2
Bérégovoy (R. P.) . . . . **BX** 3
Bourbon (R.) . . . . **BX** 4
Carré (R. Irénée) . . . . **BX** 5
Corneau (Av. G.) . . . . **BY** 6

Droits-de-l'Homme (Pl. des) **BX** 7
Fg de Pierre (R. du) . . . . . . **BZ** 8
Flandre (R. de) . . . . **BX** 9
Hôtel de Ville (Pl. de l') . . . . **BZ** 10
Jean-Jaurès (Av.) . . . . **BY**
Leclerc (Av. Mar.) . . . . **BY** 19
Manchester (Av. de) . . . . . **AY** 20
Mantoue (R. de) . . . . **BX** 21
Mitterrand (Av. F.) . . . . **AX** 22
Monge (R.) . . . . **BZ** 23
Montjoly (R. de) . . . . **AX** 24

Moulin (R. du) . . . . **BX** 25
Nevers (Pl. de) . . . . **BX** 27
Petit-Bois (Av. du) . . . . . . **BX** 28
République
  (R. de la) . . . . **BX** 30
Résistance (Pl. de la) . . . . **BZ** 31
St-Julien (Av. de) . . . . **AY** 32
Sévigné (R. Mme de) . . . . **BX** 33
Théâtre (R. du) . . . . **BX** 34
91e-Régt-d'Infanterie
  (Av. du) . . . . **BZ** 36

451

à Montcy-Notre-Dame 4 km au Nord par D 1 BX – 1 536 h. – alt. 144 m
– ⊠ 08090

XX **L'Auberge du Laminak**   ☆ 🌿 **P** *VISA* ⚫⚫
*rte de Nouzonville – 𝒞 03 24 33 37 55 – www.auberge-ardennes.com – Fermé
9-31 août, 2-8 janv., dim. soir, merc. soir et lundi*
Rest – *(nombre de couverts limité, prévenir)* Menu 27 € (déj.) en sem.)/39 €
– Carte 35/48 €
◆ En lisière de forêt, cette charmante auberge met le Pays Basque à l'honneur :
décor aux couleurs du Sud-Ouest et dans l'assiette, recettes savoureuses et parfaitement maîtrisées.

à Fagnon 8 km par D 3 AZ et D 39 – 356 h. – alt. 171 m – ⊠ 08090

🏛🏛🏛 **Abbaye de Sept Fontaines** 🐦   ≤ 🌿 ☆ **18** 🌿 rest, ⫙ 🏌 **P**
rte des Sept Fontaines – 𝒞 03 24 37 38 24   *VISA* ⚫⚫ AE ⓪
– www.abbayeseptfontaines.fr
23 ch – ♦89/195 € ♦♦98/199 € – ⊆ 15 € – ½ P 92/115 €
Rest – (19 €) Menu 27 € (déj.) – Carte 49/85 €
◆ Une ancienne abbaye (17ᵉ s.) et son domaine, transformés en hôtel. Les chambres sont plus spacieuses au 1ᵉʳ étage et profitent d'une jolie vue. Golf 18 trous.
Une magnifique salle Louis XVI accueille les repas (cuisine classique). Terrasse d'été.

CHARLIEU – 42 Loire – **327** E3 – 3 649 h. – alt. 265 m – ⊠ 42190   **44** A1
🟩 Bourgogne
▶ Paris 398 – Mâcon 77 – Roanne 18 – St-Étienne 102
🟦 place Saint-Philibert, 𝒞 04 77 60 12 42
◉ Ancienne abbaye bénédictine★ : façade★★ - Couvent des Cordeliers★.

🏠 **Relais de l'Abbaye**   ☆ ⫙ **P** *VISA* ⚫⚫ AE ⓪
415 rte du Beaujolais – 𝒞 04 77 60 00 88 – www.relais-abbaye.fr
28 ch – ♦72/82 € ♦♦78/125 € – ⊆ 10 € – ½ P 58/65 €
Rest – (15 €) Menu 26/48 € – Carte 36/80 €
◆ Dans cet établissement de la rive gauche du Sornin, les chambres sont fonctionnelles, colorées et bien tenues. Pelouse avec aire de jeux pour les enfants. Au
restaurant, atmosphère moderne, paisible terrasse et plats aux accents du terroir.

rte de Pouilly 2,5 km au Sud-Ouest par D 487 et rte secondaire

XX **Le Moulin de Rongefer**   ☆ **P** *VISA* ⚫⚫
*300 chemin de Rongefer – 𝒞 04 77 60 01 57 – www.lemoulinderongefer.fr
– Fermé 16 août-10 sept., 15 janv.-5 fév., dim. soir, mardi soir et merc.*
Rest – (15 €) Menu 26/55 € – Carte 40/60 €🌿
◆ Ancien moulin bordant le Sornin, où l'on déguste une cuisine actuelle (belle
carte des vins honorant la Bourgogne). Salle à manger lumineuse et élégante, terrasse fleurie.

à St-Pierre-la-Noaille 5,5 km au Nord-Ouest par rte secondaire – 353 h.
– alt. 287 m – ⊠ 42190

🏠 **Domaine du Château de Marchangy** sans rest 🐦   ≤ 🌿 ⯒ ⫙
– 𝒞 04 77 69 96 76 – www.marchangy.com   **P**
3 ch ⊆ – ♦85/105 € ♦♦95/115 €
◆ Superbe château du 18ᵉ s., jardin arboré, piscine et jolie maison de vigneron
abritant des chambres décorées avec goût... un bien agréable domaine donnant sur les monts du Forez.

CHARMES – 88 Vosges – **314** F2 – 4 561 h. – alt. 282 m – ⊠ 88130   **27** C3
🟩 Alsace Lorraine
▶ Paris 381 – Épinal 31 – Lunéville 40 – Nancy 43
🟦 2, place Henri Breton 𝒞 03 29 38 17 09

Dancourt avec ch

6 pl. Henri Breton – ℰ 03 29 38 80 80 – www.hotel-dancourt.com
– Fermé 17 déc.-17 janv., dim. soir de sept. à juin, sam. midi et vend.
16 ch – ♦44/55 € ♦♦49/62 € – ⌂ 9 € – ½ P 46/53 €
Rest – (15 €) Menu 19 € (sem.)/43 € – Carte 32/75 €
♦ Près de la maison natale de Maurice Barrès, on se retrouve dans ce cadre néo-classique pour déguster gibier, poisson frais ou écrevisses en vivier. Chambres simples et propres.

à Chamagne 4 km au Nord par D 9 – 462 h. – alt. 265 m – ⌨ 88130

Le Chamagnon

236 r. du Patis – ℰ 03 29 38 14 74 – Fermé 1er-24 juil., 27 oct.-5 nov., dim. soir,
mardi soir, merc. soir et lundi
Rest – (10 € bc) Menu 19/53 € – Carte 35/60 €
♦ Dans le village de Claude Gellée dit "Le Lorrain", ce restaurant chaleureux (cave en exposition) propose une cuisine privilégiant le terroir et les excellents produits.

à Vincey 4 km au Sud-Est par N 57 – 2 250 h. – alt. 297 m – ⌨ 88450

Relais de Vincey

33 r. de Lorraine – ℰ 03 29 67 40 11 – www.relaisdevincey.fr – Fermé 15-28 août
34 ch – ♦60/72 € ♦♦78/87 € – ⌂ 11 € – ½ P 65/77 €
Rest – (fermé sam. midi et dim. soir) (22 €) Menu 25 € (sem.), 28/35 €
– Carte 30/51 €
♦ Des chambres aménagées dans un style contemporain, au calme. Beau jardin avec piscine et tennis. Restaurant et piscine couverte dans le bâtiment principal du Relais. Cuisine traditionnelle et spécialités de fruits de mer.

CHARMES-SUR-RHÔNE – 07 Ardèche – 331 K4 – 2 070 h. — **44** B3
– alt. 112 m – ⌨ 07800

▶ Paris 571 – Crest 23 – Montélimar 44 – Privas 29

Le Carré d'Alethius avec ch

4 r. Paul-Bertois – ℰ 04 75 78 30 52 – www.lecarredalethius.com – Fermé 2 sem.
en août, 2 sem. en fév.
9 ch – ♦65/71 € ♦♦74/105 € – ⌂ 9 €
Rest – (fermé dim. soir, mardi midi et lundi) (18 €) Menu 23 € (déj. en sem.),
32/60 €
♦ Œuf de poule cuit à basse température, soupe de courge ; filet de dorade et légumes à la grecque... Une cuisine savoureuse et soignée (bon rapport qualité-prix), à apprécier dans un décor contemporain et lumineux. Chambres sobres et fraîches, certaines avec terrasse.

CHARNY-SUR-MEUSE – 55 Meuse – 307 D3 – rattaché à Verdun

CHAROLLES ⊛ – 71 Saône-et-Loire – 320 F11 – 2 864 h. – alt. 279 m — **8** C3
– ⌨ 71120 ▌Bourgogne

▶ Paris 374 – Autun 80 – Chalon-sur-Saône 67 – Mâcon 55
▌24, rue Baudinot ℰ 03 85 24 05 95

De la Poste

av. de la Libération, (près de l'église) – ℰ 03 85 24 11 32
– www.hotel-laposte-doucet.com – Fermé 15 nov.-3 déc., 15 fév.-3 mars, jeudi
soir hors saison, dim. soir et lundi
15 ch – ♦70/160 € ♦♦70/160 € – ⌂ 13 €
Rest – (22 €) Menu 39/70 € – Carte 55/92 €
♦ Cet hôtel de tradition propose des chambres confortables, rénovées dans un esprit contemporain, avec quelques clins d'œil au passé (armoires de famille). Belle cuisine au goût du jour à savourer dans un décor raffiné ou sur l'agréable terrasse chlorophyllée.

⚐ **Le Clos de l'Argolay** sans rest ॐ   ☷ ⅋ ⁞⁞

21 quai de la Poterne – ☏ *03 85 24 10 23 – www.closdelargolay.fr – Fermé janv.*
5 ch ⌑ – ♦95 € ♦♦119 €

◆ Dans la petite Venise du Charolais, maison 18ᵉ s. protégée par un jardin clos soigné. Belles suites (mobilier de style) et duplex actuel en annexe. Produits maison de qualité.

au Sud-Ouest 11 km par D 985 et D 270 – ⊠ 71120 Changy

✗ **Le Chidhouarn**   ☷ ⊐ **P** VISA ◠

par D 270 – ☏ *03 85 88 32 07 – Fermé 29 août-8 sept., 9 janv.-2 fév., dim. soir de nov. à avril, lundi et mardi*
Rest – Menu 22 € (sem.), 29/51 € – Carte 20/50 €

◆ Une collection de coquillages pour égayer cette maison rustique du bocage charolais, une cheminée pour réchauffer le salon. Spécialités de poisson à base de produits bretons.

CHARQUEMONT – 25 Doubs – **321** K3 – 2 387 h. – alt. 864 m   **17** C2
– ⊠ 25140

▶ Paris 478 – Basel 98 – Belfort 66 – Besançon 75

✗ **Au Bois de la Biche** avec ch ॐ   ⟨ ☷ ⌂ **P** VISA ◠

5 km au Sud-Est par D 10ᴱ et rte secondaire – ☏ *03 81 44 01 82*
– www.boisdelabiche.com – Fermé 2 janv.-3 fév. et lundi
3 ch – ♦49 € ♦♦49 € – ⌑ 8 € – ½ P 51 €
Rest – Menu 20 € (sem.)/42 € – Carte 28/57 €

◆ Point de ralliement des randonneurs, cette ancienne ferme en pleine nature domine les gorges du Doubs. La salle à manger, panoramique, fait face au Jura suisse ; appétissante cuisine régionale. Chambres classiques, au grand calme.

CHARROUX – 03 Allier – **326** F5 – 374 h. – alt. 420 m – ⊠ 03140   **5** B1
▌Auvergne

▶ Paris 344 – Clermont-Ferrand 61 – Montluçon 68 – Moulins 52
▐ rue de l'Horloge ☏ 04 70 56 87 71

⚐ **La Maison du Prince de Condé** sans rest   ☷ ⅋ VISA ◠

8 pl. d'Armes – ☏ *04 70 56 81 36 – www.maison-conde.com*
5 ch ⌑ – ♦54/71 € ♦♦59/91 €

◆ Dans cette maison (13ᵉ-18ᵉ s.), le prince de Condé est en bonne compagnie : le patron canadien est charmant ! Chambres joliment décorées, dont "Porte d'Orient" dans la tour.

à Valignat 8 km à l'Ouest sur D 183 – 69 h. – alt. 420 m – ⊠ 03330

⚐ **Château de l'Ormet** sans rest ॐ   ◑ ⊐ ⅋ **P** VISA ◠

L'Ormet – ☏ *04 70 58 57 23 – www.chateaudelormet.com – Ouvert début avril à mi-nov.*
4 ch ⌑ – ♦68/87 € ♦♦75/95 €

◆ "Champêtre", "Renaissance", "Romantique"... les chambres de cette gentilhommière bourbonnaise du 18ᵉ s. ont du caractère ! Toutes donnent sur le parc, où s'épanouit un insolite mini-réseau ferroviaire, la passion du patron.

CHARTRES **P** – 28 Eure-et-Loir – **311** E5 – 40 022 h.   **11** B1
– Agglo. 130 681 h. – alt. 142 m – Grand pèlerinage des étudiants (fin avril-début mai) – ⊠ 28000 ▌Île de France

▶ Paris 89 – Évreux 78 – Le Mans 120 – Orléans 80
▐ place de la Cathédrale ☏ 02 37 18 26 26
▣ du Bois d'Ô à Saint-Maixme-Hauterive Ferme de Gland, par rte de Verneuil-sur-Avre : 26 km, ☏ 02 37 51 04 61
◉ Cathédrale Notre-Dame★★★ : le portail Royal★★★, les vitraux★★★
- Vieux Chartres★ : église St-Pierre★, ⟨★ sur l'église St-André, des bords de l'Eure - Musée des Beaux-Arts : émaux★ Y **M²**
- COMPA★ (Conservatoire du Machinisme agricole et des Pratiques Agricoles) 2 km par D24.

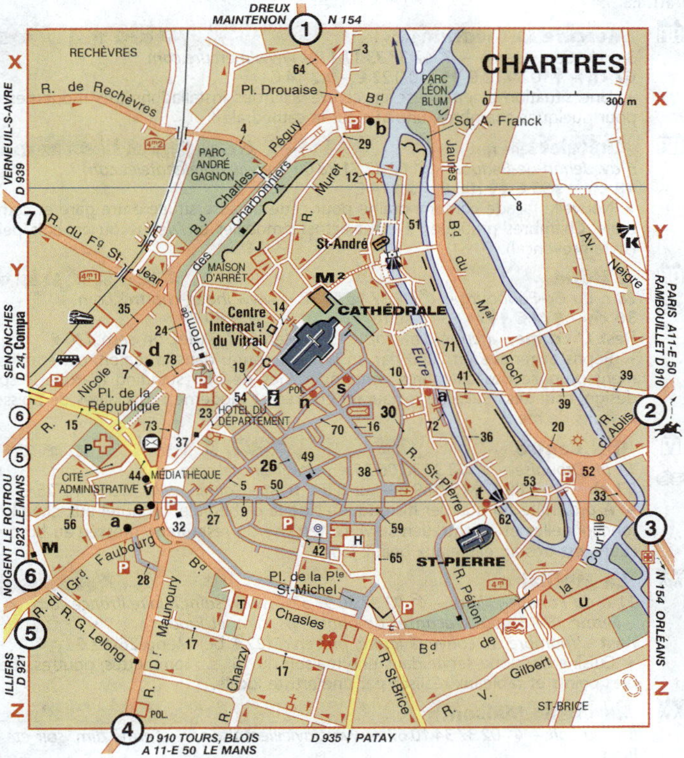

CHARTRES

RECHÈVRES

Pl. Drouaise

PARC
LÉON
BLUM

Sq. A. Franck

0   300 m

PARC
ANDRÉ
GAGNON

St-André

MAISON
D'ARRÊT

CATHÉDRALE

Centre
Internat
du Vitrail

HÔTEL DU
DÉPARTEMENT

Pl. de la
République

MÉDIATHÈQUE

CITÉ
ADMINISTRATIVE

St-PIERRE

Pl. de la
St-Michel

Chasles

Faubourg

POL.

Aligre (Av. d')	**X**	3
Alsace-Lorraine (Av. d')	**X**	4
Ballay (R. Noël)	**Y**	5
Beauce (Av. Jehan-de)	**Y**	7
Bethouard (Av.)	**Y**	8
Bois-Merrain (R. du)	**Y**	9
Bourg (R. du)	**Y**	10
Brèche (R. de la)	**X**	12
Cardinal-Pie (R. du)	**Y**	14
Casanova (R. Danièle)	**Y**	
Changes (R. des)	**Y**	16
Châteaudun (R. de)	**Z**	17
Châtelet (Pl.)	**Y**	18
Cheval-Blanc (R. du)	**Y**	19
Clemenceau (Bd)	**Y**	20
Collin-d'Harleville (R.)	**Y**	23
Couronne (R. de la)	**Y**	24

Cygne (Pl. du)	**Y**	26
Delacroix (R. Jacques)	**Y**	27
Dr-Gibert (R. du)	**Z**	28
Drouaise (R. Porte)	**X**	29
Écuyers (R. des)	**Y**	30
Épars (R. des)	**Z**	32
Faubourg La Grappe		
(R. du)	**Y**	33
Félibien (R.)	**Y**	35
Fessard (R. G.)	**Y**	78
Foulerie (R. de la)	**Y**	36
Gaulle (Pl. Gén.-de)	**Y**	37
Grenets (R. des)	**Y**	38
Guillaume (R. du Fg)	**Y**	39
Guillaume (R. Porte)	**Y**	41
Halles (Pl. des)	**Y**	42
Koenig (R. du Gén.)	**Y**	44

Marceau (Pl.)	**Y**	49
Marceau (R.)	**Y**	50
Massacre (R. du)	**Y**	51
Morard (R.)	**Z**	52
Morard (R. de la Porte)	**Y**	53
Moulin (Pl. Jean)	**Y**	54
Péri (R. Gabriel)	**Z**	56
Poêle-Percée		
(R. de la)	**Z**	59
St-Hilaire (R. du Pont)	**Z**	62
St-Maurice (R.)	**X**	64
St-Michel (R.)	**Y**	65
Semard (Pl. Pierre)	**Y**	67
Soleil-d'Or (R. du)	**Y**	70
Tannerie (R. de la)	**Y**	71
Teinturiers (Q. des)	**Y**	72
Violette (Bd Maurice)	**Z**	73

Le Grand Monarque

22 pl. des Épars – ℰ 02 37 18 15 15 – www.bw-grand-monarque.com

Z e

50 ch – †110/190 € ††130/190 € – 5 suites – ⌓ 15 €

Rest *Le Georges* – *(fermé sam. midi en juil.-août, dim. soir et lundi)*
Menu 50/85 € – Carte 64/79 €

Spéc. Œuf mollet meunière, fricassée d'escargots aux cèpes (automne-hiver).
Agneau, la selle aux aromates, la souris confite comme un tajine. Ricotta citron
basilic, jus de framboise au gingembre, meringue et sorbet noix de coco (été).

Rest *La Cour du Monarque* – (22 € bc) Carte 21/56 €

♦ Cet ancien relais de poste était déjà recommandé dans le guide 1900 ! Les
chambres sont spacieuses et cossues, dans une veine classique : mobilier de style,
tentures, boiseries... Au Georges, cuisine actuelle axée terroir et très belle carte des
vins. Préparations plus ludiques sous la verrière de la Cour du Monarque.

Mercure Cathédrale sans rest
🛌 ⚇ 📺 📶 🛁 *VISA* **©** **AE**
3 r. du Gén.-Koenig – ℰ *02 37 33 11 11* – *www.mercure.com* **Yv**
67 ch – ♦102/112 € ♦♦110/122 € – ☷ 14 €
♦ Une situation avantageuse en centre-ville, des installations très modernes et, pour quelques chambres, une vue sur la cathédrale !

Châtelet sans rest
🛌 ⚇ 📺 ⚡ 📶 🛁 P 🅿 *VISA* **©** **AE**
6 av. Jehan-de-Beauce – ℰ *02 37 21 78 00* – *www.hotelchatelet.com* **Yd**
48 ch – ♦95 € ♦♦108 € – ☷ 14 €
♦ Nouvelle façade contemporaine pour cette adresse située entre gare et cathédrale. Chambres pratiques d'esprit actuel : mobilier en wengé ou en bois peint (style provençal).

L'Hôtel
🏡 🛌 ⚇ 📺 📞 🛁 *VISA* **©**
28 r. du Gd-Faubourg – ℰ *02 37 18 52 77* – *www.lhotel-chartres.com* **Za**
36 ch – ♦74 € ♦♦74 € – 1 suite – ☷ 10 € – ½ P 59 €
Rest *L' Écume* – *(fermé dim. soir)* Menu 17 € (déj. en sem.)/30 €
♦ Repris et rénové fin 2008 par un hôtelier connu dans la région, cet établissement propose des chambres contemporaines de bon standing (parquet, esprit design, couettes). Salle de restaurant colorée et moderne ; spécialités de poisson et fruits de mer.

Ibis Centre
🏡 🛌 ⚇ 📺 📶 🛁 P 🅿 *VISA* **©** **AE** ⓞ
14 pl. Drouaise – ℰ *02 37 36 06 36* – *www.ibishotel.com* **Xb**
82 ch – ♦57/89 € ♦♦57/89 € – ☷ 8 € **Rest** – *(dîner seult)* Menu 15/25 €
♦ À proximité du quartier historique et de la cathédrale, un hôtel aux chambres fonctionnelles et à l'entretien suivi. La terrasse du restaurant, dressée au bord de l'Eure, est très agréable aux beaux jours.

Le St-Hilaire
VISA **©**
11 r. du Pont St-Hilaire – ℰ *02 37 30 97 57* – *www.saint.hilaire.ifrance.com*
– *Fermé 1er-16 août, vacances de printemps, dim. et lundi* **YZt**
Rest – *(nombre de couverts limité, prévenir)* (22 € bc) Menu 26/42 €
♦ Cuisine classique servie dans une maison du 16e s. : tommettes, poutres, meubles peints et tableaux réalisés par une artiste locale.

La Vieille Maison
🏡 *VISA* **©**
5 r. au Lait – ℰ *02 37 34 10 67* – *www.lavieillemaison.fr* – *Fermé dim. soir et lundi* **Ys**
Rest – Menu 30/55 € – Carte 50/65 €
♦ Pierres et poutres apparentes, meubles rustiques et cheminée donnent tout son cachet à cette vénérable demeure plusieurs fois centenaire. Cuisine traditionnelle.

Les Feuillantines
🏡 ⇔ *VISA* **©**
4 r. du Bourg – ℰ *02 37 30 22 21* – *Fermé 1 sem. en avril, 3 sem. en août, 1 sem. en janv., dim. et lundi* **Ya**
Rest – (19 €) Menu 25 € – Carte 35/52 €
♦ Dans ce petit restaurant du quartier historique, le chef prépare une cuisine traditionnelle sensible au rythme des saisons. Décor ensoleillé, terrasse d'été et accueil chaleureux.

Le Bistrot de la Cathédrale
🏡 *VISA* **©** **AE**
1 Cloître Notre Dame – ℰ *02 37 36 59 60* – *Fermé merc.* **Yn**
Rest – Menu 21 € – Carte environ 28 €
♦ Face à la cathédrale – que l'on peut admirer de la terrasse –, un sympathique bistrot cosy et feutré. Large choix de plats à l'ardoise, dont la poule au pot, spécialité maison.

à l'Est 4 km par ② puis D 910 – ✉ 28000 Chartres

Novotel
🚗 🏡 ⚓ 🛌 ⚇ 📺 📶 🛁 P 🅿 *VISA* **©** **AE** ⓞ
av. Marcel Proust – ℰ *02 37 88 13 50* – *www.novotel.com*
112 ch – ♦102/135 € ♦♦102/135 € – ☷ 14 €
Rest – (17 €) Menu 27 € – Carte 20/40 €
♦ Construction "seventies" située entre zone commerciale et voies rapides. Préférez les chambres rénovées, pratiques, modernes et claires. Jardin-patio et jeux pour les enfants. Au restaurant, concept et carte Novotel Café.

à Chazay 12 km à l'Ouest par D 24 et D 121 - ✉ 28300 St-Aubin-des-Bois

⚲ **L' Erablais** sans rest ⌂   🖅 ⌖ **P**
38 r. Jean Moulin – ✆ *02 37 32 80 53* – *www.erablais.com* – *Fermé 20 déc.-4 janv.*
3 ch ⌁ – ♦40/45 € ♦♦49/54 €
◆ Les chambres, aménagées dans l'ex-étable de cette ferme du 19e s., sont coquettement décorées sur le thème des fleurs. Le paisible et beau jardin donne sur les champs de colza.

à St-Luperce 13 km à l'Ouest par ⑥ puis D 121 et D 114 – 885 h. – alt. 152 m – ✉ 28190

⚲ **La Ferme de Mousseau** sans rest ⌂   🖅 ⌖ **P**
Lieu-dit "Mousseau" – ✆ *02 37 26 85 01* – *www.lafermedemousseau.com* – *Ouvert 1er mars-15 nov.*
3 ch ⌁ – ♦50 € ♦♦60 €
◆ Pour un séjour à la campagne, dans une "vraie" ferme (en activité) : cadre rustique et confortable, petit-déjeuner (confitures, brioches maison) dans le décor d'anciennes écuries.

LA CHARTRE-SUR-LE-LOIR – 72 Sarthe – **310** M8 – 1 497 h.   **35** D2
– alt. 55 m – ✉ 72340 ▮ Châteaux de la Loire

 ▶ Paris 217 – La Flèche 57 – Le Mans 49 – St-Calais 30
 🛈 13, place de la République ✆ 02 43 44 40 04

🏠 **De France**   🖅 ⌂ ⊼ ⌖ ⌂ **P** **VISA** ⦿ **AE**
 20 pl. de la République – ✆ *02 43 44 40 16* – *www.hoteldefrance-72.fr* – *Fermé 25 déc.-25 janv., dim. soir et lundi sauf le soir en juil.-août*
21 ch – ♦55/61 € ♦♦55/61 € – ⌁ 8,50 € – ½ P 50/59 €
Rest – *(prévenir le week-end)* (12 €) Menu 15 € (sem.), 27/36 € – Carte 30/55 €
◆ Relais de poste centenaire aux chambres progressivement rénovées. Petit jardin au bord du Loir et piscine. Il règne une atmosphère vieille France au restaurant qui propose une cuisine traditionnelle et une carte des vins axée sur la production régionale.

CHARTRETTES – 77 Seine-et-Marne – **312** F5 – 2 514 h. - alt. 75 m **19** C2
– ✉ 77590

 ▶ Paris 66 – Créteil 44 – Montreuil 60 – Vitry-sur-Seine 48

⚲ **Château de Rouillon** sans rest   🝝 ⌖ ⌂ **P**
41 av. Charles de Gaulle – ✆ *01 60 69 64 40* – *www.chateauderouillon.net*
5 ch ⌁ – ♦90/110 € ♦♦98/118 €
◆ Château du 17e s. et son majestueux parc à la française bordé par la Seine. Meubles de style et objets anciens composent un décor raffiné dans les chambres comme dans les salons.

CHASSAGNE-MONTRACHET – 21 Côte-d'Or – **320** I8 – 396 h.   **7** A3
– alt. 200 m – ✉ 21190

 ▶ Paris 327 – Beaune 16 – Dijon 64 – Lons-le-Saunier 125

⚲ **Château de Chassagne-Montrachet** sans rest ⌂ ≤ 🎨 ⌖ **P**
5 r. du Château – ✆ *03 80 21 98 57*   **VISA** ⦿ ⓪
– *www.michelpicard.com*
5 ch ⌁ – ♦200/250 € ♦♦200/250 €
◆ Ce prestigieux domaine viticole vous ouvre les portes de son château (fin 18e s.) et de ses caves. Belles chambres très contemporaines, salles de bains créées par le sculpteur Argueyrolles.

Le Chassagne (Stéphane Léger) [AC] [⟷] [VISA] [⬮]
✿

4 imp. Chenevottes – ℰ *03 80 21 94 94* – *www.restaurant-lechassagne.com*
– *Fermé 1ᵉʳ-22 août, 19 déc.-3 janv., dim. soir, merc. soir et lundi*
Rest – (25 €) Menu 29 € (déj. en sem.), 39/85 €🍴

Spéc. Langoustines et escargots aux saveurs de crustacés et badiane. Pigeonneau fermier du Louhannais, petits pois et mange tout (saison). Streusel de rhubarbe et vanille de Madagascar, glace à la fraise mara des bois (été). **Vins** Chassagne-Montrachet blanc et rouge.

◆ Belle étape gourmande que cette maison pleine de charme avec boutique de vins au rez-de-chaussée et restaurant, clair et sobre, à l'étage. Cuisine actuelle parfaitement aboutie.

CHASSELAY – 69 Rhône – 327 H4 – 2 678 h. – alt. 220 m – ⊠ 69380   43 E1
▶ Paris 443 – L'Arbresle 15 – Lyon 21 – Villefranche-sur-Saône 18

Guy Lassausaie [🚗] [ᴴ] [AC] [P] [VISA] [⬮] [AE]
✿✿

r. de Belle Sise – ℰ *04 78 47 62 59* – *www.guy-lassausaie.com*
– *Fermé 1ᵉʳ-25 août, 13-22 fév., mardi et merc.*
Rest – Menu 55/105 € – Carte 70/90 €🍴

Spéc. Gâteau de tourteau et avocat au caviar. Suprême de caille et foie gras en coque d'épices. Cône glacé aux épices, poire williams de Chasselay rôtie au miel (automne-hiver). **Vins** Saint-Véran, Fleurie.

◆ Au cœur du village, cette solide maison familiale vit avec son époque : sa séduisante cuisine, réalisée sur des bases classiques, le prouve – comme son décor, d'une élégance toute contemporaine.

CHASSENEUIL – 36 Indre – 323 E7 – 649 h. – alt. 140 m – ⊠ 36800   11 B3
▶ Paris 299 – Châteauroux 27 – Guéret 99 – Orléans 173

Auberge des Saveurs [🚗] [✿] [VISA] [⬮] [AE]

1 pl. de l'Église – ℰ *02 54 25 82 17* – *www.auberge-des-saveurs.fr* – *Fermé sam. midi, mardi et merc.*
Rest – (prévenir) Menu 26/50 €

◆ Dans sa cuisine ouverte sur la salle, le chef réalise de bons plats mis au goût du jour. Tout est frais et fait maison. Salle de type bistrot, ambiance proche d'une table d'hôte.

CHASSENEUIL-DU-POITOU – 86 Vienne – 322 I5 – rattaché à Poitiers

---

CHASSE-SUR-RHÔNE – 38 Isère – 333 B4 – rattaché à Vienne

CHÂTEAU-ARNOUX-ST-AUBAN – 04 Alpes-de-Haute-Provence   41 C2
– 334 E8 – 5 126 h. – alt. 440 m – ⊠ 04160 🏔 Alpes du Sud
▶ Paris 719 – Digne-les-Bains 26 – Forcalquier 30 – Manosque 42
🛈 Font Robert ℰ 04 92 64 02 64
🅖 Église St-Donat★ - Belvédère de la chapelle St-Jean★ - Site★ de Montfort.

La Bonne Étape (Jany Gleize) [🚗] [🏊] [AC] [📶] [↯] [P] [VISA] [⬮] [AE] [①]
✿

chemin du lac – ℰ *04 92 64 00 09* – *www.bonneetape.com*
– *Fermé 2 janv.-10 fév.*
18 ch – †159/195 € ††159/422 € – ⊡ 25 € – ½ P 174/192 €
Rest – (fermé 15 nov.-1ᵉʳ déc., 2 janv.-10 fév., lundi et mardi hors saison sauf fériés) Menu 42 € (déj.), 75/115 € – Carte 65/113 €🍴

Spéc. Calamar farci aux herbes et pignons (été). Agneau de Sisteron. Crème glacée au miel de lavande. **Vins** Coteaux de Pierrevert, Palette.

◆ Comment ne pas tomber sous le charme de cette demeure du 18ᵉ s. fleurant bon la Provence ? Spacieuses chambres de facture classique. Joli jardin et superbe potager. Au restaurant, le chef cuisine de bons produits dans la pure tradition gastronomique française ; très belle carte des vins.

La Magnanerie avec ch

Les Fillières, 2 km au Nord par N 85 – ℰ 04 92 62 60 11
– www.la-magnanerie.net – Fermé 25 avril-1er mai, 29 août-4 sept.,
24 oct.-6 nov. et 19-27 déc.
9 ch – †65/89 € ††65/89 € – ⌕ 9 € – ½ P 59/71 €
Rest – *(fermé merc. soir de sept. à mai, dim. soir et lundi)* Menu 19 € (déj. en
sem.), 23/43 € – Carte 40/75 €
♦ Une équipe jeune et passionnée fait ici souffler un vent de modernité ! Spacieux intérieur, sobre et confortable dans l'esprit de l'époque ; cuisine inventive
et réfléchie, contemporaine autant que gourmande. Chambres à l'unisson, sur
des thèmes parfois décalés !

Au Goût du Jour

14 av. Gén. de Gaulle – ℰ 04 92 64 48 48 – Fermé 2 janv.-10 fév.
Rest – (18 €) Menu 24 €
♦ Dans une salle aux couleurs de la Provence, on déguste des petits plats du ter-
roir, très bistrotiers. Bons produits du marché et du jardin.

CHÂTEAUBOURG – 35 Ille-et-Vilaine – **309** N6 – 5 535 h. – alt. 50 m   **10** D2
– ⌖ 35220

▶ Paris 329 – Angers 114 – Châteaubriant 52 – Fougères 44

Ar Milin' ⊗

30 r. de Paris – ℰ 02 99 00 30 91 – www.armilin.com
– Fermé 20 déc.-2 janv.
32 ch – †82/129 € ††90/200 € – ⌕ 12 € – ½ P 78/104 €
Rest – *(fermé mardi midi et lundi en juil.-août, dim. soir de nov. à fév. et sam.
midi)* (21 €) Menu 29/46 € – Carte 30/61 €
Rest *Bistrot du Moulin* – *(fermé dim.)* (déj. seult) (16 €) Menu 20 €
– Carte environ 26 €
♦ Dans ce moulin en pierre du 19e s., les chambres sont cosy (plus petites à l'annexe). Au gré d'une balade, on admire les monumentales œuvres contemporaines
qui peuplent le parc. Le restaurant, épuré, donne sur la rivière ; carte dans l'air du
temps. Ambiance décontractée et cuisine actuelle au Bistrot.

à St-Didier 6 km à l'Est par D 33 – 1 590 h. – alt. 49 m – ⌖ 35220

Pen'Roc ⊗

à La Peinière, D 105 – ℰ 02 99 00 33 02 – www.penroc.fr
– Fermé 24 déc.-4 janv.
28 ch – †86/273 € ††98/273 € – ⌕ 13 €
Rest – *(fermé dim. soir hors saison)* (17 €) Menu 23 € (sem.), 33/85 €
– Carte 54/150 €
♦ Ce Pen'Roc respire la sérénité : chambres au décor soigné et espace "détente
et relaxation" (bassin de nage à contre-courant, sauna, hammam, jacuzzi), en
pleine campagne. Cuisine dans l'air du temps servie dans de petits salons intimes
et feutrés.

CHÂTEAUBRIANT ⊛ – 44 Loire-Atlantique – **316** H1 – 12 390 h.   **34** B2
– alt. 70 m – ⌖ 44110 ▌ Bretagne

▶ Paris 354 – Angers 72 – Laval 65 – Nantes 62
🛈 22, rue de Couëré ℰ 02 40 28 20 90
◉ Château★.

La Ferrière

r. Winston Churchill, au Sud par rte de Moisdon-la-Rivière (D 178)
– ℰ 02 40 28 00 28 – www.hotellaferriere.fr
19 ch – †75/100 € ††75/100 € – ⌕ 11 € – ½ P 65/79 €
Rest – *(fermé dim. soir)* (15 €) Menu 20/42 € – Carte 33/71 €
♦ Dans un parc, une demeure de 1840 ornée d'échauguettes. Les chambres sont
spacieuses, avec un peu moins de caractère dans l'annexe. Les amateurs de cui-
sine traditionnelle pourront se régaler au restaurant d'une pièce de bœuf... à la
Châteaubriant.

CHÂTEAU-CHALON – 39 Jura – **321** D6 – 166 h. – alt. 420 m   **16** B3
– ✉ 39210 ▮ Franche-Comté Jura

▶ Paris 409 – Besançon 73 – Dole 51 – Lons-le-Saunier 14

⌂ **Le Relais des Abbesses** sans rest   ≤ ⚅ 🛰 **P**
r. de la Roche – ℰ *03 84 44 98 56 – www.chambres-hotes-jura.com – Ouvert de fév. à mi-nov.*
5 ch ⊡ – †65 € ††70/75 €

◆ Les propriétaires ont eu le coup de foudre pour cette maison de village. Ses chambres, baptisées Agnès, Marguerite et Eugénie offrent une superbe vue sur la Bresse ; Violette regarde Château-Chalon.

CHÂTEAU D'IF – **340** G6 ▮ Provence   **40** B3

⛴ au départ de **Marseille** pour le château d'If★★ (✳★★★) 20 mn. Navettes Frioul If Express ℰ 04 91 46 54 65

LE CHÂTEAU D'OLÉRON – 17 Charente-Maritime – **324** C4 – voir à Île d'Oléron

CHÂTEAU-DU-LOIR – 72 Sarthe – **310** L8 – 4 785 h. – alt. 50 m   **35** D2
– ✉ 72500

▶ Paris 235 – La Flèche 41 – Langeais 47 – Le Mans 43
🛈 2, avenue Jean Jaurès ℰ 02 43 44 56 68

⌂ **Le Grand Hôtel**   🛰 🛰 **P** **VISA** **◎◎** **AE**
pl. Hôtel de Ville – ℰ *02 43 44 00 17 – www.grand-hotel-chateau-du-loir.fr*
– Fermé 1er-11 nov., vend. soir de nov. à fin mars
18 ch – †52 € ††52 € – ⊡ 8 € – ½ P 60 €
Rest – Menu 22/30 € – Carte 30/50 €

◆ Ce relais de poste en tuffeau du 19e s. abrite des chambres correctement équipées, rustiques ou actuelles ; elles sont plus calmes à l'annexe, sise dans l'ancienne écurie. Salle à manger au cachet rétro et terrasse sous une glycine ; cuisine traditionnelle.

CHÂTEAUDUN ◉ – 28 Eure-et-Loir – **311** D7 – 13 955 h.   **11** B2
– alt. 140 m – ✉ 28200 ▮ Châteaux de la Loire

▶ Paris 131 – Blois 57 – Chartres 45 – Orléans 53
🛈 1, rue de Luynes ℰ 02 37 45 22 46
◉ Château★★ - Vieille ville★ : église de la Madeleine★ - Promenade du Mail ≤★ - Musée des Beaux-Arts et d'Histoire naturelle : Collection d'oiseaux★ **M.**

✕✕ **Aux Trois Pastoureaux**   🛰 **VISA** **◎◎** **AE**
31 r. A. Gillet – ℰ *02 37 45 74 40 – www.aux-trois-pastoureaux.fr*
– Fermé 8-25 juil., 25 déc.-3 janv., 27 fév.-7 mars, dim. et lundi
Rest – (20 €) Menu 21/41 € – Carte 32/50 €

◆ Boiseries, touches provençales et tableaux peints par un artiste local composent le décor du restaurant. Carte traditionnelle, menu médiéval et bon choix de vins au verre.

à Flacey 8 km au Nord par N 10 – 206 h. – alt. 157 m – ✉ 28800

🏨 **Domaine de Moresville** sans rest ⌖   🕐 & ⚅ 🛰 ♨ **P**
rte de Brou, Nord-Ouest par D 110 – ℰ *02 37 47 33 94*   **VISA** **◎◎** **AE** **①**
– www.domaine-moresville.com
16 ch – †70/75 € ††80 € – 2 suites – ⊡ 12 €

◆ Au cœur d'un parc avec étang, un château (18e s.) doté de jolis salons et de chambres personnalisées tout confort (dont cinq récentes aménagées dans l'orangerie). Sauna, jacuzzi.

CHÂTEAUFORT – 78 Yvelines – **311** I3 – **101** 22 – voir à Paris, Environs

CHÂTEAU-GONTIER ◉ – 53 Mayenne – **310** E8 – 11 025 h.   **35** C1
– alt. 33 m – ✉ 53200 ▮ Châteaux de la Loire

▶ Paris 288 – Angers 50 – Châteaubriant 56 – Laval 30
🛈 place André Counord ℰ 02 43 70 42 74
◉ Intérieur roman★ de l'église St-Jean-Baptiste.

Parc Hôtel sans rest
46 av. Joffre, au Sud par N 162 – $\mathscr{C}$ 02 43 07 28 41 – www.parchotel.fr
– Fermé 17 déc.-3 janv., 11-27 fév.
21 ch – †62/75 € ††69/85 € – ☲ 9 €
♦ Dans le parc arboré et près de la piscine chauffée, on oublie vite la route toute proche. Chambres classiques, plus spacieuses dans la maison de maître du 19e s. Accueil charmant.

L'Aquarelle
2 r. Félix Marchand, 1 km au Sud par D 267, rte de Ménil – $\mathscr{C}$ 02 43 70 15 44
– www.restaurant-laquarelle.com – Fermé 1er-13 mars,
15-30 nov., 20-29 fév., dim. soir, mardi soir et merc.
Rest – (11 €) Menu 14 € (déj. en sem.), 25/48 € – Carte 32/54 €
♦ Une maison bordant la Mayenne, où le chef réalise une cuisine raffinée (brochettes de homard persillé, mousse de caramel...). Terrasse et grandes baies vitrées.

à Coudray 7 km au Sud-Est par D 22 – 766 h. – alt. 68 m – ⌧ 53200

L'Amphitryon avec ch
2 rte de Daon – $\mathscr{C}$ 02 43 70 46 46 – www.lamphitryon53.fr – Fermé 1er-15 juil.,
1er-7 nov., vacances de Noël, mardi midi, dim. soir et lundi
6 ch – †58 € ††74 € – ☲ 8 € **Rest** – Menu 17 € (sem.)/28 € – Carte 40/65 €
♦ Cet amphitryon vous reçoit dans sa maison du 19e s. au charme agréablement bourgeois. Tables joliment dressées ; produits du terroir pour une cuisine un brin créative. Chambres plaisantes, confortables et bien insonorisées, d'esprit actuel.

CHÂTEAUNEUF-DE-GALAURE – 26 Drôme – 332 C2 – 1 481 h.   43 E2
– alt. 253 m – ⌧ 26330

▶ Paris 531 – Beaurepaire 19 – Romans-sur-Isère 27 – Tournon-sur-Rhône 25

Yves Leydier
1 r. du Stade – $\mathscr{C}$ 04 75 68 68 02 – Fermé 1 sem. en sept., 25 janv.-28 fév.,
dim. soir, mardi soir et merc.
Rest – (16 €) Carte 25/55 €
♦ Salle à manger rustique, véranda ouverte sur le jardin et terrasse ombragée : cette maison en galets de la Galaure est charmante. Carte classique variant avec les saisons.

CHÂTEAUNEUF-DU-FAOU – 29 Finistère – 308 I5 – 3 599 h.   9 B2
– alt. 130 m – ⌧ 29520 ▌Bretagne

▶ Paris 526 – Brest 65 – Carhaix-Plouguer 23 – Châteaulin 24
🄳 rue Mairie $\mathscr{C}$ 02 98 81 83 90
◉ Domaine de Trévarez★ S : 6 km.

Le Relais de Cornouaille
9 r. Paul-Sérusier, rte Carhaix – $\mathscr{C}$ 02 98 81 75 36
– www.lerelaisdecornouaille.com – Fermé oct., dim. soir et sam. hors saison
30 ch – †45/48 € ††53/56 € – ☲ 7 € – ½ P 49/51 €
Rest – (12 €) Menu 17 € (sem.)/39 € – Carte 18/45 €
♦ Ambiance familiale dans ce sympathique hôtel à la façade fleurie. Chambres fonctionnelles et bien tenues ; salles de réunion panoramiques. Au restaurant, cuisine traditionnelle privilégiant les produits de la mer. Grande salle de banquets (300 couverts) rénovée.

CHÂTEAUNEUF-DU-PAPE – 84 Vaucluse – 332 B9 – 2 107 h.   42 E1
– alt. 87 m – ⌧ 84230 ▌Provence

▶ Paris 667 – Alès 82 – Avignon 19 – Carpentras 22
🄳 place du Portail $\mathscr{C}$ 04 90 83 71 08
◉ ≼★★ du château des Papes.

Hostellerie Château des Fines Roches 🌿

rte de Sorgues et voie privée – ℰ 04 90 83 70 23
– *www.chateaufinesroches.com*
11 ch – †109/315 € – ††109/315 € – ⚏ 17 € – ½ P 105/208 €
Rest – *(fermé dim. soir, mardi midi et lundi de nov. à avril)* (20 €) Menu 25 €
(déj. en sem.), 39/65 € – Carte 40/64 € 🐝
◆ Passé la grande allée plantée d'ifs surgit cet étonnant château (19ᵉ s.) dont les tours crénelées dominent le vignoble. Chambres raffinées et spacieuses, d'inspiration provençale. Cuisine agréable servie dans les salons cossus ou en terrasse, face aux vignes.

Le Verger des Papes

au château – ℰ 04 90 83 50 40 – *www.vergerdespapes.com* – *Fermé*
20 déc.-3 mars, dim. soir, lundi soir, mardi soir et merc. soir d'oct. à mars
Rest – Menu 19 € (déj. en sem.)/29 € – Carte 37/45 €
◆ Quoi de plus plaisant que ce restaurant adossé aux remparts du château et sa terrasse réservant une vue à couper le souffle ? Cuisine provençale, bons produits et vins locaux.

à l'Ouest 4 km par D 17 – ✉ 84230 Châteauneuf-du-Pape

La Sommellerie

rte de Roquemaure – ℰ 04 90 83 50 00 – *www.la-sommellerie.fr*
– *Fermé 2-29 janv.*
15 ch – †75/123 € – ††75/123 € – 1 suite – ⚏ 13 € – ½ P 94/118 €
Rest – *(fermé sam. midi, dim. soir et lundi hors saison)* (23 €) Menu 30/64 €
– Carte 55/75 €
◆ Au cœur du vignoble de Châteauneuf, une bergerie du 17ᵉ s. joliment aménagée. Chambres fraîches tendues de tissus provençaux et jardin arboré. Cuisine méridionale ayant pour vedettes le gibier, la truffe et les herbes du jardin. L'été, repas sous la pergola.

CHÂTEAUNEUF-LE-ROUGE – 13 Bouches-du-Rhône – 340 I5   40 B3
– 2 078 h. – alt. 230 m – ✉ 13790

▶ Paris 763 – Aix-en-Provence 14 – Aubagne 32 – Marseille 36

Mercure Ste-Victoire

D 7n, 2 km rte de St-Maximin – ℰ 04 42 20 21 51 – *www.restaurantlagaliniere.fr*
29 ch – †105/189 € – ††148/208 € – ⚏ 14 € – ½ P 80/90 €
Rest – *(fermé dim. soir du 15 oct. au 15 mars)* (22 €) Menu 28 € – Carte 50/80 €
◆ Ferme des Templiers au 12ᵉ s., puis relais de poste au 18ᵉ s., ce domaine veille agréablement sur votre sommeil. Décoration sobre et chaleureuse dans les chambres. Cuisine régionale de saison, servie dans une belle salle voûtée avec cheminée ou sur une jolie terrasse.

CHÂTEAUNEUF-VILLEVIEILLE – 06 Alpes-Maritimes – 341 E5   41 D2
– 822 h. – alt. 600 m – ✉ 06390

▶ Paris 957 – Menton 42 – Nice 22 – Puget-Théniers 81

La Parare sans rest 🌿

67 Calade du Pastre – ℰ 04 93 79 22 62 – *www.laparare.com* – *Fermé*
1ᵉʳ- 25 déc.
4 ch ⚏ – †130/145 € – ††130/145 €
◆ Dans un parc planté d'oliviers, superbe bergerie (17ᵉ s.) rénovée avec des matériaux naturels. Confortables chambres où se marient ambiance zen et mode provençale. Piscine chauffée.

CHÂTEAUROUX ℙ – 36 Indre – 323 G6 – 47 559 h. – alt. 155 m   12 C3
– ✉ 36000 ▮ Limousin Berry

▶ Paris 265 – Blois 101 – Bourges 65 – Limoges 125

ℹ 1, place de la Gare ℰ 02 54 34 10 74

▮₁₈ du Val de l'Indre à Villedieu-sur-Indre Parc du Château, par rte de Loches :
13 km, ℰ 02 54 26 59 44

◉ Déols : clocher★ de l'ancienne abbaye, sarcophage★ dans l'église St-Etienne.

CHÂTEAUROUX

Albert 1er (R.) . . . . BY 2
Argenton (Av. d') . . . . X 4
Augras (R. E.) . . . . X 5
Auvergne (R. d') . . . . X 7
Bourdillon (R.) . . . . BZ 8
Bryas (Bd de) . . . . X 9
Château-Raoul (R. du) . . . . AY 13
Châtellerault (R. de) . . . . . . AY 29
Châtre (Av. de la) . . . . X, BZ 14
Croix-Normand (Bd) . . . . . BZ 17
Duchâteau (Av. G.) . . . . . . X 18
États-Unis (R. des) . . . . . . X, BY 20
Fontaine-St-Germain (R.) . . X 22
Fournier (R. A.) . . . . X 23
Galleni (R.) . . . . BZ 24
Gambetta (Pl.) . . . . BY 25
Gare (R. de la) . . . . BY
Gaulle (Av. du Gén.-de) . . X 26
Grande (R.) . . . . X 27
J.-J.-Rousseau (R.) . . . . . . AY 28
Kennedy (Av. J.-F.) . . . . X, AZ 30
Ledru-Rollin (R.) . . . . X 31
Lemoine (Av. Marcel) . . . X, BY 32
Marins (Av. des) . . . . X 33
Marins (R. des) . . . . X 34
Mitterrand (Av. F.) . . . . . X, AY 35
Moulin-Neuf (Bd du) X
Palais-de-Justice (R. du) . . ABZ 37
Pont-Neuf (Av. du) . . . . . . AY 40
République (Pl. de la) . . . . AY 44
Ste-Hélène (Pl.) . . . . BY 48
St-Denis (Bd) . . . . X 45
St-Luc (R.) . . . . BY 46
Tours (Av. de) . . . . X 50
Valla (Bd de la) . . . . X 51
Verdun (Av. de) . . . . X 52
Victoire et des Alliés
(Pl. de la) . . . . AY 53
Victor-Hugo (R.) . . . . ABY 54
3e-Rég.-Aviation-de-Chasse
(R. du) . . . . X 55
6-Juin 1944 Débarquement Allié
(Av. du) . . . . AY 58

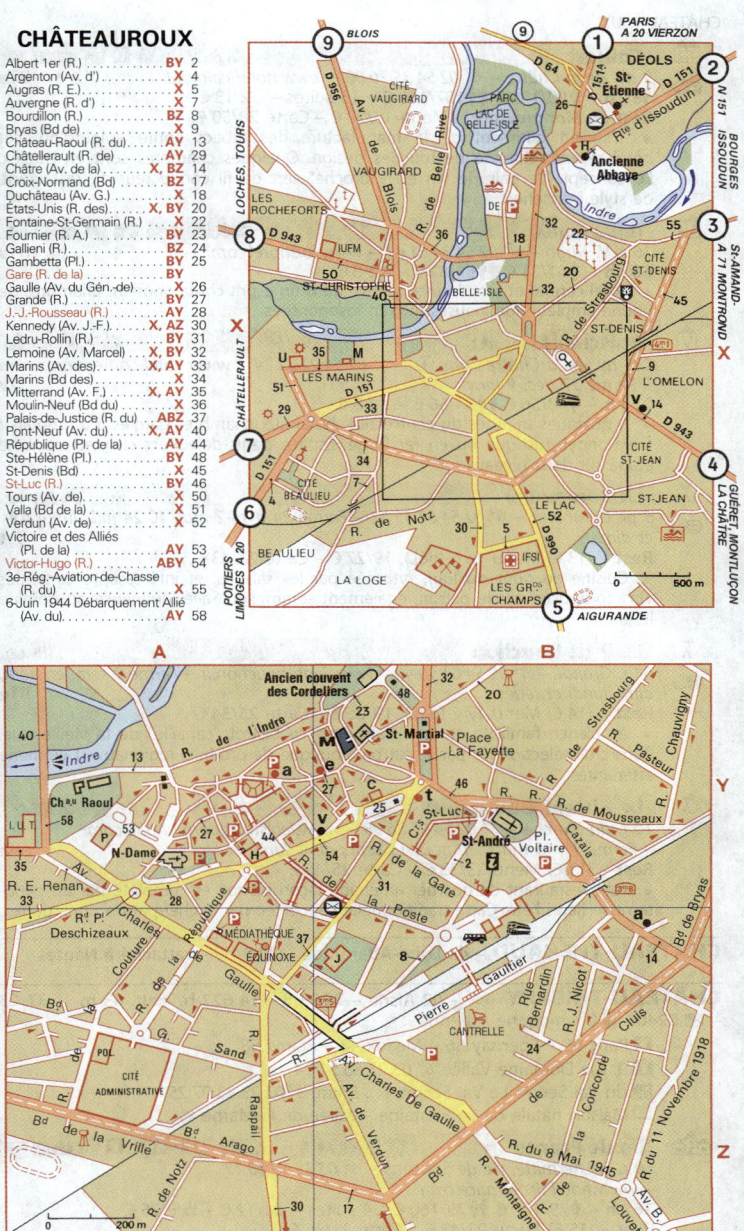

Colbert
⌂🏢 🕭 🕭 ♿ AC ♩ 🕭 P VISA ☸ AE ⓞ

3 av. de la Châtre – ℰ 02 54 35 70 00 – www.hotel-colbert.fr
BZa
58 ch – †90/130 € ††107/160 € – 16 suites – ☲ 13 €
Rest La Manufacture – Menu 19/28 € – Carte 28/50 €

♦ L'ancien bâtiment de la manufacture des tabacs abrite aujourd'hui cet hôtel récent rehaussé de touches design. Quelques chambres sont en duplex. Le concept "Le pain, le vin et la broche" sert de fil conducteur au restaurant, de style brasserie.

Ibis sans rest
🕭 ♿ AC ♩ 🕭 ☸ VISA ☸ AE ⓞ

16 r. V. Hugo – ℰ 02 54 34 61 61 – www.ibishotel.com
BYv
60 ch – †61/81 € ††61/81 € – ☲ 8 €

♦ Hôtel central et fonctionnel, rénové dans un esprit contemporain. Chambres de bonne ampleur, lumineuses et bien insonorisées.

Boischaut sans rest
🕭 ♩ P VISA ☸

135 av. de la Châtre , par ④ – ℰ 02 54 22 22 34 – www.hotel-chateauroux.com
– Fermé 27 déc.-9 janv.
Xv
27 ch – †48/56 € ††54/66 € – ☲ 8 €

♦ À quelques minutes du centre-ville, hôtel aux chambres garnies d'un mobilier fonctionnel, rustique ou en fer forgé. Espace petits-déjeuners clair et moderne étagé sur deux niveaux.

Le Sommelier
AC VISA ☸

5 pl. Gambetta – ℰ 02 54 07 45 52 – Fermé 24 avril-2 mai, 10-24 juil., lundi soir et dim.
BYt
Rest – (13 €) Menu 16 € (déj.), 19/27 € – Carte 28/43 €

♦ Cuisine au goût du jour, rythmée par les saisons, et intéressante carte des vins composée par le patron, également sommelier. Salle lumineuse où domine le jaune.

Le P'tit Bouchon
VISA ☸

64 r. Grande – ℰ 02 54 61 50 40 – www.leptitbouchon.fr – Fermé 3 sem. en août, dim., lundi et fériés
BYe
Rest – (14 €) Menu 17 € (déj.), 19/25 € – Carte 25/34 €

♦ Ambiance familiale et conviviale dans ce bistrot "canaille" de la vieille ville. Bons crus sélectionnés par le patron. Boutique de produits régionaux et crèmerie attenantes.

Le Bistrot Gourmand
⟷ VISA ☸

10 r. du Marché – ℰ 02 54 07 86 98 – www.lebistrotgourmand36.com
– Fermé 1er-15 mars, 20 août-15 sept., dim., lundi et fériés
AYa
Rest – (13 €) Menu 23/33 € – Carte 25/45 €

♦ Petit restaurant de quartier aménagé façon bistrot, et complété par un patio-terrasse fleuri l'été. Carte traditionnelle concoctée par le chef-patron ; prix doux.

CHÂTEAU-THÉBAUD – 44 Loire-Atlantique – 316 H5 – rattaché à Nantes

CHÂTEAU-THIERRY ◈ – 02 Aisne – 306 C8 – 14 622 h. – alt. 63 m 37 C3
– ✉ 02400 ▮ Champagne Ardenne

🄳 Paris 95 – Épernay 56 – Meaux 48 – Reims 58
🅸 9, rue Domaine Vallée ℰ 03 23 83 51 14
🄸₈ du Val Secret Le Val Secret, N : 5 km, ℰ 03 23 83 07 25
🅾 Maison natale de La Fontaine - Vallée de la Marne★.

Ile de France
🚗 🕭 🄽 ◉ ♨ 🕭 🕭 ♿ ch, AC rest, ♩ 🕭 P P VISA ☸ AE ⓞ

60 r. L. Lhermitte, rte de Soissons – ℰ 03 23 69 10 12
– www.hotel-iledefrance.fr
36 ch – †79/160 € ††79/160 € – 4 suites – ☲ 12 € – ½ P 75 €
Rest – (15 €) Menu 23/43 € – Carte 21/36 €

♦ Hôtel surplombant la vallée de la Marne. Mobilier en fer forgé, rustique ou plus contemporain dans les chambres, douillettes et confortables. Spa et centre de remise en forme. Au restaurant, la carte change avec les saisons ; agréable terrasse panoramique.

CHÂTEL – 74 Haute-Savoie – **328** O3 – 1 254 h. - alt. 1 180 m – Sports   **46** F1
d'hiver : 1 200/2 100 m ⚡ 2 ⚡52 ⚡ – ⌧ 74390 ▮ Alpes du Nord

▶ Paris 578 – Annecy 113 – Évian-les-Bains 34 – Morzine 38
🛈 14 rue de Thonon ⌕ 04 50 73 22 44
◉ Site ★ - Lac du pas de Morgins ★ S : 3 km.

Macchi
94 chemin de l'Etringa – ⌕ 04 50 73 24 12 – www.hotelmacchi.com – Ouvert
5 juin-20 sept. et 15 déc.-20 avril
32 ch – ♦102/203 € ♦♦145/290 € – ⌧ 15 € – ½ P 99/215 €
Rest – (fermé le midi) Menu 19/71 € bc – Carte 49/71 €
◆ Beau chalet dont les balcons finement ouvragés donnent sur la vallée d'Abondance. Chambres soignées et rénovées en 2010 ; espace détente très agréable.
Raclettes et fondues dans un cadre savoyard.

Belalp
382 rte de Vonnes – ⌕ 04 50 73 24 39 – www.hotelbelalp.com
– Ouvert 1er juil.-28 août et 18 déc.-30 mars
25 ch – ♦44/86 € ♦♦54/106 € – ⌧ 9 € – ½ P 48/83 €
Rest – (fermé mardi) (12 €) Menu 16/32 € – Carte 23/46 €
◆ Pimpante façade en bois blond rythmée de volets verts pour ce chalet aux
chambres mignonnes, rénovées dans la note montagnarde, à choisir si possible
côté vallée. Repas savoyard près de la cheminée au "carnotzet" ou dans une
salle panoramique (résidents).

Le Kandahar ⌂
1620 rte de la Dranse, 1,5 km au Sud-Ouest par rte de la Béchigne
– ⌕ 04 50 73 30 60 – www.lekandahar.com – Fermé 26 avril à mi-mai,
27 juin-10 juil., 29 oct.-16 déc.
8 ch – ♦50/59 € ♦♦70/84 € – ⌧ 10 € – ½ P 57/70 €
Rest – (fermé merc. soir et dim. soir hors saison) (12 €) Menu 14 € (déj.), 21/40 €
– Carte 23/58 €
◆ Située en contrebas de la station, une accueillante adresse familiale dotée de
petites chambres pratiques, couvertes de lambris. Navettes pour le Linga. Cuisine
régionale servie dans un chaleureux décor : mobilier campagnard, comtoise, cuivres et cheminée.

Le Choucas sans rest
303 rte Vonnes – ⌕ 04 50 73 22 57 – www.hotel-lechoucas.com – Ouvert
18 juin-18 sept. et 17 déc.-20 avril
12 ch – ♦49/65 € ♦♦49/65 € – ⌧ 8 €
◆ Ce petit hôtel familial, à l'allure de chalet moderne largement fleuri en façade,
propose des chambres fonctionnelles et très bien tenues, toutes avec balcon. Prix
modestes.

CHÂTEL-GUYON – 63 Puy-de-Dôme – **326** F7 – 6 133 h. – alt. 430 m   **5** B2
– Stat. therm. : début mai-fin sept. – Casino **B** – ⌧ 63140 ▮ Auvergne

▶ Paris 411 – Clermont-Ferrand 21 – Gannat 31 – Vichy 43
🛈 1, avenue de l'Europe ⌕ 04 73 86 01 17

Plan page suivante

Splendid
5-7 r. d'Angleterre – ⌕ 04 73 86 04 80 – www.splendid-resort.com
– Fermé 2 janv.-14 fév., dim. soir et lundi midi de mi-nov. à fin janv.
85 ch – ♦69/75 € ♦♦69/75 € – 1 suite – ⌧ 11 €   **Ab**
Rest – (19 €) Menu 24 € (sem.)/28 € – Carte 42/60 €
◆ Guy de Maupassant, qui fréquenta cet ancien palace bâti en 1872, a laissé son
nom à l'un des salons. Charmantes chambres rénovées dans la tendance inspirée
de l'ancien. Majestueuse salle à manger du 19e s. : colonnes, belle cheminée en
bois sculpté, etc.

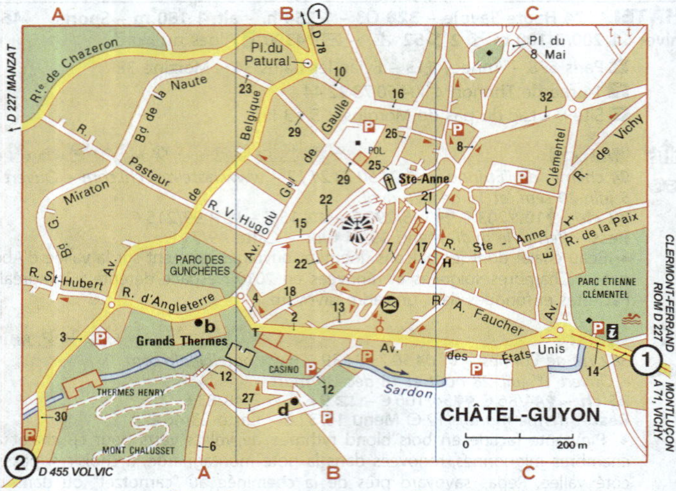

CHÂTEL-GUYON

0   200 m

② D 455 VOLVIC

A   B   C

Baraduc (Av.) . . . . **B** 2
Brocqueville (Av.) . . . . **A** 3
Brosson (Pl.) . . . . **B** 4
Chalusset (R. du) . . . . **A** 6
Château (R. du) . . . . **B** 7
Commerce (R. du) . . . . **C** 8
Coulon (R. Roger) . . . . **B** 10
Dr-Gübler (R.) . . . . **B** 12

Dr-Levadoux (R.) . . . . **B** 13
Europe (Av. de l') . . . . **C** 14
Fénelon (R.) . . . . **B** 15
Groslier (R. J.) . . . . **B** 16
Hôtel de Ville (R. de l') . . . . . **B** 17
Lacroix (R.) . . . . **B** 18
Marché (Pl. du) . . . . **B** 21
Maupassant (R. Guy-de) . . . . **B** 22

Mont Oriol
  (R.) . . . . **AB** 23
Ormeau (R. de l') . . . . **B** 24
Orme (Pl. de l') . . . . **B** 25
Punett (R. A.) . . . . **B** 27
Remparts (R. des) . . . . **B** 29
Russie (Av. de). . . . . **A** 30
Thermal (Bd) . . . . **C** 32

🏨 Le Bellevue ♨   ⇐ 🛰 ⊞ 🍴 🛜 VISA 🐱 ①

4 r. A. Punett – ℰ 04 73 86 07 62 – www.bellevue63.fr
– Ouvert 1er avril-15 oct.   **Bd**
38 ch – †65/85 € ††65/85 € – ⊐ 10 € – ½ P 69/79 €
Rest – *(ouvert 1er juin-20 sept.) (dîner seult) (résidents seult)*
Menu 28/36 €
♦ Dominant la station thermale, cet hôtel 1930 invite au repos. Les chambres sont pratiques, et le cadre verdoyant. Cuisine traditionnelle – exclusivement pour les résidents – servie en terrasse aux beaux jours.

CHÂTELAILLON-PLAGE – 17 Charente-Maritime – 324 D3   38 A2
– 5 911 h. - alt. 3 m – Casino – ⊠ 17340 🏳 Poitou Vendée Charentes
▶ Paris 482 – Niort 74 – Rochefort 22 – La Rochelle 19
🛈 5, avenue de Strasbourg ℰ 05 46 56 26 97

🏨 Mercure Les Trois Iles ♨   ⇐ 🛰 🛰 ≋ 🍴 🛜 AC 🛜 🛜 P
à la Falaise – ℰ 05 46 56 14 14 – www.mercure.com   VISA 🐱 AE ①
79 ch – †76/195 € ††84/205 € – ⊐ 13 €
Rest – (18 €) Menu 27 € – Carte 25/45 €
♦ Îles d'Oléron, d'Aix et de Ré à l'horizon : telle est la sainte trinité sur laquelle ouvre cet hôtel. Les chambres, rénovées, sont contemporaines et confortables. Salle à manger lumineuse ; cuisine traditionnelle axée sur la mer.

🏠 Ibis ♨   ⇐ 🛰 🍴 & ch, AC 🛜 🛜 P VISA 🐱 AE ①

à la Falaise, 1,5 km – ℰ 05 46 56 35 35
70 ch – †85/120 € ††95/120 € – ⊐ 10 €
Rest – Menu 19 € – Carte 21/30 €
♦ À l'écart de l'agitation touristique et face à la mer, bâtiment moderne comprenant un centre de thalassothérapie. Chambres assez spacieuses, avant tout pratiques. Restaurant et terrasse tournés vers l'Atlantique ; menu diététique et carte traditionnelle.

Majestic Hôtel   🦐 ▩ 💳 ⊕ AE
bd République – 𝒞 05 46 56 20 53 – www.majestic-chatelaillon.com
33 ch – ♦48/99 € – ♦♦48/99 € – ⊆ 8,50 € – ½ P 59/85 €
Rest – *(fermé 2-24 janv., lundi midi et dim. soir d'oct. à mai, sam. midi et vend.)*
Menu 17/35 € – Carte 43/59 €
◆ Cet hôtel doté d'une belle façade des années 1920 se dresse au cœur de la cité
balnéaire. Chambres de diverses tailles ; la moitié a été rénovée dans un esprit
contemporain. Ambiance années folles au restaurant ; carte axée sur les produits
de la mer et du marché.

L'Acadie St-Victor avec ch   ⩻ ▩ 💳 ⊕ AE
35 bd de la Mer – 𝒞 05 46 56 25 13 – www.hotel-acadie.fr
– Fermé 20 oct.-18 nov., 15-28 fév., vend. soir de janv. à avril et de nov.
à mars, dim. soir et lundi sauf du 15 juin au 15 sept.
15 ch – ♦52/65 € – ♦♦73/75 € – ⊆ 8,50 € – ½ P 56/67 €
Rest – (18 €) Menu 21 € (sem.), 30/39 € – Carte 30/60 €
◆ Belle vue sur l'océan depuis ce restaurant du front de mer. Lumineuse salle
actuelle et sobre ; cuisine privilégiant poissons et coquillages. Chambres simples
et pratiques.

Les Flots avec ch   ⩻ 🦐 ₺ ch, AC rest, ▩ 🖥 P ▩ 💳
52 bd de la Mer – 𝒞 05 46 56 23 42 – www.les-flots.fr – Fermé 15 déc.-15 fév.
10 ch – ♦64/98 € – ♦♦64/98 € – ⊆ 8,50 € – ½ P 66/82 €
Rest – *(fermé mardi d'oct. à mars)* Menu 27 € – Carte 29/59 €
◆ Décor marin dans une agréable salle de type bistrot ouverte sur l'immense
plage. Sur l'ardoise, petits plats simples et goûteux, mitonnés au gré du marché.
Chambres modernes.

LE CHÂTELET – 18 Cher – **323** J7 – 1 131 h. – alt. 200 m – ✉ 18170   **12** C3
▶ Paris 301 – Argenton-sur-Creuse 66 – Bourges 54 – Châteauroux 55

à Notre-Dame d'Orsan 7 km au Nord-Ouest par D 951 et D 65, rte de Lignères
– ✉ 18170 Rezay

La Maison d'Orsan ᔕ   ⩻ ⚄ 🖥 P ▩ 💳 AE
– 𝒞 02 48 56 27 50 – www.prieuredorsan.com – Ouvert d'avril à oct.
6 ch (½ P seult) – ½ P 198/272 €   **Rest** – *(fermé le midi)* Menu 64 €
◆ Délicieuse étape dans un prieuré du 12ᵉ s. : réfectoire et dortoir transformés en
ravissantes chambres contemporaines, exquise tonnelle et jardins monastiques
recomposés. Dans l'assiette, produits du potager et du marché. Boutique et
salon de thé.

CHÂTELLERAULT 🚇 – 86 Vienne – **322** J4 – 34 402 h. – alt. 52 m   **39** C1
– ✉ 86100 ▌Poitou Vendée Charentes
▶ Paris 304 – Châteauroux 98 – Cholet 134 – Poitiers 36
🛈 2, avenue Treuille 𝒞 05 49 21 05 47

Plan page suivante

Villa Richelieu - Villa 61 et 63 sans rest   ⩻ ⚄ ▩ P ▩ 💳
61-63 av. Richelieu – 𝒞 06 70 15 30 90 – www.villarichelieu.com   AYe
5 ch ⊆ – ♦74/115 € – ♦♦90/115 €
◆ Vous logerez dans deux bâtisses en tuffeau : côté cour au n° 61, dans des
chambres douillettes aux tonalités actuelles, ou côté rue au n° 63, dans des chambres d'esprit plus urbain.

La Gourmandine avec ch ᔕ   ⚄ 🦐 AC ch, ▩ 🖥 P ▩ 💳
22 av. Président Wilson – 𝒞 05 49 21 05 85 – www.la-gourmandine.com – Fermé
25 avril-1ᵉʳ mai, 7-25 nov., 2-12 janv., dim. soir et lundi midi   AZx
9 ch – ♦88/138 € – ♦♦98/148 € – ⊆ 14 € – ½ P 88/134 €
Rest – (14 €) Menu 17 € (déj. en sem.), 38/64 € – Carte 45/62 € le soir
◆ Maison de maître de 1905 restée fidèle à son style – hauts plafonds, moulures,
cheminée et jardin-terrasse – où l'on déguste des plats actuels. En semaine, formule "bistrot" proposée au déjeuner. Chambres bourgeoises et cosy, un brin
contemporaines.

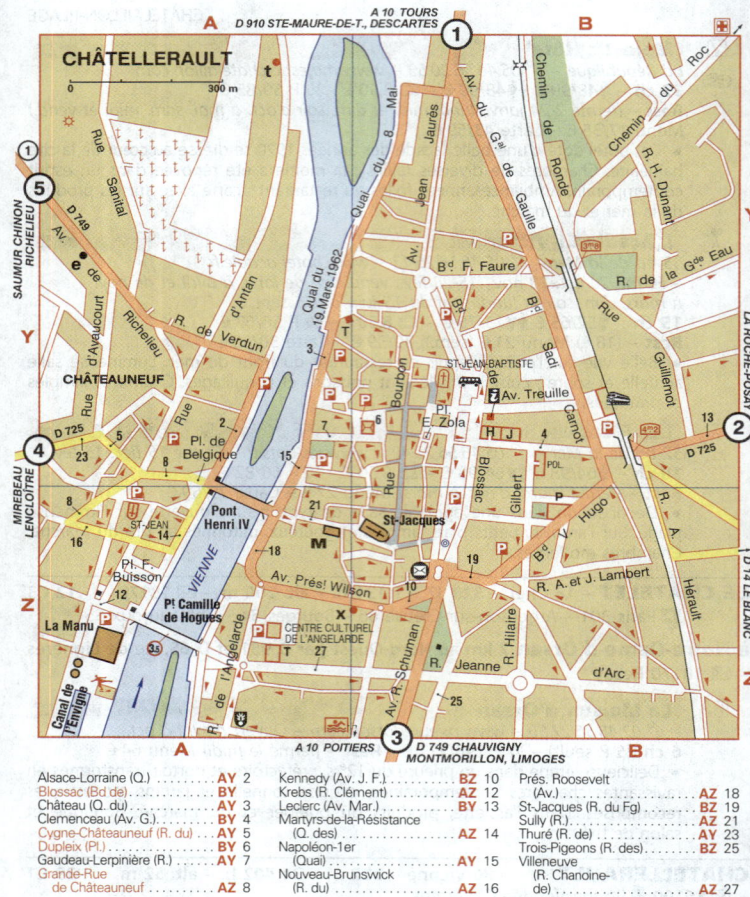

CHÂTELLERAULT

A 10 TOURS
D 910 STE-MAURE-DE-T., DESCARTES

300 m

Alsace-Lorraine (Q.)	**AY** 2	Kennedy (Av. J. F.)	**BZ** 10
Blossac (Bd de)	**BY**	Krebs (R. Clément)	**AZ** 12
Château (Q. du)	**BY** 3	Leclerc (Av. Mar.)	**BY** 13
Clemenceau (Av. G.)	**AY** 4	Martyrs-de-la-Résistance	
Cygne-Châteauneuf (R. du)	**AY** 5	(Q. des)	**AZ** 14
Duplex (Pl.)	**BY** 6	Napoléon-1er	
Gaudeau-Lerpinière (R.)	**AY** 7	(Quai)	**AY** 15
Grande-Rue		Nouveau-Brunswick	
de Châteauneuf	**AZ** 8	(R. du)	**AZ** 16

Prés. Roosevelt		
(Av.)	**AZ** 18
St-Jacques (R. du Fg)	**BZ** 19
Sully (R.)	**AZ** 21
Thuré (R. de)	**AY** 23
Trois-Pigeons (R. des)	**BZ** 25
Villeneuve	
(R. Chanoine-	
de)	**AZ** 27

Bernard Gautier

189 r. d'Antran – ✆ 05 49 90 24 74 – Fermé 7-27 mars, 29 août-11 sept., dim. et lundi **AYt**

Rest – (19 € bc) Menu 26/46 € – Carte 35/60 €

◆ Avec sa salle à manger de style rustique actualisé, ce restaurant possède un air d'auberge familiale qui s'accorde plutôt bien avec la solide cuisine traditionnelle du chef.

à Usseau 7 km par ⑤, D 749 et D 75 – 634 h. – alt. 82 m – ✉ 86230

Château de la Motte

– ✆ 05 49 85 88 25 – www.chateau-de-la-motte.net
– Fermé mi-nov. à mi-mars

5 ch ⌂ – †80/130 € ††80/130 €   **Table d'hôte** – Menu 30 € bc

◆ Accueil charmant asssuré par deux amoureux des vieilles pierres en ce château du 15e s. dominant la vallée. Confort et authenticité au rendez-vous : baldaquins, hauts plafonds. Légumes "oubliés" du potager et produits du verger à découvrir à la table d'hôte.

CHÂTILLON – 92 Hauts-de-Seine – **311** J3 – **101** 25 – voir à Paris, Environs

CHÂTILLON-ST-JEAN – 26 Drôme – **332** D3 – rattaché à Romans-sur-Isère

CHÂTILLON-SUR-CHALARONNE – 01 Ain – **328** C4 – 4 813 h.   **43** E1
– alt. 177 m – ⊠ 01400 ▮ Lyon Drôme Ardèche

- ▶ Paris 418 – Bourg-en-Bresse 28 – Lyon 55 – Mâcon 28
- **ℹ** place du Champ de Foire ✆ 04 74 55 02 27
- 🏴 de La Bresse à Condeissiat Domaine de Mary, NE : 12 km par D 936 et D 64, ✆ 04 74 51 42 09
- ◎ Triptyque★ dans l'ancien hôpital - Halles★.

🏨 **La Tour**   🖨 ᷢ AC 📶 😘 🚗 VISA ◑◐ AE
pl. de la République – ✆ 04 74 55 05 12 – www.hotel-latour.com – Fermé 23-29 déc.
19 ch – ♦90 € ♦♦115/170 € – �}9 €
Rest – (fermé dim. soir sauf du 15 juin au 15 sept., lundi midi et merc. midi)
Menu 20 € (sem.), 38/65 € – Carte 61/74 €
◆ Charme et confort caractérisent cette superbe demeure du 14ᵉ s., entre cabinet de curiosités et esprit déco : salles de bains ouvertes, tissus choisis, objets chinés, etc. Spécialités de poisson et cuisine bressane servies dans un cadre chamarré, un brin baroque.

Le Clos de la Tour 🏨   🚗 ᷢ ᷢ AC 📶 😘 🅿 VISA ◑◐
135 r. Barrit – Fermé 23-29 déc.
15 ch – ♦115/135 € ♦♦115/160 € – �}9 €
◆ Belles demeures bressanes – dont un moulin du 16ᵉ s. – dans un grand jardin bordé par la Chalaronne. Chambres cosy mêlant meubles anciens et tons contemporains.

à l'Abergement-Clémenciat 5 km au Nord-Ouest par D 7 et D 64ᶜ – 811 h.
– alt. 250 m – ⊠ 01400

✗✗ **St-Lazare**   🏠 ᷢ ⊕ VISA ◑◐ AE
le Bourg – ✆ 04 74 24 00 23 – www.lesaintlazare.fr – Fermé 19 juil.- 11 août,
21-29 déc., vacances de fév., dim. soir, merc. et jeudi
Rest – (prévenir) (19 €) Menu 29/65 €
◆ Salles à manger lumineuses, véranda s'ouvrant sur un jardinet méditerranéen : cette maison de famille, où le chef propose une cuisine au goût du jour, ne manque pas de charme.

CHÂTILLON-SUR-INDRE – 36 Indre – **323** D5 – 2 869 h. – alt. 115 m   **11** B3
– ⊠ 36700

- ▶ Paris 261 – Orléans 175 – Châteauroux 47 – Déols 51
- **ℹ** boulevard du Général Leclerc ✆ 02 54 38 74 19

⌂ **La Poignardière** ⌕   🌳 ᷢ ✗ ✗ ch, 📶 🅿
4 km au Nord-Est par D 975 et D 28 direction Le Tranger – ✆ 02 54 38 78 14
– www.lapoignardiere.fr – Ouvert de mars à nov.
5 ch �} – ♦80 € ♦♦90 €   **Table d'hôte** – Menu 25 € bc
◆ Castel d'architecture 1900 entouré d'un parc de 12 ha aux arbres tricentenaires. Piscine, promenades en barque sur l'étang, tennis. Chambres lumineuses, classiques ou actuelles. Cuisine traditionnelle, belle cheminée en bois, jardin d'hiver sous une verrière.

CHÂTILLON-SUR-SEINE – 21 Côte-d'Or – **320** H2 – 5 837 h.   **8** C1
– alt. 219 m – ⊠ 21400 ▮ Bourgogne

- ▶ Paris 233 – Auxerre 85 – Chaumont 60 – Dijon 83
- **ℹ** place Marmont ✆ 03 80 91 13 19
- ◎ Source de la Douix★ - Musée★ du Châtillonnais : trésor de Vix★★.

🏠 **La Côte d'Or**   🚗 🏠 📶 🅿 🚗 VISA ◑◐
2 r. Charles-Ronot – ✆ 03 80 91 13 29 – www.hotel-delacotedor.fr – Fermé
1ᵉʳ janv.-16 mars, lundi et mardi
9 ch – ♦65 € ♦♦75 € – �}10 €
Rest – Menu 20 € (sem.), 30/45 € – Carte 40/60 €
◆ Ex-relais postal, cette hostellerie de tradition propose des chambres rénovées, au mobilier ancien et de style. Cuisine traditionnelle et bourguignonne dans l'élégante salle rustique dotée d'une cheminée, ou à l'ombre des parasols du jardin.

469

LA CHÂTRE ⊚ – 36 Indre – **323** H7 – 4 488 h. – alt. 210 m   **12** C3
– ⊠ 36400 ▮ Limousin Berry

> ▶ Paris 298 – Bourges 69 – Châteauroux 37 – Guéret 53
>
> 🛈 134, rue Nationale ℰ 02 54 48 22 64
>
> 🔝 les Dryades à Pouligny-Notre-Dame Hôtel des Dryades, S : 9 km par D 940, ℰ 02 54 06 60 67

✗ **À l'Escargot**   VISA ◎
pl. du Marché – ℰ 02 54 48 03 85 – Fermé 22 fév.-7 mars, 16 août-6 sept., dim. soir et lundi
Rest – (16 €) Menu 22/36 €
◆ Cette discrète façade cache une auberge jadis fréquentée par les parents de George Sand. Salles rustiques (la première plus pimpante), carte traditionnelle et ardoise du jour.

à St-Chartier 9 km au Nord par D 943 et D 918 – 598 h. – alt. 195 m – ⊠ 36400

> ⊙ Vic : fresques★ de l'église SO : 2 km.

🏠 **Château de la Vallée Bleue** ⅏   ◑ 🌫 ⌘ 🎖 rest, 🖚 P VISA ◎ AE
rte Verneuil – ℰ 02 54 31 01 91 – www.chateauvalleebleue.com – Ouvert de mi-mars à mi-nov. et fermé dim. soir et lundi d'oct. à mai
15 ch – ♦75/145 € ♦♦95/195 € – 2 suites – ⊑ 13 € – ½ P 75/115 €
Rest – (fermé le midi sauf week-ends et fériés) (24 €) Menu 34/44 € – Carte 55/75 € ⅏
◆ Maison de maître du 19ᵉ s., entourée d'un parc à l'anglaise de 4 ha., qui fut celle du médecin de la romancière G. Sand. Sobres chambres rustiques, beau duplex dans le pigeonnier. Cadre bourgeois au restaurant ; cuisine traditionnelle assortie d'une belle carte des vins.

CHÂTRES – 77 Seine-et-Marne – **312** F3 – 572 h. – alt. 116 m – ⊠ 77610   **19** C2
> ▶ Paris 49 – Boulogne-Billancourt 57 – Montreuil 44 – Saint-Denis 62

🏠 **Le Portail Bleu**   🚄 🎖 P
2 rte de Fontenay – ℰ 01 64 25 84 94 – www.leportailbleu.com
5 ch ⊑ – ♦50 € ♦♦65/70 €   **Table d'hôte** – Menu 23 € bc
◆ Cette ancienne ferme briarde (19ᵉ s.), impeccablement rénovée, abrite des chambres mansardées et douillettes, garnies de meubles et d'objets chinés avec passion. Table d'hôte.

CHAUBLANC – 71 Saône-et-Loire – **320** J8 – rattaché à St-Gervais-en-Vallière

CHAUDES-AIGUES – 15 Cantal – **330** G5 – 972 h. – alt. 750 m – Stat.   **5** B3
therm. : début avril-fin nov. – Casino – ⊠ 15110 ▮ Auvergne
> ▶ Paris 538 – Aurillac 94 – Espalion 54 – St-Chély-d'Apcher 30
>
> 🛈 29 Av Pierre Vialard ℰ 04 71 23 52 75

🏠 **Beauséjour**   🍴 🌫 |⭧| P VISA ◎
⊗ 9 av. G. Pompidou – ℰ 04 71 23 52 37
🍽 – www.hotel-beausejour-chaudes-aigues.com – Ouvert 1ᵉʳ avril-25 nov.
39 ch – ♦47/54 € ♦♦58/68 € – ⊑ 7 € – ½ P 52/56 €
Rest – (14 €) Menu 15/35 € – Carte 28/45 €
◆ Des chambres simples mais assez confortables, claires et bien tenues vous attendent derrière cette façade blanche des années 1960, à deux pas du centre thermal. Spa. Agréables salles à manger et terrasse donnant sur la piscine chauffée ; cuisine du terroir.

✗✗✗ **Serge Vieira** avec ch ⅏   ⪡ |⭧| & 🎖 ch, ⁹⁰ P VISA ◎
£³ Château du Couffour, 2,5 km au Sud par rte de Rodez (D 921) – ℰ 04 71 20 73 85
– www.sergevieira.com – Ouvert 1ᵉʳ avril-18 déc. et fermé mardi et merc.
3 ch – ♦165 € ♦♦165 € – ⊑ 16 €   **Rest** – Menu 50/85 €
Spéc. Autour du chou, filet de barbue confit, chou fleur, amande bio et purée de tanou (mai). Suprême de pigeon rôti, cuisse confite aux épices, salade de pois blonds de la Planèze (juin). Millefeuille fraise gingembre, crème glacée au miel sur un nuage de lait-fraise (juin).
◆ Bocuse d'or 2005, ce jeune chef s'est établi dans un vaisseau contemporain (pierre, fer et verre) construit à l'aplomb d'une forteresse des 14 et 16ᵉ s. dominant l'Aubrac. Cuisine pointue, aux saveurs franches ou plus mêlées, pleine de promesses. Les chambres ont été conçues selon une démarche écologique.

▶ Paris 264 – Épinal 128 – Langres 35 – St-Dizier 74

🛈 place du Général-de-Gaulle ℰ 03 25 03 80 80

◎ Viaduc★ - Basilique St-Jean-Baptiste★.

🏨 **De France**   ▦ ⅙ Ⓜ ch, ⸙ 🎧 ℙ 🚗 ᴠɪꜱᴀ ⬤⬤ Ⓐᴱ ⓪
🕭   *25 r. Toupot de Béveaux – ℰ 03 25 03 01 11*
– www.hotel-france-chaumont.com   **Z s**
20 ch – †79/103 € ††85/110 € – 7 suites – ☡ 11 €
Rest – *(fermé 1ᵉʳ-20 août, dim. et fériés) (dîner seult)* Menu 16/38 €
– Carte 29/44 €

♦ À l'entrée de la zone piétonne, cet hôtel propose des chambres spacieuses,
parées d'allusions discrètes à de lointaines destinations. Bonne insonorisation et
literie neuve. Restaurant décoré dans un style contemporain et accueillant ; recettes traditionnelles.

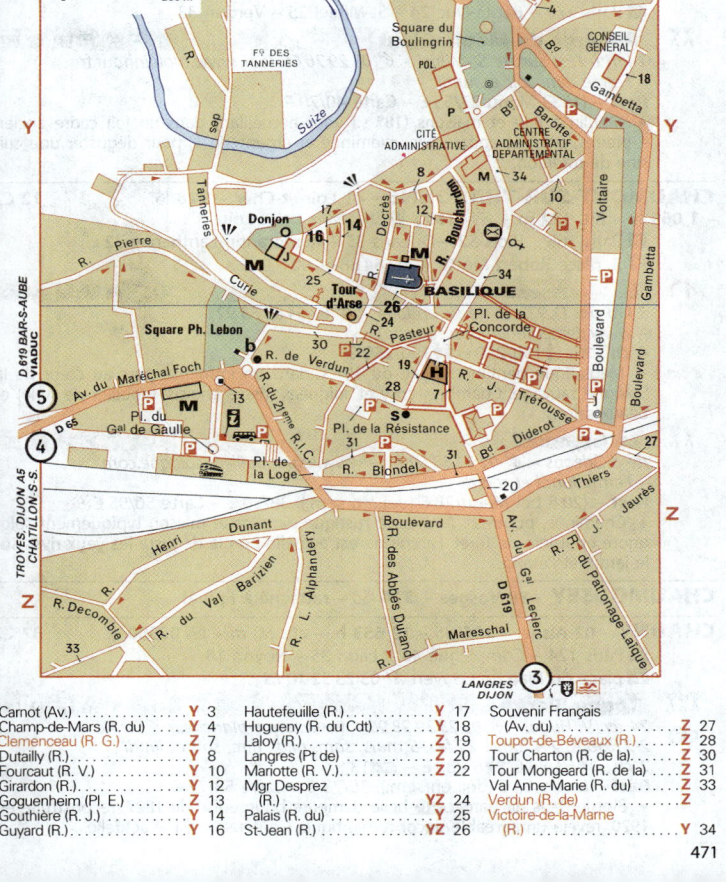

Carnot (Av.)	**Y** 3	Hautefeuille (R.)	**Y** 17	Souvenir Français		
Champ-de-Mars (R. du)	**Y** 4	Hugueny (R. du Cdt)	**Y** 18	(Av. du)		**Z** 27
Clemenceau (R. G.)	**Z** 7	Laloy (R.)	**Z** 19	Toupot-de-Béveaux (R.)		**Z** 28
Dutailly (R.)	**Y** 8	Langres (Pt de)	**Z** 20	Tour Charton (R. de la)		**Z** 30
Fourcaut (R. V.)	**Y** 10	Mariotte (R. V.)	**Z** 22	Tour Mongeard (R. de la)		**Z** 31
Girardon (R.)	**Y** 12	Mgr Desprez		Val Anne-Marie (R. du)		**Z** 33
Goguenheim (Pl. E.)	**Y** 13	(R.)	**YZ** 24	Verdun (R. de)		**Z**
Gouthière (R. J.)	**Y** 14	Palais (R. du)	**Y** 25	Victoire-de-la-Marne		
Guyard (R.)	**Y** 16	St-Jean (R.)	**YZ** 26	(R.)		**Y** 34

Les Remparts   AC ⁿ⁰ ⅃ VISA ⦁ AE
72 r. Verdun – ℰ 03 25 32 64 40 – www.hotel-les-remparts.fr – Fermé dim.
17 ch – ♦78 € ♦♦88 € – ☲ 12 €   **Zb**
Rest – (18 €) Menu 21 € (sem.), 32/52 € – Carte 43/52 €
◆ En face d'un joli parc, chambres colorées et confortables, agencées dans plusieurs immeubles anciens attenants. Petit salon et bar propices à la détente. Cuisine classique et produits du terroir servis dans un cadre feutré. Buffets à la brasserie.

à Chamarandes 3,5 km par ③ et D 162 – 1 021 h. – ⊠ 52000

Au Rendez-Vous des Amis avec ch   ⇗ ⁿ⁰ ⅃ P VISA ⦁
4 pl. du Tilleul – ℰ 03 25 32 20 20 – www.au-rendezvous-des-amis.com – Fermé 1ᵉʳ-12 mai, 28 juil.-21 août et 22 déc.-2 janv.
18 ch – ♦69/74 € ♦♦76/82 € – ☲ 13 €
Rest – (fermé vend. soir, dim. soir et sam.) (16 € bc) Menu 19/39 €
– Carte 33/50 €
◆ Sympathique auberge proposant une cuisine traditionnelle revisitée. Le cadre évoque un bistrot contemporain, mais on peut aussi choisir la terrasse en face de l'église. Chambres pour l'étape.

CHAUMONT-SUR-AIRE – 55 Meuse – 307 C5 – 164 h. – alt. 250 m   26 A2
– ⊠ 55260

▶ Paris 270 – Bar-le-Duc 24 – St-Mihiel 25 – Verdun 33

Auberge du Moulin Haut   ⇗ ⇗ AC P VISA ⦁ AE
1 km à l'Est sur rte St-Mihiel – ℰ 03 29 70 66 46 – www.moulinhaut.fr
– Fermé dim. soir et lundi
Rest – (15 €) Menu 27/55 € – Carte 40/70 €
◆ Moulin à eau et maisons (18ᵉ s.) vous accueillant dans un joli cadre ancien – pierres, poutres apparentes, cheminée et argenterie –, pour déguster une cuisine de tradition.

CHAUMONT-SUR-THARONNE – 41 Loir-et-Cher – 318 I6   12 C2
– 1 069 h. – alt. 122 m – ⊠ 41600 ▐ Châteaux de la Loire

▶ Paris 165 – Blois 52 – Orléans 35 – Romorantin-Lanthenay 32
🛈 3, place Robert Mottu ℰ 02 54 88 64 00

Le Mousseau sans rest ⤸   ⟲ ⅃ ⅃⌀ AC P VISA ⦁
3 km par D 922 et rte secondaire – ℰ 02 54 88 53 92
– www.demeure-lemousseau.com
4 ch ☲ – ♦190/250 € ♦♦190/250 €
◆ Magnifique gentilhommière du 19ᵉ s. dans un immense parc au cœur de la Sologne sauvage. Chambres cosy et soignées (tissus choisis, mobilier de style) et beaux salons.

La Grenouillère   ⇗ ⇗ P VISA ⦁ AE
rte d'Orléans – ℰ 02 54 88 50 71 – www.lagrenouillere-sologne.com
– Fermé lundi et mardi
Rest – (20 € bc) Menu 28 € (déj. en sem.), 38/50 € – Carte 56/95 € ⅏
◆ Cheminée, poutres... Ambiance rustique dans cette maison typiquement solognote en lisière de forêt. La cuisine est actuelle ; on la déguste les yeux rivés sur le jardin et l'étang.

CHAUMOUSEY – 88 Vosges – 314 G3 – rattaché à Épinal

CHAUNY – 02 Aisne – 306 B5 – 12 653 h. – alt. 50 m – ⊠ 02300   37 C2

▶ Paris 124 – Compiègne 46 – Laon 35 – Noyon 18
🛈 place du Marché Couvert ℰ 03 23 52 10 79

Toque Blanche avec ch   ⇗ ⇗ AC rest, ⁿ⁰ ⅃ P VISA ⦁
24 av. V. Hugo – ℰ 03 23 39 98 98 – www.toque-blanche.fr – Fermé 2-21 août, 2-4 janv., 25 fév.-5 mars, sam. midi, dim. soir et lundi
7 ch – ♦63/89 € ♦♦63/89 € – ☲ 13 €
Rest – Menu 18 € (déj. en sem.), 30/73 € – Carte 58/77 €
◆ Blottie dans un parc, cette belle demeure bourgeoise de 1827, reconstruite en 1920, révèle un agréable décor romantique. Goûteuse cuisine actuelle.

à Ognes 2 km à l'Ouest par rte de Noyon – 1 108 h. – alt. 55 m – ⊠ 02300

✗ L'Ardoise 🛜 VISA ⬤⬤

26 av. Liberté – ℰ 03 23 52 15 77 – www.lardoise.biz – Fermé 24-31 août,
1ᵉʳ-8 fév., sam. midi, dim. soir et lundi soir
Rest – (15 € bc) Menu 20/37 € – Carte 22/65 €
◆ Joli décor noir et blanc, vue sur les cuisines et, à l'ardoise, recettes calées sur
le marché : cette maison régionale cultive l'esprit néobistrot.

au Rond-d'Orléans 8 km au Sud-Est par D 937 et D 1750 – ⊠ 02300 Sinceny

🏠 Auberge du Rond d'Orléans ⌘ 🛜 ⓒ 📶 🅿 VISA ⬤⬤ AE

⬤⬤ – ℰ 03 23 40 20 10 – www.aubergedurondorleans-02.com
21 ch – †48/96 € ††55/96 € – � 7 € – ½ P 64/105 €
Rest – *(fermé dim. soir)* (15 € bc) Menu 19 € (déj. en sem.)/60 € – Carte 40/67 €
◆ Au cœur de la forêt domaniale de Coucy-Basse, établissement de type motel
disposant de chambres fonctionnelles bien tenues. Petits-déjeuners dans un bâtiment séparé. Au restaurant, atmosphère rustique et cuisine traditionnelle.

CHAUSEY (ÎLES) – 50 Manche – **303** B6 – voir à Îles Chausey

---

LA CHAUSSÉE D'IVRY – 28 Eure-et-Loir – **311** E2 – 992 h.   **11** B1
– alt. 57 m – ⊠ 28260

▶ Paris 75 – Orléans 141 – Chartres 60 – Cergy 59

🏠 Le Gingko sans rest 🛜 ⓒ 📶 🅿 VISA ⬤⬤ AE

505 r. des Moulins, (golf Parc de Nantilly) – ℰ 02 37 64 01 11
– www.hotel-gingko.com
20 ch – †76/160 € ††76/160 € – � 9 €
◆ À proximité du golf, une ancienne maison de maître du 19e s. et ses dépendances, entièrement rénovées. Chambres contemporaines, amples et confortables.

CHAUSSIN – 39 Jura – **321** C5 – 1 598 h. – alt. 191 m – ⊠ 39120   **16** A2

▶ Paris 354 – Beaune 52 – Besançon 76 – Chalon-sur-Saône 56

🏠 Chez Bach 🛜 📶 📶 🅿 VISA ⬤⬤ AE ⓪

4 pl. Ancienne Gare – ℰ 03 84 81 80 38 – www.hotel-bach.com – Fermé
20 déc.-10 janv., vend. soir sauf du 14 juil. au 31 août, dim. soir et lundi midi
sauf fériés
21 ch – †70/91 € ††70/91 € – � 12 € – ½ P 76 €
Rest – *(prévenir le week-end)* (19 €) Menu 27/64 € – Carte 43/68 € ⅋
◆ Hôtel familial bien tenu dans ce village situé aux confins de la Bresse, de la
Bourgogne et du Jura. Chambres peu à peu rénovées (esprit "montagne" avec
mobilier en bois). Dans un élégant cadre régional, le restaurant propose une cuisine traditionnelle et de bons vins.

CHAUVIGNY – 86 Vienne – **322** J5 – 6 916 h. – alt. 65 m – ⊠ 86300   **39** C1
🟩 Poitou Vendée Charentes

▶ Paris 333 – Bellac 64 – Le Blanc 36 – Châtellerault 30
🅩 Mairie ℰ 05 49 45 99 10
🔵 Ville haute★ - Église St-Pierre★ : chapiteaux du chœur★★ - Donjon de
Gouzon★.
🄶 St-Savin : abbaye★★ (peintures murales★★★).

🏠 Lion d'Or & ch, AC rest, 📶 🅿 VISA ⬤⬤ AE

8 r. du Marché, (près de l'église) – ℰ 05 49 46 30 28 – Fermé 24 déc.-15 janv.
26 ch – †50 € ††50 € – � 7 € – ½ P 47 €
Rest – (12 €) Menu 22/41 € – Carte 24/47 €
◆ Une adresse de la ville basse appréciée pour son décor gai et pour ses chambres personnalisées, confortables et bien tenues. Au restaurant, atmosphère méridionale, fer forgé, chaises de style Art nouveau et goûteuse cuisine traditionnelle.

CHAUX-NEUVE – 25 Doubs – **321** G6 – 253 h. – alt. 992 m – ✉ 25240   **16** B3
▶ Paris 450 – Besançon 94 – Genève 78 – Lons-le-Saunier 68

Auberge du Grand Gît ॐ   ⇐ 🚗 ⅋ ch, ☏ **P** **VISA** ◑
8 r des Chaumelles – ℰ 03 81 69 25 75 – www.aubergedugrandgit.com
– Ouvert 7 mai-2 oct., 24 déc.-25 mars et fermé dim. soir et lundi
8 ch – †46/51 € ††51/56 € – ☑ 10 € – ½ P 51/56 €
Rest – (dîner seult) Menu 19/26 € – Carte 24/35 €
◆ Un chalet récent, posté près des tremplins de saut à ski. Il règne ici une agréable atmosphère familiale et un calme plaisant. Chambres simples, d'esprit montagnard. Le patron mitonne une appétissante cuisine régionale, servie dans une sympathique salle rustique.

CHAVANOZ – 38 Isère – **333** E3 – 4 098 h. – alt. 234 m – ✉ 38230   **44** B1
▶ Paris 494 – Lyon 49 – Grenoble 101 – Villeurbanne 38

Aux Berges du Rhône avec ch ॐ   🚗 ⅖ ☏ **P** **VISA** ◑ **AE**
hameau de Grange-Rouge, 2 km au Sud-Est par D 55 rte de Loyettes
– ℰ 04 72 02 02 50 – www.aux-berges-du-rhone.com – Fermé dim. soir, merc. soir et lundi
7 ch ☑ – †95 € ††120 €   **Rest** – (22 €) Menu 29/72 € – Carte 29/61 €
◆ Ce bâtiment tout récent, entouré d'un parc et proche du Rhône, est aménagé dans un style contemporain épuré. Vaste restaurant proposant une alléchante cuisine actuelle. Les plaisantes chambres, bien insonorisées, se caractérisent par une décoration minimaliste.

CHAVIGNOL – 18 Cher – **323** M2 – rattaché à Sancerre

CHAZAY – 28 Eure-et-Loir – **311** E5 – rattaché à Chartres

CHAZEY-SUR-AIN – 01 Ain – **328** E5 – 1 339 h. – alt. 235 m – ✉ 01150   **44** B1
▶ Paris 469 – Bourg-en-Bresse 45 – Chambéry 87 – Lyon 43

La Louizarde   🚗 ⅖ **P** **VISA** ◑
3 km au Sud par D 62 et rte secondaire – ℰ 04 74 61 53 23
– Fermé 29 avril-4 mai, 5-14 sept., 23-28 déc., mardi soir, merc. soir et jeudi soir d'oct. à mai, sam. midi, dim. soir et lundi
Rest – Menu 16 € (déj. en sem.), 24/35 € – Carte 37/58 €
◆ L'architecture de la maison et le décor d'esprit colonial séduisent tout autant que la cuisine, raffinée et originale. En été, profitez de la magnifique terrasse ombragée.

CHECY – 45 Loiret – **318** J4 – 7 863 h. – alt. 112 m – ✉ 45430   **12** C2
▶ Paris 142 – Orléans 10 – Fleury-les-Aubrais 13 – Olivet 28

Le Week End   🚗 ⇔ **VISA** ◑ **AE**
1 pl. du Cloître – ℰ 02 38 86 84 93 – www.restaurant-leweekend.com – Fermé dim. soir et lundi
Rest – Menu 28 € (sem.), 36/65 € – Carte 55/61 €🍷
◆ Un week-end, arrêtez-vous dans cette charmante maison ! Cailles, pigeonneau, retour de pêche selon la saison et beau choix de vins du Val de Loire (dégustation au caveau).

CHELLES – 60 Oise – **305** J4 – rattaché à Pierrefonds

CHÉNAS – 69 Rhône – **327** H2 – 466 h. – alt. 253 m – ✉ 69840   **43** E1
▶ Paris 407 – Mâcon 18 – Bourg-en-Bresse 45 – Lyon 59

Les Platanes de Chénas   ⇐ 🚗 **P** **VISA** ◑
aux Deschamps, 2 km au Nord par D 68 – ℰ 03 85 36 79 80
– www.platanes-chenas.com – Fermé 18-30 déc., 1ᵉʳ fév.-10 mars, mardi et merc.
Rest – Menu 28/53 € – Carte 35/54 €🍷
◆ Goûteuse cuisine régionale dont on profite dans la salle à manger au décor raffiné ou sur la charmante terrasse sous les platanes, avec le Beaujolais en toile de fond.

CHÊNEHUTTE-LES-TUFFEAUX – 49 Maine-et-Loire – **317** I5 – rattaché à Saumur

CHÉNÉRAILLES – 23 Creuse – **325** K4 – 740 h. – alt. 537 m – ✉ 23130 **25** C1

🟩 Limousin Berry

▶ Paris 369 – Aubusson 19 – La Châtre 63 – Guéret 32

🖪 32, route de gouzon 𝒞 05 55 62 91 22

◉ Haut-relief★ dans l'église.

🍴 **Le Coq d'Or** ⇔ 𝗩𝗜𝗦𝗔 ◉◉ 𝗔𝗘

🥂 7 pl. du Champ-de-Foire – 𝒞 05 55 62 30 83 – www.restaurant-coqdor-23.com
– Fermé 21 juin-1er juil., 26 sept.-6 oct., 1er-25 janv., dim. soir, merc. soir et lundi
Rest – (14 €) Menu 24/46 € – Carte 36/53 €

◆ Décor soigné et coloré : des coqs ornent l'ensemble de ce restaurant... coquet, rapportés des quatre coins du monde par les clients. Cuisine actuelle goûteuse. Accueil aimable.

CHENONCEAUX – 37 Indre-et-Loire – **317** P5 – 339 h. – alt. 62 m **11** A1
– ✉ 37150 🟩 Châteaux de la Loire

▶ Paris 234 – Amboise 12 – Château-Renault 36 – Loches 31

🖪 1, rue Bretonneau 𝒞 02 47 23 94 45

◉ Château de Chenonceau★★★.

🏨 **Auberge du Bon Laboureur** (Antoine Jeudi) 🍃 🛖 🟊 ⅃ ⅙ ch, 𝗔𝗖 🌐

�花 6 r. Dr Bretonneau – 𝒞 02 47 23 90 02 🛦 𝗣 𝗩𝗜𝗦𝗔 ◉◉ 𝗔𝗘
– www.bonlaboureur.com – Fermé 13 nov.-17 déc., 2 janv.-12 fév. et mardi midi
23 ch – ♦95/155 € ♦♦120/260 € – 3 suites – ⬜ 15 € – ½ P 118/190 €
Rest – Menu 30 € (déj. en sem.), 48/85 € – Carte 65/95 €🌐

Spéc. Langoustines juste saisies, déclinaison de persil. Conjugaison de ris et tête de veau au présent et au passé. Tout chocolat, granité thé vert. **Vins** Montlouis, Bourgueil.

◆ Près du "château des Dames", ces coquettes maisons abritent de belles chambres stylées. Parc avec potager. On dîne dans un cadre élégant ou sur la jolie terrasse bordant le jardin. La cuisine, plutôt classique, mise sur les produits... avec finesse et subtilité.

🏨 **La Roseraie** 🍃 🛖 ⅃ 𝗔𝗖 ch, ⅙ ch, 𝗣 𝗩𝗜𝗦𝗔 ◉◉

7 r. Dr Bretonneau – 𝒞 02 47 23 90 09 – www.hotel-chenonceau.com – Ouvert 20 mars-14 nov.
18 ch – ♦54/85 € ♦♦68/132 € – ⬜ 11 €
Rest – (fermé lundi et le midi sauf dim.) Menu 30/45 € – Carte 35/49 €

◆ Rustique, ce bâtiment tapissé de vigne vierge ne manque pas de charme... L'ambiance est familiale, les chambres fleuries comme le jardin, et la piscine invite à la détente. Cuisine traditionnelle à savourer près de la cheminée.

CHENÔVE – 21 Côte-d'Or – **320** K6 – rattaché à Dijon

CHÉPY – 80 Somme – **301** C7 – 1 291 h. – alt. 96 m – ✉ 80210 **36** A1

▶ Paris 207 – Abbeville 17 – Amiens 72 – Le Tréport 23

🏨 **L'Auberge Picarde** 🍃 ⅙ ch, 🌐 🛦 𝗣 𝗩𝗜𝗦𝗔 ◉◉ 𝗔𝗘

🌐 pl. de la Gare – 𝒞 03 22 26 20 78 – Fermé 26 déc.-12 janv.
25 ch – ♦48/63 € ♦♦53/70 € – ⬜ 6,50 € – ½ P 98 €
Rest – (fermé sam. midi, dim. soir et le midi du 16 au 30 août) (12 €) Menu 16 € (sem.), 23/32 € – Carte 24/46 €

◆ Dans un environnement champêtre, face à une gare désaffectée, petit hôtel aux chambres simples, décorées de mobilier rustique, en bois cérusé ou en rotin. Un passage couvert aux faux airs de jardin d'hiver conduit au restaurant. Table "tradition et terroir".

CHERBOURG-OCTEVILLE ⊛ – 50 Manche – **303** C2 – 40 838 h. **32** A1
– Agglo. 117 855 h. – alt. 10 m – Casino BY – ✉ 50100 🟩 Normandie Cotentin

▶ Paris 359 – Brest 399 – Caen 125 – Laval 200

✈ de Cherbourg-Maupertus : 𝒞 02 33 88 57 60, 11 km par ①.

🖪 2 quai Alexandre III 𝒞 02 33 93 52 02

🖪 de Cherbourg à La Glacerie Domaine des Roches, par rte de Valognes et D 122 : 7 km, 𝒞 02 33 44 45 48

◉ Fort du Roule ⩽★ - Château de Tourlaville : parc★ 5 km par ①.

Plan page suivante

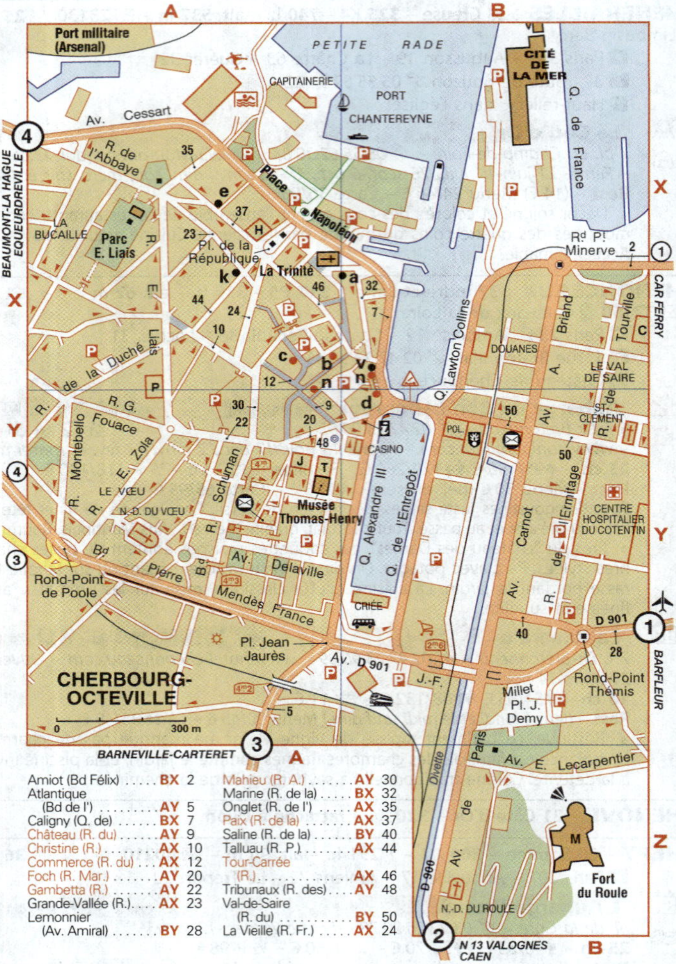

Port militaire
(Arsenal)

PETITE RADE

CITÉ
DE
LA MER

CAPITAINERIE

PORT
CHANTEREYNE

Av. Cessart

R. de
l'Abbaye

35

Place
Napoléon

Q. de
France

BEAUMONT-LA HAGUE
EQUEURDREVILLE

LA
BUCAILLE

Parc
E. Liais

e

37

H

23

Pl. de la
République

k

La Trinité

a

Rd Pl.
Minerve

2

CAR FERRY

X

46

32

7

Briand

Tourville

C

44

24

10

R. de la Duché

Lawton Collins

DOUANES

LE VAL
DE SAIRE

R. de
Montebello

R. E. Zola

R. G.
Fouace

P

12

c

b

n

v

n

d

9

30

22

20

48

CASINO

POL.

50

ST
CLÉMENT

Av. de l'Ermitage

CENTRE
HOSPITALIER
DU COTENTIN

Y

LE VŒU

N.-D. DU VŒU

R. Schuman

J

T

Musée
Thomas-Henry

Q. Alexandre III

Q. de l'Entrepôt

Carnot

R. de

Y

Bd

Pierre

Av.

Delaville

Mendès France

Rond-Point
de Poole

CRIÉE

D 901

40

Rond-Point
Thémis

28

BARFLEUR

1

CHERBOURG-
OCTEVILLE

Pl. Jean
Jaurès

Av. D 901

J.-F.

Millet
Pl. J.
Demy

0   300 m

5

Av. de Paris

Av. E. Lecarpentier

BARNEVILLE-CARTERET

3

A

Divette

D 900

N.-D. DU ROULE

M

Fort
du Roule

Z

2

N 13 VALOGNES
CAEN

B

Amiot (Bd Félix) . . . . . **BX** 2
Atlantique
  (Bd de l') . . . . **AY** 5
Caligny (Q. de) . . . . . . **BX** 7
Château (R. du) . . . . . . **AY** 9
Christine (R.) . . . . **AX** 10
Commerce (R. du) . . . **AX** 12
Foch (R. Mar.) . . . . . . **AY** 20
Gambetta (R.) . . . . . . **AY** 22
Grande-Vallée (R.). . . . **AX** 23
Lemonnier
  (Av. Amiral) . . . . **BY** 28

Mahieu (R. A.) . . . . **AY** 30
Marine (R. de la) . . . . . **BX** 32
Onglet (R. de l') . . . . . **AX** 35
Paix (R. de la) . . . . . . **AX** 37
Saline (R. de la) . . . . . **BY** 40
Talluau (R. P.) . . . . . . **AX** 44
Tour-Carrée
  (R.) . . . . **AX** 46
Tribunaux (R. des) . . . . **AY** 48
Val-de-Saire
  (R. du) . . . . **BY** 50
La Vieille (R. Fr.) . . . . **AX** 24

Le Louvre sans rest

�ⓦ🚗🅅🅸🆂🅰 ⓪ 🅰🅴 ⓞ

2 r. H. Dunant – ℰ 02 33 53 02 28 – www.hotel-le-louvre.com
– Fermé 18 déc.-2 janv.
40 ch – †62/68 € ††68/74 € – ☑ 8,50 €

AX**e**

◆ Situation centrale, chambres confortables progressivement rénovées dans un style actuel, isolation efficace et petits-déjeuners servis sous forme de buffet caractérisent cet hôtel.

La Renaissance sans rest

≼ 🍽 ⓦ 🚗 🅅🅸🆂🅰 ⓪

4 r. de l'Église – ℰ 02 33 43 23 90
– www.hotel-renaissance-cherbourg.com
11 ch – †48/62 € ††54/74 € – 1 suite – ☑ 9 €

ABX**a**

◆ Vous séjournerez au calme dans des chambres gaies et parfaitement tenues, tout en profitant d'un accueil souriant, d'un bon petit-déjeuner… et de prix très raisonnables.

🏠 **Ambassadeur** sans rest   🛗 ዽ 📶 📶 VISA 🞈 AE ①
22 quai Caligny – 🕾 *02 33 43 10 00 – www.ambassadeurhotel.com – Fermé*
17 déc.-8 janv.   BX**v**
40 ch – ✝42/62 € ✝✝54/72 € – ☲ 8 € – ½ P 63/80 €
◆ Sur les quais, établissement mettant à votre disposition ses chambres sobres et
convenablement équipées ; celles de la façade donnent sur le port.

🏠 **Angleterre** sans rest   🎿 📶 VISA 🞈
8 r. P. Talluau – 🕾 *02 33 53 70 06 – www.hotelangleterre-fr.com*   AX**k**
23 ch – ✝39/48 € ✝✝45/58 € – ☲ 7 € – ½ P 62/73 €
◆ Accueil souriant dans cette adresse familiale proche du centre-ville. Petites
chambres fonctionnelles et proprettes, à prix sages. Sauna.

XX **Le Vauban**   AK VISA 🞈 AE
22 quai Caligny – 🕾 *02 33 43 10 11 – Fermé vacances de la Toussaint, de fév.,*
dim. midi, soir et lundi   BX**n**
Rest – (18 €) Menu 22 € (sem.), 33/41 € – Carte 50/60 €
◆ Ce restaurant offre un agréable panorama sur les quais de l'avant-port. Le chef
œuvre dans des cuisines en partie visibles de la salle. Plats actuels.

XX **Café de Paris**   🍽 ዽ AK ⇄ VISA 🞈 AE ①
☜☜ *40 quai Caligny –* 🕾 *02 33 43 12 36 – www.restaurantcafedeparis.com – Fermé 2*
sem. en mars, 3 sem. en nov., lundi midi et dim.   BXY**d**
🙂 **Rest** – Menu 19 € (déj. en sem.), 23/37 € – Carte 30/55 €
◆ Face à l'animation des bassins portuaires, restaurant d'esprit brasserie (salle
panoramique à l'étage) proposant des plats traditionnels soignés et iodés.

XX **Le Pily** (Pierre Marion)   VISA 🞈 AE
❄ *39 Gde Rue –* 🕾 *02 33 10 19 29 – www.le-pily.com – Fermé 1er-21 mai,*
1er-15 janv., sam. midi, dim. soir et merc.   AX**b**
Rest – *(nombre de couverts limité, prévenir)* Menu 37/64 €
Spéc. Foie gras pressé, chips de brioche. Filet de saint-pierre, légumes verts et
crevettes grises au shiso. Fraises marinées au miel-yuzu.
◆ Restaurant intimiste et chaleureux, d'esprit contemporain. Le chef signe une cuisine actuelle et recherchée, où les produits révèlent leur finesse et leur caractère.

X **Le Pommier**   🍽 AK ዽ VISA 🞈
☜☜ *15 bis r. Notre-Dame –* 🕾 *02 33 53 54 60 – Fermé 3-23 nov., 15 fév.-2 mars, dim.*
et lundi   AXY**n**
Rest – Menu 17 € – Carte environ 33 €
◆ Derrière cette façade contemporaine se cache une salle à manger façon bistrot
moderne agrémentée de peintures et de sculptures. Belle terrasse en teck et cuisine au goût du jour.

X **L'Imprévu**   VISA 🞈 AE
32 Gde Rue – 🕾 *02 33 04 53 90 – Fermé dim. et lundi*   AX**c**
Rest – (16 € bc) Menu 30/34 € – Carte 25/34 €
◆ En cuisine, le chef concocte des plats dans l'air du temps, privilégiant les produits de la pêche locale. Intérieur actuel, service efficace et accueil tout sourire.

CHERISY – 28 Eure-et-Loir – **311** E3 – **rattaché à Dreux**

LE CHESNAY – 78 Yvelines – **311** I3 – **101** 23 – **voir à Paris, Environs (Versailles)**

CHEVAGNES – 03 Allier – **326** I3 – 701 h. – alt. 224 m – ✉ 03230   **6** C1
◗ Paris 309 – Bourbon-Lancy 18 – Decize 31 – Digoin 43

XX **Le Goût des Choses**   🍽 ዽ VISA 🞈
🙂 *12 rte Nationale –* 🕾 *04 70 43 11 12 – Fermé vacances de la Toussaint, dim. soir,*
mardi soir et lundi
Rest – (16 € bc) Menu 24 € (sem.), 30/55 € bc – Carte 38/55 €
◆ Ici, le goût des choses s'exprime tant dans l'assiette, élaborée en fonction du
marché, que dans la décoration, très colorée. Miniterrasse dans la cour intérieure.

CHEVAGNY-LES-CHEVRIÈRES – 71 Saône-et-Loire – **320** I12   **8** C3
– 583 h. – alt. 230 m – ✉ 71960
◗ Paris 413 – Bourg-en-Bresse 44 – Dijon 143 – Mâcon 7

✗ **L'Arbre Blanc**   ♿ 𝖵𝖨𝖲𝖠 ⦿
pl. de l'Église – ℰ *03 85 40 63 26 – http://*
restaurant-alexandre-blanc.e-monsite.com – Fermé 1 sem. en juin, 1 sem.
en sept. et 3 sem. en janv.
Rest – *(nombre de couverts limité, prévenir)* Menu 25/42 € – Carte 35/48 €
◆ Charmant restaurant chic et convivial, tout habillé de blanc. Dans les assiettes : finesse, tradition, créativité et... grenouilles et poulet à la crème ; la recette du bonheur !

CHEVAL-BLANC – 84 Vaucluse – **332** D11 – **rattaché à Cavaillon**

CHEVANNES – 89 Yonne – **319** D5 – **rattaché à Auxerre**

CHEVERNY – 41 Loir-et-Cher – **318** F7 – **rattaché à Cour-Cheverny**

CHEVIGNY – 21 Côte-d'Or – **320** K6 – **rattaché à Dijon**

LE CHEYLARD – 07 Ardèche – **331** I4 – 3 341 h. – alt. 450 m – ✉ 07160   **44** A3
   ▶ Paris 598 – Aubenas 50 – Lamastre 21 – Privas 47
   🛈 rue du 5 Juillet 44 ℰ 04 75 29 18 71

🏠 **Le Provençal**   🛏 𝖠𝖢 rest, 🐾 ch, ⁰¹ 𝗣 𝖵𝖨𝖲𝖠 ⦿
17 av. de la Gare – ℰ *04 75 29 02 08 – www.hotelrestaurantleprovencal.com*
– Fermé 1ᵉʳ-20 oct., 26 déc.- 18 janv., vend. soir, dim. soir et lundi
10 ch – ✝53 € ✝✝63/85 € – ⌂ 9 € – ½ P 56/76 €
Rest – *(résidents seult)* (18 €) Menu 23/57 € bc – Carte 32/49 €
◆ Bâtisse en pierre abritant de petites chambres simples et bien tenues. Garage à vélos apprécié des cyclistes qui parcourent la corniche de l'Eyrieux. Salles à manger sobrement rustiques, cuisine traditionnelle inspirée du terroir et sélection de vins du pays.

CHÉZERY-FORENS – 01 Ain – **328** I3 – 399 h. – alt. 585 m – ✉ 01200   **45** C1
   ▶ Paris 506 – Bellegarde-sur-Valserine 17 – Bourg-en-Bresse 82 – Gex 39

✗ **Commerce** avec ch   📶 𝖵𝖨𝖲𝖠 ⦿
🛏 – ℰ *04 50 56 90 67 – www.hotelducommerce-blanc.fr – Ouvert fév.-sept. et*
🍽 *fermé de mi-juin à mi-juil., mardi et merc. hors vacances scolaires*
7 ch – ✝59 € ✝✝59 € – ⌂ 8 € – ½ P 50/60 €
Rest – Menu 13 € (sem.), 25/42 € – Carte 22/44 €
◆ Cette attachante maison propose une généreuse cuisine régionale (grenouille en saison) dans un décor campagnard ou sur la terrasse bercée par le bruit des eaux de la Valserine. Petites chambres bien tenues et accueil plein de gentillesse.

CHILLE – 39 Jura – **321** D6 – **rattaché à Lons-le-Saunier**

CHILLEURS-AUX-BOIS – 45 Loiret – **318** J3 – 1 881 h. – alt. 125 m   **12** C2
– ✉ 45170
   ▶ Paris 96 – Orléans 30 – Chartres 71 – Étampes 47

✗✗ **Le Lancelot**   📶 𝖠𝖢 ⇔ 𝗣 𝖵𝖨𝖲𝖠 ⦿
12 r. des Déportés – ℰ *02 38 32 91 15 – www.restaurant-le-lancelot.com*
– Fermé 8-30 août, 21 fév.-7 mars, merc. soir, dim. soir et lundi
Rest – *(prévenir le week-end)* Menu 21 € (sem.), 29/68 € – Carte 38/76 €
◆ Au centre du village, accueillante maison fleurie et rustique avec jardin et terrasse. La patronne propose ses créations personnelles et de vieilles recettes de famille.

CHINAILLON – 74 Haute-Savoie – **328** L5 – **rattaché au Grand-Bornand**

CHINON ⬢ – 37 Indre-et-Loire – **317** K6 – 8 256 h. – alt. 40 m   **11** A3
– ✉ 37500 ▌Châteaux de la Loire
   ▶ Paris 285 – Châtellerault 51 – Poitiers 80 – Saumur 29
   🛈 place Hofheim ℰ 02 47 93 17 85
   ◉ Vieux Chinon★★ : Grand Carroi★★ A E - Château★★ : ◁★★.
   🄶 Château d'Ussé★★ 14 km par ①.

CHINON

A

Carnot (R.)	**A**	2
Caves-Painctes (Impasse)	**A**	3
Commerce (R. du)	**A**	4
Courances (R. des)	**B**	5
Diderot (R.)	**B**	6
Dr-Gendron (R.)	**A**	7
Gaulle (Pl. Gén. de)	**A**	8
Grand-Carroi (R.)	**A**	9
Henri II Plantagenet (Pl.)	**A**	10
Jeanne-d'Arc (Q.)	**AB**	
Jeanne-d'Arc (R.)	**A**	13
J.-J.-Rousseau (R.)	**B**	
Lamproie (R. de la)	**B**	14
Rabelais (R.)	**AB**	17
Voltaire (R.)	**A**	20
11-Novembre (R. du)	**B**	23

🏨 **De France** sans rest ♨ 📶 🚗 VISA ⓾ AE ⓪
47 pl. Gén. de Gaulle – 🕿 02 47 93 33 91
– www.bestwestern-hoteldefrance-chinon.com – Fermé 1ᵉʳ-10 mars, 4-30 nov.,
15-28 fév. et dim. soir de nov. à mars **A s**
30 ch ☕ – ♦85/138 € ♦♦95/150 € – 3 suites – ½ P 82/105 €
◆ Dans ces deux maisons mitoyennes du 16ᵉ s., près du centre historique, les chambres sont confortables et certaines donnent sur le château. Jolie courette intérieure.

🏠 **Diderot** sans rest ♿ ♨ 📶 P VISA ⓾ AE ⓪
🍽 4 r. de Buffon – 🕿 02 47 93 18 87 – www.hoteldiderot.com – Fermé 5-20 déc. et
15 janv.-5 fév. **B n**
23 ch – ♦45/65 € ♦♦55/82 € – ☕ 9 €
◆ Cette belle demeure du 18ᵉ s. propose des chambres joliment décorées dans un style ancien. Petit-déjeuner façon table d'hôte : produits fermiers et confitures maison.

✕✕ **L'Océanic** 📶 AC VISA ⓾
🙂 13 r. Rabelais – 🕿 02 47 93 44 55 – Fermé 1ᵉʳ-6 mars, 28 août-7 sept.,
31 déc.-3 janv., dim. soir et lundi **A u**
Rest – (17 € bc) Menu 25/68 € bc – Carte 31/63 €
◆ L'enseigne le suggère : ici, les produits de la mer ultrafrais sont à l'honneur, cuisinés avec un zeste d'originalité. Le bonheur des amateurs de saveurs iodées... à prix doux !

✕✕ **Au Chapeau Rouge** 📶 ♿ AC VISA ⓾ AE
🙂 49 pl. du Gén.-de-Gaulle – 🕿 02 47 98 08 08 – www.auchapeaurouge.fr
– Fermé 24 oct.-15 nov., 15 fév.-12 mars, dim. soir et lundi **A v**
Rest – Menu 20 € bc (déj. en sem.), 27/50 € – Carte 36/79 €
◆ Autour d'une place ombragée et de sa fontaine, aux pieds des remparts, on vient apprécier la cuisine de produits, simple et généreuse, de ce chef qui respecte les saisons.

✕ **Les Années Trente** 📶 VISA ⓾
78 r. Voltaire – 🕿 02 47 93 37 18 – www.lesannees30.com – Fermé
20-30 juin, 16-28 nov., mardi sauf le soir de mai à sept. et merc. **A t**
Rest – (16 € bc) Menu 27/43 € – Carte 40/54 €
◆ Bibelots, petits tableaux et photos des années 1930 font le charme de ce restaurant du vieux Chinon. Cuisine au goût du jour à base de produits frais.

à Marçay 9 km par ③ et D 116 – 464 h. – alt. 65 m – ⊠ 37500

🏠🏠🏠 **Château de Marçay** ᪉   ← 🕭 🖙 🌊 ℀ 🎐 ⚠ 🄿 💳 👁 🄰🄴 ⓪
✿✿   rte du Château – 𝒞 02 47 93 03 47 – www.chateaudemarcay.com – Fermé de
mi-janv. à début mars, dim. et lundi de nov. à mars
29 ch – †100/120 € ††100/290 € – 4 suites – �)22 € – ½ P 137/212 €
Rest – (fermé dim. soir hors saison, mardi midi et lundi sauf le soir en saison)
(25 €) Menu 40 € (dîner), 55/98 € – Carte 45/65 €⚄
Spéc. Foie gras et figue à l'hysope. Sandre rôti sur sa peau, grecque de jeunes
légumes à l'huile de coriandre. Douceur chocolatée, amertume de citron vert
Vins Chinon.
♦ De la forteresse du 12ᵉ s. ne subsiste que ce château, remanié au 15ᵉ s. Et il a
fière allure, au milieu de son grand parc arboré et de ses vignes (dégustation au
domaine). Belle cuisine qui respecte les saveurs de produits choisis, accompagnée
de vins de Loire.

CHIROUBLES – 69 Rhône – **327** G2 – 354 h. – alt. 430 m – ⊠ 69115   **43 E1**
▶ Paris 422 – Lyon 59 – Villeurbanne 67 – Bourg-en-Bresse 60

🏠   **La Tour** ᪉   🚅 🖙 🌊 ℀ ch, ⓘ 🄿
à 1 km, le Pont (rte de Fleurie) – 𝒞 04 74 04 20 26 – www.mfjp.bernard.free.fr
– Ouvert d'avril à nov.
4 ch ⊋ – †75 € ††85 €   **Table d'hôte** – Menu 30 € bc
♦ Maison de caractère abritant de belles chambres à thèmes : Romantique et Florale (dans la tour), Rétro et Pastorale. Agréable vue sur la vigne. Cuisine régionale

---

CHISSAY-EN-TOURAINE – 41 Loir-et-Cher – **318** D7 – rattaché à Montrichard

---

CHISSEAUX – 37 Indre-et-Loire – **317** P5 – 615 h. – alt. 58 m   **11 A1**
– ⊠ 37150
▶ Paris 235 – Tours 37 – Amboise 14 – Loches 33

℀℀   **Auberge du Cheval Rouge**   🖙 ⇆ 💳 👁
30 r. Nationale – 𝒞 02 47 23 86 67 – www.auberge-duchevalrouge.com
– Fermé 20 déc.-10 janv., lundi et mardi
Rest – (18 €) Menu 28/56 € – Carte 40/75 €
♦ L'ancien café du village abrite aujourd'hui ce coquet restaurant au cadre élégant, mêlant rustique et moderne. La cuisine est généreuse et la terrasse verdoyante, charmante.

CHITENAY – 41 Loir-et-Cher – **318** F7 – 1 027 h. – alt. 90 m – ⊠ 41120   **11 A1**
▶ Paris 196 – Orléans 72 – Blois 15 – Romorantin-Lanthenay 39

🏠   **Auberge du Centre**   🚅 🄐🄲 rest, ⓘ 🄿 💳 👁 🄰🄴
pl. de l'Église – 𝒞 02 54 70 42 11 – www.auberge-du-centre.com
– Fermé 24 janv.-3 mars
26 ch – †58/69 € ††83/100 € – ⊋ 11 € – ½ P 67/85 €
Rest – (fermé dim. soir hors saison, mardi midi et lundi) Menu 24 € (sem.),
35/49 € – Carte 34/48 €
♦ À proximité des châteaux de la Loire, une engageante auberge de village dont
la façade est couverte de vigne vierge. Chambres propres et mignonnes (motifs
floraux, couleurs gaies) ; jardin arboré. Cuisine traditionnelle dans un cadre frais
et cosy.

CHOISY-AU-BAC – 60 Oise – **305** I4 – rattaché à Compiègne

CHOLET 👓 – 49 Maine-et-Loire – **317** D6 – 54 632 h. – alt. 91 m   **34 B2**
– ⊠ 49300 ▌Châteaux de la Loire
▶ Paris 353 – Ancenis 49 – Angers 64 – Nantes 60
🅸 14, avenue Maudet 𝒞 02 41 49 80 00
🆖 de Cholet Allée du Chêne Landry, 𝒞 02 41 71 05 01
◉ Musée d'Art et d'Histoire ★ Z M.

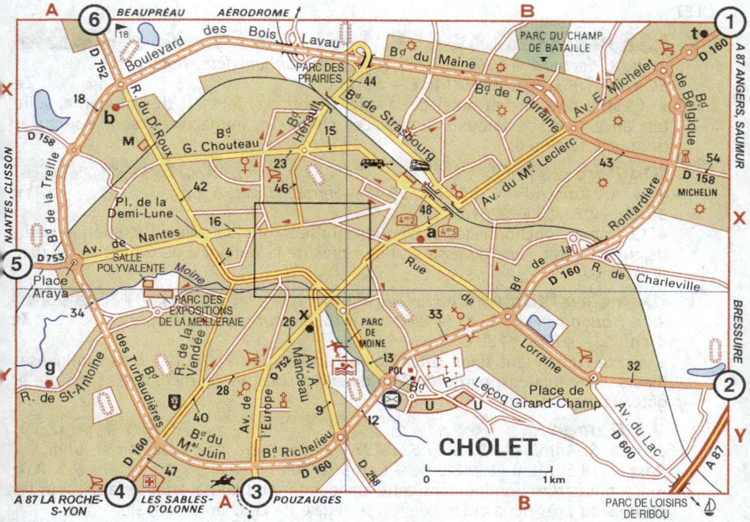

Abreuvoir (Av. de l') . . . . **Z** 2
Bons Enfants (R. des) . . . . **Z** 3
Bouet (Av. F.) . . . . **AX** 4
Bourg Baudry (R. du) . . . . **Z** 6
Bretonnaise (R.) . . . . **Z** 7
Champagny
(Av. du Cdt-de) . . . . **AY** 9
Clemenceau (R. G.) . . . . **Z** 10
Coubertin (Bd P.-de) . . . . **BY** 12
Delhumeau-Plessis (Bd) . . . . **BY** 13
Faidherbe (Bd du Gén.) . . . . **AY** 15
Foch (Av. du Mar.) . . . . **AX** 16
Godinière (Bd de la) . . . . . . **AX** 18
Guérineau (Pl. A.) . . . . **Z** 20
Hôtel de Ville (R. de l') . . . . **Z** 22
Joffre (Bd du Mar.) . . . . **AX** 23
libération (Av. de la) . . . . . . **AY** 26
Marne (Av. de la) . . . . **AY** 28
Maudet (Av.) . . . . **Z** 30
Maulévrier (R. de) . . . . **BY** 32
Minée (Bd de la) . . . . **BY** 33
Moine (R. de la) . . . . **Z** 36
Moinie (Bd de la) . . . . **AY** 34
Montfort (R. G.-de) . . . . **Z** 37
Nantaise (R.) . . . . **Z** 39
Napoléon-Bonaparte
(Av.) . . . . **AY** 40
Nationale (R.) . . . . **Z**
Pasteur (R. L.) . . . . **AX** 42
Poitou (Bd du) . . . . **BX** 43
Pont de Pierre (Bd du) . . . . **AB** 44
Puits de l'Aire (R. du) . . . . . . **Z** 45

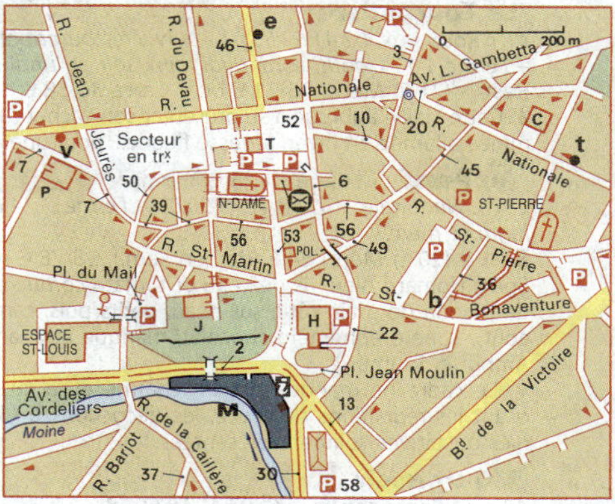

Richard (Bd G.) . . . . **Z** 46
Sablerie (R.) . . . . **Z** 49
Sables (Av. des) . . . . **AY** 47
Sadi-Carnot (R.) . . . . **BX** 48
Sardinerie (R. de la) . . . . . . **Z** 50
Toutlemonde (R. de) . . . . **BX** 54
Travot (Pl.) . . . . **Z** 52
Travot (R.) . . . . **Z** 53
Vieux Greniers (R. des) . . . . **Z** 56
8-Mai-1945 (Pl. du) . . . . **Z** 58

All Seasons

45 av. d'Angers
– *℘ 02 41 71 08 08*
– *www.all-seasons-hotels.com*   **BXt**
60 ch ⊠ – †80/110 € ††90/120 € – 3 suites
Rest – *(fermé vend. soir)* (18 €) Menu 22/33 € – Carte 30/39 €

♦ Une fois à l'intérieur, on oublie la zone commerciale toute proche : le décor, où domine le bois canadien, est chaleureux. Les chambres sont modernes, confortables et bien insonorisées. Carte traditionnelle dans un cadre dépaysant avec charpente et verrière.

481

🏠 **San Benedetto** sans rest 　　🔲 ⅆ AC ⁽¹⁾ ⅷ ⌂ VISA ☎ AE ⓪

26 bd G.-Richard – ℰ 02 41 62 07 20 – www.sanbenedetto-hotel.com

50 ch – †86/126 € ††96/146 € – ⌂ 11 €　　　　**Ze**

◆ C'est le plus ancien hôtel de la ville. Désormais, tout est très moderne, voire tendance, avec de beaux volumes. Les chambres, immaculées, sont ponctuées de touches colorées.

🏠 **Du Parc** sans rest 　　🔲 AC ⁽¹⁾ ⅷ ⌂ VISA AE

4 av. A. Manceau – ℰ 02 41 62 65 45 – Fermé 21 déc.-6 janv.　　**AYx**

54 ch – †61/63 € ††61/63 € – ⌂ 7,50 €

◆ Chambres fonctionnelles et bien insonorisées, grande salle de réunion et petit-déjeuner buffet : une adresse pratique près de la patinoire de Cholet et du parc de Moine.

🏠 **Demeure l'Impériale** sans rest 🌿 　　🛏 ⅍ ⁽¹⁾ P VISA ☎

28 r. Nationale – ℰ 02 41 58 84 84 – www.demeure-imperiale.com　　**Zt**

5 ch – ⌂ – †70 € ††80 €

◆ Accueil charmant dans cet hôtel particulier de 1860. Chambres lumineuses (fleurs, linge luxueux, parquet). Petit-déjeuner sous une verrière avec confiture et gâteaux maison.

🍴🍴 **La Grange** 　　🛏 🍴 ⅆ AC VISA ☎ AE

64 r. de St-Antoine – ℰ 02 41 62 09 83 – Fermé merc. soir, dim. soir et lundi

Rest – (18 €) Menu 26/58 € bc – Carte 30/70 €　　**AYg**

◆ L'esprit nature domine dans cette ancienne ferme du pays. En terrasse, sous les poutres ou près de la cheminée, on se régale de ce charme agreste.

🍴🍴 **La Touchetière** 　　🍴 ⟳ P VISA ☎ AE

41 r Roux – ℰ 02 41 62 55 03 – www.restaurant-cholet.fr

– Fermé 1ᵉʳ-21 août, sam. midi, dim. soir et lundi soir　　**AXb**

Rest – (21 €) Menu 26/71 € bc – Carte 36/58 €

◆ Cette vieille auberge a su préserver son cachet rustique : poutres blanchies, cheminée allumée en hiver, terrasse fleurie... pour une cuisine traditionnelle, bien sûr !

🍴 **Au Passé Simple** (Lilian Grimaud) 　　🍴 VISA ☎ AE

🏵 181 r. Nationale – ℰ 02 41 75 90 06 – Fermé 9-24 août, 19 déc.-4 janv., dim. soir, lundi et merc.　　**Zv**

Rest – (20 €) Menu 24 € (déj. en sem.), 38/78 € – Carte 48/55 €

Spéc. Homard bleu, ris de veau et tomate cornue des Andes (juin à oct.). Poitrine de pigeon de grain rôtie sur peau, petits pois, carottes et lard croustillant (mai à août). Sphère éphémère chocolat, mangue et ananas (nov. à fév.) **Vins** Touraine-Amboise, Saumur.

◆ Le cadre ne manque pas de charme et la cuisine est volontiers audacieuse, osant les réductions de sauce, les décoctions ou les infusions. De belles harmonies gustatives, joliment présentées.

🍴 **L'Ourdissoir** 　　🍴 VISA ☎ AE

⊗ 40 r. St-Bonaventure – ℰ 02 41 58 55 18

– Fermé 27 juil.-17 août, 20 fév.-1ᵉʳ mars, dim. soir, lundi soir et merc.

Rest – Menu 17 € (déj. en sem.), 29/55 € bc – Carte environ 42 €　　**Zb**

◆ De beaux murs en pierre, témoins du travail des tisserands de la ville du mouchoir. Le chef propose un menu découverte selon son inspiration et les propositions du marché.

🍴 **Le Pouce Pied** 　　AC VISA ☎

⊗ 1 r. du Lait-au-Beurre – ℰ 02 41 58 50 03 – www.lepoucepied.com – fermé 15-31 août, sam. midi, dim. soir, et lundi　　**BXa**

🅟 **Rest** – Menu 18 € (déj. en sem.), 28/47 € bc – Carte environ 38 €

◆ Un restaurant de poche un peu excentré, où les tables sont décorées de pouces-pieds ! La cuisine est alléchante et gorgée de saveurs, le tout à prix raisonnable.

à Nuaillé 7,5 km par ① et D 960 – 1 322 h. – alt. 133 m – ✉ 49340

🏠 **Les Biches** sans rest 　　🔲 ⁽¹⁾ ⌂ VISA ☎

pl. de l'Église – ℰ 02 41 62 38 99 – www.hoteldesbiches.com – Fermé 19 déc.-4 janv.

12 ch – †58/65 € ††68/76 € – ⌂ 8,50 €

◆ Un petit hôtel familial plaisant, avec ses chambres gaies, bien tenues et régulièrement rafraîchies. En été, les petits-déjeuners sont servis près de la piscine.

à Maulévrier 13 km par ② et D 20 – 2 890 h. – alt. 130 m – ⊠ 49360

🛈 place de l'Hôtel de Ville ℰ 02 41 55 06 50

Château Colbert ⌂ ⬅ 🚗 🛁 🐾 🏡 🔊 ⑨ 👙 🅿 VISA ⬤ AE ①
pl. du Château – ℰ 02 41 55 51 33 – www.chateaucolbert.com – Fermé
17 déc.-3 janv., 15-27 fév. et dim. soir
20 ch – ♦85/165 € ♦♦85/165 € – 1 suite – ⌸ 12 € – ½ P 46 €
Rest – Menu 30 € (déj.), 34/75 € – Carte 50/58 €
◆ Ce château du 17ᵉ s. veille jalousement sur ses chambres meublées d'anciens
– celles du 1ᵉʳ étage sont magnifiques – qui donnent sur un splendide jardin
japonais. Hauts plafonds et lustres en cristal Grand Siècle pour une cuisine
actuelle inspirée du terroir.

CHOMELIX – 43 Haute-Loire – 331 E2 – 506 h. – alt. 910 m – ⊠ 43500   **6** C3

▶ Paris 519 – Ambert 36 – Brioude 52 – Le Puy-en-Velay 30

𝕏𝕏 **Auberge de l'Arzon** avec ch   ♿ ch, ⅍ rest, 🅿 VISA ⬤
pl. Fontaine – ℰ 04 71 03 62 35 – Ouvert 1ᵉʳ mai-30 sept. et fermé dim. soir,
lundi et mardi (sauf hôtel en juil.-août)
9 ch – ♦55 € ♦♦65/85 € – ⌸ 7 € – ½ P 56/70 €
Rest – (19 €) Menu 24/47 € – Carte 23/46 €
◆ Au cœur du village, bâtisse en pierre vous conviant à un repas traditionnel dans
un cadre rustique réactualisé. Tables dressées avec sobriété ; mobilier en chêne et
acajou. Une dépendance située à l'arrière abrite des chambres très bien tenues.

CHONAS-L'AMBALLAN – 38 Isère – 333 B5 – rattaché à Vienne

CHORANCHE – 38 Isère – 333 F7 – 134 h. – alt. 280 m – ⊠ 38680   **43** E2
🟩 Alpes du Nord

▶ Paris 588 – Grenoble 52 – Valence 48 – Villard-de-Lans 20

🔘 Grotte de Coufin ★★.

Le Jorjane 🏠   🏡 ⅍ rest, 🅿 VISA ⬤
Le village – ℰ 04 76 36 09 50 – www.lejorjane.com – Fermé 15-30 nov., dim.
soir hors saison et lundi
7 ch – ♦40/53 € ♦♦40/53 € – ⌸ 8 € – ½ P 85/99 €
Rest – Menu 15/23 € – Carte 19/32 €
◆ Dans le célèbre village aux sept grottes, auberge familiale abritant des chambres
pratiques. Les motards y sont chouchoutés. Restaurant rustique décoré d'objets
chinés et terrasse couverte bordant la route ; plats traditionnels, grillades, salades...

CHORGES – Hautes-Alpes – 334 F5 – 2 419 h. – alt. 864 m – ⊠ 05230   **41** C1
🟩 Alpes du Sud

▶ Paris 717 – Digne-les-Bains 98 – Gap 18 – Marseille 193

🛈 place Centrale ℰ 04 92 50 64 25

Ax'Hôtel   🚗 🏡 🖥 🌐 🝙 🍴 ♿ 🎧 ⑨ 🅿 VISA ⬤ AE
ZA La Grande-Ile – ℰ 04 92 21 45 17 – www.ax-hotel.com
39 ch – ♦70/85 € ♦♦80/95 € – 1 suite – ⌸ 8 € – ½ P 70/78 €
Rest – (fermé le midi) Menu 22/36 € – Carte 32/39 €
◆ Une construction moderne habillée de bois clair, au calme, près de Gap. La
décoration est contemporaine, rehaussée d'illustrations évoquant les beautés
naturelles. La Parenthèse propose une cuisine actuelle, servie face aux montagnes.

CIBOURE – 64 Pyrénées-Atlantiques – 342 C4 – rattaché à St-Jean-de-Luz

CIEURAC – 46 Lot – 337 F5 – 287 h. – alt. 247 m – ⊠ 46230   **28** B1
▶ Paris 589 – Cahors 16 – Montauban 53 – Toulouse 105

𝕏 **Table de Haute Serre**   🅿 VISA ⬤ AE
Château de Haute Serre – ℰ 05 65 20 80 20 – www.hauteserre.fr – Fermé
3 nov.-6 janv., jeudi hors saison, dim. soir et merc.
Rest – Menu 25/70 €
◆ À l'entrée du château, au milieu des vignes, un lieu de convivialité pour une cui-
sine pleine de saveurs et de finesse. Idéal pour découvrir le vin, la truffe et le safran.

CINQ-CHEMINS – 74 Haute-Savoie – **328** L2 – rattaché à Thonon-les-Bains

LA CIOTAT – 13 Bouches-du-Rhône – **340** I6 – 32 126 h. – Casino   **40** B3
– ✉ 13600 ▮ Provence

> ▶ Paris 802 – Aix-en-Provence 53 – Brignoles 62 – Marseille 32
> 🛈 boulevard Anatole France ✆ 04 42 08 61 32
> 🔵 Calanque de Figuerolles ★ SO : 1,5 km puis 15 mn par D141 - Chapelle
> N.-D. de la Garde ⩻ ★★ O : 2,5 km puis 15 mn.
> 🔵 - à l'Ile Verte ⩻ ★ en bateau 30 mn .

⚒ | **Les Gourman'dînent**   ⩻ 🍴 AC VISA ⓿ AE
18 r. des Combattants – ✆ 04 42 08 00 60 – www.lesgourman-dinent.com
– Fermé 1er-7 sept., 19-26 déc., sam. midi, dim. soir et merc. de sept. à juin, lundi
midi, mardi midi et merc. midi en juil.-août
Rest – (nombre de couverts limité, prévenir) (19 € bc) Menu 39 €
◆ Ces gourmands-là dînent sur le port dans un cadre original : une boutique
d'apothicaire transformée en écrin coloré. Cuisine créative et ludique, à base de
produits frais.

au Liouquet 6 km à l'Est par D 559 (rte de Bandol) – ✉ 13600 La Ciotat

⚒ | **Roche Belle**   🍴 AC Ⓟ VISA ⓿ AE
Corniche du Liouquet – ✆ 04 42 71 47 60 – www.roche-belle.fr – Fermé
1er-15 nov., 1er-21 fév., dim. et lundi sauf juil.-août
Rest – (nombre de couverts limité, prévenir) Menu 34 € – Carte 36/66 €
◆ Dans un chaleureux cadre provençal, une maisonnette couverte de vigne
vierge et sa terrasse plantée d'oliviers. La cuisine est goûteuse, ensoleillée, et
fleure bon le Midi.

CIRES-LÈS-MELLO – 60 Oise – **305** F5 – 3 450 h. – alt. 39 m – ✉ 60660   **36** B3
> ▶ Paris 65 – Beauvais 32 – Chantilly 17 – Compiègne 47

🏨 | **Relais du Jeu d'Arc**   🛋 🍴 ᴋ 🛁 🐾 🔄 Ⓟ VISA ⓿
pl. Jeu d'Arc , 1 km à l'Est – ✆ 03 44 56 85 00 – www.relais-jeu-arc.com
– Fermé août et 21 déc.-1er janv.
14 ch – †65/125 € ††65/125 € – ⌷ 10 €
Rest – (fermé dim. et lundi) Menu 18 € (déj. en sem.), 24/39 € – Carte 38/50 €
◆ Relais de poste dont les origines remontent au 17e s. Les chambres sont
actuelles et confortables ; certaines avec mezzanine. L'ancienne écurie sert de
cadre au restaurant. Plats traditionnels servis au coin du feu ou sur la terrasse
tournée vers le château.

CLAIRAC – 47 Lot-et-Garonne – **336** E3 – 2 506 h. – alt. 52 m – ✉ 47320   **4** C2
> ▶ Paris 690 – Agen 42 – Marmande 24 – Nérac 35
> 🛈 16, place Viçoze ✆ 05 53 88 71 59

⚒ | **L'Auberge de Clairac**   🍴 AC VISA ⓿ AE
12 rte Tonneins – ✆ 05 53 79 22 52 – www.aubergedeclairac.fr – Fermé vacances
de la Toussaint et de fév., dim. soir, mardi soir et merc.
Rest – (20 € bc) Menu 29/35 € – Carte 29/39 €
◆ Cette maison régionale bâtie au 19e s. jouxte un ancien séchoir à tabac. Cuisine au goût du jour servie dans un cadre actuel ou sur la jolie terrasse fleurie.

CLAM – 17 Charente-Maritime – **324** H7 – rattaché à Jonzac

CLAMART – 92 Hauts-de-Seine – **311** J3 – **101** 25 – voir à Paris, Environs

CLAMECY ⟨⑲⟩ – 58 Nièvre – **319** E7 – 4 551 h. – alt. 144 m – ✉ 58500   **7** B2
▮ Bourgogne
> ▶ Paris 208 – Auxerre 42 – Avallon 38 – Cosne-sur-Loire 52
> 🛈 7-9, rue du Grand Marché ✆ 03 86 27 02 51
> 🔵 Église St-Martin ★.

⌂ **Hostellerie de la Poste** 🏡 &. ch, ⁿ⁰ 𝘝𝘐𝘚𝘈 ⦿ 𝖠𝖤 ⓘ
9 pl. Emile Zola – 𝒞 *03 86 27 01 55 – www.hostelleriedelaposte.fr*
17 ch – †59/79 € **††**59/79 € – ☲ 10 € – ½ P 71/81 €
Rest – (20 €) Menu 25 € (sem.), 35/42 € – Carte 48/56 €
♦ Ex-relais de poste au cœur d'une jolie bourgade, tenu avec soin par un jeune couple. Coquettes petites chambres, plus calmes sur l'arrière. Salle à manger feutrée, entre boiseries et pierres apparentes, et saveurs du terroir revisitées.

✗ **Deux Pièces Cuisine** 🏡 𝘝𝘐𝘚𝘈 ⦿
☙ *7 r. de la Monnaie –* 𝒞 *03 86 27 25 07 – www.2pieces-cuisine.fr – Fermé 2 sem. en mars, 20 nov.-10 déc., lundi et mardi*
Rest – *(nombre de couverts limité, prévenir)* Menu 19 € (déj. en sem.), 27/38 € – Carte 29/44 €
♦ Une véritable petite bonbonnière, où se côtoient bibelots, oursons et même coucou suisse... L'âme cosy des lieux a conquis la clientèle locale. Cuisine actuelle.

CLARA – 66 Pyrénées-Orientales – **344** F7 – **rattaché à Prades**

LES CLAUX – 05 Hautes-Alpes – **334** I5 – **rattaché à Vars**

CLÉMONT – 18 Cher – **323** J1 – 647 h. – alt. 141 m – ⊠ 18410   **12** C2
◗ Paris 187 – Orléans 72 – Bourges 62 – Vierzon 71

⌂ **Domaine des Givrys** ⊗ 🏡 ⌂ 𝒫
4 km au Sud par D 79, rte de Ste-Montaine et rte secondaire – 𝒞 *02 48 58 80 74 – www.domainedesgivrys.com*
5 ch ☲ – **†**67 € **††**75 €   **Table d'hôte** – Menu 35 € bc
♦ Douceur de vivre et sérénité en bordure d'étang et de rivière... Cette ancienne ferme au cœur d'un vaste domaine ravira les amoureux de la nature. Chambres sobres et classiques. Le terroir et la convivialité sont à l'honneur autour de la grande table d'hôte en chêne.

CLÈRES – 76 Seine-Maritime – **304** G4 – 1 303 h. – alt. 113 m   **33** D1
– ⊠ 76690 ▮ Normandie Vallée de la Seine
◗ Paris 155 – Dieppe 45 – Forges-les-Eaux 35 – Neufchâtel-en-Bray 36
🄸 59, avenue du Parc 𝒞 02 35 33 38 64
◉ Parc zoologique★.

à Frichemesnil 4 km au Nord-Est par D 6 et D 100 – 387 h. – alt. 150 m – ⊠ 76690

✗✗ **Au Souper Fin** (Eric Buisset) avec ch ⊗ 🏡 ⌂ ch, ⁿ⁰ 𝘝𝘐𝘚𝘈 ⦿ 𝖠𝖤
☙ *1 rte de Clères –* 𝒞 *02 35 33 33 88 – www.souperfin.com – Fermé 3 sem. en août, dim. soir, merc. et jeudi*
3 ch – †55 € **††**70 € – ☲ 10 €
Rest – (28 €) Menu 33 € (sem.), 46/55 € – Carte 56/82 € 🕮
Spéc. Saint-Jacques poêlées au beurre d'algues (oct. à fév.). Carré d'agneau rôti au four, jus réduit au confit d'ail. Millefeuille à la vanille.
♦ Ce sympathique restaurant arbore un décor contemporain, élégant et chaleureux. Cuisine actuelle soignée, vins choisis, terrasse-pergola côté jardin et jolies petites chambres.

au Sud 2 km sur D 155 – ⊠ 76690 Clères

✗ **Auberge du Moulin** 🏡 𝒫 𝘝𝘐𝘚𝘈 ⦿
☺ *36 r. des Moulins-du-Tot –* 𝒞 *02 35 33 62 76 – www.aubergedumoulin.org – Fermé 16 août-3 sept., mardi sauf le soir d'avril à oct., dim. soir et lundi*
Rest – (18 €) Menu 27/47 € – Carte 37/61 €
♦ Auberge sympathique tournée vers un vieux moulin bordé par une petite rivière dont le cours est ponctué de cressonnières. Cuisine actuelle où entre le terroir. Terrasse d'été.

CLERMONT ⊛ – 60 Oise – **305** F4 – 10 748 h. – alt. 125 m   **36** B2
– ⊠ 60600 ▮ Nord Pas-de-Calais Picardie
◗ Paris 79 – Amiens 83 – Beauvais 27 – Compiègne 34
🄸 19, place de l'Hôtel de Ville 𝒞 03 44 50 40 25

à Étouy 7 km au Nord-Ouest par D 151 – 790 h. – alt. 85 m – ⊠ 60600

XXX **L'Orée de la Forêt** (Nicolas Leclercq) 🔔 ⅗ **P** 🅥🅘🆂🅰 ⚬⚬ 🄰🄴
❀ *255 r. Forêt – ℰ 03 44 51 65 18 – www.loreedelaforet.fr – Fermé 28 juil.-30 août,*
2-11 janv., dim. soir, vend. et soirs fériés
Rest – Menu 28 € (déj. en sem.), 46/95 € – Carte 78/100 €
Spéc. Foie gras poêlé au sirop de betterave. Pigeonneau rôti, légumes du potager. Millefeuille vanillé.
♦ Une maison de maître du début du 20e s., dans un paisible parc arboré. Le grand
potager approvisionne la table en légumes frais ! Le millefeuille vanille est divin.

CLERMONT-FERRAND **P** – 63 Puy-de-Dôme – 326 F8 – 138 992 h.   5 B2
– Agglo. 258 541 h. – alt. 401 m – ⊠ 63000 ▊ Auvergne

> **D** Paris 420 – Lyon 172 – Moulins 106 – St-Étienne 147

> **✈** de Clermont-Ferrand-Auvergne : ℰ 04 73 62 71 00, 6 km par D 766 CY.

> **🛈** place de la Victoire ℰ 04 73 98 65 00

> **🝊** Nouveau Golf de Charade à Royat, O par D 5 : 8 km, ℰ 04 73 35 73 09

> **🝊₁₈** des Volcans à Orcines La Bruyère des Moines, NO : 9 km, ℰ 04 73 62 15 51
> **Circuit automobile de Charade,** St Genès-Champanelle ℰ 04 73 29 52 95 AZ.

> **👁** Le Vieux Clermont★ EFVX : Basilique de N.-D.-du-Port★★ (chœur★★★),
> Cathédrale★★ (vitraux★★), fontaine d'Amboise★, cour★ de la maison de
> Savaron EV - Cour★ dans l'Hôtel de Fonfreyde EV **M¹**, musée d'archéologie
> Bargoin★ FX - Le Vieux Montferrand★★ : hôtel de Lignat★, hôtel de
> Fontenilhes★, maison de l'Éléphant★, cour★ de l'hôtel Regin, porte★ de
> l'hôtel d'Albiat, - Bas-relief★ de la maison d'Adam et d'Ève - Musée d'art
> Roger-Quilliot - Belvédère de la D 941A 📷 ★★ AY.

> **🝆** Puy de Dôme ☀★★★ 15 km par ⑥ - Vulcania (Centre Européen du
> Vulcanisme). Parc Naturel régional des volcans d'Auvergne ★★★.

Plans pages suivantes

🏨 **Novotel** 🚗 🚐 ⅃ 📶 & 🄰🄲 ⁽ᵖ⁾ 🛎 **P** 🅥🅘🆂🅰 ⚬⚬ 🄰🄴 ⓞ
Z.I. du Brézet, r. G. Besse ⊠ 63100 – ℰ 04 73 41 14 14 – www.novotel.com
131 ch – ♥99/200 € ♥♥99/200 € – ⊑ 15 €   CYa
Rest *Le Jardin des Puys* – ℰ 04 73 41 14 44 – (17 €) Menu 25/55 € bc
– Carte 22/48 €
♦ Espace, mobilier moderne en bois, tons chauds, bonne isolation phonique :
réservez en priorité une chambre rénovée. Lignes actuelles dans le hall et le bar.
Esprit contemporain au restaurant Le Jardin des Puys, ouvert sur la piscine et le
parc ; plats régionaux.

🏨 **Suite Novotel** sans rest 📶 & 🄰🄲 ⁽ᵖ⁾ **P** 🚗 🅥🅘🆂🅰 ⚬⚬ 🄰🄴 ⓞ
52 av. de la République – ℰ 04 73 42 34 73 – www.suitenovotel.com
91 ch – ♥109/143 € ♥♥109/143 € – ⊑ 12 €   BYc
♦ Hôtel récent dont les "suites" offrent un cadre actuel et confortable, avec
un coin bureau modulable. Boutique gourmande et espace business à disposition
au rez-de-chaussée.

🏨 **Kyriad Prestige** 🚐 📶 & ch, 🄰🄲 ⁽ᵖ⁾ 🛎 🚗 🅥🅘🆂🅰 ⚬⚬ 🄰🄴 ⓞ
25 av. de la Libération – ℰ 04 73 93 22 22
– www.hotel-kyriadprestigeclermont.com   EXm
81 ch – ♥80/185 € ♥♥80/185 € – ⊑ 13 €
Rest – (fermé 1er-15 août, sam. et dim.) (14 € bc) Menu 22 € – Carte 28/37 €
♦ Ce bâtiment moderne, situé en centre-ville, abrite des chambres contemporaines colorées ; à partir du 3e étage, côté rue, elles bénéficient de la vue sur les
volcans. Carte traditionnelle et formules buffets au restaurant, dans un décor
d'inspiration bistrot.

🏨 **Lafayette** sans rest 📶 🄰🄲 ⁽ᵖ⁾ 🛎 **P** 🅥🅘🆂🅰 ⚬⚬ 🄰🄴 ⓞ
53 av. de l'Union Soviétique – ℰ 04 73 91 82 27 – www.hotel-le-lafayette.com
– Fermé 23 déc.-2 janv.   GVa
48 ch – ♥69/125 € ♥♥69/125 € – ⊑ 10 €
♦ Hall contemporain, chambres actuelles (tons pastel, meubles de qualité) et
bonne insonorisation caractérisent cet hôtel voisin de la gare.

Dav'Hôtel Jaude sans rest · ⌖ ⌖ VISA ⓪ AE ⓪

10 r. Minimes – ℰ 04 73 93 31 49 – www.davhotel.fr EVf
28 ch – †58/61 € ††61/66 € – ⯊ 8,50 €

• On apprécie cet hôtel pour sa proximité avec la place de Jaude (commerces, parking public, cinémas) et son décor gai et coloré. Chambres de bonne ampleur peu à peu rénovées.

Des Puys · ⌖ AC ⌖ ⌖ P VISA ⓪ AE ⓪

16 pl. Delille – ℰ 04 73 91 92 06 – www.hoteldespuys.com – Fermé 23 déc.-1er janv. FVn
63 ch – †81/129 € ††109/184 € – ⯊ 14 €   **Rest** – Menu 13 €, 16 €

• Vue imprenable sur le puy de Dôme depuis la salle des petits-déjeuners installée au 6e étage ! Les chambres, au confort actuel, intègrent pour certaines la salle de bains. Restaurant d'esprit bistrot chic où l'on sert une cuisine traditionnelle.

Le Relais Kennedy sans rest · ⌖ ⌖ ⌖ AC ⌖ ⌖ P VISA ⓪ AE ⓪

bd Edgar-Quinet – ℰ 04 73 23 37 01 – www.relais-kennedy.com CYe
55 ch – †79/95 € ††89/105 € – ⯊ 11 €

• Cet hôtel a un petit je-ne-sais-quoi de colonial. L'ensemble est plutôt chic, et les chambres, actuelles et spacieuses, révèlent une douce atmosphère chaleureuse.

Ibis Montferrand · ⌖ ⌖ ch, AC ⌖ ⌖ P ⌖ VISA ⓪ AE ⓪

bd A.-Brugière – ℰ 04 73 23 00 04 CYv
77 ch – †57/100 € ††57/100 € – ⯊ 8 €
Rest – *(fermé sam. midi)* (14 €) Carte 22/41 €

• Bâtiment moderne en retrait d'un petit boulevard, abritant des chambres bien pensées : grand lit avec couette, espace de travail, mobilier en bois. Restaurant d'esprit bistrot, proposant par exemple bavette et andouillette.

Bordeaux sans rest · ⌖ ⌖ ⌖ VISA ⓪ AE

39 av. F.-Roosevelt – ℰ 04 73 37 32 32 – www.hoteldebordeaux.com – Fermé 24 déc.-10 janv. DXt
31 ch – †50/70 € ††60/80 € – ⯊ 9 €

• Près du centre-ville, petit hôtel sympathique, parfaitement tenu. Chambres fonctionnelles, agréables avec leurs tons orangés.

Emmanuel Hodencq · ⌖ AC ⌖ VISA ⓪ AE

pl. Marché St-Pierre, (1er étage) – ℰ 04 73 31 23 23 – www.hodencq.com – Fermé 9-31 août, dim. et lundi EVa
Rest – (23 € bc) Menu 37 € (sem.), 70/140 € bc – Carte 76/120 € ⌖
Spéc. Langoustines à la plancha, infusion d'estragon. Petit salé de homard aux lentilles du Puy. Paris-brest de mon enfance (oct. à avril). **Vins** Vin de pays d'Urfé, Côtes du Forez.

• Une valeur sûre, au-dessus des halles. Décor alliant chaleur et élégance, dans une veine contemporaine très soignée ; terrasse verdoyante. Cuisine créative à base d'excellents produits.

Jean-Claude Leclerc · ⌖ AC ⌖ VISA ⓪

12 r. St-Adjutor – ℰ 04 73 36 46 30 – www.restaurant-leclerc.com – Fermé 1er-9 mai, 7-30 août, 2-9 janv., dim. et lundi EVk
Rest – Menu 30 € (déj. en sem.), 40/90 € – Carte 78/120 €
Spéc. Escargots de Limagne au beurre vert, raviole de pomme de terre et salade à la truffe d'été (saison). Faux-filet de bœuf sauce périgueux et pommes de terre fondantes au cantal. Rhubarbe à la fraise, glace au lait d'amande (printemps). **Vins** Saint-Pourçain, Châteaugay.

• Invitation à l'épicurisme en cette table clermontoise appréciée, où chaque assiette vaut une leçon de nature, entre classicisme et modernité. Atmosphère élégante et terrasse ombragée.

Amphitryon Capucine · ⌖ AC ⌖ VISA ⓪ AE

50 r. Fontgiève – ℰ 04 73 31 38 39 – www.amphitryoncapucine.com – Fermé 1er-15 août, dim. sauf fêtes et lundi DVk
Rest – (23 €) Menu 28/75 € – Carte 55/75 €

• Ce petit restaurant à la façade en bois abrite une salle à manger chaleureuse, agrémentée de poutres et d'une cheminée. Les menus, au goût du jour, changent au gré des saisons.

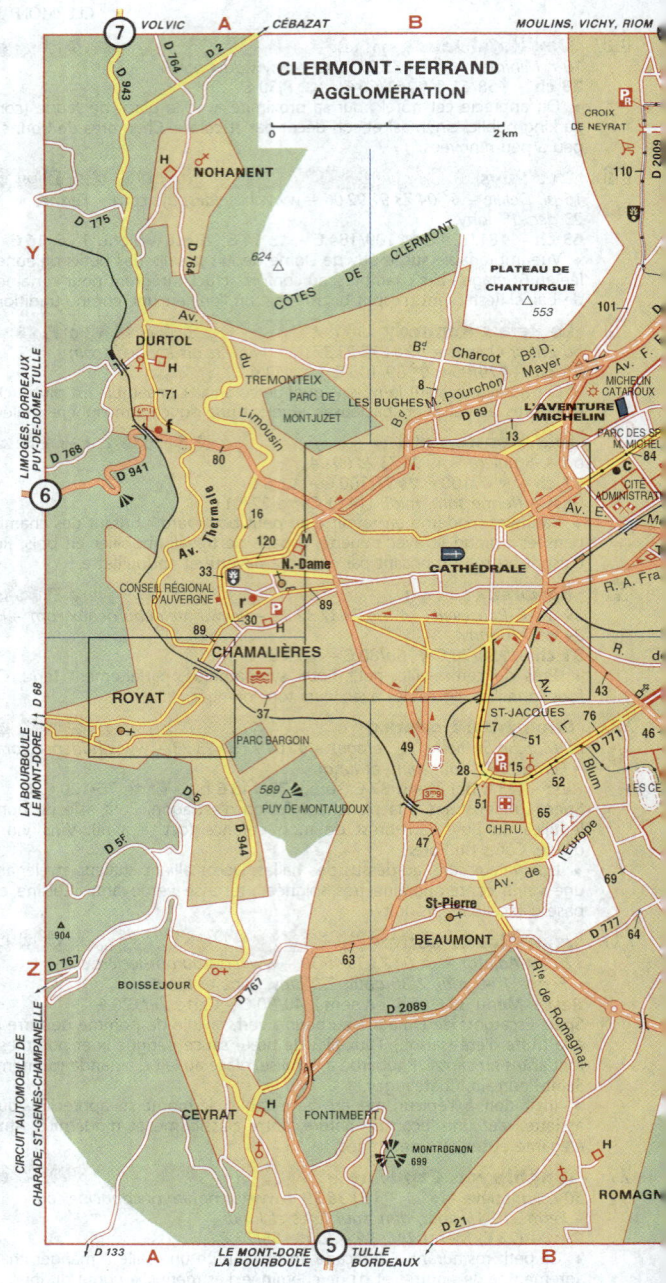

CLERMONT-FERRAND
AGGLOMÉRATION

AUBIÈRE

Cournon (Av. de)	**CZ**	
Maerte (Av. R.)	**CZ**	55
Mont Mouchet (Av. du)	**BZ**	64
Moulin (Av. Jean)	**CZ**	
Noellet (Av. J.J.)	**BZ**	69
Roussillon (Av. du)	**CZ**	

BEAUMONT

Europe (Av. de l')	**BZ**	
Leclerc (Av. du Mar.)	**BZ**	47
Mont Dore (Av. du)	**ABZ**	63
Romagnat (Rte de)	**BZ**	

CHAMALIÈRES

Claussat (Av. J.)	**AY**	16
Europe (Carrefour de l')	**AY**	30
Fontmaure (Av. de)	**AY**	33
Gambetta (Bd)	**AZ**	37
Royat (Av. de)	**AY**	89
Thermale (Av.)	**AY**	
Voltaire (R.)	**AY**	120

CLERMONT-FERRAND

Agriculture (Av. de l')	**CY**	3
Anatole-France (R.)	**BY**	
Bernard (Bd Cl.)	**BZ**	7
Bingen (Bd J.)	**BCYZ**	
Blanzat (R. de)	**BY**	8
Blériot (R. L.)	**CY**	10
Blum (Av. L.)	**BZ**	
Brezet (Av. du)	**CY**	
Champfleuri (R. de)	**BY**	13
Charcot (Bd)	**BY**	
Churchill (Bd Winston)	**BZ**	15
Clementel (Bd E.)	**BY**	
Cugnot (R. N.-J.)	**CY**	22
Dunant (Pl. H.)	**BZ**	28
La-Fayette (Bd)	**BZ**	43
Flaubert (Bd G.)	**CZ**	32
Forest (Av. F.)	**BY**	
Jean-Moulin (Bd)	**CY**	39
Jouhaux (Bd L.)	**CY**	40
Kennedy (Bd J.-F.)	**CY**	41
Kennedy (Carrefour)	**CY**	42
Landais (Av. des)	**BCZ**	46
Libération (Av. de la)	**BZ**	49
Limousin (Av. du)	**AY**	
Liondards (Av. des)	**BZ**	51
Loucheur (Bd Louis)	**BZ**	52
Mabrut (R. A.)	**CY**	53
Margeride (Av. de la)	**CZ**	58
Mayer (Bd D.)	**BY**	
Mermoz (Av. J.)	**CY**	
Michelin (Av. Édouard)	**BY**	
Montalembert (R.)	**BZ**	64
Oradour (R. de l')	**BCZ**	
Pochet-Lagaye (Bd P.)	**BZ**	76
Pompidou (Bd G.)	**CY**	
Pourchon (Bd M.)	**BY**	
Puy de Dôme (Av. du)	**AY**	80
Quinet (Bd Edgar)	**CY**	
République (Av. de la)	**BY**	84
St-Jean (Bd)	**CY**	96
Sous les Vignes (R.)	**BY**	101
Torpilleur Sirocco (R. du)	**BY**	110
Verne (R. Jules)	**CY**	117
Viviani (R.)	**CY**	

DURTOL

Paix (Av. de la)	**AY**	71

489

CLERMONT-FERRAND

Anatole-France (R.)	**GX**	4
Ballainvilliers (R.)	**FX**	5
Bergougnan (Av. R.)	**DV**	6
Blatin (R.)	**DEX**	
Bourse (Pl. de la)	**EV**	12
Centre Jaude	**EX**	
Claussat (Av. Joseph)	**DX**	16
Desaix (Bd)	**EX**	25
États-Unis (Av. des)	**EV**	29
Gaillard (Pl.)	**EV**	36
Gonod (R.)	**EX**	38
Gras (R. des)	**EV**	
Lagarlaye (R. de)	**EX**	44
Malfreyt (Bd L.)	**EX**	56
Marcombes (R. Ph.)	**EX**	57
Michel-de-l'Hospital (Pl.)	**FX**	62
Petit Gras (R. des)	**EV**	74
Port (R. du)	**FV**	
Poterne (Pl. de la)	**EFV**	77
St-Esprit (R.)	**EX**	87
St-Eutrope (Pl.)	**EV**	92
St-Genes (R.)	**EX**	
St-Hérem (R.)	**EV**	95
Terrail (R. du)	**EV**	108
Vercingétorix (Av.)	**EFX**	116
11-Novembre (R. du)	**EV**	134

XX
£3
Apicius (Arkadiusz Zuchmanski)   VISA AE
16 r. Claussmann – 04 73 91 13 61 – www.apicius-clermont.com – Fermé
1er-8 mai, 1er-26 août, 1er-7 janv., sam. et dim.   FVb
Rest – (29 €) Menu 43 € (sem.), 53/79 € – Carte 74/85 €
Spéc. Saint-Jacques en marinade de citron vert (oct. à mai). Filet de bœuf
Salers au foie gras de Limagne. Macaron à la framboise et fraises des bois (mai à
oct.). **Vins** Saint-Pourçain, Châteaugay.
• L'enseigne célèbre un cuisinier fameux de l'Antiquité, à juste titre : les assiettes,
bien qu'actuelles, distillent des saveurs éternelles, celles des produits rendus dans
leur vérité. Beau décor contemporain.

XX
Pavillon Lamartine   AC VISA
17 r. Lamartine – 04 73 93 52 25 – www.pavillonlamartine.com
– Fermé 31 juil.-15 aout , 23-30 déc., lundi soir et dim.   DXa
Rest – (19 €) Carte 27/55 €
• Tout près de la place de Jaude, restaurant confortable et cossu proposant une cui-
sine alliant tradition et modernité. Des recettes revisitées goûteuses et gourmandes.

X
£3
Fleur de Sel (Patrice Eschalier)   AC VISA
8 r. Abbé Girard – 04 73 90 30 59 – www.restaurantfleurdesel.com
– Fermé août, vacances de Noël, dim., lundi et fériés   FXa
Rest – *(nombre de couverts limité, prévenir)* Menu 30 € (sem.)/75 €
– Carte 73/89 €
Spéc. Foie gras de canard poêlé, pointes d'asperges vertes et émulsion d'our-
sin (printemps). Homard en marmite de légumes du pays "comme un pot-au-
feu" (automne-hiver). Le fameux "banoffee" des Anglo-Saxons (automne-hiver).
Vins Boudes, Saint-Pourçain.
• Un décor à la blancheur immaculée et une cuisine originale qui fait la part
belle à des produits de la mer d'une grande fraîcheur : cap sur les saveurs !

X
Goûts et Couleurs   AC VISA
6 pl. du Changil – 04 73 19 37 82 – www.restaurantgoutsetcouleurs.com
– Fermé 1er-8 mai, 8-31 août, lundi midi, sam. midi et dim.   EVr
Rest – (21 €) Menu 29/65 € – Carte 50/91 €
• Sur une petite place, sympathique restaurant pour déguster une cuisine dans
l'air du temps. Cadre sobre, bicolore (blanc-mauve), orné de tableaux ; salle sous
une arcade voûtée.

X
Brasserie Danièle Bath   AC VISA
pl. Marché St-Pierre – 04 73 31 23 22 – http://danielebath.com
– Fermé 15 fév.-8 mars, 15-29 août, lundi et fériés   EVe
Rest – (19 €) Menu 27/48 € – Carte 34/61 €
• Décor de bistrot, salle à manger cossue égayée d'œuvres d'art contemporaines
ou, en été, terrasse sur la place piétonne. Cuisine traditionnelle ; bon choix de
vins au verre.

X
Le Moulin Blanc   AC VISA
48 r. Chandiots – 04 73 23 06 81 – Fermé 1er-21 août   CYe
Rest – *(déj. seult)* (14 €) Menu 18/45 € – Carte 23/50 €
• Bonne adresse pour qui souhaite déguster une cuisine traditionnelle soignée et
savoureuse, à prix modérés. Décor coloré, accueil charmant.

X
Le Comptoir des Saveurs   AC VISA
5 r. Ste-Claire – 04 73 37 10 31 – www.le-comptoir-des-saveurs.fr
– Fermé 31 juil.-21 août, 15 fév.-1er mars, mardi soir, merc. soir, dim. et lundi
Rest – (20 €) Menu 25 € (déj.), 35/42 €   EVx
• On peut jouer à la dînette en picorant parmi les propositions du chef – plats
servis en mini-portions – changées chaque jour. Un concept à découvrir dans
une salle colorée.

X
L'Annexe   AC VISA AE
1 r. de Courpière – 04 73 92 50 00 – www.l-annexe-restaurant.com – Fermé
sam. midi, dim., lundi et fériés   GVt
Rest – (16 €) Menu 26/38 € – Carte 38/53 €
• Une ancienne imprimerie transformée en loft branché et design, idéal pour
déguster une cuisine gourmande et innovante. Les cuisines sont filmées en direct !

à Chamalières – 17 689 h. – alt. 450 m – ⊠ 63400

Radio ♨ ≼ 🚊 ⃤ 🅺 rest, 🍴 🕹 🅿 🛋 VISA ⑩ AE ⓞ

*43 av. P. et M.-Curie – ℰ 04 73 30 87 83 – www.hotel-radio.fr – Fermé
24 oct.-8 nov. et 2-10 janv.* **Plan de Royat**Bw
25 ch – ✦85/130 € ✦✦95/140 € – ⊑ 13 € – ½ P 107/128 €
Rest – *(fermé lundi midi, sam. midi et dim.)* Menu 29 € (déj.), 39 € bc/85 €
– Carte 73/98 €❀

• Sur les hauteurs, élégant établissement des années 1930 où l'on valorise le
style Art déco. Les chambres, amples et feutrées, optent pour une ambiance plus
contemporaine. Cuisine inventive et belle carte des vins dans un cadre chic, respectueux de l'âme des lieux.

✗ **Ô Gré des Saveurs** 🕹 🅺 VISA ⑩

*22 r. du Pont-de-la-Gravière – ℰ 04 73 36 99 35 – www.ogredesaveurs.com – Fermé
1ᵉʳ-8 janv., 29 mai-5 juin, 16-30 août, 24-31 déc., dim. soir, mardi soir et lundi*
Rest – Menu 15 € (déj. en sem.), 26/42 € – Carte 16/48 € **AY**r
• Le produit est la source d'inspiration de ce jeune chef d'origine bretonne, au
gré du marché du matin et des producteurs locaux. Tons blanc et acidulés, et
ambiance conviviale.

à Pérignat-lès-Sarliève 8 km – 2 604 h. – alt. 364 m – ⊠ 63170

◉ Plateau de Gergovie★ ⋆ ❄❄★★ S : 8 km.

Gergovie 🚊 🚊 ⃤ 🅵 🅺 🕹 🍴 🅿 VISA ⑩ ⓞ

25 allée du Petit-Puy – ℰ 04 73 79 09 95 – www.hotelgergovie-clermontferrand.com
59 ch – ✦85/150 € ✦✦85/150 € – 3 suites – ⊑ 12 € **CZ**b
Rest – *(fermé le midi du 15 juil. au 22 août, sam. et dim.)* Menu 16 € (déj.)
– Carte 32/55 €

• Construit récemment en périphérie de la ville, grand bâtiment moderne dont
les chambres, climatisées, offrent un confort actuel et un décor design et résolument sobre. Restaurant contemporain servant une cuisine traditionnelle. Belle terrasse d'été en teck.

rte de La Baraque – ⊠ 63830 Durtol

✗✗ **Le Pré Carré** 🅺 🕹 ⇔ 🅿 VISA ⑩ ⓞ

*rte de la Baraque – ℰ 04 73 19 25 00 – Fermé 1ᵉʳ-22 août, 3-9 janv., sam. midi,
dim. soir et lundi* **AY**f
Rest – (27 €) Menu 45/75 €
• Concept audacieux adopté par ce jeune chef : pas de menu, mais une "cuisine
d'instinct" réalisée selon le marché et l'inspiration du moment. Une spontanéité,
alliée à un vrai sens du produit, qui présage de belles surprises.

à La Baraque 6 km par ⑥ – ⊠ 63870 Orcines

Le Relais des Puys 🚊 🄳 ⃤ ch, 🕹 🍴 🕹 🅿 VISA ⑩ AE

*59 rte de la Baraque – ℰ 04 73 62 10 51 – www.relaisdespuys.com – Fermé
9 déc.-30 janv., dim. soir hors saison*
36 ch – ✦64/78 € ✦✦64/78 € – ⊑ 9 € – ½ P 62/69 €
Rest – *(fermé dim. soir hors saison et lundi midi)* (15 €) Menu 18/46 €
– Carte 24/46 €
• Depuis sept générations, la même famille veille aux destinées de cet ancien relais
de diligence. Les chambres offrent tous les agréments du confort moderne. Côté restaurant, recettes du terroir ou plus originales, à déguster devant la cheminée.

à Orcines 8 km par ⑥ – 3 255 h. – alt. 810 m – ⊠ 63870

🛈 place de la Liberté ℰ 04 73 62 20 08

Les Hirondelles 🚊 🄳 🍴 🕹 🅿 VISA ⑩ AE

*34 rte de Limoges – ℰ 04 73 62 22 43 – www.hotel-leshirondelles.com – Ouvert
12 fév.-11 nov. et fermé dim. soir, mardi midi et lundi en fév.-mars*
30 ch – ✦60/73 € ✦✦65/78 € – ⊑ 9 € – ½ P 59/75 €
Rest – (16 €) Menu 20 € (sem.), 26/40 € – Carte 27/40 €
• Cette ancienne ferme, postée en lisière du parc naturel des Volcans, porte un
bien joli nom et dégage un certain charme. Les chambres sont petites, mais fonctionnelles. Sous les voûtes de l'ancienne étable, on sert une cuisine auvergnate.

⚐ **Domaine de Ternant** sans rest 🦢   ⟨ 🌙 ⚒ ⚒ 🎱 **P** 🚗
Ternant, 5,5 km au Nord – 𝒞 04 73 62 11 20 – *http://domaine.ternant.free.fr*
– Ouvert de mi-mars à mi-nov.
5 ch � 🖵 – 🛉80/92 € 🛉🛉90/102 €
◆ Cette demeure fleurie du 19ᵉ s. offre une vue superbe sur les monts Dôme.
Piano à queue dans le salon, mobilier de famille dans les chambres : le vrai
charme bourgeois.

⚒⚒ **Auberge de la Baraque**   ⟺ **P** 𝚟𝚒𝚜𝚊 ⓪⓪ **AE**
2 rte de Bordeaux – 𝒞 04 73 62 26 24 – *www.laubrieres.com*
– Fermé 27 juin-13 juil., 2-18 janv., lundi, mardi et merc. sauf fériés
Rest – Menu 27/53 €
◆ La cuisine, séduisante et pleine de saveurs, est réalisée par la propriétaire de cet
ancien relais de diligences et rehaussée par le cadre classique (lustres et moulures).

CLERMONT-L'HÉRAULT – 34 Hérault – **339** F7 – 7 214 h.   **23** C2
– alt. 92 m – ✉ 34800 ▮ Languedoc Roussillon
▶ Paris 718 – Béziers 46 – Lodève 24 – Montpellier 42
🖪 9, rue Doyen René Gosse 𝒞 04 67 96 23 86
◉ Église St-Paul★.

⚒⚒ **Le Tournesol**   🖼 𝚟𝚒𝚜𝚊 ⓪⓪
2 r. Roger Salengro – 𝒞 04 67 96 99 22 – *www.letournesol.fr*
Rest – (12 €) Menu 16 € (déj. en sem.), 23/38 € – Carte 28/65 €
◆ Ce restaurant du centre-ville propose une cuisine traditionnelle qui suit... le
soleil. Jolie véranda, mobilier en teck et grande terrasse plantée de palmiers.

à St-Saturnin-de-Lucian 10 km au Nord par D 609, D 908, D 141 et D 130
– 281 h. – alt. 150 m – ✉ 34725

▣ Grotte de Clamouse★★ NE : 12 km - St-Guilhem-le-Désert : site★★, église
abbatiale★ NE : 17 km.

🏠 **Du Mimosa** sans rest 🦢   ⚒ 🎱 𝚟𝚒𝚜𝚊 ⓪⓪ ⓪
10 pl. de la Fontaine – 𝒞 04 67 88 62 62 – *www.hoteldumimosa.blogspot.com*
7 ch – 🛉68/95 € 🛉🛉68/95 € – 🖵 10 €
◆ Ravissante demeure séculaire (16ᵉ s.) sur la place du village. Chambres spacieuses où s'harmonisent mobilier design, vieilles pierres et cheminées d'origine.
Accueil à partir de 17h.

à Brignac 3 km à l'Est par D 4 – 516 h. – alt. 60 m – ✉ 34800

⚐ **La Missare** sans rest 🦢   🚿 ⚒ 🚗
9 rte de Clermont – 𝒞 04 67 96 07 67 – *http://la.missare.free.fr*
4 ch 🖵 – 🛉70 € 🛉🛉70 €
◆ La Missare ("le loir" en languedocien !) allie charme et sérénité : vastes chambres, meubles chinés, objets anciens, beau jardin envahi de fleurs, piscine, petit-
déjeuner maison.

CLICHY – 92 Hauts-de-Seine – **311** J2 – **101** 15 – voir à Paris, Environs

---

CLIOUSCLAT – 26 Drôme – **332** C5 – 617 h. – alt. 235 m – ✉ 26270   **44** B3
▶ Paris 586 – Valence 31 – Montélimar 24

🏠 **La Treille Muscate** 🦢   ⟨ 🖼 🎱 **P** **P** 𝚟𝚒𝚜𝚊 ⓪⓪
Le Village – 𝒞 04 75 63 13 10 – *www.latreillemuscate.com*
– Fermé 12 déc.-12 fév.
11 ch – 🛉65/130 € 🛉🛉70/150 € – 1 suite – 🖵 11 €
Rest – (fermé lundi) (15 €) Menu 20 € (déj. en sem.), 29/33 € – Carte 30/40 €
◆ Cette belle bâtisse en pierre est tout imprégnée de douceur provençale : le jardin ouvre sur les vergers alentour, les chambres sont raffinées... Décor cosy, produits frais et saveurs régionales revisitées ; au restaurant, tout est fait maison et
cela se sent !

CLISSON – 44 Loire-Atlantique – **316** I5 – 6 600 h. – alt. 34 m
34 B2
– ✉ 44190 🟩 Bretagne

> 🚩 Paris 396 – Nantes 31 – Niort 130 – Poitiers 151
> 🛈 place du Minage ☎ 02 40 54 02 95
> 🟦 Site★ - Domaine de la Garenne-Lemot★.

🏠 Villa Saint-Antoine
≤ 🛜 🛎 🖥 🛗 🔲 🆔 📶 🏊 🅿 VISA ⚫ AE
8 r. St-Antoine – ☎ 02 40 85 46 46 – www. hotel-villa-saint-antoine.com
43 ch – ♦78/132 € ♦♦92/148 € – ⊊ 16 € – ½ P 98/168 €
Rest – (14 €) Carte 25/36 €
◆ Au cœur de Clisson – petite ville dont l'architecture s'inspire de la Toscane –, cette ancienne filature propose de belles chambres contemporaines rendant hommage à l'art italien. Terrasse au bord de l'eau. Cuisine du marché dans un décor façon bistrot moderne.

🍴🍴 La Bonne Auberge
🍽 🛜 🆔 VISA ⚫ AE ①
1 r. Olivier de Clisson – ☎ 02 40 54 01 90 – Fermé 11 août-3 sept., 1er-20 janv., mardi midi, dim. soir, merc. soir et lundi
Rest – (14 €) Menu 21 € (déj. en sem.), 42/62 € – Carte 63/80 €
◆ Cette maison bourgeoise compte trois salles à manger élégantes et chaleureuses (boiseries blondes), dont une véranda ouverte sur un petit jardin. Carte fidèle à son classicisme.

à Gétigné 3 km au Sud-Est par D 149 et rte secondaire – 3 305 h. – alt. 26 m
– ✉ 44190

🍴🍴 La Gétignière
🛜 🛗 VISA ⚫ AE ①
3 r. de la Navette – ☎ 02 40 36 05 37 – Fermé 3 sem. en août, 20 déc.-1er janv., dim. soir, mardi soir et lundi
Rest – Menu 28/65 € – Carte 54/67 €
◆ Jolie maison fleurie au cœur du village. Salle contemporaine (murs gris, mobilier design) et terrasse ouvrant sur un petit jardin japonisant. Cuisine actuelle.

CLOHARS-FOUESNANT – 29 Finistère – **308** G7 – rattaché à Bénodet

CLUNY – 71 Saône-et-Loire – **320** H11 – 4 552 h. – alt. 248 m – ✉ 71250
8 C3
🟩 Bourgogne

> 🚩 Paris 384 – Mâcon 25 – Chalon-sur-Saône 49 – Montceau-les-Mines 44
> 🛈 6, rue Mercière ☎ 03 85 59 05 34
> 🟦 Anc. abbaye★★ : clocher de l'Eau Bénite★★ - Musée Ochier★ **M**
> - Clocher★ de l'église St-Marcel.
> 🟢 Château de Cormatin★★ (cabinet de St-Cécile★★★) N : 13 km
> - Communauté de Taizé N : 10 km.

Plan page suivante

🏠 De Bourgogne
🛗 ch, 📶 🛜 VISA ⚫ AE
pl. l'Abbaye – ☎ 03 85 59 00 58 – www.hotel-cluny.com – Fermé 1er déc.-10 fév.
14 ch – ♦91 € ♦♦101/132 € – 2 suites – ⊊ 11 €
n
Rest – (fermé 3-10 juil., mardi et merc.) (19 €) Menu 25/48 € – Carte 40/50 €
◆ Lamartine venait se reposer dans cet hôtel particulier de caractère situé en face de l'abbaye bénédictine. Salon agréable et chambres diversement aménagées. Sol en damier, murs clairs, sièges Louis XVI et cheminée en pierre au restaurant. Choix traditionnel.

🍴🍴 Hostellerie d'Héloïse avec ch
🛗 rest, 📶 VISA ⚫ AE
pont de l'Étang – ☎ 03 85 59 05 65 – www.hostelleriedheloise.com – Fermé de mi-déc. à mi-fév.
y
13 ch – ♦39/65 € ♦♦49/65 € – ⊊ 8,50 €
Rest – (fermé dim. soir, jeudi midi et merc.) (19 € bc) Menu 24/49 €
– Carte 31/50 €
◆ Un établissement familial à l'entrée de la ville, apprécié pour son accueil chaleureux et sa cuisine de tradition soignée. Grande salle et véranda d'esprit colonial. Si vous souhaitez faire étape, demandez de préférence l'une des chambres rénovées.

Avril (R. d') 2
Conant (Espace K. J.) 3
Filaterie (R.) 4
Gaulle (Av. Ch.-de) 5
Lamartine (R.) 6
Levée (R. de la) 8
Marché (Pl. du) 9
Mercière (R.) 12
Prud'hon (R.) 14
Pte des Prés (R.) 13
République (R.) 15

LA CLUSAZ – 74 Haute-Savoie – **328** L5 – 1 920 h. – alt. 1 040 m   **46** F1
– Sports d'hiver : 1 100/2 600 m ⛷6 ⛷49 ⛷ – ✉ 74220 ▮ Alpes du Nord

▷ Paris 564 – Albertville 40 – Annecy 32 – Chamonix-Mont-Blanc 60

🛈 161, place de l'église ☎ 04 50 32 65 00

◉ E : Vallon des Confins★ - Vallée de Manigod★ S - Col des Aravis ≤★★ par
② : 7,5 km.

🏨   **Beauregard** ⤳   🏡 🔲 🗗 🛗 ♿ ch, ⚒ rest, (¹) 🛐 🅿 🚗 💳 ⦿ 🅰🅴 ⓪
90 sentier du Bossonet – ☎ 04 50 32 68 00 – www.hotel-beauregard.fr
– Fermé 22 oct.-15 nov.   **k**
95 ch – ♦95/320 € ♦♦95/320 € – � 13 € – ½ P 84/195 €
Rest – (19 €) Menu 26 €
♦ Au pied des pistes, vaste chalet confortable et bien équipé : ample salon-bar
(billard), grande piscine couverte, fitness. Chaleureux intérieur en bois blond,
chambres avec balcon. Plats traditionnels servis sur la terrasse exposée au sud.

🏨   **Les Sapins** ⤳   ≤ 🔲 🗗 ⚒ rest, (¹) 🅿 💳 ⦿
105 chemin des Riffroids – ☎ 04 50 63 33 33 – www.clusaz.com – Ouvert
17 juin-5 sept. et 16 déc.-9 avril   **h**
24 ch – ♦60/100 € ♦♦60/120 € – ⊐ 11 € – ½ P 61/128 €
Rest – Menu 22/26 €
♦ Face à la chaîne des Aravis, chalet abritant des chambres décorées à la mode
montagnarde (boiseries blondes et couleurs gaies), souvent dotées d'un balcon.
Accès direct aux pistes. Tartiflettes et fondues se dégustent avec les pentes enneigées en toile de fond.

🏨   **Alp'Hôtel**   🏡 🔲 🗗 (¹) 💳 ⦿ 🅰🅴
192 rte col des Aravis – ☎ 04 50 02 40 06 – www.clusaz.com
– Ouvert 15 juin-20 sept. et 15 déc.-20 avril   **e**
15 ch – ♦70/230 € ♦♦80/260 € – ⊐ 14 € – ½ P 80/164 €
Rest – (19 €) Menu 25/39 € – Carte 35/60 €
♦ Haut chalet dressé au centre de La Clusaz. Les chambres, garnies de mobilier
typiquement savoyard, possèdent toutes un balcon. Salon-cheminée. Cuisine
régionale personnalisée servie, à la belle saison, sur la terrasse exposée au Sud.

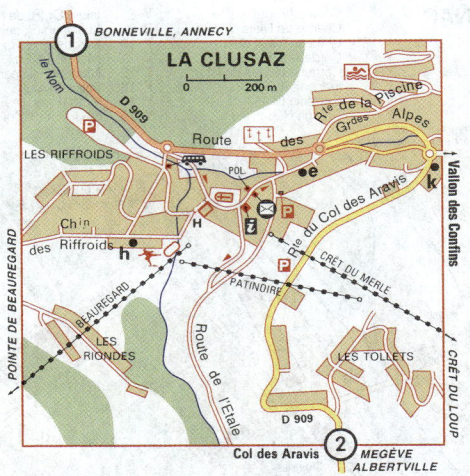

rte du Col des Aravis 4 km par ② – ⊠ 74220 La Clusaz

Les Chalets de la Serraz ⚜ ≤ 🏡 🎿 🎯 rest, P VISA ◎ AE ①

3862 rte du Col des Aravis – ℰ 04 50 02 48 29 – www.laserraz.com
– Fermé 26 avril-20 mai et 25 sept.-21 oct.
10 ch – ♦130/230 € – ♦♦130/230 € – � 17 € – ½ P 100/190 €
Rest – Menu 38/45 € – Carte 38/48 €
♦ Les coquettes chambres de cette ancienne ferme ouvrent toutes sur la montagne. Dans le jardin, des petits chalets abritent les duplex (terrasse privative). Hammam, jacuzzi et salon-bar cosy. Cuisine traditionnelle réalisée par une jeune chef motivée ; vins choisis.

CLUSES – 74 Haute-Savoie – 328 M4 – 17 835 h. – alt. 486 m   46 F1
– ⊠ 74300 ▌ Alpes du Nord

▶ Paris 570 – Annecy 56 – Chamonix-Mont-Blanc 41 – Thonon-les-Bains 59

🛈 100, place du 11 Novembre ℰ 04 50 98 31 79

◉ Bénitier★ de l'église.

✕✕ Le St-Vincent   ৬ VISA ◎

14 r. Fg St-Vincent, au Sud-Est par rte de Chamonix
– ℰ 04 50 96 17 47 – www.le-saint-vincent.com
– Fermé 9-23 août, sam. midi et dim.
Rest – (19 €) Menu 37/57 € – Carte 37/45 €🎵
♦ Cette auberge régionale arbore un chaleureux intérieur, mi-rustique, mi-actuel, qui sied à la dégustation d'une cuisine au goût du jour assez soignée.

COCURÈS – 48 Lozère – 330 J8 – rattaché à Florac

COËX – 85 Vendée – 316 E7 – rattaché à St-Gilles-Croix-de-Vie

---

COGNAC ⬤ – 16 Charente – 324 I5 – 19 409 h. – alt. 25 m – ⊠ 16100   38 B3
▌ Poitou Vendée Charentes

▶ Paris 478 – Angoulême 45 – Bordeaux 120 – Niort 83

🛈 16, rue du 14 juillet ℰ 05 45 82 10 71

🏌 Du Cognac à Saint-Brice La Maurie, E : 8 km rte de Bourg-de-Charente, ℰ 05 45 32 18 17

Plan page suivante

COGNAC

Angoulême (R. d')	**Y**
Armes (Pl. d')	**Y**
Bazoin (R. Abel)	**Y** 6
Boucher (R. Cl.)	**Y** 7
Briand (R. A.)	**Y**
Canton (R. du)	**Y** 8
Champ de Mars (Allées du)	**Z** 9
Château (Quai du)	**Y** 10
Cordeliers (R. des)	**Y** 11
Corderie (Allées de la)	**Z** 12
François-1er (R.)	**Y** 13
Germain (R. H.)	**Y** 14
Grande Rue	**Y** 15
Isle d'Or (R. de l')	**Y** 16
Lusignan (R. de)	**Y** 20
Magdeleine (R.)	**Y** 21
Martell (Pl. Ed.)	**Z** 22
Monnet (Pl. Jean)	**Z** 23
Palais (R. du)	**Y** 24
Victor-Hugo (Av.)	**Z**
14-Juillet (R. du)	**Z** 26

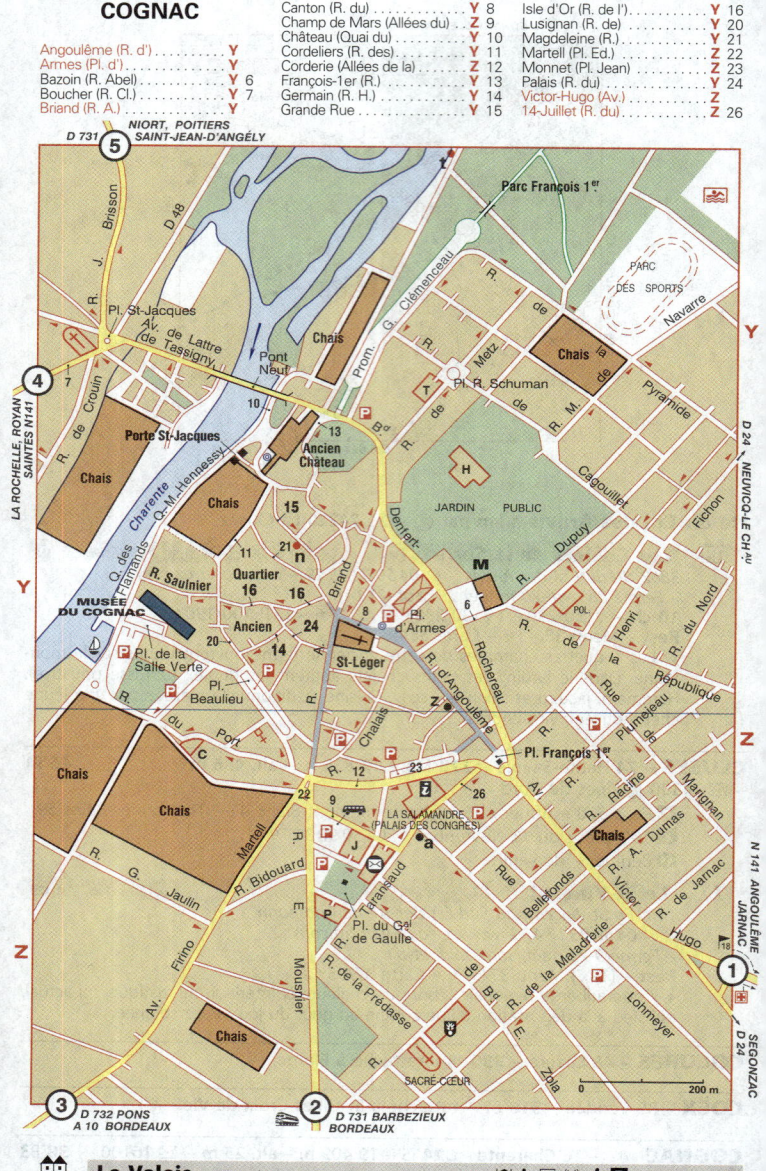

🏨 **Le Valois** sans rest 📶 ♿ 🅰🅲 🛜 🦽 🅿 VISA ⦿ AE ①

35 r. du 14 Juillet – 𝒞 05 45 36 83 00 – www.hotellevalois.com – Fermé 23 déc.-4 janv. **Za**

46 ch – †70 € ††76 € – ⟷ 9 €

◆ À deux pas des chais de Cognac, construction des années 1980 proposant des chambres spacieuses, plus sept nouvelles dans une annexe. Salon-bar actuel aménagé dans le hall.

Héritage
🖿   ⌂ 📶 *VISA* ●● AE   **Yz**

25 r. d'Angoulême – 𝒞 05 45 82 01 26 – www.hheritage.com
19 ch – ♦65 € ♦♦70 € – ☐ 8 €
Rest – *(fermé dim. et lundi)* (17 €) Menu 20 € – Carte 25/40 €
♦ Mélanges d'ambiances et de styles, mobilier chiné et couleurs vitaminées réveillent le cadre Second Empire de cet hôtel particulier. Chambres thématiques très réussies. Au restaurant, influences multiples dans l'assiette et dans le décor (original, pétillant et chaleureux).

La Courtine
✗   🖿 **P** *VISA* ●● AE   **Yt**

allée Fichon, parc François 1ᵉʳ – 𝒞 05 45 82 34 78
– www.restaurant-la-courtine.fr – Fermé 24 déc.-14 janv.
Rest – (18 €) Menu 26 € bc – Carte 26/42 €
♦ Ex-guinguette au décor chaleureux tout en bois, dans un parc en bord de Charente. Plats traditionnels et grillades. Terrasse abritée. Soirées musicales et promenades fluviales.

Le Bistro de Claude
✗   *VISA* ●● AE   **Yn**

35 r. Grande – 𝒞 05 45 82 60 32 – www.bistro-de-claude.com – Fermé 2 sem. en août, vacances de Noël, sam. et dim.
Rest – (17 €) Menu 20 € (déj.)/30 € bc – Carte 40/55 €
♦ Dans la vieille ville, bistrot contemporain, cosy et feutré, dans une maison à colombages du 17ᵉ s. ; cuisine bistrotière aux saveurs franches. Belle collection de cognacs.

au Sud-Est 3 km par ① rte d'Angoulême et rte de Rouillac (D 15) – ⊠ 16100 Châteaubernard

Château de l'Yeuse 🦢
🏰   ≤ 🚗 🖿 🏊 *Fᵇ* 🖭 & ch, 📶 🏄 **P** *VISA* ●● AE ①

r. Bellevue, (quartier l'Échassier) – 𝒞 05 45 36 82 60
– www.yeuse.fr – Fermé 18 déc.-2 fév.
23 ch – ♦109/375 € ♦♦109/375 € – 3 suites – ☐ 19 €
Rest Château de l'Yeuse – *(fermé le midi sauf dim.)* Menu 48/108 €
– Carte 43/83 € 🐝
Rest Le P'tit Yeuse – *(fermé lundi, sam., dim. et le soir)* Menu 28 €
♦ Atmosphère romantique en cette gentilhommière du 19ᵉ s. agrandie d'une aile moderne. Mobilier ancien et décor raffiné dans les chambres. Salon "cognacs et cigares". Cuisine traditionnelle bien exécutée dans l'élégant restaurant dominant la vallée. Repas plus simples au P'tit Yeuse à l'excellent rapport qualité-prix.

Domaine de l'Échassier 🦢
🏰   🚗 🖿 🏊 & 🍽 rest, 📶 🏄 **P** *VISA* ●● AE ①

quartier l'Échassier, 72 r. Bellevue – 𝒞 05 45 35 01 09
– www.echassier.com – Fermé 21-29 déc. et dim. hors saison
22 ch – ♦78 € ♦♦95 € – ☐ 12 € – ½ P 83 €
Rest – *(fermé vacances de la Toussaint, 1 sem. vacances de fév. et le midi)*
Menu 32/43 € – Carte environ 39 €
♦ Dans un joli jardin, maison récente abritant des chambres douillettes et parfaitement tenues ; leur décoration évoque parfois l'activité viticole. Cuisine rythmée par les saisons au restaurant gastronomique.

COGOLIN – 83 Var – 340 O6 – 11 066 h. – alt. 20 m – ⊠ 83310   **41** C3
▪ Paris 864 – Fréjus 33 – Ste-Maxime 13 – Toulon 60
🚺 place de la République 𝒞 04 94 54 54 46

Bliss sans rest
🖿   AC 📶 *VISA* ●● AE

pl. de la République – 𝒞 04 94 54 15 17 – www.bliss-hotel.com
24 ch – ♦75/205 € ♦♦75/205 € – ☐ 12 €
♦ Bliss... ou "béatitude" en français : cet hôtel rénové à la fin des années 2000 se prête à un séjour zen, dans un décor très actuel (tons taupe, mobilier minimaliste, bois clair).

XX **La Grange des Agapes**   AIC VISA ©©

7 r. du 11-Novembre, (pl. de la Mairie) – 𝒞 04 94 54 60 97
– www.grangeagapes.com
Rest – (20 €) Menu 24/42 € – Carte 30/50 €
♦ Une adresse qui a la cote : la salle est agréable (à l'étage, avec vue sur les fourneaux) et la cuisine, régionale, allie simplicité et authenticité. Le chef propose des cours.

X **Grain de Sel**   AIC VISA ©©

6 r. du 11-Novembre, (derrière la mairie) – 𝒞 04 94 54 46 86
– www.restaurant-cogolin.com – Fermé 25-31 août, 24-31 déc., vacances de fév., lundi de sept. à juin et dim.
Rest – *(nombre de couverts limité, prévenir)* Menu 29 € – Carte environ 38 €
♦ Un minuscule bistrot provençal qui ne manque pas de sel : le chef prépare sous vos yeux, en salle, une appétissante cuisine du marché présentée à l'ardoise. Chaleureux.

COIGNIÈRES – 78 Yvelines – **311** H3 – 4 400 h. – alt. 160 m   **18** A2
– ✉ 78310

🅿 Paris 39 – Rambouillet 15 – St-Quentin-en-Yvelines 7 – Versailles 21

XXX **Le Capucin Gourmand**   🈂 🅿 VISA ©© AE ①

170 N 10 – 𝒞 01 34 61 46 06 – www.capucingourmand.com – Fermé dim. soir et lundi soir
Rest – Menu 30 € (déj. en sem.)/36 € – Carte environ 47 €
♦ Dans une zone commerciale, ancien relais de poste au charme préservé. Cuisine traditionnelle et salle à manger rustique, réchauffée l'hiver par une cheminée. Terrasse d'été.

XX **Le Vivier**   🅿 VISA ©©

296 N 10 – 𝒞 01 34 61 64 39 – www.levivier.net – Fermé sam. midi, dim. soir et lundi soir
Rest – Menu 39 € – Carte 45/65 €
♦ Ambiance marine, aussi bien dans les deux salles que dans l'assiette mettant en scène fruits de mer et poissons. Le chef propose à l'ardoise sa "pêche" du jour.

COIRAC – 33 Gironde – **335** J6 – 180 h. – alt. 100 m – ✉ 33540   **4** C2
🅿 Paris 598 – Bordeaux 49 – Langon 20 – Périgueux 131

X **Le Flore**   🚃 🈂 🅿 VISA ©© AE
🙂 *1 Petit-Champ-du-Bourg – 𝒞 05 56 71 57 47 – Fermé dim. soir, mardi soir, merc. soir et lundi*
Rest – (14 €) Menu 29/40 €
♦ Excellente table de campagne qui propose une cuisine du marché savoureuse et soignée. Portions généreuses, à l'unisson de l'accueil tout sourire. Terrasse sur un petit verger.

COISE-ST-JEAN-PIED-GAUTHIER – 73 Savoie – **333** J4 – 1 101 h.   **46** F2
– alt. 292 m – ✉ 73800
🅿 Paris 582 – Albertville 32 – Chambéry 23 – Grenoble 55

🏠 **Château de la Tour du Puits** ⤳   ← 🕭 🈂 ⅃ 🎾 📞 🛁 🅿
1 km par rte du Puits – 𝒞 04 79 28 88 00   VISA ©© AE ①
– www.chateaupuit.fr – Fermé 1er nov.-4 déc.
7 ch – ♦120/150 € ♦♦120/150 € – ⊇ 20 € – ½ P 125/140 €
Rest – *(fermé dim. soir sauf juil.-août, mardi midi et lundi)* (28 €) Menu 35/55 €
– Carte 70/100 €
♦ Ce gracieux château rebâti au 18e s. dresse sa tour en poivrière au milieu d'un superbe parc arboré. Chambres décorées avec soin (boutis, mobilier chiné...). Héliport. Fine cuisine actuelle réalisée avec de bons produits ; jolie terrasse sous une tonnelle.

COL BAYARD – 05 Hautes-Alpes – **334** E5 – alt. 1 248 m – ✉ 05000   **41** C1
Gap ▮ Alpes du Sud
🅿 Paris 658 – Gap 7 – La Mure 56 – Sisteron 60

à Laye 2,5 km au Nord par N 85 – 217 h. – alt. 1 170 m – ⊠ 05500

✗ **La Laiterie du Col Bayard** 🏠 P VISA ✦
☜ – 𝒞 04 92 50 50 06 – www.laiterie-col-bayard.com – Fermé 11 nov.-17 déc. et
lundi sauf vacances scolaires
Rest – (13 € bc) Menu 17/42 € bc – Carte 20/46 €
♦ Jouxtant une laiterie-fromagerie, étonnant restaurant complété par une boutique de produits locaux. Terrasse face à la montagne. Plats du terroir et fromages
à l'honneur.

COL DE BAVELLA – 2A Corse-du-Sud – **345** E9 – voir à Corse

COL DE CUREBOURSE – 15 Cantal – **330** D5 – rattaché à Vic-sur-Cère

---

COL DE LA CROIX-FRY – 74 Haute-Savoie – **328** L5 – rattaché à Manigod

---

COL DE LA FAUCILLE ★★ – 01 Ain – **328** J2 – alt. 1 320 m – Sports **46** F1
d'hiver : (Mijoux-Lelex-la Faucille) 900/1 680 m ✇ 3 ✇ 29 ✺ – ⊠ 01170 Gex
🟩 Franche-Comté Jura

▶ Paris 480 – Bourg-en-Bresse 108 – Genève 29 – Gex 11
◉ Descente sur Gex★★ (N 5) ❄★★ SE : 2 km - Mont-Rond★★ (accès par
télécabine - gare à 500 m au SO du col).

🏨 **La Mainaz** ☜ ← 🏠 🛋 📶 P VISA ✦ AE ①
col de la Faucille, 1 km au Sud par D 1005 – 𝒞 04 50 41 31 10
– www.la-mainaz.com – Fermé 13 juin-1er juil., 29 oct.-9 déc., dim. soir et lundi
sauf vacances scolaires
21 ch – †82/101 € ††92/121 € – ⊡ 13 € – ½ P 89/99 €
Rest – (25 €) Menu 32/44 € – Carte 30/92 €
♦ Atout incontestable de ce grand chalet de bois : la vue exceptionnelle sur le
Léman et les Alpes. Chambres spacieuses, parfois dotées d'un balcon ; certaines
sont plus récentes. Magnifique panorama sur la région de la terrasse du restaurant : cuisine classique.

🏠 **La Petite Chaumière** ☜ ← 🏠 🛋 & 📶 P VISA ✦
col de la Faucille – 𝒞 04 50 41 30 22 – www.petitechaumiere.com
– Ouvert 30 avril-9 oct. et 18 déc.-27 mars
34 ch – †52/59 € ††61/72 € – ⊡ 11 € – ½ P 67/73 €
Rest – (16 €) Menu 20 € (sem.), 27/34 € – Carte 32/46 €
♦ Chalet jurassien des années 1960 au pied des pistes. Petites chambres simples
habillée de bois ; certaines avec balcon. Studios familiaux en annexe. Jetez un œil
à la collection de vieux soufflets de forge du patron en allant au restaurant, rustique et chaleureux.

🏠 **La Couronne** ← 🏠 🛋 📶 P VISA ✦
– 𝒞 04 50 41 32 65 – www.hotel-de-la-couronne.com – Ouvert 15 mai-30 sept. et
17 déc.-31 mars
15 ch – †68/78 € ††68/78 € – ⊡ 10 € – ½ P 68/74 €
Rest – (fermé merc. en juin) (18 €) Menu 27/42 € – Carte 38/61 €
♦ La plupart des chambres, seventies, sont dotées d'un balcon. Quelques-unes
sont bien rénovées, avec des murs recouverts de bois clair. Le restaurant sert
des plats classiques dans un cadre mariant poutres apparentes, bibelots
et fresque. Terrasse au grand air.

COL DE LA MACHINE – 26 Drôme – **332** F4 – rattaché à St-Jean-en-Royans

---

COL DE LA SCHLUCHT – 88 Vosges – **314** K4 – alt. 1 258 m **27** D3
– **Sports d'hiver** : 1 150/1 250 m ✺ 🟩 Alsace Lorraine

▶ Paris 441 – Colmar 37 – Épinal 56 – Gérardmer 16
◉ Route des Crêtes★★★ N et S - Le Hohneck ❄★★★ S : 5 km.

Le Collet ≤ ⌂ 🍴 rest. **P** *VISA* 🅐🅔

au Collet, 2 km sur rte de Gérardmer – 🕿 03 29 60 09 57
– www.chalethotel-lecollet.com
25 ch – †72 € ††82 € – 6 suites – ⊇ 15 € – ½ P 79/96 €
Rest – *(fermé jeudi midi et merc. sauf vacances scolaires)* (16 €) Menu 26/52 €
– Carte 35/48 €
♦ Grand chalet convivial au milieu des sapins. Dans les chambres, très douillettes,
jolie décoration et détails soignés (tissu des Vosges brodé, omniprésence du bois).
Goûteuse cuisine du terroir, simple et vraie, à savourer dans une salle chaleureuse.

COL DU DONON – 67 Bas-Rhin – **315** G5 – alt. 718 m – ⊠ 67130   **1** A2
Grandfontaine 🟦 Alsace Lorraine

▶ Paris 402 – Lunéville 61 – St-Dié 41 – Sarrebourg 39
👁 ❄ ★★ sur la chaîne des Vosges.

Du Donon ≤ 🚃 ⌂ 🖥 🛏 ❀ & 🍴 rest. 🕭 **P** *VISA* 🅐🅔

– 🕿 03 88 97 20 69 – www.ledonon.com – Fermé 22-28 mars, 12 nov.-10 déc. et
jeudi hors saison
22 ch – †50/72 € ††72 € – 1 suite – ⊇ 10 € – ½ P 67 €
Rest – Menu 20/37 € – Carte 15/50 €
♦ Sur le col, au milieu de la forêt, une imposante bâtisse abritant des chambres
douillettes, d'esprit traditionnel, et des studios avec mansarde. Jolie piscine,
sauna, jacuzzi. Cadre rustique et esprit régional au restaurant.

COL DU PAVILLON – 69 Rhône – **327** F3 – rattaché à Cours

COLIGNY – 01 Ain – **328** F2 – 1 140 h. – alt. 298 m – ⊠ 01270   **44** B1
▶ Paris 407 – Bourg-en-Bresse 24 – Lons-le-Saunier 39 – Mâcon 57

✕✕ **Au Petit Relais** ⌂ ❀ *VISA* 🅐🅔 🅞

Grande-Rue – 🕿 04 74 30 10 07 – Fermé 28 mars-7 avril, 26 sept.-6 oct., 5-8 déc.,
merc. soir et jeudi
Rest – *(nombre de couverts limité, prévenir)* Menu 18 € (déj. en sem.),
29/58 € bc – Carte 42/89 € 🍷
♦ Cuisine goûteuse, spécialités de la Bresse et vins choisis à déguster dans une
salle à manger pimpante. Terrasse dressée l'été dans la cour intérieure.

COLLÉGIEN – 77 Seine-et-Marne – **312** F2 – **101** 19 – voir à Paris, Environs
(Marne-la-Vallée)

LA COLLE-SUR-LOUP – 06 Alpes-Maritimes – **341** D5 – 7 434 h.   **42** E2
– alt. 90 m – ⊠ 06480 🟦 Côte d'Azur

▶ Paris 919 – Antibes 15 – Cagnes-sur-Mer 7 – Cannes 26
🅹 28, rue Maréchal Foch 🕿 04 93 32 68 36

Alain Llorca 🈂 ≤ 🚃 ⌂ 🌊 & 🅰 🛰 🕭 🏊 🚗 *VISA* 🅐🅔 🅐🅔

350 rte de St Paul – 🕿 04 93 32 02 93 – www.alainllorca.com
9 ch – †150/250 € ††150/570 € – ⊇ 20 €
Rest – Menu 38 € (déj.), 50/65 € – Carte 42/114 €
♦ Goûtez au charme de la vie méditerranéenne dans ces trois mas provençaux et
leurs jardins paysagers. Chambres spacieuses, raffinées et confortables. Au Café
Llorca, cuisine du marché fleurant bon le Sud et viandes cuites au gril.

L'Abbaye 🚃 ⌂ 🌊 🅰 ch. 🕭 **P** *VISA* 🅐🅔 🅞

541 bd Teisseire, (rte de Grasse) – 🕿 04 93 32 68 34 – www.hotelabbaye.com
15 ch – †90/110 € ††140/260 € – 2 suites – ⊇ 13 €
Rest – *(fermé lundi de sept. à mai et mardi d'oct. à avril)* (17 €) Menu 39 €
(dîner) – Carte 48/63 €
♦ Grandes chambres d'esprit tendance ornées d'œuvres d'art et aménagées au
sein d'une très vieille abbaye, ex-propriété des moines de l'île St-Honorat (chapelle du 10e s.). Le restaurant voûté affiche un décor design et branché. Terrasse
dans l'ancien cloître.

🏠 **Marc Hély** sans rest 🌳 ⟨ 🍴 🔳 🖥 📶 🄿 🆅🆂🄰 ⊕ 🄰🄴
535 rte de Cagnes, 800 m au Sud-Est par D 6 – ℰ 04 93 22 64 10
– www.hotel-marc-hely.com – Fermé nov. et 1er-15 fév.
11 ch – †75/100 € ††100/140 € – � 14 €
◆ La majorité des chambres de cette grande maison bénéficient d'une belle vue sur St-Paul-de-Vence. Confort fonctionnel, calme, piscine et petits-déjeuners dans la véranda.

🍴🍴 **Le Blanc Manger** 🏡 🄿 🆅🆂🄰 ⊕
😊 *1260 rte de Cagnes – ℰ 04 93 22 51 20 – www.leblancmanger.fr – Fermé lundi*
sauf le soir du 1er juin au 15 sept., merc. midi du 1er juin au 15 sept. et mardi
Rest *– (nombre de couverts limité, prévenir)* (24 €) Menu 29/55 €
◆ Une cuisine féminine gorgée de saveurs du Sud, à apprécier dans une charmante salle d'esprit champêtre, arborant un petit côté bonbonnière. Jolie terrasse couverte.

COLLEVILLE-SUR-MER – 14 Calvados – **303** G3 – 167 h. – alt. 42 m   **32** B2
– ⊠ 14710 ▮ Normandie Cotentin
▶ Paris 281 – Cherbourg 84 – Caen 49 – Saint-Lô 39

🏠 **Domaine de L'Hostréière** sans rest 🌳 🔳 📠 ⟨ 🄿 🆅🆂🄰 ⊕
rte du Cimetière Américain – ℰ 02 31 51 64 64 – www.domainedelhostreiere.com
– Ouvert 22 avril-12 nov.
19 ch – †94/119 € ††94/119 € – ⊯ 11 €
◆ Domaine près du cimetière américain de St-Laurent-sur-Mer. Vous logerez dans les dépendances de la ferme ou dans les annexes récentes. Salon ouvert sur la terrasse, piscine.

COLLIAS – 30 Gard – **339** L5 – rattaché à Pont-du-Gard

COLLIOURE – 66 Pyrénées-Orientales – **344** J7 – 2 937 h. – alt. 2 m   **22** B3
– Casino – ⊠ 66190 ▮ Languedoc Roussillon
▶ Paris 879 – Argelès-sur-Mer 7 – Céret 36 – Perpignan 30
🛈 place du 18 Juin ℰ 04 68 82 15 47
◉ Site★★ - Retables★ dans l'église Notre-Dame-des-Anges.

Plan page suivante

🏨 **Relais des Trois Mas** 🌳 ⟨ 🏡 🔳 📠 📞 ⟨ 🄿 🆅🆂🄰 ⊕ 🄰🄴
❀ *rte Port-Vendres – ℰ 04 68 82 05 07 – www.relaisdestroismas.com – Fermé*
fin nov. à début fév.   **Bn**
23 ch – †150/465 € ††150/465 € – 2 suites – ⊯ 18 € – ½ P 130/312 €
Rest *La Balette* – *(fermé merc. midi d'oct. à mars, lundi sauf le soir d'avril*
à sept. et mardi midi) Menu 39/90 € – Carte 65/120 €
Spéc. Langoustines de Loctudy saisies, variation carotte, orange et gingembre (juin à sept.). Lotte cuite au sautoir, fricassée de légumes d'été au pistou (juin à sept.). Abricot du Roussillon poché à la fève de tonka sur lit de polenta (juil. à sept.). **Vins** Banyuls, Côtes du Roussillon.
◆ Ces trois mas ménagent une vue imprenable sur le port et la ville. Chambres personnalisées portant le nom d'un peintre. Jardin, piscine et jacuzzi complètent le décor. Cuisine du terroir actualisée servie en été sur l'agréable terrasse panoramique.

🏨 **Casa Païral** sans rest 🔳 📠 📶 🄿 🆅🆂🄰 ⊕ 🄰🄴 ⊕
imp.des Palmiers – ℰ 04 68 82 05 81 – www.hotel-casa-pairal.com
– Ouvert 8 avril-13 nov.   **Ab**
27 ch – †89/269 € ††89/269 € – ⊯ 14 €
◆ Demeure du 19e s. agencée autour d'un luxuriant jardin méditerranéen où murmure une fontaine. Chambres de caractère peu à peu rafraîchies dans un style plus actuel.

🏠 **L'Arapède** ⟨ 🏡 🔳 🛌 🔳 ch, 📠 🄿 🆅🆂🄰 ⊕
rte Port-Vendres – ℰ 04 68 98 09 59 – www.arapede.com – Fermé 13 nov.-11 fév.
20 ch – †55/80 € ††65/110 € – ⊯ 11 € – ½ P 61/87 €   **Ad**
Rest *– (dîner seult)* Menu 27/36 € – Carte 35/45 €
◆ Hôtel moderne bâti à flanc de colline. Un joli mobilier de style catalan orne les vastes chambres tournées vers la mer et la piscine à débordement. Restaurant décoré de photos anciennes de Collioure, terrasse face à la grande bleue et recettes du terroir.

COLLIOURE

Aire (R. de l') . . . . **B** 2
Amirauté (Q. de l') . . . . **B** 3
Arago (R. François) . . . . **B** 4
Argelès (Rte d') . . . . **A**
Dagobert (R.) . . . . **B** 7
Démocratie (R. de la) . . . . **B** 8
Égalité (R. de l') . . . . **B** 9
Ferry (R. Jules) . . . . **AB** 13

Galère (R. de la) . . . . **A**
Gaulle (Av. du Gén.) . . . . **B**
Jean-Jaurès
    (Pl.) . . . . **B** 14
Lamartine (R.) . . . . **B** 15
Leclerc (Pl. Gén.) . . . . **AB** 17
Maillol (Av. Aristide) . . . . **B**
Mailly (R.) . . . . **B** 19
Michelet (R. Jules) . . . . **B** 20
Miradou (Av. du) . . . . **A** 23
Pasteur (R.) . . . . **B**

Pla de Las Fourques
    (R. du) . . . . **A**
République (R. de la) . . . . . . **AB**
Rolland (R. Romain) . . . . **A**
Rousseau (R. J.-J.) . . . . **AB** 29
St-Vincent (R.) . . . . **B** 30
Soleil (R. du) . . . . **B** 33
La Tour d'Auvergne (R. de) . . **B** 16
Vauban (R.) . . . . **B** 34
8 Mai 1945 (Pl. du) . . . . **B** 35
18-Juin (Pl. du) . . . . **B** 40

: Sens unique en été

🏨 **Madeloc** sans rest   🛏 🏊 🛁 AC 🛜 P VISA ☺ AE

r. R. Rolland – ℰ 04 68 82 07 56 – www.madeloc.com – Ouvert 8 avril-11 nov.
23 ch – ♦80/180 € ♦♦80/180 € – � 11 €   **A e**

◆ Sur les hauteurs, agréables chambres (certaines avec terrasse) redécorées petit à petit. Jacuzzi, piscine panoramique et jardin à flanc de colline.

🏠 **La Frégate**   🍽 🛗 AC ch, VISA ☺

24 quai de l'Amirauté – ℰ 04 68 82 06 05 – www.fregate-collioure.com – Fermé fin nov. à début fév.   **B a**
26 ch – ♦50/115 € ♦♦70/115 € – 1 suite – ⊏ 8 € – ½ P 80/100 €
Rest – (fermé jeudi sauf juil.-août) Menu 22/37 € – Carte 27/40 €

◆ Idéalement situé face au château, cet hôtel, joliment rénové en 2009, bénéficie de chambres de taille variable et sobres, dans l'esprit catalan. Deux salles à manger parées de faïence servent de cadre à une cuisine du terroir simple et bonne.

🏠 **Méditerranée** sans rest   🍽 AC 🛜 🚲 VISA ☺

av. A. Maillol – ℰ 04 68 82 08 60 – www.mediterranee-hotel.com – Ouvert avril-nov.
23 ch – ♦65/105 € ♦♦65/105 € – ⊏ 10 €   **A h**

◆ Pratiques et pourvues de balcons, les chambres de cet hôtel des années 1970 adoptent progressivement un style actuel rehaussé de teintes locales. Jardin en terrasses. Solarium.

🍴🍴 **Le Neptune**   ← 🍽 AC P VISA ☺ AE ①

rte Port-Vendres – ℰ 04 68 82 02 27 – www.leneptune-collioure.com
– Fermé 2-17 janv. et mardi sauf en saison   **B s**
Rest – Menu 38/82 € bc – Carte 46/82 €

◆ Nouvelle équipe pour ce restaurant au chaleureux décor et aux belles terrasses accrochées au rocher. Vue superbe sur la vieille ville et goûteuse cuisine actuelle.

✗ **Le 5ème Péché** 〔AK〕 〔VISA〕 〔●●〕
18 r. de la Fraternité – 𝒞 04 68 98 09 76 – www.le5peche.com
– Fermé 23 nov.-26 déc., janv., lundi et mardi midi sauf juil.-août **By**
Rest – *(nombre de couverts limité, prévenir)* (18 €) Menu 24 € (déj.), 34/55 €
♦ Petite table du vieux Collioure symbolisant la rencontre entre le Japon et la Catalogne : le chef tokyoïte prépare une cuisine fusion dominée par les poissons ultrafrais.

COLLONGES-AU-MONT-D'OR – 69 Rhône – **327** I5 – rattaché à Lyon

---

COLLONGES-LA-ROUGE – 19 Corrèze – **329** K5 – 450 h. **25** C3
– alt. 230 m – ✉ 19500 〔 Périgord Quercy

  ▶ Paris 505 – Brive-la-Gaillarde 21 – Cahors 105 – Figeac 75
  ▮ le Bourg 𝒞 05 55 25 47 57
  ◉ Village★★ : tympan★ et clocher★ de l'église, castel de Vassinhac★
   - Saillac : tympan★ de l'église S : 4 km.

⌂ **Jeanne** ◈ 〈 〔🚗〕 〔🛏〕 〔📶〕 〔📶〕 〔P〕 〔VISA〕 〔●●〕
au bourg – 𝒞 05 55 25 42 31 – www.jeannemaisondhotes.com
5 ch ☷ – ♦95 € ♦♦95 €
Table d'hôte – Menu 35 € bc
♦ Fière demeure en pierres rouges flanquée d'une tour (15ᵉ s.) desservant les chambres au cachet rustique et personnalisées avec goût. Salon-cheminée, terrasse et jardin clos de murs. Le soir, table d'hôte sur réservation pour apprécier une cuisine familiale.

✗ **Le Relais de St-Jacques de Compostelle** avec ch ◈ 〔🛏〕 〔P〕
– 𝒞 05 55 25 41 02 – www.hotel-relaisstjacques.com 〔VISA〕 〔●●〕
– Fermé janv., fév., mardi sauf de juin à sept. et merc.
10 ch – ♦55 € ♦♦55/70 € – ☷ 8 € – ½ P 51/80 €
Rest – (15 €) Menu 20/37 € – Carte 32/52 €
♦ Dans cette bâtisse du 15ᵉ s., la cuisine du terroir est à l'honneur. Bœuf limousin, foie gras de canard et ris d'agneau... voilà quelques spécialités de la maison ! Salles d'esprit rustique et jolie terrasse. Chambres modestes mais bien tenues, pour l'étape.

COLMAR 〔P〕 – 68 Haut-Rhin – **315** I8 – 65 713 h. – Agglo. 116 268 h. **2** C2
– alt. 194 m – ✉ 68000 〔 Alsace Lorraine

  ▶ Paris 450 – Basel 68 – Freiburg-im-Breisgau 51 – Nancy 140
  ▮ 4, rue d'Unterlinden 𝒞 03 89 20 68 92
  ▦ d'Ammerschwihr à Ammerschwihr Allée du Golf, NO : 9 km par D 415 puis
   D 11, 𝒞 03 89 47 17 30
  ◉ Musée d'Unterlinden★★★ (retable d'Issenheim★★★) - Ville ancienne★★ :
   Maison Pfister★★ BZ **W**, Collégiale St-Martin★ BY, Maison des Arcades★
   CZ**K**, Maison des Têtes★ BY **Y** - Ancienne Douane★ BZ **D**, Ancien Corps de
   Garde★ BZ **B** - Vierge au buisson de roses★★ et vitraux★ de l'église des
   Dominicains BY - Vitrail de la Grande Crucifixion★ du temple St-Matthieu
   CY - La "petite Venise"★ : ≤★ du pont St-Pierre BZ , quartier de la
   Krutenau★, rue de la Poissonnerie★, façade du tribunal civil★ BZ **J**
   - Maison des vins d'Alsace par ①.

  Plans pages suivantes

⌂ **Les Têtes** ◈ 〔📶〕 〔&〕 〔AK〕 〔📶〕 〔📶〕 〔P〕 〔VISA〕 〔●●〕 〔AE〕 〔①〕
19 r. Têtes – 𝒞 03 89 24 43 43 – www.maisondestetes.com – Fermé fév.
21 ch – ♦99/215 € ♦♦105/240 € – ☷ 15 € **BY**Y
Rest La Maison des Têtes – voir ci-après
♦ À l'attrait historique de cette superbe demeure, bâtie au 17ᵉ s. sur les vestiges du mur d'enceinte de Colmar, s'ajoute le raffinement du décor. Ravissante cour intérieure.

COLMAR

Agen (R. d') . . . . **BY**
Alsace (Av. d') . . . . **CYZ**
Ancienne Douane (Pl. de l') . . . . . . **CZ** 2
Augustins (R. des) . . . . **BZ** 3
Bagatelle (R. de la) . . . . **AY**
Bains (R. des) . . . . **BY** 5
Bâle (Route de) . . . . **CZ**
Bartholdi (R.) . . . . **BCZ**
Blés (R. des) . . . . **BZ** 9
Boulangers (R. des) . . . . **BY** 12
Brasseries (R. des) . . . . **CY** 13
Bruat (R.) . . . . **BZ** 14
Cathédrale (Pl. de la) . . . . **BY** 17
Cavalerie (R. de la) . . . . **BCY**
Champ-de-Mars (Bd du) . . . . **BYZ** 18
Chauffour (R.) . . . . **BZ** 20
Clefs (R. des) . . . . **BCY**
Clemenceau (Av. Georges) . . . . **BCZ**
Écoles (R. des) . . . . **BZ** 22
Est (R. de l') . . . . **CYZ**
Fleischhauer (R.) . . . . **BCY**
Fleurent (R. J.-B.) . . . . **BY** 24
Fleurs (R. des) . . . . **CZ**
Florimont (R. du) . . . . **AY** 25
Foch (Av.) . . . . **BZ**
Fribourg (Av. de) . . . . **CZ**
Gare (Pl. et R. de la) . . . . **Z**
Gaulle (Av. Gén.-de) . . . . **ABYZ**
Golbéry (R.) . . . . **BY**
Grad (R. Charles) . . . . **AY**
Grand'Rue . . . . **BCZ** 31
Grenouillère (R. de la) . . . . **CYZ** 32
Herse (R. de la) . . . . **BZ** 33
Ingersheim (Rte d') . . . . **ABY**
Jeanne d'Arc (Pl.) . . . . **CY**
Joffre (Av.) . . . . **BZ**
Kléber (R.) . . . . **BY** 35
Ladhof (R. du) . . . . **CY** 36
Lasch (R. Georges) . . . . **AZ** 37
Lattre-de-Tassigny (Av. J. de) . . . . . **ABY** 43
Leclerc (Bd du Gén.) . . . . **BZ** 45
Liberté (Av. de la) . . . . **AZ**
Logelbach (R. du) . . . . **AY**
Manège (R. du) . . . . **BZ** 49
Marchands (R. des) . . . . **BYZ** 50
Marché-aux-Fruits (Pl. du) . . . . **BZ** 51
Marne (R. de la) . . . . **BZ**
Messimy (R.) . . . . **ABZ** 52
Molly (R. Berthe) . . . . **BYZ** 54
Mouton (R. du) . . . . **CY** 57
Mulhouse (R. de) . . . . **AZ**
Neuf-Brisach (Rte de) . . . . **CY**
Nord (R. du) . . . . **BCY**
Poincaré (Av. Raymond) . . . . **ABZ**
Poissonnerie (R. et Q. de la) . . . . . . **BCZ** 62
Preiss (R. Jacques) . . . . **ABZ** 63
Rapp (Pl.) . . . . **BZ**
Rapp (R.) . . . . **BCY**
Reims (R. de) . . . . **BZ** 65
République (Av. de la) . . . . **ABZ**
Ribeauvillé (R. de) . . . . **BY** 67
Roesselman (R.) . . . . **BY** 69
Rouffach (Rte de) . . . . **AZ**
St-Jean (R.) . . . . **BZ** 71
St-Joseph (Pl. et R.) . . . . **AY**
St-Josse (R.) . . . . **CZ**
St-Léon (R.) . . . . **AY**
St-Nicolas (R.) . . . . **BY** 73
St-Pierre (Bd et Pont) . . . . **BCZ**
Schlumberger (R. Camille) . . . . **ABZ**
Schwendi (R.) . . . . **CZ**
Sélestat (Rte de) . . . . **CY**
Semm (R. de la) . . . . **CZ**
Serruriers (R. des) . . . . **BY** 75
Sinn (Quai de la) . . . . **BY** 77
Six-Montagnes-Noires (Pl. des) . . . . **BZ** 79
Stanislas (R.) . . . . **BY**
Tanneurs (R. des) . . . . **CZ** 82
Têtes (R. des) . . . . **BY** 83
Thann (R. de). . . . . **CY**
Tir (R. du) . . . . **AZ**
Turckheim (R. de) . . . . **AY**
Turenne (R.) . . . . **BCZ**
Unterlinden (Pl. d') . . . . **BY** 85
Val St-Grégoire (R. du) . . . . **AY**
Vauban (R.) . . . . **CY**
Voltaire (R.) . . . . **ABZ**
Weinemer (R.) . . . . **BZ** 86
1ère Armée Française (R. de la) . . . . . **BY**
2 Février (Pl. du) . . . . **CY** 87
5e Division-Blindée (R. de la) . . . . . **CY** 95
18 Novembre (Pl. du) . . . . **BY** 97

Grand Hôtel Bristol
7 pl. de la Gare – ℰ 03 89 23 59 59 – www.grand-hotel-bristol.com
91 ch – †98/165 € ††108/165 € – ⊑ 16 €   AZg
Rest _Rendez-vous de Chasse_ – ℰ 03 89 23 15 86 – (29 €) Menu 44/75 €
– Carte 65/95 €
Rest _L'Auberge_ – ℰ 03 89 23 17 57 – (14 €) Carte 29/45 €
♦ Près de la gare, hôtel d'atmosphère Belle Époque conjuguant confort, équipements pour séminaires et bien-être. Chambres contemporaines ou classiques. Décor à l'ancienne au restaurant (poutres, cheminée...), pour une cuisine gastronomique à base de beaux produits. À l'Auberge, joli cadre 1900, plats et vins d'Alsace.

Le Colombier sans rest
7 r. Turenne – ℰ 03 89 23 96 00 – www.hotel-le-colombier.fr – Fermé 24 déc.-2 janv.
28 ch – †86/245 € ††86/245 € – ⊑ 12 €   BZu
♦ Le cadre contemporain et le mobilier créé par un designer italien soulignent le charme authentique de cette bâtisse régionale du 15e s. Escalier Renaissance, paisible patio.

Hostellerie Le Maréchal
4 pl. des Six Montagnes Noires – ℰ 03 89 41 60 32 – www.le-marechal.com
30 ch – †85/95 € ††105/255 € – ⊑ 15 € – ½ P 113/188 €
Rest _A l'Échevin_ – (fermé 10 janv.-3 fév.) (19 €) Menu 26 € (déj.), 34/75 €   BZb
– Carte 37/82 €
♦ Les chambres de ces maisons alsaciennes de la "petite Venise" sont garnies de meubles de style Louis XV et Louis XVI. Généreux petit-déjeuner régional. À l'Échevin, décor cosy sur le thème de la musique et belle vue sur la Lauch.

St-Martin sans rest
38 Grand'Rue – ℰ 03 89 24 11 51 – www.hotel-saint-martin.com – Fermé 23-26 déc. et 1er janv.-22 mars   BCZe
40 ch – †79 € ††79/154 € – ⊑ 12 €
♦ Dans le quartier historique, trois maisons des 14e et 17e s. réparties autour d'une cour intérieure avec tourelle et escalier Renaissance. Chambres cosy personnalisées.

Turenne sans rest
10 rte Bâle – ℰ 03 89 21 58 58 – www.turenne.com
82 ch – †49/79 € ††60/90 € – 1 suite – ⊑ 8,50 €   CZx
♦ Architecture d'inspiration régionale, chambres fonctionnelles, copieux buffet de petits-déjeuners et prix sages : une adresse pratique à deux pas de la "petite Venise".

La Maison des Têtes – Hôtel Les Têtes
19 r. des Têtes – ℰ 03 89 24 43 43 – Fermé fév., dim. soir, mardi midi et lundi
Rest – Menu 28/65 € – Carte 34/72 € ॐ   BYY
♦ Cette belle maison Renaissance est l'un des joyaux du patrimoine architectural colmarien. Boiseries blondes (19e s.), cuisine traditionnelle et bon choix de vins de Bordeaux.

JY'S (Jean-Yves Schillinger)
17 r. de la Poissonnerie – ℰ 03 89 21 53 60 – www.jean-yves-schillinger.com – Fermé 20 fév.-9 mars, lundi sauf le soir de juin à août et dim.   BZg
Rest – Menu 36 € (déj.), 54/72 € – Carte 36/76 € ॐ
Spéc. Thon rouge en croûte de quinoa soufflé, bonbon pané au pavot et son sushi. Langoustine royale, fève japonaise au wasabi et sauce porto blanc. Transparence de gin-tonic. **Vins** Riesling, Sylvaner.
♦ Cuisine très inventive, carte des vins d'Alsace et décor ultracontemporain signé Olivier Gagnère : c'est dans une jolie maison de 1750 que se cache l'adresse branchée de Colmar.

Aux Trois Poissons
15 quai de la Poissonnerie – ℰ 03 89 41 25 21 – Fermé 2 sem. en juil.,1 sem. à la Toussaint, dim. soir, mardi soir et merc.   CZt
Rest – Menu 20 € (sem.), 28/45 € – Carte 30/60 €
♦ Coquette salle à manger et ambiance sympathique pour apprécier une goûteuse cuisine mi-traditionnelle, mi-inventive. Ici le poisson est roi et il y en a plus de trois sur la carte !

Bartholdi
XX   🔁 VISA ⓪

2 r. Boulangers – ℰ 03 89 41 07 74 – www.restaurant-bartholdi.fr
– Fermé 18 juil.-1er août, vacances de fév., dim. soir et lundi   BYe
Rest – Menu 21/51 € – Carte 23/71 €

• Amoureux de vins alsaciens, vous trouverez forcément votre bonheur parmi l'immense choix de crus régionaux que propose cette maison aux allures de winstub. Plats traditionnels.

L'Arpège
XX   VISA ⓪ AE

24 r. Marchands – ℰ 03 89 23 37 89 – Fermé sam. et dim.   BZa
Rest – (nombre de couverts limité, prévenir) Menu 23 € (déj. en sem.), 27/52 € – Carte 38/60 €

• Cette demeure de 1463, nichée au fond d'une impasse, aurait appartenu à la famille Bartholdi. Décor contemporain, terrasse dans un joli jardin fleuri et cuisine actuelle.

Côté Cour
XX   🔁 AC 🔁 VISA ⓪

1 r. St-Martin, (pl. de la Cathédrale) – ℰ 03 89 21 19 18
– www.cotecour-cotefour.fr – Fermé 15-28 fév., dim. et lundi   BYg
Rest – (21 €) Menu 29 € – Carte 31/46 €

• Imposante maison transformée en restaurant et idéalement placée. Cuisine traditionnelle qui respecte les codes de la bonne brasserie. Salle dans le ton, tendance moderne.

Le Théâtre
XX   ⚫ AC VISA ⓪ AE

1 r. des Bains – ℰ 03 89 29 29 29 – Fermé vacances de fév., lundi et mardi
Rest – Carte 28/48 €   BYa

• Ce restaurant animé a été repris en 2010 par M. Staub (les cocottes...). Le lieu s'inspire des bistrots à l'ancienne et l'on y sert une tarte flambée aux escargots !

L'Atelier du Peintre (Loïc Lefebvre)
X   VISA ⓪ AE

1 r. Schongauer – ℰ 03 89 29 51 57 – www.atelier-peintre.fr – Fermé dim. et lundi   BZv
Rest – Menu 18 € (déj.), 37/55 € – Carte 55/65 €
Spéc. Salade de cèpes et artichaut à la crème de foie gras. Filet de bœuf à la purée de céleri, calamars et jus en infusion de citronnelle. "Ali baba" au marc de gewurztraminer.

• Un décor très frais, qui préserve l'âme des lieux, et un chef qui joue avec les produits… sur de solides bases techniques. Une jolie palette contemporaine !

Chez Hansi
X   🔁 VISA ⓪

23 r. des Marchands – ℰ 03 89 41 37 84 – Fermé 1 sem. en juin, janv., merc. et jeudi   BZe
Rest – Menu 18/44 € – Carte 18/33 €

• Retrouvez tout l'esprit de l'Alsace dans cette maison à colombages typique du vieux Colmar. Tradition dans l'assiette et dans le service assuré en costume traditionnel.

La Petite Venise
X   VISA ⓪

4 r. de la Poissonnerie – ℰ 03 89 41 72 59 – www.restaurantpetitevenise.com
– Fermé 1 sem. en juil., 1 sem. en janv., jeudi midi, dim. midi et merc.
Rest – Carte 26/38 €   BZt

• Dans la "petite Venise", maison du 17e s. vous conviant à goûter des recettes alsaciennes transmises de génération en génération. Choix à l'ardoise ; cadre nostalgique attachant.

Wistub Brenner
X   🔁 VISA ⓪ AE

1 r. Turenne – ℰ 03 89 41 42 33 – www.wistub-brenner.fr – Fermé 20-30 juin, 14-23 nov., 9-29 janv., mardi et merc. sauf d'avril à oct.   BZu
Rest – (20 €) Menu 25 € – Carte 26/34 €

• Ambiance décontractée et animée dans cette authentique Wistub agrandie d'une sympathique terrasse. Cuisine du pays (tête de veau, pieds de porc...) et ardoise de suggestions.

à Horbourg 4 km à l'Est par rte de Neuf-Brisach - CY – 5 011 h. – alt. 188 m
– ⊠ 68180 Horbourg Wihr

L'Europe 🔲 🍴 ✕ 📶 🛁 ch, AC ch, 📶 🔋 P. VISA ⚫ AE ⑩
15 rte Neuf-Brisach – 𝒞 03 89 20 54 00 – www.hotel-europe-colmar.com
128 ch – †89/110 € ††99/145 € – 4 suites – ⊇ 12 €
Rest Eden des Gourmets – (fermé dim. soir, lundi et mardi) Menu 23 € (déj. en sem.), 31/47 € – Carte 35/50 €
Rest Leonardo – (fermé dim. midi, merc. et jeudi) Carte environ 20 €
♦ Imposant hôtel de style néo-alsacien. Chambres agréables, parfois luxueuses. Équipements d'exception pour séminaires et loisirs. Carte privilégiant les produits bio à l'Éden des Gourmets. Plats italiens et quelques spécialités régionales au Leonardo.

à Logelheim 9 km au Sud-Est par D 13 et D 45 - CZ – 802 h. – alt. 195 m
– ⊠ 68280

✕ **A la Vigne** avec ch ⬳ 🏠 ✕ ch, VISA ⚫
5 Grand'Rue – 𝒞 03 89 20 99 60 – www.restaurant-vigne.com – fermé
20 juin-10 juil. et 24 déc.-3 janv.
9 ch – †55/58 € ††59/75 € – ⊇ 6,50 €
Rest – (fermé jeudi soir, dim. soir, sam. et lundi) Carte 22/38 €
♦ Maison régionale simple mais accueillante, située au cœur d'un paisible village. Salle à manger champêtre où l'on propose plats du terroir (tartes flambées, choucroutes, spaetzle) et ardoise de suggestions. Les chambres sont calmes et sobrement contemporaines.

à Ste-Croix-en-Plaine 10 km par ③ – 2 493 h. – alt. 192 m – ⊠ 68127

Au Moulin ⬳ ⬅ 🚗 🏠 📶 P. VISA ⚫
rte d'Herrlisheim, par D 1 – 𝒞 03 89 49 31 20 – www.aumoulin.net – Ouvert
1er avril-20 déc.
16 ch – †48/75 € ††63/80 € – ⊇ 9 €
Rest – (ouvert 1er mai-15 oct. et fermé dim.) (dîner seult) (résidents seult)
Carte 25/45 €
♦ Les chambres de ce moulin du 15e s., confortables et personnalisées, ont vue sur les Vosges. Petit musée d'objets alsaciens anciens. Restauration d'appoint (plats locaux).

à Wettolsheim 4,5 km par ⑤ et D 1bis II – alt. 220 m – ⊠ 68920

✕✕ **La Palette** avec ch 🚗 🏠 AC rest, 📶 🔋 P. VISA ⚫ AE
⚫⚫ 9 r. Herzog – 𝒞 03 89 80 79 14 – www.lapalette.fr – Fermé 15-24 août,
23-26 déc., 2-10 janv. et 21 fév.-2 mars
16 ch – †64 € ††74 € – ⊇ 11 €
Rest – (fermé dim. soir, mardi midi et lundi) Menu 13 € (déj. en sem.), 25/68 €
– Carte 37/60 €🍴
♦ Des salles à manger empreintes de gaieté et une belle terrasse vous attendent ici. Cuisine au goût du jour et attractive sélection de vins du village. Chambres claires et fraîches.

à Ingersheim 4 km au Nord-Ouest - AY – 4 531 h. – alt. 220 m – ⊠ 68040

✕✕ **La Taverne Alsacienne** VISA ⚫ AE
😊 99 r. de la République – 𝒞 03 89 27 08 41 – Fermé 21 juil.-7 août, 1er-10 janv.,
jeudi soir sauf déc., dim. soir et lundi
Rest – (16 €) Menu 21/53 € – Carte 30/60 €🍴
♦ Au bord de la Fecht, vaste salle à manger contemporaine et claire, bar servant des plats du jour et salon refait. Cuisine actuelle et régionale, belle carte de vins alsaciens.

COLOMBES – 92 Hauts-de-Seine – **312** C2 – voir à Paris, Environs

---

COLOMBEY-LES-DEUX-ÉGLISES – 52 Haute-Marne – **313** J4   **14** C3
– 678 h. – alt. 353 m – ⊠ 52330 ▌Champagne Ardenne
▶ Paris 248 – Bar-sur-Aube 16 – Châtillon-sur-Seine 63 – Chaumont 26
🔳 68, rue du Général-de-Gaulle 𝒞 03 25 01 52 33
◉ Mémorial du Général-de-Gaulle et la Boiserie (musée).

Hostellerie la Montagne (Jean-Baptiste Natali) 🚗 🍴 ᕼ ᕼ 🚗

10 r. Pisseloup – ℰ 03 25 01 51 69   VISA ⓜ AE ①
– www.hostellerielamontagne.com – *Fermé 9-31 janv., lundi et mardi*
9 ch – †120/170 € ††120/170 € – 1 suite – ☲ 14 €
Rest – Menu 28 € (déj. en sem.), 52/85 € – Carte 72/87 €
Spéc. Carpaccio de cèpe, maquereau au vin blanc et citron confit (été-automne).
Filet de pigeonneau sur une tranche de melon rôti à la menthe poivrée. Ravioles
d'ananas et brunoise exotique, émulsion coco et sorbet passion (été). **Vins** Champagne, Vin de pays des Coteaux de Coiffy.
◆ Au cœur d'un jardin, cette maison de maître en pierre recèle de charmantes
chambres qui vous enchanteront par leur joli style champêtre. Au restaurant, on
déguste une séduisante cuisine inventive ; décor contemporain et beau jardin
pour l'apéritif ou le café.

COLOMIERS – 31 Haute-Garonne – **343** F3 – rattaché à Toulouse

---

COLROY-LA-ROCHE – 67 Bas-Rhin – **315** H6 – 474 h. – alt. 475 m   **1** A2
– ✉ 67420

▶ Paris 412 – Lunéville 70 – St-Dié 33 – Sélestat 31

Hostellerie La Cheneaudière ⑤   ⊲ 🚗 🖥 ᕼ ᕼ rest, 🍴 ⚶ 🅿

3 r. Vieux Moulin – ℰ 03 88 97 61 64   VISA ⓜ AE ①
– www.cheneaudiere.com
25 ch – †125/420 € ††125/420 € – 7 suites – ☲ 25 €
Rest – *(fermé le midi du lundi au jeudi sauf fériés et vend. midi de nov. à mars)*
(59 €) Menu 75/110 € – Carte 60/114 €
◆ À flanc de colline, une imposante demeure d'esprit traditionnel, confortable et
accueillante en tous points. Sentiment d'exclusivité... Chambres spacieuses, sobres
et apaisantes. Cuisine classique (produits régionaux) dans un décor élégant.

COLY – 24 Dordogne – **329** I5 – rattaché au Lardin-St-Lazare

---

LA COMBE – 73 Savoie – **333** H4 – rattaché à Aiguebelette-le-Lac

---

COMBEAUFONTAINE – 70 Haute-Saône – **314** D6 – 538 h.   **16** B1
– alt. 259 m – ✉ 70120

▶ Paris 336 – Besançon 72 – Épinal 83 – Gray 40
🛈 42 Grande Rue ℰ 03 84 92 11 80

※※   **Le Balcon** avec ch   ᕼ 🍴 ch, 🍴 🚗 VISA ⓜ AE

2 Grande-Rue – ℰ 03 84 92 11 13 – www.le-balcon.com – *Fermé*
27 juin-5 juil., 3-8 oct., 27 déc.-15 janv., dim. soir, mardi midi et lundi
15 ch – †48/68 € ††48/68 € – ☲ 10 € – ½ P 55 €
Rest – Menu 26/62 € – Carte 50/75 €
◆ Dans le jardinet de cette auberge coule une jolie fontaine... Une fois en salle,
on se régale de plats classiques ou plus inventifs, dans un cadre champêtre
et soigné (nappes blanches, cuivres et meubles cirés). Réservez une chambre sur
l'arrière, au calme.

COMBLOUX – 74 Haute-Savoie – **328** M5 – 2 042 h. – alt. 980 m   **46** F1
– Sports d'hiver : 1 000/1 850 m ⚡ 1 ⚡ 24 ⚡ – ✉ 74920 ▮ Alpes du Nord

▶ Paris 593 – Annecy 80 – Bonneville 37 – Chamonix-Mont-Blanc 31
🛈 49, chemin des Passerands ℰ 04 50 58 60 49
◉ ✳ ★★★ - Table d'orientation★ de la Cry.

Aux Ducs de Savoie ⑤   ⊲ 🚗 🖥 ᕼ ᕼ rest, ⚶ 🅿 🚗

au Bouchet – ℰ 04 50 58 61 43 – www.ducs-de-savoie.com   VISA ⓜ AE
– *Ouvert 1er juin-6 oct. et 15 déc.-25 avril*
50 ch – †140/220 € ††140/220 € – ☲ 19 € – ½ P 125/160 €
Rest – Menu 30/45 € – Carte 43/55 €
◆ Ce vaste chalet tout en bois vous réserve un bon accueil dans un superbe
cadre alpin. Chambres avenantes, salon-cheminée, piscine face au mont Blanc.
Repas traditionnel actualisé servi dans une salle savoyarde panoramique.
Ambiance conviviale et feutrée.

Au Cœur des Prés

152 chemin du Champet – ℰ 04 50 93 36 55 – www.hotelaucoeurdespres.com
– Ouvert de fin mai à fin sept. et de mi-déc. à début avril
33 ch – †80/120 € ††80/145 € – ☱ 13 € – ½ P 80/105 €
Rest – *(résidents seult)* Menu 28 €

♦ Sur les hauts de Combloux, bâtisse de type chalet vous logeant dans des chambres majoritairement rénovées et donnant toutes à admirer les sommets. Salon-cheminée douillet. Vue étendue, décor soigné et cuisine classique au restaurant.

Le Coin Savoyard

300 rte Cry, Cuchet – ℰ 04 50 58 60 27 – www.coin-savoyard.com
– Ouvert 10 juin-18 sept. et 15 déc.-10 avril
14 ch – †100 € ††100/160 € – ☱ 11 € – ½ P 87/116 €
Rest – *(fermé lundi midi en hiver sauf vacances scolaires et lundi en juin et sept.)* Carte 20/50 €

♦ Accueillante ferme du 19ᵉ s. située à côté de l'église. Sous ses allures d'auberge savoyarde, elle recèle de confortables chambres tournées vers les monts. Spécialités régionales servies au bord de la piscine lorsqu'arrivent les beaux jours.

Joly Site

81 rte de Sallanches – ℰ 04 50 58 60 07 – www.hotelcombloux.com
9 ch – †69/120 € ††75/140 € – ☱ 9 € – ½ P 75/85 €
Rest – *(fermé lundi soir, mardi soir et merc. soir hors saison)* (12 €) Menu 20 € (dîner)/32 € – Carte 30/36 €

♦ Au centre du village, cet hôtel propose d'agréables chambres dans un sobre style montagnard. À table, recettes traditionnelles à déguster devant la cheminée centrale ou sur la terrasse tournée vers les montagnes.

COMBOURG – 35 Ille-et-Vilaine – **309** L4 – 5 223 h. – alt. 45 m   **10** D2
– ✉ 35270 ▊ Bretagne

▶ Paris 387 – Avranches 58 – Dinan 25 – Fougères 49
🛈 23, place Albert Parent ℰ 02 99 73 13 93
🛆 des Ormes à Dol-de-Bretagne Epiniac, N : 13 km par D 795,
  ℰ 02 99 73 54 44
◉ Château★.

Du Château

1 pl. Chateaubriand – ℰ 02 99 73 00 38 – www.hotelduchateau.com – Fermé 18 déc.-24 janv., dim. soir sauf juil.-août, lundi midi et sam. midi
33 ch – †57 € ††83/149 € – ☱ 11 € – ½ P 148/210 €
Rest – Menu 19 € (sem.), 26/65 € – Carte 42/64 €

♦ Au pied du château et du lac célébrés par Chateaubriand, belle maison ancienne et ses annexes. Chambres de bonne tenue, aux styles variés. Côté restaurant, carte actuelle aux notes régionales, servie dans une salle bourgeoise et, l'été, au jardin.

COMMELLE-VERNAY – 42 Loire – **327** D4 – rattaché à Roanne

COMMERCY ◉ – 55 Meuse – **307** E6 – 6 549 h. – alt. 240 m   **26** B2
– ✉ 55200

▶ Paris 269 – Bar-le-Duc 40 – Metz 73 – Nancy 53
🛈 Château Stanislas ℰ 03 29 91 33 16

Côté Jardin sans rest

40 r. St-Mihiel – ℰ 03 29 92 09 09 – www.hotelcommercy.com
11 ch – †55/70 € ††55/90 € – ☱ 9 €

♦ Un grand jardin à la française agrémente cette engageante maison. Chambres spacieuses, très soignées aux tons chaleureux bleu et jaune.

COMPIÈGNE – 60 Oise – **305** H4 – 42 036 h. – Agglo. 108 234 h. **36** B2
– alt. 41 m – ⌂ 60200 ▮ Nord Pas-de-Calais Picardie

▶ Paris 81 – Amiens 80 – Beauvais 61 – St-Quentin 74

ℹ place de l'Hôtel de Ville ℰ 03 44 40 01 00

▦ de Compiègne Avenue Royale, E : par avenue Royale, ℰ 03 44 38 48 00

▦ du Château d'Humières à Monchy Humières Rue de Gournay, NO : 9 km
par D202, ℰ 03 44 86 48 22

◉ Palais★★★ : musée de la voiture★★, musée du Second Empire★★ - Hôtel
de ville★ BZ **H** - Musée de la Figurine historique★ BZ **M** - Musée Vivenel :
vases grecs★★ AZ **M¹**.

◖ Forêt★★ (les Beaux Monts) - Rethondes : Clairière de l'Armistice★★ (statue
du Maréchal Foch, dalle commémorative, wagon du Maréchal Foch).

Plan page suivante

⌂ **De Flandre** sans rest   📶 🛜 VISA ⬤ ⓪

16 quai de la République – ℰ *03 44 83 24 40* – *www.hoteldeflandre.com*
– *Fermé 24 déc.-3 janv.*   AY**u**

42 ch – †52/60 € ††52/70 € – � 8,50 € – ½ P 76 €

◆ Sur la rive droite de l'Oise, non loin de la gare, cet immeuble de la reconstruction abrite des chambres simples, d'esprit rustique. Bonne insonorisation.

XXX **L'Hostellerie du Royal Lieu** avec ch   🍴 🛜 & ch, ⁂ 📶 ṡⅈ **P**

9 r. de Senlis , par r. de Paris (AZ) 2 km au Sud-Ouest   VISA ⬤ AE
– ℰ *03 44 20 10 24* – *www.host-royallieu.fr*

15 ch – †115/160 € ††125/170 € – ⊃ 14 €

Rest – Menu 35/75 € – Carte 50/85 €

◆ Une hostellerie de tradition (19ᵉ s.) posée en lisière de forêt. Dans un beau décor classique – ou sous les arbres centenaires l'été – on déguste une cuisine gastronomique en prise sur les saisons. Les chambres jouent la carte du style, de la fraîcheur et du confort.

XXX **Rive Gauche**   AC VISA ⬤

13 cours Guynemer – ℰ *03 44 40 29 99* – *http://rivegauche.pagesperso-orange.fr*
– *Fermé lundi et mardi*   BY**e**

Rest – Menu 38/48 € – Carte 75/96 € 🎍

◆ Tartare de bar sauvage au citron vert ; râble de lapin farci aux légumes provençaux, tomates confites et gnocchis au jus de veau... Cuisine soignée sur la rive gauche de l'Oise.

XX **Du Nord** avec ch   📶 🛜 VISA ⬤ AE

pl. de la Gare – ℰ *03 44 83 22 30* – *Fermé 1ᵉʳ-15 août, sam. midi et dim. soir*

20 ch – †49 € ††55 € – ⊃ 7 € – ½ P 71 €   AY**b**

Rest – Menu 25 € (sem.), 37/50 € bc – Carte 39/108 €

◆ À deux pas de la gare, une cuisine classique servie dans une salle vaste et claire, avec vue sur les cuisines. Chambres fonctionnelles.

à Choisy-au-Bac 5 km par ② – 3 475 h. – alt. 40 m – ⌂ 60750

XX **Auberge du Buissonnet**   🍴 🛜 VISA ⬤ AE

☙ *825 r. Vineux* – ℰ *03 44 40 17 41* – *www.aubergedubuissonnet.com* – *Fermé dim. soir et lundi*

Rest – Menu 16/20 € – Carte environ 32 €

◆ Quiétude et confort dans cette auberge bordée par un étang... Décor aux notes rustiques, tables au bord de l'eau dès les beaux jours ; cuisine traditionnelle.

à Rethondes 10 km par ② – 706 h. – alt. 38 m – ⌂ 60153

◉ St-Crépin-aux-Bois : mobilier★ de l'église NE : 4 km.

XXX **Alain Blot**   🍴 & VISA ⬤

❀ *21 r. Mar. Foch* – ℰ *03 44 85 60 24* – *www.alainblot.com*
– *Fermé 1ᵉʳ-8 janv., 1ᵉʳ-15 sept., sam. midi, dim. soir, lundi et mardi*

Rest – *(nombre de couverts limité, prévenir)* Menu 29 € (sem.), 49/67 €

Spéc. Grillade de bar à la confiture d'oignon rouge. Medley d'abats de veau aux herbes et huiles parfumées. Composition "toute chocolat" grands crus.

◆ Près de l'église du village, en cette jolie maison de style régional, on sait cultiver le classicisme : mobilier ancien, petits fauteuils Louis XVI et cuisine d'une facture très soignée.

COMPIÈGNE

Austerlitz (R. d') . . . . **AZ** 2
Boucheries (R. des) . . . . **AZ** 3
Capucins (R. des) . . . . **AZ** 4
Change (Pl. du) . . . . **AZ** 5
Clemenceau (Av. G.) . . . . . . **BY** 6
Harlay (R. de) . . . . **AY** 8

Hôtel-de-Ville (Pl. de l') . . . . **AZ** 10
Legendre (R. J.) . . . . **BZ** 12
Lombards (R. des) . . . . **BZ** 13
Magenta (R.) . . . . **AZ** 14
Notre-Dame-de-Bon-Secours
(R.) . . . . **AZ** 15
Noyon (R. de) . . . . **AY** 16
Paris (R. de) . . . . **AZ** 17
Pierrefonds (R. de) . . . . **BZ** 18

St-Antoine (R.) . . . . **AZ** 19
St-Corneille (R.) . . . . **AZ** 20
St-Jacques (Pl.) . . . . **BZ** 22
Soissons (R. de) . . . . **BY** 24
Solferino (R.) . . . . **AYZ** 25
Sorel (R. du Prés.) . . . . **AZ** 26
Sous-Préfecture (R. de la) . . . **BZ** 27
54e-Rgt.-d'Infanterie
(Pl.) . . . . **AY** 30

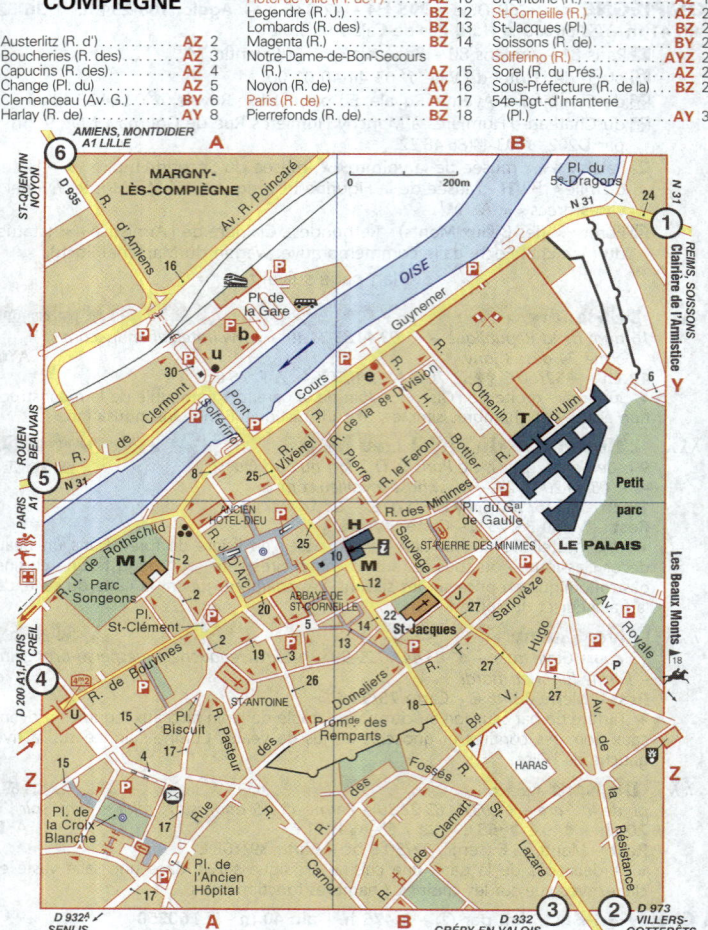

à Vieux-Moulin 10 km par ③ et D 14 – 628 h. – alt. 49 m – ⊠ 60350

◉ Mont St-Marc★ N : 2 km - Les Beaux-Monts★★ : ≼★ NO : 7 km.

XXX **Auberge du Daguet** VISA 🅾🅾
25 r. Saint Jean, (face à l'église) – ℰ 03 44 85 60 72 – http://
auberge.du.daguet.free.fr – Fermé 19-30 juil., 4-29 janv., dim. soir, lundi et mardi
Rest – (28 €) Menu 36/95 € bc – Carte 39/89 €
◆ Face au clocher de l'église, vitraux, pierres et poutres composent le cadre d'inspiration médiévale de cette auberge champêtre. Plats classiques, gibier en saison.

XX **Auberge du Mont St-Pierre** 🏠 P VISA 🅾🅾 AE ⑩
28 rte des Étangs – ℰ 03 44 85 60 00 – www.aubergedumontsaintpierre.fr
– Fermé 3 sem. en août, vacances de fév., mardi soir et merc. soir en hiver, dim.
soir, jeudi soir et lundi sauf fériés
Rest – (18 €) Menu 29/42 € – Carte 46/67 €
◆ À l'orée de la forêt, cette auberge des années 1930 décline le thème de la chasse dans
le décor comme dans l'assiette (gibier en saison). Belle quiétude en terrasse.

au Meux 11 km par ⑤, D 200 et D 98 – 2 027 h. – alt. 50 m – ✉ 60880

✗ **L'Annexe** 🌿 P 𝚅𝙸𝚂𝙰 ⦿
1 r. de la République – ✆ 03 44 91 10 10
Rest – *(déj. seult en sem.)* (18 €) Menu 24/34 €
◆ Sous l'égide du Rive Gauche de Compiègne, cette table explore la tradition au gré du marché. Agréable terrasse sous la glycine.

Z.A.C du Camp du Roy 5 km par ⑥ – ✉ 60880 Jaux

🏠 **All Seasons** sans rest 🛗 🖥 & 🆒 ⁽ᵖ⁾ 🧖 P 𝚅𝙸𝚂𝙰 ⦿ 𝙰𝙴
pl. J.-Tati – ✆ 03 44 23 80 80 – www.all-seasons-hotels.com
58 ch ⌑ – †69/89 € ††79/99 €
◆ Un hôtel flambant neuf à la périphérie de Compiègne. Décor moderne et coloré, salle de musculation, sauna et, pour les enfants (et les plus grands ?), consoles de jeux.

COMPS-SUR-ARTUBY – 83 Var – **340** O3 – 315 h. – alt. 898 m **41** C2
– ✉ 83840 ▊ Alpes du Sud

▶ Paris 892 – Castellane 29 – Digne-les-Bains 82 – Draguignan 31
🄶 Balcons de la Mescla ★★★ NO : 14,5 km - Tunnels de Fayet ⩻ ★★★ O : 20 km.

🏠 **Grand Hôtel Bain** 🚲 🌿 ⁽ᵖ⁾ 𝚅𝙸𝚂𝙰 ⦿ 𝙰𝙴 ⓪
⦿ *Av. de Fayet –* ✆ 04 94 76 90 06 – www.grand-hotel-bain.fr – *Fermé 11 nov.-26 déc.*
17 ch – †65 € ††65 € – ⌑ 9 € – ½ P 60 €
Rest – Menu 18/39 € – Carte 34/65 €
◆ Inscrite dans le Livre des records, cette auberge traditionnelle, peinte d'une diligence, est exploitée par la même famille depuis... 1737 ! Chambres simples de style rustique provençal. Au restaurant, cuisine régionale servie dans une salle ouverte sur la vallée.

CONCARNEAU – 29 Finistère – **308** H7 – 19 953 h. – alt. 4 m **9** B2
– ✉ 29900 ▊ Bretagne

▶ Paris 546 – Brest 96 – Lorient 49 – Quimper 22
🛥 pour **Beg Meil** - (juillet-août) Traversée 25 mn - Renseignements et tarifs : Vedettes Glenn, face au port de Plaisance à Concarneau ✆ 02 98 97 10 31
🛥 pour **Iles Glénan** - (avril à sept.) Traversée 1 h 10 mn - Renseignements et tarifs : Vedettes de l'Odet ✆ 02 98 57 00 58 pour les Iles Glénan et la Rivière de l'Odet - Vieux Port Bénodet
🛥 pour **La Rivière de l'Odet** - (avril à sept.) Traversée 4 h AR - Renseignements et tarifs : voir ci-dessus (Vedettes Glenn), au Port de pêche de Bénodet.
🛈 quai d'Aiguillon ✆ 02 98 97 01 44
◉ Ville Close ★★ C - Musée de la Pêche ★ M¹ - Pont du Moros ⩻ ★ B - Fête des Filets bleus ★ (fin août).

Plan page suivante

 Les Sables Blancs ⩻ 🌿 🖥 & 🆒 ⁽ᵖ⁾ 🧖 P 𝚅𝙸𝚂𝙰 ⦿ 𝙰𝙴
plage des Sables Blancs – ✆ 02 98 50 10 12
– www.hotel-les-sables-blancs.com **An**
18 ch – †95/260 € ††105/260 € – 2 suites – ⌑ 15 €
Rest Le Nautile – (18 €) Menu 30/85 € – Carte 50/130 €
◆ Cet hôtel les pieds dans l'eau, avec accès direct à la plage, a opté pour un style contemporain chic : chambres lumineuses et sereines, dotées de terrasses face au large. Cuisine iodée servie au restaurant lounge, véritable vaisseau marin surplombant l'océan.

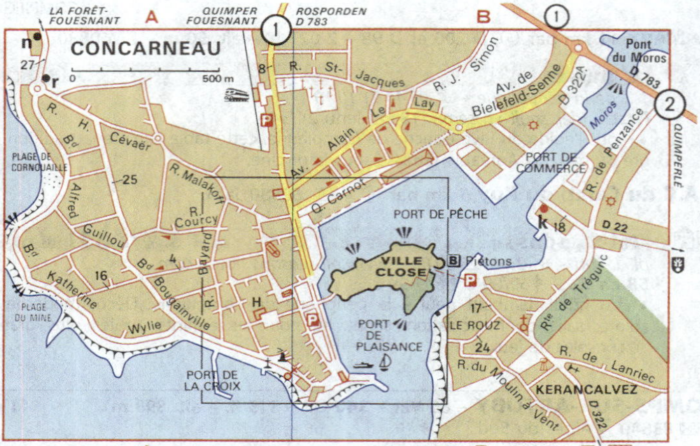

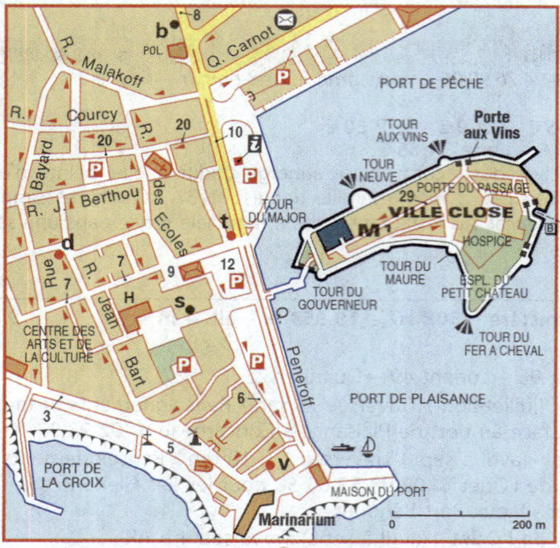

Ville close: Circulation réglementée l'été

- Bougainville (Bd) **C** 3
- Courbet (R. Amiral) . . . . **A** 4
- Croix (Quai de la) **C** 5
- Dr-P.-Nicolas (Av. du) . . . . . . **C** 6
- Dumont-d'Urville (R.) . . . . **C** 7
- Gare (Av. de la) **AC** 8
- Gaulle (Pl. Gén.-de) . . **C** 9
- Guéguin (Av. Pierre) . . . **C** 10
- Jean-Jaurès (Pl.) . **C** 12
- Le Lay (Av. Alain) **B**
- Libération (R. de la) . . . . . . **A** 16
- Mauduit-Duplessis (R.) . . . . **B** 17
- Moros (R. du) . . . **B** 18
- Morvan (R. Gén.) **C** 20
- Pasteur (R.) . . . . . **B** 24
- Renan (R. Ernest) **A** 25
- Sables-Blancs (R. des) . . . . . . **A** 27
- Vauban (R.) . . . . . **C** 29

L'Océan rest,

plage des Sables Blancs – ✆ 02 98 50 53 50 – www.hotel-ocean.com
70 ch – †79/125 € ††89/149 € – ☕ 12 € – ½ P 79/107 € **Ar**
Rest – *(fermé déc., janv., dim. d'oct. à mars, sam. midi et lundi midi)*
Menu 28/45 € – Carte 30/50 €

◆ Imposant bâtiment moderne contemplant la mer. Chambres fonctionnelles, spacieuses et bien insonorisées ; côté plage, elles possèdent des balcons. Vaste salle de restaurant actuelle ouverte sur la baie de Concarneau ; cuisine traditionnelle.

Des Halles sans rest

pl. de l'Hôtel de Ville – ✆ 02 98 97 11 41 – www.hoteldeshalles.com – Fermé vend., sam., dim. en nov. et janv. **Cs**
25 ch – †45/49 € ††59/84 € – ☕ 10 €

◆ Il règne une ambiance familiale dans cet hôtel disposant de chambres de tailles diverses, souvent décorées dans un esprit marin coloré. Préparations maison au petit-déjeuner.

France et Europe sans rest 🔚 🛗 🐕 📶 🅿 VISA ⚫ AE

9 av. de la Gare – ☎ 02 98 97 00 64 – www.hotel-france-europe.com – Fermé
16 déc.-15 janv. et sam. de mi-nov. à mi-mars   C**b**
25 ch – ♦58/75 € ♦♦58/75 € – 立 10 €

◆ L'axe passant qui longe l'immeuble ne nuit pas à la tranquillité des chambres, fonctionnelles et équipées du double vitrage. Salle des petits-déjeuners nautique.

La Coquille 🔚 ⇔ VISA ⚫ AE

1 quai du Moros – ☎ 02 98 97 08 52 – www.lacoquille-concarneau.com – Fermé
1 sem. en nov., 1 sem. en janv., dim. soir et lundi   B**k**
Rest – Menu 29/45 € – Carte 48/80 €
Rest *Le Bistrot* – (fermé le soir et lundi) (14 €) Menu 19 €

◆ Table située sur le port de pêche, affichant un cadre rustique égayé de toiles et de photos. Cuisine classique orientée produits de la mer, sensible aux influences du marché. À midi, formule proposée à l'ardoise et ambiance portuaire sympathique au bistrot.

L'Amiral ♿ AC ⇔ VISA ⚫ AE ①

1 av. P. Guéguin – ☎ 02 98 60 55 23 – www.restaurant-amiral.com – Fermé
3 sem. en nov., 26 fév.-13 mars, dim. soir et lundi sauf juil.-août   C**t**
Rest – (15 €) Menu 18 € (sem.), 26/39 € – Carte 32/50 €

◆ Bel emplacement face à la ville close et plaisant décor marin (jolis tableaux). Cuisine traditionnelle revisitée selon l'inspiration du chef. Prix étudiés.

Le Parvis des Halles VISA ⚫

pl. du Gén.-de-Gaulle – ☎ 02 98 97 50 65 – Fermé 23-28 déc., dim. soir, mardi
soir et merc. sauf juil.-août   C**d**
Rest – Menu 14/47 € – Carte 32/65 €

◆ On savoure des mets traditionnels revisités dans ce restaurant tenu par un couple sympathique. La salle de l'étage est un peu plus intime.

Le Buccin VISA ⚫ AE

1 r. Duguay-Trouin – ☎ 02 98 50 54 22 – www.restaurantlebuccin.fr – Fermé sam.
midi hors saison, lundi sauf le soir en saison et dim. soir   C**v**
Rest – (13 €) Menu 18 € (déj. en sem.), 25/38 € – Carte 35/54 €

◆ Dans une petite rue légèrement en retrait du port de plaisance, maison à la salle à manger chaleureuse proposant une carte au goût du jour axée poissons et coquillages.

CONCHES-EN-OUCHE – 27 Eure – **304** F8 – 4 982 h. – alt. 123 m   **33** D2
– ✉ 27190 ▮ Normandie Vallée de la Seine

▶ Paris 118 – Bernay 34 – Dreux 49 – Évreux 18

🛈 place A. Briand ☎ 02 32 30 76 42

◉ Église Ste-Foy★.

La Grand'Mare VISA ⚫

13 av. Croix-de-Fer – ☎ 02 32 30 23 30 – Fermé dim. soir, mardi soir et lundi
Rest – (11 €) Menu 13/28 € – Carte 20/35 €

◆ Cette auberge à l'élégante salle à manger habillée de boiseries jouxte une maison à colombages au cadre plus simple (cheminée). Plats traditionnels et suggestions à l'ardoise.

CONCHY-LES-POTS – 60 Oise – **305** H3 – 620 h. – alt. 106 m   **36** B2
– ✉ 60490

▶ Paris 100 – Compiègne 28 – Amiens 55 – Beauvais 68

Le Relais 🔚 🅿 VISA ⚫

D 1017 – ☎ 03 44 85 01 17 – Fermé fin juil.- début août, 27 fév.-7 mars, dim. soir,
merc. soir, lundi et mardi
Rest – (20 €) Menu 28/84 € – Carte 53/86 € 🍷

◆ N'hésitez pas à pousser la porte de cet ancien relais routier peint en jaune : la salle à manger s'avère coquette et lumineuse, et la cuisine, traditionnelle et généreuse.

CONCREMIERS – 36 Indre – **323** C7 – 630 h. – alt. 82 m **11** B3
– ✉ 36300

▶ Paris 337 – Orléans 212 – Châteauroux 66 – Châtellerault 65

⌂ **Château de Forges** sans rest ♨ 📞 **P**
1 km à l'Ouest par D 53 – 📞 02 54 37 40 03 – www.chateaudeforges.fr
3 ch ☲ – †140 € ††150 €
♦ Cette forteresse médiévale, posée au bord d'une rivière, a conservé tout son caractère. Très jolies chambres mêlant l'ancien et le moderne. Produits du terroir au petit-déjeuner.

CONDÉ-NORTHEN – 57 Moselle – **307** J4 – 558 h. – alt. 208 m **27** C1
– ✉ 57220

▶ Paris 350 – Metz 21 – Pont-à-Mousson 52 – Saarlouis 38

🏨 **La Grange de Condé** 🍴 🖫 ⅀ 🖩 ⅄ ch, ⅄ **P** 𝘝𝘐𝘚𝘈 ⑳ 🄰🄴
41 r. Deux-Nieds – 📞 03 87 79 30 50 – www.lagrangedeconde.com – *Fermé 3-20 janv.*
17 ch – †105 € ††105 € – 3 suites – ☲ 12 € – ½ P 88 €
Rest – Menu 23/49 € – Carte 32/80 €
♦ Un hôtel est venu s'ajouter à cette ferme familiale bâtie en 1682. Chambres de bon confort, sauna, jacuzzi et hammam. Cuisine à la broche et produits du potager sont à déguster dans le plaisant cadre rustico-lorrain de la salle à manger.

CONDETTE – Pas-de-Calais – **301** C4 – 2 585 h. – alt. 35 m **30** A2
– ✉ 62360

▶ Paris 245 – Amiens 117 – Arras 125 – Lille 128
🄸 Mairie 📞 03 21 32 88 88

✗ **L'Orée du Bois** 🍴 ⅌ 𝘝𝘐𝘚𝘈 ⑳
20 r. de la Marne – 📞 03 21 87 34 73 – *Fermé 24 déc.-10 janv., Dimanche soir et lundi*
Rest – (19 € bc) Menu 26/46 € – Carte 30/60 €
♦ Cette ancienne épicerie de village abrite désormais un restaurant. Le décor, rehaussé de peintures et de lithographies, cadre bien avec une sympathique cuisine d'aujourd'hui.

CONDOM ◉ – 32 Gers – **336** E6 – 7 158 h. – alt. 81 m – ✉ 32100 **28** A2
▮ Midi-Toulousain

▶ Paris 729 – Agen 41 – Mont-de-Marsan 80 – Toulouse 121
🄸 place Bossuet 📞 05 62 28 00 80
◉ Cathédrale St-Pierre★ : Cloître★ Y - Villa romaine de Seviac ★ SO : par D15.

🏨 **Les Trois Lys** ♨ 🍴 ⅀ 🄰🄲 📶 ⅄ **P** 𝘝𝘐𝘚𝘈 ⑳
38 r. Gambetta – 📞 05 62 28 33 33
– www.lestroislys.com **Ya**
10 ch – †60 € ††90 € – ☲ 9 € – ½ P 85 €
Rest – *(fermé lundi midi, jeudi midi et dim. sauf juil.-août)* Menu 35 €
♦ Cet hôtel particulier du 18e s. abrite des chambres personnalisées avec de beaux meubles anciens ou ethniques. Jolie piscine sur l'arrière. Cuisine simple servie dans la salle ou sur la terrasse en teck dressée dans la cour. Bar cosy.

🏨 **Continental** 🍴 ⅄ 🄰🄲 ch, 📶 𝘝𝘐𝘚𝘈 ⑳ 🄰🄴 ⓞ
♾ *20 r. du Mar.-Foch* – 📞 05 62 68 37 00 – www.lecontinental.net
– *Fermé 18-28 déc.* **Yd**
25 ch – †44/69 € ††44/69 € – ☲ 8 € – ½ P 46/59 €
Rest – *(fermé sam. midi et dim. soir)* (11 €) Menu 13 € (déj. en sem.), 21/33 €
– Carte 25/49 €
♦ La Baïse coule au pied de cet hôtel. Les chambres, confortables et bien tenues, donnent pour la plupart sur une cour joliment aménagée (terrasse). Plats traditionnels dans un décor actuel, clair et lumineux.

518

CONDOM

Aquitaine (Av. d') .... Y 2	Carmes (Pont des) .... Z 14	Lannelongue (Pl.) .... Y 31
Armuriers (R. des) .... Y 5	Cazaubon (R. H.) .... Z 16	Lion-d'Or (Pl. du) .... Y 35
Barlet (Pont) .... Y 7	Charron (R.) .... Y 19	Monnaie (R. de la) .... YZ 38
Bonnamy (R.) .... YZ 8	Cordeliers (R. des) .... Z 21	Paix (R. de la) .... Z 40
Buzon (R. et Quai) .... Z 12	Foch (R. Mar.) .... Y 22	Roquepine (R. de) .... Z 44
	Gaichies (R.) .... Y 24	Roques (R.) .... Y 47
	Gambetta (R. L.) .... Y 26	Saint-Exupéry (R.) .... Z 50
	Jean-Jaurès (R.) .... Z 28	St-Pierre (Pl.) .... Y 53

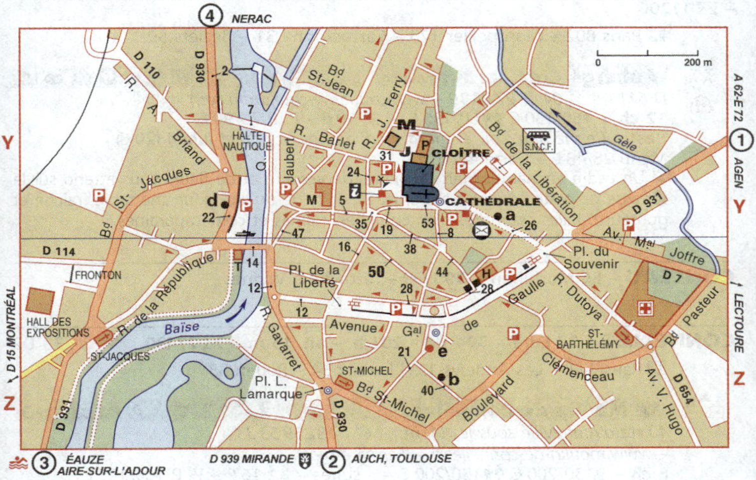

Logis des Cordeliers sans rest

2 bis r. de la Paix – ✆ 05 62 28 03 68 – www.logisdescordeliers.com
– Fermé 2 janv.-3 fév. **Zb**

21 ch – †48/67 € ††48/71 € – ☕ 8 €

◆ Bâtiment des années 1970 situé dans un quartier tranquille. Chambres fonctionnelles ; optez pour celles donnant sur la piscine, agrémentées de petits balcons. Ambiance familiale.

La Table des Cordeliers (Éric Sampietro)

1 r. des Cordeliers – ✆ 05 62 68 43 82 – www.latabledescordeliers.fr – Fermé dim. soir et lundi. **Ze**

Rest – Menu 25 € (sem.), 50/95 € bc

Spéc. Tarte au cèpe, glace verveine (sept.). Ris de veau poêlé, purée de chou fleur et noisettes grillées. Pain perdu d'aubergine, tiramisu aux mûres, sorbet mûre (été). **Vins** Vin de pays des Côtes de Gascogne.

◆ Dans cet ancien couvent, la cuisine se fonde sur le produit pour des mariages inventifs, osant l'alliance entre le sucré et le salé. Au salon, on admire la belle collection d'armagnacs.

CONDRIEU – 69 Rhône – 327 H7 – 3 626 h. – alt. 150 m – ✉ 69420 44 B2

Lyon Drôme Ardèche

Paris 497 – Annonay 34 – Lyon 41 – Rive-de-Gier 21

place du Séquoïa ✆ 04 74 56 62 83

Calvaire ≤★.

Hôtellerie Beau Rivage

r. Beau Rivage – ✆ 04 74 56 82 82 – www.hotel-beaurivage.com

18 ch – †145/170 € ††145/170 € – 10 suites – ☕ 19 €

Rest – Menu 38 € (déj.)/89 € bc – Carte 50/90 €

◆ Dans l'un des plus fameux vignobles des Côtes-du-Rhône, solide maison bourgeoise au bord du fleuve. Chambres élégantes. Cuisine classique aux accents méridionaux. Agréable terrasse face au paysage.

CONFLANS-STE-HONORINE – 78 Yvelines – **311** I2 – **101** 3 – **voir à Paris, Environs**

CONILHAC-CORBIÈRES – 11 Aude – **344** H3 – 754 h. – alt. 125 m   **22** B3
– ⊠ 11200

> ▶ Paris 802 – Montpellier 120 – Carcassonne 31 – Béziers 59

✗✗   **Auberge Côté Jardin** avec ch   🏡 ⅢC ch, 📶 🅿 VISA ⊕ AE
🍴   D 6113 – ℰ 04 68 27 08 19 – www.auberge-cotejardin.com
   12 ch – ♦60/130 € ♦♦60/130 € – ⊒ 10 € – ½ P 70/90 €
   Rest – (fermé dim. soir et mardi midi de nov. à mai et lundi) (20 €)
   Menu 28/48 € – Carte 45/70 €
   ♦ Un cadre enchanteur fait de pierre, de verdure et de fleurs vous attend sur la terrasse de cette coquette auberge. Produits de qualité pour une table fraîche et goûteuse. Jolies chambres bien équipées, calmes et contemporaines.

CONLEAU – 56 Morbihan – **308** O9 – **rattaché à Vannes**

CONNELLES – 27 Eure – **304** H6 – 201 h. – alt. 15 m – ⊠ 27430   **33** D2

> ▶ Paris 111 – Les Andelys 13 – Évreux 34 – Rouen 33

🏰   **Le Moulin de Connelles** 🌿   🔒 🏡 ⌿ 📶 🚣 🅿 VISA ⊕ AE ⊙
   40 rte d'Amfreville sous les Monts – ℰ 02 32 59 53 33
   – www.moulin-de-connelles.fr – Fermé en janv.
   8 ch – ♦130/200 € ♦♦130/200 € – 5 suites – ⊒ 16 € – ½ P 109/195 €
   Rest – (fermé dim. soir et lundi d'oct. à avril et le midi en juil.-août)
   Menu 35/58 €
   ♦ Un authentique manoir anglo-normand, des chambres élégantes, un parc sur une île de la Seine : autant de raisons de découvrir ce moulin entre romantisme et impressionnisme. Cuisine classique et cadre actuel côté restaurant, doté d'une véranda surplombant la rivière.

CONQUES – 12 Aveyron – **338** G3 – 286 h. – alt. 350 m – ⊠ 12320   **29** C1
🟩 Midi-Toulousain

> ▶ Paris 601 – Aurillac 53 – Espalion 42 – Figeac 43
> 🄸 Le Bourg ℰ 05 65 72 85 00
> 🔵 Site★★ - Village★ - Abbatiale Ste-Foy★★ : tympan du portail occidental★★★ et trésor de Conques★★★ - Le Cendié★ O : 2 km par D 232 - Site du Bancarel★ S : 3 km par D 901.

🏨   **Ste-Foy** 🌿   ≪ 🏡 ▥ 📶 🚗 VISA ⊕ AE ⊙
   r. Principale – ℰ 05 65 69 84 03 – www.hotelsaintefoy.com
   – Ouvert 14 mai-23 oct.
   17 ch – ♦97/187 € ♦♦97/197 € – ⊒ 13 €
   Rest – Menu 25/35 €
   ♦ Cette demeure du 17e s. typiquement rouergate (belle façade à colombages) contemple l'abbatiale. Poutres et vieilles pierres font le cachet des chambres. Restaurant de caractère ouvert sur de bucoliques terrasses ; cuisine au goût du jour.

✗   **Auberge St-Jacques**   🏡 VISA ⊕ AE
🐌   r. Gonzague-Florent – ℰ 05 65 72 86 36 – www.aubergestjacques.fr
   – Fermé 2 janv.-2 fév., dim. soir et lundi du 15 nov. au 31 mars
   Rest – (12 €) Menu 18/50 € – Carte 23/41 €
   ♦ Restaurant au cadre champêtre proposant une cuisine d'inspiration régionale ou inventive. La terrasse ombragée offre une vue plongeante sur l'abbatiale du village.

au Sud 3 km sur D 901 – ✉ 12320 Conques

Hervé Busset ⬙   ⬅ 🚗 ⌧ 🛰 🅿 VISA ⓪ AE
– 𝒞 05 65 72 84 77 – www.moulindecambelong.com – Ouvert 1ᵉʳ avril-31 oct. et fermé mardi midi et lundi hors saison
8 ch – 🛉110/330 € 🛉🛉110/330 € – 1 suite – ⌧ 18 € – ½ P 110/255 €
Rest – (fermé mardi midi et merc. midi hors saison) Menu 35 € (déj. en sem.), 55/95 € – Carte 85/115 €
Spéc. "L' Épiraire des Bois" dans un bouillon au miso, filet de saumon bio basse température (été). "Le Pin Douglas", ses jeunes pousses en coulis, pièce de veau fermier de l'Aveyron (été). "Le Lierre Terrestre", en crème infusée, moelleux au chocolat grand cru guanaja (été). **Vins** Marcillac, Vin d'Entraygues et du Fel.
◆ Dans l'un des derniers moulins à eau du 18ᵉ s. en bordure du Dourdou, des chambres au charme singulier, avec tentures et mobilier de style. Nouveau décor contemporain pour découvrir la table créative mariant fleurs et produits du terroir.

CONQUES-SUR-ORBIEL – 11 Aude – **344** F3 – 2 245 h. – alt. 127 m   **22** B2
– ✉ 11600

▶ Paris 777 – Montpellier 155 – Carcassonne 12 – Castres 62

La Maison Pujol sans rest ⬙   🚗 ⌧ 🛰 🅿
17 r. F.-Mistral – 𝒞 04 68 26 98 18 – www.lamaisonpujol.com – Fermé de mi-déc. à début avril
4 ch ⌧ – 🛉80 € 🛉🛉90 €
◆ Une architecture intérieure qui a du style : matériaux bruts, blanc immaculé, objets design, œuvres d'art et un mur en... ruine. C'est de l'art. Exclusif et plaisant.

LE CONQUET – 29 Finistère – **308** C4 – 2 543 h. – alt. 30 m – ✉ 29217   **9** A2
🟩 Bretagne

▶ Paris 619 – Brest 24 – Brignogan-Plages 59 – St-Pol-de-Léon 85
🅧 parc de Beauséjour 𝒞 02 98 89 11 31
◎ Site★.
◎ Île d'Ouessant★★ - Les Abers★★.

à la Pointe de St-Mathieu 4 km au Sud – ✉ 29217 Plougonvelin

◎ Phare ❉★★ – Ruines de l'église abbatiale★.

Hostellerie de la Pointe St-Mathieu ⬙   ⬅ ⌧ ✉ 🕭 ch, 🛰 🎧
– 𝒞 02 98 89 00 19 – www.pointe-saint-mathieu.com – Fermé 13 fév.-16 mars   VISA ⓪ AE
23 ch – 🛉100/200 € 🛉🛉100/200 € – ⌧ 12 €
Rest – (fermé dim. soir) (16 €) Menu 31/78 € – Carte 39/110 €
◆ Hôtellerie du bout du monde voisinant avec les phares et les vestiges de l'abbaye. Confortables chambres allant du traditionnel au moderne cossu, certaines avec balcon. Cuisine actuelle gorgée d'iode, servie dans deux salles d'esprit contemporain.

Vent d'Iroise sans rest ⬙   🕭 🛰 🅿 VISA ⓪ AE
– 𝒞 02 98 89 45 00 – www.hotel-vent-iroise.com
– Fermé 13 fév.-16 mars
24 ch – 🛉55/125 € 🛉🛉55/125 € – ⌧ 9 €
◆ Idéalement placé pour partir en balade sur les sentiers de la pointe St-Mathieu, cet hôtel récent vous loge dans des chambres au décor clair et épuré, bien dans l'air du temps.

Se régaler sans se ruiner ? Repérez les Bib Gourmand . Ils vous aideront à dénicher les bonnes tables sachant marier cuisine de qualité et prix ajustés !

LES CONTAMINES-MONTJOIE – 74 Haute-Savoie – 328 N6   46 F1
– 1 182 h. – alt. 1 164 m – Sports d'hiver : 1 165/2 500 m ⚡ 4 ⚡ 22 ⚡ – ⊠ 74170

🏔 Alpes du Nord

> ▶ Paris 606 – Annecy 93 – Bonneville 50 – Chamonix-Mont-Blanc 33
> 🄸 18, route de Notre-Dame de la Gorge ⌕ 04 50 47 01 58
> ◉ Le Signal ★ (par télécabine).

🏠   Gai Soleil ☜   ⇚ 🛏 🛋 🍴 rest, P VISA ©©
288 chemin des Loyers – ⌕ 04 50 47 02 94 – www.gaisoleil.com
– Ouvert 11 juin-15 sept. et 17 déc.-22 avril
19 ch – †50/55 € ††66/82 € – ⊇ 10 € – ½ P 57/70 €
Rest – *(fermé le midi sauf du 22 janv. au 12 fév., du 12 au 19 mars et du 11 juin au 14 sept.)* (14 €) Menu 19/28 € – Carte 20/33 € le midi
♦ On est ici aux petits soins pour la clientèle. Dominant la station, cette ancienne ferme au toit recouvert de tavaillons se pare de fleurs en saison. Chambres montagnardes. Sympathique salle rustique où l'on propose une cuisine traditionnelle.

✕✕   L'Ô à la Bouche   🍴 ⅙ VISA ©©
510 rte Notre-Dame-de-la-Gorge
– ⌕ 04 50 47 81 67 – www.lo-contamines.com
– Fermé 1ᵉʳ-23 oct., 15 nov.-15 déc.
Rest – *(prévenir)* Menu 19/46 € – Carte 26/32 €
♦ Cadre contemporain et cuisine au goût du jour au rez-de-chaussée ; grillades et plats savoyards dans une ambiance plus montagnarde au sous-sol en hiver.

CONTAMINE-SUR-ARVE – 74 Haute-Savoie – 328 L4 – 1 512 h.   46 F1
– alt. 450 m – ⊠ 74130

> ▶ Paris 547 – Annecy 46 – Chamonix-Mont-Blanc 63 – Genève 20

✕   Le Tourne Bride   AC VISA ©© AE
94 rte d'Annemasse – ⌕ 04 50 03 62 18 – www.letournebride.com
– Fermé 25 juil.-15 août, 3-23 janv., dim. soir et lundi
Rest – Menu 14 € (déj. en sem.), 24/36 € – Carte 31/50 €
♦ Cuisine mélangeant terroir, tradition et influences étrangères, servie dans d'anciennes écuries transformées en coquette salle à manger campagnarde.

CONTES – 06 Alpes-Maritimes – 341 E5 – 6 828 h. – alt. 250 m   41 D2
– ⊠ 06390

> ▶ Paris 954 – Marseille 206 – Nice 21 – Antibes 43
> 🄸 13, place Jean Allardi ⌕ 04 93 79 13 99

✕✕   La Fleur de Thym   AC P VISA ©©
3 bd Charles Alunni – ⌕ 04 93 79 47 33 – www.lafleurdethym.fr – Fermé 20-31 août, 24 déc.-10 janv., mardi soir et merc.
Rest – (18 €) Menu 26/46 € – Carte 35/47 €
♦ Un décor moderne dans un cadre provençal et une savoureuse cuisine au goût du jour font le charme de cette adresse. Sans oublier l'accueil, tout sourire.

CONTEVILLE – 27 Eure – 304 C5 – 821 h. – alt. 33 m – ⊠ 27210   32 A3

> ▶ Paris 181 – Évreux 102 – Le Havre 34 – Honfleur 15

✕✕✕   Auberge du Vieux Logis (Éric Boilay)   🍴 VISA ©©
❀   *– ⌕ 02 32 57 60 16 – Fermé 2-18 nov., sem. en mars, mardi sauf juil.-août, dim. soir et lundi*
Rest – Menu 40 € (sem.), 60/80 € – Carte 90/100 €
Spéc. Aile de raie et queue de homard-vinaigrette à la moutarde de Meaux. Filet de bar, langoustines rôties au lard. Soufflé glacé Bénédictine à l'angélique.
♦ Un agréable restaurant normand, au cœur d'un charmant village. On y déguste une cuisine classique réalisée avec soin, dans le respect du produit.

au Marais Vernier 8 km à l'Est par D 312 et D 90 – 492 h. – alt. 10 m – ⌧ 27680

Auberge de l'Etampage avec ch 🄰🄲 rest, ✗ ch, 𝗩𝗜𝗦𝗔 ⬤⬤
42 quartier de l'Eglise – ℰ 02 32 57 61 51 – Fermé 23 déc.-1ᵉʳ fév., dim. soir et merc.
3 ch – ♦35 € ♦♦39 € – ⧄ 8 € – **Rest** – (16 € bc) Menu 19/30 € – Carte 35/45 €
♦ Cette maison villageoise à colombages propose une cuisine orientée terroir mitonnée avec des produits frais. Intérieur d'esprit bistrot et trois coquettes chambres soignées.

CONTRES – 41 Loir-et-Cher – **318** F7 – 3 429 h. – alt. 98 m – ⌧ 41700 **11** A1
▶ Paris 203 – Blois 22 – Châteauroux 79 – Montrichard 23

De France 🏦 ⌂ ✗ ⛓ ch, 🄰🄲 rest, ✗ ☎ 🛎 🄿 ⟷ 𝗩𝗜𝗦𝗔 ⬤⬤
rte de Blois – ℰ 02 54 79 50 14 – www.hoteldefrance-contres.com
35 ch – ♦59/83 € ♦♦62/86 € – 2 suites – ⧄ 12 € – ½ P 75/80 €
Rest – *(fermé lundi et mardi)* (20 €) Menu 26 € (sem.)/52 € – Carte 56/68 €
♦ Une bonne adresse familiale au centre de Contres. Chambres confortables, la plupart donnant sur le jardin et la piscine. Au restaurant – une grande salle à manger – la carte est traditionnelle.

La Botte d'Asperges 🄰🄲 𝗩𝗜𝗦𝗔 ⬤⬤
52 r. P. H. Mauger – ℰ 02 54 79 50 49 – www.labotte-dasperges.com – Fermé 21 août-5 sept., 2-17 janv., dim. soir et lundi
Rest – (17 €) Menu 23/50 € – Carte 46/55 €
♦ Ici, le chef réalise une jolie cuisine de saison. Évidemment, l'asperge est à l'honneur, mais aussi le gibier. Cadre convivial (fresques sur la cuisine et le vin)... Ça nous botte !

CONTREVOZ – 01 Ain – **328** G6 – **rattaché à Belley**

CONTREXÉVILLE – 88 Vosges – **314** D3 – 3 507 h. – alt. 342 m **26** B3
– Stat. therm. : début avril-début oct. – Casino – ⌧ 88140 🬀 Alsace Lorraine
▶ Paris 337 – Épinal 47 – Langres 75 – Nancy 83
🎿36 de Vittel Ermittage à Vittel HOTEL ERMITAGE, N : 7 km, ℰ 03 29 08 81 53
🎿9 du Bois de Hazeau Centre Préparation Olympique, par D 429 : 4 km,
ℰ 03 29 08 20 85

Cosmos 🚗 🏦 ⌂ ⓢ 𝓕6 ✗ 🕴 ⛓ ch, ✗ ☎ 🛎 🄿 𝗩𝗜𝗦𝗔 ⬤⬤ 🄰🄴 ⓞ
*13 r. de Metz – ℰ 03 29 07 61 61 – www.hotelcontrexeville.com
– Ouvert 1ᵉʳ avril-31 oct.*
77 ch – ♦78/98 € ♦♦98/138 € – 6 suites – ⧄ 13 € – ½ P 106/152 €
Rest – Menu 23/26 €
♦ L'atmosphère vieille France de cet hôtel aux chambres confortables nous transporte à la Belle Époque. Un endroit idéal pour les adeptes de fitness et de balnéothérapie. Menus classiques et diététiques servis dans une grande salle à manger rétro à souhait.

COQUELLES – 62 Pas-de-Calais – **301** D2 – **rattaché à Calais**

CORBEIL-ESSONNES – 91 Essonne – **312** D4 – **101** 37 – **voir à Paris, Environs**

CORBIGNY – 58 Nièvre – **319** F8 – 1 681 h. – alt. 203 m – ⌧ 58800 **7** B2
🬀 Bourgogne
▶ Paris 236 – Autun 76 – Avallon 38 – Clamecy 28
🄸 8, rue de l'Abbaye ℰ 03 86 20 02 53

Hôtel de L'Europe 🏦 🕴 ⛓ ch, ☎ 🛎 𝗩𝗜𝗦𝗔 ⬤⬤ 🄰🄴
*7 Grande Rue – ℰ 03 86 20 09 87 – www.bourgognemorvanrestaurant.com
– Fermé 22 déc.-2 janv. et en fév.*
18 ch – ♦53 € ♦♦60 € – ⧄ 9 €
Rest *Le Cépage* – *(fermé dim. soir sauf juil.-août)* Menu 28/58 € – Carte 25/50 €🍷
Rest *Le Bistrot* – *(fermé dim. soir sauf juil.-août)* Menu 19/22 € – Carte 21/35 €
♦ Un sympathique hôtel familial dont les chambres, petites, sont très propres et bien équipées. Confiture maison au petit-déjeuner. Au Cépage, cuisine traditionnelle et belle petite carte des vins à prix sage. Menu bourguignon et plats du terroir au Bistrot.

CORDES-SUR-CIEL – 81 Tarn – **338** D6 – 1 012 h. – alt. 279 m   **29** C2
– ⊠ 81170 ▌Midi-Toulousain

> ▶ Paris 655 – Albi 25 – Rodez 78 – Toulouse 82
> ▯ place Jeanne Ramel-Cals ℰ 05 63 56 00 52
> ◉ Site★★ - La Ville haute★★ : maisons gothiques★★ - musée d'Art et d'Histoire Charles-Portal★.

 Hostellerie du Vieux Cordes ⧉   ≤ 🏠 🛜 🖧 VISA ◐◯ AE
21 r. St-Michel – ℰ 05 63 53 79 20 – www.vieuxcordes.fr
– Fermé 2 janv.-12 fév.
19 ch – ♦55/118 € ♦♦55/180 € – ☲ 14 €
Rest – *(fermé dim. soir en mars, avril, oct. et nov., lundi sauf le soir en juil.-août, et mardi midi)* Menu 22/45 € – Carte 36/42 €
♦ Dans les murs d'un ancien monastère du 13ᵉ s., un bel escalier à vis mène aux chambres personnalisées, en partie refaites et actualisées. Cuisine traditionnelle servie dans une salle à manger-terrasse dominant la vallée, ou dans le patio, sous une glycine tricentenaire.

rte d'Albi

 L'Envolée sauvage ⧉   🏠 🛏 🍽 🛜 VISA ◐◯
La Borie – ℰ 05 63 56 88 52 – www.lenvolee-sauvage.com – *Ouvert avril-oct.*
4 ch ☲ – ♦115/120 € ♦♦120/125 €
Table d'hôte – Menu 35/40 €
♦ Rencontre du terroir et du raffinement dans cette ferme du 18ᵉ s. où l'on élève des oies. Authenticité des vieilles pierres, plaisir de la piscine, charme des chambres cosy... Les produits de la ferme garnissent la table d'hôte. Stages de cuisine autour de l'oie !

à Campes 3 km au Nord-Est par D 922, D 98 et rte secondaire – ⊠ 81170

 Le Domaine de la Borie Grande ⧉   ≤ 🐾 🏠 🛏 🍽 🛜 🅿
St- Marcel-Campes – ℰ 05 63 56 58 24
– www.laboriegrande.com
4 ch ☲ – ♦110/160 € ♦♦115/165 €
Table d'hôte – Menu 40 € bc
♦ On reçoit les hôtes "en amis" dans cette demeure du 18ᵉ s. en pleine campagne. Très jolies chambres au raffinement à l'ancienne, profitant de vues magnifiques. Superbe suite aménagée façon loft. Plats actuels servis dans une salle rustique ou une cour intérieure.

CORDON – 74 Haute-Savoie – **328** M5 – 986 h. – alt. 871 m – ⊠ 74700   **46** F1
▌Alpes du Nord

> ▶ Paris 589 – Annecy 76 – Bonneville 33 – Chamonix-Mont-Blanc 32
> ▯ 3650 route de Cordon ℰ 04 50 58 01 57
> ◉ Site★.

🏨 **Les Roches Fleuries** ⧉   ≤ 🚩 🏠 🛏 🖧 🍽 rest, 🛜 🖧 🅿
❀ *90 rte de la Scie –* ℰ 04 50 58 06 71   VISA ◐◯ AE ①
– www.rochesfleuries.com – Ouvert 15 mai-20 sept. et 18 déc.-4 avril
20 ch – ♦152/177 € ♦♦170/195 € – 5 suites – ☲ 18 € – ½ P 155/175 €
Rest – *(fermé mardi midi, dim. soir et lundi sauf vacances scolaires)* Menu 35 € (déj. en sem.), 58/85 € bc – Carte 75/100 €
Spéc. Croustilles de langoustine au citron confit. Filet de féra du lac Léman rôti meunière sur une peau de pain. Soufflé chaud à la Chartreuse. **Vins** Roussette de Marestel, Mondeuse d'Arbin.
Rest *La Boîte à Fromages* – *(ouvert 10 juil.-25 août, 22 déc.-20 mars et fermé dim., lundi, mardi et le midi) (prévenir)* Menu 45 € bc
♦ Ravissant chalet fleuri perché sur les hauteurs du "balcon du Mont-Blanc". Chaleureux intérieur tout bois et élégant mobilier savoyard ancien. Au restaurant, cadre alpin feutré et cuisine créative riche en saveurs. Recettes du terroir à La Boîte à Fromages.

Le Cerf Amoureux ⅏ ← 🚗 🍴 🗲 🗐 🕭 🕿 ⁽ɪ⁾ 🚗 VISA 🞊

à Nant-Cruy, 2 km au Sud (rte Combloux) ⊠ 74700 Sallanches
– ℰ 04 50 47 49 24 – www.lecerfamoureux.com – Fermé 22 sept.-5 oct.
9 ch – ♦155/185 € ♦♦200/295 € – 2 suites – ⊃ 17 €
Rest – *(fermé dim. et lundi hors vacances scolaires) (dîner seult) (résidents seult)*
Menu 36 €

◆ Il règne une ambiance très cosy dans ce chalet tout de pierre et de bois vêtu. Délicieuses chambres dotées de balcons tournés vers les massifs des Aravis ou du Mont-Blanc. La ravissante salle à manger sert de cadre à une cuisine familiale de bon aloi.

La Joubarbe au Balcon du Mont Blanc ⅏ ← 🗲 🕭 🕿 ⁽ɪ⁾ P

2087 rte des Miaz – ℰ 04 50 91 15 35 – www.lajoubarbe.com 🚗 VISA 🞊
10 ch – ⊃ – ♦125/150 € ♦♦131/230 €
Rest – *(dîner seult) (résidents seult)* Menu 25 €

◆ Sur les hauteurs de Cordon, ce grand chalet dispose de chambres très confortables, au style montagnard épuré, toutes dotées d'un balcon ou d'une terrasse. Vue imprenable sur les monts. Cuisine traditionnelle (menu unique différent chaque soir). Ambiance familiale.

Le Chamois d'Or ⅏ ← 🚗 🍴 🗲 🕭 🕿 ⁽ɪ⁾ 🛋 P 🚗 VISA 🞊 AE

4080 rte de Cordon – ℰ 04 50 58 05 16 – www.hotel-chamoisdor.com – Ouvert
1ᵉʳ juin à mi-sept. et 18 déc. à fin mars
26 ch – ♦90/130 € ♦♦130/175 € – 2 suites – ⊃ 15 € – ½ P 90/125 €
Rest – *(fermé merc. midi et jeudi midi)* (20 €) Menu 25 € (sem.), 30/38 €
– Carte 32/62 €

◆ Gros chalet familial bien fleuri en été et équipé pour les loisirs. Chambres et suites cosy dans un esprit montagnard (tissus choisis), salon-cheminée douillet. Au restaurant, mur en pierres du pays, mobilier régional, terrasse "4 saisons" et vue panoramique.

Le Cordonant ← 🚗 🍴 🗲 🕭 🛋 P VISA 🞊

120 rte des Miaz – ℰ 04 50 58 34 56 – www.lecordonant.fr – Ouvert de mi-mai à
fin sept. et de mi-déc. à mi-avril
16 ch – ♦75/85 € ♦♦85/105 € – ⊃ 10 € – ½ P 72/90 € **Rest** – Menu 25/33 €

◆ Grand chalet à la sympathique ambiance familiale. Beaux meubles en bois peint dans les chambres bien tenues, avec jardin ou balcon. Cuisine traditionnelle et vue imprenable sur les sommets depuis la salle à manger rustique.

CORENC – 38 Isère – **333** H6 – rattaché à Grenoble

CORMEILLES – 27 Eure – **304** C6 – 1 201 h. – alt. 80 m – ⊠ 27260 **32** A3
◪ Paris 181 – Bernay 441 – Lisieux 19 – Pont-Audemer 17
🛈 14, place du Mont Mirel ℰ 02 32 56 02 39

L'Auberge du Président 🕭 rest. ⁽ɪ⁾ 🛋 P VISA 🞊 AE

70 r. de l'Abbaye – ℰ 02 32 57 80 37 – www.hotel-cormeilles.com – Fermé
3-10 janv.
14 ch – ♦55/80 € ♦♦75/90 € – ⊃ 12 € – ½ P 65/75 €
Rest – *(fermé mardi midi, merc. midi, jeudi midi et dim. soir d'oct. à mars, et lundi midi)* Menu 19/35 € – Carte 29/52 €

◆ L'enseigne rend hommage au président de la République René Coty qui séjourna à l'hôtel. Chambres personnalisées, bien tenues. Au restaurant, le plaisant décor normand avec cheminée et une cuisine traditionnelle orientée terroir remportent tous les suffrages !

✕ Gourmandises VISA 🞊

29 r. de l'Abbaye – ℰ 02 32 42 10 96 – Fermé 2 janv.-3 fév., mardi midi, merc.
midi en saison, mardi, merc. hors saison et lundi
Rest – (24 €) Carte 42/54 €

◆ Joli présage que cette enseigne, pour une table installée dans l'ancienne fromagerie du bourg. Cadre chaleureux et petits plats bistrotiers originaux.

CORMEILLES-EN-VEXIN – 95 Val-d'Oise – **305** D6 – **106** 5 – voir à Paris, Environs (Cergy-Pontoise)

CORMERY – 37 Indre-et-Loire – **317** N5 – 1 631 h. – alt. 59 m – ✉ 37320 🟢 Châteaux de la Loire   **11** B2

▶ Paris 254 – Blois 63 – Château-Renault 48 – Loches 22

🔼 13, rue Nationale ✆ 02 47 43 30 84

✕✕   Auberge du Mail   🛜 VISA ⬤⬤ AE

2 pl. du Mail – ✆ 02 47 43 40 32 – www.aubergedumail-cormery.com – Fermé 18-22 avril, 26 août-4 sept., 24-31 déc., le soir de mi-oct. à fin mars, sam. midi et jeudi

Rest – (15 €) Menu 19 € (sem.)/39 € – Carte 25/54 €

◆ Maison de pays proche de l'abbaye – célèbre pour ses macarons. La terrasse, ombragée de tilleuls et de glycine, et l'intérieur rustique vont bien avec la cuisine, plutôt classique.

✕   Auberge des 2 Cèdres   🛜 ⬦ VISA ⬤⬤

av. de la Gare – ✆ 02 47 43 03 09 – Fermé 3-18 juil., 1 sem. en oct., 1er-16 janv., le soir du dim. au jeudi et lundi

Rest – (9 €) Menu 14 € (déj. en sem.), 19/28 € – Carte 19/34 €

◆ Cette bâtisse régionale proche de la gare, sur une route passante, a des faux airs de guinguette. Le chef cuisine des produits frais... Idéal pour les repas de famille.

CORNILLON – 30 Gard – **339** L3 – 847 h. – alt. 168 m – ✉ 30630   **23** D1
🟢 Provence

▶ Paris 666 – Avignon 50 – Alès 47 – Bagnols-sur-Cèze 17

✕✕   La Vieille Fontaine avec ch 🔉   ⇐ 🚗 🛜 🛜 ⬆ VISA ⬤⬤

r. du Château – ✆ 04 66 82 20 56 – www.lavieillefontaine.net – Ouvert de mai à oct. et fermé le midi sauf dim.

8 ch – 🛏105/155 € 🛏🛏105/155 € – ⬜ 10 € – ½ P 115 €

Rest – Menu 40/60 €

◆ Maison de caractère adossée aux murailles médiévales. Dans la salle voûtée, on déguste une cuisine de tradition, dont la spécialité de la maison : les moules farcies à la diable. Piscine et jardin dominant la vallée ; petites chambres coquettes pour l'étape.

CORPS – 38 Isère – **333** I9 – 451 h. – alt. 939 m – ✉ 38970 🟢 Alpes du Sud   **45** C3

▶ Paris 626 – Gap 39 – Grenoble 64 – La Mure 24

🔼 Route Napoléon ✆ 04 76 30 03 85

◉ Barrage★★ et pont★ du Sautet O : 4 km.

🏠   Du Tilleul   🛜 📺 🍴 P 🚗 VISA ⬤⬤ AE ⬤

r. des Fosses – ✆ 04 76 30 00 43 – www.hotel-restaurant-du-tilleul.com – Fermé 20 oct.-15 déc.

18 ch – 🛏43/50 € 🛏🛏50/71 € – ⬜ 8 € – ½ P 53 €

Rest – (14 €) Menu 16/37 € – Carte 19/35 €

◆ Sur l'impériale route Napoléon et au cœur du vieux village fort animé en été. Chambres fraîches et bien tenues, plus calmes à l'annexe. Accueil charmant. Salle de restaurant un peu sombre, mais sympathique ambiance campagnarde. Cuisine traditionnelle.

à Aspres-les-Corps 5 km au Sud-Est par N 85 et D 58 – 131 h. – alt. 930 m – ✉ 05800

🏰   Château d'Aspres   🚗 🛜 🛝 📶 P VISA ⬤⬤ AE ⬤

– ✆ 04 92 55 28 90 – www.chateau-d-aspres.com – Ouvert 1er mars-15 nov., 30 déc.-2 janv. et fermé dim. soir et lundi du 1er mars au 31 mai

8 ch – 🛏88 € 🛏🛏118 € – 3 suites – ⬜ 12 € – ½ P 78/90 €

Rest – Menu 22/38 € – Carte 32/74 €

◆ Cette demeure seigneuriale (12e-17e s.) domine la vallée du Champsaur. Chambres de caractère, garnies de beaux meubles anciens. Des portraits d'ancêtres accompagnent votre repas dans l'élégante salle à manger. Cuisine traditionnelle.

CORRÈZE – 19 Corrèze – **329** M3 – 1 175 h. – alt. 455 m – ⊠ 19800   **25** C3
Limousin Berry

▶ Paris 480 – Aubusson 96 – Brive-la-Gaillarde 45 – Tulle 19
🛈 place de la Mairie ℰ 05 55 21 32 82

Mercure Seniorie ⬧   ⟨ ⦸ ⦸ ⌿ ▯ ⌿ rest, ⦙ ⚇ ▣ ⬧

Le Bourg – ℰ *05 55 21 22 88 – www.mercure.com*   *VISA* ⬥ AE ⬥
– Fermé 17 déc.-10 janv.
29 ch – ▮85/105 € ▮▮95/115 € – ⌿ 13 €
Rest *– (fermé week-ends du 1ᵉʳ oct. au 1ᵉʳ mars et le midi)* Menu 25/40 €
– Carte 35/52 €
◆ Sur les hauteurs de la cité médiévale, cette élégante demeure du 19ᵉ s., ancien pensionnat, abrite des chambres très spacieuses, aux équipements et confort modernes. Carte traditionnelle que l'on déguste dans un décor cossu et bourgeois. Grande terrasse.

Le Parc des 4 Saisons ⬧   ⟳ ⌿ ⌿ ch, ⦙ ▣

av. de la Gare – ℰ *05 55 21 44 59 – www.leparc.info*
5 ch ⌿ – ▮58/88 € ▮▮65/95 €   **Table d'hôte** – Menu 35 € bc
◆ Un jeune couple belge vous reçoit dans cette ancienne maison de notable agrémentée d'un parc. Chambres pimpantes et confortables, joli salon, piscine d'été, sauna et massages. Table d'hôte (sur réservation) proposée trois soirs par semaine.

La Balagne

CORSE

Département : Corse
Carte Michelin LOCAL : 345
Population : 249 729 h.

■ Corse
Carte régionale : 15 B2

RENSEIGNEMENTS PRATIQUES

TRANSPORTS MARITIMES

▬ Depuis la France continentale les relations avec la Corse s'effectuent à partir de Marseille, Nice et Toulon.

▬ au départ de Marseille : SNCM - 61 bd des Dames (2ᵉ) ☎ 0 825 888 088 (0,15 €/mn) et 3260 dîtes "SNCM". CMN - 4 quai d'Arenc (2ᵉ) ☎ 0 810 201 320

▬ au départ de Nice : SNCM - Ferryterranée quai du Commerce ☎ 0 825 888 088 (0,15 €/mn). CORSICA FERRIES - Port de Commerce ☎ 0 825 095 095 (0,15 €/mn)

▬ au départ de Toulon : SNCM - 49 av. Infanterie de Marine (15 mars-15 sept.) ☎ 0 825 888 088 (0,15 €/mn). CORSICA FERRIES - Gare Maritime ☎ 0 825 095 095 (0,15 €/mn).

AÉROPORTS

✈ La Corse dispose de quatre aéroports assurant des relations avec le continent, l'Italie et une partie de l'Europe :

✈ Ajaccio ☎ 04 95 23 56 56, Calvi ☎ 04 95 65 88 88, Bastia ☎ 04 95 54 54 54, et Figari-Sud-Corse ☎ 04 95 71 10 10 (Bonifacio et Porto-Vecchio).

✈ Voir aussi au texte de ces localités.

QUELQUES GOLFS

⛳ Bastia, (voir à la localité), ☎ 04 95 38 33 99

⛳ de Sperone à Bonifacio, (voir à la localité), ☎ 04 95 73 17 13

AJACCIO – **2A Corse-du-Sud** – **345** B8 – **63 723 h.** – Casino **Z**   **15** A3
– ✉ **20000**

- 🚌 Bastia 147 – Bonifacio 131 – Calvi 166 – Corte 80
- ✈ d'Ajaccio-Napoléon Bonaparte : ✆ 04 95 23 56 56, 7 km par ①.
- 🚢 3, boulevard du Roi Jérôme ✆ 04 95 51 53 03
- 🔘 Vieille Ville★ - Musée Fesch★★ : peintures italiennes★★★ - Maison Bonaparte★ - Salon Napoléonien★ (1er étage de l'hôtel de ville) - Jetée de la Citadelle ⩽★ - Place Gén.-de-Gaulle ou Place du Diamant ⩽★.
- 🈯 Golfe d'Ajaccio★★. . Aux Iles sanguinaires★★.

Palazzu U Domu sans rest   🚗 📶 AC 🛎 🛗 ⛽ VISA ☎ AE

17 r. Bonaparte – ✆ 04 95 50 00 20
– www.hotel-palazzudomu-ajaccio.com   **Ze**
45 ch – 🚹170/325 € 🚹🚹190/355 € – ☲ 19 €

♦ Le palais du comte Pozzo di Borgo (18e s.) est désormais résolument design : escalier d'époque, teintes sombres, expos d'art contemporain. Trois catégories de chambres, suites.

Les Mouettes sans rest 🏖   ⩽ 🚗 ⌁ 🚿 AC 🛎 🅿 VISA ☎ AE

9 cours Lucien-Bonaparte par ② – ✆ 04 95 50 40 40 – www.hotellesmouettes.fr
– Fermé 14 nov.-22 mars
28 ch – 🚹100/410 € 🚹🚹100/410 € – ☲ 16 €

♦ Une grande demeure rose de 1880, une vue superbe sur la piscine et la plage privée. Chambres sobres et spacieuses, la plupart avec loggia, pour rêver en regardant les mouettes.

Napoléon sans rest   📶 AC 🛎 🛗 🚗 VISA ☎ AE ⓞ

4 r. Lorenzo Vero – ✆ 04 95 51 54 00 – www.hotelnapoleonajaccio.fr
62 ch – 🚹69/104 € 🚹🚹88/115 € – ☲ 11 €   **Zs**

♦ Dans une ruelle discrète et calme, perpendiculaire au cours Napoléon. Chambres confortables, simplement décorées : parfait pour les affaires ou une visite rapide de la ville.

Albert-1er (Bd) . . . . **Y** 2
Bévérini Vico (Av.) . . . . **Y** 4
Colonna d'Ornano
  (Av. du Col.) . . . . **Y** 10
Griffi (Square P.) . . . . **Y** 22
Leclerc (Cours Gén.) . . . . . . **Y** 25
Madame-Mère (Bd) . . . . . . **Y** 29
Maillot (Bd H.) . . . . **Y** 30
Masséria (Bd) . . . . **Y** 32
Napoléon-III (Av.) . . . . **Y** 37
Napoléon (Cours) . . . . **Y**
Nicoli (Cours J.) . . . . **Y** 38
Paoli (Bd D.) . . . . **Y** 41
St-Jean (Montée) . . . . **Y** 51

AJACCIO

Bonaparte (R.)	**Z** 6	Macchini (Av. E.)	**Z** 27
Dr-Ramaroni (Av. du)	**Z** 17	Napoléon-III (Av.)	**Z**
Eugénie (Av. Impératrice)	**Z** 18	Napoléon (Cours)	**Z**
Fesch (R. Cardinal)	**Z**	Notre-Dame (R.)	**Z** 39
Forcioli-Conti (R.)	**Z** 20	Pozzo-di-Borgo (R.)	**Z** 44
Grandval (Cours)	**Z**	Premier-Consul (Av.)	**Z** 45
Herminier (Quai l')	**Z** 23	République (Q. de la)	**Z** 48

Roi-de-Rome (R.)	**Z** 49
Roi-Jérôme (Bd)	**Z** 50
Sebastiani (R. Gén.)	**Z** 53
Sérafini (Av. A.)	**Z** 55
Soeur-Alphonse (R.)	**Z** 56
Vero (R. Lorenzo)	**Z** 58
Zévaco-Maire (R.)	**Z** 60

Impérial *sans rest*

6 bd Albert 1er – ℰ 04 95 21 50 62 – www.hotelimperial-ajaccio.fr – Ouvert de mi-mars à fin-oct.

Ya

44 ch – †73/133 € – ††73/133 € – ☑ 10 €

◆ Une façade pimpante, en lisière de la ville, sur la promenade menant aux Sanguinaires. Le hall est "impérial" ; sorte d'hommage à Napoléon. Chambres simples, plage à deux pas.

Amirauté *sans rest*

19 rte de Sartène, par ① – ℰ 04 95 55 10 00 – www.corsica-hotels.fr

72 ch – †49/175 € – ††59/175 € – ☑ 9,50 €

◆ Vaste immeuble moderne en sortie de ville, vers l'aéroport. Chambres fonctionnelles, avec un mobilier épuré en bois blond. Piscine et terrasse tournées vers la mer.

San Carlu Citadelle *sans rest*

8 bd Casanova – ℰ 04 95 21 13 84 – www.hotel-sancarlu.com

Zf

40 ch – †55/145 € – ††55/145 € – ☑ 10 €

◆ Au cœur du vieil Ajaccio et à deux pas de la plage St-François, cet hôtel abrite des chambres pratiques et bien tenues, la plupart avec vue sur la citadelle et la mer.

Kallisté sans rest   ⬚ 🛜 P VISA ⓸

51 cours Napoléon – ℰ 04 95 51 34 45 – www.hotel-kalliste-ajaccio.com
45 ch ☐ – †64/77 € ††80/95 €   **Zb**

♦ Cet édifice (19ᵉ s.) du cours Napoléon a conservé ses murs de brique et de granit et ses plafonds voûtés. Chambres spartiates, idéales pour une étape ou un court séjour.

Grand Café Napoléon   ⬄ VISA ⓸ AE

10 cours Napoléon – ℰ 04 95 21 42 54 – Fermé 23 déc.-3 janv., sam. soir, dim. et fériés   **Zd**
Rest – Menu 18 € (déj.), 30/45 € – Carte 53/71 €

♦ L'un des plus anciens cafés de l'île, avec son beau décor historique (carrelage à damiers, moulures). Cuisine fraîche et aromatique, salon de thé l'après-midi. Terrasse prisée.

L'Altru Versu   ⬅ AC P VISA ⓸

bd Nicéphore-Sephanopoli-de-Comnene, Les Sept Chapelles,
rte des Iles Sanguinaires – ℰ 04 95 50 05 22 – www.laltruversu.com
– Fermé janv., dim. soir et merc. hors saison
Rest – Menu 39 € – Carte 41/61 €

♦ De la lumineuse salle à manger à fleur d'eau, la vue sur le golfe est superbe. Parfums de clémentine et de myrte... La carte "terre et mer" donne une autre idée de la Corse.

Le 20123   🏠 AC

2 r. Roi de Rome – ℰ 04 95 21 50 05 – www.20123.fr – Fermé le midi et lundi
Rest – *(prévenir)* Menu 33 €   **Zv**

♦ De la cuisine de terroir (charcuterie, sanglier, ravioli au bruccio, crème de châtaigne) dans un décor de village corse reconstitué. Une bonne adresse ; mieux vaut réserver.

A Nepita   AC 🍴 VISA ⓸

4 r. San-Lazaro – ℰ 04 95 26 75 68 – Fermé août, 23-30 déc., lundi soir mardi soir merc soir, sam. midi et dim   **Yf**
Rest – *(15 €)* Menu 25 € (déj. en sem.)/32 €

♦ Dans ce petit établissement, un chef d'expérience concocte chaque jour un menu unique autour de deux plats au choix, au gré du marché et de ses envies. Fraîcheur et saveur !

L'Amuse Bouche   AC VISA ⓸

3 bd Pugliesi-Conti – ℰ 04 95 52 11 43 – Fermé juil., dim. soir et lundi
Rest – *(39 €)* Menu 48 € – Carte 39/49 €   **Ys**

♦ Amuse-bouches et produits bien sélectionnés (jambon corse, poisson frais) pour une cuisine aux parfums de la Méditerranée. Cadre intime et service prévenant.

Plaine de Cuttoli 15 km par ① par rte de Bastia, rte de Cuttoli (D 1) puis rte de Bastelicaccia – ✉ 20167 Mezzavia

U Licettu avec ch 🌿   ⬅ 🚗 🏠 🏊 P VISA ⓸

– ℰ 04 95 25 61 57 – www.u-licettu.com – Fermé 1ᵉʳ janv.-15 fév., dim. soir et lundi hors saison
5 ch ☐ – †75/85 € ††75/85 €   **Rest** – *(prévenir)* Menu 40 € bc

♦ Villa dominant le golfe et noyée sous les fleurs, accueil charmant, plats corses copieux et savoureux (charcuteries maison) : de bonnes raisons de ne pas prendre le maquis ! La maison propose des chambres récentes, gaies et spacieuses, donnant sur le jardin.

à Pisciatello 12 km par ① et N 196 – ✉ 20117 Cauro

Auberge du Prunelli   🏠 VISA ⓸

– ℰ 04 95 20 02 75 – Fermé mardi
Rest – Menu 20 € (déj.)/31 € bc – Carte 27/45 €

♦ À deux pas d'un petit pont sur le Prunelli, une auberge corse du 19ᵉ s. avec sa treille. Légumes du potager et incontournables (omelette au brocciu, cabri rôti, figatellu).

rte des îles Sanguinaires par ② – ✉ 20000 Ajaccio :

Dolce Vita ch, ch,
à 9 km – ✆ 04 95 52 42 42 – www.hotel-dolcevita.com – Ouvert de fin mars à début nov.
32 ch – †210/420 € ††290/560 € – ☕ 29 €
Rest *La Mer* – (31 €) Menu 45 € – Carte 48/80 €
◆ La vie est douce dans cet hôtel à fleur d'eau : beau jardin, piscine et plage privée. Chambres spacieuses et contemporaines, toutes avec vue sur la Méditerranée. Vaste salle et superbe terrasse face aux Sanguinaires pour déguster les produits de la mer.

Cala di Sole ch,
à 6 km – ✆ 04 95 52 01 36 – www.caladisole.fr – Ouvert avril-sept.
31 ch – †90/190 € ††130/250 € – ☕ 12 €
Rest – *(ouvert mai-sept.)* Carte 20/40 €
◆ Pour un séjour tonique les pieds dans l'eau : piscine, fitness, plongée, jet-ski et planche à voile. Chambres avec terrasse ou loggia donnant sur la mer. En saison, grillades et salades servies midi et soir à la paillotte de l'hôtel, située sur la plage.

Palm Beach avec ch ch,
à 5 km – ✆ 04 95 52 01 03 – www.palm-beach.fr
– Fermé 1er-27 déc., dim. soir et lundi
10 ch – †110/180 € ††120/250 € – ☕ 17 €
Rest – *(dîner seult)* Menu 36 € (sem.), 55/75 € – Carte 68/96 €
Spéc. L'ode à la mer en trois paliers. Veau corse abbattucci. Fiadone (nov. à juin).
Rest *Sari* – *(fermé lundi) (déj. seult)* Menu 26 € – Carte 34/40 €
◆ Le restaurant embrasse le golfe d'Ajaccio : la grande bleue vient caresser sa terrasse... Une situation idyllique pour savourer une cuisine gastronomique raffinée, mettant en valeur de très beaux produits. Snacking de luxe (tapas, salades) au Sari, sur la plage. Chambres contemporaines et épurées, face à la mer.

ALÉRIA – 2B Haute-Corse – **345** G7 – **2 002 h.** – **alt. 20 m** – ✉ **20270** **15** B2

Bastia 71 – Corte 50 – Porto Vecchio 72
Casa Luciani RN 198 ✆ 04 95 57 01 51
Fort de Matra ★ - Musée Jérôme-Carcopino collection de céramiques attiques ★★ - Ville antique★.

L'Atrachjata sans rest
– ✆ 04 95 57 03 93 – www.hotel-atrachjata.net
30 ch – †49/219 € ††49/219 € – 2 suites – ☕ 8 €
◆ Au cœur de la Costa Serena, accueillant hôtel familial situé en bordure de route. Grandes chambres actuelles avec de jolies salles de bains, à choisir de préférence sur l'arrière.

L'Empereur
lieu-dit Cateraggio , (N 198) – ✆ 04 95 57 02 13 – www.hotel-empereur.com
32 ch – †42/70 € ††49/100 € – ☕ 7 € – ½ P 60/70 €
Rest – Menu 15/25 € – Carte 27/39 €
◆ À 3 minutes de la plage, construction de style motel abritant des chambres spacieuses et fonctionnelles tournées pour la plupart vers la piscine (certaines avec mezzanine). Appétissantes recettes traditionnelles corses servies dans une lumineuse salle à manger.

ALGAJOLA – 2B Haute-Corse – **345** C4 – **268 h.** – **alt. 2 m** – ✉ **20220** **15** A1

Bastia 76 – Calvi 16 – L'Ile-Rousse 10
rue Droite ✆ 04 95 62 78 32
Citadelle★.

Stellamare sans rest
chemin Santa Lucia – ✆ 04 95 60 71 18 – www.stellamarehotel.com – Ouvert 15 avril-5 oct.
16 ch ☕ – †75/135 € ††85/145 €
◆ En retrait de la mer, nichée sur les hauteurs de la station, maison précédée d'un beau jardin. Chambres plaisantes, régulièrement rafraîchies ; terrasse de style marocain.

Serenada sans rest ⟨AC ⟨⟩ ⟨⟩ P VISA ⟨⟩
– ℰ 04 95 36 43 64 – www.hotel-serenada.com – Ouvert de mai à oct.
8 ch ⊑ – †88/219 € ††88/219 €
◆ Près de la plage, deux bâtiments neufs séparés par une petite route calme.
L'hôtel à la façade ocre-orangée propose des chambres contemporaines et bien
insonorisées.

AULLÈNE – 2A Corse-du-Sud – **345** D9 – 177 h. – alt. 825 m – ✉ 20116   **15** B3
▶ Ajaccio 73 – Bonifacio 84 – Corte 103 – Porto-Vecchio 59

San Larenzu sans rest ⟨⟩ ⟨⟩ ⟨⟩ ⟨⟩ P VISA ⟨⟩
Pasta di Grano – ℰ 04 95 78 63 12 – www.san-larenzu.spaces.live.com
5 ch ⊑ – †55 € ††60 €
◆ En route pour le GR 20 ? Laurent propose des chambres bien tenues et... vend
aussi sa charcuterie artisanale ! Bon petit-déjeuner (miel et confitures corses) face aux montagnes.

BASTELICA – 2A Corse-du-Sud – **345** D7 – 519 h. – alt. 800 m – ✉ 20119   **15** B2
▶ Ajaccio 43 – Corte 69 – Propriano 70 – Sartène 82
◎ Route panoramique★ du plateau d'Ese.
◪ A 400 m du col de Mercujo : belvédère ⩽★★ et SO : 13,5 km.

Chez Paul avec ch ⩽ ⟨⟩ VISA ⟨⟩ AE
– ℰ 04 95 28 71 59
13 ch (½ P seult) – ½ P 45 €   **Rest** – (12 €) Menu 17/26 €
◆ Découvrez le truculent Paul et sa cuisine corse (charcuterie maison, daube de
veau, cannelonis au brocciu). Sur la terrasse, vue plongeante sur le village et la
vallée du Prunelli. Appartements autour de l'auberge, pratiques pour les familles.

BASTIA P – 2B Haute-Corse – **345** F3 – 43 577 h. – ✉ 20200   **15** B1
▶ Ajaccio 148 – Bonifacio 171 – Calvi 92 – Corte 69
▲ de Bastia-Poretta ℰ 04 95 54 54 54, 20 km par ②.
🛈 place Saint-Nicolas ℰ 04 95 54 20 40
🏌 Golf Club Borgo Borgo Castellarese, S : 20 km par rte Aéroport,
ℰ 04 95 38 33 99
◎ Terra-Vecchia★ : le vieux port★★, oratoire de l'Immaculée Conception★
- Terra-Nova★ : Assomption de la Vierge★★ dans l'église Ste-Marie,
décor★★ rococo dans la chapelle Ste-Croix.
◪ Église Ste-Lucie ⩽★★ 6 km NO par D 31 X – ⁂★★★ de la Serra di Pigno
14 km par ③ - ⩽★★ du col de Teghime 10 km par ③.

Les Voyageurs sans rest AC ⟨⟩ P VISA ⟨⟩ AE
9 av. du Mar.-Sébastiani – ℰ 04 95 34 90 80 – www.hotel-lesvoyageurs.com
24 ch – †60/85 € ††85/115 € – ⊑ 10 €   **Xr**
◆ Situé proche de la gare, cet hôtel récemment rénové accueille les voyageurs
depuis un siècle. Chambres bien insonorisées, joliment décorées dans des tons
jaune et bleu.

Corsica Hôtels Bastia Centre sans rest ⟨⟩ ⟨⟩ AC ⟨⟩ ⟨⟩ ⟨⟩ P ⟨⟩
av. J. Zuccarelli , par ③ – ℰ 04 95 55 10 00   VISA ⟨⟩ AE ⟨⟩
– www.corsica-hotels.fr
71 ch – †64/159 € ††77/159 € – ⊑ 9 €
◆ Architecture contemporaine bénéficiant d'équipements modernes très appré-
ciables. Chambres en cours de rénovation, confortables et calmes. Petit salon et
snack-bar.

Posta Vecchia sans rest ⟨⟩ AC ⟨⟩ VISA ⟨⟩ AE
8 r. Posta Vecchia – ℰ 04 95 32 32 38 – www.hotel-postavecchia.com
50 ch – †45/95 € ††45/105 € – ⊑ 7 €   **Ys**
◆ Au cœur de Terra-Vecchia, la vieille ville bastiaise, immeuble rose aux volets
verts. Chambres un peu étroites mais bien entretenues ; elles sont plus grandes
à l'annexe.

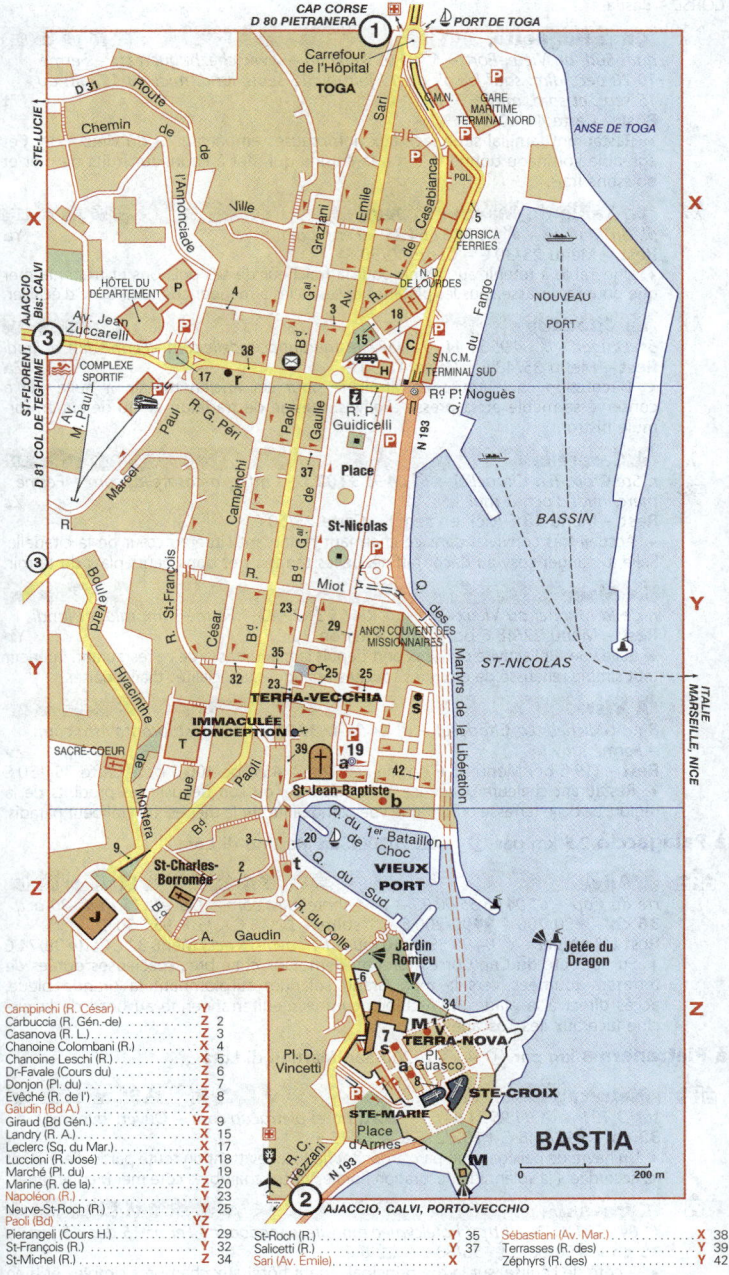

Campinchi (R. César) .... Y
Carbuccia (R. Gén.-de) .... Z   2
Casanova (R. L.) .... Z   3
Chanoine Colombani (R.) X   4
Chanoine Leschi (R.) X   5
Dr-Favale (Cours du) .... Z   6
Donjon (Pl. du) .... Z   7
Evêché (R. de l') .... Z   8
Gaudin (Bd A.) .... Y
Giraud (Bd Gén.) .... YZ 9
Landry (R. A.) X   15
Leclerc (Sq. du Mar.) X   17
Luccioni (R. José) .... Y   18
Marché (Pl. du) .... Y   19
Marine (R. de la) .... Y   20
Napoléon (R.) .... Y   23
Neuve-St-Roch (R.) .... Y   25
Paoli (Bd) .... YZ
Pierangeli (Cours H.) .... Y   29
St-François (R.) .... Z   32
St-Michel (R.) .... Z   34

St-Roch (R.) .... Y   35
Salicetti (R.) .... Y   37
Sari (Av. Émile) X

Sébastiani (Av. Mar.) X   38
Terrasses (R. des) .... Y   39
Zéphyrs (R. des) .... Y   42

XX **Chez Huguette** ← 🌿 AC VISA ⊙ AE

quai Sud, au Vieux-Port – ℰ 04 95 31 37 60 – www.chezhuguette.fr – Fermé 10-28 déc., dim. sauf le soir du 15 juin au 15 sept., lundi midi du 15 juin au 15 sept. et sam. midi   **Zt**

Rest – Carte 40/60 €

♦ Restaurant familial situé face aux nombreuses embarcations du vieux port. Cet agréable voisinage donne le ton à la cuisine qui met à l'honneur fruits de mer et poissons frais.

XX **La Table du Marché St Jean** 🌿 AC VISA ⊙ AE

pl. du Marché – ℰ 04 95 31 64 25 – Fermé dim.   **Ya**

Rest – Menu 25/30 € – Carte 40/50 €

♦ Une Table à retenir aussi bien pour la fraîcheur de ses poissons et fruits de mer que pour sa terrasse sous les platanes et ses salles à manger cosy. Joli banc d'écailler.

XX **La Citadelle** 🌿 AC ⅍ VISA ⊙ AE

6 r. Dragon – ℰ 04 95 31 44 70 – www.restaurantlacitadelle.com – Fermé dim. et lundi

Rest – Menu 35/48 € – Carte 42/50 €   **Za**

♦ Décoration chaleureuse et rafraîchie pour cet ancien moulin à huile qui a conservé sa meule et sa presse à olives. Cuisine de tradition et, au déjeuner, formule bistrot.

X **A Casarella** 🌿 AC VISA ⊙ AE

⊗ *r. Ste-Croix, (La Citadelle) – ℰ 04 95 32 02 32 – http://a-casarella .com – Fermé merc. midi d'oct. à mai*   **Zs**

Rest – Menu 18 € (déj. en sem.) – Carte 25/60 €

♦ Accueil très convivial dans ce charmant restaurant situé au cœur de la citadelle. Salle à manger cosy au décor raffiné, belles terrasses et bons petits plats du terroir.

X **Le Siam** ← 🌿 VISA ⊙

r. de la Marine, au Vieux-Port – ℰ 04 95 31 72 13 – Fermé sam. midi et lundi

Rest – Menu 22/48 € bc – Carte environ 30 €   **Yb**

♦ Belle vue sur l'activité du vieux port depuis la miniterrasse de ce restaurant. Intérieur tout simple rehaussé de discrètes touches asiatiques. Spécialités thaïlandaises.

X **A Vista** 🌿 AC VISA ⊙ AE

8 r. St-Michel, (La Citadelle) – ℰ 04 95 47 39 91 – www.restaurantavista.com – Fermé janv.   **Zv**

Rest – (19 € bc) Menu 35 € bc (déj. en sem.), 45 € bc/100 € bc – Carte 35/150 €

♦ Restaurant chaleureux agencé avec élégance, où l'on déguste les produits de la région. La belle terrasse offrant une vue plongeante sur la mer est un vrai petit paradis.

à Palagaccio 2,5 km par ① – ✉ 20200 San Martino di Lota

🏠🏠🏠 **L'Alivi** ⧄ ← 🚗 🌿 🏊 🕻 AC ⅍ 📶 🚵 P VISA ⊙ AE ⊙

rte du Cap – ℰ 04 95 55 00 00 – www.hotel-alivi.com – Ouvert 15 mars-30 oct.

36 ch – †80/200 € ††90/200 € – 1 suite – ⊇ 15 € – ½ P 95/150 €

Rest *L'Archipel* – ℰ 04 95 55 00 10 (ouvert 1er avril-15 oct.) Menu 32 € Carte 38/74 €

♦ Sur la route du Cap Corse, hôtel moderne aux chambres spacieuses dotées de terrasses tournées vers la mer. Grand solarium surplombant la grande bleue, accès direct à la plage. À l'Archipel, cuisine méditerranéenne au bord de la piscine face aux îles Toscanes.

à Pietranera 3 km par ① – ✉ 20200 San Martino di Lota

🏠🏠🏠 **Pietracap** sans rest ⧄ ← ♨ 🏊 AC 📶 🚵 P VISA ⊙ AE ⊙

sur D 131 – ℰ 04 95 31 64 63 – www.hotel-pietracap.com – Ouvert avril-nov.

39 ch – †92/145 € ††92/215 € – ⊇ 15 €

♦ Un havre de paix dans un parc arboré et fleuri, une attention toute particulière étant ici accordée à la splendide décoration florale. Vastes chambres côté mer Méditerranée.

🏠 **Cyrnea** sans rest ← 🚗 AC ⅍ 📶 🚵 P 🚲 VISA ⊙

ℰ 04 95 31 41 71 – http://hotelcyrnea.monsite.wanadoo.fr – Fermé 15 déc.-15 janv.

19 ch – †50/80 € ††56/88 € – ⊇ 6 €

♦ À côté de l'église, sur la rue principale, petit hôtel aux chambres simples et bien tenues, à choisir sur mer. Le jardin, en terrasses, mène directement à la plage.

à Miomo 5,5 km par ① – ✉ 20200 Santa Maria di Lota

🏠 **Torremare** 🛏 🍴 ᕦ ch. 🅰🅲 ch. 🅿 💳 ⓿ ⓘ
2 rte Bord de Mer – ☏ 04 95 33 47 20 – www.hotel-torremare-corse.com – Ouvert début mai à fin sept.
7 ch – †70/100 € ††80/155 € – ⏢ 10 € **Rest** – (20 €) Carte 26/46 €
♦ Idéalement situé sur la plage, ce petit hôtel offre une belle vue sur la Méditerranée et sur une pittoresque tour génoise. Chambres fraîches et lumineuses, au décor épuré. Salle à manger immaculée, terrasse panoramique face à la mer et cuisine du terroir.

à San-Martino-di-Lota 13 km par ① et D 131 – 2 702 h. – alt. 350 m – ✉ 20200

🏠🏠 **La Corniche** ≤ 🛏 🍴 🍽 ⌖ ch. 🍴 ᕯ 🅿 💳 ⓿ 🅰🅴
😊 *hameau de Castagneto – ☏ 04 95 31 40 98 – www.hotel-lacorniche.com – Fermé janv.*
20 ch – †54/105 € ††65/130 € – ½ P 61/93 €
Rest – *(fermé dim. soir de nov. à avril, lundi et mardi)* Menu 30 € – Carte 42/59 €
♦ Perchée sur les hauteurs du village, à flanc de colline, cette maison jouit d'une vue incomparable sur la vallée et sur la mer. Spacieuses chambres colorées, insonorisées. Cuisine traditionnelle, généreuse et authentique, servie dans un cadre chaleureux ou à l'ombre des platanes.

🏠 **Château Cagninacci** sans rest 🌸 ≤ 🛏 🍽 🍴 🅿
Hameau de Mola – ☏ 06 78 29 03 94 – www.chateaucagninacci.com – Ouvert 15 mai-1er oct.
4 ch ⏢ – †99/119 € ††103/123 €
♦ Au grand calme, couvent du 17ᵉs. restructuré en château et empli d'authenticité. Superbes chambres meublées à l'ancienne, donnant – comme la terrasse – sur la mer et l'île d'Elbe.

rte d'Ajaccio 4 km par ② – ✉ 20600 Bastia :

🏠🏠 **Ostella** 🛏 🍴 🖥 ◉ 🛁 🕴 ᕦ ch. 🅰🅲 🍴 ᕯ 🅿 💳 ⓿
😊 *av. Sampiero Corso – ☏ 04 95 30 97 70 – www.hotel-ostella.com*
52 ch – †69/130 € ††98/150 € – 2 suites – ⏢ 12 €
Rest – *(fermé sam. et dim.)* Menu 19/25 € – Carte 29/54 € 🍴
♦ Hôtel aux chambres fonctionnelles peu à peu rénovées dans un style contemporain ; certaines possèdent un petit balcon côté mer. Jardin original avec cascade. Beau fitness. Salle à manger agrémentée de colonnes en marbre, terrasse et cuisine traditionnelle.

rte de l'aéroport de Bastia-Poretta 18 km par ②, N 193 et D 507 ✉ 20290 Lucciana

🏠🏠 **Poretta** sans rest 🛏 🖥 ᕦ 🅰🅲 🍽 ᕯ 🅿 🚗 💳 ⓿ 🅰🅴
rte de l'aéroport – ☏ 04 95 36 09 54 – www.hotel-poretta.com
45 ch – †65/75 € ††70/86 € – ⏢ 8 €
♦ En retrait de la route, construction moderne dissimulée par d'imposants palmiers. Chambres aux tailles diverses, fraîches et fonctionnelles. Duplex pour les familles.

BOCOGNANO – 2A Corse-du-Sud – **345** D7 – 451 h. – alt. 600 m **15** B2
– ✉ 20136

▶ Ajaccio 39 – Bonifacio 155 – Corte 43
◉ Cascade du Voile de la Mariée ★ 3,5 km au Sud.

🏠 **Beau Séjour** 🌸 ≤ 🛏 🍴 🍴 🅿 💳 ⓿
😊 – ☏ 04 95 27 40 26 – www.hotelbocognano.com – Ouvert 15 avril-7 oct.
18 ch ⏢ – †51 € ††61 € – ½ P 53 € **Rest** – Menu 17/23 € – Carte 20/40 €
♦ Au milieu des châtaigniers, bâtisse de 1890 appréciée des randonneurs et des amoureux de la nature. Les chambres ont un cachet rustique, surtout au 1er étage, avec leur mobilier régional. À la carte : soupe corse, civet de sanglier et gâteau à la châtaigne.

BONIFACIO – 2A Corse-du-Sud – **345** D11 – 2 831 h. – alt. 55 m – ✉ 20169   **15** B3

▶ Ajaccio 132 – Corte 150 – Sartène 50

✈ Figari-Sud-Corse : 𝒞 04 95 71 10 10, 21 km au N.

🛈 2, rue Fred Scamaroni 𝒞 04 95 73 11 88

⛳ de Sperone Domaine de Sperone, E : 6 km, 𝒞 04 95 73 17 13

👁 Site★★★ - Ville haute★★ : Place du marché ≼★★ - Trésor★ des églises de Bonifacio (Palazzu Publicu) - Eglise St-Dominique★ - Esplanade St-Francois ≼★★ - Cimetière marin★.

◉ Grottes marines et la côte★★.

🏨 Genovese sans rest ⊗   ≼ ☌ 🗚 ⅍ ⅏ ⚒ 🅿 VISA ⦿ AE

Haute Ville – 𝒞 04 95 73 12 34 – www.hotelgenovese.com – Fermé 14 nov.-15 janv.
15 ch – †145/350 € ††145/350 € – 3 suites – ☲ 20 €

♦ Dans les remparts du fort, un établissement au minimalisme chic et moderne, propice à la détente. Belles chambres réparties autour de la cour, orientées côté citadelle ou port.

🏨 Santa Teresa sans rest ⊗   ≼ ⊞ 🗚 ⅍ 🅿 VISA ⦿ AE

quartier St-François , (ville haute) – 𝒞 04 95 73 11 32
– www.hotel-santateresa.com – Ouvert 10 avril-12 oct.
44 ch – †105/280 € ††105/280 € – ☲ 15 €

♦ Hôtel imposant surplombant les falaises. Chambres contemporaines très soignées ; certaines offrent une vue plongeante sur la grande bleue, avec la Sardaigne au loin !

🏨 A Trama ⊗   ⇌ 🍴 ☌ 🗚 ch, ⅍ rest, 🅿 VISA ⦿

2 km à l'Est par rte Santa Manza – 𝒞 04 95 73 17 17 – www.a-trama.com
– Fermé 5 janv.-2 fév.
31 ch – †93/195 € ††93/195 € – ☲ 15 € – ½ P 140/242 €
Rest – (ouvert 1er avril-31 oct.) (dîner seult) Menu 36 € – Carte 37/47 €

♦ Les chambres sont disséminées dans cinq bungalows, au cœur d'un beau jardin planté d'oliviers et de palmiers. Décor soigné (mosaïques) et terrasses privées. Courte carte et cuisine méditerranéenne servies sous une véranda face à la piscine.

🏨 A Madonetta sans rest   ⊕ 🍴 ⅊ ☌ 🗚 ⅍ ⅏ 🅿 ⇌ VISA ⦿ AE

r. Paul-Nicolaï – 𝒞 04 95 10 36 39 – www.amadonetta.com
24 ch – †70/195 € ††70/195 € – 4 suites – ☲ 12 €

♦ Un hôtel flambant neuf proche de la marina et assez calme. Chambres claires et élégantes, certaines avec mezzanine. Agréable spa (bain à remous, hammam, solarium).

🏨 A Cheda   ⇌ 🍴 ☌ 🗚 ch, ⅏ 🅿 VISA ⦿ ①

rte de Porto-Vecchio, 2 km au Nord-Est par N 198 – 𝒞 04 95 73 03 82
– www.acheda-hotel.com
11 ch – †119/459 € ††119/459 € – 5 suites – ☲ 25 €
Rest – (fermé 2 janv.-11 fév., le midi et mardi d' oct. à mai) Menu 65/85 €
– Carte 67/72 €

♦ Pour se couper du monde : un jardin planté d'essences du Sud et des chambres délicieuses (terrasse privative, sauna) dans des maisonnettes. Bois, pierre, mosaïque... Restaurant intimiste et terrasse face à la piscine ; recettes actuelles à base de produits corses.

✗✗ Le Voilier   🍴 VISA ⦿ AE

quai Comparetti – 𝒞 04 95 73 07 06 – Fermé 14 janv.-14 fév., dim. soir et merc. hors saison
Rest – (25 €) Menu 29 € – Carte 50/80 €

♦ Voguez sans crainte vers cette étape gourmande ! Décor élégant et terrasse sur la marina, cuisine iodée d'une grande fraîcheur, embellie de légumes et d'herbes aromatiques.

✗ Stella d'Oro   🗚 VISA ⦿ AE ①

7 r. Doria , (ville haute) – 𝒞 04 95 73 03 63 – Ouvert début avril-fin sept.
Rest – Menu 27 € – Carte 40/75 €

♦ Une maison ancienne (poutres, pressoir à olives et meule en pierre) dans la vieille ville. Cuisine savoureuse faisant la part belle à la pêche locale et aux langoustes.

X **Domaine de Licetto** avec ch �♿ ⟨ 🍽 📶 🅿️
rte Pertusato – ℰ 04 95 73 19 48 – www.licetto.com – Ouvert 1er avril-30 oct. et fermé dim. et le midi
19 ch – †50/80 € ††50/100 € – ☕ 9 €
Rest – *(nombre de couverts limité, prévenir)* Menu 36 € bc/110 € bc
◆ Sur une route isolée, une adresse sympathique, où l'on sert une cuisine familiale préparée avec les légumes et les herbes du potager. Chambres spacieuses, au calme, certaines avec une vue superbe sur la ville haute et les falaises. Réservez à l'avance.

à Gurgazu 6 km au Nord-Est par rte de Santa-Manza – ✉ 20169 Bonifacio

🏠 **Du Golfe** ⚿ ⟨ 🍽 🆔 ch, 📶 🅿️ VISA ⓒⓑ
Golfe Sant' Amanza – ℰ 04 95 73 05 91 – www.hoteldugolfe-bonifacio.com – Ouvert de début avril à mi-nov.
12 ch – †50/90 € ††60/130 € – ☕ 8,50 € – ½ P 55/90 €
Rest – menu 20/30 € – Carte 27/44 €
◆ Cette affaire familiale nichée dans un site sauvage du golfe de Santa Manza, à 50 m de la mer, séduit les amateurs de quiétude et de simplicité. Salle de restaurant conviviale et terrasse face à la côte. Appétissante cuisine, régionale et sans prétention.

au Nord-Est 10 km par rte de Porto-Vecchio (N 198) et rte secondaire – ✉ 20169 **Bonifacio :**

🏨 **U Capu Biancu** ⚿ ⟨ 🏊 🆑 ♿ ch, 🆔 ⚿ rest, 📶 🅿️
Domaine de Pozzoniello – ℰ 04 95 73 05 58 VISA ⓒⓑ ⒶⒺ ①
– www.ucapubiancu.com – Ouvert 29 avril-4 nov. et 26 déc.-2 janv.
33 ch – †220/305 € ††245/330 € – 9 suites
Rest – Menu 65 € (dîner)/165 € bc – Carte 90/120 €
◆ Dans un splendide golfe méditerranéen, au-dessus des eaux turquoises du golfe de Santa Manza… Suites luxueuses et chambres côté mer ou côté maquis. Piscine à débordement. Le chef travaille les produits nobles et du terroir corse. Superbe restaurant de plage.

à la plage de Calalonga 6 km à l'Est par D 258 et rte secondaire – ✉ 20169 **Bonifacio**

🏨 **Marina di Cavu** ⚿ ⟨ 🏊 🆔 ch, 🅿️ VISA ⓒⓑ ①
– ℰ 04 95 73 14 13 – www.marinadicavu-hotel.com
7 ch (½ P seult) – 2 suites – ½ P 68/111 €
Rest – *(ouvert avril-oct. et fermé le midi sauf de mi-juin à mi-sept.)* *(nombre de couverts limité, prévenir)* Menu 48 € (dîner)/89 € – Carte 75/110 €
◆ Une impression de bout du monde, face aux îles Lavezzi et Cavallo. Le granit s'invite même dans la décoration des vastes chambres (mosaïques et mobilier d'Afrique du Nord). Restaurant panoramique : un régal pour les amateurs de produits nobles et d'épices.

CALACUCCIA – 2B Haute-Corse – **345** D5 – 335 h. – alt. 830 m **15** A2
– ✉ 20224

▶ Bastia 78 – Calvi 97 – Corte 35 – Piana 68
ℹ avenue Valdoniello ℰ 04 95 47 12 62
◉ Lac de Calacuccia★ - Tour du lac de barrage ⟨ ★★ - Défilé de la Scala di Santa Regina★★ NE : 5 km.

🏠 **Acqua Viva** sans rest ⚿ 📶 🅿️ VISA ⓒⓑ
– ℰ 04 95 48 06 90 – www.acquaviva-fr.com
14 ch – †62/75 € ††65/79 € – ☕ 9 €
◆ Au débouché de la Scala di Santa Regina taillée, dit-on, par la Vierge en personne, petit hôtel familial disposant de chambres actuelles d'une tenue irréprochable.

🏠 **Auberge Casa Balduina** sans rest ⚿ ⚿ 📶 🅿️ VISA ⓒⓑ
lieu-dit Le Couvent – ℰ 04 95 48 08 57 – www.casabalduina.com – Ouvert de Pâques à oct.
7 ch – †62/75 € ††62/79 € – ☕ 9 €
◆ Cette avenante maison nichée dans un jardin abrite de coquettes petites chambres bien rénovées. Les petits-déjeuners sont servis sous une jolie pergola.

CALVI ⊗ – 2B Haute-Corse – **345** B4 – 5 477 h. – ✉ 20260   **15** A1

▶ Bastia 92 – Corte 88 – L'Ile-Rousse 25 – Porto 73

✈ de Calvi-Ste-Catherine : ℰ 04 95 65 88 88, par ①.

⚓ Port de Plaisance ℰ 04 95 65 16 67

◯ Citadelle★★ : fortifications★ - La Marine★.

◯ Intérieur★ de l'église St-Jean-Baptiste - La Balagne★★★.. La Balagne★★★.

La Villa ⊗   ch, ⍟ 🏊 🖥 ♿ ⍟ ♣ 🅿 VISA ☺ AE ①
chemin de Notre-Dame-de-la-Serra, 1 km par ① – ℰ 04 95 65 10 10
– www.hotel-lavilla.com – Ouvert 19 fév.-3 janv.
34 ch – †200/600 € ††200/600 € – 15 suites – ☑ 35 € – ½ P 190/390 €
Rest *La Table de Bastien* – *(fermé lundi et mardi)* Menu 70 € (dîner),
110/195 € – Carte 90/118 €🏵
Spéc. Fritos de langoustines de nos côtes (mars à sept.). Quasi de veau corse cuit
au sautoir. Déclinaison d'agrumes de l'Île de Beauté. **Vins** Patrimonio, Corse-Figari.
♦ La vieille ville et toute la baie semblent se prosterner devant cette Villa juchée
sur les hauteurs ! Un palace au luxe discret, digne d'un couvent comme d'une
villa romaine. La Table de Bastien cultive aussi les beautés de l'île : le meilleur
du terroir corse et de la pêche locale... avec vue sur la mer.

Regina sans rest   🍴 🏊 🖥 ♿ AC ⍟ ⍟ ♣ 🅿 🚗 VISA ☺ AE
av. Santa Maria , par ① – ℰ 04 95 65 24 23 – www.reginahotelcalvi.com
44 ch – †65/320 € ††65/320 € – ☑ 12 €
♦ Cet hôtel récent jouit d'une situation dominante, offrant ainsi une vue sur le
port et le golfe de Calvi. Grandes chambres modernes tournées vers la mer ou la
jolie piscine.

Balanea sans rest   🖥 AC VISA ☺ AE
6 r. Clemenceau – ℰ 04 95 65 94 94 – www.hotel-balanea.com – Ouvert
1er avril-31 oct.   **n**
37 ch – †100/260 € ††100/260 € – 1 suite – ☑ 12 €
♦ Accès par une rue piétonne. Les chambres cultivent l'originalité : couleurs
vives, mobilier néo-rustique ou design ; certaines offrent un beau panorama sur le port.

Mariana sans rest   🍴 🏊 🖥 🖥 ♿ AC ⍟ ♣ 🅿 🚗 VISA ☺ AE ①
av. Santa Maria, par ① – ℰ 04 95 65 31 38 – www.hotel-mariana.com
55 ch – †60/190 € ††70/190 € – 5 suites – ☑ 12 €
♦ Hôtel moderne surplombant le golfe de Calvi. Loggia privée tournée côté mer
pour la plupart des chambres. Extension neuve avec suites et piscine-solarium sur
le toit-terrasse.

Hostellerie de l'Abbaye sans rest   🍴 🖥 AC ⍟ ⍟ 🅿 VISA ☺ AE ①
rte de Santore – ℰ 04 95 65 04 27 – www.hostellerie-abbaye.com – Ouvert
1er avril-31 oct.   **a**
43 ch – †85/280 € ††85/282 € – ☑ 14 €
♦ La façade de cet hôtel, bâti dans les murs d'une abbaye franciscaine (16e s.), est couverte de fleurs et verdure, tout comme la terrasse arborée et le beau jardin. Chambres
cosy.

L'Onda sans rest   🖥 ♿ AC ⍟ 🅿 VISA ☺ AE ①
av. Christophe-Colomb, 1 km par ① – ℰ 04 95 65 35 00 – www.hotel-londa.com
– Ouvert 30 avril-1er nov.
24 ch – †55/140 € ††68/140 € – ☑ 8 €
♦ À proximité de la plage et de la pinède, un petit immeuble des années 1980, engageant avec sa façade jaune vif. Chambres simples et pratiques, toutes avec balcon.

Emile's   🍴 🏡 AC VISA ☺ AE
quai Landry – ℰ 04 95 65 09 60 – www.restaurant-emiles.com
– Fermé 15 oct.-10 déc.   **k**
Rest – Menu 50/120 € – Carte 85/125 €🏵
Spéc. Foie gras de canard mariné au citron cédrat. Saint-pierre façon rossini. Gros
macaron aux fraises des bois. **Vins** Patrimonio, Ajaccio.
♦ Sur un quai planté de palmiers, maison typique dont le restaurant, à l'étage,
domine le port et la citadelle. Cuisine joliment travaillée, célébrant les produits
du terroir méditerranéen.

Alsace-Lorraine (R.)	2	Crudelli (Pl.)	7	Montée des Écoles	
Anges (R. des)	3	Dr-Marchal		(Chemin de)	12
Armes (Pl. d')	4	(Pl. du)	8	Napoléon (Av.)	15
Clemenceau (R. G.)		Fil (R. du)	9	République (Av. de la)	16
Colombo (R.)	6	Joffre (R.)	10	Wilson (Bd)	

En saison: circulation modifiée

✕ **Calellu** ⬩ 🛏 VISA 🅖🅞 AE

quai Landry – ✆ 04 95 65 22 18 – Ouvert 1ᵉʳ avril-31 oct. et fermé lundi hors saison   **d**

Rest – Menu 25 € – Carte 50/65 €

◆ Éffiloché d'aile de raie ; filet de saint-pierre sauce araignée… Une cuisine de la mer soignée et savoureuse – le chef privilégie les produits locaux – face au port de plaisance.

✕ **E.A.T.** 🛏 AC VISA 🅖🅞 AE

r. Clemenceau, Montée du Port – ✆ 04 95 38 21 87 – Fermé 15-25 oct., lundi, mardi et merc. de nov. à mars   **b**

Rest – (15 €) Menu 32 € – Carte 45/70 €

◆ Épicurien Avant Tout ! Un restaurant d'ambiance lounge au concept original : à vous de choisir les plats en taille L ou XL. Terrasse au pied de la citadelle.

✕ **Aux Bons Amis** 🛏 AC VISA 🅖🅞 AE

r. Clemenceau – ✆ 04 95 65 05 01

– Ouvert 1ᵉʳ mars-15 oct. et fermé merc. hors saison, sam. midi en saison et merc. midi   **z**

Rest – Menu 21/32 € – Carte 40/75 €

◆ Dans une rue piétonne, sympathique petit restaurant décoré sur le thème de la pêche (filets, bibelots) ; vivier à langoustes et homards. Spécialités de produits de la mer.

au Sud-Ouest 5 km par ① rte de l'aéroport et chemin privé - ⊠ 20260 Calvi

 La Signoria ⊗ ⇐ ⚘ 🛋 🏊 😊 � 🔆 ch, 🄰 ⚙ 📶 **P** 𝚅𝙸𝚂𝙰 ⚬⚬ 𝙰𝙴 ⓪
rte de la forêt de Bonifato – 𝒞 04 95 65 93 00 – www.hotel-la-signoria.com
– Ouvert début avril à début janv.
17 ch – †200/670 € ††200/670 € – 10 suites – � 30 €
Rest – (35 €) Menu 58/95 € – Carte 80/95 €⚱
♦ Cette demeure du 18e s. nichée dans une pinède incarne à elle seule la Méditerranée : murs aux tons ocre ou bleu, mobilier corse d'époque, jardin paysagé et... senteurs infinies ! Belle cuisine au goût du jour, servie dans la salle à manger-véranda ou en terrasse.

CARGÈSE – 2A Corse-du-Sud – **345** A7 – 1 117 h. – alt. 75 m – ⊠ 20130   **15** A2
▶ Ajaccio 51 – Calvi 106 – Corte 119 – Piana 21
🛈 rue du Dr Dragacci 𝒞 04 95 26 41 31
◎ Église grecque ★ - Site★★ depuis le belvédère de la pointe Molendino E : 3 km.

🏠 **Thalassa** ⊗ ⇐ 🚃 😊 ch, **P**
plage du Pero, 1,5 km au Nord – 𝒞 04 95 26 40 08 – www.thalassalura.com
– Ouvert mai-sept.
25 ch � – †85/95 € ††110/120 € – ½ P 80/85 €
Rest – *(dîner seult) (résidents seult)*
♦ Sympathique ambiance de pension de famille dans cet hôtel donnant directement sur une plage magnifique. Chambres fonctionnelles côté mer, avec un balcon ou un jardinet ; parfait pour un séjour balnéaire. Cuisine traditionnelle corse.

CASAMOZZA – 2B Haute-Corse – **345** F4 – ⊠ 20290 Lucciana   **15** B1
▶ Bastia 20 – Corte 49 – Vescovato 6

🏨 **Chez Walter** 🚃 🛋 🏊 😊 ✕ 😊 ch, 🄰 ch, ⚙ ch, 📶 🆚 **P** 𝚅𝙸𝚂𝙰 ⚬⚬ 𝙰𝙴 ⓪
N 193 – 𝒞 04 95 36 00 09 – www.hotel-chez-walter.com
64 ch – †75 € ††90/95 € – 2 suites – � 8 € – ½ P 72/77 €
Rest – *(fermé 19 déc.-10 janv. et dim. sauf le soir en août)* Menu 22 €
– Carte 40/55 €
♦ Proche de l'aéroport de Bastia-Poretta, un complexe hôtelier moderne au cœur d'un jardin méditerranéen. Chambres bien équipées, de taille et de confort variables. Vaste salle à manger au décor néo-rustique ; cuisine traditionnelle, buffets et pizzas.

CERVIONE – 2B Haute-Corse – **345** F6 – 1 605 h. – alt. 350 m – ⊠ 20221   **15** B2
▶ Ajaccio 140 – Bastia 52 – Biguglia 45 – Corte 78

à Prunete 5,5 km à l'Est par D 71 - ⊠ 20221

↑ **Casa Corsa** sans rest 🚃 ⚙ 📶 **P**
Acqua Nera – 𝒞 04 95 38 01 40 – www.casa-corsa.net
5 ch � – †54/59 € ††60/66 €
♦ Vous ne serez pas déçus par le confort et l'accueil vraiment convivial de cette maison d'hôtes. Les chambres, douillettes, possèdent de grandes salles de bains. Beau jardin.

COL DE BAVELLA – 2A Corse-du-Sud – **345** E9 – alt. 1 218 m – ⊠ 20124   **15** B3
Zonza
▶ Ajaccio 102 – Bonifacio 76 – Porto-Vecchio 49 – Propriano 49
◎ Col et aiguilles de de Bavella★★★ - Forêt de Bavella★★.

✕ **Auberge du Col de Bavella** 🚃 ⚙ **P** 𝚅𝙸𝚂𝙰 ⚬⚬
– 𝒞 04 95 72 09 87 – www.auberge-bavella.com – Ouvert avril-oct.
Rest – Menu 22 € – Carte 20/40 €
♦ Gîte d'étape de style rustique sur le GR 20 au milieu des pins, à proximité des aiguilles de Bavella. Les spécialités : ragoût de haricots à la pancetta, courgette au brocciu.

CORTE ⏱ – 2B Haute-Corse – **345** D6 – 6 735 h. – alt. 396 m – ✉ 20250   **15** B2
🟩 Corse

▶ Bastia 69 – Bonifacio 150 – Calvi 88 – L'Ile-Rousse 63

🇮 la Citadelle de Corté ☎ 04 95 46 26 70

◉ Ville haute★ : chapelle Ste-Croix★, citadelle★ ≤★, Belvédère ☀★
- Musée de la Corse★★.

◈ ☀★★ du Monte Cecu N : 7 km - SO : gorges de la Restonica★★.

✂ **Le 24**   � 🅰️🅲 ☆ 𝗩𝗜𝗦𝗔 ⊙ 🅰️🅴
24 cours Paoli – ☎ 04 95 46 02 90 – Fermé 15 fév.-2 mars et dim. hors saison
Rest – (16 €) Menu 23 € – Carte 29/49 €
◆ Une petite adresse sympathique dans un cadre sagement contemporain. Belles propositions à l'ardoise, mêlant traditionnel, terroir corse et cuisine du monde. Jolis vins locaux.

dans les Gorges de La Restonica Sud-Ouest sur D 623 – ✉ 20250 Corte

🏨 **Dominique Colonna** sans rest ॐ   🚗 🏊 🅰️🅲 📶 🅿️ 𝗩𝗜𝗦𝗔 ⊙
à 2 km – ☎ 04 95 45 25 65 – www.dominique-colonna.com
– Ouvert 4 avril-13 nov.
28 ch – ♦70/255 € ♦♦70/255 € – 1 suite – ☲ 12 €
◆ À l'entrée des gorges et parmi les "pins de Corte", bâtiments modernes tapissés de vigne vierge abritant des chambres confortables. Agréable piscine chauffée.

COTI-CHIAVARI – 2A Corse-du-Sud – **345** B9 – 677 h. – alt. 625 m   **15** A3
– ✉ 20138

▶ Ajaccio 42 – Propriano 38 – Sartène 50

🏠 **Le Belvédère** ॐ   ≤ 🚗 🏠 & 🅿️
– ☎ 04 95 27 10 32 – www.lebelvederedecoti.com – Ouvert de mars à mi-nov.
13 ch (½ P seult) – ½ P 52/60 €
Rest – (fermé le midi sauf dim. de mars à mai) (prévenir) Menu 27 € (dîner)/30 €
◆ Véritable nid d'aigle dans le maquis, l'hôtel offre une vue époustouflante sur le golfe d'Ajaccio. Chambres spacieuses et fonctionnelles. Réservez à l'avance ! Cuisine authentique de la propriétaire : daube de veau, travers de porc au miel et poule au pot.

ECCICA-SUARELLA – 2A Corse-du-Sud – **345** C8 – 834 h. – alt. 300 m   **15** A3
– ✉ 20117

▶ Ajaccio 19 – Corte 87 – Ghisonaccia 129 – Propriano 52

🏠 **Carpe Diem Palazzu** ॐ   ≤ 🚗 🏠 🏊 🅰️🅲 ch, ☆ ch, 📶 🅿️ 𝗩𝗜𝗦𝗔 ⊙
– ☎ 04 95 10 96 10 – www.carpediem-palazzu.com – Fermé 22 déc.-10 janv.
6 ch – ♦250/430 € ♦♦250/430 € – ☲ 21 €   **Table d'hôte** – Menu 41/85 €
◆ Pierre brute et bois omniprésents, mobilier chiné ou de style ; les suites de cette maison de maître du 18e s. sont décorées avec goût. Délicieux jardin, petite piscine et hammam. Menu unique proposant le meilleur du terroir corse, avec un pointe de créativité.

ERBALUNGA – 2B Haute-Corse – **345** F3 – ✉ 20222   **15** B1

▶ Bastia 11 – Rogliano 30

◉ Chapelle N.-D. des Neiges ★ 3 km à l'Ouest.

🏨 **Castel'Brando** sans rest   🚗 🏊 🛗 & 🅰️🅲 📶 🅿️ 𝗩𝗜𝗦𝗔 ⊙
Rte du Cap – ☎ 04 95 30 10 30 – www.castelbrando.com – Ouvert mars-oct.
39 ch – ♦109/159 € ♦♦109/159 € – 6 suites – ☲ 13 €
◆ Maison de maître édifiée par un médecin des armées napoléoniennes. Chambres personnalisées, certaines logées dans des villas de style plus actuel. Beau jardin avec piscines.

XX **Le Pirate**   ≤ 🏡 AIC VISA ⚫ AE
🌸 *au port –* 📞 *04 95 33 24 20 – www.restaurantlepirate.com – Fermé janv.-fév.,*
lundi et mardi sauf du 2 juin au 3 oct.
Rest – Menu 35 € (déj.), 68/90 € – Carte 74/100 €
Spéc. Tortellinis de langoustines, crème de crustacés et infusion de noisette.
Agneau "bio" corse, jus infusé à la nepita. Orange corse pochée, parfait de son
écorce, coque en chocolat flambée au Grand Marnier. **Vins** Patrimonio.
♦ Agréable terrasse face au petit port, salle à manger-véranda côté mer et goûteuse cuisine, délicate et précise, font le charme de cette vieille maison en pierre.

ERSA – 2B Haute-Corse – **345** F2 – ✉ 20275   **15** B1
▶ Ajaccio 195 – Bastia 48

🏠 **Le Saint-Jean** *sans rest*   ≤ & AIC ℀ 🛜 ⚔ P VISA ⚫ AE
Botticella – 📞 *04 95 47 71 71 – www.lesaintjean.net – Ouvert mars-oct.*
9 ch – ♦60/100 € ♦♦65/125 € – ⚌ 8 €
♦ Située au bout du cap Corse, ancienne maison de maître entièrement rénovée
avec goût. Chambres personnalisées sur le thème du voyage, belle terrasse face à
l'île de la Giraglia.

ÉVISA – 2A Corse-du-Sud – **345** B6 – 185 h. – alt. 850 m – ✉ 20126   **15** A2
▶ Ajaccio 71 – Calvi 96 – Corte 70 – Piana 33
◉ Forêt d'Aïtone★★ • Cascades d'Aïtone★ NE : 3 km puis 30 mn.
◉ Col de Vergio ≤★★ NE : 10 km.

🏠 **Scopa Rossa**   🏡 ⌇ ℀ rest, P P VISA ⚫
– 📞 *04 95 26 20 22 – www.hotelscoparossa.com – Ouvert 16 mars-29 nov.*
28 ch – ♦49/63 € ♦♦52/85 € – ⚌ 8 € – ½ P 53/68 €
Rest – Menu 22/30 € – Carte 30/40 €
♦ Idéal pour un séjour en famille à l'orée de la forêt d'Aïtone. Chambres simples
et bien tenues, plus récentes à l'annexe. Salle à manger rustique pour une cuisine
vouée à la châtaigne : tourte, filet de porc, fondant... à la châtaigne.

FAVONE – 2A Corse-du-Sud – **345** F9 – ✉ 20135 Conca   **15** B3
▶ Ajaccio 128 – Bonifacio 58

🏠 **U Dragulinu** *sans rest* 🍃   ≤ ⌇ 🛜 P VISA ⚫ AE
– 📞 *04 95 73 20 30 – www.hoteludragulinu.com – Ouvert 11 avril-30 oct.*
34 ch ⚌ – ♦85/220 € ♦♦95/230 €
♦ Cet hôtel tenu par deux sœurs jouit d'un emplacement idyllique, idéal pour un
séjour balnéaire. Chambres fonctionnelles, dans le parc ou directement sur la plage...

FELICETO – 2B Haute-Corse – **345** C4 – 203 h. – alt. 350 m – ✉ 20225   **15** A1
▶ Bastia 76 – Calvi 26 – Corte 72 – L'Ile-Rousse 15

🏠 **Mare e Monti** *sans rest* 🍃   ≤ ⌇ ⌇ AIC ℀ ⚔ P VISA ⚫
– 📞 *04 95 63 02 00 – www.hotel-maremonti.com – Ouvert 1er avril-31 oct.*
18 ch – ♦77/137 € ♦♦77/137 € – ⚌ 12 €
♦ Fortune faite dans la canne à sucre, les ancêtres de la famille revinrent de
Porto Rico et édifièrent au 19e s. ce "Palais américain" entre mer et montagne.

GALÉRIA – 2B Haute-Corse – **345** A5 – 332 h. – alt. 30 m – ✉ 20245   **15** A2
▶ Bastia 118 – Calvi 34 – Porto 48
🅸 Carrefour 📞 04 95 62 02 27
◉ Golfe de Galéria★.

à Ferayola 13 km au Nord par D 351 et D 81B – ✉ 20245 Galeria

🏠 **Auberge Ferayola** 🍃   ⌇ 🏡 ⌇ ℀ ℀ P VISA ⚫
– 📞 *04 95 65 25 25 – www.ferayola.com – Ouvert 23 avril-30 sept.*
14 ch – ♦55/120 € ♦♦62/120 € – ⚌ 9 € – ½ P 62/87 €
Rest – Menu 21/25 € – Carte 25/40 €
♦ Auberge isolée en plein maquis et surplombant la mer pour un dépaysement
et un calme assurés ! Petites chambres simples mais agréables et chalets. Vue
imprenable sur la montagne et beau panorama sur le soleil couchant de la salle
à manger rustique et sa terrasse.

L'ILE-ROUSSE – 2B Haute-Corse – **345** C4 – 2 758 h. – ✉ 20220   **15** A1

🔼 Bastia 67 – Calvi 25 – Corte 63
ℹ️ 7, place Paoli ✆ 04 95 60 04 35
◉ Marché couvert★ - Ile de la Pietra★.
◎ La Balagne★★★.

Perla Rossa sans rest   ⟨ 🛗 ⅃ AC ⅌ ⅌ VISA ⚫ AE

30 r. Notre-Dame – ✆ 04 95 48 45 30 – www.hotelperlarossa.com – Ouvert de fin avril à fin oct.
8 ch – ▮240/490 € ▮▮240/490 € – 2 suites – 🍽 20 €
♦ En centre-ville, cette belle maison du 18ᵉ s. a du caractère avec ses grandes chambres lumineuses et épurées. Le style général est moderne et design. Terrasse face à la mer.

Santa Maria sans rest   ⟨ ⅃ & AC ⅌ ⅌ 🕰 P VISA ⚫ AE ⓪

rte du Port – ✆ 04 95 63 05 05 – www.hotelsantamaria.com
56 ch 🍽 – ▮100/400 € ▮▮110/450 €
♦ Hôtel situé avant le pont conduisant sur l'île de la Pietra. Chambres agréables ; quelques-unes disposent d'une très belle vue sur la mer. Beau jacuzzi extérieur.

Funtana Marina sans rest ⌂   ⟨ ⬚ ⅃ AC ⅌ P VISA ⚫

1 km par rte de Monticello et rte secondaire – ✆ 04 95 60 16 12
– www.hotel-funtana.com
29 ch – ▮65/116 € ▮▮65/116 € – 🍽 10 €
♦ Sur les hauteurs, bâtisse immergée dans une végétation luxuriante. Les chambres, confortables, regardent la belle piscine, elle-même tournée vers la mer et la ville.

Cala di l'Oru sans rest ⌂   ⟨ ⬚ ⅃ AC ⅌ P VISA ⚫

bd Pierre Pasquini – ✆ 04 95 60 14 75 – www.hotel-caladiloru.com – Ouvert de mars à oct.
26 ch – ▮63/116 € ▮▮66/135 € – 🍽 10 €
♦ Les fils de la patronne exposent photographies et œuvres d'art contemporaines dans cet hôtel bien rénové, donnant sur la mer ou la montagne. Beau jardin méditerranéen.

L'Amiral sans rest ⌂   ⟨ AC ⅌ ⅌ P VISA ⚫

bd Ch.-Marie Savelli – ✆ 04 95 60 28 05 – www.hotel-amiral.com – Ouvert avril-sept.
19 ch – ▮80/110 € ▮▮80/110 € – 🍽 10 €
♦ Embarquez à bord de cet hôtel à l'ambiance très marine, dont les parties communes ressemblent à l'intérieur d'un bateau, tout en bois exotique. Chambres fonctionnelles.

Le Grillon   AC ⅌ P VISA ⚫

⚭ *av. P. Doumer – ✆ 04 95 60 00 49 – www.hotel-grillon.net – Ouvert 1ᵉʳ mars-31 oct.*
16 ch – ▮40/62 € ▮▮42/64 € – 🍽 6,50 € – ½ P 41/54 €
Rest – Menu 14/17 € – Carte environ 24 €
♦ Accueil convivial dans ce petit hôtel simple où les chambres, fraîchement rénovées et insonorisées, arborent un décor plus actuel (mobilier en bois peint patiné). Sobre salle à manger et cuisine familiale à tendance régionale.

La Pietra ⌂   ⟨ 🕰 ⅃ & AC ⅌ ⅌ P VISA ⚫ AE ⓪

chemin du Phare – ✆ 04 95 63 02 30 – www.hotel-lapietra.com – Ouvert d'avril à oct.
42 ch – ▮70/122 € ▮▮70/122 € – 🍽 10 €
Rest – *(dîner seult)* (25 €) Menu 30 € – Carte 30/40 €
♦ Belle situation face au port, les "pieds dans l'eau", pour cet hôtel des années 1970. Les chambres ont toutes un balcon côté mer ou côté tour génoise (15ᵉ s.). Salon-piano bar. Recettes locales et suggestions du jour, avec la grande bleue en toile de fond.

Escale Côté Sud sans rest   🛗 & AC ⅌ ⅌ VISA ⚫ AE ⓪

22 r. Notre-Dame – ✆ 04 95 63 01 70 – www.hotel-ilerousse.com
14 ch – ▮85/145 € ▮▮105/190 € – 🍽 12 €
♦ À deux pas de la plage, hôtel moderne au design agréable. Bon confort dans les chambres et équipement complet. Snacking au bar lounge, avec vue sur la mer.

XX 🕸 **Pasquale Paoli** (Ange Cananzi)   🈂 AC VISA ◉◉

2 pl. Paoli – ℰ 04 95 47 67 70 – Fermé fév., le midi en juil.-août, lundi midi de nov. à mars, dim. soir et merc. de sept. à juin
Rest – *(nombre de couverts limité, prévenir)* Menu 45/80 € – Carte 50/95 €
Spéc. Roquette légèrement poivrée et prisuttu affiné dix huit mois. Lasagne ouverte à la joue et noix de bœuf corse en cuisson longue. Isula-Rossa-Merusaglia, crème onctueuse de châtaignes corses. **Vins** Vin de Corse Calvi, Vin de Corse Sartène.

◆ Un concentré de la Corse à l'état pur, raconté par deux passionnés : l'un en salle (décor dédié à Pasquale Paoli) ; l'autre en cuisine, sublimant les produits du terroir.

X **Le Bistrot de la Place**   🈂 VISA ◉◉ AE

3 pl. Paoli – ℰ 04 95 60 12 90 – Fermé dim. soir sauf juil.-août et lundi
Rest – Carte 59/82 €

◆ Sur une place animée du centre-ville, restaurant au cadre rustique et chaleureux (murs à la chaux). Cuisine au goût du jour. Agréable terrasse sous la tonnelle.

à Monticello 4,5 km au Sud-Est par D 63 – 1 565 h. – alt. 220 m – ✉ 20220

XX **A Pasturella** avec ch   ≤ 🈂 AC 🛜 VISA ◉◉ AE ◉

pl. du Village – ℰ 04 95 60 05 65 – www.a-pasturella.com – Fermé de mi-nov. à mi-déc. et 27 fév.-6 mars
12 ch – †65/98 € ††75/110 € – ⊑ 11 € – ½ P 108/122 €
Rest – *(fermé dim. soir de mi-déc. à fin mars)* Carte 38/91 €

◆ Dans un pittoresque village perché de la corniche Paoli. Poissons (pêche du jour) et plats traditionnels à savourer dans une salle décorée avec goût ou sur la terrasse. Belles chambres actuelles.

à Pigna 8 km au Sud-Ouest par N 197 et D 151 – 97 h. – alt. 400 m – ✉ 20220

🏠 **Palazzu Pigna** 🌿   ≤ 🛏 🈂 ℀ ch, 🛜 P VISA ◉◉

– ℰ 04 95 47 32 78 – http://hotel-corse-palazzu.com – Ouvert avril à oct.
3 ch – †140/280 € ††140/280 € – 2 suites – ⊑ 20 €
Rest – *(nombre de couverts limité, prévenir)* (23 € bc) Menu 56 € (dîner)

◆ Au cœur du village, ancienne maison de maître (18e s.) offrant une vue superbe sur la plaine et la mer. Grandes chambres dotées, pour certaines, d'une cheminée ou d'une terrasse. Fine cuisine corse à savourer dans le vieux pressoir transformé en restaurant.

LEVIE – 2A Corse-du-Sud – **345** D9 – 743 h. – alt. 645 m – ✉ 20170   **15** B3

▶ Ajaccio 101 – Bonifacio 57 – Porto-Vecchio 39 – Sartène 28
🛈 rue Sorba ℰ 04 95 78 41 95
◉ Musée de l'Alta Rocca★ : christ en ivoire★.
ⓖ Sites★★ de Cucuruzzu et Capula O : 7 km.

🏠 **A Pignata** 🌿   ≤ 🛏 🈂 🔲 ℀ ch, P

5 km rte des sites de Cucuruzzu et Capula – ℰ 04 95 78 41 90
– www.apignata.com – Fermé 2 nov.-26 déc. et 3 janv.-31 mars
16 ch (½ P seult) – ½ P 85/170 €
Rest – Menu 40 €

◆ Pour se ressourcer au grand calme, plusieurs maisons en pierre de pays, en pleine forêt... Les chambres, élégantes (gris et bruns chauds), ouvrent sur la verdure du massif de Bavella. Cuisine familiale, au bon goût de tradition préservée ; les produits (charcuterie, agneau) sont d'une qualité exceptionnelle.

X 👒 **La Pergola**   🈂

r. Sorba – ℰ 04 95 78 41 62 – Ouvert avril-oct.
Rest – *(nombre de couverts limité, prévenir)* (15 €) Menu 18 €

◆ Ne ratez pas l'entrée de ce petit restaurant discret ! On s'y régale de spécialités corses (terrine de sanglier, plats mijotés) à prix très digestes. Agréable tonnelle.

LUMIO – 2B Haute-Corse – **345** B4 – 1 040 h. – alt. 150 m – ✉ 20260   **15** A1

▶ Bastia 82 – Calvi 10 – L'Ile-Rousse 16

Chez Charles   ⟨ 🏡 🛋 🛏 AC 🐾 🖐 VISA ⚫ AE ⓪

– ℰ 04 95 60 61 71 – www.hotel-chezcharles.com – ouvert 18 mars-3 janv.
30 ch – ♦90/270 € ♦♦170/270 € – � 14 €
Rest – (Fermé le midi du 15 juin au 15 sept. sauf dim. et fériés) Menu 56/76 €
– Carte 65/85 € 🕸

Spéc. Foie gras de canard en escalopes et pain perdu. Saint-pierre en aiguillettes poêlées au beurre demi-sel, calamaratas farcis aux aubergines. Macaron au gingembre confit, crème au piment d'Espelette. **Vins** Calvi, Patrimonio.

◆ Agréable escapade en cet hôtel-restaurant au décor contemporain et design, ouvrant sur le golfe de Calvi et la montagne (suites avec terrasse, piscine à débordement). À table, on redécouvre les saveurs des produits du terroir corse à travers une cuisine généreuse et soignée, au goût du jour.

MACINAGGIO – 2B Haute-Corse – **345** F2 – ✉ 20248   **15** B1

▶ Bastia 37

ℹ port de plaisance ℰ 04 95 35 40 34

U Libecciu 🦢   🚃 🛋 AC 🐾 🖐 P VISA ⚫

rte de la Plage – ℰ 04 95 35 43 22 – www.u-libecciu.com – Ouvert
1er avril-15 oct.
30 ch – ♦66/94 € ♦♦74/115 € – 10 suites – �a 7 € – ½ P 58/78 €
Rest – (dîner seult) Menu 20/35 € – Carte 26/38 €

◆ Le mouillage de Macinaggio est réputé depuis l'Antiquité. Cette adresse proche du port abrite de spacieuses chambres avec terrasse et des suites équipées pour un long séjour. Spécialités régionales sur la carte du restaurant, aménagé en véranda, au 1er étage.

U Ricordu   🏡 🛋 AC 🐾 rest, 🖐 P VISA ⚫ AE

– ℰ 04 95 35 40 20 – www.hotel-uricordu.com – Ouvert 30 mars-3 nov.
65 ch �a – ♦80/140 € ♦♦90/150 €
Rest – (ouvert 15 avril-15 oct.) (15 €) Menu 19 € (dîner)/21 € – Carte 20/30 €

◆ Chambres fraîches et actuelles, orientées côté route ou côté montagne, bien appréciées après avoir parcouru le vivifiant sentier des douaniers. Belle piscine d'été chauffée. Touches africaines dans le décor de la lumineuse salle à manger et cuisine traditionnelle.

MURO – 2B Haute-Corse – **345** C4 – 261 h. – alt. 350 m – ✉ 20225   **15** A1

▶ Ajaccio 160 – Bastia 105

Casa Theodora sans rest   🛋 AC 🐾 🖐 P VISA ⚫

Piazza a u Duttore – ℰ 04 95 61 78 32 – www.a-casatheodora.com
– Ouvert mi-avril à fin oct.
5 ch – ♦140/170 € ♦♦140/270 € – �a 15 €

◆ Palazzo du 16e s. réhabilité, portant le nom de l'éphémère roi de Corse, hôte des lieux en 1736. Architecture génoise, trompe-l'œil et fresques baroques, petite piscine intérieure.

NONZA – 2B Haute-Corse – **345** F3 – 68 h. – alt. 100 m – ✉ 20217   **15** B1

▶ Bastia 33 – Rogliano 49 – Saint-Florent 20

Casa Maria sans rest 🦢   ⟨ AC 🐾 🖐

au pied de la tour génoise – ℰ 04 95 37 80 95 – www.casamaria.fr – Ouvert
d'avril à oct.
5 ch �a – ♦75/95 € ♦♦75/95 €

◆ Au pied d'une tour génoise, cette ancienne maison de maître vous accueille chaleureusement. Chambres fraîches et agréables, décorées de meubles familiaux. Belle vue sur la mer.

OLETTA – 2B Haute-Corse – **345** F4 – 1 236 h. – alt. 250 m – ⊠ 20232   **15** B1
▶ Bastia 18 – Calvi 78 – Corte 72 – L'Île-Rousse 53

XX **Auberge A Magina**   ≤ 🈺 🍴 *VISA* ⚫⚫
– *𝄢 04 95 39 01 01 – Ouvert avril-mi-oct. et fermé lundi sauf juil.-août*
Rest – Menu 28 € – Carte 35/55 €
♦ Une vue à couper le souffle et une vraie cuisine corse préparée en famille et servie dans une agréable salle à manger. Le soir, depuis la terrasse, sublime coucher de soleil.

OLMETO – 2A Corse-du-Sud – **345** C9 – 1 189 h. – alt. 320 m – ⊠ 20113   **15** A3
▶ Ajaccio 64 – Propriano 8 – Sartène 20
🏥 Montée de L'église *𝄢 04 95 74 65 87*

🏠 **Santa Maria** ⍉   🈺 *AC* ch, *VISA* ⚫⚫
pl. de l'Église – 𝄢 04 95 74 65 59 – www.hotel-restaurant-santa-maria.com – Fermé nov. et déc.
12 ch – †46/59 € – ††46/59 € – ⊡ 7 € – ½ P 44/57 €
Rest – *(dîner seult)* Menu 24 € – Carte 27/46 €
♦ Ambiance familiale dans cet ancien moulin à huile qui fait face à l'église. Les chambres, fonctionnelles, donnent sur une ruelle ou... la vallée. Au restaurant, belles voûtes séculaires et terrasse fleurie pour apprécier soupes, charcuteries et plats en sauce.

à Olmeto-Plage 9 km au Sud-Ouest par D 157 – ⊠ 20113

🏠🏠 **Ruesco** ⍉   ≤ 🚗 🌊 *AC* ch, *®* **P** *VISA* ⚫⚫
Capicciolo – 𝄢 04 95 76 70 50 – www.hotel-ruesco.com – Ouvert 1er avril-10 oct.
25 ch – †75/125 € – ††125/175 € – 3 suites – ⊡ 11 €
Rest – *𝄢 04 95 76 20 95* – (25 €) Carte 35/65 €
♦ Dans une crique privée à l'issue d'une route étroite... Architecture moderne pour des suites luxueuses et des chambres classiques ouvrant sur la mer. La pail-lotte, entre piscine et plage, propose une carte simple mais aussi de la langouste et des poissons nobles.

au Sud 5 km par N 196 et rte secondaire – ⊠ 20113 Olmeto

🏠🏠🏠 **Marinca** ⍉   ≤ 🚗 🈺 🌊 🎿 ⚫ ⚐ 🛗 *AC* ch, 🍴 *®* **P** *VISA* ⚫⚫ *AE*
Lieu-dit Vitricella – 𝄢 04 95 70 09 00 – www.hotel-marinca.com – Ouvert début mai à mi-oct.
58 ch ⊡ – †230/390 € – ††280/700 € – 4 suites
Rest – Menu 35 € (déj.)/49 € – Carte 54/70 €
Rest *Le Diamant Noir* – *(dîner seult)* Menu 70/110 € – Carte 54/79 €
♦ Au bord d'une crique, dans un parc fleuri, avec trois piscines à débordement descendant vers la plage privée... Dans les chambres, décor oriental et vue sur la mer ! Au restaurant, belle terrasse de style mauresque et cuisine traditionnelle. Pour le dîner, le Diamant Noir sert des repas plus élaborés.

PATRIMONIO – 2B Haute-Corse – **345** F3 – 668 h. – alt. 100 m – ⊠ 20253   **15** B1
▶ Bastia 16 – St-Florent 6 – San-Michele-di-Murato 22
◉ Église St-Martin ★.

🏠🏠 **Du Vignoble** sans rest   *AC* **P** *VISA* ⚫⚫ *AE*
Santa Maria – 𝄢 04 95 37 18 48 – www.hotel-du-vignoble.com – Ouvert d'avril à oct.
12 ch – †60/90 € – ††70/90 € – ⊡ 6 €
♦ Au cœur du village, hôtel neuf aménagé dans une belle maison de 1846. Tons chaleureux, murs patinés et meubles en fer forgé ornent les chambres. Cave à vins familiale attenante.

X **Osteria di San Martinu**   🈺 🍴 **P** *VISA* ⚫⚫
Santa Maria – 𝄢 04 95 37 11 93 – Ouvert 1er mai-30 sept. et fermé merc. en sept.
Rest – Carte 25/40 €
♦ Tout se passe, en été, sur la terrasse sous pergola : on y goûte des plats corses et des grillades arrosés, bien entendu, de vin de Patrimonio, produit par le frère du patron.

PERI – 2A Corse-du-Sud – **345** C7 – 1 469 h. – alt. 450 m – ✉ 20167   **15** A2
▶ Ajaccio 26 – Corte 71 – Propriano 82 – Sartène 94

✗ **Chez Séraphin**   🈂 **P**
– ℰ 04 95 25 68 94 – *Ouvert début avril à mi-oct. et fermé lundi*
Rest – *(prévenir)* Menu 45 € bc
◆ Typique maison corse dans un charmant village à flan de montagne. Menu unique appétissant : beignets aux fleurs d'acacia, tarte aux herbes du jardin, agneau rôti, etc.

PETRETO-BICCHISANO – 2A Corse-du-Sud – **345** C9 – 566 h.   **15** A3
– alt. 600 m – ✉ 20140
▶ Ajaccio 52 – Sartène 35

✗✗ **De France**   🈂 **P** **VISA** ⓒⓞ
⊜ à Bicchisano – ℰ 04 95 24 30 55 – *Ouvert de début avril à début déc.*
Rest – *(prévenir)* Menu 18 € (déj.), 30/40 € – Carte 45/74 €
◆ Spécialités corses et produits maison (charcuteries, confitures, liqueurs) vous attendent dans cette chaleureuse salle à manger au cachet rustique ou sous la fraîche tonnelle.

PIANA – 2A Corse-du-Sud – **345** A6 – 440 h. – alt. 420 m – ✉ 20115   **15** A2
▶ Ajaccio 72 – Calvi 85 – Évisa 33 – Porto 13
🇮 Place de la mairie ℰ 04 95 27 84 42
◉ Golfe de Porto★★★.

🏨 **Capo Rosso** ♨   ⇐ 🈂 🈂 ⛏ AC ⅏ ⁽ᵗⁱ⁾ **P** **VISA** ⓒⓞ AE
rte des Calanches – ℰ 04 95 27 82 40 – www.caporosso.com – *Ouvert 1ᵉʳ avril-20 oct.*
46 ch (½ P seult en saison) ⊑ – †105/155 € ††129/155 € – ½ P 135/270 €
Rest – Carte 38/70 €
◆ Vue imprenable sur le golfe de Porto et les calanques depuis la piscine et les vastes chambres, toutes avec balcon et décorées dans un élégant style contemporain. Au restaurant panoramique, cuisine de qualité à base de pêche locale et de produits du terroir.

🏠 **Le Scandola** sans rest   ⇐ ⁽ᵗⁱ⁾ **P** **VISA** ⓒⓞ
🍽 rte de Cargèse – ℰ 04 95 27 80 07 – www.hotelscandola.com – *Ouvert 1ᵉʳ avril-15 oct.*
12 ch ⊑ – †65/95 € ††75/120 €
◆ Au cœur d'un site exceptionnel, un hôtel simple face à la presqu'île de Scandola. Bonne surprise : des chambres face à la mer, décorées avec soin et une pointe de romantisme.

POGGIO-MEZZANA – 2B Haute-Corse – **345** F5 – 617 h. – alt. 350 m – ✉ 20230   **15** B2
▶ Ajaccio 150 – Bastia 45

🏨 **Levolle Marine** ♨   ⇐ ⚡ 🈂 ⛏ AC ⅏ **P** **VISA** ⓒⓞ
Levolle Sottana, (à la plage) – ℰ 04 95 58 41 50 – www.levollemarine.com
– *Ouvert de mi-avril à fin-sept.*
9 ch – †85/90 € ††95/115 € – 7 suites – ⊑ 8,50 €
Rest – *(fermé lundi de sept. à mi-oct.)* Carte 35/55 €
◆ Objets anciens et collections de lampes à pétrole, cafetières, etc. décorent joliment l'intérieur de cette maison, au milieu d'un parc fleuri. Chambres confortables. Plats traditionnels dans la salle à manger ou sur la terrasse, face à la plage de sable fin.

PORTICCIO – 2A Corse-du-Sud – **345** B8 – ✉ 20166   **15** A3
▶ Ajaccio 19 – Sartène 68
🇮 le village Les Echoppes ℰ 04 95 25 10 09

🏨 **Le Maquis** ♨   ⇐ 🈂 🈂 ⛏ 🅿 ⅏ 🔊 AC ch, ⅏ rest, ⁽ᵗⁱ⁾ **P** **VISA** ⓒⓞ AE ⓞ
– ℰ 04 95 25 05 55 – www.lemaquis.com – *Fermé janv.-fév.*
20 ch – †160/730 € ††180/730 € – 5 suites – ⊑ 26 €
Rest – Menu 75 € (dîner) – Carte 81/133 €
◆ Cette demeure d'inspiration génoise, nichée dans un jardin luxuriant, est un petit bijou. Chambres spacieuses, décorées de mobilier ancien, avec une vue superbe sur la mer. Splendides piscines. Langoustines, homard et poissons sont à l'honneur dans ce beau cadre.

Sofitel Thalassa 🐾 ≤ 🚗 🏖 🏊 🔲 🌐 🍽 📶 🚿 rest, 📶 🚲 **P**
domaine de la Pointe – ℰ 04 95 29 40 40
– *www.sofitel.com* – *Fermé 3 janv.-14 fév.*   VISA ⑩ AE ①
96 ch – †185/622 € ††185/622 € – 2 suites – ☕ 25 €
Rest – Menu 55/65 € – Carte environ 55 €
♦ Complexe hôtelier voué à Neptune : situation isolée à la pointe du cap de Porticcio, institut de thalassothérapie, sports nautiques et chambres tournées vers la mer. Piscine à débordement. Carte traditionnelle et plats diététiques à déguster face aux flots.

à Agosta-Plage 2 km au Sud – ✉ 20166 Porticcio

Kallisté sans rest 🐾 ≤ 🚗 🏊 📶 📶 **P** VISA ⑩
rte du Vieux Molini – ℰ 04 95 25 54 19 – *www.cyrnos.net* – *Ouvert 1ᵉʳ avril-1ᵉʳ nov.*
8 ch ☕ – †69/129 € ††79/209 €
♦ Une villa sur les hauteurs, avec une vue magnifique sur le golfe d'Ajaccio. Chambres sobres, meublées de teck, certaines avec terrasse. Grande piscine et jardin face à la mer.

PORTO – 2A Corse-du-Sud – **345** B6 – 544 h. – ✉ 20150 Ota   **15** A2
🚗 Ajaccio 84 – Calvi 73 – Corte 93 – Évisa 23
ℹ place de La Marine ℰ 04 95 26 10 55
◉ Tour génoise★.
🌄 Golfe de Porto★★★ : les Calanche★★★ - NO : réserve de Scandola★★★, golfe★★ de Girolata.

Eden Park 🐾 🌙 🏖 🏊 🍽 📶 🚿 🚲 **P** VISA ⑩
4 km par rte de Calvi – ℰ 04 95 26 10 60 – *www.hotels-porto.com*
– *Ouvert 23 avril-8 oct.*
35 ch ☕ – †75/148 € ††150/295 €   **Rest** – Menu 35 € (dîner) Carte 40/65 €
♦ Grand établissement composé de bungalows nichés dans un jardin luxuriant. Bel espace lounge et palmiers autour de la piscine. Cuisine actuelle à l'Acropole et restauration légère le midi en plein air au restaurant Le Grill.

Capo d'Orto sans rest ≤ 🏊 **P** VISA ⑩
rte de Calvi – ℰ 04 95 26 11 14 – *www.hotel-capo-dorto.com* – *Ouvert*
10 avril-20 oct.
39 ch ☕ – †85/150 € ††85/160 €
♦ Un hôtel sur la route de Calvi, surplombant le golfe. Deux types de chambres, dont les "Privilège", plus agréables avec leur balcon donnant sur la mer. Bel espace piscine.

Le Subrini sans rest ≤ 📶 🚿 📶 📶 **P** VISA ⑩
à la Marine – ℰ 04 95 26 14 94 – *www.hotels-porto.com* – *Ouvert d'avril à oct.*
23 ch – †60/90 € ††85/140 € – ☕ 10 €
♦ Un édifice en pierre de taille tout proche de la mer, face à la tour génoise. Décoration simple (mobilier en rotin) et chambres fonctionnelles avec vue sur la marina.

Le Belvédère sans rest 🐾 ≤ 📻 🚿 📶 📶 VISA ⑩
à la Marine – ℰ 04 95 26 12 01 – *www.hotel-le-belvedere.com*
– *Ouvert 1ᵉʳavril-31 oct.*
20 ch – †55/132 € ††55/132 € – ☕ 8 €
♦ Au pied de la tour de Porto, un hôtel moderne en pierre rouge, à l'entrée discrète. Chambres simples et confortables avec vue sur le port ou plus calmes sur l'arrière.

Bella Vista ≤ 🚗 🏖 📶 **P** VISA ⑩
– ℰ 04 95 26 11 08 – *www.hotel-corse.com* – *Ouvert d'avril à oct.*
17 ch – †65/104 € ††70/185 € – ☕ 11 €
Rest – (*Ouvert 30 avril-2 oct. et fermé le midi*) Menu 27/37 € – Carte 37/65 €
♦ La vue est belle, c'est vrai, sur le Capo d'Orto... En outre, il règne ici une ambiance familiale. Chambres accueillantes et bon petit-déjeuner. Peu de place en salle mais grande terrasse en saison. Parmi les spécialités, la soupe de poisson et le gigotin de cabri.

Romantique sans rest ⚬   ≼ AC ⚒ 📶 VISA ⚫

à la Marine – ℰ 04 95 26 10 85 – www.hotel-romantique-porto.com – Ouvert
25 avril-mi-oct.

8 ch – ♦67/97 € ♦♦67/97 € – ⛌ 8 €

◆ Chambres spacieuses, crépies et carrelées, équipées d'un mobilier de fabrication
artisanale ; les balcons donnent tous sur une petite marina et un bois d'eucalyptus.

PORTO-POLLO – 2A Corse-du-Sud – **345** B9 – alt. 140 m – ✉ 20140   **15** A3

▶ Ajaccio 52 – Sartène 31

Le Golfe ⚬   ≼ 🍴 AC ⚒ 📶 VISA ⚫ AE

– ℰ 04 95 74 01 66 – www.hotel-corse-porto-pollo.com

14 ch – ♦140/380 € ♦♦140/380 € – 4 suites – ⛌ 19 €

Rest – Menu 27 € – Carte 29/93 €

◆ Un bâtiment récent juste à côté du port. Les chambres sont sobres et élégantes, avec une jolie vue sur le golfe de Valinco où l'on peut se promener avec le
bateau de l'hôtel. Brasserie lounge proposant une cuisine régionale soignée et
des produits de la mer.

Les Eucalyptus sans rest ⚬   ≼ 🖢 ⚒ AC ⚒ P VISA ⚫ AE

– ℰ 04 95 74 01 52 – www.hoteleucalyptus.com – Ouvert 1er mai-25 oct.

32 ch – ♦70/112 € ♦♦70/120 € – ⛌ 9 €

◆ Cet hôtel familial tout simple (rénovations en cours) domine le golfe de
Valinco. De la plupart des chambres, on contemple la plage, toute proche...

PORTO-VECCHIO – 2A Corse-du-Sud – **345** E10 – 9 484 h. – alt. 40 m   **15** B3
– ✉ 20137

▶ Ajaccio 141 – Bonifacio 28 – Corte 121 – Sartène 59

🛬 Figari-Sud-Corse : ℰ 04 95 71 10 10, 23 km au SO.

ℹ rue du Docteur Camille de Rocca Serra ℰ 04 95 70 09 58

◉ La Citadelle★.

◉ Golfe de Porto-Vecchio★★ - Castellu d'Arraghju★ ≼★★ N : 7,5 km.

❊❊ **Casadelmar** ⚬   ≼ 🖢 🍴 ⚒ 🛁 🎧 🔔 ⚒ AC ⚒ 📶 🛁 P VISA ⚫ AE ⓞ

7 km par rte de Palombaggia – ℰ 04 95 72 34 34 – www.casadelmar.fr
– Ouvert 2 avril-1er nov.

20 suites ⛌ – ♦♦530/5200 € – 14 ch

Rest Casadelmar – (dîner seult) Menu 80/195 € 🕸

Spéc. Foie gras de canard au speck de sauris et noix de pécan torréfiées, transparence de melon. Canette au miel de Tarasco, macaron de pois chiches et peva-
rada. Soufflé au yogourt de brebis et basilic, jus de fraise, glace pain et chocolat.
Vins Patrimonio, Porto Vecchio.

Rest Le Grill – Carte 50/80 €

◆ En bord de mer, cet hôtel ultramoderne et luxueux se niche dans un parc
planté de figuiers, de grenadiers et d'oliviers, offrant un large panorama sur le
golfe. Piscine à débordement. Le restaurant brille par son cadre d'exception et
sa fine cuisine mêlant terroirs corse et italien. Belles salades et planchas au Grill.

❊ **Belvédère** ⚬   ≼ 🖢 🍴 ⚒ & ch, AC ch, ⚒ 📶 ⚒ 🛁 P VISA ⚫ AE ⓞ

5 km par rte de la plage de Palombaggia – ℰ 04 95 70 54 13
– www.hbcorsica.com – Fermé 2 janv.-11 mars

15 ch – ♦100/350 € ♦♦100/350 € – 4 suites – ⛌ 20 € – ½ P 125/381 €

Rest – (fermé lundi et mardi du 12 oct. au 12 avril) (29 €) Menu 85/110 €
– Carte 92/107 € 🕸

Spéc. Nougat d'huîtres de l'étang de Diana, légèreté au raifort et salade de jeunes
pousses (oct. à avril). Dos de denti de palangre en croûte de népita-pancetta, rou-
gaille tomate oignon mangue. Fusion passion-châtaigne. **Vins** Vin de Corse Figari,
Vin de Corse Porto Vecchio.

Rest La Brocherie-Mari e Tarra – (ouvert mai à sept.) Carte 45/82 €

Rest Le Lounge – (ouvert de mi-juin à mi-sept. et fermé le midi) Menu 90 €

◆ Dans une oasis de verdure au bord d'une plage privée, des chambres disséminées dans de paisibles pavillons, avec piscine et terrasse panoramiques... Intimité
et raffinement au restaurant, tourné vers la mer ; cuisine tout en épure. À la Brocherie, agneau, cabri et cochon de lait cuits au feu de bois. Tapas au Lounge.

Alta Rocca sans rest

rte de Palombaggia – 𝒞 *04 95 70 22 01* – *www.hotelaltarocca.com*
15 ch – †187/695 € ††187/695 € – 2 suites – ⊡ 18 €

♦ Belle villa moderne à flanc de colline, avec une vue superbe sur la baie de Porto-Vecchio. Chambres très confortables avec balcon et terrasse. Belle piscine à débordement.

Le Goéland

à la Marine – 𝒞 *04 95 70 14 15* – *www.hotelgoeland.com* – *Ouvert 1er mars-10 nov.*
34 ch ⊡ – †95/365 € ††110/380 € – ½ P 80/215 €
Rest – (18 €) Menu 24 € (déj.) – Carte 31/49 €

♦ Cet hôtel agréable a le pied marin : lampes-tempêtes, meubles aux peintures patinées... Mais aussi plage privée et ponton d'amarrage ! Le grand restaurant s'ouvre totalement sur le golfe et le jardin ; cuisine corse et plats méditerranéens affichés à l'ardoise.

Golfe Hôtel

r. du 9 Septembre 1943 – 𝒞 *04 95 70 48 20* – *www.golfehotel-corse.com* – *Fermé vacances de Noël*
45 ch ⊡ – †81/295 € ††89/335 €
Rest – *(fermé dim. hors saison et le midi)* Menu 30 € – Carte environ 38 €

♦ Sur la route du port, cet hôtel propose des chambres décorées avec soin (mobilier épuré, tons gris et blanc) disséminées autour de la piscine et du jardin. Viandes grillées et poissons à la plancha servis dans une belle salle à manger moderne et colorée.

Alcyon sans rest

9 r. Mar. Leclerc , (près de la poste) – 𝒞 *04 95 70 50 50* – *www.hotel-alcyon.com*
40 ch – †78/192 € ††78/280 € – ⊡ 12 €

♦ Un établissement moderne en centre-ville, abritant des chambres fonctionnelles et bien rénovées. Certaines, plus spacieuses, peuvent convenir aux familles.

San Giovanni

rte Arca, 3 km au Sud-Ouest par D 659 – 𝒞 *04 95 70 22 25*
– *www.hotel-san-giovanni.com* – *Ouvert 1er mars-14 nov.*
30 ch – †85/135 € ††85/135 € – ⊡ 11 € – ½ P 68/93 €
Rest – *(dîner seult) (résidents seult)* Menu 20 € (dîner)

♦ L'hôtel de loisirs par excellence, charmant et familial, au calme dans un très beau jardin fleuri. La plupart des chambres ont une terrasse ou un petit jardin privatif. Mieux vaut réserver ! Petits-déjeuners et restauration simple servie sous la pergola.

Le Troubadour

13 r. Gén.- Leclerc (1er étage), (près de la poste) – 𝒞 *04 95 70 08 62* – *Fermé 1er-23 janv., dim. d'oct. à juin et le midi*
Rest – *(dîner seult)* Menu 49/79 € – Carte 65/90 €🕮
Rest *L'Atelier du Troubadour* – *(rez-de-chaussée)* – Carte 28/40 €

♦ Belle ballade gastronomique dans cette maison de la vieille ville. La salle (à l'étage) est chaleureuse, avec des notes rétro et une terrasse fermée. Au rez-de-chaussée, l'Atelier chante la tradition et la simplicité (viande et poisson à la plancha, pâtes fraîches).

Tamaricciu

11 km par rte de la plage de Palombaggia – 𝒞 *04 95 70 49 89*
– *www.tamaricciu.com* – *Ouvert avril-oct.*
Rest – *(déj. seult sauf juil.-août)* Carte 40/100 €

♦ Sur la sublime plage de Palombaggia, face à la mer turquoise, on déguste des pâtes fraîches, des poissons frais du jour et des desserts raffinés. Le dépaysement !

au golfe de Santa Giulia 8 km au Sud par N 198 et rte secondaire – ✉ 20137 Porto-Vecchio

Moby Dick

– 𝒞 *04 95 70 70 00* – *Ouvert fin avril à mi-oct.*
44 ch (½ P seult en saison) ⊡ – †76 € ††76 € – ½ P 109/265 €
Rest – Menu 42 € – Carte 65/75 €

♦ Emplacement idyllique sur la lagune pour cet hôtel séparé du golfe aux couleurs polynésiennes par une plage de sable fin. Chambres spacieuses à choisir côté mer ou côté jardin. Grand buffet pour le déjeuner, cuisine méditerranéenne à l'honneur le soir.

Castell' Verde 🦢 ⫷ 🛋 🏠 🐾 🛏 ✕ AC ch, 🐾 ch, **P** VISA ∞ ⓘ

– ℰ 04 95 70 71 00 – www.sud-corse.com – Ouvert 24 avril-15 oct.
32 ch (½ P seult) – ½ P 129/243 €
Rest *Le Costa Rica* – ℰ 04 95 72 24 51 – Menu 35 € (dîner) – Carte 53/76 €
♦ Dans un parc protégé de 5 ha, de spacieux bungalows à portée de la grande
bleue. Chambres au mobilier clair et épuré. Deux piscines, dont une chauffée ;
accès direct à la plage. Sur la terrasse qui surplombe la baie, la cuisine s'inspire
également de la mer.

 Alivi sans rest ⫷ 🛏 ⓹ AC 🐾 ⁽ᵗᵗ⁾ VISA ∞ AE ⓘ

Marina di Santa Giulia – ℰ 04 95 52 01 68 – www.santa-giolia.fr – Ouvert
1ᵉʳ avril-10 nov.
10 ch – †119/347 € ††135/362 € – ☷ 18 €
♦ Pour passer ses vacances au calme, un hôtel contemporain entre mer et
maquis, aux chambres reposantes avec une petite terrasse. Piscine en rond face
à la baie de Santa Giulia.

✕✕ **U Santa Marina** ⫷ 🛋 🏠 ✕ VISA ∞
🌸

Marina Di Santa Giulia – ℰ 04 95 70 45 00 – www.usantamarina.com
– Ouvert début avril-20 oct. et fermé le midi
Rest – Menu 65/125 € – Carte 70/90 €
Spéc. Crevettes rouges en deux façons : l'une en bouillon thaï, l'autre en sushi de
légumes. Déclinaison autour de la bouillabaisse. Coque de grand cru de chocolat,
mousse légèrement caramélisée, noisettes de Cervione croustillantes.
♦ La vue sur le golfe y est délicieuse... plus encore la cuisine, signée par un jeune
chef breton parfaitement acclimaté ! Chaque assiette témoigne d'un bel engagement. Si l'on pouvait aussi croquer le soleil couchant... Restauration légère sur la
plage le midi.

✕ **Des Hauts de Santa Giulia** 🏠 VISA ∞

– ℰ 04 95 70 40 84 – Ouvert 15 mai-30 sept. et fermé lundi
Rest – (prévenir) Carte 45/76 €
♦ Un restaurant original, avec son mobilier chiné des années 1960 et sa terrasse
sous les canisses. Cuisine parfumée et raffinée, aux influences asiatiques et méditerranéennes.

à Cala Rossa 10 km au Nord-Est par N 198 et D 468 – ⊠ 20137 Lecci

 Grand Hôtel de Cala Rossa 🦢 ⫷ 🛋 🏠 🛏 🚬 Là ✕ AC 🐾 ⁽ᵗᵗ⁾ **P**
🌸

– ℰ 04 95 71 61 51 – www.cala-rossa.com – Ouvert
VISA ∞ AE ⓘ
5 avril-2 janv.
30 ch ☷ – †385/1225 € ††430/1225 € – 8 suites – ½ P 265/700 €
Rest – (fermé le midi) Menu 130/140 € – Carte 130/160 €🦞
Spéc. Langoustines du cap, courgettes craquantes, mousse au basilic. Saint-
pierre au beurre demi-sel et tomate cœur de bœuf au pesto. Fantaisie gourmande à la framboise, façon tropézienne. Vins Corse-Figari, Patrimonio.
♦ À demeure d'exception, écrin splendide : un jardin luxuriant pour des chambres stylées, un ponton privé sur la plage... Superbe spa. Élégante salle à manger et terrasse ombragée, pour une belle cuisine d'inspiration méditerranéenne
interprétée avec raffinement.

PROPRIANO – 2A Corse-du-Sud – **345** C9 – 3 232 h. – alt. 5 m – ⊠ 20110   **15** A3

▶ Ajaccio 74 – Bonifacio 62 – Corte 139 – Sartène 13
▶ Port de Plaisance ℰ 04 95 76 01 49

Miramar Boutique Hôtel ⫷ 🛋 🏠 🛏 Là AC ch, ⚕ **P**
rte de la Corniche – ℰ 04 95 76 06 13
VISA ∞ AE ⓘ
– www.miramarboutiquehotel.com – Ouvert 15 mai-5 oct.
21 ch ☷ – †300/420 € ††300/420 € – 5 suites
Rest – (35 €) Menu 55/100 € – Carte 60/75 €
♦ Au cœur d'un parc luxuriant, cette villa aux murs chaulés offre une vue plongeante sur le golfe de Valinco. Beaucoup de charme : objets chinés, espace et raffinement... Carte simple et légère le midi ; poisson à la plancha, terroir corse et
langouste grillée le soir.

Le Lido ⌂ ≤ 🏠 AC ch, ⚿ ch, ⟨ VISA ⚫ AE

42 av. Napoléon-III – ℰ 04 95 76 06 37 – www.le-lido.com
– Ouvert mai-sept.
11 ch – 🛉120/225 € 🛉🛉120/225 € – 🍽 15 €
Rest – *(ouvert mai-sept. et fermé le midi) (nombre de couverts limité, prévenir)*
Menu 75/95 € bc ⌘

• Sur une presqu'île, une maison de charme les pieds dans l'eau… Bois exotique, objets chinés et mosaïques portugaises dans les chambres ; certaines donnent directement sur la plage. Les produits de la mer sont à l'honneur au restaurant : une belle marée montante !

Neptune sans rest ≤ 🟦 ⅃⚖ 🛗 ⅋ AC ⚿ ⟨ P VISA ⚫ AE

39 r. du 9-Septembre – ℰ 04 95 76 10 20 – www.hotels-propriano.com
40 ch 🍽 – 🛉63/130 € 🛉🛉85/170 €

• Près du port et de la plage, cette bâtisse moderne propose des chambres fonctionnelles, certaines avec vue sur la mer. Petit-déjeuner face au golfe de Valinco. Grand spa de 200 m².

Le Claridge sans rest 🛗 AC ⚿ ⟨ P VISA ⚫ AE

1 r. Bonaparte – ℰ 04 95 76 05 54 – www.hotels-propriano.com
– Ouvert avril-oct.
24 ch 🍽 – 🛉52/96 € 🛉🛉63/110 €

• Un hôtel pratique en plein centre de Propriano, un peu en retrait du port. Les chambres sont fonctionnelles, toutes avec balcon. Très utile, le parking privatif.

Chez Parenti ≤ 🏠 VISA ⚫ AE ⓪

10 av. Napoléon – ℰ 04 95 76 12 14 – www.chezparenti.fr
– Fermé 15 nov.-28 fév., dim. soir et lundi sauf le soir en saison
Rest – Menu 46/58 € – Carte 58/75 €

• Pour une envie de poisson frais ou de homard (en vivier), ce restaurant, tenu depuis 1935 par la famille Parenti, dispose d'une agréable terrasse sur le port de plaisance.

Terra Cotta 🏠 AC VISA ⚫

29 av. Napoléon – ℰ 04 95 74 23 80 – Ouvert de mi-mars à fin nov.
Rest – (25 €) Menu 36 € (dîner), 44/55 € – Carte 42/60 €

• Dans ce charmant petit restaurant du port, le frère du patron fournit la pêche du jour. Pagre, liche, chapon, mustelle et autres poissons frais sont préparés avec grand soin.

ST-FLORENT – 2B Haute-Corse – **345** E3 – 1 614 h. – ⌧ 20217 **15** B1

🚗 Bastia 22 – Calvi 70 – Corte 75 – L'Île-Rousse 45
ℹ centre Administratif ℰ 04 95 37 06 04
◉ Église Santa Maria Assunta★★ - Vieille Ville★.
🟢 Les Agriates★.

 Demeure Loredana sans rest ⌂ ≤ 🚗 ⅃ 🛗 ⚖ AC ⚿ ⟨⟩ 🧖 P
Cisterninu Suttanu – ℰ 04 95 37 22 22 VISA ⚫ AE
– www.demeureloredana.com – Ouvert 31 mars-4 nov.
18 ch – 🛉190/440 € 🛉🛉190/440 € – 4 suites – 🍽 30 €

• Cet hôtel rivalise de détails luxueux pour un séjour d'exception. Espaces cossus ; le décor raffiné, imaginé par les propriétaires, marie plusieurs styles. Vue sur la mer, piscine.

 La Dimora sans rest ⌂ 🚗 ⅃ ⚖ AC ⟨ P VISA ⚫ AE
4,5 km par D 82 rte d'Oletta – ℰ 04 95 35 22 51 – www.ladimora.fr
– Ouvert 14 avril-24 oct.
15 ch – 🛉145/340 € 🛉🛉145/340 € – 2 suites – 🍽 18 €

• Matériaux nobles du pays, authenticité et luxe contemporain discret caractérisent cette villa du 18e s. où l'on est reçu comme des amis. Piscine et jardin invitent au farniente.

La Roya ⚞ ⚞ ⚞ ⚞ ⚞ ⚞ ⚞ ⚞ ⚞ ⚞ ⚞ ⚞ ch. ⚞ ⚞ ⚞ **P** VISA ⚞ AE
*plage de la Roya, 1 km par rte de Calvi puis rte secondaire – ℰ 04 95 37 00 40
– www.hotelroya.com – Ouvert 27 mars-11 nov.*
29 ch – †150/390 € ††150/390 € – 3 suites – ⚞ 20 € – ½ P 150/270 €
Rest – *(Ouvert 27 mars-1er nov.)* Menu 55/70 € – Carte 60/90 €
Spéc. Nem d'araignée. Pêche locale. Chaud-froid aux deux chocolats. **Vins** Patrimonio.
♦ Architecture moderne face à la plage de la Roya (accès direct). Jolies chambres
bien équipées, d'esprit méridional ou asiatique, souvent dotées de balcons côté
flots. Ambiance actuelle et raffinée au restaurant, superbe terrasse et cuisine fine
mettant en valeur le terroir.

Dolce Notte sans rest ⚞ ⚞ ⚞ ⚞ **P** VISA ⚞
*rte de Bastia – ℰ 04 95 37 06 65 – www.hotel-dolce-notte.com – Ouvert d'avril
à oct.*
20 ch – †70/170 € ††70/170 € – ⚞ 8 €
♦ Longeant la côte, maison tout en longueur aux chambres dotées de terrasses
ou loggias côté mer ; certaines refaites à neuf et plus originales (galets, voûtes,
éclairage indirect).

Tettola sans rest ⚞ ⚞ ⚞ ⚞ ⚞ ⚞ ⚞ ⚞ **P** VISA ⚞
1 km au Nord sur D 81 – ℰ 04 95 37 08 53 – www.tettola.com – Ouvert avril-oct.
30 ch – †70/153 € ††78/178 € – ⚞ 13 €
♦ Sur une plage de galets, hôtel bien rénové disposant d'une belle terrasse. Chambres face à la montagne ou la grande bleue (plus tranquilles et lumineuses). Accueil aimable.

Les Galets sans rest ⚞ ⚞ ⚞ ⚞ **P** VISA ⚞
*rte du Front de Mer – ℰ 04 95 37 09 09 – www.hotel-lesgalets.com – Ouvert
d'avril à oct.*
16 ch – †50/120 € ††50/130 € – ⚞ 7 €
♦ Attenant à une résidence, mais indépendant, cet hôtel moderne dispose de
grandes chambres fonctionnelles (balcon et vue sur la mer) et réserve un bon
accueil. Agréable jardin.

La Florentine sans rest ⚞ ⚞ ⚞ ⚞ ⚞ ⚞ ⚞ ⚞ **P** ⚞ VISA ⚞
*1 km au Nord par D 81 – ℰ 04 95 37 00 99 – www.hotellaflorentine.com
– Ouvert avril-oct.*
20 ch – †100/260 € ††100/260 € – ⚞ 15 €
♦ Jardin fleuri, terrasse ombragée, délicieuse piscine, couleurs chatoyantes,
chambres fraîches et confortables... Autant d'atouts pour cet hôtel tout neuf,
situé en bord de mer.

Maxime sans rest ⚞ **P** VISA ⚞
St Florent – ℰ 04 95 37 05 30 – Fermé fin nov.-début fév.
19 ch – †58/85 € ††58/85 € – ⚞ 9 €
♦ Bâtisse blanche aux volets bleus construite au bord d'un petit canal (amarrage
possible). La plupart des chambres sont équipées de loggias ou de balcons.

La Maison Rorqual ⚞ ⚞ ⚞ ⚞ ⚞ ⚞ ⚞ ⚞ **P** VISA ⚞ AE
rte de la Roya – ℰ 04 95 37 05 37 – www.maison-rorqual.com
5 ch – †230/480 € ††230/480 € – ⚞ 15 €
Table d'hôte – Menu 50 € bc/60 € bc
♦ Cette demeure a été conçue par son propriétaire comme un hymne à l'authenticité corse. Chaque chambre évoque un univers, allant du romantique à l'insolite.
Piscine à débordement.

La Rascasse ⚞ ⚞ ⚞ VISA ⚞
*promenade des Quais – ℰ 04 95 37 06 09 – Ouvert avril-oct. et fermé lundi sauf
de juin à août*
Rest – Menu 58/72 € – Carte 60/120 €
♦ Venez ici déguster une cuisine au goût du jour, à base de beaux produits frais
et de poissons de qualité. Deux agréables terrasses dont une panoramique dominant le port.

STE-LUCIE-DE-PORTO-VECCHIO – 2A Corse-du-Sud – 345 F9 – ⊠ 20144   15 B3
🟩 Corse

▶ Ajaccio 157 – Ghisonaccia 42 – Porto-Vecchio 16 – Sartène 76
ℹ Mairie annexe ℰ 04 95 71 48 99

Le Pinarello sans rest   ⟨ 📱 AC ℀ 📶 P VISA ◉◉ AE
Pinarello – ℰ 04 95 71 44 39 – www.lepinarello.com – Ouvert de mi-avril à mi-oct.
31 ch – ♦214/455 € ♦♦230/551 € – 14 suites – ☐ 22 €
◆ Bel ensemble au luxe discret dans un cadre de rêve... Chambres et suites contemporaines, magnifique vue sur le golfe, centre de soins. À midi, snacking au luxueux bar-terrasse.

✕✕ Le Rouf   🏠 VISA ◉◉
Pinarello Sainte-Lucie-de-Porto-Vecchio – ℰ 04 95 71 50 48 – Ouvert avril-sept.
Rest – (39 € bc) Carte 60/120 €
◆ Dans une maison de 1857, où les tables sont dressées face à la mer. Rougets et chapons, papillotes de mérou et homard grillé : ici on ne travaille que la meilleure qualité.

✕✕ La Fleur de Sel   🏠 VISA ◉◉
Pinarello – ℰ 04 95 71 06 49 – Ouvert 15 mars-1er oct.
Rest – *(dîner seult) (nombre de couverts limité, prévenir)* Menu 35/75 € – Carte 55/75 €
◆ Face à la Méditerranée, une terrasse romantique noyée sous les jasmins, les roses et les oliviers. Cuisine terre et mer à prix doux, servie dans de la porcelaine et de l'argenterie.

STE-LUCIE-DE-TALLANO – 2A Corse-du-Sud – 345 D9 – 320 h.   15 B3
– alt. 450 m – ⊠ 20112

▶ Ajaccio 92 – Bonifacio 68 – Porto-Vecchio 48 – Sartène 19

✕ Santa Lucia   🏠 AC VISA ◉◉
◷
– ℰ 04 95 78 81 28 – Fermé janv. et dim. hors saison
Rest – Menu 18/24 € – Carte 23/32 €
◆ Sur la place du village, sa terrasse sous les platanes invite à faire une pause. À la carte : lapin au vin de myrte, civet de cochon sauvage et flan à la châtaigne...

STE-MARIE-SICCHÉ – 2A Corse-du-Sud – 345 C8 – 362 h. – alt. 420 m   15 A3
– ⊠ 20190

▶ Ajaccio 36 – Sartène 51

🏠 Santa Maria   🏠 AC ℀ 📶 P VISA ◉◉ AE ①
◷
– ℰ 04 95 25 72 65 – www.santa-maria-hotel.com
22 ch – ♦50/59 € ♦♦55/74 € – ☐ 8 € – ½ P 54/63 €
Rest – Menu 19/23 € – Carte 24/32 €
◆ Ambiance de pension de famille dans cet hôtel des années 1970 prisé des randonneurs. Les chambres sont simples et bien tenues, certaines avec balcon. Salle à manger rustique où l'on sert une cuisine familiale : charcuteries maison et spécialités corses.

SANT'ANTONINO – 2B Haute-Corse – 345 C4 – 89 h. – alt. 500 m – ⊠ 20220   15 A1
▶ Ajaccio 155 – Bastia 99 – Corte 74

✕ I Scalini   ⟨ 🏠 VISA ◉◉
haut du village – ℰ 04 95 47 12 92 – Ouvert de mai à sept. et fermé le mardi midi de mi-juin à fin août
Rest – *(nombre de couverts limité, prévenir)* Carte 34/53 €
◆ Un étroit escalier en pierre conduit à ce restaurant perché au sommet du village. Intérieur original (toilettes à voir absolument) et 4 petites terrasses ménageant de superbes panoramas. Délicieux petits plats et ambiance zen.

SARTÈNE – 2A Corse-du-Sud – **345** C10 – 3 096 h. – alt. 310 m – ⊠ 20100   **15** A3

▶ Ajaccio 84 – Bonifacio 50 – Corte 149

🛈 6, rue Borgo ℰ 04 95 77 15 40

👁 Vieille ville★★ - Musée de Préhistoire corse★.

La Villa Piana sans rest

rte de Propriano – ℰ 04 95 77 07 04 – www.lavillapiana.com
– Ouvert 1er avril-30 sept.
32 ch – †70/120 € ††70/165 € – ⊇ 9 €

♦ Superbe panorama sur Sartène et la vallée du Rizzanèse depuis le parc et la piscine à débordement. Préférez les chambres du rez-de-chaussée et leur terrasse verdoyante.

Santa Barbara

1 km à l'Est par N 196 et rte secondaire – ℰ 04 95 77 09 06 – www.santabarbara.fr
– Ouvert Pâques-15 oct. et fermé lundi sauf le soir en juil.-août
Rest – Menu 34 € – Carte 38/70 €

♦ Une villa moderne, dans un jardin exquis ouvrant sur Sartène et la vallée... Autres atouts : la cuisine, par une chef qui honore la tradition corse, et le service charmant, sous l'égide de sa fille.

SOLENZARA – 2A Corse-du-Sud – **345** F8 – 1 169 h. – alt. 310 m – ⊠ 20145   **15** B3

▶ Ajaccio 118 – Bonifacio 68 – Sartène 77

🛈 Anciennes ecoles ℰ 04 95 57 43 75

La Solenzara sans rest

quartier du Palais – ℰ 04 95 57 42 18 – www.lasolenzara.com – Ouvert mi-mars à fin oct.
28 ch ⊇ – †80/130 € ††80/130 €

♦ Grande demeure de style génois (18e s.) entourée d'un jardin. Chambres spacieuses, claires et sobres ; vue sur la mer à l'arrière. Espace bien-être, belle piscine à débordement.

Maison Rocca Serra sans rest

Scaffa Rossa, 1,5 km au Nord – ℰ 04 95 57 44 41
5 ch ⊇ – †100 € ††100/200 €

♦ Une grande bâtisse dans un jardin, d'où l'on accède directement à de petites criques privées... Chambres avec terrasse, décorées de mobilier ancien ; petit-déjeuner sous la véranda.

A Mandria

1 km au Nord – ℰ 04 95 57 41 95 – Fermé déc., janv., dim. soir et lundi hors saison
Rest – Menu 28/30 € – Carte 26/39 €

♦ Un restaurant au cadre pittoresque, proposant des grillades, des buffets de hors-d'œuvres et des spécialités corses. La pergola jouxte le potager.

ZONZA – 2A Corse-du-Sud – **345** E9 – 2 132 h. – alt. 780 m – ⊠ 20124   **15** B3

▶ Ajaccio 93 – Bonifacio 67 – Porto-Vecchio 40 – Sartène 38

👁 Col et aiguilles de Bavella★★★ NE : 9 km.

Le Tourisme sans rest

rte de Quenza – ℰ 04 95 78 67 72 – www.hoteldutourisme.fr – Ouvert d'avril à oct.
16 ch ⊇ – †85/150 € ††100/165 €

♦ Cet ancien relais de diligences (1875) a conservé sa fontaine d'origine. Chambres sobres et colorées avec balcon. Jardin et belle piscine chauffée avec vue sur la forêt de Zonza.

CORTE – 2B Haute-Corse – **345** D6 – **voir à Corse**

CORVOL-D'EMBERNARD – 58 Nièvre – **319** D8 – 109 h. – alt. 260 m   **7** B2
– ⊠ 58210

▶ Paris 236 – Cosne-sur-Loire 48 – Dijon 168 – Nevers 45

⌂ **Le Colombier de Corvol** ♨ 🖼 🔪 🍴 🚗 VISA ⓪
– *𝒞 03 86 29 79 60* – *www.lecolombierdecorvol.com*
5 ch 🖵 – **♦**53 € **♦♦**105 € **Table d'hôte** – Menu 45 € bc/60 € bc
♦ Ferme de caractère (1812) tenue par un couple belge amoureux d'art contemporain et de cuisine : chambres simples ornées d'œuvres, galerie dans une ancienne étable (expositions durant l'été) et table d'hôte orchestrée par monsieur, "amateur de plats en sauce".

COSNE-COURS-SUR-LOIRE ⊚ – 58 Nièvre – **319** A7 – 11 185 h. **7** A2
– alt. 150 m – ⊠ 58200 🟩 Bourgogne
▶ Paris 186 – Auxerre 83 – Bourges 61 – Montargis 76
🅸 place de l'Hôtel de Ville 𝒞 03 86 28 11 85
🅶 du Sancerrois à Sancerre, N : 10 km par D 955, 𝒞 02 48 54 11 22
◉ Cheminée★ du musée.

╳╳ **Le Vieux Relais** avec ch 🍴 🚗 VISA ⓪ AE
11 r. St-Agnan – *𝒞 03 86 28 20 21* – *http://le-vieux-relais.fr* – *Fermé 23 déc.-12 janv., vend. soir, sam. midi et dim. soir sauf juil.-août*
10 ch – **♦**75/83 € **♦♦**93/96 € – ⊡ 10 € – ½ P 75 €
Rest – (17 €) Menu 22/49 € bc – Carte 36/50 €
♦ Une vénérable maison à colombages entre Loire et Nohain. L'atmosphère est chaleureuse et l'assiette fait la part belle à la tradition. Chambres pratiques pour l'étape.

╳ **Le Chat** 🍴 🅿 VISA ⓪
☺ *42 r. Guérins, Villechaud* – *𝒞 03 86 28 49 03* – *Fermé 1er-8 janv., 15-31 août, dim. soir, lundi soir et mardi*
Rest – (18 €) Menu 22 € (déj. en sem.), 25/38 €
♦ Cet ancien bar de village est tenu par un jeune chef dynamique. Tables en bois, comptoir carrelé et poutres. À l'ardoise, une cuisine de bistrot inventive et pleine de goût.

LE COTEAU – 42 Loire – **327** D3 – rattaché à Roanne

LA CÔTE-ST-ANDRÉ – 38 Isère – **333** E5 – 4 653 h. – alt. 370 m **44** B2
– ⊠ 38260 🟩 Lyon Drôme Ardèche
▶ Paris 525 – Grenoble 50 – Lyon 67 – La Tour-du-Pin 33
🅸 place Hector Berlioz 𝒞 04 74 20 61 43

╳╳ **France** avec ch 🚗 🆔 🍴 🆘 VISA ⓪ AE
16 pl. de l'Église – *𝒞 04 74 20 25 99* – *www.hoteldefrance.info*
14 ch – **♦**58/65 € **♦♦**65/75 € – ⊡ 10 € – ½ P 84 €
Rest – (fermé dim. soir et lundi) Menu 28 € (sem.), 40/80 € – Carte 48/86 €
♦ Au cœur de la cité natale de Berlioz, cette demeure ancienne vous propose une cuisine ancrée dans la tradition. Petites chambres simples mais rafraîchies.

COTI-CHIAVARI – 2A Corse-du-Sud – **345** B9 – voir à Corse

COTINIÈRE – 17 Charente-Maritime – **324** C4 – voir à Île d'Oléron

COUDEKERQUE-BRANCHE – 59 Nord – **302** C1 – rattaché à Dunkerque

COUDRAY – 53 Mayenne – **310** F8 – rattaché à Château-Gontier

LE COUDRAY-MONTCEAUX – 91 Essonne – **312** D4 – **106** 44 – voir à Paris, Environs (Corbeil-Essonnes)

COUËRON – 44 Loire-Atlantique – **316** F4 – rattaché à Nantes

COUILLY-PONT-AUX-DAMES – 77 Seine-et-Marne – **312** G2 **19** C2
– 2 028 h. – alt. 50 m – ⊠ 77860 🟩 Île de France
▶ Paris 45 – Coulommiers 20 – Lagny-sur-Marne 12 – Meaux 9

XX ✿✿ **Auberge de la Brie** (Alain Pavard) 🚗 AC ⇔ P VISA ⊙ AE
14 av. Alphonse Boulingre , (D 436) – ℰ 01 64 63 51 80
– www.aubergedelabrie.com – Fermé 17-26 avril, 30 juil.-24 août, 24 déc.-6 janv.,
dim. et lundi
Rest – (nombre de couverts limité, prévenir) (29 €) Menu 45/68 €
– Carte 64/105 € ❀
Spéc. Carpaccio de langoustines et daurade royale, espuma de cresson et pousses
d'épinard. Ris de veau braisé au jus réduit, marmelade d'oignon au jambon Ibé-
rico. Tarte sablée tiède au chocolat guanaja, chocolat liégeois à boire.
◆ Parmi les atouts que compte cette coquette maison briarde : son cadre
contemporain raffiné, sa délicieuse cuisine actuelle personnalisée et son accueil
tout sourire.

COUIZA – 11 Aude – **344** E5 – 1 191 h. – alt. 228 m – ✉ 11190　　**22** B3
▌ Languedoc Roussillon

▶ Paris 785 – Carcassonne 41 – Foix 75 – Perpignan 88

🏠 **Château des Ducs de Joyeuse** ⚜　🚗 ♨ ⛱ XX ᵞ 📶 🎿
allée du Château – ℰ 04 68 74 23 50　　　　　　　　　VISA ⊙ AE ①
– www.chateau-des-ducs.com – Ouvert 18 mars-13 nov.
35 ch – ♦94/230 € ♦♦94/230 € – ☲ 14 €
Rest – (fermé dim. et lundi sauf de juin à sept. et le midi du 18 mars au 1er mai
et du 1er oct. au 13 nov.) Menu 24 € (déj.)/57 € – Carte 57/70 € le soir
◆ Les tours de ce beau château fortifié (16e s.) abritent des chambres simples
d'inspiration médiévale (pierres, poutres, lits à baldaquin). Élégante salle à manger
voûtée ; cuisine sensible au rythme des saisons et au terroir.

COULANDON – 03 Allier – **326** G3 – rattaché à Moulins

COULLONS – 45 Loiret – **318** L6 – 2 385 h. – alt. 166 m – ✉ 45720　　**12** C2
▶ Paris 165 – Aubigny-sur-Nère 18 – Gien 16 – Orléans 60

XX **La Canardière**　　　　　　　　　　🚗 AC ⇔ VISA ⊙
⊙⊙ 1 r. de la Mairie – ℰ 02 38 29 23 47 – www.restaurantlacanardiere.fr
– Fermé 8-30 août, 19 déc.-3 janv., dim. soir, merc. soir, lundi et mardi
☺ **Rest** – Menu 28/69 € – Carte 28/59 €
Rest Le Bistro – (15 €) Menu 18 € – Carte 15/25 €
◆ Le cadre est rustique, avec ses poutres et sa cheminée en cuivre. La cuisine
n'en est pas moins écoresponsable ! Légumes, herbes du jardin, inventivité et respect des saisons. Au Bistro, menu à l'ardoise ou carte traditionnelle dans une
atmosphère conviviale.

COULOMBIERS – 86 Vienne – **322** H6 – 1 048 h. – alt. 141 m　　**39** C2
– ✉ 86600
▶ Paris 352 – Couhé 25 – Lusignan 8 – Parthenay 44

🏠 **Auberge le Centre Poitou**　　🚗 📶 ♿ 📶 🎿 🏡 VISA ⊙
🍽 39 r. Nationale – ℰ 05 49 60 90 15 – www.centre-poitou.com – fermé
23 oct.-7 nov., vacances de fév., dim. soir et lundi de sept. à juin
13 ch – ♦50 € ♦♦55/95 € – ☲ 8,50 € – ½ P 60/80 €
Rest – (14 € bc) Menu 28/75 € – Carte 66/94 €
◆ La même famille tient ce relais de poste plein de charme depuis 1870. Étape
du chemin de Compostelle, il abrite des chambres au mobilier Louis Philippe ou
en pin et un joli salon-piano. Chaleureux restaurant façon auberge et carte
au goût du jour bien composée.

COULOMMIERS – 77 Seine-et-Marne – **312** H3 – 13 836 h. – alt. 85 m　　**19** D2
– ✉ 77120　▌ Île de France
▶ Paris 62 – Châlons-en-Champagne 111 – Meaux 26 – Melun 46
🅩 7, rue du Général-de-Gaulle ℰ 01 64 03 88 09

Les Échevins

quai de l'Hôtel-de-Ville – ✆ 01 64 20 75 85 – www.lesechevins.com – Fermé 24 juil.-15 août, vacances scolaires de fév., dim. et lundi

Rest – (11 €) Menu 18 € (sem.) – Carte 29/55 €

◆ Au cœur de la ville, cette maison posée sur la rive d'un canal du Morin dissimule une salle aux tons pastel et une terrasse d'été protégée. Menus inspirés par les saisons.

à Pommeuse **Ouest : 6,5 km – 2 693 h. – alt. 67 m – ✉ 77515**

Le Moulin de Pommeuse sans rest

32 av. Gén. Herne – ✆ 01 64 75 29 45 – www.le-moulin-de-pommeuse.com

5 ch – ♦57 € ♦♦74/85 €

◆ Ce moulin à eau du 14e s. abrite de jolies chambres aux noms évocateurs : Semailles, Moisson, Batteuse... Petit salon aménagé dans l'ex-machinerie et parc agrémenté d'une île.

COULON – 79 Deux-Sèvres – 322 C7 – 2 215 h. – alt. 6 m – ✉ 79510 — 38 B2

Poitou Vendée Charentes

Paris 418 – Fontenay-le-Comte 25 – Niort 11 – La Rochelle 63

31, rue Gabriel Auchier ✆ 05 49 35 99 29

Marais poitevin★★.

Au Marais sans rest

quai L. Tardy – ✆ 05 49 35 90 43 – www.hotel-aumarais.com – Fermé 15 déc.-1er fév.

18 ch – ♦70 € ♦♦80 € – ☕ 12 €

◆ Face à l'embarcadère pour le Marais mouillé, deux anciennes maisons de bateliers rénovées. Agréables chambres mêlant classique et contemporain, certaines avec vue sur la Sèvre.

Le Central avec ch

4 r. d'Autrement – ✆ 05 49 35 90 20 – www.hotel-lecentral-coulon.com – Fermé 14 fév.-8 mars, dim. soir et lundi

13 ch – ♦53/55 € ♦♦60/74 € – ☕ 10 € – ½ P 58/65 €

Rest – (15 €) Menu 18 € (sem.), 28/41 € – Carte 42/54 €

◆ Pour une escapade champêtre au cœur de la Venise verte... Poutres blanchies, vaisselier à l'ancienne. La cuisine cultive elle aussi la tradition : anguilles, escargots, fromage de chèvre. Chambres chaleureuses, revues dans un esprit campagnard chic.

COUPELLE-VIEILLE – 62 Pas-de-Calais – 301 F4 – 508 h. – alt. 147 m – ✉ 62310 — 30 A2

Paris 232 – Abbeville 58 – Arras 64 – Boulogne-sur-Mer 48

Le Fournil

r. St-Omer – ✆ 03 21 04 47 13 – www.restaurant-lefournil.fr – Fermé mardi soir, dim. soir, soirs fériés et lundi

Rest – (14 €) Menu 17 € (sem.), 25/30 € – Carte 38/54 €

◆ Un ancien relais de poste typique du Pas-de-Calais. On y savoure une cuisine de saison aux accents régionaux et de bons vins... L'été, on s'installe dans le jardin ombragé.

COURBAN – 21 Côte-d'Or – 320 I2 – 163 h. – alt. 262 m – ✉ 21520 — 8 C1

Paris 252 – Dijon 101 – Chaumont 43 – Langres 58

Château de Courban

7 r. du Lavoir – ✆ 03 80 93 78 69 – www.chateaudecourban.com – Fermé 25 déc.-1er janv.

20 ch – ♦95/295 € ♦♦95/295 € – ☕ 14 € – ½ P 99/225 €

Rest – *(fermé le midi hors saison et vacances scolaires)* Menu 35/58 €

◆ Charme, authenticité et modernité caractérisent cette demeure bourgeoise entourée de beaux jardins. Chambres cosy, salons confortables, piscine. Salle à manger façon "orangerie", terrasse orientée vers la verdure, et cuisine traditionnelle, servie uniquement le soir.

COURBEVOIE – 92 Hauts-de-Seine – 311 J2 – 101 15 – voir à Paris, Environs

COURCELLES-DE-TOURAINE – 37 Indre-et-Loire – 317 K4 – 393 h. 11 A2
– alt. 85 m – ⊠ 37330

▶ Paris 267 – Angers 74 – Chinon 46 – Saumur 46
🏌 du Château des Sept-Tours, E : 7 km, 𝒞 02 47 24 69 75

au golf 7 km à l'Est dir. Ambillou puis Château La Vallière – ⊠ 37330 **Courcelles-de-Touraine :**

🏰🏰 **Château des Sept Tours** ॐ ≤ 🕊 🏊 🏌 🎿 ⅙ ch, 🗚 rest, ✵ rest,
Le Vivier des Landes - D34 – 𝒞 02 47 24 69 75 ᵞ¹ ⅙ 🅿 🆅🆂🅰 ◉◉ 🅰🅴
– www.7tours.com – Fermé mi-déc. à mi-fév.
45 ch – †150/170 € ††280/330 € – ⌓ 20 €
Rest – *(fermé le midi du lundi au jeudi)* (29 € bc) Menu 45/80 € – Carte 62/74 €
Rest Club House – 𝒞 02 47 24 59 67 *(fermé le soir de sept. à mai)* (20 €)
Menu 23 € (déj.)/45 € – Carte environ 31 €
◆ Ce beau château du 15ᵉ s., entouré d'un golf 18 trous, est impressionnant avec ses... sept tours ! Chambres agréables, plus fonctionnelles dans l'orangerie. Cuisine gastronomique d'influence méridionale servie dans une salle bourgeoise ou sous la véranda. Carte actuelle au Club House, situé dans une ancienne chapelle.

COURCELLES-SUR-VESLE – 02 Aisne – 306 D6 – 321 h. – alt. 75 m 37 C2
– ⊠ 02220

▶ Paris 122 – Fère-en-Tardenois 20 – Laon 35 – Reims 39

🏰🏰 **Château de Courcelles** ॐ ≤ 🕊 🍴 🎿 ✵ ⅙ ch, 🗚 rest, ⅙ 🅿
🌸 *8 r. du Château* – 𝒞 03 23 74 13 53 🆅🆂🅰 ◉◉ 🅰🅴 ◉
– www.chateau-de-courcelles.fr
15 ch – †195/365 € ††195/365 € – 3 suites – ⌓ 20 € – ½ P 182/312 €
Rest – Menu 55/95 € – Carte 80/120 €♨
Spéc. Foie gras de canard en habit vert à la croque au sel. Ris de veau. Café gourmand. **Vins** Champagne.
◆ Château du 17ᵉ s. dans un parc de 20 ha (étang) auquel Crébillon, Rousseau ou encore Cocteau ont donné ses lettres de noblesse. Ciels de lit, baldaquins, meubles de style... Cuisine gastronomique dans une salle raffinée ou une belle véranda au mobilier Napoléon III.

COURCHEVEL – 73 Savoie – 333 M5 – Sports d'hiver : 1 100/2 750 m 45 D2
🎿 11 ⛷ 54 🎿 – ⊠ 73120 ▮ Alpes du Nord

▶ Paris 660 – Albertville 52 – Chambéry 99 – Moûtiers 25
Altiport 𝒞 04 79 08 31 23, S : 4 km
🛈 le Cur de Courchevel 𝒞 04 79 08 00 29

Plan page 563

à Courchevel 1850 – alt. 1 850 m – ⊠ 73120

◉ ❄ ★ - Belvédère la Saulire ★★★ (télécabine).

🏰🏰🏰 **Les Airelles** ॐ ≤ 🍴 🔲 ❄ ♨ 🎿 ⅙ ch, 🗚 rest, ✵ ᵞ¹ 🚗 🆅🆂🅰 ◉◉ 🅰🅴 ◉
🌸🌸 *Au Jardin Alpin* – 𝒞 04 79 00 38 38 – www.airelles.fr – Ouvert mi-déc.-mi-avril
37 ch (½ P seult) – 15 suites – ⌓ – ½ P 950/2450 € **Zh**
Rest Pierre Gagnaire pour les Airelles – *(dîner seult)* Menu 220 € (sem.)/300 €
– Carte 270/450 €♨
Spéc. Corolle de homard bleu enrobée d'une gelée de crustacés. Turbot rôti à l'arête terminé au four sur un lit de varech, fondue de poireaux à la moelle. Le "Grand Dessert" de Pierre Gagnaire.
Rest La Table du Jardin – Carte 180/400 €
Rest Le Coin Savoyard – *(dîner seult)* Carte environ 200 €
◆ Le palace des neiges par excellence, dédié au raffinement : somptueux décor à la tyrolienne, spa d'élite, service sur mesure. Avalanche de saveurs inouïes aux Airelles de Pierre Gagnaire, où l'audace de la cuisine le dispute à celle des prix. Délicieuse terrasse à la Table du Jardin. Carte fromagère au Coin Savoyard.

Cheval Blanc ⊗ ◁ ⊠ 🕸 spa ⅃♨ 🖤 ⅌ ☆ "↑ ⊚ VISA ⬤ AE
au Jardin Alpin – ℰ 04 79 00 50 50 – www.chevalblanc.com – Ouvert mi-déc.-mi-avril
32 ch (½ P seult) – 2 suites – ½ P 675/1250 €   **Zm**
Rest *Le 1947* – Menu 115 € (déj.)/195 € – Carte 165/250 € 🕸
Spéc. Mousseline de pommes de terre rattes au jus de poulet, truffes et jaune d'œuf confit. Filet de bœuf black Angus à la royale, pâtes coudées gonflées au jus de truffe. Fuseau croustillant au chocolat lacté, copeaux de truffe noire à la fleur de sel.
◆ Fastueuses chambres, appartement de 650 m², cadre design, photos signées K. Lagerfeld, spa Givenchy, boutiques de luxe : le chalet de montagne version "haute couture". Au 1947, cuisine tout en finesse et délicatesse, à base de produits magnifiques et... magnifiés ; sélection de Cheval Blanc.

Le Kilimandjaro ⊗ ◁ ⊠ 🚿 🕸 spa ⅃♨ 🖤 ⅌ ☆ "↑ ⊚ VISA ⬤ AE
rte Altiport - Z – ℰ 04 79 01 46 46   VISA ⬤ AE ①
– www.hotelkilimandjaro.com – Ouvert de mi-déc. à mi-avril
32 ch (½ P seult) – 3 suites – ⊑ – ½ P 345/825 €
Rest *La Table du Kilimandjaro* – (dîner seult) Menu 90/150 € – Carte 100/225 €
Spéc. Langoustines des côtes bretonnes aux agrumes. Saint-pierre de Méditerranée piqué au fenouil sec, encornets au saté, olives taggiasche. Onctueux citron en texture crémeuse, pain de Gênes, comète glacée au calisson d'Aix.
Rest *Les Terrasses du Kilimandjaro* – (déj. seult) Carte 85/160 €
◆ Un véritable hameau de montagne, formé de luxueux chalets : matériaux nobles (lauze, pierre et bois vieilli), équipements high-tech et confort absolu. Le soir venu, la Table réserve des plaisirs de haute gastronomie ; service accort. Au pied des pistes, les Terrasses accueillent les skieurs pour une pause gourmande.

Le Strato ⊗ ◁ ⊠ spa ⅃♨ 🖤 ⅌ ☆ "↑ ⊚ VISA ⬤ AE
rte de Bellecôte – ℰ 04 79 41 51 60 – www.hotelstrato.com
– Ouvert 18 déc.-10 avril   **Zf**
23 suites (½ P seult) – 2 ch – ½ P 500/2000 €
Rest – Menu 95 € (déj.) – Carte 150/280 € le soir
Spéc. Velouté de champignons et truffes. Turbot au fenouil confit et bouillon de poissons de roche. Millefeuille comme à Baumanière.
◆ Dernier né de la station (fin 2009), cet hôtel-chalet associe luxe, grand confort et esprit sportif : spa de 800 m², mobilier design et pièces anciennes, décor sur le thème du ski – face aux pistes. Au restaurant, les mets slaloment avec grâce et précision entre inspirations provençales et influences hivernales.

Amanresorts Le Mélézin ⊗ ◁ 🕸 ⊠ 🕸 spa ⅃♨ 🖤 ⅌ "↑ P̄ ⊚
r. Bellecôte – ℰ 04 79 08 01 33 – www.amanresorts.com   VISA ⬤ AE
– Ouvert 17 déc.-11 avril   **Yr**
23 ch – †760/1760 € ††760/1760 € – 8 suites – ⊑ 30 €
Rest – Carte 70/100 €
◆ Au pied des pistes, hôtel élégant et très intime, propice à la détente : spa complet, grandes chambres lumineuses et zen, certaines avec espace "day bed" (dédié au repos de jour). Outre sa carte traditionnelle, le restaurant propose des spécialités thaïlandaises.

Le Lana ⊗ ◁ 🕸 ⊠ spa ⅃♨ 🖤 ☆ ⅌ rest, "↑ ⊚ VISA ⬤ AE ①
rte de Bellecote – ℰ 04 79 08 01 10 – www.lelana.com – Ouvert 10 déc.-16 avril
55 ch (½ P seult) – 30 suites – ½ P 200/715 €   **Yp**
Rest *La Table du Lana* – (55 €) Menu 80 € – Carte 100/130 € 🕸
◆ L'un des premiers hôtels de la station, demeuré le chouchou de la jet-set. Branché, design, moderne, baroque ou plus classique : le décor des chambres et salons est soigné. Bel espace bien-être. À La Table du Lana, carte simple à midi, plus ambitieuse le soir.

Annapurna ⊗ ◁ 🕸 ⊠ spa ⅃♨ 🖤 ⅌ rest, "↑ ⁂ P̄ ⊚ VISA ⬤ AE ①
rte Altiport - Z - ℰ 04 79 08 04 60 – www.annapurna-courchevel.com – Ouvert mi-déc. à mi-avril
64 ch ⊑ – †300/1245 € ††540/1260 € – 7 suites
Rest – Menu 66 € (déj.)/72 € – Carte 48/151 €
◆ Avis aux skieurs : cet hôtel – le plus haut de la station – tutoie les cimes, dans un environnement immaculé. Décor d'esprit montagnard ; les chambres au sud dominent les pistes. Grande salle à manger et terrasse face à la Saulire ; cuisine traditionnelle.

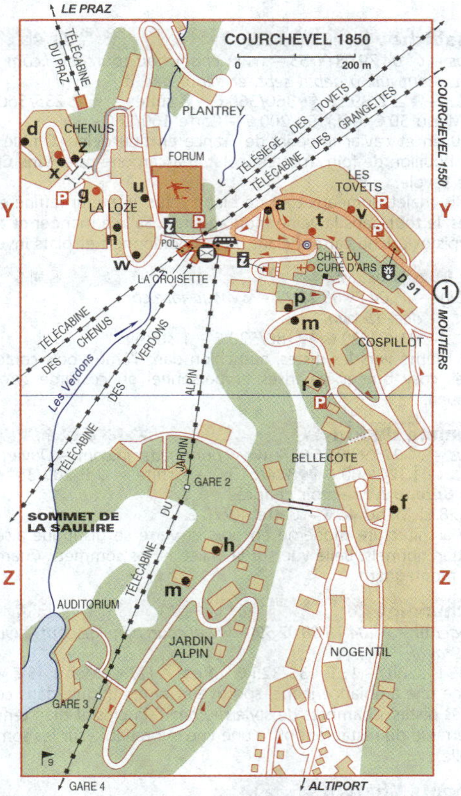

COURCHEVEL 1850
0
200 m
LE PRAZ
TÉLÉCABINE DU PRAZ
COURCHEVEL 1550
PLANTREY
CHENUS
FORUM
LA LOZE
TÉLÉSIÈGE DES TOVETS
TÉLÉCABINE DES GRANGETTES
LES TOVETS
POL.
LA CROISETTE
CHLLE DU CURÉ D'ARS
D 91
1
MOUTIERS
COSPILLOT
TÉLÉCABINE DES CHENUS
Les Verdons
TÉLÉCABINE DES VERDONS
ALPIN
JARDIN
GARE 2
BELLECOTE
SOMMET DE LA SAULIRE
TÉLÉCABINE DU JARDIN ALPIN
AUDITORIUM
JARDIN ALPIN
NOGENTIL
GARE 3
GARE 4
ALTIPORT
Y
Z
d
z
x
g
u
n
w
a
t
v
p
m
r
f
h

Les Suites de la Potinière sans rest

r. du Plantret 73120 – 04 79 08 00 16 – www.suites-potiniere.com – Ouvert mi-déc. à fin avril Yu

16 suites – 1500/2800 € – 30 €

◆ Luxe discret, raffinement et élégance en cet hôtel contemporain proche de la Croisette. Suites spacieuses, œuvres d'art. Petite restauration (tapas) au séduisant bar-lounge.

Saint-Roch rest,

rte de Bellecôte – 04 79 08 02 66 – www.lesaintroch.com – Ouvert de mi-déc. à mi-avril Ym

10 suites – 980/1990 € – 5 ch

Rest – *(fermé le midi)* Menu 70 € – Carte 70/200 €

◆ Oubliez l'esprit montagnard dans cet hôtel ostensiblement chic et moderne, au décor parfois très original. Chaque chambre dispose de son hammam. Au restaurant, tout de noir vêtu, carte aux notes plus traditionnelles.

La Sivolière rest,

r. des Chenus – 04 79 08 08 33 – www.hotel-la-sivoliere.com – Ouvert 9 déc.-28 avril Yd

24 ch – 400/665 € 400/665 € – 12 suites – 35 €

Rest – Menu 90 € – Carte 80/150 €

◆ Sur les hauteurs, chalet de caractère distillant un charme sûr. Décor contemporain et raffiné dans les espaces communs ; montagnard et cosy dans les chambres. Le must : la piscine face à la forêt. Au restaurant, flambées dans la cheminée design et carte actuelle.

Le Chabichou (Michel Rochedy) ⑳ ≤ 🏠 f6 ⊡ & ch, ⅋ 🔥 🚗 ①
 r. Chenus – ☏ 04 79 08 00 55 – www.chabichou-courchevel.com
– Ouvert début juil. à début sept. et début déc. à fin avril **Yz**
33 ch ⊡ – †252/392 € ††360/560 € – 8 suites – ½ P 235/560 €
Rest – Menu 50 € (déj.), 90/200 € – Carte 160/260 €
Spéc. Oursin et caviar impérial de France en fine gelée. Omble Chevalier confit
dans un bouillon de foin. Tout chocolat, mascarpone café. **Vins** Chignin-Bergeron,
Pinot de Savoie.
• De jolis chalets jumeaux tout de blanc vêtus. Intérieur raffiné et chambres cha-
leureuses, le tout dans la veine montagnarde. Salle à manger et terrasse tournées
vers les pistes ; riche carte mêlant mets traditionnels et plats inventifs.

 De la Loze sans rest ⊡ ⅋ ⅋ 🇻🇮🇸🇦 🟠 🇦🇪 ①
r. Park City – ☏ 04 79 08 28 25 – www.la-loze.com
– Ouvert 11 déc.-15 avril **Yw**
28 ch ⊡ – †180/520 € ††180/520 € – 1 suite
• Hôtel tourné vers les pistes, autrichien dans l'âme : bois couleur pain d'épice,
chambres cosy ornées de frises et personnel en costume tyrolien. Petit hammam, sauna.

 La Pomme de Pin ⑳ ≤ 🏠 f6 ⊡ & ch, ⅋ 🚗 🇻🇮🇸🇦 🟠 🇦🇪 ①
r. Chenus – ☏ 04 79 08 36 88 – www.pommedepin.com – Ouvert 18 déc.-25 avril
48 ch ⊡ – †324/600 € ††334/610 € – 1 suite – ½ P 209/351 € **Yx**
Rest *Le Bateau Ivre* – voir ci-après
Rest – (28 €) Menu 46 € – Carte 40/70 €
• Cette architecture moderne en bois et verre se distingue aisément parmi les
chalets traditionnels. Belle vue sur la vallée et les sommets. Chambres spacieuses
de style montagnard.

 Courcheneige ⑳ ≤ 🏠 ⊡ 🚗 🇻🇮🇸🇦 🟠 🇦🇪
r. de Nogentil – ☏ 04 79 08 02 59 – www.courcheneige.com – Ouvert
17 déc.-9 avril **Yf**
86 ch (½ P seult) – ½ P 135/325 € **Rest** – (27 €) Menu 45 € – Carte 19/48 €
• Il règne une ambiance jeune, sportive et sympathique, dans ce chalet posé au
milieu des pistes. Chambres de style régional, simples et bien tenues (couettes de
lit). La terrasse du restaurant offre une vue imprenable sur les sommets ; carte traditionnelle.

 Les Monts Charvin sans rest ⅋ ⅋ 🇻🇮🇸🇦 🟠 🇦🇪
impasse des Verdons – ☏ 04 79 04 19 10
– www.lesmontscharvin-courchevel1850.com – Ouvert de déc. à avril et juil.-août
20 ch – †120/310 € ††120/310 € – ⊡ 15 € **Ya**
• Petit hôtel convivial et authentique, au cœur de la station : coquette décoration alpestre, salon avec feu de cheminée, tenue impeccable. Tarifs intéressants pour Courchevel.

XXX **Le Bateau Ivre** (Jean-Pierre Jacob) – Hôtel La Pomme de Pin ≤
☸ r. Chenus – ☏ 04 79 00 11 71 – www.pommedepin.com 🇻🇮🇸🇦 🟠 🇦🇪 ①
– Ouvert mi-déc. à mi-avril et fermé le midi du lundi au vend.
Rest – Menu 85/170 € – Carte 110/180 € ⅋ **Yx**
Spéc. Brochet en quenelles, émulsion d'écrevisses. Ris de veau braisé, jus au
citron confit. Feuillet, crème à l'anis étoilé, sorbet à la banane. **Vins** Roussette de
Savoie, Chignin-Bergeron.
• Ce bateau des cimes offre une vue époustouflante sur Courchevel et les
vagues blanches des sommets de la Vanoise : une bouffée d'air pur. Recettes
actuelles accompagnées d'un beau choix de vins régionaux. Service attentif.

XX **Le Genépi** 🇻🇮🇸🇦 🟠 🇦🇪
r. Park City – ☏ 04 79 08 08 63 – www.legenepi-courchevel.com – Ouvert sept.
à avril et fermé sam. et dim. de sept. à nov. **Yg**
Rest – Menu 32 € (déj.)/49 € – Carte 40/80 €
• Accueil sympathique en ce petit restaurant familial : le feu crépite dans le
salon. Le chef, né à Courchevel, propose une cuisine régionale bien ficelée
(menu skieur à midi).

✗✗ **La Saulire** 🕮 VISA ⊙ AE
pl. Rocher – ℰ 04 79 08 07 52 – www.lasaulire.fr – Ouvert 1er déc.-30 avril
Rest – (28 €) Menu 36 € (déj.) – Carte 50/85 €   Y**t**
♦ Au cœur de la Savoie : un décor tout de bois blond, rehaussé de vieux objets montagnards… Menu du jour à midi et recettes à base de truffes du Périgord le soir.

à Courchevel 1650 par ① : 4 km – ✉ 73120

🏠🏠🏠 **Manali** ⤳ ⟨ 🕮 🔲 ⊙ 🖪 🎐 🍸 rest, 🍴 🚗 VISA ⊙ AE
r. Rosière – ℰ 04 79 08 07 07 – www.hotelmanali.com – Ouvert déc.-avril
29 ch ⤶ – †330/820 € ††440/920 € – 7 suites
Rest – (30 €) Menu 67 € (dîner) – Carte 50/70 €
♦ Du nom d'un village himalayen, un luxueux chalet mâtiné d'exotisme : au gré des chambres, le bois montagnard rencontre des inspirations indiennes (frises sculptées) ou canadiennes (rondins de bois). Au restaurant, décor Bollywood et cuisine actuelle teintée d'épices.

🏢 **Le Seizena** 🎐 🍴 VISA ⊙
– ℰ 04 79 08 26 36 – www.hotelseizena.com – Ouvert de mi-déc. à mi-avril
20 ch ⤶ – †115/175 € ††230/350 € **Rest** – Carte environ 40 €
♦ Un hommage original et réussi au Cessna et à l'aéronautique : chambres modernes évoquant des cabines, salles de bain façon cockpit, maquettes d'avions… Au restaurant, la carte se décline en "vols intérieurs" et "longs courriers", entre Savoie et saveurs du monde.

au Praz (Courchevel 1300) 8 km par ① – ✉ 73120 St Bon Tarentaise

🏢 **Les Peupliers** 🖪 🎐 🍴 P VISA ⊙
– ℰ 04 79 08 41 47 – www.lespeupliers.com – Fermé mai-juin et les week-ends de sept. à nov.
35 ch – †90/205 € ††110/305 € – ⤶ 12 € – ½ P 90/190 €
Rest La Table de mon Grand-Père – Menu 29 € – Carte 31/75 €
♦ Cet hôtel familial situé à deux pas d'un petit lac abrite des chambres chaleureuses et lambrissées ; elles sont dotées de balcons côté sud. Accueil sympathique. Jolies boiseries savoyardes et plats traditionnels à La Table de mon Grand-Père.

✗ **Azimut** (François Moureaux) 🔄 VISA ⊙
⊚ Immeuble l'Or Blanc – ℰ 04 79 06 25 90 – www.restaurantazimut.com
– Ouvert mi-déc.- fin avril
Rest – (prévenir le midi) (25 €) Menu 30/85 € – Carte 46/90 €
Spéc. Foie gras poêlé, émulsion de fruits de la passion. Saint-Jacques, royale de beaufort et crème de chorizo. Parfait glacé au génépi, minestrone de fruits. **Vins** Chignin-Bergeron, Mondeuse.
♦ Adresse sympathique et aux prix mesurés, qui propose une cuisine très sûre, simple et actuelle, à base d'excellents produits. Bon choix de vins du Jura. Accueil très aimable.

✗ **Le Bistrot du Praz** 🕮 VISA ⊙ AE
– ℰ 04 79 08 41 33 – Fermé mai
Rest – Menu 26 € – Carte 34/70 €
♦ Dans le village du Praz, petit chalet au cadre savoyard chaleureux, proposant une cuisine de bistrot bien gourmande. Spécialités de foie gras (froid ou chaud).

à la Tania 12 km par ① – ✉ 73120

🄳 imm Folières ℰ 04 79 08 40 40

✗✗ **Le Farçon** (Julien Machet) 🕮 🎐 VISA ⊙ AE
⊚ immeuble la Kalinka – ℰ 04 79 08 80 34 – www.lefarcon.fr – Ouvert mi-juin à mi-sept., début déc. à mi-avril et fermé dim. soir en été et lundi
Rest – (25 €) Menu 42/110 € – Carte 18/45 €
Spéc. Huître spéciale servie tiède à la grenobloise. Épaule d'agneau cuite doucement en croûte de pain. Sorbet au foin de nos montagnes. **Vins** Chignin-Bergeron, Vin de Savoie.
♦ Si l'agréable décor façon chalet (dû au père du chef, menuisier de son état) honore la Savoie, la cuisine explore un territoire de saveurs plus large, avec inventivité et soin.

COUR-CHEVERNY – 41 Loir-et-Cher – **318** F6 – 2 591 h. – alt. 86 m **11** AB1
– ✉ 41700

▶ Paris 194 – Blois 14 – Châteauroux 88 – Orléans 73

🛈 12, rue du Chêne des Dames ℰ 02 54 79 95 63

⚲ Château de Cheverny★★★ S : 1 km - Porte★ de la chapelle du château de
Troussay SO : 3,5 km - Château de Beauregard★ ▮ Châteaux de la Loire

St-Hubert ⬚ ⬚ ⬚ **P** VISA ⬚ AE ⓘ

122 rte Nationale – ℰ 02 54 79 96 60 – www.hotel-sthubert.com
21 ch – ♦55/75 € ♦♦55/75 € – ⬚ 9 € – ½ P 58 €
Rest – *(fermé dim. soir de nov. à mars)* Menu 18 € (déj. en sem.), 25/33 €
– Carte 39/58 €
♦ Un petit hôtel placé sous la protection du patron des chasseurs – logique dans
une localité avec une telle tradition de vénerie ! Plaisante ambiance provinciale,
âtre au salon... Salle de restaurant lumineuse et colorée ; cuisine traditionnelle et
gibier en saison.

à Cheverny 1 km au Sud – 947 h. – alt. 110 m – ✉ 41700

🛈 12, rue du Chêne des Dames ℰ 02 54 79 95 63

Château du Breuil ⬚ ⬚ ⬚ ⬚ ⬚ rest, ⬚ **P** VISA ⬚ AE

*23 rte de Fougères, Ouest : 3 km par D 52 et voie privée – ℰ 02 54 44 20 20
– www.chateau-hotel-du-breuil.com*
35 ch – ♦120/185 € ♦♦140/230 € – 4 suites – ⬚ 16 €
Rest – *(dîner seult) (résidents seult)* Menu 40 €
♦ Visitez Cheverny et logez au Breuil : un parc arboré de 30 ha préserve ce petit
château (18ᵉ s.) du monde extérieur. Décor soigné ; quelques belles chambres
dans les anciennes granges, côté verger. Cuisine traditionnelle au restaurant.

COURCOURONNES – 91 Essonne – **312** D4 – **101** 36 – **voir à Paris, Environs**
(Évry)

COURLANS – 39 Jura – **321** C6 – **rattaché à Lons-le-Saunier**

COURS – 69 Rhône – **327** E3 – 3 975 h. – alt. 543 m – ✉ 69470 **44** A1

▶ Paris 416 – Chauffailles 17 – Lyon 75 – Mâcon 70

au col du Pavillon 4 km à l'Est par D 64 – alt. 755 m – ✉ 69470 Cours la Ville

Le Pavillon ⬚ ⬚ ⬚ ⬚ ⬚ ⬚ **P** VISA ⬚

– ℰ 04 74 89 83 55 – www.hotel-pavillon.com
21 ch – ♦47 € ♦♦57 € – ⬚ 8,50 € – ½ P 53 €
Rest – *(fermé dim. soir)* (11 €) Menu 15/35 € – Carte 35/48 €
♦ Au col même, en lisière de forêt ; la quiétude de l'environnement, l'architecture
d'inspiration nordique et les chambres confortables font de cet hôtel une étape
plaisante. Cuisine classique servie dans une salle à manger contemporaine prolongée d'une véranda.

COURSAC – 24 Dordogne – **329** E5 – 1 573 h. – alt. 200 m – ✉ 24430 **4** C1

▶ Paris 556 – Angoulême 91 – Bordeaux 127 – Périgueux 14

Le Clos Bruyols sans rest ⬚ ⬚ ⬚ ⬚ ⬚

impasse de Bruyols – ℰ 05 53 07 56 61 – www.le-clos-bruyols.com
4 ch ⬚ – ♦85 € ♦♦85/150 €
♦ De chaque pièce de cette métairie, la propriétaire a fait un lieu unique (objets
chinés, mobilier ancien). Mention spéciale pour la suite du colombier ! Bibliothèque, billard, sauna...

COUR-ST-MAURICE – 25 Doubs – **321** K3 – 177 h. – alt. 500 m **17** C2
– ✉ 25380

▶ Paris 481 – Baume-les-Dames 50 – Besançon 68 – Montbéliard 44

🏠 **Le Moulin** ⬧   ◁ 🚲 🍽 rest, **P** 𝘝𝘐𝘚𝘈 ⓪⓪
Le Moulin du Milieu, 3 km à l'Est sur D 39 – ℰ 03 81 44 35 18 – Ouvert de mars à sept. et fermé merc. hors saison
5 ch – ♦45 € ♦♦60/76 € – ⊇ 6,50 € – ½ P 58/63 €
Rest – *(nombre de couverts limité, prévenir)* Menu 21/32 € – Carte 29/53 €
◆ Cette insolite villa des années 1930 fut construite pour un meunier de la vallée. Chambres de facture classique et bien tenues. Jardin ombragé ; parcours de pêche réservé aux hôtes. Cuisine traditionnelle servie dans une coquette salle tournée vers la rivière.

COURSEULLES-SUR-MER – 14 Calvados – **303** J4 – 4 106 h.   **32** B2
– ⊠ **14470** ▮ Normandie Cotentin

▶ Paris 252 – Arromanches-les-Bains 14 – Bayeux 24 – Cabourg 41

🛈 5, rue du 11 novembre ℰ 02 31 37 46 80

◉ Clocher ★ de l'église de Bernières-sur-Mer E : 2,5 km – Tour ★ de l'église de Ver-sur-Mer O : 5 km par D 514.

☷ Château ★★ de Fontaine-Henry S : 6,5 km.

✗✗ **La Pêcherie** avec ch   🏡 🍽 ch, 🛜 𝘝𝘐𝘚𝘈 ⓪⓪ 𝘈𝘌
pl. 6-Juin – ℰ 02 31 37 45 84 – www.la-pecherie.fr
6 ch – ♦60/90 € ♦♦60/90 € – ⊇ 9 € – ½ P 74/84 €
Rest – (15 €) Menu 20/38 € – Carte 30/75 €
◆ Derrière la façade à colombages, un intérieur nostalgique (horloges, portraits, etc.) comprenant une salle aux pierres apparentes, une autre avec verrière. Produits de la mer. Chambres rafraîchies dans un style actuel (couleurs vives).

LA COURTEIX – 63 Puy-de-Dôme – **326** E8 – **rattaché à Pontgibaud**

COURTENAY – 45 Loiret – **318** P3 – 3 636 h. – alt. 146 m – ⊠ 45320   **12** D2

▶ Paris 118 – Auxerre 56 – Nemours 44 – Orléans 101

🛈 5, rue du Mail ℰ 02 38 97 00 60

▥ de Clairis à Savigny-sur-Clairis Domaine de Clairis, N : 7 km,
ℰ 03 86 86 33 90

à Ervauville 9 km au Nord-Ouest par N 60, D 32 et D 34 – 516 h. – alt. 152 m
– ⊠ 45320

✗✗✗ **Le Gamin**   🚲 🏡 𝘝𝘐𝘚𝘈 ⓪⓪
– ℰ 02 38 87 22 02 – Fermé 11-26 juil., 2-17 nov., 25 janv.-5 fév., dim. soir, lundi et mardi
Rest – *(nombre de couverts limité, prévenir)* Menu 70 € bc
◆ Pour une soirée romantique, une épicerie transformée en élégante auberge, avec terrasse et joli jardin. La cuisine est séduisante, employant volontiers des produits nobles.

LA COURTINE – 23 Creuse – **325** K6 – 928 h. – alt. 789 m – ⊠ 23100   **25** D2

▶ Paris 424 – Aubusson 38 – La Bourboule 53 – Guéret 80

🛈 Mairie ℰ 05 55 66 76 58

🏠 **Au Petit Breuil**   🚲 ⛷ 🛋 🏨 ⅙ 🛜 **P** 🚗 𝘝𝘐𝘚𝘈 ⓪⓪ 𝘈𝘌
⓪⓪ *rte Felletin – ℰ 05 55 66 76 67 – Fermé 19 déc.-12 janv., vend. soir du 15 sept. au 15 avril et dim. soir*
🍽 **11 ch** – ♦44 € ♦♦55 € – ⊇ 7 € – ½ P 62 €
Rest – (14 €) Menu 18 € (sem.)/44 € – Carte 28/51 €
◆ Demeure familiale centenaire dont les chambres, simples mais correctement équipées, sont plus calmes sur l'arrière. Lumineuse salle à manger, récemment rénovée dans un esprit contemporain. La cuisine, régionale et actuelle, fait la part belle aux champignons.

COUSSEY – 88 Vosges – **314** C2 – 713 h. – alt. 280 m – ⊠ 88630 **26** B3

▶ Paris 290 – Metz 116 – Toul 48 – Vandœuvre-lès-Nancy 56

⌂ **La Demeure du Gardien du Temps qui Passe** 🍴 📶 P 🚗
47 Grand Rue – 🞉 03 29 06 99 83 – www.lademeure88.com
5 ch 🖵 – †55 € ††75 € **Table d'hôte** – Menu 20 €
◆ Cet ancien relais de poste (18ᵉ s.) dégage un charme authentique : jolis meubles chinés dans les chambres spacieuses et agréable salon-bibliothèque. À la table d'hôte, cuisine régionale avec de bonnes spécialités lorraines.

COUTANCES 👁 – 50 Manche – **303** D5 – 9 518 h. – alt. 91 m **32** A2
– ⊠ 50200 ▮ Normandie Cotentin

▶ Paris 335 – Avranches 52 – Cherbourg 76 – St-Lô 28
🇮 place Georges Leclerc 🞉 02 33 19 08 10
◉ Cathédrale★★★ : tour-lanterne★★★, parties hautes★★ - Jardin des Plantes★.

🏨 **Cositel** 🐾   ≤ 🍴 🍴 ₺ Ⓚ rest, 📶 ♨ P 📧 ⚄ ⚄ ⓘ
r. de St-Malo par ④ – 🞉 02 33 19 15 00 – www.cositel.fr
55 ch – †65/98 € ††65/98 € – 🖵 9 € – ½ P 118/151 €
Rest – *(fermé sam. midi et dim. midi)* (11 €) Menu 22/35 € – Carte 19/44 €
◆ Ensemble moderne érigé sur une colline dominant la ville. Les chambres sont claires et garnies d'un mobilier fonctionnel. Atmosphère contemporaine du côté du restaurant qui ouvre sur une terrasse et de petits bassins. Carte traditionnelle aux touches actuelles.

⌂ **Manoir de L'Ecoulanderie** *sans rest* 🐾   ≤ 🏵 🖥 🎇 📶 P
r. de la Broche – 🞉 02 33 45 05 05 – www.l-b-c.com **Y**b
4 ch 🖵 – †100 € ††130 €
◆ Un parc arboré, une piscine intérieure chauffée, Coutances et sa cathédrale à l'horizon : de séduisants atouts pour ce manoir du 17ᵉ s. et sa dépendance. Chambres personnalisées.

COUTANCES

Albert-1er (Av.)	**Z** 2
Croûte (R. de la)	**YZ** 3
Daniel (R.)	**Y** 5
Duhamel (R.)	**Z** 6
Écluse-Chette (R. de l')	**Y** 8
Encoignard (Bd)	**Z** 9
Foch (R. Mar.)	**Z** 10
Gambetta (R.)	**Y** 12
Herbert (R. G.)	**Z** 13
Leclerc (Av. Division)	**Y** 15
Legentil-de-la-Galaisière (Bd)	**Z** 16
Lycée (R. du)	**Y** 17
Marest (R. Thomas-du)	**Y** 18
Milon (R.)	**Y** 19
Montbray (R. G.-de)	**Z** 20
Normandie (R. de)	**Y** 21
Palais-de-Justice (R. du)	**Y** 23
Paynel (Bd J.)	**Y** 24
Quesnel-Morinière (R.)	**Z** 26
République (Av. de la)	**Y** 27
St-Dominique (R.)	**Y** 29
St-Nicolas (R.)	**Y** 30
Tancrède (R.)	**Y** 32
Tourville (R.)	**Y** 33

☓ **Le Clos des Sens**   ⚄ 𝗩𝗜𝗦𝗔 ⊙⊙
😊 *55 r. Geoffroy-de-Montbray – ℰ 02 33 47 94 78 – www.leclosdessens.fr*
– Fermé 2 sem. en juil., 1 sem. en oct., 1 sem. en fév., dim. et lundi   **Z**a
Rest – *(nombre de couverts limité, prévenir)* (19 €) Menu 28/46 €
– Carte 60/85 € le soir
◆ Petit restaurant logé dans une maison du 17ᵉ s. Son atmosphère joue sur la rencontre d'un héritage rustique et de tableaux contemporains. Savoureuse cuisine d'aujourd'hui.

à Gratot 4 km par ④ et D 244 – 649 h. – alt. 83 m – ⊠ 50200

☓ **Le Tourne-Bride**   🅿 𝗩𝗜𝗦𝗔 ⊙⊙
⊗⊙ *85 r. d'Argouges – ℰ 02 33 45 11 00 – Fermé 2 sem. en juil., 12-28 fév., dim. soir et lundi*
Rest – (14 €) Menu 18/49 € – Carte 31/60 €
◆ La cuisine traditionnelle perdure sereinement dans le coquet relais de poste du 19ᵉ s. proche du château de Gratot et de sa Tour à la Fée. Cadre rustique et chaleureux.

COUTRAS – 33 Gironde – **335** K4 – 7 584 h. – alt. 15 m – ⊠ 33230   **4** C1
▶ Paris 527 – Bergerac 67 – Blaye 50 – Bordeaux 51
🛈 17, rue Sully ℰ 05 57 69 36 53

🏠 **Henri IV** sans rest   ⤢ ⬛ 🅰🅲 ⬲ 🅿 𝗩𝗜𝗦𝗔 ⊙⊙ 🅰🅴
🍽 *pl. du 8 Mai 1945 , (face à la gare) – ℰ 05 57 49 34 34 – www.hotelcoutras.com*
16 ch – †59/78 € ††59/78 € – ⊐ 8 €
◆ La bataille que livra Henri IV en 1587 a fait entrer Coutras dans l'histoire. Maison de maître (19ᵉ s.) abritant des chambres simples. Belle véranda où l'on petit-déjeune, face au jardin.

LA CRAU – 83 Var – **340** L7 – 15 798 h. – alt. 36 m – ⊠ 83260   **41** C3
▶ Paris 847 – Brignoles 41 – Draguignan 71 – Hyères 9
🛈 37 avenue du 8 mai 1945 ℰ 04 94 66 14 48

☓☓ **Auberge du Fenouillet**   ⛲ 🅰🅲 𝗩𝗜𝗦𝗔 ⊙⊙ 🅰🅴
20 av. du Gén.-de-Gaulle – ℰ 04 94 66 76 74 – Fermé 3-12 janv., dim. soir, lundi et mardi
Rest – (24 €) Menu 48 € – Carte 35/75 €
◆ Fontaine et bouddhas, salles contemporaines cosy, vue sur les cuisines : une atmosphère zen, idéale pour déguster la cuisine actuelle et un brin créative du jeune chef.

CRAVANT – 89 Yonne – **319** F5 – 812 h. – alt. 120 m – ⊠ 89460   **7** B1
▶ Paris 185 – Auxerre 19 – Avallon 33 – Clamecy 35
🛈 4, rue d'Orléans ℰ 03 86 42 25 71

🏠 **Hostellerie St-Pierre** ⬧   ⛲ Ⅰ✿ 🗝 🄸 𝗩𝗜𝗦𝗔 ⊙⊙
5 r. de l'Église – ℰ 03 86 42 31 67 – www.hostellerie-st-pierre.com – Fermé 20 déc.-10 janv.
9 ch – †66 € ††70 € – ⊐ 9 € – ½ P 74 €   **Rest** – *(fermé dim. soir hors saison)* *(dîner seult)* *(nombre de couverts limité, prévenir)* Menu 36 €❀
◆ Cet hôtel familial vous réserve un accueil chaleureux ; les chambres, petites mais coquettes, sont disposées autour d'une cour fleurie. Sauna et fitness dans la cave voûtée. Au restaurant, cuisine du marché et vieux millésimes à prix doux.

CRAVANT-LES-CÔTEAUX – 37 Indre-et-Loire – **317** L6 – 728 h.   **11** A3
– alt. 50 m – ⊠ 37500
▶ Paris 284 – Orléans 160 – Tours 45 – Joué-lès-Tours 37

⌂ **Manoir des Berthaisières** sans rest   🌊 ⅃✿ 🗝 🅿
– ℰ 02 47 98 35 07 – www.lesberthaisieres.com
3 ch ⊐ – †55/105 € ††65/125 €
◆ Au cœur d'une immense propriété cultivant du cabernet-franc, ce petit manoir fortifié propose plusieurs chambres, une suite familiale et un gîte. Piscine, fitness et jacuzzi.

CRÈCHES-SUR-SAÔNE – 71 Saône-et-Loire – **320** I12 – rattaché à Mâcon

---

CRÉDIN – 56 Morbihan – **308** O6 – 1 418 h. – alt. 124 m – ✉ 56580   **10** C2
▶ Paris 451 – Rennes 100 – Vannes 49 – Pontivy 19

⌂ **La Maison Blanche aux Volets Bleus** ⌘   ☐ ✗ ch, ⁋ **P**
à Blézouan, 2,5 km à l'Est par D11 et rte secondaire – ℰ 02 97 38 58 61
– www.lamaisonblancheauxvoletsbleus.com
– Fermé 2 sem. en déc., janv. et 2 sem. en fév.
4 ch (½ P seult) – ½ P 135/220 €   **Table d'hôte** –
◆ Une Maison Blanche aux Volets Bleus dans un joli hameau... C'est dans cette atmosphère cosy que les Delhange – un charmant couple de Belges – nous recoivent. Passionnés de cuisine, ils organisent des ateliers culinaires... Esprit de famille à la table d'hôte.

CREIL – 60 Oise – **305** F5 – 33 479 h. – alt. 30 m – ✉ 60100   **36** B3
🟩 Île de France
▶ Paris 63 – Beauvais 45 – Chantilly 9 – Clermont 17
🛈 41, place du Général-de-Gaulle ℰ 03 44 55 16 07
🏁 d'Apremont à Apremont CD 606, SE : 6 km par D 1330, ℰ 03 44 25 61 11

⌂ **La Ferme de Vaux**   ⁋ ♨ **P** **VISA** ⦿ **AE**
à Vaux , (sur D 120 direction Verneuil) – ℰ 03 44 64 77 00
– www.la-ferme-de-vaux.com
28 ch – ♦68/78 € ♦♦68/84 € – ⌧ 10 € – ½ P 131/149 €
Rest – (fermé sam. midi et dim. soir) Menu 18/39 € – Carte 40/52 €
◆ Une ancienne ferme francilienne (19e s.), organisée autour d'une cour fermée. Chambres simples et bien tenues, plus spacieuses au rez-de-chaussée. Murs en pierres apparentes et mobilier moderne au restaurant ; carte traditionnelle.

CRÉMIEU – 38 Isère – **333** E3 – 3 330 h. – alt. 200 m – ✉ 38460   **44** B2
🟩 Lyon Drôme Ardèche
▶ Paris 488 – Belley 49 – Bourg-en-Bresse 64 – Grenoble 86
🛈 9, place de la Nation Charles de Gaulle ℰ 04 74 90 45 13
◎ Halles★.

✗ **Auberge de la Chaite** avec ch   ☐ ☕ ⁋ **P** **VISA** ⦿ **AE** ⓞ
pl. des Tilleuls – ℰ 04 74 90 76 63 – www.aubergedelachaite.com
– Fermé 22 avril-10 mai, 22-30 août, 20 déc.-15 janv., merc. midi, dim. soir et lundi
9 ch – ♦55/58 € ♦♦60/65 € – ⌧ 8,50 €
Rest – Menu 18 € (sem.), 28/39 € – Carte 27/55 €
◆ Face à la porte de la Loi, cette maison de pays propose des plats traditionnels à déguster dans une salle rustique à souhait ou sur la terrasse ombragée. Chambres modestes.

CREON – 33 Gironde – **335** I6 – 3 831 h. – alt. 110 m – ✉ 33670   **3** B1
🟩 Aquitaine
▶ Paris 597 – Bordeaux 25 – Arcachon 88 – Langon 32
🛈 62, boulevard Victor Hugo ℰ 05 56 23 23 00

⌂⌂⌂ **Château Camiac** ⌘   ☊ ☕ ☒ ✗ ▤ ▨ ch, ✗ rest, ⁋ ♨ **P** **VISA** ⦿
rte de la forêt, (D 121) – ℰ 05 56 23 20 85 – www.chateaucamiac.com
– Ouvert 2 mai-2 oct.
12 ch – ♦160/280 € ♦♦160/280 € – 2 suites – ⌧ 20 €
Rest – (fermé mardi et le midi en sem.) (dîner seult) Menu 40 € – Carte 62/100 €
◆ Étape de charme en ce château du vignoble bordelais (18e s.). Chambres garnies de meubles de style ; quelques originales salles de bains aux parois vitrées. Piscine, tennis. Restaurant cossu et feutré, agrémenté de tableaux ; cuisine dans l'air du temps.

CRÉON-D'ARMAGNAC – 40 Landes – **335** K11 – 295 h. – alt. 130 m   **4** C2
– ✉ 40240
▶ Paris 700 – Bordeaux 122 – Condom 47 – Mont-de-Marsan 36

Le Poutic 🛏️

1,5 km au Sud, rte de Cazaubon, par D 51 – 📞 *05 58 44 66 97*
– www.lepoutic.com
3 ch ⬜ – ♦55/62 € ♦♦60/67 €
Table d'hôte – *(fermé sam. et dim.)* Menu 24 € bc/45 € bc
◆ Des chênes, des tilleuls, un beau parc et des chambres soignées (entrée indépendante). Douceur de vivre dans cette belle ferme landaise et... plaisirs gourmands (week-ends foie gras, armagnac...). Table régionale mettant le canard à l'honneur.

CRÉPON – 14 Calvados – **303** I4 – 209 h. – alt. 52 m – ⌧ 14480   **32** B2

🟩 Normandie Cotentin

▶ Paris 257 – Bayeux 13 – Caen 23 – Deauville 66

Ferme de la Rançonnière 🛏️

rte d'Arromanches-les-Bains – 📞 *02 31 22 21 73 – www.ranconniere.fr*
35 ch – ♦60/180 € ♦♦60/180 € – 1 suite – ⬜ 12 € – ½ P 66/159 €
Rest – *(fermé 5-28 janv.)* (22 €) Menu 29/52 € – Carte 36/61 €
◆ Cette ferme médiévale fortifiée abrite des chambres au joli cachet : poutres patinées, mobilier du 15e s. et bibelots anciens. Le cadre du restaurant a été pieusement préservé : cheminée, murs et belles voûtes en pierre.

Ferme de Mathan 🏨 🛏️

à 800 m.
19 ch – ♦95/180 € ♦♦95/190 € – ⬜ 12 €
◆ Vous êtes assuré de passer des nuits calmes dans les grandes chambres de cette ex-métairie du 18e s.

CRESSERONS – 14 Calvados – **303** J4 – rattaché à Douvres-la-Délivrande

---

CREST – 26 Drôme – **332** D5 – 7 786 h. – alt. 196 m – ⌧ 26400   **44** B3

🟩 Lyon Drôme Ardèche

▶ Paris 585 – Die 37 – Gap 129 – Grenoble 114
ℹ place du Docteur Rozier 📞 04 75 25 11 38
🖼 du Domaine de Sagnol à Gigors-et-Lozeron Domaine de Sagnol, NE :
  19 km par D 731, 📞 04 75 40 98 00
👁 Donjon★ : ❄★.

Kléber

6 r. A.-Dumont – 📞 *04 75 25 11 69 – www.le-kleber.com – Fermé 2-11 janv., dim. soir hors saison, sam. midi et lundi*
Rest – Menu 39 €, 49/59 € – Carte 45/79 €
◆ Dans une maison du centre-ville, un cadre contemporain feutré (tons beige et chocolat, tableaux, mise de table élégante) pour une cuisine actuelle et joliment présentée.

à La Répara-Auriples 8 km au Sud par D 538 et D 166 rte d'Autichamp – 216 h.
– alt. 350 m – ⌧ 26400

Le Prieuré des Sources 🛏️

lieu dit Bouchassagne – 📞 *04 75 25 03 46 – www.prieuredessources.com*
5 ch – ♦145/220 € ♦♦145/220 € – ⬜ 14 € – ½ P 115/160 €
Table d'hôte – Menu 22/47 €
◆ Cet ancien prieuré vous ouvre ses portes : salon et salle à manger voûtés, grandes chambres décorées dans un style africain ou asiatique. Espace bien-être (fitness, jacuzzi, massages...). Cuisine au goût du jour avec les produits bio du potager et du marché.

CREST-VOLAND – 73 Savoie – **333** M3 – 403 h. – alt. 1 230 m   **46** F1
– Sports d'hiver : 1 230/2 000 m ⚡17 ⚡ – ⌧ 73590   🟩 Alpes du Nord

▶ Paris 588 – Albertville 24 – Annecy 53 – Chamonix-Mont-Blanc 47
ℹ Maison de Crest-Voland 📞 04 79 31 62 57

🏠 **Le Caprice des Neiges** ⌘   ⟨ 🚗 🍽 ✗ ❀ rest, 📶 **P** 𝐕𝐈𝐒𝐀 ⊕ 𝐀𝐄
rte du Col des Saisies : 1 km – ℰ 04 79 31 62 95
– www.hotel-capricedesneiges.com – Ouvert de déc. à mi-avril et de mai à sept.
16 ch – ♦45/65 € ♦♦65/130 € – � 10 € – ½ P 69/105 €
Rest – *(fermé sam. midi)* (15 €) Menu 20 € (déj. en sem.), 28/42 €
– Carte 31/50 €
♦ Un si joli caprice ! Atmosphère chaleureuse et familiale : chambres décorées de bois brut, bar plein d'originalité près de la cheminée et aire de jeux pour les enfants. Salle à manger savoyarde et cuisine plaisante, au goût du jour.

🏠 **Mont Bisanne**   ⟨ 🚗 ❀ ch, 📶 **P** 𝐕𝐈𝐒𝐀 ⊕ ①
– ℰ 04 79 31 60 26 – www.mont-bisanne.com – Ouvert mi-déc. à mi-avril et début juil. à mi-sept.
14 ch – ♦45/50 € ♦♦62/70 € – � 8,50 € – ½ P 61/65 €
Rest – *(fermé lundi sauf vacances scolaires)* (14 €) Menu 38/48 €
♦ Chalet au cœur du village, face au télésiège. Les chambres, de style régional (lambris et mobilier vernis), y sont simples et fonctionnelles. Au restaurant, deux ambiances : savoyarde avec vue sur les Alpes ou contemporaine et cosy. Cuisine actuelle.

CRÉTEIL – 94 Val-de-Marne – **312** D3 – **101** 27 – voir à Paris, Environs

---

CREULLY – 14 Calvados – **303** I4 – 1 512 h. – alt. 27 m – ⊠ 14480   **32** B2
🚩 Paris 253 – Bayeux 14 – Caen 20 – Deauville 62

🍴🍴 **Hostellerie St-Martin** avec ch   📶 🅰 **P** 𝐕𝐈𝐒𝐀 ⊕ 𝐀𝐄 ①
⚭ *6 pl. Edmond Paillaud – ℰ 02 31 80 10 11 – www.hostelleriesaintmartin.com*
– Fermé 20 déc.-10 janv.
12 ch – ♦54/57 € ♦♦54/57 € – � 7 € – ½ P 50 €
Rest – Menu 15 €, 24/42 € – Carte 21/47 €
♦ Ces belles salles voûtées du 16e s., agrémentées de sculptures d'un artiste régional, abritaient naguère les halles du village ; plats traditionnels. Chambres pour l'étape.

LE CREUSOT – 71 Saône-et-Loire – **320** G9 – 23 813 h.   **8** C3
– **Agglo. 92 000 h.** – alt. 348 m – ⊠ 71200 ▌ Bourgogne
🚩 Paris 316 – Autun 30 – Beaune 46 – Chalon-sur-Saône 38
ℹ Château de la Verrerie ℰ 03 85 55 02 46
◉ Château de la Verrerie★.
◉ Mont St-Vincent★ ❄★★.

🏨 **La Petite Verrerie**   🚗 📶 **P** 𝐕𝐈𝐒𝐀 ⊕ 𝐀𝐄 ①
4 r. J. Guesde – ℰ 03 85 73 97 97 – www.hotelfp-lecreusot.com – Fermé 23 déc.-4 janv.
43 ch – ♦79/105 € ♦♦93/115 € – 6 suites – � 15 €
Rest – *(fermé sam. midi et dim.)* (20 €) Menu 31/73 € – Carte environ 37 €
♦ Pharmacie des Usines puis maison pour hôtes de marque, cet hôtel confortable, marqué par l'histoire de la ville, propose aujourd'hui des chambres rénovées dans des tons colorés. Salle à manger bourgeoise ornée de peintures sur le thème de la métallurgie.

au Breuil 5,5 km à l'Est par rue principale et direction centre équestre – 3 508 h.
– alt. 337 m – ⊠ 71670

🏠 **Le Domaine de Montvaltin** sans rest ⌘   🚗 ✗ ⌗ ❀ 📶 **P** 𝐕𝐈𝐒𝐀 ⊕
– ℰ 03 85 55 87 12 – www.domainedemontvaltin.com
4 ch � – ♦80/90 € ♦♦85/95 €
♦ À cinq minutes du Creusot, ancienne propriété des usines Schneider réaménagée en maison d'hôtes. Chambres personnalisées. Jardin soigné et étang peuplé de carpes.

à **Montcenis** 3 km à l'Ouest par D 784 – 2 176 h. – alt. 400 m – ⊠ 71710

✕✕ **Le Montcenis** 🏠 ⇔ 𝖵𝖨𝖲𝖠 ⬤⬤ 𝖠𝖤
2 pl. du Champ-de-Foire – ☏ 03 85 55 44 36 – www.restaurantlemontcenis.fr
– Fermé 12 juil.-6 août, 1 sem. en janv., dim. soir, mardi soir et lundi
Rest – (nombre de couverts limité, prévenir) (21 €) Menu 27/45 € – Carte 37/59 €
♦ Salon douillet, cave voûtée pour des repas en famille et salle "néobourguignonne"
aux belles poutres : un cadre accueillant pour une cuisine dans l'air du temps.

à **St-Sernin-du-Bois** 2 km au Nord-Est par D 138 – 1 774 h. – alt. 447 m – ⊠ 71200

✕ **Le Restaurant du Château** 𝒮 𝖵𝖨𝖲𝖠 ⬤⬤
le bourg – ☏ 03 85 78 28 42 – www.lerestaurantduchateau.fr – Fermé vacances
de Noël et merc.
Rest – (nombre de couverts limité, prévenir) Menu 19/29 €
♦ Château du 11ᵉ s. au centre du village, face au lac. La salle à manger rustique
(voûtes, pierres, mobilier en bois) se marie bien à la cuisine traditionnelle revisitée servie ici.

à **Torcy** 4 km au Sud par D 28 – 2 996 h. – alt. 310 m – ⊠ 71210

✕✕ **Le Vieux Saule** 🏠 **P** 𝖵𝖨𝖲𝖠 ⬤⬤
lieu dit le Vieux Saule – ☏ 03 85 55 09 53 – www.restaurantvieuxsaule.com
– Fermé 26 déc.-9 janv., dim. soir et lundi
Rest – Menu 18 € (sem.), 35/49 € – Carte 47/72 €
♦ Mets traditionnels et quelquefois actualisés, servis dans l'ambiance feutrée d'une
salle aux murs pourpres. Chaises ornées de motifs liés aux vins de Bourgogne.

CREUTZWALD – 57 Moselle – **307** L3 – 13 655 h. – alt. 210 m – ⊠ 57150   **27** C1

▶ Paris 376 – Metz 53 – Neunkirchen 61 – Saarbrücken 37
🛈 Hôtel de Ville ☏ 03 87 81 89 89

✕✕ **Auberge Richebourg** 🏠 𝖠𝖢 𝖵𝖨𝖲𝖠 ⬤⬤ 𝖠𝖤
17 r. de la Houve – ☏ 03 87 90 17 54 – www.aubergerichebourg.com – Fermé
1ᵉʳ-21 août, sam. midi, dim. soir et lundi
Rest – Menu 35/58 € – Carte 38/54 €
♦ Nouveau décor dans l'air du temps pour ce restaurant familial qui propose une
cuisine au goût du jour. Agréable terrasse donnant sur un jardin clos.

CREUZIER-LE-VIEUX – 03 Allier – **326** H5 – rattaché à Vichy

CRICQUEBOEUF – 14 Calvados – **303** M3 – rattaché à Honfleur

CRILLON – 60 Oise – **305** C3 – 439 h. – alt. 110 m – ⊠ 60112   **36** A2

▶ Paris 103 – Aumale 33 – Beauvais 16 – Breteuil 33

✕✕ **La Petite France** � 𝖠𝖢 ⇔ 𝖵𝖨𝖲𝖠 ⬤⬤ 𝖠𝖤
7 r. Moulin – ☏ 03 44 81 01 13 – www.lapetitefrance-restaurant.com – Fermé
4-17 juil., dim. soir, merc. soir, lundi et mardi
Rest – Menu 14 € (sem.), 23 € bc/35 € – Carte 34/66 €
♦ Cette accueillante auberge située dans un village du Beauvaisis abrite deux salles à
manger rustiques. Carte traditionnelle dont la tête de veau ravigote, spécialité maison.

CRILLON-LE-BRAVE – 84 Vaucluse – **332** D9 – 434 h. – alt. 340 m   **42** E1
– ⊠ 84410

▶ Paris 687 – Avignon 41 – Carpentras 14 – Nyons 37

🏠🏠🏠 **Crillon le Brave** 𝒮 ⟨ 🚗 🏠 ⛱ & ch, 𝖠𝖢 ch, 📶 **P** 𝖵𝖨𝖲𝖠 ⬤⬤ 𝖠𝖤 ⓪
pl. de l'Église – ☏ 04 90 65 61 61 – www.crillonlebrave.com – Fermé
27 nov.-21 déc. et 1ᵉʳ janv.-2 mars
28 ch – ♦250/290 € ♦♦250/780 € – 6 suites – � 19 €   **Rest** – Carte 40/75 € 🏠
♦ Un village perché, le mont Ventoux à perte de vue et ces belles bastides en pierre...
Les chambres sont tout imprégnées de Provence et le jardin à l'italienne débouche sur
la piscine. Magnifique ! La cuisine sent bon le Sud et la terrasse est si romantique.

CRIQUETOT-L'ESNEVAL – 76 Seine-Maritime – **304** B4 – 2 205 h.   **33** C1
– alt. 127 m – ✉ 76280

    ▶ Paris 197 – Fécamp 19 – Le Havre 28 – Rouen 81

Le Manoir   ○ ℅ ch, ⫿ **P**

5 pl. des Anciens Élèves, (près de l'église) – ℰ 02 35 29 31 90
– http://monsite.orange.fr/bnbmanoir
5 ch �^ – ♦52/56 € ♦♦66/70 €   **Table d'hôte** – Menu 18 € bc
♦ D'élégantes armoires normandes garnissent les grandes chambres de cette
gentilhommière à la coquette façade de briques et de pierres. Vaste parc arboré
et fleuri.

CRISENOY – 77 Seine-et-Marne – **312** F4 – rattaché à Melun

LE CROISIC – 44 Loire-Atlantique – **316** A4 – 4 121 h. – alt. 6 m   **34** A2
– ✉ 44490 🟩 Bretagne

    ▶ Paris 459 – La Baule 9 – Nantes 86 – Redon 66
    🛈 place du 18 Juin 1940 ℰ 02 40 23 00 70
    🟥 du Croisic Golf de la Pointe, O : 3 km, ℰ 02 40 23 14 60
    🟢 Océarium★ – ≼★ du Mont-Lénigo.

Le Fort de l'Océan ⟋   ≼ 🚗 🏠 ☂ & ch, 🅰🅲 ℅ ☎ **VISA** 🆖 🅰🅴 ⓪

pointe du Croisic- AY – ℰ 02 40 15 77 77 – www.hotelfortocean.com
9 ch – ♦190 € ♦♦290/330 € – � 20 € – ½ P 168/228 €
Rest – (fermé 13 nov.-16 déc., 4 janv.-4 fév., lundi et mardi sauf du 5 juil. au
12 sept.) (dîner seult sauf sam. et dim.) Menu 34 €, 50/80 € – Carte 77/121 €
Spéc. Langoustine de Paimpol et petit cochon salé, jus de persil. Homard breton
et cèpes. Délice chocolat banane.
♦ Un fortin en granit (17e s.) isolé sur la côte sauvage : dans les chambres très
douillettes (joli décor à l'ancienne), on admire à loisir l'océan se déchaîner sur
les chaos de rochers… Au restaurant, le jeune chef et son équipe concoctent
une cuisine de la mer pleine d'idées et de saveurs ; que de vitalité !

Les Vikings sans rest   ≼ 📶 🅰🅲 ⫿ 🛁 ☎ **VISA** 🆖 🅰🅴 ⓪

à Port-Lin – ℰ 02 40 62 90 03 – www.hotel-les-vikings.com   AZ**e**
24 ch – ♦71/111 € ♦♦71/111 € – � 13 €
♦ Un bâtiment moderne au Croisic, en retrait de l'océan, mais la plupart des
chambres – avec balcon ou bow-window – dominent la côte sauvage. Assez
soigné et lumineux.

Les Nids sans rest ⟋   🚗 🔲 & ⫿ **P** **VISA** 🆖 🅰🅴

15 r. Pasteur, à Port-Lin – ℰ 02 40 23 00 63 – www.hotellesnids.com
– Ouvert 1er avril-4 nov.   AZ**f**
24 ch – ♦64/80 € ♦♦64/92 € – � 10 €
♦ L'immeuble est moderne, les chambres simplement décorées et l'ambiance
familiale. Avec le jardinet, l'aire de jeu et la piscine couverte, les enfants seront
ravis !

L'Océan   ≼ **VISA** 🆖 🅰🅴 ⓪

à Port-Lin, réouverture prévue début mai après rénovation – ℰ 02 40 62 90 03
– www.restaurantlocean.com   AZ**v**
Rest – Carte 60/150 €🕸
Rest **Le Bistrot de l'Océan** – Carte 25/60 €
♦ Une situation unique, à même les rochers de la côte sauvage, magnifiquement
illuminés le soir venu. La verrière atteint plus de 30 m de longueur, face au large !
Produits de la mer "tout frais pêchés", également déclinés – avec plus de simpli-
cité – au Bistrot.

La Bouillabaisse Bretonne   **VISA**

12 quai de la Petite Chambre, (au port) – ℰ 02 40 23 06 74
– www.labouillabaisse-lecroisic.com – Fermé 4 janv.-20 mars, le soir en sem. hors
saison, dim. soir en juil.-août et lundi   BY**s**
Rest – Menu 17/34 € – Carte 37/80 €
♦ L'enseigne fera sourciller les Marseillais, mais la vue sur les flots réconciliera
Bretons et Provençaux. Homards et langoustines vous tendent leurs pinces, en
toute simplicité.

LE CROISIC

Aiguillon (Quai d') . . . . **AY** 2
Cordiers (R. des) . . . . **BY** 6
Europe (R. de l') . . . . **AY** 7
Gaulle (Pl. du Gén.-de) . . . . . **AZ** 9

Grande-Rue . . . . **AY** 12
Lénigo (Quai du) . . . . **AY** 13
Lepré (Pl. Donatien) . . . . . . **AY** 16
Mail de Broc (R. du) . . . . . . **AY** 17
Petite Chambre (Q. de la) . . **BY** 20
Pilori (R. du) . . . . **BY** 22
Poilus (R. des) . . . . **BZ** 23

Port Charly (Quai) . . . . **AY** 26
Port Ciguet (Quai du) . . . . . **AY** 27
Port Lin (Av. de) . . . . **AZ** 28
Rielle (Quai Hervé) . . . . **BY** 32
Saint-Christophe (R.) . . . . . **BY** 33
Saint-Goustan (Av. de) . . . . **AY** 35
18-Juin-1940 (Pl. du) . . . . . . **BZ** 36

XX **Le Lénigo** 📶 *VISA* ⓂⓄ AE ⓪

11 quai Lénigo – ℰ 02 40 23 00 31 – www.le-lenigo.fr – Ouvert 15 fév.-11 nov. et fermé lundi et mardi sauf août AY**b**

Rest – Menu 25/38 € – Carte 30/70 €

♦ Face à la criée, embarquez dans ce restaurant tenu par toute une famille très sympathique. Atmosphère marine (bois vernis, hublots) et cuisine de la mer fraîche et soignée.

X   **Le Saint-Alys**   🍴 ⟨⟩ 🅰🅲 🆅🅸🆂🅰 ⓪ 🅰🅴
3 quai Hervé-Rielle – ℰ 02 40 23 58 40 – Fermé 28 juin-2 juil.,
22-26 déc., fév., dim. soir, mardi soir et merc.   BY**d**
Rest – (17 €) Menu 26/36 € – Carte 34/53 €
♦ Accueil charmant dans cette jolie maison marine, placée sur le port de plaisance. Alléchante cuisine terre-mer (tarte fine de cabillaud, jus de viande au
romarin, caviar de légumes).

LA CROIX-BLANCHE – 71 Saône-et-Loire – **320** I11 – **rattaché à Berzé-la-Ville**

LA CROIX-FRY (COL DE) – 74 Haute-Savoie – **328** L5 – **rattaché à Manigod**

LA CROIX-ST-LEUFROY – 27 Eure – **304** H7 – 1 049 h. – alt. 24 m   **33** D2
– ⊠ 27490

▶ Paris 98 – Rouen 46 – Évreux 18 – Mantes-la-Jolie 47

XX   **Le Cheval Blanc**   🆅🅸🆂🅰 ⓪ 🅰🅴
27 r. de Louviers – ℰ 02 32 34 82 86 – Fermé 24 déc.-12 janv., dim. soir, mardi
soir et merc.
Rest – (18 € bc) Menu 27/35 € – Carte 33/43 €
♦ Sur la rue principale du village, maison du 19ᵉ s. vous accueillant dans une salle en
longueur, d'esprit mi-classique mi-rustique (cheminée). Table traditionnelle actualisée.

LA CROIX-VALMER – 83 Var – **340** O6 – 3 173 h. – alt. 120 m   **41** C3
– ⊠ 83420 ▍Côte d'Azur

▶ Paris 873 – Draguignan 48 – Fréjus 35 – Le Lavandou 27
🛈 esplanade de la Gare ℰ 04 94 55 12 12
🔟 Gassin Golf Country Club à Gassin Rte de Ramatuelle, N : 8 km, ℰ 04 94 55 13 44

🔼🔼   **L'Orangeraie**   🌳 🍴 🛋 📶 🅰🅲 ch, 🅿 🆅🅸🆂🅰 ⓪ 🅰🅴
rte de Ramatuelle – ℰ 04 94 55 27 27 – www.hotel-lorangeraie.com
– Ouvert 9 avril-15 oct.
31 ch – †105/325 € ††105/325 € – � 18 €
Rest – *(ouvert 1ᵉʳ mai-30 sept. et fermé le midi)* Menu 30 € – Carte 32/53 €
♦ Couvent, puis orphelinat, puis hôtel à la Belle Époque. Hall majestueux et vastes chambres romantiques, la plupart tournées vers la palmeraie et la mer : du
lustre et du cachet ! Petite restauration en été dans un cadre historique.

⌂   **Les Trois Îles** sans rest ⬙   ⟨ 🌳 🛋 🅰🅲 🛜 ⟨⟩ 🅿 🆅🅸🆂🅰 ⓪
146 bd du Littoral, Le Vergeron, rte de Gigaro – ℰ 04 94 49 03 73
– www.3iles.com – Ouvert mi-mars-mi-oct.
5 ch ⊊ – †130/270 € ††220/430 €
♦ En face des îles d'Or, cette belle villa récente niche dans un charmant jardin
fleuri, à flanc de colline. Les chambres sont chic et de bon goût, et l'on est aux
petits soins.

à Gigaro 5 km au Sud-Est par rte secondaire – ⊠ 83420 La Croix-Valmer

🔼🔼🔼 **Château de Valmer** ⬙   ⟨ ⓟ 🍴 🛋 🖥 🌐 📶 ⟨⟩ 🅰🅲 ch, 🍽 rest, ⟨⟩ 🏋
plage de Gigaro – ℰ 04 94 55 15 15   🅿 🆅🅸🆂🅰 ⓪ 🅰🅴 ⓞ
– www.chateauvalmer.com – Ouvert de mi-avril à mi-oct.
42 ch – †220/570 € ††220/570 € – 1 suite – ⊊ 27 €
Rest – *(fermé mardi soir)* (58 €) Menu 70 € (dîner) – Carte 65/90 €
♦ Dans un domaine viticole, une belle maison de maître de style régional (19ᵉ s.) et...
deux belles cabanes très chic dans les arbres ! Piscine bordée de palmiers, spa complet.
Au restaurant, le décor et l'assiette déclinent une version élégante de la Provence.

🔼🔼🔼 **La Pinède-Plage** ⬙   ⟨ 🌳 🍴 🛋 🍽 ⟨⟩ ch, 🅰🅲 ch, ⟨⟩ 🅿 🆅🅸🆂🅰 ⓪ 🅰🅴 ⓞ
plage de Gigaro – ℰ 04 94 55 16 16 – www.pinedeplage.com – Ouvert de mai à
début oct.
33 ch – †220/560 € ††220/560 € – ⊊ 27 €   **Rest** – Carte 60/90 €
♦ L'hôtel porte bien son nom : ombragé de pins parasols et directement sur la
plage ! Un établissement avec beaucoup de charme et de belles chambres, toutes
ouvertes sur le large. Belle terrasse panoramique face aux îles d'Or pour une cuisine du Sud orientée mer.

CROS-DE-CAGNES – 06 Alpes-Maritimes – **341** D6 – rattaché à Cagnes-sur-Mer

---

LA CROUZILLE – 63 Puy-de-Dôme – **326** D5 – 286 h. – alt. 580 m   **5** B1
– ⊠ 63700

> ▶ Paris 357 – Clermont-Ferrand 75 – Guéret 89 – Moulins 72

X **La Claie des Champs** avec ch   🛋 ⁽ᵢ⁾ **P.** 𝘝𝘐𝘚𝘈 ⚅
– ☏ 04 73 52 32 48 – www.auberge-claie-des-champs.fr – Fermé 1 sem. en juil. et
1 sem. en oct.
4 ch – ♦45 € ♦♦50 € – ☷ 8 €   **Rest** – (12 € bc) Menu 20/35 € – Carte 25/57 €
♦ Cet ex-café et épicerie, transformé en auberge, fait le bonheur du village ! Un
jeune couple vous y accueille chaleureusement. Dans l'assiette, plats traditionnels, revisités avec simplicité. Pour prolonger le séjour, profitez des chambres
bien tenues.

CROZANT – 23 Creuse – **325** G2 – 527 h. – alt. 263 m – ⊠ 23160   **25** C1
▮ Limousin Berry

> ▶ Paris 329 – Argenton-sur-Creuse 31 – La Châtre 46 – Guéret 41
> ◙ Ruines ★.

X **Auberge de la Vallée**   𝘝𝘐𝘚𝘈 ⚅
⊛ – ☏ 05 55 89 80 03 – www.laubergedelavallee.fr – Fermé 1ᵉʳ-15 juin, 1ᵉʳ-15 oct.,
20-27 déc., mardi soir et merc.
Rest – Menu 17 € (sem.), 31/48 € – Carte 51/68 €
♦ Nouveau départ pour cette petite auberge de campagne reprise par un jeune
chef dynamique. Cuisine traditionnelle agrémentée de notes actuelles.

CROZET – 01 Ain – **328** J3 – 1 673 h. – alt. 540 m – ⊠ 01170   **46** F1

> ▶ Paris 537 – Lyon 153 – Bourg-en-Bresse 105 – Genève 16

🏨 **Jiva Hill Park Hôtel** ⌖   ≼ 🕍 🛋 ▢ ⚅ 🎾 🍴 🕸 ໒ 🅰 ⁽ᵢ⁾ 🅰 **P**
rte d'Harée – ☏ 04 50 28 48 48 – www.jivahill.com   𝘝𝘐𝘚𝘈 ⚅ 𝘈𝘌 ①
32 ch – ♦240/515 € ♦♦240/515 € – ☷ 20 €
Rest Shamwari – ☏ 04 50 28 48 47 (fermé dim. soir et lundi) Menu 48 €
(dîner)/88 € – Carte 61/99 €
♦ Raffinement, luxe et lignes contemporaines à 10 mn de l'aéroport de Genève.
Cet hôtel, pensé comme un lodge sud-africain, est placé sous le signe de la
sophistication chic. Restaurant intimiste, avec terrasse face au Mont-Blanc, pour
une cuisine au goût du jour.

CROZON – 29 Finistère – **308** E5 – 7 684 h. – alt. 85 m – ⊠ 29160   **9** A2
▮ Bretagne

> ▶ Paris 587 – Brest 60 – Châteaulin 35 – Douarnenez 40
> 🛈 boulevard de Pralognan ☏ 02 98 27 07 92
> ◙ Retable ★ de l'église.
> 🄲 Circuit des Pointes ★★★.

🏨 **De la Presqu'île**   𝔖 ⁽ᵢ⁾ 𝘝𝘐𝘚𝘈 ⚅ 𝘈𝘌
🍽 pl. de l'Église – ☏ 02 98 27 29 29 – Fermé 3 sem. en mars, 3 sem. en oct., dim.
soir et mardi midi hors saison, lundi sauf le soir en saison
13 ch – ♦52/56 € ♦♦52/84 € – ☷ 11 € – ½ P 65/81 €
Rest *Le Mutin Gourmand* – voir ci-après
♦ L'ancienne mairie abrite désormais des chambres insonorisées et décorées
avec goût dans un style qui panache touches actuelles et esprit breton.

XX **Le Mutin Gourmand** – Hôtel de la Presqu'île   ໒ 🅰 𝘝𝘐𝘚𝘈 ⚅ 𝘈𝘌
⊛ pl. de l'Église – ☏ 02 98 27 06 51 – Fermé 3 sem. en mars, 3 sem. en oct., lundi
sauf le soir en saison, dim. soir et mardi midi hors saison
Rest – Menu 28/68 € – Carte 33/56 €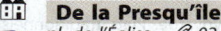
♦ Deux salles, l'une rustique et l'autre au décor plus actuel, vous attendent en
cette accueillante maison bretonne. Cuisine régionale soignée ; vins du Languedoc et de la Loire.

au Fret 5,5 km au Nord par D 155 et D 55 – ⌨ 29160 Crozon

Hostellerie de la Mer ✉ 🛜 ⁜ *VISA* ⚫ 🅰🅴

11 quai du Fret – ℰ *02 98 27 61 90 – www.hostelleriedelamer.com*
– Fermé vend., sam. et dim. en janv.
24 ch – †52/115 € ††52/115 € – ⌑ 12 € – ½ P 60/90 €
Rest – *(fermé 3 janv.-4 fév.)* (19 €) Menu 26/75 € – Carte 40/130 €
◆ Agréable ambiance de pension familiale dans cet hôtel situé face au port et
à la rade de Brest. Chambres rénovées peu à peu dans un esprit contemporain ;
certaines profitent de la vue. Au restaurant, mobilier breton, beau panorama et
cuisine honorant les produits de la mer.

CRUGNY – 51 Marne – **306** E7 – 613 h. – alt. 100 m – ⌨ 51170 **13** B2
🟩 Champagne Ardenne

▶ Paris 135 – Châlons-en-Champagne 71 – Reims 28 – Soissons 39

La Maison Bleue 🌺 🔔 ⌱ 🌿 ⁜ **P** *VISA* ⚫

46 r. Haute – ℰ *03 26 50 84 63 – www.la-maison-bleue.com – Fermé*
22 déc.-31 janv.
6 ch ⌑ – †88/104 € ††96/120 € **Table d'hôte** – Menu 29 € bc/45 € bc
◆ Accueillante maison au cœur d'un paisible parc avec étangs. Chambres personnalisées ; la plus spacieuse, sous les toits, donne sur le village et la vallée de l'Ar-
dre. Cuisine traditionnelle aux accents régionaux.

CRUIS – 04 Alpes-de-Haute-Provence – **334** D8 – 585 h. – alt. 728 m **40** B2
– ⌨ 04230

▶ Paris 732 – Digne-les-Bains 42 – Forcalquier 22 – Manosque 42

Auberge de l'Abbaye avec ch 🛜 *VISA* ⚫

– ℰ *04 92 77 01 93 – http://auberge-abbaye-cruis.monsite-orange.fr – Fermé*
vacances de la Toussaint, de Noël, de fév., dim. soir, mardi soir et merc. de sept.
à juin et le midi du lundi au jeudi en juil.-août
8 ch – †55/75 € ††55/75 € – ⌑ 10 € – ½ P 63/73 €
Rest – *(nombre de couverts limité, prévenir)* Menu 30/55 €
◆ Sympathique auberge familiale, avec une agréable terrasse ombragée près de
l'église. La cuisine est fine et valorise les produits du terroir (canard, caille, agneau
de Sisteron...). Chambres simples et impeccablement tenues. Pain maison au
petit-déjeuner.

CRUSEILLES – 74 Haute-Savoie – **328** J4 – 3 572 h. – alt. 781 m **46** F1
– ⌨ 74350

▶ Paris 537 – Annecy 19 – Bellegarde-sur-Valserine 44 – Bonneville 37
🅸 46, place de la Mairie ℰ 04 50 44 20 92

L'Ancolie avec ch 🌺 ✉ 🚗 🛜 ♿ 🌿 rest, ⁜ 🅂🄰 **P** *VISA* ⚫

au parc des Dronières, Nord-Est : 1 km par D 15 – ℰ *04 50 44 28 98*
– www.lancolie.com – Fermé vacances de la Toussaint et 24 janv.-12 fév.
10 ch – †91/128 € ††91/128 € – ⌑ 15 € – ½ P 90/105 €
Rest – *(fermé dim. soir sauf juil.-août et lundi)* (24 €) Menu 29 € (déj. en sem.),
42/71 € – Carte 50/72 €
◆ Face à un lac, chalet moderne à l'ambiance savoyarde. Plats traditionnels et
régionaux, terrasse panoramique. Confortables chambres lambrissées avec balcon
(sauf une).

---

aux Avenières 6 km au Nord par D 41 et rte secondaire – ⌨ 74350 Cruseilles

Château des Avenières 🌺 ✉ 🔔 🛁 🍴 🗄 🌿 🕬 **P** ✉
🛜 *VISA* ⚫ 🅰🅴 ◐

– ℰ *04 50 44 02 23 – www.avenieres.com – Fermé*
vacances de la Toussaint
14 ch – †180/590 € ††180/590 € – 6 suites – ⌑ 20 €
Rest – (29 €) Menu 45 € (déj.)/75 €
◆ Ce manoir bâti en 1907, au passé plein de mystère, se dresse dans un charmant parc en forme de papillon. Chambres de caractère, vue imprenable sur la
chaîne des Aravis. Superbe salle à manger classico-baroque (boiseries ouvragées)
et délicieuse cuisine inventive.

CUCUGNAN – 11 Aude – **344** G5 – 131 h. – alt. 310 m – ✉ 11350   **22** B3
🟩 Languedoc Roussillon

▶ Paris 847 – Carcassonne 77 – Limoux 79 – Perpignan 42

◉ Circuit des Corbières cathares ★★.

🏠 **La Tourette** sans rest ✍   AC 🍴 🚗

4 passage de la Vierge – 📞 *06 09 64 60 47 – www.latourette.eu*

3 ch ☖ – 🛏90/110 € 🛏🛏100/120 €

♦ La propriétaire a décoré cette maison avec un goût sûr et les chambres Prune, Turquoise et Indigo sont insolites et réellement exquises. Jacuzzi sous un olivier, dans le patio.

✕✕ **Auberge du Vigneron** avec ch ✍   🌳 AC ch, 🍴 VISA ⬤⬤

– 📞 *04 68 45 03 00 – www.auberge-vigneron.com – Ouvert 16 mars-10 nov.*

7 ch – 🛏54/69 € 🛏🛏56/69 € – ☖ 8 € – ½ P 53/63 €

Rest – *(fermé mardi midi hors saison, sam. midi en juil.-août et lundi)* (15 €) Menu 21/38 € – Carte 22/50 €

♦ La chef élabore une cuisine régionale où l'originalité trouve sa place. Salle aménagée dans l'ancien chai et jolie terrasse face au vignoble. Petites chambres rustiques.

✕ **Auberge de Cucugnan** avec ch ✍   🌳 AC ch, 🍴 P VISA ⬤⬤

⚙ *2 pl. Fontaine –* 📞 *04 68 45 40 84 – www.auberge-de-cucugnan.com*
– Fermé 1er janv.-1er mars

6 ch – 🛏50 € 🛏🛏50 € – ☖ 7 € – ½ P 49 €

Rest – *(fermé jeudi)* Menu 18/46 € – Carte 23/53 €

♦ Ambiance campagnarde dans cette ex-grange que l'on atteint après avoir parcouru un dédale de ruelles. Cuisine de terroir franche et généreuse. Chambres parfaitement tenues.

CUCURON – 84 Vaucluse – **332** F11 – 1 814 h. – alt. 350 m – ✉ 84160   **42** E1
🟩 Provence

▶ Paris 739 – Apt 25 – Cavaillon 39 – Digne-les-Bains 109

🅱 rue Léonce Brieugne 📞 04 90 77 28 37

🏠 **Le Pavillon de Galon** sans rest ✍   ⬱ ⬭ ⌇ 🍴 P

chemin de Galon – 📞 *04 90 77 24 15 – www.pavillondegalon.com*

3 ch ☖ – 🛏175/240 € 🛏🛏175/240 €

♦ Un magnifique parc classé (jardin à la française, vignes, verger, buis, oliviers…) entoure ce pavillon de chasse du 18e s. Un domaine très privé, aux chambres raffinées.

✕✕ **La Petite Maison** (Éric Sapet)   🌳 ⬭ VISA ⬤⬤ AE

❀ *pl. de l'Étang –* 📞 *04 90 68 21 99 – www.lapetitemaisondecucuron.com – Fermé lundi et mardi*

Rest – *(nombre de couverts limité, prévenir)* Menu 40/60 € ⬥

Spéc. Pâté en croûte de canard au foie gras. Pressé de coq au vin rouge du Luberon, légumes de printemps. Clafoutis aux mûres et pêches de vigne (été). **Vins** Côtes du Luberon.

♦ Cette petite maison jaune près de l'étang propose une belle et goûteuse cuisine, au gré de l'inspiration du chef et du marché. Superbes salles à l'étage et délicieuse terrasse, comme un souvenir du temps jadis (boiseries, tomettes, tapisseries).

✕ **L'Horloge**   VISA ⬤⬤ AE

⚙ *55 r. L. Brieugne –* 📞 *04 90 77 12 74 – www.horloge.netfirms.com – Fermé 27 juin-1er juil., 19-28 déc., 6 fév.-15 mars, lundi soir du 1er sept. au 5 avril, mardi soir et merc.*

Rest – (14 €) Menu 19/43 € – Carte 35/60 €

♦ Dans ce bourg du Luberon, pressoir à huile du 14e s. réaménagé en restaurant rustique égayé de chauds coloris. Cuisine aux accents régionaux.

CUERS – 83 Var – **340** L6 – 9 542 h. – alt. 140 m – ✉ 83390   **41** C3

▶ Paris 834 – Brignoles 25 – Draguignan 59 – Marseille 84

🅱 18, Place du Gl de Gaulle 📞 09 75 91 83 84

Le Verger des Kouros

quartier des Cauvets, 2 km par rte de Solliès-Pont D 97 – ℰ *04 94 28 50 17*
– www.le-verger-des-kouros.com – Fermé mardi sauf le soir de juin à sept. et merc.
Rest – Menu 18 € (déj.)/36 €
♦ Point de statues d'éphèbes, mais trois frères d'origine grecque à la tête de ce restaurant occupant une maison régionale. Fraîche salle à manger et recettes méditerranéennes.

CUISEAUX – 71 Saône-et-Loire – 320 M11 – 1 764 h. – alt. 280 m   8 D3
– ⊠ 71480 ▌Bourgogne

▶ Paris 395 – Chalon-sur-Saône 60 – Lons-le-Saunier 26 – Mâcon 74
🛈 rue des Lombards Cour des Princes d'Orange ℰ 03 85 72 76 09

Vuillot

36 r. Vuillard – ℰ *03 85 72 71 79 – Fermé 4-24 janv. et dim. soir*
16 ch – ♥45/50 € ♥♥56/60 € – ☲ 10 € – ½ P 50/55 €
Rest – (15 €) Menu 20/45 € – Carte 22/45 €
♦ Maison bourguignonne en belles pierres du pays abritant de grandes chambres proprettes, dans un bourg conservant des vestiges de ses anciennes fortifications. Salle à manger dans les teintes orangées ; cuisine régionale soignée, réalisée avec de bons produits.

CUISERY – 71 Saône-et-Loire – 320 J10 – 1 616 h. – alt. 211 m   8 C3
– ⊠ 71290 ▌Bourgogne

▶ Paris 367 – Chalon-sur-Saône 35 – Lons-le-Saunier 50 – Mâcon 38
🛈 32, place d'Armes ℰ 03 85 40 11 70

Hostellerie Bressane

56 rte de Tournus – ℰ *03 85 32 30 66 – www.hostellerie-bressane.fr – Fermé 11-21 juil., 28 déc.-26 janv., merc. et jeudi*
15 ch – ♥65/100 € ♥♥75/120 € – ☲ 11 € – ½ P 82/102 €
Rest – (25 €) Menu 34/57 € – Carte 38/61 €
♦ Hostellerie familiale de 1870 abritant des chambres spacieuses (dont 3 junior suites), rénovées avec soin. Charmant jardin. Mets traditionnels et locaux servis avec le sourire dans un cadre classique actualisé. Terrasse onbragée par un superbe platane.

CULT – 70 Haute-Saône – 321 E3 – 200 h. – alt. 270 m – ⊠ 70150   16 B2
▶ Paris 367 – Besançon 35 – Dole 44 – Vesoul 56

Les Egrignes sans rest

2 rte d'Hugier – ℰ *03 84 31 92 06 – www.les-egrignes.com – Fermé 15 nov.-25 fév.*
3 ch ☲ – ♥75/80 € ♥♥85/95 €
♦ Belle demeure de caractère (1849) entourée d'un parc fleuri et ombragé. Chambres très spacieuses, décorées avec raffinement, comme l'élégant salon. Délicieux petit-déjeuner.

CUQ-TOULZA – 81 Tarn – 338 D9 – 572 h. – alt. 203 m – ⊠ 81470   29 C2
▶ Paris 713 – Toulouse 47 – Albi 72 – Castelnaudary 35

Cuq en Terrasses

Sud-Est : 2,5 km par D 45 – ℰ *05 63 82 54 00 – www.cuqenterrasses.com – Ouvert 1ᵉʳ avril-30 oct.*
6 ch – ♥90/110 € ♥♥90/160 € – 1 suite – ☲ 15 € – ½ P 94/124 €
Rest – (fermé merc.) (dîner seult) (résidents seult) Menu 36 €
♦ Cette charmante maison du 18ᵉ s. est une perle rare : insolite jardin en terrasses, ambiance guesthouse, chambres calmes, personnalisées et décorées avec goût. Repas actuels aux influences méditerranéennes, servis en extérieur l'été.

CUREBOURSE (COL DE) – 15 Cantal – 330 D5 – rattaché à Vic-sur-Cère

---

CURTIL-VERGY – 21 Côte-d'Or – 320 J6 – rattaché à Nuits-St-Georges

CURZAY-SUR-VONNE – 86 Vienne – **322** G6 – 456 h. – alt. 125 m   **39** C1
– ⊠ 86600

▶ Paris 364 – Lusignan 11 – Niort 54 – Parthenay 34

🏛️ **Château de Curzay** ⤳   ◁ 🈂️ 🍴 ❄️ ⅙ ch, 🍸 🎱 **P** **VISA** ⚫ **AE**
🌸 rte de Jazeneuil – ℰ 05 49 36 17 00 – www.chateau-curzay.com – Fermé janv.-fév.
20 ch – ♦175/380 € ♦♦175/380 € – 2 suites – ☲ 25 € – ½ P 165/285 €
Rest La Cédraie – (fermé lundi, mardi et merc. sauf juil.-août et fériés)
Menu 65 € (déj.), 95/120 € bc – Carte 80/95 €
Spéc. Brochette d'écrevisses et œuf mollet aux copeaux de truffe (hiver-été). Filet
de turbot rôti, marmelade de légumes du potager, poudre de citron et carda-
mome. Pomme confite, glace caramel et fruits secs caramélisés (automne). **Vins**
Vin de pays de la Vienne.
Rest La Table d'à Côté – (30 €) Menu 35 € bc/50 € bc – Carte 38/48 €
◆ Superbe château (1710) au cœur d'un beau parc de 120 ha traversé par une
rivière et hébergeant un haras. Chambres au port aristocratique. Cuisine inventive
et saisonnière (produits du potager et du jardin aromatique) à La Cédraie. À La
Table d'à Côté, cuisine aux saveurs d'autrefois dans l'ancienne salle de chasse.

CUSSAY – 37 Indre-et-Loire – **317** N6 – 562 h. – alt. 105 m – ⊠ 37240   **11** B3
▶ Paris 303 – Orléans 179 – Tours 67 – Joué-lès-Tours 62

⌂ **La Ferme Blanche** ⤳   🚗 🍴 🈂️ ch, **P**
La Chaume-Brangerie – ℰ 06 61 72 68 30 – www.la-ferme-blanche.com – Ouvert
d'avril à sept.
5 ch ☲ – ♦130 € ♦♦130 €   **Table d'hôte** – Menu 35 € bc
◆ Un peu à l'écart du village, au grand calme, une ferme en pierre (18ᵉ s.) joliment
restaurée. Ambiance "campagne chic" dans les chambres aussi bien qu'au salon. À la
table d'hôte, on profite d'une cuisine traditionnelle inspirée du terroir tourangeau.

CUSSEY-SUR-L'OGNON – 25 Doubs – **321** F2 – 814 h. – alt. 227 m   **16** B2
– ⊠ 25870
▶ Paris 412 – Besançon 14 – Gray 37 – Vesoul 45
🄶 Château de Moncley★ ▮ Franche-Comté Jura

🍴 **La Vieille Auberge**   🈂️ **VISA** ⚫ **AE**
🍃 1 grande rue – ℰ 03 81 48 51 70 – www.la-vieille-auberge.fr – Fermé
23 août-13 sept., 27 déc.-13 janv., vend. soir de nov. à janv., dim. soir et lundi
Rest – Menu 17 € bc (déj.), 22/48 € – Carte 40/55 €
◆ Maison ancienne tapissée de lierre, simple et engageante ; on y déguste des
plats traditionnels et régionaux dans une salle discrètement rustique.

CUTS – 60 Oise – **305** J3 – 945 h. – alt. 79 m – ⊠ 60400   **37** C2
▶ Paris 115 – Chauny 16 – Compiègne 26 – Noyon 10

🍴🍴 **Auberge Le Bois Doré** avec ch   **VISA** ⚫
🍃 5 r. Ramée, D 934 – ℰ 03 44 09 77 66 – www.leboisdore.fr
– Fermé 27 fév.-8 mars, mardi soir, dim. soir et lundi
3 ch – ♦47 € ♦♦62 € – ☲ 8 €
Rest – (9 €) Menu 17 € (déj. en sem.), 20/38 € – Carte 30/48 €
◆ Sur la façade, une belle fresque en faïence représente l'établissement au début
du 20ᵉ s. On cultive la tradition dans cette auberge plus que centenaire. Quelques
chambres pour prolonger l'étape.

CUTXAN – 32 Gers – **336** B6 – **rattaché à Barbotan-les-Thermes**

CUVES – 50 Manche – **303** F7 – 357 h. – alt. 78 m – ⊠ 50670   **32** A2
▶ Paris 334 – Avranches 23 – Domfront 42 – Fougères 47

🍴🍴 **Le Moulin de Jean**   🈂️ **P** **VISA** ⚫ **AE**
Nord-Est : 2 km sur D 48 – ℰ 02 33 48 39 29 – www.lemoulindejean.com – Fermé
lundi d'oct. à mars
Rest – (28 €) Menu 34/49 €
◆ Dans un site bucolique, ancien moulin où se marient harmonieusement pierres,
parquet et mise de table actuelle. Salon cosy devant une cave à vins vitrée. Cuisine du moment.

CUVILLY – 60 Oise – **305** H3 – 593 h. – alt. 78 m – ✉ 60490   **36** B2

▶ Paris 93 – Compiègne 21 – Amiens 54 – Beauvais 61

XX   **L'Auberge Fleurie**   🌿 🍴 VISA ⓪
♾   *64 rte Flandres, D 1017 –* ✆ *03 44 85 06 55*
    – www.auberge-fleurie-gastronomie-60.com
    – Fermé 31 août-18 sept., 23 janv.-8 fév., mardi soir, merc. soir, dim. soir et lundi
    Rest – Menu 14 € (déj. en sem.), 28/38 € – Carte 30/45 €
    ◆ Relais de poste – fondé par un grognard de Napoléon – puis ferme, cette maison tapissée de vigne vierge propose aujourd'hui des petits plats dans la tradition picarde.

CUZANCE – 46 Lot – **337** F2 – 418 h. – alt. 233 m – ✉ 46600   **29** C1

▶ Paris 507 – Cahors 80 – Sarlat-la-Canéda 40 – Tulle 61

⌂   **Manoir de Malagorse** 🌾   ⪡ 🅿 🍴 🛁 🌿 **P** VISA ⓪
    Sud-Est 4,5 km par D103 rte de Rignac – ✆ *05 65 27 14 83*
    – www.manoir-de-malagorse.fr – Ouvert mars-nov. et week-ends en hiver
    5 ch ⌷ – †110/140 € ††110/165 €   **Table d'hôte** – Menu 38 € 🈺
    ◆ Ce domaine de 5 ha situé en pleine campagne vous promet un séjour mémorable : chambres personnalisées et salon-bibliothèque cosy logés dans une bâtisse régionale en pierre (19e s.). La table d'hôte met à l'honneur les fruits et légumes du Causse.

DACHSTEIN – 67 Bas-Rhin – **315** J5 – 1 439 h. – alt. 160 m – ✉ 67120   **1** A1

▶ Paris 477 – Molsheim 6 – Saverne 28 – Sélestat 40

XX   **Auberge de la Bruche**   🍴 ⇔ VISA ⓪ AE
    1 r. Principale – ✆ *03 88 38 14 90 – www.auberge-bruche.com*
    – Fermé 2-15 août, 27 déc.-6 janv., sam. midi, dim. soir et merc.
    Rest – Menu 28/69 € bc – Carte 45/62 €
    ◆ Filet de sandre au speck, mignon de veau à la moutarde... Carte actuelle dans cette auberge fleurie, à deux pas de la porte du village et de la Bruche, un joli cours d'eau.

DAGLAN – 24 Dordogne – **337** D3 – 540 h. – alt. 101 m – ✉ 24250   **4** D2

▶ Paris 558 – Bordeaux 203 – Cahors 51 – Sarlat-la-Canéda 23
🛈 le Bourg ✆ 05 53 29 88 84

XX   **Le Petit Paris**   🍴 🌿 VISA ⓪
☺   *au bourg –* ✆ *05 53 28 41 10 – www.le-petit-paris.fr – Fermé 15 nov.-13 fév., dim. soir sauf juil.-août, sam. midi et lundi*
    Rest – (nombre de couverts limité, prévenir) Menu 27/39 € – Carte environ 40 €
    ◆ Ici, le chef met un point d'honneur à valoriser les produits de sa région. Crevettes cuites en tempura, risotto de noix de coco... c'est actuel, frais et savoureux !

LA DAILLE – 73 Savoie – **333** O5 – rattaché à Val-d'Isère

DAMBACH-LA-VILLE – 67 Bas-Rhin – **315** I7 – 1 930 h. – alt. 210 m   **2** C1
– ✉ 67650 ▌ Alsace Lorraine

▶ Paris 443 – Obernai 24 – Saverne 61 – Sélestat 8
🛈 11, place du Marché ✆ 03 88 92 61 00

🏠   **Le Vignoble** sans rest   ⅋ 🌿 VISA ⓪ AE
🍴   *1 r. de l'Église –* ✆ *03 88 92 43 75 – www.hotel-vignoble-alsace.fr*
    – Fermé de janv. à début fév.
    7 ch – †58/60 € ††65/68 € – ⌷ 8 €
    ◆ Attenante à l'église du village, cette ancienne grange alsacienne (1765) dispose de chambres coquettes et rustiques. Accueil chaleureux ; cour et jardinet.

DAMGAN – 56 Morbihan – **308** P9 – 1 456 h. – ✉ 56750   **9** B3

▶ Paris 469 – Muzillac 10 – Redon 46 – La Roche-Bernard 25
🛈 Place Alexandre Tiffoche ✆ 02 97 41 11 32

De la Plage sans rest ⟨ ⇕ ⥀ & ⤶ 《¹》 **P** _VISA_ ⓒⓞ

38 bd de l'Océan – 𝒞 02 97 41 10 07 – www.hotel-morbihan.com – Fermé 11 nov.-6 fév.

16 ch – †78/135 € ††78/135 € – 1 suite – ⊡ 12 €

◆ Cet hôtel n'est séparé de la plage que par une petite rue. Les chambres, peu à peu redécorées dans un style épuré, donnent sur la mer. Par beau temps, petit-déjeuner en terrasse.

Albatros ⟨ ⌂ & 〔Ⓐ〕 rest, 《¹》 **P** _VISA_ ⓒⓞ

1 bd de l'Océan – 𝒞 02 97 41 16 85 – www.hotel-albatros-damgan.com – Ouvert 1ᵉʳ avril-3 nov.

25 ch – †58 € ††60/73 € – ⊡ 8,50 € – ½ P 58/65 €

Rest – (12 €) Menu 20/44 € – Carte 26/55 €

◆ L'atout majeur de cet hôtel est son emplacement, juste en face de la plage et des voiliers. La majorité des chambres, très bien tenues, donnent sur l'océan. Au restaurant, grandes baies vitrées ouvrant sur les flots, plateaux de fruits de mer et poissons frais.

DAMPIERRE-EN-YVELINES – 78 Yvelines – **311** H3 – **101** 31 – voir à Paris, Environs

---

DAMPRICHARD – 25 Doubs – **321** L3 – 1 787 h. – alt. 825 m – ⊠ 25450 **17** C2

▶ Paris 505 – Basel 94 – Belfort 64 – Besançon 82

✗✗ **Le Lion d'Or** ⌂ _VISA_ ⓒⓞ ⒶⒺ ⓞ

7 pl. du 3ème RTA – 𝒞 03 81 44 22 84 – www.hotel-le-lion-dor.com – fermé 24 oct.-5 nov., 21-27 fév., dim. soir et lundi

Rest – (12 €) Menu 23/52 € – Carte 29/65 €

◆ Un sympathique Lion d'Or sur la place de l'église d'un bourg proche de la frontière suisse. Cuisine classique réalisée à base de produits frais ; bon choix de vins au verre.

DANIZY – 02 Aisne – **306** C5 – 554 h. – alt. 54 m – ⊠ 02800 **37** C2

▶ Paris 148 – Amiens 111 – Laon 32 – Saint-Quentin 28

Domaine le Parc ⌖ ⟨ ⌟ ⌂ ⤶ ch, 《¹》 **P**

r. du Quesny – 𝒞 03 23 56 55 23 – www.domaineleparc.fr – Fermé 21 déc.-8 janv.

5 ch ⊡ – †75 € ††95 € **Table d'hôte** – Menu 35 € bc

◆ Belle demeure du 18ᵉ s. nichée dans un magnifique parc boisé. Esprit classique et romantique dans les chambres, dont certaines regardent la vallée de l'Oise. Séduisante cuisine familiale concoctée par la sympathique propriétaire, originaire de Hollande.

DANJOUTIN – 90 Territoire de Belfort – **315** F11 – rattaché à Belfort

---

DANNEMARIE – 68 Haut-Rhin – **315** G11 – 2 299 h. – alt. 320 m **1** A3
– ⊠ 68210

▶ Paris 447 – Basel 43 – Belfort 25 – Colmar 58

✗ **Ritter** ⌐ ⌂ **P** _VISA_ ⓒⓞ

(face à la gare) – 𝒞 03 89 25 04 30 – Fermé 15-30 juil., 20-31 déc., 16 fév.-5 mars, lundi soir, jeudi soir et mardi

Rest – (10 €) Menu 26/58 € bc – Carte 32/45 €

◆ L'ancien théâtre du village (1900) converti en restaurant. Sur scène et dans la salle, décor alsacien, collection de chopes et outils paysans... Spécialité de carpes frites.

✗ **Wach** _VISA_ ⓒⓞ

⊜ *13 pl. de l'Hôtel de Ville – 𝒞 03 89 25 00 01 – Fermé 8-22 août, 23 déc.-10 janv., le soir et lundi*

Rest – (12 €) Menu 15 € (sem.)/36 € – Carte 30/50 € ⌘

◆ La modeste façade de cette adresse familiale est joliment fleurie en saison. Vous y goûterez une cuisine régionale accompagnée de vins de qualité proposés à des prix raisonnables.

DAVAYAT – 63 Puy-de-Dôme – **323** F7 – 558 h. – alt. 369 m – ⌂ 63200   **5** B2

🟩 Auvergne

▶ Paris 402 – Clermont-Ferrand 28 – Cournon-d'Auvergne 29 – Vichy 46

⌂ **La Maison de la Treille** sans rest ⬙   🚗 ⌨ 🍽 🔧 P
25 r. de l'Église – 𝒞 04 73 63 58 20 – http://honnorat.la.treille.free.fr
4 ch ⬚ – ♦68/86 € ♦♦75/93 €
◆ Au cœur du village, l'architecture de cette demeure de 1810 s'inspire du néo-classicisme italien. Les chambres se trouvent dans l'orangerie, au milieu d'un ravissant jardin.

DAX ⬙ – 40 Landes – **335** E12 – 20 810 h. – alt. 12 m – Stat. therm. :   **3** B3
à St-Paul-lès-Dax : toute l'année – Casinos : La Potinière, et à St-Paul-lès-Dax – ⌂ 40100 🟩 Aquitaine

▶ Paris 727 – Biarritz 61 – Bordeaux 144 – Mont-de-Marsan 54

🄳 11, cours Foch 𝒞 05 58 56 86 86

🏨 **Le Grand Hôtel** ⬙   🚗 ⬛ AC 🍽 rest, ⑂ 🔧 P ⬚ VISA ⓪ AE
r. Source – 𝒞 05 58 90 53 00 – www.thermes-dax.com – Fermé 18 déc.-9 janv.   **Bf**
128 ch – ♦72/88 € ♦♦81/111 € – 8 suites – ⬚ 8 €
– ½ P 117/147 €   **Rest** – (10 €) Menu 18/31 € – Carte 23/33 €
◆ Au cœur de la cité, une pension dédiée aux curistes (thermes intégrés), aux chambres fonctionnelles parfois équipées d'une kitchenette. Nombreuses animations (thés dansants). Le restaurant propose une formule attractive le midi.

DAX

Aspremont (R. d')	**A** 2
Augusta (Cours J.)	**B** 3
Baignots (Allée des)	**B** 4
Bouvet (Pl. C.)	**B** 5
Carmes (R. des)	**B** 6
Carnot (Bd)	**A** 10
Cazade (R.)	**B** 12
Chanoine-Bordes (Pl.)	**B** 13
Chaulet (Av. G.)	**AB** 14
Clemenceau (Av. G.)	**AB** 15
Doumer (Av. P.)	**B** 16
Ducos (Pl. R.)	**B** 18
Foch (Cours Mar.)	**B** 19
Francis Plante (Av.)	**A** 35
Fusillés (R. des)	**B** 22
Gaulle (Espl. Gén.-de)	**A** 23
Lorrin (Bd C.)	**A** 26
Manoir (Bd Y.-du)	**AB** 28
Milliès-Lacroix (Av. E.)	**AB** 30
Neuve (R.)	**B** 31
Pasteur (Cours)	**B** 34
Sablar (Av. du)	**B** 37

St-Pierre (Pl.)	**B** 38
St-Pierre (R.)	**B** 39
St-Vincent-de-Paul (Av.)	**AB** 44
St-Vincent (R.)	**B** 40
Sully (R.)	**B** 47
Thiers (Pl.)	**B** 49
Toro (R. du)	**B** 50
Tuilleries (Av. des)	**B** 51
Verdun (Cours de)	**B** 52
Victor-Hugo (Av.)	**AB** 54

ST-PAUL-LÈS-DAX

Foch (R. Mar.)	**A** 20
Lahillade (R. G.)	**A** 24
Liberté (Av. de la)	**A** 25
Loustalot (R. René)	**A** 27
Résistance (Av. de la)	**A** 36
St-Vincent-de-Paul (Av.)	**A** 45
Tambour (R. du)	**B** 47

🏨 🏠 ⚫⚫ Le Richelieu

🛰 📶 AC ch, 📶 🦽 P VISA ⚫⚫ AE

13 av. V.-Hugo – 𝒞 05 58 90 49 49 – www.le-richelieu.fr – Fermé 21 déc.-4 janv.
40 ch – †55/58 € ††65/68 € – ☐ 7 € – ½ P 60 €   **B n**
Rest – *(fermé 17-20 août, sam. midi, dim. soir et lundi)* Menu 15 € bc (déj.),
25/35 € – Carte 31/53 €

♦ Cet ancien relais de poste, situé sur un axe passant, dispose de chambres classiques et confortables. Celles de l'annexe ont été redécorées dans un beau style moderne. Cuisine actuelle au restaurant, agréablement décoré. Joli patio avec fontaine.

🏠 ⚫ La Néhé sans rest

📶 🦽 📶 VISA ⚫⚫ AE ⓪

18 r. de la Fontaine Chaude – 𝒞 05 58 90 16 46 – www.hotel-nehe-dax.com
– Fermé 1ᵉʳ-15 janv.   **B g**
20 ch – †49/51 € ††59/63 € – ☐ 6,50 € – ½ P 63/65 €

♦ Tout près de la fontaine d'eau chaude, dans une rue piétonne, un hôtel pratique et bon marché. Chambres spacieuses et fonctionnelles agrémentées d'un mobilier en bois clair.

✕✕ L'Amphitryon

AC VISA ⚫⚫

38 cours Galliéni – 𝒞 05 58 74 58 05 – Fermé 21 août-6 sept., 1ᵉʳ-30 janv., sam.
midi, dim. soir et lundi   **B e**
Rest – *(nombre de couverts limité, prévenir)* Menu 20 € (sem.), 26/38 €
– Carte 38/48 €

♦ Plaisante salle à manger au décor marin : tons crème et bleu, baromètre et maquette de bateau. La cuisine est généreuse : le poisson y domine bien sûr !

✕ Le Bistrot de Cuisine en Ville

AC 📶 VISA ⚫⚫ AE

11 av. Georges Clemenceau – 𝒞 05 58 90 26 89 – Fermé mardi midi, dim. et lundi
Rest – (16 €) Menu 28 € – Carte 30/40 €   **A p**

♦ Table contemporaine avec murs en pierres apparentes. Un cadre simple où apprécier une cuisine de bistrot réalisée à la minute et relevée de quelques touches inventives.

✕ La Tête de l'Art

🛰 🦽 AC VISA ⚫⚫

2 pl. Camille Bouvet – 𝒞 05 58 74 00 13 – Fermé 18-31 août, 11-19 fév., dim. et
lundi   **B v**
Rest – (15 €) Menu 20 € – Carte 32/54 €

♦ Un restaurant, deux atmosphères. Côté basque : superbes clichés de taureaux, poutres et tresses de piments. Côté breton : pêche et marine. Cuisine traditionnelle (ardoise).

à St-Paul-lès-Dax – 11 830 h. – alt. 21 m – ✉ 40990

🛈 68, avenue de la Résistance 𝒞 05 58 91 60 01

🏨🏨 Calicéo ⟡

◁ 🌊 🐎 📶 🦽 🦽 ch, AC 📶 📶 🏋 P 🛰 VISA ⚫⚫ AE ⓪

355 r. du Centre Aéré, au lac de Christus – 𝒞 05 58 90 66 00
– www.hotelcaliceo.com   **A n**
148 suites – ††116/128 € – 49 ch – ☐ 10 €
Rest – (13 €) Menu 19/28 € – Carte 20/40 €

♦ Hôtel moderne équipé d'un centre de balnéothérapie avec un espace bien-être (spa, centre de soins). Chambres – en majorité des suites – agrémentées de balcons. Cuisine traditionnelle ou diététique au restaurant. Terrasse tournée vers le lac de Christus.

🏨 🏠 Du Lac ⟡

🌊 📶 🦽 AC rest, 📶 rest, 📶 🏋 P VISA ⚫⚫ AE

allée de Christus – 𝒞 05 58 90 60 00 – www.thermes-dax.com
– Ouvert 6 mars-27 nov.   **A t**
209 ch – †67/75 € ††75/84 € – ☐ 8 € – ½ P 61/65 €
Rest L'Arc-en-Ciel – 𝒞 05 58 90 63 00 – (15 €) Menu 18/25 € – Carte 24/38 €

♦ Imposant ensemble hôtelier et thermal situé à deux pas du lac de Christus. Chambres pratiques ; un grand nombre avec terrasse. Restaurant de style classique, mets traditionnels.

XXX Le Moulin de Poustagnacq 🖰 P VISA ⬤⬤ AE ⓘ

– ℰ 05 58 91 31 03 – www.moulindepoustagnacq.com – Fermé vacances de la Toussaint, 20-30 déc., vacances de fév., mardi midi, dim. soir et lundi
Rest – Menu 29/69 € – Carte 50/75 €   **A**r

◆ Cet ancien moulin en lisière de bois vous séduira par sa salle à manger originalement décorée et sa terrasse au bord d'un étang. Cuisine actuelle aux accents régionaux.

X Mail Bistrot 🖰 � & P VISA ⬤⬤ AE

507 rte de la Bernadère – ℰ 05 58 55 04 04 – Fermé dim.   **A**d
Rest – *(déj. seult)* (13 €) Menu 25 € – Carte 23/45 €

◆ L'emplacement (dans un centre commercial) surprend, mais le style du lieu, façon hangar aménagé, séduit. Cuisine fraîche d'esprit locavore, privilégiant les beaux produits.

DEAUVILLE – 14 Calvados – **303** M3 – 3 973 h. – alt. 2 m – Casino AZ   **32** A3
– ✉ 14800 ▮ Normandie Vallée de la Seine

▶ Paris 202 – Caen 50 – Évreux 101 – Le Havre 44

🛧 de Deauville-St-Gatien : ℰ 02 31 65 65 65, 5 km par ②BY.

🚊 place de la Mairie ℰ 02 31 14 40 00

🏌 New Golf de Deauville, S : 3 km par D 278, ℰ 02 31 14 24 24

🏌18 de l'Amirauté à Tourgéville Route Départementale 278, S : 4 km par D 278, ℰ 02 31 14 42 00

🏌18 de Saint-Gatien à Saint-Gatien-des-Bois Le Mont Saint Jean, E : 10 km par D 74, ℰ 02 31 65 19 99

◉ Mont Canisy★ 5 km par ④ puis 20 mn.

⬡ - La corniche normande★★ - La côte fleurie★★

DEAUVILLE

	Fracasse (R. A.) . . . . **AZ**	Laplace (R.) . . . . **AZ** 23
	Gambetta (R.) . . . . **BY** 9	Le Marois (R.) . . . . **AZ** 25
Blanc (R. E.) . . . . **AZ** 4	Gaulle (Av. Gén.-de) . . . . . **AZ** 10	Mirabeau (R.) . . . . **BY** 26
Colas (R. E.) . . . . **AZ** 5	Gontaut-Biron (R.) . . . . . **AYZ** 13	Morny (Pl. de) . . . . **BZ** 28
Fossorier (R. R.) . . . . **ABZ** 8	Hoche (R.) . . . . **AYZ** 20	République
	Le-Hoc (R. D.) . . . . **BZ** 24	(Av. de la) . . . . **ABZ**

Normandy-Barrière ⟨ 🏠 📺 🛁 ✗ 📶 & ✗ rest, 📞 🚿 🚗

38 r. J. Mermoz – 𝒞 *02 31 98 66 22 – www.lucienbarriere.com*   VISA 🆔 AE 🔵
259 ch – †327/457 € ††327/457 € – 31 suites – �*2* 30 €   AZ**h**
Rest *La Belle Époque* – Menu 55 € (dîner)/65 € – Carte 65/105 €

♦ Reconnaissable à sa silhouette de manoir anglo-saxon, ce palace de 1912 est l'emblème de la station. Spacieuses chambres raffinées et cosy. Salle de remise en forme. Luxueux restaurant recréant le style Belle Époque et tables dressées dans la jolie cour normande en été.

Royal-Barrière ⟨ 🏊 🛁 ✗ 📶 & ✗ rest, 📞 🚿 🅿 VISA 🆔 AE 🔵

🕸 *bd E. Cornuché –* 𝒞 *02 31 98 66 33 – www.lucienbarriere.com*
– Ouvert 8 mars-1ᵉʳ nov.   AZ**y**
236 ch – †272/774 € ††272/774 € – 16 suites – �*2* 30 €
Rest *L'Etrier – (fermé le midi sauf sam. et dim.)* Menu 57/105 € bc Carte 87/127 €
Spéc. Lisette de Trouville et jambon pata negra, pochée dans un bouillon d'algues kombou. Filet de bœuf normand, cromesquis de fondant de céleri à la truffe noire. Traditionnel soufflé chaud au Grand Marnier, biscuit mirliton à l'orange.
Rest *Côté Royal – (fermé le midi sauf sam. et dim.)* Menu 48 €
– Carte 60/92 € le soir

♦ Imposante architecture 1900 appréciée par la jet-set et les stars du cinéma. Chambres luxueuses, parfois tournées vers la Manche. À L'Étrier, délicieuse cuisine actuelle servie dans un cadre classique et cosy (boiseries, tentures, photos anciennes). Atmosphère digne d'un palace et plats traditionnels au Côté Royal.

L'Augeval sans rest 🏊 📶 & 📺 🚿 🚗 VISA 🆔 AE 🔵

15 av. Hocquart de Turtot – 𝒞 *02 31 81 13 18 – www.augeval.com*
40 ch – †95/165 € ††95/242 € – 2 suites – �*2* 13 €   AZ**d**
♦ Près de l'hippodrome et des haras, ce séduisant manoir normand abrite deux demeures cossues : L'Augeval, assez rétro, et Le Trait d'Union, plus actuelle. Piscine, espace détente.

81 L'Hôtel sans rest 🚗 📶 🆎 ✗ 📶 🚿 🅿 VISA 🆔 AE

81 av. de la République – 𝒞 *02 31 14 01 50 – www.81lhotel.com*   AZ**p**
20 ch – †139/310 € ††139/310 € – �*2* 14 €
♦ Grand manoir anglo-normand (1906) à la surprenante décoration moderne et feutrée associant parquets et moulures d'époque, mobilier de style laqué argent, pampilles, reproductions de Lichtenstein...

Almoria sans rest 📶 & 🆎 📶 🚿 🚗 VISA 🆔 AE

37 av. de la République – 𝒞 *02 31 14 32 32 – www.almoria-deauville.com*
– Fermé 2-16 janv.   BZ**q**
60 ch – †80/240 € ††80/240 € – �*2* 13 €
♦ Confort, modernité et lignes épurées caractérisent cet hôtel tout neuf, conçu dans le style régional. Quelques chambres ont un accès direct au patio doté d'une terrasse d'été.

Le Trophée sans rest 🏊 📶 & 🆎 📶 🚿 VISA 🆔 AE 🔵

81 r. du Gén.-Leclerc – 𝒞 *02 31 88 45 86 – www.letrophee.com*   AZ**u**
35 ch – †59/219 € ††65/219 € – �*2* 13 €
♦ Établissement sobre et actuel, proche des plages et du centre-ville. Les chambres sont tournées vers la rue ou la piscine ; certaines avec balnéo, la plupart avec balcons. Sauna et hammam.

Continental sans rest 📶 📶 🚿 VISA 🆔 AE

1 r. Désiré Le Hoc – 𝒞 *02 31 88 21 06 – www.hotel-continental-deauville.com*
42 ch – †63/100 € ††63/100 € – �*2* 8,50 €   BZ**s**
♦ Sur une avenue animée, hôtel bien tenu adressant des clins d'œil à Deauville : vente de produits régionaux, affiches du festival du film américain dans la salle des petits-déjeuners.

Mercure Deauville Hôtel du Yacht Club sans rest 📶

2 r. Breney – 𝒞 *02 31 87 30 00 – www.mercure.com*   VISA 🆔 AE 🔵
53 ch – †115/155 € ††125/205 € – �*2* 15 €   BY**b**
♦ Un Mercure récent d'allure régionale, près de la marina. Chambres fonctionnelles (quelques duplex) décorées sur le thème des yachts et principalement côté rue. Terrasse-jardin.

⌂ **Villa Joséphine** sans rest   ⌷ AC ⌷ VISA ⌷ AE

23 r. des Villas – ℰ 02 31 14 18 00 – www.villajosephine.fr – Fermé 4-12 janv.
9 ch – ♦110/165 € ♦♦155/380 € – ☲ 22 €   **AZb**

◆ Charmante villa normande (fin 19e s.) classée, entourée d'un ravissant jardin.
Tout y est cosy et délicat (couleurs poudrées, mobilier de style, drapés, portraits
de famille...).

⌂ **Marie-Anne** sans rest   ⌷ ⌷ ⌷ P VISA ⌷ AE ⌷

142 av. de la République – ℰ 02 31 88 35 32 – www.hotelmarieanne.com
25 ch – ♦80/180 € ♦♦80/180 € – ☲ 12 €   **AZf**

◆ Casino, golf et hippodrome se trouvent à deux pas de cette villa. Chambres
spacieuses et élégantes, plus calmes sur l'arrière ; celles de l'annexe, côté jardin,
sont plus simples.

⌂ **Le Chantilly** sans rest   ⌷ ⌷ VISA ⌷ AE

120 av. République – ℰ 02 31 88 79 75 – www.123france.com/chantilly/
– Fermé janv.
17 ch – ♦67/95 € ♦♦67/135 € – ☲ 8,50 €   **BZa**

◆ Bien situé à deux pas de l'hippodrome de la Touques, ce petit hôtel de
charme dispose de chambres très bien tenues, plus tranquilles sur l'arrière.
Écrans plats et wifi.

✗✗ **Le Spinnaker**   VISA ⌷ AE

52 r. Mirabeau – ℰ 02 31 88 24 40 – www.spinnakerdeauville.com – Fermé
6-15 juin, 17 nov.-2 déc., 5-27 janv., lundi et mardi sauf le soir du 15 juin au
15 sept.   **BZv**
Rest – Menu 38 € (déj.), 55/85 € – Carte 50/120 €

◆ Ce "spi"-là ne vous fera pas gagner de régate mais vous propulsera vers un
joli cadre contemporain, où vous attendent une cuisine de la mer et d'appétissants desserts.

✗✗ **La Flambée**   ⌷ AC VISA ⌷ AE ⌷

81 r. Général Leclerc – ℰ 02 31 88 28 46 – www.laflambee-deauville.com
Rest – (20 € bc) Menu 27/48 € – Carte 50/75 €   **AZt**

◆ Une belle flambée crépite dans la grande cheminée où l'on prépare, sous vos
yeux, les grillades. Autres choix : plats traditionnels et homard (vivier). Atmosphère conviviale.

✗✗ **Augusto Chez Laurent**   ⌷ VISA ⌷ AE

27 r. Désiré Le Hoc – ℰ 02 31 88 34 49 – www.restaurant-augusto.com – Fermé
mardi sauf vacances scolaires et lundi   **BZk**
Rest – (16 €) Menu 36/57 € – Carte 40/77 €

◆ Connue pour ses spécialités de homards et de poissons, cette institution suit le
cap de la cuisine iodée depuis plus de 35 ans. Décor chic façon bateau.

✗ **Le Comptoir et la Table**   ⌷ VISA ⌷ AE

1 quai de la Marine – ℰ 02 31 88 92 51 – Fermé 2 sem. en nov. et merc.
Rest – (15 €) Menu 20/30 € – Carte 40/60 €   **BYg**

◆ Une belle convivialité anime ce restaurant de la marina qui a pour attraits son
comptoir en bois et sa fresque de Trouville (1947) au plafond. Plats bistrotiers et
grands crus.

à Touques 2,5 km par ③ – 3 848 h. – alt. 10 m – ⌧ 14800

🛈 place Lemercier ℰ 02 31 88 70 93

✗✗ **Les Landiers**   ⌷ AC VISA ⌷ AE

90 r. Louvel-et-Brière – ℰ 02 31 87 41 08 – www.restaurant-deauville.com
– Fermé 20-30 juin, 2-10 janv., du lundi au jeudi l'hiver ; dim. soir, mardi et merc.
sauf vacances scolaires
Rest – (22 €) Menu 29/50 €

◆ Accueil tout sourire, coquettes salles à manger rustiques, goûteuse cuisine traditionnelle et spécialités des pays de l'Est : ce sympathique petit restaurant a tout
pour plaire.

XX L'Orangeraie

12 quai Monrival – ☎ 02 31 81 47 81 – www.lorangeraie-touques.com – *Fermé jeudi sauf vacances scolaires et merc.*

Rest – (15 €) Menu 25/45 € – Carte 41/99 €

♦ Cette maison du 15ᵉ s. au cadre rustique épuré propose une généreuse cuisine qui suit les saisons. Au dessert, pas de carte mais un plateau dégustation. Agréable terrasse.

à Canapville 6 km par ③ – 239 h. – alt. 10 m – ✉ 14800

⌂ Le Mont d'Auge *sans rest* ⌖

par D 279 et rte secondaire rte de St-Gatien – ☎ 02 31 64 95 17
– www.maison-deauville.com

3 ch ⌂ – ♦80/90 € ♦♦95/115 €

♦ Cette maison à colombages jouit du calme de la campagne. Chambres assez spacieuses d'esprit rustique. Aux beaux jours, on sert le petit-déjeuner sur la terrasse face au jardin.

XX Auberge du Vieux Tour

36 rte départementale 677 – ☎ 02 31 65 21 80 – www.levieuxtour.com – *Fermé 30 juin-8 juil., vacances de Noël, de fév., mardi et merc.*

Rest – Menu 24 € (sem.), 29/55 € – Carte 38/61 €

♦ Coiffée de chaume, l'auberge borde la départementale, mais la coquette salle à manger (poutres, murs rose saumon, tableaux, tomettes) et la terrasse sont au calme, côté jardin.

au New Golf 3 km au Sud par D 278 - **BAZ** – ✉ 14800 Deauville

Du Golf-Barrière ⌖

– ☎ 02 31 14 24 00 – www.lucienbarriere.com – *Fermé de mi-nov. au 29 déc.*

178 ch – ♦175/630 € ♦♦175/630 € – ⌂ 25 €

Rest *Le Lassay* – *(fermé le midi)* Menu 42 €, 48/65 € – Carte 40/70 €

Rest *Le Club House* – ☎ 02 31 14 24 23 *(fermé le soir)* (21 €) Menu 25 €
– Carte 33/47 €

♦ Palace Art déco entouré d'un golf et juché sur le mont Canisy, d'où la vue s'étend sur la mer et la campagne. Chambres assez spacieuses tout confort. Au Lassay, cuisine classique servie dans un cadre chic, prolongé d'une véranda. Le midi, repas traditionnels au Club House. Boutique de golf.

au Sud 6 km par D 278 et chemin de l'Orgueil – ✉ 14800 Deauville

Les Manoirs de Tourgéville ⌖

6 km au Sud par D 278 et chemin de l'Orgueil
– ☎ 02 31 14 48 68 – www.lesmanoirstourgeville.com – *Fermé 2-16 janv.*

35 suites – ♦♦220/510 € – 22 ch – ⌂ 25 €

Rest – *(fermé dim. soir et lundi d'oct. à mars)* (29 €) Menu 40 € – Carte 51/64 €

♦ Séduisant manoir normand isolé en plein bocage du pays d'Auge. Chambres, duplex et triplex portent le nom de vedettes du cinéma ; décor personnalisé (golf, cheval, etc.). La ravissante salle à manger rustique donne sur une agréable terrasse avec un joli patio.

au golf de l'Amirauté 7 km au Sud par D 278 – ✉ 14800 Deauville

XX Les Chaumes

CD 278 – ☎ 02 31 14 42 00 – www.amiraute.com – *Fermé 9-25 janv.*

Rest – *(déj. seult)* (23 €) Menu 29 € – Carte 41/64 €

♦ Hier haras, aujourd'hui club-house doté d'un restaurant panoramique. Vue sur le parcours de 27 trous agrémenté de sculptures modernes. Formule simple au bar ou en terrasse.

DECIZE – 58 Nièvre – **319** D11 – 5 975 h. – alt. 197 m – ✉ 58300   **7** B3

 Bourgogne

▶ Paris 270 – Châtillon-en-Bazois 34 – Luzy 44 – Moulins 35
ℹ place du Champ de Foire ☎ 03 86 25 27 23

XX ⌂ **Le Charolais** 🍴 VISA ⓒ AE

33 bis rte Moulins – ☎ *03 86 25 22 27 – Fermé 1er-9 janv., 1 sem. en fév., mardi du 10 oct. au 15 juin, dim. soir et lundi*
Rest – Menu 18/50 € – Carte 20/60 €

♦ Dans cet agréable restaurant, le jeune chef mitonne des plats bien dans leur époque. Et dès que le temps le permet, place aux grillades et à la cuisine à la plancha... en terrasse.

LA DÉFENSE – 92 Hauts-de-Seine – **311** J2 – **101** 14 – voir à Paris, Environs

---

DELLE – 90 Territoire de Belfort – **315** G11 – 6 113 h. – alt. 364 m **17** D1
– ✉ 90100

▸ Paris 448 – Besançon 108 – Belfort 25 – Bâle 97
ℹ Rue Joachim ☎ 03 84 36 03 06

XX ⌂ **Hostellerie des Remparts** 🍴 ⅙ VISA ⓒ

1 pl. Raymond Forni – ☎ *03 84 56 32 61 – www.hostellerie-des-remparts.fr
– Fermé en août et en fév.*
Rest – (14 €) Menu 28/47 € – Carte 25/50 €

♦ Dans cette bâtisse de 1576 mêlant rusticité (à l'étage) et modernité (rez-de-chaussée), on se délecte de bons plats traditionnels. Terrasse en bord de rivière.

DELME – 57 Moselle – **307** J5 – 859 h. – alt. 220 m – ✉ 57590 **27** C2

▸ Paris 364 – Château-Salins 12 – Metz 33 – Nancy 36
ℹ 33, rue Raymond Poincaré ☎ 03 87 01 37 19

⌂ **A la XIIe Borne** 🍴 🛏 AC rest, 📶 VISA ⓒ

6 pl. République – ☎ *03 87 01 30 18 – www.12eme-borne.com – Fermé dim. soir et lundi*
15 ch – †59/73 € ††59/73 € – ☑ 8 € – ½ P 64 €
Rest – (8 €) Menu 11 € (déj. en sem.), 23/50 € – Carte 52/63 €

♦ Quatre frères président au destin de cette longue bâtisse, dans la famille depuis 1954. Chambres fonctionnelles, bien insonorisées. Au restaurant, les produits du terroir sont à l'honneur.

DERCHIGNY – 76 Seine-Maritime – **304** H2 – 497 h. – alt. 100 m **33** D1
– ✉ 76370

▸ Paris 206 – Barentin 64 – Dieppe 10 – Rouen 74

⌂ **Manoir de Graincourt** ⑧ 🍴 ⅙ ch, 🍴 P VISA ⓒ

10 pl. Ludovic Panel – ☎ *02 35 84 12 88 – www.manoir-de-graincourt.fr*
5 ch ☑ – †89/129 € ††97/137 €
Table d'hôte – Menu 37 € bc

♦ Renoir séjourna dans ce manoir du 19e s. typiquement normand. Chambres thématiques (meubles de famille ou chinés, beaux tissus, etc.), ouvertes sur un joli jardin clos. Dîner traditionnel en table d'hôte dans la belle cuisine rustique (pensez à réserver).

DESCARTES – 37 Indre-et-Loire – **317** N7 – 3 855 h. – alt. 50 m **11** B3
– ✉ 37160 🟩 Châteaux de la Loire

▸ Paris 292 – Châteauroux 94 – Châtellerault 24 – Chinon 51
ℹ rue, Blaise Pascal ☎ 02 47 92 42 20

X ⌂ **Moderne** avec ch 🍴 📶 P VISA ⓒ AE ⓞ

15 r. Descartes – ☎ *02 47 59 72 11 – www.modernehotel.fr
– Fermé 24 déc.-6 janv., vacances de printemps, lundi midi de mi-avril à mi-sept., sam. midi et vend. de mi-sept. à mi-avril et dim. soir*
11 ch – †43 € ††49 € – ☑ 8 € – ½ P 43 €
Rest – (12 €) Menu 16/28 € – Carte 24/62 €

♦ L'enseigne "hôtel" est trompeuse : il y a bien un restaurant ici, tout près de la maison natale de René Descartes (devenue musée). On y sert une cuisine traditionnelle à base de produits frais. Les chambres, sobres et pratiques, peuvent dépanner.

DESVRES – 62 Pas-de-Calais – 301 E3 – 5 056 h. – alt. 98 m **30 A2**
– ✉ 62240

▶ Paris 263 – Calais 40 – Arras 98 – Boulogne 19

ℹ 41 bis, rue des Potiers ✆ 03 21 92 09 09

Ferme du Moulin aux Draps

rte Crémarest, 1,5 km par D 254E – ✆ 03 21 10 69 59
– http://hotel-moulinauxdraps.com – Fermé 18 déc.-6 janv. et dim. soir d'oct. à mars

20 ch – †74/140 € ††74/140 € – ☕ 12 € – ½ P 75/100 €

Rest – *(fermé sam. midi, dim. soir et lundi midi)* (19 €) Menu 26 € (déj. en sem.), 26/54 € – Carte 34/73 €

◆ Alentour : la forêt, les prairies et un vieux moulin du 15e s. Un peu comme à la ferme, le confort en plus ! Les chambres sont plaisantes, douillettes et mansardées à l'étage. Au restaurant, cuisine régionale de saison ; terrasse aux beaux jours.

LES DEUX-ALPES (Alpes de Mont-de-Lans et de Vénosc) **45 C2**
– 38 Isère – 333 J7 – Sports d'hiver : 1 650/3 600 m 7 49 – ✉ 38860

Alpes du Nord

▶ Paris 640 – Le Bourg-d'Oisans 26 – Grenoble 78

ℹ 4, place des Deux-Alpes ✆ 04 76 79 22 00

⛳ des Deux-Alpes Rue des Vikings, E : 2 km, ✆ 04 76 80 52 89

👁 Belvédères : de la Croix★, des Cîmes★ - Croisière Blanche★★★.

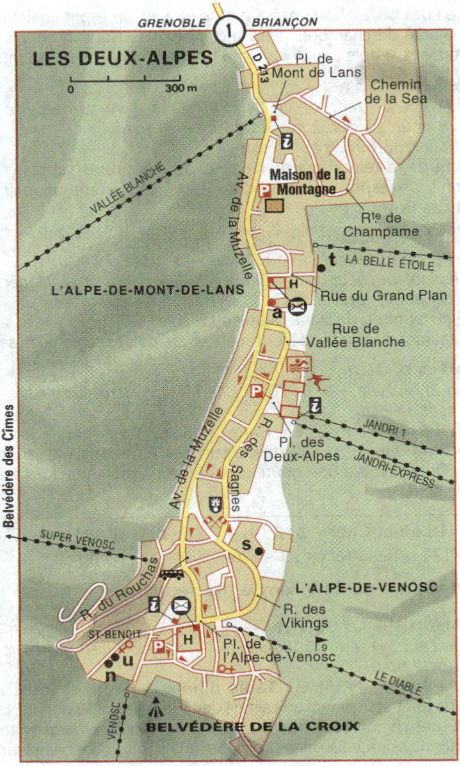

Chalet Mounier ✿ ⟨← 🌿 ♨ ⛱ 🖥 ⏱ 🛗 🏊 rest, ⟨¹⟩ 🏊 VISA ⬤⬤

2 r. de la Chapelle – ✆ 04 76 80 56 90 – www.chalet-mounier.com
– Ouvert 16 juin-28 août et 10 déc.-28 avril

40 ch – ♦115/240 € ♦♦180/390 € – 4 suites – ⌷ 20 € – ½ P 125/230 €
Rest – (dîner seult) (résidents seult) Carte 40/68 €
Rest *Le P'tit Polyte* – (fermé lundi) (dîner seult sauf dim. et fériés)
Menu 61/77 € – Carte 55/71 € ❀

Spéc. Foie gras chaud, bouillon de volaille mousseux, maïs craquant et soufflé. Pigeon en quatre morceaux, fondant de légumes, sauce salmis. Les trois chocolats.
♦ Ce chalet d'alpage de 1879 arbore un look contemporain : décor ultra cosy grâce au bois dominant et aux tons chaleureux du salon et des chambres ; wellness. Cuisine inventive servie dans la jolie salle du P'tit Polyte donnant sur la montagne.

Souleil'Or ⬥ ⟨← 🌿 🖥 ⏱ 🛗 🏊 rest, ⟨¹⟩ 🏊 P VISA ⬤⬤ AE

10 r. Grand Plan – ✆ 04 76 79 24 69 – www.le-souleil.fr – Hôtel : ouvert
18 juin-27 août et 12 déc.-29 avril ; rest. : ouvert 19 déc.-29 avril

42 ch ⌷ – ♦93/145 € ♦♦110/190 € – ½ P 92/137 €
Rest – (dîner seult) Menu 35 €
♦ Les chambres de cet hôtel à la façade en bois, rénovées par étapes, disposent toutes d'un balcon. Ambiance "chalet", bon confort et tenue rigoureuse. Sauna, hammam. Restaurant avec terrasse au bord de la piscine ; plats traditionnels et dauphinois.

Les Mélèzes ⟨← 🌿 ⏱ 🛗 🏊 rest, ⟨¹⟩ 🏊 P VISA ⬤⬤

17 r. des Vikings – ✆ 04 76 80 50 50 – www.hotelmelezes.com
– Ouvert 15 déc.-24 avril

34 ch – ♦70/80 € ♦♦125/166 € – ⌷ 12 € – ½ P 88/133 €
Rest – (ouvert 20 déc.-24 avril) Menu 34/78 €
♦ Au pied des pistes, hôtel peu à peu revu dans un esprit chalet cosy. Accueil charmant, majorité de chambres plein sud, plaisants salons, fitness, sauna, jacuzzi. Restauration assez simple à midi et menu unique le soir ("menu montagnard" le mardi).

Serre-Palas sans rest ⟨← VISA ⬤⬤

13 pl. de l'Alpe de Venosc – ✆ 04 76 80 56 33 – www.hotelserre-palas.fr – Ouvert
11 juin-28 août, 23 oct.-2 nov. et 26 nov.-26 avril

24 ch ⌷ – ♦38/69 € ♦♦54/128 €
♦ À 50 m de la télécabine de Venosc, des chambres sobres (sauf une, joliment revue dans un esprit "chalet"), dont certaines offrent un balcon face au parc national des Écrins.

Le Diable au Cœur ⟨← 🌿 VISA ⬤⬤

au sommet de la télécabine du Diable – ✆ 04 76 79 99 50
– www.lediableaucoeur.com – Ouvert 28 juin-30 août et 15 déc.-30 avril
Rest – (déj. seult) (prévenir) (26 €) Menu 35 € – Carte 23/46 €
♦ Arrivé au terminus de la télécabine du Diable (2400 m), poussez la porte de ce charmant restaurant d'altitude : décor tout bois, spécialités régionales, service attentionné.

Le Raisin d'Ours 🌿 VISA ⬤⬤

98 av. de la Muzelle – ✆ 04 76 79 29 56 – www.leraisindours.fr – Fermé
en mai, sept. et oct.
Rest – (20 € bc) Menu 25 € – Carte 24/60 €
♦ Le Raisin d'Ours ? Un arbuste du sud des Alpes, mais aussi un chaleureux restaurant... On y savoure une goûteuse cuisine du marché (carte simple le midi, plus étoffée le soir).

DHUIZON – 41 Loir-et-Cher – **318** G6 – 1 366 h. – alt. 93 m – ✉ 41220   **12** C2
◼ Paris 174 – Beaugency 23 – Blois 29 – Orléans 46

au Nord-Est 4 km par rte de Villeny et rte secondaire

La Maison de Capucine ⬥ 🌿 ⏱ ⟨¹⟩ P

(Ferme de l'Aunay) – ✆ 06 13 43 58 98 – www.lamaisondecapucine.com
– Ouvert avril-nov.

4 ch ⌷ – ♦140 € ♦♦150 €   **Table d'hôte** – Menu 38/150 €
♦ En pleine forêt et vraiment au calme ! Cette jolie ferme solognote, parfaitement rénovée, abrite des chambres au charme champêtre (poutres, parquet, tomettes...). Au restaurant, cuisine bourgeoise bien maîtrisée variant autour de beaux produits de saison.

DIE ⬭ – 26 Drôme – **332** F5 – 4 387 h. – alt. 415 m – ✉ 26150   **44** B3

▌ Alpes du Sud

    ▶ Paris 623 – Gap 92 – Grenoble 110 – Montélimar 73

    🛈 rue des Jardins ☏ 04 75 22 03 03

    ◉ Mosaïque★ dans l'hôtel de ville.

    ◙ Paysages du Diois★★.

🏠   **L' Escale de Die**   🛜 AC ❨ᵀ❩ P VISA ◍

🍂 *av. de la Clairette –* ☏ *04 75 22 00 95 – Fermé vacances de la Toussaint,*
26 fév.-15 mars et merc.
9 ch – 🛏54/65 € 🛏🛏54/65 € – ⬚ 8 € – ½ P 55/60 €
Rest – Menu 14 € (déj. en sem.), 19/35 € – Carte 19/46 €
  ◆ Il règne une agréable ambiance familiale dans cette maison à la façade fleurie. Chambres climatisées parfaitement tenues et confortables. Bon rapport qualité-prix. Au restaurant, cuisine traditionnelle tout en simplicité, servie dans une
salle élégante.

DIEBOLSHEIM – 67 Bas-Rhin – **315** J7 – 569 h. – alt. 163 m – ✉ 67230   **1** B2

    ▶ Paris 529 – Strasbourg 44 – Freiburg im Breisgau 59 – Colmar 55

↟   **Ambiance Jardin** sans rest ॐ   🛜 ❨ᵀ❩ P

12 r. de L'Abbé-Wendling – ☏ *03 88 74 84 85 – www.ambiance-jardin.com*
4 ch ⬚ – 🛏70/80 € 🛏🛏80/90 €
  ◆ De cette grange, les propriétaires ont fait une charmante maison d'hôtes, qui
foisonne d'antiquités. Chambres aux tons pastel, spacieuses et cosy. Beau jardin.

DIEFFENBACH-AU-VAL – 67 Bas-Rhin – **315** H7 – 628 h. – alt. 350 m   **2** C1
– ✉ 67220

    ▶ Paris 538 – Colmar 33 – Lahr 65 – Strasbourg 53

↟   **La Romance** sans rest ॐ   🛜 AC ❨ᵀ❩ P

17 r. de Neuve-Église – ☏ *03 88 85 67 09 – www.la-romance.net*
5 ch ⬚ – 🛏88 € 🛏🛏103 €
  ◆ Au bout du chemin qui borde la forêt, cette charmante maison à colombages respire la sérénité. Chambres soignées et joliment colorées (deux avec terrasse donnant sur la vallée).

DIEFFENTHAL – 67 Bas-Rhin – **315** I7 – 244 h. – alt. 185 m – ✉ 67650   **2** C1

    ▶ Paris 441 – Lunéville 100 – St-Dié 45 – Sélestat 7

🏨   **Le Verger des Châteaux** ॐ   ⬳ 🛜 🛜 ▥ ❨ᵀ❩ ፙ P VISA ◍

🍂 *2 rte Romaine –* ☏ *03 88 92 49 13 – www.verger-des-chateaux.fr*
32 ch – 🛏60/75 € 🛏🛏69/85 € – ⬚ 9 € – ½ P 76 €
Rest – *(fermé lundi midi)* (10 €) Menu 18/32 € – Carte 35/57 €
  ◆ Une imposante bâtisse bordant le fameux vignoble alsacien. Les chambres
sont spacieuses, équipées de mobilier en bois blond ; mansardes familiales au
dernier étage. Salle à manger donnant sur la campagne ; registre culinaire traditionnel. Winstub au décor coloré.

DIEFMATTEN – 68 Haut-Rhin – **315** G10 – 260 h. – alt. 300 m   **1** A3
– ✉ 68780

    ▶ Paris 450 – Belfort 25 – Colmar 48 – Mulhouse 21

XXX   **Auberge du Cheval Blanc** avec ch   🛜 🛜 AC rest, ፙ P

17 r. Hecken – ☏ *03 89 26 91 08 – www.auchevalblanc.fr*   VISA ◍ AE ①
– Fermé 11 juil.-2 août et 11-19 janv.
8 ch – 🛏54 € 🛏🛏95 € – ⬚ 12 €
Rest – *(fermé dim. et merc. de nov. à mars et lundi et mardi sauf fériés)*
(23 € bc) Menu 28/75 € – Carte 47/86 € ❀
  ◆ Cuisine classique, menus à thème (truffe, océan...) et bon choix de vins sont
proposés dans cette maison alsacienne du 19ᵉ s. Salle à manger lumineuse au
mobilier rustique ; vue sur le parc depuis la terrasse. Cinq appartements neufs et
chambres plus anciennes.

DIEPPE – 76 Seine-Maritime – **304** G2 – **33 618 h.** – **alt. 6 m** – **Casino Municipal** AY – ✉ **76200** Normandie Vallée de la Seine **33** D1

Paris 197 – Abbeville 68 – Caen 176 – Le Havre 111

pont Jehan Ango ✆ 02 32 14 40 60

de Dieppe-Pourville Route de Pourville, O : 2 km par D 74, ✆ 02 35 84 25 05

Église St-Jacques★ - Chapelle N.-D.-de-Bon-Secours ≤★ - Musée★ du château (ivoires dieppois★).

Aguado sans rest

30 bd Verdun – ✆ 02 35 84 27 00 – www.hotelsdieppe.com BYs

56 ch – †60/145 € ††65/145 € – ☕ 10 €

◆ L'immeuble enjambe une rue donnant sur le front de mer. Les chambres, bien insonorisées, de style moderne ou classique, ouvrent côté plage ou côté ville et port.

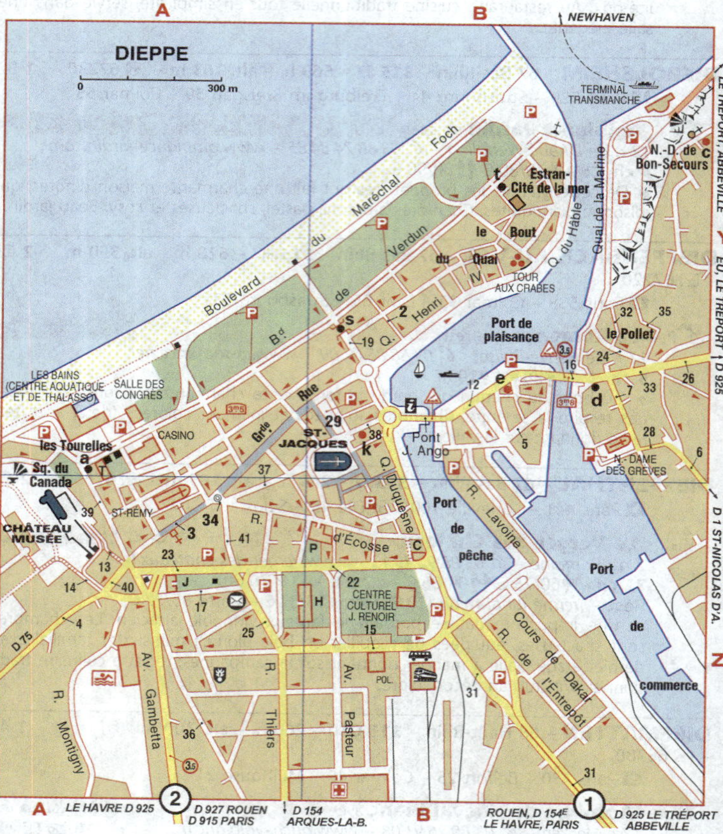

Ango (R. J.) . . . . . BY 2
Barre (R. de la) . . . . . AZ 3
Barre (R. du Fg-de-la) . . . . . AZ 4
Belleteste (R. Jean) . . . . . BY 5
Bonne-Nouvelle (R.) . . . . . BY 6
Brunel (R. J.) . . . . . BY 7
Carénage (Q. du) . . . . . BY 12
Chastes (R. de) . . . . . AZ 13
Citadelle (Ch. de la) . . . . . AZ 14
Clemenceau (Bd G.) . . . . . BZ 15
Colbert (Pont) . . . . . BY 16
Desmarets (R.) . . . . . AZ 17
Duquesne (R.) . . . . . BY 19
Gaulle (Bd Gén.-de) . . . . . ABZ 22
Grande-Rue . . . . . ABY
Groulard (R. C.) . . . . . AZ 23
Guerrier (R.) . . . . . BY 24
Joffre (Bd Mar.) . . . . . AZ 25
Leclerc (Av. Gén.) . . . . . BY 26
Levasseur (R.) . . . . . BY 28
Nationale (Pl.) . . . . . BY 29
Normandie-Sussex (Av.) . . . . . BZ 31
Petit-Fort (R. du) . . . . . BY 32
Polet (Gde-R. du) . . . . . BY 33
Puits-Salé (Pl. du) . . . . . AZ 34
Quiquengrogne (R.) . . . . . BY 35
République (R. de la) . . . . . AZ 36
St-Jacques (R.) . . . . . AYZ 37
St-Jean (R.) . . . . . BY 38
Sygogne (R. de) . . . . . AZ 39
Toustain (R.) . . . . . AZ 40
Victor-Hugo (R.) . . . . . AZ 41

Mercure la Présidence   🚹 ⒶⒸ 📶 🛜 🚗 𝖵𝖨𝖲𝖠 💳 ⒶⒺ

1 bd de Verdun – ✆ *02 35 84 31 31 – www.mercure-dieppe.com*   **AYa**

85 ch – ♦105/285 € ♦♦115/295 € – ☕ 16 €

Rest – *(fermé dim. soir, lundi midi de janv. à mars et de nov. à déc.)*
Menu 25/27 € – Carte 33/42 €

◆ Près du casino et de la thalasso, hôtel rénové en 2009 : chambres décorées avec goût, toutes différentes, avec parquet, mobilier design et tons chatoyants (fuchsia, anis, rose). La moitié regardent la mer. Restaurant façon bistrot chic ; produits de la mer.

De l'Europe *sans rest*   ⧨ 🏢 🚹 📶 𝖵𝖨𝖲𝖠 💳

63 bd Verdun – ✆ *02 32 90 19 19 – www.hotelsdieppe.com*   **BYt**

60 ch – ♦60/136 € ♦♦80/136 € – ☕ 9 €

◆ La façade de cet hôtel associe bois et béton. Grandes chambres claires, meublées en rotin et tournées vers la Manche. Bar feutré fréquenté par la clientèle locale.

La Villa Florida *sans rest* 🌿   🚗 🈯 📶 🅿

24 chemin du Golf, au Sud-Ouest par D 75 - AZ – ✆ *02 35 84 40 37*
– www.lavillaflorida.com

4 ch – ☕ – ♦65/78 € ♦♦73/82 €

◆ Il flotte comme un parfum des Indes dans cette maison dont la propriétaire est passionnée de yoga. Chambres sereines et personnalisées. Beau jardin fleuri. Accueil charmant.

Villa des Capucins *sans rest*   🚗 📶 🚗 𝖵𝖨𝖲𝖠 💳

11 r. des Capucins – ✆ *02 35 82 16 52 – www.villa-des-capucins.fr*   **BYd**

5 ch – ☕ – ♦60 € ♦♦75 €

◆ Un ancien couvent (1820) et ses dépendances transformés en maison d'hôtes. Jolies chambres au mobilier chiné, ouvertes sur le jardin où se cache un petit coin brocante.

✕✕ Les Voiles d'Or   🈯 𝖵𝖨𝖲𝖠 💳 ⒶⒺ

2 chemin de la Falaise, près de la chapelle N.-D.-de-Bon-Secours – ✆ *02 35 84 16 84*
– www.lesvoilesdor.fr – Fermé 20 déc.-5 janv., dim. soir, lundi et mardi   **BYc**

Rest – *(nombre de couverts limité, prévenir)* Menu 35 € bc (déj.)/52 €
– Carte 53/67 €

◆ Table au goût du jour perchée sur la falaise du Pollet, à proximité de la chapelle N.-D. de Bon-Secours et du sémaphore. Intérieur chaleureux et coloré ; mobilier design.

✕✕ La Marmite Dieppoise   𝖵𝖨𝖲𝖠 💳

8 r. St-Jean – ✆ *02 35 84 24 26 – Fermé 20 juin-1er juil., 21 nov.-6 déc., vacances de fév., jeudi soir hors saison, dim. soir et lundi*   **BYk**

Rest – Menu 29/44 € – Carte 30/60 €

◆ Ici, la fameuse marmite dieppoise tient la vedette. Les produits de la mer arrivent directement du port de pêche tout proche. Dîner aux chandelles les vendredis et samedis.

✕ Bistrot du Pollet   𝖵𝖨𝖲𝖠 💳

23 r. Tête de Boeuf – ✆ *02 35 84 68 57 – Fermé 27 mars-11 avril, 28 août-12 septembe, 1er-16 janv., dim. et lundi*   **BYe**

Rest – *(nombre de couverts limité, prévenir)* (19 €) Carte 26/39 €

◆ Sur l'île portuaire du Pollet, un sympathique bistrot de la mer à l'ambiance conviviale. La cuisine évolue au gré du marché, des saisons et de la pêche locale.

à Martin-Église 6 km au Sud-Est par D 1 - BYZ – 1 460 h. – alt. 11 m – ⊠ 76370

✕✕ Auberge du Clos Normand *avec ch* 🌿   🚗 🍽 🔥 🅿 𝖵𝖨𝖲𝖠 💳

22 r. Henri IV – ✆ *02 35 40 40 40 – www.closnormand.fr – Fermé 15 nov.-5 déc. et 15 fév.-1er mars*

7 ch – ♦65 € ♦♦65 € – ☕ 7 €

Rest – *(fermé mardi midi, merc. midi et lundi)* Menu 22/32 € – Carte 39/51 €

◆ Cet ex-relais de poste (15e s.), bordé par une rivière, abrite une auberge normande. Grande cheminée en bois et briques de Dieppe dans la salle à manger. Plats traditionnels. Chambres calmes et feutrées, aménagées dans une dépendance, côté jardin.

à Offranville 6 km par ②, D 927 et D 54 – 3 347 h. – alt. 80 m – ✉ 76550

XX **Le Colombier**   VISA 🔵🔵
r. Loucheur, (parc du Colombier) – ℰ 02 35 85 48 50
– http://restaurant-normandie-offranville-colombier.over-blog.com/
– Fermé 17 oct.-4 nov., 27 fév.-16 mars, mardi sauf juil.-août, dim. soir et merc.
Rest – (19 €) Menu 25 € (sem.), 38/65 €
♦ Cette vénérable maison normande (1509) serait la doyenne du bourg. Cadre clair rénové (imposante cheminée en briques encadrée de colonnes), cuisine actuelle inspirée du marché.

à Pourville-sur-Mer 5 km à l'Ouest par D 75 **AZ** – ✉ 76550 Hautot-sur-Mer

XX **Le Trou Normand**   VISA 🔵🔵
128 r. des Verts Bois – ℰ 02 35 84 59 84 – Fermé 24 août-11 sept., 24 déc.-15 janv., dim. soir et lundi
Rest – Menu 23/39 € – Carte 35/50 €
♦ Auberge avoisinant la plage où débarquèrent, en 1942, les Canadiens de l'opération "Jubilee". Cadre rustique et petite carte "terre et mer" suivant le marché.

DIEULEFIT – 26 Drôme – **332** D6 – 3 207 h. – alt. 366 m – ✉ 26220   **44** B3
🟩 Lyon Drôme Ardèche

🅿 Paris 614 – Crest 30 – Montélimar 29 – Nyons 30
🄸 1, place Abbé Magnet ℰ 04 75 46 42 49

XX **Le Relais du Serre** avec ch   🈂 🈂 🈳 **P** VISA 🔵🔵
rte de Nyons , 3 km par D 538 – ℰ 04 75 46 43 45 – www.lerelaisduserre.com
– Fermé 2-15 janv., dim. soir et lundi de sept. à mai
7 ch – †50 € ††54 € – ☑ 8 € – ½ P 55/65 €
Rest – (13 €) Menu 22 € (sem.), 25/38 € – Carte 32/48 €
♦ Agréable maison à la façade rose, sur la route de la vallée du Lez. Salle colorée, agrémentée de fleurs et de tableaux ; copieuse cuisine traditionnelle et gibier en saison. Chambres modestes et bien tenues, pour l'étape.

au Poët-Laval 5 km à l'Ouest par D 540 – 875 h. – alt. 311 m – ✉ 26160

🟢 Site ★.

🏨 **Les Hospitaliers** ♨   ⇐ 🈴 🈂 🝩 🝩 🈳 **P** VISA 🔵🔵 AE ①
– ℰ 04 75 46 22 32 – www.hotel-les-hospitaliers.com – Ouvert 26 mars-6 nov.
22 ch – †80/160 € ††80/160 € – ☑ 15 € – ½ P 82/122 €
Rest – (fermé lundi et mardi sauf du 1er juil. au 15 sept.) (27 €) Menu 42/55 € – Carte 61/92 €
♦ Dans un beau village médiéval, ces maisons en pierre sèche abritent des chambres de caractère (mobilier rustique et terrasse privative pour certaines). Pittoresque ! Le restaurant est élégant et valorise la belle cuisine de saison, fraîche et soignée.

au Nord 9 km par D 538, D 110 et D 245 - ✉ 26460 Truinas

🏠 **La Bergerie de Féline** ♨   ⇐ 🈴 🈂 🝩 🈳 ch, **P**
Les Charles – ℰ 04 75 49 12 78 – www.labergeriedefeline.com – Ouvert 21 avril-22 oct.
5 ch ☑ – †130/210 € ††130/210 €   **Table d'hôte** – Menu 38 € bc
♦ Vue sur le Vercors, superbe piscine naturelle, cabane et hamac au fond du jardin... Dans cette bergerie du 18e s., la vie est bien douce ! Très jolies chambres (esprit design et matériaux naturels). À la table d'hôte, cuisine familiale à base de bons produits locaux.

DIGNE-LES-BAINS 🅿 – 04 Alpes-de-Haute-Provence – **334** F8   **41** C2
– 17 868 h. – alt. 608 m – Stat. therm. : début mars-début déc. – ✉ 04000 🟩 Alpes du Sud

🅿 Paris 744 – Aix-en-Provence 109 – Avignon 167 – Cannes 135
🄸 place du Tampinet ℰ 04 92 36 62 62
🄵 de Digne-les-Bains 57 route du Chaffaut, par rte de Nice et D 12 : 7 km,
ℰ 04 92 30 58 00

🟢 Musée départemental ★ - Cathédrale N.D.-du-Bourg ★ - Dalles à ammonites géantes ★ N : 1 km par D 900A.
🄶 ⇐ ★ du Relais de Télévision.

Le Grand Paris 🛎️ ⚹ rest, ℡ 💆 🚗 VISA ⓞ AE ①
19 bd Thiers – ℰ 04 92 31 11 15 – www.hotel-grand-paris.com
– Ouvert 1ᵉʳ mars-30 nov.
16 ch – †85/120 € ††95/150 € – 4 suites – ⌧ 17 € – ½ P 92/130 €
Rest – *(ouvert 1ᵉʳ avril-15 nov. et fermé lundi midi, mardi midi, merc. midi et jeudi midi hors saison)* (28 €) Menu 35/60 € – Carte 61/85 €
  ◆ Charme et authenticité caractérisent cet ancien couvent du 17ᵉ s. aux chambres délicieusement vieille France. La salle à manger, chaleureuse et colorée avec sa volière, sert d'écrin à une goûteuse cuisine provençale.

rte de Nice 2 km par N 85 – ⌧ 04000 Digne-les-Bains

Villa Gaïa ⌂ 🐾 🐾 ⚹ ch, 🛁 ℡ P VISA ⓞ
24 rte de Nice – ℰ 04 92 31 21 60 – www.hotel-villagaia-digne.com
– Ouvert 15 avril-1ᵉʳ juil. et 9 juil.-21 oct.
10 ch – †65/104 € ††85/110 € – ⌧ 12 € – ½ P 75/88 €
Rest – *(fermé merc.) (dîner seult) (résidents seult)* Menu 26 €
  ◆ Cette accueillante maison de maître du début du 18ᵉ s. a conservé le charme d'autrefois : un grand parc, une bibliothèque et des chambres de style rétro (sans TV !). Plats traditionnels d'inspiration régionale, privilégiant les fruits et les légumes.

DIGOIN – 71 Saône-et-Loire – **320** D11 – 8 527 h. - alt. 232 m – ⌧ 71160 **7 B3**
🟩 Bourgogne
  ▶ Paris 337 – Autun 69 – Charolles 26 – Moulins 57
  🛈 8, rue Guilleminot ℰ 03 85 53 00 81

✕✕ **De la Gare** avec ch 🚗 AC rest, ℡ P VISA ⓞ
79 av. Gén. de Gaulle – ℰ 03 85 53 03 04 – www.hoteldelagare.fr – Fermé dim. soir, lundi et mardi
12 ch – †55/82 € ††55/82 € – ⌧ 8 €
Rest – Menu 18 € (sem.), 26/62 € – Carte 37/62 €
  ◆ Repas traditionnels que l'on prend dans une grande salle au décor classique ; ambiance tamisée et fauteuils en cuir rouge ou noir au salon, mobilier plus ancien ou de style dans les chambres.

à Vigny-les-Paray 9 km au Nord-Est par D 994 et D 52 – ⌧ 71160

✕ **Auberge de Vigny** 🚗 🛎️ ⚹ P VISA ⓞ
– ℰ 03 85 81 10 13 – www.aubergedevigny.fr – Fermé 9-30 oct., 2-20 janv., dim. soir de nov. à mars, lundi et mardi
Rest – (16 €) Menu 25/36 € – Carte 29/43 €
  ◆ Cuisine au goût du jour servie dans une ancienne salle de classe qui respire aujourd'hui le bonheur. Ici, la maîtresse est excellente pâtissière ! Jardin-terrasse ensoleillé.

DIJON P – 21 Côte-d'Or – **320** K6 – 151 504 h. - Agglo. 236 953 h. **8 D1**
– alt. 245 m – ⌧ 21000 🟩 Bourgogne
  ▶ Paris 311 – Auxerre 152 – Besançon 94 – Genève 192
  ✈ Dijon-Bourgogne ℰ 03 80 67 67 67, 6 km par ⑤.
  🛈 11, rue des Forges ℰ 08 92 70 05 58
  🏌 de Dijon Bourgogne à Norges-la-Ville Bois de Norges, par de Langres : 15 km, ℰ 03 80 35 71 10
  🏌 de Quetigny à Quetigny Rue du Golf, E : 5 km par D 107, ℰ 03 80 48 95 20
  Circuit automobile de Dijon-Prenois ℰ 03 80 35 32 22, 16 km par ⑧
  ◎ Palais des Ducs et des États de Bourgogne★★ : Musée des Beaux-Arts★★ (tombeaux des Ducs de Bourgogne★★★) - Rue des Forges★ - Église Notre-Dame★ - Plafonds★ du Palais de Justice **DY** J - Chartreuse de Champmol★ : Puits de Moïse★★★, Portail de la Chapelle★ A - Église St-Michel★ - Jardin de l'Arquebuse★ **CY** - Rotonde★★ dans la cathédrale St-Bénigne - Musée de la Vie bourguignonne★ **DZ** M⁷ - Musée Archéologique★ **CY** M² - Musée Magnin★ **DY** M⁵ - Jardin des Sciences★ **CY** M⁸.

Plans pages 598, 599, 600

DIJON

Adler (Pl. E.) .... **EZ**
Albert-1er (Av.) .... **CY**
Arquebuse (R. de l') .... **CY**
Audra (R.) .... **CY**
Auxonne (R. d') .... **EZ**
Barabant (Pl. Henri) .... **DZ**
Baudin (R. J.-B.) .... **EYZ**
Berbisey (R.) .... **CYZ**
Berlier (R.) .... **DEY**
Bordot (R.) .... **DZ**
Bossuet (R. et Pl.) .... **CDY**
Bouhey (Pl. J.) .... **EX**
Bourg (R. du) .... **EY**
Briand (Av. A.) .... **EX** 8
Brosses (Bd de) .... **CY** 9
Buffon (R.) .... **DY**
Cabet (R. P.) .... **EY**
Carnot (Bd) .... **DEY**
Castell (Bd du) .... **CZ**
Cellerier (R. J.) .... **CX**
Chabot-Charny (R.) .... **DYZ**
Champagne (Bd de) .... **EX** 14
Charrue (R.) .... **DY** 18
Chouette (R. de la) .... **DY** 21
Clemenceau (Bd G.) .... **EX**
Colmar (R.) .... **EX**
Comte (R. A.) .... **DY** 27
Condorcet (R.) .... **EY**
Cordeliers (Pl. des) .... **DY**
Courtépée (R.) .... **DX**
Darcy (Pl.) .... **CY**
Daubenton (R.) .... **CZ**
Davout (R.) .... **EY**
Devosge (R.) .... **CDXY**
Diderot (R.) .... **EY**
Dr-Chaussier (R.) .... **CY** 32
Dubois (Pl. A.) .... **CY** 33
Dumont (R. Ch.) .... **DZ**
Ecole-de-Droit (R.) .... **DY** 35
Égalité (R. de l') .... **CX**
Févret (R.) .... **DZ**
Foch (Av. Mar.) .... **CY** 43
Fontaine-lès-Dijon (R.) .... **CX**
Forges (R. des) .... **DY**
Fremiet (R. A.) .... **DX**
Gagnereaux (R.) .... **DX**
Garibaldi (Av.) .... **DX**
Gaulle (Crs Général-de) .... **DZ**
Godrans (R. des) .... **DY** 51
Grangier (Pl.) .... **DY** 54
Gray (R. de) .... **EY**
Guillaume-Tell (R.) .... **CY**
Hôpital (R. de l') .... **CZ**
Ille (R. de l') .... **CZ**
Jeannin (R.) .... **DEY**
Jean-Jaurès (Av.) .... **CZ**
Jouvence (R. de) .... **DX**
J.-J.-Rousseau (R.) .... **DY**
Ledru-Rollin (R.) .... **EXY**
Libération (Pl. de la) .... **DY** 57
Liberté (R. de la) .... **CY**
Longvic (R. de) .... **DEZ**
Magenta (R.) .... **EZ** 58
Manutention (R. de la) .... **DZ**
Marceau (R.) .... **DX**
Mariotte (R.) .... **CY**
Marne (Bd de la) .... **EX**
Metz (R. de) .... **EY**
Michelet (R.) .... **CY** 64
Mirande (R. de) .... **EY**
Monge (R.) .... **CY**
Montchapet (R. de) .... **CX**
Mulhouse (R. de) .... **EXY**
Musette (R.) .... **DY**
Parmentier (R.) .... **EX**
Pasteur (R.) .... **DYZ**
Perrières (R. des) .... **CY**
Perspective (Pl. de la) .... **CZ**
Petit-Citeaux (R. du) .... **CZ**
Petit-Potet (R. du) .... **DY** 71
Piron (R.) .... **DY**
Préfecture (R. de la) .... **DY**
Prés-Wilson (Pl.) .... **DZ**
Prévert (Pl. J.) .... **CZ**
Raines (R. du Fg) .... **CYZ**
Rameau (R.) .... **DX** 77
République (Pl. de la) .... **DX**
Rolin (Quai N.) .... **CZ**
Roses (R. des) .... **CX**

Roussin (R. Amiral) .... **DY**
Rude (Pl. F.) .... **DY**
Rude (R. F.) .... **DY** 81
Ste-Anne (R.) .... **DYZ**
St-Bénigne (Pl.) .... **CY** 82
St-Bernard (Pl.) .... **DY** 83
St-Michel (Pl.) .... **DY** 86
Sambin (R.) .... **DX**
Sévigné (Bd de) .... **CY**
Suquet (Pl.) .... **CZ**
Tanneries (Rd-Pt des) .... **CZ**
Théâtre (Pl. du) .... **DY**

Thibert (R. M.)	**EZ**	
Thiers (Bd)	**EY**	
Tivoli (R. de)	**CDZ**	
Transvaal (R. du)	**CDZ**	
Trémouille (Bd de la)	**DXY**	
Turgot (R.)	**DZ**	
Vaillant (R.)	**DY**	92
Vannerie (R.)	**DY**	
Vauban (R.)	**DY**	
Verdun (Bd de)	**EX**	93
Verrerie (R.)	**DY**	
Victor-Hugo (Av.)	**CXY**	
Voltaire (Bd)	**EYZ**	
Zola (Pl. E.)	**CY**	
1er-Mai (Pl. du)	**CZ**	94
1re-Armée-Française (Av.)	**CY**	95
26e-Dragons (R. du)	**EX**	98
30-Octobre (Pl. du)	**EY**	

DIJON

Aiguillottes (Bd des) .... A 2
Albert-1er (Av.) .... A
Allobroges (Bd des) .... A 3
Auxonne (R. d') .... B
Bachelard (Bd Gaston) .... A 4
Bellevue (R. de) .... A
Bertin (Av. J.B.) .... A
Bourroches (Bd des) .... A
Briand (Av. A.) .... A 8
Carnus (Av. Albert) .... B 12
Castel (Bd du) .... A 13
Champollion (Av.) .... B 15
Chanoine-Bardy (Imp.) ...... B 16
Chanoine-Kir (Bd) .... A 17
Chateaubriand (R. de.) ...... B 19
Chevreul (R.) .... AB
Chèvre-Morte (Bd de) .... A 20
Chicago (Bd de) .... B
Churchill (Bd W.) .... B 24
Clomiers (Bd des) .... A 26
Concorde (Av. de la) .... B 28
Cracovie (R. de) .... B
Dijon (R. de) .... B
Dr-Petitjean (Bd du) .... B
Doumer (Bd Paul) .... B
Drapeau (Av. du) .... B
Dumont (R. Ch.) .... AB

Eiffel (Av. G.) .... A
Einstein (Av. Albert) .... A 36
Europe (Bd de l') .... B 38
Europe (Rd-Pt de l') .... B 40
Faubourg-St-Martin (R. du) . A
Fauconnet (R. Gén.) .... AB 42
Fontaine-des-Suisses (Bd) .. B 44
Fontaine-lès-Dijon (R.) ...... A 43
France-Libre (Pl. de la) ..... AB 45
Gabriel (Bd) .... B 46
Galleni (Bd Mar.) .... AB 48
Gaulle (Crs Gén.-de) .... B 50
Gorgets (Bd des) .... A 52
Gray (R. de) .... A
Jeanne-d'Arc (Bd) .... B 55
Jean-Jaurès (Av.) .... A
Joffre (Bd Mar.) .... B
Jouvence (R. de) .... A
Kennedy (Bd J.) .... B 56
Langres (Av. de) .... A
Longvic (R. de) .... B
Magenta (R.) .... B 58
Maillard (Bd) .... B
Malines (R. de) .... A
Mansard (Bd) .... B
Mayence (R. de) .... B 62
Mirande (R. de) .... B
Mont-Blanc (Av. du) .... A 65
Moulins (R. des) .... B
Moulin (R. Jean) .... B 63

Nation (Rd-Pt de la) .... B 66
Orfèvres (R. des) .... B 68
Ouest (Bd de l') .... A 69
Parc (Cours du) .... B 70
Pascal (Bd) .... B
Poincaré (Av. R.) .... B 71
Pompidou (Rd-Pt Georges) .. B 72
Pompidou (Voie Georges) ... B
Pompon (Bd F.) .... B 73
Prat (Av. du Colonel) .... B 75
Rembrandt (R. de) .... B
Rolin (Q. Nicolas) .... B 79
Roosevelt (Av. F. D.) .... B 80
Saint-Exupéry (Pl.) .... B 85
Salengro (Pl. R.) .... B
Schuman (Bd Robert) .... B 88
Stalingrad (Av. de) .... A
Stearinerie (R. de la) .... A
Strasbourg (Bd de) .... B 90
Sully (R.) .... B
Talant (R. de) .... A
Trimolet (Bd) .... B 91
Troyes (Bd de) .... A
Université (Bd de l') .... B
Valendons (Bd des) .... A
Valendons (R. des) .... A
Victor-Hugo (Av.) .... A
1er-Consul (Av. du) .... A
8-Mai-1945 (Rd-Pt du) ..... B 96
26e-Dragons (R. du) .... B 98

600

Sofitel La Cloche 🚗 🖼 ⚅ 🖼 ⚅ AC ⚅ 🖼 P 🚗 VISA ⚅ AE ⓘ
14 pl. Darcy – ℰ *03 80 30 12 32* – *www.hotel-lacloche.com*　　　　CYf
64 ch – †200/220 € ††240/350 € – 4 suites – ⏞ 18 €
Rest *Les Jardins de la Cloche* – (26 €) Menu 34/46 € bc – Carte 60/95 €
♦ Bâtiment du 19e s. aux confortables chambres contemporaines. Duplex et appartements récemment rénovés (avec douche-hammam). Bar, salles de réunion bien équipées. Cuisine actuelle aux Jardins de la Cloche. Jolie terrasse.

Hostellerie du Chapeau Rouge (William Frachot) 🖼 AC ⚅ ⓘ
❀ *5 r. Michelet* – ℰ *03 80 50 88 88* – *www.chapeau-rouge.fr*　 VISA ⚅ AE ⓘ
30 ch – †140/160 € ††150/230 € – 2 suites – ⏞ 16 €　　　　CYa
Rest – *(fermé 2-23 janv., dim. et lundi)* Menu 41 € (déj.), 47/100 € – Carte 70/104 €🖼
Spéc. Escargots croustillants, pain perdu à l'ail, céleri et écume de persil. Dos de saint-pierre dans un beurre mousseux, bouillon de coquillage. Crème prise au chocolat de Papouasie, mousse aux fèves de Madong, glace Sechuan. **Vins** Saint-Aubin, Vosne-Romanée.
♦ Cette élégante hostellerie, créée en 1863, propose des chambres personnalisées – parfois très contemporaines – et un salon-bar sous verrière façon jardin d'hiver. Restaurant relooké dans un style un peu japonisant et savoureuse cuisine inventive. Beau livre de cave.

Mercure-Centre Clemenceau 🚗 🖼 ⚅ 🖼 ⚅ AC ⚅ 🚗
22 bd Marne – ℰ *03 80 72 31 13*　　　　　　　　　　 VISA ⚅ AE
– *www.hotel-mercure-dijon.com*　　　　　　　　　　　　EXz
123 ch – †135/175 € ††155/230 € – ⏞ 16 €
Rest *Le Château Bourgogne* – (25 €) Menu 30/54 € – Carte 42/107 €
♦ L'immeuble, moderne, jouxte l'auditorium, les palais des congrès et des expositions. Chambres toutes identiques, partiellement rénovées. Cuisine traditionnelle, cadre design et jolie carte des vins régionaux au Château Bourgogne. Terrasse près de la piscine.

Philippe Le Bon 🚗 🖼 AC ⚅ 🖼 P VISA ⚅ AE
18 r. Ste-Anne – ℰ *03 80 30 73 52* – *www.hotelphilippelebon.com*　DYp
32 ch – †88 € ††101 € – ⏞ 13 €
Rest *Les Oenophiles* – voir ci-après
♦ Bel ensemble de trois demeures des 15e, 16e et 17e s. Chambres insonorisées, pourvues d'un mobilier pratique. Quelques-unes offrent une vue sur les toits dijonnais.

Du Nord 🖼 AC ⚅ 🖼 🚗
pl. Darcy – ℰ *03 80 50 80 50* – *www.hotel-nord.fr* – Fermé 23-31 déc.
27 ch – †87/97 € ††100/140 € – ⏞ 12 € – ½ P 88 €　　　CYw
Rest *Porte Guillaume* – (22 €) Menu 26/42 € – Carte 28/55 €
♦ Situé sur la place centrale, cœur animé et commerçant de Dijon, hôtel bénéficiant de chambres fonctionnelles, bien insonorisées. Cuisine traditionnelle dans la salle au cadre rustique actualisé et caveau-bar à vins logé sous une belle voûte en pierre.

Wilson sans rest 🖼 ⚅ 🖼 🚗 VISA ⚅ AE
1 r. de Longvic – ℰ *03 80 66 82 50* – *www.wilson-hotel.com*　　　DZk
27 ch – †82/106 € ††82/106 € – ⏞ 12 €
♦ Ancien relais de poste du 17e s. où les chambres, sobrement décorées, s'ordonnent autour d'une cour intérieure. Plaisante salle des petits-déjeuners avec sa grande cheminée.

Ibis-Centre Clemenceau sans rest 🖼 ⚅ AC ⚅ 🚗 VISA ⚅ AE
2 av. de Marbotte – ℰ *03 80 74 67 30* – *www.hotel-ibisclemenceau-dijon.com*
102 ch – †70/98 € ††70/98 € – ⏞ 8 €　　　　　　　　EXa
♦ Bâtiment récent près des palais des congrès et des expositions. Vaste hall-salon-bar moderne, salle des petits-déjeuners lumineuse et chambres fonctionnelles, toutes identiques.

Victor Hugo sans rest 🖼 ⚅ 🚗 VISA ⚅ AE ⓘ
23 r. Fleurs – ℰ *03 80 43 63 45* – *www.hotelvictorhugo-dijon.com*　CXb
23 ch – †38/42 € ††48/55 € – ⏞ 6 €
♦ Adresse sympathique où les chambres claires, sobrement décorées et très bien tenues, sont plus spacieuses côté cour. Deux agréables petits salons et grande salle rustique.

⌂ Montigny sans rest
🛗 AC 🏱 P VISA ⊕ AE ⓪

8 r. Montigny – ℰ 03 80 30 96 86 – www.hotelmontigny.com
– Fermé 18 déc.-2 janv.
CYe
28 ch – †54/56 € ††59/61 € – � 8 €

♦ Hôtel proche du centre-ville disposant d'un parking fermé. Les chambres, à la tenue irréprochable, sont fonctionnelles et bien insonorisées. Accueil courtois.

XXX Le Pré aux Clercs (Jean-Pierre et Alexis Billoux)
🌡 ⇔ VISA ⊕ AE
�
13 pl. de la Libération – ℰ 03 80 38 05 05 – www.jeanpierrebilloux.com
– Fermé 21 août-6 sept., 20 fév.-4 mars, dim. soir et lundi
DYn
Rest – Menu 35 € bc (déj. en sem.), 50/95 € – Carte 60/100 €
Spéc. Tarte de jambonnettes de grenouille, pétales d'ail et jus de grenouille. Compote de lièvre à la royale (oct à fév.). Effeuillé de pain d'épice, sorbet au vin rouge.
Vins Marsannay blanc, Pernand-Vergelesses.

♦ Les baies vitrées de la salle (décor design et poutres apparentes) ouvrent sur la jolie place où l'on dresse la terrasse en été. Belle cuisine classique rythmée par les saisons.

XXX Stéphane Derbord
AC ⇔ VISA ⊕ AE ⓪
�
10 pl. Wilson – ℰ 03 80 67 74 64 – www.restaurantstephanederbord.fr
– Fermé 24 juil.-16 août, 26 fév.-7 mars, dim. et lundi
DZb
Rest – Menu 25 € (déj. en sem.), 48/88 € – Carte 79/94 € 🍴
Spéc. Croque escargots de Bourgogne à la moutarde de Dijon. Jarret de veau cuit fondant au poivre de cassis et crème de Vougeot. Œufs en neige au pain d'épice, coings caramélisés et sorbet. **Vins** Saint-Aubin, Marsannay.

♦ Élégant cadre contemporain joliment fleuri. Le chef revisite avec brio la cuisine régionale et du marché. Riche livre de cave (millésimes anciens et grands crus).

XXX La Dame d'Aquitaine
AC ⇔ VISA ⊕ AE ⓪
23 pl. Bossuet – ℰ 03 80 30 45 65 – www.ladamedaquitaine.fr – Fermé le midi du 20 juil. au 20 août, lundi midi et dim.
CYm
Rest – (21 €) Menu 28/43 €

♦ Salle au mobilier actuel aménagée dans une crypte du 13e s., où les jeux de lumière mettent en valeur les voûtes et les arcs. Cuisine suivant le rythme des saisons.

XXX Les Oenophiles – Hôtel Philippe Le Bon
🚿 🌡 AC ⇔ P VISA ⊕ AE
18 r. Ste-Anne – ℰ 03 80 30 73 52 – www.hotelphilippelebon.com – Fermé le midi du 8 au 21 août et dim.
DYp
Rest – Menu 25 € (déj. en sem.), 39/59 € – Carte 58/82 €

♦ Salles à manger de caractère occupant les murs d'un hôtel particulier du 15e s. Belle cave voûtée transformée en petit musée du vin. Cuisine au goût du jour.

XX Ma Bourgogne
🌡 VISA ⊕
1 bd P. Doumer – ℰ 03 80 65 48 06 – Fermé 3 sem. en août, 1 sem. en fév., dim. soir et sam.
Be
Rest – (déj. seult) (nombre de couverts limité, prévenir) (22 €) Menu 29/35 €
– Carte 35/45 €

♦ Tout est dit dans l'enseigne ! Installé dans la petite salle bourgeoise, partez à la découverte des spécialités régionales préparées dans les règles de l'art. Terrasse paysagère.

XX Petit Vatel
AC VISA ⊕
73 r. Auxonne – ℰ 03 80 65 80 64 – Fermé sam. midi et dim. sauf fériés
EZa
Rest – (16 €) Menu 29/42 € – Carte 47/65 €

♦ Sympathique restaurant de quartier aménagé dans deux petites salles à manger sobrement décorées. La cuisine opte pour le registre traditionnel. Accueil aimable.

X Le Bistrot des Halles
🌡 AC VISA ⊕
🐌
10 r. Bannelier – ℰ 03 80 49 94 15 – Fermé 24 déc.-2 janv., dim. et lundi
Rest – Menu 18 € (déj. en sem.) – Carte environ 33 €
DYs

♦ Face aux halles joliment restaurées, les plats canailles, la rôtissoire et le décor de bistrot 1900 un brin théâtral séduisent les Dijonnais. Convivialité assurée !

※ **DZ'envies**　　　　　　　🌤 ⭐ 🅰️🅲 💳 ⓪

☕ *12 r. Odebert – ℰ 03 80 50 09 26 – www.dzenvies.com – Fermé dim.*
Rest – (14 €) Menu 18/35 € – Carte 28/40 €　　　　　　　DYa
◆ Installé sur la place du marché, ce nouveau restaurant, à l'image d'une cantine épurée (bois clair et tons blancs), dénote par son style branché. Cuisine actuelle à prix sages.

※ **Chez Septime**　　　　　　🌤 🅰️🅲 💳 ⓪ 🅰️🅴

☕ *11 av. Junot – ℰ 03 80 66 72 98 – www.chezseptime.fr – Fermé 7-18 août, dim. et lundi*　　　　　　Bn
Rest – (14 €) Menu 18 € (déj.) – Carte 32/38 €
◆ Sa façade orange et mauve donne une note dans le vent, et l'intérieur façon bistrot contemporain est aussi tendance. Belle sélection de vins au verre.

au Parc de la Toison d'Or 5 km au Nord par D 974 – ⌧ 21000 Dijon

🏨 **Holiday Inn**　　　　🎛 ⭐ 🅰️🅲 ⓣ 🍴 🅿️ 💳 ⓪ 🅰️🅴 ⓞ

☕ *1 pl. Marie de Bourgogne – ℰ 03 80 60 46 00 – www.holiday-inn-dijon.com*
100 ch – ⁜132/160 € ⁜⁜141/175 € – ⌕ 17 €　　　　　Br
Rest – *(fermé sam. midi et dim. midi)* Menu 24/48 € – Carte 35/70 €
◆ Cet immeuble moderne est intégré au parc technologique de la Toison d'Or. Décoration intérieure contemporaine et colorée ; chambres toutes rénovées, aux meubles design. Cuisine traditionnelle servie dans une spacieuse salle à manger actuelle.

à Chevigny 9 km par ⑤ et D 996 – ⌧ 21600 Fenay

🏠 **Le Relais de la Sans-Fond**　　　🚗 🌤 🏊 ⓣ 🍴 🅿️ 💳 ⓪ 🅰️🅴

☕ *33 rte Dijon, (sur D 996) – ℰ 03 80 36 61 35 – http://lerelais-delasansfond.com – Fermé 15 déc.-5 janv.*
17 ch – ⁜59/64 € ⁜⁜69/74 € – ⌕ 8,50 € – ½ P 68/73 €
Rest – *(fermé dim. soir et soirs fériés)* Menu 15 € (déj. en sem.)/49 € – Carte 21/60 €
◆ Petite auberge familiale aux aménagements simples et soignés. Chambres claires, pratiques et fort bien tenues. Cuisine traditionnelle à déguster dans les salles à manger actuelles ou sur l'agréable terrasse, face au jardin.

à Chenôve 6 km par ⑥ – 14 921 h. – alt. 263 m – ⌧ 21300

🏨 **L'Escargotière**　　　🌤 🎛 🅰️🅲 ⓣ 🍴 🅿️ 💳 ⓪ 🅰️🅴 ⓞ

120 av. Roland-Carraz – ℰ 03 80 54 04 04 – www.hotel-escargotiere.fr – Fermé 20 déc.-3 janv.
41 ch – ⁜68 € ⁜⁜72 € – 3 suites – ⌕ 8,50 € – ½ P 61 €
Rest *La Véranda* – Menu 20 € – Carte 25/39 €
◆ L'hôtel borde une route très passante, mais les chambres, toutes identiques et rénovées, sont bien insonorisées. Ambiance "jardin d'hiver", grillades, plats à la broche et spécialités d'escargots au restaurant La Véranda.

※※ **Le Clos du Roy**　　　　　🅰️🅲 ⤢ 🅿️ 💳 ⓪

☺ *35 av. du 14-Juillet – ℰ 03 80 51 33 66 – www.restaurant-closduroy.com – Fermé 2-23 août, merc. soir, dim. soir et lundi*
Rest – (18 €) Menu 25/60 € – Carte 48/70 €
◆ Ce restaurant au cadre actuel est une étape de choix sur la route du vignoble. Cuisine au goût du jour rehaussée de touches régionales, accompagnée d'une belle carte de bourgognes.

à Marsannay-la-Côte 8 km par ⑥ – 5 271 h. – alt. 275 m – ⌧ 21160

🛈 41, rue de Mazy ℰ 03 80 52 27 73

※※※ **Les Gourmets**　　　　　🌤 ⭐ ⤢ 💳 ⓪ 🅰️🅴

8 r. Puits de Têt, (près de l'église) – ℰ 03 80 52 16 32 – www.restaurant-lesgourmets.com – Fermé 27 juil.-10 août, lundi et mardi
Rest – (17 €) Menu 25/95 € – Carte 60/105 €🍷
◆ Au centre du village, ce restaurant sert une cuisine actuelle dans une salle à manger s'ouvrant sur une terrasse d'été. Belle carte de crus de la région.

à Talant 4 km – 11 898 h. – alt. 354 m – ✉ 21240

🔲 Table d'orientation ≤ ★.

La Bonbonnière sans rest ॐ　　　≤ 🚗 |♿| ⁽ᵖ⁾ **P** *VISA* ◐◐ **AE** ⓪
24 r. Orfèvres, (au vieux village) – ℰ 03 80 57 31 95 – www.labonbonnierehotel.fr
19 ch – ♦70/80 € ♦♦80/90 € – ☲ 10 €　　　　　　　　　　　　　**As**
◆ Sur les hauteurs de la ville, petit hôtel familial offrant une vue étendue sur Dijon et le lac Kir. Chambres spacieuses et bien tenues et agréable jardin.

à Velars-sur-Ouche 11 km par ⑦ et A 38 – 1 626 h. – alt. 280 m – ✉ 21370

%% **L'Auberge Gourmande**　　　　　　　　　　🚗 |AC| **P** *VISA* ◐◐
17 allée de la Cude – ℰ 03 80 33 62 51 – www.auberge-velars.com – Fermé
16 août-9 sept., 2-23 janv., dim. soir, mardi et merc.
Rest – Menu 20 € (sem.), 29/52 € – Carte 29/50 €
◆ Voici une petite auberge de campagne comme on les aime : intérieur cossu et chaleureux, cuisine du terroir attentive aux saisons et terrasse donnant sur un jardin.

à Prenois 12 km par ⑧ par D 971 et D 104 – 378 h. – alt. 485 m – ✉ 21370

%%% **Auberge de la Charme** (Nicolas Isnard et David Le Comte)　　　&.
❀❀ 12 r. de la Charme – ℰ 03 80 35 32 84　　　　　　　*VISA* ◐◐ **AE**
– www.aubergedelacharme.com – Fermé 24-30 déc., lundi et mardi
Rest – (prévenir) Menu 29 € bc (déj. en sem.), 47/85 € – Carte 87/105 €🍴
Spéc. Huîtres en vichyssoise (été). Pigeon rôti au jus de cassis de Bourgogne (automne). Transparence de pomme (automne-hiver). **Vins** Saint-Aubin, Auxey-Duresses.
◆ Dans un village réputé gourmand, maison en pierre (ancienne forge) à l'intérieur actuel. Les nouveaux propriétaires réalisent à quatre mains une intéressante cuisine inventive.

rte de Troyes 4 km par ⑧ – ✉ 21121 Daix

%%% **Les Trois Ducs**　　　　　　　　🚗 |AC| ⟷ **P** *VISA* ◐◐ **AE**
5 rte de Troyes – ℰ 03 80 56 59 75 – www.restaurant-lestroisducs.com – Fermé
1ᵉʳ-23 août, 20 déc.-5 janv., dim. et lundi
Rest – (25 €) Menu 29/65 € – Carte 45/75 €
◆ Déco contemporaine, rehaussée de tableaux modernes, pour ce confortable restaurant servant une cuisine actuelle. Repas en terrasse dès les premiers beaux jours.

à Hauteville-lès-Dijon 6 km par ⑧ et D 107ᶠ – 1 076 h. – alt. 402 m – ✉ 21121

%% **La Musarde** avec ch ॐ　　　　　　🚗 🚗 ⁽ᵖ⁾ *VISA* ◐◐ **AE** ⓪
7 r. des Riottes – ℰ 03 80 56 22 82 – www.lamusarde.fr – Fermé 21 déc.-13 janv.
13 ch – ♦51/53 € ♦♦59/74 € – ☲ 10 €
Rest – (fermé mardi midi, dim. soir et lundi) (22 €) Menu 25 € bc (déj. en sem.),
28 € bc/64 € bc – Carte 45/60 €
◆ Grand calme, verdure, salle à manger ouverte sur la belle terrasse d'été, cuisine au goût du jour... Tout semble réuni pour musarder sans retenue dans cette ferme du 19ᵉ s. Chambres simples et bien tenues.

DINAN 🔷 – 22 Côtes-d'Armor – **309** J4 – 11 235 h. – alt. 92 m　　**10** C2
– ✉ 22100 ▮ Bretagne

▶ Paris 400 – Rennes 54 – St-Brieuc 61 – St-Malo 32
🅸 9, rue du Château ℰ 02 96 87 69 76
🅖 La Corbinais Golf Club à Saint-Michel-de-Plélan La Corbinais, O : 15 km, ℰ 02 96 27 64 81
🅖 de Saint-Malo à Le Tronchet, rte de Dol-de-Bretagne : 19 km, ℰ 02 99 58 96 69
🅖 de Tréméreuc à Tréméreuc 14 rue de Dinan, par rte de Dinard : 11 km, ℰ 02 96 27 10 40
🅞 Vieille ville ★★ : Tour de l'Horloge ☀★★ **R**, Jardin anglais ≤ ★★, place des Merciers ★ **BZ**, rue du Jerzual ★ **BY**, - Promenade de la Duchesse-Anne ≤ ★, Tour du Gouverneur ≤ ★★, Tour Ste-Catherine ≤ ★★ - Château ★ : ☀★★.

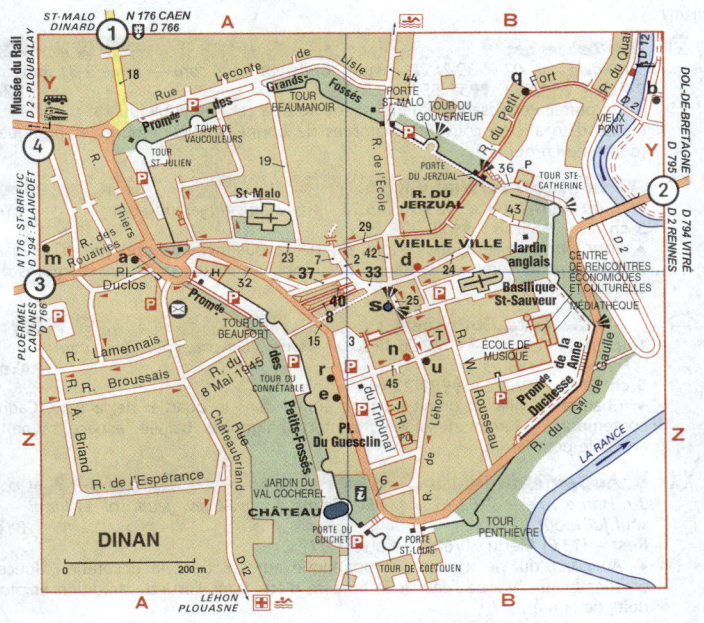

DINAN

Apport (R. de l')	**ABY**	2
Champ Clos (Pl. du)	**ABZ**	3
Château (R. du)	**BZ**	6
Cordeliers (Pl. des)	**AY**	7
Cordonnerie (R. de la)	**AZ**	8
Ferronnerie (R. de la)	**AZ**	15
Gambetta (R.)	**AY**	18

Garaye (R. Comte de la)	**AY**	19
Grande-R.	**AY**	23
Haute-Voie (R.)	**BY**	24
Horloge (R. de l')	**BZ**	25
Lainerie (R. de la)	**BY**	29
Marchix (R. du)	**AYZ**	32
Merciers (Pl. des)	**BYZ**	33

Michel (R.)	**BY**	36
Mittrie (R. de la)	**AZ**	37
Petit-Pain (R. du)	**AZ**	40
Poissonnerie (R. de la)	**BY**	42
Rempart (R. du)	**BY**	43
Ste-Claire (R.)	**BZ**	45
St-Malo (R.)	**BY**	44

Jerzual

26 quai Talards, (au port) – ℰ 02 96 87 02 02 – http://bestwesterndinan.fr
52 ch – †83/160 € ††90/210 € – ⌂ 14 €   **BYb**
Rest – (13 €) Menu 26 € – Carte 28/50 €
♦ La silhouette de cet hôtel évoquant les cloîtres bretons se fond bien dans le quartier du port. Chambres spacieuses et actuelles. Piscine dans le patio. Cuisine traditionnelle servie au restaurant – tout en boiseries – ou sur la terrasse tournée vers la Rance.

Le d'Avaugour sans rest

1 pl. du Champ Clos – ℰ 02 96 39 07 49 – www.avaugourhotel.com – Ouvert 1er mars-31 oct.
24 ch – †90/180 € ††90/190 € – ⌂ 14 €   **AZr**
♦ Cette belle bâtisse en pierres du pays adossée aux remparts de la ville abrite des jolies chambres personnalisées et cosy. Petit-déjeuner servi dans le jardin aux beaux jours.

Le Challonge sans rest

29 pl. Duguesclin – ℰ 02 96 87 16 30 – www.hotel-dinan.fr
18 ch – †58/69 € ††69/84 € – ⌂ 8,50 €   **AZe**
♦ En centre-ville, cet hôtel à la longue façade classique vous accueille chaleureusement. Les chambres, confortables et bien insonorisées, ont un petit air british.

Ibis sans rest

1 pl. Duclos – ℰ 02 96 39 46 15
62 ch – †56/105 € ††56/105 € – ⌂ 8 €   **AYa**
♦ Fonctionnel et récemment rénové, un hôtel bien placé, à proximité des remparts et du château, disposant de chambres spacieuses et climatisées.

Arvor sans rest 🏠 ⬛ 🛜 🄿 VISA ⦿ AE

5 r. Pavie – ℰ 02 96 39 21 22 – www.hotelarvordinan.com – Fermé 2-31 janv.
24 ch – †54/66 € ††57/85 € – 🖙 7 €   **BZu**

• Un portail Renaissance sculpté donne accès à cet immeuble du 18e s. édifié sur le site d'un ancien couvent. Chambres de bonne ampleur, sobres et pratiques (dont une en duplex).

Le Logis du Jerzual sans rest 🏠 🌿 🛜 🛜 VISA ⦿

25 r. du Petit-Fort – ℰ 02 96 85 46 54 – www.logis-du-jerzual.com
5 ch 🖙 – †55/78 € ††75/90 €   **BYq**

• Entre port et ville haute, ce logis du 15e s. vous invite à poser vos valises. Jardin en terrasse dominant la Rance. Beau mobilier ancien dans des chambres de caractère.

La Villa Côté Cour sans rest 🏠 🌿 🛜 🛜 VISA ⦿

10 r. Lord-Kitchener – ℰ 02 96 39 30 07 – www.villa-cote-cour-dinan.com
– Fermé 14-20 mars   **AYm**
5 ch – †69/222 € ††89/229 €

• Charmante villa en granit du pays située dans le quartier de la gare. Cadre contemporain, serein et soigné ; confort (baignoires balnéo, espace sauna) ; agréable petit jardin.

L'Auberge du Pélican 🍽🍽 🌿 🛜 VISA ⦿

3 r. Haute Voie – ℰ 02 96 39 47 05 – Fermé 4 janv.-4 fév., jeudi soir et lundi sauf juil.-août   **BYd**
Rest – (13 €) Menu 20/60 € – Carte 32/79 €

• Au cœur du vieux Dinan, sympathique adresse dont la décoration douce, en tons bleus, évoque l'eau. Jolie terrasse d'été. Dans l'assiette, tradition et produits de la mer.

Au Coin du Feu 🍽🍽 🛜 🄰🄲 🄿 VISA ⦿

🍝
66 r. de Brest, par ③ – ℰ 02 96 85 02 90 – www.coin-du-feu.com – Fermé dim. soir et lundi
😊
Rest – (13 €) Menu 17/44 € – Carte 29/52 €

• L'adresse a vite conquis son public grâce à sa cuisine traditionnelle, copieuse et soignée. Cuisines ouvertes et four à bois animent la salle contemporaine, mi-brasserie, mi-bistrot.

Le Cantorbery 🍽 VISA ⦿ AE

6 r. Ste-Claire – ℰ 02 96 39 02 52 – Fermé 14-30 nov., 1er-13 mars, dim. de nov. à mars et merc. de mars à nov. sauf juil.-août   **BZn**
Rest – (14 €) Menu 27/38 € – Carte 35/48 €

• Maison de ville du 17e s. abritant une salle rustique où rôtissent les grillades dans la grande cheminée en pierres (à l'étage, pièce avec boiseries d'époque). Plats traditionnels.

DINARD – 35 Ille-et-Vilaine – 309 J3 – 10 644 h. – alt. 25 m – Casino BY   10 C1
– ✉ 35800 ▮ Bretagne

🛣 Paris 408 – Dinan 22 – Dol-de-Bretagne 31 – Rennes 73
✈ de Dinard-Pleurtuit-St-Malo ℰ 02 99 46 18 46, 5 km par ①.
ℹ 2, boulevard Féart ℰ 02 99 46 94 12
🏌 Dinard Golf à Saint-Briac-sur-Mer Boulevard de la Houle, O : 7 km,
ℰ 02 99 88 32 07
🏌 de Trémereuc à Trémereuc 14 rue de Dinan, par rte de Dinan : 6 km,
ℰ 02 96 27 10 40
◉ Pointe du Moulinet ≤★★ - Grande Plage ou Plage de l'Écluse★
- Promenade du Clair de Lune★ - Pointe de la Vicomté★★ - La
Rance★★ en bateau - St-Lunaire : pointe du Décollé ≤★★ et grotte des
Sirènes★ 4,5 km par ② - Usine marémotrice de la Rance : digue ≤★ SE :
4 km.
◎ Pointe de la Garde Guérin★ : ※★★ par ② : 6 km puis 15 mn.

DINARD

Abbé-Langevin (R.) . . . . **AY** 2
Albert-1er (Bd) . . . . **BY** 3
Anciens Combattants
  (R. des) . . . . **AZ** 5
Barbine (R. de) . . . . **AZ** 7
Boutin (Pl. J.) . . . . **BY** 9
Clemenceau (R. G.) . . . . **BY** 10
Coppinger (R.) . . . . **BY** 12

Corbinais (R. de la) . . . . **AZ** 13
Croix-Guillaume (R.) . . . . . . **AZ** 15
Douet-Fourche (R. du) . . . . . **AZ** 17
Dunant (R. H.) . . . . **AY** 19
Féart (Bd) . . . . **BYZ**
Français-Libres (R.) . . . . . **ABZ** 22
Gaulle (Pl. du Gén.-de) . . . . **BZ** 25
Giraud (Av. du Gén.) . . . . . . **BZ** 26
Leclerc (R. Mar.) . . . . **BYZ** 28
Levasseur (R.) . . . . **BY** 29
Lhotelier (Bd) . . . . **AY** 31

Libération (Bd de la) . . . . . **AZ** 32
Malouine (R. de la) . . . . **BY** 34
Mettrie (R. de la) . . . . **BZ** 35
Pionnière (R. de la) . . . . . . **ABY** 38
Prés.-Wilson
  (Bd) . . . . **BY** 40
Renan (R. E.) . . . . **AY** 43
République (Pl. de la) . . . . . **BY** 44
St-Lunaire (R. de) . . . . **AY** 48
Vallée (R. de la) . . . . **BYZ** 50
Verney (R. Y.) . . . . **BY** 52

Grand Hôtel Barrière de Dinard ⌂
46 av. George-V – ☏ 02 99 88 26 26
– www.lucienbarriere.com
– Ouvert 18 mars-26 nov.
90 ch – †130/490 € – ††130/490 € – ⌷ 20 €
Rest *Le Blue B* – (fermé le midi) Menu 39/58 € – Carte 40/115 €
Rest *333 Café* – (fermé le soir) (19 € bc) Menu 25 € – Carte 29/56 €

BYv

♦ Ce "grand hôtel" du 19e s., qui domine la promenade maritime du Clair de Lune, accueille les stars de cinéma lors du Festival du film britannique. Chambres sobres et raffinées. Cuisine actuelle et vue sur la mer au Blue B. Au 333 Café, restauration de type snacking en terrasse ou dans une salle cosy.

Villa Reine Hortense sans rest 🌿   ← ⁽ᵗ⁾ P VISA ◉ AE

19 r. Malouine – ☏ 02 99 46 54 31 – www.villa-reine-hortense.com – Ouvert
début avril à fin sept.   BYe
7 ch – ♦150/245 € ♦♦150/245 € – 1 suite – ☐ 16 €
♦ Toute la splendeur de la Belle Époque revit dans cette villa typique de la "perle"
de la Côte d'Émeraude. Les chambres, élégantes et luxueuses, regardent la plage.

Novotel Thalassa 🌿   ← 🚗 🏡 🔲 ◉ ♨ ✕ 🛗 👶 ✕ rest, ⁽ᵗ⁾ 👶 P

1 av. du Château Hébert – ☏ 02 99 16 78 10   🚗 VISA ◉ AE
– www.accorthalassa.com – Fermé 1ᵉʳ nov.-31 déc.   AYr
173 ch – ♦155/245 € ♦♦155/245 € – ☐ 17 € – ½ P 150/170 €
Rest – (21 €) Menu 31 € (dîner) – Carte 30/45 €
♦ Sur la pointe de St-Énogat – quel cadre ! –, cet hôtel dispose d'un superbe centre de thalassothérapie ; repos dans des chambres contemporaines, ou façon chalet
dans l'aile annexe. Cuisine diététique les yeux rivés sur la Manche : telle est la
carte du restaurant.

Mercure Emeraude Plage sans rest   👶 🛗 👶 ✕ ⁽ᵗ⁾ 👶 🚗

1 bd Albert 1ᵉʳ – ☏ 02 99 46 19 19   VISA ◉ AE
– www.hotelemeraudeplage.com – Fermé 14 fév.-13 mars   BYa
47 ch – ♦109/407 € ♦♦124/407 € – ☐ 19 €
♦ Dans ce bel hôtel en pierre et brique rouge de 1876 (classé), on rêve de voyages lointains en regardant la mer... Les chambres sont cosy et raffinées, le salon
"so british" !

Crystal sans rest   ← 🛗 ⁽ᵗ⁾ 🚗 VISA ◉ AE

15 r. Malouine – ☏ 02 99 46 66 71 – www.crystal-hotel.com   BYn
19 ch – ♦84/145 € ♦♦84/145 € – ☐ 12 €
♦ Les chambres de cet hôtel des années 1970 sont vastes et bien tenues, certaines avec vue sur la plage et la pointe de la Malouine.

La Vallée 🌿   ← 🏡 🛗 👶 ⁽ᵗ⁾ VISA ◉ AE

6 av. George V – ☏ 02 99 46 94 00 – www.hoteldelavallee.com – Fermé
3 janv.-10 fév.   BYg
23 ch – ♦75/150 € ♦♦75/150 € – ☐ 12 €
Rest – (fermé dim. soir, lundi et mardi sauf juil.-août) Carte 36/44 €
♦ Bâtisse au charme typique des stations balnéaires. Les chambres, élégantes
et contemporaines, arborent une couleur différente selon l'étage (rouille, turquoise, vert anis). Au restaurant – résolument actuel –, on déguste des produits
de la mer en regardant la baie.

Balmoral sans rest   🛗 👶 🛗 ⁽ᵗ⁾ 👶 VISA ◉ AE ◉

26 r. du Mar.-Leclerc – ☏ 02 99 46 16 97 – www.hotels-balmoral.com
29 ch – ♦55/82 € ♦♦65/92 € – ☐ 10 €   BYt
♦ Petit immeuble des années 1900 joliment mis en valeur, frais et pimpant. Les
chambres sont sobres, claires et bien équipées. Accueil aimable et tenue exemplaire.

Du Parc des Tourelles sans rest   ✕ ⁽ᵗ⁾ VISA ◉ AE

20 av. Edouard-VII – ☏ 02 99 46 11 39 – www.hotelduparc.org – Ouvert
15 fév.-15 nov.   AYx
19 ch – ♦55/69 € ♦♦61/76 € – ☐ 8,50 €
♦ À quelques minutes de la plage et de l'animation de la station. Dans ce petit
hôtel familial, les chambres sont fonctionnelles et très bien tenues ; les prix res-
tent doux.

✕✕ Didier Méril avec ch   ← 🏡 🛗 rest, ⁽ᵗ⁾ VISA ◉ AE ◉

1 pl. Gén.-de-Gaulle – ☏ 02 99 46 95 74
– www.restaurant-didier-meril.com   BZn
6 ch – ♦65/160 € ♦♦65/160 € – ☐ 10 €
Rest – (22 €) Menu 29/65 € – Carte 50/70 € 🏵
♦ Tons orange et gris, cave vitrée, mobilier design et – clou du spectacle – vue
splendide sur la baie du Prieuré : un décor moderne servant à merveille la cuisine
traditionnelle. Chambres cosy et sobrement actuelles.

à St-Lunaire 5 km par ② par D786 – 2 307 h. – alt. 20 m – ⊠ 35800

🖪 72, boulevard du Général-de-Gaulle ℰ 02 99 46 31 09

✕ **Le Décollé** ⟨ 🛜 𝗩𝗜𝗦𝗔 ⦿
1 Pointe du Décollé – ℰ 02 99 46 01 70 – www.restaurantdudecolle.com – Fermé 12 nov.-1er fév., merc., jeudi en mars, mardi sauf juil.-août et lundi
Rest – *(prévenir)* (17 €) Menu 30/40 € – Carte 44/55 €
♦ La carte fait la part belle aux produits de la mer, tandis que le sobre décor s'efface volontiers devant la superbe vue sur la Côte d'Émeraude. Terrasse idyllique.

DIOU – 36 Indre – **323** I4 – **rattaché à Issoudun**

DISNEYLAND RESORT PARIS – 77 Seine-et-Marne – **312** F2 – **106** 22 – **voir à Paris, Environs (Marne-La-Vallée)**

DISSAY – 86 Vienne – **322** I4 – 2 875 h. – alt. 69 m – ⊠ 86130 **39** C1
◧ Poitou Vendée Charentes
▶ Paris 320 – Châtellerault 19 – Poitiers 16
🖪 place du 8 Mai 1945 ℰ 05 49 52 34 56
◙ Peintures murales★ de la chapelle du château.

✕✕ **Le Binjamin** 🍴 ⤴ ♿ 𝗔𝗖 𝗣 𝗩𝗜𝗦𝗔 ⦿
♻ *D 910 – ℰ 05 49 52 42 37 – www.binjamin.com – Fermé le soir sauf vend. et sam.*
Rest – Menu 16/35 €
♦ Un cadre au look contemporain et design donne le ton de cette sympathique adresse familiale de bord de route. Cuisine au goût du jour et propositions de formules brasserie.

DIVES-SUR-MER – 14 Calvados – **303** L4 – **rattaché à Cabourg**

DIVONNE-LES-BAINS – 01 Ain – **328** J2 – 7 400 h. – alt. 486 m **46** F1
– Stat. therm. : mi mars-mi nov. – Casino – ⊠ 01220 ◧ Franche-Comté Jura
▶ Paris 488 – Bourg-en-Bresse 129 – Genève 18 – Gex 9
🖪 rue des Bains ℰ 04 50 20 01 22
🏌 de Divonne-les-Bains Route de Gex, O : 2 km, ℰ 04 50 40 34 11
🏌 de Maison-Blanche à Échenevex, SO : 11 km, ℰ 04 50 42 44 42

🏨 **Le Grand Hôtel** sans rest ⟨ ⟳ ⤴ ₤₆ ✕ 📶 𝗔𝗖 ᵗⁱ° 𝗦𝗔 𝗣
av. des Thermes – ℰ 04 50 40 34 34 𝗩𝗜𝗦𝗔 ⦿ 𝗔𝗘 ⓸
– www.domainededivonne.com – Fermé 17-26 avril
130 ch – ♦235 € ♦♦265/385 € – 4 suites – ⊃ 21 €
♦ Palace de 1931 inscrit dans son parc soigné. Chambres amples et élégantes, disponibles en trois styles : bourgeois, Art déco ou contemporain. Casino et golf.

🏨 **Château de Divonne** ♨ ⟨ ⟳ 🛜 ⤴ ✕ 📶 𝗔𝗖 rest, ᵗⁱ° 𝗦𝗔 𝗣
115 r. des Bains – ℰ 04 50 20 00 32 𝗩𝗜𝗦𝗔 ⦿ 𝗔𝗘 ⓸
– www.chateau-divonne.com
26 ch – ♦124/370 € ♦♦124/370 € – 6 suites – ⊃ 23 €
Rest – (39 €) Menu 57 € (dîner), 72/86 € – Carte 75/86 €
♦ Perchée au-dessus de la ville, cette imposante demeure du 19e s. bénéficie d'un superbe parc arboré. Belle hauteur sous plafond et mobilier en bois ancien dans les chambres. Élégante salle à manger, terrasse panoramique enchanteresse ; cuisine au goût du jour.

🏨 **La Villa du Lac** ♨ ⟨ 🛜 🌐 ₤₆ 📶 ♿ ch, 𝗔𝗖 ch, ⅏ ch, ☏ 𝗦𝗔 𝗣 ⤴
93 chemin du Chatelard – ℰ 04 50 20 90 00 𝗩𝗜𝗦𝗔 ⦿ 𝗔𝗘 ⓸
– www.lavilladulac.com
90 ch ⊃ – ♦145/240 € ♦♦145/240 € – ½ P 109 €
Rest – (20 €) Menu 24 € – Carte 31/55 €
♦ Ensemble moderne tout récent, situé au calme, entre lac et ville. Chambres de style contemporain avec balcon, salles de séminaires équipées dernier cri et spa très complet. Repas traditionnel dans un cadre actuel ou sur la terrasse tournée vers le plan d'eau.

🏠 **Le Jura** sans rest ⊘   ⟨ ⫶ ⬚ P ⇌ VISA ⬤ AE ①
54 r. d'Arbère – ℰ 04 50 20 05 95 – www.hotel-divonne.com
29 ch – †69/132 € ††76/139 € – ⊇ 11 €
• Affaire familiale aux chambres bien tenues. Celles de l'annexe sont neuves (mobilier actuel) avec terrasses. Petits-déjeuners servis dans la véranda ouverte sur le jardin.

✗✗ **Le Rectiligne**   ⟨ ⫶ ⬚ P VISA ⬤ AE
2981 rte du Lac – ℰ 04 50 20 06 13 – www.lerectiligne.fr – Fermé dim. et lundi
de sept. à mai
Rest – (26 €) Menu 39 € (dîner)/73 € – Carte 53/83 € ⅜
• Maison blanche moderne dont restaurant et terrasse donnent sur le lac. L'espace
est volontairement épuré et zen (tons pastels, mur d'eau). Goûteuse cuisine actuelle.

✗✗ **Le Pavillon du Golf**   ⟨ ⫶ ⫶ P VISA ⬤ AE ①
av. des Thermes – ℰ 04 50 40 34 13 – www.domaine-de-divonne.com
– Fermé 12 déc.-11 mars, lundi et mardi du 15 oct. au 12 déc.
Rest – Menu 25 € (déj.)/34 € – Carte 30/47 €
• Ancienne ferme bordant le parcours de golf. Redécorée, la salle à manger est à
la fois lumineuse et feutrée. Charmante terrasse. Appétissante carte traditionnelle.

✗ **Gourmand'in**   AC VISA ⬤
⊂⊃ 76 Grande Rue – ℰ 04 50 28 93 02 – Fermé 1er-15 août
Rest – Menu 17 € (déj.)/33 € – Carte 32/61 €
• Côté rue, le Gourmand'in, un bistrot sympathique et sobre, dont le chef concocte
une bonne cuisine de tradition. Côté cour, les Coulisses Gourmandes, une école de
cuisine ludique.

DIZY – 51 Marne – **306** F8 – **rattaché à Épernay**

DOLANCOURT – 10 Aube – **313** H4 – 141 h. – alt. 112 m – ⊠ 10200   **13** B3
🖿 Paris 229 – Châlons-en-Champagne 92 – Saint-Dizier 63 – Troyes 45

🏨 **Moulin du Landion**   ⟅ ⫶ ⊐ ⚲ ⳺ P VISA ⬤ AE ①
5 r. St-Léger – ℰ 03 25 27 92 17 – www.moulindulandion.com – Fermé
15-25 déc. et 3-15 janv.
16 ch – †59/99 € ††59/99 € – ⊇ 11 €   **Rest** – Menu 31/45 € – Carte 32/45 €
• Moulin du 17e s. accolé à un bâtiment plus récent ; chambres agréables et cosy, dotées
de balcons donnant sur la rivière ou sur le parc. Plats traditionnels au restaurant.

DOL-DE-BRETAGNE – 35 Ille-et-Vilaine – **309** L3 – 4 760 h.   **10** D2
– alt. 20 m – ⊠ 35120 ▯ Bretagne
🖿 Paris 378 – Alençon 154 – Dinan 26 – Fougères 54
🅳 3, Grande Rue des Stuarts ℰ 02 99 48 15 37
🅸 des Ormes Epiniac, S : 9 km par D 795, ℰ 02 99 73 54 44
⊙ Cathédrale St-Samson★★ - Cathédraloscope★ - Collection★ du musée Les
"Trésors du mariage ancien" - Promenade des Douves : ⟨★ - Mont-Dol
⁂★ 4,5 km NO par D 155.

🏨 **Des Ormes** ⊘   ⟅ ⫶ ⊐ ᴸ⳺ ✗ 🖭 ᵻ ⫶ rest, ⳺ rest, ⳤ P VISA ⬤ AE
Domaine des Ormes, 7 km au Sud par rte de Combourg – ℰ 02 99 73 53 40
– www.lesormes.com – Fermé de déc. à fév.
45 ch – †63/80 € ††78/110 € – ⊇ 11 € – ½ P 92/109 €
Rest – (dîner seult) Carte 25/46 €
• Un domaine familial de 200 ha ! Activités sportives et ludiques à foison (équitation,
golf, cabanes dans les arbres, etc.) et repos mérité dans des chambres sobres et pratiques. Pause gourmande simple et traditionnelle ; détente au bar, face à la piscine.

à Mont-Dol 3 km au Nord par D 155 – 1 194 h. – alt. 10 m – ⊠ 35120

🏠 **Château de Mont-Dol**   ⫶ ⳺ ch, ⫶ P
1 r. de la Mairie – ℰ 02 99 80 74 24 – www.chateaumontdol.com – Fermé
20 nov.-31 déc. et janv.
5 ch ⊇ – †85/105 € ††85/105 €   **Table d'hôte** – Menu 35 € bc
• Accueil charmant dans cette demeure bourgeoise du 19e s. située entre le
Mont-St-Michel et St-Malo. Chambres cosy : mobilier de famille ou chiné. Table
tenue par un chef ayant œuvré dans des maisons étoilées ; produits de la mer
et légumes du potager à l'honneur.

DOLE ⟨SP⟩ – 39 Jura – **321** C4 – 24 606 h. – alt. 220 m – ⊠ 39100   **16** B2

🟩 Franche-Comté Jura

- ▶ Paris 363 – Beaune 65 – Besançon 55 – Dijon 50
- 🛈 6, place Grévy ℰ 03 84 72 11 22
- 🏌 Public du Val d'Amour à Parcey Chemin du Camping, S : 9 km par D 405 et N 5, ℰ 03 84 71 04 23
- ◉ Le Vieux Dole ★★ BZ : Collégiale Notre-Dame★ - Grille★ en fer forgé de l'église St-Jean-l'Evangéliste AZ - Le musée des Beaux-Arts★.
- 🟢 Fôret de Chaux★.

Plan page suivante

🏠🏠🏠 **Au Moulin des Écorces** 🔅   🛎 ⅃ ⁽¹⁾ 🛁 𝘝𝘐𝘚𝘈 ⚭ ⓞ

14 allée du Pont-Roman – ℰ 03 84 72 72 00 – www.aumoulindesecorces.fr
18 ch – ♦90/105 € ♦♦95/160 € – 1 suite – ⌖ 12 €   BZa
Rest – *(fermé dim. soir et lundi midi)* Menu 22/65 € – Carte 37/67 €
◆ En bordure du Doubs, ancien moulin parfaitement restauré. Grandes chambres au décor épuré et mobilier minimaliste chic. Salles de bains spacieuses et bien équipées. Cuisine traditionnelle revisitée au restaurant ; plats plus simples au bistrot.

🏠 **La Cloche** sans rest   📶 ⁽¹⁾ 🛁 𝘝𝘐𝘚𝘈 ⚭ 𝘈𝘌

1 pl. Grévy – ℰ 03 84 82 06 06 – www.la-cloche.fr – Fermé 24 déc.-2 janv.
30 ch – ♦75/115 € ♦♦85/135 € – ⌖ 11 €   BYv
◆ Stendhal aurait séjourné dans cette vieille maison voisine du cours St-Mauris. Les chambres, de tailles diverses, sont progressivement rénovées.

XXX **La Chaumière** (Joël Césari) avec ch   🚘 🛎 ⅃ ⁽¹⁾ 🛁 🅿 𝘝𝘐𝘚𝘈 ⚭ 𝘈𝘌
🅎
346 av. du Mar. Juin, 3 km par ③ – ℰ 03 84 70 72 40 – www.la-chaumiere.info – Fermé 23 oct.-1er nov., dim. sauf hôtel en juil.-août, lundi midi et sam. midi
19 ch – ♦70/125 € ♦♦80/125 € – ⌖ 15 €
Rest – *(Fermé 22 oct.-1er nov., 22 déc.-10 janv.)* (22 € bc) Menu 35/85 €
– Carte 65/85 €
Spéc. Escargots, fine gelée de persil et crème glacée à la gentiane. Poularde aux morilles et vin jaune cuite à 60° C. Crème brûlée au vin jaune, croustillant de morilles, glace genièvre. **Vins** Côtes du Jura, Arbois.
◆ Dans une salle qui mélange les styles (rustique/moderne), cuisine inventive qui varie au gré du marché. Bon choix de vins du Jura et conseils avisés du sommelier. À l'hôtel, chambres au calme, dont certaines rénovées en 2009 et 2010.

X **Le Grévy**   🛎 𝘝𝘐𝘚𝘈 ⚭ 𝘈𝘌
🅎
2 av. Eisenhower – ℰ 03 84 82 44 42
– Fermé 10-16 mai, 1er-21 août, 24 déc.-1er janv., sam. et dim.   BYt
Rest – Menu 15 € (déj. en sem.) – Carte 20/62 €
◆ Banquettes et nappes à carreaux donnent le ton de ce petit bistrot façon bouchon lyonnais. Tripes et autres plats canailles du Rhône et du Jura sont à l'honneur.

à Rochefort-sur-Nenon 7 km par ② par D 673 – 587 h. – alt. 210 m – ⊠ 39700

🏠 **Fernoux-Coutenet** 🔅   🛎 ⁽¹⁾ 🚗 𝘝𝘐𝘚𝘈 ⚭ 𝘈𝘌 ⓞ
🅎
r. Barbière – ℰ 03 84 70 60 45 – www.hotelfernoux-coutenet.com
– Fermé 23 déc.-1er janv.
17 ch – ♦45/61 € ♦♦50/64 € – ⌖ 8,50 €
Rest – *(fermé dim. soir d'oct. à juin)* (13 €) Menu 15 € (déj. en sem.), 20/41 €
– Carte 21/60 €
◆ Hôtel familial tenu par un couple dynamique et sérieux, qui rénove chaque année quelques chambres. Celles-ci disposent de parquet et de belles couleurs ensoleillées. Menus régionaux servis dans l'une des trois salles ou sur la terrasse (vue sur le clocher).

à Parcey 8 km par ③ rte de Lons-le-Saunier – 937 h. – alt. 197 m – ⊠ 39100

XX **Les Jardins Fleuris**   🛎 ⇔ 𝘝𝘐𝘚𝘈 ⚭
🅎
35 route Nationale 5 – ℰ 03 84 71 04 84 – www.restaurant-jardins-fleuris.com
– Fermé 2-10 juil., 11 nov.-2 déc., dim. soir et mardi
😊 **Rest** – Menu 18/41 € – Carte 28/56 €
◆ Cette maison de village en pierre abrite une coquette salle à manger (fresques pastorales). Paisible terrasse fleurie sur l'arrière. Carte traditionnelle personnalisée.

DOLE

Arènes (R. des) . . . . ABZ
Besançon (R. de) . . . . BYZ
Béthouart (R. du Gén.) . . . . . BZ 2
Boyvin (R.) . . . . BZ 4
Chifflot (R. L.) . . . . AZ 5
Duhamel (Av. J) . . . . AZ 6
Gouvernement (R. du) . . . . . BY 9
Grande-Rue . . . . BZ 10
Jean-Jaurès (Av.) . . . . BY 13
Juin (Av. du Mar.) . . . . BZ 14
Lattre de Tassigny (Av. du Mar.de) . . . . BY 15
Messageries (R. des) . . . . . . AY 16
Nationale, Charles-de-Gaulle (Pl.) . . . . BZ 17
Parlement (R. du) . . . . BZ 18
Rockefeller (R. J.) . . . . BY 21
Sous-Préfecture (R. de la) . . . . BY 22

à Sampans 6,5 km au Nord par ① – 777 h. – alt. 222 m – ✉ 39100

Château du Mont Joly (Romuald Fassenet) avec ch – rest,
6 r. du Mont-Joly – ✆ 03 84 82 43 43 – rest, VISA AE
– www.chateaumontjoly.com – Fermé 2-18 janv., mardi et merc. sauf le soir en juil.-août
7 ch – 90/150 € 90/150 € – 14 €
Rest – Menu 30 € (déj. en sem.), 54/120 € bc – Carte 77/100 €
Spéc. Escargots en viennoise d'herbes. Suprême de volaille de Bresse cuite en vessie, morilles à la crème et au vin jaune. Framboises fraîches et rhubarbe pochée (été). **Vins** Côtes du Jura.
◆ Cette belle demeure du 18e s. recèle une agréable salle à manger contemporaine, dotée d'une verrière tournée vers le parc. On y déguste une savoureuse cuisine traditionnelle habilement modernisée. Chambres confortables, certaines avec balnéothérapie.

DOLUS-D'OLERON – 17 Charente-Maritime – **324** C4 – voir à Île d'Oléron

DOMFRONT-EN-CHAMPAGNE – 72 Sarthe – 310 J6 – 964 h. — 35 C1
– alt. 131 m – ✉ 72240

▶ Paris 216 – Alençon 54 – Laval 77 – Le Mans 20

Midi ⓐⓒ ⇄ ⓋⒾⓈⒶ ☎ ⒶⒺ
33 r. du Mans, D 304 – ☎ 02 43 20 52 04 – www.restaurantdumidi.com – Fermé
15-31 août, 15 fév.-15 mars, lundi, mardi et le soir sauf vend. et sam.
Rest – Menu 12 € (déj. en sem.), 19/35 € – Carte environ 31 €
◆ Petite auberge de village abritant une salle à manger très colorée, dotée d'un
mobilier contemporain. Tables bien espacées, préservant l'intimité et cuisine au
goût du jour.

DOMMARTEMONT – 54 Meurthe-et-Moselle – 307 I6 – rattaché à Nancy

DOMME – 24 Dordogne – 329 I7 – 1 036 h. – alt. 250 m – ✉ 24250 — 4 D1
🟩 Périgord Quercy

▶ Paris 538 – Sarlat-la-Canéda 12 – Cahors 51 – Fumel 50
🅸 place de la Halle ☎ 05 53 31 71 00
◎ La bastide★ : ※★★★.

L'Esplanade avec ch ⊘ ⇐ 🐾 🏠 ⓐⓒ 🎙 ⓋⒾⓈⒶ ☎ ⒶⒺ ⓪
2 r. Pontcarral – ☎ 05 53 28 31 41 – www.esplanade-perigord.com – Fermé
1ᵉʳ nov.-10 déc., 15 janv.-10 fév., lundi sauf le soir de mai à sept. et merc. midi
hors saison
15 ch – ♦72/85 € ♦♦80/150 € – ⊑ 12 € – ½ P 93/132 €
Rest – Menu 32/65 € – Carte 50/100 €
◆ Une belle demeure ancienne sur les remparts, avec une terrasse sous les tilleuls. La cuisine est sincère, sans artifice, et fait apprécier les saveurs franches de
la tradition. Chambres bourgeoises, certaines avec une jolie vue sur la vallée de la
Dordogne.

Cabanoix et Châtaigne 🎙 ⓋⒾⓈⒶ ☎
3 r. Geoffroy-de-Vivans – ☎ 05 53 31 07 11 – www.restaurantcabanoix.com
– Fermé 25 juin-5 juil., 29 août-4 sept., 18 déc.-début mars, merc. sauf juil.-août
et sam. sauf le soir en juil.-août
Rest – (22 €) Menu 28/36 €
◆ Un jeune couple de passionnés s'est installé dans cette maison médiévale
et l'a transformée en bistrot chic. Cuisine élaborée à partir de produits frais des
marchés locaux.

DOMPAIRE – 88 Vosges – 314 F3 – 998 h. – alt. 300 m – ✉ 88270 — 26 B3
▶ Paris 366 – Épinal 21 – Luxeuil-les-Bains 61 – Nancy 64

Le Commerce avec ch 🐾 🎙 ⓋⒾⓈⒶ ☎
pl. Gén. Leclerc – ☎ 03 29 36 50 28 – Fermé 22 déc.-12 janv., dim. soir sauf hôtel
et lundi
7 ch – ♦39 € ♦♦43/48 € – ⊑ 6,50 € – ½ P 34/38 €
Rest – Menu 13 € (sem.)/32 € – Carte 32/40 €
◆ La salle à manger, avec sa grande baie vitrée ouverte sur le jardin, est d'un
commerce agréable. Cuisine régionale et produits locaux. Chambres simples et
spacieuses pour une étape entre Vittel et Épinal.

DOMPIERRE-SUR-BESBRE – 03 Allier – 326 J3 – 3 307 h. — 6 C1
– alt. 234 m – ✉ 03290

▶ Paris 324 – Bourbon-Lancy 19 – Decize 46 – Digoin 27
🅸 145, Grande Rue ☎ 04 70 34 61 31

Auberge de l'Olive avec ch ⓐⓒ rest, 🎙 🅿 ⓋⒾⓈⒶ ☎ ⒶⒺ
av. de la Gare – ☎ 04 70 34 51 87 – www.auberge-olive.fr – Fermé 23 sept.-9 oct.,
2-10 janv., dim. soir de nov. à mars et vend. sauf juil.-août
17 ch – ♦60 € ♦♦60 € – ⊑ 8 € **Rest** – Menu 20/27 € – Carte 32/60 €
◆ L'auberge propose une cuisine traditionnelle et généreuse, à déguster sous une
lumineuse véranda ou dans une salle à manger d'inspiration plus rustique. Chambres simples, fraîches et colorées, non loin du parc d'attractions du PAL.

DOMPIERRE-SUR-VEYLE – 01 Ain – 328 E4 – 1 147 h. – alt. 285 m   44 B1
– ☒ 01240

▶ Paris 439 – Belley 70 – Bourg-en-Bresse 18 – Lyon 58

✗ L'Auberge de Dompierre   ☆ ⅗ VISA ◑◐
7 r. des Ecoles – ℰ 04 74 30 31 19 – www.aubergededompierresurveyle.com
– Fermé 1 sem. en avril, 22 août-4 sept., 22-30 déc. et le soir sauf sam.
Rest – *(prévenir)* (12 € bc) Menu 25/38 €
◆ Restaurant de village situé sur la place de l'église. Salle à manger sobrement réno-
vée. Au menu, spécialités de la Dombes ; le plat du jour est proposé dans l'espace bar.

DONNAZAC – 81 Tarn – 338 D7 – rattaché à Cahuzac-sur-Vère

DONON (COL DU) – 67 Bas-Rhin – 315 G5 – voir à Col du Donon

DONZENAC – 19 Corrèze – 329 K4 – 2 359 h. – alt. 204 m – ☒ 19270   24 B3
█ Périgord Quercy

▶ Paris 469 – Brive-la-Gaillarde 11 – Limoges 81 – Tulle 27
🔢 Siège Social 2, rue des Pénitents ℰ 05 55 85 65 35
◉ Les Pans de Travassac★.

✗ Le Périgord   VISA ◑◐
🔄 *9 av. de Paris – ℰ 05 55 85 72 34 – Fermé vacances de la Toussaint, vacances*
de fév., lundi soir et merc.
Rest – Menu 19/40 € – Carte 34/46 €
◆ Restaurant à la façade couverte de vigne vierge où l'on s'attable autour
d'une cuisine traditionnelle régionale (tête de veau sauce gribiche). Expo de toiles d'artistes locaux.

au Nord-Est sur D 920, près sortie 47 A20, dir. Sadroc

🄱🄰 Relais du Bas Limousin   🖨 ☆ 🏊 ♨ ⅍ 🅿 🍽 VISA ◑◐ 🅰🅴
🔄 *à 6 km – ℰ 05 55 84 52 06 – www.relaisbaslimousin.fr – Fermé 25 oct.-5 nov.,*
🔄 *15-21 fév., vend. soir et dim. soir sauf en juil.-août*
22 ch – †58/78 € ††58/78 € – ⌷ 10 € – ½ P 62/66 €
Rest – *(fermé dim. soir sauf juil.-août et lundi midi)* Menu 18/34 € – Carte 30/56 €
◆ Cette auberge inspirée de l'architecture régionale est bâtie en léger retrait de
la route. Chambres personnalisées et accueil réellement charmant. Salle à manger
de style actuel ; cuisine traditionnelle rehaussée d'une touche d'originalité au
goût du jour.

DONZY – 58 Nièvre – 319 B7 – 1 640 h. – alt. 188 m – ☒ 58220 █ Bourgogne   7 A2
▶ Paris 203 – Auxerre 66 – Bourges 73 – Clamecy 39
🔢 18, rue du Général Leclerc ℰ 03 86 39 45 29

🏠 Le Grand Monarque   ☆ ⅗ ⁽ᵗ⁾ VISA ◑◐ ◐
10 r. de l'Étape, (près de l'église) – ℰ 03 86 39 35 44
– www.legrandmonarque-donzy.fr – Fermé 20 oct.-5 nov. et 5-20 janv.
12 ch – †49 € ††59/74 € – ⌷ 10 € – ½ P 65 €
Rest – *(fermé dim. soir et lundi)* (14 €) Menu 20/24 € – Carte 26/33 €
◆ Dans un paisible village, ancien relais de poste remontant au 16ᵉ s. Les chambres
sont desservies par un escalier à vis et certaines arborent murs en pierre et ciel de lit.
Le restaurant conserve un authentique fourneau à charbon ; plats du terroir.

LE DORAT – 87 Haute-Vienne – 325 D3 – 1 903 h. – alt. 209 m   24 B1
– ☒ 87210 █ Limousin Berry

▶ Paris 369 – Bellac 13 – Le Blanc 49 – Guéret 68
🔢 17, place de la Collégiale ℰ 05 55 60 76 81
◉ Collégiale St-Pierre★★.

✗ La Marmite   ☆ VISA ◑◐
🔄 *29 av. de la Gare – ℰ 05 55 60 66 94 – www.restaurantlamarmite.com – Fermé*
22-30 juin, 27 sept.-6 oct., 24-29 déc., 19-25 fév., mardi et merc.
Rest – (11 €) Menu 18/36 € – Carte 24/35 €
◆ Derrière une façade assez banale se cache une salle rustique d'esprit assez chaleureux
(une ancienne étable). On y sert une sobre cuisine traditionnelle sensible au terroir.

▶ Paris 194 – Arras 26 – Lille 42 – Tournai 39

🛈 70, place d'Armes ✆ 03 27 88 26 79

⛳ de Thumeries à Thumeries, N : 15 km par D 8,
✆ 03 20 86 58 98

◉ Beffroi★ BY **D** - Musée de la Chartreuse★★.

🎫 Centre historique minier de Lewarde★★ SE : 8 km par ②.

Armes (Pl. d') . . . . **BY** 2	Dubois (R. P.) . . . . **BX** 18	Orchies (R. d') . . . . **BX** 34
Bellain (R. de) . . . . **BY** 3	Faidherbe (Bd) . . . . **BY** 19	Paris (R. de) . . . . **BZ**
Bellegambe (R. J.) . . . . **BY** 4	Foulons (R. des) . . . . **BY** 21	Phalempin (Bd Paul) . . . . **BY** 35
Béthune (R. de) . . . . **AX** 5	Gambetta (R. L.) . . . . **BY** 21	Pont-St-Vaast (R. du) . . . . **BX** 36
Boutique (R. A.) . . . . **BX** 7	Gouvernement (R. du) . . . . **BY** 23	Raches (R. de) . . . . **BX** 37
Brebières (R. de) . . . . **AZ** 8	Leclerc (Av. Mar.) . . . . **BY** 24	St-Christophe (R.) . . . . **BY** 39
Camteleu (R. du) . . . . **BY** 9	Madeleine (R. de la) . . . . **BY** 25	St-Jacques (R.) . . . . **BY** 40
Carnot (Pl.) . . . . **BY**	Mairie (R. de la) . . . . **BY** 26	St-Michel (R.) . . . . **BX** 41
Chartreux (R. des) . . . . **AX** 10	Malvaux (R. des) . . . . **BX** 27	St-Samson (R.) . . . . **AY** 44
Clocher-St-Pierre (R. du) . . . . . **BY** 14	Marceline (R.) . . . . **AZ** 28	St-Sulpice (R.) . . . . **AY** 45
Cloche (R. de la) . . . . **AY** 13	Massue (R. de la) . . . . **AY** 29	Université (R. de l') . . . . **BZ** 46
Cloris (R. de la) . . . . **AY** 15	Merlin-de-Douai (R.) . . . . **BY** 30	Valenciennes (R. de) . . . . **BZ** 49
Comédie (R. de la) . . . . **AZ** 17	Ocre (R. d') . . . . **AX** 33	Victor-Hugo (R.) . . . . **BY** 50

La Terrasse

🏨 🕾 AC rest. ⁹¹ ⚐ P VISA ⓪

36 terrasse St-Pierre – ℰ *03 27 88 70 04* – *www.laterrasse.fr*   **BYa**
24 ch – ♦55/98 € ♦♦90/115 € – ⌁ 11 € – ½ P 76/92 €
Rest – Menu 17/79 € – Carte 40/80 € 🎋

◆ Avenante maison cachée dans une ruelle jouxtant l'ancienne collégiale St-Pierre.
Les chambres, un peu petites, sont décorées dans le style des années 1980.
À table, copieuse cuisine classique, simple et bien faite, et belle carte des vins
(900 appellations).

✗✗ Au Turbotin

AC ⇔ VISA ⓪ AE

9 r. Massue – ℰ *03 27 87 04 16* – *www.au-turbotin.com* – *Fermé 1er-21 août,*
vacances de Noël, sam. midi, dim. soir et lundi   **AYs**
Rest – Menu 21 € (sem.), 29/52 € – Carte 58/68 €

◆ Un beau vivier est "exposé" comme un tableau dans ce restaurant décoré dans
un plaisant style classique. Recettes tournées vers les produits de la mer.

à Roost-Warendin 10 km par ①, D 917 et D 8 – 6 115 h. – alt. 22 m – ⌧ 59286

🖪 270, rue Brossolette ℰ 03 27 95 90 00

✗✗✗ Le Chat Botté

🍴 🛋 ⇔ P VISA ⓪

Château de Bernicourt – ℰ *03 27 80 24 44* – *www.restaurantlechatbotte.com*
– *Fermé 1er-15 août, dim. soir et lundi*
Rest – *(déj. seult)* Menu 20/65 € – Carte 65/79 € 🎋

◆ Dans une dépendance d'un joli château du 18e s. Cuisine au goût du jour, simple et goûteuse, à déguster sur la terrasse en été. Belle carte des vins (bordeaux).

à Brebières 7 km par ③ – 4 878 h. – alt. 48 m – ⌧ 62117

✗✗✗ Air Accueil

🍴 🛋 ⇔ P VISA ⓪

D 950 – ℰ *03 21 50 01 02* – *Fermé 14-29 août, dim. soir et lundi*
Rest – Menu 30 € (sem.)/40 € – Carte 33/70 €

◆ Cuisine classique et de tradition servie dans une spacieuse salle à manger de
style Louis XIII (tissus fleuris, cheminée moderne) ou sur la verdoyante terrasse.

DOUAINS – 27 Eure – 304 I7 – rattaché à Vernon

DOUARNENEZ – 29 Finistère – 308 F6 – 15 608 h. – alt. 25 m   **9** A2
– ⌧ 29100 ▌ Bretagne

▶ Paris 585 – Brest 76 – Lorient 88 – Quimper 23
🖪 1, rue Docteur Mével ℰ 02 98 92 13 35
◉ Boulevard Jean-Richepin et nouveau port★ ≤★ Y - Port du Rosmeur★
- Musée à flot★★ - collection★ au musée du bateau - Ploaré : tour★ de
l'église S : 1 km - Pointe de Leydé★ ≤★ NO : 5 km.

Le Clos de Vallombreuse ⌂

🏨 ≤ 🚗 🛋 ⌁ & ⁹¹ 🛋 P VISA ⓪ AE

7 r. d'Estienne-d'Orves – ℰ *02 98 92 63 64* – *www.closvallombreuse.com*
25 ch – ♦60/150 € ♦♦70/150 € – ⌁ 13 € – ½ P 69/109 €   **Yx**
Rest – Menu 21/60 € – Carte 41/96 €

◆ Deux styles différents pour les chambres : classique dans le logis, actuel et
moderne dans l'extension. Jardin clos et belle piscine tournée vers la baie de
Douarnenez. Élégant décor et produits de la mer font l'attrait du restaurant.

De France

🏠 🛋 ⁹¹ VISA ⓪ AE

4 r. Jean-Jaurès – ℰ *02 98 92 00 02* – *www.lafrance-dz.com* – *Fermé 12-26 mars,*
1er-19 nov., 19-26 déc.   **Yr**
23 ch – ♦57/67 € ♦♦57/67 € – ⌁ 8 € – ½ P 72/82 €
Rest L'Insolite – Menu 17 € (déj.)/45 € – Carte 34/78 €

◆ Cet hôtel du centre-ville propose des chambres claires, fonctionnelles et bien
tenues. À L'Insolite, cuisine valorisant le terroir et les épices, servie en terrasse ou
dans une salle à manger contemporaine ayant conservé ses boiseries anciennes.

DOUARNENEZ

Anatole-France (R.) . . . . **Y** 2
Baigneurs (R. des) . . . . **Y** 5
Barré (R. J.) . . . . **YZ** 7
Berthelot (R.) . . . . **Z** 8
Centre (R. du) . . . . **Y** 10
Croas-Talud (R.) . . . . **Y** 14
Duguay-Trouin (R.) . . . . . **YZ** 15
Enfer (Pl. de l') . . . . **Y** 16
Grand-Port (Quai du) . . . . . **Y** 19
Grand-Port (R. du) . . . . . . **Y** 20
Jaurès (R. Jean) . . . . **YZ**
Jean-Bart (R.) . . . . **Y** 24
Kerivel (R. E.) . . . . **YZ** 21
Laënnec (R.) . . . . **Z** 25
Lamennais (R.) . . . . **Z** 27
Marine (R. de la) . . . . **Y** 32
Michel (R. L.) . . . . **Y** 36
Monte-au-Ciel (R.) . . . . . . **Z** 37
Péri (Pl. Gabriel) . . . . **Y** 42
Petit-Port (Quai du) . . . . . **Y** 43
Plomarc'h (R. des) . . . . . . **YZ** 44
Stalingrad (Pl.) . . . . **Y** 65
Vaillant (Pl. E.) . . . . **Y** 59
Victor-Hugo (R.) . . . . **Z** 60
Voltaire (R.) . . . . **Y** 62

Sens unique en
saison: flèche noire

✗ Le Kériolet avec ch — 🖧 ch, ⁽ᵀ⁾ VISA ⮐

29 r. Croas-Talud – ℰ *02 98 92 16 89* – *www.hotel-keriolet.com*
– Fermé 1ᵉʳ-15 fév. et lundi midi hors saison — **Za**
8 ch – ✝55/60 € ✝✝55/60 € – ⏛ 7 € – ½ P 58 €
Rest – (14 €) Menu 20/38 € – Carte 25/40 €
◆ Plats traditionnels mettant à l'honneur les produits du terroir et la pêche locale.
Décoration marine sobre et de bon goût ; vue sur un jardinet. Chambres simples
et récentes.

à Tréboul 3 km au Nord-Ouest – ✉29100 Douarnenez

🏨 Thalasstonic — 🍴 🖭 ᵫ ch, 🖧 rest, ⁽ᵀ⁾ 🅿 VISA ⮐ AE ⓞ

r. des Professeurs Curie – ℰ *02 98 74 45 45*
– www.hotel-douarnenez.com
44 ch – ✝69/92 € ✝✝98/138 € – 6 suites – ⏛ 13 € – ½ P 88/142 €
Rest – (20 €) Menu 26/55 € – Carte 36/74 €
◆ Cet hôtel respire l'air marin et vous garantit un séjour "tonic" dans des chambres spacieuses et actuelles. Plage et centre de thalassothérapie à proximité.
Vaste restaurant contemporain prolongé d'une terrasse d'été. Plats traditionnels
du marché ou diététiques.

🏠 Ty Mad ⌖ — ⌖ 🚃 🖧 rest, ⁽ᵀ⁾ 🅿 VISA ⮐ AE

plage St Jean, près chapelle St-Jean – ℰ *02 98 74 00 53* – *www.hoteltymad.com*
– Ouvert 12 mars-14 nov.
14 ch – ✝60/84 € ✝✝83/196 € – 1 suite – ⏛ 13 € – ½ P 82/134 €
Rest – *(fermé mardi, merc., jeudi sauf vacances scolaires et lundi) (dîner seult)*
Menu 28 € – Carte 28/40 €
◆ Chambres claires et fraîches pour cet hôtel de charme qui mêle la pierre, le
bois et une décoration contemporaine de bon goût qui tend vers le zen. Accueil
charmant. Menu du marché servi au dîner dans une véranda lumineuse et
coquette ouvrant sur le jardin.

DOUBS – 25 Doubs – **321** I5 – rattaché à Pontarlier

DOUCIER – 39 Jura – **321** E7 – 318 h. – alt. 526 m – ✉ 39130 — **16 B3**
▶ Paris 427 – Champagnole 21 – Lons-le-Saunier 25
◉ Lac de Chalain★★ N : 4 km **G.** ▮ Franche-Comté Jura

✗✗ Le Comtois avec ch   🛋 🐾 ch, VISA ⓒⓞ AE

– ✆ 03 84 25 71 21 – www.lecomtoisdoucier.com – Fermé 25 oct.-5 nov., dim.
soir et lundi d'oct. à juin
6 ch ⌑ – 🛏55/66 € 🛏🛏64/66 € – ½ P 50 €
Rest – (15 €) Menu 20 € (déj.)/45 €👶

♦ Plaisant décor campagnard, cuisine jurassienne revisitée, service soigné et très
bon accueil font la réputation de cette coquette auberge. Attrayante sélection de
vins du Jura. Chambres simples à l'étage.

DOUÉ-LA-FONTAINE – 49 Maine-et-Loire – 317 H5 – 7 442 h.   35 C2
– alt. 75 m – ✉ 49700 ▮ Châteaux de la Loire

▶ Paris 322 – Angers 40 – Châtellerault 86 – Cholet 50
🛈 30, place des Fontaines ✆ 02 41 59 20 49
◎ Zoo de Doué★★.

✗✗ Auberge Bienvenue avec ch   🚗 🛋 ♿ AC 🐾 P VISA ⓒⓞ AE
😊
🍽 104 rte de Cholet, (face au zoo) – ✆ 02 41 59 22 44
– www.aubergebienvenue.com – Fermé 22 déc.-14 janv., dim. soir et lundi
10 ch – 🛏51/85 € 🛏🛏61/85 € – ⌑ 10 € – ½ P 65 €
Rest – (17 €) Menu 25/56 € – Carte 42/58 €

♦ Une auberge idéale pour aller visiter le zoo local ou découvrir les roseraies. On
y sert une savoureuse cuisine ancrée dans la tradition et les saisons (bœuf au
tanin d'Anjou). Les chambres sont calmes, spacieuses et bien tenues.

DOURDAN – 91 Essonne – 312 B4 – 9 518 h. – alt. 100 m – ✉ 91410   18 B2
▮ Île de France

▶ Paris 54 – Chartres 48 – Étampes 18 – Évry 44
🛈 place du Général-de-Gaulle ✆ 01 64 59 86 97
🏌 Rochefort Chisan Country Club à Rochefort-en-Yvelines Château de
Rochefort/Yvelines, N : 8 km par D 836 et D 149, ✆ 01 30 41 31 81
🏌 de Forges-les-Bains à Forges-les-Bains Route du Général Leclerc, N : 14 km
par D 838, ✆ 01 64 91 48 18
◎ Place du Marché aux grains★ - Vierge au perroquet★ au musée.

🏨 Host. Blanche de Castille   🛋 ▮♿ 🐾 ⚡ P VISA ⓒⓞ AE
🕸
pl. Marché aux Herbes – ✆ 01 60 81 19 10 – www.revalisever.com
39 ch – 🛏94 € 🛏🛏94 € – 12 suites – ⌑ 10 € – ½ P 94 €
Rest – (13 €) Menu 18 € (sem.), 25/35 € – Carte environ 35 €

♦ Maison ancienne située en plein cœur du vieux Dourdan, face aux halles.
Chambres fonctionnelles de bon confort, certaines profitant d'une vue sur l'église
aux trois clochers. Sobre salle de restaurant où l'on sert une cuisine traditionnelle.
Terrasse d'été.

DOURGNE – 81 Tarn – 338 E10 – 1 258 h. – alt. 250 m – ✉ 81110   29 C2
▶ Paris 742 – Toulouse 67 – Carcassonne 52 – Castelnaudary 35
🛈 1, avenue du Maquis ✆ 05 63 74 27 19

✗ Hostellerie de la Montagne Noire avec ch   🛋 ♿ AC rest, 🐾 🐾
🕸
15 pl. Promenades – ✆ 05 63 50 31 12   VISA ⓒⓞ
– www.montagnenoire.net – Fermé 31 août-7 sept. et 16-23 fév.
9 ch – 🛏50 € 🛏🛏55 € – ⌑ 8 € – ½ P 42 €
Rest – (14 €) Menu 16 € (sem.), 25/36 € – Carte 29/46 €

♦ Maison en pierres abritant deux salles à manger : l'une classique, l'autre rustique. Terrasse sous les platanes. Généreuse cuisine traditionnelle. Petites chambres simples aux étages.

DOUSSARD – 74 Haute-Savoie – 328 K6 – 3 276 h. – alt. 456 m   46 F1
– ✉ 74210

▶ Paris 555 – Albertville 27 – Annecy 20 – Megève 42

⌂ **Arcalod** ☐ ☐ ☐ ☐ ☐ ☐ ch, ☐ **P** *VISA* ☐
104 rte de la Gare – ☎ 04 50 44 30 22 – www.hotelarcalod.fr – Ouvert 16 mai-25 sept.
33 ch – ♦65/90 € ♦♦70/95 € – ☐ 11 € – ½ P 65/80 €
Rest – (14 €) Menu 20/30 € – Carte environ 28 €
♦ L'atout de ce chalet familial : de nombreuses activités proposées gratuitement (randonnée, tir à l'arc, vélo...). Petites chambres bien tenues, jardin arboré, grande piscine. Spacieuse et lumineuse salle de restaurant, cuisine de pension gentiment savoyarde.

DOUVAINE – 74 Haute-Savoie – **328** K3 – 4 494 h. – alt. 428 m – ⌂ 74140   **46** F1
▷ Paris 555 – Annecy 63 – Chamonix-Mont-Blanc 87 – Genève 18
🛈 place de l'Hôtel de Ville ☎ 04 50 94 10 55

XXX **Ô Flaveurs** (Jérôme Mamet) ☐ **P** *VISA* ☐
☼ *Château de Chilly , 2 km au Sud Est par rte de Crépy – ☎ 04 50 35 46 55*
– www.oflaveurs.com – Fermé mardi et merc.
Rest – Menu 33 € (déj. en sem.), 58/88 €
Spéc. King crabe de Norvège en gelée de pomme verte (mai-juin). Suprême de pigeon en croûte de pain brûlé, jeunes légumes d'été, jus simple (juil. à sept.). Délice chocolat et bananes caramélisées, glace chocolat banane (oct.-nov.). **Vins** Crépy, Vin de pays de Chautagne.
♦ Cuisine actuelle rehaussée d'inventivité dans ce restaurant raffiné occupant un petit château du 15ᵉ s. à l'authenticité bien préservée (pierres, poutres, cheminée).

X **Le 111** ☐ ☐ *VISA* ☐
111 r. du Centre – ☎ 04 50 85 06 25 – www.le111.fr – Fermé 20 juil.-10 août,
1ᵉʳ-10 janv., mardi et merc.
Rest – (14 € bc) Menu 26/34 € – Carte 27/34 € ☐
♦ Bar à vins et cuisine traditionnelle dans cette maison tenue par un sommelier passionné. Salle en boiseries claires avec cave vitrée ; véranda pour le déjeuner.

DOUVRES-LA-DÉLIVRANDE – 14 Calvados – **303** J4 – 4 877 h.   **32** B2
– alt. 19 m – ⌂ 14440 ▮ Normandie Cotentin
▷ Paris 246 – Bayeux 26 – Caen 15 – Deauville 48
🛈 41, rue Général-de-Gaulle ☎ 02 31 37 93 10

à Cresserons 2 km à l'Est par D 35 – 1 215 h. – alt. 9 m – ⌂ 14440

XXX **La Valise Gourmande** ☐ ☐ **P** *VISA* ☐
7 rte de Lion-sur-Mer – ☎ 02 31 37 39 10 – www.lavalisegourmande-caen.com
– Fermé dim. soir, mardi midi et lundi
Rest – (19 €) Menu 27/56 € – Carte 45/68 €
♦ Entouré d'un joli jardin clos, ce prieuré du 18ᵉ s. abrite trois petites salles à manger d'esprit campagnard, dont une avec cheminée. Cuisine classique, un zeste revisitée.

DRACY-LE-FORT – 71 Saône-et-Loire – **320** I9 – rattaché à Chalon-sur-Saône

DRAGUIGNAN ⬡ – 83 Var – **340** N4 – 37 088 h. – alt. 178 m   **41** C3
– ⌂ 83300 ▮ Côte d'Azur
▷ Paris 862 – Fréjus 30 – Marseille 124 – Nice 89
🛈 2, avenue Lazard Carnot ☎ 04 98 10 51 05
▦ de Saint Endréol à La Motte Route de Bagnols en Forêt, par rte du Muy et D 47 : 15 km, ☎ 04 94 51 89 89
◉ Musée des Arts et Traditions populaires de moyenne Provence★ **M².**
◎ Site★ de Trans-en-Provence S : 5 km.

Plan page suivante

⌂ **All Seasons** sans rest ☐ ☐ ☐ ☐ ☐ *VISA* ☐ ☐ ☐
11 bd G. Clemenceau – ☎ 04 94 50 95 09 – www.all-seasons-hotels.com
38 ch ☐ – ♦99/135 € ♦♦110/145 €   **Zn**
♦ Entièrement rénové et idéalement situé en centre-ville, cet hôtel bénéficie de chambres spacieuses, bien équipées et insonorisées, dans un esprit assez tendance.

DRAGUIGNAN

Cisson (R.) .... **YZ** 3
Clemenceau (Bd) .... **Z**
Clément (R. P.) .... **Z** 4
Droits-de-l'Homme
(Parvis des) .... **Z** 5
Gay (Pl. C.) .... **Y** 6
Grasse (Av. de) .... **Y** 8
Joffre (Bd. Mar.) .... **Y** 9
Juiverie (R. de la) .... **Y** 12
Kennedy (Bd J.) .... **Z** 13
Leclerc (Bd Gén.) .... **Y** 14
Marchands (R. des) .... **Y** 16
Marché (Pl. du) .... **Y** 16
Martyrs-de-la-Résistance
(Bd des) .... **Z** 17
Marx-Dormoy
(Bd) .... **Z** 18
Mireur (R. F.) .... **Y** 19
Observance (R. de l') .... **Y** 20
République (R. de la) .... **Z** 23
Rosso (Av. P.) .... **Z** 24

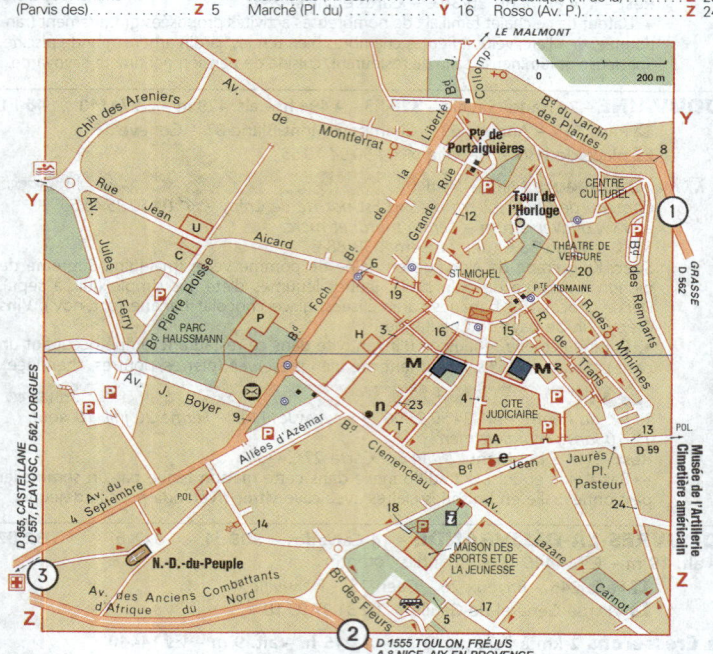

✗

🙂 **Lou Galoubet**   Ⓐ/C ⓋⒾⓈⒶ 🟢🔴

23 bd J.-Jaurès – ℰ 04 94 68 08 50 – www.lougaloubet.com – Fermé 3 sem. en
été, 1 sem. début avril, dim. soir, mardi soir et merc. soir   **Z**e
Rest – (19 €) Menu 27/33 € – Carte 37/53 €

♦ Une fois passé la porte, on découvre les cuisines. Une belle entrée en matière, à
l'unisson des assiettes qui vont à l'essentiel : terroir, saison et fraîcheur. Salle lumineuse.

rte de Flayosc 4 km par ③ et D 557 – ⌧ 83300 Draguignan

🏠 **Les Oliviers** sans rest   🚭 💧 ⁽ᵗ⁾ Ⓟ ⓋⒾⓈⒶ 🟢🔴 ⒶⒺ

rte de Flayosc - D557 – ℰ 04 94 68 25 74 – www.hotel-les-oliviers.com – Fermé
5-20 janv.
12 ch – ♦50/61 € ♦♦56/63 € – ⌁ 7 €

♦ Cet accueillant hôtel familial propose des chambres de plain-pied, parfaitement
tenues. Le jardin fleuri abrite une piscine et on y sert le petit-déjeuner en été.

à Flayosc 7 km par ③ et D 557 – 4 289 h. – alt. 310 m – ⌧ 83780

🆔 place Pied Bari ℰ 04 94 70 41 31

✗✗ **L'Oustaou**   🍴 ⓋⒾⓈⒶ 🟢🔴 ⒶⒺ

🙂 5 pl. Joseph-Brémond, (au village) – ℰ 04 94 70 42 69 – Fermé vacances de la
Toussaint, de fév., dim. soir, lundi et merc. hors saison, mardi midi, merc. midi et
vend. midi en juil.-août
Rest – (19 €) Menu 29/40 € – Carte 45/60 €

♦ Le nom de cet ancien relais de poste signifie "petit mas". Décor actualisé, plein de
fraîcheur, en harmonie avec la cuisine au goût du jour émaillée de touches régionales.

DRAIN – 49 Maine-et-Loire – **317** B4 – 1 687 h. – alt. 53 m – ⊠ 49530   **34** B2

▶ Paris 359 – Cholet 60 – Nantes 41 – Saint-Herblain 48

Le Mésangeau ⚬   🔊 🛇 📞 🅿

5 km au Sud par D 154 – 📞 *02 40 98 21 57 – www.loire-mesangeau.com*

5 ch ⬭ – 🛏80/100 € 🛏🛏90/110 € – ½ P 76/85 €

Table d'hôte – Menu 35 € bc

◆ Vaste gentilhommière de 1830, au sein d'un agréable parc (étang, chapelle, basse-cour, collection de voitures anciennes). Chambres spacieuses et confortables, ornées de mobilier et objets de style. Table d'hôte rustique : belle cheminée en pierre et plats du terroir.

DRAVEIL – 91 Essonne – **312** D3 – **101** 36 – voir à Paris, Environs

---

DREUX 🚲 – 28 Eure-et-Loir – **311** E3 – 32 723 h. – alt. 82 m   **11** B1

– ⊠ 28100 📗 Normandie Vallée de la Seine

▶ Paris 78 – Chartres 36 – Évreux 44 – Mantes-la-Jolie 43

🖪 9, cour de l'Hôtel Dieu 📞 02 37 46 01 73

◉ Beffroi★ **AY** **B** - Glaces peintes★★ de la chapelle royale St-Louis AY.

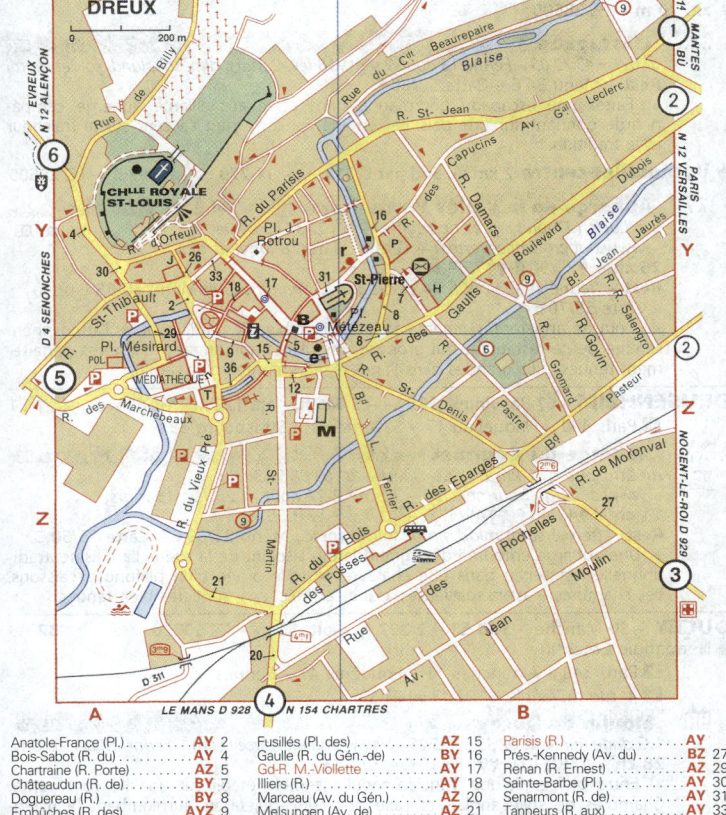

Anatole-France (Pl.) . . . . **AY** 2	Fusillés (Pl. des) . . . . **AZ** 15	Parisis (R.) . . . . **AY**
Bois-Sabot (R. du) . . . . **AY** 4	Gaulle (R. du Gén.-de) . . . . . **BY** 16	Prés.-Kennedy (Av. du) . . . . . **BZ** 27
Chartraine (R. Porte) . . . . **AZ** 5	Gd-R. M.-Viollette . . . . **AY** 17	Renan (R. Ernest) . . . . **AZ** 29
Châteaudun (R. de) . . . . **BY** 7	Illiers (R.) . . . . **AY** 18	Sainte-Barbe (Pl.) . . . . **AY** 30
Dogureau (R.) . . . . **BY** 8	Marceau (Av. du Gén.) . . . . . **AZ** 20	Senarmont (R. de) . . . . **AY** 31
Embûches (R. des) . . . . **AYZ** 9	Melsungen (Av. de) . . . . **AZ** 21	Tanneurs (R. aux) . . . . **AY** 33
Esmery-Caron (R.) . . . . **AZ** 12	Palais (R. du) . . . . **AY** 26	Teinturiers (R. des) . . . . **AZ** 36

🏠 **Le Beffroi** sans rest   🛜 VISA ⦿ AE

12 pl. Métézeau – ℰ 02 37 50 02 03 – www.hotelbeffroi.fr – Fermé 22 juil.-16 août
15 ch – ♦72 € ♦♦72 € – ⋤ 7 €   AZ**e**
♦ Toutes les chambres de cet hôtel central ont vue sur la Blaise ou l'église St-Pierre. Elles sont bien tenues et décorées d'objets glanés par le propriétaire, ex-grand reporter.

✗ **Le St-Pierre**   VISA ⦿

◎ *19 r. Sénarmont – ℰ 02 37 46 47 00 – www.lesaint-pierre.com – Fermé*
14-31 juil., 6-15 fév., jeudi soir, dim. soir et lundi   BY**r**
Rest – (14 €) Menu 17 € (sem.), 24/33 € – Carte 31/47 €
♦ Près de l'église, un agréable restaurant aux trois petites salles joliment redécorées dans un esprit classique. Aux fourneaux, le chef concocte des plats traditionnels.

à Chérisy 4,5 km par ② – 1 803 h. – alt. 88 m – ✉ 28500

✗✗ **Le Vallon de Chérisy**   🚲 🌿 P VISA ⦿ AE

◎ *12 rte de Paris – ℰ 02 37 43 70 08 – www.le-vallon-de-cherisy.fr*
– Fermé 14 juil.-7 août, dim. soir, mardi soir et merc.
Rest – Menu 28/54 € – Carte 29/54 €
♦ Cette maison à colombages mérite qu'on s'y arrête : pour son cadre alliant le rustique et le moderne, et surtout pour sa goûteuse cuisine attentive aux saisons.

à Ste-Gemme-Moronval 6 km par ②, N 12, D 912 et D 308[1] – 830 h.
– alt. 79 m – ✉ 28500

✗✗✗ **L'Escapade**   🌿 P VISA ⦿ AE

ℰ 02 37 43 72 05 – Fermé 18 août-9 sept., 18 fév.-2 mars, dim. soir, lundi soir et mardi
Rest – Menu 34 € – Carte 50/80 €
♦ Faites une escapade gourmande dans cette accueillante auberge campagnarde donnant sur une paisible terrasse. La carte met l'accent sur la fraîcheur et la tradition.

à Vernouillet-centre 2 km au Sud par D 311 AZ – 11 779 h. – alt. 97 m – ✉ 28500

✗✗ **Auberge de la Vallée Verte** avec ch   🚲 ⅗ ch, 🛜 🔐 P 🚗

6 r. Lucien Dupuis, (près de l'église) – ℰ 02 37 46 04 04   VISA ⦿ AE
– www.aubergevalleeverte.fr – Fermé 24 déc.-8 janv. et dim.
26 ch – ♦75/90 € ♦♦75/90 € – ⋤ 9 €
Rest – (fermé 1er-22 août, 24 déc.-8 janv., dim. et lundi) Menu 30/55 € bc
– Carte 55/70 €
♦ Poutres apparentes, cheminée et jolis tableaux participent à l'atmosphère sereine de ce restaurant qui propose des plats traditionnels. Chambres parfaitement tenues, plus grandes dans l'annexe, agrémentée d'un jardin.

DRUSENHEIM – 67 Bas-Rhin – **315** L4 – 5 046 h. – alt. 122 m – ✉ 67410   **1** B1
▶ Paris 499 – Haguenau 17 – Saverne 61 – Strasbourg 33

✗✗ **Auberge du Gourmet** avec ch   🚲 🌿 ⅗ 🛜 P VISA ⦿ AE

😊 *rte Strasbourg, 1 km au Sud-Ouest – ℰ 03 88 53 30 60*
– www.auberge-gourmet.com – Fermé 2-27 août et 26 fév.-15 mars
11 ch – ♦40/46 € ♦♦45/57 € – ⋤ 7 € – ½ P 55 €
Rest – (fermé sam. midi, mardi soir et merc.) Menu 21/39 € – Carte 25/50 €
♦ Une auberge entourée d'un grand jardin l'isolant de la route. La cuisine, traditionnelle, est servie dans une chaleureuse salle ornée d'un plafond à caissons. Les chambres – assez spacieuses, claires et fraîches – sont très bien tenues.

DUCEY – 50 Manche – **303** E8 – 2 297 h. – alt. 15 m – ✉ 50220   **32** A3
🟩 Normandie Cotentin
▶ Paris 348 – Avranches 11 – Fougères 41 – Rennes 80
🅸 4, rue du Génie – ℰ 02 33 60 21 53

🏠 **Moulin de Ducey** sans rest 🌿   ⋞ 🛗 🛜 P VISA ⦿ AE ⓪

1 Grande Rue – ℰ 02 33 60 25 25 – www.moulindeducey.com – Fermé 17 déc.-2 janv.
28 ch – ♦58/110 € ♦♦65/110 € – ⋤ 11 €
♦ Entre bief et Sélune, l'ancien moulin semble établi sur une île verdoyante. Chambres de style anglais et salle des petits-déjeuners surplombant la rivière (pêche au saumon).

Auberge de la Sélune

2 r. St-Germain – ℰ 02 33 48 53 62 – www.selune.com – Fermé 22 nov.-12 déc., 17 janv.-10 fév. et lundi de mars à sept.

20 ch – †60 € ††62/66 € – ☷ 9 € – ½ P 66/68 €

Rest – Menu 16 € (sem.), 26/43 € – Carte 25/60 €

◆ Cette maison en pierre abrite des chambres bien tenues, donnant pour certaines sur le joli jardin doté d'un pittoresque abri au bord de la Sélune. Salles à manger aux décors bourgeois et classique ; cuisine traditionnelle, d'un bon rapport qualité-prix.

DUHORT-BACHEN – 40 Landes – **335** J12 – 617 h. – alt. 72 m   **3 B3**
– ✉ 40800

▶ Paris 710 – Bordeaux 150 – Mont-de-Marsan 30 – Pau 57

Les Arcades

232 pl. de la Mairie – ℰ 05 58 71 85 59 – Fermé 26-30 déc., mardi soir, dim. soir et lundi

Rest – Menu 12 € (déj. en sem.), 18 € bc/40 € – Carte 30/50 €

◆ Maison landaise noyée sous le lierre et les fleurs. Intérieur champêtre, agréable terrasse sous les arcades et petits plats mijotant en cuisine, revisités au fil des saisons.

DUINGT – 74 Haute-Savoie – **328** K6 – 870 h. – alt. 450 m – ✉ 74410   **46 F1**
🟩 Alpes du Nord

▶ Paris 548 – Albertville 34 – Annecy 12 – Megève 48

🅸 rue du Vieux Village ℰ 04 50 52 40 56

Clos Marcel

410 allée de la Plage – ℰ 04 50 68 67 47 – www.closmarcel.com – Fermé 6 nov.-15 déc. et 8 janv.-10 fév.

13 ch – †125/210 € ††125/210 € – 1 suite – ☷ 14 €

Rest *Comptoir du Lac* – ℰ 04 50 68 14 10 *(fermé dim. soir de déc. à avril)* (15 €) Menu 31 €

◆ Sur un site privilégié au bord du lac d'Annecy (ponton privé), une architecture repensée dans un esprit écologique, des chambres design et confortables : le joli millésime 2010 du Clos Marcel ! Cuisine traditionnelle au restaurant ; terrasse sous les arbres.

DUNES – 82 Tarn-et-Garonne – **337** A7 – 1 079 h. – alt. 120 m   **28 B2**
– ✉ 82340

▶ Paris 655 – Agen 21 – Auvillar 13 – Miradoux 12

Les Templiers

1 pl. des Martyrs – ℰ 05 63 39 86 21 – Fermé vacances de la Toussaint, 1 sem. fin fév., mardi soir, sam. midi, dim. soir et lundi

Rest – Menu 20 € (sem.), 28/47 € – Carte 46/55 €

◆ Maison du 16e s. au cachet rustique habilement mis en valeur. Décor lumineux (tons beiges, pierres, briques et fleurs), terrasse sous arcades et cuisine au goût du jour.

DUNIÈRES – 43 Haute-Loire – **331** I2 – 3 025 h. – alt. 760 m – ✉ 43220   **6 D3**
▶ Paris 549 – Le Puy-en-Velay 52 – St-Agrève 30 – St-Étienne 37

La Tour *avec ch*

7 ter r. Fraisse, (D 61) – ℰ 04 71 66 86 66 – www.hotelrestaurantlatour.com – Fermé 1er-20 mars, 27 août-4 sept., 14-21 nov., 10-29 fév., vend. soir d'oct. à mai, dim. soir et lundi

11 ch – †55/61 € ††55/61 € – ☷ 8 € – ½ P 59/65 €

Rest – (14 €) Menu 24/53 € – Carte 44/66 €

◆ Dans une salle à manger actuelle, le chef propose une fine cuisine savoureuse à base de bons produits. Carte alléchante et service souriant. Petite terrasse. Côté hôtel, chambres fonctionnelles de bonne tenue.

DUNKERQUE – 59 Nord – 302 C1 – 69 274 h. – Agglo. 191 173 h. 30 B1
– alt. 4 m – Casino : à Malo-les-Bains – ✉ 59140 Nord Pas-de-Calais Picardie

- Paris 288 – Amiens 205 – Calais 47 – Ieper 56
- rue de l'Amiral Ronarc'h ✆ 03 28 66 79 21
- de Dunkerque à Coudekerque Fort Vallières, SE : 1 km par D 72, ✆ 03 28 61 07 43
- Port★★ - Musée d'Art contemporain★ : jardin des sculptures★ CDY - Musée des Beaux-Arts★ CDZ **M²** - Musée portuaire★ CZ **M³**.

Borel sans rest

6 r. L'Hermite – ✆ 03 28 66 51 80 – www.hotelborel.fr CY**u**
48 ch – †78 € ††88 € – ☕ 10 €
◆ Immeuble en briques proche du port de plaisance proposant des chambres rénovées, bien équipées et parfaitement tenues. Agréable salon feutré. Formule buffet au petit-déjeuner.

Ibis

13 r. Leughenaer – ✆ 03 28 66 29 07 – www.ibishotel.com CY**s**
120 ch – †65/89 € ††65/89 € – ☕ 8 €
Rest – *(Fermé le midi)* Menu 15 € – Carte 19/29 €
◆ Bâtiment des années 1970 entièrement rénové. Chambres confortables, bel espace shopping, bar au cadre contemporain, buffet de petit-déjeuner présenté sur une barque de pêcheurs.

DUNKERQUE

Banc Vert (R. du) .... AX 8
Berteaux (Av. M.).......... AX 10
Cambon (Bd P.).......... BX 17
Darses (Chaussée des) .... AX 25
Jean-Jaurès (R.).......... BX 39
Lille (R. de) .... BX 45
Malo (R. Célestin).......... BX 50
Mendès-France (Bd) .... BX 52
Pasteur (R.).......... BX 56
République (R. de la) ...... AX 61
Waldeck-Rousseau (R.).......... BX 73

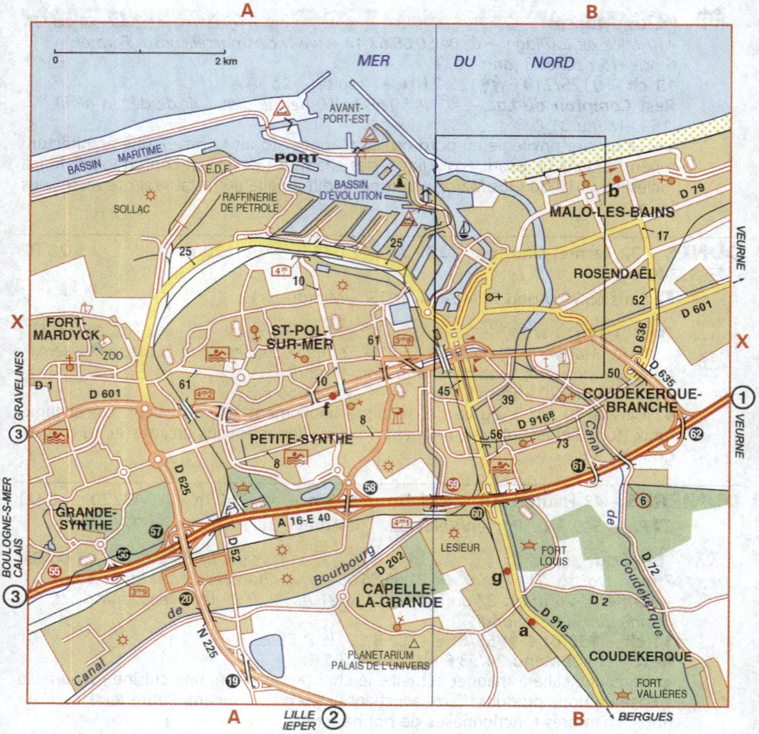

DUNKERQUE

Albert-1er (R.) . . . . CZ 2
Alexandre-III (Bd) . . . . CZ 3
Arbres (R. des) . . . . CDY 6
Asseman (Pl. P.) . . . . DY 8
Bergues (R. du Canal de) . . . . . CZ 9
Bollaert (Pl. Émile) . . . . CZ 12
Calonne (Pl.) . . . . DZ 16
Carnot (Bd) . . . . DY 18
Carton-Lurat (Av.) . . . . DZ 19
Clemenceau (R.) . . . . CZ 21
Écluse-de-Bergues (R.) . . . . CZ 26
Faidherbe (Av.) . . . . DY

Fusillés-Marins (R.) . . . . CZ 30
Gare (Pl. de la) . . . . CZ 32
Gaulle (Pl. du Gén.-de) . . . . CZ 33
Geeraert (Av. Adolphe) . . . . DY
Hermitte (R. l') . . . . CY 35
Hollandais (Quai des) . . . . CZ 36
Hôtel-de-Ville (R. de l') . . . . DY 37
Jardins (Quai des) . . . . CZ 38
Jean-Bart (Pl.) . . . . CZ 41
Jean-Jaurès (R.) . . . . CZ 40
Jeu-de-Paume (R. du) . . . . CZ 42
Leclerc (R. du Mar.) . . . . CY 44
Leughenaer (R. du) . . . . CY 44
Lille (R. de) . . . . CZ 45
Magasin-Général (R.) . . . . CZ 48

Malo (Av. Gaspard) . . . . DY 49
Mar.-de-France (Av. des) . . . . . . DY 51
Mer (Digue de) . . . . DY
Minck (Pl. du) . . . . CY 53
Paris (R. de) . . . . CZ 54
Prés.-Poincaré (R. du) . . . . CZ 57
Prés.-Wilson (R. du) . . . . CZ 58
Quatre-Écluses
(Quai) . . . . CZ 59
Thiers (R.) . . . . CZ 65
Turenne (Pl.) . . . . DY 67
Valentin (Pl. C.) . . . . CZ 68
Verley (Bd Paul) . . . . DY 69
Victoire (Pl. et R. de la) . . . . CDY 70
Victor-Hugo (Bd) . . . . CZ 72

625

XX **Le Corsaire** ⟨ AC VISA ✆ AE

97 Entrée du Port – ✆ *03 28 59 03 61 – www.lecorsaire-dk.com – Fermé dim. soir et merc. soir* CYb

Rest – (18 €) Menu 28/50 € – Carte 30/60 €

♦ En surplomb du port de plaisance, ce restaurant a remplacé une ancienne station météo (1868). Cuisine évoluant au gré des saisons. Mobilier contemporain, belle salle panoramique.

XX **Le Vent d'Ange** VISA ✆ AE

1449 av. de Petite Synthe – ✆ *03 28 25 28 98 – www.leventdange.com – Fermé 6-20 sept., 3-16 janv., mardi soir, dim. soir et lundi* AXf

Rest – (19 €) Menu 25/45 € – Carte 38/55 €

♦ Un accueil d'une rare gentillesse et une cuisine traditionnelle fort généreuse sont les atouts de ce lieu. Décor modernisé dans un style baroque italien, dédié aux anges.

XX **L'Estouffade** AC VISA ✆ AE

2 quai de la Citadelle – ✆ *03 28 63 92 78 – www.estouffade.com – Fermé dim. soir et lundi soir* CZr

Rest – Menu 25/50 € – Carte 37/58 €

♦ Installé sur le port de plaisance, ce restaurant prépare une cuisine au goût du jour avec de beaux produits. Salle moderne de bon goût. Accueil et service souriants.

X **L'Auberge de Jules** AC VISA ✆ AE

9 r. de la Poudrière – ✆ *03 28 63 68 80 – Fermé 1er-21 août, 1er-9 janv., sam. midi, dim. et fériés* CYa

Rest – (20 €) Menu 25/32 € – Carte 25/40 €

♦ Voici une adresse pour le moins familiale. La patronne accommode les poissons fournis quotidiennement par son père et son frère, patrons pêcheurs, tandis que son mari prépare les desserts.

à Malo-les-Bains – ✉ 59240

🏠 **L'Hirondelle** 🕭 ⅃ ch, AC rest, ※ ch, ⁽¹⁾ ⅃ ▱ VISA ✆

46 av. Faidherbe – ✆ *03 28 63 17 65 – www.hotelhirondelle.com* DYr

50 ch – ♦60/80 € ♦♦74/98 € – ➩ 9 € – ½ P 61/73 €

Rest – *(fermé 12 août-3 sept., 18 fév.-4 mars, dim. soir et lundi midi)* (14 €) Menu 20 € (sem.)/61 € – Carte 30/70 €

♦ Au cœur de la petite station balnéaire, ce sympathique hôtel familial rénove peu à peu ses chambres dans un esprit contemporain sobre et plaisant. Salon-bar. À table, carte traditionnelle largement orientée vers les produits de la mer.

XX **Au Bon Coin** avec ch AC rest, ⁽¹⁾ VISA ✆ AE ➀

49 av. Kléber – ✆ *03 28 69 12 63 – www.restaurantauboncoin.com* BXb

4 ch – ♦63 € ♦♦73 € – ➩ 7 € **Rest** – Menu 20/50 € – Carte 26/100 €

♦ Proximité de la mer oblige, cette table se consacre aux saveurs iodées. Salle à l'ambiance feutrée dont les murs s'ornent de photos de célébrités dédicacées. Chambres élégantes.

à Téteghem 6 km au Sud-Est par D 601 BX – 7 256 h. – alt. 1 m – ✉ 59229

XXX **La Meunerie** avec ch ⌇ 🚗 ⁽¹⁾ ⅃ P VISA ✆ AE ➀

au Galghouck, 2 km au Sud-Est par D 4 – ✆ *03 28 26 14 30 – www.lameunerie.fr – fermé 20 juil.-10 août et 12-18 fév.*

9 ch – ♦90 € ♦♦90/218 € – ➩ 11 €

Rest – *(fermé dim. soir et lundi) (dîner seult sauf dim.)* Menu 28 €, 53 € bc/84 € bc

♦ Espace et clarté : le restaurant dispose de deux salons feutrés et bourgeois, ouverts sur un élégant jardin. Cuisine traditionnelle rythmée par les saisons. À l'hôtel, grandes chambres récemment rénovées ; belles salles de bains, certaines avec baignoire balnéo.

à Coudekerque-Branche – 22 994 h. – alt. 1 m – ✉ 59210

🖪 59 rue Boernhol ✆ 03 28 64 60 00

XXX **Le Soubise** P VISA ✆ AE ➀

49 rte de Bergues – ✆ *03 28 64 66 00 – Fermé 16-24 avril, 30 juil.-22 août, 24 déc.-9 janv., sam. et dim.* BXg

Rest – Menu 29/50 € bc – Carte 44/59 €

♦ Plats traditionnels, bien mitonnés et généreux, servis dans un ancien relais de poste du 18e s. Le chef, figure reconnue de la profession, a fêté en 2010 ses 50 ans de métier.

à Cappelle-la-Grande 5 km au Sud sur D 916 – 8 131 h. – ✉ 59180

🛈 Mairie ✆ 03 28 64 94 41

XX **Fleur de Sel**   🍴 🌿 ⇔ P VISA ◉ AE

48 rte Bergues – ✆ 03 28 64 21 80 – www.fleurdesel-restaurant.com – Fermé dim.
soir et lundi   **BXa**

Rest – Menu 24/42 €

♦ Intérieur cosy bien dans l'air du temps (pierres apparentes, tons gris, mobilier
et tableaux contemporains), accueil parfait et bonne cuisine classique.

DUN-LE-PALESTEL – 23 Creuse – **325** G3 – 1 133 h. – alt. 370 m   **25** C1
– ✉ 23800

▶ Paris 349 – Limoges 83 – Guéret 29 – La Souterraine 18

🛈 81, Grande Rue ✆ 05 55 89 24 61

🏠 **Joly**   � ch, 🌿 🛜 ⅍ P VISA ◉

3 r. Bazenerye – ✆ 05 55 89 00 23 – www.hoteljoly-limousin.com
– Fermé 3-8 mars, 29 sept.-6 oct., dim. soir et lundi midi sauf fériés

26 ch – †45 € ††45/48 € – ⸣ 9 € – ½ P 52 €

Rest – (11 €) Menu 15 € (sem.), 20/38 € – Carte 35/52 €

♦ Au centre du village, le bâtiment principal abrite des chambres entièrement
refaites et personnalisées ; elles sont plus simples à l'annexe. Le terroir s'immisce
dans les recettes traditionnelles du restaurant, au décor rustique (cheminée).

DURAS – 47 Lot-et-Garonne – **336** D1 – 1 182 h. – alt. 122 m – ✉ 47120   **4** C2

🟩 Aquitaine

▶ Paris 577 – Agen 90 – Marmande 23 – Périgueux 88

🛈 14, boulevard Jean Brisseau ✆ 05 53 83 63 06

XX **Hostellerie des Ducs** avec ch   🍴 🌿 🏊 ⅍ AC rest, 🌿 🛜 ⅍

bd. J. Brisseau – ✆ 05 53 83 74 58   VISA ◉ AE ①
– www.hostellerieducs-duras.com
– Fermé lundi midi de juil. à sept., dim. soir et lundi d'oct. à juin et sam. midi

18 ch – †45/95 € ††70/150 € – ⸣ 11 €

Rest – Menu 14/47 € – Carte 47/71 €

♦ Cet ex-presbytère voisin du château propose une cuisine traditionnelle. Salle
meublée en style Louis XIII, véranda. Chambres actuelles ; les nouvelles occupent
une bâtisse du 13e s.

DURY – 80 Somme – **301** G8 – **rattaché à Amiens**

EAUX-PUISEAUX – 10 Aube – **313** D5 – 234 h. – alt. 220 m – ✉ 10130   **13** B3

▶ Paris 161 – Auxerre 53 – Sens 63 – Troyes 32

🏠 **L'Étape gourmande** 🦢   🍴 ⅍ 🌿 rest, 🛜 P VISA ◉

6 Gde-Rue – ✆ 03 25 80 36 96 – www.letape-gourmande.com – Fermé dim. soir
et lundi

14 ch – †56 € ††56 € – ⸣ 8 € – ½ P 60 €

Rest – Menu 17/40 € – Carte 33/44 €

♦ Ouvert sur la nature, cet hôtel de construction récente propose des chambres
à la décoration actuelle et parfaitement tenues, grâce au dynamisme de ses nouveaux propriétaires. Cuisine traditionnelle au restaurant.

EAUZE – 32 Gers – **336** C6 – 3 923 h. – alt. 164 m – ✉ 32800   **28** A2

🟩 Midi-Toulousain

▶ Paris 719 – Auch 58 – Mont-de-Marsan 64 – Toulouse 131

🛈 2, rue Felix Soules ✆ 05 62 09 85 62

◉ Trésor ★★.

X **La Vie en Rose**   AC VISA ◉

22 r. Saint-July – ✆ 05 62 09 83 29 – Fermé vacances de printemps, de la
Toussaint, mardi soir et merc.

Rest – Menu 14 € bc (sem.), 26/41 € – Carte 43/70 €

♦ L'intérieur de ce restaurant a du charme et invite à apprécier, en toute sérénité,
une cuisine mettant à l'honneur le terroir. Vins de Gascogne et accueil convivial.

EBERSMUNSTER – 67 Bas-Rhin – **315** J7 – 470 h. – alt. 165 m   **2** C1
– ⊠ 67600

▶ Paris 508 – Obernai 23 – St-Dié-des-Vosges 55 – Strasbourg 40

%%   **Des Deux Clefs**   & VISA ⦿
*23 r. du Gén.-Leclerc – ℰ 03 88 85 71 55 – www.auxdeuxclefs.ifrance.com
– Fermé 20 juil.-8 août, 24 déc.-9 janv., vacances de fév., lundi et merc. sauf
fériés*
Rest – (14 €) Menu 30/33 € – Carte 30/48 €
♦ Ici, les poissons d'eau douce sont à l'honneur : friture, anguille, etc. On les
déguste dans un restaurant au sobre décor alsacien, agrémenté d'une salle
winstub.

ECCICA-SUARELLA – 2A Corse-du-Sud – **345** C8 – voir à Corse

LES ÉCHELLES – 73 Savoie – **333** H5 – 1 234 h. – alt. 386 m   **45** C2
– ⊠ 73360 Les Echelles 🏔 Alpes du Nord

▶ Paris 552 – Chambéry 24 – Grenoble 40 – Lyon 92
🛈 rue Stendhal ℰ 04 79 36 56 24

à Chailles 5 km au Nord – ⊠ 73360

%   **Auberge du Morge** avec ch   🚗 🏡 📶 📶 P VISA ⦿ AE
*D 1006, Gorges de Chailles – ℰ 04 79 36 62 76 – www.aubergedumorge.com
– Fermé 30 nov.-31 janv., jeudi midi et merc.*
7 ch – †50/52 € ††50/56 € – � 9 €   **Rest** – Carte 26/44 €
♦ Auberge à l'entrée des gorges de Chailles, près d'un torrent apprécié
des pêcheurs. On y déguste des recettes traditionnelles dans un décor champêtre. Chambres au charme d'antan, très bien tenues.

à St-Christophe-la-Grotte 5 km au Nord-Est par D 1006 et rte secondaire
– 485 h. – alt. 425 m – ⊠ 73360

⌂   **La Ferme Bonne de la Grotte**   🚗 📶 📶 VISA ⦿
– ℰ 04 79 36 59 05 – www.gites-savoie.com
5 ch � – †63/77 € ††68/95 €   **Table d'hôte** – Menu 20 € bc
♦ Cette ancienne ferme du 18e s. adossée à une falaise est le point de départ
d'une randonnée vers la superbe grotte de St-Christophe. Chambres coquettes
et chaleureuses. Plats régionaux servis dans un charmant cadre rehaussé de meubles authentiquement savoyard.

ECHENEVEX – 01 Ain – **328** J3 – rattaché à Gex

LES ÉCHETS – 01 Ain – **328** C5 – alt. 276 m – ⊠ 01700 Miribel   **43** E1
▶ Paris 454 – L'Arbresle 28 – Bourg-en-Bresse 47 – Lyon 20

%%%   **Christophe Marguin** avec ch   🚗 AC rest, 📶 P VISA ⦿ AE
*916 rte de Strasbourg – ℰ 04 78 91 80 04 – www.christophe-marguin.com
– Fermé 1er-22 août, 23 déc.-6 janv., sam. midi, dim. soir et lundi*
7 ch – †65 € ††85 € – � 12 €
Rest – (25 €) Menu 28 € (sem.), 45/80 € – Carte 55/80 €🍷
♦ Photographies des "ancêtres", boiseries, bibliothèque : un lieu agréable où l'on
se sent comme chez soi. Cuisine mi-classique, mi-régionale, cave riche en bordeaux et bourgognes.

ÉCHIROLLES – 38 Isère – **333** H7 – rattaché à Grenoble

ÉCULLY – 69 Rhône – **327** H5 – rattaché à Lyon

ÉGLETONS – 19 Corrèze – **329** N3 – 4 376 h. – alt. 650 m – ⊠ 19300   **25** C3
▶ Paris 499 – Aubusson 75 – Aurillac 97 – Limoges 112
🛈 rue Joseph Vialaneix ℰ 05 55 93 04 34

Ibis
🛏 🖵 ⚙ ch. ⏸ ⚙ **P** VISA ⚫ AE ①

rte Ussel par D 1089 : 1,5 km – ⌀ 05 55 93 25 16 – www.ibishotel.com
41 ch – †67/70 € ††67/70 € – ⚁ 8 € **Rest** – Menu 15 €

◆ En pleine campagne haut-corrézienne, cet Ibis se démarque par ses grandes chambres (lits avec couettes) et son mobilier moderne. Le plan d'eau ajoute un supplément d'âme au lieu. La salle à manger intègre un salon avec cheminée ; carte traditionnelle.

EGUISHEIM – 68 Haut-Rhin – 315 H8 – 1 549 h. – alt. 210 m – ⌀ 68420   2 C2
🟩 Alsace Lorraine

▶ Paris 452 – Belfort 68 – Colmar 7 – Gérardmer 52
🅹 22a, Grand'Rue ⌀ 03 89 23 40 33
👁 Circuit des remparts ★ - Route des Cinq Châteaux ★ SO : 3 km.

Hostellerie du Pape
🖵 🕴 ⚙ ch. ⏸ ⚙ **P** VISA ⚫ AE

10 Grand'Rue – ⌀ 03 89 41 41 21 – www.hostellerie-pape.com
44 ch – †75/105 € ††75/120 € – ⚁ 10 € – ½ P 74/88 €
Rest – (11 €) Menu 20/39 € – Carte 20/45 €

◆ L'enseigne de cette ancienne exploitation vinicole est un clin d'œil au pape Léon IX, dont le château est tout proche. Chambres pratiques au cadre traditionnel modernisé. Plats régionaux servis dans une chaleureuse salle à manger.

St-Hubert sans rest 🛏
⇦ 🖾 ⚙ **P** VISA ⚫ AE

6 r. Trois Pierres – ⌀ 03 89 41 40 50 – www.hotel-st-hubert.com – Fermé
26 juin-3 juil., 13-24 nov. et 9 janv.-3 mars
13 ch – †75/85 € ††109/115 € – 2 suites – ⚁ 11 €

◆ À l'écart du village, hôtel où l'on cultive une ambiance de maison d'hôte. Chambres fonctionnelles bénéficiant de la sérénité du vignoble. Miniterrasses, piscine couverte.

Hostellerie du Château sans rest
⏸ **P** VISA ⚫

2 r. du Château – ⌀ 03 89 23 72 00 – www.hostellerieduchateau.com
11 ch – †70/120 € ††75/135 € – ⚁ 11 €

◆ Sur une place pittoresque du bourg. La façade à colombages de cet hôtel de caractère dissimule de lumineuses chambres contemporaines, pleines de couleurs. Bon petit-déjeuner.

Hostellerie des Comtes
🖵 🕴 ⏸ **P** VISA ⚫ AE

2 r. des Trois Châteaux – ⌀ 03 89 41 16 99 – www.hostellerie-des-comtes.com
17 ch – †55/69 € ††55/69 € – ⚁ 8 €
Rest – (11 €) Menu 19/39 € – Carte 28/46 €

◆ Une atmosphère d'auberge de village vous accueille dans cette maison. Les chambres sont dotées d'un mobilier fonctionnel et certaines offrent l'agrément d'une miniterrasse. Cuisine actuelle servie dans une grande salle rustique ou en terrasse l'été.

Auberge des Trois Châteaux
⚙ ch. ⏸ VISA ⚫

26 Grand'Rue – ⌀ 03 89 23 11 22 – www.auberge-3-chateaux.com
– Fermé 29 juin-6 juil., 16-23 nov.
12 ch – †52 € ††57/69 € – ⚁ 8 € – ½ P 60/66 €
Rest – (fermé mardi soir et merc.) Menu 18/35 € – Carte 27/41 €

◆ Au cœur du village, trois maisons du 17e s. au charme rustique alsacien et bien fleuries en saison. Toutes les chambres sont récentes, fonctionnelles et propres. Le restaurant, sympathique et lumineux, sert des petits plats du terroir.

Au Vieux Porche
🖵 ⟺ VISA ⚫

16 r. des Trois Châteaux – ⌀ 03 89 24 01 90 – www.auvieuxporche.fr – Fermé
12-18 nov., vacances de fév., mardi et merc.
Rest – Menu 21/44 € – Carte 30/50 €

◆ Poutres, vitraux et boiseries : un cadre soigné pour cette demeure de vignerons de 1707. Bonne cuisine traditionnelle et belle sélection de vins de la propriété et d'ailleurs.

La Grangelière

59 r. Rempart Sud – ℰ 03 89 23 00 30 – www.lagrangeliere.fr – Fermé jeudi hors saison et merc.

Rest – Menu 19 € (déj. en sem.), 25/49 € – Carte 30/56 €

♦ Derrière une façade à pans de bois, deux salles chaleureuses et une carte qui s'adapte à tous les goûts, avec des mets ancrés dans la tradition alsacienne et d'autres plus créatifs.

Le Pavillon Gourmand

101 r. Rempart-Sud – ℰ 03 89 24 36 88 – www.perso.orange.fr/pavillon.schubnel/ – Fermé 10 jours fin juin-début juil., mi-janv. à mi-fév., mardi et merc.

Rest – Menu 17/60 € bc – Carte 23/68 €

♦ Une cuisine régionale et soignée vous régale en cette vénérable maison ancienne (1683). Cadre rustique, décor pastel et paisible cour-terrasse aux beaux jours.

EICHHOFFEN – 67 Bas-Rhin – **315** I6 – 499 h. – alt. 200 m – ⊠ 67140   **2** C1

▶ Paris 497 – Strasbourg 38 – Colmar 43 – Offenburg 50

Les Feuilles d'Or sans rest

52 r. du Vignoble – ℰ 03 88 08 49 80 – www.lesfeuillesdor-alsace.com

5 ch ☐ – †75 € ††80 €

♦ Bordée par les vignes du Moenchberg, cette maison d'aspect traditionnel est agréable et cosy, mêlant confort actuel et charme rustique (poutres apparentes). Chambres spacieuses.

ÉLOISE – 74 Haute-Savoie – **328** I4 – rattaché à Bellegarde-sur-Valserine

---

EMBRUN – 05 Hautes-Alpes – **334** G5 – 6 230 h. – alt. 871 m   **41** C1
– ⊠ 05200 ▌Alpes du Sud

▶ Paris 706 – Barcelonnette 55 – Briançon 48 – Digne-les-Bains 97

🛈 place Général-Dosse ℰ 04 92 43 72 72

◉ Cathédrale N.-D. du Réal★ : trésor★, portail★ - Peintures murales★ dans la chapelle des Cordeliers - Rue de la Liberté et Rue Clovis-Huques★.

rte de Gap 3 km au Sud-Ouest par N 94 – ⊠ 05200 Embrun

Les Bartavelles

Clos des Pommiers, (RN 94) – ℰ 04 92 43 20 69 – www.bartavelles.com – Fermé 2-24 janv.

42 ch – †78/98 € ††78/108 € – 1 suite – ☐ 10 € – ½ P 67/92 €

Rest – *(fermé dim. soir et lundi midi d'oct. à avril)* (21 €) Menu 25/49 € – Carte 39/69 €

♦ Mélèze sculpté et pierres sèches locales : décor typé dans cette maison et ses trois bungalows qui abritent chambres ou duplex. Jardin et spa avec large choix de soins. Repas classiques sous la rotonde (colonne de Guillestre) ou sur la terrasse bordant la piscine.

EMMERIN – 59 Nord – **302** F4 – rattaché à Lille

ENGHIEN-LES-BAINS – 95 Val-d'Oise – **305** E7 – **101** 5 – voir à Paris, Environs

---

ENNORDRES – 18 Cher – **323** K2 – 226 h. – alt. 166 m – ⊠ 18380   **12** C2

▶ Paris 191 – Orléans 102 – Bourges 44 – Vierzon 38

Les Chatelains

7 km à l'Est par D 171 – ℰ 02 48 58 40 37 – www.leschatelains.com

5 ch ☐ – †69 € ††75/105 €   **Table d'hôte** – Menu 28 € bc

♦ Au carrefour du Berry et de la Sologne, une ferme restaurée dans laquelle le charme d'antan (mobilier d'antiquaire et esprit brocante) rivalise avec la gentillesse des hôtes. Cerise sur le gâteau : la table d'hôte, joliment champêtre, et la cuisine de tradition.

ENSISHEIM – 68 Haut-Rhin – **315** I9 – 6 933 h. – alt. 217 m – ⊠ 68190   **1** A3

▶ Paris 487 – Strasbourg 100 – Colmar 27 – Freiburg im Breisgau 68

Le Domaine du Moulin   🗌 🗌 🗌 🗌 🗌 🗌 🗌 🗌 🗌 🗌 🗌 🗌 🗌

44 r. 1ère Armée – ℰ 03 89 83 42 39   VISA ⬤⬤ AE
– www.hotel-domainedumoulin-alsace.com
65 ch – †88/120 € ††98/135 € – �️ 13 € – ½ P 88/108 €
Rest La Villa du Meunier – ℰ 03 89 81 15 10 (fermé sam. midi) (14 €)
Menu 19 € (sem.), 23/54 € – Carte 28/59 €
   ◆ Grande maison récente d'allure alsacienne, ouverte sur un jardin agrémenté
d'un étang. Chambres spacieuses et fonctionnelles. Piscine et espace bien-être.
La Villa du Meunier, dans un ex-moulin, se consacre à la cuisine traditionnelle.
Agréable terrasse.

ENTRAYGUES-SUR-TRUYÈRE – 12 Aveyron – **338** H3 – 1 195 h.   **29** C1
– alt. 236 m – ⊠ 12140 ▌ Midi-Toulousain

▶ Paris 600 – Aurillac 45 – Figeac 58 – Rodez 43

ℹ place de la République ℰ 05 65 44 56 10

◉ Vieux Quartier : Rue Basse★ - Pont gothique★.

◉ Vallée du Lot★★.

La Rivière   🗌 🗌 🗌 🗌 🗌 🗌 🗌 🗌 🗌 🗌 VISA ⬤⬤

60 av. du Pont-de-Truyère – ℰ 05 65 66 16 83 – www.hotellariviere.com
– Fermé 21 fév.-10 mars et 12-28 déc.
31 ch – †69/79 € ††89/119 € – ⊷ 11 €
Rest – Menu 29/37 € – Carte 48/60 €
   ◆ Cet hôtel des bords de la Truyère a subi une cure de jouvence en 2007. Résultat :
un aménagement confortable et une décoration dans l'air du temps (tons harmonieux, matériaux choisis). Salle à manger et bar lumineux ouvrant sur la rivière.

Les Deux Vallées   🗌 🗌 🗌 P 🗌 VISA ⬤⬤

av. du Pont-de-Truyère – ℰ 05 65 44 52 15 – www.hotel-les2vallees.com
– Fermé fév., en nov., vacances de Noël, dim. soir, vend. soir et sam. d'oct. à avril
20 ch – †49 € ††49 € – ⊷ 8 € – ½ P 54 €
Rest – (12 €) Menu 17/36 € – Carte 23/48 €
   ◆ À Entraygues, confluent les vallées du Lot et de la Truyère. Peu à peu rénovées,
les chambres sont fonctionnelles, efficacement insonorisées et très bien tenues.
Atmosphère campagnarde au restaurant ouvert sur une petite cour-terrasse ;
belle cuisine maison.

au Fel 10 km à l'Ouest par D 107 et D 573 – 171 h. – alt. 530 m – ⊠ 12140

Auberge du Fel ⌂   🗌 🗌 🗌 P 🗌 VISA ⬤⬤

Le Fel – ℰ 05 65 44 52 30 – www.auberge-du-fel.com – Ouvert 17 avril-3 nov.
10 ch – †57/68 € ††57/68 € – ⊷ 8,50 € – ½ P 51/61 €
Rest – (fermé le midi hors saison sauf sam. et dim.) (16 €) Menu 25 € (sem.),
32/42 €
   ◆ Dans un hameau surplombant le Lot, maison coiffée de lauzes, devancée d'une
terrasse sous une treille. Chambres joliment arrangées, à la tenue irréprochable.
Pounti, truffade et cabécou arrosés du vin du Fel vous attendent au restaurant :
tout est fait maison.

ENTZHEIM – 67 Bas-Rhin – **315** J5 – rattaché à Strasbourg

ÉPAIGNES – 27 Eure – **304** C6 – 1 236 h. – alt. 159 m – ⊠ 27260   **32** A3

▶ Paris 175 – Le Grand-Quevilly 63 – Le Havre 50 – Rouen 69

✗ **L'Auberge du Beau Carré** avec ch   🗌 🗌 ch, 🗌 🗌 VISA ⬤⬤

1 rte des Anglais – ℰ 02 32 41 52 42 – http://
aubergedubeaucarre.monsite.wanadoo.fr – Fermé dim. soir et lundi
7 ch – †55 € ††70 € – ⊷ 8 € – ½ P 45 €
Rest – Menu 18 € (déj. en sem.), 30/55 €
   ◆ Dans une maison de briques rouges, restaurant familial à l'appétissante cuisine au goût du jour préparée avec des produits de qualité. Chambres confortables.

ÉPENOUX – 70 Haute-Saône – **314** E7 – rattaché à Vesoul

ÉPERNAY – 51 Marne – **306** F8 – 24 456 h. – alt. 75 m – ✉ 51200 **13** B2

Champagne Ardenne

▶ Paris 143 – Châlons-en-Champagne 35 – Château-Thierry 57 – Reims 28

🛈 7, avenue de Champagne ☏ 03 26 53 33 00

◉ Caves de Champagne ★★ - Collection archéologique ★ au musée municipal.

La Villa Eugène sans rest ⟮icons⟯

82 av. de Champagne, 1 km par ② – ☏ 03 26 32 44 76 – www.villa-eugene.com
15 ch – ♦129/344 € ♦♦129/344 € – ☳ 17 €

◆ Fière demeure bourgeoise disposant de chambres de style colonial ou Louis XVI. Bar dédié au champagne, petit-déjeuner sous verrière, grand parc aménagé autour de la piscine.

Le Clos Raymi sans rest ⟲ ⟮icons⟯

3 r. Joseph de Venoge – ☏ 03 26 51 00 58 – www.closraymi-hotel.com – Fermé 24 déc.-2 janv.
BZa
7 ch – ♦105/165 € ♦♦105/165 € – ☳ 15 €

◆ La jolie maison de maître en briques rouges fut celle de la famille Chandon. Chambres personnalisées raffinées. Agréable salle des petits-déjeuners ouverte sur le jardin.

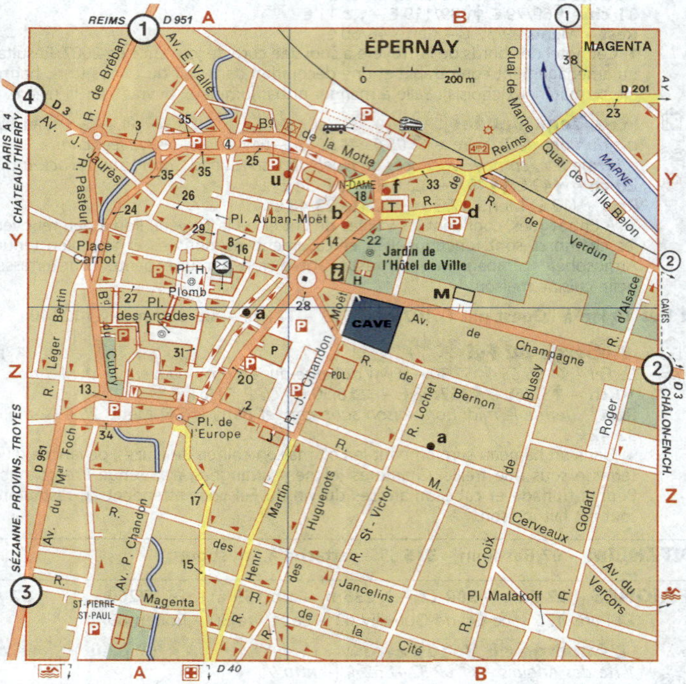

ÉPERNAY (map)

Archers (R. des)	**AZ**	2
Bourgeois (Pl. Léon)	**AY**	4
Flodoard (R.)	**AY**	8
Gallice (R.)	**AZ**	13
Gambetta (R.)	**BY**	14
Hôpital Auban-Moët (R.)	**AZ**	15
Leclerc (R. Gén.)	**AY**	16
Louis (R. Charles)	**AZ**	17
Mendès-France (Pl.)	**BY**	18
Mercier (R. E.)	**AZ**	20
Moët (R. Jean)	**BY**	22
Moulin Brûlé (R. du)	**AY**	24
Moulin (R. Jean)	**BY**	23
Perrier (Rempart)	**AY**	25
Plomb (Pl. Hugues)	**AY**	
Porte Lucas (R.)	**AY**	26
Prof. Langevin (R.)	**AY**	27
République (Pl.)	**BYZ**	28
St-Laurent (R.)	**AY**	3
St-Martin (R.)	**AY**	29
St-Thibault (R.)	**AZ**	31
Semard (R. Pierre)	**BY**	33
Sézanne (R. de)	**AZ**	34
Tanneurs (R. des)	**AY**	35
Thévenet (Av.)	**BY**	38

🏠 ❀ Les Berceaux (Patrick Michelon) 🔲 🆔 rest, 🆓 VISA 🆓 AE 🔘

13 r. Berceaux – ☎ 03 26 55 28 84 – www.lesberceaux.com AZa
28 ch – ♦95/130 € ♦♦95/130 € – ☲ 11 € – ½ P 98/140 €
Rest – (fermé 10-30 août, 14 fév.-8 mars, lundi et mardi) (26 €) Menu 33 € (déj. en sem.), 60/69 € – Carte 59/72 €🍷
Spéc. Turbot sauvage braisé au vin de Champagne. Lièvre à la royale, champignons de saison, compotée de prunes, spaetzle (saison). Assiette tout chocolat. Vins Champagne.
Rest *Bistrot le 7* – (17 €) Menu 23/26 € – Carte 40/65 €
♦ Au cœur de la pétillante cité, une auberge aux chambres confortables, toutes rénovées à l'identique (tons jaunes, parquet foncé). L'élégant restaurant gastronomique vous invite à déguster une cuisine authentiquement classique. Belle cave. Atmosphère plus actuelle, tamisée et chic au Bistrot 7 ; menu traditionnel.

XX Le Théâtre 🆔 ↔ VISA 🆓 AE 🔘

8 pl. P. Mendès-France – ☎ 03 26 58 88 19 – www.epernay-rest-letheatre.com – Fermé 15 juil.-1ᵉʳ août, 22-28 déc., 15 fév.-3 mars, dim. soir, mardi soir et merc.
Rest – (19 €) Menu 22/46 € – Carte 37/63 € BYf
♦ Proche du théâtre, voici l'une des plus anciennes brasseries d'Épernay (début du 20ᵉ s.). Moulures, hauts plafonds et tons chauds en décor ; recettes ancrées dans la tradition.

XX La Table Kobus 🆔 VISA 🆓

3 r. Dr Rousseau – ☎ 03 26 51 53 53 – www.latablekobus.com – Fermé 2 sem. en avril, 1ᵉʳ-23 août, 22 déc.-8 janv., jeudi soir, dim. soir et lundi ABYu
Rest – (22 €) Menu 29/46 € – Carte 50/70 €
♦ Sympathique bistrot 1900 où l'on peut déguster du champagne en apportant ses propres bouteilles et ce, sans payer de droit de bouchon ! Les Sparnaciens s'y précipitent.

X La Cave à Champagne 🆔 VISA 🆓 AE

16 r. Gambetta – ☎ 03 26 55 50 70 – www.la-cave-a-champagne.com – Fermé mardi et merc. BYb
Rest – (nombre de couverts limité, prévenir) Menu 17/23 € – Carte 30/50 €🍷
♦ Petit caveau à la gloire des vins régionaux (exposition de bouteilles). Vraie gageure, on y fait un repas au champagne sans se ruiner. Registre culinaire traditionnel.

X La Grillade Gourmande 🍴 VISA 🆓

16 r. de Reims – ☎ 03 26 55 44 22 – www.lagrilladegourmande.com – Fermé 15-30 août, 19-27 déc., 20 fév.-7 mars, dim. et lundi BYd
Rest – Menu 19/55 € – Carte 24/51 €
♦ Dans ce petit restaurant familial rustique, on savoure une cuisine traditionnelle, dont des spécialités au champagne et des grillades préparées en salle, à la cheminée.

à Dizy 3 km par ① – 1 714 h. – alt. 77 m – ✉ 51530

🏠 Les Grains d'Argent 🍴 ⅚ 🆔 rest, 🏊 ⁽ᵗ⁾ 🆓 P VISA 🆓 AE

1 allée du Petit Bois – ☎ 03 26 55 76 28 – www.lesgrainsdargent.com – Fermé 24-30 déc.et 1ᵉʳ-9 janv.
20 ch – ♦95 € ♦♦95/105 € – ☲ 15 € – ½ P 65/90 €
Rest – (fermé sam. midi, lundi soir et dim.) Menu 26/88 € – Carte 67/103 €
♦ Bel accueil, jolies chambres personnalisées et bar à champagne dans cette hôtellerie contemporaine tournée vers les vignes. Le restaurant, relooké dans un esprit actuel, sert des plats au goût du jour, ponctués par le rythme des saisons.

à Champillon 6 km par ① – 509 h. – alt. 210 m – ✉ 51160

🏠🏠 Royal Champagne 🏡 ⩽ 🍴 ⅚ ch, 🆔 rest, ⁽ᵗ⁾ 🆓 P VISA 🆓 AE 🔘

D 201 – ☎ 03 26 52 87 11 – www.royalchampagne.com – Fermé déc. et janv.
24 ch – ♦390/480 € ♦♦480/550 € – ☲ 29 € – ½ P 305/340 €
Rest – (fermé lundi midi et mardi midi) (33 €) Menu 65/110 € – Carte 78/96 €🍷
♦ Cet ancien relais de poste, aux chambres luxueusement aménagées, domine Épernay. On s'attable dans l'élégante salle à manger d'où la vue se perd sur le vignoble de Champagne et la vallée de la Marne. Cuisine actuelle de qualité, service agréable.

rte de Reims 8 km par ① – ⊠ 51160 St-Imoges

XX **Maison du Vigneron**   AK ⇔ P VISA ◐◐ AE
*D 951 – ℰ 03 26 52 88 00 – www.lamaisonduvigneron.com – Fermé lundi et
merc.*
Rest – Menu 24 € (sem.), 32/52 € – Carte 57/65 €🍴

♦ Autorisez-vous une escale dans une plaisante atmosphère d'auberge forestière.
Poutres, lustres en fer forgé, cheminée et belle mise en place au service d'une
cuisine traditionnelle.

à Ay 4 km au Nord-Est par D 201 – 4 190 h. – alt. 76 m – ⊠ 51160

🏨 **Castel Jeanson** sans rest   🚗 🖥 🏢 & AK 🍽 🔏 P 🏊 VISA ◐◐
*24 r. Jeanson – ℰ 03 26 54 21 75 – www.casteljeanson.fr – Fermé
22 déc.-20 janv.*
15 ch – †115/200 € ††115/200 € – 2 suites – ⊊ 12 €

♦ Le joyau de cet hôtel particulier du 19e s. : la superbe verrière de style Art nouveau côté piscine. Chambres agréables, salon-bibliothèque et dégustation de
champagne maison.

🏠 **Le Manoir des Charmes** sans rest   🚗 🍽 P VISA ◐◐
*83 bd Charles de Gaulle – ℰ 03 26 54 58 49 – www.lemanoirdescharmes.com
– Fermé 24 déc.-12 fév.*
5 ch ⊊ – †120/145 € ††120/145 €

♦ Belle demeure bâtie en 1906, ouverte sur un jardin. Chambres garnies de meubles chinés par la propriétaire, passionnée de brocante. Petit-déjeuner sous une
magnifique verrière.

XX **Le Vieux Puits-Clos St-Georges**   🚗 🍴 & VISA ◐◐
*7 r. Jules Lobet – ℰ 03 26 56 96 53 – www.levieuxpuits.com – Fermé
2-19 janv., merc. et jeudi*
Rest – (25 €) Menu 35/65 € – Carte 55/75 €

♦ Blottie au cœur d'un jardin ombragé et fleuri, une jolie maison de maître à l'atmosphère douce et bourgeoise. Cuisine traditionnelle et beau choix de champagnes.

à Vinay 6 km par ③ – 489 h. – alt. 102 m – ⊠ 51530

🏨 **Hostellerie La Briqueterie**   🚗 🍴 🖥 ◐◐ & ch, AK 🍽 rest, 🏵 🔏 P
🕸   🏊 VISA ◐◐ AE
4 rte de Sézanne – ℰ 03 26 59 99 99
– www.labriqueterie.fr – Fermé 10-25 déc., 2-13 janv. et sam. midi
40 ch – †180/450 € ††180/450 € – ⊊ 22 €
Rest – (35 €) Menu 60/95 € – Carte 80/120 €🍴
Spéc. Langoustines rôties et marinées en tartare. Pigeonneau de Fromentières
farci au jambon de Reims. Sphère meringuée, crémeux de cumbawa, cake aux
zestes d'agrumes. **Vins** Champagne.

♦ Au cœur d'un vignoble, jolie bâtisse aux chambres personnalisées. Salon-
bar cosy proposant une longue carte de champagnes ; spa et piscine. Décor très
soigné au restaurant, ouvert sur un jardin paysager. Pas moins de 850 références
de vins accompagnent la cuisine actuelle du chef.

ÉPINAL P – 88 Vosges – **314** G3 – 34 014 h. – alt. 324 m – ⊠ 88000   **27** C3
🟩 Alsace Lorraine

▶ Paris 385 – Belfort 96 – Colmar 88 – Mulhouse 106

🛈 6, place Saint-Goëry ℰ 03 29 82 53 32

🏌 des Images d'Épinal, par rte de St-Dié-des-Vosges : 3 km, ℰ 03 29 31 37 52

🟢 Vieille ville★ : Basilique★ - Parc du château★ - Musée départemental d'art
ancien et contemporain★ - Imagerie d'Épinal.

🏨 **Le Manoir**   🛗 🖥 & AK 🕸 P VISA ◐◐ AE ⓘ
5 av. Provence – ℰ 03 29 29 55 55 – www.manoir-hotel.com   **BZn**
10 ch – †89/95 € ††89/95 € – ⊊ 15 €
Rest *Ducs de Lorraine* – voir ci-après

♦ Une belle demeure bourgeoise pleine du cachet du 19ᵉ s. Tableaux, tapis, boiseries, mobilier ancien... et équipements high-tech (haut débit, console de jeux...).
Espace bien-être.

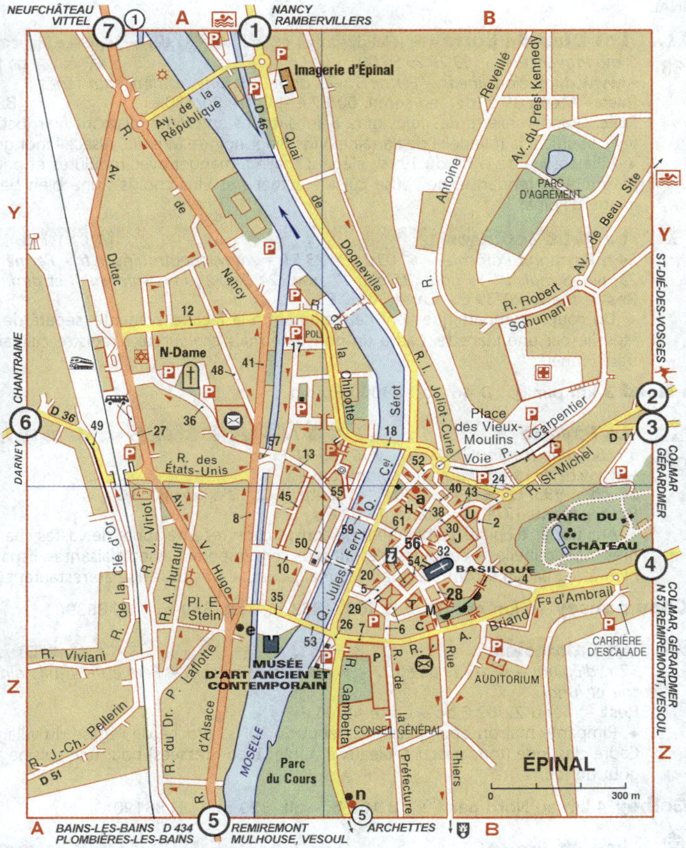

ÉPINAL

Index of streets:

Abbé-Friesenhauser (R.)	**BZ** 2	
Ambrail (R. d')	**BZ** 4	
Bassot (Pl. Cl.)	**BZ** 5	
Blaudez (R. F.)	**BZ** 6	
Boegner (R. du Pasteur)	**BZ** 7	
Bons-Enfants (Quai des)	**AZ** 8	
Boudiou (Pt et R. du)	**AZ** 10	
Boulay-de-la-Meurthe (R.) . . .	**AY** 12	
Bourg (R. L.)	**BZ** 13	
Clemenceau (Pl.)	**AY** 17	
Clemenceau (Pont)	**BZ** 18	
Comédie (R. de la)	**BZ** 20	
Entre-les-Deux-Portes (R.) . . .	**BYZ** 24	

États-Unis (R. des)	**AY**	
Foch (Pl.)	**BZ** 26	
Gaulle (Av. du Gén.-de)	**BZ** 27	
Gelée (R. Cl.)	**BZ** 28	
Georgin (R.)	**BZ** 29	
Halles (R. des)	**BZ** 30	
Henri (Pl. E.)	**BZ** 32	
Lattre (Av. Mar.-de)	**AY** 36	
Leclerc (R. Gén.)	**BZ** 38	
Lormont (R.)	**BZ** 40	
Lyautey (R. Mar.)	**AY** 41	
Maix (R. de la)	**BZ** 43	
Minimes (R. des)	**AZ** 45	

Neufchâteau (R. F. de)	**AY** 48	
N.-D.-de-Lorette (R.)	**AY** 49	
Pinau (Pl.)	**AZ** 50	
Poincaré (R. Raymond)	**BY** 52	
Sadi-Carnot (Pont)	**AZ** 53	
St-Goery (R.)	**BZ** 54	
Schwabisch Hall		
(Pl. de)	**BZ** 55	
La Tour (R. G. de la)	**AZ** 35	
Vosges (Pl. des)	**BZ** 56	
4-Nations (Pl. des)	**AY** 57	
170e Régt-d'Inf. (Pont du) . . .	**BZ** 59	
170e-Régt-d'Inf. (R. du)	**BZ** 61	

Mercure

13 pl. E. Stein – 📞 03 29 29 12 91
– www.mercure.com

AZ**e**

60 ch – 📌65/180 € – 📌📌75/190 € – ⌓ 17 €

Rest – *(fermé vend. soir, sam. et dim.)* Menu 19/26 € – Carte 28/42 €

◆ Près du musée d'Art ancien et contemporain, un immeuble du 19ᵉ s. cachant un hôtel contemporain, récemment rénové. À l'arrière, les chambres ouvrent sur le canal. Carte traditionnelle au restaurant Le Mouton Blanc ; terrasse au calme.

XXX **Les Ducs de Lorraine** (Claudy Obriot et Stéphane Ringer) – Hôtel Le Manoir
5 av. Provence – ✆ 03 29 29 56 00
– www.ducsdelorraine.fr – Fermé 1er-23 août, 2-9 janv. et dim. sauf fériés
Rest – Menu 39 € (déj. en sem.), 60/87 € – Carte 90/130 € BZ**n**
Spéc. Grande assiette des foies gras. Saint-Jacques en croûte, diamant noir (oct. à fév.). Soufflé à la mirabelle de Lorraine. **Vins** Pinot noir de Moselle, Alsace-Pinot gris.
◆ Villa cossue de la fin du 19e s., élégante salle à manger avec moulures et original mobilier tendance, goûteuse cuisine actuelle et vins choisis : une bien belle image d'Épinal !

X **Le Petit Robinson**
24 r. Raymond Poincaré – ✆ 03 29 34 23 51 – www.lepetitrobinson.fr – Fermé 25 avril-8 mai, 1er-15 août, 25 oct.-1er nov., 24 déc.-2 janv., sam. midi et dim.
Rest – Menu 20/39 € – Carte 30/60 € BZ**a**
◆ Un couple sympathique tient ce restaurant à la façade avenante, séparé de la Moselle par une placette. Cadre un brin daté mais chaleureux ; registre culinaire traditionnel.

au Nord 3 km par ① D 46 - ✉ 88000 Épinal

La Fayette rest,
3 r. Bazaine (Le-Saut-le-Cerf) – ✆ 03 29 81 15 15
– www.bestwestern-lafayette-epinal.com
58 ch – †95/120 € ††95/120 € – 1 suite – ☕ 12 € – ½ P 68 €
Rest – Menu 17/43 € – Carte 42/52 €
◆ Aux portes d'Épinal, ce bâtiment de construction récente abrite de vastes chambres fonctionnelles – certaines d'esprit plus contemporain assez plaisantes. Espace bien-être : bassin à contre-courant, sauna, jacuzzi. Carte classique au restaurant.

à Chaumousey 10 km par ⑥ et D 460 – 858 h. – alt. 360 m – ✉ 88390

XX **Le Calmosien**
37 r. d'Epinal – ✆ 03 29 66 80 77 – www.calmosien.com – Fermé 9-24 juil., dim. soir et lundi
Rest – Menu 22/62 € bc – Carte 45/65 €
◆ Pimpante maison bourgeoise du début du 20e s., proche de l'église du village. Cadre classique (tons pastel, tableaux et tables bien dressées) pour une cuisine au goût du jour.

à Golbey 4 km au Nord par ⑦ – 8 102 h. – alt. 320 m – ✉ 88190

Atrium sans rest
89 r. de Lorraine – ✆ 03 29 81 15 20 – www.hotel-atrium.fr – Fermé 23 déc.-2 janv.
22 ch – †59 € ††65 € – ☕ 8 €
◆ En périphérie d'Épinal, un bâtiment de plain-pied organisé autour d'un patio fleuri. Chambres simples, pratiques et bien tenues (bonne literie, écrans plats).

à Fontenay 13 km au Nord-Est par D 420 – 474 h. – alt. 390 m – ✉ 88600

La Grange
chemin de Framont – ✆ 03 29 43 20 55 – www.la-grange-aux-arts.com
5 ch ☕ – †95 € ††105 € **Table d'hôte** – Menu 25 € bc/35 €
◆ Dans cette villa contemporaine toute blanche, une coursive dessert les chambres, décorées sur le thème des cinq continents – reflet de la passion artistique de la propriétaire, galeriste. Spa, piscine couverte. Dîners aux chandelles sur réservation.

L'ÉPINE – 51 Marne – **306** I9 – rattaché à Châlons-en-Champagne

---

ÉPINEAU-LES-VOVES – 89 Yonne – **319** D4 – rattaché à Joigny

---

ERBALUNGA – 2B Haute-Corse – **345** F3 – voir à Corse

ERMENONVILLE – 60 Oise – **305** H6 – 897 h. – alt. 92 m – ✉ 60950   **36** B3
🟩 Île de France

> ▶ Paris 51 – Beauvais 70 – Compiègne 42 – Meaux 25
> 🛈 2 bis, rue René de Girardin ℰ 03 44 54 01 58
> 🔲 Mer de Sable★ - Forêt d'Ermenonville★ - Abbaye de Chaalis★★ N : 3 km.

✂ XX   **Le Relais de la Croix d'Or** avec ch   🏮 AC rest, ✀ 🛁 **P** VISA ⦿ AE
2 r. Prince Radziwill – ℰ 03 44 54 00 04 – www.lacroixdor.net – Fermé
25 juil.-8 août, dim. soir et lundi
8 ch ☕ – ♦69/85 € ♦♦78/98 €   **Rest** – (16 €) Menu 35/69 € – Carte 40/60 €
◆ Atmosphère rustique – poutres, pierres apparentes, cave voûtée – en cette
auberge dédiée à la tradition (produits de saison). Terrasse en bord de bassin.
Chambres pratiques.

ERMITAGE-DU-FRÈRE-JOSEPH – 88 Vosges – **314** J5 – rattaché à Ventron

---

ERNÉE – 53 Mayenne – **310** D5 – 5 793 h. – alt. 120 m – ✉ 53500   **34** B1
🟩 Normandie Cotentin

> ▶ Paris 304 – Domfront 47 – Fougères 22 – Laval 31
> 🛈 place de l'Hôtel de Ville ℰ 02 43 08 71 10

✂ XX   **Le Grand Cerf**   ⇔ VISA ⦿
19 r. Aristide Briand – ℰ 02 43 05 13 09 – www.legrandcerf.net – Fermé
6-12 août, 15-31 janv., dim. soir et lundi
Rest – (17 €) Menu 24/50 € bc – Carte environ 43 €
◆ Une auberge de village (salles sur deux niveaux, murs en pierres apparentes), où l'on vient apprécier une cuisine du terroir assez simple.

ERQUY – 22 Côtes-d'Armor – **309** H3 – 3 742 h. – alt. 12 m – ✉ 22430   **10** C1
🟩 Bretagne

> ▶ Paris 451 – Dinan 46 – Dinard 39 – Lamballe 21
> 🛈 3, rue du 19 Mars 1962 ℰ 02 96 72 30 12
> 🔲 Cap d'Erquy ★ NO : 3,5 km puis 30 mn.

🏠   **Beauséjour**   ⇔ 🛰 **P** VISA ⦿
📺   21 r. Corniche – ℰ 02 96 72 30 39 – www.beausejour-erquy.com
– Ouvert 15 avril-15 nov. et fermé lundi hors saison
15 ch – ♦60/65 € ♦♦64/72 € – ☕ 10 € – ½ P 64/72 €
Rest – (15 €) Menu 21/35 € – Carte 30/40 €
◆ À 100 m de la plage, hôtel-restaurant familial disposant de chambres bien
tenues, égayées de tissus colorés et fleuris ; la moitié offre une vue sur le port
de pêche. Table iodée et beau panorama sur la mer à travers les baies de la
sobre salle à manger.

XX   **L'Escurial**   ⇔ VISA ⦿ AE
bd de la Mer – ℰ 02 96 72 31 56 – www.restaurantlescurial.com – Fermé janv.,
jeudi soir, dim. soir et lundi
Rest – (24 €) Menu 30/62 € – Carte 52/66 €
◆ Élégant restaurant contemporain généreusement ouvert sur les flots. On y déguste
recettes actuelles, poissons et, en saison, les fameuses noix de Saint-Jacques.

à St-Aubin 3 km au Sud-Est par rte secondaire – ✉ 22430 Erquy

✂ X   **Relais St-Aubin**   🚲 🏮 **P** VISA ⦿ AE
⊗   D 68 – ℰ 02 96 72 13 22 – www.relais-saint-aubin.fr
– Fermé 15 nov.-15 déc., fév., mardi sauf juil.-août et lundi
Rest – Menu 16 € (sem.)/44 € – Carte 29/65 €
◆ Cette demeure campagnarde en pierres du pays (17ᵉ s.) abrite une belle salle à
manger rustique. Aux beaux jours, profitez de la terrasse et du ravissant jardin
fleuri.

ERSA – 2B Haute-Corse – **345** F2 – voir à Corse

ERSTEIN – 67 Bas-Rhin – **315** J6 – 9 592 h. – alt. 150 m – ✉ 67150   **1** B2

> ▶ Paris 514 – Colmar 49 – Molsheim 24 – St-Dié 69
> 🛈 16, rue du Général-de-Gaulle ℰ 03 88 98 14 33

Crystal ☆ ⛁ & AC ❄ ch, 🛜 🍴 P ⛽ VISA ☺ AE
41-43 av. de la Gare – ☎ 03 88 64 81 00 – www.hotelcrystal.fr – Fermé 1ᵉʳ-7 août
71 ch – ♦69/82 € ♦♦79/115 € – 3 suites – ☑ 13 €
Rest – *(fermé 29 juil.-21 août, 23 déc.-1ᵉʳ janv., vend. soir, sam. midi et dim.)*
(11 €) Menu 14 € (déj.), 25/42 € – Carte 26/53 €
♦ Bâtiment récent, à proximité de la route. Chambres fonctionnelles ; celles du 3ᵉ étage sont mansardées et plus spacieuses. Plaisant restaurant où l'on sert une sympathique cuisine traditionnelle mêlée de touches asiatiques.

XXX **Jean-Victor Kalt** & AC P VISA ☺ AE
41 av. de la Gare – ☎ 03 88 98 09 54 – Fermé 15 juil.-10 août, 1ᵉʳ-8 janv., dim. soir, merc. soir, sam. midi et lundi
Rest – (22 €) Menu 28/65 € – Carte 45/75 € 🍴
♦ Le chef aime son métier et le prouve : il élabore, au gré du marché, une belle cuisine classique et, lorsqu'il vient saluer ses hôtes, il prodigue de judicieux conseils.

ERVAUVILLE – 45 Loiret – **318** O3 – rattaché à Courtenay

ESCATALENS – 82 Tarn-et-Garonne – **337** D8 – 935 h. – alt. 60 m   **28** B2
– ✉ 82700

◘ Paris 649 – Colomiers 58 – Montauban 16 – Toulouse 53

⌂ **Maison des Chevaliers** sans rest ॐ ⛱ ⛵ P
pl. de la Mairie – ☎ 05 63 68 71 23 – www.maisondeschevaliers.com
5 ch ☑ – ♦70 € ♦♦90 €
♦ Cette maison en briques accueille de vastes chambres dont le décor, très recherché, associe meubles anciens, souvenirs de voyage, lavabos et faïences ramenés du Portugal. Cuisinette et salle de jeux à disposition.

ESCOIRE – 24 Dordogne – **329** G4 – 457 h. – alt. 100 m – ✉ 24420   **4** C1

◘ Paris 485 – Bordeaux 147 – Périgueux 13 – Sarlat-la-Canéda 72

⌂ **Château d' Escoire** sans rest ॐ ≤ ⛲ ⛵ ❄ P
– ☎ 05 53 05 99 80 – www.escoire-lechateau.com – Ouvert 1ᵉʳ mai-30 oct.
4 ch ☑ – ♦70 € ♦♦90 €
♦ Cette romantique demeure (18ᵉ s.) dominant le village bénéficie d'un grand parc, d'une piscine et d'un jardin à la française. Chambres spacieuses.

ESPALION – 12 Aveyron – **338** I3 – 4 511 h. – alt. 342 m – ✉ 12500   **29** D1
▌ Midi-Toulousain

◘ Paris 592 – Aurillac 72 – Figeac 93 – Mende 101
🛈 23, place du Plô ☎ 05 65 44 10 63
◉ Église de Perse ★ SE : 1 km.

XX **Le Méjane** AC VISA ☺ AE
r. Méjane – ☎ 05 65 48 22 37 – www.restaurant-mejane.fr – Fermé 7-27 mars, 22-29 juin, merc. sauf juil.-août, dim. soir et lundi
Rest – (17 €) Menu 25/56 € – Carte 39/53 €
♦ Derrière cette façade discrète se cache une petite salle à manger contemporaine, agrandie par un subtil jeu de miroirs. Goûteuse cuisine actuelle sensible aux saisons.

XX **Moderne et rest. l'Eau Vive** AC VISA ☺
27 bd Guizard – ☎ 05 65 44 05 11 – www.hotelmoderne12.com – Fermé 4 nov. au 10 déc. et 3 au 18 janv.
Rest – *(fermé dim. soir et lundi)* (15 €) Menu 25/48 € – Carte 35/58 €
♦ On vient ici apprécier une cuisine régionale et des plats à base de poissons d'eau douce, pêchés par le chef en personne. Salle à manger lumineuse.

ESPALY-ST-MARCEL – 43 Haute-Loire – **331** F3 – alt. 650 m – rattaché au
Puy-en-Velay

ESPELETTE – 64 Pyrénées-Atlantiques – 342 D2 – 1 936 h. – alt. 77 m – ✉ 64250 3 A3

Paris 775 – Bordeaux 215 – Pau 134 – Donostia-San Sebastián 78

145, route Karrika Nagusia ✆ 05 59 93 95 02

Euzkadi

285 Karrika Nagusia – ✆ 05 59 93 91 88 – www.hotel-restaurant-euzkadi.com – Fermé 1er nov.-24 déc., mardi hors saison et lundi

27 ch – †47/62 € ††59/78 € – ☐ 8 € – ½ P 60/70 €

Rest – Menu 18/35 € – Carte 20/45 €

◆ Dans la capitale du piment, une belle façade à la gloire du pays. La plupart des chambres arborent un style basque épuré : murs blancs et poutres. La piscine est agréable... Généreuse et fidèle à la tradition, la cuisine ravit les gourmands dans un décor rustique.

ESSOYES – 10 Aube – 313 H5 – 681 h. – alt. 170 m – ✉ 10360 13 B3

Paris 222 – Chaumont 65 – Dijon 120 – Troyes 49

Canotiers

1 r. Pierre-Renoir – ✆ 03 25 38 61 08 – www.hoteldescanotiers.com – Fermé 20 déc.-5 janv., 15 fév.-10 mars, mardi midi et lundi d'oct. à mai

14 ch ☐ – †74 € ††96 € – ½ P 68 €

Rest – (15 €) Menu 23/44 € – Carte 35/66 €

◆ Hôtel proposant de grandes chambres confortables et très bien tenues, avec vue sur la vallée et le village où repose le peintre Auguste Renoir. Grande salle à manger panoramique avec terrasse ; cuisine traditionnelle, bonne carte de champagnes.

ESTAING – 12 Aveyron – 338 I3 – 610 h. – alt. 313 m – ✉ 12190 29 D1

Midi-Toulousain

Paris 602 – Aurillac 63 – Conques 33 – Espalion 10

24, rue François d'Estaing ✆ 05 65 44 03 22

Le Manoir de la Fabrègues

rte d'Espalion, 3 km – ✆ 05 65 66 37 78 – www.manoirattitude.com – Fermé 1er nov.-16 déc.

10 ch – †75/85 € ††75/85 € – 1 suite – ☐ 10 €

Rest – *(fermé dim. soir, lundi hors saison et le midi)* Menu 18/34 €

◆ Les propriétaires ont su insuffler l'esprit d'une maison d'hôtes à ce manoir du 15e s. (pierres du pays, poutres apparentes, cantou). Les chambres ont récemment été refaites avec goût et caractère. Cuisine du terroir simple et faite maison.

L' Auberge St-Fleuret

19 r. François d'Estaing, (face à la mairie) – ✆ 05 65 44 01 44 – www.auberge-st-fleuret.com – Ouvert d'avril à mi-nov. et fermé mardi midi, merc. midi et lundi

14 ch – †48/58 € ††48/58 € – ☐ 8 € – ½ P 49/57 €

Rest – Menu 19/29 € – Carte 28/43 €

◆ Ex-relais de poste du 19e s. aux chambres traditionnelles et modestes. Au restaurant, produits régionaux et spécialités du terroir, dont le fameux aligot. Terrasse surplombant la piscine.

ESTISSAC – 10 Aube – 313 C4 – 1 783 h. – alt. 133 m – ✉ 10190 13 B3

Paris 158 – Châlons-en-Champagne 105 – Sens 44 – Troyes 23

Communauté de communes des Portes du Pays d'Othe ✆ 03 25 40 42 42

Domaine du Voirloup

3 pl. Betty Dié – ✆ 03 25 43 14 27 – www.vrlp.com

3 ch ☐ – †65 € ††85 € **Table d'hôte** – Menu 30 € bc

◆ Grande demeure bourgeoise (1904) et son superbe parc où courent un ruisseau, une cascade et des canaux. Les chambres, joliment colorées, s'appellent Orient, Occident et Midi. À table, les menus changent selon le marché. Gâteaux et confitures maison au petit-déjeuner.

ESTIVAREILLES – 03 Allier – **326** C4 – 1 005 h. – alt. 200 m – ✉ 03190   **5** B1

▶ Paris 317 – Bourbon-l'Archambault 45 – Montluçon 12 – Montmarault 36

XX   **Le Lion d'Or**   🚗 🛜 ⇔ 🅿 *VISA* 🐵 AE
D 2144 – 𝒞 04 70 06 00 35 – www.hotel-leliondor.net – Fermé 28 août-12 sept.,
27 fév.-11 mars, dim. soir et lundi
Rest – (15 €) Menu 20 € (sem.), 29/48 € – Carte 35/60 €
♦ Bâtisse centenaire bordant la route nationale. De belles poutres font le caractère de la salle à manger, tandis que la terrasse donne sur un parc arboré baigné
par un étang.

ESTRABLIN – 38 Isère – **333** C4 – rattaché à Vienne

ESTRÉES-ST-DENIS – 60 Oise – **305** G4 – 3 543 h. – alt. 70 m – ✉ 60190   **36** B2

▶ Paris 81 – Beauvais 46 – Clermont 21 – Compiègne 17

🔝 du Château d'Humières à Monchy Humières Rue de Gournay, NE : 11 k m,
𝒞 03 44 86 48 22

XX   **Moulin Brûlé**   🚗 AC ⇔ *VISA* 🐵
70 av. de Flandre – 𝒞 03 44 41 97 10 – Fermé vacances de Pâques, août,
1er-10 janv., dim. soir, lundi et mardi
Rest – (prévenir) (17 €) Menu 22/50 € – Carte 35/55 €🐖
♦ Logé dans une ancienne épicerie, un restaurant mi-contemporain, mi-champêtre, agrémenté d'une terrasse fermée. Plats actuels et beau choix de bordeaux et
de vins de Loire.

ÉTAMPES ⓢ – 91 Essonne – **312** B5 – 22 568 h. – alt. 80 m   **18** B3
– ✉ 91150 🟩 Île de France

▶ Paris 51 – Chartres 59 – Évry 35 – Fontainebleau 45

🅘 2, place de l'Hôtel de Ville 𝒞 01 69 92 69 00

🔝 de Belesbat à Boutigny-sur-Essonne Domaine de Belesbat, E : 17 km par
D 837 et D 153, 𝒞 01 69 23 19 10

◉ Collégiale Notre-Dame★.

XX   **Auberge de la Tour St-Martin**   *VISA* 🐵
97 r. St-Martin – 𝒞 01 69 78 26 19 – www.aubergedelatoursaintmartin.com
– Fermé 1er-20 août, 2 sem. en fév., dim. soir et merc.
Rest – Carte 28/45 €
♦ Nouveau départ réussi pour ce restaurant au cadre rustique bien agréable (poutres,
pierres apparentes et cheminée). La carte, traditionnelle, évolue au fil des saisons.

à Ormoy-la-Rivière 5 km au Sud par D 49 et rte secondaire – 936 h. – ✉ 91150

X   **Le Vieux Chaudron**   🛜 *VISA* 🐵
45 Grande Rue – 𝒞 01 64 94 39 46 – www.levieuxchaudron.com
– Fermé 8-29 août, 26 déc.-8 janv., jeudi soir, dim. soir et lundi
Rest – (25 €) Menu 35/50 €🐖
♦ Une petite auberge face à l'église, disposant d'un intérieur campagnard agrémenté d'une ancienne cheminée et d'une terrasse au calme. Appétissantes recettes
dans l'air du temps.

ÉTANG-DE-HANAU – 57 Moselle – **307** Q4 – rattaché à Philippsbourg

---

LES ÉTANGS-DES-MOINES – 59 Nord – **302** M7 – rattaché à Fourmies

---

ÉTAPLES – 62 Pas-de-Calais – **301** C4 – 11 813 h. – alt. 10 m   **30** A2
– ✉ 62630 🟩 Nord Pas-de-Calais Picardie

▶ Paris 228 – Calais 67 – Abbeville 55 – Arras 101

🅘 boulevard Bigot Descelers 𝒞 03 21 09 56 94

XX   **Aux Pêcheurs d'Étaples**   ⇔ 🛜 AC *VISA* 🐵
quai Canche – 𝒞 03 21 94 06 90 – www.auxpecheursdetaples.fr – Fermé
1er-25 janv. et dim. soir d'oct. à mars
Rest – Menu 20/39 € – Carte 32/62 €
♦ Au rez-de-chaussée, une grande poissonnerie ; au 1er, un restaurant de poissons et
fruits de mer... Fraîcheur garantie ! Vue sur l'aérodrome du Touquet... entre ciel et mer !

ÉTEL – 56 Morbihan – **308** L9 – 2 035 h. – alt. 20 m – ⊠ 56410 **9** B2
🟩 Bretagne

▶ Paris 494 – Lorient 26 – Quiberon 24 – Vannes 37
🛈 place des Thoniers ☎ 02 97 55 23 80

 Le Trianon 🛁 🌿 rest. ⁇ 📶 **P** VISA ⬢

14 r. du Gén.-Leclerc – ☎ 02 97 55 32 41 – www.letrianon@wanadoo.fr – Fermé 3-18 déc., 2 janv.-1ᵉʳ fév.
23 ch – ⬩55/60 € ⬩⬩58/150 € – ⬷ 10 € – ½ P 60/68 €
Rest – (15 €) Menu 20/40 € – Carte environ 50 €
◆ Près du port de pêche, des chambres provinciales et rétro, un peu hors du temps et parfaitement tenues (préférez celles de l'annexe) ! Jardinet au calme. Dans la salle rustique, on savoure une agréable cuisine traditionnelle.

ÉTOUY – 60 Oise – **305** F4 – rattaché à Clermont

ÉTRÉAUPONT – 02 Aisne – **306** F3 – 868 h. – alt. 127 m – ⊠ 02580 **37** D1

▶ Paris 184 – Avesnes-sur-Helpe 24 – Hirson 16 – Laon 44

Clos du Montvinage 🛁 🌿 🛠 ⬥ 🌿 ch, ⁇ 📶 📶 **P** VISA ⬢ AE ⓘ

8 r. Albert Ledant – ☎ 03 23 97 91 10 – www.clos-du-montvinage.fr – Fermé 8-21 août, 19 déc.-9 janv., dim. soir et lundi midi
20 ch – ⬩61/81 € ⬩⬩72/92 € – ⬷ 11 € – ½ P 60 €
Rest *Auberge du Val de l'Oise* – (21 €) Menu 23/45 € bc
– Carte 25/42 €
◆ Avenante maison de maître du 19ᵉ s. aux chambres personnalisées (montagne, bourgeoise, etc.). Pour vos loisirs : belle salle de billard, tennis, vélos et croquet dans le parc. Au restaurant, ne manquez pas de goûter la spécialité du terroir : la tourte au maroilles.

ÉTRETAT – 76 Seine-Maritime – **304** B3 – 1 531 h. – alt. 8 m – Casino **A** **33** C1
– ⊠ 76790 🟩 Normandie Vallée de la Seine

▶ Paris 206 – Bolbec 30 – Fécamp 16 – Le Havre 29
🛈 place Maurice Guillard ☎ 02 35 27 05 21
🏌 d'Étretat Route du Havre, ☎ 02 35 27 04 89
◉ Le Clos Lupin★ - Falaise d'Aval★★★ - Falaise d'Amont★★.

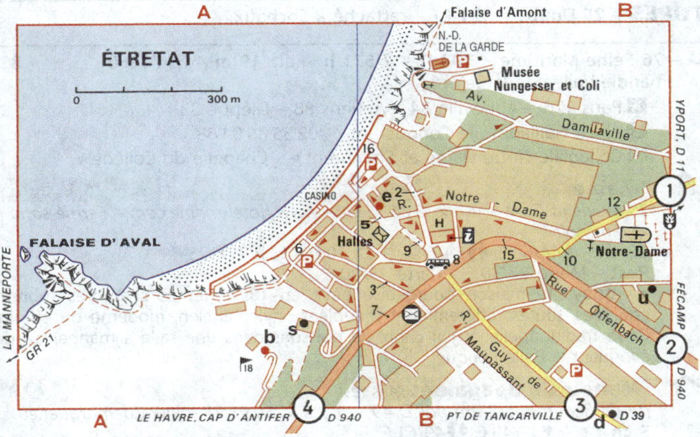

[Map of ÉTRETAT]

Falaise d'Amont
N.-D. DE LA GARDE
Musée Nungesser et Coli
Av.
Damilaville
CASINO
Notre - Dame
FALAISE D'AVAL
Halles
Notre-Dame
LA MANNEPORTE
Rue
Offenbach
GR 21
R. Guy de Maupassant
LE HAVRE, CAP D'ANTIFER   D 940   PT DE TANCARVILLE   D 39
YPORT D 11
FÉCAMP D 940

Abbé-Cochet (R. de l') . . . . . . **B** 2	George-V (Av.) . . . . **B** 7	Nungesser-et-Coli (Av.) . . . . **B** 12
Alphonse-Karr (R.) . . . . **B** 3	Guillard (Pl. Maurice) . . . . **B** 8	Verdun (Av. de) . . . . **B** 15
Coty (Bd R.) . . . . **B** 5	Monge (R.) . . . . **B** 9	Victor-Hugo (Pl.) . . . . **B** 16
Gaulle (Pl. Gén.-de) . . . . **A** 6	Mottet (R. Charles) . . . . **B** 10	

Dormy House 🌿 ⬅ 🕯 📶 🍴 ⬩ ᴄʜ, 🍽 rest, ⁽ᵗ⁾ 🛁 **P** 🇻🇮🇸🇦 ⚫ 🅰🇪 **As**
rte du Havre – ☎ 02 35 27 07 88 – www.dormy-house.com
60 ch – †68/195 € ††68/195 € – 3 suites – ☲ 17 € – ½ P 92/146 €
Rest – (fermé 3-23 janv.) (26 €) Menu 31 € (déj. en sem.), 40/72 €
– Carte environ 55 €

♦ En surplomb de la station, dans un parc jouxtant le golf, paisible manoir de 1870 et ses dépendances tournés vers la falaise d'Amont. Divers types de chambres : classiques, cosy ou plus simples. Belle vue littorale par les baies du restaurant, du bar et en terrasse.

Domaine St-Clair 🌿 ⬅ 🚗 📶 🥘 🍴 rest, ⁽ᵗ⁾ 🛁 **P** 🇻🇮🇸🇦 ⚫ 🅰🇪 ⓞ **Bu**
chemin de St-Clair – ☎ 02 35 27 08 23 – www.hoteletretat.com
21 ch – †90/550 € ††90/550 € – ☲ 14 €
Rest – (fermé lundi midi, mardi midi, merc. midi et jeudi midi) Menu 25 € (déj.), 35/85 €

♦ Hôtel des hauteurs d'Étretat invitant à la détente dans un château anglo-normand (19e s.) et une villa Belle Époque. Plusieurs petits salons et chambres aux tissus précieux. Cuisine actuelle de beaux produits (potager) servie dans des salles au décor intime.

Villa sans Souci sans rest 🌿 🚗 🥘 ⁽ᵗ⁾ **P**
27 ter r. Guy de Maupassant – ☎ 02 35 28 60 14 – www.villa-sans-souci.fr
4 ch ☲ – †85 € ††105/160 € **Bd**

♦ Villa de 1903 vous logeant au calme, dans des chambres personnalisées. Espace breakfast déclinant les thèmes du 7e art et de l'automobile, joli salon-bibliothèque et jardin ombragé.

Le Galion 🇻🇮🇸🇦 ⚫
bd R. Coty – ☎ 02 35 29 48 74 – Fermé 15 déc.-20 janv., mardi et merc. sauf vacances scolaires **Be**
Rest – Menu 25/41 € – Carte 36/57 €

♦ Le trésor de ce galion-là ne se trouve pas à fond de cale, mais au plafond : la forêt de poutres sculptées date du 14e s. et provient d'une maison de Lisieux.

Du Golf ⬅ **P** 🇻🇮🇸🇦 ⚫
rte du Havre – ☎ 02 35 27 04 56 – www.golfetretat.com – Fermé dim. soir, lundi soir, merc. soir et mardi de nov. à mars **Ab**
Rest – (32 €) Menu 38 € (déj.)/40 €

♦ Superbe échappée littorale par les baies vitrées de ce club house du golf perché tel un belvédère sur la falaise d'Aval. Menu au goût du jour noté à l'ardoise.

ÉTUPES – 25 Doubs – **321** L1 – rattaché à Sochaux

EU – 76 Seine-Maritime – **304** I1 – 7 571 h. – alt. 19 m – ✉ 76260 **33 D1**
❚ Normandie Vallée de la Seine

🇵 Paris 176 – Abbeville 34 – Amiens 88 – Dieppe 33
🔢 place Guillaume le Conquérant ☎ 02 35 86 04 68
◎ Collégiale Notre-Dame et St-Laurent★ - Chapelle du Collège★.

Maine 📶 🍴 ⬩ ᴄʜ, ⁽ᵗ⁾ **P** 🇻🇮🇸🇦 ⚫ 🅰🇪
20 av. de la Gare – ☎ 02 35 86 16 64 – www.hotel-maine.com – Fermé sam. midi et dim. soir
28 ch – †44/54 € ††54/64 € – ☲ 10 € – ½ P 79/125 €
Rest – Menu 22/30 € – Carte 45/80 €

♦ Attrayante maison bourgeoise bâtie en 1897. Petites chambres sobrement équipées, toutes différemment meublées (styles ancien, moderne ou ethnique). Carte traditionnelle et joli choix de poissons dans une salle à manger au décor évoquant la Belle Époque.

Manoir de Beaumont sans rest 🌿 🕯 ⁽ᵗ⁾ **P**
rte de Beaumont, 3 km par D 49 – ☎ 02 35 50 91 91 – www.demarquet.eu
3 ch ☲ – †39/49 € ††49/61 €

♦ Ancien relais de chasse situé à un saut de biche de la forêt d'Eu et à 5 mn des plages. Chambres calmes et personnalisées, salon Louis XVI pour le petit-déjeuner et joli parc.

EUGÉNIE-LES-BAINS – 40 Landes – **335** I12 – 476 h. – alt. 65 m **3** B3
– Stat. therm. : mi-fév.-début déc. – ⊠ 40320 ▯ Aquitaine

▶ Paris 731 – Aire-sur-l'Adour 12 – Dax 71 – Mont-de-Marsan 26
▯ 147, rue René Vielle ✆ 05 58 51 13 16
▯ Les Greens d'Eugénie à Bahus-Soubiran GOLF DU TURSAN, S : 4 km par
D 11 et D 62, ✆ 05 58 51 11 63

Les Prés d'Eugénie ⦾   ≤ 🌿 ⤳ 🌐 ♨ 🌿 AC 🍴 ⛱ **P**
pl. de l'Impératrice – ✆ 05 58 05 06 07   VISA ◉◉ AE ①
– www.michelguerard.com – *Fermé 3 janv.-15 mars*
29 ch – ✝220/660 € ✝✝240/780 € – 10 suites – ⊑ 45 €
Rest *Michel Guérard* – voir ci-après
Rest – *(menu minceur pour résidents seult)* Menu 55 € – Carte 127/177 €
♦ Les Prés du bonheur ! Demeure du 19e s. élégamment décorée, parc et "ferme
thermale" : heureux mariage entre maison de ville et maison des champs, entre
plaisir et forme.

Le Couvent des Herbes ⦾   🌿 AC 🍴 **P** VISA ◉◉ AE ①
– *Fermé 3 janv.-9 fév.*
4 ch – ✝340/400 € ✝✝340/400 € – 4 suites – ⊑ 30 €
♦ Napoléon III fit amoureusement restaurer pour Eugénie ce joli couvent du 18e s.
Autour d'un jardin d'Éden, les chambres sont la séduction même.

La Maison Rose ⦾   🌿 ⤳ 🍴 ⛖ ch, 🍴 rest, 🍴 **P** VISA ◉◉ AE ①
– ✆ 05 58 05 06 07 – www.michelguerard.com – *Fermé 11 déc.-6 fév.*
26 ch – ✝150/230 € ✝✝150/230 € – 5 suites – ⊑ 20 €
Rest – *(résidents seult)* Menu 40 €
♦ Couleurs pastel reposantes, mobilier en rotin blanc et fleurs fraîches, salon cosy
aux murs tendus d'étoffe rayée : une ambiance guesthouse raffinée et réussie.

Michel Guérard – Hôtel Les Prés d'Eugénie   � 🌿 🍴 AC 🍴 **P**
✆ 05 58 05 06 07 – www.michelguerard.com   VISA ◉◉ AE ①
– *Fermé 3-15 déc., 3 janv.-15 mars, lundi soir et le midi en sem.*
sauf du 5 juil. au 22 août et sauf fériés
Rest – *(nombre de couverts limité, prévenir)* Menu 100 € bc (sem.), 165/190 €
– Carte 127/182 € ⧉
Spéc. Œuf de poule au caviar en moscovite d'herbes fines. Homard rôti et légèrement fumé à la cheminée. Millefeuille à l'Impératrice. **Vins** Tursan blanc, Vin de
pays des Terroirs Landais rouge.
♦ Une signature à jamais associée à l'aventure de la Nouvelle Cuisine ! Une
œuvre sensible, légère, inventive… une véritable ode aux saveurs, rendues dans
une veine naturaliste. Mention spéciale à la magie des lieux, occasion d'une véritable parenthèse bucolique.

La Ferme aux Grives avec ch ⦾   🌿 🍴 ⤳ 🍴 🍴 **P** VISA ◉◉
– ✆ 05 58 05 05 06 – www.michelguerard.com – *Fermé 3 janv.-9 fév.*
4 ch – ✝340/400 € ✝✝450/600 € – ⊑ 40 €
Rest – *(fermé mardi soir et merc. sauf du 7 juil. au 29 août et sauf fériés)*
Menu 48/62 €
♦ Auberge de village qui a retrouvé ses couleurs d'antan. Jardin potager, vieilles
poutres et tomettes... Un cadre idéal pour savourer une cuisine du terroir joliment
ressuscitée. Suites et chambre exquises, pour des nuits paisibles.

ÉVIAN-LES-BAINS – 74 Haute-Savoie – **328** M2 – 7 797 h. **46** F1
– alt. 370 m – Stat. therm. : fév.-début nov. – Casino B – ⊠ 74500 ▯ Alpes du Nord

▶ Paris 577 – Genève 44 – Montreux 40 – Thonon-les-Bains 10
▯ place d'Allinges ✆ 04 50 75 04 26
▯ Évian Masters Golf Club Rive Sud du Lac de Genève, par rte de Thonon :
1 km, ✆ 04 50 75 46 66
◉ Lac Léman★★★ - Promenade en bateau★★★ - L'escalier d'honneur★ de
l'hôtel de ville.
◉ Falaises★★.

Plan page suivante

Royal ⬡ ⟨ 🐾 🌀 🏊 🖥 💆 🍴 📶 🎾 ⚡ 🚲 📶 ⛳ P VISA 💳 AE ①

– ℰ 04 50 26 85 00 – www.evianroyalresort.com   **Cz**

140 ch – ♦200/870 € ♦♦280/870 € – 12 suites – ☕ 25 € – ½ P 165/460 €

Rest L'Edouard VII – (fermé du dim. au jeudi) (dîner seult) (nombre de couverts limité, prévenir) Menu 80/100 € – Carte 105/142 €

Rest La Véranda – (fermé vacances scolaires) Menu 40/60 €

Rest Le Jardin des Lys – (fermé sam. et dim.) (déj. seult) Menu 40 €

Rest La Suite – (dîner seult) Menu 60 € – Carte 51/89 €

◆ Belle architecture Art déco pour ce luxueux palace édifié en 1907. Parc majestueux, superbe institut de remise en forme et spacieuses chambres garnies de meubles de style. À l'Édouard VII, peintures de Gustave Jaulnes, décor Belle Époque, terrasse avec vue magnifique sur le lac et cuisine gastronomique actuelle. La Véranda propose buffets et grillades. Plats diététiques servis au Jardin des Lys. Ambiance lounge et carte internationale à La Suite.

Ermitage ⬡ ⟨ 🐾 🌀 🏊 🖥 💆 🍴 🎾 rest, 🎾 🆘 ①

av. du Léman – ℰ 04 50 26 85 00 – www.evianermitage.com   **Ca**
VISA 💳 AE ①

74 ch – ♦140/245 € ♦♦200/350 € – 6 suites – ☕ 25 €

Rest La Table – ℰ 04 50 26 85 54 (dîner seult) Menu 50/80 €

– Carte 53/85 €

Rest La Bibliothèque – (déj. seult) Carte 35/58 €

◆ Une imposante architecture Belle Époque sur les hauteurs d'Évian, dans un écrin de verdure. Détente à tous les étages : chambres feutrées et confortables, belle offre de soins au spa... La Table met en valeur les terroirs français ; superbe terrasse dominant le lac. Cuisine légère et ambiance cosy côté Bibliothèque.

ÉVIAN-LES-BAINS

Abondance (Av. d') . . . . **C** 2
Bennevy (Bd de) . . . . **AB** 5
Besson (Quai Ch.) . . . . **B** 6
Clermont (R. de) . . . . **B** 10

Cordeliers (R. des) . . . . **C** 12
Cottet (Pl. Ch.) . . . . **B** 15
Folliet (R. Gaspard) . . . . **B** 19
Grottes (Av. des) . . . . **C** 22
Larringes (Av. des) . . . . **A** 25
Libération (Pl. de la) . . . . . . **C** 26
Mateirons (Av. des) . . . . **B** 27

Monnaie (R. de la) . . . . **B** 29
Narvik (Av. de) . . . . **B** 31
Nationale (R.) . . . . **B** 33
Neuvecelle (Av. de) . . . . . . **B** 36
Port (Pl. du) . . . . **C** 37
Sources (Av. des) . . . . **B** 39
Vallées (Av. des) . . . . **AB** 40

Hilton ⟨ icons ⟩

53 quai Paul Léger – ✆ *04 50 84 60 00* – *www.evianlesbains.hilton.fr*
170 ch – †99/580 € ††99/580 € – 3 suites – ⌧ 25 €   **Cb**
Rest *Riva* – ✆ *04 50 84 60 30* – (17 €) Menu 22 € – Carte 33/62 €
◆ Hôtel au cadre moderne et épuré. La majorité des chambres, dotées de balcons, regarde le lac. Farniente chic au bord de la piscine et détente au wellness. Le Riva propose une cuisine internationale dans une ambiance lounge et branchée.

La Verniaz et ses Chalets ⟨ icons ⟩

rte d'Abondance – ✆ *04 50 75 04 90* – *www.verniaz.com*
– *Ouvert 11 fév.-11 nov.*   **Cq**
32 ch – †90/290 € ††95/292 € – 6 suites – ⌧ 16 € – ½ P 116/214 €
Rest – (28 €) Menu 36/75 € – Carte 52/82 €
◆ Ensemble de maisons et chalets disséminés dans un superbe parc noyé sous les fleurs en saison. Grandes chambres garnies de meubles anciens ; vue sur le lac. Cuisine classique, spécialités de grillades et poissons du Léman à déguster dans le restaurant rustique.

Littoral *sans rest* ⟨ icons ⟩

9 av. de Narvik – ✆ *04 50 75 64 00* – *www.hotel-littoral-evian.com* – *Fermé*
22 nov.   **Be**
30 ch – †72/88 € ††80/106 € – ⌧ 10 €
◆ Hôtel des années 1990 situé à côté du casino. Les chambres, progressivement rafraîchies dans un style régional, offrent toutes une vue sur le lac (la majorité avec balcon).

L'Oasis *sans rest* ⟨ icons ⟩

11 bd Bennevy – ✆ *04 50 75 13 38* – *www.oasis-hotel.com* – *Ouvert*
1ᵉʳ avril-30 sept.   **Av**
17 ch – †70/170 € ††70/170 € – ⌧ 12 €
◆ Sur les hauteurs d'Évian, charmant hôtel aux chambres coquettes et douillettes ; certaines face au lac, d'autres occupent deux maisonnettes nichées dans le joli jardin arboré.

Continental *sans rest* ⟨ icons ⟩

65 r. Nationale – ✆ *04 50 75 37 54* – *www.hotel-continental-evian.com*
32 ch – †50/65 € ††55/90 € – ⌧ 8 €   **Bm**
◆ Dans une rue piétonne, édifice de 1868 abritant un hôtel familial. Chambres bien tenues, au mobilier ancien chiné par le propriétaire ; celles du 4ᵉ étage ont vue sur le lac.

Histoire de Goût ⟨ icons ⟩

1 av. gén.-Dupas – ✆ *04 50 70 09 98* – *www.restaurant-histoiredegout.com*
– *Fermé 2-16 janv. et lundi*   **Am**
Rest – (18 € bc) Menu 28/39 € – Carte 42/59 €
◆ Casiers à vin et beau comptoir "pin et zinc" dans une salle, voûte et lustre en fer forgé dans l'autre : deux ambiances agréables pour découvrir des menus et suggestions actuels.

ÉVISA – 2A Corse-du-Sud – **345** B6 – **voir à Corse**

ÉVOSGES – 01 Ain – **328** F5 – 128 h. – alt. 750 m – ✉ 01230   **45** C1
  ◘ Paris 481 – Aix-les-Bains 69 – Belley 37 – Bourg-en-Bresse 57

L'Auberge Campagnarde ⟨ icons ⟩

Le village – ✆ *04 74 38 55 55* – *Fermé 1ᵉʳ-8 sept., 16-30 nov., janv., mardi soir et merc. hors saison*
15 ch – †60/85 € ††60/85 € – ⌧ 10 € – ½ P 63/67 €
Rest – *(fermé mardi soir et merc.)* Menu 22 € (déj. en sem.), 27/60 €
– Carte 39/57 €
◆ Savourez la quiétude de cette auberge tenue par la même famille depuis cinq générations. Accueil chaleureux, chambres simples mais impeccables, minigolf, piscine. Salle à manger champêtre (objets anciens), terrasse fleurie et cuisine féminine aux accents du terroir.

ÉVREUX ℗ – 27 Eure – **304** G7 – 51 239 h. – alt. 64 m – ⊠ 27000   **33** D2
🛈 Normandie Vallée de la Seine

▶ Paris 100 – Alençon 119 – Caen 135 – Chartres 78

🛈 1 ter, place de Gaulle ℰ 02 32 24 04 43

🛈 d'Évreux Chemin du Valème, par rte de Lisieux : 3 km, ℰ 02 32 39 66 22

⦿ Cathédrale Notre-Dame★★ - Châsse★★ dans l'église St-Taurin - Musée★★ **M.**

Mercure   🛜 📶 ⅙ ch, 🅰🅲 🏄 👷 🅿 🚗 🆅🅸🆂🅰 ⓪ 🅰🅴 ⓪

bd Normandie – ℰ 02 32 38 77 77 – www.mercure.com   **AZs**

60 ch – †79/108 € ††84/116 € – ⊊ 11 €

Rest – (16 €) Menu 20/29 € – Carte 28/41 €

♦ Bien situé à l'entrée du centre-ville, bâtiment moderne et pratique offrant les prestations de la chaîne. Chambres fonctionnelles. Cuisine traditionnelle au restaurant, apprécié pour son atmosphère lumineuse et son décor cosy (ronce de bois, tons chauds).

L'Orme sans rest   📶 🏄 🆅🅸🆂🅰 ⓪ 🅰🅴 ⓪

13 r. Lombards – ℰ 02 32 39 34 12 – www.hotel-de-lorme.fr   **BYt**

39 ch – †60/67 € ††67/72 € – ⊊ 9 €

♦ Cet établissement central constitue une bonne étape pour le voyageur de passage. Chambres sobres et refaites en majorité (écrans plats, wi-fi).

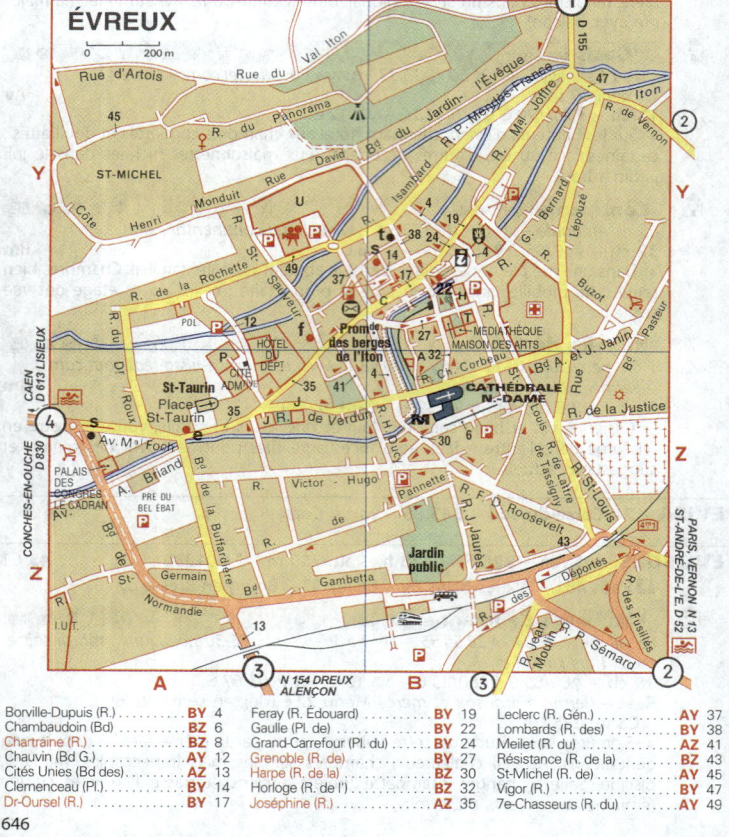

Borville-Dupuis (R.)	**BY** 4	Feray (R. Édouard)	**BY** 19
Chambaudoin (Bd)	**BZ** 6	Gaulle (Pl. de)	**BY** 22
Chartraine (R.)	**BZ** 8	Grand-Carrefour (Pl. du)	**BY** 24
Chauvin (Bd G.)	**AY** 12	Grenoble (R. de)	**BY** 27
Cités Unies (Bd des)	**BZ** 13	Harpe (R. de la)	**BZ** 30
Clemenceau (Pl.)	**BY** 14	Horloge (R. de l')	**BZ** 32
Dr-Oursel (R.)	**BY** 17	Joséphine (R.)	**AZ** 35

Leclerc (R. Gén.)	**AY** 37
Lombards (R. des)	**BY** 38
Meilet (R. du)	**AZ** 41
Résistance (R. de la)	**BZ** 43
St-Michel (R. de)	**AY** 45
Vigor (R.)	**BY** 47
7e-Chasseurs (R. du)	**AY** 49

XX **La Gazette**   AC VISA ☺☺ AE

7 r. St-Sauveur – ✆ 02 32 33 43 40 – www.restaurant-lagazette.fr
– Fermé 1er-22 août, sam. midi et dim.   AYf
Rest – (18 €) Menu 21/58 € – Carte 43/66 €
◆ Table actuelle soignée repérable à sa devanture en bois peint. Mobilier
moderne, poutres enduites, murs gris clair et copies de gazettes composent un
décor intime et trendy.

XX **La Vieille Gabelle**   ⇄ VISA ☺☺
☺☺ *3 r. Vieille-Gabelle – ✆ 02 32 39 77 13 – Fermé 1er-22 août, 25 déc.-2 janv., sam.*
midi, dim. soir et lundi   BYs
Rest – Menu 16 € (sem.), 22/36 € – Carte 32/59 €
◆ Derrière une façade normande à colombages, se cachent deux jolies salles à
manger campagnardes où l'on propose des recettes dans l'air du temps.

X **La Croix d'Or**   AC ⇄ VISA ☺☺ AE
☺☺ *3 r. Joséphine – ✆ 02 32 33 06 07 – Fermé dim. soir et lundi*   AZe
Rest – Menu 13 € (déj. en sem.), 17/33 € – Carte 27/44 €
◆ Le banc d'écailler et le vivier à homards annoncent la couleur : la carte, très
étoffée, privilégie poissons et crustacés. Sobre décor d'esprit rustique et terrasse-
véranda.

à Parville 4 km par ④ – 287 h. – alt. 130 m – ✉ 27180

XX **Côté Jardin**   🌳 AC P VISA ☺☺
rte de Lisieux – ✆ 02 32 39 19 19 – www.restaurant-cotejardinparville.com
– Fermé dim. soir et lundi soir
Rest – (16 €) Menu 27/47 € – Carte 26/57 €
◆ Jolie maison à colombages bordant la route. La coquette salle à manger n'est
pas en reste avec son cadre normand repeint dans des tons pastel. Carte au
goût du jour.

ÉVRON – 53 Mayenne – **310** G6 – 7 152 h. – alt. 114 m – ✉ 53600   **35** C1
🟩 Normandie Cotentin
▶ Paris 250 – Alençon 58 – La Ferté-Bernard 98 – Laval 32
🛈 place de la Basilique ✆ 02 43 01 63 75
◉ Basilique Notre-Dame★ : chapelle N.-D.-de l'Épine★★.

X **La Toque des Coëvrons**   ♿ VISA ☺☺ AE
☺☺ *4 r. des Prés – ✆ 02 43 01 62 16 – www.latoquedescoevrons.com – Fermé*
28 juil.-13 août, 28 fév.-14 mars, dim. soir, merc. soir et lundi
☺ **Rest** – (16 €) Menu 19 € (sem.), 26/45 € – Carte 33/55 €
◆ Le chef, toqué de recettes traditionnelles, mitonne de goûteux petits plats avec
de bons produits locaux. Jolie salle rustique et ambiance familiale.

rte de Mayenne 6 km par D 7 – ✉ 53600 Mézangers

🏠 **Au Relais du Gué de Selle** 🦢   🏊 🌊 ♨ ♿ AC 📶 🧖 P VISA ☺☺
☺ *rte de Mayenne, (D 7) – ✆ 02 43 91 20 00 – www.relais-du-gue-de-selle.com*
Fermé 18 déc.-11 janv., 26 fév.-14 mars, vend. soir, dim. soir et lundi d'oct. à mai
30 ch – †62/191 € ††78/212 € – � 11 € – ½ P 66/115 €
Rest – *(fermé lundi midi de juin à sept.)* (16 € bc) Menu 23 € (sem.), 27/55 €
– Carte 53/66 €
◆ Vieille ferme restaurée et son jardin sur une rive de l'étang, visible depuis une
partie des plaisantes chambres. Promenade au bord de l'eau, vélos, pêche. Salle à
manger coiffée d'une charpente en forme de coque de navire, plats classiques, formule bistrot (déjeuner).

ÉVRY – 91 Essonne – **312** D4 – **101** 37 – **voir à Paris, Environs**

EYBENS – 38 Isère – **333** H7 – **rattaché à Grenoble**

EYGALIÈRES – 13 Bouches-du-Rhône – **340** E3 – 1 955 h. – alt. 134 m   **42** E1
– ✉ 13810 🟩 Provence
▶ Paris 701 – Avignon 28 – Cavaillon 14 – Marseille 83

La Bastide d'Eygalières ⚘ 🚗 🍴 ❄ AC ch, 📞 ⚑ P VISA ⊙

rte Orgon (D 24ᴮ) et chemin de Pestelade – ☎ *04 90 95 90 06*
– www.hotellabastide.com
14 ch – 🛏72/100 € 🛏🛏84/150 € – ☕ 14 €
Rest – *(fermé le midi d'oct. à mars)* (16 €) Menu 26 € (dîner)/38 €
– Carte 30/42 € le soir
   ◆ Charmante bastide aux volets bleus. À l'intérieur, murs blanc cassé, meubles patinés et tomettes... Joli jardin avec piscine, donnant sur les Alpilles. La cuisine privilégie les légumes et les produits bio : salades et tapas le midi, menu traditionnel le soir.

Mas dou Pastré ⚘ 🚗 🍴 ❄ AC 📶 P VISA ⊙

quartier St-Sixte, 1,5 km par rte Orgon (D 24ᴮ) – ☎ *04 90 95 92 61*
– www.masdupastre.com – Fermé 15 nov.-15 déc.
15 ch – 🛏100/180 € 🛏🛏100/180 € – 2 suites – ☕ 15 €
Rest – *(fermé dim.)* Menu 27 € (dîner)/35 €
   ◆ Cette ancienne bergerie a l'âme d'une "guesthouse" un peu insolite : décoration provençale à l'ancienne, meubles et bibelots chinés, jardin... et trois roulottes typiquement gitanes! Pour se restaurer, cuisine régionale et bons produits du terroir.

Maison Roumanille 🏠 ⚘ 🚗 ❄ P VISA ⊙

au village – ☎ *04 90 95 92 61 – www.maisonroumanille.com – Fermé 15 nov.-15 déc.*
4 ch – 🛏150/180 € 🛏🛏150/180 € – 2 suites – ☕ 15 €
   ◆ Au cœur du village, joli mas décoré dans le même esprit que la maison mère. Chambres personnalisées et colorées, avec terrasse (sauf une). Véranda pour les petits-déjeuners.

Maison Bru (Wout Bru) avec ch ⚘ 🚗 🍴 ❄ ✕ ♿ rest, AC P VISA ⊙ AE

3,5 km rte d'Orgon – ☎ *04 90 90 60 34 – www.chezbru.com – Fermé mardi*
midi d'oct. à avril et lundi sauf le soir de mai à sept.
16 ch – 🛏200/300 € 🛏🛏200/300 € – ☕ 20 €
Rest – Menu 105/135 € – Carte 100/150 €
Spéc. Rouget barbet à la plancha, tomates parfumées aux croquants d'olives (mars à sept.). Pluma ibérique laqué, crème de panais et lentilles à l'aigre-doux. Praline de fruit de la passion. **Vins** Vin de pays des Alpilles, Vin de pays des Bouches du Rhône.
   ◆ Bel endroit que ce mas en pierre blanche cerné par des oliviers centenaires. Au restaurant, décor contemporain et terrasse regardant les Alpilles ; cuisine au goût du jour. Chambres spacieuses et minimalistes. Équipements high-tech, grande piscine.

La Brasserie d'Eygalières 🚗 AC VISA ⊙

1 r. de la République – ☎ *04 90 95 93 17 – www.chezbru.com – Fermé mardi*
Rest – Menu 16 € (déj.)/36 € – Carte 34/48 €
   ◆ Au cœur du village, un lieu décontracté aux allures de bistrot chic. Cuisine actuelle concoctée à partir de produits méridionaux. Agréable patio et terrasse sur la rue.

Sous Les Micocouliers 🚗 AC VISA ⊙

Traverse de Montfort – ☎ *04 90 95 94 53 – www.souslesmicocouliers.com*
– Fermé janv. et dim. soir
Rest – (22 €) Menu 29/48 € – Carte 38/56 €
   ◆ Une décoration élégante et colorée, une belle cheminée et, évidemment, une terrasse ombragée de micocouliers ! Fine cuisine actuelle, qui ne renie pas les classiques provençaux.

EYGUIÈRES – 13 Bouches-du-Rhône – 340 F3 – 6 285 h. – alt. 75 m   42 E1
– ✉ 13430 ▮ Provence

▶ Paris 715 – Aix-en-Provence 49 – Arles 45 – Avignon 40
🛈 place de l'ancien Hôtel de Ville ☎ 04 90 59 82 44

Le Relais du Coche 🚗 AC VISA ⊙

pl. Monier – ☎ *04 90 59 86 70 – www.lerelaisducoche.com – Fermé*
5-18 juil., 21 fév.-7 mars, sam. midi, dim. soir et lundi
Rest – Menu 16 € (déj. en sem.), 29/35 € – Carte 30/47 €
   ◆ Étonnant endroit que ce restaurant installé dans les écuries d'un ancien relais de diligences du 18ᵉ s. ! Quelques tables dans le patio envahi de vigne vierge. Cuisine régionale.

EYMET – 24 Dordogne – **329** D8 – 2 541 h. – alt. 54 m – ✉ 24500   **4** C2
🟩 Périgord Quercy

▶ Paris 560 – Arcachon 72 – Bayonne 239 – Bordeaux 101
🚹 place de la Bastide ✆ 05 53 23 74 95

🍴🍴   **La Cour d'Eymet** avec ch   🛜 ⅷ rest, ℗ VISA ⚫ ⚫
♾️   *32 bd National – ✆ 05 53 22 72 83 – www.lacourdeymet.com – Fermé*
25 juin- 5 juil., 15 fév.-10 mars, dim. soir, lundi, mardi et merc. de nov. à mars
3 ch ☐ – ☗80 € ☗☗100 €
Rest – *(nombre de couverts limité, prévenir)* (12 €) Menu 18 € (déj. en sem.),
39/49 € – Carte 40/60 €
♦ Sur la rue principale du bourg, une maison de style régional, flanquée d'une
petite cour où l'on dresse quelques tables aux beaux jours. Cuisine soignée, à
base d'excellents produits ; vins du pays. Quelques chambres spacieuses et plutôt
coquettes.

EYMOUTIERS – 87 Haute-Vienne – **325** H6 – 2 068 h. – alt. 417 m   **25** C2
– ✉ 87120

▶ Paris 434 – Guéret 63 – Limoges 45 – Tulle 71
🚹 7 avenue de la Paix ✆ 05 55 69 27 81

🏠   **Le Relais du Haut Limousin**   ℗ VISA ⚫
♾️   *2 bd Karl Marx – ✆ 05 55 69 40 31 – www.relaisduhautlimousin.com*
10 ch – ☗45 € ☗☗45 € – ☐ 8 € – ½ P 49 €
Rest – Menu 13/27 € – Carte 26/55 €
♦ Nouveau souffle pour cet hôtel familial repris par un couple. L'intérieur a été
entièrement refait à neuf : petites chambres pimpantes, décorées avec des touches de rouge. Cuisine traditionnelle servie au restaurant (1ᵉʳ étage) ou au bistrot
(rez-de-chaussée).

EYRAGUES – 13 Bouches-du-Rhône – **340** D2 – 4 179 h. – alt. 23 m   **42** E1
– ✉ 13630

▶ Paris 705 – Avignon 14 – Marseille 98 – Nîmes 64

🍴🍴   **Le Pré Gourmand**   🚗 ⅷ AC ℗ VISA ⚫ AE
175 av. Marx-Dormoy – ✆ 04 90 94 52 63 – www.restaurant-lepregourmand.com
– Fermé vacances de la Toussaint et de fév., sam. midi, dim. soir et lundi sauf
fériés
Rest – Menu 27/70 € – Carte 60/84 €
♦ De la terrasse, on aperçoit un pré fleuri, tandis que la carte, courte et alléchante, rend gourmand ! Cuisine soignée, à base de produits de saison, relevée
d'herbes et de fleurs.

EYSINES – 33 Gironde – **335** H5 – rattaché à Bordeaux

LES EYZIES-DE-TAYAC – 24 Dordogne – **329** H6 – 848 h. – alt. 70 m   **4** C3
– ✉ 24620 🟩 Périgord Quercy

▶ Paris 536 – Brive-la-Gaillarde 62 – Fumel 62 – Périgueux 47
🚹 19, av. de la Préhistoire ✆ 05 53 06 97 05
🔵 Musée national de Préhistoire★★ - Grotte du Grand Roc★★ : ≤★ - Grotte
de Font-de-Gaume★★.

🏠🏠   **Les Glycines**   ≤ 🐾 🛜 ⚊ AC ch, ℗ ⅷ ℗ VISA ⚫ AE
4 av. de Laugerie, rte de Périgueux – ✆ 05 53 06 97 07
– www.les-glycines-dordogne.com – Ouvert de Pâques à la Toussaint
24 ch – ☗95/235 € ☗☗95/235 € – ☐ 15 € – ½ P 104/174 €
Rest – *(fermé lundi midi et mardi midi sauf juil.-août)* (39 €) Menu 49/95 €
♦ Cet ancien relais de poste près de la Vézère embaume la nature, avec son
parc, sa tonnelle de glycine et son potager. Les chambres, très confortables, sont
vraiment reposantes. La carte est alléchante, embellie de notes actuelles et de
légumes du jardin.

Hostellerie du Passeur

pl. de la Mairie – ☏ 05 53 06 97 13 – www.hostellerie-du-passeur.com
– Ouvert de Pâques à la Toussaint
19 ch – ✝70/92 € – ✝✝70/120 € – ☑ 13 € – ½ P 73/105 €
Rest – *(fermé mardi midi, vend. midi et sam. midi sauf juil.-août)* (12 €) Menu 37/65 €
♦ Au cœur du bourg, sur la place de la mairie, cette imposante demeure périgourdine propose des chambres petites mais coquettes. Les tables sont dressées
avec élégance, parfois en terrasse. Carte traditionnelle le soir (foie gras, confit)
et formule bistrot le midi.

Moulin de la Beune ⌂

2 r. du Moulin Bas – ☏ 05 53 06 94 33 – www.moulindelabeune.com
– Ouvert 8 avril-31 oct.
20 ch – ✝55 € – ✝✝74 € – ☑ 8 € – ½ P 74/80 €
Rest *Au Vieux Moulin* – *(fermé mardi midi, merc. midi et sam. midi)*
Menu 18/48 € – Carte 50/89 €
♦ Deux vieux moulins dans un paisible jardin traversé par la Beune. Cham-
bres meublées d'ancien et décorées avec goût. Agréable salon doté d'une belle
cheminée. On déguste, face à la rivière, une cuisine traditionnelle bien tournée.

Le Cro Magnon

54 av. de la Préhistoire – ☏ 05 53 06 97 06 – www.hostellerie-cro-magnon.com
– Ouvert 21 mars-8 nov.
15 ch – ✝65/75 € – ✝✝75/92 € – ☑ 10 € – ½ P 71/79 €
Rest – *(fermé lundi en juil.-août)* (dîner seult) Menu 25/44 € – Carte 29/50 €
♦ Cette demeure adossée aux rochers n'a rien de préhistorique, avec ses chambres
spacieuses, son joli salon avec cheminée et sa piscine. Repas traditionnels servis dans
la véranda ou en terrasse ; petits-déjeuners dans un salon délicieusement cossu.

à l'Est 7 km par rte de Sarlat – ✉ 24620 Les Eyzies-de-Tayac

La Métairie

Lieu-dit Beyssac, sur D 47 – ☏ 05 53 29 65 32
– www.toques-perigord.com/metairie – Fermé mardi
Rest – (15 €) Menu 19/32 € – Carte 28/41 €
♦ Au pied de la falaise, l'ancienne ferme du château de Beyssac, entourée d'un parc.
La salle à manger a beau être rustique, la cuisine ne l'est pas et privilégie le poisson.

à l'Est 8 km par rte de Sarlat, C 3 dir. Meyrals et rte secondaire – ✉ 24220 Meyrals :

Ferme Lamy sans rest ⌂

– ☏ 05 53 29 62 46 – www.ferme-lamy.com – Fermé 18 déc.-3 janv. et 12-28 fév.
12 ch – ✝98/185 € – ✝✝98/185 € – ☑ 17 €
♦ Ambiance cosy dans cette ferme. Chambres calmes, joliment décorées de meubles anciens, et beau jardin.

ÈZE – 06 Alpes-Maritimes – **341** F5 – 2 932 h. – alt. 390 m – ✉ 06360   **42** E2
▌ Côte d'Azur

▶ Paris 938 – Cap d'Ail 6 – Menton 17 – Monaco 8
🛈 place du Général-de-Gaulle ☏ 04 93 41 26 00
◎ Site ★★ - Sentier Frédéric Nietzsche ★ - Le vieux village ★
- Jardin exotique ❄ ★★★.
◎ "Belvédère" d'Èze ⬳ ★★ O : 4 km.

Château de la Chèvre d'Or ⌂

r. Barri, (accès piétonnier) – ☏ 04 92 10 66 66
– www.chevredor.com – Ouvert 4 mars-30 nov.
30 ch – ✝280/870 € – ✝✝280/870 € – 7 suites – ☑ 45 €
Rest *Château de la Chèvre d'Or* – voir ci-après
Rest *Les Remparts* – *(ouvert mi-avril à mi-oct. et fermé le soir)* Menu 59 €
– Carte 115/150 €
Rest *Eden* – *(ouvert mi-avril à mi-oct. et fermé le midi)* Carte 100/220 €
♦ Exceptionnel, divin, enchanteur... Un îlot céleste, agrippé aux rochers au-dessus
de la mer ! La plupart des chambres, disséminées dans le village, jouissent d'une
vue splendide. Aux Remparts, on déguste une belle cuisine méditerranéenne tout
au bord de la falaise. L'Éden n'ouvre ses portes qu'au dîner : ambiance magique
sous les étoiles et cuisine fusion.

Château Eza ⌖ ≤ 🚬 AC ✕ rest, ⁂ 🎿 ⊏🛏 P VISA ∞ AE ①
🌸
r. Pise, (accès piétonnier) – ℰ 04 93 41 12 24 – www.chateaueuza.com – Fermé
1ᵉʳ nov.-20 déc.
9 ch – †237/1200 € ††237/1200 € – 1 suite – ☲ 35 €
Rest – (fermé lundi et mardi de janv. à mars) Menu 39 € (déj.), 49/105 €
– Carte 56/116 €
Spéc. Moelleux de crabe des neiges, miroir de roquette sauvage et légumes tendres du moment. Agneau des Alpes, concassée de pommes nouvelles et olives
taggiasche. Soufflé aux pêches de vigne à la verveine-citronnelle. **Vins** Bellet, Vin
de pays des Bouches du Rhône.
♦ Cette somptueuse demeure du 14ᵉ s. accrochée entre ciel et mer offre une vue
époustouflante sur la côte. Élégantes chambres personnalisées, avec terrasse, balcon ou jacuzzi privé. À table : panorama sublime, toit ouvrant, décor moyenâgeux
et subtile cuisine actuelle.

XXX **Château de la Chèvre d'Or** – Hôtel Château de la Chèvre d'Or ≤
🌸🌸 r. Barri, (accès piétonnier) – ℰ 04 92 10 66 66 🚐 ⊼ AC ✕ VISA ∞ AE ①
– www.chevredor.com
Rest – (ouvert 4 mars-30 nov. et fermé merc. en mars et lundi en nov.) (prévenir)
Menu 65 € (déj.), 175/230 € – Carte 135/250 €🍴
Spéc. Caviar osciètre, risotto glacé au citron confit, carpaccio de loup et araignée de mer. Filet de bœuf Salers au foie gras, macaronis gratinés. Figue du
pays crue et cuite, sorbet mascarpone (automne). **Vins** Bellet, Côtes de Provence.
♦ À hôtel d'exception, table d'exception ! Pour cette institution de la gastronomie
azuréenne, choisir l'excellence va de soi. Produits de premier ordre, mets fins et
délicats, fraîcheur, couleurs… avec le décor et le service d'une grande maison.

XX **Troubadour** VISA ∞
r. du Brec, (accès piétonnier) – ℰ 04 93 41 19 03 – Fermé 3-8 juil.,
14 nov.-20 déc., 27 fév.-7 mars, dim. et lundi
Rest – (prévenir) Menu 39/52 € – Carte 50/65 €
♦ Au cœur du vieux village, trois petites salles intimes et fraîches dans une
demeure ancienne. Carte classique évoluant au gré du marché et quelques spécialités provençales.

au Col d'Èze 3 km au Nord-Ouest – ⌗ 06360 Eze – 2 509 h. – alt. 390 m

🏠 **La Bastide aux Camélias** sans rest ⌖ 🚐 ⊼ 🛁 ✕ ⁂ P VISA ∞
23c rte de l'Adret – ℰ 04 93 41 13 68 – www.bastideauxcamelias.com
5 ch ☲ – †120/150 € ††120/150 €
♦ Immergée dans la verdure, cette villa dispose de chambres douillettes et élégantes. Piscine et fitness. Dans l'annexe du village : suite et terrasse panoramique
sur le toit.

ÈZE-BORD-DE-MER – 06 Alpes-Maritimes – **341** F5 – ⌗ 06360 Eze **42** E2
🟩 Côte d'Azur
▶ Paris 959 – Menton 22 – Monaco 8 – Nice 14

🏨 **Cap Estel** ⌖ ≤ 🍸 🚬 ⊼ 🔲 ⊕ 🛁 ✕ 🍴 ⑃ AC ✕ 📞 🎿 P 🅿
1312 av. Raymond-Poincaré – ℰ 04 93 76 29 29 VISA ∞ AE
– www.capestel.com – Fermé 3 janv.-25 fév.
10 suites – ††680/13350 € – 8 ch – ☲ 30 €
Rest – Menu 78/98 € – Carte 67/102 €
♦ Maison enchanteresse construite sur une presqu'île par un prince russe à la fin
du 19ᵉ s. Salons magnifiques, chambres et suites somptueuses, jardin, plage privée et spa, pour un séjour de rêve. Élégante table au goût du jour tournée vers
la grande bleue.

FAGNON – 08 Ardennes – **306** J4 – rattaché à Charleville-Mézières

FALAISE – 14 Calvados – **303** K6 – 8 475 h. – alt. 132 m – ⌗ 14700 **32** B2
🟩 Normandie Cotentin
▶ Paris 264 – Argentan 23 – Caen 36 – Flers 37
🛈 boulevard de la Libération ℰ 02 31 90 17 26
🟦 Château Guillaume-Le-Conquérant★ - Église de la Trinité★.

De la Poste VISA ⚫ AE

38 r. G. Clemenceau – ⚬ 02 31 90 13 14 – Fermé 1ᵉʳ-23 janv., dim. soir, vend. soir d'oct. à avril, vend. midi de mai à sept. et lundi
15 ch – ♦57/110 € ♦♦57/110 € – 8 € – ½ P 57/70 €
Rest – (13 €) Menu 16/45 € – Carte 39/70 €
◆ Ce bâtiment de l'après-guerre héberge des chambres sobres et bien tenues ; celles sur l'arrière sont plus calmes. Salle de restaurant aux tons pastel où l'on sert des plats traditionnels.

L'Attache VISA ⚫ AE

*rte de Caen , 1,5 km au Nord par N158 – ⚬ 02 31 90 05 38
– Fermé 15 juin-4 juil., mardi et merc.*
Rest – *(nombre de couverts limité, prévenir)* Menu 20/55 € – Carte 40/65 €
◆ Ancien relais de poste à façade pimpante. Sympathique intérieur classique et recettes traditionnelles réhabilitant quelquefois légumes et aromates injustement oubliés.

à St-Pierre-Canivet 4 km au Nord par N 158 et D 6 – 361 h. – alt. 150 m – ⌧ 14700

Domaine de la Tour sans rest P VISA ⚫

– ⚬ 02 31 20 53 07 – www.domainedelatour.fr
4 ch – ♦65 € ♦♦70 €
◆ Propriété du 18ᵉ s. occupant le pavillon de chasse et les écuries du Château de la Tour. Pour un séjour au calme et en famille : chambres d'esprit normand, salle de jeux pour enfants, parc.

LE FALGOUX – 15 Cantal – 330 D4 – 160 h. – alt. 930 m – Sports   5 B3
d'hiver : 1 050 m 1 – ⌧ 15380
▶ Paris 533 – Aurillac 57 – Mauriac 29 – Murat 34
◉ Vallée du Falgoux★.
◉ Cirque du Falgoux★★ SE : 6 km - Puy Mary ※★★★ : 1 h AR du Pas de Peyrol★★ SE : 12 km ▌ Auvergne

Des Voyageurs VISA ⚫

– ⚬ 04 71 69 51 59 – Fermé 2 nov.-25 janv. et merc. soir hors saison
14 ch – ♦46 € ♦♦46 € – 7 € – ½ P 44 €
Rest – Menu 17/27 € – Carte 20/31 €
◆ Cette auberge de village bénéficie de chambres claires et fonctionnelles. Préférez celles tournées vers les hauteurs du Puy Marie. Le restaurant de style rustique offre une superbe vue panoramique. Cuisine régionale.

FALICON – 06 Alpes-Maritimes – 341 E5 – 1 789 h. – alt. 396 m – ⌧ 06950   42 E2
▶ Paris 935 – Cannes 42 – Nice 12 – Sospel 41

Parcours AC VISA ⚫ AE

1 pl. Marcel Eusebi – ⚬ 04 93 84 94 57 – www.restaurant-parcours.com – Fermé 2 sem. en juin et 2 sem. en janv., dim. soir, mardi de sept. à juin et lundi
Rest – (25 €) Menu 39/70 € – Carte 54/78 €
◆ Séduisant cocktail : écrans plasma retransmettant le travail des cuisiniers, cadre contemporain, terrasse panoramique et menus composés selon le marché.

LE FAOU – 29 Finistère – 308 F5 – 1 669 h. – alt. 10 m – ⌧ 29590 ▌ Bretagne   9 A2
▶ Paris 560 – Brest 30 – Châteaulin 20 – Landerneau 23
🛈 10, rue du Gal-de-Gaulle ⚬ 02 98 81 06 85
◉ Site★.

De Beauvoir rest, P VISA ⚫ AE ⚪

11 pl. Mairie – ⚬ 02 98 81 90 31 – www.hotel-beauvoir.com – Fermé 15-29 déc. et dim. soir
32 ch – ♦65 € ♦♦80 € – ½ P 60/65 €
Rest *La Vieille Renommée* – *(fermé dim. soir d'oct. à mai, lundi sauf le soir de juin à sept. et vend. soir hors saison)* Menu 18 € (déj. en sem.), 25/55 € – Carte 40/50 €
◆ Grand hôtel situé au cœur d'un village éminemment breton, au fond de l'estuaire du Faou. Accueil aimable et chambres classiques. La salle à manger de la Vieille Renommée est dressée avec soin ; cuisine traditionnelle assortie d'une belle carte des vins.

LA FARLÈDE – 83 Var – **340** L6 – 6 952 h. – alt. 90 m – ✉ 83210 **41** C3
▶ Paris 853 – Marseille 76 – Toulon 12

✗ **L'Âne au Salon** 🐴 **P** *VISA* 🐦 AE
3 r. Calade Ste-Elisabeth, (angle r. de la République) – ✆ 04 94 75 28 14
– www.aneausalon.com – Fermé 25 déc.-2 janv., dim. sauf le soir de Pâques
à sept., mardi soir et lundi d'oct. à Pâques
Rest – (16 €) Menu 35/40 € – Carte 37/52 €
◆ Un lieu atypique sautant joliment du coq à l'âne : un atelier d'artiste coloré, un
coin boudoir et une "salle blanche". Cuisine revisitant le terroir méditerranéen.

FARROU – 12 Aveyron – **338** E4 – rattaché à Villefranche-de-Rouergue

LA FAUCILLE (COL DE) – 01 Ain – **328** J2 – voir à Col de la Faucille

FAVERGES – 74 Haute-Savoie – **328** K6 – 6 533 h. – alt. 507 m **45** C1
– ✉ 74210 🌲 Alpes du Nord
▶ Paris 562 – Albertville 20 – Annecy 27 – Megève 35
🚊 place Marcel Piquand ✆ 04 50 44 60 24

🏨 **Florimont** 🚗 🛏 🔌 🌐 🛗 ⚒ **P** *VISA* 🐦 AE ⓘ
1006 r. du Champ-Canon, (rte d'Albertville) – ✆ 04 50 44 50 05
– www.hotelflorimont.com – Fermé 10 déc.-10 janv.
27 ch – ♦70/90 € ♦♦80/120 € – ☕ 12 € – ½ P 78/105 €
Rest – *(fermé dim. soir, lundi midi et sam.)* Menu 28/44 € – Carte 57/82 €
◆ Le Florimont (mot-valise pour fleur et montagne) jouit d'une situation privilégiée près d'un golf avec vue sur le mont Blanc. Tons vifs et tenue parfaite dans
les chambres. Cuisine dans l'air du temps servie en salle (classique ou
savoyarde) ou sur la terrasse.

🏠 **De Genève** sans rest 🛏 ⚒ 🔌 🌐 🛗 ⚒ **P** *VISA* 🐦 AE
34 r. République – ✆ 04 50 32 46 90 – www.hotellegeneve.com – Fermé
17 déc.-1ᵉʳ janv.
30 ch – ♦58/81 € ♦♦58/81 € – ☕ 8 € – ½ P 54/66 €
◆ Reconnaissable à sa façade peinte, cet hôtel, central et parfaitement entretenu, constitue un utile point de chute. Chambres fonctionnelles, bien insonorisées côté rue.

au Tertenoz 4 km au Sud-Est par D 12 et rte secondaire – ✉ 74210 Seythenex

✗✗ **Au Gay Séjour** avec ch 🕊 ⇐ 🛏 ⚒ 🌐 🛗 ⚒ **P** *VISA* 🐦 AE
*– ✆ 04 50 44 52 52 – www.hotel-gay-sejour.com – Fermé dim. soir et lundi sauf
fériés et sauf juil.-août*
11 ch – ♦75/95 € ♦♦85/112 € – ☕ 13 € – ½ P 90/100 €
Rest – (26 €) Menu 38 € (sem.)/84 € – Carte 52/65 €
◆ Cette ancienne ferme-auberge du 17ᵉ s. a fière allure : cuisine traditionnelle,
vue sur la vallée et décor contemporain haut en couleurs au restaurant. Chambres simples.

FAVERNEY – 70 Haute-Saône – **314** E6 – 1 052 h. – alt. 235 m – ✉ 70160 **16** B1
▶ Paris 364 – Besançon 70 – Lure 48 – Vesoul 21
🚊 place de la Mairie ✆ 03 84 91 30 71

à Breurey-lès-Faverney 3 km au Sud-Est par D 434 et D 6 – 521 h. – alt. 233 m
– ✉ 70160

🏠 **Château de la Presle** 🕊 🎵 ♫ 🔌 **P** *VISA* 🐦
3 r. Louis-Pergaud – ✆ 03 84 91 41 70 – www.chateaudelapresle.com
5 ch ☕ – ♦95/125 € ♦♦110/140 € **Table d'hôte** – Menu 45 € bc
◆ Ce petit château du 19ᵉ s. entouré d'un parc arboré de 6 ha domine le pittoresque
village. Chambres ravissantes (toile de Jouy, style gustavien, etc.). Salon avec piano,
billard sous les combles, beau spa. Cuisine bourgeoise servie dans une élégante salle.

FAVIÈRES – 80 Somme – **301** C6 – 453 h. – alt. 1 m – ✉ 80120 **36** A1
▶ Paris 212 – Abbeville 22 – Amiens 77 – Berck-Plage 27
👁 Le Crotoy : Butte du Moulin ⇐ ★ SO : 5 km 🌲 Picardie Flandres Artois

Les Saules ⚘   📓 & ch, ⚙ rest, ♨ 📶 **P** 🅿 VISA ✦✦ AE

1075 r. des Forges – ✆ 03 22 27 04 20 – www.hotel-baie-somme.com – Fermé 2-27 janv.
13 ch – †70/100 € ††75/110 € – ⌸ 12 € – ½ P 72/78 €
Rest – *(dîner seult) (résidents seult)* Menu 25 €
♦ Tranquillité assurée dans cette maison proche du parc ornithologique du Marquenterre. Chambres fonctionnelles avec vue sur le jardin ou la campagne environnante. Dîner servi aux résidents.

🍴🍴 La Clé des Champs   AC **P** 🅿 VISA ✦✦ AE ①

😊 *pl. des Frères-Caudron – ✆ 03 22 27 88 00 – www.restaurant-lacledeschamps.fr*
– Fermé 1 sem. en sept., 2 sem. en janv., lundi et mardi sauf fériés
Rest – (15 €) Menu 22/41 €
♦ Cette ancienne ferme picarde est désormais une bonne adresse gourmande. Près de la cheminée, on se régale de jolis plats du marché : sole, asperges, escalope de foie gras...

FAVONE – 2A Corse-du-Sud – **345** F9 – **voir à Corse**

FAYENCE – 83 Var – **340** P4 – **4 790 h.** – **alt. 350 m** – ✉ 83440   **41** C3
🟩 Côte d'Azur

▶ Paris 884 – Castellane 55 – Draguignan 30 – Fréjus 36
ℹ place Léon Roux ✆ 04 94 76 20 08
👁 ≤ ★ de la terrasse de l'Église.

🏠 La Bégude du Pascouren *sans rest*   📓 🏊 AC ♨ **P** 🅿 VISA ✦✦

74 chemin de la Bane, 7,5 km au Sud par D 562 (rte de Draguignan)
– ✆ 04 94 68 63 03 – www.chambres-hotes-labegudedupascouren.fr
5 ch ⌸ – †112/162 € ††115/165 €
♦ Une partie de pétanque, quelques brasses dans la piscine, puis une sieste dans sa chambre ou au jardin... Cette villa offre tous les plaisirs de la Provence !

🍴 La Table d'Yves   🍴 AC **P** 🅿 VISA ✦✦ AE

😊 *1357 rte de Fréjus, 2 km par D 563 – ✆ 04 94 76 08 44 – www.latabledyves.com*
– Fermé 2 nov.-1ᵉʳ déc., jeudi sauf le soir en saison et merc.
Rest – Menu 29/48 € – Carte 38/50 €
♦ Dans cette jolie maison aux volets bleus, au milieu des vignes, on se délecte d'une agréable cuisine du marché. Salle à manger feutrée (tons beige et chocolat) et belle terrasse.

🍴 La Farigoulette   🍴 VISA ✦✦

pl. du Château – ✆ 04 94 84 10 49 – www.lafarigoulette.com – Fermé 22 oct.-3 nov.,
20-25 déc., 25 fév.-12 mars, mardi sauf du 1ᵉʳ juil. au 31 août et merc.
Rest – (17 €) Menu 28/34 € – Carte 38/56 €
♦ Cette ancienne bergerie abrite deux charmantes salles à manger (poutres et pierres apparentes, mobilier ancien). Cuisine traditionnelle judicieusement actualisée.

🍴 Le Temps des Cerises   🍴 VISA ✦✦ AE

pl. République – ✆ 04 94 76 01 19 – www.descerises.com – Fermé 14 nov.-17 fév.,
le midi du 15 juin au 1ᵉʳ sept. sauf dim., sam. midi de 2 sept. au 14 juin et mardi
Rest – (29 €) Menu 41 € – Carte 42/48 €
♦ Une terrasse sous la tonnelle, des cuisines ouvertes sur la salle et des tableaux peints par le père du chef. Ce dernier, d'origine hollandaise, chante la tradition... sans nostalgie.

à l'Ouest par rte de Seillans (D 19) et rte secondaire – ✉ 83440 Fayence

🏨 Moulin de la Camandoule ⚘   ≤ 🔥 🍴 🏊 AC ♨ **P** 🅿 VISA ✦✦ AE ①

à 2 km – ✆ 04 94 76 00 84 – www.camandoule.com
9 ch – †72/118 € ††72/159 € – 1 suite – ⌸ 14 € – ½ P 87/123 €
Rest – *(fermé jeudi sauf le soir en juil.-août et merc. de sept. à juin)*
Menu 30/57 € – Carte 42/57 €
♦ Au cœur d'un parc traversé par un aqueduc romain, moulin à huile du 17ᵉ s. abritant de coquettes chambres d'esprit provençal (mobilier de style). Le restaurant, avec sa terrasse bordée par un charmant jardin-verger, met en valeur les recettes et produits du terroir.

XXX Le Castellaras ◁ ⛟ ⛲ **P** VISA ⦿ AE ⓪

461 chemin Peymeyan, à 4 km – ℰ *04 94 76 13 80*
– www.restaurant-castellaras.com – Fermé de nov. à mi-mars, mardi sauf le soir
en juil.-août et lundi
Rest – Menu 45/65 € – Carte 72/78 €
◆ Maison de caractère dans un jardin arboré, avec une superbe terrasse et le village pour toile de fond. Décor soigné et cuisine généreuse... aux couleurs de la
Provence.

LE FAYET – 74 Haute-Savoie – **074** 08 – rattaché à St-Gervais-les-Bains

---

FÉCAMP – 76 Seine-Maritime – **304** C3 – 19 424 h. – alt. 15 m – Casino   **33** C1
AZ – ✉ 76400 █ Normandie Vallée de la Seine

▶ Paris 201 – Amiens 165 – Caen 113 – Dieppe 66
🛈 Quai Sadi Carnot ℰ 02 35 28 51 01
◎ Abbatiale de la Trinité★ - Palais Bénédictine★★ - Musée des Terres-Neuvas
et de la Pêche★ **M³** - Chapelle N.-D.-du-Salut ❄★★ N : 2 km par D 79 BY.

🏨 Le Grand Pavois *sans rest* ◁ ⬚ & AC 📶 ⓢ **P** 🚗 VISA ⦿ AE ⓪

15 quai Vicomté – ℰ *02 35 10 01 01 – www.hotel-grand-pavois.com*
35 ch – †92/250 € ††92/250 € – ⬚ 14 €   AYr
◆ Sur les quais, immeuble bâti en lieu et place d'une conserverie. Hall au décor
marin, bar (piano) et grandes chambres au mobilier contemporain ; certaines
donnent sur le port.

🏠 La Ferme de la Chapelle ⅏ ⛟ ⬚ & ch, ⅍ rest, 📶 ⓢ **P**

2 km par ①, *rte du Phare et D 79 –* ℰ *02 35 10 12 12*   VISA ⦿ AE
– Fermé 16-23 nov., 4-18 janv.   AYd
22 ch – †85/95 € ††85/95 € – ⬚ 10 €
Rest – *(fermé dim. soir et lundi)* (17 €) Menu 24/31 € – Carte 30/37 €
◆ Couronnant une falaise, cette ancienne ferme seigneuriale du 16ᵉ s. accolée à
la chapelle des marins abrite, autour d'une cour carrée, des chambres sobrement
meublées. Salle de restaurant à la fois simple et accueillante, où l'on sert des plats
traditionnels.

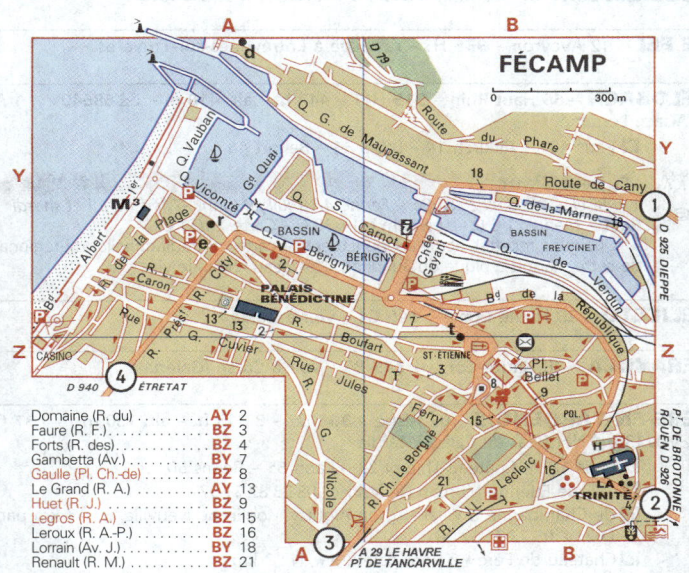

Domaine (R. du)	**AY**	2
Faure (R. F.)	**BZ**	3
Forts (R. des)	**BZ**	4
Gambetta (Av.)	**BY**	7
Gaulle (Pl. Ch.-de)	**BZ**	8
Le Grand (R. A.)	**AY**	13
Huet (R. J.)	**BZ**	9
Leroux (R. A.)	**BZ**	15
Leroux (R. A.-P.)	**BZ**	16
Lorrain (Av. J.)	**BY**	18
Renault (R. M.)	**BZ**	21

Vent d'Ouest sans rest
3 av. Gambetta – ☎ 02 35 28 04 04 – www.hotelventdouest.tm.fr – Fermé dim. soir sauf de juil. à sept. BY**t**
15 ch – †38/44 € ††44/57 € – ☕ 7 €
◆ Cet hôtel familial sans prétention, entièrement refait, conviendra aux budgets serrés. Les chambres, de couleur jaune, sont bien équipées. Coquette salle des petits-déjeuners.

Auberge de la Rouge avec ch
rte du Havre, 2 km par ③ – ☎ 02 35 28 07 59 – www.auberge-rouge.com
8 ch – †65 € ††65 € – ☕ 8 €
Rest – *(fermé sam. midi, dim. soir et lundi)* (15 €) Menu 20/55 € – Carte 62/103 €
◆ Un répertoire culinaire traditionnel s'illustre dans cet ancien relais de poste au décor campagnard. Terrasse sur jardin fleuri pour les beaux jours. Chambres rustiques.

La Marée
77 quai Bérigny, (1er étage) – ☎ 02 35 29 39 15 – www.fecamp-restaurant-la-maree.com – Fermé jeudi soir, dim. soir et lundi hors saison AY**v**
Rest – (17 €) Menu 29/36 € – Carte 32/50 €
◆ La carte de ce restaurant est entièrement vouée aux produits de la mer. Sobre décor actuel et vue sur le port depuis certaines tables. Petite terrasse exposée plein sud.

Le Vicomté
4 r. Prés. R. Coty – ☎ 02 35 28 47 63 – Fermé 26-30 avril, 15 août-2 sept., 22 déc.-4 janv., dim., merc. et fériés AY**e**
Rest – *(nombre de couverts limité, prévenir)* Menu 18 €
◆ Proche de l'étonnant palais Bénédictine dû au créateur de la célèbre liqueur, agréable petit bistrot où l'on déguste une cuisine du marché à découvrir sur l'ardoise.

FEGERSHEIM – 67 Bas-Rhin – **315** K6 – rattaché à Strasbourg

---

LE FEL – 12 Aveyron – **338** H3 – rattaché à Entraygues-sur-Truyères

---

FELDBACH – 68 Haut-Rhin – **315** H11 – 442 h. – alt. 410 m – ✉ 68640 **1** A3
Alsace Lorraine

Paris 461 – Altkirch 14 – Basel 34 – Belfort 46

Cheval Blanc
1 r. Bisel – ☎ 03 89 25 81 86 – Fermé 4-19 juil., 23 janv.-7 fév., lundi et mardi
Rest – Menu 11 € (déj. en sem.), 14/38 € – Carte 20/51 €
◆ Quelques recettes actuelles ponctuent la carte mi-traditionnelle, mi-régionale de cette maison typique du Sundgau. Très beau choix de vins.

FELICETO – 2B Haute-Corse – **345** C4 – voir à Corse

FERAYOLA – 2B Haute-Corse – **345** B5 – voir à Corse (Galéria)

FÈRE-EN-TARDENOIS – 02 Aisne – **306** D7 – 3 313 h. – alt. 180 m **37** C3
– ✉ 02130 Nord Pas-de-Calais Picardie

Paris 111 – Château-Thierry 23 – Laon 55 – Reims 50
18, rue Etienne-Moreau-Nelaton ☎ 03 23 82 31 57
de Champagne à Villers-Agron-Aiguizy Moulin de Neuville, E : 17 km par D 2, ☎ 03 23 71 62 08
Château de Fère★ : Pont-galerie★★ N : 3 km.

Château de Fère ♨   ← ♤ ☎ ⚒ ✕ & ch, ᴬᴷ rest, ¶ 🕍 🅿
rte de Fismes, 3 km au Nord par D 967 – ✆ 03 23 82 21 13   VISA ⦾ AE ⓪
– www.chateaudefere.com – Fermé 2 janv.-11 fév.
23 ch – ♦144/180 € ♦♦252/315 € – 6 suites – � 22 €
Rest – (fermé lundi midi sauf fériés) (31 €) Menu 52/90 € – Carte 75/100 €🏵
♦ Non loin se dressent les vestiges du château d'Anne de Montmorency... Cette belle demeure du 16e s. est chargée d'histoire, mais vit au présent : piscine d'été, chambres confortables... Fresque à la gloire de La Fontaine et cuisine classique : la tradition a du bon !

FERNEY-VOLTAIRE – 01 Ain – **328** J3 – 7 661 h. – alt. 430 m   **46** F1
– ✉ 01210 ▌Franche-Comté Jura

▶ Paris 499 – Bellegarde-sur-Valserine 37 – Genève 10 – Gex 10
✈ de Genève-Cointrin ✆ (00 41 22) 717 71 11, 4 km au S.
🛈 26, Grand'Rue ✆ 04 50 28 09 16
🏌 de Gonville à Saint-Jean-de-Gonville, SO : 14 km par D 35 et D 984,
✆ 04 50 56 40 92

◉ Château★.
◉ Genève★★★.

Novotel   🚗 ☎ ⚒ ✕ & ch, ᴬᴷ ¶ 🕍 🅿 VISA ⦾ AE ⓪
rte de Meyrin, par D 35 – ✆ 04 50 40 85 23 – www.novotel.com
80 ch – ♦79/220 € ♦♦79/220 € – ⊏ 14 €
Rest – (12 €) Menu 20 € – Carte 22/39 €
♦ Un vent de renouveau a soufflé sur ce Novotel proche de la frontière suisse. Chambres désormais contemporaines (aux normes de la chaîne) : bois clair et tendance zen. Restaurant élégant (avec terrasse) pour des plats traditionnels et des spécialités régionales.

✕✕ **De France** avec ch   ☎ ¶ VISA ⦾ AE
1 r. de Genève – ✆ 04 50 40 63 87 – www.hotelfranceferney.com
– Fermé 1er-15 août, 24 oct.-1er nov., 24 déc.-11 janv.
14 ch – ♦69/100 € ♦♦89/115 € – ⊏ 9 €
Rest – (fermé sam. midi, dim. et lundi) (20 €) Menu 26 € (déj.), 45/66 €
– Carte 40/71 € le soir🏵
♦ Maison de 1742 bien reprise en main : salle à manger modernisée, bar cosy, véranda prolongée par une terrasse sous les tilleuls, jolies chambres, et cuisine au goût du jour.

✕✕ **Le Pirate**   ☎ VISA ⦾ AE ⓪
1 chemin de la Brunette – ✆ 04 50 40 63 52 – www.lepirate.fr – Fermé
1er-21 août, 2-8 janv., dim. et lundi
Rest – (28 €) Menu 32 € (déj.)/62 € – Carte 45/75 €
♦ Une adresse dédiée aux produits de la mer. Élégantes salles à manger (tons chaleureux, plantes vertes à profusion) et véranda ouverte, aux beaux jours, sur une fontaine.

✕ **Le Chanteclair**   ☎ VISA ⦾
13 r. Versoix – ✆ 04 50 40 79 55 – Fermé 1 sem. en mai, 16-31 août, 1 sem. à
Noël, dim. et lundi
Rest – (24 €) Menu 28 € (déj.), 38/58 € – Carte 45/65 €
♦ Cuisine rythmée par les saisons et tables dressées de façon contemporaine en ce sympathique restaurant égayé de tons bleu et jaune (originale devanture chargé d'écritures).

FERRETTE – 68 Haut-Rhin – **315** H12 – 1 063 h. – alt. 470 m – ✉ 68480   **1** A3
▌Alsace Lorraine

▶ Paris 467 – Altkirch 20 – Basel 28 – Belfort 52
🛈 route de Lucelle ✆ 03 89 08 23 88
🏌 de la Largue à Seppois-le-Bas Rue du Golf, O : 10 km par D 473 et D 24,
✆ 03 89 07 67 67

◉ Site★ - Ruines du Château ← ★.

à **Ligsdorf** 4 km au Sud par D 432 – 334 h. – alt. 520 m – ⊠ 68480

XX **Le Moulin Bas et rest. La Mezzanine** avec ch ⌖   🚗 🌳 & ch,
1 r. Raedersdorf – ℰ *03 89 40 31 25* – *www.le-moulin-bas.fr*   🛁 **P** VISA ◉
8 ch – ♦65/70 € ♦♦85/95 € – ⌸ 10 € – ½ P 69/98 €
Rest – *(fermé mardi)* (11 €) Menu 32/57 € – Carte 22/48 €
Rest Stuba – *(fermé mardi)* Menu 11 € (déj. en sem.)/34 € – Carte 18/28 €
◆ Ce moulin édifié en 1796 au bord de l'Ill dispose d'une élégante salle à manger, où l'on apprécie une cuisine classique et des grillades en saison. Au Stuba, décor de winstub, vue sur l'ancien mécanisme, cuisine alsacienne et tartes flambées. Chambres calmes et fonctionnelles.

à **Lutter** 8 km au Sud-Est par D 23 – 297 h. – alt. 428 m – ⊠ 68480

XX **L'Auberge Paysanne** avec ch ⌖   🌳 🛁 **P** VISA ◉
1 r. de Wolschwiller – ℰ *03 89 40 71 67* – *www.auberge-hostellerie-paysanne.com*
– *Fermé 27 juin-11 juil., 19 déc.-9 janv., mardi midi et lundi*
7 ch – ♦44/64 € ♦♦54/64 € – ⌸ 8,50 € – ½ P 51/56 €
Rest – Menu 24/42 € – Carte 25/45 €
◆ Maison familiale près de la frontière suisse. Spécialités locales et méditerranéennes servies dans une ambiance conviviale de bistrot. Chambres actuelles.

Hostellerie Paysanne 🏠 ⌖   🚗 ☏ 🛁 **P** VISA ◉
8 r. de Wolschwiller – ℰ *03 89 40 71 67* – *www.auberge-hostellerie-paysanne.com*
– *Fermé 27 juin-10 juil., 15 déc.-9 janv. et lundi*
9 ch – ♦54/74 € ♦♦63/74 € – ⌸ 9 € – ½ P 58/63 €
◆ Ferme alsacienne (1618) démontée puis reconstruite dans ce village. Chambres garnies de meubles de style. Accueil à l'Auberge Paysanne.

LA FERRIÈRE-AUX-ÉTANGS – 61 Orne – **310** F3 – rattaché à Flers

FERRIÈRES-EN-GÂTINAIS – 45 Loiret – **318** N3 – 3 296 h.   **12** D2
– alt. 96 m – ⊠ 45210 ▌ Bourgogne

▶ Paris 99 – Auxerre 81 – Fontainebleau 40 – Montargis 12
🄸 place des Églises ℰ 02 38 96 58 86
◉ Croisée du transept★ de l'église St-Pierre et St-Paul.

🏨 **L'Abbaye** ⌖   🚗 🌳 & ch, ☏ 🛁 **P** VISA ◉ AE
– ℰ *02 38 96 53 12* – *www.hotel-abbaye.fr*
30 ch – ♦73/87 € ♦♦73/87 € – ⌸ 10 € – ½ P 64 €
Rest – (14 €) Menu 24 € (sem.), 34/58 € – Carte 25/51 €
◆ L'hôtel doit son nom à l'abbaye bénédictine de St-Pierre-et-St-Paul. Pour une étape ou un court séjour dans la région, préférez les chambres récentes, mieux équipées. Cuisine traditionnelle ; terrasse très prisée en été.

FERRIÈRES-LES-VERRERIES – 34 Hérault – **339** H5 – 56 h.   **23** C2
– alt. 320 m – ⊠ 34190

▶ Paris 747 – Alès 47 – Florac 86 – Montpellier 41

XX **La Cour-Mas de Baumes** avec ch ⌖   ≤ 🚗 🌳 ⌿ & 🛁 **P**
4 km à l'Est par D 107^{E4} – ℰ *04 66 80 88 80*   VISA ◉ AE
– *www.oustaldebaumes.com* – *Fermé janv., fév. sauf week-end, dim. soir, lundi et mardi du 1er nov. au 15 mars*
7 ch ⌸ – ♦63/68 € ♦♦75/82 €
Rest – (18 €) Menu 29/55 € – Carte 46/53 € ⌂
◆ Le ciel et la garrigue pour horizon... Renouez avec les éléments dans ce mas du 15e s. isolé sur un causse. Dans le décor élégant du restaurant, on déguste une cuisine très soignée, toute de saison et de fraîcheur. Les chambres sont propices à une escapade romantique...

LA FERTÉ-BEAUHARNAIS – 41 Loir-et-Cher – **318** I6 – 516 h.   **12** C2
– alt. 101 m – ⊠ 41210 ▌ Châteaux de la Loire

▶ Paris 183 – Orléans 45 – Blois 46 – Vierzon 56

⌂ **Château de la Ferté Beauharnais** sans rest ॐ   🌙 ⚘ **P**
172 r. du Prince-Eugène – ℰ 02 54 83 72 18
4 ch ⬜ – ♦145 € ♦♦145/240 €
◆ Ce château fut la résidence de la famille de Beauharnais, et notamment de Joséphine, première épouse de Napoléon. Chambres de style (parquet, moulures, cheminée) et grand parc.

LA FERTÉ-BERNARD – 72 Sarthe – 310 M5 – 9 262 h. – alt. 90 m   35 D1
– ✉ 72400 ▌Châteaux de la Loire

▶ Paris 164 – Alençon 56 – Chartres 79 – Châteaudun 65

🛈 15, place de la Lice ℰ 02 43 71 21 21

🏌 du Perche à Souancé-au-Perche La Vallée des Aulnes, NE : 21 km par D 923 et D137, ℰ 02 37 29 17 33

◎ Église N.-D.-des Marais★★.

XXX **La Perdrix**   🄰🄲 ⚘ ⟷ **VISA** ◍
✍ *2 r. de Paris – ℰ 02 43 93 00 44 – http://laperdrix.monsite-orange.fr – Fermé de mi-janv. à mi-fév., lundi soir et mardi*
Rest – Menu 18/39 € – Carte 39/45 €
◆ Restaurant situé en centre-ville, au bord d'un axe important. Cuisine traditionnelle à déguster dans la salle bleue sous verrière ou dans celle aux tonalités rouge-beige.

XX **Du Dauphin**   🍴 ♿ **VISA** ◍
✍ *3 r. d'Huisne, (accès piétonnier) – ℰ 02 43 93 00 39 – Fermé 14-29 août, dim. soir, lundi et jeudi*
Rest – Menu 17 € (sem.), 27/49 € – Carte 45/58 €
◆ Cette maison (16ᵉ s.) de la vieille ville a su préserver son cachet d'antan (pierres, poutres, cheminée), que modernise une décoration aux tons vifs. Plats dans l'air du temps.

LA FERTÉ-MACÉ – 61 Orne – 310 G3 – 6 201 h. – alt. 250 m   32 B3
– ✉ 61600 ▌Normandie Cotentin

▶ Paris 227 – Alençon 46 – Argentan 33 – Domfront 23

🛈 11, rue de la Victoire ℰ 02 33 37 10 97

⌂ **Auberge d'Andaines**   ⛫ 🍴 🎿 **P VISA** ◍ 🄰🄴
✍ *rte de Bagnoles-de-l'Orne, 2 km au Sud par D 916 – ℰ 02 33 37 20 28*
– www.aubergeandaines.com – Fermé vend. du 15 oct. au 1ᵉʳ avril
15 ch – ♦45/75 € ♦♦45/75 € – ⬜ 12 € – ½ P 48/58 €
Rest – *(fermé 15 janv.-10 fév.)* (10 €) Menu 17/37 € – Carte 10/30 €
◆ En bordure de route, accueillante auberge familiale à la lisière de la forêt des Andaines. Chambres simples mais bien tenues ; choisir si possible celles côté jardin. Restaurant coquet et chaleureux, conçu dans un style un brin rétro. Cuisine traditionnelle.

LA FERTÉ-ST-AUBIN – 45 Loiret – 318 I5 – 7 028 h. – alt. 114 m   12 C2
– ✉ 45240 ▌Châteaux de la Loire

▶ Paris 153 – Blois 62 – Orléans 23 – Romorantin-Lanthenay 45

🛈 rue des Jardins ℰ 02 38 64 67 93

🏌 des Aisses Domaine des Aisses, SE : 3 km par N 20, ℰ 02 38 64 80 87

🏌 de Sologne Route de Jouy-le-Potier, N-O : 5 km, ℰ 02 38 76 57 33

◎ Château★.

🏚 **L'Orée des Chênes** ॐ   ≤ 🌙 🍴 ⓢ ♿ 🎿 🎿 **P VISA** ◍ 🄰🄴
3,5 km au Nord-Est par rte de Marcilly – ℰ 02 38 64 84 00
– www.loreedeschenes.com
26 ch – ♦90/130 € ♦♦90/130 € – ⬜ 14 €
Rest – (26 €) Menu 38/52 € – Carte 49/67 €
◆ Le calme et le confort règnent dans ces chambres au mobilier rustique, réparties dans différents bâtiments inspirés de l'architecture solognote. Parc très agréable avec un étang. Ambiance feutrée et cheminée au restaurant ; cuisine traditionnelle bien tournée.

à Ménestreau-en-Villette 7 km à l'Est par D 17 – 1 464 h. – alt. 122 m – ⊠ 45240

Le Relais de Sologne 🛜 🗚 𝚅𝙸𝚂𝙰 ⊜

63 pl. du 8-Mai-1945 – ✆ 02 38 76 97 40 – www.lerelaisdesologne.com – Fermé 25 juil.-2 août, 19-26 déc., 21 janv.-7 fév., dim. soir, lundi soir, mardi soir et merc.

Rest – (12 €) Menu 22/50 € – Carte 46/65 €

◆ Dans cette bonne auberge rustique, le chef travaille avec les producteurs locaux. Il sert aussi bien du gibier en saison – Sologne oblige –, que du poisson au soja et aux épices.

LA FERTÉ-ST-CYR – 41 Loir-et-Cher – 318 H6 – 957 h. – alt. 82 m   12 C2
– ⊠ 41220

▶ Paris 170 – Blois 32 – Orléans 37 – Romorantin-Lanthenay 35

Saint-Cyr sans rest 🕋 🅿 𝚅𝙸𝚂𝙰 ⊜ ⓪

15 r. de Bretagne – ✆ 02 54 87 90 51 – www.hotel-st-cyr.com – Fermé 20 déc.-4 janv. et 31 janv.-15 mars

20 ch – †55 € ††58/75 € – ⊑ 10 €

◆ Sympathique petit hôtel d'esprit maison d'hôtes. Les chambres sont chaleureuses (couleurs gaies, fer forgé...) ; boutique de produits du terroir et location de vélos.

LA FERTÉ-SOUS-JOUARRE – 77 Seine-et-Marne – 312 H2   19 D1
– 8 932 h. – alt. 58 m – ⊠ 77260

▶ Paris 67 – Melun 70 – Reims 83 – Troyes 116

🛈 34, rue des Pelletiers ✆ 01 60 01 87 99

Château des Bondons ⌘ 🕋 🛜 🅿 𝚅𝙸𝚂𝙰 ⊜ 𝙰𝙴 ⓪

47 r. des Bondons, 2 km à l'Est par D 70, rte Montménard – ✆ 01 60 22 00 98 – www.chateaudesbondons.com – Fermé janv.

11 ch – †120/210 € ††120/210 € – 3 suites – ⊑ 15 €

Rest – (lundi et mardi) (22 €) Menu 41/80 € – Carte 63/119 €

◆ Dans un parc, château du 18e s. ayant abrité le G.Q.G. de l'armée française durant la drôle de guerre. Chambres de tailles variées, avec meubles de style (parfois ciel de lit et cheminée). Au restaurant, cuisine actuelle servie dans une salle classique (boiseries).

Auberge de Condé avec ch 🛜 🃏 🗚 🅿 𝚅𝙸𝚂𝙰 ⊜ 𝙰𝙴

1 av. de Montmirail – ✆ 01 60 24 50 05 – www.auberge-de-conde.com

14 ch – †85/110 € ††100/120 € – ⊑ 15 €

Rest – (fermé lundi et mardi) (35 €) Menu 50/65 € – Carte 44/67 €

Rest *Le Bistrot des Peintres* – (fermé merc. soir, jeudi soir, vend. soir, sam. et dim.) (17 €)

◆ Cette auberge, longtemps réputée, connaît depuis 2004 une véritable cure de jouvence. Au restaurant, qualité rime avec modernité, sous la houlette d'un jeune chef habile et inspiré. Hébergement de qualité : matériaux contemporains, confort et espace. Au Bistrot, ambiance plus rustique et carte traditionnelle.

à Jouarre 3 km au Sud par D 402 – 3 997 h. – alt. 141 m – ⊠ 77640

🟩 Île-de-France

🛈 rue de la Tour ✆ 01 60 22 64 54

🟢 Crypte ★ de l'abbaye

Le Plat d'Étain 🕋 🅿 𝚅𝙸𝚂𝙰 ⊜

6 pl. Auguste Tinchant – ✆ 01 60 22 06 07 – www.le-plat-d-etain.com – Fermé 2-9 janv.

18 ch – †55/63 € ††59/69 € – ⊑ 8 € – ½ P 67/79 €

Rest – (fermé vend. soir, dim. soir et fériés) (15 €) Menu 19 € (sem.)/52 € – Carte 40/61 €

◆ Auberge édifiée en 1840, à deux pas de l'abbaye et de ses cryptes carolingiennes. Coquettes petites chambres au mobilier en bois cérusé coloré. Au restaurant, un plat en étain, symbole du lieu, orne depuis toujours le mur de la salle. Recettes traditionnelles.

FEURS – 42 Loire – **327** E5 – 7 380 h. – alt. 343 m – ⊠ 42110   **44** A2

🟩 Lyon Drôme Ardèche

▶ Paris 433 – Lyon 69 – Montbrison 24 – Roanne 38

🛈 place du Forum ℰ 04 77 26 05 27

🏠 **Etésia** sans rest   🖳 🎵 & ♿ ⁽¹⁾ **P** 𝚅𝙸𝚂𝙰 ⑳ 🄰🄴
⊠◁ 4 chemin des monts, rte de Roanne – ℰ 04 77 27 07 77 – www.hotel-etesia.fr
– Fermé 25 déc.-1ᵉʳ janv.
15 ch – †53/60 € ††58/65 € – ☲ 8 €
♦ À la sortie de la ville, cet hôtel dispose de chambres de plain-pied, pratiques et
très bien tenues. Le jardin arboré est bien agréable et l'on peut même faire quelques brasses !

✕✕ **Chalet de la Boule d'Or**   🏠 𝚅𝙸𝚂𝙰 ⑳
⊆⊇ 42 r. R. Cassin, (rte de Lyon) – ℰ 04 77 26 20 68 – www.chaletlabouledor.com
– Fermé 8-13 mars, 26 avril-1ᵉʳ mai, 2-5 juin, 19 juil.-15 août, dim. soir, merc. soir
et lundi
Rest – (prévenir) (12 €) Menu 16 € (sem.), 28/55 € – Carte 32/52 €
♦ L'été, on déjeune à l'ombre d'un beau marronnier et, dès les premiers frimas,
on se réfugie dans une salle rustique. Cuisine traditionnelle soignée, élaborée
avec de bons produits.

à Salt-en-Donzy 5 km rte de Lyon – 445 h. – alt. 337 m – ⊠ 42110

✕ **L'Assiette Saltoise**   🏠 ↔ 𝚅𝙸𝚂𝙰 ⑳
au bourg – ℰ 04 77 26 04 29 – www.assiette-saltoise.com – Fermé 1ᵉʳ-8 janv.,
merc. et jeudi
Rest – (13 €) Menu 20/33 € – Carte environ 22 €
♦ Rustique et convivial, ce petit restaurant fait la part belle à la tradition... Aux
beaux jours, profitez de la terrasse sous les tilleuls.

à Naconne 3 km au Nord-Ouest par N 89 et D 112 – ⊠ 42110

✕✕ **Brin de Laurier**   🏠 **P** 𝚅𝙸𝚂𝙰 ⑳
⊆⊇ – ℰ 04 77 26 07 50 – www.brindelaurier.com
– Fermé 1ᵉʳ-12 mai, 22 août-7 sept., 23 déc.-12 janv., sam. midi, dim. soir
et lundi
Rest – Menu 15 € bc (déj. en sem.), 19/36 € – Carte 42/48 €
♦ Un Brin de Laurier dans une maison framboise ! Le chef, inspiré par ses voya-
ges, réalise une cuisine actuelle à base de produits du terroir. Jolie terrasse sous
les glycines.

FEYTIAT – 87 Haute-Vienne – **325** E6 – 5 622 h. – alt. 365 m – ⊠ 87220   **24** B2

▶ Paris 398 – Limoges 9 – Saint-Junien 41 – Panazol 5

🏠 **Prieuré du Puy Marot** ♨   ≤ 🖳 🏠 ♿ ch, **P**
allée du Puy-Marot, 2 km au Nord-Est par rte de St-Just-le-Martel (D 98)
– ℰ 05 55 48 33 97
3 ch ☲ – †60 € ††72 €   **Table d'hôte** – Menu 30 € bc
♦ Calme assuré dans ce prieuré des 16ᵉ-17ᵉ s. cerné par un beau jardin clos et
surplombant la vallée de la Valoisse. Confortables chambres personnalisées par
un mobilier ancien. La patronne vous propose une cuisine traditionnelle.

FIGEAC ◉ – 46 Lot – **337** I4 – 9 943 h. – alt. 214 m – ⊠ 46100   **29** C1

🟩 Périgord Quercy

▶ Paris 578 – Aurillac 64 – Rodez 66 – Villefranche-de-Rouergue 36

🛈 place Vival ℰ 05 65 34 06 25

◉ Le vieux Figeac★★ : hôtel de la Monnaie★ **M¹**, musée Champollion★★ **M²**
près de la place aux Ecritures★ - Chapelle N.D.-de-Pitié★ dans l'église
St-Sauveur.

Plan page suivante

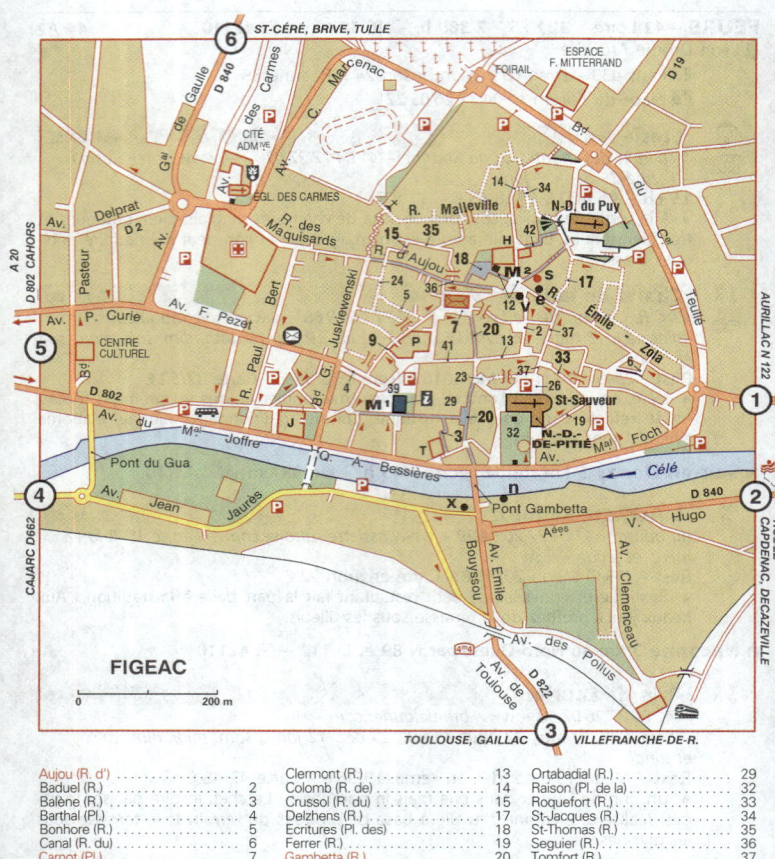

STD-CÉRÉ, BRIVE, TULLE

FIGEAC

0   200 m

TOULOUSE, GAILLAC   ③   VILLEFRANCHE-DE-R.

Aujou (R. d')	
Baduel (R.)	2
Balène (R.)	3
Barthal (Pl.)	4
Bonhore (R.)	5
Canal (R. du)	6
Carnot (Pl.)	7
Caviale (R.)	9
Champollion	
(Pl. et R. des Frères)	12

Clermont (R.)	13
Colomb (R. de)	14
Crussol (R. du)	15
Delzhens (R.)	17
Écritures (Pl. des)	18
Ferrer (R.)	19
Gambetta (R.)	20
Herbes (Pl. aux)	23
Laurière (R.)	24
Michelet (Pl. E.)	26

Ortabadial (R.)	29
Raison (Pl. de la)	32
Roquefort (R.)	33
St-Jacques (R.)	34
St-Thomas (R.)	35
Seguier (R.)	36
Tomfort (R.)	37
Vival (Pl.)	39
11-Novembre (R. du)	41
16-Mai (R. du)	42

Château du Viguier du Roy ⊗

52 r. É. Zola – ℰ 05 65 50 05 05
– www.chateau-viguier-figeac.com – Ouvert 1er avril-31 oct.
19 ch – †179/599 € ††179/599 € – 2 suites – � 19 €
Rest *La Dînée du Viguier* – voir ci-après
◆ Témoins des 12e, 14e et 18e s., plusieurs bâtiments cernant une superbe cour à l'italienne. Arcades de pierre, boiseries, mobilier d'époque... le Moyen Âge et tout son esprit galant !

Le Pont d'Or

2 av. J. Jaurès – ℰ 05 65 50 95 00
– www.hotelpontdor.com
35 ch – †76/122 € ††76/122 € – � 12 €
Rest – *(fermé 23 déc.-2 janv.)* (13 €) Menu 19/31 € – Carte 26/45 €
◆ Cet hôtel borde le Célé, face à la vieille ville. Chambres de bon confort, avec des équipements de qualité et, pour certaines, vue sur la rivière. Piscine et fitness sur le toit !

Le Champollion sans rest [AK] [¹l¹] VISA ⓪⓪ AE ①
3 pl. Champollion – ℰ 05 65 34 04 37
10 ch – †47 € ††53 € – ⏠ 7 €   v
• Une maison médiévale sur la jolie place Champollion, face au "moucharabieh typographique" (2009) qui rehausse la façade du musée éponyme. Chambres fonctionnelles, en noir et blanc.

Des Bains sans rest [&] [ℋ] [¹l¹] VISA ⓪⓪ AE
1 r. Griffoul – ℰ 05 65 34 10 89 – www.hoteldesbains.fr – Fermé 19 déc.-5 janv. et le week-end du 2 nov. au 27 fév.   n
19 ch – †47/71 € ††47/71 € – ⏠ 8 €
• Un hôtel familial face à la vieille ville. Cet ancien établissement de bains publics abrite des chambres simples et bien tenues. Terrasse au bord de la rivière.

XXX **La Dînée du Viguier** – Hôtel Château du Viguier du Roy [⌂] [AK] [⇔]
4 r. Boutaric – ℰ 05 65 50 08 08 – www.ladineeduviguier.fr   VISA ⓪⓪
*– Fermé 15-23 nov., 17 janv.-8 fév., lundi sauf le soir d'avril
à sept., dim. soir d'oct. à mars et sam. midi*   s
Rest – (19 €) Menu 29/73 € – Carte 51/78 € ❀
• Au cœur de la cité médiévale, dans l'ancienne salle des gardes du château du Viguier : haut plafond de poutres peintes, cheminée au manteau sculpté... et cuisine bien plus actuelle !

à Capdenac-le-Haut 5 km par ② – ⊠ 46100

Le Relais de la Tour ⏞ [⌂] & ch, [¹l¹] [⇟⇞] VISA ⓪⓪ AE
pl. Lucter – ℰ 05 65 11 06 99 – www.lerelaisdelatour.fr – Fermé vacances de la Toussaint et de fév.
11 ch ⏠ – †55/63 € ††65/91 € – ½ P 56/64 €
Rest – *(fermé dim. soir et lundi)* Menu 13 € (déj.), 21/34 € – Carte 22/36 €
• Cette maison villageoise du 15e s. entièrement restaurée fait face à une tour médiévale qui surplombe la vallée du Lot. Chambres sobrement décorées. Plats du terroir au restaurant.

FISMES – 51 Marne – **306** E7 – 5 351 h. – alt. 70 m – ⊠ 51170   **13** B2
▶ Paris 131 – Château-Thierry 42 – Compiègne 69 – Laon 37
🛈 28, rue René Letilly ℰ 03 26 48 81 28

La Boule d'Or [AK] rest, [¹l¹] [P] VISA ⓪⓪ AE ①
11 r. Lefèvre – ℰ 03 26 48 11 24 – www.boule-or.com – Fermé 24 janv.-11 fév., mardi midi, dim. soir et lundi
8 ch – †59/65 € ††59/65 € – ⏠ 8,50 €   **Rest** – Menu 14/44 € – Carte 36/42 €
• Comme jadis les rois de France en route pour leur sacre, vous ferez étape dans la localité. À votre disposition, des chambres fraîches d'une tenue impeccable. Deux salles à manger en enfilade, simples mais coquettes ; cuisine de tradition et plats du terroir.

FLACEY – 28 Eure-et-Loir – **311** E7 – rattaché à Châteaudun

FLAGEY-ÉCHEZEAUX – 21 Côte-d'Or – **320** J7 – rattaché à Vougeot

FLAMANVILLE – 50 Manche – **303** A2 – 1 686 h. – alt. 74 m   **32** A1
– ⊠ 50340
▶ Paris 371 – Barneville-Carteret 23 – Cherbourg 27 – Valognes 36
🛈 ℰ 0233526123

Bel Air sans rest ⏞ [✎] [ℋ] [¹l¹] [P] VISA ⓪⓪ AE
2 r. du Château – ℰ 02 33 04 48 00 – www.hotelbelair-normandie.com – Fermé 15 déc.-15 fév.
11 ch – †70/105 € ††70/105 € – ⏠ 11 €
• Cette maison où résidait jadis le régisseur des fermes du château est appréciée pour son grand calme. Les chambres, toutes différentes, possèdent une dominante rustique.

FLAMANVILLE

✂ ✗ **Le Sémaphore** ⟨ _VISA_ ⦿

Chasse de la Houe – ℰ *02 33 52 18 98* – *www.restaurantlesemaphore.com*
– *Fermé 12 déc.-8 fév., dim. soir, mardi sauf juil.-août et lundi*
Rest – (13 €) Menu 21/37 € – Carte 32/47 €
◆ Vue sublime sur la Manche et les îles anglo-normandes depuis cet ancien séma-
phore perché sur une falaise. Dans l'assiette, tradition et influences du Sud-Ouest.

FLAVIGNY-SUR-MOSELLE – 54 Meurthe-et-Moselle – **307** I7 – **rattaché à
Nancy**

FLAYOSC – 83 Var – **340** N4 – **rattaché à Draguignan**

LA FLÈCHE ⟨SP⟩ – 72 Sarthe – **310** I8 – 15 321 h. – alt. 33 m – ✉ 72200   **35** C2
🏛 Châteaux de la Loire

▶ Paris 244 – Angers 52 – Laval 70 – Le Mans 44
🛈 boulevard de Montréal ℰ 02 43 94 02 53
◉ Prytanée militaire★ - Boiseries★ de la chapelle N.-D.-des-Vertus - Parc
zoologique du Tertre Rouge★ 5 km par ② puis D 104.
🟢 Bazouges-sur-le-Loir : pont ≤★, 7 km par ④.

Boierie (R. de la) . . . . **Z** 2
Carnot (R.) . . . . **Y** 3
Collège (R. du) . . . . **Y** 4
Dauversière
(R. de la) . . . . **Y** 5
Foch (Promenade
du Mar.) . . . . **Z** 14
Gallieni (R. du Mar.) . . . . **Z** 9
Grande-Rue . . . . **Y**
Grollier (R.) . . . . **YZ** 10
Henri-IV (Pl.) . . . . **Y** 12
Marché-au-Blé (Pl.) . . . . **Y** 13
Moulin (Bd Jean) . . . . . . **Y** 16
Ravenel (R.) . . . . **Y** 17
Rhin-et-Danube (Av.) . . . **Y** 18
Thury-Harcourt
(Av. de) . . . . **Z** 19
Verdier (R. R.) . . . . **Y** 20

Le Relais Cicero sans rest 🦢   📶 VISA ⑳ AE
18 bd Alger – ✆ 02 43 94 14 14 – www.cicero.fr – Fermé 1ᵉʳ-15 août et 23 déc.-6 janv.
21 ch – †82/135 € ††85/135 € – � 12 €   **Y a**
◆ Cet ancien couvent (17ᵉ s.) et son jardin – un vrai havre de paix – invitent à une "retraite" en toute sérénité. Salon-bar rustique, meubles cirés et chambres personnalisées.

Le Vert Galant sans rest   🕭 ⅗ 📶 🦶 P VISA ⑳ AE
70 Grande Rue – ✆ 02 43 94 00 51 – www.vghotel.com   **Y r**
22 ch – †75/170 € ††92/170 € – ⊟ 12 €
◆ Au centre-ville, non loin du Prytanée, ex-relais postal du 18ᵉ s. Mobilier traditionnel, parfois contemporain, dans les chambres ; véranda où l'on propose le petit-déjeuner.

XX   **Le Moulin des Quatre Saisons**   🚗 🏠 ✿ P VISA ⑳ AE
r. Gallieni – ✆ 02 43 45 12 12 – www.moulindesquatresaisons.com – Fermé vacances de la Toussaint, de fév., dim. soir, merc. soir et lundi   **Z e**
Rest – Menu 27/42 € – Carte 45/76 € 🍷
◆ Moulin du 17ᵉ s. sur une petite île du Loir. Cuisine actuelle assortie d'une très belle carte des vins, dont certains crus autrichiens ou hongrois, servie dans un décor tyrolien.

FLÉCHIN – 62 Pas-de-Calais – **301** G4 – 525 h. – alt. 96 m – ✉ 62960   **30** B2
▶ Paris 246 – Arras 63 – Lens 55 – Lille 72

X   **La Maison**   VISA ⑳ AE
20 r. Haute – ✆ 03 21 12 69 33 – www.lamaisonrestaurant.com – Fermé sam. midi, dim. soir, lundi er merc.
Rest – (nombre de couverts limité, prévenir) Menu 16 € (déj. en sem.), 25/47 €
◆ Une belle maison 1900 : parquet d'époque, objets chinés, superbe lustre Gallet... Le chef concocte une cuisine où se mêlent produits du terroir et bio, légumes oubliés et épices.

FLÉRÉ-LA-RIVIÈRE – 36 Indre – **323** C4 – 582 h. – alt. 95 m – ✉ 36700   **11** B3
▶ Paris 277 – Le Blanc 50 – Châtellerault 60 – Châtillon-sur-Indre 7

X   **Le Relais du Berry**   VISA ⑳
2 rte de Tours – ✆ 02 54 39 32 57 – Fermé janv., dim. soir, lundi et mardi
Rest – (nombre de couverts limité, prévenir) Menu 15 € (déj. en sem.), 24/40 € – Carte 37/50 €
◆ Dans cet ancien relais postal, vous appréciez une généreuse cuisine traditionnelle qui fait la part belle aux produits du jardin ; gibier en saison. Intérieur rustique.

FLERS – 61 Orne – **310** F2 – 16 094 h. – alt. 270 m – ✉ 61100   **32** B2
🟩 Normandie Cotentin
▶ Paris 234 – Alençon 73 – Argentan 42 – Caen 60
🛈 place Charles de Gaulle ✆ 02 33 65 06 75
🛈 du Houlme à La Selle-la-Forge Le Bourg, par rte de Bagnoles-de-l'Orne : 4 km, ✆ 02 33 64 42 83

Plan page suivante

Le Galion sans rest 🦢   📶 P 🛏 VISA ⑳ AE
5 r. V. Hugo – ✆ 02 33 64 47 47 – www.hotellegalion.fr – Fermé 24 déc.-2 janv.
31 ch – †52/61 € ††52/61 € – ⊟ 8,50 €   **AZ b**
◆ Cet immeuble situé au centre-ville bénéficie d'un environnement paisible et d'une bonne insonorisation. Les chambres spacieuses ont été rénovées (tons pastel ou tissus).

Beverl'inn   📶 VISA ⑳
9 r. Chaussée – ✆ 02 33 96 79 79 – www.beverlinn.com – Fermé 22 déc.-5 janv.
16 ch – †43/46 € ††49/56 € – ⊟ 6 € – ½ P 56/59 €   **AZ s**
Rest – (fermé sam. midi et dim.) (10 € bc) Menu 15/30 € – Carte 22/34 €
◆ Auberge proche du château de Flers, abritant de sobres chambres avec bureau. Restaurant de jaune et de rouge vêtu ; grillades au feu de bois et recettes traditionnelles.

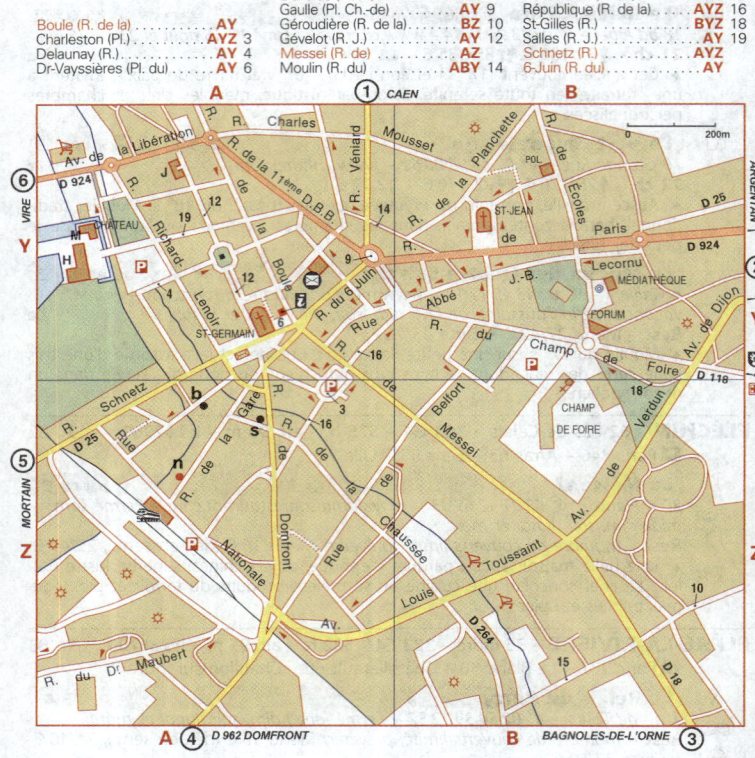

FLERS

Boule (R. de la) . . . . **AY**
Charleston (Pl.) . . . . **AYZ** 3
Delaunay (R.) . . . . **AY** 4
Dr-Vayssières (Pl. du) . . . . **AY** 6

Domfront (R. de) . . . . **AZ**
Duhalde (Pl. P.) . . . . **AZ**
Géroudière (R. de la) . . . . . **BZ** 10
Gévelot (R. J.) . . . . **AY** 12
Messei (R. de) . . . . **AZ**
Moulin (R. du) . . . . **ABY** 14

Paris (R. de) . . . . **BY**
Pont Feron (R. du) . . . . . . **BZ** 15
République (R. de la) . . . . **AYZ** 16
St-Gilles (R.) . . . . **BYZ** 18
Salles (R. J.) . . . . **AY** 19
Schnetz (R.) . . . . **AYZ**
6-Juin (R. du) . . . . **AY**

XX Au Bout de la Rue

AC VISA ©©

60 r. de la Gare – ℰ 02 33 65 31 53 – www.auboutdelarue.com
– Fermé 1er-8 mai, 14-28 août, 2-8 janv., merc. soir, sam. midi, dim. et fériés
Rest – (16 €) Menu 21/33 € – Carte 27/51 €   **AZn**

♦ Ici, on ne vous cache rien ! Depuis la salle, chic et élégante, vous observerez le chef préparer le plat que vous aurez précédemment choisi sur la carte, actuelle et créative.

XX Auberge du Relais Fleuri

🍴 ⇔ P VISA ©© AE

115 r. Schnetz , par ⑤ – ℰ 02 33 65 23 89 – www.aubergelerelaisfleuri.fr
– Fermé 27 fév.-21 mars, 1 sem. vacances de Noël, vend. soir, dim. soir
et lundi
Rest – (13 €) Menu 26/31 € – Carte 41/60 €

♦ Cadre rustique, rehaussé de pierres et poutres apparentes, dans la première salle, la seconde affichant des boiseries normandes. Cuisine inventive et de saison, bons vins.

au Buisson-Corblin 3 km par ② – ✉ 61100 Flers

XX Auberge des Vieilles Pierres

AC ⇔ P VISA ©© AE

– ℰ 02 33 65 06 96 – www.aubergedesvieillespierres.fr
– Fermé 8-30 août, 28 fév.-13 mars, dim. soir, mardi soir et lundi
Rest – Menu 16 € (sem.), 25/58 € – Carte 39/56 €

♦ Vieilles pierres à l'extérieur... Salles à manger élégantes et chaleureuses à l'intérieur. La cuisine, au goût du jour, met les produits de la mer à l'honneur.

à La Ferrière-aux-Étangs 10 km par ③ – 1 584 h. – alt. 304 m – ⊠ 61450

XX ☆ **Auberge de la Mine** (Hubert Nobis)   ⇔ P̄ VISA ☎ AE ⓪
le Gué-Plat, à 2 km par rte de Dompierre – ℰ 02 33 66 91 10
– www.aubergedelamine.com – Fermé 18 juil.-10 août, 2-25 janv., dim. soir, lundi et mardi
Rest – (20 €) Menu 26/65 € – Carte 63/87 €
Spéc. Foie gras à la liqueur de pomme à cidre. Ris de veau piqué à l'andouille de Vire, braisé au foin. Savarin trempé au calvados domfrontais, pommes caraméli-sées (nov. à fév.). **Vins** Vin de pays du Calvados.
♦ Intéressante cuisine au goût du jour servie dans deux plaisantes salles à man-ger. Pour l'anecdote, on se trouve dans l'ex-cantine d'une mine de fer dont l'acti-vité a cessé en 1970.

FLEURIE – 69 Rhône – **327** H2 – 1 228 h. – alt. 320 m – ⊠ 69820   **43** E1
▌Lyon Drôme Ardèche
▶ Paris 410 – Bourg-en-Bresse 46 – Lyon 58 – Mâcon 22

🏠 **Des Grands Vins** sans rest ⊗   🛏 ⌲ 🛎 P̄ VISA ☎
r. Grappe Fleurie, 1 km au Sud par D 119ᴱ – ℰ 04 74 69 81 43
– www.hoteldesgrandsvins.com
20 ch – ♦60/87 € ♦♦60/87 € – ⊡ 10 €
♦ Établissement familial dont le jardin borde le vignoble. Chambres simples et bien tenues ; salle salle des petits-déjeuners. Vente de vins du domaine.

🏠 **Domaine du Clos des Garands** sans rest ⊗   ≤ 🛏 🛎 ⌲ P̄
Les Garands, 1 km à l'Est par D 32 – ℰ 04 74 69 80 01   VISA ☎
– www.closdesgarands.fr
4 ch ⊡ – ♦90/110 € ♦♦90/110 €
♦ Les chambres de ce domaine viticole offrent toutes une vue imprenable sur Fleurie et les monts du Beaujolais. Un soin particulier est apporté au décor. Dégustations de vins de la propriété.

XX ☆ **Le Cep** (Chantal Chagny)   AC VISA ☎ AE
pl. de l'Église – ℰ 04 74 04 10 77
– Fermé 15-30 mars, 30 juin-12 juil., 20 déc.-15 janv., dim. et lundi
Rest – (prévenir) Menu 27/65 € – Carte 40/73 €🍴
Spéc. Cuisses de grenouille au beurre en persillade, jeunes salades à l'huile de noix. Pigeonneau nourri aux grains, jus simple au poivre concassé. Cassis de Lan-cié en sorbet, pulpe acidulée et glace vanille. **Vins** Beaujolais blanc, Fleurie.
♦ Foin du décor élégant ou de la brigade stylée ! Cette digne ambassade du Beaujolais a renoncé au luxe pour mieux retrouver les saveurs d'une authentique et fine cuisine du terroir.

FLEURVILLE – 71 Saône-et-Loire – **320** J11 – 473 h. – alt. 174 m   **8** C3
– ⊠ 71260
▶ Paris 375 – Cluny 26 – Mâcon 18 – Pont-de-Vaux 8

🏰 **Château de Fleurville**   🌙 🛜 ⌲ 🍴 AC 🛎 P̄ VISA ☎ AE
r. du Glamont – ℰ 03 85 27 91 30 – www.chateau-de-fleurville.com
14 ch – ♦145/180 € ♦♦145/180 € – 1 suite – ⊡ 15 € – ½ P 136/156 €
Rest – (fermé le midi sauf dim.) Menu 39/79 € – Carte 68/82 €
♦ Dans son parc séculaire, un petit château du 17ᵉ s. en pierre bourguignonne flanqué d'une jolie tour. Chambres rénovées, aux meubles anciens et tissus ten-dus. Piscine, tennis. Cuisine traditionnelle servie dans une salle à manger rustique (poutres, cheminée) ; agréable terrasse.

à Mirande 3 km au Nord-Ouest – ⊠ 71260 Montbellet

XX **La Marande** avec ch ⊗   🛏 🛜 AC rest, 🍴 rest, P̄ VISA ☎
rte de Lugny – ℰ 03 85 33 10 24 – www.hotel-restaurant-la-marande.com
– Fermé 27 nov.-6 déc., 2-30 janv., 21 fév.-1ᵉʳ mars, lundi et mardi
5 ch – ♦75 € ♦♦75 € – ⊡ 8 €   **Rest** – Menu 28/68 € – Carte 45/62 €
♦ Maison bourgeoise dans un environnement bucolique. Deux salles aux touches de déco contemporaine valorisant les pierres apparentes. Belle cuisine au goût du jour et crus choisis. Chambres pratiques pour l'étape et bon petit-déjeuner.

FLEURY-LA-FORÊT – 27 Eure – **304** J5 – 269 h. – alt. 161 m – ⊠ 27480   **33** D2

▶ Paris 108 – Rouen 42 – Évreux 99 – Beauvais 49

⌂ **Château de Fleury la Forêt** sans rest ⌘   🔊 ⌘ **P**
4 rte de Lyons, 1,5 km au Sud-Ouest par D 14 – ℰ 02 32 49 63 91
– www.chateau-fleury-la-foret.com
3 ch ⌷ – ♦80 € ♦♦80 €
◆ Les chambres de ce beau château (16ᵉ et 18ᵉ s.) possèdent un authentique mobilier d'époque. Petit-déjeuner dans la cuisine normande. Collections de poupées et d'objets anciens.

FLEURY-SUR-ORNE – 14 Calvados – **303** J5 – rattaché à Caen

FLORAC ⌗ – 48 Lozère – **330** J9 – 1 908 h. – alt. 542 m – ⊠ 48400   **23** C1
▊ Languedoc Roussillon

▶ Paris 622 – Alès 65 – Mende 38 – Millau 84
ℹ 33, avenue J. Monestier ℰ 04 66 45 01 14
◪ Corniche des Cévennes★.

⌂ **Des Gorges du Tarn**   ⌘ **P** 𝓥𝓘𝓢𝓐 ⬤⬤
48 r. Pêcher – ℰ 04 66 45 00 63 – www.hotel-gorgesdutarn.com – Ouvert de
Pâques à la Toussaint et fermé merc.
26 ch – ♦48/85 € ♦♦48/85 € – ⌷ 9 € – ½ P 55 €
Rest *L'Adonis* – Menu 24/45 € – Carte 38/54 €
◆ Vous êtes à l'entrée (ou à la sortie) des gorges du Tarn. Préférez les chambres fraîchement rénovées, au décor actualisé ; plus spacieuses à l'annexe. Au restaurant, la carte et ses spécialités content le pays cévenol dans un cadre modernisé et lambrissé.

à Cocurès 5,5 km au Nord-Est par D 806 et D 998 – 194 h. – alt. 600 m – ⊠ 48400

⌂ **La Lozerette** ⌘   🚗 ⌘ rest, **P** 𝓥𝓘𝓢𝓐 ⬤⬤ ᴀᴇ
– ℰ 04 66 45 06 04 – www.lalozerette.com – Ouvert du 16 avril à la Toussaint
20 ch – ♦59/90 € ♦♦59/90 € – ⌷ 9 € – ½ P 58/76 €
Rest – *(Fermé mardi soir hors saison sauf résidents, mardi midi et merc. midi)*
Menu 18 € (déj. en sem.), 26/48 € – Carte 32/48 € ⌗
◆ Dans un hameau situé aux portes du Parc national des Cévennes, cette demeure bénéficie de chambres claires agrémentées de petits balcons en bois. Élégante salle à manger d'esprit local, fine cuisine actuelle et cave riche en vins du Languedoc-Roussillon.

FLOURE – 11 Aude – **344** F3 – rattaché à Carcassonne

FLUMET – 73 Savoie – **333** M3 – 864 h. – alt. 920 m – **Sports d'hiver :**   **46** F1
1 000/2 030 m ⚡11 ⚡ – ⊠ 73590 ▊ Alpes du Nord

▶ Paris 582 – Albertville 22 – Annecy 51 – Chamonix-Mont-Blanc 43
ℹ avenue de Savoie ℰ 04 79 31 61 08

⌂ **Coeur de Marie** ⌘   **P**
aux Glières, 5 km au Nord par D 909 rte de la Giettaz – ℰ 04 79 31 38 84
– www.chalet-marie.com
4 ch ⌷ – ♦59 € ♦♦66/76 €   **Table d'hôte** – Menu 24 € bc
◆ Chalet (1810) portant le nom d'une fleur ancienne. Décor tout bois et chambres cosy : rideaux brodés, tissus savoyards, bibelots choisis... À l'étage, au coin du feu, dîner familial aux accents savoyards et petit-déjeuner avec confitures maison.

FOIX **P** – 09 Ariège – **343** H7 – 9 605 h. – alt. 375 m – ⊠ 09000   **29** C3
▊ Midi-Toulousain

▶ Paris 762 – Andorra-la-Vella 102 – Carcassonne 89 – St-Girons 45
ℹ 29, rue Delcassé ℰ 05 61 65 12 12
▦ de l'Ariège à La Bastide-de-Sérou Unjat, par rte de St-Girons : 15 km,
ℰ 05 61 64 56 78
◙ Site★ - ※※ de la tour du château - Route Verte★★ O par D17 A.
◪ Rivière souterraine de Labouiche★ NO : 6,5 km par D1.

FOIX

Alsace-Lorraine (Bd) . . . . **B** 2
Bayle (R.) . . . . **B**
Chapeliers (R. des) . . . . **A** 3
Delcassé (R. Th.) . . . . **B** 4
Delpech (R. Lt P.) . . . . **A** 5
Duthil (Pl.) . . . . **B** 6
Fauré (Cours G.) . . . . **AB** 7
Labistour (R. de) . . . . **B** 8
Lazéma (R.) . . . . **A** 9
Lérida (Av. de) . . . . **A** 10
Lespinet (R. de) . . . . **A** 13
Marchands (R. des) . . . . **B** 12
Préfecture (R. de la) . . . . **A** 14
Rocher (R. du) . . . . **A** 20
St-Jammes (R.) . . . . **A** 22
St-Volusien (Pl.) . . . . **A** 23
Salenques (R. des) . . . . **A** 24

🏨 **Du Lac** 🦢 🚐 ♿ ch, 🅰️🅲 ch, ℀ rest, ⁽¹⁾ 🧖 🅿️ VISA ⚫⚪
rte de Toulouse, 3 km par ① – ℰ *05 61 65 17 17 – www.hoteldulac-foix.fr*
35 ch – ♦67/75 € ♦♦67/75 € – ☕ 9 € – ½ P 65/74 €
Rest – *(fermé 24 déc.-1ᵉʳ janv., dim. soir d'oct. à juin et le midi)* Menu 25/34 €
– Carte 35/41 €
♦ Les chambres, confortables et neuves, de cette ancienne bergerie (1599) profitent
du calme du parc et du lac. Nombreuses activités nautiques et location de bungalows
climatisés. Décor rustique (poutres et pierres apparentes, cheminée) au restaurant.

🏠 **Eychenne** sans rest ⁽¹⁾ VISA ⚫⚪
11 r. N. Peyrevidal – ℰ *05 61 65 00 04 – www.hotel-eychenne.com* **A** b
16 ch – ♦45/49 € ♦♦52/59 € – ☕ 6 €
♦ Facilement repérable grâce à sa tour d'angle en bois et son bar façon pub anglais, cet
hôtel simple et rajeuni se révèle pratique et idéalement situé pour une visite de Foix.

🍴🍴 **Phoebus** ≼ 🅰️🅲 VISA ⚫⚪ AE
3 cours Irénée Cros – ℰ *05 61 65 10 42 – www.ariege.com/le-phoebus*
– Fermé 18 juil.-18 août, sam. midi, dim. et lundi **B** a
Rest – *(19 €)* Menu 29/87 € bc – Carte 30/70 €
♦ Pour déguster une cuisine traditionnelle dans une salle dominant l'Ariège et le
château de G. Phoebus. L'accueil est soigné et pensé pour les non-voyants (carte
en braille).

FONDAMENTE – 12 Aveyron – **338** K7 – 277 h. – alt. 430 m – ✉ 12540 **29 D2**
🅿 Paris 679 – Albi 109 – Millau 43 – Montpellier 98

🍴 **Baldy** avec ch 🅰️🅲 rest, ℀ ⁽¹⁾ VISA ⚫⚪ AE
Vallée de Sorgues – ℰ *05 65 99 37 38 – www.hotel-sorgues.com – Hôtel : ouvert
de Pâques à oct. et fermé dim. soir et lundi soir*
9 ch – ♦48/72 € ♦♦48/72 € – ☕ 10 € – ½ P 55/58 €
Rest – *(fermé jeudi midi, dim. soir et lundi)* (nombre de couverts limité, prévenir)
(18 € bc) Menu 24 € bc *(déj. en sem.)*, 30/62 €
♦ Le chef de cette sympathique auberge familiale – un ancien boucher – mise
sur la fraîcheur des produits et propose une carte volontairement réduite de spécialités régionales. Petites chambres simples et bien tenues.

FONS – 46 Lot – **337** H4 – 386 h. – alt. 260 m – ✉ 46100 **29 C1**
🅿 Paris 562 – Toulouse 190 – Cahors 66 – Villefranche-de-Rouergue 47

🏠 **Domaine de la Piale** sans rest 🦢 🚐 ⅀ ⁽¹⁾ 🅿️
La Piale, 1 km au Sud – ℰ *05 65 40 19 52 – www.domainedelapiale.com*
4 ch ☕ – ♦60/110 € ♦♦60/110 €
♦ Une adresse idéale pour se mettre au vert. Ambiance familiale et agréable
cadre rustique et campagnard (poutres, pierres apparentes). Les chambres occupent une ancienne grange.

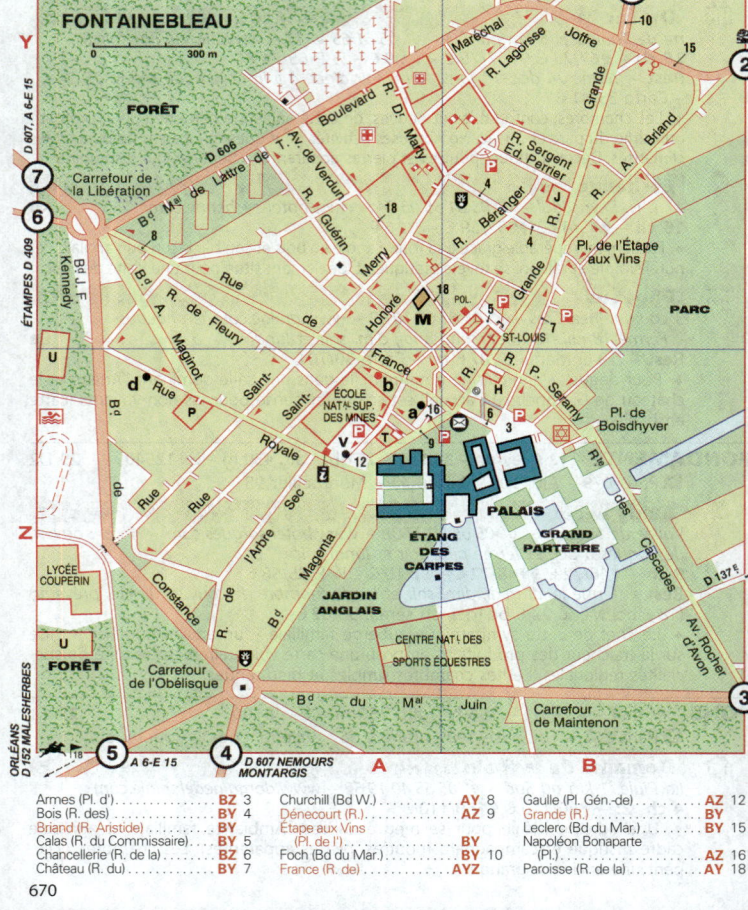
– alt. 75 m – ⊠ 77300 ▌Île de France

▶ Paris 64 – Melun 18 – Montargis 51 – Orléans 89

🛈 4, rue Royale ☏ 01 60 74 99 99

🔟 U.C.P.A. Bois-le-Roi à Bois-le-Roi Base de loisirs, par rte de Melun : 10 km,
☏ 01 64 81 33 31

◉ Palais★★★ : Grands appartements★★★ (Galerie François 1er★★★, Salle de
Bal★★★) - Jardins★ - Musée napoléonien d'Art et d'Histoire militaire :
collection de sabres et d'épées★ **M**¹ - Forêt★★★ - Gorges de
Franchard★★ 5 km par ⑥.

🏠 **Grand Hôtel de l'Aigle Noir** sans rest   📺 AC 📶 🛁 VISA ◉◉ AE ⓪

27 pl. Napoléon Bonaparte – ☏ 01 60 74 60 00 – www.hotelaiglenoir.fr
15 ch – ♥110/170 € ♥♥120/180 € – 4 suites – ⬚ 16 €   **AZa**

◆ Ancien hôtel particulier construit au 15e s. situé tout près du château.
Ambiance feutrée et chambres personnalisées par de beaux meubles, certaines
de style Empire.

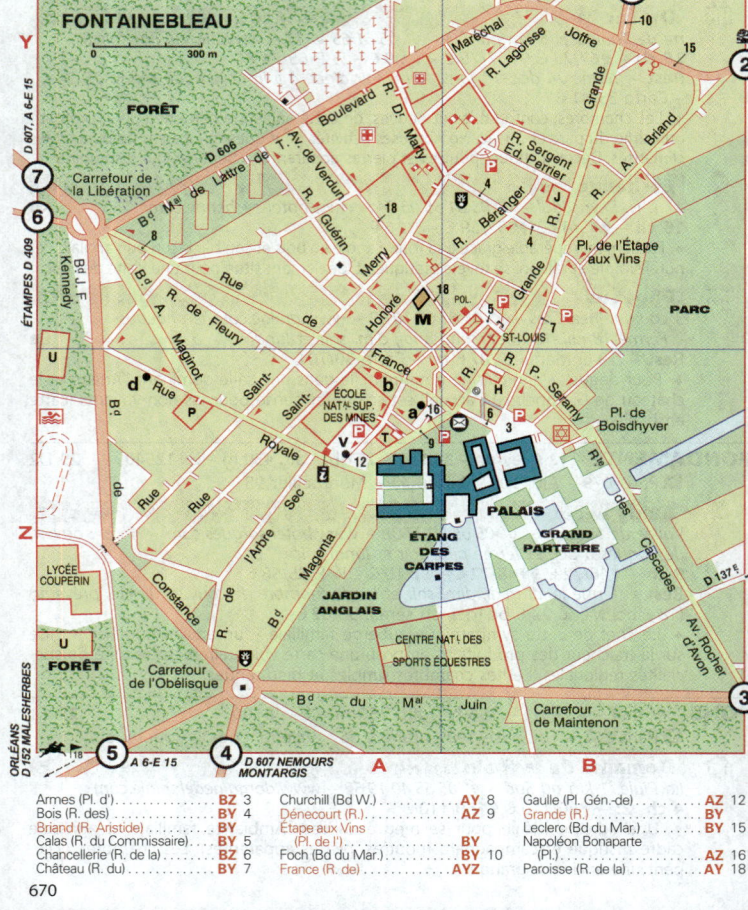

Armes (Pl. d')	**BZ** 3	Churchill (Bd W.)	**AY** 8	Gaulle (Pl. Gén.-de)	**AZ** 12
Bois (R. des)	**BY** 4	Dénecourt (R.)	**AZ** 9	Grande (R.)	**BY**
Briand (R. Aristide)	**BY**	Étape aux Vins		Leclerc (Bd du Mar.)	**BY** 15
Calas (R. du Commissaire)	**BY** 5	(Pl. de l')	**BY**	Napoléon Bonaparte	
Chancellerie (R. de la)	**BY**	Foch (Bd du Mar.)	**BY** 10	(Pl.)	**AZ** 16
Château (R. du)	**BY** 7	France (R. de)	**AYZ**	Paroisse (R. de la)	**AY** 18

Mercure 🅂
41 r. Royale – ✆ 01 64 69 34 34 – www.mercure.com   **AZd**
97 ch – ♦149/159 € ♦♦149/159 € – 🗔 18 €
Rest – *(fermé 29 juil.-22 août et 16 déc.-2 janv.,dim. midi, vend. soir et sam.)*
(22 €) Menu 27 € (déj. en sem.), 38/60 € – Carte 28/35 €
♦ Cet établissement confortable et de qualité propose des chambres fonctionnel-les. Détendez-vous devant la cheminée du salon ou profitez de l'ambiance cosy du bar. Cuisine traditionnelle dans la salle contemporaine prolongée d'une ter-rasse avec vue sur le parc.

De Londres sans rest   🍴 📶 P VISA ©® AE ①
1 pl. Gén. de Gaulle – ✆ 01 64 22 20 21 – www.hoteldelondres.com – *Fermé*
12-19 août et 23 déc.-6 janv.   **AZv**
16 ch – ♦90/160 € ♦♦110/200 € – 🗔 13 €
♦ Cet hôtel, face au château, existe depuis le 16ᵉ s. Chambres amples et insono-risées, élégamment décorées : beaux tissus, meubles rustiques et de style, gravu-res de chasse.

🍴🍴 **Croquembouche**   AC VISA ©® AE ①
43 r. de France – ✆ 01 64 22 01 57 – www.restaurant-croquembouche.fr – *Fermé*
2 sem. en août, 1 sem. en janv., sam. midi, dim. et lundi   **AZb**
Rest – (30 €) Menu 40 € – Carte 50/66 €
♦ Pour une agréable halte : accueil chaleureux, tableaux en décor et cuisine au goût du jour qui fait la part belle aux produits frais, sélectionnés avec soin.

FONTAINE-DANIEL – 53 Mayenne – **310** E5 – rattaché à Mayenne

FONTAINE-DE-VAUCLUSE – 84 Vaucluse – **332** D10 – 671 h.   **42** E1
– alt. 75 m – ✉ 84800 ▌ Provence
▶ Paris 697 – Apt 34 – Avignon 33 – Carpentras 21
🛈 chemin de la Fontaine ✆ 04 90 20 32 22
◎ La Fontaine de Vaucluse★ - Collection Casteret★ au Monde souterrain de Norbert Casteret - Église St-Véran★.

Du Poète sans rest 🅂   🍴 🏊 🕭 & AC 📶 🚠 P P VISA ©®
– ✆ 04 90 20 34 05 – www.hoteldupoete.com – *Ouvert 1ᵉʳ mars-28 nov.*
24 ch – ♦70/310 € ♦♦70/310 € – 🗔 17 €
♦ Ce charmant moulin du 19ᵉ s. est entouré d'un jardin luxuriant, traversé par la Sorgue. Chambres discrètement provençales. On prend le petit-déjeuner en face des cascades.

🍴 **Philip**   < 🍴 VISA ©® AE
chemin de la Fontaine – ✆ 04 90 20 31 81 – *Ouvert 1ᵉʳ avril-30 sept. et fermé le*
soir sauf du 26 juin au 31 août
Rest – Menu 26/46 €
♦ Au pied de la célèbre fontaine, une affaire de famille avec son atmosphère de guinguette, la déco contemporaine en plus. Vue magnifique, terrasse et bonne cuisine régionale.

FONTANGES – 15 Cantal – **330** D4 – rattaché à Salers

LE FONTANIL – 38 Isère – **333** H6 – rattaché à Grenoble

FONTENAI-SUR-ORNE – 61 Orne – **310** I2 – rattaché à Argentan

FONTENAY – 88 Vosges – **314** H3 – rattaché à Épinal

FONTENAY-LE-COMTE ⊛ – 85 Vendée – **316** L9 – 14 354 h.   **34** B3
– alt. 21 m – ✉ 85200 ▌ Poitou Vendée Charentes
▶ Paris 442 – Cholet 103 – La Rochelle 51 – La Roche-sur-Yon 64
🛈 8, rue de Grimouard ✆ 02 51 69 44 99
◎ Clocher★ de l'église N.-Dame **B** - Intérieur★ du château de Terre-Neuve.

Plan page suivante

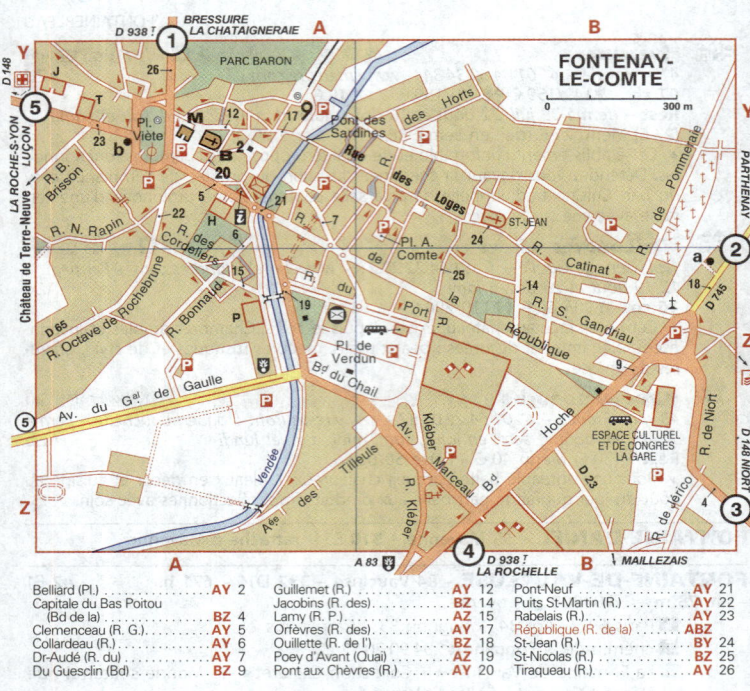

FONTENAY-LE-COMTE

Belliard (Pl.)	**AY** 2	Guillemet (R.)	**AY** 12	Pont-Neuf	**AY** 21
Capitale du Bas Poitou		Jacobins (R. des)	**BZ** 14	Puits St-Martin (R.)	**AY** 22
(Bd de la)	**BZ** 4	Lamy (R. P.)	**AZ** 15	Rabelais (R.)	**AY** 23
Clemenceau (R. G.)	**AY** 5	Orfèvres (R. des)	**AY** 17	République (R. de la)	**ABZ**
Collardeau (R.)	**AY** 6	Ouillette (R. de l')	**BZ** 18	St-Jean (R.)	**BY** 24
Dr-Audé (R. du)	**AY** 7	Poey d'Avant (Quai)	**AY** 19	St-Nicolas (R.)	**BZ** 25
Du Guesclin (Bd)	**BZ** 9	Pont aux Chèvres (R.)	**AY** 20	Tiraqueau (R.)	**AY** 26

Le Rabelais

19 r. Ouillette – ℰ 02 51 69 86 20 – www.hotel-lerabelais.com   BZ**a**
54 ch – †69/99 € ††79/109 € – ⊊ 10 €
Rest – (15 €) Menu 19/32 € – Carte 25/32 €
♦ L'enseigne fait référence au séjour de trois ans que fit l'écrivain dans la ville. La plupart des chambres, fonctionnelles, ouvrent sur un jardin fleuri. Au restaurant, terrasse face à la piscine et grand buffet d'entrées et de desserts.

Le Logis de la Clef de Bois sans rest

5 r. du Département – ℰ 02 51 69 03 49 – www.clef-de-bois.com – Ouvert avril- déc.
4 ch ⊊ – †105 € ††115 €   AY**b**
♦ Cet hôtel particulier du 17ᵉ s. abrite des chambres décorées avec goût, portant le nom d'un écrivain. La suite Rabelais, évoquant la commedia dell'arte, est la plus originale.

à St-Hilaire-des-Loges 11 km par ② – 1 846 h. – alt. 48 m – ⊠ 85240

Le Pantagruelion

9 r. Octroi – ℰ 02 51 00 59 19 – Fermé 2-15 juil., sam. midi, dim. soir et merc.
Rest – (16 €) Menu 26/45 € – Carte 37/55 €
♦ Poutres, pierres apparentes et sol en jonc tressé : une ambiance rustique à souhait pour déguster d'appétissantes recettes traditionnelles valorisant les produits vendéens.

à Velluire 11 km par ④, D 938 ter et D 68 – 508 h. – alt. 9 m – ⊠ 85770

Auberge de la Rivière avec ch

r. du Port de la Fouarne – ℰ 02 51 52 32 15 – www.hotel-riviere-vendee.com
– Fermé lundi midi
11 ch – †50/85 € ††65/94 € – ⊊ 11 € – ½ P 70/84 €
Rest – (18 €) Menu 23/50 € – Carte 45/70 €
♦ Auberge ancienne dans un cadre bucolique postée sur une rive de la Vendée. Cuisine au gré des saisons servie dans une salle mi-rustique mi-actuelle. Grandes chambres soignées.

FONTETTE – 89 Yonne – **319** F7 – **rattaché à Vézelay**

FONTEVRAUD-L'ABBAYE – 49 Maine-et-Loire – **317** J5 – 1 497 h.   **35** C2
– alt. 75 m – ✉ 49590 🟢 Châteaux de la Loire

  ▶ Paris 296 – Angers 78 – Chinon 21 – Loudun 22

  🅸 place Saint-Michel ✆ 02 41 51 79 45

  ◉ Abbaye★★ – Église St-Michel★.

🏨 Hostellerie la Croix Blanche   🔊 🌾 AC rest. ⁇ 🛰 🕸 P VISA ◎ AE

5 pl. Plantagenets – ✆ 02 41 51 71 11 – www.hotel-croix-blanche.com
23 ch – ♦70/110 € ♦♦70/145 € – 2 suites – ☲ 12 €
Rest – Menu 23/39 € – Carte 37/50 €

♦ On vient depuis plus de 300 ans dans cette auberge pour découvrir l'abbaye royale du 12ᵉ s. située juste en face. Les chambres sont modernes (literie neuve, écran plat). Après la visite, vous pourrez déguster une cuisine régionale actualisée au Plantagenêt.

🍴🍴 La Licorne   🍽 🌾 VISA ◎ AE

allée Ste-Catherine – ✆ 02 41 51 72 49 – www.la-licorne-restaurant.com
– Fermé 12 déc.-12 janv., dim. soir, merc. soir et lundi sauf de mars à sept.
Rest – (nombre de couverts limité, prévenir) Menu 25/55 € – Carte 51/83 €🎍

♦ Pas de vraie licorne dans cette demeure du 18ᵉ s. (tuffeau, poutres) mais la terrasse et le jardin fleuri sont délicieux. Les légumes du jardin se retrouvent à la carte.

FONTJONCOUSE – 11 Aude – **344** H4 – 133 h. – alt. 298 m   **22** B3
– ✉ 11360

  ▶ Paris 822 – Carcassonne 56 – Narbonne 32 – Perpignan 65

🍴🍴🍴 Auberge du Vieux Puits (Gilles Goujon) avec ch 🌾   🍽 🕭 AC ⁇ 🛰
🌼🌼🌼 *av. St Victor* – ✆ 04 68 44 07 37   P P VISA ◎ AE
– www.aubergeduvieuxpuits.fr – Fermé 2 janv.-11 mars, mardi midi et lundi du
20 juin au 11 sept., dim. soir, lundi et mardi du 10 sept. au 19 juin
8 ch – ♦205/280 € ♦♦205/280 € – ☲ 20 €
Rest – Menu 65 € (déj. en sem.), 125/150 € – Carte 135/165 €🎍
Spéc. Œuf de poule "pourri" de truffes sur une purée de champignons et truffe.
Filet de rouget barbet, pomme bonne bouche fourrée d'une brandade à la cèbe
en "bullinada". Fraises gariguettes aux olives noires confites, sorbet fleur de thym-
citron (été). **Vins** Corbières blanc et rouge.

♦ Le produit est la star de cette cuisine inspirée qui porte certaines émotions
gustatives à l'incandescence. Saisons, terroir, invention : Gilles Goujon excelle
dans l'équilibre, avec précision et humilité, entouré d'une équipe proche du
client. Hébergement de qualité, mêlant cadre rustique et décor contemporain.

La Maison des Chefs 🏨 🌾   🕭 AC P VISA ◎ AE

(à 300 m dans le village) – ✆ 04 68 44 07 37 – www.aubergeduvieuxpuits.fr
6 ch – ♦130/140 € ♦♦130/140 € – ☲ 20 €

♦ Les chambres de cette annexe sont placées sous le patronage des grands
chefs : ustensiles, vestes signées Bocuse, Troigros, etc. Cours de cuisine.

FONT-ROMEU – 66 Pyrénées-Orientales – **344** D7 – 2 003 h.   **22** A3
– alt. 1 800 m – Sports d'hiver : 1 900/2 250 m ⛷1 ⛷28 🎿 – Casino – ✉ 66120
🟢 Languedoc Roussillon

  ▶ Paris 858 – Andorra la Vella 73 – Ax-les-Thermes 56 – Bourg-Madame 18

  🅸 38, avenue Emmanuel Brousse ✆ 04 68 30 68 30

  📷 de Font-Romeu Espace Sportif Colette Besson, N : 1 km, ✆ 04 68 30 10 78

  ◉ Camaril★★★, retable★ et chapelle★ de l'Ermitage - ✳★★ Calvaire.

Plan page suivante

🏨 Le Grand Tétras sans rest   🍽 🕭 💺 ⁇ 🛰 🔊 VISA ◎ AE ①

14 av. E. Brousse – ✆ 04 68 30 01 20 – www.hotelgrandtetras.fr   **AX**r
36 ch – ♦73/100 € ♦♦73/100 € – ☲ 10 € – ½ P 66/80 €

♦ Hôtel aux allures montagnardes situé au centre du village. Balcon et vue panoramique sur les Pyrénées dans les chambres orientées au sud. Sauna et piscine
couverte sur le toit.

FONT-ROMEU

Allard (R. Henri). . . . . **BX** 2
Brousse (Av. Emmanuel). . . **BX** 3
Calvet (R.) . . . . **BX** 5

Capelle (R. du Docteur) . . . . **AX** 6
Cytises (R. des) . . . . **AX** 8
Ecureuils (R. des) . . . . **AX** 9
Espagne (Av. d') . . . . **AX**
Genêts d'Or
(R. des) . . . . **BY** 12

Liberté (R. de la) . . . . **AY** 13
Maillol (R.) . . . . **BX** 15
République
(R. de la) . . . . **AY** 16
Saules (R. des) . . . . **AY** 18
Trombe (R. Professeur) . . . . **AY** 19

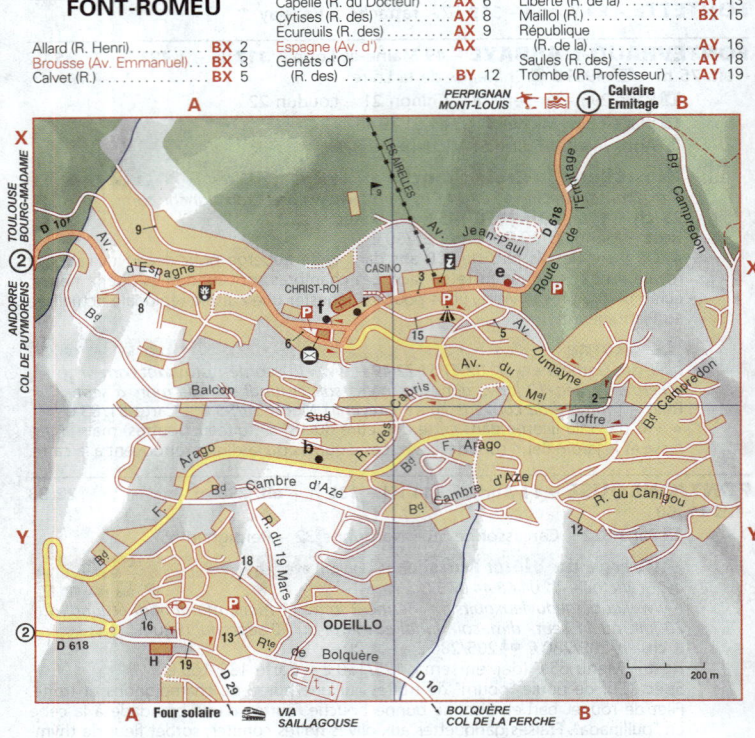

🏨 **Sun Valley** 🖥 ⚡ rest, ⁛ 🚗 🏧 _VISA_ ⚫ 🅰🅴

3 av. Espagne – ☏ 04 68 30 21 21 – www.hotelsunvalley.fr
– Fermé 31 oct.-4 déc.   **AX f**
41 ch – ♦72/109 € ♦♦85/119 € – ☲ 11 € – ½ P 68/93 €
Rest – *(fermé le midi) (résidents seult)* Menu 25 € – Carte 20/45 €
♦ Les chambres, toutes rénovées dans un esprit chalet, profitent du soleil depuis leur balcon. Bel espace bien-être et relaxation au dernier étage. Repas simples et copieux.

🏠 **Clair Soleil** ⟨ 🏊 📶 🖥 ⚡ ⁛ 🅿 _VISA_ ⚫

29 av. François Arago, rte Odeillo : 1 km – ☏ 04 68 30 13 65
– www.hotel-clair-soleil.com – Fermé 13 avril-16 mai et 2 nov.-18 déc.
29 ch ☲ – ♦59/68 € ♦♦67/76 € – ½ P 51/60 €   **AY b**
Rest – *(fermé le midi du lundi au jeudi)* Menu 22/38 € – Carte 32/38 €
♦ Cette sympathique pension de famille bénéficie d'une très bonne exposition face au four solaire d'Odeillo. Chambres modestes bien tenues, avec balcon ou terrasse. Cuisine régionale et accueil aux petits soins dans la salle à manger-véranda.

✕✕ **La Chaumière** 🍴 _VISA_ ⚫

96 av. Emmanuel Brousse – ☏ 04 68 30 04 40 – www.lachaumiere-font-romeu.fr
– Fermé 20 juin-10 juil., 10-23 oct., lundi et mardi hors vacances scolaires
Rest – (17 €) Menu 20 € – Carte 35/55 €   **BX e**
♦ Accueil tout sourire de la patronne dans ce sympathique restaurant à l'ambiance locale. On y déguste une cuisine de tradition et d'inspiration catalane, rythmée par les saisons.

à Via 5 km au Sud par D 29 **AY** – ⊠ **66210 Font Romeu Odeillo Via**

⛺ L'Oustalet ⪡ 🚗 ⌿ |🛄| ⌿ rest, **P.** _VISA_ 👓

av. du Mar. Leclerc – ℰ 04 68 30 11 32 – _www.hotelloustalet.com_ – _Fermé_
15 avril-8 mai et 15 oct.-15 nov.
25 ch – 🛏45/60 € 🛏🛏45/60 € – ☷ 8 € – ½ P 44/51 €
Rest – _(fermé le midi) (résidents seult)_
◆ Étape idéale pour les skieurs et les randonneurs, ce joli chalet à la façade en bois propose des chambres simples (la plupart avec balcon). Belle piscine extérieure. Atmosphère montagnarde au restaurant où l'on sert des spécialités catalanes.

FONTVIEILLE – 13 Bouches-du-Rhône – **340** D3 – 3 417 h. – alt. 20 m   **42** E1
– ⊠ **13990** ▌Provence

▶ Paris 712 – Arles 12 – Avignon 30 – Marseille 92
🔢 avenue des Moulins ℰ 04 90 54 67 49
◙ Moulin de Daudet ⪡ ★.
🄶 Chapelle St-Gabriel★ N : 5 km.

🏠🏠 La Regalido ॐ 🚗 🏠 ⌿ AC ⌿ 🛁 **P** _VISA_ 👓 AE ①

r. F. Mistral – ℰ 04 90 54 60 22 – _www.laregalido.com_ – _Fermé 3 janv.-12 fév._
15 ch – 🛏129/320 € 🛏🛏129/320 € – ☷ 20 €
Rest – _(fermé lundi)_ (18 €) Menu 26/60 €
◆ Ce vieux moulin à huile, blotti au cœur d'un exubérant jardin fleuri, est un régal ! Chambres contemporaines, sobres et élégantes. Piscine et mini spa. Salle à manger voûtée et terrasse pour déguster des menus uniques (variations autour d'un produit du terroir).

🏠 La Peiriero 🚗 🏠 ⌿ |🛄| AC ch, ⌿ ⌿ 🛁 **P** _VISA_ 👓 AE ①

36 av. des Baux – ℰ 04 90 54 76 10 – _www.hotel-peiriero.com_ – _Ouvert_
1er avril-31 oct.
42 ch – 🛏93/129 € 🛏🛏93/129 € – ☷ 14 €
Rest – _(fermé le soir d'avril à juin et de sept. à oct.)_ Menu 30 €
◆ Plaisant hôtel au milieu d'une pinède, bercé par le chant des cigales. Chambres pimpantes, de style provençal. Minigolf et jeu d'échecs géant. Plats traditionnels servis en salle (climatisée) ou sur le ravissante terrasse ouverte sur le parc.

🏠 Le Val Majour _sans rest_ 🌙 ⌿ ⌿ AC ⌿ 🛁 **P** 🚗 _VISA_ 👓 AE ①

22 rte d'Arles – ℰ 04 90 54 62 33 – _www.valmajour.com_
32 ch – 🛏60/140 € 🛏🛏60/140 € – ☷ 10 €
◆ Dans un environnement tranquille, cet hôtel des années 1970 propose de spacieuses chambres colorées, parfois dotées d'un balcon tourné vers le parc. Salon et piscine agréables.

⛺ Hostellerie de la Tour 🚗 🏠 ⌿ AC ch, ⌿ **P** _VISA_ 👓 AE

3 r. Plumelets, rte d'Arles – ℰ 04 90 54 72 21 – _www.hotel-delatour.com_ – _Ouvert_
1er avril-30 oct.
10 ch – 🛏63 € 🛏🛏70 € – ☷ 10 € – ½ P 61/65 €
Rest – _(fermé le midi)_ Menu 28 €
◆ Près de la tour des Abbés, petite auberge dont les chambres, simples et agréables (pin et tissus fleuris), entourent la piscine et le coquet jardin. Les amateurs de bouillabaisse ou de petits farcis se retrouveront sous les poutres de la salle à manger.

✕✕ Le Patio 🏠 _VISA_ 👓 ①

117 rte du Nord – ℰ 04 90 54 73 10 – _www.lepatio-alpilles.com_ – _Fermé_
vacances de la Toussaint, de fév., mardi soir hors saison, dim. soir et merc.
Rest – (19 €) Menu 28/40 € – Carte 55/70 €
◆ Cette bergerie du 18e s. s'égaye d'un joli patio planté d'acacias et de palmiers. Cuisine aux parfums de la Provence tels que le basilic, la lavande, l'olive ou l'amande douce...

✕ La Table du Meunier 🏠 AC **P** _VISA_ 👓

42 cours Hyacinthe-Bellon – ℰ 04 90 54 61 05 – _Fermé nov.,_
20-29 déc., fév., mardi sauf juil.-août et merc.
Rest – _(nombre de couverts limité, prévenir)_ (21 €) Menu 26/34 € – Carte environ 43 €
◆ Non loin du moulin d'Alphonse Daudet, plus de meunier mais une cuisine provençale bien copieuse. Poulailler de 1765 et charmante terrasse décorée de... gallinacés.

rte de Tarascon 5 km au Nord-Ouest par D 33 – ✉ 13150 Tarascon

Les Mazets des Roches ♨ 🔥 🔒 ♨ ✂ AC ♿ P VISA ⦾ AE ①
rte de Fonvieille – ℰ 04 90 91 34 89 – www.mazetsdesroches.com – Ouvert d'avril à mi-oct.
38 ch – ♦60/137 € ♦♦69/153 € – ♀ 12 €
Rest – *(fermé jeudi midi et sam. midi sauf juil.-août)* (15 € bc) Menu 25 € (sem.)/ 39 € – Carte 42/56 €
◆ Idéal pour se mettre au vert (parc boisé, piscine de 25 m). Chambres fonctionnelles et confortables, égayées de boutis et de lin. Cuisine classique inspirée par la Provence (poisson à l'huile d'olive, citron et fenouil), servie dans la salle à manger-véranda.

rte de Maussane-les-Alpilles 6 km à l'Est par D 17 - ✉ 13990 Fontvieille

Le Bistrot Mogador 🚗 📶 ♿ AC P VISA ⦾
Château d'Estoublon – ℰ 04 90 96 22 40 – www.estoublon.com – Ouvert de fév. à déc. et fermé mardi et merc.
Rest – Menu 25 €
◆ Une belle cave voûtée du 18e s. s'est muée en restaurant. Courte carte de bonne cuisine régionale, embellie par l'huile d'olive et les vins du domaine d'Estoublon.

FORBACH ◉ – **57 Moselle** – **307** M3 – **21 956 h.** – **Agglo. 104 074 h.** **27** C1
– **alt. 222 m** – ✉ **57600** ▌ Alsace Lorraine
▶ Paris 385 – Metz 59 – St-Avold 23 – Sarreguemines 21
🛈 Château Barrabino - Av St Rémi ℰ 03 87 85 02 43

FORBACH

Alliés (R. des) . . . . **B** 2
Arras (R. d') . . . . **A** 3
Briand (Pl. A.) . . . . **A** 6
Chapelle (R. de la) . . . . **A** 7
Couturier (R.) . . . . **B** 9
Église (R. de l') . . . . **B** 10
Gare (R. de la) . . . . **B** 12
Jardins (R. des) . . . . **A** 13
Moulins (R. des) . . . . **A** 15
Nationale
  (R.) . . . . **AB**
Ney (R. P.) . . . . **A** 17
Parc (R. du) . . . . **B** 18
Remsing (R. de) . . . . **A** 20
République (Pl. de la) . . . . . . **B** 21
St-Remy (Av.) . . . . **AB**
Schlossberg (R. du) . . . . **A** 23
Schuman (Pl. R.) . . . . **B** 24
Tuilerie (R. de la) . . . . **A** 26
22-Novembre
  (R. du) . . . . **B** 27

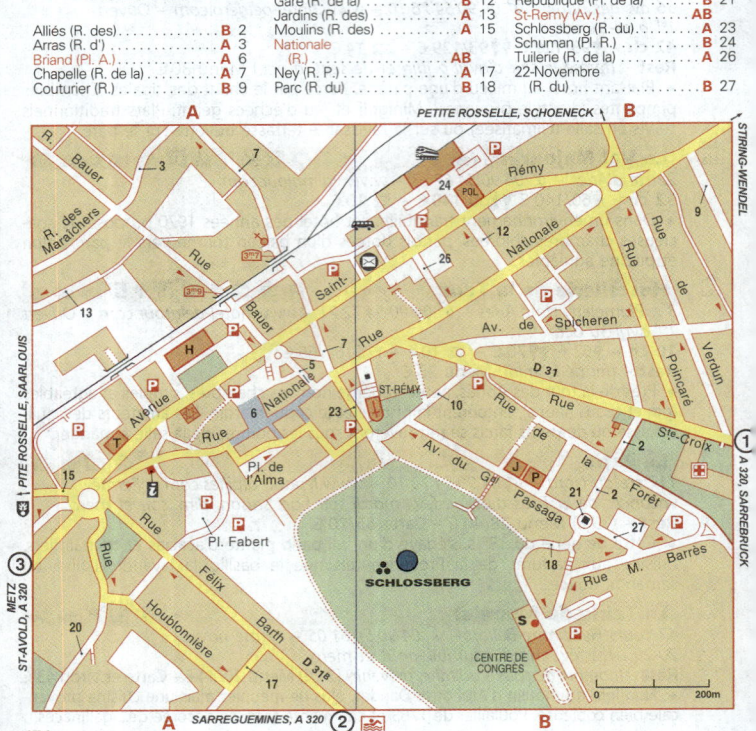

🏠 **Mercure** 🦮 🛏 AC ch, ♨ 🏊 P VISA ⓒⓄ AE ①
70 r. F. Barth, par ②, près piscine et échangeur Forbach-Sud Centre de Loisirs
– ℰ 03 87 87 06 06 – www.mercure.com
67 ch – ♦65/85 € ♦♦85/115 € – ⌂ 13 € – ½ P 85/105 €
Rest – *(fermé sam. midi)* (13 €) Menu 22/35 € – Carte 25/52 €
♦ Hôtel de chaîne excentré situé entre l'autoroute et un complexe sportif. Deux catégories de chambres ("standard" et "confort") ; bonne installation pour séminaires. Salle à manger moderne prolongée d'une véranda.

XX **Le Schlossberg** 🌿 ♨ ⇔ VISA ⓒⓄ
😊 *13 r. Parc – ℰ 03 87 87 88 26 – Fermé 25 juil.-12 août, 27 déc.-13 janv., dim. soir,*
mardi soir et merc. **Bs**
Rest – Menu 19 € (sem.), 29/49 € – Carte 37/55 €
♦ Bâti en pierre du pays, ce restaurant côtoie le parc du Schlossberg. Salle au beau plafond marqueté et aux boiseries habillées de couleurs claires. Terrasse sous les tilleuls.

à Stiring-Wendel 3 km au Nord-Est par D 603 – 12 588 h. – alt. 240 m
– ⊠ 57350

🅳 1, place de Wendel ℰ 03 87 87 07 65

XXX **La Bonne Auberge** (Lydia Egloff) 🌿 AC P VISA ⓒⓄ
❀ *15 r. Nationale – ℰ 03 87 87 52 78 – Fermé 15-31 août, 26 déc.-3 janv., sam.*
midi, dim. soir et lundi
Rest – Menu 40 € (déj. en sem.), 65/110 € – Carte 70/90 €🐌
Spéc. Tatin de foie d'oie aux coings confits (oct. à mars). Bouchée à la reine "collection 2011". Forêt noire nouvelle version.
♦ Élégante salle contemporaine entourant le jardin d'hiver éclairé par un puits de lumière, goûteuse cuisine inventive et belle carte des vins : une enseigne-vérité !

à Rosbrück 6 km par ③ – 789 h. – alt. 200 m – ⊠ 57800

XXX **Auberge Albert Marie** AC P VISA ⓒⓄ
1 r. Nationale – ℰ 03 87 04 70 76 – Fermé 11-19 juil., sam. midi, dim. soir et lundi
Rest – (26 € bc) Menu 39 € (déj. en sem.), 44/52 € – Carte 60/80 €🐌
♦ Belle mise en place, plafond à caissons, boiseries sombres et discrète thématique à la gloire du coq : la tradition est autant à l'honneur dans le cadre que sur la carte.

FORCALQUIER ◁◁▷ – 04 Alpes-de-Haute-Provence – 334 C9 **40** B2
– 4 654 h. – alt. 550 m – ⊠ 04300 🟩 Provence

▶ Paris 747 – Aix-en-Provence 80 – Apt 42 – Digne-les-Bains 50
🅳 13, place du Bourguet ℰ 04 92 75 10 02
⬛ Site★ - Cimetière classé★ - ☀ de la terrasse N.-D. de Provence.
◀ Mane★ - St-Michel-l'Observatoire★ - Observatoire de Haute-Provence★.

🏠 **La Bastide Saint Georges** *sans rest* 🌿 🚗 🔟 ⑳ 🏊 AC ♨ P VISA ⓒⓄ
rte de Banon, 2 km par D 950 – ℰ 04 92 75 72 80
– www.bastidesaintgeorges.com – Fermé 22 nov.-25 déc. et 3 janv.-1er mars
21 ch – ♦135/240 € ♦♦135/240 € – 1 suite – ⌂ 17 €
♦ Beaucoup de charme en ce domaine paysagé. Les chambres sont décorées avec goût – et au naturel : bois, pierre, lin –, la plupart avec terrasse. Piscine, spa et massages.

X **Les Terrasses de la Bastide** 🌿 ♨ AC P VISA ⓒⓄ AE
rte de Banon, (Domaine Bastide St Georges) – ℰ 04 92 73 32 35
– www.lesterrassesdelabastide.com – Fermé 28 nov.-15 déc., 1er fév.-6 mars, dim.
soir, mardi midi et lundi sauf du 15 mai au 30 sept.
Rest – Menu 26 € – Carte 27/40 €
♦ Restaurant méditerrannéen orné de photos sur le thème de l'olive. Cuisine traditionnelle du marché, avec en spécialité les pieds et paquets. Terrasse tournée vers le jardin.

à l'Est 4 km par D 4100 et rte secondaire – ✉ 04300 Forcalquier

🏠 **Auberge Charembeau** sans rest ◈   ← ⟨⟩ 🛋 🗶 & 🏵 🄿 *VISA* ◉ 📧
rte de Niozelles, (Lieu-dit Charambau) – ℰ 04 92 70 91 70
– *www.charembeau.com* – Ouvert 1ᵉʳ mars-15 nov.
25 ch – †64/105 € ††64/121 € – ⬚ 10 €
◆ Ferme du 18ᵉ s. dans un charmant parc vallonné. Cadre bucolique, bouquets de fleurs fraîches, grandes chambres de style provençal, piscine : comme une invitation à la détente...

à Mane 4 km au Sud par D 4100 – 1 329 h. – alt. 500 m – ✉ 04300

🏘️ **Couvent des Minimes** ◈   ← ⟨⟩ 🛋 🖻 ◉ ⑬ 🗶 🛏 & 🄰 🌣 rest, 🏵
chemin des Jeux de Maï – ℰ 04 92 74 77 77   🄰 🄿 *VISA* ◉ 📧
– *www.couventdesminimes-hotelspa.com*
42 ch – †180/210 € ††225/590 € – 4 suites – ⬚ 29 €
Rest *Le Cloître* – *(fermé janv., mardi d'oct. à avril et lundi)* Menu 55 € (déj.), 72/88 € – Carte 83/129 € 🍷
Rest *Le Bancaou* – (29 €) Menu 35 € (déj.)/50 € – Carte 40/68 €
◆ Couvent des Minimes (1862) superbement mué en hôtel de luxe. Dans les chambres, décor sobre et raffiné (chêne massif, tons chauds). Jardin aux nombreuses essences et spa signé L'Occitane. Fine cuisine méditerranéenne au Cloître, avec sa terrasse ombragée. Formule bistrot au Bancaou.

🏠 **Mas du Pont Roman** sans rest ◈   🚗 🛋 🖻 & 🏵 🄿 *VISA* ◉
chemin de Châteauneuf, rte d'Apt – ℰ 04 92 75 49 46 – *www.pontroman.com*
9 ch – †70/90 € ††80/120 € – ⬚ 10 €
◆ Près d'un vieux pont roman, un mas en pierre dans un joli jardin... Les plus : de ravissantes chambres provençales, des piscines balnéo et à contre-courant, un coquet salon...

LA FORÊT-FOUESNANT – 29 Finistère – **308** H7 – 3 161 h.   **9** B2
– alt. 19 m – ✉ 29940 ▮ Bretagne
▶️ Paris 552 – Concarneau 8 – Pont-l'Abbé 22 – Quimper 16
🅩 2, rue du Vieux Port ℰ 02 98 51 42 07

🗶🗶 **Auberge St-Laurent**   🚗 🏡 🄿 *VISA* ◉
6 rte de Beg Menez, 2 km rte Concarneau par la côte – ℰ 02 98 56 98 07 – Fermé vacances de la Toussaint, de fév., dim. soir, lundi soir, mardi soir hors saison et merc.
Rest – (15 €) Menu 22/40 € – Carte 28/48 €
◆ Cuisine traditionnelle, agrémentée parfois de saveurs asiatiques, servie soit dans une salle au décor contemporain, soit dans un cadre plus rustique. Paisible terrasse d'été.

FORGES-LES-EAUX – 76 Seine-Maritime – **304** J4 – 3 542 h.   **33** D1
– alt. 161 m – Casino – ✉ 76440 ▮ Normandie Vallée de la Seine
▶️ Paris 117 – Rouen 44 – Abbeville 73 – Amiens 72
🅩 rue Albert Bochet ℰ 02 35 90 52 10

🏨 **Le Continental** sans rest   🛏 & 🌣 🏵 🄿 *VISA* ◉
av. des Sources, rte de Dieppe – ℰ 02 32 89 50 50 – *www.domainedeforges.com*
44 ch – †59/77 € ††69/77 € – ⬚ 10 €
◆ Petit immeuble de style régional abritant des chambres assez grandes, décorées dans un style contemporain. Confortable salon et charmante salle de petits-déjeuners.

🗶🗶 **Auberge du Beau Lieu** avec ch   🏡 🏵 🄿 *VISA* ◉ 📧
2 rte du Montadet, 2 km par D 915 – ℰ 02 35 90 50 36
– *www.aubergedubeaulieu.fr* – Fermé 3-18 janv., 31 janv.-8 fév., lundi sauf fériés et mardi
3 ch – †45 € ††60 € – ⬚ 13 €   **Rest** – (19 €) Menu 30/51 €
◆ Auberge campagnarde du pays brayon. L'hiver, on se réfugie avec plaisir auprès de l'âtre de la douillette salle de restaurant. Terrasse d'été. Chambres au rez-de-chaussée.

FORT-MAHON-PLAGE – 80 Somme – **301** C5 – **1 278 h. – alt. 2 m**   **36** A1
– Casino – ✉ 80120 █ Nord Pas-de-Calais Picardie

▶ Paris 225 – Abbeville 41 – Amiens 90 – Berck-sur-Mer 19
🖪 1000, avenue de la Plage ✆ 03 22 23 36 00
🖪 de Belle-Dune Promenade du Marquenterre, (près de l'Aquaclub),
✆ 03 22 23 45 50
█ Parc ornithologique du Marquenterre★★ S : 15 km.

Auberge Le Fiacre ॐ   🛏 🏊 ৬ ch, 🐾 ch, 🅿 VISA ☯
à Routhiauville, 2 km au Sud-Est par rte de Rue – ✆ 03 22 23 47 30
– www.lefiacre.fr – fermé 20 déc. -1ᵉʳ fév.
11 ch – ♦103/115 € ♦♦103/115 € – 3 suites – ⌨ 14 € – ½ P 98/104 €
Rest – (fermé mars, 15 nov.-28 fév.) Menu 36/47 € – Carte 58/74 €
◆ Idéal pour se mettre au vert ! Dans cette ancienne ferme du Marquenterre, on
profite d'un beau jardin avec piscine et l'on se repose dans une chambre douillette à souhait. Cuisine actuelle servie dans un cadre soigné ou en terrasse.

La Terrasse   ≤ 🏠 🖥 ৬ 🗚 rest, 🐾 ch, ॐ 🅿 VISA ☯ ⓓ
1461 av de la Plage – ✆ 03 22 23 37 77 – www.hotellaterrasse.com – Fermé
3-23 janv.
56 ch – ♦44/109 € ♦♦44/109 € – ⌨ 11 € – ½ P 44/78 €
Rest – Menu 16/50 € bc – Carte 30/60 €
◆ Dans cet hôtel du front de mer, les chambres sont confortables et donnent sur le
large ou, plus au calme, sur la cour. Au restaurant, la carte et le décor mettent la
mer à l'honneur ; cuisine plus simple à l'espace brasserie.

LA FOSSETTE (PLAGE DE) – 83 Var – **340** N7 – **rattaché au Lavandou**

FOS-SUR-MER – 13 Bouches-du-Rhône – **340** E5 – **15 734 h.**   **40** A3
– alt. 11 m – ✉ 13270 █ Provence

▶ Paris 750 – Aix-en-Provence 55 – Arles 42 – Marseille 51
🖪 Place de l'Hotel de Ville ✆ 04 42 47 71 96
◉ Village ★.

Ariane Fos ॐ   🏠 🏊 🗚 🗚 📶 ॐ 🅿 VISA ☯ AE ⓓ
rte d'Istres : 3 km – ✆ 04 42 05 00 57 – www.arianefoshotel.com
72 ch – ♦87/105 € ♦♦92/110 € – ⌨ 11 €
Rest – (fermé sam. et dim.) (15 €) Menu 18/24 € – Carte 26/41 €
◆ Près de l'étang de l'Estomac, un hôtel confortable, pratique pour les affaires ou
les réceptions. Chambres spacieuses et fonctionnelles. Équipements pour les
séminaires. Cuisine traditionnelle (carpaccios, salades) dans une salle lumineuse,
face à la piscine.

FOUCHÈRES – 10 Aube – **313** F5 – **469 h. – alt. 138 m** – ✉ 10260   **13** B3
▶ Paris 189 – Troyes 25 – Bar-sur-Aube 42 – Bar-sur-Seine 11

✕✕ Auberge de la Seine   🏠 🗚 ⇔ VISA ☯
1 fg de Bourgogne – ✆ 03 25 40 71 11 – www.aubergedelaseine.com
– Fermé merc. du 1ᵉʳ sept. au 15 avril, dim. soir et lundi
Rest – (19 €) Menu 29/68 € bc – Carte 37/62 €
◆ Relais de poste du 18ᵉ s. agrandi d'une belle terrasse surplombant la Seine. On y
mange des plats simples à base de bons produits frais en provenance du marché.

FOUDAY – 67 Bas-Rhin – **315** H6 – **340 h.** – ✉ 67130 █ Alsace Lorraine   **1** A2
▶ Paris 412 – St-Dié 34 – Saverne 55 – Sélestat 37

Julien   ≤ 🦊 🏠 🖥 🔞 🏰 🖥 ৬ 🐾 rest, 🕯 ॐ 🅿 VISA ☯ AE
D 1420 – ✆ 03 88 97 30 09 – www.hoteljulien.com – Fermé 9 janv.-3 fév.
44 ch – ♦113/142 € ♦♦113/142 € – 15 suites – ⌨ 18 € – ½ P 99/122 €
Rest – (fermé mardi) (14 €) Menu 18 € (déj. en sem.), 25/55 € – Carte 36/52 €
◆ Bel établissement dans un magnifique parc fleuri, traversé par la Bruche.
Chambres raffinées, alliant le contemporain à la chaleur du bois. Espace bien-
être. Au restaurant, atmosphère vosgienne ; on savoure une appétissante cuisine
traditionnelle et alsacienne.

FOUESNANT – 29 Finistère – **308** G7 – 9 716 h. – alt. 30 m – ✉ 29170   **9 B2**

🌳 Bretagne

> ▶ Paris 555 – Carhaix-Plouguer 69 – Concarneau 11 – Quimper 16
>
> 🛈 Espace Kernevelech ℰ 02 98 51 18 88
>
> 🏌 de Cornouaille à La Forêt-Fouesnant Manoir du Mesmeur, E : 4 km par D 44, ℰ 02 98 56 97 09

🏠 **L'Orée du Bois** sans rest   🛜 VISA ⊙⊙

4 r. Kergoadig, (près église) – ℰ 02 98 56 00 06 – www.hotel-oreedubois.com
15 ch – †38/75 € ††38/75 € – � 8 €

◆ Près de l'église, petit hôtel entièrement rénové par la nouvelle propriétaire très souriante. Chambres actuelles qui mêlent styles contemporain et marin. Prix doux.

au Cap Coz 2,5 km au Sud-Est par rte secondaire – ✉ 29170 Fouesnant

🏨 **De la Pointe du Cap Coz** ⚜   ≤ 🍴 ㅎ rest, ⚟ 🛜 VISA ⊙⊙ ﷼

153 av. de la Pointe – ℰ 02 98 56 01 63 – www.hotel-capcoz.com – Fermé 27 nov.-2 déc., 1ᵉʳ janv.-12 fév. et dim. soir du 1ᵉʳoct. au 15 mars
16 ch – †61/64 € ††70/101 € – ⊡ 11 € – ½ P 77/92 €
Rest – *(fermé dim. soir et lundi midi du 1ᵉʳ sept. au 15 juin et merc.)* Menu 26/53 € – Carte 45/80 €

◆ Maison bretonne à l'extrémité du Cap-Coz. Chambres chaleureuses (décoration actuelle) donnant sur l'océan ou sur l'anse de Port-la-Forêt. Belle cuisine personnalisée qui met à l'honneur les produits de la mer et ceux du terroir.

🏠 **Belle-Vue**   ≤ 🚗 🍴 ⚟ 🛜 🄿 VISA ⊙⊙

30 descente Belle-Vue, (réouverture prévue en juin après rénovation) – ℰ 02 98 56 00 33 – http://hotel-belle-vue.com – Ouvert juin-nov.
16 ch – †61/72 € ††67/90 € – ⊡ 9 € – ½ P 63/77 €
Rest – *(ouvert 15 mars-31 oct. et fermé lundi)* Menu 25/40 € – Carte 29/46 €

◆ Hôtel familial dominant la baie de la Forêt-Fouesnant. Les chambres, petites et sans fioritures, sont tournées vers l'océan ou vers le jardin. Au restaurant, sobre décor et cuisine de terroir sans prétention ; l'été, plaisante terrasse panoramique.

à la Pointe de Mousterlin 6 km au Sud-Ouest par D 145 et D 134
– ✉ 29170 Fouesnant

🏨 **De la Pointe de Mousterlin** ⚜   🚗 🍴 ⌇ 🆚 ⚟ 🛏 ㅎ rest, ⚟ rest,

108 rte de la Pointe – ℰ 02 98 56 04 12   🛜 ㅹ 🄿 VISA ⊙⊙ ﷼
– www.mousterlinhotel.com – Fermé 20 fév.-15 mars, mardi midi, dim. soir et lundi du 17 oct. au 12 avril
42 ch – †57/78 € ††69/132 € – 1 suite – ⊡ 15 € – ½ P 85/116 €
Rest – Menu 25/45 € – Carte 43/65 €

◆ Complexe balnéaire à 50 mètres de la plage. Chambres spacieuses et pratiques réparties dans trois bâtiments entourant un jardin. Bons équipements de loisirs. Cuisine du terroir à composantes océanes, servie dans deux salles dont une agrémentée d'une verrière.

FOUGÈRES ⟨S⟩ – 35 Ille-et-Vilaine – **309** O4 – 20 941 h. – alt. 115 m   **10 D2**
– ✉ 35300 🌳 Bretagne

> ▶ Paris 326 – Avranches 44 – Laval 53 – Le Mans 132
>
> 🛈 2, rue Nationale ℰ 02 99 94 12 20
>
> 🔲 Château★★ - Église St-Sulpice★ - Jardin public★ : ≤★ - Vitraux★ de l'église St-Léonard - Rue Nationale★.

🏠 **Les Voyageurs** sans rest   🔲 🛜 VISA ⊙⊙ ﷼

10 pl. Gambetta – ℰ 02 99 99 08 20 – www.hotel-fougeres.fr – Fermé 24 déc.-2 janv.   **BYe**
35 ch – †56 € ††69/125 € – ⊡ 8,50 €

◆ Établissement centenaire situé au cœur de la ville haute, bien tenu et peu à peu renové. De colorées et fonctionnelles, les chambres y gagnent un esprit contemporain, plus cosy.

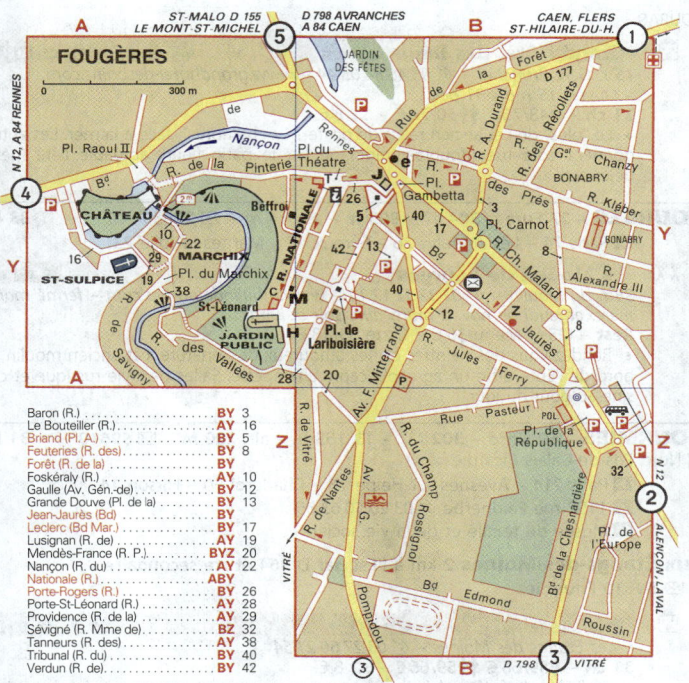

FOUGÈRES

ST-MALO D 155
LE MONT-ST-MICHEL
D 798 AVRANCHES
A 84 CAEN
CAEN, FLERS
ST-HILAIRE-DU-H.

JARDIN
DES FÊTES

0   300 m

Baron (R.)	BY	3
Le Bouteiller (R.)	AY	16
Briand (Pl. A.)	BY	5
Feuteries (R. des)	BY	8
Forêt (R. de la)	AY	10
Foskéraly (R.)	AY	
Gaulle (Av. Gén.-de)	BY	12
Grande Douve (Pl. de la)	BY	13
Jean-Jaurès (Bd)	BY	
Leclerc (Bd Mar.)	BY	17
Lusignan (R. de)	AY	19
Mendès-France (R. P.)	BYZ	20
Nançon (R. du)	AY	22
Nationale (R.)	ABY	
Porte-Rogers (R.)	BY	26
Porte-St-Léonard (R.)	AY	28
Providence (R. de la)	AY	29
Sévigné (R. Mme de)	BZ	32
Tanneurs (R. des)	AY	38
Tribunal (R. du)	BY	40
Verdun (R. de)	BY	42

Haute Sève   VISA ◉ AE

*37 bd Jean-Jaurès – ℰ 02 99 94 23 39 – www.lehauteseve.fr – Fermé
22 juil.-22 août, 1er-20 janv., dim. soir et lundi*   **BY**z
Rest – (21 € bc) Menu 26 € (sem.)/44 € – Carte 35/45 €
♦ L'avenante façade à colombages abrite une salle à manger relookée dans
un esprit contemporain. Cuisine régionale mise au goût du jour, à base de bons
produits du terroir.

FOUGEROLLES – 70 Haute-Saône – 314 G5 – 3 874 h. – alt. 311 m   **17** C1
– ✉ 70220 ▮ Franche-Comté Jura

▶ Paris 374 – Épinal 49 – Luxeuil-les-Bains 10 – Remiremont 25

🄻 1, rue de la Gare ℰ 03 84 49 12 91

◉ Ecomusée du Pays de la Cerise et de la Distillation ★.

Au Père Rota   P. VISA ◉ AE

*8 Grande Rue – ℰ 03 84 49 12 11 – Fermé 31 août-4 sept., 2-30 janv., dim. soir,
mardi soir et lundi*
Rest – (20 €) Menu 26 € (sem.), 35/69 € – Carte 52/80 € 🕸
♦ Fougerolles, son kirsch et… son Père Rota, un restaurant feutré, où l'on
déguste une bonne cuisine authentique (poularde, gratin dauphinois…). Beaux
millésimes en cave.

FOURAS – 17 Charente-Maritime – 324 D4 – 4 024 h. – alt. 5 m   **38** A2
– Casino – ✉ 17450 ▮ Poitou Vendée Charentes

▶ Paris 485 – Châtelaillon-Plage 18 – Rochefort 15 – La Rochelle 34

🄻 avenue du Bois Vert ℰ 05 46 84 60 69

◉ Donjon ❄★.

🏠 **Grand Hôtel des Bains** sans rest 🚗 ♿ 📶 🛜 VISA ◎ AE ①
15 r. Gén. Bruncher – ℰ 05 46 84 03 44 – www.grandhotel-desbains.com
– Ouvert 15 mars-31 oct.
31 ch – †48/76 € ††50/76 € – ☑ 8 €
♦ Le "plus" de cet ancien relais de poste ? La chambre 1, face à la mer. Les autres donnent côté rue (double-vitrage) ou sur le patio fleuri, agréable l'été (petit-déjeuner).

FOURGES – 27 Eure – **304** J7 – 805 h. – alt. 14 m – ✉ 27630   **33 D2**
▶ Paris 74 – Les Andelys 26 – Évreux 47 – Mantes-la-Jolie 23

✕✕ **Le Moulin de Fourges** 🚗 🛜 VISA ◎
38 r. du Moulin – ℰ 02 32 52 12 12 – www.moulindefourges.com – fermé mardi, merc. et jeudi de nov. à mars, dim. soir et lundi
Rest – (25 €) Menu 35 € – Carte 33/48 €
♦ Rendez-vous des peintres et des amoureux de la nature, cet ancien moulin du bord de l'Epte offre un agréable cadre champêtre. Salles de style rustique et cuisine au goût du jour.

FOURMIES – 59 Nord – **302** M7 – 13 155 h. – alt. 200 m – ✉ 59610   **31 D3**
🟩 Nord Pas-de-Calais Picardie
▶ Paris 214 – Avesnes-sur-Helpe 16 – Charleroi 60 – Hirson 14
🚹 1158 rue Faidherbe ℰ 03 20 50 63 85
◉ Musée du textile et de la vie sociale★.

aux Étangs-des-Moines 2 km à l'Est par D 964 et rte secondaire
– ✉ 59610 Fourmies

🏠 **Ibis** sans rest ♿ P VISA ◎ AE
r. des Etangs des Moines – ℰ 03 27 60 21 54
31 ch – †59/66 € ††59/66 € – ☑ 8 €
♦ En lisière de forêt, relais motard tenu par un patron organisant des excursions "moto verte". Chambres fonctionnelles bien tenues, pour moitié dotées de douches à l'italienne.

✕✕ **Auberge des Étangs des Moines** 🛜 ⇔ VISA ◎
⊗ 97 r. des Étangs – ℰ 03 27 60 02 62
– www.restaurant-etangs-des-moines.com – Fermé 1er-21 août, vacances de fév., sam. midi, dim. soir et lundi sauf fériés
Rest – Menu 19/42 € – Carte 36/50 €
♦ Voici une auberge qui sait se faire aimer avec sa chaleureuse salle à manger mi-classique, mi-rustique (avec cheminée), ouverte sur une terrasse côté étangs. Plats traditionnels.

FRANCESCAS – 47 Lot-et-Garonne – **336** E5 – 725 h. – alt. 109 m   **4 C2**
– ✉ 47600
▶ Paris 720 – Agen 28 – Condom 18 – Nérac 14

✕✕✕ **Le Relais de la Hire** 🚗 🛜 P VISA ◎ AE ①
⊛ 11 r. Porte-Neuve – ℰ 05 53 65 41 59 – www.la-hire.com – Fermé 27 oct.-4 nov., vacances de fév., dim. soir, mardi soir, merc. soir et lundi
Rest – (prévenir) (15 € bc) Menu 22/56 € – Carte 45/60 €
♦ Confortable décor classique (plafond peint d'un ciel bleu), terrasse d'été et cuisine du terroir joliment personnalisée : cette maison du 18e s. cache une très bonne adresse.

FRÉHEL – 22 Côtes-d'Armor – **309** H3 – 1 586 h. – alt. 72 m – **Casino**   **10 C1**
– ✉ 22240
▶ Paris 433 – Dinan 38 – Lamballe 28 – St-Brieuc 40
🚹 place de Chambly ℰ 02 96 41 53 81
◉ ❄★★★.
🟩 Fort La Latte★★ : site★★, ❄★★ SE : 5 km.

✂ Le Victorine

🛜 *VISA* ⑥⑤

3 pl. Chambly – ℰ 02 96 41 55 55 – www.levictorine.net
– Fermé 18 oct.-9 nov., 15 fév.-1ᵉʳ mars, dim. soir et lundi sauf du 6 juil.
au 29 août

Rest – (14 €) Menu 21/35 € – Carte 23/44 €

♦ Ce restaurant familial situé sur la place du village vous reçoit dans une sobre salle à manger néo-rustique ou en terrasse. Cuisine traditionnelle influencée par le marché.

FRÉJUS – 83 Var – **340** P5 – 51 537 h. – alt. 20 m – ✉ 83600   **41** C3
🟩 Côte d'Azur

- ▶ Paris 868 – Cannes 40 – Draguignan 31 – Hyères 90
- ☎ ℰ 3635 et tapez 42 (0,34 €/mn)
- ⓘ 325, rue Jean Jaurès ℰ 04 94 51 83 83
- 🏌 de Roquebrune à Roquebrune-sur-Argens Quartier des Planes, O : 6 km par D 8, ℰ 04 94 19 60 35
- 🏌⁸ de Valescure à Saint-Raphaël Route des golfs, NE : 8 km, ℰ 04 94 82 40 46
- 🔵 Groupe épiscopal★★ : baptistère★★, cloître★, cathédrale★ - Ville romaine★ A : arènes★ - Parc zoologique★ N : 5 km par ③.

FRÉJUS		Europe (Av. de l'). . . . . **A** 26	ST-RAPHAËL
		Fabre (Av. Hippolyte). . . . . . **B** 27	
Agachon (Av. de l') . . . . . **A** 2		Garros (R. Roland). . . . . . . **B** 32	Coty (Promenade René) . . . . **B** 20
Alger (Bd) . . . . **A** 5		Libération (Bd de la) . . . . . **B** 40	Gaulle (Av. du Gén.-de) . . . . **B** 33
Brosset (Av. du Gén.) . . . **AB** 13		Papin (R. Denis) . . . . **A** 46	Leclerc (Av. Mar.). . . . . **B** 39
Carrara (R. Jean) . . . . **A** 16		Triberg (R. de) . . . . **A** 53	Mimosas (Bd des) . . . . **B** 43
Decuers (Bd S.) . . . . **A** 23		Verdun (Av. de) . . . . **A** 56	Myrtes (Av. des) . . . . **B** 45
Donnadieu		Victor-Hugo	Poincaré (Av. Raymond) . . . **B** 47
(R.) . . . . **B** 24		(Av.) . . . . **B** 60	Rivière (Av. Théodore) . . . . **B** 51
Einaudi (R. Albert) . . . . . . **A** 25		XVe-Corps (Av. du) . . . . . . **A** 62	Valescure (Av. de) . . . . **B** 54

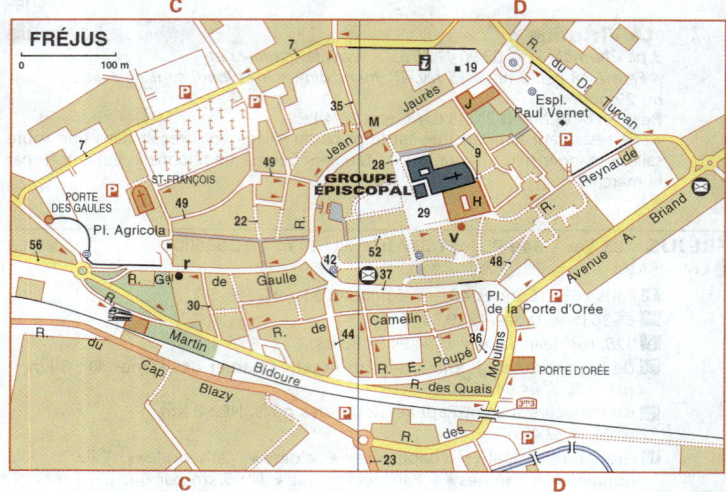

FRÉJUS

Aubenas (R. Joseph) . . . . **C** 7	Formigé (Pl.) . . . . **D** 29	Liberté (Pl. de la) . . . . **C** 42
Beausset (R. du) . . . . **D** 9	Gallus (R.) . . . . **C** 30	Montgolfier (R.) . . . . **C** 44
Clemenceau (Pl. G.) . . . . **D** 19	Girardin (R.) . . . . **C** 35	Portalet (Passage du) . . . . **D** 48
Craponne (R.) . . . . **C** 22	Glacière (Pl. de la) . . . . **D** 36	Potiers (R. des) . . . . **C** 49
Decuers (Bd S.) . . . . **D** 23	Grisolle (R.) . . . . **D** 37	Sieyès (R.) . . . . **D** 52
Fleury (R. de) . . . . **D** 28	Jean-Jaurès (R.) . . . . **C**	Verdun (Av. de) . . . . **C** 56

L'Aréna

🏠 ⬜ 🏊 ♿ ch, 🅰🅲 🚫 rest, 📶 🅿 VISA 🆎 ①

*145 r. Gén. de Gaulle – ☏ 04 94 17 09 40 – www.hotel-frejus-arena.com
– Fermé nov.*

C r

39 ch – 🛏85/125 € 🛏🛏85/125 € – ☕ 14 €

Rest – Menu 26/55 € – Carte 38/60 €

♦ Chambres cosy (tissus régionaux, mobilier peint, faïence…), patio odorant, piscine bleu azur : un pur concentré de Provence dans cette délicieuse maison proche des arènes. Au restaurant, vous goûterez une cuisine gorgée de soleil.

L'Amandier

🅰🅲 VISA

*19 r. Marc-Antoine-Desaugiers – ☏ 04 94 53 48 77
– www.restaurant-lamandier.com – Fermé vacances de la Toussaint,
31 déc.-10 janv. lundi midi, merc. midi et dim.*

D v

Rest – (nombre de couverts limité, prévenir) (20 €) Menu 24/37 €
– Carte 31/46 €

♦ Une adresse sympathique à deux pas de la mairie. Deux salles sobrement rustiques, dont une voûtée. Cuisine méridionale tout simplement bonne et belle sélection de vins.

à Fréjus-Plage **AB** – ✉ 83600 Fréjus

L'Oasis sans rest ⬥

🅰🅲 🚫 📶 🅿 VISA 🆎

*imp. Charcot – ☏ 04 94 51 50 44 – www.hotel-oasis.net
– Ouvert 1er fév.-12 nov.*

B h

27 ch – 🛏38/72 € 🛏🛏38/72 € – ☕ 7 €

♦ Il règne une ambiance familiale dans cet hôtel des années 1950 situé dans un quartier calme. Chambres fonctionnelles néo-rustiques. Petit-déjeuner sous la pergola en saison.

Atoll sans rest

🅰🅲 🚫 📶 🅿 VISA 🆎 ①

923 bd de la Mer – ☏ 04 94 51 53 77 – www.atollhotel.fr

A t

30 ch – 🛏46/69 € 🛏🛏46/69 € – ☕ 6 €

♦ À proximité des plages et de la marina, petit établissement familial tout simple abritant des chambres bien tenues, fonctionnelles et sobrement aménagées.

Le Mérou Ardent ⚕ 🄰🄲 VISA ⓸ AE

157 bd la Libération – ℰ 04 94 17 30 58 – fermé 23-27 mai, 21 nov.-20 déc., sam. midi, lundi midi et jeudi midi en juil.-août, merc. et jeudi de sept. à juin
Rest – Menu 18/36 € – Carte 22/46 €   **Be**
♦ Sympathique restaurant du front de mer où la carte, plutôt traditionnelle, privi-légie les recettes de poisson. Aux beaux jours, service en terrasse, face à la plage.

FRÉLAND – 68 Haut-Rhin – **315** H7 – 1 385 h. – alt. 425 m – ✉ 68240   **2** C2
▶ Paris 438 – Strasbourg 91 – Colmar 20 – Mulhouse 63

La Haute Grange *sans rest* ⌂   ← 🍴 🍽 � 🄿 VISA ⓸

la Chaude Côte – ℰ 03 89 71 90 06 – www.lahautegrange.fr
4 ch ⌂ – ♦80/120 € ♦♦100/140 €
♦ Isolée dans un site bucolique, adossée à la colline, cette maison ancienne vous garantit le plus grand calme. Chambres douillettes, salons rustiques (cheminée, bibliothèque).

LE FRENEY-D'OISANS – 38 Isère – **333** J7 – 270 h. – alt. 926 m   **45** C2
– ✉ 38142
▶ Paris 626 – Bourg-d'Oisans 12 – La Grave 16 – Grenoble 64
🄩 Le Village ℰ 04 76 80 05 82
◉ Barrage du Chambon★★ SE : 2 km - Gorges de l'Infernet★ SO : 2 km
▌ Alpes du Nord

à Mizoën Nord-Est : 4 km par N 91 et D 1091 – 173 h. – alt. 1 100 m – ✉ 38142

Panoramique ⌂   ← 🍴 🍽 ✿ ⑴ 🄿 VISA ⓸

rte des Aymes – ℰ 04 76 80 06 25 – www.hotel-panoramique.com
– Ouvert 15 mai-27 sept. et 26 déc.-25 avril
9 ch ⌂ – ♦77/87 € ♦♦97/107 € – ½ P 67/77 €
Rest – *(ouvert 26 déc.-25 avril et fermé le midi)* Menu 19/27 € – Carte environ 28 €
♦ Outre son très bel environnement, ce chalet fleuri a de nombreux atouts : accueil charmant, tenue méticuleuse, solarium exposé plein sud, sauna, etc. Salle de restaurant panoramique et agréable terrasse d'été face aux sommets.

LE FRENZ – 68 Haut-Rhin – **315** F9 – **rattaché à Kruth**

FRESNAY-EN-RETZ – 44 Loire-Atlantique – **316** E5 – 1 068 h.   **34** A2
– alt. 15 m – ✉ 44580
▶ Paris 425 – Nantes 40 – La Roche-sur-Yon 64 – Saint-Nazaire 51

✗✗ Le Colvert   🍴 🅖 🄰🄲 VISA ⓸ AE

14 rte de Pornic – ℰ 02 40 21 46 79 – www.lecolvert.fr – Fermé 16 août-11 sept., dim. soir, mardi soir, merc. soir et lundi
Rest – Menu 18 € (déj. en sem.), 30/52 € – Carte 44/60 €
♦ Deux salons selon vos envies : côté col, une salle élégante où déguster une cuisine soignée ; côté vert, une brasserie conviviale, au décor vigneron (bonne formule déjeuner).

FRESNE-CAUVERVILLE – 27 Eure – **304** C6 – 191 h. – alt. 160 m   **33** C2
– ✉ 27260
▶ Paris 155 – Rouen 81 – Évreux 59 – Le Havre 62

Le Clos de l'Ambroisie ⌂   🍽 ✿ 🄿

La Forge Subtile, 500 m au Sud-Est – ℰ 02 32 42 76 40 – www.closdelambroisie.fr
4 ch ⌂ – ♦60 € ♦♦70 €   **Table d'hôte** – Menu 25 € bc
♦ Découvrez cet ancien pressoir normand du 18ᵉ s. et son jardin invitant à la détente. Décoration des chambres sur la thématique des pierres (Rubis, Citrine, M'Bigou, Améthyste). Cuisine traditionnelle teintée d'exotisme à la table d'hôte (sur réservation).

LE FRET – 29 Finistère – **308** D5 – **rattaché à Crozon**

FRICHEMESNIL – 76 Seine-Maritime – **304** G4 – **rattaché à Clères**

FROENINGEN – 68 Haut-Rhin – **315** H10 – **rattaché à Mulhouse**

FROIDETERRE – 70 Haute-Saône – **314** H6 – **rattaché à Lure**

FRONCLES-BUXIERES – 52 Haute-Marne – **313** K4 – **1 645 h.**   **14** C3
– alt. 226 m – ✉ 52320

▶ Paris 282 – Bar-sur-Aube 41 – Chaumont 28 – Neufchâteau 52

Au Château

Parc d'Activités – ☎ 03 25 02 93 84
– *www.restaurant.auchateau.monsite.wanadoo.fr* – *Fermé vacances de Noël,
sam. midi et dim. soir*
Rest – Menu 13 € (déj. en sem.), 27/52 € – Carte 37/55 €
♦ Non pas un château, mais l'ancienne demeure du maître de forges ! On y dîne
dans trois petits salons bourgeois ou sur la terrasse couverte, face au parc. Cuisine
audacieuse.

FRONTONAS – 38 Isère – **333** E4 – **1 812 h.** – **alt. 260 m** – ✉ 38290   **44** B2

▶ Paris 495 – Ambérieu-en-Bugey 44 – Lyon 34 – La Tour-du-Pin 26

Auberge du Ru

Le Bergeron-Les-Quatre-Vies – ☎ 04 74 94 25 71 – *www.aubergeduru.fr*
– *Fermé 28 fév.-8 mars, 17 juil.-9 août, dim. soir, lundi et mardi*
Rest – (19 € bc) Menu 28/36 €
♦ Nouveau décor frais et original (tons mode, clins d'œil culinaires, toiles mono-
chromes), saveurs du moment, jolis côtes-du-rhône sagement tarifés et bons
conseils du patron.

FUISSÉ – 71 Saône-et-Loire – **320** I12 – **325 h.** – **alt. 290 m** – ✉ 71960   **8** C3

🟩 Bourgogne

▶ Paris 401 – Charolles 54 – Chauffailles 52 – Mâcon 9

Au Pouilly Fuissé

le bourg – ☎ 03 85 35 60 68 – *www.restaurant.pouillyfuisse.com* – *Fermé mardi
soir, merc. d' oct. à avril et dim. soir*
Rest – (17 €) Menu 21/60 € – Carte 30/80 €
♦ Comme son nom l'indique, cette auberge familiale accompagne sa cuisine traditionnelle des bons vins de la région. Salle à manger-véranda et terrasse ombragée.

LA FUSTE – 04 Alpes-de-Haute-Provence – **334** D10 – **rattaché à Manosque**

FUTEAU – 55 Meuse – **307** B4 – **rattaché à Ste-Menehould (51 Marne)**

FUVEAU – 13 Bouches-du-Rhône – **340** I5 – **8 653 h.** – **alt. 283 m** – ✉ 13710   **40** B3

▶ Paris 765 – Marseille 36 – Brignoles 53 – Manosque 73

🄸 cours Victor Leydet ☎ 04 42 50 49 77

Mona Lisa Ste-Victoire

375 R.D 6, (face au golf de Château l'Arc)
– ☎ 04 42 68 19 19 – *www.monalisahotels.com*
81 ch – †65/125 € ††65/140 € – ☐ 10 €   **Rest** – *(dîner seult)* Menu 14/24 €
♦ Bâtiment récent, pour les amateurs de golf (terrain tout proche). Chambres
reposantes et bien pensées, certaines avec vue sur la Ste-Victoire. Sauna et fitness.
Lumineux restaurant dont les baies vitrées s'ouvrent sur la terrasse et la piscine.

LA GACILLY – 56 Morbihan – **308** S8 – **2 248 h.** – **alt. 22 m** – ✉ 56200   **10** C2

▶ Paris 415 – Nantes 96 – Rennes 64 – Vannes 65

🄸 Le bout du Pont ☎ 02 99 08 21 75

La Grée des Landes 🌿

1,5 km au Sud-Est par rte de Cournon – ☎ 02 99 08 50 50
– *www.lagreedeslandes.com* – *Fermé 1ᵉʳ-7 janv.*
29 ch – †110/120 € ††130/140 € – ☐ 13 € – ½ P 105/115 €
Rest *Les Jardins Sauvages* – (20 €) Menu 26 € (déj.), 31/70 € – Carte 45/58 €
♦ Un vrai concept que cet "éco-hôtel spa" Yves Rocher : architecture bioclimatique
et matériaux bruts (lin, coton, chêne). Soins esthétiques et repos total face à la vallée de l'Aff. Traçabilité et produits locavores (potager bio) aux Jardins Sauvages.

GAGNY – 93 Seine-Saint-Denis – **305** G7 – **101** 18 – **voir à Paris, Environs**

GAILLAC – 81 Tarn – **338** D7 – **12 397 h.** – **alt. 143 m** – ⊠ 81600   **29** C2

🟩 Midi-Toulousain

▶ Paris 672 – Albi 26 – Cahors 89 – Castres 52

🚊 Abbaye Saint-Michel ℰ 05 63 57 14 65

La Verrerie   🐾 🗐 ゑ ᴕ ᵇ ch, AC rest, ℀ rest, 📶 ᴕ P 📶 VISA ⦿ AE ⓞ

r. Égalité – ℰ 05 63 57 32 77 – www.la-verrerie.com

14 ch – 🛏55/85 € 🛏🛏55/85 € – ⊑ 11 € – ½ P 45/60 €

Rest – *(fermé sam. midi et dim. soir)* (15 € bc) Menu 25/44 € – Carte 41/51 €

◆ Cette maison bicentenaire, aux allures de mas provençal, abritait jadis une verrerie. Chambres modernes et pratiques, à choisir côté parc (belle bambouseraie). Cuisine au goût du jour dans une lumineuse salle à manger ou en terrasse.

Les Sarments   AC ℀ VISA ⦿

27 r. Cabrol, (derrière abbaye St-Michel) – ℰ 05 63 57 62 61 – http://restaurantlessarmentsgaillac.services.officelive.com – Fermé 27 juin-10 juil., 29 août-11 sept., 19 déc.-8 janv., 27 fév.-6 mars, merc. midi, vend. midi, mardi et jeudi de sept. à juin, merc. soir, dim. soir et lundi

Rest – *(nombre de couverts limité, prévenir)* (28 €) Menu 40/45 € – Carte 37/45 €

◆ Découvrez le Gaillac viticole dans un chai médiéval, voisin de la Maison des Vins. Salles voûtées, exposition des tableaux des propriétaires, artistes. Cuisine traditionnelle.

La Table du Sommelier   🗐 AC VISA ⦿

34 pl. du Griffoul – ℰ 05 63 81 20 10 – www.latabledusommelier.com – Fermé dim. sauf juil.-août et lundi

Rest – Menu 16 € (déj.), 20/35 € bc – Carte environ 23 €🐾

◆ Avec une telle enseigne, nul doute, c'est Bacchus que l'on célèbre dans ce "bistrot-boutique" : belle carte des vins, au verre ou en bouteille, et cuisine du marché.

GAILLARD – 74 Haute-Savoie – **328** K3 – **rattaché à Annemasse**

GAILLON – 27 Eure – **304** I7 – **6 724 h.** – **alt. 15 m** – ⊠ 27600   **33** D2

🟩 Normandie Vallée de la Seine

▶ Paris 94 – Les Andelys 13 – Évreux 25 – Rouen 48

🚊 4, place Aristide Briand ℰ 02 32 53 08 25

🏌 de Gaillon Les Artaignes, E : 1 km par D 515, ℰ 02 32 53 89 40

à Vieux-Villez Ouest : 4 km par D 6015 – 192 h. – alt. 125 m – ⊠ 27600

Château Corneille   🐾 🗐 📶 ᴕ P 📶 VISA ⦿ AE

17 r. de l'Eglise – ℰ 02 32 77 44 77 – www.chateau-corneille.fr

20 ch – 🛏89 € 🛏🛏106 € – ⊑ 11 €

Rest *Closerie* – *(fermé sam. midi et dim. soir)* (14 €) Menu 22/37 € – Carte 25/50 €

◆ Profitant d'un parc d'arbres centenaires, ce manoir du 18ᵉ s. allie confort et modernité. Les chambres, au décor acajou et tons pastel, donnent sur la verdure. Cuisine traditionnelle servie dans une ancienne bergerie, entre murs en briques, cheminée et poutres.

GALÉRIA – 2B Haute-Corse – **345** A5 – **voir à Corse**

GALLARGUES-LE-MONTUEUX – 30 Gard – **339** J6 – **3 002 h.**   **23** C2
– **alt. 55 m** – ⊠ 30660

▶ Paris 735 – Montpellier 36 – Nîmes 26 – Arles 51

Orchidéa   🗐 VISA ⦿ AE ⓞ

9 pl. Coudoulié – ℰ 04 66 73 34 07 – Fermé dim.

Rest – (17 €) Menu 25/33 € – Carte environ 50 €

◆ Une maison conviviale, d'esprit "table d'hôte". Au gré de son inspiration et du marché, le chef concocte une alléchante ardoise du jour, teintée de saveurs méridionales.

GAMBAIS – 78 Yvelines – **311** G3 – 2 343 h. – alt. 119 m – ⊠ 78950   **18** A2

▶ Paris 55 – Dreux 27 – Mantes-la-Jolie 32 – Rambouillet 22

XX **Auberge du Clos St-Pierre**   🚗 🍴 ⚓ VISA ⚫ AE

2 bis r. Goupigny – ℰ 01 34 87 10 55 – www.restaurant-clossaintpierre-78.com
– Fermé 31 juil.-22 août, dim. soir, mardi soir et lundi
Rest – (23 €) Menu 26 € (déj. en sem.), 38/55 €

◆ Une cuisine de tradition se concocte derrière la devanture rouge de cette auberge. Salle avenante (murs jaunes, cheminée) et, l'été, tables au jardin, à l'ombre du tilleul.

GANNAT – 03 Allier – **326** G6 – 5 881 h. – alt. 345 m – ⊠ 03800   **5** B1
▌Auvergne

▶ Paris 383 – Clermont-Ferrand 49 – Montluçon 78 – Moulins 58

🛈 11, place Hennequin ℰ 04 70 90 17 78

◉ Évangéliaire★ au musée municipal (château).

XX **Le Frégénie**   ⚓ VISA ⚫

4 r. des Frères-Bruneau – ℰ 04 70 90 04 65 – www.le-fregenie.com
– Fermé 24-31 août, 26 déc.-4 janv., le soir sauf vend. et sam.
Rest – Menu 15 € (sem.)/43 € – Carte 35/50 €

◆ Un ancien relais de poste bourbonnais à la décoration classique, où l'on vous reçoit avec chaleur. Cuisine gastronomique respectueuse des produits, et toujours de saison.

GAP Ⓟ – 05 Hautes-Alpes – **334** E5 – 37 332 h. – alt. 735 m – ⊠ 05000   **41** C1
▌Alpes du Sud

▶ Paris 665 – Avignon 209 – Grenoble 103 – Sisteron 52

🛈 2a, cours Frédéric Mistral ℰ 04 92 52 56 56

🏌 Alpes Provence Gap Bayard Station Gap Bayard, par rte de Grenoble :
7 km, ℰ 04 92 50 16 83

◉ Vieille ville★ - Musée départemental★.

🏠 **Le Clos** 🦢   🚗 🍴 🛎 Ⓟ VISA ⚫ AE ⓪

20 ter av. du cdt. Dumont, par ① rte Grenoble et chemin privé
– ℰ 04 92 51 37 04 – www.leclos.fr – Fermé vacances de la Toussaint, lundi (sauf hôtel) et dim. soir
28 ch – ♦49/62 € ♦♦53/62 € – ⊇ 10 € – ½ P 51 €   **Rest** – Menu 19/33 €

◆ À 500 m du centre-ville, cet hôtel en cours de rénovation propose des chambres bien conçues, agrémentées pour certaines d'un balcon. Jardin avec jeux pour les enfants. Spacieuse salle à manger prolongée d'une véranda et d'une terrasse.

🏠 **Kyriad** sans rest   🚗 ⚓ Ⓟ VISA ⚫ AE

5 chemin des Matins Calmes, par ③ : 2,5 km (près piscine), rte Sisteron
– ℰ 04 92 51 57 82 – www.kyriad.fr
26 ch – ♦60/80 € ♦♦60/80 € – ⊇ 9 €

◆ Aux portes de Gap, sur la route Napoléon, un hôtel accueillant qui dispose de chambres fraîches et spacieuses. Joli jardin fleuri où l'on sert le petit-déjeuner à la belle saison.

XXX **Patalain**   🚗 🍴 ⇔ Ⓟ VISA ⚫ AE

2 pl. Ladoucette – ℰ 04 92 52 30 83 – www.lepatalain.com
– Fermé 31 déc.-25 janv., dim. et lundi   **Yd**
Rest – Menu 38/42 €
Rest *Bistro du Patalain* – (16 €) Menu 20/24 €

◆ Belle maison de maître (1890) dotée d'un jardin et d'une terrasse sous une glycine. Carte traditionnelle proposée dans une salle bourgeoise classiquement aménagée. Au Bistro, ambiance "bouchon lyonnais", menu du jour inscrit sur ardoise et plats régionaux.

XX **Le Pasturier**   🍴 ⚓ AC VISA ⚫ AE ⓪

18 r. Pérolière – ℰ 04 92 53 69 29 – www.restaurant-lepasturier-gap.com – Fermé 1er-20 juin, 28 nov.-5 déc., 2-15 janv., mardi midi, dim. soir et lundi
Rest – (18 €) Menu 28/51 € – Carte 42/51 € 🏵   **Ya**

◆ Décor aux tons ensoleillés dans cette sympathique petite adresse du vieux Gap. Cuisine régionale et beau livre de cave ; terrasse ombragée sur l'arrière.

GAP

Balmens (R.) .... **Z** 3
Carnot (R.) .... **Z** 4
Curie (Bd P. et M.) ...... **Y** 5
Dumont (Av. du Cdt) ..... **Y** 6
Euzières (Pl. Frédéric) ...... **Z** 7
Eymar (R. Jean) .... **Y** 8
Faure-du-Serre (R.) .... **Y** 9
France (R. de) .... **Y** 10
Jean-Jaurès (Av.) .... **Z** 12
Ladoucette (Cours) .... **Y** 13
Libération (Bd de) .... **Y** 14
Mazel (R. du) .... **Z** 15
Moreau (R. E.) .... **Z** 16
Révelly (Pl. du) .... **Z** 17
Roux (R. Colonel) .... **Z** 19
St-Arnoux
    (Pl.) .... **Z** 20
Valserres (R. de). .... **Z** 23

✂ ### Le Bouchon
4 La Placette – ☎ 04 92 46 02 43 – www.lebouchon-gap.com
– *fermé 24 déc.-4 janv., 2 sem. en mai, 24 août-3 sept., dim. et lundi*
Rest – (15 €) Carte 25/40 €
Yb
◆ Sur une placette du centre-ville, un bistrot chaleureux dont le décor est dédié…
au vin. Goûteuse et généreuse cuisine du marché, bien dans son temps, à base
de légumes bio.

à La Bâtie-Neuve 10 km par ② – 1 976 h. – alt. 852 m – ✉ 05230

🏠 ### La Pastorale *sans rest* ♨
Les Brès, 4 km au Nord-Est par D 214 et D 614 – ☎ 04 92 50 28 40
– *www.lapastorale.net* – *Ouvert 1er mai-30 oct.*
8 ch – †82 € ††82/109 € – ➘ 9 €
◆ Il faut emprunter de petites routes en lacets pour rallier cette bâtisse du 16e s.
Entre ses murs biscornus, les chambres sont délicieuses ! Salle voûtée pour le
petit-déjeuner.

GAPENNES – 80 Somme – **301** E6 – 243 h. – alt. 76 m – ⊠ 80150   **36** A1

▶ Paris 178 – Amiens 50 – Abbeville 17 – Berck 62

⌂ **La Nicoulette** sans rest ⌂   ⌷ ⌘ P
7 r. de St-Riquier – ℰ 03 22 28 92 77 – www.nicoulette.com – Fermé 11 nov.-14 fév.
5 ch ⌷ – †85 € ††95 €
♦ Mobilier chiné çà et là, briques apparentes, chambres de plain-pied sur le joli jardin... Cette ancienne ferme picarde ne manque pas de charme. Jacuzzi pour la détente.

GARABIT (VIADUC DE) – 15 Cantal – **330** H5 – voir à Viaduc de Garabit

LA GARDE – 04 Alpes-de-Haute-Provence – **334** H10 – rattaché à Castellane

LA GARDE – 48 Lozère – **330** H5 – rattaché à St-Chély-d'Apcher

LA GARDE-ADHÉMAR – 26 Drôme – **332** B7 – 1 128 h. – alt. 178 m   **44** B3
– ⊠ 26700 ▌ Lyon Drôme Ardèche

▶ Paris 624 – Montélimar 24 – Nyons 42 – Pierrelatte 7
ℹ le village ℰ 04 75 04 40 10
◉ Église★ - ≼ ★ de la terrasse.

🏨 **Le Logis de l'Escalin** ⌂   ⌷ ⌂ ⌘ ⌘ ⌂ ch, ▣ ch, ⌘ ch, ⌘ P
1 km au Nord par D 572 – ℰ 04 75 04 41 32   VISA ●● AE
– www.lescalin.com – Fermé 8 fév.-7 mars
14 ch – †65/95 € ††70/95 € – ⌷ 12 € – ½ P 74/78 €
Rest – (fermé dim. soir et lundi) Menu 26 € (sem.), 38/63 € – Carte 44/78 €
♦ Cette belle ferme – façon mas provençal – aurait pu voir naître Escalin, baron de la Garde et ambassadeur de François 1er. Couleurs du Sud dans les chambres, assez confortables. Salle à manger provençale et agréable terrasse ombragée ; cuisine traditionnelle.

LA GARDE-GUÉRIN – 48 Lozère – **330** L8 – ⊠ 48800   **23** C1
▌ Languedoc Roussillon

▶ Paris 610 – Alès 59 – Aubenas 69 – Florac 71
◉ Donjon ✳★ - Belvédère du Chassezac★★.

🏠 **Auberge Régordane** ⌂   ≼ ⌂ ⌂ rest, ⌘ rest, VISA ●●
Prévenchères – ℰ 04 66 46 82 88 – www.regordane.com – Ouvert 22 avril-2 oct.
16 ch – †60/71 € ††60/71 € – ⌷ 10 € – ½ P 59/67 €
Rest – Menu 20/49 € – Carte 39/61 €
♦ Cette demeure seigneuriale (16e s.), située au cœur d'un village médiéval fortifié, recèle des pièces de caractère mariant la pierre et le bois. Salle à manger voûtée, ornée d'un superbe cantou (cheminée), terrasse dans le patio et cuisine aux accents du terroir.

LA GARENNE-COLOMBES – 92 Hauts-de-Seine – **311** J2 – **101** – voir à Paris, Environs

GARGAS – 84 Vaucluse – **332** F10 – 2 980 h. – alt. 275 m – ⊠ 84400   **42** E1
▶ Paris 735 – Marseille 107 – Avignon 53 – Aix-en-Provence 91

🏨 **Domaine de la Coquillade** ⌂   ≼ ⌂ ⌂ ⌷ ▮ ⌂ ⌘ rest, ⌘ ⌂
❀ 4,5 km au Sud-Ouest par D 83 – ℰ 04 90 74 71 71   P VISA ●● AE
– www.coquillade.fr – Fermé 2 janv.-17 mars
14 ch – †150/360 € ††150/360 € – 14 suites – ⌷ 20 €
Rest Le Gourmet – (fermé merc. sauf de mi-juin à mi-sept.) Menu 38 € (déj. en sem.), 49/75 € ⌂
Spéc. Loup à la plancha, tombée de choux chinois. Selle d'agneau rôtie, polenta aux champignons. Millefeuille au citron jaune et gentiane.
Rest Le Bistrot - Jardin dans les Vignes – (fermé mardi sauf de mi-juin à mi-sept.) Menu 30/32 €
♦ Magnifique domaine, sorte de hameau provençal alliant grand luxe et écologie. Chambres très raffinées, piano-bar, œuvres d'art... Les gourmets sont rois au restaurant bien nommé et superbe (colonnes, charpente). Au Bistrot, plats traditionnels dans le caveau voûté en hiver, dans le jardin au milieu des vignes l'été.

GARIDECH – 31 Haute-Garonne – **343** H2 – 1 498 h. – alt. 180 m – ✉ 31380   **29** C2

▶ Paris 687 – Toulouse 21 – Albi 58 – Auch 96

XX **Le Club**   🏡 🛖 **P** 💳 ⊙⊙

rte d'Albi – ☎ 05 61 84 20 23 – www.leclubchampetre.com
– Fermé 10 août-1er sept., sam. midi, dim. soir et lundi
Rest – (18 €) Menu 28/44 € – Carte 43/53 €
♦ Maison familiale située dans un jardin en retrait de la route. Coquette salle à manger rustique ; terrasse et véranda tournées vers la campagne. Carte traditionnelle.

GARNACHE – 85 Vendée – **316** F6 – rattaché à Challans

GARONS – 30 Gard – **339** L6 – rattaché à Nîmes

GARREVAQUES – 81 Tarn – **338** D10 – 283 h. – alt. 192 m – ✉ 81700   **29** C2

▶ Paris 727 – Carcassonne 53 – Castres 31 – Toulouse 52

🏛 **Le Pavillon du Château** ⌂   🏡 🐾 🛖 🌊 ⊙⊙ ✕ 🖥 � Ⓐ🅚 ⟨𝟙⟩ ♨ **P**
☎☎

Château de Garrevaques – ☎ 05 63 75 04 54
– www.garrevaques.com   💳 ⊙⊙ 🅐🅔
15 ch – ♦150/200 € ♦♦180/220 € – ☑ 12 € – ½ P 110/130 €
Rest – (prévenir) (14 €) Menu 17 € (déj. en sem.), 25/68 € – Carte 26/52 € 🎋
♦ Cet hôtel aménagé dans les communs du château abrite de très belles chambres garnies de meubles d'époque, familiaux ou chinés. Superbe spa doté d'équipements dernier cri. Cuisine au goût du jour servie dans la cave voûtée.

Le Château de Garrevaques 🏰   🍃 🐾 🌊 ⊙⊙ ✕ Ⓐ🅚 ⟨𝟙⟩ **P**
– ☎ 05 63 75 04 54 – www.garrevaques.com   💳 ⊙⊙ 🅐🅔
5 ch – ♦150/180 € ♦♦180/220 € – ☑ 12 € – ½ P 110/130 €
♦ Chambres cossues et raffinées dans un château du 16e s. remanié au 19e s. Paisible et beau parc.

GARRIGUES – 34 Hérault – **339** J6 – 149 h. – alt. 62 m – ✉ 34160   **23** C2

▶ Paris 756 – Montpellier 37 – Nîmes 46 – Alès 51

🏠 **Château Roumanières**   🍃 🌊 🐾 ⟨𝟙⟩ **P**

pl. de la Mairie – ☎ 04 67 86 49 70 – www.chateauroumanieres.com
5 ch ☑ – ♦80/115 € ♦♦85/120 €   **Table d'hôte** – Menu 20 € bc/42 € bc
♦ Cette maison familiale – ancien château du village – jouxte le domaine viticole et sa ferme fortifiée. Salle de réception du 13e s., belles chambres mariant l'ancien et l'actuel. Table d'hôte dans la salle à manger voûtée ; dégustation des vins de la propriété.

GASNY – 27 Eure – **304** J7 – 2 860 h. – alt. 36 m – ✉ 27620   **33** D2

▶ Paris 77 – Évreux 43 – Mantes-la-Jolie 20 – Rouen 71

🏞 de Villarceaux à Chaussy Château du Couvent, N : 11 km par D 37,
☎ 01 34 67 73 83

XX **Auberge du Prieuré Normand**   🛖 ⇔ 💳 ⊙⊙ 🅐🅔
☎☎

1 pl. de la République – ☎ 02 32 52 10 01 – www.aubergeduprieurenormand.com
– Fermé mardi soir et merc.
😊   **Rest** – Menu 17 € (déj. en sem.), 26/45 € – Carte environ 43 €
♦ Depuis la Roche-Guyon, votre route vous mènera le long des boves crayeuses à cette sympathique auberge villageoise où vous attend une cuisine traditionnelle soignée.

GASSIN – 83 Var – **340** O6 – 2 859 h. – alt. 200 m – ✉ 83580   **41** C3
🟩 Côte d'Azur

▶ Paris 872 – Fréjus 34 – Le Lavandou 31 – St-Tropez 9

🏞 Gassin Golf Country Club Route de Ramatuelle, ☎ 04 94 55 13 44
🟦 Terrasse des Barri ≤★.
🟩 Moulins de Paillas ❄★★ SE : 3,5 km.

Auberge la Verdoyante

*866 chemin vicinal Coste Brigade – ℰ 04 94 56 16 23 – www.la-verdoyante.fr
– Ouvert début fév.-1er nov. et fermé du lundi au jeudi en fév. et mars, lundi
midi et merc. d'avril à nov.*
Rest – Menu 27/51 € – Carte 38/80 €
◆ Auberge noyée dans la verdure. Goûtez son appétissante cuisine régionale sur
la terrasse dominant le golfe de St-Tropez, ou dans une coquette salle provençale
avec cheminée.

GAUJAC – 30 Gard – **339** M4 – 918 h. – alt. 90 m – ⊠ 30330   **23** D2
▶ Paris 673 – Avignon 39 – Montpellier 93 – Nîmes 45

La Maison

*r. du Presbytère – ℰ 04 66 39 33 08 – www.lamaison.gaujac.com – fermé fév.,
dim. soir, lundi midi et merc.*
Rest – (14 €) Menu 27/31 €
◆ Un jeune couple a relevé de ses ruines cette cave vigneronne tout en pierres.
Elle en cuisine, lui – sommelier – en salle : cette jolie Maison est bien d'aujourd'hui !

GAVARNIE – 65 Hautes-Pyrénées – **342** L8 – 155 h. – alt. 1 350 m   **28** A3
– Sports d'hiver : 1 350/2 400 m ⭢11 ⭢ ⭢ – ⊠ 65120 ▌Midi-Toulousain
▶ Paris 901 – Lourdes 52 – Luz-St-Sauveur 20 – Pau 96
🛈 le village ℰ 05 62 92 48 05
◉ Village★ - Cirque de Gavarnie★★★ S : 3 h 30.

à Gèdre 9 km au Nord par D 921 – 268 h. – alt. 1 000 m – ⊠ 65120

Brèche de Roland

– ℰ 05 62 92 48 54 – www.pyrenees-hotel-breche.com – Fermé mars-avril
25 ch – ♦80/90 € ♦♦80/140 € – ☑ 10 € – ½ P 70/85 €
Rest – Menu 18/26 € – Carte 30/40 €
◆ Au pied des cirques de Gavarnie et de Troumouse, auberge familiale aménagée dans une maison de pays ; lieu de départ idéal pour la découverte d'une
nature intacte. Petit fitness. Salle à manger rustique ornée d'une belle cheminée
et recettes du terroir.

GAZERAN – 78 Yvelines – **311** G4 – **rattaché à Rambouillet**

GÈDRE – 65 Hautes-Pyrénées – **342** L8 – **rattaché à Gavarnie**

GÉMENOS – 13 Bouches-du-Rhône – **340** I6 – 5 882 h. – alt. 150 m   **40** B3
– ⊠ 13420 ▌Provence
▶ Paris 788 – Aix-en-Provence 39 – Brignoles 48 – Marseille 25
🛈 cours Pasteur ℰ 04 42 32 18 44
◉ Parc de St-Pons★ E : 3 km.

Relais de la Magdeleine

*rd-pt de la Fontaine, D 396 – ℰ 04 42 32 20 16
– www.relais-magdeleine.com – Ouvert 15 mars-1er nov.*
28 ch – ♦110/160 € ♦♦120/220 € – ☑ 16 €
Rest – (fermé lundi midi et merc. midi) Menu 35 € (déj. en sem.), 45/60 €
– Carte 60/110 €
◆ C'est toute la noblesse provençale qui s'exprime dans cette demeure du 18e s. :
mobilier ancien, tableaux, tissus... même le chant des cigales semble élégant ! Cuisine traditionnelle et ensoleillée à l'ombre des platanes ou à la lueur des bougies.

Bed & Suites sans rest

*au parc d'activités de Gémenos, Sud : 2 km, (250 av. Château de Jouques)
– ℰ 04 42 32 72 73 – www.bestwestern-gemenos.com*
31 ch – ♦70/125 € ♦♦70/125 € – ☑ 9 €
◆ Derrière sa façade ocre, un hôtel aux chambres modernes (plus calmes à
l'avant), décorées sur le thème de la mer et de la Provence, certaines avec balcon ou terrasse.

Du Parc 🕭 ⬚ ⬚ ⬚ ⬚ ⬚ P VISA ⬚ AE
Vallée St-Pons, 1 km par D 2 – ✆ 04 42 32 20 38 – www.hotel-parc-gemenos.com
13 ch – ♥52/58 € ♥♥56/92 € – ⬚ 8,50 € – ½ P 59/75 €
Rest – (13 €) Menu 17 € (déj.)/35 € – Carte 30/50 €
◆ Non loin du parc de St-Pons, une sympathique adresse noyée dans la verdure, avec des chambres simples et colorées. Spécialités régionales (soupe de poisson, pieds et paquets, encornet farci, etc.) à déguster en terrasse ou dans une grande salle lumineuse.

GENAS – 69 Rhône – **327** J5 – **rattaché à Lyon**

GENESTON – 44 Loire-Atlantique – **316** G5 – 3 233 h. – alt. 28 m   **34** B2
– ✉ 44140
▶ Paris 398 – Cholet 60 – Nantes 20 – La Roche-sur-Yon 47

Le Pélican   AC ⬚ VISA ⬚
13 pl. Georges Gaudet – ✆ 02 40 04 77 88 – Fermé 18 juil.-9 août, 13-28 fév., dim. soir, lundi et mardi
Rest – (18 €) Menu 22/42 €
◆ Ouvrez grand la bouche : ce Pélican propose une cuisine de tradition soignée et savoureuse, d'un excellent rapport qualité-prix. Décor pimpant derrière une façade en bois peint.

GENEUILLE – 25 Doubs – **321** F3 – **rattaché à Besançon**

GÉNIN (LAC) – 01 Ain – **328** H3 – **rattaché à Oyonnax**

GÉNISSAC – 33 Gironde – **335** J5 – 1 507 h. – alt. 10 m – ✉ 33420   **3** B1
▶ Paris 581 – Agen 167 – Bordeaux 38 – Périgueux 105

L'Arbre Rouge 🕭   ⬚ ⬚ ⬚ ⬚ AC ch, ⬚ P
1393 rte de la Palus, à Port de Génissac, 5 km au Nord par D 121 et rte secondaire – ✆ 05 57 24 43 72 – www.larbrerouge.com – Ouvert 15 avril-15 oct.
5 ch ⬚ – ♥90/110 € ♥♥90/110 €
Table d'hôte – (ouvert mardi, jeudi et sam.) Menu 35 € bc
◆ Un petit coin de paradis situé en plein vignoble de l'Entre-Deux-Mers : au bord de la Dordogne, cette ancienne ferme du 18ᵉ s. jouit d'un calme absolu. Jolies chambres sobres et contemporaines, salon design. Plats actuels servis à la table d'hôte.

GENNES – 49 Maine-et-Loire – **317** H4 – 1 952 h. – alt. 28 m – ✉ 49350   **35** C2
▮ Châteaux de la Loire
▶ Paris 305 – Angers 33 – Bressuire 65 – Cholet 68
🛈 square de l'Europe ✆ 02 41 51 84 14
◉ Église★★ de Cunault SE : 2,5 km – Église★ de Trèves-Cunault SE : 3 km.

L'Aubergade   ⬚ ⬚ AC VISA ⬚ AE
7 av. des Cadets – ✆ 02 41 51 81 07 – Fermé vacances de la Toussaint, mardi et merc.
Rest – (15 €) Menu 25/75 € bc – Carte 38/50 €
◆ Le chef de cette auberge n'hésite pas à mêler les influences et à parfumer sa cuisine de touches exotiques, avec habileté. Une invitation au voyage, dans un décor fort élégant...

GENNES-SUR-SEICHE – 35 Ille-et-Vilaine – **309** P7 – 785 h.   **10** D2
– alt. 80 m – ✉ 35370
▶ Paris 325 – Angers 83 – Nantes 113 – Rennes 57

Le Vallon de Beauregard   ⬚ ⬚ ⬚ VISA ⬚
16 r. de l'Église – ✆ 02 99 96 95 79 – www.levallondebeauregard.com – Fermé 22 août-6 sept., 3-18 janv., dim. soir, lundi et mardi
Rest – (17 €) Menu 26/46 € – Carte 32/56 €
◆ Dans un village niché aux portes de la Mayenne, les anciennes écuries de cette maison de maître abritent la salle à manger. Cuisine actuelle privilégiant les produits du terroir.

GENNEVILLE – 14 Calvados – **303** N3 – 702 h. – alt. 90 m – ⊠ 14600   **32** A3

> ◘ Paris 189 – Alençon 138 – Caen 61 – Évreux 88

⟑   **Le Grand Clos de St-Martin** sans rest ⏡   ⏻ ⌘ **P**
Hameau St-Martin – ℰ *02 31 87 80 44* – *www.legrandclosdesaintmartin.com*
3 ch ⊆ – ♦85 € ♦♦95/115 €

♦ Parc, plan d'eau, pommiers, chevaux... Un authentique paysage normand
entoure cette agréable maison à colombages, très calme. Chambres cosy ; produits maison au petit-déjeuner.

GENSAC – 33 Gironde – **335** L6 – 847 h. – alt. 78 m – ⊠ 33890   **4** C1

> ◘ Paris 554 – Bergerac 39 – Bordeaux 63 – Libourne 33
> ◱ 5, place de la Mairie ℰ 05 57 47 46 67

⋊⋉   **Remparts** avec ch ⏡   ⩽ 🐎 ⌔ ⌘ ch, ⍩ **P** **VISA** ⊙⊙
16 r. Château – ℰ *05 57 47 43 46* – *www.lesremparts.net*
– *Fermé 1ᵉʳ janv.-4 mars*
7 ch – ♦60/85 € ♦♦60/85 € – ⊆ 8,50 € – ½ P 64/76 €
Rest – *(dîner seult)* Menu 25/34 € – Carte 22/38 €

♦ Près de l'église, ensemble typé où un chef anglais vous convie à un repas assez
actuel dans une salle sobre et claire, dotée de chaises rustiques. Jolie vue sur la
vallée. Chambres avenantes à l'ombre du clocher, dans le presbytère médiéval.
Jardin soigné.

au Nord 2 km par D16 et D130 (rte de Juillac) – ⊠ **33890 Juillac**

⋊⋉   **Le Belvédère**   ⩽ 🐎 ⌘ **P** **VISA** ⊙⊙ 🄰🄴 ①
⌘⌘   *1 côte de la Tourbeille* – ℰ *05 57 47 40 33* – *www.restaurantlebelvedere.fr*
– *Fermé oct., mardi sauf le midi en juil.-août et merc.*
Rest – Menu 16 € (déj. en sem.), 28/58 € – Carte 31/67 €

♦ Grand chalet surplombant le village et un méandre de la Dordogne. Salle rustique avec cheminée et agréable terrasse-belvédère pour goûter une cuisine traditionnelle.

au Sud-Ouest 2 km par D18 et D15ᴱ¹ – ⊠ **33350 Ste-Radegonde**

🏨   **Château de Sanse** ⏡   ⩽ ⏻ 🐎 ⌔ ⌘ 🄰🄲 rest, ⌘ ⌘ **P** **VISA** ⊙⊙ 🄰🄴 ①
– ℰ *05 57 56 41 10* – *www.chateaudesanse.com* – *Fermé 1ᵉʳjanv.-31 janv.*
12 ch – ♦100/210 € ♦♦100/210 € – 4 suites – ⊆ 12 € – ½ P 87/137 €
Rest – *(prévenir)* Menu 32/42 € – Carte 35/60 €

♦ Dominant campagne et vignobles, noble demeure (18ᵉ s.) en pierres blondes agrémentée d'un parc et d'une belle piscine. Chambres modernes offrant
ampleur, calme et caractère. Repas au goût du jour dans une véranda au cadre
actuel ou sur la terrasse perchée.

GÉRARDMER – 88 Vosges – **314** J4 – 8 776 h. – alt. 669 m – Sports   **27** C3
d'hiver : 660/1 350 m ⅀31 ⅄ – Casino **AZ** – ⊠ 88400 ▮ Alsace Lorraine

> ◘ Paris 425 – Belfort 78 – Colmar 52 – Épinal 40
> ◱ 4, place des Déportés ℰ 03 29 27 27 27
> ◙ Lac de Gerardmer★ - Lac de Longemer★ - Saut des Cuves★ E : 3 km
> par ①.

🏰   **Le Grand Hôtel**   🐎 ⌔ ⌐ ⊙⊙ ⌸ ⌘ ⌘ rest, ⍩ 🄰 **P** **VISA** ⊙⊙ 🄰🄴
pl. du Tilleul – ℰ *03 29 63 06 31* – *www.grandhotel-gerardmer.com*
62 ch – ♦78/130 € ♦♦98/195 € – 14 suites – ⊆ 18 €   **AZf**
Rest *L'Assiette du Coq à l'Âne* – voir ci-après
Rest *Le Pavillon Pétrus* – *(dîner seult sauf dim. et fériés)* Menu 45/90 €
– Carte 56/84 €
Rest *Le Grand Cerf* – *(dîner seult)* Menu 26 €

♦ Petit palace à l'âme vosgienne : chambres au classicisme soigné, belles suites
dans un chalet contemporain et superbe spa (massages à thème). Cadre raffiné
et plats contemporains au Pavillon Pétrus. Cuisine traditionnelle au Grand Cerf.

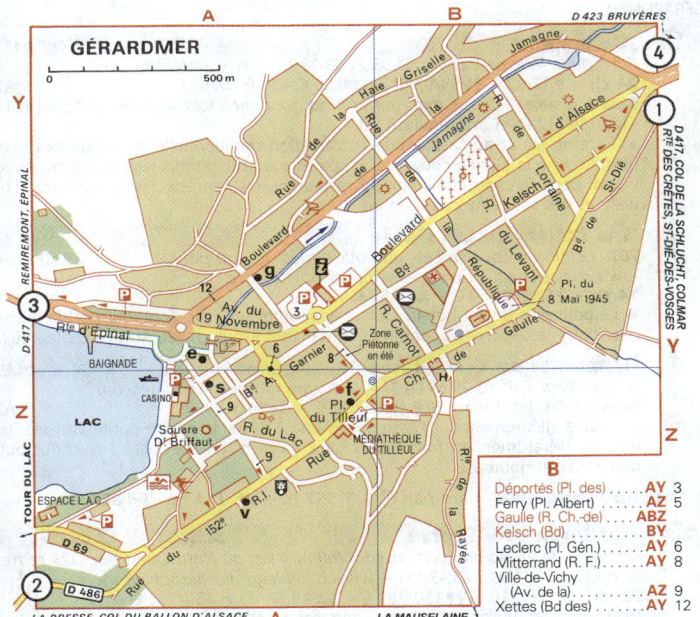

		B
Déportés (Pl. des)	. . . . . .	**AY** 3
Ferry (Pl. Albert)	. . . . . .	**AZ** 5
Gaulle (R. Ch.-de)	. . . .	**ABZ**
Kelsch (Bd)	. . . .	**BY**
Leclerc (Pl. Gén.)	. . . . . .	**AY** 6
Mitterrand (R. F.)	. . . . .	**AY** 8
Ville-de-Vichy		
(Av. de la)	. . . .	**AZ** 9
Xettes (Bd des)	. . . . . .	**AY** 12

Le Manoir au Lac ⌖ ← 🐾 🔲 ♿ ch, 📶 ⚡ 🅿 🚗 VISA 🚭 AE ①

chemin de la Droite du Lac, rte d'Épinal, 1 km par ③ – ℰ 03 29 27 10 20
– www.manoir-au-lac.com – Fermé 12 nov.-3 déc.

10 ch – †160/300 € ††160/300 € – 2 suites – ⌷ 20 €

Rest – *(fermé dim. et lundi) (dîner seult) (résidents seult)* Menu 30 €

◆ Dans son parc escarpé dominant le lac, cet imposant chalet de 1830 fut jadis fréquenté par Maupassant. Piano, beau mobilier, chambres raffinées et magnifique panorama. Salon de thé.

Beau Rivage ← 🐾 🔲 spa 🏊 ♿ 📶 ⚡ 🅿 🚗 VISA 🚭 AE ①

esplanade du Lac – ℰ 03 29 63 22 28 – www.hotel-beaurivage.fr   **AYe**

49 ch – †70/163 € ††89/194 € – 1 suite – ⌷ 12 € – ½ P 88/220 €

Rest *Côté Lac* – Menu 22 € (déj. en sem.), 41/75 € – Carte 45/57 €

Rest *Le Toit du Lac* – *(fermé merc. et jeudi sauf vacances scolaires)* (19 €)
Menu 28 € (déj. en sem.)/34 € – Carte 34/40 €

◆ Des confortables chambres "standard" aux superbes suites faisant face aux ondes bleutées, un bel esprit contemporain habite cet hôtel. Agréable spa. Le Côté Lac sert une cuisine classique dans un cadre tendance, assez élégant. Lounge bar et cuissons à la plancha au Toit du Lac.

Jamagne 🔲 🎿 🏊 ♿ rest, 🆎 📺 rest, 📶 ⚡ 🅿 VISA 🚭 AE

2 bd Jamagne – ℰ 03 29 63 36 86 – www.jamagne.com – Fermé 13 nov.-16 déc.

48 ch – †60/80 € ††70/120 € – ⌷ 10 € – ½ P 60/85 €   **AYg**

Rest – (13 €) Menu 17/48 € – Carte 24/65 €

◆ Chambres d'esprit traditionnel joliment rénovées et espace bien-être très complet : cap sur la détente dans cet hôtel tenu par la même famille depuis 1905. Plats de tradition, spécialités et vins d'Alsace dans une grande salle aux couleurs du Sud.

Gérard d'Alsace sans rest 🔲 🎿 📺 🅿 VISA 🚭

14 r. du 152° R.I. – ℰ 03 29 63 02 38 – www.hotel-gerard-dalsace.com – Fermé
26 juin-8 juil.   **AZv**

13 ch – †59/74 € ††59/74 € – ⌷ 8,50 €

◆ Une maison traditionnelle, à 300 m du lac. Les chambres sont vraiment douillettes, décorées dans un esprit chalet, avec de jolis boutis et des tissus aux couleurs vives.

De la Paix
6 av. de la Ville-de-Vichy – ✆ *03 29 63 38 78* – *www.hoteldelapaix.fr*
24 ch – ♦42/82 € ♦♦53/93 € – ☐ 8,50 € – ½ P 57/80 €   **AZs**
Rest *L'Alsace* – *(fermé dim. soir et lundi sauf vacances scolaires et fériés)* (21 €)
Menu 27/32 € – Carte environ 30 €

♦ Face au lac et au casino, une construction traditionnelle aux chambres rajeunies. Accès à la piscine couverte, au spa et à la salle de massages du Beau Rivage
voisin. Dans le cadre lumineux du restaurant, on apprécie une cuisine traditionnelle et des spécialités alsaciennes.

Les Reflets du Lac *sans rest*
201 chemin du Tour-du-Lac, au bout du lac, 2,5 km par ③ – ✆ *03 29 60 31 50*
– *www.lesrefletsdulac.com* – *Fermé 15 nov.-15 déc.*
14 ch – ♦51 € ♦♦59 € – ☐ 6,50 €

♦ Le petit plus de cet hôtel ? La vue apaisante sur le lac dont jouissent la plupart
des chambres, sobres et confortables, dans un esprit chalet. Accueil chaleureux.

L'Assiette du Coq à l'Âne – *Hôtel le Grand Hôtel*
pl. du Tilleul – ✆ *03 29 63 06 31* – *www.grandhotel-gerardmer.com*
Rest – (15 € bc) Menu 19 € (sem.)/25 € – Carte 30/49 €   **AZf**

♦ Sautez allégrement sur l'Assiette du Coq à l'Âne, la bonne petite adresse "terroir" de Gérardmer, en forme de chalet vosgien. En spécialité : la choucroute,
généreuse et goûteuse !

à Xonrupt-Longemer 4 km par ① – 1 557 h. – alt. 714 m – ⊠ 88400

Les Jardins de Sophie ⚘
*Domaine de la Moinaudière, rte du Valtin, 4 km au Nord-Ouest par D23 et rte
secondaire* – ✆ *03 29 63 37 11* – *www.hotel-lesjardinsdesophie.com*
32 ch – ♦130/210 € ♦♦150/280 € – ☐ 15 € – ½ P 130/195 €
Rest – *(fermé mardi soir et merc. hors saison et hors vacances scolaires)*
Menu 42 € (déj. en sem.), 44/69 € – Carte 54/81 €

♦ Blotti parmi de gigantesques épicéas, un hôtel luxueux où règne une atmosphère
raffinée et cosy, savant mariage d'un décor de montagne et de touches design. Le
spa est superbe. Au restaurant, décor chaleureux et élégant ; cuisine actuelle.

La Devinière *sans rest* ⚘
318 montée des Broches – ✆ *03 29 63 23 89* – *www.chambredhote-deviniere.com*
– *Fermé 20 mars- 2 avril, 19 juin-2 juil. et 9-16 janv.,*
5 ch ☐ – ♦60/77 € ♦♦68/85 €

♦ Les atouts de cette ferme restaurée ? La tranquillité, la vue sur la forêt, un
espace bien-être (sauna finlandais), une piscine extérieure chauffée et cinq grandes
chambres.

aux Bas-Rupts 4 km par ② – ⊠ 88400 Gérardmer

Les Bas-Rupts (Michel Philippe)
181 rte de la Bresse – ✆ *03 29 63 09 25* – *www.bas-rupts.com*
21 ch – ♦140/220 € ♦♦160/220 € – 4 suites – ☐ 22 € – ½ P 160/220 €
Rest – *(prévenir le week-end)* Menu 30 € (déj. en sem.), 48/98 € – Carte 54/90 € ✿
Spéc. Tripes au riesling à la crème et moutarde. Coquelet rôti au vin jaune et morilles.
Ruche glacée au miel de sapin. **Vins** Muscat d'Alsace, Pinot noir d'Alsace.

♦ Un parfait décor pour un séjour de charme à la montagne : boiseries, cheminées, salons confortables, objets anciens, tableaux, piscine intérieure... On ne
peut quitter les lieux sans nostalgie ! La table est une valeur sûre, où même la
rusticité de certains mets (telles les tripes au riesling) se fait raffinement...

Auberge de la Poulcière ⚘
10 chemin du Bouchot – ✆ *03 29 42 04 33* – *www.auberge-poulciere.com*
– *Fermé 17 oct.-16 déc.*
6 ch – ♦80/90 € ♦♦80/90 € – ☐ 8 € – ½ P 65/70 €
Rest – *(fermé mardi hors saison et merc.)* (dîner seult sauf sam. et dim.) (nombre
de couverts limité, prévenir) (20 €) Menu 25/38 € – Carte 25/33 €

♦ Une auberge en pleine nature – cernée par les jonquilles au printemps... Entre ces
murs datés de 1775, âme rustique et confort contemporain se conjuguent avec charme.
Chambres avec kitchenette. Côté cuisine, le chef ne jure que par les produits frais !

Cap Sud ⧏ 🚗 🏠 🅿 VISA 🌐

144 rte de la Bresse – ℰ 03 29 63 06 83 – www.capsud-bellemaree.com – *Fermé lundi sauf fériés*

Rest – (16 €) Menu 28/55 € – Carte 37/58 €

◆ Escale maritime au cœur des Vosges : décor "paquebot" en acajou côté salle, vue sur les montagnes côté véranda et cuisine du large d'inspiration méditerranéenne. Salon-fumoir.

GERBEROY – 60 Oise – **305** C3 – 95 h. – alt. 180 m – ⧆ 60380   **36** A2

▶ Paris 110 – Aumale 30 – Beauvais 22 – Breteuil 37

Hostellerie du Vieux Logis 🏠 VISA 🌐 AE

25 r. Logis du Roy – ℰ 03 44 82 71 66 – *Fermé vacances de Noël, de fév., dim. soir, lundi soir et merc.*

Rest – Menu 25/46 € – Carte 40/60 €

◆ À l'entrée du vieux village fortifié, désormais pris d'assaut par les peintres et les touristes. Plats traditionnels axés terroir servis dans une salle rustique.

GERMIGNY-L'ÉVÊQUE – 77 Seine-et-Marne – **312** G2 – **rattaché à Meaux**

GÉTIGNÉ – 44 Loire-Atlantique – **316** I5 – **rattaché à Clisson**

LES GETS – 74 Haute-Savoie – **328** N4 – 1 321 h. – alt. 1 170 m – **Sports   46** F1
d'hiver : 1 170/2 000 m ⸸ 5 ⸜ 47 ⸹ – ⧆ 74260 🟩 Alpes du Nord

▶ Paris 579 – Annecy 77 – Bonneville 33 – Cluses 19

🄳 place de la Mairie ℰ 04 50 75 80 80

🔞 des Gets Les Chavannes, E : 3 km, ℰ 04 50 75 87 63

🄶 Mont Chéry❄❄ ★★.

Le Labrador ⧏ 🚗 🏠 🏊 🛏 ⅃ᴃ ❄ 🛏 ⑅ rest, ⑂ 🅿 🚙 VISA 🌐 AE ⓪

rte de La Turche – ℰ 04 50 75 80 00 – www.labrador-hotel.com – *Ouvert 18 juin-4 sept. et 17 déc.-15 avril*

21 ch ⸆ – †140/190 € ††190/290 € – ½ P 125/185 €

Rest *Le St-Laurent* – *(dîner seult sauf été)* Menu 30/90 € – Carte 40/70 €

◆ Délicieuse halte dans ce chalet à la décoration typiquement savoyarde. Intérieur douillet avec salon-cheminée cossu et chambres dotées de balcon. Cuisine colorée et savoureuse servie dans une salle ornée de vieux objets pittoresques.

La Marmotte ⧏ ⅃ 🛏 🏊 ⑅ rest, ⑂ 🚙 VISA 🌐 AE ⓪

61 r. du Chêne – ℰ 04 50 75 80 33 – www.hotel-marmotte.com
– *Ouvert 1er juil.-31 août et 17 déc.-10 avril*

48 ch (½ P seult en hiver) – †190/370 € ††210/390 € – ⸆ 15 € – ½ P 160/250 €

Rest – *(fermé le midi) (résidents seult)* Menu 40 € – Carte 30/60 €

◆ Après une journée de ski, détendez-vous près de la cheminée avant de vous faire dorloter dans le superbe spa (750 m²). Chambres douillettes et agrémentées de boiseries, où paresser avec délectation, comme... une marmotte ! Restaurant ouvert sur les pistes.

Mont Chéry ⧏ 🚗 🛏 🏊 ⑅ ⑂ 🅿 🚙 VISA 🌐

421 r. du Centre – ℰ 04 50 75 80 75 – www.hotelmontchery.com
– *Ouvert 18 déc.-28 mars*

25 ch (½ P seult) – 2 suites – ½ P 110/190 €

Rest – *(fermé le midi)* Menu 35/55 € bc

◆ Un chalet au pied des remontées mécaniques... Chambres coquettes (lambris et tissus à fleur ou style plus contemporain et épuré) ; jacuzzi et piscine panoramiques ; sauna. Ambiance rustique dans la salle à manger, où l'on sert une cuisine au goût du jour.

Alpina ⬙ ⧏ 🚗 🛏 🏊 ⑂ 🅿 🚙 VISA 🌐 AE ⓪

55 imp. de la Grange-Neuve – ℰ 04 50 75 80 22 – www.hotelalpina.fr – *Ouvert 25 mai-25 sept. et 15 déc.-15 avril*

38 ch – †71/161 € ††99/232 € – ⸆ 11 € – ½ P 84/155 €

Rest – Menu 22 € (déj.), 26/37 € – Carte 29/53 €

◆ Non loin du téléphérique, ce chalet familial domine le bourg et abrite de grandes chambres au style savoyard actuel ; plaisant jardin d'été. Cuisine aux accents du pays et belles boiseries vous attendent au restaurant, ouvert sur la vallée.

⌂ **Crychar** ⬳   ⇔ 🍴 📺 🛁 ⁽ᵗ⁾ **P** *VISA* ⓐ **AE**

136 impasse de la Grange-Neuve, par rte La Turche – ℰ *04 50 75 80 50*
– www.crychar.com – Ouvert 20 juin-11 sept. et 17 déc.-16 avril
14 ch – ♦98/170 € ♦♦129/256 € – 1 suite – ⌁ 12 € – ½ P 109/175 €
Rest – *(fermé le midi)* Menu 36 €

♦ C'est un petit chalet au pied des pistes, chaleureux et confortable : cheminée dans le salon, chambres avec balcon, salle de jeux pour les enfants. Joli concentré de Savoie au restaurant : poutres, bois blond et tissus artisanaux. Salon de thé.

⌂ **Régina**   🛁 rest, ⁽ᵗ⁾ **P** *VISA* ⓐ **AE**

∞ *534 r. du Centre –* ℰ *04 50 75 80 44 – www.hotelregina74.com – Ouvert*
1ᵉʳ juil.-31 août et 17 déc.-18 avril
21 ch (½ P seult en hiver) – ♦48/60 € ♦♦55/70 € – ½ P 70/95 €
Rest – Menu 19/39 € – Carte 25/65 €

♦ L'un des premiers hôtels de la station, géré de père en fils depuis 1937 ; l'actuel propriétaire est également guide de montagne. Chambres simples et ambiance chaleureuse. Au restaurant, boiseries et cheminée ; cuisine classique et spécialités régionales.

GEVREY-CHAMBERTIN – 21 Côte-d'Or – **320** J6 – 3 138 h.   **8** D1
– alt. 275 m – ⊠ 21220 ▮ Bourgogne

▶ Paris 315 – Beaune 33 – Dijon 13 – Dole 61

🅱 1, rue Gaston Roupnel ℰ 03 80 34 38 40

🏢 **Arts et Terroirs** sans rest   🍴 ⁽ᵗ⁾ **P** 🚗 *VISA* ⓐ **AE** ①
28 rte de Dijon – ℰ *03 80 34 30 76 – www.arts-et-terroirs.com*   **B**e
20 ch – ♦79/89 € ♦♦79/89 € – ⌁ 13 €

♦ Agréables chambres rénovées donnant sur un paisible jardin ; seules trois se trouvent côté route mais bénéficient d'une bonne isolation. Salon "Chesterfield" où trône un piano.

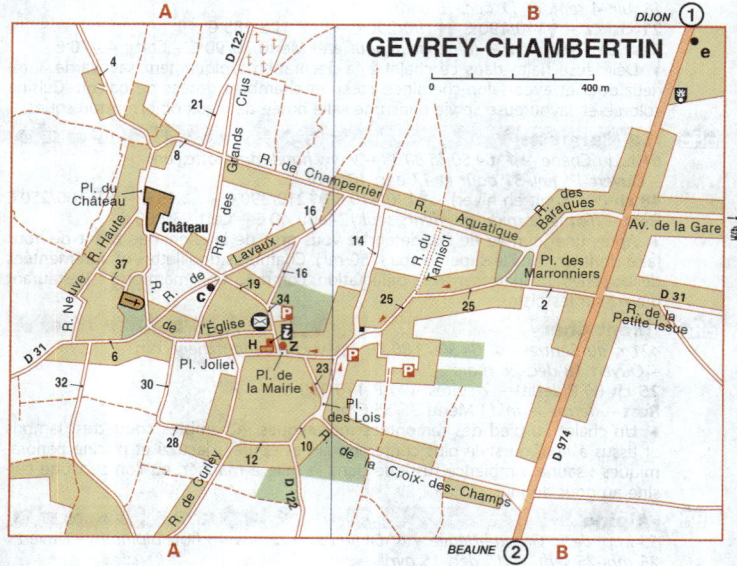

Ancienne Poste (R. de l')		**B** 2
Argillière (Chemin de l')		**A** 4
Aumonerie (R. de l')		**A** 6
Caron (R. du)		**A** 8
Chambertin (R. du)		**A** 10
Chêne (R. du)		**A** 12
Combe du Bas (R.)		**B** 14
Combe du Dessus (R.)		**A** 16
Docteur-Magnon-Pujó (R. du)		**A** 19
En Songe (R. d')		**A** 21
Gaizot (R. du)		**A** 23
Lattre-de-Tassigny (R. du Maréchal de)		**B** 25
Mees (R. des)		**A** 28
Meixvelle (R. de)		**A** 30
Planteligone (R. de)		**A** 32
Roupnel (R. Gaston)		**A** 34
Tison (R. du)		**A** 37

Grands Crus sans rest 🌿   🚗 AC 📶 ♿ P VISA ⬤ AE

*r. de Lavaux – ℰ 03 80 34 34 15 – www.hoteldesgrandscrus.com – Ouvert
de mars à nov.*   **Ac**
24 ch – ♦82/92 € ♦♦82/92 € – ☑ 12 €
♦ Les vignes des "grands crus" voisinent cette chaleureuse maison de village
entourée d'un joli jardin fleuri. Chambres bourgeoises et salon de caractère.

XX Chez Guy   🍴 AC VISA ⬤

*3 pl. de la Mairie – ℰ 03 80 58 51 51 – www.hotel-bourgogne.com – Fermé
24 déc.-2 janv. et dim. du 27 nov. au 18 mars*   **Az**
Rest – (27 €) Menu 29/55 €🍷
♦ Un très beau choix de bourgognes escorte la cuisine régionale actualisée de
ce restaurant d'esprit moderne (tableaux sur le thème culinaire et grande cheminée décorative).

GEX ⬠ – 01 Ain – 328 J3 – 9 323 h. – alt. 626 m – ✉ 01170   46 F1
▌Franche-Comté Jura

    ▶ Paris 490 – Genève 19 – Lons-le-Saunier 93 – Pontarlier 110

    🛈 square Jean Clerc ℰ 04 50 41 53 85

    ⛳ de Maison-Blanche à Échenevex, S : 3 km par D 984, ℰ 04 50 42 44 42

à Echenevex 4 km au Sud par D 984ᶜ et rte secondaire – 1 462 h. – alt. 580 m
– ✉ 01170

Auberge des Chasseurs 🌿   ≼ 🚗 🍴 ☒ ♿ P VISA ⬤ AE

*711 rte de Naz-Dessus – ℰ 04 50 41 54 07 – www.aubergedeschasseurs.com
– Ouvert 14 fév.-20 nov.*
15 ch – ♦90/145 € ♦♦100/245 € – ☑ 12 €
Rest – *(ouvert 1ᵉʳ mars-15 nov. et fermé dim. soir, merc. midi, jeudi midi, lundi et
mardi) (prévenir)* (25 €) Menu 45 € – Carte 46/75 €
♦ Coquette maison recouverte de vigne vierge avec le Mont-Blanc en toile de
fond. L'Intérieur scandinave avec boiseries peintes, photographies de Cartier-Bres-
son et autres œuvres : sérénité et Art de Vivre. Chambres cosy et personnalisées.
Cuisine traditionnelle.

GIEN – 45 Loiret – 318 M5 – 15 495 h. – alt. 162 m – ✉ 45500   12 C2
▌Châteaux de la Loire

    ▶ Paris 149 – Auxerre 85 – Bourges 77 – Cosne-sur-Loire 46

    🛈 place Jean Jaurès ℰ 02 38 67 25 28

    👁 Château★ : musée de la Chasse★★, terrasse du château ≼★ M -
    Pont ≼★.

    🟢 Pont-canal★★ de Briare : 10 km par ②.

Plan page suivante

Rivage sans rest   ≼ 📶 ♿ P VISA ⬤ AE

1 quai de Nice – ℰ 02 38 37 79 00 – Fermé vacances de Noël   **Za**
16 ch – ♦64/98 € ♦♦74/118 € – 3 suites – ☑ 10 €
♦ Dans un ancien relais de poste du 19ᵉ s., bien situé face à la Loire et au pittoresque vieux pont. Chambres pratiques pour une étape, bar avec piano et salon
confortable.

Axotel sans rest   🚗 ☒ AC 📶 ♿ P VISA ⬤

14 r. de la Bosserie , 3 km par ① – ℰ 02 38 67 11 99 – www.axotelgien.com
48 ch – ♦60/63 € ♦♦65/73 € – ☑ 8 €
♦ Hôtel récent situé au nord de la ville, pratique pour les voyages d'affaires.
Salons gais et confortables, chambres spacieuses (meubles cérusés, tissus colorés)
et piscine.

Anne de Beaujeu sans rest   📶 ♿ P VISA ⬤ AE

10 rte de Bourges, par ③ – ℰ 02 38 29 39 39 – www.hotel-anne-de-beaujeu.com
30 ch – ♦40/46 € ♦♦49/56 € – ☑ 7 €
♦ Cet établissement de la rive gauche porte le nom de la célèbre comtesse de
Gien. Chambres aménagées de façon fonctionnelle ; préférez celles situées sur
l'arrière.

GIEN

Anne-de-Beaujeu (R.) . . . . **Z** 2
Bildstein (R. du Lt.) . . . . **Z** 3
Briqueteries (R. des) . . . . **Y**
Château (Pl. du) . . . . **Z**
Clemenceau (R. G.) . . . . **Z** 5
Curie (Pl.) . . . . **Y**
Gambetta (R.) . . . . **Z** 6
Hôtel-de-Ville (R. de l') . . . . . . **Z** 7
Jeanne-d'Arc (R.) . . . . **YZ**
Jean-Jaurès (Pl.) . . . . **Z** 9
Joffre (Q. du Mar.) . . . . **Z**
Leclerc (Av. du Mar.) . . . . **Z** 12
Lenoir (Quai) . . . . **Z**
Louis-Blanc (R.) . . . . **Z** 13
Marienne (R. de l'Adj.-Chef) . . **Z** 15
Montbricon (R. de) . . . . **YZ**
Noé (R. de) . . . . **Y**
Paris (R. de) . . . . **YZ**
Paul-Bert (R.) . . . . **Z** 16
Président-Wilson (Av.) . . . . **Y** 17
République (Av. de la) . . . . **Y** 19
Thiers (R.) . . . . **Z** 23
Verdun (R. de) . . . . **Y**
Victor-Hugo (R.) . . . . **Z** 24
Vieille Boucherie (R.) . . . . **Z** 25
Villejean (R. J.) . . . . **Y**

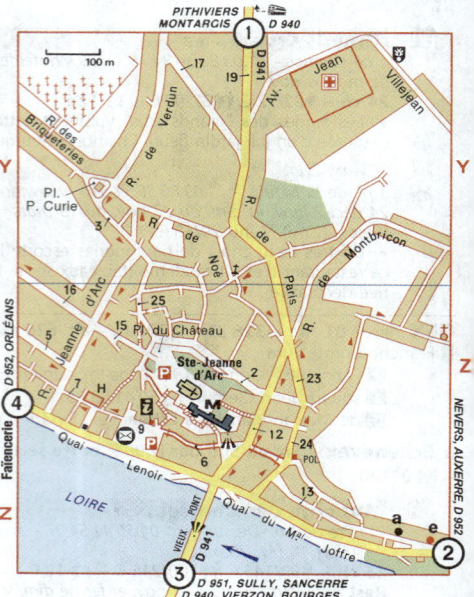

XXX La Poularde avec ch
🏧 rest, 📶 🛁 VISA ⓭ AE

13 quai Nice – ℰ 02 38 67 36 05 – www.lapoularde.fr – Fermé 1er-10 janv., lundi sauf hôtel et dim. soir
Z e

9 ch – 🛏53 € 🛏🛏60 € – ⬜ 10 € **Rest** – Menu 29/75 € – Carte 65/90 €

♦ En bordure du fleuve, une maison bourgeoise où la cuisine traditionnelle est servie dans du Gien. Poularde au menu, bien entendu, mais aussi cuisses de grenouille ou sandre au chinon. Chambres pratiques et bien tenues.

XX Côté Jardin
🏧 VISA ⓭

14 rte Bourges, par ③ – ℰ 02 38 38 24 67 – Fermé 26 juil.-8 août, 21 déc.-8 janv., mardi et merc.
Rest – *(nombre de couverts limité, prévenir)* Menu 25 € (sem.), 36/58 € – Carte 43/62 €

♦ Un sympathique restaurant plein de fraîcheur, sur la rive gauche. Avec recherche, le chef travaille de bons produits (escargots, joue de boeuf, fromages régionaux...).

X Le P'tit Bouchon
VISA ⓭

66 r. B. Palissy, par r. Hôtel de Ville Z – ℰ 02 38 67 84 40 – Fermé 15 août-5 sept., 19 déc.-3 janv., dim. et lundi
Rest – (16 €) Menu 23/26 €

♦ Tête de veau en hiver, terrine de lapin, saucisse de Morteau... répertoire bistrotier et menus s'annoncent ici à l'ardoise. Le cadre est rustique, l'ambiance chaleureuse.

au Sud par ③, D 940 et rte secondaire : 3 km – ⊠ 45500 Poilly-lez-Gien

🏠 Villa Hôtel ⚘
🔥 ch, 📞 📶 **P** VISA ⓭

ZA le Clair Ruisseau, allée du Vieux Cours – ℰ 02 38 27 03 30
24 ch – 🛏39 € 🛏🛏39 € – ⬜ 6,50 € – ½ P 39/42 €

Rest – *(fermé 12-22 juil., 27-31 déc., vacances de fév., vend. soir, sam. et dim.) (dîner seult) (résidents seult)* Menu 13 € (sem.)/16 €

♦ Parfait pour une étape à prix doux, un hôtel moderne au confort simple, façon zone pavillonnaire. Chambres fonctionnelles et bien tenues. Plat du jour unique ; buffets d'entrées et de desserts. Possibilité de repas de groupes.

GIENS – 83 Var – **340** L7 – ✉ 83400 Hyeres ▮ Côte d'Azur · · · · · · · · · · **41** C3

▶ Paris 860 – Carqueiranne 10 – Draguignan 87 – Hyères 9

◉ Ruines du château des Pontevès ✳ ★★.

Voir plan de Giens à Hyères.

Le Provençal ☇ ⌂ ⌂ ⟋ ☒ ⌘ ▮ ⁞ ⟋ ⌂ **P** *VISA* ◐◐ **AE**

pl. St-Pierre – ℰ 04 98 04 54 54 – www.provencalhotel.com
– *Ouvert 16 avril-16 oct.* **Xs**
41 ch – †90/150 € ††111/175 € – ☷ 15 € – ½ P 90/120 €
Rest – Menu 28/56 € – Carte 51/100 €
♦ Hôtel bâti à flanc de colline, dans un parc ombragé et fleuri qui dégringole en terrasses jusqu'à la mer. Chambres provençales. Parking privé à 500 m. Le panorama offert par le restaurant a peut-être inspiré le poète Saint-John Perse, célèbre résident de la presqu'île.

GIFFAUMONT-CHAMPAUBERT – 51 Marne – **306** K11 – 256 h. · · · · **14** C2
– alt. 130 m – ✉ 51290 ▮ Champagne Ardenne

▶ Paris 208 – Bar-le-Duc 53 – Chaumont 75 – St-Dizier 25

ℹ Maison du Lac ℰ 03 26 72 62 80

◉ Lac du Der-chantecoq ★★.

Le Cheval Blanc ⌂ ⌖ rest, ⁞ ⟋ ⌂ **P** *VISA* ◐◐ **AE**

21 r. du Lac – ℰ 03 26 72 62 65 – www.lechevalblanc.net
– *Fermé 29 août-23 sept., 1ᵉʳ-20 janv., dim. soir et lundi*
14 ch – †70/75 € ††70/135 € – 1 suite – ☷ 9 € – ½ P 70/80 €
Rest – *(fermé mardi midi)* (19 €) Menu 26/60 € – Carte 40/64 €
♦ Accueillante maison à 1,2 km du plus grand lac artificiel d'Europe : le Lac du Der. Confortable salon-véranda, chambres lumineuses et parfaitement tenues. Au restaurant, cadre classique, tables soignées et carte traditionnelle.

GIF-SUR-YVETTE – 91 Essonne – **312** B3 – 21 816 h. – alt. 61 m · · · · **20** A3
– ✉ 91190

▶ Paris 34 – Évry 37 – Boulogne-Billancourt 23 – Montreuil 41

✗ **Les Saveurs Sauvages** ⌂ ⌖ **AC** *VISA* ◐◐

4 r. Croix Grignon, (face gare RER) – ℰ 01 69 07 01 16 – *Fermé 5-25 août,
25 déc.-2 janv., dim. et lundi*
Rest – (18 €) Menu 23/39 € – Carte environ 46 €
♦ Un bistrot gastro moderne où la cuisine, inventive avec quelques touches asiatiques, est réalisée à quatre mains. Carte saisonnière assortie d'un menu changeant tous les jours.

GIGARO – 83 Var – **340** O6 – **rattaché à La Croix-Valmer**

GIGNAC – 34 Hérault – **339** G7 – 4 951 h. – alt. 53 m – ✉ 34150 · · · · **23** C2

▶ Paris 719 – Béziers 58 – Lodève 25 – Montpellier 30

ℹ 3, Parc d'activités de Camalcé ℰ 04 67 57 58 83

✗✗ **de Lauzun** (Matthieu de Lauzun) ⌖ **AC** *VISA* ◐◐
❀
3 bd de l'Esplanade – ℰ 04 67 57 50 83 – www.restaurant-delauzun.com
– *Fermé 21 fév.-14 mars, 1 sem. en août, 1 sem. en nov., sam. midi, dim. soir et
lundi*
Rest – Menu 41/58 € – Carte 40/60 €
Spéc. Gaspacho andalou glacé, mosaïque de petits légumes marinés (été). Gigot d'agneau cuit rosé, tranche d'aubergine confite, condiment à la marocaine. Pomme confite au four, riz au lait crémeux au caramel.
♦ Cette maison, face à l'esplanade, est menée par un jeune chef de talent. Décor sobre et soigné à l'image de la cuisine, séduisante avec ses belles associations de saveurs – originales et bien pensées – et ses assiettes très graphiques. Bon choix de vins locaux.

GIGONDAS – 84 Vaucluse – **332** D9 – 598 h. – alt. 313 m – ✉ 84190 · · · · **42** E1
▮ Provence

▶ Paris 662 – Avignon 40 – Nyons 31 – Orange 20

ℹ rue du Portail ℰ 04 90 65 85 46

Les Florets ⌖ ← 🚗 🛋 🏊 P VISA ⦿ AE ⓞ
2 km à l'Est par rte secondaire – ℰ *04 90 65 85 01 –* www.hotel-lesflorets.com
– Fermé janv. et vacances de fév.
15 ch – ♦70/110 € ♦♦77/130 € – ⛢ 15 € – ½ P 87/115 €
Rest – *(fermé merc.)* (23 €) Menu 30/46 € – Carte 50/65 € ⅜
♦ Au pied des Dentelles de Montmirail, cet hôtel situé en plein vignoble abrite
de séduisantes chambres colorées (avec terrasse à l'annexe). Décor et cuisine inspirés par la région, vins du domaine et jolie terrasse.

✗ L'Oustalet 🚡 AC VISA ⦿ AE ⓞ
pl. du village – ℰ *04 90 65 85 30 –* www.restaurantoustalet.com *– Fermé*
15 nov.-15 janv., dim. soir et lundi sauf juil.-août
Rest – *(nombre de couverts limité, prévenir)* (23 €) Menu 28 € (déj. en sem.),
32/120 € – Carte 40/85 € ⅜
♦ Dans ce beau village de vignerons, cet Oustalet vous délecte d'une cuisine
savoureuse, aux doux parfums provençaux. Installez-vous sous les vieux platanes...
On dirait le Sud !

GILETTE – 06 Alpes-Maritimes – **341** D4 – 1 425 h. – alt. 420 m   **41** D2
– ✉ 06830 ▊ Côte d'Azur
▶ Paris 946 – Antibes 43 – Nice 36 – St-Martin-Vésubie 45
🛈 place du Dr Morani ℰ 04 92 08 98 08
◉ ❄ ★★ des ruines du château.

à Vescous par rte de Rosqueston (D 17) : 9 km – ✉ 06830 Toudon

✗ La Capeline 🚡 P VISA ⦿
rte de Rosqueston – ℰ *04 93 08 58 06 –* www.restaurant-lacapeline.com
– Ouvert du jeudi au dim. de mars à nov., les week-ends de nov. à fév.
Rest – *(fermé le soir sauf vend. et sam. en saison)* (prévenir) (24 €) Menu 22 €
(déj.)/28 €
♦ Maisonnette rustique isolée en bord de route, dans la vallée de l'Esteron. Le
goûteux menu unique, annoncé de vive voix, valorise les produits du cru. Belle
terrasse ombragée.

GILLY-LÈS-CÎTEAUX – 21 Côte-d'Or – **320** J6 – rattaché à Vougeot

GIMBELHOF – 67 Bas-Rhin – **315** K2 – rattaché à Lembach

GIMEL-LES-CASCADES – 19 Corrèze – **329** M4 – 679 h. – alt. 375 m   **25** C3
– ✉ 19800
▶ Paris 493 – Limoges 104 – Tulle 13 – Brive-la-Gaillarde 40
🛈 le Bourg ℰ 05 55 21 44 32

Hostellerie de la Vallée ⌖ ← 🚡 📶 VISA ⦿
au bourg – ℰ *05 55 21 40 60 – Fermé 20 déc.-5 janv., dim. soir, lundi midi, vend.*
et sam. du 1er oct. au 31 mars
9 ch – ♦63 € ♦♦63 € – ⛢ 8,50 € – ½ P 55 €
Rest – *(dîner seult) (résidents seult)* Menu 27/36 € – Carte 26/37 €
♦ Au centre d'un village réputé pour ses cascades, maison de pays rénovée offrant une halte de choix avec de confortables chambres (dont trois côté vallée). Salle à manger panoramique et cuisine traditionnelle de saison mitonnée
par la mère et sa fille.

LA GIMOND – 42 Loire – **327** F6 – 241 h. – alt. 625 m – ✉ 42140   **44** A2
▶ Paris 485 – Saint-Étienne 18 – Annonay 67 – Lyon 58

✗✗ Le Vallon du Moulin P VISA ⦿
– ℰ *04 77 30 97 06 – Fermé 22 août-1er sept., 28 fév.-10 mars, dim. soir, lundi*
soir, mardi soir et merc.
Rest – Menu 20 € (déj. en sem.), 27/47 €
♦ Au cœur d'un village, ce sympathique restaurant contemporain propose
une bonne cuisine (saumon à la niçoise, croustillant de framboise...) évoluant au
rythme des saisons.

GIMONT – 32 Gers – **336** H8 – 2 834 h. – alt. 180 m – ⊠ 32200   **28** B2

🟩 Midi-Toulousain

▶ Paris 701 – Colomiers 40 – Toulouse 51 – Tournefeuille 40

🖪 53, boulevard du Nord ☎ 05 62 67 77 87

🏨 **Château de Larroque** ⤢   🈁 🖼 ⛴ ✕ 🍴 🎾 rest, 🛜 🦽 🅿 VISA ◑ AE ⑩

rte de Toulouse – ☎ 05 62 67 77 44 – www.chateaularroque.fr
– Fermé 14-22 nov., 3-18 janv., 15-28 fév., dim. soir et lundi d'oct. à avril
16 ch – ♦89/120 € ♦♦89/154 € – 1 suite – ☑ 13 €
Rest – Menu 22/57 € – Carte 29/61 €
◆ Un beau château, édifié en 1805, entouré d'un parc paisible avec piscine et
tennis. Certaines chambres, et l'un des salons, ont été décorés dans un style plus
contemporain. Cuisine traditionnelle dans un cadre élégant, à déguster sous la
tonnelle en été.

🏨 **Villa Cahuzac**   🦽 ch, 🅺 🎾 🛜 🦽 VISA ◑ AE

1 av. de Cahuzac – ☎ 05 62 62 10 00 – www.villacahuzac.com
11 ch – ♦98 € ♦♦98 € – ☑ 12 € – ½ P 80/91 €
Rest – *(dîner seult)* Menu 25 € (sem.), 31/37 €
◆ Maison typique de la région (1885) ; chambres fonctionnelles et soignées (lambris et parquet). Celles du 1er étage s'ouvrent sur un corridor qui plonge sur le patio
fleuri. Cuisine traditionnelle privilégiant le terroir, surtout le canard et le foie gras.

GINASSERVIS – 83 Var – **340** K3 – 1 382 h. – alt. 407 m – ⊠ 83560   **40** B3

▶ Paris 781 – Aix-en-Provence 53 – Avignon 111 – Manosque 23

✕ **Chez Marceau** avec ch   🍴 🎾 🛜 VISA ◑ AE ⑩
🍷
pl. Jean Jaurès – ☎ 04 94 80 11 21 – www.chezmarceau.com – Fermé 15-30 nov.,
15-30 janv., dim. soir et lundi
6 ch – ♦45 € ♦♦50/55 € – ☑ 8 € – ½ P 50/55 €
Rest – (12 €) Menu 15/43 € – Carte 30/80 €
◆ Entre Durance et Verdon, plongez au cœur de la vie méridionale dans cette
sympathique auberge. Terrasse dressée sur la place. Cuisine régionale et chambres pour l'étape.

GINCLA – 11 Aude – **344** E6 – 45 h. – alt. 570 m – ⊠ 11140   **22** B3

▶ Paris 821 – Carcassonne 77 – Foix 88 – Perpignan 67

🏨 **Hostellerie du Grand Duc** ⤢   🚗 🍴 🛜 🅿 🚲 VISA ◑ AE

2 rte de Boucheville – ☎ 04 68 20 55 02 – www.host-du-grand-duc.com
– Ouvert 1er avril-1er nov.
12 ch – ♦60/62 € ♦♦73/82 € – ☑ 11 € – ½ P 80/85 €
Rest – *(fermé merc. midi)* Menu 32/70 € – Carte 40/75 €
◆ Maison de maître (18e s.) du pays cathare et son jardin clos arboré. Pierres apparentes, boiseries et meubles anciens font le cachet des chambres, joliment personnalisées. Salle à manger rustique chic, terrasse et copieuses assiettes traditionnelles.

GIRMONT-VAL-D'AJOL – 88 Vosges – **314** H5 – **rattaché à Remiremont**

GIROUSSENS – 81 Tarn – **338** C8 – **rattaché à Lavaur**

GISORS – 27 Eure – **304** K6 – 11 532 h. – alt. 60 m – ⊠ 27140   **33** D2

🟩 Normandie Vallée de la Seine

▶ Paris 73 – Beauvais 33 – Évreux 66 – Mantes-la-Jolie 40

🖪 4, rue du Général-de-Gaulle ☎ 02 32 27 60 63

🏴 de Chaumont-en-Vexin à Chaumont-en-Vexin Château de Bertichères, E :
8 km par D 982, ☎ 03 44 49 00 81

🏴 de Rebetz à Chaumont-en-Vexin Route de Noailles, E : 12 km par D 981,
☎ 03 44 49 15 54

🟢 Château fort★★ - Église St-Gervais et St-Protais★.

🏠 **Moderne** sans rest   🛜 🦽 🅿 VISA ◑

1 pl. de la Gare – ☎ 02 32 55 23 51 – www.hotel-moderne-gisors.fr
31 ch – ♦55 € ♦♦55/90 € – ☑ 7 €
◆ Cet hôtel familial situé face à la gare conviendra pour une étape. Les chambres, sobrement décorées, sont bien tenues.

XX Le Cappeville   VISA ◉ AE

13 r. Cappeville – ℰ 02 32 55 11 08 – www.lecappeville.com – Fermé 3-15 janv., merc. et jeudi
Rest – Menu 27/52 € – Carte 50/65 €
♦ Pigeon rôti à la crème de laitue, langoustines et potiron confit : au cœur de la capitale du Vexin normand, le terroir se pare de modernité et la carte suit les saisons.

à Bazincourt-sur-Epte 6 km au Nord par D 14 – 626 h. – alt. 55 m – ✉ 27140

ᐧ Château de la Rapée ⬧   ◑ ☎ ☳ ✁ ⑪ ⸜ P VISA ◉ AE ◐

2 km à l'Ouest par rte secondaire – ℰ 02 32 55 11 61 – www.hotel-la-rapee.com – Fermé 15 août-1er sept. et 15 fév.-14 mars
13 ch – †92 € ††127/155 € – ☲ 13 € – ½ P 85/100 €
Rest – *(fermé merc.)* (25 € bc) Menu 36 € (déj. en sem.)/55 € Carte 60/75 € le midi
♦ Château aux allures de manoir anglo-normand posé dans une campagne préservée (haras à proximité). Les chambres, dotées de mobilier ancien, sont spacieuses et profitent du parc. Salle à manger chaleureuse au décor bourgeois rehaussé de boiseries ; cuisine classique.

GIVERNY – 27 Eure – 304 I6 – 508 h. – alt. 17 m – ✉ 27620   33 D2
▣ Paris 75 – Cergy 47 – Évreux 37 – Rouen 65

⌂ La Réserve sans rest   ◑ ⑪ P VISA ◉

1,5 km au Nord par r. Blanche-Hochedé-Monet (après l'église) – ℰ 02 32 21 99 09 – www.giverny-lareserve.com – Ouvert avril-sept.
5 ch ☲ – †130 € ††160 €
♦ Superbe demeure familiale à la façade jaune safran, perchée sur les hauts de Giverny. Le décor intérieur, très personnalisé, crée une atmosphère des plus chaleureuses. Jolies chambres.

GIVET – 08 Ardennes – 306 K2 – 6 828 h. – alt. 103 m – ✉ 08600   14 C1
▮ Champagne Ardenne
▣ Paris 287 – Charleville-Mézières 58 – Fumay 23 – Rocroi 41
🛈 10, quai des Fours ℰ 08 10 81 09 75
◉ ≼★ du fort de Charlemont★.

ᐧ Les Reflets Jaunes sans rest   ⬚ AC ⑪ P VISA ◉ AE

2 r. du Gén.-de-Gaulle – ℰ 03 24 42 85 85 – www.les-reflets-jaunes.com
17 ch – †62/79 € ††69/89 € – ☲ 10 €
♦ Près du centre historique, hôtel en briques rouges de 1685 disposant de chambres spacieuses et confortables (baignoire-jacuzzi pour certaines). Copieux petit-déjeuner buffet.

ᐧ Le Val St-Hilaire sans rest   ⑪ P VISA ◉ AE ◐

7 quai des Fours – ℰ 03 24 42 38 50 – www.hotel-val-st-hilaire.com
20 ch – †69 € ††85 € – ☲ 11 €
♦ Cet ancien hôtel particulier (1719) posé sur une rive de la Meuse abrite des chambres pratiques, bien tenues et insonorisées, avec vue sur le fleuve en façade. Accueil aimable.

⌂ Le Roosevelt sans rest   ⑪ VISA ◉

14 quai des Remparts – ℰ 03 24 42 14 14 – http://hotel-leroosevelt.com – Fermé 26 déc.-9 janv.
8 ch – †60 € ††70 € – ☲ 8 €
♦ Sur un quai mosan, maison ardennaise en pierres dotée de chambres bien tenues, régulièrement rafraîchies. Crêperie et salon de thé dans la salle des petits-déjeuners.

XX Auberge de la Tour   ☆ AC VISA ◉
∞

6 quai des Fours – ℰ 03 24 40 41 71 – www.auberge-de-la-tour.net – Fermé 19 déc.-18 janv. et lundi d'oct. à mars
Rest – Menu 18 € (déj. en sem.), 26/42 € – Carte 28/66 €
♦ Le chef de cette jolie auberge rustique tournée vers la Meuse réalise une cuisine plutôt traditionnelle (quelques plats à base de homards du vivier maison). Terrasse d'été.

GIVORS – 69 Rhône – **327** H6 – 18 454 h. – alt. 156 m – ✉ 69700   **44** B2
🟢 Lyon Drôme Ardèche
▶ Paris 480 – Lyon 25 – Rive-de-Gier 17 – Vienne 12
🛈 1, place de la Liberté ✆ 04 78 07 41 38

à Loire-sur-Rhône 5 km par N 86, rte de Condrieu – 2 277 h. – alt. 140 m
– ✉ 69700

✗ **Mouton-Benoît**   🍴 🛜 *VISA* 🅾🅱
    1167 rte de Beaucaire – ✆ *04 78 07 96 36 – www.restaurant-moutonbenoit.com*
    – Fermé 12-31 août, sam. et le soir sauf vend.
    Rest – Menu 23 € (déj. en sem.), 30/35 € – Carte 40/57 €
    ♦ Aux commandes de ce restaurant, un jeune couple réalise une savoureuse cuisine actuelle sur des bases traditionnelles. Belle terrasse arborée.

GLAINE-MONTAIGUT – 63 Puy-de-Dôme – **326** H8 – 530 h.   **6** C2
– alt. 350 m – ✉ 63160
▶ Paris 440 – Clermont-Ferrand 31 – Issoire 37 – Thiers 21

✗ **Auberge de la Forge** avec ch ⬡   🛜 📶 *VISA* 🅾🅱
⬭⬭ – ✆ *04 73 73 41 80 – www.aubergedelaforgeglainemontaigut.com – Fermé dim.*
    soir et merc.
    4 ch – ♦30/39 € ♦♦42/48 € – ⊇ 6 € – ½ P 42/48 €
    Rest – (13 € bc) Menu 19 € (sem.), 26/40 € – Carte 23/46 €
    ♦ Face à la belle église romane, sympathique auberge refaite à l'ancienne (murs de pisé) et proposant une reconstitution de la forge du village. La cuisine est bien réalisée, avec des spécialités parfois surprenantes comme la fricassée de crêtes de coq…

GLUIRAS – 07 Ardèche – **331** J4 – 383 h. – alt. 800 m – ✉ 07190   **44** B3
▶ Paris 606 – Le Cheylard 20 – Lamastre 40 – Privas 33

✗ **Le Relais de Sully** avec ch ⬡   🛜 *VISA* 🅾🅱 *AE*
⬭⬭ *pl. centrale –* ✆ *04 75 66 63 41 – www.lerelaisdesully.com – Fermé 18-29 déc.,*
    15 janv.-15 mars, dim. soir, merc. soir et lundi sauf juil.-août
    4 ch – ♦39 € ♦♦39 € – ⊇ 6 €   **Rest** – Menu 18 € (sem.)/37 €
    ♦ Au cœur de ce village perché ardéchois, une maison en pierre devancée par une véranda. Le jovial patron aime cuisiner les produits du terroir local, de même que le poisson, selon les arrivages. Chambres modestes, utiles en dépannage.

GODEWAERSVELDE – 59 Nord – **302** D3 – 1 893 h. – alt. 45 m   **30** B2
– ✉ 59270
▶ Paris 263 – Arras 90 – Brugge 97 – Lille 41

✗ **L'Estaminet du Centre**   🛜 🅿 *VISA* 🅾🅱
🍴 *11 rte de Steenvoorde –* ✆ *03 28 42 21 72 – www.estaminetducentre.com*
    – Fermé 22 déc.-4 janv., 5-18 mai, dim. soir, lundi soir, mardi et merc.
    Rest – Menu 20 € (sem.)/27 € – Carte 25/37 €
    ♦ Simples et goûteuses recettes du Nord, servies dans cet estaminet sis dans une grosse bâtisse typique de la région. Salle à manger de type bistrot.

GOLBEY – 88 Vosges – **314** G3 – rattaché à Épinal

GOLFE DE SANTA-GIULIA – 2A Corse-du-Sud – **345** E10 – voir à Corse
(Porto-Vecchio)

GOLFE-JUAN – 06 Alpes-Maritimes – **341** D6 – ✉ 06220 Vallauris   **42** E2
🟢 Côte d'Azur
▶ Paris 905 – Antibes 5 – Cannes 6 – Grasse 23
🛈 boulevard des Frères Roustan ✆ 04 93 63 73 12

pour Vallauris voir plan de Cannes

Beau Soleil sans rest ⚜
6 impasse Beau-Soleil, par D 6007 (dir. Antibes) – ℰ 04 93 63 63 63
– www.hotel-beau-soleil.com – Ouvert 7 mars-9 oct.
30 ch – ✝57/119 € ✝✝69/136 € – ⊊ 10 €
♦ Cet hôtel moderne, sis dans une impasse à 500 m de la plage du Midi et du théâtre de la Mer, vous propose des chambres colorées et bien entretenues (certaines avec balcon).

Nounou
à la plage – ℰ 04 93 63 71 73 – www.nounou.fr – Fermé 12 nov.-25 déc., dim. soir et lundi sauf juil.-août
Rest – Menu 39/68 € – Carte 75/120 €
♦ Restaurant à même la plage, dont les baies vitrées s'ouvrent côté rivage. Intérieur d'inspiration marine ; cuisine de poissons et de coquillages et quelques plats provençaux.

Tétou
10 bd des Frères Roustan, (à la plage) – ℰ 04 93 63 71 16 – Ouvert fin mars-mi oct. et fermé lundi midi, mardi midi et merc.
Rest – Carte 110/195 €
♦ Cette institution locale fondée en 1920 et récemment rénovée a gardé son ambiance de restaurant balnéaire. Au menu, bouillabaisse, produits de la mer et carte régionale.

à Vallauris Nord-Ouest : 2,5 km par D 135 – 30 610 h. – alt. 120 m – ✉ 06220

🛈 Square du 8 mai 1945 ℰ 04 93 63 82 58
👁 Musée national "la Guerre et la Paix" (château) - Musée de l'Automobile★ NO : 4 km.

Le Mas Samarcande sans rest ⚜
138 Grand-Boulevard de Super-Cannes – ℰ 04 93 63 97 73
– www.mas-samarcande.com
5 ch ⊊ – ✝120/135 € ✝✝120/135 €
♦ Cette belle villa vous ouvre ses portes pour un séjour privilégié : chambres originales et raffinées mêlant inspiration provençale et exotique, vue superbe depuis la terrasse.

Café Marianne
pl. Paul Isnard, (pl. de l'Église) – ℰ 04 93 64 30 42
– www.cafemarianne-vallauris.com
Rest – (19 € bc) Menu 29 € – Carte 28/54 €
♦ Sur la place de l'église, face à "L'homme au mouton" de Picasso. Cuisine du marché, suggestions et pâtisseries dans ce restaurant moderne et spacieux doté d'une agréable terrasse.

GORDES – 84 Vaucluse – 332 E10 – 2 126 h. – alt. 372 m – ✉ 84220 **42** E1
🟩 Provence

▶ Paris 712 – Apt 19 – Avignon 38 – Carpentras 26
🛈 le Château ℰ 04 90 72 02 75
👁 Site★ - Village★ - Château : cheminée★ - Village des Bories★★ SO : 2 km par D 15 puis 15 mn - Abbaye de Sénanque★★ NO : 4 km
- Pressoir★ dans le musée des Moulins de Bouillons S : 5 km.

La Bastide de Gordes & Spa ⚜
au village – ℰ 04 90 72 12 12
– www.bastide-de-gordes.com – Fermé 3 janv.-10 fév.
34 ch – ✝137/405 € ✝✝172/455 € – 7 suites – ⊊ 27 €
Rest – (38 €) Menu 60 € (dîner)/88 € – Carte 90/150 € le soir
♦ Une très belle demeure du 16ᵉ s. au décor luxueux et aux prestations dignes d'un palace. Grandes chambres donnant sur la vallée ou le village. Magnifique spa. Cuisine du Sud et beaux vins régionaux servis dans un cadre raffiné. Sur la terrasse, vue superbe sur le Lubéron et les Alpilles.

Les Bories & Spa ⊗ ⟨← 🏡 🛌 📶 SPA ᵭ ✗ 🔲 AC 🔲 rest, ⁽ᵗ⁾ 🖪 🅿

rte de l'Abbaye de Sénanque, 2 km – ℰ 04 90 72 00 51 VISA ⚫ AE
– www.hotellesbories.com – Fermé 2 janv.-12 fév.
27 ch – †200/438 € ††200/438 € – 2 suites – ⊡ 23 € – ½ P 185/300 €
Rest – *(fermé dim. soir et lundi du 3 nov. au 2 avril et le midi du lundi au jeudi de mi-juin à mi-sept.) (prévenir)* Menu 57/92 € – Carte 84/99 €❀
Spéc. Courgettes fleurs soufflées au basilic (avril à sept.). Carré d'agneau laqué au citron (juin à août). Pêche jaune rôtie à la verveine, financier à la pêche (juin à août). **Vins** Côtes du Luberon.
◆ Ces luxueuses "bories" semblent perdues dans la garrigue, parmi les oliviers. Les chambres sont raffinées et lumineuses. Superbes piscines et spa. Fine gastronomie, parfumée, harmonieuse et sublimant les produits provençaux, servie dans un cadre idyllique.

Le Gordos sans rest ⊗ 🛏 🔲 AC ⁽ᵗ⁾ 🅿 VISA ⚫

1,5 km par rte de Cavaillon – ℰ 04 90 72 00 75 – www.hotel-le-gordos.com
– Ouvert 20 mars-2 nov.
19 ch – †121/169 € ††121/222 € – ⊡ 16 €
◆ Posté à l'entrée du village, un mas en pierre sèche frais et charmant. Les chambres avec terrasse donnent sur le jardin, où embaument les fleurs et les plantes aromatiques.

Le Mas des Romarins sans rest ⊗ ⟨← 🛏 🔲 🔲 AC 🔲 🅿 VISA ⚫

rte de Sénanque – ℰ 04 90 72 12 13 – www.masromarins.com – Fermé
14 nov.-16 déc. et 2 janv.-2 mars
13 ch ⊡ – †87/186 € ††99/198 €
◆ Ferme centenaire dominant Gordes. Les chambres sont fraîches et cosy ; de la terrasse, à l'ombre des mûriers, la vue est un délice. Table d'hôte sur réservation.

rte d'Apt 2 km à l'Est par D 2 – ✉ 84220 Gordes

Auberge de Carcarille ⊗ 🛏 🏡 🔲 🔲 AC 🔲 ch, ⁽ᵗ⁾ 🅿 VISA ⚫

rte d'Apt, 4 km par D 2 – ℰ 04 90 72 02 63 – www.auberge-carcarille.com
– Fermé 11 nov.-29 janv.
20 ch – †70/115 € ††70/115 € – ⊡ 12 € – ½ P 82/105 €
Rest – *(fermé vend. sauf le soir d'avril à sept.)* Menu 19 € (déj. en sem.), 31/50 €
– Carte 26/65 €
◆ Une fois passé l'allée de cyprès, on découvre cette plaisante construction en pierre sèche, aux chambres design ou de style provençal et dotées d'un balcon ou d'une terrasse. Au restaurant, goûteuse cuisine régionale faisant la part belle au potager et aux herbes aromatiques.

La Ferme de la Huppe ⊗ 🏡 🛏 🔲 AC ch, ✗ ⁽ᵗ⁾ 🅿 VISA ⚫

5 km par D 156 rte de Goult – ℰ 04 90 72 12 25 – www.lafermedelahuppe.com
– Ouvert 21 mars-4 nov.
10 ch – ⊡ – †95/109 € ††109/213 € – ½ P 86/114 €
Rest – *(fermé lundi et le midi)* Menu 38/55 € – Carte 52/62 €
◆ Jolie fermette du 18ᵉ s. en pierre sèche. Les chambres fleurent bon le lin et la lavande, comme un rêve provençal. Très jolie piscine parmi les arbustes. La salle à manger évoque une "borie", cette cabane du Lubéron. Savoureuse cuisine régionale actualisée.

rte des Imberts Sud-Ouest : 4 km par D 2 – ✉ 84220 Gordes

Mas de la Senancole 🛏 🛌 🔲 AC ⁽ᵗ⁾ 🎧 🅿 VISA ⚫ AE

Hameau les Imberts – ℰ 04 90 76 76 55 – www.mas-de-la-senancole.com
– Fermé 2-31 janv.
21 ch – †99/232 € ††99/232 € – ⊡ 13 €
Rest L'Estellan – voir ci-après
◆ La Sénancole coule à proximité de ce petit mas en pierre. Chambres agréables (bois peint et fer forgé), certaines avec terrasse. Espace détente avec sauna, hammam, jacuzzi.

⌂ **Le Moulin des Sources** sans rest 🌿 🐟 🚿 📶 🅿

Hameau des Gros – ℰ 04 90 72 11 69 – www.le-moulin-des-sources.com – Fermé 30 nov.-15 fév.

5 ch ⌑ – †95/180 € ††95/180 €

♦ On se prélasse volontiers dans cet ancien moulin à huile aux murs voûtés, allant du salon-bibliothèque au jardin, puis à la piscine. Belles chambres aux teintes terriennes.

XX **Le Mas Tourteron** 🌿 🏡 🅿 VISA ◉◉

chemin de St-Blaise – ℰ 04 90 72 00 16 – www.mastourteron.com – Ouvert 15 fév.-31 oct. et fermé le midi sauf juil.-août, dim. soir, lundi et mardi

Rest – Menu 49 €

♦ Ce joli mas et sa terrasse sous les mûriers dégagent un charme à la Pagnol. Le credo du lieu : une "cuisinière dans sa maison" qui régale d'une généreuse cuisine provençale.

XX **L'Estellan** – Hôtel Mas de la Senancole 🌿 🏡 ♿ 🅿 VISA ◉◉ 🅰

Hameau les Imberts – ℰ 04 90 72 04 90 – www.restaurant-estellan.com – Fermé 2-31 janv., dim. soir et lundi de nov. à mars

Rest – (19 €) Menu 25 € (déj. en sem.), 35/49 € – Carte 36/67 €

♦ Un restaurant au charme poétique et rétro, dans un mas en pierre. Ail, olive, plantes aromatiques en vedette d'une goûteuse cuisine provençale.

GORGES DE LA RESTONICA – 2B Haute-Corse – **345** D6 – voir à Corse (Corte)

GOSNAY – 62 Pas-de-Calais – **301** I4 – rattaché à Béthune

LA GOUESNIÈRE – 35 Ille-et-Vilaine – **309** K3 – 1 583 h. – alt. 22 m   **10** D1
– ✉ 35350

▶ Paris 390 – Dinan 25 – Dol-de-Bretagne 13 – Lamballe 65

🏠🏠🏠 **Maison Tirel-Guérin** (Jean-Luc Guérin) 🌿 📺 👶 🏊 ♿ 🅰🅲 📶 ♨ 🅿
✿ *à la Gare (rte de Cancale) : 1,5 km par D 76*
    VISA ◉◉ 🅰 ⓪
   – ℰ 02 99 89 10 46 – www.tirelguerin.com – Fermé 22 déc.-1er fév.

58 ch – †55/200 € ††55/200 € – 2 suites – ⌑ 13 € – ½ P 100/142 €

Rest – (fermé dim. soir d'oct. à mars et lundi midi sauf fériés) (prévenir le week-end) Menu 24/96 € – Carte 55/134 €

Spéc. Salade amoureuse de cailles poêlées, lames de truffe et foie gras. Plancha de poissons nobles grillés. Méli-mélo croustillant de framboises.

♦ Cette maison familiale proche de la route ne manque pas d'attraits : piscine couverte, jardin fleuri... Les chambres sont spacieuses et soignées ; le service prévenant. Cuisine raffinée – belles bases classiques – servie dans une salle où règne une atmosphère agréablement provinciale.

GOULT – 84 Vaucluse – **332** E10 – 1 217 h. – alt. 258 m – ✉ 84220   **42** E1
▶ Paris 714 – Apt 14 – Avignon 41 – Bonnieux 8

XX **La Bartavelle** 🏡 VISA ◉◉

r. du Cheval-Blanc – ℰ 04 90 72 33 72 – www.bartavelle.free.fr – Ouvert de début mars à mi-nov. et fermé mardi et merc.

Rest – (dîner seult) (nombre de couverts limité, prévenir) Menu 40 €

♦ Le "petit Marcel" et son chasseur de père auraient apprécié cette salle voûtée avec ses tomettes... rouges comme des bartavelles ! Plats régionaux pour ce restaurant de poche.

X **Le Garage à Lumières** 🏡 ♿ 🅰🅲 🅿 VISA ◉◉

Hameau de Lumières – ℰ 04 32 50 29 32

Rest – Menu 23/32 € – Carte 33/45 €

♦ Un ancien garage transformé en restaurant branché et design : murs décorés de petites voitures, toiles contemporaines et belle cuisine actuelle, sobrement créative.

GOUMOIS – 25 Doubs – **321** L3 – 189 h. – alt. 490 m – ✉ 25470   **17** C2
▶ Paris 513 – Besançon 92 – Montbéliard 55 – Morteau 47
◉ Corniche de Goumois★★, ▮ Franche-Comté Jura

Taillard 〰️   ≤ 🚗 🛁 🔽 🛁 ⅙ ch, 🍽️ 🔒 **P** 🗺️ ⚫ 🔺 ⓪

3 rte de la Corniche – ℰ 03 81 44 20 75 – www.hoteltaillard.com – Ouvert 15 mars-8 nov.

16 ch – †86/190 € ††86/190 € – 4 suites – 🍽️ 14 € – ½ P 86/122 €

Rest – *(fermé merc. soir d'oct. à avril, lundi midi et merc. midi)* Menu 25 € (déj.), 35/97 € bc – Carte 46/85 €🍷

♦ Situé à flanc de colline, cet hôtel familial (1875) propose des chambres classiques, plus modernes à l'annexe. Meubles chinés, tableaux... un décor soigné ! Au restaurant, agréable vue sur la vallée, belle cuisine du terroir revisitée et belle carte des vins.

Le Moulin du Plain 〰️   ≤ 🚗 📞 **P** 🗺️ ⚫ 🔺

Lieu-dit Le Moulin du Plain – ℰ 03 81 44 41 99 – www.moulinduplain.com – Ouvert 20 fév.-1er nov.

22 ch – †46 € ††62 € – 🍽️ 8 € – ½ P 54 €

Rest – Menu 23/35 € – Carte 20/55 €

♦ En pleine nature, auberge familiale au bord du Doubs, appréciée par les pêcheurs. Chambres simples, dont une partie tournée vers la rivière (deux duplex pour les familles). Dans les assiettes, priorité aux truites, morilles et autres produits de la région.

GOUPILLIÈRES – 14 Calvados – **303** J5 – 156 h. – alt. 162 m – ✉️ 14210   **32** B2

▶ Paris 255 – Caen 24 – Condé-sur-Noireau 27 – Falaise 34

✗✗   **Auberge du Pont de Brie**   🍴 **P** 🗺️ ⚫

Halte de Grimbosq, Est : 1,5 km – ℰ 02 31 79 37 84 – www.pontdebrie.com – Fermé 4-15 juil., 19 déc.-21 janv., nov. et déc. sauf week-ends, mardi sauf août et lundi

Rest – Menu 20/46 € – Carte 33/56 €

♦ Auberge familiale isolée dans la vallée de l'Orne. Salle à manger-véranda claire et lumineuse, entièrement redécorée, et terrasse d'été. Cuisine traditionnelle.

GOURDON 〰️ – 46 Lot – **337** E3 – 4 669 h. – alt. 250 m – ✉️ 46300   **28** B1

🟩 Périgord Quercy

▶ Paris 543 – Bergerac 91 – Brive-la-Gaillarde 66 – Sarlat-la-Canéda 26

🔢 24, rue du Majou ℰ 05 65 27 52 50

◉ Rue du Majou★ - Cuve baptismale★ dans l'église des Cordeliers
   - Esplanade ❄️★.

🟢 Grottes de Cougnac★ NO : 3 km.

Hostellerie de la Bouriane 〰️   🍴 🏨 🛏️ rest, ✗ 🍽️ 🔒 **P** 🗺️ ⚫

pl. du Foirail – ℰ 05 65 41 16 37 – www.hotellabouriane.fr – Fermé 16-25 oct., 20 janv.-10 mars, dim. soir et lundi du 20 oct. au 30 avril

20 ch – †77/115 € ††77/115 € – 🍽️ 13 € – ½ P 78/92 €

Rest – *(dîner seult sauf dim.)* Menu 26/42 € – Carte 45/85 €🍷

♦ Une maison centenaire qui cultive le sens de l'hospitalité. Chambres rustiques et soignées, mansardées au dernier étage. Agréable jardin. Au restaurant, pierres apparentes et grande cheminée pour une ambiance élégante et chaleureuse. Goûteuse cuisine classique.

GOURDON – 06 Alpes-Maritimes – **341** C5 – 437 h. – alt. 800 m   **42** E2
– ✉️ 06620 🟩 Côte d'Azur

▶ Paris 921 – Cannes 27 – Castellane 62 – Grasse 15

🔢 place Victoria ℰ 04 93 09 68 25

◉ Site★★ - ≤★★ du chevet de l'église - Château : musée des Arts décoratifs et de la modernité.

✗   **Au Vieux Four**   🍴 🗺️ ⚫

r. Basse – ℰ 04 93 09 68 60 – Fermé 2 sem. en déc., 2 sem. en janv., le soir du lundi au jeudi, merc. en juil.-août et jeudi

Rest – *(nombre de couverts limité, prévenir)* (18 €) Menu 25/37 €

♦ Une charmante petite maison nichée dans le village. L'accueil est d'une rare gentillesse et l'ardoise du jour révèle une généreuse cuisine à l'accent du Sud, inspirée et parfumée.

GOURETTE – 64 Pyrénées-Atlantiques – **342** K7 – alt. 1 400 m – Sports **3** B3
d'hiver : 1 400/2 400 m 🚡 1 🎿18 🎿 – ⊠ **64440 Eaux Bonnes** ▮ Aquitaine

▶ Paris 829 – Argelès-Gazost 35 – Eaux-Bonnes 9 – Laruns 14

🚉 place Sarrière ℰ 05 59 05 12 17

👁 Col d'Aubisque ❄ ★★ N : 4 km.

Boule de Neige ❄ ← ⯑ 🖧 ⯑ ⯑ VISA ⯑

– ℰ 05 59 05 10 05 – Ouvert juil.-août et 1ᵉʳ déc.-14 avril.
22 ch – ♦70/140 € ♦♦75/160 € – ⯑ 9,50 € – ½ P 67/77 €
Rest – (12 €) Menu 14 € (déj.), 16/30 € – Carte 30/51 € le soir
♦ Les atouts de cet hôtel : sa situation au pied des pistes, face aux sommets,
et ses petites chambres de style chalet (la moitié avec mezzanine). Restaurant
contemporain décoré de rondins de bois et de pierres apparentes. Cuisine traditionnelle ; snack à midi.

L'Amoulat ⯑ ⯑ VISA ⯑

– ℰ 05 59 05 12 06 – Ouvert 16 juin-12 sept. et 18 déc.-27 mars
12 ch (½ P seult) – ½ P 66/68 €
Rest – (dîner seult en hiver) Menu 25/40 € – Carte 19/36 €
♦ Sur les hauteurs de Gourette et près de la route menant au col de l'Aubisque,
cet hôtel dispose de petites chambres, fonctionnelles et bien tenues. Cuisine simple servie sous la véranda ou dans la salle rustique (réservée aux pensionnaires).

GOURNAY-EN-BRAY – 76 Seine-Maritime – **304** K5 – 6 187 h. **33** D2
– alt. 94 m – ⊠ **76220** ▮ Normandie Vallée de la Seine

▶ Paris 97 – Amiens 78 – Les Andelys 38 – Beauvais 31

🚉 9, place d'Armes ℰ 02 35 90 28 34

Le Saint Aubin ⯑ ⯑ AC ⯑ ⯑ P VISA ⯑ AE

3 km par D 915 rte de Dieppe – ℰ 02 35 09 70 97
– www.hotel-saint-aubin.fr
60 ch – ♦70/120 € ♦♦72/120 € – ⯑ 8 € – ½ P 91 €
Rest – (fermé dim. et sam.) Menu 16 €/28 € – Carte 16/38 €
♦ Cette construction récente, en léger retrait de la route, propose des chambres
fonctionnelles convenant pour une étape. Le restaurant, aménagé au sous-sol de
l'hôtel, est sobrement décoré. Cuisine traditionnelle sans prétention.

Le Cygne sans rest ⯑ ⯑ ⯑ P VISA ⯑

20 r. Notre Dame – ℰ 02 35 90 27 80 – www.lecygne.c.la
29 ch – ♦47 € ♦♦57 € – ⯑ 7 €
♦ Hôtel familial et accueillant, situé au centre de cette petite cité du pays de Bray.
Les chambres, relookées, sont bien tenues ; celles sur l'arrière profitent du calme.

GOUVIEUX – 60 Oise – **305** F5 – rattaché à Chantilly

GOUY-ST-ANDRÉ – 62 Pas-de-Calais – **301** E5 – rattaché à Hesdin

GRAMAT – 46 Lot – **337** G3 – 3 536 h. – alt. 305 m – ⊠ **46500** **29** C1
▮ Périgord Quercy

▶ Paris 534 – Brive-la-Gaillarde 57 – Cahors 58 – Figeac 36

🚉 place de la République ℰ 05 65 38 73 60

Du Centre ⯑ & ch, AC ch, ⯑ VISA ⯑ AE

pl. de la République – ℰ 05 65 38 73 37 – www.lecentre.fr
20 ch – ♦57 € ♦♦65 € – ⯑ 8 € – ½ P 60 €
Rest – (12 €) Menu 17/39 € – Carte 45/60 €
♦ Un bon point de chute, associant confort et esprit contemporain – l'adresse a
été récemment rénovée de pied en cap ! Au restaurant, cuisine traditionnelle, formule brasserie le midi et clin d'œil à la Bretagne – région d'origine du chef – avec
un menu poisson frais.

Lion d'Or 🖼️ 🅷 🆊 📶 🕊️ 🚗 VISA ⓪ AE

8 pl. de la République – 𝒸 *05 65 10 46 10 – www.liondorhotel.fr – Fermé janv.*
15 ch – †65 € ††75 € – ⌧ 9 € – ½ P 72/88 €
Rest – Menu 20/49 € – Carte 55/65 €
Rest *Le Quinze –* (17 €) Menu 20 €
◆ Une demeure régionale de caractère établie en centre-ville. Les chambres, récemment rénovées, arborent un joli décor aux couleurs pastel. Recettes traditionnelles servies dans une salle à manger bourgeoise ou sur la terrasse ombragée et fleurie. Ambiance "rugby" et cuisine de brasserie (axée terroir) au Quinze.

Le Relais des Gourmands � 🖼️ 🔲 📶 VISA ⓪

2 av. de la Gare, (à la gare) – 𝒸 *05 65 38 83 92 – www.relais-des-gourmands.fr*
– Fermé 3-11 oct., 25 déc.-2 janv., 26 fév.-14 mars, dim. soir et lundi sauf juil.-août
16 ch – †56/77 € ††58/77 € – ⌧ 9 € – ½ P 58/70 €
Rest – (16 €) Menu 18 € (sem.)/42 € – Carte 27/47 €
◆ Accueil attentionné et bonne tenue dans cet établissement situé face à la gare. Chambres actuelles et plaisante piscine bordée d'un jardin. Lumineux restaurant contemporain (harmonie de tons jaunes) ; on y propose une carte régionale.

Hostellerie du Causse 🖼️ 🔲 🆊 🅿️ VISA ⓪ AE

2 km par rte de Cahors – 𝒸 *05 65 10 60 60 – www.hostellerieducausse.com*
– Fermé 2-31 janv.
28 ch – †55/65 € ††65/75 € – ⌧ 9 € – ½ P 65/70 €
Rest – *(fermé sam. midi, dim. soir et vend. d'oct. à mars)* (14 €) Menu 18/38 €
– Carte 30/40 €
◆ À l'écart du centre, une belle bâtisse récente inspirée du style local, abritant des chambres assez spacieuses. Au restaurant, cuisine traditionnelle et spécialités locales.

Moulin de Fresquet 🐌 🎵 🍽️ ch, 📶 🅿️

1 km par rte de Figeac – 𝒸 *05 65 38 70 60 – www.moulindefresquet.com*
– Ouvert d'avril à oct.
5 ch ⌧ – †69/81 € ††69/116 € **Table d'hôte –** *(fermé jeudi)* Menu 27 € bc
◆ Ce moulin où cohabitent trois époques (14e, 18e et 19e s.) se dresse au sein d'un jardin baigné par un bief. Meubles, tableaux, tapisseries et objets anciens habillent les chambres, très cosy ! La table d'hôte sert une appétissante cuisine régionale.

GRAMBOIS – 84 Vaucluse – 332 G11 – 1 155 h. – alt. 390 m – ✉ 84240   40 B2

▶ Paris 759 – Aix-en-Provence 36 – Apt 41 – Digne-les-Bains 82
🄸 rue de la Mairie 𝒸 04 90 08 97 45

✗✗ L'Auberge des Tilleuls par Dominique Bucaille avec ch 🖼️

au Moulin du Pas à 1,5 km par D 122 – 𝒸 *04 90 77 93 11* 🅿️ VISA ⓪ ⓪
– www.tilleuls.com – Fermé janv., lundi et mardi sauf fériés et sauf juil.-août
5 ch – †80/100 € ††75/85 € **Rest –** Menu 35/75 €
◆ Au pied du village, une bâtisse ancienne précédée d'une terrasse sous les tilleuls. La salle est contemporaine et il fait bon y déguster d'agréables spécialités régionales. Petites chambres classiques.

LE GRAND-BORNAND – 74 Haute-Savoie – 328 L5 – 2 202 h.   46 F1
– alt. 934 m – **Sports d'hiver** : 1 000/2 100 m ⚡2 ⚡37 🎿 – ✉ 74450
🟩 Alpes du Nord

▶ Paris 564 – Albertville 47 – Annecy 31 – Bonneville 23
🄸 place de l'Église 𝒸 04 50 02 78 00

Vermont sans rest ⟨⟨ 🔲 🕊️ 🆊 📶 🅷 VISA ⓪

rte du Bouchet – 𝒸 *04 50 02 36 22 – www.hotelvermont.fr – Ouvert de début juin à mi-sept. et de début-déc. à fin avril*
23 ch ⌧ – †79/110 € ††98/125 €
◆ Près de la télécabine de la Joyère, construction régionale dotée d'un bel espace de détente et de remise en forme (jacuzzi et sauna). Chambres lambrissées, la plupart avec balcon.

711

Croix St-Maurice rest, VISA AE

(face à l'église) – ☎ 04 50 02 20 05 – www.hotel-lacroixstmaurice.com – Fermé 25 sept.-22 oct.

21 ch – †59/95 € ††59/95 € – ☕ 8 € – ½ P 55/81 €

Rest – Menu 20/29 € – Carte 25/45 €

◆ Chalet traditionnel au cœur de la petite capitale... du reblochon. Les chambres, souvent dotées de balcons, sont dans le style local. Cuisine classique et spécialités savoyardes à déguster dans une salle "tout bois" (cheminée). Vue sur la chaîne des Aravis.

Les Fermes de Pierre et Anna sans rest

Les Plans, 7 km à l'Est par D 4e – ☎ 04 50 51 54 99 – www.fermes-pierre-anna.com – Fermé 15-30 nov. VISA AE

8 ch – †60/101 € ††76/126 € – ☕ 10 €

◆ Jouxtant le golf, ce beau chalet entièrement rénové dispose de chambres cocons (bois brossé, couettes). Salon avec cheminée et vue sur la vallée.

au Chinaillon **Nord : 5,5 km par D 4 – ✉ 74450 Le Grand Bornand**

Les Cimes sans rest VISA AE

– ☎ 04 50 27 00 38 – www.hotel-les-cimes.com – Ouvert 26 juin-3 sept. et 4 déc.-24 avril

10 ch – †70/139 € ††80/159 € – ☕ 12 €

◆ Au sein du hameau sportif du "Grand Bo", chalet-bonbonnière aux chambres pétillantes : décor montagnard contemporain, meubles et bibelots anciens, etc. Une perle rare !

La Crémaillère VISA AE

Le Chinaillon – ☎ 04 50 27 02 33 – www.hotel-la-cremaillere.fr – Ouvert 15 juin-15 sept. et 20 déc.-20 avril

15 ch – †70/110 € ††70/110 € – ☕ 8 € – ½ P 65/83 €

Rest – *(fermé mardi midi et lundi)* Menu 20/38 € – Carte 26/51 €

◆ Toutes les chambres de ce petit hôtel familial, pourvues de balcon, sont orientées au sud, face aux pistes. Salon-cheminée cosy et confiture maison au petit-déjeuner. Cuisine savoyarde (produits du terroir) proposée dans un chaleureux cadre de bois blond.

à la Vallée du Bouchet – ✉ 74450

Le Chalet des Troncs ch, VISA

Vallée du Bouchet, 3,5 km à l'Est – ☎ 04 50 02 28 50 – www.chaletdestroncs.com

4 ch – †132/182 € ††156/228 € – ☕ 15 € **Table d'hôte** – Menu 35/40 €

◆ Les chambres de cette ancienne ferme perdue en pleine nature sont de vrais cocons montagnards. Hammam panoramique et superbe piscine couverte alimentée à l'eau de source. Pour les résidents, cuisine familiale et produits du potager auprès de la cheminée.

GRANDCAMP-MAISY – 14 Calvados – 303 F3 – 1 757 h. – alt. 5 m 32 B2

– ✉ 14450 Normandie Cotentin

Paris 297 – Caen 63 – Cherbourg 73 – St-Lô 40

118, rue Aristide-Briand ☎ 02 31 22 62 44

La Faisanderie sans rest

av. du Col.-Courson – ☎ 02 31 22 70 06

3 ch ☕ – †55 € ††55 €

◆ Accueillante maison tapissée de vigne vierge au sein d'un domaine où l'on élève des chevaux. Chambres personnalisées garnies d'un mobilier rustique de famille. Calme absolu.

La Marée VISA AE

5 quai Henri-Cheron – ☎ 02 31 21 41 00 – www.restolamaree.com – Fermé 1er janv.-10 fév.

Rest – (15 €) Menu 18/25 € – Carte 35/54 €

◆ Un ancien bar de pêcheur face à la criée, paré de teintes rouge et taupe, agrandie d'une véranda. On s'y régale de produits tout frais pêchés dans la Manche ou l'Océan.

GRAND'COMBE-CHÂTELEU – 25 Doubs – 321 J4 – rattaché à Morteau

▶ Paris 747 – Aigues-Mortes 12 – Lunel 16 – Montpellier 28
▯ Place du 1ᵉʳ Octobre 1974 ✆ 04 67 56 42 00
▭ de La Grande-Motte Avenue du Golf, N : 2 km, ✆ 04 67 56 05 00

Les Corallines ॐ ◁ 🍴 ⊼ 🖥 ⓦ 🛁 🏊 👤 🔤 🍸 rest, ⚲ 🍸 ⛵
615 allée de la Plage, (Le Point Zéro) – ✆ *04 67 29 13 13*   🗸🗸🗸 ⓦ 🄰🄴 ⓞ
– www.thalasso-grandemotte.com – Fermé 24 déc.-30 janv.
39 ch – ♦130/196 € ♦♦130/196 € – 3 suites – ⊑ 14 €
Rest – Menu 25/31 € – Carte 35/41 €
◆ Sur le bord de mer, un complexe hôtelier moderne avec centre de thalassothérapie et spa. Chambres avec balcon, belle piscine et terrasse panoramique face au
littoral. Au restaurant, cadre japonisant et zen pour une cuisine aux parfums
méditerranéens.

Novotel ॐ ◁ 🍴 ⊼ 🖥 👤 🔤 ⚲ 👤 🅿 🗸🗸🗸 ⓞ 🄰🄴 ⓞ
1641 av. du Golf – ✆ *04 67 29 88 88 – www.novotel.com*
80 ch – ♦95/195 € ♦♦95/195 € – 3 suites – ⊑ 14 €
Rest – (16 €) Menu 18 € – Carte 20/40 €
◆ À l'entrée du golf, cet hôtel a récemment été entièrement rénové : hall monumental coiffé d'une coupole en verre, grandes chambres aux normes de la chaîne,
belles suites. Au restaurant ouvert sur la piscine, formules traditionnelles et
saveurs de Méditerranée.

Mercure ◁ 🍴 ⊼ 🖥 👤 ch, 🔤 ⚲ 👤 🅿 🗸🗸🗸 ⓞ 🄰🄴 ⓞ
140 r. du port – ✆ *04 67 56 90 81 – www.mercure.com*
99 ch – ♦90/150 € ♦♦100/160 € – 18 suites – ⊑ 14 €   **Rest** – Carte 35/42 €
◆ Cette imposante bâtisse domine le port de plaisance, au cœur de la station. Les
chambres, spacieuses, bénéficient d'un balcon tourné vers la mer. Carte traditionnelle proposée dans un décor actuel ou sur une terrasse ombragée de platanes.

Golf Hôtel sans rest ॐ ⊼ ⚲ 👤 🖥 🔤 ⚲ 🅿 ⛵ 🗸🗸🗸 ⓞ 🄰🄴 ⓞ
1920 av. du Golf – ✆ *04 67 29 72 00 – www.golfhotel34.com*
44 ch – ♦91/142 € ♦♦95/155 € – 1 suite – ⊑ 12 €
◆ Dans un quartier calme, face à une pinède, un hôtel construit dans les années
1970 ; les chambres, peu à peu rénovées, ouvrent par une loggia sur le golf ou le
plan d'eau du Ponant.

De la Plage ॐ ◁ 🍴 ⊼ 🔤 ⚲ 🍸 👤 🅿 🗸🗸🗸 ⓞ 🄰🄴
allée du Levant, direction Grau-du-Roi – ✆ *04 67 29 93 00*
– www.hp-lagrandemotte.fr – Ouvert 1ᵉʳ avril-5 nov.
38 ch – ♦85/179 € ♦♦85/179 € – 1 suite – ⊑ 13 €
Rest – *(ouvert 1ᵉʳ avril-30 sept. et fermé dim. hors saison et le midi)*
Carte 26/40 €
◆ Sur la plage évidemment... Cet hôtel tenu par un jeune couple a bénéficié de
travaux de modernisation (literie neuve, décor contemporain). Les balcons face à
la Méditerranée sont bien agréables. Au restaurant ouvert le soir, cuisine estivale
face à la piscine.

Azur Bord de Mer sans rest ॐ ◁ ⊼ 🔤 ⚲ 🅿 🗸🗸🗸 ⓞ 🄰🄴 ⓞ
pl. Justin – ✆ *04 67 56 56 00 – www.hotelazur.net*
20 ch – ♦69/238 € ♦♦69/238 € – ⊑ 13 €
◆ Telle une vigie scrutant la grande bleue, un hôtel familial ancré sur le môle fer-
mant le port au sud. Chambres douillettes, au décor classique ou contemporain.
Piscine chauffée.

Europe sans rest ⊼ 🔤 ⚲ 🅿 🗸🗸🗸 ⓞ 🄰🄴 ⓞ
allée des Parcs – ✆ *04 67 56 62 60 – www.hoteleurope34.com – Ouvert mars*
à oct.
34 ch – ♦67/125 € ♦♦67/125 € – ⊑ 11 €
◆ Derrière le palais des congrès, un sympathique hôtel familial né dans les
années 1970. Piscine, terrasse-solarium et salon marocain en plein air.

XXX **Alexandre** ⟜ 🛋 AC 🍴 🅿 VISA ⦵ AE ⓘ
esplanade Maurice Justin – ℰ *04 67 56 63 63* – *www.alexandre-restaurant.com*
– *Fermé 2 janv.-4 fév., dim. soir sauf juil.-août, mardi d'oct. à mars et lundi*
Rest – (32 €) Menu 50/80 € – Carte 45/70 €
Rest *Bistrot d'Alexandre* – *(ouvert 5 juin-6 sept. et fermé le soir)* Menu 23 €
♦ La table gastronomique se situe à l'étage et bénéficie d'une belle vue sur le port et le large... On y propose une cuisine très classique, où dominent les produits de la mer. Côté Bistrot, au rez-de-chaussée, ambiance décontractée et viandes ou poissons grillés.

GRAND-FOUGERAY – 35 Ille-et-Vilaine – **309** L8 – **2 211 h.** **10** D2
– alt. 40 m – ✉ 35390
🯀 Paris 392 – Rennes 49 – Cesson-Sévigné 52 – Bruz 41

🏠 **Les Palis** 🛋 🍽 ᵶ AC ⁽ᵗ⁾ 🖳 🅿 VISA ⦵
15 pl. de l'Église – ℰ *02 99 08 30 80* – *www.hotelcharmebretagne.com*
13 ch – ♦80/98 € ♦♦80/98 € – ⏢ 11 € – ½ P 78/80 €
Rest – *(fermé dim. soir)* (17 €) Menu 22 € (sem.)/38 € – Carte 32/45 €
♦ Dans une maison du 18ᵉ s., sur la place centrale du village, des chambres tout à fait contemporaines, en gris et blanc, avec un mobilier en bois clair. Cuisine traditionnelle relevée d'épices à déguster sous une fresque de Bacchus et une charpente apparente.

LE GRAND-VILLAGE-PLAGE – 17 Charente-Maritime – **324** C4 – voir à Île d'Oléron

GRANDVILLERS – 88 Vosges – **314** I3 – **700 h.** – alt. 365 m – ✉ 88600 **27** C3
🯀 Paris 404 – Épinal 22 – Lunéville 48 – Gérardmer 29

🏠 **Europe et Commerce** 🚗 🛋 🍽 ᵶ ch, ⁽ᵗ⁾ 🖳 🅿 VISA ⦵
🍂 *3 et 4 rte de Bruyères* – ℰ *03 29 65 71 17* – *www.hotel-europe-commerce.fr*
20 ch – ♦47 € ♦♦57 € – ⏢ 8 € – ½ P 44 €
Rest – *(fermé vend. soir et dim. soir)* Menu 12 € (sem.), 16/37 € – Carte 24/50 €
♦ D'un côté de la route, le restaurant ; de l'autre – et un peu en retrait – les chambres, dans un bâtiment des années 1980 bordé par un petit jardin. Cuisine traditionnelle.

GRANE – 26 Drôme – **332** C5 – **1 680 h.** – alt. 175 m – ✉ 26400 **44** B3
🯀 Paris 599 – Lyon 136 – Montélimar 35 – Valence 32
ℹ Le Village ℰ 04 75 62 66 08

XX **La Demeure de Grâne** *avec ch* 🛋 ⁽ᵗ⁾ VISA ⦵ AE ⓘ
8 pl. de l'Église – ℰ *04 75 62 60 64* – *www.lademeuredegrane.com*
8 ch – ♦55 € ♦♦55 € – ⏢ 7 € – ½ P 80/115 €
Rest – *(fermé dim. soir, lundi sauf juil.-août, merc. midi, jeudi midi et mardi)* Menu 23 € (sem.), 37/55 €
♦ Sur la place de l'église, cette sympathique auberge vous reçoit autour de sa table traditionnelle. Terrasse ombragée par des arbres séculaires. Chambres fonctionnelles récentes.

GRANGES-LÈS-BEAUMONT – 26 Drôme – **332** C3 – rattaché à Romans-sur-Isère

GRANGES-STE-MARIE – 25 Doubs – **321** H6 – rattaché à Malbuisson

GRANS – 13 Bouches-du-Rhône – **340** F4 – **4 033 h.** – alt. 52 m – ✉ 13450 **40** B3
🯀 Paris 729 – Arles 43 – Marseille 50 – Martigues 29
ℹ boulevard Victor Jauffret ℰ 04 90 55 88 92

X **Le Planet** 🛋 VISA ⦵
🍂 *pl. J. Jaurès* – ℰ *04 90 55 83 66* – *Fermé 26 sept.-11 oct., 27 fév.-12 mars, dim. soir de nov. à mars, lundi et mardi*
Rest – (15 €) Menu 19 € (déj. en sem.), 26/45 € – Carte 31/51 €
♦ Cet ancien moulin à huile abrite un petit restaurant joliment voûté. En terrasse, à l'ombre des platanes, on est bien sur la planète Provence ! Cuisine du cru, bien copieuse.

▶ Paris 342 – Avranches 27 – Cherbourg 105 – St-Lô 57

ⓘ 4, cours Jonville ✆ 02 33 91 30 03

🏌₉ de Granville à Bréville-sur-Mer Pavillon du Golf, par rte de Coutances :
5 km, ✆ 02 33 50 23 06

◎ Le tour des remparts★ : place de l'Isthme ‹≼★ - Pointe du Roc : site★.

🏨 **Mercure le Grand Large** sans rest ⏖ ‹≼ ☺ ⯼ 🖹 💺 ⅏ ⅏ ⚲
5 r. Falaise – ✆ 02 33 91 19 19 – www.mercure-granville.com ⅧⅤⅣ ⬤⬤ ⒜ⅇ ⓪
51 ch – ▮75/159 € ▮▮75/159 € – ⵣ 13 €

◆ Sur la falaise à pic au-dessus de la plage, cet hôtel associé à un centre de thalassothérapie abrite des chambres modulables en duplex ou studios, donnant la
plupart sur la mer.

🍴 **La Citadelle** ‹≼ 🏠 ⒜ⅽ ⅧⅤⅣ ⬤⬤ ⒜ⅇ
34 r. du Port – ✆ 02 33 50 34 10 – www.restaurant-la-citadelle.com – Fermé
8 déc.-13 janv., mardi d'oct. à mars et merc.
Rest – (17 €) Menu 24/43 € – Carte 28/52 €

◆ Dégustez homards de Chausey et autres produits de la mer dans un décor aux
teintes reposantes ou sur la terrasse devant le port d'où s'élançaient corsaires et
terre-neuvas.

▶ Paris 905 – Cannes 17 – Digne-les-Bains 118 – Draguignan 53

ⓘ 22, cours Honoré Cresp ✆ 04 93 36 66 66

🏌₁₈ de St-Donat à Le Plan-de-Grasse 270 route de Cannes, par rte de Cannes :
5 km, ✆ 04 93 09 76 60

🏌₁₈ Grasse Country Club 1 route des 3 Ponts, O : 5 km par D 11,
✆ 04 93 60 55 44

🏌₁₈ de la Grande Bastide à Châteauneuf-Grasse 761 Chemin des Picholines, E :
6 km par D 7, ✆ 04 93 77 70 08

🏌₁₈ Opio Valbonne à Opio Château de la Bégude, E : 11 km par D 4,
✆ 04 93 12 00 08

🏌₆ Saint-Philippe Golf Academy à Sophia-Antipolis Avenue Roumanille, E :
12 km, ✆ 04 93 00 00 57

◎ Vieille ville★ : Place du Cours★ ‹≼★ Z - Toiles★ de Rubens dans la
cathédrale Notre-Dame-du-Puy Z **B** - Parc de la Corniche ❄★★ 30 mn Z
- Jardin de la Princesse Pauline ‹≼★ X **K** - Musée international de la
Parfumerie ★★ Z .

◎ Montée au col du Pilon ‹≼★★ 9 km par ④.

Plan page suivante

🏨🏨 **La Bastide St-Antoine** (Jacques Chibois) ⏖ ‹≼ ⅉ 🏠 🏊 ⯼ 🖹 💺 ⒜ⅽ
❀ 48 av. H.-Dunant, (quartier St-Antoine), ⅏ 🛁 ▯ **P** ⅧⅤⅣ ⬤⬤ ⒜ⅇ ⓪
1,5 km par ② et rte de Cannes – ✆ 04 93 70 94 94 – www.jacques-chibois.com
11 ch – ▮240/315 € ▮▮240/315 € – 5 suites – ⵣ 29 €
Rest – Menu 59 € (déj.), 160/190 € – Carte 95/180 €☣

Spéc. Saint-Jacques au caviar, cœur de palmier au citron vert (oct. à avril). Pigeon
sur son risotto d'artichaut aux truffes. Cerises cuites aux épices et coulis de framboise à l'émulsion d'amande. **Vins** Bellet, Vin de pays de l'île Saint Honorat

◆ Divine bastide du 18ᵉ s. nichée au cœur d'une oliveraie. Les chambres, de style
provençal ou contemporaines, associent technologie de pointe, élégance et luxe
discret. Même grâce dans le décor du restaurant, qui cultive le goût de la région.

🏨🏨 **La Bastide St-Mathieu** sans rest ⏖ 🚲 🏊 🖹 ⒜ⅽ ▯ **P** ⅧⅤⅣ ⬤⬤ ⒜ⅇ
35 chemin Blumenthal, (quartier St-Mathieu), à l'Est du plan par av. Jean XXIII
– ✆ 04 97 01 10 00 – www.bastidestmathieu.com
4 ch ⵣ – ▮230/330 € ▮▮270/360 € – 2 suites

◆ Bastide du 18ᵉ s. où se marient avec bonheur le luxe d'un hôtel de caractère et
l'atmosphère d'une maison d'hôte. Superbes chambres, piscine d'eau de mer et
ravissant jardin.

GRASSE

Barri (Pl. du) . . . . Z 4
Bellevue (Bd) . . . . X 5
Charabot (Bd) . . . . XY 6
Conte (R. D.) . . . . Y 7
Cresp (Cours H.) . . . . Z 8
Crouët (Bd Jacques) . . . . . X 10
Droite (R.) . . . . Y 12
Duval (Av. M.) . . . . X 14
Évêché (R. de l') . . . . Z 15
Fontette (R. de) . . . . Z 16
Foux (Pl. de la) . . . . Y 17
Fragonard (Bd) . . . . Z 18
Gaulle (Av. Gén.-de) . . . . . X 20
Gazan (R.) . . . . Z 22
Herbes (Pl. aux) . . . . YZ 23
Jeu-de-Ballon (Bd) . . . . . . YZ
Journet (R. M.) . . . . YZ 26
Juin (Av. Mar.) . . . . Y 27
Lattre-de-Tassigny
   (Av. Mar.-de) . . . . X 28
Leclerc (Bd Mar.) . . . . X 30
Libération (Av.) . . . . X 32
Mougins-Roquefort (R.) . . . . Z 33
Moulin-des-Parois (R.) . . . . X 34
Oratoire (R. de l') . . . . . . X 35
Ossola (R. Jean) . . . . Y
Petit-Puy (Pl. du) . . . . . . Z 42
Poissonnerie (Pl.) . . . . . . Z 43
Prés-Kennedy (Bd) . . . . X 45
Reine-Jeanne (Bd) . . . . X 48
Rothschild (Bd de) . . . . . . X 49
St-Martin (Traverse) . . . . . Z 50
Sémard (Av. P.) . . . . X 53
Thiers (Av.) . . . . Y
Touts-Petits (Trav.) . . . . . Z 55
Tracastel (R.) . . . . Z 57
Victoria (Av.) . . . . Z 58
Victor-Hugo (Bd) . . . . X, Z 59
11-Novembre (Av. du) X, Y 63

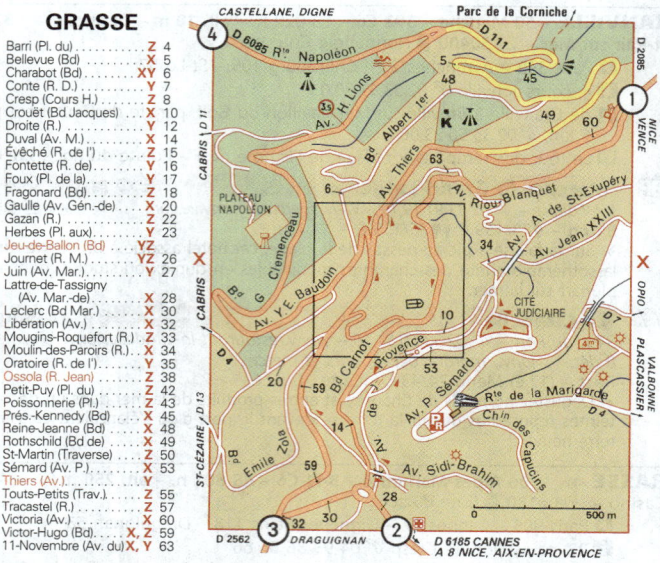

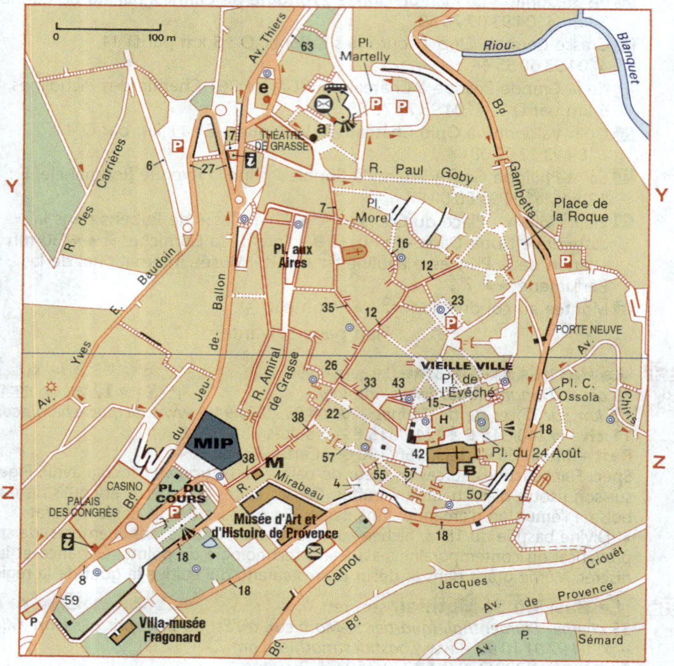

Le Patti 🍴 📶 AC 🛏 rest, ⁂ 🛁 VISA ⚫ AE ⓪
pl. Patti – ✆ 04 93 36 01 00 – www.hotelpatti.com **Ya**
73 ch – ♦65/95 € ♦♦75/95 € – ☐ 9 € – ½ P 57/70 €
Rest – *(fermé 3 janv.-1ᵉʳ fév. et dim.)* Menu 19/38 € – Carte 25/40 €
♦ Les chambres de cet établissement à la belle façade ocre (voisin du centre international) arborent un décor provençal ou contemporain. Boutique de produits du Sud-Est. Salle à manger actuelle et terrasse face à une placette ; cuisine traditionnelle aux accents régionaux.

La Bellaudière 🍴 📶 P VISA ⚫ AE ⓪
78 av. P. Ziller, par ① – ✆ 04 93 36 02 57 – www.labellaudiere.com – *Fermé 10 nov.-20 déc.*
16 ch – ♦60/145 € ♦♦60/145 € – ☐ 8,50 € – ½ P 68/106 €
Rest – *(fermé dim. et le midi) (résidents seult)* Menu 25/28 €
♦ Dans un cadre verdoyant, une belle maison bourgeoise transformée en hôtel de charme. Passionnés d'objets chinés, les propriétaires ont personnalisé le décor de chaque chambre. Cuisine familiale servie le soir aux résidents (menu unique).

Moulin St-François sans rest 🌿 🔊 ☐ AC 🍴 ⁂ P
60 av. G. de Maupassant, 2 km à l'Ouest par rte de St-Cézaire – ✆ 04 93 42 14 35
– www.moulin-saint-francois.com
3 ch ☐ – ♦220/250 € ♦♦220/250 €
♦ Savourez le charme et la quiétude de ce moulin (1760) entouré d'un parc planté d'oliviers. Décoration au raffinement ancien et aux finitions très soignées. Superbes chambres.

Moulin Ste-Anne sans rest 🍴 ⁂ ⁂ P
9 chemin des Prés, quartier Ste-Anne par ③ – ✆ 04 92 42 01 70
– www.moulin-sainte-anne.com
5 ch ☐ – ♦110/220 € ♦♦120/230 €
♦ Vous découvrirez le mécanisme quasi intact de cet ancien moulin 18ᵉ s. magnifiquement restauré. Ses murs en pierre abritent de grandes chambres de charme meublées d'ancien.

Lou Candeloun VISA ⚫
5 r. des Fabreries – ✆ 04 93 60 04 49 – www.loucandeloun.eresto.net
– *Fermé lundi midi en saison, lundi soir hors saison et dim.* **Ye**
Rest – (29 €) Menu 37/55 € – Carte 44/53 €
♦ Restaurant de poche d'esprit provençal. Le chef réalise une cuisine actuelle, selon le principe des grandes maisons dans lesquelles il a officié : ne travailler que du frais.

à Magagnosc 5 km par ① rte de Nice – ✉ 06520

🔲 ≼ ★ du cimetière de l'Église St-Laurent - Le Bar-sur-Loup : site★, danse macabre★ dans l'église St-Jacques, place de l'Église ≼ ★ NE : 3,5 km.

Au Fil du Temps 🍴 VISA ⚫
83 av. Auguste Renoir – ✆ 04 93 36 20 64 – www.restaurantaufildutemps.com
– *Fermé sam. midi et dim. soir de sept. à juin et merc.*
Rest – *(nombre de couverts limité, prévenir)* (23 €) Menu 35/65 € – Carte 55/80 €
♦ Ce restaurant possède plusieurs atouts, à commencer par ses propositions de savoureux mets au goût du jour. Vue jusqu'à la mer depuis la terrasse et décor provençal lumineux.

au Sud-Est 5 km par D 4- ✉ 06130 Grasse

Lou Fassum "La Tourmaline" (Emmanuel Ruz) ≼ 🍴 AC ◇ P
381 rte de Plascassier – ✆ 04 93 60 14 44 – www.loufassum.com VISA ⚫ AE
– *Fermé 20 déc.-6 janv., mardi sauf de juin à août et merc.*
Rest – *(nombre de couverts limité, prévenir)* (25 € bc) Menu 39 € (déj. en sem.), 56/74 € – Carte 75/99 €
Spéc. Gaspacho (été). "Lou Fassum" grassois en cocotte. Dessert lacté rose, champagne, violette (juin à août). **Vins** Bellet, Côtes de Provence.
♦ Savoureuse cuisine provençale à déguster dans un cadre rustique ou sur la terrasse dressée sous les tilleuls, offrant une vue exceptionnelle jusqu'à Cannes et la grande bleue.

au Val du Tignet 8 km par ③ rte de Draguignan par D 2562
– ✉ 06530 Peymeinade

☺☺ **Auberge Chantegrill**   🚗 🅿 AC P VISA ⓥ AE ⓪

291 rte de Draguignan – ℰ *04 93 66 12 33 – www.restaurantchantegrill.com*
– Fermé 15-31 janv., dim. soir et merc. d'oct. à avril
Rest – (16 €) Menu 22 € (sem.), 29/49 € – Carte 50/62 €

♦ Accueil chaleureux et service attentionné dans cette auberge où vous dégusterez une copieuse cuisine traditionnelle. Salle avec grande cheminée ou jardin-terrasse fleuri.

à Cabris 5 km à l'Ouest par D 4 X – 1 558 h. – alt. 550 m – ✉ 06530

🛈 4, rue de la Porte Haute ℰ 04 93 60 55 63
◉ Site ★ - <★★ des ruines du château.

🏠 **Horizon** sans rest   < ⛱ 🛗 ⚒ ⁽ᵗⁱ⁾ P VISA ⓥ AE ⓪

100 Promenade St-Jean – ℰ *04 93 60 51 69*
– Ouvert 22 avril-15 oct.
22 ch – ♦88 € ♦♦148 € – ☷ 12 €

♦ Dans un charmant village perché où résida Saint-Exupéry. La terrasse, la piscine et les chambres offrent une vue à couper le souffle. Espace-musée dédié aux activités locales.

☺☺ **Auberge du Vieux Château** avec ch 🐾   🚉 ⁽ᵗⁱ⁾ VISA ⓥ AE

pl. Panorama – ℰ *04 93 60 50 12*
– www.aubergeduvieuxchateau.com
4 ch – ♦71/116 € ♦♦71/116 € – ☷ 12 €
Rest – (29 €) Menu 39 € (déj.)/51 €

♦ Belle demeure ancienne à deux pas des ruines du château. Salle à manger d'allure provençale et délicieuse terrasse avec une échappée sur la nature. Chambres coquettes.

GRATENTOUR – 31 Haute-Garonne – **343** G2 – rattaché à Toulouse

---

GRATOT – 50 Manche – **303** D5 – rattaché à Coutances

LE GRAU-D'AGDE – 34 Hérault – **339** F9 – rattaché à Agde

LE GRAU-DU-ROI – 30 Gard – **339** J7 – 7 892 h. – alt. 2 m – Casino   **23** C2
– ✉ 30240 ▌Languedoc Roussillon

▶ Paris 751 – Aigues-Mortes 7 – Arles 55 – Lunel 22
🛈 30, rue Michel Rédarès ℰ 04 66 51 67 70
◉ Requinarium ★.

🏠 **Splendid** sans rest   < 🛗 AC ⚒ ⁽ᵗⁱ⁾ VISA ⓥ

bd Mar.-Alphonse-Juin – ℰ *04 66 51 41 29*
– www.splendid-camargue.com
35 ch – ♦65/115 € ♦♦65/125 € – ☷ 11 €

♦ Face à la mer, un hôtel moderne avec des balcons à tous les étages. Depuis les chambres, la vue est... splendide ! L'ensemble est propre et bien tenu. Accueil aimable.

🏠 **Les Acacias** sans rest   ⚒ ⁽ᵗⁱ⁾ VISA ⓥ

21 r. Egalité – ℰ *04 66 51 40 86 – www.hotel-les-acacias.fr – Fermé
30 déc.-12 fév.*
29 ch – ♦52/88 € ♦♦52/88 € – ☷ 9 €

♦ Un hôtel familial tout près de la plage. Une terrasse plantée d'acacias sépare les deux maisons : décor provençal dans l'une, plus sobre dans l'autre. Simple et bien tenu.

à Port Camargue Sud : 3 km par D 62^B – ⊠ 30240 Le Grau du Roi

Spinaker ⌂   ⟨ 🛥 🅰️ 🌳 🗚 ch. ⚓ 🅿️ 💳 ⦿ 🄰🄴 ⓘ

pointe de la Presqu'île – ⌀ 04 66 53 36 37 – www.spinaker.com – *Fermé 20-26 déc. et janv.*

16 ch – †88/149 € ††88/149 € – 5 suites – ⌸ 14 €

Rest *Carré des Gourmets* – *(fermé lundi et mardi sauf juil.-août et fériés)* Menu 56/62 € – Carte 58/72 € ❀

♦ Un hôtel avec ponton privé ! Ce complexe moderne est amarré à la marina, au bout de la presqu'île. Toutes les chambres donnent de plain-pied sur le jardin et la piscine bordée de palmiers. Carte classique au restaurant, qui ouvre sur le port de plaisance.

Mercure   ⟨ 🌳 🗚 🔟 🃏 🗚 🍽️ 🖥️ 🅰️ ch. ⚓ rest. ⚓ 🅿️ 💳 ⦿ 🄰🄴 ⓘ

rte Marines – ⌀ 04 66 73 60 60 – www.thalassa.com – *Fermé 7-25 déc.*

89 ch – †130/180 € ††130/180 € – ⌸ 14 €

Rest – (20 €) Menu 30 € – Carte 32/44 €

♦ Détente face aux dunes et à la mer : cet ensemble hôtelier comprend un centre de thalasso et la plupart de ses chambres regardent les flots (toutes avec balcon). Cuisine traditionnelle et recettes diététiques au restaurant, perché au 6e étage.

L'Oustau Camarguen ⌂   🚗 🌳 🗚 ch. 🗚 🅰️ 🅿️ 💳 ⦿ 🄰🄴

3 rte Marines – ⌀ 04 66 51 51 65 – www.oustaucamarguen.com – *Ouvert 25 mars-2 nov.*

31 ch – †81/115 € ††81/115 € – 8 suites – ⌸ 12 € – ½ P 78/95 €

Rest – *(ouvert 1er mai-fin sept. et fermé merc. soir sauf juil.-août et le midi en sem.)* Menu 29/33 €

♦ Un petit mas camarguais qui a le goût de la Provence : fer forgé, terre cuite, bois patiné... Les chambres sont assez spacieuses et disposent de terrasses ou de jardins privés au calme ! Le restaurant est agréable : on sert une cuisine classique au bord de la piscine...

✕✕ L'Amarette   ⟨ 🌳 🗚 💳 ⦿ 🄰🄴

centre commercial Camargue 2000 – ⌀ 04 66 51 47 63 – www.l-amarette.com – *Fermé merc. sauf juil.-août*

Rest – (23 €) Menu 37/60 € – Carte 35/81 €

♦ Près de la plage, ce restaurant dispose d'une terrasse en étage qui offre une belle vue sur la baie d'Aigues-Mortes. Agréable cuisine de la mer.

GRAUFTHAL – 67 Bas-Rhin – **315** H4 – **rattaché à La Petite-Pierre**

GRAULHET – 81 Tarn – **338** D8 – 11 991 h. – alt. 166 m – ⊠ 81300   **29** C2

▶ Paris 694 – Albi 39 – Castres 31 – Toulouse 63

🛈 square Maréchal Foch ⌀ 05 63 34 75 09

✕✕ La Rigaudié   🚗 🌳 🅿️ 💳 ⦿

rte de St-Julien-du-Puy – ⌀ 05 63 34 49 54 – www.larigaudie-restaurant.com – *Fermé 2-18 avril, 25 août-20 sept., sam. midi, dim. soir et lundi*

Rest – (11 €) Menu 20/65 € – Carte 28/72 €

♦ Belle maison de maître du 19e s. dont la chaleureuse salle bourgeoise s'ouvre sur le parc. Terrasse dressée sous les platanes et cuisine actuelle.

LA GRAVE – 05 Hautes-Alpes – **334** F2 – 487 h. – alt. 1 526 m – **Sports**   **41** C1 **d'hiver** : 1 450/3 250 m ⛷ 2 ⛷ 2 ⛷ 2 ⛷ – ⊠ 05320 ▮ Alpes du Nord

▶ Paris 642 – Briançon 38 – Gap 126 – Grenoble 80

🛈 route nationale 91 ⌀ 04 76 79 90 05

◉ Glacier de la Meije★★★ (par téléphérique) - ❄ ★★★.

◉ Oratoire du Chazelet★★★ NO : 6 km.

Les Chalets de la Meije sans rest ⌂   ⟨ 🌳 🗚 🗚 ⚓ 🚗

– ⌀ 04 76 79 97 97 – www.chaletdelameije.com   💳 ⦿ 🄰🄴 – *Fermé 25 avril-28 mai et 2 oct.-24 déc.*

18 ch ⌸ – †62/90 € ††80/105 € – 9 suites

♦ Cet ensemble de chalets jouit d'une superbe situation face au parc des Écrins. Chambres ou duplex coquets et bien tenus, au décor montagnard chaleureux. Espace bien-être.

GRAVESON – 13 Bouches-du-Rhône – **340** D2 – 3 736 h. – alt. 14 m – ⊠ 13690 ▌Provence

42 E1

> ▶ Paris 696 – Avignon 14 – Carpentras 40 – Cavaillon 30
> 🛈 Le Grand Portail - Cours National ✆ 04 90 95 88 44
> ◉ Musée Auguste-chabaud★.

Moulin d'Aure ⌘   🚗 🛋 ☒ 🛍 ✿ rest, ℗ 🔆 🅿 [VISA] ◉ [AE]
rte de St-Rémy-de-Provence, 1 km par D 5 – ✆ 04 90 95 84 05
– www.hotel-moulindaure.com
19 ch – †72/200 € ††72/200 € – ☲ 16 €
Rest – *(ouvert de début mars au 15 oct. et fermé lundi midi sauf en juil.-août)*
Menu 40 € (dîner), 80/120 € – Carte 50/120 €
◆ Dans un grand parc planté d'oliviers, cette bastide récente dispose de jolies chambres provençales (fer forgé, tomettes, couleurs du Sud) ; quelques-unes avec terrasse. Sous les belles poutres du restaurant, on déguste une fraîche cuisine franco-italienne.

Le Cadran Solaire sans rest ⌘   🚗 🛋 [AK] ✿ ℗ 🅿 [VISA] ◉ [AE]
5 r. du Cabaret-Neuf – ✆ 04 90 95 71 79 – www.hotel-en-provence.com
– Ouvert 15 mars-15 nov.
12 ch – †68/110 € ††68/110 € – ☲ 9 €
◆ Quelle que soit l'heure donnée par le cadran solaire, ce relais de poste du 16e s. a un charme fou ! Les chambres, avec leur mobilier chiné, sont délicieuses ; le jardin aussi.

Le Clos des Cyprès   🚗 🛋 [AK] ✡ 🅿
rte de Châteaurenard – ✆ 04 90 90 53 44 – Fermé le soir en sem. hors saison, merc. soir, dim. soir et lundi en saison
Rest – *(nombre de couverts limité, prévenir)* Menu 41/56 €
◆ Cette villa provençale au milieu d'un beau parc dégage un charme cossu. Sur l'ardoise, rien que des bonnes surprises : de beaux produits frais, une cuisine fine et soignée.

GRAY – 70 Haute-Saône – **314** B8 – 6 262 h. – alt. 220 m – ⊠ 70100
▌Franche-Comté Jura

16 B2

> ▶ Paris 336 – Besançon 45 – Dijon 50 – Dole 46
> 🛈 Île Sauzay ✆ 03 84 65 14 24
> ◉ Hôtel de ville★ - Collection de pastels et dessins★ de Prud'hon au musée Baron-Martin★.

à Rigny au Nord 5 km par D 70 et D 2 – 606 h. – alt. 196 m – ⊠ 70100

Château de Rigny ⌘   ❮ 🕙 🛋 ☒ ✗ 🕭 ch, ✿ rest, ℗ 🔆 🅿 🚗
70 r. des Epoux Blanchot – ✆ 03 84 65 25 01   [VISA] ◉ [AE]
– www.chateau-de-rigny.com
28 ch – †95/140 € ††95/230 € – ☲ 12 € – ½ P 99/168 €
Rest – Menu 35/48 € – Carte 41/63 €
◆ Cette demeure du 17e s. est nichée au cœur d'un magnifique parc à l'anglaise, avec sa rivière et son étang. Chambres décorées de mobilier d'époque, réparties dans trois bâtiments. Piscine, tennis. Cuisine classique ; primeurs au printemps et gibier en automne.

à Nantilly au Nord 5 km par D 2 – 516 h. – alt. 200 m – ⊠ 70100

Château de Nantilly ⌘   🕙 🛋 ◉ 🕭 ✗ ▤ ℗ 🔆 🅿 [VISA] ◉ [AE] ⓪
1 r. Millerand – ✆ 03 84 67 78 00 – www.chateau-de-nantilly.com
– Fermé janv. et fév.
41 ch – †75/110 € ††110/190 € – ☲ 14 € – ½ P 112/137 €
Rest – *(fermé dim. soir sauf vacances scolaires, merc. midi, jeudi midi, vend. midi, lundi et mardi)* Menu 42 € (dîner)/69 € – Carte 49/61 €
◆ Dans un parc traversé par un cours d'eau, un petit château (1830) couvert de vigne vierge. Les chambres adoptent un style champêtre à la Résidence des Roses, contemporain à l'Orangerie et classique au château. Beau spa flambant neuf. Cuisine créative dans l'élégante salle de restaurant ou sur la charmante terrasse.

GRENADE-SUR-L'ADOUR – 40 Landes – 335 I12 – 2 423 h. — **3** B2
– alt. 55 m – ⊠ 40270

▶ Paris 720 – Aire-sur-l'Adour 18 – Mont-de-Marsan 15 – Orthez 53

🖪 1, place des Déportés ℰ 05 58 45 45 98

XXX   **Pain Adour et Fantaisie** (Philippe Garret)   🏠 **VISA** ⓪ AE

❀ *14 pl. des Tilleuls* – ℰ *05 58 45 18 80* – *Fermé dim. soir, merc. midi et lundi*
Rest – (16 €) Menu 39/72 € – Carte 60/78 €🏵

Spéc. Foie gras de canard au genièvre éclaté, abricot épicé et confiture de rhubarbe. Piccatas de foie gras grillé, purée de fenouil à l'orange. Panier meringué
aux fruits rouges, crème glacée citron-muscade (été). **Vins** Vin de pays des Côtes
de Gascogne, Madiran.

◆ Pain, Amour et Fantaisie : un film italien de 1953 avec Gina Lollobrigida. Pain
Adour et Fantaisie : une maison du 17ᵉ s., une bonne cuisine actuelle et des vins
régionaux dont on profite sur la terrasse, au bord de l'Adour. Point commun :
saveur et piquant !

GRENOBLE Ⓟ – 38 Isère – 333 H6 – 156 107 h. – Agglo. 419 334 h. — **45** C2
– alt. 213 m – ⊠ 38000 ▮ Alpes du Nord

▶ Paris 566 – Chambéry 55 – Genève 143 – Lyon 105

🛧 de Grenoble-Isère ℰ 04 76 65 48 48, 39 km par ⑥.

🖪 14, rue de la République ℰ 04 76 42 41 41

🏌 de Seyssins à Seyssins 29 rue du Plâtre, ℰ 04 76 70 12 63

🏇 de Grenoble à Bresson Route de Montavie, S : 6 km par D 269,
ℰ 04 76 73 65 00

◉ Site★★★ - Église-musée St-Laurent★★ : crypte St-Oyand★★ FY - Fort de
la Bastille ✳★★ par téléphérique EY - Vieille ville★ EY : Palais de
Justice★ (boiseries★) - escalier ❀ de l'hôtel d'Ornacieux EY J - Musées : de
Grenoble★★★ FY, de la Résistance et de la Déportation★ F , de l'ancien
Evêché-Patrimoines de l'Isère★★ - Musée dauphinois★ : chapelle★★,
exposition thématique★★ EY.

Plans pages suivantes

🏨   **Park Hôtel**   🕃 AC ✄ rest, ⁿⁱ 🔊 🚗 **VISA** ⓪ AE ⓪

10 pl. Paul Mistral – ℰ *04 76 85 81 23* – *www.park-hotel-grenoble.fr*
– Fermé 23 juil.-21 août et 24 déc.-1ᵉʳ janv.   **FZw**
50 ch – †120/180 € ††150/255 € – 9 suites – ☲ 18 €
Rest *Louis 10* – *(fermé sam. midi, dim. et fériés)* (22 € bc) Menu 34/49 €
– Carte 39/80 €

◆ Belle rénovation en 2008 pour cet hôtel dont les chambres spacieuses marient
élégance et sobriété. Ambiance cosy dans les salons et au bar. Le Louis 10 affiche
un cadre design très chic ; cuisine fusion avec carte de sushis, sashimis et makis.

🏨   **Novotel Centre**   🛁 🕃 ᵭ ch, AC ⁿⁱ 🔊 Ⓟ **VISA** ⓪ AE ⓪

à Europole, 5 pl. Robert Schuman – ℰ *04 76 70 84 84* – *www.novotel.com*
116 ch – †141/161 € ††141/161 € – 2 suites – ☲ 15 €   **AVr**
Rest – (14 €) Carte 25/50 €

◆ Cet hôtel face à la gare, refait dans un style contemporain, partage ses murs
avec le WTC et un centre de congrès. Amples chambres japonisantes et beau fitness moderne. Au restaurant, cadre dans l'air du temps, recettes traditionnelles et
grillades à la plancha.

🏨   **Mercure Grand Hôtel Président**   🏠 🛁 🕃 ᵭ ch, AC ⁿⁱ 🔊 Ⓟ 🚗

11 r. du Gén.-Mangin ⊠ *38100* – ℰ *04 76 56 26 56*   **VISA** ⓪ AE ⓪
– www.mercure.com   **AXy**
105 ch – †89/189 € ††99/199 € – ☲ 17 €   **Rest** – (17 €) Carte 26/35 €

◆ Ce plaisant hôtel de la chaîne Mercure dispose de chambres confortables. Hall
et bar sagement exotiques, salles de séminaires, fitness, sauna, jacuzzi et terrasse-
jardin. Le restaurant propose une carte traditionnelle variée.

CORENC

Eygala (Av. de l') . . . . **BCV**
Grésivaudan (Av. du) . . . . **BCV**

EYBENS

Innsbruck (Av. d') . . . . **BX** 38
Jean-Jaurès (Av.) . . . . **BX**
Mendès-France (R.) . . . . **BX**
Poisat (Av. de) . . . . **BX** 47

ÉCHIROLLES

Etats-Généraux (Av. des) . . . . **AX** 30
Grugliasco (Av. de) . . . . **AX**
Jean-Jaurès (Crs) . . . . **AX**
Kimberley (Av. de) . . . . **ABX**

FONTAINE

Briand (Av. A.) . . . . **AV**
Joliot-Curie (Bd) . . . . **AV**
Vercors (Av. du) . . . . **AV**

GRENOBLE

Alliés (R. des) . . . . **AX**
Alsace-Lorraine (Av.) . . . . **DYZ** 3
Ampère (R.) . . . . **AV**
Augereau (R.) . . . . **DZ**
Barnavel (R.) . . . . **EFY** 5
Bayard (R.) . . . . **FY** 6
Belgique (Av. Albert-1er de) . . . . . **EFZ** 7
Belgrade (R. de) . . . . **EY** 9
Bernard (Q. Cl.) . . . . **DY**
Berriat (Crs) . . . . **AV, DZ**
Berthelot (Av. M.) . . . . **BX**
Bistesi (R.) . . . . **FZ** 10
Bizanet (R.) . . . . **FGY**
Blanchard (R. P.) . . . . **EYZ**
Blum (Av. Léon) . . . . **AX**
Boissieux (R. B.-de) . . . . **EZ**
Bonne (R. de) . . . . **EZ** 12
Brenier (R. C.) . . . . **DY** 13
Briand (Pl. A.) . . . . **DY**
Brocherie (R.) . . . . **EY** 15
Casimir-Périer (R.) . . . . **EZ** 16
Champollion (R.) . . . . **FZ** 17
Champon (Av. Gén.) . . . . **FZ**
Chanrion (R. JJ) . . . . **FYZ**
Chenoise (R.) . . . . **EFY** 18
Claudel (R. P.) . . . . **BX** 20
Clemenceau (Bd) . . . . **FGZ**
Clot-Bey (R.) . . . . **EYZ** 21
Condillac (R.) . . . . **EZ**
Condorcet (R.) . . . . **DZ**
Créqui (Q.) . . . . **DEV**
Diables-Bleus (Bd des) . . . . **FZ** 24
Diderot (R.) . . . . **AV** 25
Dr-Girard (Pl.) . . . . **FY** 26
Driant (Bd Col.) . . . . **FZ** 27
Dubedout (Pl. H.) . . . . **DY** 28
Esclangon (R. F.) . . . . **AV** 29
Esmonin (Av. E.) . . . . **AX**
l'Europe (Av. de) . . . . **BX** 31
Fantin-Latour (R.) . . . . **FYZ** 32
Faure (R. E.) . . . . **FZ**
La Fayette (R.) . . . . **EY** 39
Flandrin (R. J.) . . . . **EY** 33
Foch (Bd Mar.) . . . . **DEZ**
La Fontaine (Crs) . . . . **EZ**
Fourier (R.) . . . . **FZ** 34
France (Q. de) . . . . **DEY**
Gambetta (Bd) . . . . **DEZ**
Graille (Q. de la) . . . . **DY**
Grande-Rue . . . . **EY** 37
Grenette (Pl.) . . . . **EY**
Gueymard (R. E.) . . . . **DY**
Haxo (R.) . . . . **FZ**
Hébert (R.) . . . . **FYZ**
L'Herminier (R. Cdt) . . . . **FY** 41
Hoche (R.) . . . . **EZ**
Jay (Q. S.) . . . . **EY**
Jeanne-d'Arc (Av.) . . . . **GZ**
Jean-Jaurès (Crs) . . . . **DYZ**
Joffre (Bd Mar.) . . . . **DEZ**
Jongking (Q.) . . . . **FY**
Jouhaux (R. L.) . . . . **BX, GZ**
Jouvin (Q. X.) . . . . **FY**
Lakanal (R.) . . . . **EZ**
Lavalette (Pl.) . . . . **FY** 40
Leclerc (Av. Mar.) . . . . **FY**
Lesdiguières (R.) . . . . **EZ**
Libération et du Gén.-de Gaulle
(Crs de la) . . . . **AX**
Lyautey (Bd Mar.) . . . . **EYZ** 42
Lyon (Rte de) . . . . **DY**
Malakoff (R.) . . . . **FGZ**
Mallifaud (R.) . . . . **EFZ**
Martyrs (R. des) . . . . **AV**
Mistral (Pl. P.) . . . . **FZ**
Montorge (R.) . . . . **EY** 43
Mortillet (R. de) . . . . **FGY**
Moyrand (R.) . . . . **FGZ**
Notre-Dame (Pl.) . . . . **FY**
Pain (Bd J.) . . . . **EY** 44
Palanka (R.) . . . . **FY**
Pasteur (Pl.) . . . . **FZ** 45
Perrière (R.) . . . . **EY** 46
Perrot (Av. J.) . . . . **BX, FZ**
Poulat (R. F.) . . . . **EY** 48
Prévost (R. JJ) . . . . **DZ**
Randon (Av. Mar.) . . . . **FY**
Reynier (R. A.) . . . . **AX** 49
Reynoard (Av. M.) . . . . **BX** 50
Rey (Bd Ed.) . . . . **EY**
Rhin-et-Danube (Av.) . . . . **AX**
Rivet (Pl. G.) . . . . **EZ** 53
Rousseau (R. J.-J.) . . . . **EY** 55
Sablon (Pont du) . . . . **GY**
Ste-Claire (R.) . . . . **EY** 57
St-André (R.) . . . . **EY** 56
Sembat (Bd A.) . . . . **EZ**
Servan (R.) . . . . **FY** 59
Stalingrad (R. de) . . . . **AX** 60
Strasbourg (R. de) . . . . **EFZ** 62
Thiers (R.) . . . . **DZ**
Très-Cloîtres (R.) . . . . **FY** 63
Turenne (R.) . . . . **DZ**

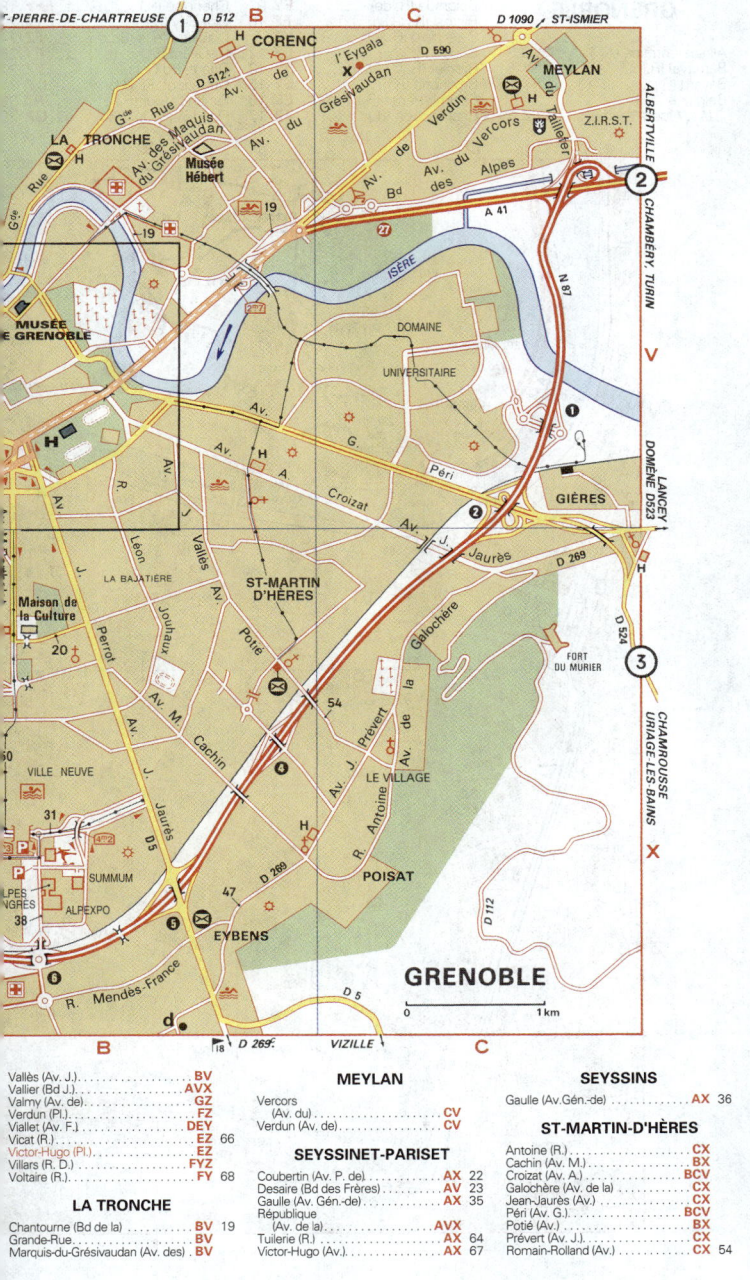

GRENOBLE

0   1 km

Vallès (Av. J.)	**BV**
Vallier (Bd J.)	**AVX**
Valmy (Av. de)	**GZ**
Verdun (Pl.)	**FZ**
Viallet (Av. F.)	**DEY**
Vicat (R.)	**EZ** 66
Victor-Hugo (Pl.)	**EZ**
Villars (R. D.)	**FYZ**
Voltaire (Av.)	**FY** 68

LA TRONCHE

Chantourne (Bd de la)	**BV** 19
Grande-Rue	**BV**
Marquis-du-Grésivaudan (Av. des)	**BV**

MEYLAN

Vercors (Av. du)	**CV**
Verdun (Av. de)	**CV**

SEYSSINET-PARISET

Coubertin (Av. P. de)	**AX** 22
Desaire (Bd des Frères)	**AV** 23
Gaulle (Av. Gén.-de)	**AX** 35
République (Av. de la)	**AVX**
Tuilerie (R.)	**AX** 64
Victor-Hugo (Av.)	**AX** 67

SEYSSINS

Gaulle (Av.Gén.-de)	**AX** 36

ST-MARTIN-D'HÈRES

Antoine (R.)	**CX**
Cachin (Av. M.)	**BX**
Croizat (Av. A.)	**BCV**
Galochère (Av. de la)	**CX**
Jean-Jaurès (Av.)	**CX**
Péri (Av. G.)	**BCV**
Potié (Av.)	**BX**
Prévert (Av. J.)	**CX**
Romain-Rolland (Av.)	**CX** 54

GRENOBLE

Alsace-Lorraine (Av.) .... **DYZ** 3
Barnavel (R.) .... **EFY** 5
Bayard (R.) .... **FY** 6
Belgique
  (Av. Albert-1er-de). .... **EFZ** 7

Belgrade (R. de) .... **EY** 9
Bistesi (R.) .... **FZ** 10
Blanchard (R. P.) .... **EYZ**
Bonne (R. de) .... **EZ** 12
Brenier (R. C.) .... **DY** 13
Brocherie (R.) .... **EY** 15
Casimir-Périer (R.) .... **EZ** 16
Champollion (R.) .... **FZ** 17

Chenoise (R.) .... **EFY** 1
Clot-Bey (R.) .... **EYZ** 2
Diables-Bleus (Bd des) ... **FZ** 2
Dr-Girard (Pl.) .... **FY** 2
Driant (Bd Col.) .... **FZ** 2
Dubedout (Pl. H.) .... **DY** 28
Fantin-Latour (R.) .... **FZ** 3.
Flandrin (R. J.) .... **GZ** 3;

724

Foch (Bd Mar.)............ **DEZ**
Fourier (R.) .... **FZ** 34
Grande-Rue .... **EY** 37
Grenette (Pl.) .... **EY**
Lavalette (Pl.) .... **FY** 40
La Fayette (R.) .... **EY** 39
L'Herminier (R. Cdt) .... **FY** 41
Lyautey (Bd Mar.)....... **EZ** 42

Montorge (R.)............ **EY** 43
Palanka (R.)............. **EY** 44
Pasteur (Pl.)............. **FZ** 45
Perrière (Q.)............. **EY** 46
Poulat (R. F.) .... **EY** 48
Rivet (Pl. G.) .... **EZ** 53
Rousseau (R. J.-J.)..... **EY** 55
Ste-Claire (Pl.) .... **EY** 57

St-André (Pl.) .... **EY** 56
Servan (R.) .... **FY** 59
Strasbourg (R. de) ..... **EFZ** 62
Très-Cloître (R.)......... **FY** 63
Vicat (R.) .... **EZ** 66
Victor-Hugo
  (Pl.)................. **EZ**
Voltaire (R.) .... **FY** 68

Lesdiguières

🚗 |≡| ♿ ch., 🛗 P VISA ⚫⚫

122 cours de la Libération – 𝒞 04 38 70 19 50 – www.hotellesdiguieres.com
– Fermé vacances scolaires, vend., sam. et dim.   AXb
23 ch – 🛏69 € 🛏🛏78 € – 1 suite – ⌷ 8,50 € – ½ P 91 €
Rest – (17 €) Menu 24 € (déj.), 30/56 €

♦ Vraie institution grenobloise abritant depuis 1917 une école hôtelière réputée. Bon confort dans les chambres ; préférez celles situées côté parc pour plus de tranquillité. Menus attrayants mettant à l'honneur les produits du terroir dauphinois.

Terminus sans rest

|≡| ☪ ⁽ᵗ⁾ 🛗 🚗 VISA ⚫⚫ AE ⓞ

10 pl. de la Gare – 𝒞 04 76 87 24 33 – www.terminus-hotel-grenoble.fr
39 ch – 🛏79/99 € 🛏🛏99/149 € – ⌷ 12 €   DYt

♦ Comme son nom l'indique, cet hôtel familial fait face à la gare. Vue sur le Moucherotte et le massif du Vercors aux derniers étages. Petits-déjeuners servis sous une verrière.

Patrick Hotel sans rest

|≡| AC ⁽ᵗ⁾ 🛗 P VISA ⚫⚫ AE ⓞ

116 cours de la Libération – 𝒞 04 76 21 26 63 – www.patrickhotel-grenoble.com
56 ch – 🛏94 € 🛏🛏104 € – ⌷ 12 €   AXn

♦ Sur un important axe de circulation, hôtel entièrement rénové en 2009. Chambres bien tenues, actuelles et insonorisées. Petit bar-salon dans des tons chocolat.

Angleterre sans rest

|≡| AC ⁽ᵗ⁾ VISA ⚫⚫ AE ⓞ

5 pl. Victor-Hugo – 𝒞 04 76 87 37 21 – www.hotel-angleterre-grenoble.com
62 ch – 🛏120/190 € 🛏🛏120/190 € – ⌷ 13 €   EZz

♦ Bien placé juste devant un jardin public, cet hôtel dispose de chambres pratiques (meubles en rotin et bois). Certaines sont mansardées, d'autres équipées de baignoires balnéo.

Splendid sans rest

|≡| ♿ ⁽ᵗ⁾ P VISA ⚫⚫ AE ⓞ

22 r. Thiers – 𝒞 04 76 46 33 12 – www.splendid-hotel.com   DZq
45 ch – 🛏59/95 € 🛏🛏75/115 € – ⌷ 8 €

♦ Près du musée des Rêves mécaniques, prolongez vos songes dans ces chambres peu à peu refaites (originales fresques). Petit-déjeuner sous forme de buffet dans un cadre modernisé.

Europe sans rest

ᴸᵃ |≡| ☪ ⁽ᵗ⁾ 🛗 VISA ⚫⚫ AE

22 pl. Grenette – 𝒞 04 76 46 16 94 – www.hoteleurope.fr
45 ch – 🛏65 € 🛏🛏70 € – ⌷ 8 €   EYt

♦ Au cœur du vieux Grenoble, l'Europe (le premier hôtel de la ville) propose des chambres refaites dans un style sobre et actuel. Salle des petits-déjeuners joliment tendance.

Gallia sans rest

|≡| AC ☪ ⁽ᵗ⁾ 🚗 VISA ⚫⚫ AE ⓞ

7 bd Mar. Joffre – 𝒞 04 76 87 39 21 – www.hotel-gallia.com – Fermé
23 juil.-22 août   EZs
35 ch – 🛏56/67 € 🛏🛏60/75 € – ⌷ 8 €

♦ La majorité des chambres de cette affaire familiale a été rajeunie avec des teintes gaies, parfois dans la note provençale. Pimpant hall-salon lumineux.

Institut sans rest

|≡| ⁽ᵗ⁾ 🚗 VISA ⚫⚫ AE

10 r. L. Barbillon – 𝒞 04 76 46 36 44 – www.institut-hotel.fr
48 ch – 🛏59/67 € 🛏🛏67/79 € – ⌷ 8 €   DYh

♦ L'accueil tout sourire, la bonne tenue et les prix modérés sont les atouts de cet hôtel fonctionnel aux chambres bien équipées (pour moitié climatisées) et au décor frais.

Trianon sans rest

|≡| ⁽ᵗ⁾ 🚗 VISA ⚫⚫ AE

3 r. P.-Arthaud – 𝒞 04 76 46 21 62 – www.hotel-trianon.com – Fermé 2 sem.
en août   DZx
38 ch – 🛏47/72 € 🛏🛏49/82 € – ⌷ 8 €

♦ Atmosphère familiale ; chambres claires et, dans certaines, décoration ne manquant pas d'originalité ("Pompadour", "Bergerie"...). Boudoir de style Napoléon III.

XXX Le Fantin Latour

1 r. Gén. Beylié – ℰ 04 76 01 00 97 – www.fantin-latour.net **FZa**
Rest – (fermé dim. et lundi) (dîner seult sauf sam.) Menu 39 € (sem.), 45/82 €
– Carte 61/92 €
Rest Le 18.36 – 5 r. Abbé de la Salle (fermé sam. et dim.) (déj. seult) (21 € bc)
Menu 26 € bc – Carte 36/67 €
♦ Ce chef dynamique concocte une cuisine inventive à base de plantes de montagne dans ce bel hôtel particulier du 19e s., ex-musée dédié à Fantin Latour. Au "1836" (année de naissance du peintre), courte carte brasserie et menu du jour.

XXX Auberge Napoléon

7 r. Montorge – ℰ 04 76 87 53 64 – www.auberge-napoleon.fr
– Fermé 25 avril-9 mai, 8-20 août, 5-8 janv. et dim. **EYb**
Rest – (dîner seult) (nombre de couverts limité, prévenir) Menu 35/65 €
– Carte 43/72 €
♦ La maison entretient le souvenir de Napoléon Bonaparte, son hôte le plus célèbre. Salle à manger Empire qui sert de théâtre à une cuisine personnalisée et inventive.

XX Le Mas Bottero

168 cours Berriat – ℰ 04 76 21 95 33 – www.lemasbottero.com – Fermé
mi juil.-mi août, dim. et lundi **AVn**
Rest – (19 €) Menu 25 € (déj. en sem.), 36/59 € – Carte environ 45 €
♦ Truite et pigeon du Vercors, fruits et légumes du Grésivaudan, noix de Grenoble, desserts à la Chartreuse... Trois mots-clés dans ce mas : le terroir, les saisons et le marché !

XX À Ma Table

92 cours J. Jaurès – ℰ 04 76 96 77 04 – Fermé 11-31 juil., 2-9 janv., sam. midi,
dim. sauf le midi de sept. à juin et lundi **DZt**
Rest – (nombre de couverts limité, prévenir) (18 €) Menu 27/39 €
– Carte 43/58 €
♦ Cuisine traditionnelle réalisée avec de bons produits, servie dans une salle à manger rénovée en 2009 (parquet, tons jaunes et peintures abstraites). Ambiance familiale.

XX Marie Margaux

12 r. Marcel Porte ⊠ 38100 – ℰ 04 76 46 46 46 – www.lemariemargaux.com
– Fermé 14 juil.-15 août, dim. soir, lundi soir et mardi soir **EZm**
Rest – (13 €) Menu 18 € (déj. en sem.), 35/50 € – Carte 40/58 €
♦ Avenante maison familiale (l'enseigne est la réunion des prénoms des grands-mères) au chaleureux décor provençal, où la cuisine de poisson reste traditionnelle et sans superflu.

XX Chasse-Spleen

6 pl. Lavalette – ℰ 04 38 37 03 52 – Fermé lundi midi, sam. midi et dim.
Rest – (15 €) Menu 20/34 € – Carte 35/50 € **FYe**
♦ Hommage à Charles Baudelaire qui baptisa ce vin lors d'un séjour à Moulis-en-Médoc. Aux murs, poèmes de l'auteur en guise de nourriture spirituelle. À table, plats dauphinois.

X Grill Parisien

34 bd Alsace-Lorraine – ℰ 04 76 46 10 16 – Fermé 30 juil.-22 août,
1er-6 janv., sam., dim. et fériés **DYZr**
Rest – (21 €) Menu 29 € – Carte 35/62 €
♦ Installés à la table d'hôte (dans la cuisine) ou sous les poutres de la salle à manger, les habitués de ce bistrot se régalent d'une cuisine traditionnelle aux accents du Sud.

X Le Coup de Torchon

8 r. Dominique-Villars – ℰ 04 76 63 20 58 – Fermé merc. soir, dim. et lundi
Rest – Menu 18/25 € – Carte environ 33 € le soir **FYa**
♦ À proximité des boutiques d'antiquaires, sympathique table dont la cuisine actuelle puise ses idées et s'élabore en fonction du marché. Cadre clair et coquet. Prix attractifs.

✗ **L'Exception** `AC` `VISA` `CO` `AE`
4 cours Jean-Jaurès – ℰ 04 76 47 03 12 – www.restaurant-lexception.com
– Fermé sam. et dim. DY**a**
Rest – (15 €) Menu 25/52 € – Carte 48/69 €
◆ Une adresse simple qui ne désemplit pas, dont la salle à manger a été revue dans un style actuel. Généreuse cuisine créative, axée sur le terroir et proposée à prix sages.

✗ **Le Village** `AC` `VISA` `CO` `AE`
🍴 *20 r. de Strasbourg – ℰ 04 76 87 88 44 – Fermé 3 juil.-2 août, 24 déc.-4 janv.,*
mardi midi, dim. et lundi FZ**b**
Rest – (14 €) Menu 17 € (déj. en sem.), 27/42 € – Carte 33/50 €
◆ Dans un quartier-village du centre, ce restaurant au cadre rénové affiche souvent complet. Un succès qui tient à l'ambiance conviviale et à la bonne cuisine au goût du jour.

à Corenc – 3 784 h. – alt. 450 m – ⊠ 38700

✗✗ **La Corne d'Or** `<` `🌿` `P` `VISA` `CO` `AE`
159 rte de Chartreuse, par ① : 3,5 km sur D 512 – ℰ 04 38 86 62 36
– www.cornedor.fr – Fermé 14 août-2 sept., dim. soir et lundi midi
Rest – (18 €) Menu 42/78 € – Carte 53/90 €
◆ Les tables côté fenêtres et la terrasse ombragée offrent un joli panorama sur Grenoble et la chaîne de Belledonne. Carte au goût du jour qui s'inspire des grands chefs.

✗✗ **Le Provence** `🌿` `&` `AC` `%` `🔁` `VISA` `CO` `AE`
28 av. du Grésivaudan – ℰ 04 76 90 03 38 – www.leprovence.fr – Fermé sam.
midi, dim. soir et lundi CV**x**
Rest – (22 € bc) Menu 26 € bc (déj. en sem.), 35/45 € – Carte 45/65 €
◆ Spécialités de poissons grillés (cuisinés à l'huile d'olive) servies dans de jolies salles ensoleillées ou en terrasse. Des écrans montrent en direct la création des plats en cuisine.

à Eybens : 5 km – 9 335 h. – alt. 230 m – ⊠ 38320

🏨 **Château de la Commanderie** 🌿 `🚗` `🌿` `🏊` `🌐` `%` `rest` `📶` `🏋` `P`
17 av. d'Échirolles – ℰ 04 76 25 34 58 `VISA` `CO` `AE` `①`
– www.commanderie.fr – fermé 20 déc.-3 janv. BX**d**
42 ch – ♦95/169 € ♦♦106/186 € – ⊑ 15 €
Rest – *(fermé vacances de la Toussaint, de Noël, sam. midi, dim. et lundi)*
(25 € bc) Menu 41/72 € – Carte 58/85 €
◆ Petit château – ex-commanderie des Templiers – dans un jardin arboré. Meubles ancestraux, portraits de famille et tapisseries d'Aubusson. Spa complet. Cuisine classique actualisée servie dans un cadre bourgeois ou sur la terrasse d'été.

à Bresson Sud par av. J. Jaurès : 8 km par D 269c – 697 h. – alt. 300 m – ⊠ 38320

✗✗✗ **Chavant** avec ch `🚗` `🌿` `🏊` `AC` `📶` `🏋` `P` `VISA` `CO` `AE` `①`
2 r. Emile Chavant – ℰ 04 76 25 25 38 – www.chavanthotel.com
– Fermé 20-28 déc., sam. midi, dim. soir et lundi
7 ch – ♦130/160 € ♦♦130/160 € – ⊑ 15 €
Rest – Menu 32 € (déj.), 49/78 € – Carte 50/120 €
◆ Auberge abritant une salle habillée de boiseries et une agréable terrasse donnant sur un jardin arboré. Cave à vins (vente et dégustation). Chambres spacieuses ornées de meubles anciens.

à Échirolles : 4 km – 35 687 h. – alt. 237 m – ⊠ 38130

🏨 **Dauphitel** `🌿` `🏊` `📺` `AC` `📶` `🏋` `P` `VISA` `CO` `AE` `①`
16 av. Kimberley – ℰ 04 76 33 60 60 – www.dauphitel.fr AX**e**
68 ch – ♦70/110 € ♦♦70/110 € – ⊑ 10 € – ½ P 69/73 €
Rest – *(fermé 1er-22 août, 24 déc.-2 janv., sam., dim. et fériés)* (23 €)
Menu 25/39 € – Carte 23/57 €
◆ Cet hôtel moderne proche des massifs montagneux abrite des chambres confortables et des salles de séminaires bien équipées. Piscine entourée de verdure. Lumineuse salle à manger, terrasse d'été et cuisine traditionnelle avec suggestions du marché.

au Nord-Ouest par A 48, sortie 6

au Fontanil : 8 km par A 48, sortie 14 et D 1075 – 2 699 h. – alt. 210 m
– ✉ 38120

✕✕ La Queue de Cochon   🏡 AC ⇦ P VISA ⚫⚫ AE

rte de Lyon – ☏ 04 76 75 65 54 – www.laqueuedecochon.fr – Fermé merc. soir, dim. soir et lundi
Rest – Menu 29/52 € – Carte 30/45 €

◆ L'adresse est autant appréciée pour ses buffets et ses grillades que pour sa vaste terrasse verdoyante. Décor actuel agrémenté d'un vivier ; vaisselle sur le thème du cochon.

près échangeur A 48 sortie n° 12/13 : 12 km – ✉ 38340 Voreppe

---

🏨 Novotel   🍴 🏡 🏊 📶 & ch, AC 📶 📶 P VISA ⚫⚫ AE ⓪

1625 rte de Veurey – ☏ 04 76 50 55 55 – www.novotel.com
114 ch – ♦75/155 € ♦♦75/155 € – 🍴 14 €
Rest – (12 €) Menu 16 € – Carte 20/45 €

◆ À la fois proches de l'autoroute et entourées de champs, grandes chambres confortables, en partie revues selon les dernières normes de la chaîne. Espace Novotel Café. Terrasse d'été face au jardin, cuisine traditionnelle et plats à la plancha.

GRÉOUX-LES-BAINS – 04 Alpes-de-Haute-Provence – 334 D10   40 B2
– 2 455 h. – alt. 386 m – Stat. therm. : début mars-mi déc. – Casino – ✉ 04800

🟩 **Alpes du Sud**

▶ Paris 783 – Aix-en-Provence 55 – Brignoles 52 – Digne-les-Bains 69
ℹ 5, avenue des Marronniers ☏ 04 92 78 01 08

🏨 La Crémaillère ⊗   🍴 🏊 📶 & AC ⊗ rest, 📶 🛁 P VISA ⚫⚫ AE

776 av. des Thermes, rte de Riez – ☏ 04 92 70 40 04
– www.mascremailleregreoux.com – Ouvert 27 mars-17 déc.
51 ch – ♦95/145 € ♦♦95/145 € – 🍴 12 € – ½ P 75/110 €
Rest – (19 €) Menu 27/49 € – Carte 39/55 €

◆ À deux pas des thermes troglodytiques, cet hôtel, confortable et chic, est idéal pour se ressourcer. Chambres contemporaines et lumineuses, avec balcon ou loggia. La cuisine s'inspire de la Provence (menu santé et nature pour les curistes).

🏨 Villa Borghèse ⊗   🍴 🏊 🎱 ✕ 📶 AC ⊗ rest, 📶 🛁 P 🚗 VISA ⚫⚫ AE ⓪

av. des Thermes – ☏ 04 92 78 00 91
– www.villa-borghese.com – Ouvert 19 mars-4 déc.
67 ch – ♦62/166 € ♦♦88/166 € – 🍴 13 € – ½ P 83/125 €
Rest – (24 €) Menu 32/45 € – Carte 42/62 €

◆ Cette Villa Borghèse, tapissée de vigne vierge, dispose de grandes chambres traditionnelles avec balcon. Sauna, espace beauté et cours de bridge. Au restaurant carte classique à l'accent provençal ; la salle est égayée de tableaux d'un artiste local.

🏠 Les Alpes   🍴 🏡 🏊 & 📶 🛁 P VISA ⚫⚫ AE

19 av. des Alpes – ☏ 04 92 74 24 24 – www.hoteldesalpes04.fr – Fermé 20 déc.-15 janv.
26 ch 🍴 – ♦60/140 € ♦♦80/140 € – ½ P 65/95 €
Rest – Menu 25/28 € – Carte 30/49 €

◆ Ce petit hôtel familial, au pied du château des Templiers, dispose de chambres actuelles de bon confort, dont neuf avec terrasse. Bons plats provençaux servis au bord de la piscine. Salle contemporaine et cuisines ouvertes.

🏠 Le Verdon   🍴 🏡 📶 AC rest, ✕ rest, 📶 🛁 P VISA ⚫⚫ AE

rte de Riez – ☏ 08 26 46 81 83 – www.chainethermale.fr – Ouvert 7 mars-27 nov.
64 ch – ♦65/80 € ♦♦65/80 € – 🍴 10 € – ½ P 65/75 €
Rest – ☏ 0 826 46 81 83 – (17 €) Menu 24/35 € – Carte environ 38 €

◆ Les chambres de cet hôtel sont fraîches et pratiques, avec un balcon donnant sur le village ou la garrigue. Agréable jardin avec terrain de pétanque. Vaste salle à manger, terrasse verdoyante et recettes au goût du jour.

GRESSE-EN-VERCORS – 38 Isère – **333** G8 – 365 h. – alt. 1 205 m   **45** C2
– Sports d'hiver : 1 300/1 700 m ⚡16 ⚡ – ⊠ 38650 ▯ Alpes du Nord
▶ Paris 610 – Clelles 22 – Grenoble 48 – Monestier-de-Clermont 14
🛈 le Faubourg ℰ 04 76 34 33 40
◉ Col de l'Allimas ≤ ★ S : 2 km.

▯▯ **Le Chalet** ⬡   ≤ 🖨 ☂ ⚒ ▯ ⚒ ᵞ 🛁 ▣ 🚗 VISA ⬤
     Le Village – ℰ 04 76 34 32 08 – www.lechalet.free.fr – Fermé 13 mars-7 mai,
     10 oct.-18 déc. et merc. midi sauf vacances scolaires
     25 ch – †59 € ††86 € – ☲ 12 € – ½ P 65/78 €
     Rest – (15 €) Menu 21 € (sem.), 28/53 € – Carte 28/57 €
     ♦ Plutôt qu'un chalet, une maison dauphinoise ancienne, qui soigne ses visiteurs.
     Grandes chambres progressivement rénovées, parfois dotées d'une loggia. Géné-
     reuse cuisine traditionnelle servie dans une élégante salle à manger ou sur la jolie
     terrasse d'été.

GRESSY – 77 Seine-et-Marne – **312** F2 – **101** 10 – voir à Paris, Environs

GRÉSY-SUR-ISÈRE – 73 Savoie – **333** K4 – 1 216 h. – alt. 350 m   **46** F2
– ⊠ 73460
▶ Paris 595 – Aiguebelle 12 – Albertville 18 – Chambéry 35
◉ Site ★★ - Château de Miolans ≤ ★ : Tour St-Pierre ≤ ★★, souterrain de
  défense ★ ▯ Alpes du Nord

✗✗✗ **La Tour de Pacoret** avec ch ⬡   ≤ 🕭 🖨 ☂ ᵞ ▣ VISA ⬤
      Nord-Est : 1,5 km par D 201 – ℰ 04 79 37 91 59 – www.hotel-pacoret-savoie.com
      – Ouvert 1er mai-20 oct.
      10 ch – †65/180 € ††80/180 € – ☲ 12 € – ½ P 70/115 €
      Rest – (fermé merc. midi sauf juil.-août, lundi en oct. et mardi) (13 €)
      Menu 19/58 € – Carte 40/50 € 🐓
      ♦ Cette tour de guet édifiée en 1283 garde la combe de Savoie. Lumineuse salle
      à manger, agréable terrasse avec vue sur les sommets environnants et cuisine tra-
      ditionnelle.

GREZ-EN-BOUÈRE – 53 Mayenne – **310** F7 – 996 h. – alt. 85 m – ⊠ 53290   **35** C1
▶ Paris 276 – Nantes 143 – Laval 35 – Angers 66

⌂ **Château de Chanay** ⬡   🕭 ⚒ ▣
     4 km à l'Ouest par D 28 – ℰ 02 43 70 98 81 – www.chateau-de-chanay.com
     – Fermé 15 déc.-31 janv.
     3 ch ☲ – †80/105 € ††90/115 €   **Table d'hôte** – Menu 30 € bc
     ♦ Au cœur d'un parc boisé, cette gentilhommière (1805) a conservé son précieux
     cachet d'antan (parquet et boiseries d'origine). Chambres confortables et élégan-
     tes ; belle bibliothèque. À la table d'hôte, cuisine maison servie dans une salle au
     charme classique.

GRÈZES – 46 Lot – **337** G4 – 157 h. – alt. 312 m – ⊠ 46320   **29** C1
▶ Paris 562 – Aurillac 84 – Cahors 50 – Figeac 21

▯▯ **Le Grézalide** ⬡   🕭 🖨 ᵟ ⚒ 🛁 ▣ VISA ⬤ ⓞ
     – ℰ 05 65 11 20 40 – www.grezalide.com – Ouvert 8 avril-9 oct.
     19 ch – †77/97 € ††77/97 € – ☲ 10 € – ½ P 75/85 €
     Rest – (fermé le midi) Menu 28/38 € – Carte 25/44 €
     ♦ Au cœur de ce village du Quercy, une adresse qui vous entraîne sur les che-
     mins de l'art avec ses chambres dédiées à des artistes (Dalí, Rodin...) et son
     espace exposition. Une cuisine aux accents du terroir vous attend dans une jolie
     salle à manger voûtée.

LA GRIÈRE – 85 Vendée – **316** H9 – rattaché à La Tranche-sur-Mer

GRIGNAN – 26 Drôme – **332** C7 – 1 464 h. – alt. 198 m – ⊠ 26230   **44** B3
▯ Lyon Drôme Ardèche
     ▶ Paris 629 – Crest 46 – Montélimar 25 – Nyons 25
     🛈 place Sévigné ℰ 04 75 46 56 75
     ◉ Château ★★ - Église St-Sauveur ✳ ★.

Manoir de la Roseraie ⌖

1 chemin des Grands Prés, (rte Valréas) – ℰ 04 75 46 58 15
– www.manoirdelaroseraie.com
– Ouvert 15 mai-15 sept. et week-ends du 11 fév. au 30 oct.
21 ch – ♦155/375 € ♦♦155/375 € – ⌷ 20 €
Rest – *(fermé le midi du lundi au vend. hors saison et mardi en saison)*
(prévenir) Menu 28/60 € – Carte 50/77 €

♦ Dans un joli parc avec une roseraie et une belle piscine, un manoir du 19ᵉ s. et son annexe plus récente (20ᵉ s.). Chambres spacieuses un brin surannées. Restaurant en rotonde avec une agréable verrière. Cuisine privilégiant les produits locaux (pigeon, agneau...).

Le Clair de la Plume ⌖

pl. du Mail – ℰ 04 75 91 81 30 – www.clairplume.com
16 ch – ♦99/189 € ♦♦99/189 € – ⌷ 15 € – ½ P 86/131 €
Rest – (20 € bc) Carte 30/46 €

♦ Dans cette séduisante demeure provençale (18ᵉ s.) et son annexe, les chambres sont charmantes (mobilier chiné, bibelots), certaines donnant sur le ravissant jardin de curé. Cuisine du marché à déguster au restaurant, dans le jardin ou au bord de la piscine !

La Bastide de Grignan sans rest ⌖

120 chemin de Bessas, 1 km par D 541 rte de Montélimar – ℰ 04 75 90 67 09
– www.labastidedegrignan.com
16 ch – ♦70/160 € ♦♦70/160 € – ⌷ 13 €

♦ Cette demeure récente et délicatement posée sur une ancienne garrigue truffière, au calme ! Faites comme elle et profitez de chambres coquettes et provençales. Belle piscine.

Le Serre de la Maniette ⌖

400 Chemin de la Maniette, à 2 km, après la Grotte de Rochecourbière
– ℰ 04 75 46 92 39 – www.lamaniette.com – Fermé en avril et en oct.
4 ch – ♦100/140 € ♦♦100/140 €   **Table d'hôte** – Menu 25 € bc/35 €

♦ Chêne vert, tilleul, figuier, cyprès, potager... le jardin de cette maison en pierre est exquis. Quelques brasses dans la piscine avant la sieste dans l'une des jolies chambres : la belle vie ! En hiver, menu truffe à la table d'hôte.

La Table des Délices

1 km par D 541 rte de Montélimar – ℰ 04 75 46 57 22
– www.latabledesdelices.com – Fermé 15-30 nov., 1ᵉʳ-11 janv., mardi midi
en juil.-août, mardi soir hors saison, dim. soir et lundi
Rest – Menu 26/90 € – Carte 35/52 €

♦ Une jolie maison sur la route de la grotte de Mme de Sévigné. Le chef concocte une cuisine actuelle (dont un menu du jour). Bonne sélection de vins (côtes-du-rhône méridionaux).

Le Poème de Grignan

r. St-Louis – ℰ 04 75 91 10 90 – www.lepoemedegrignan.com – Fermé 1 sem.
en sept., 15-30 nov., 1 sem. en janv. et merc.
Rest – *(nombre de couverts limité, prévenir)* Menu 26 € (déj.), 29/45 €
– Carte 55/65 € le soir

♦ Une maison de village, des porcelaines anciennes, des fleurs : le thème est lancé. Ici, tout est fait maison, soigné, goûteux... et fleure bon la Provence !

rte de Montélimar 4 km par D 541 et rte secondaire - ✉ 26230 Grignan

La Maison du Moulin ⌖

chemin de la Motte – ℰ 04 75 46 56 94 – www.maisondumoulin.com – Fermé
24 oct.-5 nov. et 19 déc.-5 janv.
5 ch ⌷ – ♦70/105 € ♦♦80/150 €   **Table d'hôte** – Menu 35 € bc/50 € bc

♦ Dans ce moulin du 18ᵉ s. au bord d'une rivière, on profite d'un potager bio, d'une piscine, d'un sauna, d'une salle de massages et... de chambres ravissantes (meubles chinés) ! À la table d'hôte, plats provençaux mitonnés par la propriétaire.

🟩 Côte d'Azur

➡ Paris 861 – Fréjus 32 – Le Lavandou 32 – St-Tropez 12
🖼 1, boulevard des Alizeurs 𝒞 04 94 55 43 83
◉ Château ≤ ★.
◉ Port Grimaud ★ : ≤ ★ 5 km.

Le Verger Maelvi sans rest ⌂   🔊 🏊 ♿ 🄰🄲 🛜 🄿 ᴠɪꜱᴀ ⓪ 🄰🄴
2 km à l'Ouest par D 14, rte de Collobrières – 𝒞 04 94 55 57 80
– www.hotel-grimaud.com – Ouvert 1ᵉʳ avril-6 nov.
14 ch – †98/340 € ††115/515 € – � 20 €
◆ On n'entend que le doux chuchotement de la rivière dans ce joli mas champêtre et son pavillon "bio", au fond du jardin. L'été, odeurs de glycine et copieux
petit-déjeuner sous l'agréable pergola, face à la piscine.

La Boulangerie sans rest ⌂   ≤ 🔊 🏊 ❌ 🄰🄲 🛜 🄿 ᴠɪꜱᴀ ⓪
2 km à l'Ouest par D14 rte de Collobrières – 𝒞 04 94 43 23 16
– www.hotel-laboulangerie.com – Ouvert Pâques-9 oct.
10 ch – †119/139 € ††119/145 € – 2 suites – ⊐ 11 €
◆ Sur les hauteurs du village, un agréable petit mas niché dans la verdure. Chambres
d'esprit provençal, ambiance conviviale. Détente et bien-être sont au rendez-vous.

Athénopolis ⌂   🍴 🏊 ♿ 🄰🄲 ch, ❌ rest, 🛜 🄿 ᴠɪꜱᴀ ⓪ 🄰🄴 ⓪
3,5 km au Nord-Ouest par D 558, rte de La Garde-Freinet – 𝒞 04 98 12 66 44
– www.athenopolis.com – Ouvert 1ᵉʳ avril-31 oct.
11 ch – †92/120 € ††92/140 € – ⊐ 12 € – ½ P 80/104 €
Rest – *(ouvert de mai à mi-oct. et fermé merc. midi sauf juil.-août et lundi midi)*
(nombre de couverts limité, prévenir) (17 €) Menu 22/28 € – Carte 34/48 €
◆ Dans le paysage méditerranéen – presque grec – du massif des Maures, une
maison aux volets bleus. Les chambres ont toutes leur propre loggia ou terrasse.
L'ensemble est charmant et l'on profite au maximum de la nature. Cuisine traditionnelle au restaurant.

Les Santons   🄰🄲 ᴠɪꜱᴀ ⓪
rte Nationale – 𝒞 04 94 43 21 02 – *www.restaurant-les-santons.fr* – Fermé 12 nov.-
20 déc., le midi en sem. en juil.-août, mardi en fév.-mars, dim. soir et lundi
Rest – Menu 35 € bc (déj.)/58 € – Carte 84/160 €
◆ Des recettes classiques (sole au champagne, poire Belle-Hélène...) dans un
cadre chaleureux : salon avec cheminée et fauteuils club, salle à manger élégante.
Accueil charmant.

La Bretonnière   🏡 🄰🄲 ᴠɪꜱᴀ ⓪
pl. des Pénitents – 𝒞 04 94 43 25 26 – *www.bretonniere.1s.fr*
– Fermé 1ᵉʳ nov.-29 déc., merc. soir, vend. midi, dim. et le midi en juil.-août
Rest – (20 €) Menu 29/35 € – Carte 45/55 €
◆ Au cœur du bourg médiéval, face à la chapelle des Pénitents, une table qui
invite... au péché de gourmandise. Savoureuse cuisine de tradition, par un chef
d'origine belge.

Le Mûrier   🏡 🄰🄲 🄿 ᴠɪꜱᴀ ⓪
La Boal, 1,5 km au Sud-Est par D 14 – 𝒞 04 94 56 31 62
*– www.restaurant-lemurier.fr – Fermé 15 fév.-8 mars, dim. soir du 15 oct. à
Pâques, lundi et le midi en juil.-août*
Rest – Menu 31/62 € – Carte 48/55 €
◆ C'est un couple franco-japonais qui préside à la destinée de cette jolie villa
bordée de mûriers. Ici, courte carte alléchante et rapport plaisir-prix garanti !

Le Coteau Fleuri avec ch   ≤ 🏡 🄰🄲 ch, 🛜 ᴠɪꜱᴀ ⓪ 🄰🄴 ⓪
pl. des Pénitents – 𝒞 04 94 43 20 17 – *www.coteaufleuri.fr* – Fermé 3 nov.-18 déc.
14 ch – †61/115 € ††61/115 € – ⊐ 12 € – ½ P 69/100 €
Rest – *(fermé 26 déc.-25 déc., le midi en juil.-août, lundi midi, vend. midi et
mardi)* (27 €) Menu 45/80 € bc – Carte 60/80 €
◆ Une ancienne magnanerie sur une placette pittoresque du vieux village. Cuisine
classique servie dans la salle ornée d'une grande cheminée ou sur la terrasse
tournée vers le massif des Maures. Les chambres, au décor monacal, sont sobres
et bien tenues.

LA GRIVE – 38 Isère – **333** E4 – rattaché à Bourgoin-Jallieu

---

GROISY – 74 Haute-Savoie – **328** K4 – 2 937 h. – alt. 690 m – ⊠ 74570 **46** F1
> ▶ Paris 534 – Annecy 17 – Bellegarde-sur-Valserine 40 – Bonneville 29

XX **Auberge de Groisy** 🛜 ✗ _VISA_ ⨀
34 rte du Chef-Lieu – ℰ 04 50 68 09 54 – www.auberge-groisy.com – Fermé
1ᵉʳ-20 sept., vacances de Noël, dim. soir, lundi et mardi
Rest – *(nombre de couverts limité, prévenir)* Menu 30/68 € – Carte 39/86 €
◆ Ferme du 19ᵉ s. dotée d'une salle mélangeant le contemporain et les matériaux nobles (poutres et pierres) ; terrasse avec vue sur le lac d'Annecy. Cuisine actuelle soignée.

GRUFFY – 74 Haute-Savoie – **328** J6 – 1 382 h. – alt. 570 m – ⊠ 74540 **46** F1
> ▶ Paris 545 – Aix-les-Bains 19 – Annecy 17 – Chambéry 36

🏠 **Aux Gorges du Chéran** 🦢 ≤ 🚗 🛜 ✗ ch, **P** _VISA_ ⨀
au Pont de l'Abîme – ℰ 04 50 52 51 13 – www.gorgesducheran.com
– Ouvert 1ᵉʳ avril- 30 oct.
8 ch (½ P seult) – 🖙 9 € – ½ P 65/74 € **Rest** – *(dîner seult) (résidents seult)*
◆ Chambres calmes et lambrissées dans un établissement bénéficiant d'un remarquable arrière-plan : le pont métallique (1887) qui enjambe les gorges du Chéran. Copieuse cuisine traditionnelle inspirée par la région, carte snack. Belle terrasse panoramique.

GRUISSAN – 11 Aude – **344** J4 – 4 268 h. – alt. 2 m – Casino **22** B3
– ⊠ 11430 🟩 Languedoc Roussillon
> ▶ Paris 796 – Carcassonne 73 – Narbonne 15 – Perpignan 76
> 🄴 1, boulevard du Pech-Maynaud ℰ 04 68 49 09 00

🏨 **Le Phoebus** 🏊 & ch, 🎬 ✗ rest, 🎙 🖄 **P** _VISA_ ⨀ 🅐🅔
bd de la Sagne, (au casino) – ℰ 04 68 49 03 05 – www.phoebus-sa.com
50 ch – †49/112 € ††49/112 € – 🖙 10 € **Rest** – Menu 20/45 € Carte 22/52 €
◆ Intégrées au complexe du casino, confortables chambres de type motel, décorées selon des thèmes originaux : "Sud", "Pescador", "Chalet", etc. Jardinets en rez-de-chaussée. Restaurant au cadre actuel complété en été par une formule grill au bord de la piscine.

X **L'Estagnol** ≤ 🛜 🎬 _VISA_ ⨀ 🅐🅔
12 av. Narbonne – ℰ 04 68 49 01 27 – Fermé vacances de fév., lundi, le soir en hiver sauf vend. et sam.
Rest – (13 €) Menu 24/30 € – Carte 33/45 €
◆ Une adresse authentique et sincère dans une ex-maison de pêcheur : décor méridional, petite terrasse face à l'étang et cuisine régionale axée sur le poisson, simple et bonne.

GRUSON – 59 Nord – **302** H4 – rattaché à Lille

LE GUA – 17 Charente-Maritime – **324** E5 – 1 953 h. – alt. 3 m – ⊠ 17600 **38** B3
> ▶ Paris 493 – Bordeaux 126 – Rochefort 26 – La Rochelle 63
> 🄴 Salle Basse Poste ℰ 05 46 23 17 28

XX **Le Moulin de Châlons** avec ch 🔔 🛜 ✗ ch, 🎙 **P P** _VISA_ ⨀ 🅐🅔
☺ *à Châlons, 1 km à l'Ouest par rte de Royan – ℰ 05 46 22 82 72*
– www.moulin-de-chalons.com – Fermé 14-27 mars, 22 nov.-5 déc., dim. soir et lundi midi d'oct. à avril
10 ch – †115/165 € ††115/165 € – 🖙 13 €
Rest – Menu 28/48 € – Carte 40/80 €
◆ Appétissante cuisine au goût du jour servie dans le décor champêtre et cossu d'un authentique moulin à marée du 18ᵉ s. (pierres et poutres apparentes). Les chambres, toutes joliment rénovées, donnent sur le parc bucolique.

GUEBERSCHWIHR – 68 Haut-Rhin – **315** H8 – 834 h. – alt. 260 m **1** A2
– ⊠ 68420 🟩 Alsace Lorraine
> ▶ Paris 487 – Colmar 12 – Guebwiller 18 – Mulhouse 36

🏠 **Relais du Vignoble** ⌕   ≤ 🕭 🔊 ⓒ 🍴 ⅍ **P** 🆚 ⓪ 🖭

33 r. des Forgerons – ℰ 03 89 49 22 22 – www.relaisduvignoble.com
– Fermé 1ᵉʳ fév.-1ᵉʳ mars
30 ch – ♦53/66 € ♦♦53/112 € – ⌓ 9 € – ½ P 66/68 €
Rest *Belle Vue* – 29 r. des Forgerons, ℰ 03 89 49 31 09 *(fermé jeudi midi et merc.)* Menu 22/35 € – Carte 32/47 €

♦ Situé à flanc de coteau, cette grande bâtisse jouxte la cave familiale. La plupart des chambres, simples mais bien tenues, donnent sur les vignes. Salle de séminaires. Plats traditionnels et vins du domaine à déguster sur la terrasse panoramique aux beaux jours.

GUEBWILLER 👁 – 68 Haut-Rhin – **315** H9 – 11 609 h. – alt. 300 m   **1** A3
– ✉ 68500 ▌ Alsace Lorraine

▶ Paris 474 – Belfort 52 – Colmar 27 – Épinal 96

🛈 73, rue de la République ℰ 03 89 76 10 63

◉ Église St-Léger★ : façade Ouest★★ - Intérieur★★ de l'église N.-Dame★ : Maître-Hôtel★★ - Hôtel de ville★ - Musée du Florival★.

◉ Vallée de Guebwiller★★ NO.

🏨 **Domaine du Lac** ⌕   🚗 🕭 ✖ 🔊 ⓒ ⅍ 🍴 **P** 🆚 ⓪ 🖭

244 r. de la République, vers Buhl – ℰ 03 89 76 15 00
– www.domainedulac-alsace.com
69 ch – ♦41/190 € ♦♦41/190 € – ⌓ 13 €
Rest *Les Terrasses* – ℰ 03 89 76 15 76 *(fermé sam. midi)* (16 €) Menu 19 € (déj. en sem.), 28/43 € bc – Carte 34/55 €

♦ Au sein de ce domaine, un premier hôtel aux chambres épurées et un second tout récent, l'Hôtel des Rives, à l'esprit cosy et contemporain. Belle vue sur le lac ou le ruisseau à l'arrière. Restaurant design et terrasse embrassant le panorama. Carte actuelle honorant les spécialités locales.

à Murbach 5 km au Nord-Ouest par D 40ᴵᴵ – 136 h. – alt. 420 m – ✉ 68530

◉ Église★★.

🏨 **Le St-Barnabé** ⌕   🚗 🕭 ✖ 🔊 rest, 🍴 ⅍ **P** 🆚 ⓪ 🖭 ⓪

53 r. de Murbach – ℰ 03 89 62 14 14 – www.le-stbarnabe.com
– Fermé 9 janv.-5 fév.
26 ch – ♦68/183 € ♦♦76/183 € – ⌓ 13 € – ½ P 82/140 €
Rest – *(fermé 27 juin-8 juil., dim. soir de nov. à avril, jeudi midi et merc.)* (15 €) Menu 28/72 € – Carte 43/78 €

♦ Cette demeure alsacienne, située en plein cœur de la forêt, s'inscrit dans une démarche éco-environnementale. Les chambres redécorées arborent un style actuel et coloré. Salle à manger d'esprit contemporain et cuisine au goût du jour.

🏠 **Le Schaeferhof** ⌕   🔊 🕭 🛁 ✖ 🕭 **P** 🆚 ⓪

6 r. de Guebwiller – ℰ 03 89 74 98 98 – www.schaeferhof.fr – Fermé 10-30 janv.
4 ch ⌓ – ♦130/145 € ♦♦145/200 €
Table d'hôte – Menu 40 € (sem.)/130 € bc

♦ La restauration de cette métairie du 18ᵉ s. est une vraie réussite. Chambres de belle qualité (coin salon, écran plat, douche à jet) où chaque détail a été soigneusement pensé. Cuisine alsacienne actualisée et bon choix de vins. Petit-déjeuner maison.

à Rimbach-près-Guebwiller 11 km à l'Ouest par D 5ᴵ – 243 h. – alt. 550 m
– ✉ 68500

✖ **L'Aigle d'Or** avec ch ⌕   🚗 🕭 🍴 ⅍ **P** 🚗 🆚 ⓪ 🖭 ⓪

5 r. Principale – ℰ 03 89 76 89 90 – www.hotelaigledor.com
– Fermé 21 fév.-18 mars
15 ch – ♦39 € ♦♦49/56 € – ⌓ 8,50 € – ½ P 38/52 €
Rest – *(fermé lundi de mi-juil. à mi-sept.)* Menu 18/36 € – Carte 23/47 €

♦ Auberge familiale idéale pour retrouver quiétude et authenticité. Le chef concocte une cuisine du terroir qu'il complète par des suggestions du jour. Salle champêtre avec cheminée, terrasse d'été et ravissant jardin. Chambres sobres bien tenues.

GUÉCÉLARD – 72 Sarthe – **310** J7 – 2 689 h. – alt. 45 m – ⊠ 72230   **35** C1
▶ Paris 219 – Château-du-Loir 38 – La Flèche 26 – Le Grand-Lucé 38

XX   **La Botte d'Asperges**   ✤ *VISA* ⓒⓞ
⌘   *49 r. Nationale – ℰ 02 43 87 29 61 – www.la-botte-dasperges.fr*
– Fermé 14-21 mars, 1ᵉʳ-22 août, 3-9 janv., dim. soir et lundi sauf fériés
Rest – (14 €) Menu 16/52 € – Carte 29/60 €
◆ Ancien relais de poste au centre du village. Recettes de tradition avec les fameuses asperges locales (en saison) dans une salle ornée de fresques et de tableaux à motifs floraux.

GUENROUËT – 44 Loire-Atlantique – **316** E2 – 2 780 h. – alt. 30 m   **34** A2
– ⊠ 44530
▶ Paris 430 – Nantes 56 – Redon 21 – St-Nazaire 41

XXX   **Relais St-Clair**   🚕 *AC* *VISA* ⓒⓞ
⌘   *31 r. de l'Isac, (rte de Nozay) – ℰ 02 40 87 66 11 – www.relais-saint-clair.com*
– Fermé mardi soir, merc. soir et lundi
Rest – (25 € bc) Menu 29/95 € bc – Carte 38/82 € 🍇
Rest *Le Jardin de l'Isac* – *(fermé mardi soir, merc. soir et lundi sauf du 15 juin au 15 sept.)* (10 €) Menu 13 € (déj. en sem.)/20 € – Carte 21/54 €
◆ Dans cette bâtisse fleurie qui surplombe le canal de Nantes à Brest, on privilégie les menus et les produits locaux (poissons, coquillages). Belle carte des vins. À l'étage inférieur, sous les glycines, formule brasserie (grillades et buffets) au Jardin de l'Isac.

XX   **Le Paradis des Pêcheurs**   🚗 **P** *VISA* ⓒⓞ
au Cougou, 5 km au Nord-Ouest par D 102 – ℰ 02 40 87 64 10 – Fermé vacances de la Toussaint, de fév., lundi soir, mardi soir, jeudi soir et merc.
Rest – (11 €) Menu 20/34 € – Carte 36/43 €
◆ Dans un hameau tranquille de l'Argoat, une auberge rustique des années 1930 (poutres et cheminée). Après le repas, d'inspiration régionale, on peut se promener dans le parc.

GUÉRANDE – 44 Loire-Atlantique – **316** B4 – 15 226 h. – alt. 54 m   **34** A2
– ⊠ 44350 ▮ Bretagne
▶ Paris 450 – La Baule 6 – Nantes 77 – St-Nazaire 20
🛈 1, place du Marché au Bois ℰ 08 20 15 00 44
◉ Collégiale St-Aubin★.

🏨   **Hôtel de la Cité** sans rest   🏊 ℔ 🛗 ᵶ *AC* 🌐 🏋 **P** *VISA* ⓒⓞ *AE*
2 pl. Dolgellau – ℰ 02 40 22 02 20 – www.hotel-guerande.com
60 ch – ♦69/189 € ♦♦75/195 € – ☲ 12 €
◆ À 1 km de la cité, dans une zone d'activités, cet hôtel flambant neuf offre un bon rapport qualité-prix : literie moelleuse, matériaux contemporains (résine, stuc), photos graphiques...

⌂   **La Guérandière** sans rest   🚗 🌐 **P** *VISA* ⓒⓞ
5 r. Vannetaise – ℰ 02 40 62 17 15 – www.guerandiere.com
5 ch – ♦61/81 € ♦♦61/81 € – ☲ 10 €
◆ Demeure du 19ᵉ s. pleine de charme, au pied des remparts. Chambres cosy et colorées, plusieurs avec cheminée. L'été, petit-déjeuner servi dans le jardin ou sous la verrière.

X   **Les Remparts**   *VISA* ⓒⓞ *AE*
⌘   *bd Nord – ℰ 02 40 24 90 69 – Fermé le soir de nov. à mi-mars, dim. soir et lundi sauf août*
Rest – Menu 18 € (déj. en sem.)/29 €
◆ Face aux remparts, ce petit restaurant propose mets classiques et poissons, saupoudrés, bien sûr, de sel de Guérande. Chambres ultrasimples et désuettes, mais calmes.

LA GUERCHE-DE-BRETAGNE – 35 Ille-et-Vilaine – **309** O7   **10** D2
– 4 155 h. – alt. 77 m – ⊠ 35130 ▮ Bretagne
▶ Paris 324 – Châteaubriant 30 – Laval 53 – Redon 84
🛈 30, rue Du Guesclin ℰ 02 99 96 30 78

XX **La Calèche** avec ch 🕸 📶 🅿 VISA ◉

😶 *16 av. du Gén.-Leclerc – ☏ 02 99 96 21 63 – www.restaurant-la-caleche.com*
– Fermé 2-25 août, 25-31 déc., lundi, vend. soir et dim. soir

😃 **13 ch** – †50 € ††62 € – ☵ 11 € – ½ P 70 €
Rest – (14 €) Menu 16 € (sem.), 26/35 € – Carte 45/69 €
♦ Généreuse cuisine du terroir servie dans une sobre salle à manger complétée par une véranda et un petit espace bistrot. Chambres fonctionnelles.

GUÉRET 🅿 – 23 Creuse – **325** I3 – 13 789 h. – alt. 457 m – ⊠ 23000 **25** C1
▌Limousin Berry

🔼 Paris 351 – Châteauroux 90 – Limoges 93 – Montluçon 66
🔃 1, rue Eugène France ☏ 05 55 52 14 29
◎ Émaux Champlevés★ du musée d'art et d'archéologie de la Sénatorerie.

🏨 **Auclair** sans rest 🔟 📶 ⴷ 🅰🅲 📶 VISA ◉

19 av. de la Sénatorerie – ☏ 05 44 00 03 93 – www.hotelauclair.fr
31 ch – †63/70 € ††63/70 € – ☵ 8 €
♦ Cet hôtel arbore un bel esprit actuel. Décor épuré dans les chambres, bar intimiste, terrasse avec piscine... Les tons chocolat et or dominent l'ensemble. Restauration d'appoint.

XXX **Le Coq en Pâte** 🚲 🕸 ⴷ 🅿 VISA ◉

😶 *2 r. de Pommeil – ☏ 05 55 41 43 43 – Fermé 27 juin-13 juil., 19 fév.-10 mars, dim.*
soir hors saison et lundi soir
Rest – Menu 18 € (sem.), 28/56 € – Carte 54/85 €
♦ Dans cette maison bourgeoise (19ᵉ s.) joliment restaurée ou sur sa terrasse regardant un agréable jardin arboré, on savoure avec plaisir une cuisine actuelle généreuse et soignée.

à Ste-Feyre 7 km à l'Est – 2 254 h. – alt. 450 m – ⊠ 23000

XX **Le Point du Jour** 🅰🅲 VISA ◉

😶 *1 pl. de la Mairie – ☏ 05 55 80 00 07 – Fermé 1ᵉʳ-15 janv., merc. soir, dim. soir et*
lundi
Rest – (12 €) Menu 18 € (sem.), 28/48 € – Carte 20/55 €
♦ Nouvelle équipe dynamique dans cet ancien relais de poste qui fait face à l'église. Coquette salle à manger (tissus fleuris) pour une appétissante cuisine au goût du jour.

GUÉRY (LAC DE) – 63 Puy-de-Dôme – **326** D9 – rattaché au Mont-Dore

---

GUÉTHARY – 64 Pyrénées-Atlantiques – **342** C4 – 1 322 h. – alt. 15 m **3** A3
– ⊠ 64210 ▌Pays Basque et Navarre

🔼 Paris 780 – Bayonne 25 – Biarritz 9 – Pau 125
🔃 74, rue du Comte de Swiecinski ☏ 05 59 26 56 60

🏨 **Villa Catarie** sans rest 🌭 🔟 📶 ⴷ 🅿 VISA ◉ 🅰🅴 ①

415 av. du Gén. de Gaulle – ☏ 05 59 47 59 00 – www.villa-catarie.com
14 ch – †130/220 € ††130/220 € – 2 suites – ☵ 12 €
♦ Ravissante demeure basque de 1830, à deux pas du port et des plages. Chambres cosy, aux tons pastel. L'été, petit-déjeuner servi au jardin. Il règne ici un esprit familial.

🏨 **Brikéténia** (Martin et David Ibarboure) ≤ 🕸 📶 ⴷ 🅰🅲 rest, 🅿 VISA ◉ 🅰🅴

😁 *r. de l'Église – ☏ 05 59 26 51 34 – www.briketenia.com – Fermé 2-24 nov.*
15 ch – †75/95 € ††80/98 € – ☵ 10 €
Rest – (fermé mardi du 15 sept. au 30 juin) Menu 33 € (déj. en sem.), 46/78 €
– Carte 55/98 €
Spéc. Éloge de langoustine en cinq étapes. Pigeon façon thaï et cuisses en samoussa. Trilogie de fraise (été). **Vins** Irouléguy, Bergerac.
♦ Le relais de poste du 17ᵉ s. abrite les chambres, dont certaines avec balcon. Le restaurant occupe une demeure des années 1930. On y déguste une cuisine de grande qualité, tant par ses produits que son exécution : plats légers et parfumés, sur des bases classiques.

Arguibel sans rest 🏠   P VISA ⬤⬤ AE

1146 chemin de Laharraga – ✆ *05 59 41 90 46 – www.arguibel.fr – Fermé 3 janv.-10 fév.*
5 ch – ♦120/215 € ♦♦120/285 € – ⌷ 15 €
◆ Superbe villa de style néobasque, à l'intérieur très raffiné, mariant objets design, meubles traditionnels et toiles d'artistes contemporains... Chaque chambre a sa personnalité.

LE GUÉTIN – 18 Cher – **323** O5 – ✉ 18150   **12** D3

▶ Paris 252 – Bourges 58 – La Guerche-sur-l'Aubois 11 – Nevers 13

Auberge du Pont-Canal   VISA ⬤⬤

37 r. des Ecluses – ✆ *02 48 80 40 76 – www.auberge-du-pont-canal.fr – Fermé 2-10 janv. et lundi*
Rest – Menu 13 € (déj. en sem.), 20/30 € – Carte 30/45 €
◆ Dans cette petite auberge familiale jouxtant le pont de l'Allier, la tradition est à l'honneur... Ris de veau, cuisses de grenouille et friture font la fierté de la maison.

GUEWENHEIM – 68 Haut-Rhin – **315** G10 – 1 205 h. – alt. 323 m   **1** A3
– ✉ 68116

▶ Paris 458 – Altkirch 23 – Belfort 36 – Mulhouse 21

De la Gare   🍽 🏠 AC P VISA ⬤⬤

2 r. Soppe – ✆ *03 89 82 51 29 – Fermé 26 juil.-12 août, 16 fév.-4 mars, mardi soir et merc.*
Rest – (10 €) Menu 30/75 € – Carte 25/50 €
◆ Un ancien café de village, fort sympathique, tenu par la même famille depuis 1874. Plats traditionnels et du terroir. La superbe carte des vins mérite le voyage.

GUIDEL – 56 Morbihan – **308** K8 – 9 877 h. – alt. 38 m – ✉ 56520   **9** B2

▶ Paris 511 – Lorient 14 – Pont-Aven 26 – Quimper 60
🛈 9, rue Saint-Maurice ✆ 02 97 65 01 74

Le Domaine de Kerbastic 🏠   🎵 ⬚ & ⬥ 🏊 P VISA ⬤⬤ AE ①

rte de Locmaria – ✆ *02 97 65 98 01 – www.domaine-de-kerbastic.com – Fermé 1er janv.-28 fév.*
17 ch – ♦180/360 € ♦♦180/360 € – ⌷ 17 € – ½ P 120/195 €
Rest – (30 € bc) Menu 55/88 € – Carte 47/60 €
◆ Colette, Proust, Cocteau... que d'hommes illustres ont séjourné dans cette demeure princière ! Depuis 2007, elle s'est muée en hôtel luxueux, très privé... à votre tour de vous délecter de son charme raffiné ! Au restaurant règnent l'élégance et la tradition.

GUILLESTRE – 05 Hautes-Alpes – **334** H5 – 2 247 h. – alt. 1 000 m   **41** C1
– ✉ 05600 ▌Alpes du Sud

▶ Paris 715 – Barcelonnette 51 – Briançon 36 – Digne-les-Bains 114
🛈 Maison du tourisme place Salva ✆ 04 92 45 04 37
◉ Porche★ de l'église - Pied-la-Viste ⩽★ E : 2 km - Peyre-Haute ⩽★ S : 4 km puis 15 mn.
◉ Combe du Queyras★★ NE : 5,5 km.

Dedans Dehors 🍽

ruelle Sani – ✆ *04 92 44 29 07 – Ouvert mi-mai à fin sept.*
Rest – Carte 20/35 €
◆ Une ruelle médiévale dessert cette cave voûtée : tartines, salades et cuisine du terroir à la plancha, le tout agrémenté de fleurs et d'herbes folles. Un bistrot éclectique !

à Mont-Dauphin gare **4 km au Nord-Ouest par D 902^{A} et N 94 – 87 h. – alt. 1 050 m – ✉ 05600**

ℹ rue Rouget de Lisle ✆ 04 92 45 17 80

👁 Charpente★ de la caserne Rochambeau.

⌂ ⊚ **Lacour et rest. Gare** ⛱ 🚭 rest, 📶 👥 🅿 VISA MC AE

– ✆ 04 92 45 03 08 – www.hotel-lacour.com – Fermé sam. sauf juil.-août et de Noël à Pâques

46 ch – †57/68 € ††57/68 € – ☕ 8 € – ½ P 51/58 €

Rest – (13 €) Menu 17 € (sem.), 23/30 € – Carte 20/45 €

◆ En contrebas des fortifications de Mont-Dauphin, cet hôtel familial et son annexe proposent des chambres d'un confort simple, plus au calme côté jardin. Restaurant contemporain logé dans un autre bâtiment ; cuisine régionale, buffet de hors-d'œuvres.

à Mont-Dauphin **6 km au Nord-Ouest par D 37 – 130 h. – alt. 1 050 m – ✉ 05600**

ℹ Quartier des Artisans d'Art ✆ 04 92 45 17 80

⌂ **La Maison du Guil** ⛱ 🚭 📶 🅿

La Font d'Eygliers – ✆ 04 92 50 16 20 – www.lamaisonduguil.com – Fermé17 avril-2 mai, 21 août-5 sept. et 22 oct.-15 déc.

4 ch ☕ – †110/130 € ††110/130 € **Table d'hôte** – Menu 35 €

◆ Au-dessus des gorges du Guil, ancien prieuré du 16e s. restauré avec inspiration : entre vieilles pierres et mobilier design de qualité, intimité ainsi que charme sont au rendez-vous. Cuisine du marché inventive, servie sous les voûtes de l'ancienne bergerie.

GUILLIERS – 56 Morbihan – 308 Q6 – 1 287 h. – alt. 86 m – ✉ 56490 — 10 C2

▶ Paris 418 – Dinan 66 – Lorient 91 – Ploërmel 13

⌂⌂ ⊚ ☺ **Au Relais du Porhoët** ⛱ 🚭 ch, 📶 🅿 VISA MC AE

11 pl. de l'Église – ✆ 02 97 74 40 17 – www.aurelaisduporhoet.com – Fermé 2 sem. en janv.

12 ch – †40/51 € ††45/59 € – ☕ 8 € – ½ P 41/46 €

Rest – *(fermé dim. soir et lundi sauf en juil.-août)* (10 €) Menu 14 € (déj. en sem.), 20/44 € – Carte 24/43 €

◆ Une auberge fort avenante disposant de chambres classiques et bien insonorisées. Au restaurant, cheminée monumentale et atmosphère joliment rustique : l'endroit idéal pour savourer une cuisine régionale, généreuse et bien faite.

GUINGAMP ⓢⓟ – 22 Côtes-d'Armor – 309 D3 – 7 693 h. – alt. 81 m — 9 B1

– ✉ 22200 📗 Bretagne

▶ Paris 484 – Carhaix-Plouguer 49 – Lannion 32 – Morlaix 53

ℹ 2, place Champ au Roy ✆ 02 96 43 73 89

⛳ de Bégard à Bégard Krec'h An Onn, par rte de Lannion : 13 km, ✆ 02 96 45 32 64

👁 Basilique N.D.-de-Bon-Secours★ B.

⌂⌂ **La Demeure** sans rest ⛱ 🚭 📶 VISA MC

5 r. Gén. de Gaulle – ✆ 02 96 44 28 53 – www.demeure-vb.com – Fermé 27 juin-4 juil., 29 août-5 sept., 1er-17 janv. et dim. d'oct. à avril Bb

10 ch – †66/145 € ††85/145 € – ☕ 9 €

◆ En centre-ville, ancienne maison de notable (18e s.) vous hébergeant dans de vastes chambres pourvues de meubles de style. Petit-déjeuner dans une véranda ouverte sur le jardin.

⌂ **De l'Arrivée** sans rest 🏋 🛗 ♿ 📶 👥 VISA MC AE ⓓ

19 bd Clemenceau, (face à la gare) – ✆ 02 96 40 04 57 – www.hotel-arrivee.com

27 ch – †44/106 € ††58/106 € – ☕ 10 € Ba

◆ L'enseigne évoque la proximité de la gare ferroviaire. À l'arrivée ou au départ de Guingamp, cet hôtel s'avère pratique avec ses chambres sans ampleur mais bien rénovées.

Carmélites (R. des) . . . . A 2
Centre (Pl. du) . . . . AB
Champ-au-Roy (Pl.) . . . . B 3
Clemeceau (Bd G.) . . . . B 4
Cosquer (R. du) . . . . A 5
Notre-Dame (R.) . . . . B 6
Ponts-St-Michel (R. des) . . . . . . A 7
Renan (R.) . . . . A 8
Rustang (R.) . . . . B 9
St-Michel (R.) . . . . A 10
St-Yves (R.) . . . . A 12
Vally (Pl. et R. du) . . . . B 13

XX **La Boissière**

90 r. Yser, 1 km par ⑧ – ✆ 02 96 21 06 35
– www.restaurant-la-boissiere.com
– Fermé 28 fév.-14 mars, 22 août-5 sept., sam. midi, dim. soir et lundi
Rest – (14 €) Menu 16 € (déj. en sem.), 23/60 € – Carte 32/64 €

◆ Demeure en pierre du pays, digne d'une vieille maison de famille, au cœur d'un parc verdoyant (jeux pour enfants). Décor classique et cuisine de tradition appuyée sur les saisons.

XX **Le Clos de la Fontaine**

9 r. du Gén.-de-Gaulle – ✆ 02 96 21 33 63 – Fermé 15-31 juil., 26 fév.-14 mars, mardi soir, dim. soir et lundi **Bd**
Rest – (15 €) Menu 28/43 € – Carte 34/47 €

◆ Restaurant vous conviant à un repas traditionnel actualisé dans l'une de ses deux salles classiquement aménagées, avec parquet et pierres apparentes, ou sur sa terrasse-patio.

GUISSENY – 29 Finistère – 308 E3 – 1 796 h. – alt. 18 m – ✉ 29880 — 9 A1

Paris 591 – Brest 35 – Landerneau 27 – Morlaix 56

place Saint Sezny ✆ 02 98 25 67 99

Auberge de Keralloret

3 km au Sud par D 10 et rte secondaire
– ✆ 02 98 25 60 37 – www.keralloret.com
– Fermé 5-30 janv.
11 ch – 54/62 € 62/81 € – 10 € – ½ P 60/71 €
Rest – *(fermé vend. soir d'oct. à avril et le midi) (résidents seult)*
Menu 21/37 €

◆ Goûtez au charme et à la tranquillité de cette vieille ferme joliment rénovée. Le décor contemporain des chambres, réparties dans plusieurs maisons de granit, s'inspire de la région. Au restaurant, cuisine traditionnelle et chaleureuse atmosphère rustique.

GUJAN-MESTRAS – 33 Gironde – **335** E7 – 17 031 h. – alt. 5 m
– Casino – ⊠ 33470 🟩 Aquitaine

3 B2

▶ Paris 638 – Andernos-les-Bains 26 – Arcachon 10 – Bordeaux 56
🛈 19, avenue de Lattre-de-Tassigny 𝒞 05 56 66 12 65
�"27" Gujan-Mestras Rte de Sanguinet, S : 5 km par D 1250 et D 65, 𝒞 05 57 52 73 73
⊙ Parc ornithologique du Teich★ E : 5 km.

La Guérinière   ⬆ ⤢ AC 🍴 📶 🅿 VISA ⬤⬤ AE ⓞ
18 cours de Verdun, à Gujan – 𝒞 05 56 66 08 78 – www.lagueriniere.com
23 ch – ♦125/170 € ♦♦125/170 € – 2 suites – ⊡ 12 € – ½ P 130/150 €
Rest – (fermé sam. midi) Menu 42/100 € – Carte 75/130 €
Spéc. Huîtres du banc d'Arguin, caviar de Gironde. Sole meunière nacrée au jus
de poulet, cèpe et raviole de pomme de terre (automne). Soufflé chaud au
Grand Marnier. **Vins** Médoc, Graves.
◆ Maison moderne située au centre du principal port ostréicole du bassin d'Arcachon. Chambres spacieuses, aménagées avec goût dans un esprit zen et épuré.
Cuisine actuelle parfumée à savourer au bord de la piscine ou dans la salle au
décor contemporain.

GUNDERSHOFFEN – 67 Bas-Rhin – **315** J3 – 3 462 h. – alt. 180 m
– ⊠ 67110

1 B1

▶ Paris 466 – Haguenau 16 – Sarreguemines 61 – Strasbourg 45

Le Moulin sans rest ⤴   🔇 ⬆ AC 🍴 📶 🅿 VISA ⬤⬤ AE
r. Moulin – 𝒞 03 88 07 33 30 – www.hotellemoulin.com – Fermé 31 juil.-23 août,
2-9 janv. et 20 fév.-6 mars
11 ch – ♦90 € ♦♦90/230 € – 1 suite – ⊡ 19 €
◆ Ancien moulin au milieu d'un beau parc où coule une rivière. Chambres au
décor soigné, joliment rustiques ou contemporaines. Calme, raffinement et...
accueil charmant !

Le Cygne (François Paul)   ⬆ AC ⟷ VISA ⬤⬤ AE
35 Gd'Rue – 𝒞 03 88 72 96 43 – www.aucygne.fr
– Fermé 31 juil.-23 août, 2-9 janv., 20 fév.-6 mars, dim. soir, mardi midi et lundi
Rest – Menu 50 € (sem.), 60/105 € – Carte 85/95 € ⬰
Spéc. Fricassée de grenouilles fraîches aux oignons grillés, schniederspädle, herbes du potager. Selle de chevreuil, compotée de pommes et figues, spaetzele,
sauce aux épices douces. Beignets de quetsches d'Alsace, sabayon quetsche,
crème glacée à la cannelle (automne). **Vins** Riesling, Pinot noir
◆ Un Cygne plein d'élégance ! En noble maître-queux, François Paul signe une
cuisine raffinée, où l'invention le dispute au classicisme, entre saveurs d'ici et
d'ailleurs... Derrière sa belle façade à colombages, la maison mêle style régional
et notes contemporaines.

Le Soufflet   🔛 VISA ⬤⬤ AE
13 r. de la Gare – 𝒞 03 88 72 91 20 – www.lesoufflet.fr – Fermé sam. midi, lundi
soir et merc. soir
Rest – Menu 27/48 € – Carte 40/70 €
Rest *Bahnstub* – (13 €) Carte 30/50 €
◆ Derrière la façade fleurie de ce restaurant, découvrez une salle plaisante et
sobre et savourez une cuisine classique. Aux beaux jours, repas sous la pergola.
Ambiance familiale à la Bahnstub : plats du jour et spécialités alsaciennes.

GY – 70 Haute-Saône – **314** C8 – 1 034 h. – alt. 237 m – ⊠ 70700
🟩 Franche-Comté Jura

16 B2

▶ Paris 356 – Besançon 32 – Dijon 69 – Dôle 50
🛈 Grande rue 𝒞 03 84 32 93 93
⊙ Château★.

Pinocchio sans rest ⤴   ⬲ ⤢ 🍴 📶 📶 🅿 VISA ⬤⬤
3 r. Beauregard – 𝒞 03 84 32 95 95 – www.hotel-pinocchio.fr – Fermé vacances
de Noël
14 ch – ♦45/50 € ♦♦70/82 € – ⊡ 10 €
◆ La décoration de cette jolie maison régionale en pierre est un hommage à la
célèbre marionnette ! Chambres sobres, claires et confortables. Charmant jardin
avec piscine.

HABÈRE-POCHE – 74 Haute-Savoie – 328 L3 – 1 135 h. – alt. 945 m   46 F1
– Sports d'hiver – ⊠ 74420

▶ Paris 564 – Annecy 63 – Bonneville 33 – Genève 37
🛈 Chef-Lieu 𝒞 04 50 39 54 46
⊙ Col de Cou★ NO : 4 km ▮ Alpes du Nord

☓   **Tiennolet**   🛋 **P** 𝚟𝚒𝚜𝚊 ⦿ 𝔸𝔼
– 𝒞 04 50 39 51 01 – Fermé 2-28 juin, 18 oct.-11 nov., dim. soir, mardi soir et
merc. sauf vacances scolaires
Rest – (15 €) Menu 27/38 € – Carte 40/60 €
♦ Au centre du village, chaleureux restaurant montagnard avec terrasse exposée
plein sud. Cuisine traditionnelle et régionale.

HAGETMAU – 40 Landes – 335 H13 – 4 583 h. – alt. 96 m – ⊠ 40700   3 B3
▮ Aquitaine

▶ Paris 737 – Aire-sur-l'Adour 34 – Dax 45 – Mont-de-Marsan 29
🛈 place de la République 𝒞 05 58 79 38 26
⊙ Chapiteaux★ de la Crypte de St-Girons.

🏚   **Les Lacs d'Halco** ⤳   ← 🐎 🔲 ✕ & 𝔸𝔼 ✕ rest, ੧੧ 𝒜 **P** 𝚟𝚒𝚜𝚊 ⦿ 𝔸𝔼
3 km au Sud-Ouest par rte de Cazalis – 𝒞 05 58 79 30 79
– www.hotel-des-lacs-dhalco.fr
23 ch – ♥100/150 € ♥♥100/150 € – �⊇ 16 € – ½ P 100/130 €
Rest – (22 €) Menu 30/60 € – Carte 39/60 €
♦ Acier, verre, bois et pierre : esprit zen dans cet étonnant "paquebot" design
ouvert sur la nature, entre lac et forêt. Belles chambres contemporaines ; barques,
minigolf, etc. Un restaurant en rotonde, presque posé sur l'eau, et une appétissante cuisine du terroir.

🏠   **Le Jambon** ⤳   🛋 ⤬ 𝔸𝔼 rest, ੧੧ **P** 𝚟𝚒𝚜𝚊 ⦿ 𝔸𝔼 ①
➾   245 av. Carnot – 𝒞 05 58 79 32 02 – www.hotellejambon.fr – Fermé janv., dim.
soir et lundi
🍽   **7 ch** – ♥60 € ♥♥70/80 € – ⊇ 7 €   **Rest** – Menu 15 € (sem.)/45 €
♦ Cette grande maison du centre-ville héberge des chambres spacieuses ; toutes
donnent sur l'espace piscine joliment fleuri. Bonne insonorisation et tenue rigoureuse. Généreuse cuisine traditionnelle et landaise servie dans une confortable
salle bourgeoise.

HAGONDANGE – 57 Moselle – 307 I3 – 9 137 h. – alt. 160 m   26 B1
– ⊠ 57300 ▮ Alsace Lorraine

▶ Paris 324 – Luxembourg 49 – Metz 21 – Thionville 17
🛈 place Jean Burger 𝒞 03 87 70 35 27

☓☓   **Quai des Saveurs** (Frédéric Sandrini)   𝔸𝔼 ⇔ **P** 𝚟𝚒𝚜𝚊 ⦿ 𝔸𝔼
🕸   69 r. de la Gare – 𝒞 03 87 71 24 98 – www.quaidessaveurs.com – Fermé
16-31 août, 12-27 fév., dim. soir et lundi
Rest – Menu 38/65 € – Carte 60/85 € 🈂
Spéc. Cèpes en cocotte, réduction de vin rouge, toast croustillant à la ventrèche
de cochon (août à oct.). Tête de veau en croûte de pomme de terre, condiment
citron confit-girolles et piquillos (printemps). Soufflé chaud à la mirabelle de Lorraine. **Vins** Vins de Moselle.
♦ Face à la gare, un restaurant à la devanture engageante. Dans la salle à manger contemporaine et son impressionnant aquarium, une cuisine actuelle, fraîche
et séduisante.

HAGUENAU – 67 Bas-Rhin – 315 K4 – 34 891 h. – alt. 150 m   1 B1
– ⊠ 67500 ▮ Alsace Lorraine

▶ Paris 478 – Baden-Baden 41 – Sarreguemines 93 – Strasbourg 33
🛈 place de la Gare 𝒞 03 88 93 70 00
🏌 Soufflenheim Baden-Baden à Soufflenheim Allée du Golf, E : 14 km par
D 1063, 𝒞 03 88 05 77 00
⊙ Musée historique★ BZ M² - Retable★ dans l'église St-Georges
- Boiseries★ dans l'église St-Nicolas.

Plan page suivante

741

HAGUENAU

LANDAU
WISSEMBOURG, D 263

BADEN-BADEN
D 1063 SOUFFLENHEIM

0   200 m

SARREGUEMINES
NIEDERBRONN-LES-BAINS

D 1062

SCHWEIGHOUSE-S-MODER

A 4 - E 25 STRASBOURG
SAVERNE

MARIENTHAL

Armes (Pl. d')	**AZ**	2
Bitche (Rte de)	**AY**	3
Château (R. du)	**AY**	4
Gaulle (Pl. Ch.-de)	**AY**	6
Grand'Rue	**ABYZ**	
Moder (R. de la)	**AY**	9
République (Pl. de la)	**ABZ**	10
Rhin (Rte du)	**BY**	12
Schweighouse (Rte de)	**AZ**	14
Soufflenheim (Rte de)	**BY**	15
Strasbourg (Rte de)	**AZ**	17

✕✕✕ Le Jardin

🍴 ⚅ AC P VISA ⬤

*16 r. Redoute – ✆ 03 88 93 29 39 – www.lejardinhaguenau.fr
– Fermé 3-18 août, 27 fév.-12 mars, mardi et merc.*   **BZn**
Rest – (16 €) Menu 36/50 € bc

♦ Levez les yeux pour contempler l'élégant plafond de style Renaissance de la salle.
Puis savourez une bonne cuisine classique, assez épurée ; le poisson y est à l'honneur.

au Sud-Est 3 km par D 329 et rte secondaire – ✉ 67500 Haguenau

---

🏠 Champ'Alsace

🔲 ⚅ AC rest, ⚏ ♨ P VISA ⬤ AE ①

12 r. St-Exupéry – ✆ 03 88 93 30 13 – www.champ-alsace.com
40 ch – ♦65 € ♦♦65 € – ☑ 8,50 €
Rest – *(fermé août, vend., sam. et dim.)* Menu 18 €

♦ Dans une zone artisanale, non loin de l'aérodrome. Chambres propres et spacieuses, la plupart décorées de grandes fresques invitant au voyage : "Afrique",
"Russie"… et même l'Amérique avec "Obama" ! Restauration simple servie dans
deux salles contemporaines.

LA HAIE-TONDUE – 14 Calvados – **303** M4 – ✉ 14950   **32** A3
▶ Paris 198 – Caen 41 – Deauville 15 – Le Havre 53

✕✕ La Haie Tondue

🍴 AC P VISA ⬤ AE

*– ✆ 02 31 64 85 00 – www.restaurants.deauville.com – Fermé 1 sem. en juin,
1 sem. en nov., 2 sem. en janv., lundi soir sauf août et mardi d'oct. à mars*
Rest – (18 €) Menu 26/42 € – Carte 25/47 €

♦ Accueil chaleureux en cette maison régionale tapissée de vigne vierge. Salles à la
rusticité affichée (poutres, tables en bois, cheminée). Copieuse cuisine traditionnelle.

742

HAMBACH – 57 Moselle – **307** N4 – 2 670 h. – alt. 230 m – ⊠ 57910   **27** C1

▶ Paris 396 – Metz 70 – Saarbrücken 23 – Sarreguemines 8

Hostellerie St-Hubert ᔥ   🚗 🏡 ✗ 🛜 **P** 𝓥𝓘𝓢𝓐 ⦿ 𝔸𝔼
La Verte Forêt – ℰ 03 87 98 39 55 – www.hostellerie-saint-hubert.com – Fermé 22-30 déc.
51 ch – ♦59/62 € ♦♦79/82 € – 2 suites – � 9 € – ½ P 79 €
Rest – Menu 20/55 € – Carte 25/55 €
♦ Bâtisse de notre temps voisinant avec un étang et un complexe sportif. Les chambres, spacieuses, sont pourvues de meubles en bois peint et parfois d'une loggia. Salles à manger au décor foisonnant, taverne et terrasse près de l'eau ; table traditionnelle.

HAMBYE – 50 Manche – **303** E6 – 1 151 h. – alt. 111 m – ⊠ 50450   **32** A2
🟩 Normandie Cotentin

▶ Paris 316 – Coutances 20 – Granville 30 – St-Lô 25
◉ Église abbatiale★★.

à l'Abbaye 3,5 km au Sud par D 51 – ⊠ 50450 Hambye

✗✗   **Auberge de l'Abbaye** avec ch ᔥ   🏡 𝓥𝓘𝓢𝓐 ⦿
5 rte de l'Abbaye – ℰ 02 33 61 42 19 – Fermé janv., dim. soir et lundi
6 ch – ♦47 € ♦♦52 € – ☕ 9 € – ½ P 65 €
Rest – (17 €) Menu 27/68 € – Carte 38/63 €
♦ Cette maison en pierres de taille, proche des ruines de l'abbaye, dresse sa terrasse d'été dans un petit jardin. Salle à manger de style classique et plats traditionnels. Petites chambres simples et bien tenues.

HANVEC – 29 Finistère – **308** G5 – 1 867 h. – alt. 103 m – ⊠ 29460   **9** A-B2

▶ Paris 568 – Brest 35 – Quimper 48 – Rennes 216

⌂   **Les Chaumières de Kerguan** sans rest ᔥ   🚗 ⅙ ✗ 🛜 **P**
Kerguan, 2 km par rte de Sizun – ℰ 06 01 96 87 53 – http://kerguan.perso.neuf.fr
4 ch ☕ – ♦36 € ♦♦52/54 €
♦ Jolie longère protégée par un toit de chaume, située dans un hameau d'anciennes fermes restaurées. Chambres cosy et petit-déjeuner avec confitures et jus de pomme maison.

HARDELOT-PLAGE – 62 Pas-de-Calais – **301** C4 – ⊠ 62152   **30** A2
Neufchatel Hardelot 🟩 Nord Pas-de-Calais Picardie

▶ Paris 254 – Arras 114 – Boulogne-sur-Mer 15 – Calais 51
🛈 476, avenue Francois-1er ℰ 03 21 83 51 02
⛳ d'Hardelot à Neufchâtel-Hardelot 3 avenue du Golf, E : 1 km, ℰ 03 21 83 73 10

Du Parc ᔥ   🚗 🏡 ⛱ ✗ 🛜 ⅙ 🛜 𝒶 **P** 𝓥𝓘𝓢𝓐 ⦿ 𝔸𝔼 ⓞ
111 av. Francois 1er – ℰ 03 21 33 22 11 – www.hotelduparc-hardelot.com
85 ch – ♦121/204 € ♦♦121/204 € – 1 suite – ☕ 14 € – ½ P 92/129 €
Rest – (22 € bc) Menu 28/39 € – Carte 45/60 €
♦ Complexe hôtelier et sportif récent dans un environnement arboré. Les chambres, spacieuses et douillettes, ouvrent sur le parc. Provision de parfums et de saveurs iodées dans le lumineux restaurant aux murs habillés de boiseries.

Régina   🏡 🛜 𝒶 **P** 𝓥𝓘𝓢𝓐 ⦿ 𝔸𝔼
185 av. François 1er – ℰ 03 21 83 81 88 – www.lereginahotel.fr – Ouvert 25 fév.-27 nov.
42 ch – ♦70/78 € ♦♦70/78 € – ☕ 11 € – ½ P 61/64 €
Rest – (fermé dim. soir d'oct. à juin, mardi midi de juil. à sept. et lundi)
Menu 22/38 € – Carte 24/52 €
♦ Bâtisse moderne, à la lisière de la pinède de cette élégante station de la Côte d'Opale. Chambres claires et fonctionnelles, avec balcon. Au restaurant, produits de la pêche servis dans un chaleureux décor actuel, ou sur l'agréable terrasse.

HARRICOURT – 08 Ardennes – **306** L6 – 53 h. – alt. 180 m – ⊠ 08240   **14** C1

▶ Paris 236 – Châlons-en-Champagne 86 – Charleville-Mézières 61
   – Sedan 42

⌂ **La Montgonière** ⬡   🖎 🕪 🛉 ꚛ **P**
*1 r. St-Georges – ℰ 03 24 71 66 50 – www.lamontgoniere.net
– Fermé janv.*
3 ch 🛏 – 🛉80/90 € 🛉🛉90/110 €
Table d'hôte – Menu 25 €
◆ Au centre du village, demeure familiale du 17ᵉ s. dans un parc avec étang, propice à la détente. Boiseries, bibliothèque (avec jeux), mobilier ancien... Table
d'hôte proposant une cuisine familiale dans un cadre d'époque.

HASPARREN – **64 Pyrénées-Atlantiques** – **342** E4 – 5 742 h. – alt. 50 m   **3 AB3**
– ✉ **64240** ▮ Pays Basque et Navarre
▶ Paris 783 – Bayonne 24 – Biarritz 34 – Cambo-les-Bains 9
🛈 2, place Saint-Jean ℰ 05 59 29 62 02
🄶 Grottes d'Oxocelhaya et d'Isturits ★★ SE : 11 km.

🏠 **Les Tilleuls**   🛗 ꚛ 🛉 **VISA** ◉◉
🕸 *pl. de Verdun – ℰ 05 59 29 62 20 – www.hotelestilleuls.fr – Fermé
14-21 nov., 12 fév.-1ᵉʳ mars, dim. soir et sam. du 25 sept. au 11 juil. sauf fériés*
25 ch – 🛉48/54 € 🛉🛉58/63 € – 🛏 8 € – ½ P 48/55 €
Rest – (12 €) Menu 14/30 € – Carte 23/40 €
◆ Non loin de la maison où vécut l'écrivain Francis Jammes, cette construction
de style basque dispose de chambres simples et bien tenues. Idéal pour l'étape.
Salle à manger rustique et cuisine traditionnelle sans prétention.

au Sud 6km par D152 et voie secondaire - ✉64240 Hasparren

⌂ **Ferme Hégia** (Arnaud Daguin) ⬡   🖎 ꚛ ch, 🛉 **P** **VISA** ◉◉ **AE**
❀ *chemin Curutxeta , (quartier Zelai) – ℰ 05 59 29 67 86 – www.hegia.com*
5 ch (½ P seult) – ½ P 325 €   **Table d'hôte** – *(menu unique résidents seult)*
◆ Si loin de tout... cette ancienne ferme labourdine (1746) n'a que la montagne
pour vis-à-vis ! Entièrement rénové, son décor ultradesign, épuré et superbe, est
propice au calme intérieur. Moment de plaisir autour des fourneaux, où le pro-
priétaire-chef cultive son inspiration au gré du marché...

HASPRES – **59 Nord** – **302** I6 – 2 679 h. – alt. 44 m – ✉ 59198   **31 C3**
▶ Paris 197 – Avesnes-sur-Helpe 49 – Cambrai 18 – Lille 66

🍴🍴 **Auberge St-Hubert**   🖎 🍴 ⇄ **P** **VISA** ◉◉ **AE**
*62 r. A. Brunet, rte Denain 1km D 955 – ℰ 03 27 25 70 97
– www.lestoquesblanchesduhainaut.com – Fermé août, 3-12 janv., dim. soir et
lundi sauf fériés*
Rest – Menu 20 € (sem.), 25/48 € bc – Carte 37/55 €
◆ Les habitués apprécient cette coquette auberge de la Vallée de la Selle pour
son petit jardin, ses salles à manger champêtres et sa cuisine traditionnelle (gibier
en saison).

HAUTEFORT – **24 Dordogne** – **329** H4 – 1 120 h. – alt. 160 m   **4 D1**
– ✉ **24390** ▮ Périgord Quercy
▶ Paris 466 – Bordeaux 189 – Brive-la-Gaillarde 57 – Périgueux 59
🛈 place du Marquis J. F. de Hautefort ℰ 05 53 50 40 27

🏠 **Au Périgord Noir** sans rest ⬡   ⇐ ⊼ 🖧 🄰🄲 🛉 **P** **VISA** ◉◉
La Genèbre – ℰ 05 53 50 40 30 – www.hotel-perigordnoir.com
29 ch – 🛉45/50 € 🛉🛉47/52 € – 🛏 6,50 €
◆ Bâtisse récente face au château de Hautefort, proposant des chambres très
fonctionnelles, bien tenues et calmes. Réception partiellement automatisée.

HAUTE-GOULAINE – **44 Loire-Atlantique** – **316** H4 – **rattaché à Nantes**

HAUTELUCE – **73 Savoie** – **333** M3 – 887 h. – alt. 1 150 m – ✉ 73620   **45 D1**
▮ Alpes du Nord
▶ Paris 606 – Albertville 24 – Annecy 62 – Chambéry 77
🛈 316, Avenue des Jeux Olympiques ℰ 04 79 38 90 30

La Ferme du Chozal ⊜ ⟨ 🚗 🌳 ⤴ ⅙ ch, ⅙ rest, ⅙ 🅿️ 💳 ⓪
– ℰ 04 79 38 18 18 – www.lafermeduchozal.com – Ouvert de début juin
à début oct. et de mi-déc. à mi-avril
11 ch – ♦110/155 € ♦♦110/300 € – ⌂ 15 € – ½ P 105/200 €
Rest – (fermé lundi midi, mardi midi et merc. midi en juil.-août et dim. soir
en juin et sept.) Menu 28/100 € bc – Carte 52/69 €🍴
♦ Alliance du confort moderne et du charme savoyard dans cette ancienne
ferme : chambres douillettes, salon-bibliothèque et espace bien-être (sauna, hammam, jacuzzi, massages). Cuisine actuelle aux associations originales et belle carte
de vins des Alpes (France, Suisse, Italie...).

HAUTERIVES – 26 Drôme – **332** D2 – 1 532 h. – alt. 299 m – ⊠ 26390   **43** E2
▌Lyon Drôme Ardèche
▶ Paris 540 – Grenoble 77 – Lyon 85 – Valence 46
▣ Place Galaure ℰ 04 75 68 86 82
◎ Le Palais Idéal★★.

Le Relais   🌳 ⅙ ⥂ 🅿️ 💳 ⓪
1 pl. Gén.-de-Miribel – ℰ 04 75 68 81 12 – www.hotel-relais-drome.com – Fermé
15 janv.-28 fév., dim. soir et lundi sauf juil.-août
16 ch – ♦58 € ♦♦66 € – ⌂ 8,50 € – ½ P 55 €
Rest – Menu 17/37 € – Carte 50/80 €
♦ Les visiteurs du "Palais idéal" édifié par le facteur Cheval pourront faire étape
dans cette solide maison à la façade en galets roulés. Chambres simples et bien
tenues. Petits plats traditionnels servis dans la salle rustique ou en terrasse.

LES HAUTES-RIVIÈRES – 08 Ardennes – **306** L3 – 1 781 h.   **14** C1
– alt. 175 m – ⊠ 08800 ▌Champagne Ardenne
▶ Paris 254 – Châlons-en-Champagne 150 – Charleville-Mézières 22 – Sedan 29
◎ Croix d'Enfer ⩤ ★ S : 1,5 km par D 13 puis 30 mn - Vallon de
    Linchamps★ N : 4 km.

Auberge en Ardenne   🌳 ⅙ 💳 ⓪
15 r. Hôtel de Ville – ℰ 03 24 53 41 93 – www.auberge-ardennes.fr – Fermé
20 déc.-10 janv.
14 ch – ♦50 € ♦♦50 € – ⌂ 7 € – ½ P 50 €
Rest – (fermé sam. midi et dim. soir hors saison) (11 €) Menu 13/40 € Carte 18/37 €
♦ Les chambres de cette auberge sont réparties dans des bâtiments situés de chaque
côté de la rue. Ensemble sobre, fonctionnel et bien tenu. Deux salles de restaurant :
l'une rustique logée dans l'ex-étable, l'autre plus contemporaine ouverte sur la rivière.

Les Saisons   🅰️🅲 💳 ⓪
5 Grande Rue – ℰ 03 24 53 40 94 – www.restaurant-lessaisons.com
– Fermé 16-31 août, 28 fév.-6 mars, dim. soir, merc. soir et lundi
Rest – (13 €) Menu 25/50 € – Carte 29/50 €
♦ Ici, la cuisine traditionnelle valorise les produits locaux : jambon de sanglier ou
de pays, gibier et champignons en saison... Plusieurs salles dont une réservée au
menu du jour.

HAUTEVILLE-LÈS-DIJON – 21 Côte-d'Or – **320** J5 – rattaché à Dijon

---

LE HAVRE ⊜ – 76 Seine-Maritime – **304** A5 – 182 580 h. –   **33** C2
Agglo. 248 547 h. – alt. 4 m – Casino **HZ** – ⊠ 76600 ▌Normandie Vallée de la Seine
▶ Paris 198 – Amiens 184 – Caen 90 – Lille 318
Pont de Normandie : péage en 2010 : autos 5 €, auto et caravane 5,80 €,
    camions et autocars 6,30 à 12,50 €, gratuit pour motos.
🛫 du Havre-Octeville : ℰ 02 35 54 65 00 **A**.
🚂 186, boulevard Clemenceau ℰ 02 32 74 04 04
⛴ du Havre à Octeville-sur-Mer 17 chemin Saint Supplix, par rte d'Etretat :
    10 km, ℰ 02 35 46 36 50
◎ Port★★ **EZ** - Quartier moderne★ **EFYZ** : église St-Joseph★★**EZ**, pl. de
    l'Hôtel-de-Ville★ **FY**47, Av. Foch★ **EFY** - Musée André-Malraux★★ **EZ**
    - Maison de l'Armateur ★★ **GZ**.
◉ Ste-Adresse★ : circuit★.

HARFLEUR

Doumer
  (R. Paul) . . . . **D** 30
Verdun (Av. de) . . . . **D** 90
104 (R. des) . . . . **D** 98

LE HAVRE

Abbaye (R. de l') . . . . **C** 2
Aplemont (Av. d') . . . . **C** 7
Churchill (Bd W.) . . . . **B** 24
Hermann-du-Pasquier (Quai) **B** 44

Joannès-Couvert (Quai) . . . . . **B** 5
Mouchez (Bd Amiral) . . . . . . **B** 6
Octeville (Rte d') . . . . **A** 6
Picasso (Av. Pablo) . . . . **C** 7
Rouelles (R. de) . . . . **C** 8
Sakharov (R. Andréï) . . . . . . **C** 8

Pasino

pl. Jules Ferry, (au Casino)

– ℰ *02 35 26 00 00*

– *www.pasino-lehavre.fr*

45 ch – †130/160 € ††130/160 € – ☲ 15 €

Rest *La Brasserie* – (15 € bc) Menu 20 €

– Carte 25/50 €

♦ Chambres, junior suites et spa complet dans cet hôtel-casino ultra trendy. Brasserie moderne avec terrasse côté bassin.

FZb

al-aux-Corneilles (Av.) . . . . . **C** 88

SAINTE-ADRESSE

ap (Rte du) . . . . **A** 20

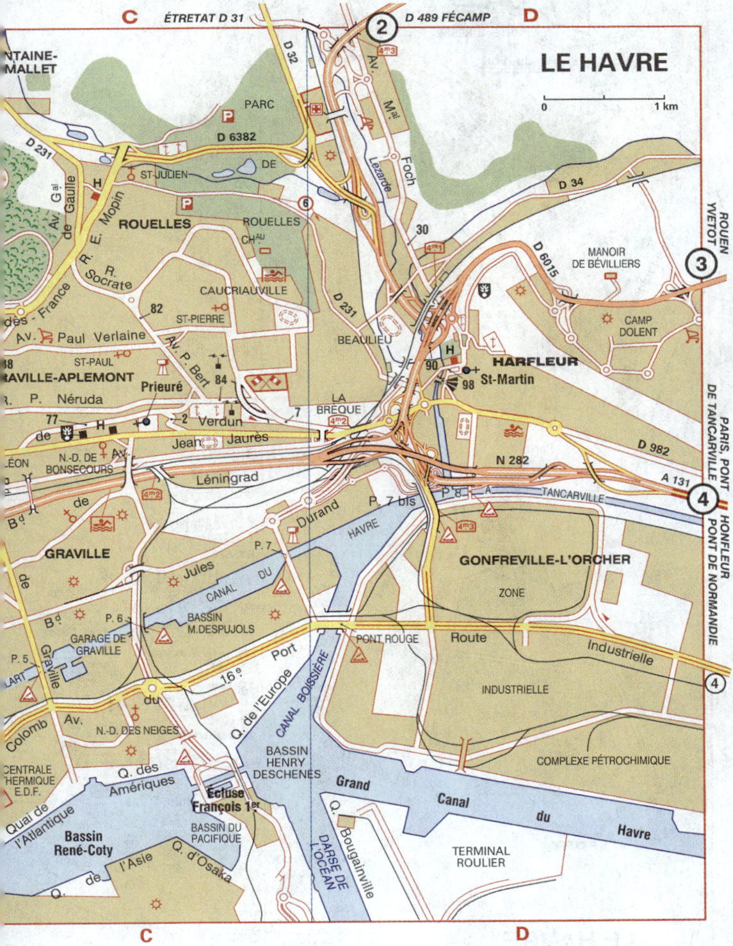

Cavell (R. E.) . . . . **A** 21
Clemenceau
(Pl.) . . . . **A** 25
Gaulle (R. Gén.-de) . . . . **A** 42
Ignauval (R. d') . . . . **A** 50

Prés.-F.-Faure (Bd) . . . . **A** 78
Reine-Élisabeth
(R.) . . . . **A** 79
Roi-Albert (R. du) . . . . **A** 81
Vitantal (R. de) . . . . **A** 93

Novotel   🏨 📶 ♿ AK ✂ rest, 🛜 🏊 VISA ⓒ AE ①

20 cours Lafayette – ℰ 02 35 19 23 23
– www.novotel.com   **HZa**
134 ch – †98/180 € ††98/180 € – 6 suites – ⊊ 15 €
Rest – (23 €) Menu 29/55 € bc – Carte 30/40 €
♦ Hôtel d'architecture contemporaine proche de la gare, posé sur les rives du bassin Vauban. Chambres confortables répondant au concept "Novation". Cuisine actuelle de saison servie dans une salle dont les baies donnent sur un jardin. Terrasse d'été.

LE HAVRE

Échelle: 0 — 300 m

Alma (R. de l')	**EY**	3
Anfray (R.)	**GZ**	5
Archinard (Av. Gén.)	**GZ**	9
Bernardin-de-St-Pierre (R.)	**FZ**	13
La Bourdonnais (R.)	**EY**	54
Bretagne (R. de)	**FGZ**	14
Briand (R. A.)	**HY**	
Brindeau (R. L.)	**EFZ**	15
Churchill (Bd W.)	**HZ**	24
Delavigne (Quai C.)	**GZ**	29
Delavigne (R. C.)	**GHY**	
Drapiers (R. des)	**FZ**	32
Étretat (R. d')	**EY**	
Faidherbe (R. Gén.)	**GZ**	36
Féré (Quai Michel)	**FZ**	37
François le Chevalier (Passerelle)	**GZ**	3
Fratacci (Crs Cdt)	**HZ**	1
Gaulle (Pl. Gén.-de)	**FZ**	4
Genestal (R. H.)	**FY**	4
Honegger (R. A.)	**FZ**	4
Hôtel-de-Ville (Pl. de l')	**FYZ**	4
Huet (R. A.-A.)	**FY**	4

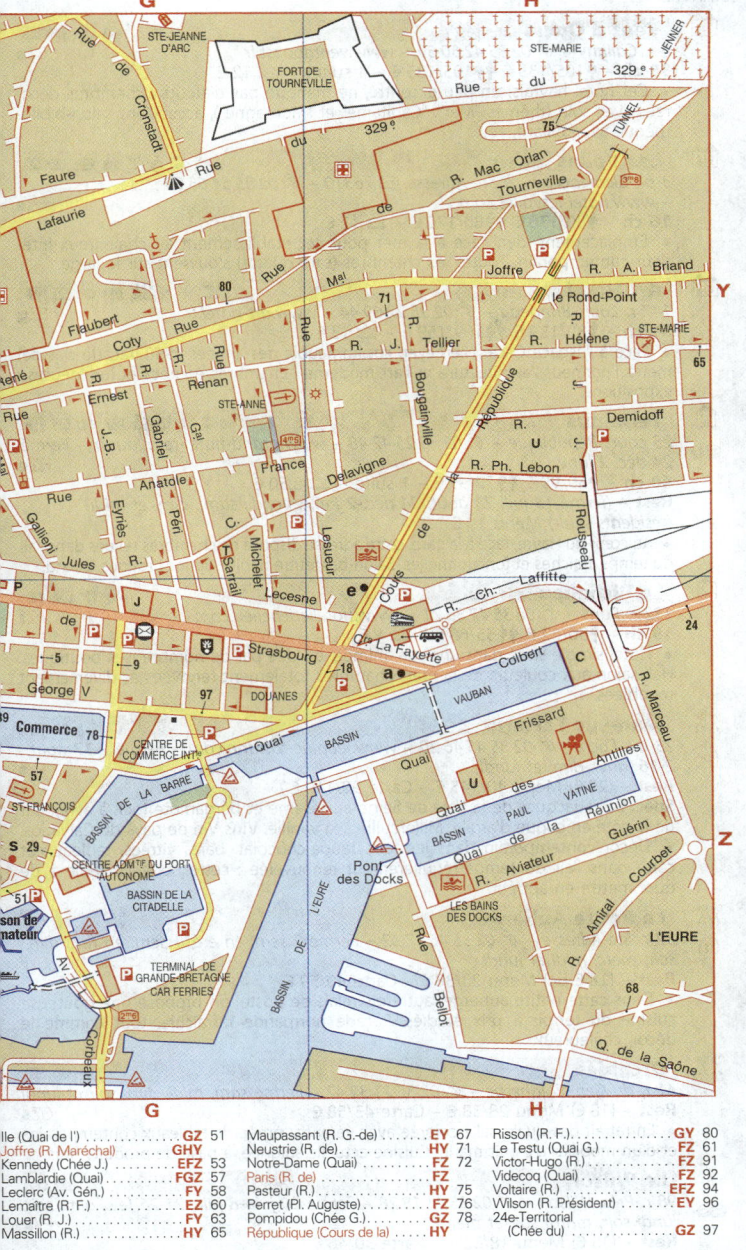

Ile (Quai de l')	**GZ**	51
Joffre (R. Maréchal)	**GHY**	
Kennedy (Chée J.)	**EFZ**	53
Lamblardie (Quai)	**FGZ**	57
Leclerc (Av. Gén.)	**FY**	58
Lemaître (R. F.)	**EZ**	60
Louer (R. J.)	**FY**	63
Massillon (R.)	**HY**	65

Maupassant (R. G.-de)	**EY**	67
Neustrie (R. de)	**HY**	71
Notre-Dame (Quai)	**FZ**	72
Paris (R. de)	**FZ**	
Pasteur (R.)	**HY**	75
Perret (Pl. Auguste)	**FZ**	76
Pompidou (Chée G.)	**GZ**	78
République (Cours de la)	**HY**	

Risson (R. F.)	**GY**	80
Le Testu (Quai G.)	**FZ**	61
Victor-Hugo (R.)	**FZ**	91
Videcoq (Quai)	**FZ**	92
Voltaire (R.)	**EFZ**	94
Wilson (R. Président)	**EY**	96
24e-Territorial (Chée du)	**GZ**	97

Vent d'Ouest sans rest
🛗 🛜 ⚐ ♨ VISA ⦿ AE
4 r. Caligny – ℰ 02 35 42 50 69 – www.ventdouest.fr
EZa
35 ch – ♦105/135 € ♦♦105/135 € – 4 suites – ☞ 12 €
• Cet hôtel havrais, un peu excentré, ne manque pas d'atouts : chambres décorées avec soin (thèmes "Mer", "Capitaine" et "Montagne"), accueillant salon-bibliothèque avec billard.

Les Voiles sans rest
🛗 & ⚐ ♨ VISA ⦿
3 pl. Clemenceau , à Ste-Adresse ✉ 76310 – ℰ 02 35 54 68 90
– www.hotel-lesvoiles.com
Ae
16 ch – ♦80/170 € ♦♦80/170 € – ☞ 12 €
• Emplacement idéal face à la mer pour cet établissement au chaleureux intérieur contemporain. Toutes les chambres (sauf quatre) s'ouvrent sur le large.

Art Hôtel sans rest
🛗 ✄ ⚐ ♨ VISA ⦿ AE ⓞ
147 r. Louis Brindeau – ℰ 02 35 22 69 44 – www.art-hotel.fr
FZg
31 ch – ♦89/139 € ♦♦109/159 € – ☞ 13 €
• Face à l'espace Oscar Niemeyer, cet immeuble des années 1950 (façade classée) met à l'honneur l'architecture et l'art moderne : chambres épurées et lumineuses ; expositions.

Terminus
🛗 ✄ ⚐ ♨ VISA ⦿ AE ⓞ
23 cours République – ℰ 02 35 25 42 48 – www.grand-hotel-terminus.fr – Fermé
24 déc.-2 janv.
HZe
40 ch – ♦59/99 € ♦♦72/99 € – 1 suite – ☞ 8,50 €
Rest – (fermé 13 juil.-28 août, 24 déc.-2 janv., vend., sam., dim. et midi)
(résidents seult) Menu 19 €
• Au cœur du Havre, face à la gare, cette adresse dispose de chambres revues dans l'air du temps, fraîches et fonctionnelles. Salon-bar feutré habillé de tons rouges, billard.

Le Richelieu sans rest
✄ ⚐ VISA ⦿
132 r. Paris – ℰ 02 35 42 38 71 – www.hotellerichelieu.com
FZf
19 ch – ♦50/62 € ♦♦55/68 € – ☞ 8 €
• Hôtel simple situé dans une rue animée, bordée par de nombreuses boutiques. Hall-salon aux couleurs de la mer. Chambres totalement rénovées et diversement meublées.

Jean-Luc Tartarin
AC ✄ ⚌ VISA ⦿ AE
73 av. Foch – ℰ 02 35 45 46 20 – www.jeanluc-tartarin.com – Fermé 2-17 août,
2-16 janv., dim. et lundi
FYt
Rest – (29 €) Menu 40/145 € – Carte 90/110 € 🕸
Spéc. Saint-Jacques de la baie de Seine au sésame et bergamote (oct. à avril). Bar de la côte en coque d'argile. Millefeuille à la vanille. **Vins** Vin de pays du Calvados.
• Décor contemporain dans les tons taupe-chocolat, baies vitrées, tableaux et carte dans l'air du temps régulièrement renouvelée : cette nouvelle table a de quoi mettre en appétit.

La Petite Auberge
AC VISA ⦿ AE
32 r. Ste-Adresse – ℰ 02 35 46 27 32 – Fermé 2 sem. en été, 1 sem. en fév., dim.
soir, merc. midi et lundi
EYr
Rest – (18 € bc) Menu 23/38 € – Carte 40/59 €
• Dans cette petite auberge, autrefois relais de poste, on propose une goûteuse cuisine du terroir à prix étudiés. Façade normande rafraîchie, tout comme le décor, chaleureux.

Orchidée
VISA ⦿ AE
41 r. du Gén.-Faidherbe – ℰ 02 35 21 32 42 – Fermé sam. midi, dim. soir et lundi
GZs
Rest – (18 €) Menu 28/38 € – Carte 43/58 €
• En retrait des quais, salle colorée avec véranda, ornée de tableaux contemporains et d'un mobilier d'esprit marin. Cuisine actuelle soignée, à base de produits frais.

Le Wilson
🛜 VISA ⦿
98 r. Prés. Wilson – ℰ 02 35 41 18 28 – Fermé 20 juin-8 juil., 21-26 fév., dim. soir,
lundi soir, mardi soir et merc.
EYk
Rest – (13 €) Menu 18/36 € – Carte 30/46 €
• Cette discrète façade située sur une placette d'un quartier commerçant dissimule une table conviviale : décor marin, ambiance bistrot et cuisine traditionnelle.

HAZEBROUCK – 59 Nord – **302** D3 – 21 101 h. – alt. 25 m – ⊠ 59190   **30** B2

▌Nord Pas-de-Calais Picardie

▶ Paris 240 – Armentières 28 – Arras 60 – Calais 64

Le Gambrinus sans rest   ⚡ ⁽ᵖ⁾ 𝗩𝗜𝗦𝗔 ⬤ 𝗔𝗘

2 r. Nationale, (rue face à la gare) – ℰ 03 28 41 98 79
– http://hoteldugambrinus.fr – Fermé 8-28 août
19 ch – ♦50/55 € ♦♦55/60 € – ⊇ 6,50 €

◆ Hôtel central dont l'enseigne évoque le joyeux roi de la bière, grande figure des Flandres. Petites chambres rénovées toutes différentes, simples et bien tenues.

à la Motte-au-Bois 6 km au Sud-Est par D 946 – ⊠59190 Morbecque

XXX **Auberge de la Forêt** avec ch   ⬚ ⌂ ⁽ᵖ⁾ **P** 𝗩𝗜𝗦𝗔 ⬤

– ℰ 03 28 48 08 78 – www.auberge-delaforet.com
15 ch – ♦53/65 € ♦♦55/70 € – ⊇ 8 € – ½ P 60 €
Rest – *(fermé vend. midi et lundi midi)* (16 €) Menu 21/70 € bc – Carte 32/53 €

◆ Dans un village situé au cœur de la forêt de Nieppe. La vaste salle à manger (cheminée, sièges Louis XIII) sert de cadre à une cuisine actuelle à base d'épices et plantes.

HÉDÉ – 35 Ille-et-Vilaine – **309** L5 – 1 711 h. – alt. 90 m – ⊠ 35630   **10** D2

▶ Paris 372 – Avranches 71 – Dinan 33 – Dol-de-Bretagne 31

🛈 Mairie ℰ 02 99 45 46 18

◉ Château de Montmuran★ et église des Iffs★ O : 8 km.

XX **La Vieille Auberge**   ⌂ ⬩ **P** 𝗩𝗜𝗦𝗔 ⬤ 𝗔𝗘

⬚ *rte de Tinténiac – ℰ 02 99 45 46 25 – www.lavieilleauberge35.fr*
– Fermé 23 août-7 sept., 21 fév.-9 mars, dim. soir et lundi
Rest – Menu 16 € (déj. en sem.), 25/75 € – Carte 45/100 €

◆ Ce joli moulin du 17ᵉ s. est rustique et bucolique : on peut s'installer au bord de l'étang et déguster une cuisine classique, dont l'agneau élevé par le père des patrons !

HENDAYE – 64 Pyrénées-Atlantiques – **342** B4 – 14 041 h. – alt. 30 m   **3** A3
– Casino – ⊠ 64700 ▌Pays Basque et Navarre

▶ Paris 799 – Biarritz 31 – Pau 143 – St-Jean-de-Luz 12

🛈 67, boulevard de la Mer ℰ 05 59 20 00 34

◉ Grand crucifix★ dans l'église St-Vincent - Château d'Antoine-
Abbadie★★ (salon★) 3 km.

Villa Goxoa sans rest   ⬚ ⬩ ⁽ᵖ⁾ 𝗩𝗜𝗦𝗔 ⬤ 𝗔𝗘

32 av. des Magnolias – ℰ 05 59 20 32 43 – www.villa-goxoa.com – Fermé 15 nov.-1ᵉʳ déc.
7 ch – ♦80/120 € ♦♦80/120 € – ⊇ 10 €

◆ Entre plage et port de plaisance, cette belle maison abrite un élégant "éco-hôtel". Décor épuré dans les chambres, dont le nom en basque évoque la nature (eau, montagne...).

X **Ez Kecha Bar Lieu Dit Vin**   ⌂ 𝗔𝗖 **P** 𝗩𝗜𝗦𝗔 ⬤

3 rte de Béhobie – ℰ 05 59 20 67 09 – www.eguiazabal.com – Fermé dim., lundi et fériés sauf déc.
Rest – *(nombre de couverts limité, prévenir)* (16 €) Menu 20 € (déj.)/35 €
– Carte 40/60 € le soir ⬚

◆ Au cœur d'une vinothèque, plus de 1 500 références accompagnant une cuisine du marché soignée. Dégustation sur le zinc (tapas), dans le salon cosy ou près de la piscine.

à Hendaye Plage

🏬 **Serge Blanco**   ⬩ ⌂ ⬚ 🕭 ⬩ ⬩ ⬩ ch, 𝗔𝗖 ⁽ᵖ⁾ ⬩ ⬩ 𝗩𝗜𝗦𝗔 ⬤ 𝗔𝗘 ⬤

125 bd de la Mer – ℰ 0 825 00 00 15 – www.thalassoblanco.com – Fermé déc.
90 ch – ♦87/125 € ♦♦132/170 € – ⊇ 14 € – ½ P 108/149 €
Rest – Carte 45/57 €

◆ Envie de tout plaquer ? À la tête de cet hôtel et de son centre de thalasso, le célèbre rugbyman. Chambres de style contemporain, face à la plage ou au port (quelques-unes sur cour). Trois formules de restauration : diététique, gastronomique ou grill (en été).

HENDAYE

à Biriatou 4 km au Sud-Est par D 811 – 952 h. – alt. 60 m – ⌧ 64700

🏨 **Les Jardins de Bakéa** ✎ ≤ 🚗 � 🛗 & rest, ⸙ 🔌 **P** 🚗 ☝ ☝ ☝
r. Herri Alde – ☎ 05 59 20 02 01 – www.bakea.fr – Fermé 20 nov.-8 déc. et
16 janv.-2 fév.
25 ch – ♦48/127 € ♦♦58/127 € – ⏢ 10 € – ½ P 75/110 €
Rest – *(fermé lundi et mardi sauf le soir d'avril à nov.)* Menu 35 € (sem.),
46/68 € – Carte 50/85 € 🍷
◆ Maison régionale du début du 20ᵉ s., abritant des chambres traditionnelles ou
plus contemporaines (tissus acidulés, bois clair). Le restaurant offre une vue
agréable sur la montagne ainsi qu'une jolie terrasse sous les platanes.

HÉNIN-BEAUMONT – 62 Pas-de-Calais – **301** K5 – 25 915 h.   **31** C2
– alt. 30 m – ⌧ 62110 ▮ Nord Pas-de-Calais Picardie
▶ Paris 194 – Arras 25 – Béthune 30 – Douai 13

🏨🏨 **Novotel** 🚗 🚗 ⛱ & ch, 🅰🅒 ⸙ 🔌 **P** 🚗 ☝ ☝ ☝
av. de la République, près échangeur Autoroute A1, par D 943 ⌧ 62950
– ☎ 03 21 08 58 08 – www.novotel.com
81 ch – ♦59/174 € ♦♦59/174 € – ⏢ 14 €
Rest – (12 €) Menu 21 € – Carte 16/47 €
◆ Dans un centre commercial, ce Novotel est protégé par un îlot de verdure. Hall
moderne et chambres de type "novation". Salle à manger contemporaine, tables
dressées près de la piscine (lorsque le temps le permet) et cuisine au goût du jour.

HENNEBONT – 56 Morbihan – **308** L8 – 14 174 h. – alt. 15 m   **9** B2
– ⌧ 56700 ▮ Bretagne
▶ Paris 492 – Concarneau 57 – Lorient 13 – Pontivy 51
🛈 9, place Maréchal-Foch ☎ 02 97 36 24 52
◎ Tour-clocher★ de la basilique N.-D.-de-Paradis.
◎ Port-Louis : citadelle★★ (musée de la Compagnie des Indes★★, musée de
l'Arsenal★) S : 13 km.

rte de Port-Louis 4 km au Sud par D 781 – ⌧ 56700 Hennebont

🏨🏨 **Château de Locguénolé** ✎ ≤ 🌳 🚗 ⛱ 🏊 🎾 rest, ⸙ 🔌 **P**
 – ☎ 02 97 76 76 76 – www.chateau-de-locguenole.com 🚗 ☝ ☝ ☝
– Fermé 2 janv.-12 fév.
18 ch – ♦155/295 € ♦♦155/295 € – 4 suites – ⏢ 20 € – ½ P 162/236 €
Rest – *(fermé lundi et le midi sauf dim.)* Menu 44/92 € – Carte 64/100 € 🍷
Spéc. Vinaigrette de homard bleu à l'huile de crustacés (juin à sept.). Dos de turbot rôti à l'arête, mousseline de camus et écume d'algues (mars à mai). Chocolat
en trois arômes pour trois textures (oct. à déc.).
◆ Deux demeures historiques dans un parc de 120 ha qui descend jusqu'à la ria
du Blavet. Chambres spacieuses, élégantes et personnalisées. Agréables salles à
manger où l'on sert une cuisine mariant avec brio saveurs marines et potagères ;
belle carte des vins.

Chaumières de Kerniaven 🏨 ✎ 🚗 **P** 🚗 ☝ ☝ ☝
à 3 km – ☎ 02 97 76 91 90 – www.chaumieres-de-kerniaven.com
– Ouvert 1ᵉʳ mai-26 sept.
9 ch – ♦78/112 € ♦♦78/112 € – ⏢ 17 €
◆ Présentez-vous à l'accueil au Château de Locguénolé ; vous serez conduit jusqu'à ces deux chaumières du 17ᵉ s. perdues dans la nature, idéales pour se ressourcer.

L'HERBAUDIÈRE – 85 Vendée – **316** C5 – voir à Île de Noirmoutier

---

HERBIGNAC – 44 Loire-Atlantique – **316** C3 – 5 117 h. – alt. 18 m   **34** A2
– ⌧ 44410
▶ Paris 446 – La Baule 24 – Nantes 72 – Redon 37
🛈 2, rue Pasteur ☎ 02 40 19 90 01

au Sud 6 km rte de Guérande par D774 – ✉ 44410 Herbignac

XX **La Chaumière des Marais** 🛋 🍴 ⇔ P VISA ◯◯ ①
– ℰ 02 40 91 32 36 – Fermé vacances de la Toussaint, vacances de fév., lundi
sauf juil.-août et mardi
Rest – (18 €) Menu 28/63 € bc – Carte 49/55 €
◆ Jolie chaumière briéronne aux abords fleuris, avec poutres et cheminée. En
cuisine, on utilise les herbes, les fleurs (capucines), les tomates et les fruits rouges
du potager...

HÉRÉPIAN – 34 Hérault – **339** D7 – rattaché à Bédarieux

HÉROUVILLE – 95 Val-d'Oise – **305** D6 – **106** 6 – voir à Paris, Environs (Cergy-Pontoise)

HESDIN – 62 Pas-de-Calais – **301** F5 – 2 420 h. – alt. 27 m – ✉ 62140   **30** A2
🟩 Nord Pas-de-Calais Picardie
▶ Paris 210 – Abbeville 36 – Arras 58 – Boulogne-sur-Mer 65
🛈 place d' Armes ℰ 03 21 86 19 19

🏠 **Trois Fontaines** ♨ 🛋 🍴 ᵹ. ch, ⁱ⁰ P VISA ◯◯
16 rte d'Abbeville – ℰ 03 21 86 81 65 – www.hotel-les3fontaines.com
– Fermé 18 déc.-4 janv., lundi midi et sam. midi
16 ch – ♦57/67 € ♦♦61/74 € – ☲ 8 € – ½ P 50/53 €
Rest – (15 € bc) Menu 19/37 € – Carte 22/40 €
◆ Les petites chambres de cet hôtel sont en rez-de-jardin avec terrasse ; préférez
celles de l'extension récente, de chaleureux style scandinave (lambris, mobilier rustique). Cuisine à prix doux servie dans une salle conviviale, autour de la cheminée.

XX **L'Écurie** 🍴 ⇔ VISA ◯◯
17 r. Jacquemont – ℰ 03 21 86 86 86 – www.restaurant-lecurie.com
– Fermé 3-18 juil., dim. soir, lundi et mardi
Rest – (14 €) Menu 18/26 € – Carte 27/45 €
◆ À deux pas du bel hôtel de ville, un sympathique restaurant qui célèbre le cheval (sculptures en bois, enseigne). Lumineuse salle agrémentée de faïences. Cuisine traditionnelle.

à Gouy-St-André 14 km à l'Ouest par N 39 et D 137 – 602 h. – alt. 100 m – ✉ 62870

XX **Le Clos de la Prairie** avec ch ♨ 🛋 🍴 ᵹ AC ch, ♒ ch, ⁱ⁰ ዿ P
17 r. de St-Rémy – ℰ 03 21 90 39 58 – www.leclosdelaprairie.com   VISA ◯◯
– Fermé 1ᵉʳ-10 oct., 23-30 déc., sam. midi et merc.
8 ch – ♦85/95 € ♦♦100/115 € – ☲ 10 €
Rest – Menu 34/50 € – Carte 50/80 €
◆ Dans un sympathique village, restaurant chaleureux niché dans un corps de
ferme. Terrasse ouverte sur la campagne. Cuisine traditionnelle revisitée, rythmée
par le marché. Les belles chambres, contemporaines et climatisées, dominent la
vallée de l'Authie.

HESDIN-L'ABBÉ – 62 Pas-de-Calais – **301** D3 – rattaché à Boulogne-sur-Mer

HÉSINGUE – 68 Haut-Rhin – **315** J11 – rattaché à St-Louis

HEUDICOURT-SOUS-LES-CÔTES – 55 Meuse – **307** F5 – rattaché à St-Mihiel

HEYRIEUX – 38 Isère – **333** D4 – 4 587 h. – alt. 220 m – ✉ 38540   **44** B2
▶ Paris 487 – Lyon 30 – Pont-de-Chéruy 22 – La Tour-du-Pin 35

XXX **L'Alouette** 🍴 AC P VISA ◯◯
rte de St-Jean-de-Bournay, à 3 km ✉ 38090 – ℰ 04 78 40 06 08
– www.jcmarlhins.com – Fermé 14-20 avril, 26 juil.-13 août, 21 déc.-4 janv., sam.
midi, dim. soir et lundi
Rest – (21 € bc) Menu 31 € bc (sem.), 38/51 € – Carte 45/65 €
◆ Salle de restaurant tripartite avec poutres apparentes, agrémentée de tableaux
et de sculptures d'un artiste régional. Jolie mise en place et cuisine classique.

HIERES-SUR-AMBY – 38 Isère – **333** E3 – 1 119 h. – alt. 216 m   **44** B1
– ✉ 38118

▶ Paris 489 – Bourg-en-Bresse 57 – Grenoble 107 – Lyon 61

✕✕ **Le Val d'Amby** avec ch ⌂   ▦ 🅰🅲 rest, ⌖ ch, 🎜 𝘝𝘐𝘚𝘈 ⦿ 🅰🅴
pl. de la République – ℰ 04 74 82 42 67 – www.hotel-levaldamby.com – Fermé
1er-6 mars, 25 avril-1er mai, 27 juil.-21 août, 23-25 déc., dim. soir et merc.
13 ch – ♦52/65 € ♦♦58/70 € – ⌷ 8 €
Rest – (13 € bc) Menu 29/60 € – Carte 42/61 €
◆ Dans cette belle maison de pays sur la place du village, l'accueil est chaleureux
et l'on savoure une cuisine traditionnelle aux accents méridionaux. Menu du jour,
plus simple, servi au café. Chambres fonctionnelles et bien tenues, à prix sages.

HINSINGEN – 67 Bas-Rhin – **315** F3 – 91 h. – alt. 220 m – ✉ 67260   **1** A1

▶ Paris 405 – St-Avold 35 – Sarrebourg 37 – Sarreguemines 22

✕ **La Grange du Paysan**   🅰🅲 🅿 𝘝𝘐𝘚𝘈 ⦿
⌂ 23 r. Principale – ℰ 03 88 00 91 83 – Fermé lundi
Rest – (12 €) Menu 19/45 € – Carte 17/50 €
◆ Vieilles poutres, licous et autres objets du monde agricole : on appréciera
dans cette salle champêtre une cuisine du terroir généreuse (produits de l'élevage familial).

HIRMENTAZ – 74 Haute-Savoie – **328** M3 – rattaché à Bellevaux

HIRTZBACH – 68 Haut-Rhin – **315** H11 – 1 249 h. – alt. 308 m   **1** A3
– ✉ 68118

▶ Paris 462 – Altkirch 5 – Belfort 31 – Mulhouse 24

✕✕ **Hostellerie de l'Illberg**   ▦ 🅿 𝘝𝘐𝘚𝘈 ⦿ 🅰🅴 ⓞ
17 r. Mar. de Lattre de Tassigny – ℰ 03 89 40 93 22 – www.hostelillberg.fr
Rest – (fermé lundi et mardi) Menu 34/93 € bc – Carte 25/66 €⅋
Rest *Bistrot d'Arthur* – (fermé dim. soir et lundi) (12 €) Menu 22/26 €
– Carte 32/40 €
◆ Des œuvres d'artistes locaux ornent la salle à manger de cette chaleureuse
maison. Cuisine classique revisitée, respectueuse des produits de la région. Le Bistrot propose de bien appétissants plats ou menus du jour dans une grande
convivialité.

HOCHSTATT – 68 Haut-Rhin – **315** H10 – rattaché à Mulhouse

HOHRODBERG – 68 Haut-Rhin – **315** G8 – alt. 750 m – ✉ 68140   **1** A2
▌ Alsace Lorraine

▶ Paris 462 – Colmar 26 – Gérardmer 37 – Guebwiller 47
◉ ≤★★.

🏨 **Panorama** ⌂   ≤ ▦ 🖳 ⬥ ch, 🅰🅲 rest, 🎜 ⌂ 🅿 𝘝𝘐𝘚𝘈 ⦿ 🅰🅴
⌂ 3 rte de Linge Hohrodberg – ℰ 03 89 77 36 53
– www.hotel-panorama-alsace.com – Fermé 7-25 nov. et 9 janv.-9 fév.
30 ch – ♦48/75 € ♦♦48/75 € – ⌷ 12 € – ½ P 52/71 €
Rest – Menu 16 € (sem.), 21/39 € – Carte 22/49 €
◆ Bâtiment ancien et son annexe moderne, face à la vallée de Munster. Chambres confortables – avec ou sans vue sur les Vosges – décorées de fresques à
thème régional. Superbe panorama au restaurant où l'on sert des spécialités telles
que le Presskopf de la mer.

LE HOHWALD – 67 Bas-Rhin – **315** H6 – 469 h. – alt. 570 m – Sports   **2** C1
d'hiver : 600/1 100 m ✑1 ✦ – ✉ 67140 ▌ Alsace Lorraine

▶ Paris 430 – Lunéville 89 – Molsheim 33 – St-Dié 46
🛈 square Kuntz ℰ 03 88 08 33 92
◉ Le Neuntelstein ★★ ≤★★ N : 6 km puis 30 mn.

La Forestière
10 A chemin-du-Eck – ℰ *03 88 08 31 08 – www.laforestiere-alsace.fr*
– Fermé 1 sem. en avril, fin juin-début juil. et 1 sem. en fév.
5 ch ⌷ – †72/92 € ††87/107 €   **Table d'hôte** – Menu 26 € bc/38 € bc
♦ Sur les hauteurs de cette petite station de montagne, avec la forêt toute proche, une grande maison très tranquille : espace, modernité, confort... et saveurs, car ses charmants propriétaires sont passionnés par la cuisine alsacienne et le gibier !

HOLNON – 02 Aisne – **306** B3 – **rattaché à St-Quentin**

LE HÔME – 14 Calvados – **303** L4 – **rattaché à Cabourg**

HONDSCHOOTE – 59 Nord – **302** D2 – 3 803 h. – alt. 5 m – ⊠ 59122   **30** B1
▶ Paris 286 – Dunkerque 22 – Lille 63 – Oostende 52
🛈 5, place du Général-de-Gaulle ℰ 03 28 62 53 00

✗

Les Jardins de l'Haezepoël
1151 r. de Looweg – ℰ *03 28 62 50 50 – www.hzpl.com – Fermé lundi soir et mardi*
Rest – Menu 15 € (sem.)/25 € – Carte 25/35 €
♦ Belle maison en briques abritant également un cabaret. Dans un cadre champêtre, vous dégusterez grillades préparées devant vous et spécialités régionales (potjevleech).

HONFLEUR – 14 Calvados – **303** N3 – 8 177 h. – alt. 5 m – ⊠ 14600   **32** A3
🟩 Normandie Vallée de la Seine
▶ Paris 195 – Caen 69 – Le Havre 27 – Lisieux 38
Pont de Normandie : péage en 2010 : autos 5 €, auto et caravane 5,80 €, camions et autocars 6,30 à 12,50 €, gratuit pour motos.
🛈 quai Lepaulmier ℰ 02 31 89 23 30
👁 le vieux Honfleur★★ : Vieux bassin★★ AZ, église Ste-Catherine★★ AY et clocher★ AY **B** - Côte de Grâce★★ AY : calvaire★★.
🅖 Pont de Normandie★★ par ① : 4 km (péage).

Plan page suivante

La Ferme St-Siméon
20 r. A. Marais, par ③ *–* ℰ *02 31 81 78 00*
– www.fermesaintsimeon.fr
30 ch – †150/490 € ††150/490 € – 4 suites – ⌷ 27 € – ½ P 229/399 €
Rest – Menu 55 € (déj. en sem.), 90/129 € – Carte 95/115 €
♦ Haut lieu de l'histoire de la peinture, l'auberge que fréquentaient les impressionnistes est devenue un magnifique ensemble hôtelier, dont le parc domine l'estuaire. Espaces détente et remise en forme. Restaurant raffiné, terrasses face à la mer, bon choix de calvados et belle cuisine classique.

Le Manoir du Butin
r. A. Marais , par ③ *–* ℰ *02 31 81 63 00 – www.hotel-lemanoir.fr*
10 ch – †120/350 € ††120/350 € – ⌷ 22 €   **Rest** – Menu 48 €
♦ Colombages peints, fenêtres à croisillons, jeu de toitures asymétriques et parc : ce manoir du 18ᵉ s. pétri de charme abrite des chambres douillettes. Élégante et lumineuse salle à manger ; cuisine au goût du jour.

Les Maisons de Léa *sans rest*
pl. Ste-Catherine – ℰ *02 31 14 49 49 – www.lesmaisonsdelea.com*   AY**a**
24 ch – †120/205 € ††120/205 € – 6 suites – ⌷ 15 €
♦ Trois anciens logis de pêcheur (16ᵉ s.) et un ancien grenier à sel composent cet hôtel de charme, proche du clocher en bois de Ste-Catherine. Petit espace bien-être.

L'Écrin *sans rest*
19 r. E. Boudin – ℰ *02 31 14 43 45 – www.honfleur.com/default-ecrin.htm*
27 ch – †100/250 € ††100/250 € – 3 suites – ⌷ 15 €   AZ**k**
♦ Hôtel-musée dont les chambres et les salons, foisonnants d'objets d'art et d'ornements anciens, sont répartis dans cinq bâtiments d'époques différentes. Petit-déjeuner servi dans une véranda ouvrant sur le jardin.

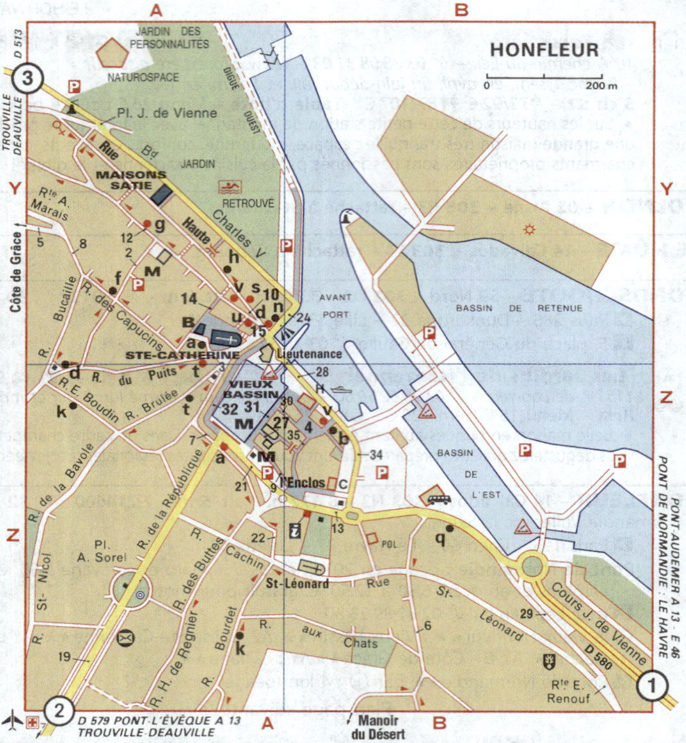

Albert-1er (R.)	AY	2	Homme-de-Bois (R.)	AY	12	Prison (R. de la)	AZ	27
Berthelot (Pl. P.)	AZ	3	Lingots (R. des)	AY	14	Quarantaine (Quai de la)	BZ	28
Boudin (Pl. A.)	BZ	4	Logettes (R. des)	AY	15	République (R. de la)	AZ	
Cachin (R.)	AZ		Manuel (Cours A.)	AZ	19	Revel (R. J.)	BZ	29
Charrière-de-Grâce (R.)	AY	5	Montpensier (R.)	AZ	21	Ste-Catherine (Quai)	AZ	32
Charrière-St-Léonard (R.)	BZ	6	Notre-Dame (R.)	AZ	22	St-Antoine (R.)	BZ	30
Dauphin (R. du)	AZ	7	Passagers (Quai des)	ABY	24	St-Étienne (Quai)	AZ	31
Delarue-Mardrus (R. L.)	AY	8	Le-Paulmier (Quai)	BZ	13	Tour (Quai de la)	BZ	34
Fossés (Cours des)	AZ	9	Porte-de-Rouen (Pl. de la)	AZ	25	Ville (R. de la)	BZ	35
Hamelin (Pl.)	AY	10						

La Maison de Lucie sans rest
44 r. des Capucins – ✆ 02 31 14 40 40 – www.lamaisondelucie.com AY**f**
10 ch – †150/220 € ††150/220 € – 2 suites – ☕ 18 €
◆ Charme et raffinement vous attendent dans les chambres coquettes de cette maison du 18e s. Petit-déjeuner servi aux salons (boiseries, poutres) ou dans la cour intérieure pavée.

L'Absinthe sans rest
1 r. de la Ville – ✆ 02 31 89 23 23 – www.absinthe.fr BZ**v**
10 ch – †120/185 € ††120/185 € – 2 suites – ☕ 12 €
◆ Ce presbytère du 16e s. abrite un hôtel calme et insolite. Décor aux teintes douces, mariant rustique et moderne. Certaines chambres sont logées dans une maison face aux quais.

Des Loges sans rest
18 r. Brûlée – ✆ 02 31 89 38 26 – www.hoteldesloges.com AZ**t**
14 ch – †110/155 € ††110/155 € – ☕ 12 €
◆ Trois maisons du 17e s. bien rénovées composent cet insolite hôtel-boutique. Cadre contemporain très épuré ; ambiance zen dans les chambres.

Mercure sans rest   🖼 ⚠ 🛜 ♨ 🄟 VISA 🌐 AE ⓞ

r. Vases – ℰ 02 31 89 50 50 – www.accor-hotels.com   BZ**q**
56 ch – ♦85/130 € ♦♦85/130 € – ⏛ 13 €

◆ Pas loin du centre, hôtel de chaîne à la façade vaguement normande où vous logerez dans des chambres fonctionnelles. Amateurs de calme, préférez celles situées sur l'arrière.

Le Cheval Blanc sans rest   ⇐ 🖼 🛜 ♨ VISA 🌐 AE ⓞ

2 quai des Passagers – ℰ 02 31 81 65 00 – www.hotel-honfleur.com
34 ch – ♦70/115 € ♦♦85/200 € – 2 suites – ⏛ 10 €   AY**n**

◆ Un ancien relais de poste du 15e s. bien rénové, aux chambres actuelles (plus grandes au 1er étage) avec vue sur l'avant-port. Petit-déjeuner buffet. Accueil aimable.

Kyriad   🚗 ⚠ 🍽 ch, 🛜 ♨ 🄟 VISA 🌐 AE ⓞ

62 cours A. Manuel, par ② – ℰ 02 31 89 41 77 – www.kyriad.fr – Fermé
23-26 déc.
50 ch – ♦68/89 € ♦♦68/89 € – ⏛ 8,50 €   **Rest** – (15 €) Carte environ 28 €

◆ Hôtel rénové situé à l'écart du centre. Ses chambres, petites mais bien insonorisées, sont avant tout fonctionnelles ; celles de l'arrière donnent sur un jardinet. Table traditionnelle, formule buffet et brunch le dimanche.

La Petite Folie sans rest ⊛   🚗 🛜 VISA 🌐

44 r. Haute – ℰ 06 74 39 46 46 – www.lapetitefolie-honfleur.com – Fermé
12 janv.-12 fév.   AY**h**
5 ch ⏛ – ♦145/160 € ♦♦145/160 €

◆ Toutes les touches raffinées d'une maison d'hôtes s'illustrent ici : meubles et objets chinés, tommettes au sol, linge luxueux, etc. Petit-déjeuner au jardin dès les beaux jours.

Le Clos Bourdet sans rest ⊛   🚗 🍽 🛜 🄟 VISA 🌐

50 r. Bourdet – ℰ 06 07 48 99 67 – www.leclosbourdet.com – Fermé janv.
5 ch ⏛ – ♦130 € ♦♦145 €   AZ**k**

◆ Dans un grand jardin clos à flanc de colline… C'est peu dire que cette belle maison bourgeoise du 18e s. jouit du calme ! Chambres personnalisées.

La Cour Ste-Catherine sans rest ⊛   🚗 🛜

74 r. du Puits – ℰ 02 31 89 42 40 – www.coursaintecatherine.com   AYZ**d**
5 ch ⏛ – ♦75/95 € ♦♦80/100 €

◆ Sur les hauteurs d'Honfleur, dans les murs d'un ancien couvent (17e s.) qui fut aussi une cidrerie, des chambres paisibles, mariant l'ancien et le moderne. Petit-déjeuner dans une salle rustique (ex-pressoir).

L'Absinthe   🏨 VISA 🌐 AE ⓞ

10 quai Quarantaine – ℰ 02 31 89 39 00 – www.absinthe.fr – Fermé
15 nov.-15 déc.   BZ**b**
Rest – (28 €) Menu 33/65 € – Carte 66/84 €

◆ Face au port, ce restaurant – ancien bar de pêcheur – occupe deux maisons des 15e et 17e s., au cadre rustique à souhait. Grande terrasse sur le devant. Cuisine actuelle.

Sa. Qua. Na (Alexandre Bourdas)   🍽 VISA 🌐 AE

🎀 🎀 22 pl. Hamelin – ℰ 02 31 89 40 80 – www.alexandre-bourdas.com
– Fermé 2 sem. en juin, mi-janv. à fin fév., lundi, mardi et merc.   AY**u**
Rest – (nombre de couverts limité, prévenir) Menu 65/95 €
Spéc. Lotte pochée au citron vert, livèche et coriandre. Rouget barbet juste cuit, chair de tourteau, tomates, févettes et amandes fraîches (juil.-août). Feuille de nougatine au cacao, chocolat blanc et "melanosporum" (hiver).

◆ Sa.Qua.Na pour "saveurs, qualité, nature", ou encore "poisson" (sakana) en nippon : telle est la formule magique d'Alexandre Bourdas, formé chez Bras et passé par le Japon. Étonnante cuisine d'auteur, technique et intuitive à la fois. Cadre moderne, tendance zen.

XX **Entre Terre et Mer** avec ch 🛋 📧 🍽 VISA ⚫ AE

12 pl. Hamelin – ℰ 02 31 89 70 60 – www.entreterreetmer-honfleur.com
– Fermé janv. **AYd**
14 ch – †98/105 € ††98/105 € – ☑ 11 €
Rest – (23 €) Menu 28/55 € – Carte 52/88 €
◆ Sur une place proche du vieux bassin. Deux salles contemporaines ; l'une décorée de photos sur la Normandie, l'autre de tableaux régionaux. Carte "terre et mer" actuelle. Chambres cosy et confortables dans la maison annexe située juste en face.

XX **Le Bréard** 🛋 VISA ⚫ AE

😊 *7 r. du Puits – ℰ 02 31 89 53 40 – www.restaurant-lebreard.com*
– Fermé 7-15 mars, 10-25 déc., 15-21 fév., merc. midi, lundi et mardi
Rest – Menu 28/49 € **AYt**
◆ Dans une ruelle pavée proche de l'église Ste-Catherine, façade sobre dissimulant deux salles lumineuses séparées par une terrasse intérieure chauffée en hiver. Plats au goût du jour.

XX **La Fleur de Sel** VISA ⚫ AE

17 r. Haute – ℰ 02 31 89 01 92 – www.lafleurdesel-honfleur.com – Fermé
1ᵉʳ-7 juil., janv., mardi et merc. **AYv**
Rest – Menu 28/58 €
◆ Une table sympathique pour un repas dans l'air du temps : deux petites salles néo-rustiques exposant des photographies culinaires et une collection de Guides Michelin.

X **Au P'tit Mareyeur** VISA ⚫

4 r. Haute – ℰ 02 31 98 84 23 – www.auptitmareyeur.com
– Fermé 22 juin-1ᵉʳ juil., 4 janv.-2 fév., lundi et mardi **AYs**
Rest – (nombre de couverts limité, prévenir) Carte 39/59 €
◆ Colombages, tableaux sur le thème marin et jolies tables participent à l'atmosphère intime du restaurant. Produits de la mer ; bouillabaisse honfleuraise en spécialité.

X **L'Ecailleur** < AC VISA ⚫ AE

1 r. de la République – ℰ 02 31 89 93 34 – www.lecailleur.fr – Fermé en mars,
17 juin-4 juil., 12-21 nov., 8-25 déc., merc. et jeudi hors saison **AZa**
Rest – Menu 27/39 € – Carte 34/56 €
◆ Recettes au goût du jour à déguster dans un décor dépaysant et chaleureux évoquant une cabine de paquebot (boiseries, cordages, hublots). La grande baie vitrée s'ouvre sur le port.

X **La Tortue** AC VISA ⚫

36 r. de l'Homme de Bois – ℰ 02 31 81 24 60 – www.restaurantlatortue.fr
– Fermé janv., mardi et merc. **AYg**
Rest – (18 €) Menu 23/37 €
◆ Dans une ruelle du vieux Honfleur, ce restaurant régional renouvelle chaque jour ses suggestions, à l'ardoise, selon l'arrivage de la pêche locale. Petite épicerie fine.

à la Rivière-St-Sauveur 2 km par ① – 1 719 h. – alt. 1 m – ⊠ 14600

🏨 **Antarès** sans rest 🔲 ⚫ 🛋 ⚙ 🍽 🆘 P VISA ⚫ AE

r. St-Clair – ℰ 02 31 89 10 10 – www.antares-honfleur.com
78 ch – †89/174 € ††89/174 €
◆ Les chambres de ce complexe hôtelier ont été rénovées en 2009 (tentures, écrans plats, couettes...), tout comme la piscine, le hammam et le sauna. Spa avec massages.

🏠 **Les Bleuets** sans rest 🆘 🍽 P VISA ⚫ AE

11 r. Desseaux – ℰ 02 31 81 63 90 – www.motel-les-bleuets.com
– Fermé 9 janv.-7 fév.
18 ch – †59/99 € ††59/99 € – ☑ 8 €
◆ Établissement d'allure motel : façade bleu et blanche, espace détente (sauna, hammam...) et chambres avec miniterrasse ou balcon. Balançoire, toboggan, prêt de vélos adulte.

au Nord-Ouest 3 km par ③ rte de Trouville – ✉ 14600 Vasouy

 La Chaumière ♨   ≤ ⚘ 🍃 ※ 🛜 **P** 🆚 ⓿ AE
rte du Littoral, Vasouy – ℰ 02 31 81 63 20 – www.hotel-chaumiere.fr
9 ch – ♦150/450 € ♦♦150/450 € – ☲ 17 €
Rest – *(fermé merc. midi, jeudi midi et mardi) (nombre de couverts limité, prévenir)* Menu 40 € (sem.)/60 € – Carte 74/97 €
◆ Cette jolie ferme normande du 17ᵉ s. se dresse face à l'estuaire de la Seine dans un parc dégringolant jusqu'à la mer. Chambres cosy, garnies de beaux meubles anciens. Poutres patinées et belle cheminée contribuent à l'atmosphère douillette du restaurant.

au Nord-Ouest 8 km par ③ rte de Trouville et rte secondaire
– ✉ 14600 Honfleur

 Le Romantica ♨   
chemin Petit Paris – ℰ 02 31 81 14 00 – www.romantica-honfleur.com
35 ch – ♦70/125 € – ☲ 9 € – ½ P 73/100 €
Rest – *(fermé jeudi midi et merc.)* (18 €) Menu 28/40 € – Carte 28/64 €
◆ Sur les hauteurs du village, cette bâtisse d'architecture régionale offre calme et confort dans ses chaleureuses chambres à touche rustique. Agréable piscine intérieure. Beau panorama sur la Manche et la campagne par les baies vitrées du restaurant.

à Cricqueboeuf 9 km par ③ et rte de Trouville – 207 h. – alt. 25 m – ✉ 14113

Manoir de la Poterie & Spa ♨   ≤ 🚃 🍃 🖽 ⊕ 🛗 & ※ 🛜 🅰 **P**
chemin P. Ruel – ℰ 02 31 88 10 40   🆚 ⓿ AE ⓪
– www.honfleur-hotel.com
23 ch – ♦147/258 € ♦♦147/258 € – 1 suite – ☲ 21 €
Rest – *(fermé le midi en sem.)* Menu 33 € (sem.), 52/75 € – Carte 41/101 €
◆ Face à la mer, manoir moderne d'allure normande dont les chambres, de styles Louis XVI, Directoire, marin et actuel, sont tournées vers l'estran ou la campagne. Spa. Atmosphère cosy et cuisine au goût du jour dans la salle à manger qui ménage un espace plus intime.

à Villerville 10 km par ③, rte de Trouville – 750 h. – alt. 10 m – ✉ 14113

🇿 40, rue Général Leclerc ℰ 02 31 87 21 49

Le Bellevue ♨   ≤ 🚃 🍃 🛗 & 🛜 **P** 🆚 ⓿ AE
rte d'Honfleur – ℰ 02 31 87 20 22 – www.bellevue-hotel.fr – Fermé 3 janv.-3 fév.
26 ch – ♦75/115 € ♦♦95/115 € – 3 suites – ☲ 12 € – ½ P 85/120 €
Rest – *(fermé mardi midi, merc. midi et jeudi midi)* Menu 28/46 €
– Carte 37/53 €
◆ Cette demeure dominant la mer fut, à la fin du 19ᵉ s., la villégiature d'un directeur de l'Opéra Comique de Paris. Chambres confortables, rustiques ou contemporaines. Coquette salle à manger-véranda offrant une jolie vue sur le jardin et le littoral.

L'HÔPITAL-ST-BLAISE – 64 Pyr.-Atl. – **342** H5 – 74 h. – alt. 145 m   **3** B3
– ✉ 64130 ▌ Aquitaine

▶ Paris 796 – Oloron-Ste-Marie 18 – Orthez 32 – Pau 52
◉ Église★.

✗ **Auberge du Lausset**   🏠 🆚 ⓿
🕭 *– ℰ 05 59 66 53 03 – Fermé mardi et merc. de nov. à mai*
Rest – Menu 17/30 €
◆ Le village, avec sa belle église romane, est tout petit. Si l'intérieur de ce restaurant n'a rien de particulier, l'assiette, en revanche, éclate de couleurs. Tout est fait maison !

HORBOURG – 68 Haut-Rhin – **315** I8 – rattaché à Colmar

HOSSEGOR – 40 Landes – **335** C13 – 3 292 h. – alt. 4 m – Casino   **3** A3
– ⊠ 40150 ▌Aquitaine

▶ Paris 752 – Bayonne 25 – Biarritz 32 – Bordeaux 170

ℹ place des Halles ℰ 05 58 41 79 00

🏌 d'Hossegor 333 avenue du Golf, SE : 0,5 km, ℰ 05 58 43 56 99

🏌 de Seignosse à Seignosse avenue du Belvédère, N : 5 km par D 152,
ℰ 05 58 41 68 30

🏌 de Pinsolle à Soustons Port d'Albret Sud, N : 10 km par D 4,
ℰ 05 58 48 03 92

👁 Le lac★ - Les villas basco-landaises★.

🏨 **Les Hortensias du Lac** sans rest ॐ   ⋖ 🚗 🏊 ᵬ ⚙ ⁿᵖ **P**
1578 av. du Tour du Lac – ℰ 05 58 43 99 00   **VISA** **⦿** **AE** **①**
– www.hortensias-du-lac.com – Ouvert de mi-mars à mi-nov.
20 ch – ♦140/240 € ♦♦140/240 € – 4 suites – ☑ 20 €
♦ Trois belles maisons entourées d'une pinède, au bord du lac marin... Dans les
chambres, luxe décontracté et décoration d'inspiration 1930. Délicieux petit-
déjeuner sucré-salé.

🏨 **Pavillon Bleu**   ⋖ 🏠 |▤| ᵬ 🅰🅲 ⁿᵖ ᵬ **P** **VISA** **⦿** **AE** **①**
av. Touring Club de France – ℰ 05 58 41 99 50 – www.pavillonbleu.fr
21 ch – ♦70/165 € ♦♦70/165 € – ☑ 11 € – ½ P 75/120 €
Rest – *(fermé 26 déc.-20 janv.)* Menu 23 € (déj. en sem.), 31/68 €
– Carte 31/68 €
♦ Une grande maison de construction récente, près du lac marin : les chambres,
avec balcon, sont fonctionnelles et bien équipées (baignoires balnéo). Le restaurant et sa terrasse offrent la vue sur les flots ; cuisine au goût du jour.

🏨 **Mercédès** sans rest   🏊 |▤| ᵬ 🅰🅲 ⁿᵖ ᵬ **VISA** **⦿** **AE** **①**
63 av. du Tour du Lac – ℰ 05 58 41 98 00 – www.hotel-mercedes.com
– Ouvert 1er avril-1er nov.
40 ch – ♦70/90 € ♦♦88/149 € – ☑ 11 €
♦ Établissement balnéaire (1953) proche du lac ; les chambres possèdent presque toutes un balcon et une kitchenette. En été, le petit-déjeuner est servi près
de la piscine.

🏠 **202** sans rest ॐ   🏊 |▤| ᵬ 🅰🅲 ⚙ ⁿᵖ **P** 🛜 **VISA** **⦿** **AE**
202 av. du Golf – ℰ 05 58 43 22 02 – www.hotel202.fr
25 ch – ♦110/220 € ♦♦110/220 € – 2 suites – ☑ 15 €
♦ Une jolie villa immaculée, où règne une ambiance assez jeune. Les chambres
sont spacieuses et cosy, toutes avec balcon. Terrasse en teck. L'adresse design
d'Hossegor.

✕✕ **Jean des Sables**   🏠 ᵬ ⟷ **P** **VISA** **⦿** **AE** **①**
121 av. de la Dune – ℰ 05 58 72 29 82 – Fermé 15 janv.-13 fév., merc.
sauf juil.-août, lundi midi et vend. midi en juil.-août
Rest – Menu 37 € (déj. en sem.), 57/87 € – Carte 61/98 €
♦ Cadre épuré pour ce restaurant de plage du chef Jean Cousseau : béton ciré,
murs clairs, vivier, vue sur l'Océan... Carte créative privilégiant poissons et produits
de saison.

HOUAT (ÎLE D') – 56 Morbihan – **308** N10 – voir à Île d'Houat

---

LA HOUBE – 57 Moselle – **307** O7 – ⊠ 57850 Dabo   **27** D2
▶ Paris 453 – Lunéville 86 – Phalsbourg 18 – Sarrebourg 27

🏠 **Des Vosges** ॐ   ⋖ 🚗 ⚙ ch, **P** **VISA** **⦿**
41 r. de la Forêt Brulée ⊠ 57850 La Hoube Dabo – ℰ 03 87 08 80 44
– www.hotel-restaurant-vosges.com – Fermé 28 sept.-11 oct., 15 fév.-15 mars,
mardi soir et merc.
9 ch – ♦35/40 € ♦♦50/58 € – ☑ 8 € – ½ P 45 €
Rest – (10 €) Menu 21/30 € – Carte 24/36 €
♦ Petite auberge familiale située au bout du village. Chambres simples et
bien tenues ; agréable jardin. Dans la salle à manger rustique tournée vers la
forêt vosgienne, sympathique cuisine respectueuse du terroir.

LES HOUCHES – 74 Haute-Savoie – **328** N5 – 3 037 h. – alt. 1 004 m   **46** F1
– Sports d'hiver : 1 010/1 900 m ✔ 2 ✔ 16 ✔ – ⊠ 74310 ▮ Alpes du Nord

> ▶ Paris 602 – Annecy 89 – Bonneville 47 – Chamonix-Mont-Blanc 9
> ℹ place de la Mairie ℰ 04 50 55 50 62
> ◉ Le Prarion★★.

Du Bois   ⇐ 🛖 🖥 🎐 🌿 📶 ♨ **P** 🚗 _VISA_ 🅐🅑
La Griaz – ℰ 04 50 54 50 35 – www.hotel-du-bois.com – Fermé 4 nov.-6 déc.
43 ch – †50/162 € ††60/182 € – ⊿ 10 € – ½ P 110/121 €
Rest – (fermé 13 avril-15 mai, 6 oct.-10 déc. et le midi) Menu 20 € Carte environ 23 €
♦ Ensemble typé, avec le mont Blanc à l'horizon. Chambres pratiques et appartements dans l'aile récente. Belle piscine couverte, sauna et bassin extérieur. Salon-bar tendance et formule buffet servie dans un sympathique cadre rustique.

Auberge Beau Site   ⇐ 🛖 🖥 🎐 🌿 📶 **P** _VISA_ 🅐🅑 🅐🅔
52 r. de l'Eglise – ℰ 04 50 55 51 16 – www.hotel-beausite.com – Ouvert
1er juin-26 sept. et 20 déc.-20 avril
18 ch – †87/115 € ††97/137 € – ⊿ 10 € – ½ P 84/104 €
Rest Le Pèle – (fermé 11-20 avril, 1er-15 juin, 12-26 sept. et le midi en hiver sauf vacances de Noël) Menu 28/38 € – Carte environ 35 €
♦ Maison familiale située au pied du clocher de la station rendue célèbre par Lord Kandahar. Chambres de bonne ampleur, fonctionnelles et égayées d'étoffes rouges et vertes. Agréable table familiale où l'on sert une bonne cuisine traditionnelle.

Auberge Le Montagny sans rest ♨   ⇐ 🌿 📞📶 **P** _VISA_ 🅐🅑
490 rte du Pont – ℰ 04 50 54 57 37 – www.chamonix-hotel.com
– Ouvert 19 juin-26 sept. et 21 déc.-6 avril
8 ch – †72 € ††82 € – ⊿ 10 €
♦ De la ferme de 1876 ne subsistent que la porte et quelques poutres : ce sympathique petit chalet où le bois est roi abrite aujourd'hui de coquettes chambres à l'esprit montagne.

au Prarion par télécabine – ⊠ 74310 Les Houches

> ◉ ✳ ★★ 30 mn.

Le Prarion ♨   ⇐ 🛖 🌿 ch. 📶 ♨ _VISA_ 🅐🅑
alt.1 860 – ℰ 04 50 54 40 07 – www.prarion.com – Ouvert 20 juin-13 sept. et
18 déc.-15 avril
12 ch (½ P seult) – ½ P 90/120 €   **Rest** – Menu 32 € – Carte 19/37 €
♦ Massifs du Mont-Blanc et des Aravis, vallées de Chamonix et de Sallanches : de cet hôtel votre regard ne se posera que sur des sommets enneigés... Petites chambres simples. Le midi, repas traditionnels (en self-service l'hiver) et le soir, menu unique.

HOUDAN – 78 Yvelines – **311** F3 – 3 105 h. – alt. 104 m – ⊠ 78550   **18** A2
▮ Île de France

> ▶ Paris 60 – Chartres 55 – Dreux 20 – Évreux 52
> ℹ 4, place de la Tour ℰ 01 30 59 53 86
> 🏌 de la Vaucouleurs à Civry-la-Forêt Rue de l'Eglise, N : 11 km par D 983,
> ℰ 01 34 87 62 29
> 🏌 des Yvelines à La Queue-les-Yvelines Château de la Couharde, E : 12 km
> par N 12, ℰ 01 34 86 48 89

La Poularde   🍴 🛖 ⇔ **P** _VISA_ 🅐🅑 🅐🅔
24 av. de la République, (rte de Maulette D 912) – ℰ 01 30 59 60 50
– www.alapoularde.com – Fermé 26 avril-3 mai, 16-31 août, 24 oct.-2 nov.,
28 fév.-8 mars, dim. soir, lundi et mardi
Rest – (25 €) Menu 29/58 € – Carte 46/80 €
♦ La carte traditionnelle met en valeur la fameuse poule de Houdan et les truffes en saison. Salle à manger classique et grande terrasse pour l'été. Belle collection de whisky.

Le Donjon   🅐🅒 _VISA_ 🅐🅑 🅐🅔
14 r. d'Epernon, (près de l'église) – ℰ 01 30 59 79 14 – www.restaurant-ledonjon.fr
– Fermé 1 sem. en mars, 9-24 août, dim. soir, jeudi soir et lundi
Rest – (22 € bc) Menu 30/60 € bc – Carte environ 47 €
♦ Du château médiéval ne subsiste que le donjon, voisin de ce restaurant. Cuisine traditionnelle rythmée par les saisons, servie dans une salle classique, de bon confort.

HOUDEMONT – 54 Meurthe-et-Moselle – **307** H7 – rattaché à Nancy

HOULGATE – 14 Calvados – **303** L4 – 1 902 h. – alt. 11 m – Casino **32** B2
– ✉ 14510 Normandie Vallée de la Seine

Paris 214 – Caen 29 – Deauville 14 – Lisieux 33

10, boulevard des Belges ✆ 02 31 24 34 79

d'Houlgate à Gonneville-sur-Mer, E : 3 km par D 513, ✆ 02 31 24 80 49

Falaise des Vaches Noires★ au NE.

L'Éden

7 r. Henri-Fouchard – ✆ 02 31 24 84 37 – www.restaurant-leden.com – Fermé 4-12 oct., 2 janv.-7 fév., lundi et mardi sauf du 7 juil. au 31 août

Rest – Menu 19 € (sem.), 26/43 € – Carte 36/55 €

◆ Goûteux plats traditionnels honorant les produits de la mer, à déguster dans une salle actuelle ou sous une véranda façon jardin d'hiver, d'où l'on peut voir les cuisines.

HUEZ – 38 Isère – **333** J7 – rattaché à Alpe d'Huez

HUNINGUE – 68 Haut-Rhin – **315** J11 – rattaché à St-Louis

HURIGNY – 71 Saône-et-Loire – **320** I12 – rattaché à Mâcon

HUSSEREN-LES-CHÂTEAUX – 68 Haut-Rhin – **315** H8 – 488 h. **2** C2
– alt. 380 m – ✉ 68420 Alsace Lorraine

Paris 455 – Belfort 69 – Colmar 10 – Gérardmer 55

Husseren-les-Châteaux

r. Schlossberg – ✆ 03 89 49 22 93 – www.hotel-husseren-les-chateaux.com

36 ch – †75/88 € ††102/145 € – 2 suites – ☕ 13 € – ½ P 90/99 €

Rest – (11 €) Menu 21/44 € – Carte 26/38 €

◆ Perchée sur les hauteurs du massif vosgien, construction moderne pourvue de grandes chambres fonctionnelles avec mezzanine. Piscine couverte et tennis. Belle échappée sur la vallée du Rhin depuis le lumineux restaurant où l'on sert une cuisine traditionnelle.

HYÈRES – 83 Var – **340** L7 – 55 007 h. – alt. 40 m – Casino : des Palmiers Z – ✉ 83400 Côte d'Azur **41** C3

Paris 851 – Aix-en-Provence 102 – Cannes 123 – Draguignan 78

de Toulon-Hyères : ✆ 0 825 01 83 87, SE : 4 km V.

3, avenue Ambroise Thomas ✆ 04 94 01 84 50

★ de la place St-Paul Y **49** - ★ du parc St-Bernard Y - ★ de l'esplanade de la Chapelle N.-D. de Consolation V **B** - ★ des Ruines du Château des aires - Presqu'île de Giens★★.

Mercure

19 av. A. Thomas – ✆ 04 94 65 03 04 – www.mercure.com **Vx**

84 ch – †112/152 € ††124/164 € – ☕ 13 €

Rest – (15 €) Menu 25 € – Carte 24/43 €

◆ Hôtel lumineux, situé près de la voie d'Olbia et d'un centre d'affaires. Chambres fonctionnelles et contemporaines disposant d'équipements dernier cri. Au restaurant, cuisine régionale et service au bord de la piscine en saison.

L'Europe sans rest

45 av. E. Cavell – ✆ 04 94 00 67 77 – www.hotel-europe-hyeres.com

42 ch – †75/150 € ††85/160 € – ☕ 10 € **Vr**

◆ Face à la gare, bâtiment du 19e s. entièrement rénové en 2010. Chambres d'esprit zen (tons gris et taupe) et belle terrasse panoramique sur le toit.

Les Jardins de Bacchus

32 av. Gambetta – ✆ 04 94 65 77 63 – www.bacchushyeres.com – Fermé 2-8 janv., sam. midi, dim. soir et lundi **Zv**

Rest – (14 €) Menu 19/39 € – Carte 30/45 €

◆ Bacchus est à l'honneur dans cette jolie maison à l'ambiance feutrée... Les vins régionaux ravissent le palais, ainsi que la savoureuse cuisine d'influence méridionale...

HYÈRES-GIENS

Almanarre (Rte de l') . . . . **X** 2
Barbacane (R.) . . . . **Y** 3
Barruc (R.) . . . . **Y** 4
Belgique (Av. de) . . . . **Y** 5
Bourgneuf (R.) . . . . **V** 6
Chateaubriand (Bd) . . . . **Y** 7
Clemenceau (Pl.) . . . . **Y** 9
Clotis (Av. J.) . . . . **V** 10
Costebelle (Montée) . . . . **Y** 12
Degioanni (R. R.) . . . . **X** 13
Denis (Av. A.) . . . . **Y**
Dr-Perron (Av.) . . . . **Z** 14
Foch (Av. Mar.) . . . . **Z** 15
Gambetta (Av.) . . . . **Z**
Gaulle (Av. de) . . . . **Y** 16
Geoffroy-St-Hilaire (Av.) . . . . **V** 17
Godillot (Av. A.) . . . . **V** 18
Herriot (Bd E.) . . . . **Z** 20
Iles d'Or (Av. des) . . . . **Z**
Lattre-de-Tassigny (Av. de) . . **V** 22
Lefebvre (Pl. Th.) . . . . **Z** 23
Macri (Ch. Soldat) . . . . **Y** 25
Madrague (Rte de la) . . . . . . **X** 26
Mangin (Av. Gén.) . . . . **Y** 28
Massillon (Pl. et R.) . . . . **Y** 29
Millet (Av. E.) . . . . **Z** 32
Moulin-Premier (Chemin du) . **V** 33
Noailles (Montée de) . . . . **Y** 34
Nocart (Bd) . . . . **Y** 35
Palyvestre (Chemin du) . . . . . **V** 36
Paradis (R. de) . . . . **Y** 37
Plaine-de-Bouisson (Chemin) . **X** 38
Provence (R. de) . . . . **V** 40
Rabaton (R.) . . . . **Y** 41
République (Pl. et R.) . . . . **Y** 42
Riondet (Av.) . . . . **YZ** 43
Riquier (Av. O.) . . . . **V** 44
Roubaud (Ch.) . . . . **Y** 45
Ste-Catherine (R.) . . . . **Y** 50
Ste-Claire (R.) . . . . **Y** 51
St-Bernard (R.) . . . . **Y** 46
St-Esprit (R.) . . . . **Y** 47
St-Paul (Pl. et R.) . . . . **Y** 49
Strasbourg (Cours) . . . . **Y** 52
Versin (Pl. L.) . . . . **Z** 53
Victoria (Av.) . . . . **Z** 54
11-Novembre (Pl.) . . . . **Y** 56
15e-Corps-d'Armée (Av. du) . . **V** 57

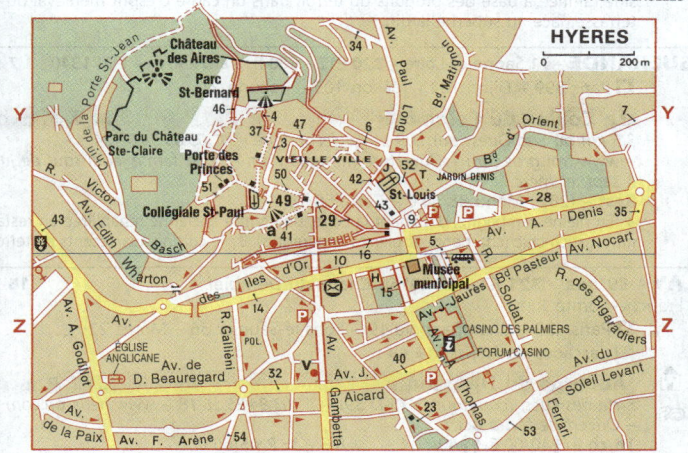

✗ **Joy** 🛱 AK VISA ⬤

24 r. de Limans – ℰ 04 94 20 84 98 – Fermé 2 sem. en janv., dim. et lundi hors saison
Rest – *(prévenir)* Menu 25 € (déj. en sem.), 28/65 € Ya
– Carte 40/50 € le soir

♦ Dans les deux salles de ce charmant restaurant contemporain ou sur la petite terrasse donnant sur la rue piétonne, on savoure une subtile cuisine en prise sur les saisons.

à La Bayorre 2,5 km à l'Ouest par rte de Toulon – ⊠ 83400 Hyères

✗✗✗ **La Colombe** 🛱 AK ✿ VISA ⬤

663 rte de Toulon – ℰ 04 94 35 35 16 – www.restaurantlacolombe.com – Fermé dim. soir de sept. à juin, mardi midi en juil.-août, sam. midi et lundi
Rest – Menu 27/65 € – Carte 40/70 €

♦ Charmant restaurant au pied du massif des Maurettes. Cuisine méditerranéenne raffinée, servie avec le sourire dans une jolie salle à manger ou un patio verdoyant.

IFFENDIC – 35 Ille-et-Vilaine – **309** J6 – 3 778 h. – alt. 48 m – ⊠ 35750 **10** C2
■ Paris 393 – Bruz 36 – Cesson-Sévigné 50 – Rennes 40

⌂ **Château du Pin** sans rest ⌂ ⟨ 🐾 ⌂ ꜝ P VISA ⬤

6 km au Nord-Est par D 31 puis D 125 – ℰ 02 99 09 34 05
– www.chateaudupin-bretagne.com
5 ch – ♦85/130 € ♦♦95/160 € – � 14 €

♦ Ce petit château de campagne (1795) fait le bonheur des amateurs de littérature et d'art. Grand salon-bibliothèque, chambres aux noms d'écrivains (Hugo, Proust...) et vue sur le parc.

IGÉ – 71 Saône-et-Loire – **320** I11 – 854 h. – alt. 265 m – ⊠ 71960 **8** C3
■ Paris 396 – Cluny 13 – Mâcon 14 – Tournus 34

🏰 **Château d'Igé** ⌂ 🚗 🛱 ꜝ P VISA ⬤ AE ①

r. du Château – ℰ 03 85 33 33 99 – www.chateaudige.com – Ouvert 13 fév.-15 nov. et fermé dim. soir, lundi et mardi sauf du 31 mars au 31 oct.
12 ch – ♦95/195 € ♦♦95/195 € – 4 suites – ⊊ 16 € – ½ P 138 €
Rest – *(fermé le midi en sem.)* Menu 32/78 € – Carte 52/84 €

♦ Ce château fort (1235) du Mâconnais vous accueille dans de belles chambres personnalisées (tapisseries, baldaquins, voûtes). Appartements dans les tours. Cuisine raffinée à base des produits du terroir dans un cadre d'esprit médiéval ou en terrasse, face au superbe jardin.

IGUERANDE – 71 Saône-et-Loire – **320** E12 – 988 h. – alt. 280 m – ⊠ 71340 **7** B3
■ Paris 399 – Dijon 184 – Mâcon 105 – Roanne 21

✗ **La Colline du Colombier** 🚗 & P VISA ⬤

3,5 km au Sud-Ouest par D 9 et rte secondaire – ℰ 03 85 84 07 24
– www.troisgros.com – Ouvert de mi-mars à mi-nov. et fermé jeudi sauf de juin à sept. et merc.
Rest – (28 €) Menu 38/53 € – Carte 50/70 €

♦ En pleine campagne, dominant la Loire, une ferme ancienne réhabilitée en restaurant rustico-chic (charpente et pierres apparentes). Belle cuisine aux accents de terroir.

ILAY – 39 Jura – **321** F7 – ⊠ 39150 Chaux du Dombief **16** B3
▌Franche-Comté Jura
■ Paris 439 – Champagnole 19 – Lons-le-Saunier 36 – Morez 22
◉ Cascades du Hérisson★★★.

🏠 **Auberge du Hérisson** 🛱 ꜝ P VISA ⬤
😊
5 rte des Lacs, (carrefour D 75-D 39) – ℰ 03 84 25 58 18 – www.herisson.com
– Ouvert de fév. à oct.
16 ch – ♦40/60 € ♦♦40/60 € – ⊊ 8 € – ½ P 45/65 €
Rest – Menu 18/45 € – Carte 30/50 €

♦ Auberge située au pied du sentier qui mène aux cascades du Hérisson. Chambres pratiques et toutes simples. À table, cuisine du Jura (coq au vin jaune).

ÎLE-AUX-MOINES – 56 Morbihan – **308** N9 – 536 h. – alt. 16 m — **9** A3
– ⊠ 56780 🛈 Bretagne

🚢 Accès par transports maritimes - Stationnement à Port-Blanc en Baden

✂ **Les Embruns**   🖥 _VISA_ ⬤ AE
r. du Commerce – ✆ 02 97 26 30 86 – www.restaurantlesembruns.com – Fermé
15 janv.-1ᵉʳ mars, 3-22 oct. et merc. sauf juil.-août
Rest – Menu 20/27 € – Carte 23/40 €
♦ Pas de chichi dans ce sympathique bar-restaurant ! Après une promenade sous
les embruns, on savoure ici tourteaux, poissons frais, huîtres et fruits de mer.

L'ÎLE BOUCHARD – 37 Indre-et-Loire – **317** L6 – 1 745 h. – alt. 41 m — **11** A3
– ⊠ 37220 🛈 Châteaux de la Loire

▶ Paris 284 – Châteauroux 118 – Chinon 16 – Châtellerault 49
🛈 16, place Bouchard ✆ 02 47 58 67 75
◉ Chapiteaux★ et Cathèdre★ dans le prieuré St-Léonard.
◉ Champigny-sur-Veude : vitraux★★ de la Ste-Chapelle★ SO : 10,5 km.

✂✂✂ **Auberge de l'Ile**   🖥 ♿ _VISA_ ⬤
3 pl. Bouchard – ✆ 02 47 58 51 07 – www.aubergedelile.fr
– Fermé 1ᵉʳ déc.-27 janv., mardi et merc. sauf fériés
Rest – (29 €) Menu 36/44 € – Carte 36/48 €
♦ Sur une île au milieu de la Vienne... Cette auberge propose de bons produits,
cuisinés avec soin. Le cadre est contemporain, avec une terrasse pour rêver au
bord de l'eau.

à Sazilly 7 km à l'Ouest par D 760 – **317** L6 – ⊠ 37220

✂ **Auberge du Val de Vienne**   ♿ AC P _VISA_ ⬤ AE
🔗 30 rte de Chinon – ✆ 02 47 95 26 49 – www.aubergeduvaldevienne.com – Fermé
3-29 janv., 1 sem. en nov., 1 sem. en déc., dim. soir et lundi
Rest – (15 €) Menu 18 € (déj.), 29/51 € – Carte 35/49 €🕮
♦ Faites une halte gourmande dans cet ancien relais de poste (1870) au cœur du
vignoble de Chinon. Décor chaleureux se mariant parfaitement avec une cuisine actuelle de qualité.

ÎLE-D'AIX ★ – **324** C3 – 215 h. – alt. 10 m – ⊠ 17123 — **38** A2
🛈 Poitou Vendée Charentes

Accès par transports maritimes
🚢 depuis **La Rochelle** - Service saisonnier (avril-oct.) - Traversée 1h 15 mn
- Renseignements et tarifs : Croisières Inter Iles, ✆ 0 825 135 500 (0,15 €/mn)
(La Rochelle)
🚢 depuis **Boyardville** (Ile d'Oléron) - Service saisonnier - Traversée 30 mn
- Renseignements et tarifs : Croisières Inter Iles ✆ 0 825 135 500 (0,15 €/mn),
(Boyardville)
🚢 depuis **Sablanceaux** (Ile de Ré) - Service saisonnier - Agences Inter Iles de
Sablonceaux - Renseignements et tarifs ✆ 0 825 135 500
🚢 depuis **Fouras** traversée en 20 mn - Service Maritime-Sté Fouras-Aix -
✆ 0 820 16 00 17 (0,12 €/min) ; Service permanent - Traversée 30 mn
- Renseignements et tarifs ✆ 0 820 160 017 (0,12 €/mn)
🚢 depuis la **Pointe de la Fumée** (2,5 km NO de Fouras) - Traversée 25 mn
- Renseignements et tarifs à Société Fouras-Aix ✆ 0 820 160 017 (0,12 €/mn)

ÎLE D'ARZ – **308** O9 – 231 h. – alt. 25 m – ⊠ 56840 🛈 Bretagne — **9** A3
🚢 Accès par transports maritimes depuis **Barrarach et Conleau** - Traversée
20 mn - Renseignements : Compagnie du Golfe ✆ 02 97 01 22 80,
www.lactm.com -
🚢 depuis **Vannes** d'avril à fin sept. - Traversée 30 mn - Renseignements :
Navix S.A. Gare Maritime (Vannes) ✆ 0825 132 100.

ÎLE-DE-BATZ – 29 Finistère – **308** G2 – 606 h. – alt. 30 m – ✉ 29253   **9** B1

🟩 Bretagne

🚢 Accès par transports maritimes depuis **Roscoff** - Traversée 15 mn
- Renseignements et tarifs : CFTM BP 10 - 29253 Île de Batz ✆ 02 98 61 78 87
- Armein ✆ 02 98 61 77 75 - Armor Excursion ✆ 02 98 61 79 66.

ℹ lieu-dit le Débarcadère ✆ 02 98 61 75 70
Pors Kernoc ✆ 02 98 61 75 87

⌂   **Ti Va Zadou** sans rest 🚭   🔲

au bourg – ✆ 02 98 61 76 91 – *Ouvert 1ᵉʳ fév.-11 nov.*
4 ch ⌸ – 🛏50 € 🛏🛏65 €

♦ De coquettes chambres marines, dont une familiale, vous attendent dans cette typique maison bretonne aux volets bleus, située près de l'église. Location de vélos ; accueil charmant.

ÎLE DE BENDOR – 83 Var – **340** J7 – ✉ 83150   **40** B3

🚢 Accès par transports maritimes depuis **Bandol** par vedette (traversée 7mn) renseignements et tarifs : ✆ 04 94 29 44 34.

ℹ allées Vivien - B.P. 45 ✆ 09 60 42 10 37

🏨   **Le Delos** 🚭   ≤ 🍴 🏊 ✗ 🖥 ⅙ ch, 🅰🅲 📶 🛁 VISA ⓴ 🅰🅴

– ✆ 04 94 05 90 90 – www.bendor.com – *Ouvert avril-oct.*
61 ch ⌸ – 🛏85/105 € 🛏🛏95/275 € – 8 suites – ½ P 125/250 €
Rest – (32 €) Menu 55 € (déj. en sem.)/95 € – Carte 40/65 €

♦ Deux beaux bâtiments de style italien et huit petites villas au bord de l'eau : à la pointe de l'île, cet établissement unique se prête à une escapade romantique. Au restaurant, cadre raffiné, superbe terrasse et fine cuisine du Sud mettant à l'honneur le poisson.

ÎLE-DE-BRÉHAT ★ – 22 Côtes-d'Armor – **309** D1 – 421 h. – alt. 7 m   **10** C1
– ✉ 22870 🟩 Bretagne

🚢 Accès par transports maritimes, pour **Port-Clos.**

🚢 depuis la **Pointe de l'Arcouest** - Traversée 10 mn - Renseignements et tarifs : Vedettes de Bréhat ✆ 02 96 55 79 50

🚢 depuis **St-Quay-Portrieux** - Service saisonnier - Traversée 1 h 15 mn
- Renseignements et tarifs : Vedettes de Bréhat (voir ci-dessus).

🚢 depuis **Binic -** Service saisonnier - Traversée 1 h 30 mn - Renseignements et tarifs : Vedettes de Bréhat (voir ci-dessus).

🚢 depuis **Erquy -** Service saisonnier - Traversée 1 h 15 mn - Renseignements et tarifs : Vedettes de Bréhat (voir ci-dessus).

ℹ Le Bourg ✆ 02 96 20 04 15

👁 Tour de l'île★★ - Phare du Paon★ - Croix de Maudez ≤★ - Chapelle St-Michel ✳★★ - Bois de la citadelle ≤★.

🏠   **Bellevue** 🚭   ≤ 🚐 🍴 🖥 📶 VISA ⓴

Port-Clos – ✆ 02 96 20 00 05 – www.hotel-bellevue-brehat.com – *Fermé 11 nov.-26 déc. et 5 janv.-13 fév.*
17 ch – 🛏72/128 € 🛏🛏72/128 € – ⌸ 11 € – ½ P 77/105 €
Rest – Menu 25/66 € – Carte 33/55 €

♦ Maison régionale de 1904, tournée vers le ponton et la pointe de l'Arcouest. Les chambres, en façade, profitent de la vue. Jardin. Location de vélos. Recettes marines qui vont de pair avec le décor du restaurant, éclairé par des baies ; terrasse.

🏠   **La Vieille Auberge** 🚭   🍴 VISA ⓴

∞ *au bourg* – ✆ 02 96 20 00 24 – www.brehat-vieilleauberge.eu – *Ouvert 9 avril-2 nov.*
15 ch – 🛏79/94 € 🛏🛏79/94 € – ⌸ 10 € – ½ P 71 €
Rest – Menu 18 € (déj.) – Carte 10/18 €

♦ On rejoint à pied cette ancienne maison de corsaires située au bourg : le patrimoine écologique de l'île mérite que l'on oublie sa voiture ! Chambres fonctionnelles. Cuisine traditionnelle servie dans une salle décorée de filets de pêche ou dans une cour fleurie.

ÎLE DE GROIX ★ – 56 Morbihan – **308** K9 – ⊠ 56590 ▮ Bretagne   **9** B2

Accès par transports maritimes pour **Port-Tudy** (en été **réservation recommandée** pour le passage des véhicules).

▰ depuis **Lorient** - Traversée 35 mn - Tarifs, se renseigner : S.M.N., r. G. Gahinet ☎ 0 820 056 000, www.smn-navigation.fr.

◉ Site★ de Port-Lay - Trou de l'Enfer★.

⌂ **La Jetée** sans rest   ≼ ⚭ ⁽ᵖ⁾ VISA ◍ AE

1 quai de Port-Tudy – ☎ 02 97 86 80 82 – www.hoteldelajetee.fr – Fermé 5 janv.-15 fév.

8 ch – ♦59/69 € ♦♦69/89 € – � 8,50 €

◆ Fraîches et pimpantes, toutes les chambres de cette petite maison blanche donnent sur la jetée ou la côte du Gripp. Petit-déjeuner au bar marin ou sur la terrasse.

⌂ **Le Sémaphore de la Croix** sans rest ⚭   ≼ ⚭ ⁽ᵖ⁾ **P**

Le Sémaphore – ☎ 02 97 86 86 43 – www.semaphoredelacroix.fr – Ouvert d'avril à mi-nov.

5 ch ⊇ – ♦155/195 € ♦♦165/205 €

◆ L'isolement de ce sémaphore du 19ᵉ s. le pare de romantisme. Chambres raffinées, certaines avec terrasse. Jardin fleuri et vue superbe sur l'océan en font un petit paradis.

ÎLE DE JERSEY ★★ – **309** J1 – 85 150 h. ▮ Normandie Cotentin

Accès par transports maritimes pour **St-Hélier (réservation indispensable)**.

▰ depuis **Granville -** Catamaran rapide - traversée 60 mn (St-Hélier) par Manche Iles Express : ☎ 0 825 133 050 (0,15 €/mn)

▰ depuis **St-Malo** (réservation obligatoire). par **Hydroglisseur** (Condor Ferries) - Traversée 1 h 15 mn - Renseignements et tarifs : gare maritime de la bourse (St-Malo) Terminal Ferry du Naye ☎ 0 825 135 135 (0,15 €/mn).

▰ depuis **Carteret** : Catamaran - service saisonnier (traversée 50 mn -Gorey) par Manche Iles Express ☎ 0 825 133 050 (0,15 €/mn).

*Ressources hôtelières voir le Guide Michelin : **Great Britain and Ireland***

ÎLE DE NOIRMOUTIER – 85 Vendée – **316** C6 – alt. 8 m   **34** A2
▮ Poitou Vendée Charentes

Accès - par le pont routier au départ de Fromentine : passage gratuit.

- par le passage du Gois★★ : 4,5 km.

- passage par beau temps limité de une heure et demie avant et jusqu'à une heure et demie après la basse mer, par mauvais temps ou petite marée, ne pas s'écarter de l'heure de la basse mer. Voir les panneaux d'affichage sur place, avant l'accès au Gois.

L'HERBAUDIÈRE – 85 Vendée – ⊠ 85330 Noirmoutier en l Ile   **34** A2

▶ Paris 469 – Cholet 140 – Nantes 85 – La Roche-sur-Yon 91

✗✗ **La Marine** (Alexandre Couillon)   ᕯ AK ⚭ VISA ◍ AE
❀

3 r. Marie-Lemonnier, (sur le port) – ☎ 02 51 39 23 09 – Fermé 15 nov.-6 déc., 4-20 janv., dim. soir, mardi et merc.

Rest – Menu 50/120 € bc

Spéc. Cracker's de sardines marinées, piquillos et parmesan (juin à sept.). Lotte cuisinée lentement, asperges vertes et concombre, bergamote (mai à juin). Mirliton d'abricot et amande, crème glacée aux tiges de rhubarbe (juil.). **Vins** Vin de pays de Vendée, Fiefs Vendéens.

Rest *La Table d'Élise* – voir ci-après

◆ Face au port de pêche, salle au cadre contemporain et épuré, en osmose avec la cuisine du chef : les préparations autour des produits de la mer sont techniquement abouties.

✗ **La Table d'Elise** – Rest. La Marine   ᕢ VISA ◍ AE
☺

5 r. Marie-Lemonnier, (sur le port) – ☎ 02 28 10 68 35 – Fermé 15 nov.-6 déc., 4-20 janv., dim. soir, mardi et merc.

Rest – (19 €) Menu 28/35 € – Carte 28/40 €

◆ Derrière la façade de cette maison de pays, se dissimule une salle de restaurant tout en longueur dédiée aux produits de la mer. Terrasse en été. Très bon rapport qualité-prix.

NOIRMOUTIER-EN-L'ÎLE – 85 Vendée – 4 855 h. – alt. 8 m – ✉ 85330   **34** A2

▶ Paris 464 – Cholet 135 – Nantes 80 – La Roche-sur-Yon 86

🚉 Route du Pont ✆ 02.51.39.80.71

◎ Collection de faïences anglaises★ au château.

Fleur de Sel ❧

r. des Saulniers – ✆ 02 51 39 09 07 – www.fleurdesel.fr – Ouvert 8 avril-1er nov.
35 ch ☲ – †95/195 € ††115/215 € – ½ P 90/135 €
Rest – *(fermé le midi du lundi au vend. sauf de juin à sept. et fériés)* (20 €)
Menu 30/40 € – Carte 35/53 €

◆ Environnement paisible et verdoyant, practice de golf, terrasse, coquets salons et chambres soignées (décor marin ou cosy) : ici, calme, confort et détente passent avant tout. Le cadre du restaurant, qui sert une cuisine au goût du jour, s'inspire de l'océan.

Général d'Elbée sans rest

pl. du Château – ✆ 02 51 39 10 29 – www.generaldelbee.com – Ouvert 22 avril-2 oct.
27 ch – †110/250 € ††110/250 € – ☲ 14 €

◆ Les chambres de cette demeure historique du 18e s. possèdent le charme patiné des maisons d'antan (mobilier d'époque, poutres) ; certaines ont vue sur le château éclairé le soir.

La Maison de Marine ❧

3 r. Parmentier – ✆ 02 28 10 27 21 – www.lamaisondemarine.com – Fermé déc. et janv.
5 ch ☲ – †90 € ††115 €   **Table d'hôte** – Menu 35 € bc/40 € bc

◆ Belles chambres personnalisées, terrasses fleuries ouvertes sur le patio-piscine, salon-cheminée, jardin aromatique : cette délicieuse maison respire la douceur de vivre. Côté restauration, priorité aux produits de la mer. Cours de cuisine.

Le Grand Four

1 r. Cure, (derrière le château) – ✆ 02 51 39 61 97 – www.legrandfour.com
– Fermé déc.- janv., jeudi midi en oct., nov., fév. et mars, dim. soir et lundi sauf le soir en juil.-août
Rest – Menu 23/75 € – Carte 44/73 €

◆ Maison ancienne (17e s.) tapissée de vigne vierge. Salle lumineuse avec boiseries et rideaux épais, et à l'étage une autre plus intime et sobre. Cuisine au goût du jour.

L'Étier

rte de l'Épine, 1 km au Sud-Ouest – ✆ 02 51 39 10 28 – www.restaurant-letier.fr
– Fermé déc.-janv., mardi sauf juil.-août et lundi
Rest – Menu 18/38 € – Carte 41/62 €

◆ Une maison basse typique de l'île où l'on déguste de bons produits de la pêche locale. Intérieur sagement rustique et véranda face à l'étier de l'Arceau.

au Bois de la Chaize 2 km à l'Est – ✉ 85330 Noirmoutier en l Ile

◎ Bois★.

Les Prateaux ❧

8 allée du Tambourin – ✆ 02 51 39 12 52 – www.lesprateaux.com – Ouvert 14 fév.-30 oct.
19 ch – †102/170 € ††102/170 € – ☲ 14 € – ½ P 96/135 €
Rest – *(fermé merc. midi et mardi)* (18 €) Menu 22/59 € – Carte 27/68 €

◆ La proximité de la plage et la quiétude de la pinède favorisent cet hôtel. Mobilier de style dans les chambres, spacieuses et souvent de plain-pied. Lumineuse salle à manger ouvrant sur le jardin fleuri ; cuisine axée sur les produits de la mer.

St-Paul ❧

15 av. du Mar.-Foch – ✆ 02 51 39 05 63 – www.hotel-saint-paul.net – Ouvert 14 fév.-15 nov.
34 ch – †84/151 € ††84/151 € – ☲ 13 € – ½ P 90/120 €
Rest – *(fermé dim. soir et lundi hors saison)* (16 €) Menu 30/70 € – Carte 45/60 €

◆ Un parc fleuri et des bois entourent cet hôtel au grand calme. Chambres assez cossues (mobilier de style ou rustique) et chaleureux salon-bar. Espace bien-être. Cuisine traditionnelle et de la mer servie dans une salle à manger élégante.

Château du Pélavé 🌿 🔊 🛰 📶 🛁 **P** *VISA* **OO** AE **OD**

9 allée de Chaillot – 📞 *02 51 39 01 94 – www.chateau-du-pelave.fr*
16 ch – 🛏111/259 € 🛏🛏111/259 € – 🍽 12 €
Rest – *(fermé dim. soir, merc. midi, lundi et mardi d'oct. à mars sauf vacances scolaires)* (25 €) Menu 28/42 € bc – Carte 43/62 €
♦ Pour une halte au grand calme, ce petit castel de la fin du 19e s. blotti dans son ravissant parc arboré et fleuri vous propose des chambres personnalisées, de divers styles. À table, cuisine valorisant le terroir et belle carte de vins de propriétaires. Terrasse.

ÎLE DE PORQUEROLLES – 83 Var – **340** M7 – ✉ 83400   **41** C3

🚢 Accès par transports maritimes depuis **La Tour Fondue** (presqu'île de Giens) - Traversée 20 mn - Renseignements et tarifs : T.L.V. et T.V.M. 📞 04 94 58 21 81, www.tlv-tvm.com (La Tour Fondue).

🚢 depuis **Cavalaire** - service saisonnier - Traversée 1 h 40 mn ou **Le Lavandou** -service saisonnier - Traversée 50 mn. Renseignements et tarifs : Vedettes Îles d'Or 15 quai Gabriel-Péri 📞 04 94 71 01 02 (Le Lavandou)

🚢 depuis **Toulon** - service saisonnier - Traversée 1 h - Renseignements et tarifs : Se renseigner auprès de l'Office du tourisme de Toulon 📞 04 94 18 53 00.

Le Mas du Langoustier 🌿   ⬅ 🔊 🛰 ♨ ✂ 🍴 🏨 🛁 AC 📶 🛁

3,5 km à l'Ouest du port – 📞 04 94 58 30 09   *VISA* **OO** **OD**
– www.langoustier.com – Ouvert de fin avril à début oct.
45 ch (½ P seult) – 5 suites – ½ P 180/314 €
Rest – Menu 55/110 € – Carte 70/110 €
Spéc. Filets de rouget poêlés, sablé parmesan, tomate confite et riquette. Filet de chapon et boudin de seiche à la plancha. Tarte sablée à la réglisse, mousse mascarpone à l'aneth et framboises. **Vins** Vins de l'Île de Porquerolles.
♦ Un petit coin de paradis à la pointe de l'île... Cette belle demeure de style provençal abrite des chambres spacieuses, à la fois bourgeoises et classiques. Navette régulière au départ du port. Le restaurant, d'où l'on aperçoit la mer, sert une cuisine ensoleillée, revisitée avec brio.

Villa Ste-Anne   🛰 AC ch, 🍽 📶 🛁 *VISA* **OO**

pl. d'Armes – 📞 04 98 04 63 00 – www.sainteanne.com – *Fermé 1er nov.-20 mars*
25 ch (½ P seult) – ½ P 170/220 €
Rest – Menu 18 € (déj.)/25 € – Carte 29/63 €
♦ À côté de la petite église, sur la placette du village, une maison traditionnelle fort bien tenue, aux chambres récemment rénovées. Le restaurant, de style bistrot, jouit d'une terrasse ombragée ; cuisine traditionnelle.

Auberge des Glycines   🛰 AC ch, 🍽 ch, *VISA* **OO** AE

pl. d'Armes – 📞 04 94 58 30 36 – www.auberge-glycines.com
11 ch (½ P seult) – ½ P 89/179 €   **Rest** – Menu 25 € – Carte 35/70 €
♦ Un sympathique petit coin de Provence, agréable pour un séjour sur l'île. Accueil chaleureux et décor coloré ! La Méditerranée est à l'honneur au restaurant, qui cache un joli patio ombragé.

ÎLE DE PORT-CROS ★★★ – 83 Var – **340** N7 – ✉ 83400   **41** C3
🟩 Côte d'Azur

🚢 Accès par transports maritimes depuis **Hyères** - renseignements et tarifs : T.L.V. et T.V.M. 04 94 57 44 07 - depuis **Le Lavandou** -Traversée 35 mn - Renseignements et tarifs : Vedettes Îles d'Or 15 quai Gabriel-Péri 📞 04 94 71 01 02 (Le Lavandou)

🚢 depuis **Cavalaire** - Traversée 45 mn - Renseignements et tarifs : voir ci-dessus

🚢 depuis **La Tour Fondue** - Traversée 1 h - Renseignements et tarifs : T.L.V. - T.V.M. 📞 04 94 58 21 81.

🏨 Le Manoir ⤳   ⚲ 🅟 🍴 ⊐ 🛇 ch, ⚿ 𝖵𝖨𝖲𝖠 ⦿

– ℰ 04 94 05 90 52 – http://monsite.wanadoo.fr/hotelmanoirportcros
– Ouvert 30 avril-5 oct.
23 ch (½ P seult) – ½ P 160/230 €   **Rest** – Menu 56 € – Carte 35/95 €
♦ Pour les amoureux de calme et de nature... Cette jolie maison du 19e s. jouit d'une situation idyllique sur cette île protégée, dans un parc à deux pas de la plage. Restaurant et terrasse regardent les voiliers ancrés dans la rade de Port-Cros ; cuisine régionale.

ÎLE DE RÉ ★ – 17 Charente-Maritime – 324 B2   38 A2
🟩 Poitou Vendée Charentes

Accès par le pont routier (voir à La Rochelle).

ARS-EN-RÉ – 17 Charente-Maritime – 1 312 h. – alt. 4 m – ✉ 17590   38 A2

▶ Paris 506 – Fontenay-le-Comte 85 – Luçon 75 – La Rochelle 34
ℹ 26, place Carnot ℰ 05 46 29 46 09

🏨 Le Martray   ⚲ 🍴 & 🄰🄲 📶 ⚿ 🅿 𝖵𝖨𝖲𝖠 ⦿ 𝖠𝖤

Le Martray, 3 km à l'Est par D 735 – ℰ 05 46 29 40 04
– www.hotel-le-martray.com – Fermé 3 Janvier-11 fév.
15 ch – ♦75/155 € ♦♦75/155 € – ⊑ 11 €
Rest – (fermé dim. soir et lundi sauf juil.-août) (19 €) Menu 25 € (déj. en sem.), 35/46 € – Carte 38/81 €
♦ À deux pas de la plage, hôtel entièrement rénové. Les chambres, confortables et bien équipées, offrent différents atouts : vue sur les marais et la mer, décor à thème coloré... Au bistrot, cadre contemporain dans les tons rouges et cuisine axée mer.

🏠 Le Sénéchal sans rest   𝖵𝖨𝖲𝖠 ⦿

6 r. Gambetta – ℰ 05 46 29 40 42 – www.hotel-le-senechal.com – Fermé 3 janv.-3 fév.
22 ch – ♦60/240 € ♦♦60/240 € – 4 suites – ⊑ 12 €
♦ Ambiance de maison d'hôte, intérieur de très bon goût mariant vieilles pierres et décoration tendance, joli patio fleuri pour les petits-déjeuners : une adresse pleine de charme.

✕✕ Le Bistrot de Béné   🍴 𝖵𝖨𝖲𝖠 ⦿

1 quai Criée – ℰ 05 46 29 40 26 – Fermé 15 nov.-22 déc., 2 janv.-15 fév., lundi et mardi hors saison
Rest – Menu 28 € – Carte 35/65 €
♦ Dans cette ancienne demeure rhétaise, on apprécie une cuisine traditionnelle dominée par le poisson. Salle décorée de sculptures, cour fleurie ou terrasse face au port.

LE BOIS-PLAGE-EN-RÉ – 17 Charente-Maritime – 2 293 h. – alt. 5 m   38 A2
– ✉ 17580

▶ Paris 494 – Fontenay-le-Comte 74 – Luçon 64 – La Rochelle 23
ℹ 87, rue des Barjottes ℰ 05 46 09 23 26

🏨 Les Bois Flottais sans rest ⤳   ⊐ & 🄰🄲 📶 🅿 𝖵𝖨𝖲𝖠 ⦿ 𝖠𝖤

chemin des Mouettes – ℰ 05 46 09 27 00 – www.lesboisflottais.com – Ouvert 2 mars-15 nov. et 26 déc.-3 janv.
19 ch – ♦81/110 € ♦♦81/150 € – ⊑ 12 €
♦ Tomettes, lambris lasurés, bibelots marins : un décor insulaire habille les chambres, confortables et toutes de plain-pied avec le patio (piscine). Espace bien-être ; hammam.

🏨 L'Océan   ⚲ 🍴 ⊐ 🛇 ch, 📶 🅿 𝖵𝖨𝖲𝖠 ⦿ 𝖠𝖤

172 r. St-Martin – ℰ 05 46 09 23 07 – www.re-hotel-ocean.com
– Fermé 3 janv.-10 fév.
29 ch – ♦75/160 € ♦♦75/180 € – ⊑ 10 € – ½ P 70/122 €
Rest – (fermé merc. sauf le soir d'avril à sept.) (19 €) Menu 24/32 € – Carte 28/60 €
♦ Maisons aux murs chaulés où bois blond, courtepointes et tissus brodés recréent le charme des habitations rhétaises. Chambres très coquettes, plus contemporaines autour de la piscine. Ambiance îlienne dans la salle à manger ouverte sur la cour-terrasse. Bar lounge.

La Villa Passagère sans rest ⚬ 🛡 ♿ ✂ 🅿 VISA ◯◯

25 av. du Pas des Bœufs – ℰ *05 46 00 26 70* – *www.hotel-lavillapassagere.fr*
– *Ouvert 1er avril-6 nov.*
13 ch 🖵 – †75/145 € ††75/145 €

♦ Hôtel constitué de petites maisons de style régional, autour d'une agréable piscine et d'un jardin odorant (lavande et romarin). Chambres de plain-pied, simples et lumineuses.

LA FLOTTE – 17 Charente-Maritime – 2 907 h. – alt. 4 m – ⊠ 17630   38 A2

▶ Paris 489 – Fontenay-le-Comte 68 – Luçon 58 – La Rochelle 17
🛈 quai de Sénac ℰ 05 46 09 60 38

Richelieu ⚬ ← 🚗 🖙 🏊 📶 🛁 ℅ ♿ ch. 🅰🅲 🏋 🅿 VISA ◯◯ 🅰🅴

44 av. de la Plage – ℰ *05 46 09 60 70* – *www.hotel-le-richelieu.com*
– *Fermé 3 janv.-5 fév.*
37 ch – †120/470 € ††120/470 € – 3 suites – 🖵 30 € – ½ P 110/360 €
Rest – Menu 50/65 € – Carte 33/78 €

♦ Luxueuses chambres personnalisées (meubles de style) au bord de l'océan. Les plus agréables possèdent une vaste terrasse face au large. Centre de thalassothérapie. Restaurant ouvert sur le jardin et la mer ; cuisine dans l'air du temps, plus simple à midi.

✕✕ L'Écailler   🛖 VISA ◯◯

3 quai Sénac – ℰ *05 46 09 56 40* – *www.lecailler-iledere.com*
– *Ouvert 1er mars-30 nov. et fermé mardi en mars, en oct.-nov. et lundi*
Rest – Menu 35 € (déj.), 40/54 € – Carte 50/80 €

♦ Terrasse tournée vers le port, intérieur soigné (boiseries, cheminée et parquet anciens) et recettes honorant la pêche locale : cette maison d'armateur de 1652 a bien du charme.

✕ Chai nous comme Chai vous   ♿ VISA ◯◯

1 r. de la Garde – ℰ *05 46 09 49 85*
– *www.chainouscommechaivous.over-blog.com* – *Fermé 15-31 mars,*
27 juin-6 juil., 4-18 oct., 3-19 janv., jeudi sauf vacances scolaires et merc.
Rest – *(nombre de couverts limité, prévenir)* (19 €) Menu 41 €⚬

♦ On se sent un peu comme chez soi dans ce restaurant très sobre, mené par un couple. Au menu, produits de la mer, inventivité et petites attentions. Judicieux choix de vins.

RIVEDOUX-PLAGE – 17 Charente-Maritime – 2 197 h. – alt. 2 m   38 A2
– ⊠ 17940

▶ Paris 483 – Fontenay-le-Comte 63 – Luçon 53 – La Rochelle 12
🛈 place de la République ℰ 05 46 09 80 62

La Marée   🚗 🛖 🏊 🖢 ♿ 🅰🅲 🛜 🏋 🅿 VISA ◯◯ 🅰🅴

321 av. A. Sarrault, rte de St-Martin – ℰ *05 46 09 80 02*
– *www.hoteldelamaree.com*
26 ch – †66/176 € ††66/176 € – 2 suites – 🖵 14 € – ½ P 75/157 €
Rest – Menu 20/51 € – Carte 33/73 €

♦ Décor contemporain et épuré pour cet hôtel dont les chambres donnent sur la mer, la roseraie ou la piscine. Nombreux salons. Accueil charmant. Formule ardoise au restaurant (salle panoramique et lounge), composée selon les arrivages du port et le marché.

Le Grand Large   ← 🛖 🏊 ♿ 🅰🅲 ch. 🛜 🅿 VISA ◯◯ 🅰🅴

154 av. des Dunes – ℰ *05 46 09 89 51* – *www.hoteldugrandlarge.com* – *Ouvert de mi-mars à nov.*
30 ch – †60/150 € ††60/185 € – 🖵 12 € – ½ P 71/132 €
Rest – (17 €) Menu 22 € (déj. en sem.)/33 € – Carte 22/53 €

♦ Face à la plage, cet hôtel ouvert sur le large se déploie autour d'une belle piscine chauffée. Chambres claires et fonctionnelles dotées de terrasses ou de balcons. Restaurant d'esprit balnéaire et décontracté : cuisine régionale ; carte de pâtes et pizzas.

St-Clément-des-Baleines – 17 Charente-Maritime – 726 h. – alt. 2 m   38 A2
– ⊠ 17590

▶ Paris 509 – Fontenay-le-Comte 89 – Luçon 79 – La Rochelle 38

🅘 200, rue du Centre ✆ 05 46 29 24 19

◉ L'Arche de Noé (parc d'attractions) : Naturama★ (collection d'animaux naturalisés) - Phare des Baleines ❄★ N : 2,5 km.

Le Chat Botté sans rest
2 pl. de l'Église – ✆ 05 46 29 21 93 – www.hotelchatbotte.com – Fermé de fin-nov. à début déc. et de début janv. à mi-fév.
20 ch – †55/58 € ††73/131 € – 3 suites – ⊇ 14 €
♦ Atmosphère cosy (bois, tons pastel), petit-déjeuner servi au cœur d'un adorable jardin et centre de beauté : une adresse dédiée à la détente et au bien-être !

Le Chat Botté
r. de la Mairie – ✆ 05 46 29 42 09 – www.restaurant-lechatbotte.com – Fermé déc.-janv., merc. de sept. à mars
Rest – Menu 22 € (sem.), 35/75 € – Carte 44/75 €
♦ L'ambiance marine de la confortable salle à manger annonce d'emblée la couleur : au menu, poissons d'origine sauvage, fraîchement choisis par le chef à la criée de La Rochelle.

St-Martin-de-Ré – 17 Charente-Maritime – 2 597 h. – alt. 14 m   38 A2
– ⊠ 17410

▶ Paris 493 – Fontenay-le-Comte 72 – Luçon 62 – La Rochelle 22

🅘 2, quai Nicolas Baudin ✆ 05 46 09 20 06

◉ Fortifications★.

De Toiras
1 quai Job Foran – ✆ 05 46 35 40 32 – www.hotel-de-toiras.com
14 ch – †135/580 € ††135/580 € – 6 suites – ⊇ 28 €
Rest – (fermé dim. et lundi soir de janv. à mai et d'oct. à déc., mardi et merc. soir de juin à sept. et le midi) Menu 65 € – Carte 75/95 €
♦ Décoration soignée, à la fois luxueuse et simple, chambres très chaleureuses et accueil particulièrement attentionné... Cette maison d'armateur du 17ᵉ s. est une perle rare ! Repas servis dans une jolie salle à manger ou en terrasse lorsque le temps s'y prête.

Le Clos St-Martin sans rest
8 cours Pasteur – ✆ 05 46 01 10 62
– www.le-clos-saint-martin.com – Fermé 14 nov.-19 déc.
33 ch – †135/460 € ††135/460 € – ⊇ 19 €
♦ Cette maison récente se trouve à une encablure du port. Chambres d'esprit réthais, donnant sur un jardin clos avec deux piscines chauffées. Salon-bar. Spa et joli hammam.

Domaine de la Baronnie sans rest
21 r. Baron de Chantal – ✆ 05 46 09 21 29 – www.domainedelabaronnie.com – Ouvert 2 avril-1ᵉʳ nov.
16 ch – †110/250 € ††110/250 € – ⊇ 16 €
♦ Deux hôtels particuliers mitoyens du 18ᵉ s. restaurés dans un esprit de maison d'hôtes. Chambres cosy à la décoration soignée (quelques unes familiales), joli jardin.

La Jetée sans rest
quai G. Clemenceau – ✆ 05 46 09 36 36 – www.hotel-lajetee.com
17 ch – †96/125 € ††96/125 € – 7 suites – ⊇ 12 €
♦ Sur le port, un hôtel agencé dans un style contemporain chaleureux : couleurs tendance et mobilier épuré dans les chambres, ordonnées autour du patio (petit-déjeuner en été).

Le Galion sans rest
allée Guyane – ✆ 05 46 09 03 19 – www.hotel-legalion.com
29 ch – †70/120 € ††75/125 € – ⊇ 9 €
♦ Les remparts de Vauban protègent l'hôtel des humeurs de l'océan. Chambres actuelles et bien tenues donnant pour la plupart sur le large (quatre côté patio). Salon asiatique.

🏠 **La Maison Douce** sans rest 🐾 　　　　🚗 📶 📵 VISA ⬤⬤ AE

25 r. Mérindot – 𝒞 05 46 09 20 20 – www.lamaisondouce.com – Fermé
15 nov.-25 déc. et 7 janv.-15 fév.
11 ch – 🛏120/205 € 🛏🛏120/205 € – ⚏ 15 €

◆ Cette typique maison rhétaise (19ᵉ s.) porte bien son nom : atmosphère feutrée, chambres délicieuses, salles de bains rétro et jolie cour-jardin où l'on petit-déjeune l'été.

🏠 **Du Port** sans rest 　　　　　　　📶 📶 VISA ⬤⬤ AE ⓪

29 quai Poithevinière – 𝒞 05 46 09 21 21 – www.iledere-hot-port.com
35 ch – 🛏70/108 € 🛏🛏75/142 € – ⚏ 11 €

◆ Au cœur du quartier animé de St-Martin-de-Ré, cet établissement, refait à neuf, propose des chambres colorées, meublées simplement. Certaines bénéficient de la vue sur le port.

🍴 **L'Avant Port** 　　　　　　　　　　🏠 AC VISA ⬤⬤

8 quai Daniel Rivaille – 𝒞 05 46 68 06 68 – www.lavantport.com – Ouvert de fév.
à Noël et fermé dim. soir et lundi sauf juil.-août
Rest – (19 €) Menu 25 € (déj.) – Carte 40/75 €

◆ À l'entrée du port, loin de l'agitation touristique, ce restaurant familial vous reçoit comme des amis. Cadre branché et poisson frais (pêche locale) cuisiné sans esbroufe.

STE-MARIE-DE-RÉ – 17 Charente-Maritime – 3 027 h. – alt. 9 m　　　　**38** A2
– ✉ 17740

▶ Paris 486 – Fontenay-le-Comte 66 – Luçon 55 – La Rochelle 15
🚩 place d'Antioche 𝒞 05 46 30 22 92

🏨 **Atalante** 🐾 　　　◁ 🐾 🔲 🆗 🛁 🛆 🔋 AC rest, 📵 rest, 📶 🕌 P VISA ⬤⬤ AE ⓪

r. Port Notre-Dame – 𝒞 05 46 30 22 44 – www.relaisthalasso.com
– Fermé 2-16 janv.
91 ch – 🛏87/208 € 🛏🛏118/288 € – ⚏ 18 € – ½ P 102/143 €
Rest – Menu 35/41 € – Carte 45/70 €

◆ Cet hôtel face à l'océan dispose de chambres modernes aux tons acidulés (plus doux dans celles qui ont été rénovées). Accès direct à la thalassothérapie. La salle à manger-véranda forme une vraie fenêtre sur le spectacle de l'Atlantique. Cuisine actuelle.

🏨 **Les Vignes de la Chapelle** sans rest 🐾 　　🛆 📵 📶 P VISA ⬤⬤

5 r. de la Manne – 𝒞 05 46 30 20 30 – www.lesvignesdelachapelle.com – Ouvert
1ᵉʳ avril-31 oct.
17 suites – 🛏🛏105/310 € – 2 ch – ⚏ 13 €

◆ Face aux vignes et à la mer, un hôtel récent respectueux de l'environnement (matériaux naturels, panneaux solaires...). Suites contemporaines, de plain-pied et avec terrasse.

🏠 **L'Île sous le Vent** 🐾 　　　　　🚗 📵 📶 P VISA ⬤⬤

17 bis r. du Petit-Labat – 𝒞 05 46 09 60 53 – www.ilesouslevent.com
9 ch – 🛏50/98 € 🛏🛏50/98 € – ⚏ 8 €
Rest – *(fermé le midi, lundi soir et dim. soir)* Menu 35 € bc

◆ Maison basse tout en longueur, bien dans l'esprit de l'île. Les chambres, intimes et décorées avec goût, offrent confort et sérénité. Jardin d'agrément et piscine d'été. Au restaurant, le poisson est à l'honneur, comme il se doit !

ÎLE-DE-SEIN – 29 Finistère – **308** B6 – 238 h. – alt. 14 m – ✉ 29990　　**9** A2
🟩 Bretagne

🚢 Transports uniquement piétons - 🚢 depuis **Brest** (le dim. en juil.-août) - Traversée 1 h 30 mn - Renseignements et tarifs : Cie Maritime Penn Ar Bed (Brest) 𝒞 02 98 70 70 70 - depuis **Audierne** (toute l'année) Traversée 1 h - Renseignements et tarifs : voir ci-dessus. 🚢 depuis **Camaret** (le dim. en juil.-août) Traversée 1 h - Renseignements et tarifs : Cie Maritime Penn Ar Bed (Brest) 𝒞 02 98 70 70 70

Ar Men ⌂ ⟨ VISA ⊙

rte du Phare – ℰ 02 98 70 90 77 – www.hotel-armen.net – Fermé 2 nov.-18 fév.
10 ch – ♥45 € ♥♥55/70 € – ⊇ 7 € – ½ P 53/60 €
Rest – *(fermé merc. d'avril à nov. et dim. soir)* Menu 20 €
◆ La dernière maison en sortant du bourg, sur la route du phare. Cet hôtel familial abrite de sympathiques petites chambres aux couleurs océanes, avec vue sur le large. Les plats, simples et sérieux, changent au gré de la pêche (ragoût de homard sur réservation).

ÎLE DES EMBIEZ – 83 Var – 340 J7 – ⊠ 83140 🟢 Côte d'Azur   40 B3

Hélios ⌂ ⟨ 🍴 ▣ ⅙ ✗ ☗ ᕕ ch. Ⓐ ⟨¹⟩ ⅔ VISA ⊙ AE ①

au port – ℰ 04 94 10 66 10 – www.ilespaulricard.com – Ouvert d' avril à oct.
60 ch – ♥125/170 € ♥♥125/170 € – 1 suite – ⊇ 12 € – ½ P 75/95 €
Rest – (20 €) Menu 30/38 €
◆ Rien que sept minutes de traversée pour rejoindre cette charmante petite île... Les chambres sont lumineuses et actuelles, avec balcon côté port. La terrasse du restaurant donne sur la marina ; sa cuisine, bien ficelée, chante avec l'accent du Sud.

ÎLE-D'HOUAT – 56 Morbihan – 308 N10 – 311 h. – alt. 31 m   10 C3
– ⊠ 56170 🟢 Bretagne

🚢 Accès par transports maritimes depuis **Quiberon** - Traversée 45 mn
- Renseignements et tarifs : la Compagnie Océane Le Palais SMN ℰ 0 820
056 000 (0,12 €/mn)(Quiberon) www.smn-navigation.fr

🚢 depuis **La Trinité-sur-Mer** (juil.-août) Traversée 1 h - Navix : cours des
quais ℰ 0 825 162 100 - depuis Vannes, Port Navalo, Locmariaquer, la
Turballe et le Croisic - renseignements et tarifs : la Compagnie des Iles
0825 164 100 www.compagniedesiles.com

👁 Le Bourg ⟨ ★.

La Sirène ⌂ 🍴 ᕕ rest. ✗ ch. VISA ⊙ AE

rte du Port – ℰ 02 97 30 66 73 – www.houat-la-sirene.com – Ouvert de Pâques à
fin sept. et week-ends en oct.
20 ch – ♥110/130 € ♥♥110/150 € – ⊇ 12 € – ½ P 80/100 €
Rest – (16 €) Menu 22 € (sem.)/33 € – Carte 35/75 €
◆ Hôtel familial ancré au cœur du bourg. Les chambres sont fonctionnelles et
bien tenues, certaines avec vue sur mer. Cuisine traditionnelle au restaurant, où
les poissons sont fournis par les pêcheurs locaux. Moules-frites et salades pour
les petits budgets.

ÎLE D'OLÉRON ★ – 17 Charente-Maritime – 324 C4   38 A2
🟢 Poitou Vendée Charentes

Accès par le pont viaduc : passage gratuit.

LA COTINIÈRE – 17 Charente-Maritime – ⊠ 17310 St Pierre d Oleron   38 A2
▶ Paris 522 – Marennes 22 – Rochefort 44 – La Rochelle 80
🛈 22, rue du Port ℰ 05 46 47 09 08

Face aux Flots sans rest ⌂ ⟨ ⓘ ᕕ ⟨¹⟩ VISA ⊙ AE

24 r. du Four – ℰ 05 46 47 10 05 – www.hotel-faceauxflots-oleron.com
– Ouvert 13 fév.-12 nov. et vacances de Noël
21 ch – ♥52/110 € ♥♥53/110 € – ⊇ 8 €
◆ Sympathique hôtel familial aux chambres simples et fraîches, parfois colorées,
dont quatre avec petit balcon. Belle vue sur la mer depuis celles du deuxième
étage.

Île de Lumière sans rest ⌂ ⟨ 🚳 ⓘ ⅙ ✗ Ⓟ VISA ⊙

av. des Pins – ℰ 05 46 47 10 80 – www.moteliledelumiere.com
– Ouvert 8 avril-2 oct.
45 ch ⊇ – ♥78/142 € ♥♥78/142 €
◆ Sur un site préservé, sobres chambres de plain-pied souvent dotées de terrasses regardant l'océan, les dunes ou la piscine, créée dans un trou de bombe de la
dernière guerre.

à la Ménounière 2 km au Nord par rte secondaire ✉ 17310 St-Pierre-d'Oléron – ✉ 17310

XX **Saveurs des Îles** 🌿 *VISA* ⓪
*18 r. de la Plage – ℰ 05 46 75 86 68 – www.saveursdesiles.fr – Fermé
8 nov.-28 déc., 3 janv.-31 mars, lundi sauf le soir en juil.-août, merc. midi
en juil.-août et mardi hors saison*
Rest – Menu 25/52 € – Carte 44/63 €
◆ Les propriétaires ont construit eux-mêmes ce restaurant au cadre asiatique : mobilier indonésien, terrasse côté jardin, cuisine créative relevée de saveurs et épices exotiques.

St-Pierre-d'Oléron – 17 Charente-Maritime – 6 177 h. – alt. 8 m 38 A2
– ✉ 17310

▶ Paris 522 – Marennes 22 – Rochefort 44 – La Rochelle 80
🛈 place Gambetta ℰ 05 46 47 11 39
◎ Église ❊★.

🏠 **Le Square** sans rest 🚗 🏊 *VISA* ⓪ AE
*pl.des Anciens Combattants – ℰ 05 46 47 00 35 – www.le-square-hotel.fr
– Ouvert mars-oct.*
26 ch – ♦48/75 € ♦♦48/85 € – ⬚ 8,50 €
◆ En centre-ville, près du marché couvert, petit hôtel familial aux prix mesurés. Les chambres rénovées sont plus actuelles et spacieuses. Grande piscine dans la cour intérieure.

X **Les Alizés** ♿ *VISA* ⓪ AE
☞ *4 r. Dubois-Aubry – ℰ 05 46 47 20 20 – Ouvert de début mars à début déc. et
fermé mardi et merc. sauf de mi-juil. à mi-sept. et fériés*
Rest – Menu 19/35 € – Carte 30/47 €
◆ Un vent de fraîcheur souffle sur ce restaurant protégé par une petite palissade blanc et bleu. Saveurs océaniques forcément ! Agréable terrasse aux beaux jours.

St-Trojan-les-Bains – 17 Charente-Maritime – 1 486 h. – alt. 5 m 38 A2
– ✉ 17370

▶ Paris 509 – Marennes 16 – Rochefort 38 – La Rochelle 74
🛈 carrefour du Port ℰ 05 46 76 00 86

🏨 **Novotel** 🍃 ≼ 🚗 🏡 🏊 ⅃₆ ✗ 🛏 & ch, AC ch, ✗ 🛰 ⅃ 🅿 *VISA* ⓪ AE ①
*plage de Gatseau, 2,5 km au Sud – ℰ 05 46 76 02 46 – www.accorthalassa.com
– Fermé 29 déc.-26 déc.*
109 ch – ♦140/260 € ♦♦140/260 € – ⬚ 17 € – ½ P 112/172 €
Rest – (21 €) Menu 29 € – Carte 27/49 €
◆ Repos garanti dans cet hôtel doté d'un centre de thalassothérapie et bâti face à la plage. Établissement entièrement rénové aux confortables chambres d'esprit actuel. À table, guettez le large tout en surveillant votre ligne (carte en partie diététique).

🏨 **Hostellerie Les Cleunes** sans rest ≼ 🚗 🏊 ✗ ✗ 🛰 🅿 *VISA* ⓪ AE
*25 bd Plage – ℰ 05 46 76 03 08 – www.hotel-les-cleunes.com – Ouvert
1ᵉʳ avril-5 nov.*
40 ch – ♦96/168 € ♦♦96/252 € – ⬚ 13 €
◆ Sur le front de mer, un établissement familial revu de pied en cap : chambres confortables et chaleureuses, salon-billard cosy et piscine installée au cœur d'un joli patio.

🏨 **Mer et Forêt** 🍃 ≼ 🚗 🏡 🏊 🛏 AC rest, 🛰 🅿 *VISA* ⓪
☞ *16 bd Pierre Wiehn – ℰ 05 46 76 00 15 – www.hotel-ile-oleron.com
– Ouvert 22 avril-1ᵉʳ oct.*
43 ch – ♦54/99 € ♦♦54/132 € – ⬚ 10 € – ½ P 57/102 €
Rest – (14 € bc) Menu 19/37 € – Carte 30/43 €
◆ L'hôtel se trouve dans un quartier résidentiel calme. Chambres actuelles et fonctionnelles, bénéficiant de la vue sur la forêt de pins ou sur l'océan ; agréable piscine. Beau panorama sur le pont-viaduc et le continent depuis le restaurant et sa terrasse.

L'Albatros 🏠 ⬅ 🍴 ♿ ch, 🆎 rest, 🛎 🅿 VISA 🇲 AE ①

*11 bd Dr Pineau – ☎ 05 46 76 00 08 – www.albatros-hotel-oleron.com
– Ouvert 7 fév.-2 nov.*
12 ch – 🛏70/120 € 🛏🛏70/120 € – ☲ 11 € – ½ P 75/100 €
Rest – (16 €) Menu 29/54 € – Carte 30/60 €
◆ Vous apprécierez pleinement la quiétude de cet hôtel qui a "les pieds dans
l'eau" et des chambres au style marin. Accueil parfait. Côté restaurant, produits
de la pêche locale, décor convivial et terrasse panoramique face à la mer.

LE CHÂTEAU-D'OLÉRON – 17 Charente-Maritime – 3 884 h. – alt. 9 m   **38** A2
– ✉ 17480

▶ Paris 524 – Poitiers 190 – La Rochelle 72 – Saintes 54
🛈 place de la République ☎ 05 46 47 60 51

✗✗ Les Jardins d'Aliénor avec ch   🍴 🆎 ♿ ch, VISA 🇲 AE

11 r. Mar.-Foch – ☎ 05 46 76 48 30 – www.lesjardinsdalienor.com
4 ch ☲ – 🛏97/147 € 🛏🛏97/147 €
Rest – (fermé le midi en juil.-août, dim. soir hors saison, mardi midi et lundi
de sept. à juin) (26 €) Menu 40 € – Carte environ 45 € 🏵
◆ Mélange de styles – d'hier et d'aujourd'hui – et patio agrémenté d'un mur
végétal : un cadre chic autant qu'agréable pour savourer une cuisine assez
contemporaine. À l'étage, délicieuses chambres au charme champêtre, climatisées
et bien équipées.

LE GRAND VILLAGE PLAGE – 17 Charente-Maritime – 970 h. – alt. 6 m   **38** A2
– ✉ 17370

▶ Paris 525 – Poitiers 191 – La Rochelle 73 – Rochefort 36

✗ Le Relais des Salines   🍴 VISA 🇲
🦪
*Port des Salines – ☎ 05 46 75 82 42 – www.lerelaisdessalines.com – Ouvert de
mi-mars à mi-nov. et fermé lundi sauf vacances scolaires*
Rest – Menu 19 € (déj. en sem.) – Carte environ 35 €
◆ Ambiance décontractée, esprit bistrot marin tendance, terrasse côté marais
salants et belle ardoise de suggestions iodées : cette ancienne cabane ostréicole
est une perle !

ÎLE D'OUESSANT – 29 Finistère – **308** A4 – ✉ 29242 ▌Bretagne   **9** A1

🚢 Transports uniquement piétons - depuis **Brest** - Traversée 2 h 15 mn
   - Renseignements et tarifs : Cie Maritime Penn Ar Bed (Brest) ☎02 98 80 80 80 -
   🚢 depuis **Le Conquet** - Traversée 1 h - Renseignements et tarifs : voir ci-dessus
   🚢 depuis **Camaret** (uniquement mi juillet-mi août) - Traversée 1 h 15 mn
   - Renseignements et tarifs : voir ci-dessus.

🏠 Ti Jan Ar C' Hafé sans rest 🏠   ♿ 🛎 VISA 🇲

*Kernigou – ☎ 02 98 48 82 64 – www.tijan.fr – Fermé 11 nov.-20 déc. et
4 janv.-15 fév.*
8 ch – 🛏69/99 € 🛏🛏69/99 € – ☲ 10 €
◆ À l'entrée du bourg de Lampaul, petit hôtel de charme vous réservant un
accueil convivial. Salon coquet, salle des petits-déjeuners lumineuse, terrasse,
chambres avenantes.

✗ Ty Korn   VISA 🇲 ①

*au bourg de Lampaul – ☎ 02 98 48 87 33 – Fermé 16-30 nov., 4-25 janv., dim. et
lundi sauf fériés*
Rest – (nombre de couverts limité, prévenir) Menu 31 € (dîner) – Carte 39/47 €
◆ Incontournable restaurant-pub près de l'église. On goûte les produits de
l'océan (mention spéciale pour les fruits de mer) dans un décor évoquant le
pont avant d'un bateau.

Il fait beau ? Savourez le plaisir de manger en terrasse : 🍴

ÎLE D'YEU ★★ – 85 Vendée – **316** BC7 – 4 941 h. **34** A3
█ Poitou Vendée Charentes

Accès par transports maritimes pour **Port-Joinville.**

📧 depuis Fromentine (toute l'année) - Traversée de 30 à 45 mn
- Renseignements et tarifs : Cie Yeu Continent (à Fromentine) ✆ 0 825 853 000 (0,15 €/mn), www.compagnie-yeu-continent.fr - depuis Barbâtre : Cie V.I.I.V. ✆ 02 51 39 00 00 - depuis St-Gilles-Croix-de-Vie et depuis Les Sables d'Olonne (Quai Bénatier) (avril-sept.) : Cie Vendéenne ✆ 0 825 139 085 (0,15 €/mn), www.compagnievendeenne.com Service Saisonnier (avril-sept.).

📧 depuis Fromentine : traversée de 30 à 70 mn - Renseignements à Cie Yeu Continent BP 16-85550 La Barre-de-Monts ✆ 0 825 853 000 (0,15 €/mn), www.compagnie-yeu-continent.fr.

🖼 1, place du Marché ✆ 02 51 58 32 58

PORT-JOINVILLE – 85 Vendée – 4 880 h. – ⊠ 85350 L Ile d Yeu **34** A3
▶ Paris 457 – Challans 26 – Nantes 69 – La Roche-sur-Yon 70
◉ Vieux Château★ : ≼★★ SO : 3,5 km - Grand Phare ≼★ SO : 3 km.

🏠 | **Atlantic Hôtel** sans rest ≼ AC 📶 VISA ⚫⚫ AE
quai Carnot – ✆ 02 51 58 38 80 – www.hotel-yeu.com – Fermé janv.
18 ch – ♦43/92 € ♦♦43/92 € – ☕ 7 €
♦ Face à l'embarcadère, chambres claires profitant du tintement des mâts – comme la salle des petits-déjeuners – ou de la tranquillité du village et de ses jardinets de pêcheurs.

🏠 | **L'Escale** sans rest & VISA ⚫⚫
14 r. de La Croix de Port – ✆ 02 51 58 50 28 – www.yeu-escale.fr – Fermé 15 nov.-15 déc.
29 ch – ♦55/80 € ♦♦55/82 € – ☕ 8 €
♦ En retrait du port, façade blanche égayée de volets colorés. Chambres simples et bien tenues, parfois climatisées. Salle des petits-déjeuners au décor marin.

✗ | **Port Baron** 🀙 🍽 VISA ⚫⚫
9 r. Georgette – ✆ 02 51 26 01 61 – Fermé 2 sem. en oct., mardi midi et lundi
Rest – Menu 20 € (déj. en sem.), 32/40 €
♦ Vieilles affiches, banquettes, photos, bibelots et disques anciens : dans un agréable décor de bistrot rétro, la carte s'inspire des tendances saisonnières et des arrivages.

L'ILE-ROUSSE – 2B Haute-Corse – **345** C4 – **voir à Corse**

ÎLE STE-MARGUERITE ★★ – **341** D6 – ⊠ 06400 Cannes █ Côte d'Azur **42** E2
📧 Accès par transports maritimes depuis **Cannes** Traversée 15 mn par Cie Esterel Chanteclair-Gare Maritime des Iles ✆04 93 38 66 33
◉ Forêt★★ - ≼★ de la terrasse du Fort-Royal.

ÎLES CHAUSEY – 50 Manche – **303** B6 – ⊠ 50400 █ Normandie Cotentin **32** A2
📧 Accès par transports maritimes depuis **Granville** - Traversée 50 mn
- Renseignements à : Vedette "Jolie France II" Gare Maritime ✆ 02 33 50 31 81 (Granville), Compagnie Corsaire : ✆ 0 825 138 050 (0,15 €/mn), www.compagniecorsaire.com

📧 depuis **St-Malo** - Traversée 1 h 10 mn - Compagnie Corsaire : ✆ 0 825 138 035 (0,15 €/mn).

◉ Grande Ile★.

✗ | **Fort et des Iles** avec ch ⚓ ≼ 🚲 🍽 ch, VISA ⚫⚫
– ✆ 02 33 50 25 02 – www.hotel-chausey.com – Ouvert 16 avril-2 oct. et fermé lundi sauf fériés
8 ch (½ P seult) – ½ P 70 €
Rest – *(prévenir en saison)* Menu 23/32 € – Carte 28/50 €
♦ Homards, crabes, huîtres et poissons : cuisine de la mer réalisée selon la pêche du jour. Belle vue sur l'archipel. Idéal pour se ressourcer loin de l'agitation continentale. Chambres très simples, sans télévision pour mieux profiter de l'atmosphère insulaire.

LAS ILLAS – 66 Pyrénées-Orientales – **344** H8 – rattaché à Maureillas-las-Illas

ILLHAEUSERN – 68 Haut-Rhin – **315** I7 – 711 h. – alt. 173 m – ⌧ 68970 **2 C2**
▶ Paris 452 – Artzenheim 15 – Colmar 19 – St-Dié 55

🏨 **La Clairière** sans rest 🐾　　🖃 ⌧ ⚙ 🅿 VISA ⚉ AE
rte de Guémar – ✆ 03 89 71 80 80 – www.hotel-la-clairiere.com – Fermé janv.
et fév.
25 ch – ♦77 € ♦♦98/185 € – ⌧ 12 €
♦ À l'orée de la forêt de l'Ill, vaste construction inspirée de l'architecture alsacienne. Chambres personnalisées, calmes et spacieuses ; certaines regardent les
Vosges.

🏠 **Les Hirondelles** sans rest　　🖃 ⚙ ᵹ AC ⚙ 🅿 VISA ⚉
33 r. du 25 janvier – ✆ 03 89 71 83 76 – www.hotelleshirondelles.com – Fermé
28 août-2 sept. et 30 janv.-11 mars
19 ch – ♦63/69 € ♦♦68/74 € – ⌧ 6 €
♦ Un accueil sympathique vous attend dans cette ancienne ferme au cadre sagement rustique. Chambres bien équipées, réparties autour d'une jolie cour, et belle
piscine chauffée.

🏵🏵🏵 **Auberge de l'Ill** (Marc Haeberlin)　⟨ 🖃 AC ⚙ ⟨⟩ 🅿 VISA ⚉ AE ⓞ
🏵🏵🏵 2 r. de Collonges-au-Mont-d'Or – ✆ 03 89 71 89 00 – www.auberge-de-l-ill.com
– Fermé 1ᵉʳ-7 janv., 6 fév.-9 mars, lundi et mardi
Rest – (prévenir) Menu 99 € (déj. en sem.), 121/158 € – Carte 120/200 €🕮
Spéc. Terrine de foie gras d'oie. Mousseline de grenouilles "Paul Haeberlin". Variation de chocolats. **Vins** Riesling, Pinot noir.
♦ Grande maison de tradition française qui jouit d'un cadre superbe et d'une vue
féerique sur l'Ill. Le service sans faille est au diapason. Mets classiques et recettes
alsaciennes revisitées.

Hôtel des Berges 🏨 🐾　　⟨ 🖃 ᵹ AC ⚙ 🕍 🔥 VISA ⚉ AE ⓞ
– ✆ 03 89 71 87 87 – www.hoteldesberges.com – Fermé 1ᵉʳ-7 janv.,
31 janv.-3 mars, lundi et mardi
13 ch – ♦315/370 € ♦♦315/370 € – 2 suites – ⌧ 28 €
♦ Belle reconstitution d'un séchoir à tabac du Ried, au fond du jardin de l'Auberge de l'Ill. Chambres raffinées, jacuzzi extérieur.

ILLKIRCH-GRAFFENSTADEN – 67 Bas-Rhin – **315** K5 – rattaché à Strasbourg

INGERSHEIM – 68 Haut-Rhin – **315** H8 – rattaché à Colmar

INGOUVILLE – 76 Seine-Maritime – **304** E2 – rattaché à St-Valéry-en-Caux

INNENHEIM – 67 Bas-Rhin – **315** J6 – 1 027 h. – alt. 150 m – ⌧ 67880 **1 B2**
▶ Paris 487 – Molsheim 12 – Obernai 10 – Sélestat 34

🏨 **Au Cep de Vigne**　　🖃 🍴 ⚙ ᵹ 🕍 🅿 VISA ⚉
5 r. Barr – ✆ 03 88 95 75 45 – www.aucepdevigne.com – Fermé 2-17 janv.,
20 juin-4 juil., dim. soir et lundi
37 ch – ♦62 € ♦♦67/80 € – ⌧ 9 € – ½ P 70/75 €
Rest – Menu 20/45 € – Carte 20/45 €
♦ Cette grande maison de style régional (façade à colombages) dispose de
chambres confortables et bien tenues. Joli jardin sur l'arrière. Restaurant chaleureux (boiseries en bois sombre) ; cuisine du terroir accompagnée de crus locaux.

INXENT – 62 Pas-de-Calais – **301** D4 – rattaché à Montreuil

ISBERGUES – 62 Pas-de-Calais – **301** H4 – rattaché à Aire-sur-la-Lys

ISIGNY-SUR-MER – 14 Calvados – **303** F4 – 2 755 h. – alt. 4 m **32 A2**
– ⌧ 14230 ▌Normandie Cotentin
▶ Paris 298 – Bayeux 35 – Caen 64 – Carentan 14
🛈 16, rue Émile Demagny ✆ 02 31 21 46 00

De France
13 r. E. Demagny – ℰ 02 31 22 00 33 – www.hotel-france-isigny.com – Fermé 20 déc.-10 janv.
18 ch – †50/60 € ††60 € – ☲ 8,50 €
Rest – *(fermé vend. soir, sam. midi et dim. soir d'oct. à mars)* Menu 15/30 € – Carte 22/39 €

♦ Sur la rue principale de la petite cité laitière et beurrière, établissement ancien bâti autour d'une cour. Chambres rafraîchies, simples et bien tenues. Plats traditionnels et de la mer (dont les huîtres du pays) servis dans deux salles à manger soignées.

L'ISLE-ADAM – 95 Val-d'Oise – **305** E6 – 11 231 h. – alt. 28 m **18** B1
– ✉ **95290** 🏠 Île de France
▶ Paris 41 – Beauvais 49 – Chantilly 24 – Compiègne 66
🛈 46, Grande Rue ℰ 01 34 69 41 99
🏌 de l'Isle-Adam 1 chemin des Vanneaux, NE : 5 km, ℰ 01 34 08 11 11
🏌 Les Golfs de Mont Griffon à Luzarches Route Départementale 909, NE : 5 km, ℰ 01 34 68 10 10
🏌 Paris International Golf Club à Baillet-en-France 18 route du Golf, SE par D 301 : 15 km, ℰ 01 34 69 90 00
◉ Chaire★ de l'église St-Martin.

Le Gai Rivage
11 r. de Conti – ℰ 01 34 69 01 09 – www.legairivage.com – Fermé 29 août-14 sept., 26 déc.-5 janv., 20 fév.-9 mars, dim. soir, mardi soir et lundi
Rest – Menu 36/40 € – Carte 60/70 €

♦ Situé sur une petite île, ce restaurant doté de larges baies et sa charmante terrasse permettent de contempler tranquillement le cours de l'Oise. Cuisine traditionnelle.

Le Relais Fleuri
61 bis r. St-Lazare – ℰ 01 34 69 01 85 – Fermé août, dim. soir, lundi soir, merc. soir et mardi
Rest – (25 €) Menu 30/33 €

♦ Trois ambiances dans cette auberge familiale : salle rustique, salon Régence ou véranda plus actuelle. Plats classiques à savourer à l'ombre des tilleuls aux beaux jours.

L'ISLE-D'ABEAU – 38 Isère – **333** E4 – 15 397 h. – alt. 265 m – ✉ 38080 **44** B2
▶ Paris 499 – Bourgoin-Jallieu 6 – Grenoble 72 – Lyon 38

Le Relais du Çatey avec ch
10 r. Didier – ℰ 04 74 18 26 50 – www.le-relais-du-catey.com – Fermé 30 juil.-23 août et 26 déc.-3 janv.
7 ch – †60/74 € ††60/74 € – ☲ 8,50 € – ½ P 52/57 €
Rest – *(fermé dim. et lundi)* Menu 23 € (déj. en sem.), 33/57 € – Carte 40/65 €

♦ Décor et éclairage contemporains soulignent le cachet préservé de cette maison dauphinoise de 1774 ; terrasse calme et verdoyante. Cuisine actuelle soignée. Jolies chambres.

à l'Isle-d'Abeau-Ville-Nouvelle Ouest : 4 km par N 6 – ✉ 38080 L'Isle d'Abeau – 38 769 h.

Mercure
20 r. Condorcet – ℰ 04 74 96 80 00 – www.mercure.portedesalpes.fr
189 ch – †90/125 € ††100/135 € – 40 suites – ☲ 13 €
Rest *La Belle Époque* – *(fermé 19 juil.-25 août, sam. et dim. de mai à août)* (18 €) Menu 23 € – Carte 30/41 €
Rest *New Sunset* – ℰ 04 74 96 81 77 *(fermé vend. soir, sam. et dim. d'oct. à mars)* (11 €) Carte 22/35 €

♦ Ce Mercure œuvre pour le bien-être de ses hôtes : construction "géobiologique" (tendance Feng Shui), centre de remise en forme, bel équipement sportif. Chambres refaites. Cuisine traditionnelle à La Belle Époque. Carte de brasserie au piano-bar le New Sunset.

L'ISLE-JOURDAIN – 32 Gers – **336** I8 – 6 471 h. – alt. 116 m
– ✉ 32600 ▯ Midi-Toulousain

- ▶ Paris 682 – Auch 45 – Montauban 58 – Toulouse 37
- *i* route de Mauvezin $\mathscr{C}$ 05 62 07 25 57
- ▣ Las Martines Route de Saint Livrade, N : 4 km, $\mathscr{C}$ 05 62 07 27 12
- ▣ du Château de Barbet à Lombez Route de Boulogne, SO par D 634 :
  25 km, $\mathscr{C}$ 05 62 62 08 54
- ◉ Centre-musée européen d'art campanaire★.

à Pujaudran Est : 8 km par N 124 – 1 217 h. – alt. 302 m – ✉ 32600

XXX **Le Puits St-Jacques** (Bernard Bach)   🈵 🅰🄲 💱 ⇔ 🆅🅸🆂🅰 ⚬⚬ 🄰🄴
⍟⍟ *av. Victor Capoul – $\mathscr{C}$ 05 62 07 41 11 – www.lepuitssaintjacques.com*
– Fermé 30 août-16 sept., 1ᵉʳ-20 janv., dim. soir, lundi et mardi
Rest – *(prévenir le week-end)* Menu 28 € (déj. en sem.), 60/100 € – Carte 85/120 €🈂
Spéc. Bouchon de foie gras à l'amande, citron confit et navet croquant. Quasi de
veau, truffe d'été et huile d'amandon (juin à août). Véritable chocolat liégeois
servi devant vous. **Vins** Côtes de Duras, Cahors.
◆ Cette maison gersoise, jadis relais sur la route de Compostelle, abrite une salle
à manger raffinée et un patio à l'atmosphère méridionale. Cuisine séduisante et
inspirée, osant les nouvelles tendances.

L'ISLE-JOURDAIN – 86 Vienne – **322** K7 – 1 238 h. – alt. 142 m
– ✉ 86150 ▯ Poitou Vendée Charentes

- ▶ Paris 375 – Confolens 29 – Niort 104 – Poitiers 53
- *i* place d'Armes $\mathscr{C}$ 05 49 48 80 36

à Port-de-Salles Sud : 7 km par D 8 et rte secondaire – ✉ 86150

▯▯ **Val de Vienne** sans rest 🅂   ≤ 🚗 🏊 🅖 🆅🅸🆂🅰 ⚬⚬ 🄰🄴
Port de Salles – $\mathscr{C}$ 05 49 48 27 27 – www.hotel-valdevienne.com
20 ch – ♦75/125 € ♦♦75/125 € – 1 suite – ⚌ 15 €
◆ En pleine campagne, sur une rive de la Vienne, hôtel doté de chambres fonctionnelles de plain-pied s'ouvrant sur des terrasses. Bar dans la véranda côté jardin et piscine.

L'ISLE-SUR-LA-SORGUE – 84 Vaucluse – **332** D10 – 18 015 h.
– alt. 57 m – ✉ 84800 ▯ Provence

- ▶ Paris 693 – Apt 34 – Avignon 23 – Carpentras 18
- *i* place de la Liberté $\mathscr{C}$ 04 90 38 04 78
- ◉ Décoration★ de la collégiale de Notre-Dame des Anges.
- ◐ Église★ du Thor O : 5 km.

⌂ **Les Névons** sans rest   🏊 🛗 🅰🄲 💱 ⓌⒾ 🅿 🆅🅸🆂🅰 ⚬⚬ 🄰🄴
chemin des Névons, (derrière la poste) – $\mathscr{C}$ 04 90 20 72 00
– www.hotel-les-nevons.com – Fermé 11 déc.-25 janv.
44 ch – ♦56/90 € ♦♦56/90 € – ⚌ 9 €
◆ Près du centre-ville, des chambres fonctionnelles, plus confortables dans l'aile la plus
récente ; certaines avec balcon. Sympathique petit-déjeuner (confitures maison).

⌂ **La Maison sur la Sorgue** sans rest 🅂   🚗 🏊 🅰🄲 💱 ⓌⒾ
6 r. Rose-Goudard – $\mathscr{C}$ 06 87 32 58 68
– www.lamaisonsurlasorgue.com   🆅🅸🆂🅰 ⚬⚬ 🄰🄴
4 ch ⚌ – ♦190/330 € ♦♦190/330 €
◆ Un très bel hôtel particulier, décoré sur le thème des voyages. Les chambres
ont toutes leur cachet : baignoire sur pieds, loggia, vue sur l'église... Délicieux
patio et piscine.

XX **La Prévôté** avec ch 🅂   🈵 ⓌⒾ 🆅🅸🆂🅰 ⚬⚬
4 bis r. J.-J.-Rousseau, (derrière l'église) – $\mathscr{C}$ 04 90 38 57 29 – www.la-prevote.fr
– Fermé 1ᵉʳ-17 mars, 13 nov.-3 déc., merc. sauf juil.-août et mardi
5 ch ⚌ – ♦120/180 € ♦♦120/180 €   **Rest** – *(nombre de couverts limité, prévenir)*
Menu 26 € bc (déj. en sem.), 39/70 € – Carte 40/60 €
◆ Dans un couvent du 17ᵉ s. ouvrant sur un bras de la Sorgue, on savoure une
cuisine basée sur des produits frais, dans un cadre raffiné (cheminée, poutres
apparentes). Chambres très joliment décorées.

Le Vivier ✕✕ ✿

800 cours F. Peyre (rte de Carpentras) – ℰ 04 90 38 52 80
– www.levivier-restaurant.com – Fermé 1ᵉʳ-14 mars, 27 août-3 sept., 1 sem. en nov.,
2-6 janv., jeudi midi en juil.-août, dim. soir de sept. à juin, vend. midi, sam. midi et lundi
Rest – Menu 30 € (déj. en sem.), 45/70 € – Carte 45/73 €
Spéc. Pressé de foie gras et anguille fumée. Pithiviers de pigeon des Costières aux cèpes et foie gras. Le "tout chocolat". **Vins** Côtes du Ventoux.
◆ Une cuisine très actuelle, sophistiquée mais tout en finesse, dans ce restaurant design aux couleurs acidulées, dont les baies s'ouvrent sur la Sorgue. Bon choix de vins.

Café Fleurs ✕✕

9 r. T.-Aubanel – ℰ 04 90 20 66 94 – www.cafefleurs.com – Fermé en janv., mardi et merc.
Rest – (19 €) Menu 23 € (déj. en sem.)/39 € – Carte 45/58 €
◆ Deux salles au décor provençal clair et soigné, une agréable terrasse ombragée au bord de l'eau : joli cadre pour une cuisine actuelle au charme typiquement méridional.

L'Oustau de l'Isle ✕✕

147 chemin du Bosquet, 1 km par rte d'Apt – ℰ 04 90 20 81 36
– www.restaurant-oustau.com – Fermé 14 nov.-1ᵉʳ déc., 16 janv.-9 fév., merc.
sauf le soir de mi-juin à mi-sept. et mardi
Rest – (16 €) Menu 28/54 €
◆ Ce mas entouré de verdure possède une ravissante terrasse ombragée et deux salles épurées, décorées de reproductions de Modigliani. Délicate cuisine d'inspiration provençale.

Le Jardin du Quai ✕

91 av. J.-Guigue, (près de la gare) – ℰ 04 90 20 14 98 – Fermé mardi et merc.
sauf de mi-juin à mi-sept.
Rest – Menu 35 € (déj. en sem.)/43 €
◆ Avec son jardin ombragé, ce bistrot dégage un vrai charme rétro. Menu unique du marché, pour une cuisine goûteuse et juste. L'annexe "à KO'T" propose des petits plats le midi.

au Nord par D 938 et rte secondaire – ✉ 84740 Velleron

Hostellerie La Grangette 🏠

807 chemin Cambuisson, à 6 km – ℰ 04 90 20 00 77
– www.la-grangette-provence.com – Ouvert 12 fév.-7 nov.
16 ch ☲ – †95/228 € ††95/228 € ½ P 98/164 €   **Rest** – (fermé lundi et mardi)
(dîner seult) (nombre de couverts limité, prévenir) Menu 38/50 € – Carte 52/59 €
◆ Ancienne ferme provençale décorée dans un style rustique et cossu. Chambres stylées, de tailles diverses, et belle literie. Cuisine régionale gorgée de soleil, à apprécier dans une salle intime ou en plein air l'été.

rte d'Apt 6 km au Sud-Est par D 901– ✉ 84800 Lagnes

Le Mas des Grès 🏠

– ℰ 04 90 20 32 85 – www.masdesgres.com – Ouvert 25 mars-13 nov.
14 ch – †80/150 € ††80/230 € – ☲ 12 € – ½ P 85/145 €
Rest – *(fermé le midi) (prévenir)* Menu 36 €
◆ Ce mas provençal restauré avec goût invite au repos et à la détente : jardin, terrasse ombragée, aire de jeux pour enfants, petit espace fitness. Chambres coquettes décorées avec soin. Au restaurant, tables dressées sous la treille ou sous les platanes ; menu du marché.

au Sud-Ouest 4 km par D 938 (rte de Cavaillon) et rte secondaire
– ✉ 84800 L'Isle-sur-la-Sorgue

Mas de Cure Bourse 🏠

120 chemin de Serre – ℰ 04 90 38 16 58 – www.masdecurebourse.com – Fermé 3-18 janv.
14 ch – †90/130 € ††90/130 € – ☲ 10 €
Rest – *(fermé lundi de nov. à avril)* (20 € bc) Menu 26 € (déj.), 37/59 € – Carte 45/51 €
◆ Le calme règne en maître dans cet authentique mas du 18ᵉ s., perdu au milieu des vergers. Intérieur rustique, chambres impeccables, piscine et jardin ombragé. Cuisine du Sud servie dans la salle à manger provençale ou à l'ombre d'arbres centenaires.

L'ISLE-SUR-SEREIN – 89 Yonne – **319** H6 – 760 h. – alt. 190 m 　　　**7** B2
– ✉ 89440

　　▶ Paris 209 – Auxerre 50 – Avallon 17 – Montbard 36

※※　　**Auberge du Pot d'Étain** avec ch 　　　　　　　🎐 AC 🛁 *VISA* ⦿
⊛　24 r. Bouchardat – 𝒞 03 86 33 88 10 – www.potdetain.com
　– Fermé 15-31 oct., fév., dim. soir et mardi midi sauf juil.-août et lundi
⎆　**9 ch** – †60/90 € ††60/90 € – ⊇ 9 € – ½ P 75 €
　Rest – Menu 26/52 € – Carte 43/68 €🐌
　　◆ Cuisine aux accents régionaux, belle sélection de bourgognes, chambres
　coquettes et colorées : une auberge sympathique dans la bucolique vallée du
　Serein... à deux tours de roue de l'A6 !

ISPE – 40 Landes – **335** D8 – rattaché à Biscarrosse

LES ISSAMBRES – 83 Var – **340** P5 – ✉ 83380 ▮ Côte d'Azur 　　**41** C3
　　▶ Paris 877 – Draguignan 40 – Fréjus 11 – St-Raphaël 14
　　🛈 place San-Peire 𝒞 04 94 49 66 55

à San-Peire-sur-Mer – ✉ 83520

🏠　　**Le Provençal** 　　　　　　　　≼ 🎐 & rest, AC ch, 🅿 *VISA* ⦿ AE
　D 559 – 𝒞 04 94 55 32 33 – www.hotel-leprovencal.com – Ouvert 12 fév.-20 oct.
　27 ch – †138/138 € ††75/138 € – ⊇ 12 € – ½ P 81/108 €
　Rest *Les Mûriers* – (fermé mardi midi) Menu 29/65 € – Carte 49/99 €
　　◆ Dans le golfe de St-Tropez, une maison colorée des années 1930, tenue par la
　même famille depuis quatre générations. Chambres fonctionnelles, certaines
　avec vue sur la mer. Cuisine méditerranéenne servie dans une salle provençale
　ou à l'ombre des mûriers.

au parc des Issambres – ✉ 83380 Les Issambres

🏠　　**La Quiétude** 　　　　　　　　　≼ 🚲 🎐 ⫶ AC ch, 🅿 *VISA* ⦿
　D 559 – 𝒞 04 94 96 94 34 – www.hotel-laquietude.com – Ouvert 26 mars -4 nov.
　19 ch – †50/99 € ††61/99 € – ⊇ 10 € – ½ P 60/80 €
　Rest – (dîner seult sauf dim.) Menu 22/38 € – Carte 34/46 €
　　◆ En bordure d'un axe passant, un hôtel familial aux chambres fraîches et colo-
　rées (certaines offrent une échappée sur le large). Petit jardin avec piscine.
　Plats simples axés sur la tradition et les saveurs du Sud, à déguster sur la terrasse,
　face à la mer.

à la calanque des Issambres – ✉ 83380 Les Issambres

※※　　**Chante-Mer** 　　　　　　　　　　　　　🎐 AC *VISA* ⦿
　pl. Ottaviani, (au village provençal) – 𝒞 04 94 96 93 23 – Fermé 15 déc.-31 janv.,
　dim. soir d'oct. à Pâques, mardi midi et lundi hors saison
　Rest – Menu 25/45 € – Carte 37/78 €
　　◆ À l'écart de l'agitation touristique – et du front de mer –, une adresse conviviale,
　où l'on apprécie une cuisine traditionnelle simple et généreuse. Terrasse en façade.

ISSOIRE ⬌ – 63 Puy-de-Dôme – **326** G9 – 14 016 h. – alt. 400 m 　　**5** B2
– ✉ 63500 ▮ Auvergne

　　▶ Paris 446 – Clermont-Ferrand 36 – Le Puy-en-Velay 94 – Thiers 56
　　🛈 place Saint-Paul 𝒞 04 73 89 15 90
　　◉ Anc. abbatiale St-Austremoine★★ Z.

🏠　　**Le Pariou** 　　　　　　　🚲 🎐 ⫶ ▯ & AC ⫶ 🛁 🅿 *VISA* ⦿ AE
　18 av. Kennedy, 1 km par ① – 𝒞 04 73 55 90 37 – www.hotel-pariou.com
　– Fermé 17 déc.-3 janv.
　54 ch – †68/77 € ††80/88 € – ⊇ 10 € – ½ P 65/70 €
　Rest *Le Jardin* – (fermé dim. et lundi) (13 €) Menu 20/38 € – Carte 29/40 €
　　◆ Bâtisse des années 1950 entièrement redécorée dans un agréable style
　moderne et design. Chambres colorées, plus spacieuses dans l'aile récente. Au
　Jardin, on déguste des produits frais, du pain et des desserts maison.

✗ **Toqué** 🔥 VISA 🆚

35 r. St-Antoine – ☎ 04 73 54 95 06 – www.gourmands-gourmets.com – Fermé
30 mai-7 juin, 1er-16 sept., 2-17 janv. **Z**e
Rest – (19 €) Menu 25/42 € – Carte 31/52 €
♦ Ce restaurant au cadre minimaliste, proche de l'abbatiale St-Austremoine, ravit
les toqués de gastronomie, avec sa carte alléchante et bien équilibrée !

à St-Rémy-de-Chargnat 7 km par ② et D 999 – 550 h. – alt. 400 m – ⊠ 63500

⌂ **Château de la Vernède** sans rest ॐ 🔊 🗶 🅿

– ☎ 04 73 71 07 03 – www.chateauvernedeauvergne.com
– Ouvert mars-nov.
5 ch ⌣ – †70/110 € ††70/110 €
♦ Un joli château remanié en 1850, ancien relais de chasse de la reine Margot, où
meubles d'époque côtoient tableaux anciens et pièces rares. Beaucoup de goût et
de romantisme !

à Sarpoil 10 km par ② et D 999 – ⊠ 63490 St-Jean-en-Val

✗✗✗ **La Bergerie** (Cyrille Zen) 🔥 🅿 VISA 🆚

– ☎ 04 73 71 02 54 – www.labergeriedesarpoil.com
– Fermé 20-27 juin, 19-26 sept., 2 janv.-1er fév., merc. sauf juil.-août,
dim. soir et lundi
Rest – (nombre de couverts limité, prévenir) Menu 17 € (sem.), 26/68 €
– Carte 49/73 €
Spéc. Nem d'escargots et pieds de cochon. Confit de lièvre à la royale (saison).
Autour du macaron.
♦ Point d'habitudes moutonnières en cette Bergerie, mais du soin apporté à
chaque assiette, de subtils mariages de saveurs, de textures, de couleurs… Une
cuisine à la fois fine et gourmande ! Élégant décor d'esprit classique, avec une
cheminée allumée en hiver.

ISSOIRE

Altaroche (Pl.). . . . . Z 2
Ambert (R. d') . . . . Y
Ancienne Caserne (R. de l') . Z 3
Berbiziale (R. de la) . . . . . . Y
Buisson (Bd A.) . . . . Y
Cerf Volant (R. du) . . . . Y 4
Châteaudun (R. de) . . . . . . Z 5
Cibrand (Bd J.) . . . . Y
Dr-Sauvat (R.). . . . . Z
Duprat (Pl. Ch.) . . . . Y
Espagnon (R. d') . . . . Z
Foirail (Pl. du) . . . . Y
Fours (R. des). . . . . Z
Gambetta (R.) . . . . Z 6
Gare (Av. de la) . . . . Y 9
Gaulle (Pl. du Gén.-de) . . . . Y
Gauttier (R. Eugène) . . . . . . Y
Haïnl (Bd G.) . . . . Z
Hauterive (R. E. d') . . . . . . Z
Libération (Av. de la) . . . . . Z 10
Manlière (Bd de la) . . . . . . Z
Mas (R. du) . . . . Y
Montagne (Pl. de la) . . . . . Z 12
Notre-Dame des Filles (R.) . . Z
Palais (R. du) . . . . Y
Pomel (Pl. N.) . . . . Z 13
Ponteil (R. du) . . . . Y 16
Pont (R. du) . . . . Z 14
Postillon (R. du) . . . . Z
République (Pl. de la) . . . . . Z
St-Avit (Pl.) . . . . Y 22
Sous-Préfecture (Bd de la) . . Z
Terraille (R. de la) . . . . Z 24
Triozon-Bayle (Bd) . . . . . . YZ 25
Verdun (Pl. de) . . . . Z 26
8 Mai (R. du) . . . . Y 30

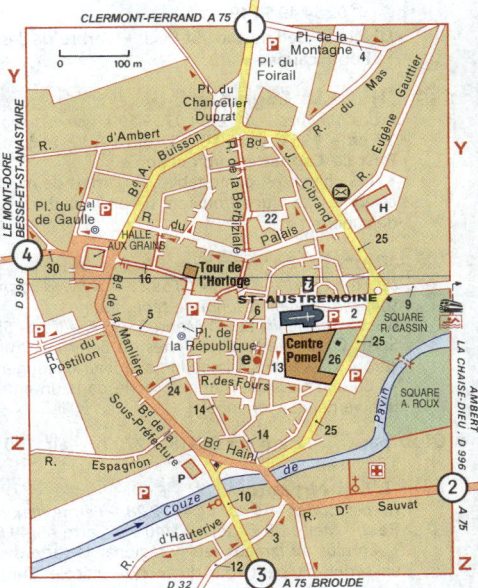

à **Perrier** 5 km par ④ et D 996 – 820 h. – alt. 415 m – ⊠ 63500

XX **La Cour Carrée** avec ch ♨️ ⌂ ✂ ch, ⁅ᵗ⁆ **P** **VISA** **☺☺** **AE**
17 av. du Tramot – ℰ 04 73 55 15 55 – www.cour-carree.com
– Fermé 14-20 nov., 2-12 janv., dim. soir et lundi soir du 15 sept. au 15 juin et le
midi sauf dim. et fériés
3 ch – ✝75/95 € ✝✝75/95 € – � 11 € – ½ P 73/83 €
Rest – *(nombre de couverts limité, prévenir)* Menu 28/45 €
   ◆ Cette ancienne maison de vigneron vous accueille dans une salle lumineuse
ouverte sur… une cour carrée ! Derrière les baies vitrées, le chef cuisine d'excellents produits, tout en subtilité. Chambres élégantes et très confortables, parfaites
pour une étape.

ISSONCOURT – 55 Meuse – **307** C5 – 116 h. – alt. 260 m – ⊠ 55220 **26** A2
Les Trois Domaines

▶ Paris 265 – Bar-le-Duc 28 – St-Mihiel 28 – Verdun 28

XX **Relais de la Voie Sacrée** � ⌂ AC **P** **VISA** **☺☺**
1 Voie Sacrée – ℰ 03 29 70 70 46 – www.voiesacree.com – Fermé 2 janv.-13 fév.,
dim. soir et lundi
Rest – (18 €) Menu 22 € (sem.), 31/50 € – Carte 35/75 €
   ◆ Près de la gare TGV, cette engageante auberge borde la célèbre Voie Sacrée,
lien vital lors de la bataille de Verdun. Cadre rustique ou terrasse ombragée. Cuisine traditionnelle.

ISSOUDUN ◉ – 36 Indre – **323** H5 – 13 930 h. – alt. 130 m **12** C3
– ⊠ 36100 ▮ Limousin Berry

▶ Paris 244 – Bourges 37 – Châteauroux 29 – Tours 127
🅸 place Saint-Cyr ℰ 02 54 21 74 02
🆁 des Sarrays Les Sarrays, SO : 12 km par D 151 et rte secondaire,
   ℰ 02 54 49 54 49
◉ Musée de l'hospice St-Roch★ : arbre de Jessé★ dans la chapelle et
   apothicairerie★ AB.

🏨 **Hôtel La Cognette** ♨️ ⌂ AC ⁅ᵗ⁆ 🆂 🚗 **VISA** **☺☺** **AE** ①
r. des Minimes – ℰ 02 54 03 59 59 – www.la-cognette.com **Ae**
17 ch – ✝95 € ✝✝150 € – 3 suites – ⊒ 14 €
Rest *La Cognette* – voir ci-après
   ◆ Les chambres, confortables et garnies de meubles de style, portent le nom de
célébrités. La plupart ouvrent de plain-pied sur un jardinet où l'on prend le petit-
déjeuner en été.

XXX **Rest. La Cognette** (Jean-Jacques Daumy) ⌂ AC **VISA** **☺☺** **AE** ①
✿✿ bd Stalingrad – ℰ 02 54 03 59 59 – www.la-cognette.com – Fermé janv., dim.
soir, mardi midi et lundi de sept. à juin **Az**
Rest – *(prévenir)* (25 €) Menu 35/95 € – Carte 55/95 € 🍷
Spéc. Crème de lentilles vertes du Berry aux truffes. Foie de veau au miel et au
citron. Massepains d'Issoudun à la fleur d'oranger. **Vins** Reuilly, Quincy.
   ◆ Cuisine classique raffinée servie dans un agréable jardin d'hiver, couvert par
une verrière victorienne.

à **Diou** par ① : 12 km sur D 918 – 270 h. – alt. 130 m – ⊠ 36260

XX **L'Aubergeade** 🚗 ⌂ AC **P** **VISA** **☺☺**
rte d'Issoudun – ℰ 02 54 49 22 28 – Fermé dim. soir et merc. soir
Rest – Menu 20 € (déj.), 31/40 € – Carte 43/49 €
   ◆ En plus du fameux reuilly régional, la carte des vins de L'Aubergeade propose
un séduisant petit tour du monde viticole. Cuisine au goût du jour et terrasse
face au jardin.

ISSOUDUN

Avenier (R. de l') . . . . **B** 2
Bons-Enfants (R. des) . . . . **B** 5
Capucins (R. des) . . . . **B** 6
Casanova (R. D.) . . . . **A** 7
Chinault (Av. de) . . . . **A** 8
Croix-de-Pierre (Pl. de la) . . . . **B** 9
Dormoy (Bd M.) . . . . **A** 10
Entrée-de-Villatte (R.) . . . . **B** 12

Estienne-d'Orves (R. d') . . . . . . **B** 13
Fossés-de-Villatte (R. des) . . . . . **B** 14
Gaulle (Av. Ch. de) . . . . **B** 15
Hospices St-Roch (R.) . . . . **B** 16
Minimes (R. des) . . . . **A** 17
Père-Jules-Chevalier
     (R. du) . . . . **B** 18
Ponts (R. des) . . . . **A** 19

Poterie (R. de la) . . . . **A** 20
Quatre-Vents (R. des) . . . . **B** 21
République (R. de la) . . . . **AB** 22
Roosevelt (Bd Prés.) . . . . **B** 24
St-Martin (R.) . . . . **A** 25
Semard (R. P.) . . . . **A** 27
Stalingrad (Bd de) . . . . **A** 28
10-Juin (Pl. du) . . . . **A** 32

à St-Valentin 11 km à l'Ouest par D 8 et D 12 – 273 h. – alt. 151 m – ✉ 36100

XXX **Au 14 Février**   [AIC] [VISA] [MC]

    2 r. du Portail – ✆ 02 54 03 04 96 – www.au14fevrier.com – Fermé
    29 août-20 sept. , 3-10 janv.
    Rest – Menu 25 € (déj.), 32/62 €
    ◆ Cuisine fusion adaptant la technique japonaise aux produits et aux goûts
    français. Cadre cosy : boiseries foncées, affiches de R. Peynet ; service tout en
    délicatesse.

IS-SUR-TILLE – 21 Côte-d'Or – **320** K4 – 3 824 h. – alt. 284 m   **8** C2
– ✉ 21120

    ▶ Paris 332 – Chenôve 43 – Dijon 30 – Talant 32
    🛈 Place de la République ✆ 03 80 95 24 03

    Auberge Côté Rivière ⅚   [icons] **P** [VISA] [MC] [AE]

    3 r. des Capucins – ✆ 03 80 95 65 40 – www.auberge-cote-riviere.com – Fermé 1
    sem. en août et 24 déc-6 janv.
    9 ch – †75 € ††75 € – ☑ 10 € – ½ P 76 €
    Rest – (Fermé dim. soir et lundi) Menu 19 € (déj.), 29/62 € – Carte 45/62 €
    ◆ Deux bâtisses entourées par un jardin au bord de la rivière. La maison bour-
    geoise, entièrement rénovée, abrite des chambres contemporaines. Le restaurant,
    logé dans la ferme, a gardé son cachet d'antan tout en adoptant une déco
    actuelle. Cuisine traditionnelle.

ISSY-LES-MOULINEAUX – 92 Hauts-de-Seine – **311** J3 – **101** 25 – **voir à**
Paris, Environs

ISTRES ⟨SP⟩ – 13 Bouches-du-Rhône – **340** E5 – 42 090 h. – alt. 32 m   **40** A3
– ✉ 13800   ▮ Provence

    ▶ Paris 745 – Arles 46 – Marseille 55 – Martigues 14
    🛈 30, allées Jean Jaurès ✆ 04 42 81 76 00

Plan page suivante

ISTRES

Boucher (Av. H.) . . . . **AX** 2	Guynemer (Av. G.) . . . . **AX** 9	Puits Neuf (Pl. du) . . . . **AX** 19
Briand (Av. A.) . . . . **AX** 3	Jean-Jaurès (Allée) . . . . **AX** 13	République (Bd de la) . . . . **AX** 20
Chave (Av. Alderic) . . . . **BY** 4	Mistral (Bd F.) . . . . **ABX** 14	Ste-Catherine (R.) . . . . **AX** 23
Craponne (Av. A.-de) . . . . **AX** 7	Painlevé (Bd P.) . . . . **ABX** 15	St-Chamas (Rte de) . . . . **BX** 24
Equerre (R. de l') . . . . **AY** 8	Porte-d'Arles (Pl. de la) . . . . . . **AX** 18	Victor-Hugo (Bd) . . . . **ABX** 25

Le Castellan sans rest 🏠 ⊼ AC ⚒ 🗐 P VISA ⊕

15 bd L. Blum – ☎ 04 42 55 13 09 – www.hotel-lecastellan.com AXa

17 ch – ♦50 € ♦♦62 € – ⊇ 7 €

◆ Parmi les points forts de cette adresse proche de la place forte gréco-ligure : chambres claires et bien tenues, accueil aimable et prix doux. Idéal pour visiter la région.

La Table de Sébastien (Sébastien Richard) 🍴🍴 AC ⚒ VISA ⊕ AE ①

7 av. H.-Boucher – ☎ 04 42 55 16 01 – www.latabledesebastien.fr

– Fermé 28 août-6 sept. , 2-17 janv., dim. soir, mardi midi et lundi AXn

Rest – Menu 28/72 € – Carte 65/75 €

Spéc. Soupe de girelles, mini-sandwich de pain noir et poutargue pulvérisée (mai à juil.). Agneau d'Istres en variation, légumes biologiques fumés (mars à sept.). Feuille à feuille d'aubergine cristallisée, brousse et olives confites (juin à août). **Vins** Coteaux d'Aix-en-Provence, Vin de pays des Bouches du Rhône.

◆ Le chef réinterprète avec finesse et talent le répertoire culinaire régional, en s'appropriant des produits de première qualité. Dans une ancienne bergerie, avec une terrasse sous les platanes.

au Nord 4 km par ③, N 569 et rte secondaire – ⊠ 13800 Istres

Ariane sans rest 🏨 ⊼ & AC ⚒ 🗐 P VISA ⊕ AE

12 av. de Flore – ☎ 04 42 11 13 13 – www.arianehotel-istres.com

44 ch – ♦64/94 € ♦♦68/99 € – 5 suites – ⊇ 11 €

◆ Dans un quartier résidentiel, cet hôtel récent propose des chambres confortables et des appartements, parfois dotés d'une kitchenette et d'une terrasse côté piscine.

ITTERSWILLER – 67 Bas-Rhin – **315** I6 – 275 h. – alt. 235 m – ⊠ 67140 **2** C1

🟩 Alsace Lorraine

▶ Paris 502 – Erstein 25 – Mittelbergheim 5 – Molsheim 26

ℹ Mairie ☎ 03 88 85 50 12

Arnold ⚜ ⩽ 🚗 🏤 🗐 ⋞ P VISA ⊕ AE

98 rte des Vins – ☎ 03 88 85 50 58 – www.hotel-arnold.com

28 ch – ♦82/116 € ♦♦82/116 € – 1 suite – ⊇ 12 € – ½ P 81/99 €

Rest Winstub Arnold – (fermé dim. soir et lundi de nov. à avril) (16 €) Menu 20 € (sem.), 29/59 € – Carte 32/64 €

◆ Une vue de carte postale ! La plupart des chambres dominent le vignoble, les villages de la plaine d'Alsace et la Forêt-Noire… Décor rustique et chaleureux dans deux bâtisses à colombages. La winstub met à l'honneur les "elsässische spezialitäten" !

ITXASSOU – 64 Pyrénées-Atlantiques – **342** D5 – 1 970 h. – alt. 39 m **3** A3

– ⊠ 64250 🟩 Pays Basque et Navarre

▶ Paris 787 – Bayonne 24 – Biarritz 25 – Cambo-les-Bains 5

👁 Église ★.

Du Fronton ⩽ 🏤 ⊼ & AC rest, 🗐 P VISA ⊕ AE ①

– ☎ 05 59 29 75 10 – www.hotelrestaurantfronton.com

– Fermé 14-21 nov., 1er janv.-15 fév. et merc.

21 ch – ♦52/62 € ♦♦52/65 € – 3 suites – ⊇ 8 € – ½ P 56/63 €

Rest – Menu 21 €, 32/38 € – Carte 34/45 €

◆ Maison basque adossée au fronton de pelote du village. Chambres spacieuses dans l'aile récente ; petit cachet local pour les plus anciennes. Cuisine de bistrot, avec des produits de terroir et un menu "tout cerise". Monts d'Itxassou en toile de fond.

Txistulari ⚜ 🚗 🏤 ⊼ & ⚒ 🗐 P VISA ⊕ AE

– ☎ 05 59 29 75 09 – www.txistulari.fr – Fermé 10 déc.-2 janv.

20 ch – ♦44/50 € ♦♦46/62 € – ⊇ 7 € – ½ P 43/51 €

Rest – (fermé dim. soir et sam. de nov. à mars) (9 €) Menu 13 € (déj. en sem.), 16/30 € – Carte 20/30 €

◆ L'hôtel est tout proche de la petite route conduisant au Pas de Roland. Chambres sobres et bien tenues, rénovées en 2010 côté jardin. Environnement calme et verdoyant. Cuisine simple, servie dans une grande salle à manger colorée ou sous la terrasse couverte.

Le Chêne ⌖ ≤ 🚃 🏠 ⚡ rest, **P** 𝖵𝖨𝖲𝖠 ⦿ 𝖠𝖤

(près de l'église) – ℰ 05 59 29 75 01 – Fermé 20 déc.-29 fév., mardi d'oct. à juin et lundi

16 ch – 🕴40/45 € 🕴🕴50/56 € – 🛏 7 € – ½ P 52/58 €

Rest – Menu 18 € (déj. en sem.), 26/32 € – Carte 24/44 €

♦ Face à l'église du village, cette auberge accueille les voyageurs depuis 1696 ! Chambres et équipements anciens, mais bien entretenus. Au restaurant, décor rustique et cuisine du Pays basque ; belle terrasse.

IVOY-LE-PRÉ – 18 Cher – **323** K2 – 854 h. – alt. 276 m – ✉ 18380   **12** C2

▶ Paris 202 – Bourges 38 – Orléans 105 – Vierzon 41

Château d'Ivoy sans rest ⌖ 🔊 🔻 ⚡ 📶 **P** 𝖵𝖨𝖲𝖠 ⦿

rte d'Henrichemont – ℰ 02 48 58 85 01 – www.chateaudivoy.com

5 ch – 🕴125 € 🕴🕴145 € – 🛏 15 €

♦ Ce château des 16e-17e s. au cœur d'un domaine préservé a toute une histoire (Henri IV y séjourna et le Grand Meaulnes y fut tourné). Atmosphère chaleureuse de manoir anglais.

JALIGNY-SUR-BESBRE – 03 Allier – **326** I4 – 652 h. – alt. 246 m   **6** C1
– ✉ 03220 ▌Auvergne

▶ Paris 335 – Clermont-Ferrand 101 – Mâcon 123 – Moulins 38

De Paris 🏠 𝖠𝖢 ⚡ rest, 📶 𝖵𝖨𝖲𝖠 ⦿

3 Grande-Rue – ℰ 04 70 34 82 63 – www.hotelrestaurantdeparis.fr – Fermé 26 fév.-7 mars

6 ch – 🕴60 € 🕴🕴60 € – 🛏 8 € – ½ P 65 €   **Rest** – (13 €) Menu 22/47 € – Carte 30/50 €

♦ Une adresse familiale au cœur d'un petit village tranquille. Les chambres, simples et fonctionnelles, sont idéales pour une étape près du parc d'attractions et animalier du PAL. Cuisine traditionnelle servie dans un cadre rustique ; patio pour les beaux jours.

JANVRY – 91 Essonne – **101** 33 – voir à Paris, Environs

JARNAC – 16 Charente – **324** I5 – 4 535 h. – alt. 26 m – ✉ 16200   **38** B3
▌Poitou Vendée Charentes

▶ Paris 475 – Angoulême 31 – Barbezieux 30 – Bordeaux 113

🅵 place du Château ℰ 05 45 81 09 30

◉ Donation François-Mitterrand - Maison Courvoisier - Maison Louis-Royer.

Château Saint-Martial ⌖ 🔊 🏠 🔻 ⚡ ⚡ 📶 **P** 𝖵𝖨𝖲𝖠 ⦿

56 r. des Chabannes – ℰ 05 45 83 38 64 – www.chateausaintmartial.fr – Fermé 22 oct.-3 nov., 17-25 déc. et 19 fév.-7 mars

5 ch 🛏 – 🕴82/122 € 🕴🕴102/142 €   **Table d'hôte** – Menu 40 € bc

♦ La famille Bisquit, célèbre pour son cognac, vécut dans ce beau château du 19e s. Collection de tableaux, mobilier de style, grandes chambres confortables et agréable parc arboré.

Du Château 𝖠𝖢 ⟷ 𝖵𝖨𝖲𝖠 ⦿ 𝖠𝖤

15 pl. du Château – ℰ 05 45 81 07 17 – www.restaurant-du-chateau.com

Rest – (24 €) Menu 32 € (déj. en sem.), 47 € bc/78 € bc – Carte 40/60 €

♦ Restaurant rénové dans un esprit contemporain, voisin des chais de la Maison Courvoisier. Cuisine d'aujourd'hui réalisée avec de beaux produits par un chef de la région.

à Bourg-Charente Ouest : 6 km par N 141 et rte secondaire – 706 h. – alt. 14 m
– ✉ 16200

La Ribaudière (Thierry Verrat) ≤ 🏠 𝖠𝖢 ⟷ **P** 𝖵𝖨𝖲𝖠 ⦿ 𝖠𝖤 ⓘ

2 pl. du Port – ℰ 05 45 81 30 54 – www.laribaudiere.com – Fermé 20 oct.-7 nov., vacances de fév., dim. soir, mardi midi et lundi

Rest – Menu 42/110 € bc – Carte 69/99 €⌖

Spéc. Escargots petits gris à la graisse de canard, bouillon d'ortie sauvage (juil. à sept.). Brochette d'huîtres et langoustines, émulsion au lait de chèvre. Parfait glacé au chocolat noir, mousse caramel, crumble et cognac flambé. **Vins** Vin de pays Charentais.

♦ Décor contemporain épuré, mobilier design, "cognathèque", belle cuisine actuelle, terrasses étagées regardant l'eau : venez donc manger sur la rive gauche... de la Charente !

à Bassac Sud-Est : 7 km par N 141 et D 22 – 521 h. – alt. 20 m – ⌧ 16120

🏠 **L'Essille** 🚗 🍴 📶 ⚒ **P** 🆚 ⊙ AE
🔗 r. de Condé – 𝒞 05 45 81 94 13 – www.hotel-restaurant-essille.com – *Fermé 1ᵉʳ-8 janv.*
17 ch – †60/75 € ††60/75 € – ⌧ 10 € – ½ P 68 €
Rest – *(fermé sam. midi et dim. soir de mi-sept. à mi-mai)* Menu 16 € (déj. en sem.), 26/45 € – Carte 41/57 €
◆ Hôtel familial situé à deux pas de l'abbaye. Chambres fonctionnelles progressivement rafraîchies dans un esprit plus actuel. Mobilier ancien. Salle à manger-véranda ouverte sur le parc ; cuisine traditionnelle et belle carte de cognacs (plus de 100 références).

JARVILLE-LA-MALGRANGE – 54 Meurthe-et-Moselle – **307** I6 – **rattaché à Nancy**

JAUJAC – 07 Ardèche – **331** H6 – 1 167 h. – alt. 450 m – ⌧ 07380   **44** A3
🟩 Lyon Drôme Ardèche
▶ Paris 616 – Lyon 185 – Montélimar 59 – Pierrelatte 71
🈺 La Calade 𝒞 04 75 35 49 61

🏠 **Le Rucher des Roudils** sans rest 🌿 ⩽ 🈯
Les Roudils, 4 km au Nord-Ouest – 𝒞 04 75 93 21 11 – www.lesroudils.com
– *Ouvert 2 avril-14 nov.*
3 ch ⌧ – †65 € ††65 €
◆ Adresse du bout du monde, grande ouverte sur le massif du Tanargue. Les chambres ont beaucoup de caractère, de même que le salon avec sa cheminée cévenole.

JAUSIERS – 04 Alpes-de-Haute-Provence – **334** I6 – **rattaché à Barcelonnette**

JERSEY (ÎLE DE) – JSY Jersey – **309** J1 – **voir à Île de Jersey**

JOIGNY – 89 Yonne – **319** D4 – 10 333 h. – alt. 79 m – ⌧ 89300 🟩 Bourgogne   **7** B1
▶ Paris 144 – Auxerre 28 – Gien 74 – Montargis 59
🈺 4, quai Ragobert 𝒞 03 86 62 11 05
🏌 du Roncemay à Chassy Château du Roncemay, par rte de Montargis : 18 km, 𝒞 03 86 73 50 50
🏌 du Roncemay à Chassy Château du Roncemay, par rte de Montargis : 18 km, 𝒞 03 86 73 50 50
👁 Vierge au sourire★ dans l'église St-Thibault A **E** - Côte St-Jacques★
⩽ ★ 1,5 km par D 20 **A**.

Plan page suivante

🏨 **La Côte St-Jacques** 🌿 ⩽ 🚗 🏊 💯 🛁 🍴 🛗 AC 📶 ⚒ **P** 🚙
14 fg de Paris – 𝒞 03 86 62 09 70   🆚 ⊙ AE ⊙
– www.cotesaintjacques.com – *Fermé 2-19 janv., mardi midi et lundi*
31 ch – †190/510 € ††190/510 € – 1 suite – ⌧ 28 € – ½ P   **Ar**
250/330 €
Rest *La Côte St-Jacques* – voir ci-après
◆ Au bord de l'Yonne, cet hôtel luxueux offre de nombreux agréments : moments de détente à la piscine, au spa, sur le bateau privé ; sommeil réparateur dans des chambres raffinées ; et beaux plaisirs gastronomiques (voir ci-après).

🏨 **Le Rive Gauche** 🌿 ⩽ 🈯 🍴 ✴ 🛗 🛁 AC rest, 📶 ⚒ **P** 🆚 ⊙ AE
r. du Port-au-Bois – 𝒞 03 86 91 46 66 – www.hotel-le-rive-gauche.fr
42 ch – †72 € ††72/82 € – ⌧ 10 €   **As**
Rest – *(fermé dim. soir d'oct. à Pâques)* (19 €) Menu 21 € (déj.), 31/39 €
– Carte 35/45 €
◆ Sur la rive gauche de l'Yonne, cet hôtel dispose de chambres spacieuses, fonctionnelles et assez claires. Agréable parc avec plan d'eau et petit héliport. Au restaurant, cuisine actuelle ; salle et terrasse tournées vers la rivière.

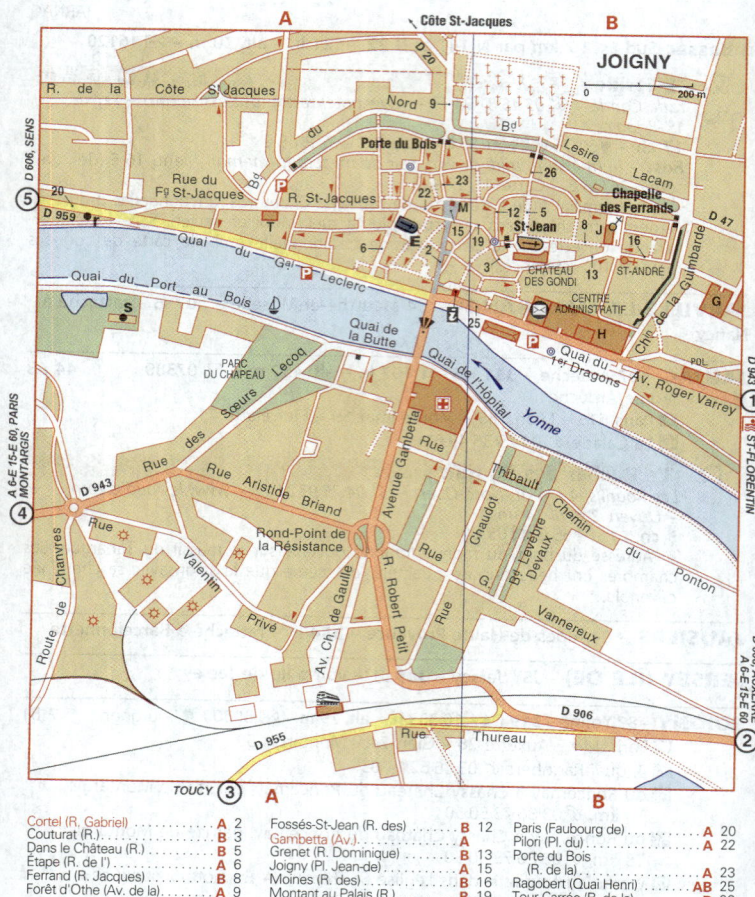

Cortel (R. Gabriel) . . . . **A** 2
Couturat (R.) . . . . **B** 3
Dans le Château (R.) . . . . **B** 5
Étape (R. de l') . . . . **A** 6
Ferrand (R. Jacques) . . . . **B** 8
Forêt d'Othe (Av. de la) . . . . **A** 9

Fossés-St-Jean (R. des) . . . . **B** 12
Gambetta (Av.) . . . . **A**
Grenet (R. Dominique) . . . . **B** 13
Joigny (Pl. Jean-de) . . . . **A** 15
Moines (R. des) . . . . **B** 16
Montant au Palais (R.) . . . . **B** 19

Paris (Faubourg de) . . . . **A** 20
Pilori (Pl. du) . . . . **A** 22
Porte du Bois
(R. de la) . . . . **A** 23
Ragobert (Quai Henri) . . . . . . **AB** 25
Tour Carrée (R. de la) . . . . **B** 26

La Côte St-Jacques (Jean-Michel Lorain) – Hôtel La Côte St-Jacques

𝕏𝕏𝕏𝕏 ✿✿✿ ✿✿

14 fg de Paris
– ✆ *03 86 62 09 70*
– *www.cotesaintjacques.com*
– *fermé 2-19 janv., mardi midi et lundi*

Rest – *(prévenir le week-end)* (100 € bc) Menu 130 € (déj.), 145/175 €
– Carte 120/195 € ❀❀

A r

Spéc. Genèse d'un plat sur le thème de l'huître. Noix de ris de veau au gingembre, petits oignons, rhubarbe et radis rose. Assortiment de cinq desserts servis en petites assiettes. **Vins** Bourgogne-Chardonnay, Irancy.

♦ D'une petite couturière audacieuse à son petit-fils globe-trotter, le nom de la famille n'a cessé de se décliner… en gourmandise(s). Épices, produits exotiques, techniques nouvelles – mais avec toujours la Bourgogne au cœur : Jean-Michel Lorain signe une cuisine inventive, qui célèbre le beau produit.

790

à Épineau-les-Voves 7,5 km par ② – 723 h. – alt. 92 m – ⊠ 89400

XX **L'Orée des Champs**   🚲 🌳 AC P VISA ⓿
(D 606) – ℰ 03 86 91 20 39 – Fermé 18 juil. au 6 août, vacances de fév., lundi soir, mardi soir, merc. soir, jeudi soir et dim. soir
Rest – (14 €) Menu 28/40 € – Carte environ 33 €
◆ Ici, on traverse le jardin (jeux pour enfants), puis on s'installe sur la terrasse ombragée ou dans la plaisante salle aux tons rouge et ocre. Carte traditionnelle.

JOINVILLE – 52 Haute-Marne – **313** K3 – 3 886 h. – alt. 195 m   **14** C2
– ⊠ 52300 ▯ Champagne Ardenne
▶ Paris 244 – Bar-le-Duc 54 – Bar-sur-Aube 47 – Chaumont 44
🛈 place Saunoise ℰ 03 25 94 17 90
◉ Château du Grand Jardin★.

🏨 **Le Soleil d'Or**   AC rest, ኘ 🛁 🚗 VISA ⓿
9 r. des Capucins – ℰ 03 25 94 15 66 – www.hotellesoleildor.fr
26 ch – ❭65/80 € ❭❭80/100 € – ☲ 10 € – ½ P 85/95 €
Rest – (fermé 16-31 août, 14-28 fév., dim. et lundi) (17 € bc) Menu 22/45 €
– Carte 22/28 €
◆ Les origines de cette maison chaleureuse remontent au 17e s. La plupart des chambres sont décorées avec goût, dans un esprit contemporain. La cuisine, servie dans un décor d'inspiration historique, marie avec subtilité d'excellents produits.

JOINVILLE-LE-PONT – 94 Val-de-Marne – **312** D3 – **101** 27 – voir à Paris, Environs

JONGIEUX – 73 Savoie – **333** H3 – 291 h. – alt. 300 m – ⊠ 73170   **45** C1
▶ Paris 528 – Annecy 58 – Chambéry 25 – Lyon 103

XX **Auberge Les Morainières** (Michaël Arnoult)   ⪦ 🌳 AC P VISA ⓿
❀ rte de Marétel – ℰ 04 79 44 09 39 – www.les-morainieres.com
– Fermé 4-12 avril, 17-24 oct., 26 déc.-13 janv., lundi et mardi sauf le soir en juil.-août
Rest – Menu 28 € (déj. en sem.), 52/72 € – Carte 65/95 €
Spéc. Écrevisses du lac Léman en bouillon, blanc monté aux herbes (mai à sept.). Pigeon du Vercors rôti et braisé, butternut et truffe de Jongieux (déc. à mars). Cerise soufflée, biscuit amande, beignet de reine des prés (juil.-août). **Vins** Roussette de Marestel, Mondeuse.
◆ Un ancien cellier, perché sur un coteau, converti en auberge gourmande. Très jolie pergola avec vue sur le Rhône et les vignes. Belle cuisine actuelle et créative.

JONS – 69 Rhône – **327** J5 – 1 265 h. – alt. 205 m – ⊠ 69330   **43** E1
▶ Paris 476 – Lyon 28 – Meyzieu 10 – Montluel 8

🏨 **Auberge de Jons**   ⪦ 🌳 ⤢ & ch, AC ኘ 🛁 P P VISA ⓿ AE ⓪
rte du Pont – ℰ 04 78 31 29 85 – www.auberge-de-jons.fr
34 ch – ❭75/160 € ❭❭85/180 € – 3 suites – ☲ 13 € – ½ P 135 €
Rest Lounge Boat – (14 €) Menu 28 € (dîner)/39 € – Carte 23/52 €
◆ Complexe hôtelier moderne ancré sur une rive du Rhône. Chambres actuelles et gaies, deux duplex et huit chaleureux bungalows personnalisés (quelques cuisinettes). Belle piscine. Restaurant aux allures de bateau avec vue sur le Rhône servant une cuisine actuelle.

JONZAC ◉ – 17 Charente-Maritime – **324** H7 – 3 554 h. – alt. 40 m   **38** B3
– Stat. therm. : début mars-début déc. – Casino – ⊠ 17500
▯ Poitou Vendée Charentes
▶ Paris 512 – Angoulême 59 – Bordeaux 84 – Cognac 36
🛈 22, place du Château ℰ 05 46 48 49 29

Hostellerie du Coq d' Or avec ch
   🛏 AC ch, ⁽𝐘⁾ 🔊 VISA 🆗

18 pl. du Château – 𝒞 05 46 48 00 06 – www.lecoqdor.fr – Fermé en janv.
5 ch – †85/95 € ††85/95 € – ⯀ 10 €
Rest – Menu 15 € (déj.)/30 € – Carte 22/55 €

♦ Magnifique demeure ancienne sur la place du château. Service bistrot au bar style 1900 et carte plus élaborée dans la salle en pierre apparente, très tendance. Confortables chambres mêlant avec brio l'ancien et le moderne.

à Clam 6 km au Nord par D 142 – 323 h. – alt. 67 m – ✉ 17500

Le Vieux Logis
   🛏 🏠 🔼 ♿ ch, AC rest, ⁽𝐘⁾ 🔊 🅿 VISA 🆗 AE

r. du 8 mai-1945 – 𝒞 05 46 70 20 13 – www.vieuxlogis.com
10 ch – †62/75 € ††62/75 € – ⯀ 10 € – ½ P 55/60 €
Rest – Menu 17 € (dîner en sem.), 28/40 € – Carte 36/68 €

♦ Établissement situé au cœur du Jonzaçais. Chambres de plain-pied avec terrasse, actuelles et bien tenues. Cuisine du terroir et quelques recettes plus exotiques servies dans trois plaisantes salles à manger néorustiques. Boutique d'artisanat d'outre-mer.

JOSSELIN – 56 Morbihan – 308 P7 – 2 419 h. – alt. 58 m – ✉ 56120   10 C2
🟩 Bretagne

   ▶ Paris 428 – Dinan 86 – Lorient 76 – Rennes 79
   🈸 place de la Congrégation 𝒞 02 97 22 36 43
   ◉ Château★★ : façade★★ - Basilique N.-D.-du-Roncier★ - ≼★ du Pont Ste-Croix.

Du Château
   ≼ 🏠 ⁽𝐘⁾ 🔊 🅿 🍴 VISA 🆗 AE

1 r. du Gén.-de-Gaulle – 𝒞 02 97 22 20 11 – www.hotel-chateau.com – Fermé 2-15 nov., 21-31 déc., sam. midi, dim. soir et lundi d'oct. à mars
35 ch – †61/86 € ††72/91 € – ⯀ 9 € – ½ P 60/69 €
Rest – (10 €) Menu 18/39 € – Carte 23/67 €

♦ Cette auberge des bords de l'Oust, créée en 1958, fait face au château des Rohan. Les chambres ont été rénovées en 2010 et la moitié donnent sur les puissantes murailles. Cuisine traditionnelle dans une salle d'esprit médiéval ou sur la terrasse tournée vers la forteresse.

JOUARRE – 77 Seine-et-Marne – 312 H2 – rattaché à La Ferté-sous-Jouarre

---

JOUCAS – 84 Vaucluse – 332 E10 – 315 h. – alt. 263 m – ✉ 84220   42 E1
   ▶ Paris 716 – Apt 14 – Avignon 42 – Carpentras 32

Hostellerie Le Phébus & Spa (Xavier Mathieu) 🐌
   ≼ 🛏 🏠 🔼

rte de Murs – 𝒞 04 90 05 78 83   💯 ❀ ♿ ch, AC ch, ⁽𝐘⁾ 🅿 VISA 🆗 AE ⓘ
– www.lephebus.com – Ouvert 9 avril-30 oct.
14 ch – †200/320 € ††200/320 € – 10 suites – ⯀ 25 €
Rest *Xavier Mathieu* – *(fermé mardi midi, merc. midi et jeudi midi)* Menu 130 € – Carte 75/140 €
Spéc. Soupe au pistou. Pieds et paquets marseillais. Figue de plein été à la rose, granité aux parfums de muscat. **Vins** Côtes du Luberon.
Rest *Le Café de la Fontaine* – *(ouvert juin-sept. et fermé le soir)* Carte 42/100 €

♦ Belles chambres et suites provençales (minipiscine pour certaines) dans ce mas en pierre au milieu de la garrigue. Cuisine créative à la recherche du mariage parfait des saveurs provençales dans un très beau cadre, ouvert sur le Lubéron. Au Café de la Fontaine, ambiance lounge et cuisine de bistrot du Sud.

Le Mas des Herbes Blanches 🐌
   ≼ 🛏 🏠 🔼 ❀ AC ⁽𝐘⁾ 🅿 🚗

2,5 km rte de Murs – 𝒞 04 90 05 79 79   VISA 🆗 AE ⓘ
– www.herbesblanches.com – Fermé 2 janv.-15 mars
17 ch – †150/600 € ††150/600 € – 2 suites – ⯀ 23 €
Rest – *(fermé mardi et merc. de mi-oct. à mi-mars sauf résidents)* Menu 39 € (déj.)/90 € – Carte 79/105 € 🌿

♦ Beau mas en pierre, adossé au plateau de Vaucluse, abritant des chambres confortables avec balcon ou jardin privatif. Gastronomie inspirée par la Provence et relevée d'épices asiatiques. En terrasse, on profite du panorama grandiose de la vallée du Luberon.

⌂ **Le Mas du Loriot** ♨ ⬿ 🚗 🏡 ⛱ & ch, ⁇ P VISA ⚭
4 km rte de Murs – ℰ *04 90 72 62 62 – www.masduloriot.com*
– Ouvert 16 avril-20 oct.
7 ch – †105/145 € – ††105/145 € – ⌸ 13 € – ½ P 67/112 €
Rest – *(fermé mardi, jeudi, sam. et dim.) (dîner seult) (résidents seult)* Menu 32 €
♦ Maison familiale perdue dans la garrigue, au cœur du parc régional du Lubé-ron. Les chambres, confortables, sont en rez-de-jardin. Agréable piscine parmi les pins et la lavande. Trois soirs par semaine, la maîtresse de maison prépare des plats régionaux.

JOUGNE – 25 Doubs – **321** I6 – 1 338 h. – alt. 1 001 m – Sports   **17** C3
d'hiver : à Métabief 880/1 450 m ⚡22 ⚡ – ⌧ 25370 ▌ Franche-Comté Jura
▶ Paris 464 – Besançon 79 – Champagnole 50 – Lausanne 48

⌂ **La Couronne** ♨ 🚗 🏡 ⁇ ⁇ VISA ⚭
😊 *6 r. de l'Église – ℰ 03 81 49 10 50 – www.hotel-couronne-jougne.com*
🍽 *– Fermé nov., dim. soir et lundi hors saison et vacances scolaires*
11 ch – †65 € – ††65/70 € – 2 suites – ⌸ 8 € – ½ P 65/69 €
Rest – Menu 20 € (déj. en sem.), 27/47 € – Carte 33/60 €
♦ Près de l'église, une maison de pays (18ᵉ s.) où l'on se sent bien... Côté cham-bres : décor cosy et, pour certaines, vue sur les monts du Jura. Côté cuisine, de douces saveurs régionales et de bons produits cuisinés avec justesse : une Cou-ronne bien méritée !

JOUILLAT – 23 Creuse – **325** I3 – 454 h. – alt. 396 m – ⌧ 23220   **25** C1
▶ Paris 345 – Domérat 74 – Guéret 15 – Limoges 102

⌂ **La Maison Verte** ♨ 🚗 🏡 ⛱ ⁇ P
2 Lombarteix , 2 km au Nord par D 940 et rte secondaire – ℰ 05 55 51 93 34
– www.lamaisonvertecreuse.com
4 ch ⌸ – †70 € – ††90/110 €   **Table d'hôte** – Menu 25 € bc
♦ Ferme du 19ᵉ s. parfaitement préservée, située au grand calme, avec un jardin-potager et une piscine d'été. Grandes chambres à la décoration soignée et de bon goût. La patronne prépare une cuisine traditionnelle servie dans un cadre rustique actualisé.

JOUX – 69 Rhône – **327** F4 – 657 h. – alt. 520 m – ⌧ 69170   **44** A1
▶ Paris 437 – Lyon 51 – St-Étienne 102 – Villeurbanne 60

✗✗ **Le Tilia** 🏡 & ⇔ P VISA ⚭ AE
pl. du Plaisir – ℰ 04 74 05 19 46 – www.letilia.com – Fermé 17-31 août,
15-21 fév., dim. soir, lundi et mardi
Rest – Menu 20 € (sem.), 26/55 € – Carte 47/67 €
♦ Près du château et son tilleul vieux de quatre siècles, une maison régionale cosy (boiseries claires, tables soignées). Cuisine traditionnelle et généreuse. Jolie terrasse d'été.

JOYEUSE – 07 Ardèche – **331** H7 – 1 595 h. – alt. 180 m – ⌧ 07260   **44** A3
▌ Lyon Drôme Ardèche
▶ Paris 650 – Alès 54 – Mende 97 – Privas 55
🛈 Montée de la Chastellane ℰ 04 75 89 80 92
◉ Corniche du Vivarais Cévenol★★ O.

⌂ **Les Cèdres** 🚗 🔲 ▐ & ch, AC ch, ⁇ ⚡ P P VISA ⚭ AE
⚭ *quartier La Glacière – ℰ 04 75 39 40 60 – www.hotelcedres.com – Ouvert*
11 avril-15 oct.
43 ch – †54/60 € – ††63/69 € – ⌸ 8,50 € – ½ P 60/65 €
Rest – Menu 17/32 € – Carte 32/44 €
♦ Cet hôtel occupe une ancienne usine textile, sur les rives de la Beaume. Préfé-rez les chambres sur l'arrière, plus calmes. Tir à l'arc, canoë, piscine chauffée... Au restaurant, la carte met en valeur les produits ardéchois ; le buffet de hors-d'œu-vre est très prisé.

JUAN-LES-PINS – 06 Alpes-Maritimes – 341 D6 – alt. 2 m – Casino : 42 E2
Eden Beach FZ – ✉ 06160 ▯ Côte d'Azur

▶ Paris 910 – Aix-en-Provence 161 – Cannes 10 – Nice 22

ℹ 51, boulevard Guillaumont ✆ 04 92 90 53 05

◉ Massif de l'Esterel ★★★ - Massif de Tanneron ★.

Juana 🐾

la Pinède, 19 av. G. Gallice – ✆ 04 93 61 08 70 – www.hotel-juana.com
– Hôtel : fermé 22 oct.-29 déc.
37 ch – †175/715 € – ††175/715 € – 3 suites – ⊥ 27 €
Rest Café Marianne – (19 € bc) Menu 35 € – Carte 30/65 €

♦ Luxueux hôtel des années 1930 où l'on cultive l'art de recevoir. Spacieuses chambres Art déco, pourvues d'équipements haut de gamme. Belle piscine. Cuisine de bistrot servie dans une salle au cadre élégant ou en terrasse. Vinothèque ; pâtisseries à emporter.

FZf

Belles Rives

33 bd E.-Baudoin – ✆ 04 93 61 02 79 – www.bellesrives.com
– Fermé 3 janv.-4 mars
38 ch – †205/800 € – ††205/800 € – 5 suites – ⊥ 27 €
Rest La Passagère – (fermé lundi et mardi hors saison) (35 € bc) Menu 50 € (déj. en sem.), 65/120 € – Carte 80/140 €
Rest Plage Belles Rives – (ouvert d'avril à oct.) Carte 40/80 €

♦ Un petit joyau Art déco où vécut Scott Fitzgerald. Bar d'époque classé, chambres joliment décorées (mobilier rétro), ponton et plage privés : élégance et nostalgie. Beau décor 1930 façon "paquebot" et jolie terrasse face à la mer au restaurant La Passagère. Tables près des flots à la Plage Belles Rives.

FZd

JUAN-LES-PINS

Ardisson (Bd B.) . . . . **FZ** 5	Gallet (Av. Louis) . . . . **EZ** 27	Oratoire (R. de l') . . . . **FZ** 56
Courbet (Av. Amiral) . . . . **EZ** 18	Gallice (Av. G.) . . . . **FZ** 29	Palmiers (Av. des) . . . . **FZ** 59
Docteur-Dautheville (Av.) . . **FZ** 22	Hôtel-des-Postes (R. de l') . . **EZ** 44	Paul (R. M.) . . . . **EZ** 60
Docteur-Hochet (Av. du) . . . . **FZ** 23	Iles (R. des) . . . . **EZ** 46	Printemps (R. du) . . . . **EZ** 63
	Joffre (Av. du Maréchal) . . . **EFZ** 47	Ste-Marguerite (R.) . . . . **EZ** 74
	Lauriers (Av. des) . . . . **FZ** 48	St-Honorat (R.) . . . . **FZ** 71
	Maupassant (Av. Guy-de) . . **EFZ** 53	Vilmorin (Av.) . . . . **EZ** 88

Accès et sorties: voir à Antibes

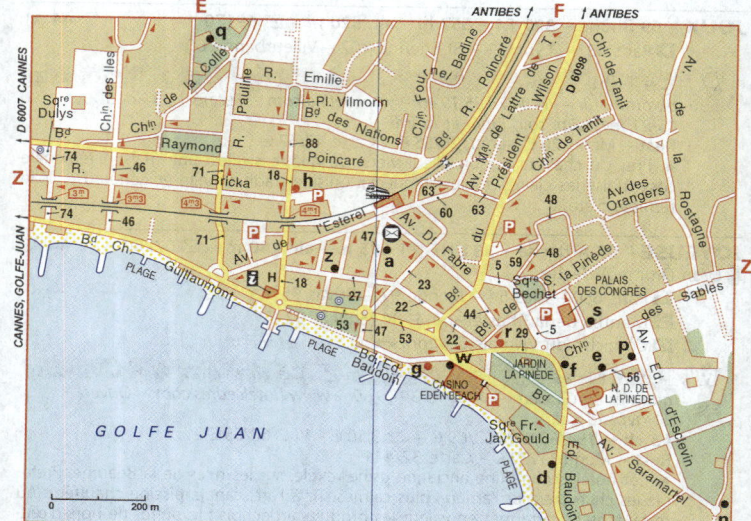

Garden Beach ⟨ 🕊 🖼 ♨ ♿ ch. AC 🐾 ch, 📞 🖇 🚗 *VISA* ⓪ AE ⓪

15 bd E.-Baudoin – ℰ 04 92 93 57 57 – www.garden-beach-hotel.com
– *Fermé déc.*   **FZw**
175 ch – ♦119/339 € ♦♦119/339 € – 17 suites – ⬚ 23 €
Rest *La Plage* – *(ouvert mi avril-mi oct.) (déj. seult)* (24 € bc) Carte 55/75 €
♦ Face aux flots, immeuble "verre et béton" jouxtant le casino et disposant
de chambres confortables et bien équipées. Vous y profiterez d'équipements
sportifs et d'une plage privée. Cuisine ensoleillée, salades et grillades vous attendent à la brasserie La Plage.

Ambassadeur 🖼 🖼 ♨ ♿ AC 🐾 📶 🖇 🚗 *VISA* ⓪ AE ⓪

50 chemin des Sables – ℰ 04 92 93 74 10 – www.hotel-ambassadeur.com
– *Fermé déc.*   **FZs**
221 ch – ♦130/490 € ♦♦130/490 € – ⬚ 25 €
Rest *Grill Les Palmiers* – *(ouvert juil.-août) (déj. seult)* (19 € bc) Carte 37/52 €
Rest *Le Cézanne* – *(fermé le midi en juil.-août)* (19 € bc) Menu 29 € (dîner)
– Carte 37/52 €
♦ Ce vaste complexe hôtelier adossé au palais des congrès accueille séminaires
et vacanciers. Patio central lumineux et chambres rénovées dans un esprit résolument design. L'été, restauration simple au Grill les Palmiers. Décor provençal et
carte régionale au Cézanne.

Ste-Valérie sans rest 🐾 🖼 🖼 ♨ AC 🐾 📶 P *VISA* ⓪ AE

r. Oratoire – ℰ 04 93 61 07 15 – www.juanlespins.net – *Ouvert 28 avril-10 oct.*
24 ch – ♦150/250 € ♦♦200/400 € – 6 suites – ⬚ 20 €   **FZp**
♦ Entouré de verdure et de fleurs, cet hôtel offre un havre de paix. Chambres
soignées, décorées dans un esprit méridional, donnant sur le jardin et la piscine.
Accueil charmant.

La Villa sans rest 🐾 🖼 🖼 ♨ AC 🐾 📶 P *VISA* ⓪ AE ⓪

av. Saramartel – ℰ 04 92 93 48 00 – www.hotel-villa-juan.com – *Ouvert de mars
à fin nov.*   **FZn**
26 ch – ♦129/289 € ♦♦129/289 € – ⬚ 18 €
♦ Le jardin et la piscine ajoutent du charme à cette calme villa, entièrement
relookée. Salon-bar d'esprit colonial, chambres modernes et épurées (bois
wengé). Accueil délicieux.

Astoria sans rest 🖼 ♨ AC 📶 P *VISA* ⓪ AE ⓪

15 av. Mar. Joffre – ℰ 04 93 61 23 65 – www.hotellastoria.com   **FZa**
49 ch – ♦88/155 € ♦♦88/155 € – ⬚ 10 €
♦ Proche de la gare et à deux pas de la plage, petit immeuble totalement refait à
neuf. Les chambres, actuelles, sont plus calmes sur l'arrière. Jolie salle des petits-
déjeuners.

Des Mimosas sans rest 🐾 🖼 AC 🐾 P *VISA* ⓪ AE

r. Pauline – ℰ 04 93 61 04 16 – www.hotelmimosas.com – *Ouvert
1er mai- 30 sept.*   **EZq**
34 ch – ♦95/150 € ♦♦95/150 € – ⬚ 10 €
♦ La façade immaculée de cet hôtel se dresse au cœur d'un parc planté de palmiers. Chambres rénovées et modernisées. Jardin et piscine pour la détente.

Juan Beach sans rest 🖼 AC 📶 *VISA* ⓪ AE

5 r. de l'Oratoire – ℰ 04 93 61 02 89 – www.hoteljuanbeach.com – *Ouvert d'avril
à oct.*   **FZe**
24 ch – ♦82/147 € ♦♦97/172 € – 3 suites – ⬚ 10 €
♦ Cette villa blanche et bleue, bien rénovée, vous réserve un accueil des plus
chaleureux. Chambres d'esprit provençal, bar-salon au décor marin ouvert sur la
piscine.

Eden Hôtel sans rest AC 🐾 📶 🚗 *VISA* ⓪

16 av. L. Gallet – ℰ 04 93 61 05 20 – www.edenhoteljuan.com – *Ouvert de mars
à oct.*   **EZz**
17 ch – ♦55/96 € ♦♦78/105 € – ⬚ 7 €
♦ Atouts majeurs de cet édifice 1930 : petit-déjeuner en terrasse, proximité de la
plage et ambiance conviviale. Chambres simples ; certaines offrent une échappée
sur la mer.

XX L'Amiral

AC VISA ©© AE

*7 av. Amiral Courbet – ℰ 04 93 67 34 61 – www.restaurant-lamiral06.com
– Fermé 16-25 janv., sam. midi, dim. soir, lundi et le midi en juil.-août*

Rest – Menu 25/37 € – Carte 29/61 €

EZ**h**

• Ce sympathique restaurant familial propose une cuisine au goût du jour et des recettes de la mer (aquarium et vivier). Salle à manger intime, agrémentée de tableaux.

XX Le Perroquet

AC SX VISA ©© AE

La Pinède, av. G. Gallice – ℰ 04 93 61 02 20 – Fermé 1er nov.-26 déc.

FZ**r**

Rest – (16 €) Menu 30/37 € – Carte 38/60 €

• En bordure de la pinède, restaurant disposant d'une agréable terrasse-véranda. Bibelots, moulins à café et fleurs égayent la salle de style provençal. Cuisine traditionnelle.

XX Le Paradis

< 😊 & AC VISA ©© AE

13 bd Beaudouin – ℰ 04 93 61 22 30 – www.restaurant-le-paradis.com – Fermé dim. soir et lundi de nov. à fév.

FZ**g**

Rest – (28 €) Menu 38/42 € – Carte 38/80 €

• Salle design à touches ethniques, belle vue sur mer et appétissante carte au goût du jour pour cette adresse, accessible par un passage sous un immeuble voisin du casino.

JUGY – 71 Saône-et-Loire – **320** J10 – rattaché à Sennecey-le-Grand

---

JULIÉNAS – 69 Rhône – **327** H2 – 812 h. – alt. 276 m – ✉ 69840   **43** E1

▮ Lyon Drôme Ardèche

▷ Paris 403 – Bourg-en-Bresse 51 – Lyon 63 – Mâcon 15

🏠 Chez la Rose

😊 🌂 🛜 ⚓ VISA ©© AE

pl. du Marché – ℰ 04 74 04 41 20 – www.chez-la-rose.fr – Ouvert de mars à mi-déc.

7 ch – ♦58/72 € ♦♦58/72 € – 6 suites – ➴ 10 € – ½ P 62/68 €

Rest – *(fermé mardi midi, jeudi midi, vend. midi et lundi)* (21 €) Menu 29/50 € – Carte 30/60 €

• Cet hôtel propose des chambres de diverses tailles, dotées de meubles anciens ou rustiques. Le restaurant vous accueille dans une salle à manger contemporaine avec cheminée.

🏠 Les Vignes sans rest 🌿

�20 🌂 🛜 ⚓ P VISA ©© AE

à 0,5 km rte St-Amour – ℰ 04 74 04 43 70 – www.hoteldesvignes.com – Fermé 12 déc.-9 fév.

22 ch – ♦50/82 € ♦♦60/82 € – ➴ 9 €

• Petit hôtel simple et agréable posé dans les vignes à flanc de coteau. Accueil aimable, chambres personnalisées et terrasse pour les petits-déjeuners aux beaux jours.

X Le Coq à Juliénas

😊 ⇄ VISA ©© AE

pl. du Marché – ℰ 04 74 04 41 98 – www.coq-julienas.com – Fermé mi-déc. à mi-mars, jeudi soir, mardi soir et merc.

Rest – Carte 15/35 €

• Volets bleu lavande, intérieur résolument rétro égayé de bibelots à la gloire du coq et de fresques bachiques, terrasse très prisée l'été : un coquet bistrot.

JULLIÉ – 69 Rhône – **327** H2 – 403 h. – alt. 370 m – ✉ 69840   **43** E1

▷ Paris 415 – Bourg-en-Bresse 55 – Lyon 67 – Mâcon 20

🏠 Domaine de la Chapelle de Vâtre sans rest 🌿

< �20 🌂 SX 🛜

Le Bourbon, 2 km au Sud par D 68 – ℰ 04 74 04 43 57

P VISA ©©

– www.vatre.com

3 ch ➴ – ♦50/80 € ♦♦60/95 €

• Ce domaine viticole perché au sommet d'une colline jouit d'un panorama exceptionnel sur la plaine de la Saône. Chambres superbement décorées dans un esprit contemporain.

JUMIÈGES – 76 Seine-Maritime – **304** E5 – 1 715 h. – alt. 25 m **33** C2
– ✉ 76480 ▯ Normandie Vallée de la Seine

▶ Paris 160 – Caudebec-en-Caux 16 – Rouen 28

🛈 rue Guillaume le Conquérant ✆ 02 35 37 28 97

🔟₈ de Jumièges Jumièges-Le Mesnil, SE : 2,5 km par D 65, ✆ 02 35 05 32 97

◎ Ruines de l'abbaye ★★★.

Le Clos des Fontaines sans rest 🕭

191 r. des Fontaines – ✆ 02 35 33 96 96 – www.leclosdesfontaines.com
– Fermé 20 déc.-20 janv.
19 ch – ♦90/230 € ♦♦90/230 € – �ُ 15 €

♦ Adossée aux vestiges de l'abbaye, demeure récente d'architecture régionale abritant des chambres cosy, inspirées des horizons lointains. Espace bien-être : hammam, jacuzzi...

L' Auberge des Ruines

17 pl. de la Mairie – ✆ 02 35 37 24 05 – www.auberge-des-ruines.fr – Fermé 19 août-2 sept., 23 déc.-14 janv., 26 fév.-8 mars, dim. soir, mardi et merc.
Rest – (22 €) Menu 35/70 € – Carte 60/70 €

♦ Table au goût du jour voisine des ruines de l'abbaye. Terrasse et véranda devancent la salle principale au décor actualisé préservant des éléments anciens. Belle carte de bordeaux.

JUNGHOLTZ – 68 Haut-Rhin – **315** H9 – 902 h. – alt. 332 m – ✉ 68500 **1** A3

▶ Paris 475 – Belfort 62 – Colmar 32 – Mulhouse 23

Les Violettes 🕭

rte de Thierenbach, 1 km à l'Ouest – ✆ 03 89 76 91 19 – www.les-violettes.com
– Fermé 4-24 janv.
37 ch ☲ – ♦90/210 € ♦♦110/300 € – 4 suites – ½ P 79/180 €
Rest – (dîner seult) Menu 59 € – Carte 45/70 €

♦ Dans un cadre verdoyant, ex-maison de chasse aux chambres et suites alsaciennes très confortables (moins cossues à la Gentilhommière). Spa luxueux avec espace fitness. Le restaurant de sytle Art déco s'ouvre sur une vaste terrasse et sert une cuisine de saison.

JURANÇON – 64 Pyrénées-Atlantiques – **342** J5 – rattaché à Pau

JUVIGNAC – 34 Hérault – **339** H7 – rattaché à Montpellier

JUVIGNY-SOUS-ANDAINE – 61 Orne – **310** F3 – 1 058 h. **32** B3
– alt. 200 m – ✉ 61140

▶ Paris 239 – Alençon 51 – Argentan 47 – Domfront 12

Au Bon Accueil avec ch

23 pl. St Michel – ✆ 02 33 38 10 04 – www.aubonaccueil-normand.com
8 ch – ♦56 € ♦♦56/72 € – ☲ 10 € – ½ P 58 €
Rest – (12 €) Menu 15 € (déj. en sem.), 19/45 € – Carte 30/45 €

♦ L'enseigne ne vous ment pas ! Derrière l'élégante façade, une généreuse cuisine du terroir vous attend dans deux salles à manger dont une avec verrière et petit jardin d'hiver.

KATZENTHAL – 68 Haut-Rhin – **315** H8 – 538 h. – alt. 280 m – ✉ 68230 **2** C2

▶ Paris 445 – Colmar 8 – Gérardmer 53 – Munster 18

A l'Agneau avec ch

16 Grand'Rue – ✆ 03 89 80 90 25 – www.agneau-katzenthal.com
– Fermé 27 juin-7 juil., 14-23 nov., 24-28 déc., 21 fév.-16 mars
12 ch – ♦45/60 € ♦♦45/60 € – ☲ 11 €
Rest – (fermé mardi soir de mi-oct. à fin juin, jeudi midi et merc.) (18 € bc) Menu 22/46 € – Carte 25/47 €

♦ Attenante à l'exploitation viticole familiale, maison abritant deux coquettes salles à manger typiquement alsaciennes. Cuisine régionale et du marché, vins de la propriété.

KAYSERSBERG – 68 Haut-Rhin – **315** H8 – 2 715 h. – alt. 242 m **2** C2
– ✉ 68240 Alsace Lorraine

Paris 438 – Colmar 12 – Gérardmer 46 – Guebwiller 35

39, rue du Gal-de-Gaulle ✆ 03 89 78 22 78

Église Ste-Croix ★ : retable★★ - Hôtel de ville★ - Vieilles maisons★ - Pont fortifié★ - Maison Brief★.

Chambard (Olivier Nasti)

r. Gén.-de-Gaulle – ✆ 03 89 47 10 17 – www.lechambard.fr

32 ch – †148/232 € ††148/232 € – 5 suites – ☕ 19 €

Rest – *(fermé mardi midi, merc. midi et lundi)* (35 €) Menu 57/99 € – Carte 72/100 €

Spéc. Escargots à l'Alsacienne façon nouvelle mode. Morceau de gros cabillaud cuit vapeur, coquillages en marinière et son jus semi-coagulé. Goutte café dans l'esprit d'un cappuccino. **Vins** Riesling, Gewurztraminer.

Rest *Winstub* – Menu 28 € – Carte 31/47 €

Rest *Flamme & Co* – ✆ 03 89 47 16 16 *(fermé le midi et lundi)* Menu 25 € – Carte 37/43 €

◆ Cet hôtel a pris le virage de la modernité et propose une majorité de chambres au look et au confort contemporains, ainsi qu'un spa dernier cri. Restaurant tendance, avec vue sur les cuisines depuis l'accueil, pour savourer de goûteux plats inventifs. Cadre alsacien à la Winstub. Atmosphère branchée au Flamme & Co.

Les Remparts et Les Terrasses sans rest

4 r. Flieh – ✆ 03 89 47 12 12 – www.lesremparts.com

44 ch – †51/69 € ††59/92 € – ☕ 9 €

◆ Hôtel situé dans un quartier résidentiel calme, aux portes de la cité. Chambres pratiques dotées de terrasses (fleuries en saison) ; celles de l'annexe sont plus spacieuses.

Constantin sans rest

10 r. Père Kohlman – ✆ 03 89 47 19 90 – www.hotel-constantin.com

20 ch – †50/55 € ††65/75 € – ☕ 8 €

◆ Vieille maison de vigneron abritant des chambres d'esprit rustique, parfois agrandies d'une mezzanine. Salle des petits-déjeuners sous verrière ornée d'un beau poêle en faïence.

Le Moreote

12 r. du Gén.-Rieder – ✆ 03 89 47 39 08 – www.moreote.com – Fermé 20 juil.-16 août, merc. et jeudi

Rest – *(nombre de couverts limité, prévenir)* (16 €) Menu 56/65 € – Carte 35/54 €

◆ Honneur à la région à travers une belle sélection de vins et des plats du terroir revisités. Accueil sympathique dans un cadre rustique et chaleureux, complété par une terrasse.

La Vieille Forge

1 r. des Écoles – ✆ 03 89 47 17 51 – Fermé 30 déc.-15 janv.

Rest – (9 €) Menu 18/36 € – Carte 32/53 €

◆ La façade à colombages du 16e s. invite à s'attabler dans ce restaurant familial où l'on sert des plats traditionnels. Cadre mariant vieilles poutres et mobilier contemporain.

Au Lion d'Or

66 r. Gén. de Gaulle – ✆ 03 89 47 11 16 – www.auliondor.fr – Fermé 28 juin-6 juil., mardi sauf le midi de mai à oct. et merc.

Rest – Menu 16/35 € – Carte 16/40 €

◆ Belle maison de 1521 tenue par la même famille depuis 1764 ! Salles à manger d'époque – dont une de 180 convives, ornée d'une monumentale cheminée – et cuisine régionale.

à Kientzheim Est : 3 km par D 28 – 794 h. – alt. 225 m – ✉ 68240

⊙ Pierres tombales ★ dans l'église.

🏨 **L'Abbaye d'Alspach** sans rest 🕭   ⌨ & ☏ 🛁 P VISA ☻ AE ①
2 r. Foch – ☏ 03 89 47 16 00 – www.hotel-abbaye-alspach.com
– Fermé 3 janv.-15 mars
34 ch – †80/121 € ††80/121 € – 5 suites – � 12 €
◆ Parmi les atouts de cet hôtel occupant les dépendances d'un couvent du 11ᵉ s. :
cinq superbes suites, une jolie cour et un bon petit-déjeuner (kouglof et confitures
maison).

🏨 **Hostellerie Schwendi** 🕭   🛖 & ch, AC rest, ☏ P VISA ☻ AE ①
2 pl. Schwendi – ☏ 03 89 47 30 50 – www.schwendi.fr
29 ch – †69 € ††79/112 € – � 11 € – ½ P 81/97 €
Rest – *(fermé 24 déc.-10 mars, jeudi midi et merc.)* Menu 22/60 € – Carte 23/50 € 🐝
◆ Belle façade à pans de bois dressée sur une placette pavée. Intérieur mi-rustique, mi-bourgeois. Coquettes chambres personnalisées, encore plus confortables à l'annexe. Carte régionale et vins de la propriété à déguster l'été en terrasse,
face à une fontaine.

KEMBS-LOÉCHLÉ – 68 Haut-Rhin – **315** J11 – alt. 245 m – ✉ 68680   **1** B3
▶ Paris 493 – Altkirch 26 – Basel 16 – Belfort 70

✕✕ **Les Écluses** 🛖 P VISA ☻
⌨ *8 r. Rosenau – ☏ 03 89 48 37 77 – www.lesecluses.fr – Fermé*
12-26 sept., 5-17 janv., merc. soir d'oct. à avril, dim. soir et lundi
Rest – (11 €) Menu 14/39 € – Carte 26/52 €
◆ À proximité du canal de Huningue et de la Petite Camargue alsacienne, ce restaurant au cadre frais propose des plats traditionnels teintés de terroir (spécialités
de poissons).

KIENTZHEIM – 68 Haut-Rhin – **315** H8 – **rattaché à Kaysersberg**

KILSTETT – 67 Bas-Rhin – **315** L4 – 2 270 h. – alt. 130 m – ✉ 67840   **1** B1
▶ Paris 489 – Haguenau 23 – Saverne 51 – Strasbourg 14

🏠 **Oberlé** 🛖 ☏ P VISA ☻ AE
⌨ *11 rte Nationale – ☏ 03 88 96 21 17 – www.hotel-restaurant-oberle.fr – Fermé*
15 août-4 sept. et 27 janv.-11 fév.
30 ch – †45/48 € ††60 € – � 7 € – ½ P 45 €
Rest – *(fermé vend. midi et jeudi)* Menu 10 € (déj. en sem.), 22/37 € – Carte 26/52 €
◆ Chambres sobres, fonctionnelles et très bien insonorisées dans cet établissement familial, situé à proximité d'un passage à niveau. Au restaurant, atmosphère
conviviale et cuisine aux couleurs régionales.

✕✕ **Au Cheval Noir** 🛖 🛖 AC P VISA ☻
⌨ *1 r. du Sous-Lieutenant-Maussire – ☏ 03 88 96 22 01*
– www.restaurant-cheval-noir.fr – Fermé 16 juil.-10 août, 10-25 janv., lundi et mardi
Rest – Menu 13 € (déj.), 25/48 € – Carte 36/50 €
◆ Belle maison à colombages (18ᵉ s.), dans la même famille depuis cinq générations. Salle principale chaleureuse, décorée sur le thème de la chasse ; cuisine
bourgeoise raffinée.

KOENIGSMACKER – 57 Moselle – **307** I2 – 1 996 h. – alt. 150 m – ✉ 57970   **26** B1
▶ Paris 349 – Luxembourg 50 – Metz 39 – Völklingen 69
🛈 1, square du Père Scheil ☏ 03 82 83 75 54

🏠 **Moulin de Méwinckel** sans rest 🕭 & ⌀ P VISA ☻
– ☏ 03 82 55 03 28
5 ch ⊷ – †47/55 € ††55/70 €
◆ Chambres calmes et confortables aménagées dans une ancienne grange du
18ᵉ s. Ambiance de ferme authentique, accueil spontané et cadre bucolique (la
roue à aubes tourne encore).

LE KREMLIN-BICÊTRE – 94 Val-de-Marne – **312** D3 – **101** 26 – **voir à Paris,
Environs**

KRUTH – 68 Haut-Rhin – **315** F9 – 1 018 h. – alt. 498 m – ⊠ 68820   **1** A3
| Alsace Lorraine

    ▶ Paris 453 – Colmar 63 – Épinal 68 – Gérardmer 31
    ◉ Cascade St-Nicolas★ SO : 3 km par D 13b[1] - Musée du textile et des
     costumes de Haute-Alsace à Husseren-Wesserling SE : 6 km.

au Frenz Ouest : 5 km par D 13bis – ⊠68820 Kruth – 1 018 h. – alt. 498 m

    Les Quatre Saisons ⟋   ⪡ ⏢ ℅ ⫯ **P** _VISA_ ⊛ **AE**
    3 rte du Frentz – ℰ 03 89 82 28 61 – www.hotel4saisons.com – Fermé 2 sem.
    en nov. et en janv.
    9 ch – ♦50/65 € ♦♦65/75 € – ⏢ 9 € – ½ P 47/57 €
    Rest – *(fermé mardi et merc.)* Menu 16/27 € – Carte 26/38 €
    ♦ Attaché à ses racines montagnardes, ce chalet familial s'est joliment modernisé
    au fil du temps. Chambres douillettes et salon de lecture cosy. Petit-déjeuner mai-
    son. Plats régionaux actualisés, choix de vins judicieux et salle à manger ouverte
    sur les Vosges.

LABAROCHE – 68 Haut-Rhin – **315** H8 – 2 175 h. – alt. 750 m   **2** C2
– ⊠ 68910

    ▶ Paris 441 – Colmar 17 – Gérardmer 49 – Munster 25
    🛈 2, impasse Prés. Poincaré ℰ 03 89 49 80 56

    La Rochette   ⏢ 🛋 ⫯ **P** _VISA_ ⊛
    500 lieu-dit La Rochette – ℰ 03 89 49 80 40 – www.larochette-hotel.fr – Fermé
    8-24 nov. et 13 mars-6 avril
    11 ch – ♦68/92 € ♦♦68/92 € – ⏢ 10 € – ½ P 68/89 €
    Rest – *(fermé lundi soir et mardi)* (12 €) Menu 18/45 € – Carte 32/45 €
    ♦ Au cœur du parc naturel régional des Ballons des Vosges, cet hôtel familial,
    entouré de verdure, bénéficie de jolies chambres décorées dans l'air du temps.
    Carte de saison à tendance régionale, terrasse en teck et lounge bar au restaurant.

LABARTHE-SUR-LÈZE – 31 Haute-Garonne – **343** G4 – 4 758 h.   **28** B2
– alt. 162 m – ⊠ 31860

    ▶ Paris 694 – Auch 91 – Pamiers 45 – St-Gaudens 81
    🏌 de Toulouse à Vieillevigne, N : 10 km par D 4, ℰ 05 61 73 45 48

XX   **Le Poêlon**   🛋 ⇔ _VISA_ ⊛ **AE**
    19 pl. V. Auriol – ℰ 05 61 08 68 49 – Fermé 14-22 août, 23 déc.-3 janv., dim. et
    lundi
    Rest – Menu 22 € (sem.), 34/43 € – Carte 32/45 € ❀
    ♦ Les habitués de cette demeure bourgeoise apprécient sa carte traditionnelle et
    son impressionnant livre de cave (plus de 600 références). Expo-vente de
    tableaux, terrasse ombragée.

LABASTIDE-BEAUVOIR – 31 Haute-Garonne – **343** I4 – 976 h.   **29** C2
– alt. 260 m – ⊠ 31450

    ▶ Paris 701 – Albi 97 – Castelnaudary 35 – Toulouse 25

    L' Oustal du Lauragais ⟋   🛋 🖥 ⅙ ℅ ch, ⫯ 🅂 **P** _VISA_ ⊛ **AE** ⊙
    rte de Mauremont – ℰ 05 34 66 16 16 – www.oustal-lauragais.fr
    – Fermé 22 déc.-2 janv.
    14 ch – ♦69 € ♦♦69 € – ⏢ 7 € – ½ P 85 €
    Rest – *(fermé 8-28 août)* (12 €) Menu 16/24 €
    ♦ Cette ancienne ferme restaurée convertie en hôtel bénéficie d'un calme apai-
    sant. Elle propose de grandes chambres simplement meublées et de belles salles
    de bains. Une cuisine de tradition est servie dans la salle à manger de style
    moderne.

LABASTIDE-DE-VIRAC – 07 Ardèche – **331** I7 – 211 h. – alt. 207 m   **44** A3
– ⊠ 07150

    ▶ Paris 675 – Alès 42 – Lyon 213 – Privas 73

⌂ **Le Mas Rêvé** sans rest 🌿   📢 🌊 🐾 📶
3 km à l'Est par D 217 et rte secondaire – ℰ *04 75 38 69 13*
– www.lemasreve.com – Ouvert 1er mai-30 sept.
5 ch 🛏 – †95/115 € ††95/150 €
♦ Marie-Rose et Guido Goossens ont restauré cette ferme ardéchoise avec
soin ; les chambres sont pleines de charme, le jardin vraiment beau et la piscine...
rafraîchissante !

LABASTIDE-MURAT – 46 Lot – **337** F4 – 653 h. – alt. 447 m   **29** C1
– ✉ 46240 🟩 Périgord Quercy
   🚹 Paris 543 – Brive-la-Gaillarde 66 – Cahors 32 – Figeac 45
   🛈 Grand'Rue ℰ 05 65 21 11 39

🏠 **La Garissade**   🚗 AC ch, 📶 𝐕𝐈𝐒𝐀 ⓪ AE ①
20 pl. de la Mairie – ℰ *05 65 21 18 80 – www.garissade.com – Ouvert avril-oct.*
19 ch – †62/68 € ††68/75 € – 🛏 8,50 € – ½ P 67/70 €
Rest – (14 €) Menu 28 €
♦ Une ambiance familiale règne dans cette maison villageoise du 13e s. La particularité des chambres, plutôt sobres : un mobilier conçu par un artisan local. Un
petit côté bistrot chic, une carte s'inspirant du terroir... pour un repas bien
agréable !

LABOURSE – 62 Pas-de-Calais – **301** J5 – **rattaché à Béthune**

LACABARÈDE – 81 Tarn – **338** H10 – 314 h. – alt. 325 m – ✉ 81240   **29** C2
   🚹 Paris 754 – Béziers 71 – Carcassonne 53 – Castres 36

🏠 **Demeure de Flore** 🌿   🚗 🚗 🌊 & ch, 📶 🅿 🛜 𝐕𝐈𝐒𝐀 AE
106 Grand'rue – ℰ *05 63 98 32 32 – www.demeuredeflore.com*
– Fermé 2-30 janv. et lundi hors saison
11 ch – †85 € ††110/120 € – 🛏 14 €   **Rest** – Menu 27 € (déj. en sem.)/35 €
♦ La déesse romaine a doté cette maison de maître du 19e s. d'un bel écrin de
verdure face à la Montagne Noire. Intérieur coquet, mobilier ancien, accueil attentif. Cuisine du marché aux accents provençaux ou italiens à déguster dans un
cadre contemporain et raffiné.

LACAPELLE-VIESCAMP – 15 Cantal – **330** B5 – 446 h. – alt. 550 m   **5** A3
– ✉ 15150
   🚹 Paris 547 – Aurillac 19 – Figeac 57 – Laroquebrou 12

🏠 **Du Lac** 🌿   ≼ 🚗 🚗 🌊 & ch, 🍽 rest, 📞 🚲 🅿 𝐕𝐈𝐒𝐀 ⓪
– ℰ *04 71 46 31 57 – www.hoteldulac-cantal.com – Fermé 20 déc.-1er mars,*
vend. soir, dim. soir et lundi soir de la Toussaint à Pâques
23 ch – †55/65 € ††60/75 € – 🛏 10 € – ½ P 55/68 €
Rest – (13 €) Menu 17 € (sem.), 25/41 € – Carte 27/45 €
♦ Accueil convivial dans cet hôtel des années 1950 situé au calme, à proximité
du lac de St-Étienne-Cantalès. Côté jardin, les chambres avec balcon ou terrasse
sont plus fraîches. Restaurant ouvert sur la nature environnante, plats traditionnels et vins régionaux.

LACAUNE – 81 Tarn – **338** I8 – 2 839 h. – alt. 793 m – Casino   **29** D2
– ✉ 81230 🟩 Midi-Toulousain
   🚹 Paris 708 – Albi 67 – Béziers 89 – Castres 48
   🛈 place Général-de-Gaulle ℰ 05 63 37 04 98

🏠 **Le Relais de Fusies**   🌊 📶 🚲 𝐕𝐈𝐒𝐀 ⓪ AE
2 r. de la République – ℰ *05 63 37 02 03 – www.hotelfusies.fr*
30 ch – †65/85 € ††75/95 € – 🛏 10 € – ½ P 62/70 €
Rest – (fermé dim. soir et lundi) (13 €) Menu 16/45 € – Carte 30/49 €
♦ Près de l'église, cet hôtel vous reçoit dans ses hall, bar et salon agréablement
rétro (mobilier ancien, boiseries). Salles de bains modernes dans les chambres,
peu à peu rénovées. La cuisine explore la tradition ; grande salle à manger en
partie sous des arcades.

Calas avec ch ⚏ ⬜ AC rest, ⚐ VISA ⬤ AE ①

pl. Vierge – ☏ 05 63 37 03 28 – Fermé 19 déc.-10 janv.
16 ch – ♦39/48 € ♦♦40/60 € – ⬚ 7 € – ½ P 40/45 €
Rest – *(fermé vend. soir, sam. midi et dim. soir d'oct. à Pâques)* (13 €) Menu 16 € (sem.), 22/37 € – Carte 28/50 €

◆ Quatre générations se sont succédé à la tête de cette institution servant une solide cuisine du terroir. Restaurant décoré par des artistes du pays. Chambres colorées (certaines ont été rénovées en 2009).

LACAVE – 46 Lot – **337** F2 – 290 h. – alt. 130 m – ✉ 46200   **29** C1
🟩 Périgord Quercy

▶ Paris 528 – Brive-La-Gaillarde 51 – Cahors 58 – Gourdon 26
◉ Grottes ★★.

Château de la Treyne ⟨ 🛐 🏡 ⬜ ✕ 📶 AC ⚐ 🛁 P

3 km à l'Ouest par D 23, D 43 et voie privée   VISA ⬤ AE ①
– ☏ 05 65 27 60 60 – www.chateaudelatreyne.com – Ouvert 19 mars-15 nov. et 23 déc.-3 janv.
14 ch – ♦180/580 € ♦♦180/580 € – 2 suites – ⬚ 24 €
Rest – *(fermé le midi du mardi au vend.)* Menu 48 € (déj.), 96/138 €
– Carte 108/146 €
Spéc. Asperges vertes crues et cuites, baluchon d'œuf poché truffé (avril à août). Millefeuille de bœuf et foie gras au vin de Cahors, gratin aux morilles, pommes soufflées. Jeu de fraises, sablé et mascarpone, en croustillant au pamplemousse (avril à sept.). **Vins** Cahors, Pécharmant.

◆ Une situation idyllique, en surplomb de la Dordogne qui lui prête ses reflets... Vivre est un art en ce château du 17ᵉ s. ! Le parc abrite un jardin à la française et une chapelle romane (expositions, concerts), les chambres sont somptueuses. Quant au restaurant, il cultive le classicisme avec élégance.

Pont de l'Ouysse (Daniel et Stéphane Chambon) ⟨ ⚏ 🏡 ⬜

– ☏ 05 65 37 87 04 – www.lepontdelouysse.fr   AC ch, ⚐ P VISA ⬤ AE
– Ouvert de mi-mars à mi-nov. et fermé lundi
sauf le soir du 14 juil. au 31 août et mardi midi
14 ch – ♦130/180 € ♦♦130/180 € – ⬚ 16 € – ½ P 140/180 €
Rest – Menu 35 € (déj. en sem.), 60/95 € – Carte 65/174 € ⊛
Spéc. Foie de canard "bonne maman". Pommes de terre charlotte en habit noir de truffe. Millefeuille caramélisé au chocolat et crème légère à la vanille. **Vins** Cahors, Vin de pays du Lot.

◆ Une séduisante demeure du 19ᵉ s., dans un jardin baigné par l'Ouysse, qui a creusé ce vallon escarpé... Beaucoup de charme dans les chambres, mêlant goût de l'ancien et esprit champêtre. Au restaurant, père et fils explorent l'âme du Sud-Ouest – une belle rencontre de la tradition et de l'invention.

LAC CHAMBON ★★ – 63 Puy-de-Dôme – **326** E9 – alt. 877 m – Sports   **5** B2
d'hiver : 1 150/1 760 m ⛷9 ⛷ – ✉ 63790 Chambon sur Lac 🟩 Auvergne

▶ Paris 456 – Clermont-Ferrand 37 – Condat 39 – Issoire 32

Le Grillon ⚏ 🏡 ✕ rest, ⚐ 🛁 P 🚗 VISA ⬤

– ☏ 04 73 88 60 66 – www.hotel-grillon.com – Ouvert 12 fév.-3 nov.
22 ch – ♦45/60 € ♦♦45/60 € – ⬚ 10 € – ½ P 50/60 €
Rest – *(fermé lundi midi sauf 10 juil.- 20 août)* (15 €) Menu 20 € (sem.)/45 €
– Carte 35/60 €

◆ Voici une affaire familiale bien menée ! Les chambres sont douillettes et décorées avec soin par la propriétaire. Le chef réalise avec bonheur une solide cuisine régionale, à déguster face au lac.

Beau Site ⟨ 🏡 ⚐ P VISA ⬤ AE ①

– ☏ 04 73 88 61 29 – www.beau-site.com – Ouvert avril-oct. et 5 fév.-6 mars
17 ch – ♦40/45 € ♦♦50/55 € – ⬚ 9 € – ½ P 50/55 €
Rest – *(fermé jeudi midi d'avril à sept., le midi sauf dim. en oct. et le midi du 5 fév. au 6 mars)* (15 €) Menu 19/32 € – Carte 30/38 €

◆ Cette belle maison fleurie domine le lac. Les chambres sont très bien tenues, avec vue sur le plan d'eau ou la plage. Cuisine du terroir à déguster sur la terrasse ou derrière les baies vitrées... pour profiter de la vue sur le rivage.

LAC DE GUÉRY – 63 Puy-de-Dôme – **326** D9 – rattaché au Mont-Dore

LAC DE LA LIEZ – 52 Haute-Marne – **313** M6 – rattaché à Langres

LAC DE PONT – 21 Côte-d'Or – **320** G5 – rattaché à Semur-en-Auxois

LAC DE VASSIVIÈRE – 23 Creuse – **325** I6
– rattaché à Peyrat-le-Château (87 H.-Vienne)

LAC GÉNIN – 01 Ain – **328** H3 – rattaché à Oyonnax

LACHASSAGNE – 69 Rhône – **327** H4 – 893 h. – alt. 368 m – ✉ 69480   **43** E1
▶ Paris 445 – Lyon 30 – Villeurbanne 39 – Vénissieux 43

XX   **La Table de Lachassagne**   ⟨ 🐟 🏠 🕙 P VISA ⓪
850 rte de la colline – 𝒞 04 74 67 14 99 – www.restaurant-lachassagne.com
– Fermé 1er-16 août, 2-17 janv., dim. soir, lundi et mardi
Rest – Menu 28/55 € – Carte 56/66 €
◆ Service aimable et cuisine du terroir actualisée variant au gré des saisons.
Coquette salle à manger et agréable terrasse dominant la vallée de la Saône.

LACROIX-FALGARDE – 31 Haute-Garonne – **343** G3 – rattaché à Toulouse

LADOIX-SERRIGNY – 21 Côte-d'Or – **320** J7 – rattaché à Beaune

LAFARE – 84 Vaucluse – **332** D9 – 101 h. – alt. 220 m – ✉ 84190   **42** E1
▶ Paris 670 – Avignon 37 – Carpentras 13 – Nyons 34

🏠   **Le Grand Jardin** 🐟   ⟨ 🐟 🏠 ⛅ & ch, 🅟 VISA ⓪ AE ①
𝒞 04 90 62 97 93 – www.legrandjardin.biz – Ouvert 15 fév.-12 nov. et fermé lundi
5 ch – ♦75/80 € ♦♦80/105 € – ⌂ 12 € – ½ P 73/87 €
Rest – Menu 22/43 € – Carte 36/49 €
◆ Chambre pratiques, de plain-pied, dans cette construction récente cernée par
les vignes des Côtes-du-Rhône. La terrasse fleurie, dressée à l'ombre des canisses,
offre une vue sur les Dentelles de Montmirail. Cuisine traditionnelle aux accents
d'Afrique du Sud.

LAGARDE-ENVAL – 19 Corrèze – **329** L4 – 745 h. – alt. 480 m – ✉ 19150   **25** C3
▶ Paris 488 – Aurillac 71 – Brive-la-Gaillarde 35 – Mauriac 66

X   **Auberge du Pays**   🏠 VISA ⓪
⊙   rte de l'Étang – 𝒞 05 55 27 16 12 – www.aubergedupays.fr – Fermé sept., sam. et dim.
Rest – (10 €) Menu 13 € (déj.), 22/30 € – Carte 32/40 €
◆ Sympathique maison familiale qui fait aussi bar-tabac. Salle à manger rafraîchie
et terrasse où l'on sert une cuisine typiquement locale ; farcedure le jeudi d'octobre à avril.

LAGARRIGUE – 81 Tarn – **338** F9 – rattaché à Castres

LAGRASSE – 11 Aude – **344** G4 – 603 h. – alt. 108 m – ✉ 11220   **22** B3
▌ Languedoc Roussillon
▶ Paris 819 – Carcassonne 51 – Montpellier 133 – Perpignan 97
🅩 6, boulevard de la Promenade 𝒞 04 68 43 11 56

🏠   **Hostellerie des Corbières**   🏠 🕙 VISA ⓪
⊙   9 bd de la Promenade – 𝒞 04 68 43 15 22 – www.hostellerie-des-corbieres.com
– Fermé 15-30 nov. et 2 janv.-10 fév.
6 ch – ♦70/75 € ♦♦70/107 € – ⌂ 8 € – ½ P 70/90 €
Rest – (fermé merc. du 16 oct. au 15 mars et jeudi du 16 mars au 14 oct.)
Menu 17 € (déj.), 22/37 € – Carte 39/51 €
◆ Maison de maître rénovée dans un style actuel, mais au cachet soigneusement
préservé. Vieux parquet et mobilier Louis-Philippe. Salle de restaurant contemporaine (tons chocolat et taupe), ouverte sur les vignes par des baies vitrées. Cuisine
traditionnelle.

LAGUIOLE – 12 Aveyron – **338** J2 – 1 260 h. – alt. 1 004 m – **Sports 29** D1
d'hiver : 1 100/1 400 m ⚡12 ⚡ – ✉ 12210 ▐ Midi-Toulousain

▶ Paris 571 – Aurillac 79 – Espalion 22 – Mende 83
🛈 Place du Foirail ✆ 05 65 44 35 94
🖼 de Mezeyrac Soulages, O : 12 km par D 541, ✆ 05 65 44 41 41

🏨   **Hôtel Auguy-Gilles Moreau**   🍽 ⏳ 🕅 🍴 🛎 🚗 VISA ◉◉ AE
2 allée de l'Amicale – ✆ *05 65 44 31 11* – *www.hotel-auguy.fr* – *Fermé*
15 nov.-10 fév., mardi et merc. sauf juil.-août
20 ch – †60/110 € ††60/110 € – ☐ 11 € – ½ P 85/110 €
Rest – *(nombre de couverts limité, prévenir)* (22 € bc) Menu 29 € bc (déj. en
sem.), 47/79 € – Carte 44/76 € 🎇
◆ Une maison de tradition à l'âme hospitalière. Préférez les chambres côté jardin, plus calmes et plus confortables (quelques balcons). Le restaurant, bien
connu dans la région, prend un nouveau départ sous la houlette d'un jeune
chef ; décor chaleureux.

🏨   **Le Relais de Laguiole**   ⏳ 🕅 🍴 🛎 🚗 VISA ◉◉ AE ⓪
espace Les Cayres – ✆ *05 65 54 19 66* – *www.relais-laguiole.com*
– Ouvert 9 avril-1ᵉʳ nov.
33 ch – †80/199 € ††80/199 € – ☐ 11 € – ½ P 70/105 €
Rest – *(fermé le midi)* Menu 22/37 € – Carte 34/55 €
◆ Bâtiment moderne au toit d'ardoise hébergeant de vastes chambres fonctionnelles. Grande piscine couverte. Copieux buffet de petits-déjeuners, avec gâteaux
maison. Idéal pour les familles. Cuisine traditionnelle sans prétention au restaurant.

🏠   **Régis** *sans rest*   ⏳ 🕅 🍴 P VISA ◉◉ AE
🍽 *3 pl. de la Patte d'Oie* – ✆ *05 65 44 30 05* – *www.hotel-regis-laguiole.com*
– Ouvert 10 fév.-15 nov. et 27 déc.-3 janv.
20 ch – †39/50 € ††48/128 € – ☐ 8 €
◆ Relais de diligences du 19ᵉ s. au cœur de la cité aveyronnaise. Les chambres
du 2ᵉ étage offrent plus d'espace et de confort. Agréable piscine sur l'arrière.

🏠   **La Ferme de Moulhac** *sans rest* 🌿   🍴 P
2,5 km au Nord-Est par rte secondaire – ✆ *05 65 44 33 25*
– http://perso.wanadoo.fr/moulhac
5 ch ☐ – †65/70 € ††70/115 €
◆ Calme, air pur et repos garantis en cette ferme familiale. Jolies chambres mêlant l'ancien et le moderne en toute simplicité. Copieux petit-déjeuner
maison et cuisinette à disposition.

à Alpuech 10 km au Nord par D 921 – ✉ 12210

🏠   **Air Aubrac** 🌿   ≤ ᴕ ch, 🕅 ch, 🍴 P VISA ◉◉
La Violette, au Sud 5 km par rte de Laguiole – ✆ *05 65 44 33 64*
– www.airaubrac.fr – *Ouvert 23 avril-2 oct.*
5 ch ☐ – †58 € ††64 €   **Table d'hôte** – Menu 20 € bc
◆ Un pilote de montgolfières (vol possible) vous accueille dans cette ancienne
ferme typique alanguie au milieu des pâturages de l'Aubrac. Chambres coquettes
et confortables. La patronne prépare une cuisine simple avec les produits du
potager et de la région.

à l'Est 6 km par rte de l'Aubrac (D 15) – ✉ 12210 Laguiole

🏨   **Bras** 🌿   ≤ 🍽 🕅 🍴 P VISA ◉◉ AE ⓪
rte de l'Aubrac – ✆ *05 65 51 18 20* – *www.bras.fr* – *Ouvert de début avril à*
fin oct. et fermé lundi sauf juil.-août
13 ch – †257/412 € ††257/412 € – ☐ 28 €
Rest *Bras* – *voir ci-après*
◆ Au-dessus de Laguiole, à l'aplomb du plateau de l'Aubrac : plein sud, tout
l'Aveyron se déploie à vos pieds ! C'est ici que Michel Bras a décidé de recréer
l'auberge familiale, devenue vaisseau contemporain. Dans la transparence du
verre, la nature est à vous…

XXXX **Bras** (Michel et Sébastien Bras) – Hôtel Bras ⟨ 🍴 AC ⚙ P VISA ⚫ AE ⓘ
🌸🌸🌸 *rte de l'Aubrac* – ☎ 05 65 51 18 20 – www.bras.fr – *Ouvert début avril à fin oct.*
et fermé mardi midi et merc. midi sauf juil.-août et lundi
Rest – *(nombre de couverts limité, prévenir)* Menu 117/188 € – Carte 130/200 €🍴
Spéc. Gargouillou de jeunes légumes, graines et herbes, lait de poule à la noisette. Viandes et volailles de pays. Gaufrette de pomme de terre. **Vins** Marcillac,
Gaillac.
♦ Aubrac, Aubrac... Telle est l'incantation dont résonne cette table magique ! Suc
du terroir, sève des herbes aromatiques : le style Bras père et fils puise au cœur
du produit. Ainsi le gargouillou, précipité unique d'une sensibilité et des légumes
ou fleurs du jour. L'invention faite chant de la terre.

au Golf 12 km à l' Ouest par D541, D213 et rte secondaire

🏨 **Domaine de Mezeyrac** 🦢 🍴 ☂ 🍴 🏊 ⚙ 🐾 ch, AC ch, ⛟ P VISA ⚫
⚤ – ☎ 05 65 44 41 41 – www.golf-laguiole.fr – *Ouvert 4 avril-2 nov.*
11 ch – ✚59/69 € ✚✚59/149 € – ⊐ 9 €
Rest – *(dîner pour résidents seult)* Menu 19 € – Carte 25/35 €
♦ Ancienne ferme reconvertie en hôtellerie et complexe dédié au golf. Grand
calme assuré, chambres confortables et vue sur le green. L'ex-grange rustique
abrite le restaurant.

LAILLY-EN-VAL – 45 Loiret – **318** H5 – 2 403 h. – alt. 86 m   **12** C2
– ✉ 45740
▶ Paris 158 – Blois 42 – Fleury-les-Aubrais 37 – Orléans 31

🏠 **Domaine de Montizeau** 🦢 🐾 ⚙ 🐾 P VISA ⚫
⚤ *au Sud-Est par D19 (rte de Ligny) et rte secondaire : 5 km* – ☎ 02 38 45 34 74
– www.domaine-montizeau.com
4 ch ⊐ – ✚75/95 € ✚✚80/95 €   **Table d'hôte** – Menu 28 € bc
♦ Cet ancien relais de chasse du 17e s., noyé sous la végétation, est un véritable havre de paix. Les chambres sont délicieuses et font des clins d'œil à l'Italie, aux fleurs ou à la chasse, mais avec humour ! L'hôtesse cuisine au gré de
son inspiration.

LALACELLE – 61 Orne – **310** I4 – 265 h. – alt. 300 m – ✉ 61320   **32** B3
▶ Paris 208 – Alençon 20 – Argentan 34 – Domfront 42
🔲 Château de Carrouges★★ N : 11 km ▌Normandie Cotentin

🏠 **La Lentillère** 🐾 ⚙ 🐾 P VISA ⚫ AE
⚤ *rte d'Alençon : 1,5 km par N 12* – ☎ 02 33 27 38 48 – www.lalentillere.fr – *Fermé*
24-31 déc. et dim. soir
8 ch – ✚45/76 € ✚✚45/76 € – ⊐ 8,50 € – ½ P 49/64 €
Rest – (13 €) Menu 18/39 €
♦ Au bord de la route nationale, cet ancien relais de poste propose des chambres rénovées : esprit actuel pour la déco et salles de bains avec douche balnéo.
Menus de saison et produits du terroir vous attendent au restaurant (cadre rustique et agréable jardin d'été).

LALLEYRIAT – 01 Ain – **328** E4 – rattaché à Bourg-en-Bresse

LAMAGDELAINE – 46 Lot – **337** E5 – rattaché à Cahors

LAMALOU-LES-BAINS – 34 Hérault – **339** D7 – 2 247 h. – alt. 200 m   **22** B2
– Stat. therm. : mi fév.-mi déc. – Casino – ✉ 34240 ▌Languedoc Roussillon
▶ Paris 732 – Béziers 39 – Lodève 38 – Montpellier 79
ℹ 1, avenue Capus ☎ 04 67 95 70 91
🏌 de Lamalou-les-Bains Route de Saint-Pons, SE : 2 km par D 908,
☎ 04 67 95 08 47
◉ Église de St-Pierre-de-Rhèdes★ SO : 1,5 km.
🔲 St-Pierre-de-Rhèdes★ SO : 1,5 km.

Du Square sans rest   🅰️🅲 📶 VISA ⬤⬤
11 av. Mal.-Foch – ℰ 04 67 23 09 93 – www.hoteldusquare.com – Fermé de mi-déc. à fin fév.
14 ch – †42/50 € ††44/52 € – ☲ 7 €
• Cette construction de type motel propose des chambres de plain-pied sobrement décorées mais pratiques, plus au calme sur l'arrière. Certaines bénéficient d'une petite terrasse.

Les Marronniers   🏠 🅰️🅲 VISA ⬤⬤ 🅰️🅴
8 av. Capus , (D 22) – ℰ 04 67 95 76 00 – Fermé 2 janv.-3 fév., merc. soir hors saison, dim. soir et lundi
Rest – Menu 14/61 € bc – Carte environ 32 €
• Un accueil avenant vous est réservé dans cette maison légèrement excentrée. La table honore une cuisine traditionnelle, à savourer dans un cadre chaleureux orné de tableaux.

à Combes 10 km à l'Ouest par D 908 et D 180 – 307 h. – alt. 480 m – ✉ 34240

Auberge de Combes   ⬅️ 🏠 🅰️🅲 VISA ⬤⬤
– ℰ 04 67 95 66 55 – www.aubergedecombes.com – Fermé janv., dim. soir sauf juil.-août et lundi
Rest – (22 € bc) Menu 28/75 € – Carte 42/58 €
• Désormais, père et fils œuvrent de concert dans cette auberge qui domine la vallée de l'Orb. Ils tirent le meilleur du terroir : un tel environnement inspire à une suavité brute !

LAMASTRE – 07 Ardèche – **331** J4 – 2 526 h. – alt. 375 m – ✉ 07270   **44** B2
📗 Lyon Drôme Ardèche

▶ Paris 577 – Privas 55 – Le Puy-en-Velay 72 – St-Étienne 90
🛈 place Montgolfier ℰ 04 75 06 48 99

Midi (Bernard Perrier)   VISA ⬤⬤ 🅰️🅴
pl. Seignobos – ℰ 04 75 06 41 50 – www.restaurantlemidifree.fr – Fermé 21-26 juin, fin déc. à fin janv., vend. soir, dim. soir et lundi
Rest – Menu 39/90 €
Spéc. Salade tiède de foie gras de canard et champignons des bois. Poularde de Bresse en vessie. Soufflé glacé aux marrons de l'Ardèche. **Vins** Saint-Joseph, Saint-Péray.
• Cette maison située au cœur du village a su conserver son charme d'autrefois. On y déguste des mets classiques réalisés avec soin, dans la tradition de la cuisine française.

LAMBALLE – 22 Côtes-d'Armor – **309** G4 – 11 037 h. – alt. 55 m   **10** C2
– ✉ 22400 📗 Bretagne

▶ Paris 431 – Dinan 42 – Rennes 81 – St-Brieuc 21
🛈 place du Champ de Foire ℰ 02 96 31 05 38
◉ Haras national ★.

Kyriad sans rest   📺 🅰️ 📶 VISA ⬤⬤
29 bd Jobert – ℰ 02 96 31 00 16 – www.hotel-lamballe.com   **B**a
27 ch – †59/98 € ††59/98 € – ☲ 8,50 €
• Face à la gare, un établissement dont les chambres, fonctionnelles, sont décorées à l'identique et bien insonorisées. Petit-déjeuner buffet servi dans une salle claire.

Lion d'Or sans rest   📶 🕍 VISA ⬤⬤
3 r. du Lion d'Or – ℰ 02 96 31 20 36 – www.leliondor-lamballe.com – Fermé 23 déc.-4 janv.   **A**d
17 ch – †51/57 € ††54/62 € – ☲ 8 €
• Cet hôtel familial s'est rajeuni. Ainsi, ses chambres, assez petites mais bien tenues, ont été repeintes en blanc pour plus de luminosité. Formule buffet au petit-déjeuner.

LAMBALLE

Augustins (R. des) . . . . **A** 2
Bario (R.) . . . . **A** 3
Blois (R. Ch. de) . . . . **B** 5
Boucouets (R. des) . . . . **B** 7
Cartel (R. Ch.) . . . . **A** 8
Charpentier (R. Y.) . . . . **B** 14
Dr-Calmette (R. du) . . . . **A** 15

Dr-Lavergne (R. du) . . . . **A** 16
Foch (R. Mar.) . . . . **B** 19
Gesle (Ch. de la) . . . . **A** 23
Grand Bar (R. du) . . . . **A** 24
Hurel (R. du Bg) . . . . **B** 25
Jeu-de-Paume (R. du) . . . . **A** 26
Leclerc (R. Gén.) . . . . **B** 29
Marché (R. du) . . . . **A** 30
Martray (Pl. du) . . . . **A**

Mouëxigné (R.) . . . . **B** 31
Poincaré (R.) . . . . **B** 34
Préville (R.) . . . . **B** 35
St-Jean (R.) . . . . **A** 37
St-Lazare (R.) . . . . **A** 38
Tery (R. G.) . . . . **A** 39
Tour-aux-Chouettes (R.). . . . . **B** 42
Val (R. du) . . . . **AB**
Villedeneu (R.) . . . . **A** 45

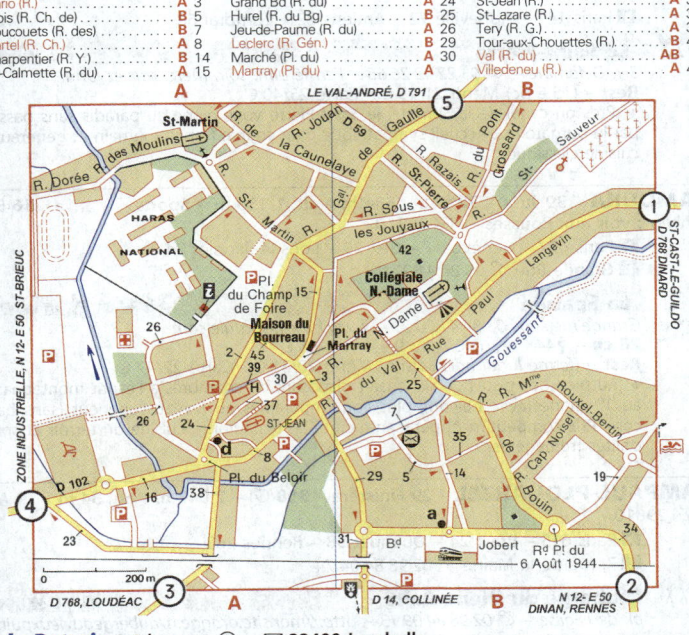

à la Poterie 3,5 km par ① – ✉ 22400 Lamballe

🏠🏠 **Manoir des Portes** 🦅   🛏 ♨ 📶 **P** 🆅 🆅🆅 🆎

– ℰ 02 96 31 13 62 – www.manoirdesportes.com – Fermé 23 déc.-3 janv.
15 ch – ♦48/76 € ♦♦57/100 € – ☕ 8,50 € – ½ P 51/88 €
Rest – (19 €) Menu 25/35 €

◆ Proche d'un centre équestre, ce manoir du 16ᵉ s. ouvre sur un jardin fleuri, doté d'un verger et d'un potager. Les chambres, assez cosy, vous assurent des nuits paisibles. Ambiance rustique (poutres, pierres, cheminée) pour un menu unique et traditionnel.

à St-Aaron 6 km par ⑤ – ✉ 22400 Lamballe

⛪ **Au Clos du Lit** 🦅   🛏 ♨ **P**

🍳🍳   r. de la Ville-D'Ys – ℰ 02 96 31 17 48 – www.auclosdulit.com
4 ch ☕ – ♦44/54 € ♦♦49/59 €   **Table d'hôte** – Menu 18 € bc

◆ Fervents d'un tourisme vert, les propriétaires de ce petit manoir l'ont décoré à la gloire de la Bretagne authentique. Chambres personnalisées et calmes, bibliothèque, jardin. À la table d'hôte, repas copieux et cadre campagnard, rempli d'objets de famille. Bon accueil.

LAMOTTE-BEUVRON – 41 Loir-et-Cher – **318** J6 – 4 529 h.   **12** C2
– alt. 114 m – ✉ 41600

▶ Paris 171 – Blois 59 – Gien 58 – Orléans 36
🅸 1, rue de l'Allée verte ℰ 02 54 83 01 73

🏠🏠 **Tatin**   🛏 ♨ 🅰🅺 📶 ♨ **P** 🆅 🆅🆅 🆎

5 av. de Vierzon, (face à la gare) – ℰ 02 54 88 00 03 – www.hotel-tatin.fr
– Fermé 30 juil.-14 août, 19 déc.-5 janv., 13 fév.-2 mars, dim. soir, mardi midi et lundi
14 ch – ♦60/70 € ♦♦60/133 € – ☕ 10 €
Rest – Menu 22 € (sem.), 30/57 € – Carte environ 32 €

◆ Dans cette hôtellerie familiale, les chambres sont simples mais bien tenues. C'est ici que les sœurs Tatin inventèrent leur fameuse tarte aux pommes (le fourneau de l'époque est exposé au bar)... Une tradition toujours vivante !

LAMOTTE-WARFUSEE – 80 Somme – **301** I8 – 559 h. – alt. 90 m — **36** B2
– ⊠ 80800

▶ Paris 141 – Abbeville 72 – Amiens 22 – Cambrai 68

XX **Le Saint-Pierre** *VISA* 🅼🅾

3 r. Delambre – ℰ 03 22 42 26 66 – Fermé dim. soir, merc. soir et lundi
Rest – (15 € bc) Menu 21/25 € – Carte 25/40 €
♦ Près du canal de la Somme, le Saint-Pierre vous mène au paradis sans passer par le purgatoire... Accueil sympathique d'un couple franco-roumain et généreuse cuisine classique.

LAMOURA – 39 Jura – **321** F8 – 534 h. – alt. 1 156 m – **Sports**
d'hiver : voir aux Rousses – ⊠ 39310 — **16** B3

▶ Paris 477 – Genève 47 – Gex 29 – Lons-le-Saunier 74
🆔 Grande Rue ℰ 03 84 41 27 01

🏠 **La Spatule** ⟨ 🛖 ⟨ᵗⁱⁱ⟩ 🅿 *VISA* 🅼🅾 🅐🅔

Grande'rue – ℰ 03 84 41 20 23 – www.hotellaspatule.com
26 ch – †44 € ††65 € – �= 9 € – ½ P 65 €
Rest – *(fermé lundi hors saison)* Menu 20/31 € – Carte 22/47 €
♦ Au pied des pistes de ski, chalet disposant de chambres à l'esprit montagnard au 1er étage (avec balcon), plus contemporaines au niveau supérieur (sans balcon). Prix compétitifs. Appétissante carte au restaurant : cuisine du terroir et spécialités fromagères.

LAMPAUL-PLOUARZEL – 29 Finistère – **308** C4 – 2 047 h. – alt. 34 m — **9** A1
– ⊠ 29810

▶ Paris 615 – Brest 24 – Quimper 98 – Rennes 263
🆔 7, rue de la Mairie ℰ 02 98 84 04 74

XX **Auberge du Vieux Puits** �-🛖 *VISA* 🅼🅾

pl. de l'Église – ℰ 02 98 84 09 13 – http://monsite.orange.fr/aubergeduvieuxpuits
– Fermé 8-26 mars, 21 sept.-8 oct., dim. soir et lundi
Rest – (22 €) Menu 34/50 € – Carte 38/82 €
♦ Engageante maison bretonne au centre du village. Cuisine traditionnelle orientée terroir à déguster dans la coquette salle rustique ou sur la terrasse où subsiste le vieux puits.

LAMURE-SUR-AZERGUES – 69 Rhône – **327** F3 – 1 034 h. — **44** B1
– alt. 383 m – ⊠ 69870

▶ Paris 446 – Lyon 50 – Mâcon 51 – Roanne 49
🆔 rue du Vieux Pont ℰ 04 74 03 13 26

🏠 **Château de Pramenoux** ⤬ 🚿 ⟨ 🛖 ⟨ᵗⁱⁱ⟩ 🅿

2 km à l'Ouest – ℰ 04 74 03 16 43 – www.pramenoux.com
5 ch ⌓ – †99/140 € ††99/140 € **Table d'hôte** – Menu 40 € bc
♦ La vie de château comme vous en avez toujours rêvé ! Un magnifique escalier conduit aux chambres calmes et garnies de meubles anciens. La "Royale" possède un lit à baldaquin. Dîner à la lueur des chandelles, accompagné d'une douce musique.

LANARCE – 07 Ardèche – **331** G5 – 173 h. – alt. 1 180 m – ⊠ 07660 — **44** A3

▶ Paris 579 – Aubenas 44 – Langogne 18 – Privas 72

🏠 **Le Provence** 🚗 🛖 |🛏|&. ch, ⟨ᵗⁱⁱ⟩ 🅿 🚗 *VISA* 🅼🅾

N 102 – ℰ 04 66 69 46 06 – www.hotel-le-provence.com – Ouvert
15 mars-12 nov.
19 ch – †47/61 € ††47/61 € – ⌓ 9 € – ½ P 48/61 €
Rest – (13 €) Menu 19/36 € – Carte 23/40 €
♦ Une bâtisse récente longeant un axe fréquenté, mais toutes les chambres, rénovées et bien insonorisées, ouvrent du côté opposé à la route. Au restaurant, produits du terroir (charcuterie, champignons, agneau) et portions très généreuses !

LANCIÉ – 69 Rhône – **327** H2 – 713 h. – alt. 210 m – ✉ 69220   **43** E1
> ▶ Paris 418 – Lyon 56 – Villeurbanne 65 – Saint-Étienne 115

⌂ **Le Petit Nid de Pierres** ⬥   🍴 🛏 ⒶⒸ ch, ℹ P VISA ⚬⚬
Le Chatelard – ✆ 04 74 04 10 39 – www.pariaud.com
5 ch ⬜ – ♦80 € ♦♦82/92 €   **Table d'hôte** – Menu 27 € bc/30 € bc
◆ Abrité par des murs de pierre, ce corps de ferme bien restauré vous réserve
un séjour convivial. Chambres personnalisées bien équipées, balcons fleuris, fontaine. Salle à manger rustique pour des repas régionaux (légumes du potager) ;
soirées dégustation au caveau.

LANCIEUX – 22 Côtes-d'Armor – **309** J3 – 1 330 h. – alt. 24 m   **10** C1
– ✉ 22770
> ▶ Paris 413 – Rennes 80 – Saint-Brieuc 85 – Saint-Malo 18
> ℹ square Jean Conan ✆ 02 96 86 25 37

⌂ **Des Bains** sans rest   🍴 & P VISA ⚬⚬ AE
20 r. Poncel – ✆ 02 96 86 31 33 – www.hoteldesbains-lancieux.fr – *Fermé sam.
et dim. de déc. à mars sauf vacances scolaires*
12 ch – ♦62/110 € ♦♦70/110 € – ⬜ 8 €
◆ Cet hôtel familial près du rivage existe depuis 1894. Chambres fonctionnelles,
certaines dotées d'une cuisinette. Petits-déjeuners servis sous une véranda. Crêperie en saison.

LANCRANS – 01 Ain – **328** I4 – **rattaché à Bellegarde-sur-Valserine**

LANGEAC – 43 Haute-Loire – **331** C3 – 3 943 h. – alt. 505 m – ✉ 43300   **6** C3
🌿 Auvergne
> ▶ Paris 508 – Brioude 31 – Mende 92 – Le Puy-en-Velay 45
> ℹ Place Aristide Briand ✆ 04 71 77 05 41

à Reilhac Nord : 3 km par D 585 – ✉ 43300 Mazeyrat d Allier

⌂ **Val d'Allier**   & rest, 🍽 rest, ℹ 🖫 P VISA ⚬⚬
– ✆ 04 71 77 02 11 – *Ouvert avril-oct. et fermé dim. et lundi hors saison*
22 ch – ♦50/55 € ♦♦60/65 € – ⬜ 9 € – ½ P 60 €
Rest – *(fermé le midi) (prévenir)* Menu 22/42 €
◆ Chambres de bonne tenue et fonctionnelles, plus calmes sur l'arrière. Au restaurant, cuisine du terroir servie dans une salle à manger lumineuse, au décor sobre.

LANGEAIS – 37 Indre-et-Loire – **317** L5 – 3 861 h. – alt. 41 m   **11** A2
– ✉ 37130 🌿 Châteaux de la Loire
> ▶ Paris 259 – Angers 101 – Château-la-Vallière 28 – Chinon 26
> ℹ place du 14 Juillet ✆ 02 47 96 58 22
> ◉ Château★★ : appartements★★★.
> ◉ Parc★ du château de Cinq-Mars-la-Pile NE : 5 km par N 152.

✗ **Au Coin des Halles**   🛏 VISA ⚬⚬
⊕ *9 r. Gambetta* – ✆ 02 47 96 37 25 – www.aucoindeshalles.com – *Fermé de
mi-janv. à mi-fév., jeudi midi et merc.*
Rest – *(23 €)* Menu 29/49 € – Carte 45/55 €
◆ Une maison typiquement tourangelle, à deux pas du château. Le décor est
agréable et la cuisine, boostée par les produits du terroir, fait mouche ! Accueil
charmant en prime.

à St-Patrice Ouest : 10 km par rte de Bourgueil – 675 h. – alt. 39 m – ✉ 37130

⌂ **Château de Rochecotte** ⬥   ≤ 🔔 🛏 🖨 🍽 rest, ℹ 🖫 P VISA ⚬⚬ AE
43 r. Dorothée de Dino – ✆ 02 47 96 16 16 – www.chateau-de-rochecotte.fr
– *Fermé 15 fév.-7 mars*
32 ch – ♦137/253 € ♦♦137/253 € – 3 suites – ⬜ 18 €
Rest – *(29 €)* Menu 44/65 €
◆ Le souvenir de la duchesse de Dino et de Talleyrand plane sur cette demeure
aristocratique. Mobilier de style dans les chambres. Belle pergola à colonnade
dominant le parc. Le 18e s. règne dans les élégantes salles à manger. Cuisine classique et beaux produits.

LANGOGNE – 48 Lozère – **330** L6 – 3 071 h. – alt. 913 m – ⊠ 48300   **23** C1

▶ Paris 577 – Mende 48 – Le Puy-en-Velay 42 – Privas 95

🛈 15, boulevard des Capucins ℰ 04 66 69 01 38

🏌 de Langogne Barres Domaine de Barres, S : 3 km par N 88,
ℰ 04 66 69 01 11

Domaine de Barrès ⑤   ♫ ☜ ▣ ▣ ▦ ♿ rest, ❤ rest, ☏ 🅿 ▣
rte de Mende – ℰ 04 66 46 08 37 – www.domainedebarres.com   VISA ⓒⓓ
– Ouvert 16 mars-30 nov. et fermé lundi et mardi sauf juil.-août
20 ch – †110/140 € ††110/140 € – ⊐ 13 €
Rest – (18 €) Menu 26/42 € – Carte 50/65 €

◆ Belle bâtisse du 18ᵉ s. entièrement repensée dans un style contemporain par
l'architecte Jean-Michel Wilmotte. Les chambres, où le bois prédomine, ouvrent
sur le parc. Salle à manger dotée de cheminées en pierre design, agréable terrasse et cuisine actuelle.

LANGON ⏪ – 33 Gironde – **335** J7 – 7 135 h. – alt. 10 m – ⊠ 33210   **3** B2
🟩 Aquitaine

▶ Paris 624 – Bergerac 83 – Bordeaux 49 – Libourne 54

🛈 11, allées Jean-Jaurès ℰ 05 56 63 68 00

🏌 des Graves et Sauternais Lac de Seguin, E : 5 km par D 116,
ℰ 05 56 62 25 43

◉ Château de Roquetaillade★★ S : 7 km.

Claude Darroze avec ch   ☜ ☏ ▩ 🅿 VISA ⓒⓓ AE ①
95 cours Gén. Leclerc – ℰ 05 56 63 00 48 – www.darroze.com
– Fermé 14 oct.-7 nov., 5-22 janv., dim. soir et lundi midi hors saison
15 ch – †65/75 € ††75/100 € – ⊐ 13 € – ½ P 95/115 €
Rest – Menu 42/85 € – Carte 80/110 € 🌿
Spéc. Salade de homard tiède aux légumes croquants, vinaigrette balsamique.
Lamproie de la Gironde au blanc de poireau (janv. à avril). Soufflé léger au
Grand Marnier. **Vins** Graves blanc et rouge.

◆ Savoureuse cuisine du Sud-Ouest et belle carte de bordeaux (600 appellations) :
cette demeure sait perpétuer les traditions. Terrasse sous les platanes. Chambres
en grande partie rénovées.

à St-Macaire Nord : 2 km – 1 670 h. – alt. 15 m – ⊠ 33490

◉ Verdelais : calvaire ⩽★ N : 3 km - Château de Malromé★ N : 6 km
- Ste-Croix-du-Mont : ⩽★, grottes★ NO : 5 km.

Abricotier avec ch   🍽 ☜ ☔ ♿ rest, ❤ ch, 🅿 VISA ⓒⓓ
RN 113 – ℰ 05 56 76 83 63 – www.restaurant-labricotier.com – Fermé
23-30 mars, 31 août-4 sept., 12 nov.-9 déc., mardi soir et lundi
3 ch – †62 € ††65 € – ⊐ 8 €   **Rest** – Menu 20/40 € – Carte 35/50 €
◆ À deux pas de la cité médiévale, cette maison régionale sait se faire conviviale
par son décor actuel, son jardin-terrasse ombragé et son appétissante cuisine du
marché. Dans l'annexe, chambres fraîches et spacieuses, bien équipées.

LANGRES ⏪ – 52 Haute-Marne – **313** L6 – 8 524 h. – alt. 466 m
– ⊠ 52200 🟩 Champagne Ardenne   **14** C3

▶ Paris 285 – Chaumont 35 – Dijon 79 – Nancy 142

🛈 Place Bel Air - Square Olivier Lahalle ℰ 03 25 87 67 67

◉ Site★★ - Promenade des remparts★★ - Cathédrale St-Mammès★ Y
- Section gallo-romaine★ au musée d'art et d'histoire Y M¹.

Le Cheval Blanc   ☜ ♿ ch, ☏ 🛋 VISA ⓒⓓ AE
4 r. de l'Estres – ℰ 03 25 87 07 00 – www.hotel-langres.com – Fermé 1ᵉʳ-29 nov.
23 ch – †70/90 € ††85/145 € – ⊐ 10 € – ½ P 90/130 €   **Z**a
Rest – (fermé merc. midi) (18 €) Menu 35/48 € – Carte 50/90 €
◆ Lieu chargé d'histoire que cette église (Bossuet y reçut le sous-diaconat) devenue auberge sous la Révolution. Chambres de caractère ou plus fonctionnelles à
l'annexe. Salle à manger rustique agrémentée d'une véranda, terrasse au calme et
carte actuelle.

LANGRES

Aubert (R.) . . . . Y
Barbier-d'Aucourt (R.) . . . . Y 3
Beligné (R. Ch.) . . . . Y 4
Belle-Allée (La) . . . . Y 5
Boillot (R.) . . . . Y 6
Boulière (Porte) . . . . Y
Boulière (R.) . . . . Y 7
Canon (R.) . . . . Y 8
Centenaire (Pl. du) . . . . Y 10
Chambrûlard (R.) . . . . X 12
Chavannes (R. des) . . . . Z 13
Crémaillière (R. de la) . . . . Y 14
Croc (R. du) . . . . Y 15
Denfert-Rochereau (R.) . . . . Z 16
Diderot (Pl.) . . . . Y
Diderot (R.) . . . . YZ
Durand (R. Pierre) . . . . Y 17
Duvet (Pl. J.) . . . . Y
États-Unis (Pl. des) . . . . Z
Gambetta (R.) . . . . Y 18
Grand-Bie (R. du) . . . . Y 19
Grand-Cloître (R. du) . . . . Y 20
Grouchy (Pl. Col.-de) . . . . Z 21
Hôtel-de-Ville (Porte de l') . . . . Y
Jenson (Pl.) . . . . Z
Lambert-Payen (R.) . . . . Y 24
Lattre-de-Tassigny (Bd Mar.-de) . . . . YZ
Leclerc (R. Général) . . . . Y 25
Lescornel (R.) . . . . Y 26
Longe-Porte (Porte de) X
Longe-Porte (R. de) . . . . X 27
Mance (Square J.) . . . . Y 28
Minot (R.) . . . . Z 31
Morlot (R. Card.) . . . . Y 32
Roger (R.) . . . . Y 33
Roussat (R. Jean) . . . . Y 35
St-Didier (R.) . . . . Y 36
Tassel (R.) X
Terreaux (R. des) . . . . Y 37
Tournelle (R. de la) . . . . Y 39
Turenne (R. de) . . . . Y 41
Ursulines (R. des) . . . . Y 43
Verdun (Pl. de) X
Walferdin (R.) . . . . Y 44
Ziegler (Pl.) . . . . Y 45

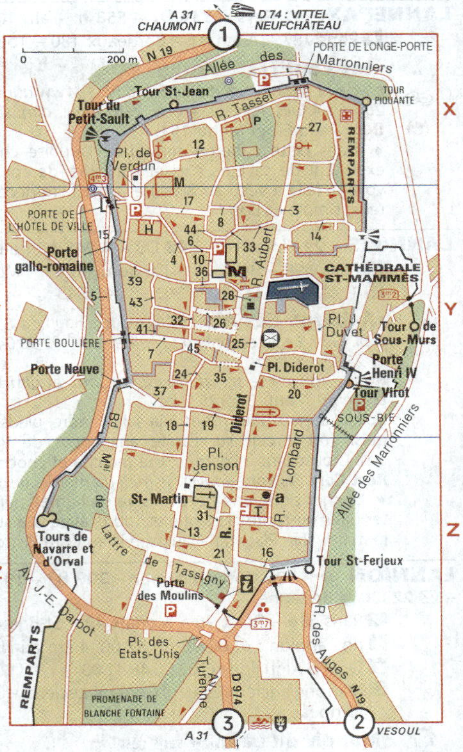

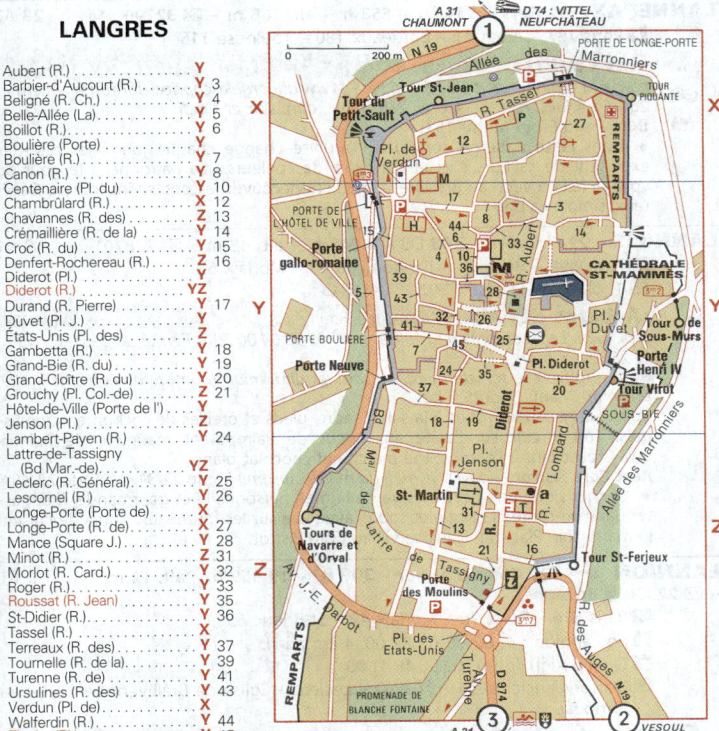

au Lac de la Liez par ②, N 19 et D 284 : 6 km – ✉ 52200 Langres

XX **Auberge des Voiliers** avec ch

1 r. des Voiliers, (lac de la Liez) – ✆ 03 25 87 05 74 – www.hotel-voiliers.com – Ouvert 19 mars-13 nov. et fermé mardi midi hors saison, dim. soir et lundi

10 ch – †50/90 € ††50/90 € – ☕ 8 €

Rest – (15 €) Menu 22/52 € – Carte 25/60 €

◆ Cette auberge jouit d'une situation idéale au bord du lac. À déguster sa cuisine traditionnelle sous la véranda et avec pareille vue, on se croirait en vacances ! Les chambres, fonctionnelles et climatisées, entretiennent l'illusion du voyage nautique.

LANGUIMBERG – 57 Moselle – 307 M6 – 214 h. – alt. 290 m – ✉ 57810 **27** C2

▶ Paris 411 – Lunéville 43 – Metz 79 – Nancy 65

XX **Chez Michèle** (Bruno Poiré)

✿ *57 r. Principale – ✆ 03 87 03 92 25 – www.chezmichele.fr – Fermé vacances de la Toussaint, 1er-7 sept., vacances de fév., mardi et merc.*

Rest – (20 €) Menu 33/76 € – Carte 45/75 €

Spéc. Foie gras. Gibier (saison). Café liégeois. **Vins** Vins de Moselle.

◆ Le petit "bistrot de village" est désormais une belle étape gourmande à l'atmosphère familiale, où le jeune chef réalise une cuisine précise, généreuse et inventive sans excès.

LANNEPAX – 32 Gers – **336** D7 – 558 h. – alt. 168 m – ⊠ 32190   **28** A2

▶ Paris 787 – Auch 41 – Bordeaux 180 – Toulouse 115

Les Caprices d'Antan

pl. de la Mairie – ℰ 05 62 65 76 92 – www.aubergelescapricesdantan.fr – Fermé 20 juin-4 juil., 19 sept.-4 oct., 2-10 janv., dim. soir et lundi

Rest – (13 € bc) Menu 15 €

◆ Dans cette auberge conviviale, l'ardoise change chaque jour ; les assiettes explosent de saveurs d'ici et d'ailleurs, de couleurs... La patronne a le goût du voyage (elle a vécu au Brésil) et aime faire découvrir les petits vins locaux. Généreux, simple et bon !

LANNILIS – 29 Finistère – **308** D3 – 4 948 h. – alt. 48 m – ⊠ 29870   **9** A1

▶ Paris 599 – Brest 23 – Landerneau 29 – Morlaix 63

🛈 1, place de l'Église ℰ 02 98 04 05 43

Auberge des Abers (Jean-Luc L'Hourre)   VISA ◯◯

5 pl. Gén. Leclerc, (près de l'église) – ℰ 02 98 04 00 29 – Fermé 30 sept.-15 oct. et 25 fév.-5 mars

Rest – *(ouvert le soir du merc. au sam. et dim. midi) (nombre de couverts limité, prévenir)* Menu 38/125 € bc

Spéc. Langoustines rôties à la salamandre, pieds et oreilles de cochon en cromesquis. Turbot cuit sur l'arête aux cocos de Paimpol et marinière de palourdes. Croustillant à l'orange, thé matcha et chocolat blanc.

Rest *Côté Bistrot* – *(ouvert le midi du mardi au sam.)* Menu 22/31 € – Carte 22/45 €

◆ Le chef signe une belle cuisine de la mer, personnelle et gourmande, à déguster dans un cadre classique et sobre, avec vue sur les fourneaux. Cours de cuisine le mardi soir. Plats familiaux servis au Côté Bistrot.

LANNION ◉ – 22 Côtes-d'Armor – **309** B2 – 19 459 h. – alt. 12 m   **9** B1
– ⊠ 22300 ▌Bretagne

▶ Paris 516 – Brest 96 – Morlaix 42 – St-Brieuc 65

🛬 de Lannion : ℰ 02 96 05 82 00, 4 km au N.

🛈 Quai d'Aiguillon ℰ 02 96 46 41 00

◉ Maisons anciennes★ (pl.Général Leclerc) - Église de Brélévenez★ : mise au tombeau★

Manoir du Launay sans rest ⌂   🚗 ⁂ 📞 🅿

*chemin de Ker-Ar-Faout, à Servel, 3 km au Nord-Ouest par D 21
– ℰ 02 96 47 21 24 – www.manoirdulaunay.com*

5 ch ⌂ – ♦88/123 € ♦♦95/130 €

◆ Salon cossu, mobilier ancien, décor personnalisé dans les chambres spacieuses et soignées : ce manoir du 17ᵉ s. concilie le charme d'hier et le confort d'aujourd'hui. Parc.

rte de Perros-Guirec 5 km par D 788 – ⊠ 22300 Lannion

Arcadia   🚗 🏡 📶 🕭 ⁂ 🅿 VISA ◯◯ 🅰🅴

Crec'h-Quillé – ℰ 02 96 48 45 65 – www.hotel-arcadia.com – Fermé 17 déc.-2 janv.

29 ch – ♦52/66 € ♦♦52/66 € – ⌂ 7 €

Rest – (13 €) Menu 16 € (sem.)/20 € – Carte 18/32 €

◆ Pas loin du CNET, hôtel d'aspect récent disposant de chambres sobrement contemporaines, dont six ont été créées en 2009 ; quelques duplex. Bar-billard ; piscine sous véranda. Repas simples et grillades servis au restaurant qui jouxte l'hôtel.

à La Ville-Blanche par rte de Tréguier : 5 km sur D 786 – ⊠ 22300 Rospez

La Ville Blanche (Jean-Yves Jaguin)   🕭 ⇄ 🅿 VISA ◯◯

*– ℰ 02 96 37 04 28 – www.la-ville-blanche.com – Fermé 27 juin
-6 juil., 19 déc.-27 janv., dim. soir et merc. sauf juil.-août et lundi*

Rest – *(prévenir le week-end)* Menu 31 € bc/71 € – Carte 70/81 €🦐

Spéc. Saint-Jacques tièdes au citron vert, beignet iodé (10 oct.-15 avril). Homard rôti au beurre salé, ses pinces en ragoût (15 mars-30 oct.). Sablé aux fraises, mousse glacée à la bergamote (mai à sept.).

◆ Délicieuse maison de famille aux décors épuré et classique. La cuisine du chef, savoureuse et personnalisée, est subtilement relevée par les fines herbes du jardin potager.

LANS-EN-VERCORS – 38 Isère – **333** G7 – 2 297 h. – alt. 1 120 m — **45** C2
– Sports d'hiver : 1 020/1 980 m ⚡16 🎿 – ⊠ 38250

> ▶ Paris 576 – Grenoble 27 – Villard-de-Lans 8 – Voiron 37
> 🛈 246, avenue Léopold Fabre ℰ 08 11 46 00 38

🏠 **Le Val Fleuri** sans rest   ≼ 🚗 🛇 ⬝⬝ **P** 🚗 **VISA** ⚙ **AE**
730 av. Léopold Fabre – ℰ 04 76 95 41 09 – www.le-val-fleuri.com
– *Ouvert 8 mai-20 sept., 18 déc.-22 mars et fermé dim. soir et lundi hors vacances scolaires*
14 ch – ♦41/69 € ♦♦41/69 € – ⊇ 9 € – ½ P 54/68 €
◆ Le temps semble s'être arrêté dans cette jolie demeure de 1928 au cachet rétro pieusement conservé. Chambres très bien tenues, parfois dotées de meubles et lampes Art déco.

LAON **P** – 02 Aisne – **306** D5 – 26 522 h. – alt. 181 m – ⊠ 02000 — **37** D2
🟩 Nord Pas-de-Calais Picardie

> ▶ Paris 141 – Reims 62 – St-Quentin 48 – Soissons 38
> 🛈 place du Parvis Gautier de Mortagne ℰ 03 23 20 28 62
> 🏌 de l'Ailette à Cerny-en-Laonnois, S : 16 km par D 967, ℰ 03 23 24 83 99
> 👁 Site★★ – Cathédrale Notre-Dame★★ : nef★★★ – Rempart du Midi et porte d'Ardon★ CZ – Abbaye St-Martin★ BZ – Porte de Soissons★ ABZ – Rue Thibesard ≼★ BZ – Musée★ et chapelle des Templiers★ CZ.

Plans pages suivantes

🏠 **La Bannière de France**   🛇 ⬝⬝ 🕍 🚗 **VISA** ⚙ **AE** ⓪
11 r. F. Roosevelt – ℰ 03 23 23 21 44 – www.hoteldelabanneredefrance.com
– *Fermé 15 juil.-1ᵉʳ août, 22 déc.-9 janv.* **BCZt**
18 ch – ♦61/79 € ♦♦73/86 € – ⊇ 9 € – ½ P 84/99 €
Rest – *(fermé sam. midi et merc.)* (17 €) Menu 23/57 € – Carte 26/70 €
◆ Édifié en 1685 au cœur de la cité médiévale, ce relais postal accueillit le premier cinéma laonnois dans sa salle de banquet (années 1920). Chambres rustiques, très bien tenues. Le restaurant possède un charme vieille France ; plats de tradition.

🍴🍴🍴 **Zorn - La Petite Auberge**   🏡 ⇆ **VISA** ⚙ **AE**
🍃 45 bd Brossolette – ℰ 03 23 23 02 38 – www.zorn-lapetiteauberge.com
– *Fermé 1 sem. vacances de Pâques, 1ᵉʳ-15 août, 1 sem. vacances de fév., sam. midi, lundi soir et dim. sauf fériés* **CYa**
Rest – (18 €) Menu 28/65 € – Carte 60/75 €🍷
Rest *Bistrot St-Amour* – ℰ 03 23 23 31 01 – (11 €) Menu 15/18 €
– Carte 30/38 €
◆ Dans la ville basse, restaurant agencé dans un esprit contemporain : lignes épurées, tons sobres, peintures abstraites. Cuisine inventive et belle sélection de vins (Côtes-du-Rhône). Formules express dans le décor tout simple du Bistrot St-Amour.

à Samoussy par ② et D 977 : 13 km – 379 h. – alt. 84 m – ⊠ 02840

🍴🍴🍴 **Le Relais Charlemagne**   🚗 ⅘ 🆊 ⇆ **VISA** ⚙
4 rte de Laon – ℰ 03 23 22 21 50 – www.lerelaischarlemagne.fr – *Fermé 1ᵉʳ-16 août, vacances de fév., merc. soir, dim. soir, fériés le soir et lundi*
Rest – Menu 25 € (sem.)/55 € – Carte 54/63 €
◆ Berthe, la mère de Charlemagne, était originaire de ce village. La maison abrite deux salles feutrées dont l'une s'ouvre sur le jardin. Cuisine classique et ambiance familiale.

à Chamouille par D 967 **DZ** : 13 km – 234 h. – alt. 112 m – ⊠ 02860

🏠🏠🏠 **Du Golf de l'Ailette** 🌿   ≼ 🏡 🏊 🎏 ⅘ ch, 🆊 rest, 🛇 🕍 **P VISA** ⚙ **AE**
23 r. du chemin-des-dames, (parc nautique de l'Ailette), 0,5 km au Sud par D 967
– ℰ 03 23 24 84 85 – www.ailette.net
58 ch – ♦89/99 € ♦♦99/109 € – ⊇ 14 € – ½ P 80/95 €
Rest – (23 €) Menu 26 € (sem.)/30 € – Carte 34/49 €
◆ Bâtiment moderne sur les rives du lac d'Ailette. Chambres spacieuses et contemporaines, toutes avec balcon tourné vers l'eau. Golf et sports nautiques. Côté restaurant, terrasse au bord de la piscine et cuisine traditionnelle.

LAON

Arquebuse (R. de l') .... **CZ** 2
Aubry (Pl.) .... **CZ** 3
Berthelot (R. Marcelin) ..... **AZ** 5
Bossus (R. de l'Abbé) .... **DY** 6
Bourg (R. du) .... **BCZ** 8
Carnot (Av.) .... **CY**
Change (R. du) .... **CZ** 9
Charles de Gaulle (Av.) ..... **DY** 12
Châtelaine (R.) .... **CZ** 13
Cloître (R. du) .... **CZ**
Combattants d'Afrique du Nord (Pl. des) .... **DZ**
Cordeliers (R. des) .... **CZ**
Doumer (R. Paul) .... **CZ**
Ermant (R. Georges) .... **CZ** 2

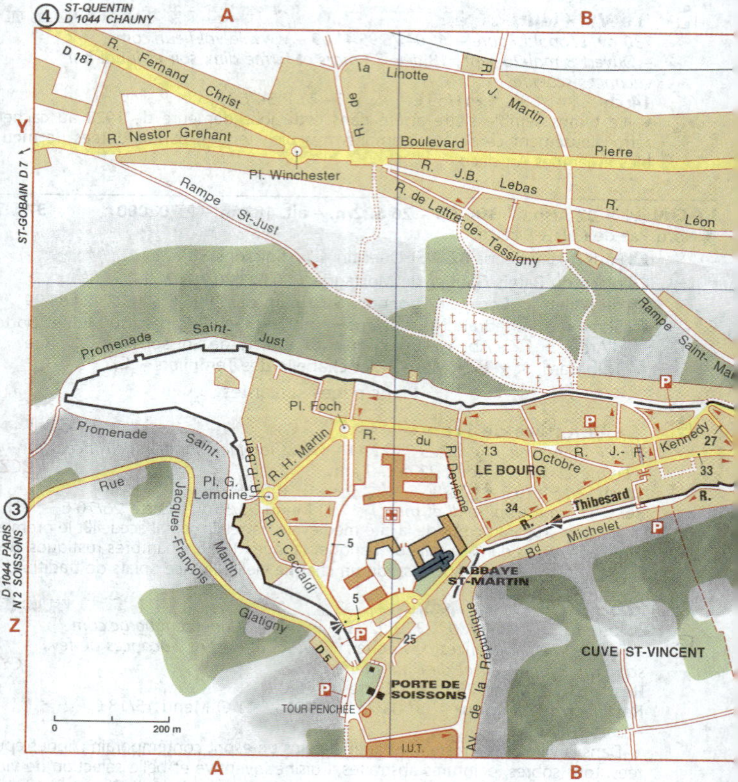

Une bonne table sans se ruiner ? Repérez les Bib Gourmand.

LAPALISSE – 03 Allier – **326** I5 – 3 217 h. – alt. 280 m – ✉ 03120 **6 C1**
Auvergne

Paris 346 – Digoin 45 – Mâcon 122 – Moulins 50
26, rue Winston Churchill ✆ 04 70 99 08 39
Château★★.

Galland avec ch
20 pl. de la République – ✆ 04 70 99 07 21 – www.hotelgalland.fr – Fermé dim. soir sauf juil.-août et lundi
7 ch – †56/66 € ††56/66 € – ☕ 8 € – ½ P 50/68 €
Rest – *(prévenir le week-end)* (16 €) Menu 25/57 € – Carte 46/63 €
◆ Plats actuels mettant à l'honneur les produits régionaux, servis dans une élégante salle à manger contemporaine égayée de tons pastel. Chambres sobres et bien tenues.

Hurée (R. de la) . . . . **DY** 23
Jur (Prom. Barthélémy de) . . **CZ** 24
Leduc (R. Eugène) . . . . **DY**
Libération (R. de la) . . . . **ABZ** 25
Marquette (R. Père) . . . . . . **BZ** 27

Martinot (Allée Jean) . . . . . . **DZ** 28
Mortagne (Pl. Gautier de) . . **CZ** 29
Rabin (Promenade Yitzhak) . **CZ** 30
Roosevelt (R. Franklin) . . . . **CZ** 31
St-Jean (R.) . . . . **BZ** 33

St-Martin (R.) . . . . **BZ** 34
Signier (R. de) . . . . **CZ** 36
Thuillart (R. Fernand) . . . . . **DY** 37
Victor-Hugo (Pl.) . . . . **DY** 39
Vinchon (R.) . . . . **CZ** 40

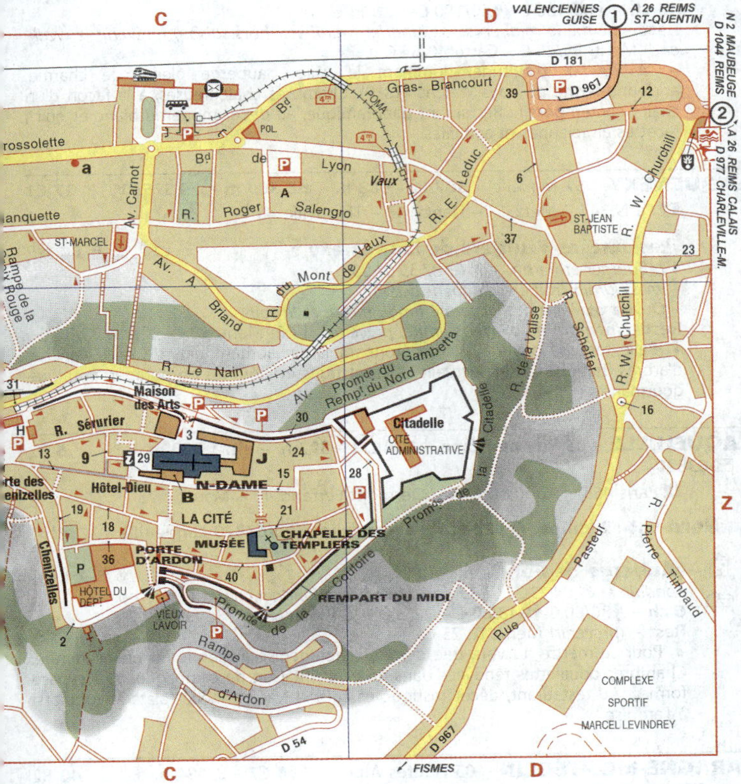

Une nuit douillette sans se ruiner ? Repérez les Bib Hôtel.

LAPOUTROIE – 68 Haut-Rhin – **315** H8 – 2 057 h. – alt. 420 m   **1** A2
– ⊠ 68650 ▌ Alsace Lorraine

▶ Paris 430 – Colmar 21 – Munster 31 – Ribeauvillé 20

Du Faudé   🖪 🖻 🖪 🖪 🖪 🖪 **VISA** 🐽 **AE** ①
28 r. Gén. Dufieux – 𝒞 03 89 47 50 35 – www.faude.com
– Fermé 7-26 mars et 7-26 nov.
30 ch – †59/99 € ††59/99 € – 2 suites – � 13 €
Rest *Faudé Gourmet* – *(fermé mardi et merc.)* Menu 31/75 € – Carte 45/60 € 🕸
Rest *Au Grenier Welche* – *(fermé mardi et merc.)* Menu 20/29 €
– Carte 30/45 €
◆ Chambres confortables, plus grandes et rénovées à l'annexe. Joli jardin bordé par une rivière. Au Faudé Gourmet, carte et décor dans l'air du temps, riche carte des vins. Plats du terroir et service en tenue locale au Grenier Welche.

815

Les Alisiers 🌿

lieu-dit Faudé, 3 km au Sud-Ouest par rte secondaire – ℰ 03 89 47 52 82
– www.alisiers.com – Fermé 3 janv.-3 fév., 23-26 déc.
16 ch – †60/180 € ††60/180 € – ☑ 11 €
Rest – *(fermé le midi en sem., lundi et mardi soir hors saison) (prévenir le week-end)* Menu 35/45 € – Carte 40/54 €
◆ À 700 m d'altitude, dominant le vallon, auberge pleine de charme, ancienne ferme du pays Welche (1819). Chambres chaleureuses, à la façon d'un chalet contemporain. Restaurant panoramique, au décor moderne blanc et noir ; recettes alsaciennes et actuelles.

LAQUENEXY – 57 Moselle – **307** I4 – 988 h. – alt. 300 m – ⊠ 57530   **27** C1

▶ Paris 344 – Metz 17 – Nancy 63 – Thionville 43

Les Jardins Fruitiers de Laquenexy

4 r. Bourger-et-Perrin – ℰ 03 87 35 01 00
– www.jardinsfruitiersdelaquenexy.com
– Ouvert d'avril à oct. et fermé lundi, mardi et le soir
Rest – *(nombre de couverts limité, prévenir)* (17 €) Menu 23 € – Carte 23/30 €
◆ Belle terrasse ouverte sur un étonnant jardin abritant plus de mille variétés d'arbres fruitiers. Cuisine actuelle utilisant fruits et légumes du potager. Boutique gourmande.

LAQUEUILLE – 63 Puy-de-Dôme – **326** D9 – 397 h. – alt. 1 000 m   **5** B2
– ⊠ 63820

▶ Paris 455 – Aubusson 74 – Clermont-Ferrand 40 – Mauriac 73

au Nord-Est : 2 km par D 922 et rte secondaire – ⊠ 63820 Laqueuille

Auberge de Fondain 🌿

Fondain – ℰ 04 73 22 01 35 – www.auberge-fondain.com – Fermé nov.
6 ch – †36/60 € ††48/80 € – ☑ 8 € – ½ P 49/65 €
Rest – *(prévenir)* Menu 18/25 €
◆ Pour se mettre au vert, une demeure bourgeoise ancienne en pleine nature. Chambres douillettes rénovées dans un esprit maison de campagne, VTT, espace forme… Au restaurant, décor rustique et cuisine traditionnelle (plats auvergnats) à l'ardoise.

LARAGNE-MONTÉGLIN – 05 Hautes-Alpes – **334** C7 – 3 484 h.   **40** B2
– alt. 571 m – ⊠ 05300

▶ Paris 687 – Digne-les-Bains 58 – Gap 40 – Sault 60
🛈 place des Aires ℰ 04 92 65 09 38

Les Terrasses

av. de Provence, (D 1075) – ℰ 04 92 65 08 54
– http://perso.wanadoo.fr/hotellesterrasses/ – Ouvert 1er avril-1er nov.
15 ch – †30/54 € ††46/54 € – ☑ 8 € – ½ P 53 €
Rest – *(ouvert 1er mai-1er oct. et fermé le midi)* (17 €) Menu 22/27 €
– Carte environ 25 €
◆ Petit hôtel familial aux chambres modestes et très bien tenues ; côté jardin, plus au calme, elles possèdent une terrasse d'où l'on aperçoit le village et le mont Chabre. Repas traditionnel dans une salle aux tons ensoleillés ou sous la pergola tapissée de vigne vierge.

L'Araignée Gourmande

8 r. de la Paix – ℰ 04 92 65 13 39 – Fermé 16-30 nov., vacances de Noël, 15 fév.-5 mars, dim. soir, mardi soir et merc.
Rest – (11 €) Menu 25/48 € – Carte 36/48 €
◆ Cette table familiale saura vous prendre dans sa toile : salle lumineuse au coloris jaune provençal, cuisine traditionnelle généreuse, service efficace et prix doux.

LARÇAY – 37 Indre-et-Loire – **317** N4 – 2 254 h. – alt. 82 m – ✉ 37270   **11** B2

▶ Paris 243 – Angers 134 – Blois 55 – Poitiers 103

⌂   **Manoir de Clairbois** sans rest   🍃 🛰 🅿 VISA ◉◉
2 imp. du Cher – ☎ 02 47 50 59 75 – www.manoirdeclairbois.com
3 ch ☲ – †120 € ††120 €
◆ Le Cher longe le parc de ce manoir du 19ᵉ s. Le décor est soigné, avec de beaux meubles d'époque dans les parties communes. Chambres bonbonnières, le confort en plus !

LE LARDIN-ST-LAZARE – 24 Dordogne – **329** I5 – 2 000 h.   **4** D1
– alt. 86 m – ✉ 24570

▶ Paris 503 – Brive-la-Gaillarde 28 – Lanouaille 38 – Périgueux 47

au Sud : 4 km par D 704, D 62 et rte secondaire – ✉ 24570 Condat-sur-Vézère :

🏠   **Château de la Fleunie** 🍃   ≤ 🍃 🛰 🖫 🎾 ⸙ ch, 🕯 ⟡ 🅿
– ☎ 05 53 51 32 74 – www.lafleunie.com   VISA ◉◉ AE ①
– Ouvert de mars à nov.
33 ch – †75/125 € ††85/160 € – ☲ 15 € – ½ P 92/145 €
Rest – Menu 45/50 €
◆ Ce château féodal, au cœur d'un vaste domaine boisé, impressionne ; il y a même un parc animalier ! On cultive le style châtelain, avec poutres, vieilles pierres et beau salon dans la tour. Cuisine classique servie près d'une noble cheminée.

à Coly Sud-Est : 6 km par D 74 et D 62 – 218 h. – alt. 113 m – ✉ 24120

◉ Église★★ de St-Amand-de-Coly SO : 3 km, ▮ **Périgord Quercy.**

🏘   **Manoir d'Hautegente** 🍃   🍃 🛰 🖫 🕯 ⸙ 🅿 VISA ◉◉ AE ①
– ☎ 05 53 51 68 03 – www.manoir-hautegente.com – Ouvert 1ᵉʳ mai-15 oct.
17 ch – †95/250 € ††95/250 € – ☲ 15 € – ½ P 163/318 €
Rest – Menu 35/100 € bc – Carte 56/63 €
◆ Dans un parc traversé par une rivière, un moulin du 14ᵉ s. tapissé de vigne vierge. La beauté du site, les meubles anciens et le bar installé dans l'ancienne forge dégagent un charme véritable. Un écrin bourgeois pour une cuisine inspirée du marché.

LARDY – 91 Essonne – **312** C4 – 5 694 h. – alt. 70 m – ✉ 91510   **18** B2

▶ Paris 46 – Boulogne-Billancourt 49 – Évry 29 – Montreuil 47

✗✗   **Auberge de l'Espérance**   🛰 ⟡ VISA ◉◉
80 Grande-Rue – ☎ 01 69 27 40 82 – Fermé 7-31 août, vacances de fév., lundi et le soir sauf vend. et sam.
Rest – (13 € bc) Menu 31/50 € bc – Carte environ 42 €
◆ Au cœur de ce charmant village de l'Essonne, une auberge au cadre frais et lumineux où l'on se régale d'une bonne cuisine actuelle. Petit patio-terrasse pour les beaux jours.

LARGENTIÈRE ⬤ – 07 Ardèche – **331** H6 – 1 834 h. – alt. 240 m   **44** A3
– ✉ 07110 ▮ Lyon Drôme Ardèche

▶ Paris 645 – Alès 66 – Aubenas 18 – Privas 49

🛈 8, rue Camille Vielfaure ☎ 04 75 39 14 28

◉ Le vieux Largentière★.

à Rocher Nord : 4 km par D 5 – 269 h. – alt. 353 m – ✉ 07110

🏠   **Le Chêne Vert** 🍃   ≤ 🛰 🖫 🖫 ⸙ ch, 🆔 ch, 🕯 🅿 VISA ◉◉
– ☎ 04 75 88 34 02 – www.hotellechenevert.com – Ouvert 1ᵉʳ avril-31 oct. et fermé lundi et mardi en oct.
25 ch – †65/88 € ††65/88 € – ☲ 10 € – ½ P 58/76 €
Rest – (fermé lundi midi) Menu 20/38 € – Carte 38/55 €
◆ Aux confins du Vivarais et des Cévennes, une adresse conviviale aux chambres pratiques, certaines avec balcon offrant une jolie vue sur la vallée. À table, plats traditionnels et recettes régionales servis dans un décor bourgeois.

à Sanilhac Sud : 7 km par D 312 – 374 h. – alt. 420 m – ⊠ 07110

🏠 **Auberge de la Tour de Brison** ⊱ ⟨ 🚗 ❄ ※ 🔆 ⅋ ch. 🎬 ch.
à la Chapelette – 𝒞 04 75 39 29 00 – www.belinbrison.com 🎙 **P** 𝚟𝚒𝚜𝚊 ∞
– Ouvert 1ᵉʳ avril-31 oct. et fermé merc. sauf de juin à août
14 ch – †62/125 € ††62/125 € – ⊑ 9 € – ½ P 65/95 €
Rest – *(prévenir)* Menu 29 € – Carte 26/33 € le midi 🌼
♦ De cette accueillante auberge bâtie à flanc de colline, la vue plonge sur la vallée et sur le plateau du Coiron. Chambres actuelles, jardin et superbe piscine à débordement. Au restaurant, cadre chaleureux, terrasse panoramique et menu du terroir proposé de vive voix.

LARMOR-BADEN – 56 Morbihan – **308** N9 – 847 h. – alt. 10 m – ⊠ 56870 **9** A3
▶ Paris 474 – Auray 15 – Lorient 59 – Pontivy 66
🅘 place de l'Eglise 𝒞 02 97 57 17 87
👁 Cairn ★★ de l'île Gavrinis : 15 mn en bateau.

🏠 **Auberge du Parc Fétan** ❄ 🔆 🎙 **P** 𝚟𝚒𝚜𝚊 ∞
17 r. de Berder – 𝒞 02 97 57 04 38 – www.hotel-parcfetan.com
– Ouvert 12 fév.-13 nov.
25 ch – †45/125 € ††45/125 € – ⊑ 8 € – ½ P 53/93 €
Rest – 𝒞 02 97 57 13 85 *(fermé merc. sauf le soir de juin à août, sam. midi et mardi)* (15 €) Menu 22/35 € – Carte 26/52 €
♦ À proximité de la baie et des sentiers côtiers, un hôtel convivial et parfaitement tenu, doté de chambres plutôt petites, simples et claires, la plupart ouvrant sur le golfe du Morbihan. Produits de la mer et cuisine traditionnelle dans une ambiance bistrot.

LARMOR-PLAGE – 56 Morbihan – **308** K8 – 8 428 h. – alt. 4 m **9** B2
– ⊠ 56260 █ Bretagne
▶ Paris 510 – Lorient 7 – Quimper 74 – Vannes 66
👁 ⟨ ★ du Pont St-Maurice.

🏢 **Les Rives du Ter** ⊱ ⟨ 🍴 ❄ 🛁 🔆 ⅋ 🎬 🎙 🔆 **P** 𝚟𝚒𝚜𝚊 ∞ 🄰🄴 ➀
bd Jean Monnet – 𝒞 02 97 35 33 50 – www.lesrivesduter.com
58 ch – †99/120 € ††108/120 € – ⊑ 14 €
Rest – Menu 24/40 € – Carte 28/40 €
♦ Un hôtel récent (2005) bordant le Ter... Style épuré dans les chambres, toutes avec terrasse ou balcon donnant sur l'étang, au calme. Au restaurant, la carte, courte et actuelle, est alléchante. Décor contemporain et vue sur le plan d'eau.

LARNAC – 30 Gard – **339** K3 – rattaché à St-Ambroix

LAROQUE-DES-ALBÈRES – 66 Pyrénées-Orientales – **344** I7 **22** B3
– 1 941 h. – alt. 100 m – ⊠ 66740
▶ Paris 883 – Figueres 50 – Montpellier 187 – Perpignan 39
🅘 20, rue Carbonneil 𝒞 04 68 95 49 97

❌❌ **Les Palmiers** (Bart Thoelen) 🍴 ※ 𝚟𝚒𝚜𝚊 ∞ 🄰🄴
🌸 *33 av. Louis et Michel Soler* – 𝒞 04 68 89 73 61 – www.lespalmiers.eu – *Fermé 2 janv.-12 fév., dim. soir et mardi soir sauf juil.-août, sam. midi, mardi midi et lundi*
Rest – Menu 24 € (déj. en sem.), 45/75 € – Carte 65/95 € 🌼
Spéc. Langoustines en carpaccio, marinées à l'huile d'olive, herbes fraîches et guacamole. Cochon noir de lait de Bigorre cuit 36 heures à 62°C. Chocolat cuit croustillant avec son cœur coulant et glace. **Vins** Vin de pays des Côtes Catalanes.
♦ Le chef, d'origine belge, signe une cuisine méditerranéenne tout en finesse, mariant de très beaux produits du terroir ou de la mer, au gré du marché et des saisons. Joli choix de vins du Roussillon. Accueil charmant.

LARRAU – 64 Pyrénées-Atlantiques – **342** G6 – 209 h. – alt. 636 m **3** B3
– ⊠ 64560
▶ Paris 832 – Oloron-Ste-Marie 42 – Pau 75 – St-Jean-Pied-de-Port 64

Etchemaïté
Le Bourg – ☎ 05 59 28 61 45 – www.hotel-etchemaite.fr
– *Fermé 3 janv.-16 fév., dim. soir et lundi de nov. à avril*
16 ch – ♦47/68 € ♦♦47/78 € – ⌷ 8 € – ½ P 50/65 € – **Rest** – *(fermé dim. soir et lundi du 11 nov. au 15 mai)* Menu 18 € (sem.), 24/45 € – Carte 34/52 €
♦ Simplicité et accueil familial d'une auberge de montagne, dans un hameau de la pittoresque Haute-Soule. Dans la salle à manger : pierres et poutres apparentes, nappes basques, cheminée et vue sur la vallée. Recettes régionales.

LASCABANES – 46 Lot – **337** D5 – 180 h. – alt. 180 m – ⌷ 46800   **28** B1
▶ Paris 598 – Montauban 69 – Toulouse 120 – Villeneuve-sur-Lot 61

Le Domaine de Saint-Géry ॐ
– ☎ 05 65 31 82 51 – www.saint-gery.com – *Ouvert 15 avril-1er nov. et les week-ends en janv.-fév.*
5 ch – ♦220/351 € ♦♦220/351 € – ⌷ 28 € – ½ P 226/291 €
Table d'hôte – *(réservation conseillée)* Menu 48/205 €
♦ Ce domaine comprend une truffière, une exploitation agricole et des sentiers de randonnée ! Cinq jolies chambres sont réparties dans plusieurs bâtiments. À la table d'hôte, plats régionaux et belles pièces de viande rôties.

LASCELLE – 15 Cantal – **330** D4 – 315 h. – alt. 760 m – ⌷ 15590   **5** B3
▶ Paris 555 – Aurillac 16 – Bort-les-Orgues 84 – Brioude 94

Du Lac des Graves ॐ
Jaulhac – ☎ 04 71 47 94 06 – www.lacdesgraves.com – *Fermé 1er nov.-5 déc. et 6-18 janv.*
22 ch – ♦60/75 € ♦♦60/80 € – ⌷ 8 €
Rest – *(fermé le midi) (résidents seult)* Menu 16/26 €
♦ Randonneurs, kayakistes et adeptes du VTT apprécieront ce vaste parc aménagé au bord d'un lac. Chambres récemment rafraîchies et chalets les pieds dans l'eau. Le restaurant et sa terrasse panoramique s'ouvrent sur la nature environnante.

LASSEUBE – 64 Pyrénées-Atlantiques – **342** J3 – 1 600 h. – alt. 188 m   **3** B3
– ⌷ 64290
▶ Paris 797 – Bordeaux 219 – Pau 19 – Tarbes 60

La Ferme Dagué sans rest ॐ
chemin Croix de Dagué – ☎ 05 59 04 27 11 – www.ferme-dague.com – *Ouvert 28 avril-24 oct.*
5 ch – ♦44/63 € ♦♦54/64 €
♦ Cette ferme béarnaise du 18e s. a conservé sa superbe cour fermée. Chambres coquettes, dont la décoration met en valeur le cachet rustique. Copieux petit-déjeuner.

La Promenade
r. de la République – ☎ 05 59 04 26 24 – *Fermé 27 juin-4 juil., 21 nov.-5 déc. et lundi*
Rest – (18 €) Menu 26/29 € – Carte 24/38 €
♦ Une bonne petite table de terroir, où simplicité rime avec qualité. Préparations maison, produits frais et de saison. Ambiance familiale.

LASTOURS – 11 Aude – **344** F3 – 165 h. – ⌷ 11600   **22** B2
▶ Paris 782 – Carcassonne 19 – Castres 52 – Toulouse 107

Le Puits du Trésor (Jean-Marc Boyer)
21 rte des Quatre Châteaux – ☎ 04 68 77 50 24 – www.lepuitsdutresor.com
– *Fermé 3-18 janv., 28 fév.-15 mars, dim. soir, lundi et mardi*
Rest – *(nombre de couverts limité, prévenir)* Menu 39/72 € – Carte 47/82 €
Spéc. Terrine de foie de canard et anguille fumée, haricots verts mentholés (été). Filets de perche meunière, étuvée d'asperges et condiments au lard (printemps). Chocolat, passion, noisette (automne). **Vins** Corbières, Cabardès.
Rest *L'Auberge* – (14 €) Menu 18/20 €
♦ Village au pied des vestiges du château de Lastours. Cadre chaleureux d'esprit contemporain et recettes personnalisées au restaurant. Ardoise du jour et confort plus simple au bistrot L'Auberge qui propose une petite terrasse. Conserves du chef à emporter.

LATOUR-DE-CAROL – 66 Pyrénées-Orientales – **344** C8 – 386 h.   **22** A3
– alt. 1 260 m – ⊠ 66760

▶ Paris 839 – Ax-les-Thermes 37 – Font-Romeu-Odeillo-Via 21 – Perpignan 110

Auberge Catalane   🔊 📶 **P** 𝘝𝘐𝘚𝘈 ⊙⊚

10 av. Puymorens – ℰ 04 68 04 80 66 – www.auberge-catalane.fr – Fermé 19-27 avril, 8 nov.-7 déc., dim. soir et lundi
10 ch – †43/47 € ††53/57 € – � 8 € – ½ P 55/61 €
Rest – (17 €) Menu 20 € (déj. en sem.)/28 € – Carte 35/52 € le soir
◆ Au cœur de la Cerdagne, auberge familiale "cent pour cent catalane" située en bordure de route, proposant des chambres fonctionnelles et bien rénovées. Salle à manger rustique, véranda ou terrasse pour apprécier une généreuse cuisine régionale actualisée.

LATTES – 34 Hérault – **339** I7 – rattaché à Montpellier

LAUTARET (COL DU) – 05 Hautes-Alpes – **334** G2 – voir à Col du Lautaret

LAUTERBOURG – 67 Bas-Rhin – **315** N3 – 2 191 h. – alt. 115 m – ⊠ 67630   **1** B1

▶ Paris 519 – Haguenau 40 – Karlsruhe 22 – Strasbourg 63

🛈 21, rue de la 1ère Armée ℰ 03 88 94 66 10

XX   **La Poêle d'Or**   🔊 𝖠𝖢 𝘝𝘐𝘚𝘈 ⊙⊚

35 r. Gén.-Mittelhauser – ℰ 03 88 94 84 16 – www.poeledor.com – Fermé mardi soir et merc.
Rest – (16 €) Menu 43/72 € – Carte 34/73 €
◆ Dans cette maison à colombages, on savoure une cuisine actuelle dans une élégante salle (boiseries, plafond à caissons). Véranda et terrasse.

LAUZERTE – 82 Tarn-et-Garonne – **337** C6 – 1 501 h. – alt. 224 m   **28** B1
– ⊠ 82110 ▮ Midi-Toulousain

▶ Paris 614 – Agen 53 – Auch 98 – Cahors 39

🛈 place des Cornières ℰ 05 63 94 61 94

🖸 des Roucous à Sauveterre, E : 16 km par D 34, ℰ 05 63 95 83 70

X   **Du Quercy** avec ch   🔊 🅿 **P** 𝘝𝘐𝘚𝘈 ⊙⊚
⊙⊚

fg d'Auriac – ℰ 05 63 94 66 36 – Fermé vacances de la Toussaint et de fév., dim. soir sauf juil.-août et lundi
9 ch – †40/50 € ††40/50 € – ⊠ 6,50 €
Rest – (11 €) Menu 19/28 € – Carte 28/35 €
◆ Au cœur de la "Tolède du Quercy", maison de pays de la fin du 19e s. coquettement restaurée. La lumineuse salle à manger de style bistrot offre le coup d'œil sur collines et vallons ; plats du terroir. Quelques chambres s'ouvrent sur la vallée.

LAVAL **P** – 53 Mayenne – **310** E6 – 51 233 h. – alt. 65 m – ⊠ 53000   **35** C1
▮ Châteaux de la Loire

▶ Paris 280 – Angers 79 – Le Mans 86 – Rennes 76

🛈 1, allée du Vieux Saint-Louis ℰ 02 43 49 46 46

🖸 de Laval à Changé Le Jariel, N : 8 km par D 104, ℰ 02 43 53 16 03

◉ Vieux château★ Z : charpente★★ du donjon, musée d'Art naïf★, ≤★ des remparts - Vieille ville★ YZ : - Les quais★ ≤★ - Jardin de la Perrine★ Z - Chevet★ de la basilique N.-D. d'Avesnières X - Église N.-D. des Cordeliers★ : retables★★ X - Lactopôle★★.

🏨   **Perier du Bignon** 🍃   🚗 🔊 🛋 🔥 ⚙ 🛜 🏄 **P** 🚭 𝘝𝘐𝘚𝘈 ⊙⊚ 𝖠𝖤

7 r. du Marchis – ℰ 02 43 66 02 02 – www.hotel-perier-du-bignon.com
26 ch – †85/100 € ††95/110 € – 3 suites – ⊠ 12 €   **Z**t
Rest – (14 €) Menu 23/49 € – Carte 43/52 €
◆ Ce bel hôtel particulier du 18e s. (classé) s'élève sur les hauteurs de la ville. Les chambres y sont cosy, raffinées et toutes différentes (plus grandes dans la partie ancienne). Élégants salons classiques et carte traditionnelle ; formule bistrot le midi.

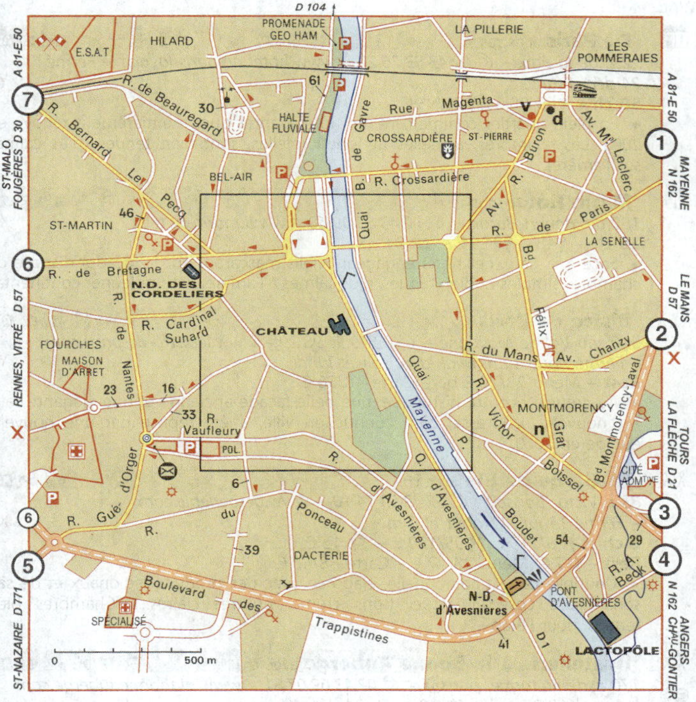

LAVAL

Alègre (Prom. Anne d') . . . . **Z** 3
Avesnières (Q. d') . . . . **Z** 5
Avesnières (R. d') . . . . **Z** 7
Le Basser (Bd F.) . . . . **X** 29
Bourg-Hersent (R.) . . . . **X** 6
Briand (Pont A.) . . . . **Z** 8
Britais (R. du) . . . . **Y** 9
Chapelle (R. de) . . . . **Z** 12
Déportés (R. des) . . . . **Y** 13
Douanier-Rousseau (R.) . . . **Z** 14
Droits de l'homme
   (Parvis des) . . . . **Y** 15
Étaux (R. des) . . . . **X** 16
Gambetta (Quai) . . . . **Y** 17
Gaulle (R. Gén.-de) . . . . . . **Y**
Gavre (Q. B.-de) . . . . **Z** 18
Grande-Rue . . . . **Z** 19
Hardy-de-Lévaré (Pl.) . . . . . **Z** 22
Haut-Rocher (R.) . . . . **X** 23
Jean-Fouquet (Q.) . . . . **Z** 26
Macé (R. J.) . . . . **Z** 30
Messager (R.) . . . . **X** 33
Moulin (Pl. J.) . . . . **Y** 34
Orfèvres (R. des) . . . . **Z** 36
Paix (R. de la) . . . . **Y**
Paradis (R. de) . . . . **Z** 37
Picardie (R. de) . . . . **X** 39
Pin-Doré (R. du) . . . . **Z** 40
Pont-d'Avesnières (Bd d') . **X** 41
Pont-de-Mayenne (R. du) . . **Z** 43
Renaise (R.) . . . . **Y** 44
Résistance (Crs de la) . . . . **Y** 45
St-Martin (R.) . . . . **Z** 46
Serruriers (R. des) . . . . **Y** 47

Solférino (R.) . . . . **Y** 48
Souchu-Servinière (R.) . . . . . **Y** 50
Strasbourg (R. de) . . . . **Y** 52
Tisserands (Bd des) . . . . **X** 54

Trémoille (Pl. de la) . . . . **Z** 28
Trinité (R. de la) . . . . **Z** 55
Val-de-Mayenne (R. du) . . . . **YZ** 60
Vieux-St-Louis (R. du) . . . . . . **X** 61

🏨 **De Paris** sans rest   🖲 ᵹ AC 🛜 🚗 VISA ⓸ AE

22 r. de la Paix – ℰ 02 43 53 76 20 – www.hotel-de-paris-laval.fr – Fermé 24 déc.-4 janv.   **Y**a

50 ch – †65/90 € ††70/95 € – ⏍ 10 €

♦ En plein quartier commerçant, un hôtel d'après-guerre entièrement rénové en 2005. Les chambres, actuelles et fonctionnelles, sont bien tenues (plus calmes sur l'arrière).

🏠 **Marin'Hôtel** sans rest   🖲 🛇 🛜 VISA ⓸

102 av. Robert Buron – ℰ 02 43 53 09 68 – www.marin-hotel.fr   **X**d

25 ch – †48 € ††55 € – ⏍ 9 €

♦ Face à la gare, cet hôtel engageant (jolis mascarons sur la façade) dispose de chambres simples et bien tenues, plus calmes à l'arrière. Petit-déjeuner continental.

XXX **Bistro de Paris**   AC VISA ⓸ AE

67 r. du Val de Mayenne – ℰ 02 43 56 98 29 – www.lebistro-de-paris.com – Fermé août, sam. midi, dim. soir et lundi   **Y**k

Rest – Menu 28/70 € bc – Carte 48/56 €

♦ Au cœur du centre historique, une belle façade ancienne et une élégante salle Art nouveau. L'adresse, bien connue en ville, a été reprise par une nouvelle équipe en 2010.

XX **La Gerbe de Blé** avec ch   🛜 VISA ⓸ AE

83 r. Victor Boissel – ℰ 02 43 53 14 10 – www.gerbedeble.com – Fermé 14 juil.-17 août et dim.   **X**n

8 ch – †78/115 € ††95/120 € – ⏍ 13 €

Rest – (17 €) Menu 28/47 € – Carte 38/46 €

♦ Une jolie carte traditionnelle, élaborée avec des produits régionaux et de saison. Cadre cosy et actuel (tons crème, poutres claires...). Chambres bien tenues, pour l'étape.

XX **Hostellerie à la Bonne Auberge** avec ch   🛇 🛜 P VISA ⓸ AE

🍪 *170 r. de Bretagne, par ⑥ – ℰ 02 43 69 07 81 – www.alabonneauberge.com – Fermé 19-27 mars, 1er-28 août, 24 déc.-1er janv., vend. soir, dim. soir, fériés le soir et sam.*

12 ch – †70/78 € ††80/90 € – ⏍ 10 €

Rest – (14 €) Menu 18/45 € – Carte 32/52 €

♦ On apprécie la goûteuse cuisine traditionnelle de cette Bonne Auberge tapissée de vigne vierge, à l'écart du centre-ville. La salle (avec véranda) est lumineuse. Chambres bien tenues et fonctionnelles, plus calmes à l'arrière.

XX **L'Antiquaire**   VISA ⓸

5 r. des Béliers – ℰ 02 43 53 66 76 – Fermé 5-25 juil., 3-23 janv., sam. midi, dim. soir et lundi   **Y**e

Rest – (17 €) Menu 23/48 € – Carte 30/57 €

♦ Au cœur de la vieille ville, cet Antiquaire se montre plaisant et cosy. Cuisine généreuse et classique, teintée d'un zeste de créativité.

X **Edelweiss**   VISA ⓸ AE

🍪 *99 av. Robert Buron – ℰ 02 43 53 11 00 – www.restaurant-edelweiss.fr – Fermé 18 juil.-16 août, 13 fév.-1er mars, sam. et dim.*   **X**v

Rest – Menu 15/35 € – Carte environ 26 €

♦ À côté de la gare, cet Edelweiss distille un doux parfum, convivial et ethnique (peintures d'une artiste franco-sénégalaise). Plats traditionnels sans esbroufe.

à Argentré 9 km par ② et D 32 – 2 480 h. – alt. 105 m – ✉ 53210

🏠 **Château d'Hauterives** sans rest 🦢   🌿 AC 🛇 🕍 P

– ℰ 06 26 22 49 51 – www.chateau-hauterives.com

4 ch ⏍ – †100/125 € ††150/200 €

♦ Une longue allée mène à ce somptueux château de 1737 : douves, chapelle, parc, jardins à la française, sentiers pédestres... Sobriété, raffinement et classicisme de bon aloi !

LAVALADE – 24 Dordogne – **329** G7 – 101 h. – alt. 190 m – ⊠ 24540   **4** C2

▶ Paris 580 – Bergerac 46 – Bordeaux 144 – Périgueux 94

⌂ **Le Grand Cèdre** sans rest   ◫ ⊐ ⚒ ⚭ 🄿
Le Bourg – ☏ *05 53 22 57 70* – *www.legrandcedre.com* – *Ouvert Pâques-11 nov.*
5 ch ⊐ – †65/80 € ††70/80 €
◆ Cette ancienne dépendance du château de Biron a su préserver son caractère
d'origine. Les chambres sont confortables et spacieuses, et le cèdre du jardin
veille sur les hôtes.

LE LAVANCHER – 74 Haute-Savoie – **328** O5 – **rattaché à Chamonix**

LE LAVANDOU – 83 Var – **340** N7 – 5 780 h. – alt. 1 m – ⊠ 83980   **41** C3
▐ Côte d'Azur

▶ Paris 873 – Cannes 102 – Draguignan 75 – Fréjus 61
🄸 quai Gabriel-Péri, ☏ 04 94 00 40 50
🄶 Ile d'Hyères ★★★.

🄱🄷 **Baptistin** sans rest   ⪡ 📶 ⚹ 🄰🄲 ⚭ 🄿 𝚅𝙸𝚂𝙰 ◎◎
quai Baptistin-Pins – ☏ *04 98 00 44 51* – *www.baptistin-hotel-lavandou.com*
14 ch – †90/140 € ††90/140 € – ⊐ 16 €   **B**b
◆ Face au port, cet hôtel flambant neuf joue la carte de la modernité : décor
design, formes cubiques et équipements de qualité, pour des chambres invitant
au cocooning.

⌂ **Le Rabelais** sans rest   ⪡ 🄰🄲 ⚭ 𝚅𝙸𝚂𝙰 ◎◎
r. Rabelais, (face au vieux port) – ☏ *04 94 71 00 56* – *www.le-rabelais.fr* – *Fermé*
11 nov.-1ᵉʳ janv.   **B**a
21 ch – †50/110 € ††58/125 € – ⊐ 7 €
◆ Petit hôtel très bien tenu, agréablement situé sur le front de mer, abritant
des chambres fraîches et colorées. L'été, petit-déjeuner en terrasse face à l'animation du port.

LE LAVANDOU

Bois-Notre-Dame (R. du) .... **A** 2	Cazin (R. Charles) .... **A** 4	Patron Ravello (R.) .... **B** 10
Bouvet (Bd Gén.-G.) .... **A** 3	Gaulle (Av. Gén.-de) .... **AB**	Péri (Quai Gabriel) .... **B** 12
	Lattre-de-Tassigny (Bd de) ... **A** 7	Port Cros (R.) .... **A** 15
	Martyrs-de-la-Résistance	Port (R. du) .... **B** 13
	(Av. des) .... **A** 8	Vincent-Auriol (Av. Prés.) ... **A** 16

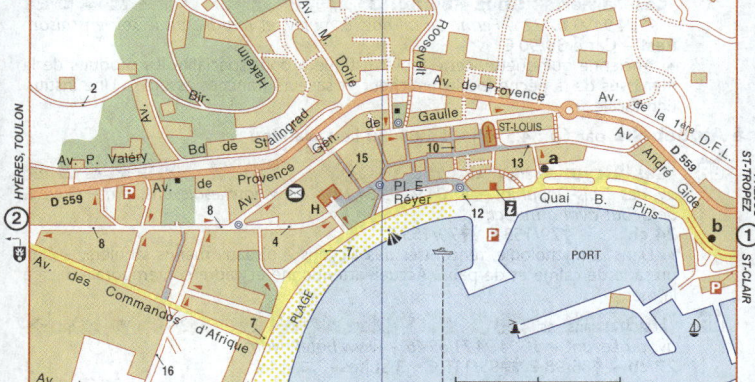

LE ROUSSET

HYÈRES, TOULON

FRÉJUS ST-TROPEZ

ST-CLAIR

PLAGE

PORT

0   200 m

A ↓ LA FAVIÈRE   ↑ ÎLES D'HYÈRES **B**

à St-Clair par ① : 2 km – ✉ 83980 Le Lavandou

🏨 **Roc Hôtel** sans rest ⬡ ≤ ㄩ AC ⬡ ⬡ **P** VISA ⬡
5 bd des Dryades – 𝒞 04 94 01 33 66 – www.roc-hotel.com – Ouvert de
fin mars à mi-oct.
30 ch ⬡ – †78/197 € ††78/197 € – 1 suite
◆ Un hôtel accroché aux rochers, au-dessus de la mer... Les chambres, avec leur
terrasse, sont lumineuses : pour un séjour tonique, choisissez-les face au large !

🏨 **Méditerranée** ⬡ ≤ ⬡ AC ⬡ **P** VISA ⬡ AE
– 𝒞 04 94 01 47 70 – http://perso.wanadoo.fr/hotel-mediterranee/ – Ouvert
30 mars-20 oct.
20 ch – †79/130 € ††79/130 € – ⬡ 9 € – ½ P 73/96 €
Rest – (fermé merc. et le midi) (résidents seult)
◆ Soleil et plaisirs de la Méditerranée au bord de cette plage de sable fin. Chambres contemporaines et fonctionnelles ; optez pour celles regardant la mer.
Ambiance familiale. Décor coquet au restaurant, agréable terrasse ombragée ; cuisine traditionnelle.

🏨 **Belle Vue** ⬡ ≤ ⬡ AC ch. ⬡ ⬡ **P** ⬡ VISA ⬡ AE ⓪
– 𝒞 04 94 00 45 00 – www.bellevue.fr – Ouvert avril-oct.
19 ch ⬡ – †80/90 € ††90/230 € – ½ P 90/150 €
Rest – (ouvert juin-sept. et fermé dim. et le midi) Menu 41/54 € – Carte 41/55 €
◆ À l'écart de l'animation estivale, une villa nichée dans un jardin fleuri (bougain-
villiers, essences locales), dominant la plage de St-Clair. Les chambres sont provençales, en toute simplicité. Magnifiques couchers de soleil sur la côte, à
contempler du restaurant.

🏨 **La Bastide** sans rest ㄩ AC ⬡ **P** VISA ⬡ AE
pl. des Pins Penchés – 𝒞 04 94 01 57 00 – www.hotel-la-bastide.fr
– Ouvert 1er avril-10 nov.
19 ch – †63/121 € ††63/121 € – ⬡ 9 €
◆ Hauts murs blancs, volets colorés, balcons, tuiles romaines et... accueil familial :
esprit méridional non loin de la plage de St-Clair. Simplicité et fraîcheur dans les
chambres.

✗ **Bistr'eau Ryon** ≤ ⬡ ㄩ AC VISA ⬡
bd des Dryades – 𝒞 04 94 15 26 97 – www.bistreauryon.com – Fermé nov., janv.,
le midi en juil.-août, dim. soir et lundi sauf juil.-août
Rest – Menu 24 € – Carte 36/48 €
◆ Un joli bistr'eau contemporain, avec une appétissante terrasse face à la plage...
Salade de pois gourmands et blancs de volaille ; dorade en croûte de tapenade :
cuisine du marché fine et savoureuse !

✗ **Les Tamaris "Chez Raymond"** ⬡ AC VISA ⬡ AE
– 𝒞 04 94 71 07 22 – Fermé de mi-nov. à mi-fév. et mardi sauf le soir en saison
Rest – Carte 30/90 €
◆ Ancienne guinguette, cette table rustique a pour spécialité les produits de la
mer issus de la pêche locale. Fraîcheur et saveurs franches assurées. Une institu-
tion locale.

à Aiguebelle par ① : 4,5 km – ✉ 83980 Le Lavandou

🏨 **Les Alcyons** sans rest AC ⬡ **P** **P** VISA ⬡ AE ⓪
av. des Trois-Dauphins – 𝒞 04 94 05 84 18 – www.hotellesalcyons.com – Ouvert
de début avril à mi-oct.
24 ch ⬡ – †79/155 € ††79/155 €
◆ Dans la mythologie, rencontrer des alcyons – oiseaux marins fabuleux – était
présage de calme et de paix... Accueil attentionné et cadre contemporain, face à
la mer.

🏨 **Hydra** sans rest ⬡ ⬡ ㄩ AC ⬡ ⬡ **P** ⬡ VISA ⬡ AE ⓪
av. du Levant – 𝒞 04 94 71 65 46 – www.hotel-hydra.fr
27 ch – †86/98 € ††95/115 € – 3 suites – ⬡ 14 €
◆ De l'île grecque qui lui a donné son nom, cet hôtel moderne a hérité la luminosité. Chambres confortables et vastes suites familiales. Passage souterrain avec
accès direct à la mer.

Beau Soleil
av. des Trois Dauphins – ✆ 04 94 05 84 55 – *www.hotel-lavandou.com*
– *Ouvert avril-oct.*
15 ch – †52/127 € ††65/164 € – �).com 7 € – ½ P 61/82 €
Rest – (15 €) Menu 30/38 € – Carte 32/43 €

♦ Aiguebelle ("belle eau") et beau soleil : l'essentiel pour des vacances réussies !
Profitez ici de chambres confortables (balcons) et bien tenues : le patron est un
excellent bricoleur. Formule snack à midi, spécialités locales le soir ; terrasse sous
les platanes.

Le Sub
av. des Trois-Dauphins – ✆ 04 94 05 76 98
– *Fermé 2 janv.-9 fév., le midi du 15 juin au 15 sept., dim. soir, mardi midi
et lundi du 15 sept. au 15 juin*
Rest – Menu 45 € (déj. en sem.)/63 €
Spéc. Menu du marché.

♦ Une vraie bonbonnière au charme suranné ! On y déguste une cuisine délicieusement classique, généreuse et très parfumée. Le menu unique change chaque
semaine, au gré du marché…

LAVANNES – 51 Marne – **306** H7 – 549 h. – alt. 100 m – ✉ 51110   **13** B2
▶ Paris 161 – Châlons-en-Champagne 56 – Épernay 43 – Reims 14

La Closerie des Sacres *sans rest* ⌂
7 r. Chefossez – ✆ 03 26 02 05 05 – *www.closerie-des-sacres.com*
3 ch ☲ – †78 € ††94 €

♦ Chambres d'hôtes aménagées avec goût dans les écuries d'une ancienne
ferme. Meubles anciens ou en fer forgé et tissus choisis. Petit-déjeuner servi
devant une cheminée en pierre.

LAVARDIN – 41 Loir-et-Cher – **318** C5 – **rattaché à Montoire-sur-le-Loir**

LAVAUDIEU – 43 Haute-Loire – **331** C2 – 227 h. – alt. 465 m – ✉ 43100   **6** C3
▮ Auvergne

▶ Paris 488 – Brioude 11 – Clermont-Ferrand 78 – Le Puy-en-Velay 56
◉ Fresques★ de l'église abbatiale - Cloître★ - Carrefour du vitrail★.

Le Colombier *sans rest* ⌂
rte des Fontannes – ✆ 04 71 76 09 86 – *www.lecolombier-lavaudieu.com*
– *Ouvert 1er mai-30 sept.*
4 ch ☲ – †60 € ††70 €

♦ Chambres à thèmes – Velay, Afrique (lit à baldaquin en bambou), Maroc (fer
forgé) – aménagées dans une maison moderne en pierre. Vieux pigeonnier, jardin
et belle vue rurale.

Auberge de l'Abbaye
– ✆ 04 71 76 44 44 – *http://lavaudieu.free.fr* – *Fermé 15 nov.-15 mars, dim. soir,
lundi et mardi*
Rest – Menu 20/29 €

♦ Cette auberge, voisine de l'abbaye, décline le style rustique dans un esprit
actuel. Ici, la convivialité s'impose autour d'une cuisine régionale à base de produits du marché.

Court La Vigne
– ✆ 04 71 76 45 79 – *Fermé déc., janv., mardi sauf juil.-août et merc.*
Rest – *(nombre de couverts limité, prévenir)* Menu 23 €
– Carte environ 30 €

♦ Charmante bergerie (15e s.) voisinant avec un cloître médiéval. Ameublement
plaisant, bar au coin de la cheminée, galerie d'art et cour agréable. Table du marché axée terroir.

LES LAVAULTS – 89 Yonne – **319** H8 – **rattaché à Quarré-les-Tombes**

LAVAUR – 81 Tarn – **338** C8 – 9 860 h. – alt. 140 m – ⊠ 81500   **29** C2
🟩 Midi-Toulousain

▶ Paris 682 – Albi 51 – Castelnaudary 56 – Castres 40

🄳 Tour des Rondes ℰ 05 63 58 02 00

🔟 des Étangs de Fiac à Fiac Brazis, E : 11 km par D 112, ℰ 05 70 70 64 70

◉ Cathédrale St-Alain ★.

Ibis sans rest   🚗 🛗 ᰔ 🄰🄺 ᕯ 🄿 𝘷𝘪𝘴𝘢 ⚫ 🄰🄴 ⓪
1 av. G. Pompidou – ℰ 05 63 83 08 08 – www.ibishotel.com
58 ch – ♦52/80 € ♦♦52/80 € – ⊊ 8 €
◆ Dans un quartier résidentiel, cet hôtel propose de grandes chambres claires et fonctionnelles, toutes climatisées. Agréable petit jardin et terrasse fleurie avec fontaine.

à Giroussens 10 km au Nord-Ouest par D 87 et D 38 – 1 264 h. – ⊠ 81500

XX **L'Échauguette**   ᗒ 🛋 ᰔ 🄰🄺 ᕯ 𝘷𝘪𝘴𝘢 ⚫ 🄰🄴
pl. de la Mairie – ℰ 05 63 41 63 65 – Fermé 22 déc.-3 janv., jeudi soir de sept.
à juin, dim. soir et lundi
Rest – Menu 17 € (déj. en sem.), 29/65 € – Carte 50/80 €
◆ Une belle demeure des 13e-19e s. La salle à manger, décorée d'œuvres signées par des artistes locaux, offre une vue magnifique sur la vallée de l'Agoût. Cuisine actuelle.

LAVELANET – 09 Ariège – **343** J7 – 6 769 h. – alt. 512 m – ⊠ 09300   **29** C3
▶ Paris 784 – Carcassonne 71 – Castelnaudary 53 – Foix 28
🄳 Maison de Lavelanet - place Henri-Dunant ℰ 05 61 01 22 20

à Nalzen Ouest : 6 km sur D 117 – 135 h. – alt. 632 m – ⊠ 09300

X **Les Sapins**   ᗒ 🄿 𝘷𝘪𝘴𝘢 ⚫
Conte – ℰ 05 61 03 03 85 – www.restaurantlessapins.com – Fermé 15-30 nov.,
12-23 janv., dim. soir, lundi et mardi sauf fériés
Rest – Menu 16 € bc (déj. en sem.), 22/37 € – Carte 30/54 €
◆ Maison aux allures de chalet posée au pied d'une forêt de sapins. Dans un sobre intérieur rustique, vous apprécierez la simplicité d'une bonne cuisine traditionnelle.

à Montségur Sud : 13 km par D 109 et D 9 – 109 h. – alt. 900 m – ⊠ 09300

🄳 Village ℰ 05 61 03 03 03

X **Costes** avec ch ᗒ   ᗒ ᕯ 𝘷𝘪𝘴𝘢 ⚫
– ℰ 05 61 01 10 24 – www.chez-costes.com
13 ch – ♦40/125 € ♦♦40/125 € – ⊊ 8 €
Rest – (15 €) Menu 18/35 € – Carte environ 36 €
◆ Une auberge sympathique où dominent la pierre et le bois. Cuisine régionale mitonnée avec les produits bio des fermes des montagnes ; civets, confits, magrets selon les saisons. Chambres confortables et équipées de salles de bains balnéo avec jacuzzi.

LAVENTIE – 62 Pas-de-Calais – **301** J4 – 4 700 h. – alt. 18 m – ⊠ 62840   **30** B2
▶ Paris 229 – Armentières 13 – Arras 45 – Béthune 18

XX **Le Cerisier** (Éric Delerue)   𝘷𝘪𝘴𝘢 ⚫ 🄰🄴
3 r. de la Gare – ℰ 03 21 27 60 59 – www.lecerisier.com – Fermé 1 sem. en fév.,
dim. soir, sam. midi et lundi
Rest – Menu 26 € (déj. en sem.), 58/72 € – Carte 70/117 €
Spéc. Escalope de foie gras proposée de différentes façons. Saint-Jacques aux champignons, risotto à la truffe blanche (saison). Gratin de fraises gariguettes au poivre de Séchuan, sorbet aux baies roses (saison).
◆ Cette maison bourgeoise en brique rouge, typiquement régionale, est bien plaisante. La cuisine est fine et ose les variations de saison ("Balade", "Promenade du pêcheur"...).

LAVOUX – 86 Vienne – **322** J5 – rattaché à Poitiers

LAYE – 05 Hautes-Alpes – **334** E5 – rattaché à Col Bayard

LES LECQUES – 83 Var – **340** J6 – rattaché à St-Cyr-sur-Mer

LECTOURE – 32 Gers – **336** F6 – 3 797 h. – alt. 155 m – ✉ 32700 **28** B2
🟩 Midi-Toulousain

> ▶ Paris 708 – Agen 39 – Auch 35 – Condom 26
> 🛈 place du Général-de-Gaulle ✆ 05 62 68 76 98
> 🔲 Site★ – Promenade du bastion ‹≼★ - Musée municipal★.

🏨 **De Bastard** ⬙ 　　　🛋 🕌 ☒ ⑪ 🛎 🚗 VISA ◑◐
r. Lagrange – ✆ 05 62 68 82 44 – www.hotel-de-bastard.com – Fermé 20 déc.-1er fév.
28 ch – ♦50/85 € ♦♦50/85 € – 2 suites – ☲ 11 € – ½ P 60/80 €
Rest – (fermé dim. soir, mardi midi et lundi) (17 €) Menu 29/45 €🕮
♦ En plein centre de la cité gersoise, bel hôtel particulier du 18e s. abritant des chambres coquettes ; celles du 2e étage sont mansardées. Bar cosy. Plats du terroir et de poisson proposés dans trois salons cossus (meubles Louis XVI) ou sur la terrasse.

✗ **L'Auberge des Bouviers** 　　　　　🔄 VISA ◑◐
🍴 8 r. Montebello – ✆ 05 62 68 95 13 – www.auberge-des-bouviers.com
– Fermé 10-22 janv., sam. midi, dim. soir et lundi
Rest – (14 €) Menu 19/32 € – Carte 30/48 €
♦ Chaleureux restaurant installé dans une demeure du 17e s. qui a conservé ses pierres et poutres apparentes. Cuisine traditionnelle.

LEGÉ – 44 Loire-Atlantique – **316** G6 – 3 968 h. – alt. 56 m – ✉ 44650 **34** B3
> ▶ Paris 424 – Nantes 44 – La Roche-sur-Yon 32
> 🛈 8, rue de la Chaussée ✆ 02 40 26 30 49

🏠 **Villa des Forges** sans rest ⬙ 　　　🛋 ⅄ ℀ ⑪ 🚠 P VISA ◑◐
Les Forges – ✆ 02 40 26 36 58 – www.villadesforges.com – Fermé 26 fév.-13 mars
5 ch ☲ – ♦65/75 € ♦♦75/85 €
♦ Alliance des vieilles pierres et du design le plus contemporain, en ce corps de ferme du 18e s. rénové par son propriétaire architecte. Beaux espaces, jacuzzi, étang et prés...

LEMBACH – 67 Bas-Rhin – **315** K2 – 1 724 h. – alt. 190 m – ✉ 67510 **1** B1
🟩 Alsace Lorraine

> ▶ Paris 470 – Bitche 32 – Haguenau 25 – Strasbourg 58
> 🛈 23, route de Bitche ✆ 03 88 94 43 16
> 🟩 Château de Fleckenstein★NO : 7 km.

🏠 **Au Heimbach** sans rest 　　　　　🔁 ⑪ P VISA ◑◐
15 rte de Wissembourg – ✆ 03 88 94 43 46 – www.hotel-au-heimbach.fr
18 ch – ♦50 € ♦♦60/75 € – ☲ 10 €
♦ Au cœur du village, repos et réconfort dans des chambres simples, douillettes et rustiques. Copieux petit-déjeuner ; accueil convivial.

✗✗✗✗ **Auberge du Cheval Blanc** (Pascal Bastian) avec ch 　🛋 🕌 ⅄ ch, 🚠
❀ 4 rte de Wissembourg – ✆ 03 88 94 41 86 　　　　　 P VISA ◑◐
– www.au-cheval-blanc.fr – Fermé 20 juin-8 juil. et 10 janv.-4 fév.
13 ch – ♦105/250 € ♦♦105/250 € – ☲ 14 €
Rest – (fermé vend. midi, lundi et mardi) Menu 45/95 € – Carte 65/89 €🕮
Spéc. Cannelloni de foie gras poêlé, champignons des bois, émulsion de truffe noire. Poitrine de pigeon rôtie, cuisse en tempura (mai à oct.). Sablé breton, mousse légère à la verveine et sorbet framboise (mai à sept.). **Vins** Pinot gris, Pinot noir.
Rest *D'Rössel Stub* – ✆ 03 88 94 29 02 – (15 €) Menu 26/35 € – Carte 25/51 €
♦ Cossu et épuré, tout en conservant son charme typiquement alsacien... un ancien relais de poste du 18e s. très raffiné ! Carte fidèle aux grands classiques et plats inventifs. Luxueuses junior suites contemporaines (minispa). Au D'Rössel Stub, boiseries et recettes du terroir ; belles chambres traditionnelles à l'étage.

à Gimbelhof Nord : 10 km par D 3, D 925 et rte forestière – ✉ 67510 Lembach

✗ **Gimbelhof** avec ch ⬙ 　　　　 ≼ 🛖 & rest, P VISA ◑◐
🍴 – ✆ 03 88 94 43 58 – www.gimbelhof.com – Fermé vacances de fév.
7 ch – ♦41 € ♦♦50/67 € – ☲ 7 € – ½ P 48/55 €
Rest – (fermé lundi et mardi) Menu 12 € (sem.), 23/35 € bc – Carte 19/40 €
♦ Cette auberge forestière du "pays des trois frontières", au cœur du massif vosgien, séduira les amoureux de la nature. Ambiance rustique ; cuisine régionale. Pour l'étape, chambres simples et agréables, très bien tenues.

LEMPDES – 63 Puy-de-Dôme – **326** G8 – 8 374 h. – alt. 330 m – ⊠ 63370   **5** B2

▶ Paris 420 – Clermont-Ferrand 11 – Issoire 36 – Thiers 36

Sébastien Perrier   AC VISA ⊙⊙

6 r. Caire – *☎* 04 73 61 74 71 – www.sebastienperrier.fr – *Fermé août, 1-7 janv., merc. soir, dim. soir et lundi*
Rest – Menu 18 € (déj.), 28/60 € – Carte 40/54 €

◆ Sur la place du village, un restaurant chaleureux et contemporain (murs gris, fauteuils club rouges, vaisselle design). Cuisine actuelle, avec une pointe de créativité.

LENS ⊕ – 62 Pas-de-Calais – **301** J5 – 35 583 h. – Agglo. 323 174 h.   **30** B2
– alt. 38 m – ⊠ 62300 ▮ Nord Pas-de-Calais Picardie

▶ Paris 199 – Arras 18 – Béthune 19 – Douai 24

🛈 26, rue de la Paix *☎* 03 21 67 66 66

Lensotel   🚗 🈂 🛁 📶 🕼 P VISA ⊙⊙ AE ⓪

centre commercial Lens 2, 4 km par ⑤ ⊠ 62880 – *☎* 03 21 79 36 36
– www.lensotel.com
70 ch – †74/84 € ††84/94 € – 🖵 11 € – ½ P 67/72 €
Rest – Menu 20/35 € – Carte 29/59 €

◆ Îlot hôtelier de style provençal au cœur d'une zone commerciale. Plaisantes chambres actuelles, toutes de plain-pied : réservez de préférence côté jardin. Salle à manger dotée d'une cheminée et d'une véranda tournée vers la piscine. Plats traditionnels.

LENS

Anatole-France (R.)	**BXY** 2	Freycinet (R. Louis-de)	**CX** 12
Basly (Bd Émile)	**ABY**	Gare (R. de la)	**BCY**
Berthelot (R. Marcelin)	**BY** 3	Gauthier (R. François)	**BY** 13
Combes (R. Émile)	**CX** 4	Havre (R. du)	**BY** 14
Decrombecque		Hospice (R. de l')	**CY** 15
(R. Guilsain)	**BXY** 6	Huleux (R. François)	**BXY** 16
Diderot (R. Denis)	**BX** 7	Jean-Jaurès (Pl.)	**BY** 18
Faidherbe (R. Louis)	**BY** 8	Jean-Moulin (R.)	**BX** 19
Flament (R. Étienne)	**BX** 10	Lamendin (R. Arthur)	**CXY** 20
		Lanoy (R. René)	**BXY** 21
		Leclerc (R. du Mar.)	**BY** 22
		Paix (R. de la)	**BY** 23
Paris (R. de)	**BY** 24	Reumaux (Av. Elie)	**ABX** 29
Pasteur (R. Louis)	**BX** 25	Sorriaux (R. Uriane)	**BCX** 30
Pourquoi Pas (R. du)	**ABX** 26	Varsovie (Av. de)	**CY** 31
Pressense (R. Francis-de)	**CX** 27	Wetz (R. du)	**BX** 32
République (Pl. de la)	**BY** 28	8-Mai-1945 (R.)	**CY** 33
		11-Novembre (R. du)	**ABX** 36

828

✗✗ **L'Arcadie II** 🛜 ⟷ VISA 🆗 AE
⊖ 13 r. Decrombecque – ℰ 03 21 70 32 22 – www.restaurant-arcadie2.fr
– Fermé 19 fév.-6 mars, sam. midi, mardi soir, merc. soir, dim. soir
et lundi BYr
Rest – Menu 17 € (déj. en sem.), 33 € bc/50 € – Carte 45/55 €
♦ En plein centre-ville, ce restaurant élégant (tableaux colorés, grands chande-
liers en argent) accueille les gourmets amateurs d'une cuisine classique soignée.

LÉON – 40 Landes – **335** D11 – 1 665 h. – alt. 9 m – ⊠ 40550 **3** B2
▶ Paris 724 – Castets 14 – Dax 30 – Mont-de-Marsan 75
🖪 65, place Jean Baptiste Courtiau ℰ 05 58 48 76 03
🟦 de Moliets à Moliets-et-Maa Côte d'Argent - Club House, SO : 8 km par
D 652 puis D 117, ℰ 05 58 48 54 65
🟢 Courant d'Huchet★ en barque NO : 1,5 km ▐ Aquitaine

🏠 **Hôtel du Lac** sans rest ⬩ ≤ 🛜 VISA 🆗
2 r. des Berges du Lac – ℰ 05 58 48 73 11 – www.hoteldulac-leon.com – Ouvert
de fin avril à fin sept.
14 ch – †55/65 € ††55/65 € – ⊒ 7 €
♦ Les chambres, simples mais soignées, donnent pour la plupart sur le lac. Petits-
déjeuners servis sous la véranda ou, en été, sur la terrasse au bord de l'eau.

✗ **Ô Mille et Une Pâtes** 🛜 ⅋ AC VISA 🆗
108 av. du Marensin – ℰ 05 58 49 24 21
– Fermé 1er janv.-14 fév., mardi et merc.
Rest – Menu 30 € – Carte 30/60 €
♦ Un emplacement improbable, dans une zone commerciale, et un décor façon bis-
trot. Outre les pâtes, la carte fait la part belle aux poissons et aux viandes à la plancha.

LESPERON – 40 Landes – **335** E11 – 968 h. – alt. 75 m – ⊠ 40260 **3** B2
▶ Paris 702 – Bordeaux 123 – Mont-de-Marsan 85 – Pau 141

🏠 **Escalandes** 🛜 ⅋ 🅿 VISA 🆗 AE
⊖ 35 r. du Commerce – ℰ 05 58 89 61 45 – www.hotel-escalandes.com – Fermé
sam. et dim. d'oct. à mars
10 ch – †45/58 € ††45/58 € – ⊒ 8 € – ½ P 50/60 €
Rest – (11 €) Menu 18/36 € – Carte 27/46 €
♦ Une architecture landaise typique, avec ses colombages et sa glycine. Dans
les chambres, un réel effort de décoration a été fait, en toute simplicité.
Ambiance campagne d'aujourd'hui au restaurant, pour une cuisine traditionnelle
simple et efficace.

LESPIGNAN – 34 Hérault – **339** E9 – 3 044 h. – alt. 61 m – ⊠ 34710 **22** B2
▶ Paris 769 – Béziers 11 – Capestang 20 – Montpellier 78

✗✗ **Hostellerie du Château** 🛜 AC VISA 🆗
4 r. Figuiers – ℰ 04 67 37 67 71
– Fermé mardi sauf le soir en juil.-août et lundi
Rest – Menu 28/42 € – Carte 35/50 €
♦ Au cœur du village, château dont la salle à manger se distingue par son décor
contemporain. Cuisine actuelle. La terrasse offre une vue imprenable sur les villages alentour.

LESPONNE – 65 Hautes-Pyrénées – **342** M4 – rattaché à Bagnères-de-Bigorre

---

LESTELLE-BÉTHARRAM – 64 Pyrénées-Atlantiques – **342** K6 – 802 h. **3** B3
– alt. 299 m – ⊠ 64800 ▐ Aquitaine
▶ Paris 801 – Laruns 35 – Lourdes 17 – Nay 8
🖪 Mairie ℰ 05 59 61 93 59
🟢 Grottes★ de Bétharram S : 5 km.

Le Vieux Logis 🐾   ≤ 🐾 🏡 ⌃ 🖳 ⚂ ⅏ ch, 🏲 🔏 **P** **VISA** ⚫ **AE** ⓪
2 km rte des Grottes de Bétharram par D 937
– 𝒞 05 59 71 94 87 – www.hotel-levieuxlogis.com
– *Fermé 1er-7 nov., 21 déc.-3 janv., 1er-25 fév., dim. soir et lundi hors saison*
34 ch – ♦55/83 € ♦♦58/83 € – ⌑ 12 € – ½ P 64/77 €
Rest – *(fermé lundi midi)* (17 € bc) Menu 25/35 € – Carte 35/58 €
♦ Chambres fonctionnelles dans le corps de cette ancienne ferme des années 1800. Bungalows rustiques disséminés dans l'agréable parc, proche des grottes de Bétharram. Au restaurant, cheminée d'époque et cuisine régionale simple.

LEUCATE – 11 Aude – **344** J5 – 3 435 h. – alt. 21 m – ⌧ 11370   **22** B3
🟩 Languedoc Roussillon

▶ Paris 821 – Carcassonne 88 – Narbonne 38 – Perpignan 35
🛈 Espace Culturel 𝒞 04 68 40 91 31
◉ ≤ ★ du sémaphore du Cap E : 2 km.

Jardin des Filoche   🏡 🍴 **VISA** ⚫
64 av. Jean Jaurès – 𝒞 04 68 40 01 12 – Fermé de déc. à fév., le midi sauf dim., dim. soir et mardi du 1er oct. au 31 mars et lundi
Rest – Menu 27/31 €
♦ Le jardin clos et la terrasse ombragée par de multiples essences protègent du bruit ce plaisant restaurant. Carte traditionnelle et vue sur les cuisines pour les curieux.

à Port-Leucate Sud : 7 km par D 627 – ⌧ 11370 Leucate

🛈 rue Dour 𝒞 04 68 40 91 31

Des Deux Golfs sans rest   🖳 **P** **VISA** ⚫ ⓪
sur le port – 𝒞 04 68 40 99 42 – www.hoteldes2golfs.com – Ouvert mars-nov.
30 ch – ♦37/49 € ♦♦49/65 € – ⌑ 7 €
♦ Dans la marina bâtie entre lac et mer, construction moderne aux chambres simples et fonctionnelles, pourvues de petites loggias donnant majoritairement sur le port de plaisance.

LEUTENHEIM – 67 Bas-Rhin – **315** M3 – 838 h. – alt. 119 m – ⌧ 67480   **1** B1
▶ Paris 501 – Haguenau 22 – Karlsruhe 46 – Strasbourg 45

Auberge Au Vieux Couvent   🏡 **P** **VISA** ⚫
à Koenigsbruck, 4 km au Nord par D 163 – 𝒞 03 88 86 39 86 – Fermé 2-9 mars, 22 août-5 sept., lundi et mardi
Rest – (9 €) Menu 28/37 € – Carte 21/42 €
♦ Au cœur de la forêt, une maison à colombages (fin du 17e s.) simple et rustique. Carte actuelle et copieuse revisitant les spécialités régionales.

LEVALLOIS-PERRET – 92 Hauts-de-Seine – **311** J2 – **101** 15 – voir à Paris, Environs

---

LEVERNOIS – 21 Côte-d'Or – **320** J8 – rattaché à Beaune

LEVIE – 2A Corse-du-Sud – **345** D9 – voir à Corse

LEYNES – 71 Saône-et-Loire – **320** I12 – 487 h. – alt. 340 m – ⌧ 71570   **8** C3
▶ Paris 402 – Bourg-en-Bresse 51 – Charolles 58 – Mâcon 15

Le Fin Bec   **VISA** ⚫
pl. de la Mairie
– 𝒞 03 85 35 11 77 – www.lefinbec.com
– *Fermé 15-30 nov., 1er-25 janv., jeudi soir, dim. soir et lundi*
Rest – Menu 12/40 € – Carte 29/61 €
♦ Ne vous fiez pas à l'humble décor de cette bâtisse massive, car on s'y régale d'une cuisine traditionnelle de bonne facture. Prix raisonnables et accueil charmant.

LÉZIGNAN-CORBIÈRES – 11 Aude – **344** H3 – 9 465 h. – alt. 51 m — ✉ 11200   **22** B3

▶ Paris 804 – Carcassonne 39 – Narbonne 22 – Perpignan 85

🖪 9, cours de la République ✆ 04 68 27 05 42

Le Mas de Gaujac   🛜 🕭 AC ⁽¹⁾ ⁆⃗ 🅿 VISA ⚫⚫ AE

r. Gustave Eiffel, Z. I. Gaujac vers accès A61 – ✆ 04 68 58 16 90
– www.masdegaujac.fr – Fermé 20-26 déc.
21 ch – †75 € ††75 € – � 10 €   **Rest** – Menu 16/35 € – Carte 23/39 €
◆ Bâtisse récente de couleur ocre située en lisière d'une zone commerciale. Les chambres simples, fraîches et avant tout pratiques, conviennent pour l'étape. Salle à manger contemporaine aux tons chaleureux et cuisine traditionnelle.

LEZOUX – 63 Puy-de-Dôme – **326** H8 – 5 434 h. – alt. 340 m – ✉ 63190   **6** C2
🟩 Auvergne

▶ Paris 434 – Clermont-Ferrand 33 – Issoire 43 – Riom 38

🖪 rue Pasteur ✆ 04 73 73 01 00

Les Voyageurs avec ch   ⁽¹⁾ VISA ⚫⚫

2 pl. de la Mairie – ✆ 04 73 73 10 49 – Fermé 13 août-4 sept., 24 déc.-3 janv.
10 ch – †45 € ††54 € – ⊷ 8 €
Rest – Menu 14 € (déj. en sem.), 17/42 € – Carte 30/40 €
◆ Dans une bâtisse des années 1960 faisant face à la mairie, sympathique adresse familiale. Aux fourneaux, la patronne concocte une cuisine traditionnelle à prix doux (grande salle assez colorée). Chambres bien tenues, en partie relookées dans un esprit contemporain.

à Bort-l'Étang 8 km au Sud-Est par D 223 et D 309 – 521 h. – alt. 420 m – ✉ 63190

👁 ❄ ★ de la terrasse du château ★ à Ravel O : 5 km.

Château de Codignat 🦋   ⇐ 🅿 🛜 ⁆🗙 AC ch, ⁽¹⁾ ⁆⃗ 🅿 VISA ⚫⚫ AE ①

Ouest : 1 km – ✆ 04 73 68 43 03 – www.codignat.com – Ouvert 20 mars-1ᵉʳ nov.
15 ch – †225/390 € ††225/390 € – 4 suites – ⊷ 25 € – ½ P 195/375 €
Rest – (fermé le midi du lundi au vend. sauf fériés) (nombre de couverts limité, prévenir) Menu 57/100 € – Carte 95/110 €
Spéc. Saint-Jacques et asperges vertes en tartare, tuile et vinaigrette noisette (mars-avril). Lotte rôtie, risotto citrons confits, salicornes, fumet au lait de coco (juil.-août). Pêches, olives confites et infusion de thym, revisitées en vacherin (juil.-août). **Vins** Saint-Pourçain, Côtes d'Auvergne.
◆ Joli château du 15ᵉ s. et son superbe parc. Les chambres, raffinées, évoquent pour la plupart un personnage historique : Louis XI, Jacques Cœur, Barbe-Bleue... Au restaurant, le chef réalise une cuisine actuelle marquée par le jeu subtil des saveurs.

à l'Ouest 5 km par N 89 ✉63190 Seychalles

Chante Bise   🛜 🕭 🅿 VISA ⚫⚫

à Courcourt – ✆ 04 73 62 91 41 – Fermé 16 août-6 sept., 27 fév.-14 mars, dim. soir, merc. soir et lundi sauf fériés
Rest – (11 €) Menu 20/37 € – Carte 30/49 €
◆ Ambiance conviviale et familiale en ce restaurant agrémenté de pierres apparentes et de boiseries. Les menus, traditionnels, évoluent avec les saisons. Terrasse ombragée.

LIBOURNE ⊗ – 33 Gironde – **335** J5 – 23 296 h. – alt. 7 m – ✉ 33500   **3** B1
🟩 Aquitaine

▶ Paris 576 – Agen 129 – Bergerac 64 – Bordeaux 30

🖪 45, allée Robert Boulin ✆ 05 57 51 15 04

🖼 de Teynac à Beychac-et-Caillau Domaine de Teynac, par rte de Bordeaux et D 1089 : 15 km, ✆ 05 56 72 85 62

🖼 de Bordeaux Cameyrac à Saint-Sulpice-et-Cameyrac, par rte de Bordeaux et D1089 : 16 km, ✆ 05 56 72 96 79

Plan page suivante

LIBOURNE

Amade (Q. du Gén.-d') . . . . . AZ 4
Clemenceau (Av. G.). . . . . . BY 5
Decazes (Pl.) . . . . BY 6
Ferry (R. J.) . . . . AZ 7
Foch (Av. du Mar.). . . . . BY 8
Gambetta (R.) . . . . ABY
Jean-Jaurès (R.) . . . . ABZ
J.-J.-Rousseau (R.). . . . . . . ABZ 10
Lattre-de-Tassigny
(Pl. du Mar.-de) . . . . AZ 14
Montaigne (R. M.) . . . . BZ 21
Montesquieu (R.) . . . . BY 23
Prés.-Carnot (R. du) . . . . . ABY
Prés.-Doumer (R. du) . . . . . ABY 28
Prés.-Wilson (R. du) . . . . BY 29
Princeteau (Pl.) . . . . ABY 30
Salinières (Quai des). . . . . . . AY 35
Surchamp (Pl. A.) . . . . AZ
Thiers (R.) . . . . AZ
Waldeck-Rousseau
(R.) . . . . AY 45

Mercure sans rest
3 quai Souchet
– *✆ 05 57 25 64 18*
– *www.mercure.com* AYt
81 ch – †74/119 € ††84/129 € – 3 suites – ☕ 14 €
◆ Sur les quais de la Dordogne, bâtiment neuf décoré selon un esprit contemporain, uniformisé dans les chambres. Trois suites ; salle de séminaire ; bar à vins (le soir seulement).

De France sans rest
7 r. Chanzy
– *✆ 05 57 51 01 66*
– *www.hoteldefrancelibourne.com* BYa
19 ch – †65/145 € ††70/145 € – ☕ 11 €
◆ Le décor de ce relais de poste entièrement rénové est un habile mélange de tradition et de modernité (tons chauds, mobilier actuel). Chambres à choisir parmi trois catégories.

XX **Chez Servais**   🏠 AK ⇔ VISA ◑ AE
🦀
14 pl. Decazes – ℰ 05 57 51 83 97
– Fermé 1ᵉʳ-7 mai, 14-30 août, dim. soir et lundi   BYn
Rest – (19 €) Menu 27/39 €
◆ Accueil charmant, ambiance décontractée, cuisine dans l'air du temps et inté-
rieur lumineux sont les atouts de ce restaurant situé au cœur de la bastide.

XX **Bord d'Eau**   ⇐ AK P VISA ◑
🦀
par ⑤ : 1,5 km – ℰ 05 57 51 99 91
– Fermé 20-27 sept., 16-30 nov., 15 fév.-2 mars, merc. soir, dim. soir et lundi
Rest – Menu 19 € (sem.), 32/47 € – Carte 35/45 €
◆ Le temps d'un repas, on profite de la vue sur la Dordogne, unique depuis cette
construction sur pilotis. Exposition de peintures et de photos. Carte évoluant au
gré du marché.

à La Rivière 6 km à l'Ouest par⑤ – 326 h. – alt. 6 m – ⊠ 33126

🏠 **Château de La Rivière** sans rest   ⇐ 🍂 🌊 🌿 📶 P VISA ◑ AE
par D 670 – ℰ 05 57 55 56 51 – www.vignobles-gregoire.com – Ouvert de mars
à oct.
5 ch ⊑ – ♦120/180 € ♦♦140/200 €
◆ Dans l'aile Renaissance du château, restaurée par Viollet-le-Duc, chambres
mêlant style ancien et confort actuel. Le plus : la visite des caves souterraines
d'une surface de 4 ha.

LIÈPVRE – 68 Haut-Rhin – **315** H7 – 1 747 h. – alt. 272 m – ⊠ 68660   **2** C1
▶ Paris 428 – Colmar 35 – Ribeauvillé 27 – St-Dié 31

à La Vancelle (Bas-Rhin) Nord-Est : 2,5 km par D 167 – 407 h. – alt. 400 m
– ⊠ 67730

XX **Auberge Frankenbourg** (Sébastien Buecher) avec ch 🦢   🍴 🏠 �
🦀
13 r. Gén.de Gaulle – ℰ 03 88 57 93 90   AK rest, ♔ 🏊 VISA ◑ AE
– www.frankenbourg.com – Fermé 28 juin-8 juil., 9-12 nov., 15 fév.-11 mars
11 ch – ♦52 € ♦♦60 € – ⊑ 12 € – ½ P 56 €
Rest – (fermé mardi soir et merc.) Menu 30 € (sem.), 46/68 € – Carte 49/63 €
Spéc. Foie gras de canard choco-fruits (printemps-été). Pigeon de nid cuit à basse
température. Pêche Melba revisitée (été). **Vins** Sylvaner, Riesling.
◆ Belle salle moderne et cossue, au mobilier contemporain. Élégante cuisine au
goût du jour qui met le produit en valeur. À l'étage, chambres parfaitement tenues.

LIESSIES – 59 Nord – **302** M7 – 531 h. – alt. 165 m – ⊠ 59740   **31** D3
🟩 Nord Pas-de-Calais Picardie
▶ Paris 223 – Avesnes-sur-Helpe 14 – Charleroi 48 – Hirson 24
🅱 20, rue du Maréchal Foch ℰ 03 27 57 91 11
◉ Parc départemental du Val Joly★ E : 5 km.

🏠🏠 **Château de la Motte** 🦢   🍴 🏠 ♔ 🏊 P VISA ◑ AE
14 r. de la Motte, 1 km au Sud par rte secondaire – ℰ 03 27 61 81 94
– www.chateaudelamotte.fr – Fermé 16 déc.-8 fév.
10 ch – ♦61 € ♦♦73 € – ⊑ 9 € – ½ P 73 €
Rest – (fermé dim. soir et lundi mid hors saison) (18 €) Menu 21 € bc (sem.),
40 € bc/65 € – Carte 34/69 €
◆ Cette belle construction de briques entourée d'un agréable parc fut la maison
de retraite des moines de l'abbaye voisine. Chambres correctement équipées. Au
restaurant, cadre de caractère, terrasse ouverte sur la verdure, plats traditionnels
et régionaux.

🏠 **La Forge de l'Abbaye** sans rest 🦢   ⅅ ♔ P VISA ◑
13 r. de la Forge – ℰ 06 86 88 58 53 – www.laforgedelabbaye.com – Fermé
16 déc.-6 fév.
4 ch ⊑ – ♦54 € ♦♦64 €
◆ Délicieuse atmosphère champêtre dans cette ancienne forge au cachet préservé. Chambres agréables et cuisine à disposition des hôtes, avec la nature et
un étang pour décor.

✕✕ Le Carillon   *VISA* ⊚⊙

1 r. Roger-Salengro, (face à l'église) – ✆ *03 27 61 80 21* – *www.le-carillon.com*
– *Fermé 16 fév.-9 mars, 24-31 août, 16-30 nov., lundi soir, mardi soir, jeudi soir,*
dim. soir et merc.
Rest – *(nombre de couverts limité, prévenir)* (16 €) Menu 27 € (sem.)/43 €
◆ Une maison qui a du charme avec sa terrasse sous les platanes et sa salle
parée de poutres et briques. Carte traditionnelle valorisant les produits du terroir.
Boutique gourmande.

LIEUSAINT – 77 Seine-et-Marne – **312** E4 – **101** 38 – **voir à Paris, Environs**
(Sénart)

LA LIEZ (LAC DE) – 52 Haute-Marne – **313** M6 – **rattaché à Langres**

LIFFRE – 35 Ille-et-Vilaine – **309** M5 – 6 611 h. – alt. 95 m – ⊠ 35340   **10** D2
▶ Paris 359 – Laval 84 – Rennes 25 – Saint-Lô 131

⬛ Domaine de la Reposée - L'Escu de Runfao   🖂 ⛲ ✕ ⍽ 🎿

La Quinte, sortie 26 sur A 84 – ✆ *02 99 68 31 51*   **P** *VISA* ⊚⊙ *AE*
– *www.hotel-la-reposee.com* – *Fermé 1ᵉʳ-18 août*
23 ch – †60/75 € ††75/90 € – � 9 € – ½ P 85/90 €
Rest – *(fermé sam. midi et dim. soir)* Menu 23 € (déj. en sem.), 39/50 €
– Carte 62/78 €
◆ À proximité de l'autoroute, dans un parc, une grande bâtisse construite dans
les années 1960, d'inspiration néobretonne. Chambres fonctionnelles bien tenues.
Ambiance cosy et contemporaine au restaurant, ouvert sur la verdure ; cuisine
rythmée par les saisons.

LIGNY-EN-CAMBRÉSIS – 59 Nord – **302** I7 – 1 687 h. – alt. 127 m   **31** C3
– ⊠ 59191
▶ Paris 193 – Arras 51 – Cambrai 17 – Valenciennes 42

🏰 Château de Ligny 🐌   🖂 ⊕ 📱 ⅙ ch, ✕ 📞 🎿 **P** 🛏 *VISA* ⊚⊙ *AE* ⊙

2 r. P-Curie – ✆ *03 27 85 25 84* – *www.chateau-de-ligny.fr*
– *Fermé 1ᵉʳ-17 août, fév., dim. soir, lundi et mardi*
21 ch – †120 € ††120/200 € – 5 suites – ⊃ 15 €
Rest – (30 €) Menu 48/97 € – Carte 73/105 € 🍷
Spéc. Tarte friande de rouget barbet au romarin. Sole et petits crustacés mijotés
dans une bisque de crevettes grises. Soufflé chaud à la chicorée.
◆ Beau manoir médiéval aux chambres personnalisées, plus spacieuses mais tout
aussi raffinées dans la "Résidence", remarquablement aménagée. Espace wellness ultra-moderne. L'ancienne salle d'armes et le salon-bibliothèque font le
charme aristocratique du restaurant.

LIGSDORF – 68 Haut-Rhin – **315** H12 – **rattaché à Ferrette**

La vieille bourse

LILLE

Département : Ⓟ 59 Nord
Carte Michelin LOCAL : 302 G4
▶ Paris 223 – Bruxelles 114 – Gent 75
– Luxembourg 310
Population : 226 014 h.
Pop. agglomération : 1 000 900 h.

Altitude : 10 m
Code Postal : ✉ 59000
▮ Nord Pas-de-Calais Picardie
Carte régionale : 31 C2

PLAN : AGRANDISSEMENT CENTRE-VILLE	839
LILLE AGGLOMÉRATION	840
LILLE CENTRE	842
HÔTELS ET RESTAURANTS	844

RENSEIGNEMENTS PRATIQUES

🛈 OFFICE DE TOURISME
place Rihour ☎ 08 91 56 20 04

AÉROPORT
✈ Lille-Lesquin : ☎ 0 891 67 32 10 (0,23 €/mn), 7 km par A1 HT.

QUELQUES GOLFS
🏌 Lille Métropole à Ronchin Rond Point des Acacias, ☎ 03 20 47 42 42

🏌 du Sart à Villeneuve-d'Ascq 5 rue Jean Jaurès, par D 656 : 7 km, ☎ 03 20 72 02 51

🏌 de Bondues à Bondues Château de la Vigne, Nord : 10 km, ☎ 03 20 23 20 62

🏌 des Flandres à Marcq-en-Baroeul 159 boulevard Clemenceau, par D 670 : 4,5 km,
☎ 03 20 72 20 74

🏌 de Brigode à Villeneuve-d'Ascq 36 avenue du Golf, par D146 : 9 km,
☎ 03 20 91 17 86

👁 A VOIR

AUTOUR DU BEFFROI DE L'HÔTEL DE VILLE

Quartier St-Sauveur **FZ** : porte de Paris★, ≼★ du beffroi - Palais des Beaux-Arts ★★★ **EZ**

AUTOUR DU BEFFROI DE LA CHAMBRE DE COMMERCE

Le Vieux Lille★★ **EY** : Vieille Bourse★★, Demeure de Gilles de la Boé★ (29 place Louise-de-Bettignies) - rue de la Monnaie★ - Hospice Comtesse★ - Maison natale du Général de Gaulle★ **EY** - Église St-Maurice★ **EFY**, La Citadelle★ **BV**

LES QUARTIERS QUI BOUGENT

Place du Général de Gaulle (Grand'Place)★ **EY** - Place Rihour **EY** - Rue de Béthune (cinémas) **EYZ** - Euralille (tour du Crédit Lyonnais★) Et autour de la gare Lille-Flandres **FY**

...ET AUX ENVIRONS

Villeneuve d'Ascq : musée d'Art moderne★★ **HS M** Bondues : château du Vert-Bois★ **HR** Bouvines : vitraux de l'église et évocation de la bataille **JT** Marché de Wazemmes★ Gare Saint-Sauveur★

Anatole-France (R.) . . . . **EY** 3
Barre (R. de la) . . . . **EY** 9
Béthune (R. de) . . . . **EYZ**
Bettignies (Pl. L. de) . . . . . **EY** 16
Chats-Bossus (R. des) . . . **EY** 27
Debierre (R. Ch.) . . . . **FZ** 43
Delesalle (R. E.) . . . . **EZ** 45
Déportés (R. des) . . . . **EY** 46
Dr-Calmette (Bd) . . . . **FY** 51
Esquermoise (R.) . . . . . . **EY**
Faidherbe (R.) . . . . **EY**
Faubourg-de-Roubaix
  (R. du) . . . . **FY** 55
Fosses (R. des) . . . . . . **EYZ** 61
Gambetta (R. Léon) . . . . **DEZ**
Gare (Pl. de la) . . . . **FY** 65

Gaulle (Pl. Gén.-de) . . . . . **EY** 66
Grande-Chaussée
  (R. de la) . . . . **EY** 73
Hôpital-Militaire (R.) . . . . **EY** 78
Jacquemars-Giélée
  (R.) . . . . **EZ** 81
Jardins (R. des) . . . . **EY** 83
Kennedy (Av. Prés.) . . . . . **FZ** 86
Lebas (Bd J. B.) . . . . **FZ** 93
Lefèvre (R. G.) . . . . **FZ** 100
Lepelletier (R.) . . . . **EY** 102
Maillotte (R.) . . . . **EZ** 105
Mendès-France (Pl.) . . . . **EY** 115
Monnaie (R. de la) . . . . . **EY** 120
Nationale (R.) . . . . **DEYZ**
Neuve (R.) . . . . **EY** 123

Pasteur (Bd L.) . . . . **FY** 125
Réduit (R. du) . . . . **FZ** 132
Rihour (Pl.) . . . . **EY** 133
Roisin (R. Jean) . . . . **EY** 135
Rotterdam (Parvis de) . . . **FY** 137
Roubaix (R. de) . . . . . . **EFY** 138
St-Génois (R.) . . . . **EY** 139
St-Venant (Av. Ch.) . . . **FYZ** 141
Sec-Arembault (R. du) . . . **EY** 144
Suisses (Pl. des) . . . . **EY** 146
Tanneurs (R. des) . . . . . **EYZ** 147
Tenremonde (R.) . . . . **EY** 148
Théâtre (Pl. du) . . . . **EY** 150
Trois-Mollettes (R. des) . . . **EY** 154
Vieille-Comédie
  (R. de la) . . . . **EY** 162

HAUBOURDIN
Carnot (R. Sadi) . . . . **GT** 22
Vanderhaghen (R. A.) . . . . **GT** 157

HELLEMMES-LILLE
Salengro (R. Roger) . . . . **HS** 142

HEM
Clemenceau (Bd G.) . . . . **JS** 28
Croix (R. de) . . . . **JS** 40
Gaulle (Av. Ch.-de) . . . . **JS** 64

LAMBERSART
Hippodrome (Av. de l') . . . . **GS** 76

LANNOY
Leclerc (R. du Gén.) . . . . **JS** 97
Tournai (R. de) . . . . **JS** 153

LA MADELEINE
Gambetta (R.) . . . . **GS** 63
Gaulle (R. du Gén.-de) . . . . **HS** 69
Lalau (R.) . . . . **HS** 87

LILLE
Arras (R. du Fg d') . . . . **GT** 4
Postes (R. du Fg des) . . . . **GST** 129

LOMME
Dunkerque (Av. de). . . . . **GS** 52

LOOS
Doumer (R. Paul) . . . . **GT** 49
Foch (R. du Mar.) . . . . **GST** 58
Potié (R. Georges) . . . . **GT** 130

LYS-LEZ-LANNOY
Guesde (R. Jules) . . . . **JS** 75
Lebas (R. J.-B.) . . . . **JS** 94

MARCQ-EN-BARŒUL
Clemenceau (Bd) . . . . **HS** 30
Couture (R. de la) . . . . **HS** 39
Foch (Av. Mar.) . . . . **HS** 57
Nationale (R.) . . . . **HS** 122

MARQUETTE-LEZ-LILLE
Lille (R. de) . . . . **GS** 103
Menin (R. de) . . . . **HS** 117

MONS-EN-BARŒUL
Gaulle (R. du Gén.-de) . . . . **HS** 70

MOUVAUX
Carnot (Bd) . . . . **HR** 21

ST-ANDRÉ-LEZ-LILLE
Lattre-de-Tassigny (Av. du Mar.-de) **GS** 91
Leclerc (R. du Gén.) . . . . **GS** 99

TOUFFLERS
Déportés (R. des) . . . . **JS** 48

TOURCOING
Yser (R. de l') . . . . **JR** 165
3-Pierres (R. des) . . . . **JR** 166

VILLENEUVE-D'ASCQ
Ouest (Bd de l') . . . . **HS** 124
Ronsse (R. Ch.) . . . . **JT** 136
Tournai (Bd de) . . . . **JT** 151

WAMBRECHIES
Marquette (R. de) . . . . **GZ** 108

WATTIGNIES
Clemenceau (R.) . . . . **GT** 31
Gaulle (R. du Gén.-de) . . . . **GT** 72
Victor-Hugo (R.) . . . . **GT** 160

WATTRELOS
Carnot (R.) . . . . **JRS** 24
Jean-Jaurès (R.) . . . . **JR** 82
Lebas (R. J.-B.) . . . . **JR** 96
Mont-à-Leux (R. du) . . . . **JR** 121

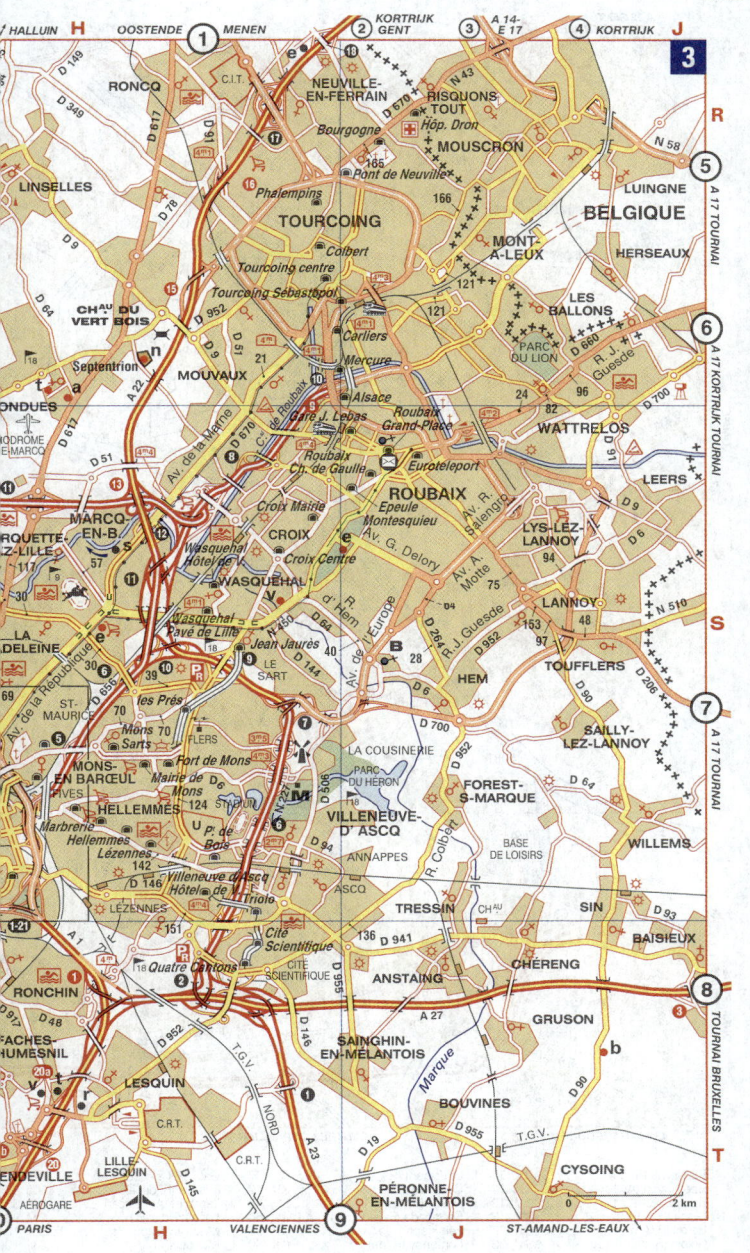

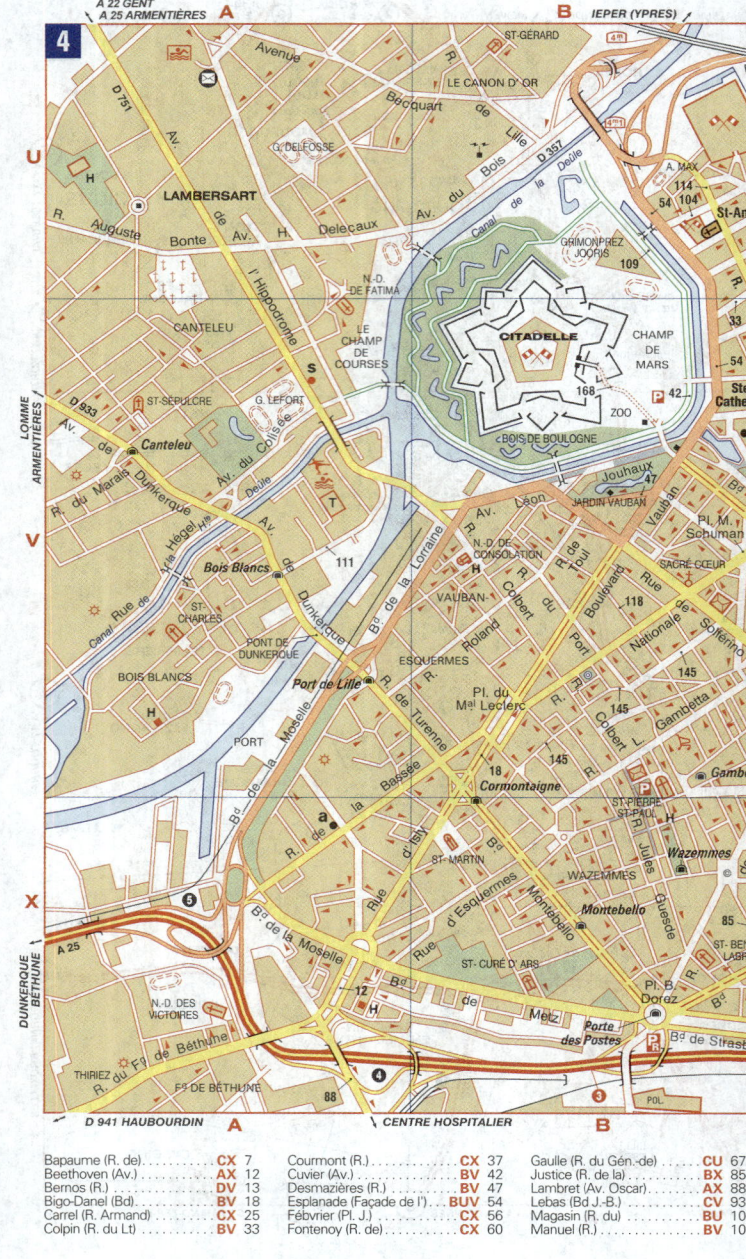

Bapaume (R. de)	**CX** 7	Courmont (R.)	**CX** 37	Gaulle (R. du Gén.-de)	**CU** 67
Beethoven (Av.)	**AX** 12	Cuvier (Av.)	**BV** 42	Justice (R. de la)	**BX** 85
Bernos (R.)	**DV** 13	Desmazières (R.)	**BV** 47	Lambret (Av. Oscar)	**AX** 88
Bigo-Danel (Bd.)	**BV** 18	Esplanade (Façade de l')	**BUV** 54	Lebas (Bd J.-B.)	**CV** 93
Carrel (R. Armand)	**CX** 25	Fébvrier (Pl. J.)	**CX** 56	Magasin (R. du)	**BU** 104
Colpin (R. du Lt)	**BV** 33	Fontenoy (R. de)	**CX** 60	Manuel (R.)	**BV** 106

Marronniers (Allée des) .....**BU** 109
Marx-Dormoy (Av.)...........**AV** 111
Maubeuge (R. de) ....**CX** 112
Max (Av. Adolphe) ....**BU** 114
Meurein (R.) ....**BV** 118

St-Sébastien (R.) ....**BCU** 140
Schuman (Pl. Maurice) ....**BV**
Stations (R. des) ....**BV** 145
Valenciennes
 (R. de) ....**CX** 156

Verdun (Bd de) ....**DX** 159
Wazemmes
 (R. de)..................**BCX** 163
43e-Régt-d'Infanterie
 (Av. du) ....**BV** 168

L'Hermitage Gantois   ch, AC ✗ rest, ¶ ⅍ VISA ⊕ AE ⓪

224 r. de Paris – ℰ *03 20 85 30 30 – www.hotelhermitagegantois.com*
72 ch – ♦235/430 € ♦♦235/430 € – ⊆ 19 €   **1EZb**
Rest – (36 €) Menu 48/68 € – Carte 63/94 €
Rest *L'Estaminet* – *(fermé sam. midi et dim.)* (18 €) Menu 18/26 € – Carte 19/40 €
♦ Ce superbe hospice du 14ᵉ s. marie avec élégance architecture ancienne et style contemporain. Luxe et confort dans les chambres personnalisées, agréables cours et patios intérieurs. Cuisine de saison servie sous les voûtes rouge et or du restaurant. Esprit brasserie, recettes bistrotières et régionales à l'Estaminet.

Crowne Plaza   ⋜ ch, AC ✗ rest, ¶ ⅍ ⚟ VISA ⊕ AE ⓪

335 bd Leeds – ℰ *03 20 42 46 46 – www.lille-crowneplaza.com*   **1FYn**
121 ch – ♦195/300 € ♦♦195/300 € – 1 suite – ⊆ 19 €
Rest – Menu 22/35 € – Carte 37/57 €
♦ Face à la gare TGV, ce bâtiment moderne abrite de vastes chambres contemporaines, zen et très bien équipées ; certaines ménagent une vue superbe sur Lille et son beffroi. Décor design (mobilier signé Starck), carte actuelle et formules buffet au restaurant.

Couvent des Minimes Alliance ⌖   🍴 ⅗ ch, ¶ ⅍ P VISA ⊕ AE ⓪

17 quai du Wault ✉ 59800 – ℰ *03 20 30 62 62 – www.alliance-lille.com*
83 ch – ♦220/250 € ♦♦220/250 € – 8 suites – ⊆ 19 €   **4BVd**
Rest *Le Jardin du Cloître* – *(fermé lundi du 15 juil. au 20 août)*
Menu 37/43 € bc – Carte 43/55 €
♦ Entre le vieux Lille et la Citadelle, ce couvent du 17ᵉ s. en briques rouges révèle un intérieur moderne et des chambres de tout confort garantissant bien-être et détente. Restaurant dans le cadre préservé du cloître et cuisine au goût du jour. Piano-bar.

Grand Hôtel Bellevue sans rest   🍴 AC ¶ ⅍ VISA ⊕ AE ⓪

5 r. J. Roisin – ℰ *03 20 57 45 64 – www.grandhotelbellevue.com*   **1EYa**
60 ch – ♦99/190 € ♦♦99/190 € – ⊆ 13 €
♦ Les chambres ne manquent pas d'allure avec leur mobilier de style Directoire et leurs salles de bains en marbre. Les plus prisées donnent sur la Grand'Place.

Novotel Lille Gares   🍴 🍴 ⅗ ch, AC ¶ ⅍ VISA ⊕ AE ⓪

49 r. Tournai ✉ 59800 – ℰ *03 28 38 67 00 – www.novotel.com*   **1FZu**
96 ch – ♦109/201 € ♦♦109/201 € – 5 suites – ⊆ 14 €   **Rest** – (13 €) Carte 26/36 €
♦ Voisin de la gare Lille-Flandres, hôtel entièrement rénové offrant des chambres aux dernières normes de la chaîne : confort, équipements de qualité et décor épuré. Cuisine traditionnelle servie dans la salle à manger tendance ou sur la terrasse d'été fleurie.

Mercure Centre Opéra sans rest   🍴 AC ¶ ⅍ VISA ⊕ AE ⓪

2 bd Carnot ✉ 59800 – ℰ *03 20 14 71 47 – www.mercure.com*   **1EYh**
101 ch – ♦75/195 € ♦♦95/215 € – ⊆ 15 €
♦ Nouvelle atmosphère de charme dans cet immeuble centenaire en pierres de taille. Chambres d'inspiration flamande au mobilier Art déco ou Régence. Salon-bar.

Art Déco Romarin sans rest   🍴 AC ¶ P VISA ⊕ AE ⓪

110 r. République à la Madeleine – ℰ *03 20 14 81 81*
– www.hotelartdecoromarin.com   **1FYt**
56 ch – ♦95/160 € ♦♦95/160 € – ⊆ 13 €
♦ Cet hôtel, situé sur une avenue passante, bénéficie d'une insonorisation efficace. Original intérieur de style Art déco, chambres de bonne ampleur et salon-bar feutré.

De la Paix sans rest   🍴 ¶ VISA ⊕ AE ⓪

46 bis r. de Paris – ℰ *03 20 54 63 93 – www.hotel-la-paix.com*   **1EYr**
36 ch – ♦75/110 € ♦♦85/120 € – ⊆ 9 €
♦ Artiste dans l'âme, la propriétaire de cet hôtel (1782) expose des reproductions de tableaux et a réalisé la fresque qui orne la salle des petits-déjeuners. Chambres douillettes.

De la Treille sans rest   🍴 ¶ VISA ⊕ AE ⓪

7/9 pl. Louise-de-Bettignies – ℰ *03 20 55 45 46 – www.hoteldelatreille.fr.st*
42 ch – ♦75/105 € ♦♦80/130 € – ⊆ 12 €   **1EYb**
♦ Idéalement situé pour arpenter la vieille ville, cet hôtel dispose de chambres un peu exiguës, mais fraîches et bien agencées. Copieux buffets à l'heure du petit-déjeuner.

⌂ **La Maison Carrée** sans rest   🛆 ⬙ «¹» **P** VISA ⬚

29 r. Bonte-Pollet – ℰ 03 20 93 60 42 – www.lamaisoncarree.fr

5 ch ⌂ – ♦155 € ♦♦170 €   **4AXa**

♦ Découvrez ce splendide hôtel particulier (début du 20ᵉ s.) : calme, raffinement, grand confort et œuvres d'art (la passion des anciens propriétaires) sont au programme.

XXX **A L'Huîtrière**   AC ⬙ VISA ⬚ AE ⓞ

❀ 3 r. Chats Bossus ✉ 59800 – ℰ 03 20 55 43 41 – www.huitriere.fr

– Fermé 31 juil.-22 août, dim. soir et soirs fériés   **1EYg**

Rest – Menu 45 € (déj. en sem.), 105/150 € – Carte 80/150 €🍷

Spéc. Vinaigrette tiède d'anguille fumée et de foie gras chaud des Landes, radis noir confit. Tranche de gros turbot rôtie, toast à la moelle, jus au romarin. Irish coffee, version dessert.

♦ Dans ce lieu dédié aux produits de la mer, passage obligé dans la boutique pour le décor en céramique et le nouveau bar à huîtres... Suivent trois luxueuses salles bourgeoises.

XXX **La Laiterie** (Benoit Bernard)   🌳 **P** VISA ⬚ AE

❀ 138 av. de l'Hippodrome , à Lambersart ✉ 59130 – ℰ 03 20 92 79 73

– www.lalaiterie.fr – Fermé 2-24 août, dim. et lundi   **4AVs**

Rest – Menu 45 € bc/120 € bc – Carte 70/120 €🍷

Spéc. Tête de veau croustillante, anguille fumée et cresson vinaigrette. Turbot rôti sur l'os, déclinaison de cèpes, jus de persil (saison). Soupe de mangue et sorbet krieck, vinaigrette fruits de la passion.

♦ Un cadre contemporain très tendance dans les tons gris, une cuisine actuelle riche en saveurs et un choix d'excellents vins (bourgognes et bordeaux) : un moment de pur plaisir.

XXX **Le Sébastopol** (Jean-Luc Germond)   AC ⬙ VISA ⬚ AE

❀ 1 pl. Sébastopol – ℰ 03 20 57 05 05 – www.restaurant-sebastopol.fr – Fermé

31 juil.-22 août, dim. soir, sam. midi et lundi midi   **1EZa**

Rest – Menu 42/68 € – Carte 72/85 €🍷

Spéc. Saint-Jacques d'Étaples (oct. à avril). Poissons de petits bateaux aux champignons sauvages. Notre raison d'aimer la chicorée du Nord.

♦ Un rideau de verdure et une originale marquise habillent la façade de cette maison bourgeoise. Cuisine au goût du jour servie dans une salle intimiste et belle carte des vins.

XX **Clément Marot**   AC ⬙ VISA ⬚ AE

16 r. Pas ✉ 59800 – ℰ 03 20 57 01 10 – www.clement-marot.com – Fermé dim. soir

Rest – (18 €) Menu 29/42 € bc – Carte 40/95 €   **1EYn**

♦ Maison tenue par les descendants du poète cadurcien Clément Marot. Intérieur plutôt classique aux boiseries peintes et tableaux, recettes traditionnelles et atmosphère conviviale.

XX **Brasserie de la Paix**   AC ⬙ VISA ⬚ AE

🍐 25 pl. Rihour – ℰ 03 20 54 70 41 – www.restaurantsdelille.com – Fermé dim.

Rest – (14 €) Menu 18/26 € – Carte 26/42 €   **1EYz**

♦ À deux pas du palais Rihour, cette sympathique brasserie est une institution lilloise. Décor Art déco, banquettes, faïences de Desvres et cuisine de bistrot : rien ne manque !

XX **La Table du Champlain**   ⬙ VISA ⬚ AE

🙂 17 r. N.-Leblanc – ℰ 03 20 54 01 38 – www.lechamplain.fr – Fermé août, sam.

midi et lundi   **1EZu**

Rest – Menu 29 € bc/45 € bc

♦ Beaucoup de douceur dans cette adresse intimiste, où dominent le blanc et le crème. Le chef signe une cuisine savoureuse, au gré de son inspiration et des produits du moment.

La Maison du Champlain 🏠   ⬙ «¹» VISA ⬚ AE

13 r. N.-Leblanc – ℰ 03 20 54 01 38 – www.lechamplain.fr – Fermé août

3 suites ⌂ – ♦♦175/250 € – 1 ch

♦ Maison de 1873 restaurée avec goût, abritant d'élégantes chambres contemporaines et un espace bien-être installé dans les anciennes caves voûtées.

XX **Monsieur Jean**   ⟡ VISA ⬤⬤ AE ⓞ
12 r. de Paris – ℰ 03 28 07 70 72
– www.restaurant.jeanjean.fr   **1**EY**v**
Rest – Menu 29/36 € – Carte 36/45 €
◆ Façade flamande, magnifique escalier, mur en brique orné de sculptures en
pierre : une demeure au puissant charme du Nord... De belles saveurs traditionnelles se font sentir et, le midi, on peut "fooder" bio (soupes, tartes...).

XX **L'Écume des Mers**   🏠 AC VISA ⬤⬤ AE
10 r. de Pas – ℰ 03 20 54 95 40
– www.ecume-des-mers.com   **1**EY**n**
Rest – (18 €) Menu 25 € (dîner) – Carte 32/70 €
◆ Ambiance animée, salle originale, carte journalière de poissons, joli banc
d'écailler et quelques viandes pour les "accros" : voici un avant-goût de cette
brasserie très prisée.

XX **Le Why Not**   VISA ⬤⬤ AE ⓞ
9 r. Maracci – ℰ 03 20 74 14 14 – www.lewhynot-restaurant.fr
– Fermé 24 juil.-9 août, 3-11 janv., sam. midi, dim. et lundi   **1**EY**m**
Rest – Menu 26 € (déj. en sem.)/36 €
◆ Dans le vieux Lille, ce restaurant convivial a pour cadre une cave tendance
(décor design, tableaux). Plats actuels savoureux signés par un chef globe-trotter de retour au pays.

X **L'Atelier "La Cour des Grands"**   VISA ⬤⬤
⊜ 15 r. François-de-Badts, à la Madeleine – ℰ 03 20 74 26 33
– www.latelier-restaurant.fr – Fermé 19-26 avril, 1ᵉʳ-8 août, 24-31 déc.,
16-23 fév., sam. midi, dim., lundi et fériés   **1**FY**a**
Rest – Menu 17 € (déj. en sem.) – Carte 43/49 € le soir
◆ Décor de loft industriel, toiles et photos d'artistes, cuisine de bistrot et nombreux vins au verre : cet ancien garage est l'une des adresses tendance de
Lille.

X **Le Bistrot de Pierrot**   🏠 AC VISA ⬤⬤ AE
6 pl. de Béthune – ℰ 03 20 57 14 09 – www.bistrotdepierrot.com – Fermé dim. et
lundi   **1**EZ**r**
Rest – Menu 28 € – Carte 28/45 €
◆ Authentique bistrot qui a su garder l'âme et le décor d'autrefois. Ambiance
sympathique et au menu, un bon choix de plats canailles avec une cuisine plus
légère pour ces dames.

à Bondues – 10 151 h. – alt. 37 m – ⊠ 59910

🇮 ruelle de la Mairie ℰ 03 20 25 94 94

XXX **Auberge de l'Harmonie**   🏠 AC ⟺ VISA ⬤⬤
pl. Abbé Bonpain – ℰ 03 20 23 17 02 – www.aubergeharmonie.fr
– Fermé 11 juil.-2 août, dim. soir, mardi soir, jeudi soir et lundi   **3**HR**t**
Rest – (25 € bc) Menu 29/55 € – Carte 48/81 €
◆ Une belle harmonie règne dans cet ex-relais de poste du 19ᵉ s. : couleurs
gaies, mobilier élégant, terrasse verdoyante et cuisine actuelle élaborée au fil
des saisons.

XXX **Val d'Auge** (Christophe Hagnerelle)   AC P VISA ⬤⬤ AE ⓞ
❀ 805 av. Gén. de Gaulle – ℰ 03 20 46 26 87 – www.valdauge.com
– Fermé 17-22 avril, 24 juil.-15 août, 23-30 déc., 27 fév.-6 mars, dim. sauf fériés,
sam. midi et lundi   **3**HR**a**
Rest – (28 €) Menu 50 € bc (sem.)/63 € – Carte 70/90 €🍴
Spéc. Foie gras d'oie grillé. Quasi de veau cuit à basse température. Pomme
reconstituée.
◆ Cette maison régionale qui borde la route vous reçoit dans une salle à manger
assez tendance, mais surtout agréablement lumineuse. Cuisine actuelle et belle
carte des vins.

à Marcq-en-Baroeul – 38 939 h. – alt. 15 m – ✉ 59700

🛈 111, avenue Foch ✆ 03 20 72 60 87

Mercure
157 av. de Marne, par D 670 : 5 km – ✆ *03 28 33 12 12* – www.mercure.com
125 ch – †95/225 € ††105/235 € – 1 suite – ⌂ 18 € **3HSs**
Rest *L'Europe* – ✆ *03 28 33 12 68* – (16 €) Menu 21 € – Carte 23/53 €
♦ Abords verdoyants, atmosphère chaleureuse et feutrée, chambres tout confort, installations conférencières et prestations haut de gamme pour cette unité de la chaîne Mercure. Au restaurant L'Europe, ambiance de brasserie de luxe et cuisine au diapason.

Le Septentrion
parc du château Vert-Bois, par D 617 : 9 km – ✆ *03 20 46 26 98*
– www.septentrion.fr – *Fermé dim. soir, mardi soir, merc. soir et lundi*
Rest – (35 € bc) Menu 43 € bc/80 € bc – Carte 45/70 € **3HRn**
Rest *L'Exseption* – (15 €) Menu 20 € (dîner en sem.) – Carte 30/40 €
♦ Au sein de la fondation Prouvost-Septentrion, ex-dépendance du château du Vert-Bois offrant une vue bucolique sur le parc. Salle à manger moderne et carte actuelle. À l'Exseption, cuisines ouvertes, plats de brasserie et atmosphère bistrot chic.

La Table de Marcq
944 av. de la République – ✆ *03 20 72 43 55* – *Fermé 1er-26 août, 1 sem. en fév., dim. soir et lundi* **2HSe**
Rest – Menu 22/32 € – Carte 25/44 €
♦ Ancien café reconverti en restaurant qui s'est doté d'une décoration actuelle, mais a conservé son beau comptoir. Ambiance conviviale et menus élaborés au gré du marché.

à Villeneuve d'Ascq – 61 151 h. – alt. 26 m – ✉ 59491

🛈 chemin du Chat Botté ✆ 03 20 43 55 75

Le Carré des Sens
73 av. de Flandres – ✆ *03 20 82 05 97* – *Fermé 25 juil.-16 août, 27 fév.-6 mars, lundi soir, sam. midi et dim.* **2HSv**
Rest – (25 €) Menu 33/65 € – Carte 50/78 €
♦ Cette maison d'un quartier pavillonnaire vous reçoit dans une grande salle contemporaine (certaines tables plus hautes que la moyenne) ; agréable terrasse, l'été. Plats actuels.

à Gruson – 1 131 h. – alt. 52 m – ✉ 59152

L'Arbre
1 croisement chemin de Bourguhelles, 1 km à l'Est par D 90 – ✆ *03 20 79 55 33*
– www.larbre.com – *Fermé 25 avril-2 mai, 8-28 août , 2-9 janv., dim. soir, mardi soir, sam. midi et lundi* **3JTb**
Rest – (21 €) Menu 28/54 € – Carte 32/62 €
♦ Bâtisse toute de briques placée sur le trajet de la course Paris-Roubaix. Le décor a fait sa révolution en 2009 : murs gris bleu, mobilier contemporain. Goûteuse cuisine actuelle.

à l'aéroport de Lille-Lesquin – ✉ 59810 Lesquin

Mercure Aéroport
110 r. Jean Jaurès – ✆ *03 20 87 46 46* – www.mercure.com **3HTr**
215 ch – †57/182 € ††62/187 € – ⌂ 15 €
Rest *La Flamme* – (20 €) Menu 24/30 € bc – Carte 27/59 €
♦ Architecture contemporaine située face à l'aéroport (service de navettes gratuites). Grand hall d'accueil, chambres spacieuses, confortables et bien équipées. Convivialité, plats régionaux et rôtisserie visible de tous au restaurant La Flamme.

Novotel Aéroport
55 rte de Douai – ✆ *03 20 62 53 53* – www.novotel.com **3HTt**
92 ch – †82/153 € ††82/153 € – ⌂ 14 € **Rest** – (16 €) Carte 20/40 €
♦ Cette construction basse est la plus ancienne unité de la chaîne. Les chambres, de bon confort, adoptent progressivement le nouveau look du groupe. Côté restaurant, grande salle moderne où l'on propose plats au goût du jour et recettes allégées.

⌂ **Agena** sans rest   ⚇ 🛜 **P** *VISA* ◉ AE
451 av. du Gén.-Leclerc ⊠ 59155 – ℰ 03 20 60 13 14 – www.hotel-agena.com
40 ch – 🛏72 € 🛏🛏72/77 € – � 9 €   **3HTv**
♦ Les chambres de ce bâtiment en arc de cercle, aménagées en rez-de-jardin,
sont plus calmes côté patio. Cadre sobre, entretien sans reproche et accueil
sympathique.

à Emmerin – 2 933 h. – alt. 24 m – ⊠ 59320

🏠 **La Howarderie** ⚘   🍴 ⚇ 🛜 🛜 🛜 **P** *VISA* ◉ AE
1 r. des Fusillés – ℰ 03 20 10 31 00 – www.lahowarderie.com – Fermé 2-22 août,
22 déc.-3 janv. et dim. soir   **2GTe**
7 ch – 🛏90/95 € 🛏🛏100/135 € – 3 suites – ⊂ 17 € – ½ P 80/98 €
Rest – (fermé sam. midi et dim.) (14 €) Menu 26/55 € – Carte 31/60 €
♦ Une aile de cette vieille ferme en briques abrite des chambres personnalisées
(style contemporain pour deux d'entre elles). Beaux meubles de style ou anciens.
Cuisine au goût du jour servie dans deux salles à manger intimistes, décorées
avec originalité.

à Capinghem – 1 596 h. – alt. 50 m – ⊠ 59160

✗ **La Marmite de Pierrot**   🍴 ⇔ **P** *VISA* ◉ AE
🍴 93 r. Poincaré – ℰ 03 20 92 12 41 – www.pierrot-de-lille.com – Fermé dim. soir,
mardi soir, merc. soir, jeudi soir et lundi   **2GSv**
Rest – (24 €) Menu 28/38 €
♦ Sympathique restaurant aux allures de bistrot rustique, orné de licous et d'outils paysans. Généreuse cuisine proposant savoureuses cochonnailles et autres
produits tripiers.

à Bois-Grenier 15 km par ⑫ , sortie n°8 (Armentières) et D 222 – 1 405 h.
– alt. 5 m – ⊠ 59280

✗✗ **La Table des Jardins** (Guillaume Thuin)   🍴 🍴 **P** *VISA* ◉
❀ 480 r. de la Guennerie, 2 km au Sud-Ouest par D 222 (dir. Fleurbaix) et rte
secondaire, direction cimetière anglais Y. Farm – ℰ 03 20 57 75 52 – Fermé
15 janv.-15 fév., mardi et merc.
Rest – (nombre de couverts limité, prévenir) Menu 55/90 €
Spéc. Vol-au-vent d'écrevisses, ris et rognons de veau, coulis de persil. Cochon
de lait en côtelettes, boudin noir et poitrine confite. Biscuit roulé aux parfums exotiques.
♦ Au milieu des champs, une ancienne ferme rénovée dans une veine très...
design ! Même esprit contemporain côté cuisine : le chef fait rimer créativité et
qualité, avec de belles compositions qui révèlent les saveurs les plus essentielles.

à St-André-Lez-Lille – 10 792 h. – alt. 20 m – ⊠ 59350

🆔 89, rue du Général Leclerc ℰ 03 20 51 79 05

✗✗✗ **La Quintinie**   🍴 🍴 ⚇ AK ⇔ **P** *VISA* ◉
501 av. Mal-de-Lattre-de-Tassigny , (D 57) – ℰ 03 20 40 78 88
– www.alaquintinie.com – Fermé 18 juil.-16 août, lundi et le soir sauf sam.
Rest – Menu 40/45 € – Carte 33/59 €   **2GSt**
♦ Maison en briques dans un joli jardin doté d'un potager. Grande salle lumineuse, décor contemporain raffiné (tableaux en faïence) et cuisine classique simple et bonne.

LIMAY – 78 Yvelines – 311 G2 – 15 779 h. – alt. 16 m – ⊠ 78520   18 A1
◘ Paris 56 – Argenteuil 50 – Boulogne-Billancourt 52 – Saint-Denis 60

✗✗ **Au Vieux Pêcheur**   🍴 *VISA* ◉ AE
5 quai Albert 1er – ℰ 01 30 92 77 78 – www.auvieuxpecheur.fr – Fermé 2-9 mai,
1er-30 août, merc. soir, dim. soir et lundi
Rest – (26 €) Menu 34/60 € bc – Carte 53/78 €
♦ En face du vieux pont de Limay, sur la Seine. Plusieurs salles et plusieurs
ambiances (contemporaine ou plus feutrée) pour déguster une cuisine traditionnelle soignée.

LIMERAY – 37 Indre-et-Loire – 317 P4 – rattaché à Amboise

– Agglo. 173 299 h. – alt. 300 m – ⌧ 87000 ▌Limousin Berry

▶ Paris 391 – Angoulême 105 – Brive-la-Gaillarde 92 – Châteauroux 126

✈ Limoges : ☎ 05 55 43 30 30, 8 km par ⑦.

🛈 12, boulevard de Fleurus ☎ 05 55 34 46 87

🖼 de la Porcelaine à Panazol Celicroux, par rte de Clermont-Ferrand : 9 km,
☎ 05 55 31 10 69

🖼 de Limoges Avenue du Golf, par rte de St-Yriex : 3 km, ☎ 05 55 30 21 02

◉ Cathédrale St-Etienne ★ – Église St-Michel-des-Lions ★ - Cour du temple ★
CZ 115 - Jardins de l'évêché ★ - Musée national de la porcelaine Adrien
Dubouché ★★ (porcelaines) BY - Rue de Boucherie ★ - Musée de
l'évêché ★ : les émaux ★ - Chapelle St-Aurélien ★ - Gare des Bénédictins ★.

Plans pages suivantes

Mercure Royal Limousin sans rest 📶 ⛇ 🏧 🛜 💪 🆚 ⚫ 📭 ◉
1 pl. de la République – ☎ 05 55 34 65 30 – www.mercure.com **CY**u
82 ch – ♦95/160 € ♦♦120/170 € – ⌧ 14 €
♦ Une harmonie de bois clair et de tons pastel habille cet hôtel bordant une
vaste place. Trois catégories de chambres proposées, selon votre désir de simplicité ou de confort.

Domaine de Faugeras ⚓ 🏊 ✖ ⛇ 🏧 🛜 **P** 🆚 ⚫ 📭 ◉
allée de Faugeras, 3 km au Nord-Est par r. A-Briand et D 142 AX
– ☎ 05 55 34 66 22
9 ch – ♦116 € ♦♦132 € – 2 suites – ⌧ 14 €
Rest – *(fermé lundi soir, sam. midi et dim.)* (28 €) Menu 36/56 € – Carte 41/70 €
♦ Entouré d'un parc en surplomb de Limoges, ce château du 18e s. marie patrimoine et modernité, notamment dans ses chambres très chic et confortables.
Au restaurant, baies vitrées ouvrant sur le jardin, décoration actuelle et cuisine
au goût du jour.

Atrium sans rest 📶 ⛇ 🏧 🛜 🚗 🆚 ⚫ 📭
22 allée de Seto - Parc du Ciel – ☎ 05 55 10 75 75 – www.interhotel-atrium.com
70 ch – ♦70/95 € ♦♦80/110 € – ⌧ 11 € **DY**a
♦ Cet ancien entrepôt des douanes converti en hôtel offre d'agréables chambres
dont une partie ouvre sur la magnifique gare de Limoges. Restauration à la brasserie attenante.

Richelieu sans rest 📶 ⛇ 🏧 🛜 💪 🆚 ⚫ 📭 ◉
40 av. Baudin – ☎ 05 55 34 22 82 – www.hotel-richelieu.com **CZ**k
41 ch – ♦80/120 € ♦♦90/130 € – ⌧ 14 €
♦ Près de la mairie, cet hôtel allie confort moderne et décor de style années
1930. Chambres contemporaines dans l'extension.

Nos Rev sans rest 🛜 **P** 🆚 ⚫
16 r. Gén. Bessol – ☎ 05 55 77 41 43 – www.hotelnos-rev.com **DY**u
12 ch – ♦47 € ♦♦49/72 € – ⌧ 7 €
♦ L'hôtel est proche de la gare, mais il a d'autres atouts : son appréciable style
contemporain et son ambiance familiale font que l'on s'y sent tout simplement
bien.

Art Hôtel Tendance sans rest 🛜 🆚 ⚫ 📭
37 r. Armand Barbes – ☎ 05 55 77 31 72 – www.arthoteltendance.com
13 ch – ♦53/65 € ♦♦59/71 € – ⌧ 8 € **AX**t
♦ Adresse familiale située dans un quartier résidentiel. Chambres personnalisées
selon des destinations (Bali, Venise, Grèce...), réparties dans deux maisons dont
une sur cour.

St-Martial sans rest 📶 ✗ 🛜 🚗 🆚 ⚫ 📭
21 r. A. Barbès – ☎ 05 55 77 75 29 – www.hotelsaintmartiallimoges.com
30 ch – ♦55/85 € ♦♦55/85 € – ⌧ 8,50 € **AX**n
♦ Hôtel familial fonctionnel logé dans un immeuble d'angle, pratique car proche
du centre, disposant de chambres sobres avec double vitrage et équipements
complets.

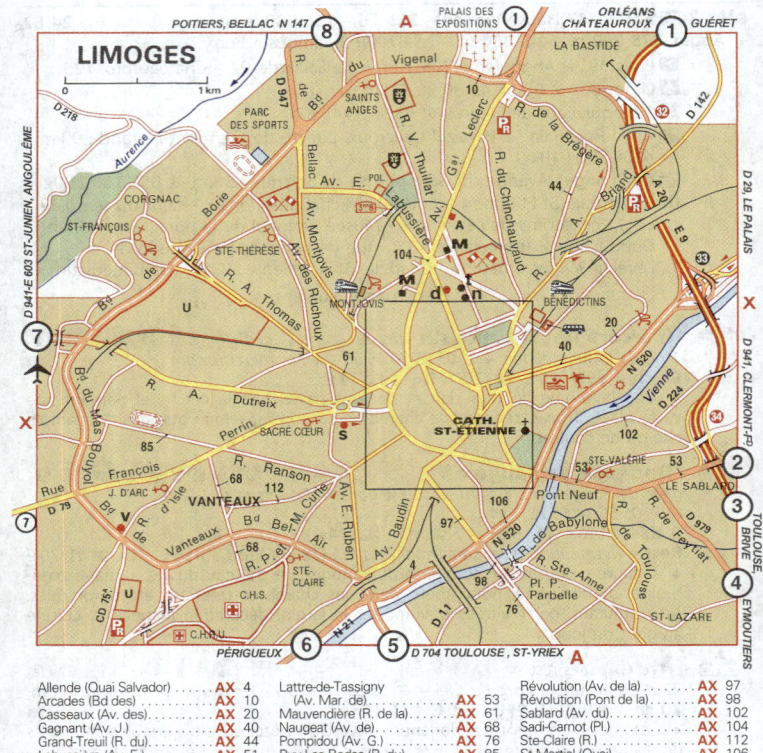

LIMOGES

POITIERS, BELLAC N 147

PALAIS DES EXPOSITIONS

ORLÉANS CHÂTEAUROUX   GUÉRET

LA BASTIDE

PÉRIGUEUX

D 704 TOULOUSE, ST-YRIEX

Allende (Quai Salvador)	**AX** 4	Lattre-de-Tassigny		Révolution (Av. de la)	**AX** 97
Arcades (Bd des)	**AX** 10	(Av. Mar. de)	**AX** 53	Révolution (Pont de la)	**AX** 98
Casseaux (Av. des)	**AX** 20	Mauvendière (R. de la)	**AX** 61	Sablard (Av. du)	**AX** 102
Gagnant (Av. J.)	**AX** 40	Naugeat (Av. de)	**AX** 68	Sadi-Carnot (Pl.)	**AX** 104
Grand-Treuil (R. du)	**AX** 44	Pompidou (Av. G.)	**AX** 76	Ste-Claire (R.)	**AX** 112
Labussière (Av. E.)	**AX** 51	Puy-Las-Rodas (R. du)	**AX** 85	St-Martial (Quai)	**AX** 106

Amphitryon (Richard Lequet)

26 r. Boucherie – ℰ 05 55 33 36 39 – Fermé 1ᵉʳ-9 mai, 21 août-5 sept., 1ᵉʳ-9 janv.,
26 fév.-5 mars, dim. et lundi CZ**u**

Rest – (23 €) Menu 44/72 € – Carte 76/99 €

Spéc. Les trois foies gras, en carpaccio à la fleur de sel, poché au vin, grillé à la
plancha. Homard à la plancha, pak-choï sauté façon riviera (juin à sept.). Transparence de framboise et rhubarbe (été).

♦ Maison à pans de bois au cœur du pittoresque "village" des Bouchers. Intérieur
chaleureux et agréable terrasse d'été pour déguster une cuisine revisitant la tradition avec talent.

Le Vanteaux

122 r. d'Isle – ℰ 05 55 49 01 26 – www.levanteaux.com
– Fermé 25 avril-2 mai, 1ᵉʳ-15 août, 1ᵉʳ-9 janv., dim. soir et lundi AX**v**

Rest – (19 €) Menu 21 € (déj. en sem.), 28/56 € – Carte 52/84 € le soir

♦ Pimpante façade (1815) fraîchement refaite, intérieur "smart", terrasse, table
inventive, alléchant chariot garni de minidesserts et, à midi, sélection de vins
au verre.

L 'Escapade du Gourmet

5 r. du 71ème-Mobiles – ℰ 05 55 32 40 26 – www.lescapadedugourmet.com
– Fermé 6-23 août DZ**u**

Rest – Menu 22/50 € – Carte environ 48 €

♦ Table du centre-ville au magnifique décor inspiré de la Belle Époque : sièges,
boiseries, plafond et verrières signés Mucha. Carte traditionnelle suivant le rythme
des saisons.

LIMOGES

Aine (Pl. d') . . . . **BZ** 2
Allois (R. des) . . . . **DZ** 6
Amphithéâtre (R. de l') . . . . **BY** 8
Barreyrrette (Pl. de la) . . . . **CZ** 12
Bénédictins (Av. des) . . . . . **DY** 14
Betoulle (Pl. L.) . . . . **CZ** 16
Boucherie (R. de la) . . . . . . **CZ** 18
Cathédrale (R. de la) . . . . . **DZ** 23
Clocher (R. du) . . . . **CZ** 25
Collège (R. du) . . . . **CZ** 26
Consulat (R. du) . . . . **CZ**
Coopérateurs (R. des) . . . . **BY** 27

Dupuytren (R.) . . . . **CZ** 30
Ferrerie (R.) . . . . **CZ** 33
Fonderie (R. de la) . . . . **BY** 35
Fontaine-des-Barres (Pl.) . . **CY** 37
Gambetta (Bd) . . . . **BCZ**
Giraudoux (Square Jean) . . **CY** 42
Haute-Cité (R.) . . . . **DZ** 46
Jacobins (Pl. des) . . . . **CZ** 49
Jean-Jaurès (R.) . . . . **CYZ**
Louis-Blanc (Bd) . . . . **CZ**
Louvrier-de-Lajolais (R.) . . . **BY** 55
Manigne (Pl.) . . . . **CZ** 57
Maupas (R. du) . . . . **DY** 59
Michels (R. Charles) . . . . . **CZ** 63
Motte (Pl. de la) . . . . **CZ** 66

Périn (Bd G.) . . . . **CY** 71
Préfecture (R. de la) . . . . . **CY** 83
Raspail (R.) . . . . **DZ** 89
Réforme (R. de la) . . . . **CY** 91
République (Pl. de la) . . . . **CY** 95
St-Martial (R.) . . . . **CZ** 107
St-Maurice (Bd) . . . . **DZ** 109
St-Pierre (Pl.) . . . . **CZ** 110
Stalingrad (R.) . . . . **CY** 113
Temple (Cour du) . . . . **CZ** 115
Temple (R. du) . . . . **CZ** 116
Tourny (Carrefour) . . . . . . **CZ** 118
Victor-Hugo (Bd) . . . . **BY** 120
Vigne-de-Fer (R.) . . . . **CZ** 122
71e-Mobile (R. du) . . . . . . **CZ** 125

Le Versailles

20 pl. Aine – ℰ 05 55 34 13 39 – www.restaurateursdefrance.com
BZa
Rest – Menu 24/29 € – Carte 24/64 €

◆ Avec le palais de justice en toile de fond, cette brasserie fondée en 1932, agrandie d'une mezzanine circulaire, sert des petits plats simples adaptés à l'esprit du lieu.

La Cuisine

21 r. Montmailler – ℰ 05 55 10 28 29 – www.restaurantlacuisine.com – Fermé 1er-15 août, 15-30 janv., dim. et lundi
BYa
Rest – (19 €) Menu 30 € (sem.), 39/60 € – Carte 39/55 €

◆ Le jeune chef concocte des plats inventifs inspirés par la cuisine d'ailleurs et les goûts insolites. Originalité et qualité prisées midi et soir dans un cadre d'esprit bistrot.

✗ **La Maison des Saveurs** `AC` ⇄ `VISA` ⊛

74 av. Garibaldi – ℰ 05 55 79 30 74 – Fermé 16-31 juil., sam. midi, dim. soir et lundi AX**d**
Rest – (16 € bc) Menu 25/58 € – Carte 52/83 €
• Cuisine traditionnelle de produits du terroir – foie gras, magrets fermiers, viande et pommes du Limousin – servie dans un cadre associant murs à colombages et déco actuelle.

✗ **27** ⇄ `VISA` ⊛
⊜
27 r. Haute-Vienne – ℰ 05 55 32 27 27 – www.le27.com – Fermé dim. et fériés
Rest – (11 €) Menu 17 € (déj.) – Carte 25/48 € CZ**a**
• Tables laquées rouges et bibliothèques garnies de dives bouteilles composent le décor contemporain de ce restaurant proche des halles. Cuisine au goût du jour.

✗ **Les Petits Ventres** `🍴` ⇄ `VISA` ⊛ `AE`

20 r. de la Boucherie – ℰ 05 55 34 22 90 – www.les-petits-ventres.com
– Fermé 17 avril-2 mai, 4-19 sept., 19 fév.-7 mars, dim. et lundi CZ**u**
Rest – (18 €) Menu 25 € bc/35 € – Carte 17/24 €
• Plats canailles (spécialité de tripes) et large éventail de menus régalent les petits ventres et les autres ! Cadre rustique à colombages en cette maison du 14e siècle.

✗ **La Table du Couvent-Paroles de Chef** `🍴` `✂` ⇄ `VISA` ⊛
🏅
15 r. Neuves-des-Carmes – ℰ 05 55 32 30 66 – www.parolesdechef.com – Fermé 13-31 août, vend. soir, sam., dim. et lundi AX**s**
Rest – Menu 24 € (déj. en sem.), 28/38 €
• Dans l'enceinte de l'ancien couvent des Carmes, une table gourmande comme on les aime associée à des cours de cuisine et à une boutique. Déco contemporaine dans des murs anciens.

✗ **Chez Alphonse** `AC` `VISA` ⊛

5 pl. Motte – ℰ 05 55 34 34 14 – Fermé 1er-8 août, 1er-8 janv., dim. et fériés
Rest – (13 €) Carte 21/48 € CZ**e**
• Comme le veut la tradition qui a donné son nom à ce bistrot animé, le chef "fonce aux halles" voisines faire son marché quotidien pour concocter une cuisine canaille généreuse.

✗ **La Table de Jean** `AC` ⇄ `VISA` ⊛

5 r. Boucherie – ℰ 05 55 32 77 91 – Fermé 24 déc.-3 janv., sam., dim. et fériés
Rest – *(nombre de couverts limité, prévenir)* (19 €) Carte 32/53 € CZ**x**
• Voici une bonne table du quartier historique. Service sympathique dans un décor minimaliste et goûteuse cuisine bistrotière accompagnée de crus choisis (bon choix au verre).

à St-Martin-du-Fault par ⑦, N 141, D 941 et D 20 : 13 km – ✉ 87510 Nieul

🏠 **Chapelle St-Martin** ⟳ ≤ Ⓓ `🍴` `☰` `✗` `🍽` `⚒` `P` `VISA` ⊛ `AE`

– ℰ 05 55 75 80 17 – www.chapellesaintmartin.com – Fermé 2 janv.-9 fév.
10 ch – †80/260 € ††80/260 € – 4 suites – ☐ 17 €
Rest – *(fermé dim. soir de nov. à mars, mardi midi, merc. midi et lundi)*
(nombre de couverts limité, prévenir) Menu 35 € (déj. en sem.), 45/99 € bc
– Carte 74/108 €
• Au cœur d'un parc en lisière d'un bois, cette gentilhommière cultive la sérénité et l'élégance bourgeoise : chambres parées d'étoffes colorées, mobilier raffiné, tentures murales... Côté restaurant, cuisine classique mise au goût du jour.

LIMONEST – 69 Rhône – **327** H4 – rattaché à Lyon

LIMOUX ⬤ – 11 Aude – **344** E4 – 9 680 h. – alt. 172 m – ✉ 11300 **22** B3
▌ Languedoc Roussillon

▶ Paris 769 – Carcassonne 25 – Foix 70 – Perpignan 104
ℹ 32 promenade du Tivoli ℰ 04 68 31 11 82

Grand Hôtel Moderne et Pigeon   🛎 AC ch, ⁇ VISA ◍ AE

1 pl. Gén.-Leclerc, (près de la poste) – ℰ *04 68 31 00 25*
– www.grandhotelmodernepigeon.fr – Fermé 15 déc.-15 janv.
13 ch – ♥79/92 € ♥♥89/105 € – 3 suites – ☲ 12 € – ½ P 85/93 €
Rest – *(fermé dim. soir sauf juil.-août et lundi)* Menu 38/117 € – Carte 48/75 €
♦ Cet ancien hôtel particulier du 17ᵉ s. abrite un superbe escalier (fresques et vitraux) conduisant à des chambres décorées avec goût. Au restaurant, belles salles 1900, patio verdoyant et savoureuse cuisine classique. Formule plus simple au bistrot.

LINGOLSHEIM – 67 Bas-Rhin – **315** K5 – **rattaché à Strasbourg**

LINIÈRES-BOUTON – 49 Maine-et-Loire – **317** J4 – 96 h. – alt. 53 m   **35** C2
– ✉ 49490

▶ Paris 293 – Nantes 155 – Angers 67 – Tours 58

Château de Boissimon sans rest ⌖   ♨ ⏃ ⚘ ⌂ P VISA ◍

– ℰ *02 41 83 30 86 – www.chateaudeboissimon.com – Ouvert d'avril à oct.*
5 ch ☲ – ♥130/150 € ♥♥160/190 €
♦ La destination idéale pour un week-end à deux : un parc aux arbres centenaires, des chambres élégantes (Baroque, Gustavienne, etc.) qui subliment l'esprit du lieu. Avec piscine !

LE LIOUQUET – 13 Bouches-du-Rhône – **340** I6 – **rattaché à La Ciotat**

LISIEUX ◉ – 14 Calvados – **303** N5 – 23 343 h. – alt. 51 m   **33** C2
– Pèlerinage (fin septembre) – ✉ 14100 ▌Normandie Vallée de la Seine

▶ Paris 179 – Alençon 94 – Caen 64 – Évreux 73

🛈 11, rue d'Alençon ℰ 02 31 48 18 10

◙ Cathédrale St-Pierre★ BY.

◶ Château★ de St-Germain-de-Livet 7 km par ④.

Plan page suivante

Mercure   🛎 ⏃ ╽ & ⁇ ⅍ P VISA ◍ AE ◉

par ② : 2,5 km (rte de Paris) – ℰ *02 31 61 17 17 – www.accor-hotels.com*
69 ch – ♥78/104 € ♥♥92/108 € – ☲ 16 €
Rest – (20 €) Menu 24 € – Carte 28/39 €
♦ En périphérie de Lisieux, hôtel aux chambres confortables et bien tenues (mansardées au dernier étage). Le restaurant, prolongé d'une terrasse d'été au bord d'une piscine, propose des buffets de hors-d'œuvre et de desserts.

De la Place sans rest   ╽ ⁇ VISA ◍ AE ◉

67 r. Henry Chéron – ℰ *02 31 48 27 27 – www.lisieux-hotel-delaplace.com*
– Fermé 1ᵉʳ déc.-3 janv.   ABYa
33 ch – ♥50/79 € ♥♥69/89 € – ☲ 10 €
♦ Cet hôtel central vous reçoit avec amabilité. Chambres rénovées dans des couleurs gaies et actuelles ; certaines donnent sur la cathédrale. Petits-déjeuners copieux (buffet).

L 'Espérance   ╽ ⁇ ⅍ VISA ◍ AE

16 bd Ste-Anne – ℰ *02 31 62 17 53 – www.lisieux-hotel.com – Ouvert de mi-avril*
à fin-oct.   BZe
100 ch – ♥79/115 € ♥♥89/129 € – ☲ 10 €
Rest – Menu 22/39 € – Carte 40/70 €
♦ Idéalement située en centre ville, cette bâtisse normande à colombages abrite des chambres rénovées dans un style contemporain. Une grande fresque campagnarde orne les murs de l'immense salle à manger. Recettes classiques actualisées.

✕✕ Aux Acacias   VISA ◍

13 r. Résistance – ℰ *02 31 62 10 95 – Fermé 20-30 déc., dim. soir et lundi*
Rest – Menu 17 € (sem.), 25/46 € – Carte 38/63 €   BZd
♦ Agréable restaurant au cadre provençal : mobilier rustique en bois peint, nappes et tentures pastel. Cuisine traditionnelle mettant à l'honneur les produits du terroir normand.

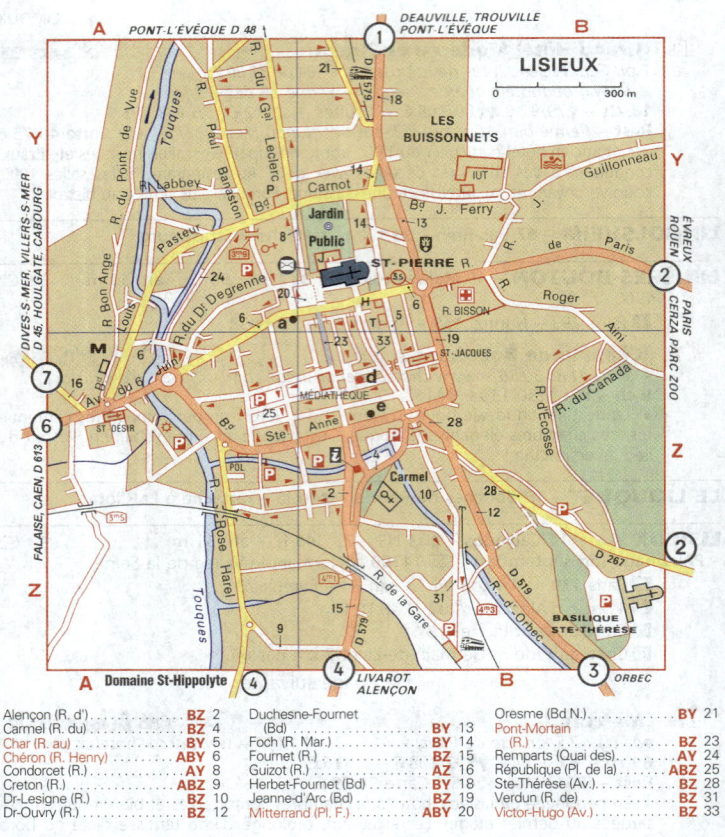

LISIEUX

0   300 m

Alençon (R. d')	**BZ** 2
Carmel (R. du)	**BZ** 4
Char (R. au)	**BY** 5
Chéron (R. Henry)	**ABY** 6
Condorcet (R.)	**AY** 8
Creton (R.)	**ABZ** 9
Dr-Lesigne (R.)	**BZ** 10
Dr-Ouvry (R.)	**BZ** 12

Duchesne-Fournet (Bd)	**BY** 13
Foch (R. Mar.)	**BY** 14
Fournet (R.)	**BZ** 15
Guizot (R.)	**AZ** 16
Herbet-Fournet (Bd)	**BY** 18
Jeanne-d'Arc (Bd)	**BZ** 19
Mitterrand (Pl. F.)	**ABY** 20

Oresme (Bd N.)	**BY** 21
Pont-Mortain (R.)	**BZ** 23
Remparts (Quai des)	**AY** 24
République (Pl. de la)	**ABZ** 25
Ste-Thérèse (Av.)	**BZ** 28
Verdun (R. de)	**BZ** 31
Victor-Hugo (Av.)	**BZ** 33

à **Ouilly-du-Houley** par ②, D 510 et D 262 : 10 km – 187 h. – alt. 55 m
– ✉ 14590

✕   **De la Paquine**   🐀 **P** VISA ✪

rte de Moyaux – ✆ *02 31 63 63 80 – Fermé 2-17 mars, 12 nov.-2 déc., dim. soir, mardi soir et merc.*
Rest – *(prévenir)* Menu 35 € – Carte 45/65 €
♦ À l'entrée du village, petite auberge fleurie au cadre rustique et chaleureux, où l'on propose une cuisine traditionnelle renouvelée de saison en saison.

LISLE-SUR-TARN – 81 Tarn – **338** C7 – 4 110 h. – alt. 127 m   29 C2
– ✉ 81310

> ▶ Paris 668 – Albi 32 – Cahors 105 – Castres 58
> 🛈 place Paul Saissac ✆ 05 63 40 31 85

✕   **Le Romuald**   🐀 VISA ✪
🐌
6 r. Port – ✆ *05 63 33 38 85 – Fermé vacances de la Toussaint, dim. soir, mardi soir et lundi*
Rest – Menu 12 € bc (déj. en sem.), 19/32 € – Carte 23/41 €
♦ Maison à pans de bois du 16ᵉ s. au cœur de la bastide. Cuisine traditionnelle et grillades préparées dans la grande cheminée qui agrémente la salle à manger rustique.

854

Le Cépage
🛜 VISA ⑩ AE

15 pl. Paul-Saissac – ✆ *05 63 33 50 44* – *Fermé vacances de la Tousaint, mardi soir, dim. soir et lundi*
Rest – Menu 13 € (déj.), 17/22 € – Carte 27/37 €
♦ Intérieur chaleureux de style bistrot moderne et agréable terrasse pour les beaux jours. Le chef réalise des recettes aux accents du terroir un brin revisitées.

LISSAC-SUR-COUZE – 19 Corrèze – **329** J5 – 664 h. – alt. 170 m   **24** B3
– ✉ 19600

▶ Paris 489 – Limoges 101 – Tulle 45 – Brive-la-Gaillarde 14

Château de Lissac *sans rest* 🍃
🅟 🖇

au bourg – ✆ *05 55 85 14 19* – *www.chateaudelissac.com* – *Fermé 1er nov.-1er mars*
6 ch – ♦120/150 € ♦♦120/150 € – ⥮ 12 €
♦ Ce château (13e, 15e et 18e s.), au calme dans un village, profite d'un très beau parc et d'une position dominante sur le lac. Confort et décoration délicatement actuelle.

LISSES – 91 Essonne – **312** D4 – **106** 32 – voir à Paris, Environs (Évry)

LIVRY-GARGAN – 93 Seine-Saint-Denis – **305** G7 – **101** 18 – voir à Paris, Environs

LA LLAGONNE – 66 Pyrénées-Orientales – **344** D7 – rattaché à Mont-Louis

LLO – 66 Pyrénées-Orientales – **344** D8 – rattaché à Saillagouse

LOCHES ⬤ – 37 Indre-et-Loire – **317** O6 – 6 375 h. – alt. 80 m   **11** B3
– ✉ 37600 ▮ Châteaux de la Loire

▶ Paris 261 – Blois 68 – Châteauroux 72 – Châtellerault 56
ℹ place de la Marne ✆ 02 47 91 82 82
◗ de Loches-Verneuil à Verneuil-sur-Indre La Capitainerie, par D 943 : 10 km, ✆ 02 47 94 79 48
◉ Cité médiévale★★ : donjon★★, église St-Ours★, Porte Royale★, porte des cordeliers★, hôtel de ville★ Y **H** - Chateaux★★ : gisant d'Agnès Sorel★, triptyque★ - Carrières troglodytiques de Vignemont★.
◗ Portail★ de la Chartreuse du Liget E : 10 km par ②.

Plan page suivante

Le George Sand
🛜 ᵞⁱ VISA ⑩ AE ⓪

39 r. Quintefol – ✆ *02 47 59 39 74*
– *www.hotelrestaurant-georgesand.com*   **Z**s
19 ch – ♦50/84 € ♦♦65/130 € – ⥮ 11 € – ½ P 60/68 €
Rest – *(fermé dim. soir du 1er oct. au 31 mars)* (12 € bc) Menu 21/28 €
– Carte 32/38 €
♦ Cette demeure du 15e s. sur les berges de l'Indre possède un esprit d'auberge familiale. Bel escalier à vis en pierre, chambres rustiques dont la moitié donne sur le fleuve. Plaisant restaurant (poutres, cheminée) et délicieuse terrasse couverte avec vue bucolique.

La Maison de l'Argentier du Roy *sans rest*
🚃 🖇 ᵞⁱ VISA ⑩

21 r. Saint-Ours – ✆ *02 47 91 62 86*
– *www.argentier-du-roy.eu*   **Z**r
4 ch ⥮ – ♦85 € ♦♦95/120 €
♦ Une maison en tuffeau dans la partie médiévale de la ville, pour un voyage hors du temps. Les chambres, thématiques, se nomment Belle Époque, Jacques Cœur ou Gîte du Chevalier !

LOCHES

Anciens A.F.N. (Pl. des)	**Z**
Auguste (Bd Ph.)	**Z**
Balzac (R.)	**YZ**
Bas-Clos (Av. des)	**Y** 2
Blé (Pl. au)	**Y** 3
Château (R. du)	**YZ** 5
Cordeliers (Pl. des)	**Y**
Descartes (R.)	**Y** 7
Donjon (Mail du)	**Z**
Droulin (Mail)	**Z**
Filature (Q. de la)	**Y** 8
Foulques-Nerra (R.)	**Y** 9
Gare (Av. de la)	**Y**
Gaulle (Av. Gén.-de)	**Y** 10
Grande-Rue	**Y** 13
Grand Mail (Pl. du)	**Y** 12
Lansyer (R.)	**Y** 14
Louis XI (Av.)	**Y**
Maquis Césario (Allée)	**Y**
Marne (Pl. de la)	**Y**
Mazerolles (Pl.)	**Y** 15
Moulins (R. des)	**Y** 16
Pactius (R. T.)	**Z** 17
Picois (R.)	**Y**
Ponts (R. des)	**Y** 18
Porte-Poitevine (R. de la)	**Y** 19
Poterie (Mail de la)	**Z**
Quintefol (R.)	**YZ**
République (R. de la)	**Y**
Ruisseaux (R. des)	**Z** 20
St-Antoine (R.)	**Y** 21
St-Ours (R.)	**Z** 22
Tours (R. de)	**Y**
Verdun (Pl. de)	**Y**
Victor-Hugo (R.)	**Y**
Vigny (R. A.-de)	**Y**
Wermelskirchen (Pl. de)	**Y** 29

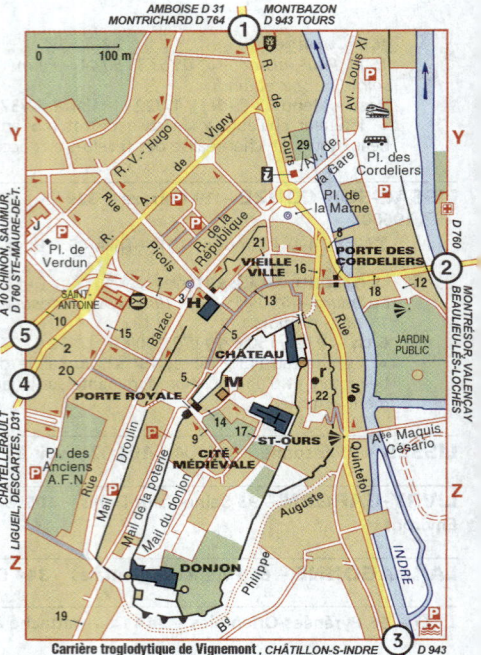

Carrière troglodytique de Vignemont, *CHÂTILLON-S-INDRE BUZANÇAIS, CHÂTEAUROUX*

LOCMARIAQUER – 56 Morbihan – **308** N9 – 1 598 h. – alt. 5 m – ⌧ 56740 ▮ Bretagne   **9** A3

▶ Paris 488 – Auray 13 – Quiberon 31 – La Trinité-sur-Mer 10

🛈 rue de la Victoire 𝒞 02 97 57 33 05

◉ Ensemble mégalithique ★★ - dolmens de Mané Lud★ et de Mané
Rethual★ - Tumulus de Mané-er-Hroech★ S : 1 km - Dolmen des Pierres
Plates★ SO : 2 km - Pointe de Kerpenhir ≼★ SE : 2 km.

  Des Trois Fontaines sans rest   ⊟ & ⸰¹⸰ **P** **VISA** ⸰₀

rte d'Auray – 𝒞 02 97 57 42 70
– www.hotel-troisfontaines.com
– *Fermé 7 nov.-25 déc. et 9 janv.-10 fév.*
18 ch – ♦72/135 € ♦♦72/135 € – ⌣ 11 €

◆ À l'entrée du village, un hôtel engageant avec un beau jardin fleuri. L'agréable
salon et les chambres, meublées d'acajou, évoquent le bord de mer. Accueil vraiment charmant.

⌂ **Le Neptune** sans rest ⸰   ≼ & **P** 🅰🅴

port du Guilvin – 𝒞 02 97 57 30 56 – www.hotel-le-neptune.fr
– *Ouvert 1ᵉʳ avril-30 sept.*
12 ch – ♦53/75 € ♦♦53/75 € – ⌣ 7 €

◆ Cet hôtel familial, situé sur le port du Guilvin, propose des chambres toutes
simples. Préférez celles de l'annexe, plus spacieuses et dotées d'une terrasse donnant sur le golfe.

LOCMINÉ – 56 Morbihan – **308** N7 – 3 922 h. – alt. 108 m – ⌧ 56500   **10** C2
▮ Bretagne

▶ Paris 453 – Lorient 52 – Pontivy 24 – Quimper 114

🛈 place Anne de Bretagne 𝒞 02 97 60 00 37

à Bignan Est : 5 km par D 1 – 2 549 h. – alt. 148 m – ⊠ 56500

XX **Auberge La Chouannière** ⇔ VISA ⮾ ①
6 r. Georges Cadoudal – ℰ 02 97 60 00 96 – Fermé 1er-17 mars, 28 juin-6 juil.,
5-21 oct., dim. soir, mardi soir, merc. soir et lundi
Rest – Menu 22 € (déj.), 32/71 € bc
♦ Pierre Guillemot, farouche lieutenant de Cadoudal, était natif du village : il est
l'un des chouans célébrés par l'enseigne... Sobre décor et carte classique.

LOCQUIREC – 29 Finistère – **308** J2 – 1 405 h. – alt. 15 m – ⊠ 29241   **9** B1
▮ Bretagne

　　 ▶ Paris 534 – Brest 81 – Guingamp 52 – Lannion 22
　　 ⓘ place du Port ℰ 02 98 67 40 83
　　 ◉ Église★ - Pointe de Locquirec★ 30 mn - Table d'orientation de Marc'h
　　　 Sammet ⩻★ O : 3 km.

⌂ **Le Grand Hôtel des Bains** ⑨ ⩻ 🚿 🔲 ⑨ 📶 🍴 rest, 🍴 🅿
15 bis r. de l'Église – ℰ 02 98 67 41 02 VISA ⮾ AE ①
– www.grand-hotel-des-bains.com
36 ch – �player126/229 € ♥♥131/246 € – ⌷ 13 €
Rest – *(dîner seult)* Menu 39 € – Carte 51/103 €
♦ Piscine d'eau salée, beau jardin dominant la mer, salles de massage et chambres
de style balnéaire contemporain : autant d'atouts pour ce lieu où fut tourné "L'Hôtel de la plage". Restaurant chic (lambris pastel) et cuisine iodée face à la baie.

LOCRONAN – 29 Finistère – **308** F6 – 800 h. – alt. 105 m – ⊠ 29180   **9** A2
▮ Bretagne

　　 ▶ Paris 576 – Brest 66 – Briec 22 – Châteaulin 18
　　 ⓘ place de la Mairie ℰ 02 98 91 70 14
　　 ◉ Place★★ - Église St-Ronan et chapelle du Pénity★★ - Montagne de
　　　 Locronan ⩻★ E : 2 km.

⌂ **Le Prieuré** 🚿 🏠 🍴 ch, 🍴 🅿 VISA ⮾ AE
11 r. Prieuré – ℰ 02 98 91 70 89 – www.hotel-le-prieure.com
– Hôtel : Ouvert 15 mars-11 nov., rest : fermé 12-30 nov. et vacances de fév.
15 ch – ♥54/59 € ♥♥64/73 € – ⌷ 9 € – ½ P 60/65 €
Rest – *(14 €)* Menu 23/35 € – Carte 25/60 €
♦ Petit hôtel familial situé à l'entrée du pittoresque village breton. Davantage de
calme dans les chambres côté jardin ou à l'annexe, récemment rénovée. Repas
traditionnel dans un cadre chaleureux : poutres, pierres apparentes, cheminée et
mobilier régional.

au Nord-Ouest : 3 km par rte secondaire – ⊠ 29550 Plonévez-Porzay

⌂ **Manoir de Moëllien** ⑨ ⩻ ⑨ & ch, 🅿 VISA ⮾ AE ①
– ℰ 02 98 92 50 40 – www.moellien.com – Ouvert 26 mars-15 nov.
18 ch *(½ P seult)* – ⌷ 12 € – ½ P 72/80 € **Rest** – *(dîner seult) (résidents seult)*
♦ Joli manoir du 17e s. isolé dans un vaste parc en pleine campagne. Les chambres, aménagées dans les dépendances, profitent du grand calme. Cuisine traditionnelle servie dans la belle salle à manger (imposantes cheminées).

LOCTUDY – 29 Finistère – **308** F8 – 4 045 h. – alt. 8 m – ⊠ 29750   **9** A2
▮ Bretagne

　　 ▶ Paris 587 – Rennes 236 – Quimper 26 – Concarneau 40
　　 ⓘ place des Anciens Combattants ℰ 02 98 87 53 78

XX **Auberge Pen Ar Vir** (Arnaud Le Levier) 🚿 & 🅿 VISA ⮾
❀ *r. Cdt. Carfort – ℰ 02 98 87 57 09 – Fermé vacances de la Toussaint, 5-25 janv.,*
mardi midi de mai à sept., mardi et merc. de mi-sept. à mi-avril, dim. soir et lundi
Rest – *(22 €)* Menu 32/75 €
Spéc. Gourmandises d'ormeaux à la paillarde (15 juin-15 sept.). Poissons de ligne.
Assiette gourmande.
♦ Excellente cuisine de la mer : sélectionnant des produits d'une extrême fraîcheur, le chef dresse des plats simples et dépouillés, qui mettent le cap sur le
goût. Élégant cadre contemporain, dans une villa au bord d'un bras de mer.

LODÈVE ⬧ – 34 Hérault – **339** E6 – 7 334 h. – alt. 165 m – ✉ 34700   **23** C2
🟩 Languedoc Roussillon
- ▶ Paris 695 – Alès 98 – Béziers 63 – Millau 60
- ℹ 7, place de la République ✆ 04 67 88 86 44
- 🟢 Anc. cathédrale St-Fulcran★ - Musée de Lodève★ - Cirque du Bout du Monde★.

Paix
*11 bd Montalangue – ✆ 04 67 44 07 46 – www.hotel-dela-paix.fr – Fermé
15-30 nov., fév., sam. midi, dim. soir et lundi d' oct. à avril sauf vacances scolaires*
22 ch – †50/55 € ††58/75 € – 1 suite – ☕ 8 € – ½ P 61/76 €
Rest – Menu 18/37 € bc – Carte 41/49 €
- ♦ Ancien relais de poste converti en hôtel familial, aux portes des Grands Causses. Chambres décorées dans un style provençal, coloré et gai. Cuisine régionale accompagnée de vins du Languedoc à apprécier dans la salle à manger contemporaine.

Du Nord sans rest
*18 bd Liberté – ✆ 04 67 44 10 08 – www.hotellodeve.com – Fermé vacances de
la Toussaint et de Noël*
24 ch – †43/56 € ††49/60 € – 1 suite – ☕ 8 €
- ♦ Cet immeuble du centre-ville a vu naître le compositeur Georges Auric en 1899. Il abrite des chambres simples et fonctionnelles. Agréable terrasse pour le petit-déjeuner, sauna.

LOGELHEIM – 68 Haut-Rhin – **315** I8 – **rattaché à Colmar**

LOGONNA-DAOULAS – 29 Finistère – **308** F5 – 1 969 h. – alt. 45 m   **9** A2
– ✉ 29460
- ▶ Paris 578 – Brest 25 – Morlaix 75 – Quimper 59

Le Domaine de Moulin Mer ⬧
*34 rte de Moulin Mer, 1 km par D 333 – ✆ 02 98 07 24 45
– www.domaine-moulin-mer.com*
5 ch ☕ – †75/130 € ††75/130 €   **Table d'hôte** – Menu 40 € bc
- ♦ Sur le route du littoral, cette demeure début 20ᵉ s. posée dans un beau jardin fleuri, planté de palmiers et magnolias, recèle des chambres parfaitement tenues, décorées de meubles chinés. Menu du jour préparé par le propriétaire (uniquement hors saison).

LOHÉAC – 35 Ille-et-Vilaine – **309** K7 – 603 h. – alt. 50 m – ✉ 35550   **10** D2
- ▶ Paris 380 – Châteaubriant 51 – Ploërmel 47 – Redon 33
- 🟢 Manoir de l'automobile★★ 🟩 **Bretagne.**

Hostellerie du Village sans rest
*21 r. de la Poste – ✆ 02 99 34 19 19 – www.hotel-cafeduvillage.com – Fermé
24 déc.-2 janv.*
7 ch – †54/98 € ††64/115 € – ☕ 8 €
- ♦ Ancienne étape pour les pèlerins de Compostelle (16ᵉ s.). Chambres de caractère (quelques lits clos), thématiques dans l'annexe ("Capitaine", "Serre", etc.). Bar à vin très rustique.

LOIRÉ – 49 Maine-et-Loire – **317** D3 – 765 h. – alt. 39 m – ✉ 49440   **34** B2
- ▶ Paris 322 – Ancenis 35 – Angers 45 – Châteaubriant 34

Auberge de la Diligence (Michel Cudraz)
*4 r. de la Libération – ✆ 02 41 94 10 04 – www.diligence.fr
– Fermé 30 avril-9 mai, 6-29 août, 24-26 déc., sam. midi, dim. soir et lundi*
Rest – *(nombre de couverts limité, prévenir)* (30 €) Menu 40/82 €
– Carte 44/78 € 🍸
Spéc. Fricassée de langoustines, escalope de foie gras chaud. Ormeaux du Cotentin et couteaux cuits dans un bouillon à l'hysope. Crêpe au chocolat, zestes d'orange et sorbet mangue. **Vins** Savennières, Muscadet de Sèvre-et-Maine sur lie.
- ♦ Vieilles pierres et terrasse au jardin : un charmant écrin pour une ambitieuse cuisine contemporaine, relevée par les herbes du potager et quelques notes d'Asie, passion du chef.

LOIRE-SUR-RHÔNE – 69 Rhône – **327** H6 – **rattaché à Givors**

LOMENER – 56 Morbihan – **308** K8 – **rattaché à Ploemeur**

LA LONDE-LES-MAURES – 83 Var – **340** M7 – 10 034 h. – alt. 24 m   **41** C3
– ✉ 83250

> ▶ Paris 868 – Marseille 93 – Toulon 29 – La Seyne-sur-Mer 35
> 🛈 avenue Albert Roux ☎ 04 94 01 53 10

✗✗ **Cédric Gola**   [AC] [VISA] [CO]
22 av. Georges-Clemenceau – ☎ 04 94 66 97 93 – Fermé 1 sem. en mars et en juin, 14 nov.-26 déc., le midi sauf le dim. de sept. à juin, lundi et mardi
Rest – *(dîner seult) (nombre de couverts limité, prévenir)* Menu 34/75 €
♦ Ce bistrot chic (beau carrelage d'époque, haut plafond, vieux comptoir...) propose une cuisine fine, marquée par le Sud et les saisons (menu truffe). Accueil charmant.

LONDINIÈRES – 76 Seine-Maritime – **304** I3 – 1 188 h. – alt. 78 m   **33** D1
– ✉ 76660

> ▶ Paris 147 – Amiens 78 – Dieppe 27 – Neufchâtel-en-Bray 14
> 🛈 Mairie ☎ 02 35 94 90 69

✗ **Auberge du Pont** avec ch   [VISA] [CO] [AE]
☞ *14 r. du Pont de Pierre – ☎ 02 35 93 80 47 – Fermé 1er-15 fév., dim. soir et lundi*
10 ch – †40 € ††40 € – � 5 € – ½ P 51 €   **Rest** – Menu 10 € (sem.), 16/32 €
♦ Petite auberge normande située sur les bords de l'Eaulne. Cuisine régionale servie dans une salle à manger de style champêtre. Chambres refaites, fonctionnelles et colorées, bien pratiques pour l'étape.

LA LONGEVILLE – 25 Doubs – **321** I4 – **rattaché à Montbenoît**

LONGJUMEAU – 91 Essonne – **312** C3 – **101** 35 – **voir à Paris, Environs**

LONGUES – 63 Puy-de-Dôme – **326** G9 – **rattaché à Vic-le-Comte**

LONGUYON – 54 Meurthe-et-Moselle – **307** E2 – 5 754 h. – alt. 213 m   **26** B1
– ✉ 54260

> ▶ Paris 314 – Metz 79 – Nancy 133 – Sedan 69
> 🛈 place S. Allende ☎ 03 82 39 21 21

à Rouvrois-sur-Othain (Meuse) Sud : 7,5 km par D 618 – 184 h. – alt. 223 m
– ✉ 55230

✗✗ **La Marmite**   [AC] [%] [VISA] [CO] [AE]
☞ *11 rte Nationale – ☎ 03 29 85 90 79 – Fermé 30 août-10 sept., 2-18 janv., mardi en hiver, dim. soir et lundi sauf fériés*
Rest – Menu 15 € (déj.), 26/49 € – Carte 35/60 €
♦ Retrouvez dans cette "marmite" des plats authentiques et savoureux, concoctés avec de bons produits locaux. Jolie salle rustique avec cheminée. Accueil et service aimables.

LONGWY – 54 Meurthe-et-Moselle – **307** F1 – 14 317 h. – alt. 262 m   **26** B1
– ✉ 54400 █ Alsace Lorraine

> ▶ Paris 328 – Luxembourg 38 – Metz 64 – Thionville 41
> 🛈 place Darche ☎ 03 82 24 94 54
> 👁 Musée municipal : collection de fers à repasser ★.

à Mexy Sud : 3 km par N2 – 2 163 h. – alt. 369 m – ✉ 54135

🏨 **Ibis**   [≡] [&] ch, [AC] ch, [¶] [&] [P] [VISA] [CO] [AE]
☞ *r. Château d'Eau – ☎ 03 82 23 14 19 – www.ibishotel.com*
62 ch – †59/75 € ††59/75 € – � 8 €
Rest – Menu 10 € bc (déj. en sem.), 13 € bc/32 € – Carte 18/32 €
♦ Établissement situé à proximité d'un axe passant. Les installations sont spacieuses, l'équipement complet et le mobilier contemporain. Chambres de style actuel. Assiettes gourmandes et formule buffets à découvrir dans un sobre décor.

LONS – 64 Pyrénées-Atlantiques – **342** J3 – 11 799 h. – alt. 162 m — 🗺️ **3** B3
– ✉ 64140

▶ Paris 837 – Bordeaux 259 – Pau 6 – Tarbes 50

🏠 **Le Fer à Cheval** 🚗 🛏️ 📶 🛁 Ⓟ 🅅🅸🆂🅰 ⑨
1 av. des Martyrs-du-Pont-Long – ✆ 05 59 32 17 40
– www.hotel-feracheval.com
10 ch – ♦52/65 € ♦♦62/75 € – ☕ 8 €
Rest – *(fermé dim. soir)* Menu 23 € bc (déj. en sem.)/38 € – Carte 47/58 €
◆ Ce relais de poste a fait peau neuve en 2010 et c'est réussi ! Les chambres
marient le contemporain et l'ancien avec simplicité et sont bien insonorisées. Au
restaurant, cuisine actuelle sans prétention. L'été, on profite de la terrasse : glycine, tilleul, camélias...

LONS-LE-SAUNIER Ⓟ – 39 Jura – **321** D6 – 17 879 h. – alt. 255 m — **16** B3
– Stat. therm. : début avril-fin oct. – Casino – ✉ 39000 Ⓘ Franche-Comté Jura

▶ Paris 408 – Besançon 84 – Bourg-en-Bresse 73 – Chalon-sur-Saône 61

🛈 place du 11 Novembre ✆ 03 84 24 65 01

🏌️ du Val de Sorne Vernantois, S : 6 km par D 117 et D 41,
✆ 03 84 43 04 80

◉ Rue du Commerce★ - Théâtre★ - Pharmacie★ de l'Hôtel-Dieu.

LONS-LE-SAUNIER

0   200 m

MACORNAY, ST-JULIEN

Anc.-Collège (Pl. de l') . . . . . . **Y** 2	Ferry (Bd J.) . . . . **Z** 15	Moulin (Av. J.) . . . . **Y** 25
Bichat (Pl.) . . . . **Y** 3	Jean-Jaurès (R.) . . . . **YZ**	Pasteur (R.) . . . . **Y** 26
Chevalerie (Prom. de la) . . . . **V** 7	Lafayette (R.) . . . . **Y** 16	Préfecture (R. de la) . . . . . . **Z** 27
Chevalerie (R. de la) . . . . . . **Y** 9	Lattre-de-T. (Bd Mar. De) . . . **Z** 18	Sébile (R.) . . . . **V** 30
Colbert (Cours) . . . . **Y** 12	Lecourbe (R.) . . . . **Y**	Tamisier (R.) . . . . **Y** 31
Commerce (R. du) . . . . **Y**	Liberté (Pl. de la) . . . . **Y**	Trouillot (R. G.) . . . . **Y** 32
Cordeliers (R. des) . . . . **Y** 13	Mendès-France (Av. P.) . . . . . **Y** 23	Vallière (R. de) . . . . **YZ** 34
Curé-Marion (R. du) . . . . . . **Z** 14	Monot (R. E.) . . . . **Y** 24	11-Novembre (Pl. du) . . . . . **Y** 35

Du Béryl sans rest   🔥 🗚 ¶¹ 🏊 🅿 VISA ⚫ 🗚 ⓪

805 bd de l'Europe, 1 km par ① rte de Besançon puis D 1083 – ℰ 03 84 24 40 50
– www.groupe-emeraude.com
40 ch – ♦65/75 € ♦♦75/95 € – ⊊ 9 € – ½ P 64/74 €

♦ Non loin du casino, cet hôtel possède des chambres modernes et spacieuses
aux teintes beiges reposantes. Mobilier contemporain. Tarifs raisonnables.

Parc   🖼 🔥 rest, 🗚 ¶¹ 🏊 🅿 VISA ⚫ 🗚 ⓪

9 av. J. Moulin – ℰ 03 84 86 10 20 – www.hotel-parc.fr   Y**s**
16 ch – ♦53 € ♦♦59 € – ⊊ 8 € – ½ P 93 €
Rest – *(fermé dim. soir)* (12 €) Menu 15/28 € – Carte 10/17 €

♦ À deux pas du parc des Bains, ce sympathique hôtel dispose de chambres
colorées et fonctionnelles. Mobilier en bois cérusé. Sobre salle à manger et cuisine traditionnelle simple utilisant les produits régionaux.

à Chille par ① rte de Besançon et D 157 : 3 km – 321 h. – alt. 330 m – ⊠ 39570

Parenthèse ⤸   🌳 🍽 ⚒ 🕸 🕹 📶 🔥 ch, ¶¹ 🏊 🅿 VISA ⚫ 🗚

186 chemin du Pin – ℰ 03 84 47 55 44 – www.hotelparenthese.com – Fermé
22-29 déc.
34 ch – ♦99/153 € ♦♦99/153 € – ⊊ 11 € – ½ P 92/119 €
Rest – *(fermé dim. soir sauf juil.-août, sam. midi et lundi midi)* Menu 20 € (sem.),
27/54 € – Carte 40/73 €

♦ Au cœur d'un parc, cet hôtel dispose de chambres spacieuses au mobilier
actuel (certaines avec balcon ou terrasse). Piscine et spa complet flambant neuf.
Une adresse tenue par un couple dynamique. Au restaurant, cuisine dans l'air du
temps fidèle au terroir.

au Sud par D 117 et D 41 : 6 km – ⊠ 39570 Vernantois

Domaine du Val de Sorne ⤸   ≼ 🍽 ⚒ 🕹 🕸 🖼 🖼 🗚 rest, ¶¹ 🏊
                      🅿 VISA ⚫ 🗚
– ℰ 03 84 43 04 80 – www.valdesorne.com
– Fermé 18 déc.-11 janv.
35 ch – ♦81/112 € ♦♦92/125 € – ⊊ 12 € – ½ P 77/92 €
Rest – *(fermé dim. soir d'oct. à déc. et de janv. à avril)* Menu 21/35 €
– Carte 39/48 €

♦ Construction régionale moderne, sur le golf du Val de Sorne. Les chambres,
spacieuses, ont été rénovées dans un style contemporain élégant. Équipements
de loisirs de qualité. Restaurant avec vue sur les greens, carte traditionnelle (grillades et salades en été).

à Courlans par ③ rte de Chalon, N 78 : 6 km – 927 h. – alt. 227 m – ⊠ 39570

XXX **Hôberge de Chavannes** avec ch   🍽 🔥 🗚 ¶¹ 🅿 VISA ⚫

1890 rte de Chalon – ℰ 03 84 47 05 52 – www.auberge-de-chavannes.com
11 ch – ♦88 € ♦♦88/98 € – ⊊ 10 €
Rest – *(fermé dim. soir et lundi)* (15 €) Menu 20 € (sem.)/50 € – Carte 36/43 €

♦ Cette maison traditionnelle cache une salle au design de bon goût ; cuisine inventive et récréative bien maîtrisée. Excellent service. Bois blond et décoration méditerranéenne dominent dans les chambres situées à l'arrière du bâtiment, au calme.

LE LONZAC – 19 Corrèze – **329** L3 – 825 h. – alt. 450 m – ⊠ 19470   **25** C2
   ▶ Paris 479 – Limoges 90 – Tulle 29 – Brive-la-Gaillarde 62

X **Auberge du Rochefort** avec ch   🍽 ¶¹ VISA ⚫

36 av. de la Libération – ℰ 05 55 97 93 42 – www.auberge-du-rochefort.fr
– Fermé 1ᵉʳ-15 oct. et mardi
6 ch – ♦45/60 € ♦♦45/60 € – ⊊ 7 €   **Rest** – Menu 11/30 € – Carte 37/74 €

♦ Cette maison à colombages typique semble sortie d'une carte postale. Salle à manger rustique où l'accueil est à la hauteur de la cuisine, actuelle et soignée. Table d'hôtes. L'étage abrite six chambres de bon confort, douillettes et fonctionnelles.

LORAY – 25 Doubs – **321** I4 – 435 h. – alt. 745 m – ✉ 25390   **17** C2

▶ Paris 448 – Baume-les-Dames 35 – Besançon 46 – Morteau 22

✕✕ 🍴 **Robichon** avec ch ⌂   🏠 ⁽ⁱ⁾ P VISA 🔵
⌂⌂ 22 Grande Rue – 𝒞 03 81 43 21 67 – www.hotel-robichon.com – Fermé 1ᵉʳ-8 oct.,
15-25 nov., 15-31 janv., sam. midi, dim. soir et lundi
11 ch – ♦57/62 € ♦♦57/62 € – 🍽 9 €
Rest – (14 €) Menu 25 € (déj. en sem.)/45 € – Carte 30/69 €
Rest *P'tit Bichon* – *(fermé sam. midi, dim. soir et lundi soir)* (13 € bc) Menu 15 €
(déj. en sem.)/22 € – Carte 23/31 €
◆ Robuste maison régionale située au centre du bourg. Cuisine de tradition servie dans une salle contemporaine (boiseries claires et mobilier coloré). Petites
chambres traditionnelles pour l'étape. Au P'tit Bichon, décor façon chalet franc-
comtois, plats régionaux, grillades et menu du jour.

LORGUES – 83 Var – **340** N5 – 8 550 h. – alt. 200 m – ✉ 83510   **41** C3
🟩 Côte d'Azur

▶ Paris 841 – Brignoles 34 – Draguignan 12 – Fréjus 37
🛈 place Trussy 𝒞 04 94 73 92 37

✕✕✕ 🍴 **Bruno** (Clément Bruno) avec ch ⌂   ≤ 🍷 🏠 🌊 AC ch, 📞 P
❁ 2350 rte des Arcs, Campagne Mariette, 3 km au Sud-Est   VISA 🔵 AE ①
par rte des Arcs – 𝒞 04 94 85 93 93 – www.restaurantbruno.com
– Fermé dim. soir et lundi du 15 sept. au 15 juin
6 ch – ♦100 € ♦♦200/306 € – 🍽 35 €   **Rest** – *(prévenir)* Menu 65/185 €
Spéc. "De la Russie des Tsars aux saveurs de Provence", caviar de truffe, blinis,
tomate confite et crème fouettée à la truffe. Pomme de terre de Noirmoutier en
robe des champs aux truffes. Pigeon des cols alpins en feuilleté au foie gras et
aux truffes. **Vins** Côtes de Provence.
◆ Un chef truculent, vouant une passion à la truffe, tient ce mas entouré de
vignes. Décor rustico-provençal charmant, menu unique dédié au précieux tuber-
cule (d'hiver et d'été). Jolies chambres en rez-de-jardin.

✕✕ **Le Chrissandier**   🏠 AC VISA 🔵 AE ①
18 cours de la République – 𝒞 04 94 67 67 15 – www.lechrissandier.com
– Fermé janv., mardi et merc. sauf en été
Rest – (15 €) Menu 47/63 € – Carte 18/47 €
◆ Jolie adresse dont le chef honore tradition et beaux produits. Derrière une
devanture de bois, décor agréable mêlant tons clairs et pierres ; patio sous une
treille.

au Nord-Ouest par rte de Salernes, D 10 et rte secondaire : 8 km – ✉ 83510

🏰 **Château de Berne** ⌂   ≤ 🌲 🏠 🌊 🌐 ⼂ ✕ 🏢 & ch, AC 🍴 rest, 📶 🛁
rte de Salernes – 𝒞 04 94 60 48 88   P VISA 🔵 AE ①
– www.chateauberne.com – Fermé 2 janv.-11 fév.
18 ch – ♦195/610 € ♦♦195/610 € – 1 suite – 🍽 25 € – ½ P 180/387 €
Rest – *(fermé le midi)* Menu 60/115 € – Carte 86/94 €
Rest *La Bouscarelle* – *(ouvert de Pâques à fin oct. et fermé le soir)* (22 €)
Menu 28/35 € – Carte 33/45 €
◆ Au bout d'un long chemin serpentant à travers la garrigue... une parenthèse
bénie dans un domaine viticole de 600 ha ! On partage son temps entre les
chambres – élégantes –, les cours de cuisine, les dégustations de vin, les concerts,
le spa... Cuisine fine au restaurant ; grillades aux sarments côté brasserie.

LORIENT 🔵 – 56 Morbihan – **308** K8 – 58 547 h. – Agglo. 116 174 h.   **9** B2
– alt. 4 m – ✉ 56100 🟩 Bretagne

▶ Paris 503 – Quimper 69 – St-Brieuc 116 – St-Nazaire 146
✈ de Lorient-Bretagne Sud : 𝒞 02 97 87 21 50, 9 km par D 162 AZ.
🛈 quai de Rohan 𝒞 02 97 84 78 00
⛳ de Valqueven à Quéven Lieu dit Kerruisseau, N : 8 km par D 765,
𝒞 02 97 05 17 96
◉ Base des sous-marins★ AZ - Intérieur★ de l'église N.-D.-de-Victoire BY **E.**

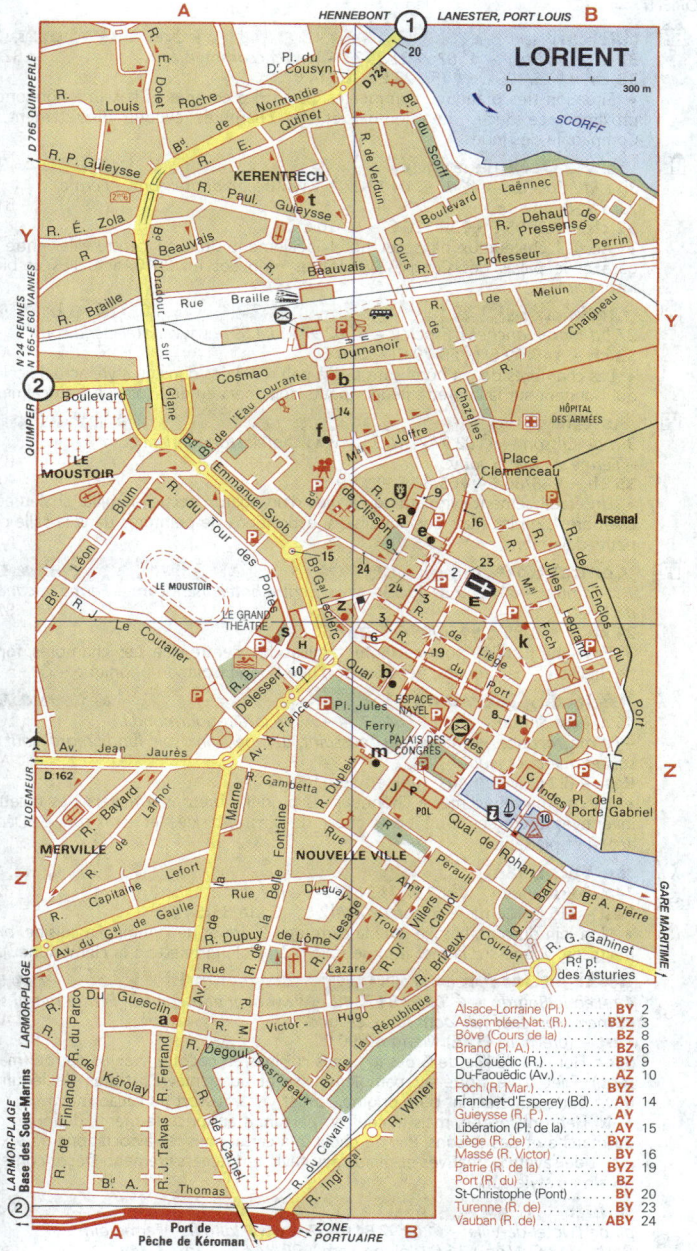

LORIENT

Alsace-Lorraine (Pl.) . . . . **BY** 2
Assemblée-Nat. (R.) . . . . . . **BYZ** 3
Bôve (Cours de la) . . . . **BZ** 8
Briand (Pl. A.) . . . . **BZ** 6
Du-Couëdic (R.) . . . . **BY** 9
Du-Faouëdic (Av.) . . . . **AZ** 10
Foch (R. Mar.) . . . . **BYZ**
Franchet-d'Esperey (Bd) . . . **AY** 14
Guieysse (R. P.) . . . . **AY**
Libération (Pl. de la) . . . . . . **AY** 15
Liège (R. de) . . . . **BYZ**
Massé (R. Victor) . . . . **BY** 16
Patrie (R. de la) . . . . **BYZ** 19
Port (R. du) . . . . **BZ**
St-Christophe (Pont) . . . . . . **BY** 20
Turenne (R. de) . . . . **BY** 23
Vauban (R. de) . . . . **ABY** 24

Mercure sans rest 🛗 ⟰ 🅰️ 〽️ ᠅ VISA ◉◉ AE ⑩

31 pl. Jules-Ferry – ℰ *02 97 21 35 73 – www.accorhotels.com* BZm
58 ch – 🛉75/123 € 🛉🛉75/123 € – � 14 €

♦ Situation très pratique : commerces, palais des congrès et bassin à flot sont à proximité. Le décor du salon-bar et des chambres évoque discrètement la Compagnie des Indes.

Escale Océania sans rest 〽️ 〽️ 🅿️ VISA ◉◉ AE

30 r. du Couëdic – ℰ *02 97 64 13 27 – www.oceaniahotel.com – Fermé
23 déc.-8 janv.* BYa
32 ch – 🛉55/95 € 🛉🛉59/120 € – ⊹ 10 €

♦ Accueil chaleureux dans cet hôtel idéalement situé en centre-ville, entre la gare et le palais des Congrès. Chambres rénovées en 2010, actuelles et bien insonorisées.

Cléria sans rest 🛗 〽️ 🅿️ VISA ◉◉ AE ⑩

27 bd Mar.-Franchet-d'Esperey – ℰ *02 97 21 04 59 – www.hotel-cleria.com*
33 ch – 🛉49/69 € 🛉🛉59/79 € – ⊹ 9 € AYf

♦ Les chambres de cet hôtel sont peu à peu rénovées dans un style actuel ; celles qui donnent sur la courette fleurie (petits-déjeuners en été) sont plus au calme.

Astoria sans rest 🛗 〽️ ᠅ VISA ◉◉ AE

3 r. de Clisson – ℰ *02 97 21 10 23 – www.hotelastoria-lorient.com
– Fermé 23 déc.-7 janv.* BYe
35 ch – 🛉65/86 € 🛉🛉65/86 € – ⊹ 9 €

♦ Un établissement sympathique à plus d'un égard : accueil familial chaleureux, chambres simples mais personnalisées, expositions de peintures dans la salle des petits-déjeuners.

Central Hôtel sans rest 〽️ VISA ◉◉ AE

1 r. Cambry – ℰ *02 97 21 16 52 – www.centralhotellorient.com – Fermé vacances
de Noël* BZb
21 ch – 🛉50/85 € 🛉🛉50/95 € – ⊹ 8,50 €

♦ Enseigne justifiée pour cet hôtel familial du... centre-ville. Les chambres, fonctionnelles et bien tenues, bénéficient d'une bonne isolation phonique.

✗✗ **Le Jardin Gourmand** 🅰️ ⟺ VISA ◉◉ AE

46 r. Jules Simon – ℰ *02 97 64 17 24 – www.jardin-gourmand.fr
– Fermé vacances de fév., de la Toussaint, de Noël, dim. soir, lundi, mardi sauf en
saison, merc. et jeudi* AYt
Rest – (22 €) Menu 40 € (déj. en sem.)/54 €🍷

♦ La chef-patronne met à l'honneur les produits bretons à travers des recettes inventives escortées d'un beau choix de vins, whiskies et eaux-de-vie. Décor actuel et plaisant.

✗✗ **Le Yachtman** ⟰ ⟺ VISA ◉◉
⊛
14 r. Poissonnière – ℰ *02 97 21 31 91 – Fermé dim.* BZu
Rest – (15 €) Menu 19 € (sem.), 29/42 € – Carte 35/54 €🍷
♦ Non loin du port, la salle joue la carte de l'épure et de l'intime. La cuisine, bien maîtrisée, vogue sur la mer (morue fraîche à l'aïoli, tartelette à la clémentine...).

✗ **Henri et Joseph** (Philippe Le Lay) 〽️ VISA ◉◉ AE
❀
4 r. Léo-le-Bourgo – ℰ *02 97 84 72 12 – www.henrietjoseph.fr – Fermé mardi soir
et merc. soir sauf juil.-août, dim. et lundi* AYz
Rest – (prévenir) (32 €) Menu 49/90 €
Spéc. Homard de l'île de Groix, légumes cuisinés en cocotte, vrai jus de rôti (mai à sept.). Filet d'oie frotté au pamplemousse et au genièvre, strates de légumes (fév.). Tarte au chocolat pure origine, sorbet yuzu, ressort au cacao (nov.).

♦ Ni Henri ni Joseph, mais le chef en personne annonce le menu, défini au gré du marché et des saisons. Pas de choix à la carte, mais les associations de textures et de saveurs, créatives et maîtrisées, ravissent nécessairement. Décor contemporain au style sûr.

✗ **L'Alto** 🍴 ⟰ VISA ◉◉
⊛
pl. de l'Hôtel-de-Ville – ℰ *02 97 84 07 57 – www.lalto.fr – Fermé dim.*
Rest – (13 €) Menu 16 € (déj. en sem.), 20/34 € – Carte 31/49 € AZs
❀
♦ Une atmosphère résolument lounge dans l'enceinte du Grand Théâtre + deux jeunes frères aux commandes = une cuisine sincère, fraîche et savoureuse.

❌ Le Tire Bouchon
VISA ⦿ AE

45 r. Jules-Legrand – ✆ 02 97 84 71 92 – www.letirebouchon.net
– Fermé 2-12 Janvier, 21 Août-8 sept., sam. midi et merc.   BZ**k**
Rest – (12 €) Menu 15 € (déj.), 27/54 € – Carte 34/62 €
◆ Ne vous fiez pas à la façade anodine, elle cache une coquette salle à manger (poutres et cheminée). Cuisine traditionnelle épurée, attentive aux saisons. Accueil souriant.

❌ Le Pécharmant
VISA ⦿

5 r. Carnel – ✆ 02 97 21 33 86 – Fermé 23-30 avril, 7-21 juil., 1er-7 nov.,
1er-7 janv., dim., lundi et fériés   AZ**a**
Rest – (15 €) Menu 17 € (sem.), 35/69 € – Carte 38/70 €
◆ La façade orange ornée de casseroles en cuivre ne passe pas inaperçue, mais c'est bien grâce à sa cuisine – généreuse et délicate – que ce petit restaurant ne désemplit pas.

❌ Le Pic
🍃 ⇄ VISA ⦿ AE

2 bd du Mar.-Franchet-d'Esperey – ✆ 02 97 21 18 29 – www.restaurant-lepic.com
– Fermé 11-17 juil., merc. soir, sam. midi et dim. sauf fériés   AY**b**
Rest – (15 €) Menu 19/38 € – Carte 35/47 €
◆ Façade rouge, décor rétro (vitraux, miroirs, comptoir), ambiance de brasserie intime, cuisine traditionnelle et arrivages de poisson frais… Une adresse qui tombe à pic !

au Nord-Ouest : 3,5 km par D 765 **AY** – ⊠ 56100 Lorient

❌❌❌ L'Amphitryon (Jean-Paul Abadie)
⎸ AC ⅝ VISA ⦿ AE

❀❀ 127 r. du Col.-Müller – ✆ 02 97 83 34 04 – www.amphitryon-abadie.com
– Fermé 29 mai-8 juin, 18 sept.-5 oct., 9-23 janv., dim. et lundi
Rest – Menu 50 € (sem.), 88/150 € – Carte 112/152 €🕸
Spéc. Maquereau confit et fenouil (mai à sept.). Homard, safran et gingembre (mai à sept.). Chocolat et violette.
◆ Cuisine d'auteur ludique, fine et inspirée, mettant les produits de la mer à l'honneur ; superbe sélection de crus confidentiels ; service aussi professionnel que charmant et beau cadre contemporain : l'Amphitryon triomphe !

LORMONT – 33 Gironde – **335** H5 – **rattaché à Bordeaux**

LORP-SENTARAILLE – 09 Ariège – **343** E6 – **rattaché à St-Girons**

LORRIS – 45 Loiret – **318** M4 – 2 815 h. – alt. 126 m – ⊠ 45260   **12** C2
▊ Châteaux de la Loire

▶ Paris 132 – Gien 27 – Montargis 23 – Orléans 55

🛈 1, rue des Halles ✆ 02 38 94 81 42

◉ Église N.-Dame★.

❌❌ Guillaume de Lorris
VISA ⦿ AE

8 Grande-Rue – ✆ 02 38 94 83 55 – Fermé vacances de Noël, dim. soir, lundi et mardi
Rest – (nombre de couverts limité, prévenir) (18 €) Menu 27/32 € – Carte 30/50 €
◆ L'allusion à l'auteur du Roman de la Rose est trompeuse : ici, point de civet médiéval, mais une carte honorant avec finesse les produits de la mer. Réservation conseillée.

LOUBRESSAC – 46 Lot – **337** G2 – 458 h. – alt. 320 m – ⊠ 46130   **29** C1
▊ Périgord Quercy

▶ Paris 531 – Brive-la-Gaillarde 47 – Cahors 73 – Figeac 44

🛈 le bourg ✆ 05 65 10 82 18

◉ Site★ du château.

🏨 Le Relais de Castelnau ⌘
⟨ 🛋 🍴 ⚘ ❌ ⚐ ch, 🚗 P VISA ⦿

rte de Padirac – ✆ 05 65 10 80 90 – www.relaisdecastelnau.com – Ouvert
1er avril-fin oct. et fermé dim. soir et lundi en avril et oct.
40 ch – ♦55/120 € ♦♦55/150 € – ⊇ 10 € – ½ P 69/85 €
Rest – (fermé le midi sauf dim.) Menu 19/49 € – Carte 40/65 €
◆ Cette construction moderne, tournée vers l'imposant château de Castelnau-Bretenoux, offre une vue imprenable sur la campagne. Chambres colorées et pratiques. Cuisine de tradition au restaurant ; terrasse panoramique face aux vallées de la Bave et de la Dordogne.

LOUDÉAC – 22 Côtes-d'Armor – **309** F5 – 9 619 h. – alt. 155 m
– ⊠ 22600 ▮ Bretagne

10 C2

> ▶ Paris 438 – Carhaix-Plouguer 69 – Dinan 76 – Pontivy 24
> 🖪 1, rue Saint-Joseph ✆ 02 96 28 25 17

Voyageurs
🖺 🔟 rest, 🖢 🕍 🖘 𝚟𝚒𝚜𝚊 ⦿ 🅰🄴 ⓪

10 r. Cadélac – ✆ 02 96 28 00 47 – www.hoteldesvoyageurs.fr
30 ch – †49/85 € ††59/85 € – � 8 € – ½ P 53 €
Rest – (fermé 22 déc.-3 janv., dim. soir et sam.) Menu 15 € (sem.), 19/39 € Carte 26/35 €
• Bienvenue aux voyageurs ! Deux nouvelles chambres de prestige complètent une gamme plus fonctionnelle, mais d'une tenue excellente. Dans la grande salle à manger, ambiance conviviale de brasserie et plats traditionnels.

LOUDUN – 86 Vienne – **322** G2 – 7 255 h. – alt. 120 m – ⊠ 86200

39 C1

▮ Poitou Vendée Charentes

> ▶ Paris 311 – Angers 79 – Châtellerault 47 – Poitiers 55
> 🖪 2, rue des Marchands ✆ 05 49 98 15 96
> 🖬 de Loudun à Roiffé Domaine de Saint Hilaire, N : 18 km par D 147, ✆ 05 49 98 78 06
> 👁 Tour carrée ❋ ★

L'Aumônerie sans rest
🚃 🅿

3 bd Mar. Leclerc – ✆ 05 49 22 63 86 – www.l-aumonerie.biz
4 ch ⊕ – †42/48 € ††50/55 €
• La propriétaire de ce logis du 13ᵉ s. réserve un accueil charmant. Chambres personnalisées (mobilier ancien) et salle de petit-déjeuner aux baies vitrées ouvrant sur le jardin.

LOUÉ – 72 Sarthe – **310** I7 – 2 097 h. – alt. 112 m – ⊠ 72540

35 C1

> ▶ Paris 230 – Laval 59 – Le Mans 30 – Rennes 127

❀❀ Ricordeau avec ch
🔌 🎍 🔟 🖺 🎐 rest, 🖢 🕍 🅿 𝚟𝚒𝚜𝚊 ⦿ 🅰🄴

13 r. de la Libération – ✆ 02 43 88 40 03 – www.hotel-ricordeau.fr
– Fermé 2 sem. en nov. et 2 sem. en fév., dim. soir, lundi et mardi
13 ch – †78/150 € ††78/150 € – ⊕ 13 € – ½ P 100/200 €
Rest – (27 € bc) Menu 38/56 € – Carte 67/88 €
Rest La Table du Coq – ✆ 02 43 88 31 14 (fermé le soir du merc. au sam. et dim.) Menu 13 € (déj. en sem.)/20 € – Carte 15/22 €
• Aux beaux jours, installez-vous sur l'agréable terrasse de cet ancien relais de poste, dressée dans le parc, au bord de la Vègre. Salle à manger bourgeoise et cuisine actuelle. Chambres spacieuses et personnalisées, dont la majorité donnent sur la nature. À La Table du Coq, ambiance d'auberge et recettes bistrotières.

LOUHANS ◉ – 71 Saône-et-Loire – **320** L10 – 6 432 h. – alt. 179 m
– ⊠ 71500 ▮ Bourgogne

8 D3

> ▶ Paris 373 – Bourg-en-Bresse 61 – Chalon-sur-Saône 38 – Dijon 85
> 🖪 1, Arcade Saint-Jean ✆ 03 85 75 05 02
> 👁 Grande-Rue ★

Le Moulin de Bourgchâteau ◈
◁ 🔌 🖢 🕍 🅿 𝚟𝚒𝚜𝚊 ⦿

r. Guidon, rte de Chalon – ✆ 03 85 75 37 12 – www.bourgchateau.com
19 ch – †46/51 € ††57/62 € – ⊕ 9 € – ½ P 70 €
Rest – (fermé 12 nov.-5 déc. et lundi de sept. à juin) (nombre de couverts limité, prévenir) (14 €) Menu 28/55 € – Carte 42/63 €
• Moulin céréalier (1778) sur la Seille, converti en hôtel-restaurant de caractère. Chambres progressivement rénovées. Rouages, caisson de meule, poutres et vieilles pierres font le charme du restaurant ; plats traditionnels dont certains soulignent l'origine italienne des patrons.

Hostellerie du Cheval Rouge et La Buge
🎍 🕏 ch, 🔟 rest, 🖢 🕍
🖘 𝚟𝚒𝚜𝚊 ⦿

5 r. d'Alsace – ✆ 03 85 75 21 42 – www.hotel-chevalrouge.com
– Fermé 20 déc.-18 janv., dim. soir de déc. à mars et lundi
14 ch – †45 € ††58 € – ⊕ 8,50 € – ½ P 57 €
Rest – (fermé mardi midi et lundi) Menu 17 € (sem.), 24/43 € – Carte 25/49 €
• Cet ancien relais postal bordant une rue passante abrite des chambres à prix attractifs ; celles de l'annexe, plus récentes, offrent davantage de confort et de calme. Plats traditionnels et régionaux servis dans une ambiance provinciale.

⌂ Barbier des Bois   🕭 AC ch, ☎ P VISA ☺ AE

rte de Cuiseaux, 3,5 km au Sud-Est par D 996 – 𝒞 03 85 75 55 65
– www.barbierdesbois.com

10 ch – †63 € ††79 € – ☲ 10 €   **Rest** – (15 €) Menu 20/48 € – Carte 30/60 €

♦ Motel de campagne aux chambres agréables, pratiques et dotées d'une terrasse tournée vers la nature. Chacune d'elles décline une couleur différente. Joli bar sous charpente. Décor moderne ou terrasse en teck pour déguster une cuisine actuelle.

à Bruailles 8 km au Sud-Est par D 972 – 912 h. – alt. 198 m – ⌧ 71500

⌂ La Ferme de Marie-Eugénie ⬧   🚗 P

225 allée de Chardenoux – 𝒞 03 85 74 81 84 – www.lafermedemarieeugenie.fr
– Fermé 24-28 déc.

4 ch ☲ – †95/115 € ††95/115 €   **Table d'hôte** – Menu 30 €

♦ En pleine campagne, ferme du 18e s. harmonieusement rénovée. Chambres de charme avec douches à l'italienne ou baignoires, certaines avec lits à baldaquin contemporains. Cuisine à tendance régionale et jolie sélection de vins servis à la table d'hôte.

LOUPIAC – 12 Aveyron – 338 E3 – ⌧ 12700   29 C1

🚉 Paris 582 – Cahors 80 – Rodez 69 – Toulouse 153

⌂ Le Claux de Sérignac ⬧   🎵 ☎ ⛺ ※ ⬧ ch, 🕭 👙 P VISA ☺

4 km au Sud par rte de Villefranche-de-Rouergue – 𝒞 05 65 64 87 15
– www.clauxdeserignac.com

14 ch – †50/110 € ††60/110 € – ☲ 10 € – ½ P 77 €
Rest – Menu 15 € (déj. en sem.), 26/33 € – Carte 33/45 €

♦ Au calme, entourée d'un grand parc avec piscine et tennis, cette belle maison de pays offre un cadre rustique bien rénové. Chambres traditionnelles ou actuelles. Cheminée en pierre et poutres apparentes décorent la salle à manger. Cuisine au goût du jour.

LOURDES – 65 Hautes-Pyrénées – 342 L6 – 15 265 h. – alt. 420 m   28 A3
– Grand centre de pèlerinage – ⌧ 65100 ▮ Midi-Toulousain

🚉 Paris 850 – Bayonne 147 – Pau 45 – St-Gaudens 86

✈ de Tarbes-Lourdes-Pyrénées : 𝒞 05 62 32 92 22, 10 km par ①.

🛈 place Peyramale 𝒞 05 62 42 77 40

⛳ Lourdes Golf Club Chemin du Lac, par rte de Pau : 3 km, 𝒞 05 62 42 02 06

◉ Château fort★ DZ - Musée de Cire de Lourdes★ DZ M¹ - Basilique souterraine St-Pie X CZ - Pic du Jer★.

Plans pages suivantes

⌂⌂⌂ Grand Hôtel Moderne   🏨 🕭 ch, AC ch, ※ rest, ☎ VISA ☺ AE ◑

21 av. Bernadette-Soubirous – 𝒞 05 62 94 12 32 – www.grandhotelmoderne.com
– Ouvert 8 fév.-31 oct.   CZy

106 ch – †106/136 € ††126/156 € – 5 suites – ☲ 14 € – ½ P 95/120 €
Rest – Menu 28 € – Carte 38/55 €

♦ Cette construction de 1896, édifiée par un membre de la famille de Bernadette Soubirous, a retrouvé tout son lustre d'antan : magnifique façade et décor intérieur classique. Cuisine traditionnelle servie dans la salle ornée de boiseries style Majorelle.

⌂⌂⌂ Éliseo   🏨 🕭 ch, AC ※ rest, ☎ 👙 P VISA ☺ AE

4-6 r. Reine-Astrid – 𝒞 05 62 41 41 41 – www.hoteleliseolourdes.fr – Fermé 12 déc.-6 fév.

197 ch – †91/116 € ††124/174 € – 7 suites – ☲ 15 € – ½ P 99/124 €   CZp
Rest – Menu 29 € (déj.)/34 € – Carte 43/60 €

♦ À proximité de la grotte, établissement abritant de grandes chambres modernes très bien équipées. Boutique de souvenirs, salon cosy et terrasses panoramiques sur le toit. Cuisine traditionnelle servie dans des salles à manger spacieuses, de style actuel.

⌂⌂⌂ Padoue   🏨 🕭 AC 👙 VISA ☺ AE

1 r. Reine-Astrid – 𝒞 05 62 53 07 00 – www.hotelpadoue.fr – Ouvert début avril-fin oct.

155 ch – †105/110 € ††105/109 € – ☲ 12 € – ½ P 76/79 €   CZa
Rest – (14 €) Menu 19 € – Carte 21/35 €

♦ À 150 m de la grotte, cet hôtel récent a été conçu dans le souci du confort : grandes chambres colorées, agréable coin salon d'esprit design. L'immense restaurant contemporain, au premier étage, propose des plats traditionnels et simples.

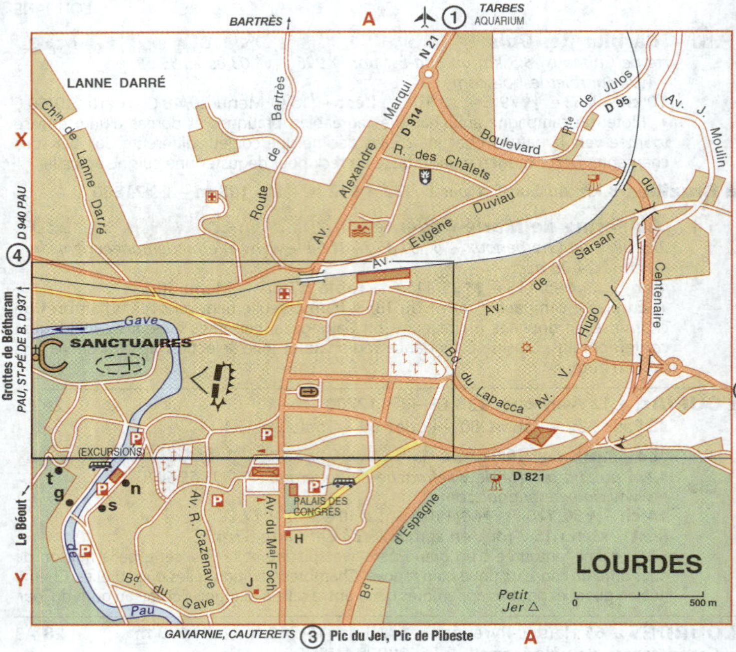

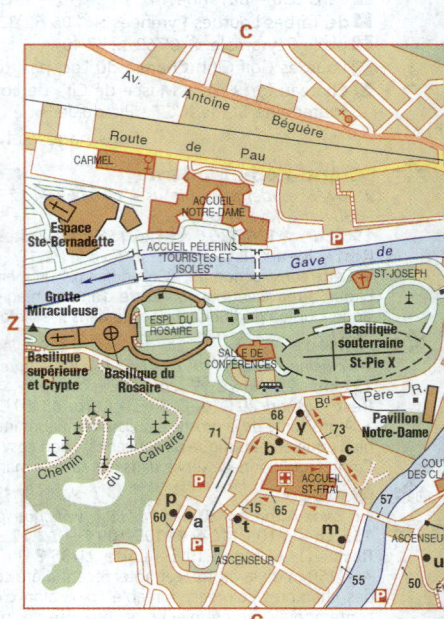

Map (top)

TARBES
AQUARIUM

① BARTRÈS

LANNE DARRÉ

X

④

Grottes de Bétharam
PAU, ST-PÉ DE B. D 937

SANCTUAIRES

Le Béout

Y

(EXCURSIONS)

t
g
s
n

Av. R. Cazenave

Av. du Mal Foch

PALAIS DES CONGRÈS

H

J

Bd du Gave

Pau

D 821

LOURDES

Petit Jer △

0   500 m

GAVARNIE, CAUTERETS ③ Pic du Jer, Pic de Pibeste

A

Ch. de Lanne Darré
D 940 PAU

Route de Bartrès

Av. Alexandre Marqui
D 914

R. des Chalets

Av. Eugène Duviau

Av. de Sarsan

Rte de Julos
D 95

Av. du Moulin

Centenaire

Bd du Lapacca
Av. V. Hugo

Bd d'Espagne

N 21

Boulevard

LOURDES

Basse (R.) . . . . **DZ** 5
Bourg (Chaussée du) . . . . **DZ** 8
Capdevielle (R. Louis) . . . . . . **EZ** 12
Carrières Peyramale (R. des) . **CZ** 15
Fontaine (R. de la) . . . . **DZ** 20
Fort (R. du) . . . . **DZ** 22
Grotte (Bd de la) . . . . **DZ** 30
Jeanne-d'Arc (Pl.) . . . . **DZ** 35
Latour-de-Brie (R. de) . . . . . . **DZ** 40
Marcadal (Pl. du) . . . . **DZ** 45
Martyrs-de-la-Déportation
   (R. des) . . . . **EZ** 47
Paradis (Espl. du) . . . . **CZ** 50
Petits Fossés (R. des) . . . . . . **DZ** 53
Peyramale (Av.) . . . . **CZ** 55
Peyramale (Pl.) . . . . **DZ** 56
Pont-Vieux . . . . **CZ** 57
Pyrénées (R. des) . . . . **DZ** 59
Reine-Astrid (R. de la) . . . . . . **CZ** 60
Ste-Marie (R.) . . . . **CZ** 68
St-Frai (R. Marie) . . . . **CZ** 65
St-Michel (Pont) . . . . **CZ** 66
St-Pierre (R.) . . . . **DZ** 67
Schœpfer (Av. Mgr) . . . . **CZ** 71
Soubirous (Av. Bernadette) . . **CZ** 73
Soubirous (R. Bernadette) . . . **DZ** 74

Map (bottom right)

C

Av. Antoine Béguère

Route de Pau

CARMEL

Espace Ste-Bernadette

ACCUEIL NOTRE-DAME

ACCUEIL PÈLERINS "TOURISTES ET ISOLÉS"

Gave

ST-JOSEPH

Z

Grotte Miraculeuse

ESPL. DU ROSAIRE

SALLE DE CONFÉRENCES

Basilique souterraine St-Pie X

Basilique supérieure et Crypte

Basilique du Rosaire

Père

Pavillon Notre-Dame

68
71   y   73
b   c
ACCUEIL ST-FRAI
60   a   t   65   m
p
Chemin du Calvaire
ASCENSEUR
55   50

COU DES CL

ASCENSEUR

C

868

Grand Hôtel de la Grotte ⬅ 🅿️ ⬛ 🅰️ ch, AC 📶 🔉 P ☁

66 r. de la Grotte – ✆ *05 62 94 58 87*   VISA ◎ AE ⓪
– www.hoteldelagrotte.com – Ouvert 9 avril-23 oct.   **DZy**
75 ch – ♦85/169 € ♦♦97/186 € – 5 suites – ☐ 16 € – ½ P 79/121 €
Rest *– (dîner seult hors saison)* (22 €) Menu 32/39 €
– Carte 35/79 €
Rest *Brasserie –* ✆ 05 62 42 39 34 – (16 €) Menu 20/26 €
– Carte 29/50 €

♦ Hôtel de tradition situé au pied du château fort. Trois types de chambres : très contemporaines, de style Louis XVI (tournées pour certaines vers la basilique) ou "Master suites". Cuisine traditionnelle dans les salles à manger, feutrées. La Brasserie arbore un décor moderne ; grande terrasse sous les marronniers.

Gallia et Londres ⬅ 🚲 ⬛ 🅰️ ch, AC 📶 🔉 P VISA ◎ AE ⓪

26 av. B. Soubirous – ✆ *05 62 94 35 44 – www.hotelgallialondres.com*
– Ouvert 10 avril-19 oct.   **CZc**
91 ch ☐ – ♦108/122 € ♦♦150/178 € – 3 suites – ½ P 82/92 €
Rest – Menu 24/35 € – Carte 44/65 €

♦ Séduisante atmosphère vieille France dans ce bel hôtel à deux pas des sanctuaires. Chambres confortables, meublées dans le style Louis XVI. Salle à manger ornée de boiseries, de lustres en cristal et d'une tapisserie représentant Venise. Menu unique.

Miramont 🅰️ 🅰️ AC 🔉 rest, VISA ◎

40 av. Peyramale – ✆ *05 62 94 70 00 – www.hotelmiramontlourdes.fr*
– Ouvert 3 avril-3 nov.   **AYg**
92 ch – ♦53/69 € ♦♦80/108 € – ☐ 10 € – ½ P 67/81 €
Rest – Menu 15/20 € – Carte 28/41 €

♦ Hôtel récent entièrement rénové en 2008. Hall contemporain lumineux, bar et salon confortable, chambres dans le même esprit et dotées d'un mobilier design. Au restaurant ouvert sur le gave, belle décoration actuelle et cuisine traditionnelle.

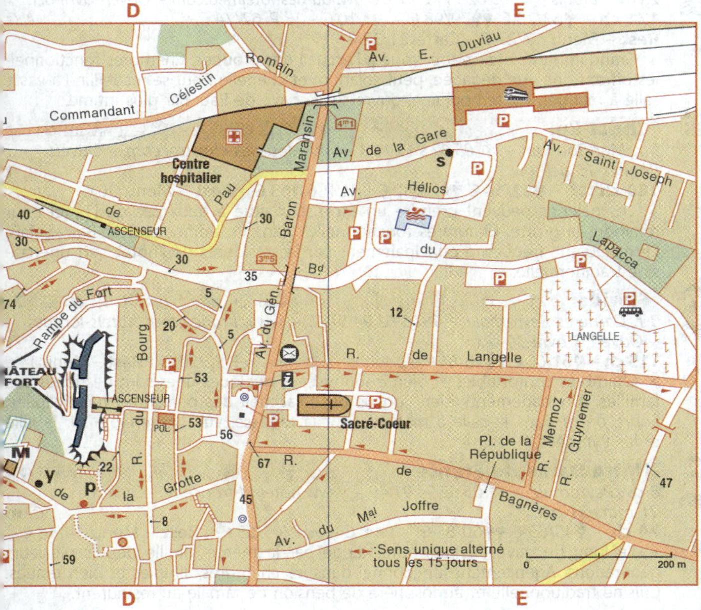

Mercure Impérial
🏨   📶 ᬀ ch, 🅰🅲 ❄ rest, 🍴 🆅🆂🅰 ⓪ 🅰🅴 ⓪

3 av. Paradis – ℰ 05 62 94 06 30 – www.mercure.com – Fermé 15 déc.-31 janv.
93 ch – †96/140 € ††98/153 € – 2 suites – �) 13 € – ½ P 133/176 €   **CZu**
Rest – (12 € bc) Carte 39/48 €

♦ Établi au pied du château et dominant le gave, hôtel des années 1930 dont on a conservé le bel escalier central et les vitraux. Chambres fonctionnelles ; terrasse panoramique sur le toit. Salle à manger contemporaine et carte de tradition.

Beauséjour
🏨 ᬀ 🚗 🌰 ❄ ᬀ & rest, ❄ 🍴 🅿 🆅🆂🅰 ⓪ 🅰🅴 ⓪

16 av. de la Gare – ℰ 05 62 94 38 18 – www.hotel-beausejour.com
45 ch – †75/98 € ††82/195 € – �) 11 € – ½ P 68/125 €   **EZs**
Rest – (15 €) Menu 18 € – Carte 28/44 €

♦ Façade 1900, jardin avec jolie vue sur le château et les toits de la ville, intérieur cossu et chambres avenantes caractérisent ce petit hôtel jouxtant la gare. Cuisine traditionnelle sans prétention servie dans la véranda ou sur la terrasse.

St-Sauveur
🏨 ᬀ   📶 & ch, 🅰🅲 ❄ ch, 🆅🆂🅰 ⓪ 🅰🅴 ⓪

9 r. Ste-Marie – ℰ 05 62 94 25 03 – www.hotelsaintsauveur.com – Fermé 10 déc.-5 fév.
174 ch – †70/76 € ††86/98 € – �) 10 €   **CZb**
Rest – (13 €) Menu 18/27 € – Carte 19/33 €

♦ Hôtel contemporain proche du lieu de pèlerinage. Vaste hall baigné par un puits de lumière ; chambres confortables. À l'heure du repas, répertoire culinaire traditionnel dans l'élégante salle à manger ou sous la verrière.

Paradis
🏨 ᬀ   ⬕ 📶 & 🅰🅲 ❄ rest, 🍴 🅂🅰 🅿 🆅🆂🅰 ⓪ 🅰🅴

15 av. Paradis – ℰ 05 62 42 14 14 – www.hotelparadislourdes.com
– Ouvert 15 avril-1er nov.   **AYn**
300 ch – †110 € ††120 € – �) 15 € – ½ P 90 €
Rest – *(résidents seult)* Menu 29 €

♦ Établissement situé sur la rive du gave, idéal pour les groupes. Son décor est chargé : marbre, dorures, tapis fleuris... Chambres spacieuses ; boutiques d'objets liturgiques et de souvenirs. Vaste restaurant ; salons et bar dotés de Chesterfield colorés.

Méditerranée
🏨 ᬀ   📶 & 🅰🅲 🍴 🅂🅰 🆅🆂🅰 ⓪ 🅰🅴

23 av. Paradis – ℰ 05 62 94 72 15 – www.lourdeshotelmed.com – Ouvert avril-oct.
171 ch – †63/79 € ††79/98 € – �) 10 € – ½ P 62/74 €   **AYs**
Rest – Menu 17/27 € – Carte 21/37 €

♦ Grand immeuble excentré, voué à l'accueil des groupes. Chambres fonctionnelles offrant une vue dégagée, petit solarium et chapelle pour se recueillir. La vaste salle à manger, contemporaine, ouvre sur le gave de Pau. Bar plus intime.

Christ-Roi
🏨   📶 & ch, 🅰🅲 rest, ❄ rest, 🅂🅰 🆅🆂🅰 ⓪ 🅰🅴

9 r. Mgr Rodhain – ℰ 05 62 94 24 98 – www.lourdes-christroi.com – Ouvert
Pâques-15 oct.   **AYt**
180 ch �) – †62/64 € ††78/82 € – ½ P 61/63 €   **Rest** – Menu 20 €

♦ Les pèlerins peuvent prendre un ascenseur situé à deux pas de l'hôtel pour rejoindre la grotte. Chambres fonctionnelles dans un édifice récent. Bar anglais. Le restaurant, fréquenté principalement par les résidents de l'hôtel, sert une cuisine traditionnelle.

Florida
🏠   📶 & ch, 🅰🅲 ❄ rest, 🅿 🆅🆂🅰 ⓪ 🅰🅴 ⓪

3 r. Carrières Peyramale – ℰ 05 62 94 51 15 – www.ifrance.com/hotels-lourdes
– Ouvert 3 avril-30 oct.   **CZt**
115 ch – †61/66 € ††76/81 € – 2 suites – �) 7 € – ½ P 52/56 €   **Rest** – Menu 14 €

♦ Chambres confortables et bien insonorisées ; quelques-unes sont destinées aux familles. Aménagements bien conçus pour l'accueil des personnes handicapées. Sobre décor dans la salle à manger ; sur la terrasse, vue imprenable sur la ville et les Pyrénées.

Notre Dame de France
🏠   📶 & ch, 🅰🅲 rest, ❄ 🍴 🆅🆂🅰 ⓪

8 av. Peyramale – ℰ 05 62 94 91 45 – www.hotelnd-france.fr – Ouvert
21 mars-31 oct.   **CZm**
74 ch – †45/65 € ††60/85 € – �) 8 € – ½ P 45/65 €   **Rest** – Menu 14/18 €

♦ Le long du gave de Pau, hôtel dirigé par la même famille depuis plusieurs générations. Agencement fonctionnel dans les chambres, simples et bien tenues. Cuisine traditionnelle et atmosphère de pension de famille au restaurant.

X
&
Alexandra   VISA ⚫◎ AE
3 r. du Fort – ℰ 05 62 94 31 43 – *Fermé 1er-10 juil. et 8-17 nov., dim. et lundi*
Rest – (12 €) Menu 14 € – Carte 30/45 €   DZ**p**
• Cette discrète maison à la façade rouge est un vrai petit miracle ! Cuisine goûteuse servie dans deux univers singuliers : l'un intime et cosy ; l'autre contemporain et décalé.

LOURMARIN – 84 Vaucluse – 332 F11 – 1 024 h. – alt. 224 m   42 E1
– ⊠ 84160 ▐ Provence

▶ Paris 732 – Apt 19 – Aix-en-Provence 37 – Cavaillon 32
🛈 avenue Philippe de Girard ℰ 04 90 68 10 77
◎ Château★.

ﬁﬁﬁ
Le Moulin de Lourmarin *sans rest* ⌂   ▐⚑▌ AC ⅍ ⇌ VISA ⚫◎ AE
r. du Temple – ℰ 04 90 68 06 69 – www.moulindelourmarin.com – *Fermé
début janv.-mi fév.*
18 ch ⊇ – ♦110/340 € ♦♦110/340 € – 2 suites
• Un hôtel de charme dans un moulin à huile du 18e s., au cœur de ce ravissant
village. Chambres confortables, habillées de tonalités douces, décorées dans le
style provençal.

ﬁﬁ
Mas de Guilles ⌂   ≤ ⟳ 🐾 ⤓ ⅍ AC ch, ⅍ rest, ⅍ 🅿 VISA ⚫◎ AE
rte Vaugines : 2 km – ℰ 04 90 68 30 55 – www.guilles.com – *Ouvert de
début avril à fin oct.*
28 ch – ♦76/90 € ♦♦76/230 € – ⊇ 15 € – ½ P 100/177 €
Rest – (dîner seult) (36 €) Menu 52 €
• Au milieu des vignes, ce mas de caractère, calme et romantique à souhait, abrite
des chambres lumineuses d'inspiration provençale et d'autres plus contemporaines.
Belle cuisine traditionnelle servie dans une jolie salle voûtée ou sur une vaste terrasse.

ﬁﬁ
La Bastide de Lourmarin   ⇗ 🐾 ⤓ �&ᴑ AC ch, ⅍° ⅍ 🅿 VISA ⚫◎ AE
rte de Cucuron – ℰ 04 90 07 00 70 – www.hotelbastide.com – *Fermé 2 janv.-11 fév.*
19 ch – ♦85/305 € ♦♦85/305 € – ⊇ 15 €
Rest – (fermé dim. soir, mardi midi et lundi sauf juil.-août) Menu 25 € (déj. en
sem.)/34 € – Carte 34/43 €
• Bastide récente dissimulant de belles suites et des chambres thématiques. Mobilier
contemporain, objets chinés, touches ethniques et équipements de pointe pour un
style très tendance. Cuisine méridionale servie en terrasse l'été, au bord de la piscine.

XXX
ε3
Auberge La Fenière (Reine Sammut) *avec ch* ⌂   ≤ ⟳ 🐾 ⤓ �&ᴑ ch,
2 km par rte de Cadenet – ℰ 04 90 68 11 79   AC ⅍° ⅍ 🅿 VISA ⚫◎ AE ⓪
– www.reinesammut.com
16 ch ⊇ – ♦150/320 € ♦♦180/350 € – ½ P 175/255 €
Rest – (ouvert 1er avril-15 nov. et fermé mardi midi et lundi) Menu 65/120 €
– Carte 100/134 €🍽
Spéc. Ravioli d'araignée de mer en velouté mousseux et tartine de rouille au
corail d'oursin (été). Bouillabaisse de chapon de mer, bulbes de fenouil et pommes de terre safranées (été). Sablé au chocolat crémeux et framboises fraîches,
sorbet au yaourt et coulis de fruits (été). **Vins** Côtes du Luberon.
Rest *Bistrot La Cour de Ferme* – (fermé mardi et merc. en hiver) Menu 35 €
– Carte environ 33 €
• Dans un parc verdoyant face au Grand Luberon, pour un moment de grâce...
culinaire : une cuisine fine signée par une "reine" des saveurs. Au Bistrot, ambiance
chaleureuse sous le préau autour des recettes de campagne. Les chambres, stylées et agréables à vivre, se répartissent dans plusieurs bâtiments du domaine.

LOUVIERS – 27 Eure – 304 H6 – 18 259 h. – alt. 15 m – ⊠ 27400   33 D2
▐ Normandie Vallée de la Seine

▶ Paris 104 – Les Andelys 22 – Lisieux 75 – Mantes-la-Jolie 51
🛈 10, rue du Maréchal Foch ℰ 02 32 40 04 41
🏌 du Vaudreuil à Le Vaudreuil, par rte de Rouen : 6 km, ℰ 02 32 59 02 60
◎ Église N.-Dame★ : oeuvres d'art★, porche★.
◎ Vironvay ≤★.

⛺ Le Pré St-Germain ॐ   🏡 🖥 ᵹ ch, ¹⁰ ⅗ 🅿 𝘷𝘪𝘴𝘢 ⓪ 𝔸𝔼

7 r. St-Germain – ℰ 02 32 40 48 48 – www.le-pre-saint-germain.com – Fermé 23 déc.-3 janv.

34 ch – ♦79/96 € ♦♦79/96 € – ☷ 13 €

Rest – *(fermé 1ᵉʳ-22 août, sam. et dim.)* (16 € bc) Menu 30/36 € – Carte 25/56 €

♦ Au centre de Louviers, une longue bâtisse blanche dans un environnement calme. Sobriété et fraîcheur dans les chambres, très bien tenues. Saveurs traditionnelles au restaurant ; le chef concocte un menu différent chaque jour.

LE LUC – 83 Var – **340** M5 – 8 711 h. – alt. 160 m – ⊠ 83340 ▌Côte d'Azur   **41** C3

▶ Paris 836 – Cannes 75 – Draguignan 29 – Fréjus 41

ℹ 3, place de la Liberté ℰ 04 94 60 74 51

✕✕ Le Gourmandin   🏡 🆎 𝘷𝘪𝘴𝘢 ⓪ 𝔸𝔼 ⓪

☙ *pl. L. Brunet – ℰ 04 94 60 85 92 – www.legourmandin.com – Fermé 25 août-25 sept., 25 fév.-10 mars, dim. soir, jeudi soir et lundi*

Rest – *(prévenir le week-end)* Menu 26/46 € – Carte environ 43 €

♦ Cette auberge de village vous convie aux plaisirs d'un repas traditionnel aux accents méridionaux. Le tout dans un cadre rustico-provençal des plus chaleureux.

LUCELLE – 68 Haut-Rhin – **315** H12 – 42 h. – alt. 640 m – ⊠ 68480   **1** A3

▌Alsace Lorraine

▶ Paris 472 – Altkirch 29 – Basel 41 – Belfort 56

au Nord-Est : 4,5 km par D 41 et rte secondaire – ⊠ 68480 Lucelle

⛺ Le Petit Kohlberg ॐ   ≤ 🚗 🏡 🖥 ⅗ 🅿 𝘷𝘪𝘴𝘢 ⓪

– ℰ 03 89 40 85 30 – www.petitkohlberg.com

30 ch – ♦58/64 € ♦♦58/64 € – ☷ 10 € – ½ P 65/99 €

Rest – (15 €) Menu 23/54 € – Carte 20/50 €

♦ Cette auberge familiale profite d'un environnement champêtre. Chambres confortables, décorées dans le style régional. Des maillots d'équipes cyclistes ornent la salle de petit-déjeuner. Cuisine traditionnelle servie au restaurant ; terrasse avec vue sur le jardin.

LA LUCERNE-D'OUTREMER – 50 Manche – **303** D7 – 790 h.   **32** A2 – alt. 70 m – ⊠ 50320

▶ Paris 332 – Caen 100 – Saint-Lô 65 – Saint-Malo 84

✕✕ Le Courtil de la Lucerne   ⇔ 🅿 𝘷𝘪𝘴𝘢 ⓪

☙ *17 r. de la Libération, (Le Bourg) – ℰ 02 33 61 22 02 – Fermé 15 nov.-1ᵉʳ déc., dim. et lundi*

Rest – (13 €) Menu 15 € (sem.), 27/35 € – Carte 36/47 €

♦ Installé dans l'ancien presbytère d'un petit village normand, ce restaurant, sobrement décoré, propose une cuisine dans l'air du temps et soignée.

LUCEY – 54 Meurthe-et-Moselle – **307** G6 – rattaché à Toul

LUCHÉ-PRINGÉ – 72 Sarthe – **310** J8 – 1 621 h. – alt. 34 m – ⊠ 72800   **35** C2

▌Châteaux de la Loire

▶ Paris 242 – Angers 68 – La Flèche 14 – Le Lude 10

ℹ 4, rue Paul Doumer ℰ 02 43 45 44 50

✕✕ Auberge du Port des Roches avec ch ॐ   🚗 🏡 ¹⁰ 🅿 𝘷𝘪𝘴𝘢 ⓪

☙ *au port des roches, 2,5 km à l'Est par D 13 et D 214 – ℰ 02 43 45 44 48 – fermé 30 janv.-12 mars, 22-26 août, 24 oct.-4 nov., dim. soir, mardi midi et lundi*

12 ch – ♦49/59 € ♦♦49/59 € – ☷ 8 € – ½ P 54/60 €

Rest – Menu 24/50 € – Carte 39/57 €

♦ Jardin-terrasse au fil de l'eau, plaisante salle à manger bourgeoise, chambres fraîches et colorées : faites fi de la morosité dans cette auberge cosy des bords du Loir ! Cuisine traditionnelle soignée et servie en terrasse l'été.

LUCHON – 31 H.-Gar. – **343** B8 – voir Bagnères-de-Luchon

LUCINGES – 74 Haute-Savoie – **328** k3 – 1 433 h. – alt. 700 m – ✉ 74380   **46** F1

▶ Paris 559 – Annecy 49 – Thonon-les-Bains 33 – Bonneville 18

Le Bonheur dans Le Pré ⟨icons⟩
2011 rte Bellevue, 2,5km au NE par D 183 – ℰ 04 50 43 37 77
– www.lebonheurdanslepre.com – Fermé 24-30 août, vacances de la Toussaint et 1er-10 janv.
7 ch – †60/100 € ††60/100 € – ⌷ 9 € – ½ P 65 €
Rest – *(fermé dim. et lundi) (dîner seult) (prévenir)* Menu 30 € ⟨icon⟩
♦ Enseigne-vérité pour cette ancienne ferme perchée au-dessus du village, en pleine nature : jardin, tranquillité et confort. Côté restaurant, salle rustique et menu unique, composé selon le marché et les produits du terroir ; bon rapport qualité-prix.

LUÇON – 85 Vendée – **316** I9 – 9 682 h. – alt. 8 m – ✉ 85400   **34** B3
▮ Poitou Vendée Charentes

▶ Paris 438 – Cholet 89 – Fontenay-le-Comte 30 – La Rochelle 43
🛈 square Édouard Herriot ℰ 02 51 56 36 52
◉ Cathédrale Notre-Dame★ - Jardin Dumaine★.

La Mirabelle ⟨icons⟩
89 bis r. de Gaulle, rte des Sables-d' Olonne – ℰ 02 51 56 93 02
– www.restaurant-lamirabelle.com – Fermé dim. soir, lundi soir et mardi sauf fériés
Rest – (17 €) Menu 25/65 € – Carte 45/85 €
♦ Avenante maison non loin de la cathédrale où Richelieu fut nommé évêque en 1608. Salle à manger lumineuse aux tons pastel, terrasse fleurie et sympathique cuisine régionale.

Au Fil des Saisons avec ch ⟨icons⟩
55 rte de la Roche-sur-Yon – ℰ 02 51 56 11 32
– www.aufildessaisons-vendee.com – Fermé 28 août-12 sept. et 20 fév.-7 mars
6 ch – ♦49/62 € ♦♦57/70 € – ⌷ 7 € – ½ P 52 €
Rest – *(Fermé sam. midi, dim. soir et lundi)* (14 €) Menu 25/40 €
♦ Cette auberge vendéenne vous laisse le choix entre une salle agrémentée d'expositions de tableaux et la véranda côté jardin. Cuisine actuelle. Chambres simples et fraîches.

à Moreilles 11 km au Sud-Est par D 949 et D 137 – 299 h. – alt. 5 m – ✉ 85450

Château de l'Abbaye ⟨icons⟩
– ℰ 02 51 56 17 56 – www.chateau-moreilles.com
5 ch – †79/119 € ††89/159 € – ⌷ 14 €   **Table d'hôte** – Menu 36 €
♦ Un château romantique bâti sur les vestiges d'une abbaye où Richelieu officia. Chambres élégantes (mobilier ancien, objets de famille), beaux salons et accueil aux petits soins. Cuisine familiale servie à la table d'hôte (salle dotée d'une imposante cheminée).

LUC-SUR-MER – 14 Calvados – **303** J4 – 3 186 h. – Casino – ✉ 14530   **32** B2
▮ Normandie Cotentin

▶ Paris 249 – Arromanches-les-Bains 23 – Bayeux 29 – Cabourg 28
🛈 rue du Docteur Charcot ℰ 02 31 97 33 25
◉ Parc municipal★.

Des Thermes et du Casino ⟨icons⟩
5 r. Guyemer – ℰ 02 31 97 32 37
– www.hotelresto-lesthermes.com – Ouvert 26 mars-31 oct.
48 ch – †83/119 € ††83/119 € – ⌷ 12 € – ½ P 76/94 €
Rest – (19 €) Menu 26/49 € – Carte 42/62 €
♦ Adresse tonique postée sur la digue-promenade, à proximité des thermes et du casino. Les chambres avec balcon offrent la vue sur la mer. Le restaurant est tourné vers la Manche d'un côté et sur le jardin fleuri et planté de pommiers de l'autre.

LE LUDE – 72 Sarthe – **310** J9 – 4 088 h. – alt. 48 m – ⊠ 72800   **35** D2

🟩 Châteaux de la Loire

▶ Paris 244 – Angers 63 – Chinon 63 – La Flèche 20

🛈 place François de Nicolay ℰ 02 43 94 62 20

◉ Château★★.

🏠 **L'Auberge Alsacienne**   🛜 ᴤ rest, ⁇ 𝓥𝓘𝓢𝓐 ⊕ 🄰🄴
    14 r. de la Boule-d'Or – ℰ 02 43 48 20 45 – www.auberge-alsacienne-le-lude.com
😍 **7 ch** – †52/65 € ††52/65 € – ⊑ 8,50 € – ½ P 48/58 €
Rest – (10 €) Menu 13 € (déj. en sem.), 18/28 € – Carte 18/40 €
• Cet ancien couvent abrite des chambres spacieuses, entièrement rénovées et bien insonorisées. Au restaurant, une discrète décoration alsacienne annonce la couleur de la carte : choucroute, tarte flambée... et quelques plats plus régionaux. Terrasse d'été fleurie.

XX **La Renaissance** avec ch   🛜 ᴤ ch, 🄰🄲 rest, ⁇ 🄿 𝓥𝓘𝓢𝓐 ⊕ 🄰🄴 ⓪
😍 *2 av. Libération* – ℰ 02 43 94 63 10 – www.renaissancelelude.com
    – *Fermé 24 oct.-6 nov., 12-27 fév.*
8 ch – †48/58 € ††48/58 € – ⊑ 10 €
Rest – (11 € bc) Menu 17 € bc (sem.), 26/39 € – Carte 45/56 €
• Faites une halte à deux pas du château, dans la salle actuelle de ce restaurant proposant des recettes au goût du jour. Terrasse dressée dans la cour intérieure en saison.

LUDES – 51 Marne – **306** G8 – 628 h. – alt. 140 m – ⊠ 51500   **13** B2

▶ Paris 157 – Châlons-en-Champagne 52 – Reims 15 – Épernay 22

⛰ **Domaine Ployez-Jacquemart** sans rest 🌿   🕭 ℅ ⁇ 🄿 𝓥𝓘𝓢𝓐 ⊕ 🄰🄴
    8 r. Astoin – ℰ 03 26 61 11 87 – www.ployez-jacquemart.fr – *Fermé 5-19 août et 17 déc.-15 janv.*
5 ch ⊑ – †98/118 € ††110/130 €
• Au cœur d'un domaine champenois, cette demeure cultive l'art de vivre à la française. Chambres confortables et raffinées déclinées sur différents thèmes : baroque, savane...

LUMBRES – 62 Pas-de-Calais – **301** F3 – 3 763 h. – alt. 45 m – ⊠ 62380   **30** A2

▶ Paris 261 – Arras 81 – Boulogne-sur-Mer 43 – Calais 44

🛈 rue François Cousin ℰ 03 21 93 45 46

🏨 **Du Golf** 🌿   🚊 🛜 ᴤ 🄵🄰 🔊 ℅ 🄰🄲 ⁇ 🎄 🄿 𝓥𝓘𝓢𝓐 ⊕ 🄰🄴 ⓪
    chemin des Bois, 2 km au Nord-Ouest par D 225, au golf de l'A
    – ℰ 03 21 11 42 42 – www.stomer-hoteldugolf.com
54 ch – †90/125 € ††90/215 € – ⊑ 15 €
Rest – (21 €) Menu 28/49 € – Carte 34/55 €
• Au départ du golf de l'Aa, cet hôtel évoque les lodges nord-américains. Les confortables chambres donnent sur le green ou sur la forêt. Décoration originale (bois d'antilope, lambris, cuir blanc) ou grande terrasse pour une cuisine classique.

🏨 **Moulin de Mombreux** 🌿   🕭 🛜 ᴤ ch, ℅ rest, ⁇ 🎄 🄿 𝓥𝓘𝓢𝓐 ⊕ 🄰🄴
    2 km à l'Ouest par rte de Boulogne, D 225 et rte secondaire – ℰ 03 21 39 13 13
    – *www.moulindemombreux.com* – *Fermé dim. soir de mi-nov. à début avril*
24 ch – †124 € ††124 € – ⊑ 15 €
Rest – (fermé lundi midi et sam. midi) (16 € bc) Menu 40/45 € – Carte 43/70 €
• Un ravissant moulin du 18ᵉ s. au bord du Bléquin, pour se reposer en pleine nature. Chambres confortables décorées avec un élégant classicisme. Beaucoup de charme pour le restaurant situé à l'étage (poutres, cheminée en brique). Cuisine de saison.

LUNAS – 34 Hérault – **339** E6 – 647 h. – alt. 281 m – ⊠ 34650   **22** B2

▶ Paris 710 – Montpellier 68 – Béziers 76 – Millau 73

🛈 Le Presbytère ℰ 04 67 23 76 67

XX **Château de Lunas**   🛜 ⇔ 𝓥𝓘𝓢𝓐 ⊕
    promenade des Platanettes – ℰ 04 67 23 87 99 – www.chateaudelunas.fr
    – *Fermé 15 janv.-1ᵉʳ mars, mardi et merc. sauf juil.-août*
Rest – Menu 23/63 € bc – Carte 32/61 €
• Château du 17ᵉ s. dressé au bord du Gravezon. Des tableaux contemporains s'intègrent au décor historique des salles à manger. Jolie terrasse. Cuisine du marché.

LUNEL – 34 Hérault – **339** J6 – 23 914 h. – alt. 6 m – ⊠ 34400   **23** C2

🟩 Languedoc Roussillon

▶ Paris 733 – Aigues-Mortes 16 – Alès 58 – Arles 56

🔢 16, cours Gabriel Péri ✆ 04 67 71 01 37

※※   **Chodoreille**   🏡 AC VISA ◎ AE

🔴 *140 r. Lakanal – ✆ 04 67 71 55 77 – www.chodoreille.fr – Fermé 13 août-1er sept.,*
2-16 janv., dim. et lundi
Rest – Menu 22 € (sem.), 28/53 € – Carte 44/78 €
◆ Une maison agréable pour déguster une cuisine généreuse : la spécialité est le
taureau camarguais ! Bons chariots de fromages et de desserts. Terrasse sous le
pamplemoussier.

LUNÉVILLE ◁ – 54 Meurthe-et-Moselle – **307** J7 – 19 881 h.   **27** C2
– alt. 224 m – ⊠ 54300 🟩 Alsace Lorraine

▶ Paris 347 – Épinal 69 – Metz 95 – Nancy 36

🔢 aile sud du Château ✆ 03 83 74 06 55

◉ Château★ - Parc des Bosquets★ - Boiseries★ de l'église St-Jacques

🏨   **Les Pages**   🏡 📶 AC ch, 📞 🖧 P VISA ◎ AE

➿ *5 quai des Petits-Bosquets – ✆ 03 83 74 11 42 – http://hotel-les-pages.fr*
37 ch – †60 € ††75/98 € – ⊇ 9 € – ½ P 58/70 €
Rest *Le Petit Comptoir* – ✆ 03 83 73 14 55 *(fermé 22-24 déc., 29 déc.-1er janv.,*
sam. midi et dim. soir) Menu 17 € (sem.), 22/32 € bc – Carte 27/48 €
◆ Importants corps de bâtiments faisant face au château. Les chambres offrent
une décoration moderne assez originale, compensant un certain manque d'ampleur. Le restaurant, aménagé dans un esprit bistrot, sert une cuisine simple et
appétissante.

à Moncel-lès-Lunéville 3 km à l'Est par rte de St-Dié (D 590) – 450 h. – alt. 234 m
– ⊠ 54300

※※   **Relais St-Jean**   🏡 AC P VISA ◎ AE

➿ *22 av. de l'Europe, sur N 59 – ✆ 03 83 74 08 65 – Fermé 3 sem. en août, une*
sem. en fév., dim soir, merc. soir et lundi
Rest – (11 €) Menu 14 € (sem.), 23/35 € – Carte 22/46 €
◆ La salle à manger principale de ce restaurant de la vallée de la Meurthe est
chaleureuse et équipée d'un mobilier en fer forgé. Cuisine classique.

au Sud 5 km par rte de Rambervillers, puis av. G. Pompidou et cités Ste-Anne
– ⊠ 54300 Lunéville :

🏨   **Château d'Adoménil** (Cyril Leclerc) ◁   🔥 🏡 🏊 AC 🍴 rest, 📞 🖧 P

✿ ✆ *03 83 74 04 81 – www.adomenil.com*   VISA ◎ AE ①
– Fermé 2-27 janv., 15-24 fév., dim. soir du 15 oct. au 30 avril,
mardi du 1er nov. au 1er mars et lundi
9 ch – †180/260 € ††180/260 € – 5 suites – ⊇ 22 € – ½ P 205/240 €
Rest – *(fermé dim. soir de mi-oct. à fin avril, mardi sauf le soir de mars à oct.,*
merc. midi, jeudi midi, vend. midi et lundi) Menu 55/105 € – Carte 80/130 € 🕮
Spéc. Pigeonneau et foie gras poêlés, réduction au sucre de coriandre. Cabillaud et
œuf poché dans un bouillon de crevettes grises. Variation d'un dessert autour de la
mirabelle de Lorraine (20 Août-15 Sept.). **Vins** Côtes de Toul gris et rouge.
Rest *Version A* – *(ouvert merc. midi, jeudi midi et vend. midi)* Menu 35 € Carte 35/70 €
◆ Belle demeure du 18e s. au cœur d'un parc. Chambres bourgeoises dans le château ou d'inspiration provençale dans les dépendances. Cuisine actuelle au restaurant : quatre pièces baroques et contemporaines, mariant avec goût tons sombres et touches vives. À la Version A, on déjeune face au jardin à l'anglaise.

LURE ◁ – 70 Haute-Saône – **314** G6 – 8 352 h. – alt. 290 m – ⊠ 70200   **17** C1
🟩 Franche-Comté Jura

▶ Paris 387 – Belfort 37 – Besançon 77 – Épinal 77

🔢 35, avenue Carnot ✆ 03 84 62 80 52

à Roye Est : 2 km par rte de Belfort – 1 236 h. – alt. 301 m – ⊠ 70200

XX **Le Saisonnier** ⌂ P VISA ◯◯
56 r. de la Verrerie, N 19 – ☏ 03 84 30 46 00 – Fermé dim. soir, lundi soir et merc.
Rest – *(nombre de couverts limité, prévenir)* Menu 24/60 €
◆ Derrière les épais murs de cette ancienne ferme, un bar en pierre et deux salles à manger, l'une rustique et l'autre plus moderne. Sympathique cuisine du marché.

à Froideterre Nord-Est : 3 km par D 486 et D 99 – 366 h. – alt. 306 m – ⊠ 70200

XX **Hostellerie des Sources et H. San Val'Eau** avec ch ⌂ ⌷
4 r. du Grand-Bois – ☏ 03 84 30 34 72 ⌂ & ch, AC ☏ P VISA ◯◯
– www.hostellerie-des-sources.com
5 ch – ✦72/125 € ✦✦72/125 € – ⌷ 10 € **Rest** – *(Fermé 3 sem. en janv., dim. soir, lundi et mardi) (nombre de couverts limité, prévenir)* (27 €) Carte 25/52 € ⌘
◆ De la ferme familiale, Sandrine et Valéry, un charmant jeune couple, ont fait un agréable petit restaurant. Cadre rustique, alléchante carte et beau choix de vins à prix doux. Hébergement dans cinq pavillons en bois tournés vers la campagne. Sauna et jacuzzi.

LUSSAC-LES-CHÂTEAUX – 86 Vienne – **322** K6 – 2 381 h. **39** D2
– alt. 104 m – ⊠ 86320 ▌Poitou Vendée Charentes
▶ Paris 355 – Bellac 42 – Châtellerault 52 – Montmorillon 12
▯ place du 11 novembre 1918 ☏ 05 49 84 57 73
◉ Nécropole mérovingienne★ de Civaux NO : 6 km sur D 749.

🏠 **Les Orangeries** ⌷ ⌂ ⌇ ⌘ ⌖ ⌄ P VISA ◯◯ AE
12 av. du Dr Dupont – ☏ 05 49 84 07 07 – www.lesorangeries.fr – Fermé trois sem. en fév.
12 ch – ✦70/135 € ✦✦75/135 € – 3 suites – ⌷ 14 € – ½ P 77/105 €
Rest – (20 €) Menu 22/33 €
◆ Intérieur de caractère, chambres cosy, piscine, parc paysager, verger, etc. : cette maison du 18e s. vous reçoit dans une ambiance guesthouse. Restaurant installé dans l'ancien chai proposant une cuisine orientée terroir (menu de saison, produits bio).

LUTTER – 68 Haut-Rhin – **315** I12 – **rattaché à Ferrette**

LUTZELBOURG – 57 Moselle – **307** O6 – 650 h. – alt. 212 m **27** D2
– ⊠ 57820 ▌Alsace Lorraine
▶ Paris 438 – Metz 113 – Obernai 49 – Sarrebourg 20
▯ 147, rue A.J. Konzett ☏ 03 87 25 30 19
◉ Plan-incliné★ de St-Louis-Arzviller SO : 3,5 km.

XX **Des Vosges** avec ch ⌂ ⌇ P VISA ◯◯ AE
⌷ *2 r. Ackermann – ☏ 03 87 25 30 09 – www.hotelvosges.com*
10 ch – ✦61/81 € ✦✦61/81 € – ⌷ 8 € – ½ P 68 €
Rest – *(fermé dim. soir et merc.)* Menu 11 € (déj. en sem.), 20/35 € – Carte 12/35 €
◆ Auberge traditionnelle dont la terrasse domine le canal Rhin-Marne. Boiseries et beau parquet ancien composent le décor de la salle. Spécialités régionales et truite au bleu.

LUXÉ – 16 Charente – **324** K4 – **rattaché à Mansle**

LUXEUIL-LES-BAINS – 70 Haute-Saône – **314** G6 – 7 575 h. – alt. 305 m **17** C1
– Stat. therm. : fin mars-fin oct. – Casino – ⊠ 70300 ▌Franche-Comté Jura
▶ Paris 379 – Épinal 58 – Vesoul 32 – Vittel 72
▯ rue Victor Genoux ☏ 03 84 40 06 41
▯₁₈ de Luxeuil Bellevue à Genevrey RN 57, par rte de Vesoul : 11 km, ☏ 03 84 95 82 00
◉ Hôtel du Cardinal Jouffroy★ - Musée de la tour des Échevins : stèle★
- Anc. Abbaye St-Colomban★ - Maison François1er★.

🏠 **Les Sources** sans rest ⌷⌂ & ⌇ ⌄ VISA ◯◯ AE
2 av. Jean-Moulin, (face au parc thermal) – ☏ 03 84 93 70 04
– www.70lessources.fr – Fermé 16 déc.-3 janv.
41 ch – ✦55/99 € ✦✦65/109 € – ⌷ 10 €
◆ À quelques pas des thermes, cette bâtisse de 1860, entièrement rénovée, propose 41 studios de style contemporain (avec kitchenette) donnant sur le parc ou la ville.

LUYNES – 37 Indre-et-Loire – **317** M4 – 5 002 h. – alt. 60 m – ⊠ 37230 **11** B2
▌Châteaux de la Loire

▶ Paris 247 – Angers 115 – Chinon 41 – Langeais 15

🛈 9, rue Alfred Baugé ⌀ 02 47 55 77 14

◎ Église★ au Vieux-Bourg de St-Etienne de Chigny O : 3 km.

Domaine de Beauvois ⌘ ⌦ ⌦ ⌦ ⌦ ⌦ ⌦ rest, ⌦ ⌦ ⌦ ⌦
4 km au Nord-Ouest par D 49 – ⌀ 02 47 55 50 11 ⌦ VISA ⌦ AE ①
– www.beauvois.com
36 ch – †185/345 € ††185/345 € – ⌧ 22 €
Rest – (fermé dim. soir, mardi midi et lundi de nov. à mars) (22 €) Menu 39/69 €
– Carte 55/95 € le soir
♦ Vaste manoir des 16ᵉ et 17ᵉ s. au cœur d'un parc arboré avec un étang. Les chambres et leurs belles tentures murales confirment une impression d'élégant classicisme.
Belle salle à manger et salons intimes pour une cuisine gastronomique de saison.

Le XII de Luynes avec ch ⌦ ⌦ ⌦ VISA ⌦
12 r. de la République – ⌀ 02 47 26 07 41 – www.le-xii.com – Fermé
25 juil.-15 août, dim. soir, mardi soir et merc.
10 ch – †80 € ††80/120 € – ⌧ 7 €
Rest – (20 €) Menu 23 € (déj. en sem.), 29/37 € – Carte 44/53 €
♦ Pleine vue sur les cuisines, salle troglodyte et terrasse donnant sur le château :
du cachet et une cuisine personnelle qui fait la part belle au poisson et aux spécialités tourangelles. Jolies chambres à l'étage.

LUZ-ST-SAUVEUR – 65 Hautes-Pyrénées – **342** L7 – 1 070 h. – alt. 710 m **28** A3
– Sports d'hiver : 1 800/2 450 m ⌖14 ⌗ – Stat. therm. : mi avril-fin oct. – ⊠ 65120
▌Midi-Toulousain

▶ Paris 882 – Argelès-Gazost 19 – Cauterets 24 – Lourdes 32

🛈 20, place du 8 mai ⌀ 05 62 92 30 30

◎ Église fortifiée★.

à Esquièze-Sère au Nord – 418 h. – alt. 710 m – ⊠ 65120

Le Montaigu ⌘ ⌦ ⌦ ⌦ ⌦ rest, ⌦ ⌦ ⌦ VISA ⌦ AE
rte de Vizos – ⌀ 05 62 92 81 71 – www.hotelmontaigu.com – Fermé
15 avril-2 mai, 30 sept.-1ᵉʳ déc.
42 ch – †60/70 € ††70/85 € – ⌧ 9 € – ½ P 63/68 €
Rest – (fermé lundi et mardi sauf vacances scolaires et le midi) Menu 17/26 €
– Carte 32/55 €
♦ Bâtiment situé au pied d'un château en ruine (15ᵉ s.). Grandes chambres fonctionnelles, dont quelques-unes plus récentes ; certaines disposent d'un balcon donnant sur les
montagnes. Restaurant cultivant la tradition ; lumineux salon tourné vers le jardin.

Terminus sans rest ⌦ P VISA ⌦
r. Marcadaou – ⌀ 05 62 92 80 17 – www.luz-terminus.fr – Fermé mai et nov.
16 ch – †42/48 € ††48 € – ⌧ 7 €
♦ Grande maison de village disposant de chambres fonctionnelles, dont certaines
colorées et actuelles (rouge, gris souris...). Aux beaux jours, petit-déjeuner dans le jardin.

LUZY – 58 Nièvre – **319** G11 – 2 054 h. – alt. 275 m – ⊠ 58170 Luzy **7** B3
▶ Paris 319 – Dijon 122 – Nevers 81 – Le Creusot 47

🛈 place Chanzy ⌀ 03 86 30 02 65

Le Morvan ⌦ P VISA ⌦ AE
73 av. Dr-Dollet – ⌀ 03 86 30 00 66 – www.hotelrestaurantdumorvan.fr – Fermé
1ᵉʳ-7 mars, 24 août-1ᵉʳ sept., sam. midi, dim. soir et merc.
Rest – Menu 15 € (déj. en sem.), 25/72 € – Carte 37/69 €
♦ Joliesse des assiettes, harmonie des textures et des bons produits... Un véritable
ballet de saveurs et d'inventivité dans une atmosphère rustique et champêtre.

Notre–Dame de Fourvière

LYON

Département : P 69 Rhône
Carte Michelin LOCAL : 327 I5
▶ Paris 458 – Genève 151
– Grenoble 106 – Marseille 314
Population : 472 305 h.
Pop. agglomération : 1 348 832 h.

Altitude : 175 m
Code Postal : ✉ 69000
▌ Lyon Drôme Ardèche
Carte régionale : 43 E1

RÉPERTOIRE DES RUES 880

PLANS DE LYON

AGGLOMÉRATION 882

LYON CENTRE PARTIE NORD 884

LYON CENTRE PARTIE SUD 886

LISTE ALPHABÉTIQUE DES HÔTELS ET RESTAURANTS 888

HÔTELS ET RESTAURANTS 890

RENSEIGNEMENTS PRATIQUES

▯ OFFICE DE TOURISME
place Bellecour ℰ 04 72 77 69 69

TRANSPORTS
▱ Auto-train ℰ 3635 (dîtes auto-train - 0,34 €/mn)

AÉROPORT
✈ Lyon Saint-Exupéry ℰ 0 826 800 826 (0,15 €/mn), 25 km par ④

CASINO
à la Tour de Salvagny

le Pharaon (quai Charles-de-Gaulle à Lyon) GV

QUELQUES GOLFS
▮ de Lyon Chassieu à Chassieu Route de Lyon, ℰ04 78 90 84 77

▮ de Salvagny à La Tour-de-Salvagny 100 rue des Granges, par rte de Roanne :
20 km, ℰ04 78 48 88 48

▮ public de Miribel Jonage à Vaulx-en-Velin Chemin de la Bletta, NE : 9 km,
ℰ04 78 80 56 20

▮ de Mionnay-la-Dombes à Mionnay Domaine de Beau Logis, N : 23 km par
D 1083, ℰ04 78 91 84 84

▮ de Lyon à Villette-d'Anthon, E : 25 km par D 517, D6 et D 55, ℰ04 78 31 11 33

🔵 A VOIR

LE SITE

≤★★★ de la basilique Notre-Dame de Fourvière **EX**
Montée du Garillan★ **EX**
≤★ sur la Saône et la presqu'île depuis la place Rouville **EV**

LYON ROMAIN ET GALLO-ROMAIN

Théâtres romains et l'Odéon **EY**
- Aqueducs romains **EY** - Musée de la civilisation gallo-romaine★★ : table claudienne★★★ **EY M**[10]

LE VIEUX LYON

Quartiers St-Jean, St-Paul et St-Georges★★★ **EFXY** - Rue St-Jean : Cour★★ au n° 28 et cour★ de l'hôtel du Gouvernement au n° 2 - Couloir voûté★ au n° 18 rue Lainerie
- Galerie★★ de l'hôtel Bullioud au n° 8 rue Juiverie - Hôtel Gadagne★ **FX M**[4] : musée historique de Lyon★, musée lapidaire★, musée international de la Marionnette★ - Primitiale St-Jean★ (Choeur★★) **EFY** - Maison du Crible★ au n° 16 rue du Boeuf - Théâtre "le Guignol de Lyon" **FX** T

LA PRESQU'ÎLE

Place Bellecour **FY** - Fontaine★ de la place des Terreaux **FX** - Palais St-Pierre ★ **FX M**[9] Musée des Beaux-Arts★★★ **FX M**[9] - Musée historique des tissus★★★ **FY M**[17] - Musée de l'imprimerie★★ **FX M**[16] - Musée des Arts décoratifs★★ **FY M**[7]

LA CROIX ROUSSE

Aux origines de la soierie lyonnaise Mur des Canuts **FV** R - Maison des Canuts **FV M**[5] - Ateliers de Soierie vivante★ **FV** E

RIVE GAUCHE DU RHÔNE

Quartiers : les Brotteaux, la Guillotière, Gerland, la Part-Dieu
Parc de la Tête d'Or★ : Roseraie★ **GHV** - Musée d'Histoire naturelle★★ **GV M**[20] - Centre d'Histoire de la Résistance et de la Déportation★ **FZ** M[1] Musée d'Art contemporain★ **GU** - Musée urbain Tony-Garnier★ **CQ** - Halle Tony-Garnier **BQR** - Château Lumière **CQ** M[2]

ENVIRONS

Musée de l'automobile Henri-Malartre★★ à Rochetaillée-sur-Saône : 12 km par ⑪

RÉPERTOIRE DES RUES DE LYON

BRON

Bonnevay (Bd L.) . . . . **DQ**
Brossolette (Av. P.) . . . . **DQ**
Droits de l'Homme (Bd des) . . **DQ**
Genas (Rte de) . . . . **CDQ**
Mendès-France (Av. P.) . . . . . . **DR** 103
Pinel (Bd) . . . . **CQ**
Roosevelt (Av. F.) . . . . **DQR** 143
8 Mai 1945 (R. du) . . . . **DQ** 188

CALUIRE ET CUIRE

Boutary (Ch. de) . . . . **HU**
Briand (Cours A.) . . . . **GUV**
Brunier (R. P.) . . . . **FU**
Canuts (Bd des) . . . . **FU**
Chevalier (R. H.) . . . . **EFU**
Clemenceau (Quai G.) . . . . . . **EU**
Coste (R.) . . . . **FU**
Église (Montée de l') . . . . **FU**
Margnolles (R. de) . . . . **FGU**
Monnet (Av. J.) . . . . **FU**
Pasteur (R.) . . . . **FGU**

Peissel (R. F.) . . . . **FU** 117
Saint Clair (Grande R. de) . . . **GHU**
Soldats (Montée des) . . . . **HU** 163
Strasbourg (Rte de) . . . . **CP**
Vignal (Av. E.) . . . . **GU**

CHAMPAGNE-AU-MONT-D'OR

Lanessan (Av. de) . . . . **AP**

CHAPONOST

Aqueducs (Rte des) . . . . **AR**
Brignais (Rte de) . . . . **AR**

CHASSIEU

Gaulle (Bd Ch.-de) . . . . **DQ**

ÉCULLY

Champagne (Rte de) . . . . **AP** 25
Dr-Terver (Av. du) . . . . **AP** 38
Marietton (R.) . . . . **AP** 99

Roosevelt (Av. F.) . . . . **AP** 142
Vianney (Ch. J.-M.) . . . . **AP**

FRANCHEVILLE

Châter (Av. du) . . . . **AQ**
Table de Pierre (Av.) . . . . **AQ**

LA MULATIÈRE

Déchant (R. S.) . . . . **BR**
J.-J. Rousseau (Quai) . . . . **BQ**
Mulatière (Pont de la) . . . . . . **BQ** 111
Sémard (Quai P.) . . . . **BR**

LYON

Annonciade (R. de l') . . . . **FV** 5
Antiquaille (R. de l') . . . . **EY** 7
Aubigny (R. d') . . . . **HX**
Barret (R. Croix) . . . . **GZ**
Basses Verchères (R. des) . . . **EY** 10
Bataille de Stalingrad
   (Bd de la) . . . . **HUV**

Béchevelin (R.) . . . . **GY**
Belfort (R.) . . . . **FV**
Belges (Bd des) . . . . **GHV**
Bellecour (Quai) . . . . **FY**
Bellevue (Quai) . . . . **GU**
Berliet (R. M.) . . . . **HZ**
Berthelot (Av.) . . . . **GHZ**
Bert (R. P.) . . . . **GHY**
Bloch (R. M.) . . . . **GZ**
Bonaparte (Pt) . . . . **FY** 12
Bonnel (R. de) . . . . **GX**
Bony (R.) . . . . **EV**
Boucle (Montée de la) . . . . **FU**
Bourgogne (R. de) . . . . **BP** 14
Brotteaux (Bd des) . . . . **HVX**
Bugeaud (R.) . . . . **HX**
Burdeau (R.) . . . . **FV** 16
Buyer (Av. B.) . . . . **AQ**
Canuts (Mtée des) . . . . **FUV**
Carmélites (Mtée des) . . . . . . **FV** 21
Carnot (Pl.) . . . . **FY**
Chambaud-de-la-Bruyère
(Bd) . . . . **BR** 23
Charcot (R. Cdt) . . . . **ABQ**
Charlemagne (Cours) . . . . **EZ**
Charmettes (R. des) . . . . **HVX**
Chartreux (Pl. des) . . . . **EV**
Chartreux (R. des) . . . . **EV**
Chazière (R.) . . . . **EV**
Chevreul (R.) . . . . **GYZ**
Choulans (Ch. de) . . . . **EY**
Churchill (Pt W.) . . . . **GV** 31
Claude-Bernard (Q.) . . . . **FY**
Condé (R. de) . . . . **FY**
Courmont (Q. J.) . . . . **FX** 33
Crepet (R.) . . . . **FZ**
Créqui (R. de) . . . . **GVY**
Croix-Rousse (Bd de la) . . . . . **EFV**
Croix-Rousse (Gde-R. de la) . . **FV** 35
Debrousse (Av.) . . . . **EY**
Deleuvre (R.) . . . . **EUV**
Dr-Gailleton (Q. du) . . . . **FY**
Duguesclin (R.) . . . . **GVY**
Duquesne (R.) . . . . **GV**
Duvivier (R. P.) . . . . **GZ** 180
Épargne (R. de l') . . . . **HZ** 41
États-Unis (Bd des) . . . . **CQR**
Étroits (Quai des) . . . . **EY**
Farges (R. des) . . . . **EY** 46
Farge (Bd Y.) . . . . **FZ**
Faure (Av. F.) . . . . **GHY**
Favre (Bd J.) . . . . **HX** 48
La-Fayette (Cours) . . . . **GHX**
La-Fayette (Pont) . . . . **GX** 88
Ferry (Pl. J.) . . . . **HX** 51
Flandin (R. M.) . . . . **HXY**
France (Bd A.) . . . . **HV** 57
Frères-Lumière (Av. des) . . . . . **HZ**
Fulchiron (Q.) . . . . **EY**
Gallieni (Pt) . . . . **FY** 65
Gambetta (Cours) . . . . **GHY**
Garibaldi (R.) . . . . **GVZ**
Garillan (Montée du) . . . . **BR**
Garnier (Av. T.) . . . . **GHU**
Gaulle (Q. Ch.-de) . . . . **CDQ**
Genas (Rte de) . . . . **GZ**
Gerland (R. de) . . . . **GZ**
Gerlier (R. du Cardinal) . . . . **EY** 69
Gillet (Quai J.) . . . . **EUV**
Giraud (Cours du Gén.) . . . . . . **EV**
Grande-Bretagne (Av. de) . . . . **GV**
Grenette (R.) . . . . **FX** 71
Guillotière (Grande-R. de la) . . **GYZ**
Guillotière (Pt de la) . . . . . . **FY** 73
Hénon (R.) . . . . **EFV**
Herbouville (Cours d') . . . . . . **FV** 75
Jayr (Q.) . . . . **BP**
Jean-Jaurès (Av.) . . . . **GY**
Joffre (Quai du Mar.) . . . . . . **EY** 82
Joliot-Curie (R.) . . . . **AQ**
Juin (Pont Alphonse) . . . . . . **FX** 84
Jutard (Pl. A.) . . . . **GY**
Kitchener Marchand (Pt) . . . . **EY** 85
Koenig (Pt du Gén.) . . . . **EV** 86
Lacassagne (Av.) . . . . **CQ**
Lassagne (Quai A.) . . . . **FV** 93
Lassalle (R. Ph. de) . . . . **EUV**
Lattre-de-Tassigny (Pt de) . . . . **FV** 94
Leclerc (Av.) . . . . **EFZ**
Leclerc (R. P. des) . . . . **GV**
Liberté (Cours de la) . . . . **GXY**
Lortet (R.) . . . . **FZ**

Lyautey (Pl. du Mar.) . . . . . . **GVX**
Marius-Vivier-Merle (Bd) . . . **HY** 101
Marseille (R. de) . . . . **GY**
Mermoz (Av. J.) . . . . **CQ**
Montrochet (R. P.) . . . . **EZ** 105
Morand (Pont) . . . . **FVX** 107
Moulin (Quai J.) . . . . **FX** 109
Mulatière (Pont de la) . . . . . **BQ** 111
Nadaud (R. G.) . . . . **FZ**
La Part Dieu . . . . **HXY**
Pasteur (Pt) . . . . **BQ** 115
Perrache (Quai) . . . . **EZ**
Pinel (Bd) . . . . **CQ**
Point du Jour (Av. du) . . . . . . **ABQ**
Pompidou (Av. G.) . . . . **HY**
Pradel (Pl. L.) . . . . **FX** 123
Prés.-Édouard-Herriot
(R. du) . . . . **FX** 127
Pré Gaudry (R.) . . . . **FZ** 125
Radisson (R. Roger) . . . . **EY**
Rambaud (Quai) . . . . **EYZ**
Repos (R. du) . . . . **GZ** 131
République (R. de la) . . . . . **FXY** 136
Rockefeller (Av.) . . . . **CQ** 138
Rolland (Quai Romain) . . . . . . **FX** 140
Roosevelt (Cours F.) . . . . **GVX**
St-Antoine (Q.) . . . . **FX** 147
St-Barthélémy (Montée) . . . . **EX** 149
St-Jean (R.) . . . . **FX**
St-Simon (R.) . . . . **APB** 153
St-Vincent (Quai) . . . . **EFX**
Santy (Av. Paul) . . . . **CQR**
Sarrail (Quai du Gén.) . . . . . . **GX** 157
Saxe (Av. du Mar. de) . . . . . . **GXY**
Scize (Quai P.) . . . . **EX**
Sédaillan (Quai P.) . . . . **EU**
Serbie (Quai de) . . . . **GV**
Servient (R.) . . . . **GY**
Stalingrad (Pl. de) . . . . **GHY**
Suchet (Cours) . . . . **EFZ**
Sully (R.) . . . . **GV**
Tchécoslovaques (Bd des) . . . **HZ**
Terme (R.) . . . . **FV** 166
Terreaux (Pl. des) . . . . **FX**
Tête d'Or (R. de la) . . . . **GVX**
Thiers (Av.) . . . . **HVX**
Thomas (Crs A.) . . . . **CQ** 168
Tilsitt (Q.) . . . . **FY**
Trion (Pl. de) . . . . **EY**
Trion (R. de) . . . . **EY**
Université (Pont de l') . . . . . **FY** 171
Université (R. de l') . . . . **GY** 172
Vauban (R.) . . . . **GHX**
Verguin (Av.) . . . . **HV**
Viabert (R. de la) . . . . **HX**
Victor-Hugo (R.) . . . . **FY** 176
Vienne (Rte de) . . . . **GZ**
Villette (R. de la) . . . . **HY** 178
Villon (R.) . . . . **HZ**
Vitton (Cours) . . . . **HV**
Wilson (Pont) . . . . **FY** 182
1re Div.-Fr.-Libre (Av. de la) . . . **EY** 186
25e Régt de Tirailleurs
Sénégalais (Av. du) . . . . . . **ABP**

OULLINS

Jean-Jaurès (Av.) . . . . **BR**
Jomard (R. F.) . . . . **AR**
Perron (R. du) . . . . **BR** 119

PIERRE-BÉNITE

Ampère (R.) . . . . **BR**
Europe (Bd de l') . . . . **BR** 43
Voltaire (R.) . . . . **BR**

STE-FOY-LÈS-LYON

Charcot (R. du Cdt) . . . . **ABQ**
Châtelain (R.) . . . . **AQ**
Fonts (Ch. des) . . . . **AQ** 55
Franche-Comté (R. de) . . . . **BQ** 59
Provinces (Bd des) . . . . **BQ**

ST-DIDIER-AU-MONT-D'OR

St-Cyr (R. de) . . . . **BP**

ST-FONS

Farge (Bd Y.) . . . . **CR**

Jean-Jaurès (Av.) . . . . **CR** 79
Semard (Bd P.) . . . . **BR** 159
Sembat (R. M.) . . . . **BR** 161

ST-GÉNIS-LAVAL

Beauversant (Ch. de) . . . . **AR**
Clemenceau (Av. Georges) . . . **AR**
Darcieux (R. François) . . . . . . **ABR**
Gadagne (Av. de) . . . . **AR**

ST-PRIEST

Aviation (R. de l') . . . . **DR**
Briand (R. A.) . . . . **DR**
Dauphiné (R. du) . . . . **DR**
Gambetta (R.) . . . . **DR**
Grande-Rue . . . . **DR**
Herriot (Bd E.) . . . . **DR** 77
Lyonnais (R. du) . . . . **DR**
Maréchal (R. H.) . . . . **DR** 97
Parilly (Bd de) . . . . **DR**
Rostand (R. E.) . . . . **DR** 145
Urbain Est (Bd) . . . . **DR**

TASSIN-LA-DEMI-LUNE

Foch (Av. du Mar.) . . . . **AQ** 53
Gaulle (Av. Ch.-de) . . . . **AQ**
République (Av. de la) . . . . . **AQ** 134
Vaubin (Pl. P.) . . . . **AQ**
Victor Hugo (Av.) . . . . **APQ** 175

VAULX-EN-VELIN

Allende (Av. S.) . . . . **DP** 3
Bohlen (Av. de) . . . . **DQ**
Cachin (Av. M.) . . . . **DP**
Dumas (R. A.) . . . . **DQ**
Gaulle (Av. Ch.-de) . . . . **DP** 67
Grandclément (Av.) . . . . **DP**
Marcellin (Av. P.) . . . . **DP**
Péri (Av. G.) . . . . **DP**
Roosevelt (Av. F.) . . . . **DQ**
Salengro (Av. R.) . . . . **DP**
Soie (Pont de la) . . . . **DP**
8 Mai 1945 (Av. du) . . . . **DP**

VÉNISSIEUX

Bonnevay (Bd L.) . . . . **CR**
Cachin (Av. M.) . . . . **CR** 18
Cagne (Av. J.) . . . . **CR**
Charbonnier (Ch. du) . . . . . . **CDR**
Croizat (Bd A.) . . . . **CR**
Farge (Bd Y.) . . . . **CR**
Frères L. et E. Bertrand
(R. des) . . . . **CR** 61
Gaulle (Av. Ch.-de) . . . . **CR**
Gérin (Bd L.) . . . . **CR**
Grandclément (Pl. J.) . . . . **CR**
Guesde (Av. J.) . . . . **CR**
Joliot Curie (Bd I.) . . . . **CR**
Péri (R. G.) . . . . **CR**
République (Av. de la) . . . . . . **CR**
Thorez (Av. M.) . . . . **CR**
Vienne (Rte de) . . . . **CQR**

VILLEURBANNE

Bataille de Stalingrad
(Bd de la) . . . . **HUV**
Blum (R. L.) . . . . **CDQ**
Bonnevay (Bd L.) . . . . **CP**
Charmettes (R. des) . . . . **HVX**
Chirat (R. F.) . . . . **CQ** 29
Croix Luizet (Pont de) . . . . . . **CDP**
Dutriévoz (Av. A.) . . . . **HV** 39
Galline (Av.) . . . . **HV**
Genas (Rte de) . . . . **CDQ**
Jean-Jaurès (R.) . . . . **CQ** 80
Philip (Cours A.) . . . . **HV**
Poincaré (Pt R.) . . . . **HU**
Poudrette (R. de la) . . . . **DQ**
Rossellini (Av. R.) . . . . **HV** 144
Salengro (Av. R.) . . . . **CP**
Tolstoï (Cours) . . . . **HV**
Tonkin (R. du) . . . . **HV**
Zola (Cours Émile) . . . . **CP**
4 Août 1789 (R. du) . . . . **CQ**
11 Novembre 1918
(Bd du) . . . . **HV**

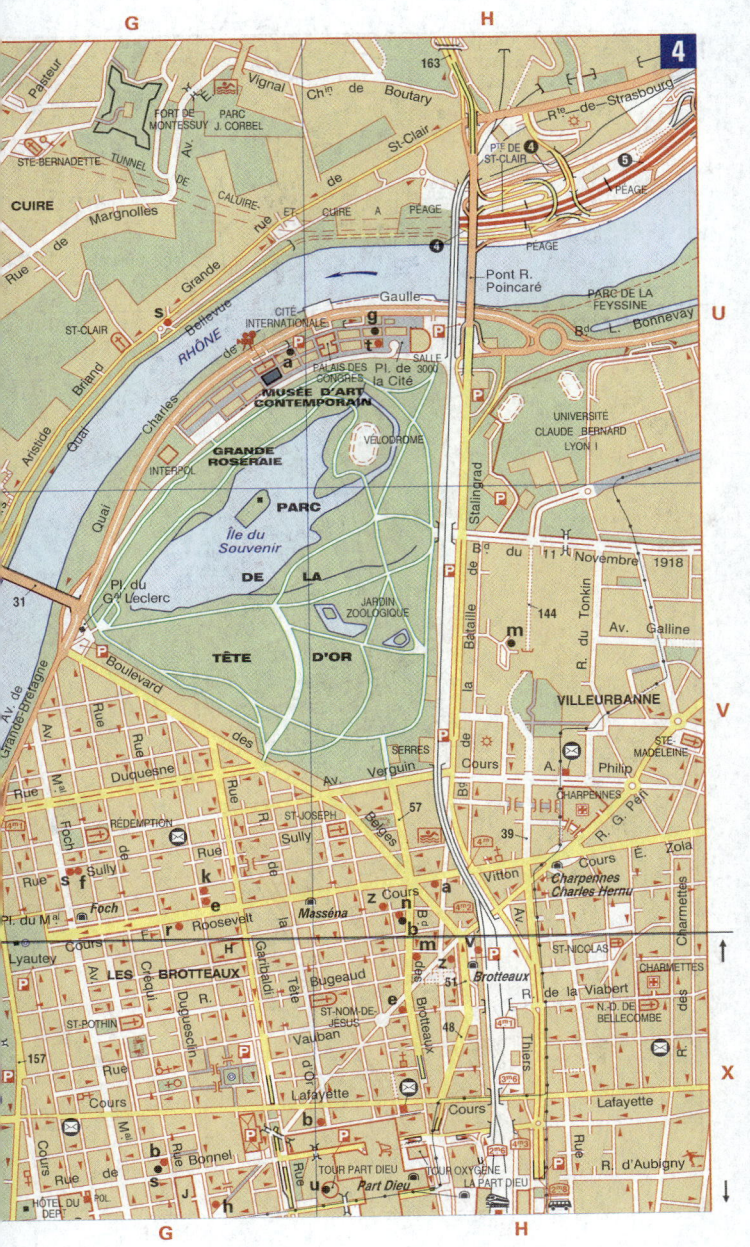

LISTE ALPHABÉTIQUE DES HÔTELS
INDEX OF HOTELS

A
		page
Ambassadeur		901
Des Artistes		890
Axotel		891

B
		page
Le Beaulieu		901

C
		page
Carlton		890
Célestins		890
De la Cité		892
Collège		891
Congrès		893
Cour des Loges		891
Créqui Part-Dieu		892

E
		page
L'Ermitage		902

G
		page
Globe et Cécil		890
Grand Hôtel des Terreaux		890
Grand Hôtel Mercure Château Perrache		891

H
		page
Les Hautes Bruyères		901
Hilton		892

L
		page
Lyon Métropole		892

M
		page
Mercure Plaza République		890

N
		page
NH Lyon Aéroport		902
Novotel Gerland		893
Novotel Lyon Nord		902

P
		page
Du Parc		892
Le Pavillon de la Rotonde		901

R
		page
Radisson Blu		892
La Résidence		890
Le Royal Lyon		890

S
		page
Sofitel		890

V
		page
Verdun		891
Villa Florentine		891

LISTE ALPHABETIQUE DES RESTAURANTS
INDEX OF RESTAURANTS

A | page

Les Adrets	✗	899
Alex	✗✗	895
L'Alexandrin	✗✗ ✿	895
Argenson Gerland	✗	897
Au 14 Février	✗ ✿	897
Auberge de Fond Rose	✗✗✗ ✿	894
Auberge de l'Ile	✗✗ ✿ ✿	894

B | page

Balthaz'art	✗	898
Bernachon Passion	✗	898
Brasserie Georges	✗✗	895

C | page

Café des Fédérations	✗	900
Cazenove	✗✗	895
Le 126	✗	900
Le Contretête	✗	897
Cuisine et Dépendances	✗	899
Cuisine et Dépendances Acte II	✗✗	896

D | page

Daniel et Denise	✗ ☻	900

E | page

Eskis	✗	899
Espace Le Bec	✗✗	902
L'Est	✗	897
L'Étage	✗	899

G | page

Le Gabion	✗	897
Le Garet	✗	900
Le Gourmet de Sèze	✗✗ ✿	895

J | page

Jofé	✗	899

L | page

Larivoire	✗✗✗ ✿	900
Laurent Bouvier	✗✗	902
Léon de Lyon	✗✗✗ ☻	894

M | page

M	✗ ☻	898
La Machonnerie	✗	899

Magali et Martin	✗	899
Maison Clovis	✗ ✿	896
Maison Villemanzy	✗	899
Mère Brazier	✗✗✗ ✿ ✿	894
Mon Bistrot à Moi	✗ ☻	898

N | page

Le Nord	✗	896

O | page

Les Oliviers	✗ ☻	898
L'Ouest	✗ ☻	896

P | page

Le Passage	✗✗	895
Paul Bocuse	✗✗✗✗✗ ✿ ✿ ✿	893
La Petite Auberge du Pont d'Herbens	✗✗	901
Philippe Gauvreau	✗✗✗✗ ✿ ✿	902
Pierre Orsi	✗✗✗✗ ✿	893
Ponts et Passerelles	✗ ☻	900
Le Potiquet	✗✗	896

R | page

La Rémanence	✗✗	895
Rue Le Bec	✗	897

S | page

Saisons	✗✗✗	901
Splendid	✗	898
Le Sud	✗	896

T | page

Takao Takano	✗✗✗ ✿	893
La Tassée	✗✗	895
Les Terrasses de Lyon	✗✗✗ ✿	893
La Terrasse St-Clair	✗ ☻	898
Testa d' Oca	✗	900
Têtedoie	✗✗✗ ✿	894
Thomas	✗	897
33 Cité	✗ ☻	897
Les Trois Dômes	✗✗✗ ✿	894

V | page

Le Verre et l'Assiette	✗ ☻	898
Le Vivarais	✗✗	896
La Voûte - Chez Léa	✗✗	896

Centre-ville (Bellecour-Terreaux)

Sofitel
20 quai Gailleton – ⌨ 69002 Ⓜ Bellecour – ℰ 04 72 41 20 20 – www.sofitel.com
164 ch – ♦230/380 € ♦♦230/380 € – 26 suites – ⊡ 26 €   **5**FY**p**
Rest *Les Trois Dômes* – voir ci-après
Rest *Silk Brasserie* – ℰ 04 72 41 20 80 – (17 €) Menu 23 € – Carte 35/55 €

♦ L'architecture cubique contraste avec l'intérieur luxueusement agencé : hall relooké très contemporain, chambres modernes de bon goût, boutiques chic, salon de coiffure... Ambiance branchée à la Silk Brasserie ; à la carte, recettes internationales et spécialités lyonnaises.

Le Royal Lyon
20 pl. Bellecour – ⌨ 69002 Ⓜ Bellecour – ℰ 04 78 37 57 31
– www.lyonhotel-leroyal.com   **5**FY**g**
69 ch – ♦260/390 € ♦♦340/390 € – 5 suites – ⊡ 20 €
Rest – *(fermé 1er-21 août)* Menu 27 € – Carte 39/48 €

♦ Depuis sa rénovation, cet hôtel du 19e s. géré par l'Institut Paul Bocuse a retrouvé son faste d'antan. Très belles chambres. Salle des petits-déjeuners décorée comme une cuisine. Recettes au goût du jour au restaurant.

Carlton sans rest
4 r. Jussieu – ⌨ 69002 Ⓜ Cordeliers – ℰ 04 78 42 56 51 – www.mercure.com
83 ch – ♦99/219 € ♦♦109/229 € – ⊡ 17 €   **5**FX**b**

♦ Pourpre et or : deux couleurs qui habillent cet hôtel de tradition aménagé à la façon d'un petit palace rétro. La cage d'ascenseur d'époque a de l'allure. Chambres confortables.

Globe et Cécil sans rest
21 r. Gasparin – ⌨ 69002 Ⓜ Bellecour – ℰ 04 78 42 58 95
– www.globeetcecilhotel.com   **5**FY**b**
60 ch ⊡ – ♦140/145 € ♦♦175/180 €

♦ Un des derniers soyeux de la ville a décoré la salle de réunions de cet hôtel de caractère. Chambres mariant avec goût meubles chinés et modernes. Accueil des plus charmants.

Mercure Plaza République sans rest
5 r. Stella – ⌨ 69002 Ⓜ Cordeliers – ℰ 04 78 37 50 50 – www.mercure.com
78 ch – ♦99/209 € ♦♦109/219 € – ⊡ 17 €   **5**FY**k**

♦ Architecture du 19e s., situation centrale, intérieur moderne rénové, confort complet et salles de réunion : un hôtel apprécié, entre autres, par la clientèle d'affaires.

Grand Hôtel des Terreaux sans rest
16 r. Lanterne – ⌨ 69001 Ⓜ Hôtel de ville – ℰ 04 78 27 04 10 – www.hotel-lyon.fr
53 ch – ♦85/90 € ♦♦115/160 € – ⊡ 12 €   **3**FX**u**

♦ Chambres personnalisées et décorées avec goût, petite piscine intérieure et service attentif font de cet ancien relais de poste (19e s.) un établissement propice à la détente.

Des Artistes sans rest
8 r. Gaspard André – ⌨ 69002 Ⓜ Cordeliers – ℰ 04 78 42 04 88 – www.hoteldesartistes.fr
45 ch – ♦90/140 € ♦♦100/160 € – ⊡ 12 €   **5**FY**r**

♦ Impossible de manquer les trois coups depuis cet hôtel voisin du théâtre des Célestins ! Chambres coquettes et salle des petits-déjeuners ornée d'une fresque à la Cocteau.

La Résidence sans rest
18 r. V. Hugo – ⌨ 69002 Ⓜ Bellecour – ℰ 04 78 42 63 28
– www.hotel-la-residence.com   **5**FY**s**
67 ch – ♦88 € ♦♦88 € – ⊡ 8 €

♦ Décor sobrement "seventies" pour cet hôtel bordant une rue piétonne proche de la place Bellecour. Quelques chambres plus élégantes, agrémentées de boiseries.

Célestins sans rest
4 r. des Archers – ⌨ 69002 Ⓜ Guillotière – ℰ 04 72 56 08 98 – www.hotelcelestins.com
25 ch – ♦73/123 € ♦♦79/129 € – ⊡ 9 €   **5**FY**a**

♦ Hôtel occupant plusieurs étages d'un immeuble d'habitation. Chambres claires peu à peu rafraîchies ; celles de la façade offrent une échappée sur la colline de Fourvière.

Perrache

 Grand Hôtel Mercure Château Perrache

12 cours Verdun ⊠ *69002* Ⓜ *Perrache –* ℰ *04 72 77 15 00* `VISA` ⓒⓞ `AE` ⓓ
– www.mercure.com **5EYa**

111 ch – †90/250 € ††110/270 € – 2 suites – ⊃ 17 €

Rest *Les Belles Saisons* – *(fermé 25 juil.-25 août, week-ends et fériés)* Carte 22/35 €

♦ L'hôtel bâti en 1900 a conservé une partie de son cadre Art nouveau : délicates boiseries sculptées du hall, mobilier authentique dans certaines chambres et les suites. Au restaurant, décor de style Majorelle et ambiance contemporaine ; carte traditionnelle.

 Axotel

12 r. Marc-Antoine Petit ⊠ *69002* Ⓜ *Perrache –* ℰ *04 72 77 70 70*
– www.hotel-axotel-perrache.fr **5EZr**

126 ch – †71/95 € ††76/95 € – ⊃ 9 €

Rest *Le Chalut* – *(fermé 25 juil.-21 août, vend. soir, sam. midi et dim.)* (18 € bc)
Menu 22 € – Carte 20/50 €

♦ La clientèle d'affaires apprécie cet établissement dont les salles et équipements sont propices à l'organisation de séminaires. Coquettes chambres rénovées, aux teintes chaleureuses. Dans les filets du Chalut, du poisson bien sûr, avec un menu-carte saisonnier.

 Verdun sans rest

82 r. de la Charité ⊠ *69002* Ⓜ *Perrache –* ℰ *04 78 37 34 71*
– www.bestwestern-hoteldeverdun.com – Fermé 30 juil.-14 août **5FYm**

26 ch – †65/140 € ††65/140 € – ⊃ 12 €

♦ Cet hôtel, bien tenu et proche de la gare, a entrepris une profonde rénovation de ses espaces et chambres, qui préserve le charme du décor d'origine. Copieux petit-déjeuner.

Vieux-Lyon

 Villa Florentine ⊱

25 montée St-Barthélémy ⊠ *69005* Ⓜ *Fourvière –* ℰ *04 72 56 56 56*
– www.villaflorentine.com **3EXs**

21 ch – †255/465 € ††255/465 € – 7 suites – ⊃ 25 €

Rest *Les Terrasses de Lyon* – voir ci-après

♦ Sur la colline de Fourvière, cette demeure d'inspiration Renaissance jouit d'une vue incomparable sur la ville. L'intérieur marie avec une rare élégance l'ancien et le moderne.

 Cour des Loges ⊱

6 r. Boeuf ⊠ *69005* Ⓜ *Vieux Lyon Cathédrale Saint-Jean –* ℰ *04 72 77 44 44*
– www.courdesloges.com **3FXn**

57 ch – †204/240 € ††255/505 € – 4 suites – ⊃ 25 €

Rest *Café-Épicerie* – (15 €) Carte 29/49 €

Rest *Les Loges* – *(fermé juil., août, dim., lundi et le midi)* Menu 60/85 €
Carte 75/89 €

♦ Designers et artistes contemporains ont signé le décor étonnant de cet ensemble de maisons du 14ᵉ au 18ᵉ s. groupées autour d'une splendide cour à galeries. Attrayante formule et ambiance bistrot branché au Café-Épicerie. Cuisine inventive et cadre personnalisé aux Loges.

 Collège sans rest

5 pl. St Paul ⊠ *69002* Ⓜ *Vieux Lyon Cathédrale St -Jean –* ℰ *04 72 10 05 05*
– www.college-hotel.com **3FXf**

39 ch – †125/155 € ††125/155 € – ⊃ 12 €

♦ Bureaux d'écoliers, cheval d'arçon, cartes de géographie… : tout évoque l'univers scolaire d'autrefois. Chambres toutes blanches, résolument modernes, avec balcon ou terrasse.

 Une bonne table sans se ruiner ? Repérez les Bib Gourmand ⊕.

La Croix-Rousse (bord de Saône)

Lyon Métropole

85 quai J. Gillet ⊠ *69004 –* ℰ *04 72 10 44 44*
– www.lyonmetropole.com
118 ch – ✝149/220 € ✝✝149/220 € – ⊑ 18 €

3EUk

Rest *Le Lyon Plage* – ℰ *04 72 10 44 30* – Menu 23 € – Carte 25/42 €

♦ Hôtel apprécié pour sa piscine olympique et ses équipements sportifs : superbe spa, fitness, courts de tennis et de squash, practices, etc. Préférez les chambres rénovées, plus actuelles. La carte de la Brasserie Lyon Plage met l'accent sur les produits de la mer.

Cité Internationale

Hilton

70 quai Ch.-de-Gaulle ⊠ *69006 –* ℰ *04 78 17 50 50 – www.hilton.com*
199 ch – ✝150/365 € ✝✝150/365 € – 5 suites – ⊑ 24 €

4GUa

Rest *Blue Elephant* – ℰ *04 78 17 50 00 (fermé 15 juil.-15 août, sam. midi et dim.)* Menu 28/55 € – Carte 35/55 €
Rest *Brasserie* – ℰ *04 78 17 51 00* – Menu 24 € (déj. en sem.) – Carte 38/55 €

♦ Imposant hôtel moderne en brique et verre, doté d'un véritable "business center". Chambres et suites parfaitement équipées, donnant sur le parc de la Tête d'Or ou le Rhône. Spécialités et cadre thaïlandais au Blue Elephant. Décor rétro, agréable terrasse et cuisine traditionnelle à la Brasserie.

De la Cité

22 quai Ch.-de-Gaulle ⊠ *69006 –* ℰ *04 78 17 86 86*
– www.lyon.concorde-hotels.com
164 ch – ✝99/355 € ✝✝99/355 € – 5 suites – ⊑ 22 €

4HUg

Rest – (17 €) Menu 22 € – Carte 28/44 €

♦ Architecture moderne signée Renzo Piano, située entre le parc de la Tête-d'Or et le Rhône. Chambres claires affichant une décoration actuelle. Cuisine traditionnelle au restaurant ; terrasse ouverte sur le patio de la Cité Internationale. Nombreux cocktails au bar.

Les Brotteaux

Du Parc sans rest

16 bd des Brotteaux ⊠ *69006* Ⓜ *Brotteaux –* ℰ *04 72 83 12 20*
– www.hotelduparc-lyon.com
23 ch – ✝69/139 € ✝✝97/149 € – ⊑ 11 €

4HVb

♦ Hôtel situé entre la gare des Brotteaux et le parc de la Tête d'Or. Les chambres, plus tranquilles sur l'arrière, bénéficient d'un décor chaleureux et d'aménagements modernes.

La Part-Dieu

Radisson Blu ⌁

129 r. Servient, (32ème étage) ⊠ *69003* Ⓜ *Part Dieu –* ℰ *04 78 63 55 00*
– www.radissonblu.com/hotel-lyon
245 ch – ✝135/165 € ✝✝135/320 € – ⊑ 20 €

4HXu

Rest *L'Arc-en-Ciel* – (fermé de mi- juil. à fin août, sam. midi et dim.)
Menu 46/146 € bc – Carte 64/103 €❀
Rest *Bistrot de la Tour* – (fermé 25 juil.-16 août, sam. et dim.) (déj. seult)
Menu 18 € – Carte 20/40 €

♦ Au sommet du "crayon", agencement inspiré des maisons du Vieux Lyon : cour intérieure et galeries superposées. Panorama exceptionnel depuis certaines chambres. L'Arc-en-Ciel, perché au 32e étage de la tour, propose une carte actuelle saisonnière. Bistrot très prisé à midi.

Créqui Part-Dieu

37 r. Bonnel ⊠ *69003* Ⓜ *Place Guichard –* ℰ *04 78 60 20 47*
– www.bestwestern-lyonpartdieu.com
46 ch – ✝77/175 € ✝✝77/185 € – 3 suites – ⊑ 15 €

4GXs

Rest *La Cantine du Palais* – ℰ *04 78 60 83 96 (fermé août, sam. et dim.)* (16 €)
Menu 18 € (déj.)/23 €

♦ Hôtel situé face à la cité judiciaire. Les chambres, réparties entre deux bâtiments, arborent des teintes chaleureuses (celles de l'aile neuve offrent un cadre résolument moderne). Cuisine familiale et ambiance "écolière" au restaurant bien rénové.

Gerland

⌂⌂⌂ **Novotel Gerland** 🛋 🏊 ⅙ 🕸 & ch, AC 🛜 ⅍ � VISA 🐵 AE ①
🍽 *70 av. Leclerc* ✉ *69007 –* 𝒞 *04 72 71 11 11 – www.novotel.com* **1BQe**
186 ch – †99/189 € ††99/189 € – 6 suites – ⌷ 14 €
Rest – Menu 16/35 € – Carte 25/45 €
◆ Près de la halle Tony-Garnier et du stade de Gerland, un Novotel relooké de pied en cap : jolies chambres contemporaines, bar-salon design et vastes salles de séminaire. À table, plaisant cadre "dernière génération" et carte traditionnelle.

à Villeurbanne – 136 473 h. – alt. 168 m – ✉ 69100

⌂⌂⌂ **Congrès** 🕸 AC 🕸 ⅍ 🚗 VISA 🐵 AE ①
🍽 *pl. Cdt Rivière –* 𝒞 *04 72 69 16 16 – www.hoteldescongres.com*
– Fermé 25 déc.-2 janv. **4HVm**
134 ch – †59/139 € ††59/139 € – ⌷ 15 €
Rest – *(fermé vend. soir, sam. et dim.)* Menu 11 € bc (déj.)/29 € – Carte environ 20 €
◆ Architecture de béton proche du parc de la Tête d'Or. Décor conforme au standard des années 1980. Préférez les chambres "prestige", plus spacieuses et soignées. Au Mix City, très contemporain, restauration rapide "haut de gamme" pour hommes d'affaires pressés.

Restaurants

✕✕✕✕✕ **Paul Bocuse** AC ⇔ ☐ P VISA 🐵 AE ①
✿✿✿ *40 r. de la Plage, au pont de Collonges, 12 km au Nord par bords Saône (D 433, D 51)* ✉ *69660 –* 𝒞 *04 72 42 90 90 – www.bocuse.fr* **1BP**
Rest – Menu 130/215 € – Carte 115/205 €🍴
Spéc. Rouget barbet en écailles de pommes de terre. Volaille de Bresse en vessie "Mère Fillioux". Gâteau Président "Maurice Bernachon". **Vins** Pouilly-Fuissé, Moulin-à-Vent.
◆ Temple de la tradition, institution du service à l'ancienne… Les modes glissent sur le restaurant-monument de "maître Paul", imperturbable au temps qui passe. Toujours la même soupe présidentielle et… trois étoiles depuis 1965 !

✕✕✕ **Pierre Orsi** 🕸 & AC ⇔ ☐ VISA 🐵 AE
✿ *3 pl. Kléber* ✉ *69006* Ⓜ *Masséna –* 𝒞 *04 78 89 57 68 – www.pierreorsi.com*
– Fermé dim. et lundi sauf fériés **4GVe**
Rest – Menu 45 € (déj. en sem.), 60/115 € – Carte 61/153 €🍴
Spéc. Ravioles de foie gras de canard au jus de porto et truffes. Pigeonneau en cocotte aux gousses d'ail confites en chemise. Crêpes suzette au beurre d'orange. **Vins** Mâcon Viré-Clessé, Saint-Joseph.
◆ Une maison ancienne, des salons élégants et feutrés, et une jolie terrasse-roseraie : le tout pour une cuisine dans l'air du temps réalisée avec finesse. Belle carte des vins.

✕✕✕ **Les Terrasses de Lyon** – Hôtel Villa Florentine ≤ 🚗 🕸 AC ☐ P
✿ *25 montée St-Barthélémy* ✉ *69005* Ⓜ *Fourvière* 🐵 AE ①
– 𝒞 *04 72 56 56 02 – www.villaflorentine.com – Fermé dim. et lundi*
Rest – Menu 38 € (déj.), 48/95 € – Carte 72/120 € **3EXs**
Spéc. Foie gras de canard frais, chutney de mangue (été). Dos de bar poêlé sur peau, pointes d'asperges rôties et girolles. Soufflé au citron, madeleines et tuiles craquantes. **Vins** Côte Rôtie, Morgon.
◆ En terrasse, la vue sur Lyon est à couper le souffle. La salle intérieure et la verrière ont beaucoup de cachet et la cuisine, actuelle, valorise subtilement les produits.

✕✕✕ **Takao Takano** & AC ⇔ ☐ VISA 🐵 AE ①
✿ *14 r. Grolée* ✉ *69002* Ⓜ *Cordeliers –* 𝒞 *04 78 42 15 35*
– Fermé août, dim. et lundi **3FXy**
Rest – Menu 45 € (déj. en sem.)/85 € – Carte 60/100 €🍴
Spéc. Foie gras de canard grillé. Aiguillette de rumsteack cuite au barbecue, jus de paleron. Fine tartelette au caramel mou et beurre salé.
◆ L'adresse était connue comme celle de Nicolas Le Bec ; elle a été reprise en 2010 par le chef japonais Takao Takano, qui impose sa marque : une cuisine inventive et sans frontière, fine et sapide. Décor feutré, tout en tons gris perle.

✕✕✕ ❀ Les Trois Dômes – Hôtel Sofitel ⟨ AC ⤍ P VISA ◉ AE ⓘ

20 quai Gailleton, (8ème étage) ⊠ *69002* Ⓜ *Bellecour* – ℰ *04 72 41 20 97*
– www.les-3-domes.com – fermé 24 juil.-23 août, 27 fév.-7 mars, dim. et lundi
Rest – Menu 79 € (déj. en sem.), 125/135 € – Carte 105/160 €🕮 **5FYp**
Spéc. Millefeuille de crabe et avocat. Bœuf Angus d'Écosse en miroir de porto, parmentier de joue de bœuf français. Trois "grands crus" de chocolat. **Vins** Condrieu.
♦ Au dernier étage du Sofitel, vue incomparable sur la ville et décor très contemporain millésimé 2009, en blanc et argent (motifs rappelant le travail de la soie). Cuisine savoureuse et inventive jouant sur les accords mets et vins.

✕✕✕ ❀❀ Mère Brazier (Mathieu Viannay) AC ⟷ VISA ◉ AE

12 r. Royale ⊠ *69001* Ⓜ *Hôtel de Ville* – ℰ *04 78 23 17 20*
– www.lamerebrazier.fr – Fermé 30 juil.-29 août, 18-26 fév., sam. et dim.
Rest – (33 €) Menu 37 € (déj.), 58/118 € – Carte 82/139 € **3FVa**
Spéc. Araignée de mer aux condiments, fine gelée acidulée, émulsion de crustacés (mai à oct.). Volaille de Bresse demi-deuil, petits légumes et cerises au vinaigre. Paris-brest, glace aux noisettes caramélisées, pralin. **Vins** Viré Clessé, Côte Rôtie.
♦ Maison emblématique reprise par un Meilleur Ouvrier de France. Le décor, moderne, a su préserver l'âme historique du lieu. Carte séduisante mariant harmonieusement classique et contemporain.

✕✕✕ ❀ Auberge de Fond Rose (Gérard Vignat) 🍷 🌿 AC P VISA ◉ AE ⓘ

23 quai G. Clemenceau ⊠ *69300 Caluire-et-Cuire* – ℰ *04 78 29 34 61*
– www.aubergedefondrose.com – Fermé vacances de fév., dim. soir, lundi et mardi
Rest – (29 €) Menu 38 € bc (déj. en sem.), 55/85 € – Carte 66/95 €🕮 **3EUv**
Spéc. Carpaccio de pétoncles, royale de jus de coquillages (sept. à avril). Veau cuit en cocotte aux morilles et Côtes du Jura. Fondant au chocolat manjari, crème glacée à la vanille. **Vins** Saint-Joseph, Bandol.
♦ Cette maison bourgeoise des années 1920 dispose d'une idyllique terrasse s'ouvrant sur les arbres centenaires du jardin. Belle cuisine actuelle et intéressante carte des vins.

✕✕✕ ❀ Têtedoie (Christian Têtedoie) ⟨ 🌿 ♿ AC ⟷ ⤍ soir, P VISA ◉ AE

montée du Chemin-Neuf ⊠ *69005* Ⓜ *Minimes* – ℰ *04 78 29 40 10*
– www.tetedoie.com – Fermé 2 sem. en août **5EYn**
Rest – Menu 40 € bc (déj. en sem.), 65/96 € – Carte environ 80 €🕮
Spéc. Salade de homard rôti au beurre d'orange. Quenelles de brochet aux trois saveurs. Chaud-froid de poire. **Vins** Pouilly-Fuissé, Saint-Joseph.
Rest *La Terrasse de l'Antiquaille* – (ouvert de mi-avril à mi-oct.)
Menu 40/50 € bc
♦ Sur la colline de Fourvière, ce restaurant élégant et contemporain domine la ville. Le chef revisite la tradition française en la sublimant ; la cave recèle plus de 700 appellations ! Côté Terrasse, ambiance plus décontractée pour déguster de belles saveurs méditerranéennes et une cuisine à la plancha.

✕✕✕ 😊 Léon de Lyon 🌿 AC ⟷ ⤍ soir VISA ◉ AE

1 r. Pleney, angle r. du Plâtre ⊠ *69001* Ⓜ *Hôtel de ville* – ℰ *04 72 10 11 12*
– www.leondelyon.com **5FXr**
Rest – (20 €) Menu 23 € (sem.), 30/34 € – Carte 38/48 €🕮
♦ Modernisée en une brasserie de luxe, cette institution lyonnaise a conservé son cadre cossu et convivial. Excellents produits au service de plats canailles et gourmands.

✕✕ ❀❀ Auberge de l'Ile (Jean-Christophe Ansanay-Alex) ⟷ ⤍ soir, P

sur l'Ile Barbe ⊠ *69009* – ℰ *04 78 83 99 49* VISA ◉ AE
– www.aubergedelile.com – Fermé dim. soir et lundi **1BPe**
Rest – Menu 110 € – Carte 95/136 €🕮
Spéc. Foie gras de canard cuit au torchon servi froid, brioche mousseline tiède. Agneau de pré salé en croûte de sel et thym, tomate cœur de pigeon (juil. à sept.). Soufflé pêche blanche (juil. à sept.). **Vins** Condrieu.
♦ Presque à la campagne... au cœur de la verdoyante île Barbe, posée sur la Saône. Des murs datés de 1601, un cadre intimiste (bois, terre cuite) et une cuisine très fine, avec des associations de saveurs saisissantes et de belles envolées dans la création.

XX La Rémanence   ⅙ AC VISA ◎ AE

31 r. du Bât-d'Argent ⊠ *69001* Ⓜ *Hôtel de Ville –* ✆ *04 72 00 08 08*
– www.laremanence.fr – Fermé 2-24 août, dim. et lundi   **5FXh**
Rest – (27 €) Menu 37/71 € – Carte 50/60 €

◆ Dans un ancien réfectoire jésuite (18ᵉ s.), restaurant aux salles voûtées, en pierres dorées, tenu par un sympathique jeune couple ; cuisine inventive qui a la vie devant soi.

XX L'Alexandrin (Laurent Rigal)   AC VISA ◎ AE
❀

83 r. Moncey ⊠ *69003* Ⓜ *Place Guichard –* ✆ *04 72 61 15 69*
– www.lalexandrin.com – Fermé 1ᵉʳ-23 août, 24-29 déc., dim. et lundi
Rest – Menu 38 € (déj. en sem.), 60/150 €   **4GXh**
Spéc. Cappuccino de cèpes à la fève tonka et châtaignes éclatées (oct. à janv.). Véritable mousseline de brochet et son crémeux d'écrevisse. Madeleines au chocolat guanaja et marmelade d'orange confite au Grand Marnier. **Vins** Saint-Joseph, Condrieu moelleux.

◆ Ce restaurant au décor coloré et chaleureux attire le Tout-Lyon. Agréable terrasse, belle carte de côtes-du-rhône et cuisine revisitant le terroir avec originalité.

XX Le Gourmet de Sèze (Bernard Mariller)   AC ⅗ VISA ◎ AE
❀

129 r. Sèze ⊠ *69006* Ⓜ *Masséna –* ✆ *04 78 24 23 42 – www.le-gourmet-de-seze.com*
– Fermé 2-6 juin, 23 juil.-23 août, 27 fév.-3 mars, dim., lundi et fériés   **4HVz**
Rest – (nombre de couverts limité, prévenir) (30 €) Menu 35 € (déj. en sem.), 47/95 €
Spéc. Croustillants de pieds de cochon compotés à la moutarde en grains. Saint-Jacques de la baie de Saint-Brieuc (oct. à mars). Grand dessert du gourmet en quatre assiettes. **Vins** Saint-Aubin, Saint-Joseph.

◆ Accord parfait entre la coquette salle (tons jaune pâle et chocolat, miroirs, tableaux, tables rondes espacées) et l'assiette, classique actualisée, préparée tout en finesse.

XX Cazenove   AC VISA ◎ AE

75 r. Boileau ⊠ *69006* Ⓜ *Masséna –* ✆ *04 78 89 82 92 – www.le-cazenove.com*
– Fermé août, sam. et dim.   **4GVk**
Rest – Menu 35/45 € – Carte 30/107 €

◆ La Belle Époque, telle qu'on se l'imagine : ambiance feutrée, banquettes capitonnées, glaces murales, appliques rétro et bronzes d'art. Plats traditionnels, parfois inventifs.

XX Le Passage   � AC ⇔ VISA ◎ AE

8 r. Plâtre ⊠ *69001* Ⓜ *Hôtel de ville –* ✆ *04 78 28 11 16 – www.le-passage.com*
– Fermé août, dim., lundi et fériés   **5FXr**
Rest – Menu 38/54 € – Carte 45/75 €

◆ Sièges de théâtre et trompe-l'œil façon rideau de scène au Bistrot, décor feutré au Restaurant et cour-terrasse aux murs couverts de fresques. Cuisine classique revisitée.

XX Alex   ⅙ AC VISA ◎ AE

44 bd des Brotteaux ⊠ *69006* Ⓜ *Brotteaux –* ✆ *04 78 52 30 11 – Fermé août, dim. et lundi*   **5HXe**
Rest – (19 €) Menu 22 € (déj. en sem.), 28/59 € – Carte 52/60 €

◆ Restaurant au cadre chic et épuré – mariage audacieux de coloris, meubles design et tableaux contemporains – valorisant la carte concoctée au gré du marché par le chef-patron.

XX La Tassée   ⅙ AC ⇔ VISA ◎ AE

20 r. Charité ⊠ *69002* Ⓜ *Bellecour –* ✆ *04 72 77 79 00 – www.latassee.fr – Fermé dim.*
Rest – (24 €) Menu 28/78 € – Carte 43/83 €   **5FYu**

◆ Aplats de couleurs sobres, banquettes en cuir beige : un nouveau look contemporain pour cette institution appréciée des Lyonnais. La cuisine mixe tradition et modernité.

XX Brasserie Georges   � ⅙ ⇔ VISA ◎ AE ◉

30 cours Verdun ⊠ *69002* Ⓜ *Perrache –* ✆ *04 72 56 54 54*
– www.brasseriegeorges.com   **5FZb**
Rest – Menu 19/24 € – Carte 25/40 €

◆ "Bonne bière et bonne chère depuis 1836", cadre Art déco jalousement entretenu et ambiance ad hoc : cette brasserie classée est un incontournable de la ville.

✕✕ Cuisine & Dépendances Acte II   ⌖ AC ⟷ VISA ⦿ AE

68 r. de la Charité ✉ *69002* Ⓜ *Perrache –* ℰ *04 78 37 45 02*
– www.cuisineetdependances.com – Fermé 3-18 août, dim. et lundi
Rest *– (16 €)* Menu 29/70 € *– Carte 46/68 €*   **5**FY**d**
♦ Cet acte II se joue dans un décor très tendance, chic et cosy. Un bel écrin pour apprécier une fine cuisine axée sur les produits de la mer.

✕✕ Le Potiquet   🌣 AC ℁ VISA ⦿ AE

27 r. de l'Arbre Sec ✉ *69001* Ⓜ *Hotel de ville –* ℰ *04 78 30 65 44*
– www.lepotiquet.com – Fermé août, sam. midi, dim. et lundi   **3**FX**w**
Rest *– (18 €)* Menu 29/49 € *– Carte 35/55 €*
♦ Salle chaleureuse, belles arches en pierre : un agréable restaurant où l'on déguste une cuisine actuelle, parfois originale, souvent ensoleillée et toujours soignée.

✕✕ La Voûte - Chez Léa   AC VISA ⦿ AE
⥸

11 pl. A. Gourju ✉ *69002* Ⓜ *Bellecour –* ℰ *04 78 42 01 33 – Fermé dim. et fériés*
Rest *–* Menu 18 € *(déj. en sem.),* 28/39 € *– Carte 35/55 €*   **5**FY**e**
♦ L'un des plus vieux restaurants de Lyon qui perpétue avec brio la tradition gastronomique de la région. Ambiance et décor chaleureux. Belle carte de gibier en automne.

✕✕ Le Vivarais   AC VISA ⦿

1 pl. Gailleton ✉ *69002* Ⓜ *Bellecour –* ℰ *04 78 37 85 15 – Fermé dim.*
Rest *– (18 €)* Menu 25/35 € *– Carte 35/45 €*   **5**FY**r**
♦ Ici, un Meilleur Ouvrier de France et sa fille, fraîchement sortie de l'école hôtelière, cuisinent à quatre mains ! Quenelles, rognons, bœuf à la ficelle... et joli décor rétro.

✕ Maison Clovis *(Clovis Khoury)*   AC VISA ⦿ AE
✿

19 bd Brotteaux ✉ *69006* Ⓜ *Brotteaux –* ℰ *04 72 74 44 61*
– www.maisonclovis.com – Fermé 1er-22 août, 2-10 janv., dim. et lundi
Rest *– (22 €)* Menu 26 € *(déj. en sem.),* 42/70 € *– Carte 50/80 €*   **4**HX**m**
Spéc. Oursin dans sa coque, risotto aux supions, cuisses de grenouille et raviolis aux champignons (sept. à avril). Homard cuit à l'étouffée, champignons, artichauts, légumes fanes, jus de carapace. Harmonie gourmande au chocolat grand cru. **Vins** Morgon, Saint-Joseph.
♦ Sympathique bistrot contemporain, tendance design. Le chef prépare une cuisine au goût du jour sobre et très savoureuse, à base de beaux produits. L'art de la simplicité.

✕ Le Nord   AC ℁ ⟷ VISA ⦿ AE

18 r. Neuve ✉ *69002* Ⓜ *Hôtel de ville –* ℰ *04 72 10 69 69*
– www.nordsudbrasseries.com   **5**FX**p**
Rest *–* Menu 23 € *(sem.)/*29 € *– Carte 30/56 €*
♦ Banquettes rouges, sol en mosaïque, boiseries, lampes boule : un vrai décor 1900 dans cette brasserie – la première ouverte par Bocuse. Choix de plats ancrés dans la tradition.

✕ L'Ouest   🌣 AC ℁ VISA ⦿ AE
😊

1 quai du Commerce, Nord par bords de Saône (D 51) ✉ *69009*
– ℰ *04 37 64 64 64 – www.nordsudbrasseries.com*   **3**EU**b**
Rest *–* Menu 23 € *(sem.)/*29 € *– Carte 35/50 €*
♦ Immense restaurant au décor design (bois, béton, métal, écrans géants, cuisine visible de tous), jolie terrasse côté Saône et recettes des îles : Bocuse met le cap à l'ouest !

✕ Le Sud   🌣 AC ℁ VISA ⦿ AE

11 pl. Antonin-Poncet ✉ *69002* Ⓜ *Bellecour –* ℰ *04 72 77 80 00*
– www.nordsudbrasseries.com   **5**FY**x**
Rest *–* Menu 23 € *(sem.)/*29 € *– Carte 33/52 €*
♦ Point cardinal de la géographie bocusienne, cette brasserie évoque le bassin méditerranéen par son décor coloré et par sa cuisine du soleil. Agréable terrasse d'été.

33 Cité
33 quai Charles-de-Gaulle ⊠ 69006 – ℰ 04 37 45 45 45 – www.33cite.com
– Fermé 8-21 août **4HUt**
Rest – (19 €) Menu 23/27 € – Carte 33/55 €
◆ À la Cité internationale, face à la Salle 3000, cadre contemporain design pour déguster des plats classiques ou actuels. Grandes baies donnant sur le parc de la Tête d'Or.

L'Est
14 pl. J. Ferry, (gare des Brotteaux) ⊠ 69006 Ⓜ Brotteaux – ℰ 04 37 24 25 26
– www.nordsudbrasseries.com **4HXv**
Rest – Menu 23 € (sem.)/29 € – Carte 32/55 €
◆ Ex-gare SNCF devenue une brasserie tendance animée. Cuisine ouverte sur la salle, rondes de trains miniatures au-desssus des têtes et saveurs des cinq continents dans l'assiette.

Au 14 Février
6 r. Mourguet Ⓜ Vieux Lyon – ℰ 04 78 92 91 39 – www.au14fevrier.com – Fermé dim. soir, lundi et le midi sauf dim. **5EFYt**
Rest – (nombre de couverts limité, prévenir) Menu 38/52 €
Spéc. Menu du marché
◆ Idéale pour la St-Valentin... et tous les dîners à deux, une table intime et romantique ! Le jeune chef, d'origine japonaise, revisite avec grande sensibilité la gastronomie française.

Thomas
6 r. Laurencin ⊠ 69002 Ⓜ Bellecour – ℰ 04 72 56 04 76
– www.restaurant-thomas.com – Fermé 22 avril-2 mai, 7-30 août,
24 déc.-2 janv., sam. et dim. **5FYw**
Rest – Menu 18 € (déj.), 41/55 €
Rest *Comptoir Thomas* – ℰ 04 72 41 92 99 – Carte 31/57 €
◆ Sous l'égide d'un jeune chef à la passion communicative, une cuisine fine et savoureuse (carte renouvelée chaque mois), dans une salle moderne et cosy. Trois annexes dans la rue, avec d'aussi bons produits, dont les recettes à la plancha du trendy Comptoir.

Le Contretête
55 quai Pierre Scize ⊠ 69005 – ℰ 04 78 29 41 29 – Fermé 2-25 août, sam. midi et dim. **3EXa**
Rest – (17 €) Carte 25/35 €
◆ Couvé par Christian Têtedoie, ce bistrot cultive l'authenticité et propose des recettes de grand-mère mitonnées comme autrefois. Décor à l'ancienne envahi de vieux objets.

Rue Le Bec
43 quai Rambaud, (nouveau quartier Confluence) ⊠ 69002 Ⓜ Perrache
– ℰ 04 78 92 87 87 – www.nicolaslebec.com **5EZb**
Rest – (20 € bc) Carte 31/69 €
◆ Dans le nouveau quartier Confluence, vaste halle gourmande (2 000 m²) regroupant tous les métiers de bouche, sous la houlette de Nicolas Le Bec. Entre marché et restaurant, on consomme et on emporte. Unique.

Argenson Gerland
40 allée P.-de-Coubertin, à Gerland ⊠ 69007 Ⓜ Stade de Gerland
– ℰ 04 72 73 72 73 – www.nordsudbrasseries.com **1BRa**
Rest – (20 €) Menu 23 € (sem.)/29 € – Carte 35/60 €
◆ L'une des brasseries de Paul Bocuse, voisine du stade de Gerland. Intérieur chaleureux et agréable terrasse ombragée pour une carte traditionnelle où pointe l'accent du Sud.

Le Gabion
13 bd E. Deruelle ⊠ 69003 Ⓜ Part Dieu – ℰ 04 72 60 81 57 – www.legabion.fr
– Fermé 1er-21 août, dim. et fériés **4HXb**
Rest – (16 €) Menu 19 € (déj.), 25/35 € bc – Carte 30/45 €
◆ Cadre contemporain, sobre et original (murs de galets pris dans un treillis d'acier), imaginé par l'architecte Chaduc. Produits de la mer, parfois relevés d'épices orientales.

Les Oliviers

🍴 AC VISA ☺ AE

*20 r. Sully ⊠ 69006 Ⓜ Foch – ☎ 04 78 89 07 09 – www.lesolivierslyon.fr
– Fermé 1er-8 mai, août, sam., dim. et fériés* **4GVf**
Rest – (16 €) Menu 24/45 € – Carte 24/45 €

• Un petit coin de Provence caché dans le 6e arrondissement : salle à manger contemporaine, épurée et intime, et appétissante cuisine du soleil.

M

🍴 AC VISA ☺ AE

*47 av. Foch ⊠ 69006 Ⓜ Foch – ☎ 04 78 89 55 19 – www.mrestaurant.fr
– Fermé 30 juil.-22 août, 26 fév.-7 mars, sam. et dim.* **4GVs**
Rest – (18 €) Menu 24/38 €

• Une cuisine actuelle débordante de saveurs, un espace fluide, un design épuré un brin psychédélique ponctué d'arabesques orange. Autant de raisons de découvrir cette adresse.

Le Verre et l'Assiette

🍴 AC ✂ VISA ☺

*20 Grande-Rue-de-Vaise ⊠ 69009 Ⓜ Valmy – ☎ 04 78 83 32 25
– www.leverreetlassiette.com – Fermé 22 juil.-16 août, 25 fév.-6 mars, lundi soir,
mardi soir, merc. soir, sam. et dim.* **1BPd**
Rest – (19 € bc) Menu 24 € (déj.), 28/44 €

• Le chef revisite, avec talent et originalité, les plats "canailles" et quelques classiques de la cuisine française. Agréable décor moderne (pierre et bois) et service souriant.

La Terrasse St-Clair

🍴 VISA ☺ AE

*2 Grande Rue St-Clair ⊠ 69300 Caluire-et-Cuire – ☎ 04 72 27 37 37
– www.terrasse-saint-clair.com – Fermé 5-22 août, 23 déc.-15 janv., dim. et lundi*
Rest – Menu 25 € **4GUs**

• Hommage à la Fanny – tant redoutée des boulistes ! – dans ce restaurant aux allures de guinguette. Bonne cuisine de tradition. Terrasse sous les platanes et terrain de pétanque.

Bernachon Passion

🍴 AC VISA ☺ AE ⓪

*42 cours Franklin-Roosevelt ⊠ 69006 Ⓜ Foch – ☎ 04 78 52 23 65
– www.bernachon.com – Fermé 24 juil.-25 août, dim., lundi et fériés*
Rest – (déj. seult) (nombre de couverts limité, prévenir) Menu 25 € **4GVr**
– Carte environ 35 €

• Un restaurant tenu par la fille et les petits-enfants de Paul Bocuse, propriétaires de la célèbre chocolaterie attenante. Recettes traditionnelles ou plat du jour à midi ; salon de thé.

Mon Bistrot à Moi

🍴 AC VISA ☺

*84 cours Vitton ⊠ 69006 Ⓜ Brotteaux – ☎ 04 78 52 47 28 – Fermé 1 sem.
en fév., 1er-22 août, sam. et dim.* **4HVa**
Rest – (nombre de couverts limité, prévenir) Menu 21 €

• Nouvelle adresse dans le quartier des Brotteaux : casseroles en cuivre aux murs, cuisine canaille dans l'assiette, ardoise pour les vins et excellent rapport qualité-prix.

Le Splendid

🍴 ☺ AC ↔ VISA ☺ AE ⓪

*3 pl. Jules-Ferry ⊠ 69006 Ⓜ Brotteaux – ☎ 04 37 24 85 85
– www.georgesblanc.com – Fermé 1er-15 août* **4HVz**
Rest – (18 € bc) Menu 20 € (déj.), 24/45 € – Carte 35/58 €

• Restaurant de la dynastie Georges Blanc. Cadre de brasserie chic et confortable au service d'une cuisine du terroir généreuse et bien ficelée. Bon rapport qualité-prix.

Balthaz'art

🍴 VISA ☺

*7 r. des Pierres Plantées ⊠ 69001 Ⓜ Croix Rousse – ☎ 04 72 07 08 88
– www.restaurantbalthazart.fr – Fermé 23-30 avril, 1er-23 août, mardi midi,
merc. midi, dim. et lundi* **3FVm**
Rest – (14 €) Menu 25 € – Carte 30/35 €

• Dans une rue en pente en haut de la Croix-Rousse, ce restaurant très cosy propose une cuisine actuelle et créative à base de bons produits frais. Belle carte des vins.

L'Étage
AC VISA ◯◯

4 pl. Terreaux, (2ème étage) ⊠ 69001 Ⓜ Hôtel de ville – ℰ 04 78 28 19 59
– *Fermé 20 juil.-20 août, dim. et lundi*   **5FX x**
Rest – *(prévenir)* (16 €) Menu 32/44 € – Carte 43/66 €

◆ Du charme dans cet ancien atelier de canut perché au 2ᵉ étage d'un
immeuble. La salle habillée de boiseries évoque un appartement privé. Savoureuse cuisine au goût du jour.

Cuisine & Dépendances
AC VISA ◯◯ AE

46 r. Ferrandière ⊠ 69002 Ⓜ Cordeliers – ℰ 04 78 37 44 84
– www.cuisineetdependances.com – *Fermé une sem. en août, dim. et lundi*
Rest – (16 €) Menu 27 € (dîner), 39/70 € – Carte 42/57 €   **5FX s**

◆ Petite salle tout en longueur, design et très chaleureuse, ambiance lounge et
cuisine inventive célébrant le poisson : les Lyonnais sont déjà dépendants de ce
restaurant.

Maison Villemanzy
< 🏠 VISA ◯◯ AE

25 montée St-Sébastien ⊠ 69001 Ⓜ Croix Paquet – ℰ 04 72 98 21 21
– www.maison-villemanzy.com – *Fermé 31 juil.-22 août, 24 déc.-9 janv., lundi
midi et dim.*   **3FV h**
Rest – *(prévenir)* (19 €) Menu 24 €

◆ Perchée sur les pentes de la Croix-Rousse, cette maison offre en terrasse une
vue splendide sur la ville. Intérieur façon bistrot rétro, recettes familiales et plats
canailles.

Eskis
♿ AC VISA ◯◯ AE

11 r. Chavanne ⊠ 69001 Ⓜ Cordeliers – ℰ 04 78 27 86 93
– www.eskis-restaurant.com – *Fermé 2-25 août et 1ᵉʳ-16 janv.*   **4FX e**
Rest – Menu 25/69 €

◆ L'originalité a toute sa place dans ce restaurant misant sur une cuisine sagement
créative et moléculaire, tout en finesse. Le cadre est au diapason : moderne et zen.

La Machonnerie
AC VISA ◯◯ AE

36 r. Tramassac ⊠ 69005 Ⓜ Vieux Lyon – ℰ 04 78 42 24 62
– www.lamachonnerie.com – *Fermé 15-30 juil., 2 sem. en janv., dim. et le midi
sauf sam.*   **5EY n**
Rest – *(prévenir)* Menu 28/45 € bc – Carte 35/45 €

◆ Cette institution du quartier perpétue la tradition du mâchon lyonnais :
bonne franquette, convivialité et authentiques recettes régionales. Beau salon
dédié au jazz.

Magali et Martin
AC VISA ◯◯ AE

11 r. des Augustins ⊠ 69001 Ⓜ Place des Terreaux – ℰ 04 72 00 88 01 – Fermé
13-25 août, 23-27 déc., 31 déc.-9 janv., sam. et dim.   **3FX j**
Rest – (18 €) Menu 21 € (déj.), 30/55 € – Carte 34/45 €

◆ La maison est dirigée par un tandem qui fonctionne en toute complémenta-
rité : Martin s'exprime en cuisine, au gré du marché, et Magali sur le choix des
vins, l'accueil et le service.

Les Adrets
VISA ◯◯

30 r. Boeuf ⊠ 69005 Ⓜ Vieux Lyon Cathédrale Saint Jean – ℰ 04 78 38 24 30
– *Fermé 28 fév.-12 mars, août, 26 déc.-4 janv., sam. et dim.*   **3EX v**
Rest – (16 € bc) Menu 23 € (dîner), 30/45 € – Carte 35/61 € le soir

◆ Une vraie bonne adresse du Vieux Lyon. Intérieur avec poutres apparentes, sol
en tomettes et cuisines en partie visibles depuis la salle. Généreuses recettes traditionnelles.

Jofé
♿ AC ⇄ VISA ◯◯ AE

3 r. des Remparts-d'Ainay ⊠ 69002 Ⓜ Ampère Victor Hugo – ℰ 04 78 37 40 37
– www.jofe.fr – *Fermé 1ᵉʳ-22 août, sam. et dim.*   **5FY q**
Rest – *(nombre de couverts limité, prévenir)* Menu 19 € (déj.), 28/39 €
– Carte 39/57 €

◆ Ce bistrot relooké dans l'air du temps (grandes baies vitrées, tons clairs) respire
la convivialité. Cuisine méditerranéenne et bon choix de vins, parfaitement
conseillés.

Le 126
𝕏   AC VISA ⬤⬤

126 r. de Seze ✉ 69006 Ⓜ Masséna – ℰ 04 78 52 74 34 – Fermé 3 sem. en août, sam. midi, dim. et lundi   **4HVn**

Rest – (16 €) Menu 20 € (déj.), 30/35 €

♦ Table chic et tendance créée par un jeune chef au beau parcours. Cuisine fine et goûteuse, avec une pointe d'invention. Sa devise : "une carte courte axée sur le produit".

Ponts et Passerelles
𝕏   🏠 AC VISA ⬤⬤ ⓞ

5 pl. Dr.-Gailleton ✉ 69002 Ⓜ Bellecour – ℰ 04 78 38 70 70
– www.pontsetpasserelles.com – Fermé 9-29 août, 25 déc.-9 janv., dim. et lundi

Rest – (nombre de couverts limité, prévenir) Menu 19/45 € bc   **5FYa**
– Carte 33/39 €

♦ Un néobistrot convivial. Côté look : un décor contemporain mâtiné de touches nostalgiques ; côté cook : une fine et goûteuse cuisine du marché, où les produits locaux sont rois.

Testa d' Oca
𝕏   ≼ 🏠 ⅾ AC P VISA ⬤⬤ AE

1 r. de l'Antiquaille ✉ 69005 Ⓜ Minimes – ℰ 04 74 26 95 73 – Fermé 2 sem. en août   **5EYa**

Rest – (18 €) Menu 26 € – Carte 28/35 €

♦ Testa d'oca ? Cela veut dire "tête d'oie" en italien. Logique : c'est le restaurant italien de Christian Têtedoie ! Pour déguster risottos et osso-buco à prix modéré.

LES BOUCHONS : *dégustation de vins régionaux et cuisine locale dans une ambiance typiquement lyonnaise*

Daniel et Denise
𝕏   AC VISA ⬤⬤ AE

156 r. Créqui ✉ 69003 Ⓜ Place Guichard – ℰ 04 78 60 66 53
– www.daniel-et-denise.fr – Fermé 23 juil.-23 août, 23 déc.-4 janv., sam., dim. et fériés   **4GXb**

Rest – Menu 26 € (déj.) – Carte 29/45 €

♦ Joli cadre patiné, ambiance décontractée, goûteuse cuisine et plats typiques à base d'excellents produits : un bistrot pur jus dirigé par un Meilleur Ouvrier de France.

Le Garet
𝕏   AC VISA ⬤⬤ AE

7 r. Garet ✉ 69001 Ⓜ Hôtel de ville – ℰ 04 78 28 16 94 – Fermé 23 juil.-24 août, sam. et dim.   **3FXa**

Rest – (prévenir) Menu 18 € (déj.)/23 € – Carte environ 28 €

♦ Une véritable institution bien connue des amateurs de cuisine lyonnaise : tête de veau, tripes, quenelles ou andouillettes se dégustent en toute convivialité dans un cadre typique.

Café des Fédérations
𝕏   AC VISA ⬤⬤

8 r. Major Martin ✉ 69001 Ⓜ Hôtel de ville – ℰ 04 78 28 26 00
– www.lesfedeslyon.com – Fermé 24 déc.-3 janv. et dim.   **3FXz**

Rest – (prévenir) Menu 19 € (déj.)/24 €

♦ Cadre immuable (tables accolées, nappes à carreaux, saucissons suspendus) et ambiance bon enfant dans ce vrai bouchon, incontestable conservatoire de la cuisine lyonnaise.

Environs

à Rillieux-la-Pape 7 km par ① D 483 et D 484 – 29 562 h. – alt. 269 m
– ✉ 69140

Larivoire (Bernard Constantin)
𝕏𝕏𝕏   🏠 ⬦ P VISA ⬤⬤ AE

chemin des Îles – ℰ 04 78 88 50 92 – www.larivoire.com – Fermé 16-28 août, dim. soir, lundi soir et mardi

Rest – (35 €) Menu 49/89 € – Carte 70/100 €

Spéc. Œufs en cocotte aux langoustines et morilles. Volaille de Bresse au vinaigre de vieux vin. Soufflé au Grand Marnier. **Vins** Saint-Véran, Saint-Joseph.

♦ Trois générations se sont succédé à la tête de cette jolie maison bourgeoise datant du début du 20e s. Intérieur feutré, terrasse d'été prisée et fine cuisine classique.

à Meyzieu 14 km par ③ et D 517 – 28 738 h. – alt. 201 m – ⊠ 69330

🚇 de Lyon à Villette-d'Anthon, NE : 12 km par D 6, 𝒞 04 78 31 11 33

XX La Petite Auberge du Pont d'Herbens

*32 r. Victor Hugo – 𝒞 04 78 31 41 09 – www.auberge-pont-dherbens.com
– Fermé mars, lundi et mardi sauf midi fériés*
Rest – Menu 20 € (sem.), 29/59 € – Carte 27/62 €
◆ Près du lac du Grand Large, cette sympathique auberge comprend une salle à manger cossue et un espace VIP (terrasse et salon). Cuisine traditionnelle et belle carte des vins.

à Genas 12 km à l'Est par rte de Genas (D 29) - DQ – 11 562 h. – alt. 218 m – ⊠ 69740

🖼 55, rue de la République 𝒞 04 72 79 05 31

Ambassadeur

36 r. Antoine Pinay – 𝒞 04 78 40 02 02 – www.ambassadeur-hotel.fr
78 ch – †90/145 € ††90/145 € – 6 suites – ⊡ 12 €
Rest – *(fermé 2-22 août, sam. et dim.)* (17 €) Menu 21/46 € – Carte environ 44 €
◆ Cet hôtel récent, pratique pour la clientèle d'affaires, dispose de chambres d'ampleur correcte. Équipement fonctionnel complet et style contemporain reposant (mobilier en wengé). Restaurant au cadre minimaliste – jardin japonais – servant une cuisine actuelle.

à Ecully 7 km à l'Ouest (A6, sortie n° 36) - AP – – 18 249 h. – alt. 240 m – ⊠ 69130

Les Hautes Bruyères sans rest

5 chemin des Hautes Bruyères – 𝒞 06 08 48 69 50 – www.lhb-hote.fr
5 ch ⊡ – †140/190 € ††150/200 €   **1APd**
◆ Dans un parc, cette ancienne maison de jardinier (19ᵉ s.) autrefois rattachée au château voisin offre une heureuse combinaison d'authenticité et de raffinement.

XXX Saisons

*Château du Vivier, 8 chemin Trouillat – 𝒞 04 72 18 02 20
– www.institutpaulbocuse.com – Fermé 29 juil.-22 août, 16 déc.-3 janv., merc. soir, sam. et dim.*   **1APb**
Rest – Menu 25 € (déj.), 32/48 €
◆ Dans un parc, château du 19ᵉ s. abritant une école hôtelière internationale fondée en 1990 sous la houlette de Paul Bocuse. Les étudiants assurent cuisine et service.

à Charbonnières-les-Bains 8 km par ⑨ et N 7 – 4 835 h. – alt. 233 m – ⊠ 69260

🔲 Parc Lacroix Laval : château de la Poupée★.

Le Pavillon de la Rotonde

*3 av. du Casino – 𝒞 04 78 87 79 79
– www.pavillon-rotonde.com – Fermé août*
16 ch – †325 € ††355 € – ⊡ 33 €
Rest *Philippe Gauvreau* – voir ci-après
◆ À deux pas du casino, luxueux pavillon offrant un décor contemporain aux discrètes touches Art déco. Chambres spacieuses avec terrasse donnant sur le parc. Piscine couverte chauffée et spa.

Le Beaulieu sans rest

19 av. Gén. de Gaulle – 𝒞 04 78 87 12 04 – www.hotel-le-beaulieu.fr
44 ch – †65/74 € ††65/74 € – ⊡ 9 €
◆ Voilà plus de trente ans que la même famille vous accueille dans cet hôtel installé au centre de la petite cité prisée des Lyonnais. Chambres pratiques, récemment refaites.

XXXX **Philippe Gauvreau** – Hôtel Le Pavillon de la Rotonde   AC VISA ⓸ ①
🕸🕸 *3 av. du Casino* – ✆ 04 78 87 79 79 – www.pavillon-rotonde.com – *Fermé août,*
2-11 janv., sam. midi, dim. et lundi
Rest – Menu 58 € bc (déj.), 115/148 € – Carte 115/180 €🕸
Spéc. Il était une fois... quatre fois pressés. Homard breton entier cuit en tajine,
petits farcis. Cannellonis de chocolat amer à la glace de crème brûlée, sauce chocolat guanaja. **Vins** Condrieu, Côte Rôtie.
◆ Très élégante salle en demi-lune moderne et chaleureuse ouverte sur les fron-
daisons du parc. La cuisine, qui marie parfaitement produits et saveurs, émerveille
les papilles.

Porte de Lyon 10 km par ⑩ (échangeur A 6-N 6) – ⊠ 69570 Dardilly

🏠 **Novotel Lyon Nord**   🛝 🕸 ⅃ 🕸 & ch, AC 🕸 🕸 P VISA ⓸ AE ①
😎 – ✆ 04 72 17 29 29 – www.novotel.com
107 ch – †79/165 € ††79/165 € – ⊑ 14 €
Rest – (16 €) Menu 18 € – Carte 16/50 €
◆ Dans le parc d'affaires de Dardilly. Novotel des années 1970 entièrement
relooké selon les derniers standards de la chaîne : décor et confort contemporains.
Prestation culinaire traditionnelle dans une salle tournée vers le jardin paysagé.

à Limonest 13 km par ⑩, A 6 et D 42 – 3 007 h. – alt. 390 m – ⊠ 69760

XX **Laurent Bouvier**   🕸 & AC P VISA ⓸ AE
25 rte du Puy d'Or, carrefour D 306 et D 42 – ✆ 04 78 35 12 20
– www.restaurant-puydor.com – *Fermé 8-24 août, 26 déc.-2 janv., dim. et lundi*
Rest – (19 €) Menu 35/78 € – Carte 46/74 €
◆ Cette auberge familiale a été redécorée avec goût par Alain Vavro, dans
un esprit contemporain. La cuisine traditionnelle, relevée d'une pointe de créativité, suit les saisons.

à St-Cyr-au-Mont-d'Or 10 km au Nord par rte de St-Cyr - BP – 5 388 h.
– alt. 320 m – ⊠ 69450

🏠 **L'Ermitage** 🕊   ← 🕸 ⅃ 🕸 AC 🕸 🕸 P VISA ⓸ AE
chemin de l'Ermitage, 2,5 km au sommet du Mont Cindre – ✆ 04 72 19 69 69
– www.ermitage-college-hotel.com
28 ch – †145/195 € ††145/195 € – 1 suite – ⊑ 12 €
Rest – (27 €) Menu 33 €
◆ L'atout de cet hôtel récent : une vue extraordinaire sur Lyon et les Monts-d'Or
alliée à un cadre contemporain – baies vitrées, style design épuré – pour un maximum de sérénité. Spécialités lyonnaises servies dans une "cuisine à manger" ; terrasse suspendue.

à Collonges-au-Mont-d'Or 12 km au Nord par bords de Saône (D 433, D 51)
- BP – 3 775 h. – alt. 176 m – ⊠ 69660

voir XXXXX 🕸🕸🕸 Paul Bocuse à Lyon

à l'aéroport de Lyon St-Exupéry : 27 km par A 43 – ⊠ 69125

🏠 **NH Lyon Aéroport**   🕸 ⅃🕸 🕸 & ch, AC 🕸 🕸 VISA ⓸ AE ①
Aéroport Lyon St-Exupéry, terminal 1 – ✆ 04 72 23 05 50 – www.nh-hotels.com
245 ch – †99/275 € ††99/275 € – ⊑ 23 €
Rest – (22 €) bc) Menu 28 € (sem.) – Carte 32/42 €
◆ Ce grand bâtiment neuf situé face à l'aérogare bénéficie de chambres modernes (3 catégories), alliant éléments de confort et service personnalisé. Accès libre
au fitness. Salle à manger lumineuse ouverte sur la terrasse, cuisine traditionnelle.

XX **Espace Le Bec**   AC VISA ⓸ AE
aéroport Lyon St-Exupéry, (2ème niveau) – ✆ 04 72 22 71 86
– www.restaurantlebec.com – *Fermé dim.*
Rest – (21 €) Menu 28 € – Carte 31/52 €
◆ Atmosphère contemporaine et branchée dans cette grande brasserie qui
domine les pistes de l'aéroport. Recoins intimes, bar lounge... un espace vaste
mais chaleureux.

LYONS-LA-FORÊT – 27 Eure – **304** I5 – 764 h. – alt. 88 m – ⊠ 27480   **33** D2

🔰 Normandie Vallée de la Seine

▶ Paris 104 – Beauvais 57 – Mantes-la-Jolie 66 – Rouen 35

🛈 20, rue de l'Hôtel de Ville ✆ 02 32 49 31 65

La Licorne

pl. de la Halle – ✆ 02 32 48 24 24 – www.hotel-licorne.com

15 ch – �04125/290 € ♦♦125/290 € – 6 suites – ☑ 18 €

Rest – (fermé le midi sauf sam. et dim. et merc.) Menu 28/109 € bc
– Carte 60/80 €

◆ Situé dans l'un des "plus beaux villages de France", relais de poste (1610) cerné par une hêtraie. Belles chambres rénovées dans un esprit tendance, élégantes et soignées. Salle à manger avec cheminée monumentale, terrasse, jardin ; sobre cuisine au goût du jour.

Les Lions de Beauclerc

7 r. Hôtel de ville – ✆ 02 32 49 18 90 – www.lionsdebeauclerc.com

5 ch – ♦64/69 € ♦♦69/84 € – ☑ 9 € – ½ P 70/75 €

Rest – (fermé mardi) (12 €) Menu 15/28 € – Carte 17/33 €

◆ Cette grande maison en briques, au cœur d'un ravissant village, abrite des chambres décorées de meubles et bibelots chinés. Petit-déjeuner en terrasse aux beaux jours. Le restaurant offre le choix de deux salles classiques pour déguster des mets traditionnels.

Le Grand Cerf

20 pl. de la Halle-Benserade – ✆ 02 32 49 50 50 – www.grandcerf.fr

13 ch – ♦105/285 € ♦♦105/285 € – ☑ 15 €   **Rest** – (19 €) Menu 24/45 €

◆ Derrière les façades de ces deux maisons mitoyennes du 17e s., se cachent des chambres "forestières" : meubles en bois, parquet, étonnantes chaises en branchage et... bois de cerf. Au restaurant, sobre cuisine de bistrot.

LYS-ST-GEORGES – 36 Indre – **323** G7 – 220 h. – alt. 200 m – ⊠ 36230   **12** C3

▶ Paris 287 – Argenton-sur-Creuse 29 – Bourges 80 – Châteauroux 29

Auberge La Forge

7 r. du Château – ✆ 02 54 30 81 68 – www.restaurantlaforge.com
– Fermé 5-10 juil., 21 sept.-7 oct., 2-24 janv., dim. soir, lundi et mardi

Rest – Menu 17 € (déj. en sem.), 29/49 € – Carte 45/105 €

◆ Le décor rustique (poutres, tomettes, cheminée) de cette accueillante auberge villageoise est en parfaite harmonie avec la cuisine du terroir. Jolie terrasse verdoyante.

MACÉ – 61 Orne – **310** J3 – **rattaché à Sées**

MACHÉZAL – 42 Loire – **327** E4 – 402 h. – alt. 623 m – ⊠ 42114   **44** A1

▶ Paris 428 – Lyon 59 – Saint-Étienne 93 – Clermont-Ferrand 133

Le Myrrhis

– ✆ 04 77 62 47 25 – www.lemyrrhis.eu – Fermé 1er-8 sept., 2-26 janv., dim. soir, lundi et mardi

Rest – (16 €) Menu 20/36 € – Carte 48/63 €

◆ Au pied de l'église, cette maison est tenue par un jeune couple plein d'allant. Aux fourneaux, monsieur élabore une cuisine élégante. Salle raffinée, aux tons pastel.

MACHILLY – 74 Haute-Savoie – **328** K3 – 973 h. – alt. 525 m – ⊠ 74140   **46** F1

▶ Paris 548 – Annemasse 11 – Genève 21 – Thonon-les-Bains 20

Le Refuge des Gourmets

90 rte des Framboises – ✆ 04 50 43 53 87 – www.refugedesgourmets.com
– Fermé 22 août-7 sept., 20 fév.-2 mars, dim. soir et lundi

Rest – Menu 25 € (déj. en sem.), 32/62 € – Carte 60/80 €

◆ Hall d'accueil égayé d'une vinothèque et élégante salle d'inspiration Belle Époque dans ce "refuge" où les gourmets apprécient la cuisine créative évoluant au gré des saisons.

LA MACHINE (COL DE) – 26 Drôme – **332** F4 – **rattaché à St-Jean-en-Royans**

MÂCON Ⓟ – 71 Saône-et-Loire – **320** I12 – 34 171 h. – alt. 175 m   **8** C3
– ✉ 71000 ▌ Bourgogne

▶ Paris 391 – Bourg-en-Bresse 38 – Chalon-sur-Saône 59 – Lyon 71

🖥 1 place Saint Pierre ✆ 03 85 21 07 07

🏌 de la Commanderie à Crottet L'Aumusse, par rte de Bourg-en-Bresse :
7 km, ✆ 03 85 30 44 12

🏌 de Mâcon La Salle à La Salle, par rte de Tournus : 14 km, ✆ 03 85 36 09 71

◉ Musée des Ursulines★ BY **M¹** - Musée Lamartine BZ **M²**
- Apothicairerie★ de l'Hôtel-Dieu BY - ≼★ du Pont St-Laurent.

◧ Roche de Solutré★★ O : 9 km - Clocher★ de l'église de St-André de Bagé
E : 8,5 km.

🏠 | **Park Inn**   ≼ 🚗 🛖 🛋 🖥 🏧 🛰 ♨ Ⓟ 🆅🆂🅰 ⑯ 🅰🅴 ⓪
26 r. Pierre de Coubertin, 0,5 km par ① – ✆ 03 85 21 93 93
– www.macon.parkinn.fr
64 ch – †94/116 € ††105/131 € – ☲ 14 €
Rest – *(fermé dim. et lundi) (dîner seult)* Menu 26 € – Carte 28/50 €
◆ Proche du port de plaisance, cet hôtel, de type chaîne, a rajeuni ses chambres
(la moitié avec une vue sur la Saône). Clientèle d'affaires. Salle à manger et bar
contemporains ; aux beaux jours, on dresse la terrasse au bord de la piscine.

🏠 | **Du Nord** sans rest   ⚡ 🛰 🆅🆂🅰 ⑯
313 quai Jean-Jaurès – ✆ 03 85 38 08 68 – www.hotel-dunord.com – Fermé
17 déc.-3 janv. et week-ends d'hiver   BY**g**
15 ch – †67/73 € ††77/83 € – ☲ 8 €
◆ Sur les quais, à quelques pas du centre, une façade rose qui cache le meilleur
petit hôtel de la ville : prix raisonnables, chambres en partie rénovées, bons
petits-déjeuners.

XXX | **Pierre** (Christian Gaulin)   🏧 🆅🆂🅰 ⑯ 🅰🅴 ⓪
☆ | 7 r. Dufour – ✆ 03 85 38 14 23 – www.restaurant-pierre.com – Fermé 3 sem.
en juil., vacances de fév., dim. soir, mardi midi et lundi   BZ**k**
Rest – (22 €) Menu 29/75 € – Carte 56/80 €
Spéc. Escalope de foie gras poêlée. Tournedos charolais. Soufflé aux griottines et
kirsch. **Vins** Mâcon-Uchizy, Saint-Véran.
◆ Pierres, poutres apparentes et cheminée composent le cadre élégant et l'ambiance chaleureuse de ce restaurant. La cuisine marie habilement classicisme, terroir et modernité.

XX | **Le Poisson d'Or**   ≼ 🛖 ♿ Ⓟ 🆅🆂🅰 ⑯ 🅰🅴
allée du Parc, par ① et bords de Saône – ✆ 03 85 38 00 88
– www.lepoissondor.com – Fermé 4-28 oct., dim. soir, mardi soir et merc.
Rest – Menu 24 € (sem.), 33/60 € – Carte 51/67 €
◆ Cuisine du terroir revisitée et fritures de poissons (en été) dans ce restaurant
au bord de la Saône, près du port de plaisance. Salle surplombant la rivière, terrasse face à l'eau.

XX | **L'Ethym'Sel**   ♿ 🆅🆂🅰 ⑯ ⓪
☙ | 10 r. Gambetta – ✆ 03 85 39 48 84 – Fermé 24 juil.-16 août, 2-6 janv., dim. sauf
le midi de sept. à juin, lundi en juil.-août, mardi soir et merc. sauf en juil.-août
Rest – Menu 16 € (sem.), 26/33 € – Carte 33/45 €   BZ**t**
◆ À nouvelle enseigne, nouveau décor pour ce restaurant proche des quais de
Saône. Cadre contemporain élégant et cuisine traditionnelle de bonne tenue.
Prix raisonnables.

X | **L'Ambroisie**   🏧 🆅🆂🅰 ⑯ 🅰🅴
103 r. Marcel-Paul par ③ – ✆ 03 85 38 12 21 – www.lambroisie.fr – Fermé
30 mai-5 juin, 1er-15 août, 28 fév.-6 mars, lundi soir, mardi soir et dim.
Rest – (12 €) Menu 20 € (déj.)/44 € – Carte 27/47 €
◆ Ce sympathique petit bistrot (vieilles pierres, fresque) agrandie d'une véranda
mérite le détour pour ses plats dans l'air du temps et son service professionnel.

MÂCON

Barre (Pl. de la) .... **AYZ** 2
Barre (R. de la) ...... **BZ** 3
Dombey (R.) .... **BZ** 5
Dufour (R.) .... **BZ** 6
Gaulle (Av. Gén.-de) . **BY** 7
Laguiche (R. Ph.) .... **BZ** 8
Lamartine (R.) ..... **BYZ** 9
Paix (Square de la) ... **BY** 10
Perrier (R.) .... **AY** 12
Poissonnière (Pl.) .... **BZ** 13
Pont (R. du) .... **BZ** 14
Préfecture (R. de la) . **BY** 15
St-Étienne (Pl.) ...... **BY** 17
St-Nizier (R.) .... **BZ** 18
Sigorgne (R.) .... **BZ** 19
Strasbourg (R. de) ... **BY** 20
Ursulines (R. des) .... **BY** 21
11-Nov.-1918 (R. du) **ABY** 22
28-Juin-1944 (R.) .... **BY** 24

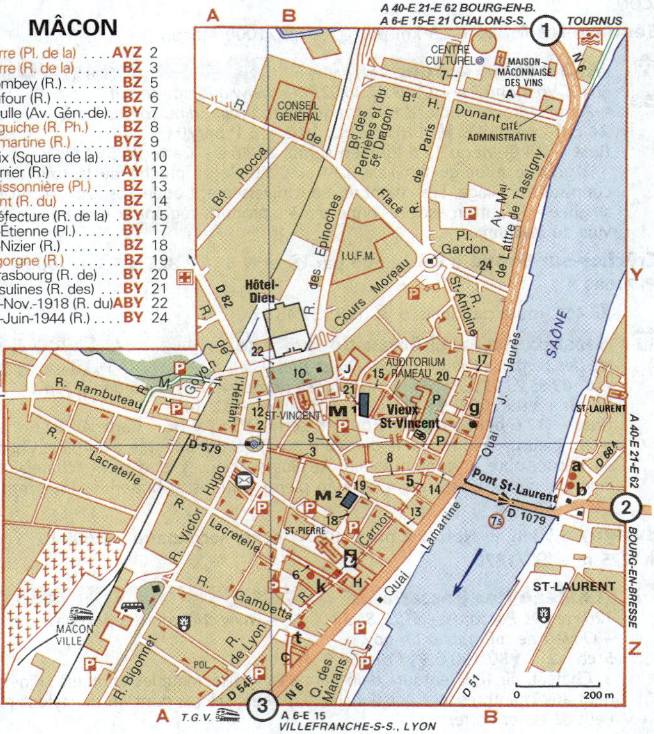

à St-Laurent-sur-Saône (01Ain) – 1 718 h. – alt. 176 m – ✉ 01750

L'Autre Rive

143 quai Bouchacourt – ✆ 03 85 39 01 02 – www.lautrerive.fr – Fermé 24-27 déc., dim. soir, lundi de sept. à juin et mardi midi en juil. août

Rest – (19 €) Menu 35/38 € – Carte 29/51 € **BZa**

◆ Rien ne manque dans ce restaurant situé sur "l'autre rive" : salle-véranda chaleureuse, agréable terrasse face à la Saône et carte associant poulet de Bresse et saveurs iodées.

Le Saint-Laurent

1 quai Bouchacourt – ✆ 03 85 39 29 19 – www.georgesblanc.com **BZb**

Rest – Menu 18 € (déj.), 20/46 € – Carte 32/55 €

◆ Terrasse avec vue sur Mâcon et plats mijotés : franchissez le pont St-Laurent pour rejoindre cette brasserie rétro rendue célèbre par la visite de Mitterrand et Gorbatchev.

au Nord 3 km par ① sur N 6 – ✉ 71000 Mâcon

La Vieille Ferme

Bd Gén. de Gaulle – ✆ 03 85 21 95 15 – www.hotel-restaurant-lavieilleferme.com – Fermé 20 déc.-10 janv.

24 ch – †52 € ††52 € – ☕ 7 € **Rest** – (12 €) Menu 17/29 € – Carte 24/38 €

◆ Halte champêtre dans un parc au bord de la Saône. Chambres fonctionnelles et sobres, aménagées dans une construction d'allure motel. La "vieille ferme" abrite le restaurant rustique (pierres et poutres apparentes, cheminée) ouvert sur une jolie terrasse.

à Sennecé-lès-Mâcon 7,5 km par ① – ⊠ 71000 Mâcon

🏠 **Auberge de la Tour** 🍃 🕏 rest. 🍴 🏊 🅿 VISA ☺

604 r. Vrémontoise – ℰ 03 85 36 02 70 – www.auberge-tour.fr
– Fermé 18 oct.-3 nov., 8 fév.-3 mars, mardi midi, dim. soir et lundi
24 ch – †44/57 € ††50/81 € – ⌷ 10 € – ½ P 54/70 €
Rest – (14 €) Menu 19 € (déj. en sem.), 24/46 € – Carte 26/55 €🍃
• Agréable auberge familiale, rustique, simple et proche de la tour de guet,
curiosité du village. Les chambres sont diversement agencées. Cuisine du terroir
soignée – le patron est passionné par les produits régionaux – et beau choix de
vins du Mâconnais.

à Crèches-sur-Saône 8 km au Sud par ③ et N 6 – 2 825 h. – alt. 180 m
– ⊠ 71680

🇮 466, route nationale 6 ℰ 03 85 37 48 32

🏨 **Hostellerie du Château de la Barge** 🍃 🎋 🛋 🌄 🏊 ☺ 🍴 🏊

rte des Bergers, 1 km au Nord-Ouest par D89 🅿 🅿 VISA ☺ AE ①
– ℰ 03 85 23 93 23 – www.chateaudelabarge.fr – Fermé 16 déc.-3 janv.
25 ch – †95/100 € ††105/115 € – 3 suites – ⌷ 14 €
Rest – (17 € bc) Menu 20 € (déj. en sem.), 30/69 € bc – Carte 48/82 €
• Au pied des vignes, belle demeure du 17e s. agrémentée d'un parc. Chambres
au décor sobre et contemporain ou plus spacieuses et d'esprit "châtelain". Piscine chauffée. Au restaurant, âtre en pierre, poutres et boiseries s'intègrent à un
cadre actualisé.

à Hurigny 5,5 km au Nord-Est par D 82 **AY** et rte secondaire – 1 699 h.
– alt. 275 m – ⊠ 71870

🏡 **Château des Poccards** sans rest 🍃 🎋 🛋 🕏 🅿

120 rte des Poccards – ℰ 03 85 32 08 27 – www.chateau-des-poccards.com
– Ouvert de mi-mars à fin nov.
5 ch ⌷ – †80/120 € ††110/150 €
• Château de 1805 entouré d'un parc à l'anglaise. Meubles et objets chinés don-
nent aux chambres leur personnalité. Plusieurs salons, dont un de style Art déco.
Petit-déjeuner en terrasse.

LA MADELAINE-SOUS-MONTREUIL – 62 Pas-de-Calais – **301** D5
– rattaché à Montreuil

MADIRAN – 65 Hautes-Pyrénées – **342** L1 – 467 h. – alt. 125 m **28** A2
– ⊠ 65700

🇮 Paris 753 – Pau 51 – Tarbes 41 – Toulouse 154

✗✗ **Le Prieuré** 🎋 VISA ☺ AE

4 r. de l'Église – ℰ 05 62 31 44 52 – www.leprieure-madiran.com – Fermé dim.
soir, lundi et mardi
Rest – (13 €) Menu 18 € (sem.)/32 € – Carte 30/42 €
• Ce monastère du 11e s. abrite un restaurant au décor élégant, mais aussi la
maison des vins de Madiran. Terrasse sous la tonnelle et cuisine régionale.

MAFFLIERS – 95 Val-d'Oise – **305** E6 – 1 614 h. – alt. 145 m **18** B1
– ⊠ 95560

🇮 Paris 29 – Beaumont-sur-Oise 10 – Beauvais 53 – Compiègne 73

🏨 **Novotel** 🍃 🎋 🛋 🕏 🌄 🛋 ﭏ ch, 🅰 rest, 🍴 🏊 🅿 VISA ☺ AE

allée des Marronniers – ℰ 01 34 08 35 35 – www.novotel.com
99 ch – †90/190 € ††90/190 € – ⌷ 14 € **Rest** – (12 €) Carte 22/40 €
• Un ensemble au grand calme avec, à l'entrée du parc, une annexe moderne.
Chambres refaites selon le dernier concept de la chaîne. Sauna, piscine intérieure.
Le restaurant occupe une demeure fin 18e s. et propose des plats actuels. Ter-
rasse face à la nature.

MAGAGNOSC – 06 Alpes-Maritimes – **341** C5 – rattaché à Grasse

MAGALAS – 34 Hérault – **339** E8 – 2 489 h. – alt. 115 m – ⊠ 34480   **22** B2
> ◗ Paris 755 – Montpellier 82 – Béziers 17 – Narbonne 54

※   **Ô. Bontemps**   🈐 🄰🄲 ↔ 🆅🅸🆂🅰 ⚫⚫
⊛   *pl. de l'Église – ℰ 04 67 36 20 82 – www.o-bontemps.com – Fermé 7-14 mars,*
8-16 mai, 4-19 sept., 31 déc.-16 janv., dim., lundi et fériés
Rest – (22 €) Menu 28 € (déj. en sem.), 32/67 € – Carte 44/60 €器
  • Sympathique bistrot tenu par un jeune chef qui a autant l'instinct du produit
que le sens du spectacle (admirez sa découpe des viandes en salle !). Réservation
nécessaire…

LA MAGDELEINE – 16 Charente – **324** K3 – **rattaché à Barbézieux-St-Hilaire**

MAGESCQ – 40 Landes – **335** D12 – 1 619 h. – alt. 28 m – ⊠ 40140   **3** B2
> ◗ Paris 722 – Bayonne 45 – Biarritz 52 – Castets 13
> 🖥 1, place de l'Église ℰ 05 58 47 76 24

🏰   **Relais de la Poste** (Jean Coussau) 🈐   🕪 🍃 ※ ⅃ ch, 🄰🄲 🀄 🚿 🄿 🚗
❀❀   *24 av. de Maremne – ℰ 05 58 47 70 25*   🆅🅸🆂🅰 ⚫⚫ 🄰🄴 ⓞ
– www.relaisposte.com – Fermé 15 nov.-15 déc., 2-14 janv., lundi soir et mardi
soir du 15 janv. au 30 mars
14 ch – 🛏220/240 € 🛏🛏220/240 € – 2 suites – ⊑ 22 € – ½ P 195/250 €
Rest – *(fermé mardi midi, jeudi midi en juil.-août, mardi de sept. à juin et lundi)*
(prévenir le week-end) Menu 58 € (sem.), 82/115 € – Carte 85/130 €器
Spéc. Sole aux cèpes. Foie gras de canard aux raisins. Variation autour de la
pêche rousanne (été). **Vins** Jurançon, Madiran.
  • Ce castel landais entouré d'un grand parc magnifiquement fleuri vous réserve
un excellent accueil. Les chambres, avec balcon, sont jolies et spacieuses. Sauna,
hammam, jacuzzi… L'élégant restaurant et la terrasse donnent sur la pinède.
Superbe cuisine classique inspirée par la qualité des produits régionaux.

※   **Côté Quillier**   🚗 🈐 🄰🄲 🄿 🆅🅸🆂🅰 ⚫⚫ 🄰🄴 ⓞ
  26 av. de Maremne – ℰ 05 58 47 79 50 – www.relaisposte.com – Fermé
15 nov.-15 déc. et 2-14 janv.
Rest – (17 €) Menu 26 € – Carte 40/46 €
  • Bistrot à l'allure élégante, dont les couleurs tendance s'harmonisent au mobilier design. Terrasse et magnifique jardin où vous attend un jeu… de quilles. Cuisine du marché.

MAGNAC-BOURG – 87 Haute-Vienne – **325** F7 – 935 h. – alt. 444 m   **24** B2
– ⊠ 87380
> ◗ Paris 419 – Limoges 31 – St-Yrieix-la-Perche 28 – Uzerche 28
> 🖥 2, place de la Bascule ℰ 05 55 00 89 91

🏠   **Auberge de l'Étang**   🈐 🍃 🀄 🚿 🆅🅸🆂🅰 ⚫⚫
⊛   *9 rte de la Gare – ℰ 05 55 00 81 37 – www.aubergedeletang.com*
– Fermé 6 nov.-7 déc., 27 fév.-13 mars, dim. soir et lundi sauf juil.-août
14 ch – 🛏49/60 € 🛏🛏49/60 € – ⊑ 9 €
Rest – *(fermé dim. soir, lundi de sept. à juin et merc. midi en juil.-août)*
Menu 15/45 € – Carte 35/70 €
  • À l'entrée du bourg, dominant un étang, auberge familiale vous réservant un
bon accueil. Chambres fonctionnelles récentes ; certaines ont vue sur la piscine
et le plan d'eau. Cuisine traditionnelle servie dans un cadre bistrot élégant ou
sur l'agréable terrasse.

MAGNY-COURS – 58 Nièvre – **319** B10 – **rattaché à Nevers**

MAGNY-LE-HONGRE – 77 Seine-et-Marne – **312** F2 – **106** 22 – **voir à Paris,**
Environs (Marne-la-Vallée)

MAÎCHE – 25 Doubs – **321** K3 – 3 959 h. – alt. 777 m – ⊠ 25120   **17** C2
▌Franche-Comté Jura
> ◗ Paris 498 – Besançon 75 – Belfort 60 – Montbéliard 42
> 🖥 place de la Mairie ℰ 03 81 64 11 88

à Mancenans Lizerne 2,5 km à l'Est par D 464 et D 272 – 162 h. – alt. 720 m – ⊠ 25120

✗ **Au Coin du Bois** 🚗 🚲 P VISA ⬤⬤
4 r. sous le rang, La Lizerne – ☏ 03 81 64 00 55
– www.restaurant-aucoindubois.com – Fermé 1er-11 août, 17-28 janv., dim. soir, merc. soir et lundi
Rest – (10 €) Menu 24 € (déj. en sem.)/48 € – Carte 31/73 €
◆ Joli chalet entouré de sapins. L'agréable terrasse et la sobre salle à manger d'esprit rustique servent de cadre à une cuisine soignée, réalisée à base de produits frais.

MAILLANE – 13 Bouches-du-Rhône – **340** D3 – **rattaché à St-Rémy-de-Provence**

MAINTENON – 28 Eure-et-Loir – **311** F4 – 4 427 h. – alt. 109 m **12** C1
– ⊠ 28130

▶ Paris 90 – Chartres 19 – Évry 77 – Orléans 104
🛈 place Aristide Briand ☏ 02 37 23 05 04

✗ **Le Petit Marché** AC VISA ⬤⬤
⬤⬤ 2 bis pl. Sadorge – ☏ 02 37 23 17 38 – Fermé 24 fév.-15 mars, dim. soir de nov. à fin mars et merc.
Rest – (14 €) Menu 18/26 € – Carte 27/46 €
◆ Une salle spacieuse, un bar en bois de belle taille, des plats tendance bistrotière (la viande en vedette) et une ambiance conviviale : un franc succès.

MAISONS-ALFORT – 94 Val-de-Marne – **312** D3 – **101** 27 – **voir à Paris, Environs**

MAISONS-DU-BOIS – 25 Doubs – **321** I5 – **rattaché à Montbenoit**

MAISONS-LAFFITTE – 78 Yvelines – **311** I2 – **101** 13 – **voir à Paris, Environs**

MAISONS-LÈS-CHAOURCE – 10 Aube – **313** F5 – **rattaché à Chaource**

MALAUCÈNE – 84 Vaucluse – **332** D8 – 2 691 h. – alt. 333 m **40** B2
– ⊠ 84340 ▌Provence

▶ Paris 673 – Avignon 45 – Carpentras 18 – Vaison-la-Romaine 10
🛈 place de la Mairie ☏ 04 90 65 22 59

🏠 **Le Domaine des Tilleuls** sans rest ♨ 🐟 ⚹ P VISA ⬤⬤
rte du Mont-Ventoux – ☏ 04 90 65 22 31 – www.hotel-domainedestilleuls.com
– Ouvert de mars à oct.
20 ch – ♥82 € ♥♥82/99 € – ⊑ 13 €
◆ Une magnanerie du 18e s. décorée dans le style provençal et très appréciée des randonneurs. Préférez les chambres donnant sur le parc planté de platanes et de... tilleuls !

✗ **La Chevalerie** 🚗 🚲 VISA ⬤⬤ AE
53 pl. de l'Église, (Les Remparts) – ☏ 04 90 65 11 19 – www.la-chevalerie.net
– Fermé 20-30 janv., 20-28 fév., dim. soir et lundi
Rest – (nombre de couverts limité, prévenir) Menu 20 € (déj. en sem.), 30/36 € – Carte 35/50 €
◆ Cette belle et imposante bâtisse fut jadis la demeure des princes d'Orange. On y accède désormais les "armes déposées" pour apprécier une cuisine traditionnelle et généreuse.

MALBUISSON – 25 Doubs – **321** H6 – 498 h. – alt. 900 m – ⊠ 25160 **17** C3
▌Franche-Comté Jura

▶ Paris 456 – Besançon 74 – Champagnole 42 – Pontarlier 16
🛈 69, Grande Rue ☏ 03 81 69 31 21
◉ Lac de St-Point★.

Le Lac   ≤ 🚗 � 📶 P ☎ VISA 🔵

65 Grande Rue – ☎ 03 81 69 34 80 – www.hotel-le-lac.fr – Fermé 14 nov.-9 déc.
53 ch – †46/64 € ††56/121 € – 3 suites – ☐ 11 € – ½ P 59/91 €
Rest *Le Lac* – Menu 17 € (déj.), 27/45 € – Carte 40/76 €
Rest *du Fromage* – (11 €) Menu 17/22 € – Carte 24/42 €
◆ Maison ancienne sur la rue principale, orientée vers le lac côté jardin. Intérieur cossu et rétro ; quelques chambres modernisées. Copieux petits-déjeuners, pâtisseries maison au salon de thé. Cuisine classique à la table du Lac. Tartes, fondues et raclettes au Restaurant du Fromage.

Beau Site 🏠   📶 P VISA 🔵

– ☎ 03 81 69 70 70 – www.hotel-le-lac.fr – Fermé 14 nov.-9 déc.
17 ch – †33/40 € ††40 € – ☐ 11 € – ½ P 50 €
◆ Ce bâtiment d'architecture italienne abrite des chambres simples et fonctionnelles. Accueil à l'hôtel du Lac.

De la Poste   🚗 📶 VISA 🔵

61 Gd Rue – ☎ 03 81 69 79 34 – www.hotel-le-lac.fr – Fermé 14 nov.-17 déc.
10 ch – †40 € ††44/51 € – ☐ 11 € – ½ P 50/54 €
Rest *À la Ferme* – (fermé dim. soir, mardi soir et lundi sauf juil.-août)
Menu 10 € (déj. en sem.)/17 € – Carte 14/42 €
◆ Dans ce sympathique petit hôtel, les chambres sont colorées ; préférez celles donnant sur le lac, plus au calme. Trois plaisantes salles (rustique, classique ou "À la Ferme") pour savourer une cuisine axée terroir.

✕✕ Le Bon Accueil (Marc Faivre) avec ch   🚗 ⌘ rest. 📶 P 🚗 VISA 🔵 AE

Grande Rue – ☎ 03 81 69 30 58 – www.le-bon-accueil.fr – Fermé 21 mars-1ᵉʳavril, 24 oct.-3 nov., 12 déc.-11 janv., mardi midi et lundi
12 ch – †74/87 € ††74/115 € – ☐ 11 € – ½ P 71/90 €
Rest – (24 € bc) Menu 35/62 € – Carte 50/93 €🍷
Spéc. Tarte fine à la morteau, étuvée de poireaux, œuf poché. Féra du lac Léman à l'absinthe de Pontarlier (été). Cannelloni croustillant sur une poêlée de fruits (juil. à déc.). **Vins** Côtes du Jura, Arbois rouge.
◆ Bon accueil et art de recevoir depuis quatre générations ! Dans un décor contemporain, Marc Faivre propose une brillante cuisine actuelle, tout en finesse et en saveur, avec de subtils rappels au terroir. Chambres confortables et spacieuses.

aux Granges-Ste-Marie 2 km au Sud-Ouest – ✉25160 Labergement Ste Marie

Auberge du Coude   🚗 🏠 ⌘ 📶 P VISA 🔵

1 r. du Coude – ☎ 03 81 69 31 57 – www.aubergeducoude.com
– Fermé 7 nov.-20 déc.
11 ch – †58 € ††58 € – ☐ 8,50 € – ½ P 58 €
Rest – (fermé dim. soir) Menu 19 € (déj. en sem.), 29/55 € – Carte 40/60 €🍷
◆ Entre les lacs de St-Point et de Remoray-Boujeons, cette chaleureuse maison de pays (1826) dispose de chambres colorées, simples et bien tenues. Étang dans le jardin. Au restaurant, atmosphère champêtre (lambris, poutres) et généreuse cuisine régionale.

LA MALÈNE – 48 Lozère – 330 H9 – 165 h. – alt. 450 m – ✉ 48210   **23** C1
🟩 Languedoc Roussillon

▶ Paris 609 – Florac 41 – Mende 41 – Millau 44
ℹ Village ☎ 04 66 48 50 77
👁 O : les Détroits★★ et cirque des Baumes★★ (en barque).

Manoir de Montesquiou   🚗 🏠 📶 P VISA 🔵 ⓘ

– ☎ 04 66 48 51 12 – www.manoir-montesquiou.com – Ouvert de fin mars à fin oct.
10 ch – †72/77 € ††105/115 € – 2 suites – ☐ 14 € – ½ P 102/124 €
Rest – (15 € bc) Menu 28/50 € – Carte 45/51 €
◆ Accueil familial, chambres agréables (lits à baldaquin, mobilier de style), beau jardin où fleurissent de magnifiques rosiers : cette demeure du 15ᵉ s. a bien des atouts. Repas à base de produits locaux servis au coin du feu ou sur la jolie terrasse.

au Nord-Est 5,5 km sur D 907bis – ⊠ 48210 Ste Énimie

Château de la Caze ⌂
– 𝒞 04 66 48 51 01 – www.chateaudelacaze.com
– *Ouvert 8 avril-11 nov. et fermé jeudi en oct.*
9 suites – ♦♦170/280 € – 7 ch – ⊡ 15 € – ½ P 111/141 €
Rest – *(fermé jeudi midi et merc. midi sauf août)* (29 €) Menu 38/65 €
– Carte 53/70 €

♦ Majestueux château (15ᵉ s.) posé sur les rives du Tarn, avec mobilier ancien et quelques salles de bains logées dans les tours. Chambres plus récentes à l'annexe. L'ex-chapelle sert de cadre à une cuisine pleine de saveurs, actuelle et respectueuse du terroir.

MALESHERBES – 45 Loiret – **318** L2 – 6 044 h. – alt. 108 m   **12** C1
– ⊠ 45330 ▮ Châteaux de la Loire

▶ Paris 75 – Étampes 26 – Fontainebleau 27 – Montargis 62

🛈 19-21, place du Martroy 𝒞 02 38 34 81 94

🏠 du Château d'Augerville à Augerville-la-Rivière Place du Château, S : 8 km par D 410, 𝒞 02 38 32 12 07

Écu de France
10 pl. Martroi – 𝒞 02 38 34 87 25 – www.hotel-ecudefrance.fr
16 ch – ♦58/70 € ♦♦58/70 € – ⊡ 8 € – ½ P 61/67 €
Rest – *(fermé 1ᵉʳ-15 août, jeudi soir et dim. soir)* Menu 25 € (sem.)/35 €
– Carte 25/54 €
Rest *Brasserie de l'Écu* – *(fermé 1ᵉʳ-15 août, jeudi soir et dim. soir)* Carte 22/48 €
♦ Cet ancien relais de poste situé à deux pas du château de Malesherbes dispose de chambres spacieuses. Certaines – les plus agréables – sont décorées dans un style contemporain. Spécialités de Saint-Jacques et de foie gras dans un cadre classique ; terrasse fleurie en été. Repas express à l'espace brasserie.

La Lilandière sans rest ⌂
7 chemin de la Messe, (hameau de Trézan) – 𝒞 02 38 34 84 51 – www.lalilandiere.com
5 ch ⊡ – ♦58 € ♦♦65 €
♦ Pierres, poutres et couleurs tendres se mêlent avec goût dans cette ancienne ferme. Les amateurs de pêche et de canoë apprécient la rivière qui longe le jardin. Piscine d'été.

MALICORNE-SUR-SARTHE – 72 Sarthe – **310** I8 – 1 933 h.   **35** C2
– alt. 39 m – ⊠ 72270 ▮ Châteaux de la Loire

▶ Paris 236 – Château-Gontier 52 – La Flèche 16 – Le Mans 32

🛈 5, place Duguesclin 𝒞 02 43 94 74 45

La Petite Auberge
5 pl. Duguesclin – 𝒞 02 43 94 80 52 – www.petite-auberge-malicorne.fr – *Fermé 22 fév., le soir sauf sam. de sept. à avril, dim. soir et mardi soir de mai à août et lundi*
Rest – (18 €) Menu 25 € (sem.), 28/49 € – Carte 37/48 €
♦ L'été, on s'attable en terrasse, au ras de l'eau, et en hiver, on se réfugie auprès de la belle cheminée du 13ᵉ s. pour déguster les plats traditionnels mitonnés par le chef.

MALLING – 57 Moselle – **307** I2 – 504 h. – alt. 158 m – ⊠ 57480   **26** B1
▶ Paris 352 – Luxembourg 35 – Metz 43 – Trier 63

à Petite Hettange 1 km à l'Est sur D 654 – ⊠ 57480

Olmi
11 rte Nationale – 𝒞 03 82 50 10 65 – www.olmi-restaurant.fr
– *Fermé 5-15 juil., 15-22 fév., mardi soir, merc. soir et lundi*
Rest – Menu 33/65 € – Carte 45/70 €
♦ Dans une région transfrontalière, cet ancien relais routier affiche un décor contemporain. Cuisine classique influencée par des touches italiennes. Agréable terrasse arborée.

MALO-LES-BAINS – 59 Nord – **302** C1 – rattaché à Dunkerque

MANCENANS LIZERNE – 25 Doubs – **321** K3 – rattaché à Maîche

MANCEY – 71 Saône-et-Loire – **320** I10 – 374 h. – alt. 280 m – ✉ 71240   **8** C3
▶ Paris 373 – Chalon-sur-Saône 34 – Dijon 102 – Mâcon 43

✗ **Auberge du Col des Chèvres**   🏡 P VISA ⊙⊙
Dulphey – ℰ 03 85 51 06 38 – www.aubergeducoldeschevres.fr – Fermé une sem.
en fév., 2-7 juil., dim. soir de nov. à mars, mardi et merc.
Rest – Menu 18 € (déj. en sem.), 26/32 € – Carte 21/37 €
♦ Cette petite auberge familiale située aux avant-postes du village plaît pour son
aimable accueil, sa cuisine traditionnelle actualisée et son cadre rustico-champê-
tre sans façon.

MANCIET – 32 Gers – **336** C7 – rattaché à Nogaro

MANDELIEU – 06 Alpes-Maritimes – **341** C6 – 20 850 h. – alt. 4 m   **42** E2
– Casino : Royal Hôtel **Z** – ✉ 06210 🟩 Côte d'Azur
▶ Paris 890 – Brignoles 86 – Cannes 9 – Draguignan 53
🛈 avenue H. Clews ℰ 04 92 97 99 27
🏌 de Mandelieu Route du Golf, SO : 2 km, ℰ 04 92 97 32 00
🏌 Riviera Golf Club Avenue des Amazones, SO : 2 km, ℰ 04 92 97 49 49
◉ ≤ ★ de la colline de San Peyré - Site ★ du château-musée.

Plan page suivante

🏨 **Hostellerie du Golf** ⊗   🛏 🏡 🔲 ✕ ⭐ AC ch, ⁽ᵗ⁾ ⚿ ⭐ VISA ⊙⊙ AE ⓞ
780 av. de la Mer – ℰ 04 93 49 11 66 – www.hostellerieddugolf.com
55 ch – †77/107 € ††100/180 € – 16 suites – � 9 €   **Y**n
Rest – (11 €) Menu 24 € – Carte 30/40 €
♦ L'établissement est construit au bord de la rivière face au célèbre golf "Old Course"
fondé par le grand duc de Russie en 1891. Chambres pratiques, avec terrasse ou balcon. Salle à manger claire tournée vers le jardin ; cuisine sans prétention.

🏠 **Les Bruyères** sans rest   ⭐ ⚿ AC ⁽ᵗ⁾ P VISA ⊙⊙ AE
1400 av. Fréjus – ℰ 04 93 49 92 01 – www.hotellesbruyeres.net – Fermé 5-30 janv.
14 ch – †69/99 € ††69/99 € – ⊏br 11 €   **Y**h
♦ Non loin de la plage et du golf, des studios ou des chambres fonctionnelles,
bien insonorisées et propres, s'abritent derrière une longue façade moderne
ponctuée d'une rotonde.

🏠 **Acadia** sans rest   🛏 ⭐ ✕ ⭐ ⁽ᵗ⁾ P VISA ⊙⊙ ⓞ
681 av. de la Mer – ℰ 04 93 49 28 23 – http://acadia-hotel.com   **Y**v
35 ch – †61/90 € ††71/90 € – 6 suites – ⊏br 9 €
♦ Les pontons privés de cet hôtel au bord d'un méandre de la Siagne, face à l'île
de Robinson, vous convient à des balades nautiques. Chambres simples, refaites
progressivement.

🏠 **Azur hôtel** sans rest   ⭐ ⭐ ⚿ AC ⁽ᵗ⁾ P VISA ⊙⊙ AE
192 av. du Mar.-Juin – ℰ 04 93 49 24 24 – www.azur-hotel-mandelieu.com
– Fermé 1ᵉʳ nov.-31 janv.   **Y**k
48 ch – †57/91 € ††70/109 € – ⊏br 9 €
♦ Cet hôtel moderne bénéficie de chambres rénovées, fonctionnelles, aux couleurs pimpantes et dotées d'agréables salles de bains. Salon-véranda, jardin et piscine avec petit bar.

La Napoule – ✉ 06210
◉ Site ★ du château-musée.

🏨 **Pullman Royal Casino**   ≤ 🏡 ⭐ ₤ ✕ ⭐ ⚿ AC ⁽ᵗ⁾ ⚿ P
605 av. Gén.-de-Gaulle, D 6098 – ℰ 04 92 97 70 00   VISA ⊙⊙ AE ⓞ
– www.pullmanhotels.com   **Z**a
213 ch – †119/659 € ††119/659 € – 2 suites – ⊏br 22 €
Rest *Royal Bay* – ℰ 04 92 97 70 20 – Menu 21/28 € – Carte 40/75 €
♦ Véritable cure de jouvence dans un style contemporain et épuré pour ce complexe moderne édifié en bord de mer. Chambres douillettes à dominante blanche,
orientées côté mer ou golf. Cadre design et carte dans l'air du temps au restaurant.

LA NAPOULE

Abaguiers (R. des)	**Z**	2
Argentière (Rue de l')	**Z**	3
Aulas (R. Jean)	**Z**	4
Balcon d'Azur (Rd-Pt)	**Z**	5
Carle (R. J.-H.)	**Z**	10
Chantier Naval (R. du)	**Z**	12
Clews (Av. H.)	**Z**	
Fanfarigoule (Bd)	**Z**	
Gaulle (Av. Gén.-de)	**Z**	
Hautes Roches (R. des)	**Z**	20
Mancha (R. de la)	**Z**	22
Petit Port (R. du)	**Z**	
Pierrugues (R. Charles)	**Z**	24
Plage (R. de la)	**Z**	
Riou (Av. du)	**Z**	
San-Peyré (Bd du)	**Z**	
Soustelle (Bd J.)	**Z**	
23-Août (Av. du)	**Z**	

MANDELIEU-LA-NAPOULE

Bon Puits (Bd du)	**Y**	6
Cannes (Av. de)	**Y**	8
Ecureuils (Bd des)	**Y**	13
Esterel Parc (Bd)	**Y**	14
Europe (Av. de l')	**Y**	16
Fontmichel (Av. G.-de)	**Y**	17
Fréjus (Av. de)	**Y**	
Gaulle (Av. Gén.-de)	**Y**	19
Juin (Av. Mar.)	**Y**	
Marine-Royale (Allée de la)	**Y**	23
Mer (Av. de la)	**Y**	
Princes (Bd des)	**Y**	25
République (Av. de la)	**Y**	27
Ricard (Av. P.)	**Y**	
Siagne (R. de la)	**Y**	
Tavernière (Bd de la)	**Y**	28

L'Ermitage du Riou ≤ 🍽 ⌫ AC ♨ P VISA ⚫ AE ⓘ

av. H. Clews, réouverture prévue en mai après rénovation – ✆ 04 93 49 95 56
– www.ermitage-du-riou.fr **Ze**
37 ch – †126/331 € ††126/331 € – 4 suites – ⌷ 18 € – ½ P 116/219 €
Rest – Menu 27/100 € – Carte 61/121 €

◆ Cette demeure d'inspiration italienne à la façade ocre et brique propose des chambres de bon confort ouvertes sur le large ou sur le golf. Plats traditionnels, produits de la mer et vins de la propriété à déguster dans une salle à manger-véranda.

Villa Parisiana sans rest °¦° VISA ⚫ AE

5 r. Argentière – ✆ 04 93 49 93 02 *– www.villaparisiana.com – Fermé
28 nov.-28 déc. et 7-16 janv.* **Zd**
13 ch – †42/73 € ††42/73 € – ⌷ 7 €

◆ Chambres pratiques, quelques balcons ensoleillés et une jolie terrasse d'été sous une treille. Cette villa 1900 située dans le quartier résidentiel du château a son charme.

L'Oasis (Stéphane, Antoine et François Raimbault) 🍽 AC ⇔ ⌂♪ soir,

r. J.-H.-Carle – ✆ 04 93 49 95 52 VISA ⚫ AE ⓘ
– www.oasis-raimbault.com – Fermé 28 nov.-14 janv., dimanche et lundi
Rest – (41 €) Menu 58 € (déj.), 70/180 € – Carte 93/195 € ❀ **Zr**
Spéc. Soleil levant de poisson cru "souvenir d'Osaka". Poissons de pêche locale, au gré du marché Forville et des saisons. Caravane de nos tartes, gâteaux et entremets. **Vins** Bellet, Les Baux-de-Provence.
Rest *Le Bistrot de l'Etage* – voir ci-après

◆ Luxuriant patio, cadre élégant, délicieuses recettes méridionales aux accents orientaux, caravane des desserts, ateliers gourmands (cuisine, pâtisserie, œnologie) : cette oasis n'a rien d'un mirage !

La Pomme d'Amour 🍽 AC VISA ⚫ AE

209 av. du 23 Août – ✆ 04 93 49 95 19 *– Fermé 15 nov.-7 déc., mardi midi et lundi*
Rest – (26 €) Menu 32/55 € – Carte 43/70 € **Zu**

◆ Adresse du centre de La Napoule, tout près de la gare. Derrière une façade fleurie, salle à manger cosy dans les tons pastel pour se régaler d'une cuisine traditionnelle soignée.

Les Bartavelles 🍽 VISA ⚫ AE

1 pl. du Château – ✆ 04 93 49 95 15 *– Fermé 24 oct.-4 nov., 15-30 déc., mardi et merc. hors saison* **Zf**
Rest – (20 €) Menu 27/42 € – Carte 38/59 €

◆ Cette maison accueillante se consacre à une cuisine de tradition tout en générosité. Salle-véranda ornée de tableaux colorés ou délicieuse terrasse dressée sous les platanes.

La Voile Bleue du Bistrot du Port ≤ 🍽 AC VISA ⚫

au port – ✆ 04 93 49 80 60 *– www.lavoilebleue-bistrotduport.fr – Fermé
25 nov.-15 déc., merc. hors saison* **Zb**
Rest – (19 € bc) Menu 26/32 € – Carte 35/58 €

◆ Pour avoir une vue unique sur les bateaux, jetez l'ancre dans ce restaurant à l'ambiance marine et chaleureux. La véranda s'ouvre en terrasse l'été. Bonne cuisine iodée.

La Palméa AC VISA ⚫ AE

198 av. Henri-Clews – ✆ 04 92 19 22 50 *– www.lapalmea.com – Fermé de
mi-nov. à mi-déc.* **Zs**
Rest – (26 €) Carte 50/76 €

◆ Place au poisson (issu de la pêche locale) et aux saveurs du Sud dans ce restaurant qui vient de changer de propriétaire. Cadre moderne, tableaux contemporains aux murs.

Le Bistrot L'Etage – Rest. L'Oasis AC VISA ⚫ AE ⓘ

r. J.-H.-Carle – ✆ 04 93 49 95 52 *– www.oasis-raimbault.com – Fermé
28 nov.-14 janv., dimanche et lundi*
Rest – Menu 29/36 € – Carte 29/38 €

◆ À l'Étage, le bien nommé, plats bistrotiers soignés et parfois oubliés : blanquette de veau, bœuf en daube...

MANDEREN – 57 Moselle – **307** J2 – rattaché à Sierck-les-Bains

MANE – 04 Alpes-de-Haute-Provence – **334** C9 – rattaché à Forcalquier

MANIGOD – 74 Haute-Savoie – **328** L5 – 924 h. – alt. 950 m – ✉ 74230 **46** F1

Paris 558 – Albertville 39 – Annecy 25 – Chamonix-Mont-Blanc 67
Col de la Crois-Fry ✆ 04 50 44 92 44
Vallée de Manigod★★ Alpes du Nord.

rte du col de la Croix-Fry : 5 ,5 km - ✉ 74230 Manigod

Chalet Hôtel Croix-Fry
– ✆ *04 50 44 90 16 – www.hotelchaletcroixfry.com – Ouvert de mi-juin à mi-sept. et mi-déc. à mi-avril*
9 ch – †150/180 € ††160/480 € – ☕ 20 € – ½ P 145/215 €
Rest – *(fermé mardi midi, merc. midi et lundi)* Menu 26 € (déj.), 50/78 € – Carte 60/88 €
◆ Dans un cadre idyllique, au milieu des alpages, un beau chalet tenu par la même famille depuis des décennies. Intérieur montagnard très cosy et ravissantes chambres cocons. Ambiance table d'hôte au restaurant et terrasse panoramique face aux Aravis.

MANOSQUE – 04 Alpes-de-Haute-Provence – **334** C10 – 21 162 h. – alt. 387 m – ✉ 04100 Provence **40** B2

Paris 758 – Aix-en-Provence 57 – Avignon 91 – Digne-les-Bains 61
place du Docteur Joubert ✆ 04 92 72 16 00
18 du Lubéron à Pierrevert La Grande Gardette, par rte de la Bastide-des-Jourdans : 7 km, ✆ 04 92 72 17 19
Le vieux Manosque★ : Porte Saunerie★, façade★ de l'hôtel de ville - Sarcophage★ et Vierge noire★ dans l'église N.-D. de Romigier - Fondation Carzou★ **M** - ≤★ du Mont d'Or NE : 1,5 km.

Pré St-Michel sans rest
435 montée de la Mort d'Imbert , 1,5 km au Nord par bd M. Bret et rte Dauphin – ✆ 04 92 72 14 27 – www.presaintmichel.com
24 ch – †65/120 € ††65/120 € – ☕ 10 €
◆ Récente bâtisse régionale aux chambres spacieuses, décorées avec goût dans le style provençal ; quelques-unes profitent d'une terrasse privative. Vue sur les toits de Manosque.

MANOSQUE

Arthur-Robert (R.) 2
Aubette (R. d') 3
Bret (Bd M.) 5
Chacundier (R.) 6
Cougourdelles (Bd des) 7
Dauphine (R.) 8
Giono (Av. J.) 9
Grande (R.) 10
Guilhempierre (R.) 12
Hôtel-de-Ville (Pl. de l') 13
Jean-Jacques-Rousseau (R.) 14
Marchands (R. des) 15
Mirabeau (Bd) 16
Mont-d'Or (R. du) 17
Observantins (Pl. des) 19
Ormeaux (Pl. des) 20
Paul-Martin Nalin (Bd) 21
Pelloutier (Bd C.) 22
Plaine (Bd de la) 23
République (R. de la) 26
St-Lazare (Av.) 28
Saunerie (R. de la) 30
Soubeyran (R.) 32
Tanneurs (R. des) 33
Tourelles (R. des) 34
Voland (R.) 35
Vraies-Richesses (Montée des) 36

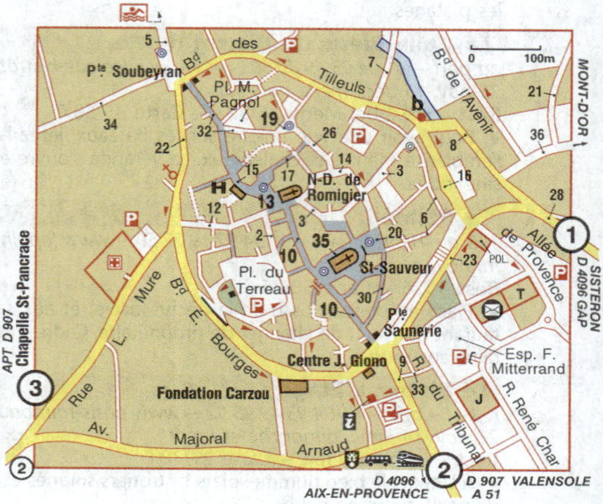

Le Sud

🛏️ 📶 ⓵ ♿ AK ch, 🍴 🛗 🅿️ VISA ⓪ AE

80 bd Charles de Gaulle par ① – 📞 *04 92 87 78 58 – www.hotel-lesud.com*
36 ch – 🛏️70/100 € 🛏️🛏️80/110 € – ⌙ 12 € – ½ P 65/85 €
Rest – (17 €) Menu 20/32 € – Carte 25/55 €

◆ Hôtel d'affaires, idéal pour les séminaires, situé aux portes du vieux Manosque. Les chambres, toutes identiques, et les salons arborent un décor aux accents provençaux. L'esprit du Sud souffle sur le restaurant (couleurs ensoleillées et plats régionaux).

Les Monges sans rest 🦌

⟨ 🚗 🕴️ 🐾 🅿️

rte d'Apt, 4 km au Nord-Ouest par D 907 et rte secondaire – 📞 *04 92 72 68 41 – www.lesmonges.com – Ouvert 15 avril-31 oct.*
5 ch ⌙ – 🛏️60/75 € 🛏️🛏️60/75 €

◆ Une imposante bergerie en pierre sur les hauteurs, au grand calme. Accueil sympathique, chambres fraîches et fonctionnelles. Le matin, confiture maison et œufs de la ferme.

Sens et Saveurs

🛰️ VISA ⓪ AE

43 bd des Tilleuls – 📞 *04 92 75 00 00 – www.restaurantsensetsaveur.over-blog.fr – Fermé 15-21 août, 1 sem. en janv.* **Yb**
Rest – (15 €) Menu 27/49 € – Carte 32/42 €

◆ Monastère, filature, entrepôt, théâtre : la grande salle voûtée a traversé les époques. Un lieu de caractère et de charme pour une cuisine méridionale empreinte de personnalité.

à La Fuste 6,5 km au Sud-Est par rte de Valensole – ✉️ **04210 VALENSOLE**

Hostellerie de la Fuste avec ch 🦌

🔇 🛰️ 🕴️ ♿ ch, AK rest, 🛗 🅿️

lieu-dit la Fuste – 📞 *04 92 72 05 95 – www.lafuste.com* VISA ⓪
14 ch – 🛏️189 € 🛏️🛏️189 € – ⌙ 18 €
Rest – (fermé mardi midi, dim. soir et lundi) Menu 28/36 € – Carte 40/53 €

◆ Nouveau départ pour cette élégante hostellerie située au cœur d'un parc. La cuisine, foisonnante de saveurs, est servie dans de belles salles à manger, dont une panoramique, ou en terrasse, sous les platanes.

LE MANS 🅿️ – 72 Sarthe – **310** K6 – 144 016 h. – Agglo. 194 825 h. **35** D1
– alt. 80 m – ✉️ **72000** 🏛️ Châteaux de la Loire

▶️ Paris 206 – Angers 97 – Le Havre 213 – Nantes 184
🚅 rue de l'Étoile Hôtel des Ursulines 📞 02 43 28 17 22
⛳ de Sargé-lès-le-Mans Rue du Golf, par rte de Bonnétable : 6 km, 📞 02 43 76 25 07
⛳ des 24 Heures-Le Mans à Mulsanne Route de Tours, par rte de Tours : 11 km, 📞 02 43 42 00 36
Circuit des 24 heures et circuit Bugatti 📞 02 43 40 24 24 : 5 km par ④.
☑️ Cathédrale St-Julien★★ : chevet★★★ - Le Vieux Mans★★ : maison de la Reine Bérengère★, enceinte gallo-romaine★ DV **M²** - Église de la Couture★ : Vierge★★ - Église Ste-Jeanne-d'Arc★ - Musée de Tessé★ - Abbaye de l'Épau★ BZ , 4 km par D 152 - Musée de l'Automobile★★ : 5 km par ④.

Plans pages suivantes

Mercure Centre sans rest

📶 ♿ AK 🍴 🛗 🅿️ 🚗 VISA ⓪ AE ①

19 r. Chanzy – 📞 *02 43 40 22 40 – www.mercure.com* **DXp**
73 ch – 🛏️75/150 € 🛏️🛏️85/165 € – 2 suites – ⌙ 14 €

◆ Cet hôtel, logé dans un bâtiment classé, abritait autrefois le siège des Mutuelles du Mans. Chambres au mobilier contemporain, fonctionnelles et bien insonorisées.

Chantecler sans rest

📶 📞 🅿️ VISA ⓪ AE

50 r. Pelouse – 📞 *02 43 14 40 00 – www.hotelchantecler.fr* **CYf**
32 ch – 🛏️75 € 🛏️🛏️84/87 € – 3 suites – ⌙ 9 €

◆ Situé dans un quartier calme, hôtel où l'on petit-déjeune sous la verrière, véritable jardin d'hiver. Tons pastel reposants dans les chambres bien insonorisées.

LE MANS

Ambroise Paré (R.) . . . . **AZ** 4
Ballon (R. de) . . . . **AZ** 6
Bertinière (R. de la) . . . . **BZ** 10
Brosselette (Bd P.) . . . . **AZ** 15
Carnot (Bd) . . . . **AZ** 16
Churchill (Bd W.) . . . . **AZ** 17
Clemenceau (Bd G.) . . . . . . **BZ** 18
Douce-Amie (R. de) . . . . . . **BZ** 22
Durand (Av. G.) . . . . **BZ** 26
Esterel (R. de l'). . . . . **BZ** 30

Flore (R. de) . . . . **BZ** 31
Gaulle (R. du Gén.-de) . . . . **ABZ** 36
Géneslay (Av. F.) . . . . **ABZ** 37
Grande-Maison
  (R. de la) . . . . **AZ** 39
Heuzé (Av. O.). . . . . **AZ** 42
Jean-Jaurès (Av.). . . . . **BZ** 43
Lefeuvre (Av. H.). . . . . **AZ** 44
Maillets (R. des) . . . . **BZ** 46
Mare (CH. de la) . . . . **BZ** 49
Mariette (R. de la) . . . . **BZ** 51
Monthéard (Av. de). . . . . . **BZ** 55
Moulin (Av. J.). . . . . **BZ** 57

Négrier (Bd du Gén.). . . . . . **BZ** 58
Néruda (R. Pablo) . . . . **BZ** 60
Pied-Sec (R. de) . . . . **AZ** 63
Pointe (R. de la) . . . . **AZ** 64
Prémartine (Rte de) . . . . . . **BZ** 67
Riffaudières (Bd des) . . . . . **AZ** 73
Rondeau (R. J.) . . . . **AZ** 74
Rubillard (Av.) . . . . **AZ** 78
Schuman (Bd R.) . . . . **BZ** 80
Victimes du Nazisme
  (R. des) . . . . **BZ** 82
Yvré-Levêque
  (Ch. d') . . . . **BZ** 87

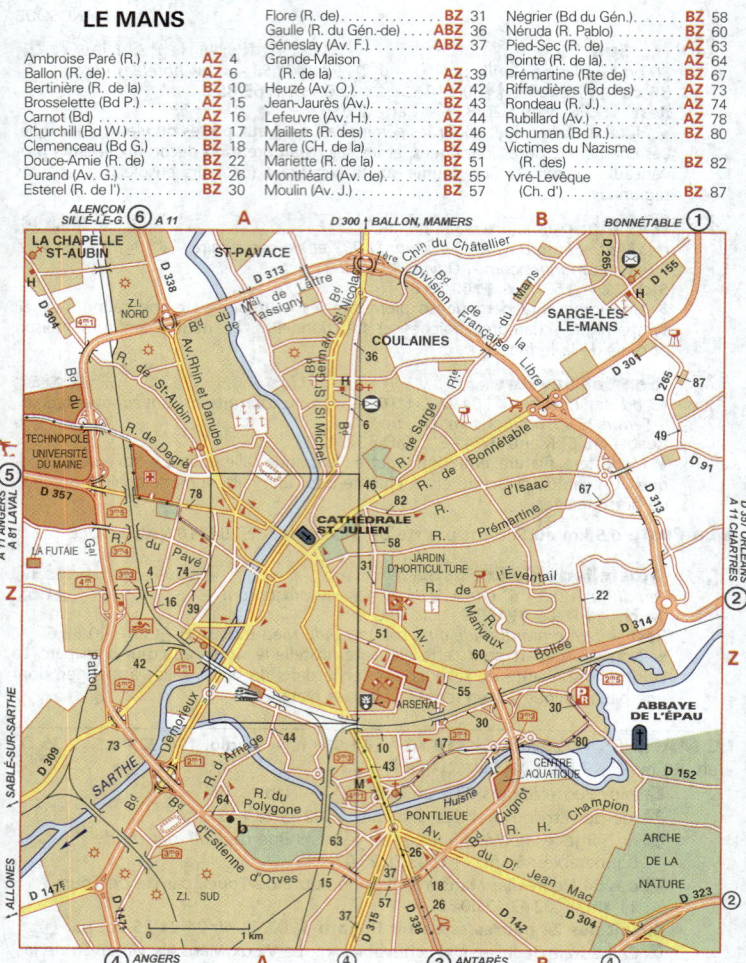

🏨 **Mercure Batignolles** 🚗 🍴 📶 ♿ ch, 🛎 🅿 VISA ⦿ AE ⓪
17 r. de la Pointe – ℰ 02 43 72 27 20 – www.mercure.com **AZb**
68 ch – ♦60/95 € ♦♦70/105 € – ☐ 12 €
Rest – *(fermé sam., dim. et le midi)* Menu 23/28 €
♦ Établissement abritant des chambres actuelles, pratiques, bien tenues et plus calmes sur l'arrière. Jardin arboré. Restaurant décoré de photographies évoquant la mythique course des 24 Heures du Mans. Cuisine traditionnelle.

🏨 **Emeraude** sans rest 📶 🛎 📶 VISA ⦿ AE
18 r. Gastelier – ℰ 02 43 24 87 46 – www.hotel-emeraude-le-mans.com
33 ch – ♦52/68 € ♦♦68/75 € – ☐ 8 € **CYz**
♦ On vous réserve un accueil chaleureux dans cet hôtel proche de la gare. Chambres aux tons pastel. L'été, les petits-déjeuners sont servis dans la cour intérieure fleurie.

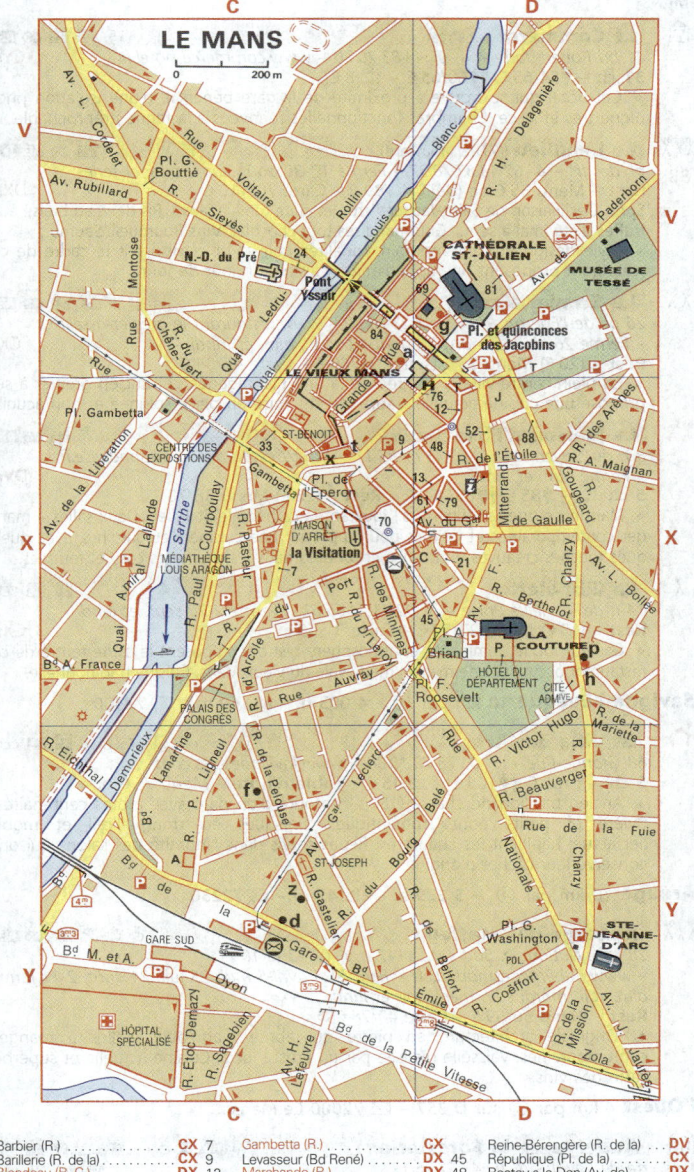

LE MANS

0   200 m

Barbier (R.)	**CX**	7	Gambetta (R.)	**CX**	Reine-Bérengère (R. de la)	**DV** 69
Barillerie (R. de la)	**CX**	9	Levasseur (Bd René)	**DX** 45	République (Pl. de la)	**CV** 70
Blondeau (R. C.)	**DX**	12	Marchande (R.)	**DX** 48	Rostov-s-le-Don (Av. de)	**DX** 76
Bolton (R. de)	**DX**	13	Mendès-France (R. P.)	**CX** 52	St-Jacques (R.)	**DX** 79
Courthardy (R.)	**DX**	21	Minimes (R. des)	**CX**	Triger (R. Robert)	**DV** 81
Dr-Gallouëdec (R.)	**CV**	24	Nationale (R.)	**DY**	Wright (R. Wilbur)	**CV** 84
Galère (R. de la)	**CX**	33	Perle (R. de la)	**DX** 61	33e-Mobiles (R. du)	**DX** 88

Le Commerce sans rest ✒ 📶 VISA ☎ AE
41 bd Robert Jarry – ℰ 02 43 83 20 20 – www.commerce-hotel.fr CYd
31 ch – †54/65 € ††60/65 € – ☑ 8 €
♦ Cet hôtel qui se trouve à proximité de la gare bénéficie d'une isolation phonique très efficace. Chambres fonctionnelles rénovées à la tenue irréprochable.

XXX **Le Beaulieu** (Olivier Boussard) 🍴 AC ✒ ⇔ VISA ☎ AE ①
🏵 *pl. des Ifs – ℰ 02 43 87 78 37 – Fermé 1er-30 août, sam., dim. et fériés*
Rest – Menu 35 € bc (déj.), 40/89 € – Carte 70/110 € DXh
Spéc. Déclinaison de Saint-Jacques crue et cuite (nov. à janv.). Ris de veau braisé aux truffes d'été (mai à sept.). Gourmandises tout chocolat. **Vins** Bourgueil, Saumur.
♦ Style design et contemporain, tonalités noir et or composent le cadre de ce restaurant proposant une appétissante cuisine au goût du jour.

XX **Le Grenier à sel** AC ✒ VISA ☎ AE
26 pl. de l'Eperon – ℰ 02 43 23 26 30 – www.restaurant-le-grenier-a-sel.fr
– Fermé 26 fév.-15 mars, 20 août-13 sept., dim. et lundi CXt
Rest – (20 €) Menu 25 € (sem.), 38/60 € – Carte 46/54 €
♦ En plein centre-ville, à l'entrée de la Cité Plantagenêt, cet ancien grenier à sel propose une cuisine actuelle. Cadre rajeuni, mise en place soignée et bon accueil.

XX **La Maison d'Élise** avec ch AC VISA ☎ AE
8 r. du Doyenné – ℰ 02 43 47 85 11 – http://restaurant-lamaisondelise.fr
– Fermé dim. et lundi DVg
5 ch ☑ – †85 € ††85/250 €   **Rest** – (26 €) Menu 38/78 €
♦ Maison bourgeoise (fin 18e s.) jouxtant la cathédrale St-Julien. Deux salles à manger contemporaines et intimes pour apprécier une cuisine d'aujourd'hui, avec quelques touches créatives. Ambiance cocooning dans les chambres cosy et feutrés.

X **La Ciboulette** AC VISA ☎
14 r. de la Vieille Porte – ℰ 02 43 24 65 67 – Fermé 2-20 sept. et lundi
Rest – (13 €) Menu 22/52 € – Carte 31/55 € CXx
♦ Couleur rouge dominante et atmosphère bistrot composent le cadre feutré de ce restaurant occupant une maison médiévale du vieux Mans. Cuisine traditionnelle.

à Savigné-l'Évêque 10 km par ① – 4 003 h. – alt. 60 m – ⊠ 72460

🏠 **La Villa des Arts** 🌳 ⅀ ✒ ch, 📶 🅿 VISA ☎
68 Grande-Rue – ℰ 06 78 78 10 34 – www.lavilladesarts.com
5 ch – †165 € ††165 € – ☑ 15 €   **Table d'hôte** – Menu 75 € bc
♦ Ancien pavillon de chasse (18e s.) entouré d'un parc avec arbres centenaires, rivière et petits ponts romantiques. Fresques en trompe-l'œil et mobilier actuel habillent les chambres. Repas servis dans l'intimité des salons qui ont conservé leur cachet d'origine.

à Arnage 10 km par ④ – 5 229 h. – alt. 42 m – ⊠ 72230

XXX **Auberge des Matfeux** 🍴 ⇔ 🅿 VISA ☎ AE
289 av. Nationale, Sud sur D 147 – ℰ 02 43 21 10 71
– www.aubergedesmatfeux.fr – Fermé 25 avril-5 mai, 25 juil.-24 août, 2-11 janv.,
dim. soir, mardi soir, merc. soir et lundi
Rest – Menu 36/69 € – Carte 40/78 € 🍷
♦ Originale architecture en pierre qui abrite d'agréables salles à manger contemporaines. Vaisselle réalisée par un artiste local. Cuisine actuelle et superbe carte des vins.

à l'Ouest 4 km par ⑤ sur D 357 – ⊠ 72000 Le Mans

🏨 **Auberge de la Foresterie** 🌳 ⅀ 📶 ⅙ ch, AC rest, 📶 🔊 🅿
rte de Laval – ℰ 02 43 51 25 12 VISA ☎ AE ①
– www.aubergedelaforesterie.com
41 ch – †78/95 € ††88/110 € – ☑ 11 €
Rest – (fermé sam. midi et dim. soir) (16 €) Menu 22 € (sem.)/30 € – Carte 30/40 €
♦ Spacieuses chambres fonctionnelles, salons de réception, salles de séminaires et grand jardin avec piscine pour la détente. Le restaurant aménagé en véranda propose une cuisine traditionnelle.

à St-Saturnin 8 km par ⑥ – 2 236 h. – alt. 80 m – ✉ 72650

🏠 **Domaine de Chatenay** sans rest 🌿 ⚙ 📶 🚪 **P** VISA ⑳ AE ⓪
sur D 304 rte de la Chapelle St-Aubin – 𝒞 02 43 25 44 60
– *www.domainedechatenay.com*
8 ch ⌂ – 💰115/130 € 💰💰125/145 €
♦ Superbe maison de maître du 18ᵉ s. entourée d'un domaine de 40 ha. Chambres très raffinées avec leurs meubles anciens et leurs tissus choisis. Petit-déjeuner dans la salle Empire.

MANSLE – 16 Charente – **324** L4 – 1 527 h. – alt. 65 m – ✉ 16230   **39** C2
▶ Paris 421 – Angoulême 26 – Cognac 53 – Limoges 93
🏛 place du Gardoire 𝒞 05 45 20 39 91

🏠 **Beau Rivage** 🚗 🏡 📶 **P** VISA ⑳ AE
🍴 *pl. Gardoire* – 𝒞 05 45 20 31 26 – *www.hotel-beau-rivage-charente.com* – *Fermé*
🍽 *14 fév.-6 mars, 5-25 déc., dim. soir d'oct. à avril*
29 ch – 💰62 € 💰💰62 € – ⌂ 9 € – ½ P 55 €
Rest – Menu 14 € (sem.)/35 € – Carte 24/57 €
♦ Situation agréable pour cet hôtel dont les jardins descendent vers les rives de la Charente. Chambres en majorité rénovées dans un esprit cosy et actuel. Vaste salle à manger et terrasse avec vue sur la rivière ; carte traditionnelle.

à Luxé 6 km à l'Ouest par D 739 – 783 h. – alt. 70 m – ✉ 16230

🍴🍴 **Auberge du Cheval Blanc** VISA ⑳ AE
😊 *à la gare* – 𝒞 05 45 22 23 62 – *Fermé 1ᵉʳ-10 sept., fév., dim. soir, mardi et lundi*
Rest – (17 € bc) Menu 29/44 € – Carte 31/46 €
♦ À l'avenante façade de cette maison centenaire répond une salle tout aussi plaisante avec son décor rustique et ses tables fleuries. Cuisine régionale soignée.

MANTES-LA-JOLIE ◁▷ – 78 Yvelines – **311** G2 – 41 930 h.   **18** A1
– alt. 34 m – ✉ 78200 🟩 Île de France
▶ Paris 56 – Beauvais 69 – Chartres 78 – Évreux 46
🏛 1, rue Thiers 𝒞 01 34 77 10 30
🏌 de Guerville à Guerville La Plagne, par rte de Houdan : 6 km, 𝒞 01 30 92 45 45
🏌 de Moisson-Mousseaux à Moisson Base de Loisir de Moisson, par rte de
     Vernon et rte secondaire : 14 km, 𝒞 01 34 79 39 00
🏌 de Villarceaux à Chaussy Château du Couvent, N : 20 km par D 147,
     𝒞 01 34 67 73 83
🟢 Collégiale Notre-Dame★★ B**B.**

Plan page suivante

🍴🍴 **Rive Gauche** 🔄 VISA ⑳
1 r. du Fort – 𝒞 01 30 92 30 16 – *Fermé 3 août-1ᵉʳ sept., sam. midi, dim. et lundi*
Rest – (22 € bc) Carte environ 44 €   B**a**
♦ Près de la Seine, derrière la porte aux Prêtres, un restaurant sympathique au décor métissé. La cuisine brasse également les influences, de l'Asie en passant par l'Italie.

à Mantes-la-Ville 2 km par ③ – 18 506 h. – alt. 36 m – ✉ 78711

🍴🍴🍴 **Le Moulin de la Reillère** 🚗 🏡 **P** VISA ⑳
171 rte de Houdan – 𝒞 01 30 92 22 00 – *www.lemoulindelareillere.fr* – *Fermé*
10 août-1ᵉʳ sept., sam. midi, dim. soir et lundi
Rest – (24 €) Menu 33/50 € – Carte 40/55 €
♦ Belle auberge aménagée dans un ancien moulin du 18ᵉ s. Un cadre bourgeois, avec sa terrasse et son ravissant jardin fleuri ; une cuisine classique bien réalisée.

à Rosay 10 km par ③ – 362 h. – alt. 98 m – ✉ 78790

🍴🍴 **Auberge de la Truite** 🏡 **P** VISA ⑳
1 r. Boinvilliers – 𝒞 01 34 76 30 52 – *Fermé 1ᵉʳ-15 janv., mardi midi, dim. soir et lundi*
Rest – Menu 53/60 €
♦ Dans cette ancienne épicerie de village, on vient pour la cuisine – classique et variant au gré des saisons –, mais on peut aussi s'offrir l'un des tableaux en exposition !

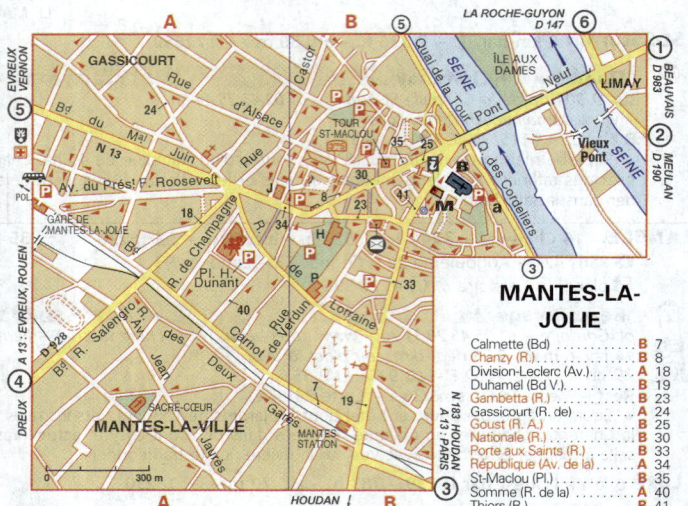

MANTES-LA-JOLIE

Calmette (Bd)	**B** 7
Chanzy (R.)	**B** 8
Division-Leclerc (Av.)	**A** 18
Duhamel (Bd V.)	**B** 19
Gambetta (R.)	**B** 23
Gassicourt (R. de)	**A** 24
Goust (R. A.)	**B** 25
Nationale (R.)	**B** 30
Porte aux Saints (R.)	**B** 33
République (Av. de la)	**A** 34
St-Maclou (Pl.)	**A** 35
Somme (R. de la)	**A** 40
Thiers (R.)	**B** 41

MANTES-LA-VILLE – 78 Yvelines – **311** G2 – rattaché à Mantes-la-Jolie

---

MANVIEUX – 14 Calvados – **303** I3 – rattaché à Arromanches-les-Bains

---

MANZAC-SUR-VERN – 24 Dordogne – **329** E5 – 509 h. – alt. 80 m   **4** C1
– ✉ 24110

▶ Paris 502 – Bergerac 34 – Bordeaux 112 – Périgueux 20

✗✗ **Le Lion d'Or** avec ch   🛋 🏡 ⅁ 🎗 🖢 *VISA* ⓩ 𝔸𝔼 ⓞ
pl. de l'Église – ☎ 05 53 54 28 09 – www.lion-dor-manzac.com – *Fermé 15-30 nov., 9 fév.-3 mars, dim. soir sauf juil.-août, mardi midi en juil.-août et lundi*
8 ch – ♦57 € ♦♦61/63 € – ⊆ 8,50 € – ½ P 53 €
Rest – (14 €) Menu 19/43 € – Carte 35/50 €
♦ On s'installe dans une salle lumineuse, agrémentée de bibelots, et on savoure une copieuse cuisine au goût du jour prenant souvent l'accent du terroir.

MARAIS-VERNIER – 27 Eure – **304** C5 – rattaché à Conteville

---

MARAUSSAN – 34 Hérault – **339** D8 – rattaché à Béziers

MARÇAY – 37 Indre-et-Loire – **317** K6 – rattaché à Chinon

MARCIAC – 32 Gers – **336** C8 – 1 233 h. – alt. 150 m – ✉ 32230   **28** A2
🟩 Midi-Toulousain

▶ Paris 801 – Auch 50 – Bordeaux 189 – Toulouse 129
🄑 21 place de l'Hôtel de Ville ☎ 05 62 08 26 60

⌂ **La Baguenaude** sans rest   ⅁ 🕅 🖢
9 r. de Juillac – ☎ 05 62 09 57 03 – www.labaguenaude.fr
4 ch ⊆ – ♦85/120 € ♦♦85/120 €
♦ Les amoureux du jazz pourront baguenauder vers cette jolie maison du 19ᵉ s., ils ne seront pas déçus ! Décoration éclectique et élégante, cour intérieure, fontaine : lénifiant.

✕ **La Petite Auberge**   🛜 ⇔ 𝗩𝗜𝗦𝗔 ◉◉
🕸 *pl. de l'Hôtel-de-ville* – ℰ 05 62 09 31 33 – *Fermé 1 sem. en août, vacances de la Toussaint, merc. soir et jeudi*
Rest – (10 €) Menu 13 € bc (déj. en sem.), 20/28 € – Carte 37/47 €
♦ Au centre de la bastide, une jolie maison à colombages sous les arcades. Près de la cheminée, on apprécie la soupe de saison et une cuisine régionale fraîche et bien réalisée.

MARCILLAC-LA-CROISILLE – 19 Corrèze – **329** N4 – 827 h.   **25** C3
– alt. 550 m – ✉ 19320 🟩 Limousin Berry
▶ Paris 498 – Argentat 26 – Aurillac 80 – Égletons 17

au Pont-du-Chambon 15 km au Sud-Est, par D 978 (dir. Mauriac), D 60 et D 13
✉ 19320 St-Merd-de-Lapleau

✕✕ **Fabry (Au Rendez-vous des Pêcheurs)** avec ch 🌿   ⇐ �)) 𝗣
🕸 – ℰ 05 55 27 88 39 – www.rest-fabry.com   𝗩𝗜𝗦𝗔 ◉◉ 𝗔𝗘
– *Ouvert 14 fév.-12 nov. et fermé dim. soir et lundi hors saison*
8 ch – †47 € ††47/51 € – ⌷ 8 €
Rest – Menu 15 € (sem.), 26/41 € – Carte 30/50 €
♦ Calme garanti dans cette maison familiale isolée sur une rive de la Dordogne. Ses atouts ? Une cuisine du terroir assortie de quelques plats actuels et des chambres claires.

MARCILLY-EN-VILLETTE – 45 Loiret – **318** J5 – 1 980 h.   **12** C2
– alt. 124 m – ✉ 45240
▶ Paris 153 – Blois 83 – Orléans 23 – Romorantin-Lanthenay 55

⌂ **La Ferme des Foucault** sans rest 🌿   ⅃ ℅ 🚙)) 𝗣
6 km au Sud-Est par D 64 rte de Sennely – ℰ 02 38 76 94 41
– *www.ferme-des-foucault.com* – *Fermé de début janv. à mi-fév.*
3 ch ⌷ – †80 € ††85 €
♦ Ancienne ferme à colombages nichée au cœur de la forêt. Ses chambres, coquettes et très spacieuses, s'agrémentent de meubles rustiques ; l'une d'elles dispose d'une terrasse.

MARCQ-EN-BAROEUL – 59 Nord – **302** G3 – **rattaché à Lille**

MAREUIL-CAUBERT – 80 Somme – **301** D7 – **rattaché à Abbeville**

MARGAUX – 33 Gironde – **335** G4 – 1 391 h. – alt. 16 m – ✉ 33460   **3** B1
▶ Paris 599 – Bordeaux 29 – Lesparre-Médoc 42
🖼 de Margaux 5 route de l'Ile Vincent, N : 1 km, ℰ 05 57 88 87 40

🏠🏠🏠 **Relais de Margaux** 🌿   ⇐ 🕭 ⅃ ◉ ⅃♨ ℅ 🖼 ⌸ ⅄ 𝗔𝗞 ℅ 🚙)) 🪷 𝗣
🕸 *5 route de l'Ile Vincent , 2,5 km au Nord-Est*   𝗩𝗜𝗦𝗔 ◉◉ 𝗔𝗘 ⓪
– ℰ 05 57 88 38 30 – www.relais-margaux.fr
92 ch – †199/329 € ††199/329 € – 8 suites – ⌷ 21 €
Rest *Brasserie du Lac* – (16 €) Menu 19 € (déj.) – Carte 35/55 €
♦ Ancien domaine viticole entre estuaire et vignoble. Parc avec golf, spa complet et chambres spacieuses. Brasserie décontractée ouverte sur le green, recettes revisitant le terroir et grillades.

à Arcins 6 km au Nord-Ouest sur D 2 – 366 h. – alt. 10 m – ✉ 33460

✕ **Le Lion d'Or**   🛜 𝗔𝗞 𝗩𝗜𝗦𝗔 ◉◉ 𝗔𝗘
🕸 *11 rte de Pauillac* – ℰ 05 56 58 96 79 – *Fermé juil., 24 déc.-2 janv., dim., lundi et fériés*
🔴 **Rest** – (nombre de couverts limité, prévenir) Menu 14 € bc (sem.)
– Carte 30/50 €
♦ Sympathique bistrot campagnard avec boiseries claires et décor de casiers à bouteilles. Plats du terroir mitonnés et copieux. Convivialité de rigueur !

MARGÈS – 26 Drôme – **332** D3 – 844 h. – alt. 282 m – ⊠ 26260   **43** E2
■ Paris 551 – Grenoble 92 – Hauterives 14 – Romans-sur-Isère 13

🏠 **Auberge Le Pont du Chalon**   ⌖ ⁘ **P** VISA ◎
⊜   *2 km au Sud par D 538 – 𝒞 04 75 45 62 13 – www.pontduchalon.com*
🍽   *– Fermé 17 août-1ᵉʳ sept., 23-30 déc., 15 fév.-1ᵉʳ mars, dim. soir, merc. soir, lundi
et mardi*
9 ch – ✝42/47 € ✝✝47/57 € – ⊡ 8 € – ½ P 53/61 €
Rest – (12 €) Menu 18/32 € – Carte 25/41 €
♦ Ambiance chaleureuse et raffinée dans cette auberge 1900, nichée derrière un
rideau de platanes. Les chambres sont assez joliment meublées. Salle à manger à
la fois rustique et cossue, belle terrasse sous la pergola et cuisine traditionnelle.

MARGUERITTES – 30 Gard – **339** L5 – **rattaché à Nîmes**

MARIENTHAL – 67 Bas-Rhin – **315** K4 – ⊠ 67500   **1** B1
■ Paris 479 – Haguenau 5 – Saverne 42 – Strasbourg 30

✗✗ **Le Relais Princesse Maria Leczinska**   ⟰ ⅏ VISA ◎
1 r. Rothbach – 𝒞 03 88 93 43 48 – Fermé sam. midi, dim. soir et merc.
Rest – *(nombre de couverts limité, prévenir)* (15 €) Menu 40/54 €
♦ Aux commandes : un couple japonais amoureux de la cuisine française ! Un
relais entre tradition et épure (poutres, vitrail, tons clairs) ; une carte actuelle,
riche de saveurs.

MARIGNANE – 13 Bouches-du-Rhône – **340** G5 – 32 921 h. – alt. 10 m   **40** B3
– ⊠ 13700 ▌Provence
■ Paris 753 – Aix-en-Provence 24 – Marseille 26 – Martigues 16
✈ de Marseille-Provence : 𝒞 04 42 14 14 14.
🛈 4, boulevard Frédéric Mistral 𝒞 04 42 31 12 97
◉ Canal souterrain du Rove★ SE : 3 km.

à l'aéroport de Marseille-Provence au Nord – ⊠ 13700

🏨 **Pullman**   ⟰ ⌖ ⊼ Ⅰ₆ ✗ ▐ ⅍ 🆎 ⅏ rest, ⁘ ⅍ **P** VISA ◎ AE ◎
– 𝒞 04 42 78 42 78 – www.pullman-marseille-provence.com
177 ch – ✝109/310 € ✝✝119/310 € – 1 suite – ⊡ 22 €
Rest – (27 €) Menu 30 € (déj.) – Carte 45/75 €
♦ À quelques minutes de l'aéroport, ce bâtiment des années 1970 a su composer
avec le design actuel. Chambres contemporaines avec "provençal chic", belle piscine et espace fitness. Cuisine méditerranéenne servie à toute heure dans une
ambiance lounge ; vinothèque.

🏨 **Best Western Marseille Aéroport**   ⌖ ⊼ Ⅰ₆ ✗ ▐ ⅍ 🆎 ch, ⁘ ⅍
(face à l'aéroport) ⊠ 13127 Vitrolles   **P** VISA ◎ AE ◎
– 𝒞 04 42 15 54 00 – www.bwmrs.com
120 ch – ✝104/189 € ✝✝104/189 € – ⊡ 13 € – ½ P 90/132 €
Rest – (22 € bc) Carte 23/42 €
♦ Pour une escale ou un séminaire, un hôtel moderne qui se donne une allure
classique par son mobilier. La grande piscine entourée de teck confirme cette
intention. Pour se restaurer, carte brasserie ou cuisine traditionnelle. Salon privé
sur demande.

Z.I. Les Estroublans 4 km au Nord-Est par D 9 (rte Vitrolles) – ⊠
13127 Vitrolles

🏨 **Novotel**   ⟰ ⌖ ⊼ ▐ ⅍ 🆎 ⁘ ⅍ **P** VISA ◎ AE ◎
24 r. de Madrid – 𝒞 04 42 89 90 44 – www.novotel.com
117 ch – ✝80/160 € ✝✝80/160 € – ⊡ 15 €
Rest – (16 € bc) Carte 23/38 €
♦ Entre la gare TGV et l'aéroport de Marseille, hôtel doté de chambres spacieuses
et bien insonorisées, selon le concept Novation. Belle roseraie dans le jardin. Cuisine traditionnelle au restaurant et Novotel Café pour manger sur le pouce.

MARIGNY-ST-MARCEL – 74 Haute-Savoie – **328** I6 – 621 h.   **46** F1
– alt. 404 m – ✉ 74150

▶ Paris 536 – Aix-les-Bains 22 – Annecy 19 – Bellegarde-sur-Valserine 43

✗✗ **Blanc** avec ch   🚗 🏡 ⌘ ⌘ ch, Ⓚ rest, ⌘ P VISA ⚫ AE
– 𝒞 04 50 01 09 50 – www.blanc-hotel-restaurant.fr
– Fermé 26 déc.-2 janv.
16 ch – †65/140 € ††65/140 € – ⊇ 12 € – ½ P 56/85 €
Rest – (fermé dim. soir et sam. sauf juil.-août) (16 €) Menu 25/90 €
– Carte 42/90 €
◆ Auberge familiale avec deux salles à manger pimpantes (une pour l'été, une
pour l'hiver) ; carte traditionnelle et spécialités régionales. Terrasse ombragée
face au jardin et la piscine. Chambres spacieuses.

MARINGUES – 63 Puy-de-Dôme – **326** G7 – 2 610 h. – alt. 315 m   **6** C2
– ✉ 63350 ▯ Auvergne

▶ Paris 409 – Clermont-Ferrand 32 – Lezoux 16 – Riom 22

✗✗ **Le Clos Fleuri** avec ch   🚗 🏡 ⌘ ch, ⌘ ch, ⌘ P VISA ⚫
rte de Clermont – 𝒞 04 73 68 70 46 – www.leclosfleuri.net
– Fermé 16 fév.-14 mars, lundi sauf le soir en juil.-août, vend. soir et dim. soir
de sept. à juin
15 ch – †46 € ††58 € – ⊇ 8 € – ½ P 54 €
Rest – (13 € bc) Menu 24/42 € – Carte 25/45 €
◆ Virage à 180° avec un décor résolument moderne pour cette maison tenue par
la même famille depuis trois générations. Beau jardin visible de la salle ; cuisine
traditionnelle.

✗✗ **Le Carrousel**   🏡 P VISA ⚫
14 r. du Pont de Morge – 𝒞 04 73 68 70 24 – www.restaurant-lecarrousel.com
– Fermé 18 juil.-4 août et 3-20 janv., mardi et merc.
Rest – Menu 24/55 € – Carte 44/65 €
◆ Un décor sobre et contemporain (tons chauds, poutres immaculées) pour un
beau moment de convivialité autour de recettes actuelles et délicates, réalisées
par un chef très pro.

MARLENHEIM – 67 Bas-Rhin – **315** I5 – 3 477 h. – alt. 195 m   **1** A1
– ✉ 67520 ▯ Alsace Lorraine

▶ Paris 468 – Haguenau 50 – Molsheim 13 – Saverne 18
🅕 11, place du Kaufhus 𝒞 03 88 87 75 80

🏠 **Le Cerf** (Michel Husser)   🏡 ⚫ 🅭 Ⓚ ⌘ ⌘ P 🚗 VISA ⚫ AE ⓪
🌸 30 r. Gén.-de-Gaulle – 𝒞 03 88 87 73 73 – www.lecerf.com
16 ch – ⊇ – †130/297 € ††130/297 € – 2 suites – ½ P 104/263 €
Rest – (fermé mardi et merc.) Menu 39 € (déj. en sem.), 63/79 €
– Carte 75/112 €❀
Spéc. Pastilla de foie gras de canard d'Alsace poêlé aux fruits de saison, caramel
aux épices. Choucroute au cochon de lait sous toutes ses formes et foie gras
fumé. Partition de sorbets et glace aux six parfums comme un vacherin. **Vins** Cré-
mant d'Alsace rosé, Riesling.
◆ Un cerf doux comme un agneau ! Cet ancien relais de poste ne manque pas
d'élégance. Chambres raffinées, d'esprit régional ou contemporain. Jolie cour fleurie et espace bien-être. Au restaurant, l'Alsace est à l'honneur : belles boiseries
et cuisine axée terroir.

🏠 **Hostellerie Reeb**   🏡 Ⓚ rest, ⌘ ch, ⌘ ⌘ P VISA ⚫ AE ⓪
2 r. Albert Schweitzer – 𝒞 03 88 87 52 70 – www.hostellerie-reeb.fr
– Fermé 3-15 janv.
26 ch – †60 € ††60/65 € – ⊇ 9 € – ½ P 60 €
Rest La Crémaillère – (fermé dim. soir et lundi) (10 €) Menu 20 € (sem.),
30/37 € – Carte 25/49 €
◆ Aux portes du village où débute la route des Vins, grande maison à colombages dotée de chambres spacieuses et classiques. À la Crémaillère, cuisine régionale servie dans un décor bourgeois de style alsacien "tout bois".

MARMANDE ✏ – 47 Lot-et-Garonne – **336** C2 – 17 317 h. – alt. 30 m   **4** C2
– ✉ **47200** ▮ Aquitaine

▶ Paris 666 – Agen 67 – Bergerac 57 – Bordeaux 90
ℹ boulevard Gambetta ☎ 05 53 64 44 44

Le Capricorne sans rest ⬧ ⟨icons⟩
av. Hubert Ruffe, rte d'Agen, 2 km par D 813 – ☎ 05 53 64 16 14
– www.lecapricorne-hotel.com – Fermé 17 déc.-1ᵉʳ janv.
34 ch – †64 € **††**74 € – ⊡ 8 €
◆ L'hôtel date des années 1970 mais l'entretien est suivi : chambres fonctionnelles
bien tenues et insonorisées, salles de bains refaites... Un bon rapport qualité-prix.

à l'échangeur A 62 9 km au Sud par D 933 – ✉ **47430** Ste-Marthe

Les Rives de l'Avance sans rest ⬧ ⟨icons⟩
Moulin de Trivail – ☎ 05 53 20 60 22 – www.hotel-marmande.fr
16 ch – †40 € **††**45 € – ⊡ 6 €
◆ Calme et verdure font de cet hôtel jouxtant un moulin à eau une halte inespé-
rée à proximité de l'autoroute. Chambres fonctionnelles. Salon de musique et
bibliothèque.

à Pont-des-Sables 5 km au Sud par D 933 – ✉ **47200**

ℹ Val de Garonne-Pont des Sables ☎ 05 53 89 25 59

Auberge de l' Escale ⟨icons⟩
Pont des Sables – ☎ 05 53 93 60 11 – Fermé 3-12 sept., 14-21 nov., 2-9 janv.,
sam. midi, dim. soir et lundi
Rest – Menu 15 € (déj. en sem.)/23 € – Carte 39/69 €
◆ Cette maison landaise est le rendez-vous des plaisanciers qui naviguent sur le
canal. Intérieur coquet avec cheminée (grillades) et terrasse d'été. Plats traditionnels et de saison.

MARMANHAC – 15 Cantal – **330** C4 – 723 h. – alt. 650 m – ✉ **15250**   **5** B3
▶ Paris 566 – Aurillac 17 – Clermont-Ferrand 154 – Saint-Flour 69

Château de Sédaiges sans rest ⬧ ⟨icons⟩
– ☎ 04 71 47 30 01 – www.chateausedaiges.com – Ouvert 1ᵉʳ mai-30 sept.
5 ch – †110 € **††**110 €
◆ Château de famille, d'architecture Troubadour (12ᵉ-19ᵉ s.), dans un parc planté
de spectaculaires essences. Chambres au charme ancien, monumental escalier en
bois et superbes tapisseries.

MARNANS – 38 Isère – **333** E6 – 129 h. – alt. 410 m – ✉ **38980**   **43** E2
▮ Lyon Drôme Ardèche

▶ Paris 558 – Grenoble 62 – Lyon 96 – Valence 89

Auberge de Marnans "Atelier Nicolas Grandclaude" avec ch ⬧
2 pl. du Prieuré – ☎ 04 76 36 28 71   ⟨icons⟩
– www.ateliergrandclaude.com – Fermé dim. soir, lundi et mardi sauf le soir
en juil.-août
4 ch – †55/63 € **††**68/76 € – ⊡ 8 €
Rest – (prévenir) Menu 18 € (déj. en sem.), 26/50 € – Carte 44/56 €
◆ Maison de pays engageante donnant sur la place du prieuré (11ᵉ s.). Cuisine
personnalisée et franche, servie avec le sourire. Succès oblige, réservation conseillée. Les chambres sont spacieuses, claires et décorées avec goût (vieux meubles).

MARQUAY – 24 Dordogne – **329** H6 – 548 h. – alt. 175 m – ✉ **24620**   **4** D3
▮ Périgord Quercy

▶ Paris 530 – Brive-la-Gaillarde 55 – Périgueux 60 – Sarlat-la-Canéda 12

La Condamine 🐾 < 🚒 🖙 🗻 ⚂ ch, ⌑ P 💳 ⚫⚫ AE
1 km rte de Meyrals – 𝒞 *05 53 29 64 08 – www.hotel-lacondamine.com*
– Ouvert 2 avril-13 nov.
22 ch – †45/70 € ††48/75 € – � 8,50 € – ½ P 55/65 €
Rest – (12 € bc) Menu 15/35 € bc – Carte 18/35 €
♦ Bâtisse d'allure traditionnelle dominant la campagne périgourdine. Quelques chambres avec balcon et vue sur la nature. Sage décor d'esprit agreste. Minigolf, boulodrome. Restaurant de style "pension de famille" ; la terrasse ouvre sur le jardin et la piscine.

Maison de Marquay 🚒 🗻 🖤 ch, ⌑ P
Le Bourg – 𝒞 *05 53 59 53 59 – www.maisondemarquay.fr*
5 ch ⊐ – †75/99 € ††75/99 € **Table d'hôte** – Menu 28 €
♦ Un havre de paix au cœur du bourg... Derrière les murs en pierre du jardin, on se prélasse au bord de la piscine et on profite du grand confort des lieux, où dialoguent joliment l'ancien et le moderne. Accueil très agréable ! Monsieur, ancien chef cuisinier, œuvre rien que pour vous à la table d'hôte.

MARSANNAY-LA-CÔTE – 21 Côte-d'Or – 320 J6 – rattaché à Dijon

MARSANNE – 26 Drôme – 332 C6 – 1 213 h. – alt. 250 m – ⌧ 26740   44 B3
▌Lyon Drôme Ardèche

　▶ Paris 611 – Lyon 149 – Romans-sur-Isère 69 – Valence 48
　🇮 Place Emile Loubet 𝒞 04 75 90 31 59

Domaine de la Vivande 🚒 🖙 🗻 AC 🖤 rest, ⌑ 🕍 P 💳 ⚫⚫
rte de Cléon d'Andran, 2,5 km au Sud-Est par D57 – 𝒞 *04 75 00 56 64*
– www.domainedelavivande.com – Fermé 23 oct.-5 nov.,
1ᵉʳ-22 janv., 28 fév.-13 mars, dim. soir et lundi
9 ch – †79/120 € ††79/120 € – ⊐ 10 €
Rest – *(fermé mardi midi, merc. midi et jeudi midi)* Menu 28/39 €
– Carte 33/55 €
♦ En pleine campagne, cette belle maison du 18ᵉ s. propose des chambres spacieuses (mezzanine) et confortables, à la décoration contemporaine. Environnement arboré, piscine. Cuisine au goût du jour servie dans une belle salle voûtée.

MARSEILLAN – 34 Hérault – 339 G8 – 7 392 h. – alt. 3 m – ⌧ 34340   23 C2
▌Languedoc Roussillon

　▶ Paris 754 – Agde 7 – Béziers 31 – Montpellier 49
　🇮 avenue de la Méditerranée 𝒞 04 67 21 82 43

✗✗ La Table d'Emilie 🖙 💳 ⚫⚫ AE
8 pl. Carnot – 𝒞 *04 67 77 63 59 – Fermé 3-24 nov., 3-15 janv., lundi midi et jeudi midi du 1ᵉʳ juil.-30 sept., dim. soir, lundi et merc. du 1ᵉʳ oct.-30 juin*
Rest – Menu 19 € (déj. en sem.), 28/50 € – Carte 47/56 €
♦ Une table d'Émilie... jolie ! Maisonnette du 12ᵉ s. au charme romantique (pierres apparentes, voûte d'ogives, patio verdoyant). Cuisine au goût du jour sagement inventive.

✗✗ Le Château du Port 🖙 ⚂ 💳 ⚫⚫ AE
9 quai de la Résistance – 𝒞 *04 67 77 31 67 – www.chateauduport.com*
Rest – (17 € bc) Menu 29 € – Carte 35/60 €
♦ Bistrot chic contemporain installé dans une belle maison bourgeoise du 19ᵉ s. Produits de la mer, recettes régionales revisitées et agréable terrasse au bord du canal.

✗ Chez Philippe 🖙 AC 💳 ⚫⚫
20 r. Suffren – 𝒞 *04 67 01 70 62 – Fermé janv., mardi du 15 juin au 30 sept. et lundi*
Rest – *(prévenir)* (15 €) Menu 19 € (déj.)/28 € – Carte environ 34 €
♦ Sympathique ambiance méridionale à proximité du bassin de Thau : cuisine ensoleillée, salle aux couleurs du Sud et terrasse dressée sous les pins parasols...

Le Vieux Port

MARSEILLE

Département : Ⓟ 13 Bouches-du-Rhône
Carte Michelin LOCAL : 340 H6
114 28
▶ Paris 769 – Lyon 314 – Nice 189 – Torino 373

Population : 839 043 h.
Pop. agglomération : 1 349 772 h.
Code Postal : ⊠ 13000
🟩 Provence
Carte régionale : 40 B3

PLANS DE MARSEILLE	
AGGLOMÉRATION	930
MARSEILLE CENTRE	932
HÔTELS ET RESTAURANTS	929-934

RENSEIGNEMENTS PRATIQUES

🛈 OFFICE DE TOURISME

4 la Canebière 📞0826 500 500 (0.15 € mn)

TRANSPORTS

🚃 Auto-train 📞 3635 (dîtes auto-train - 0,34 €/mn)

🚗 Tunnel Prado-Carénage : péage 2010, tarif normal : 2,60 €

TRANSPORTS MARITIMES

🚢 Pour le Château d'If : Navettes Frioul If Express 📞 04 91 46 54 65

🚢 Pour la Corse : SNCM 61 bd des Dames (2ᵉ) 📞 0 825 888 088 (0,15 €/mn) - CMN 4 quai d'Arenc (2ᵉ) 📞 0 810 201 320

AÉROPORT

✈ Marseille-Provence 📞 04 42 14 14 14, 28 km par ①

QUELQUES GOLFS

🏌 de Marseille-La Salette 65, impasse des Vaudrans, E : 10 km à la Valentine, 📞04 91 27 12 16

🏌 d'Allauch à Allauch Domaine de Fontvieille, NE : 14 km par rte d'Allauch, 📞04 91 07 28 22

◉ A VOIR

AUTOUR DU VIEUX PORT

Le Vieux Port★★ - Quai des Belges (marché aux poissons) **ET 5** - Musée d'Histoire de Marseille★ **ET M**³ - Musée du Vieux Marseille **DET M**⁷ - Musée des Docks romains★ **DT M**⁶ - ≼★ depuis le belvédère St-Laurent **DT D** - Musée Cantini★ **FU M**²

QUARTIER DU PANIER

Centre de la Vieille Charité★★ : Musée d'archéologie méditerranéenne, Musée d'Arts africains, océaniens, amérindiens MAAOA★★ **DS E** - Ancienne cathédrale de la Major★ **DS B**

NOTRE-DAME-DE-LA-GARDE

≼★★★ du parvis de la basilique de N.-D.-de -la-Garde★★ **EV** Basilique St-Victor★ (crypte★★) **DU**

LA CANEBIÈRE

De la rue Longue-des-Capucins au cours Julien : place du Marché-des-Capucins, rue du Musée, rue Rodolph-Pollack, rue d'Aubagne, rue St-Ferréol.

QUARTIER LONGCHAMP

Musée Grobet-Labadié★★ **GS M**⁸ - Palais Longchamp★ **GS** : musée des Beaux-Arts★ et musée d'Histoire naturelle★

QUARTIERS SUD

Corniche Président-J.-F.-Kennedy★★ **AYZ** - Parc du Pharo **DU** - Vallon des Auffes★ **AY**.

AUTOUR DE MARSEILLE

Visite du port★ - Château d'If★★ : ✳★★★ sur le site de Marseille - Massif des Calanques★★★ - Musée de la faïence★

Sofitel Vieux Port ← 🛥 🌐 🔥 🛗 🕎 ch, 🅰️🆒 🎐 🏊 🚗 🆅🆂🅰 🆎 🔘

36 bd Ch.-Livon ⊠ *13007* – 📞 *04 91 15 59 00* – *www.sofitel-marseille-vieuxport.com*
134 ch – 🛏195/550 € 🛏🛏195/550 € – 3 suites – ⌷ 25 €   **3DUn**
Rest *Les Trois Forts* – 📞 04 91 15 59 56 – Menu 59/99 €

◆ Luxueux hôtel dominant la passe du Vieux Port. Le décor intérieur s'inspire évidemment de la mer... Belles chambres contemporaines, certaines avec terrasse
tournée vers les flots. Au 7e étage, le restaurant jouit d'un panorama sublime ;
fine cuisine actuelle.

Radisson Blu 🛜 🛥 🔥 🛗 🕎 🅰️🆒 🎐 🏊 🚗 🆅🆂🅰 🆎 🔘

38 quai Rive-Neuve ⊠ *13007* – 📞 *04 88 92 19 50*
– *www.radissonblu.com/hotel-marseille*   **3DUd**
183 ch – 🛏150/395 € 🛏🛏150/395 € – 6 suites – ⌷ 25 €
Rest – *(fermé sam. midi et dim.)* (18 €) Menu 23 € (déj.), 32/38 € – Carte 31/48 €

◆ Imposant et moderne : tel est le Radisson, ancré sur le Vieux port. Toutes les
prestations d'un grand hôtel international : chambres spacieuses et confortables,
équipements dernier cri, petite piscine chauffée sur le toit. Cuisine méditerranéenne au restaurant.

Pullman Palm Beach ← 🛜 🛥 🔥 🛗 🕎 🅰️🆒 🎐 🏊 🚗 🆅🆂🅰 🆎 🔘

200 Corniche J.-F.-Kennedy ⊠ *13007* – 📞 *04 91 16 19 00* – *www.pullmanhotels.com*
160 ch – 🛏150/325 € 🛏🛏160/350 € – 10 suites – ⌷ 22 €   **1AZb**
Rest *La Réserve* – 📞 04 91 16 19 21 *(déj. seult)* (34 €) Menu 38 € (sem.) Carte 38/80 €

◆ Architecture contemporaine, sous la corniche, ouverte sur la mer et l'île du château d'If. Chambres tout confort (style à la fois design et marin), espace détente
et équipement complet pour séminaires. À La Réserve, cadre tendance, terrasse et
saveurs du Sud.

Le Petit Nice 🕸 ← 🛥 🅰️🆒 🎐 🅿️ 🆅🆂🅰 🆎 🔘

anse de Maldormé, (hauteur 160 Corniche J.-F.-Kennedy) ⊠ *13007*
– 📞 *04 91 59 25 92* – *www.passedat.fr* – *Fermé 1er-20 janv., vacances de fév. et*
vacances de la Toussaint   **1AZd**
13 ch – 🛏190/750 € 🛏🛏190/750 € – 3 suites – ⌷ 30 €
Rest *Le Petit Nice* – voir ci-après

◆ Sur la Corniche, ces architectures néoclassiques des années 1910 semblent lan-
cer des œillades à la mer et à ses îles immaculées ! Toute la lumière du Sud, toute
la magie du site de Marseille, que l'on admire à loisir dans le plus grand confort...

Résidence du Vieux Port ← 🛜 🛗 🕎 🅰️🆒 🎐 🏊 🆅🆂🅰 🆎

18 quai du Port ⊠ *13002* – 📞 *04 91 91 91 22* – *www.hotelmarseille.com*
50 ch – 🛏185 € 🛏🛏185 € – ⌷ 16 €   **3ETa**
Rest *Le Relais 50* – 📞 04 91 52 52 50 *(fermé août, dim. et lundi)* (21 €)
Menu 45 € – Carte 35/55 €

◆ Une décoration fort inspirée, en hommage aux années 1950. Les amateurs de
Prouvé, Perriand ou Lurçat seront aux anges. Vue superbe sur le port. Le restaurant – banquettes rouges et boiseries claires – propose une carte "locavore"
(traduisez "produits régionaux").

New Hôtel of Marseille 🛜 🛥 🛗 🕎 🅰️🆒 🏊 🎐 🚗 🆅🆂🅰 🆎 🔘

71 bd Ch.-Livon ⊠ *13007* – 📞 *04 91 31 53 15* – *www.newhotelofmarseille.com*
100 ch – 🛏135/195 € 🛏🛏150/210 € – 8 suites – ⌷ 16 €   **3DUv**
Rest – 📞 04 88 00 46 00 – (16 €) Menu 25/35 € – Carte 25/45 €

◆ Hôtel récent incluant un bâtiment du 19e s. Style sobre et moderne égayé
d'œuvres d'artistes locaux, équipements très complets dans les chambres qui profitent, pour certaines, d'une vue sur le Vieux Port. La carte du restaurant s'inspire
du Sud et d'ailleurs.

New Hôtel Bompard 🚳 🛜 🛥 🛗 🕎 🅰️🆒 🎐 🏊 🅿️ 🆅🆂🅰 🆎 🔘

2 r. Flots-Bleus ⊠ *13007* – 📞 *04 91 99 22 22* – *www.new-hotel.com*
51 ch – 🛏80/129 € 🛏🛏95/149 € – ⌷ 12 €   **1AZe**
Rest – *(fermé le midi et week-ends de déc. à mars)* *(résidents seult)* (22 €)
Menu 26 € – Carte 26/33 €

◆ Attention, ça grimpe ! Cet hôtel près de la corniche propose des chambres
classiques et confortables dans un jardin fleuri (suites d'esprit provençal dans un
mas séparé). Menu du marché et formule du jour servis en terrasse ou dans la
salle à manger du Lautrec.

MARSEILLE

Aix (R. d') . . . . **BY**
Anthoine (R. d') . . . . **AX**
Baille (Bd) . . . . **BCY**
Belsunce (Cours) . . . . **BY**
Blancarde (Bd de la) . . . . . . **CY**
Bompard (Bd) . . . . **AYZ**
Briançon (Bd de) . . . . **BX** 13
Canebière (La) . . . . **BY**
Cantini (Av. Jules) . . . . **BCZ**
Capelette (Av. de la) . . . . . **CYZ**
Castellane (Pl.) . . . . **BY**
Catalans (R. des) . . . . **AY** 16
Chartreux (Av. des) . . . . . . **CY** 17
Chave (Bd) . . . . **BCY**
Chutes Lavie (Av.) . . . . **CX**
Dunkerque (Bd de) . . . . **AX**
Duparc (Bd Françoise) . . . . **CXY**
Endoume (R. d') . . . . **AY**
Estrangin (Bd G.) . . . . **ABZ**
Fleming (Bd Alexander) . . . . **CX**
Foch (Av. Mar.) . . . . **CY**
Guesde (Pl. Jules) . . . . **BY** 35
Guibal (R.) . . . . **BX**
Guigou (Bd) . . . . **BX** 36
Jeanne-d'Arc (Bd) . . . . **CY**
Jean-Jaurès (Pl.) . . . . **BY**
Lazaret (Quai du) . . . . **AX**
Leclerc (Av. Gén.) . . . . **BY**
Lesseps (Bd Ferdinand de) . **AX** 40
Lieutaud (Cours) . . . . **BY**
Livon (Bd Charles) . . . . **AY**
Mazargues (Av. de) . . . . . . **BZ**
Mermoz (R. Jean) . . . . **BZ**
Michelet (Bd) . . . . **BCZ**
Moulin (Bd Jean) . . . . **CY** 47
National (Bd) . . . . **BX**
Notre-Dame (Bd) . . . . **BY**
Paradis (R.) . . . . **BYZ**
Paris (Bd de) . . . . **ABX**
Pelletan (Av. C.) . . . . **BXY**
Périer (Bd) . . . . **BZ**
Plombières (Bd de) . . . . **BX**
Pologne (Pl. de) . . . . **CY** 51
Pompidou (Prom. Georges) . **BZ** 52
Prado (Av. du) . . . . **BYZ**
Président-J.-F.-Kennedy
  (Corniche) . . . . **AYZ**
Pyat (R. Félix) . . . . **BX**
Rabatau (Bd) . . . . **BCZ**
République (R. de la) . . . . . **ABY**
Roches (Av. des) . . . . **AZ**
Rolland (Bd Romain) . . . . . . **CZ**
Rolland (R. du Cdt) . . . . **BZ**
Rome (R. de) . . . . **BY**
Roucas Blanc (Chemin du) . **AZ**
Rouet (R. du) . . . . **BYZ**
Ste-Marguerite (Bd) . . . . . . **CZ**
Ste-Marthe (Ch. de) . . . . . . **BX**
St-Just (Av. de) . . . . **CX**
St-Pierre (R.) . . . . **BCY**
Sakakini (Bd) . . . . **CY**
Salengro (Av. Roger) . . . . . **BX**
Sartre (Av. Jean-Paul) . . . . **CX** 59
Schloesing (Bd) . . . . **CZ**
Sébastopol (Pl.) . . . . **CY**
Strasbourg (Bd) . . . . **BX** 61
Teisseire (Bd R.) . . . . **CZ**
Tellène (Bd) . . . . **AY**
Timone (Av. de la) . . . . **CY**
Toulon (Av. de) . . . . **BCY**
Vallon l'Oriol (Chemin) . . . . **AZ**
Vauban (Bd) . . . . **BY**
Verdun (R. de) . . . . **CY** 70

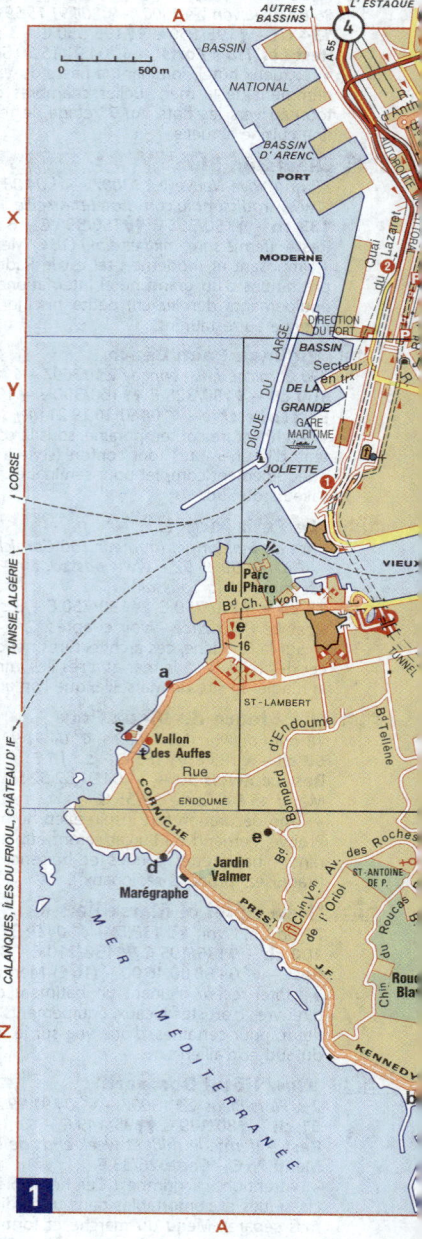

MARSEILLE

Aix (R. d') . . . . **ES**
Athènes (Bd d') . . . . **FS** 2
Ballard (Cours Jean) . . . . . **EU** 3
Barbusse (R. Henri) . . . . . **ET** 4
Belges (Quai des) . . . . **ET** 5
Belles Ecuelles (R.) . . . . . **ES** 6
Bir-Hakeim (R.) . . . . **EFT** 8
Bourdet (Bd Maurice) . . . . **FS** 12
Busquet (R.) . . . . **GV** 14
Canebière (La) . . . . **FT**
Carnot (Pl. Sadi) . . . . **ES** 15
Colbert (R.) . . . . **ES** 18
Curiol (R.) . . . . **FT** 7
Daviel (Pl.) . . . . **DT** 19
Davso (R. Francis) . . . . . **EFU** 24
Delphes (Av. de) . . . . **GV** 20
Delpuech (Bd) . . . . **GV** 21
Dessemond (R. Cap.) . . . **DV** 22
Dugommier (Bd) . . . . **FT** 23
Estienne-d'Orves (Crs d') . . **EU** 25
Fabres (R. des) . . . . **FT** 27
Fort du Sanctuaire (R. du) . **EV** 29

Garibaldi (Bd) . . . . **FT** 30
Gaulle (Pl. Gén.-de) . . . . **ET** 31
Grand'Rue . . . . **ET** 33
Grignan (R.) . . . . **EU** 34
Guesde (Pl. Jules) . . . . . **ES** 35

Iéna (R. d') . . . . **GV**
Liberté (Bd de la) . . . . . . **FS**
Moisson (R. F.) . . . . **ES**
Montricher (Bd) . . . . **GS**
Paradis (R.) . . . . **FUV**

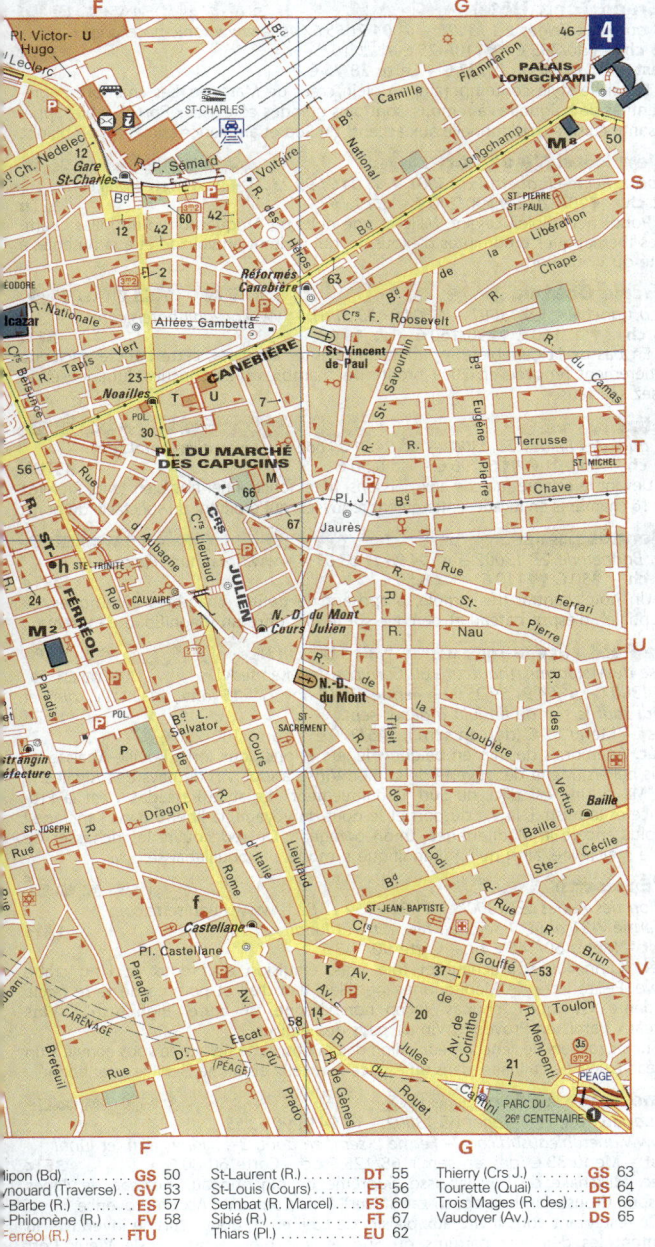

...ipon (Bd) . . . . **GS** 50	St-Laurent (R.) . . . . . . **DT** 55	Thierry (Crs J.) . . . . . **GS** 63
...nouard (Traverse) . . **GV** 53	St-Louis (Cours) . . . . . . **FT** 56	Tourette (Quai) . . . . . . **DS** 64
...Barbe (R.) . . . . **ES** 57	Sembat (R. Marcel) . . . . **FS** 60	Trois Mages (R. des) . . . **FT** 66
...Philomène (R.) . . . . **FV** 58	Sibié (R.) . . . . **FT** 67	Vaudoyer (Av.) . . . . . . **DS** 65
...Ferréol (R.) . . . . **FTU**	Thiars (Pl.) . . . . **EU** 62	

Grand Tonic Hôtel ← 🏫 🛗 🖭 ⊶ 🎍 🗚 🚾 ⦿ 🖭 ⓪

43 quai des Belges ✉ *13001 –* 📞 *04 91 55 67 46 – www.tonic-hotel.com*
56 ch – 🛏90/395 € 🛏🛏110/425 € – ⊒ 16 €   **3EUt**
Rest – (15 €) Menu 21/27 € – Carte 28/75 €

◆ Hôtel de style contemporain, en plein cœur de Marseille. Les chambres, agrémentées de baignoires à remous, sont plus grandes côté Vieux Port. À table, appétissante cuisine traditionnelle aux accents du Sud et ambiance chic "tout en blanc".

New Hôtel Vieux Port sans rest 🛗 🖭 🕸 ⊶ 🗚 🚾 ⦿ 🖭 ⓪

3 bis r. Reine-Élisabeth ✉ *13001 –* 📞 *04 91 99 23 23 – www.new-hotel.com*
42 ch – 🛏90/220 € 🛏🛏90/240 € – ⊒ 11 €   **3ETu**

◆ Pondichéry, Soleil Levant, Mille et une nuits ou Afrique noire : de jolies chambres thématiques empreintes d'exotisme, qui invitent au voyage et à la détente, à côté du Vieux Port.

Escale Océania sans rest 🛗 🖭 🕸 ⊶ 🗚 🚾 ⦿ 🖭 ⓪

5 La Canebière ✉ *13001 –* 📞 *04 91 90 61 61 – www.oceaniahotels.com*
45 ch – 🛏90/160 € 🛏🛏90/160 € – ⊒ 10 €   **3ETf**

◆ En bas de la Canebière – parfait pour visiter la ville –, cette bâtisse ancienne entièrement rénovée en 2009 profite de chambres bien conçues, lumineuses et assez spacieuses.

Alizé sans rest ← 🛗 🖭 ⊶ 🚾 ⦿ 🖭 ⓪

35 quai des Belges ✉ *13001 –* 📞 *04 91 33 66 97 – www.alize-hotel.com*
39 ch – 🛏63/91 € 🛏🛏68/96 € – ⊒ 8,50 €   **3ETUb**

◆ Devant le célèbre marché aux poissons, hôtel fonctionnel très bien tenu. Préférez les 16 chambres en façade, entièrement rénovées, qui profitent du spectacle du port...

Hermès sans rest 🛗 🖭 ⊶ 🚾 ⦿ 🖭 ⓪

2 r. Bonneterie ✉ *13002 –* 📞 *04 96 11 63 63 – www.hotelmarseille.com*
28 ch – 🛏50 € 🛏🛏110 € – ⊒ 8,50 €   **3ETe**

◆ Un hôtel central très simple, proposant de petites chambres commodes. La "nuptiale", d'esprit bateau et perchée sur le toit, offre un magnifique panorama.

XXXX **Le Petit Nice** (Gérald Passédat) – Hôtel Le Petit Nice ← 🏫 🛗 🖭 🅿
🕸🕸🕸 *anse de Maldormé, (hauteur 160 Corniche J.-F.-Kennedy)* 🚾 🗚 🚾 ⦿ 🖭
✉ *13007 –* 📞 *04 91 59 25 92 – Fermé 1er-10 nov., 1er-15 janv., 21-29 fév., dim. et lundi sauf le soir de fin juin à début sept.*   **1AZd**
Rest – Menu 85 € (déj. en sem.), 145/270 € – Carte 160/250 €🍴
Spéc. Anémones de mer en beignets légers et onctueux iodé. Bouille-Abaisse en trois paliers. Menu découverte de la mer. **Vins** Bandol, Vin de pays des Alpilles.

◆ "Ma cuisine est d'ici, du Sud, définitivement." Le style Passédat, c'est la Provence, la vie du port et le goût du voyage, la liberté dans l'ancrage ! Et plus encore la Méditerranée, "mon potager"... On redécouvre les richesses de cette mer rêvée, ainsi qu'un magnifique symbole : la bouillabaisse.

XXX **L'Épuisette** ← 🖭 🚾 ⦿ 🖭
🕸 *Vallon des Auffes* ✉ *13007 –* 📞 *04 91 52 17 82 – www.l-epuisette.com*
– Fermé 7-31 août, 1 sem. en fév., dim. et lundi   **1AYs**
Rest – Menu 60/145 € bc – Carte 90/140 €
Spéc. Cannelloni d'artichaut et foie gras, émulsion d'ail doux et king crabe étuvé. Petite lotte de Méditerranée persillée, flan d'ail et pomme de terre farcie fondante. Quelques "chupas" façon norvégienne, un verre "high tech". **Vins** Coteaux Varois en Provence, Vin de pays des Alpilles.

◆ Sur les rochers de l'enchanteur vallon des Auffes, cette nef vitrée vous convie à un agréable voyage culinaire, dans un espace lumineux et raffiné. Service attentionné.

XXX **Une Table au Sud** (Lionel Lévy) ← 🖭 ⇆ 🚾 ⦿ 🖭
🕸 *2 quai du Port, (1er étage)* ✉ *13002 –* 📞 *04 91 90 63 53*
– www.unetableausud.com – Fermé 2 sem. en août, 3-11 janv., dim. et lundi
Rest – Menu 33 € (déj. en sem.), 68/125 € bc – Carte 60/80 €   **3ETc**
Spéc. Milkshake de bouillabaisse. Suprême de pigeonneau, fricassée de cèpes (saison). Crousti-fondant choco zan (hiver). **Vins** Coteaux d'Aix en Provence.

◆ Ce restaurant vous invite aux plaisirs de l'œil et du goût : cuisine inventive où pointent les délicieux parfums du Sud et vue plongeante sur le Vieux Port dominé par la "Bonne Mère"...

XXX Miramar   🍴 AC VISA ⓜ AE ⓞ

12 quai du Port ✉ 13002 – ℰ 04 91 91 10 40 – www.bouillabaisse.com – Fermé dim. et lundi   **3ETv**

Rest – Menu 70 € – Carte 60/120 €

◆ Luxueuse brasserie au décor rétro (banquettes, velours rouge, boiseries). Magnifique bouillabaisse et autres spécialités de poisson à déguster face au Vieux Port (terrasse).

XX Péron   ⇐ 🍴 🛁 VISA ⓜ AE ⓞ

56 Corniche J.-F.-Kennedy ✉ 13007 – ℰ 04 91 52 15 22 – www.restaurant-peron.com – Fermé 2 sem. en hiver   **1AYa**

Rest – Menu 64/78 € – Carte 64/78 €

◆ Cette bâtisse accrochée à la roche offre une vue d'exception sur les îles du Frioul. Décor contemporain aux notes marines, ambiance décontractée et cuisine inspirée du grand Sud.

XX Chez Fonfon   ⇐ AC ⇔ VISA ⓜ AE

140 Vallon des Auffes ✉ 13007 – ℰ 04 91 52 14 38 – www.chez-fonfon.com – Fermé 2-17 janv., lundi sauf le soir de mai à oct. et dim.   **1AYt**

Rest – Menu 42/55 € – Carte 46/63 €

◆ Une maison familiale (1952) agréable pour son cadre contemporain et pour ses produits de la mer, tout droit sortis des "pointus" en bois que l'on aperçoit dans le petit port.

XX Le Moment Christian Ernst   AC VISA ⓜ AE

5 pl. Sadi Carnot ✉ 13002 – ℰ 04 91 52 47 49 – www.lemoment-marseille.com – Fermé 7-21 août, lundi soir et dim.   **3ESa**

Rest – (17 €) Menu (25 € déj. en sem.), 48/74 € – Carte 56/72 €

◆ Près du Vieux Port, table tendance aux multiples facettes : cadre très moderne (prix du design de la ville en 2009), ateliers, vinothèque, vente à emporter. Cuisine actuelle.

XX Michel-Brasserie des Catalans   AC VISA ⓜ AE

6 r. des Catalans ✉ 13007 – ℰ 04 91 52 30 63 – www.restaurant-michel.com

Rest – (40 €) Carte 80/140 €   **1AYe**

◆ Ambiance 100 % marseillaise dans cette institution située face à la plage des Catalans, et où la bouillabaisse est... une religion ! Pêche du jour exposée dans un "pointu".

XX Cyprien   AC ⇔ VISA ⓜ AE

56 av. de Toulon ✉ 13006 – ℰ 04 91 25 50 00 – www.restaurant-cyprien.com – Fermé 2 août-1er sept., 24 déc.-5 janv., lundi soir, sam. midi, dim. et fériés

Rest – Menu 23/53 € – Carte 29/69 €   **4GVr**

◆ Non loin de la place Castellane, une table traditionnelle : décor aux notes bourgeoises (nappes blanches, chaises capitonnées) et cuisine classique.

X Le Ventre de l'Architecte - Le Corbusier   🍴 AC P VISA ⓜ

280 bd Michelet, (Cité Radieuse, 3ème étage), par ③ ✉ 13008 – ℰ 04 91 16 78 00 – www.hotellecorbusier.com – Fermé 5-20 août, 5-15 janv., dim. et lundi

Rest – (26 €) Menu 30 € (déj.), 39/59 €

◆ Fascinante expérience culturelle et gustative que ce restaurant situé dans la Cité radieuse de Le Corbusier. Mobilier années 1950 (Prouvé, Jacobsen) et fine cuisine inventive.

X Axis   AC ⇔ VISA ⓜ AE

8 r. Sainte Victoire ✉ 13006 – ℰ 04 91 57 14 70 – www.restaurant-axis.com – Fermé août, 24-30 déc., sam. midi, lundi soir et dim.   **4FVf**

Rest – (15 €) Menu 28/35 € – Carte 28/36 €

◆ Agréable restaurant d'esprit loft (sol en béton ciré, éclairage tamisé, mobilier Starck), où déguster une cuisine bien dans notre époque (produits de saison).

X La Table du Fort   AC 🍴 VISA ⓜ AE

8 r. Fort-Notre-Dame ✉ 13007 – ℰ 04 91 33 97 65 – www.latabledufort.fr – Fermé sam. midi, lundi midi et dim.   **3EUn**

Rest – (16 €) Menu 19 € (déj.), 32/49 € – Carte 35/57 €

◆ Adresse au cadre coloré et feutré, tenue par un jeune couple dynamique. Lui, en cuisine, pour des plats au goût du jour ; elle, en salle, pour un service tout sourire.

✗ **Charles Livon**   AK VISA ◑ AE
89 bd Charles-Livon ✉ 13007 – ☏ 04 91 52 22 41 – www.charleslivon.fr
– Fermé 3 sem. en août, dim. soir, mardi midi et lundi   **3DUf**
Rest – *(nombre de couverts limité, prévenir)* (19 €) Menu 28 € (déj. en sem.),
39/55 € ⅜

♦ Face au palais du Pharo, établissement au sobre décor contemporain. La cuisine, actuelle dans l'esprit, a l'accent de la région, à l'image de la carte des vins.

✗ **Lauracée**   VISA ◑ AE
*96 r. Grignan ✉ 13001 – ☏ 04 91 33 63 36 – www.lelauracee.com – fermé août,
lundi soir du 1er juin au 15 sept., sam. midi et dim.*   **3EUt**
Rest – (21 €) Menu 36 € (déj. en sem.), 43/58 € – Carte 43/60 €

♦ C'est bien clair, le patron ne sert que des produits frais : "je ne sais pas faire autre chose !" Sa cuisine a l'accent du Sud... Décor tout simple, en retrait du Vieux Port.

✗ **Le Café des Épices**   🍽 ✿ VISA ◑ AE
*4 r. Lacydon ✉ 13002 – ☏ 04 91 91 22 69 – www.cafedesepices.com – Fermé
sam. soir, dim., lundi et fériés*   **3DTd**
Rest – *(nombre de couverts limité, prévenir)* (21 €) Menu 25 € (déj.)/40 €

♦ Un restaurant de poche, ouvrant sur la place Bargemon, réaménagée avec originalité. Cuisine créative, signée par un chef amoureux de son métier, des produits locaux et des voyages.

à Plan-de-Cuques 10 km au Nord-Est par La Rose et D 908 – 10 536 h.
– **alt. 70 m** – ✉ 13380

🏨 **Le César** ⊗   🍽 🅿 ⅃ ⒃ 🄸 & ch, AK 🕸 🎿 🅿 VISA ◑ AE ⓪
av. G. Pompidou – ☏ 04 91 07 25 25 – www.lecesar.fr
30 ch – †98 € ††110 € – ⊡ 10 € – ½ P 95 €
Rest – *(fermé dim. soir)* Menu 28/50 € bc – Carte 28/40 €

♦ Un hôtel où l'on pratique le farniente autant que les affaires : chambres fonctionnelles, espace remise en forme, belle piscine à péristyle et grandes salles de séminaire. Cuisine régionale (uniquement à la carte durant la période estivale). Agréable terrasse.

MARSOLAN – 32 Gers – **336** F6 – 425 h. – **alt. 171 m** – ✉ 32700   **28** B2
▶ Paris 721 – Agen 49 – Auch 43 – Toulouse 115

🏨 **Lous Grits** ⊗   🍽 🄸 & AK ✿ rest, 📞 🚗 VISA ◑ AE
au village – ☏ 05 62 28 37 10 – www.hotel-lousgrits.com
5 ch – †190 € ††190 € – ⊡ 20 €
Rest – *(dîner seult) (résidents seult)* Menu 40 €

♦ On se sent comme chez soi dans cette maison qui cultive l'art de vivre à la gasconne (meubles de famille, bibelots, faïences et mosaïques, peintures). Goût, raffinement et... entretien impeccable ! Cuisine traditionnelle au restaurant (menu dédié au canard).

MARTAINVILLE-ÉPREVILLE – 76 Seine-Maritime – **304** H5 – **rattaché à Rouen**

MARTEL – 46 Lot – **337** F2 – 1 519 h. – **alt. 225 m** – ✉ 46600   **29** C1
▍ Périgord Quercy
▶ Paris 510 – Brive-la-Gaillarde 33 – Cahors 79 – Figeac 59
🛈 place des Consuls ☏ 05 65 37 43 44
◎ Place des Consuls★ - Façade★ de l'Hôtel de la Raymondie★.

🏨 **Relais Ste-Anne** ⊗   🍽 ⅃ & ch, 🎿 🅿 VISA ◑ AE
⊗ *r. Pourtanel – ☏ 05 65 37 40 56 – www.relais-sainte-anne.com – Ouvert
15 mars-15 nov.*
14 ch – †45/175 € ††75/175 € – 2 suites – ⊡ 15 € – ½ P 74/169 €
Rest – *(fermé le midi du lundi au jeudi)* Menu 14 € (déj.)/24 € – Carte 20/41 €

♦ Ce charmant relais, ceint d'un beau parc fleuri où se dresse une chapelle, est un ancien pensionnat de jeunes filles. Élégant salon et chambres au décor raffiné. Restaurant coiffé d'une belle charpente ; cheminée monumentale d'esprit romantique. Plats actuels.

✗ **Auberge des Sept Tours** avec ch 🌐 📶 **P** 𝘝𝘐𝘚𝘈 ⬭
av. de Turenne – ☎ 05 65 37 30 16 – www.auberge7tours.com – Ouvert 16 mars-29 nov.
7 ch – ♦50/55 € ♦♦50/55 € – ⬭ 8 €
Rest – *(fermé sam. midi, dim. soir et lundi sauf en août)* (10 € bc)
Menu 20 € bc/52 € – Carte 31/48 €
◆ Pimpante salle à manger-véranda tournée vers la campagne. Carte tradition-nelle, spécialités de canard et sélection de vins axée sur la région. Chambres rustiques.

MARTIEL – 12 Aveyron – **338** D4 – 885 h. – alt. 400 m – ✉ 12200   **29** C1
▶ Paris 613 – Cahors 49 – Rodez 63 – Toulouse 134

⌂ **Les Fontaines** sans rest   �20 🏊 🌐 📶 **P**
Pleyjean, par rte de Villeneuve, D 76 – ☎ 05 65 29 46 70 – www.lesfontaines.net – Ouvert 1er avril-31 oct.
3 ch ⬭ – ♦50 € ♦♦65/85 €
◆ Dans ce hameau proche de la vallée de l'Aveyron, ancienne bâtisse rénovée par un couple d'Anglais. Joli salon, chambres avenantes et salle à manger rustique. Copieux breakfast.

MARTIGNÉ-BRIAND – 49 Maine-et-Loire – **317** G5 – 1 847 h.   **35** C2
– alt. 75 m – ✉ 49540
▶ Paris 324 – Angers 33 – Cholet 46 – Nantes 113

⌂ **Château des Noyers**   ≤ 🍷 🏊 🌐 🐾 ch, **P** 𝘝𝘐𝘚𝘈 ⬭ 𝘈𝘌
5 km à l'Ouest par D 208 – ☎ 02 41 54 09 60 – www.chateaudesnoyers.com – Ouvert 1er avril-15 nov.
5 ch ⬭ – ♦160/280 € ♦♦160/280 €   **Table d'hôte** – Menu 45 € bc
◆ Pour une balade au temps jadis : un château classé des 16e-17e s., entouré de vignobles. Gentillesse de l'accueil, mobilier d'époque, piscine, tennis : tout un poème ! Le rêve continue avec les dégustations dans l'ancienne prison reconvertie en chai.

MARTIGNÉ-SUR-MAYENNE – 53 Mayenne – **310** F5 – 1 507 h.   **35** C1
– alt. 138 m – ✉ 53470
▶ Paris 278 – Alençon 75 – Laval 19 – Nantes 171

⌂ **Château de Mythème** sans rest   🍷 📞 **P** 𝘝𝘐𝘚𝘈 ⬭
rte de la Bazouge-des-Alleux, 0,5 km à l'Est par D 12 – ☎ 02 43 90 29 57 – www.chateaudemytheme.com
5 ch ⬭ – ♦70 € ♦♦85/130 €
◆ Au cœur d'un parc arboré, ce château du 19e s. – agrémenté de deux belles tours – ne manque pas de romantisme. Chambres raffinées : parquet, mobilier chiné, belles étoffes...

MARTIGUES – 13 Bouches-du-Rhône – **340** F5 – 46 318 h. – alt. 1 m   **40** B3
– ✉ 13500 ▌Provence
▶ Paris 769 – Aix-en-Provence 45 – Arles 53 – Marseille 40
🅸 Maison du tourisme -rond point de l'Hôtel de Ville ☎ 04 42 42 31 10
◉ Miroir aux oiseaux★ - Étang de Berre★ Z.
🄶 ≤ ★ de la chapelle N.D.-des-Marins, 3,5 km par ④.

Plan page suivante

🄷🄷 **St-Roch**   🌐 🏊 🄰🄲 ch, 📶 🅂🄰 **P** 𝘝𝘐𝘚𝘈 ⬭ 𝘈𝘌
av. G. Braque – ☎ 04 42 42 36 36 – www.hotelsaintroch.com   **Y**x
63 ch ⬭ – ♦98 € ♦♦116 € – ½ P 115 €
Rest – *(fermé 25 déc.-1er janv.)* Menu 21 € (sem.)/50 € – Carte 34/51 €
◆ Sur les hauteurs de la "Venise provençale", cet hôtel des années 1970 se modernise progressivement ; préférez les chambres rénovées. La terrasse du restaurant donne sur les vestiges pittoresques d'un moulin de 1527. Cuisine traditionnelle provençale.

MARTIGUES

Allende (Bd S.) . . . . Y 2
Belges (Esplanade des) . . . . . . Z 3
Brescon (Quai) . . . . Z 4
Cachin (Bd Marcel) . . . . Z 5
Combes (R. L.) . . . . Z 7
Denfert-Rochereau
 (R. Colonel P.) . . . . Y 8
Dr-Flemming
 (Av. du) . . . . Y 9
Gambetta (R. L.) . . . . Z 12
Girondins (Quai des) . . . . Z 13
Lamartine (Pl.) . . . . Z 15
Libération (Pl. de la) . . . . Z 16
Lorto (Av. P.-di) . . . . Z 17
Marceau (Quai F.) . . . . Z 18
Martyrs (Pl. des) . . . . Z 19
Richaud (Bd) . . . . Z 22
Roques (R. Jean) . . . . Y 24
Tessé (Quai Maurice) . . . . Y 25
4-Septembre
 (Cours du) . . . . Z 27

Le Bouchon à la Mer

19 quai L.-Toulmond – ℰ 04 42 49 41 41 – www.lebouchonalamer.fr – Fermé vacances de fév., mardi midi, dim. soir et lundi

Rest – Menu 25/50 € – Carte 50/60 €

◆ À deux pas quai Brescon ou "Miroir aux Oiseaux", le charme d'une vieille maison martégale avec vue sur le canal. La cuisine est goûteuse et inspirée par la Méditerranée...

Le Garage

20 av. Frédéric-Mistral – ℰ 04 42 44 09 51 – www.restaurantmartigues.com – Fermé 1er-21 août, 1er-15 janv., sam. midi, dim. soir et lundi

Rest – Menu 28 € (déj. en sem.), 36/49 € – Carte 38/45 €

◆ Le jeune chef passionné à l'origine du concept ne roule pas des mécaniques ! Il concocte devant les clients une cuisine fusion soignée, dans cet ancien garage très design.

MARTILLAC – 33 Gironde – **335** H6 – rattaché à Bordeaux

MARTIN-ÉGLISE – 76 Seine-Maritime – **304** G2 – rattaché à Dieppe

---

LA MARTRE – 83 Var – **340** O3 – 160 h. – alt. 984 m – ⊠ 83840   **41** C2
　▶ Paris 808 – Castellane 19 – Digne-les-Bains 73 – Draguignan 50

 Château de Taulane ⤳   ⤢ ♤ ♨ ☒ ♨ ✕ ☒ ⬛ 齿 ch, ☏ ♨ ☒
　Le Logis du Pin, au golf, 4 km au Nord-Est par D 6085   *VISA* ⬤ AE ⓘ
　– ℂ 04 93 40 60 80 – www.chateau-taulane.com – Ouvert d'avril à fin oct.
　43 ch – ♦135/198 € ♦♦167/240 € – 2 suites – ☞ 20 €
　Rest – Menu 32 € (déj.) – Carte 55/72 € le soir
　◆ Château du 18ᵉ s. situé en pleine nature, au cœur d'un superbe golf : un lieu
　chic, hors du temps. Grandes chambres bien équipées, piscine couverte, salle de
　fitness, soins esthétiques. Gastronomie ensoleillée (buffet le midi) et espace snack
　face aux greens.

MARTRES-TOLOSANE – 31 Haute-Garonne – **343** E5 – 2 054 h.   **28** B3
– alt. 268 m – ⊠ 31220 ▌ Midi-Toulousain
　▶ Paris 737 – Auch 133 – Tarbes 94 – Toulouse 62
　🛈 place Henri Dulion ℂ 05 61 98 66 41

 ✕✕ **Le Castet**   ♨ *VISA* ⬤ AE ⓘ
　⪧ *44 av. de la Gare – ℂ 05 61 98 80 20 – www.hotelcastet.fr – Fermé dim. soir et lundi*
　Rest – Menu 18 € (déj. en sem.), 29/33 € – Carte 45/75 €
　◆ Ancien café de la gare transformé en sympathique restaurant contemporain (tons
　gris, parquet, éclairage design). On y sert une cuisine du marché dans l'air du temps.

MARVEJOLS – 48 Lozère – **330** H7 – 5 132 h. – alt. 650 m – ⊠ 48100   **23** C1
▌ Languedoc Roussillon
　▶ Paris 580 – Espalion 83 – Mende 28 – Montpellier 178
　🛈 Place du Soubeyran ℂ 04 66 32 02 14

 ✕✕ **L'Auberge Domaine de Carrière**   ♨ 齿 ♧ P *VISA* ⬤
　⪧ *av. Montplaisir, 2 km Est par D1 – ℂ 04 66 32 47 05 – www.domainedecarriere.com*
　– Fermé vacances de la Toussaint, 20 déc.-1ᵉʳ fév., merc. soir, dim. soir et lundi
　Rest – Menu 18/38 €
　◆ Ex-écuries domaniales converties en table au goût du jour et au cadre bour-
　geois. Poutres blanchies, sièges modernes en cuir noir et cheminée en salle. Jolis
　vins du Languedoc.

MARVILLE – 55 Meuse – **307** D2 – 597 h. – alt. 216 m – ⊠ 55600   **26** A1
　▶ Paris 302 – Bar-le-Duc 96 – Longuyon 13 – Metz 92

 🏠 **Auberge de Marville**   ♨ 齿 rest, ☏ ch, ☏ *VISA* ⬤ AE
　⪧ *1 Grand Place, (près de l'église) – ℂ 03 29 88 10 10*
　– www.aubergedemarville.com – Fermé 22-27 déc. et 2-8 janv.
　11 ch – ♦42 € ♦♦47 € – ☞ 7 € – ½ P 62 €
　Rest – *(fermé dim. soir et vend. d'oct. à mars)* Menu 19/35 € – Carte 22/44 €
　◆ Au pied de l'église Saint-Nicolas (balustrade de la tribune d'orgue datant du
　16e s.), ancienne grange réhabilitée abritant des chambres fonctionnelles. Dans
　un cadre rustique ou dans une jolie véranda, les convives dégustent des menus
　traditionnels et lorrains.

MASEVAUX – 68 Haut-Rhin – **315** F10 – 3 232 h. – alt. 425 m   **1** A3
– ⊠ 68290 ▌ Alsace Lorraine
　▶ Paris 440 – Altkirch 32 – Belfort 24 – Colmar 57
　🛈 1, place Gayardon ℂ 03 89 82 41 99
　🄶 Descente du col du Hundsrück ⪢ ★★ NE : 13 km.

 ✕ **L'Hostellerie Alsacienne** avec ch   ♨ ☏ ☏ ♨ P *VISA* ⬤ AE
　⪧ *16 r. Mar. Foch – ℂ 03 89 82 45 25 – http://pagesperso-orange.fr/hostellerie.*
　alsacienne – Fermé 18 oct.-8 nov. et 24 déc.-2 janv.
　8 ch – ♦45 € ♦♦55 € – ☞ 14 € – ½ P 45 €
　Rest – *(fermé dim. soir et lundi)* (11 €) Menu 13 € (déj. en sem.), 26/45 €
　– Carte 30/50 € le soir
　◆ Le chef privilégie les petits exploitants locaux et les produits bio pour réaliser des
　recettes inspirées de la tradition locale. Décor alsacien et chambres en partie rénovées.

MASSANGIS – 89 Yonne – **319** G6 – 404 h. – alt. 265 m – ✉ 89440   **7** B2
■ Paris 213 – Auxerre 48 – Dijon 132 – Nevers 169

⌂   **Carpe Diem**   🚐 ⌘ **P**
53 Grande-Rue – ℰ 03 86 33 89 32 – www.acarpediem.com
5 ch ⌑ – 🛉57 € 🛉🛉60 €   **Table d'hôte** – Menu 30 € bc
♦ De ce corps de ferme (18ᵉ-19ᵉ s.) situé dans un paisible village, les propriétaires ont fait un lieu charmant, cosy et élégant : mobilier de famille, boiseries et parquet, jardin fleuri... À la table d'hôte, cuisine traditionnelle et classicisme de bon aloi.

MASSERET – 19 Corrèze – **329** K2 – 659 h. – alt. 380 m – ✉ 19510   **24** B2
■ Paris 432 – Guéret 132 – Limoges 45 – Tulle 48
🛈 le Bourg ℰ 05 55 98 24 79

⌂   **De la Tour** ⌖   🚐 ⌘ ch, 🅰🅲 rest, 🛰 ⌂ 𝗩𝗜𝗦𝗔 ⌾⌾
7 pl. Marcel Champeix – ℰ 05 55 73 40 12 – www.hoteldelatourmasseret.com
– Fermé dim. soir sauf juil.-août
25 ch – 🛉47 € 🛉🛉47 € – ⌑ 8 €   **Rest** – (14 €) Menu 20/40 € – Carte 32/55 €
♦ Sur les hauteurs de ce bourg limousin – gage de tranquillité –, un hôtel familial proposant des chambres simples et bien tenues (mobilier rustique) ou plus contemporaines. Au restaurant, on déguste une cuisine traditionnelle qui valorise les produits locaux.

MASSIAC – 15 Cantal – **330** H3 – 1 822 h. – alt. 534 m – ✉ 15500   **5** B3
▌Auvergne
■ Paris 484 – Aurillac 84 – Brioude 23 – Issoire 38
🛈 24, rue du Dr Mallet ℰ 04 71 23 07 76
◉ N : Gorges de l'Alagnon★ - Site de la chapelle Ste-Madeleine★ N : 2 km.

⌂   **Grand Hôtel de la Poste**   🏊 🏊 🎿 ⌘ 🅰🅲 rest, 🛰 ⌂ **P** 𝗩𝗜𝗦𝗔 ⌾⌾
⌾   *26 av. Ch. de Gaulle – ℰ 04 71 23 02 01 – www.hotel-massiac.com – Fermé*
15 nov.-22 déc., mardi soir et merc. de janv. à Pâques
33 ch – 🛉50 € 🛉🛉50 € – ⌑ 7 € – ½ P 52 €
Rest – Menu 15/37 € – Carte 25/51 €
♦ Maison imposante au seuil du bourg, à proximité de la sortie de l'A 75. Chambres d'assez bon confort et nombreux équipements de loisirs (fitness, jacuzzi, squash, etc.). Salle à manger agrémentée d'une cheminée et cuisine à tendance auvergnate.

⌂   **La Colombière** sans rest   🚐 ⌘ ⌾ **P** 𝗩𝗜𝗦𝗔 ⌾⌾
rte de Grenier Montgon, 1 km au Nord par D 909 – ℰ 04 71 23 18 50
– www.hotel-lacolombiere.com – Fermé 15 janv.-1ᵉʳ mars
30 ch – 🛉42/44 € 🛉🛉50/52 € – ⌑ 6,50 €
♦ Les grandes chambres fonctionnelles (mobilier neuf, sanitaires bien équipés, tenue exemplaire) font de cet hôtel récent une étape pratique sur la route des gorges de l'Alagnon.

MASSIGNAC – 16 Charente – **324** N5 – 410 h. – alt. 240 m – ✉ 16310   **39** C3
■ Paris 445 – Angoulême 46 – Nontron 36 – Rochechouart 17
🛈 Maison des Lacs ℰ 05 45 65 26 69

🏠   **Le Domaine des Étangs** ⌖   ⌬ ⌖ 🚐 🏊 ⌘ ⌂ **P** 𝗩𝗜𝗦𝗔 ⌾⌾ 🅰🅴 ⊙
– ℰ 05 45 61 85 00 – www.domainedesetangs.com – Fermé 19-29 déc.
et 3-17 janv.
16 ch – 🛉130/410 € 🛉🛉130/410 € – 5 suites – ⌑ 20 €
Rest – *(fermé lundi et mardi sauf juil.-août et le midi sauf dim.)* Menu 32/45 €
♦ En pleine campagne. Chambres au luxe discret, tout de bois, de cuivre et de verre, aménagées dans d'anciennes métairies disséminées dans un parc (étangs). Cuisine suivant le rythme des saisons servie dans les écuries (cheminées, pierres, poutres...).

MASSY – 91 Essonne – **312** C3 – **101** 25 – **voir à Paris, Environs**

MATOUGUES – 51 Marne – **306** I9 – **rattaché à Châlons-en-Champagne**

MAUBEC – Vaucluse – **332** D10 – 1 763 h. – alt. 120 m – ✉ 84660   **42** E1
Maubec

> ▶ Paris 717 – Avignon 36 – Marseille 84 – Valence 156

🏠   ⬛ **La Bastide du Bois Bréant** ॐ   🔕 🍴 ⌐ ⅃ ᴕ ch, AC ch, ¶¶ 🛁 🅿
    501 chemin du Puits de Grandaou – ⏴ *04 90 05 86 78*   VISA ⬤⬤
    – www.hotel-bastide-bois-breant.com – Ouvert 12 mars-7 nov.
    12 ch ⊡ – ♦128/220 € ♦♦128/220 € – 1 suite
    Rest – *(fermé dim. soir et mardi soir) (dîner seult) (résidents seult)* Menu 28 €
    ◆ Au milieu d'une chênaie, cette bastide a préservé son âme provençale. Meubles
    chinés et atmosphère cosy dans les chambres, ou trip écolo au sommet
    d'une cabane dans un arbre ! Menu unique réservé aux résidents (cuisine régio-
    nale).

MAUBEUGE – 59 Nord – **302** L6 – 32 699 h. – Agglo. 117 470 h.   **31** D2
– alt. 134 m – ✉ 59600 🟩 Nord Pas-de-Calais Picardie

> ▶ Paris 242 – Mons 21 – St-Quentin 114 – Valenciennes 39
> 🖪 place Vauban ⏴ 03 27 62 11 93

au Sud par rte d'Avesnes-sur-Helpe – ✉ 59330 Beaufort

𝕏𝕏𝕏   ⬛ **Auberge de l'Hermitage**   ⟺ 🅿 VISA ⬤⬤ AE
    51 rte Nationale, à 6 km par N 2 – ⏴ *03 27 67 89 59 – Fermé 28 juil.-13 août,*
    26-31 déc., dim. soir, mardi soir, jeudi soir et lundi
    Rest – *(22 €)* Menu 28 €, 48/78 € – Carte 60/90 €
    ◆ Avenant pavillon en briques proche de la nationale, à l'orée du Parc naturel
    régional de l'Avesnois. Intérieur soigné et cuisine de tradition au pays des
    fameux maroilles.

𝕏𝕏   ⬛ **Le Relais de Beaufort**   🍴 🅿 VISA ⬤⬤ AE
    à 8 km par N 2 – ⏴ *03 27 63 50 36 – www.lerelaisdebeaufort.fr – Fermé*
    16 août-3 sept., dim. soir et lundi
    Rest – *(19 €)* Menu 25/43 € – Carte 27/55 €
    ◆ Deux grandes salles récemment rafraîchies : l'une au décor simple et lumi-
    neuse, l'autre plus contemporaine et feutrée. Terrasse face au jardin. Belle carte
    traditionnelle.

MAULÉVRIER – 49 Maine-et-Loire – **317** E6 – **rattaché à Cholet**

MAUREILLAS-LAS-ILLAS – 66 Pyrénées-Orientales – **344** H8   **22** B3
– 2 546 h. – alt. 130 m – ✉ 66480 🟩 Languedoc Roussillon

> ▶ Paris 873 – Gerona 71 – Perpignan 31 – Port-Vendres 31
> 🖪 avenue Mal Joffre ⏴ 04 68 83 48 00

à Las Illas 11 km au Sud-Ouest par D 13 – ✉ 66480

𝕏   ⬛ **Hostal dels Trabucayres** avec ch ॐ   ⟵ 🍴 🛁 🅿 VISA ⬤⬤
⟨⟩   – ⏴ *04 68 83 07 56 – Hôtel : ouvert 15 avril-20 oct., rest. fermé 25-30 oct.,*
    6 janv.-15 mars, mardi et merc. hors saison
    5 ch – ♦33 € ♦♦37 € – ⊡ 6 € – ½ P 38 €
    Rest – Menu 14 € bc (sem.), 15 € bc/53 € bc – Carte 24/38 €
    ◆ Authentique auberge (1840) postée sur le GR 10 au cœur d'une forêt de chê-
    nes-lièges. Cadre rustique originel, plats du terroir catalan et calme absolu. Cham-
    bres très simples et deux gîtes récents pour l'étape.

MAURIAC ⬤ – 15 Cantal – **330** B3 – 3 887 h. – alt. 722 m – ✉ 15200   **5** A3
🟩 Auvergne

> ▶ Paris 490 – Aurillac 53 – Clermont-Ferrand 113 – Le Mont-Dore 77
> 🖪 1, rue Chappe d'Auteroche ⏴ 04 71 67 30 26
> 🖸 Val-Saint-Jean, O : 2 km, ⏴ 06 07 74 22 29
> 🔵 Basilique Notre-Dame-des-Miracles★ - Le Vigean : châsse★ dans l'église
>   NE : 2 km.
> 🟢 Barrage de l'Aigle★★ : 11 km par D 678 et D105 🟩 Limousin Berry

🏠 🍴 **Auv'Hôtel** sans rest   🛗 AC 📶 P VISA 🗷 AE 🗱

4 r. du 11 Novembre – ℰ 04 71 68 19 10 – www.auv-hotel.fr – Fermé 14-26 mars et 3-10 oct.

13 ch – †40/47 € ††48/50 € – ⏛ 7 €

◆ Située à côté de la basilique romane Notre-Dame-des-Miracles, une sympathique petite adresse aux fenêtres fleuries. Chambres fonctionnelles, simples et mignonnes.

MAUROUX – 46 Lot – **337** C5 – **rattaché à Puy-l'Évêque**

MAURY – 66 Pyrénées-Orientales – **344** G6 – 901 h. – alt. 200 m – ⊠ 66460   **22** B3

▶ Paris 876 – Carcassonne 142 – Montpellier 179 – Perpignan 35

🛈 Avenue Jean Jaurès, Maison du Terroir ℰ 04 68 50 08 54

🍴🍴 **Pascal Borrell**   🐾 🛗 AC P VISA 🗷 AE

❀ *la Maison du Terroir, av. Jean Jaurès – ℰ 04 68 86 28 28*
www.maison-du-terroir.com

Rest – (17 €) Menu 25 € (sem.)/65 € – Carte 75/85 € 🍷

Spéc. Gambas de Rosas rafraîchies en sashimi et à la plancha. Ris de veau au beurre mousseux citronné. Choco-pistache, beignet au chocolat noir et biscuit léger à la pistache. **Vins** Maury rouge, Maury blanc.

◆ Ce restaurant, contemporain et coloré à la catalane, propose une belle cuisine du terroir revisitée. À l'entrée, la boutique de vins et produits régionaux met d'emblée en appétit.

MAUSSAC – 19 Corrèze – **329** N3 – **rattaché à Meymac**

MAUSSANE-LES-ALPILLES – 13 Bouches-du-Rhône – **340** D3   **42** E1
– 2 153 h. – alt. 32 m – ⊠ 13520

▶ Paris 712 – Arles 20 – Avignon 30 – Marseille 81

🛈 place Laugier de Monblan ℰ 04 90 54 52 04

🏠 **Le Pré des Baux** sans rest ⊗   🛁 ⊼ AC 📶 P VISA 🗷 AE

r. Vieux Moulin – ℰ 04 90 54 40 40 – www.lepredesbaux.com
– Ouvert 2 avril-31 oct.

10 ch – †95/105 € ††110/135 € – ⏛ 13 €

◆ Les chambres de plain-pied entourent la piscine et le jardin méridional, au calme. Petit-déjeuner (fruits frais, confitures artisanales) servi sur les terrasses privatives.

🏠 **Castillon des Baux** sans rest ⊗   ≤ 🛁 ⊼ AC 📶 P VISA 🗷

10 bis av. de la Vallée des Baux – ℰ 04 90 54 31 93 – www.castillondesbaux.com
– Fermé janv.

18 ch – †80/125 € ††82/132 € – ⏛ 12 €

◆ Bâtisse ocre rouge façon mas, entourée d'un jardin d'oliviers (belle piscine). Les chambres aux tons pastel, spacieuses et sobres, ont presque toutes un balcon ou une terrasse.

🏠 **Aurelia** sans rest   🛁 ⊼ 🛗 AC 📶 P VISA 🗷 AE 🗱

124 av. de la Vallée des Baux – ℰ 04 90 54 22 54 – www.bestwestern-aurelia.com
– Fermé 1er-11 janv.

39 ch – †95/125 € ††95/125 € – ⏛ 10 €

◆ Un établissement récent d'allure régionale, près de la voie Aurélia. La décoration des chambres (plus agréables côté piscine) est sobre avec quelques touches provençales.

🏠 **Val Baussenc** ⊗   🛁 🐾 ⊼ AC 🍽 rest, 🛗 P VISA 🗷 AE

122 av. de la Vallée des Baux – ℰ 04 90 54 38 90 – www.valbaussenc.com
– Ouvert 1er mars-31 oct.

21 ch – †71/120 € ††82/120 € – 1 suite – ⏛ 11 € – ½ P 76/95 €

Rest – (fermé merc.) (dîner seult) Menu 27/36 € – Carte 42/49 €

◆ Une maison au décor provençal qui magnifie avec originalité la pierre calcaire des Baux. Les chambres, presque toutes avec terrasse ou balcon, profitent du calme de la campagne environnante. Petite salle à manger, treille et cuisine aux couleurs du Sud.

✕✕ Ou Ravi Provençau
34 av. de la Vallée des Baux – ☎ *04 90 54 31 11 – www.ouravi.net – Fermé 22-30 juin, 15 janv.-10 fév., 15 nov.-15 déc., mardi et merc.*
Rest – (13 €) Menu 37/64 € – Carte 42/80 €
◆ Authentique, goûteuse et généreuse... la cuisine servie dans cette jolie maison méridionale semble sortir du "Reboul" : daube, escargots à la suçarelle, lapin au thym, etc.

✕ La Place
65 av. de la Vallée des Baux – ☎ *04 90 54 23 31 – www.restaurant-laplace.fr – Fermé mardi de nov. à mars et merc. d'oct. à mai*
Rest – (22 €) Menu 33/42 € – Carte 36/44 €
◆ Cette "Place", d'un style rétro revisité (lustres en cristal, tons anis et prune), et sa terrasse servent d'écrin à une cuisine d'aujourd'hui, aux accents du Sud.

au Paradou 2 km à l'Ouest par D 17, rte d'Arles – 1 263 h. – alt. 21 m – ✉ 13520

🏠 Le Hameau des Baux ⊗
chemin de Bourgeac – ☎ *04 90 54 10 30 – www.hameaudesbaux.com – Ouvert d'avril à oct.*
15 ch – †195/230 € ††195/315 € – 5 suites – ☷ 21 €
Rest – *(fermé dim. soir et lundi) (nombre de couverts limité, prévenir)* Menu 35 € (déj.)/52 € – Carte 50/58 €
◆ Cette reconstitution d'un hameau provençal entouré de cyprès et d'oliviers est un enchantement. La décoration raffinée des salons, les jardins fleuris, les chambres... et la chapelle sont superbes. "Au potager", on revisite avec classe la cuisine provençale.

🏠 Du Côté des Olivades ⊗
lieu-dit de Bourgeac – ☎ *04 90 54 56 78 – www.ducotedesolivades.com*
10 ch – †102/198 € ††102/295 € – ☷ 17 € – ½ P 123/171 €
Rest – *(nombre de couverts limité, prévenir)* Menu 58/65 € – Carte 48/80 €
◆ Une bastide contemporaine nichée au milieu des oliviers : chambres de style provençal ou magnifiques suites très design dans l'annexe. Cuisine fine et subtile à base de produits frais (légumes primeurs provençaux, poissons de ligne).

B design & Spa 🏨 ⊗
lieu dit de Bourgeac
14 ch – †290/450 € ††290/480 € – 1 suite – ☷ 17 € – ½ P 215/295 €
◆ La modernité au service du confort et du bien-être résume l'esprit de cet hôtel, à l'entrée de la propriété. Vastes suites, décoration confiée à un designer, terrasses.

🏠 La Maison du Paradou
2 rte de St-Roch – ☎ *04 90 54 65 46 – www.maisonduparadou.com*
5 ch ☷ – †250/285 € ††250/285 € **Table d'hôte** – Menu 25 € (déj.)/75 €
◆ Relais de poste (1699) couvert de glycine, tenu par des Britanniques et doté de chambres hyperconfortables. Très beau salon voûté, jardin provençal et piscine... Table d'hôtes (sur réservation) sous la pergola avec, en toile de fond, les Alpilles.

✕ Le Bistrot du Paradou
57 av. de la Vallée des Baux – ☎ *04 90 54 32 70 – Fermé vacances de Noël, de fév., dim. et lundi*
Rest – *(prévenir)* Menu 43 € bc (déj.)/49 € bc
◆ Cette maison aux volets bleus conviviale est une institution locale. Elle fleure bon l'aïoli, la volaille de Bresse à la broche et les tartes maison. Attention, menu unique !

MAUVEZIN – 32 Gers – **336** H7 – 1 804 h. – alt. 153 m – ✉ 32120   **28** B2
▶ Paris 685 – Auch 32 – Montauban 57 – Toulouse 73
🛈 place de la Libération ☎ 05 62 06 79 47

✕ Engalin
4 km au Nord par D 654 et rte secondaire – ☎ *05 62 05 62 05 – www.engalin.fr – Fermé 3 sem. en janv., lundi et mardi*
Rest – (20 €) Menu 26 € – Carte 30/45 €
◆ C'est LE restaurant de Mauvezin, un vrai lieu tendance niché au fond du Gers, dans une dépendance de château. Cuisine de produits locaux, bien frais, et vins de Gascogne.

MAUZAC-ET-ST-MEYME-DE-ROZENS – 24 Dordogne – **329** F6   **4** C3
– 842 h. – alt. 49 m – ⊠ 24150

▶ Paris 596 – Agen 116 – Bordeaux 151 – Périgueux 64

🏠 **La Métairie** ॐ   🔥 ⅃ 🌴 **P** *VISA* ◍ AE ⓪
– ℰ 05 53 22 50 47 – www.la-metairie.com – Ouvert d'avril à oct.
9 ch – †125/150 € ††135/170 € – 1 suite – ⊡ 18 €
Rest – (29 €) Menu 38/54 € – Carte 41/65 €
◆ Un hôtel charmant et romantique, installé dans une maison du 19ᵉ s., au cœur d'un superbe parc de 3 ha. Les chambres ont beaucoup de classe et, le plus souvent, une terrasse privative. Restaurant au cadre rustique pour une cuisine s'inspirant du terroir.

MAYENNE ‹👁› – 53 Mayenne – **310** F5 – 13 742 h. – alt. 124 m   **35** C1
– ⊠ 53100 ▮ Normandie Cotentin

▶ Paris 283 – Alençon 61 – Flers 56 – Fougères 47

ℹ quai de Waiblingen ℰ 02 43 04 19 37

👁 Ancien château ≼ ★.

🏠 **Le Grand Hôtel**   🛰 💲 **P** *VISA* ◍ AE
2 r. Ambroise de Loré – ℰ 02 43 00 96 00 – www.grandhotelmayenne.com
– Fermé 1ᵉʳ-15 août, 23 déc.-8 janv. et sam. soir de nov. à avril
22 ch – †72/97 € ††85/115 € – ⊡ 12 €
Rest – (fermé sam. midi) (13 €) Menu 16 € (déj. en sem.), 33/45 €
– Carte 47/66 €
◆ Cet hôtel central, créé en 1850, dispose de chambres très bien tenues. Salon confortable et bar à whiskies. Deux salles de restaurant, dont une véranda avec vue sur la Mayenne. Carte classique.

🍴🍴 **L'Éveil des Sens** (Nicolas Nobis)   AC *VISA* ◍
❀ 429 bd Paul-Lintier – ℰ 02 43 30 42 17 – Fermé 16 août-1ᵉʳ sept., 2-20 janv., mardi midi, dim. soir et lundi
Rest – (nombre de couverts limité, prévenir) (16 €) Menu 28/43 €
Spéc. Foie gras de canard autour du fenouil et de la badiane. Médaillon de veau, légumes bio et girolles au beurre noisette. Chocolat à la mûre et son sorbet.
◆ Des cuissons et assaisonnements précis, une créativité bien maîtrisée, des produits de qualité : cette table réveille les papilles et y laisse une empreinte durable ! Décor sobre et moderne.

à Fontaine-Daniel 6 km au Sud-Ouest par D 104 – ⊠ 53100

🍴🍴 **La Forge**   🛰 *VISA* ◍
❀ au bourg – ℰ 02 43 00 34 85 – www.restaurantlaforge.fr – Fermé 22 août-6 sept., 20 déc.-4 janv., dim. soir, mardi soir et lundi
Rest – Menu 14/45 €
◆ Dans un charmant village, cette ancienne forge s'est muée en un lieu résolument contemporain. Préparations inventives jouant sur les textures, les herbes et plantes aromatiques.

rte de Laval au Sud par N 162 – ⊠ 53100 Mayenne

🏠 **La Marjolaine** ॐ   🔥 🛰 ⅃ ⅃₆ 🏊 💲 🏋 **P** *VISA* ◍ AE
❀ au domaine du Bas-Mont, à 6,5 km – ℰ 02 43 00 48 42 – www.lamarjolaine.fr
– Fermé vacances de fév., dim. soir d'oct. à Pâques et vend. soir de janv. à Pâques
33 ch – †53/122 € ††53/122 € – ⊡ 9 € – ½ P 69/89 €
Rest – (fermé sam. midi de janv. à Pâques) Menu 19 € (sem.)/26 €
– Carte 48/59 €
Rest Le Bistrot de La Marjolaine – (fermé vend. soir, sam., dim. et fériés) (déj. seult) (14 €) Menu 17 €
◆ Près de Mayenne, mais en pleine nature : dans le parc coule une rivière... Chambres de facture classique au château (17ᵉ s.) ou à la ferme ; plus actuelles dans la dépendance. Espace détente. Au restaurant, élégant et raffiné, on savoure une cuisine classique. Au bistrot, bons petits plats et service rapide.

XX **Beau Rivage** avec ch ⌂ ⇐ 🏠 ᵫ 🛜 🛁 **P** **VISA** 🆗 AE
😊 rte de St-Baudelle, à 4 km – 𝒞 02 43 00 49 13 – www.restaurantbeaurivage.com
– Fermé dim. soir, fériés le soir et lundi
8 ch – ♦58 € ♦♦72 € – ⌂ 8 € – ½ P 58/68 €
Rest – (14 €) Menu 18 € (sem.), 29/37 € – Carte 28/56 €
♦ Un délicieux air de guinguette règne dans cette maison au bord de la
Mayenne. Terrasse ombragée, cuisine classique et mets cuits à la rôtissoire. Chambres fraîches et colorées.

MAZAMET – 81 Tarn – **338** G10 – 10 158 h. – alt. 241 m – ✉ 81200 **29** C2
▮ Midi-Toulousain

▶ Paris 739 – Albi 64 – Carcassonne 50 – Castres 21
✈ de Castres-Mazamet : 𝒞 05 63 70 34 77, 14 km à l'Ouest
🛈 rue des Casernes 𝒞 05 63 61 27 07
🏌 de Mazamet-la-Barouge Pont de l'Arn, N : 3 km, 𝒞 05 63 61 06 72
◎ ⇐ ★ des gorges de l'Arnette S : 4 km.

🏠 **Mets et Plaisirs** AC rest, ⅙ 🛜 **VISA** 🆗
😊 7 av. Albert Rouvière – 𝒞 05 63 61 56 93 – www.metsetplaisirs.com
– Fermé 2-23 août, 3-18 janv., dim. soir et lundi
11 ch – ♦45 € ♦♦55 € – ⌂ 7 €
Rest – Menu 17 € (sem.), 28/55 € – Carte 44/74 €
♦ Maison de maître du début du 20ᵉ s. située en plein centre-ville, face à la
poste. Chambres simples, rénovées et correctement équipées. La salle de restaurant a conservé de son passé de demeure patricienne une distinction certaine ;
cuisine au goût du jour.

MAZAN – 84 Vaucluse – **332** D9 – **rattaché à Carpentras**

MAZAYE – 63 Puy-de-Dôme – **326** E8 – 613 h. – alt. 760 m – ✉ 63230 **5** B2
▶ Paris 441 – Clermont-Fd 23 – Le Mont-Dore 32 – Pontaumur 27

🏠 **Auberge de Mazayes** ⌂ 🏠 ᵫ ch, 🛁 **P** **VISA** 🆗
😊 à Mazayes-Basses – 𝒞 04 73 88 93 30 – www.auberge-mazayes.com
🍴 – Fermé 5-13 sept., 15 déc.-25 janv., dim. soir et lundi de sept. à avril et mardi
midi
15 ch – ♦53 € ♦♦67/77 € – ⌂ 10 € – ½ P 64/68 €
Rest – (14 €) Menu 23 € (sem.), 30/33 € – Carte 30/38 € �།
♦ Cette belle ferme rustique est le pied-à-terre parfait pour sillonner la campagne
auvergnate. Un joli restaurant champêtre, idéal pour découvrir une belle cuisine
régionale, copieuse à souhait. Belle sélection de bordeaux et de vins locaux.

MAZEROLLES – 40 Landes – **335** I11 – **rattaché à Mont-de-Marsan**

MÉAUDRE – 38 Isère – **333** G7 – **rattaché à Autrans**

MEAULNE – 03 Allier – **326** C3 – 771 h. – alt. 185 m – ✉ 03360 **5** B1
▮ Auvergne

▶ Paris 307 – Clermont-Ferrand 126 – Moulins 96 – Montluçon 31

🏠 **Au Cœur de Meaulne** 🚗 🏠 ᵫ rest, ⅙ 🛜 **VISA** 🆗 AE
😊 20 pl. de l'Eglise – 𝒞 04 70 06 20 30 – www.aucoeurdemeaulne.com
🍴 – Fermé 22 oct.-6 nov., 2-9 janv. et 26 fév.-15 mars
6 ch – ♦51 € ♦♦61 € – ⌂ 10 € – ½ P 60 €
Rest – (fermé lundi midi, merc. midi, jeudi midi, vend. midi et mardi) (nombre de
couverts limité, prévenir) Menu 15 €, 23/50 € bc – Carte 33/60 €
♦ Cette auberge vous héberge dans des chambres fraîches et nettes, où des
tronçons de bois de la forêt du Tronçais tiennent lieu de tables de nuit ! Cuisine
actuelle servie dans une salle pimpante ou, en été, sous les feuilles d'un vieux
marronnier.

⌂ **Manoir du Mortier** 🦢   🌿 ⛵ ✂ 🦅 **P** **VISA** ⓒ◉ **AE** ⓪
*Le Mortier – ℰ 06 62 21 08 82 – www.manoirdumortier.com
– Ouvert avril-oct.*
4 ch ⌓ – ●80 € ●●140 €   **Table d'hôte** – Menu 32 € bc/42 € bc
◆ En pleine nature, à l'orée d'une forêt, manoir familial du 18e s. joliment restauré.
Ciels de lit, tentures, objets anciens : les chambres sont très romantiques. Repas sur
réservation, servis devant la cheminée ou en terrasse. Idéal pour se ressourcer.

MEAUX ◁◉ **– 77 Seine-et-Marne – 312** G2 **– 48 842 h. – alt. 51 m**   **19** C1
– ⊠ 77100 ▮ **Île de France**

▶ Paris 54 – Compiègne 68 – Melun 56 – Reims 98

ⓘ 1, place Doumer ℰ 01 64 33 02 26

🏌 de Meaux Boutigny à Boutigny, par A 140 et D 228 : 11km,
ℰ 01 60 25 63 98

🏌 Crécy Golf Club à Crécy-la-Chapelle route de Guérard, par A 140 et rte de
Melun : 16 km, ℰ 01 64 75 34 44

🏌 Disneyland Paris à Magny-le-Hongre Allée de la Mare Houleuse, S : 16 km
par D5, ℰ 01 60 45 68 90

◎ Centre épiscopal★ ABY : cathédrale★ **B**, ≼★ de la terrasse des remparts.

✕✕ **La Grignotière**   **AC** **VISA** ⓒ◉ ⓪
*36 r. de la Sablonnière – ℰ 01 64 34 21 48 – Fermé août, sam. midi, mardi et
merc.*   **CZd**
Rest – Menu 32 € (déj. en sem.), 35/45 € – Carte 58/72 €
◆ On apprécie ce restaurant rustique bien agréable avec sa cheminée en état de
marche. Sympathique cuisine de tradition et beaux plateaux de fruits de mer servis toute l'année.

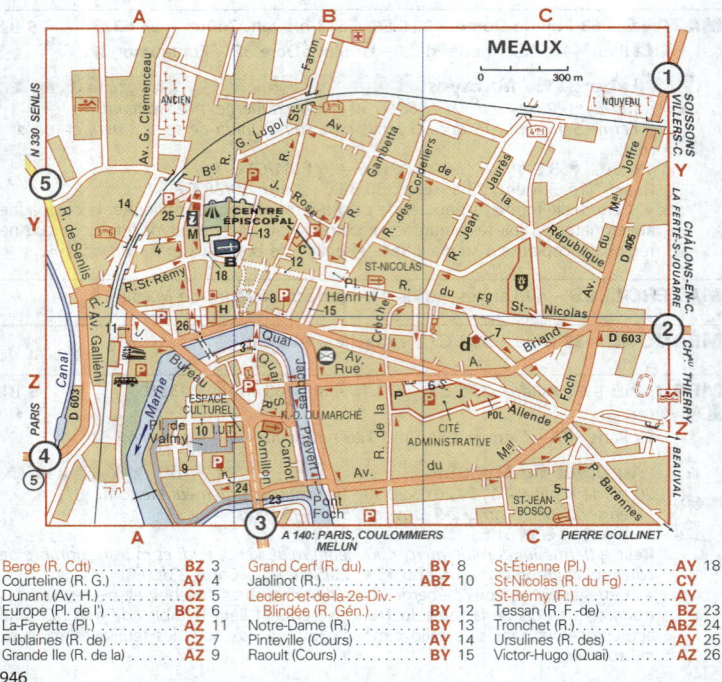

Berge (R. Cdt)	**BZ** 3	Grand Cerf (R. du)	**BY** 8	St-Étienne (Pl.)	**AY** 18
Courteline (R. G.)	**AY** 4	Jablinot (R.)	**ABZ** 10	St-Nicolas (R. du Fg)	**CY**
Dunant (Av. H.)	**CZ** 5	Leclerc-et-de-la-2e-Div.-		St-Rémy (R.)	**AY**
Europe (Pl. de l')	**BCZ** 6	Blindée (R. Gén.)	**BY** 12	Tessan (R. F.-de)	**BZ** 23
La-Fayette (Pl.)	**AZ** 11	Notre-Dame (R.)	**BY** 13	Tronchet (R.)	**ABZ** 24
Fublaines (R. de)	**CZ** 7	Pinteville (Cours)	**AY** 14	Ursulines (R. des)	**AY** 25
Grande Ile (R. de la)	**AZ** 9	Raoult (Cours)	**BY** 15	Victor-Hugo (Quai)	**AZ** 26

à Germigny-l'Évêque 8 km par ① , D 405 et D 97 – 1 280 h. – alt. 49 m – ✉ 77910

XX **Hostellerie Le Gonfalon** avec ch 🐾 ⬅ 🏡 🍽 📶 🔥 VISA ⊙ AE ⊙
2 r. de l'Église – ☎ 01 64 33 16 05 – www.hotelgonfalon.com – *Fermé 2 janv.-2 fév.*
8 ch – ♦75/150 € ♦♦75/150 € – ⊑ 12 €
Rest – (28 €) Menu 39/68 € – Carte 60/90 €
♦ Fraîcheur et charme inondent la terrasse romantique de cette auberge en bord de Marne. Cuisine actuelle et du marché, servie l'hiver au coin du feu, dans la salle Louis XIII. Chambres très calmes, parfois dotées d'une grande terrasse privative côté rivière.

à Poincy 5 km par ② et D 17^A – 701 h. – alt. 53 m – ✉ 77470

XX **Le Moulin de Poincy** 🚋 🏡 ⟷ P VISA ⊙ AE
r. du Moulin – ☎ 01 60 23 06 80 – *Fermé 1er-22 sept., 20 déc.-4 janv., lundi soir, mardi et merc.*
Rest – Menu 32/62 € – Carte 50/80 €🕸
♦ Ce moulin du 17e s. et son jardin bordé par la Marne invitent à la douceur de vivre. Déco rétro (objets chinés, collection de cafetières) et séduisante cuisine traditionnelle.

à Trilbardou 7 km par ④ et D 27 – 592 h. – alt. 47 m – ✉ 77450

⬒ **M. et Mme. Cantin** sans rest 🐾 🚋 🍽 P
2 r. de l'Église – ☎ 01 60 61 08 75
3 ch ⊑ – ♦50 € ♦♦60 €
♦ Le canal de l'Ourcq longe le jardin de cette demeure du 19e s. Chambres à la décoration raffinée. Pour les sportifs, une piste cyclable depuis Paris permet d'y accéder en vélo !

MEAUZAC – 82 Tarn-et-Garonne – 337 D7 – 1 006 h. – alt. 76 m – ✉ 82290 **28** B2
▶ Paris 628 – Cahors 57 – Montauban 16 – Toulouse 67

⬒ **Manoir des Chanterelles** 🌳 🏊 🍽 📶 P VISA ⊙
à Bernon-Boutounelle, 2170 rte de Castelsarrasin, 2 km au Nord par D 45
– ☎ 05 63 24 60 70 – www.manoirdeschanterelles.com – *Fermé dim. soir hors saison*
4 ch ⊑ – ♦90/100 € ♦♦90/130 € **Table d'hôte** – Menu 25 € bc
♦ Un verger de pommiers et un agréable parc bordent ce manoir flanqué de jolies tourelles. Les étages accueillent des chambres aux styles très contrastés : Savane, Louis XVI, Orientale, Romantique et Zen. Au rez-de-chaussée, salle à manger où vous sera servie une cuisine traditionnelle.

LES MÉES – 04 Alpes-de-Haute-Provence – 334 D8 – 3 352 h. **40** B2
– alt. 410 m – ✉ 04190
▶ Paris 733 – Avignon 155 – Digne-les-Bains 22 – Marseille 115
🅸 21, boulevard de la République ☎ 04 92 34 36 38

XX **La Marmite du Pêcheur** 🏡 AC VISA ⊙
bd des Tilleuls – ☎ 04 92 34 35 56 – *Fermé 2-12 janv., mardi et merc.*
Rest – Menu 20 € (déj. en sem.), 34/50 € – Carte 41/71 €
♦ Au pied des célèbres rochers pointus du village, on se régale de spécialités de poisson et de produits de la mer (bouillabaisse sur commande). Cadre contemporain.

MEGÈVE – 74 Haute-Savoie – 328 M5 – 3 960 h. – alt. 1 113 m – Sports **46** F1
d'hiver : 1 113/2 350 m ⛷9 ⛷70 🎿 – Casino **AY** – ✉ 74120 🟩 Alpes du Nord
▶ Paris 598 – Albertville 32 – Annecy 60 – Chamonix-Mont-Blanc 33
Altiport de Megève ☎ 04 50 21 33 67, SE : 7 km **BZ**
🅸 Maison des Frères ☎ 04 50 21 27 28
🅸18 du Mont-d'Arbois 3001 route Edmond de Rothschild, E : 2 km,
☎ 04 50 21 29 79
◉ Mont d'Arbois ★★.

Plan page suivante

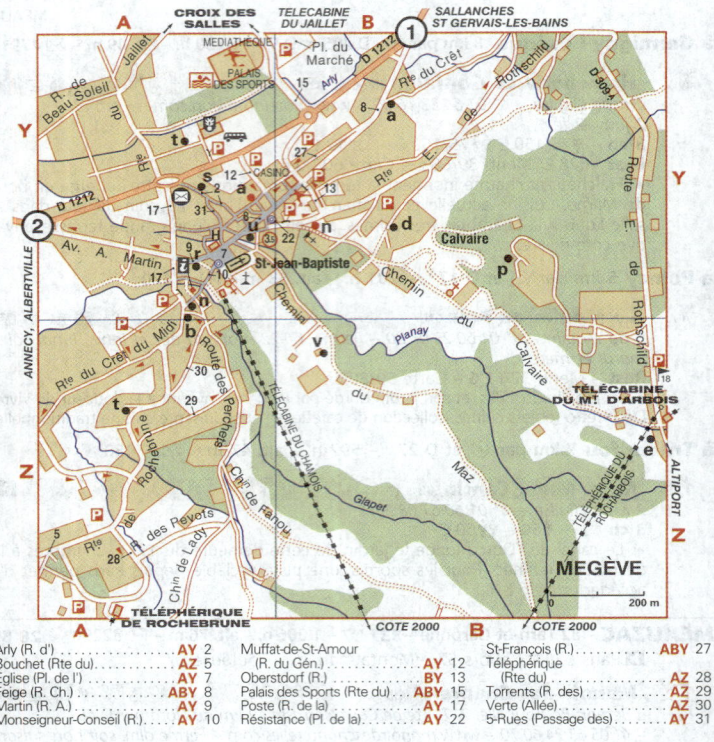

Arly (R. d')	AY	2
Bouchet (Rte du)	AZ	5
Église (Pl. de l')	AY	7
Feige (R. Ch.)	ABY	8
Martin (R. A.)	AY	9
Monseigneur-Conseil (R.)	AY	10
Muffat-de-St-Amour (R. du Gén.)	AY	12
Oberstdorf (R.)	BY	13
Palais des Sports (Rte du)	ABY	15
Poste (R. de la)	AY	17
Résistance (Pl. de la)	AY	22
St-François (R.)	ABY	27
Téléphérique (Rte du)	AZ	28
Torrents (R. des)	AZ	29
Verte (Allée)	AZ	30
5-Rues (Passage des)	AY	31

Les Fermes de Marie

163 chemin de la Riante Colline, par ②
– ✆ 04 50 93 03 10 – www.fermesdemarie.com
– *Ouvert 8 juil.-31 août et 4 déc.-10 avril*
49 ch – †515/870 € ††515/870 € – 21 suites – ⊡ 25 €
Rest – Menu 80 € (dîner)/98 € – Carte 63/93 €
Rest *Restaurant Alpin* – (dîner seult) Carte 54/95 €

◆ Ce hameau d'authentiques fermes savoyardes a été merveilleusement reconstitué. Chambres-cocons, confortable bar cosy, superbe spa... Luxueux et unique. Belle table montagnarde et carte au goût du jour. Décor contemporain, rôtisserie et recettes régionales au restaurant Alpin.

Le Fer à Cheval

36 rte Crêt d'Arbois – ✆ 04 50 21 30 39
– www.feracheval-megeve.com
– *Ouvert de mi-juin à mi-sept. et de mi-déc. à mi-avril*
42 ch (½ P seult) – 14 suites – ½ P 185/534 €
Rest – (fermé le midi) Menu 65 € – Carte 68/77 €
Rest *L'Alpage* – (ouvert de mi-déc. à début avril et fermé le midi)
Carte 45/65 €

BYa

◆ Le chalet bâti en 1938 par le forgeron du village renferme un superbe intérieur montagnard. Salons et chambres très cosy (mobilier régional), salles de bains luxueuses, magnifique spa. Dîner aux chandelles, près de la cheminée, dans une intime salle à manger. Plats du terroir à L'Alpage.

Lodge Park 🏨🏨🏨🏨 · 📶 🛗 ⚙ rest, ☺ 🕎 ℗ 🅿 🚗 💳 ⊕ 🅰🅴 🔟

100 r. Arly – ✆ *04 50 93 05 03* – *www.lodgepark.com* – *Ouvert 16 déc.-3 avril*
49 ch – 🛏260/650 € 🛏🛏260/650 € – 11 suites – 🍽 25 €   **AYs**
Rest – Carte 53/145 €

♦ Décoration très réussie des chambres sur le thème des lacs canadiens et des chercheurs d'or : trophées de chasse, cheminée en pierre, tissus choisis, etc. Soins aux plantes au spa. Au restaurant, cuisine du monde dans un cadre authentique où le bois prédomine.

Chalet du Mont d'Arbois 🐾 · ⟨ 🚗 🚗 ⬛ 🔲 🟠 🕎 ⚙ rest, ☺ 🕎 ⚙ ch, ☺

447 chemin de la Rocaille, par rte Edmond de
Rothschild – ✆ *04 50 21 25 03* – *www.domainedumontdarbois.com* – *Ouvert*
de juil. à mi-sept. et de mi-déc. à mi-avril   **BYp**
23 ch – 🛏322/829 € 🛏🛏344/1044 € – 1 suite – 🍽 28 €
Rest *1920* – Menu 45 € (dîner)/90 € – Carte 70/130 €🕸

♦ Vue sublime sur les sommets depuis ces chalets isolés sur le plateau du mont d'Arbois. Trophées de chasse, boiseries et beau mobilier y créent un cadre chaleureux et raffiné. Spa très complet. Élégant restaurant, terrasse d'été prisée, cuisine soignée et superbe carte des vins.

Chalet de Noémie 🏨🏨 🐾 · ⟨ 📶 ⚙ ☺ ℗ 🅿 💳 ⊕ 🅰🅴 🔟

– *Ouvert mi-juil. à mi sept. et mi déc. à mi avril*
5 suites – 🛏🛏1050/4200 € – 🍽 28 €

♦ Les cinq luxueux appartements du Chalet de Noémie constituent une délicieuse annexe merveilleusement équipée.

Chalet d'Alice 🏨🏨 🐾 · ⟨ 📶 ⚙ ☺ 💳 ⊕ 🅰🅴 🔟

– *Ouvert mi-juil. à mi sept. et mi déc. à mi avril*
7 ch – 🛏509/1600 € 🛏🛏509/1600 € – 1 suite – 🍽 28 €

♦ Des chambres ravissantes, un salon cosy et une rare collection de cannes et pipes appartenant aux Rothschild vous attendent en ce joli chalet à l'ancienne.

Mont-Blanc 🔲 🟠 🕎 📶 ☺ 💳 ⊕ 🅰🅴 🔟

29 r. Ambroise-Martin, (pl. de l'Église) – ✆ *04 50 21 20 02*
– *www.hotelmontblanc.com* – *Fermé 17 avril-3 juin*   **AYr**
29 ch – 🛏265/485 € 🛏🛏265/585 € – 11 suites – 🍽 28 €
Rest *Les Enfants Terribles* – ✆ *04 50 58 76 69 (fermé le soir du dim. au jeudi en juin, sept., oct. et nov. sauf vacances scolaires, et le midi en juil.-août et du 15 fév. au 20 avril)* Carte 60/100 €

♦ Mythique doyen des hôtels mégevans : le "21e arrondissement de Paris" selon Cocteau, qui y a laissé son empreinte. Salons distingués et jolies chambres personnalisées. Bar à champagne. Cuisine de brasserie aux Enfants Terribles, arborant un somptueux décor théâtral.

Chalet St-Georges 🟠 🕎 📶 ⚙ ch, 🕎 rest, ☺ 🚗 💳 ⊕ 🅰🅴 🔟

159 r. Mgr Conseil – ✆ *04 50 93 07 15* – *www.hotel-chaletstgeorges.com*
– *Ouvert de fin juin à mi-sept. et de mi-déc. à mi-avril*   **AYn**
19 ch (½ P seult) – 5 suites – 🍽 – ½ P 229/247 €
Rest *La Table du Pêcheur* – *(ouvert de mi-déc. à fin mars) (dîner seult)*
Menu 20 € – Carte 35/50 €
Rest *La Table du Trappeur* – ✆ *04 50 21 15 73* – (20 €) Carte 35/50 €

♦ Véritable chalet cosy dont les petites chambres et les salons douillettement habillés de bois s'agrémentent de bibelots, meubles savoyards et tissus colorés. Cuisine iodée et spécialités régionales à la Table du Pêcheur. Viandes rôties, plats du terroir et belle carte des vins à la Table du Trappeur.

Alpaga 🐾 · ⟨ 🕎 📶 ⚙ ch, 🕎 🕎 🚗 💳 ⊕ 🅰🅴

74 allée des Marmoussets , 1,5 km par ② et rte secondaire – ✆ *04 50 91 48 70*
– *www.lodgemontagnard.com* – *Ouvert 19 déc.-14 avril et juil.-août*
22 ch 🍽 – 🛏290/610 € 🛏🛏290/610 €   **Rest** – *(dîner seult)* Carte 40/60 €

♦ Trois chalets d'esprit contemporain, à l'écart de la station. Les chambres, habillées de bois, disposent toutes d'une loggia. Fitness et petit spa. Le restaurant conjugue confort et terrasse panoramique ; cuisine actuelle.

Le Manège

15 rte Crêt du Midi, (rd-pt de Rochebrune) – ✆ 04 50 21 41 09 – www.hotel-le-manege.com – Ouvert 20 juin-31 août et 15 déc.-31 mars
18 suites – 240/650 € – 15 ch – ☕ 20 € AYZ**b**
Rest – Menu 25 € – Carte 30/46 €
◆ Hôtel récent à deux pas du centre de la station. Intérieur cosy (bois, tons rouge et vert dominants) et agréables chambres avec balcons ; certaines sont en duplex. Le restaurant propose une cuisine au goût du jour dans un cadre actuel.

L'Arboisie

483 rte du Gollet – ✆ 04 50 55 35 90 – www.hmc-hotels.com – Ouvert 1er juil.-4 sept. et 10 déc.-10 avril BY**d**
62 suites – 240/570 € – 7 ch – ☕ 23 €
Rest – *(ouvert 10 déc.-10 avril et 1er juil.-31 août)* (20 €) Menu 26 € (dîner)/33 € – Carte 25/50 €
◆ Cet établissement compte parmi les plus récents de la station. Décor tendance, suites avec coin cuisine – la plupart tournées vers la vallée –, bel espace détente et grande salle de réunion. Au restaurant, ambiance feutrée autour de plats traditionnels.

Au Coin du Feu

252 rte de Rochebrune – ✆ 04 50 21 04 94 – www.coindufeu.com – Ouvert 16 déc.-27 mars
23 ch – 190/390 € 190/390 € – ☕ 17 € – ½ P 150/220 € AZ**t**
Rest *Le St-Nicolas* – *(fermé le midi)* Menu 48/55 €
◆ Les flambées dans la belle cheminée ne démentent pas l'enseigne... Intérieur chaleureux, deux générations de chambres (coin-salon pour certaines) et petit espace bien-être. Spécialités traditionnelles et fromagères servies dans une ambiance de taverne montagnarde.

Ferme du Golf sans rest

3048 rte Edmond-de-Rothschild – ✆ 04 50 21 14 62 – www.domainedumontdarbois.com – Ouvert de mi-juin à mi-sept. et de mi-déc. à fin avril BZ**e**
19 ch ☕ – 140/200 € 200/300 €
◆ Au pied de la télécabine du mont d'Arbois, ancienne ferme de montagne aux chambres joliment rénovées, plus calmes côté vallée. Accueillant salon (cheminée, billard) ; jacuzzi.

Au Cœur de Megève

44 av. Charles Feige – ✆ 04 50 21 25 30 – www.hotel-megeve.com AY**u**
36 ch – 92/208 € 92/417 € – 7 suites – ☕ 13 €
Rest – ✆ 04 50 21 25 98 *(fermé merc. et jeudi hors saison)* (18 €) Menu 28/55 € – Carte 31/74 €
Rest *St-Jean* – *(ouvert de mi-déc. à mars et fermé lundi hors vacances scolaires) (dîner seult)* Menu 40/85 € – Carte 52/80 €
◆ Coquettes chambres dans le style savoyard (vieux bois et tissus chauds coordonnés) ; certaines ont vue sur les sommets, d'autres sur un torrent. Au restaurant, recettes traditionnelles et régionales, salon de thé et terrasse estivale. Spécialités fromagères au Saint-Jean.

La Grange d'Arly

10 r. des Allobroges – ✆ 04 50 58 77 88 – www.grange-darly.com – Ouvert de fin juin à mi-sept. et de mi-déc. à fin mars AY**t**
22 ch ☕ – 145/190 € 168/230 € – ½ P 118/149 €
Rest – *(fermé le midi)* Menu 19/34 €
◆ Hôtel familial à la tenue impeccable. Décor à dominance de bois naturel, chambres assez spacieuses et fonctionnelles ; quelques-unes mansardées ou en duplex. Restaurant chaleureux (tons jaune et bleu) où l'on sert une cuisine traditionnelle.

La Chaumine sans rest

36 chemin des Bouleaux, par chemin du Maz – ✆ 04 50 21 37 05 – www.hotel-lachaumine-megeve.com – Ouvert 25 juin-4 sept. et 18 déc.-17 avril
11 ch – 79/117 € 92/117 € – ☕ 10 € BZ**v**
◆ À 300 m du village et de la télécabine du Chamois, une ferme du 19e s. joliment restaurée à la mode montagnarde. Chambres douillettes et service snack le soir (plats locaux).

XX **Flocons Village**   VISA ⬀ AE
🅐 *75 r. St-François – 𝒞 04 50 78 35 01 – www.floconsdesel.com*   AY**a**
Rest – (24 €) Menu 29 €
♦ Au cœur du vieux village, l'annexe d'Emmanuel Renaut (Flocons de Sel) pro-
pose une cuisine actuelle soignée et des plats du terroir interprétés avec finesse.
Cadre à l'âme montagnarde.

X **Le Vieux Megève**   VISA ⬀
58 pl. de la Résistance – 𝒞 04 50 21 16 44 – www.py-internet.com/vieux-megeve/
– Ouvert 11 juil.-31 août et 11 déc.-30 mars et fermé lundi en hiver, mardi midi
en janv. et mars   BY**n**
Rest – Carte 25/55 €
♦ Ce chalet (1880) cultive la nostalgie du Megève des origines : qualité de l'accueil,
boiseries patinées, grande cheminée, linge à l'ancienne et spécialités régionales.

X **Le Crystobald**   🍴 VISA ⬀
489 rte Nationale, par ① – 𝒞 04 50 21 26 82 – Fermé 20 juin-6 juil.,
14 nov.-7 déc., dim. soir, lundi et mardi hors saison
Rest – (19 €) Menu 27/48 € – Carte 40/60 €
♦ Une agréable ambiance règne dans ce chalet familial, qui propose une cuisine
actuelle bien maîtrisée. Salle à manger relookée dans les tons bordeaux et écru.
Service charmant.

au sommet du Mont d'Arbois par télécabine du Mt d'Arbois ou télécabine de
la Princesse – ✉ 74170 St-Gervais

X **L'idéal**   ⬉ 🍴 VISA ⬀ AE
– 𝒞 04 50 21 31 26 – www.domainedumontdarbois.com – Ouvert mi-déc. à
mi-avril
Rest – *(déj. seult)* Carte 35/70 €
♦ Une ancienne ferme d'alpage devenue le restaurant d'altitude le plus chic de
la station. Paysage remarquable, vaste terrasse et plats montagnards sont au
rendez-vous.

à la Côte 2000 8 km au Sud-Est par rte Edmond de Rothschild - BZ
– ✉ 74120 Megève

X **Côte 2000**   ⬉ 🍴 🍽 soir, VISA ⬀ AE
3461 rte de la Côte 2000 – 𝒞 04 50 21 31 84 – Ouvert 2 juil.-9 sept. et
16 déc.-30 avril et fermé le soir en été
Rest – Carte 45/80 €
♦ Près des remontées mécaniques, ce beau chalet autrichien (propriété des Rothschild) fut démonté puis reconstruit ici dans les années 1960. Terrasse panoramique et carte régionale.

à Leutaz 4 km au Sud-Ouest par rte du Bouchet AZ – ✉ 74120 Megève

XXX **Flocons de Sel** (Emmanuel Renaut) avec ch ⬤   ⬉ 🚗 🍴 🖥 🕙 📶 ⚹ 📶
🏵 🏵 *1775 rte du Leutaz, 4 km au Sud-Ouest par rte du*   🅿 🚗 VISA ⬀ AE
Bouchet - ZA - 𝒞 04 50 21 49 99 – www.floconsdesel.com
– Fermé 1er mai-5 juin et 14 nov.-8 déc.
9 ch – †180/700 € ††180/700 € – ⬚ 30 €
Rest – *(fermé merc. hors saison, lundi midi et mardi midi)* Menu 35 € (déj.),
70/128 € – Carte 98/140 €🎀
Spéc. Brochet et écrevisses du lac, jus d'étrilles parfumé aux amandes. Pomme de
ris de veau dorée, jus réduit "rue Angustura", trait de polenta. Sabayon glacé et
herbes. **Vins** Roussette de Savoie, Chignin-Bergeron.
♦ Dans un ensemble de chalets isolés en pleine nature, Emmanuel Renaut réalise
une cuisine créative centrée sur le produit. Lumineuse salle à manger de style
montagnard contemporain. Chambres sobres de bon goût : bois brut, grand lit,
poêle ou cheminée.

XX **La Sauvageonne - Chez Nano** ≤ 😤 VISA ©®

*𝒞 04 50 91 90 81 – www.sauvageonne-megeve.com – Ouvert juil.-sept., déc.-avril
et fermé lundi midi et mardi midi hors vacances scolaires*
Rest – Menu 30 € (déj.) – Carte 80/110 €
◆ Cette ferme de 1907 abrite une surprenante salle à manger (charpente apparente, lustres en cristal, grande cheminée). Cuisine traditionnelle, ambiance
lounge et clientèle showbiz.

X **Le Refuge** ≤ 😤 **P** VISA ©®

*2615 rte du Leutaz – 𝒞 04 50 21 23 04 – www.refuge-megeve.com – Fermé
10 juin-10 juil., 15 oct.-15 nov., mardi hors saison, lundi et merc.*
Rest – (22 €) Menu 27 € (déj.)/35 € – Carte 40/60 €
◆ Un bien charmant "refuge" perché sur les hauteurs de la station. Influences
montagnardes tant pour le décor que dans l'assiette, simple et goûteuse. Grande
terrasse panoramique.

MEILLARD – 03 Allier – **326** G4 – 249 h. – alt. 340 m – ✉ 03500   **5** B1
  ▶ Paris 319 – Clermont-Fd 86 – Mâcon 149 – Montluçon 68

X **L'Auberge Gourmande** 😤 VISA ©®

au bourg – 𝒞 04 70 42 06 09 – Fermé merc.
Rest – (18 €) Menu 22/42 € – Carte environ 37 €
◆ L'ancienne école du village abrite cette jolie auberge entièrement rafraîchie :
style néorustique et teintes sobres. Cuisine traditionnelle.

MEILLONNAS – 01 Ain – **328** F3 – 1 305 h. – alt. 271 m – ✉ 01370   **44** B1
  ▶ Paris 432 – Bourg-en-Bresse 12 – Mâcon 47 – Nantua 37

X **Auberge Au Vieux Meillonnas** 😤 😤 **P** VISA ©® AE
🔗
*Le Mollard – 𝒞 04 74 51 34 46 – www.auvieuxmeillonnas.fr
– Fermé 22 août-5 sept., mardi soir, dim. soir et merc.*
Rest – Menu 16 € (sem.), 23/35 € – Carte 25/60 €
◆ Cette ferme bressane plutôt simple offre un chaleureux accueil. Cuisine régio-
nale et salle à manger rustique ouverte sur une terrasse ombragée et un jardin.

MEISENTHAL – 57 Moselle – **307** P5 – 772 h. – alt. 380 m – ✉ 57960   **27** D2
  ▶ Paris 440 – Haguenau 47 – Sarreguemines 38 – Saverne 40

🏠 **Auberge des Mésanges** 🦢 😤 〝⸙〞 🛁 **P** VISA ©® AE
🔗
*r. des Vergers – 𝒞 03 87 96 92 28 – www.aubergedesmesanges.com – Fermé
24 déc.-4 janv.*
20 ch – †45/50 € ††52/64 € – ☑ 8,50 € – ½ P 53/58 €
Rest – (fermé mardi midi, dim. soir et lundi) Menu 10 € bc (déj. en sem.),
20/30 €
◆ Au cœur du Parc naturel des Vosges du Nord, auberge familiale sans prétention, occupant une maison centenaire à la lisière de la forêt. Petites chambres
fonctionnelles. Grande salle rustique pour une cuisine traditionnelle (tartes flambées le soir).

MÉJANNES-LÈS-ALÈS – 30 Gard – **339** J4 – rattaché à Alès

MÉLISEY – 70 Haute-Saône – **314** H6 – 1 740 h. – alt. 330 m – ✉ 70270   **17** C1
▮ Franche-Comté Jura
  ▶ Paris 397 – Belfort 33 – Besançon 92 – Épinal 63
  🛈 place de la Gare 𝒞 03 84 63 22 80

XX **La Bergeraine** 😤 🕭 AK **P** VISA ©®

*27 rte des Vosges – 𝒞 03 84 20 82 52 – www.labergeraine.fr – Fermé dim. soir,
mardi soir et merc. sauf fériés*
Rest – (prévenir) (18 €) Menu 25/90 € – Carte 47/90 €
◆ Cette coquette maison située à la sortie du bourg dégage une atmosphère
contemporaine et chaleureuse (parquet, tons pastel…). Intéressante cuisine,
sophistiquée et classique.

MELLE – 79 Deux-Sèvres – **322** F7 – 3 659 h. – alt. 138 m – ✉ 79500   **39** C2

▶ Paris 394 – Niort 30 – Poitiers 60 – St-Jean-d'Angély 45

🖼 3, rue Émilien Traver ✆ 05 49 29 15 10

XX   **Les Glycines** avec ch   &. rest, 🅰🅲 "🛜" ⅏ 𝐕𝐈𝐒𝐀 ⓪ 𝐀𝐄
🔯 5 pl. R.-Groussard – ✆ 05 49 27 01 11 – www.hotel-lesglycines.com
– Fermé 9-24 janv. et dim. soir sauf en juil.-août
7 ch – †47/60 € ††54/68 € – ⏢ 8 € – ½ P 53/62 €
Rest – (18 €) Menu 23/43 € – Carte 38/60 €
◆ La jolie véranda de ce restaurant couvert de glycines dissimule un décor contemporain et cossu. On y revisite les plats régionaux – tel le lapin farci à la tapenade et au fromage de chèvre – et il y a un menu du jour à la brasserie. Chambres coquettes.

MELUN Ⓟ – 77 Seine-et-Marne – **312** E4 – 37 663 h.   **19** C2
– Agglo. 107 705 h. – alt. 43 m – ✉ 77000 🏴 Île de France

▶ Paris 47 – Fontainebleau 18 – Orléans 104 – Troyes 128

🖼 18, rue Paul Doumer ✆ 01 64 52 64 52

🔟 U.C.P.A. Bois-le-Roi à Bois-le-Roi Base de loisirs, par rte de Fontainebleau : 8 km, ✆ 01 64 81 33 31

🔞 de Greenparc à Saint-Pierre-du-Perray Route de Villepècle, par rte de Cesson : 15 km, ✆ 01 60 75 40 60

🔞 Blue Green Golf de Villeray à Saint-Pierre-du-Perray, par rte de Corbeil : 21 km, ✆ 01 60 75 17 47

👁 Portail★ de l'église St-Aspais.

🅖 Vaux-le-Vicomte : château★★ et jardins★★★ 6 km par ②.

Plan page suivante

XX   **La Melunoise**   𝐕𝐈𝐒𝐀 ⓪ 𝐀𝐄
5 r. Gâtinais – ✆ 01 64 39 68 27 – www.lamelunoise.fr – Fermé août, vacances de fév., dim. soir, lundi, mardi et merc.   **Xb**
Rest – Menu 32 € – Carte 48/60 €
◆ Discrète maison en retrait de la circulation. Deux salles à manger sobrement rustiques – séparées par un petit hall rehaussé de vieilles pierres – et carte traditionnelle.

XX   **Le Mariette**   &. 🅰🅲 𝐕𝐈𝐒𝐀 ⓪
31 r. St-Ambroise – ✆ 01 64 37 06 06 – www.lemariette.fr – Fermé 1er-25 août, 18-28 fév., lundi soir, sam. midi et dim.   **AZa**
Rest – Menu 29 € bc (déj. en sem.), 38/60 € – Carte 63/74 €
◆ Les tons chauds dominent dans le décor plutôt moderne de ce restaurant où la cuisine fait la part belle aux produits de saison. Suggestions du marché et bon choix de vins au verre.

X   **La Bodega**   𝐕𝐈𝐒𝐀 ⓪ 𝐀𝐄
18 quai Hippolyte Rossignol – ✆ 01 64 37 10 57 – www.bodega-melun.fr – Fermé 3 sem. en août, 24 déc.-3 janv., lundi soir, sam. midi et dim.   **AZd**
Rest – (15 €) Carte 30/50 €
◆ On vient ici pour retrouver l'esprit de l'Espagne et sa savoureuse cuisine, principalement des Asturies. Produits de belle qualité, délicieuse charcuterie parfumée.

à Crisenoy 10 km par ② – 644 h. – alt. 89 m – ✉ 77390

XXX   **Auberge de Crisenoy**   🍽 🍴 ⟳ 𝐕𝐈𝐒𝐀 ⓪
23 r. Grande – ✆ 01 64 38 83 06 – Fermé 25 juil.-15 août, 23 déc.-4 janv., dim. soir, merc. soir et lundi
Rest – Menu 22 € (déj. en sem.), 32/49 € – Carte 42/52 €
◆ Cette auberge au cœur d'un petit village a gardé l'âme de son passé de guinguette : pierre brute, poutres, cheminée et mobilier campagnard. Sympathique cuisine du marché.

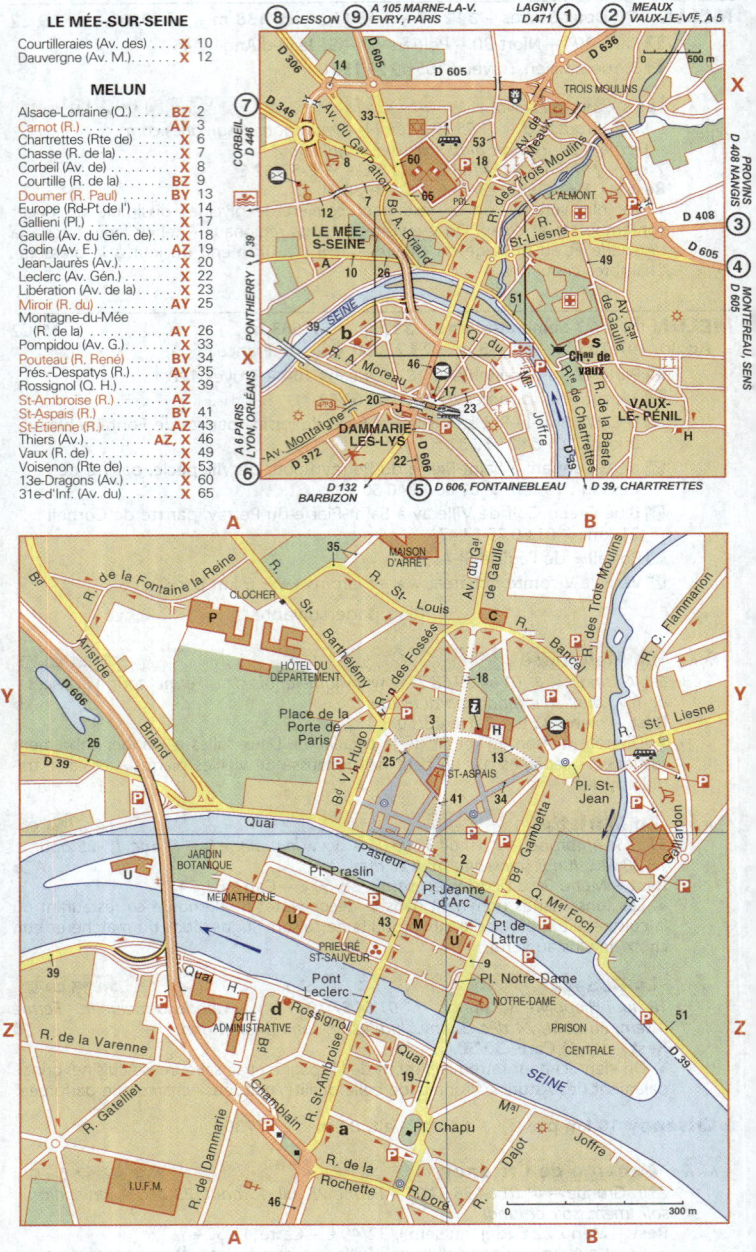

LE MÉE-SUR-SEINE

Courtilleraies (Av. des) . . . . **X** 10
Dauvergne (Av. M.) . . . . **X** 12

MELUN

Alsace-Lorraine (Q.) . . . . . . **BZ** 2
Carnot (R.) . . . . **AY** 3
Chartrettes (Rte de) . . . . **X** 6
Chasse (R. de la) . . . . **X** 7
Corbeil (Av. de) . . . . **X** 8
Courtille (R. de la) . . . . **BZ** 9
Doumer (R. Paul) . . . . **BY** 13
Europe (Rd-Pt de l') . . . . . . **X** 14
Gallieni (Pl.) . . . . **X** 17
Gaulle (Av. du Gén. de) . . . . **X** 18
Godin (Av. E.) . . . . **AZ** 19
Jean-Jaurès (Av.) . . . . **X** 20
Leclerc (Av. Gén.) . . . . **X** 22
Libération (Av. de la) . . . . . **X** 23
Miroir (R. du) . . . . **AY** 25
Montagne-du-Mée
 (R. de la) . . . . **AY** 26
Pompidou (Av. G.) . . . . **X** 33
Pouteau (R. René) . . . . **BY** 34
Prés.-Despatys (R.) . . . . **AY** 35
Rossignol (Q. H.) . . . . **X** 39
St-Ambroise (R.) . . . . **AZ**
St-Aspais (R.) . . . . **BY** 41
St-Étienne (R.) . . . . **AZ** 43
Thiers (Av.) . . . . **AZ, X** 46
Vaux (R. de) . . . . **X** 49
Voisenon (Rte de) . . . . **X** 53
13e-Dragons (Av.) . . . . **X** 60
31e-d'Inf. (Av. du) . . . . **X** 65

à **Vaux-le-Pénil** 3 km au Sud-Est – 11 327 h. – alt. 60 m – ⊠ 77000

XXX **La Table St-Just** (Fabrice Vitu)

✿ *r. de la Libération, (près du château)*
– ℰ 01 64 52 09 09 – www.restaurant-latablesaintjust.com
– *Fermé 17-27 avril, 1ᵉʳ-24 août, 23 déc.-5 janv., dim., lundi et fériés*
Rest – Menu 47/100 € – Carte 70/95 €❀   **Xs**
Spéc. Salade de homard à l'orange. Ris de veau aux morilles (saison). Soufflé
chaud au Grand Marnier.

  ◆ Ancienne ferme dépendant du château de Vaux-le-Pénil. C'est aujourd'hui un
restaurant aménagé avec goût sous une haute charpente en chêne. Belle cuisine
actualisée.

MENDE ℙ – 48 Lozère – 330 J7 – 12 378 h. – alt. 731 m – ⊠ 48000   23 C1
▮ Languedoc Roussillon

    ▶ Paris 584 – Alès 102 – Aurillac 150 – Gap 305
    🛈 Place du Foirail ℰ 04 66 94 00 23
    ◎ Cathédrale★ - Pont N.-Dame★.

🏠 **De France**

9 bd. L. Arnault
– ℰ 04 66 65 00 04
– *www.hoteldefrance-mende.com*
– *Fermé 26 déc.-12 janv.*   **v**
22 ch – †75/97 € ††78/98 € – 5 suites – ⊡ 12 € – ½ P 75/88 €
Rest – *(fermé lundi midi hors saison et sam. midi)* (24 €) Menu 28/35 €
– Carte environ 38 €

  ◆ Un beau portail dessert cet ex-relais de poste (1856) entièrement redécoré
avec goût : fer forgé, bois wengé, tommettes... Salon moderne et chambres aux
lignes épurées. Cuisine actuelle dans une salle aux tons clairs égayée de tableaux
ou, en été, dans la cour.

MENDE

Aigues-Passes (R. d') 2
Ange (R. de l') 3
Angiran (R. d') 4
Arjal (R. de l') 5
Beurre (Pl. au) 6
Blé (Pl. au) 7
Britexte (Bd) 8
Capucins (Bd des) 9
Carmes (R. des) 10
Chanteronne (R. de) 12
Chaptal (R.) 13
Chastel (R. du) 14
Collège (R. du) 18
Droite (R.) 19
Écoles (R. des) 20
Épine (R. de l') 21
Estoup (Pl. René) 22
Gaulle (Pl. Ch.-de) 23
Montbel (R. du Fg) 24
Piencourt (Allée) 25
Planche (Pont de la) 26
Pont N.-Dame (R. du) 27
République (Pl. et R.) 30
Roussel (Pl. Th.) 32
Soubeyran (Bd du) 33
Soubeyran (R.) 34
Soupirs (Allée des) 36
Urbain V (Pl.) 37

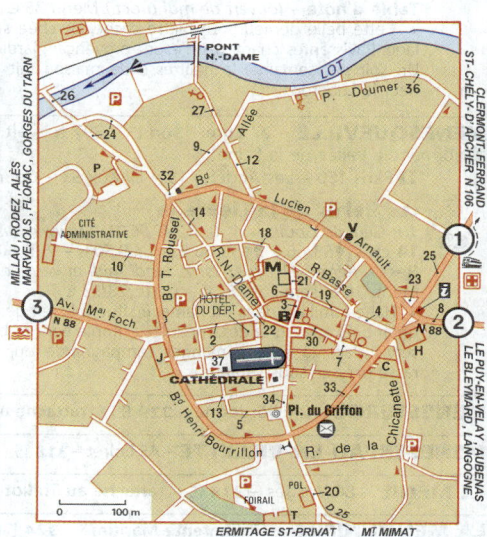

⌂ **Du Pont Roupt** ⬚ 🛁 ⬚ ⬚ ⬚ ⬚ **P** VISA ⬚ AE ⓞ
av. 11-Novembre, par ③ – ⌀ *04 66 65 01 43 – www.hotel-pont-roupt.com
– Fermé 23-29 déc.*
25 ch – ♦75/85 € ♦♦75/125 € – ☲ 12 € – ½ P 75/105 €
Rest – *(fermé dim. soir hors saison, sam. midi et dim. midi)* (20 €)
Menu 24/59 € bc – Carte 32/51 €
♦ Établissement familial en bordure du Lot. Cheminée moderne et sièges de style
au salon, chambres fonctionnelles, belle piscine intérieure et puits illuminé au
sous-sol. Cuisine traditionnelle au restaurant.

à Chabrits 5 km au Nord-Ouest par ③ et D 42 – ⊠ 48000 Mende

✗✗ **La Safranière** ⬚ ⬚ VISA ⬚
😊 *hameau de Chabrits* – ⌀ *04 66 49 31 54 – Fermé 1er-15 mars, 5-11 sept.,
13-29 fév., merc. midi sauf juil.-août, dim. soir et lundi*
Rest – *(prévenir)* (19 €) Menu 23 € (sem.), 28/47 €
♦ Sur les premières marches du Gévaudan, anciennes étables où l'on goûte de la
cuisine actuelle dans un joli décor contemporain. Bon petit choix de vins et fromages régionaux.

MÉNERBES – 84 Vaucluse – **332** E11 – 1 157 h. – alt. 224 m – ⊠ 84560   **42** E1
▌Provence
▶ Paris 713 – Aix-en-Provence 59 – Apt 23 – Avignon 40
◉ ≼ ★ de la terrasse de l'église.

🏰 **La Bastide de Marie** ⬚ ≼ ⬚ ⬚ ⬚ AC ch, ⬚ **P** VISA ⬚ AE ⓞ
rte de Bonnieux – ⌀ *04 90 72 30 20 – www.c-h-m.com – Ouvert 20 avril-3 nov.*
10 ch – ♦220/350 € ♦♦220/350 € – 5 suites – ☲ 20 € – ½ P 225/380 €
Rest – Menu 89 € bc
♦ Cette superbe bastide au cœur des vignes incarne l'esprit de la Provence. Pierres apparentes, meubles anciens, nobles tissus apportent à chaque chambre sa
personnalité. Restaurant romantique et élégant, qui sied à merveille à cette cuisine
aux accents du Sud...

⌂ **La Bastide de Soubeyras** ⬚ ≼ ⬚ ⬚ ⬚ ⬚ ⬚ ⬚ **P**
rte des Beaumettes, à 3 km – ⌀ *04 90 72 94 14 – www.bastidesoubeyras.com*
5 ch ☲ – ♦95/165 € ♦♦95/165 €
Table d'hôte – *(ouvert de mai à oct.)* Menu 35 € bc
♦ Cette belle demeure en pierre sèche, perchée sur une colline, domine le village. Ravissantes chambres d'esprit provençal ; jardin et piscine pour le farniente.
Un soir par semaine, la maîtresse de maison fait table d'hôte et met à l'honneur le Luberon.

MÉNESQUEVILLE – 27 Eure – **304** I5 – 397 h. – alt. 65 m – ⊠ 27850   **33** D2
▌Normandie Vallée de la Seine
▶ Paris 100 – Les Andelys 16 – Évreux 53 – Gournay-en-Bray 33

⌂ **Le Relais de la Lieure** ⬚ ⬚ ⬚ ⬚ ch, **P** VISA ⬚ AE
😊 *1 r. Gén. de Gaulle* – ⌀ *02 32 49 06 21 – www.relaisdelalieure.com*
14 ch – ♦58/66 € ♦♦58/66 € – ☲ 8,50 € – ½ P 60 €
Rest – *(fermé 21 déc.-3 janv., lundi midi et vend. du 15 oct. au 1er avril)*
Menu 16 € (sem.), 24/37 € – Carte 28/53 €
♦ Halte familiale dans un hameau situé à l'orée de la magnifique forêt de Lyons.
Chambres assez grandes, meublées simplement et bien tenues. Plats traditionnels
servis dans la salle à manger campagnarde ou, aux beaux jours, sur la terrasse dressée sous véranda.

MENESTEROL – 24 Dordogne – **329** B5 – **rattaché à Montpon-Ménestérol**

MENESTREAU-EN-VILLETTE – 45 Loiret – **318** J5 – **rattaché à La Ferté-St-Aubin**

LE MÉNIL – 88 Vosges – **314** I5 – **rattaché au Thillot**

LA MÉNOUNIÈRE – 17 Charente-Maritime – **324** B4 – **voir à île d'Oléron**

MENNECY – 91 Essonne – **312** D4 – 13 325 h. – alt. 52 m – ⊠ 91540   **18** B2

> ▶ Paris 43 – Bobigny 53 – Créteil 37 – Évry 10
> 🛈 65, boulevard Général-de-Gaulle ⌖ 01 64 57 11 36

✗   **À Vos Papilles**   AC VISA ⦿ AE

47 bd Charles-de-Gaulle – ⌖ 01 60 77 25 44 – Fermé 3 sem. en août, mardi et merc.
Rest – (20 €) Menu 34 € – Carte 43/55 €
♦ En retrait du centre-ville, ce restaurant réalise une cuisine actuelle avec des produits de qualité et de saison. Une adresse engageante parfaitement tenue.

MENTHON-ST-BERNARD – 74 Haute-Savoie – **328** K5 – 1 818 h.   **46** F1
– alt. 482 m – ⊠ 74290 ▌ Alpes du Nord

> ▶ Paris 548 – Albertville 37 – Annecy 10 – Bonneville 50
> 🛈 Rive plein soleil ⌖ 04 50 60 14 30
> ◉ Château de Menthon★ : ≼★ E : 2 km.

🏨   **Palace de Menthon** ⟲   ≼ 🔥 🚗 🖼 🏊 & ch, AC rest, 📶 🛁 🅿 🚐

665 rte des Bains – ⌖ 04 50 64 83 00   VISA ⦿ AE
– www.palacedementhon.com
63 ch – ♦99/140 € ♦♦130/170 € – 2 suites – � 15 € – ½ P 115/135 €
Rest Le Viù – (25 € bc) Menu 40 €
Rest Palace Beach – (ouvert 15 mai-31 août) Menu 33/38 €
♦ Imposante bâtisse (1911) à la vue imprenable sur le lac et le château. On profite d'un grand parc et de chambres confortables garnies de mobilier de style ou Art déco. Le Viù sert une carte actuelle dans une salle à manger contemporaine et feutrée. Décor mauresque et terrasse donnant sur l'eau au Palace Beach.

🏠   **Beau Séjour** sans rest ⟲   🚗 🅿

161 allée des Tennis – ⌖ 04 50 60 12 04 – www.hotelbeausejour-menthon.com
– Ouvert 15 avril-fin sept.
18 ch – ♦70/82 € ♦♦70/82 € – ⊒ 8 €
♦ À 100 m du lac, cette paisible villa entourée d'un magnifique jardin fleuri possède un charme rétro. Chambres campagnardes, mobilier varié et quelques balcons.

⌂   **La Vallombreuse** ⟲   🚗 🍽 ch, 📶 🅿 VISA ⦿

534 rte Moulins, 700 m. à l'Est par rte du Col de Bluffy – ⌖ 04 50 60 16 33
– www.la-vallombreuse.com
5 ch ⊒ – ♦75/97 € ♦♦75/130 €   **Table d'hôte** – Menu 28 € bc
♦ Au calme d'un jardin, belle maison forte du 15ᵉ s. abritant de vastes chambres garnies de meubles d'antiquaires, savoyards ou de style. Expositions de tableaux dans les salons. Bons repas copieux à la table d'hôte.

✗   **Le Confidentiel**   VISA ⦿

24 rte des Moulins – ⌖ 04 50 44 00 68 – Fermé 23 mai-6 juin et lundi sauf le soir en juil.-août
Rest – (nombre de couverts limité, prévenir) (23 €) Menu 28 €
♦ Une belle petite adresse dans une maison de village, juste en dessous du château. La cuisine est bien présentée, délicate et subtile : velouté de courge, cabillaud cocos champignons...

MENTON – 06 Alpes-Maritimes – **341** F5 – 27 655 h. – Casino : du Soleil   **42** E2
AZ – ⊠ 06500 ▌ Côte d'Azur

> ▶ Paris 956 – Cannes 63 – Cuneo 102 – Monaco 11
> 🛈 8, avenue Boyer ⌖ 04 92 41 76 76
> ◉ Site★★ - Vieille ville★★ : Parvis St-Michel★★, Façade★ de la Chapelle de la Conception BY **B** - ≼★ du cimetière Anglais BX **D** - Promenade du Soleil★★, ≼★ de la jetée Impératrice-Eugénie BV - Jardin de Menton★ : le Val Rameh★ BV **E** - Salle des mariages★ de l'hôtel de Ville BY **H** - Musée des Beaux-Arts★ (palais Carnolès) AX **M¹**.
> 🟢 Jardin Hanbury★★ à Vintimille, O : 2 km.

Plans pages suivantes

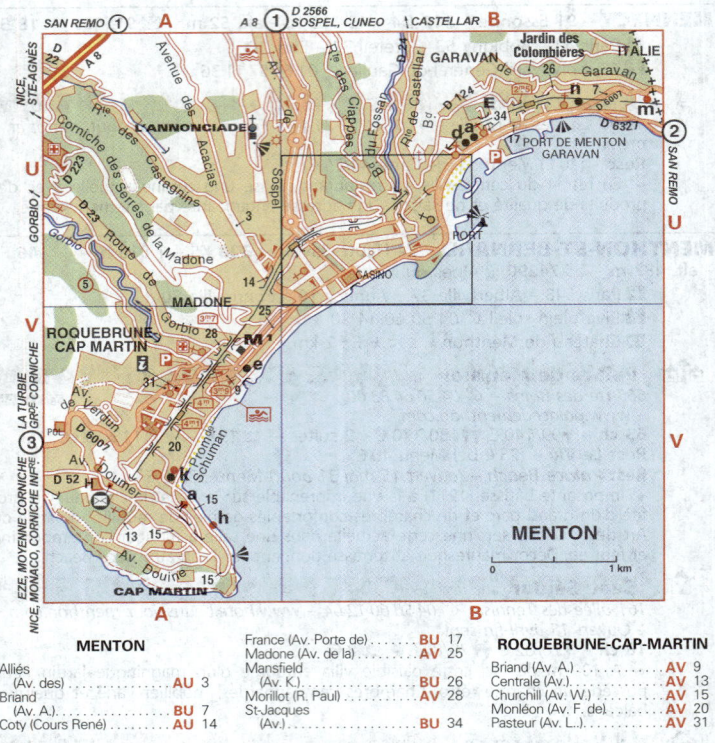

MENTON

Alliés
(Av. des) . . . . **AU** 3
Briand
(Av. A.) . . . . **BU** 7
Coty (Cours René) . . . . **AU** 14

France (Av. Porte de) . . . . **BU** 17
Madone (Av. de la) . . . . **AV** 25
Mansfield
(Av. K.) . . . . **BU** 26
Morillot (R. Paul) . . . . **AV** 28
St-Jacques
(Av.) . . . . **BU** 34

ROQUEBRUNE-CAP-MARTIN

Briand (Av. A.) . . . . **AV** 9
Centrale (Av.) . . . . **AV** 13
Churchill (Av. W.) . . . . **AV** 15
Monléon (Av. F. de) . . . . **AV** 20
Pasteur (Av. L..) . . . . **AV** 31

Riva sans rest   ⟨ 🛗 ⚐ AC 📶 📡 🚗 VISA 🅒🅓 AE ⓞ

600 promenade du Soleil – ℰ 04 92 10 92 10 – www.rivahotel.com   **CZn**
40 ch – 🕴93/131 € 🕴🕴93/131 € – ⊑ 11 €

◆ Sur le front de mer, hôtel balnéaire récent avec solarium, jacuzzi et restaurant d'été sur le toit. Chambres très confortables ; balcons face à la grande bleue ou la montagne.

Napoléon   ⟨ 🍽 🏊 ⅃🍸 🛗 ⚐ ch, AC 📶 ♨ P VISA 🅒🅓 AE ⓞ

29 Porte de France – ℰ 04 93 35 89 50 – www.napoleon-menton.com
43 ch – 🕴79/174 € 🕴🕴104/179 € – 1 suite – ⊑ 12 €   **BUa**
Rest Napoléon – *(ouvert d'avril à sept.)* Carte 36/66 €

◆ L'élégant décor contemporain des chambres rend hommage à des artistes ayant séjourné à Menton (Cocteau, Sutherland...). Celles qui ont vue sur mer possèdent une belle terrasse en teck. Le restaurant de plage propose poissons grillés, barbecues et une riche carte de glaces.

Princess et Richmond   ⟨ ⅃🍸 🛗 AC 📶 P 🚗 VISA 🅒🅓 AE ⓞ

617 promenade du Soleil – ℰ 04 93 35 80 20 – www.princess-richmond.com
– *Fermé 6 nov.-16 déc.*   **CZs**
44 ch – 🕴89/137 € 🕴🕴90/138 € – 2 suites – ⊑ 11 € – ½ P 81/105 €
Rest Le Galet – ℰ 04 93 35 24 75 *(fermé lundi midi, merc. midi et mardi)*
(15 € bc) Menu 29 €

◆ Plage de galets au pied de l'hôtel, toit-solarium et jacuzzi panoramiques, confortables chambres dont certaines avec vue : la grande bleue à l'honneur ! Au restaurant, cadre actuel et cuisine traditionnelle revisitée valorisant des recettes régionales oubliées.

Adémar de Lantagnac (R. d')	**DY** 2	
Bonaparte (Quai)	**DX** 4	
Bosano (R. Lt)	**DY** 5	
Boyer (Av.)	**CYZ** 6	
Édouard-VII (Av.)	**CYZ** 16	
Félix-Faure (Av.)	**CDY**	
Gallieni (R. Gén.)	**DY** 18	
Guyau (R.)	**DY** 19	
Logettes (R. des)	**DY** 22	
Longue (R.)	**DX** 23	
Lorédan-Larchey (R.)	**DY** 24	
Monléon (Quai de)	**DY** 27	
Napoléon-III (Quai)	**DY** 29	
Partouneaux (R.)	**DY** 30	
République (R. de la)	**DY** 33	
St-Michel (R.)	**DY**	
St-Roch (Pl.)	**DY** 35	
Thiers (Av.)	**CY** 36	
Trenca (R.)	**DY** 37	
Verdun (Av. de)	**CYZ** 40	
Vieux-Château (R.)	**DX** 42	
Villarey (R.)	**DY** 44	

Prince de Galles

≤ 🚗 🏠 📶 AC ch. 📶 🛁 P P VISA ☺ AE ①

4 av. Gén. de Gaulle – ℰ 04 93 28 21 21 – www.princedegalles.com
64 ch – 🛏69/138 € 🛏🛏74/138 € – ⴑ 12 €   **AVe**
Rest Petit Prince – ℰ 04 93 41 66 05 *(fermé 17 nov.-12 déc.)* (17 €)
Menu 23/40 € – Carte 32/53 €

◆ Claude Monet aurait séjourné en cet hôtel occupant les murs d'une caserne de carabiniers des princes de Monaco (1860). Chambres fonctionnelles, à choisir face à la mer. L'été, agréable terrasse ombragée par deux majestueux palmiers. Plats traditionnels.

Chambord sans rest

📶 AC 📶 📶 🚗 VISA ☺ AE

6 av. Boyer – ℰ 04 93 35 94 19 – www.hotel-chambord.com   **CYZa**
40 ch – 🛏70/100 € 🛏🛏80/120 € – ⴑ 8 €

◆ Hôtel fonctionnel situé près du palais de l'Europe. Petits-déjeuners exclusivement servis dans les chambres. Elles sont insonorisées et presque toutes dotées d'un balcon.

Méditerranée

📶 & ch. AC 📶 rest. 📶 🚗 VISA ☺ AE ①

5 r. de la République – ℰ 04 92 41 81 81 – www.hotel-med-menton.com
89 ch – 🛏69/159 € 🛏🛏82/159 € – ⴑ 14 € – ½ P 59/96 €   **DYa**
Rest – (19 €) Menu 26 € – Carte 25/31 €

◆ Ce grand bâtiment moderne proche de la vieille ville dispose de chambres confortables, dotées d'un mobilier en bois blond. Salon-bar panoramique. Ambiance contemporaine, avec le cinéma pour thème, au restaurant décoré de photos de stars. Plats traditionnels.

Paris Rome   🍽 AC ✄ ch, "¶" VISA ⑳ AE ⓪

79 Porte de France – 𝒞 04 93 35 70 35 – www.paris-rome.com
– Fermé 8 nov.-28 déc. et 12-26 janv.   BU**n**
16 ch – ♦68/78 € ♦♦68/130 € – 2 suites – ⌂ 13 € – ½ P 114/132 €
Rest – *(fermé mardi midi et lundi) (nombre de couverts limité, prévenir)* (34 €)
Menu 55/88 € – Carte 65/100 €
♦ À l'entrée du port de Garavan, hôtel qui a revu en profondeur sa décoration
dans un esprit contemporain, mêlant styles classique et provençal. Lounge bar
cossu. Restaurant aux touches méridionales, ouvert sur un patio ; cuisine au
goût du jour.

XXX **Mirazur** (Mauro Colagreco)   ≤ 🚗 ⅖ AC ⇔ P VISA ⑳ AE
❀
30 av. Aristide Briand – 𝒞 04 92 41 86 86 – www.maurocolagreco.com
– Ouvert de mi-fév. à début nov. et fermé le midi en juil.-août sauf week ends,
lundi et mardi   BU**m**
Rest – *(nombre de couverts limité, prévenir)* (29 € bc) Menu 33 € (déj. en sem.),
55/105 € – Carte 85/100 €
Spéc. Ragoût de différentes courgettes de notre potager, bouillon de légumes
grillés. Poisson de la pêche locale, oseille et jus fumé. Semi freddo au citron de
Menton, granité verveine, sorbet au yaourt (février-mars). **Vins** Bellet, Côtes de
Provence.
♦ L'architecture contemporaine et le décor épuré mettent en avant la vue
sublime sur la mer et la vieille ville. Fine cuisine dans l'air du temps préparée par
un chef d'origine argentine.

X **La Cantinella**   AC VISA ⑳

8 r. Trenca – 𝒞 04 93 41 34 20 – Fermé 10 janv.-10 fév., merc. midi et mardi sauf
fériés   DY**d**
Rest – *(nombre de couverts limité, prévenir)* Menu 20 € (sem.) – Carte 20/50 €
♦ Le patron, sicilien, aime faire plaisir à ses clients et leur mitonne de savoureux
plats du Sud (entre Nice et Italie) valorisant les produits du marché. Convivialité
garantie.

à Monti 5 km au Nord par rte de Sospel – CX ✉ 06500 Menton

XX **Pierrot-Pierrette** avec ch   ≤ 🚗 ☃ AC rest, ✄ ch, "¶" VISA ⑳
☺
pl. de l'Église – 𝒞 04 93 35 79 76 – www.pierrotpierrette.fr – Fermé 6 déc.-14 janv.
et lundi sauf fériés
7 ch – ♦67 € ♦♦77 € – ⌂ 8 €
Rest – Menu 28/40 € – Carte 34/52 €
♦ Auberge familiale perchée sur les hauteurs de Menton, généreuse par son
accueil et sa goûteuse cuisine régionale. La fidélité de la clientèle en témoigne.
Coquet intérieur et chambres rénovées.

LES MENUIRES – 73 Savoie – **333** M6 – alt. 1 400 m – Sports   **46** F2
d'hiver : 1 400/3 200 m ⚡ 8 ⚡36 ⚡ – ✉ 73440 St Martin de Belleville
▮ Alpes du Nord

▶ Paris 632 – Albertville 51 – Chambéry 101 – Moûtiers 27
🅸 immeuble Belledonne 𝒞 04 79 00 73 00

Chalet Hôtel Kaya 🕭   ≤ 🍽 🖥 ⑳ ♨ 🖢 ⅖ "¶" 🛁 P 🔲 VISA ⑳ AE

à Reberty – 𝒞 04 79 41 42 00 – www.hotel-kaya.com – Ouvert de mi-déc. à
mi-avril
50 ch – ♦184/646 € ♦♦184/646 € – 4 suites – ⌂ 24 €
Rest *Le K* – Menu 60 € (dîner)/70 € – Carte 35/56 € le midi
♦ Paisibles salons (billard, cheminée), chambres confortables, dans un style
épuré et contemporain joliment rehaussé par la chaleur du bois. Sauna, hammam,
piscine. Cuisine actuelle (avec des accents terroir) et, à l'heure du goûter, gourmandises pour tout le monde !

L'Ours Blanc 🏔 ⟨ 🛗 ⅙ 🛏 ♿ ch. ⚒ 🍽 🏋 🅿 💳 🏧

à Reberty 2000 – ☏ 04 79 00 61 66 – www.hotel-ours-blanc.com
– *Ouvert 5 déc.-16 avril*
53 ch (½ P seult) – ½ P 82/108 €   **Rest** – Menu 26/95 € – Carte 40/95 €
◆ Sur les pistes des Trois-Vallées, grand chalet au décor montagnard. Chambres claires avec balcon ; salon douillet (cheminée) et beau fitness. Chaleureux restaurant "tout bois" tourné vers le massif de la Masse ; recettes régionales.

MERCATEL – 62 Pas-de-Calais – **301** J6 – **rattaché à Arras**

MERCUÈS – 46 Lot – **337** E5 – **rattaché à Cahors**

MERCUREY – 71 Saône-et-Loire – **320** I8 – 1 310 h. – alt. 269 m   **8** C3
– ✉ 71640

▶ Paris 344 – Autun 39 – Beaune 26 – Chagny 11

Hôtellerie du Val d'Or 🚗 🆎 🍽 🅿 🚙 💳 🏧 AE

140 Grande-Rue – ☏ 03 85 45 13 70 – www.le-valdor.com
– *Fermé 18 déc.-17 janv., mardi midi et lundi*
12 ch – †77/98 € ††77/98 € – ☐ 11 € – ½ P 87 €
Rest – Menu 29 € (dîner), 39/76 € – Carte 45/105 €
◆ Dans ce village vigneron de la Côte chalonnaise, l'ancien relais de poste offre désormais une douzaine de chambres. Agréable jardin. Salle à manger rustique avec cheminée et poutres apparentes.

MÉREAU – 18 Cher – **323** I4 – **rattaché à Vierzon**

MÉRIBEL – 73 Savoie – **333** M5 – **Sports d'hiver : 1 450/2 950 m** 🎿 16   **46** F2
🎿 45 🎿 – ✉ 73550 ▮ Alpes du Nord

▶ Paris 621 – Albertville 41 – Annecy 85 – Chambéry 90
🅸 Le Bourg ☏ 04 79 08 60 01
🆘 Méribel B.P. 54, NE : 4 km, ☏ 04 79 00 52 67
🆗 ❄★★★ la Saulire, ❄★★ Mont du Vallon, ❄★★ Roc des Trois marches, ❄★★ Tougnète.

Plan page suivante

L'Hélios 🏔 🛗 🍽 ♿ ⚒ 🍽 🚙 💳 🏧 AE

rte de la Renarde – ☏ 04 79 24 22 42 – www.lhelios.com – *Ouvert déc.-avril et juil.-août*   **m**
18 ch (½ P seult) – ½ P 240/500 €   **Rest** – Menu 55 € – Carte 45/90 €
◆ Sur les hauteurs de Méribel, un superbe chalet en pierre et mélèze de Sibérie. Chambres au décor raffiné, dans un style contemporain, nordique ou savoyard. Accueil attentionné. Au restaurant, produits frais (poissons, petits légumes) et vue panoramique sur les cimes.

Le Grand Cœur & Spa 🏔 ⟨ 🛗 🆗 ⅙ 🛏 ♿ ch. 🍽 🅿 🚙

– ☏ 04 79 08 60 03 – www.legrandcoeur.com – *Ouvert*   💳 🏧 AE ①
17 déc.-3 avril   **a**
35 ch ☐ – †260/705 € ††285/880 € – 4 suites
Rest – Menu 80 € (dîner)/95 € – Carte 60/180 € 🎇
◆ Romantisme et luxe se sont donné rendez-vous dans ce majestueux hôtel – l'un des plus anciens de la station. Bois blond et belles étoffes ornent les chambres. Piano-bar cosy et spa. Arcades et boiseries claires au restaurant ; cuisine soignée.

Allodis 🏔 ⟨ 🛗 🔲 🆗 ⅙ 🛏 ♿ ch. ⚒ 🍽 🚙 💳 🏧

au Belvédère – ☏ 04 79 00 56 00 – www.hotelallodis.com – *Ouvert début juil. à fin août et de mi-déc. à fin avril*   **d**
44 ch – †145/386 € ††226/552 € – 6 suites – ½ P 133/351 €
Rest – (40 €) Menu 49 € (déj.)/80 € – Carte 70/95 €
◆ Ce joli chalet domine la station, donnant directement sur les pistes. Chambres spacieuses (balcon), douillettes et décorées dans un esprit montagne. Piscine, sauna, hammam. Cuisine traditionnelle servie dans un cadre cossu ; terrasse panoramique face à la vallée.

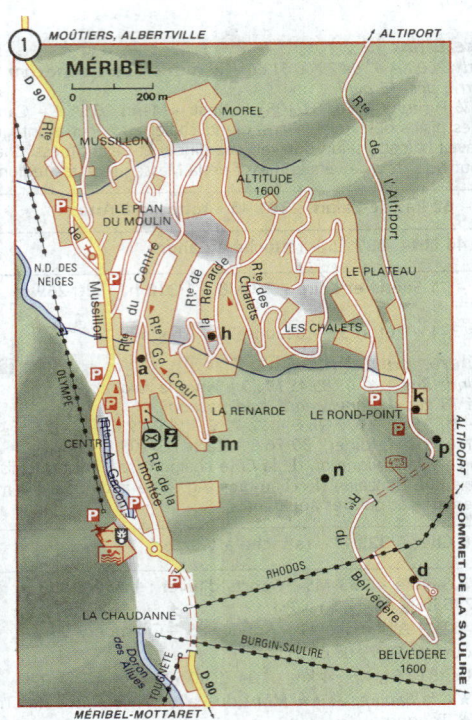

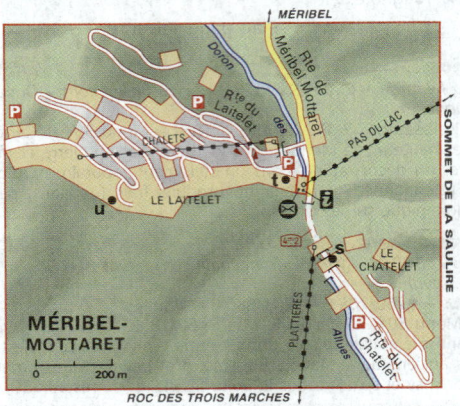

🏠 **Le Yéti** ⚜️   ⟨ 🍴 🛋 🛁 🐕 ch, 🍽 ℗ 🛗 🚗 💳 ⑩
rd-pt des Pistes – ℰ 04 79 00 51 15 – www.hotel-yeti.com – *Ouvert 2 juil.-28 août*
et 9 déc.-24 avril   **P**
31 ch ⚏ – 🛏278 € 🛏🛏278/342 € – ½ P 209/229 €
Rest – Menu 29 € (déj.), 35/49 €
♦ Un chaleureux "home" des neiges : décoration raffinée – boiseries cirées, jolies
têtes de lit –, bar et salon au coin du feu, sauna et hammam. Tables joliment
dressées au restaurant (le soir) et terrasse plein sud, idéale à l'heure du déjeuner.

Marie-Blanche � ⟨ 🍴 🖼 🛁 ch, 🍴 rest, 🛜 P VISA 🅾

rte de la Renarde – 𝒞 04 79 08 65 55 – www.marie-blanche.com
– Ouvert 5 juil.-27 août et 13 déc.-20 avril   **h**
21 ch ⚏ – ✝85/203 € – ✝✝95/276 € – ½ P 80/188 €
Rest – (fermé le midi du 5 juil. au 27 août) Menu 43 € (dîner) – Carte 48/75 €
• Ce chalet familial vous accueille dans de coquettes chambres savoyardes dotées
d'un balcon. Salon-bar avec cheminée centrale et vue sur la montagne. Jolie terrasse,
salle à manger éclairée par de grandes baies vitrées et cuisine régionale.

L'Orée du Bois ⟨ 🍴 ☃ 🖼 🍴 🛜 VISA 🅾 ①

rte du Belvédère, au rd-pt des Pistes – 𝒞 04 79 00 50 30 – www.meribel-oree.com
– Ouvert 15 déc.-24 avril   **k**
35 ch (½ P seult) – ½ P 156/178 €
Rest – (32 €) Menu 39 € (déj.), 48/52 € – Carte 32/53 € le midi
• Une adresse sympathique qui cultive la tradition savoyarde. Chambres lambris-
sées dotées d'un balcon. En hiver, belles flambées dans la cheminée du salon.
Carte brasserie le midi et plus traditionnelle le soir ; sushis sur commande. Ter-
rasse panoramique

Adray Télébar ⚘ ⟨ 🦌 VISA 🅾 AE

sur les pistes (accès piétonnier) – 𝒞 04 79 08 60 26 – www.telebar-hotel.com
– Ouvert 15 déc.-15 avril   **n**
29 ch (½ P seult) – ½ P 145/220 €   **Rest** – (25 €) Menu 31 € – Carte 39/59 €
• L'accueil courtois – on vient vous chercher en chenillette – et la situation, atypique et dépaysante, font oublier un intérieur simple. Chambres bien tenues. À
table, cuisine familiale et terrasse panoramique avec vue imprenable sur le
domaine skiable.

✗✗ Le Plantin 🍴 P VISA 🅾 AE

3,5 km par ① – 𝒞 04 79 04 12 11 – www.leplantin.com – Ouvert 16 déc.-24 avril
et 1er juil.-31 août
Rest – (30 €) Menu 68 € – Carte 60/90 €🍸
• Très beau chalet, tout en lambris, pierres, objets agrestes et touches contemporaines. Cuisine savoureuse réalisée avec de bons produits ; cave recélant de grands crus.

✗✗ Le Blanchot ⟨ 🍴 P VISA 🅾 AE

3,5 km par rte de l'Altiport – 𝒞 04 79 00 55 78 – Ouvert juil.-août
et 15 déc.-20 avril
Rest – Carte 45/70 €🍸
• Ce chalet, bordé par les pistes et le golf, dispose d'une salle cosy et d'une terrasse
tournée vers la forêt de sapins. Recettes savoyardes, plats actuels et belle cave.

à l'altiport Nord-Est : 4,5 km – ✉ 73550 Méribel-les-Allues

Altiport Hôtel ⚘ ⟨ 🍴 ☃ 🛁 🖼 🍴 🏊 🚠 VISA 🅾 AE

– 𝒞 04 79 00 52 32 – www.altiporthotel.com – Ouvert de déc. à mi-avril et de
mi-juin à mi-sept.
40 ch – ✝240/290 € ✝✝240/290 € – 1 suite – ⚏ 20 € – ½ P 180/205 €
Rest – (35 €) Menu 55 € (dîner) – Carte environ 75 € le soir
• Grand chalet jouxtant l'altiport (survol du mont Blanc) et proche du golf.
Coquettes chambres bien insonorisées ; confortable salon (cheminée). Cuisine traditionnelle servie dans une élégante salle montagnarde ; terrasse ensoleillée
offrant un beau panorama.

à Méribel-Mottaret 6 km – ✉ 73550 Méribel les Allues

Mont Vallon ⟨ 🔲 🛁 🖼 🍴 🏊 🚠 VISA 🅾 AE

– 𝒞 04 79 00 44 00 – www.hotel-montvallon.com – Ouvert de mi-déc. à mi-avril
90 ch (½ P seult) – 2 suites – ½ P 205/325 €   **s**
Rest Le Chalet – (fermé le midi) (résidents seult)
Rest Brasserie Le Schuss – (37 €) Menu 49 € – Carte 50/70 €
• Atmosphère douillette (boiseries, tissus coordonnés...) dans les chambres de ce
grand hôtel situé au pied des pistes. Sauna, hammam, squash, jacuzzi. Décor chaleureux et chic au Chalet. Côté Brasserie, petite restauration le midi et plats
savoyards le soir.

Alpen Ruitor ⟨ 🛏 📶 ⟩ rest, ⟨🍴⟩ 🎿 🚗 VISA 🅶🅱 ⓞ

– ☎ 04 79 00 48 48 – www.alpenruitor.com – *Ouvert de mi-déc. à mi-avril*
44 ch ⌑ – ⟨†⟩215/335 € ⟨††⟩300/420 € – 1 suite – ½ P 165/340 €   **t**
Rest – Menu 35 € (dîner) – Carte 21/47 €
♦ Les chambres disposent d'un balcon avec vue sur les pistes (sud) ou la vallée (nord). Ambiance et décor aux couleurs du Tyrol. Agréable salon-bar (cheminée). Accueil attentionné. Jolies fresques dans la salle à manger, où l'on sert des spécialités régionales.

Les Arolles ⤳ ⟨ 🛏 🏊 ┃🔥┃📶 ⟩ rest, ⟨🍴⟩ 🚗 VISA 🅶🅱

– ☎ 04 79 00 40 40 – www.arolles.com – *Ouvert 17 déc.-17 avril*
54 ch ⌑ – ⟨†⟩150/180 € ⟨††⟩220/280 € – ½ P 130/185 €   **u**
Rest – (22 €) Menu 27/45 € – Carte 27/40 €
♦ Imposant chalet ménageant un accès direct aux pistes et aux arolles – l'autre nom des pins cembro de la région. Chambres bien tenues, avec balcon ; espaces détente et loisirs. Cuisine régionale (raclettes, fondues) et grande terrasse, bien agréable au déjeuner.

aux Allues Nord : 7 km par D 915[A] – 1 893 h. – alt. 1 125 m – ⌖ 73550

La Croix Jean-Claude ⤳ 🚳 VISA 🅶🅱 🅰🅴

– ☎ 04 79 08 61 05 – www.croixjeanclaude.com – *Fermé 1er mai-1er juin*
15 ch – ⟨†⟩88/130 € ⟨††⟩88/130 € – ⌑ 9 € – ½ P 83/112 €
Rest – *(fermé sam. midi et dim. midi hors saison)* Carte 35/75 €
♦ Cette bâtisse de la fin des années 1940 compte parmi les plus anciens hôtels des Trois-Vallées. Douillettes chambres montagnardes ; salon et bar chaleureux. Au restaurant, cadre savoyard et cuisine traditionnelle.

MÉRIGNAC – 33 Gironde – **335** H5 – **rattaché à Bordeaux**

MERKWILLER-PECHELBRONN – 67 Bas-Rhin – **315** K3 – 867 h.   **1** B1
– alt. 160 m – ⌖ 67250 ┃ Alsace Lorraine
▶ Paris 496 – Haguenau 17 – Strasbourg 51 – Wissembourg 18
🎫 1, route de Lobsann ☎ 03 88 80 72 36

✂✂ Auberge Baechel-Brunn avec ch 🅰🅲 📶 VISA 🅶🅱

3 rte de Soultz – ☎ 03 88 80 78 61 – www.baechel-brunn.com
– *Fermé 10-30 août, 2 sem. en janv., dim. soir, lundi soir et mardi*
5 ch ⌑ – ⟨†⟩40 € ⟨††⟩75 €   **Rest** – (20 €) Menu 38/50 € – Carte 35/53 €
♦ Poutres et murs clairs, pierres apparentes : le charme d'une vieille grange, l'épure contemporaine. Fine cuisine aux notes actuelles, réalisée avec d'excellents produits. Chambres coquettes dans une résidence située à quelques pas du restaurant ; jardin arboré.

MERLETTE – 05 Hautes-Alpes – **334** F4 – **rattaché à Orcières**

MERRY-SUR-YONNE – 89 Yonne – **319** E6 – 216 h. – **alt. 150 m**   **7** B2
– ⌖ 89660
▶ Paris 203 – Auxerre 44 – Avallon 32 – Dijon 139

⌂ Le Charme Merry ⤳ 🚳 🛏 🏊 🅰🅲 ch, 📶 ⟨📶⟩ 🅿 VISA 🅶🅱

30 rte de Compostelle – ☎ 03 86 81 08 46 – www.lecharmemerry.com
– *Fermé 2 janv.-11 mars*
4 ch ⌑ – ⟨†⟩135 € ⟨††⟩135 €   **Table d'hôte** – Menu 45 € bc
♦ Dans cette maison de vigneron (1647), il fait bon flâner près de la piscine ou musarder dans les superbes chambres contemporaines (pierre de pays, grandes photos prises par le patron, salles d'eau design).

MÉRU – 60 Oise – **305** D5 – 12 651 h. – **alt. 110 m** – ⌖ 60110   **36** B3
┃ Nord Pas-de-Calais Picardie
▶ Paris 60 – Beauvais 27 – Compiègne 74 – Mantes-la-Jolie 62
🎫 des Templiers à Ivry-le-Temple, O : 9 km par D 121 et D 105,
☎ 03 44 08 73 72

✂ **Les Trois Toques** 　　　　　　　　　AC ♨ VISA ⊙⊙
21 r. P. Curie – ℰ 03 44 52 01 15 – www.lestroistoques.fr – Fermé 1er-15 août, dim. soir, mardi soir et merc.
Rest – (18 €) Menu 30/48 €

◆ Cuisine au goût du jour concoctée par le chef-patron et servie dans une salle au cadre moderne, rehaussée d'un mobilier rustique. Un agréable moment en perspective.

MERVILLE FRANCEVILLE-PLAGE – 14 Calvados – 303 K4 　　32 B2
– 1 740 h. – alt. 2 m – ✉ 14810

▶ Paris 225 – Beuvron-en-Auge 20 – Cabourg 7 – Caen 20
🛈 place de la Plage ℰ 02 31 24 23 57

🏠 **Le Vauban** sans rest 　　　　　　　　📶 P VISA ⊙⊙
8 rte de Cabourg – ℰ 02 31 24 23 37 – www.hotel-vauban-franceville.com – Fermé 28 nov.-16 déc.
15 ch – ♦50/63 € ♦♦50/63 € – � 10 €

◆ En bord de route et non loin de la plage, un établissement familial aux chambres simples et bien tenues, plus calmes dans l'annexe. Petit-déjeuner buffet. Accueil sympathique.

MÉRY-SUR-OISE – 95 Val-d'Oise – 305 E6 – 101 4 – voir à Paris, Environs
(Cergy-Pontoise)

LE MESNIL-AMELOT – 77 Seine-et-Marne – 312 E1 – voir à Paris, Environs

---

MESNIL-ST-PÈRE – 10 Aube – 313 G4 – 386 h. – alt. 131 m 　　13 B3
– ✉ 10140 ▌Champagne Ardenne

▶ Paris 200 – Bar-sur-Aube 32 – Châtillon-sur-Seine 55 – St-Dizier 74
◉ Parc naturel régional de la forêt d'Orient★★.

✂✂✂ **Auberge du Lac - Au Vieux Pressoir** avec ch 　　🍴 ⅃ ch, AC rest,
5 r. du 28 août – ℰ 03 25 41 27 16 　　　　　　　📶 🄓 P VISA ⊙⊙ AE
– www.au-vieux-pressoir.com – Fermé 13 déc.-20 janv., dim. soir du 4 nov. au 11 mars, lundi midi et mardi midi
21 ch – ♦69/115 € ♦♦75/127 € – � 14 €
Rest – Menu 25 € (déj.), 40/78 € – Carte 62/118 €

◆ Cette jolie maison à colombages typique de la Champagne humide abrite un lumineux intérieur néorustique. Cuisine au goût du jour avec quelques touches d'originalité. Chambres bien tenues.

LE MESNIL-SUR-OGER – 51 Marne – 306 G9 – 1 077 h. – alt. 119 m 　　13 B2
– ✉ 51190 ▌Champagne Ardenne

▶ Paris 158 – Châlons-en-Champagne 31 – Épernay 16 – Reims 43
◉ Musée de la vigne et du vin (maison Launois).

✂✂ **Le Mesnil** 　　　　　　　　　　　AC P VISA ⊙⊙ AE ⓪
2 r. Pasteur – ℰ 03 26 57 95 57 – www.restaurantlemesnil.com – Fermé dim. soir et merc.
Rest – (18 €) Menu 24 € – Carte 45/58 €

◆ Tête de veau à la lyonnaise, pied de cochon grillé, tartare de rumsteak... Une bonne cuisine bistrotière dans ce restaurant situé au cœur d'un village viticole. Carte de champagnes.

MESNIL-VAL – 76 Seine-Maritime – 304 H1 – ✉ 76910 　　33 D1
▶ Paris 184 – Amiens 96 – Dieppe 28 – Le Tréport 6

🏨 **Royal Albion** sans rest ⅁ 　　　　　🌙 ⅃ ♨ 📶 P VISA ⊙⊙
1 r. de la Mer – ℰ 02 35 86 21 42 – www.treport-hotels.com – Fermé 20-28 déc.
25 ch – ♦65/76 € ♦♦69/136 € – � 10 €

◆ Perchée sur une falaise, ex-caserne de douaniers du 19e s. à l'allure coloniale et au décor intérieur soigné. Chambres de styles très variés : Louis XVI, victorien, Art nouveau...

MESQUER – 44 Loire-Atlantique – **316** B3 – 1 658 h. – alt. 6 m – ⊠ 44420   **34** A2

▶ Paris 460 – La Baule 16 – Nantes 86 – St-Nazaire 29

🛈 place du Marché - Quimiac ✆ 02 40 42 64 37

🍴🍴 **La Vieille Forge**   🕌 ✓ AC VISA ⑳ AE

32 r. d'Aha – ✆ 02 40 42 62 68 – Fermé 15 janv.-7 fév., lundi soir, mardi et merc.
Rest – Menu 13 € (déj. en sem.), 25/50 € – Carte 30/45 €
♦ Cette ancienne forge (1711) abrite deux salles dont l'une donne sur le jardin et la terrasse. Un jeune chef y prépare désormais une cuisine traditionnelle bien tournée.

MESSANGES – 40 Landes – **335** C12 – 885 h. – alt. 8 m – ⊠ 40660   **3** A2

▶ Paris 717 – Bayonne 46 – Bordeaux 157 – Mont-de-Marsan 92

🛈 route des Lacs ✆ 05 58 48 93 10

🏨 **La Maison de la Prade** sans rest ⊰   🛏 ✓ 🛁 ¶ 🛎 P VISA ⑳

av. de la Plage – ✆ 05 58 48 38 96 – www.lamaisondelaprade.com – Ouvert de mars à nov.
16 ch – †90/120 € ††90/178 € – ⊇ 12 €
♦ Près d'une plage sauvage et cerné par une forêt de pins, un bâtiment Art déco réaménagé en hôtel contemporain. Chambres spacieuses et claires ; terrasse au bord de la piscine.

MESSERY – 74 Haute-Savoie – **328** K2 – 1 951 h. – alt. 428 m – ⊠ 74140   **46** F1

▶ Paris 560 – Annecy 68 – Annemasse 23 – Thonon-les-Bains 17

🛈 5, rue des Écoles ✆ 04 50 94 75 55

🍴 **L'Atelier des Saveurs**   🕌 ✓ P VISA ⑳

7 chemin sous les Prés – ✆ 04 50 94 73 40 – Fermé 26 oct.-5 nov., 15-30 mars, dim. et lundi
Rest – Menu 26/60 € – Carte 43/64 €🍷
♦ Sympathique adresse associant un restaurant au décor contemporain et une vinothèque. Une belle carte des vins escorte la goûteuse cuisine traditionnelle du chef.

MÉTABIEF – 25 Doubs – **321** I6 – 897 h. – alt. 960 m – Sports d'hiver : 1000/1423 m ⅍ 20 ⅍ – ⊠ 25370 ▌ Franche-Comté Jura   **17** C3

▶ Paris 466 – Besançon 78 – Champagnole 45 – Morez 49

🏨 **Étoile des Neiges**   🛏 ✓ ch, ¶ P 🚗 VISA ⑳ AE

4 r. du Village – ✆ 03 81 49 11 21 – www.hoteletoiledesneiges.fr
23 ch – †54 € ††54 € – ⊇ 6 € – ½ P 48/50 €
Rest – (fermé jeudi soir et dim. soir hors saison) (10 €) Menu 17/26 € – Carte 23/50 €
♦ Hôtel familial très bien tenu dans une station prisée, été comme hiver, des "vététistes", randonneurs et skieurs. Jolies chambres lambrissées avec balcon fleuri. Cuisine régionale soignée à déguster dans une sobre salle habillée de bois.

METZ P – 57 Moselle – **307** I4 – 124 435 h. – Agglo. 322 526 h. – alt. 173 m – ⊠ 57000 ▌ Alsace Lorraine   **26** B1

▶ Paris 330 – Luxembourg 62 – Nancy 57 – Saarbrücken 69

✈ de Metz-Nancy-Lorraine : ✆ 03 87 56 70 00, 35 km par ③.

📟 ✆ 3635 et tapez 42 (0,34 €/mn)

🛈 place d'Armes ✆ 03 87 55 53 76

🏌 de la Grange-aux-Ormes à Marly Rue de la Grange aux Ormes, S : 3 km par D 5, ✆ 03 87 63 10 62

🏌 du Technopôle Metz 1 rue Félix Savart, par D 955 : 5 km, ✆ 03 87 78 71 04

🏌 de Metz Chérisey à Verny Château de Cherisey, par D 913 et D 67 : 14 km, ✆ 03 87 52 70 18

◉ Cathédrale St-Etienne★★★ CDV - Porte des Allemands★ DV - Esplanade★ CV : église St-Pierre-aux-Nonnains★ CX V - Place St-Louis★ DVX - Église St-Maximin★ DVX - Narthex★ de l'église St-Martin DX - ≼★ du Moyen Pont CV - Musée de la Cour d'Or★★ (section archéologique★★★) M¹ - Place du Général de Gaulle★.

Plans pages suivantes

La Citadelle (Christophe Dufossé)　　🛗 🚫 ch, AC ⁽ᵗ⁾ ⅍ P VISA ᎒᎒ AE ⓸

❀

5 av. Ney – 𝒞 *03 87 17 17 17 – www.citadelle-metz.com*　　CXy
79 ch – †185/430 € ††205/450 € – ⍁ 22 €
Rest *Le Magasin aux Vivres – (fermé 1ᵉʳ-15 août, 13-27 fév., sam. midi, dim. et lundi)* Menu 45 € (déj.), 68/120 € – Carte 93/120 € ᎒᎒
Spéc. Cassolettes gourmandes. Bar en croûte de sel, algues naturelles. Parfait glacé caramel, espuma carambar. **Vins** Vins de Moselle.
♦ Ce luxueux hôtel du centre-ville a su marier les contraires : ses spacieuses chambres contemporaines prennent leur aise dans un bâtiment militaire du 16ᵉ s. Au Magasin aux Vivres, cuisine inventive servie dans un décor épuré rehaussé de touches de couleurs.

Novotel Centre　　🍽 ⌁ fⅎ 🛗 🚫 ch, AC ⁽ᵗ⁾ ⅍ P VISA ᎒᎒ AE ⓸

❀❀

pl. Paraiges – 𝒞 *03 87 37 38 39 – www.accorhotels.com*　　DVt
120 ch – †85/175 € ††85/175 € – ⍁ 14 €
Rest – (14 €) Menu 17 € – Carte 17/39 €
♦ Entre la cathédrale et un centre commercial, hôtel relooké selon le concept "Novation". Vastes chambres confortables et bon équipement fitness. Agréable pause au Novotel Café avec sa terrasse d'été bordant la piscine.

Mercure Centre　　🛗 AC ⁽ᵗ⁾ ⅍ P VISA ᎒᎒ AE ⓸

❀❀

29 pl. St-Thiébault – 𝒞 *03 85 46 51 89 – www.mercure.com*　　DXd
112 ch – †99/115 € ††99/125 € – ⍁ 15 € – ½ P 84/99 €
Rest 𝒞 *03 87 38 50 50 (fermé dim. et fériés)* Menu 18/29 € bc – Carte 23/54 €
♦ Un important programme de rénovation est en cours dans cet hôtel datant des années 1970. Les chambres adoptent progressivement un style contemporain de bon ton. Décor dans l'air du temps, rehaussé de couleurs vives, au bar à vins et au restaurant.

Du Théâtre sans rest　　⌁ fⅎ 🛗 🚫 ⁽ᵗ⁾ ⅍ P VISA ᎒᎒ AE

3 r. du Pont St-Marcel – 𝒞 *03 87 31 10 10 – www.hoteldutheatre-metz.com*
65 ch – †89/108 € ††95/155 € – 1 suite – ⍁ 13 €　　CVb
♦ Un emplacement de choix, en plein quartier historique, pour cet hôtel récent et pratique. Beau mobilier lorrain dans le hall.

De la Cathédrale sans rest　　⁽ᵗ⁾ VISA ᎒᎒ AE

25 pl. Chambre – 𝒞 *03 87 75 00 02 – www.hotelcathedrale-metz.fr*　　CVv
30 ch – †75/110 € ††75/110 € – ⍁ 11 €
♦ Cette maison du 17ᵉ s. a reçu de belles plumes dont Madame de Staël et Chateaubriand. Les chambres sont toutes élégantes et celles de l'annexe, récentes, encore plus soignées.

Escurial sans rest　　🛗 ⌂ ⁽ᵗ⁾ VISA ᎒᎒ AE

18 r. Pasteur – 𝒞 *03 87 66 40 96 – www.escurial-hotel.com – Fermé 29 déc.-1ᵉʳ janv.*　　CXd
36 ch – †59/77 € ††73/85 € – ⍁ 10 €
♦ Situé non loin de la gare, un établissement entièrement rénové : intérieur chaleureux aux couleurs vives et chambres bien tenues (plus grandes dans la rotonde).

XXX **Maire**　　≼ 🍽 AC VISA ᎒᎒ AE

1 r. Pont des Morts – 𝒞 *03 87 32 43 12 – www.restaurant-maire.com – Fermé merc. midi et mardi*　　CVf
Rest – (23 €) Menu 37/61 € – Carte 50/66 €
♦ La vue panoramique sur Metz et sa cathédrale, la terrasse au bord de l'eau et la carte d'inspiration classique : voilà déjà trois bonnes raisons de venir à cette table.

XX **Georges- À la Ville de Lyon**　　🍽 AC P VISA ᎒᎒ AE

7 r. des Piques – 𝒞 *03 87 36 07 01 – www.alavilledelyon.com – Fermé 11-18 juil., 3-10 janv., lundi sauf midi fériés et dim. soir*　　DVe
Rest – Menu 26 € (sem.)/65 € – Carte 41/60 €
♦ Restaurant traditionnel aménagé dans les dépendances de la cathédrale (la chapelle du 14ᵉ s. abrite l'une des salles) et dans un ex-relais de diligences. Cadre cossu ou rustique.

MÉTZ

Bénédictins (R. des) . . . . **AY** 9	Henri II (Av.) . . . . **AY** 42	St-Pierre (R.) . . . . **AZ** 79
Chambière (R.) . . . . **BY** 10	Jean XXIII (Av.) . . . . **BZ** 43	St-Symphorien (Bd) . . . . **AZ** 81
Charles Abel (R.) . . . . **AZ** 7	Joffre (Av.) . . . . **AZ** 45	Salis (R. de) . . . . **AZ** 86
Clovis (R.) . . . . **AZ** 20	Lagneau (R. Jules) . . . . **AZ** 48	Trois-Évêchés (R. des) . . . . . **BZ** 94
Garde (R. de la) . . . . **AYZ** 30	Lattre-de-T. (Av. de) . . . . . . **AZ** 51	Vauban (R.) . . . . **BZ** 95
Goethe (R.) . . . . **AZ** 32	Maginot (Bd André) . . . . **BZ** 54	Verdun (R. de) . . . . **AZ** 96
Grange-aux-Dames (R.) . . . . **BY** 36	Nancy (Av. de) . . . . **AZ** 60	Verlaine (R.) . . . . **AZ** 97
Grilles (Pont des) . . . . **BY** 37	Pont-à-Mousson (R. de) . . . . **AZ** 69	20e-Corps-Américain
Hegly (Allée V.) . . . . **AZ** 40	Pont-Rouge (R. du) . . . . **BZ** 72	(R. du) . . . . **AZ** 99

X X **Le Chat Noir**   🌅 VISA ⚫❸ AE

30 r. Pasteur – 📞 *03 87 56 99 19*

– Fermé 24 déc.-5 janv., dim. soir et lundi soir   **AZ**e

Rest *–* (25 € bc) Menu 30/50 € – Carte 45/70 €

◆ Chaises léopard, masques africains et tons chocolat composent le décor exotique de cette adresse mi-brasserie, mi-bistrot. Banc d'écailler, jardin d'hiver, carte traditionnelle.

METZ

Allemands (R. des) . . . . **DV** 2
Ambroise-Thomas (R.) . . . . **CV** 3
Armes (Pl. d') . . . . **DV** 5
Augustins (R. des) . . . . **DX** 6
Chambière (R.) . . . . **DV** 10
Chambre (Pl. de) . . . . **CV** 12
Champé (R. du) . . . . **DV** 13
Chanoine-Collin (R. du) . . . **DV** 15
Charlemagne (R.) . . . . **CX** 17
Chèvre (R. de la) . . . . **DX** 19
Clercs (R. des) . . . . **CV**
Coëtlosquet (R. du) . . . . . . **CX** 22
Coislin (R.) . . . . **DX** 23
Enfer (R. d') . . . . **DV** 25
En Fournirue . . . . **DV**
Fabert (R.) . . . . **CV** 26

Faisan (R. du) . . . . **CV** 27
La-Fayette (R.) . . . . **CX** 47
Fontaine (R. de la) . . . . **DX** 29
Gaulle (Pl. du Gén.-de) . . . . **DX** 31
Grande-Armée (R. de la) . . . **DV** 34
Hache (R. de la) . . . . **DV** 39
Jardins (R. des) . . . . **DV**
Juge-Pierre-Michel (R. du) . . **CV** 46
Lasalle (R.) . . . . **DX** 49
Lattre-de-T. (Av. de) . . . . . . **CX** 51
Leclerc-de-H. (Av.) . . . . **CX** 52
Mondon (Pl. R.) . . . . **CX** 57
Paix (R. de la) . . . . **CV** 61
Palais (R. du) . . . . **CV** 62
Paraiges (Pl. des) . . . . **DV** 63
Parmentiers (R. des) . . . . . . **DX** 64
Petit-Paris (R. du) . . . . **CV** 65
Pierre-Hardie (R. de la) . . . . **CV** 66
Pont-Moreau (R. du) . . . . . **CDV** 70

Prés.-Kennedy (Av. J.-F.) . . . **CX** 73
République (Pl. de la) . . . . . **CX** 75
Ste-Croix (Pl.) . . . . **DV** 83
Ste-Marie (R.) . . . . **CV** 84
St-Eucaire (R.) . . . . **DV** 76
St-Gengoulf (R.) . . . . **CX** 77
St-Georges (R.) . . . . **CX** 78
St-Louis (Pl.) . . . . **DVX**
St-Simplice (Pl.) . . . . **DV** 80
St-Thiébault (Pl.) . . . . **DX** 82
Salis (R. de) . . . . **CX** 86
Schuman (Av. R.) . . . . **CV**
Sérot (Bd Robert) . . . . **CV** 87
Serpenoise (R.) . . . . **CV**
Taison (R.) . . . . **DV** 88
Tanneurs (R. des) . . . . **DV** 90
Tête d'Or (R. de la) . . . . **DV**
Trinitaires (R. des) . . . . **DV** 93
Verlaine (R.) . . . . **CX** 97

Thierry "Saveurs et Cuisine"

5 r. des Piques, "Maison de la Fleure de Ly"
– $\mathcal{C}$ 03 87 74 01 23 – www.restaurant-thierry.fr
– Fermé 1er-16 août, 9-13 nov., 19 fév.-4 mars, merc. et dim.   **DVa**
Rest – (18 €) Menu 24/34 € – Carte 33/45 €
♦ Cuisine inventive volontiers rehaussée d'herbes et d'épices, joli cadre mêlant la brique et le bois, terrasse d'été : les clés du succès de ce bistrot chic.

❌ Le Bistrot des Sommeliers
AC ⟷ VISA ⦾ AE

10 r. Pasteur – ☎ 03 87 63 40 20 – Fermé 23 déc.-4 janv., sam. midi, dim. et fériés

Rest – Menu 15 € (sem.) – Carte 26/39 € 🍴 CXa

♦ La façade de ce bistrot proche de la gare célèbre la dive bouteille. Belle sélection de vins au verre et suggestions du marché à l'ardoise.

❌ À côté
🍴 க AC VISA ⦾

43 pl. de Chambre – ☎ 03 87 66 38 84 – www.restaurant-acote.fr – Fermé 15-23 juil., dim. et lundi CVh

Rest – (15 €) Menu 30 € – Carte 25/35 €

♦ Cette adresse tendance a adopté le concept d'une restauration conviviale et décontractée, autour de plats actuels à la mode tapas. Cuisines ouvertes, service au comptoir.

au Nord par ① et A 31 sortie Maizières-lès-Metz : 10 km
– ✉ 57280 Maizières-lès-Metz

🏨 Novotel-Hauconcourt
🚗 🍴 ⌇ 🛗 AC ⦿ க P VISA ⦾ AE ⓪

– ☎ 03 87 80 18 18 – www.novotel.com

132 ch – †66/136 € ††66/136 € – ☕ 14 €

Rest – (12 €) Menu 16 € – Carte 25/39 €

♦ Cet établissement de 1970 a fait peau neuve en adoptant la ligne "Novation" propre à la chaîne : chambres vastes et douillettes, tonalités douces, belles salles de bains. Restaurant agrémenté d'une terrasse au bord de la piscine.

rte de Saarlouis 13 km par ② , N 233 et D 954 - ✉ 57640 Ste-Barbe

❌❌ Mazagran
🚗 🍴 P VISA ⦾

1 rte de Boulay – ☎ 03 87 76 62 47 – www.restaurant-mazagran.com – Fermé 28 fév.-8 mars, 21 août-8 sept., 1er-11 janv., dim. soir, lundi et mardi

Rest – (22 €) Menu 38/58 € – Carte 53/68 €

♦ Ferme bâtie pour l'un des soldats qui défendit en 1840 le fortin de Mazagran (Algérie). Cadre soigné et cossu ; terrasse côté jardin. Cuisine dans l'air du temps.

à Borny par ③ et rte Strasbourg : 3 km – ✉ 57070 Metz

❌❌❌ Le Jardin de Bellevue
🚗 🍴 AC P VISA ⦾

58 r. Claude Bernard, (près du Technopole Metz 2000) – ☎ 03 87 37 10 27
– www.jardindebellevue.com – Fermé 26 avril-5 mai,
16 août-2 sept., 27 déc.-4 janv., sam. midi, dim. soir, mardi soir et lundi

Rest – Menu 24 € (déj. en sem.), 41/64 € – Carte 57/77 €

♦ Façade chic pour cette maison centenaire d'un quartier résidentiel. Tables bien dressées dans la salle à manger et terrasse ombragée en saison. Recettes actuelles.

à Plappeville par av. Henri II – AY : 7 km – 2 271 h. – alt. 280 m – ✉ 57050

❌❌ La Vigne d' Adam
🍴 VISA ⦾ AE

50 r. Gén. de Gaulle – ☎ 03 87 30 36 68 – www.lavignedadam.com – Fermé 15-31 août, vacances de Noël, dim. et lundi

Rest – Menu 28 € (sem.), 35/90 € bc – Carte 33/66 € 🍴

♦ Au cœur du village, ancienne maison de vigneron transformée en restaurant-bar à vins contemporain et tendance. Cuisine dans l'air du temps et beau livre de cave.

METZERAL – 68 Haut-Rhin – 315 G8 – 1 092 h. – alt. 480 m – ✉ 68380   1 A2
▶ Paris 464 – Colmar 25 – Gérardmer 39 – Guebwiller 41

🏠 Aux Deux Clefs ⌂
⟨ 🍴 ɭ-ś P VISA ⦾ AE

12 r. Altenhof – ☎ 03 89 77 61 48 – www.aux-deux-clefs.com

15 ch – †48/68 € ††55/75 € – ☕ 12 € – ½ P 55/85 €

Rest – (fermé lundi) (13 €) Menu 24/75 € – Carte 38/79 €

♦ Perché sur les hauteurs du village, cet hôtel bordant un étang bénéficie d'une tranquillité appréciable. Chambres sobrement montagnardes où règne une ambiance de maison d'hôtes. Cuisine traditionnelle servie dans l'élégante salle à manger rustique.

MEUCON – 56 Morbihan – 308 O8 – rattaché à Vannes

MEUDON – 92 Hauts-de-Seine – **311** J3 – **101** 24 – voir à Paris, Environs

---

MEUNG-SUR-LOIRE – 45 Loiret – **318** H5 – 6 152 h. – alt. 90 m   **12** C2
– ⊠ 45130 🟩 Châteaux de la Loire

▶️ Paris 149 – Blois 43 – Fleury-les-Aubrais 31 – Orléans 25
🛈 7, rue des Mauves ✆ 02 38 44 32 28

🏠 **Le Relais Louis XI**   ⟨ 🛋 🌳 ⚲ ch, ✕ 🏊 VISA ⚙
2 r. St-Pierre – ✆ 02 38 44 27 71 – www.lerelaislouisxi.com – Fermé 1er-15 janv.
12 ch – 🛏70/130 € 🛏🛏70/180 € – ☕ 16 €
Rest – (fermé mardi et merc.) (24 €) Menu 30/40 €
♦ Dans un esprit maison d'hôtes, cette demeure historique propose des chambres thématiques fort plaisantes (baroque, chinoise, lys, etc.), la plupart avec vue sur la Loire. Dans une salle voûtée, restaurant intime qui mise sur les produits bio.

MEURSAULT – 21 Côte-d'Or – **320** I8 – rattaché à Beaune

LE MEUX – 60 Oise – **305** H4 – rattaché à Compiègne

MEXIMIEUX – 01 Ain – **328** E5 – 7 384 h. – alt. 245 m – ⊠ 01800   **44** B1

▶️ Paris 458 – Bourg-en-Bresse 37 – Chambéry 120 – Genève 118
🛈 1, rue de Genève ✆ 04 74 61 11 11

XXX **La Cour des Lys** avec ch   🌳 AC 🛜 📶 P VISA ⚙
17 r. de Lyon – ✆ 04 74 61 06 78 – www.la-cour-des-lys.com – Fermé 7-13 mars,
15-31 août, 7-13 nov., 4-9 janv., dim. soir, merc. midi et lundi
16 ch – 🛏55 € 🛏🛏65 € – ☕ 8 €   **Rest** – (20 €) Menu 27/47 € – Carte 34/78 €
♦ Alléchante carte axée sur la tradition locale avec des touches actuelles, à déguster dans un décor suranné. Chambres classiques rafraîchies.

au Pont de Chazey-Villieu 3 km à l'Est par D 1084
– ⊠ 01800 Villieu-Loyes-Mollon

XX **La Mère Jacquet** avec ch   🛋 🌳 ⚲ ch, ✕ 📶 🏊 P VISA ⚙ AE
Pont de Chazey – ✆ 04 74 61 94 80 – www.lamerejacquet.com
– Fermé 4-24 août, 19 déc.-2 janv.
19 ch – 🛏57/67 € 🛏🛏67/77 € – ☕ 8 € – ½ P 75 €
Rest – (fermé sam. midi, dim. soir et vend.) Menu 23 € (sem.), 36/45 €
– Carte 42/54 €
♦ Mignonne salle à manger-véranda ouverte sur le jardin et carte classique ancrée dans le terroir : la tradition initiée par la Mère Jacquet se perpétue au fil des générations.

MÉXY – 54 Meurthe-et-Moselle – **307** F2 – rattaché à Longwy

---

MEYLAN – 38 Isère – **333** H6 – rattaché à Grenoble

MEYMAC – 19 Corrèze – **329** N2 – 2 661 h. – alt. 702 m – ⊠ 19250   **25** C2
🟩 Limousin Berry

▶️ Paris 443 – Aubusson 57 – Limoges 96 – Neuvic 30
🛈 1, place de l'Hôtel de Ville ✆ 05 55 95 18 43
👁 Vierge noire★ dans l'église abbatiale.

X **Chez Françoise** avec ch   ✕ ch, 📶 VISA ⚙ AE
24 r. Fontaine du Rat – ✆ 05 55 95 10 63 – Fermé 24 déc.-1er fév., dim. soir et
lundi
4 ch – 🛏60/70 € 🛏🛏60/70 € – ☕ 9 €
Rest – Menu 14 € (déj. en sem.), 29/35 € – Carte 17/62 € 🍷
♦ Goûtez aux spécialités corréziennes tels la farce dure et les tourtous dans cette maison rustique du 16e s. flanquée d'une tour. Bons bordeaux ; vente de produits régionaux. Chambres spacieuses et bien équipées, idéales pour l'étape.

à Maussac 9 km au Sud par D 36 et D 1089 – 391 h. – alt. 615 m – ⊠ 19250

⌂ 🏠 **Europa** 🔥 AC rest, 🛉 rest, 🍴 🏊 P VISA ⊙⊙
sur D 1089 – ℰ 05 55 94 25 21 – www.hoteleuropa1.fr – Fermé 23 déc.-2 janv.
24 ch – †42 € ††45 € – � 8 € – ½ P 59 €
Rest – *(fermé dim. hors saison)* Menu 18/33 €
♦ Cet établissement proche de la route est une adresse bien pratique abritant des chambres entièrement rénovées, fonctionnelles et correctement équipées. Le grill propose un buffet de hors-d'œuvres et des grillades de veau et de bœuf de race limousine.

MEYRONNE – 46 Lot – **337** F2 – 295 h. – alt. 130 m – ⊠ 46200   **29** C1
🄳 Paris 524 – Brive-la-Gaillarde 47 – Cahors 76 – Figeac 54

🏠 🏠 **La Terrasse** ॐ   ≤ 🚗 🚗 🏊 AC ch, 🛉 rest, 🍴 🏊 VISA ⊙⊙ AE ⑩
pl. de l'Église – ℰ 05 65 32 21 60 – www.hotel-la-terrasse.com – Ouvert 21 mars-1er nov.
11 ch – †80/140 € ††80/140 € – 4 suites – � 12 € – ½ P 95/140 €
Rest – *(fermé mardi midi)* Menu 20 € (déj. en sem.), 29/50 € – Carte 60/80 €
♦ Ce château édifié au 11e s. se dresse fièrement au-dessus de la Dordogne. Chambres douillettes, où se reflètent les splendeurs du passé. Au restaurant, on savoure une cuisine du terroir aux parfums bien marqués, avec quelques clins d'œil aux saveurs du Sud.

MEYRUEIS – 48 Lozère – **330** I9 – 904 h. – alt. 698 m – ⊠ 48150   **23** C1
▌ Languedoc Roussillon
🄳 Paris 643 – Florac 36 – Mende 57 – Millau 43
🄸 Tour de l'Horloge ℰ 04 66 45 60 33
◉ NO : Gorges de la Jonte★★.
🄶 Aven Armand★★★ NO : 11 km - Grotte de Dargilan★★ NO : 8,5 km.

🏠 🏠 🏠 **Château d'Ayres** ॐ   🐾 🚗 🏊 🍴 🛉 rest, 🏊 P VISA ⊙⊙ AE ⑩
rte d'Ayres, 1,5 km à l'Est par D 57 – ℰ 04 66 45 60 10
– www.chateau-d-ayres.com – Fermé 3 janv.-15 fév.
22 ch – †98/129 € ††98/169 € – 7 suites – ⊠ 15 € – ½ P 85/134 €
Rest – *(fermé 4 janv.-14 fév.)* Menu 22/50 € – Carte 43/60 €
♦ Raffinement de l'ancien, confort moderne, parc de 6 ha : beaucoup de charme et de calme dans ce prieuré bénédictin du 12e s. marqué par l'histoire cévenole. Recettes régionales servies dans l'ancien réfectoire des moines.

🏠 🏠 **Du Mont Aigoual**   🚗 🏊 🖥 🛉 🍴 P VISA ⊙⊙ AE
34 quai Barrière – ℰ 04 66 45 65 61 – www.hotel-mont-aigoual.com
– Ouvert 1er avril-2 nov.
30 ch – †59 € ††59/76 € – ⊠ 8 € – ½ P 58/65 €
Rest – *(fermé mardi midi sauf juil.-août)* Menu 20/32 €
♦ Le village, au pied du massif de l'Aigoual, est le lieu idéal pour partir à la découverte des Grands Causses et des Cévennes. Chambres en partie rénovées, piscine, jardin. Cuisine traditionnelle servie dans une coquette salle de style provençal.

⌂ **Family Hôtel**   🚗 🏊 🖥 AC rest, 🍴 P VISA ⊙⊙
4 r. Barrière – ℰ 04 66 45 60 02 – www.hotel-family.com – Ouvert 1er avril-6 nov.
6 ch – †40/53 € ††50/53 € – ⊠ 8 € – ½ P 51/53 €
Rest – Menu 13 € (déj.), 18/32 € – Carte 16/35 €
♦ Hôtel familial bordant le Bétuzon, un affluent de la Jonte. Chambres pratiques bien tenues. Jardin et piscine avec jacuzzi, accessibles par une passerelle. Au restaurant, plats traditionnels et régionaux ; terrasse sur le ruisseau.

⌂ **Grand Hôtel de France**   🐾 🚗 🏊 🍴 🖥 🏊 ch, 🍴 VISA ⊙⊙
pl. J. Séquier – ℰ 04 66 45 60 07 – www.hotel-lozere-meyrueis.fr
– Ouvert 25 avril-30 sept.
45 ch – †43 € ††43/52 € – ⊠ 7 € – ½ P 45/50 €
Rest – Menu 13 € (déj.)/30 € – Carte 25/35 €
♦ Ex-relais de poste (1790) en pierre du pays, où vous serez hébergés dans de petites chambres colorées. Sur l'arrière de l'hôtel, piscine à débordement entourée de verdure. Cadre campagnard (cheminée, meubles rustiques) au restaurant et agréable terrasse en façade.

MEYZIEU – 69 Rhône – **327** J5 – rattaché à Lyon

MÈZE – 34 Hérault – **339** G8 – 9 998 h. – alt. 20 m – ⊠ 34140   **23** C2
🟩 Languedoc Roussillon
- ▶ Paris 746 – Agde 21 – Béziers 43 – Lodève 52
- 🛈 Château Girard ✆ 04 67 43 93 08
- 👁 Villa gallo-romaine★ de Loupian N : 1,5 km.

🏨 **De la Pyramide** sans rest ⌘   ⪤ 🚗 🛏 AC 🌐 P VISA ⚫⚫
8 promenade Sergent Jl.-Navarro – ✆ 04 67 46 61 50
– www.hoteldelapyramide.fr – Fermé janv.
22 ch – †65/95 € ††65/95 € – � 8 €
◆ Belle demeure provençale au cœur d'un petit parc. Chambres très confortables au décor épuré (murs blancs, mobilier en fer forgé), avec des balcons ouverts sur l'étang de Thau.

à Bouzigues 4 km au Nord-Est par D 613 et rte secondaire – 1 483 h. – alt. 3 m – ⊠ 34140

🏨 **La Côte Bleue** ⌘   ⪤ 🚗 🛏 AC ch, 🌐 🏊 P P VISA ⚫⚫ AE
av Louis Tudesq – ✆ 04 67 78 31 42 – www.la-cote-bleue.fr
31 ch – †75/100 € ††75/100 € – � 14 €
Rest – (fermé 15-22 nov., 20 fév.-5 mars et merc. hors saison) Menu 29 € (sem.), 34/44 € – Carte 40/55 €
◆ L'étang de Thau baigne ce bâtiment moderne qui abrite des chambres assez spacieuses, toutes avec balcon ; certaines, rénovées, sont plus contemporaines. Cuisine de la mer (dont les fameuses huîtres de Bouzigues) à déguster sous les pins de la terrasse.

🏨 **À La Voile Blanche**   ⪤ 🛏 AC ch, 🌐 ch, VISA ⚫⚫ AE
🏨 1 av. Louis Tudesq – ✆ 04 67 78 35 77 – www.alavoileblanche.com – Fermé 15-30 nov. et merc. d'oct. à mars
8 ch – †65/190 € ††65/190 € – � 8 € – ½ P 63/125 €
Rest – Menu 13 € bc (déj. en sem.)/18 € bc – Carte 30/60 €
◆ Au bord de l'étang, ses parcs à huîtres et son petit port, une maison au décor ultracontemporain, étudié et raffiné. Certaines chambres ont une terrasse. Côté restaurant, ambiance décontractée et cuisine méridionale privilégiant poissons et coquillages à la plancha.

MÉZOS – 40 Landes – **335** E10 – 845 h. – alt. 23 m – ⊠ 40170   **3** B2
- ▶ Paris 684 – Bordeaux 124 – Dax 58 – Mont-de-Marsan 107
- 🛈 Avenue de la Gare ✆ 05 58 42 64 37

🏨 **La Maison de Mézos** sans rest   🚗 🛏 🌐 🌐 VISA ⚫⚫
av. de l' Océan – ✆ 05 58 42 61 38 – www.hotel-mezos.fr – Ouvert 16 avril-30 sept.
14 ch � – †65/79 € ††73/87 €
◆ Dans un petit village landais, coquette maison à l'ambiance familiale, entre hôtel et chambre d'hôtes (mobilier chiné). Pavillon et roulottes dans le grand jardin. Piscine.

MÉZY-MOULINS – 02 Aisne – **306** D8 – 500 h. – alt. 81 m – ⊠ 02650   **37** C3
- ▶ Paris 103 – Amiens 221 – Laon 92 – Reims 55

🍴🍴 **Le Moulin Babet** avec ch ⌘   🌐 🌐 ch, 🏊 P VISA ⚫⚫
8 r. du Moulin Babet à Moulins (N3) – ✆ 03 23 71 44 72
– www.hotel-moulinbabet.com – Fermé 24 déc.-11 janv., dim. soir (sauf hôtel), mardi et merc.
1 ch – †70/90 € ††70/90 € – � 9 €
Rest – (18 €) Menu 32/65 € – Carte 48/58 €
◆ En pleine campagne, un moulin qui a conservé sa roue, visible depuis le hall. Salle à manger d'esprit rustique où l'on sert une cuisine actuelle. Belles chambres contemporaines.

▶ Paris 636 – Albi 106 – Mende 95 – Montpellier 114

Viaduc de Millau : péage en 2010, aller simple : autos (saison) 7,70 €, (hors saison) 6,00 €, autos et caravanne (saison) 11,60 €, (hors saison) 9,00 €, camions 21,30 à 28,90 €, motos 3,90 €.

🛈 1, place du Beffroi ☎ 05 65 60 02 42

⊙ Musée de Millau★ : poteries★, maison de la Peau et du Gant ★ (1er étage) **M** - Viaduc ★★★.

Ⓖ Canyon de la Dourbie★★ 8 km par ②.

🏨 **Mercure**   ⟨⟩ 🍴 🏨 🗜 🗚 Ⓣ 🗳 🅿 🚾 ⚫ 🅰 ⓞ
⟨⟩ 1 pl. de la Tine – ☎ 05 65 59 29 00 – www.mercure.com   **BY**m
57 ch – ♦99/136 € ♦♦109/146 € – ⊑ 16 €
Rest – (12 € bc) Menu 18/25 € – Carte 22/42 €

♦ En plein centre-ville, hôtel décoré dans un esprit contemporain chaleureux. Grandes chambres claires dont certaines avec balcon, la moitié offrant une vue sur le viaduc. Le restaurant de style bouchon aveyronnais sert une cuisine régionale aux accents du Sud.

🏨 **Domaine de St-Estève** ⟨⟩   ⟨⟩ 🍴 🗜 🗚 Ⓣ 🗳 🅿 🚾 ⚫ 🅰 ⓞ
⟨⟩ rte de Millau Plage, au Nord-Est par D 187 -BY- – ☎ 05 65 69 12 12
– www.domaine-saint-esteve.fr – Fermé 1er janv.-5 fév.
36 ch – ♦89/115 € ♦♦89/115 € – ⊑ 11 € – ½ P 69/79 €
Rest – (fermé sam. midi, dim. soir et lundi de nov. à mars) (13 €) Menu 16/32 € – Carte 24/57 €

♦ Découvrez cet ensemble de chalets intégrés dans une végétation méditerranéenne, avec en toile de fond le viaduc de Millau. Spacieuses chambres, piscine à débordement. Salles à manger modernes ouvertes sur une terrasse ; cuisine de tradition.

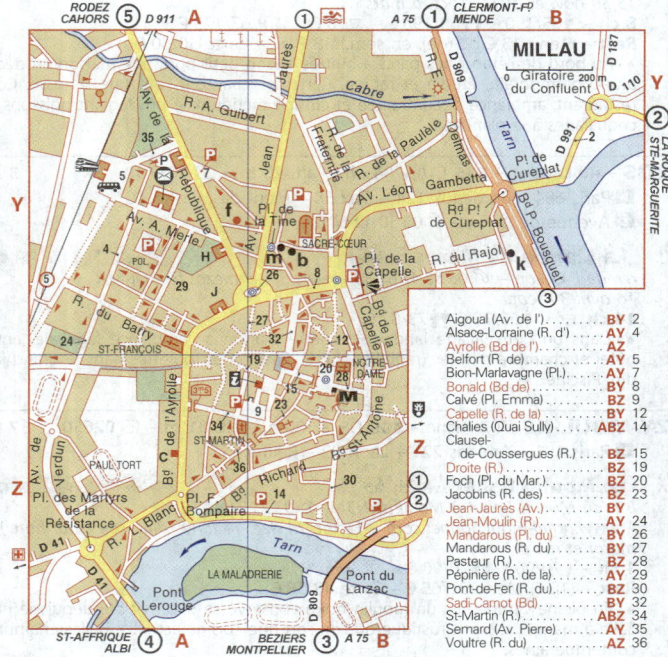

Aigoual (Av. de l').......... **BY** 2
Alsace-Lorraine (R. d')..... **AY** 4
Ayrolle (Bd de l')........... **AZ**
Belfort (R. de)............. **AY** 5
Bion-Marlavagne (Pl.)....... **AY** 7
Bonald (Bd de).............. **BY** 8
Calvé (Pl. Emma)........... **BZ** 9
Capelle (R. de la).......... **BY** 12
Chalies (Quai Sully)........ **ABZ** 14
Clausel-
  de-Coussergues (R.).... **BZ** 15
Droite (R.)................ **BZ** 19
Foch (Pl. du Mar.)......... **BZ** 20
Jacobins (R. des).......... **BZ** 23
Jean-Jaurès (Av.).......... **BY**
Jean-Moulin (R.)........... **AY** 24
Mandarous (Pl. du)......... **BY** 26
Mandarous (R. du).......... **BY** 27
Pasteur (R.)............... **BZ** 28
Pépinière (R. de la)....... **AY** 29
Pont-de-Fer (R. du)........ **BZ** 30
Sadi-Carnot (Bd).......... **BY** 32
St-Martin (R.)............. **ABZ** 34
Semard (Av. Pierre)........ **AY** 35
Voultre (R. du)............ **AZ** 36

Cévenol Hôtel

🛏 🏊 🏢 ⚑ AC 📶 P VISA ⊕

115 r. Rajol – 🕿 05 65 60 74 44 – www.cevenol-hotel.fr — **BYk**
42 ch – ♦48/59 € ♦♦48/59 € – ⊑ 8 € – ½ P 52/58 €
Rest – (12 €) Menu 18/30 € – Carte 27/49 €

◆ Ce bâtiment construit dans les années 1980 et séparé du Tarn par la route nationale abrite des chambres fonctionnelles assez spacieuses. Espace bar contemporain. Salle à manger égayée de tableaux colorés, terrasse dotée d'un petit gril et plats régionaux.

Ibis sans rest

🏢 ⚑ AC 📶 P VISA ⊕ AE ⓪

r. du Sacré Cœur – 🕿 05 65 59 29 09 – www.ibishotel.com — **BYb**
46 ch – ♦67/99 € ♦♦67/99 € – ⊑ 10 €

◆ Hôtel du centre-ville, bien situé pour aller admirer le fameux viaduc. Vastes chambres, lumineuses et fonctionnelles, offrant un bon niveau de confort.

Capion

⚑ AC VISA ⊕

3 r. J.-F.-Alméras – 🕿 05 65 60 00 91 – www.restaurant-capion.com – Fermé
1er-14 juil., 1er-7 janv., mardi soir et merc. — **AYf**
Rest – (15 € bc) Menu 20/39 € – Carte 29/59 €

◆ Cet établissement du centre-ville affiche souvent complet. On y déguste une copieuse cuisine traditionnelle valorisant le terroir ainsi qu'un "menu d'ailleurs" mâtiné d'épices.

au Sud 2 km par ④ rte St-Affrique – ✉ 12100 Millau

Château de Creissels ⚓

⟨ �20 🛏 📶 P VISA ⊕ AE ⓪

pl. du Prieur – 🕿 05 65 60 16 59 – www.chateau-de-creissels.com
– Fermé janv., fév. et dim. soir de nov. à mars
26 ch – ♦66/120 € ♦♦71/126 € – ⊑ 10 € – ½ P 65/92 €
Rest – 🕿 05 65 60 31 79 (fermé dim. soir et lundi midi sauf de juin à sept.)
(16 € bc) Menu 23/55 € – Carte 42/60 €

◆ Un château du 12e s. sur un piton rocheux... Quelques chambres sont de style gothique ; celles de l'extension (1971) doivent être rénovées début 2011. Mets régionaux au restaurant ; voûtes en pierre et terrasse panoramique sur l'ancien chemin de ronde.

MILLY-LA-FORÊT – 91 Essonne – 312 D5 – 4 728 h. – alt. 68 m — **18 B3**
– ✉ 91490 ▌Île de France

🄳 Paris 58 – Étampes 25 – Évry 31 – Fontainebleau 19

🄸 47, rue Langlois 🕿 01 64 98 83 17

◉ Parc★★ du chateau de Courances★★ N : 5 km.

à Auvers (S.-et-M.) 4 km au Sud par D 948 – ✉ 77123 Noisy sur Ecole

Auberge d'Auvers Galant

🏢 ⇄ VISA ⊕ AE

7 r. d'Auvers – 🕿 01 64 24 51 02 – http://perso.wanadoo.fr/auvers-galant
– Fermé 22 août-7 sept., 18 janv.-9 fév., dim. soir, lundi et mardi
Rest – (20 €) Menu 25 € (sem.)/50 € – Carte 45/80 €

◆ Rien à redouter de ce Galant-là : c'est en tout bien tout honneur qu'il vous propose une halte dans un intérieur rustique coloré. Recettes traditionnelles (dont la tête de veau).

MIMIZAN – 40 Landes – 335 D9 – 6 707 h. – alt. 13 m – Casino — **3 B2**
– ✉ 40200 ▌Aquitaine

🄳 Paris 692 – Arcachon 67 – Bayonne 109 – Bordeaux 109

🄸 38, avenue Maurice Martin 🕿 05 58 09 11 20

Plage Sud

De France sans rest

📞 P VISA ⊕

18 av. de la Côte d'Argent – 🕿 05 58 09 09 01
– www.hoteldefrance-mimizan.com – Ouvert 1er mars-20 oct.
21 ch – ⊑ – ♦57/80 € ♦♦68/88 €

◆ Le premier hôtel de la station, construit en bois en 1870, puis en dur en 1920. Rénovées plus ou moins récemment, les chambres offrent des niveaux de confort variés.

L'Airial sans rest

6 r. Papeterie – ℰ 05 58 09 46 54 – www.hotel-airial.com – Fermé dim. soir et lundi

18 ch – †43/60 € ††45/75 € – ☲ 8 €

◆ Un bâtiment des années 1970 dans un quartier résidentiel. Ambiance familiale, confort simple, jardin pour le petit-déjeuner et décor tout bleu et blanc : ambiance balnéaire garantie.

MIOMO – 2B Haute-Corse – **345** F3 – **voir à Corse (Bastia)**

MIONNAY – 01 Ain – **328** C5 – 2 155 h. – alt. 276 m – ⊠ 01390   **43** E1

▶ Paris 457 – Bourg-en-Bresse 44 – Lyon 23 – Meximieux 26

🏠 de Mionnay-la-Dombes Domaine de Beau Logis, E : 3 km, ℰ 04 78 91 84 84

Alain Chapel avec ch

60 rte de Bourg – ℰ 04 78 91 82 02 – www.alainchapel.fr – Fermé janv., vend. midi, lundi et mardi sauf fériés

12 ch – †130/150 € ††130/150 € – ☲ 21 €

Rest – Menu 60 € (déj. en sem.), 110/155 € – Carte 110/140 €

Spéc. Belle langoustine rôtie, endive, jus crémé safran cardamome (hiver). Pigeon rôti, jus de la presse aux herbettes, jeunes côtes de blettes, une purée (printemps). Marinade de fraises, glace au thym-citron et croustillant de betterave rouge (été). **Vins** Mâcon Viré Clessé, Cerdon.

◆ Trois salles à manger bourgeoises en enfilade : ambiance bressane chaleureuse et romantique. Belle cuisine fine et classique. Chambres coquettes et jardin fleuri.

MIRAMAR – 06 Alpes-Maritimes – **341** C7 – **rattaché à Théoule-sur-Mer**

MIRAMBEAU – 17 Charente-Maritime – **324** G7 – 1 454 h. – alt. 59 m   **38** B3
– ⊠ 17150

▶ Paris 515 – Bordeaux 72 – Angoulême 73 – Cognac 48

🛈 90, avenue de la République ℰ 05 46 49 62 85

Château de Mirambeau ⌘

1 av. des Comtes Duchatel – ℰ 05 46 04 91 20
– www.chateaumirambeau.com – Ouvert 2 avril-1ᵉʳ nov.

14 ch – †230/555 € ††230/555 € – 9 suites – ☲ 22 €

Rest – (40 €) Menu 65/95 € – Carte 73/109 €

◆ Fastueux salons, meubles chinés, chambres raffinées, luxueuses salles de bains, vaste parc et belle piscine couverte : ce superbe château du 19ᵉ s. n'est que charme et élégance. Trois petites salles de restaurant intimes et une terrasse ouverte sur le domaine.

MIRANDE – 71 Saône-et-Loire – **320** J11 – **rattaché à Fleurville**

MIRANDOL-BOURGNOUNAC – 81 Tarn – **338** E6 – 1 060 h.   **29** C2
– alt. 393 m – ⊠ 81190

▶ Paris 653 – Albi 29 – Rodez 51 – St-Affrique 79

🛈 2, place de la Liberté ℰ 05 63 76 97 65

Hostellerie des Voyageurs avec ch

pl. du Foirail – ℰ 05 63 76 90 10 – Fermé 20-30 avril, 22 août-8 sept. et le soir du 15 oct. au 1ᵉʳ avril

8 ch – †31 € ††40 € – ☲ 6 € – ½ P 48/54 €

Rest – (11 €) Menu 14 € (sem.), 18 € bc/32 € – Carte 24/44 €

◆ Cette maison à la façade discrète héberge également le café du village. Grande salle à manger rustique et cuisine familiale généreuse à base de plats mijotés. Terrasse fleurie.

MIREBEL – 39 Jura – **321** E6 – 227 h. – alt. 580 m – ⊠ 39570   **16** B3

▶ Paris 419 – Champagnole 17 – Lons-le-Saunier 17

XX   **Mirabilis**   🖫 🛱 P VISA ◑

41 Grande-Rue – ℰ 03 84 48 24 36 – www.lemirabilis.com – Fermé 3-14 janv.,
mardi et merc. de sept. à juin et lundi
Rest – (12 €) Menu 20/50 € – Carte 26/48 €
◆ Demeure familiale (1760) très chaleureuse : décor de bois et de pierre, jeux pour les
enfants, terrasse et jardin... Cuisine actuelle bien goûteuse, sur des bases régionales.

MIREPOIX – 09 Ariège – **343** J6 – 3 077 h. – alt. 308 m – ⊠ 09500   **29** C3

 Midi-Toulousain

▶ Paris 753 – Carcassonne 52 – Castelnaudary 34 – Foix 37

🛈 place Maréchal Leclerc ℰ 05 61 68 83 76

◉ Place principale ★★.

🏠   **Relais Royal**   🛱 🖫 ᵭ ኵ 🖄 🗢 VISA ◑ AE ①

8 r. Mar. Clauzel – ℰ 05 61 60 19 19 – www.relaisroyal.com – Fermé 1ᵉʳ nov.-18 avril
5 ch – †150/300 € ††150/300 € – 4 suites – � 20 € – ½ P 125/200 €
Rest – *(fermé mardi midi, merc. midi, jeudi midi, sam. midi et lundi)* (20 € bc)
Menu 30/90 € – Carte 65/85 €
◆ Au cœur du pays cathare, une belle demeure de maître (1742) où histoire et
modernité se côtoient subtilement. Un grand escalier dessert des chambres spacieuses garnies de meubles de style. Recettes actuelles à découvrir dans une salle
à manger intime et bourgeoise.

🏠   **Les Minotiers**   🛱 🖫 ᵭ AC ኵ 🖄 P VISA ◑

av. Mar. Foch – ℰ 05 61 69 37 36 – www.lesminotiers.com
40 ch – †47 € ††51 € – ⊒ 7 €
Rest – *(fermé sam. midi sauf juil.-août)* (12 €) Menu 16 € bc/37 € bc – Carte 31/60 €
◆ Hôtel neuf installé dans les murs d'une ancienne minoterie. Teintes douces et
équipements modernes dans des chambres récentes et fonctionnelles. Cuisine
traditionnelle sans prétention proposée à prix tout doux.

XX   **Les Remparts** avec ch   🛱 ኳ VISA ◑ AE

6 cours L.-Pons-Cande – ℰ 05 61 68 12 15 – www.hotelremparts.com – Fermé
1ᵉʳ-7 mars, 1ᵉʳ-7 juin et 23-30 nov.
7 ch ⊒ – †54/110 € ††60/120 €   **Rest** – (15 €) Menu 26/49 € – Carte 34/59 €
◆ Une table appréciée pour sa cuisine actuelle, élaborée par un jeune chef,
et pour l'ambiance chaleureuse du cadre (maison construite sur les anciens remparts de la ville). Les chambres, confortables et bien équipées, sont plus calmes
sur l'arrière.

MIRMANDE – 26 Drôme – **332** C5 – 507 h. – alt. 204 m – ⊠ 26270   **44** B3

Lyon Drôme Ardèche

▶ Paris 603 – Lyon 141 – Valence 42 – Romans-sur-Isère 61

🛈 place du Champ de Mars ℰ 04 75 63 10 88

🏠   **De Mirmande** sans rest ⌂   ኵ 🖄 P VISA ◑

Le Village – ℰ 04 75 63 13 18 – www.hoteldemirmande.com
9 ch – †70/80 € ††70/140 € – ⊒ 11 €
◆ Ce charmant hôtel est logé dans l'ancienne épicerie du village. Vous y découvrirez de spacieuses chambres à la déco chic et sobre, avec un équipement de qualité.

🏠   **La Capitelle** ⌂   ⌂ 🛱 VISA ◑ AE

Le Rempart – ℰ 04 75 63 02 72 – www.lacapitelle.com – Fermé 15 déc.-15 fév. et
mardi sauf juil.-août
12 ch – †85/140 € ††85/150 € – ⊒ 12 € – ½ P 84/125 €
Rest – *(fermé merc. midi sauf juil.-août)* (19 €) Menu 25 € (déj. en sem.),
39/53 € – Carte environ 58 € le soir
◆ Cette ancienne magnanerie, située au cœur du vieux village, fut la résidence
du cubiste André Lhote. Beaux meubles d'antiquaire dans les chambres. La cheminée monumentale en pierre est l'âme de la salle à manger voûtée. Terrasse
avec vue sur vergers et collines.

MISSILLAC – 44 Loire-Atlantique – **316** D3 – 4 474 h. – alt. 44 m **34** A2
– ⊠ 44780 ▌ Bretagne

▶ Paris 436 – Nantes 62 – Redon 24 – St-Nazaire 37

🛈 la Chinoise 𝒞 02 40 88 35 14

◉ Retable★ dans l'église – Site★ du château de la Bretesche O : 1 km.

🏠 **La Bretesche** ⚙ ＜ ⊘ 🛏 🔟 🔳 ⊕ ☕ ✕ 🍴 ⅛ & 🄰🄲 ch, 🛎 ⇍ 🄿
Domaine de la Bretesche, rte de la Baule 🆅🅸🆂🅰 ⊕ 🄰🄴 ⓪
– 𝒞 02 51 76 86 96 – www.bretesche.fr
32 ch – †155/595 € ††155/595 € – ☷ 29 €
Rest – *(fermé 14 fév.-4 mars et le midi sauf dim.)* Menu 56/106 €
– Carte 70/106 € ⅜
Rest *Le Club* – *(fermé le soir d'oct. au 14 fév.)* (19 €) Menu 24 € (déj.)/35 €
– Carte 33/64 €
♦ Dans les dépendances du château de Missillac, dont les tours se reflètent sur le
lac contigu. Mobilier de style et détails tendance, salon dans les anciennes écu-
ries, espace bien-être... à deux pas du golf 18-trous. Deux restaurants : l'un gastro-
nomique ; l'autre façon brasserie contemporaine, apprécié des golfeurs.

MITTELBERGHEIM – 67 Bas-Rhin – **315** I6 – 665 h. – alt. 220 m **2** C1
– ⊠ 67140 ▌ Alsace Lorraine

▶ Paris 499 – Barr 2 – Erstein 24 – Molsheim 23

🛈 2, rue Principale 𝒞 03 88 08 01 66

✕✕ 🍴 **Gilg** avec ch 🄿 🆅🅸🆂🅰 ⊕ 🄰🄴
🈂 *1 r. Rotland* – 𝒞 03 88 08 91 37 – www.hotel-gilg.com – *Fermé
27 juin-13 juil., 9 janv.-1ᵉʳ fév., mardi et merc.*
19 ch – †55/75 € ††60/89 € – ☷ 8 €
Rest – Menu 27 € (sem.), 30/70 € – Carte 40/55 €
♦ La winstub d'origine, où fut créé, dit-on, le pâté vigneron, s'est muée en un
restaurant sympathique et convivial. Généreux plats traditionnels, inspirés du
répertoire alsacien.

✕✕ **Am Lindeplatzel** 🍴 🄰🄲 🆅🅸🆂🅰 ⊕
🈂 *71 r. Principale* – 𝒞 03 88 08 10 69 – *Fermé 23 août-2 sept., 22 nov.-2 déc.,
8-25 fév., lundi midi, merc. soir et jeudi*
Rest – Menu 23/58 € – Carte 28/42 €
♦ Joli village et agréable maison alsacienne, où il fait bon savourer des plats faisant honneur à la tradition, mais aussi aux tendances culinaires actuelles. Cadre
contemporain.

MITTELHAUSEN – 67 Bas-Rhin – **315** J4 – 550 h. – alt. 185 m **1** B1
– ⊠ 67170

▶ Paris 478 – Haguenau 21 – Saverne 22 – Strasbourg 24

🏠 **À l'Étoile** 🚃 ⅛ 🛏 & ch, 🄰🄲 rest, 🛎 🄿 🄿 🆅🅸🆂🅰 ⊕
🈂 *12 r. La Hey* – 𝒞 03 88 51 28 44 – www.hotel-etoile.net – *Fermé 1ᵉʳ-17 janv.*
🍴 **31 ch** – †58/63 € ††63/83 € – ☷ 8,50 € – ½ P 68/78 €
Rest – *(fermé 10 juil.-4 août, 1ᵉʳ-17 janv., dim. soir et lundi)* (12 €) Menu 19/44 €
– Carte 22/50 €
♦ En retrait de la rue principale, une maison de pays (1888) et son annexe
récente. Chambres alsaciennes dans la première ; spacieuses et contemporaines
dans la seconde. Beau spa. Plats traditionnels servis dans de chaleureuses salles
décorées de boiseries.

MITTELWIHR – 68 Haut-Rhin – **315** H8 – 785 h. – alt. 210 m – ⊠ 68630 **2** C2
▶ Paris 445 – Colmar 10 – Kaysersberg 6 – Sélestat 20

🏠 **Le Mandelberg** sans rest 🔳 ⅛ 🛏 & ❄ 🛎 ⅛ 🄿 🆅🅸🆂🅰 ⊕ 🄰🄴
chemin du Mandelberg – 𝒞 03 89 49 09 49 – www.hotelmandelberg.fr
– *Fermé 3-30 janv.*
18 ch – †72/120 € ††85/120 € – ☷ 12 € – ½ P 81/103 €
♦ Savourez le microclimat du "Midi de l'Alsace" depuis cette grande bâtisse de
style néo-alsacien dont les chambres, modernes et confortables, donnent parfois
sur le vignoble.

🏨 Le Mittelwihr sans rest   🕭 AC ❄ 📶 VISA ☺ AE

19 rte du Vin – ℰ 03 89 49 09 90 – http://monsite.wanadoo.fr/hotelmittelwihr.fr
– Fermé fév.
15 ch – †67/115 € ††67/115 € – ⬡ 10 €
◆ Sur la route des Vins, cette maison régionale haute en couleurs propose des chambres de bon confort avec des salles de bains plaisantes. Copieux petit-déjeuner typiquement local.

✗✗ La Table de Mittelwihr   🍴 🕭 P VISA ☺ AE
☺
rte du Vin – ℰ 03 89 78 61 40 – www.la-table-de-mittelwihr.com
– Fermé 1ᵉʳ-15 nov., 2-10 janv., dim. soir de janv. à mars, mardi midi
et lundi
Rest – Menu 16 € (déj.), 25/47 € – Carte 33/51 €
◆ Architecture intérieure contemporaine assez originale (poutres en bois courbées) et agréable terrasse d'été pour déguster une cuisine actuelle assortie de recettes du terroir.

MIZOËN – 38 Isère – **333** J7 – **rattaché au Freney-d'Oisans**

MOËLAN-SUR-MER – 29 Finistère – **308** J8 – 6 841 h. – alt. 58 m   **9** B2
– ✉ 29350 ▌Bretagne

    ▶ Paris 523 – Carhaix-Plouguer 66 – Concarneau 27 – Lorient 27
    🛈 20, place de l'Église ℰ 02 98 39 67 28

🏠 Manoir de Kertalg sans rest ⬥   🕪 📶 P VISA ☺
rte de Riec-sur-Belon, 3 km à l'Ouest par D 24 et chemin privé – ℰ 02 98 39 77 77
– www.manoirdekertalg.com – Ouvert 15 avril-12 nov.
9 ch – †125/225 € ††135/280 € – ⬡ 15 €
◆ Altière demeure du 19ᵉ s. dans un superbe parc forestier. Les chambres sont raffinées et confortables, dans une veine très classique. Brann, propriétaire des lieux, y expose ses œuvres.

MOIRAX – 47 Lot-et-Garonne – **336** F5 – **rattaché à Agen**

MOISSAC – 82 Tarn-et-Garonne – **337** C7 – 12 354 h. – alt. 76 m   **28** B2
– ✉ 82200 ▌Midi-Toulousain

    ▶ Paris 632 – Agen 57 – Auch 87 – Cahors 63
    🛈 6, place Durand de Bredon ℰ 05 63 04 01 85
    🏌 d'Espalais à Valence-d'Agen L'Îlot, par rte d'Agen : 20 km, ℰ 05 63 29 04 56
    ◉ Église St-Pierre★ : portail méridional★★★, cloître★★★, christ★.
    🝆 Boudou ❅★ 7 km par ③.

Plan page suivante

🏨 Le Moulin de Moissac   ⬡ 🕙 🛗 🕭 ch, AC ❄ rest, 📶 🛁 P
Esplanade du Moulin – ℰ 05 63 32 88 88   VISA ☺ AE ①
– www.lemoulindemoissac.com   **b**
36 ch – †82/155 € ††82/155 € – ⬡ 10 €
Rest – *(fermé sam. midi et dim.)* (18 €) Menu 23 € (déj.)/55 €
– Carte 65/85 €
◆ Souvent remanié, ce moulin fondé au 15ᵉ s. dispose désormais d'un bel aménagement intérieur, de jolies chambres à thèmes (mer, campagne et montagne) et d'un spa complet. Restaurant au décor de bistrot, simple et élégant, tourné vers le Tarn. Choix traditionnel.

🏠 Le Chapon Fin sans rest   📶 🛁 ⬡ VISA ☺ AE
3 pl. des Récollets – ℰ 05 63 04 04 22
– www.lechaponfin-moissac.com   **a**
22 ch – †50/60 € ††50/60 € – ⬡ 8 €
◆ Sur la place du marché et à deux pas de l'abbaye romane, vous serez traité ici comme des "coqs en pâte" et logé dans des chambres classiques et fonctionnelles.

MOISSAC

Alsace-Lorraine (Bd d') 2
Cayrou (Av. H.) 3
Gascogne (Av. de) 4
Guilerand (R.) 5
Lakanal (Bd) 6
Récollets (Pl. des) 8
République (R. de la) . . . 9

X X   **Le Pont Napoléon-La Table de Nos Fils** avec ch   AC ((¡)) &
2 allées Montebello – ☎ *05 63 04 01 55*   VISA ◉◉ AE ①
– www.le-pont-napoleon.com   **n**
14 ch – ♦45/50 € – ♦♦54/56 € – ☲ 8 €
Rest – (28 €) Menu 35/42 € – Carte 35/45 €🏵
◆ Restaurant face au pont Napoléon, en bordure du Tarn. Décoration agréablement tendance, mettant en valeur tableaux, objets et meubles anciens. Plats dans l'air du temps.

au Nord 9 km par D 7 - ✉ 82400 St-Paul-Espis

🏠🏠   **Le Manoir St-Jean**   🚗 🍴 🏊 AC ⅍ rest, ((¡)) P VISA ◉◉ AE
à St-Jean-de-Cornac – ☎ *05 63 05 02 34 – www.manoirsaintjean.com – Fermé 2-29 nov.*
9 suites – ♦♦150/180 € – 1 ch – ☲ 13 € – ½ P 110/135 €
Rest – *(fermé dim. soir et lundi du 15 sept. au 15 juin) (prévenir)* (25 €)
Menu 38/70 €
◆ Maison de maître (19e s.) personnalisée par de nombreux objets chinés. Chambres-suites décorées selon différents thèmes : Art déco, marine, etc. Agréable jardin avec piscine. Confortable salle de restaurant pour une cuisine faisant la part belle au terroir.

MOISSAC-BELLEVUE – 83 Var – **340** M4 – rattaché à Aups

MOISSIEU-SUR-DOLON – 38 Isère – **333** C5 – 675 h. – alt. 350 m   **44** B2
– ✉ 38270

▶ Paris 511 – Grenoble 78 – Lyon 55 – La Tour-du-Pin 53

🏠🏠   **Domaine de la Colombière** 🦢   ⚘ 🍴 🏊 🛏 ও ch, AC ((¡)) & P
Château de Moissieu – ☎ *04 74 79 50 23*   VISA ◉◉ AE
– www.lacolombiere.com – Ouvert 1er mars-15 nov.
21 ch – ♦79/99 € – ♦♦79/99 € – 1 suite – ☲ 16 €
Rest – (19 €) Menu 24/65 € – Carte 25/89 €
◆ Demeure bourgeoise de 1820 entourée d'un parc de 4 ha. Vastes chambres bien équipées, décorées sur le thème des peintres célèbres. Au restaurant, cuisine actuelle réalisée avec de bons produits. Salles de réception.

MOLINEUF – 41 Loir-et-Cher – **318** E6 – rattaché à Blois

MOLITG-LES-BAINS – 66 Pyrénées-Orientales – **344** F7 – 211 h.   **22** B3
– alt. 607 m – Stat. therm. : début avril-fin nov. – ⊠ 66500 ▮ Languedoc Roussillon

> ▶ Paris 896 – Perpignan 50 – Prades 7 – Quillan 56
> 🛈 route des Bains ℰ 04 68 05 03 28

🏨 **Château de Riell** ⊗   ≼ 🕭 🕿 ⌸ ⅏ 🖻 AC ch, ⅏ rest, ¶ ⅍ P ⌷
– ℰ 04 68 05 04 40 – www.chateauderiell.com   VISA ⓪ AE ①
– Ouvert 8 avril-2 nov.
16 ch – †147/318 € ††147/318 € – 3 suites – � 19 € – ½ P 143/273 €
Rest – (fermé lundi et le midi sauf week-ends et juil.-août) Menu 49/70 € bc
– Carte 78/107 €
◆ D'esprit baroque, cette "folie" catalane du 19ᵉ s. érigée au sein d'un parc
arboré abrite de douillettes chambres personnalisées ; sept autres occupent des
maisonnettes. Petit air de bodega chic au restaurant ; terrasse entourée d'une
végétation exubérante.

🏨 **Grand Hôtel Thermal** ⊗   ≼ 🕭 🕿 ⌸ ⅃₆ ⅏ 🖻 ⅍ rest, ¶ ⅍ P ⌷
ℰ 04 68 05 00 50 – www.grandhotelmolitg.com – Ouvert   VISA ⓪ AE
4 avril-4 déc.
38 ch – †115/210 € ††115/210 € – 5 suites – ⊒ 18 € – ½ P 83/133 €
Rest – (fermé dim.) Menu 35/45 € – Carte 40/58 €
◆ Cette grande bâtisse abrite les thermes et un institut de beauté. Beau parc ;
chambres décorées dans l'esprit catalan (quelques suites spacieuses et agréables).
Salle à manger classique, véranda dans un ancien atelier de chocolat et terrasse ;
plats traditionnels.

MOLLANS-SUR-OUVÈZE – 26 Drôme – **332** E8 – 968 h. – alt. 280 m   **44** B3
– ⊠ 26170 ▮ Alpes du Sud

> ▶ Paris 676 – Carpentras 30 – Nyons 21 – Vaison-la-Romaine 13

🏨 **Le St-Marc** ⊗   🚗 🕿 ⌸ ⅏ 🖻 ⅍ rest, ℄ VISA ⓪ AE
av. de l'Ancienne Gare – ℰ 04 75 28 70 01 – www.saintmarc.com
– Ouvert 8 avril-1ᵉʳ nov.
21 ch – †63/92 € ††63/92 € – ⊒ 10 € – ½ P 65/79 €
Rest – (fermé dim. soir en avril et de mi-sept. à fin oct. et le midi) (24 €)
Menu 30/34 € – Carte environ 32 €
◆ Au pied du mont Ventoux, cette maison provençale dispose de chambres fonctionnelles. Grand jardin avec piscine et tennis. Cuisine du Sud servie dans une
salle rustique ou sur la terrasse fleurie.

MOLLÉGÈS – 13 Bouches-du-Rhône – **340** E3 – 2 390 h. – alt. 55 m   **42** E1
– ⊠ 13940

> ▶ Paris 704 – Avignon 24 – Cavaillon 9 – Marseille 80

✕✕ **Mas du Capoun** avec ch ⊗   🚗 🕿 ⅃ ⅊ AC ch, ⅍ ch, ¶ P VISA ⓪
⌷ 27 av. des Paluds – ℰ 04 90 26 07 12 – www.masducapoun.fr – Rest : fermé
25 oct.-10 nov. et de mi-fév. à mi-mars ; hôtel : ouvert de Pâques à oct.
6 ch ⊒ – †75/85 € ††85/95 €
Rest – (fermé mardi soir, sam. midi et merc.) Menu 16/33 €
◆ Mas raffiné où l'on mange dans une salle lumineuse et épurée ou, en été, sous la
charpente d'une superbe grange restaurée. Belle cuisine actuelle à partir de produits
frais. Jolies chambres confortables à l'arrière du bâtiment, avec terrasse privative.

MOLLKIRCH – 67 Bas-Rhin – **315** I5 – 933 h. – alt. 320 m – ⊠ 67190   **1** A2

> ▶ Paris 485 – Molsheim 11 – Saverne 35 – Strasbourg 40

🏨 **Fischhutte** ⊗   ≼ 🚗 🕿 🖻 ⅍ ¶ ⅍ P VISA ⓪ AE
30 rte de la Fischhutte, rte Grendelbruch : 3,5 km – ℰ 03 88 97 42 03
– www.fischhutte.com – Fermé 6-28 avril et 19 juil.-3 août
18 ch – †65/95 € ††75/150 € – ⊒ 12 € – ½ P 74/111 €
Rest – (fermé lundi et mardi) (14 €) Menu 32 € (sem.), 40/75 € bc
◆ Adresse champêtre de la vallée de la Magel. Confortables chambres au décor
contemporain ; certaines offrent une vue sur la forêt vosgienne. Espace brasserie
flanqué d'une coquette salle à manger. Carte régionale ; gibier en saison.

MOLSHEIM – 67 Bas-Rhin – **315** I5 – 9 382 h. – alt. 180 m **1** A1
– ⊠ 67120 ▮ **Alsace Lorraine**

  ▶ Paris 477 – Lunéville 94 – St-Dié 79 – Saverne 28
  🄳 19, place de l'Hôtel Ville ℘ 03 88 38 11 61
  ◉ La Metzig★ - Église des Jésuites★.
  🄶 Fresques★ de la chapelle St-Ulrich N : 3,5 km.

Diana 🚗 🛋 🖵 📶 ᴌᴰᴬ 🚗 ⅄ ᴀᴄ ch, ☏ 🕍 🄿 🆅🆂🅰 🐝 ᴀᴇ ⓘ
pont de la Bruche – ℘ 03 88 38 51 59 – www.hotel-diana.com
63 ch – ♦95/135 € ♦♦95/150 € – 1 suite – ⌑ 13 €
Rest – *(fermé 24-31 déc. et dim. soir)* Menu 28/49 € – Carte 32/41 €🎜
♦ Construction des années 1970 agrémentée de nombreuses œuvres d'art.
Chambres actuelles avec mobilier et déco design. Pour le bien-être : spa, superbe
fitness, jardin. Au restaurant, carte dans l'air du temps et belle cave.

Le Bugatti *sans rest* 🖵 ᴌ ᴀᴄ ☏ 🕍 🄿 🆅🆂🅰 🐝 ᴀᴇ
r. de la Commanderie – ℘ 03 88 49 89 00 – www.hotel-le-bugatti.com – Fermé
24 déc.-1ᵉʳ janv.
48 ch – ♦60/75 € ♦♦60/75 € – 1 suite – ⌑ 7 €
♦ Une construction de facture contemporaine, tout près des légendaires usines
Bugatti. Les chambres, rénovées en 2007, sont fonctionnelles et actuelles.

LES MOLUNES – 39 Jura – **321** F8 – 129 h. – alt. 1 274 m – ⊠ 39310 **16** B3
  ▶ Paris 485 – Genève 49 – Gex 30 – Lons-le-Saunier 74

Le Pré Fillet 🌿 ⪕ ⅄ 🖵 ᴌ ch, 🕍 🄿 🚗 🆅🆂🅰 🐝
rte des Moussières – ℘ 03 84 41 62 89 – www.hotel-leprefillet.com – Fermé
26 avril-3 mai, 24 oct.-13 déc., dim. soir et lundi
15 ch – ♦56 € ♦♦56 € – ⌑ 8 € – ½ P 57 €
Rest – (14 € bc) Menu 21/40 € – Carte 15/50 €🎜
♦ Pour un séjour très "nature", une hôtellerie de moyenne montagne, simple et
sympathique. Chambres bien tenues. Sauna et jacuzzi avec vue sur la campagne.
Cuisine du terroir accompagnée d'une belle carte de vins locaux et bourguignons.

MONACO (PRINCIPAUTE DE) – **341** F5 – **115** 27 – **voir en fin de guide**

MONCEL-LÈS-LUNÉVILLE – 54 Meurthe-et-Moselle – **307** K7 – **rattaché à**
Lunéville

MONDEMENT-MONTGIVROUX – 51 Marne – **306** E10 – **rattaché à Sézanne**

MONDRAGON – 84 Vaucluse – **332** B8 – 3 523 h. – alt. 40 m – ⊠ 84430 **40** A2
  ▶ Paris 640 – Avignon 45 – Montélimar 40 – Nyons 41

⅄⅄ **La Beaugravière** *avec ch* 🚗 🛋 ᴀᴄ 🄿 🆅🆂🅰 🐝
N 7 – ℘ 04 90 40 82 54 – www.beaugraviere.com – Fermé 15-30 sept., dim. soir
et lundi
4 ch – ♦75 € ♦♦75 € – ⌑ 9 €
Rest – (18 €) Menu 29/98 € – Carte 50/150 €🎜
♦ Maison provençale mettant le classicisme et la truffe à l'honneur ; superbe
carte des vins. Installez-vous près de la cheminée monumentale ou sur la terrasse
ombragée. Chambres pratiques pour l'étape.

MONEIN – 64 Pyrénées-Atlantiques – **342** I3 – 4 367 h. – alt. 154 m **3** B3
– ⊠ 64360

  ▶ Paris 799 – Navarrenx 20 – Oloron-Ste-Marie 21 – Pau 23

⅄ **L'Auberge des Roses** 🚗 🛋 ᴀᴄ 🄿 🆅🆂🅰 🐝
quartier Loupien , 3 km au Nord par D 9 puis D 2 et rte secondaire
– ℘ 05 59 21 45 63 – Fermé 3 sem. en sept., 2 sem. en fév., lundi et merc.
Rest – Menu 25/35 € – Carte 27/45 €
♦ Monsieur et Madame Rose vous accueillent dans un beau cadre ancien (pierres
et poutres) rénové, au pied des vignes de Jurançon. Cuisine appétissante à base
de produits frais.

MONESTIER – 24 Dordogne – **329** C7 – 365 h. – alt. 100 m – ✉ 24240

▶ Paris 612 – Agen 109 – Bordeaux 117 – Périgueux 71

⌂ **Château des Baudry** 🌿 　　　≤ 🚗 🍴 ⤓ 📶 🛜 📶 **P** 𝗩𝗜𝗦𝗔 ◉

3 km au Nord par D 4, rte de Saussignac et rte secondaire – ☎ 05 53 23 46 42
– www.chateaudesbaudry.fr
4 ch – ✝105 € ✝✝120/150 € – ⊡ 12 €　　**Table d'hôte** – Menu 34 €
◆ En plein vignoble d'AOC Saussignac, célèbre pour son vin liquoreux, cette
ancienne ferme propose des chambres spacieuses avec cheminées et plafonds
à la française. Jolie salle à manger où l'on sert le repas le soir (apéritif offert) et
patio pour les beaux jours.

MONESTIER-DE-CLERMONT – 38 Isère – **333** G8 – 1 104 h. 　　　**45** C2
– alt. 825 m – ✉ 38650 ▌ Alpes du Nord

▶ Paris 598 – Grenoble 36 – La Mure 29 – Serres 72

🛈 103 bis, Grand Rue ☎ 04 76 34 15 99

⌂ **Au Sans Souci** 🌿 　　　　🚗 🍴 ⤓ 💢 📶 **P** 𝗩𝗜𝗦𝗔 ◉ 𝗔𝗘
⊜
😊 Le Bourg, à St-Paul-lès-Monestier, 2 km au Nord-Ouest par D 8
🍽 – ☎ 04 76 34 03 60 – www.au-sans-souci.com – Fermé dim. soir et lundi
12 ch – ✝45 € ✝✝68/75 € – ⊡ 8 €
Rest – Menu 19 € (sem.), 25/52 € – Carte 32/52 €
◆ Contrairement à "La passante", vous aimerez vous attarder dans cette ancienne
scierie tapissée de vigne vierge. Chambres campagnardes. Les patrons, restaurateurs de père en fils depuis 1934, régalent les convives d'une goûteuse cuisine
du marché.

⌂ **Piot** 　　　　　　　🕭 🍴 📶 **P** 𝗩𝗜𝗦𝗔 ◉ 𝗔𝗘

7 chemin des Chambons – ☎ 04 76 34 07 35 – www.hotel-piot.fr
– Ouvert 15 mars-15 nov. et fermé mardi soir et lundi sauf juil.-août
et mardi midi
14 ch – ✝52 € ✝✝52/60 € – ⊡ 9 € – ½ P 65 €
Rest – (14 €) Menu 20 € (sem.), 25/35 € – Carte 30/45 €
◆ Imposante villa bourgeoise de 1912 dans un petit parc planté de sapins centenaires. Chambres simples et bien tenues, atmosphère conviviale. Spacieuse salle à
manger fraîchement rénovée, agréable terrasse ombragée de conifères et cuisine
traditionnelle.

LE MONÊTIER-LES-BAINS – 05 Hautes-Alpes – **334** H3 – rattaché à Serre-Chevalier

---

LA MONGIE – 65 Hautes-Pyrénées – **342** N5 – Sports d'hiver : 　　**28** A3
1 800/2 500 m ⚡3 ⚡41 🎿 – ✉ 65200 Bagneres de Bigorre ▌ Midi-Toulousain

▶ Paris 853 – Bagnères-de-Bigorre 25 – Bagnères-de-Luchon 72 – Tarbes 48

🛈 rue Pic d'Espade ☎ 05 62 91 94 15

◉ Le Taoulet ≤ ★★ N par téléphérique - Col du Tourmalet★★ O : 4 km.

ᴳ Pic du Midi de Bigorre★★★.

au Nord-Est 8 km par D 918 – ✉ 65710 Campan

⌂ **La Maison d'Hoursentut** 🌿 　　　🚗 🍴 📶 **P** 𝗩𝗜𝗦𝗔 ◉

– ☎ 05 62 91 89 42 – www.maison-hoursentut.com
13 ch – ✝60/65 € ✝✝60/65 € – ⊡ 8 €
Rest – (fermé le midi) (nombre de couverts limité, prévenir) Menu 20 €
◆ Décoration contemporaine et minimaliste dans cet hôtel familial. Chambres
douillettes et cosy (parquet, rondins de bois en guise de chevet…), salon-cheminée et joli jardin avec bain norvégien. Menu annoncé de vive voix ; terrasse dressée au bord de l'Adour.

MONHOUDOU – 72 Sarthe – **310** K5 – 198 h. – alt. 130 m 　　　**35** D1
– ✉ 72260

▶ Paris 199 – Alençon 30 – Le Mans 42 – Nantes 223

⛪ **Château de Monhoudou** ⚘   📢 🖼 📶 *VISA* 🌐 AE ⦿
2 km au Sud par D 117 et rte secondaire – ℰ *06 83 35 39 12*
– www.monhoudou.com
5 ch ⊑ – ✚110/180 € ✚✚110/180 €   **Table d'hôte** – Menu 44 € bc/72 € bc
◆ Au milieu d'un parc à l'anglaise (animaux en liberté), beau château Renaissance (16e-18e s.) habité par la même famille depuis 19 générations. Vastes et élégantes chambres aux meubles anciens. Salon avec cheminée, bibliothèque. Repas préparés par la châtelaine en personne.

MONNAIE – 37 Indre-et-Loire – **317** N4 – 3 768 h. – alt. 113 m – ⊠ 37380   **11** B2
▶ Paris 227 – Château-Renault 15 – Tours 16 – Vouvray 10

🍴🍴 **L'Épicurien**   AC *VISA* 🌐 AE
53 r. Nationale – ℰ *02 47 56 10 34 – www.restaurant-lepicurien.com*
– Fermé jeudi soir, dim. soir et lundi
Rest – (18 €) Menu 25/42 € – Carte 38/50 €
◆ Sur l'axe principal du bourg, ce restaurant semble plutôt rétro mais il n'en n'est rien. La cuisine est actuelle, presque sophistiquée, et réalisée avec de bons produits.

MONPAZIER – 24 Dordogne – **329** G7 – 533 h. – alt. 180 m – ⊠ 24540   **4** C2
🟩 Périgord Quercy
▶ Paris 575 – Bergerac 47 – Périgueux 75 – Sarlat-la-Canéda 50
🅳 place des Cornières ℰ 05 53 22 68 59
🅾 Place des Cornières ★.

🏨 **Edward 1er** ⚘   ≤ 🌳 🎄 📶 P *VISA* 🌐 AE
5 r. St-Pierre – ℰ *05 53 22 44 00 – www.hoteledward1er.com – Ouvert 18 mars-13 nov.*
10 ch – ✚56/86 € ✚✚68/166 € – 2 suites – ⊑ 12 €
Rest – *(ouvert 1er avril-31 oct. et fermé merc. sauf juil.-août et le midi) (prévenir)*
Menu 30/45 €
◆ Dans cette gentilhommière du 19e s., on profite de la vie de château : belle hauteur sous plafond, moulures, meubles de style, tissu mural. Chambres spacieuses avec vue. Un menu actuel composé chaque jour, à base des produits du Périgord.

🍴 **Bistrot 2**   🌳 🖤 *VISA* 🌐
Foirail Nord – ℰ *05 53 22 60 64 – www.bistrot2.fr – Fermé 21 nov.-13 déc., sam. midi, lundi soir et vend. de mi-sept. à juin*
Rest – (16 € bc) Menu 20 € (déj. en sem.), 24/30 € – Carte 26/38 €
◆ Une partie de l'équipe de l'Edward 1er a investi ce nouveau bistrot contemporain et revisite des plats régionaux de manière très séduisante. Terrasse ombragée de glycines.

MONTAGNAC – 04 Alpes-de-Haute-Provence – **334** E10 – 399 h.   **41** C2
– alt. 614 m – ⊠ 04500
▶ Paris 799 – Avignon 151 – Digne-les-Bains 51 – Marseille 105

⛪ **La Maison du Bois Doré** sans rest ⚘   📢 📶 P
Lieu-dit Plan-de-Croix, 2 km au Nord-Ouest par D 11, rte de Riez et chemin secondaire – ℰ *06 86 97 01 86 – www.provenceguesthouse.com – Fermé 5 janv.-15 mars*
4 ch ⊑ – ✚82 € ✚✚87 €
◆ Pour vivre loin de tout... Cette ancienne ferme apicole est entourée de champs de lavande et de chênes truffiers. Décor zen et moderne dans les chambres, avec terrasse.

MONTAGNAT – 01 Ain – **328** E3 – 1 549 h. – alt. 262 m – ⊠ 01250   **44** B1
▶ Paris 447 – Bourg-en-Bresse 8 – Lyon 84 – Mâcon 55

🍴 **Au Pot de Grès**   🌳 P *VISA* 🌐 AE
2013 rte du Village – ℰ *04 74 51 67 05 – Fermé vacances de Pâques, 22 août-7 sept., dim. soir, lundi soir et mardi soir*
Rest – (15 € bc) Menu 26/46 € – Carte 35/55 €
◆ Cette jolie maison de campagne vous accueille dans une salle à manger réchauffée par une cheminée. Côté carte, le chef revisite habilement les plats du terroir (produits choisis).

MONTAGNE – 33 Gironde – **335** K5 – 1 704 h. – alt. 80 m – ⊠ 33570   **4** C1

▶ Paris 541 – Agen 129 – Bordeaux 41 – Bergerac 61

XX   **Le Vieux Presbytère**   🔲 *VISA* ⦿

pl. de l'Église – ℰ 05 57 74 65 33 – www.restaurant-montagne-st-emilion.com
– *Fermé vacances de la Toussaint, de Noël, de fév., mardi sauf juil.-août et merc.*
Rest – (16 € bc) Menu 32/55 € bc – Carte 41/48 €

◆ Cette maison sympathique occupe un ancien presbytère. Salle cosy rustiquement meublée, terrasse sur cour, cuisine du moment et vins du cru (soirées œnologiques en fin de semaine).

MONTAGNE-DU-SEMNOZ – 74 Haute-Savoie – **328** J6 – ⊠ 74000   **46** F1

▶ Paris 552 – Aix-les-Bains 43 – Albertville 60 – Annecy 17

◉ Crêt de Châtillon ✳ ★★★ (**accès** par D 41 : d'Annecy 20 km ou du col de Leschaux 14 km, puis 15 mn).

par D 41 – ⊠ 74000 Annecy

🏠   **Les Rochers Blancs** 🔖   ≼ 🛖 P *VISA* ⦿
⊶ *près du sommet, alt. 1 650* – ℰ 04 50 01 23 60 – www.lesrochersblancs.com
– *Ouvert 10 juin-15 sept. et 15 déc.-15 avril*
15 ch – †47/50 € ††66/72 € – ⊆ 9 € – ½ P 65/70 €
Rest – Menu 19/36 € – Carte 27/40 €

◆ Culminant à 1 650 m, ce chalet bénéficie d'un panorama exceptionnel et d'une tranquillité absolue. Chambres dans le style local. Restaurant décoré dans la pure tradition montagnarde et cuisine de terroir. Terrasse.

MONTAGNIEU – 38 Isère – **333** F4 – **rattaché à La Tour-du-Pin**

MONTAGNY – 42 Loire – **327** E3 – 1 105 h. – alt. 530 m – ⊠ 42840   **44** A1

▶ Paris 408 – Lyon 70 – Montbrison 78 – Roanne 15

XX   **L'Air du Temps**   A/C ↔ *VISA* ⦿

1 r. de la République – ℰ 04 77 66 11 31 – www.lairdutemps42.fr
– *Fermé 15-31 août, dim. soir, lundi et merc.*
Rest – (16 €) Menu 20/49 € – Carte 35/61 €

◆ Un restaurant bien agréable, aménagé à l'étage d'un ancien café. La cuisine est… dans l'air du temps et suit les saisons !

MONTAGNY-LÈS-BEAUNE – 21 Côte-d'Or – **320** J8 – **rattaché à Beaune**

MONTAIGU – 85 Vendée – **316** I6 – 4 822 h. – alt. 40 m – ⊠ 85600   **34** B3

▶ Paris 389 – Cholet 36 – Fontenay-le-Comte 88 – Nantes 37

🖪 6, rue Georges Clemenceau ℰ 02 51 06 39 17

🟩 Mémorial de vendée ★★ : le logis de la Chabotterie★ (salles historiques★★) SO : 14 km, le chemin de la Mémoire des Lucs★ SO : 24 km ▌ Poitou Charentes Vendée

au Pont de Sénard 7 km au Nord par N 137 et D 77
– ⊠ 85600 St-Hilaire-de-Loulay

🏠   **Le Pont de Sénard** 🔖   🚢 🛖 ⅙ ch, ⅌ rest, ⅌ 🔖 P *VISA* ⦿ AE
⊶ – ℰ 02 51 46 49 50 – www.hotel-pontdesenard.fr
– *Fermé 1er-19 août, 31 oct.-6 nov. et 26-30 déc.*
25 ch – †54 € ††72 € – ⊆ 8,50 € – ½ P 77 €
Rest – (fermé vend. soir d'oct. à mai et dim. soir) Menu 19/46 € – Carte 28/36 €

◆ Une clientèle fidèle apprécie cet hôtel bordant la Maine pour son environnement délicieusement bucolique, son bel équipement de séminaires et ses chambres peu à peu rénovées. Salle à manger-véranda et plaisante terrasse champêtre dominant la rivière.

MONTAIGUT-LE-BLANC – 63 Puy-de-Dôme – **326** F9 – **rattaché à Champeix**

MONTARCHER – 42 Loire – **327** C7 – 65 h. – alt. 1 160 m – ⊠ 42380   **44** A2

▌ Lyon Drôme Ardèche

▶ Paris 491 – Clermont-Ferrand 154 – Lyon 109 – Le Puy-en-Velay 68

Le Clos Perché avec ch hFi ⁽¹⁾ _VISA_ ⬤⬤

le bourg – ℰ 04 77 50 00 08 – *Fermé 1ᵉʳ-7 sept., janv., lundi et mardi*
5 ch ⌒ – ♦50 € ♦♦50 €   **Rest** – Menu 15 € (déj. en sem.), 23/28 €
◆ Sympathique auberge discrètement transformée en bistrot chic et perchée à quelque 1 000 m d'altitude. Goûteuse cuisine réalisée avec des produits choisis. Pour l'étape, chambres d'esprit actuel.

MONTAREN-ET-ST-MÉDIERS – 30 Gard – **339** L4 – **rattaché à Uzès**

MONTARGIS ⬠ – 45 Loiret – **318** N4 – 15 794 h. – alt. 95 m – ✉ 45200   **12** D2

🟩 Châteaux de la Loire

▷ Paris 109 – Auxerre 81 – Bourges 117 – Orléans 73

🏛 10 rue Renée de France ℰ 02 38 98 00 87

🏌 de Vaugouard à Fontenay-sur-Loing Chemin des Bois, par rte de Fontainebleau : 9 km, ℰ 02 38 89 79 09

🔘 Collection Girodet★ du musée **M**[1].

MONTARGIS

Anatole-France (Bd)........ **Y** 2
Ancien Palais (R.)......... **Z** 3
Baudin (Bd Paul)......... **YZ** 4
Belles Manières (Bd)...... **Z** 5
Bon-Guillaume (R. du)..... **Z** 6
Carnot (R. Lazare)........ **Y** 8
Cormenin (R.)............ **Z** 12
Decourt (R. E.).......... **Y** 13
Dr-Roux (R. du).......... **Y** 15
Dr-Szigeti (Av. du)....... **Y** 16
Dorée (R.)............... **Z**
Ferry (Pl. Jules)......... **Z** 20
Fg de la Chaussée (R. du) . **YZ** 17
Fg d'Orléans (R. du)...... **YZ** 18
Jean-Jaurès (R.).......... **Y** 21
Kléber (R.).............. **Y** 22
Laforge (R. R.).......... **Z** 23
Lamy (R. Jean).......... **Y** 24
Longeard (R. du)......... **Y** 26
Moulin à Tan (R.du)...... **Z** 28
Pêcherie (R. de la)....... **Z** 30
Poterne (R. de la)........ **Z** 32
Pougin-de-la-Maisonneuve
  (R.)................... **Z** 33
Prés.-Roosevelt (R.)...... **Y** 34
République (Pl. de la)..... **Z** 36
Sédillot (R.)............. **Y** 37
Tellier (R. R.)........... **Z** 39
Vaublanc (R. de).......... **Z** 41
Verdun (Av. de).......... **Y** 42
18-Juin-1940 (Pl. du)..... **Z** 45

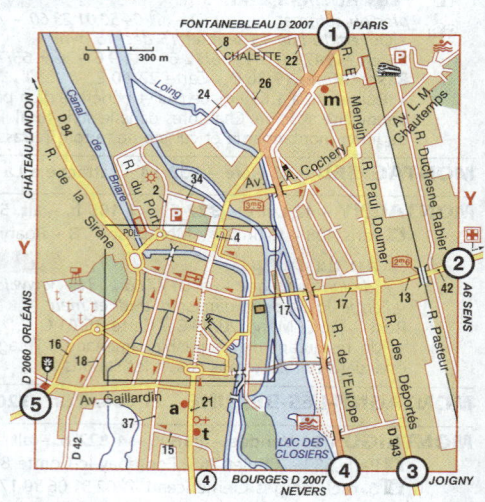

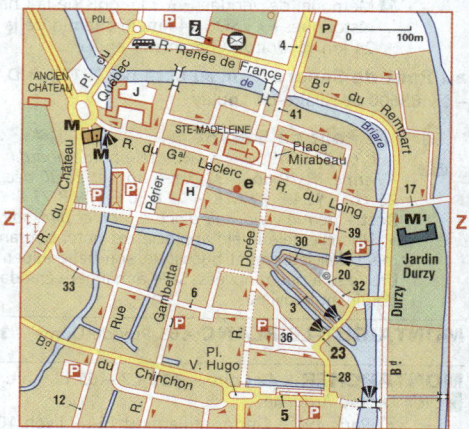

XXX **La Gloire** (Jean-Claude Martin) avec ch &. rest, AC rest, VISA ◉◎ AE
❀
74 av. Gén.-de-Gaulle – ℰ 02 38 85 04 69 – www.lagloire-montargis.com – Fermé
15 août-3 sept., 16 fév.-10 mars, mardi et merc. **Ym**
12 ch – †55 € ††65/80 € – ☑ 9 €
Rest – Menu 30 € (sem.), 42/55 € – Carte 68/117 € 🎜
Spéc. Bouquets rôtis au corail de homard. Navarin d'agneau primeur. Caravane
des douceurs. **Vins** Menetou Salon, Sancerre rouge.
◆ Cette Gloire n'a rien de pompeux ; dans ce restaurant clair et fleuri, l'accueil est
charmant. La tradition gastronomique y est revisitée de manière subtile et généreuse, en témoigne la savoureuse caravane des desserts ! Chambres confortables.

XX **L'Orangerie** AC ⇄ VISA ◉◎
57 r. Jean-Jaurès – ℰ 02 38 93 33 83 – www.restaurant-orangerie-montargis.com
– Fermé lundi soir, mardi et merc. **Yt**
Rest – Menu 23 € (sem.)/42 € – Carte 35/55 €
◆ Adresse familiale avec de chaleureuses petites salles à manger (poutres apparentes, tons clairs) et une véranda aux allures de jardin d'hiver. Cuisine traditionnelle et gourmande.

XX **L'Agrappe Coeur** 🌿 AC P VISA ◉◎ AE
22 r. Jean-Jaurès – ℰ 02 38 85 22 65 – www.restaurant-agrappecoeur.com
– Fermé 10-30 août, dim. soir, mardi soir et lundi **Ya**
Rest – Menu 23 € (sem.), 31/42 € – Carte 38/65 €
◆ Derrière la jolie façade blanche, un comptoir des années 1930, puis des salles
contemporaines ou d'esprit bistrot chic. Cuisine traditionnelle utilisant de bons
produits.

XX **Les Dominicaines** 🌿 VISA ◉◎ AE
6 r. du Dévidet – ℰ 02 38 98 10 22 – www.restaurant-lesdominicaines.com
– Fermé deux sem. en août, sam. midi et dim. **Ze**
Rest – (prévenir) (18 €) Menu 22/33 € bc – Carte 36/64 €
◆ Ces Dominicaines-là n'invitent pas à faire maigre, bien que l'on fasse ici la part belle
aux produits de la mer. Parmi les incontournables de la chef, le homard bleu rôti.

à Amilly 5 km par ③ – 11 667 h. – alt. 110 m – ⊠ 45200

🏠 **Le Belvédère** sans rest ⧖ 🚌 ⁽ᵗ⁾ P VISA ◉◎
🏨 192 r. Jules-Ferry – ℰ 02 38 85 41 09 – http://hbelvedere.pagesperso-orange.fr/
– Fermé 7-26 août et 18 déc.-2 janv.
24 ch – †56/65 € ††65/73 € – ☑ 8 €
◆ Une grande maison avec un jardin fleuri, face à l'école du village. On se croirait
dans une pension de famille : l'accueil est charmant et la décoration un peu désuète.

rte de Ferrières par ①, N 7 et rte secondaire – ⊠ 45210 Fontenay-sur-Loing

🏨 **Domaine de Vaugouard** ⧖ 🏅 🌿 🎐 ✗ 🔟 ✗ rest, ⁋ 🛁 P
chemin des Bois – ℰ 02 38 89 79 00 VISA ◉◎ AE ⓪
– www.vaugouard.com – Fermé 1er janv.-31 mars
49 ch – †165/245 € ††165/245 € – ☑ 18 € – ½ P 145/185 €
Rest – (fermé le midi) Menu 32 € – Carte 45/96 €
◆ Joli château du 18ᵉ s. situé au cœur d'un parcours de golf et d'un très beau parc.
Chambres confortables au charme bourgeois, plus grandes dans les dépendances.
Petites salles à manger cossues, terrasse tournée vers les greens et cuisine classique.

MONTAUBAN P – 82 Tarn-et-Garonne – **337** E7 – 53 941 h. **28** B2
– alt. 98 m – ⊠ 82000 ▐ Midi-Toulousain

▶ Paris 627 – Agen 86 – Albi 73 – Auch 86
🛈 Esplanade des Fontaines ℰ 05 63 63 60 60
🏌 des Aiguillons Route de Loubejac, N : 8 km par D 959, ℰ 05 63 31 35 40
◉ Le vieux Montauban★ : portail★ de l'hôtel Lefranc-de-Pompignan Z **E**
 - Musée Ingres★ - Place Nationale★ - Dernier Centaure mourant★ (bronze
 de Bourdelle) **B.**
ℰ Pente d'eau de Montech★ : 15 km par ③ et D 928.

Plan page suivante

MONTAUBAN

Abbaye (R. de l') .... Z
Alsace-Lorraine (Bd) ...... X 3
Arago (R.) .... Z
Banque (R. de la) .... Z
Barbazan (R.) .... Z
Bourdelle (Pl.) .... Z 4
Bourjade (Pl. L.) .... Z 6
Briand (Av. A.) .... Y 7
Cambon (R.) .... Z 9
Carmes (R. des) .... Z 10
Chamier (Av.) .... Z 12
Cladel (R. L.) X
Comédie (R. de la) .... Z 13
Consul-Dupuy (Allée du) ... Z 14
Coq (Pl. du) .... Z 16
Dr-Albert (R.) X
Dr-Lacaze (R. du) .... Z 19
Doumerc (Bd B.) .... Y
Foch (Pl. du Mar.) .... Z
Fort (R. du) .... Z
Gambetta (Av.) .... YZ
Garrisson (Bd G.) .... YZ
Gaulle (Av. Ch.-de.) .... Y 25
Grand'Rue Sapiac .... Z
Grand'Rue Villenouvelle ... X 28
Guibert (Pl.) .... Z 29
Herriot (Av. É.) .... Y 30
Hôtel-de-Ville (R. de l') .... X 31
Ingres (R. B.) X
Jourdain (R. A.) .... Z
Lacapelle (Fg) .... YZ
Lafon (R. du Pasteur L.) ... Y 34
Lafon (R. Mary) .... Z 32
Lagrange (R. L.) .... YZ 35
Leclerc (Pl. du Gén.) .... Z
Libération (Pl. de la) X
Lycée (R. du) .... Z
Malcousinat (R.) .... Z 36
Mandoune (R. de la) .... Z
Marceau-Hamecher (Av.). . Y 37
Marre (R. H.) .... Z
Martyrs (Carrefour des) ... Z 46
Marty (Pl. A.) .... XY
Mayenne (Av.) .... Y 50
Michelet (R.) .... Z 51
Midi-Pyrénées (Bd) .... Z 52
Monet (R. J.) .... Z 53
Montauriol (Bd) .... Y
Montmurat (Q. de) .... Z 54
Mortarieu (Allées de) ...... Z 56
Moustier (Fg du) .... Z
Nationale (Pl.) .... Z
Notre-Dame (R.) .... Z 60
Piquard (Sq Gén.) .... Z 62
Pouvillon (R. E.) .... Z
Prax-Paris (R.) .... Z
République (R. de la) .... Z 63
Résistance (R. de la) .... Z 64
Roosevelt (Pl. F.) .... Z 66
Ste-Claire (R.) .... Z
St-Jean (R.) .... X 67
Sapiac (Pont de) .... YZ 68
Sarrail (R. Gén.) .... Z 70
Verdun (Q. de) .... Z 71
10e-Dragons (Av. du) X
11e-Rég.-d'Infanterie
    (Av. du) .... X 73
19-Août-1944 (Av. du) ..... Z 75
22-Septembre (Pl. du) ..... Z 76

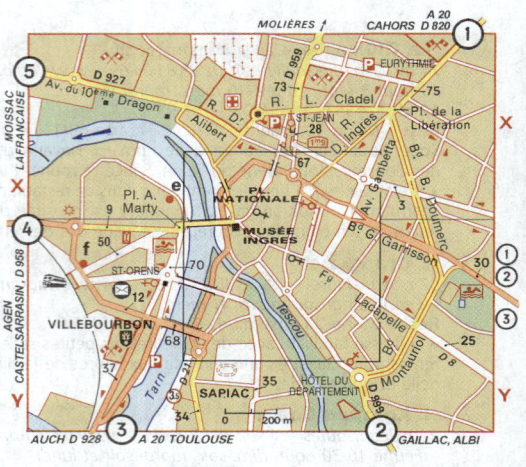

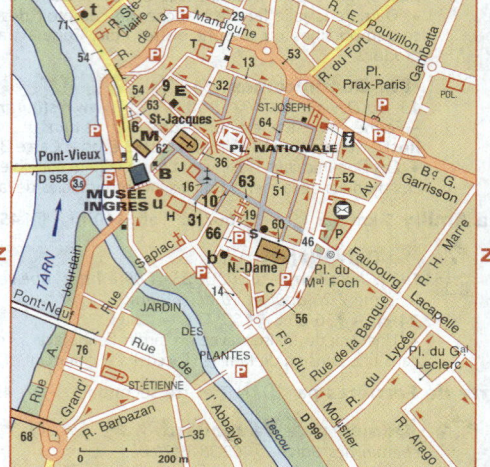

🏨🏨 **Abbaye des Capucins Spa & Resort** 🦜 ☂ 🏊 ⚽ ⛊ 🖖 ⛖ AC ch, "📶"

✿ *6-8 quai de Verdun* – ✆ *05 63 22 00 00* 🅿 🚗 💳 🅜🅒 AE Zt
— *www.crowneplaza-montauban.com*

85 ch – †91/159 € – ††91/159 € – 4 suites – ☐ 20 €

Rest *La Table des Capucins* – *(fermé 1ᵉʳ-9 mai, 2-16 janv., dim. soir, merc. midi, sam. midi et lundi)* Menu 30 € (déj.), 42/79 € – Carte 57/102 €🕮

Spéc. Cromesquis de pieds d'agneau, piment d'Espelette et basilic. Canard colvert laqué aux épices d'Orient. Soufflé caramel, gelée à l'orange, glace citron gingembre.

Rest *Le Bistrot* – (18 €) Carte 25/56 €

◆ Pour apaiser corps et esprit... Ce couvent classé (1630) reste empreint de quiétude ! Décor et confort très contemporains, spa complet. La chère est reine à la Table des Capucins : le chef concocte une cuisine-plaisir tout en goût et subtilité. Au Bistrot, espace moderne et savoureuse bistronomie.

Mercure
[I] [&] rest, [AC] ["I"] [iA] [VISA] [CO] [AE] [O]

12 r. Notre-Dame – ℰ 05 63 63 17 23– www.mercure.com **Zs**
44 ch – †95/105 € ††95/105 € – ☷ 12 €
Rest – (10 € bc) Menu 14/35 € – Carte 25/42 €
◆ Cet hôtel particulier du 18ᵉ s. a bénéficié en 1999 d'une complète cure de jouvence. Les chambres, spacieuses et contemporaines, profitent d'une bonne isolation phonique. La salle à manger, meublée en style Louis XVI, est coiffée d'une
vaste verrière.

Du Commerce sans rest
[I] [&] ["I"] [VISA] [CO] [AE]

9 pl. Roosevelt – ℰ 05 63 66 31 32 – www.hotel-commerce-montauban.com
– Fermé 19 déc.-2 janv. **Zb**
27 ch – †58/84 € ††59/84 € – ☷ 9 €
◆ Vaste bâtisse du 18ᵉ s. à deux pas de la cathédrale. Hall et salon garnis de beaux
meubles anciens, chambres sobres, bien entretenues, et salles de bains colorées.

Les Saveurs d'Ingres
[AC] [VISA] [CO]

13 r. Hôtel-de-Ville – ℰ 05 63 91 26 42 – www.lessaveursdingres.com
– Fermé 10-31 juil., 18 déc.-3 janv., dim. et lundi **Zu**
Rest – Menu 25 € (déj.), 35/70 € – Carte 61/77 €
◆ L'enseigne rend hommage au peintre-dessinateur montalbanais (musée Ingres
à deux pas). Plaisante salle voûtée au mobilier moderne. Cuisine personnalisée,
inspirée du terroir.

La Cuisine d'Alain
[🔥] [AC] [%] [↔] [VISA] [CO] [AE]

29 r. Roger-Salengro, (face à la gare) – ℰ 05 63 66 06 66
– www.hotel-restaurant-orsay.com – Fermé 1ᵉʳ-9 mai, 2-21 août, 22 déc.-7 janv.,
lundi midi, sam. midi et dim. **Yf**
Rest – (24 € bc) Menu 36 € (sem.)/58 € – Carte 50/60 €
◆ Natures mortes, faïences et compositions florales ornent la salle à manger et le
salon. Belle terrasse fleurie. Cuisine traditionnelle et grand choix de desserts.

Au Fil de l'Eau
[&] [AC] [VISA] [CO]

14 quai Dr Lafforgue – ℰ 05 63 66 11 85 – www.aufildeleau82.com – Fermé
12-19 juil., 1 sem. en fév., merc. soir sauf juil.-août, dim. sauf le midi de sept.
à juin et lundi **Xe**
Rest – (18 €) Menu 35/50 € – Carte 45/70 €
◆ Cette maison ancienne située dans une rue tranquille abrite une spacieuse
salle à manger, contemporaine et chaleureuse. Préparations traditionnelles, bon
choix de vins régionaux.

MONTAUBAN-SUR-L'OUVÈZE – 26 Drôme – **332** G8 – 114 h. **45** C3
– alt. 719 m – ✉ 26170

🄳 Paris 705 – Apt 68 – Carpentras 64 – Lyon 243

La Badiane 🍃
[≤] [🚗] [🔥] [🏊] [&] [%] ["I"] [iA] [P.] [VISA] [CO]

Hameau de Ruissas, 3 km au Nord-Est – ℰ 04 75 27 17 74
– www.la-badiane-sejours.com – Ouvert de Pâques à la Toussaint
7 ch – †48/50 € ††95/100 € – ☷ 13 €
Rest – (fermé merc., dim. et le midi) Menu 29/35 €
◆ Cette bergerie, restaurée avec originalité, est blottie dans la montagne drômoise. Chacune des chambres cultive joliment sa différence ; sauna, hammam et
soins de relaxation. Au restaurant, cuisine actuelle à base de produits bio, rehaussée d'épices.

MONTAULIEU – 26 Drôme – **332** E7 – rattaché à Nyons

MONTAUROUX – 83 Var – **340** P4 – 4 743 h. – alt. 364 m – ✉ 83440 **41** C3
🟩 Côte d'Azur

🄳 Paris 890 – Cannes 36 – Draguignan 37 – Fréjus 30
🄸 place du Clos ℰ 04 94 47 75 90

Auberge Eric Maio ☎ P VISA ⬤⬤

quartier Narbonne, 2169 par CD 37, 2 km au Sud-Est du village
– ℰ 04 94 47 71 65 – www.fontaines-daragon.com
– Fermé 1ᵉʳ-16 nov., 3 janv.-1ᵉʳ fév., mardi et merc.
Rest – (28 €) Menu 55/100 €
Spéc. Saint-Jacques dorées au beurre doux, cappuccino de chou-fleur à la truffe blanche d'Alba (15 nov.-15 déc). Pigeon en croûte farci de blettes, truffe et foie gras. Boule au chocolat noir grand cru, mousseux réglisse givré à la menthe fraîche. **Vins** Coteaux Varois, Vin de pays des Alpilles.
♦ Délicieuse cuisine au goût du jour servie dans une élégante salle provençale ou sur la terrasse ombragée et fleurie : une halte gourmande sur la route du lac de St-Cassien.

MONTBARD ⬡ – 21 Côte-d'Or – **320** G4 – 5 597 h. – alt. 221 m   **8** C2
– ✉ 21500 ▮ Bourgogne

▶ Paris 240 – Autun 87 – Auxerre 81 – Dijon 81
🗓 place Henri Vincenot ℰ 03 80 92 53 81
⬤ Parc Buffon★.
◉ Abbaye de Fontenay★★★ E : 6 km par D 905.

L'Écu ☎ ᵗᵉˡ VISA ⬤⬤ AE ⬤

7 r. A. Carré – ℰ 03 80 92 11 66 – www.hotel-de-l-ecu.fr – Fermé 19-28 fév., vend. soir, dim. soir et sam. du 11 nov. au 30 mars
25 ch – †68/75 € ††80/90 € – ⬠ 12 € – ½ P 78/85 €
Rest – Menu 22/50 € – Carte 40/53 €
♦ Relais de poste du 16ᵉ s. dont on apprécie l'accueil, l'ambiance provinciale et les chambres, classiquement aménagées à l'image des espaces communs. Repas traditionnel dans la salle où les voûtes des ex-écuries ont été conservées.

à St-Rémy 3 km à l'Ouest par D 905 – 811 h. – alt. 207 m – ✉ 21500

La Mirabelle VISA ⬤⬤

1 r. de la Brenne – ℰ 03 80 92 40 69 – Fermé 20 août-3 sept., 23 déc.-6 janv., dim. soir, mardi soir et merc.
Rest – *(nombre de couverts limité, prévenir)* Menu 19 € (déj. en sem.), 28/40 € – Carte 40/65 €
♦ À proximité du canal, cette ancienne grange à sel cache une belle salle à manger en pierre sous une voûte. Ambiance chaleureuse et cuisine traditionnelle goûteuse et soignée.

MONTBAZON – 37 Indre-et-Loire – **317** N5 – 3 953 h. – alt. 59 m   **11** B2
– ✉ 37250 ▮ Châteaux de la Loire

▶ Paris 247 – Châtellerault 59 – Chinon 41 – Loches 33
🗓 esplanade du Val de l'Indre ℰ 02 47 26 97 87

Château d'Artigny ⬡ ← ♨ ⬤ ⬤ ⬤ ⬤ ⬤ AC ⬤ ⬤ P VISA ⬤⬤ AE ⬤

2 km au Sud-Ouest par D 17 – ℰ 02 47 34 30 30
– www.artigny.com
65 ch – †136/485 € ††136/485 € – 2 suites – ⬠ 22 €
Rest – Menu 35 € (déj.), 52/80 € – Carte 35/80 € ⬥
♦ Ce château dont le parc boisé et les jardins à la française surplombent l'Indre fut conçu dans les années 1920 par le parfumeur Coty. Pur style classique et faste omniprésent. Cuisine classique, somptueuse carte des vins et collection de vieux armagnacs.

Moulin d' Artigny ⬢⬢⬢ ⬤ AC P VISA ⬤⬤ AE ⬤

7 ch – †95 € ††95 € – ⬠ 22 €
♦ À 800 m, l'annexe du château occupe un joli pavillon, rustique et moins luxueux, au bord de la rivière. Très bucolique.

Domaine de la Tortinière ⚘ ← 🕭 🌳 � 🍴 ᴋ ch, ᴀᴄ 🍽 rest, 📞
rte de Ballan-Veigné, 2 km au Nord par D 910 et D 287 🖪 P VISA ⓐⓐ
– ℰ 02 47 34 35 00 – www.tortiniere.com
– *Fermé 20 déc.-28 fév.*
25 ch – †140/175 € ††140/270 € – 5 suites – ⌻ 18 € – ½ P 133/198 €
Rest – *(fermé dim. soir de nov. à mars) (prévenir)* (30 € bc) Menu 40 € bc (déj.),
45/76 € – Carte 45/55 €
♦ Ce château du Second Empire se dresse au cœur d'un parc dominant l'Indre.
Les chambres ont beaucoup de charme, certaines dans un style contemporain. Agréable piscine. La salle à manger donne sur une terrasse avec la vallée
en toile de fond : cuisine actuelle.

XX **Chancelière "Jeu de Cartes"** ᴀᴄ VISA ⓐⓐ
🕸 *1 pl. des Marronniers – ℰ 02 47 26 00 67 – www.lachanceliere.fr*
– *Fermé 1er-13 sept., 3-18 janv., dim. et lundi sauf fériés*
Rest – Menu 27 € (sem.)/47 €
Spéc. Tartare de lieu jaune et homard à l'huile d'olive vanillée (juin à oct.). Croustillant aux figues, pied de cochon et ris de veau (sept. à mars). Barre de chocolat
aux framboises, glace cardamome (juil. à sept.). **Vins** Vouvray, Chinon.
♦ Cette élégante maison tourangelle superpose les styles avec audace : même sa
cuisine, du marché, est vive, colorée et contrastée. Ici, on joue cartes sur table !

Ouest 5 km par D 910, D 287 et D 87 – ⊠ 37250 Montbazon

XX **Le Moulin Fleuri** avec ch ⚘ ← 🚊 P VISA ⓐⓐ ᴀᴇ ⓪
rte du Ripault – ℰ 02 47 26 01 12 – www.moulin-fleuri.com
– *Fermé 17-25 déc., de mi-janv. à fin fév., dim. soir du 11 nov. au 30 mars, jeudi
midi et lundi*
10 ch – †81/116 € ††81/116 € – ⌻ 13 €
Rest – (22 €) Menu 30/51 €🍷
♦ Un bras de l'Indre actionnait jadis la roue de ce moulin à grains (16e s.). Recettes traditionnelles, beaux fromages et plus de 800 références sur la carte des
vins... à déguster au bord de l'eau ! Les chambres, côté rivière ou jardin, sont
sobrement décorées.

MONTBÉLIARD ◁▷ – 25 Doubs – **321** K1 – 26 535 h. **17** C1
– **Agglo. 113 059 h. - alt. 325 m** – ⊠ 25200 ▌ Franche-Comté Jura

▶ Paris 477 – Belfort 22 – Besançon 76 – Mulhouse 60
🄹 1, rue Henri-Mouhot ℰ 03 81 94 45 60
🄸🄸 de Prunevelle à Dampierre-sur-le-Doubs Ferme des Petits Bans, par rte de
Besançon : 8 km, ℰ 03 81 98 11 77
◉ Le Vieux Montbéliard★ : hôtel Beurnier-Rossel★ - Sochaux : Musée de
l'aventure Peugeot★★.

Plan page suivante

🏠 **Bristol** sans rest 🔲 ᴋ 📶 ᴓᴀ P 🚗 VISA ⓐⓐ ᴀᴇ
2 r. de Velotte – ℰ 03 81 94 43 17 – www.hotel-bristol-montbeliard.com
50 ch – †59/89 € ††65/95 € – ⌻ 8 € **Zb**
♦ Au cœur du centre historique, hôtel des années 1930 dont les chambres les
plus récentes, d'esprit contemporain, sont les plus agréables. Piscine intérieure
et sauna.

🏠 **Aux Relais Verts** 🍴 ⼁🕸 ᴀᴄ 📶 ᴓᴀ P VISA ⓐⓐ ᴀᴇ ⓪
*le Pied des Gouttes – ℰ 03 81 90 10 69 – www.hotelrelaisvert.net – Fermé
23 déc.-1er janv.* **Xv**
64 ch – †72/93 € ††72/93 € – ⌻ 8 € – ½ P 55/70 €
Rest *Le Tire Bouchon* – Menu 29 € – Carte 30/50 €
♦ Dans une zone commerciale, cet hôtel actuel dispose de petites chambres
fonctionnelles distribuées autour du patio, ou plus spacieuses et chaleureuses
dans l'aile récente. Cuisine traditionnelle avec spécialités franc-comtoises.

MONTBÉLIARD

Albert-Thomas (Pl.) . . . . **Z** 2
Audincourt (R. d') . . . . **XY** 4
Belchamp (R. de) . . . . **Y** 5
Besançon (Fg de) . . . . **X** 7
Blancheries (R.des) . . . . **Z** 8
Chabaud-Latour (Av.) . . . . . . **X** 9

Cuvier (R.) . . . . **Z**
Denfert-Rochereau (Pl.) . . . **Z** 10
Dorian (Pl.) . . . . **Z** 12
Épinal (R. d') . . . . **Z** 13
Febvres (R. des) . . . . **Z** 14
Gambetta (Av.) . . . . **X** 15
Helvétie (Av. d') . . . . **X** 18
Jean-Jaurès (Av.) . . . . **Y** 20
Joffre (Av. du Mar.) . . . . **X** 22

Lattre-de-Tassigny
  (Av. du Mar. de) . . . . **Z** 23
Leclerc (R. Gén.) . . . . **Z** 24
Ludwigsburg (Av. de) . . . . . **X** 26
Petite-Hollande (R.) . . . . . . **XY** 28
St-Georges (Pl.) . . . . **Z** 29
Schiffre (R. de) . . . . **Z** 32
Toussain (R. P.) . . . . **Z** 36
Valentigney (R. de) . . . . **Y** 40

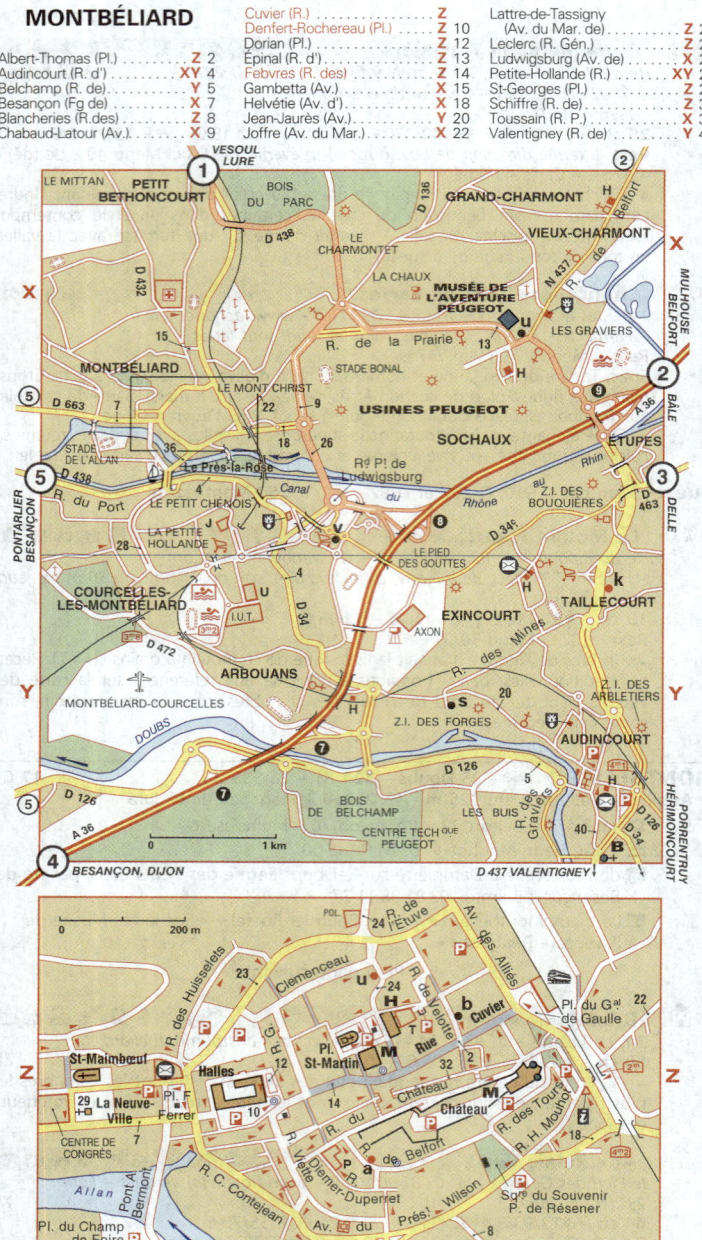

XXX **Le St-Martin** (Olivier Prevot-Carme) ⇄ VISA 🝾 AE ⑪
❄ *1 r. Gén. Leclerc – ℰ 03 81 91 18 37 – www.le-saint-martin.fr – Fermé*
1er-24 août, 1er-5 janv., 3-10 mars, sam. midi, lundi midi et dim. **Z** u
Rest – Menu 29 € (sem.)/62 € – Carte 49/79 €
Spéc. Pressé de féra et asperges vinaigrette aux truffes (saison). Poularde aux
morilles et vin jaune (saison). Pannacotta aux griottes de Fougerolles, crème brûlée à l'absinthe. **Vins** Côtes du Jura, Pinot gris d'Alsace.
♦ Dans un cadre contemporain, raffiné et cossu, le chef concocte une cuisine
personnelle, évoluant au gré du marché et mêlant savamment les saveurs et les
produits régionaux.

XX **Joseph** 🍴 🍸 ⇄ VISA 🝾
17 r. de Belfort – ℰ 03 81 91 20 02
– Fermé 11-17 juil., 15-21 août, dim. et lundi **Z** a
Rest – Menu 70 € – Carte 50/75 €
♦ Plaisante salle dans l'air du temps, épurée et soignée. Avec de bons produits
de saison, le chef concocte une cuisine traditionnelle revue et corrigée. L'été,
petite terrasse.

MONTBENOÎT – 25 Doubs – **321** I5 – 329 h. – alt. 804 m – ✉ 25650 **17** C2
🔲 Franche-Comté Jura
▶ Paris 464 – Besançon 61 – Morteau 17 – Pontarlier 15
🚹 8, rue du Val Saugeais ℰ 03 81 38 10 32
◉ Ancienne abbaye★ : église abbatiale★, stalles★★, niche abbatiale★★.

à La Longeville 5,5 km au Nord par D 131 – 591 h. – alt. 900 m – ✉ 25650

⌂ **Le Crêt l'Agneau** 🍂 ≤ 🚗 🍸 ch, 🕆 ℙ
Les Auberges – ℰ 03 81 38 12 51 – www.lecret-lagneau.com
5 ch ⥮ – †90 € ††108 €
Table d'hôte – Menu 28 €
♦ Au milieu des pâturages, cette ferme du 17e s. est tenue par un couple dynamique et distille le charme douillet des maisons de la région. Chambres très soignées. Au petit-déjeuner, on se régale des fameuses confitures de Lili ! Cuisine du
terroir et pain maison.

à Maisons-du-Bois 4 km au Sud-Ouest sur D 437 – 576 h. – alt. 810 m
– ✉ 25650

X **Le Saugeais** 🍴 🏦 ℙ VISA 🝾
❀ *– ℰ 03 81 38 14 65 – www.hotel-du-saugeais.com – Fermé 15 janv.-1er fév., dim.*
soir et lundi
Rest – Menu 15 € (sem.)/38 € – Carte 25/45 €
♦ Une sympathique auberge de bord de route, simple et champêtre. Les voya-
geurs s'y attablent autour de spécialités régionales.

MONTBOUCHER-SUR-JABRON – 26 Drôme – **332** B6 – **rattaché à**
Montélimar

MONTBRAS – 55 Meuse – **307** F7 – 26 h. – alt. 315 m – ✉ 55140 **26** B2
▶ Paris 290 – Bar-le-Duc 61 – Châlons-en-Champagne 140
– Metz 117

🏘 **Hostellerie de l'Isle en Bray** sans rest 🍂 ≤ 🚲 🍸 🕆 🛁 ℙ
3 r. des Erables – ℰ 03 29 90 86 36 VISA 🝾 ⑪
– www.chateau-montbras.com – Ouvert de Pâques à la Toussaint
5 ch ⥮ – †70/130 € ††90/130 € – 2 suites
♦ Splendide château Renaissance classé (parc, cour d'honneur, chapelle)
aux chambres pleines de cachet, spacieuses et confortables, très calmes. Vue à
l'infini sur la campagne.

MONTBRISON ⟨⟩ – 42 Loire – **327** D6 – 15 127 h. – alt. 391 m   **44** A2
– ✉ 42600 ▌ Lyon Drôme Ardèche

▷ Paris 444 – Lyon 103 – Le Puy-en-Velay 99 – Roanne 68

🛈 Cloître de Cordeliers ℰ 04 77 96 08 69

🏌 de Savigneux-les-Étangs à Savigneux Gaia Concept Savigneux, E : 4 km par
   D 496, ℰ 04 77 58 70 74

🏌 Superflu Golf Club à Saint-Romain-le-Puy Domaine des Sucs, SE : 8 km par
   D 8, ℰ 04 77 76 93 41

◉ Intérieur ★ de la Collégiale N.-D.-d'Espérance.

XX   **La Roseraie**   🏡 AC VISA ⊕⊕
     61 av. Alsace-Lorraine, (face à la gare) – ℰ 04 77 58 15 33
     – www.restaurantlaroseraie.com – Fermé 24 avril-7 mai, 16 août-3 sept., dim.
     soir, mardi soir et merc.
     Rest – (16 €) Menu 19 € (sem.), 26/58 € bc – Carte 19/70 €
     ◆ Un restaurant gai et coloré ! Ici, le chef ne travaille que des produits frais et
     concocte une cuisine inspirée du terroir, avec une touche d'inventivité.

à Savigneux 2 km à l'Est par D 496 – 3 004 h. – alt. 382 m – ✉ 42600

🏨   **Marytel** sans rest   📶 ⅗ 📶 🆚 P VISA ⊕⊕ AE ①
     95 rte de Lyon – ℰ 04 77 58 72 00 – www.hotel-marytel.com
     45 ch – ♦63/85 € ♦♦71/95 € – ☲ 8 €
     ◆ Dans ce vaste hôtel au sortir de la ville, les chambres sont agréables : décor
     contemporain tout en sobriété, douche à l'italienne, équipements dernier cri,
     double vitrage...

XX   **Yves Thollot**   🏡 ⇔ P VISA ⊕⊕ AE
     93 rte de Lyon – ℰ 04 77 96 10 40 – www.yves-thollot.com
     – Fermé 1er-22 août, vacances de fév., dim. soir, mardi soir et lundi
     Rest – Menu 23/59 € – Carte 37/77 €
     ◆ Une maison récente noyée dans la verdure, avec une agréable terrasse ombra-
     gée. La cuisine, traditionnelle, est généreuse et sans ostentation.

à St-Romain-le-Puy 8 km au Sud-Est par D 8 et D 107 – 3 342 h. – alt. 405 m
– ✉ 42610

⌂   **Sous le Pic-La Pérolière** sans rest ⌂   🚗 ⅗ 🛇 📶 P
    20 r. Jean-Moulin – ℰ 04 77 76 97 10 – www.laperoliere.com – Fermé
    3 janv.-1er mars
    3 ch ☲ – ♦52 € ♦♦65 €
    ◆ Un havre de paix au pied d'un prieuré du 11e s. : ferme forézienne (fin 19e s.)
    où mobilier chiné et fer forgé se mêlent. L'été, on prend son petit-déjeuner dans
    l'orangeraie.

MONTCEAU-LES-MINES – 71 Saône-et-Loire – **320** G9 – 19 538 h.   **8** C3
– Agglo. 92 000 h. – alt. 285 m – ✉ 71300 ▌ Bourgogne

▷ Paris 333 – Autun 47 – Chalon-sur-Saône 46 – Mâcon 69

🛈 16, rue Carnot ℰ 03 85 69 00 00

🏌 du Château d'Avoise à Montchanin 9 rue de Mâcon, par rte de Chalon-sur-
   Saône : 14 km, ℰ 03 85 78 19 19

◉ Mont-St-Vincent : tour ❆ ★★ 12 km par ②.

🏠   **Nota Bene**   🕭 📶 ⅗ AC 📶 🆚 P VISA ⊕⊕ AE
     70 quai Jules Chagot – ℰ 03 85 69 10 15
     – www.notabene.fr   **AZb**
     46 ch – ♦39/65 € ♦♦70/80 € – ☲ 7 € – ½ P 55/87 €
     Rest – (10 €) Menu 13/27 € – Carte 23/42 €
     ◆ Face au pont levant du canal, cet hôtel arbore une devanture habillée de bois
     blond. Chambres confortables, plus spacieuses dans l'annexe. Salles de squash et
     de musculation. Le restaurant propose un grand choix de plats traditionnels.

MONTCEAU-LES-MINES

André-Malraux (R.) . . . . . **AY** 3
Barbès (R.) . . . . **ABZ**
Bel Air (R. de) . . . . **BY** 4
Carnot (R.) . . . . **AZ** 6
Champ du Moulin (R. du) . **BYZ** 7
Chausson (R. Henri) . . . . . **BZ** 9

Emorine (R. Antoine) . . . . . **BZ** 10
Gauthey (Quai) . . . . **AZ** 12
Génelard (R. de) . . . . **BZ** 13
Guesde (Quai Jules) . . . . . **AY** 14
Hospice (R. de l') . . . . **AZ** 15
Jean-Jacques-Rousseau
(R.) . . . . **BZ** 16
Jean-Jaurès (R.) . . . . **AZ**
Lamartine (R.) . . . . **AZ** 19
Merzet (R. Étienne) . . . . . **BY** 21
Palinges (R. de) . . . . **BZ** 22

Paul-Bert (R.) . . . . **AZ** 24
Pépinière (R. de la) . . . . . . **AY** 25
République (R. de la) . . . . **AY** 26
Sablière (R. de la) . . . . . . **ABY** 27
St-Vallier (R. de) . . . . **BZ** 28
Semard (R. de) . . . . **BZ** 30
Strasbourg (R. de) . . . . . . **BZ** 31
Tournus (R. de) . . . . **BZ** 33
8-Mai-1945 (R. du) . . . . . **BY** 34
11-Nov.-1918
(R. du) . . . . **AY** 36

Le France (Jérôme Brochot)

7 pl. Beaubernard
– ℰ 03 85 67 95 30 – www.jeromebrochot.com
– Fermé 3-24 août, 2-16 janv., sam. midi, dim. soir et lundi

AZ**k**

Rest – (22 €) Menu 40/105 € – Carte 50/85 €

Spéc. Confit de bœuf charolais aux aromates et fines tranches de comté à la presse. Pigeon fermier farci au foie gras et champignons du moment. Variation autour de la tomate version sucrée (juin à sept.). **Vins** Montagny, Givry.

◆ Ce restaurant de la partie haute de la ville cache une élégante salle à manger contemporaine tout en beige et blanc. Cuisine inventive sur des bases classiques.

à Blanzy 2 km au Sud-Est par ② et D 980 – 6 809 h. – alt. 288 m – ⊠ 71450

XX
🙂
    Le Plessis   🈺 ⇔ 🅿 VISA ⓪

33 rte de Mâcon – ℰ 03 85 57 46 08 – www.restaurant-le-plessis.com – Fermé 1 sem. en avril, 1 sem. en sept., 2 sem. en janv., sam. midi, dim. soir et lundi
Rest – Menu 21 € (sem.), 26/45 € – Carte 33/52 €
♦ Sur les rives du lac du Plessis, cuisine traditionnelle et gourmande qui respecte les saisons et met bien en valeur les produits régionaux. Terrasse face aux flots.

à Galuzot 5 km au Sud-Ouest par ③ et D 974 – ⊠ 71230 St-Vallier

X
    Le Moulin   🅿 VISA ⓪

– ℰ 03 85 57 18 85 – www.restaurantdumoulin.fr
– *Fermé 24 août-1ᵉʳ sept., 22 fév.-8 mars, dim. soir, mardi soir et merc.*
Rest – (11 €) Menu 19/30 € – Carte 38/60 €
♦ Une auberge sans prétention à dénicher à l'extérieur du village, en bordure du canal du Centre. Cuisine traditionnelle servie dans une salle à manger campagnarde.

MONTCENIS – 71 Saône-et-Loire – **320** G9 – **rattaché au Creusot**

MONTCHAUVET – 78 Yvelines – **311** F2 – 285 h. – alt. 100 m – ⊠ 78790   **18** A2

   ◪ Paris 67 – Dreux 33 – Évreux 47 – Mantes-la-Jolie 16

XX
    La Jument Verte   🈺 ᴴ VISA ⓪ AE ⓪

6 pl. de l'Église – ℰ 01 30 93 43 60 – Fermé 1ᵉʳ-15 sept. et vacances de fév.
Rest – Menu 30/43 € – Carte 35/50 €
♦ Un cadre digne du roman éponyme de Marcel Aymé : maison à pans de bois, terrasse sur la place du village et intérieur rustique (pierres, poutres, cheminée). Plats traditionnels.

MONTCHENOT – 51 Marne – **306** G8 – **rattaché à Reims**

MONTCLUS – 30 Gard – **339** L3 – 159 h. – alt. 94 m – ⊠ 30630   **23** D1

   ◪ Paris 657 – Alès 46 – Avignon 58 – Bagnols-sur-Cèze 24

🏠
    La Magnanerie de Bernas 🐾   ≼ 🚲 🈺 🍴 ᴴ ch, ᴛ 🅿 VISA ⓪ AE

à Bernas, 2 km à l'Est – ℰ 04 66 82 37 36 – www.magnanerie-de-bernas.com
15 ch – ♦45/65 € ♦♦50/135 € – 2 suites – �)13 €
Rest – (fermé janv., mardi et merc. en avril, oct. et le midi sauf dim.)
Menu 24/46 € – Carte 39/58 €
♦ Superbe situation pour cette magnanerie des 12ᵉ et 13ᵉ s. surplombant la vallée de la Cèze. Bel intérieur champêtre, où domine la pierre. Chambres pleines de charme ; grande piscine et solarium. Au restaurant, belle salle voûtée et cuisine traditionnelle.

MONTCUQ – 46 Lot – **337** D5 – 1 339 h. – alt. 205 m – ⊠ 46800   **28** B1
🟩 Périgord Quercy

   ◪ Paris 605 – Agen 67 – Cahors 27 – Montauban 81
   🄸 8, rue de la Promenade ℰ 05 65 22 94 04

🏠
    Four 🐾   AC ch, ⿻ ch, ᴴ

4 r. Montmartre – ℰ 05 65 21 23 08 – www.4ruemontmartre.com
3 ch ⊒ – ♦110/155 € ♦♦120/165 €   **Table d'hôte** – Menu 35/45 €
♦ Au cœur du village médiéval, cette superbe maison du 15ᵉ s. est décorée de manière contemporaine et c'est tout simplement réussi ! Un escalier à vis conduit à la salle à manger (cheminée monumentale). Cuisine familiale.

MONTCY-NOTRE-DAME – 08 Ardennes – **306** K4 – **rattaché à Charleville-Mézières**

MONT-DAUPHIN-GARE – 05 Hautes-Alpes – **334** H4 – **rattaché à Guillestre**

MONT-DAUPHIN – 05 Hautes-Alpes – **334** H4 – **rattaché à Guillestre**

MONT-DE-MARSAN ℙ – 40 Landes – 335 H11 – 30 230 h. – alt. 43 m   3 B2
– ✉ 40000 🛈 Aquitaine

▶ Paris 706 – Agen 120 – Bayonne 106 – Bordeaux 131
🛈 6, place du Général Leclerc ✆ 05 58 05 87 37
🏉 Stade Montois à Saint-Avit Pessourdat, par rte de Langon : 10 km,
✆ 05 58 75 63 05
◉ Musée Despiau-Wlérick ★.

Le Renaissance   🖨 🖼 ⊼ 🐾 ch, 🅰🅒 ch, ℣ 🎿 🅿 🆅🅸🆂🅰 ⊚ 🅰🅴
225 av de Villeneuve, 2 km par ② – ✆ 05 58 51 51 51 – www.le-renaissance.com
30 ch – 🛇69/119 € 🛇🛇76/119 € – ⊊ 8 €
Rest – *(fermé dim., sam. et fériés)* (19 € bc) Menu 29/51 € – Carte 40/60 €
◆ Hôtel légèrement excentré, d'atmosphère contemporaine (tons chocolat, parquet, jardin intérieur exotique...). Les chambres sont confortables et fonctionnelles. Restaurant clair et sobre ménageant une belle vue sur un étang. Cuisine
régionale actualisée.

Abor   🖼 ⊼ 🖦 🖦 ch, 🅰🅒 ℣ 🎿 🅿 🆅🅸🆂🅰 ⊚
*112 chemin de Lubet, rte Grenade, 3 km par ④ ✉ 40280 – ✆ 05 58 51 58 00
– www.aborhotel.com – Fermé 23 déc.-2 janv.*
68 ch – 🛇64/72 € 🛇🛇71/85 € – ⊊ 8,50 € – ½ P 57/74 €
Rest – *(fermé sam. midi et dim. midi)* (13 €) Menu 16 € (sem.)/39 €
– Carte 21/52 €
◆ Construction des années 1990 à la périphérie de la "capitale" du pays de Marsan. Petites chambres propres, fonctionnelles et bien insonorisées, sans fioriture.
Salle à manger claire ; recettes traditionnelles et buffets.

Richelieu   🖦 🅰🅒 rest, ℣ 🎿 🚘 🆅🅸🆂🅰 ⊚ 🅰🅴 ⓄⓄ
3 r. Wlérick – ✆ 05 58 06 10 20 – www.hotel-richelieu-montdemarsan.com
29 ch – 🛇47/67 € 🛇🛇62/82 € – ½ P 56/70 €   BY**h**
Rest – *(fermé 1ᵉʳ-9 janv., vend. soir du 22 juil. au 30 sept., dim. soir et sam.)*
(16 €) Menu 18/45 € – Carte environ 45 €
◆ Hôtel situé au cœur de la vieille ville, voisin du musée Despiau-Wlérick (sculptures). Chambres simples et bien tenues (style plus lumineux et contemporain
pour certaines). Salle de style brasserie, où l'on sert une cuisine traditionnelle.

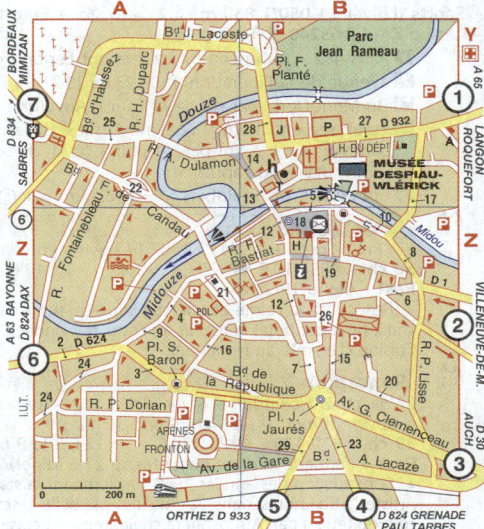

MONT-DE-MARSAN

Alsace-Lorraine (R. d')	**AZ**	2
Auribeau (Bd d')	**AZ**	3
Bastiat (R. F.)	**ABZ**	
Bosquet (R. Mar.)	**AZ**	4
Briand (R. A.)	**BY**	5
Brouchet (Allées)	**BZ**	6
Carnot (Av. Sadi)	**BZ**	7
Delamarre (Bd)	**BZ**	8
Despiau (R. Ch.)	**AZ**	9
Farbos (Allées Raymond)	**BZ**	10
Gambetta (R. L.)	**BZ**	12
Gaulle (Pl. Ch.-de)	**BY**	13
Gourgues (R. D.-de)	**BY**	14
Landes (R. L.-des)	**BZ**	15
Lasserre (R. Gén.)	**AZ**	16
Lattre-de-Tassigny (Bd de)	**BY**	17
Leclerc (Pl. du Gén.)	**BZ**	18
Lesbazeilles (R. A.)	**BZ**	19
Martinon (R.)	**BZ**	20
Pancaut (Pl. J.)	**AZ**	21
Poincaré (Pl. R.)	**AY**	22
Président-Kennedy		
(Av. du)	**BZ**	23
Ruisseau (R. du)	**AZ**	24
St-Jean-d'Août (R.)	**AY**	25
St-Roch (Pl.)	**BZ**	26
Victor-Hugo (R.)	**BY**	27
8-Mai-1945 (R. du)	**BY**	28
34e-d'Inf. (Av. du)	**BZ**	29

✕✕ 🏵 **Les Clefs d'Argent** (Christophe Dupouy)   🛜 ⟷ *VISA* ⦿

333 av. des Martyrs de la Résistance, par ⑥ – ℰ 05 58 06 16 45
– www.clefs-dargent.com – Fermé vacances de Noël, août, dim. soir et lundi
Rest – Menu 20 € bc (déj. en sem.), 40/90 € bc – Carte 57/64 €
Spéc. Langoustines tapées, ratatouille revisitée, signature d'une vinaigrette au caviar (hiver). Ris de veau doré, fettucini carbonara et truffes (hiver). Religieuse gourmande, poire william, pistache (automne). **Vins** Jurançon, Bergerac.
◆ Derrière cette discrète façade se cache un restaurant où décoration et cuisine rivalisent de goût. Épure contemporaine pour l'une ; couleurs et inventivité pour l'autre.

à Mazerolles 6,5 km à l'Est par D 1 et rte secondaire – 648 h. – alt. 84 m – ✉ 40090

✕ **Auberge de la Pouillique**   🛜 🅿 *VISA* ⦿

656 chemin de la Pouillique – ℰ 05 58 75 22 97 – Fermé 20 août-10 sept., dim. soir, mardi soir, merc. soir et lundi
Rest – Menu 18/33 €
◆ Une auberge bien cachée, en prenant un petit chemin... Cuivres, cheminée, vieilles assiettes : voilà pour le décor. Et dans l'assiette, tradition et invention... avec finesse !

MONTDIDIER ◉ – 80 Somme – **301** I10 – 6 006 h. – alt. 82 m   **36** B2
– ✉ 80500 🟩 Nord Pas-de-Calais Picardie

▶ Paris 108 – Amiens 39 – Beauvais 49 – Compiègne 36
🔲 5, place du Général-de-Gaulle ℰ 03 22 78 92 00

🏠 **Dijon**   🛜 🎮 📶 *VISA* ⦿

1 pl. 10 Août 1918, (rte de Breteuil) – ℰ 03 22 78 01 35 – Fermé 10 août-1er sept., 18 déc.-2 janv. et dim. soir
19 ch – ♦46 € ♦♦65 € – ☲ 8 € – ½ P 66 €
Rest – (fermé sam.) (15 €) Menu 18 € (sem.)/30 € – Carte 28/48 €
◆ À deux pas de la gare, cet hôtel dispose de chambres simples, mais d'une tenue irréprochable et bien insonorisées (double-vitrage en façade). Prenez un verre autour du joli bar en zinc et mosaïque ! Table traditionnelle dans la ville natale de Parmentier.

MONT-DOL – 35 Ille-et-Vilaine – **309** L3 – rattaché à Dol-de-Bretagne

---

LE MONT-DORE – 63 Puy-de-Dôme – **326** D9 – 1 464 h. – alt. 1 050 m   **5** B2
– Sports d'hiver : 1 050/1 850 m ✓ 2 ✓18 ✗ – Stat. therm. : fin avril-mi oct.
– Casino Z – ✉ 63240 🟩 Auvergne

▶ Paris 462 – Aubusson 87 – Clermont-Ferrand 43 – Issoire 49
🔲 avenue de la Libération ℰ 04 73 65 20 21
🔲 du Mont-Dore, par rte de la Tour d'Auvergne : 2 km, ℰ 04 73 65 00 79
🔲 Établissement thermal : galerie César★, salle des pas perdus ★ - Puy de Sancy ❄★★★ 5 km par ② puis 1 h. AR de téléphérique et de marche - Funiculaire du capucin★.
🔲 Col de la Croix-St-Robert ❄★★ 6,5 km par ②.

🏠 **Gran Carlina** ⌘   ← 🎮 ⚬ ch,⁽⁾ 📶 🅿 *VISA* ⦿ 🄰🄴

6 r. René-Cassin – ℰ 04 73 21 67 14 – www.hotel-gran-carlina.com   **Z**b
56 ch – ♦85/110 € ♦♦125 € – 6 suites – ☲ 12 € – ½ P 85/95 €
Rest – Menu 19/29 €
◆ Beaucoup de calme et une vue superbe sur le massif du Sancy : des atouts de choix pour cet hôtel construit au cours des années 1970 et récemment réhabilité. Cuisine classique au restaurant.

🏠 **Panorama** ⌘   ← 🚿 🔲 🎮 🍴 📶 🅿 *VISA* ⦿ 🄰🄴

27 av. de la Libération – ℰ 04 73 65 11 12 – www.hotel-le-panorama.com
– Ouvert 1er mai-20 sept. et 20 déc.-30 mars   **Z**u
39 ch – ♦70/130 € ♦♦70/130 € – ☲ 12 € – ½ P 66/96 €
Rest – (fermé le midi en hiver) Menu 22 € (dîner)/29 € – Carte 33/44 € le soir
◆ Construction des années 1960 surplombant la station, non loin du "chemin des Artistes". Chambres dans l'air du temps. Belle piscine panoramique. Détente au coin du feu au bar. Atmosphère chaleureuse et cuisine traditionnelle au restaurant.

LE MONT-DORE

Apollinaire (R. S.) . . . . **Y** 2
Artistes (Chemin des) . . . . **Z**
Banc (R. Jean) . . . . **Y** 3
Belges (Av. des). . . . . **Y**
Bertrand (Av. M.) . . . . **Y**
Chazotte (R. Capitaine) . . . . . . **Y** 4
Clemenceau (Av.) . . . . **Z** 5
Clermont (R. de) . . . . **Y** 7
Crouzets (Av. des) . . . . **Y**
Déportés (R. des) . . . . **Z** 8
Dr-Claude (R.) . . . . **Y**
Duchâtel (R.) . . . . **Z** 9
Favart (R.) . . . . **YZ** 12
Ferry (Av. J.) . . . . **YZ**
Gaulle (Pl. Ch.-de) . . . . **Y** 14
Guyot-Dessaigne (Av.) . . . . **Y** 15
Latru (R.) . . . . **Y**
Lavialle (R.). . . . . **Y**
Leclerc (Av. du Gén.) . . . . **Y**
Libération (Av. de la) . . . . **YZ**
Melchi-Roze (Chemin) . . . . **Y**
Meynadier (R.) . . . . **YZ**
Mirabeau (Bd) . . . . **Y**
Montlosier (R.) . . . . **Y** 19
Moulin (R. Jean) . . . . **Z** 20
Panthéon (Pl. du) . . . . **Z** 22
Pasteur (R.) . . . . **Y**
Ramond (R.) . . . . **Y** 24
République (Pl. de la) . . . . **Z** 26
Rigny (R.) . . . . **Y**
Sand (Allée G.) . . . . **YZ** 29
Sanistas (R. F.) . . . . **Y**
Verrier (R. P.) . . . . **Y**
Wilson (Av.) . . . . **Y**
19-Mars-1962 (R. du) . . . . **Y** 32

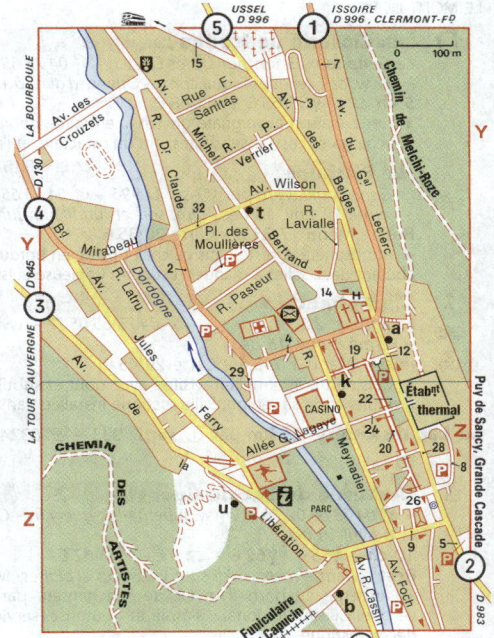

Le Castelet

av. M. Bertrand – ℰ 04 73 65 05 29 – www.lecastelet-montdore.com – Ouvert
13 mai-25 sept. et 20 déc.-21 mars **Yt**
35 ch – †62/71 € ††62/85 € – ⊆ 10 € – ½ P 54/72 € **Rest** – Menu 22/27 €
◆ Au cœur de paysages verdoyants, cette maison des années 1920 dégage une atmosphère chaleureuse. Les chambres sont rénovées dans un style sobre et contemporain. Au restaurant, la carte marie les saveurs du terroir et la cuisine traditionnelle.

De Russie

3 r. Favart – ℰ 04 73 65 05 97 – www.lerussie.com **Ya**
32 ch – †60/75 € ††60/75 € – 1 suite – ⊆ 10 € **Rest** – Menu 18 € – Carte 26/40 €
◆ Ambiance sympathique dans cet hôtel né en 1902, à la grande époque du
thermalisme. Chambres modernes (tons blancs) et douillettes. Prestations pour
les skieurs (navette vers les pistes). Savoureuse cuisine du terroir servie dans une
chaleureuse salle lambrissée.

Parc

r. Meynadier – ℰ 04 73 65 02 92 – www.hotelduparc-montdore.com
– Ouvert 17 avril-10 oct. et 26 déc.-29 mars **Zk**
37 ch – †51/55 € ††55/60 € – ⊆ 8 € – ½ P 50/53 €
Rest – (résidents seult) Menu 16 €
◆ Bel immeuble centenaire au centre de la célèbre station thermale où, déjà, les Gaulois venaient "prendre les eaux". Chambres confortables et bien tenues. Boiseries, moulures, haut plafond et cheminée distinguent la salle à manger ; cuisine traditionnelle.

Les Charmettes sans rest

30 av. G. Clemenceau, par ② – ℰ 04 73 65 05 49 – www.hotellescharmettes.com
– Fermé 6 nov.-16 déc.
19 ch – †45/54 € ††47/66 € – ⊆ 6,50 €
◆ Au cœur de la station, une petite maison où vous apprécierez des chambres
douillettes et confortables, décorées dans un esprit montagne. Agréable coin
salon-bibliothèque.

La Closerie de Manou sans rest ⌂ 🐾 🖂 ✕ 📶 **P**

Le Genestoux, 3 km par ⑤ et D 996 – 𝒞 04 73 65 26 81
– www.lacloseriedemanou.com – Ouvert d'avril à mi-oct.
5 ch ⌷ – ✝55/65 € ✝✝85/88 €
◆ Cette maison auvergnate du 18e s. entourée de verdure est une petite merveille.
Ses chambres cosy, assez vastes, ont du caractère, et l'accueil est tout à fait charmant !

Le Pitsounet **P** ⅦⅠⅮⅮ ⚫⚫

Le Genestoux, 3 km par ⑤ sur D 996 – 𝒞 04 73 65 00 67 – www.lepitsounet.com
– Fermé 1er nov.-15 déc., dim. soir et lundi sauf juil.-août et fév.
Rest – Menu 17/33 € – Carte 20/35 €
◆ Atmosphère agreste dans ce chalet posté en bordure d'une route départementale,
abritant deux salles à manger rustiques. Copieuse cuisine régionale à prix doux.

La Golmotte ⅦⅠⅮⅮ ⚫⚫

Le Barbier, 2,5 km par ② – 𝒞 04 73 65 05 77 – www.aubergelagolmotte.com
– Fermé 8 nov.-15 déc.
Rest – Menu 15/35 € – Carte 29/45 €
◆ Cuisine traditionnelle revisitée avec goût et subtilité par un chef amoureux des
produits et de sa région. Salle rustique installée dans l'ancienne étable de la ferme.

au Lac de Guéry 8,5 km par ① sur D 983 – 🖂 63240 ▌ Auvergne

◻ Lac ★.

Auberge du Lac de Guéry avec ch ⌂ 🐾 ⬿ 📶 **P** ⅦⅠⅮⅮ ⚫⚫

– 𝒞 04 73 65 02 76 – www.auberge-lac-guery.fr – Ouvert 22 janv.-28 mars
et 8 avril-16 oct.
10 ch – ✝55 € ✝✝62 € – ⌷ 9 € – ½ P 62 €
Rest – *(fermé merc. midi sauf vacances scolaires)* Menu 21/42 € – Carte 26/49 €
◆ Auberge au bord d'un lac de l'enchanteur parc régional des Volcans d'Auvergne. Cuisine régionale, simple et goûteuse, servie dans une salle à manger au
décor rustique.

au pied du Puy de Sancy 3 km par ② – 🖂 63240 Le Mont-Dore

Puy Ferrand ⌂ ⬿ 🔲 🖾 🎿 📶 rest, 📶 🗚 **P** ⅦⅠⅮⅮ ⚫⚫ ⒶⒺ

– 𝒞 04 73 65 18 99 – www.hotel-puy-ferrand.com – Fermé 3 oct.-18 déc.
36 ch – ✝65/75 € ✝✝68/85 € – ⌷ 10 € – ½ P 60/78 €
Rest – (15 €) Menu 17/33 € – Carte 27/42 €
◆ Bouffée d'air pur en ce majestueux chalet, au pied des pistes de ski. Bar panoramique, salon cosy, fitness, belle piscine et agréables chambres, assez spacieuses.
Au restaurant, sympathique atmosphère montagnarde (lambris et cheminée) et
cuisine traditionnelle.

MONTEAUX – 41 Loir-et-Cher – **318** D7 – 727 h. – alt. 62 m – 🖂 41150   **11** A1
▶ Paris 210 – Blois 25 – Orléans 85 – Tours 40

Le Château du Portail sans rest ⌂ 🐾 🔲 ✕ 📶 **P** ⅦⅠⅮⅮ ⚫⚫

La Besnerie, 1 km par rte de Mesland – 𝒞 02 54 70 22 88
– www.chateauduportail.com – Fermé 3-15 janv.
5 ch ⌷ – ✝150/180 € ✝✝150/180 €
◆ Sa situation entre Blois et Amboise est idéale pour visiter les châteaux de la
Loire. Luxueuse demeure (17e-18e s.) avec jardin à la française et chambres aux
meubles anciens.

MONTECH – 82 Tarn-et-Garonne – **337** D8 – 4 863 h. – alt. 100 m – 🖂 82700   **28** B2
▶ Paris 643 – Colomiers 56 – Montauban 14 – Toulouse 50

La Maison de l'Éclusier 🏠 ♿ ⅦⅠⅮⅮ ⚫⚫

Le Port – 𝒞 05 63 65 37 61 – www.lamaisondeleclusier.com – Fermé
28 juin-2 juil., 30 août-5 sept., 4-17 janv., mardi midi en juil.-août, dim. soir
de sept. à juin, sam. midi et lundi
Rest – (17 €) Menu 24 € (déj. en sem.), 27/35 € – Carte environ 33 € le soir🍽
◆ Une ancienne maison d'éclusier et sa jolie terrasse au bord du canal. Goûteux
plats traditionnels proposés à l'ardoise ; petite cave bien composée et bon choix
de vins au verre.

MONTEILS – 82 Tarn-et-Garonne – **337** F6 – rattaché à Caussade

---

MONTÉLIER – 26 Drôme – **332** D4 – 3 268 h. – alt. 219 m – ✉ 26120   **43** E2

▶ Paris 567 – Crest 27 – Romans-sur-Isère 13 – Valence 12

🏠 **La Martinière**   🛌 🍴 🏊 📶 🔧 **P** VISA ◎◎ AE

ZA La Pimpie, rte de Chabeuil – ☎ 04 75 59 60 65
– www.a-lamartiniere.com

30 ch – ♦51 € ♦♦58 € – ☑ 8 € – ½ P 57 €
Rest – Menu 15 € (déj. en sem.), 22/65 € – Carte 25/75 € 🎴

◆ Dans cette maison récente, les chambres sont petites mais confortables. Agréable piscine dans le jardin. Au restaurant, atmosphère néoprovençale, cuisine traditionnelle assez simple et très beau choix de bordeaux.

MONTÉLIMAR – 26 Drôme – **332** B6 – 33 924 h. – alt. 90 m   **44** B3
– ✉ 26200 ▮ Lyon Drôme Ardèche

▶ Paris 602 – Avignon 83 – Nîmes 108 – Le Puy-en-Velay 132

🚹 Allées Provençales ☎ 04 75 01 00 20

🔟 de La Valdaine à Montboucher-sur-Jabron Château du Monard, E : 4 km par D 540, ☎ 04 75 00 71 33

🔟 de la Drôme provencale à Clansayes, par N 7 et rte de Nyons : 21 km, ☎ 04 75 98 57 03

◉ Allées provençales★ - Musée de la Miniature★ **M.**

🄶 Site★★ du Château de Rochemaure★, 7 km par ④.

🏠 **Du Parc** sans rest   📶 **P** 🛏 VISA ◎◎ AE ①

27 av. Ch. de Gaulle – ☎ 04 75 01 00 73 – www.hotelduparc-montelimar.com

16 ch – ♦54/124 € ♦♦62/124 € – ☑ 8 €   **Y**a

◆ Hôtel accueillant, construit en même temps que la gare toute proche, dans les années 1860. Petites chambres très propres (bonne literie). Breakfast en terrasse l'été.

MONTÉLIMAR

Adhémar (R.) . . . . **Z** 2
Aygu (Av.) . . . . **Z** 4
Baudina (R.) . . . . **Y** 5
Blanc (Pl. L.) . . . . **Z** 6
Bourgneuf (R.) . . . . **Y** 8
Carmes (Pl. des) . . . . **Y** 9
Chemin Neuf (R. du) . . . . **Z** 10
Clercs (R. des) . . . . **Z** 12
Corneroche (R.) . . . . **Y** 14
Cuiraterie (R.) . . . . **Z** 15
Desmarais (Bd Marre) . . . . . . **Y** 17
Dormoy (Pl. M.) . . . . **Y** 18
Espoulette (Av. d') . . . . **Z** 19
Europe (Pl. de l') . . . . **Z** 21
Fust (Pl. du) . . . . **Z** 23
Gaulle (Bd Gén.-de) . . . . **Z** 25
Juiverie (R.) . . . . **Y** 28
Julien (R. Pierre) . . . . **YZ**
Loubet (Pl. Émile) . . . . **Z** 29
Loubet (R. Émile) . . . . **Z** 30
Meyer (R. M.) . . . . **Y** 32
Monnaie-Vieille (R.) . . . . **Y** 34
Montant-au-Château (R.) . . . . **Y** 35
Planel (Pl. A.) . . . . **Z** 37
Poitiers (R. Diane de) . . . . **Z** 38
Porte Neuve (R.) . . . . **Z** 39
Prado (Pl. du) . . . . **Y** 41
Puits Neuf (R. du) . . . . **Y** 42
Rochemaure (Av. de) . . . . **Y** 47
St-Martin (Montée) . . . . **Y** 50
St-Pierre (R.) . . . . **Y** 51
Villeneuve (Av. de) . . . . **Y** 54

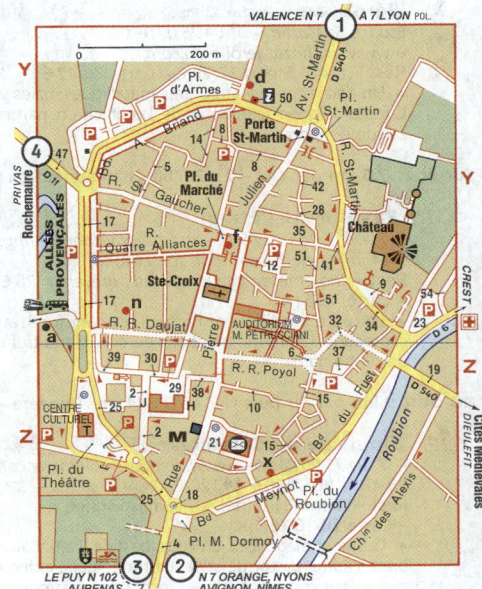

XX **Balthazar** 🛖 AC VISA ⓪ AE ⓪
Espace St-Martin – ℰ *04 75 00 09 00*
– www.balthazar-jeroboam.com **Yd**
Rest – (40 €) Menu 53/65 € – Carte 75/103 €
Rest *Jéroboam –* voir ci-après
♦ Beaucoup de modernité chez ce Balthazar créé sur le site d'une ancienne caserne militaire. Grands volumes, mobilier très sobre, tons blanc et brun : on déguste, avec une certaine décontraction, une cuisine centrée sur le produit, entre Drôme et Provence.

X **Aux Gourmands** 🛖 AC ⟷ VISA ⓪ AE
🐾 *8 pl. du Marché –* ℰ *04 75 01 16 21 – www.aux-gourmands.fr –* Fermé
28 août-5 sept., 25 déc.-7 janv., dim. et lundi **Yf**
Rest – Menu 25/38 € – Carte 38/60 €🎵
♦ Une adresse canaille et gourmande, sur la place du Marché... Lui est passionné par le vin (600 références !), elle – en cuisine – par les bons produits et la bistronomie.

X **Petite France** AC VISA ⓪
34 imp. Raymond Daujat – ℰ *04 75 46 07 94 –* Fermé 20 juil.-16 août, 21-25 déc.,
dim. et lundi **Yn**
Rest – (13 €) Menu 20/30 € – Carte 26/40 €
♦ Il faut aller dénicher cette petite adresse dans une impasse, au cœur de la vieille ville... Décor jaune citron et cuisine traditionnelle à base de produits frais.

X **Le Grillon** 🛖 AC VISA ⓪
🥜 *33 bd Meynot –* ℰ *04 75 01 79 02*
– Fermé dim. soir et lundi **Zx**
Rest – Menu 13 € (déj. en sem.), 15/32 € – Carte 25/42 €
♦ Ce Grillon chante la tradition, avec le petit accent du terroir provençal... Terrasse sous les platanes, salle classique.

X **Jéroboam** – Rest. Balthazar 🛖 AC VISA ⓪ AE ⓪
🥜 *Espace St-Martin –* ℰ *04 75 00 09 00*
🐾 *– www.balthazar-jeroboam.com* **Yd**
Rest – (14 €) Menu 17/28 € – Carte 30/42 €
♦ Un décor épuré – structures métalliques, baies vitrées – et une grande terrasse. Cuisine soignée (carpaccio de bœuf citron parmesan, cabillaud à la plancha et salade de fenouil).

sur N 7 7,5 km par ② – ✉ **26780 Châteauneuf-du-Rhône**

XXX **Pavillon de l'Étang** 🚗 🛖 AC ⟷ P VISA ⓪ AE
N 7 – ℰ *04 75 90 76 82 – www.lepavillondeletang.fr –* Fermé 24 oct.-10 nov.,
2-14 janv., merc. soir, dim. soir et lundi
Rest – (nombre de couverts limité, prévenir) (25 € bc) Menu 36/70 € bc
– Carte 38/61 €
♦ Le cadre bucolique et l'accueil avenant font l'attrait de cette maison en pleine campagne. Cadre raffiné et chaleureux. Menu truffe en saison et spécialité de gratin de homard.

au Sud 9 km par ② puis N 7 et D 844, rte Donzère – ✉ **26780 Malataverne**

🏠 **Domaine du Colombier** ॐ ≼ 🐾 🛖 🏊 AC 🗣 📶 P VISA ⓪ AE ⓪
– ℰ *04 75 90 86 86 – www.domaine-colombier.com*
23 ch – †85/250 € ††120/250 € – 3 suites – ☕ 18 €
Rest – Menu 31 € (déj. en sem.), 53/85 €
– Carte 70/100 €🎵
♦ Calme et élégance... En cette bastide, l'aménagement, subtil, varie d'une chambre à l'autre, tantôt de style, tantôt actuel. Piscine et parc fleuri, accueil très courtois. Décor contemporain au restaurant gastronomique, agréable terrasse.

à St-Marcel-lès-Sauzet 7 km au Nord-Est par D 6 - **Y** – 1 116 h. – alt. 110 m
– ✉ 26740

XX   **Le Prieuré**   🔒 AC ⟺ VISA ☺
🕭   *au village* – ☎ 04 75 46 78 68 – www.restau-le-prieure.com – *Fermé
     10-26 oct., dim. soir, merc. soir, jeudi soir et lundi*
     Rest – (13 € bc) Menu 17 € bc (déj. en sem.), 34 € bc/44 € bc – Carte 35/59 €
     ♦ Joie du gallinacé... une impressionnante collection de coqs décore la salle de
     cette belle maison colorée ! On y apprécie une cuisine de tradition à l'accent
     provençal.

MONTENACH – 57 Moselle – **307** J2 – **rattaché à Sierck-les-Bains**

MONTESQUIOU – 32 Gers – **336** D8 – 586 h. – alt. 214 m – ✉ 32320   **28** A2
     ▶ Paris 783 – Auch 33 – Tarbes 60 – Toulouse 112
     🛈 Mairie ☎ 05 62 70 91 18

🏠   **Maison de la Porte Fortifiée** ॐ   🚗 🔒 📶
     au village, près de la porte fortifiée – ☎ 05 62 70 97 06 – www.porte-fortifiee.eu
     – *Fermé 3 janv.-31 mars*
     4 ch ⌷ – †75/110 € ††90/130 €   **Table d'hôte** – Menu 34 €
     ♦ Deux belles maisons anciennes situées près de la porte fortifiée (13ᵉ s.) du vil-
     lage. Les chambres, décorées de mobilier chiné, ont beaucoup de charme, et la
     journée commence avec l'odeur des croissants frais. Table d'hôte aux saveurs
     d'ici et d'ailleurs.

MONTEUX – 84 Vaucluse – **332** C9 – **rattaché à Carpentras**

MONTFAUCON – 25 Doubs – **321** G3 – **rattaché à Besançon**

MONTFAVET – 84 Vaucluse – **332** C10 – **rattaché à Avignon**

MONTFORT-EN-CHALOSSE – 40 Landes – **335** F12 – 1 159 h.   **3** B3
– alt. 110 m – ✉ 40380 ▮ Aquitaine
     ▶ Paris 744 – Aire-sur-l'Adour 57 – Dax 19 – Hagetmau 27
     🛈 55, place Foch ☎ 05 58 98 58 50
     ◉ Musée de la Chalosse★.

🏠   **Aux Tauzins** ॐ   ⟨ 🚗 🔒 ⟰ & AC 📶 ⅃ 🅿 VISA ☺
     rte d'Hagetmau – ☎ 05 58 98 60 22 – www.auxtauzins.com – *Fermé
     30 sept.-17 oct., 13 fév.-12 mars, dim. soir et lundi sauf juil.-août*
     16 ch – †69 € ††91 € – ⌷ 8 € – ½ P 92 €
     Rest – *(fermé lundi midi en juil.-août)* (20 € bc) Menu 23/42 € – Carte 40/60 €
     ♦ Adresse familiale proposant des chambres simples et bien tenues ; certaines
     sont dotées d'un balcon donnant sur les vallons de la Chalosse. Jardin avec mini-
     golf et piscine. Restaurant panoramique de style champêtre, terrasse sous la gly-
     cine et spécialités régionales.

MONTFORT-L'AMAURY – 78 Yvelines – **311** G3 – 3 076 h.   **18** A2
– alt. 185 m – ✉ 78490 ▮ Île de France
     ▶ Paris 46 – Dreux 36 – Houdan 18 – Mantes-la-Jolie 31
     🛈 3, rue Amaury ☎ 01 34 86 87 96
     📷 du Domaine du Tremblay à Le Tremblay-sur-Mauldre Place de l'Eglise, E :
     8 km, ☎ 01 34 94 25 70
     ◉ Église★ - Ancien cimetière★ - Ruines du château ⟨★.

🏠   **St-Laurent** sans rest ॐ   🚗 ⬍ & 📶 ⅃ 🅿 VISA ☺ AE
     2 pl. Lebreton – ☎ 01 34 57 06 66 – www.hotelsaint-laurent.com – *Fermé
     1ᵉʳ-23 août et 26 déc.-3 janv.*
     15 ch – †100/200 € ††100/200 € – ⌷ 12 €
     ♦ À vous de choisir votre décor : le superbe hôtel particulier du 17ᵉ s., les récen-
     tes chambres du pavillon situé dans le jardin ou le grand luxe de la Résidence.

MONTGENÈVRE – 05 Hautes-Alpes – **334** I3 – 471 h. – alt. 1 850 m — **41** C1 – ⊠ 05100

▶ Paris 757 – Briançon 13 – Gap 99 – Marseille 274
i route d'Italie ℰ 04 92 21 52 52

Le Chalet Blanc ⇐ 🛗 ⅙ ℱ ch. 🛜 **P** 🕭 VISA AE ①

Hameau de l'Obélisque – ℰ 04 92 44 27 02 – www.hotellechaletblanc.com – Ouvert fin juin à mi-sept. et mi-déc. à mi-avril
32 ch ⬚ – ♦110/325 € ♦♦140/400 €
Rest – *(fermé le midi)* Menu 30 € – Carte 40/60 €

♦ Cet hôtel cossu, dernier-né de la station, affiche d'emblée son standing. Confort au top et décoration associant les matériaux alpins (pierre, bois) et le style contemporain. Espace bien-être. Le restaurant occupe un chalet indépendant, accessible par l'extérieur.

MONTGIBAUD – 19 Corrèze – **329** J2 – 232 h. – alt. 460 m – ⊠ 19210 — **24** B2

▶ Paris 434 – Arnac-Pompadour 15 – Limoges 47 – St-Yrieix-la-Perche 23

✕ **Le Tilleul de Sully** 🍴 VISA ◯◯

☜ – ℰ 05 55 98 01 96 – *Fermé 19 déc.-9 janv., mardi soir hors saison, dim. soir et lundi sauf fériés*
Rest – *(nombre de couverts limité, prévenir)* (13 €) Menu 18 € (sem.), 26/38 € – Carte 31/41 €

♦ Auberge de campagne située près d'un vieux tilleul, point de repère des pèlerins en route pour St-Jacques. Cadre rustique et cuisine traditionnelle à base de légumes du potager.

MONTGRÉSIN – 60 Oise – **305** G6 – **rattaché à Chantilly**

LES MONTHAIRONS – 55 Meuse – **307** D4 – **rattaché à Verdun**

MONTHIEUX – 01 Ain – **328** C5 – 591 h. – alt. 295 m – ⊠ 01390 — **43** E1

▶ Paris 443 – Bourg-en-Bresse 38 – Lyon 31 – Meximieux 26

Le Gouverneur 🐀 🎔 🍴 🏊 ℱ 🛗 ⅙ ch. AC ℱ rest. 🛜 🐆 **P**

D 6 – ℰ 04 72 26 42 00 – www.golfgouverneur.fr VISA ◯◯ AE ①
– Fermé 22 déc.-4 janv.
53 ch – ♦110/130 € ♦♦110/130 € – ⬚ 11 €
Rest – *(fermé dim. d' oct. à mars et le midi)* (18 €) Menu 30/42 € – Carte 37/59 €

♦ En pleine campagne, ancien domaine du gouverneur de la Dombes (14ᵉ s.). D'élégantes chambres contemporaines occupent une extension récente. Golfs (9 et 18 trous), étangs pour la pêche. Menus traditionnels dans des salles au décor moderne (l'une des deux donne sur les greens).

MONTHION – 73 Savoie – **333** L4 – **rattaché à Albertville**

MONTI – 06 Alpes-Maritimes – **341** F5 – **rattaché à Menton**

MONTIGNAC – 24 Dordogne – **329** H5 – 2 888 h. – alt. 77 m — **4** D1 – ⊠ 24290 ▌Périgord Quercy

▶ Paris 513 – Brive-la-Gaillarde 39 – Limoges 126 – Périgueux 54
i place Bertran-de-Born ℰ 05 53 51 82 60
◎ Grottes de Lascaux★★ SE : 2 km.
◎ Le Thot, espace cro-magnon★ S : 7 km - Église★★ de St-Amand de Coly E : 7 km.

Relais du Soleil d'Or 🐀 🎔 🍴 🏊 ⅙ ch. 🛜 **P** VISA ◯◯ AE

16 r. du 4 Septembre – ℰ 05 53 51 80 22 – www.le-soleil-dor.com
32 ch – ♦68/101 € ♦♦68/101 € – ⬚ 13 € – ½ P 72/93 €
Rest – *(fermé 3 janv.-28 fév., dim. soir et lundi de nov. à mars)* (23 €) Menu 27/53 € – Carte 25/60 €
Rest *Le Bistrot* – *(fermé 3 janv.-28 fév., dim. soir et lundi de nov. à mars)* Menu 12 € (déj. en sem.)/17 € – Carte environ 27 €

♦ Un ancien relais de poste avec un grand parc, au centre de la petite cité périgourdine. Les chambres de l'annexe sont confortables et plus contemporaines ; la plupart donnent sur la verdure. Le restaurant avec véranda propose une carte traditionnelle. Repas simples au Bistrot.

Hostellerie la Roseraie ⚜   🚗 🅿 ⌧ 🛜 VISA ⬤ AE

11 pl. d'Armes – ℰ *05 53 50 53 92* – *www.laroseraie-hotel.com*
– *Ouvert 9 avril-30 oct.*
14 ch – ♦75/95 € ♦♦85/180 € – ⌧ 13 € – ½ P 85/165 €
Rest – *(fermé le midi en sem. hors saison)* Menu 25/50 € – Carte environ 42 €
◆ Au cœur du village médiéval, une demeure du 19e s. sur les bords de la Vézère.
Les chambres sont coquettes et portent des noms de roses. Dans le jardin : une
roseraie... Coquette salle à manger bourgeoise, agréable terrasse ombragée et cui-
sine classique.

MONTIGNY-LA-RESLE – 89 Yonne – **319** F4 – 612 h. – alt. 155 m   **7** B1
– ✉ 89230

▶ Paris 170 – Auxerre 14 – St-Florentin 19 – Tonnerre 32

Le Soleil d'Or   & AC 🛜 🕹 🅿 VISA ⬤ AE ⓪

N 77 – ℰ *03 86 41 81 21* – *www.lesoleil-dor.com* – *Fermé dim. soir d'oct. à fév.*
16 ch – ♦57 € ♦♦69 € – ⌧ 10 € – ½ P 65 €
Rest – (12 €) Menu 26/51 € – Carte 44/87 €
◆ Ancien relais de poste situé en bordure de route nationale. Les chambres, pratiques et climatisées, ont été aménagées sur l'arrière (dans les granges),
comme dans un motel. Au restaurant, cuisine traditionnelle ; beau petit salon
orné de boiseries.

MONTIGNY-LE-BRETONNEUX – 78 Yvelines – **311** I3 – **101** 22 – voir à
Paris, Environs (St-Quentin-en-Yvelines)

MONTIGNY-LE-ROI – 52 Haute-Marne – **313** M6 – 2 179 h.   **14** C3
– alt. 404 m – ✉ 52140

▶ Paris 296 – Bourbonne-les-Bains 21 – Chaumont 35 – Langres 23

L'Arcombelle   📶 & AC rest. 🛜 🅿 🚗 VISA ⬤ AE ⓪

25 av. de Lierneux – ℰ *03 25 90 30 18* – *www.hotel-arcombelle.com*
– *Fermé vend., sam. et dim. d'oct. à mi-mars*
24 ch – ♦64 € ♦♦88 € – ⌧ 9 €   **Rest** – Menu 20/38 € – Carte 37/47 €
◆ Sur un carrefour à l'entrée du village, un hôtel pratique pour le tourisme ou les
affaires, proposant des chambres conviviales et bien insonorisées. Salle à manger typique des années 1980. Parmi les spécialités : foie gras, saumon fumé et
fondue champennoise.

MONTIGNY-LÈS-ARSURES – 39 Jura – **321** E5 – 271 h. – alt. 400 m   **16** B2
– ✉ 39600

▶ Paris 417 – Besançon 46 – Lons-le-Saunier 42 – Pontarlier 55

Château de Chavanes sans rest ⚜   🚗 🛜 🕹 🅿 VISA ⬤

r. St-Laurent – ℰ *03 84 37 47 95* – *www.chateau-de-chavanes.com*
– *Ouvert avril-nov.*
5 ch ⌧ – ♦125/145 € ♦♦125/145 €
◆ Située dans un domaine vinicole, cette charmante gentilhommière de
1708 marie avec goût le moderne et l'ancien. Meubles chinés, caveau, terrasse
face au jardin et aux vignes.

MONTIPOURET – 36 Indre – **323** H7 – 569 h. – alt. 200 m – ✉ 36230   **12** C3

▶ Paris 295 – Châteauroux 28 – Issoudun 37 – Orléans 169

à La Brande 5 km au Nord-Est par D49 et rte secondaire - ✉36230 Montipouret

Maison Voilà ⚜   🚗 🅿 ⌧ 🍴 🛜 🅿

La Brande – ℰ *02 54 31 17 91* – *www.maisonvoila.com*
4 ch ⌧ – ♦60 € ♦♦80 €   **Table d'hôte** – Menu 10/25 €
◆ Cette ferme du 19e s. retirée en pleine campagne dispose d'un ravissant jardin
planté d'arbres fruitiers. L'intérieur est chaleureux, à l'image des chambres cosy
souvent meublées d'ancien. Repas (cuisine internationale) servis en compagnie
des propriétaires, près de la cheminée ou sur la terrasse d'été.

MONTJEAN-SUR-LOIRE – 49 Maine-et-Loire – **317** D4 – 2 687 h. **34** B2
– alt. 44 m – ⊠ 49570 📗 Châteaux de la Loire
▶ Paris 324 – Angers 28 – Ancenis 30 – Châteaubriant 64
🖸 rue d'Anjou ℰ 02 41 39 07 10

⟨ **Le Fief des Cordeliers** sans rest ॐ   ≤ 🔇 🔟 🎾 ℉ 🅿 VISA ◑◑
lieu-dit Bellevue – ℰ 02 41 43 96 09 – http://logis.lefiefdescordeliers.com
4 ch – ⚍ – ✝59/72 € – ✝✝72/85 €
◆ Toute la douceur angevine imprègne cet ancien couvent du 15e s., qui domine la Loire et la vallée (belvédère dans le parc). Chambres de bon confort, au mobilier classique.

✕✕ **Auberge de la Loire** avec ch   ≤ 🅰🅲 rest, ℉ 🅿 VISA ◑◑
2 quai des Mariniers – ℰ 02 41 39 80 20 – www.aubergedelaloire.com
– Fermé 21 déc.-15 janv.
8 ch – ✝52 € ✝✝60 € – ⚍ 8 € – ½ P 62 €   **Rest** – (fermé merc. soir et dim. soir de mars à oct. et merc. midi) (14 €) Menu 20 € (sem.), 29/46 € – Carte 30/50 €
◆ Accueillante auberge familiale des bords de Loire. On y déguste une délicieuse cuisine traditionnelle à base de produits frais, provenant notamment de la pêche locale. Chambres simples et bien tenues, dont la moitié regardent le fleuve.

MONTLIARD – 45 Loiret – **318** L3 – **rattaché à Bellegarde**

MONTLIVAULT – 41 Loir-et-Cher – **318** F6 – 1 329 h. – alt. 77 m – ⊠ 41350 **11** B2
▶ Paris 180 – Blois 13 – Olivet 58 – Orléans 56

✕✕ **La Maison d'à Côté** (Ludovic Laurenty) avec ch   🎾 ℉ VISA ◑◑ 🅰🅴
ॐ 25 rte de Chambord – ℰ 02 54 20 62 30 – www.lamaisondacote.fr
– Fermé 26 avril-5 mai, 15 nov.-2 déc., 27-31 déc., mardi et merc.
8 ch – ✝75/90 € ✝✝75/90 € – ⚍ 10 € – ½ P 80/86 €
Rest – (22 € bc) Menu 38/60 €
Spéc. Cannelloni de saumon mariné, brocciu frais, légumes d'ici et d'ailleurs (été). Porcelet cuit au poêlon, polenta et artichauts "poivrade", béarnaise revisitée. Fraîcheur d'abricot et de verveine (été). **Vins** Cheverny, Saumur.
◆ Dans cette auberge de village, l'atmosphère est feutrée et contemporaine... Le chef concocte une belle cuisine du marché, respectueuse des produits et des saisons. Pour prolonger l'étape, des chambres tout en sobriété et raffinement (bois sombre, couleurs chaudes).

MONT-LOUIS – 66 Pyrénées-Orientales – **344** D7 – 292 h. **22** A3
– alt. 1 565 m – ⊠ 66210 📗 Languedoc Roussillon
▶ Paris 867 – Andorra-la-Vella 90 – Font-Romeu-Odeillo-Via 10 – Perpignan 81
🖸 3, rue Lieutenant Pruneta ℰ 04 68 04 21 97
🔘 Remparts★ - Lacs des Bouillouses★.

à la Llagonne 3 km au Nord par D 118 – 288 h. – alt. 1 600 m – ⊠ 66210

🏠 **Corrieu** ॐ   ≤ 🎾 🎾 rest, ℉ 🅿 VISA ◑◑
– ℰ 04 68 04 22 04 – www.hotel-corrieu.com
– Ouvert 17 juin-17 sept., 17 déc.-3 janv. et 7 janv.-27 mars
19 ch – ✝58/92 € ✝✝67/98 € – ⚍ 11 € – ½ P 59/85 €
Rest – (16 €) Menu 24 € (sem.)/34 € – Carte 28/46 €
◆ La cinquième génération vous accueille dans cet ancien relais de diligences (1882). Chambres calmes rénovées peu à peu, avec les Pyrénées en toile de fond. Salle à manger agrémentée de baies vitrées ouvertes sur la nature et cuisine traditionnelle.

MONTLOUIS – 18 Cher – **323** K4 – 114 h. – alt. 180 m – ⊠ 18160 **12** C3
▶ Paris 277 – Bourges 39 – Châteauroux 56 – Orléans 152

⟨ **Domaine de Varennes** sans rest ॐ   🔇 🔟 🖸 🎾 🅿
– ℰ 02 48 60 11 86 – www.domaine-de-varennes.com – Fermé 5 janv.-20 mars
5 ch ⚍ – ✝70/95 € ✝✝75/105 €
◆ Une ferme médiévale, un manoir du 18e s. et une annexe. Les chambres – douillettes et un brin romantiques – invitent au rêve et, dans le parc, on profite de la piscine et du golf.

MONTLOUIS-SUR-LOIRE – 37 Indre-et-Loire – **317** N4 – **10 282 h.** **11** B2 – **alt. 60 m** – ✉ **37270** Châteaux de la Loire

Paris 235 – Amboise 14 – Blois 49 – Château-Renault 32

4, place Abraham Courtemanche ✆ 02 47 45 85 10

Château de la Bourdaisière sans rest

– *✆ 02 47 45 16 31 – www.chateaulabourdaisiere.com*
– *Ouvert* 1er avril-15 nov.
26 ch – †150/280 € ††150/280 € – ☕ 15 €
◆ Un séjour royal ! En son temps, ce château accueillit Gabrielle d'Estrées. Tomates et dalhias sont désormais les favoris... du potager ; découvrez-les au salon de thé.

Le Montloire

4 bis pl F.-Mitterrand – ✆ 02 47 50 84 84 – www.montloire.fr
23 ch – †65 € ††65 € – ☕ 7 € – ½ P 60 €
Rest – *(fermé sam. midi et dim. soir)* Menu 18 € (déj. en sem.), 22/28 €
– Carte environ 30 €
◆ Montloire était autrefois le nom du village ; c'est désormais un hôtel bien pratique, aux chambres simples et agréables. Avant une nuit de repos, on peut se laisser tenter par cette cuisine traditionnelle à prix raisonnable.

Toque et Vins

47 Quai A.-Baillet – ✆ 02 47 52 34 58 – www.restaurant-toque-et-vins.fr – Fermé 1er-10 août, vacances de la Toussaint, vacances de fév., merc. sauf le soir en saison, dim. soir et lundi.
Rest – (20 €) Menu 33/62 € – Carte 43/60 €
◆ Sur la route longeant la Loire, faites une pause gourmande dans cette maison régionale et savourez un pressé de foie gras et ris de veau à la gelée de Montlouis, par exemple...

MONTLUÇON – 03 Allier – **326** C4 – **39 889 h.** – **alt. 220 m** **5** B1 – ✉ **03100** Auvergne

Paris 327 – Bourges 97 – Clermont-Ferrand 112 – Limoges 155

67 ter, boulevard de Courtais ✆ 04 70 05 11 44

du Val de Cher à Nassigny 1 route du Vallon, N : 20 km par D 2144, ✆ 04 70 06 71 15

Intérieur★ de l'église St-Pierre (Sainte Madeleine★★) CYZ - Esplanade du château ★.

Plan page suivante

Des Bourbons

rest,

47 av. Marx Dormoy – ✆ 04 70 05 28 93
– www.hotel-des-bourbons.com BZa
44 ch – †56 € ††59/63 € – ☕ 8,50 € – ½ P 54/59 €
Rest – *(fermé 26 juil.-23 août, dim. soir et lundi)* Menu 22/42 €
– Carte 35/50 €
Rest *Brasserie Pub 47* – ✆ 04 70 05 22 79 *(fermé 24 juil.-23 août)*
Menu 16/19 € – Carte environ 22 €
◆ Face à la gare, bel immeuble de la fin du 19e s. abritant des chambres fonctionnelles équipées de mobilier hôtelier. Au restaurant, décor 1990 et carte traditionnelle. Plats simples à la Brasserie-Pub 47.

Grenier à Sel avec ch

pl. des Toiles – ✆ 04 70 05 53 79 – www.legrenierasel.com – Fermé vacances de la Toussaint, 15 fév.-3 mars, sam. midi en hiver, dim. soir de sept. à juin et lundi sauf le soir en juil.-août CZn
7 ch – †80/100 € ††100/130 € – ☕ 11 €
Rest – Menu 20/67 € – Carte 51/75 €
◆ Demeure de charme du 15e s. au cœur de la cité médiévale. Cuisine actuelle servie dans un cadre raffiné. Profitez de la terrasse, c'est un petit coin de paradis. Chambres confortables et plaisantes (douches hydromassantes dans certaines).

MONTLUÇON

Barathon (R.)	**CZ**	2
Beaulieu (R. de)	**AX**	4
Blanzat (R. de)	**AX**	5
Château (R. du)	**CZ**	6
Châtelet (Pont du)	**AX**	8
Courtais (Bd de)	**BCZ**	
Desmoulins (R. C.)	**AX**	9
Dienat (R. du)	**AX**	10
Egalité (R. de l')	**AX**	12
Einstein (R. A.)	**AX**	13
Faucheroux (R.)	**AX**	14
Favières (Quai)	**BY**	15
Fontaine (R. de la)	**CZ**	16
Forges (R. Porte)	**CZ**	17
Jean-Jaurès (Pl.)	**CZ**	18
Menut (R. L.)	**CY**	22
Nègre (Av. J.)	**AX**	24
Notre-Dame (Pl.)	**CZ**	25
Notre-Dame (R.)	**CZ**	26
Pamparoux (R.)	**AX**	27
Petit (R. P.)	**CY**	30
Picasso (R. P.)	**CY**	31
Piquand (R. E.)	**BZ**	32
République (Av.)	**BY**	
St-Pierre (Pl.)	**BCZ**	35
St-Pierre (R. Fg)	**BY**	36
St-Roch (R.)	**BCZ**	38
Semard (R. P.)	**AX**	40
Serruriers (R.)	**BCZ**	42
Thomas (Av. A.)	**AX**	45
Verrerie (R. et Pl. de la)	**AX**	46
Victor-Hugo (R.)	**AX**	47
Villon (R. P.)	**AX**	49
Voltaire (R.)	**AX**	50
5 Piliers (R. des)	**CZ**	52

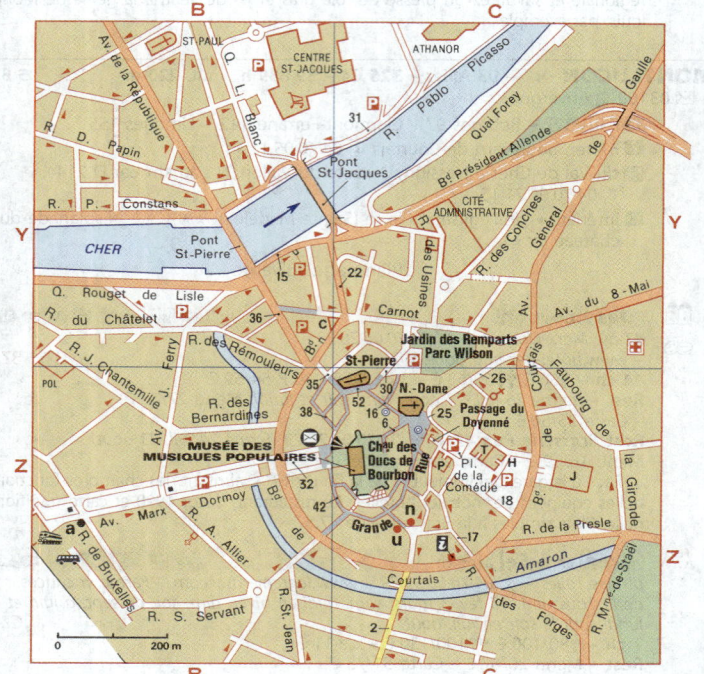

※※ **Safran d'Or** 🛗 VISA ⦿ AE
12 pl. des Toiles – ℰ 04 70 05 09 18 – Fermé 14-21 mars, 1ᵉʳ-8 mai, 4-18 sept.,
dim. soir, mardi soir et lundi CZ**u**
Rest – (16 €) Menu 21/28 € – Carte 37/53 €
♦ Une maison fort engageante à deux pas de la cité médiévale. Le chef y
concocte à sa façon une agréable cuisine traditionnelle. Cadre contemporain et
terrasse aux beaux jours.

à St-Victor 7 km par ① – 2 010 h. – alt. 212 m – ⌧ 03410

🏠 **Le Jardin Délice** 🚗 🛗 & AC 🕻 🔊 P VISA ⦿ AE
🍃 *6 rte de Paris – ℰ 04 70 28 80 64 – www.jardindelice.fr – Fermé vacances de la*
Toussaint et de fév.
25 ch – ♦50 € ♦♦50 € – ☄ 7 € – ½ P 65 €
Rest – *(fermé merc.)* Menu 18 € bc/47 € – Carte 47/67 €
♦ Un hôtel de plain-pied en bordure de route, dont les chambres, fonctionnelles, ouvrent sur la campagne ou le jardin. Tenue irréprochable. Au restaurant, cuisine traditionnelle actualisée servie dans un décor agréablement moderne. Belle
terrasse d'été.

MONTLUEL – 01 Ain – **328** D5 – 6 478 h. – alt. 190 m – ⌧ 01120 **43** E1
🖪 Paris 472 – Bourg-en-Bresse 59 – Chalamont 20 – Lyon 26
🖪 28 place Carnot ℰ 08 75 28 27 72
🖪₃₆ de Lyon à Villette-d'Anthon, S : 12 km par D 61, ℰ 04 78 31 11 33

🏠 **Petit Casset** sans rest 🌿 🚗 ☄ 🕻 P VISA ⦿ AE
🏨 *96 imp. du Petit Casset, à La Boisse, 2 km au Sud-Ouest – ℰ 04 78 06 21 33*
– www.lepetitcasset.fr
17 ch – ♦69 € ♦♦73 € – ☄ 8 €
♦ Hôtel rénové, au calme dans un quartier résidentiel. L'atmosphère y est accueillante et les chambres, toutes personnalisées, donnent sur le jardin fleuri et arboré.

à Ste-Croix 5 km au Nord par D 61 – 517 h. – alt. 263 m – ⌧ 01120

※※ **Chez Nous** 🚗 🛗 & P VISA ⦿ AE
– ℰ 04 78 06 61 20 – www.hotel-restaurant-chez-nous.com – Fermé 23-30 août,
23-29 nov., 3-19 janv., mardi midi, dim. soir et lundi
Rest – Menu 22 € (sem.), 29/50 € – Carte 35/68 €
♦ Plaisantes salles à manger coquettes et grande terrasse ombragée de platanes
où l'on sert une cuisine régionale de produits frais.

Hôtel Chez Nous 🏠 🚗 & 🕻 🔊 P VISA ⦿ AE
– ℰ 04 78 06 60 60
30 ch – ♦50 € ♦♦54 € – ☄ 8 € – ½ P 44 €
♦ Un édifice récent situé en face du restaurant abrite des petites chambres au
mobilier Louis XVI et cinq autres rénovées en annexe.

MONTMARAULT – 03 Allier – **326** E5 – 1 572 h. – alt. 480 m **5** B1
– ⌧ 03390
🖪 Paris 346 – Gannat 41 – Montluçon 31 – Moulins 47

※※ **France** avec ch & AC rest, 🕻 🔊 P VISA ⦿
🍃 *1 r. Marx Dormoy – ℰ 04 70 07 60 26 – www.hoteldefrance-montmarault.com*
– Fermé 27 mars-4 avril, 16 nov.-6 déc., dim. soir et lundi sauf fériés
8 ch – ♦48 € ♦♦48/51 € – ☄ 8 €
Rest – Menu 18 € (sem.)/50 € – Carte 30/50 €
♦ Un France où père et fils œuvrent à quatre mains, concoctant une agréable cuisine traditionnelle. Chambres coquettes et bien tenues, plus calmes sur l'arrière.

MONTMÉLARD – 71 Saône-et-Loire – **320** G12 – 318 h. – alt. 522 m **8** C3
– ⌧ 71520
🖪 Paris 393 – Mâcon 43 – Montceau-les-Mines 56 – Paray-le-Monial 34

✗ **Le St-Cyr** avec ch 🐾   ⟨ 🌿 AC rest, ¶¶ P VISA ⓒⓞ
🍴 – 𝒞 03 85 50 20 76 – www.lesaintcyr.fr – Fermé 1ᵉʳ-9 mars et 2-12 janv.
🍽️ **7 ch** – †48/56 € ††56/66 € – 🖵 8 €
     Rest – Menu 15 € (sem.), 22/38 € – Carte 17/26 €
     ◆ De ce sympathique restaurant familial, la vue plonge sur la campagne vallon-
     née. Cuisine traditionnelle sans prétention ; dîners exotiques en hiver. L'hôtel dis-
     pose de chambres sobres et reposantes ; il sert de bons petits-déjeuners à
     des prix attractifs.

MONTMÉLIAN – 73 Savoie – **333** J4 – 3 933 h. – alt. 307 m – ⌂ 73800   **46** F2
🟩 Alpes du Nord
     ▶ Paris 574 – Albertville 35 – Allevard 22 – Chambéry 14
     🛈 46, rue du Docteur Veyrat 𝒞 04 79 84 42 23
     🟥 du Granier Apremont à Apremont Chemin de Fontaine Rouge, O : 8 km
        par D 201, 𝒞 04 79 28 21 26
     ◉ ❄ ★★ du rocher.

🏠 **George**   ⟨»⟩ 🔌 P 🚗 VISA ⓒⓞ AE
🍴 11 quai de l'Isère, (D 1006) – 𝒞 04 79 84 05 87 – www.hotelgeorge.fr
     11 ch – †41 € ††48 € – 🖵 6,50 € – ½ P 59 €
     Rest – (fermé 1ᵉʳ-15 juil., vacances de la Toussaint et le midi) (résidents seult)
     (12 €) Menu 17 €
     ◆ Ancien grenier à sel du 18ᵉ s. situé en bordure de route, idéal pour l'étape. Col-
     lection de vieux outils ; chambres simples et bien tenues (plus calmes à l'arrière).
     Petite restauration traditionnelle et menu du jour.

MONTMERLE-SUR-SAÔNE – 01 Ain – **328** B4 – 3 697 h.   **43** E1
– alt. 170 m – ⌂ 01090
     ▶ Paris 419 – Bourg-en-Bresse 44 – Lyon 48 – Mâcon 34

🏠 **Emile Job**   🌿 ¶¶ P VISA ⓒⓞ AE
🍴 12 r. du Pont – 𝒞 04 74 69 33 92 – www.hotelemilejob.com – Fermé
     28 fév.-15 mars, 24 oct.-15 nov., dim. soir (d'oct. à mai, mardi midi et lundi
     22 ch – †65/73 € ††75/83 € – 🖵 8 €   **Rest** – Menu 20/57 € – Carte 39/75 €
     ◆ Sur les bords de Saône, cette maison régionale a su préserver son atmosphère
     familiale et propose des chambres traditionnelles ou plus actuelles (rénovées et
     colorées). La carte alterne entre grands classiques et spécialités locales. Cadre
     bourgeois ; terrasse ombragée.

MONTMIRAIL – 84 Vaucluse – **332** D9 – rattaché à Vacqueyras

---

MONTMORENCY – 95 Val-d'Oise – **305** E7 – **101** 5 – voir Paris, Environs

---

MONTMORILLON 👁 – 86 Vienne – **322** L6 – 6 584 h. – alt. 100 m   **39** D2
– ⌂ 86500 🟩 Poitou Vendée Charentes
     ▶ Paris 354 – Bellac 43 – Châtellerault 56 – Limoges 88
     🛈 2, place du Maréchal Leclerc 𝒞 05 49 91 11 96
     ◉ Église Notre-Dame : fresques★ dans la crypte Ste-Catherine.

🏠 **Hôtel de France et Lucullus**   🌿 ⟨ AC ¶¶ 🔌 VISA ⓒⓞ AE
🍴 4 bd de Strasbourg – 𝒞 05 49 84 09 09 – www.le-lucullus.com
     35 ch – †47/65 € ††50/71 € – 🖵 8 € – ½ P 44/56 €
😋 **Rest** – (fermé 12 nov.-6 déc., dim. soir, lundi, mardi et merc.) (14 €)
     Menu 21/55 € – Carte 19/51 €
     Rest Bistrot de Lucullus – (fermé dim. soir du 11 nov. à fin mars, sam. soir et
     dim. midi) (11 €) Menu 15 € (déj. en sem.), 25/55 € – Carte environ 19 €
     ◆ Près du pont sur la Gartempe, construction de pays aux chambres spacieuses,
     fonctionnelles et vivement colorées. Au Bistrot de Lucullus, repas adaptés pour
     une clientèle pressée. Au restaurant, décor ensoleillé et goûteuse cuisine tradi-
     tionnelle sans esbroufe.

MONTNER – 66 Pyrénées-Orientales – **344** H6 – 299 h. – alt. 127 m   **22** B3
– ✉ 66720

▶ Paris 860 – Amélie-les-Bains-Palalda 60 – Font-Romeu-Odeillo-Via 82
– Perpignan 28

✂✂ **Auberge du Cellier** avec ch   🛜 ᬕ rest, 🄰🄲 📶 𝐕𝐈𝐒𝐀 ⓦ 🄰🄴
⊗ *1 r. Ste Eugénie –* 𝄞 *04 68 29 09 78 – www.aubergeducellier.com*
– Fermé 2 nov.-15 déc., lundi de nov. à mars, mardi et merc.
6 ch – ✚54 € ✚✚61 € – ⊇ 9 €
Rest – Menu 19 € (déj. en sem.), 37/69 € – Carte 53/75 €🍷
◆ Restaurant intimiste et actuel, aménagé dans un ancien cellier. La salle, où
trône une fontaine en marbre, est parfaite pour apprécier une fine cuisine régionale revisitée. Petites chambres dont trois plus coquettes et personnalisées.

MONTOIRE-SUR-LE-LOIR – 41 Loir-et-Cher – **318** C5 – 4 127 h.   **11** B2
– alt. 65 m – ✉ 41800 ▌Châteaux de la Loire

▶ Paris 186 – Blois 52 – La Flèche 81 – Le Mans 70

🄸 16, place Clemenceau 𝄞 02 54 85 23 30

◉ Chapelle St-Gilles★ : fresques★★ - Pont ≤★.

à Lavardin 2 km au Sud-Est par D 108 – 223 h. – alt. 78 m – ✉ 41800

✂✂ **Relais d'Antan**   🛜 𝐕𝐈𝐒𝐀 ⓦ
6 pl. du Capt.-du-Vigneau – 𝄞 *02 54 86 61 33 – www.relaisdantan.fr*
– Fermé en oct., en fév., dim. soir d'oct. à mai, lundi et mardi
Rest – Menu 28/40 € – Carte 33/45 €
◆ Dans un pittoresque village, auberge rustique dont l'une des salles à manger
est ornée de fresques d'inspiration médiévale. Agréable terrasse bordant la rive
du Loir.

MONTPELLIER Ⓟ – 34 Hérault – **339** I7 – 260 000 h.   **23** C2
– Agglo. 450 000 h. – alt. 27 m – ✉ 34000 ▌Languedoc Roussillon

▶ Paris 758 – Marseille 173 – Nice 330 – Nîmes 55

🛧 de Montpellier-Méditerranée 𝄞 04 67 20 85 00, 7 km au SE par ③.

🄸 30, allée Jean de Lattre de Tassigny 𝄞 04 67 60 60 60

🄸🄸 de Fontcaude à Juvignac Route de Lodève, par rte de Lodève : 8 km,
𝄞 04 67 45 90 10

🄸🄸 de Coulondres à Saint-Gély-du-Fesc 72 rue des Erables, par rte de Ganges :
12 km, 𝄞 04 67 84 13 75

🄸🄸 Montpellier Massane à Baillargues Domaine de Massane, par rte de
Nîmes : 13 km, 𝄞 04 67 87 87 89

◉ Vieux Montpellier★★ : hôtel de Varennes★ FY **M²**, hôtel des Trésoriers de
la Bourse★ FY **Q**, rue de l'Ancien Courrier★ EFY **4** - Promenade du
Peyrou★★ : ≤★ de la terrasse supérieure - Quartier Antigone★ - Musée
Fabre★★ FY - Musée Atger★ (dans la faculté de médecine) EX - Musée
languedocien★ (dans l'hôtel des trésoriers de France) FY **M¹**.

◉ Château de Flaugergues★ E : 3 km - Château de la Mogère★ E : 5 km par
D 24 DU.

Plans pages suivantes

🏨 **Mercure Antigone**   ▤ ᬕ ch, 🄰🄲 📶 🚿 🅂🄰 ⌂ 𝐕𝐈𝐒𝐀 ⓦ 🄰🄴 ⓞ
285 bd Aéroport International – 𝄞 *04 67 20 63 63 – www.mercure.com*
114 ch – ✚95/145 € ✚✚95/165 € – ⊇ 15 €   DU**f**
Rest – *(fermé sam. midi et dim.)* (23 €) Carte 36/45 €
◆ Ce Mercure jouit d'une situation avantageuse, face au quartier Antigone et
près du passage du tramway. Nombreuses salles de séminaires, parking fermé.
Spécialités régionales et buffets au restaurant.

🏨 **D'Aragon** sans rest   ᬕ 🄰🄲 📶 📶 𝐕𝐈𝐒𝐀 ⓦ 🄰🄴
10 r. Baudin – 𝄞 *04 67 10 70 00 – www.hotel-aragon.fr – Fermé 1ᵉʳ-23 janv.*
12 ch – ✚75/144 € ✚✚89/144 € – ⊇ 11 €   FY**a**
◆ Dans une rue calme, un petit hôtel confortable, avec des détails charmants :
meubles de style, cheminées, fenêtres à espagnolette… Le petit-déjeuner sous la
verrière est agréable.

MONTPELLIER

Anatole-France (R.) . . . . **BU** 3
Arceaux (Bd des) . . . . **AU** 7
Bazile (R. F.) . . . . **BCV** 12

Blum (R. Léon) . . . . **CU** 13
Broussonnet (R. A.) . . . . **AT** 18
Chancel (Av.) . . . . **AT** 25
Citadelle (Allée) . . . . **CU** 26
Clapiès (R.) . . . . **AU** 28
Comte (R. A.) . . . . **AU** 29

Délicieux (R. B.) . . . . **CT** 31
États-du-Languedoc (Av.) . . . . . **CU** 35
Fabre-de-Morlhon (Bd) . . . . **BV** 36
Fg-Boutonnet (R.) . . . . **BT** 37
Fg-de-Nîmes (R. du) . . . . **CT** 41
Flahault (Av. Ch.) . . . . **AT** 43

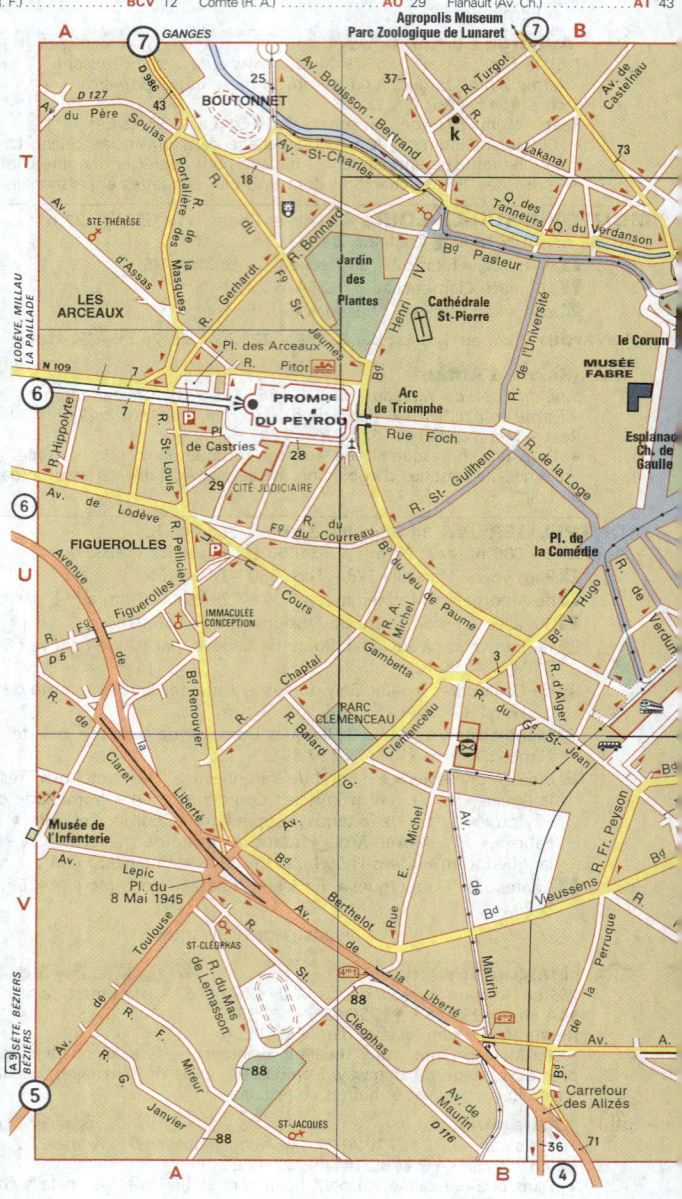

Fontaine-de-Lattes (R.)	**CU** 44	Ollivier (R. A.)	**CU** 66	Prof.-E.-Antonelli (Av.)	**CDV** 72
Henri-II-de-Montmorency (Allée)	**CU** 51	Le Polygone	**CU**	Proudhon (R.)	**BT** 73
Leclerc (Av. du Mar.)	**CV** 58	Pont-de-Lattes (R. du)	**CU** 69	René (R. H.)	**CV** 74
Millénaire (Pl. du)	**CU** 62	Pont-Juvénal (Av.)	**CDU** 70	Villeneuve-d'Angoulême
Nombre-d'Or (Pl. du)	**CU** 64	Près-d'Arènes (Av. des)	**BV** 71	(Av.)	**ABV** 88

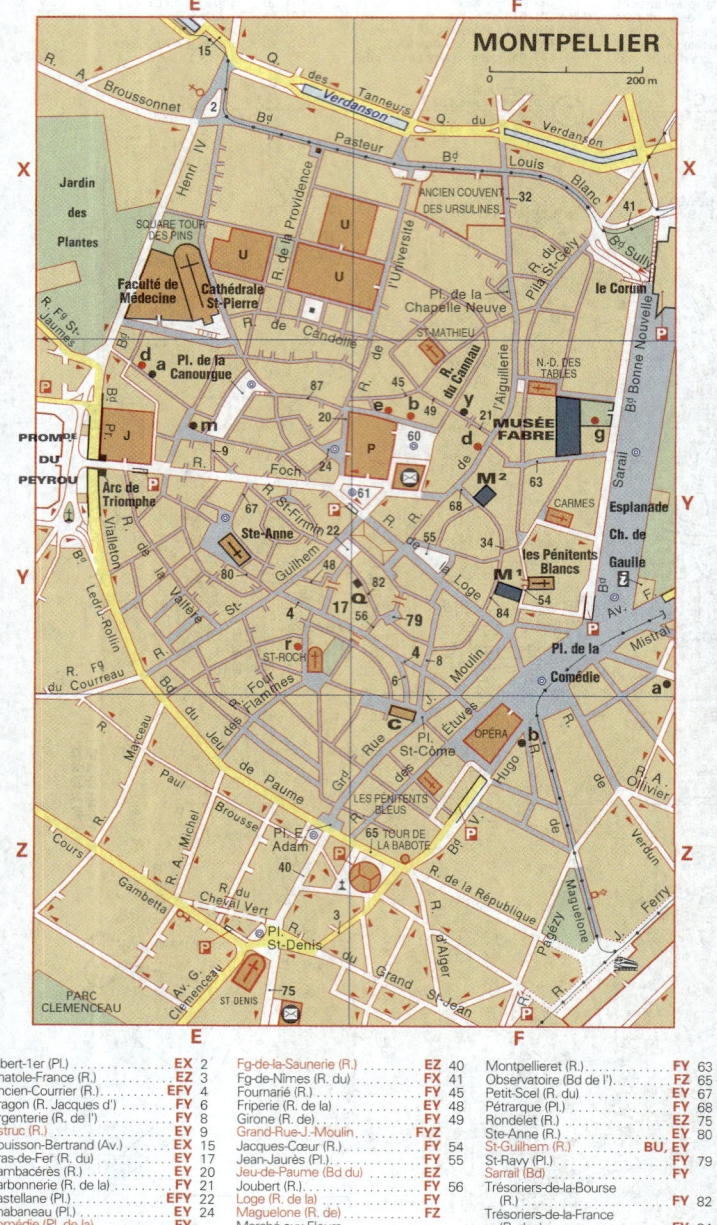

MONTPELLIER

0   200 m

Albert-1er (Pl.)	**EX** 2	
Anatole-France (R.)	**EZ** 3	
Ancien-Courrier (R.)	**EFY** 4	
Aragon (R. Jacques d')	**FY** 6	
Argenterie (R. de l')	**FY** 8	
Astruc (R.)	**EY** 9	
Bouisson-Bertrand (Av.)	**EX** 15	
Bras-de-Fer (R. du)	**FY** 17	
Cambacérès (R.)	**EY** 20	
Carbonnerie (R. de la)	**FY** 21	
Castellane (Pl.)	**EFY** 22	
Chabaneau (Pl.)	**EY** 24	
Comédie (Pl. de la)	**FY**	
Écoles-Laïques (R. des)	**FX** 32	
Embouque-d'Or (R.)	**FY** 34	

Fg-de-la-Saunerie (R.)	**EZ** 40	
Fg-de-Nîmes (R. du)	**FX** 41	
Fournarié (R.)	**FY** 45	
Friperie (R. de la)	**EY** 48	
Girone (R. de)	**FY** 49	
Grand-Rue-J.-Moulin	**FYZ**	
Jacques-Cœur (R.)	**FY** 54	
Jean-Jaurès (Pl.)	**FY** 55	
Jeu-de-Paume (Bd du)	**EZ**	
Joubert (R.)	**FY** 56	
Loge (R. de la)	**FY**	
Maguelone (R. de)	**FZ**	
Marché-aux-Fleurs (Pl.)	**FY** 60	
Martyrs-de-la-R. (Pl.)	**FY** 61	

Montpellieret (R.)	**FY** 63	
Observatoire (Bd de l')	**FZ** 65	
Petit-Scel (R. du)	**EY** 67	
Pétrarque (Pl.)	**FY** 68	
Rondelet (R.)	**EZ** 75	
Ste-Anne (R.)	**EY** 80	
St-Guilhem (R.)	**BU, EY**	
St-Ravy (Pl.)	**FY** 79	
Sarrail (Bd)	**FY**	
Trésoriers-de-la-Bourse (R.)	**FY** 82	
Trésoriers-de-la-France (R. des)	**FY** 84	
Verdun (R. de)	**BU, FZ**	
Vieille-Intendance (R.)	**EY** 87	

1014

New Hôtel du Midi sans rest   🛗 AC 🛁 📶 VISA ⦾ ⓘ

22 bd Victor Hugo – 𝒞 *04 67 92 69 61 – www.new-hotel.com*   FZ**b**

44 ch – †135 € ††155/180 € – � 10 €

♦ À un entrechat de la place de la Comédie, face au théâtre, un bel immeuble du début du 20ᵉ s. (vitraux, mosaïques), aux chambres spacieuses et classiques, ornées de photos d'opéra.

Du Parc sans rest   AC 🛁 📶 P VISA ⦾ AE

8 r. A. Bège – 𝒞 *04 67 41 16 49 – www.hotelduparc-montpellier.com*

19 ch – †50/80 € ††57/95 € – ⊠ 10 €   BT**k**

♦ Une bonne adresse, assez centrale : cette maison du 18ᵉ s., tenue par deux associées, a l'allure d'une demeure particulière (meubles et objets chinés, tapis, cour fleurie...).

Le Guilhem sans rest ⌂   🛗 AC 📶 VISA ⦾ AE ⓘ

18 r. J.-J. Rousseau – 𝒞 *04 67 52 90 90 – www.leguilhem.com*   EY**a**

35 ch – †96/190 € ††96/190 € – ⊠ 12 €

♦ Près du Peyrou, trois maisons des 16ᵉ et 17ᵉ s. mêlant caractère et esprit cosy : portes anciennes, alcôves, jolis imprimés... Certaines chambres toisent les tours de la cathédrale !

Du Palais sans rest   🛗 AC 📶 VISA ⦾ AE

3 r. Palais – 𝒞 *04 67 60 47 38 – www.hoteldupalais-montpellier.fr*   EY**m**

26 ch – †68/80 € ††75/90 € – ⊠ 12 €

♦ Immeuble centenaire proche du palais de justice. Les chambres, petites et classiques, ont de délicates attentions (fleurs fraîches, chocolats, etc.). Ambiance familiale.

Ulysse sans rest   AC 📶 🚗 VISA ⦾ AE

338 av. de St-Maur – 𝒞 *04 67 02 02 30 – www.hotel-ulysse.fr*   CT**b**

25 ch – †65/90 € ††70/95 € – ⊠ 11 €

♦ Heureux qui comme Ulysse... Dans un quartier pavillonnaire, cet hôtel sympathique et fort bien tenu propose des chambres simples et coquettes. Copieux petit-déjeuner.

Les Troènes sans rest   📶 VISA ⦾ AE

17 av. É. Bertin-Sans, par av. Charles Flahaut et rte de Ganges, dir. Hôpitaux-Faculté - AT ⊠ *34090 –* 𝒞 *04 67 04 07 76 – www.hotel-les-troenes.fr*

14 ch – †52/54 € ††60/62 € – ⊠ 8 €

♦ Excentré mais relié au cœur de la ville par le tramway. L'accueil est familial et les chambres, sobres et fonctionnelles, sont d'une tenue irréprochable. Tarifs attractifs.

Baudon de Mauny sans rest   AC 🛁 📶 VISA ⦾

1 r. de la Carbonnerie – 𝒞 *04 67 02 21 77 – www.baudondemauny.com*

5 ch – †140/190 € ††160/250 € – ⊠ 15 €   FY**d**

♦ Beautés d'hier et d'aujourd'hui... Dallage ancien, portes sculptées, hauts plafonds, mais aussi mobilier design et aménagement très contemporain : au cœur de la ville, cet hôtel particulier du 18ᵉ s. arbore une mine superbe !

Clos de l'Herminier sans rest   🔔 🍴 AC 🛁 📶 P

201 r. du Mas-de-Nègre (face au stade Yves du Manoir), 3 km par ⑤

– 𝒞 *04 67 07 98 88 – www.closdelherminier.com*   EY**d**

4 ch ⊠ – †90/100 € ††100/130 €

♦ Cultivez les charmes d'antan dans cette ancienne propriété vinicole du 19ᵉ s., isolée dans un quartier en construction. On oublie la ville dans le joli parc arboré (avec piscine), les chambres aux notes champêtres et autour du petit-déjeuner, avec confitures maison...

Le Jardin des Sens (Jacques et Laurent Pourcel) avec ch   🍴 🛁 🛗 ♿

❀❀ *11 av. St-Lazare –* 𝒞 *04 99 58 38 38*   AC 📶 ♿ 🍴 P VISA ⦾ AE ⓘ

– www.jardindessens.com   CT**e**

15 ch – †170/480 € ††170/480 € – ⊠ 22 €

Rest – (fermé 2-15 janv., lundi midi, merc. midi et dim.) (nombre de couverts limité, prévenir) Menu 45 € bc (déj. en sem.), 80 € bc/170 € – Carte 110/178 € ⥮

Spéc. Pressé de homard, légumes au jambon de canard et mangue. Filet de turbot rôti et encornet à la plancha, risotto de riz noir vénéré. "Le Pavillon Français".

Vins Pic Saint-Loup, Vin de pays de l'Aude.

♦ Un grand parallélépipède de verre, ouvert sur un jardin aux essences méditerranéennes : la table des jumeaux Pourcel cultive l'esprit du Sud autant que la création. Saveurs ensoleillées, notes ethniques, contrastes, légèreté... les sens sont bien à la fête en ce jardin terrestre. Chambres contemporaines, très luxueuses.

Cellier Morel

27 r. Aiguillerie, (Maison de la Lozère) – ☎ 04 67 66 46 36 – www.celliermorel.com
– Fermé 1ᵉʳ-15 août, lundi midi, merc. midi, sam. midi, dim. et fériés   FYd
Rest – (30 €) Menu 52/120 € bc – Carte 77/98 €

♦ Dans la Maison de la Lozère, sous de superbes voûtes du 13ᵉ s., une cuisine qui honore ce département, avec invention (faux-filet de veau et aubergines au miso). Une valeur sûre.

La Réserve Rimbaud (Charles Fontes)

820 av. St-Maur – ☎ 04 67 72 52 53 – www.reserve-rimbaud.com – Fermé
3-18 janv., sam. midi, dim. soir et lundi   DTw
Rest – (24 €) Menu 30 € (déj. en sem.)/53 € – Carte 30/53 €
Spéc. Carpaccio de veau et cèpes, parmesan et huile d'argan (15 août-30 sept.). Turbot sauvage, tian de légumes, panisses et jus de tomate (mai à sept.). Baba au rhum.

♦ Des compositions judicieuses, centrées sur le produit et pleines de fraîcheur : cette table rend hommage au soleil et à la terre du Sud. Belle terrasse sous les platanes, au bord du Lez.

Castel Ronceray

130 r. Castel Ronceray, par ⑤ – ☎ 04 67 42 46 30 – www.lecastelronceray.fr
– Fermé 16 août-6 sept, 27 fév.-7 mars, dim. et lundi
Rest – (29 € bc) Menu 46/68 € – Carte 50/70 €

♦ Dans un parc ombragé, une maison de maître d'esprit Napoléon III. Cuisine gastronomique (produits régionaux) ; l'épouse du chef est une sommelière passionnée.

Les Vignes

2 r. Bonnier d'Alco – ☎ 04 67 60 48 42 – www.lesvignesrestaurant.com
– Fermé 1ᵉʳ-7 janv., mardi soir et dim.   FYe
Rest – (22 €) Menu 28/52 € bc – Carte 45/68 €

♦ Il vous faudra descendre quelques marches pour rejoindre l'élégante salle voûtée de ce restaurant. Terrasse côté patio. Cuisine régionale (suggestions du marché à l'ardoise).

Prouhèze Saveurs

728 av. de la Pompignane – ☎ 04 67 79 43 34 – www.prouheze-saveurs.com
– Fermé 25 juil.-25 août, lundi, merc. soir, sam. midi et dim.   DUa
Rest – (18 €) Menu 28/35 € – Carte environ 41 €

♦ Saucisse-aligot, poulet aux écrevisses de mon grand-père, agneau... les Prouhèze sont originaires de l'Aubrac ! Décor très frais (tons gris et vert anis), patio pour l'été.

Tamarillos

2 pl. Marché aux Fleurs – ☎ 04 67 60 06 00 – www.tamarillos.biz
– Fermé 1ᵉʳ-4 nov., vacances de fév. et dim. midi en juil.-août   FYb
Rest – (nombre de couverts limité, prévenir) (27 €) Menu 38/90 €
– Carte 54/80 €

♦ Les fruits et les fleurs inspirent la cuisine et le décor haut en couleurs de cette adresse originale, tenue par un chef sacré par deux fois champion de France des desserts.

Insensé

39 bd Bonne-Nouvelle – ☎ 04 67 58 97 78 – www.jardindessens.com
– Fermé dim. soir et lundi   FYg
Rest – (20 €) Menu 29 € – Carte environ 30 €

♦ Insensé... ce restaurant dans l'enceinte du musée Fabre ! Imaginée par les frères Pourcel, cette "œuvre" moderne et design bouscule les habitudes, entre terroir et snacking.

La Compagnie des Comptoirs

51 av. Frédéric Delmas – ☎ 04 99 58 39 29
– www.lacompagniedescomptoirs.com – Fermé sam. midi et lundi   CTu
Rest – (22 €) Menu 28 € – Carte environ 60 €

♦ Autre création des frères Pourcel, inspirée par les comptoirs français des Indes : saveurs du Sud et d'Orient, décor ad hoc et terrasse en partie dressée sous une tente bédouine !

✗ **Kinoa** 🛜 AC VISA ⊕ AE ⓪
6 r. des Sœurs Noires – ℰ 04 67 15 34 38 – *Fermé dim. et lundi* **EYr**
Rest – (18 € bc) Menu 27/38 € – Carte 40/48 €
♦ On se souviendra de la terrasse, sur une placette à l'ombre d'une église, au cœur du vieux Montpellier... Cuisine actuelle, dont un menu allégé (ni crème, ni alcool, ni sucre !).

✗ **Le Petit Jardin** 🛜 VISA ⊕
20 r. J.-J. Rousseau – ℰ 04 67 60 78 78 – www.petit-jardin.com – *Fermé lundi du 15 oct. au 15 mai* **EYd**
Rest – Menu 22/45 € – Carte 33/66 €
♦ Un décor contemporain (mobilier design, lithographies) pour une cuisine dans l'air du temps : le jeune chef ne travaille que des produits frais ! Bar à vin et tapas, belle terrasse.

à Castries 8 km par ① et D 112e – 5 423 h. – alt. 70 m – ⌧ 34160

🇿 19, rue Sainte Catherine ℰ 04 99 74 01 77

🏨 **Disini** ⌂ 🚗 🛜 ⛲ ⓢ 🛎 ⓖ AC 🏋 ⓨ P VISA ⊕ AE
1 r. des Carrières – ℰ 04 67 41 97 86 – www.disini-hotel.com
15 ch – ♦125/185 € ♦♦125/185 € – 1 suite – ⌧ 15 €
Rest – (19 €) Menu 32/69 € – Carte 47/59 €
♦ Disini ou "ici" en balinais... Dans une calme forêt de chênes verts, cet hôtel récent mêle touches ethniques (Asie et Afrique) et confort high-tech, dans une ambiance feutrée. Le restaurant, également exotique, propose une cuisine de qualité (produits régionaux).

à Castelnau-le-Lez 7 km par ① et N 113 – 15 229 h. – alt. 60 m – ⌧ 34170

🏨 **Domaine de Verchant** ⌂ 🎵 🛜 ⛲ ⓢ ℐⓢ AC ch, 🏋 P
1 bd Philippe-Lamour – ℰ 04 67 07 26 00 VISA ⊕ AE ⓪
– www.domainedeverchant.com
15 ch – ♦230/500 € ♦♦230/500 € – 7 suites – ⌧ 25 €
Rest – *(nombre de couverts limité, prévenir)* (22 €) Menu 28 € (déj. en sem.)
– Carte 46/79 €
♦ Une allée de platanes mène à cette belle propriété viticole du 16e s., cernée par les vignes... Les chambres sont superbes (design italien, équipements high-tech, charpentes et vieilles pierres) ; le spa exquis. On sert les vins du domaine au restaurant.

à Baillargues 8 km par ① et D 112e, D 613 puis N 113 – 5 968 h. – alt. 23 m – ⌧ 34670

🏨 **Golf Hôtel de Massane** ⌂ 🚗 🛜 ⛲ ℐⓢ ✗ ⓢ 🛎 ⓖ AC 🏋 rest, ⓨ 🏋
au golf de Massane – ℰ 04 67 87 87 87 P VISA ⊕ AE ⓪
– www.massane.com
32 ch – ♦105/118 € ♦♦124/141 € – ⌧ 14 €
Rest – *(fermé dim. soir de nov. à fév.)* (19 € bc) Menu 25/48 €
♦ Vaste complexe hôtelier doté de nombreux équipements pour les loisirs et la détente. Les chambres, spacieuses et colorées, regardent pour certaines la piscine. Salle à manger contemporaine tournée vers le golf ; cuisine actuelle et vins régionaux.

près échangeur A9-Montpellier-Sud 2 km par ④ – ⌧ 34000 Montpellier

🏨 **Novotel** 🚗 🛜 ⛲ 🛎 ⓖ AC 🏋 ⓨ P VISA ⊕ AE ⓪
125 bis av. Palavas – ℰ 04 99 52 34 34 – www.novotel.com
163 ch – ♦90/170 € ♦♦90/170 € – ⌧ 14 € **Rest** – (12 €) Carte 20/40 €
♦ Situation utile à proximité d'un échangeur sur l'A9. Le restaurant ouvre sur la piscine.

à Lattes 5 km par ④ – 16 824 h. – alt. 3 m – ⌧ 34970

🇿 679, avenue de Montpellier ℰ 04 67 22 52 91

✗✗✗ **Domaine de Soriech** 🎵 🛜 AC ⛛ P VISA ⊕
chemin de Soriech, face Z.A.C. Soriech – ℰ 04 67 15 19 15
– www.domaine-de-soriech.fr – *Fermé 1 sem. vacances de fév., dim. soir et lundi*
Rest – (23 €) Menu 30 € (déj. en sem.), 40/76 € – Carte 45/70 €
♦ Dans son parc avec palmiers et pins géants, cette belle villa évoque les modèles californiens des années 1970. Décor design et œuvres contemporaines. Cuisine régionale.

Le Mazerand

Mas De Causse CD 172 – ℰ 04 67 64 82 10 – www.le-mazerand.com
– Fermé 2 sem. en mars, sam. midi, dim. soir et lundi
Rest – (22 €) Menu 28/63 € – Carte 41/80 €

◆ Cette propriété, dont l'origine remonte au 17ᵉ s., marie avantageusement vieilles pierres et décor moderne. Jolies terrasses. Cuisine du terroir (produits frais).

Le Bistrot d'Ariane

5 r. des Chevaliers de Malte, à Port Ariane – ℰ 04 67 20 01 27
– www.bistrot-ariane.fr – Fermé 18 déc.-3 janv. et dim. sauf fériés
Rest – Menu 20/40 € – Carte 32/51 €

◆ Sur le port, un grand et chaleureux bistrot (comptoir en bois, luminaires anciens). Le patron annote lui-même – avec pertinence – la carte des vins, où dominent les crus régionaux.

Sensation

2 r. des Consuls, à Port Ariane – ℰ 04 67 50 39 31 – www.restaurantsensation.fr
– Fermé 4-18 sept., dim. et lundi sauf fériés
Rest – (14 €) Menu 18 € (déj. en sem.), 27/49 € – Carte 50/85 €

◆ Sensation, impression, émotion... Tout ce que recherche ce jeune chef très créatif (pâtissier de formation – on le ressent), qui s'est lancé ici avec sa compagne. Décor simple.

à Juvignac 6 km par ⑥, rte de Millau – 6 258 h. – alt. 32 m – ✉ 34990

Montpellier Resort

rte de Lodève, au golf international – ℰ 04 67 45 90 00
– www.montpellierresort.com
46 ch ⇆ – ♦84/112 € ♦♦112/154 € – 40 suites
Rest – (16 € bc) Menu 28 € (dîner) – Carte 29/49 €

◆ Hôtel estimé des golfeurs qui testent leur swing à Juvignac. La majorité des chambres (certaines avec terrasse) ouvrent sur les greens. Pour les longs séjours, des suites avec cuisinette. Salle de restaurant contemporaine ; formule rapide au club-house.

MONTPEZAT-DE-QUERCY – 82 Tarn-et-Garonne – 337 E6   28 B1
– 1 413 h. – alt. 275 m – ✉ 82270 ▮ Midi-Toulousain

▶ Paris 600 – Cahors 29 – Montauban 39 – Toulouse 91
ℹ boulevard des Fossés ℰ 05 63 02 05 55

Domaine de Lafon

Pech de Lafon, 4 km au Sud par rte de Mirabel, D 20 et D 69 – ℰ 05 63 02 05 09
– www.domainedelafon.com – Fermé 15 fév.-15 mars et 15-30 nov.
3 ch ⇆ – ♦63/68 € ♦♦78/87 €   **Table d'hôte** – Menu 26 € bc

◆ Cette maison du 19ᵉ s. jouit d'une perspective à 360° sur la campagne vallonnée. Ses chambres, agrémentées d'œuvres du propriétaire et de tissus choisis, promettent un sommeil paisible. Belle bibliothèque aménagée dans le pigeonnier. Cuisine traditionnelle.

MONTPON-MÉNESTÉROL – 24 Dordogne – 329 B5 – 5 625 h.   4 C1
– alt. 93 m – ✉ 24700

▶ Paris 532 – Bergerac 40 – Libourne 43 – Périgueux 56
ℹ place Clemenceau ℰ 05 53 82 23 77

à Ménestérol 1 km au Nord – ✉ 24700 Montpon-Ménestérol

Auberge de l'Eclade

rte de Coutras – ℰ 05 53 80 28 64 – www.auberge-de-leclade.com – Fermé vacances de la Toussaint, dim. soir, lundi soir, mardi soir et merc.
Rest – (20 €) Menu 28/58 € – Carte 35/45 €

◆ Au calme près de la chapelle romane du village, une table bien appréciée dans la région : décor soigné (tout en tons clairs), terrasse verdoyante et bon choix de vins et de whiskys.

MONTRÉAL – 32 Gers – **336** D6 – 1 263 h. – alt. 131 m – ✉ 32250   **28** A2
🟩 Midi-Toulousain

▶ Paris 725 – Agen 57 – Auch 59 – Condom 16
ℹ place de l'hôtel de ville ✆ 05 62 29 42 85
🅸🅱 de Guinlet à Eauze, S : 12 km par D 29, ✆ 05 62 09 80 84

XX   **La Bombance**   🛏 ₺ 🆑 ✄ 🅿 *VISA* 🔵
lieu-dit Bidon – ✆ *05 62 29 28 80* – *www.labombance.fr*
Rest – Menu 24/50 € – Carte 42/48 €
◆ Une grande et belle maison dans la campagne. Beaucoup de goût et de
saveurs ici, principalement à base de poisson... Plutôt original dans une région
où le canard est roi !

X   **Daubin**   🛏 *VISA* 🔵
🍽   *(face à l'église)* – ✆ *05 62 29 44 40* – *Fermé vacances de fév., dim. soir, lundi et*
       mardi
Rest – Menu 16 € (déj.), 26/58 € – Carte 43/72 €
◆ Terrasse sous les platanes, goûteuse cuisine du terroir, dégustation de vins
régionaux... Côté bar, on mange à la bonne franquette, bien calé sur des tonneaux.

MONTREDON – 11 Aude – **344** F3 – rattaché à Carcassonne

MONTREUIL 👁 – 62 Pas-de-Calais – **301** D5 – 2 331 h. – alt. 54 m   **30** A2
– ✉ 62170 🟩 Nord Pas-de-Calais Picardie

▶ Paris 232 – Abbeville 49 – Arras 86 – Boulogne-sur-Mer 38
ℹ 21, rue Carnot ✆ 03 21 06 04 27
◉ Site★ - Citadelle★ : ←★★ - Remparts★ - Église St-Saulve★.

🏨   **Château de Montreuil** (Christian Germain) 🍽   🚗 🛏 ⛱ 🕻 🅿
❀❀   *4 chaussée des Capucins* – ✆ *03 21 81 53 04*   *VISA* 🔵 🅰🅴
       – www.chateaudemontreuil.com
       – Fermé 12 déc.-3 fév. et lundi sauf juil.-août et fériés
       12 ch – †150/235 € ††150/235 € – 4 suites – ⊡ 18 €
       Rest – Menu 35 € (déj.), 75/90 € – Carte 75/95 € 🍷
       Spéc. Tartare d'huître en écume de mer. Pigeonneau de Licques dans l'esprit d'un
       hochepot flamand. Tarte tatin aux pêches plates, à l'estragon et glace Chartreuse
       verte (été).
       ◆ Élégante demeure à l'intérieur des remparts. Chambres raffinées, garnies de
       meubles de style et donnant sur un jardin à l'anglaise. La cuisine au goût du
       jour, mâtinée de touches exotiques et méditerranéennes, est rehaussée par une
       belle carte des vins.

🏨   **Hermitage**   🚗 🛏 ₺ 🆑 🅰 rest, 🕻 🛜 🅿 *VISA* 🔵 🅰🅴 🔵
❀   *pl. Gambetta* – ✆ *03 21 06 74 74* – *www.hermitage-montreuil.com*
       57 ch – †85/265 € ††85/265 € – ⊡ 15 €
       Rest *Le Jéroboam* – 1 r. des Juifs, cours de l'hermitage, ✆ 03 21 86 65 80
       (fermé janv., lundi sauf le soir en juil.-août et dim.) Menu 17 € (déj.), 25/32 €
       – Carte 35/72 €
       ◆ Cette belle bâtisse, construite sous Napoléon III, a été restaurée. Bar feutré et
       amples chambres au sobre mobilier contemporain. Carte dans le vent escortée
       de vins de petits producteurs pour le restaurant très design et conçu dans un
       esprit "wine bar".

🏨   **Coq Hôtel**   🚗 🛏 🛏 ₺ ch, 🅿 *VISA* 🔵
       2 pl. de la Poissonnerie – ✆ *03 21 81 05 61* – *www.coqhotel.fr*
       – Fermé 19 déc.-4 fév.
       19 ch – †98/125 € ††98/125 € – ⊡ 15 € – ½ P 90/110 €
       Rest – *(fermé vend. midi, sam. midi et jeudi)* (16 €) Menu 30/49 €
       – Carte 48/135 €
       ◆ Cette maison bourgeoise dresse sa belle façade en brique rouge sur une petite
       place du centre. Chambres douillettes d'esprit actuel. Parquet, cheminée, meubles
       de famille et objets à l'effigie du coq agrémentent les deux salles à manger. Cui-
       sine de tradition.

⚒ **Le Darnétal** avec ch ⌘ ch, VISA ⦿ AE
pl. Darnétal – ℰ 03 21 06 04 87 – Fermé 21 juin-12 juil., 13 déc.-1ᵉʳ janv., lundi et mardi
4 ch – ♦40 € ♦♦40/50 € – ⊐ 6 €
Rest – (16 €) Menu 22 € (sem.), 26/38 € – Carte 24/51 €
♦ Sur l'une des places de la ville haute, auberge rustique décorée d'une profusion de tableaux, bibelots anciens et cuivres. Ambiance conviviale et cuisine traditionnelle.

à La Madelaine-sous-Montreuil 3 km à l'Ouest par D 139 et rte secondaire – 166 h. – alt. 7 m – ⊠ 62170

⚒⚒ **Auberge de la Grenouillère** (Alexandre Gauthier) avec ch ♨ ⛟
£3 ℰ 03 21 06 07 22 – www.lagrenouillere.fr ⑨ P VISA ⦿ AE
– Fermé mars, 20 déc.-4 fév., mardi et merc. sauf juil.-août
12 ch – ♦120/150 € ♦♦150/190 € – ⊐ 16 €
Rest – Menu 45 € (sem.)/110 € – Carte 80/95 €🕮
Spéc. Tasse d'eau de mer. Homard au genièvre. Bulle d'oseille.
♦ En bordure de la Canche, une ferme picarde où l'on apprécie une cuisine actuelle, un brin créative. Belle sélection de vins, notamment de bourgognes. Côté hôtel, rénovation des chambres prévue pour début 2011, avec création de petites huttes dans le jardin.

à Inxent 9 km au Nord sur D 127 – 158 h. – alt. 28 m – ⊠ 62170

⚒⚒ **Auberge d'Inxent** avec ch ⛟ ⌘ ch, P VISA ⦿
☕ *318 r. de la Vallée de la Course – ℰ 03 21 90 71 19 – Fermé*
27 juin-8 juil., 14 nov.-3 fév., mardi et merc.
5 ch – ♦70/76 € ♦♦70/76 € – ⊐ 10 € – ½ P 60/86 €
Rest – Menu 17/40 € – Carte 21/61 €🕮
♦ Beaux meubles et chaleureuse atmosphère familiale en ce restaurant aménagé dans un ancien presbytère (18ᵉ s). Cuisine régionale assortie d'un grand choix de vins bien choisis. Pour l'étape, chambres feutrées au mobilier de style Louis Philippe.

MONTREUIL – 93 Seine-Saint-Denis – **311** k2 – **101** 17 – **voir à Paris, Environs**

MONTREVEL-EN-BRESSE – 01 Ain – **328** D2 – **2 271** h. – alt. 215 m **44** B1
– ⊠ **01340**

▶ Paris 395 – Bourg-en-Bresse 18 – Mâcon 25 – Pont-de-Vaux 22
🛈 place de la Grenette ℰ 04 74 25 48 74

⚒⚒ **Léa** (Louis Monnier) AC ⟷ VISA ⦿ AE
£3 *10 rte d'Etrez – ℰ 04 74 30 80 84 – www.restaurant-lea.com*
– Fermé 30 juin-16 juil., 22 déc.-15 janv., lundi sauf juil.-août, dim. soir et merc.
Rest – (nombre de couverts limité, prévenir) Menu 36 € (déj.), 53/75 € – Carte 65/92 €
Spéc. Gâteau de foies blonds de poularde de Bresse. Poularde de Bresse à la crème et aux morilles. Soufflé glacé au café, crème arabica. **Vins** Pouilly-Loché, Bugey Manicle.
♦ Fine cuisine classique dans cette très accueillante maison bourgeoise. Plantes, tableaux et bibelots (sur le thème de la volaille de Bresse) donnent des airs de bonbonnière à la salle à manger.

⚒ **Le Comptoir** ☂ ⅃ AC VISA ⦿
☕ *9 Grande-Rue – ℰ 04 74 25 45 53 – www.restaurant-lea.com – Fermé*
😊 *30 juin-15 juil., 22 déc.-13 janv., dim. soir, mardi soir et merc.*
Rest – Menu 18/31 € – Carte 23/44 €
♦ Toute l'authenticité d'un café de village : vieux comptoir, banquettes, affiches, miroirs et... cuisine de bistrot bien alléchante (avec quelques plats régionaux).

rte de Bourg-en-Bresse 2 km au Sud sur D 975 – ⊠ 01340 Montrevel-en-Bresse

🏠 **Pillebois** ⛟ ☂ ⅃ ⅃ ⑨ ⅏ P VISA ⦿
☕ *– ℰ 04 74 25 48 44 – www.hotellepillebois.com – Fermé dim. soir de nov. à mars*
31 ch – ♦80 € ♦♦85 € – 1 suite – ⊐ 9 € – ½ P 70 €
Rest *L'Aventure* – (fermé sam. midi et dim. soir) (15 €) Menu 19 € (sem.)/47 € – Carte 43/58 €
♦ Cette bâtisse moderne de style bressan (briques rouges et bois) abrite des chambres fonctionnelles et bien tenues. Piscine découverte et terrasse propice au farniente. Salle de restaurant aux tons chauds, où l'on déguste des plats du terroir revisités.

MONTRICHARD – 41 Loir-et-Cher – **318** E7 – 3 423 h. – alt. 62 m   **11** A1
– ✉ 41400 ▯ Châteaux de la Loire

▶ Paris 220 – Blois 37 – Châteauroux 85 – Châtellerault 95

🛈 1, rue du Pont ✆ 02 54 32 05 10

👁 Donjon★ : ❊★★.

🏨 **Le Bellevue**   ⇐ 🖥 🅰🅒 ☏ 🚗 𝑽𝑰𝑺𝑨 ⓦ 🅐🅔 ⓞ
24 quai de la République – ✆ 02 54 32 06 17 – www.hotel-le-bellevue41.com
– Fermé vend., sam. et dim. du 25 nov. au 3 déc.
29 ch – ♦75/110 € ♦♦85/180 € – 6 suites – ☐ 13 € – ½ P 63/78 €
Rest – (fermé 21 nov.-11 déc. et vend. de nov. à Pâques) (15 € bc) Menu 20 €
(sem.)/52 € – Carte 44/57 €
♦ Enseigne-vérité : la plupart des chambres offrent une vue panoramique sur le
Cher. Quelques suites dans une villa toute proche. Au restaurant, baies vitrées sur
la vallée et carte traditionnelle.

à Chissay-en-Touraine 4 km à l'Ouest par D 176 – 1 020 h. – alt. 63 m – ✉ 41400

🏯 **Château de Chissay** 🐾   ⇐ 🐾 🎣 🦌 🖥 🛉 rest. ☏ 🏌 🅿
– ✆ 02 54 32 32 01 – www.chateaudechissay.com   𝑽𝑰𝑺𝑨 ⓦ 🅐🅔 ⓞ
– Ouvert 19 mars-13 nov.
23 ch – ♦135/240 € ♦♦135/240 € – 9 suites – ☐ 14 € – ½ P 125/180 €
Rest – (25 €) Menu 42/58 € – Carte 48/85 €
♦ Louis XI, le général de Gaulle : ce château du 15ᵉ s. a accueilli d'illustres person-
nages ! Chambres classiques ; la troglodytique et le duplex du donjon ne manquent pas d'originalité... Au restaurant : voûtes, boiseries, mobilier Louis XIII et...
cuisine actuelle.

MONTRICOUX – 82 Tarn-et-Garonne – **337** F7 – 1 021 h. – alt. 113 m   **29** C2
– ✉ 82800

▶ Paris 618 – Cahors 51 – Gaillac 39 – Montauban 25

XXX **Les Gorges de l'Aveyron** avec ch 🐾   🐾 🏡 🅰🅒 rest. ☏ 🏌 🅿
🍝 Le Bugarel – ✆ 05 63 24 50 50 – www.gorges-aveyron.com   𝑽𝑰𝑺𝑨 ⓦ 🅐🅔 ⓞ
– Fermé mars, 4-31 janv., mardi sauf du 15 juin
au 15 sept. et lundi
5 ch – ♦60/75 € ♦♦75/100 € – ☐ 13 €   **Rest** – Menu 17 € (sem.), 34/65 €
♦ Grande villa cossue dans un parc verdoyant baigné par l'Aveyron. Salle à manger confortable et lumineuse, prolongée d'une ample terrasse, où savourer une
cuisine au goût du jour. Chambres créées en 2009 à l'étage : beaux matériaux et
ambiance feutrée.

MONTROND-LES-BAINS – 42 Loire – **327** E6 – 4 608 h. – alt. 356 m   **44** A2
– Stat. therm. : fin mars-fin nov. – Casino – ✉ 42210 ▯ Lyon Drôme Ardèche

▶ Paris 447 – Lyon 69 – Montbrison 15 – Roanne 58

🛈 avenue des Sources ✆ 04 77 94 64 74

🏌 du Forez Domaine de Presles, S : 12 km par D 1082 et D 16, ✆ 04 77 30 86 85

XXX **Hostellerie La Poularde** avec ch   🦌 ♿ ch. 🅰🅒 ☏ 🏌 🚗 𝑽𝑰𝑺𝑨 ⓦ 🅐🅔 ⓞ
2 r. de St-Étienne – ✆ 04 77 54 40 06 – www.la-poularde.com – Fermé 8-29 août,
2-22 janv., mardi midi, dim. soir et lundi
16 ch – ♦95 € ♦♦130 € – ☐ 22 €
Rest – (prévenir le week-end) Menu 37/125 € – Carte 90/150 €🍷
♦ Dans ce joli relais de poste (1732), la cuisine – traditionnelle et un brin créative – est savoureuse ; elle s'accompagne de bons vins... Dégustation dans un cadre
élégant. Pour l'étape, chambres cosy ou, côté piscine, appartements et duplex.

XX **Carré Sud**   🏡 ♻ 𝑽𝑰𝑺𝑨 ⓦ 🅐🅔 ⓞ
🍝 4 rte de Lyon – ✆ 04 77 54 42 71 – www.carre-sud.com – Fermé 25 août-8 sept.,
dim. soir et merc.
😊 **Rest** – Menu 17 € (déj. en sem.), 25/57 € – Carte 45/75 € le soir
♦ Carrément Sud ! Après les palaces de la Côte d'Azur, le chef est revenu dans sa
région pour partager son amour du Midi. Assiettes ensoleillées, comme le décor
(terrasse verte).

MONTROUGE – 92 Hauts-de-Seine – **311** J3 – **101** 25 – voir à Paris, Environs

LE MONT-ST-MICHEL – 50 Manche – **303** C8 – 41 h. – alt. 10 m   **32** A3
– ⊠ **50170** ▌ Normandie Cotentin, Bretagne

▶ Paris 359 – Alençon 135 – Avranches 23 – Dinan 58

🖪 Corps de Garde des Bourgeois ℰ 02 33 60 14 30

◙ Abbaye★★★ : La Merveille★★★, Cloître★★★ - Remparts★★ - Grande-
Rue★ - Jardins de l'abbaye★ - Baie du Mont-St-Michel★★.

à la Digue 2 km au Sud sur D 976 – ⊠ 50170 Le Mont-St-Michel

Relais St-Michel

– ℰ 02 33 89 32 00 – www.lemontsaintmichel.info
32 ch – †180/290 € ††180/290 € – 7 suites – ⊑ 18 €
Rest – Menu 15 € (déj.), 25/65 € – Carte 55/70 €

◆ L'abbaye en toile de fond et l'élégant mobilier de style anglais contribuent au
charme de ce relais. Les chambres sont grandes et dotées d'un balcon ou d'une terrasse. Salle de restaurant actuelle offrant la vue sur le Mont. Cuisine traditionnelle.

Mercure

– ℰ 02 33 60 14 18 – www.le-mont-saint-michel.com – Ouvert 6 fév.-13 nov.
100 ch – †75/122 € ††83/133 € – ⊑ 14 €
Rest Le Pré Salé – Menu 20/50 € – Carte 28/74 €

◆ Bordant le Couesnon à l'amorce de la digue, hôtel aux chambres claires et
fonctionnelles, en grande partie rénovées. Lumineuse et grande salle à manger
où vous dégusterez le fameux agneau des prés-salés.

Le Relais du Roy

rte du Mont St-Michel – ℰ 02 33 60 14 25 – www.le-relais-du-roy.com
– Fermé 12 fév.-19 mars
27 ch – †72/103 € ††77/103 € – ⊑ 10 €
Rest – (14 €) Menu 19/38 € – Carte 32/56 €

◆ À l'entrée de la digue, hôtel aménagé dans une ancienne ferme (fin du 18e s.)
et ses annexes récentes. Chambres fonctionnelles, plus calmes sur l'arrière et le
Couesnon. Carte traditionnelle (agneau de pré salé et fruits de mer à l'honneur).
Cheminées bretonnes des 14e-15e s.

MONTSALVY – 15 Cantal – **330** C6 – 892 h. – alt. 800 m – ⊠ 15120   **5** B3
▌ Auvergne

▶ Paris 586 – Aurillac 31 – Entraygues-sur-Truyère 14 – Figeac 57

🖪 rue du Tour-de-Ville ℰ 04 71 46 94 82

◙ Puy-de-l'Arbre ✳★ : NE : 1,5 km.

L'Auberge Fleurie avec ch

pl. du Barry – ℰ 04 71 49 20 02 – www.auberge-fleurie.com – Fermé 20-27 juin,
26 sept.-3 oct., 3 janv.-11 fév., dim. soir et lundi sauf juil.-août
7 ch – †43/68 € ††43/61 € – ⊑ 8 € – ½ P 50/61 €
Rest – (14 €) Menu 24 € (déj. en sem.), 28/45 € – Carte 33/57 €

◆ Charme de l'ancien et élégance du contemporain en cette coquette auberge
où le chef mitonne une goûteuse cuisine du terroir actualisée. Superbe cave.
Jolies chambres aux accents champêtres (bois, fer forgé) ; bon petit-déjeuner.

MONT-SAXONNEX – 74 Haute-Savoie – **328** L4 – 1 486 h.   **46** F1
– alt. 1 000 m – ⊠ 74130

▶ Paris 572 – Annecy 57 – Genève 38 – Lyon 189

🖪 294 route de l'Eglise ℰ 04 50 96 97 27

Jalouvre

45 rte Gorge-du-Cé – ℰ 04 50 96 90 67 – www.iletait3fois.com – Fermé 2 sem. en janv.
14 ch – †65 € ††80 € – ⊑ 9 € – ½ P 61 €
Rest – (15 €) Menu 20 € (sem.)/37 € – Carte 35/60 €

◆ Cet hôtel rénové en 2006, bien au calme dans un village de montagne, propose
des chambres confortables, décorées dans un esprit de chalet contemporain. Cuisine au goût du jour à déguster dans un cadre tout bois. Vue panoramique et terrasse à l'ombre d'un tilleul.

MONTSÉGUR – 09 Ariège – **343** I7 – rattaché à Lavelanet

MONTSOREAU – 49 Maine-et-Loire – **317** J5 – 501 h. – alt. 77 m — 🖂 49730 ▌Châteaux de la Loire   **35** C2

▶ Paris 292 – Angers 75 – Châtellerault 65 – Chinon 18

🅸 15, avenue de la Loire ℰ 02 41 51 70 22

◉ ❅ ★★ du belvédère.

◉ Candes St-Martin ★ : Collégiales ★.

La Marine de Loire sans rest   🍴 ⅃ 🆔 🛜 🅿 VISA ⚫

9 av. de la Loire – ℰ 02 41 50 18 21 – www.hotel-lamarinedeloire.com – Fermé 22-27 déc.

8 ch – ✦98/140 € ✦✦140/250 € – 3 suites – � 13 €

◆ Un hôtel de charme décoré avec goût : les chambres, aux noms poétiques, sont délicieuses et le jardin d'agrément idéal pour se reposer. Grand jacuzzi et brunch le dimanche.

Le Bussy sans rest   ⟨ 🍴 🛜 🅿 VISA ⚫ AE

4 r. Jeanne d'Arc – ℰ 02 41 38 11 11 – www.hotel-lebussy.fr – Ouvert de mi-fév. à mi-nov.

12 ch – ✦70/100 € ✦✦70/100 € – � 10 €

◆ La plupart des chambres de cette maison du 18ᵉ s. regardent le joli château de la Dame de Monsoreau, dont Bussy était l'amant. Salle des petits-déjeuners troglodytique.

Diane de Méridor   ⟨ 🍴 🆔 ⇔ VISA ⚫ AE

12 quai Ph.-de-Commines – ℰ 02 41 51 71 76 – www.restaurant-dianedemeridor.com – Fermé 4-28 janv., mardi et merc. sauf le soir en saison

Rest – (16 €) Menu 28/70 € bc – Carte 53/65 €

◆ Une grande salle avec vue sur la Loire, des murs en tuffeau : un cadre à l'unisson de la cuisine, classique et inspirée par les produits régionaux.

MOOSCH – 68 Haut-Rhin – **315** G9 – 1 785 h. – alt. 390 m – 🖂 68690   **1** A3

▶ Paris 469 – Colmar 53 – Mulhouse 29 – Strasbourg 128

Aux Trois Rois   🍴 🆔 ⇔ VISA ⚫

35 r. du Gén.-de-Gaulle – ℰ 03 89 82 34 66 – www.aux-trois-rois.com – Fermé 27 juin-10 juil., 27 déc.-12 janv., lundi et mardi

Rest – (13 €) Menu 33/50 € – Carte 45/60 €

◆ Ce restaurant se distingue par son ardoise de produits de la mer. Salle typiquement alsacienne (boiseries, vitraux) ou plus actuelle à l'étage. Terrasse ombragée sous une glycine.

MORANGIS – 91 Essonne – **312** D3 – **101** 35 – voir à Paris, Environs

---

MOREILLES – 85 Vendée – **316** J9 – rattaché à Luçon

MORESTEL – 38 Isère – **333** F3 – 3 034 h. – alt. 220 m – 🖂 38510   **45** C2

▶ Paris 506 – Lyon 65 – Vénissieux 63 – Villeurbanne 64

🅸 100, place des Halles ℰ 04 74 80 19 59

Auberge du Fouron   🍴 🅿 VISA ⚫

254 chemin de Malissole, RN 75, rte de Bourg – ℰ 04 74 80 28 69 – www.aubergedufouron.com – Fermé 1ᵉʳ-15 mai, 2 sem. en oct., sam. midi de sept. à mai, dim. soir et lundi

Rest – Menu 18 € (déj. en sem.), 26/52 € – Carte environ 32 €

◆ Couleurs chaudes, poutres apparentes : une ambiance conviviale dans cette auberge et une goûteuse cuisine du marché (légumes et herbes du potager).

MORET-SUR-LOING – 77 Seine-et-Marne – **312** F5 – 4 478 h. — alt. 50 m – 🖂 77250 ▌Île de France   **19** C3

▶ Paris 74 – Fontainebleau 11 – Melun 28 – Nemours 17

🅸 4 bis, place de Samois ℰ 01 60 70 41 66

▦ de la Forteresse à Thoury-Férottes Domaine de la Forteresse, SO : 15 km par D 218 et D 22, ℰ 01 60 96 95 10

◉ Site ★.

⌂ Auberge de la Terrasse ≤ ⌂ (P) ♨ ⅄ VISA ⦿ AE ①

40 r. Pêcherie – ℰ 01 60 70 51 03 – www.auberge-terrasse.com – Fermé 19 oct.-10 nov.
17 ch – †47 € ††81 € – ⌷ 10 € – ½ P 67/89 €
Rest – *(fermé vend. soir, dim. soir et lundi sauf feriés)* (18 €) Menu 22/50 €
– Carte 45/62 €
◆ Bâtisse ancienne longeant le Loing. Les petites chambres, insonorisées, sont simples mais très bien tenues. Salle à manger rustique et terrasse regardent la rivière plusieurs fois peinte par Alfred Sisley ; cuisine traditionnelle calée sur les saisons.

✗✗ Le Relais de Pont-Loup ⌸ ⌂ ⇆ P VISA ⦿ AE

14 r. Peintre Sisley – ℰ 01 60 70 43 05 – www.lerelaispontloup.com – Fermé 1 sem. en août, 2-8 janv., mardi soir, merc. soir d'oct. à avril, dim. soir et lundi
Rest – *(prévenir le week-end)* (18 €) Menu 28/60 € – Carte 45/65 €
◆ Ici, on accède à la salle par la cuisine. Cadre rustique à souhait : briques, poutres, cheminée et rôtissoire. Terrasse tournée vers le jardin s'étendant jusqu'au Loing.

✗✗ Hostellerie du Cheval Noir avec ch ⌂ ⒫ VISA ⦿

47 av. Jean Jaurès – ℰ 01 60 70 80 20 – www.chevalnoir.fr – Fermé 17-31 janv., lundi midi et mardi midi
11 ch – †75/175 € ††75/175 € – ⌷ 12 € – ½ P 92/127 €
Rest – *(fermé lundi midi et mardi midi)* (18 €) Menu 28/90 € – Carte 45/80 €
◆ Cet ex-relais postal du 18e s., bâti face à l'une des portes de l'ancienne place forte, propose une cuisine inventive jouant sur les saveurs douces et épicées.

MOREY-ST-DENIS – 21 Côte-d'Or – 320 J6 – 693 h. – alt. 275 m   8 D1
– ✉ 21220

▶ Paris 318 – Beaune 30 – Dijon 16

⌂ Castel de Très Girard ⌂ ⌸ ⌷ Ⓐⓚ ch, ℰ ♨ ⅄ P VISA ⦿ AE ①

7 r. de Très Girard – ℰ 03 80 34 33 09 – www.castel-tres-girard.com
8 ch – †91/170 € ††91/240 € – ⌷ 17 €
Rest – *(fermé dim. soir et lundi du 15 nov. à fin mars)* Menu 20 € (déj.), 29/55 €
– Carte 57/80 € le soir⌘
◆ Cette belle maison de maître (18e s.), jadis pressoir, propose des chambres spacieuses et confortables. Elle profite aussi d'un agréable jardin agrémenté d'une piscine. Saveurs dans l'air du temps. Cadre rustique et décor tendance ; belle terrasse d'été.

MORGAT – 29 Finistère – 308 E5 – 7 535 h. – ✉ 29160 Crozon   9 A2
█ Bretagne

▶ Paris 590 – Brest 62 – Châteaulin 38 – Douarnenez 42
◉ Grandes Grottes ★.

⌂ Le Grand Hôtel de la Mer ⌂ ≤ ℗ ✗ ⌸ & ♨ ⅄ P VISA ⦿ AE

av. de la Plage – ℰ 02 98 27 02 09 – Ouvert 10 avril-3 oct.
78 ch – †49/91 € ††58/125 € – ⌷ 9 €
Rest – *(fermé le midi sauf dim. et lundi)* Menu 23/40 €
◆ Hôtel Belle Époque les pieds dans l'eau où l'on profite d'un agréable salon-bar et d'une terrasse panoramique. Chambres fonctionnelles tournées vers l'océan ou le parc planté de palmiers. Grande salle à manger pour les demi-pensionnaires et cadre plus intime au restaurant.

⌂ Julia ⌂ ⌸ & ♨ rest, ⒫ ♨ ⅄ P VISA ⦿ AE

43 r. de Tréflez – ℰ 02 98 27 05 89 – www.hoteljulia.fr – Ouvert d'avril à déc.
15 ch – †53/114 € ††53/114 € – 1 suite – ⌷ 10 € – ½ P 60/105 €
Rest – *(ouvert avril-sept. et fermé le midi sauf juil.-août)* Menu 23/26 €
– Carte 26/58 €
◆ Avantageusement situé dans un quartier calme, à deux minutes de la mer, cet hôtel de tradition évolue progressivement et se dote de confortables installations contemporaines. Ambiance "pension de famille" dans la salle à manger en rotonde. Recettes régionales.

De la Baie sans rest

46 bd Plage – ℰ 02 98 27 07 51 – www.presquile-crozon.com

26 ch – †50/75 € ††50/75 € – 🖵 8 €

◆ Au cœur de Morgat, hôtel alangui au bord de la plage proposant de petites chambres actuelles, gaies et soignées. Plaisant salon de thé avec vue où l'on sert les petits-déjeuners.

MORILLON – 74 Haute-Savoie – **328** N4 – **rattaché à Samoëns**

MORLAIX ⊙ – 29 Finistère – **308** H3 – 15 695 h. – alt. 7 m – ✉ 29600 **9 B1**

🟩 Bretagne

▶ Paris 538 – Brest 61 – Quimper 78 – St-Brieuc 86

🛈 place des Otages ℰ 02 98 62 14 94

🔟 de Carantec à Carantec Rue de Kergrist, N : 13 km par D73, ℰ 02 98 67 09 14

◉ Vieux Morlaix★ : Viaduc★ - Grand'Rue★ - Intérieur★ de la maison de "la Reine Anne" - Vierge★ dans l'église St-Mathieu - Rosace★ dans le musée des Jacobins★.

🟢 Calvaire★★ de Plougonven★ 12 km par D 9.

 Du Port sans rest

3 quai de Léon – ℰ 02 98 88 07 54 – www.lhotelduport.com

– Fermé 23 déc.-2 janv.

AYr

25 ch – †52/74 € ††60/84 € – 🖵 8 €

◆ Maison bretonne du 19ᵉ s. face au port de plaisance. Chambres pratiques, toutes rénovées et bien insonorisées ; certaines ont vue sur les quais. Une bonne petite adresse.

MORLAIX

Aiguillon (R. d')	**BZ**	2
Allende (Pl. S.)	**BZ**	3
Ange-de-Guernisac (R.)	**BY**	5
Bouchers (R. des)	**BZ**	6
Brest (R. de)	**AZ**	
Carnot (R.)	**BZ**	7
Dossen (Pl.du)	**BZ**	8
Grand'R.	**BZ**	
Jacobins (Pl. des)	**BZ**	12
Mur (R. du)	**BZ**	13
Otages (Pl. des)	**AY**	
Paris (Rte de)	**BZ**	14
Paris (R. de)	**BZ**	
Poan-Ben (allée du)	**BZ**	16
Son (Venelle au)	**BZ**	18
Traoulen (Pl.)	**BZ**	20

Les Bruyères sans rest
🦢 **P** 🆅🅸🆂🅰 ⓪ 🅰🅴 ⓪
3 km par rte de Plouigneau Est sur D 712 - BZ – 𝒞 *02 98 88 08 68*
– www.hotel-morlaix.com
32 ch – †51/71 € ††51/74 € – ☑ 8 €

◆ En léger retrait de la route, construction des années 1970. Chambres fonctionnelles (mobilier pratique et couleurs gaies) et acueillante salle des petits-déjeuners.

Manoir de Coat Amour 🦢
🔊 🌲 🕉 ⑩ **P** 🆅🅸🆂🅰 ⓪
rte de Paris – 𝒞 *02 98 88 57 02 – Fermé janv.-fév.*   BZr
5 ch ☑ – †70/115 € ††75/120 €   **Table d'hôte** – Menu 35 € bc/55 € bc

◆ Sur les hauteurs de la ville, manoir du 19ᵉ s. aux airs de malouinière, entouré
d'un parc arboré et fleuri. Meubles d'antiquaires dans les chambres et accueil charmant. La maîtresse des lieux propose une table d'hôte certains soirs de la semaine.

Le Viaduc
🆅🅸🆂🅰 ⓪
3 rampe St-Mélaine – 𝒞 *02 98 63 24 21 – www.le-viaduc.com*
– Fermé 12-28 mars, 1ᵉʳ-18 oct., dim. soir et lundi sauf juil.-août   BYs
Rest – (15 €) Menu 27 € – Carte 23/52 €

◆ Cette maison compte parmi les plus vieilles du secteur de l'église St-Mélaine.
Cadre mariant vieilles pierres, mobilier actuel et œuvres d'artistes locaux. Cuisine
traditionnelle.

L'Estaminet
🏠 🆅🅸🆂🅰 ⓪ 🅰🅴
23 r. du Mur – 𝒞 *02 98 88 00 17 – www.restaurantmorlaix.com*   BZt
Rest – (15 €) Menu 26/35 € bc – Carte 25/45 €

◆ Dans une rue piétonne sympathique du vieux Morlaix, restaurant à deux visa-
ges : bistrot-bar à vins en façade, esprit lounge sur l'arrière. Bon accueil et cuisine
traditionnelle.

L'Hermine
🆅🅸🆂🅰 ⓪
35 r. Ange-de-Guernisac – 𝒞 *02 98 88 10 91 – www.restaurantmorlaix.com*
– Fermé 23 oct.-3 nov., 20 déc.-3 janv., dim. midi et merc.   BYd
Rest – (12 € bc) Carte 14/20 €

◆ Poutres, tables en bois ciré et objets campagnards composent le décor de
cette sympathique crêperie bordant une rue piétonne. Spécialités de galettes et
crêpes de la mer.

MORLANNE – 64 Pyrénées-Atlantiques – **342** I1 – 469 h. – alt. 180 m   **3 B3**
– ✉ 64370

▯ Paris 771 – Bordeaux 193 – Mont-de-Marsan 59 – Pau 36

Cap e Tot
🏠 ♿ 🄰🄲
Carrère du Château – 𝒞 *05 59 81 62 68 – www.capetot-bearn.fr – Fermé*
en juin, sept., janv., dim. soir, jeudi midi, lundi, mardi et merc.
Rest – Menu 24/54 €

◆ Deux salles, deux formules : d'un côté, un bistrot béarnais et ses plats goûteux
et généreux ; de l'autre, un gastronomique (menu unique) à l'ambiance cosy et
contemporaine.

MORNAC-SUR-SEUDRE – 17 Charente-Maritime – **324** D5 – 737 h.   **38 A3**
– alt. 5 m – ✉ 17113 ▮ Poitou Charentes Vendée

▯ Paris 510 – Angoulême 109 – Poitiers 177 – La Rochelle 70
🛈 46, place du Port 𝒞 05 46 22 61 68

Les Basses Amarres
🏠 🆅🅸🆂🅰 ⓪
5 r. des Basses-Amarres – 𝒞 *05 46 22 63 31 – www.lesbassesamarres.com*
– Fermé 2 sem. en nov., 2 sem. en janv., vacances de fév., mardi et merc.
sauf juil.-août
Rest – Menu 26/31 € – Carte 40/45 €

◆ Larguez les amarres dans cette ruelle d'un petit village très typique, en pleine
zone ostréicole. Dans ce bistrot marin, on déguste de frais produits de la mer face
aux marais.

MORSBRONN-LES-BAINS – 67 Bas-Rhin – **315** K3 – 567 h.　　**1** B1
– alt. 200 m – ⊠ 67360

> ▶ Paris 489 – Haguenau 11 – Sarreguemines 68 – Strasbourg 44
> 🛈 1, route de Haguenau ℰ 03 88 05 82 40

🏠　La Source des Sens　　🛒 � 🖥 📶 Ⅰ🏃 ₺ ch, 🍽 ch, 🍽 🛁 P
19 rte d'Haguenau – ℰ 03 88 09 30 53　　VISA ⚫ AE ①
– www.lasourcedessens.fr – Fermé 18 juil.-1ᵉʳ août, janv., dim. soir, mardi midi et lundi
14 ch – 🛏90/160 € 🛏🛏120/190 € – ⊊ 15 € – ½ P 95/105 €
Rest – (15 €) Menu 25 € (déj.), 35/65 € – Carte 48/68 €
♦ Un établissement agréable : chambres tendance très confortables, certaines avec terrasse ; espace bien-être complet (superbe spa). Au restaurant, carte créative et cadre résolument contemporain : mobilier design, "vue" sur les cuisines via un écran plasma.

MORTAGNE-AU-PERCHE ⊛ – 61 Orne – **310** M3 – 4 210 h.　　**33** C3
– alt. 260 m – ⊠ 61400 ❚ Normandie Vallée de la Seine

> ▶ Paris 153 – Alençon 39 – Chartres 80 – Lisieux 89
> 🛈 Halle aux Grains ℰ 02 33 85 11 18
> 🏌 De Bellême Saint-Martin à Bellême Les Sablons, S : 17 km par D 938, ℰ 02 33 73 12 79
> 👁 Boiseries★ de l'église N.-Dame.

🏠　Du Tribunal ⊱　　🚸 🍽 VISA ⚫ AE
4 pl. Palais – ℰ 02 33 25 04 77 – www.hotel-tribunal.fr
21 ch – 🛏60/70 € 🛏🛏70/115 € – ⊊ 10 € – ½ P 75 €
Rest – (15 € bc) Menu 28/55 € bc – Carte 60/85 €
♦ Cette ravissante maison fleurie (13ᵉ - 18ᵉ s.) abrite des chambres confortables, en majorité rénovées dans un esprit plus actuel. Élégante salle à manger mariant tradition et modernité ; cuisine d'aujourd'hui valorisant les produits du terroir.

au Pin-la-Garenne 9 km au Sud par rte Bellême sur D 938 – 619 h. – alt. 158 m – ⊠ 61400

✕　La Croix d'Or　　🚸 P VISA ⚫
6 r. de la Herse – ℰ 02 33 83 80 33 – http://lacroixdor.free.fr – Fermé 1 sem. en nov., fév., mardi et merc.
Rest – (9 €) Menu 13 € (sem.), 20/45 € – Carte 26/53 €
♦ Auberge accueillante située à la sortie du village. Agréable et chaleureuse salle à manger rustique, réchauffée l'hiver par la cheminée. Cuisine traditionnelle.

MORTAGNE-SUR-GIRONDE – 17 Charente-Maritime – **324** F7　　**38** B3
– 1 022 h. – alt. 51 m – ⊠ 17120 ❚ Poitou Vendée Charentes

> ▶ Paris 509 – Blaye 59 – Jonzac 30 – Pons 26
> 🛈 1, place des Halles ℰ 05 46 90 52 90
> 👁 Chapelle★ de l'Ermitage St-Martial S : 1,5 km.

🏠　La Maison du Meunier sans rest　　🛒 🍽 🍽
36 quai de l'Estuaire, (au port) – ℰ 05 46 97 75 10 – www.maisondumeunier.com
5 ch ⊊ – 🛏70 € 🛏🛏70 €
♦ Tableaux modernes, photos anciennes et même une vieille moto décorent cette maison ayant appartenu à un meunier. Jolies chambres pleines d'objets chinés et accueil charmant.

MORTEAU – 25 Doubs – **321** J4 – 6 293 h. – alt. 780 m – ⊠ 25500　　**17** C2
❚ Franche-Comté Jura

> ▶ Paris 468 – Basel 121 – Belfort 88 – Besançon 65
> 🛈 Espace Christian Genevard place de la Halle ℰ 03 81 67 18 53

La Guimbarde sans rest ꜛ⁹ 🅿 VISA ⓒⓞ AE

10 pl. Carnot – ℰ 03 81 67 14 12 – www.la-guimbarde.com
25 ch – ✝53 € ✝✝58 € – ⌑ 8 €

◆ Un imposant édifice du 19ᵉ s. en plein centre-ville. Les chambres, de style contemporain, sont spacieuses et bien tenues. Le week-end, piano-bar au salon... sans guimbarde !

Auberge de la Roche (Philippe Feuvrier) �"🏠 🅿 VISA ⓒⓞ

9 r. du Pont-de-la-Roche , 3 km au Sud-Ouest par D 437 ✉ 25570
– ℰ 03 81 68 80 05 – www.aubergedelaroche.com – Fermé 5-14 juil., mardi soir, dim. soir et lundi
Rest – Menu 27 € (sem.), 43/78 € – Carte 68/91 €🕸

Spéc. Foie gras d'oie préparé en terrine. Rouelles de volaille de Bresse désossées farcies, crème de vin jaune et morilles noires. Chariots de desserts. **Vins** Arbois, Château-Châlon.

◆ Accueil chaleureux et cuisine franc-comtoise revisitée ont fait la renommée de ce restaurant situé dans la verte campagne du Haut-Doubs. Apéritif et café servis en terrasse.

Jacques Alexandre ৬ ⇔ VISA ⓒⓞ

34 Grande-Rue – ℰ 03 81 43 14 19 – Fermé 24 déc.-16 janv.
Rest – (16 €) Carte 22/35 €

◆ Un sympathique néobistrot dans une maison de pays. Vue alléchante sur les cuisines depuis la salle "Comptoir" ; carte faisant honneur à la tradition et à la cuisine de brasserie.

à Grand'Combe-Châteleu 5 km au Sud-Ouest par D 437 et D 47 – 1 341 h. – alt. 760 m – ✉ 25570

◉ Fermes anciennes ★.

Faivre VISA ⓒⓞ

2, bas de Grand'Combe – ℰ 03 81 68 84 63 – Fermé dim. soir et lundi
Rest – (18 €) Menu 25/55 € – Carte 29/60 €

◆ Un hameau pittoresque, de belles fermes anciennes alentour, une maison au charme rustique : le décor est planté. Ici, on déguste des plats régionaux, dont le célèbre "jésus".

MORTEMART – 87 Haute-Vienne – **325** C4 – 131 h. – alt. 300 m   **24** A1
– ✉ 87330 ▮ Limousin Berry

▷ Paris 388 – Bellac 14 – Confolens 31 – Limoges 41
🮱 Château des Ducs ℰ 05 55 68 98 98

Le Relais avec ch 🏠 VISA ⓒⓞ

1 pl. Royale – ℰ 05 55 68 12 09 – www.le-relais-mortemart.fr – Fermé fév., mardi sauf du 15 juil. au 31 août et lundi
5 ch – ½ P 65 €   **Rest** – Menu 19 € (sem.), 29/47 € – Carte 35/52 €

◆ Pierres apparentes, cheminée et poutres dans ce sympathique restaurant situé face aux jolies halles en bois. Cuisine traditionnelle réalisée avec de bons produits. À l'hôtel, chambres simples mais coquettes.

MORTHEMER – 86 Vienne – **322** J6 – ✉ 86300   **39** C2
▮ Poitou Vendée Charentes

▷ Paris 370 – Buxerolles 35 – Châtellerault 70 – Poitiers 33

La Passerelle 🏠 VISA ⓒⓞ

2 r. du Baron de Soubeyran – ℰ 05 49 01 13 33 – Fermé 6-20 sept., 20 fév.-1ᵉʳ mars, merc. soir, dim. et lundi
Rest – Menu 12 € bc (déj. en sem.), 25/35 € – Carte 36/45 €

◆ Le majestueux château de Morthemer domine cette petite maison de pays accessible par une passerelle (d'où l'enseigne). Intérieur rustique, plats traditionnels et produits frais.

MORZINE – 74 Haute-Savoie – **328** N3 – 2 940 h. – alt. 960 m – Sports **46** F1
d'hiver : 1 000/2 100 m 🚠6 🚡61 🎿 – ✉ 74110 ▊ Alpes du Nord

▶ Paris 586 – Annecy 84 – Cluses 26 – Genève 58

ℹ 23, Place du Baraty ✆ 04 50 74 72 72

🏢 Avoriaz à Avoriaz Office du Tourisme Avoriaz, E : 12 km par D 338,
✆ 04 50 74 11 07

👁 le Pléney★ par téléphérique, pointe du Nyon★ par téléphérique
- Télésiège de Chamoissière★★.

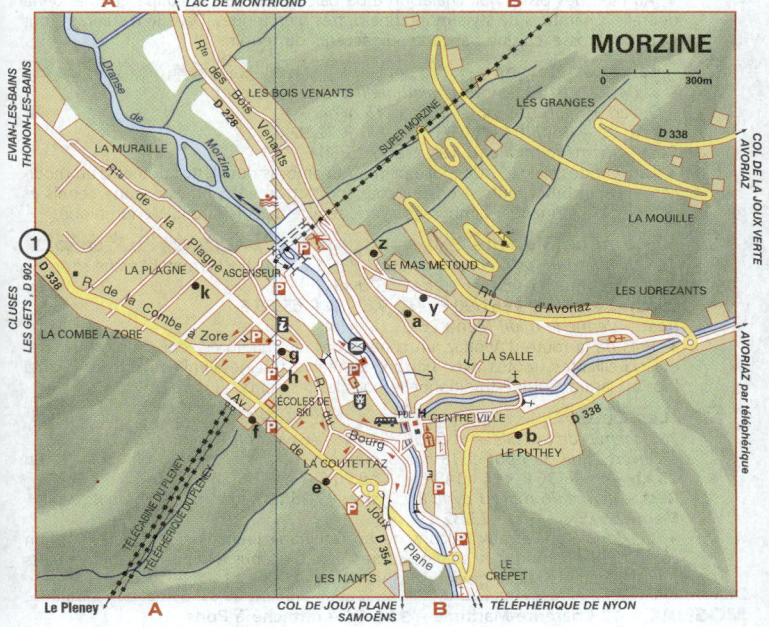

Le Samoyède ⟨ 🚲 🏠 🍴 🛎 📶 P VISA ◉ AE ①

– ✆ 04 50 79 00 79 – www.hotel-lesamoyede.com – Ouvert de mi-juin à fin oct. et
de déc. à fin avril **B**g
30 ch – ♦60/107 € ♦♦110/268 € – 🍽 12 € – ½ P 101/197 €
Rest *L'Atelier* – *(ouvert début juil. à mi-sept. et 15 déc.-15 avril et fermé le midi)*
Menu 39/99 € bc – Carte 50/69 €🏵

◆ Grand chalet doté de vastes chambres à la décoration soignée et souvent
orientées plein ouest, face aux pentes enneigées. Mobilier de qualité. Savoureuse
cuisine au goût du jour servie dans une élégante salle tout en bois ou en terrasse. Riche carte des vins.

Le Dahu ⧖ ⟨ 🚲 🏠 🍴 🛁 📶 P VISA ◉

– ✆ 04 50 75 92 92 – www.dahu.com – Ouvert 3 juil.-10 sept. et 20 déc.-15 avril
39 ch – ♦60/140 € ♦♦75/260 € – 8 suites – 🍽 15 € – ½ P **B**z
75/175 €

Rest – *(fermé le midi en hiver sauf vacances scolaires et mardi soir du 20 déc.-
15 avril)* Menu 30 € (dîner)/60 €

◆ Au calme sur la rive droite de la Dranse, hôtel familial dominant la vallée.
Chambres montagnardes, souvent dotées d'un balcon ; bel espace de remise en
forme. Restaurant panoramique (menu unique). En été, soirées pierrade ; l'hiver,
soirées savoyardes.

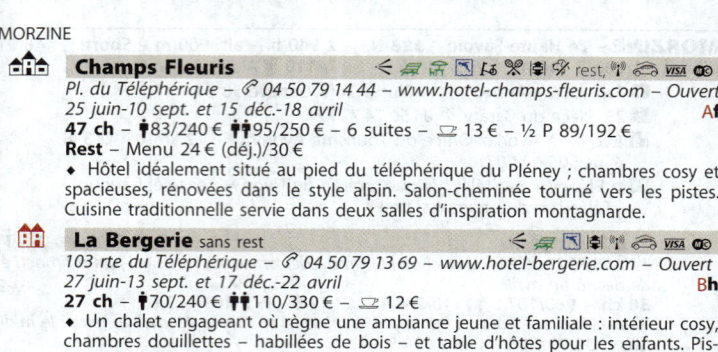

Champs Fleuris
≤ 🚗 🏡 🖼 ↕6 ✕ 🛉 🖿 rest, ⸙1 ⸙ VISA ⸙

Pl. du Téléphérique – 𝒞 04 50 79 14 44 – www.hotel-champs-fleuris.com – Ouvert
25 juin-10 sept. et 15 déc.-18 avril   **Af**
47 ch – 🛉83/240 € 🛉🛉95/250 € – 6 suites – ⸬ 13 € – ½ P 89/192 €
Rest – Menu 24 € (déj.)/30 €

♦ Hôtel idéalement situé au pied du téléphérique du Pléney ; chambres cosy et spacieuses, rénovées dans le style alpin. Salon-cheminée tourné vers les pistes. Cuisine traditionnelle servie dans deux salles d'inspiration montagnarde.

La Bergerie *sans rest*
≤ 🚗 🖿 🛉 ⸙ 🚗 VISA ⸙

103 rte du Téléphérique – 𝒞 04 50 79 13 69 – www.hotel-bergerie.com – Ouvert
27 juin-13 sept. et 17 déc.-22 avril   **Bh**
27 ch – 🛉70/240 € 🛉🛉110/330 € – ⸬ 12 €

♦ Un chalet engageant où règne une ambiance jeune et familiale : intérieur cosy, chambres douillettes – habillées de bois – et table d'hôtes pour les enfants. Piscine chauffée.

Chalet Philibert
≤ 🏡 🖼 ↕6 ✕ rest, ⸙1 🖿 VISA ⸙ AE

480 rte des Putheys – 𝒞 04 50 79 25 18 – www.chalet-philibert.com – Ouvert
15 juin-15 sept. et 1ᵉʳ déc.-20 avril   **Bb**
26 ch (½ P seult en hiver) – 🛉48/96 € 🛉🛉48/102 € – ⸬ 12 € – ½ P 98/175 €
Rest *Le Restaurant du Chalet* – (ouvert 15 déc.-20 avril et fermé le midi)
Carte 42/68 €❄

♦ Chalet rénové dans le respect de l'authenticité savoyarde avec de beaux matériaux anciens (bois, pierre) glanés dans les fermes voisines. Chambres confortables et chaleureuses. Atmosphère typique dans les deux salles du restaurant. Cuisine inventive.

La Clef des Champs
≤ 🚗 🏡 🖼 🖼 ↕6 ⸙ ⇘ ch, ✕ rest, ⸙1 🖿 VISA ⸙

av. Joux-Plane – 𝒞 04 50 79 01 13 – www.clefdeschamps.com
– Ouvert 30 juin-2 sept. et 19 déc.-11 avril   **Be**
30 ch – 🛉80/150 € 🛉🛉80/150 € – ⸬ 11 € – ½ P 74/95 €
Rest – (19 €) Menu 24 €

♦ Au pied des pistes, joli chalet orné de balcons en bois découpé comme de la dentelle. Chambres de style montagnard, très bien tenues. Dans le restaurant tout en sapin brossé, cuisine française aux accents du terroir.

Fleur des Neiges
🚗 🏡 🖼 ↕6 🖿 ✕ rest, 🖿 VISA ⸙

– 𝒞 04 50 79 01 23 – www.chalethotelfleurdesneiges.com
– Ouvert 1ᵉʳ juil.-10 sept. et 20 déc.-15 avril   **Ak**
31 ch ⸬ – 🛉60/80 € 🛉🛉95/135 € – ½ P 72/92 €
Rest – (fermé le midi en hiver) Menu 25/30 €

♦ La Fleur des Neiges ? Une jolie plante... Chambres douillettes dotées d'un mobilier en sapin brut, petits salons et, côté sport et détente, fitness, sauna, tennis et piscine. Salle à manger lambrissée ; l'été, service dans le jardin. Menu unique.

L'Hermine Blanche ⸙
≤ 🚗 🖼 🖿 ✕ rest, 🖿 VISA ⸙ AE

414 chemin du Mas Metout – 𝒞 04 50 75 76 55 – www.hermineblanche.com
– Ouvert 1ᵉʳ juil.-5 sept. et 19 déc.-23 avril   **By**
25 ch – 🛉52/70 € 🛉🛉62/90 € – ⸬ 9 € – ½ P 65/85 €
Rest – (fermé le midi) Menu 26 €

♦ Près de la route d'Avoriaz, un chalet dont les chambres sont simples, fraîches et accueillantes (toutes avec balcon). Agréable piscine semi-couverte et jacuzzi face au jardin. Cuisine traditionnelle pour les résidents.

Les Côtes ⸙
≤ 🚗 🖼 ↕6 ✕ 🖿 ✕ ⸙1 🖿 🚗 VISA ⸙

265 chemin de la Salle – 𝒞 04 50 79 09 96 – www.hotel-lescotes.com
– Ouvert 2 juil.-31 août et 18 déc.-3 avril   **Ba**
23 ch – 🛉64/136 € 🛉🛉64/148 € – ⸬ 8,50 € – ½ P 58/88 €
Rest – (fermé 26 mars-3 avril, 8-15 janv., 19-26 fév. et le midi) (résidents seult)
Menu 22/25 € – Carte 25/32 €

♦ Ce double chalet aux balcons de bois ouvragé jouit d'une bonne exposition côté adret. Chambres et studios sobres et bien tenus. Nombreux équipements pour les enfants ; belle piscine sous verrière.

MOSNAC – 17 Charente-Maritime – **324** G6 – rattaché à Pons

MOSNES – 37 Indre-et-Loire – **317** P4 – 757 h. – alt. 70 m – ⊠ 37530   **11** A1

▶ Paris 211 – Blois 26 – Orléans 86 – Tours 37

Domaine des Thômeaux ⬧   🅗🅐

12 r. des Thômeaux – ✆ 02 47 30 40 14   VISA ◎ AE
– www.domainedesthomeaux.fr
35 ch – 🛉82/130 € 🛉🛉82/130 € – ☐ 11 €
Rest – *(fermé dim. soir, mardi midi et lundi de nov. à mars)* Menu 20/36 €
– Carte environ 36 €
◆ Ce château tourangeau en brique et tuffeau abrite des chambres thématiques
sur les villes du monde. Détente et loisirs garantis avec le spa et le parc Fantasy
Forest. La salle à manger est vraiment grande ! On y sert une cuisine traditionnelle, un brin fusion.

LA MOTHE-ACHARD – 85 Vendée – **316** G8 – 2 340 h. – alt. 20 m   **34** B3
– ⊠ 85150

▶ Paris 446 – Challans 40 – Nantes 90 – La Roche-sur-Yon 25

🅵 56, rue G. Clémenceau ✆ 02 51 05 90 49

Domaine de Brandois ⬧   🅐🅗 ch, 🅿

La Forêt, proche du jardin extraordinaire   VISA ◎ AE ◎
– ✆ 02 51 06 24 24 – www.domainedebrandois.com
38 ch – 🛉95/190 € 🛉🛉95/190 € – ☐ 11 €
Rest – *(fermé sam. midi et dim. soir)* (25 €) Menu 35 €
◆ Mariage réussi de l'ancien et du moderne dans ce château de 1868. Spacieuses
chambres design ; celles du Verger, ouvertes sur la nature, sont plus petites et
simples. Salle à manger bourgeoise avec ses moulures et boiseries peintes d'origine et carte actuelle.

LA MOTTE – 83 Var – **340** O5 – 2 772 h. – alt. 79 m – ⊠ 83920   **41** C3

▶ Paris 864 – Cannes 54 – Fréjus 25 – Marseille 118

🅵 25, boulevard André Bouis ✆ 04 94 84 33 76

Le Mas du Père *sans rest* ⬧   🅐🅒 ch, 🅿

280 chemin du Péré – ✆ 04 94 84 33 52 – www.lemasdupere.com
3 ch ☐ – 🛉82/105 € 🛉🛉82/108 €
◆ Dans un village perché, ce mas provençal entouré de verdure abrite des chambres cosy, pourvues de terrasses privatives. Jolie vue sur le massif des Maures de
la piscine.

LA MOTTE-AU-BOIS – 59 Nord – **302** D3 – rattaché à Hazebrouck

---

LA MOTTE-D'AIGUES – 84 Vaucluse – **332** G11 – 1 253 h.   **40** B2
– alt. 375 m – ⊠ 84240

▶ Paris 758 – Avignon 80 – Digne-les-Bains 104 – Marseille 63

Du Lac *avec ch*   🅐🅒 ch, 🅿 VISA ◎ AE

lieu-dit Pied-Bernard, (Étang de la Bonde), 2 km au Sud-Ouest par D 27
– ✆ 04 90 09 14 10 – www.restaurantdulac.eu – Fermé vacances de la
Toussaint, 1 sem. à Noël, 2 sem. en fév., merc. midi d'oct. à mai, mardi sauf le
soir de juin à sept. et lundi
3 ch ☐ – 🛉100/150 € 🛉🛉100/150 €
Rest – Menu 25 € (déj. en sem.), 28/74 € bc
◆ Cadre d'une élégante sobriété, quasi british, pour une cuisine utilisant les produits du terroir et influencée par le raffinement des produits asiatiques. Terrasse
au bord du lac. Pour prolonger la magie, quelques chambres à l'étage, dans le
même esprit.

MOTTEVILLE – 76 Seine-Maritime – **304** F4 – rattaché à Yvetot

---

MOUDEYRES – 43 Haute-Loire – **331** G4 – 105 h. – alt. 1 177 m   **6** C3
– ⊠ 43150

▶ Paris 565 – Aubenas 64 – Langogne 58 – Le Puy-en-Velay 26

Le Pré Bossu ⓢ 🍴 ⚙ ⅋ 🅿 VISA ⑩

– ☎ 04 71 05 10 70 – www.auberge-pre-bossu.com – Ouvert 1er mai-30 oct. et fermé lundi en mai, sept. et oct.
6 ch – ♦105/155 € ♦♦105/155 € – ⊒ 15 €
Rest – *(fermé le midi)* Menu 40/62 €

♦ Postée à l'entrée d'un village montagnard, ravissante chaumière à l'atmosphère cosy. Salon dans la plupart des chambres ; petit-déjeuner près d'une belle cheminée. Au dîner, menu unique dans un cadre campagnard intime. Produits du terroir et légumes du potager.

MOUGINS – 06 Alpes-Maritimes – **341** C6 – 19 361 h. – alt. 260 m   **42** E2
– ✉ 06250 ▌Côte d'Azur

▶ Paris 902 – Antibes 13 – Cannes 8 – Grasse 12
🛈 15, avenue Jean Charles Mallet ☎ 04 93 75 87 67
🏌 Royal Mougins Golf Club 424 avenue du Roi, par D 35 : 3,5 km, ☎ 04 92 92 49 69
🏌 de Cannes Mougins 175 avenue du Golf, SO : 8 km, ☎ 04 93 75 79 13
◉ Site ★ - Ermitage N.-D. de Vie : site ★, ⟨ ★ SE : 3,5 km - Musée de l'Automobiliste ★ NO : 5 km.

Le Mas Candille ⓢ ⟨ 🛋 ♨ 🏊 🌐 🄵♨ ⅋ ch, Ⓐ ⅋ rest, 🍸 🛁 🅿
❀ bd C. Rebuffel – ☎ 04 92 28 43 43   VISA ⑩ AE ⓪
– www.lemascandille.com
39 ch – ♦295/895 € ♦♦295/895 € – 7 suites – ⊒ 28 € – ½ P 390/590 €
Rest *Le Candille* – *(fermé janv., lundi midi et mardi midi de mai à sept.)* Menu 54 € bc (déj.)/120 € – Carte 97/115 €
Spéc. Tatin de foie gras à notre façon. Poissons de pêche locale. Gourmandise Candille. **Vins** Vin de pays des Alpes Maritimes, Vin de l'Île de Lérins.
Rest *Pergola* – *(ouvert mai-sept. et fermé le soir sauf juil.-août)* (40 € bc)
Menu 55 € (dîner)/70 € – Carte 55/75 €

♦ Superbe mas du 18e s. et sa bastide récente au cœur d'un ravissant parc (4 ha) aux essences méridionales. Chambres raffinées, calme garanti. Spa "japonisant". Délicieuse terrasse panoramique et belle cuisine au goût du jour à la table du Candille.

Royal Mougins Golf Resort ⓢ 🍴 🏊 🌐 🄵♨ 🏌 ⅋ Ⓐ ⅋ ch, 🍸 🛁
424 av. du Roi Mougins – ☎ 04 92 92 49 69   🅿 VISA ⑩ AE ⓪
– www.royalmougins.fr
29 suites ⊒ – ♦♦210/550 €   **Rest** – (30 €) Menu 40 € – Carte 40/57 €

♦ Le luxe contemporain règne en maître dans cet hôtel. Technologie dernier cri, somptueux lits et grandes terrasses agrémentent les suites. Spa haut de gamme ; fitness avec coach. Cuisine actuelle au restaurant design ou sur la terrasse dominant le golf.

De Mougins ⓢ 🍴 🍴 🏊 ✕ Ⓐ ☏ 🛁 🅿 VISA ⑩ AE ⓪
205 av. du Golf, 2,5 km par rte d'Antibes – ☎ 04 92 92 17 07
– www.hotel-de-mougins.com
50 ch – ♦195/275 € ♦♦195/275 € – 1 suite – ⊒ 23 €
Rest – *(fermé lundi d'oct. à fév., sam. midi et dim. soir)* Menu 20 € (déj. en sem.), 35/60 € – Carte 41/68 €

♦ Les chambres, spacieuses, cossues et provençales, occupent des mas dispersés dans un jardin fleurant bon l'oranger, la lavande et le romarin. Plaisante salle à manger et terrasse ombragée d'un vieux frêne pour savourer une belle cuisine créative.

Le Manoir de l'Étang ⓢ ⟨ 🍴 ⚙ 🍴 🏊 Ⓐ ch, ⅋ ch, 🅿 VISA ⑩ AE
66 allée du Manoir, 3 km par rte d'Antibes – ☎ 04 92 28 36 00
– www.manoir-de-letang.com – Ouvert d'avril à oct.
16 ch – ♦200/350 € ♦♦200/500 € – 2 suites – ⊒ 17 €
Rest – (19 €) Menu 24 € (déj. en sem.) – Carte 54/76 € le soir

♦ Cette demeure du 19e s. domine un étang couvert de nénuphars en été, visible de la plupart des chambres, dans un parc de 4 ha. Bel intérieur mêlant l'ancien et le contemporain. Cuisine italienne au restaurant : antipasti, pâtes et poissons de Méditerranée.

XXXX **Le Moulin de Mougins** avec ch 🐝🏠 AC 🕐 🖥 **P** VISA ☺☺ AE ☺
🌸 *à Notre-Dame-de-Vie, 2,5 km au Sud-Est par D 3 –* ☏ *04 93 75 78 24*
– www.moulindemougins.com – Fermé lundi et mardi
9 ch – ♦150/350 € ♦♦150/350 € – ☷ 25 €
Rest – (39 €) Menu 49 € (déj.), 90/160 € – Carte 110/160 €
Spéc. Poupeton de fleur de courgette et duxelles truffée (saison). Pigeon en double peau de chlorophylle et wasabi, foie gras poché au dashi (saison). Finger chocolat-caramel aux arachides salées.
◆ Le chef de ce vénérable moulin à huile du 16e s. démontre une grande technique (cuisson, fumets, présentation…), au service de mets subtils qui mêlent saveurs du Sud et notes exotiques. Cours de cuisine et boutique (pâtisserie-traiteur). Chambres qui feront le bonheur des amateurs d'art contemporain.

XX **Le Clos St-Basile** 🏠 **P** VISA ☺☺ AE
351 av. St-Basile – ☏ *04 92 92 93 03 – Fermé 2 sem. en mars, le midi*
en juil.-août, mardi sauf en juil. et merc. sauf en août
Rest – (19 €) Menu 24 € (déj.), 37/49 € – Carte 59/100 €
◆ Maison traditionnelle au charmant décor provençal : salle à manger fraîche et lumineuse, et agréable terrasse ombragée de cyprès. Cuisine centrée sur le produit.

XX **L'Amandier de Mougins** 🏠 AC ⇔ VISA ☺☺ AE ☺
pl. des Patriotes, (au vieux village), Réouverture prévue fin avril après travaux
– ☏ *04 93 90 00 91 – www.amandier.fr – Fermé merc. hors saison*
Rest – Menu 26 € (déj.), 29/50 € – Carte 45/65 €
◆ Dans cette charmante maison (moulin et pressoir des 14-18e s.), aux portes de ce village cher à Picasso, on déguste une appétissante cuisine niçoise. Superbe panorama en terrasse !

XX **La Place de Mougins** 🏠 ఈ AC ⇔ VISA ☺☺ AE
41 pl. du Commandant Lamy, (au vieux village) – ☏ *04 93 90 15 78*
– www.laplacedemougins.com – Fermé 14-29 nov., dim. soir et lundi de sept.
à avril
Rest – (25 €) Menu 35 € (déj.), 45/65 € – Carte 60/83 €
◆ Sur la place du village, vous ne pouvez manquer sa façade avec une immense fresque représentant un cheval. Joli décor de maison bourgeoise et cuisine inspirée par la Provence.

X **Brasserie de la Méditerranée** 🏠 AC VISA ☺☺ AE
32 pl. du Commandant Lamy, (au vieux village) – ☏ *04 93 90 03 47*
– www.brasserie-la-mediterranee.com – Fermé 10 janv.-9 fév.
Rest – (prévenir) (17 €) Menu 24 € (déj.)/58 € – Carte 35/100 €
◆ Sur la pittoresque place centrale, sympathique restaurant au décor de style bistrot. Vous y dégusterez une cuisine au goût du jour d'inspiration méditerranéenne.

X **Le Bistrot de Mougins** 🏠 AC VISA ☺☺
pl. du village – ☏ *04 93 75 78 34 – Fermé 27 nov.-27 déc., merc. et le midi*
Rest – (prévenir) Menu 35/49 € – Carte environ 55 €
◆ Fraîche alternative aux incontournables terrasses mouginoises que ce petit restaurant-bistrot aménagé dans une agréable cave voûtée. Décor "rustique chic" et cuisine provençale.

MOUILLERON-EN-PAREDS – 85 Vendée – **316** K7 – 1 232 h. **34** B3
– alt. 101 m – ✉ 85390 🟩 Poitou Vendée Charentes
▶ Paris 426 – Cholet 70 – Nantes 95 – La Roche-sur-Yon 53
🛈 13, place de Lattre de Tassigny ☏ 02 51 00 32 32

⌂ **La Boisnière** sans rest ⌖ ≪ 🚪 🛋 ఈ 🛁 🕐 **P**
– ☏ *02 51 51 36 39 – www.laboisniere.com*
5 ch ☷ – ♦65/75 € ♦♦90/95 €
◆ Priorité au confort dans cette ferme restaurée dominant le Chemin de la colline des Moulins : chambres fraîches, récentes et bien équipées, tenue méticuleuse et belle piscine.

▶ Paris 148 – Caen 134 – La Ferté-Bernard 51 – Nogent-le-Rotrou 35

⌂ **Château de la Grande Noë** sans rest ⚜   🌙 🕸 ⁽ᵗ⁾ **P**
500 m à l'Ouest par D 289 – ℰ *02 33 73 63 30*
– www.chateaudelagrandenoe.com – Ouvert d'avril à nov.
3 ch ⊡ – †90/110 € ††110/130 €
◆ Dans un domaine de 135 ha, cette demeure familiale vous réserve un accueil soigné : chambres au charme désuet (objets anciens), belle salle à manger habillée de boiseries du 18e s.

MOULIN-DE-MALFOURAT – 24 Dordogne – **329** D7 – rattaché à Bergerac

---

MOULINS **P** – 03 Allier – **326** H3 – 20 599 h. – alt. 240 m – ⊠ 03000   **6** C1
🟩 Auvergne

▶ Paris 294 – Bourges 101 – Clermont-Ferrand 105 – Nevers 56
🖪 11, rue François Péron ℰ 04 70 44 14 14
🖪 de Moulins-Les Avenelles à Toulon-sur-Allier Les Avenelles, par rte de Vichy : 7 km, ℰ 04 70 44 02 39
🟢 Cathédrale Notre-Dame★ : triptyque★★★, vitraux★★ - Statue Jacquemart★ - Mausolée du duc de Montmorency★ (chapelle de la visitation) - Musée d'Art et d'Archéologie★★.

🏠 **Le Parc**   𝖠𝖢 rest, ⓣ **P** 𝑉𝐼𝑆𝐴 ⓒⓞ
31 av. du Gén.-Leclerc – ℰ *04 70 44 12 25 – www.hotel-moulins.com*
– Fermé 23 déc.-4 janv.   BXa
26 ch – †52/76 € ††52/76 € – ⊡ 8 € – ½ P 58/62 €
Rest – *(fermé 30 juil.-21 août, 23 déc.-4 janv., dim. soir et sam.)* Menu 23 € (sem.), 33/47 € – Carte 35/55 €
◆ Tout près de la gare et d'un petit parc verdoyant, un établissement familial, sobre et bien tenu. Chambres claires et fonctionnelles, salles de bain bien équipées. Salle à manger au décor soigné où l'on sert une cuisine traditionnelle "aux petits oignons".

🍴🍴🍴 **Le Clos de Bourgogne** avec ch   🚃 🏖 📶 ⅆ 𝖠𝖢 ch, 🕸 ch, ⓣ 🛁 **P** **P**
83 r. de Bourgogne – ℰ *04 70 44 03 00*   𝑉𝐼𝑆𝐴 ⓒⓞ
– www.clos-de-bourgogne.com – Fermé 14 août-5 sept., 2-10 janv. et dim. d'oct.
à avril   DYn
11 ch – †80/170 € ††80/170 € – ⊡ 13 €
Rest – *(fermé sam. midi, dim. soir et lundi)* (16 €) Menu 22 € (déj. en sem.), 39/60 € – Carte 55/72 €
◆ Bel établissement bourgeois dans un havre de verdure. Les chambres déclinent les ambiances propres à cette gentilhommière du 18e s. (boudoir, toile de Jouy). Cuisine gastronomique.

🍴🍴🍴 **Des Cours**   🏖 𝖠𝖢 🕸 ♻ 𝑉𝐼𝑆𝐴 ⓒⓞ 𝐴𝐸
36 cours J. Jaurès – ℰ *04 70 44 25 66 – www.restaurant-des-cours.com*
– Fermé 26 août-8 sept., vacances de fév., dim. soir, mardi soir sauf juil.-août et
merc.   DYx
Rest – Menu 21/50 € – Carte 40/75 €
◆ Maison verdoyante située non loin de la vieille ville. Les produits sont frais, souvent d'origine locale. Une belle table bourgeoise et élégante. Terrasse aux beaux jours.

🍴🍴 **Le Trait d'Union**   𝖠𝖢 𝑉𝐼𝑆𝐴 ⓒⓞ
16 r. Gambetta – ℰ *04 70 34 24 61*
– Fermé 15-31 juil., 15-23 fév., dim. et lundi   DZt
Rest – Menu 21 € (déj. en sem.)/38 € bc – Carte 40/68 €
◆ Trait d'union entre l'agréable cadre contemporain (tableaux modernes, compositions florales) et la cuisine de ce jeune chef-patron : fraîche, sérieuse et bien présentée.

MOULINS

Allier (Pl. d') . . . . **CDZ**
Allier (R. d') . . . . **DYZ**
Alsace-Lorraine (Av. d'). . **BX** 3
Ancien Palais (R.) . . . . . . **DY** 4
Bourgogne (R. de). . . **BV, DY** 6
Bréchimbault (R.) . . . . . . **DZ** 7
Cerf-Volant (R. du). . . . . . **BV** 8
Clermont-Ferrand (Rte de) **AX** 10
Desboutins (R. M.) . . . . . **BX** 16
Fausses Braies (R. des) . **DY** 19
Flèche (R. de la) . . . . . . **DZ** 20
Grenier (R.) . . . . **DY** 25
Horloge (R. de l') . . . . . . **DZ** 26
Hôtel de Ville (Pl. de l') . . **DY** 27
Jeu de Paume (R. du). . . . **BV** 28
Leclerc (Av. Général.) . . . **BX** 30
Libération (Av. de la) . . . . **AX** 31
Montilly (Rte de) . . . . **AX** 32
Orfèvres (R. des) . . . . **DY** 33
Pascal (R. Blaise-) . . . . . . **CZ** 34
Péron (R. F.) . . . . **DY** 35
République (Av. de la) . . **BX** 36
Tanneries (R. des) . . **BV, DV** 38
Tinland (R. M.) . . . . **CY** 39
Vert Galant (R. du) . . . . . **CDY** 40
4 Septembre (R. du) . . . . . **DZ** 42

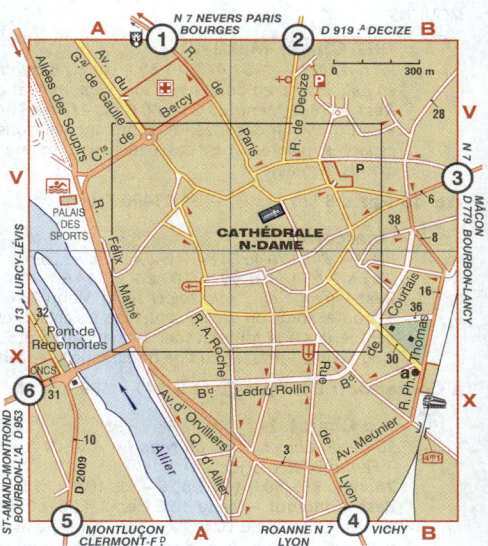

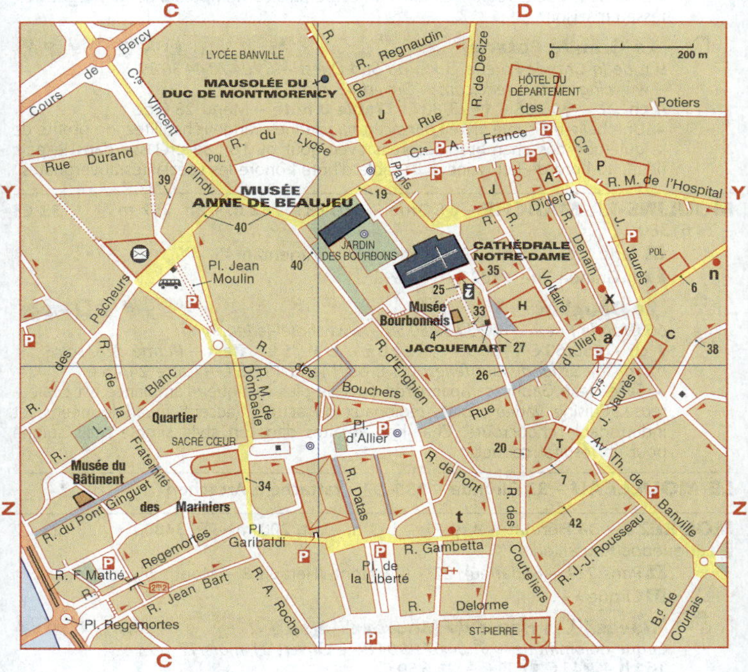

✂

9/7 Olivier Mazuelle ⬚ [AC] [VISA] ⬚

97 r. d'Allier – ℰ *04 70 35 01 60 – www.restaurant-9-7.com – Fermé 1 sem.*
en juil., 2 sem. en août, lundi soir, sam. midi et dim.   **DYa**
Rest *–* (16 €) Menu 23 € bc/40 € bc – Carte 40/50 €
♦ Au n° 97, un décor zen et contemporain (tons vert pastel, tables en bois bien
espacées, plantes…) et des petits plats soignés, à la mode des bistrots gourmands. Agréable.

rte de Paris 8 km par ① – ✉ 03460 Trevol

🏨

Mercure ⬚ ⬚ ⬚ [AC] ⬚ 🕌 [P] [VISA] ⬚ [AE] ⬚

RN 7 – ℰ *04 70 46 84 84 – www.mercure.com*
42 ch *–* †54/90 € ††64/100 € – ⬚ 14 €
Rest *– (fermé dim. soir) (dîner seult)* Menu 23 € – Carte 14/35 €
♦ L'hôtel borde un axe passant, mais les chambres – de style contemporain – tour-
nent le dos à la route et font face au jardin et à la piscine. Le restaurant se prolonge d'une terrasse ; cuisine traditionnelle et carte de "grands vins à petits prix".

à Coulandon 8 km par ⑥ et D 945 – 689 h. – alt. 250 m – ✉ 03000

🏨

Le Chalet ⬚ ⬚ ⬚ ⬚ ⬚ [AC] rest, 🕌 [P] [VISA] ⬚ [AE]

26 rte du Chalet, 2 km au Nord-Est – ℰ *04 70 46 00 66 – www.hotel-lechalet.fr*
– Fermé 20 déc.-9 janv.
28 ch *–* †55/60 € ††75/80 € – ⬚ 10 € – ½ P 65 €
Rest *Montégut –* Menu 18 € (sem.)/47 € – Carte 34/50 €
♦ Calme absolu au cœur d'un parc agréable avec étang. Un petit côté provincial
pour ces chambres bien tenues, réparties entre le chalet et les communs. Cuisine
à base de produits régionaux dans un cadre plus contemporain au Montégut. Terrasse en saison.

🏠

La Grande Poterie ⬚ ⬚ ⬚ ⬚ ⬚ ch, 🕌 [P]

9 r. de la Grande-Poterie, 3 km au Sud-Ouest – ℰ *04 70 44 30 39*
– www.lagrandepoterie.com – Ouvert 15 mars-31 oct.
4 ch ⬚ *–* †58/65 € ††73/80 € **Table d'hôte** – Menu 28 € bc
♦ Une belle maison à vivre : dans cette ancienne grange réhabilitée, on profite de
la quiétude des chambres décorées avec goût ou l'on se prélasse dans le parc
fleuri, au bord de la piscine… La table d'hôte honore les spécialités auvergnates.

MOULINS-LA-MARCHE – 61 Orne – 310 L3 – 782 h. – alt. 257 m   33 C3
– ✉ 61380

▶ Paris 156 – L'Aigle 19 – Alençon 50 – Argentan 45
▯ 1, Grande Rue ℰ 02 33 34 45 98

🏨

Le Dauphin ⬚ 🕌 [P] [VISA] ⬚

66 Grande Rue – ℰ *02 33 34 50 55 – www.hotel-ledauphin.fr*
7 ch *–* †55/60 € ††60/75 € – ⬚ 8 € – ½ P 75 € **Rest** *– (fermé dim. soir,*
mardi soir et lundi sauf fériés) (11 €) Menu 19/55 € – Carte 24/45 €
♦ Salle "Jean Gabin" campagnarde ou salle plus rustique : l'ambiance est chaleureuse. Cuisine variée : plats régionaux ou actuels (accents guadeloupéens) et
indétrônable choucroute. Chambres refaites dans un style simple mais soigné
pour un résultat coquet.

LE MOULLEAU – 33 Gironde – 335 D7 – rattaché à Arcachon

MOURÈZE – 34 Hérault – 339 F7 – 163 h. – alt. 200 m – ✉ 34800   23 C2
▮ Languedoc Roussillon

▶ Paris 717 – Bédarieux 22 – Clermont-l'Hérault 8 – Montpellier 50
◉ Cirque ★★.

🏨

Navas ''Les Hauts de Mourèze'' sans rest ⬚ ⬚ ⬚ ⬚ [P] [VISA] ⬚

Cirque dolomitique – ℰ *04 67 96 04 84 – Ouvert 31 mars-1er nov.*
16 ch *–* †45 € ††55 € – ⬚ 6,50 €
♦ Une bâtisse des années 1970, d'inspiration régionale. Les chambres sont simples (ni téléphone ni TV), à deux pas du superbe cirque de Mourèze. Calme et
nature, à bon prix…

MOURIÈS – 13 Bouches-du-Rhône – **340** E3 – 3 012 h. – alt. 13 m   **42** E1
– ✉ 13890

> ▶ Paris 713 – Avignon 36 – Arles 29 – Marseille 75
> 🛈 2, rue du Temple ℰ 04 90 47 56 58

🏠 **Terriciaë** sans rest   ⊼ ㄠ AC ℿ ⅍ P VISA ◯◯ AE
rte de Maussane (D 17) – ℰ 04 90 97 06 70 – www.hotel-terriciae.fr
31 ch – ♦82/170 € ♦♦98/195 € – ☑ 12 €
♦ Cet hôtel né en 2004 propose des chambres provençales calmes et bien tenues, dont 2 duplex et 2 junior suites, donnant parfois sur la grande piscine. Jardin d'oliviers et terrasse.

🏠 **Le Vallon du Gayet** ⌂   ⫘ 🍴 ⊼ AC ⅍ ch, ℿ P VISA ◯◯ AE ◑
rte de Servannes – ℰ 04 90 47 50 63 – www.levallondegayet.com – Fermé 15 déc.-15 janv.
24 ch – ♦89/99 € ♦♦99/115 € – ☑ 12 €
Rest – (fermé 2 sem. en nov., 2 sem. en janv., mardi midi, merc. midi et lundi hors saison) (15 €) Menu 25 € – Carte 27/55 €
♦ Agréable auberge familiale dans un mas au pied des Alpilles. Chambres confortables, rustiques ou plus contemporaines, toutes de plain-pied et donnant sur le parc. Cuisine régionale, grillades et pizzas à déguster en terrasse à l'ombre des pins et des mûriers.

MOUSSEY – 10 Aube – **313** E4 – rattaché à Troyes

MOUSTIERS-STE-MARIE – 04 Alpes-de-Haute-Provence – **334** F9   **41** C2
– 696 h. – alt. 631 m – ✉ 04360 ▮ Alpes du Sud

> ▶ Paris 783 – Aix-en-Provence 90 – Digne-les-Bains 47 – Draguignan 61
> 🛈 place de l'Église ℰ 04 92 74 67 84
> ◉ Site★★ - Église★ - Musée de la Faïence★.
> ◉ Grand Canyon du Verdon★★★ -Lac de Ste-Croix★★.

🏠 **La Bastide de Moustiers** ⌂   ⪡ 🕭 🍴 ⊼ ㄠ ch, AC ch, ⅍ ℿ P
❀   VISA ◯◯ AE ◑
Chemin de Quinson, au Sud du village, par D 952 et rte secondaire – ℰ 04 92 70 47 47 – www.bastide-moustiers.com
– Fermé 3 janv.-2 mars, mardi et merc. de nov. à mars
11 ch – ♦195/375 € ♦♦195/375 € – 1 suite – ☑ 20 €
Rest – (nombre de couverts limité, prévenir) Menu 58/72 € – Carte 69/84 € le midi seulement
Spéc. Légumes de notre potager cuisinés en barigoule (juil. à sept.). Pigeonneau fermier rôti, polenta gratinée, cerises et jus aux abats (juin à juil.). Tarte aux mendiants, sorbet citron. **Vins** Coteaux Varois en Provence, Côtes de Provence.
♦ Cette bastide du 17ᵉ s., convertie en auberge, propose des chambres romantiques... équipées high-tech. Dans le parc s'ébattent poney, daims, âne, etc. ! Dans une ambiance de maison de famille, la cuisine méditerranéenne, aidée du potager, se fait fine et délicate.

🏠 **Les Restanques de Moustiers** sans rest   ⫘ ㄠ AC ⅍ ℿ P
VISA ◯◯ ◑
rte des Gorges du Verdon, à 500 m par rte de Castellane
– ℰ 04 92 74 93 93 – www.hotel-les-restanques.com – Ouvert 19 mars-12 nov.
20 ch – ♦64/95 € ♦♦64/95 € – 2 suites – ☑ 8,50 €
♦ Cette bâtisse neuve domine la vallée. Les chambres, toutes fraîches, ont des terrasses au rez-de-chaussée. La salle des petits-déjeuners, ornée de faïences locales, est charmante.

🏠 **La Ferme Rose** sans rest ⌂   ⪡ ⫘ AC ℿ P VISA ◯◯ AE
chemin de Peyrengue, au Sud du village, par rte Ste-Croix-du-Verdon
– ℰ 04 92 75 75 75 – www.lafermerose.com – Ouvert 20 mars-15 nov.
12 ch – ♦80/150 € ♦♦80/150 € – ☑ 10 €
♦ Sympathique ambiance guesthouse dans cette ancienne ferme située au pied du village. Meubles chinés, bibelots et collections diverses en font un petit musée vivant au charme fou !

Le Colombier sans rest

à 500 m par rte de Castellane – ℰ 04 92 74 66 02 – www.le-colombier.com
– Ouvert de fin mars à début nov.
22 ch – †66/98 € ††72/98 € – 2 suites – ⊊ 10 €
♦ Hôtel situé à 300 m du charmant village, aux chambres coquettes et colorées, la plupart avec terrasse. Beau jardin avec petite piscine et jacuzzi.

Le Clos des Iris sans rest

Chemin de Quinson, au Sud du village, par D 952 et rte secondaire
– ℰ 04 92 74 63 46 – www.closdesiris.fr – Fermé déc. et janv.
9 ch – †65/75 € ††65/75 € – ⊊ 10 €
♦ Coquettes chambres provençales (sans TV !), terrasses privatives, accueil charmant : cette paisible maison nichée dans la verdure et les fleurs ne manque pas d'attraits.

La Bonne Auberge

rte de Castellane, (au village) – ℰ 04 92 74 66 18
– www.bonne-auberge-moustiers.com – Ouvert 1er avril-31 oct.
19 ch – †50/57 € ††57/81 € – ⊊ 8 € – ½ P 61/66 €
Rest – *(fermé dim. soir et lundi hors saison, sam. midi, mardi midi et jeudi midi du 15 juin au 15 sept.)* Menu 20/49 € – Carte 38/58 €
♦ À l'entrée du village, cet hôtel familial, rafraîchi dans des tons colorés, dispose de chambres claires et pratiques. Agréable terrasse avec piscine à débordement. Le restaurant est chaleureux et de style rustique ; plats traditionnels et régionaux.

La Bouscatière

chemin Marcel Provence – ℰ 04 92 74 67 67 – www.labouscatiere.com
4 ch – †110/210 € ††110/210 € – ⊊ 16 €
Table d'hôte – Menu 35/90 €
♦ Superbe demeure du 18e s. accrochée à la falaise. Chambres délicieusement décorées, jardin clos, produits régionaux à la table d'hôte. Luxe, calme et sobriété...

La Ferme Ste-Cécile

1,5 km par rte de Castellane – ℰ 04 92 74 64 18 – www.ferme-ste-cecile.com
– Fermé 15 nov.-10 mars, dim. soir sauf juil.-août et lundi
Rest – (26 €) Menu 35 €
♦ Ce restaurant de charme prend ses aises dans une ancienne ferme. Le chef concocte avec délicatesse et subtilité une savoureuse cuisine du Sud ; belle carte des vins.

La Treille Muscate

pl. de l'Église – ℰ 04 92 74 64 31 – www.restaurant-latreillemuscate.com
– Ouvert 5 fév.-30 nov. et fermé merc. sauf le midi hors saison et jeudi sauf juil.-août
Rest – Menu 29/47 € – Carte 51/75 €
♦ Sympathique bistrot provençal : salle au charme simple, terrasse imparable (sous un platane centenaire de la place de l'église) et cuisine savoureuse.

MOUTHIER-HAUTE-PIERRE – 25 Doubs – 321 H4 – 318 h.   17 C2
– alt. 450 m – ⊠ 25920 ▊ Franche-Comté Jura

▶ Paris 442 – Baume-les-Dames 55 – Besançon 39 – Pontarlier 23
◉ Belvédère de Mouthier ≤★★ SE : 2,5 km - Gorges de Nouailles★ SE : 3,5 km - Belvédère du moine de la vallée★★- Source de la Loue★★.

La Cascade

4 rte des Gorges de Nouailles – ℰ 03 81 60 95 30 – www.hotel-lacascade.fr
– Fermé 7-23 nov., 19-30 déc. et 2-20 janv.
16 ch – †55/65 € ††55/70 € – ⊊ 9 € – ½ P 61 €
Rest – Menu 15 € (déj.), 22/40 € – Carte 29/40 €
♦ Un hôtel agréable : jolie vue sur la vallée de la Loue ; chambres actuelles et bien tenues (la plupart avec balcon ou loggia). Au restaurant, on déguste une cuisine traditionnelle en admirant les gorges de Nouailles.

MOÛTIERS – 73 Savoie – **333** M5 – 3 936 h. – alt. 480 m – ⊠ 73600   **46** F2
🟩 Alpes du Nord

▶ Paris 607 – Albertville 26 – Chambéry 76 – St-Jean-de-Maurienne 85
🔼 place Saint-Pierre 𝒞 04 79 24 04 23

Le Coq Rouge   📶 VISA ◎ AE

*115 pl. A. Briand – 𝒞 04 79 24 11 33 – www.lecoqrouge.com – Fermé
26 juin-20 juil., dim. et lundi*
Rest – (20 €) Menu 29/47 € – Carte 35/60 €
◆ Maison de 1735 au décor plein de fantaisie : ici, les coqs et la nature sont à
l'honneur. Cuisine de saison de facture classique ; quelques notes créatives.

La Voûte   📶 AC VISA ◎

*172 Grande rue – 𝒞 04 79 24 23 23 – www.restaurantlavoute.com – Fermé
26 avril-9 mai, 19 sept.-3 oct., 4-11 janv., dim. soir, merc. soir et lundi*
Rest – (14 €) Menu 18 € (déj. en sem.), 28/50 € bc – Carte 30/58 €
◆ Dans une rue piétonne proche de la cathédrale, ambiance montagnarde (poutres, boiseries) et cuisine de saison mettant le poisson à l'honneur.

MOUZON – 08 Ardennes – **306** M5 – 2 516 h. – alt. 160 m – ⊠ 08210   **14** C1
🟩 Champagne Ardenne

▶ Paris 261 – Carignan 8 – Charleville-Mézières 41 – Longwy 62
🔼 place du Colombier 𝒞 03 24 26 56 11
◉ Église Notre-Dame★.

Les Échevins   VISA ◎

*33 r. Charles-de-Gaulle – 𝒞 03 24 26 10 90 – www.restaurant-lesechevins.fr
– Fermé dim. soir, lundi soir et merc. soir*
Rest – Menu 20 € (déj. en sem.), 24/69 € bc – Carte 24/41 €
◆ Accueillant restaurant aménagé dans une maison à colombages du 17ᵉ siècle.
Menus du jour aux saveurs franches, cuissons précises, service impeccable et
prix tout doux.

MUHLBACH-SUR-MUNSTER – 68 Haut-Rhin – **315** G8 – 760 h.   **1** A2
– alt. 460 m – ⊠ 68380 🟩 Alsace Lorraine

▶ Paris 462 – Colmar 24 – Gérardmer 37 – Guebwiller 45

Perle des Vosges ⌀   ⪡ 🛜 🄵ₛ 🛋 ♿ ch, AC rest, ⚡ rest, ⑴ 🌊 P

*22 rte Gaschney – 𝒞 03 89 77 61 34 – www.perledesvosges.net
– Fermé 2 janv.-1ᵉʳ fév.*   VISA ◎
45 ch – ♦48/126 € ♦♦48/126 € – ⌂ 9 € – ½ P 52/89 €
Rest – (12 €) Menu 19/65 € bc – Carte 42/58 €
◆ Au pied du Hohneck, hôtel doté d'un fitness panoramique. Chambres actuelles
ou de style alsacien offrant, pour la plupart, une jolie vue sur les Vosges. Un petit
air solennel flotte dans la salle à manger agrandie d'une terrasse d'été ; cuisine
traditionnelle.

MUIDES-SUR-LOIRE – 41 Loir-et-Cher – **318** G5 – 1 298 h.   **11** B2
– alt. 82 m – ⊠ 41500

▶ Paris 169 – Blois 20 – Châteauroux 109 – Orléans 48
🔼 place de la Libération 𝒞 02 54 87 58 36

Château de Colliers sans rest ⌀   ♧ 🍳 P VISA ◎ AE

rte de Blois, RD 951 – 𝒞 02 54 87 50 75 – www.chateau-colliers.com
5 ch – ♦129 € ♦♦140/180 €
◆ Au bout de l'allée bordée de tilleuls, de frênes et de marronniers... ce beau
château de la Loire (18ᵉ s.). Peintures classées, mobilier de style dans les chambres : du cachet !

Auberge du Bon Terroir   📶 ⚡ P VISA ◎

20 r. 8-Mai – 𝒞 02 54 87 59 24 – Fermé 23 nov.-8 déc., 4-26 janv., lundi et mardi
Rest – Menu 29/50 € – Carte environ 37 €
◆ Dans cette auberge de village, la patronne concocte une agréable cuisine traditionnelle, tandis que son mari vous accueille, tout sourire... Terrasse à l'ombre
des tilleuls.

MULHOUSE

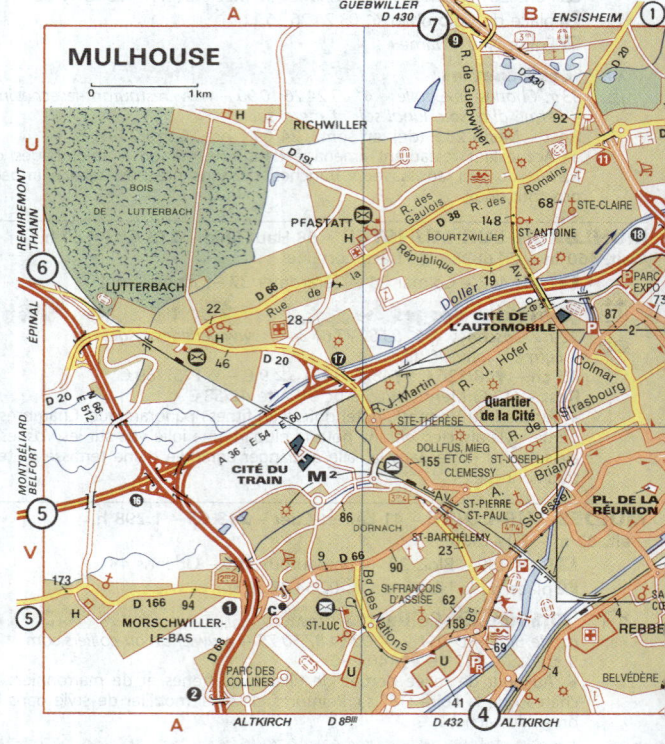

MULHOUSE ⟨⟩ – 68 Haut-Rhin – **315** I10 – 110 514 h. – **1** A3
Agglo. 234 445 h. – alt. 240 m – ✉ 68100 █ Alsace Lorraine

▶ Paris 465 – Basel 34 – Belfort 43 – Freiburg-im-Breisgau 59
✈ de Basel Mulhouse Freiburg (Euro-Airport) 27 km par ③,
  ✆ 03 89 90 31 11,
  ✆ 061 325 3111 de Suisse,
  ✆ 0761 1200 3111 d'Allemagne.
🚆 ✆ 3635 et tapez 42 (0,34 €/mn)
🛈 9, avenue du Maréchal Foch ✆ 03 89 35 48 48

◉ Parc zoologique et botanique★★ - Hôtel de Ville★★ **FY H¹**, musée historique★★ - Vitraux★ du temple St-Étienne - Musée de l'automobile-collection Schlumpf★★★ **BU** - Musée français du chemin de fer★★★ **AV** - Musée de l'Impression sur étoffes★ **FZ M⁶** - Electropolis : musée de l'énergie électrique★ **AV M²**.

◈ Musée du Papier peint★ : collection★★ à Rixheim E : 6 km **DV M⁷**.

Agen (R. d')	**BU** 2	Briand (R. Aristide)	**AU** 22	Hardt (R. de la)	**CV** 51
Altkrich (Av.)	**BV** 4	Brunstatt (R. de)	**BV** 23	Hollande (Av. de)	**CU** 57
Bâle (Rte de)	**CU** 7	Dollfus (Av. Gustave)	**CV** 27	Ile Napoléon (R. de l')	**CU** 58
Bartholdi (R.)	**CV** 8	Dornach (R. de)	**AU** 28	Illberg (R. de l')	**BV** 62
Belfort (R. de)	**AV** 9	Fabrique (R. de la)	**CU** 36	Ilot (R. de l')	**DU** 63
Belgique (Av. de)	**CU** 12	Frères-Lumière (R. des)	**BV** 41	Kingersheim (R. de)	**BU** 68
Bourtz (R. Sébastien)	**BU** 19	Gaulle (R. du Gén.-de)	**AU** 46	Lagrange (R. Léo)	**BV** 69

Du Parc

26 r. Sinne – ✆ *03 89 66 12 22 – www.hotelduparc-mulhouse.com*   **FZp**

76 ch – †100/210 € ††100/210 € – 2 suites – ⌣ 19 €

Rest – *(fermé 14 juil.-15 août)* (21 €) Menu 24/55 € – Carte 30/60 €

◆ Luxueux palace dans les années 1930, cet hôtel a gardé son charme ancien (piano-bar en hommage à Charlot). Toutes les chambres sont raffinées, rafraîchies et confortables. Le restaurant de style Art déco (mobilier, tableaux) propose une carte traditionnelle.

Holiday Inn

34 r. P.-Cézanne – ✆ *03 89 60 44 44 – www.holidayinn-mulhouse.com*   **AVc**

75 ch – †79/207 € ††94/222 € – 5 suites – ⌣ 15 €

Rest *Brasserie Flo* – Menu 25 € – Carte 27/60 €

◆ Hôtel neuf assez éloigné du centre. Une agréable atmosphère contemporaine se retrouve au lounge-bar, dans des chambres au confort complet et à l'espace bien-être. Brasserie typique avec banc d'écailler et belle terrasse lorsque le soleil darde ses rayons.

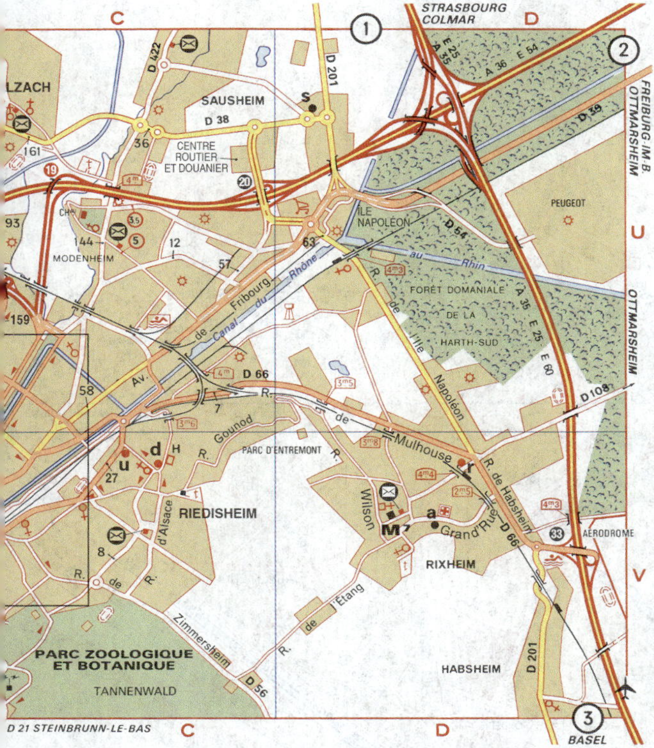

Lefèbvre (R.)	**BU** 73	
Lustig (R. Auguste)	**BV** 81	
Mertzau (R. de la)	**BU** 87	
Mer-Rouge (R. de la)	**AV** 86	
Mitterrand (Av. F.)	**BV** 90	
Mulhouse (Fg de)	**BU** 92	
Mulhouse (ILLZACH) (R. de)	**CU** 93	
Mulhouse (MORSCHWILLER-LE-BAS) (R. de)	**AV** 94	
Nordfeld (R. du)	**CV** 98	
Soultz (R. de)	**BU** 148	
Thann (R. de)	**BV** 155	
Université (Rue de l')	**BV** 158	
Vosges (R. des)	**BCU** 161	
1ère-Armée-Française (R.)	**AV** 173	
9e-Div.-d'Infanterie-Col. (R.)	**CV** 175	

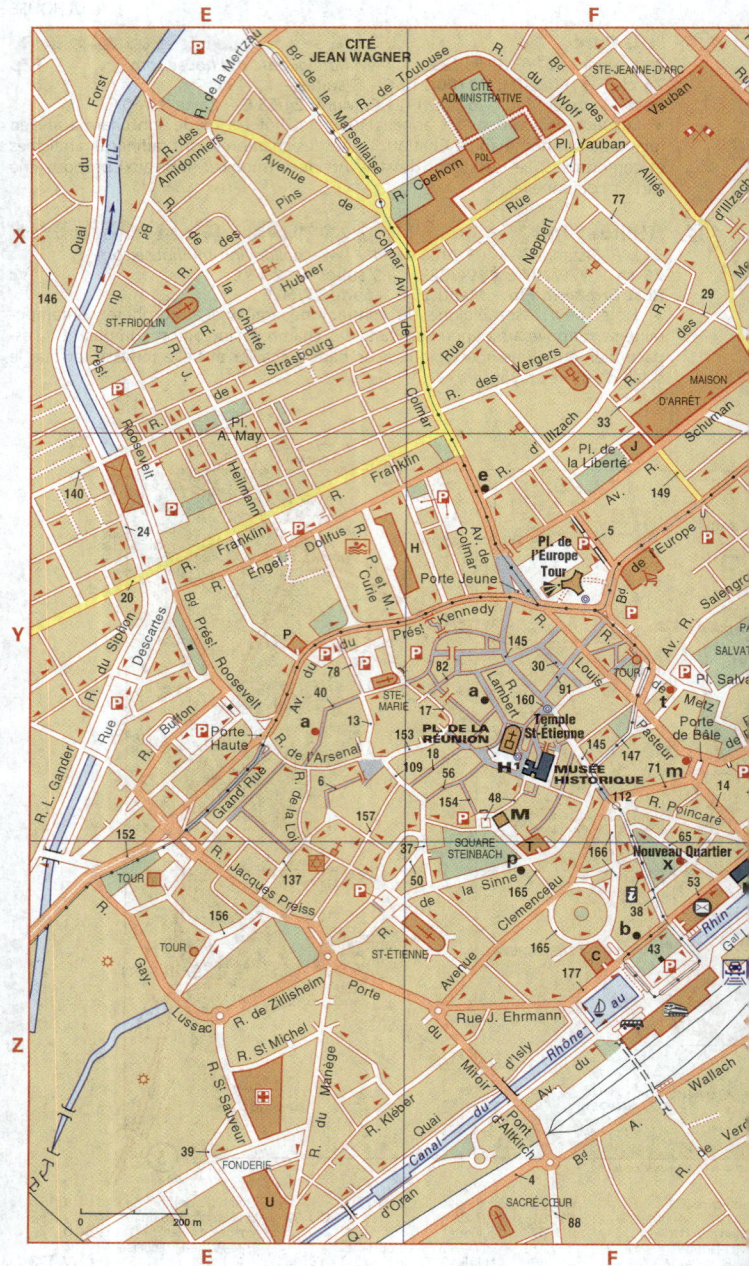

MULHOUSE

Altkrich (Av. d'). . . . . **FZ** 4
Anvers (R. d'). . . . . **FY** 5
Augustins (Passage des) . . **EY** 6
Bonbonnière (R.). . . . . **EY** 13
Bonnes-Gens (R. des). . . . . **EY** 14
Bons-Enfants (R. des). . . . . **FY** 17
Boulangers (R. des). . . . . . **FY** 18
Briand (Av. Aristide) . . . . . **EY** 20
Cloche (Quai de la) . . . . . . **EY** 24
Colmar (Av. de) . . . . **EFXY**
Dollfus (Av. Gustave) . . . . . **GY** 27
Dreyfus (R. du Capit.) . . . . **FX** 29
Engelmann (R.). . . . . **FX** 30
Ensisheim (R. d'). . . . . **FX** 33
Fleurs (R. des). . . . . **FYZ** 37
Foch (Av. du Mar.). . . . . . . **FZ** 38
Fonderie (R. de la). . . . . . . **EZ** 39
Franciscains (R. des). . . . . **EY** 40
Gaulle (Pl. du Gén.-de) . . . . **FZ** 43
Guillaume-Tell (Pl. et R.) . . . **FY** 48
Halles (R. des). . . . . **FZ** 50
Henner (R. J.-J.). . . . . **FZ** 53
Henriette (R.). . . . . **FY** 56
Jardin-Zoologique (R. du) . . **GZ** 64
Joffre (Av. du Mar.). . . . . . **FYZ** 65
Lambert (R.). . . . . **FY**
Lattre-de-Tassigny
  (Av. Mar.-de). . . . . **FY** 71
Loisy (R. du Lt de). . . . . . . **FX** 77
Lorraine (R. de la) . . . . **EY** 78
Maréchaux (R. des). . . . . . **FY** 82
Montagne (R. de la). . . . . . **FZ** 88
Moselle (R. de la) . . . . **FY** 91
Président-Kennedy
  (Av. du). . . . . **EFY**
Raisin (R. du). . . . . **EFY** 109
République (Pl. de la) . . . . . **FY** 112
Riedisheim (Pont de). . . . . . **FZ** 119
Ste-Claire (R.). . . . . **EZ** 137
Ste-Thérèse (R.) . . . . **EY** 140
Sauvage (R. du) . . . . **FY** 145
Schoen (R. Anna) . . . . **EX** 146
Somme (R. de la) . . . . **FY** 147
Stalingrad (R. de) . . . . **FY** 149
Stoessel (Bd Charles). . . . **EYZ** 152
Tanneurs (R. des) . . . . . . **EFY** 153
Teutonique (Passage). . . . . **FY** 154
Tour-du-Diable (R.). . . . . . . **EZ** 156
Trois-Rois (R. des). . . . . . . **EY** 157
Victoires (Pl. des). . . . . **FY** 160
Wicky (Av. Auguste) . . . . . **FZ** 165
Wilson (R.). . . . . **FYZ** 166
Zuber (R.). . . . . **FY** 172
17-Novembre (R. du) . . . . . **FZ** 177

Bristol sans rest 　　　　　　　　　　　　🖼 ᵬ ¶' ⁴Å 🅿 ☁ 𝘝𝘐𝘚𝘈 ⓒⓞ ᴀᴇ ⓞ
18 av. de Colmar – ℰ 03 89 42 12 31 – www.hotelbristol.com 　　　　　FYe
85 ch – ♦60/125 € ♦♦70/170 € – 6 suites – ⌧ 8,50 €
♦ À deux pas du centre historique, hôtel aux chambres de tailles diverses, peu à peu rénovées et personnalisées. Certaines ont des salles de bains avec faïences signées Versace.

Mercure Centre 　　　　　㏗ 🖼 ᵬ ch, ᴀᴄ ¶' ⁴Å ☁ 𝘝𝘐𝘚𝘈 ⓒⓞ ᴀᴇ
4 pl. du Gén.-de-Gaulle – ℰ 03 89 36 29 39 – www.mercure.com 　　　FZb
92 ch – ♦139/229 € ♦♦149/240 € – ⌧ 15 €　　**Rest** – (13 €) Carte 26/34 €
♦ Bâtiment des années 1970 proche du musée de l'Impression sur étoffes. Chambres confortables, la plupart relookées, bar feutré et petit jardin-terrasse d'inspiration japonaise. Au restaurant, cuisine traditionnelle, suggestions du jour et spécialités alsaciennes.

Kyriad Centre sans rest 　　　　　　　ℱᵬ 🖼 ᵬ ᴀᴄ ¶' ⁴Å 𝘝𝘐𝘚𝘈 ⓒⓞ ᴀᴇ ⓞ
15 r. Lambert – ℰ 03 89 66 44 77 – www.hotel-mulhouse.com 　　　　FYa
60 ch – ♦49/200 € ♦♦49/200 € – ⌧ 10 €
♦ Chambres fonctionnelles, rénovées dans un esprit contemporain, particulièrement spacieuses et confortables dans la catégorie "affaires". Petit-déjeuner en terrasse l'été.

Il Cortile (Stefano D'Onghia) 　　　　　　㏗ ᵬ ᴀᴄ ℀ 𝘝𝘐𝘚𝘈 ⓒⓞ ᴀᴇ
11 r. des Franciscains – ℰ 03 89 66 39 79 – www.ilcortile-mulhouse.fr
– Fermé 9-16 mai, 15-29 août, 10-24 janv., dim. et lundi 　　　　　EYa
Rest – Menu 29 € (déj. en sem.), 59/75 € – Carte 66/96 €🍸
Spéc. Homard breton, croustillant de parmesan, fèves et fenouil sauvage. Raviolis aux brocolis et anchois, tempura de filets d'anchois "en hommage à ma mère". Tiramisu au melon, sorbet au moscato.
♦ Tout ici respire l'Italie : de la belle cuisine créative escortée d'un bon choix de vins (proposés au verre) à l'intérieur contemporain, sans oublier la superbe cour-terrasse.

Oscar 　　　　　　　　　　　　　㏗ ᴀᴄ ⇔ 𝘝𝘐𝘚𝘈 ⓒⓞ ᴀᴇ
1 av. Maréchal-Joffre – ℰ 03 89 45 25 09 – www.bistrot-oscar.com – Fermé
1er-16 août, 20 déc.-4 janv., sam. et dim. 　　　　　　　　　　　FZx
Rest – (20 €) Menu 35 € – Carte 30/50 €🍸
♦ Ambiance conviviale assurée dans cet établissement proche de la gare (terrasse arborée et fleurie). Appétissants plats de brasserie escortés de vins de petits producteurs.

L'Estérel 　　　　　　　　　　　　　㏗ 🅿 𝘝𝘐𝘚𝘈 ⓒⓞ ᴀᴇ
83 av. de la 1ère Division Blindée – ℰ 03 89 44 23 24
– Fermé 25 avril-3 mai, 2 sem. en août, vacances de la Toussaint, 21 fév.-7 mars,
dim. soir, merc. soir et lundi 　　　　　　　　　　　　　　BVt
Rest – Menu 13 € (sem.)/49 € – Carte 35/57 €
♦ À proximité du parc zoologique, auberge agrandie d'une véranda donnant sur une terrasse ombragée prise d'assaut à la belle saison. Carte actuelle selon le marché.

Poincaré II 　　　　　　　　　　　　ᴀᴄ ⇔ 𝘝𝘐𝘚𝘈 ⓒⓞ ᴀᴇ
6 porte Bâle – ℰ 03 89 46 00 24 – Fermé sam. et dim. 　　　　　　FYm
Rest – (19 €) Menu 22/49 € – Carte 33/84 €
♦ Joli restaurant avec cuisines visibles pour voir le chef à l'œuvre. Quatre fois par an, quinzaines culinaires consacrées à des régions (Touraine, Lyonnais) ou des produits.

La Table de Michèle 　　　　　　　　　㏗ ᴀᴄ 𝘝𝘐𝘚𝘈 ⓒⓞ
16 r. de Metz – ℰ 03 89 45 37 82 – www.latabledemichele.fr
– Fermé 23 déc.-3 janv., sam. midi, dim. et lundi 　　　　　　　　FYt
Rest – (17 €) Carte 30/40 €
♦ Michèle joue du piano debout... en cuisine bien sûr ! Son répertoire ? Plutôt traditionnel, mais sensible aux quatre saisons. Côté décor : chaleur du bois et ode à la nature.

à Sausheim 3 km au Nord par D 38 – 5 299 h. – alt. 238 m – ⊠ 68390

🏨 **Novotel** 🚗 🛜 ⚓ ⚕ ch, 🅰🅲 rest, ⚕⚕ 🔝 🅿 VISA ⚫⚫ 🅰🅴 ⊕
r. Île Napoléon – ℰ 03 89 61 84 84 – www.novotel.com   DU**s**
77 ch – †73/195 € ††73/195 € – ⊊ 14 €   **Rest** – Menu 16 € – Carte 18/39 €
♦ Étape intéressante par sa situation et sa vocation pratique, cet hôtel dispose de chambres rénovées selon les derniers standards de la chaîne. Lounge-bar et piscine au vert. Restaurant adoptant le nouveau concept "Novotel Café". Terrasse côté jardin et bassin.

à Baldersheim 8 km par ① – 2 514 h. – alt. 226 m – ⊠ 68390

🏨 **Au Cheval Blanc** 🛜 🔲 🛁 🎿 ⚕ ch, 🅰🅲 ⚕⚕ 🔝 🅿 VISA ⚫⚫ 🅰🅴
27 r. Principale – ℰ 03 89 45 45 44 – www.hotel-cheval-blanc.com
82 ch – †66/107 € ††77/121 € – ⊊ 12 € – ½ P 68/79 €
Rest – (fermé dim. soir) (11 €) Menu 18 € (sem.), 21/50 € – Carte 22/60 €
♦ Hôtel d'allure alsacienne exploité de père en fils depuis plus d'un siècle. Les chambres, garnies de meubles rustiques, offrent un confort homogène et de qualité. Salle à manger rénovée, accessible par le café du village. Nombreux menus, belle carte régionale et gibier en saison.

Au Vieux Marronnier 🏨 ⚕ 🅰🅲 ⚕⚕ 🅿 VISA ⚫⚫ 🅰🅴
à 300 m – ℰ 03 89 36 87 60 – www.hotel-cheval-blanc.com
8 ch – †88 € ††88 € – 6 suites – ⊊ 11 €
♦ Construction récente abritant studios et appartements pratiques pour de longs séjours ou des familles de passage : espace, cuisinettes bien équipées et décor contemporain.

à Rixheim 3 km au Sud-Est par D 66 – 13 061 h. – alt. 240 m – ⊠ 68170

🏠 **La Grange à Élise** sans rest 🦌 🚗 ⚕ ✂ ⚕⚕ 🅿 VISA ⚫⚫ 🅰🅴
68 Grand-Rue – ℰ 03 89 54 20 71 – www.grange-elise.com   DV**a**
5 ch ⊊ – †74 € ††97 €
♦ Au cœur du village, cette ancienne grange aménagée avec goût a su conserver son charme ancien (poêle en faïence, objets chinés). Chambres cosy aux noms de fleurs. Bon accueil.

à Riedisheim 2 km au Sud-Est par D 56 et D 432 – 11 925 h. – alt. 225 m – ⊠ 68400

🍴🍴🍴 **La Poste** (Jean-Marc Kieny) 🅰🅲 ⚭ VISA ⚫⚫ 🅰🅴
💠 7 r. Gén. de Gaulle – ℰ 03 89 44 07 71 – www.restaurant-kieny.com
– Fermé 3 sem. en août, dim. soir, mardi midi et lundi   CV**d**
Rest – (25 €) Menu 39/85 € – Carte 65/75 €🏵
Spéc. Tapas alsaciens en hommage à notre région. Pièce de veau de lait en bolognaise de homard. Le chocolat en 3D. **Vins** Riesling, Pinot noir.
♦ Dans ce chaleureux relais de diligences (1850) se transmettent depuis six générations les secrets d'une cuisine au goût du jour mâtinée de tradition alsacienne. Bon choix de vins.

🍴🍴 **Auberge de la Tonnelle** 🛜 🅿 VISA ⚫⚫
61 r. Mar.-Joffre – ℰ 03 89 54 25 77 – Fermé dim. soir et fériés le soir
Rest – Menu 30 € (sem.), 45/65 € – Carte 45/65 €🏵   CV**u**
♦ Grande maison régionale profitant d'une terrasse. Cuisine actuelle sous forme de menu-carte changé au gré du marché ; carte des vins étoffée (Bourgogne et petits producteurs).

à Zimmersheim 5 km par D 56 - CV – 1 006 h. – alt. 290 m – ⊠ 68440

🍴 **Jules** 🛜 🅰🅲 VISA ⚫⚫
5 r. de Mulhouse – ℰ 03 89 64 37 80 – www.restojules.fr – Fermé dim. et lundi
Rest – (prévenir) (12 €) Carte 35/45 €
♦ Spécialités d'abats et de produits de la mer, pâtisseries maison, nombreux vins proposés au verre font la renommée de ce bistrot. Salle d'été au look actuel face au jardin.

à Hochstatt 7 km au Sud-Ouest par D 8III - **BV** – 2 053 h. – alt. 286 m – ✉ 68720

XX **Au Cheval Blanc** 🐾 ⇄ VISA ◐◐
55 Grande Rue – 𝒞 03 89 06 27 77 – www.auchevalblanc-hochstatt.fr – Fermé 1er-15 août, 24 déc.-3 janv., dim. soir, lundi soir, mardi soir et merc.
Rest – (20 €) Menu 30/70 € – Carte 43/69 €🏵
♦ Cette maison de 1870, fraîche et colorée, révèle un intérieur contemporain au décor épuré. Goûteuse cuisine actuelle évoluant avec les saisons et belle carte des vins.

à Froeningen 9 km au Sud-Ouest par D 8BIII - **BV** – 601 h. – alt. 256 m – ✉ 68720

🏠 **Auberge de Froeningen** 🚗 🐾 ℡ P VISA ◐◐ AE
2 rte Illfurth – 𝒞 03 89 25 48 48 – www.aubergedefroeningen.com – Fermé 18-31 août, 12 -31 janv., mardi de nov. à avril, dim. soir et lundi
7 ch – †60 € ††70 € – ☐ 8,50 € – ½ P 65 €
Rest – (13 €) Menu 16 € (déj. en sem.), 25/56 € – Carte 25/60 €
♦ Séduisante auberge typiquement régionale. Mobilier ancien, bonne insonorisation et tenue parfaite dans les chambres dépourvues de TV... Idéal pour se ressourcer ! Salles à manger de caractère, cuisine locale et "journée alsacienne" le jeudi.

MUNSTER – 68 Haut-Rhin – **315** G8 – 5 041 h. – alt. 400 m – ✉ 68140 **1 A2**
🟩 Alsace Lorraine

▸ Paris 458 – Colmar 19 – Guebwiller 40 – Mulhouse 60
🛈 1, rue du Couvent 𝒞 03 89 77 31 80
🅖 Soultzbach-les-Bains : autels ★★ dans l'église E : 7 km.

🏠🏠🏠 **Verte Vallée** ✦ 🚗 🐾 🔲 SPA ᛚᚠ 🍴 🖳 AC ✦ ch, ℡ ᛋᚨ P VISA ◐◐ AE ①
10 r. A. Hartmann, (parc de la Fecht) – 𝒞 03 89 77 15 15 – www.vertevallee.com – Fermé 3-27 janv.
111 ch – †87/106 € ††87/106 € – 4 suites – ☐ 15 €
Rest – (16 €) Menu 27/50 € – Carte 27/50 €🏵
♦ Grand hôtel moderne avec spa et équipements de loisirs. Confortables chambres de style alsacien ou contemporain pour les plus récentes. Agréable jardin bordé par la Fecht. Le restaurant propose une cuisine classique et une séduisante carte des vins.

🏠 **Deybach** sans rest 🚗 🏧 ℡ P VISA ◐◐ AE
4 r. du Badischhof, 1 km par rte de Colmar (D 417) – 𝒞 03 89 77 32 71 – www.hotel-deybach.com
16 ch – †45 € ††50/60 € – ☐ 8 €
♦ L'accueil souriant et l'ambiance chaleureuse distinguent cet hôtel familial qui borde la route. Chambres fonctionnelles à la tenue scrupuleuse, agréable salon-bar et jardin.

XX **A l'Agneau d'Or** 🏧 VISA ◐◐
2 r. St-Grégoire – 𝒞 03 89 77 34 08 – www.martinfache.com – Fermé lundi et mardi
Rest – (nombre de couverts limité, prévenir) Menu 28 € (déj. en sem.), 36/46 € – Carte 43/54 €
♦ Cadre aux tons pastel et ambiance chaleureuse dans cette maison régionale où le chef revisite à sa façon une cuisine oscillant entre tradition et terroir. Gibier en saison.

à Wihr-au-Val 6 km à l'Est par D 417 – 1 184 h. – alt. 330 m – ✉ 68230

XX **Nouvelle Auberge** (Bernard Leray) 🚗 ⇄ P VISA ◐◐ AE
rte de Colmar – 𝒞 03 89 71 07 70 – www.nauberge.com – Fermé 1er-15 juil., 24-26 déc., dim. soir, lundi et mardi
Rest – Menu 32/70 € – Carte 55/70 €🏵
Spéc. Soupe d'escargots, jus de persil aillé, consommé de bœuf en tasse et tartine. Chevreuil d'Alsace, betteraves nouvelles et roïgabrageldi (saison). Meringue et mousse au chocolat, craquant de pralin et glace chicorée. **Vins** Riesling, Sylvaner.
Rest *Brasserie (rez-de-chaussée)* – (fermé le soir) Menu 11/17 € – Carte 22/30 €
♦ Dans ce relais de poste, les propriétaires jouent un "double jeu" culinaire. Gastronomie à l'étage, avec une carte où les recettes au goût du jour frayent avec quelques plats classiques. Brasserie alsacienne au rez-de-chaussée.

MURAT – 15 Cantal – **330** F4 – 2 077 h. – alt. 930 m – ⊠ 15300 ▌ Auvergne   **5** B3
- ▶ Paris 520 – Aurillac 48 – Brioude 59 – Issoire 74
- 🔧 2, rue du faubourg Notre-Dame ℰ 04 71 20 09 47
- ◉ Site ★★ - Église ★ d'Albepierre-Bredons S : 2 km.

à l'Est 4 km par N 122, rte de Clermont-Ferrand – ⊠ 15300 Murat

XXX   **Le Jarrousset**   🍽 🏡 **P** VISA ◉◉
- – ℰ 04 71 20 10 69 – www.restaurant-le-jarrousset.com – Fermé janv., lundi et mardi sauf juil.-août
- **Rest** – (16 €) Menu 22/73 € bc – Carte environ 43 €
- ◆ Cette coquette auberge propose une goûteuse cuisine actuelle privilégiant les produits régionaux. Une salle agrémentée de toiles, une autre plus intime ouverte sur la campagne.

LA MURAZ – 74 Haute-Savoie – **328** K4 – 804 h. – alt. 630 m   **46** F1
– ⊠ 74560
- ▶ Paris 545 – Annecy 33 – Annemasse 11 – Thonon-les-Bains 41

XX   **L'Angélick**   🏡 🌿 ♻ **P** VISA ◉◉
◉◉
- – ℰ 04 50 94 51 97 – www.angelick.fr – Fermé 7-23 août, 23-30 déc., dim. soir, lundi, mardi et le midi en sem.
- **Rest** – (22 €) Menu 32/71 € – Carte 60/80 € 🐾
- **Rest** *La Brasserie* – (déj. seult) Menu 13 € (sem.)/22 € – Carte 22/30 €
- ◆ Salles intimes et chaleureuses, chaises en fer forgé ou en cuir, belle mise de table moderne et mets inventifs. Côté Brasserie, petits plats sympathiques servis à midi en semaine dans un cadre actuel.

MURBACH – 68 Haut-Rhin – **315** G9 – **rattaché à Guebwiller**

MUR-DE-BARREZ – 12 Aveyron – **338** H1 – 822 h. – alt. 790 m   **29** D1
– ⊠ 12600 ▌ Midi-Toulousain
- ▶ Paris 567 – Aurillac 38 – Rodez 73 – St-Flour 56
- 🔧 12, Grand' Rue ℰ 05 65 66 10 16

🏠🏠   **Auberge du Barrez** 🌿   🍽 🏡 ⁽ᵗ⁾ **P** VISA ◉◉ AE
◉◉
- av. du Carladez – ℰ 05 65 66 00 76 – www.aubergedubarrez.com
🙂   – Fermé 3 janv.-13 fév.
- **18 ch** – ♦46/61 € ♦♦62/88 € – ⊒ 9 € – ½ P 59/74 €
- **Rest** – (fermé lundi) Menu 15 € (sem.), 25/41 € – Carte 36/50 €
- ◆ Dans un jardin fleuri, grande maison aux chambres bien tenues (une dizaine rénovées en 2010), certaines avec terrasse. Agréable salle à manger très colorée ; quelques tables ont vue sur la campagne. Cuisine traditionnelle, copieuse et bien tournée.

MÛR-DE-BRETAGNE – 22 Côtes-d'Armor – **309** E5 – 2 096 h.   **10** C2
– alt. 225 m – ⊠ 22530 ▌ Bretagne
- ▶ Paris 457 – Carhaix-Plouguer 50 – Guingamp 47 – Loudéac 20
- 🔧 place de l'Église ℰ 02 96 28 51 41
- ◉ Rond-Point du lac ⩽ ★ - Lac de Guerlédan ★★ O : 2 km.

XXX   **Auberge Grand'Maison** (Christophe Le Fur) avec ch   ⁽ᵗ⁾ VISA ◉◉ AE
❀   1 r. Léon-le-Cerf – ℰ 02 96 28 51 10 – www.auberge-grand-maison.com
- – Fermé 27 fév.-15 mars, 2 sem. en oct., 1er-10 janv., mardi hors saison, dim. soir et lundi
- **9 ch** – ♦48/98 € ♦♦48/98 € – ⊒ 12 € – ½ P 77/98 €
- **Rest** – Menu 25 € (déj. en sem.), 48/78 € – Carte 50/90 €
- **Spéc.** Ormeau sauvage de Perros-Guirec en civet de bigorneaux, champignons sauvages (oct. à mars). Club sandwich de pigeon et foie gras en tartine gourmande. "Gwen Ha Du", pomme caramélisée, chantilly caramel au beurre salé et glace fleur de caramel.
- ◆ Cette maison a préservé son caractère d'ancienne auberge bretonne tout en modernisant un rien sa salle à manger. Excellents produits au service d'une cuisine actuelle et créative. Chambres spacieuses et cosy.

MURO – 2B Haute-Corse – **345** C4 – **voir à Corse**

MUS – 30 Gard – **339** K6 – 1 176 h. – alt. 53 m – ⌧ 30121 ▐ Provence ⬛ **23** C2
▶ Paris 737 – Arles 52 – Montpellier 37 – Nîmes 26

⌂ **La Paillère** ⌖   ⌖ ⌖ P
26 av. du Puits Vieux – ☎ 04 66 35 55 93 – *www.paillere.com*
5 ch ⌑ – ▮70 € ▮▮80 €   **Table d'hôte** – Menu 25 € bc
◆ Cette maison du 17ᵉ s., discrète et patinée par le temps, cultive un certain art
de vivre : patio verdoyant, chambres originales (Provence, Mongolie, etc.). Pour
l'anecdote, elle fut la propriété de Régine et Delon y a séjourné ! Recettes du
Sud à la table d'hôte.

MUSSIDAN – 24 Dordogne – **329** D5 – 2 829 h. – alt. 50 m – ⌧ 24400   **4** C1
▐ Périgord Quercy
▶ Paris 526 – Angoulême 84 – Bergerac 26 – Libourne 59
ℹ place de la République ☎ 05 53 81 73 87

✕✕ **Relais de Gabillou**   ⌖ ▣ P ▣ VISA ◉
à 1,5 km sur rte de Périgueux – ☎ 05 53 81 01 42 – *www.relaisgabillou.com*
– *Fermé 14-27 juin, 14 nov.-13 déc., le soir du 3 janv. au 13 fév., dim. soir et
lundi*
Rest – (12 €) Menu 15 € (sem.), 25/43 € – Carte 34/62 €
◆ Atmosphère rustique à souhait dans cette auberge de bord de route : vaste
cheminée en pierre, cuisine traditionnelle et plats régionaux... Terrasse ombragée,
au calme.

à Sourzac 4 km à l'Est par D 6089 – 1 078 h. – alt. 50 m – ⌧ 24400

▣ **Le Chaufourg en Périgord** sans rest ⌖   ⌖ ⌖ ⌖ P VISA ◉ ▣
– ☎ 05 53 81 01 56 – *www.lechaufourg.com* – *Ouvert 16 avril-14 nov.*
5 ch – ▮175/340 € ▮▮175/340 € – **4 suites** – ⌑ 16 €
◆ Le propriétaire a su préserver tout le charme romantique de la maison de campagne de son enfance : ambiance guesthouse, grandes chambres au luxe discret,
jardin hors du temps...

MUTIGNY – 51 Marne – **306** G8 – 217 h. – alt. 221 m – ⌧ 51160   **13** B2
▐ Champagne Ardenne
▶ Paris 150 – Châlons-en-Champagne 33 – Épernay 9 – Reims 32

Au Nord 2 km par D 271 - ⌧ 51160 Mutigny

⌂ **Manoir de Montflambert** sans rest ⌖   ◐ ⌖ P VISA ◉
– ☎ 03 26 52 33 21 – *www.manoirdemontflambert.fr*
5 ch ⌑ – ▮100/110 € ▮▮115/130 €
◆ Les chambres de ce manoir du 17e s., personnalisées et garnies de meubles
patinés, ouvrent sur la cour, sur les vignes ou sur la forêt. Grand parc agrémenté
d'une pièce d'eau.

MUTZIG – 67 Bas-Rhin – **315** I5 – 5 898 h. – alt. 190 m – ⌧ 67190   **1** A1
▐ Alsace Lorraine
▶ Paris 479 – Obernai 11 – Saverne 30 – Sélestat 38

⌂ **L'Ours de Mutzig**   ⌖ ⌖ ▮ ⌖ ch, ⌖ ⌖ ⌖ ⌖ VISA ◉ ▣
pl. Fontaine – ☎ 03 88 47 85 55 – *www.loursdemutzig.com*
47 ch – ▮69/79 € ▮▮69/79 € – ⌑ 11 €
Rest – (fermé jeudi) (13 €) Menu 16/34 € – Carte 30/40 €
◆ Dans cette maison à la jolie façade bleue (1900), les chambres sont plaisantes,
décorées dans un style contemporain ou plus classique (bois) dans les mansardes
du 3ᵉ étage. Carte traditionnelle ; çà et là, des ours en peluche peuplent la salle.

LE MUY – 83 Var – **340** O5 – 8 604 h. – alt. 27 m – ⌧ 83490   **41** C3
▶ Paris 861 – Antibes 59 – Marseille 132 – Toulon 77
ℹ 6, route de la Bourgade ☎ 04 94 45 12 79

L'Orée du Bois 🚗 🔒 🔟 ✗ AC 📶 🏋 P VISA ⭕ AE

rond-point Sainte-Roseline, rte de Draguignan, RD 1555 – ✆ 04 98 11 12 40
– www.oreedubois83.com
31 ch – †87/104 € ††95/120 € – ⊡ 12 €
Rest – *(fermé dim. soir hors saison et sam. midi)* (18 €) Menu 22 € (déj. en
sem.), 28/57 € – Carte 42/63 €
♦ Bâtiment moderne de style provençal (crépis ocre), alignant comme dans un
motel de petites chambres pratiques, toutes avec terrasses face au jardin et à la
piscine. Sauna, hammam, jacuzzi. Cuisine traditionnelle servie dans une salle rustique (vieux four, poutres).

au Nord 3 km par rte de Callas

⌂ Château des Demoiselles ⬓ 🚗 🔟 AC 📶 P VISA ⭕

2040 rte de Callas – ✆ 06 15 83 48 95 *– www.chateaudesdemoiselles.com
– Ouvert 1ᵉʳ avril-13 nov.*
5 ch ⊡ – †100/160 € ††120/180 € **Table d'hôte** – Menu 35 € bc/45 € bc
♦ Une majestueuse allée de platanes mène à cette bastide provençale (1830), au
cœur d'un vignoble. Décor d'esprit 18ᵉ s. revisité. Vins du domaine et table
d'hôte sur réservation.

NACONNE – 42 Loire – **327** E5 – rattaché à Feurs

NAINVILLE-LES-ROCHES – 91 Essonne – **312** D4 – 498 h.   **19** C2
– alt. 77 m – ✉ 91750

▶ Paris 49 – Boulogne-Billancourt 49 – Montreuil 50 – Saint-Denis 62

⌂ Le Clos des Fontaines sans rest ⬓ 🚗 🔟 14 ✗ 🌡 🌿 🐦 P VISA ⭕

3 r. de l'Église – ✆ 01 64 98 40 56 *– www.closdesfontaines.com*
5 ch – †66/78 € ††74/92 € – ⊡ 10 €
♦ Un havre de paix non loin d'une zone d'activité. Cet ancien presbytère dans un
jardin arboré bénéficie de chambres très calmes, toutes personnalisées. Petit-
déjeuner gourmand.

NAJAC – 12 Aveyron – **338** D5 – 751 h. – alt. 315 m – ✉ 12270   **29** C1
▌ Midi-Toulousain

▶ Paris 629 – Albi 51 – Cahors 85 – Gaillac 51
🛈 place du Faubourg ✆ 05 65 29 72 05
👁 La Forteresse★ : ≼★.

L' Oustal del Barry ≼ 🚗 🔒 📶 VISA ⭕

pl. du Bourg – ✆ 05 65 29 74 32 *– www.oustaldelbarry.com – Ouvert
26 mars-1ᵉʳ nov.*
17 ch – †47/50 € ††56/74 € – ⊡ 10 € – ½ P 61/75 €
Rest – *(fermé lundi midi et mardi midi sauf du 20 juin au 1ᵉʳ sept.)* (17 €)
Menu 20 € (déj. en sem.), 26/50 € bc – Carte 40/73 €🕸
♦ Nichée au cœur du magnifique village médiéval dominé par sa forteresse du
11ᵉ s., cette maison accueillante propose des chambres de tailles variées, fraîches
et colorées. Cuisine au goût du jour servie dans la salle à manger rustique.

⌂ Le Belle Rive ⬓ ≼ 🚗 🔒 🔟 ✗ AC rest, 📶 P VISA ⭕ AE ⓞ

Au Roc du Pont, 3 km au Nord-Ouest par D 39 – ✆ 05 65 29 73 90
– www.lebellerive.com – Ouvert 1ᵉʳ avril-31 oct. et fermé dim. soir en oct.
22 ch – †56/60 € ††56/60 € – ⊡ 9 €
Rest – *(fermé dim. soir et lundi midi en oct.)* (10 €) Menu 20/37 €
– Carte 40/50 €
♦ La même famille dirige depuis cinq générations cet hôtel agréablement situé
au bord de l'Aveyron. Cadre rustique à dominante de bois dans les chambres
(une d'esprit actuel). Le restaurant sert une cuisine à l'accent régional. Grande terrasse fleurie et ombragée.

NALZEN – 09 Ariège – **343** I7 – rattaché à Lavelanet

NANCY P – 54 Meurthe-et-Moselle – **307** I6 – **105 468 h.** **26** B2
– **Agglo. 331 363 h.** – **alt. 206 m** – ✉ **54000** Alsace Lorraine

Paris 314 – Dijon 216 – Metz 57 – Reims 209

de Metz-Nancy-Lorraine : ✆ 03 87 56 70 00, 43 km par ⑥.

✆ 3635 et tapez 42 (0,34 €/mn)

place Stanislas ✆ 03 83 35 22 41

de Nancy Pulnoy à Pulnoy 10 rue du Golf, par rte de Château-Salins et D 83 : 7 km, ✆ 03 83 18 10 18

de Nancy à Aingeray 1 chemin du golf, NO : 17 km par D 90, ✆ 03 83 24 53 87

Place Stanislas★★★, Arc de Triomphe★ BY **B** - Place de la Carrière★ et Palais du Gouverneur★ BX **R** - Palais ducal★★ : musée historique lorrain★★★ - Église et Couvent des Cordeliers★ : gisant de Philippe de Gueldre★★ - Porte de la Craffe★ - Église N.-D.-de-Bon-Secours★ EX - Façade★ de l'église St-Sébastien - Musées : Beaux-Arts★★ BY **M³**, Ecole de Nancy★★ DX **M⁴**, aquarium tropical★ du muséum-aquarium CY **M⁸** - Jardin botanique du Montet★ DY.

Basilique★★ de St-Nicolas-de-Port par ② : 12 km.

Plans pages suivantes

Park Inn
11 r. Raymond Poincaré – ✆ *03 83 39 75 75* – *www.nancy-parkinn.fr*
192 ch – †92/130 € ††92/130 € – ☕ 15 € AY**r**
Rest – *(fermé 6-21 août, 17-31 déc., sam., dim. et fériés)* (17 €) Menu 21 € (déj.)/32 € – Carte 23/41 €
◆ Cet hôtel bénéficie d'un emplacement privilégié, au cœur du quartier des affaires et à proximité du centre historique. Chambres spacieuses, fonctionnelles et bien équipées. Salle à manger baignée de lumière où l'on sert des plats entre tradition et brasserie.

D'Haussonville sans rest
9 r. Mgr Trouillet – ✆ *03 83 35 85 84* – *www.hotel-haussonville.fr* – *Fermé 2 sem. en janv.* AX**g**
4 suites – ††190/230 € – 3 ch – ☕ 16 €
◆ Ce splendide hôtel particulier du 16ᵉ s. est un véritable concentré de raffinement : chambres cossues avec cheminée et parquet d'époque, beau salon avec piano à queue.

Des Prélats sans rest
56 pl. Mgr Ruch – ✆ *03 83 30 20 20* – *www.hoteldesprelats.com* – *Fermé 24 déc.-4 janv.* CY**r**
42 ch – †89/119 € ††109/139 € – ☕ 12 €
◆ Superbe hôtel particulier du 17ᵉ s. adossé à la cathédrale. Les chambres, toutes spacieuses, rivalisent de caractère et de raffinement (mobilier d'antiquaires et objets chinés).

Mercure Centre Stanislas sans rest
5 r. des Carmes – ✆ *03 83 30 92 60* – *www.mercure.com* BY**m**
80 ch – †99/159 € ††114/174 € – ☕ 16 €
◆ Au cœur du Nancy commerçant, cet établissement dispose de chambres confortables et contemporaines, personnalisées par un mobilier d'inspiration Art nouveau. Petit bar à vins.

Crystal sans rest
5 r. Chanzy – ✆ *03 83 17 54 00* – *www.bestwestern-hotel-crystal.com* – *Fermé 24 déc.-4 janv.* AY**a**
58 ch – †70/135 € ††70/135 € – ☕ 12 €
◆ Les chambres de cet établissement familial sont toutes agréables et rigoureusement tenues ; les plus récentes affichent cependant un style actuel plus séduisant. Salon-bar.

⌂ Maison de Myon 🕊️ 📶 ♨️ VISA ⓪ AE

7 r. Mably – ✆ *03 83 46 56 56* – *www.maisondemyon.com* – *Fermé 11-25 fév.*
5 ch ⌂ – †110 € ††130 €   **Table d'hôte** – Menu 30 € bc/100 €   CYs
◆ Belle demeure 18ᵉ s. convertie en maison d'hôte. Déco de très bon goût mariant meubles anciens et design, objets rares et tissus élégants. Bibliothèque dans l'ancienne écurie. Cours de cuisine, dégustation de vin...

✗✗✗ Le Capucin Gourmand ♿ ⇔ VISA ⓪ AE

31 r. Gambetta – ✆ *03 83 35 26 98* – *www.lecapu.com* – *Fermé 12-25 août,*
vacances de fév. et dim.   BYm
Rest – (19 €) Menu 29 € (sem.), 43/76 € – Carte 66/92 €
◆ Une institution à Nancy. La salle à manger a fière allure (camaïeu de beige, boiseries, moulures ouvragées...) et la cuisine, dans l'air du temps, change avec les saisons.

✗✗✗ Le Grenier à Sel (Patrick Frechin) ⇔ VISA ⓪
❀

28 r. Gustave-Simon – ✆ *03 83 32 31 98* – *www.legrenierasel.eu*
– *Fermé 25 juil.-16 août, dim. et lundi*   BYx
Rest – Menu 25 € (déj. en sem.), 45/65 € – Carte 80/95 €
Spéc. Millefeuille de foie gras de canard et confit de melon à l'huile de vanille (été). Tournedos de pigeonneau poché, jus réduit et girolles boutons acidulées (hiver). Sablé breton aux fraises et à l'huile d'olive, sorbet huile d'olive (été). **Vins** Côtes de Toul, Vin de Moselle.
◆ Le restaurant est installé à l'étage d'une des plus vieilles maisons nancéiennes. Le cadre contemporain, sobre et cosy, sied à la cuisine du chef, inventive et personnelle.

✗✗ La Maison dans le Parc 🍴 ♿ AC VISA ⓪

3 r. Ste-Catherine – ✆ *03 83 19 03 57* – *www.lamaisondansleparc.com* – *Fermé 1ᵉʳ-10 mai, 7-16 août, 1ᵉʳ-17 janv., dim. soir , lundi et mardi*   BYn
Rest – Menu 29 € (déj.) – Carte 57/83 €
◆ Une demeure 19ᵉ s. relookée dans un style contemporain chic (tons gris, mobilier signé John Hutton). Table d'hôte et terrasse face à un superbe parc. Accords mets et vins.

✗✗ La Toq' VISA ⓪

1 r. Mgr Trouillet – ✆ *03 83 30 17 20* – *www.latoqueblanche.fr* – *Fermé vacances de fevrier, de printemps, 25 juil.-17 août, dim. soir et lundi*   ABYz
Rest – Menu 20 € (déj.), 28/70 € – Carte 60/80 €
◆ La pierre apparente et les vieilles voûtes se marient harmonieusement avec les meubles contemporains et les tons parme. Ambiance intime et recettes au goût du jour.

✗✗ Les Agaves VISA ⓪

2 r. Carmes – ✆ *03 83 32 14 14* – *www.les-agaves-nancy.com* – *Fermé 1ᵉʳ-15 août, lundi soir, merc. soir et dim.*   BYu
Rest – Menu 23/35 € – Carte 35/45 € ❀
◆ Le chef propose une cuisine très orientée au Sud, mêlant influences méditerranéennes et italiennes. Beau choix de vins transalpins. Une salle cossue et une d'esprit bistrot.

✗✗ Les Petits Gobelins 🍴 AC VISA ⓪

18 r. Primatiale – ✆ *03 83 35 49 03* – *www.lespetitsgobelins.fr*
– *Fermé 1ᵉʳ-23 août, 2-6 janv., dim. et lundi*   CYz
Rest – (17 €) Menu 25 € (sem.)/60 € – Carte 40/60 € ❀
◆ Une table chaleureuse installée dans les murs d'une demeure 18ᵉ s. Plaisant cadre contemporain, cuisine dans l'air du temps (glaces et pain faits maison) et riche carte des vins.

✗ V Four 🍴 VISA ⓪
🥢

10 r. St-Michel – ✆ *03 83 32 49 48* – *www.levfour.fr*
– *Fermé 29 août-13 sept., 30 janv.-10 fév., dim. soir et lundi*   BXr
Rest – *(nombre de couverts limité, prévenir)* (19 €) Menu 27/40 € – Carte 50/70 €
◆ Minuscule salle de style bistrot contemporain et cuisine au goût du jour soignée : cette adresse conviviale, située dans une petite rue piétonne, connaît un franc succès.

JARVILLE-LA-MALGRANGE

République (R. de la) ...... **EX** 76

LAXOU

Europe (Av. de l') .... **DX** 32
Poincaré (R. R.) .... **DX** 71
Résistance (Av. de la) ..... **CV** 78
Rhin (Av. du) .... **CV** 79

NANCY

Adam (R. Sigisbert) .... **BX** 2
Albert-1er (Bd) .... **DV** 3
Anatole-France (Av.) ...... **DV** 6
Armée-Patton (R.) .... **DV** 7
Auxonne (R. d') .... **DV** 8
Barrès (R. Maurice) .... **CY** 10
Bazin (R. H.) .... **CY** 13
Benit (R.) .... **BY** 14
Blandan (R. du Sergent) ... **DX** 15
Braconnot (R.) .... **BX** 19
Carmes (R. des) .... **BY** 20
Chanoine-Jacob (R.) .... **AX** 23
Chanzy (R.) .... **AY** 24
Cheval-Blanc (R. du) ...... **BY** 25
Clemenceau (Bd G.) .... **EX** 26
Craffe (R. de la) .... **AX** 27
Croix de Bourgogne (Espl.) ... **AZ** 28
Dominicains (R. des) ...... **BY** 29

Erignac (R. C.) .... **BY** 31
La-Fayette (Pl. de) .... **BY** 47
Foch (Av.) .... **DV** 34
Gambetta (R.) .... **BY** 36
Gaulle (Pl. Gén.-de) ...... **BX** 37
Grande-Rue .... **BXY**
Haussonville (Bd d') ...... **DX** 38
Haut-Bourgeois (R.) ...... **AX** 39
Héré (R.) .... **BY** 40
Ile de Corse (R. de l') .... **CY** 41
Jeanne-d'Arc (R.) .... **DEX** 44
Jean-Jaurès (Bd) .... **EX** 43
Keller (R. Ch.) .... **AX** 46
Linnois (R.) .... **EX** 49
Louis (R. Baron) .... **AXY** 50
Loups (R. des) .... **AX** 51
Majorelle (R. Louis) ...... **DX** 52
Mazagran (R.) .... **AY** 54
Mengin (Pl. Henri) .... **BY** 55
Mgr-Ruch (Pl.) .... **CY** 63
Molitor (R.) .... **CZ** 60
Monnaie (R. de la) .... **BY** 62
Mon-Désert (R. de) ...... **ABZ** 61
Mouja (R. du Pont) ...... **BY** 64
Nabécor (R. de) .... **EX** 65
Oudinot (R. Maréchal) .... **EX** 68
Poincaré (R. H.) .... **AY** 69
Poincaré (R. R.) .... **AY** 70
Point-Central .... **BY** 72
Ponts (R. des) .... **BYZ** 73
Primatiale (R. de la) ..... **CY** 74

...augraff (R.)	**BY** 75	Strasbourg (Av. de)	**EX** 102
...-Dizier (R.)	**BCYZ**	Tomblaine (R. de)	**EV** 103
...-Epvre (Pl.)	**BY** 82	Trois-Maisons	
...-Georges (R.)	**CY**	(R. du Fg des)	**AX** 104
...-Jean (R.)	**BY**	Trouillet (R.)	**AXY** 105
...-Lambert (R.)	**DV** 84	Verdun (R. de)	**DV** 106
...-Léon (R.)	**AY** 85	Victor-Hugo (R.)	**DV** 107
...ource (R. de la)	**AY** 99	Visitation (R. de la)	**BY** 109
...anislas (R.)	**BY** 100	XXe-Corps (Av. du)	**EV** 110

VANDŒUVRE-LÈS-NANCY

Barthou (Bd L.)	**EX** 12
Doumer (Av. P.)	**EX** 30
Europe (Bd de l')	**DEY** 33
Frère (R. Gén.)	**DY** 35
Jeanne-d'Arc (Av.)	**DEY** 45
Jean-Jaurès (Av.)	**DXY** 42
Leclerc (Av. Gén.)	**DY** 48

✕ **Chez Tanésy "Le Gastrolâtre"**   AC VISA ◉◎
23 Grande Rue – ℰ 03 83 35 51 94 – Fermé 14-30 juil. , vacances de la Toussaint,
1ᵉʳ-7 janv., mardi midi, dim. et lundi   BYv
Rest – *(nombre de couverts limité, prévenir)* Menu 27 € (déj. en sem.)/44 €
– Carte 47/70 €
♦ Atmosphère et décor bistrot dans ce petit restaurant de la vieille ville.
L'assiette se veut authentique et gourmande : plats canailles, truffe (en saison),
glaces maison, etc.

✕ **Les Pissenlits**   AC VISA ◉◎
25 bis r. des Ponts – ℰ 03 83 37 43 97 – www.les-pissenlits.com – Fermé
1ᵉʳ-15 août, dim. et lundi   BYe
Rest – Menu 20/39 € bc – Carte 26/55 € ☷
Rest *Vins et Tartines* –   ℰ 03 83 35 17 25 – Carte 23/39 € ☷
♦ Salle de style École de Nancy, copieuse cuisine régionale énoncée sur tableau
noir et ambiance décontractée sont les atouts de ce restaurant familial. L'annexe
Vins et Tartines – bien nommée – prend ses aises dans une ancienne chapelle.

✕ **Chez Lize**   AC VISA ◉◎
52 r. H. Déglin – ℰ 03 83 30 36 26 – Fermé 14 juil.-11 août, 26 déc.-2 janv., sam.
midi, dim. soir et lundi   AXv
Rest – Menu 20/25 € – Carte 25/35 €
♦ Dans le quartier des Trois-Maisons, ce sympathique petit restaurant aux allures
de bistrot propose des spécialités lorraines et alsaciennes.

à Dommartemont – 654 h. – alt. 299 m – ✉ 54130

✕✕✕ **La Ferme Sainte Geneviève - L'Ermitage**   ☖ ✵ VISA ◉◎
☺ *2 chemin Pain de Sucre – ℰ 03 83 29 99 81 – www.lafermesaintegenevieve.com*
– Fermé janv., dim. soir, mardi soir, merc. soir, jeudi soir et lundi
Rest – *(nombre de couverts limité, prévenir)* Menu 45/85 €
Rest *Le Bistrot* –   ℰ 03 83 29 13 49 – Menu 16 € (sem.)/28 €
♦ Sur les hauteurs de la ville, cette maison en pierre sert une cuisine actuelle
dans un cadre feutré, résolument contemporain. Plats régionaux, traditionnels et
ardoise du jour vous attendent au Bistrot, dont la terrasse animée fleure bon l'es-
prit de guinguette.

à Jarville-la-Malgrange – 9 444 h. – alt. 210 m – ✉ 54140

✕ **Les Chanterelles**   VISA ◉◎
☺ *27 av. Malgrange – ℰ 03 83 51 43 17 – Fermé dim. et lundi*   EXn
Rest – Menu 18 € (sem.), 25/33 € – Carte 40/56 €
♦ Après la visite du musée de l'Histoire du fer, poussez la porte de ce restaurant de quartier. Son cadre est simple, voire rustique, et l'assiette ne déroge
pas à la tradition.

à Houdemont – 2 477 h. – alt. 270 m – ✉ 54180

🏨 **Novotel Nancy Sud**   ⛱ ☖ ⊠ ⌸ AC ⍨ ⚒ P VISA ◉◎ AE ①
8 Allée de la Geneliere, (près du centre commercial) – ℰ 03 83 56 10 25
– www.novotel.com   EYs
86 ch – †84/155 € ††84/155 € – ☷ 14 €   **Rest** – (17 €) Carte 23/42 €
♦ À la croisée des autoroutes Nancy-Paris-Strasbourg, vous ferez facilement une
halte dans cet hôtel. Chambres spacieuses au design contemporain. Salle de restaurant actuelle prolongée d'une terrasse au bord de la piscine.

à Flavigny-sur-Moselle 16 km par ③ et A 330 – 1 787 h. – alt. 240 m
– ✉ 54630

✕✕✕ **Le Prieuré** avec ch ⌘   ⛱ ☖ ⍨ ⚒ VISA ◉◎
3 r. du Prieuré – ℰ 03 83 26 70 45 – Fermé 1ᵉʳ-8 mai, 16 août-2 sept.,
28 déc.-3 janv., 16-28 fév., dim. soir, merc. soir et lundi
4 ch – †122 € ††122 € – ☷ 13 €
Rest – *(nombre de couverts limité, prévenir)* Menu 46 € – Carte 70/90 €
♦ Façade modeste dissimulant trois salons où meubles lorrains, étains et cheminée créent l'intimité. Cuisine classique. Chambres spacieuses.

à Vandoeuvre-lès-Nancy – 31 447 h. – alt. 300 m – ✉ 54500

Cottage-Hôtel AC rest, P VISA MC AE

4 allée de Bourgogne – ☎ 03 83 44 69 00 – www.groupe-mengin.com – Fermé 1er-15 août et 24-31 déc.

64 ch – †48/90 € ††48/90 € – ☕ 9 € – ½ P 45/62 €

Rest – *(fermé dim.)* Menu 17/35 € bc – Carte 25/58 €

◆ Petites chambres fonctionnelles réparties dans deux bâtiments récents, près de l'hippodrome et du technopole. Salle à manger-véranda baignée de lumière et assiette traditionnelle.

à Neuves-Maisons 14 km par ④ – 6 941 h. – alt. 230 m – ✉ 54230

L'Union VISA MC AE

1 r. A. Briand – ☎ 03 83 47 30 46

– Fermé 1er-15 août, lundi et le soir sauf vend. et sam.

Rest – (12 €) Menu 26/36 € – Carte 42/54 €

◆ Cette jolie petite maison colorée, autrefois café du village, propose une cuisine traditionnelle servie dans deux salles à manger d'une agréable simplicité. Terrasse ombragée.

NANS-LES-PINS – 83 Var – **340** J5 – 3 891 h. – alt. 380 m – ✉ 83860 **40** B3

Paris 794 – Aix-en-Provence 44 – Brignoles 26 – Marseille 42

2, cours Général-de-Gaulle ☎ 04 94 78 95 91

18 de la Sainte-Baume Domaine de Châteauneuf, N : 4 km par D 80, ☎ 04 94 78 60 12

Domaine de Châteauneuf AC ch, P VISA MC AE

3 km au Nord par D 560 – ☎ 04 94 78 90 06

– www.domaine-de-chateauneuf.fr – Ouvert 30 mars-15 oct.

29 ch – †144/276 € ††169/495 € – 1 suite – ☕ 19 €

Rest – Menu 40/86 € – Carte 50/80 €

◆ Pas de luxe opulent, mais un raffinement discret et une certaine authenticité dans cette belle bastide du 18e s., au cœur du golf de la Ste-Baume. Goût de Provence au restaurant, dans un décor classique en camaïeu de gris ou sous les platanes centenaires...

Château de Nans avec ch P VISA MC AE

quartier du Logis, 3 km par D 560 (rte d'Auriol) – ☎ 04 94 78 92 06

– www.chateau-de-nans.com

– Hôtel : ouvert 1er avril-14 oct., Rest : fermé 25 nov.-3 déc.,

15 fév.-15 mars, lundi et mardi sauf le soir en juil.-août

5 ch – †106 € ††122 € – ☕ 10 €

Rest – (25 €) Menu 48/59 € – Carte 49/60 €

◆ Un charmant castel du 19e s., à la fois chic et cosy – malgré la proximité de la route. Il est agréable de s'attabler dans la véranda façon jardin d'hiver... Cuisine fine, aux accents du Sud. Décor soigné dans les chambres ; mention spéciale à celles de la tour !

L'Éveil des Sens AC P VISA MC AE

42 rte de Marseille – ☎ 04 94 04 41 65 – www.leveildessensrestaurant.fr – fermé dim. soir et merc. soir d'oct. à mars et lundi

Rest – (16 €) Menu 19 € (déj. en sem.), 29/70 € – Carte 40/68 €

◆ Une maison particulière devenue restaurant, à la sortie de Nans. Seiches à la plancha, tatin de fenouil confit, crème de spéculos… des associations de saveurs qui flattent les sens.

NANTERRE – 92 Hauts-de-Seine – **311** J2 – **101** 14 – voir Paris, Environs

S. Sauvignier/MICHELIN

Le passage Pommeraye

NANTES

Département : Ⓟ 44 Loire-Atlantique
Carte Michelin LOCAL : 316 G4
▶ Paris 381 – Angers 88
– Bordeaux 325 – Quimper 233
Altitude : 8 m
Population : 282 853 h.

Pop. agglomération : 544 932 h.
Code Postal : ✉ 44000
▌Bretagne
Carte régionale : 34 B2

PLANS DE L'AGGLOMÉRATION 1058

NANTES CENTRE 1060

RÉPERTOIRE DES RUES 1062

HÔTELS ET RESTAURANTS 1063

RENSEIGNEMENTS PRATIQUES

🛈 OFFICE DE TOURISME

3, cours Olivier de Clisson ℰ 08 92 46 40 44

2, place Saint Pierre ℰ 08 92 46 40 44

TRANSPORTS

🚆 Auto-train ℰ 3635 (dîtes auto-train - 0,34 €/mn)

AÉROPORT

✈ International Nantes-Atlantique ℰ02 40 84 80 00, 10 km par D 85 **BX**

QUELQUES GOLFS

🏌 de Nantes Erdre Chemin du Bout des Landes, N : 6 km par D 69, ℰ02 40 59 21 21

🏌 de Carquefou à Carquefou Boulevard de l'Epinay, N : 9 km par D 337, ℰ02 40 52 73 74

🏌 de Nantes à Vigneux-de-Bretagne RD 81, NO : par D965 et D 81 : 16 km, ℰ02 40 63 25 82

👁 A VOIR

SOUVENIRS DES DUCS DE BRETAGNE

Château★★ : tour de la Couronne d'Or★★, puits★★ **HY** - Intérieur★★ de la Cathédrale St-Pierre-et-St-Paul : tombeau de François II★★ , cénotaphe de Lamoricière★ **HY**

NANTES DU 18ᵉ S.

Ancienne île Feydeau★ **GZ**

LA VILLE DU 19ᵉ S.

Passage Pommeraye★ **GZ** 150 - Quartier Graslin★ **FZ** - Cours Cambronne★ **FZ** - Jardin des Plantes★ **HY**

MUSÉES

Musée des Beaux-Arts★★ **HY** - Muséum d'histoire naturelle★★ **FZ** M⁴ - Musée Dobrée★ **FZ** - Musée archéologique★ **M³** - Musée Jules-Verne★ **BX M¹**

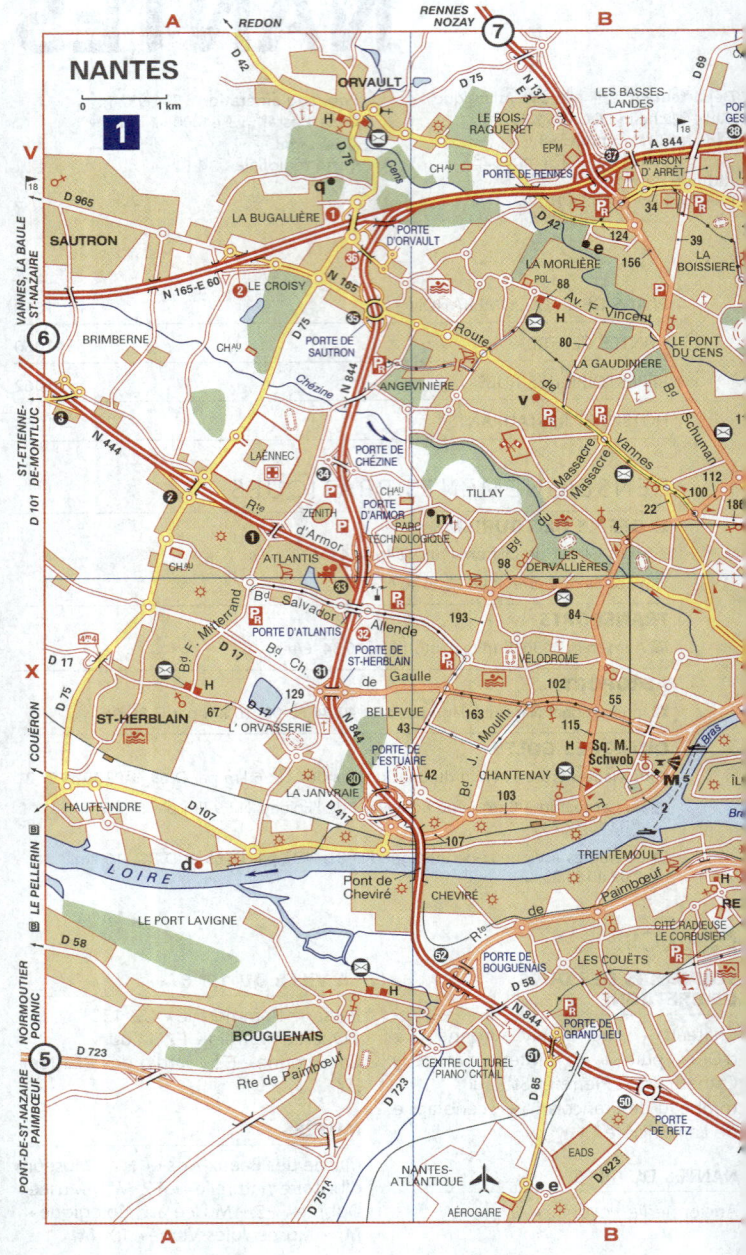

NANTES

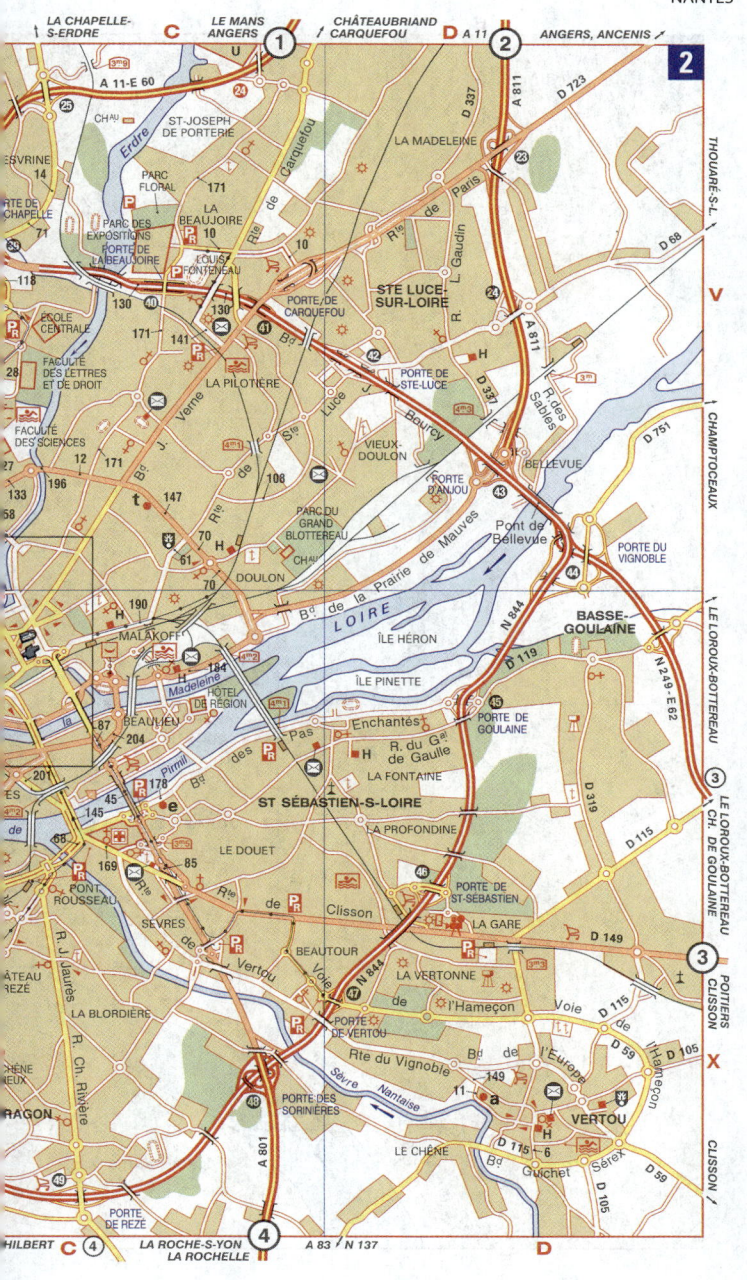

RÉPERTOIRE DES RUES DE NANTES

BOUGUENAIS

Paimbœuf (Rte de) . . . . **BX**

NANTES

Aiguillon (Q. d') . . . . **BX** 2
Albert (R. du Roi) . . . . **GY** 3
Alexandre-Dumas (R.) . . . . **EY**
Allende (Bd S.) . . . . **EZ**
Anglais (Bd des) . . . . **BV** 4
Anne-de-Bretagne (Pont) . . **FZ** 5
Appert (R.) . . . . **EY**
Arsonval (R. d') . . . . **EY**
Audibert (Pont Gén.) . . . . . . **HZ** 7
Babin-Chevaye (Bd) . . . . . . **GHZ**
Baboneau (R.) . . . . **EZ**
Bâclerie (R. de la) . . . . **GY** 8
Baco (Allée) . . . . **HYZ**
Barbusse (Quai H.) . . . . **GY**
Barillerie (R. de la) . . . . **GY** 9
Bastille (R. de la) . . . . **EFY**
Baudry (R. S.) . . . . **HY**
Beaujoire (Bd de la) . . . . . **CV** 10
Beaujoire (Pont de la) . . . . **CV**
Beaumanoir (Pl.) . . . . **EZ**
Belges (Bd des) . . . . **CV** 12
Bellamy (R. P.) . . . . **GY**
Belleville (R. de) . . . . **EZ** 13
Bel-Air (R. de) . . . . **GY**
Blanchart (R. J.) . . . . **EZ**
Boccage (R. du) . . . . **EFY**
Bocquerel (Bd H.) . . . . **CV** 14
Boileau (R.) . . . . **GZ** 15
Bonduel (Av. J. C.) . . . . **HZ**
Bossuet (R.) . . . . **GY** 16
Bouchaud (R.) . . . . **EY**
Boucherie (R. de la) . . . . . . **GY** 18
Bouhier (Pl. R.) . . . . **EZ** 19
Bouille (R. du) . . . . **GY** 21
Bouley Paty (Bd) . . . . **BV** 22
Bourcy (Bd Joseph) . . . . . . **CDV**
Bourse (Pl. de la) . . . . **GZ** 24
Branly (R. É.) . . . . **EY**
Brasserie (R. de la) . . . . . . **EZ** 25
Bretagne (Pl. de la) . . . . . . **GY** 27
Briand (Pl. A.) . . . . **FY**
Briand (Pont A.) . . . . **HZ** 28
Brunellière (R. Ch.) . . . . . . **FZ** 30
Buat (R. du Gén.) . . . . **HY**
Budapest (R. de) . . . . **GY** 31
Bureau (Bd L.) . . . . **FZ**
Calvaire (R. du) . . . . **GY** 33
Cambronne (Cours) . . . . . . **FZ**
Camus (Av.) . . . . **EY**
Canclaux (R.) . . . . **EZ**
Carnot (Av.) . . . . **HYZ**
Carquefou (Rte de) . . . . . . **CV**
Cassegrain (R. L.) . . . . **GY**
Cassin (R.) . . . . **BV** 34
Ceineray (Quai) . . . . **GY** 36
Change (Pl. du) . . . . **GY** 37
Chanzy (Av.) . . . . **HY**
Chapelle-sur-Erdre (Rte) . . **BV** 39
Chateaubriand (R.) . . . . **GY**
Châteaulin (R. de) . . . . **GY**
Château (R. du) . . . . **GY** 40
Chevré (Pont de) . . . . **ABX**
Chézine (R. de la) . . . . **EY**
Cholet (Bd Bâtonnier) . . . . **BX** 42
Churchill (Bd W.) . . . . **BX** 43
Clemenceau (Pont G.) . . . . **CX** 45
Clemenceau (R. G.) . . . . . . **HY** 46
Clisson (Crs Olivier de) . . . **GZ** 48
Colbert (R.) . . . . **FYZ**
Commerce (Pl. du) . . . . **GZ** 49
Constant (Bd Clovis) . . . . . **EY** 51
Contrescarpe (R. de la) . . . **GY** 52
Copernic (R.) . . . . **FZ** 54
Coty (Bd R.) . . . . **BX** 55
Coulmiers (R. de) . . . . **HY** 57

Courbet (Bd Amiral) . . . . . **CV** 58
Crébillon (R.) . . . . **FGZ** 60
Dalby (Bd E.) . . . . **CV** 61
Daubenton (Pl. L.) . . . . **EZ**
Daudet (R. A.) . . . . **FY**
Delorme (Pl.) . . . . **FY** 63
Dervallières (R. des) . . . . . . **EY**
Desaix (R.) . . . . **HY**
Desgrées-du-Lou
(R. du Col.) . . . . **EY** 64
Distillerie (R. de la) . . . . . . **GY** 66
Dobrée (R.) . . . . **FZ**
Dos-d'Âne (R.) . . . . **CX** 68
Douet Garnier (R. du) . . . . **EY** 69
Doulon (Bd de) . . . . **CV** 70
Doumergue (Bd G.) . . . . . . **HZ**
Doumer (Pl. P.) . . . . **EY**
Dreyfus
(R. Commandant A.) . . . **CV** 71
Duchesne-Anne (Pl.) . . . . . **HY** 72
Duguay-Trouin (Allée) . . . . **GZ** 73
Einstein (Bd A.) . . . . **BV** 75
Estienne-d'Orves (Crs d') . . **EZ** 76
Farineau (R. F.) . . . . **HY**
Favre (Quai F.) . . . . **HYZ** 78
La-Fayette (R.) . . . . **FY**
Félibien (R.) . . . . **FY**
Feltre (R. de) . . . . **GY** 79
Foch (Pl. Mar.) . . . . **HY**
Fosse (Quai de la) . . . . **EFZ**
Fosse (R. de la) . . . . **GZ** 81
Fouré (R.) . . . . **HZ**
Frachon (Bd B.) . . . . **EZ** 82
France (Pl. A.) . . . . **EY**
Fraternité (Bd de la) . . . . . . **BX** 84
Gabory (Bd E.) . . . . **CX** 85
Gâche (Bd V.) . . . . **HZ**
Gambetta (R.) . . . . **HY**
Gaulle (Bd Gén.-de) . . . . . **CX** 87
Gigant (R. de) . . . . **EFZ**
Graslin (Pl.) . . . . **FZ**
Guinaudeau (R.) . . . . **FZ** 89
Guist'hau (Bd G.) . . . . **FY**
Hameçon (Voie de l') . . . . . **CDX**
Harouys (R.) . . . . **FY**
Haudaudine (Pont) . . . . **GZ** 90
Hauts-Pavés (R. des) . . . . . **FY**
Hélie (R. F.) . . . . **FY** 91
Henri IV (R.) . . . . **HY** 93
Hermitage (R. de l') . . . . . . **EZ** 94
Herriot (R. É.) . . . . **GY** 95
Hoche (Q.) . . . . **HZ**
Hôtel-de-Ville (R. de l') . . . **GY** 96
Ile Gloriette (Allée de l') . . **GZ** 97
Ingres (Bd J.) . . . . **BX** 98
Jeanne-d'Arc (R.) . . . . **GY**
Jean-Jaurès (R.) . . . . **FGY**
Jean XXIII (Bd) . . . . **BV** 100
Joffre (R. Mar.) . . . . **HY**
Jouhaux (Bd L.) . . . . **BX** 102
Juin (Bd Mar.) . . . . **BX** 103
Juiverie (R. de la) . . . . **GY** 104
Jules-Verne (Bd) . . . . **CV**
J.-J. Rousseau (R.) . . . . **FGZ** 99
Kennedy (Cours J.-F.) . . . . **HY** 105
Kervégan (R.) . . . . **GZ** 106
Koenig (Bd Gén.) . . . . **BX** 107
Lamartine (R.) . . . . **EY**
Lamoricière (R.) . . . . **EZ**
Landreau (R. du) . . . . **CV** 108
Langevin (Bd P.) . . . . **EZ**
Lanoue Bras-de-Fer (R.) . . **FGZ**
Le Lasseur (Bd) . . . . **BV** 112
Lattre-de-Tassigny
(R. Mar.-de) . . . . **FGZ** 109
Launay (Bd de) . . . . **EZ**
Lauriol (Bd J.) . . . . **BV** 110
Leclerc (R. Mar.) . . . . **GY** 114
Liberté (Bd de la) . . . . **BX** 115
Littré (R.) . . . . **EY** 117
Louis-Blanc (R.) . . . . **GZ**

Luther-King (Bd M.) . . . . . . **CV** 118
Madeleine (Chée de la) . . **GHZ**
Magellan (Quai) . . . . **HZ**
Maine (R. du) . . . . **FY**
Malakoff (Quai de) . . . . **HZ**
Marceau (R.) . . . . **FY**
Marne (R. de la) . . . . **GY** 120
Martyrs-Nantais-
de-la-Résist. (Bd) . . . . . **HZ** 121
Mathelin-Rodier (R.) . . . . . **HY** 122
Mazagran (R.) . . . . **FZ** 123
Mellier (R.) . . . . **EZ**
Mellinet (Pl. Gén.) . . . . **EZ**
Mercœur (R.) . . . . **FGY** 125
Merlant (R. F.) . . . . **EY**
Merson (Bd L.-O.) . . . . **EY** 126
Meusnier-de-Querlon
(Bd) . . . . **EY**
Michelet (Bd) . . . . **CV** 127
Mitterrand (Q. F.) . . . . **FGZ**
Mollet (Bd G.) . . . . **CV** 128
Moncousu (Quai) . . . . **GZ**
Mondésir (R.) . . . . **FY**
Monnet (Bd Jean) . . . . **GZ**
Monod (Bd du Prof.-J.) . . . **CV** 130
Monselet (R. Ch.) . . . . **EFY**
Motte Rouge (Q. de la) . . . **GY** 131
Moulin (Bd J.) . . . . **BX**
Nations-Unies (Bd des) . . . **GZ** 132
Normand (Pl. E.) . . . . **FY**
Olivettes (R. des) . . . . **HZ**
Orieux (Bd E.) . . . . **CV** 133
Orléans (R. d') . . . . **GZ** 135
Pageot (Bd A.) . . . . **EY**
Painlevé (R. Paul) . . . . **EY** 136
Paix (R. de la) . . . . **GZ** 138
Parc de Procé (R. du) . . . . **EY**
Paris (Rte de) . . . . **DV**
Pasteur (Bd) . . . . **EZ**
Péhant (R. E.) . . . . **HY**
Pelleterie (R. de la) . . . . . . **EFY** 139
Petite Baratte (R.) . . . . **CV** 141
Petite-Hollande (Pl.) . . . . . **GZ** 142
Pilori (Pl. du) . . . . **GY** 144
Pirmil (Pont de) . . . . **CX** 145
Pitre-Chevalier (R.) . . . . . . **GHY**
Poilus (Bd des) . . . . **CV** 147
Poitou (R. du) . . . . **FY** 148
Pommeraye (Pas.) . . . . **GZ**
Pont-Morand (Pl. du) . . . . . **GY**
Porte-Neuve (R.) . . . . **FGY** 150
Prairie-au-Duc (Bd) . . . . . . **FGZ**
Prairie de Mauves
(Bd de la) . . . . **DV**
Préfet Bonnefoy (R. du) . . **HY**
Racine (R.) . . . . **FZ**
Raspail (R.) . . . . **EYZ** 152
Refoulais (R. L. de la) . . . . **HY** 153
Reine Margot
(Allée de la) . . . . **HY** 154
Renaud (Quai E.) . . . . **EZ**
République (Pl. de la) . . . . **GZ** 157
Rhuys (Quai A.) . . . . **GZ**
Rieux (R. de) . . . . **HZ**
Riom (R. Alfred) . . . . **EZ** 159
Roch (Bd Gustave) . . . . . . **CX** 160
Rollin (R.) . . . . **EZ** 162
Romanet (Bd E.) . . . . **BX** 163
Ronar'ch (R. Amiral) . . . . . **HY**
Roosevelt (Crs F.) . . . . **GZ** 165
Rosière d'Artois (R.) . . . . . **FZ** 166
Royale (Pl.) . . . . **GZ**
Rue Noire (R.) . . . . **FY**
Russeil (R.) . . . . **FGY**
Ste-Croix (R.) . . . . **GY** 170
Ste-Luce (Rte de) . . . . **CV**
St-Aignan (Bd) . . . . **EZ**
St-André (Cours) . . . . **HY** 168
St-Jacques (R.) . . . . **CX** 169
St-Joseph (Rte de) . . . . . . **CV** 171
St-Mihiel (Pont) . . . . **GY** 172

St-Pierre (Cours) . . . . **HY** 174
St-Pierre (Pl.) . . . . **GY** 175
St-Rogatien (R.) . . . . **HY** 177
St-Sébastien (Côte) . . . . . . **CX** 178
Salengro (Pl. R.) . . . . **GY** 180
Sanitat (Pl. du) . . . . **FZ** 181
Santeuil (R.) . . . . **GZ** 182
Sarrebrück (Bd de) . . . . . . **CX** 184
Say (R. L.) . . . . **GZ**
Schuman (Bd R.) . . . . **BV**
Scribe (R.) . . . . **EY** 187
Serpette (Bd G.) . . . . **EY**
Sibille (R. M.) . . . . **FZ** 188
Simon (R. Jules) . . . . **EY** 189
Stalingrad (Bd de) . . . . **CX** 190
Strasbourg (R. de) . . . . **GY**
Sully (R.) . . . . **HY**
Talensac (R.) . . . . **GY** 192
Tbilissi (Pt de) . . . . **ZH**
Tertre (Bd du) . . . . **BX** 193
Thomas (Bd A.) . . . . **EY** 195
Tortière (Pont de la) . . . . . . **CV** 196
Tourville (Quai de) . . . . **GZ**
Turpin (R. Gaston) . . . . **HY**
Veil (R. G.) . . . . **GZ**
Vannes (Rte de) . . . . **BV**
Verdun (R. de) . . . . **GY** 199
Versailles (Quai de) . . . . . . **GY**

Vertou (Rte de) . . . . **CX**
Viarme (Pl.) . . . . **FY**
Victor-Hugo (Bd) . . . . **CX** 201
Villebois-Mareuil (R.) . . . . . . **FY** 202
Ville-en-Bois (R. de la) . . . . . **EZ**
Viviani (R. René) . . . . **CX** 204
Voltaire (R.) . . . . **FZ** 205
Waldeck-Rousseau (Pl.) . . **GHY** 207
50-Otages (Crs des) . . . . **GYZ** 208

ORVAULT

Ferrière (Av. de la) . . . . **BV** 80
Goupil (Av. A.) . . . . **BV** 88
Mendès-France (Bd) . . . . . . **BV** 124
Rennes (Rte de) . . . . **BV** 156
Vannes (Rte de) . . . . **BV**
Vincent (Av. F.) . . . . **BV**

REZÉ

Gaulle (Bd Gén.-de) . . . . . . **CX** 87
Jean-Jaurès (R.) . . . . **CX**
Rivière (R. Ch.) . . . . **CX**

STE-LUCE-SUR-LOIRE

Bellevue (Pont de) . . . . **DV**

Gaudin (R. L.) . . . . **DV**
Sables (R. des) . . . . **DV**

ST-HERBLAIN

Allende (Bd S.) . . . . **ABX**
Armor (Rte d') . . . . **AV**
Dr-Boubée
    (R. du) . . . . **AX** 67
Gaulle (Av. Ch.-de) . . . . . . **AX**
Massacre (Bd du) . . . . **BV**
Mitterrand (Bd F.) . . . . **AX**
Monnet (R. J.) . . . . **AX** 125

ST-SÉBASTIEN-SUR-LOIRE

Clisson (Rte de) . . . . **CDX**
Gaulle (R. du Gén.-de) . . . **DX**
Pas-Enchantés (Bd des) . **CDX**

VERTOU

Arnaud (R. A.) . . . . **DX** 6
Beauséjour (R.) . . . . **DX** 11
Europe (Bd de l') . . . . **DX**
Guichet Sérex (Bd) . . . . . . **DX**
Pont de l'Arche (R. du) . . . **DX** 149
Vignoble (Rte du) . . . . **DX**

Novotel Cité des Congrès 🔒 🍽 & ch, 🅰 ch, ☎ 🛁 🚗 VISA ⑳ 🅰 ①

3 r. Valmy – ℰ 02 51 82 00 00 – www.novotel.fr **4HZt**
103 ch – †80/185 € ††80/185 € – 2 suites – ☐ 14 €
Rest – Menu 13/19 € – Carte environ 23 €

♦ L'hôtel jouxte la Cité des Congrès. Grandes chambres contemporaines ; certaines offrant un joli coup d'œil sur le canal St-Félix. Coin jeux pour les enfants. Au Novotel Café, carte simple avec plats à la plancha et salades.

Novotel Centre Bord de Loire 🔒 🍽 & ch, 🅰 ☎ 🛁 🚗 VISA ⑳ 🅰

1 bd Martyrs Nantais ⊠ 44200 – ℰ 02 40 47 77 77 – www.novotel.com
108 ch – †75/225 € ††75/225 € – ☐ 14 € – ½ P 91/241 € **4HZv**
Rest – (12 €) Menu 16 € (sem.) – Carte 16/37 €

♦ Sur les rives de l'île de Nantes, face au tramway : une situation privilégiée pour cet hôtel entièrement rénové. Chambres spacieuses et climatisées. Restauration simple à la brasserie.

L'Hôtel sans rest 🍽 ☎ 🚗 VISA ⑳ 🅰

6 r. Henri-IV – ℰ 02 40 29 30 31 – www.nanteshotel.com
– Fermé 24 déc.-2 janv. **4HYz**
31 ch – †79/140 € ††79/160 € – ☐ 11 €

♦ Malgré une façade banale, un vrai hôtel de charme, au décor contemporain chaleureux. Les chambres donnent sur le joli jardin ou le château des Ducs de Bretagne. Tenue soignée.

La Pérouse sans rest 🍽 🅰 ☎ VISA ⑳ 🅰 ①

3 allée Duquesne – ℰ 02 40 89 75 00 – www.hotel-laperouse.fr **4GYb**
46 ch – †89/190 € ††89/190 € – ☐ 14 €

♦ Un objet architectural d'avant-garde (1993) devenu familier au cœur de Nantes : la façade graphique annonce l'esprit des chambres, originales et minimalistes. Avis aux amateurs !

Mercure Gare Sud 🍽 & 🅰 ☎ 🛁 🚗

50 quai Malakoff – ℰ 02 40 35 30 30 – www.mercure.com **4HYm**
91 ch – †71/175 € ††71/175 € – ☐ 13 €
Rest – (15 €) Menu 19/23 €

♦ À la sortie de la gare (accès sud) et à deux pas du Lieu Unique. Chambres aux lignes épurées et aux couleurs naturelles, propices au repos ; quelques-unes ont vue sur le canal St-Félix. Au restaurant, cuisine de brasserie et plats du jour.

🏨 **Graslin** sans rest 　　　　　　　　　　🛗 📶 VISA ◉ AE
1 r. Piron – ☎ 02 40 69 72 91 – www.hotel-graslin.com　　**3FZv**
47 ch – ♦59/105 € – ♦♦69/105 € – �) 10 €
♦ Près de l'Opéra, cet hôtel entièrement rénové en juin 2009 propose deux catégories de chambres, décorées dans un esprit contemporain alliant fonctionnalité et notes Art déco.

🏨 **All Seasons Centre** sans rest 　　　　🛗 AC 📶 VISA ◉ AE ◉
3 r. Couëdic – ☎ 02 40 35 74 50 – www.accorhotels.com　　**4GZh**
65 ch �) – ♦80/175 € – ♦♦90/185 €
♦ À deux pas de la place Royale, bâtiment moderne abritant de plaisantes chambres contemporaines (bois sombre, écrans plats). Du dernier étage, belle vue sur les toits de la ville.

🏠 **Pommeraye** sans rest 　　　　　　　　🛗 📶 🛁 VISA ◉ AE
2 r. Boileau – ☎ 02 40 48 78 79 – www.hotel-pommeraye.com　　**4GZt**
50 ch – ♦59/134 € – ♦♦59/134 € – �) 10 €
♦ À côté du célèbre passage Pommeraye et des boutiques de la rue Crébillon, hôtel contemporain décoré avec goût (bel accord de tons safran et parme). Artistes en résidence.

🏠 **Belfort** sans rest 　　　　　　🛗 ♿ AC 📞 P VISA ◉ AE ◉
1 r. de Belfort – ☎ 02 40 47 05 57 – www.brithotel.fr　　**4HZc**
50 ch – ♦61/94 € – ♦♦61/100 € – �) 8 €
♦ Hôtel récent parfaitement pensé : décor sobre et élégant, insonorisation, couettes, douches à l'italienne... Au dernier étage, chambres avec balcon dominant toute la ville.

🍴🍴🍴 **L'Atlantide** (Jean-Yves Guého) 　　　⟵ AC VISA ◉ AE
❀ *16 quai E. Renaud ⊠ 44100 – ☎ 02 40 73 23 23 – www.restaurant-atlantide.net*
– Fermé 30 juil.-29 août, 24 déc.-2 janv., sam. midi, dim. et fériés　　**3EZa**
Rest – Menu 32 € (déj.), 60/95 € – Carte 70/100 €🍷
Spéc. Homard de pays façon "sandwich", tomates confites et oignons nouveaux (avril à sept.). Lièvre à la royale désossé et farci, macaronis et champignons au gratin (sept. à déc.). Traditionnel kouign amann, poire rôtie, glace caramel au beurre salé. **Vins** Muscadet, Savennières.
♦ Vue panoramique sur le fleuve et la ville depuis ce restaurant contemporain situé au sommet d'un immeuble moderne. Cuisine inventive et attrayante carte de vins de Loire.

🍴🍴 **L'Abélia** 　　　　　　　　　　🍴 ♿ 🍴 P VISA ◉
125 bd des Poilus – ☎ 02 40 35 40 00 – www.restaurantlabelia.com – Fermé
26 avril-7 mai, 2-25 août, 24 déc.-1ᵉʳ janv., dim. et lundi　　**2CVt**
Rest – (23 €) Menu 31/65 €
♦ Décor élégant et chaleureux d'une demeure bourgeoise du début du 20ᵉ s. restaurée avec goût (parquet, tommettes, pierres apparentes). Cuisine actuelle.

🍴🍴 **Le Rive Gauche** 　　　　　🍴 ♿ 🔄 VISA ◉ AE ◉
10 côte St-Sébastien – ☎ 02 40 34 38 52 – www.lerivegauche-restaurant.com
– Fermé 13-19 avril, 26 juil.-18 août, 24 déc.-2 janv., sam. midi, dim. soir et lundi
Rest – (18 €) Menu 22 € (déj.), 33/112 € bc – Carte 55/65 €　　**2CXe**
♦ Cette maison à l'écart du centre-ville offre, de sa véranda, une jolie vue sur les quais, la Loire et l'île Beaulieu ; terrasse ensoleillée sur l'arrière. Cuisine au goût du jour.

🍴🍴 **L'Océanide** 　　　　　　　　　AC 🍴 VISA ◉
🍷 *2 r. P.-Bellamy – ☎ 02 40 20 32 28 – www.restaurant-oceanide.com*
❀ *– Fermé 25 juil.-15 août, lundi soir et dim.*　　**4GYn**
Rest – Menu 19 € (sem.), 28/68 € – Carte 45/65 €🍷
♦ C'est en voisin que le chef fait ses achats au célèbre marché de Talensac, et la fraîcheur du poisson, parfaitement mis en valeur, ne trompe pas ! Agréable cadre au charme désuet.

La Poissonnerie ✗✗ `AC` `VISA` `OO` `AE`

4 r. Léon Maître – ℰ 02 40 47 79 50 – Fermé 7-23 août, 24 déc.-4 janv., sam. midi, lundi midi et dim. **4GZe**

Rest – (14 €) Menu 26/46 €

♦ L'enseigne donne le ton : ici, on exalte les bienfaits de l'océan, dans les assiettes, simples et précises, et dans le décor, résolument marin. Bon choix de muscadets.

Félix ✗✗ `🈺` `AC` `VISA` `OO`

1 r. Lefèvre Utile – ℰ 02 40 34 15 93 – www.brasseriefelix.com **4HZa**

Rest – (15 €) Menu 20 € – Carte 30/52 €

♦ Grande brasserie contemporaine proposant toutes les spécialités du genre : tartare, huîtres... Attablez-vous près des baies vitrées ou en terrasse pour admirer le canal St-Félix.

La Cigale ✗✗ ⌂ `🈺` `VISA` `OO`

4 pl. Graslin – ℰ 02 51 84 94 94 – www.lacigale.com **3FZd**

Rest – Menu 15 € (déj.), 17/28 € – Carte 27/56 €

♦ Véritable institution que cette brasserie née en 1895, face à l'opéra : son décor classé (céramiques, miroirs) illustre toute l'ivresse ornementale du Modern Style. Superbe !

Le 1 ✗✗ ⌂ `🈺` `&` `AC` `VISA` `OO`

1 r. Olympe-de-Gouges, (à l'angle du quai F. Mitterrand) – ℰ 02 40 08 28 00 – www.leun.fr **4GZc**

Rest – Menu 14 € (déj. en sem.)/28 € – Carte 31/59 €

♦ Unique et précurseur : vaste salle cernée de baies, cuisines rutilantes offertes à la vue, mobilier design et ludique. À la carte, plats de tradition ou plus voyageurs...

Maison Baron Lefèvre ✗ `AC` `↔` `VISA` `OO` `AE`

33 r. de Rieux – ℰ 02 40 89 20 20 – Fermé 7-22 août, dim. et lundi

Rest – (15 €) Menu 25 € – Carte 30/50 € **4HZn**

♦ Néobrasserie installée dans un ancien entrepôt de maraîchers (bois, brique, métal) : belle ambiance autour de cocottes en fonte et autres plats de tradition... Épicerie fine.

Les Temps Changent ✗ `🈺` `VISA` `OO` `AE`

1 pl. A. Briand – ℰ 02 51 72 18 01 – www.restaurant-lestempschangent.fr – Fermé 1ᵉʳ-21 août, sam., dim. et fériés **3FYq**

Rest – (16 €) Menu 26/42 € – Carte environ 52 € le soir

♦ Dans ce bistrot chic, le temps est un allié : le chef renouvelle ses menus tous les mois, selon son inspiration, et chaque soir, l'ambiance se fait plus cosy. Belle carte des vins.

Le Square ✗ `🈺` `&` `AC` `↔` `VISA` `OO` `AE`

14 r. Jemmapes – ℰ 02 40 35 98 09 – www.squarenantes.com – Fermé dim.

Rest – (16 €) Menu 20 € – Carte 30/40 € **4HZm**

♦ Une brasserie appréciée en ville : décor moderne (cuisines ouvertes), agréable terrasse sous les érables et cuisine créative mêlant produits régionaux et épices variées.

L'Atelier d'Alain ✗ `AC` `↔` `VISA` `OO` `AE`

24 r. des Olivettes – ℰ 02 40 84 38 66 – www.atelieralain.fr – Fermé août et 13-20 fév., merc. soir, sam. midi et dim. **4HZd**

Rest – (réservation conseillée) Carte 23/62 € 🏮

♦ Un atelier très en vue, à la fois chic et décontracté. Assis au comptoir, on peut admirer le chef composant ses assiettes de saison. Belle carte des vins, liqueurs et whiskys.

Le Paludier ✗ `VISA` `OO`

2 r. Santeuil – ℰ 02 40 69 44 06 – Fermé 3 sem. en août, lundi midi, sam. midi et dim.

Rest – (17 €) Menu 20 € (sem.), 27/34 € **4GZs**

♦ Produits frais et de saison, inspiration régionale (escargots de Vendée, produits de la mer, sablés bretons), décor aux notes océanes ; le tout à deux pas de la place Graslin !

✕ **Le Gressin** ⬤⬤ *VISA* ⬤⬤

⊛ *40 bis r. Fouré – ☎ 02 40 48 26 24 – Fermé 3 sem. en août, 1 sem. en mai, lundi soir, sam. midi et dim.* **4HZf**

Rest – Menu 15 € (déj.), 29/33 €

♦ Petit restaurant de quartier : pierres apparentes, mobilier rustique, jonc de mer, expositions de tableaux, etc. Les menus, traditionnels, évoluent avec les saisons.

✕ **Les Bouteilles** 🔝 *VISA* ⬤⬤

22 r. Armand-Brossard – ☎ 02 40 12 10 38 – Fermé 3 sem. en août, 1 sem. en fév., sam. midi, dim. et lundi **4GYf**

Rest – *(nombre de couverts limité, prévenir)* Carte 20/40 € 🍷

♦ Un bistrot à vin épatant : décor simple honorant Bacchus, belle cuisine de produits (charcuteries corses, plats canailles, poisson de la marée...) et mémorable carte des vins.

✕ **Les Capucines** *VISA* ⬤⬤ *AE*

⊛ *11 bis r. Bastille – ☎ 02 40 20 41 58 – www.restaurant-capucines.com – Fermé 1er-24 août, vacances de fév., dim. et lundi* **3FYb**

Rest – Menu 13 € (déj. en sem.), 16/31 € – Carte 30/40 €

♦ Table sans chichi au cadre de bistrot rétro. En bon professionnel, le chef concocte des plats traditionnels selon le marché et des recettes du Sud-Ouest... à prix mitonnés.

Environs

à Sucé-sur-Erdre 16 km au Nord, sortie n° 23 et D 37 - **CV** – 5 868 h. – alt. 14 m – ✉ **44240**

🛈 quai de Cricklade ☎ 02 40 77 70 66

🏠 **Les Arbres Rouges** 🚗 🏊 🏊 ⚙ 📶 **P** *VISA* ⬤⬤ *AE*

570 rte de Carquefou – ☎ 02 51 81 15 00 – www.lesarbresrouges.com

5 ch ⊇ – ♦97/107 € ♦♦107/117 € **Table d'hôte** – Menu 37 € bc

♦ Dans un quartier résidentiel, une grande maison d'architecte à la déco pointue : un véritable précis de savoir-vivre contemporain... Piscines intérieur-extérieur, équipements high-tech.

au Bord de l'Erdre 11 km par D 178 ou sortie n° 24 autoroute A 11 et rte de la Chantrerie - **CV**

🏨 **De la Régate** 🐾 🛗 ♿ 📶 **P** *VISA* ⬤⬤ *AE*

155 rte de Gachet ✉ 44300 Nantes – ☎ 02 40 50 22 22 – www.hotel-nantes-laregate.com

42 ch – ♦80/170 € ♦♦80/170 € – ⊇ 12 €

Rest *Manoir de la Régate* – voir ci-après

♦ Près de l'Erdre, bâtiment contemporain de plain-pied construit selon des normes environnementales (toit végétal, panneaux solaires). Chambres fonctionnelles de bonne facture.

✕✕✕ **Manoir de la Régate** – Hôtel de la Régate 🔝 ♿ 🔁 **P** *VISA* ⬤⬤ *AE*

155 rte de Gachet ✉ 44300 Nantes – ☎ 02 40 18 02 97 – www.manoir-regate.com – Fermé fériés

Rest – Menu 20 € (déj. en sem.), 40/68 € – Carte 56/91 €

♦ Belle demeure blanche nantie de vigne vierge, dans un environnement verdoyant. Agréable terrasse ; intérieurs élégants. Carte dans l'air du temps, évoluant avec les saisons.

✕✕ **Auberge du Vieux Gachet** ⬅ 🔝 **P** *VISA* ⬤⬤ *AE* ⓞ

rte de Gachet – ☎ 02 40 25 10 92 – www.aubergeduvieuxgachet.com – Fermé 15-28 août, dim. soir et lundi

Rest – (17 €) Menu 20 € (déj. en sem.), 33/53 € – Carte 45/93 €

♦ Cette ancienne ferme rappelle la campagne d'antan, à deux pas de la ville. Poutres, ambiance rustique et terrasse sous les tilleuls au bord de l'Erdre. Cuisine actuelle.

rte des Bords de Loire par D 751 **DV**, sortie 44 Porte du Vignoble

XX **Clémence**   ⅛ ⎣ VISA ⑳ AE
à 15 km, à la Chebuette – ℰ 02 40 36 03 18 – www.restaurantclemence.fr
– Fermé 1ᵉʳ-6 mars, 8-31 août, dim. soir et lundi
Rest – (15 € bc) Menu 19 € bc (déj.), 26/82 € bc
◆ C'est en cette auberge bordant la Loire que Clémence Lefeuvre (1860-1932)
créa le beurre blanc. Le chef lui rend un savoureux hommage, mêlant tradition,
produits frais et invention.

XX **La Divate**   ⅛ AC ⇔ P VISA ⑳ AE
28 Levée de la Divate , à 11 km, à Boire-Courant – ℰ 02 40 54 19 66
– Fermé 5-20 juil., vacances de fév., dim. soir, mardi et merc.
Rest – (15 €) Menu 19/40 € – Carte environ 52 €
◆ Pimpante maison de pêcheur postée sur une digue, où déguster de copieuses
spécialités des bords de Loire. Pierre et bois composent un joli décor champêtre.

à Haute-Goulaine 14 km par ③ et D 119 – 5 439 h. – alt. 41 m – ✉ 44115

XXX **Manoir de la Boulaie** (Laurent Saudeau)   ① ⅛ ⅌ P VISA ⑳ AE
✿✿✿ 33 r. Chapelle St-Martin – ℰ 02 40 06 15 91 – www.manoir-de-la-boulaie.fr
– Fermé 25 juil.-18 août, 19 déc.-12 janv., dim. soir, lundi et merc.
Rest – (38 €) Menu 74/135 € – Carte 95/130 € ❀
Spéc. Spirale de langoustines, ris de veau et cocos de Paimpol (automne-hiver).
Tronçon de rouget aux huîtres, compoté de chorizo. Cassis-fenouil-olives taggia-
sche (été-automne). **Vins** Muscadet de Sèvre-et-Maine, Saumur.
◆ Beau domaine parmi les vignobles : la vaste demeure (années 1920) se dresse
dans un parc aux accents de liberté… Laurent Saudeau cuisine en toute invention,
entre produits d'ici et épices d'ailleurs. Spacieuses salles, mise de table raffinée.

à Vertou 10 km par D 59 sortie porte de Vertou – 21 091 h. – alt. 32 m – ✉ 44120

🅵 place du Beau Verger ℰ 02 40 34 94 36

XX **Monte-Cristo**   ⪥ 🐟 ⅌ ⇔ P VISA ⑳ AE
Chaussée des Moines – ℰ 02 40 34 40 36 – www.monte-cristo.fr
– Fermé 1 sem. à la Toussaint, 1 sem. à Noël, 1 sem. en fév., merc. soir, dim. soir
et lundi   **2DXa**
Rest – (16 €) Menu 18 € (déj. en sem.), 27/47 € – Carte 29/48 €
◆ Dumas débuta ici l'écriture du Comte de Monte-Cristo ! Point de tragique ven-
geance en ce lieu agréable : décor contemporain, véranda et terrasse face à la
Sèvre, cuisine actuelle.

à Château-Thébaud 18 km par ③ , D 149, D74 et D63 – 2 731 h. – alt. 58 m
– ✉ 44690

X **Auberge la Gaillotière**   ⅞ ⅛ P VISA ⑳
La Gaillotière – ℰ 02 28 21 31 16 – www.auberge-la-gaillotiere.fr
– Fermé 24 juil.-15 août, 15 fév.-16 mars, mardi soir et merc.
Rest – (11 € bc) Menu 13 € (déj. en sem.), 18/27 €
◆ Tête-à-tête avec le vignoble nantais : les ceps viennent presque caresser les
murs de pierre de cet ancien chai... Plats régionaux goûteux et généreux, et vins
du Val de Loire !

à St-Fiacre-sur-Maine 10 km au Sud-Est par D 59 – 1 141 h. – alt. 46 m
– ✉ 44690

⌂ **La Demeure de Saint Fiacre** sans rest 🦢   ⎙ 📶 P VISA ⑳
Les Gras Mouton – ℰ 02 40 43 46 33 – www.lademeure.fr
3 ch ⌑ – †115 € ††115 €
◆ Une demeure en pierre au cœur des vignes du muscadet sur lie. Agréable
accord d'un aménagement très contemporain et de grands volumes anciens
(murs en moellons, charpente...).

à l'aéroport international Nantes-Atlantique sortie 51 porte de Grandlieu - Bouguenais – ✉ 44340 Bouguenais

Océania
– ℰ 02 40 05 05 66 – www.oceaniahotels.com   1BX**e**
85 ch – †110/175 € ††110/175 € – 2 suites – ☑ 15 €
Rest – *(fermé sam. midi et dim. midi)* (15 €) Menu 22/28 € bc – Carte 25/50 €
♦ Imposante façade contemporaine rythmée par des pilastres. Chambres pratiques dans un style actuel épuré (panneaux de bois, fauteuils design). Une navette relie l'hôtel à l'aéroport. Grande salle à manger (formules, carte traditionnelle) et terrasse au bord de la piscine.

à Coueron 15 km par D 107, sortie porte de l'Estuaire – 18 657 h. – alt. 13 m – ✉ 44220

Le François II
5 pl. Aristide-Briand – ℰ 02 40 38 32 32 – www.francois2.com
– *Fermé 1er-7 mars, 25 avril-2 mai, 26 juil.-18 août, 1er-6 janv., merc. sauf le soir en juillet et août, dim. soir, mardi soir, jeudi soir et lundi*
Rest – (11 €) Menu 13 € (déj.), 21/50 € – Carte 33/44 €
♦ L'enseigne honore le duc de Bretagne, père d'Anne, mort à Couëron. Ici, la tradition est reine : décor rustique (pierres apparentes) et généreuses spécialités (produits locaux).

à St-Herblain 8 km à l'Ouest – 43 901 h. – alt. 8 m – ✉ 44800

La Marine ⌖
esplanade de la Bégraisière – ℰ 02 40 95 26 66 – www.hotel-marine.fr
24 ch – †55/85 € ††61/91 € – ☑ 8 € – ½ P 66/74 €   1BV**m**
Rest – *(fermé sam. midi et dim.)* (14 €) Menu 16/32 € – Carte 20/32 €
♦ Accueil charmant en cette demeure des années 1990, nichée au cœur d'un grand et paisible jardin. Vastes chambres, décorées dans une veine très classique. Salle à manger-véranda ouverte sur la verdure ; cuisine traditionnelle.

Les Caudalies
229 rte de Vannes – ℰ 02 40 94 35 35 – www.restaurant-lescaudalies.com
– *Fermé 26 juil.-26 août, 13-23 fév., dim. et lundi*   1BV**v**
Rest – Menu 19 € (sem.), 28/65 € bc – Carte 30/45 €
♦ En bord de route, villa des années 1980 relookée dans un style très actuel. Le chef propose une cuisine inventive, mêlant inspirations régionales et épices du monde.

à Orvault 6 km par N 137 sortie porte de Rennes – 24 218 h. – alt. 45 m – ✉ 44700

Le Domaine d'Orvault ⌖
24 chemin des Marais-du-Cens – ℰ 02 40 76 84 02
– www.domaine-orvault.com   1BV**e**
40 ch – †88/132 € ††104/132 € – ☑ 20 €
Rest – *(fermé dim. du 15 oct. au 1er avril)* (28 € bc) Menu 34/56 €
– Carte 34/56 €
♦ Dans un quartier résidentiel entouré de verdure, un hôtel qui a fait peau neuve ces dernières années : chambres contemporaines (balcons au dernier étage), grand centre de balnéothérapie offrant de nombreux soins. Restaurant actuel, belle terrasse sous les tilleuls.

Du Parc sans rest ⌖
92 r. de la Garenne – ℰ 02 40 63 04 79 – www.hotel-du-parc-nantes.com
– *Fermé 2-22 août et 25 déc.-3 janv.*   1AV**q**
30 ch – †68 € ††68 € – ☑ 8 €
♦ Ceint d'un parc boisé invitant à la flânerie (ou au jogging...), cet hôtel familial dispose de chambres aux tons pastel, propres et bien insonorisées. Petite restauration le soir.

à Sautron 12 km au Nord-Ouest, sortie n° 35 – 6 809 h. – alt. 64 m – ✉ 44880

Au Retour du Marché 🛜 ⇄ 𝖵𝖨𝖲𝖠 ⓒⓓ

11 r. de Bretagne – ℰ *02 40 63 64 66* – *www.auretourdumarche.fr*
– *Fermé 3 sem. en août, merc. soir, dim. et lundi*
Rest – *(nombre de couverts limité, prévenir)* Menu 17/29 €
◆ Comme le nom l'indique, le chef concocte ses menus en fonction du marché : c'est simple, bon et plein de fraîcheur ! L'adresse rencontre le goût de l'époque, réservez à l'avance...

NANTILLY – 70 Haute-Saône – **314** B8 – **rattaché à Gray**

NANTOUX – 21 Côte-d'Or – **320** I7 – 186 h. – alt. 295 m – ✉ 21190   **7** A3

▶ Paris 326 – Chalon-sur-Saône 37 – Le Creusot 48 – Dijon 55

Domaine de la Combotte sans rest 🌿 🚗 🍽 ⅙ ⸙ 𝖯 𝖵𝖨𝖲𝖠 ⓒⓓ

r. de Pichot – ℰ *03 80 26 02 66* – *www.lacombotte.com*
5 ch ⚏ – ♦85/90 € ♦♦113/120 €
◆ Au cœur d'un village viticole, cet ensemble de maisons récentes propose de grandes chambres décorées sur le thème de la vigne. En saison, forfait-découverte de la truffe.

NANTUA ◁⊙▷ – 01 Ain – **328** G4 – 3 693 h. – alt. 479 m – ✉ 01130   **45** C1
🟩 Franche-Comté Jura

▶ Paris 476 – Aix-les-Bains 79 – Annecy 67 – Bourg-en-Bresse 52

ℹ place de la Déportation ℰ 04 74 75 00 05

🔵 Église St-Michel★ : Martyre de St-Sébastien★★ par E. Delacroix - Lac★.

🟩 La cuivrerie★ de Cerdon.

L'Embarcadère 🌿 ⩤ 𝖠𝖢 ch, ⸙ 𝖠 𝖯 𝖵𝖨𝖲𝖠 ⓒⓓ

av. Lac – ℰ *04 74 75 22 88* – *www.hotelembarcadere.com* – *Fermé 19 déc.-5 janv.*
47 ch – ♦61/76 € ♦♦61/76 € – ⚏ 10 € – ½ P 77/84 €
Rest – Menu 23 € (sem.), 44/67 € – Carte 71/85 €
◆ La moitié des chambres offrent une échappée sur le lac, et toutes bénéficient d'un rajeunissement dans des tons chauds. La vue panoramique sur l'eau et la goûteuse cuisine régionale sont les atouts maîtres du restaurant, auquel on accède par une passerelle couverte.

à Brion Nord-Ouest : 5 km par D 1084 et D 979 – 511 h. – alt. 475 m – ✉ 01460

Bernard Charpy 🚗 🛜 𝖯 𝖵𝖨𝖲𝖠 ⓒⓓ

1 r. la Croix-Chalon – ℰ *04 74 76 24 15* – *Fermé 30 mai-5 juin, 1ᵉʳ août- 29 sept., 26 déc.-3 janv., sam. midi, dim. soir et lundi*
Rest – (21 €) Menu 25/41 € – Carte 44/52 €
◆ Sous la charpente apparente de la salle à manger relookée version contemporaine, vous dégusterez une attrayante cuisine traditionnelle (très beau choix de poissons frais).

LA NAPOULE – 06 Alpes-Maritimes – **341** C6 – **rattaché à Mandelieu**

NARBONNE ◁⊙▷ – 11 Aude – **344** J3 – 50 776 h. – alt. 13 m – ✉ 11100   **22** B3
🟩 Languedoc Roussillon

▶ Paris 787 – Béziers 28 – Carcassonne 61 – Montpellier 96

🖥 ℰ 3635 et tapez 42 (0,34 €/mn)

ℹ 31, rue Jean Jaurès ℰ 04 68 65 15 60

🔵 Cathédrale St-Just-et-St-Pasteur★★ (Trésor : tapisserie représentant la Création★★) - Donjon Gilles Aycelin★ ❆★ **H** - Chœur★ de la basilique St-Paul - Palais des Archevêques★ BY : musée d'Art et d'Histoire★ - Musée archéologique★ - Musée lapidaire★ BZ - Pont des marchands★.

Plan page suivante

NARBONNE

Anatole-France (Av.) . . . . . . AYZ 2
Ancienne Porte de Béziers (R. de l') . . . . BY 4
Ancien Courrier (R. de l') . . . BY 3
Blum (Sq. Th.-Léon) . . . . BY 6
Cabirol (R.) . . . . AZ 7
Chennebier (R.) . . . . AY 9
Concorde (Pont de la) . . . . . . AY 10
Condorcet (Bd) . . . . BY 12
Courier (R. P.-L.) . . . . BZ 13
Crémieux (R. B.) . . . . BZ 15
Deymes (R. du Lt.-Col.) . . . . BY 16
Droite (R.) . . . . BY
Escoute (Pont de l') . . . . AY 17
Fabre (R. Gustave) . . . . AY 18
Foch (Av. Mar.) . . . . BY 19
Garibaldi (R.) . . . . BY 20
Gaulle (Bd Gén.-de) . . . . BY 21
Gauthier (R. Armand) . . . . . . BY 22
Hôtel de Ville (Pl. de l') . . . . BYZ
Jacobins (R. des) . . . . BZ 23
Jean-Jaurès (R.) . . . . AY 24
Joffre (Bd Mar.) . . . . AYZ 25
Liberté (Pont de la) . . . . BZ 27
Lion d'Or (R. du) . . . . AY 28
Louis-Blanc (R.) . . . . BY 29
Luxembourg (R. du) . . . . AZ 30
Major (R. de la) . . . . BZ 31
Maraussan (R.) . . . . AZ 32
Marchands (Pont des) . . . . . BZ 36
Michelet (R.) . . . . BY 33
Mirabeau (Cours) . . . . BZ 35
Pyrénées (Av. des) . . . . AY 37
Pyrénées (Pl. des) . . . . AZ 39
Rabelais (R.) . . . . AZ 40
République (Crs de la) . . . . . BZ 41
Salengro (Pl. R.) . . . . BY 43
Sermet (Av. E.) . . . . BY 44
Toulouse (Av. de) . . . . AZ 45
Voltaire (Pont) . . . . AY 47

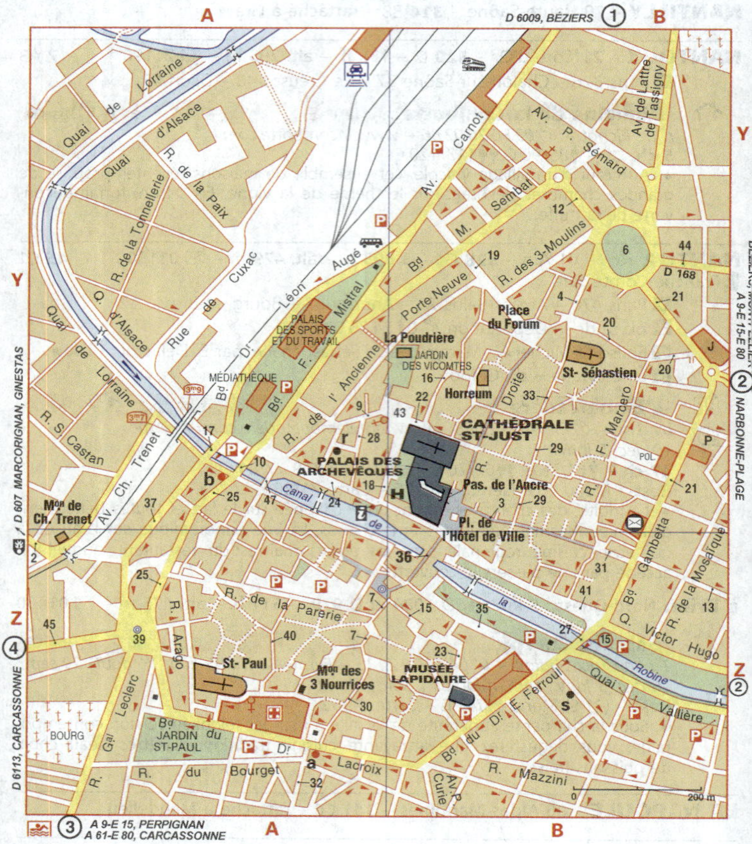

La Résidence sans rest

6 r. du 1er Mai – ✆ 04 68 32 19 41
– www.hotelresidence.fr
– Fermé 1er janv.-1er mars AYr

26 ch – 80/145 € 86/145 € – 10 €

◆ Jean Marais, Louis de Funès, Georges Brassens, Michel Serrault : prestigieux livre d'or pour cet hôtel logé dans une demeure du 19e s. Salons aux notes baroques ; vente de vin.

De France sans rest   AC 🛜 VISA ⬥ AE

6 r. Rossini – 🕾 *04 68 32 09 75 – www.hotelnarbonne.com – Fermé janv.*
15 ch – ✚55/75 € ✚✚57/75 € – ☲ 7 €   BZs
◆ Dans une petite rue calme non loin du centre-ville, voici un hôtel familial tout
en sobriété, aux chambres bien tenues réparties autour d'une courette
intérieure.

Le Clos des Chevaliers sans rest   🚿 🏊 AC 🍽 🛜

21 imp. Hélène Boucher, Les Hauts de Narbonne par ③ *–* 🕾 *04 68 41 50 79*
– www.leclosdeschevaliers.com
4 ch ☲ – ✚110/125 € ✚✚110/140 €
◆ Belle surprise que cet îlot de calme en retrait de la ville. La maîtresse de maison a laissé faire son inspiration côté déco dans des chambres ouvrant sur le jardin et la piscine.

La Table St-Crescent (Lionel Giraud)   🍽 AC ⇔ P VISA ⬥ AE
❀
68 av. Gén. Leclerc, au Palais du Vin par ③ *–* 🕾 *04 68 41 37 37*
– www.la-table-saint-crescent.com – Fermé sam. midi, dim. soir et lundi
Rest – (25 € bc) Menu 47/89 € bc – Carte 58/102 € 🕸
Spéc. Raviole d'huître de nos côtes au jambon de la Montagne Noire. Carotte de
homard, carpaccio de légumes et jus au banyuls blanc. Compression d'un vacherin à la fraise des bois, vanille de Madagascar et basilic. **Vins** Côtes du Roussillon,
Vin de pays d'Oc.
◆ Élégant décor design à l'intérieur de ce vieil oratoire du Moyen Âge. Terrasse
entourée de vignes. Séduisante cuisine inventive et vins du Languedoc-
Roussillon.

Le Petit Comptoir   AC VISA ⬥ AE
🕸
4 bd Mar. Joffre – 🕾 *04 68 42 30 35 – www.petitcomptoir.com*
– Fermé 12-31 juil., 1er-7 janv., dim. et lundi de mai à sept.   AYb
Rest – (15 €) Menu 18 € (déj. en sem.), 26/46 € – Carte 35/61 €
◆ On savoure de bonnes recettes traditionnelles aux accents du Sud dans ce
sympathique restaurant aux allures de bistrot des années 1930. Cave à vins attenante honorant la région.

Le 26   AC VISA ⬥
8 bd Dr-Lacroix – 🕾 *04 68 41 46 69 – www.restaurantle26.fr – Fermé 15-31 août,*
sam. midi, lundi soir et dim.   AZa
Rest – (15 €) Menu 20 € (déj.), 25/37 € – Carte 40/54 €
◆ Le patron mitonne de bons plats traditionnels qui mettent en appétit et
embaument la salle du restaurant, sobre et tout en longueur (parquet, murs en
pierre). Accueil aimable.

à l'Hospitalet 10 km par ② rte de Narbonne-Plage (D 168) – ⊠ 11100 – ⊠ 11100

Château l'Hospitalet ⏶   🚿 🍃 🏊 ♿ AC rest, 🍽 rest, 🛜 🕸 P
rte de Narbonne Plage – 🕾 *04 68 45 28 50*   VISA ⬥ AE ①
– www.gerard-bertrand.com
38 ch ☲ – ✚90/200 € ✚✚100/300 €
Rest – (fermé dim. soir et lundi de nov. à mars) Menu 26 € bc (déj.), 60 € bc/
120 € bc – Carte 35/90 €
◆ Cette hôtellerie liée à un domaine vinicole comprend des ateliers de métiers
d'art. Chambres fonctionnelles affichant une décoration intérieure contemporaine.
Carte régionale et vins de la propriété au restaurant, une ancienne bergerie façon
bistrot gourmand.

à Bages 8 km par ③, D 6009 et D 105 – 817 h. – alt. 30 m – ⊠ 11100

🅘 Maison des arts - 8, rue des Remparts 🕾 04 68 42 81 76

Les Palombières d'Estarac ⏶   🦋 🍃 🍽 🍽 🛜 P VISA ⬥
Estarac, au Sud-Ouest – 🕾 *04 68 42 45 56 – www.palombieres-estarac.com*
4 ch ☲ – ✚62/116 € ✚✚72/126 €
Table d'hôte – Menu 27 € bc
◆ "Océane", "Soleillad", "Olivine" : des chambres fraîches et gaies, joliment personnalisées, habitent ce mas restauré entouré de garrigue. Plats méridionaux servis dans une salle à manger ouverte sur le parc et réchauffée l'hiver par de belles
flambées.

Le Portanel

la Placette – ✆ 04 68 42 81 66 – Fermé dim. soir et lundi
Rest – Menu 18 € bc (déj. en sem.), 27/50 € – Carte 36/82 €
◆ La Méditerranée s'invite à table dans cette ancienne maison de pêcheur que l'on rejoint à pied depuis le centre du village. Cadre néorustique et véranda surplombant le port.

à Ornaisons 14 km par ④, D 6113 et D 24 – 1 157 h. – alt. 34 m – ✉ 11200

Le Relais du Val d'Orbieu

par D 24 – ✆ 04 68 27 10 27 – www.relaisduvaldorbieu.com – Fermé 30 nov.-1er fév. et dim. en nov. et fév.
18 ch – †65/140 € ††70/165 € – 2 suites – ☕ 17 € – ½ P 90/145 €
Rest – *(dîner seult)* Menu 29/49 € – Carte 55/67 €
◆ Au milieu du vignoble des Corbières, gage de calme absolu, ex-moulin à plâtre dont les plaisantes chambres s'ordonnent autour d'un beau patio. Équipements de loisirs. Cuisine traditionnelle et sélection de vins régionaux servis sous une jolie pergola en été.

à Canet 14 km par ④, D 6 113, D 11 puis rte secondaire – 1 203 h. – alt. 30 m – ✉ 11200

Château des Fontaines sans rest

2 av. de la Distillerie – ✆ 04 68 49 72 48 – www.chateau-des-fontaines.com – Ouvert Pâques-sept.
5 ch ☕ – †90/130 € ††95/140 €
◆ Maison de maître et de prestige : mobilier de style, tentures et objets d'art dans les salons et chambres (certaines avec jacuzzi). Bassin dans le parc paysagé. Le luxe à la française.

LA NARTELLE – 83 Var – **340** O6 – rattaché à Ste-Maxime

NATZWILLER – 67 Bas-Rhin – **315** H6 – 599 h. – alt. 500 m – ✉ 67130 **2** C1

Paris 422 – Barr 25 – Molsheim 31 – St-Dié 43

Auberge Metzger

55 r. Principale – ✆ 03 88 97 02 42 – www.hotel-aubergemetzger.com – Fermé 28 juin-6 juil., 20-25 déc., 6-26 janv., dim. soir sauf juil.-août et lundi
15 ch – †70/80 € ††70/80 € – ☕ 11 € – ½ P 76/86 €
Rest – (13 €) Menu 22/59 € – Carte 30/48 €
◆ Cette jolie maison fleurie vous réserve un charmant accueil. Chambres spacieuses et cossues, mariant le rustique et le contemporain. Agréable jardin. Le restaurant, plébiscité pour sa goûteuse cuisine régionale, bénéficie d'une terrasse dans la cour pavée.

NAVARRENX – 64 Pyrénées-Atlantiques – **342** H5 – 1 155 h. – alt. 125 m – ✉ 64190 **3** B3

Paris 787 – Pau 43 – Mourenx 15 – Oloron-Ste-Marie 23
place des Casernes ✆ 05 59 66 54 80

Du Commerce

pl. des Casernes – ✆ 05 59 66 50 16 – www.hotel-commerce.fr – Fermé 1er-10 janv., 22-31 déc.
23 ch – †45/60 € ††55/70 € – ☕ 8 € – ½ P 47/52 €
Rest – *(fermé dim. soir et lundi d'oct. à déc. et en mars)* (12 €) Menu 19/36 € – Carte 27/44 €
◆ Bâtisses béarnaises situées dans une bastide fondée en 1316. Chambres confortables, actuelles et cosy dans la demeure principale ; celles de l'annexe sont simples et rustiques. Salle à manger au décor campagnard, où l'on sert une cuisine régionale.

NEAUPHLE-LE-CHÂTEAU – 78 Yvelines – **311** H3 – 2 948 h. – alt. 185 m – ✉ 78640 Île de France **18** A2

Paris 38 – Dreux 42 – Mantes-la-Jolie 32 – Rambouillet 24
14, place du Marché ✆ 01 34 89 78 00

Domaine du Verbois 🏨

38 av. de la République – ℰ *01 34 89 11 78* – *www.hotelverbois.com*
– *Fermé 2 sem. en août et vacances de Noël*
22 ch – †105/180 € ††115/180 € – ⌷ 12 €
Rest – *(fermé dim. soir)* Menu 39/49 € – Carte 44/51 €
◆ Entourée d'un parc, cette belle demeure bourgeoise fin 19ᵉ s. domine la vallée de la Mauldre. Chambres cosy agrémentées de meubles classiques. Cuisine traditionnelle servie dans plusieurs salles raffinées ou sur la terrasse ombragée, face à la nature.

Le Clos St-Nicolas sans rest 🏠

33 r. St-Nicolas – ℰ *01 34 89 76 10* – *www.clos-saint-nicolas.com*
5 ch ⌷ – †90 € ††96 €
◆ Atmosphère familiale dans cette belle et noble maison de 1830. Chambres d'esprit classique, aux teintes variées (jaune, vert, rouge). Agréable véranda pour le petit-déjeuner.

NÉGREVILLE – 50 Manche – 303 C3 – 813 h. – alt. 70 m – ⌷ 50260   32 A1

▶ Paris 342 – Caen 108 – Saint-Lô 72 – Cherbourg 22

au Nord-Est 5 km par D 146 et D 62 - ⌷ 50260 Négreville

Château de Pont Rilly sans rest 🏠

– ℰ *02 33 40 47 50* – *www.chateau-pont-rilly.com*
5 ch ⌷ – †140 € ††150 €
◆ Château du 18ᵉ s. en parfait état, mis en valeur par son vaste parc à la française. Mobilier de style et cadre rustique font le charme du lieu. Belles chambres avec cheminée.

NÉRIS-LES-BAINS – 03 Allier – 326 C5 – 2 726 h. – alt. 364 m – Stat.   5 B1
therm. : début avril-fin oct. – Casino – ⌷ 03310 🟩 Auvergne

▶ Paris 336 – Clermont-Ferrand 86 – Montluçon 9 – Moulins 73
🛈 carrefour des Arènes ℰ 04 70 03 11 03
🔟₈ de Sainte-Agathe Villebret, par rte de Montluçon : 4 km, ℰ 04 70 03 21 77

Le Garden 🏠

12 av. Marx-Dormoy – ℰ *04 70 03 21 16*
– *http://monsite.wanadoo.fr/hotelgarden* – *Fermé 20 nov.-7 janv.*
19 ch – †51/68 € ††51/68 € – ⌷ 9 € – ½ P 51/58 €
Rest – *(fermé dim. soir et lundi de nov. à mars)* Menu 16 € (sem.)/62 €
– Carte 26/37 €
◆ Tout près du centre de cette station thermale, cette grande villa dispose d'un agréable jardin. Les chambres, simples et sobres, sont bien tenues. Cuisine traditionnelle servie dans un restaurant ouvert sur un agréable jardin.

NÉRONDES – 18 Cher – 323 M5 – 1 515 h. – alt. 200 m – ⌷ 18350   12 D3

▶ Paris 240 – Bourges 37 – Montluçon 84 – Nevers 33
🔟 la Vallée de Germigny à Saint-Hilaire-de-Gondilly Domaine de Villefranche, NE: 9 km par D 6, ℰ 02 48 80 23 43

✕✕ Le Lion d'Or avec ch

pl. de la Mairie – ℰ *02 48 74 87 81* – *Fermé 10-23 oct., fév., dim. soir, lundi midi, soirs fériés et merc.*
10 ch – †54 € ††58 € – ⌷ 8 € – ½ P 58 €
Rest – (13 €) Menu 19 € (sem.), 26/40 € – Carte 41/60 €
◆ Dans cette auberge familiale au cœur du bourg, on déguste une savoureuse cuisine traditionnelle. C'est coquet et chaleureux ! Chambres petites mais agréables, à prix doux.

NESTIER – 65 Hautes-Pyrénées – 342 O6 – 171 h. – alt. 500 m   28 A3
– ⌷ 65150

▶ Paris 789 – Auch 74 – Bagnères-de-Luchon 45 – Lannemezan 14

✕✕ Relais du Castéra avec ch   ☂ 😴 rest, ⚏ 🍴 🖪 ᵥᵢₛₐ 🐾 ⓞ

pl. du calvaire – ✆ *05 62 39 77 37* – *www.hotel-castera.com* – *Fermé 2-10 juin, 13-20 oct., 2-31 janv., dim. soir, mardi soir et lundi*
6 ch – ♦58/75 € ♦♦58/75 € – ☷ 10 € – ½ P 55/75 €
Rest – Menu 20 € (déj.), 26/50 € – Carte 54/60 €
♦ Une auberge rustique, où l'on déguste une cuisine du terroir dans un cadre agréable. Chambres simples (la moitié rafraîchies dans un style actuel).

NEUF-BRISACH – 68 Haut-Rhin – **315** J8 – 2 185 h. – alt. 197 m   **2** C2
– ⊠ 68600 ▯ Alsace Lorraine

▶ Paris 475 – Basel 63 – Belfort 80 – Colmar 17
🛈 6, place d'Armes ✆ 03 89 72 56 66

à Biesheim Nord : 3 km par D 468 – 2 303 h. – alt. 189 m – ⊠ 68600

🏨 Aux Deux Clefs   🚗 ☂ ᵹ rest, 🅐🅒 rest, 🍴 🖪 🚗 ᵥᵢₛₐ 🐾 🅐🅔 ⓞ

50 Grand Rue – ✆ *03 89 30 30 60* – *www.deux-clefs.com*
28 ch – ♦48/68 € ♦♦55/85 € – ☷ 12 € – ½ P 65/70 €
Rest – *(fermé 26 déc.-4 janv.)* (11 €) Menu 22/42 € – Carte 24/50 €
♦ Belle maison régionale donnant sur un accueillant jardin. Les chambres, assez spacieuses, sont fonctionnelles et bien tenues. Deux cadres pour vos repas : restaurant cossu (plafond en marqueterie), ou brasserie proposant une carte traditionnelle simplifiée.

NEUFCHÂTEAU ⬡ – 88 Vosges – **314** C2 – 7 123 h. – alt. 300 m   **26** B3
– ⊠ 88300 ▯ Alsace Lorraine

▶ Paris 321 – Belfort 158 – Chaumont 57 – Épinal 75
🛈 3, Parking des Grandes Ecuries ✆ 03 29 94 10 95

◉ Escalier★ de l'hôtel de ville - Groupe en pierre★ dans l'église St-Nicolas.

🏨 L'Eden   📺 ᵹ ch, 🅐🅒 ch, 😴 ch, 🍴 🖪 🚗 ᵥᵢₛₐ 🐾 🅐🅔

r. 1ère Armée Française – ✆ *03 29 95 61 30* – *www.leden.fr*
27 ch – ♦60/90 € ♦♦70/120 € – ☷ 9 €
Rest – *(fermé 2-15 janv., dim. soir et lundi midi)* (16 €) Menu 26/46 € – Carte 25/50 €
♦ Ce grand bâtiment propose des chambres actuelles et confortables de taille variable, aux couleurs chaleureuses. Celles du dernier étage sont équipées d'un bain à remous. Salle à manger d'inspiration Louis XVI. Les menus oscillent entre classicisme et terroir.

✕✕ Le Romain et H. Le Richevaux avec ch   ☂ ᵹ 🅐🅒 rest, 📞 🖪 ᵥᵢₛₐ 🐾
🐾

74 av. Kennedy – ✆ *03 29 06 18 80* – *www.hotelmotel-lerichevaux.fr*
12 ch – ♦49 € ♦♦54 € – 1 suite – ☷ 6 €
🍽 **Rest** – (12 €) Menu 16/31 € – Carte 23/45 €
♦ Désormais, on peut choisir ici entre une salle classique et un espace brasserie. Au menu, cuisine régionale rustique (lapin, boudin, escargots) et fruits de mer. Dans une construction de style motel, chambres tout confort, certaines avec mezzanine.

NEUFCHÂTEL-EN-BRAY – 76 Seine-Maritime – **304** I3 – 4 946 h.   **33** D1
– alt. 99 m – ⊠ 76270 ▯ Normandie Vallée de la Seine

▶ Paris 133 – Abbeville 57 – Amiens 72 – Rouen 50
🛈 6, place Notre-Dame ✆ 02 35 93 22 96
🏌 de Saint-Saëns à Saint-Saëns Domaine du Vaudichon, SO : 17 km par D 6028 et D 929, ✆ 03 35 34 25 24

◉ Forêt d'Eawy★★ 10 km au SO.

✕✕ Les Airelles avec ch   ☂ 🍴 🖪 ᵥᵢₛₐ 🐾 🅐🅔
🐾

2 passage Michu, (près de l'église) – ✆ *02 35 93 14 60*
– www.les-airelles-neufchatel.com – *Fermé vacances de la Toussaint, de fév., dim. soir de sept. à juin, mardi midi et lundi sauf juil.-août et sauf hôtel*
14 ch – ♦50/68 € ♦♦50/68 € – ☷ 8 € – ½ P 55/64 €
Rest – Menu 17/42 € – Carte 45/68 €
♦ Avenante demeure traditionnelle du centre-ville. Au choix : deux salles sobrement modernes, terrasse d'été dressée dans l'agréable jardin, pour déguster une cuisine actuelle.

NEUFCHÂTEL-EN-SAOSNOIS – 72 Sarthe – 310 K4 – 909 h. – alt. 190 m – ⊠ 72600
35 D1

▶ Paris 200 – Alençon 15 – Le Mans 56 – Nantes 228

🏠 **Les Étangs de Guibert** ⓢ   🚗 🛖 ⅋ ch, ⅏ 🅿 *VISA* ◑◑
2 km à l'Est par rte secondaire – ℰ 02 43 97 15 38
– www.lesetangsdeguibert.com – Fermé dim. soir et lundi
15 ch – ♦60/100 € ♦♦60/100 € – ☲ 10 €
Rest – Menu 20 € (sem.), 30/70 € – Carte 40/60 €
◆ En pleine campagne, on apprécie la quiétude de cette ancienne ferme et son étang privé (pêche possible). Chambres coquettes et calmes. Découvrez une cuisine actuelle, rehaussée d'épices et d'exotisme, dans une vaste salle rustique ou en terrasse face au plan d'eau.

NEUFCHÂTEL-SUR-AISNE – 02 Aisne – 306 G6 – 452 h. – alt. 59 m – ⊠ 02190
37 D2

▶ Paris 163 – Laon 46 – Reims 22 – Rethel 33

🇫 de Menneville à Menneville La Haie Migaut, SO : 3 km, ℰ 03 23 79 79 88

✗✗ **Le Jardin**   🚗 🛖 *AC* ⅋ *VISA* ◑◑
ⓒ 22 r. Principale – ℰ 03 23 23 82 00 – www.restaurant-le-jardin.com
– Fermé 2 sem. en sept., 3 sem. en janv., dim. soir, lundi et mardi
Rest – (18 €) Menu 26/55 € – Carte 44/69 €
◆ Du vert et des fleurs partout ! Sol façon "gazon", murs fleuris, véranda… une atmosphère bucolique. Menus composés selon le marché.

NEUILLÉ-LE-LIERRE – 37 Indre-et-Loire – 317 O3 – 695 h. – alt. 92 m – ⊠ 37380
11 B2

▶ Paris 217 – Amboise 16 – Château-Renault 10 – Montrichard 34

✗✗ **Auberge de la Brenne** avec ch   🛖 🅿 *VISA* ◑◑ *AE*
ⓒ 19 r. de la République – ℰ 02 47 52 95 05 – www.auberge-brenne.com
– Fermé 29 nov.-8 déc., 15 janv.-10 fév.,1 sem. en mars, dim. soir du 15 sept. au 15 juin, mardi et merc.
5 ch – ♦65/95 € ♦♦65/95 € – ☲ 12 €
Rest – (prévenir le week-end) (18 € bc) Menu 29/51 € – Carte 45/60 €
◆ Andouillette et sa tarte à l'échalote, lapin délicatement mijoté dans une sauce au sauvignon : la tradition et les bons produits ont trouvé leur repaire tourangeau. Accueil charmant. À 50 m du restaurant, maison des années 1900 disposant de chambres confortables.

NEUILLY-LE-RÉAL – 03 Allier – 326 H4 – 1 343 h. – alt. 260 m – ⊠ 03340
6 C1
▶ Paris 313 – Mâcon 128 – Moulins 16 – Roanne 82

✗✗ **Logis Henri IV**   *VISA* ◑◑
ⓒ 13 r. du 14 Juillet – ℰ 04 70 43 87 64 – Fermé 1 sem. en sept., 2 sem. en fév., dim. soir et lundi
Rest – (14 €) Menu 19 € (déj. en sem.), 29/50 €
◆ Charme assuré pour cette demeure historique à colombages du 16e s. dans un village tranquille de la Sologne bourbonnaise. Au menu, recettes traditionnelles et viande de pays.

NEUVÉGLISE – 15 Cantal – 330 F5 – 1 133 h. – alt. 938 m – ⊠ 15260
5 B3
▶ Paris 528 – Aurillac 78 – Espalion 66 – St-Chély-d'Apcher 42
🇫 le Bourg ℰ 04 71 23 85 43

à Cordesse Est : 1,5 km sur D 921 – ⊠ 15260 Neuvéglise

✗✗ **Relais de la Poste** avec ch   🚗 🛖 & rest, 🛜 🅿 🚗 *VISA* ◑◑ *AE*
ⓒ – ℰ 04 71 23 82 32 – www.relaisdelaposte.com – Ouvert 16 avril-16 oct.
9 ch – ♦55/75 € ♦♦60/75 € – ☲ 11 € – ½ P 60/70 €
Rest – (fermé lundi midi) (16 €) Menu 19 € (déj.), 29/50 € – Carte 23/56 €
◆ Le nouveau décor de cette maison des années 1980 marie rustique et contemporain. À la carte, plats du terroir et viandes à la plancha. Petit kiosque détente dans le jardin. Les chambres ont été rénovées en 2010.

NEUVES-MAISONS – 54 Meurthe-et-Moselle – 307 H7 – rattaché à Nancy

NEUVILLE-DE-POITOU – 86 Vienne – **322** H4 – 4 706 h. – alt. 116 m   **39** C1
– ✉ 86170

> ▶ Paris 335 – Châtellerault 36 – Parthenay 41 – Poitiers 16
> 🛈 28, place Joffre ✆ 05 49 54 47 80

⌂ **La Roseraie** ⌂   🚗 🛏 🏊 ✗ ⑨ **P** _VISA_ ⓒⓞ
78 r. A. Caillard – ✆ 05 49 54 16 72 – www.laroseraiefrance.fr
5 ch ☲ – †64/84 € ††68/88 €   **Table d'hôte** – Menu 28 € bc
◆ Profitez de la roseraie odorante et de la piscine de cette demeure du 19ᵉ s. où vous dormirez dans des chambres adoptant un décor très frais. Cuisine internationale (les patrons viennent du Zimbabwe et d'Angleterre) servie en terrasse ou dans une salle élégante.

✗✗ **St-Fortunat**   🛏 _VISA_ ⓒⓞ
4 r. Bangoura-Moridé – ✆ 05 49 54 56 74 – www.saintfortunat.com – *Fermé dim. soir, lundi et fériés*
Rest – (15 €) Menu 22 € (déj.), 40/60 € – Carte 44/60 €
◆ Une salle au cadre contemporain épuré et une véranda donnant sur une courterrasse annoncent l'ambiance charmante de la maison. Plats actuels aux présentations soignées.

NEUVILLE-ST-AMAND – 02 Aisne – **306** B4 – rattaché à St-Quentin

---

NÉVACHE – 05 Hautes-Alpes – **334** H2 – 321 h. – alt. 1 640 m – ✉ 05100   **41** C1
> ▶ Paris 693 – Briançon 21 – Le Monêtier-les-Bains 35 – Montgenèvre 25

🏨 **Le Chalet d'En Hô** ⌂   ⟨ 🛏 ♿ ch, ✗ rest, ⑨ **P** _VISA_ ⓒⓞ
hameau des Chazals – ✆ 04 92 20 12 29 – www.chaletdenho.com
– *Ouvert 4 juin-17 sept., vacances de la Toussaint et 17 déc.-1ᵉʳ avril*
14 ch – †100/110 € ††130/147 € – ☲ 12 € – ½ P 87/97 €
Rest – *(dîner seult)* Menu 26 €
◆ Là-haut dans la montagne… Environnement naturel privilégié pour ce chalet cossu où domine le mélèze. Chambres à l'ambiance cocooning, sauna, jacuzzi et massages. La coquette salle à manger évoque les activités montagnardes d'antan. Cuisine de tradition.

NEVERS **P** – 58 Nièvre – **319** B10 – 38 496 h. – Agglo. 100 556 h.   **7** A2
– alt. 194 m – Pèlerinage de Ste-Bernadette d'Avril à Octobre : couvent St-Gildard
– ✉ 58000 🟦 Bourgogne

> ▶ Paris 236 – Bourges 70 – Clermont-Ferrand 161 – Orléans 167
> 🏴 du Nivernais à Magny-Cours Le Bardonnay, E : 2 km par D 200,
> ✆ 03 86 58 18 30
> **Circuit automobile permanent à Magny-Cours** ✆ 03 86 21 80 00, 12 km par ④.
> ◉ Cathédrale St-Cyr-et-Ste-Julitte★★ - Palais ducal★ – Église St-Étienne★ - Façade★ de la Chapelle Ste-Marie – Porte du Croux★ – Faïences de Nevers★ du musée municipal Frédéric Blandin M¹.
> ◉ Circuit de Nevers-Magny-Cours : musée Ligier F1★.

🏨 **Mercure Pont de Loire**   ⟨ 🛏 🛗 ♿ Ⓜ ch, ⑨ ♨ **P** _VISA_ ⓒⓞ ⒶⒺ ①
quai Médine – ✆ 03 86 93 93 86 – www.alpha-hotellerie.com   **Z**a
59 ch – †98 € ††108 € – ☲ 14 €   **Rest** – Menu 20/31 € – Carte 28/43 €
◆ Hôtel bien situé au bord de la Loire. Chambres agréables, certaines offrant une belle perspective sur le fleuve ; confortable bar avec un piano. Repas dans la salle panoramique ou sur la vaste terrasse ; carte des vins inspirée par la région.

🏨 **De Diane**   🛗 ✗ ⑨ ♨ _VISA_ ⓒⓞ ⒶⒺ ①
⚭ *38 r. du Midi* – ✆ 03 86 57 28 10 – www.bestwesterndiane-nevers.com – *Fermé 20 déc.-4 janv.*   **Z**b
30 ch – †82/125 € ††96/140 € – ☲ 12 €
Rest – *(fermé vend. midi et dim.)* (14 €) Menu 19/29 € – Carte 22/47 €
◆ Dans cette demeure ancienne, tout près de la gare, les chambres sont vastes, bien entretenues et meublées avec soin. La salle des petits-déjeuners occupe une tour du 14ᵉ s. Au restaurant, décor tout en sobriété et cuisine classique.

NEVERS

Ardilliers (R. des) . . . . Y 2
Banlay (R. du) . . . . V 3
Barre (R. de la) . . . . V 4
Bourgeois (R. Mlle) . . . . V 5
Champ-de-Foire (R. du) . . . . Z 6
Charnier (R. du) . . . . V 7
Chauvelles (R. des) . . . . V 8
Cloître-St-Cyr (R. du) . . . . Z 9
Colbert (Av.) . . . . V 10
Coquille (Pl. G.) . . . . V 12
Docks (R. des) . . . . V 13
Fer (R. du) . . . . V 47
Fonmorigny (R.) . . . . V 48
Francs-Bourgeois (R. des) . . . . Z 14
Jacobins (R. des) . . . . Z 16
Lattre-de-Tassigny (Bd Mar.-de) . . . . Z 17
Mancini (Pl.) . . . . V 50
Mantoue (Quai de) . . . . Z 18
Marceau (Av.) . . . . Z 19
Midi (R. du) . . . . Z 20
Mirangron (R.) . . . . V 49
Nièvre (R. de) . . . . YZ 21
Ouches (R. des) . . . . Y 22
Passière (Rue de la) . . . . Y 23
Pelleterie (R. de la) . . . . X 24
Petit-Mouësse (R. du) . . . . X 26
Porte-du-Croux (R. de la) . . . . Z 51
Préfecture (R. de la) . . . . Z 27
Récollets (R. des) . . . . Z 52
Remigny (R. de) . . . . V 28
Renardats (R. des) . . . . V 30
République (Bd de la) . . . . VX 32
République (Pl. de la) . . . . Z 34
Roy (R. Ch.) . . . . Z 36
St-Martin (R.) . . . . Y 38
St-Sébastien (Pl.) . . . . Y 39
Tillier (R. C.) . . . . Z 40
Vaillant-Couturier (R. Paul) . . . . . . V 42
14-Juillet (R. du) . . . . Z 45

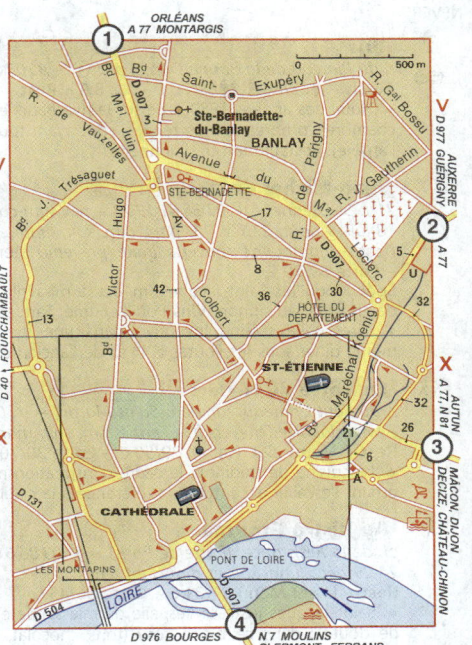

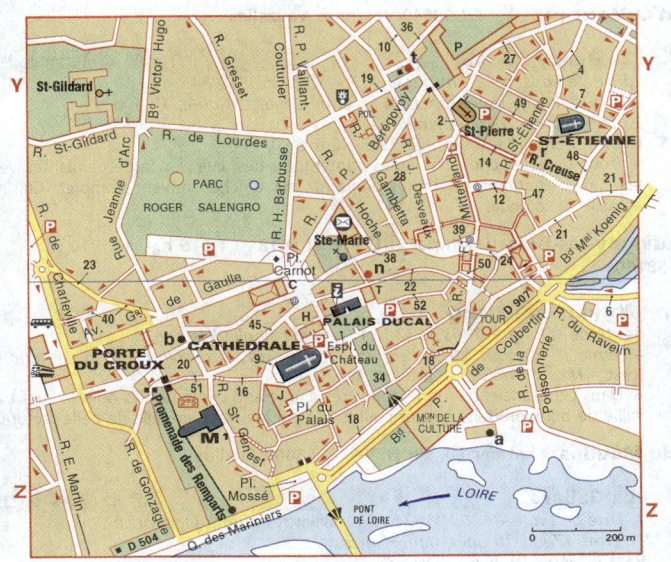

Ibis

🏠 🐾

r. du Plateau de la Bonne Dame, par ④ – 🕿 03 86 37 56 00 – www.ibishotel.com
56 ch – †63/80 € ††63/80 € – ⥂ 8 € **Rest** – (dîner seult) Menu 10/17 €
♦ Hôtel des années 1980 situé sur la rive gauche, tout près du pont de Loire. Les chambres, propres et bien tenues, sont avant tout fonctionnelles (plus calmes sur l'arrière). Restauration traditionnelle.

Jean-Michel Couron

XX

21 r. St-Étienne – 🕿 03 86 61 19 28 – www.jm-couron.com – Fermé
18 juil.-9 août, 27 fév.-13 mars, dim. soir, lundi et mardi   Yr
Rest – (nombre de couverts limité, prévenir) Menu 22 € (sem.)/56 €
– Carte 59/79 €
Spéc. Coquilles Saint-Jacques (mi-oct. à mi-avril). Pièce de bœuf charolais. Soupe de chocolat au siphon. **Vins** Pouilly-Fumé, Sancerre.
♦ Une belle cuisine inventive dans une ruelle du vieux Nevers... On peut même dîner sous les voûtes (14ᵉ s.) de l'ancien cloître de l'église St-Étienne !

La Botte de Nevers

XX

r. du Petit Château, (angle r. Saint Martin) – 🕿 03 86 61 16 93
– www.labottedenevers.fr – Fermé dim. soir, mardi midi et lundi   Yn
Rest – Menu 22 € (sem.), 29/50 € – Carte 30/70 €
♦ La cuisine de tradition, le cadre d'inspiration médiévale et les quelques épées ornant l'escalier accentuent la référence à la célèbre estocade du duc de Nevers.

Au Bistro Gourmand

X

pl. de la Résistance, (Porte de Paris) – 🕿 03 86 61 45 09 – Fermé 22 août-4 sept.,
24-29 déc., lundi soir et dim. sauf fériés   Yt
Rest – (12 €) Menu 21/31 € – Carte 36/45 €
♦ Saint-Jacques juste saisies, aile de raie servie en cocotte, soupe de cerise... Pas de doute : dans ce bistro cosy (tons chocolat, tableaux zen), le chef ravit les gourmands !

rte d'Orléans par ① – ⊠ 58640 Varennes-Vauzelles

Le Bengy

XX

25 rte de Paris, à 4,5 km par D 907 – 🕿 03 86 38 02 84
– www.le-bengy-restaurant.com – Fermé 31 juil.-23 août, 1ᵉʳ-5 janv.,
26 fév.-13 mars, dim. et lundi
Rest – Menu 18 € (sem.), 22/32 € – Carte 30/44 €
♦ Tons beige et chocolat, lignes contemporaines, cuir, fer forgé et plantes vertes : un restaurant un brin japonisant, qui affiche souvent complet. Cuisine actuelle et soignée.

à Sauvigny-les-Bois 10 km par ③ D 978 et D 18 – 1 515 h. – alt. 210 m
– ⊠ 58160

Moulin de l'Étang

XX

64 rte de l'Étang – 🕿 03 86 37 10 17 – www.moulindeletang.fr
– Fermé 1ᵉʳ-20 août, 26-30 déc., vacances de fév., dim. soir, merc. soir et lundi
Rest – Menu 19/43 € – Carte 36/48 €
♦ Dans cette ancienne ferme, tout près d'un étang cerné par les bois, le chef travaille de bons produits frais et réalise une cuisine traditionnelle de belle facture.

rte de Moulins 3 km par ④, sur N 7 – ⊠ 58000 Challuy

La Gabare

XX

171 rte de Lyon – 🕿 03 86 37 54 23 – www.restaurant-lagabare.fr
– Fermé 17 juil.-10 août, dim. et merc.
Rest – Menu 19/26 € – Carte 32/59 €
♦ Cette vieille ferme joliment restaurée abrite deux salles rustiques : poutres apparentes, grande cheminée... Le lieu idéal pour savourer une cuisine traditionnelle généreuse.

à Magny-Cours 12 km par ④, rte Moulins – 1 455 h. – alt. 205 m – ⊠ 58470

🏠🏠🏠 **Holiday Inn** 🏤 🔽 🗄 ⚙️ 🍽 🗄 🍴 🔲 AC ™ 🛋 🅿 VISA ⊕ AE ⓿
😊 *Ferme du domaine de Bardonnay* – ℰ 03 86 21 22 33 – www.holidayinn-nevers.com
68 ch – †100/180 € ††100/200 € – 2 suites – ☑ 18 €
Rest – *(fermé sam. et dim. du 15 nov. au 15 déc.)* (14 €) Menu 17 €
– Carte 20/40 €
◆ La ferme d'origine, qui appartenait à l'agriculteur concepteur du circuit auto-
mobile tout proche, est complétée par une aile moderne abritant les chambres ;
certaines ont vue sur la piscine ou le golf. Au restaurant, cuisine traditionnelle.

NÉVEZ – 29 Finistère – **308** I8 – 2 605 h. – alt. 40 m – ⊠ 29920   **9** B2
▶ Paris 547 – Lorient 51 – Quimper 40 – Rennes 196
🏛 18 place de l' Église ℰ 02 98 06 87 90

🍴 **Le Bistrot de l'Écailler** 🏤 ℅ VISA ⊕
au port de Kerdruc, 3 km à l'Est par D 77 et rte secondaire – ℰ 02 98 06 78 60
– *Ouvert mi-avril à fin sept. et fermé mardi et merc. sauf le soir en juil.-août*
Rest – Menu 43 €
◆ Un joli bistrot marin et sa petite terrasse sur le port, au bord de l'Aven. Superbes
plateaux de fruits de mer, ardoise du jour, homard-frites et carte des vins judicieuse.

à Raguenès-Plage 4 km au Sud par rte secondaire – ⊠ 29920

🏠🏠 **Ar Men Du** 🌱 ⇚ 🚗 🏤 ℅ rest, ™ 🅿 VISA ⊕ AE
❀ – ℰ 02 98 06 84 22 – www.men-du.com – *Fermé 2 nov.-15 déc. et 2 janv.-9 mars*
14 ch – †85/99 € ††99/165 € – 1 suite – ☑ 13 €
Rest – *(fermé mardi midi et merc. midi) (prévenir)* (28 € bc) Menu 39/78 €
– Carte 58/85 € ❀
Spéc. Tartare de bar de ligne et son carpaccio de langoustine. Turbot rôti dans sa
croûte de pomme de terre. Salade de fraises (mai à oct.). **Vins** Muscadet, Savennières.
◆ Sur une lande sauvage cernée par l'océan (site classé), cette maison néobretonne vibre avec les éléments : décor des chambres façon clipper, isolement,
vue sur les flots et l'île Raguénès. La cuisine iodée est au diapason, et certaines
associations de saveurs sont décoiffantes.

NEXON – 87 Haute-Vienne – **325** E6 – 2 390 h. – alt. 359 m – ⊠ 87800   **24** B2
▶ Paris 416 – Limoges 27 – Panazol 27 – St-Junien 56
🏛 Conciergerie du Château ℰ 05 55 58 28 44

🍴🍴 **Les Chaumières** avec ch 🌱 ⟨🅟⟩ 🔽 ℅ ™ 🅿 VISA ⊕
Domaine des Landes, à 2 km par D 11 – ℰ 05 55 58 25 26
– www.les-chaumieres.com – *Fermé 22 août-6 sept. et 1er-16 janv.*
3 ch – †80 € ††80 € – ☑ 10 €
Rest – *(fermé dim. soir, lundi et mardi) (prévenir)* Menu 38 €
◆ Joli cottage à toit de chaume dans un parc peuplé d'arbres centenaires. Chaleureux intérieur bourgeois, accueil avenant et carte dans l'air du temps, inspirée
par les saisons. Chambres d'hôtes dans une dépendance, pour prolonger tranquillement l'étape.

NEYRAC-LES-BAINS – 07 Ardèche – **331** H5 – ⊠ 07380   **44** A3
▶ Paris 606 – Alès 92 – Aubenas 16 – Montélimar 56

🍴🍴 **Du Levant** 🏤 🍴 🅿 VISA ⊕ AE ⓿
😊 *Meyras* – ℰ 04 75 36 41 07 – www.hotel-levant.com – *Ouvert 29 mars-21 nov. et
fermé mardi sauf le soir en juil.-août, dim. soir et lundi*
Rest – Menu 25/55 € ❀
◆ Près des thermes, cette auberge familiale vous régale depuis 1887 d'une cuisine soignée à base de produits locaux : châtaigne, volaille, agneau… Terrasse
sous les platanes.

NÉZIGNAN-L'ÉVÊQUE – 34 Hérault – **339** F8 – rattaché à Pézenas

H. Le Gac/MICHELIN

Le vieux Nice

NICE

Département : 🅟 06 Alpes-Maritimes	**Pop. agglomération :** 888 784 h.
Carte Michelin LOCAL : 341 E5 **115**	**Altitude :** 6 m
]26]27	**Code Postal :** ✉ 06000
▶ Paris 927 – Cannes 33	🟩 Côte d'Azur
– Genova 192 – Lyon 471	**Carte régionale : 42** E2
Population : 347 060 h.	

PLAN DE L'AGGLOMÉRATION 1082

PLAN DU CENTRE 1084

HÔTELS ET RESTAURANTS 1086

RENSEIGNEMENTS PRATIQUES

🛈 OFFICE DE TOURISME

5 promenade des Anglais ☎ 08 92 70 74 07 (0,34 €/mn) commun à tous les bureaux
Aéroport Nice Côte d'Azur - Terminal 1
Av. Thiers (Gare SNCF)

TRANSPORTS

🚇 Auto-train ☎ 3635 (dites auto-train - 0,34 €/mn)

TRANSPORTS MARITIMES

🚢 Pour la Corse : SNCM - Ferryterranée quai du Commerce ☎ 0 825 888 088 (0,15 €/mn) JZ

🚢 CORSICA FERRIES Port de Commerce ☎ 04 92 00 42 93

AÉROPORT

✈ Nice-Côte-d'Azur ☎ 0820 423 333 (0,12 €/mn), 6 km AU

CASINO

Ruhl, 1 promenade des Anglais FZ
Le Palais de la Méditerannée, 15 promenade des Anglais FZ

👁 A VOIR

LE FRONT DE MER ET LE VIEUX NICE

Site★★ - Promenade des Anglais★★ - ≼★★ du château - Intérieur★ de l'église St-Martin - St-Augustin **HY** - Église St-Jacques★ **HZ** - Escalier monumental★ du palais Lascaris **HZ** V - Intérieur★ de la cathédrale Ste-Réparate **HZ** - Décors★ de la chapelle de l'Annonciation **HZ** B - Retables★ de la chapelle de la Miséricorde★ **HZ** D

CIMIEZ

Musée Marc-Chagall★★ **GX** - Musée Matisse★★ **HV** **M**[4] - Monastère franciscain★ : primitifs niçois★★ dans l'église **HV** K - Site archéologique gallo-romain★

LES QUARTIERS OUEST

Musée des beaux-Arts (Jules Chéret)★★ **DZ** - Musée d'Art naïf A.Jakovsky★ **AU** **M**[10] - Serre géante★ du Parc Phoenix★ **AU** - Musée des Arts asiatiques★★

PROMENADE DU PAILLON

Musée d'Art moderne et d'Art contemporain★★ **HY** **M**[2] - Palais des Arts, du Tourisme et des Congrès (Acropolis)★ **HJX**

AUTRES CURIOSITÉS

Cathédrale orthodoxe russe St-Nicolas★ **EXY** - Mosaique★ de Chagall dans la faculté de droit **DZ** U - Musée Masséna★ **FZ** **M**[3]

RÉPERTOIRE DES RUES DE NICE

Alberti (R.) . . . . **GHY** 2
Alphonse-Karr (R.). . . . . . **FYZ**
Alsace-Lorraine (Jardin d') **EZ** 3
Anglais (Promenade des) **EFZ**
Arènes-de-Cimiez
  (Av. des) . . . . **HVX**
Arène (Av. P.) . . . . **DXY**
Armée-des-Alpes
  (Bd de l'). . . . . **CT** 4
Armée-du-Rhin (Pl. de l'). . **JX** 5
Arson (Pl. et R.) . . . . **JY**
Auber (Av.). . . . . **FY**
Auriol (Pont Vincent) . . . . **JV** 7
Barberis (R.) . . . . **JXY**
Barel (Bd. V.) . . . . **CT**
Barel (Pl. Max) . . . . **JY**
Barla (R.) . . . . **JY**
Baumettes (Av. des). . . . . **DZ**
Bellanda (Av.) . . . . **HV** 10
Berlioz (R.). . . . . **FY** 12
Besset (Av. Cyrille) . . . . **EFV**
Bieckert (Av. Émile) . . . . **HX**
Binet (R. A.) . . . . **FX**
Bischoffsheim (Bd) . . . . . **CT**
Bonaparte (R.) . . . . **JY** 13
Borriglione (Av.). . . . . **FV**
Bounin (R.P.) . . . . **FV**
Boyer (Square R.) . . . . . . **EV**
Brancolar (Av.) . . . . **FV**
Carabacel (Bd) . . . . **HXY**
Carlone (Bd) . . . . **AT** 14
Carnot (Bd) . . . . **CT** 15
Cassini (R.). . . . . **JY**
Cassin (Bd R.). . . . . **AU** 16
Cavell (Av. E.) . . . . **GV**
Cessole (Bd de) . . . . **EV**
Châteauneuf (R. de). . . . **DEY**
Cimiez (Bd de) . . . . **GVX**
Clemenceau (Av. G.). . . . . **FY**
Comboul (Av. R.). . . . . . . **FX**
Congrès (R. du) . . . . **FZ**
Cyrnos (Av.) . . . . **EV**
Dante (R.). . . . . **EZ**
Delfino (Bd Gén. L.) . . . . **JX**
Desambrois (Av.). . . . . . **GHY** 18
Diables-Bleus (Av. des). . . **JX** 19

Dubouchage (Bd) . . . . . **GHY**
Durante (Av.) . . . . **FY**
Estienne-d'Orves (Av. d')**DEY**
Estienne (Av. Gén.) . . . . . **HV**
États-Unis (Quai) . . . . . . **GHZ**
Europe (Parvis de l') . . . . **JX** 21
Félix-Faure (Av.) . . . . **GZ** 22
Fleurie (Corniche) . . . . . . **AU** 23
Fleurs (Av. des). . . . . **DEZ**
Flirey (Av. de) . . . . **HV**
Flora (Av.). . . . . **GVX**
Foch (Av. Mar.). . . . . **GY**
France (R. de) . . . . **DFZ**
Gallieni (Av.) . . . . **HJX** 24
Gal (R. Auguste) . . . . . . **JXY**
Gambetta (Bd) . . . . **EXZ**
Garibaldi (Pl.). . . . . **HJY**
Garnier (Bd Joseph) . . . . **EFX**
Gaulle (Av. Gén.-de) . . . . **AU**
Gaulle (Pl. Ch.-de) . . . . . . **FX**
Gautier (Pl. P.) . . . . **HZ** 25
George-V (Av.). . . . . **GVX**
Gioffredo (R.) . . . . **HY**
Gorbella (Bd de) . . . . **EV**
Gounod (R.) . . . . **FY**
Grenoble (Rte de). . . . . . **AU** 27
Grosso (Bd François) . . . **DYZ**
Guisol (R. F.). . . . . **JY**
Guynemer (Pl.). . . . . **JZ**
Hôtel-des-Postes (R. de l')**HY** 30
Ile-de-Beauté (Pl. de l') . . **JZ** 31
Jean-Jaurès (Bd) . . . . . . **HYZ** 32
Joffre (R. du Mar.). . . . . . **EFZ**
Joly (Corniche A.-de-) . . . . **CT**
Liberté (R. de la) . . . . **GZ** 35
Lunel (Quai) . . . . **GZ** 37
Lyautey (Quai Mar.) . . . . **JVX**
Madeleine (Bd) . . . . **AT**
Maeterlinck (Bd) . . . . **CU** 39
Malaussèna (Av.). . . . . . . **FX**
Malraux (Tunnel et voie). . **HX**
Marceau (R.) . . . . **FX**
Masséna (Pl. et Espace) . . **GZ**
Masséna (Av.) . . . . **FGZ** 43
Médecin (Av. J.). . . . . . . **FGY** 44
Meyerbeer (R.) . . . . **FZ** 45

NICE

B

Michelet (R.) . . . . **FV**
Monastère (Av. Pl.). . . . . . **HV** 46
Montréal (Bd de) . . . . **AU**
Mont-Boron (Bd) . . . . **CT**
Moulin (Pl. Jean). . . . . **HY** 47
Napoléon III (Bd) . . . . **AU** 52
Observatoire (Bd de l') . . . . **CST**
Paillon (Promenade) . . . . . . **HZ**
Papacino (Quai) . . . . **JZ**
Paradis (R.) . . . . **GZ** 55
Parc Impérial (Bd du) . . . . **DEX**
Passy (R. F.). . . . . **EY** 57
Pasteur (Bd) . . . . **JV**
Pastorelli (R.). . . . . **GY** 58
Pessicart (Av. de) . . . . **DEX**
Phocéens (Av. des) . . . . . . **GZ** 59
Pilatte (Bd de) . . . . **JZ**
Pompidou (Bd G.) . . . . **AU** 62
Princesse-Grace-de-Monaco
(Bd) . . . . **CTU**
Prince-de-Galles (Bd) . . . . **GHV**

Raiberti (R.) . . . . **FVX**
Rauba-Capéu (Quai) . . . . . **HJZ**
Raybaud (Av. J.) . . . . **BS**
Raynaud (Bd A.) . . . . **FV**
Ray (Av. du) . . . . **FV** 63
République (Av. de la) . . . **JXY** 64
Riquier (Bd de) . . . . **JY**
Risso (Bd) . . . . **JXY**
Rivoli (R. de) . . . . **FZ** 65
Roquebillière (R. de) . . . . . **JVX**
Rossini (R.) . . . . **FY**
Ste-Marguerite (Av.). . . . . . **AU**
St-Augustin (Av.) . . . . **AU** 67
St-Barthélemy (Av.) . . . . . . **EV**
St-François-de-Paule (R.) . **GHZ** 72
St-Jean-Baptiste (Av.). . . . . **HY** 73
St-Lambert (Av.) . . . . **FV**
St-Pierre-de-Féric (Rte). . . . **DX**
St-Roch (Bd) . . . . **CT**
St-Sylvestre (Av.) . . . . **AS** 80
Saleya (Cours) . . . . **HZ** 82

Sauvan (R. H.) . . . . **EZ** 84
Ségurane (R. C.) . . . . **JY**
Semard (Bd P.) . . . . **CST**
Sémeria (Av. D.) . . . . **JV**
Sola (Bd Pierre) . . . . **JX**
Stalingrad (Bd de) . . . . **JZ**
Thiers (Av.) . . . . **EFY**
Trachel (R.). . . . . **FX**
Turin (Rte de). . . . . **JV**
Tzaréwitch (Bd) . . . . **DEY**
Valrose (Av.) . . . . **FV**
Val-Marie (Av. du) . . . . **AU** 87
Vérany (Bd J.-B.) . . . . **JV**
Verdun (Av. de) . . . . **FGZ** 89
Vernier (R.) . . . . **FX**
Victor-Hugo (Bd) . . . . **FYZ**
Voie Romaine . . . . **BS** 90
Walesa (Bd Lech) . . . . **JYZ** 91
Wilson (Pl.) . . . . **HY** 92
2-Corniches (Bd des) . . . . . **CT** 93

NICE

Alberti (R.) . . . . **GHY** 2
Alsace-Lorraine
  (Jardin d') . . . . **EZ** 3
Armée-du-Rhin (Pl. de l')**JX** 5
Auriol (Pont V.) . . . . . . **JV** 7
Bellanda (Av.) . . . . **HV** 10
Berlioz (R.) . . . . **FY** 12
Bonaparte (R.) . . . . **JY** 13
Carnot (Bd) . . . . **JZ** 15
Desambrois (Av.) . . . **GHX** 18
Diables-Bleus (Av. des) **JX** 19
Europe (Parvis de l') . . **JX** 21
Félix-Faure (Av.) . . . . . **GZ** 22
France (R. de) . . . . **DFZ**
Gallieni (Av.) . . . . **HJX** 24
Gambetta (Bd) . . . . . . **EXZ**
Gautier (Pl. P.) . . . . . . **HZ** 25
Gioffredo (R.) . . . . **HY**
Hôtel-des-Postes
  (R. de l') . . . . **HY** 30
Ile-de-Beauté (Pl.) . . . . **JZ** 31
Jean-Jaurès (Bd) . . . . **HYZ** 32
Liberté (R. de la) . . . . . **GZ** 35
Lunel (Quai) . . . . **JZ** 37
Masséna (Pl. et Espace)**GZ**
Masséna (R.) . . . . **FGZ** 43

Médecin (Av. J.) . . . . . **FGY** 44
Meyerbeer (R.) . . . . . . **FZ** 45
Monastère (Av. Pl.) . . . **HV** 46
Moulin (Pl. J.) . . . . **HY** 47

Paradis (R.) . . . . **GZ** 5
Passy (R. F.) . . . . **EY** 5
Pastorelli (R.) . . . . **GY** 5
Phocéens (Av. des) . . . **GZ** 5

Ray (Av. du) . . . . **FV** 63
République
    (Av. de la) . . . . **JXY** 64
Rivoli (R. de) . . . . **FZ** 65
St-François-de-Paule
    (R.) . . . . **GHZ** 72
St-Jean-Baptiste (Av.) . . **HY** 73
Saleya (Cours) . . . . **HZ** 82
Sauvan (R. H.) . . . . **EZ** 84
Verdun (Av. de) . . . . . . **FGZ** 89
Walesa (Bd Lech) . . . . **JYZ** 91
Wilson (Pl.) . . . . **HY** 92

Negresco

37 promenade des Anglais – ☏ 04 93 16 64 00 – www.hotel-negresco-nice.com
119 ch – ♦245/615 € ♦♦245/615 € – 6 suites – ☲ 30 €   **3**FZ**k**
Rest *Chantecler* – voir ci-après
Rest *La Rotonde* – Menu 32/48 € – Carte 40/90 €
◆ Bâti en 1912 par Henri Negresco, cet "hôtel-musée" mythique et majestueux regorge d'œuvres d'art exceptionnelles et cultive la démesure (somptueuse verrière). Dans les chambres, les styles se mélangent avec emphase. La brasserie La Rotonde est installée dans un décor de carrousel, chevaux de bois et automates.

Palais de la Méditerranée

13 promenade des Anglais – ☏ 04 92 14 77 00
– http://palais.concorde-hotels.fr   **3**FZ**g**
188 ch – ♦180/995 € ♦♦180/995 € – 12 suites – ☲ 27 € – ½ P 300/1115 €
Rest *Le Padouk* – ☏ 04 92 14 76 00 – (25 €) Menu 39 € (dîner) – Carte 40/83 €
Rest *Pingala Bar* – ☏ 04 92 14 76 01 – Menu 25 € (déj.)/39 € – Carte 40/83 €
◆ Ce légendaire bâtiment doté d'une façade Art déco classée abrite un hôtel-casino aux chambres spacieuses, contemporaines et luxueuses. Carte aux inspirations méridionales et du monde proposée dans une ambiance lounge-bar au Padouk. Cuisine niçoise dans le cadre trendy du Pingala Bar.

Exedra

12 bd Victor Hugo – ☏ 04 97 03 89 89 – www.boscolohotels.com   **3**FY**d**
107 ch – ♦180/650 € ♦♦230/700 € – 3 suites – ☲ 25 €
Rest *La Pescheria* – (18 €) Carte 50/65 €
◆ Derrière sa fringante façade Belle Époque, ce magnifique hôtel entièrement refait à neuf vous fait basculer dans un univers ultra-design. Chambres tout en harmonie de blanc. À la Pescheria, ambiance rétro chic avec cuisines visibles et engageantes saveurs actuelles.

Le Méridien

1 promenade des Anglais – ☏ 04 97 03 44 44 – www.lemeridiennice.fr
316 ch – ♦160/525 € ♦♦160/525 € – 2 suites – ☲ 23 €   **3**FZ**d**
Rest *Le Colonial Café* – ☏ 04 97 03 40 36 – Carte 55/75 €
Rest *La Terrasse du Colonial* – ☏ 04 97 03 40 37 – Carte 46/72 €
◆ Au programme de cet hôtel : piscine chauffée sur le toit, face à la baie des Anges, chambres majoritairement redécorées dans un esprit tendance et institut de beauté. Au Colonial Café, mobilier épuré, teintes chaudes et lumière tamisée. Superbe vue sur la mer à la Terrasse.

Radisson Blu

223 promenade des Anglais – ☏ 04 97 17 71 77 – www.radissonblu.com/hotel-nice
331 ch – ♦135/160 € ♦♦135/160 € – 13 suites – ☲ 23 €   **1**AU**n**
Rest – Carte 48/66 €
◆ Architecture moderne abritant un hôtel dans l'air du temps : grandes chambres thématiques soignées (Urban, Chili, Océan), bar design, beau fitness et terrasse-piscine sur le toit. Confortable restaurant égayé de tons azur et citron ; cuisine à l'accent local.

Élysée Palace

59 promenade des Anglais – ☏ 04 93 97 90 90 – www.elyseepalace.com
143 ch – ♦125/490 € ♦♦125/490 € – 2 suites – ☲ 21 €   **3**EZ**d**
Rest *Le Caprice* – (23 €) Menu 29 € – Carte 32/45 €
◆ Une immense Vénus de bronze prise entre deux blocs signe l'originalité architecturale de l'hôtel. Bel intérieur contemporain, grand confort, insonorisation exemplaire, piscine sur le toit. En été, l'attrayante carte régionale s'allège et se déguste en terrasse.

Boscolo Hôtel Plaza

12 av. de Verdun – ☏ 04 93 16 75 75 – www.boscolohotels.com   **4**GZ**u**
172 ch – ♦138/528 € ♦♦138/528 € – 5 suites – ☲ 20 €
Rest – (fermé sam. midi et dim.) (19 € bc) Menu 24 € bc (déj. en sem.), 29/40 €
– Carte 34/78 €
◆ Imposant hôtel jouxtant le jardin Albert-1er. Chambres spacieuses, équipements complets pour séminaires et belle perspective sur la grande bleue depuis le toit. Salle à manger aux tons chaleureux et large terrasse panoramique embrassant la ville.

La Pérouse ⌖   ≤ 🚗 🍴 ≋ ⌂ 🛎 AC 🕯 🖐 🚲 VISA ⊕ AE ⓪

11 quai Rauba-Capéu ✉ *06300 –* 𝒞 *04 93 62 34 63 – www.hotel-la-perouse.com*
58 ch – ♦195/1100 € ♦♦195/1100 € – 2 suites – ☲ 21 €　　　　　**4HZk**
Rest – *(fermé 1er déc.-31 janv.)* Menu 39 € – Carte 45/55 €

• Dans cet hôtel de caractère, arrimé au rocher du château, des chambres provençales très raffinées côtoient un coquet jardin méditerranéen. Le point de vue inspira Raoul Dufy. Au restaurant, tables dressées à l'ombre des citronniers et cuisine provençale.

Nice Riviera sans rest   🖼 🛎 ⌂ AC 🕯 🖐 🅿 VISA ⊕ AE

45 r. Pastorelli – 𝒞 *04 93 92 69 60 – www.nr.com.fr*　　　　　　　**4GYb**
122 ch – ♦81/265 € ♦♦81/265 € – ☲ 18 €

• Cet hôtel confortable et bien entretenu propose des chambres colorées (rouge et jaune), disposant parfois d'une terrasse ensoleillée. Petite piscine intérieure, sauna et jacuzzi.

Hi Hôtel   🍴 ≋ 🌐 🛎 ⌂ ch, AC 🕯 VISA ⊕ AE ⓪

3 av. des Fleurs – 𝒞 *04 97 07 26 26 – www.hi-hotel.net*　　　　　　**3EZa**
37 ch ☲ – ♦189/469 € ♦♦189/469 € – 1 suite – **Rest** – Carte 24/40 €

• Attention les yeux ! Cet hôtel conçu par Matali Crasset a adopté un style urbain hors normes. Déco chic, art de vivre résolument contemporain et affiliation Green Globe. "Cantine bio" et carte de sushis (sans thon rouge) pour manger sain, équilibré et écolo.

Goldstar Resort   🍴 🖼 🆔 🛎 ⌂ AC 🕯 🖐 🚲 VISA ⊕ AE

45 r. Maréchal Joffre – 𝒞 *04 93 16 92 77 – www.goldstar-resort.com*
52 suites – ♦♦140/700 € – ☲ 20 €　　**Rest** – Menu 18/38 €　　　**3FZe**

• Décor contemporain raffiné et technologie de pointe caractérisent les chambres de cet hôtel tout neuf et sobrement luxueux. Espace fitness, piscine et solarium sur le toit. Restaurant panoramique au dernier étage ; cadre tendance et cuisine au goût du jour.

Masséna sans rest   🛎 ⌂ AC 🕯 🖐 🚲 VISA ⊕ AE ⓪

58 r. Gioffredo – 𝒞 *04 92 47 88 88 – www.hotel-massena-nice.com*　　**4GZk**
110 ch – ♦159/339 € ♦♦159/339 € – 1 suite – ☲ 20 €

• Jolie façade Belle Époque bien située. Rajeuni, le décor de l'hôtel offre plus de confort et de modernité (tons chauds). Chambres personnalisées, romantiques ou méridionales.

Splendid   🍴 ≋ 🌐 🆔 🛎 AC 🕯 rest, 🕯 🖐 🚲 VISA ⊕ AE

50 bd V. Hugo – 𝒞 *04 93 16 41 00 – www.splendid-nice.com*　　　　　**3FZu**
128 ch – ♦129/270 € ♦♦129/270 € – 15 suites – ☲ 16 €
Rest – (22 €) Menu 24/35 € – Carte 32/57 €

• La minipiscine et le solarium qui coiffent cet hôtel offrent une vue sur "Nissa la bella". Chambres de tailles diverses, refaites et souvent dotées de balcons. Spa. Restaurant et terrasse panoramiques perchés sur le toit.

Mercure Centre Notre-Dame sans rest   🚗 ≋ 🛎 ⌂ AC 🕯 🖐

28 av. Notre-Dame – 𝒞 *04 93 13 36 36*　　　　　　　　VISA ⊕ AE ⓪
– www.mercure.com　　　　　　　　　　　　　　　　　　　　**3FXYq**
198 ch – ♦124/324 € ♦♦134/334 € – 3 suites – ☲ 18 €

• Hôtel plaisamment rénové s'ordonnant sur deux bâtiments, dont un au cœur d'un jardin. Confortables chambres de style contemporain, institut de beauté et piscine sur le toit.

Le Grimaldi sans rest   🛎 AC 🕯 VISA ⊕ AE

15 r. Grimaldi – 𝒞 *04 93 16 00 24 – www.le-grimaldi.com*　　　　　**3FYs**
46 ch – ♦85/160 € ♦♦95/205 € – ☲ 15 €

• Mobilier provençal, fer forgé et beaux tissus Pierre Frey personnalisent joliment les chambres ; petites terrasses au dernier étage. Espace hall-bar-salon très cosy.

Villa Victoria sans rest   🚗 ≋ AC 🕯 🅿 VISA ⊕ AE

33 bd V. Hugo – 𝒞 *04 93 88 39 60 – www.villa-victoria.com – Fermé 13-27 déc.*
38 ch – ♦75/200 € ♦♦75/200 € – ☲ 15 €　　　　　　　　　　**3FZs**

• Bel immeuble ancien aménagé dans un esprit méridional. Préférez les chambres avec balcon donnant sur le très beau jardin méditerranéen ; celles côté rue sont bien insonorisées.

Windsor
🏨   🚭 🛝 🏊 £6 🖨 AC 🚫 rest, ¶¹ VISA ●● AE

11 r. Dalpozzo – ✆ 04 93 88 59 35 – www.hotelwindsornice.com   **3FZf**
57 ch – ♦90/175 € ♦♦90/175 € – 🍽 12 € – ½ P 77/120 €
Rest – *(fermé dim.) (dîner seult)* Menu 26 € – Carte 30/47 €
◆ Cet hôtel séduit par ses 27 chambres d'artistes imaginées par Ben, Morellet, Honegger, Hains, Viallat... Beau jardin avec volière et espace détente complet (hammam, massages). Cuisine du Sud actualisée, servie en été entre palmiers et bougainvillées.

Mercure Promenade des Anglais sans rest
🏨   🖨 & AC 🚫 ¶¹

2 r. Halévy – ✆ 04 93 82 30 88 – www.mercure.com   VISA ●● AE ①
122 ch – ♦89/289 € ♦♦99/299 € – 🍽 16 €   **3FZv**
◆ Dans cet hôtel jouxtant le casino Ruhl, choisissez une des chambres du 3e étage, relookées dans un style actuel. Salle des petits-déjeuners regardant la Promenade des Anglais.

Petit Palais sans rest 🐿
🏨   ← 🖨 AC ¶¹ P VISA ●● AE ①

17 av. Emile Bieckert – ✆ 04 93 62 19 11 – www.petitpalaisnice.fr   **4HXp**
25 ch – ♦130/160 € ♦♦130/180 € – 🍽 15 €
◆ Ce "Petit Palais" où vécut Sacha Guitry se dresse sur la colline de Cimiez. Charme bourgeois et vue plongeante sur la Baie des Anges depuis la plupart des chambres. Agréable terrasse.

Brice sans rest
🏨   🚭 🖨 AC ¶¹ 🏊 VISA ●● AE

44 r. Mar. Joffre – ✆ 04 93 88 14 44 – www.nice-hotel-brice.com   **3FZx**
58 ch – ♦60/120 € ♦♦80/160 € – 🍽 13 €
◆ Les chambres, protégées des bruits de la circulation par un jardin-terrasse fleuri, sont fonctionnelles et bien tenues. Décor asiatique au bar et borne Internet à disposition.

Aria sans rest
🏨   🖨 & AC ¶¹ VISA ●● AE ①

15 av. Auber – ✆ 04 93 88 30 69 – www.hotel-aria-nice.cote.azur.fr   **3FYu**
26 ch – ♦65/84 € ♦♦70/124 € – 4 suites – 🍽 10 €
◆ Hôtel du quartier des musiciens tenu par un passionné de littérature. Chambres de bonne ampleur, au mobilier de style classique ou provençal ; certaines donnent sur un square.

De Flore sans rest
🏨   🖨 AC 🚫 ¶¹ VISA ●● AE ①

2 r. Maccarani – ✆ 04 92 14 40 20 – www.hoteldeflore-nice.fr   **3FZz**
63 ch – ♦94/155 € ♦♦105/170 € – 2 suites – 🍽 13 €
◆ Meubles en fer forgé, sièges en osier et couleurs du Midi dans des chambres gaies et fonctionnelles. Patio pour prendre le petit-déjeuner dans un cadre azuréen.

Anis Hôtel
🏨   🚭 🛝 🏊 & AC ¶¹ 🏊 P 🚗 VISA ●●
🐭

50 av. Lanterne ✉ 06200 – ✆ 04 93 18 29 00 – www.hotel-anis.com
42 ch – ♦68/85 € ♦♦90/120 € – 🍽 12 €   **2AUa**
Rest – *(fermé dim. soir et lundi)* (14 €) Menu 17/55 € bc – Carte 25/38 €
◆ Non loin de la mer et de l'aéroport tout en profitant du calme, cette adresse cumule les atouts : chambres contemporaines teintées d'exotisme, jardin, piscine et prix corrects. Cuisine régionale servie en terrasse ou dans une salle aux teintes méridionales.

Durante sans rest
🏨   🚭 🖨 AC ¶¹ P VISA ●● AE

16 av. Durante – ✆ 04 93 88 84 40 – www.hotel-durante.com – Fermé janv.
28 ch – ♦70/200 € ♦♦70/200 € – 🍽 10 €   **3FYb**
◆ Paisible maison colorée dans une impasse proche de la gare : dormez fenêtres ouvertes dans de coquettes chambres tournées vers un jardin embaumant l'oranger.

Les Cigales sans rest
🏠   🖨 & AC 🚫 ¶¹ VISA ●● AE

16 r. Dalpozzo – ✆ 04 97 03 10 70 – www.hotel-lescigales.com   **3FZb**
19 ch – ♦70/120 € ♦♦125/150 € – 🍽 11 €
◆ Cet ancien hôtel particulier à la jolie façade ouvragée dispose d'une agréable petite terrasse. Chambres fonctionnelles et colorées, mansardées au dernier étage.

Armenonville sans rest

20 av. Fleurs – ℰ 04 93 96 86 00 – www.hotel-armenonville.com   **3EZb**
12 ch – †40/106 € ††50/106 € – ☲ 11 €

♦ Dans l'ex-quartier des émigrés russes, charmante villa 1900 et son jardin méridional. Quelques meubles provenant du Negresco personnalisent les chambres peu à peu rajeunies.

De la Fontaine sans rest

49 r. France – ℰ 04 93 88 30 38 – www.hotel-fontaine.com – Fermé 10-26 janv.
29 ch – †79/95 € ††90/137 € – ☲ 10 €   **3FZt**

♦ Hôtel bordant une rue commerçante et animée. Pour plus de calme, préférez les chambres donnant sur le minipatio (petit-déjeuner en saison) où murmure une fontaine.

All Seasons Nice Aeroport sans rest

127 bd René Cassin – ℰ 04 92 29 44 30 – www.all-seasons-hotels.com
91 ch ☲ – †78/155 € ††88/165 €   **1AUb**

♦ Dans un immeuble neuf face à l'aéroport, un hôtel jouant la carte "design tendance". Ses avantages ? Des chambres colorées, des produits de bain bio et des prix attractifs.

Chantecler – Hôtel Negresco

37 promenade des Anglais – ℰ 04 93 16 64 00 – www.hotel-negresco-nice.com
– Fermé 2 janv.-8 fév., le midi sauf dim., lundi et mardi   **3FZk**
Rest – Menu 90/130 € – Carte 100/160 €

Spéc. Cannellonis en mousseline de cuisses de grenouille. Ris de veau clouté au chorizo, fricassée de girolles et macaronis dorés. Pétillant de framboise, fine gelée de poivron rouge. **Vins** Bellet, Vin de pays des Alpes-Maritimes.

♦ Somptueuses boiseries, tapisserie d'Aubusson, tableaux de maîtres et rideaux en damas ou en lampas de soie magnifient ce décor Régence. Fine et délicate cuisine créative.

L'Ane Rouge

7 quai Deux-Emmanuel ✉ 06300 – ℰ 04 93 89 49 63 – www.anerougenice.com
– Fermé vacances de fév., jeudi midi et merc.   **4JZm**
Rest – (23 €) Menu 35/68 € – Carte 62/92 €

♦ Table plaisamment installée face au bassin portuaire vous recevant dans un cadre moderne agrémenté de marines colorées. Mets classiques et belle carte des vins.

Les Viviers

22 r. A. Karr – ℰ 04 93 16 00 48 – www.les-viviers-nice.com – Fermé
18 juil.-21 août, sam. midi, dim. et feriés   **3FYk**
Rest – (29 €) Menu 50/78 € – Carte 37/80 €
Rest Le Bistrot – (fermé 23 juil.-15 août et fériés) (15 €) Menu 32 € (dîner)
– Carte 36/80 €

♦ D'un côté, le restaurant vous accueille dans une atmosphère cosy – tableaux contemporains, fleurs et miroirs – pour déguster une belle cuisine de la mer. Au bistrot, autre ambiance, avec un décor de brasserie 1900, et toujours des recettes de poisson.

La Réserve de Nice

60 bd Franck-Pilatte – ℰ 04 97 08 14 80 – www.lareservedenice.com – Fermé 2-25 nov.
Rest – (25 €) Menu 45/95 € – Carte 60/93 €   **2CTb**

♦ Décor élégant pour cette Réserve aux airs de paquebot Art déco. On savoure une cuisine raffinée en goûtant une vue superbe sur la baie des Anges et l'Esterel.

Aphrodite (David Faure)

10 bd Dubouchage – ℰ 04 93 85 63 53 – www.restaurant-aphrodite.com
– Fermé 1er-26 janv., dim. et lundi   **4HYs**
Rest – Menu 25 € (déj.), 38/95 € – Carte 55/75 €

Spéc. Makis de foie gras rafraîchis aux sardines fumées, graines germées de radis pourpre. Saint-pierre rôti au four, violets sautés au cru, salade d'herbes et huile de réglisse. Le "Frisson" d'Aphrodite. **Vins** Côtes de Provence, Vin de pays des Alpes Maritimes.

♦ Cuisine moderne de belle tenue, où la technique et l'invention servent à dessein l'émotion gustative. Mobilier design épuré, cuir rouge, tables blotties dans des alcôves, murs d'eau ou végétal : le décor est original et cosy.

XX **Flaveur** (Gaël et Mickaël Tourteaux)   A/C ⌖ VISA ⌾⌾
❀ *25 r. Gubernatis –* ✆ *04 93 62 53 95 – www.flaveur.net*   **4GYx**
Rest – *(nombre de couverts limité, prévenir)* (23 € bc) Menu 32 € (dîner)/55 €
Spéc. Risotto vénitien, seiche et palourdes. Cabillaud demi-sel, mousseline de bro-
coletti, bouillon de coquillages et livèche. Croustillant rose-litchi, mousse ivoire et
glace chocolat blanc.
♦ Passion, fraîcheur et personnalité résument cette adresse créée par trois com-
pères – deux frères en cuisine, un ami en salle. Jeux sur les textures, plats d'esprit
canaille (le midi), notes d'exotisme... De belles flaveurs, dans un décor très original.

XX **L'Univers-Christian Plumail**   🏠 A/C VISA ⌾⌾ AE
❀ *54 bd J. Jaurès* ✉ *06300 –* ✆ *04 93 62 32 22 – www.christian-plumail.com*
– Fermé sam. midi, lundi midi et dim.   **4HZu**
Rest – *(prévenir)* (20 €) Menu 44/70 € – Carte 51/71 €
Spéc. Pistou glacé au homard, écume au basilic et tuile au parmesan (été). Loup de
ligne cuit à l'écaille, millefeuille de céleri et de tomate cœur de bœuf. Soufflé au citron
du pays, compote de fruits à la badiane. **Vins** Bellet, Vin de pays de l'Île Saint-Honorat.
♦ Tableaux et sculptures modernes agrémentent l'intérieur de ce restaurant cha-
leureux, où l'on vient savourer une authentique et goûteuse cuisine niçoise.
Accueil très aimable.

XX **Keisuke Matsushima**   🕭 A/C ⌖ ⟷ VISA ⌾⌾ AE
❀ *22 ter r. de France –* ✆ *04 93 82 26 06 – www.keisukematsushima.com*
– Fermé sam. midi, lundi midi et dim.   **3FZe**
Rest – (18 €) Menu 35/78 € – Carte 51/73 €🍷
Spéc. Foie gras de canard grillé, haricots verts, pêche blanche et amandes fraîches.
Pigeonneau rôti, cuisse en farci et ses abats. Chocolat noir manjari fondant, nougat
au miel des Alpes Maritimes, glace pistache. **Vins** Bellet, Côtes de Provence.
♦ Décor minimaliste, à la japonaise, tout en bois brut et tons sobres. Mets délicats
et inventifs, à base d'excellents produits. Également table d'hôte sur réservation.

XX **Les Pêcheurs**   🕭 A/C VISA ⌾⌾ AE
🙂 *18 quai des Docks –* ✆ *04 93 89 59 61 – www.lespecheurs.com – Fermé janv.,*
mardi sauf le soir de juin à sept. et lundi   **4JZv**
Rest – Menu 28/38 € – Carte 39/70 €
♦ Cuisine de la mer gourmande, servie sur la terrasse d'été braquée vers le port
ou dans une salle à la décoration un brin exotique, avec vue sur les cuisines.

XX **L'Aromate** (Mickaël Gracieux)   🕭 A/C ⌾⌾ AE
❀ *20 av. Mar. Foch –* ✆ *04 93 62 98 24 – www.laromate.fr – Fermé 1 sem.*
en août, 2 sem. en nov., 2 sem. en janv., dim. et lundi   **4GYv**
Rest – *(dîner seult)* Menu 50/70 € – Carte 60/80 €
Spéc. Tourteau en fine gelée de crustacé, crémeux curry-fenouil. Loup de
ligne aux feuilles de citronnier, sabayon léger mélisse-citron vert (juin à août).
Fraise charlotte rôtie en feuillet, glace mascarpone et crème vanillée (mai à
août). **Vins** Côtes de Provence.
Rest *Le Grain de Riz de l'Aromate* – *(déj. seult)* Carte 35/45 €
♦ Jeune table lancée par un couple amoureux de gastronomie, avec un minimum de moyens. Pari réussi ! Préparations délicates, assiettes graphiques : le
chef-patron confirme son talent, mûri dans de grandes maisons. Au déjeuner,
plats du marché plus simples autour de l'équation risotto-viande-poisson.

XX **Luc Salsedo**   A/C VISA ⌾⌾
14 r. Maccarani – ✆ *04 93 82 24 12 – www.restaurant-salsedo.com – Fermé le*
midi et merc.   **3FYh**
Rest – *(dîner seult)* (26 € bc) Menu 44/65 € – Carte 44/68 €
♦ Authentique bonbonnière empreinte de quiétude, la salle à manger habillée
de tableaux offre une vue sur l'église réformée et son jardin. Recettes actuelles à
l'accent du Sud.

XX **L'Allegro**   A/C VISA ⌾⌾
🍴 *6 pl. Guynemer –* ✆ *04 93 56 62 06 – Fermé 1er-6 janv., le midi en août, sam.*
midi et dim.   **4JZu**
Rest – Menu 19 € (déj.), 23/54 € – Carte 34/65 €🍷
♦ Pâtes et raviolis préparés à la minute, sous vos yeux, dans un étonnant décor de
trompe-l'œil et de fresques évoquant la "commedia dell'arte". Beau livre de cave.

✗ **Kamogawa** AC ⟷ VISA ⊕
18 r. de la Buffa – ☎ *04 93 88 75 88* **3**FZ**m**
Rest – (15 € bc) Menu 45/65 € – Carte 40/70 €
◆ Cette adresse typiquement nippone (tout le personnel est japonais) connaît un franc succès grâce à ses recettes traditionnelles et simples, servies dans un cadre sobre.

✗ **Lou Pistou** AC VISA ⊕
4 r. Raoul-Bosio – ☎ *04 93 62 21 82 – www.loupistou.fr – Fermé 8-15 mars,*
1ᵉʳ-15 nov., sam. et dim. **4**HZ**e**
Rest – Carte 24/45 €
◆ Officiant à côté du palais de Justice, ce petit bistrot sert une cuisine niçoise dans une salle à manger rustique égayée de lithographies anciennes. Accueil tout sourire.

✗ **Saison** AC VISA ⊕ AE
17 r. Gubernatis – ☎ *04 93 85 69 04 – www.saison-nice.com – Fermé dim. et*
lundi **4**HY**x**
Rest – Menu 35/45 € – Carte 33/47 €
◆ Restaurant japonais ouvert en 2009, sous la gérance de Keisuke Matsushima (étoilé au restaurant éponyme). Cadre sobre et simple. Bon choix de vins et sakés.

✗ **La Merenda** AC
4 r. Raoul-Bosio – Fermé 1ᵉʳ-6 mars, 25 juil.-7 août, sam. et dim. **4**HZ**a**
Rest – (nombre de couverts limité, prévenir) Carte 26/39 €
◆ Tabourets inconfortables, pas de téléphone et cartes de crédit bannies... Que dire de plus ? Que l'on fait salle comble tous les jours avec une authentique cuisine niçoise !

✗ **La Casbah** AC VISA ⊕ AE
3 r. Dr Balestre – ☎ *04 93 85 58 81 – Fermé juil., août, dim. soir et lundi*
Rest – Carte 17/26 € **4**GY**a**
◆ Restaurant familial proposant un choix de couscous, principalement à base d'agneau, de légumes frais et de semoule travaillée dans les règles de l'art. Pâtisseries orientales.

à l'Aire St-Michel Nord : 9 km par bd. de Cimiez – BS ✉ 06100 Nice

✗ **Au Rendez-vous des Amis** ☆ VISA ⊕ AE
🐾 *176 av. Rimiez ✉ 06100 –* ☎ *04 93 84 49 66 – www.rdvdesamis.fr*
– Fermé 25 oct.-17 nov., 20 fév.-9 mars, mardi sauf juil.-août et merc.
Rest – (19 €) Menu 24/33 € – Carte 24/40 €
◆ La chaleur de l'accueil et de l'ambiance ne font pas mentir l'enseigne ! Savoureux plats niçois (choix volontairement restreint), coquette salle colorée et terrasse ombragée.

à l'aéroport de Nice-Côte-d'Azur 7 km – ✉ 06200 Nice

🏨 **Park Inn Nice** 🐾 ⤢ 🎍 🕍 & ch, AC 🎐 ¶ 🎠 🚗 VISA ⊕ AE ①
179 bd René Cassin – ☎ *04 93 18 34 00 – www.parkinn.com/airporthotel-nice*
152 ch – †99/280 € ††99/280 € – 1 suite – ☕ 17 € **1**AU**d**
Rest – (17 € bc) Menu 25 € (sem.)/50 € – Carte 25/40 €
◆ Vous logerez à deux pas de l'aéroport, dans des chambres agréables, bien contemporaines et personnalisées par une couleur dominante différente selon les étages. Restaurant moderne (carte traditionnelle) et service snack en été au bord de la piscine.

🏨 **Novotel Arenas** 🕍 & ch, AC ¶ 🎠 P 🚗 VISA ⊕ AE ①
455 promenade des Anglais – ☎ *04 93 21 22 50 – www.novotel.com*
131 ch – †94/174 € ††94/174 € – ☕ 14 € **1**AU**e**
Rest – (16 €) Carte 20/50 €
◆ Les chambres ont toutes été rénovées dans un style tendance : mobilier moderne assorti de teintes gris et chocolat. Bonne insonorisation et multiples salles de conférences. Salle de restaurant plus intime qu'à l'ordinaire et cuisine traditionnelle.

à St-Isidore par ⑦ : 13 km – ✉ 06200

🏨 **Servotel**   🛖 ⌁ 🛗 ⟁ 🔄 ❄ 📶 🎾 ⛳ 🅿 🚗 VISA ⓪ AE

30 av. A. Verola – ☏ 04 93 29 99 00 – www.servotel-nice.fr
84 ch – ♦74/103 € ♦♦84/113 € – 2 suites – ⊑ 13 € – ½ P 69/88 €
Rest – *(fermé dim. sauf le midi en saison et sam. midi)* Menu 22/47 € bc
– Carte 45/65 €

♦ Un établissement neuf proche d'un centre commercial. Chambres fonctionnelles bien pensées pour la clientèle d'affaires. Salon-cheminée et équipements pour
séminaires. Salle à manger contemporaine aux couleurs du Sud et cuisine traditionnelle simple.

NIEDERBRONN-LES-BAINS – 67 Bas-Rhin – **315** J3 – 4 387 h.   **1** B1
– alt. 190 m – Stat. therm. : début avril-fin nov. – Casino – ✉ 67110 ▌Alsace Lorraine
   ▶ Paris 460 – Haguenau 23 – Sarreguemines 55 – Saverne 40
   🛈 6, place de l'Hôtel de Ville ☏ 03 88 80 89 70

🏨 **Mercure** sans rest 🦢   🛗 ⁝ ⛳ VISA ⓪ AE ①

14 av. Foch – ☏ 03 88 80 84 48 – www.mercure.com
54 ch – ♦69 € ♦♦77 € – 5 suites – ⊑ 12 €

♦ Non loin du casino, l'ancien Grand Hôtel, mué en Mercure, a conservé un peu
de son esprit Belle Époque. Chambres spacieuses (trois niveaux de confort) ;
agréable salon.

🏨 **Le Bristol**   🛗 AC rest, ❄ ch, ⁝ 🅿 VISA ⓪ AE
☍ *4 pl. de l'Hôtel-de-Ville – ☏ 03 88 09 61 44 – www.lebristol.com*
29 ch – ♦50/55 € ♦♦60/70 € – ⊑ 8,50 € – ½ P 60/65 €
Rest – Menu 15/22 € – Carte 20/50 €

♦ Hôtel situé au cœur de la station thermale. Élégante réception de bois vêtue ;
chambres colorées et coquettes, très chaleureuses (mobilier en bois clair). Cuisine
traditionnelle à déguster dans une salle classique et cossue ou à la winstub.

🏠 **Du Parc**   🛖 ⁝ ⁝ 🅿 VISA ⓪ AE ①
r. de la République – ☏ 03 88 09 01 42 – www.parchotel.net
42 ch ⊑ – ♦50/70 € ♦♦70/85 € – ½ P 49/63 €
Rest – (10 €) Menu 25/35 € – Carte 25/45 €

♦ Un hôtel plaisant à deux pas du centre-ville. Classiques (boiseries alsaciennes)
ou plus actuelles, les chambres y sont coquettes et bien tenues. Charme traditionnel dans l'assiette comme en salle (bel esprit winstub, plafonds peints...).

✕✕ **L'Atelier du Sommelier**   ≤ 🛖 ⇔ VISA ⓪ AE
35 r. des Acacias, à 2 km vers complexe sportif – ☏ 03 88 09 06 25
*– www.atelierdusommelier.com – Fermé 16 août-1er sept., 15 fév.-1er mars, sam.
midi, lundi et mardi*
Rest – Menu 28/51 € – Carte 36/68 € 🎴

♦ Sur les hauteurs de la ville, à l'orée de la forêt, ce restaurant au charme rustique est
dédié à Bacchus : caisses de vin et crus exposés (en vente). Cuisine épurée.

NIEDERSCHAEFFOLSHEIM – 67 Bas-Rhin – **315** K4 – 1 248 h.   **1** B1
– alt. 185 m – ✉ 67500
   ▶ Paris 473 – Haguenau 7 – Saverne 35 – Strasbourg 28

✕✕✕ **Au Bœuf Rouge** avec ch   🚗 ⟁ rest, AC rest, ⁝ ⛳ 🅿 VISA ⓪ AE ①
▐⊙▌ *39 r. du Gén. de Gaulle – ☏ 03 88 73 81 00 – www.boeufrouge.com – Fermé
11 juil.-4 août et 27 fév.-15 mars*
13 ch – ♦75 € ♦♦78 € – ⊑ 11 € – ½ P 68/74 €
Rest – *(fermé dim. soir, mardi midi et lundi)* Menu 31 € (sem.), 40/75 €
– Carte 66/80 €

♦ Une institution tenue par la même famille depuis 1880. Accueil chaleureux,
décor élégant et cuisine soignée, sur des bases classiques (selle de veau de lait,
girolles et cosses truffées). Confortables chambres traditionnelles.

NIEDERSTEINBACH – 67 Bas-Rhin – **315** K2 – 134 h. – alt. 225 m   **1** B1
– ✉ 67510 ▌Alsace Lorraine
   ▶ Paris 460 – Bitche 24 – Haguenau 33 – Lembach 8

Cheval Blanc 🐎

11 r. Principale – ✆ *03 88 09 55 31 – www.hotel-cheval-blanc.fr*
– Fermé 27 juin-7 juil., 21 nov.-1er déc., 31 janv.-9 mars
28 ch – ♦51/65 € ♦♦68/77 € – 1 suite – ☐ 12 € – ½ P 61/68 €
Rest – *(fermé jeudi)* Menu 27/57 € – Carte 19/63 €

◆ Sur l'axe principal d'un paisible village, maison à colombages disposant de chambres coquettes et thématiques ("Chasseur", "Cardinal"...). Accueil sympathique. À table, généreuse cuisine régionale servie dans des "stubes" typiques, tout en boiseries.

à Wengelsbach Nord-Ouest : 5 km par D 190 – ✉ 67510

Au Wasigenstein

32 r. Principale – ✆ *03 88 09 50 54 – www.wasigenstein-wengelsbach.com*
– Fermé merc. et jeudi de nov. à fév., lundi et mardi
Rest – Menu 12 € (sem.), 21/30 € – Carte 18/35 €

◆ Une auberge de montagne toute simple, située dans un vallon de la forêt vosgienne. Gibier, atmosphère rustique (trophées de chasse), terrasse... un lieu prisé des randonneurs.

NIEUIL – 16 Charente – 324 N4 – 927 h. – alt. 150 m – ✉ 16270   39 C2

▶ Paris 434 – Angoulême 42 – Confolens 24 – Limoges 66

à l'Est 2 km par D 739 et rte secondaire - ✉ 16270 Nieuil

Château de Nieuil sans rest 🐎

– ✆ *05 45 71 36 38 – www.chateaunieuilhotel.com – Ouvert d'avril à oct.*
12 ch – ♦120/198 € ♦♦135/290 € – 2 suites – ☐ 15 €

◆ Ce château Renaissance, ancien rendez-vous de chasse de François Ier, se dresse fièrement dans un vaste parc arboré. Belles chambres de style Empire, Art déco, classique, etc.

La Grange aux Oies

dans le parc du château – ✆ *05 45 71 81 24 – www.grange-aux-oies.com*
– Fermé 28 mars-8 avril et 2 nov.-3 déc.
Rest – *(26 € bc)* Menu 48 € bc – Carte 46/70 €

◆ Installé dans les écuries du château de Nieuil, ce restaurant associe avec bonheur décoration tendance et vieilles pierres. Cuisine dans l'air du temps, à l'image des lieux.

NIEULLE-SUR-SEUDRE – 17 Charente-Maritime – 324 D5 – 733 h.   38 A2
– alt. 3 m – ✉ 17600

▶ Paris 503 – Poitiers 170 – La Rochelle 60 – Rochefort 30

Le Logis de Port Paradis

12 r. de Port-Paradis – ✆ *05 46 85 37 38 – www.portparadis.com*
5 ch ☐ – ♦67 € ♦♦72 €   **Table d'hôte** – Menu 29 € bc

◆ À voir dans les jolies chambres de cette demeure typiquement charentaise : les têtes de lit fabriquées à partir de bois ou d'ardoise récupérés dans des cabanes ostréicoles. Dîner avec les propriétaires, plats du terroir et copieux petit-déjeuner 100 % maison.

NÎMES P – 30 Gard – 339 L5 – 144 092 h. – Agglo. 148 889 h.   23 C3
– alt. 39 m – ✉ 30000 ▮ Languedoc Roussillon

▶ Paris 706 – Lyon 251 – Marseille 123 – Montpellier 58

✈ de Nîmes-Alès-Camargue-Cévennes : ✆ 04 66 70 49 49, 12 km par ⑤.

🛈 6, rue Auguste ✆ 04 66 58 38 00

🏌 de Nîmes Vacquerolles 1075 chemin du Golf, par D 999 : 6 km,
✆ 04 66 23 33 33

🏌 de Nîmes Campagne Route de Saint Gilles, par rte de l'Aéroport : 11 km,
✆ 04 66 70 17 37

👁 Arènes★★★ - Maison Carrée★★★ - Jardin de la Fontaine★★ : Tour Magne★, ≼★ - Intérieur★ de la chapelle des Jésuites DU **B** - Carré d'Art★ - Musée d'Archéologie★ **M¹** - Musée du Vieux Nîmes **M³** - Musée des Beaux-Arts★ **M².**

Plans pages suivantes

NÎMES

Briçonnet (R.) .... **BY** 8	Fontaine (Quai de la) .... **AX** 20	Martyrs de la Résistance
Cirque Romain	Gambetta	(Pl. des) .... **AZ** 36
(R. du) .... **AY** 13	(Bd) .... **ABX**	Mendès-France (Av. Pierre) ... **BZ** 39
	Gamel (Av. P.) .... **BZ** 22	République (R. de la) .... **AYZ**
	Générac (R. de) .... **AYZ** 23	Ste-Anne (R.) .... **AY** 46
	Mallarmé (R. Stéphane) ...... **AX** 34	Verdun (R. de) .... **AY** 47

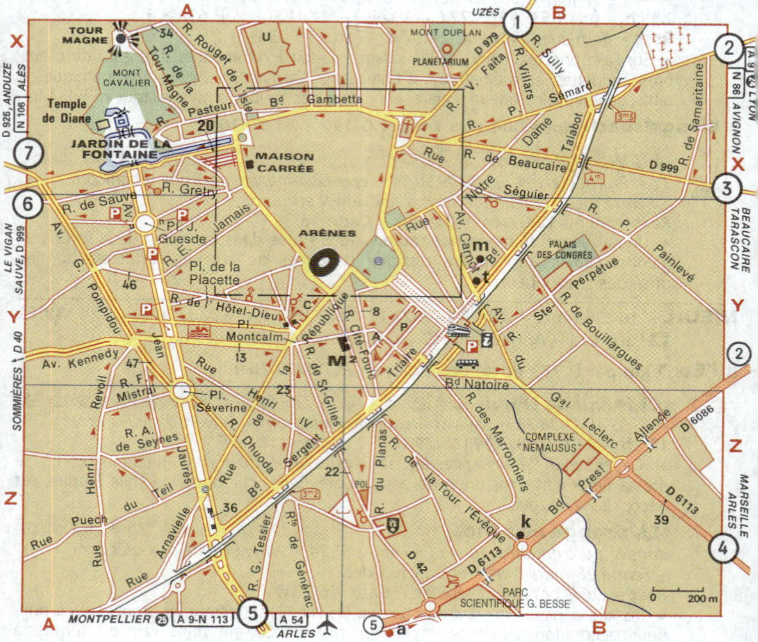

Jardins Secrets sans rest

3 r. Gaston-Maruejols – ℰ 04 66 84 82 64 – www.jardinssecrets.net   BYm

10 ch – †195/480 € ††195/480 € – 4 suites – � 25 €

◆ Exquis et confidentiel... Au cœur de la ville, cet hôtel est une parenthèse : au sein d'un jardin semé de milles essences, le décor, œuvre d'un décorateur de talent, puise dans tous les raffinements du 18e s. Le spa est très beau.

Vatel

140 r. Vatel par av. Kennedy *AY* – ℰ 04 66 62 57 57
– www.hotelvatel.com

46 ch – †125/230 € ††135/230 € – � 13 €

Rest Les Palmiers – (fermé août, dim. soir, lundi et le midi) Menu 29/54 € – Carte 50/69 €

Rest Le Provençal – (18 €) Menu 23/58 €

◆ Rien ne l'indique, mais c'est ici que les élèves de l'école hôtelière voisine se forment ! Ce grand immeuble contemporain est très agréable pour jouer au client : ambiance feutrée, chambres avec balcon, espace bien-être... Deux restaurants d'application : l'un gastronomique, l'autre bistrot ; deux bonnes notes.

Novotel Atria Nîmes Centre

5 bd de Prague – ℰ 04 66 76 56 56 – www.accor-hotels.com   DVf

112 ch – †99/190 € ††99/190 € – 7 suites – � 15 €

Rest – (17 €) Carte 25/40 €

◆ Pour la clientèle d'affaires, au cœur de la ville (garage privé) et disposant d'un centre de congrès. Au dernier étage, la vue sur Nîmes vaut le coup d'œil. Carte Novotel Café au restaurant.

NÎMES

Arènes (Bd des) . . . . **CV** 2
Aspic (R. de l') . . . . **CUV**
Auguste (R.) . . . . **CU** 4
Bernis (R. de) . . . . **CV** 6
Chapitre (R. du) . . . . **CU** 12
Courbet (Bd Amiral) . . . . **DUV** 14
Crémieux (R.) . . . . **DU** 16

Curaterie (R.) . . . . **DU** 17
Daudet (Bd Alphonse) . . . **CU** 18
Fontaine (Quai de la) . . . . **CU** 20
Gambetta (Bd) . . . . **CDU**
Grand'Rue . . . . **DU** 24
Guizot (R.) . . . . **CU** 26
Halles (R. des) . . . . **CU** 27
Horloge (R. de l') . . . . . . **CU** 28
Libération (Bd de la) . . . . **DV** 30
Madeleine (R. de la) . . . . **CU** 32

Maison Carrée
(Pl. de la) . . . . **CU** 33
Marchands (R. des) . . . . . **CU** 35
Nationale (R.) . . . . **CDU**
Perrier (R. Gén.) . . . . **CU** 35
Prague (Bd de) . . . . **DV** 42
République (R. de la) . . . . **CV** 43
Saintenac (Bd E.) . . . . . . **DU** 45
Victor-Hugo (Bd) . . . . . . **CUV**
Violettes (R.) . . . . **CV** 49

La Maison de Sophie sans rest
31 av. Carnot – ℰ 04 66 70 96 10 – www.hotel-lamaisondesophie.com
8 ch – †140/290 € ††160/290 € – ⬚ 16 €   **BYt**
◆ Hall en marbre, bel escalier, vitraux d'époque, salons cosy, bibliothèques...
Sophie vous accueille dans sa maison, une demeure bourgeoise imprégnée par
l'esprit des années 1900 !

L'Orangerie
755 r. Tour-de-l'Évêque – ℰ 04 66 84 50 57 – www.orangerie.fr   **BZk**
37 ch – †79/159 € ††79/159 € – ⬚ 12 €
Rest – Menu 24/39 €
◆ En bordure de ville, une maison du 19ᵉ s. aux allures de vieux mas... Au choix :
décor provençal ou classique, terrasse face à la piscine, bain bouillonnant, chambres familiales. Côté restaurant, notes colorées et carte traditionnelle (produits
régionaux).

Le Pré Galoffre sans rest
rte de Générac, 6 km au Sud par D 13 - BZ – ℰ 04 66 29 65 41
– www.lepregaloffre.com
27 ch – †65/100 € ††65/100 € – ⬚ 10 €
◆ Pour séjourner à l'orée de la ville, dans la campagne nîmoise. Une belle allée
de platanes mène à cette demeure du 17ᵉ s., assez coquette. L'été, petit-déjeuner
près de la piscine.

New Hôtel La Baume sans rest   🛗 🅰️🅲 ⚡ 🛗 VISA ⓜⓒ ⓞ
21 r. Nationale – ℰ 04 66 76 28 42 – www.new-hotel.com   DU**b**
34 ch – †110 € ††140 € – 7 suites – ☕ 10 €
♦ Amateur de vieilles pierres ? Vous admirerez la cour intérieure de cet hôtel particulier du 17e s., flanquée d'un superbe escalier à balustre. Chambres modernes, aux tons chauds.

Kyriad Plazza sans rest   🛗 🅰️🅲 🌐 🚗 VISA ⓜⓒ 🅰️🅴
10 r. Roussy – ℰ 04 66 76 16 20 – www.hotel-kyriad-nimes.com   DU**n**
28 ch – †71/120 € ††71/120 € – ☕ 8,50 €
♦ Près des arènes, un hôtel sympathique – et commode avec son garage en plein centre-ville. Chambres bien tenues, certaines avec terrasse et vue sur les toits. Accueil charmant.

Le Lisita (Olivier Douet)   🍴 🅰️🅲 ⇄ VISA ⓜⓒ 🅰️🅴
2 bd des Arènes – ℰ 04 66 67 29 15 – www.lelisita.com – Fermé dim. et lundi sauf le soir en juil.-août   CV**h**
Rest – (24 €) Menu 32/86 € – Carte 78/105 € 🕮
Spéc. Effeuillé de morue, salade de fenouil croquant et purée de carotte. Filet de taureau poêlé, jeunes légumes glacés au beurre et réduction de vin rouge des Costières. Framboises marinées, crémeux chocolat blanc-citron et sorbet verveine.
Vins Costières de Nîmes.
♦ Pour un moment de gastronomie face aux arènes : la nuit venue, la terrasse sous les platanes s'ouvre sur le monument illuminé... Belle carte des vins.

Aux Plaisirs des Halles   🍴 🅰️🅲 VISA ⓜⓒ 🅰️🅴
4 r. Littré – ℰ 04 66 36 01 02 – www.auxplaisirsdeshalles.com – Fermé vacances de la Toussaint et de fév., dim. et lundi   CU**r**
Rest – Menu 20 € (sem.), 27/60 € – Carte 55/79 € 🕮
♦ Pour l'hiver, une salle moderne habillée de bois ; pour l'été, un joli patio ; toute l'année, une cuisine du marché simple et bien tournée. Les vins du Languedoc sont à la fête !

Le Magister   🅰️🅲 ⇄ VISA ⓜⓒ 🅰️🅴
5 r. Nationale – ℰ 04 66 76 11 00 – www.le-magister-a-table.com – Fermé août, sam. midi, merc. et dim.   DU**q**
Rest – Menu 26/43 € – Carte 35/45 €
♦ Pour déguster une appétissante cuisine traditionnelle, dont une incontournable brandade de morue. Loin de Nîmes, la grande salle habillée de pin évoque un chalet de montagne !

Le Darling   🅰️🅲 VISA ⓜⓒ
40 r. Madeleine – ℰ 04 66 67 04 99 – www.ledarling.com – Fermé 1er-15 juil., 31 déc.-7 janv., le midi sauf dim. d'oct. à mai et merc.   CU**p**
Rest – (dîner seult) (nombre de couverts limité, prévenir) Menu 45/58 €
– Carte 55/75 €
♦ Ambiance chic et contemporaine pour cette adresse en vue : voûtes en pierre, fresque incrustée de feuilles d'or et cuisine créative osant avec succès des mélanges inédits.

Shogun   🅰️🅲 VISA ⓜⓒ
*38 bd Victor-Hugo – ℰ 04 66 27 59 88 – www.shogun-nimes.com
– Fermé 13-21 mai, 1er-22 août, 15-30 sept., dim. et lundi*   CV**v**
Rest – Menu 14 € bc (déj.), 18 € bc/45 € – Carte 40/60 €
♦ On vient de loin pour découvrir les créations du chef et du "maître sushis", l'inimitable art de recevoir ainsi que l'atmosphère zen de cette table japonaise. Spécialités de Tokyo.

L'Exaequo   🍴 🅰️🅲 ⇄ VISA ⓜⓒ 🅰️🅴 ⓞ
11 r. Bigot – ℰ 04 66 21 71 96 – Fermé 15 août-2 sept., sam. midi et dim.
Rest – (14 €) Menu 18 € (déj. en sem.), 22/28 € – Carte 22/34 €   CV**a**
♦ Tons blancs, musique d'ambiance, mobilier design, patio avec brumisateur... Un cadre résolument lounge, non loin des arènes romaines. Cuisine actuelle.

✗ Le Marché sur la Table 🌿 VISA ⓪
10 r. Littré – 𝒞 04 66 67 22 50 – Fermé lundi et mardi **CUd**
Rest – Carte 33/48 €
• Une petite adresse sympathique, où l'on déguste une cuisine de bistrot qui respire la fraîcheur : chaque matin, le patron fait son marché aux halles voisines !

✗ L'Annexe 🌿 ☶ AC P VISA ⓪
166 av. de la Bouvine, (face au stade des Costières), 2 km au Sud par ⑤
– 𝒞 04 66 64 85 31 – www.brasserielannexe.com
Rest – (19 €) Menu 24 € – Carte 35/60 €🐚
• Face au stade des Costières, une grande brasserie très contemporaine – mais où les banquettes conservent toute leur place. Plats classiques (bœuf grillé, huîtres) et vins locaux.

✗ Le Bois Mangé 🌿 ☶ AC ⇔ P VISA ⓪ AE
168 allée de l'Amérique-Latine – 𝒞 04 66 64 65 65 – www.le-boismange.com
– Fermé dim. **BZa**
Rest – (19 €) Menu 22 € – Carte environ 25 €
• On y mange et on y boit... En périphérie de la ville, une adresse tendance qui cultive le goût des produits frais. Chaque plat peut être accompagné de la garniture de son choix.

à Marguerittes par ② et D 981 : 8 km – 8 692 h. – alt. 60 m – ✉ 30320

🏨 L'Hacienda ⤳ 🚗 🌿 ⛱ AC ch, 🍴 rest, 📶 P VISA ⓪
Le Mas de Brignon, 2 km au Sud-Est par rte secondaire – 𝒞 04 66 75 02 25
– www.hotel-hacienda-nimes.fr – Ouvert de mi-mars à fin nov.
12 ch – †82/142 € ††92/162 € – � 16 € – ½ P 96/136 €
Rest – *(fermé le midi)* Menu 34/44 € – Carte 52/65 €
• En pleine campagne, ce grand mas provençal (de construction récente) a les oliviers et les amandiers pour voisins... La plupart des chambres ont terrasse ou balcon. Au restaurant, on apprécie une cuisine traditionnelle, servie l'été au bord de la piscine.

à Garons par ⑤, D 42 et D 442 : 9 km – 4 219 h. – alt. 90 m – ✉ 30128

✗✗✗✗ Alexandre (Michel Kayser) 🚗 🌿 AC ⇔ P VISA ⓪ AE ①
❀❀ *2 r. X.-Tronc – 𝒞 04 66 70 08 99 – www.michelkayser.com*
– Fermé 21 août-6 sept., vacances de fév., mardi de sept. à juin, dim. sauf le midi de sept. à juin et lundi
Rest – (46 € bc) Menu 64 € (sem.)/134 € – Carte 90/140 €🐚
Spéc. Îles flottantes aux truffes sur velouté de cèpes (sept. à avril). Filet de rouget de petit bateau, ravioles de picholine. Écrin des desserts. **Vins** Costières de Nîmes, Vin de pays du Gard.
• Dès le printemps, le jardin dévoile tous ses charmes, sous la lumière filtrée par des cèdres du Liban centenaires... Diaphane et émouvante : telle est aussi la cuisine de Michel Kayser, qui signe des assiettes à la fois créatives et très maîtrisées.

NIORT P – 79 Deux-Sèvres – 322 D7 – 58 066 h. – alt. 24 m 38 B2
– ✉ 79000 ▮ Poitou Vendée Charentes

▶ Paris 408 – Bordeaux 184 – Nantes 142 – Poitiers 76
🛈 16, rue du Petit Saint-Jean 𝒞 05 49 24 18 79
🏌 de Niort Chemin du Grand Ormeau, S : 3 km près de l'hippodrome,
𝒞 05 49 09 01 41
◉ Donjon★ : salle de la chamoiserie et de la ganterie★ - Le Pilori★.
🟩 Le Marais Poitevin★★.

Plan page suivante

🏠 La Chamoiserie sans rest 🚗 ☶ AC 📶 P VISA ⓪ AE
10 r. de l'Espingole – 𝒞 05 49 78 07 07 – www.hotelparticuliernoirt.com
16 ch – †92 € ††92 € – � 12 € **AZf**
• Une très belle demeure de famille de la fin du 19e s. Joli parquet, moulures pleines de charme et ravissant jardin ; les chambres sont décorées dans le style contemporain en vogue.

NIORT

Abreuvoir (R. de l')	**AYZ**	2
Ancien-Oratoire (R. de l')	**AZ**	3
Boutteville (R. Th.-de)	**BY**	4
Brisson (R.)	**AY**	5
Bujault (Av. J.)	**BZ**	6
Chabaudy (R.)	**AZ**	7
Commerce (Passage du)	**BZ**	8
Cronstadt (Quai)	**AY**	9
Donjon (Pl. du)	**AY**	13
Espingole (R. de l')	**AZ**	20
Huilerie (R. de l')	**AZ**	22
Largeau (R. Gén.)	**AZ**	23

Leclerc (R. Mar.)	**BY**	24
Main (Bd)	**AY**	25
Martyrs-Résistance		
(Av.)	**BZ**	26
Pérochon (R. Ernest)	**BZ**	28
Petit-Banc (R. du)	**AZ**	29
Pluviault (R. de)	**BY**	30
Pont (R. du)	**AY**	31
Rabot (R. du)	**AY**	32
Regratterie (R. de la)	**AY**	33
République (Av. de la)	**BY**	34
Ricard (R.)	**BZ**	35

St-Jean (R.)	**AYZ**	
St-Jean (R. de la Porte)	**AZ**	38
St-Jean (R. du Petit)	**AY**	37
Strasbourg (Pl. de)	**BY**	39
Temple (Pl. du)	**BZ**	40
Thiers (R.)	**AY**	42
Tourniquet (R. du)	**AZ**	43
Verdun (Av. de)	**BZ**	44
Victor-Hugo (R.)	**BY**	45
Vieux-Fourneau		
(R. du)	**AY**	46
Yvers (R.)	**BY**	48

Mercure ⚐   *BYa*

80 bis av. de Paris – ℰ *05 49 24 29 29* – *www.mercure.com*

97 ch – ✝77/129 € ✝✝95/150 € – 2 suites – ☑ 14 €

Rest – (20 €) Menu 24 € – Carte 33/52 €

◆ Des chambres soignées et de bonne ampleur dans cet hôtel contemporain à deux pas du centre-ville. Jardin avec piscine. Restaurant sous une verrière, chaleureux et moderne. En été, on peut dîner à l'ombre des arbres.

Le Grand Hôtel sans rest   *BYv*

32 av. de Paris – ℰ *05 49 24 22 21* – *www.grandhotelniort.com*

39 ch – ✝70/97 € ✝✝70/104 € – ☑ 9 €

◆ Un établissement central, pratique pour sillonner la ville. Les chambres sur rue sont spacieuses et cosy, d'autres donnent sur le petit jardin. Buffet au petit-déjeuner.

Sandrina sans rest

43 av. St-Jean d'Angély, par ④ : 200 m – ℰ *05 49 79 28 42*

– *www.hotel-sandrina.com* – *Fermé 26 déc.-2 janv.*

18 ch – ✝57 € ✝✝57 € – ☑ 7 €

◆ Adresse familiale du centre proposant des chambres fonctionnelles, colorées et d'une tenue irréprochable. Parking fermé à disposition.

XXX La Belle Étoile

115 quai M. Métayer, près périph. Ouest -AY : 2,5 km – ℰ 05 49 73 31 29
– www.la-belle-etoile.fr – Fermé 8-22 août, dim. soir, merc. soir et lundi
Rest – (19 €) Menu 30/67 €

♦ Au bord de la Sèvre, une élégante maison bourgeoise avec une terrasse ombragée. Cuisine plutôt classique, accompagnée d'une jolie collection de vieux millésimes.

XX L'Adress...

247 av. de La Rochelle – ℰ 05 49 79 41 06 – Fermé 9-15 mai, 1er-21 août,
2-8 janv., dim. et lundi
Rest – (14 €) Menu 26/48 € – Carte 34/56 €

♦ C'est l'adresse qui monte à Niort. Le décor est tonique, et l'on afflue pour goûter une cuisine inventive qui ne lésine pas sur les effets de style et les associations de saveurs.

X Mélane

1 pl. du Temple – ℰ 05 49 04 00 40 – www.lemelane.com – Fermé dim. et lundi
Rest – (16 €) Menu 20 € (déj.), 26/37 € – Carte 32/50 €   BZ**a**

♦ Cette adresse, bien connue des Niortais, propose une carte mêlant la tradition aux tendances du moment. Beaucoup de vert dans la décoration, comme une invitation au zen.

X La Tartine

2 bis r. de la Boule-d'Or – ℰ 05 49 28 20 15 – www.la-tartine.fr – Fermé sam.
midi et dim.   BY**e**
Rest – (17 €) Menu 23/30 € – Carte 29/47 €

♦ Cinq salles aux atmosphères différentes : bistrot, cosy ou tendance. C'est branché et convivial, et il y en a pour tous les goûts : carpaccios, tartines, salades et tapas.

X Le Dîner aux Chandelles

74 quai M. Métayer, (près du périphérique Ouest), : 2,5 km - AY
– ℰ 05 49 73 33 33 – Fermé 24 avril-8 mai, 4-12 sept., 24 déc.-10 janv., sam.
midi, dim. soir et lundi
Rest – (12 €) Menu 24/40 € – Carte 36/52 €

♦ Sur les bords de la Sèvre niortaise, un ancien bistrot de pêcheur converti en resto jeune et tendance. Dans l'assiette : des épices et des clins d'œil à la cuisine du monde.

à St-Liguaire 4,5 km à l'Ouest par D9 et rte secondaire – ⊠ 79000 Niort

XX Auberge de la Roussille

imp. de la Roussille – ℰ 05 49 06 98 38 – www.laroussille.com – Fermé 7-18 mars,
3-14 oct., 30 déc.-13 janv., merc. soir d'oct. à mars, dim. soir, lundi et mardi
Rest – Menu 22/59 € – Carte 35/62 €

♦ Cette ancienne maison d'éclusier, au bord de la Sèvre, est prisée pour son charme bucolique et sa cuisine traditionnelle aux accents régionaux. La terrasse est ravissante !

à St-Symphorien 7 km par ④ rte de St-Jean-d'Angély, D 650 et D 174
– 1 721 h. – alt. 28 m – ⊠ 79270

X Auberge de Crespé avec ch

99 rte d'Aiffres – ℰ 05 49 32 97 61 – Fermé 14 juil.-6 août, dim. et lundi
5 ch ⊑ – †65 € ††70 €   **Rest** – (16 €) Menu 20/38 €

♦ Cuisine traditionnelle confectionnée selon le marché et les saisons ; on grille la côte de bœuf à la cheminée dans la salle à manger rustique. Chambres confortables et meublées d'ancien, dans le ton de cette maison bourgeoise du 18e s. sise dans un parc arboré.

NISSAN-LEZ-ENSERUNE – 34 Hérault – 339 D9 – 3 278 h.   22 B2
– alt. 21 m – ⊠ 34440 ▮ Languedoc Roussillon

▪ Paris 774 – Béziers 12 – Capestang 9 – Montpellier 82
▪ square Rene Dez ℰ 04 67 37 14 12
◉ Oppidum d'Ensérune★ : musée★, ⩻★ NO : 5 km.

Résidence

35 av. Cave – ℰ 04 67 37 00 63 – www.hotel-residence.com – Fermé 19 déc.-10 janv.
18 ch – †65/75 € ††65/89 € – ☑ 11 € – ½ P 67/74 €
Rest – (15 €) Menu 20 € (déj.), 28/48 € – Carte 39/60 €
♦ Une demeure bourgeoise au cœur du village. Les chambres mêlent mobilier ancien et style contemporain ; elles sont plus petites dans l'annexe, une maison de vigneron du 19ᵉ s. Aux beaux jours, cuisine régionale servie sur la jolie terrasse ombragée, face à la piscine.

NITRY – 89 Yonne – 319 G5 – 403 h. – alt. 240 m – ⌧ 89310   7 B1
▶ Paris 195 – Auxerre 36 – Avallon 23 – Vézelay 31

Auberge La Beursaudière 🐾

9 chemin de Ronde – ℰ 03 86 33 69 69 – www.beursaudiere.com – Fermé 3-29 janv.
11 ch – †75 € ††115 € – ☑ 10 €   **Rest** – Menu 20/43 € – Carte 36/57 €
♦ Les dépendances de ce prieuré du 12ᵉ s. ne manquent pas de caractère : pierres apparentes, tomettes et poutres dans les chambres, pigeonnier médiéval... Authentique ! Cuisine du terroir servie en costume régional, dans un cadre joliment rustique. Belle cave.

NOAILHAC – 81 Tarn – 338 G9 – 796 h. – alt. 222 m – ⌧ 81490   29 C2
▶ Paris 730 – Albi 55 – Béziers 99 – Toulouse 90

Hostellerie d'Oc

av. Charles-Tailhades, à 1,5 km – ℰ 05 63 50 50 37 – Fermé 5-21 sept., 3-26 janv., merc. soir et lundi
Rest – Menu 11 € (sem.), 16/33 € – Carte 25/50 €
♦ Ancien relais de poste aménagé en restaurant, abritant deux salles à manger rustiques. Cuisine régionale réservant une place de choix aux produits du terroir.

NOAILLY – 42 Loire – 327 D3 – 735 h. – alt. 240 m – ⌧ 42640   44 A1
▶ Paris 395 – Lyon 98 – Roanne 13 – Vichy 68

Château de la Motte 🐾

La Motte Nord, à 1,5 km – ℰ 04 77 66 64 60 – www.chateaudelamotte.net – Ouvert 14 fév.-12 nov.
5 ch ☑ – †80/110 € ††88/118 €   **Table d'hôte** – Menu 28 € bc
♦ Niché dans un magnifique parc, ce château (18ᵉ-19ᵉ s.) abrite des chambres dédiées à des écrivains (mobilier d'époque). La "Lamartine", très originale, a une baignoire ronde dans la tour. Table traditionnelle, privilégiant les légumes du potager. Séjours à thèmes.

NOCÉ – 61 Orne – 310 N4 – rattaché à Bellême

NOEUX-LES-MINES – 62 Pas-de-Calais – 301 I5 – 12 111 h.   30 B2
– alt. 29 m – ⌧ 62290 ▊ Nord Pas-de-Calais Picardie
▶ Paris 208 – Arras 28 – Béthune 5 – Bully-les-Mines 8
🖭 d'Olhain à Houdain Parc départemental de Nature, S : 11 km par D 65 et D 301, ℰ 03 21 02 17 03

La Maison Rouge

374 r. Nationale – ℰ 03 21 61 65 65 – www.hotel-lamaisonrouge.com
40 ch – †105 € ††105/160 € – ☑ 12 €
Rest – (20 €) Menu 27 € (sem.)/38 € – Carte 38/55 €
♦ Maison typiquement régionale en brique rouge, dévoilant d'agréables chambres contemporaines. Le restaurant décline avec élégance... le rouge par petites touches, et une cuisine bien dans son époque.

L'Atelier des Saveurs

94 rte Nationale – ℰ 03 21 26 74 74 – www.latelier-des-saveurs.fr – Fermé 1ᵉʳ-15 août, dim. soir et lundi
Rest – (15 €) Menu 26 € (sem.)/60 €
♦ Ce restaurant a été repris par un jeune couple de la région. Il fait bon s'attabler devant son appétissante cuisine et la salle est conviviale, avec ses murs en brique.

NOGARO – 32 Gers – **336** B7 – 1 969 h. – alt. 98 m – ⊠ 32110   **28** A2

▶ Paris 729 – Agen 88 – Auch 63 – Mont-de-Marsan 45

🖪 81, rue Nationale ℰ 05 62 09 13 30

🏠 **Solenca**   🚿 🛱 ⌺ 🖰 ⅏ ⅃ 🖦 rest, 🖩 🕪 🛦 🅿 📷 ⅏ 🖭 ⅏

ⓒⓢ rte d'Auch – ℰ 05 62 09 09 08 – www.solenca.com

48 ch – †52/67 € ††65/72 € – ⌷ 9 € – ½ P 57/60 €

Rest – Menu 11 € (déj. en sem.), 16/41 € – Carte 29/56 €

◆ Une étape simple mais conviviale au cœur du pays gersois. Les chambres, toutes identiques, sont bien tenues et pratiques. Agréable piscine entourée d'un jardin arboré. Restaurant et terrasse champêtres pour une cuisine de terroir.

à Manciet Nord-Est : 9 km par N 124 – 788 h. – alt. 131 m – ⊠ 32370

✗✗ **La Bonne Auberge** avec ch   🛱 ⅏ 🛦 📷 ⅏

pl. du Pesquerot – ℰ 05 62 08 50 04 – Fermé 23 déc.-3 janv., dim. soir et lundi

14 ch – †42 € ††68 € – ⌷ 8 € – ½ P 58 €

Rest – (13 €) Menu 25/50 € – Carte 37/67 €

◆ Maison centenaire chaleureuse avec ses deux salles à manger : l'une, en véranda, ouverte sur la terrasse ; l'autre décorée de boiseries. Belle collection d'armagnacs, idéale pour terminer un repas de tradition.

NOGENT – 52 Haute-Marne – **313** M5 – 4 075 h. – alt. 410 m   **14** C3
– ⊠ 52800 ▮ Champagne Ardenne

▶ Paris 289 – Bourbonne-les-Bains 35 – Chaumont 24 – Langres 25

🖪 place du Général de Gaulle ℰ 03 25 03 69 18

◉ Musée de la coutellerie de l'espace Pelletier - Musée du patrimoine coutelier.

🏠 **Du Commerce**   🕪 📷 ⅏

pl. Gén. de Gaulle – ℰ 03 25 31 81 14 – www.relais-sud-champagne.com
– Fermé 16 déc.-2 janv., sam. de sept. à juin, dim. et fériés

18 ch – †68 € ††68 € – ⌷ 9 € – ½ P 60 €

Rest – (16 €) Menu 21/30 € – Carte 33/51 €

◆ Bonne étape sur la coquette place de la mairie, près du musée de la Coutellerie. Chambres fraîches, meublées simplement. Ambiance un brin bourgeoise au restaurant ou atmosphère plus décontractée à la brasserie... pour une cuisine régionale.

NOGENT-LE-ROI – 28 Eure-et-Loir – **311** F4 – 3 998 h. – alt. 93 m   **11** B1
– ⊠ 28210 ▮ Île de France

▶ Paris 77 – Ablis 35 – Chartres 28 – Dreux 19

🖪 Mairie ℰ 02 37 51 23 20

🖫 du Château de Maintenon à Maintenon 1 route de Gallardon, SE : 8 km
par D 983, ℰ 02 37 27 18 09

✗✗ **Relais des Remparts**   🛱 📷 ⅏ 🖭 ⅏

ⓒ 2 r.du Marché-aux-Légumes – ℰ 02 37 51 40 47 – www.relais-des-remparts.com
– Fermé 8-22 août, 28 fév.-15 mars, dim. soir et lundi

Rest – (17 €) Menu 20 € (sem.), 28/35 € – Carte 26/46 €

◆ Les clés du succès de ce restaurant ? Une cuisine traditionnelle et goûteuse, un service aimable et efficace, et une confortable salle à manger harmonieusement décorée.

NOGENT-LE-ROTROU – ◍ – 28 Eure-et-Loir – **311** A6 – 11 488 h.   **11** B1
– alt. 116 m – ⊠ 28400 ▮ Normandie Vallée de la Seine

▶ Paris 146 – Alençon 65 – Chartres 54 – Châteaudun 55

🖪 44, rue Villette-Gaté ℰ 02 37 29 68 86

Plan page suivante

🏠 **Brit Hôtel du Perche** sans rest   ⅃ 🖩 🕪 🅿 📷 ⅏ 🖭

🖾 r. de la Bruyère par ⑤ – ℰ 02 37 53 43 60 – www.hotel-du-perche.com

40 ch – †52/60 € ††60/68 € – ⌷ 8 €

◆ Aux avant-postes de la ville, bâtisse moderne aux chambres claires et douillettes, dont le mobilier patiné rappelle la Provence. Petit-déjeuner sous forme de buffet.

NOGENT-LE-ROTROU

Bouchers (R. des)	Z 2
Bourg-le-Comte (R.)	Z 3
Bretonnerie (R.)	Z
Château-St-Jean (R.)	Z
Croix-la-Comtesse (R.)	Y
Deschanel (R.)	YZ
Dr-Desplantes (R.)	Z 8
Foch (Av. Mar.)	Y 9
Fuye (R. de la)	YZ 10
Giroust (R.)	Y 12
Gouverneur (R.)	YZ 13
Marches-St-Jean (R. des)	Z 14
Paty (R. du)	Z 15
Poupardières (R. des)	Z 16
Prés (Av. des)	Y
République (Pl. de la)	Z 17
Rhône (R. de)	Z 18
St-Hilaire (R.)	Z
St-Laurent (R.)	Z 20
St-Martin (R.)	Z
Sully (R. de)	YZ 23
Villette-Gaté (R.)	Y 25

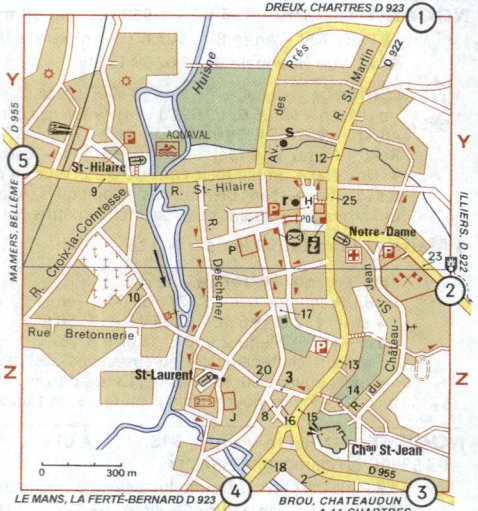

🏠 **Sully** sans rest 🈯 🎏 🛁 P VISA ◐◑ AE

🗻 51 r. des Viennes – ℰ 02 37 52 15 14 – www.hotelsullynogent.fr – Fermé une sem. en août

Ys

42 ch – †59 € ††69 € – ☕ 7 €

◆ Établissement situé dans un quartier paisible, aux prix raisonnables. L'enseigne se réfère au duc éponyme, dont le cénotaphe est visible dans l'hôtel-Dieu.

🏠 **Au Lion d'Or** sans rest 🛇 🎏 P VISA ◐◑

28 pl. St-Pol – ℰ 02 37 52 01 60 – www.hotel-chartres-le-mans.com – Fermé 25 oct.-2 nov.

Yr

18 ch – †47/56 € ††56/67 € – ☕ 6,50 €

◆ Place de l'Hôtel de Ville, cet ancien relais de poste dispose de chambres rafraî- chies, pratiques et bien tenues (petites salles de bains).

✗✗ **L' Alambic** 🎏 ᠖ ⇔ P VISA ◐◑
🍴

20 av. de Paris, à Margon 1,5 km par ① – ℰ 02 37 52 19 03 – Fermé 4-24 août, 17 fév.-2 mars, mardi soir, merc. soir, dim. soir et lundi

Rest – Menu 15 € (sem.), 24/46 € – Carte 45/77 €

◆ Cet ancien routier est devenu un restaurant soigné paré de teintes acidu- lées. Cuisine traditionnelle avec pour spécialités la tête de veau et le foie gras.

NOGENT-SUR-MARNE – 94 Val-de-Marne – **312** D2 – **101** 27 – voir Paris, Environs

NOGENT-SUR-SEINE 🚄 – 10 Aube – **313** B3 – 5 983 h. – alt. 67 m **13** A2 – ✉ 10400 🟩 Champagne Ardenne

▶ Paris 105 – Épernay 83 – Fontainebleau 66 – Provins 19

🔢 53 rue des Fossés ℰ 03 25 39 42 07

🏨 **Domaine des Graviers** 🛇 ≼ 🐎 🎏 ✗ ᠖ ch, ✗ rest, 🛁 P

30 r. des Graviers – ℰ 03 25 21 81 90 VISA ◐◑ AE

– www.domaine-des-graviers.com – Fermé 1er-15 août et 20 déc.-9 janv.

26 ch – †73/119 € ††79/129 € – ☕ 13 €

Rest – (fermé dim.) (dîner seult) (24 €) Menu 27/39 €

◆ Dans un parc de 17 ha, belle demeure de 1899 et ses dépendances abritant un salon bourgeois et des chambres plaisantes, diversement aménagées. Mini- golf. Jolie vue sur les arbres centenaires du domaine et cuisine traditionnelle au restaurant.

XX **Beau Rivage** avec ch ⟨ 🛋 ℀ ch, 🛜 ℥ VISA ⬥⬥

😟

🍴 *20 r. Villiers-aux-Choux, (près de la piscine) – ℰ 03 25 39 84 22 – Fermé 16-31 août, 20 fév.-15 mars, dim. soir et lundi*

10 ch – †64 € ††74 € – ⊊ 10 € – ½ P 75 €

Rest – Menu 23/43 € – Carte 42/62 €

◆ Salle à manger contemporaine, terrasse bucolique dressée sur une berge de la Seine, cuisine de saison (avec les herbes du jardin), chambres fraîches : tels sont les atouts de ce Beau Rivage.

NOIRLAC – 18 Cher – **323** K6 – **rattaché à St-Amand-Montrond**

NOIRMOUTIER (ÎLE DE) – 85 Vendée – **316** C6 – **voir à Île de Noirmoutier**

NOISY-LE-GRAND – 93 Seine-Saint-Denis – **305** G7 – **101** 18 – **voir à Paris, Environs**

NOIZAY – 37 Indre-et-Loire – **317** O4 – 1 091 h. – alt. 56 m – ⊠ 37210   **11** B2

▶ Paris 230 – Amboise 11 – Blois 44 – Tours 21

🏠 **Château de Noizay** ॐ 🍃 🛋 ⌱ ℀ ℥ P. VISA ⬥⬥ AE

Promenade de Waulsort – ℰ 02 47 52 11 01 – www.chateaudenoizay.com – Fermé 23 janv.-18 mars

19 ch – †160/305 € ††160/305 € – ⊊ 22 € – ½ P 173/243 €

Rest – *(fermé mardi midi, merc. midi et jeudi midi)* (25 €) Menu 32 €, 53/78 € – Carte 67/90 €

◆ Ce château du 16ᵉ s., niché dans un parc, domine le village et son vignoble. Les chambres sont grandes et joliment meublées, plus actuelles dans le Pavillon de l'Horloge. Au restaurant, charmants salons bourgeois, cuisine d'aujourd'hui et vins de Loire.

NOLAY – 21 Côte-d'Or – **320** H8 – 1 468 h. – alt. 299 m – ⊠ 21340   **7** A3

🟩 Bourgogne

▶ Paris 316 – Autun 30 – Beaune 20 – Chalon-sur-Saône 34

🛈 24, rue de la République ℰ 03 80 21 80 73

◉ site★ du Château de la Rochepot E : 5 km - Site★ du Cirque du Bout-du-Monde NE : 5 km.

🏠 **De la Halle** sans rest VISA ⬥⬥

pl. des Halles – ℰ 03 80 21 76 37 – www.terroirs-b.com/lahalle

13 ch – †58/62 € ††60/64 € – ⊊ 7 €

◆ Face aux halles du 14ᵉ s., deux corps de bâtiments de part et d'autre d'une cour intérieure fleurie. Chambres assez modestes mais bien tenues, plus spacieuses sur l'arrière.

NONANCOURT – 27 Eure – **304** H9 – 2 154 h. – alt. 117 m – ⊠ 27320   **33** D2

▶ Paris 97 – Alençon 97 – Chartres 51 – Évreux 35

🛈 Place Aristide Briand ℰ 02 32 58 28 74

XX **Relais du Vieux Chateau** VISA ⬥⬥

39 av. Victor Hugo – ℰ 02 32 58 00 74 – www.lerelaisduvieuxchateau.com – fermé deux sem. en sept., une sem. en hiver, dim soir et lundi

Rest – (20 €) Menu 30/35 €

◆ Le chef, passé par de belles maisons, prépare une cuisine dans l'air du temps. Lumineuse salle à manger dont les poutres blanches se marient à un mobilier moderne en cuir brun.

LES NONIÈRES – 26 Drôme – **332** G5 – alt. 282 m – ⊠ 26410   **45** C3
▶ Paris 648 – Die 25 – Gap 84 – Grenoble 73

🏠 **Le Mont-Barral** ⌖   🚗 🏡 ☒ ✕ ⌶ **P** 𝖵𝖨𝖲𝖠 ⊙⊙
⊖⊖ – ℰ 04 75 21 12 21 – www.hotelmontbarral-vercors.com – Ouvert 6 mars-12 nov.
🍽 et fermé mardi soir et merc. hors vacances scolaires
19 ch – †54/64 € ††54/64 € – ⌷ 8 € – ½ P 56/68 €
Rest – (16 €) Menu 19 € (déj.), 26/35 € – Carte 26/42 €
♦ Établissement entièrement rénové qui propose des chambres modernes et
tout confort. Beau mobilier en fer forgé, tennis, piscine, sauna... Équipe dynamique. Au restaurant, cuisine régionale et menu consacré au terroir qui peuvent
se déguster sur la terrasse.

NONTRON ⌖ – 24 Dordogne – **329** E2 – 3 465 h. – alt. 260 m   **4** C1
– ⊠ 24300 🟩 Limousin Berry
▶ Paris 454 – Angoulême 45 – Libourne 135 – Limoges 68
🛈 3, avenue du Général Leclerc ℰ 05 53 56 25 50

🏠 **Grand Hôtel**   🚗 🏡 ☒ ▯◀ ✓ rest, **P** 𝖵𝖨𝖲𝖠 ⊙⊙
🍽 3 pl. A. Agard – ℰ 05 53 56 11 22 – www.hotel-pelisson-nontron.com – Fermé
dim. soir d'oct. à juin
22 ch – †54 € ††66 € – ⌷ 8 € – ½ P 64 €
Rest – (16 €) Menu 24 € (sem.), 27/55 € – Carte 30/75 €
♦ On cultive l'art de recevoir à l'ancienne dans cet ex-relais de poste à l'atmosphère vieille France. Entretien suivi et tenue sans reproche. Plats régionaux servis dans un cadre rustique (poutres, cuivres, cheminée) ou sur une terrasse face à
la piscine.

NONZA – 2B Haute-Corse – **345** F3 – voir à Corse

NOTRE-DAME-DE-BELLECOMBE – 73 Savoie – **333** M3 – 498 h.   **46** F1
– alt. 1 150 m – Sports d'hiver : 1 150/2 070 ⌖19 ⌖ – ⊠ 73590 🟩 Alpes du Nord
▶ Paris 585 – Albertville 25 – Annecy 54 – Chambéry 76
🛈 Chef Lieu ℰ 04 79 31 61 40

✕ **La Ferme de Victorine**   ⌶ **P** 𝖵𝖨𝖲𝖠 ⊙⊙ 𝖠𝖤
⊙ Le Planay, 3 km à l'Est par rte des Saisies – ℰ 04 79 31 63 46
– www.la-ferme-de-victorine.com – Fermé 25 avril-26 mai, 13 nov.-16 déc., dim.
soir et lundi sauf juil.-août
Rest – (21 €) Menu 26/50 € – Carte 38/60 €
♦ Une ferme plus vraie que nature ! Dans la jolie salle rustique, on aperçoit les
vaches de l'étable. Goûteuse cuisine régionale actualisée, fidèle aux saisons (poisson, gibier).

NOTRE-DAME-DE-BONDEVILLE – 76 Seine-Maritime – **304** G5 – rattaché à
Rouen

NOTRE-DAME-DE-GRAVENCHON – 76 Seine-Maritime – **304** D5   **33** C2
– 8 300 h. – alt. 35 m – ⊠ 76330 🟩 Normandie Vallée de la Seine
▶ Paris 176 – Bolbec 14 – Le Havre 40 – Rouen 51

🏠 **Pascal Saunier** ⌖   🚗 🏡 ▯◀ ⌶ ⌖ **P** 𝖵𝖨𝖲𝖠 ⊙⊙ 𝖠𝖤
1 av. Amiral Grasset – ℰ 02 35 38 60 67 – www.hotelpascalsaunier.com
2 ch – †75/110 € ††77/115 € – ⌷ 11 € – ½ P 90 €
Rest – (fermé août, vend. soir, sam. et dim.) (22 €) Carte 33/40 €
♦ Entourée d'un paisible jardin, vaste demeure à colombages (1930) dotée de
chambres aux tons pastel, fonctionnelles et claires. La salle à manger de
style actuel est prolongée d'une terrasse. Cuisine traditionnelle proposée à l'ardoise et changée chaque jour.

NOTRE-DAME-DE-LIVAYE – 14 Calvados – **303** M5 – 132 h.   **33** C2
– alt. 27 m – ⊠ 14340
▶ Paris 185 – Caen 36 – Le Havre 86 – Lisieux 16

Aux Pommiers de Livaye

– ℰ 02 31 63 01 28 – http://bandb.normandy.free.fr – Ouvert de début fév. à mi-nov.

5 ch 🖃 – †75 € ††92 €   **Table d'hôte** – Menu 28/35 €

◆ Une allée de pommiers conduit à cette paisible ferme normande de 1720. Chambres personnalisées et dotées de mobilier dépareillé, ancien ou de style. Bon petit-déjeuner maison. Cuisine régionale servie dans une salle rustique authentique ; petite production de cidre.

NOTRE-DAME-DE-MONTS – 85 Vendée – **316** D6 – 1 772 h.   **34** A3
– alt. 6 m – ✉ 85690

▶ Paris 457 – Challans 22 – Nantes 72 – Noirmoutier-en-l'Île 26

🄵 6, rue de la Barre ℰ 02 51 58 84 97

◉ La Barre-de-Monts : Centre de découverte du Marais breton-vendéen N :
6 km ▮ Poitou Charentes Vendée

L'Orée du Bois 🕭

14 r. Frisot – ℰ 02 51 58 84 04 – www.oree-du-bois.com – Ouvert de Pâques à oct.

30 ch – †55/75 € ††55/75 € – 🖙 7 € – ½ P 50/62 €

Rest – (dîner seult) (résidents seult) Menu 20 €

◆ Les chambres, claires et pratiques, sont logées dans trois bâtiments d'un quartier résidentiel, ordonnés autour d'une piscine. Celles du rez-de-chaussée possèdent une terrasse.

NOTRE-DAME D'ORSAN – 18 Cher – **323** J6 – rattaché au Châtelet

NOTRE-DAME-DU-GUILDO – 22 Côtes-d'Armor – **309** I3 – 3 187 h.   **10** C1
– alt. 52 m – ✉ 22380

▶ Paris 427 – Rennes 94 – Saint-Brieuc 49 – Saint-Malo 32

Château du Val d'Arguenon sans rest 🕭

1 km à l'Est par D 786 ✉ 22380 St-Cast – ℰ 02 96 41 07 03
– www.chateauduval.com – Ouvert de Pâques à fin sept.

5 ch 🖙 – †90/130 € ††95/160 €

◆ Cette belle demeure de famille (16ᵉ-18ᵉ s.) se niche dans un parc qui descend jusqu'à la mer. Intérieur plein de cachet, avec meubles d'époque. À découvrir : les cabanes dans les arbres !

NOTRE-DAME-DU-HAMEL – 27 Eure – **304** D8 – 197 h. – alt. 200 m   **33** C2
– ✉ 27390

▶ Paris 158 – L'Aigle 21 – Argentan 48 – Bernay 28

Le Moulin de la Marigotière

D 45 – ℰ 02 32 44 58 11 – www.moulin-marigotiere.com
– Fermé 21 fév.-10 mars, lundi soir sauf juil.-août, dim. soir, mardi soir et merc.

Rest – Menu 30 € (déj. en sem.), 40/70 € – Carte 58/78 €

◆ Ancien moulin, ce restaurant prête son atmosphère bourgeoise à des repas classiques et jouit d'un agréable environnement : un joli parc traversé par la Charentonne.

NOTRE-DAME-DU-PÉ – 72 Sarthe – **310** H8 – 483 h. – alt. 73 m   **35** C2
– ✉ 72300

▶ Paris 262 – Angers 51 – La Flèche 28 – Nantes 140

La Reboursière 🕭

1 km au Sud par D 134 et rte secondaire – ℰ 02 43 92 92 41
– www.lareboursiere.fr.st

4 ch 🖙 – †70 € ††82 €   **Table d'hôte** – Menu 28 € bc

◆ Ancienne ferme (milieu 19ᵉ s.) restaurée, entourée d'un parc, gage de calme pour les hôtes séjournant dans l'une de ses grandes chambres garnies de meubles anciens. Cuisine traditionnelle servie avec le sourire dans un cadre rustique de bon aloi.

NOUAN-LE-FUZELIER – 41 Loir-et-Cher – **318** J6 – 2 513 h.   **12** C2
– alt. 113 m – ⊠ 41600

> ▶ Paris 177 – Blois 59 – Cosne-Cours-sur-Loire 74 – Gien 56
> 🖼 place de la Gare ✆ 02 54 88 76 75

🏠   Domaine des Fontaines sans rest 🦌   🔇 &. AC 💱 📶 P VISA ☯ ①
rte de Lamotte-Beuvron, 2 km au Nord par N 20 – ✆ 02 54 83 78 87
– www.hotel-domaine-des-fontaines.com
11 ch – †80 € ††100/200 € – ☲ 12 €
• Belle maison bourgeoise en brique rouge, au charme typiquement solognot...
Chambres confortables, sobres et élégantes, mansardées au dernier étage. Petit-
déjeuner sous la véranda.

✕✕   Le Dahu   🍽 🍴 P VISA ☯
14 r. H. Chapron – ✆ 02 54 88 72 88 – *www.restaurantledahu.com*
*– Fermé 23 mars-14 avril, 16 nov.-9 déc., 4 janv.-4 fév., mardi soir du 1er oct. au
15 avril, merc. et jeudi*
Rest – Menu 33/41 € – Carte 47/55 €
• On se sent vraiment à la campagne dans cette ancienne bergerie ! On déguste
une cuisine traditionnelle dans une salle rustique ou, aux beaux jours, dans
l'agréable jardin.

NOUILHAN – 65 Hautes-Pyrénées – **342** M4 – 181 h. – alt. 196 m   **28** A2
– ⊠ 65500

> ▶ Paris 771 – Pau 47 – Tarbes 24 – Toulouse 144

🏠   Les 3B   🍴 &. ch, AC ch, 📶 🔏 P VISA ☯ AE
🐾   *8 rte des Pyrénées, D 935* – ✆ 05 62 96 79 78 – *www.hoteldes3b.com*
7 ch – †45/50 € ††45/50 € – ☲ 6,50 € – ½ P 45 €
Rest – *(fermé merc.)* (12 €) Menu 18 € (sem.)/31 € – Carte 31/43 €
• Corps de ferme typiquement bigourdan situé en bord de route ; les chambres
y sont propres, jolies et bien équipées (plus calmes à l'arrière et disposant d'une
terrasse). Recettes traditionnelles à base de produits frais dans la salle rustique du
restaurant.

LE NOUVION-EN-THIÉRACHE – 02 Aisne – **306** E2 – 2 850 h.   **37** D1
– alt. 185 m – ⊠ 02170

> ▶ Paris 198 – Avesnes-sur-Helpe 20 – Guise 21 – Hirson 25
> 🖼 Place du général De Gaulle ✆ 03 23 97 98 06

🏠   Paix   🍽 📶 P VISA ☯ AE
🐾   *37 r. J. Vimont-Vicary* – ✆ 03 23 97 04 55 – *www.hotel-la-paix.fr* – *Fermé
15 août-1er sept., 24 déc.-3 janv., 14-28 fév. et dim. soir*
🍴   **16 ch** – †62/72 € ††62/82 € – ☲ 10 € – ½ P 59/78 €
Rest – *(fermé sam. midi, dim. soir et lundi)* (16 €) Menu 19 € (sem.)/34 €
– Carte 31/55 €
• Hôtel parfaitement tenu dont les chambres sont diversement aménagées
(meubles rustiques, en bois peint ou contemporains). Autre plus : l'accueil familial.
Briques, miroirs, tons pastel et bibelots composent le plaisant décor du restaurant ;
carte traditionnelle.

NOUZERINES – 23 Creuse – **325** J2 – rattaché à Boussac

NOVALAISE – 73 Savoie – **333** H4 – rattaché à Aiguebelette-le-Lac

NOVES – 13 Bouches-du-Rhône – **340** E2 – 4 906 h. – alt. 42 m   **42** E1
– ⊠ 13550 ▮ Provence

> ▶ Paris 688 – Arles 38 – Avignon 14 – Carpentras 33
> 🖼 place Jean Jaurès ✆ 04 90 24 43 00

Auberge de Noves ⌖ ⬅ 🍴 🍸 🛁 🎾 💆 🅿 VISA ⓜ AE ①

rte de Châteaurenard, 2 km par D 28 – ☎ *04 90 24 28 28*
– www.aubergedenoves.com – Fermé 3 janv.-10 fév.
21 ch – ♦150/325 € ♦♦150/325 € – 2 suites – ⌷ 22 €
Rest – *(fermé lundi et mardi d'oct. à mai)* Menu 35 € bc (déj. en sem.), 52/115 €
– Carte 65/110 €
♦ Cette noble demeure du 19e s. entourée d'un vaste parc abrite des chambres
spacieuses et diversement décorées (certaines dans l'ancienne chapelle). Élégante
salle à manger et terrasse abritée de grands arbres ; la cuisine est classique, à
l'image du lieu.

NOYAL-MUZILLAC – 56 Morbihan – **308** Q9 – 2 225 h. – alt. 52 m   **10** C3
– ✉ 56190

▶ Paris 456 – La Baule 44 – St-Nazaire 52 – Vannes 30

Manoir de Bodrevan ⌖   🚗 🛁 🌿 rest, 🍴 🅿 VISA ⓜ AE

2 km au Nord-Est par D 153 et rte secondaire – ☎ *02 97 45 62 26*
– www.manoir-bodrevan.com – Fermé 24-26 déc.
6 ch – ♦81/149 € ♦♦81/149 € – ⌷ 14 € – ½ P 124/192 €
Rest – *(prévenir)* Menu 37 €
♦ Ce pavillon de chasse du 16e s. en pierre est envahi de verdure. Les chambres
tirent leur cachet de ce cadre rustique et élégant. Accueil cordial et calme assuré.
Menu du jour, poissons et produits de la mer préparés par le maître des lieux
selon le marché.

NOYALO – 56 Morbihan – **308** O9 – 698 h. – ✉ 56450   **9** A3

▶ Paris 468 – La Baule 75 – Rennes 116 – Vannes 15

L'Hortensia avec ch   🛁 rest, 🌿 VISA ⓜ

18 r. Ste-Brigitte – ☎ *02 97 43 02 00 – www.restaurantlhortensia.com – Fermé*
lundi sauf du 18 juil. au 22 août
5 ch – ♦66 € ♦♦66 € – ⌷ 9 € – ½ P 63/70 €
Rest – Menu 21 € (déj. en sem.), 29/100 € bc – Carte 45/85 € ⅜
♦ Ancienne ferme en pierre du 19e s., habillée de toiles et de mobilier contemporains. Cuisine tendance, goûteuse et généreuse, faisant la part belle aux produits
de la mer et au terroir breton. Chambres coquettes, décorées sur le thème de
l'hortensia.

NOYAL-SUR-VILAINE – 35 Ille-et-Vilaine – **309** M6 – rattaché à Rennes

NOYANT-DE-TOURAINE – 37 Indre-et-Loire – **317** M6 – rattaché à Ste-
Maure-de-Touraine

NOYERS – 89 Yonne – **319** G5 – 733 h. – alt. 175 m – ✉ 89310   **7** B1

▶ Paris 211 – Auxerre 46 – Dijon 129 – Troyes 82
🛈 22, place de l'Hôtel de ville ☎ 03 86 82 66 06

Les Millésimes   🍴 AC VISA ⓜ AE

14 pl. de l'Hôtel-de-Ville – ☎ *03 86 82 82 16 – www.maison-paillot.com – Fermé*
mi-janv. à début mars, dim. soir et lundi
Rest – Menu 18 € (déj. en sem.)/35 € – Carte 42/50 € le soir ⅜
♦ Ce restaurant champêtre et élégant se tient derrière la boucherie-charcuterie
familiale. Le terroir et les vins bourguignons sont à l'honneur... ainsi que les produits maison !

NOYON – 60 Oise – **305** J3 – 14 260 h. – alt. 52 m – ✉ 60400   **37** C2
▮ Nord Pas-de-Calais Picardie

▶ Paris 108 – Amiens 67 – Compiègne 29 – Laon 53
🛈 place de l'Hôtel de Ville ☎ 03 44 44 21 88
◉ Cathédrale Notre-Dame★★ - Abbaye d'Ourscamps★ 5 km par N 32.

🏨 Saint Eloi
        ⚅ ch. ⁛ 🛁 🅿 VISA ⚆ AE ①

81 bd Carnot – ☏ 03 44 44 01 49 – www.hotelsainteloi.fr
30 ch – †62/75 € ††80/110 € – ⊑ 9 €
Rest – Menu 38/110 € bc – Carte 58/70 €
♦ Un élégant castel tout en briques, tourelles et colombages (1870), abritant des chambres classiques et confortables – plus simples dans l'annexe. Stucs, mobilier de style et lustres en cristal au restaurant ; cuisine de tradition.

🏨 Le Cèdre sans rest
        ⚅ ⁛ 🛁 🅿 VISA ⚆ AE

8 r. de l'Évêché – ☏ 03 44 44 23 24 – www.hotel-lecedre.com
35 ch – †79 € ††90 € – ⊑ 8,50 €
♦ Construction récente en briques rouges, en harmonie avec la cité. Les chambres, chaleureuses et bien équipées, offrent pour la plupart une vue sur la cathédrale.

✕✕ Dame Journe
        AC VISA ⚆

2 bd Mony – ☏ 03 44 44 01 33 – www.damejourne.fr – Fermé
7-20 sept., 5-12 janv., dim. soir, mardi soir, merc. soir, jeudi soir et lundi
Rest – Menu 22 € (déj.), 29/40 € – Carte 40/75 €
♦ Fréquenté par des habitués, un établissement au cadre chaleureux et soigné : fauteuils de style Louis XVI et boiseries. Cuisine traditionnelle, avec un bon choix de menus.

NUAILLÉ – 49 Maine-et-Loire – **317** E6 – rattaché à Cholet

NUEIL-LES-AUBIERS – 79 Deux-Sèvres – **316** M6 – 5 327 h.   **38** B1
– alt. 120 m – ☒ 79250

▶ Paris 364 – Bressuire 15 – Cholet 29 – Poitiers 100

🏠 Le Moulin de la Sorinière ॐ
    🚗 ⚅ AC rest. ⁛ 🛁 🅿 VISA ⚆ AE

2 km au Sud-Ouest par D 33, rte de Cerizay et C 3 – ☏ 05 49 72 39 20
– www.hotel-moulin-soriniere.com – Fermé 18 avril-2 mai et 24 oct.-8 nov.
8 ch – †53/58 € ††60/65 € – ⊑ 8 € – ½ P 77/82 €
Rest – *(fermé dim. soir et lundi)* (13 €) Menu 26 € (sem.)/32 € – Carte environ 33 €
♦ Ce vieux moulin du 19ᵉ s. a conservé son charme bucolique ; la rivière traverse le jardin et le potager. Chambres sur le thème des fleurs. Les grandes baies vitrées de l'ancienne grange donnent sur la verdure. On y déguste une cuisine qui revisite la tradition.

NUITS-ST-GEORGES – 21 Côte-d'Or – **320** J7 – 5 320 h. – alt. 243 m   **8** D1
– ☒ 21700 ▮ Bourgogne

▶ Paris 320 – Beaune 22 – Chalon-sur-Saône 45 – Dijon 22
🛈 3, rue Sonoys ☏ 03 80 62 11 17

🏨 La Gentilhommière ॐ
   🐾 🚗 🏊 ✕ ⚅ ⁛ 🛁 🅿 VISA ⚆ AE

13 vallée de la Serrée, rte Meuilley, 1,5 km à l'Ouest – ☏ 03 80 61 12 06
– www.lagentilhommiere.fr – Fermé de mi-déc. à fin janv.
31 ch – †110 € ††110 € – ⊑ 18 €
Rest Le Chef Coq – *(fermé merc. midi, sam. midi et mardi)* (24 €) Menu 49 € (dîner), 57/62 € – Carte 65/84 € le soir🐸
♦ Un pavillon de chasse (16ᵉ s.) et une aile récemment aménagée. Chambres confortables, rehaussées de notes ethniques ou contemporaines ; certaines donnent sur le parc traversé par la rivière. Table actuelle accompagnée de beaux bourgognes (vieux millésimes).

🏨 Hostellerie St-Vincent
   🚗 ▮ ⚅ ch. AC ⁛ 🛁 🅿 VISA ⚆ AE ①

r. Gén. de Gaulle – ☏ 03 80 61 14 91 – www.hostellerie-st-vincent.com – Fermé
19-26 déc. et dim. soir de nov. à mars
23 ch – †76/101 € ††84/111 € – ⊑ 11 € – ½ P 155/160 €
Rest L'Alambic – ☏ 03 80 61 35 00 – (16 €) Menu 23/41 € – Carte 25/50 €🐸
♦ Maison récente abritant des chambres pratiques et bien insonorisées. Boutique de produits régionaux. Le restaurant, où trône un superbe alambic, occupe un caveau bâti avec des pierres de l'ancienne prison de Beaune ! Cuisine régionale, belle sélection de vins locaux.

La Cabotte

24 Grande-Rue – ✆ *03 80 61 20 77* – *Fermé une sem. en avril,* 4-19 janv., *lundi midi, sam. midi et dim.*
Rest – *(nombre de couverts limité, prévenir)* Menu 29/50 € – Carte 42/62 €
◆ La salle à manger – poutres et pierres apparentes, éclairage moderne et mobilier sombre – donne sur le spectacle des cuisines. Plats au goût du jour et belle cave.

à Curtil-Vergy Nord-Ouest : 7 km par D 25, D 35 et rte secondaire – 102 h.
– alt. 350 m – ✉ 21220

Manassès sans rest

r. Guillaume de Tavanes – ✆ *03 80 61 43 81* – *www.ifrance.com/hotelmanasses*
– *Ouvert de mars à nov.*
12 ch – ✚75/100 € ✚✚75/100 € – ☑ 13 €
◆ Cette maison régionale abrite une collection de meubles rustiques ainsi qu'un musée de la vigne. Le prince de Galles en personne y a séjourné ! Copieux petit-déjeuner bourguignon.

NYONS ⬡ – 26 Drôme – 332 D7 – 7 065 h. – alt. 271 m – ✉ 26110   44 B3
🏛 Lyon Drôme Ardèche

▶ Paris 653 – Alès 109 – Gap 106 – Orange 43
🛈 pavillon du tourisme - place de la Libération ✆ 04 75 26 10 35
◉ Vieux Nyons★ : Rue des Grands Forts★ - Pont Roman (vieux Pont)★.

La Caravelle sans rest

8 r. Antignans, par prom. Digue – ✆ *04 75 26 07 44*
– *www.lacaravelle-nyons.com* – *Ouvert 1ᵉʳ avril-31 oct.*
11 ch – ✚79/89 € ✚✚79/119 € – ☑ 10 €
◆ Une belle villa 1930 et son jardin planté de catalpas, des arbres fleuris en été. Chambres soignées, parfois décorées de hublots provenant d'un ancien navire de guerre.

NYONS

Autiero (Pl.) 2
Chapelle (R. de la) 3
Digue (Promenade de la) 4
Liberté (R. de la) 6
Maupas (R.) 8
Petits Forts
  (R. des) 10
Randonne (R.) 12
Résistance (R.de la) 14

🏠 Une Autre Maison

pl. de la République – ℰ 04 75 26 43 09 – www.uneautremaison.com – Fermé de
mi-déc. à mi-janv.   **d**
10 ch – †75/140 € ††75/140 € – ⌑ 15 €   **Rest** – (dîner seult) Menu 38 €
♦ Confort, bien-être et élégance : une Autre Maison de la fin du 19ᵉ s., vraiment
charmante ! Les chambres sont ravissantes et toutes différentes ; la piscine et le
jardin tout bonnement délicieux. Le soir, le chef concocte une bonne cuisine du
marché...

✕✕ Le Petit Caveau

9 r. V.-Hugo – ℰ 04 75 26 20 21 – www.petit-caveau.com
– Fermé 31 déc.-26 janv., mardi midi et jeudi soir d'oct. à mai, dim. soir et lundi
Rest – (nombre de couverts limité, prévenir) (20 €) Menu 25/65 €   **u**
– Carte 48/56 €
♦ À deux pas de la place principale, charmante salle voûtée où règne une atmo-
sphère raffinée. Cuisine actuelle aux accents méridionaux. Bon choix de côtes-du-
rhône (vins au verre).

rte de Gap par ① 7 km sur D 94 – ✉ 26110 Nyons

✕ La Charrette Bleue

– ℰ 04 75 27 72 33 – www.lacharrettebleue.net – Fermé 15 déc.-31 janv., dim.
soir d'oct. à mars, mardi de sept. à juin et merc.
Rest – (19 €) Menu 28/42 € – Carte 34/56 €
♦ Impossible de rater ce relais de poste du 18ᵉ s. en pierre calcaire, avec sa
charette bleue posée sur le toit ! Joli cadre rustique, cuisine traditionnelle et
vins choisis.

rte d'Orange par ③ sur D 94 – ✉ 26110 Nyons

🏠 La Bastide des Monges sans rest

à 4 km – ℰ 04 75 26 99 69 – www.bastidedesmonges.com – Fermé 11-30 nov. et
1ᵉʳ janv.-28 fév.
9 ch – †74/115 € ††74/115 € – ⌑ 10 €
♦ Couvent du 18ᵉ s. transformé en hôtel agréable. Les chambres, provençales, sont
avenantes et donnent sur le jardin ou les vignes. Accueil charmant ; belle terrasse.

à Montaulieu 14 km à l'Est par D 94, D 64 et D 501 – 74 h. – alt. 510 m
– ✉ 26110

🏠 Les Terrasses

au village – ℰ 04 75 27 42 91 – www.lesterrasses-montaulieu.fr
– Ouvert 15 avril-15 nov.
3 ch ⌑ – †170 € ††170 €   **Table d'hôte** – Menu 25 € bc/40 € bc
♦ Cette maison a été restaurée par des amoureux des vieilles pierres et elle
est resplendissante ! Déco chinée, belle piscine et nature intacte : le bonheur
hors du temps ! À la table d'hôte, cuisine régionale non dénuée de créativité et
bons côtes-du-rhône.

OBERHASLACH – 67 Bas-Rhin – 315 H5 – 1 740 h. – alt. 270 m   **1 A1**
– ✉ 67280 ▌ Alsace Lorraine

▶ Paris 482 – Molsheim 16 – Saverne 32 – St-Dié 57
🔢 22, rue du Nideck ℰ 03 88 50 90 15

🏠 Hostellerie St-Florent

28 r. Nideck – ℰ 03 88 50 94 10 – www.hostellerie-saint-florent.com – Fermé
27 juin-6 juil.
23 ch – †46 € ††53 € – ⌑ 9 € – ½ P 51 €
Rest – (fermé sam. midi, dim. soir et lundi) Menu 19 € (déj.), 34 € bc/45 €
– Carte 23/34 €
♦ Ambiance chaleureuse dans cette maison alsacienne nichée entre monts et
vignes, au cœur d'un village fleuri. Les chambres sont d'un bon rapport confort-prix
! Décor classique au restaurant (boiseries, appliques rétro), spécialités régionales.

OBERNAI – 67 Bas-Rhin – 315 I6 – 11 009 h. – alt. 185 m – ✉ 67210 1 A2

Alsace Lorraine

- Paris 488 – Colmar 50 – Molsheim 12 – Sélestat 27
- place du Beffroi ✆ 03 88 95 64 13
- Place du Marché★★ - Hôtel de ville★ **H** - Tour de la Chapelle★ **L** - Ancienne halle aux blés★ **D** - Maisons anciennes★.

Le Parc
ch, rest, VISA

169 rte d'Ottrott, à l'Ouest par D 426 – ✆ 03 88 95 50 08 – www.hotel-du-parc.com – Fermé 1er-13 juil. et 20 déc.-20 janv.

54 ch – †130/161 € ††130/267 € – 8 suites – ☕ 18 €

Rest *La Table* – *(fermé dim., lundi et le midi)* Menu 45/73 € – Carte 60/90 €

Rest *Stub* – *(fermé dim., lundi et le soir)* (25 €) Menu 32 € bc – Carte 32/50 €

◆ Dans cette grande demeure alsacienne à pans de bois, les chambres et suites, très douillettes, sont parées de beaux atours rustiques ou contemporains. Fitness, spa, massages latino, indien et... alsacien. À la Table, atmosphère raffinée et cuisine classique. Spécialités régionales et cadre chaleureux à la Stub.

À la Cour d'Alsace
ch, rest, VISA

3 r. Gail – ✆ 03 88 95 07 00 – www.cour-alsace.com – Fermé 24 déc.-26 janv. Aa

48 ch – †115/199 € ††147/239 € – 5 suites – ☕ 19 €

Rest *Jardin des Remparts* – *(fermé 31 juil.-2 sept., 24 déc.-2 mars, jeudi midi, vend. midi, sam. midi, dim. soir, lundi, mardi et merc.)* Menu 49/89 € – Carte 45/119 €

Rest *Caveau de Gail* – *(fermé sam. midi)* (27 €) Menu 31 € – Carte 35/48 €

◆ Confort, douceur de vivre et luxe dans cette ancienne propriété des barons de Gail, avec ses maisons regroupées autour d'une cour dîmière. Superbe piscine. Au Jardin des Remparts, ambiance feutrée et carte au goût du jour (tartare de gambas, foie gras et sa guimauve...). Terroir à l'honneur au Caveau de Gail.

Le Colombier sans rest
VISA

6 r. Dietrich – ✆ 03 88 47 63 33 – www.hotel-colombier.com An

44 ch – †89/130 € ††89/130 € – 8 suites – ☕ 12 €

◆ Au cœur de la vieille ville, cette bâtisse régionale s'est parée de modernité. Spacieuses chambres avec vue sur les toits au 4e étage. Espace détente "zen".

OBERNAI

Chanoine Gyss (R. du) . . . . . . A 2
Chapelle (R. de la) . . . . A 3
Dietrich (R.) . . . . A 4
Étoile (Pl. de l') . . . . A 5
Fines Herbes (Pl. des) . . . . AB 6
Juifs (Ruelle des) . . . . A 8
Marché (R. du) . . . . B 12
Sainte-Odile (R.) . . . . A 16

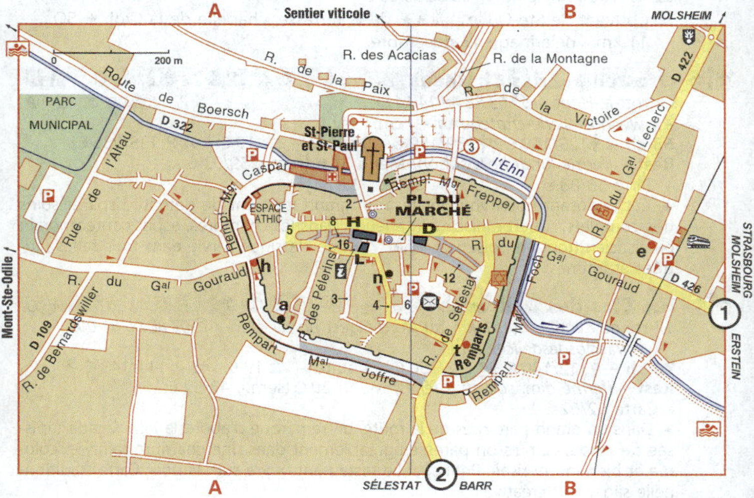

🏠 Les Jardins d'Adalric sans rest   🚗 🏊 🛏 ⚙ ⚒ 🛗 📶 🅿 VISA ⬤ AE

19 r. du Mar.-Koenig, par ① – ℰ 03 88 47 64 47 – www.jardins-adalric.com
44 ch – †75/120 € ††75/120 € – 2 suites – � 11 €
◆ Dans cet hôtel récent, légèrement excentré, les chambres sont sobres et contemporaines. L'été, on prend son petit-déjeuner sur la terrasse et on profite du jardin.

🍴🍴🍴 La Fourchette des Ducs (Nicolas Stamm)   AC VISA ⬤ AE
❀ ❀
6 r. de la Gare – ℰ 03 88 48 33 38
– Fermé 1ᵉʳ-8 mars, 1ᵉʳ-15 août, 1ᵉʳ-8 janv., dim. soir, lundi et le midi sauf dim.
Rest – *(nombre de couverts limité, prévenir)* Menu 90/125 €   **Be**
– Carte 115/170 €
Spéc. Jambonnettes de cuisse de grenouille, bonbon de foie gras de canard. Suprême de pigeonneau d'Alsace, macaronis aux truffes. Crème au moka, ganache moelleuse aux épices et chocolat. **Vins** Riesling, Pinot Gris.
◆ L'hiver, atmosphère cosy (boiseries et poutres apparentes) ; l'été, fraîcheur contemporaine dans une salle ouverte sur la cour intérieure... Et en toute saison, une assiette classique – avec une pointe de créativité – pour de succulents coups de fourchette.

🍴🍴 Le Bistro des Saveurs (Thierry Schwartz)   ⬄ VISA ⬤
❀
35 r. de Sélestat – ℰ 03 88 49 90 41
– Fermé 18 juil.-12 août, 21 fév.-11 mars, dim. soir sauf déc., lundi
et mardi   **Bt**
Rest – Menu 32 € (déj. en sem.), 46/79 € – Carte 58/75 € ⛰
Spéc. Comme un ravioli, œuf dans l'œuf à la truffe (sauf printemps). Raie bouclée cuite sur l'arête au safran d'ici. Tarte mirabelle "Pépé Oscar", miel et glace vanille (juil. à sept.). **Vins** Pinot blanc, Pinot noir.
◆ Poutres apparentes, bouteilles en vitrine, cheminée : le cadre est raffiné... La cuisine allie produits bruts, invention et finesse d'exécution. Accueil chaleureux.

🍴 À l'Agneau d'Or   VISA ⬤ AE
99 r. Gén.-Gouraud – ℰ 03 88 95 28 22   **Ah**
Rest – (10 €) Menu 22/32 € – Carte 24/35 €
◆ Accueil familial dans cette maison à colombages située près des remparts. Sympathique petite salle alsacienne (banquettes en bois, plafond peint) et cuisine typique de la région.

à Ottrott 4 km à l'Ouest par D 426 – 1 622 h. – alt. 268 m – ✉ 67530

🅾 46, rue Principale ℰ 03 88 95 83 84

◎ Couvent de Ste-Odile : ❀ ★★ de la terrasse, chapelle de la Croix★ SO :
11 km - pèlerinage 13 décembre.

🏨🏨 Hostellerie des Châteaux ⚘   ≼ 🚗 🖼 🌐 ⚒ 🎥 🖐 ⚒ ch, AC ⚒ 📶 🅿
Ottrott-le-Haut – ℰ 03 88 48 14 14   🚙 VISA ⬤ AE ⓞ
– www.hostellerie-chateaux.fr – Fermé fév.
58 ch – †129/159 € ††139/159 € – 9 suites – � 19 € – ½ P 135/235 €
Rest – *(fermé lundi hors saison)* Menu 34 € (sem.), 59/93 €
– Carte 53/88 €
◆ Cet imposant hôtel vous invite à un grand moment de détente : spa et soins très complets, superbe piscine intérieure. Dans les chambres, esprit contemporain ou alsacien (tout en boiseries). Chic ! Cuisine classique servie dans trois salles feutrées et intimes.

🏨🏨 Le Clos des Délices ⚘   🌿 🏡 🖼 🌐 🖐 ⚒ ch, AC ⚒ 📶 🅿 VISA ⬤
17 rte de Klingenthal, 1 km au Nord-Ouest par D 426 – ℰ 03 88 95 81 00
– www.leclosdesdelices.com
20 ch – †112/140 € ††112/350 € – 1 suite – � 19 € – ½ P 111/143 €
Rest – *(fermé dim. soir sauf fériés)* Menu 29 € (sem.), 42/52 €
– Carte 52/62 €
◆ Dans un grand parc près de la route, on remarque d'abord la jolie façade tapissée de verdure... puis on paresse agréablement dans une chambre raffinée, colorée et bien insonorisée. Petit spa. Le restaurant ouvre sur les bois. Carte traditionnelle sagement créative.

À l'Ami Fritz

Ottrott-le-Haut – ℰ 03 88 95 80 81 – www.amifritz.com – Fermé 9-23 janv.
21 ch – †87/118 € ††87/145 € – 1 suite – ☑ 14 € – ½ P 85/122 €
Rest – (21 €) Menu 28/65 € – Carte 33/60 €
♦ Maison régionale aux chambres confortables et dans l'air du temps. L'enseigne est un clin d'œil au roman d'Erckmann et Chatrian (1854), mais c'est aussi le nom des propriétaires. Restaurant élégant et chaleureux, de style alsacien ; goûteux plats du pays.

 Beau Site

Ottrott-le-Haut – ℰ 03 88 48 14 30 – www.hotel-beau-site.fr – Fermé fév.
18 ch – †79/109 € ††79/169 € – ☑ 15 € – ½ P 90/135 €
Rest – *(fermé dim. soir, lundi et mardi)* (19 €) Menu 34 € (sem.) – Carte 30/53 €
♦ Cette grande maison à oriels et colombages abrite des chambres confortables (certaines avec balcon). Le must : celles du dernier étage, spacieuses et contemporaines. Au restaurant – une luxueuse winstub ornée d'œuvres de Spindler –, carte axée terroir.

 Aux Chants des Oiseaux sans rest

Ottrott-le-Haut – ℰ 03 88 95 87 39 – www.chantsdesoiseaux.com – Fermé 28 juin-8 juil. et 11 janv.-4 fév.
14 ch – †80/95 € ††80/115 € – 2 suites – ☑ 14 €
♦ Dans un quartier résidentiel, cette maison des années 1980 dispose de chambres agréables et cosy. Sur la terrasse (côté piscine), chant des oiseaux et vue sur le mont Ste-Odile.

 Domaine Le Moulin

32 rte de Klingenthal, 1 km au Nord-Ouest par D 426 – ℰ 03 88 95 87 33 – www.domaine-le-moulin.com – Fermé 20 déc.-20 janv.
21 ch – †60 € ††71/80 € – 2 suites – ☑ 11 € – ½ P 67/76 €
Rest – *(fermé sam. midi, dim. soir et lundi midi)* Menu 16 € (déj.), 28 € bc/57 € – Carte 30/60 €
♦ Ce vaste hôtel entouré d'un parc (rivière, étang) impose sa présence sur la route des Vins. Chambres douillettes et, dans l'annexe, grands appartements (duplex) plus modernes. Au restaurant, carte régionale et terrasse face à la forêt.

OBERSTEIGEN – 67 Bas-Rhin – **315** H5 – ⊠ 67710 ▮ Alsace Lorraine   **1** A1
▶ Paris 466 – Molsheim 27 – Sarrebourg 32 – Saverne 16
◉ Vallée de la Mossig ★ E : 2 km.

Hostellerie Belle Vue

16 rte de Dabo – ℰ 03 88 87 32 39
– www.hostellerie-belle-vue.com – Ouvert 1ᵉʳ avril-4 janv. et fermé dim. soir et lundi hors saison sauf fériés
24 ch – †70/95 € ††80/95 € – 2 suites – ☑ 10 € – ½ P 75/85 €
Rest – (16 €) Menu 25/40 € – Carte 30/50 €
♦ Au cœur d'une "station climatique" de la forêt vosgienne, une auberge accueillante et confortable : chambres spacieuses (aménagement classique), salon avec billard et cheminée, spa, jacuzzi, fitness... Esprit alsacien au restaurant, dans le décor et dans l'assiette.

OBERSTEINBACH – 67 Bas-Rhin – **315** K2 – 225 h. – alt. 239 m   **1** B1
– ⊠ 67510 ▮ Alsace Lorraine
▶ Paris 458 – Bitche 22 – Haguenau 35 – Strasbourg 68

Anthon avec ch

40 r. Principale – ℰ 03 88 09 55 01 – www.restaurant-anthon.fr – Fermé janv., mardi et merc.
10 ch – †48 € ††68 € – ☑ 10 € – ½ P 75 €
Rest – Menu 25/48 € – Carte 35/58 €
♦ Une élégante salle en rotonde dans une maison à colombages (1860) : l'endroit est idéal pour savourer une cuisine classique et de terroir. Chambres spacieuses, dont deux conservent des lits traditionnels en alcôve.

OBJAT – 19 Corrèze – **329** J4 – 3 400 h. – alt. 131 m – ⊠ 19130   **24** B3

■ Paris 467 – Brive-la-Gaillarde 21 – Limoges 79 – Tulle 45

🛈 place Charles de Gaulle ℘ 05 55 25 96 73

La Tête de L'Art   🍴 AC P VISA ●●

53 av. J. Lascaux – ℘ 05 55 25 50 42
– Fermé mardi soir et merc.
Rest – (14 €) Menu 17 € (déj. en sem.), 22/39 € – Carte 27/35 €
◆ Histoire de marier l'art et le goût, ce restaurant familial, plutôt sobre, expose des peintures d'artistes locaux. Cuisine traditionnelle rehaussée d'un brin d'originalité.

OFFRANVILLE – 76 Seine-Maritime – **304** G2 – rattaché à Dieppe

---

OGNES – 02 Aisne – **306** B5 – rattaché à Chauny

L'OIE – 85 Vendée – **316** J7 – 1 018 h. – alt. 102 m – ⊠ 85140   **34** B3

■ Paris 394 – Cholet 40 – Nantes 62 – Niort 94

Le Grand Turc   🖥 ‖🕻🛉 rest, 🛰 ʷ 🖒 P VISA ●● AE

33 r. Nationale – ℘ 02 51 66 08 74 – www.hotel-legrandturc.fr – Fermé
20 déc.-10 janv.
29 ch – †55/67 € ††68/100 € – ⊡ 10 €
Rest – (fermé sam. soir hors saison et dim.) Menu 12 € (déj.)/39 €
– Carte 37/66 €
◆ L'enseigne évoque le mamelouk Amakuc, chef de la garde de Napoléon Iᵉʳ lors du passage de l'Empereur à l'auberge. À l'arrière, chambres fonctionnelles et bien tenues. Une salle dédiée à la cuisine traditionnelle, une autre à la formule buffet et au plat du jour.

OINVILLE-SOUS-AUNEAU – 28 Eure-et-Loir – **311** G5 – 309 h.   **12** C1
– alt. 150 m – ⊠ 28700

■ Paris 77 – Chartres 20 – Montigny-le-Bretonneux 50 – Orléans 88

Caroline Lethuillier sans rest ⬙   🛰 ʷ P

1 r. des harres, à Cherville, 2 km à l'Ouest – ℘ 02 37 31 72 80
– www.cherville.com
4 ch ⊡ – †49/53 € ††60/64 €
◆ Poutres, décoration à thèmes et mobilier familial font tout le cachet de ces chambres aménagées dans les anciens greniers de la ferme, datant de 1800. Petit-déjeuner maison.

OISLY – 41 Loir-et-Cher – **318** F7 – 330 h. – alt. 120 m – ⊠ 41700   **11** A1

■ Paris 208 – Blois 27 – Châteauroux 80 – Tours 61

St-Vincent   🍴 VISA ●●

Le Bourg – ℘ 02 54 79 50 04
– Fermé 2-26 janv., mardi et merc.
Rest – Menu 25 € (déj. en sem.), 28/65 € – Carte 47/89 €
◆ La cuisine actuelle attire les gourmets en ce restaurant rustique dont l'enseigne célèbre le patron des vignerons. Dégustation de vins du pays. Terrasses aux beaux jours.

OIZON – 18 Cher – **323** L2 – 734 h. – alt. 230 m – ⊠ 18700   **12** C2

■ Paris 179 – Bourges 54 – Cosne-sur-Loire 35 – Gien 29

Les Rives de l'Oizenotte   ≤ 🍴 P VISA ●●

à l'étang de Nohant, 1 km à l'Est – ℘ 02 48 58 06 20
– www.lesrivesdeloizenotte.fr – Fermé 20 déc.-17 janv., lundi et mardi
Rest – (nombre de couverts limité, prévenir) (20 € bc) Menu 32 € bc
◆ Cuisine régionale au bord de l'eau ! Sur la jolie terrasse ou dans la salle décorée sur le thème de la pêche, qu'il est agréable de contempler l'étang...

OLEMPS – 12 Aveyron – **338** H4 – rattaché à Rodez

OLÉRON (ÎLE D') – 17 Charente-Maritime – **324** C4 – voir à Île d'Oléron

1114

OLIVET – 45 Loiret – **318** I4 – rattaché à Orléans

OLLIOULES – 83 Var – **340** K7 – 12 198 h. – alt. 52 m – ⌧ 83190   **40** B3
🟩 Côte d'Azur

▶ Paris 829 – Aix-en-Provence 80 – Marseille 59 – Toulon 8

🖪 116, avenue Philippe de Hauteclocque   ☏ 04 94 63 11 74

👁 Gorges d'Ollioules ★.

✕✕ **La Table du Vigneron**   🖼 🖼 🅿 VISA 🆎 AE

*724 chemin de la Tourelle, (Domaine de Terrebrune), par rte de Gros-Cerveau
– ☏ 04 94 88 36 19 – fermé 15 fév.-8 mars, dim. soir hors saison et lundi*
Rest – *(nombre de couverts limité, prévenir)* Menu 25/40 € – Carte 38/55 €
♦ Beaucoup de raffinement dans ce domaine viticole aux allures de bonbonnière
chic. Près de la cheminée ou sur la terrasse, la cuisine et les fromages sont goûteux – et le bandol...

OLMETO – 2A Corse-du-Sud – **345** C9 – voir à Corse

OLMETO PLAGE – 2A Corse-du-Sud – **345** C9 – voir à Corse, Olmeto

OLORON-STE-MARIE ⬌ – 64 Pyrénées-Atlantiques – **342** I5   **3** B3
– 10 947 h. – alt. 224 m – ⌧ 64400 🟩 Aquitaine

▶ Paris 809 – Bayonne 105 – Mont-de-Marsan 101 – Pau 34

🖪 allée du Comte de Tréville   ☏ 05 59 39 98 00

👁 Portail ★★ de l'église Ste-Marie.

🏨 **Alysson**   🖼 🖼 🏊 👍 🖃 👍 AC 📶 🕭 🅿 VISA 🆔

bd des Pyrénées – ☏ 05 59 39 70 70 – www.alysson-hotel.fr   **Ar**
46 ch – ♦72/85 € ♦♦90/111 € – 1 suite – ☲ 11 € – ½ P 68/88 €
Rest – *(fermé 19 déc.-4 janv., 20-28 fév., vend. soir d'oct. à avril, sam. sauf le soir
de mai à sept.)* Menu 22 € (déj. en sem.), 28/55 € – Carte 45/75 €
♦ En bordure d'un axe passant, hôtel récent abritant des chambres spacieuses et
fonctionnelles (certaines avec baignoire balnéo), rénovées de pied en cap ces
dernières années. Boiseries et baies vitrées ouvertes sur le jardin dans la vaste
salle à manger.

🏨 **La Paix** sans rest   📶 🕭 🅿 VISA 🆔

24 av. Sadi-Carnot – ☏ 05 59 39 02 63 – www.hotel-oloron.com   **An**
24 ch – ♦50/65 € ♦♦50/69 € – ☲ 8 €
♦ Hôtel familial bien entretenu, situé dans le quartier de la gare. Chambres simples et claires, pratiques pour l'étape. Accueil convivial.

OLORON-STE-MARIE

Barthou (R. Louis) . . . . **B**
Bellevue (Promenade) . . . . . **B** 2
Biscondau (R. du) . . . . **B** 3
Bordelongue (R. A.) . . . . **B** 4
Camou (R.) . . . . **B**
Casamayor-Dufaur (R.) . . . . **A** 5
Cathédrale (R. de la) . . . . . . **A** 6
Dalmais (R.) . . . . **B** 7
Derème (Av. Tristan) . . . . . . **B** 8
Despourrins (R.) . . . . **A** 9
Gabe (Pl. Amédée) . . . . **B** 10
Gambetta (Pl.) . . . . **B** 12
Jaca (Pl.) . . . . **A** 13
Jeliote (R.) . . . . **B** 14
Lattre-de-Tassigny
  (Av. du Mar.de) . . . . **A** 23
Mendiondou (Pl. Léon) . . . . **B** 15
Moureu
  (Av. Charles et Henri) . . . **A** 16
Oustalots (Pl. des) . . . . **A** 17
Pyrénées (Bd des) . . . . **A** 19
Résistance (Pl. de la) . . . . . **A** 20
St-Grat (R.) . . . . **A** 22
Toulet (R. Paul-Jean) . . . . . **A** 24
Vigny (Av. Alfred de) . . . . . . **A** 26
4-Septembre (Av. du) . . . . . **A** 28
14-Juillet (Av. du) . . . . **A** 30

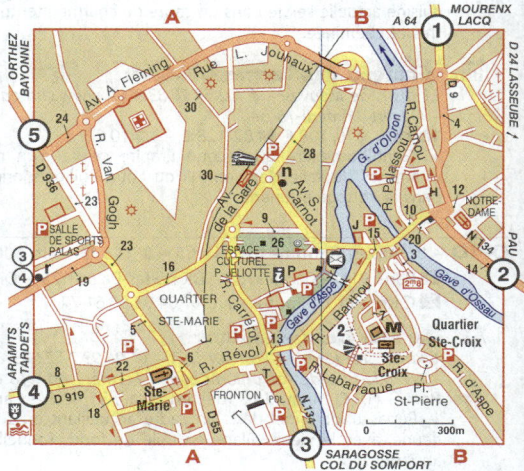

OMIÉCOURT – 80 Somme – **301** K9 – 235 h. – alt. 85 m – ⊠ 80320   **37** B2

▶ Paris 128 – Amiens 64 – Saint-Quentin 39 – Compiègne 53

⌂ **Château d'Omiécourt** sans rest ♨   🔄 ⤢ 📺 📶 **P** 𝘝𝘐𝘚𝘈 ⦿

4 r. du Bosquet – ✆ 03 22 83 01 75 – www.chateau-omiecourt.com

5 ch ⊆ – †70/80 € ††105/145 €

♦ Château de famille où l'on est accueilli par la 6e génération. Chambres "Médi-cis", "1900"... au beau mobilier chiné. Practice de golf dans le parc ; piscines inté-rieure et d'été.

OMONVILLE-LA-PETITE – 50 Manche – **303** A1 – 125 h. – alt. 33 m   **32** A1
– ⊠ 50440

▶ Paris 380 – Barneville-Carteret 45 – Cherbourg 25 – Nez de Jobourg 7

🏠 **La Fossardière** sans rest ♨   🕼 **P** 𝘝𝘐𝘚𝘈 ⦿
🏚️

au hameau de la Fosse – ✆ 02 33 52 19 83 – www.lafossardiere.fr – Ouvert
15 mars-15 nov.

8 ch – †66/79 € ††66/79 € – ⊆ 10 €

♦ Chambres réparties dans plusieurs maisons constituant un paisible hameau. Tout ici est fait pour le repos des hôtes. Petit-déjeuner servi dans l'ex-boulangerie.

ONZAIN – 41 Loir-et-Cher – **318** E6 – 3 377 h. – alt. 69 m – ⊠ 41150   **11** A1

▶ Paris 201 – Amboise 21 – Blois 19 – Château-Renault 24

🛈 3, rue Gustave Marc ✆ 02 54 20 78 52

🔟 de la Carte à Chouzy-sur-Cisse Domaine de la Carte, SO : 6 km par D 952,
✆ 02 54 20 49 00

🏰 **Domaine des Hauts de Loire** ♨   🔄 🌿 ⤢ ✵ ⅙ ch, 🖸 ✵ 📶 🎿
❀❀   **P** 𝘝𝘐𝘚𝘈 ⦿ 𝘈𝘌 ⓪

rte de Mesland, 3 km au Nord-Ouest par D 1
et voie privée – ✆ 02 54 20 72 57 – www.domainehautsloire.com
– Fermé 1er déc.-20 fév.

19 ch – †130/300 € ††130/300 € – 12 suites – ⊆ 23 € – ½ P 210/550 €

Rest – (fermé lundi et mardi sauf fériés) (nombre de couverts limité, prévenir)
(55 €) Menu 75/155 € – Carte 104/160 €

Spéc. Salade d'anguille à la vinaigrette d'échalote. Poitrine et merguez de pigeon-neau au jus de presse. Soufflé au citron vert et marmelade de mangue au rhum roux. **Vins** Touraine, Touraine Mesland.

♦ Castel et ravissant pavillon de chasse du 19e s. dans un vaste parc arboré (étang). Chambres de grand caractère, vol en montgolfière, pêche... Séduisante cuisine actuelle servie dans un cadre de charme : tentures, meubles de style, pou-tres et cheminée.

🏰 **Château des Tertres** sans rest ♨   🔄 🖽 ✵ 📶 **P** 𝘝𝘐𝘚𝘈 ⦿ 𝘈𝘌

11 bis r. de Meuves – ✆ 02 54 20 83 88 – www.chateau-tertres.com
– Ouvert 1er avril-18 oct.

18 ch – †70/108 € ††82/128 € – ⊆ 10 €

♦ Gentilhommière du Second Empire ceinte d'un magnifique parc de 5 ha. Chambres de style Napoléon III ou Louis-Philippe, originales et contemporaines dans le cottage attenant.

OPIO – 06 Alpes-Maritimes – **341** C5 – 2 143 h. – alt. 300 m – ⊠ 06650   **42** E2

▶ Paris 911 – Cannes 17 – Digne-les-Bains 125 – Draguignan 74

🛈 Carrefour La Font-Neuve ✆ 04 93 60 61 72

✕✕ **Le Mas des Géraniums**   🚕 🏕 **P** 𝘝𝘐𝘚𝘈 ⦿ 𝘈𝘌

1 km à San Peyre, à l'Est sur D 7 – ✆ 04 93 77 23 23
– www.le-mas-des-geraniums.com – Fermé 2 nov.-18 déc., mardi et merc.

Rest – (18 €) Menu 24 € (déj. en sem.), 35/48 € – Carte 50/70 €

♦ Repas traditionnel dans un cadre accueillant ou sur la terrasse ombragée et fleurie, avec le vieux village en toile de fond. Tonnelle, haut palmier et oliviers au jardin.

ORADOUR-SUR-GLANE – 87 Haute-Vienne – 325 D5 – 2 188 h. — 24 B2
– alt. 275 m – ⊠ 87520 ▮ Limousin Berry

▶ Paris 408 – Angoulême 85 – Bellac 26 – Confolens 33

🄓 place du Champ de Foire ⟡ 05 55 03 13 73

◉ "Village martyr" dont la population a été massacrée en juin 1944.

La Glane   (ᵗ) P VISA ⚬⚬

8 pl. du Gén.-de-Gaulle – ⟡ 05 55 03 10 43
– *www.hotel-de-la-glane.oradoursurglane.com*
10 ch – ✦49 € ✦✦50 € – ⊑ 8 € – ½ P 46 €
Rest – *(fermé 15 déc.-28 fév. et sam.)* (11 €) Menu 13/25 € – Carte 20/50 €
◆ Sur la place centrale animée du village reconstruit, hôtel abritant des petites chambres simples et sobres mais bien tenues. Restaurant rustique où l'on mange au coude à coude des mets traditionnels.

Le Milord   VISA ⚬⚬

10 av. du 10-Juin – ⟡ 05 55 03 10 35
– *www.hotel-le-milord-oradoursurglane.fr*
– *Fermé dim. soir*
Rest – Menu 14/45 € – Carte 19/108 €
◆ Salle à manger de type brasserie avec banquettes en velours beige, tables simplement dressées et assez serrées. Cuisine traditionnelle sans fioriture mais généreuse.

ORADOUR-SUR-VAYRES – 87 Haute-Vienne – 325 C6 – 1 530 h. — 24 A2
– alt. 322 m – ⊠ 87150

▶ Paris 433 – Limoges 40 – Panazol 45 – St-Junien 23

🄓 3, avenue du 8 Mai 1945 ⟡ 05 55 78 22 21

La Bergerie des Chapelles ⚲   🌳 🛖 ⟰ ※ ⅋ (ᵗ) 🏋 P VISA ⚬⚬

chemin de la Côte, 1 km au Sud par rte de Cussac – ⟡ 05 55 78 29 91
– *www.domainedeschapelles.com* – *Fermé nov. et janv.*
7 ch – ✦70/80 € ✦✦75/140 € – ⊑ 13 €
Rest – *(fermé le midi, dim. et lundi)* *(résidents seult)* Menu 25/28 €
◆ En pleine campagne, ancienne bergerie au calme ; cadre d'esprit mi-rustique, mi-contemporain. Belles salles de bains et terrasses ouvrant sur le parc. Petit institut de beauté et mini spa. Cuisine au goût du jour au restaurant.

ORANGE – 84 Vaucluse – 332 B9 – 29 859 h. – alt. 97 m – ⊠ 84100 — 42 E1
▮ Provence

▶ Paris 655 – Alès 84 – Avignon 31 – Carpentras 24

🄓 5, cours Aristide Briand ⟡ 04 90 34 70 88

🄶 d'Orange Route de Camaret, par rte du Mt-Ventoux : 4 km,
⟡ 04 90 34 34 04

◉ Théâtre antique★★★ - Arc de Triomphe★★ - Colline St-Eutrope ⩻★.

Plan page suivante

Arène Kulm   AC (ᵗ) 🚗 VISA ⚬⚬ AE ①

pl. Langes – ⟡ 04 90 11 40 40 – *www.hotel-arene.fr*   AYa
40 ch – ✦85/190 € ✦✦85/290 € – ⊑ 8 € – ½ P 71/173 €
Rest – *(fermé le soir sauf merc. et dim.)* (12 €) Menu 17 € – Carte 20/30 €
◆ Sur une place piétonne, imposante demeure des années 1800 proposant de belles chambres aux tons pastel, sobres et confortables (lits king size, écran plat, grande douche). Petits plats italiens servis à midi dans un cadre de café contemporain.

Le Glacier sans rest   🖳 AC (ᵗ) P VISA ⚬⚬ AE

46 cours A. Briand – ⟡ 04 90 34 02 01 – *www.le-glacier.com*
– *Fermé 16 déc.-9 janv., vend., sam. et dim. de nov. à fév.*   AYr
28 ch – ✦50/90 € ✦✦50/130 € – ⊑ 8 €
◆ Accueil très aimable et ambiance familiale dans cette maison tenue de mère en fille depuis trois générations. Coquettes chambres au décor soigné.

ORANGE

Arc de Triomphe (Av. de l') **AY**
Artaud (Av. A.) . . . . **ABY**
Blanc (R. A.) . . . . **BZ**
Briand (Crs A.) . . . . **AYZ**
Caristie (R.) . . . . **BY** 2
Châteauneuf (R. de) . . . . **BZ** 3
Clemenceau (Pl. G.) . . . . . **BY** 4
Concorde (R. de la) . . . . . **BY**
Contrescarpe (R. de la) . . **BY**
Daladier (Bd E.) . . . . **ABY**
Fabre (Av. H.) . . . . **BY**
Frères-Mounet (Pl. des) . . **BY** 5
Guillaume-le-Taciturne
(Av.) . . . . **BY**
Herbes (Pl. aux) . . . . **BY** 7
Lacour (R.) . . . . **AY**
Leclerc (Av. Gén.) . . . . . . **BZ**
Levade (R. de la) . . . . **BY**
Mistral (Av. F.) . . . . **BY** 9
Noble (R. du) . . . . **ABY**
Pourtoules (Cours) . . . . . . **BZ**
Pourtoules (R.) . . . . **BZ** 12
Princes d'Orange-Nassau
(Mtée des) . . . . **AZ**
République (Pl. de la) . . . . **BY** 14
République (R. de la) . . . . **BY** 16
Roch (R. Madeleine) . . . . **BZ** 18
St-Clement (R.) . . . . **AZ**
St-Florent (R.) . . . . **BY** 20
St-Jean (R.) . . . . **AY**
St-Martin (R.) . . . . **AY** 22
Tanneurs (R. des) . . . . . . **AY** 24
Thermes (Av. des) . . . . . . **AZ**
Tourre (R. de) . . . . **AZ** 26
Victor-Hugo (R.) . . . . **AY**

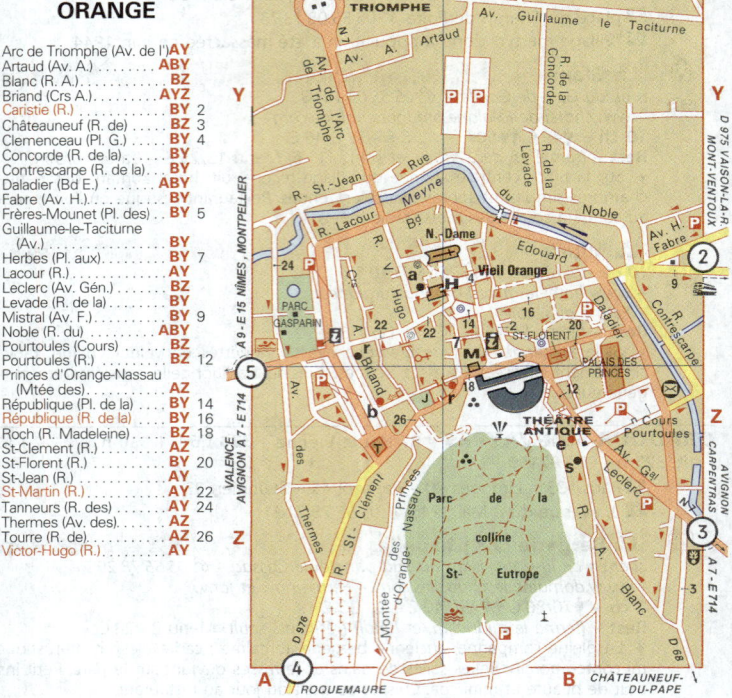

🏠 **St-Jean** sans rest ⛉ 🅐🅒 ⌷ 📶 🅿 *VISA* 🅭

1 cours Pourtoules – ✆ 04 90 51 15 16
– *www.hotelsaint-jean.com*
– *Fermé 20 déc.-4 janv.*
22 ch – ♆60/70 € ♆♆70/85 € – ⌷ 8 €   **BZ**s
  ◆ Hôtel familial dans un relais de poste du 17ᵉ s. adossé à la colline St-Eutrope. Chambres mignonnes et fonctionnelles ; l'une d'elle est très insolite (mur taillé dans la roche).

🏠 **Justin de Provence** sans rest ⛀ ⛉ ⛌ ▨ 🅛🅶 🅐🅒 📶 🅿 *VISA* 🅭

chemin Mercadier, 2 km par ② – ✆ 04 90 69 57 94
– *www.justin-de-provence.com*
5 ch ⌷ – ♆100/185 € ♆♆130/195 €
  ◆ Le mas du grand-père Jules mué en une superbe maison de famille... Chambres rétro, bistrot à la Pagnol, piscine intérieure, oliviers et lauriers : un pur concentré de Provence !

🍴🍴 **Le Parvis** 🏤 🅐🅒 *VISA* 🅭 🅐🅔

55 cours Pourtoules – ✆ 04 90 34 82 00 – *Fermé 25 sept.-10 oct., 20 nov.-5 déc., 17-30 janv., dim. et lundi*   **BZ**e
Rest – (18 €) Menu 28/48 €
  ◆ Tradition ! Ici, la cuisine marie terroir, épices et légumes régionaux. Confortable salle à manger aux couleurs du Sud (plafond à la française).

✗ Au Petit Patio 🔒 🛏 AC VISA ⬤

58 cours Aristide-Briand – ☎ *04 90 29 69 27 – Fermé 1ᵉʳ-8 sept., 19 déc.-2 janv.,*
15 fév.-1ᵉʳ mars, jeudi soir de nov. à mars, merc. soir et dim. **AZb**
Rest *–* (18 € bc) Menu 25/35 € – Carte 35/55 €
♦ Un bistrot coloré, d'inspiration provençale, où poisson et plats dans l'air du
temps sont à l'honneur (pissaladière aux anchois, pannacotta...). Agréable terrasse.

✗ La Rom'Antique 🔒 AC VISA ⬤

5 pl. Silvain – ☎ *04 90 51 67 06 – www.la-romantique.com – Fermé*
17 oct.-3 nov., 2-26 janv., dim. soir d'oct. à mai, sam. midi et lundi
Rest *–* (12 € bc) Menu 20/38 € – Carte 30/40 € **BZr**
♦ L'été, on s'installe sur la terrasse en se délectant de la vue sur le théâtre antique
et de saveurs ensoleillées... Belle carte de desserts et ardoise du jour le midi.

au Nord 4 km par ①, N 7 et rte secondaire - ✉ 84100 Orange

✗✗ Le Mas des Aigras - Table du Verger avec ch ⬤ 🍽 🔒 🛏

chemin des Aigras, (Russamp Est) AC ch, ✗ ch, P VISA ⬤
– ☎ *04 90 34 81 01 – www.masdesaigras.com*
– fermé 17 oct.-3 nov., 15-29 déc., 28 fév.-16 mars, lundi, mardi et merc. d'oct.
à mars
9 ch *–* ♦75/160 € ♦♦75/160 € – ☑ 13 € – ½ P 81/103 €
Rest *– (fermé lundi (sauf le soir en juil.-août), merc. midi et sam. midi*
d'avril à sept.) (20 €) Menu 30/55 € – Carte 45/75 €
♦ Joli mas en pierre au milieu des vignes et des champs. Le chef réalise, en partie devant ses hôtes, une goûteuse cuisine à base de produits bio. Cadre soigné
et agréable terrasse. Pour l'étape, chambres égayées de couleurs provençales.

à Sérignan-du-Comtat par ① N 7 et D 976 : 8 km – 2 425 h. – alt. 80 m
– ✉ 84830

✗✗✗ Le Pré du Moulin (Pascal Alonso) avec ch ⬤ 🍽 🔒 🛏 🛏 AC rest, P
✿

rte de Ste-Cécile-les-Vignes – ☎ *04 90 70 14 55* VISA ⬤
– www.predumoulin.com – Fermé dim. soir de sept. à juin, mardi midi et lundi.
11 ch *–* ♦90/210 € ♦♦90/210 € – ☑ 15 € – ½ P 115/170 €
Rest *–* Menu 59 € (dîner)/79 € – Carte 74/110 €
Spéc. Raviole ouverte aux truffes du Tricastin et artichauts sautés à cru (déc. à
mars). Pigeon farci au chou et foie gras. Soufflé chaud au Grand Marnier. **Vins**
Côtes du Rhône, Cairanne.
Rest *Les Tables de Campagne – (fermé dim. et lundi) (déj. seult)* Carte 26/47 €
♦ D'abord moulin, puis école communale, cette maison de village séduit par son
atmosphère bucolique. Savoureuse cuisine du marché fleurant bon la Provence.
Terrasse ombragée. Chambres pratiques pour l'étape. Aux Tables de Campagne,
ambiance plus contemporaine et feutrée.

à Caderousse 6 km au Sud-Ouest par ④ et D 17 – 2 683 h. – alt. 40 m
– ✉ 84860

⌂ La Bastide des Princes ⬤ 🍽 🛏 ✗ ch, 🍴 P VISA ⬤

chemin de Bigonnet – ☎ *04 90 51 04 59 – www.bastide-princes.com*
– Ouvert 10 avril-15 nov.
5 ch ☑ *–* ♦110/130 € ♦♦125/150 €
Table d'hôte *–* Menu 50 € bc/80 € bc
♦ Belle demeure du 17ᵉ s. entourée d'un parc où abondent figuiers et oliviers.
Chambres cosy et espace détente original côté grange (bar, cheminée, piscine
intérieure). Cuisine régionale préparée par le patron avec les herbes et les légu-
mes du potager.

ORBEC *–* 14 Calvados *–* **303** O5 *–* 2 422 h. *–* alt. 110 m *–* ✉ 14290 **33** C2
🟩 Normandie Vallée de la Seine

◗ Paris 173 – L'Aigle 38 – Alençon 80 – Argentan 53
🖈 6, rue Grande ☎ 02 31 32 56 68
👁 Vieux manoir★.

XXX Au Caneton
32 r. Grande – ℰ 02 31 32 73 32 – Fermé 1ᵉʳ-15 sept., 2-16 janv., dim. soir et lundi
Rest – *(nombre de couverts limité, prévenir)* (23 €) Menu 25/75 € – Carte 60/85 €
◆ Au centre du village, maison du 17ᵉ s. abritant deux salles à manger feutrées, décorées de cuivres et d'une collection d'assiettes anciennes. Cuisine classique.

X L'Orbecquoise
60 r. Grande – ℰ 02 31 62 44 99 – Fermé 30 juin-13 juil., merc. soir et jeudi
Rest – (10 €) Menu 17/45 € – Carte 35/45 €
◆ Auberge rustique aménagée dans une demeure du 17ᵉ s. Une exposition de photos et de cartes postales anciennes de la ville égaie la salle à manger. Cuisine régionale.

ORBEY – 68 Haut-Rhin – 315 G8 – 3 608 h. – alt. 550 m – Sports
d'hiver : voir "Le Bonhomme" – ✉ 68370 ▌ Alsace Lorraine
▶ Paris 434 – Colmar 23 – Gérardmer 42 – Munster 21
🔼 48, rue du Général-de-Gaulle ℰ 03 89 71 30 11

Bois Le Sire et son Motel
20 r. Ch.-de-Gaulle – ℰ 03 89 71 25 25 – www.bois-le-sire.fr – Fermé 2 janv.-4 fév.
36 ch – †59/88 € ††59/88 € – 1 suite – ☵ 10 € – ½ P 62/76 €
Rest – *(fermé lundi sauf juil.-août)* (9 €) Menu 16/50 € – Carte 23/64 €
◆ Deux bâtiments abritant des chambres fonctionnelles ; choisissez de préférence celles du motel, plus grandes et plus calmes. Espace forme, sauna et jacuzzi. Boiseries et mobilier de style au restaurant, où l'on sert une cuisine traditionnelle toute simple.

Aux Bruyères
35 r. Ch.-de-Gaulle – ℰ 03 89 71 20 36 – www.auxbruyeres.com
– Ouvert 6 avril-23 oct. et 16-31 déc.
29 ch – †42 € ††42 € – ☵ 8,50 € – ½ P 42/65 €
Rest – *(fermé merc. midi et jeudi en saison)* (10 €) Menu 14/29 €
– Carte 19/34 €
◆ Cette maison familiale, qui fait aussi salon de thé, propose des chambres pratiques (trois appartements familiaux). Celles du pavillon offrent une vue sur le jardin. Sobre salle à manger et terrasse d'été où l'on apprécie une cuisine aux accents régionaux.

à Basses-Huttes 4 km au Sud par D 48 – ✉ 68370 Orbey

Wetterer ⌖
– ℰ 03 89 71 20 28 – www.hotel-wetterer.com – Fermé 13 mars-7 avril, 2-24 nov. et 4 janv.-9 fév.
15 ch – †42/44 € ††54/56 € – ☵ 8 € – ½ P 46/55 €
Rest – *(fermé mardi midi et merc.)* Menu 17/35 € – Carte 18/36 €
◆ Au cœur d'un superbe paysage de montagnes et de forêts – quiétude garantie ! –, cet hôtel des années 1960 dispose de chambres fonctionnelles et bien tenues. Restaurant au cadre rustico-bourgeois (poutres, cheminée et argenterie) et carte traditionnelle.

à Pairis 3 km au Sud-Ouest par D 48ᴵᴵ – ✉ 68370 Orbey
◉ Lac Noir★ : ≼★ 30 mn O : 5 km.

Le Domaine de Pairis ⌖
233 lieu-dit Pairis – ℰ 03 89 71 20 15 – www.pairis.fr – Fermé 1ᵉʳ-26 nov. et en janv.
14 ch – †59/69 € ††69/99 € – ☵ 10 € – ½ P 69/84 €
Rest – *(fermé lundi soir et mardi soir et le midi sauf dim. et feriés)* Menu 25/43 €
– Carte 20/50 €
◆ Chambres décorées avec goût et simplicité : mobilier aux lignes épurées dans les tons écrus ; tableaux et plaids pour les notes colorées. Produits bio et fermiers, confitures maison. Carte régionale accompagnée notamment de vins d'Alsace, Bourgogne, Bordeaux.

ORCHIES – 59 Nord – **302** H5 – 8 263 h. – alt. 40 m – ✉ 59310   **31** C2

▶ Paris 219 – Denain 28 – Douai 20 – Lille 29

🛈 42, rue Jules Roch ℰ 03 20 64 86 32

Le Manoir   🌳 🗜 ⑤ ch. 🔟 ⑪ ᴬ 🅿 🅿 🚗 𝚟𝚒𝚜𝚊 ⓒⓞ ᴬᴱ ⓪

Hameau de Manneville, D 549 : Ouest par route Seclin
– ℰ 03 20 64 68 68 – www.manoir.net
– Fermé 1ᵉʳ-28 août
34 ch – ♦65/135 € ♦♦65/135 € – ⌚ 9 € – ½ P 65/95 €
Rest – *(fermé 26-31 déc., sam. midi, dim. soir et soirs fériés)* (17 €) Menu 23/43 €
– Carte 26/59 €

◆ Cet établissement pris entre l'A 23 et une route passante propose des chambres actuelles bénéficiant d'une bonne insonorisation. Relié à l'hôtel par un passage couvert, le restaurant du Manoir abrite un bar feutré et trois intimes salles à manger rustiques.

La Chaumière   🚙 🌳 🅿 𝚟𝚒𝚜𝚊 ⓒⓞ

685 r. Henri Fiévet, 3 km au Sud par D 957, rte Marchiennes
– ℰ 03 20 71 86 38 – www.restaurant-lachaumiere.com
– Fermé 1ᵉʳ-15 sept., fév., dim. soir et lundi
Rest – (13 €) Menu 30/82 € bc – Carte 40/67 € 🐾

◆ Des bibelots animaliers (nombreux chevaux) agrémentent le cadre agreste de ce restaurant. Cuisine traditionnelle, beau plateau de fromages et joli choix de bordeaux.

ORCIÈRES – 05 Hautes-Alpes – **334** F4 – 725 h. – alt. 1 446 m – **Sports**   **41** C1
d'hiver : à Orcières-Merlette 1 850/2 650 m ⑤ 2 ⑤ 26 🎿 – ✉ 05170
🟩 Alpes du Sud

▶ Paris 676 – Briançon 109 – Gap 32 – Grenoble 113

🛈 Maison du Tourisme ℰ 04 92 55 89 89

◉ Vallée du Drac Blanc★★ NO : 14 km.

à Merlette 5 km au Nord par D 76 Orcieres

Les Gardettes avec ch 🦌   ≤ 🌿 ch. ⑪ 🅿 𝚟𝚒𝚜𝚊 ⓒⓞ

– ℰ 04 92 55 71 11 – www.gardettes.com – Ouvert 15 déc.-24 avril
et 26 juin-5 sept.
14 ch – ♦55/100 € ♦♦55/100 € – ⌚ 8 € – ½ P 49/73 €
Rest – Menu 25/34 € – Carte 24/44 €

◆ Restaurant familial abrité dans une ancienne étable : joli décor typiquement montagnard. Cuisine du terroir et spécialités fromagères (fondues, raclettes). Chambres modestes et bonnes confitures maison au petit-déjeuner.

ORCINES – 63 Puy-de-Dôme – **326** F8 – rattaché à Clermont-Ferrand

---

ORCIVAL – 63 Puy-de-Dôme – **326** E8 – 255 h. – alt. 840 m – ✉ 63210   **5** B2
🟩 Auvergne

▶ Paris 441 – Aubusson 82 – Clermont-Ferrand 27 – Le Mont-Dore 17

🛈 le Bourg ℰ 04 73 65 89 77

◉ Basilique Notre-Dame★★.

Notre Dame   🌳 ⑪ 𝚟𝚒𝚜𝚊 ⓒⓞ ᴬᴱ

– ℰ 04 73 65 82 02 – Fermé 10 nov.-31 janv.
7 ch – ♦40 € ♦♦45 € – ⌚ 7 € – ½ P 46/48 €
Rest – (11 €) Menu 13/26 € – Carte 23/37 €

◆ Vent de fraîcheur dans cette jolie maison : tout a été refait à neuf en 2009 ! Les chambres sont pimpantes et colorées (l'une d'elles avec terrasse donnant sur la basilique). Le restaurant, de style bistrot auvergnat, propose une cuisine régionale et familiale.

Ne confondez pas les couverts ✗ et les étoiles ✿ ! Les couverts définissent une catégorie de confort et de service. L'étoile couronne uniquement la qualité de la cuisine, quel que soit le standing de la maison.

ORGELET – 39 Jura – **321** D7 – 1 733 h. – alt. 500 m – ⊠ 39270   **16** B3

▶ Paris 434 – Besançon 104 – Bourg-en-Bresse 68
– Lons-le-Saunier 20

La Valouse   🟐 🗋 ⴠ 📶 **P** _VISA_ 🐵 _AE_
12 r. des Fossés, (face à l'église)
– ℰ 03 84 25 54 80 – www.hotel-restaurant-jura.com
– Fermé 20 déc.-20 janv. et dim. soir
14 ch – ♦60 € ♦♦78 € – ☲ 8 €
Rest – Menu 19/74 € – Carte 35/44 €

• Situé face à l'église classée (14ᵉ s.), cet hôtel familial propose des chambres simples, pratiques et bien insonorisées. Cuisine du terroir actualisée et plat du jour sont servis dans la salle à manger du café attenant ou sur la terrasse ombragée.

ORGEVAL – 78 Yvelines – **311** H2 – **101** 11 – **voir à Paris, Environs**

ORGON – 13 Bouches-du-Rhône – **340** F3 – 2 976 h. – alt. 90 m   **42** E1
– ⊠ 13660 ▮ Provence

▶ Paris 712 – Aix-en-Provence 58 – Avignon 29 – Marseille 72
🛈 place de la Liberté ℰ 04 90 73 09 54

Le Mas de la Rose ⌂   🔈 🗋 ⤬ 🍴 _AC_ ch, ⤬ 📶 🛁 **P** _VISA_ 🐵 _AE_
rte d'Eygalières, 4 km au Sud-Ouest par D 24b – ℰ 04 90 73 08 91
– www.mas-rose.com – Fermé 4 janv.-26 fév.
8 ch – ♦190/390 € ♦♦190/390 € – 1 suite – ☲ 23 €
Rest – (ouvert 13 mai-30 sept. sauf dim. soir et lundi et fermé le midi) (résidents seult) Menu 52/58 €

• Dans un site bucolique, d'anciennes bergeries (17ᵉ s.) joliment réaménagées en maison de charme. Chambres provençales personnalisées. Superbe jardin paysager avec piscine. Le soir en saison, le restaurant propose un menu du marché dans un cadre néorustique raffiné.

ORLÉANS **P** – 45 Loiret – **318** I4 – 113 130 h. – **Agglo.** 263 292 h.   **12** C2
– alt. 100 m – ⊠ 45000 ▮ Châteaux de la Loire

▶ Paris 132 – Caen 311 – Clermont-Ferrand 295 – Le Mans 143
🛈 2, place de l'Étape ℰ 02 38 24 05 05
🄵🄸 de Limère à Ardon 1411 allée de la Pomme de Pin, S : 9 km par D 326,
ℰ 02 38 63 89 40
🄵🄸 d'Orléans Donnery à Donnery Domaine de la Touche, E :17 km par N 460,
ℰ 02 38 59 25 15
🄵🄸 de Sologne à La Ferté-Saint-Aubin Route de Jouy-le-Potier, S : 24 km par
N 20 et D 18, ℰ 02 38 76 57 33
🄵🄸 de Marcilly à Marcilly-en-Villette Domaine de la Plaine, SE par D 14 et
D 108 : 18 km, ℰ 02 38 76 11 73
🄾 Cathédrale Ste-Croix★★ : boiseries★★ - Maison de Jeanne d'Arc★ **V** - Quai Fort-des-Tourelles ≼★ **EZ** **60** - Musée des Beaux-Arts★★ **M¹** - Musée Historique et Archéologique★ **M²** - Muséum★.
🄶 Olivet : parc floral de la Source★★ SE : 8 km **CZ**.

Plans pages suivantes

Mercure   ≼ 🗋 ⤬ 🗋 ⴠ ch, _AC_ ch, 📶 🛁 **P** _VISA_ 🐵 _AE_ ⓪
44 quai Barentin – ℰ 02 38 62 17 39 – www.mercure.com   **DZt**
110 ch – ♦79/149 € ♦♦94/164 € – 1 suite – ☲ 15 €
Rest – (fermé sam. midi, dim. midi et fériés le midi) (16 €) Menu 20 € (sem.)
– Carte 26/42 €

• À deux pas du centre-ville, des chambres fonctionnelles, spacieuses et confortables. Vue sur la Loire ou les toits depuis les étages supérieurs. Au restaurant Le Chaland, décor marin sur le thème de la batellerie.

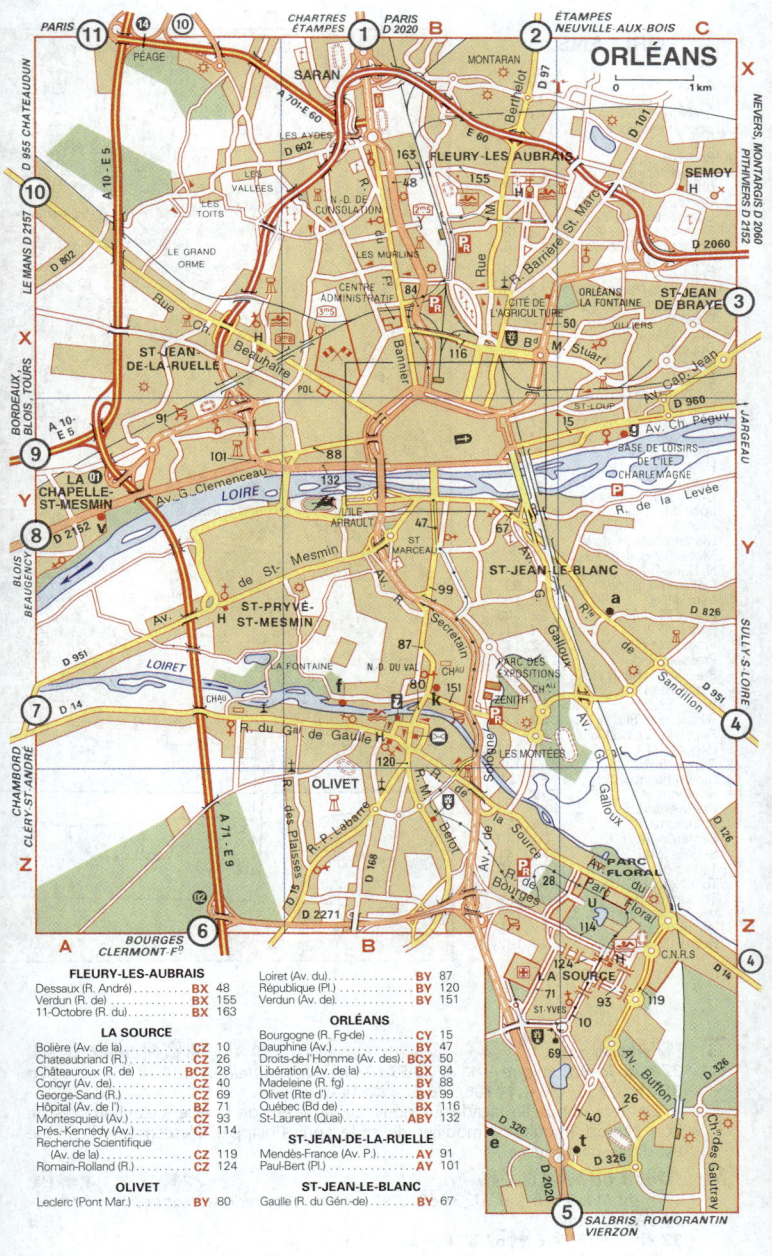

ORLÉANS

1 km

FLEURY-LES-AUBRAIS

Dessaux (R. André)	**BX**	48
Verdun (R. de)	**BX**	155
11-Octobre (R. du)	**BX**	163

LA SOURCE

Bolière (Av. de la)	**CZ**	10
Chateaubriand (R.)	**CZ**	26
Châteauroux (R. de)	**BCZ**	28
Concyr (Av. de)	**CZ**	40
George-Sand (R.)	**CZ**	69
Hôpital (Av. de l')	**BZ**	71
Montesquieu (Av.)	**CZ**	93
Prés.-Kennedy (Av.)	**CZ**	114
Recherche Scientifique (Av. de la)	**CZ**	119
Romain-Rolland (R.)	**CZ**	124

OLIVET

Leclerc (Pont Mar.)	**BY**	80

Loiret (Av. du)	**BY**	87
République (Pl.)	**BY**	120
Verdun (Av. del.)	**BY**	151

ORLÉANS

Bourgogne (R. Fg-de)	**CY**	15
Dauphine (Av.)	**BY**	47
Droits-de-l'Homme (Av. des)	**BCX**	50
Libération (Av. de la)	**BX**	84
Madeleine (R. fg)	**BY**	88
Olivet (Rte d')	**BY**	99
Québec (Bd de)	**BX**	116
St-Laurent (Quai)	**ABY**	132

ST-JEAN-DE-LA-RUELLE

Mendès-France (Av. P.)	**AY**	91
Paul-Bert (Pl.)	**AY**	101

ST-JEAN-LE-BLANC

Gaulle (R. du Gén.-de)	**BY**	67

ORLÉANS

Antigna (R.) . . . . **DY** 4
Bannier (R.) . . . . **DY**
Bothereau (R. R.) . . . . **FY** 14
Bourgogne (Fg de) . . . . . . **FZ** 15
Bourgogne (R. de) . . . . . . **EFZ**
Brésil (R. du) . . . . **FY** 16
Bretonnerie (R. de la) . . . . **DEY** 17
Briand (Bd A.) . . . . **EY** 19
Champ-de-Mars (Av.) . . . **DZ** 25
Charpenterie (R. de la) . . . **EZ** 34
Châtelet (Square du) . . . . **EZ** 32
Chollet (R. Théophile) . . . **EY** 36
Claye (R. de la) . . . . **FY** 38
Coligny (R.) . . . . **EZ** 39
Croix-de-la-Pucelle (R.) . . . **EZ** 43
Dauphine (Av.) . . . . **EZ** 47
Dolet (R. Étienne) . . . . . . **EZ** 49
Ducerceau (R.) . . . . **EZ** 51
Dupanloup (R.) . . . . **EFY** 53
Escures (R. d') . . . . **EY** 55
Étape (Pl. de l') . . . . **EY** 56
Ételon (R. de l') . . . . **FY** 57
Folie (R. de la) . . . . **FZ** 58
Fort-des-Tourelles (Q.) . . . **EZ** 60
Gaulle (Pl. du Gén.-de) . . . **DZ** 65
Hallebarde (R. de la) . . . . **DY** 70
Hôtelleries (R. des) . . . . . **EZ** 71
Jeanne d'Arc (R.) . . . . **EY**
Lin (R. au) . . . . **EZ** 81
Loire (Pl. de la) . . . . **EZ** 85
Madeleine (R. Fg) . . . . . . **DZ** 88
Manufacture (R. de la) . . . **FY** 89
Motte-Sanguin (Bd de la) . **FZ** 95
N.-D.-de-Recouvrance (R.) **DZ** 97
Oriflamme (R. de l') . . . . . **FZ** 98
Parisie (R.) . . . . **EZ** 100
Poirier (R. du) . . . . **EZ** 106
Pothier (R.) . . . . **EZ** 112
Prague (Quai) . . . . **DZ** 113
Pressoir (R. du) . . . . **FY** 115
Pte-Madeleine (R.) . . . . . . **DY** 108
Pte-St-Jean (R.) . . . . **DY** 109
Rabier (R. F.) . . . . **EY** 117
République (Pl.) . . . . **EZ** 121
République (R. de la) . . . . **EY**
Roquet (R.) . . . . **EZ** 124
Royale (R.) . . . . **EZ** 125
Ste-Catherine (R.) . . . . . . **EZ** 135
Ste-Croix (Pl.) . . . . **EYZ** 139
St-Euverte (Bd) . . . . **FYZ** 126
St-Euverte (R.) . . . . **FY** 127
Secrétain (Av. R.) . . . . **DZ** 140
Segellé (Bd P.) . . . . **FY** 141
Tabour (R. du) . . . . **EZ** 145
Tour Neuve (R. de la) . . . . **FZ** 147
Verdun (Bd de) . . . . **DY** 152
Vieux-Marché (Pl.) . . . . . . **DZ** 159
Weiss (R. L.) . . . . **FY** 160
6-Juin 1944 (Pl. du) . . . . . **FY** 162

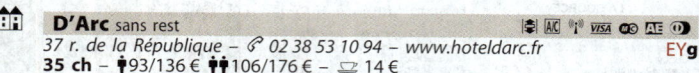

🏨 **D'Arc** sans rest   📶 AC 📶 VISA ⓿ AE ①

37 r. de la République – ℰ 02 38 53 10 94 – www.hoteldarc.fr   **EYg**

35 ch – ♦93/136 € ♦♦106/176 € – ⊆ 14 €

♦ Derrière une belle façade Art nouveau, au cœur de la ville, des chambres de bon confort (moulures, mobilier de style Louis-Philippe). L'ascenseur d'époque est digne d'un musée !

🏠 **Des Cèdres** sans rest   📶 📶 🅿 📶 VISA ⓿ AE

17 r. du Mar.-Foch – ℰ 02 38 62 22 92 – www.hotelcedresorleans.com – Fermé 24 déc.-11 janv.   **DYb**

32 ch – ♦67/74 € ♦♦67/88 € – ⊆ 8,50 €

♦ À l'écart du centre, une maison de maître au calme, avec des chambres sobres et bien tenues. On peut prendre son petit-déjeuner face au jardin planté de... cèdres.

Marguerite sans rest 🖥 📶 VISA ⊕

14 pl. du Vieux Marché – 𝒞 02 38 53 74 32 – www.hotel-orleans.fr – Fermé
24 déc.-2 janv. **DZf**

25 ch – †59/85 € ††69/95 € – ⊑ 7 €

◆ On améliore de jour en jour le confort de cet hôtel : communs et chambres
joliment relookés (mobilier contemporain, TV écran plat, wi-fi, etc.), insonorisation
sans faille.

De l'Abeille sans rest 📶 🄙 VISA ⊕ AE

64 r. d'Alsace-Lorraine – 𝒞 02 38 53 54 87 – www.hoteldelabeille.com

27 ch – †66/98 € ††69/98 € – ⊑ 10 € **EYk**

◆ En centre-ville, cet hôtel tenu par la même famille depuis quatre générations a
joliment traversé les époques : papiers peints anglais, meubles chinés, petit-
déjeuner bio…

Le Lièvre Gourmand (William Page)

AC ⇔ VISA ⓸

28 quai du Chatelet – ℰ *02 38 53 66 14*
– www.lelievregourmand.com
– Fermé vacances de Noël   **EZq**
Rest *– (prévenir)* Menu 35 € (déj.)/55 €
Spéc. Saint-Jacques grillées à la plancha (saison). Bar, huître, cumbawa, en tartare citron salé. Carré d'agneau grillé, langue en brochette.
♦ Des canapés blancs, des nappes blanches ; tout est blanc – ou presque – dans cette jolie maison de 1854. Le style est contemporain et la cuisine originale : le chef, d'origine australienne, signe de belles assiettes, bien pensées et très savoureuses.

Eugène

AC ⇔ VISA ⓸ AE ⓪

24 r. Ste-Anne – ℰ *02 38 53 82 64 – Fermé 1er-8 mai, 1er-15 août, 25 déc.-2 janv., sam. et dim.*   **EYu**
Rest *–* Menu 24/49 € *–* Carte 32/68 €
♦ Cette petite adresse est bien connue des Orléanais, qui s'y pressent pour déguster une belle cuisine aux saveurs méridionales dans un cadre aussi plaisant que chaleureux.

La Parenthèse

🛜 VISA ⓸

26 pl. du Châtelet – ℰ *02 38 62 07 50*
– Fermé 1er août-1er sept., dim. et lundi   **EZa**
Rest *–* (14 €) Menu 17 € (déj. en sem.), 28/35 €
♦ Chartreuse de tourteau et saumon fumé ; canon d'agneau farci à la tapenade… Fraîcheur, harmonie et modernité en cette table nichée entre des murs de 1597.

La Dariole

🛜 VISA ⓸

25 r. Étienne-Dolet – ℰ *02 38 77 26 67 – Fermé 8-29 août, sam., dim. et le soir sauf mardi et vend.*   **EZv**
Rest *– (nombre de couverts limité, prévenir)* (19 €) Menu 24 €
♦ Une véritable bonbonnière que cette maison à colombages (15e s.) proche de la cathédrale. Le chef fait mouche à chaque plat : soin et tradition, alliés à une pointe d'originalité.

à St-Jean-de-Braye Est : 4 km - **CXY** – 18 692 h. – alt. 108 m – ✉ 45800

Novotel Orléans St-Jean-de-Braye

🚗 🛜 ⬚ 🍴 & ch. AC ⓘ 🏊

145 av. de Verdun, N 152 – ℰ *02 38 84 65 65*   **P** VISA ⓸ AE ⓪
– www.novotel.com
107 ch *–* ✝79/160 € *–* ✝✝79/160 € *–* ⌷ 14 €
Rest *–* (16 €) Carte 25/40 €
♦ Bien situé – près de l'autoroute et en lisière de forêt –, avec des chambres dernière génération et un jardin (piscine et jeux pour enfants).

Les Toqués

🛜 & ⇔ VISA ⓸

71 chemin du Halage – ℰ *02 38 86 50 20 – Fermé 1 sem. à Paques, 6-31 août, dim. et lundi*   **CYg**
Rest *–* Menu 20 € (déj. en sem.), 30/40 €
♦ Au bord de la Loire, une auberge en prise sur notre époque : intérieur moderne et convivial, délicieuse terrasse, appétissante carte actuelle… Chapeau les Toqués !

à St-Jean-le-Blanc 3 km au Sud - 8 229 h. – alt. 95 m – ✉ 45650

Villa Marjane sans rest

🚗 ⓘ **P** VISA ⓸ AE

121 rte de Sandillon, D 951 – ℰ *02 38 66 35 13 – www.villamarjane.com – Fermé 24 fév.-11 mars*   **CYa**
19 ch *–* ✝60/70 € *–* ✝✝60/85 € *–* ⌷ 9 €
♦ Cette maison bourgeoise du 18e s. ne manque pas de charme : vieux parquet, mobilier chiné, chambres soigneusement décorées et ambiance familiale. Une halte agréable.

à La Source 11 km au Sud-Est - **BCZ** – ⊠ 45100 Orleans

🏨 **Novotel Orléans La Source** 🚗 🕪 🍴 🏊 ✕ 🛗 🛘 ch, 🄰🄲 ch, ⁿ🄵 🕻
😵 *2 r. H. de Balzac, (carrefour N20-D326, rte de Concyr)* 🄿 🆅🆂🅰 ⁓ 🄰🄴 🄾
– ✆ 02 38 63 04 28 – www.novotel.com **CZt**
119 ch – †79/160 € ††79/160 € – ⊡ 14 €
Rest – (12 €) Menu 16 € – Carte 25/35 €
◆ Dans un parc de 3 ha, un Novotel aux chambres vastes et actuelles (mobilier modulable), rénovées selon le dernier concept de la chaîne. Aire de jeux pour enfants. Carte "Novotel Café" au restaurant, ouvert sur la piscine et la verdure.

au parc de Limère Sud-Est : 13 km par N 20 et D 326 – ⊠ 45160 Ardon

🏨 **Domaine des Portes de Sologne** 🐎 🚗 🕪 🍴 🏊 ✕ 🖼 🛗 🛘
200 allée des 4 vents – ✆ 02 38 49 99 99 🄰🄲 ch, ⁿ🄵 🕻 🄿 🆅🆂🅰 ⁓ 🄰🄴 🄾
– www.portes-de-sologne.com **BZe**
117 ch – †126 € ††140 € – ⊡ 11 €
Rest – (21 €) Menu 28/52 € – Carte 46/84 €
◆ En pleine campagne, complexe hôtelier proche d'un golf et d'un centre de balnéothérapie. Chambres sobres, charmants cottages (duplex familiaux) et équipements pour séminaires. Restaurant moderne et cossu où l'on sert une cuisine dans l'air du temps.

à Olivet 5 km au Sud par av. du Loiret et bords du Loiret – 21 032 h. – alt. 100 m
– ⊠ 45160 🏛 Châteaux de la Loire

🅸 236, rue Paul Genain ✆ 02 38 63 49 68

✕✕✕ **Le Rivage** ⩽ 🚗 🕪 ✕ 🆅🆂🅰 ⁓ 🄰🄴
635 r. Reine-Blanche – ✆ 02 38 66 02 93
– www.lerivage-olivet.com
– Fermé 25 déc.-21 janv., dim. soir de nov. à mars et sam. midi **BYf**
Rest – Menu 28/63 € – Carte 52/90 €
◆ Belles villas, vieux moulins... Profitez pleinement du spectacle bucolique des rives du Loiret depuis la véranda ou la terrasse à fleur d'eau. Cuisine traditionnelle.

✕✕✕ **La Laurendière** 🄰🄲 ⟷ 🆅🆂🅰 ⁓ 🄰🄴
😵 *68 av. du Loiret* – ✆ 02 38 51 06 78
– www.lalaurendiere.new.fr
– Fermé 4-20 juil., 27 fév.-15 mars, lundi soir, mardi soir et merc. **BYk**
Rest – Menu 23/49 € – Carte 38/70 € 🍸
◆ Nappe blanche, argenterie, vaisselle en faïence de Gien : le décor se prête à la dégustation de spécialités de toujours, accompagnées de crus de Loire.

à la Chapelle-St-Mesmin 4 km à l'Ouest- **AY** – 9 282 h. – alt. 101 m – ⊠ 45380

✕✕ **Côté Saveurs** 🚗 🕪 ⟷ 🄿 🆅🆂🅰 ⁓
😵 *55 rte d'Orléans* – ✆ 02 38 72 29 51
– www.cotesaveurs.com
– Fermé 19 fév.-7 mars, 1er-15 août et 24 déc.-3 janv. **AYv**
Rest – (19 €) Menu 29/37 € – Carte 44/58 €
◆ Lustre d'une maison bourgeoise et peps de notre époque ! On déguste ici une cuisine de saison, franche et savoureuse (foie gras à la réglisse, bouillon de petits pois…).

ORLY (Aéroports de Paris) – 91 Essonne – **312** D3 – **101** 26 – voir à Paris, Environs

ORMOY-LA-RIVIÈRE – 91 Essonne – **312** B5 – rattaché à Étampes

ORNAISONS – 11 Aude – **344** I3 – rattaché à Narbonne

ORNANS – 25 Doubs – **321** G4 – 4 098 h. – alt. 355 m – ⌧ 25290   **16** B2

Franche-Comté Jura

▶ Paris 428 – Baume-les-Dames 42 – Besançon 26 – Morteau 48

🛈 7, rue Pierre Vernier ✆ 03 81 62 21 50

◉ Grand Pont ⩽★ - O : Vallée de la Loue★★ - Le Château ⩽★ N : 2,5 km.

De France   🚗 ⁽ᵗ⁾ 🄿 💳 ☯ 🄰🄴 ⓪

r. P. Vernier – ✆ 03 81 62 24 44 – www.hoteldefrance-ornans.com
– Fermé 21 oct.-7 nov., 18 déc.-25 janv., sam. et dim. de nov. à avril
25 ch – ♦65/70 € ♦♦85/90 € – 1 suite – ⊊ 10 € – ½ P 80/85 €
Rest – *(fermé lundi midi d'avril à nov.)* (14 €) Menu 19 € (sem.), 27/34 €
◆ Hôtel traditionnel au cœur de la "perle de la Loue". Chambres agréables et très belle suite contemporaine. Parcours privé de pêche à la mouche mondialement réputé. Cuisine du terroir à déguster dans une belle salle à manger bourgeoise.

Le Jardin de Gustave   🚗 🛋 ⁽ᵗ⁾

28 r. Édouard-Bastide – ✆ 03 81 62 21 47 – www.lejardindegustave.fr
4 ch ⊊ – ♦50/90 € ♦♦70/90 €
Table d'hôte – Menu 28 € bc
◆ Charme et authenticité ! Dans cette plaisante maison bordant la Loue, les chambres portent des noms qui annoncent la couleur et... le décor (Avec Vue, Champêtre, Gustavienne, etc.). Confiture maison au petit-déjeuner et agréable cuisine aux accents régionaux.

Le Courbet   🛋 🄰🄲 💳 ☯ 🄰🄴

34 r. P. Vernier – ✆ 03 81 62 10 15 – www.restaurantlecourbet.com – Fermé vacances de Noël, de mi-fév. à mi-mars, dim. soir, mardi midi et lundi
Rest – Menu 20/40 € – Carte environ 34 €
◆ Sobre et bistrotière, ou bien classique, raffinée et cosy ? Selon votre humeur, optez pour l'une des deux salles... Délicieuse cuisine du marché et terrasses surplombant la Loue.

à Saules 6 km au Nord-Est par D 492 – 195 h. – alt. 585 m – ⌧ 25580

La Griotte   🚗 ⅙ ⇔ 🄿 💳 ☯

3 r. des Cerisiers – ✆ 03 81 57 17 71 – www.lagriotte.fr
– Fermé 22 août-7 sept., 20 fév.-21 mars, mardi soir d'oct. à avril, dim. soir, merc. soir et lundi
Rest – *(nombre de couverts limité, prévenir)* Menu 14/29 € – Carte 24/45 €
◆ Tradition, saveurs de saison et spécialités régionales : une belle Griotte, tendre et goûteuse. Cerise sur le gâteau : l'accueil souriant et l'addition sans acidité.

OROUET – 85 Vendée – **316** E7 – rattaché à St-Jean-de-Monts

---

ORPIERRE – 05 Hautes-Alpes – **334** C7 – 318 h. – alt. 682 m – ⌧ 05700   **40** B2

Alpes du Sud

▶ Paris 689 – Château-Arnoux 47 – Digne-les-Bains 72 – Gap 55

🛈 le Village ✆ 04 92 66 30 45

aux Bégües 4,5 km au Sud-Ouest – ⌧05700 Orpierre

Le Céans ⬙   ⩽ 🐾 ⏛ ☇ rest, ⁽ᵗ⁾ 🄿 🄿 💳 ☯ 🄰🄴

rte des Princes d'Orange – ✆ 04 92 66 24 22 – www.le-ceans.fr.st – Ouvert 15 mars-1ᵉʳ nov. et fermé merc. d'oct. au 15 avril
21 ch – ♦47/96 € ♦♦47/96 € – ⊊ 10 € – ½ P 46/64 €
Rest – (12 €) Menu 16/39 € – Carte 24/42 €
◆ Au sein d'un hameau du massif des Baronnies, des petites chambres et des pavillons familiaux dispersés dans un parc agreste descendant jusqu'à la rivière, le Céans. À table, cuisine traditionnelle généreuse : veau juteux, soupe au pistou, fromages locaux, etc.

ORTHEVIELLE – 40 Landes – **335** E13 – 841 h. – alt. 20 m – ✉ 40300   **3** B3
> ▶ Paris 764 – Bordeaux 185 – Mont-de-Marsan 90 – Pau 82

✗   **La Ferme d'Orthe**   🏮 ⇔ VISA ◑◐
9 r. de la Fontaine – ℰ 05 58 73 01 03 – Fermé 2 sem. en avril, 26 déc.-8 janv.,
dim. soir et lundi du 15 sept. au 15 juin
Rest – (10 €) Menu 23 € – Carte 21/42 €
• Une grande cheminée pour griller la côte de bœuf, des poutres solides : un
vrai restaurant de campagne. Plats simples et réjouissants : confit maison, paril-
lada, foie gras...

ORTHEZ – 64 Pyrénées-Atlantiques – **342** H4 – 10 329 h. – alt. 55 m   **3** B3
– ✉ 64300 ▮ Aquitaine
> ▶ Paris 765 – Bayonne 74 – Dax 39 – Mont-de-Marsan 57
> 🛈 rue Bourg-Vieux ℰ 05 59 38 32 84
> 🖭 de Salies-de-Béarn à Salies-de-Béarn Quartier Hélios, par rte de Bayonne :
> 17 km, ℰ 05 59 38 37 59
> ◉ Pont Vieux★.

🏠   **Au Temps de la Reine Jeanne** ॐ   🗲🎿 AC ch, ⁿⁱ 🕼 VISA ◑◐ AE
44 r. Bourg-Vieux – ℰ 05 59 67 00 76
– www.reine-jeanne.fr
30 ch – ♦58/68 € ♦♦68/75 € – �) 9 € – ½ P 88/94 €
Rest – *(fermé dim. soir du 18 oct. au 4 avril)* (12 €) Menu 23/33 €
– Carte 30/51 €
• Maisons du 14ᵉ s. organisées autour d'un joli patio. Chambres modestes (plus
modernes, amples et confortables dans l'un des bâtiments). Petit fitness. Recettes
traditionnelles et du terroir servies au restaurant, rustique à souhait.

ORVAULT – 44 Loire-Atlantique – **316** G4 – **rattaché à Nantes**

OSNY – 95 Val-d'Oise – **305** D6 – **106** 5 – **101** 2 – **voir à Paris, Environs** (Cergy-
Pontoise)

OSSÈS – 64 Pyrénées-Atlantiques – **342** E3 – 812 h. – alt. 102 m   **3** B3
– ✉ 64780 ▮ Aquitaine
> ▶ Paris 811 – Bordeaux 233 – Pamplona 89 – Pau 151

✗✗   **La Ferme Gourmande** ॐ   🏮 AC VISA ◑◐
☺   *3 km à l'Est par D 8 et rte secondaire – ℰ 05 59 37 77 32*
– www.restaurant-fermegourmande.com
Rest – Menu 29/37 € – Carte 32/50 €
• Verts pâturages et grelot chantant des vaches : cette ancienne ferme ressuscite le mythe paysan ! Le chef affectionne les produits régionaux et sait les mettre en valeur...

OSTHOUSE – 67 Bas-Rhin – **315** J6 – 955 h. – alt. 155 m – ✉ 67150   **1** B2
> ▶ Paris 502 – Obernai 17 – Offenburg 35 – Sélestat 23

🏠   **À la Ferme** sans rest ॐ   🗲 ᠔ ⁿⁱ 🅿 VISA ◑◐
10 r. du Château – ℰ 03 90 29 92 50
– www.hotelalaferme.com
15 ch – ♦87/200 € ♦♦92/200 € – �) 15 €
• Calme et sérénité, dans cette ferme du 18ᵉ s. et ses séchoirs. Les chambres – vastes – arborent un décor rustique ou contemporain (dont une à la japonaise). Service soigné.

✗✗✗   **À l'Aigle d'Or**   🅿 VISA ◑◐ AE
14 r. de Gerstheim – ℰ 03 88 98 06 82 – www.hotelalaferme.com – Fermé 3 sem.
en août, vacances de Noël, vacances de fév., lundi et mardi
Rest – Menu 33 € (sem.), 39/88 € – Carte 50/74 €🍽
Rest *Winstub* – Carte 30/45 €
• Jolie maison de village arborant une magnifique enseigne en fer forgé. Cuisine classique servie dans un cadre alsacien bourgeois et chaleureux. À la Winstub, plats traditionnels, ambiance détendue et décor assez cossu.

OSTWALD – 67 Bas-Rhin – **315** K5 – **rattaché à Strasbourg**

OTTROTT – 67 Bas-Rhin – **315** I6 – **rattaché à Obernai**

OUCHAMPS – 41 Loir-et-Cher – **318** E7 – 808 h. – alt. 92 m – ✉ 41120   **11** A1

▶ Paris 199 – Blois 18 – Montrichard 19 – Romorantin-Lanthenay 40

◉ Château de Fougères-sur-Bièvre★ NO : 5 km ▮ Châteaux de la Loire

Relais des Landes ⚐   ♫ ▣ ♨ **P** *VISA* ◉◉ **AE** ⓞ

1,5 km au Nord sur D 7 – ℰ 02 54 44 40 40 – www.relaisdeslandes.com
– Ouvert 6 mars-30 nov.
28 ch – ♦108/158 € ♦♦108/158 € – ☲ 15 € – ½ P 108/132 €
Rest – *(fermé mardi et le midi sauf week-ends et fériés)* Menu 38/42 €
♦ Belle gentilhommière du 17ᵉ s. et son vaste parc (plan d'eau). Chambres spacieuses, de style traditionnel ; duplex avec terrasse privative... On est au calme ! Dîner
dans la salle champêtre (cheminée, fresque) ou la véranda donnant sur le jardin.

OUCQUES – 41 Loir-et-Cher – **318** E5 – 1 420 h. – alt. 127 m   **11** B2
– ✉ 41290

▶ Paris 160 – Beaugency 30 – Blois 27 – Châteaudun 30

🛈 Mairie ℰ 02 54 23 11 00

Du Commerce avec ch   **AC** rest, ☏ *VISA* ◉◉ **AE**

9 r. de Beaugency – ℰ 02 54 23 20 41 – www.hotel-commerce-oucques.com
*– Fermé 22 déc.-5 janv., 1 sem. en mars, dim. soir, lundi soir sauf juil.-août et
fériés et lundi midi*
10 ch – ♦69 € ♦♦75/79 € – ☲ 11 € – ½ P 67 €
Rest – *(prévenir le week-end)* (15 €) Menu 22/62 € – Carte 51/72 €
♦ Accueil attentionné dans cette salle à manger tendance seventies où l'on déguste
une cuisine au goût du jour bien tournée. Chambres très colorées et bien tenues.

OUESSANT (ÎLE D') – 29 Finistère – **308** A4 – **voir à Île d'Ouessant**

OUILLY-DU-HOULEY – 14 Calvados – **303** N4 – **rattaché à Lisieux**

OUISTREHAM – 14 Calvados – **303** K4 – 9 252 h. – **Casino : Riva Bella**   **32** B2
– ✉ 14150 ▮ Normandie Cotentin

▶ Paris 234 – Arromanches-les-Bains 33 – Bayeux 44 – Cabourg 20

🛈 esplanade Lofi ℰ 02 31 97 18 63

◉ Église St-Samson★.

La Mare Ô Poissons   ⚐ & **AC** ch, ☏ ♨ **P** *VISA* ◉◉ **AE** ⓞ

68 r. Emile Herbline – ℰ 02 31 37 53 05 – www.lamareopoissons.fr
30 ch – ♦95/105 € ♦♦105/135 € – ☲ 13 €
Rest – *(fermé dim. soir et lundi midi d'oct. à mi-mars)* (17 €) Menu 22 € (déj. en
sem.), 27/35 € – Carte 45/62 €
♦ La Mare, bien connue à l'entrée de Ouistreham, a fait des petits, avec 30 chambres inaugurées en 2010. Ensemble flambant neuf et contemporain ! Au restaurant, le poisson – et l'invention – sont toujours à l'honneur : le chef a travaillé
avec Éric Guérin, à St-Joachim.

Du Phare   ☏ **P** *VISA* ◉◉ **AE**

10 pl. Gén.-de-Gaulle – ℰ 02 31 97 13 13 – www.hotelduphare.fr – Fermé
23 déc.-1ᵉʳ janv.
19 ch – ♦55 € ♦♦55/84 € – ☲ 8,50 €
Rest – *(fermé le soir d'oct. à mai et le merc. de mi-sept. à mai)* (14 €)
Menu 17/20 € – Carte 11/38 €
♦ Tenu par la même famille depuis six générations, cet hôtel jouit d'un emplacement stratégique, face au terminal du ferry et près des écluses. Chambres simples
et bien tenues. Carte de brasserie servie dans une salle à manger réaménagée
(véranda) et modernisée.

Le Normandie

71 av. M. Cabieu, (au port d'Ouistreham) – ℰ *02 31 97 19 57*
– www.lenormandie.com – Fermé 1ᵉʳ janv.-10 fév.
22 ch – †68/75 € ††68/75 € – ☲ 10 € – ½ P 70 €
Rest – (18 €) Menu 23/35 € – Carte 24/40 €
◆ En léger retrait du terminal Ferry, maison aux chambres pratiques de taille plutôt modeste. Petit-déjeuner buffet servi dans un cadre classique. Repensé dans un esprit plus actuel, le restaurant propose des plats au goût du jour mettant à l'honneur les produits de la mer.

La Table d'Hôtes

10 av. du Gén.-Leclerc – ℰ *02 31 97 18 44*
– Fermé 20 juin-3 juil., mardi et merc.
Rest – (19 €) Menu 26 € (déj. en sem.)/31 €
◆ Ce restaurant familial et chaleureux reçoit comme à la maison, dans un cadre simple. Le chef conçoit chaque jour un menu unique traditionnel, selon la criée et son inspiration.

à Riva-Bella – ✉ 14150 Ouistreham

Mercure

37 r. des Dunes – ℰ *02 31 96 20 20 – www.mercure.com*
50 ch – †76/81 € ††86/91 € – ☲ 11 €
Rest – (11 €) Menu 16/22 € – Carte 18/36 €
◆ À quelques pas du port, un bâtiment moderne dédié à la mer. Du nom des couloirs menant aux chambres au décor "cabine de paquebot", sans oublier les tableaux, tout évoque le large. Le restaurant, relooké, arbore des tons vifs ; cuisine traditionnelle.

De la Plage *sans rest*

39 av. Pasteur – ℰ *02 31 96 85 16 – www.hotel-ouistreham.com*
– Fermé 27 fév.-11 mars
16 ch – †50/55 € ††64/77 € – ☲ 9 €
◆ Accueillante villa anglo-normande (fin 19ᵉ s.) située dans une rue calme près de la plage. Chambres coquettes ; quelques-unes plus spacieuses et familiales. Agréable jardin.

St-Georges

51 av. Andry – ℰ *02 31 97 18 79*
– www.hotel-le-saint-georges.com
– Fermé 3-24 janv., dim. soir et lundi midi d'oct. à mars
18 ch – †63/70 € ††70/80 € – ☲ 9 € – ½ P 65/75 €
Rest – (15 €) Menu 24/42 € – Carte 26/71 €
◆ Bâtisse de 1894 dont les chambres, plutôt petites mais bien tenues, donnent soit sur le front de mer et le casino, soit sur le jardin. Petit-déjeuner buffet. Restaurant panoramique proposant une cuisine traditionnelle orientée sur les produits de l'océan.

LES OURSINIÈRES – 83 Var – **340** L7 – rattaché au Pradet

OUSSON-SUR-LOIRE – 45 Loiret – **318** N6 – 752 h. – alt. 158 m — **12** D2
– ✉ 45250

▶ Paris 165 – Gien 19 – Montargis 51 – Orléans 96

Le Clos du Vigneron

18 rte Nationale 7 – ℰ *02 38 31 43 11 – www.hotel-clos-du-vigneron.com*
– Fermé 12 sept.-7 oct., 22 déc.-14 janv., dim. soir, mardi soir et merc.
8 ch – †59 € ††59 € – ☲ 8 € – ½ P 70 €
Rest – (16 €) Menu 21 € (déj.)/49 € – Carte 35/55 €
◆ Maison régionale (briques et colombages) pimpante et fleurie. Chambres de plain-pied dans l'annexe récente au fond du jardin. Cuisine gastronomique privilégiant le poisson, servie dans une salle à manger claire et élégante.

OUZOUER-SUR-LOIRE – 45 Loiret – **318** L5 – 2 638 h. – alt. 140 m – ✉ 45570   **12** C2

▶ Paris 151 – Gien 16 – Montargis 45 – Orléans 54

XX   **L'Abricotier**   🛜 *VISA* ⮾

106 r. Gien – ℰ 02 38 35 07 11 – Fermé 1er-15 août, dim. soir, merc. soir et lundi
Rest – (nombre de couverts limité, prévenir) (17 € bc) Menu 24/40 € – Carte 39/49 €
♦ À la sortie du village, une auberge avec son agréable terrasse où l'on dîne à l'ombre d'un sapin, et non d'un abricotier ! Goûteuse cuisine traditionnelle.

OYONNAX – 01 Ain – **328** G3 – 23 618 h. – alt. 540 m – ✉ 01100   **45** C1
🟩 Franche-Comté Jura

▶ Paris 484 – Bourg-en-Bresse 60 – Nantua 19
🛈 1, rue Bichat ℰ 04 74 77 94 46

XX   **La Toque Blanche**   🅐🅒 ⬦ *VISA* ⮾ 🅐🅔

11 pl. Émile Zola – ℰ 04 74 73 42 63 – www.latoqueblanche-oyonnax.com
– Fermé 22 juil.-20 août, 2-10 janv., sam. midi, dim. soir et lundi
Rest – Menu 20/70 € – Carte 43/62 €
♦ Salle de restaurant au décor soigné, égayé de chaudes tonalités. Confluences géographiques obligent, la table marie la Bresse, le Jura et le Lyonnais.

au Lac Genin Sud-Est : 10 km par D 13 – ✉ 01130 Charix

🔲 Site ★ du lac.

X   **Auberge du Lac Genin** avec ch 🔖   ⟨ 🛜 💥 ch, ⁿⁱ **P** *VISA* ⮾ 🅐🅔
⮾   – ℰ 04 74 75 52 50 – www.lac-genin.fr – Fermé 17 oct.-2 déc., dim. soir et lundi
3 ch – †50/60 € ††50/60 € – ☲ 6 €
Rest – Menu 11 € (déj.)/19 € – Carte 19/37 €
♦ Auberge au grand calme, au bord d'un lac : salle à manger coquette avec cheminée et terrasse prisée. Chambres refaites dans un style actuel qui ne renie pas l'esprit montagnard.

OZENAY – 71 Saône-et-Loire – rattaché à Tournus

OZOIR-LA-FERRIÈRE – 77 Seine-et-Marne – **312** F3 – **106** 33 – **101** 30 – voir à Paris, Environs

---

PACY-SUR-EURE – 27 Eure – **304** I7 – 4 884 h. – alt. 40 m – ✉ 27120   **33** D2
🟩 Normandie Vallée de la Seine

▶ Paris 81 – Dreux 38 – Évreux 20 – Louviers 33
🛈 place Dufay ℰ 02 32 26 18 21

🏠   **Altina des Deux Fontaines**   🛜 ⁿⁱ 🅢🅐 **P** *VISA* ⮾ 🅐🅔
⮾   rte de Paris – ℰ 02 32 36 13 18 – www.hotelaltina.com
29 ch – †35/68 € ††68 € – ☲ 8 € – ½ P 53 €
Rest – Menu 10 €, 14/26 € – Carte 23/46 €
♦ Construit dans une zone commerciale, cet établissement propose de grandes chambres sobrement actuelles. Le plus : musique jazz live au piano-bar le vendredi soir. Menus traditionnels à prix doux et accueil charmant vous attendent au restaurant.

🏠   **L'Étape de la Vallée**   🍽 🛜 💥 ch, ⁿⁱ **P** *VISA* ⮾ 🅐🅔 🅞
⮾   1 r. Edouard Isambard – ℰ 02 32 36 12 77 – www.etapedelavallee.com
15 ch – †59/85 € ††69/94 € – ☲ 10 € – ½ P 91/114 €
Rest – (fermé jeudi soir, dim. soir et lundi) Menu 19 € (déj.), 29/49 €
– Carte 30/75 €
♦ Grande villa bourgeoise à fière allure bâtie au bord de la rivière. Deux types de chambres : douillettes et personnalisées en façade ; fonctionnelles mais rénovées sur l'arrière. Restaurant traditionnel au cadre chaleureux ; vue sur l'Eure par les baies vitrées.

PAILHEROLS – 15 Cantal – **330** E5 – 165 h. – alt. 1 000 m – ✉ 15800 **5** B3

Paris 558 – Aurillac 32 – Entraygues-sur-Truyère 45 – Murat 39

Auberge des Montagnes ch, VISA

– ☎ 04 71 47 57 01 – www.auberge-des-montagnes.com – Fermé 6 nov.-20 déc.

23 ch – †53/98 € ††53/98 € – ☐ 12 € – ½ P 49/76 €

Rest – *(fermé 6 nov.-20 déc. et mardi)* Menu 23 € (sem.), 28/39 € – Carte 23/37 €

◆ De nombreux loisirs (hammam, sauna, mur d'escalade, etc.) sont proposés dans cette ferme restaurée. Jolies chambres d'esprit montagnard. Chaleureuses salles à manger dont une en véranda ; généreuse cuisine du terroir.

Clos des Gentianes VISA

10 ch – †65/80 € ††65/94 € – ☐ 10 € – ½ P 58/70 €

◆ Chambres plus spacieuses et actuelles dans cette annexe. Cuisine soignée pour les résidents.

PAIMPOL – 22 Côtes-d'Armor – **309** D2 – 7 788 h. – alt. 15 m **10** C1
– ✉ 22500 Bretagne

Paris 494 – Guingamp 29 – Lannion 33 – St-Brieuc 46

19, rue du Général Leclerc ☎ 02 96 20 83 16

Abbaye de Beauport★ 2 km par D 786 - Tour de Kerroc'h ★ 3 km par D 789 puis 15 mn.

Pointe de Minard★★ 11 km par D 786.

K'Loys ch, VISA AE

21 quai Morand – ☎ 02 96 20 40 01 – www.k-loys.com

17 ch – †65/150 € ††85/180 € – ☐ 8 €

Rest – Menu 19/30 € – Carte 25/50 €

◆ Cette ancienne demeure d'armateur, face au port, est devenue un charmant hôtel de caractère : chambres dotées de mobilier ancien, salon bourgeois et petit-déjeuner en véranda. Bistrot marin servant galettes et fruits de mer, en terrasse sur les quais.

Goëlo sans rest VISA AE

quai Duguay-Trouin – ☎ 02 96 20 82 74 – www.legoelo.com

32 ch – †50/55 € ††55/85 € – ☐ 8 €

◆ Ce bâtiment récent, amarré sur le port de plaisance, offre une jolie vue sur les mâts. Chambres petites mais pratiques et bien tenues. Petit-déjeuner buffet. Bon accueil.

La Vieille Tour VISA AE

13 r. de l'Église – ☎ 02 96 20 83 18 – Fermé 20 juin-3 juil., 21 nov.-3 déc., dim. soir et merc. soir sauf juil.-août et lundi

Rest – (18 €) Menu 30/60 € – Carte 44/80 €

◆ Charmante auberge du 16e s. au cœur du vieux Paimpol. Un bel escalier en bois mène à la salle principale, rustique et soignée. Cuisine traditionnelle, formule bistrot à midi.

La Cotriade VISA

16 quai Armand Dayot – ☎ 02 96 20 81 08 – www.la-cotriade.com – Fermé 19-26 déc., 20-27 fév., dim. soir hors saison, sam. midi en saison et lundi

Rest – (19 €) Menu 25 € (déj.)/39 €

◆ Jetez l'ancre dans ce petit bistrot modernisé et zen, ou en terrasse sur le port. L'ardoise, plutôt courte, affiche des plats actuels, rythmés par les marées et les saisons.

à Ploubazlanec 3,5 km au Nord par D 789 – **309** D2 – 3 261 h. – alt. 60 m – ✉ 22620

Les Agapanthes sans rest VISA AE

1 r. Adrien Rebours – ☎ 02 96 55 89 06 – www.hotel-les-agapanthes.com – Fermé 2-31 janv.

21 ch – †44/80 € ††44/80 € – ☐ 8 €

◆ Dans cette maison régionale de 1768, les chambres sont jolies et bien tenues, certaines avec balcon ou terrasse ; les plus spacieuses se trouvent dans l'annexe récente.

PAIMPONT – 35 Ille-et-Vilaine – **309** I6 – 1 614 h. – alt. 159 m   **10** C2
– ✉ 35380 ▊ Bretagne

> ▶ Paris 393 – Bruz 37 – Cesson-Sévigné 54 – Rennes 42
> 🔒 5, esplanade de Brocéliande ☎ 02 99 07 84 23

⌂   **La Corne de Cerf** sans rest ॐ   🚪 ✗ **P**
Le Cannée, 2 km au Sud par D 71 – ☎ 02 99 07 84 19 – *http://
corneducerf.bcld.net* – *Fermé janv. et fév.*
3 ch ⌷ – †50 € ††57 €
♦ Longère décorée dans l'esprit maison d'artistes à deux pas de la forêt de Brocéliande. Chambres lumineuses et printanières. Pains, brioches et confitures maison, le tout bio...

PAIRIS – 68 Haut-Rhin – **315** G8 – rattaché à Orbey

LE PALAIS – 56 Morbihan – **308** M10 – voir à Belle-Ile-en-Mer

---

PALAVAS-LES-FLOTS – 34 Hérault – **339** I7 – 5 974 h. – alt. 1 m   **23** C2
– Casino – ✉ 34250 ▊ Languedoc Roussillon

> ▶ Paris 763 – Aigues-Mortes 26 – Montpellier 17 – Nîmes 60
> 🔒 Phare de la Méditerranée ☎ 04 67 07 73 34
> 👁 Ancienne cathédrale★ de Maguelone SO : 4 km.

🏨   **Brasilia** sans rest   ⇐ AC ✗ ⟨𝐢⟩ VISA ◎ AE
9 bd Joffre – ☎ 04 67 68 00 68 – *www.brasilia-palavas.com* – *Fermé mi-déc. à
mi-janv.*
22 ch – †53/112 € ††53/112 € – ⌷ 9 €
♦ Ambiance contemporaine pour cet hôtel à la jolie façade de mosaïque bleue,
situé sur le front de mer. Chambres fonctionnelles, toutes avec balcon ou terrasse.

🏠   **Amérique Hôtel** sans rest   ⬙ 🔲 🖴 AC ⟨𝐢⟩ **P** VISA ◎ AE
av. F. Fabrège – ☎ 04 67 68 04 39 – *www.hotelamerique.com*
47 ch – †64/87 € ††64/87 € – ⌷ 8 €
♦ Cet hôtel se compose de deux bâtiments séparés par une avenue conduisant
droit à la mer : la partie principale abrite des chambres rénovées, plus confortables ; l'autre la piscine.

✗✗   **L'Escale**   ⇐ AC VISA ◎ AE
5 bd Sarrail, (rive gauche) – ☎ 04 67 68 24 17
– *Fermé 2-8 janv., merc. de sept. à juin sauf fériés, merc. midi et jeudi midi
en juil.-août*
Rest – (18 €) Menu 22/65 € – Carte 46/75 €
♦ L'élégante salle à manger et la véranda offrent une belle perspective sur la
plage. Proximité de la mer oblige, la généreuse cuisine au goût du jour s'en inspire largement.

✗   **Le St-Georges**   AC VISA ◎ AE
4 bd Maréchal-Foch, (à côté du casino) – ☎ 04 67 68 31 38 – *Fermé sam. midi,
dim. soir et lundi de sept. à juin et le midi en juil.-août*
Rest – (19 €) Menu 25/35 € – Carte 36/53 €
♦ Accueil convivial, joli cadre contemporain et cuisine de produits frais (ardoise
le midi) : trois bonnes raisons pour franchir la porte de ce petit bistrot !

PALEYRAC – 24 Dordogne – **329** G7 – rattaché au Buisson-de-Cadouin

---

LA PALUD-SUR-VERDON – 04 Alpes-de-Haute-Provence – **334** G10   **41** C2
– 312 h. – alt. 930 m – ✉ 04120 ▊ Alpes du Sud

> ▶ Paris 796 – Castellane 25 – Digne-les-Bains 65 – Draguignan 60
> 🔒 le Château ☎ 04 92 77 32 02
> 🅖 Belvédères : Trescaïre★★, 5 km, l'Escalès★★★, 7 km par D952 puis D 23
> - Point Sublime★★★, ⇐ sur le Grand Canyon du Verdon NE : 7,5 km puis
> 15 mn.

🏨 Des Gorges du Verdon 🌿

1 km par rte de la Maline Sud – ℰ *04 92 77 38 26*
– www.hotel-des-gorges-du-verdon.fr – Ouvert 15 avril-16 oct.
27 ch ☺ – ♥150/310 € ♥♥160/310 € – 3 suites – ½ P 95/170 €
Rest – Menu 25 € (déj.)/35 € – Carte 35/45 €
♦ Un rêve pour les randonneurs fatigués que cet hôtel de charme dominant les vallées... Chambres colorées (duplex, suites) et bons équipements pour les loisirs : hamman, jacuzzi, piscine. Au restaurant, cuisine régionale et ambiance chaleureuse.

PAMIERS ⚞ – 09 Ariège – 343 H6 – 14 830 h. – alt. 280 m – ⊠ 09100   29 C3
🟩 Midi-Toulousain

▶ Paris 745 – Auch 147 – Carcassonne 76 – Castres 106
🛈 boulevard Delcassé ℰ 05 61 67 52 52

🏠 De France

5 cours Joseph-Rambaud – ℰ *05 61 60 20 88*
– www.hotel-de-france-pamiers.com
31 ch – ♥55/65 € ♥♥65/80 € – ☺ 10 € – ½ P 54/61 €
Rest – (fermé sam. et dim.) (15 €) Menu 18/56 € – Carte 57/95 €
♦ Hôtel proche du centre-ville proposant des chambres aux lignes contemporaines et dotées de mobilier exotique. Au restaurant, nouveau cadre épuré (tableaux et photos) et goûteuse cuisine personnalisée mettant en avant quelques produits bio.

🏠 De la Paix

4 pl. A. Tournier – ℰ *05 61 67 12 71 – www.hoteldelapaix-pamiers.com*
15 ch – ♥45/50 € ♥♥52/59 € – ☺ 8 € – ½ P 49/54 €
Rest – (fermé 24 déc.-4 janv., sam. midi et dim.) (13 €) Menu 18 € (sem.)/35 €
– Carte 23/44 €
♦ Sur une petite place proche du centre, cet ancien relais de poste dispose de sobres chambres, équipées de meubles rustiques ou fonctionnels. Chaleureuse atmosphère d'antan dans la salle à manger ornée de remarquables plafonds moulurés d'origine (1760).

LE PARADOU – 13 Bouches-du-Rhône – 340 D3 – rattaché à Maussane-les-Alpilles

---

PARAMÉ – 35 Ille-et-Vilaine – 309 J3 – voir à St-Malo

PARAY-LE-MONIAL – 71 Saône-et-Loire – 320 E11 – 9 042 h.   7 B3
– alt. 245 m – ⊠ 71600 🟩 Bourgogne

▶ Paris 360 – Mâcon 67 – Montceau-les-Mines 37 – Moulins 67
🛈 25, avenue Jean-Paul II ℰ 03 85 81 10 92
◉ Basilique du Sacré-Coeur★★ - Hôtel de ville★ **H.**

Plan page suivante

🏨 Terminus

27 av. de la Gare – ℰ *03 85 81 59 31 – www.terminus-paray.fr – Fermé vacances de la Toussaint et dim.*   **s**
16 ch – ♥53 € ♥♥66 € – ☺ 8,50 € – ½ P 53 €
Rest – (fermé le midi) Menu 12 € bc/28 € – Carte 29/49 €
♦ Typique hôtel de gare 1900, bien rénové et facilement repérable à sa façade rose bonbon. Hall d'époque et confortables chambres avec belles salles de bains. Cuisine traditionnelle servie aux beaux jours en terrasse, le soir à l'ombre des tilleuls.

🏨 Grand Hôtel de la Basilique

18 r. de la Visitation – ℰ *03 85 81 11 13 – www.hotelbasilique.com*
– Ouvert 15 mars-30 oct.   **a**
55 ch – ♥36/51 € ♥♥47/58 € – ☺ 7 € – ½ P 44/50 €
Rest – (12 € bc) Menu 16/45 € – Carte 20/40 €
♦ Depuis quatre générations, la même famille tient cet hôtel dont les chambres, refaites par étapes, sont tournées en partie vers la basilique. Repas servis dans une salle à manger lumineuse fleurant bon la campagne et la tradition.

PARAY-LE-MONIAL

Alsace-Lorraine (Pl.) 2
Billet (R.) 3
Chapelains (Allée des) 5
Charolles (Av. de) 6
Commerce (Quai du) 7
Dauphin-Louis (Bd) 8
Desrichard (R. Louis) 9
Deux ponts (R.) 12
Dr-Griveaud (R.) 13
Four (R. du) 14
Gaulle (Av. Ch.-de) 15
Guignault (Pl.) 17
Industrie (Quai de l') 18
Jean-Jaurès (Cours) 20
Lamartine (Pl.) 21
Paix (R. de la) 23
Regnier (Bd H.-de) 26
République (R.) 27
St-Vincent (R.) 28
Victor-Hugo (R.) 29
Visitation (R.) 30

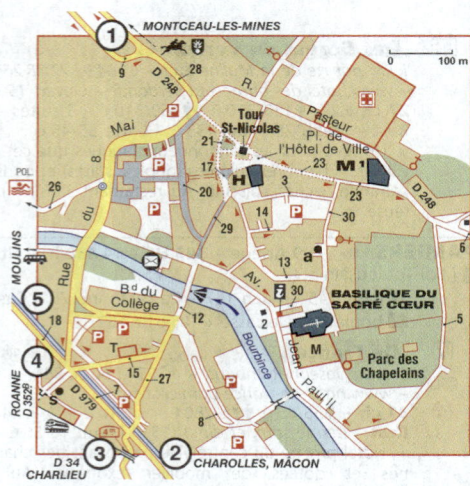

à Sermaize-du-Bas 12,5 km par ③ par D 34 puis D 458 à Poisson
dir. St -Julien-de-Civry – ✉ 71600 Poisson

M. Mathieu sans rest 🕊
– 𝄞 03 85 81 06 10 – *Ouvert 15 mars-11 nov.*
3 ch ⌷ – ✝47 € ✝✝52/62 €
◆ Cet ancien relais de chasse, en pierres dorées, dispose de chambres nettes, personnalisées avec des meubles de famille et desservies par une tour ronde. Accueil sympathique.

à Poisson 8 km par ③ sur D 34 – 576 h. – alt. 300 m – ✉ 71600

La Poste et Hôtel La Reconce avec ch 🕊
𝄞 03 85 81 10 72 – www.hotel-lareconce.com
– *Fermé 7 nov.-7 déc., mardi sauf le soir de juil. à sept. et lundi*
7 ch – ✝58 € ✝✝70/97 € – ⌷ 12 € **Rest** – (16 €) Menu 26/80 € – Carte 52/67 €
◆ Cette belle bâtisse charolaise propose une cuisine traditionnelle actualisée, valorisant le terroir. Terrasse sous les platanes. Chambres joliment aménagées, au calme.

au Sud-Ouest 4 km par ⑤ sur N 79 – ✉ 71600 Paray-le-Monial

Le Charollais
– 𝄞 03 85 81 03 35 – www.lecharollais.fr
20 ch – ✝53 € ✝✝59/70 € – ⌷ 7 € **Rest** – (16 €) Menu 20 € – Carte 19/45 €
◆ Établissement de type motel doté de chambres fraîches bien tenues, diversement aménagées et tournées vers un parc avec des jeux pour les enfants. Bœuf charolais et pizzas au feu de bois. Agréable véranda et terrasse.

PARC du FUTUROSCOPE – 86 Vienne – **322** I4 – rattaché à Poitiers

PARCEY – 39 Jura – **321** C4 – rattaché à Dole

PARENTIS-EN-BORN – 40 Landes – **335** E8 – 4 429 h. – alt. 32 m **3** B2
– ✉ 40160 ▮ Aquitaine
▶ Paris 658 – Arcachon 43 – Bordeaux 76 – Mimizan 25
🛈 place du Général-de-Gaulle 𝄞 05 58 78 43 60

Chez Flo avec ch
9 r. St-Barthélémy – 𝄞 05 58 78 40 21 – *Fermé dim. sauf le midi en juil.-août et lundi*
6 ch – ✝35 € ✝✝46 € **Rest** – (11 € bc) Menu 20 €
◆ Un restaurant convivial, avec des photos, des dessins, des objets personnels du patron... Dans l'esprit du lieu, la cuisine est épatante : sous la houlette d'un jeune chef passionné, tout est fait maison, avec des produits frais. Quelques chambres pour l'étape.

S. Sauvignier/MICHELIN

Métro aérien

PARIS
et ENVIRONS

Département : 75 Ville-de-Paris
Population : 2 182 000 h.
Pop. agglomération : 11 533 000 h.
Altitude : 30 m

Code Postal : ✉ 75000
Carte régionale : **21** D2

RENSEIGNEMENTS PRATIQUES — **1140**

A VOIR — **1141**

PLAN DU MÉTRO — **1142**

PLAN DU RER ET SNCF — **1144**

LISTES ALPHABÉTIQUES — **1146**

LISTES THÉMATIQUES :
– Les tables étoilées — **1157**
  – Bib Gourmand — **1159**
  – Hébergements agréables — **1160**
  – Restaurants agréables — **1161**
  – Restaurants à moins de 30 € — **1162**
  – Restaurants par type de cuisine — **1164**
  – Le plat que vous recherchez — **1170**
  – Tables en extérieur — **1172**
  – Restaurants avec salons particuliers — **1174**
  – Restaurants ouverts samedi et dimanche — **1176**
  – Restaurants ouverts en août — **1178**
  – Restaurants ouverts tard le soir — **1180**

PLAN DE RÉPARTITION DES QUARTIERS ET ARRONDISSEMENTS — **1182**

HÔTELS ET RESTAURANTS PAR ARRONDISSEMENTS — **1184**

LOCALITÉS DES ENVIRONS DE PARIS — **1282**

RENSEIGNEMENTS PRATIQUES

◼ OFFICES DE TOURISME

www.parisinfo.com

Bureaux permanents :

Anvers - 72 bd de Rochechouard (18e)

Gare de l'Est - Place du 11-Novembre-1918 (10e)

Gare de Lyon - 20 bd Diderot (12e)

Gare du Nord - 18 rue de Dunkerque (10e)

Montmartre - place du Tertre-Montmartre (18e)

Porte de Versailles - 1 place de la Porte-de-Versailles (15e)

Pyramides - 25 rue des Pyramides (1er)

Kiosques estivaux : Bastille, Champs-Élysées Clemenceau, Hôtel de Ville, Notre-Dame et Trocadéro.

TRANSPORTS

Liaison Paris - aéroport de Roissy-Charles-de-Gaulle

En taxi, compter entre 30 mn et 1 h de trajet.

En RER B (Châtelet) : 30 mn

Avec Roissybus (départ de l'Opéra - angle de la rue Scribe et de la rue Auber) : de 45 à 60 mn. **www.ratp.fr**

Cars Air France : n° 2 (Étoile, Porte Maillot) : 45 mn et n° 4 (Gare Montparnasse, Gare de Lyon) : 50 mn. **www.cars-airfrance.com**

Liaison Paris - aéroport d'Orly

En taxi, 20 à 30 mn de trajet.

Orlybus (Denfert-Rochereau) : 30 mn de trajet. **www.ratp.fr**

En RER B (Châtelet) et OrlyVal (changement à Antony) : 25 mn. **www.orlyval.com**

Cars Air France : n°1 (Étoile, Invalides, Gare Montparnasse) : 35 mn à 45 mn

Taxi

On peut prendre un taxi soit directement à l'une des nombreuses stations, soit les héler dans la rue.

Les tarifs varient en fonction de l'heure et du jour de la course (plus cher la nuit et le dimanche), mais aussi de la zone géographique. Le détail des tarifs A, B et C sont affichés clairement dans les véhicules.

En cas de litige, exigez une fiche auprès du conducteur ou relevez le numéro d'immatriculation du taxi, puis contactez La Préfecture de Police de Paris - 36 rue des Morillons - 75015 Paris ☎ 01 55 76 20 11.

Métro et bus

Le métro reste le meilleur moyen de se déplacer dans Paris pour être à l'heure à ses rendez-vous. Les 14 lignes de métro fonctionnent entre 5h30 et 00h45 (01h45 vendredi, samedi et veille de fêtes). Les touristes préféreront le réseau de bus pour profiter de l'animation urbaine et de la vue sur les monuments. La nuit, les bus Noctiliens prennent le relais. Horaires, titres de transport et itinéraires sur **www.ratp.fr** et **www.transilien.com**

Vélib'

Créé en juillet 2007, Vélib' est un système de location de vélo en libre service. Pour une somme modique, vous pouvez emprunter un vélo dans l'une des nombreuses stations et le redéposer dans une autre. Utilisez la carte Michelin n°61 Paris Velib' ou rendez-vous sur **www.velib.paris.fr** (☎01 30 79 79 30).

MICHELIN à Paris

Michelin édite une gamme complète de **plans de Paris** : plan de poche, transports, tourisme, plan et répertoire des rues, par arrondissements, etc.

Le **guide Vert Michelin** est le compagnon idéal pour visiter musées, monuments et autres curiosités de la capitale.

Plans, cartes et guides sont en vente en librairies, grands magasins et sur **www.michelin-boutique.com**

👁 A VOIR

PERSPECTIVES CÉLÈBRES ET PARIS VU D'EN HAUT

≼ ★★★ depuis l'Obélisque de la place de la Concorde : Champs-Élysées, Arc-de-Triomphe, Grande Arche de la Défense. - ≼ ★★ depuis l'Obélisque de la place de la Concorde : La Madeleine, Assemblée Nationale. - ≼ ★★★ depuis la terrasse du Palais de Chaillot : Tour Eiffel, École Militaire, Trocadéro. - ≼ ★★ depuis le pont Alexandre III : Invalides, Grand et Petit Palais - Tour Eiffel★★★ - Tour Montparnasse★★★ - Tour Notre-Dame★★★ - Dôme du Sacré-Cœur★★★ - Plate-forme de l'Arc-de-Triomphe★★★

QUELQUES MONUMENTS HISTORIQUES

Le Louvre★★★ (cour carrée, colonnade de Perrault, la pyramide) - Tour Eiffel★★★ - Notre-Dame★★★ - Sainte-Chapelle★★★ - Arc de Triomphe★★★ - Invalides★★★ (Tombeau de Napoléon) - Palais-Royal★★ - Opéra★★ - Conciergerie★★ - Panthéon★★ - Luxembourg★★ (Palais et Jardins)

Églises :
Notre-Dame★★★ - La Madeleine★★ - Sacré-Cœur★★ - St-Germain-des-Prés★★ - St-Étienne-du-Mont★★ - St-Germain-l'Auxerrois★★

Dans le Marais :
Places des Vosges★★★ - Hôtel Lamoignon★★ - Hôtel Guénégaud★★ - Palais Soubise★★

QUELQUES MUSÉES

Le Louvre★★★ - Orsay★★★ (milieu du 19e s. jusqu'au début du 20e s.) - Art moderne★★★ (au Centre Pompidou) - Armée★★★ (aux Invalides) - Arts décoratifs★★ (107 r. de Rivoli) - Musée National du Moyen Âge et Thermes de Cluny★★ - Rodin★★ (Hôtel de Biron) - Carnavalet★★ (Histoire de Paris) - Picasso★★ - Cité des Sciences et de l'Industrie★★ (La Villette) - Marmottan★★ (collection de peintres impressionnistes) - Orangerie★★ (des impressionnistes à 1930) - Jacquemart-André★★ - Musée des Arts et Métiers ★★- Musée national des Arts asiatiques - Guimet - Musée du quai Branly

MONUMENTS CONTEMPORAINS

La Défense★★ (C.N.I.T., la Grande Arche) - Centre Georges-Pompidou★★★ - Forum des Halles - Institut du Monde Arabe★ - Opéra Bastille - Bercy★ (palais Omnisports, Ministère des Finances) - Bibliothèque Nationale de France - Site François Mitterrand★

QUARTIERS PITTORESQUES

Montmartre★★★ - Le Marais★★★ - Île St-Louis★★ - Les Quais★★★ (entre le Pont des Arts et le Pont de Sully) - St-Germain-des-Prés★★ - Quartier St-Séverin★★

LE SHOPPING

Grands magasins :
Printemps, Galeries Lafayette (bd Haussmann), B.H.V. (r. de Rivoli), Bon Marché (r. de Sèvres).

Commerces de luxe :
Au Faubourg St-Honoré (mode), Rue de la Paix et place Vendôme (joaillerie), Rue Royale (faïencerie et cristallerie), Avenue Montaigne (mode).

Occasions et antiquités :
Marché aux Puces★ (Porte de Clignancourt), Village Suisse (av. de la Motte-Picquet), Louvre des Antiquaires.

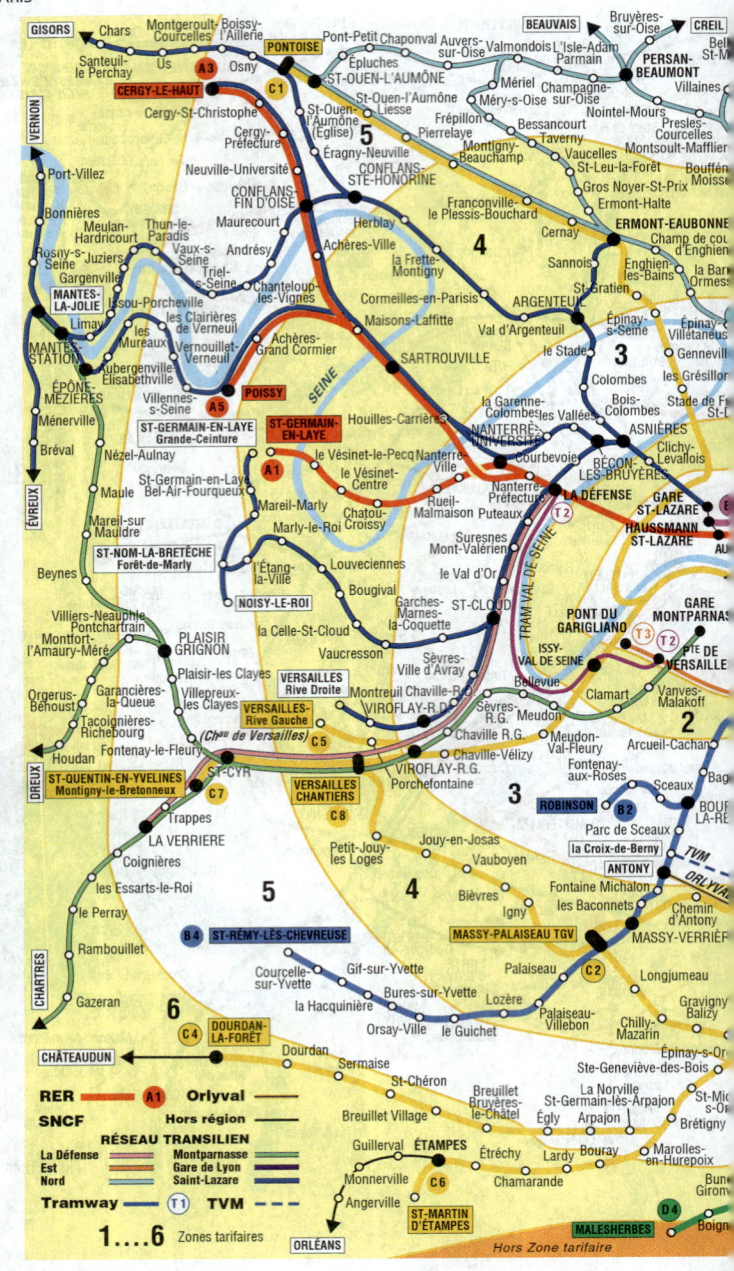

PARIS

PARIS

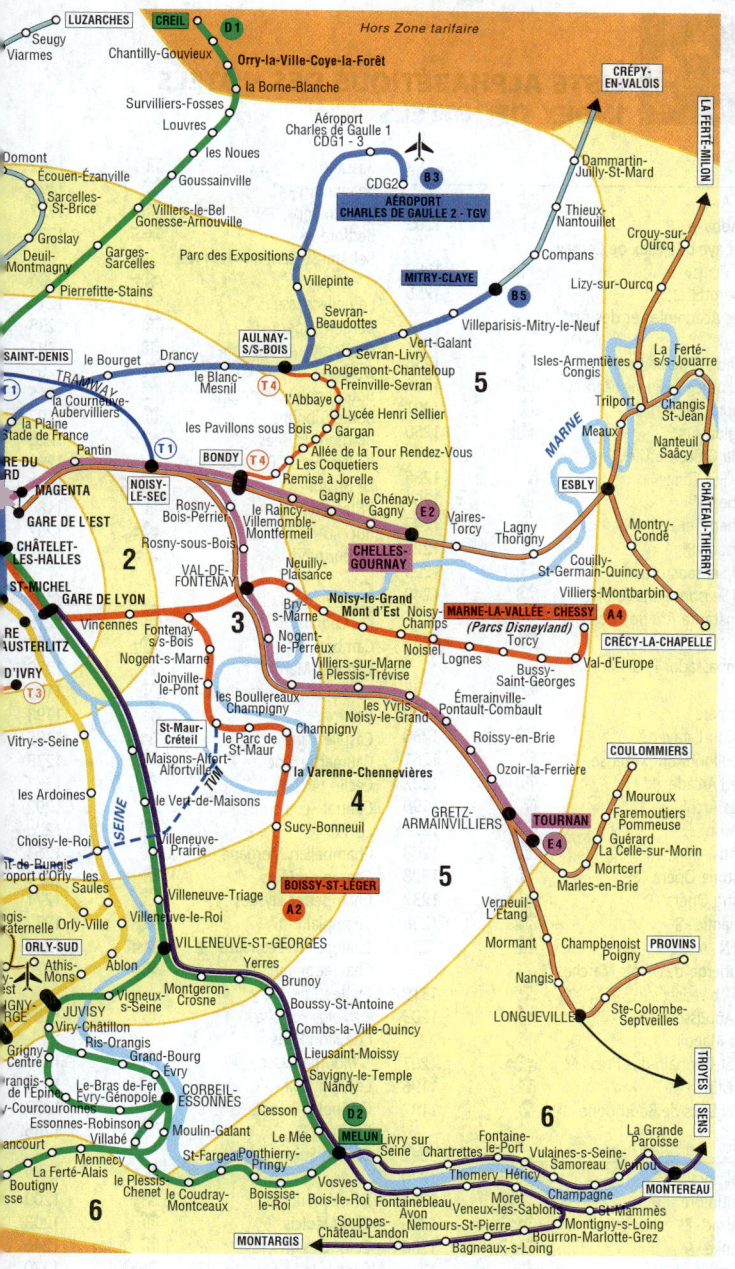

LISTE ALPHABÉTIQUE DES HÔTELS
INDEX OF HOTELS

PARIS

A | page

Le A - 8ᵉ		1227
L'Abbaye - 6ᵉ		1205
Abbaye des Vaux de Cernay		
- Cernay-la-Ville		1289
Aberotel - 15ᵉ		1255
Des Académies et des Arts		
- 6ᵉ		1207
Acadia Opéra - 9ᵉ		1238
Acanthe - Boulogne-Billancourt		1285
Agora St-Germain - 5ᵉ		1201
Aiglon - 14ᵉ		1250
À la Grâce de Dieu		
- Brie-Comte-Robert		1286
Albe - 5ᵉ		1201
Albert 1er - 10ᵉ		1242
Alison - 8ᵉ		1228
All Seasons - Evry		1295
All Seasons Paris Tolbiac - 13ᵉ		1248
Amarante Arc de Triomphe		
- 17ᵉ		1271
Ambassador Radisson Blu		
- 9ᵉ		1237
Ampère - 17ᵉ		1270
Anjou Lafayette - 9ᵉ		1238
Apollon Montparnasse - 14ᵉ		1251
De l'Arcade - 8ᵉ		1227
Des Archives - 3ᵉ		1196
Arioso - 8ᵉ		1228
Artus - 6ᵉ		1208
Astoria Opéra - 8ᵉ		1228
Astra Opéra - 9ᵉ		1237
Atlantic - 8ᵉ		1228
ATN - 9ᵉ		1237
Auberge des Trois Marches		
- Le Vésinet		1319
D'Aubusson - 6ᵉ		1205
Au Manoir		
St-Germain-des-Prés - 6ᵉ		1207
Austin's - 3ᵉ		1196
Aux Ducs de Bourgogne - 1er		1187

B | page

Balmoral - 17ᵉ		1270
Baltimore - 16ᵉ		1261
Balzac - 8ᵉ		1225
Banke - 9ᵉ		1236
Banville - 17ᵉ		1270

Bassano - 16ᵉ		1262
Beaubourg - 4ᵉ		1198
Beauchamps - 8ᵉ		1227
Bedford - 8ᵉ		1224
Bel Ami St-Germain des Prés		
- 6ᵉ		1206
Le Bellechasse - 7ᵉ		1214
Bergère Opéra - 9ᵉ		1238
De Berny - Antony		1282
Du Bois - 16ᵉ		1263
Bourgogne et Montana - 7ᵉ		1215
Bourg Tibourg - 4ᵉ		1197
Bradford Élysées - 8ᵉ		1226
La Brèche du Bois - Clamart		1290
Le Bristol - 8ᵉ		1222
Britannique - 1er		1186
Buci - 6ᵉ		1207
Le Burgundy - 1er		1185

C | page

Du Cadran - 7ᵉ		1215
Cambon - 1er		1185
Canal St-Martin - 19ᵉ		1279
Caron de Beaumarchais - 4ᵉ		1198
Castex - 4ᵉ		1198
Castille Paris - 1er		1185
Caumartin Opéra - 9ᵉ		1238
Cécil - 14ᵉ		1251
Central - Courbevoie		1292
Le 123 - 8ᵉ		1226
Chambellan Morgane - 16ᵉ		1263
Champ de Mars - 7ᵉ		1216
Champerret Élysées - 17ᵉ		1271
Champlain - 17ᵉ		1272
Champs-Élysées Plaza - 8ᵉ		1223
Chateaubriand - 8ᵉ		1226
Château de Méry		
- Cergy-Pontoise		1288
Chatillon Paris		
Montparnasse - 14ᵉ		1251
Le Chat Noir - 18ᵉ		1277
Cinépole - Joinville-le-Pont		1297
Claret - 12ᵉ		1246
Clarion Suites		
- Sainte-Geneviève-des-Bois		1312
Le Clément - 6ᵉ		1209
Clos Médicis - 6ᵉ		1208
Color Design - 12ᵉ		1246
Concorde La Fayette - 17ᵉ		1270

Concorde Montparnasse - 14e		1250
Cordélia - 8e		1228
Costes - 1er		1184
Costes K. - 16e		1260
Courtyard by Marriott - Colombes		1291
Courtyard by Marriott - Neuilly-sur-Seine		1302
Courtyard Paris St-Denis - Saint-Denis		1309
Crillon - 8e		1223
Crimée - 19e		1279
Cristal - 8e		1227

D — page

Daniel - 8e		1225
Daumesnil Vincennes - Vincennes		1320
Delambre - 14e		1251
Demeure - 13e		1248
Deux Îles - 4e		1198
Dokhan's Radisson Blu - 16e		1261
Dream Castle - Marne-la-Vallée		1300
Duc de St-Simon - 7e		1213
Duo - 4e		1197
Duquesne Eiffel - 7e		1214
Duret - 16e		1262

E — page

Édouard VII - 2e		1192
Eiffel Cambronne - 15e		1255
Elysée Montparnasse - 14e		1251
Élysées Mermoz - 8e		1227
Élysées Régencia - 16e		1262
De L'Empereur - 7e		1214
Ermitage des Loges - Saint-Germain-en-Laye		1309
Espace Champerret - Levallois-Perret		1298
Esprit St-Germain - 6e		1205
Les Étangs de Corot - Ville-d'Avray		1319
Étoile Résidence Impériale - 16e		1263
Europe - Clichy		1291
Eurostars Panorama - 10e		1241
Evergreen Laurel - Levallois-Perret		1297
Express by Holiday Inn - Le Kremlin-Bicêtre		1297

F — page

De Fleurie - 6e		1208
Floride Étoile - 16e		1263

La Forestière - Saint-Germain-en-Laye		1309
Fouquet's Barrière - 8e		1223
Four Seasons George V - 8e		1223
France - 7e		1216
François 1er - 8e		1226
Franklin - Montreuil		1301

G — page

Gabriel - 11e		1243
Garden Élysée - 16e		1262
Gavarni - 16e		1264
Le Général - 11e		1243
George Sand - Courbevoie		1292
Gramont Opéra - 2e		1192
Grandes Écoles - 5e		1201
Grand Hôtel Barrière - Enghien-les-Bains		1294
Grand Hôtel Français - 11e		1243
Grand Hôtel Haussmann - 9e		1238
Grand Hôtel St-Michel - 5e		1200
Des Grands Hommes - 5e		1200

H — page

Le Hameau de Passy - 16e		1264
Henri IV - 5e		1201
Hidden - 17e		1271
Hilton - Roissy-en-France		1306
Hilton Arc de Triomphe - 8e		1224
Hilton La Défense - La Défense		1294
Hilton Orly - Orly		1304
Holiday Inn - Bougival		1284
Holiday Inn - Clichy		1291
Holiday Inn Montparnasse - 15e		1255
Holiday Inn Paris Montmartre - 18e		1277
Holiday Inn - Rungis		1308
Holiday Inn - Vélizy-Villacoublay		1315
Holiday Inn La Villette - 19e		1279
L'Horset Opéra - 2e		1192
Hostellerie du Prieuré - Saint-Prix		1311
L'Hôtel - 6e		1205
L'Hôtel Particulier Montmartre - 18e		1277
Hyatt Regency - 8e		1224
Hyatt Regency - Roissy-en-France		1306

I — page

Intercontinental Avenue Marceau - 8e		1225
Intercontinental Le Grand - 9e		1236

J page

Jacques de Molay - 3ᵉ		1196
Jardin de Cluny - 5ᵉ		1201
Jardin de Neuilly		
- Neuilly-sur-Seine		1303
Les Jardins de la Villa - 17ᵉ		1270
Les Jardins du Marais - 11ᵉ		1242
De la Jatte - Neuilly-sur-Seine		1303
Jeu de Paume - 4ᵉ		1197
Joyce - 9ᵉ		1237
Jules - 9ᵉ		1237

K page

Keppler - 16ᵉ		1261
K+K Hotel Cayré - 7ᵉ		1214
Kube - 18ᵉ		1277

L page

Du Lac - Enghien-les-Bains		1294
Lancaster - 8ᵉ		1224
Langlois - 9ᵉ		1238
Laumière - 19ᵉ		1279
Le Lavoisier - 8ᵉ		1228
Left Bank St-Germain - 6ᵉ		1206
Lenox Montparnasse - 14ᵉ		1250
Lenox St-Germain - 7ᵉ		1215
Du Levant - 5ᵉ		1201
Little Palace - 3ᵉ		1196
Londres Eiffel - 7ᵉ		1216
Lorette Opéra - 9ᵉ		1237
Louvre St-Honoré - 1ᵉʳ		1186
Louvre Ste-Anne - 1ᵉʳ		1187
Lutèce - 4ᵉ		1198
Lutetia - 6ᵉ		1205

M page

Madison - 6ᵉ		1206
Magellan - 17ᵉ		1271
Magic Circus - Marne-la-Vallée		1300
Malte Opéra - 2ᵉ		1192
Mama Shelter - 20ᵉ		1280
Manhattan - Saint-Ouen		1311
Le Manoir de Gressy - Gressy		1296
Mansart - 1ᵉʳ		1186
La Manufacture - 13ᵉ		1248
Marceau Champs Élysées		
- 16ᵉ		1263
Le Marquis - 15ᵉ		1255
Marriott - 8ᵉ		1224
Marriott - Roissy-en-France		1306
Le Mathurin - 8ᵉ		1226
Mayet - 6ᵉ		1208
Mayfair - 1ᵉʳ		1186
Meliá Vendôme - 1ᵉʳ		1185
Mercure - Cergy-Pontoise		1287

Mercure - Corbeil-Essonnes		1292
Mercure La Défense 5		
- Courbevoie		1292
Mercure La Défense Parc		
- Nanterre		1302
Mercure - Evry		1295
Mercure Gare de Lyon - 12ᵉ		1245
Mercure - Massy		1301
Mercure Montmartre - 18ᵉ		1277
Mercure - Montrouge		1302
Mercure Opéra Garnier - 8ᵉ		1228
Mercure - Orly		1305
Mercure Paris Porte de		
Versailles Expo - Vanves		1314
Mercure Paris XV - 15ᵉ		1255
Mercure Place d'Italie - 13ᵉ		1248
Mercure Porte de St-Cloud		
- Boulogne-Billancourt		1285
Mercure Raspail		
Montparnasse - 14ᵉ		1250
Mercure - Roissy-en-France		1306
Mercure		
- Saint-Quentin-en-Yvelines		1312
Mercure Suffren Tour Eiffel		
- 15ᵉ		1255
Mercure Terminus Nord - 10ᵉ		1241
Mercure Versailles Château		
- Versailles		1318
Mercure Wagram Arc de		
Triomphe - 17ᵉ		1272
Le Méridien Étoile - 17ᵉ		1269
Le Metropolitan Radisson		
Blu - 16ᵉ		1262
Le Meurice - 1ᵉʳ		1184
Du Midi - 14ᵉ		1251
Millennium - Roissy-en-France		1306
Millennium Paris Opéra - 9ᵉ		1236
Millésime - 6ᵉ		1207
Minerve - 5ᵉ		1201
Monceau Élysées - 17ᵉ		1272
Mon Hôtel - 16ᵉ		1262
Montalembert - 7ᵉ		1214
Monterosa - 9ᵉ		1239
Moulin d'Orgeval - Orgeval		1304
Muguet - 7ᵉ		1215
Murano Resort - 3ᵉ		1195

N page

Napoléon - 8ᵉ		1223
9 Hotel - 9ᵉ		1238
Neuilly Park - Neuilly-sur-Seine		1303
Nicolo - 16ᵉ		1263
De Noailles - 2ᵉ		1192
Nogentel - Nogent-sur-Marne		1304
Du Nord - 10ᵉ		1242

Nord et Est - 11ᵉ		1243
Nouvel Orléans - 14ᵉ		1250
Novotel Atria		
- Charenton-le-Pont		1290
Novotel Bercy - 12ᵉ		1245
Novotel Château de		
Versailles - Versailles		1318
Novotel Convention et		
Wellness - Roissy-en-France		1306
Novotel - Créteil		1293
Novotel La Défense - La		
Défense		1294
Novotel Gare de Lyon - 12ᵉ		1245
Novotel Gare Montparnasse		
- 15ᵉ		1255
Novotel - Marne-la-Vallée		1300
Novotel - Noisy-le-Grand		1304
Novotel Paris Est - Bagnolet		1283
Novotel Paris Les Halles - 1ᵉʳ		1186
Novotel Porte d'Italie - Le		
Kremlin-Bicêtre		1297
Novotel - Rueil-Malmaison		1307
Novotel - Saclay		1308
Novotel - Saint-Pierre-du-Perray		1311
Novotel St-Quentin Golf		
National		
- Saint-Quentin-en-Yvelines		1312
Novotel - Suresnes		1313
Novotel Tour Eiffel - 15ᵉ		1254

O
page

Océania - 15ᵉ		1255
Odéon St-Germain - 6ᵉ		1208
Opal - 8ᵉ		1227
Opéra d'Antin - 9ᵉ		1238
Opéra Diamond - 8ᵉ		1226
Opéra Pavillon - 9ᵉ		1237
Opéra Richepanse - 1ᵉʳ		1186
D'Orsay - 7ᵉ		1214

P
page

De la Paix - 14ᵉ		1251
Palma - 20ᵉ		1280
Panthéon - 5ᵉ		1200
Paris - Boulogne-Billancourt		1285
Paris Bastille - 12ᵉ		1245
Paris-Est - 10ᵉ		1242
Paris Neuilly - Neuilly-sur-Seine		1303
Park Hyatt - 2ᵉ		1191
Pas de Calais - 6ᵉ		1206
Passy Eiffel - 16ᵉ		1262
Le Patio St-Antoine - 11ᵉ		1243
Pavillon de la Reine - 3ᵉ		1195
Pavillon Henri IV		
- Saint-Germain-en-Laye		1309

Pergolèse - 16ᵉ		1261
Pershing Hall - 8ᵉ		1226
Du Petit Moulin - 3ᵉ		1196
Le Petit Paris - 5ᵉ		1202
Pierre Nicole - 5ᵉ		1202
Place du Louvre - 1ᵉʳ		1187
Plaza Athénée - 8ᵉ		1222
Pont Royal - 7ᵉ		1214
Port Royal		
- Saint-Quentin-en-Yvelines		1312
Du Pré - 9ᵉ		1239
Prince de Condé - 6ᵉ		1208
Prince de Conti - 6ᵉ		1208
Princesse Caroline - 17ᵉ		1271
Pullman La Défense - La		
Défense		1293
Pullman Montparnasse - 14ᵉ		1250
Pullman Paris Bercy - 12ᵉ		1245
Pullman Rive Gauche - 15ᵉ		1254
Pullman - Roissy-en-France		1306
Pullman - Versailles		1316

Q
page

Quartier Hotel Bercy Square		
- 12ᵉ		1246
Queen's - 16ᵉ		1264
Quorum - Saint-Cloud		1308

R
page

Radisson Blu		
- Boulogne-Billancourt		1284
Radisson Blu at Disneyland		
- Marne-la-Vallée		1300
Radisson Blu Charles de		
Gaulle Airport - Le		
Mesnil-Amelot		1301
Raphael - 16ᵉ		1260
Récamier - 6ᵉ		1207
Régent - 6ᵉ		1208
Regent's Garden - 17ᵉ		1270
Regina - 1ᵉʳ		1185
Relais Bosquet - 7ᵉ		1215
Relais Christine - 6ᵉ		1206
Le Relais de la Malmaison		
- Rueil-Malmaison		1307
Relais du Louvre - 1ᵉʳ		1187
Relais Madeleine - 9ᵉ		1239
Relais Médicis - 6ᵉ		1207
Relais Monceau - 8ᵉ		1227
Relais Montmartre - 18ᵉ		1277
Relais St-Germain - 6ᵉ		1206
Relais St-Honoré - 1ᵉʳ		1186
Relais St-Jacques - 5ᵉ		1200
Renaissance - La Défense		1294

PARIS

Renaissance Arc de Triomphe - 17ᵉ		1269
Renaissance Parc-Trocadéro - 16ᵉ		1260
Renaissance Paris Vendôme - 1ᵉʳ		1185
La Résidence du Berry - Versailles		1318
Résidence Europe - Clichy		1291
Résidence Foch - 16ᵉ		1263
Ritz - 1ᵉʳ		1184
Royal - 8ᵉ		1226
Le Royal Monceau - 8ᵉ		1223
Royal St-Honoré - 1ᵉʳ		1185
Royal St-Michel - 5ᵉ		1201

S — page

St-Augustin Élysées - 8ᵉ		1228
St-Christophe - 5ᵉ		1202
St-Germain - 7ᵉ		1216
St-Jacques - 5ᵉ		1202
St-James Paris - 16ᵉ		1260
St-Louis - Vincennes		1320
St-Pétersbourg - 9ᵉ		1237
St-Thomas d'Aquin - 7ᵉ		1216
St-Vincent - 7ᵉ		1214
Ste-Beuve - 6ᵉ		1207
San Régis - 8ᵉ		1225
Scribe - 9ᵉ		1236
Secret de Paris - 9ᵉ		1237
Select - 5ᵉ		1200
Sélect Hôtel - Boulogne-Billancourt		1285
Le Sénat - 6ᵉ		1207
7 Eiffel - 7ᵉ		1215
De Sers - 8ᵉ		1225
De Sèvres - 6ᵉ		1208
Sezz - 16ᵉ		1261
Shangri-La - 16ᵉ		1260
Sheraton - Roissy-en-France		1307
Le Six - 8ᵉ		1205
Sofitel le Faubourg - 8ᵉ		1225
Sofitel Paris La Défense - La Défense		1294
Sorbonne - 5ᵉ		1202
Splendid Étoile - 17ᵉ		1270
Square - 16ᵉ		1261
Le Standard Design - 11ᵉ		1243
De Suède St-Germain - 7ᵉ		1215

T — page

Le Tartarin - Sucy-en-Brie		1313
Terminus Lyon - 12ᵉ		1246
Terrass' Hôtel - 18ᵉ		1277
The Five - 5ᵉ		1202
Thérèse - 1ᵉʳ		1186
The Westin Paris - 1ᵉʳ		1184
Tilsitt Étoile - 17ᵉ		1271
Timhotel - 18ᵉ		1278
Tour Notre-Dame - 5ᵉ		1202
Le Tourville - 7ᵉ		1215
La Trémoille - 8ᵉ		1224
Triangle d'Or - 9ᵉ		1238
Trianon Palace - Versailles		1315
Trocadéro La Tour - 16ᵉ		1263
Les Trois Poussins - 9ᵉ		1238
Trosy - Clamart		1290
Tulip Inn Marne la Vallée - Marne-la-Vallée		1300

V — page

De Varenne - 7ᵉ		1215
La Vasconia - Bougival		1284
De Vendôme - 1ᵉʳ		1184
Vernet - 8ᵉ		1224
Le Versailles - Versailles		1318
Le Vert Galant - 13ᵉ		1248
Victoires Opéra - 2ᵉ		1192
Victor Hugo - 16ᵉ		1263
Victoria Palace - 6ᵉ		1205
Le Vignon - 8ᵉ		1227
De Vigny - 8ᵉ		1225
Villa Alessandra - 17ᵉ		1271
Villa des Impressionnistes - Bougival		1284
La Villa d'Estrées et Résidence des Arts - 6ᵉ		1206
La Villa Maillot - 16ᵉ		1261
Villa Majestic - 16ᵉ		1261
Villa Mazarin - 4ᵉ		1198
Villa Panthéon - 5ᵉ		1201
Villa Royale Montsouris - 14ᵉ		1250
La Villa St-Germain - 6ᵉ		1206
Le 20 Prieuré Hôtel - 11ᵉ		1243
Vivaldi - Puteaux		1305

W — page

Waldorf Arc de Triomphe - 17ᵉ		1271
Waldorf Trocadero - 16ᵉ		1262
Le Walt - 7ᵉ		1214
Washington Opéra - 1ᵉʳ		1185
West-End - 8ᵉ		1227
Westminster - 2ᵉ		1192
Windsor Home - 16ᵉ		1264
Windsor Opéra - 10ᵉ		1241

LISTE ALPHABÉTIQUE DES RESTAURANTS
INDEX OF RESTAURANTS

A		page
L'Absinthe - 1er	X	1190
L'Acajou - 16e	X	1268
L'Accolade - 17e	X 🖾	1275
A et M Restaurant - 16e	XX 🖾	1266
Afaria - 15e	X	1257
L'Affriolé - 7e	X 🖾	1221
Agapé - 17e	XX ❀	1273
L'Agrume - 5e	X	1204
Aida - 7e	X ❀	1220
À la Coupole		
- Neuilly-sur-Seine	X	1303
Alain Ducasse au Plaza		
Athénée - 8e	XXXX ❀❀❀	1229
Al Ajami - 8e	XX	1234
Alcazar - 6e	XX	1210
Allard - 6e	X	1211
Les Allobroges - 20e	XX 🖾	1281
L'Altro - 6e	X	1213
L'Amandier - Antony	XX	1282
Ambassade d'Auvergne - 3e	XX	1196
L'Ambassade de Pékin		
- Saint-Mandé	XX	1310
Les Ambassadeurs - 8e	XXXXX ❀	1229
L'Ambre d'Or - Saint-Mandé	XX 🖾	1310
L'Ambroisie - 4e	XXXX ❀❀❀	1198
L'Amphitryon - Noisy-le-Grand	XX	1304
L'Amuse Bouche - 14e	X	1254
Anacréon - 13e	XX	1248
L'Angélique - Versailles	XX ❀	1318
L'Angle du Faubourg - 8e	XX ❀	1233
Antoine - 16e	XXX ❀	1265
L'A.O.C. - 5e	X	1203
Aoki Makoto - 8e	X	1235
Apicius - 8e	XXXX ❀❀❀	1230
L'Armoise - Versailles	X	1319
L'Arôme - 8e	XX ❀	1233
Arpège - 7e	XXX ❀❀❀❀	1217
Les Arts - 16e	XXX	1265
Assaporare - 12e	X	1247
L'Assiette - 14e	X	1252
Astier - 11e	X	1244
Astrance - 16e	XXX ❀❀❀	1265
L'Atelier Berger - 1er	XX	1189
L'Atelier d'Antan - 14e	X	1253
L'Atelier de Joël Robuchon - Étoile - 8e	X ❀❀	1234
L'Atelier de Joël Robuchon - St-Germain - 7e	X ❀❀	1219
L'Atelier du Parc - 15e	XX	1256
Atelier Maître Albert - 5e	XX	1203
L'Auberge		
- Boulogne-Billancourt	XX	1285
L'Auberge Aveyronnaise - 12e	X 🖾	1247
Auberge de la Poularde		
- Vaucresson	XXX	1315
L'Auberge de l'Élan		
- Cernay-la-Ville	X	1289
Auberge des Saints Pères		
- Aulnay-sous-Bois	XXX ❀	1283
Auberge du Château "Table des Blot"		
- Dampierre-en-Yvelines	XXX ❀	1293
Auberge du Cheval Blanc		
- Cergy-Pontoise	XX	1289
Auberge du Pont de Bry "La Grapille" - Bry-sur-Marne	XX ❀	1286
Auberge Pyrénées Cévennes - 11e	X 🖾	1244
Auberge Ravoux		
- Auvers-sur-Oise	X 🖾	1283
Au Bœuf Couronné - 19e	XX	1279
Au Bon Accueil - 7e	X 🖾	1220
Au Bord de l'Eau		
- Conflans-Sainte-Honorine	X	1291
Au Cœur de la Forêt		
- Montmorency	XX	1301
Au Comte		
- Boulogne-Billancourt	XXX ❀	1285
L'Audacieux - Levallois-Perret	X	1298
Au Gourmand - 1er	X	1189
Auguste - 7e	XX ❀	1218
Au Moulin à Vent - 5e	X	1203
Au Petit Marguery - 13e	XX 🖾	1248
Au Petit Riche - 9e	XX	1239
Au Pouilly Reuilly		
- Le Pré-Saint-Gervais	X	1305
Au Relais des Buttes-Chaumont - 19e	XX	1279
Au Trou Gascon - 12e	XX ❀	1246
Au Vieux Chêne - 11e	X	1244
Aux Lyonnais - 2e	X 🖾	1194
Aux Saveurs d'Alice		
- Enghien-les-Bains	X	1295
L'Avant Goût - 13e	X	1249
Azabu - 6e	X	1213

B

		page
Baan Boran - 1er	X	1191
Le Ballon des Ternes - 17e	XX	1274
Le Bamboche - 7e	XX	1219
Bambou - 13e	X	1249
Banyan - 15e	X	1259
Le Baratin - 20e	X ⊛	1281
Barbezingue - Châtillon	X ⊛	1290
La Barrière de Clichy - Clichy	XX	1291
La Bastide - Villeparisis	XX	1320
Bastide Odéon - 6e	XX	1210
Le Baudelaire - 1er	XXX ✿	1188
Beau Rivage - Villeneuve-le-Roi	XX	1319
Le Bélisaire - 15e	X ⊛	1258
La Belle Époque - Châteaufort	XXX ✿	1290
Benkay - 15e	XXX	1256
Benoit - 4e	XX ✿	1198
Bernard du 15 - 15e	X	1257
Beurre Noisette - 15e	X ⊛	1257
Bibimbap - 5e	X	1204
La Biche au Bois - 12e	X	1247
Bigarrade - 17e	X ✿ ✿	1274
Le Bis du Severo - 14e	X	1254
Bistro de la Muette - 16e	XX	1267
Bistro d'Hubert - 15e	X	1257
Bistro Poulbot - 18e	XX	1278
Le Bistro T - 14e	X	1252
Le Bistrot d'À Côté Flaubert - 17e	X	1275
Le Bistrot d'à Côté la Boutarde - Neuilly-sur-Seine	X	1303
Le Bistrot de L'Alycastre - 6e	X	1213
Bistrot de Paris - 7e	X	1220
Bistrot du Dôme - 14e	X	1253
Le Bistrot du 7ème - 7e	X	1221
Bistrot du Sommelier - 8e	XX	1234
Bistrot Mavrommatis - 1er	X	1190
Bistrot Paul Bert - 11e	X ⊛	1244
Bistrot St-Honoré - 1er	X	1190
Bistrot Volnay - 2e	X	1194
Bi Zan - 2e	X	1195
Bofinger - 4e	XX	1199
Bon - 16e	XX	1266
Le Bonheur de Chine - Rueil-Malmaison	XX	1307
Bonne Franquette - Janvry	XX	1297
Les Botanistes - 7e	X	1221
Le Bouco - 8e	X ⊛	1236
La Boulangerie - 20e	X	1281
Les Bouquinistes - 6e	XX	1210
La Bourgogne - Maisons-Alfort	XX ⊛	1298
La Braisière - 17e	XX ✿	1273
La Bretèche - Saint-Maur-des-Fossés	XXX	1311
Le Bristol - 8e	XXXX ✿✿✿	1229

C

		page
Café Constant - 7e	X ⊛	1222
Le Café d'Angel - 17e	X	1275
Café de la Paix - 9e	XXX	1239
Café de l'Esplanade - 7e	XX	1218
Café des Musées - 3e	X	1197
Café Lenôtre - Pavillon Elysée - 8e	X	1234
Café Moderne - 2e	X ⊛	1194
Café Panique - 10e	X ⊛	1242
Café Prunier - 8e		1235
Le Café qui Parle - 18e	X	1278
Café Sud - 8e	X	1235
Caffè dei Cioppi - 11e	X ⊛	1245
La Cagouille - 14e	X	1253
Les Cailloux - 13e	X ⊛	1249
Caïus - 17e	X	1274
Caméléon d'Arabian - 6e	XX	1210
Le Camélia - Bougival	XXX ✿	1284
Le Canal - Evry	X	1295
La Cantine du Troquet - 14e	X ⊛	1253
Le Caroubier - 15e	XX ⊛	1256
Le Carré de Marguerite - 6e	X	1212
Carré des Feuillants - 1er	XXXX ✿✿	1188
Le Carré des Vosges - 3e	X	1196
Carte Blanche - 9e	X ⊛	1240
Les Cartes Postales - 1er	X	1190
Casa Olympe - 9e	X	1239
Caves Petrissans - 17e	X	1276
Cazaudehore - Saint-Germain-en-Laye	XXX	1309
Le Céladon - 2e	XXX ✿	1193
Le Cénacle - Tremblay-en-France	XX	1314
114, Faubourg - 8e	XX	1232
Le 122 - 7e	X	1220
La Cerisaie - 14e	X ⊛	1252
Chalet du Parc - Yerres	XX	1320
Chamarré Montmartre - 18e	XX	1278
Les Chanteraines - Villeneuve-la-Garenne	XX	1319
Chardenoux - 11e	XX	1243
Le Chateaubriand - 11e	X	1244
Chaumette - 16e	XX	1267
Le Chefson - Bois-Colombes	X ⊛	1284
Chen Soleil d'Est - 15e	XX	1256
Le Cherche Midi - 6e	X	1212
Chéri bibi - 18e	X	1278
Chez Casimir - 10e	X	1242
Chez Cécile - La Ferme des Mathurins - 8e	X	1235
Chez Fred - 17e	X	1275
Chez Georges - 2e	X	1194
Chez Géraud - 16e	XX ⊛	1267

		page
Chez La Vieille "Adrienne" - 1er	X	1191
Chez Léon - 17e	X 🕯	1274
Chez les Anges - 7e	XX 🕯	1218
Chez Michel - Boulogne-Billancourt	X	1286
Chez Michel - 10e	X 🕯	1242
Chez René - 5e	X	1203
Le Chiberta - 8e	XXX ✿	1232
Le Chiquito - Cergy-Pontoise	XXX ✿	1288
Cibus - 1er	X	1191
Cigale Récamier - 7e	XX	1217
Le Cinq - 8e	XXXXX ✿ ✿	1228
Citrus Étoile - 8e	XXX	1232
Le Clarisse - 7e	XX 🕯	1218
Claude Colliot - 4e	X	1199
Le Clos des Gourmets - 7e	X 🕯	1219
Le Clos de Sucy - Sucy-en-Brie	XX	1313
Le Clou de Fourchette - 17e	X	1275
Coco de Mer - 5e	X	1204
Les Cocottes - 7e	X 🕯	1220
Le Comptoir du Relais - 6e	X	1212
Le Concert de Cuisine - 15e	X	1259
Le Congrès - 17e	XX	1274
Conti - 16e	XX	1267
Copenhague - 8e	XXX	1231
Le Coq de la Maison Blanche - Saint-Ouen	XX	1311
Coquibus - Issy-les-Moulineaux	X	1297
Le Court-Bouillon - 15e	XX	1257
Le Cristal de Sel - 15e	X	1258
Cristal Room Baccarat - 16e	XX	1266
Crudus - 1er	X	1190
La Cuisine - 7e	XX	1219

D		page
Dariole de Viry - Viry-Châtillon	XX	1320
Dar Lyakout - 7e	X	1221
Daru - 8e	X	1235
D'Chez Eux - 7e	XX	1219
Les Délices d'Aphrodite - 5e	X	1204
Dessirier par Rostang Père et Filles - 17e	XXX	1272
Les Diables au Thym - 9e	X	1241
Diep - 8e	XX	1234
La Dînée - 15e	XX	1256
Le Dirigeable - 15e	X	1258
Le Dôme - 14e	XXX	1251
Le Dôme Bastille - 4e	X	1199
Le Dôme du Marais - 4e	XX	1199
Dominique Bouchet - 8e	X ✿	1235
Drouant - 2e	XXX	1193
Le Duc - 14e	XXX	1251
Ducoté Cuisine - Boulogne-Billancourt	XX ✿	1285

E		page
L'Écailler du Bistrot - 11e	X	1244
Les Écuries de Richelieu - Rueil-Malmaison	XX	1307
Les Écuries du Château - Dampierre-en-Yvelines	XX	1293
Emporio Armani Caffé - 6e	XX	1211
Les Enfants Terribles - 8e	XXX	1231
L'Entêtée - 14e	X 🕯	1253
L'Entredgeu - 17e	X 🕯	1276
L'Épi Dupin - 6e	X 🕯	1211
L'Épopée - 15e	XX	1257
Erawan - 15e	XX	1256
L'Escarbille - Meudon	XX ✿	1301
L'Espadon - 1er	XXXXX ✿ ✿	1187
etc... - 16e	XX	1267

F		page
Les Fables de La Fontaine - 7e	X ✿	1220
Faim et Soif - Saint-Maur-des-Fossés	X	1311
La Ferme d'Argenteuil - Argenteuil	XXX	1282
Les Fils de la Ferme - 14e	X	1253
Firmin Le Barbier - 7e	X	1221
Fish La Boissonnerie - 6e	X	1212
Florimond - 7e	X	1222
Foc Ly - Neuilly-sur-Seine	XX	1303
Fogón - 6e	XX ✿	1210
Fontanarosa - 15e	XX	1256
Fontaine de Mars - 7e	X	1221
La Fontaine Gaillon - 2e	XX	1193
Les Fougères - 17e	XX	1274
Fouquet's - 8e	XXX	1231
La Fourchette du Printemps - 17e	X ✿	1276
Les Fous de l'Île - 4e	X	1199
Frédéric Simonin - 17e	XX ✿	1273
Frenchie - 2e	X 🕯	1195

G		page
Le Gaigne - 4e	X	1199
Gallopin - 2e	XX	1193
Le Garde-Manger - Saint-Cloud	X	1308
Le Gastroquet - 15e	X	1259
La Gauloise - 15e	XX	1256
Gaya Rive Gauche par Pierre Gagnaire - 7e	X ✿	1219
La Gazzetta - 12e	X	1247
Georgette - 9e	X	1240
Glou - 3e	X	1197
Gordon Ramsay au Trianon - Versailles	XXXX ✿ ✿	1318

PARIS

Goumard - 1er	✗✗	1188
Graindorge - 17e	✗✗ 🍀	1273
La Grande Cascade - 16e	✗✗✗✗ 🌼	1269
La Grande Ourse - 14e	✗	1253
Le Grand Pan - 15e	✗ 🍀	1258
Le Grand Véfour - 1er	✗✗✗✗ 🌼🌼🌼	1187
La Grange - Rungis	✗✗	1307
La Gueulardière		
- Ozoir-la-Ferrière	✗✗✗	1305
Guy Savoy - 17e	✗✗✗✗ 🌼🌼🌼	1272
Gwadar - 1er	✗	1191
Gwon's Dining - 15e	✗	1259

H

		page
Hanawa - 8e	✗✗	1234
Hélène Darroze - 6e	✗✗✗ 🌼	1209
L'Hermès - 19e	✗	1280
L'Heureux Père - Saint-Cloud	✗	1308
Hier et Aujourd'hui - 17e	✗ 🍀	1275
Hiramatsu - 16e	✗✗✗✗ 🌼	1264
Hostellerie du Nord		
- Auvers-sur-Oise	✗✗✗	1283
Hotaru - 9e	✗	1239
L'Huîtrier - 17e	✗	1276

I

		page
I Golosi - 9e	✗	1240
L'Ile - Issy-les-Moulineaux	✗✗	1296
Il Gusto Sardo - 16e	✗	1268
Il Vino d'Enrico Bernardo - 7e	✗✗ 🌼	1217
Impérial Choisy - 13e	✗ 🍀	1249
L'Inattendu - 15e	✗ 🍀	1259
Indra - 8e	✗✗	1234
L'Instinct - La		
Garenne-Colombes	✗✗	1296
Isami - 4e	✗	1199

J

		page
Jacques Cagna - 6e	✗✗✗ 🌼	1209
Jadis - 15e	✗ 🍀	1258
Le Janissaire - 12e	✗✗	1246
Jarrasse L'Ecailler de Paris		
- Neuilly-sur-Seine	✗✗	1303
Les Jardins de Camille		
- Suresnes	✗✗	1313
Jean - 9e	✗✗ 🌼	1239
Jean-François Piège - 7e	✗✗ 🌼🌼	1217
Jean-Pierre Frelet - 12e	✗ 🍀	1247
Le Jeu de Quilles - 14e	✗	1254
Jodhpur Palace - 12e	✗✗	1246
Juan - 9e	✗	1268
Le Jules Verne - 7e	✗✗✗ 🌼	1216
La Jument Verte		
- Tremblay-en-France	✗✗ 🍀	1314

K

		page
Kaï - 1er	✗	1190
Kaiseki - 15e	✗	1259
Karl et Erick - 17e	✗	1275
KGB - 6e	✗	1211
Kifuné - 17e	✗	1276
Kiku - 9e	✗	1241
Kinnari - 7e	✗ 🍀	1220
Kinugawa - 1er	✗✗	1189
Koetsu - 2e	✗	1195
Kunitoraya - 1er	✗	1190

L

		page
Laiterie Sainte Clotilde		
- 7e	✗	1222
Lao Lane Xang 2 - 13e	✗ 🍀	1249
Lasserre - 8e	✗✗✗✗ 🌼🌼	1230
Laurent - 8e	✗✗✗✗ 🌼	1230
Le Divellec - 7e	✗✗✗ 🌼	1216
Ledoyen - 8e	✗✗✗✗ 🌼🌼🌼	1229
Lescure - 1er	✗	1191
Lhassa - 5e	✗	1204
Liza - 2e	✗	1194
Le Lys d'Or - 12e	✗	1247

M

		page
Macéo - 1er	✗✗✗	1188
Les Magnolias - Le		
Perreux-sur-Marne	✗✗✗ 🌼	1305
Maison Blanche - 8e	✗✗✗	1231
Maison Courtine - 14e	✗✗ 🍀	1252
La Maison de Charly - 17e	✗✗	1273
La Maison du Jardin - 6e	✗ 🍀	1212
Mansouria - 11e	✗✗ 🍀	1243
Manufacture		
- Issy-les-Moulineaux	✗✗	1296
Du Marché - 15e	✗	1259
Marcigny - Viry-Châtillon	✗	1320
La Mare au Diable		
- Sainte-Geneviève-des-Bois	✗✗✗	1313
La Marée Passy - 16e	✗	1268
Marius - 16e	✗✗	1266
Marius et Janette - 8e	✗✗	1233
Market - 8e	✗✗	1233
La Marlotte - 6e	✗	1212
Marty - 5e	✗✗	1203
Mavrommatis - 5e	✗✗	1203
Maxan - 8e	✗✗	1233
MBC - Gilles Choukroun - 17e	✗	1275
Meating - 17e	✗✗ 🍀	1274
Méditerranée - 6e	✗✗	1210
Mer de Chine - 13e	✗	1249
Mets Gusto - 16e	✗	1268
Le Meurice - 1er	✗✗✗✗ 🌼🌼🌼	1187
Michel Rostang - 17e	✗✗✗ 🌼🌼	1272
Millésimes 62 - 14e	✗	1252

PARIS

1728 - 8e	XxX	1231
Mini Palais - 8e	XX	1232
Miroir - 18e	X ☻	1278
Moissonnier - 5e	X	1203
Momoka - 9e	X	1241
Monsieur Lapin - Chez Franck Enée - 14e	XX	1252
Mon Vieil Ami - 4e	X	1199
Mori Venice Bar - 2e	XX	1193
Moulin de la Renardière - Cergy-Pontoise	XX	1289
Le Mûrier - 15e	X	1258

N

		page
Nabuchodonosor - 7e	XX	1219
Nodaïwa - 1er	X	1190
Nolita - 8e	XX	1232

O

		page
L'Office - 9e	X	1241
Les Olivades - 7e	X	1221
L'Olivier - 3e	X	1197
Les Ombres - 7e	XX	1217
Ophélie - La Cigale Gourmande - Thiais	X	1314
L'Ordonnance - 14e	X ☻	1253
Ô Rebelle - 12e	X	1247
L'Oriental - 9e	X	1240
L'Os à Moelle - 15e	X ☻	1258
L'Osteria - 4e	X	1199
Osteria Ruggera - 2e	X ☻	1195
Oth Sombath - 8e	XxX	1232
Oudino - 7e	X	1222
L'Oulette - 12e	XxX	1246
L'Ourcine - 13e	X ☻	1249
L'Oxalis - 18e	X ☻	1278

P

		page
Palais Royal - 1er	XX	1188
Le Palanquin - 17e	X	1276
Pamphlet - 3e	XX	1196
Les Papilles - 5e	X	1204
Paris - 6e	XxX ✿	1209
Passage 53 - 2e	XX ✿ ✿	1193
Passiflore - 16e	XX ✿	1266
Pavillon de la Tourelle - Vanves	XxX	1314
Pavillon Montsouris - 14e	XX	1252
Le Percolateur - 8e	X	1235
Le Pergolèse - 16e	XxX ✿	1265
Le Pétel - 15e	X	1259
La Petite Auberge - Asnières-sur-Seine	XX ☻	1283

La Petite Marmite - Livry-Gargan	XX	1298
La Petite Sirène de Copenhague - 9e	X ☻	1240
Le Petit Marius - 8e	X	1235
Le Petit Pergolèse - 16e	X	1267
Petit Pontoise - 5e	X	1204
Les Petits Plats - 14e	X ☻	1253
Pétrossian - 7e	XxX	1217
Pétrus - 17e	XxX	1272
Pharamond - 1er	X	1189
Pierre au Palais Royal - 1er	XX	1188
Pierre Gagnaire - 8e	XxxX ✿✿✿	1230
Pierrot - 2e	X	1194
Pinxo - 1er	XX	1188
La Plancha - Maisons-Laffitte	X	1299
Le Pouilly - Sainte-Geneviève-des-Bois	XX ✿	1313
Pramil - 3e	X ☻	1197
Le Pré Cadet - 9e	X ☻	1240
Le Pré Catelan - 16e	XxXxX ✿✿✿	1269
Prunier - 16e	XxX	1264
Le P'tit Musset - 17e	X	1276
P'tit Troquet - 7e	X ☻	1221
Pur' - 2e	XxX ✿	1192

Q

		page
Que du bon - 19e	X	1280
Quincy - 12e	X	1247
Le Quinze - Lionel Flury - 15e	XX	1256
Le Quinzième - Cyril Lignac - 15e	XxX	1255

R

		page
Rech - 17e	XX	1273
La Régalade - 14e	X ☻	1252
La Régalade St-Honoré - 1er	X ☻	1189
Relais d'Auteuil - 16e	XxX ✿	1264
Relais Louis XIII - 6e	XxX ✿✿	1209
Le Relais Plaza - 8e	XX	1232
Relais Sainte Jeanne - Cergy-Pontoise	XX	Miss
Le Restaurant - 6e	XX ✿	1209
Ribouldingue - 5e	X ☻	1204
La Rigadelle - Vincennes	X	1320
River Café - Issy-les-Moulineaux	XX	1296
Romain - 9e	XX	1239
La Romantica - Clichy	XxX	1291
Rosimar - 16e	X	1269
Rôtisserie d'en Face - 6e	X	1212
La Rotonde - 6e	X	1211
Royal Madeleine - 8e	X	1235

S

		page
Sabayon - Morangis	✗✗✗	1302
St-Martin - Triel-sur-Seine	✗	1314
St-Pierre - Longjumeau	✗✗	1298
Samesa - 17ᵉ	✗✗	1274
Saturne - 2ᵉ	✗✗	1194
Saudade - 1ᵉʳ	✗✗	1189
Senderens - 8ᵉ	✗✗✗ ✿ ✿	1230
Sensing - 6ᵉ	✗✗ ✿	1210
Severo - 14ᵉ	✗	1254
Shin Jung - 8ᵉ	✗	1236
Shu - 6ᵉ	✗	1212
Silk et Spice - 2ᵉ	✗	1194
6 New York - 16ᵉ	✗✗	1266
Sizin - 9ᵉ	✗	1240
La Société - 6ᵉ	✗✗	1209
Sormani - 17ᵉ	✗✗✗	1272
Le Soufflé - 1ᵉʳ	✗✗	1188
Spoon - 8ᵉ	✗✗	1233
Spring - 1ᵉʳ	✗	1189
Stella Maris - 8ᵉ	✗✗✗ ✿	1231
Stéphane Martin - 15ᵉ	✗ 🍴	1257
Le Stresa - 8ᵉ	✗✗	1234
Suan Thaï - 4ᵉ	✗ 🍴	1200
Sukhothaï - 13ᵉ	✗	1249

T

		page
La Table d'Antan		
- Sainte-Geneviève-des-Bois	✗✗ 🍴	1312
La Table de Botzaris - 19ᵉ	✗	1280
La Table des Montquartiers		
- Issy-les-Moulineaux	✗✗	1296
La Table d'Eugène - 18ᵉ	✗ 🍴	1278
La Table du Baltimore - 16ᵉ	✗✗✗ ✿	1265
La Table du Lancaster - 8ᵉ	✗✗✗ ✿	1231
La Table Lauriston - 16ᵉ	✗	1268
Les Tablettes de JL Nomicos		
- 16ᵉ	✗✗✗	1265
Taillevent - 8ᵉ	✗✗✗✗✗ ✿ ✿	1229
Tang - 16ᵉ	✗✗	1266
Tante Marguerite - 7ᵉ	✗✗	1218
Tastevin - Maisons-Laffitte	✗✗✗ ✿	1298
Le Temps au Temps - 11ᵉ	✗	1244
Terrasse Mirabeau - 16ᵉ	✗✗	1267
Thoumieux - 7ᵉ	✗✗	1218
Le Timbre - 6ᵉ	✗ 🍴	1213
Timgad - 17ᵉ	✗✗	1273
Tokyo Eat - 16ᵉ	✗	1268
La Tour d'Argent - 5ᵉ	✗✗✗✗ ✿	1202
La Tour de Marrakech		
- Antony	✗	1282

V

		page
Le Valmont - Versailles	✗✗	1318
Van Gogh - Asnières-sur-Seine	✗✗✗	1282
Variations - 13ᵉ	✗ 🍴	1249
Vaudeville - 2ᵉ	✗✗	1193
Veramente - 7ᵉ	✗	1221
Le Versance - 2ᵉ	✗✗✗	1193
Les Vignes Rouges		
- Cergy-Pontoise	✗	1287
Le Vilgacy - Gagny	✗✗	1295
La Villa Corse - 16ᵉ	✗	1268
La Villa Corse - 15ᵉ	✗	1258
Le Village - Marly-le-Roi	✗✗ ✿	1299
Villa9Trois - Montreuil	✗✗	1302
Villaret - 11ᵉ	✗ 🍴	1244
Villa Victoria - 9ᵉ	✗	1240
Vincent Cozzoli - 19ᵉ	✗✗	1279
Le Vinci - 16ᵉ	✗✗	1267
Vin sur Vin - 7ᵉ	✗✗ ✿	1218
La Violette - 19ᵉ	✗	1280
Le Violon d'Ingres - 7ᵉ	✗✗ ✿	1217

W

		page
Wadja - 6ᵉ	✗	1212

Y

		page
Yam'Tcha - 1ᵉʳ	✗ ✿	1189
Yanasé - 15ᵉ	✗	1257
Yen - 6ᵉ	✗	1211
Yugaraj - 6ᵉ	✗✗	1210

Z

		page
Ze Kitchen Galerie - 6ᵉ	✗ ✿	1211
Zen - 1ᵉʳ	✗ 🍴	1190
Zinc Caïus - 17ᵉ	✗	1276
Zin's à l'Étape Gourmande		
- Versailles	✗✗	1318

Toyo - 6ᵉ — ✗ — 1211
35 ° Ouest - 7ᵉ — ✗ ✿ — 1220
Le 39V - 8ᵉ — ✗✗ — 1233
Les Trois Marmites - Courbevoie — ✗ — 1292
Le Troquet - 15ᵉ — ✗ 🍴 — 1258
La Truffe Noire - Neuilly-sur-Seine — ✗✗ ✿ — 1303
La Truffière - 5ᵉ — ✗✗ — 1203
Tsé Yang - 16ᵉ — ✗✗✗ — 1265
Tsukizi - 6ᵉ — ✗ — 1213

LES TABLES ÉTOILÉES
STARRED RESTAURANTS

❀❀❀2011

		page
Alain Ducasse au Plaza Athénée - 8ᵉ	XxXxX	1229
L'Ambroisie - 4ᵉ	XxXx	1198
Arpège - 7ᵉ	XxX	1217
Astrance - 16ᵉ	XxX	1265
Le Bristol - 8ᵉ	XxXxX	1229
Guy Savoy - 17ᵉ	XxxX	1272
Ledoyen - 8ᵉ	XxXxX	1229
Le Meurice - 1ᵉʳ	XxXxX	1187
Pierre Gagnaire - 8ᵉ	XxxX	1230
Le Pré Catelan - 16ᵉ	XxXxX	1269

❀❀2011

		page
Apicius - 8ᵉ	XxxX	1230
L'Atelier de Joël Robuchon - Étoile - 8ᵉ **N**	X	1234
L'Atelier de Joël Robuchon - St-Germain - 7ᵉ	X	1219
Bigarrade - 17ᵉ	X	1274
Carré des Feuillants - 1ᵉʳ	XxXx	1188
Le Cinq - 8ᵉ	XxXxX	1228
L'Espadon - 1ᵉʳ	XxXxX	1187
Gordon Ramsay au Trianon - Versailles	XxXx	1318
Le Grand Véfour - 1ᵉʳ	XxxX	1187
Jean-François Piège - 7ᵉ **N**	XX	1217
Lasserre - 8ᵉ	XxXxX	1230
Michel Rostang - 17ᵉ	XxxX	1272
Passage 53 - 2ᵉ **N**	XX	1193
Relais Louis XIII - 6ᵉ	XxX	1209
Senderens - 8ᵉ	XxX	1230
Taillevent - 8ᵉ	XxXxX	1229

❀2011

		page
Agapé - 17ᵉ	XX	1273
Aida - 7ᵉ	X	1220
Les Ambassadeurs - 8ᵉ **N**	XxXxX	1229
L'Angélique - Versailles	XX	1318
L'Angle du Faubourg - 8ᵉ	XX	1233
Antoine - 16ᵉ **N**	XxX	1265
L'Arôme - 8ᵉ	XX	1233
Auberge des Saints Pères - Aulnay-sous-Bois	XxX	1283
Auberge du Château "Table des Blot" - Dampierre-en-Yvelines	XxX	1293
Auberge du Pont de Bry "La Grapille" - Bry-sur-Marne **N**	XX	1286
Au Comte - Boulogne-Billancourt	XxX	1285
Auguste - 7ᵉ	XX	1218

Au Trou Gascon - 12ᵉ	XX	1246
Le Baudelaire - 1ᵉʳ **N**	XxX	1188
La Belle Époque - Châteaufort	XxX	1290
Benoit - 4ᵉ	XX	1198
La Braisière - 17ᵉ	XX	1273
Le Camélia - Bougival	XxX	1284
Le Céladon - 2ᵉ	XxX	1193
Le Chiberta - 8ᵉ	XxX	1232
Le Chiquito - Cergy-Pontoise **N**	XxX	1288
Dominique Bouchet - 8ᵉ	X	1235
Ducoté Cuisine - Boulogne-Billancourt	XX	1285
L'Escarbille - Meudon	XX	1301
etc... - 16ᵉ	XX	1267
Les Fables de La Fontaine - 7ᵉ	X	1220
Fogón - 6ᵉ	XX	1210
La Fourchette du Printemps - 17ᵉ **N**	X	1276
Frédéric Simonin - 17ᵉ **N**	XX	1273
Gaya Rive Gauche par Pierre Gagnaire - 7ᵉ	X	1219
La Grande Cascade - 16ᵉ	XxxX	1269
Hélène Darroze - 6ᵉ	XxX	1209
Hiramatsu - 16ᵉ	XxxX	1264
Il Vino d'Enrico Bernardo - 7ᵉ	XX	1217
Jacques Cagna - 6ᵉ	XxX	1209
Jean - 9ᵉ	XX	1239
Le Jules Verne - 7ᵉ	XxX	1216
Laurent - 8ᵉ	XxXxX	1230
Le Divellec - 7ᵉ	XxX	1216
Les Magnolias - Le Perreux-sur-Marne	XxX	1305
Paris - 6ᵉ	XxX	1209
Passiflore - 16ᵉ	XX	1266
Le Pergolèse - 16ᵉ	XxX	1265
Le Pouilly - Sainte-Geneviève-des-Bois	XX	1313
Pur' - 2ᵉ	XxX	1192
Relais d'Auteuil - 16ᵉ	XxX	1264
Le Restaurant - 6ᵉ	XX	1209
Sensing - 6ᵉ **N**	XX	1210
Stella Maris - 8ᵉ	XxX	1231
La Table du Baltimore - 16ᵉ	XxX	1265
La Table du Lancaster - 8ᵉ	XxX	1231
Tastevin - Maisons-Laffitte	XxX	1298
La Tour d'Argent - 5ᵉ	XxXxX	1202
35 ° Ouest - 7ᵉ	X	1220
La Truffe Noire - Neuilly-sur-Seine	XX	1303
Le Village - Marly-le-Roi **N**	XX	1299
Vin sur Vin - 7ᵉ	XX	1218
Le Violon d'Ingres - 7ᵉ	XX	1217
Yam'Tcha - 1ᵉʳ	X	1189
Ze Kitchen Galerie - 6ᵉ	X	1211

BIB GOURMAND

Repas soignés à prix modérés
Good food at moderate prices

		page
L'Accolade - 17ᵉ	X	1275
A et M Restaurant - 16ᵉ	XX	1266
L'Affriolé - 7ᵉ	X	1221
Les Allobroges - 20ᵉ	XX	1281
L'Auberge Aveyronnaise - 12ᵉ	X	1247
Auberge Pyrénées Cévennes - 11ᵉ	X	1244
Au Bon Accueil - 7ᵉ	X	1220
Au Petit Marguery - 13ᵉ **N**	XX	1248
Aux Lyonnais - 2ᵉ	X	1194
Le Baratin - 20ᵉ	X	1281
Le Bélisaire - 15ᵉ	X	1258
Beurre Noisette - 15ᵉ	X	1257
Bistrot Paul Bert - 11ᵉ	X	1244
Le Bouco - 8ᵉ	X	1236
Café Constant - 7ᵉ	X	1222
Café Moderne - 2ᵉ **N**	X	1194
Café Panique - 10ᵉ	X	1242
Caffé dei Cioppi - 11ᵉ	X	1245
Les Cailloux - 13ᵉ	X	1249
La Cantine du Troquet - 14ᵉ	X	1253
Le Caroubier - 15ᵉ	XX	1256
Carte Blanche - 9ᵉ	X	1240
La Cerisaie - 14ᵉ	X	1252
Chez Géraud - 16ᵉ	XX	1267
Chez Léon - 17ᵉ **N**	X	1274
Chez les Anges - 7ᵉ	XX	1218
Chez Michel - 10ᵉ	X	1242
Le Clarisse - 7ᵉ	XX	1218
Le Clos des Gourmets - 7ᵉ	X	1219
Les Cocottes - 7ᵉ	X	1220
L'Entêtée - 14ᵉ	X	1253
L'Entredgeu - 17ᵉ	X	1276
L'Épi Dupin - 6ᵉ	X	1211
Frenchie - 2ᵉ	X	1195
Graindorge - 17ᵉ	XX	1273
Le Grand Pan - 15ᵉ	X	1258
Hier et Aujourd'hui - 17ᵉ	X	1275
Impérial Choisy - 13ᵉ	X	1249
L'Inattendu - 15ᵉ	X	1259
Jadis - 15ᵉ	X	1258
Jean-Pierre Frelet - 12ᵉ	X	1247
Kinnari - 7ᵉ **N**	X	1220
Lao Lane Xang 2 - 13ᵉ **N**	X	1249
Maison Courtine - 14ᵉ	XX	1252
La Maison du Jardin - 6ᵉ	X	1212
Mansouria - 11ᵉ	XX	1243
Meating - 17ᵉ	XX	1274
Miroir - 18ᵉ **N**	X	1278
L'Ordonnance - 14ᵉ	X	1253
L'Os à Moelle - 15ᵉ	X	1258
Osteria Ruggera - 2ᵉ **N**	X	1195
L'Ourcine - 13ᵉ	X	1249
L'Oxalis - 18ᵉ	X	1278
La Petite Sirène de Copenhague - 9ᵉ	X	1240
Les Petits Plats - 14ᵉ **N**	X	1253
Pramil - 3ᵉ	X	1197
Le Pré Cadet - 9ᵉ	X	1240
P'tit Troquet - 7ᵉ	X	1221
La Régalade - 14ᵉ	X	1252
La Régalade St-Honoré - 1ᵉʳ **N**	X	1189
Ribouldingue - 5ᵉ	X	1204
Stéphane Martin - 15ᵉ	X	1257
Suan Thaï - 4ᵉ	X	1200
La Table d'Eugène - 18ᵉ	X	1278
Le Timbre - 6ᵉ	X	1213
Le Troquet - 15ᵉ	X	1258
Variations - 13ᵉ **N**	X	1249
Villaret - 11ᵉ	X	1244
Zen - 1ᵉʳ	X	1190

Environs

		page
L'Ambre d'Or - Saint-Mandé	XX	1310
Auberge Ravoux - Auvers-sur-Oise **N**	X	1283
Barbezingue - Châtillon	X	1290
La Bourgogne - Maisons-Alfort **N**	XX	1298
Le Chefson - Bois-Colombes	X	1284
La Jument Verte - Tremblay-en-France	XX	1314
La Petite Auberge - Asnières-sur-Seine	XX	1283
La Table d'Antan - Sainte-Geneviève-des-Bois	XX	1312

PARIS

HÉBERGEMENTS AGRÉABLES
PLEASANT ACCOMMODATION

PARIS

Le A - 8ᵉ		1227
L'Abbaye - 6ᵉ		1205
D'Aubusson - 6ᵉ		1205
Banville - 17ᵉ		1270
Le Bellechasse - 7ᵉ		1214
Bourg Tibourg - 4ᵉ		1197
Le Bristol - 8ᵉ		1222
Le Burgundy - 1ᵉʳ		1185
Le 123 - 8ᵉ		1226
Champs-Élysées Plaza - 8ᵉ		1223
Costes - 1ᵉʳ		1184
Crillon - 8ᵉ		1223
Cristal - 8ᵉ		1227
Daniel - 8ᵉ		1225
Dokhan's Radisson Blu - 16ᵉ		1261
Duc de St-Simon - 7ᵉ		1213
Esprit St-Germain - 6ᵉ		1205
Fouquet's Barrière - 8ᵉ		1223
Four Seasons George V - 8ᵉ		1223
François 1er - 8ᵉ		1226
Gabriel - 11ᵉ		1243
Hidden - 17ᵉ		1271
L'Hôtel - 6ᵉ		1205
L'Hôtel Particulier Montmartre - 18ᵉ		1277
Intercontinental Avenue Marceau - 8ᵉ		1225
Intercontinental Le Grand - 9ᵉ		1236
Les Jardins de la Villa - 17ᵉ		1270
Les Jardins du Marais - 11ᵉ		1242
Keppler - 16ᵉ		1261
Kube - 18ᵉ		1277
Mama Shelter - 20ᵉ		1280
Le Mathurin - 8ᵉ		1226
Le Meurice - 1ᵉʳ		1184
Napoléon - 8ᵉ		1223
De Noailles - 2ᵉ		1192
Pavillon de la Reine - 3ᵉ		1195

Pershing Hall - 8ᵉ		1226
Du Petit Moulin - 3ᵉ		1196
Le Petit Paris - 5ᵉ		1202
Plaza Athénée - 8ᵉ		1222
Raphael - 16ᵉ		1260
Récamier - 6ᵉ		1207
Regent's Garden - 17ᵉ		1270
Relais Christine - 6ᵉ		1206
Relais Madeleine - 9ᵉ		1239
Relais St-Germain - 6ᵉ		1206
Ritz - 1ᵉʳ		1184
Le Royal Monceau - 8ᵉ		1223
St-James Paris - 16ᵉ		1260
Scribe - 9ᵉ		1236
Secret de Paris - 9ᵉ		1237
De Sers - 8ᵉ		1225
Sezz - 16ᵉ		1261
Shangri-La - 16ᵉ		1260
Le Six - 6ᵉ		1205
Square - 16ᵉ		1261
De Vendôme - 1ᵉʳ		1184
Windsor Home - 16ᵉ		1264

Environs — page

Château de Méry - Cergy-Pontoise		1288
Les Étangs de Corot - Ville-d'Avray		1319
La Forestière - Saint-Germain-en-Laye		1309
Grand Hôtel Barrière - Enghien-les-Bains		1294
Hostellerie du Prieuré - Saint-Prix		1311
Le Manoir de Gressy - Gressy		1296
Pavillon Henri IV - Saint-Germain-en-Laye		1309
Trianon Palace - Versailles		1315

RESTAURANTS AGRÉABLES
PLEASANT RESTAURANTS

Alain Ducasse au Plaza Athénée - 8e	XXXXX ❀❀❀	1229
Les Ambassadeurs - 8e	XxXXX ❀	1229
L'Ambroisie - 4e	XXX ❀❀❀	1198
Apicius - 8e	XXXX ❀	1230
L'Atelier de Joël Robuchon - Étoile - 8e	X ❀❀	1234
L'Atelier de Joël Robuchon - St-Germain - 7e	X ❀❀	1219
Bon - 16e	XX	1266
Le Bristol - 8e	XXXX ❀❀❀	1229
Café Lenôtre - Pavillon Elysée - 8e	X	1234
Caïus - 17e	X	1274
114, Faubourg - 8e	XX	1232
Le Cinq - 8e	XXXXX ❀❀	1228
Cristal Room Baccarat - 16e	XX	1266
Les Enfants Terribles - 8e	XxX	1231
L'Espadon - 1er	XXXXX ❀❀	1187
Frédéric Simonin - 17e	XX ❀	1273
La Grande Cascade - 16e	XXxX ❀	1269
Le Grand Véfour - 1er	XXXX ❀❀	1187
Il Vino d'Enrico Bernardo - 7e	XX ❀	1217
Jean-François Piège - 7e	XX ❀❀	1217
Le Jules Verne - 7e	XXX ❀	1216
Lasserre - 8e	XXXXX ❀❀	1230
Ledoyen - 8e	XXXX ❀❀❀	1229
Le Meurice - 1er	XXXX ❀❀❀	1187
1728 - 8e	XxX	1231
Mini Palais - 8e	XX	1232
Mori Venice Bar - 2e	XX	1193
Les Ombres - 7e	XX	1217
Paris - 6e	XXX ❀	1209
Le Pré Catelan - 16e	XXXX ❀❀❀	1269
Prunier - 16e	XXX	1264
Le Relais Plaza - 8e	XX	1232
Le Restaurant - 6e	XX ❀	1209
Senderens - 8e	XXX ❀❀	1230
La Société - 6e	XX	1209
La Table du Lancaster - 8e	XXX ❀	1231
Taillevent - 8e	XXXX ❀❀	1229
La Tour d'Argent - 5e	XXXXX ❀	1202

Environs
page

L'Auberge de l'Élan - Cernay-la-Ville	X	1289
Auberge Ravoux - Auvers-sur-Oise	X 🍴	1283
Cazaudehore - Saint-Germain-en-Laye	XXX	1309
L'Escarbille - Meudon	XX ❀	1301
Gordon Ramsay au Trianon - Versailles	XXXX ❀❀	1318
La Gueulardière - Ozoir-la-Ferrière	XXX	1305
La Plancha - Maisons-Laffitte	X	1299
Le Pouilly - Sainte-Geneviève-des-Bois	XX ❀	1313
Tastevin - Maisons-Laffitte	XXX ❀	1298
Le Village - Marly-le-Roi	XX ❀	1299

PARIS

MENUS À MOINS DE 30 €
MENUS FOR LESS THAN 30 €

PARIS

A et M Restaurant - 16ᵉ	✕✕ 🍴	1266
Afaria - 15ᵉ	✕	1257
L'Affriolé - 7ᵉ	✕ 🍴	1221
Al Ajami - 8ᵉ	✕✕	1234
Allard - 6ᵉ	✕	1211
Les Allobroges - 20ᵉ	✕✕ 🍴	1281
L'Altro - 6ᵉ	✕	1213
Ambassade d'Auvergne - 3ᵉ	✕✕	1196
L'A.O.C. - 5ᵉ	✕	1203
Astier - 11ᵉ	✕	1244
L'Atelier d'Antan - 14ᵉ	✕	1253
L'Auberge Aveyronnaise - 12ᵉ	✕ 🍴	1247
Auberge Pyrénées Cévennes - 11ᵉ	✕ 🍴	1244
Au Bon Accueil - 7ᵉ	✕ 🍴	1220
Au Gourmand - 1ᵉʳ	✕	1189
Au Petit Marguery - 13ᵉ	✕✕ 🍴	1248
Au Petit Riche - 9ᵉ	✕✕	1239
Au Vieux Chêne - 11ᵉ	✕	1244
Aux Lyonnais - 2ᵉ	✕ 🍴	1194
Baan Boran - 1ᵉʳ	✕	1191
Banyan - 15ᵉ	✕	1259
Le Baratin - 20ᵉ	✕ 🍴	1281
Le Bélisaire - 15ᵉ	✕	1258
Bernard du 15 - 15ᵉ	✕	1257
Beurre Noisette - 15ᵉ	✕	1257
Bibimbap - 5ᵉ	✕	1204
La Biche au Bois - 12ᵉ	✕	1247
Le Bis du Severo - 14ᵉ	✕	1254
Le Bistro T - 14ᵉ	✕	1252
Le Bistrot du 7ème - 7ᵉ	✕	1221
Bistrot Mavrommatis - 1ᵉʳ	✕	1190
Bistrot Paul Bert - 11ᵉ	✕ 🍴	1244
Bon - 16ᵉ	✕✕	1266
Le Bouco - 8ᵉ	✕ 🍴	1236
La Boulangerie - 20ᵉ	✕	1281
Les Bouquinistes - 6ᵉ	✕✕	1210
Café Constant - 7ᵉ	✕ 🍴	1222
Le Café d'Angel - 17ᵉ	✕	1275
Café des Musées - 3ᵉ	✕	1197
Le Café qui Parle - 18ᵉ	✕	1278
Les Cailloux - 13ᵉ	✕ 🍴	1249
Caméléon d'Arabian - 6ᵉ	✕	1210
La Cantine du Troquet - 14ᵉ	✕ 🍴	1253
Le Caroubier - 15ᵉ	✕✕ 🍴	1256
Le Carré de Marguerite - 6ᵉ	✕	1212
Le 122 - 7ᵉ	✕	1220
Chardenoux - 11ᵉ	✕✕	1243
Chéri bibi - 18ᵉ	✕	1278
Chez Casimir - 10ᵉ	✕	1242
Chez Fred - 17ᵉ	✕	1275
Chez Géraud - 16ᵉ	✕✕ 🍴	1267
Claude Colliot - 4ᵉ	✕	1199
Le Clos des Gourmets - 7ᵉ	✕ 🍴	1219
Coco de Mer - 5ᵉ	✕	1204
Le Concert de Cuisine - 15ᵉ	✕	1259
Le Cristal de Sel - 15ᵉ	✕	1258
Les Diables au Thym - 9ᵉ	✕	1241
Le Dirigeable - 15ᵉ	✕	1258
Le Dôme du Marais - 4ᵉ	✕✕	1199
L'Écailler du Bistrot - 11ᵉ	✕	1244
Erawan - 15ᵉ	✕✕	1256
Les Fils de la Ferme - 14ᵉ	✕	1253
Fish La Boissonnerie - 6ᵉ	✕	1212
Florimond - 7ᵉ	✕	1222
Fontanarosa - 15ᵉ	✕✕	1256
La Fourchette du Printemps - 17ᵉ	✕ ✿	1276
Les Fous de l'Île - 4ᵉ	✕	1199
Le Gaigne - 4ᵉ	✕	1199
Le Gastroquet - 15ᵉ	✕	1259
La Gauloise - 15ᵉ	✕✕	1256
Graindorge - 17ᵉ	✕✕ 🍴	1273
La Grande Ourse - 14ᵉ	✕	1253
Le Grand Pan - 15ᵉ	✕ 🍴	1258
Gwadar - 1ᵉʳ	✕	1191
L'Hermès - 19ᵉ	✕	1280
Hier et Aujourd'hui - 17ᵉ	✕ 🍴	1275
L'Inattendu - 15ᵉ	✕ 🍴	1259
Le Janissaire - 12ᵉ	✕✕	1246
Jean-Pierre Frelet - 12ᵉ	✕	1247
Le Jeu de Quilles - 14ᵉ	✕	1254
Jodhpur Palace - 12ᵉ	✕✕	1246
Karl et Erick - 17ᵉ	✕	1275
KGB - 6ᵉ	✕	1211
Kifuné - 17ᵉ	✕	1276
Kiku - 9ᵉ	✕	1241
Kinnari - 7ᵉ	✕ 🍴	1220
Koetsu - 2ᵉ	✕	1195
Laiterie Sainte Clotilde - 7ᵉ	✕	1222
Lescure - 1ᵉʳ	✕	1191
Lhassa - 5ᵉ	✕	1204
Le Lys d'Or - 12ᵉ	✕	1247
Maison Courtine - 14ᵉ	✕✕ 🍴	1252
Mansouria - 11ᵉ	✕✕ 🍴	1243
MBC - Gilles Choukroun - 17ᵉ	✕	1275
Méditerranée - 6ᵉ	✕✕	1210

Mer de Chine - 13e	✗	1249
Millésimes 62 - 14e	✗	1252
Miroir - 18e	✗ 🕲	1278
Momoka - 9e	✗	1241
Le Mûrier - 15e	✗	1258
Nabuchodonosor - 7e	✗✗	1219
Nodaïwa - 1er	✗	1190
Les Olivades - 7e	✗	1221
L'Olivier - 3e	✗	1197
L'Os à Moelle - 15e	✗ 🕲	1258
L'Osteria - 4e	✗	1199
Osteria Ruggera - 2e	✗ 🕲	1195
L'Oxalis - 18e	✗ 🕲	1278
Le Percolateur - 8e	✗	1235
La Petite Sirène de Copenhague - 9e	✗ 🕲	1240
Pramil - 3e	✗ 🕲	1197
Le Pré Cadet - 9e	✗ 🕲	1240
Le P'tit Musset - 17e	✗	1276
Que du bon - 19e	✗	1280
Rech - 17e	✗✗	1273
Samesa - 17e	✗✗	1274
Saudade - 1er	✗✗	1189
Silk et Spice - 2e	✗	1194
Sizin - 9e	✗	1240
Stéphane Martin - 15e	✗ 🕲	1257
Suan Thaï - 4e	✗ 🕲	1200
Sukhothaï - 13e	✗	1249
Le Temps au Temps - 11e	✗	1244
Le Timbre - 6e	✗ 🕲	1213
La Truffière - 5e	✗✗	1203
Vaudeville - 2e	✗✗	1193
Veramente - 7e	✗	1221
Villaret - 11e	✗ 🕲	1244
Wadja - 6e	✗	1212
Yugaraj - 6e	✗✗	1210
Zen - 1er	✗ 🕲	1190

Environs page

L'Ambassade de Pékin - Saint-Mandé	✗✗	1310
L'Amphitryon - Noisy-le-Grand	✗✗	1304
Auberge de la Poularde - Vaucresson	✗✗✗	1315
Auberge du Château "Table des Blot" - Dampierre-en-Yvelines	✗✗✗ 🕸	1293
Auberge du Pont de Bry "La Grapille" - Bry-sur-Marne	✗✗ 🕸	1286
L'Audacieux - Levallois-Perret	✗	1298
Au Pouilly Reuilly - Le Pré-Saint-Gervais	✗	1305
Aux Saveurs d'Alice - Enghien-les-Bains	✗	1295
Barbezingue - Châtillon	✗ 🕲	1290
La Bastide - Villeparisis	✗✗	1320
Le Bistrot d'à Côté la Boutarde - Neuilly-sur-Seine	✗	1303
Le Bonheur de Chine - Rueil-Malmaison	✗✗	1307
La Bourgogne - Maisons-Alfort	✗✗ 🕲	1298
Le Canal - Evry	✗	1295
Le Chefson - Bois-Colombes	✗ 🕲	1284
Chez Michel - Boulogne-Billancourt	✗	1286
Le Coq de la Maison Blanche - Saint-Ouen	✗✗	1311
Coquibus - Issy-les-Moulineaux	✗	1297
La Gueulardière - Ozoir-la-Ferrière	✗✗✗	1305
L'Heureux Père - Saint-Cloud	✗	1308
La Jument Verte - Tremblay-en-France	✗✗ 🕲	1314
Marcigny - Viry-Châtillon	✗	1320
Ophélie - La Cigale Gourmande - Thiais	✗	1314
La Petite Auberge - Asnières-sur-Seine	✗✗ 🕲	1283
Le Pouilly - Sainte-Geneviève-des-Bois	✗✗ 🕸	1313
St-Martin - Triel-sur-Seine	✗	1314
St-Pierre - Longjumeau	✗✗	1298
La Table d'Antan - Sainte-Geneviève-des-Bois	✗✗ 🕲	1312
La Tour de Marrakech - Antony	✗	1282

PARIS

RESTAURANTS PAR TYPE DE CUISINE
RESTAURANTS BY CUISINE TYPE

Au goût du jour

		page
L 'Acajou - 16ᵉ	X	1268
L'Accolade - 17ᵉ	X ⊛	1275
A et M Restaurant - 16ᵉ	XX ⊛	1266
L'Affriolé - 7ᵉ	X ⊛	1221
Agapé - 17ᵉ	XX ❀	1273
L'Agrume - 5ᵉ	X	1204
Alcazar - 6ᵉ	XX	1210
L 'Amandier - Antony	XX	1282
Les Ambassadeurs - 8ᵉ	XXXXX ❀	1229
L'Ambre d'Or - Saint-Mandé	XX ❀	1310
L'Angélique - Versailles	XX ❀	1318
L'Angle du Faubourg - 8ᵉ	XX ❀	1233
Aoki Makoto - 8ᵉ	X	1235
L' Armoise - Versailles	X	1319
L'Arôme - 8ᵉ	XX ❀	1233
L'Atelier Berger - 1ᵉʳ	XX	1189
L'Atelier du Parc - 15ᵉ	XX	1256
L'Auberge - Boulogne-Billancourt	XX	1285
Auberge du Château "Table des Blot" - Dampierre-en-Yvelines	XXX ❀	1293
Auberge du Cheval Blanc - Cergy-Pontoise	XX	1289
Auberge du Pont de Bry "La Grapille" - Bry-sur-Marne	XX ❀	1286
Au Bon Accueil - 7ᵉ	X ⊛	1220
Au Comte - Boulogne-Billancourt	XXX ❀	1285
L'Audacieux - Levallois-Perret	X	1298
Auguste - 7ᵉ	XX ❀	1218
L'Avant Goût - 13ᵉ	X	1249
Le Bamboche - 7ᵉ	XX	1219
Bastide Odéon - 6ᵉ	XX	1210
Le Baudelaire - 1ᵉʳ	XXX ❀	1188
La Belle Époque - Châteaufort	XXX ❀	1290
Bernard du 15 - 15ᵉ	X	1257
Beurre Noisette - 15ᵉ	X ⊛	1257
Bistro d'Hubert - 15ᵉ	X	1257
Bistro Poulbot - 18ᵉ	XX	1278
Le Bistrot de L'Alycastre - 6ᵉ	X	1213
Bistrot du Sommelier - 8ᵉ	XX	1234
Les Bouquinistes - 6ᵉ	XX	1210
La Bourgogne - Maisons-Alfort	XX ⊛	1298
La Bretèche - Saint-Maur-des-Fossés	XXX	1311
Le Bristol - 8ᵉ	XXXXX ❀❀❀	1229
Café de la Paix - 9ᵉ	XXX	1239
Café de l'Esplanade - 7ᵉ	XX	1218
Café Lenôtre - Pavillon Elysée - 8ᵉ	X	1234
Café Moderne - 2ᵉ	X ⊛	1194
Café Panique - 10ᵉ	X ⊛	1242
Café Sud - 8ᵉ	X	1235
Le Camélia - Bougival	XXX ❀	1284
Le Carré de Marguerite - 6ᵉ	X	1212
Carré des Feuillants - 1ᵉʳ	XXXX ❀❀	1188
Le Carré des Vosges - 3ᵉ	X	1196
Carte Blanche - 9ᵉ	X ⊛	1240
Les Cartes Postales - 1ᵉʳ	X	1190
Le Céladon - 2ᵉ	XXX ❀	1193
114, Faubourg - 8ᵉ	XX	1232
Le 122 - 7ᵉ	X	1220
Chalet du Parc - Yerres	XX	1320
Les Chanteraines - Villeneuve-la-Garenne	XX	1319
Le Chateaubriand - 11ᵉ	X	1244
Chez Cécile - La Ferme des Mathurins - 8ᵉ	X	1235
Chez Léon - 17ᵉ	X ⊛	1274
Citrus Étoile - 8ᵉ	XXX	1232
Le Clarisse - 7ᵉ	XX ⊛	1218
Claude Colliot - 4ᵉ	X	1199
Le Clos des Gourmets - 7ᵉ	X ⊛	1219
Le Clou de Fourchette - 17ᵉ	X	1275
Les Cocottes - 7ᵉ	X ⊛	1220
Le Court-Bouillon - 15ᵉ	XX	1257
Le Cristal de Sel - 15ᵉ	X	1258
Cristal Room Baccarat - 16ᵉ	XX	1266
Dariole de Viry - Viry-Châtillon	XX	1320
Les Diables au Thym - 9ᵉ	X	1241
La Dînée - 15ᵉ	XX	1256
Le Dôme du Marais - 4ᵉ	XX	1199
Dominique Bouchet - 8ᵉ	X ❀	1235
Drouant - 2ᵉ	XXX	1193
Les Enfants Terribles - 8ᵉ	XXX	1231
L'Entêtée - 14ᵉ	X ⊛	1253
L'Épi Dupin - 6ᵉ	X ⊛	1211
L'Escarbille - Meudon	XX ❀	1301
etc... - 16ᵉ	XX ❀	1267
Faim et Soif - Saint-Maur-des-Fossés	X	1311
La Ferme d'Argenteuil - Argenteuil	XXX	1282
Les Fougères - 17ᵉ	XX	1274

PARIS

La Fourchette du Printemps - 17ᵉ	✗ ❀	1276
Frédéric Simonin - 17ᵉ	✗✗ ❀	1273
Frenchie - 2ᵉ	✗ ❀	1195
Le Gaigne - 4ᵉ	✗	1199
La Gazzetta - 12ᵉ	✗	1247
Glou - 3ᵉ	✗	1197
La Grande Cascade - 16ᵉ	✗✗✗ ❀	1269
La Grande Ourse - 14ᵉ	✗	1253
La Grange - Rungis	✗✗	1307
La Gueulardière - Ozoir-la-Ferrière	✗✗✗	1305
Hélène Darroze - 6ᵉ	✗✗✗ ❀	1209
Hier et Aujourd'hui - 17ᵉ	✗ ❀	1275
L'Ile - Issy-les-Moulineaux	✗✗	1296
Il Vino d'Enrico Bernardo - 7ᵉ	✗✗ ❀	1217
L'Inattendu - 15ᵉ	✗ ❀	1259
L'Instinct - La Garenne-Colombes	✗✗	1296
Jadis - 15ᵉ	✗ ❀	1258
Jean-François Piège - 7ᵉ	✗✗ ❀❀	1217
Le Jules Verne - 7ᵉ	✗✗✗ ❀	1216
La Jument Verte - Tremblay-en-France	✗✗ ❀	1314
Karl et Erick - 17ᵉ	✗	1275
Macéo - 1ᵉʳ	✗✗✗	1188
Maison Blanche - 8ᵉ	✗✗✗	1231
Maison Courtine - 14ᵉ	✗✗ ❀	1252
Manufacture - Issy-les-Moulineaux	✗✗	1296
Maxan - 8ᵉ	✗✗	1233
MBC - Gilles Choukroun - 17ᵉ	✗	1275
Mets Gusto - 16ᵉ	✗	1268
Millésimes 62 - 14ᵉ	✗	1252
Mini Palais - 8ᵉ	✗✗	1232
Monsieur Lapin - Chez Franck Enée - 14ᵉ	✗✗	1252
L'Office - 9ᵉ	✗	1241
Les Olivades - 7ᵉ	✗	1221
Les Ombres - 7ᵉ	✗✗	1217
Ophélie - La Cigale Gourmande - Thiais	✗	1314
Ô Rebelle - 12ᵉ	✗	1247
L'Oulette - 12ᵉ	✗✗✗	1246
Paris - 6ᵉ	✗✗✗ ❀	1209
Passiflore - 16ᵉ	✗✗ ❀	1266
Pavillon Montsouris - 14ᵉ	✗✗	1252
Le Pergolèse - 16ᵉ	✗✗✗ ❀	1265
Pétrus - 17ᵉ	✗✗✗	1272
Pierre au Palais Royal - 1ᵉʳ	✗✗	1188
La Plancha - Maisons-Laffitte	✗	1299
Le Pouilly - Sainte-Geneviève-des-Bois	✗✗ ❀	1313
Pramil - 3ᵉ	✗ ❀	1197
Le Quinze - Lionel Flury - 15ᵉ	✗✗	1256

Le Quinzième - Cyril Lignac - 15ᵉ	✗✗✗	1255
La Régalade St-Honoré - 1ᵉʳ	✗ ❀	1189
Relais d'Auteuil - 16ᵉ	✗✗✗ ❀	1264
Le Relais Plaza - 8ᵉ	✗✗	1232
Relais Sainte Jeanne - Cergy-Pontoise	✗✗	Miss
Le Restaurant - 6ᵉ	✗✗ ❀	1209
La Rigadelle - Vincennes	✗	1320
River Café - Issy-les-Moulineaux	✗✗	1296
Sabayon - Morangis	✗✗✗	1302
Saturne - 2ᵉ	✗✗	1194
Sensing - 6ᵉ	✗✗ ❀	1210
6 New York - 16ᵉ	✗✗	1266
La Société - 6ᵉ	✗✗	1209
Spoon - 8ᵉ	✗✗	1233
Spring - 1ᵉʳ	✗	1189
Stella Maris - 8ᵉ	✗✗✗ ❀	1231
Stéphane Martin - 15ᵉ	✗ ❀	1257
La Table de Botzaris - 19ᵉ	✗	1280
La Table des Montquartiers - Issy-les-Moulineaux	✗✗	1296
La Table d'Eugène - 18ᵉ	✗ ❀	1278
La Table du Baltimore - 16ᵉ	✗✗✗ ❀	1265
La Table du Lancaster - 8ᵉ	✗✗✗ ❀	1231
Les Tablettes de JL Nomicos - 16ᵉ	✗✗✗	1265
Terrasse Mirabeau - 16ᵉ	✗✗	1267
Thoumieux - 7ᵉ	✗✗	1218
Toyo - 6ᵉ	✗	1211
Le 39V - 8ᵉ	✗✗	1233
La Truffe Noire - Neuilly-sur-Seine	✗✗ ❀	1303
La Truffière - 5ᵉ	✗✗	1203
Van Gogh - Asnières-sur-Seine	✗✗✗	1282
Le Versance - 2ᵉ	✗✗✗	1193
Le Village - Marly-le-Roi	✗✗ ❀	1299
Villa9Trois - Montreuil	✗✗✗	1302
La Violette - 19ᵉ	✗	1280
Le Violon d'Ingres - 7ᵉ	✗✗ ❀	1217
Zin's à l'Étape Gourmande - Versailles	✗✗	1318

Bistrot page

L'Absinthe - 1ᵉʳ	✗	1190
Allard - 6ᵉ	✗	1211
Astier - 11ᵉ	✗	1244
Au Moulin à Vent - 5ᵉ	✗	1203
Au Pouilly Reuilly - Le Pré-Saint-Gervais	✗	1305
Au Vieux Chêne - 11ᵉ	✗	1244
Le Baratin - 20ᵉ	✗ ❀	1281
Barbezingue - Châtillon	✗ ❀	1290
Le Bélisaire - 15ᵉ	✗ ❀	1258
Le Bis du Severo - 14ᵉ	✗	1254

1165

Bistro de la Muette - 16ᵉ	XX	1267
Le Bistro T - 14ᵉ	X	1252
Le Bistrot d'À Côté Flaubert		
- 17ᵉ	X	1275
Le Bistrot d'à Côté la		
Boutarde - Neuilly-sur-Seine	X	1303
Bistrot de Paris - 7ᵉ	X	1220
Le Bistrot du 7ème - 7ᵉ	X	1221
Bistrot Paul Bert - 11ᵉ	X 🍷	1244
Bistrot St-Honoré - 1ᵉʳ	X	1190
Bistrot Volnay - 2ᵉ	X	1194
Les Botanistes - 7ᵉ	X	1221
La Boulangerie - 20ᵉ	X	1281
Café Constant - 7ᵉ	X 🍷	1222
Le Café d'Angel - 17ᵉ	X	1275
Café des Musées - 3ᵉ	X	1197
La Cantine du Troquet - 14ᵉ	X 🍷	1253
Chardenoux - 11ᵉ	XX	1243
Chaumette - 16ᵉ	X	1267
Chéri bibi - 18ᵉ	X	1278
Chez Casimir - 10ᵉ	X	1242
Chez René - 5ᵉ	X	1203
Le Comptoir du Relais - 6ᵉ	X	1212
Le Dirigeable - 15ᵉ	X	1258
L'Entredgeu - 17ᵉ	X 🍷	1276
Les Fils de la Ferme - 14ᵉ	X	1253
Firmin Le Barbier - 7ᵉ	X	1221
Fish La Boissonnerie - 6ᵉ	X	1212
Fontaine de Mars - 7ᵉ	X	1221
Les Fous de l'Île - 4ᵉ	X	1199
Le Garde-Manger		
- Saint-Cloud	X	1308
Georgette - 9ᵉ	X	1240
L'Hermès - 19ᵉ	X	1280
Le Jeu de Quilles - 14ᵉ	X	1254
Laiterie Sainte Clotilde - 7ᵉ	X	1222
Du Marché - 15ᵉ	X	1259
Miroir - 18ᵉ	X 🍷	1278
L'Os à Moelle - 15ᵉ	X 🍷	1258
Oudino - 7ᵉ	X	1222
L'Ourcine - 13ᵉ	X 🍷	1249
Les Papilles - 5ᵉ	X	1204
Le Percolateur - 8ᵉ	X	1235
Les Petits Plats - 14ᵉ	X 🍷	1253
Le Pré Cadet - 9ᵉ	X 🍷	1240
Le P'tit Musset - 17ᵉ	X	1276
P'tit Troquet - 7ᵉ	X 🍷	1221
Que du bon - 19ᵉ	X	1280
La Régalade - 14ᵉ	X 🍷	1252
Ribouldingue - 5ᵉ	X 🍷	1204
Royal Madeleine - 8ᵉ	X	1235
Severo - 14ᵉ	X	1254
La Table Lauriston - 16ᵉ	X	1268
Le Temps au Temps - 11ᵉ	X	1244
Le Timbre - 6ᵉ	X 🍷	1213
Villaret - 11ᵉ	X 🍷	1244
Villa Victoria - 9ᵉ	X	1240
Wadja - 6ᵉ	X	1212
Zinc Caïus - 17ᵉ	X	1276

Brasserie — page

Le Ballon des Ternes - 17ᵉ	XX	1274
Bofinger - 4ᵉ	XX	1199
Le Canal - Evry	X	1295
Le Congrès - 17ᵉ	XX	1274
Gallopin - 2ᵉ	XX	1193
La Gauloise - 15ᵉ	XX	1256
Marty - 5ᵉ	XX	1203
Vaudeville - 2ᵉ	XX	1193

Chinoise — page

Le Bonheur de Chine		
- Rueil-Malmaison	XX	1307
Chen Soleil d'Est - 15ᵉ	XX	1256
Impérial Choisy - 13ᵉ	X 🍷	1249
Le Lys d'Or - 12ᵉ	X	1247
Mer de Chine - 13ᵉ	X	1249
Tang - 16ᵉ	XX	1266
Tsé Yang - 16ᵉ	XXX	1265

Chinoise et thaïlandaise — page

L'Ambassade de Pékin		
- Saint-Mandé	XX	1310
Diep - 8ᵉ	XX	1234
Foc Ly - Neuilly-sur-Seine	XX	1303

Classique — page

L'Ambroisie - 4ᵉ	XXXX ✿✿✿	1198
L'Assiette - 14ᵉ	X	1252
Auberge de la Poularde		
- Vaucresson	XXX	1315
Au Relais des		
Buttes-Chaumont - 19ᵉ	XX	1279
La Barrière de Clichy - Clichy	XX	1291
Benoit - 4ᵉ	XX ✿	1198
Bonne Franquette - Janvry	XX	1297
Casa Olympe - 9ᵉ	X	1239
Cazaudehore		
- Saint-Germain-en-Laye	XXX	1309
Le Chiquito - Cergy-Pontoise	XXX ✿	1288
Les Écuries du Château		
- Dampierre-en-Yvelines	XX	1293
L'Espadon - 1ᵉʳ	XXXX ✿✿	1187
Fouquet's - 8ᵉ	XXX	1231
Hiramatsu - 16ᵉ	XXXX ✿	1264
Hostellerie du Nord		
- Auvers-sur-Oise	XXX	1283
Les Jardins de Camille		
- Suresnes	XX	1313
Lasserre - 8ᵉ	XXXX ✿✿	1230

		page
Laurent - 8ᵉ	XXXXX ❀	1230
La Mare au Diable - Sainte-Geneviève-des-Bois	XXX	1313
Michel Rostang - 17ᵉ	XXXX ❀❀	1272
Moulin de la Renardière - Cergy-Pontoise	XX	1289
Relais Louis XIII - 6ᵉ	XXX ❀❀	1209
Taillevent - 8ᵉ	XXXXX ❀❀	1229
Tastevin - Maisons-Laffitte	XXX ❀	1298
La Tour d'Argent - 5ᵉ	XXXXX ❀	1202
Vin sur Vin - 7ᵉ	XX ❀	1218

Corse
		page
La Villa Corse - 16ᵉ	X	1268
La Villa Corse - 15ᵉ	X	1258

Coréenne
		page
Bibimbap - 5ᵉ	X	1204
Gwon's Dining - 15ᵉ	X	1259
Shin Jung - 8ᵉ	X	1236

Créative
		page
Afaria - 15ᵉ	X	1257
Alain Ducasse au Plaza Athénée - 8ᵉ	XXXXX ❀❀❀	1229
Apicius - 8ᵉ	XXXX ❀❀	1230
Arpège - 7ᵉ	XXX ❀❀❀	1217
Astrance - 16ᵉ	XXX ❀❀❀	1265
L'Atelier de Joël Robuchon - Étoile - 8ᵉ	X ❀❀	1234
L'Atelier de Joël Robuchon - St-Germain - 7ᵉ	X ❀❀	1219
Auberge des Saints Pères - Aulnay-sous-Bois	XXX ❀	1283
Bigarrade - 17ᵉ	X ❀❀	1274
Caïus - 17ᵉ	X	1274
Le Chiberta - 8ᵉ	XXX ❀	1232
Le Cinq - 8ᵉ	XXXXX ❀❀	1228
Gordon Ramsay au Trianon - Versailles	XXXX ❀❀	1318
Le Grand Véfour - 1ᵉʳ	XXXX ❀❀	1187
Guy Savoy - 17ᵉ	XXXX ❀❀❀	1272
Jean - 9ᵉ	XX ❀	1239
Ledoyen - 8ᵉ	XXXXX ❀❀❀	1229
Les Magnolias - Le Perreux-sur-Marne	XXX ❀	1305
Le Meurice - 1ᵉʳ	XXXXX ❀❀❀	1187
1728 - 8ᵉ	XXX	1231
Passage 53 - 2ᵉ	XX ❀❀	1193
Pierre Gagnaire - 8ᵉ	XXXX ❀❀❀	1230
Pinxo - 1ᵉʳ	XX	1188
Le Pré Catelan - 16ᵉ	XXXXX ❀❀❀	1269
Pur' - 2ᵉ	XXX ❀	1192
Senderens - 8ᵉ	XXX ❀❀	1230

Créole
		page
L'Heureux Père - Saint-Cloud	X	1308

Danoise
		page
Copenhague - 8ᵉ	XXX	1231
La Petite Sirène de Copenhague - 9ᵉ	X 🏠	1240

Espagnole
		page
Fogón - 6ᵉ	XX ❀	1210
Rosimar - 16ᵉ	X	1269

Flamande
		page
Graindorge - 17ᵉ	XX 🏠	1273

Franco-mauricienne
		page
Chamarré Montmartre - 18ᵉ	XX	1278

Fusion
		page
Bon - 16ᵉ	XX	1266
Le Concert de Cuisine - 15ᵉ	X	1259
KGB - 6ᵉ	X	1211
Market - 8ᵉ	XX	1233
Tokyo Eat - 16ᵉ	X	1268
Yam'Tcha - 1ᵉʳ	X ❀	1189
Ze Kitchen Galerie - 6ᵉ	X ❀	1211

Grecque
		page
Bistrot Mavrommatis - 1ᵉʳ	X	1190
Les Délices d'Aphrodite - 5ᵉ	X	1204
Mavrommatis - 5ᵉ	XX	1203
L'Olivier - 3ᵉ	X	1197

Indienne
		page
Indra - 8ᵉ	XX	1234
Jodhpur Palace - 12ᵉ	XX	1246
Yugaraj - 6ᵉ	XX	1210

Indo-pakistanaise
		page
Gwadar - 1ᵉʳ	X	1191

Italienne
		page
L'Altro - 6ᵉ	X	1213
Assaporare - 12ᵉ	X	1247
Caffé dei Cioppi - 11ᵉ	X 🏠	1245
Les Cailloux - 13ᵉ	X 🏠	1249
Le Cherche Midi - 6ᵉ	X	1212
Cibus - 1ᵉʳ	X	1191
Conti - 16ᵉ	XX	1267
Crudus - 1ᵉʳ	X	1190
Emporio Armani Caffé - 6ᵉ	XX	1211
Fontanarosa - 15ᵉ	X	1256
I Golosi - 9ᵉ	X	1240
Il Gusto Sardo - 16ᵉ	X	1268
Mori Venice Bar - 2ᵉ	XX	1193
Nolita - 8ᵉ	XX	1232

L'Osteria - 4ᵉ — XX — 1199
Osteria Ruggera - 2ᵉ — XX ⊛ — 1195
Romain - 9ᵉ — XX — 1239
La Romantica - Clichy — XxX — 1291
Samesa - 17ᵉ — XX — 1274
Sormani - 17ᵉ — XxX — 1272
Le Stresa - 8ᵉ — XX — 1234
Veramente - 7ᵉ — X — 1221
Vincent Cozzoli - 19ᵉ — XX — 1279
Le Vinci - 16ᵉ — XX — 1267

Japonaise — page

Aida - 7ᵉ — X ⊛ — 1220
Azabu - 6ᵉ — X — 1213
Benkay - 15ᵉ — XxX — 1256
Bi Zan - 2ᵉ — X — 1195
Hanawa - 8ᵉ — XX — 1234
Hotaru - 9ᵉ — X — 1239
Isami - 4ᵉ — X — 1199
Juan - 16ᵉ — X — 1268
Kaï - 1ᵉʳ — X — 1190
Kaiseki - 15ᵉ — X — 1259
Kifuné - 17ᵉ — X — 1276
Kiku - 9ᵉ — X — 1241
Kinugawa - 1ᵉʳ — XX — 1189
Koetsu - 2ᵉ — X — 1195
Kunitoraya - 1ᵉʳ — X — 1190
Momoka - 9ᵉ — X — 1241
Nodaïwa - 1ᵉʳ — X — 1190
Shu - 6ᵉ — X — 1212
Tsukizi - 6ᵉ — X — 1213
Yanasé - 15ᵉ — X — 1257
Yen - 6ᵉ — X — 1211
Zen - 1ᵉʳ — X ⊛ — 1190

Libanaise — page

Al Ajami - 8ᵉ — XX — 1234
Liza - 2ᵉ — X — 1194

Lyonnaise — page

Aux Lyonnais - 2ᵉ — X ⊛ — 1194
Chez Fred - 17ᵉ — X — 1275
Moissonnier - 5ᵉ — X — 1203

Marocaine — page

Le Caroubier - 15ᵉ — XX ⊛ — 1256
Dar Lyakout - 7ᵉ — X — 1221
La Maison de Charly - 17ᵉ — XX — 1273
Mansouria - 11ᵉ — XX ⊛ — 1243
L'Oriental - 9ᵉ — X — 1240
Timgad - 17ᵉ — XX — 1273
La Tour de Marrakech
   - Antony — X — 1282

Portugaise — page

Saudade - 1ᵉʳ — XX — 1189

Produits de la mer — page

Anacréon - 13ᵉ — XX — 1248
Antoine - 16ᵉ — XxX ⊛ — 1265
Bistrot du Dôme - 14ᵉ — X — 1253
Café Prunier - 8ᵉ — X — 1235
La Cagouille - 14ᵉ — X — 1253
Dessirier par Rostang Père
   et Filles - 17ᵉ — XxX — 1272
Le Dôme - 14ᵉ — XxX — 1251
Le Dôme Bastille - 4ᵉ — X — 1199
Le Duc - 14ᵉ — XxX — 1251
L'Écailler du Bistrot - 11ᵉ — X — 1244
Les Fables de La Fontaine
   - 7ᵉ — X ⊛ — 1220
La Fontaine Gaillon - 2ᵉ — XX — 1193
Gaya Rive Gauche par Pierre
   Gagnaire - 7ᵉ — X ⊛ — 1219
Goumard - 1ᵉʳ — XX — 1188
L'Huîtrier - 17ᵉ — X — 1276
Jarrasse L'Ecailler de Paris
   - Neuilly-sur-Seine — XX — 1303
Le Divellec - 7ᵉ — XxX ⊛ — 1216
La Marée Passy - 16ᵉ — X — 1268
Marius - 16ᵉ — XX — 1266
Marius et Janette - 8ᵉ — XX — 1233
Méditerranée - 6ᵉ — XX — 1210
Le Petit Marius - 8ᵉ — X — 1235
Pétrossian - 7ᵉ — XxX — 1217
Prunier - 16ᵉ — XxX — 1264
Rech - 17ᵉ — XX — 1273
La Rotonde - 6ᵉ — X — 1211
35 ° Ouest - 7ᵉ — X ⊛ — 1220

Russe — page

Daru - 8ᵉ — X — 1235

Seychelloise — page

Coco de Mer - 5ᵉ — X — 1204

Soufflés — page

L'Amuse Bouche - 14ᵉ — X — 1254
Cigale Récamier - 7ᵉ — XX — 1217
Le Soufflé - 1ᵉʳ — XX — 1188

Sud-Ouest — page

Au Trou Gascon - 12ᵉ — XX ⊛ — 1246
Le Bouco - 8ᵉ — X ⊛ — 1236
La Braisière - 17ᵉ — XX ⊛ — 1273
La Cerisaie - 14ᵉ — X ⊛ — 1252
Lescure - 1ᵉʳ — X — 1191
La Table d'Antan
   - Sainte-Geneviève-des-Bois — XX ⊛ — 1312

Terroir — page

Ambassade d'Auvergne - 3ᵉ — XX — 1196

L'Auberge Aveyronnaise - 12e	X 🍴	1247
Auberge Pyrénées Cévennes - 11e	X 🍴	1244
D'Chez Eux - 7e	XX	1219
St-Pierre - Longjumeau	XX	1298
Le Troquet - 15e	X 🍴	1258

Thaïlandaise — page

Baan Boran - 1er	X	1191
Banyan - 15e	X	1259
Erawan - 15e	XX	1256
Kinnari - 7e	X 🍴	1220
Oth Sombath - 8e	XXX	1232
Silk et Spice - 2e	X	1194
Suan Thaï - 4e	X 🍴	1200
Sukhothaï - 13e	X	1249

Tibétaine — page

Lhassa - 5e	X	1204

Traditionnelle — page

À la Coupole - Neuilly-sur-Seine	X	1303
Les Allobroges - 20e	XX 🍴	1281
L'Amphitryon - Noisy-le-Grand	XX	1304
Les Arts - 16e	XXX	1265
L'Atelier d'Antan - 14e	X	1253
Atelier Maître Albert - 5e	XX	1203
L'Auberge de l'Élan - Cernay-la-Ville	X	1289
Auberge Ravoux - Auvers-sur-Oise	X 🍴	1283
Au Bord de l'Eau - Conflans-Sainte-Honorine	X	1291
Au Cœur de la Forêt - Montmorency	XX	1301
Au Gourmand - 1er	X	1189
Au Petit Marguery - 13e	XX 🍴	1248
Au Petit Riche - 9e	XX	1239
Aux Saveurs d'Alice - Enghien-les-Bains	X	1295
La Bastide - Villeparisis	XX	1320
Beau Rivage - Villeneuve-le-Roi	XX	1319
La Biche au Bois - 12e	X	1247
Le Café qui Parle - 18e	X	1278
Caméléon d'Arabian - 6e	XX	1210
Caves Petrissans - 17e	X	1276
Le Cénacle - Tremblay-en-France	XX	1314
Le Chefson - Bois-Colombes	X 🍴	1284
Chez Georges - 2e	X	1194
Chez Géraud - 16e	XX 🍴	1267
Chez La Vieille "Adrienne" - 1er	X	1191
Chez les Anges - 7e	XX 🍴	1218
Chez Michel - 10e	X 🍴	1242
Le Clos de Sucy - Sucy-en-Brie	XX	1313
Le Coq de la Maison Blanche - Saint-Ouen	XX	1311
Coquibus - Issy-les-Moulineaux	X	1297
La Cuisine - 7e	XX	1219
Ducoté Cuisine - Boulogne-Billancourt	XX ✿	1285
Les Écuries de Richelieu - Rueil-Malmaison	XX	1307
L'Épopée - 15e	XX	1257
Florimond - 7e	X	1222
Le Gastroquet - 15e	X	1259
Jacques Cagna - 6e	XXX ✿	1209
Jean-Pierre Frelet - 12e	X 🍴	1247
La Maison du Jardin - 6e	X 🍴	1212
Marcigny - Viry-Châtillon	X	1320
La Marlotte - 6e	X	1212
Mon Vieil Ami - 4e	X	1199
Le Mûrier - 15e	X	1258
Nabuchodonosor - 7e	XX	1219
L'Ordonnance - 14e	X 🍴	1253
L'Oxalis - 18e	X 🍴	1278
Palais Royal - 1er	XX	1188
Pamphlet - 3e	XX	1196
Pavillon de la Tourelle - Vanves	XXX	1314
Le Pétel - 15e	X	1259
La Petite Auberge - Asnières-sur-Seine	XX 🍴	1283
La Petite Marmite - Livry-Gargan	XX	1298
Le Petit Pergolèse - 16e	X	1267
Petit Pontoise - 5e	X	1204
Pharamond - 1er	X	1189
Pierrot - 2e	X	1194
Quincy - 12e	X	1247
Rôtisserie d'en Face - 6e	X	1212
St-Martin - Triel-sur-Seine	X	1314
Tante Marguerite - 7e	XX	1218
Les Trois Marmites - Courbevoie	X	1292
Le Valmont - Versailles	XX	1318
Variations - 13e	X 🍴	1249
Les Vignes Rouges - Cergy-Pontoise	X	1287
Le Vilgacy - Gagny	XX	1295

Turque — page

Le Janissaire - 12e	XX	1246
Sizin - 9e	X	1240

PARIS

Viandes

		page
L'A.O.C. - 5ᵉ	X	1203
Au Bœuf Couronné - 19ᵉ	XX	1279
Le Grand Pan - 15ᵉ	X 🍷	1258
Meating - 17ᵉ	XX 🍷	1274

Vietnamienne

		page
Bambou - 13ᵉ	X	1249
Lao Lane Xang 2 - 13ᵉ	X 🍷	1249
Le Palanquin - 17ᵉ	X	1276

LE PLAT QUE VOUS RECHERCHEZ...
TRADITIONAL DISHES

PARIS

Andouillette

		page
L'Atelier d'Antan - 14ᵉ	X	1253
Auberge Pyrénées Cévennes - 11ᵉ	X 🍷	1244
Au Moulin à Vent - 5ᵉ	X	1203
Au Petit Riche - 9ᵉ	XX	1239
Le Ballon des Ternes - 17ᵉ	XX	1274
La Biche au Bois - 12ᵉ	X	1247
Bistrot de Paris - 7ᵉ	X	1220
Le Bistrot du 7ème - 7ᵉ	X	1221
Bistrot St-Honoré - 1ᵉʳ	X	1190
Chez Fred - 17ᵉ	X	1275
Le Congrès - 17ᵉ	XX	1274
Fontaine de Mars - 7ᵉ	X	1221
Gallopin - 2ᵉ	XX	1193
Georgette - 9ᵉ	X	1240
La Marlotte - 6ᵉ	X	1212
Moissonnier - 5ᵉ	X	1203
Pharamond - 1ᵉʳ	X	1189
Le Pré Cadet - 9ᵉ	X 🍷	1240
Les Trois Marmites - Courbevoie	X	1292
Variations - 13ᵉ	X 🍷	1249
Vaudeville - 2ᵉ	XX	1193

Boudin

		page
L'A.O.C. - 5ᵉ	X	1203
L'Auberge Aveyronnaise - 12ᵉ	X 🍷	1247
Au Pouilly Reuilly - Le Pré-Saint-Gervais	X	1305
D'Chez Eux - 7ᵉ	XX	1219
Fontaine de Mars - 7ᵉ	X	1221
Lescure - 1ᵉʳ	X	1191
La Marlotte - 6ᵉ	X	1212
Moissonnier - 5ᵉ	X	1203
Les Trois Marmites - Courbevoie	X	1292

Bouillabaisse

		page
Antoine - 16ᵉ	XXX ❀	1265
Le Dôme - 14ᵉ	XXX	1251
Marius - 16ᵉ	XX	1266
Méditerranée - 6ᵉ	XX	1210

Cassoulet

		page
Auberge Pyrénées Cévennes - 11ᵉ	X 🍷	1244
Benoit - 4ᵉ	XX ❀	1198
Le Bistro T - 14ᵉ	X	1252
D'Chez Eux - 7ᵉ	XX	1219
Le Gastroquet - 15ᵉ	X	1259
Lescure - 1ᵉʳ	X	1191
Quincy - 12ᵉ	X	1247
St-Pierre - Longjumeau	XX	1298
La Table d'Antan - Sainte-Geneviève-des-Bois	XX 🍷	1312
Le Violon d'Ingres - 7ᵉ	XX ❀	1217

Choucroute

		page
Le Ballon des Ternes - 17ᵉ	XX	1274
Bofinger - 4ᵉ	XX	1199

Confit

		page
L'A.O.C. - 5ᵉ	X	1203
Auberge Pyrénées Cévennes - 11ᵉ	X 🍷	1244
Le Bistrot du 7ème - 7ᵉ	X	1221
Le Canal - Evry	X	1295
Cazaudehore - Saint-Germain-en-Laye	XXX	1309
Chez René - 5ᵉ	X	1203
D'Chez Eux - 7ᵉ	XX	1219
Fontaine de Mars - 7ᵉ	X	1221
Lescure - 1ᵉʳ	X	1191
Pierrot - 2ᵉ	X	1194
St-Pierre - Longjumeau	XX	1298
La Table d'Antan - Sainte-Geneviève-des-Bois	XX 🍷	1312

Coq au vin

		page
La Biche au Bois - 12ᵉ	🍴	1247
La Bourgogne - Maisons-Alfort	🍴🍴 ⊛	1298
Chez René - 5ᵉ	🍴	1203
Le Coq de la Maison Blanche - Saint-Ouen	🍴🍴	1311

Escargots

		page
Allard - 6ᵉ	🍴	1211
L'Atelier d'Antan - 14ᵉ	🍴	1253
Au Bœuf Couronné - 19ᵉ	🍴🍴	1279
Au Moulin à Vent - 5ᵉ	🍴	1203
Au Petit Riche - 9ᵉ	🍴🍴	1239
Au Pouilly Reuilly - Le Pré-Saint-Gervais	🍴	1305
Le Ballon des Ternes - 17ᵉ	🍴🍴	1274
Benoit - 4ᵉ	🍴🍴 ❀	1198
Bistrot St-Honoré - 1ᵉʳ	🍴	1190
La Bourgogne - Maisons-Alfort	🍴🍴 ⊛	1298
Le Congrès - 17ᵉ	🍴🍴	1274
Gallopin - 2ᵉ	🍴🍴	1193
La Petite Marmite - Livry-Gargan	🍴🍴	1298
Petit Pontoise - 5ᵉ	🍴	1204
Pharamond - 1ᵉʳ	🍴	1189
Le Pré Cadet - 9ᵉ	🍴 ⊛	1240
Vaudeville - 2ᵉ	🍴🍴	1193

Fromages

		page
Astier - 11ᵉ	🍴	1244

Grillade

		page
L'A.O.C. - 5ᵉ	🍴	1203
Au Bœuf Couronné - 19ᵉ	🍴🍴	1279
Le Bis du Severo - 14ᵉ	🍴	1254
Le Bistro T - 14ᵉ	🍴	1252
Bistrot St-Honoré - 1ᵉʳ	🍴	1190
Bofinger - 4ᵉ	🍴🍴	1199
Le Congrès - 17ᵉ	🍴🍴	1274
Marty - 5ᵉ	🍴🍴	1203
Meating - 17ᵉ	🍴🍴 ⊛	1274
Quincy - 12ᵉ	🍴	1247
Severo - 14ᵉ	🍴	1254

Tête de veau

		page
Au Bœuf Couronné - 19ᵉ	🍴🍴	1279
Au Petit Marguery - 13ᵉ	🍴🍴 ⊛	1248
Au Petit Riche - 9ᵉ	🍴🍴	1239
Au Pouilly Reuilly - Le Pré-Saint-Gervais	🍴	1305
Benoit - 4ᵉ	🍴🍴 ❀	1198
Le Coq de la Maison Blanche - Saint-Ouen	🍴🍴	1311
Manufacture - Issy-les-Moulineaux	🍴🍴	1296
Marty - 5ᵉ	🍴🍴	1203
La Petite Auberge - Asnières-sur-Seine	🍴🍴 ⊛	1283
Le Pré Cadet - 9ᵉ	🍴 ⊛	1240
Le P'tit Musset - 17ᵉ	🍴	1276
Quincy - 12ᵉ	🍴	1247
Ribouldingue - 5ᵉ	🍴 ⊛	1204
Stella Maris - 8ᵉ	🍴🍴🍴 ❀	1231
Vaudeville - 2ᵉ	🍴🍴	1193

Tripes

		page
Moissonnier - 5ᵉ	🍴	1203
Pharamond - 1ᵉʳ	🍴	1189
Ribouldingue - 5ᵉ	🍴 ⊛	1204

TABLES EN EXTÉRIEUR
OUTSIDE DINING

PARIS

L'Absinthe - 1er	X	1190
A et M Restaurant - 16e	XX 🍴	1266
Al Ajami - 8e	XX	1234
L'A.O.C. - 5e	X	1203
Les Arts - 16e	XxX	1265
L'Atelier Berger - 1er	XX	1189
L'Atelier du Parc - 15e	XX	1256
L'Auberge Aveyronnaise - 12e	X 🍴	1247
Au Relais des Buttes-Chaumont - 19e	XX	1279
Le Bistrot d'À Côté Flaubert - 17e	X	1275
Le Bistrot de L'Alycastre - 6e	X	1213
Bistrot Volnay - 2e	X	1194
Bon - 16e	XX	1266
Les Botanistes - 7e	X	1221
Le Bouco - 8e	X 🍴	1236
Le Bristol - 8e	XxXxX ❀❀❀	1229
Café de l'Esplanade - 7e	XX	1218
Café Lenôtre - Pavillon Elysée - 8e	X	1234
Caffè dei Cioppi - 11e	X 🍴	1245
La Cagouille - 14e	X	1253
Caves Petrissans - 17e	X	1276
Chamarré Montmartre - 18e	XX	1278
Chaumette - 16e	X	1267
Chez Casimir - 10e	X	1242
Chez René - 5e	X	1203
Cigale Récamier - 7e	XX	1217
Le Comptoir du Relais - 6e	X	1212
Le Congrès - 17e	XX	1274
Copenhague - 8e	XxX	1231
Le Court-Bouillon - 15e	XX	1257
La Cuisine - 7e	XX	1219
Dar Lyakout - 7e	X	1221
D'Chez Eux - 7e	XX	1219
Les Délices d'Aphrodite - 5e	X	1204
Dessirier par Rostang Père et Filles - 17e	XxX	1272
Drouant - 2e	XxX	1193
L'Espadon - 1er	XxXxX ❀❀	1187
Les Fables de La Fontaine - 7e	X ❀	1220
Fontanarosa - 15e	XX	1256
Fontaine de Mars - 7e	X	1221
La Fontaine Gaillon - 2e	XX	1193
Fouquet's - 8e	XxX	1231
La Gauloise - 15e	XX	1256
La Grande Cascade - 16e	XxXxX ❀	1269
Le Janissaire - 12e	XX	1246
Jodhpur Palace - 12e	XX	1246
Kaiseki - 15e	X	1259
Laurent - 8e	XxXxX ❀	1230
Lescure - 1er	X	1191
Maison Blanche - 8e	XxX	1231
Du Marché - 15e	X	1259
Marius - 16e	XX	1266
Marius et Janette - 8e	XX	1233
Mavrommatis - 5e	XX	1203
Millésimes 62 - 14e	X	1252
Mini Palais - 8e	XX	1232
Mori Venice Bar - 2e	XX	1193
Les Ombres - 7e	XX	1217
L'Os à Moelle - 15e	X 🍴	1258
L'Oulette - 12e	XxX	1246
Palais Royal - 1er	XX	1188
Pavillon Montsouris - 14e	XX	1252
Le Petit Marius - 8e	X	1235
Pétrus - 17e	XxX	1272
Pharamond - 1er	X	1189
Pierrot - 2e	X	1194
Le Pré Catelan - 16e	XxXxX ❀❀❀	1269
Prunier - 16e	XxX	1264
Le Quinzième - Cyril Lignac - 15e	XxX	1255
Rech - 17e	XX	1273
La Société - 6e	XX	1209
Le Stresa - 8e	XX	1234
La Table du Lancaster - 8e	XxX ❀	1231
Terrasse Mirabeau - 16e	XX	1267
Tokyo Eat - 16e	X	1268
Vaudeville - 2e	XX	1193
Veramente - 7e	X	1221
La Villa Corse - 16e	X	1268
Vincent Cozzoli - 19e	XX	1279
La Violette - 19e	X	1280
Zen - 1er	X 🍴	1190

Environs

		page
L'Amphitryon - Noisy-le-Grand	XX	1304
Auberge de la Poularde - Vaucresson	XxX	1315
L'Auberge de l'Élan - Cernay-la-Ville	X	1289
Auberge du Cheval Blanc - Cergy-Pontoise	XX	1289

Auberge Ravoux
- Auvers-sur-Oise   🍴 😊   1283

Au Cœur de la Forêt
- Montmorency   🍴🍴   1301

Beau Rivage - Villeneuve-le-Roi   🍴🍴   1319

La Belle Époque - Châteaufort   🍴🍴🍴 ❀   1290

Le Bistrot d'à Côté la
   Boutarde - Neuilly-sur-Seine   🍴   1303

La Bretèche
- Saint-Maur-des-Fossés   🍴🍴🍴   1311

Cazaudehore
- Saint-Germain-en-Laye   🍴🍴🍴   1309

Chalet du Parc - Yerres   🍴🍴   1320

Les Chanteraines
- Villeneuve-la-Garenne   🍴🍴   1319

Le Coq de la Maison Blanche
- Saint-Ouen   🍴🍴   1311

Dariole de Viry - Viry-Châtillon   🍴🍴   1320

Ducoté Cuisine
- Boulogne-Billancourt   🍴🍴 ❀   1285

Les Écuries du Château
- Dampierre-en-Yvelines   🍴🍴   1293

L'Escarbille - Meudon   🍴🍴 ❀   1301

Gordon Ramsay au Trianon
- Versailles   🍴🍴🍴🍴 ❀ ❀   1318

La Grange - Rungis   🍴🍴   1307

La Gueulardière
- Ozoir-la-Ferrière   🍴🍴🍴   1305

Hostellerie du Nord
- Auvers-sur-Oise   🍴🍴🍴   1283

L'Île - Issy-les-Moulineaux   🍴🍴   1296

L 'Instinct
- La Garenne-Colombes   🍴🍴   1296

Les Jardins de Camille
- Suresnes   🍴🍴   1313

La Jument Verte
- Tremblay-en-France   🍴🍴 😊   1314

Manufacture
- Issy-les-Moulineaux   🍴🍴   1296

La Mare au Diable
- Sainte-Geneviève-des-Bois   🍴🍴🍴   1313

Moulin de la Renardière
- Cergy-Pontoise   🍴🍴   1289

Ophélie - La Cigale
   Gourmande - Thiais   🍴   1314

Pavillon de la Tourelle
- Vanves   🍴🍴🍴   1314

La Petite Marmite
- Livry-Gargan   🍴🍴   1298

Le Pouilly
- Sainte-Geneviève-des-Bois   🍴🍴 ❀   1313

Relais Sainte Jeanne
- Cergy-Pontoise   🍴🍴   **Miss**

River Café - Issy-les-Moulineaux   🍴🍴   1296

La Romantica - Clichy   🍴🍴🍴   1291

Tastevin - Maisons-Laffitte   🍴🍴🍴 ❀   1298

Le Valmont - Versailles   🍴🍴   1318

Van Gogh - Asnières-sur-Seine   🍴🍴🍴   1282

Le Vilgacy - Gagny   🍴🍴   1295

Villa9Trois - Montreuil   🍴🍴   1302

Zin's à l'Étape Gourmande
- Versailles   🍴🍴   1318

RESTAURANTS AVEC SALONS PARTICULIERS
PRIVATE DINING ROOMS

PARIS

Restaurant		Page
L 'Acajou - 16e	※	1268
Aida - 7e	※ ❀	1220
Alcazar - 6e	※※	1210
Ambassade d'Auvergne - 3e	※※	1196
Les Ambassadeurs - 8e	※※※※ ❀	1229
L'Ambroisie - 4e	※※※※ ❀❀❀	1198
L'Angle du Faubourg - 8e	※※ ❀	1233
Antoine - 16e	※※※ ❀	1265
Apicius - 8e	※※※※ ❀❀	1230
Arpège - 7e	※※※ ❀❀❀	1217
Les Arts - 16e	※※※	1265
L'Atelier Berger - 1er	※※	1189
Atelier Maître Albert - 5e	※※	1203
Au Bœuf Couronné - 19e	※※	1279
Au Petit Marguery - 13e	※※ ☺	1248
Au Petit Riche - 9e	※※	1239
Au Relais des Buttes-Chaumont - 19e	※※	1279
Aux Lyonnais - 2e	※ ☺	1194
Le Ballon des Ternes - 17e	※※	1274
Bastide Odéon - 6e	※※	1210
Benkay - 15e	※※※	1256
Benoit - 4e	※※ ❀	1198
Bibimbap - 5e	※	1204
Le Bistro T - 14e	※	1252
Le Bistrot de L'Alycastre - 6e	※	1213
Bistrot de Paris - 7e	※	1220
Bistrot du Sommelier - 8e	※※	1234
Bi Zan - 2e	※	1195
Bofinger - 4e	※※	1199
Bon - 16e	※※	1266
La Braisière - 17e	※※ ❀	1273
Café de la Paix - 9e	※※※	1239
Café Lenôtre - Pavillon Elysée - 8e	※	1234
La Cagouille - 14e	※	1253
Carré des Feuillants - 1er	※※※※ ❀❀	1188
Le Céladon - 2e	※※※ ❀	1193
Le 122 - 7e	※	1220
Chamarré Montmartre - 18e	※※	1278
Chez Léon - 17e	※ ☺	1274
Chez les Anges - 7e	※※ ☺	1218
Le Chiberta - 8e	※※※ ❀	1232
Le Cinq - 8e	※※※※※ ❀❀	1228
Le Clarisse - 7e	※※ ☺	1218
Le Clos des Gourmets - 7e	※ ☺	1219
Le Clou de Fourchette - 17e	※	1275
Cristal Room Baccarat - 16e	※※	1266
Dessirier par Rostang Père et Filles - 17e	※※※	1272
La Dînée - 15e	※※	1256
Le Dôme - 14e	※※※	1251
Dominique Bouchet - 8e	※ ❀	1235
Drouant - 2e	※※※	1193
L'Espadon - 1er	※※※※ ❀❀	1187
Les Fils de la Ferme - 14e	※	1253
Fontaine de Mars - 7e	※	1221
La Fontaine Gaillon - 2e	※※	1193
Fouquet's - 8e	※※※	1231
Gallopin - 2e	※※	1193
La Gauloise - 15e	※※	1256
Goumard - 1er	※※	1188
La Grande Cascade - 16e	※※※ ❀	1269
Le Grand Véfour - 1er	※※※ ❀❀❀	1187
Guy Savoy - 17e	※※※※ ❀❀❀	1272
Hanawa - 8e	※※	1234
Hiramatsu - 16e	※※※ ❀	1264
Jean - 9e	※※ ❀	1239
Jodhpur Palace - 12e	※※	1246
Kaï - 1er	※	1190
Karl et Erick - 17e	※	1275
Kinugawa - 1er	※※	1189
Kunitoraya - 1er	※	1190
Lasserre - 8e	※※※※ ❀❀	1230
Laurent - 8e	※※※※ ❀	1230
Ledoyen - 8e	※※※※ ❀❀❀	1229
Macéo - 1er	※※※	1188
La Maison de Charly - 17e	※※	1273
Du Marché - 15e	※	1259
Marty - 5e	※※	1203
Mavrommatis - 5e	※※	1203
Maxan - 8e	※※	1233
Méditerranée - 6e	※※	1210
Le Meurice - 1er	※※※※ ❀❀❀	1187
Michel Rostang - 17e	※※※ ❀❀	1272
Millésimes 62 - 14e	※	1252
1728 - 8e	※※※	1231
L'Oriental - 9e	※	1240
Palais Royal - 1er	※※	1188
Les Papilles - 5e	※	1204
Paris - 6e	※※※ ❀	1209
Pavillon Montsouris - 14e	※※	1252
Le Pergolèse - 16e	※※※ ❀	1265
Pétrossian - 7e	※※※	1217
Pétrus - 17e	※※※	1272
Pharamond - 1er	※	1189
Pierre Gagnaire - 8e	※※※ ❀❀❀	1230

Le Pré Catelan - 16ᵉ   1269
Prunier - 16ᵉ   1264
P'tit Troquet - 7ᵉ   1221
Le Quinze - Lionel Flury - 15ᵉ   1256
Relais Louis XIII - 6ᵉ   1209
Saudade - 1er   1189
Senderens - 8ᵉ   1230
Silk et Spice - 2ᵉ   1194
Sormani - 17ᵉ   1272
Stéphane Martin - 15ᵉ   1257
Suan Thaï - 4ᵉ   1200
La Table du Baltimore - 16ᵉ   1265
La Table du Lancaster - 8ᵉ   1231
Taillevent - 8ᵉ   1229
Tante Marguerite - 7ᵉ   1218
La Tour d'Argent - 5ᵉ   1202
Toyo - 6ᵉ   1211
La Truffière - 5ᵉ   1203
Tsé Yang - 16ᵉ   1265
La Violette - 19ᵉ   1280
Yanasé - 15ᵉ   1257

Environs   page

L 'Amandier - Antony   1282
L'Angélique - Versailles   1318
Auberge de la Poularde - Vaucresson   1315
Auberge du Château "Table des Blot" - Dampierre-en-Yvelines   1293
Au Comte - Boulogne-Billancourt   1285
Aux Saveurs d'Alice - Enghien-les-Bains   1295
La Barrière de Clichy - Clichy   1291
Le Bonheur de Chine - Rueil-Malmaison   1307
La Bourgogne - Maisons-Alfort   1298

La Bretèche - Saint-Maur-des-Fossés   1311
Le Camélia - Bougival   1284
Le Canal - Evry   1295
Cazaudehore - Saint-Germain-en-Laye   1309
Le Cénacle - Tremblay-en-France   1314
Chalet du Parc - Yerres   1320
Le Clos de Sucy - Sucy-en-Brie   1313
Le Coq de la Maison Blanche - Saint-Ouen   1311
Coquibus - Issy-les-Moulineaux   1297
Les Écuries du Château - Dampierre-en-Yvelines   1293
L'Escarbille - Meudon   1301
La Gueulardière - Ozoir-la-Ferrière   1305
Jarrasse L'Ecailler de Paris - Neuilly-sur-Seine   1303
La Mare au Diable - Sainte-Geneviève-des-Bois   1313
Moulin de la Renardière - Cergy-Pontoise   1289
Pavillon de la Tourelle - Vanves   1314
La Plancha - Maisons-Laffitte   1299
Relais Sainte Jeanne - Cergy-Pontoise   Miss
La Romantica - Clichy   1291
La Table des Montquartiers - Issy-les-Moulineaux   1296
La Truffe Noire - Neuilly-sur-Seine   1303
Van Gogh - Asnières-sur-Seine   1282
Villa9Trois - Montreuil   1302

PARIS

L'Absinthe - 1er	X	1190
Aida - 7e	X ✿	1220
Al Ajami - 8e	XX	1234
Alcazar - 6e	XX	1210
Allard - 6e	X	1211
Les Allobroges - 20e	XX ⌂	1281
Ambassade d'Auvergne - 3e	XX	1196
Antoine - 16e	XXX ✿	1265
L'A.O.C. - 5e	X	1203
L'Assiette - 14e	X	1252
Astier - 11e	X	1244
L'Atelier de Joël Robuchon - Étoile - 8e	X ✿✿	1234
L'Atelier de Joël Robuchon - St-Germain - 7e	X ✿✿	1219
L'Auberge Aveyronnaise - 12e	X ⌂	1247
Au Bœuf Couronné - 19e	XX	1279
Au Petit Marguery - 13e	XX ⌂	1248
Au Petit Riche - 9e	XX	1239
Azabu - 6e	X	1213
Le Ballon des Ternes - 17e	XX	1274
Le Bamboche - 7e	XX	1219
Bambou - 13e	X	1249
Banyan - 15e	X	1259
Benkay - 15e	XXX	1256
Benoit - 4e	XX ✿	1198
Bernard du 15 - 15e	X	1257
Bibimbap - 5e	X	1204
Bistro de la Muette - 16e	XX	1267
Le Bistrot de L'Alycastre - 6e	X	1213
Bistrot du Dôme - 14e	X	1253
Bofinger - 4e	XX	1199
Bon - 16e	XX	1266
Le Bristol - 8e	XXXXX ✿✿✿	1229
Café Constant - 7e	X ⌂	1222
Café de la Paix - 9e	XXX	1239
Café de l'Esplanade - 7e	XX	1218
Café des Musées - 3e	X	1197
Café Prunier - 8e	X	1235
Le Café qui Parle - 18e	X	1278
La Cagouille - 14e	X	1253
Les Cailloux - 13e	X ⌂	1249
La Cantine du Troquet - 14e	X ⌂	1253
Le Caroubier - 15e	XX ⌂	1256
114, Faubourg - 8e	XX	1232
Chamarré Montmartre - 18e	XX	1278
Chardenoux - 11e	XX	1243
Le Cherche Midi - 6e	X	1212
Chez Casimir - 10e	X	1242
Le Cinq - 8e	XXXXX ✿✿	1228
Le Clarisse - 7e	XX ⌂	1218
Le Comptoir du Relais - 6e	X	1212
Le Congrès - 17e	XX	1274
La Cuisine - 7e	XX	1219
Dar Lyakout - 7e	X	1221
D'Chez Eux - 7e	XX	1219
Les Délices d'Aphrodite - 5e	X	1204
Dessirier par Rostang Père et Filles - 17e	XXX	1272
Diep - 8e	XX	1234
Le Dôme - 14e	XXX	1251
Le Dôme Bastille - 4e	X	1199
Le Dôme du Marais - 4e	XX	1199
Drouant - 2e	XXX	1193
Emporio Armani Caffé - 6e	XX	1211
L'Épopée - 15e	XX	1257
L'Espadon - 1er	XXXXX ✿✿✿	1187
Les Fables de La Fontaine - 7e	X ✿	1220
Firmin Le Barbier - 7e	X	1221
Fish La Boissonnerie - 6e	X	1212
Fogón - 6e	XX ✿	1210
Fontanarosa - 15e	XX	1256
Fontaine de Mars - 7e	X	1221
Fouquet's - 8e	XXX	1231
Les Fous de l'Île - 4e	X	1199
Gallopin - 2e	XX	1193
La Gauloise - 15e	XX	1256
Glou - 3e	X	1197
Goumard - 1er	XX	1188
La Grande Cascade - 16e	XXXX ✿	1269
Gwon's Dining - 15e	X	1259
L'Huîtrier - 17e	X	1276
Il Vino d'Enrico Bernardo - 7e	XX ✿	1217
Impérial Choisy - 13e	X ⌂	1249
Indra - 8e	XX	1234
Jodhpur Palace - 12e	XX	1246
Le Jules Verne - 7e	XXX ✿	1216
Kunitoraya - 1er	X	1190
Lao Lane Xang 2 - 13e	X ⌂	1249
Lhassa - 5e	X	1204
Le Lys d'Or - 12e	X	1247
La Maison de Charly - 17e	XX	1273
La Marée Passy - 16e	X	1268
Marius et Janette - 8e	XX	1233
Market - 8e	XX	1233
La Marlotte - 6e	X	1212

Marty - 5ᵉ	ХХ	1203
Mavrommatis - 5ᵉ	ХХ	1203
Méditerranée - 6ᵉ	ХХ	1210
Mer de Chine - 13ᵉ	Х	1249
Mini Palais - 8ᵉ	ХХ	1232
Mon Vieil Ami - 4ᵉ	Х	1199
Mori Venice Bar - 2ᵉ	ХХ	1193
Nodaïwa - 1ᵉʳ	Х	1190
Nolita - 8ᵉ	ХХ	1232
Les Ombres - 7ᵉ	ХХ	1217
L'Oriental - 9ᵉ	Х	1240
Pavillon Montsouris - 14ᵉ	ХХ	1252
Le Petit Marius - 8ᵉ	Х	1235
Petit Pontoise - 5ᵉ	Х	1204
Pétrus - 17ᵉ	ХхХ	1272
Pinxo - 1ᵉʳ	ХХ	1188
Pramil - 3ᵉ	Х ⊕	1197
Pur' - 2ᵉ	ХхХ ✿	1192
Le Relais Plaza - 8ᵉ	ХХ	1232
La Rotonde - 6ᵉ	Х	1211
Royal Madeleine - 8ᵉ	Х	1235
Senderens - 8ᵉ	ХхХ ✿ ✿	1230
Shin Jung - 8ᵉ	Х	1236
Silk et Spice - 2ᵉ	Х	1194
La Société - 6ᵉ	ХХ	1209
Suan Thaï - 4ᵉ	Х ⊕	1200
Les Tablettes de JL Nomicos - 16ᵉ	ХхХ	1265
Tang - 16ᵉ	ХХ	1266
Thoumieux - 7ᵉ	ХХ	1218
Timgad - 17ᵉ	ХХ	1273
Tokyo Eat - 16ᵉ	Х	1268
Tsé Yang - 16ᵉ	ХхХ	1265
Tsukizi - 6ᵉ	Х	1213
Vaudeville - 2ᵉ	ХХ	1193
La Villa Corse - 15ᵉ	Х	1258
Le Violon d'Ingres - 7ᵉ	ХХ ✿	1217
Yam'Tcha - 1ᵉʳ	Х ✿	1189
Yugaraj - 6ᵉ	ХХ	1210
Zen - 1ᵉʳ	Х ⊕	1190

Environs
		page
L'Ambassade de Pékin - Saint-Mandé	ХХ	1310
Auberge de la Poularde - Vaucresson	ХхХ	1315
Auberge du Château "Table des Blot" - Dampierre-en-Yvelines	ХхХ ✿	1293
Auberge du Pont de Bry "La Grapille" - Bry-sur-Marne	ХХ ✿	1286
Auberge Ravoux - Auvers-sur-Oise	Х ⊕	1283
Au Bord de l'Eau - Conflans-Sainte-Honorine	Х	1291
Au Cœur de la Forêt - Montmorency	ХХ	1301
L'Audacieux - Levallois-Perret	Х	1298
Aux Saveurs d'Alice - Enghien-les-Bains	Х	1295
Barbezingue - Châtillon	Х ⊕	1290
Le Bonheur de Chine - Rueil-Malmaison	ХХ	1307
La Bretèche - Saint-Maur-des-Fossés	ХхХ	1311
Cazaudehore - Saint-Germain-en-Laye	ХхХ	1309
Chalet du Parc - Yerres	ХХ	1320
Les Écuries du Château - Dampierre-en-Yvelines	ХХ	1293
La Gueulardière - Ozoir-la-Ferrière	ХхХ	1305
Hostellerie du Nord - Auvers-sur-Oise	ХхХ	1283
L'Ile - Issy-les-Moulineaux	ХХ	1296
Jarrasse L'Ecailler de Paris - Neuilly-sur-Seine	ХХ	1303
Les Jardins de Camille - Suresnes	ХХ	1313
La Mare au Diable - Sainte-Geneviève-des-Bois	ХхХ	1313
Pavillon de la Tourelle - Vanves	ХхХ	1314
La Petite Marmite - Livry-Gargan	ХХ	1298
La Plancha - Maisons-Laffitte	Х	1299
Le Pouilly - Sainte-Geneviève-des-Bois	ХХ ✿	1313
River Café - Issy-les-Moulineaux	ХХ	1296
La Table d'Antan - Sainte-Geneviève-des-Bois	ХХ ⊕	1312
Tastevin - Maisons-Laffitte	ХхХ ✿	1298
La Tour de Marrakech - Antony	Х	1282
Le Valmont - Versailles	ХХ	1318
Les Vignes Rouges - Cergy-Pontoise	Х	1287

RESTAURANTS OUVERTS EN AOÛT
RESTAURANTS OPEN IN AUGUST

Restaurant	Symboles	Page
L'Absinthe - 1er	✗	1190
Al Ajami - 8e	✗✗	1234
Alcazar - 6e	✗✗	1210
Allard - 6e	✗	1211
Ambassade d'Auvergne - 3e	✗✗	1196
Arpège - 7e	✗✗✗❀❀❀	1217
Astier - 11e	✗	1244
L'Atelier Berger - 1er	✗✗	1189
L'Atelier d'Antan - 14e	✗	1253
L'Atelier de Joël Robuchon - Étoile - 1er	✗❀❀	1234
L'Atelier de Joël Robuchon - St-Germain - 7e	✗❀❀	1219
Au Bœuf Couronné - 19e	✗✗	1279
Au Petit Marguery - 13e	✗✗🕥	1248
Au Petit Riche - 9e	✗✗	1239
Baan Boran - 1er	✗	1191
Le Ballon des Ternes - 17e	✗✗	1274
Le Bamboche - 7e	✗✗	1219
Bambou - 13e	✗	1249
Banyan - 15e	✗	1259
Le Baudelaire - 1er	✗✗✗❀	1188
Bibimbap - 5e	✗	1204
Bistro de la Muette - 16e	✗✗	1267
Bistro d'Hubert - 15e	✗	1257
Bistrot du Dôme - 14e	✗	1253
Le Bistrot du 7ème - 7e	✗	1221
Bistrot St-Honoré - 1er	✗	1190
Bofinger - 4e	✗✗	1199
Bon - 16e	✗✗	1266
Le Bristol - 8e	✗✗✗✗❀❀❀	1229
Café Constant - 7e	✗🕥	1222
Café de la Paix - 9e	✗✗✗	1239
Café de l'Esplanade - 7e	✗✗	1218
Café Prunier - 8e	✗✗	1235
Café Sud - 8e	✗	1235
La Cagouille - 14e	✗	1253
Les Cailloux - 13e	✗🕥	1249
Caméléon d'Arabian - 6e	✗✗	1210
La Cantine du Troquet - 14e	✗🕥	1253
Le Carré de Marguerite - 6e	✗	1212
114, Faubourg - 8e	✗✗	1232
Chamarré Montmartre - 18e	✗✗	1278
Chardenoux - 11e	✗✗	1243
Le Chateaubriand - 11e	✗	1244
Le Cherche Midi - 6e	✗	1212
Chez Casimir - 10e	✗	1242
Chez Cécile - La Ferme des Mathurins - 8e	✗	1235
Chez Fred - 17e	✗	1275
Chez les Anges - 7e	✗✗🕥	1218
Cigale Récamier - 7e	✗✗	1217
Le Cinq - 8e	✗✗✗✗❀❀❀	1228
Citrus Étoile - 8e	✗✗✗	1232
Le Clarisse - 7e	✗✗🕥	1218
Les Cocottes - 7e	✗🕥	1220
Le Comptoir du Relais - 6e	✗	1212
Le Congrès - 17e	✗✗	1274
Cristal Room Baccarat - 16e	✗✗	1266
La Cuisine - 7e	✗✗	1219
Les Délices d'Aphrodite - 5e	✗✗	1204
Dessirier par Rostang Père et Filles - 17e	✗✗✗	1272
Diep - 8e	✗✗	1234
La Dînée - 15e	✗✗	1256
Le Dôme - 14e	✗✗✗	1251
Drouant - 2e	✗✗✗	1193
Emporio Armani Caffé - 6e	✗✗	1211
L'Espadon - 1er	✗✗✗✗❀❀	1187
Les Fables de La Fontaine - 7e	✗❀	1220
Fontanarosa - 15e	✗✗	1256
Fontaine de Mars - 7e	✗	1221
Fouquet's - 8e	✗✗✗	1231
Les Fous de l'Île - 4e	✗	1199
Gallopin - 2e	✗✗	1193
La Gauloise - 15e	✗✗	1256
Gaya Rive Gauche par Pierre Gagnaire - 7e	✗❀	1219
Glou - 3e	✗	1197
Goumard - 1er	✗✗	1188
La Grande Cascade - 16e	✗✗✗❀	1269
Gwon's Dining - 15e	✗	1259
Hanawa - 8e	✗✗	1234
Il Vino d'Enrico Bernardo - 7e	✗✗❀	1217
Impérial Choisy - 13e	✗🕥	1249
Indra - 8e	✗✗	1234
Le Janissaire - 12e	✗✗	1246
Jodhpur Palace - 12e	✗✗	1246
Le Jules Verne - 7e	✗✗✗❀	1216
Kaiseki - 15e	✗	1259
Kifuné - 17e	✗	1276
Kiku - 9e	✗	1241
Kinnari - 7e	✗🕥	1220
Kinugawa - 1er	✗✗	1189
Koetsu - 2e	✗	1195
Lao Lane Xang 2 - 13e	✗🕥	1249
Laurent - 8e	✗✗✗✗❀	1230

Lhassa - 5e	𝗫	1204
Liza - 2e	𝗫	1194
Le Lys d'Or - 12e	𝗫	1247
Mansouria - 11e	𝗫𝗫 ⏧	1243
La Marée Passy - 16e	𝗫	1268
Marius et Janette - 8e	𝗫𝗫	1233
Market - 8e	𝗫𝗫	1233
Mavrommatis - 5e	𝗫𝗫	1203
Meating - 17e	𝗫𝗫 ⏧	1274
Méditerranée - 6e	𝗫𝗫	1210
Mer de Chine - 13e	𝗫	1249
Michel Rostang - 17e	𝗫𝗫𝗫𝗫 ✿✿	1272
Millésimes 62 - 14e	𝗫	1252
Mini Palais - 8e	𝗫𝗫	1232
Mori Venice Bar - 2e	𝗫𝗫	1193
Nolita - 8e	𝗫𝗫	1232
Les Ombres - 7e	𝗫𝗫	1217
L'Oriental - 9e	𝗫	1240
L'Osteria - 4e	𝗫	1199
Palais Royal - 1er	𝗫𝗫	1188
Pavillon Montsouris - 14e	𝗫𝗫	1252
Le Petit Marius - 8e	𝗫	1235
Petit Pontoise - 5e	𝗫	1204
Pharamond - 1er	𝗫	1189
Pierrot - 2e	𝗫	1194
Que du bon - 19e	𝗫	1280
Rôtisserie d'en Face - 6e	𝗫	1212
La Rotonde - 6e	𝗫	1211
Royal Madeleine - 8e	𝗫	1235
Samesa - 17e	𝗫𝗫	1274
Shin Jung - 8e	𝗫	1236
Silk et Spice - 2e	𝗫	1194
La Société - 6e	𝗫𝗫	1209
Stella Maris - 8e	𝗫𝗫𝗫 ✿	1231
Suan Thaï - 4e	𝗫 ⏧	1200
La Table du Lancaster - 8e	𝗫𝗫𝗫 ✿	1231
Thoumieux - 7e	𝗫𝗫	1218
Timgad - 17e	𝗫𝗫	1273
Tokyo Eat - 16e	𝗫	1268
La Truffière - 5e	𝗫𝗫	1203
Tsé Yang - 16e	𝗫𝗫𝗫	1265
Vaudeville - 2e	𝗫𝗫	1193
La Villa Corse - 16e	𝗫	1268
La Villa Corse - 15e	𝗫	1258
Vincent Cozzoli - 19e	𝗫𝗫	1279
La Violette - 19e	𝗫	1280
Le Violon d'Ingres - 7e	𝗫𝗫 ✿	1217
Ze Kitchen Galerie - 6e	𝗫 ✿	1211

Environs

		page
L'Ambassade de Pékin - Saint-Mandé	𝗫𝗫	1310
Auberge Ravoux - Auvers-sur-Oise	𝗫 ⏧	1283
Au Pouilly Reuilly - Le Pré-Saint-Gervais	𝗫	1305
Aux Saveurs d'Alice - Enghien-les-Bains	𝗫	1295
Le Bistrot d'à Côté la Boutarde - Neuilly-sur-Seine	𝗫	1303
Le Bonheur de Chine - Rueil-Malmaison	𝗫𝗫	1307
Bonne Franquette - Janvry	𝗫𝗫	1297
La Bretèche - Saint-Maur-des-Fossés	𝗫𝗫𝗫	1311
Cazaudehore - Saint-Germain-en-Laye	𝗫𝗫𝗫	1309
Le Cénacle - Tremblay-en-France	𝗫𝗫	1314
Chalet du Parc - Yerres	𝗫𝗫	1320
Le Chiquito - Cergy-Pontoise	𝗫𝗫𝗫 ✿	1288
Le Coq de la Maison Blanche - Saint-Ouen	𝗫𝗫	1311
Coquibus - Issy-les-Moulineaux	𝗫	1297
Les Écuries de Richelieu - Rueil-Malmaison	𝗫𝗫	1307
Le Garde-Manger - Saint-Cloud	𝗫	1308
La Gueulardière - Ozoir-la-Ferrière	𝗫𝗫𝗫	1305
Hostellerie du Nord - Auvers-sur-Oise	𝗫𝗫𝗫	1283
L'Ile - Issy-les-Moulineaux	𝗫𝗫	1296
Jarrasse L'Ecailler de Paris - Neuilly-sur-Seine	𝗫𝗫	1303
Les Jardins de Camille - Suresnes	𝗫𝗫	1313
Marcigny - Viry-Châtillon	𝗫	1320
La Mare au Diable - Sainte-Geneviève-des-Bois	𝗫𝗫𝗫	1313
Moulin de la Renardière - Cergy-Pontoise	𝗫𝗫	1289
River Café - Issy-les-Moulineaux	𝗫𝗫	1296
Le Valmont - Versailles	𝗫𝗫	1318

PARIS

RESTAURANTS OUVERTS TARD LE SOIR
RESTAURANTS OPEN LATE

Heure de la dernière commande signalée entre parenthèses
Time of last orders in brackets

Al Ajami - 8ᵉ (0 h)	✗✗	1234
Alcazar - 6ᵉ (0 h)	✗✗	1210
Allard - 6ᵉ (23 h30)	✗	1211
L'Atelier de Joël Robuchon - Étoile - 8ᵉ (0 h)	✗ ✿✿	1234
L'Atelier de Joël Robuchon - St-Germain - 7ᵉ (0 h)	✗ ✿✿	1219
Atelier Maître Albert - 5ᵉ (23 h30)	✗✗	1203
L'Auberge Aveyronnaise - 12ᵉ (23 h30)	✗🍴	1247
Au Bœuf Couronné - 19ᵉ (0 h)	✗✗	1279
Au Petit Riche - 9ᵉ (23 h45)	✗✗	1239
Le Ballon des Ternes - 17ᵉ (0 h)	✗✗	1274
Le Baratin - 20ᵉ (0 h)	✗🍴	1281
Bernard du 15 - 15ᵉ (23 h45)	✗	1257
Le Bistrot de L'Alycastre - 6ᵉ (23 h30)	✗	1213
Bistrot de Paris - 7ᵉ (23 h30)	✗	1220
Bofinger - 4ᵉ (0 h)	✗✗	1199
Café de la Paix - 9ᵉ (23 h30)	✗✗✗	1239
Café de l'Esplanade - 7ᵉ (1 h)	✗✗	1218
Caïus - 17ᵉ (23 h30)	✗	1274
Le 122 - 7ᵉ (23 h30)	✗	1220
Le Cherche Midi - 6ᵉ (23 h45)	✗	1212
Chéri bibi - 18ᵉ (0 h)	✗	1278
Chez Casimir - 10ᵉ (0 h)	✗	1242
Chez Michel - 10ᵉ (0 h)	✗🍴	1242
Le Congrès - 17ᵉ (2 h)	✗✗	1274
Diep - 8ᵉ (0 h)	✗✗	1234
Le Dôme - 14ᵉ (23 h30)	✗✗✗	1251
Le Dôme du Marais - 4ᵉ (23 h30)	✗✗	1199
Drouant - 2ᵉ (23 h45)	✗✗✗	1193
Emporio Armani Caffé - 6ᵉ (0 h)	✗✗	1211
Fogón - 6ᵉ (23 h45)	✗✗✿	1210
Fontaine de Mars - 7ᵉ (23 h30)	✗	1221
La Fontaine Gaillon - 2ᵉ (23 h30)	✗✗	1193
Fouquet's - 8ᵉ (0 h)	✗✗✗	1231
Les Fous de l'Île - 4ᵉ (0 h)	✗	1199
Gallopin - 2ᵉ (0 h)	✗✗	1193
Goumard - 1ᵉʳ (0 h30)	✗✗	1188
Gwadar - 1ᵉʳ (23 h30)	✗	1191
Jadis - 15ᵉ (23 h45)	✗🍴	1258
Le Janissaire - 12ᵉ (23 h30)	✗✗	1246
Market - 8ᵉ (23 h30)	✗✗	1233
Mer de Chine - 13ᵉ (0 h30)	✗	1249
Mini Palais - 8ᵉ (0 h)	✗✗	1232
Momoka - 9ᵉ (2 h)	✗	1241
Mori Venice Bar - 2ᵉ (23 h30)	✗✗	1193

Nolita - 8ᵉ (23 h30)	✗✗		1232
L'Olivier - 3ᵉ (23 h30)	✗		1197
L'Os à Moelle - 15ᵉ (23 h30)	✗ ⊕		1258
Osteria Ruggera - 2ᵉ (23 h30)	✗ ⊕		1195
Pierre au Palais Royal - 1ᵉʳ (23 h45)	✗✗		1188
La Régalade - 14ᵉ (23 h30)	✗ ⊕		1252
La Rotonde - 6ᵉ (0 h45)	✗		1211
La Société - 6ᵉ (0 h30)	✗✗		1209
Suan Thaï - 4ᵉ (23 h30)	✗ ⊕		1200
Tokyo Eat - 16ᵉ (23 h30)	✗		1268
Vaudeville - 2ᵉ (0 h15)	✗✗		1193
La Villa Corse - 16ᵉ (23 h30)	✗		1268
La Villa Corse - 15ᵉ (23 h30)	✗		1258
Villaret - 11ᵉ (0 h)	✗ ⊕		1244

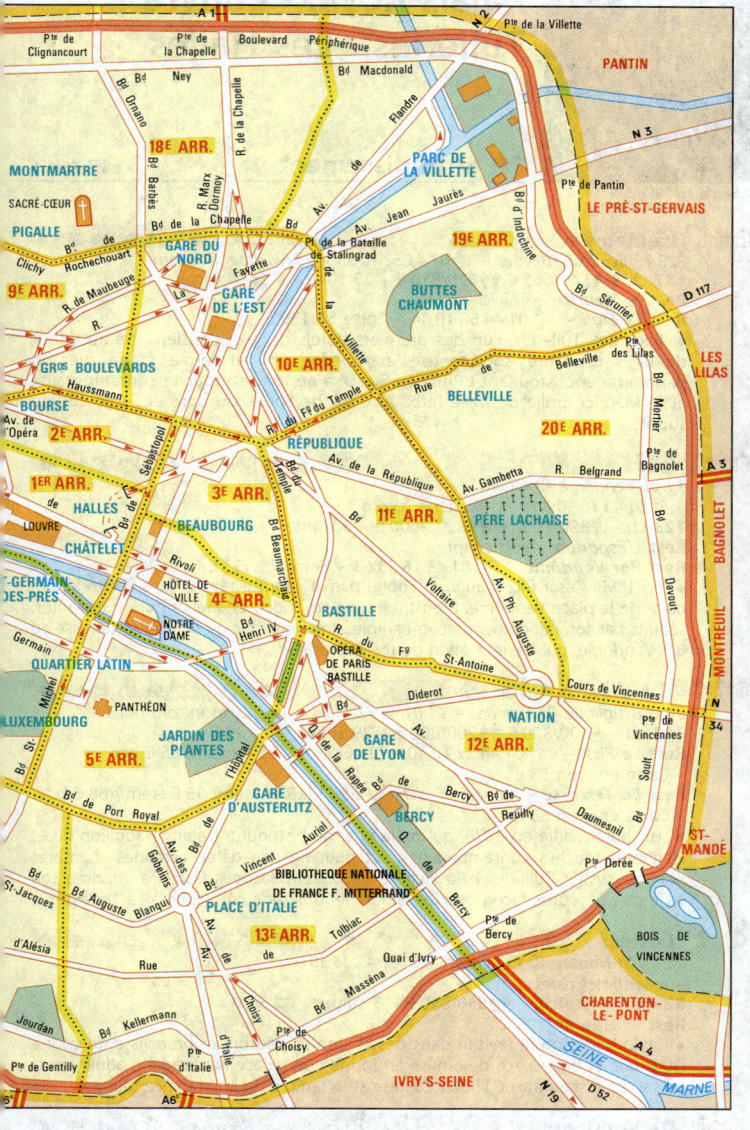

S. Sauvignier/MICHELIN

Palais-Royal · Louvre · Tuileries · Les Halles

Le Meurice

228 r. Rivoli Ⓜ *Tuileries* – ℰ 01 44 58 10 55 – www.lemeurice.com
137 ch – ♦540/665 € ♦♦620/810 € – 23 suites – ⌑ 48 €
Rest *le Meurice* – voir ci-après
Rest *Le Dali* – ℰ 01 44 58 10 44 – Carte 50/130 €
◆ Face aux Tuileries, l'un des premiers hôtels de luxe parisiens, né au début du 19e s. Chambres somptueuses et superbe suite au dernier étage, avec un panorama époustouflant ! Philippe Starck a apporté sa touche contemporaine et le Meurice brille de mille feux. Au Dali, de l'ocre, du doré et... une cuisine subtile !

Ritz

15 pl. Vendôme Ⓜ *Opéra*
– ℰ 01 43 16 30 30 – www.ritzparis.com
123 ch – ♦850/9600 € ♦♦850/9600 € – 36 suites – ⌑ 67 €
Rest *L'Espadon* – voir ci-après
Rest *Bar Vendôme* – ℰ 01 43 16 33 63 – Carte 75/125 €
◆ En 1898, César Ritz inaugura "l'hôtel parfait" dont il rêvait, dans l'écrin légendaire de la place Vendôme. Proust, Hemingway, Coco Chanel en furent les hôtes, séduits par son raffinement incomparable... Intérieur chic ou délicieuse terrasse au Bar Vendôme, qui devient salon de thé l'après-midi.

The Westin Paris

3 r. Castiglione Ⓜ *Tuileries* – ℰ 01 44 77 11 11 – www.westin.com/paris
440 ch – ♦200/800 € ♦♦200/800 € – 29 suites – ⌑ 39 €
Rest *Le First* – ℰ 01 44 77 10 40 – (29 €) Menu 35 € (sem.)/85 € bc
– Carte environ 53 €
Rest *La Terrasse* – (ouvert 1er avril-30 sept.) (29 €) Menu 35 € (sem.)/68 € bc
– Carte environ 53 €
◆ Un hôtel édifié en 1878, qui mêle charme historique (salons Napoléon III) et élégantes touches contemporaines... Et pour ne rien gâter, certaines chambres ont vue sur les Tuileries ! Au First, le décorateur Jacques Garcia a imprimé son style chic et feutré, façon boudoir moderne. Quiétude côté cour, à La Terrasse.

Costes

239 r. St-Honoré Ⓜ *Concorde* – ℰ 01 42 44 50 00
– www.hotelcostes.com
82 ch – ♦400/850 € ♦♦550/850 € – 3 suites – ⌑ 32 €
Rest – Carte 44/108 €
◆ Style Napoléon III revisité dans des chambres pourpre et or, ravissante cour à l'italienne et bel espace de remise en forme : un palace extravagant, adulé par la jet-set. Le restaurant de l'hôtel Costes est le temple de la tendance lounge.

De Vendôme

1 pl. Vendôme Ⓜ *Opéra* – ℰ 01 55 04 55 00 – www.hoteldevendome.com
24 ch – ♦450/550 € ♦♦520/620 € – 5 suites – ⌑ 35 €
Rest *1 Place Vendôme* – (fermé août) Menu 72 € (dîner) – Carte environ 70 €
◆ L'autre hôtel de la place Vendôme ! Dans ce beau bâtiment du 18e s., les meubles anciens et le marbre côtoient les équipements dernier cri avec le plus grand naturel, et l'élégance se niche dans les moindres détails. À l'étage, confortable restaurant aux allures de boudoir contemporain ; cuisine de saison.

PARIS

Le Burgundy 🖥 🕐 ⛶ ♨ 🚫 🍷 VISA 🅿 AE ⑩

6-8 r. Duphot Ⓜ *Madeleine* – ☎ *01 42 60 34 12* – *www.leburgundy.com*
51 ch – ♦380/530 € ♦♦400/950 € – 8 suites – ⌂ 44 €
Rest *Le Baudelaire* – voir ci-après

◆ Luxueux, feutré et arty... Dans ce palace, les boiseries se confondent à merveille avec les tissus colorés, les meubles design et les œuvres d'art contemporain.

Renaissance Paris Vendôme 🖥 🕐 ⛶ ♨ 🚫 🍷 🌡 🔇 VISA 🅿 AE ⑩

4 r. du Mont-Thabor Ⓜ *Tuileries* – ☎ *01 40 20 20 00*
– *www.renaissanceparisvendome.com*
97 ch – ♦319/659 € ♦♦319/659 € – 15 suites – ⌂ 29 €
Rest *Pinxo* – voir ci-après

◆ Immeuble du 19e s. métamorphosé en boutique hôtel contemporain. Bois, tons miel et chocolat : les chambres sont élégantes et vraiment douillettes ! Et l'on paresse avec ravissement dans le joli bar chinois.

Castille Paris 🍴 ⛶ 🚫 🍷 🌡 🔇 VISA 🅿 AE ⑩

33 r. Cambon Ⓜ *Madeleine* – ☎ *01 44 58 44 58* – *www.castille.com*
91 ch – ♦500/1700 € ♦♦500/1700 € – 17 suites – ⌂ 28 €
Rest *L'Assaggio* – 37 r. Cambon, ☎ *01 44 58 45 67 (fermé août, 24-30 déc., sam. et dim.)* (38 €) Menu 45 € (déj. en sem.) – Carte 60/200 € 🍷

◆ Côté "Opéra", précieux décor contemporain d'inspiration vénitienne ; côté "Rivoli", cadre noir et blanc graphique, tel un écho à la maison Chanel voisine. L'Assaggio sert une cuisine italienne traditionnelle dans une salle qui évoque la villa d'Este ; joli patio.

Regina 🍴 🕐 🚫 ch, 🌡 🔇 🌡 VISA 🅿 AE ⑩

2 pl. des Pyramides Ⓜ *Tuileries* – ☎ *01 42 60 31 10* – *www.regina-hotel.com*
120 ch – ♦230/380 € ♦♦230/380 € – 10 suites – ⌂ 32 €
Rest – (28 €) Carte 37/59 €

◆ Cet hôtel 1900 a conservé son atmosphère et son décor Art nouveau. Superbe hall, mobilier ancien dans les chambres (plus calmes côté patio et certaines avec vue sur la tour Eiffel). Cuisine traditionnelle près de la jolie cheminée Majorelle ou dans la cour fleurie.

Cambon sans rest 🕐 🌡 🔇 VISA 🅿 AE ⑩

3 r. Cambon Ⓜ *Concorde* – ☎ *01 44 58 93 93* – *www.hotelcambon.com*
40 ch – ♦280/380 € ♦♦390/490 € – 6 suites – ⌂ 22 €

◆ Entre le jardin des Tuileries et la rue St-Honoré, cet hôtel compte de nombreux fidèles : accueil charmant, plaisantes chambres mêlant mobilier contemporain et tableaux anciens...

Royal St-Honoré sans rest 🕐 🌡 🔇 VISA 🅿 AE ⑩

221 r. St-Honoré Ⓜ *Tuileries* – ☎ *01 42 60 32 79*
– *www.hotel-royal-st-honore.com*
72 ch – ♦220/390 € ♦♦270/440 € – ⌂ 22 €

◆ Sur le site de l'ancien hôtel de Noailles, immeuble cossu du 19e s. aux chambres raffinées. On prend son petit-déjeuner dans un décor Louis XVI et, le soir venu, on profite du bar, très cosy.

Meliá Vendôme sans rest 🕐 🌡 🔇 🌡 🔇 VISA 🅿 AE ⑩

8 r. Cambon Ⓜ *Concorde* – ☎ *01 44 77 54 00* – *www.solmelia.com*
83 ch – ♦241/389 € ♦♦241/409 € – 4 suites – ⌂ 28 €

◆ Un hôtel élégant, tout en rouge et or, où règne une atmosphère feutrée. Esprit romantique dans les chambres, salon sous une verrière Belle Époque et bel espace petit-déjeuner...

Washington Opéra sans rest 🕐 🚫 🌡 🔇 🌡 VISA 🅿 AE ⑩

50 r. Richelieu Ⓜ *Palais Royal* – ☎ *01 42 96 68 06* – *www.washingtonopera.com*
36 ch – ♦195/215 € ♦♦215/245 € – ⌂ 15 €

◆ La marquise de Pompadour vécut dans ce bel hôtel particulier ! Aujourd'hui, à votre tour d'occuper les chambres, décorées dans un style Directoire ou gustavien. Au 6e étage, terrasse offrant une belle vue sur les jardins du Palais-Royal.

PARIS

Mayfair sans rest

3 r. Rouget-de-Lisle Ⓜ *Concorde* – ☏ 01 42 60 38 14
– www.hotelmayfairparis.com
41 ch – †175/500 € ††198/500 € – 6 suites – ☐ 20 €

♦ Idéalement situé entre deux places royales – Concorde et Vendôme –, élégant hôtel au charme très classique : mobilier de style, tentures à médaillons, lampes sur pied... Parfaite tenue.

Mansart sans rest

5 r. des Capucines Ⓜ *Opéra* – ☏ 01 42 61 50 28
– www.espritdefrance.com
57 ch – †170/380 € ††180/380 € – ☐ 15 €

♦ Jouxtant la place Vendôme due à Mansart, cet hôtel rend un bel hommage à l'architecte de Louis XIV. Chambres classiques, mobilier de style Empire ou Directoire et hall plus contemporain.

Opéra Richepanse sans rest

14 r. Chevalier de St-George Ⓜ *Madeleine* – ☏ 01 42 60 36 00
– www.richepanse.com
35 ch – †250/440 € ††250/440 € – 3 suites – ☐ 18 €

♦ Bel hôtel Art déco où Tchaïkovski avait ses habitudes : pour l'anecdote, quelques lettres du compositeur y sont exposées ! Chambres confortables, donnant parfois sur la Madeleine.

Novotel Paris Les Halles

8 pl. M.-de-Navarre Ⓜ *Châtelet* – ☏ 01 42 21 31 31
– www.novotelparisleshalles.com
285 ch – †159/369 € ††179/389 € – 5 suites – ☐ 18 €
Rest – *(fermé dim. midi et sam.)* (16 €) Menu 38/70 € – Carte 24/50 €

♦ Face au forum des Halles, cet hôtel de chaîne jouit d'une situation centrale ! Autres bons points : chambres zen tout confort et salles de séminaire très bien équipées. Cuisine traditionnelle et à la plancha ; bar ouvert jusqu'à 2 h.

Louvre St-Honoré sans rest

141 r. St-Honoré Ⓜ *Louvre Rivoli* – ☏ 01 42 96 23 23
– www.paris-hotel-louvresainthonore.com
37 ch – †175/320 € ††185/350 € – ☐ 19 €

♦ À deux pas du Louvre, voici une jolie façade du 18e s. (classée) qui cache un hôtel rénové en 2008-2009 dans une veine contemporaine colorée. Grand calme dans le bâtiment sur cour.

Britannique sans rest

20 av. Victoria Ⓜ *Châtelet* – ☏ 01 42 33 74 59
– www.hotel-britannique.fr
39 ch – †168/198 € ††215/230 € – ☐ 13 €

♦ Créé par une famille anglaise sous le règne de Victoria, cet hôtel superpose les influences impériales. Chambres cossues à l'exotisme raffiné ; charmant salon. So british !

√ ### Thérèse sans rest

5 r. Thérèse Ⓜ *Pyramides* – ☏ 01 42 96 10 01
– www.hoteltherese.com
43 ch – †160/320 € ††160/320 € – ☐ 13 €

♦ Une adresse charmante : décor cosy et contemporain mêlant tons pastel et boiseries... Les chambres sont douillettes et le salon vraiment chaleureux !

Relais St-Honoré sans rest

308 r. St Honoré Ⓜ *Tuileries* – ☏ 01 42 96 06 06
– www.relaissainthonore.com
15 ch – †213 € ††213 € – ☐ 13 €

♦ Dans cet hôtel (17e s.), le petit-déjeuner n'est servi que dans les chambres ! Le matin, on peut donc musarder tout à son aise, entre poutres (sauf au 1er étage) et meubles anciens.

⌂ **Relais du Louvre** sans rest 🄳 AC 🛱 ⁽ʸ⁾ VISA ⓴ⓞ AE ⓞ
19 r. Prêtres-St-Germain-l'Auxerrois Ⓜ *Louvre Rivoli* – ✆ *01 40 41 96 42*
– *www.relaisdulouvre.com*
20 ch – ✝90/135 € ✝✝150/175 € – 1 suite – ⌷ 13 €
♦ Derrière cette étroite façade du 18ᵉ s., un hôtel de caractère, paisible et bien tenu.
Chambres raffinées et confortables ; belle suite au dernier étage, idéale en famille.

⌂ **Place du Louvre** sans rest 🄳 AC 🛇 ⁽ʸ⁾ VISA ⓴ⓞ AE ⓞ
21 r. Prêtres-St-Germain-L'Auxerrois Ⓜ *Louvre Rivoli* – ✆ *01 42 33 78 68*
– *www.espritdefrance.com*
20 ch – ✝130/230 € ✝✝160/230 € – ⌷ 14 €
♦ À l'ombre de l'église St-Germain-l'Auxerrois, chambres coquettes portant
des noms de peintres. Le petit-déjeuner est servi dans une cave voûtée du 14ᵉ s.
jadis reliée au Louvre !

⌂ **Aux Ducs de Bourgogne** sans rest 🄳 AC ⁽ʸ⁾ 🛇 VISA ⓴ⓞ AE ⓞ
19 r. du Pont-Neuf Ⓜ *Châtelet* – ✆ *01 42 33 95 64*
– *www.paris-hotel-bourgogne.com*
50 ch – ✝145/215 € ✝✝165/295 € – ⌷ 15 €
♦ Cet immeuble du 19ᵉ s. dispose de petites chambres très bien tenues et mansardées au dernier étage. Mobilier en bois massif, tissus tendus… Une ambiance
résolument feutrée.

⌂ **Louvre Ste-Anne** sans rest 🄳 ♿ AC 🛇 ⁽ʸ⁾ VISA ⓴ⓞ AE ⓞ
32 r. Ste-Anne Ⓜ *Pyramides* – ✆ *01 40 20 02 35* – *www.louvre-ste-anne.fr*
20 ch – ✝130/140 € ✝✝145/210 € – ⌷ 12 €
♦ Un hôtel bien sympathique dans la rue des restaurants japonais. Les chambres
sont petites, mais agréables et bien agencées (deux avec terrasse et vue sur le
Sacré-Cœur).

ⓍⓍⓍⓍⓍ **Le Meurice** – Hôtel Le Meurice AC 🛇 ⇔ ⌑⁴ VISA ⓴ⓞ AE ⓞ
✿✿✿ *228 r. de Rivoli* Ⓜ *Tuileries*
– ✆ *01 44 58 10 55* – *www.lemeurice.com*
– *Fermé 29 juil.-29 août, 11-28 fév., sam., dim. et fériés*
Rest – Menu 90 € (déj.), 240/400 € bc – Carte 165/250 €🕸
Spéc. Chair de tourteau en feuilles de calamar (printemps). Blanc de turbot étuvé
en écailles de gros champignons de Paris (sept. à nov.). Palet fondant au chocolat,
mikado de meringues au yuzu (hiver).
♦ Le décor mirifique ressuscite le Grand Siècle, dans l'esprit des appartements
royaux de Versailles. En chef Roi-Soleil, Yannick Alléno règne sur une carte qui
révèle un brillant alliage de classicisme et d'inventivité. Même la saveur du produit le plus simple devient extravagance… Service impérial.

ⓍⓍⓍⓍⓍ **L'Espadon** – Hôtel Ritz 🏮 AC 🛇 ⇔ ⌑⁴ VISA ⓴ⓞ AE ⓞ
✿✿ *15 pl. Vendôme* Ⓜ *Opéra* – ✆ *01 43 16 30 80* – *www.ritzparis.com*
Rest – Menu 70 € (déj. en sem.), 105/340 € bc – Carte 170/240 €🕸
Spéc. Rafraîchi de tourteau et langoustine, légumes à la verveine citron. Ris de
veau cuit au sautoir, petits pois à la française et girolles crémées. Millefeuille "Tradition Ritz".
♦ La salle, submergée d'ors et de drapés, est éblouissante. Dans ce cadre
magique, la cuisine de Michel Roth, d'un classicisme sans faille, atteint sa meilleure expression. Service irréprochable.

ⓍⓍⓍⓍ **Le Grand Véfour** (Guy Martin) AC 🛇 ⇔ ⌑⁴ VISA ⓴ⓞ AE ⓞ
✿✿ *17 r. Beaujolais* Ⓜ *Palais Royal* – ✆ *01 42 96 56 27* – *www.grand-vefour.com*
– *Fermé 18-22 avril, 1ᵉʳ-29 août, 24 déc.-1ᵉʳ janv., vend. soir, sam. et dim.*
Rest – Menu 88 € (déj.)/268 € – Carte 185/269 €🕸
Spéc. Ravioles de foie gras, crème foisonnée truffée. Parmentier de queue de
bœuf aux truffes. Palet noisette et chocolat au lait, glace au caramel et prise de
sel de Guérande.
♦ Dans les jardins du Palais-Royal, cette luxueuse maison de style Directoire – haut
lieu de la gastronomie depuis plus de 200 ans – est chargée d'histoire(s) ! Cuisine
inventive signée Guy Martin.

XXXX **Carré des Feuillants** (Alain Dutournier) AC ⇔ ⇔⇑ VISA ◑ AE

❀ ❀ *14 r. Castiglione* Ⓜ *Tuileries –* ℰ *01 42 86 82 82 – www.carredesfeuillants.fr*
– Fermé août, sam. et dim.
Rest – Menu 58 € (déj.), 150/190 € – Carte 135/175 €❀

Spéc. Bar de ligne émincé, amandes fraîches, copeaux de poutargue, tomate
ancienne (été). Tronçon de turbot sauvage étuvé dans son jus de cuisson, caviar
ébène, semoule de brocoli (été). Envie de vacherin, grosses framboises, chiboust
au yuzu, crème fermière et mascavo (printemps-été).

♦ Atmosphère élégante, contemporaine et zen sur le site du couvent des Feuillants. On savoure une cuisine bien dans son époque, aux jolis accents gascons.
Superbes vins et armagnacs.

XXX **Le Baudelaire** – Hôtel Le Burgundy AC ⇔⇑ VISA ◑ AE ◐

❀ *6-8 r Duphot* Ⓜ *Madeleine –* ℰ *01 42 60 34 12 – www.leburgundy.com*
Rest – *(fermé dim.)* (55 €) Carte 57/109 €

Spéc. Escabèche de rouget. Suprême de volaille en croûte d'amande. Mousse de
datte, ananas rôti, croustillant chocolat.

♦ Une table toute jeune – le luxueux hôtel qui l'abrite est né en 2010 – et déjà
une valeur sûre : un chef au beau parcours y propose une cuisine délicate, aux
associations de saveurs élégantes.

XXX **Macéo** AC ⇔ VISA ◑

15 r. Petits-Champs Ⓜ *Bourse –* ℰ *01 42 97 53 85 – www.maceorestaurant.com*
– Fermé 30 juil.-22 août, sam. midi, dim. et fériés
Rest – (29 €) Menu 33/48 € – Carte 49/65 €❀

♦ Moulures, parquet, beaux miroirs : un cadre Second Empire pour une cuisine...
de notre époque, autour des produits de saison. Menu végétarien et carte de vins
du monde.

XX **Goumard** AC ⇔ ⇔⇑ VISA ◑ AE ◐

9 r. Duphot Ⓜ *Madeleine –* ℰ *01 42 60 36 07 – www.goumard.com*
Rest – (29 €) Menu 39/49 € – Carte 50/75 €

♦ Cette maison plus que centenaire a pris un tournant : décor contemporain,
choix de viandes en plus des spécialités de la mer (dégustation d'huîtres au bar).
Ouvert de midi à minuit.

XX **Pinxo** – Hôtel Renaissance Paris Vendôme AC ⇔⇑ VISA ◑ AE

9 r. d'Alger Ⓜ *Tuileries –* ℰ *01 40 20 72 00 – www.pinxo.fr – Fermé août*
Rest – (24 €) Menu 32 € (déj.) – Carte 42/60 €

♦ Mobilier épuré, tons noir et blanc, vue sur les cuisines : un décor sobre et chic
pour "pinxer" (prendre avec les doigts) des petits plats à la mode Dutournier.

XX **Palais Royal** ⌂ AC ⇔ VISA ◑ AE ◐

110 Galerie de Valois - Jardin du Palais Royal Ⓜ *Bourse –* ℰ *01 40 20 00 27*
– www.restaurantdupalaisroyal.com – Fermé dim.
Rest – Carte 50/75 €

♦ Sous les fenêtres de l'appartement de Colette, on déguste une belle cuisine
traditionnelle dans une salle aux accents Art déco... La terrasse ouvre sur les jardins du Palais-Royal.

XX **Pierre au Palais Royal** AC VISA ◑

10 r. Richelieu Ⓜ *Palais Royal –* ℰ *01 42 96 09 17 – www.pierreaupalaisroyal.com*
– Fermé 3 sem. en août, sam. midi et dim.
Rest – (33 €) Menu 39/80 € bc – Carte 45/55 €

♦ Cette institution a évolué avec son époque : salle en noir et blanc, d'un effet chic
et sobre, et plats inspirés par le Sud-Ouest, présentés avec passion par le patron.

XX **Le Soufflé** AC VISA ◑ AE

36 r. Mont-Thabor Ⓜ *Tuileries –* ℰ *01 42 60 27 19 – www.lesouffle.fr*
– Fermé 1er-15 août, dim. et lundi
Rest – Menu 31/35 € – Carte 30/50 €

♦ Quel souffle ! Cela fait plus de 40 ans que cette maison bourgeoise, proche des
Tuileries, se consacre à son péché mignon, le soufflé – salé ou sucré –, lui dédiant
même un menu !

XX **Saudade**　　　　　　　　　　　　　　　AC 🚫 ⇄ VISA ⦿ AE

34 r. des Bourdonnais Ⓜ *Pont Neuf* – ℰ *01 42 36 03 65*
– www.restaurantsaudade.com – Fermé août et dim.
Rest – Menu 23 € bc (déj. en sem.) – Carte 34/59 € 🦐
◆ Pour un repas au Portugal... en plein Paris, rendez-vous dans ce restaurant
décoré d'azulejos. Plats typiques et vins lusitaniens à déguster au son du fado.

XX **Kinugawa**　　　　　　　AC 🚫 ⇄ ⇄🛏 soir, VISA ⦿ AE ①

9 r. Mont Thabor Ⓜ *Tuileries* – ℰ *01 42 60 65 07 – http://kinugawa.free.fr*
– Fermé 24 déc.-6 janv. et dim.
Rest – Menu 35 € (déj.), 75/125 € – Carte 55/125 €
◆ Soyons zen ! À l'étage, belle cuisine japonaise servie dans une salle très nip-
pone : lignes épurées et sobres tonalités. Bar à sushis au rez-de-chaussée.

XX **L'Atelier Berger**　　　　　　　　　🏠 ⇄ VISA ⦿ AE ①

49 r. Berger Ⓜ *Louvre Rivoli* – ℰ *01 40 28 00 00 – Fermé sam. midi et dim.*
Rest – Menu 33/68 € – Carte 33/47 € 🦐
◆ Esprit bistrot chic face au jardin des Halles. Ambiance feutrée et cuisine bien
dans son époque : la fraise rencontre le vinaigre balsamique, le rouget est juste
poêlé...

X **Yam'Tcha** (Adeline Grattard)　　　　　　　🚫 VISA ⦿
�😊
4 r. Sauval Ⓜ *Louvre Rivoli* – ℰ *01 40 26 08 07 – www.yamtcha.com*
– Fermé août, vacances de Noël, dim. soir, lundi et mardi
Rest – *(nombre de couverts limité, prévenir)* Menu 50 € (déj. en sem.)/85 €
Spéc. Homard, jaune d'œuf, maïs. Cochon de lait noir de Bigorre, aubergines à la
séchuanaise. Cheese cake, gingembre confit, shiso.
◆ La table étonnante d'une jeune chef formée à l'Astrance et à Hong Kong. Sens
du produit remarquable, associations simples et saisissantes – entre France et
Asie – pensées en accord avec une sélection d'excellents thés : tout est limpide.
Vingt couverts seulement !

X **Spring**　　　　　　　　　　　　　　　　VISA ⦿

6 r. Bailleul Ⓜ *Louvre Rivoli* – ℰ *01 45 96 05 72 – www.springparis.fr – Fermé
août, vacances scolaires de fév., dim. et lundi*
Rest – (30 €) Menu 38 € (déj. en sem.)/64 €
◆ Le chef, autodidacte, est originaire de Chicago. Dans cette maison décontractée, à son image, il réalise sous vos yeux une belle cuisine de produits. Jolie
cave voûtée pour prendre un verre, apéritifs dînatoires au "bar à manger"... Un
lieu inspiré !

X **Au Gourmand**　　　　　　　　　　　AC VISA ⦿

17 r. Molière Ⓜ *Pyramides* – ℰ *01 42 96 22 19 – www.augourmand.fr*
– Fermé 2 sem. en août, sam. midi, lundi midi et dim.
Rest – Menu 30/37 € – Carte 54/60 € 🦐
◆ Près de l'avenue de l'Opéra, un lieu éclectique, rococo et théâtral avec sa
bibliothèque en trompe-l'œil. Cuisine de tradition, dont un menu "tout légumes" ;
service accort.

X **La Régalade St-Honoré**　　　　　　　AC VISA ⦿
😊
123 r. St-Honoré Ⓜ *Louvre Rivoli* – ℰ *01 42 21 92 40 – Fermé août,
24 déc.-4 janv., sam. et dim.*
Rest – Menu 33 €
◆ Après le succès de la mythique Régalade du 14ᵉ arrondissement, Bruno Doucet
récidive dans le quartier des Halles. La formule est la même et... l'on se régale
toujours autant.

X **Pharamond**　　　　　　　　　　🏠 ⇄ VISA ⦿ AE

24 r. de la Grande-Truanderie Ⓜ *Châtelet-Les Halles* – ℰ *01 40 28 45 18*
– www.pharamond.fr – Fermé dim. et lundi
Rest – (19 €) Menu 31 € – Carte 50/100 €
◆ Institution des Halles à la Belle Époque, cette adresse a conservé son beau
décor 1900 et place la tradition bistrotière au-dessus de tout (spécialités de tripes et abats).

✗ **L'Absinthe** 🔲 AC VISA ⦿ AE ⦿

24 pl. Marché-St-Honoré Ⓜ *Pyramides –* ☏ *01 49 26 90 04*
– www.restaurantabsinthe.com
Rest – Menu 39 €

♦ Un bistrot néorétro plein d'allure, qui rappelle l'époque où la "fée verte" était en vogue (zinc, carrelage ancien, horloge monumentale). Plats traditionnels de saison.

✗ **Bistrot St-Honoré** VISA ⦿

10 r. Gomboust Ⓜ *Pyramides –* ☏ *01 42 61 77 78 – Fermé 24 déc.-2 janv. et dim.*
Rest – Menu 35 € – Carte 50/75 € 🎴

♦ Typiquement parisien, ce petit bistrot rustique célèbre la Bourgogne à travers une cuisine généreuse et des vins du terroir. Cadre chaleureux et ambiance décontractée.

✗ **Kaï** AC 🎴 ⇔ VISA ⦿ AE

18 r. du Louvre Ⓜ *Louvre Rivoli –* ☏ *01 40 15 01 99*
– Fermé 1 sem. en avril, 3 sem. en août, 1 sem. à Noël, dim. midi et lundi
Rest – Menu 69 € (dîner)/135 € – Carte 60/85 €

♦ Une table nippone réjouissante et authentique ! Décor épuré, spécialités tokyoïtes (sushis, grillades sur charbon) et petites douceurs françaises... de chez Pierre Hermé.

✗ **Nodaïwa** AC VISA ⦿ AE ⦿
⊖

272 r. St-Honoré Ⓜ *Palais Royal –* ☏ *01 42 86 03 42 – www.nodaiwa.com*
– Fermé 1er-20 août et 30 déc.-10 janv.
Rest – Menu 18/65 € – Carte 30/50 €

♦ Table japonaise dont la grande spécialité est l'anguille, préparée avec un soin méticuleux. Salle tout en longueur et minimaliste, bien à l'image d'une… anguille.

✗ **Bistrot Mavrommatis** AC 🎴 VISA ⦿ AE ⦿

18 r. Duphot, (1er étage) Ⓜ *Madeleine –* ☏ *01 42 97 53 04*
– www.mavrommatis.com – Fermé en août, dim. et fériés
Rest – (déj. seult) Menu 26 € – Carte 30/40 €

♦ Un petit temple grec à deux pas de l'église de la Madeleine : épicerie au rez-de-chaussée, taverne à l'étage (photos du pays), nombreuses spécialités pour se restaurer à bon compte.

✗ **Les Cartes Postales** AC VISA ⦿ AE

7 r. Gomboust Ⓜ *Pyramides –* ☏ *01 42 61 02 93 – Fermé 2 sem. en août,*
25 déc.-2 janv., lundi soir, sam. midi et dim.
Rest – (25 €) Menu 70 € – Carte 45/75 €

♦ Savoureuse cuisine française relevée de notes nippones, signée par un chef japonais. Intéressante formule et demi-portions à la carte, pour deux fois plus de plaisir.

✗ **Kunitoraya** AC ⇔ VISA ⦿ AE

5 r. Villedo Ⓜ *Pyramides –* ☏ *01 47 03 07 74 – www.kunitoraya.com*
– Fermé 2 sem. en août, vacances de fév. et merc.
Rest – (28 €) Menu 37/90 € – Carte 38/58 €

♦ Vieux zinc, miroirs et faïence métro : le Paris des soupers 1900... pour une cuisine nippone soignée à base d'udon, pâtes maison réalisées avec une farine de blé importée du Japon !

✗ **Zen** 🔲 AC VISA ⦿
☺

8 r. de L'Échelle Ⓜ *Palais Royal –* ☏ *01 42 61 93 99 – www.restaurant-zen.fr.cc*
– Fermé 10-20 août
Rest – Menu 20/45 € bc – Carte 20/34 €

♦ Table japonaise traditionnelle par sa carte (étoffée), et contemporaine par son décor : lignes épurées tout en rondeur, omniprésence du blanc et du vert acidulé.

✗ **Crudus** 🎴 VISA ⦿ AE ⦿

21 r. St-Roch Ⓜ *Pyramides –* ☏ *01 42 60 90 29 – Fermé août, 20-27 déc., sam. et dim.*
Rest – (nombre de couverts limité, prévenir) (25 €) Carte 42/56 €

♦ Dans ce petit restaurant italien, priorité aux produits bio... Des saveurs naturelles à déguster dans un décor simple et avenant (parquet, murs blancs, tables en plexiglas).

X **Baan Boran** `AC` `VISA` `OO` `AE`
43 r. Montpensier 🚇 *Palais Royal* – 𝒞 *01 40 15 90 45* – *www.baan-boran.com*
– *Fermé sam. midi et dim.*
Rest – Menu 14 € (déj. en sem.)/40 € – Carte 30/50 €
◆ Escale asiatique face au théâtre du Palais-Royal : spécialités thaïlandaises préparées au wok et servies dans un cadre contemporain épuré (bois exotique, cuir,
tons beige et gris).

X **Cibus** `VISA` `OO` `AE` `O`
5 r. Molière 🚇 *Palais Royal* – 𝒞 *01 42 61 50 19* – *Fermé août, 19-27 déc., lundi
midi, sam. midi et dim.*
Rest – *(nombre de couverts limité, prévenir)* (30 €) Menu 38 € (déj.)
– Carte 52/65 €
◆ Cibus : "nourriture", en latin. Auspices millénaires pour ce restaurant italien
qui porte haut la gastronomie transalpine (produits bio). Décor très simple et
accueil convivial.

X **Chez La Vieille "Adrienne"** `VISA` `OO` `AE`
1 r. Bailleul 🚇 *Louvre Rivoli* – 𝒞 *01 42 60 15 78* – *Fermé 1er-25 août, sam. et dim.*
Rest – *(prévenir)* Carte 39/55 €
◆ Terrine de canard, navarin d'agneau, mousse au chocolat : une cuisine de bistrot immuable, dans une atmosphère patinée, d'un autre temps...

X **Lescure** `AC` `VISA` `OO`
7 r. Mondovi 🚇 *Concorde* – 𝒞 *01 42 60 18 91* – *Fermé août, vacances de Noël,
sam. et dim.*
Rest – Menu 24 € bc – Carte 23/45 €
◆ Auberge rustique tout près de la place de la Concorde. On y déguste au
coude-à-coude, à la table commune, de copieuses spécialités du Sud-Ouest.

X **Gwadar** `AC` `VISA` `OO`
39 r. St-Roch 🚇 *Pyramides* – 𝒞 *01 42 96 28 24* – *www.restaurantgwadar.com*
– *Fermé 2 sem. en août et dim.*
Rest – (15 €) Menu 20/25 € – Carte environ 30 €
◆ Niché sur une banquette en velours, dans un cadre cosy et sobre, on voit défi-
ler de beaux petits plats indo-pakistanais... Et l'on salive en attendant son poulet
tandoori...

Bourse · Sentier

2e arrondissement ✉ **75002**

S. Sauvignier/MICHELIN

🏨🏨🏨🏨 **Park Hyatt** `spa` `♠` `≡` `&` `AC` `♀` `₸` `△` `☎` `VISA` `OO` `AE` `O`
5 r. de la Paix 🚇 *Opéra* – 𝒞 *01 58 71 12 34* – *www.paris.vendome.hyatt.fr*
124 ch – †560/800 € ††560/800 € – 38 suites – 🍽 42 €
Rest *Pur'* – voir ci-après
Rest *Les Orchidées* – 𝒞 *01 58 71 10 60* *(déj. seult)* Carte 70/135 €
◆ Ed Tuttle a conçu un hôtel conforme à ses rêves, sur la célèbre rue de la Paix :
collection d'art contemporain et classicisme à la française, mobilier mêlant avec
subtilité le style Louis XVI et les années 1930, spa et équipements high tech...
Carte au goût du jour à déguster sous la verrière des Orchidées.

Westminster

13 r. de la Paix ⓜ Opéra – ☏ 01 42 61 57 46 – www.hotelwestminster.com
85 ch – ♦220/590 € ♦♦220/590 € – 17 suites – ☐ 30 €
Rest *Le Céladon* – voir ci-après
Rest *Le Petit Céladon* – ☏ 01 47 03 40 42 *(ouvert le week-end)* Menu 55 € bc
♦ Né en 1809 – il a fêté ses 200 ans ! –, c'est en 1846 qu'il prit le nom de son plus fidèle client, le duc de Westminster... Ce dernier avait le goût du raffinement à la française ! Le week-end, Céladon (voir ci-après) devient Petit Céladon : carte plus simple et service décontracté.

Édouard VII

39 av. de l'Opéra ⓜ Opéra – ☏ 01 42 61 56 90 – www.edouard7hotel.com
62 ch – ♦195/570 € ♦♦200/570 € – 8 suites – ☐ 25 €
Rest *Cuisine L'E 7* – Carte 30/40 €
♦ Chatoiement des tissus et raffinement dans les chambres "Couture", tandis que les "Edouard VII" se veulent plus sobres... Partout règne une véritable élégance et les suites sont superbes. Bar cosy et petite restauration dans un cadre contemporain très plaisant.

L'Horset Opéra sans rest

18 r. d'Antin ⓜ Opéra – ☏ 01 44 71 87 00 – www.hotelhorsetopera.com
54 ch ☐ – ♦180/265 € ♦♦195/295 €
♦ Dans cet hôtel à deux pas du palais Garnier, l'atmosphère est très feutrée ; dans les chambres, classicisme de bon goût (tentures et tissus assortis, boiseries chaleureuses).

De Noailles sans rest

9 r. de la Michodière ⓜ Quatre Septembre – ☏ 01 47 42 92 90
– www.hoteldenoailles.com
52 ch – ♦200/375 € ♦♦210/535 € – 5 suites – ☐ 18 €
♦ Élégance très contemporaine et design derrière une jolie façade 1900. Chambres zen et épurées, ouvertes pour la plupart sur le patio (avec balcon aux 5ᵉ et 6ᵉ étages).

Malte Opéra sans rest

63 r. de Richelieu ⓜ Quatre Septembre – ☏ 01 44 58 94 94 – www.astotel.com
64 ch – ♦179/459 € ♦♦179/459 € – ☐ 19 €
♦ Une bâtisse du 17ᵉ s. face à la Bibliothèque nationale. Chambres de facture classique – plus calmes côté cour – et petit-déjeuner servi dans un joli patio, près d'un olivier !

Victoires Opéra sans rest

56 r. Montorgueil ⓜ Etienne Marcel – ☏ 01 42 36 41 08
– www.victoiresopera.com
24 ch – ♦215/335 € ♦♦215/335 € – ☐ 15 €
♦ Montorgueil : un quartier piéton et animé... C'est ici que se trouve cet hôtel contemporain, dans un immeuble du 17ᵉ s. Tons chauds, mobilier actuel : les chambres ont du style !

Gramont Opéra sans rest

22 r. Gramont ⓜ Richelieu Drouot – ☏ 01 42 96 85 90
– www.parishotelgramont.com
25 ch – ♦120/160 € ♦♦150/230 € – ☐ 12 €
♦ Un charmant hôtel près de l'Opéra-Comique... Imprimés floraux, teintes mauve et chocolat : frais, harmonieux et vraiment joli. Duplex avec terrasse donnant sur les toits.

Pur' – Hôtel Park Hyatt

5 r. de la Paix ⓜ Opéra – ☏ 01 58 71 10 61 – www.paris.vendome.hyatt.fr
– Fermé août et le midi
Rest – Menu 85/135 € – Carte 85/170 €
Spéc. Coquillages en marinière, fine gelée de concombre, fleur de bourrache et neige de raifort. Filet de rouget, aubergines fumées et fines céréales. Biscuits gaufrette au chocolat noir grand cru et miel de romarin.
♦ Pure réjouissance à l'heure du dîner : cuisines théâtralement ouvertes sur la salle – contemporaine et chic – et plats créatifs concoctés par le chef avec d'excellents produits. Beau, bon et raffiné !

Le Céladon – Hôtel Westminster

15 r. Daunou Ⓜ *Opéra – ℰ 01 42 61 77 42 – www.leceladon.com*
– Fermé août, sam. et dim.
Rest – Menu 49/55 € – Carte 90/120 €
Spéc. Saint-Jacques bretonnes mi-cuites au poivre long, bisque glacée de homard et perles du Japon. Turbot de petit bateau rôti sur l'arête, tellines en croûte de moutarde torréfiée. Pomme cuite au beurre salé, glace caramel et pain perdu.
◆ Décor très raffiné au Céladon, entre style Régence, tableaux anciens et notes orientales (vases en céladon : porcelaine chinoise vert pâle). Sur de belles bases classiques, le chef concocte une cuisine dans l'air du temps.

Drouant

16 pl. Gaillon Ⓜ *Quatre Septembre – ℰ 01 42 65 15 16 – www.drouant.com*
Rest – Menu 43 € (déj.) – Carte 68/89 €
◆ Un lieu mythique : on y décerne le prix Goncourt depuis 1914 ! Sous la houlette d'Antoine Westermann, les plats de tradition se parent de modernité. Élégant décor cossu.

Le Versance

16 r. Feydeau Ⓜ *Bourse – ℰ 01 45 08 00 08 – www.leversance.fr – Fermé août, 24 déc.-5 janv., sam. midi, dim. et lundi*
Rest – (32 € bc) Menu 38 € bc (déj.) – Carte 57/86 €
◆ Un cadre épuré où poutres, vitraux et mobilier design font des étincelles. La cuisine du chef globe-trotter n'est pas en reste : homard au curry, ris de veau et poires aux épices...

Mori Venice Bar

2 r. du Quatre-Septembre Ⓜ *Bourse – ℰ 01 44 55 51 55*
– www.mori-venicebar.com – Fermé fériés
Rest – Menu 40 € (déj.) – Carte 55/108 €
◆ La gastronomie vénitienne est méconnue, et le chef, passionné, la défend avec goût ! Starck a signé le décor, évoquant le raffinement et le secret propres à Venise... Véranda face à la Bourse et comptoir pour prendre un verre autour de quelques antipasti.

La Fontaine Gaillon

pl. Gaillon Ⓜ *Quatre Septembre – ℰ 01 47 42 63 22*
– www.la-fontaine-gaillon.com – Fermé 6-20 août, sam. et dim.
Rest – Menu 45 € (déj. en sem.) – Carte 60/90 €
◆ Bel hôtel particulier du 17e s., supervisé par Gérard Depardieu : cadre feutré, terrasse au pied de la fontaine, cuisine valorisant la mer et plaisante sélection de vins.

Passage 53

53 passage des Panoramas Ⓜ *Grand Boulevards – ℰ 01 42 33 04 35*
– www.passage53.com – Fermé août, vacances de fév., dim. et lundi
Rest – (nombre de couverts limité, prévenir) Menu 53 € (déj.)/95 €
Spéc. Menu dégustation surprise.
◆ Dans un passage couvert resté dans son jus, un décor minimal et un très beau panorama de cuisine contemporaine : au gré du marché, le jeune chef japonais – formé à l'Astrance – délivre des compositions d'une netteté imparable (bons produits, cuissons millimétrées).

Gallopin

40 r. N.-D.-des-Victoires Ⓜ *Bourse – ℰ 01 42 36 45 38*
– www.brasseriegallopin.com
Rest – (23 €) Menu 31/36 € bc – Carte 30/63 €
◆ Juste en face du palais Brongniart, une brasserie au précieux décor victorien fondée en 1876 par un certain... Gallopin. Grands classiques de la brasserie et plats bistrotiers.

Vaudeville

29 r. Vivienne Ⓜ *Bourse – ℰ 01 40 20 04 62 – www.vaudevilleparis.com*
Rest – (24 €) Menu 30 € – Carte 40/85 €
◆ Grande brasserie Art déco, dans la pure tradition parisienne. Le jour, "cantine" de nombreux journalistes et le soir, "relâche" des sorties de théâtres !

PARIS

Saturne   VISA ⦾⦾

17 r. N.-D.-des-Victoires Ⓜ Bourse – ☏ 01 42 60 31 90 – www.saturne-paris.fr
– Fermé août, vacances de Noël, sam. et dim.
Rest – Menu 35 € (déj.), 39/59 €
♦ Saturne : dieu de l'agriculture et anagramme de "natures". Le credo du jeune
chef : de très bons produits, des vins naturels et un menu unique... dans une
ambiance loft très parisienne. Et pour l'anecdote, le pain est tout bonnement...
divin !

Café Moderne   AC VISA ⦾⦾ AE

40 r. N.-D.-des-Victoires Ⓜ Bourse – ☏ 01 53 40 84 10 – fermé 1er-24 août, sam.
midi et dim.
Rest – (28 €) Menu 35/45 €
♦ Près de la Bourse, élégante table moderne, bondée à midi, intime le soir. Décor
et carte honorent les crus français. Fiez-vous à l'instinct du chef, épris des produits de saison !

Bistrot Volnay   AC VISA ⦾⦾ AE

8 r. Volney Ⓜ Opéra – ☏ 01 42 61 06 65 – www.bistrovolnay.fr – Fermé
5-25 août, sam. et dim.
Rest – Menu 36/55 €
♦ On y redécouvre avec plaisir les classiques bistrotiers, aux délicats parfums.
Décor élégant revisitant tout l'esprit des années 1930 (miroirs, banquettes...).

Liza   AC VISA ⦾⦾ AE

14 r. de la Banque Ⓜ Bourse – ☏ 01 55 35 00 66 – www.restaurant-liza.com
– Fermé sam. midi et dim.
Rest – (16 €) Menu 42 € (dîner)/49 € – Carte 35/50 €
♦ Loin des clichés, cette table libanaise, mise en scène par des designers du pays
(ambiance lounge et orientale), réinterprète les recettes traditionnelles ; c'est fin
et parfumé !

Chez Georges   AC VISA ⦾⦾ AE

1 r. du Mail Ⓜ Bourse – ☏ 01 42 60 07 11 – Fermé août, vacances de Noël, sam.
et dim.
Rest – Carte 40/70 €
♦ Une nouvelle équipe en 2010, mais toujours le même esprit : un vrai bistrot
parisien dans son jus rétro ! Cuisine traditionnelle et vins bien choisis, à savourer
au coude-à-coude.

Aux Lyonnais   AC ⇔ VISA ⦾⦾ AE ⦿

32 r. St-Marc Ⓜ Richelieu Drouot – ☏ 01 42 96 65 04 – www.alain-ducasse.com
– Fermé août, sam. midi, dim. et lundi
Rest – (prévenir) Menu 26 € (déj. en sem.)/34 € – Carte 39/57 €
♦ Dans ce bistrot fondé en 1890, on se régale d'une savoureuse cuisine qui
explore la gastronomie lyonnaise. Cadre délicieusement rétro : zinc, banquettes,
miroirs biseautés, moulures...

Silk & Spice   AC ⇔ VISA ⦾⦾ AE

6 r. Mandar Ⓜ Sentier – ☏ 01 44 88 21 91 – www.silkandspice.fr
Rest – (16 €) Menu 25/52 € – Carte 28/55 €
♦ Atmosphère feutrée et belles saveurs d'inspiration thaïe. Gambas et crevettes
dans une réduction à la citronnelle, bœuf mijoté au curry vert : les grands classiques de la maison !

Pierrot   AC ⦾ soir, VISA ⦾⦾ AE

18 r. Étienne Marcel Ⓜ Etienne Marcel – ☏ 01 45 08 00 10 – Fermé dim.
Rest – Carte 37/50 €
♦ Dans ce bistrot convivial, tenu par deux jeunes Aveyronnais, viandes de l'Aubrac, foie gras maison et carré d'agneau aux herbes réjouissent les habitués... et
les autres !

Comment choisir, dans une localité, entre deux adresses de même catégorie
(nombre de 🏠 ou de 🍴) ? Sachez que les établissements sont classés par ordre
de préférence au sein de chaque catégorie : les meilleures adresses d'abord.

Bi Zan   VISA ⓄⓄ AE

56 r. Ste-Anne Ⓜ *Quatre Septembre – 𝒞 01 42 96 67 76 – Fermé 2 sem. en août et dim.*
Rest – Menu 45 € (déj.)/85 €
◆ Bi Zan désigne une région montagneuse du Japon. L'adresse – zen, voire minimaliste – est connue des amateurs de cuisine nippone. Comptoir et salle à l'étage ; belle carte de sakés.

Frenchie   AC VISA ⓄⓄ AE

5 r. du Nil Ⓜ *Sentier – 𝒞 01 40 39 96 19 – www.frenchie-restaurant.com – Fermé 2 sem. en août, vacances de Noël, sam., dim. et lundi midi*
Rest – *(nombre de couverts limité, prévenir)* (24 €) Menu 35 €
◆ Près du Sentier, petite salle d'esprit loft (briques, poutres, pierres) et cuisine contemporaine signée par un jeune chef au parcours international. Drôlement *savoury*.

Osteria Ruggera   VISA ⓄⓄ AE Ⓞ

35 r. Tiquetonne Ⓜ *Étienne Marcel – 𝒞 01 40 26 13 91 – www.restaurant-osteriaruggera-paris.com – Fermé 14 au 28 août, sam. midi et dim. midi*
Rest – *(nombre de couverts limité, prévenir)* (19 €) Menu 23 € (déj.) – Carte 30/50 €
◆ Dans ce quartier Montorgueil si branché, une petite adresse italienne qui cultive le goût de la simplicité : décor rustique et spécialités siciliennes aux parfums authentiques.

Koetsu   AC ♉ VISA ⓄⓄ

42 r. Ste-Anne Ⓜ *Quatre Septembre – 𝒞 01 40 15 99 90 – Fermé dim.*
Rest – Menu 14 € (déj.), 24/55 € – Carte 20/58 €
◆ Au milieu de ses consœurs, cette table japonaise ne déroge pas à la tradition : décor sobre et cuisine qui va à l'essentiel, avec ses sushis, sashimis et autres yakitoris.

Le Haut Marais · Temple

S. Sauvignier/MICHELIN

3e arrondissement   ✉ 75003

Pavillon de la Reine sans rest   ⓈⓅⒶ ♨ AC 📶 VISA ⓄⓄ AE Ⓞ

28 pl. des Vosges Ⓜ *Bastille – 𝒞 01 40 29 19 19 – www.pavillon-de-la-reine.com*
38 ch – †330/900 € ††330/900 € – 16 suites – ⌂ 34 €
◆ Élégance et luxe du Paris historique, tout en noble discrétion. Passé les voûtes de la place des Vosges, première illumination à la vision de la belle cour verdoyante. Et le ravissement ne cesse pas : les chambres sont raffinées et feutrées ; le petit spa couronne le tout !

Murano Resort   ♨ AC 📶 VISA ⓄⓄ AE Ⓞ

13 bd du Temple Ⓜ *Filles du Calvaire – 𝒞 01 42 71 20 00 – www.muranoresort.com*
49 ch – †440/950 € ††440/950 € – 2 suites – ⌂ 26 €
Rest – (25 €) Menu 30 € – Carte 45/150 €
◆ Unique en son genre – design immaculé ponctué de couleurs vives –, cet hôtel séduit les "beautiful people" avides de branchitude. Équipements high-tech, bar pop art, etc. Au restaurant, cadre contemporain, cuisine fusion et musique... branchée, of course.

Du Petit Moulin sans rest

29 r. du Poitou Ⓜ *St-Sébastien Froissart* – ℰ *01 42 74 10 10*
– *www.hoteldupetitmoulin.com*
17 ch – †190/350 € ††190/350 € – ⌘ 15 €

♦ Christian Lacroix a imaginé le décor de cet hôtel du Marais. C'est inédit, raffiné, entre tradition et modernité. Baignoire à pieds, tons flashy : chaque chambre est un bijou !

Little Palace sans rest

4 r. Salomon de Caus Ⓜ *Réaumur Sébastopol* – ℰ *01 42 72 08 15*
– *www.littlepalacehotel.com*
49 ch – †178/230 € ††198/265 € – 4 suites – ⌘ 15 €

♦ Un Little Palace "so charming", mêlant avec bonheur styles Belle Époque et contemporain. Chambres chaleureuses, à choisir de préférence aux 6e et 7e étages (balcon et vue sur Paris).

Austin's sans rest

6 r. Montgolfier Ⓜ *Arts et Métiers* – ℰ *01 42 77 17 61*
– *www.hotelaustins.com*
29 ch – †99/114 € ††130/158 € – ⌘ 10 €

♦ Pas de mystère dans les chambres jaunes, rouges ou bleues de ce petit hôtel faisant face au musée des Arts et Métiers : elles sont sobres, chaleureuses et bien tenues.

Jacques de Molay sans rest

94 r. des Archives Ⓜ *République* – ℰ *01 42 72 68 22* – *www.hotelmolay.fr*
23 ch – †120/164 € ††130/176 € – ⌘ 12 €

♦ Du rose, du jaune... dans cet hôtel particulier, chaque étage arbore fièrement sa couleur. Chambres propres et bien tenues, gentiment kitsch ; petit-déjeuner sous une jolie verrière.

Des Archives sans rest

87 r. des Archives Ⓜ *Temple* – ℰ *01 44 78 08 00*
– *www.hoteldesarchives.com*
19 ch – †150/210 € ††150/210 € – 4 suites – ⌘ 12 €

♦ Proche de la mairie du 3e arrondissement. Les chambres sont sobres ; les quatre suites – de véritables petits appartements – se révèlent idéales pour un séjour en famille.

Ambassade d'Auvergne

22 r. du Grenier-St-Lazare Ⓜ *Rambuteau* – ℰ *01 42 72 31 22*
– *www.ambassade-auvergne.com*
Rest – (20 € bc) Menu 28 € – Carte 30/50 €

♦ Les classiques d'une province riche de traditions et de saveurs : saucisse sèche, lentilles vertes du Puy et l'incontournable aligot... le tout arrosé de vins d'Auvergne.

Pamphlet

38 r. Debelleyme Ⓜ *Filles du Calvaire* – ℰ *01 42 72 39 24* – *Fermé 1er-8 mai, 10-25 août, 1er-15 janv., sam. midi, lundi midi et dim.*
Rest – Menu 38/70 € – Carte 55/70 €

♦ Poutres, pierres apparentes, gravures de pamphlets et affiches tauromachiques : un endroit sympathique. On y savoure une cuisine du marché renouvelée chaque semaine.

Le Carré des Vosges

15 r. St-Gilles Ⓜ *Chemin Vert* – ℰ *01 42 71 22 21* – *www.lecarredesvosges.fr*
– *Fermé 1er-15 fév., 14-21 fév., sam. midi, lundi midi et dim.*
Rest – (25 €) Menu 32 € (déj.)/45 € – Carte 45/75 €

♦ Dans ce joli restaurant, le chef, jeune et passionné, réalise une savoureuse cuisine du marché. Le menu du déjeuner change tous les jours et ravit les habitués du quartier !

✗ **Pramil**   *VISA* ⓒⓞ

9 r. Vertbois Ⓜ Temple – ℰ 01 42 72 03 60 – Fermé 3-9 mai, 15-29 août, dim.
midi et lundi
Rest – (20 €) Menu 30/38 € – Carte 30/47 €
◆ Le décor sobre et coquet (tableaux et orchidées blanches) met en valeur la belle
générosité de la cuisine du marché d'Alain Pramil, aux notes contemporaines.

✗ **Glou**   *VISA* ⓒⓞ

101 r. Vieille-du-Temple Ⓜ St-Sébastien Froissart – ℰ 01 42 74 44 32
– www.glou-resto.com
Rest – (15 €) Carte 32/60 € 🥗
◆ Près du musée Picasso, un bistrot d'esprit loft – décontraction comprise –, où
la cuisine du marché se pense avec un joli cru. Beau choix de vins au verre et
ardoise du jour très intéressante !

✗ **Café des Musées**   AC *VISA* ⓒⓞ AE

49 r. de Turenne Ⓜ Chemin Vert – ℰ 01 42 72 96 17 – Fermé 1ᵉʳ-7 janv. et
7-27 août
Rest – (13 €) Menu 19 € (dîner) – Carte 29/48 €
◆ Entre les musées Picasso et Carnavalet, un bistrot typiquement parisien : convivialité, cuisine maison dans l'esprit du lieu, plats canailles et du marché.

✗ **L'Olivier**   *VISA* ⓒⓞ

15 bd du Temple Ⓜ Filles du Calvaire – ℰ 01 42 77 12 51
– www.olivier-restau.com – Fermé 10-30 août, 20-28 déc., sam. midi et dim.
Rest – Menu 14 € (déj.)/45 € – Carte 34/40 €
◆ À deux pas de la place de la République, un tout petit restaurant grec tenu en
famille... La cuisine, soignée et réalisée avec de bons produits, est authentique !

Île de la Cité · Île St-Louis · Le Marais · Beaubourg

4e arrondissement   ✉ 75004

S. Sauvignier/MICHELIN

🏨 **Jeu de Paume** sans rest   📶 ♿ AC 🛜 🧖 *VISA* ⓒⓞ AE ⓞ

54 r. St-Louis-en-l'Île Ⓜ Pont Marie – ℰ 01 43 26 14 18
– www.jeudepaumehotel.com
28 ch – ♦145/255 € ♦♦205/350 € – 2 suites – ⚏ 20 €
◆ Au cœur de l'île St-Louis, cette halle du 17ᵉ s., jadis vouée au jeu de paume, s'est
muée en hôtel de caractère. Poutres apparentes, belle hauteur sous plafond : une
sobre élégance contemporaine dans des chambres entièrement rénovées en 2010.

🏨 **Bourg Tibourg** sans rest   📶 AC 🍽 🛜 *VISA* ⓒⓞ AE ⓞ

19 r. Bourg Tibourg Ⓜ Hôtel de Ville – ℰ 01 42 78 47 39
– www.hotelbourgtibourg.com
30 ch – ♦180 € ♦♦230/260 € – ⚏ 16 €
◆ Un hôtel entièrement décoré par Jacques Garcia. Néogothique, baroque, oriental... chaque chambre a son propre univers, tout en luxe et raffinement. Une
petite perle en plein Marais.

🏨 **Duo** sans rest   🏋 📶 ♿ AC 🍽 🛜 *VISA* ⓒⓞ AE ⓞ

11 r. Temple Ⓜ Hôtel de Ville – ℰ 01 42 72 72 22 – www.duoparis.com
56 ch – ♦160/200 € ♦♦210/380 € – 2 suites – ⚏ 15 €
◆ Un passé préservé (escalier classé, cave voûtée du 16ᵉ s.) et une atmosphère
résolument contemporaine, douce et design : un beau Duo gagnant tenu par la
même famille depuis 1918.

Villa Mazarin sans rest

6 r. des Archives Ⓜ Hôtel de Ville – ℰ 01 53 01 90 90 – www.villamazarin.com
29 ch – ♦190/350 € ♦♦190/350 € – ☷ 12 €
♦ Parfait pour rejoindre Notre-Dame, la place des Vosges ou Beaubourg. Un hôtel central qui revisite le style Second Empire sous l'angle contemporain. Quelques duplex.

Deux Îles sans rest

59 r. St-Louis-en-l'Île Ⓜ Pont Marie – ℰ 01 43 26 13 35
– www.hoteldesdeuxiles.com
17 ch – ♦159 € ♦♦195 € – ☷ 13 €
♦ Cet hôtel a été entièrement rénové : du beige et du brun, du rotin, des poutres apparentes... Certes les chambres sont petites, mais elles offrent beaucoup de confort.

Beaubourg sans rest

11 r. Simon Le Franc Ⓜ Rambuteau – ℰ 01 42 74 34 24
– www.hotelbeaubourg.com
28 ch – ♦130/150 € ♦♦140/150 € – ☷ 10 €
♦ Juste derrière le Centre Pompidou ! Cet hôtel dispose de chambres accueillantes et bien insonorisées, plus grandes et souvent dotées de poutres dans le bâtiment donnant sur la rue.

Caron de Beaumarchais sans rest

12 r. Vieille-du-Temple Ⓜ Hôtel de Ville – ℰ 01 42 72 34 12
– www.carondebeaumarchais.com
19 ch – ♦95/185 € ♦♦110/185 € – ☷ 13 €
♦ Un voyage qui vous transporte au 18ᵉ s. Les chambres révèlent un univers raffiné : jolis imprimés, gravures évoquant Le Mariage de Figaro, antiquités...

Lutèce sans rest

65 r. St-Louis-en-l'Île Ⓜ Pont Marie – ℰ 01 43 26 23 52 – www.hoteldelutece.com
23 ch – ♦155 € ♦♦195 € – ☷ 13 €
♦ Un emplacement idéal sur l'île St-Louis, pour les amoureux du Paris historique. Boiseries, poutres et tomettes au salon ; petites chambres fonctionnelles, tout en sobriété.

Castex sans rest

5 r. Castex Ⓜ Bastille – ℰ 01 42 72 31 52 – www.castexhotel.com
30 ch – ♦130 € ♦♦160 € – ☷ 10 €
♦ La clientèle américaine, entre autres, apprécie la mise en scène Grand Siècle de cette demeure. Petites chambres soignées (tomettes, mobilier Louis XIII et rustique).

L'Ambroisie (Bernard Pacaud)

9 pl. des Vosges Ⓜ St-Paul – ℰ 01 42 78 51 45 – Fermé août, vacances de fév., dim. et lundi
Rest – Carte 200/310 €
Spéc. Foie gras de canard landais en croûte de poivre gris, chutney de cerises noires. Noix de ris de veau braisée à la financière, timbale de macaronis. Boule nacrée à la pêche blanche et cassis, glace verveine.
♦ Sous les arcades de la place des Vosges, un décor royal et une cuisine subtile touchant à la perfection : l'ambroisie n'est-elle pas la nourriture des dieux de l'Olympe ?

Benoit

20 r. St-Martin Ⓜ Châtelet-Les Halles – ℰ 01 42 72 25 76
– www.alain-ducasse.com – Fermé août
Rest – Menu 34 € (déj.) – Carte 55/84 €
Spéc. Escargots en coquille, beurre d'ail, fines herbes. Tête de veau sauce ravigote. Profiteroles sauce chocolat chaud.
♦ Alain Ducasse supervise ce bistrot chic et animé, l'un des plus anciens de Paris. Cuisine classique, respectueuse de l'âme de cette authentique et belle maison.

Le Dôme du Marais

XX — *VISA* 🅒🅞 AE

53 bis r. Francs-Bourgeois Ⓜ *Rambuteau* – ℰ *01 42 74 54 17*
– www.ledomedumarais.fr – Fermé 7-31 août, mardi midi et lundi
Rest – (19 €) Menu 25 € (déj.), 32/48 €
♦ Sous le joli dôme de l'ancienne salle des ventes du Crédit municipal ou dans le jardin d'hiver, on savoure une cuisine de saison. Le soir, bougies et atmosphère romantique.

Bofinger

XX — ⇔ ☞ soir, *VISA* 🅒🅞 AE

5 r. Bastille Ⓜ *Bastille* – ℰ *01 42 72 87 82 – www.bofingerparis.com*
Rest – (25 €) Menu 31 € – Carte 40/70 €
♦ Institution de la vie parisienne au remarquable décor alsacien : coupole, marqueteries, miroirs, peintures signées Hansi. Le charme de cette brasserie créée en 1864 opère toujours.

Mon Vieil Ami

X — *VISA* 🅒🅞 AE ⑩

69 r. St-Louis-en-l'Île Ⓜ *Pont Marie* – ℰ *01 40 46 01 35 – www.mon-vieil-ami.com*
– Fermé 1er-20 août, 1er-20 janv., lundi et mardi
Rest – Menu 43 €
♦ Vieilles poutres et décor contemporain... Une auberge tendance, où savourer de goûteuses recettes traditionnelles, joliment modernisées et ponctuées de clins d'œil à l'Alsace.

Le Gaigne

X — ⅍ *VISA* 🅒🅞 AE

12 r. Pecquay Ⓜ *Rambuteau* – ℰ *01 44 59 86 72 – www.restaurantlegaigne.fr*
– Fermé août, dim. et lundi
Rest – (17 €) Menu 23 € (déj. en sem.), 42/59 € bc – Carte 45/55 €
♦ Le jeune chef est passé par de grandes maisons et concocte une bien jolie cuisine de saison (menu renouvelé chaque mois). L'endroit est tout petit ; mieux vaut donc réserver !

Le Dôme Bastille

X — AC ⅍ *VISA* 🅒🅞 AE ⑩

2 r. de la Bastille Ⓜ *Bastille* – ℰ *01 48 04 88 44 – Fermé 1er-21 août*
Rest – Carte 37/50 €
♦ Ce bistrot met à l'honneur des produits de la mer en arrivage direct. Décor signé Slavik ; le rez-de-chaussée est joliment éclairé par les grappes de raisin d'une simili-treille.

L'Osteria

X — *VISA* 🅒🅞 AE

10 r. Sévigné Ⓜ *St-Paul* – ℰ *01 42 71 37 08 – Fermé dim.*
Rest – (prévenir) Menu 23 € (déj.) – Carte 35/90 €
♦ Une discrète trattoria appréciée par une clientèle fidèle et quelques vedettes (autographes et dessins aux murs)... Gnocchis, risotto : de belles spécialités maison.

Claude Colliot

X — AC *VISA* 🅒🅞

40 r. des Blancs Manteaux Ⓜ *Rambuteau* – ℰ *01 42 71 55 45*
– www.claudecolliot.com – Fermé août, dim. et lundi
Rest – (24 €) Menu 29 € (déj. en sem.), 44/54 €
♦ Chez Claude Colliot, point d'énoncés pompeux, mais une cuisine de saison qui traite les excellents produits avec tous les égards... Léger, sain et savoureux. Le soir, réservez !

Les Fous de l'Île

X — AC *VISA* 🅒🅞 AE

33 r. des Deux-Ponts Ⓜ *Pont Marie* – ℰ *01 43 25 76 67 – www.lesfousdelile.com*
Rest – Menu 23 € (déj. en sem.)/39 € – Carte 23/39 €
♦ Au cœur de l'île St-Louis, un néobistrot qui fait rimer saveurs et bonne humeur. Chapeau aussi à la déco, entre casiers en bois et collection de poules. Régalé, mais pas plumé !

Isami

X — AC ⅍ *VISA* 🅒🅞

4 quai d'Orléans Ⓜ *Pont Marie* – ℰ *01 40 46 06 97 – Fermé août, vacances de Noël, dim. et lundi*
Rest – (nombre de couverts limité, prévenir) Carte 60/150 €
♦ Quelques tables, un comptoir... une sobriété toute nippone. Sushis, sashimis et autres makis : la maison fait la part belle au poisson extrafrais, livré quotidiennement.

PARIS

🍴 **Suan Thaï** ♫ ⇄ VISA ⓪ AE
🍤 41 r. Ste-Croix-de-la-Bretonnerie Ⓜ Rambuteau
🥢 – ℰ 01 42 77 10 20
Rest – (14 €) Menu 17 € (déj. en sem.), 28/38 € – Carte 35/60 €
◆ Ici, les cuisiniers sont tout droit venus de Thaïlande ! Saveurs authentiques et délicates, cadre sobrement exotique et prix sages : le lieu est prisé, pensez à réserver.

Quartier Latin · Jardin des Plantes · Mouffetard

5e arrondissement ✉ 75005

🏨 **Des Grands Hommes** sans rest ≤ 🕸 AC ♫ 🛁 VISA ⓪ AE ⓪
17 pl. Panthéon Ⓜ Luxembourg – ℰ 01 46 34 19 60
– www.hoteldesgrandshommes.com
31 ch – †150/320 € ††160/320 € – ⌂ 10 €
◆ Hôtel parfaitement entretenu et aménagé dans le style Directoire (meubles chinés). Nombreuses chambres avec vue sur le Panthéon ; balcons et terrasses aux 5e et 6e étages.

🏨 **Select** sans rest 🕸 AC ♫ ♫ VISA ⓪ AE ⓪
1 pl. de la Sorbonne Ⓜ Cluny la Sorbonne – ℰ 01 46 34 14 80
– www.selecthotel.fr
66 ch ⌂ – †165/390 € ††235/390 €
◆ Cet hôtel contemporain propose des chambres qui mélangent avec succès poutres apparentes et mobilier moderne. Bar et salons répartis autour d'un patio. Collection de cactus.

🏨 **Panthéon** sans rest ≤ 🕸 ♿ AC ♫ VISA ⓪ AE ⓪
19 pl. Panthéon Ⓜ Luxembourg – ℰ 01 43 54 32 95
– www.hoteldupantheon.com
36 ch – †160/320 € ††160/320 € – ⌂ 13 €
◆ Chambres de style cosy ou d'inspiration Louis XVI avec vue sur le dôme du "temple de la Renommée". Plaisant salon et salle des petits-déjeuners voûtée.

🏨 **Relais St-Jacques** sans rest 🕸 ♿ AC ♫ VISA ⓪ AE ⓪
3 r. Abbé-de-l'Épée Ⓜ Luxembourg – ℰ 01 53 73 26 00
– www.relais-saint-jacques.com
22 ch – †169/349 € ††169/349 € – ⌂ 17 €
◆ Chambres de styles variés (Directoire, Louis-Philippe, etc.), salle des petits-déjeuners sous verrière, salon Louis XV et bar 1925... Un inventaire (chic) à la Prévert !

🏨 **Grand Hôtel St-Michel** sans rest 🛗 🕸 ♿ AC ♫ ♫ VISA ⓪ AE ⓪
19 r. Cujas Ⓜ Luxembourg – ℰ 01 46 33 33 02
– www.grand-hotel-st-michel.com
45 ch – †215/350 € ††215/350 € – 2 suites – ⌂ 20 €
◆ Rénové en 2008, cet hôtel a fait le pari – réussi – du design et des harmonies de couleurs dans ses chambres confortables. Fitness, hammam et salles voûtées pour le petit-déjeuner.

Villa Panthéon sans rest   🏩 AC 🌿 VISA 🐄 AE ①
41 r. des Écoles Ⓜ *Maubert Mutualité –* ℰ *01 53 10 95 95*
– www.leshotelsdeparis.com
59 ch – †160/480 € ††195/580 € – ☲ 15 €
♦ Parquet, tentures colorées et lampes d'inspiration Liberty... Cet hôtel est décoré dans un esprit écossais. Choix de whiskys au bar. Espace détente au patio.

Henri IV sans rest   🏩 ♿ AC 🌿 ((?)) VISA 🐄 AE
9 r. St-Jacques Ⓜ *St-Michel –* ℰ *01 46 33 20 20 – www.henri4hotel.com*
23 ch – †159 € ††185 € – ☲ 13 €
♦ Les sobres chambres de cet hôtel bien tenu donnent presque toutes sur le chevet de l'église St-Séverin. Tommettes, meubles anciens et cheminée font le charme du salon.

Jardin de Cluny sans rest   🏩 AC 🌿 ((?)) VISA 🐄 AE ①
9 r. du Sommerard Ⓜ *Maubert Mutualité –* ℰ *01 43 54 22 66*
– www.hoteljardindecluny.com
40 ch – †139/199 € ††139/239 € – ☲ 15 €
♦ Hôtel certifié Écolabel abritant des chambres joliment aménagées. Petits-déjeuners sous forme de buffet, servis dans une grande salle voûtée aux pierres apparentes.

Du Levant sans rest   🏩 AC ((?)) VISA 🐄 AE ①
18 r. de la Harpe Ⓜ *St-Michel –* ℰ *01 46 34 11 00 – www.hoteldulevant.com*
47 ch ☲ – †76/138 € ††120/170 €
♦ Les chambres de cet hôtel bâti en 1875 sont hautes en couleurs : rouge, jaune, rose vifs aux murs. Emplacement idéal pour partir à la découverte de la capitale. Prix sages.

Royal St-Michel sans rest   🏩 AC 🌿 ((?)) VISA 🐄 AE ①
3 bd St-Michel Ⓜ *St-Michel –* ℰ *01 44 07 06 06 – www.hotelroyalsaintmichel.com*
39 ch – †149/260 € ††159/320 € – ☲ 15 €
♦ Face à la fontaine St-Michel : toute l'ambiance du Quartier latin est aux portes de cet hôtel chaleureux. Chambres au décor contemporain assez sobre.

Grandes Écoles sans rest 🌢   🚄 🏩 ♿ ((?)) 🚗 VISA 🐄
75 r. Cardinal-Lemoine Ⓜ *Cardinal Lemoine –* ℰ *01 43 26 79 23*
– www.hotel-grandes-ecoles.com
51 ch – †118/138 € ††118/143 € – ☲ 9 €
♦ Ces trois maisons au charme bourgeois désuet (chambres sans TV) sont prisées pour leur tranquillité, en plein Quartier latin. L'été, petit-déjeuner servi au jardin.

Albe sans rest   🏩 AC 🌿 ((?)) VISA 🐄 AE ①
1 r. Harpe Ⓜ *St-Michel –* ℰ *01 46 34 09 70 – www.albehotel.fr*
43 ch – †210/220 € ††220/300 € – ☲ 12 €
♦ Plaisante décoration moderne dans cet hôtel proposant des chambres un peu petites, mais bien agencées et gaies. Quartier latin, île de la Cité... Paris est à vos pieds !

Agora St-Germain sans rest   🏩 AC 🌿 ((?)) VISA 🐄 AE ①
42 r. Bernardins Ⓜ *Maubert Mutualité –* ℰ *01 46 34 13 00*
– www.hotelagorasaintgermain.com
39 ch – †175 € ††195/225 € – ☲ 11 €
♦ Voisin de l'église St-Nicolas-du-Chardonnet, cet hôtel propose des chambres fonctionnelles, plus calmes côté cour. Charmante salle des petits-déjeuners (murs en pierre).

Minerve sans rest   🏩 AC ((?)) 🛁 🅿 🚗 VISA 🐄 AE ①
13 r. des Écoles Ⓜ *Maubert Mutualité –* ℰ *01 43 26 26 04*
– www.parishotelminerve.com
54 ch – †99/145 € ††129/185 € – ☲ 9 €
♦ Cet immeuble bâti en 1864 recèle un plaisant salon d'accueil (pierres apparentes et mobilier de style) et de petites chambres de caractère fort bien tenues.

PARIS

Le Petit Paris sans rest

214 r. St-Jacques Ⓜ *Luxembourg –* ☎ *01 53 10 29 29*
– www.hotelpetitparis.com
20 ch – ♦240/360 € ♦♦240/360 € – ☲ 12 €

♦ Design et ludique, pop et noble à la fois... Les chambres épousent avec raffinement l'époque médiévale, les seventies, les années 1920, les styles Louis XV ou Napoléon III, le tout en technicolor !

Sorbonne sans rest

6 r. Victor-Cousin Ⓜ *Cluny La Sorbonne –* ☎ *01 43 54 58 08*
– www.hotelsorbonne.com
38 ch – ♦120/340 € ♦♦130/350 € – ☲ 13 €

♦ Couleurs très vives ou aplats de noir profond, mobilier design ou fauteuils Louis XVI habillés d'imprimés flashy, hall gris brillant : le Sorbonne est entré dans le 21e s.

The Five sans rest

3 r. Flatters Ⓜ *Gobelins –* ☎ *01 43 31 74 21 – www.thefivehotel.com*
23 ch – ♦168/202 € ♦♦198/232 € – 1 suite – ☲ 15 €

♦ Five, comme le 5e et les cinq sens, d'où est né le concept de ce petit hôtel résolument design. Chambres calmes et très dépaysantes (couleur thématique, ambiance olfactive...).

St-Jacques sans rest

35 r. des Écoles Ⓜ *Maubert Mutualité –* ☎ *01 44 07 45 45*
– www.paris-hotel-stjacques.com
36 ch – ♦89/121 € ♦♦137/184 € – ☲ 13 €

♦ Ce petit hôtel familial propose des chambres traditionnelles, avec moulures au plafond et fresques originales. Les "deluxe" ont été joliment rénovées dans un style plus cossu.

Tour Notre-Dame sans rest

20 r. Sommerard Ⓜ *Cluny la Sorbonne –* ☎ *01 43 54 47 60*
– www.tour-notre-dame.com
48 ch – ♦120/230 € ♦♦130/250 € – ☲ 13 €

♦ Très bel emplacement pour cet hôtel qui jouxte le musée de Cluny. Petites chambres sobrement décorées ; celles sur l'arrière sont plus calmes.

St-Christophe sans rest

17 r. Lacépède Ⓜ *Place Monge –* ☎ *01 43 31 81 54*
– www.saint-christophe-hotel.com
31 ch – ♦105/130 € ♦♦115/150 € – ☲ 9 €

♦ Le naturaliste Lacépède a donné son nom à la rue, rappelant la proximité du Jardin des Plantes. Petites chambres d'esprit rustique.

Pierre Nicole sans rest

39 r. Pierre Nicole Ⓜ *Port Royal –* ☎ *01 43 54 76 86*
– www.hotel-pierre-nicole.com – Fermé 1er-20 août
33 ch – ♦90 € ♦♦115 € – ☲ 8 €

♦ L'enseigne rend hommage au moraliste de Port-Royal. Proche du Val-de-Grâce et du jardin du Luxembourg, cet hôtel simple propose des chambres fonctionnelles à prix sages.

La Tour d'Argent

15 quai de la Tournelle Ⓜ *Maubert Mutualité –* ☎ *01 43 54 23 31*
– www.latourdargent.com – Fermé août, 13-28 fév., dim. et lundi
Rest – Menu 65 € (déj.)/160 € – Carte 250/300 €

Spéc. Quenelles de brochet André Terrail. Caneton "Tour d'Argent". Crêpes Belle Époque.

♦ Un panorama inoubliable – le chevet de Notre-Dame serti dans Paris ! – et une table de grande tradition, dont les classiques valent un musée de la gastronomie ; ainsi le mythique caneton de Challans... Service formel et élégant, à l'ancienne. Cave exceptionnelle !

XX **La Truffière**   AC VISA ⊛ AE ⊙

4 r. Blainville Ⓜ Place Monge – ℰ 01 46 33 29 82 – www.latruffiere.com
– Fermé 18-26 déc., dim. et lundi
Rest – (24 €) Menu 28 € (déj. en sem.), 38/115 € – Carte 60/140 € ♨
◆ En plus de bons plats traditionnels, le chef propose une cuisine au goût du
jour et quelques créations japonisantes. Cadre intime et rustique. Superbe carte
des vins.

XX **Atelier Maître Albert**   AC ⇔ ⌂ VISA ⊛ AE ⊙

1 r. Maître Albert Ⓜ Maubert Mutualité – ℰ 01 56 81 30 01
– www.ateliermaitrealbert.com – Fermé 1er-15 août, vacances de Noël, sam. midi
et dim. midi
Rest – (23 €) Menu 32 € (dîner) – Carte 40/59 € le soir
◆ Une jolie cheminée médiévale et des rôtissoires (viandes à la broche) trônent
dans ce bel intérieur design signé J.-M. Wilmotte. Alléchante carte pensée par
Guy Savoy.

XX **Mavrommatis**   🍴 AC ℅ ⇔ VISA ⊛ AE

42 r. Daubenton Ⓜ Censier Daubenton – ℰ 01 43 31 17 17
– www.mavrommatis.fr – Fermé dim. soir, mardi midi, merc. midi, jeudi midi
et lundi
Rest – (22 €) Menu 35 € bc/48 € – Carte 41/53 €
◆ L'ambassade de la cuisine grecque à Paris. Pas de folklore mais un cadre
sobre, élégant et confortable où l'accueil se montre attentionné. Terrasse d'été
bordée d'oliviers.

PARIS

XX **Marty**   AC ⇔ ⌂ VISA ⊛ ⊙

20 av. des Gobelins Ⓜ Les Gobelins – ℰ 01 43 31 39 51
– www.marty-restaurant.com – Fermé août
Rest – Menu 36 € – Carte 40/90 €
◆ Une institution des Gobelins que cette brasserie au décor années 1930. À la
carte, on retrouve les plats traditionnels et les incontournables produits de la mer.

X **Moissonnier**   VISA ⊛

28 r. des Fossés-St-Bernard Ⓜ Jussieu – ℰ 01 43 29 87 65 – Fermé août, dim. et
lundi
Rest – Carte 29/57 €
◆ Le décor de ce bistrot a résisté à toutes les modes : zinc rutilant, murs patinés, banquettes... Cuisine lyonnaise qui s'aventure parfois jusqu'au terroir franc-
comtois.

X **L'A.O.C.**   🍴 ⌂ VISA ⊛

14 r. des Fossés St-Bernard Ⓜ Maubert Mutualité – ℰ 01 43 54 22 52
– www.restoaoc.com – Fermé 31 juil. -16 août
Rest – (21 €) Menu 29 € – Carte 30/52 €
◆ Une adresse pour les amateurs de viandes, toutes d'origine contrôlée et portées à maturation par le propriétaire lui-même. Rôtissoire à l'entrée et ambiance
bistrot sans chichi.

X **Chez René**   🍴 ⌂ soir, VISA ⊛ AE

14 bd St-Germain Ⓜ Maubert Mutualité – ℰ 01 43 54 30 23 – Fermé août,
24 déc.-1er janv., dim. et lundi
Rest – Carte 30/65 €
◆ Dans le décor comme sur la carte, tout fleure bon le bistrot. Cette institution
sert depuis longtemps une goûteuse cuisine traditionnelle. L'équipe est fidèle, la
clientèle aussi.

X **Au Moulin à Vent**   ℅ ⌂ VISA ⊛ ⊙

20 r. des Fossés-St-Bernard Ⓜ Jussieu – ℰ 01 43 54 99 37
– www.au-moulinavent.com – Fermé août, 24 déc.-4 janv., sam. midi, dim. et
lundi
Rest – (29 €) Carte 45/75 €
◆ Depuis 1946, rien n'a changé dans ce bistrot parisien : le joli décor rétro s'est
patiné avec les ans et la cuisine traditionnelle s'est enrichie de spécialités de
viandes.

Les Papilles
                 ✂ ⬢ VISA ⓪

30 r. Gay-Lussac ⓜ Luxembourg
– ☎ 01 43 25 20 79 – www.lespapillesparis.com
– Fermé 20-30 mars, 20 juil.-20 août, vacances de Noël, dim. et lundi
Rest – (26 €) Menu 31 € – Carte 35/50 € le midi

♦ Bistrot, cave et épicerie : dans cette sympathique adresse, on déguste une cuisine bistrotière entre casiers à vins et étagères garnies de conserves. Menu unique le soir.

Ribouldingue
                 AC VISA ⓪

10 r. St-Julien-le-Pauvre ⓜ Maubert Mutualité – ☎ 01 46 33 98 80 – Fermé 1 sem.
au printemps, 8-31 août, 27 déc.-4 janv., dim. et lundi
Rest – (26 €) Menu 32 €

♦ Osé, ce sympathique bistrot d'abats ravit les amateurs de "canailleries" (groins, tétines, cervelles, langues...), mais pense aussi aux autres (nombreux plats classiques).

Les Délices d'Aphrodite
             ⛲ AC VISA ⓪ AE

4 r. Candolle ⓜ Censier Daubenton
– ☎ 01 43 31 40 39 – www.mavrommatis.fr
Rest – (20 €) Carte 31/45 €

♦ Cette taverne conviviale régale de spécialités grecques aux parfums ensoleillés. Photos de paysages locaux, lierre dégringolant du plafond... Un avant-goût de vacances !

Coco de Mer
                ⅞ VISA ⓪

34 bd St-Marcel ⓜ St-Marcel – ☎ 01 47 07 06 64 – www.cocodemer.fr
– Fermé 2 sem. en août, lundi midi et dim.
Rest – Menu 30 € – Carte 23/36 €

♦ Lassé par la grisaille ? Direction les Seychelles : ti-punch pieds nus dans le sable fin de la véranda et recettes des îles d'où l'on fait venir du poisson chaque semaine.

Petit Pontoise
                AC VISA ⓪ AE

9 r. Pontoise ⓜ Maubert Mutualité – ☎ 01 43 29 25 20
Rest – Carte 35/53 €

♦ À deux pas des quais de la Seine et de Notre-Dame, bistrot de quartier décoré dans le style des années 1950. Tables serrées et plats classiques proposés à l'ardoise.

L'Agrume
                  AC VISA ⓪

15 r. des Fossés-St-Marcel ⓜ St-Marcel – ☎ 01 43 31 86 48
– Fermé août, dim. et lundi
Rest – (17 €) Menu 37 € (dîner) – Carte 40/50 €

♦ Ici, on mise sur les saisons, la fraîcheur (le poisson vient de Bretagne et les primeurs des meilleures adresses) et une exécution simple et précise. Un bon bistrot de chef !

Lhassa
                     VISA ⓪

13 r. Montagne-Ste-Geneviève ⓜ Maubert Mutualité – ☎ 01 43 26 22 19
– Fermé lundi
Rest – (10 €) Menu 15/21 € – Carte 18/28 €

♦ Ce petit restaurant est entièrement dédié au Tibet : tissus colorés, objets artisanaux, photos du dalaï-lama et bons plats parfumés des hauts plateaux tibétains. Accueil tout sourire.

Bibimbap
               ⅞ ⬢ VISA ⓪

32 bd de l'Hôpital ⓜ Gare d'Austerlitz – ☎ 01 43 31 27 42
– www.bibimbap.fr
Rest – (12 €) Menu 26/39 €

♦ Une adresse coréenne simple, sur la forme comme sur le fond. Cuisine typique servie dans un décor qui n'a rien d'exotique mais repose sur la sobriété et l'effet d'espace.

St-Germain-des-Prés · Odéon · Jardin du Luxembourg

6e arrondissement

✉ 75006

S. Sauvignier/MICHELIN

PARIS

🏨🏨🏨 Lutetia   🔀 🛗 AC 🍴 rest, 🍴 🏊 VISA 🅾 AE ⓘ

45 bd Raspail Ⓜ *Sèvres Babylone* – 𝒞 *01 49 54 46 46 – www.lutetia-paris.com*

231 ch – 🛇600/850 € 🛇🛇600/850 € – 11 suites – ☕ 26 €

Rest *Paris* – voir ci-après

Rest *Brasserie Lutetia* – 𝒞 01 49 54 46 76 – Menu 35 € (déj.), 42/50 € bc
– Carte 54/73 €

◆ Témoin de l'histoire et des arts, ce palace de la rive gauche édifié en 1910 conjugue style Art déco et éléments contemporains (sculptures de César, Arman…). Chambres plus ou moins récentes. Le Tout-Paris se retrouve à la Brasserie dans une ambiance traditionnelle. Soirées jazz.

🏨🏨🏨 Victoria Palace *sans rest*   🛗 ♿ AC 🍴 🏊 🚗 VISA 🅾 AE ⓘ

6 r. Blaise-Desgoffe Ⓜ *St-Placide* – 𝒞 *01 45 49 70 00 – www.victoriapalace.com*

58 ch ☕ – 🛇284/378 € 🛇🛇284/378 € – 4 suites

◆ Petit palace au charme indéniable : tissus choisis, mobilier Louis XVI et salles de bains en marbre dans les chambres ; tableaux, velours rouge et porcelaines dans les salons.

🏨🏨 L'Hôtel   🛗 AC 🍴 VISA 🅾 AE ⓘ

13 r. des Beaux-Arts Ⓜ *St-Germain des Prés* – 𝒞 *01 44 41 99 00*
– www.l-hotel.com

20 ch – 🛇280/740 € 🛇🛇280/740 € – 4 suites – ☕ 16 €

Rest *Le Restaurant* – voir ci-après

◆ "L'Hôtel", où s'éteignit Oscar Wilde laissant une facture impayée, arbore un vertigineux puits de lumière et un décor exubérant signé Garcia (baroque, Empire, Orient).

🏨🏨 Le Six *sans rest*   🛜 🛗 ♿ AC 🍴 🏊 VISA 🅾 AE ⓘ

14 r. Stanislas Ⓜ *Notre-Dame des Champs* – 𝒞 *01 42 22 00 75*
– www.hotel-le-six.com

37 ch – 🛇199/450 € 🛇🛇209/450 € – 4 suites – ☕ 22 €

◆ Hôtel contemporain entre Luxembourg, St-Germain-des-Prés et Montparnasse. Spacieuses chambres, tons chauds et photos des légendes du quartier ; petit spa bien aménagé.

🏨🏨 D'Aubusson *sans rest*   🛗 ♿ AC 🍴 🏊 🅿 🚗 VISA 🅾 AE ⓘ

33 r. Dauphine Ⓜ *Odéon* – 𝒞 *01 43 29 43 43 – www.hoteldaubusson.com*

49 ch – 🛇255/625 € 🛇🛇275/625 € – ☕ 25 €

◆ Hôtel particulier (17e s.) de caractère : élégantes chambres rénovées, parquets Versailles, tapisseries d'Aubusson… et, en fin de semaine, soirées jazz au Café Laurent.

🏨🏨 Esprit St-Germain *sans rest*   🛗 ♿ AC 🍴 VISA 🅾 ⓘ

22 r. St-Sulpice Ⓜ *Mabillon* – 𝒞 *01 53 10 55 55 – www.espritsaintgermain.com*

28 ch – 🛇330/810 € 🛇🛇330/810 € – 5 suites – ☕ 28 €

◆ Chambres élégantes et contemporaines mariant coloris sobres et motifs léopard, tableaux et meubles modernes, murs en ardoise, poutres anciennes… Très actuel et intime.

🏨🏨 L'Abbaye *sans rest* 🕭   🛗 AC 🍴 🍴 VISA 🅾 AE

10 r. Cassette Ⓜ *St-Sulpice* – 𝒞 *01 45 44 38 11 – www.hotel-abbaye.com*

40 ch ☕ – 🛇260/270 € 🛇🛇380/395 € – 4 suites

◆ Un hôtel d'un charme rare… Ancien couvent du 18e s., il abrite des chambres très raffinées, lumineuses et classiques, au grand calme sur la cour-jardin. Service méticuleux.

Relais Christine sans rest
3 r. Christine Ⓜ St-Michel – ℰ 01 40 51 60 80
– www.relais-christine.com
51 ch – †310/930 € ††310/930 € – ☷ 30 €
◆ On prend son petit-déjeuner sous des voûtes du 13ᵉ s. dans cet hôtel particulier bâti sur des vestiges médiévaux. Belle cour pavée, espace fitness et chambres de caractère.

Relais St-Germain
9 carr. de l'Odéon Ⓜ Odéon – ℰ 01 44 27 07 97
– www.hotelrsg.com
22 ch ☷ – †180/220 € ††230/440 €
Rest Le Comptoir du Relais – voir ci-après
◆ Trois immeubles du 17ᵉ s. constituent cet hôtel raffiné. Poutres patinées, étoffes chatoyantes et meubles anciens participent au plaisant cachet des chambres.

Bel Ami St-Germain des Prés sans rest
7 r. St-Benoit Ⓜ St-Germain des Prés – ℰ 01 42 61 53 53
– www.hotel-bel-ami.com
106 ch – †260/550 € ††260/550 € – 4 suites – ☷ 25 €
◆ Rien à voir avec le roman de Maupassant. On est bien dans un immeuble 19ᵉ s., mais résolument ancré dans notre temps : luxe minimaliste contemporain et high-tech. Espace détente.

Pas de Calais sans rest
59 r. des Saints-Pères Ⓜ St-Germain des Prés – ℰ 01 45 48 78 74
– www.hotelpasdecalais.com
38 ch – †150/165 € ††165/320 € – ☷ 15 €
◆ Le hall de l'hôtel surprend avec sa verrière zénithale et son mur végétal (orchidées). Jolies chambres personnalisées ; poutres apparentes au dernier étage. Tenue sérieuse.

Madison sans rest
143 bd St-Germain Ⓜ St-Germain des Prés – ℰ 01 40 51 60 00
– www.hotel-madison.com
50 ch ☷ – †220/550 € ††220/550 €
◆ Camus aimait fréquenter cet établissement. Chambres élégantes, classiques aux premiers étages, revues dans un style actuel et cosy aux derniers ; certaines ont vue sur l'église.

Left Bank St-Germain sans rest
9 r. de l'Ancienne Comédie Ⓜ Odéon – ℰ 01 43 54 01 70
– www.paris-hotels-charm.com
31 ch ☷ – †130/280 € ††140/290 €
◆ Aux amateurs de bel ancien, cet hôtel offre meubles massifs de style Louis XIII, tapisseries d'Aubusson, damas et colombages... Quelques chambres ouvrent une échappée sur Notre-Dame.

La Villa d'Estrées et Résidence des Arts sans rest
17 r. Gît le Coeur Ⓜ St-Michel – ℰ 01 55 42 71 11
– www.villadestrees.com
21 ch – †155/275 € ††155/295 € – ☷ 12 €
◆ Le style Napoléon III, revisité par un disciple de Jacques Garcia, imprègne chaque détail du décor de ces deux bâtiments. Chambres ou appartements, cosy et bien équipés.

La Villa St-Germain sans rest
29 r. Jacob Ⓜ St-Germain des Prés – ℰ 01 43 26 60 00
– www.villa-saintgermain.com
31 ch – †195/470 € ††195/470 € – ☷ 22 €
◆ Derrière une façade 19ᵉ s., son décor épuré ravit les amateurs de chic contemporain : mobilier en wengé, étoffes précieuses et lumières douces au programme.

Le Sénat sans rest ⬛ & AC ♭ 🛜 VISA ⦿ AE ⓪

10 r. de Vaugirard Ⓜ *Luxembourg – ℰ 01 43 54 54 54*
– www.hotelsenat.com
35 ch – †170/300 € ††170/300 € – 6 suites – ☲ 17 €
♦ De cet hôtel, la devanture noire annonce le style : chic, discret et dans l'air du temps. Les chambres, élégantes, sont bien agréables. Petit-déjeuner buffet de qualité.

 Ste-Beuve sans rest ⬛ AC ♭ 🛜 VISA ⦿ AE ⓪

9 r. Ste-Beuve Ⓜ *Notre-Dame des Champs – ℰ 01 45 48 20 07*
– www.parishotelcharme.com
22 ch – †159/255 € ††159/365 € – ☲ 15 €
♦ L'endroit, par son atmosphère intime, ressemble à une maison particulière. Chambres harmonieusement rénovées, ponctuées de touches raffinées ; salles de bain en noir et blanc.

 Millésime sans rest ⌂ ⬛ AC ♭ VISA ⦿ AE ⓪

15 r. Jacob Ⓜ *St-Germain des Prés – ℰ 01 44 07 97 97*
– www.millesimehotel.com
21 ch – †195/225 € ††195/225 € – ☲ 16 €
♦ Tons ensoleillés, mobilier et tissus choisis apportent une note chaleureuse aux ravissantes chambres proposées ici. Bel escalier du 17ᵉ s., patio et jolie salle voûtée.

 Au Manoir St-Germain-des-Prés sans rest ⬛ AC ☏ VISA ⦿ AE ⓪

153 bd St-Germain Ⓜ *St-Germain des Prés – ℰ 01 42 22 21 65*
– www.paris-hotels-charm.com
28 ch ☲ – †170/330 € ††170/330 €
♦ Face au Flore et à l'église millénaire, cet hôtel rénové en 2008 a conservé tout son charme : boiseries, mobilier ancien, confort bourgeois. Optez pour une chambre avec vue !

 Buci sans rest ⬛ & AC ♭ 🛜 VISA ⦿ AE ⓪

22 r. Buci Ⓜ *Mabillon – ℰ 01 55 42 74 74 – www.buci-hotel.com*
24 ch ☲ – †207/385 € ††207/570 €
♦ Situation idéale au cœur de St-Germain-des-Prés pour cet hôtel intimiste. Chambres stylées (ciels de lit, meubles anglais), quelques-unes rénovées de façon plus contemporaine.

 Récamier sans rest ⬛ & AC ♭ 🛜 VISA ⦿ AE ⓪

3 bis r. St-Sulpice Ⓜ *St-Sulpice – ℰ 01 43 26 04 89*
– www.hotelrecamier.com
24 ch – †255/430 € ††255/430 € – ☲ 18 €
♦ Une rénovation remarquable a transmué cette ancienne pension de famille : décors soignés (différents styles 20ᵉ s.), équipements high-tech… Chic et exclusif, place St-Sulpice.

 Des Académies et des Arts sans rest ⬛ AC ♭ ♭ 🛜 VISA ⦿ AE

15 r. de la Grande-Chaumière Ⓜ *Vavin – ℰ 01 43 26 66 44*
– www.hoteldesacademies.com
20 ch – †189/314 € ††189/314 € – ☲ 16 €
♦ Corps blancs peints de Jérôme Mesnager et sculptures de Sophie de Watrigant investissent les murs de cet hôtel dédié à la création. Chambres dans l'air du temps très soignées.

 Relais Médicis sans rest ⬛ & AC ♭ ♭ 🛜 VISA ⦿ AE ⓪

23 r. Racine Ⓜ *Odéon – ℰ 01 43 26 00 60*
– www.relaismedicis.com
16 ch ☲ – †142/172 € ††172/258 €
♦ Des touches provençales et féminines égayent les chambres de cet hôtel proche de l'Odéon ; celles situées côté patio offrent plus de calme. Meubles chinés chez les antiquaires.

Artus sans rest

🛗 AC 🛜 📶 VISA ⓞⓞ AE ⓞ

34 r. de Buci Ⓜ *Mabillon – ℰ 01 43 29 07 20 – www.artushotel.com*
27 ch ⊊ – †199/285 € ††199/415 €

♦ Captant l'air du temps, cet hôtel apporte sa touche intimiste : chambres modernes ornées d'antiquités, bar design, œuvres des galeries voisines exposées. Généreux petit-déjeuner.

De Fleurie sans rest

🛗 AC 🍴 📶 VISA ⓞⓞ AE ⓞ

32 r. Grégoire-de-Tours Ⓜ *Odéon – ℰ 01 53 73 70 00 – www.hotel-de-fleurie.fr*
29 ch – †135/215 € ††155/320 € – ⊊ 13 €

♦ Pimpante façade du 18ᵉ s. ornée de statues. Chambres bourgeoises aux tonalités douces (boiseries chaleureuses), calmes sur la cour comme sur la rue, peu passante.

Prince de Conti sans rest

🛗 ♿ AC 🍴 📶 VISA ⓞⓞ AE ⓞ

8 r. Guénégaud Ⓜ *Odéon – ℰ 01 44 07 30 40 – www.prince-de-conti.com*
26 ch – †160/336 € ††160/336 € – ⊊ 13 €

♦ Immeuble du 18ᵉ s. jouxtant l'hôtel de la Monnaie : charmant salon transformé en cabinet de curiosités, chambres raffinées et duplex lumineux décorés d'objets précieux.

Clos Médicis sans rest

🛗 ♿ AC 🍴 📶 VISA ⓞⓞ AE ⓞ

56 r. Monsieur-Le-Prince Ⓜ *Odéon – ℰ 01 43 29 10 80*
– www.hotelclosmedicisparis.com
37 ch – †150/300 € ††185/300 € – 1 suite – ⊊ 13 €

♦ À quelques pas du jardin du Luxembourg, cet hôtel de 1773 invite à la détente dans un intérieur élégant et sobre, mêlant tons chauds, lumières douces et détails soignés.

De Sèvres sans rest

🛗 🍴 📶 VISA ⓞⓞ AE ⓞ

22 r. Abbé-Grégoire Ⓜ *St-Placide – ℰ 01 45 48 84 07 – www.hoteldesevres.com*
31 ch – †99/139 € ††115/195 € – ⊊ 13 €

♦ Hôtel au décor contemporain, voisin du Bon Marché. La salle des petits-déjeuners donne sur une courette fleurie. Expositions temporaires au salon. Espace détente "La Bulle".

Odéon St-Germain sans rest

🛗 AC 📶 VISA ⓞⓞ AE ⓞ

13 r. St-Sulpice Ⓜ *Odéon – ℰ 01 43 25 70 11 – www.hotelosg.com*
27 ch – †137/480 € ††149/480 € – ⊊ 14 €

♦ Murs du 16ᵉ s. mais décor intemporel signé Jacques Garcia : tentures de soie sauvage, mobilier opulent, ciels de lit damassés, ambiances feutrées... Confort et charme indéniables.

Prince de Condé sans rest

🛗 AC 🍴 📶 VISA ⓞⓞ AE ⓞ

39 r. de Seine Ⓜ *Mabillon – ℰ 01 43 26 71 56 – www.prince-de-conde.com*
11 ch – †165/336 € ††165/336 € – ⊊ 13 €

♦ Dans le périmètre des galeries de peintures, un hôtel intime : chambres cosy au cachet renforcé par la présence de murs en pierre, belle cave voûtée, salon-bibliothèque.

Régent sans rest

🛗 AC 🍴 📶 VISA ⓞⓞ AE ⓞ

61 r. Dauphine Ⓜ *Odéon – ℰ 01 46 34 59 80 – www.hotelleregent.com*
24 ch – †175/250 € ††175/250 € – ⊊ 18 €

♦ Façade longiligne datant de 1769. Les chambres sont feutrées et bien équipées. La salle des petits-déjeuners, en sous-sol, ne manque pas de charme avec ses pierres apparentes.

Mayet sans rest

🛗 📶 VISA ⓞⓞ AE ⓞ

3 r. Mayet Ⓜ *Duroc – ℰ 01 47 83 21 35 – www.mayet.com – Fermé août et vacances de Noël*
23 ch ⊊ – †100/170 € ††130/170 €

♦ Petit hôtel avenant proche du métro Duroc : chambres simples à la déco d'aujourd'hui (murs bordeaux et gris), salle des petits-déjeuners très colorée et accueil tout sourire.

Le Clément sans rest 　　　　　　　　　　🔲 AC 🚫 «📶» VISA 🏧 AE ⓪

6 r. Clément ⓜ Mabillon – ℰ 01 43 26 53 60 – www.hotel-clement.fr
28 ch – 🛏129/170 € 🛏🛏129/170 € – ☲ 11 €

◆ Face au marché St-Germain, une élégante façade grise marque l'entrée de cet
hôtel, dans la même famille depuis trois générations. Chambres bien tenues, à
prix raisonnables.

Paris – Hôtel Lutetia 　　　　　　　　　　　🔲 AC 🔄 ⊐🍴 VISA 🏧 AE ⓪

45 bd Raspail ⓜ Sèvres Babylone – ℰ 01 49 54 46 90 – www.lutetia-paris.com
– Fermé août, sam., dim. et fériés
Rest – Menu 60 € (déj.), 80/130 € – Carte 60/160 €
Spéc. Foie gras en cannelloni à la truffe noire, artichaut aux noisettes (déc. à
mars). Turbot de Bretagne cuit sur l'os, jeunes légumes à la dulce marine et à la
laitue de mer. Le "Tout Chocolat" d'un gourmand de cacao.

◆ Fidèle au style de l'hôtel, la salle de restaurant Art déco, signée Sonia Rykiel,
reproduit l'un des salons du paquebot Normandie. Talentueuse cuisine au goût
du jour.

Relais Louis XIII (Manuel Martinez) 　　　　AC 🚫 🔄 ⊐🍴 VISA 🏧 AE ⓪ 🅿

8 r. des Grands-Augustins ⓜ Odéon – ℰ 01 43 26 75 96 – www.relaislouis13.com
– Fermé août, dim. et lundi
Rest – Menu 50 € (déj.), 80/125 € – Carte 100/130 €🍷
Spéc. Ravioli de homard breton, foie gras et crème de cèpes. Caneton challandais
arrosé d'un jus d'orange au vieux vinaigre, cuisse en salade. Millefeuille, crème
légère à la vanille Bourbon.

◆ Dans une maison du 16e s., trois intimes salles à manger de style Louis XIII où
règnent balustres, tissus à rayures et pierres apparentes. Subtile cuisine classique.

Jacques Cagna 　　　　　　　　　　　　　　AC ⊐🍴 soir, VISA 🏧 AE ⓪

14 r. des Grands-Augustins ⓜ St-Michel – ℰ 01 43 26 49 39
– www.jacques-cagna.com – Fermé 1er-26 août, lundi midi, sam. midi et dim.
Rest – Menu 45 € (déj.)/95 € – Carte 84/153 €
Spéc. Langoustines de l'Atlantique en croustillant, salade, purée d'avocat, chips
d'artichaut. Noix de ris de veau cuite en croûte de pâte à sel au romarin,
pomme Anna, épinards. Paris-brest au praliné à l'ancienne.

◆ Voici l'une des plus anciennes maisons de Paris. Belle salle à manger (poutres
massives, boiseries du 16e s., tableaux flamands) propice à la dégustation de
plats de tradition raffinés.

Hélène Darroze 　　　　　　　　　　　　　AC ⊐🍴 VISA 🏧 AE ⓪

4 r. d'Assas ⓜ Sèvres Babylone – ℰ 01 42 22 00 11 – www.helenedarroze.com
Rest – (1er étage) (fermé le midi du 20 juil. au 30 août, dim. et lundi) Menu 52 €
(déj.), 125/175 € bc
Spéc. Chipiron sauté au chorizo, riz carnaroli acquarello, noir et crémeux. Pigeon-
neau de Racan cuit au feu de bois, foie gras de canard des Landes grillé. Chocolat
Caraïbes, tarte parfumée à la framboise (été).
Rest Le Salon – (fermé 20 juil.-30 août, dim. et lundi) (28 €) Menu 85/105 € bc
◆ Décor contemporain, feutré et tamisé (tons aubergine-orange) où l'on savoure
une belle cuisine et des vins du Sud-Ouest. Au rez-de-chaussée, Hélène Darroze
tient Salon, proposant tapas et petits plats au rustique accent des Landes.

Le Restaurant – Hôtel L'Hôtel 　　　　　　　AC 🚫 VISA 🏧 AE ⓪

13 r. des Beaux-Arts ⓜ St-Germain des Prés – ℰ 01 44 41 99 01
– www.l-hotel.com – Fermé août, 21-28 déc., dim. et lundi
Rest – (42 €) Menu 95/155 € bc – Carte 77/111 €
Spéc. Ravioles de cèpes (automne). Ris de veau. Le chocolat.

◆ À l'intérieur de "L'Hôtel", table baptisée "Le Restaurant" : décor signé Jacques
Garcia et petite cour intérieure. Cuisine dans l'air du temps, démontrant un beau
savoir-faire.

La Société 　　　　　　　　　　　　🏡 AC ⊐🍴 VISA 🏧 AE ⓪

4 pl. St-Germain-des-Prés ⓜ St-Germain des Prés – ℰ 01 53 63 60 60
Rest – Carte 50/100 €
◆ Les Costes ont ouvert en 2009 cet antre germanopratin stylé et glamour. Un
vrai précis d'architecture intérieure et... un manuel de savoir-vivre en société. Cuisine actuelle.

PARIS

🍴🍴 Sensing   ♿ 🅰🅲 𝘝𝘐𝘚𝘈 ⊙⊙ 🄰🄴
🏵
19 r. Bréa Ⓜ *Vavin – ℰ 01 43 27 08 80 – www.restaurant-sensing.com*
– Fermé août, lundi midi et dim.
Rest – Menu 55 € bc (déj.)/95 € – Carte 60/93 €
Spéc. Tourteau en carapace et écume, brioche noire au beurre d'algues. Saint-
pierre snacké, jeunes légumes et cœur de salade. Fruits de saison poêlés, financier
et sorbet du moment.
♦ Une cuisine fine et légère, très soignée, valorisant d'excellents produits ; un
cadre dépouillé ultradesign : ce restaurant piloté par Guy Martin respire l'époque
avec style.

🍴🍴 Bastide Odéon   🅰🅲 ⟺ ⊐✦ soir, 𝘝𝘐𝘚𝘈 ⊙⊙ 🄰🄴
7 r. Corneille Ⓜ *Odéon – ℰ 01 43 26 03 65 – www.bastide-odeon.com*
– Fermé 3-25 août, dim. et lundi
Rest – (23 € bc) Menu 33/47 €
♦ Proche du Luxembourg, agréable et confortable salle à manger rappelant l'in-
térieur d'une bastide provençale. Salon à l'étage. Spécialités méditerranéennes.

🍴🍴 Fogón (Juan Alberto Herráiz)   🅰🅲 ⊐✦ soir, 𝘝𝘐𝘚𝘈 ⊙⊙
🏵
45 quai des Grands Augustins Ⓜ *St-Michel – ℰ 01 43 54 31 33 – www.fogon.fr*
– Fermé 15 août-7 sept., 23 déc.-7 janv., lundi et le midi sauf sam. et dim.
Rest – Menu 48/55 € – Carte 40/55 €
Spéc. Tapas selon le marché. Riz en paella. Tapas sucrées.
♦ Cuisine espagnole (tapas, paellas) revisitée avec éclat et créativité, servie par
une belle qualité des produits, et mise en scène dans un cadre design chic des
plus tendance.

🍴🍴 Méditerranée   🅰🅲 ⟺ ⊐✦ 𝘝𝘐𝘚𝘈 ⊙⊙ 🄰🄴
2 pl. Odéon Ⓜ *Odéon – ℰ 01 43 26 02 30 – www.la-mediterranee.com – Fermé*
24-31 déc.
Rest – Menu 26/30 € – Carte 52/65 €
♦ Rendez-vous avec la grande bleue face au théâtre de l'Odéon : salles à manger
agrémentées de fresques évoquant la Méditerranée et cuisine de la mer à la
mode du Sud.

🍴🍴 Alcazar   ♿ 🅰🅲 ⟺ 𝘝𝘐𝘚𝘈 ⊙⊙ 🄰🄴 ⓪
62 r. Mazarine Ⓜ *Odéon – ℰ 01 53 10 19 99 – www.alcazar.fr*
- www.blogalcazar.fr
Rest – (20 € bc) Menu 40 € (dîner) – Carte 40/60 €
♦ L'adresse de Sir Conran attire les adeptes d'ambiance électro-chic et de goûts
dans l'air du temps. Verrière, mezzanine et vue sur les cuisines créent la personnalité du lieu.

🍴🍴 Caméléon d'Arabian   𝘝𝘐𝘚𝘈 ⊙⊙ 🄰🄴
6 r. Chevreuse Ⓜ *Vavin – ℰ 0143 27 43 27*
– www.cameleonjeanpaularabianparis.com – Fermé dim.
Rest – (22 €) Menu 26 € (déj.)/45 € – Carte 46/74 €
♦ Bistrot moderne au cadre sobre et confortable (banquettes en velours, tables
en bois verni, vue sur les fourneaux) ; cuisine de tradition avec, en vedette, le
foie de veau.

🍴🍴 Les Bouquinistes   🅰🅲 ⊐✦ 𝘝𝘐𝘚𝘈 ⊙⊙ 🄰🄴 ⓪
53 quai des Grands-Augustins Ⓜ *St-Michel – ℰ 01 43 25 45 94*
– www.guysavoy.com – Fermé 5-23 août, 23 déc.-5 janv., sam. midi et dim.
Rest – (26 € bc) Menu 29 € (déj.)/75 € – Carte 45/70 €
♦ Face aux bouquinistes des quais, une cuisine originale dans un cadre moderniste conçu par le jazzman D. Humair : mobilier design, lampes colorées et peintures abstraites.

🍴🍴 Yugaraj   🅰🅲 𝘝𝘐𝘚𝘈 ⊙⊙ 🄰🄴 ⓪
14 r. Dauphine Ⓜ *Odéon – ℰ 01 43 26 44 91 – Fermé août, lundi midi et jeudi*
midi
Rest – (19 €) Menu 28/66 € – Carte 40/60 €
♦ Dépaysement assuré dans ce haut lieu de la gastronomie indienne (boiseries,
soieries, objets anciens, etc.). Large choix de spécialités à la carte.

XX **Emporio Armani Caffé**   VISA ⓒⓢ AE

149 bd St-Germain Ⓜ *St-Germain des Prés –* ℰ *01 45 48 62 15*
Rest – (35 €) Carte 38/87 €

♦ Au premier étage de la boutique de mode, un "caffé" à l'italienne chic et confortable. Clientèle "rive gauche" et cuisine transalpine à base de beaux produits frais.

X **Ze Kitchen Galerie** (William Ledeuil)   AC VISA ⓒⓢ AE ◑

❀ *4 r. des Grands-Augustins* Ⓜ *St-Michel –* ℰ *01 44 32 00 32*
– www.zekitchengalerie.fr – Fermé sam. midi et dim.
Rest – (27 € bc) Menu 39 € bc (déj.)/76 € – Carte environ 68 € le soir❀
Spéc. Crabe d'Alaska aux herbes thaïes, gaspacho de tomate cœur de bœuf (été). Plats à la plancha. Glace chocolat blanc, wasabi, condiment pistache et fraise.

♦ Séduisante carte fusion influencée par l'Asie, cadre épuré aux airs de loft, tableaux contemporains, vue sur les cuisines : Ze Kitchen est "Ze" adresse trendy de la rive gauche.

X **Allard**   AC VISA ⓒⓢ AE ◑

1 r. de l'Éperon Ⓜ *St-Michel –* ℰ *01 43 26 48 23*
– Fermé dim. et lundi en août
Rest – (22 €) Menu 30/34 € – Carte 35/70 €

♦ On pénètre par la cuisine dans cette institution bistrotière : décor 1900 dans son jus (zinc, gravures, banquettes) et menus généreux, ponctués de spécialités régionales.

X **La Rotonde**   AC VISA ⓒⓢ AE

105 bd Montparnasse Ⓜ *Vavin –* ℰ *01 43 26 68 84*
Rest – (19 € bc) Menu 38 € – Carte 35/68 €

♦ Lisez au verso de la carte l'histoire de cette brasserie parisienne typique qui a reçu, depuis 1903, tant d'hôtes célèbres... Adresse idéale pour souper après le théâtre.

X **Toyo**   AC ⇔ VISA ⓒⓢ

17 r. Jules Chaplain Ⓜ *Vavin –* ℰ *01 43 54 28 03*
– Fermé août, dim. et lundi
Rest – Menu 35 € (déj.), 55/75 €

♦ Dans une autre vie, Toyo Nakanama occupait un poste à responsabilité dans une célèbre maison de haute couture japonaise ; aujourd'hui, il excelle dans l'art d'assembler les saveurs et les textures, entre France et Asie. Frais et fin.

X **KGB**   AC VISA ⓒⓢ AE

25 r. des Grands-Augustins Ⓜ *St-Michel –* ℰ *01 46 33 00 85 – Fermé 1ᵉʳ-23 août, dim. et lundi*
Rest – Menu 27 € bc (déj. en sem.), 34/60 € – Carte 52/61 € le soir

♦ KGB pour Kitchen Gallery Bis : même esprit galerie d'art qu'à la maison mère, et même manière d'assaisonner la cuisine française aux herbes et racines asiatiques. Un bébé bien né.

X **L'Épi Dupin**   VISA ⓒⓢ

☺ *11 r. Dupin* Ⓜ *Sèvres Babylone –* ℰ *01 42 22 64 56 – www.epidupin.com*
– Fermé 1ᵉʳ-24 août, lundi midi, sam. et dim.
Rest – *(nombre de couverts limité, prévenir)* (22 €) Menu 33 €

♦ Pierres, colombages et poutres : un cadre convivial, pour une délicieuse cuisine qui revisite la tradition. Ce restaurant de poche a conquis le quartier du Bon Marché !

X **Yen**   AC VISA ⓒⓢ AE ◑

22 r. St-Benoît Ⓜ *St-Germain-des-Prés –* ℰ *01 45 44 11 18 – Fermé 2 sem. en août et dim.*
Rest – (38 €) Menu 68 € (dîner) – Carte 35/70 €

♦ Deux salles à manger au décor japonais très épuré, un peu plus chaleureux à l'étage. La carte fait la part belle à la spécialité du chef : le soba (nouilles de sarrasin).

PARIS

Le Carré de Marguerite

87 r. d'Assas Ⓜ *Port Royal –* ℰ *01 43 26 33 61 – www.lecarredemarguerite.fr
– Fermé sam. midi, dim. et lundi*
Rest – (19 €) Menu 22 € (déj.)/36 €
◆ Il y flotte un air de maison de famille qui met tout de suite à l'aise (meubles chinés, étagères garnies façon épicerie, bibelots). Menu du marché évoluant chaque jour.

La Maison du Jardin

27 r. Vaugirard Ⓜ *Rennes –* ℰ *01 45 48 22 31 – Fermé 1ᵉʳ-24 août, sam. midi, dim. et fériés*
Rest – *(prévenir)* (26 €) Menu 31 €
◆ À deux pas du Luxembourg, ce bistrot explore la tradition avec bonté et simplicité : terrine maison, soupe de saison, mousse au chocolat... Bouteilles à prix sages.

Wadja

10 r. Grande-Chaumière Ⓜ *Vavin –* ℰ *01 46 33 02 02 – Fermé 6-25 août, sam. midi et dim.*
Rest – (15 €) Menu 18 € – Carte 38/46 €
◆ Décor bistrot affirmé (tables serrées, zinc, miroirs, banquettes, lithographies dans l'esprit montparnassien des années 1930, etc.) et appétissante cuisine de saison.

Fish La Boissonnerie

69 r. de Seine Ⓜ *Odéon –* ℰ *01 43 54 34 69 – Fermé 1 sem.
en août, 21 déc.-2 janv. et lundi*
Rest – (13 €) Menu 26 € (déj.)/35 € ❀
◆ D'un P devenu B sur sa façade mosaïquée, cette ex-poissonnerie est devenue un chaleureux gastropub. Cuisine de bistrot évoluant au gré du marché. Pas de réservation après 20h30.

Shu

8 r. Suger Ⓜ *St-Michel –* ℰ *0146 34 25 88 – www.restaurant-shu.com
– Fermé 2 sem. en août, vacances de Pâques et dim.*
Rest – *(dîner seult) (nombre de couverts limité, prévenir)* Menu 38/56 €
◆ Table nippone dans une cave ancienne du quartier St-Michel. Qualité des produits et maîtrise technique distinguent le chef japonais, maître ès kushiage (petites brochettes frites).

Rôtisserie d'en Face

2 r. Christine Ⓜ *Odéon –* ℰ *01 43 26 40 98 – www.jacques-cagna.com – Fermé sam. midi et dim.*
Rest – (23 €) Menu 37 € (déj.)/40 € – Carte 37/63 €
◆ En face de quoi ? Du restaurant de Jacques Cagna qui a créé ici un sympathique bistrot de chef (rôtisserie). Cadre aux tons ocre, sobrement élégant. Atmosphère décontractée.

La Marlotte

55 r. du Cherche-Midi Ⓜ *St-Placide –* ℰ *01 45 48 86 79 – www.lamarlotte.com
– Fermé 15-21 août*
Rest – (22 € bc) Menu 32 € – Carte 31/51 €
◆ Près du Bon Marché, sympathique bistrot de quartier où l'on croise éditeurs et politiciens. Salle des repas tout en longueur, décor rustique et cuisine traditionnelle.

Le Cherche Midi

22 r. du Cherche-Midi Ⓜ *Sèvres Babylone –* ℰ *01 45 48 27 44 – www.lecherchemidi.fr*
Rest – *(nombre de couverts limité, prévenir)* Carte 35/55 €
◆ Un authentique bistrot italien ! Pâtes fraîches maison et superbes charcuteries : jambon de Parme (affiné plus de 30 mois), mortadelle, bresaola... Quant à la mozzarella, bien crémeuse, elle arrive par avion deux à trois fois par semaine !

Le Comptoir du Relais – Hôtel Relais St-Germain

5 carr. de l'Odéon Ⓜ *Odéon –* ℰ *01 44 27 07 97
– www.hotelrsg.com*
Rest – *(nombre de couverts limité, prévenir)* Menu 50 € (dîner en sem.) – Carte 40/70 €
◆ Dans ce sympathique bistrot de poche, Yves Camdeborde régale ses clients d'une généreuse cuisine traditionnelle (produits du Sud-Ouest). Authentique décor des années 1930.

✗ **Azabu** ᴀᴄ ⱽᴵˢᴬ ●● ᴬᴱ

3 r. A. Mazet Ⓜ *Odéon –* ℰ *01 46 33 72 05 – www.azabu-paris.com*
– Fermé 1ᵉʳ-16 août, dim. midi et lundi
Rest – (19 €) Menu 39/59 € – Carte 39/62 €
◆ Bonne cuisine japonaise actuelle servie dans un décor sobre et contemporain,
à table ou au comptoir, face au teppanyaki (table de cuisson).

✗ **Le Bistrot de L'Alycastre** 🌿 ⌖ ⟷ ⱽᴵˢᴬ ●● ᴬᴱ ①

2 r. Clément Ⓜ *Mabillon –* ℰ *01 43 25 77 66 – Fermé 10-30 août, vacances
de fév., dim. midi, lundi midi et mardi midi*
Rest – Carte 40/60 €
◆ Face au marché St-Germain, un bistrot chic repris par un chef passionné. Pour
preuve, sa cuisine actuelle, simple et savoureuse, et la qualité du service. Terrasse prisée.

✗ **L'Altro** ⱽᴵˢᴬ ●●

16 r. du Dragon Ⓜ *St-Germain des Prés –* ℰ *01 45 48 49 49 – www.laltro.fr*
– Fermé 14-23 août, 21-27 déc., dim. et lundi
Rest – (17 €) Menu 22 € (déj. en sem.) – Carte 30/60 €
◆ L'Italie sur une assiette, dans un décor mi-bistrot, mi-loft new-yorkais (banquet-
tes noires, carrelage blanc aux murs, cuisines vitrées). Ambiance décontractée
et branchée.

✗ **Le Timbre** ⱽᴵˢᴬ ●●
🐸

3 r. Ste-Beuve Ⓜ *Notre-Dame des Champs –* ℰ *01 45 49 10 40*
*– www.restaurantletimbre.com – Fermé 1ᵉʳ-7 mai, 23 juil.-24 août, vacances de
Noël, dim. et lundi*
Rest – *(nombre de couverts limité, prévenir)* (22 €) Menu 26 € (déj.)/30 €
– Carte 32/45 € le soir
◆ On se bouscule dans ce sympathique petit bistrot, grand comme un timbre-
poste. L'ardoise affiche les propositions du jour, réalisées sous vos yeux par un
jeune chef britannique.

✗ **Tsukizi** ⱽᴵˢᴬ ●● ᴬᴱ

2bis r. des Ciseaux Ⓜ *St-Germain des Prés –* ℰ *01 43 54 65 19 – Fermé
1ᵉʳ-22 août, 26 déc.-9 janv., dim. midi et lundi*
Rest – (17 €) Carte 20/50 €
◆ Comme au Japon, installez-vous au comptoir de la petite salle, plutôt modeste,
de ce restaurant traditionnel. Le chef prépare sous vos yeux sushis et autres spécialités nippones.

Tour Eiffel · École Militaire · Invalides

7e arrondissement ✉ 75007

S. Sauvignier/MICHELIN

🏠 **Duc de St-Simon** sans rest ⚜ ⇵ ⁽ᵗ⁾ ⱽᴵˢᴬ ●● ᴬᴱ ①

14 r. St-Simon Ⓜ *Rue du Bac –* ℰ *01 44 39 20 20*
– www.hotelducdesaintsimon.com
29 ch – ♦250/290 € ♦♦250/290 € – 5 suites – � 15 €
◆ Tentures, boiseries, objets et meubles anciens : l'atmosphère est celle d'une
belle demeure bourgeoise d'autrefois. Accueil courtois et quiétude ajoutent à la
qualité du lieu.

K+K Hotel Cayré sans rest 🌊 🖾 ᗕ 🗚 ☏ 💳 ⊕ 🝰 ⑩
4 bd Raspail Ⓜ *Rue du Bac –* ℰ *01 45 44 38 88 – www.kkhotels.com/cayre*
125 ch – ♦250/435 € ♦♦290/465 € – ⧠ 27 €
• La façade haussmannienne contraste avec les salons et les élégantes chambres d'esprit contemporain. Au sous-sol, espace remise en forme avec sauna et salle de massage.

Montalembert 🛋 🖾 🗚 🕪 🖋️ 💳 ⊕ 🝰 ⑩
3 r. Montalembert Ⓜ *Rue du Bac –* ℰ *01 45 49 68 68 – www.montalembert.com*
52 ch – ♦240/650 € ♦♦240/650 € – 4 suites – ⧠ 24 € **Rest** – Carte 45/75 €
• Bois sombres, objets design, coloris taupe, prune, brun, etc. : les chambres réunissent tous les ingrédients de la contemporanéité (une douzaine demeure de style Louis-Philippe). Restaurant au cadre moderne, avec terrasse sur la rue.

Pont Royal sans rest 🌊 🖾 ᗕ 🗚 ☏ 🖋️ 💳 ⊕ 🝰 ⑩
7 r. Montalembert Ⓜ *Rue du Bac –* ℰ *01 42 84 70 00*
– www.hotel-pont-royal.com
65 ch – ♦420/560 € ♦♦420/560 € – 10 suites – ⧠ 27 €
• Tout l'esprit rive gauche... Un décor chic et plaisant, sans ostentation, pour vivre la bohème germanopratine tout en appréciant le confort d'un "Hôtel littéraire" historique.

Le Bellechasse sans rest 🖾 🗚 🖋️ 🕪 💳 ⊕ 🝰 ⑩
8 r. de Bellechasse Ⓜ *Musée d'Orsay –* ℰ *01 45 50 22 31*
– www.lebellechasse.com
34 ch – ♦220/390 € ♦♦220/390 € – ⧠ 21 €
• Hôtel griffé Christian Lacroix. Le créateur a signé des chambres design aux touches colorées, anciennes ou contemporaines, souvent oniriques : un "voyage dans le voyage"... très mode !

D'Orsay sans rest 🖾 🗚 🖋️ 🕪 🖋️ 💳 ⊕ 🝰 ⑩
93 r. de Lille Ⓜ *Solférino –* ℰ *01 47 05 85 54 – www.espritdefrance.com*
40 ch – ♦145/180 € ♦♦165/380 € – 1 suite – ⧠ 15 €
• L'hôtel occupe deux immeubles de la fin du 18e s. Jolies chambres assez spacieuses, avec mobilier de style. Chaleureux salon avec vue sur un petit patio verdoyant.

St-Vincent sans rest 🖾 🗚 🕪 💳 ⊕ 🝰
5 r. Pré aux Clercs Ⓜ *Rue du Bac –* ℰ *01 42 61 01 51 – www.hotel-st-vincent.com*
22 ch – ♦160/260 € ♦♦260 € – ⧠ 14 €
• Établissement charmant et calme au cœur du Carré Rive gauche. Cet hôtel particulier du 18e s. abrite des chambres soignées et chaleureuses, qui revisitent l'esprit Napoléon III.

Le Walt sans rest 🖾 ᗕ 🖋️ 🕪 💳 ⊕ 🝰 ⑩
37 av. de la Motte-Picquet Ⓜ *École Militaire –* ℰ *01 45 51 55 83*
– www.lewaltparis.com
25 ch – ♦169/350 € ♦♦169/350 € – ⧠ 19 €
• L'originalité de ces chambres confortables et contemporaines ? D'imposantes copies de chefs-d'œuvre de l'art classique en guise de têtes de lit. Agréable patio.

Duquesne Eiffel sans rest 🖾 🖋️ 🕪 💳 ⊕ 🝰 ⑩
23 av. Duquesne Ⓜ *École Militaire –* ℰ *01 44 42 09 09 – www.hde.fr*
40 ch – ♦133/250 € ♦♦133/250 € – ⧠ 12 €
• Entièrement rénové en 2008, cet hôtel propose des chambres bien apprêtées et confortables. De celles du 5e étage, vue superbe sur la tour Eiffel et l'École militaire.

De L'Empereur sans rest 🖾 🗚 🕪 💳 ⊕ 🝰
2 r. Chevet Ⓜ *La Tour Maubourg –* ℰ *01 45 55 88 02 – www.hotelempereur.com*
31 ch – ♦105/135 € ♦♦135/185 € – ⧠ 11 €
• Un hôtel avec une âme. Mobilier d'inspiration Empire et, côté façade (avec balcon au 5e étage), vue parfaite sur les ors du dôme des Invalides... où dort pour toujours l'Empereur.

De Suède St-Germain sans rest

31 r. Vaneau Ⓜ Rue du Bac – ℰ 01 47 05 00 08 – www.hoteldesuede.com
38 ch – ✝115/245 € ✝✝115/245 € – 1 suite – ⌂ 14 €
♦ Les amateurs d'atmosphères traditionnelle et familiale apprécieront cet hôtel aux chambres de style Louis XVI. Sept d'entre elles offrent une vue sur les jardins de Matignon.

Le Tourville sans rest

16 av. de Tourville Ⓜ École Militaire – ℰ 01 47 05 62 62
– www.hoteltourville.com
30 ch – ✝150/300 € ✝✝150/300 € – ⌂ 15 €
♦ L'union de tons doux et vifs, de mobilier ancien et moderne insuffle un air british à cet hôtel cosy. Quatre chambres avec terrasses. Petit-déjeuner dans une salle voûtée.

Muguet sans rest

11 r. Chevert Ⓜ École Militaire – ℰ 01 47 05 05 93 – www.hotelmuguet.com
43 ch – ✝100/115 € ✝✝140/205 € – ⌂ 12 €
♦ Dans une rue peu passante à deux pas des Invalides, hôtel rafraîchi dans un esprit classique. Chambres parfaitement tenues ; celles donnant sur le jardinet fleuri sont calmes.

7 Eiffel sans rest

17 bis r. Amélie Ⓜ La Tour Maubourg – ℰ 01 45 55 10 01 – www.7eiffel.com
32 ch – ✝240/370 € ✝✝240/370 € – ⌂ 19 €
♦ Un certain esprit d'avant-garde pour cet hôtel entièrement rénové en 2010. Mobilier design, effets de matière et de transparence, ambiance feutrée... au service du confort.

Bourgogne et Montana sans rest

3 r. de Bourgogne Ⓜ Assemblée Nationale – ℰ 01 45 51 20 22
– www.bourgogne-montana.com
28 ch ⌂ – ✝230/305 € ✝✝230/305 € – 4 suites
♦ Raffinement et esthétisme imprègnent cet hôtel du 18e s., qui mêle l'ancien et le contemporain. Les chambres du dernier étage ménagent une belle vue sur le Palais-Bourbon.

De Varenne sans rest

44 r. de Bourgogne Ⓜ Varenne – ℰ 01 45 51 45 55 – www.hoteldevarenne.com
25 ch – ✝139/169 € ✝✝139/239 € – ⌂ 11 €
♦ Situation plutôt calme pour cet hôtel bien tenu, garni de meubles de style Louis XVI ou Empire. En été, petits-déjeuners servis dans une courette verdoyante.

Relais Bosquet sans rest

19 r. du Champ-de-Mars Ⓜ École Militaire – ℰ 01 47 05 25 45
– www.hotelrelaisbosquet.com
40 ch – ✝145/250 € ✝✝145/250 € – ⌂ 17 €
♦ Cet hôtel discret dissimule un intérieur joliment décoré et des chambres classiques aux tons chatoyants. Préférez les chambres sur l'arrière, côté courette, plus calmes.

Lenox St-Germain sans rest

9 r. de l'Université Ⓜ St-Germain des Prés – ℰ 01 42 96 10 95
– www.lenoxsaintgermain.com
34 ch – ✝140/290 € ✝✝140/290 € – ⌂ 15 €
♦ Un luxe discret habite cet hôtel : esprit Art déco dans le hall, baroque ou plus classique dans les chambres, toutes rénovées en 2009. Duplex au dernier étage.

Du Cadran sans rest

10 r. du Champ-de-Mars Ⓜ École Militaire – ℰ 01 40 62 67 00
– www.hotelducadran.com
41 ch – ✝150/270 € ✝✝165/270 € – ⌂ 13 €
♦ Entrée par une boutique de chocolats pour cet hôtel entièrement refait dans un esprit très contemporain : minimalisme étudié dans ses petites chambres aménagées au millimètre.

Londres Eiffel sans rest　🛗 AC 📶 VISA 🅿 AE ⑩

1 r. Augereau Ⓜ *École Militaire* – ☎ 01 45 51 63 02
– www.londres-eiffel.com
30 ch – 🛏120/165 € 🛏🛏150/250 € – ⌀ 14 €

◆ Tons chaleureux et ambiance intimiste dans ses petites chambres bien tenues (la moitié ont été rénovées en 2009). La rue est peu passante et le bâtiment sur cour bien calme.

St-Germain sans rest　🛗 AC 📶 📶 VISA 🅿 AE

88 r. du Bac Ⓜ *Rue du Bac* – ☎ 01 49 54 70 00
– www.hotel-saint-germain.fr
29 ch ⌀ – 🛏200/220 € 🛏🛏200/220 €

◆ Petites chambres sobrement décorées dans cet hôtel bordant une rue propice au shopping, proche du Bon Marché, des ministères et de Saint-Germain-des-Prés.

Champ de Mars sans rest　🛗 📶 📶 VISA 🅿

7 r. du Champ-de-Mars Ⓜ *École Militaire* – ☎ 01 45 51 52 30
– www.hotelduchampdemars.com
25 ch – 🛏93 € 🛏🛏100 € – ⌀ 8 €

◆ Entre Champ-de-Mars et Invalides, un hôtel familial aux chambres cosy et assez romantiques : joli décor "Liberty", tout frais dans celles qui ont été rénovées. Prix mesurés.

France sans rest　🛗 📶 📶 VISA 🅿 AE ⑩

102 bd de la Tour Maubourg Ⓜ *École Militaire* – ☎ 01 47 05 40 49
– www.hoteldefrance.com
60 ch – 🛏95/170 € 🛏🛏120/170 € – ⌀ 12 €

◆ Chambres fonctionnelles, au décor sobre et bien entretenues. Côté rue, certaines offrent une belle vue sur l'église des Invalides ; côté cour, tranquillité assurée.

St-Thomas d'Aquin sans rest　🛗 📶 📶 VISA 🅿 AE ⑩

3 r. Pré-aux-Clercs Ⓜ *Rue du Bac* – ☎ 01 42 61 01 22
– www.hotel-st-thomas-daquin.com
21 ch – 🛏120/150 € 🛏🛏130/150 € – ⌀ 11 €

◆ Dans un immeuble du 18ᵉ s., de petites chambres plaisantes, meublées d'ancien, à mi-chemin entre Saint-Germain-des-Prés et le Carré Rive gauche. Mansardes au dernier étage.

Une bonne table sans se ruiner ? Repérez les Bib Gourmand 🅑.

Le Jules Verne　◁ AC 📶 🍽 VISA 🅿 AE ⑩
❀

2ᵉ étage Tour Eiffel, ascenseur privé pilier sud Ⓜ *Bir-Hakeim* – ☎ 01 45 55 61 44
– www.lejulesverne-paris.com
Rest – Menu 85 € (déj. en sem.), 165/200 € – Carte 160/210 €
Spéc. Homard de nos côtes, sabayon au fumet de crustacés et caviar gold. Tournedos poêlé, foie gras de canard, sauce Périgueux et pommes soufflées. L'écrou au chocolat et praliné croustillant, glace noisette.

◆ Au 2ᵉ étage de la tour Eiffel, son décor design atteint des hauteurs, vue magique en prime ! Patrimoine français à la carte : grands plats et vins d'excellence en forme de symboles.

Le Divellec (Jacques Le Divellec)　AC 🍽 VISA 🅿 AE ⑩
❀

107 r. Université Ⓜ *Invalides* – ☎ 01 45 51 91 96 – Fermé 25 juil.-25 août,
25 déc.-2 janv., sam. et dim.
Rest – Menu 50 € (déj.), 65/160 € – Carte 110/220 €
Spéc. Carpaccio de turbot aux truffes. Homard à la presse avec son corail. Soufflé chaud à l'infusion de truffe.

◆ L'océan (ou presque) à deux pas des Invalides. Un restaurant au décor un brin suranné, voué aux beaux produits de la mer. Prix élevés à la carte mais menus déjeuner plus abordables.

XXX Arpège (Alain Passard)

84 r. de Varenne Ⓜ Varenne – ℰ 01 45 51 47 33 – www.alain-passard.com
– Fermé sam. et dim.

Rest – Menu 120 € (déj.)/320 € – Carte 190/290 €

Spéc. Couleur, saveur, parfum et dessin du jardin. Aiguillettes de homard de l'archipel de Chausey au savagnin. Tarte aux pommes bouquet de roses.

♦ Bois précieux, décor de verre signé Lalique : préférez l'élégante salle contemporaine au caveau, et dégustez l'éblouissante cuisine "légumière" d'un chefpoète du terroir.

XXX Pétrossian

144 r. de l'Université Ⓜ Invalides – ℰ 01 44 11 32 32 – www.petrossian.fr
– Fermé août, dim. et lundi

Rest – (29 €) Menu 70/90 € – Carte 70/120 €

♦ Les Pétrossian régalent les Parisiens du caviar de la Caspienne depuis 1920. À l'étage de la boutique, élégante salle de restaurant et plaisante cuisine de la mer.

XX Jean-François Piège – Rest. Thoumieux

79 r. St-Dominique, (1ᵉʳ étage) Ⓜ La Tour Maubourg – ℰ 01 47 05 79 79
– Fermé août, dim. et lundi

Rest – (nombre de couverts limité, prévenir) (70 €) Menu 90/115 €

Spéc. Sélection des meilleurs produits de saison.

♦ À l'étage de la brasserie Thoumieux, un salon particulier où Jean-François – rendu célèbre au Crillon – vous reçoit... comme à la maison ! On dresse la table, vous choisissez un produit, et un plat surprise vient à se créer dans la cuisine contiguë. D'une sincérité éblouissante.

XX Les Ombres

27 quai Branly, (musée du Quai Branly - 5ème étage) Ⓜ Alma Marceau
– ℰ 01 47 53 68 00 – www.lesombres-restaurant.com

Rest – (26 €) Menu 38 € (déj.), 95/145 € bc – Carte 62/103 €

♦ Aérien, design et tout vitré : sur le toit-terrasse du musée du Quai-Branly, ce restaurant fait un clin d'œil à la tour Eiffel et à ses jeux d'ombres et lumières. Carte actuelle.

XX Il Vino d'Enrico Bernardo

13 bd La Tour-Maubourg Ⓜ Invalides – ℰ 01 44 11 72 00
– www.ilvinobyenricobernardo.com – Fermé sam. midi

Rest – (29 €) Menu 70 € bc (déj.), 98 € bc/165 € bc – Carte 105/150 €

Spéc. Saint-pierre en carpaccio, huile de noix, pomme verte, vinaigrette à la moutarde à l'ancienne. Cabillaud rôti, concassé de tomate, olive noire, salade de fenouil. Chocolat blanc, mangue, glace noix de coco.

♦ Choisissez le vin et laissez-vous faire côté cuisine ! Dans son restaurant chic et design, le Meilleur Sommelier du monde 2004 inverse la tendance en associant les mets aux vins.

XX Le Violon d'Ingres (Christian Constant et Stéphane Schmidt)

135 r. St-Dominique Ⓜ École Militaire – ℰ 01 45 55 15 05
– www.leviolondingres.com

Rest – (30 €) Menu 36 € (déj. en sem.), 49/80 € – Carte 57/86 €

Spéc. Œufs pochés frits, jambon croustillant, piperade de poivron doux au vieux vinaigre. Suprême de bar croustillant, ravigote aux câpres. Soufflé chaud à la vanille, sauce caramel au beurre salé.

♦ Cette salle élégante, style bistrot contemporain, réunit les gourmets, comblés par une cuisine de qualité qui valorise les produits et les saisons sans renier la tradition.

XX Cigale Récamier

4 r. Récamier Ⓜ Sèvres Babylone – ℰ 01 45 48 86 58 – Fermé dim.

Rest – Carte 40/55 €

♦ Cuisine traditionnelle et spécialités de soufflés salés et sucrés en cette discrète adresse, rendez-vous des hommes politiques, avocats et éditeurs. Terrasse au calme très prisée.

Le Clarisse   AC ✁ VISA ⬤◯ AE

29 r. Surcouf Ⓜ La Tour Maubourg – ☏ 01 45 50 11 10 – www.leclarisse.fr
– *Fermé sam. midi*
Rest – (29 €) Menu 35 € – Carte 43/64 €

◆ Près des Invalides, un restaurant au cadre épuré, tout de noir, de blanc et d'or. Salon intime à l'étage. La cuisine, actuelle et parfumée, fait la part belle au poisson.

Chez les Anges   AC ✁ VISA ⬤◯ AE

54 bd de la Tour-Maubourg Ⓜ La Tour Maubourg – ☏ 01 47 05 89 86
– www.chezlesanges.com – *Fermé sam. et dim.*
Rest – (25 €) Menu 31/40 € – Carte 45/85 €✦

◆ Un décor contemporain éthéré pour une cuisine goûteuse et sincère, entre tradition et modernité : galette de pied de cochon, filet de merlan, foie de veau au chou rouge braisé...

Auguste (Gaël Orieux)   AC VISA ⬤◯ AE ◐

54 r. Bourgogne Ⓜ Varenne
– ☏ 01 45 51 61 09 – www.restaurantauguste.fr
– *Fermé 1ᵉʳ-22 août, sam. et dim.*
Rest – Menu 35 € (déj.) – Carte 72/115 €
Spéc. Huîtres creuses "perle noire" en gelée à la diable, mousse de raifort (sept. à déc.). Noix de ris de veau croustillante et cacahuètes caramélisées, pleurotes et vin jaune. Soufflé au chocolat pur caraïbe.

◆ Ce restaurant dans l'air du temps, design, coloré et agréable, vous réserve une cuisine qui ne manque ni de saveurs ni d'inventivité. Prix étudiés à midi, grand jeu le soir.

Tante Marguerite   AC ✁ VISA ⬤◯ AE ◐

5 r. Bourgogne Ⓜ Assemblée Nationale – ☏ 01 45 51 79 42
– www.bernard-loiseau.com – *Fermé août, sam., dim. et fériés*
Rest – Menu 47/57 €

◆ À deux pas du Palais Bourbon, une cuisine traditionnelle qui défend notamment de belles racines bourguignonnes, escargots compris. Décor cossu de boiseries et chaises Louis XV.

Café de l'Esplanade   ✿ AC ⬠ VISA ⬤◯ AE ◐

52 r. Fabert Ⓜ La Tour Maubourg – ☏ 01 47 05 38 80
Rest – Carte 60/90 €

◆ Belle situation face aux Invalides pour cette adresse des frères Costes. Étonnant décor de boulets et de canons, très Napoléon III, carte de brasserie tendance et prix élevés.

Vin sur Vin   AC VISA ⬤◯

20 r. de Montttessuy Ⓜ Pont de l'Alma – ☏ 01 47 05 14 20
– *Fermé 29 mai-6 juin, août, 24 déc.-4 janv., lundi sauf le soir de sept. à mars, sam. midi et dim.*
Rest – (nombre de couverts limité, prévenir) (60 €) Carte 80/120 €✦
Spéc. Ravioles aux truffes. Ris de veau croustillant. Soufflé chaud.

◆ Accueil aimable, élégant décor, atmosphère de maison particulière, délicieuse cuisine classique et carte des vins très étoffée (600 appellations) : vingt sur vingt !

Thoumieux avec ch   AC ❄ VISA ⬤◯ AE

79 r. St-Dominique Ⓜ La Tour Maubourg – ☏ 01 47 05 79 00
– www.thoumieux.com
15 ch – ♦200/380 € ♦♦200/380 € – ☑ 20 €
Rest *Jean-François Piège* – voir ci-dessus
Rest – Carte 38/70 €

◆ Banquettes rouges et miroirs, actrices et hommes du monde : cette brasserie de 1923 marie Belle Époque et actualité ! La carte est originale et fait de jolies œillades à l'esprit des lieux. On accède aux chambres par un escalier confidentiel : atmosphère intime et cosy...

La Cuisine

14 bd La Tour-Maubourg Ⓜ Invalides – ℰ 01 44 18 36 32
– http://lacuisine.lesrestos.com – Fermé sam. midi
Rest – (28 €) Menu 33/40 € – Carte 45/70 €
♦ Cuisine fleurant bon la tradition, accompagnée de petits pains maison et d'un bon choix de vins au verre ou en carafe. Salle sobre, aux murs jaunes, avec véranda et terrasse.

Nabuchodonosor

6 av. Bosquet Ⓜ Alma Marceau – ℰ 01 45 56 97 26 – www.nabuchodonosor.net
– Fermé 30 juil.-21 août, sam. midi et dim.
Rest – (23 €) Menu 27/60 € bc – Carte 38/74 €
♦ L'enseigne célèbre l'une des plus grosses bouteilles de champagne existantes. Murs terre de Sienne et boiseries, façon bistrot chic. Plats traditionnels, au gré du marché.

Le Bamboche

15 r. Babylone Ⓜ Sèvres Babylone – ℰ 01 45 49 14 40 – www.lebamboche.com
– Fermé 23 juil.-8 août et dim. midi
Rest – (25 €) Menu 32 € (sem.)/80 € – Carte 65/78 €
♦ Discrète et séduisante adresse, à côté du Bon Marché. Dans le sobre décor contemporain des deux petites salles à manger, vous attend une cuisine au goût du jour.

D'Chez Eux

2 av. Lowendal Ⓜ École Militaire – ℰ 01 47 05 52 55 – www.chezeux.com
– Fermé août
Rest – (29 €) Menu 34 € (déj.) – Carte 50/100 €
♦ Copieuses assiettes inspirées du Sud-Ouest, ambiance d'auberge provinciale et serveurs en tablier de bougnat : la recette séduit depuis plus de 40 ans sans prendre une ride !

L'Atelier de Joël Robuchon - St-Germain

5 r. de Montalembert Ⓜ Rue du Bac
– ℰ 01 42 22 56 56 – www.joel-robuchon.com
– Accueil de 11h30 à 15h30 et de 18h30 à minuit. Réservations uniquement pour certains services : se renseigner
Rest – Menu 150 € – Carte 59/128 €
Spéc. Tomates anciennes, relevées de sumac à l'huile vierge (15 juin au 30 sept.). Agneau de lait en côtelettes à la fleur de thym. "Chocolat tendance", ganache onctueuse au chocolat araguani, glace au grué de cacao.
♦ Concept original dans un décor chic signé Rochon : pas de tables, mais de hauts tabourets alignés face au comptoir où l'on savoure une belle cuisine actuelle, déclinable en assiettes de dégustation façon tapas.

Gaya Rive Gauche par Pierre Gagnaire

44 r. du Bac Ⓜ Rue du Bac – ℰ 01 45 44 73 73 – www.pierre-gagnaire.com
– Fermé 23 déc.-3 janv. et dim.
Rest – Carte 60/100 €
Spéc. Pressé de tourteau. Escalope de bar sauvage. Biscuit chocolat gayas.
♦ Dans ce beau bistrot contemporain et décontracté, au décor gris-bleu conçu par Christian Ghion, on se régale de recettes plus créatives les unes que les autres, sublimant les produits de la mer.

Le Clos des Gourmets

16 av. Rapp Ⓜ Alma Marceau
– ℰ 01 45 51 75 61 – www.closdesgourmets.com
– Fermé 1ᵉʳ-25 août, dim. et lundi
Rest – Menu 30 € (déj.)/35 € – Carte 35/60 € le midi
♦ Boiseries, panneaux bruns ou gris : un Clos simple, élégant, chaleureux et... tout en jolies saveurs (crème brûlée aux asperges, wok au Pata Negra, fenouil confit aux épices douces).

Au Bon Accueil

AC VISA ☺☺ AE

14 r. Monttessuy Ⓜ Pont de l'Alma – ℰ 01 47 05 46 11
– www.aubonaccueilparis.com – Fermé 1ᵉʳ-15 août, sam. midi et dim.
Rest – (23 €) Menu 27 € (déj.)/31 € – Carte 45/65 €
♦ À l'ombre de la tour Eiffel, un bistrot au chic discret où l'on sert une appétissante cuisine du marché, sensible au rythme des saisons. Très bon rapport qualité-prix.

Les Fables de La Fontaine (Sébastien Gravé)

🚬 AC VISA ☺☺ AE

131 r. Saint-Dominique Ⓜ École Militaire – ℰ 01 44 18 37 55
– www.lesfablesdelafontaine.net – Fermé 23-28 déc.
Rest – *(nombre de couverts limité, prévenir)* Menu 35 € bc (déj. en sem.)/90 €
– Carte 62/85 €
Spéc. Tartare de bar au citron confit, mousse parmesan et sablé craquant. Saint-Jacques à la plancha, gratin de macaronis à la truffe noire et jambon Ibaïona (15 nov. au 31 mars). Gâteau basque.
♦ Savoureux hommage à la mer dans ce bistrot de poche (tons bruns, banquettes, carrelage) et sur sa terrasse d'été. Courte carte bien pensée et belle sélection de vins au verre.

Les Cocottes

VISA ☺☺

135 r. St-Dominique Ⓜ École Militaire – www.lesrestaurantsdeconstant.com
– Fermé dim.
Rest – (24 €) Carte 27/50 €
♦ Le concept ? Une cuisine de bistrot joliment revisitée et servie dans des cocottes : terrine de campagne, côte de veau rôtie... Très convivial, mais l'on ne peut pas réserver !

Aida (Koji Aida)

AC ↔ VISA ☺☺ AE

1 r. Pierre Leroux Ⓜ Vaneau – ℰ 01 43 06 14 18 – www.aidaparis.com
– Fermé 1 sem. en mars, 3 sem. en août, le midi et lundi
Rest – *(nombre de couverts limité, prévenir)* Menu 140/160 € 🍷
Spéc. Sashimi. Teppanyaki de chateaubriand de bœuf limousin. Sorbet au sencha.
♦ Ambiance zen dans ce discret restaurant japonais avec comptoir et salon privé. Cuisine nipponne et menus teppanyaki ; cave riche en bourgognes composée par un chef passionné.

35 ° Ouest

AC VISA ☺☺ AE

35 r. de Verneuil Ⓜ Rue du Bac – ℰ 01 42 86 98 88 – Fermé 1ᵉʳ-29 août,
24 déc.-2 janv., dim. et lundi
Rest – *(nombre de couverts limité, prévenir)* (32 € bc) Carte 45/107 €
Spéc. Rémoulade de tourteau et granny-smith. Turbot rôti en tronçon, champignons du moment. Tarte chocolat-cannelle.
♦ Petite salle à manger à la fois simple et moderne, s'effaçant presque devant une cuisine de la mer qui privilégie fraîcheur et saveur des produits. Cap à l'Ouest !

Bistrot de Paris

↔ 🖼 soir, VISA ☺☺ AE

33 r. Lille Ⓜ Musée d'Orsay – ℰ 01 42 61 16 83 – Fermé août, 24 déc.-1ᵉʳ janv.,
dim. et lundi
Rest – Carte 30/75 €
♦ Bistrot de tradition dans lequel les antiquaires voisins viennent en habitués. Atmosphère rétro à souhait dans un décor 1900. Une institution dans l'arrondissement.

Kinnari

VISA ☺☺

8 r. Malar Ⓜ La Tour Maubourg – ℰ 01 47 05 18 18 – Fermé dim.
Rest – (19 €) Menu 22 € (déj.)/25 € – Carte 30/45 €
♦ Tenu par le frère du patron du Suan Thaï (4ᵉ), Kinnari s'inspire avec bonheur de son décor et de ses recettes : salade de papaye verte aux crevettes, magret de canard sauce tamarin...

Le 122

AC ↔ VISA ☺☺ AE

122 r. de Grenelle Ⓜ Solférino – ℰ 01 45 56 07 42 – www.le122.fr – Fermé
23 juil.-17 août, sam. et dim.
Rest – (17 €) Menu 23 € (déj.)/35 € – Carte 30/38 €
♦ Globes lumineux, chaises Starck, aplats de gris et de mauve : le cadre design rehausse des plats inventifs et parfumés, d'un bon rapport qualité-prix (formule du jour).

Fontaine de Mars

129 r. St-Dominique 🚇 École Militaire – ☎ 01 47 05 46 44
– www.fontainedemars.com

Rest – Carte 35/50 €

• L'enseigne de ce parfait bistrot des années 1930 (restauré à l'identique) évoque la fontaine voisine dédiée au dieu guerrier. Barack Obama y a dîné en juin 2009.

Firmin Le Barbier

20 r. de Montessuy 🚇 Pont de l'Alma – ☎ 01 45 51 21 55
– www.firminlebarbier.fr – Fermé 1 sem. en avril, 5-25 août, 26 déc.-3 janv., sam. midi, mardi midi et lundi

Rest – (nombre de couverts limité, prévenir) Menu 33 € – Carte 30/50 €

• À deux pas de la tour Eiffel, un petit bistrot de quartier au décor rétro et aux recettes de toujours, à base de produits frais et de qualité. Bon et sympathique.

L'Affriolé

17 r. Malar 🚇 Invalides – ☎ 01 44 18 31 33 – Fermé 3 sem. en août, dim. et lundi

Rest – (18 €) Menu 29 € (déj.)/34 €

• Ardoise du jour et menu du mois : le chef suit de près les arrivages du marché. Le décor du bistrot a fait sa révolution en 2009 : place au contemporain et au design !

P'tit Troquet

28 r. de l'Exposition 🚇 École Militaire – ☎ 01 47 05 80 39 – Fermé août, sam. midi, lundi midi et dim.

Rest – (nombre de couverts limité, prévenir) (20 €) Menu 32/40 €

• Pour sûr, il est p'tit, ce bistrot ! Son charme nostalgique (vieilles réclames et zinc d'époque) sied à sa cuisine : veau en cocotte, bœuf bourguignon, tarte chocolat caramel...

Les Botanistes

11 bis r. Chomel 🚇 Sèvres-Babylone – ☎ 01 45 49 04 54 – Fermé 3 sem. en août, dim. et fériés

Rest – (18 €) Carte 31/50 €

• Harengs marinés, volaille fermière, sablé à la pomme... De beaux spécimens de cuisine bistrotière, dans leur environnement naturel : banquettes, tables en bois, vieux carrelage, etc.

Veramente

2 r. Sedillot 🚇 Pont de l'Alma – ☎ 01 45 51 95 82 – www.veramente.fr
– Fermé 2 sem. en août et dim.

Rest – (19 €) Menu 21 € (déj.) – Carte 35/61 €

• Restaurant italien dans l'air du temps : décor de lounge chic, tout en noir et gris perle, et cuisine pleine de saveurs méditerranéennes, exécutée par un chef napolitain.

Les Olivades

41 av. Ségur 🚇 Ségur – ☎ 01 47 83 70 09 – Fermé août, sam. midi, lundi midi, dim. et fériés

Rest – (22 €) Menu 26 € (déj.), 35/79 € – Carte 45/70 €

• Ce lieu fleure bon l'huile d'olive avec sa cuisine à l'accent du Midi, rehaussée de touches actuelles. De belles photos thématiques relèvent le décor d'inspiration provençale.

Dar Lyakout

94 bd de la Tour-Maubourg 🚇 École Militaire – ☎ 01 45 50 16 16
– www.darlyakout.com – Fermé 5-25 août

Rest – (19 €) Menu 34 € – Carte 36/48 €

• Couscous, tajines, pâtisseries orientales... Née en 2010, une table marocaine bien gourmande, dans un décor qui réconcilie le style lounge et l'artisanat marocain !

Le Bistrot du 7ème

56 bd de La Tour-Maubourg 🚇 La Tour Maubourg – ☎ 01 45 51 93 08 – Fermé sam. midi et dim. midi

Rest – (14 €) Menu 16 € (déj.)/25 € – Carte 29/44 €

• Zinc, vieilles affiches et nappes en papier : cet authentique bistrot de quartier égrène avec soin toutes les spécialités du genre, de la terrine de lapin au confit de canard.

PARIS

✗ Café Constant VISA ⓒⓔ
139 r. St-Dominique Ⓜ *École Militaire –* ☎ *01 47 53 73 34*
– www.lesrestaurantsdeconstant.com – Fermé lundi
Rest – (16 €) Menu 23 € – Carte 34/51 €
♦ Une annexe de Christian Constant simple et conviviale. Cuisine de bistrot gourmande à prix doux : œufs mimosa, tartare d'huîtres, agneau rôti, riz au lait... Sans réservation.

✗ Florimond VISA ⓒⓔ
19 av. de La Motte-Picquet Ⓜ *Ecole Militaire –* ☎ *01 45 55 40 38*
– Fermé 26 juil.-17 août, 24-27 déc., vacances de fév., lundi midi, sam. midi et dim.
Rest – Menu 21 € (déj.)/35 € – Carte 45/65 €
♦ Restaurant de poche qui emprunte son nom au jardinier de Monet à Giverny. Cadre de bistrot rafraîchi où la clientèle du quartier se presse pour goûter des plats traditionnels.

✗ Laiterie Sainte Clotilde VISA ⓒⓔ
64 r. de Bellechasse Ⓜ *Solférino –* ☎ *01 45 51 74 61 – Fermé 1ᵉʳ-23 août, vacances de Noël, sam. midi et dim.*
Rest – (20 €) Menu 24 € (déj.) – Carte 30/35 €
♦ Une ancienne laiterie (fin du 19ᵉ s.) bobo-nostalgique : chaises en formica, grande banquette rouge et... cuisine tendance ménagère, soupe du jour comprise. Informel et convivial.

✗ Oudino AC VISA ⓒⓔ
17 r. Oudinot Ⓜ *Vaneau –* ☎ *01 45 66 05 09 – www.oudino.fr – Fermé 14-21 août, 24 déc.-1ᵉʳ janv., sam. midi et dim.*
Rest – (18 €) Carte 29/40 €
♦ Agréable pause gourmande au voisinage des ministères : salle à manger aux discrètes touches Art déco et cuisine bistrotière modernisée. Attractive formule à midi, très courue.

S. Sauvignier/MICHELIN

Champs-Élysées ·
Concorde · Madeleine

8ᵉ arrondissement ✉ 75008

🏠🏠🏠🏠🏠 Plaza Athénée 🛜 📶 ⅃ﾐ ⌷ AC ⁽ᵗ⁾ ⅍ VISA ⓒⓔ AE ⓞ
25 av. Montaigne Ⓜ *Alma Marceau –* ☎ *01 53 67 66 65*
– www.plaza-athenee-paris.com
146 ch – †590/935 € ††700/935 € – 45 suites – ☕ 50 €
Rest *Alain Ducasse au Plaza Athénée et Le Relais Plaza* – voir ci-après
Rest *La Cour Jardin* – ☎ *01 53 67 66 02 (ouvert de mi-mai à mi-sept.)*
Carte 78/136 €
♦ Le palace parisien par excellence, ouvert en 1911 ! Styles classique ou Art déco dans les chambres, luxueux institut de beauté Dior, dorures, marbre... Le confort absolu ! À la belle saison, mets classiques à savourer sur la charmante terrasse de la Cour Jardin.

🏠🏠🏠🏠🏠 Le Bristol 🚅 📺 📶 ⅃ﾐ ⌷ AC ⁽ᵗ⁾ ⅍ 🚗 VISA ⓒⓔ AE ⓞ
112 r. Fg St-Honoré Ⓜ *Miromesnil –* ☎ *01 53 43 43 00 – www.lebristolparis.com*
148 ch – †650 € ††770/1600 € – 39 suites – ☕ 39 €
Rest *Le Bristol et 114, Faubourg* – voir ci-après
♦ Palace de 1925, agrandi en 2009 d'une nouvelle aile et agencé autour d'un magnifique jardin. Luxueuses chambres de style Louis XV ou Louis XVI ; exceptionnelle piscine "bateau" au dernier étage !

Four Seasons George V 🔝 ⬜ 📶 ⌚ 🛎 ♿ ch, 🅰 🚿 rest, ☁ 🛗

31 av. George-V Ⓜ George V – ℰ 01 49 52 70 00   VISA ⓜⓞ 🅐🅔 ⓪
– www.fourseasons.com/paris

197 ch – ♦750/1095 € ♦♦750/1095 € – 48 suites – ☷ 50 €
Rest *Le Cinq* – voir ci-après
Rest *La Galerie* – ℰ 01 49 52 70 06 – Carte 115/180 €
◆ Ce palace mythique, né en 1928, s'est paré des splendeurs et raffinements du 18ᵉ s. Chambres luxueuses et spacieuses, belles collections d'œuvres d'art et spa superbe. Mets de tradition à la Galerie ; l'été, les tables sont dressées dans la belle cour intérieure.

Le Royal Monceau ⬜ 📶 ⌚ 🛎 ♿ 🅰 🚿 ☁ 🛗 VISA ⓜⓞ 🅐🅔 ⓪

37 av. Hoche Ⓜ Charles de Gaulle-Etoile – ℰ 01 42 99 88 00
– www.leroyalmonceau.com

117 ch – ♦780/1800 € ♦♦780/1800 € – 32 suites – ☷ 49 €
Rest *La Cuisine* – Carte 62/95 €🍷
Rest *Il Carpaccio* (fermé dim. et lundi) – Carte 70/92 €🍷
Rest *Le Grand Salon* – Carte 49/85 €
◆ L'hôtel a fait peau neuve en 2010 pour se transformer en palace du 21ᵉ s. Décoré par Philippe Starck, il se joue des codes en vigueur : galerie d'art, librairie, salle de cinéma high-tech. Décor arty à La Cuisine. Recettes italiennes soignées au Carpaccio. Cadre lounge et grignotage de luxe au Grand Salon.

Crillon ⌚ 🛎 🅰 ☁ 🛗 VISA ⓜⓞ 🅐🅔 ⓪

10 pl. de la Concorde Ⓜ Concorde – ℰ 01 44 71 15 00
– www.crillon.com

119 ch – ♦770/950 € ♦♦770/950 € – 28 suites – ☷ 62 €
Rest *Les Ambassadeurs* – voir ci-après
Rest *L'Obé* – ℰ 01 44 71 15 15 – Menu 35 € (déj. en sem.), 55/75 € bc
– Carte 56/96 €
◆ Ce chef-d'œuvre de l'architecture du 18ᵉ s., dont la façade magnifie la place de la Concorde, a conservé sa fastueuse ornementation. Sonia Rykiel et Sybille de Margerie ont repensé, sans trahir, la décoration des chambres. Un palace mythique !

Fouquet's Barrière 🔝 ⬜ 📶 ⌚ 🛎 ♿ 🅰 🚿 ch, ☁ 🛗 🚗

46 av. George-V Ⓜ George V – ℰ 01 40 69 60 00   VISA ⓜⓞ 🅐🅔 ⓪
– www.fouquets-barriere.com

81 ch – ♦750/960 € ♦♦750/960 € – 31 suites – ☷ 46 €
Rest *Le Diane* – ℰ 01 40 69 60 60 (fermé 31 juil.-22 août, 2-10 janv., sam. midi, dim. et lundi) (60 € bc) Menu 78/125 € bc – Carte 83/136 €
◆ Cet hôtel du groupe Barrière a fait appel à Jacques Garcia pour signer son décor mêlant les styles Art déco et Empire. Chambres élégantes, superbes spa et patio. Au Diane, la sobriété feutrée est rehaussée de niches lumineuses garnies de fleurs ; agréable terrasse.

Champs-Élysées Plaza sans rest ⌚ 🛎 ♿ 🅰 🚿 ☁ VISA ⓜⓞ 🅐🅔 ⓪

35 r. de Berri Ⓜ George V – ℰ 01 53 53 20 20
– www.champselyseesplaza.com

25 ch – ♦350/1100 € ♦♦350/1100 € – 10 suites – ☷ 30 €
◆ Élégance et espace, harmonie des couleurs, mélange des styles, service attentionné, fitness... Cet hôtel est un concentré de luxe feutré et cossu.

Napoléon 🛎 ♿ ch, 🅰 🚿 rest, ☁ 🛗 VISA ⓜⓞ 🅐🅔 ⓪

40 av. Friedland Ⓜ Charles de Gaulle-Etoile – ℰ 01 56 68 43 21
– www.hotelnapoleonparis.com

65 ch – ♦217/690 € ♦♦217/690 € – 37 suites – ☷ 26 €
Rest – (fermé le soir, sam. et dim.) Carte 45/75 €
◆ À deux pas de l'Étoile chère à Napoléon, un hôtel rendant hommage à cette figure de l'Histoire (autographes, figurines, tableaux d'époque). Chambres feutrées de style Directoire ou Empire. Carte traditionnelle au restaurant dans un décor de boiseries.

Lancaster

7 r. Berri Ⓜ *George V* – ℰ *01 40 76 40 76* – *www.hotel-lancaster.fr*
46 ch – †320/670 € ††390/670 € – 11 suites – ⊑ 35 €
Rest *La Table du Lancaster* – voir ci-après

• Marlène Dietrich appréciait le luxe discret de cet hôtel particulier, construit en 1889 à deux pas des Champs-Élysées. Hall et salons sont plaisants avec leur mobilier d'antiquaire.

Marriott

70 av. des Champs-Élysées Ⓜ *Franklin D. Roosevelt* – ℰ *01 53 93 55 00*
– *www.marriottchampselysees.com*
173 ch – †359/789 € ††359/789 € – 19 suites – ⊑ 29 €
Rest *Le Restaurant* – ℰ *01 53 93 55 44 (Fermé sam. midi et dim. midi)* (33 €)
Menu 45 € – Carte 45/75 €

• Un bel immeuble hausmannien sur les Champs-Élysées... Les chambres, spacieuses et rénovées en 2009, sont d'une sobre élégance contemporaine ; certaines donnent sur la mythique avenue, d'autres sur l'atrium ou la cour intérieure. Plats traditionnels et grillades au Restaurant ; terrasse paisible.

Hyatt Regency

24 bd Malhesherbes Ⓜ *Madeleine* – ℰ *01 55 27 12 34*
– *www.paris.madeleine.hyatt.com*
82 ch – †330/520 € ††330/520 € – 4 suites – ⊑ 32 €
Rest *Café M* – (42 €) Menu 48 €

• Une belle verrière réalisée par Eiffel, d'agréables chambres contemporaines : un hôtel sobre et chaleureux tout à la fois. Sauna, hammam... Cuisine actuelle au Café M et, le soir, bar à champagne.

Bedford

17 r. de l'Arcade Ⓜ *Madeleine* – ℰ *01 44 94 77 77* – *www.hotel-bedford.com*
135 ch – †174/214 € ††214/276 € – 10 suites – ⊑ 20 €
Rest *Le Victoria* – *(fermé août, sam., dim. et fériés) (déj. seult)* (33 €)
Menu 43/48 € – Carte 60/80 €

• Cet hôtel fondé en 1848 perpétue avec élégance une certaine idée de la tradition hôtelière. Les chambres, agréables, sont d'un raffinement discret. Cadre 1900 avec profusion de motifs décoratifs en stuc et belle coupole : la salle de restaurant est le joyau du Bedford.

Hilton Arc de Triomphe

51 r. de Courcelles Ⓜ *Courcelles* – ℰ *01 58 36 67 00*
– *www.hilton.com*
383 ch – †295/730 € ††295/730 € – 80 suites – ⊑ 35 €
Rest *Safran* – ℰ *01 58 36 67 96* – (28 €) Menu 40 € (déj.) – Carte 39/77 €

• Inspiré des paquebots des années 1930, cet hôtel en restitue tout l'esprit, luxueux et raffiné : élégantes chambres Art déco signées Jacques Garcia – très calmes côté patio –, fitness... Au Safran, carte brasserie adaptée à la clientèle internationale.

Vernet

25 r. Vernet Ⓜ *Charles de Gaulle-Etoile* – ℰ *01 44 31 98 00* – *www.hotelvernet.com*
41 ch – †280/550 € ††280/550 € – 9 suites – ⊑ 30 €
Rest – *(dejeuner seult)* (30 €) Carte 40/56 €

• Bel immeuble des Années folles dans une petite rue près des Champs-Élysées. Les chambres sont raffinées, dans la grande tradition, certaines décorées dans un style plus contemporain. Superbe verrière au restaurant ; courte carte honorant les produits de saison.

La Trémoille

14 r. Trémoille Ⓜ *Alma Marceau* – ℰ *01 56 52 14 00* – *www.hotel-tremoille.com*
88 ch – †305/765 € ††305/765 € – 5 suites – ⊑ 35 €
Rest *Louis²* – *(fermé sam. midi, dim. et fériés)* (33 €) Menu 50 € (dîner en sem.)/
68 € – Carte 42/69 €

• Moulures, jolis tissus tendus, marbre noir et blanc dans les salles de bains : un bel esprit néo-rétro règne dans les chambres ! Atmosphère lounge au Louis²... cuisine actuelle.

Sofitel le Faubourg

15 r. Boissy-d'Anglas Ⓜ *Concorde – ✆ 01 44 94 14 14 – www.sofitel.com*
122 ch – †450/950 € ††450/950 € – 25 suites – ☕ 42 €
Rest *Café Faubourg* – ✆ 01 44 94 14 24 *(fermé sam. midi et dim. midi)* (33 €) Menu 35 € – Carte 60/88 €
◆ Élégant hôtel dans deux demeures des 18e et 19e s. Belles suites rénovées en 2010 dans un style contemporain ; chambres joliment feutrées, salon sous verrière, fitness et hammam. Au Café Faubourg, carte actuelle dans un décor tendance (jardin intérieur).

San Régis

12 r. J. Goujon Ⓜ *Champs-Elysées Clemenceau – ✆ 01 44 95 16 16 – www.hotel-sanregis.fr*
41 ch – †360/650 € ††485/650 € – 3 suites – ☕ 36 €
Rest – *(fermé août et dim.)* (28 €) Menu 40 € (déj. en sem.) – Carte 50/65 €
◆ Hôtel particulier de 1857 remanié avec goût : un bel escalier (vitraux et statues) conduit aux chambres, ravissantes : certaines sont très classiques, d'autres plus contemporaines. Le restaurant occupe un luxueux salon feutré – une vraie bonbonnière – et cultive la tradition.

Balzac sans rest

6 r. Balzac Ⓜ *George V – ✆ 01 44 35 18 00 – www.hotelbalzac.com*
57 ch – †420/600 € ††470/600 € – 13 suites – ☕ 38 €
◆ À quelques pas des Champs-Élysées, cet hôtel arbore un décor néoclassique, tout en opulence et chatoiement (mobilier de style Louis XVI, dorures, marbre).

De Vigny

9 r. Balzac Ⓜ *George V – ✆ 01 42 99 80 80 – www.hoteldevigny.com*
26 ch – †235/520 € ††250/520 € – 11 suites – ☕ 37 €
Rest *Baretto* – *(fermé 15-21 août)* (35 €) Menu 45 € (déj. en sem.) – Carte 49/68 €
◆ Hôtel discret et raffiné près des Champs-Élysées ; les chambres sont sobres, décorées dans un esprit classique, british, Louis XV... Dans le salon, un feu crépite... Au Baretto, carte méditerranéenne (plus simple le soir) dans une jolie salle Art déco.

Intercontinental Avenue Marceau

64 av. Marceau Ⓜ *George V – ✆ 01 44 43 36 36 – www.ic-marceau.com*
55 ch – †450/1600 € ††550/1600 € – ☕ 30 €
Rest *M64* – ✆ 01 44 43 36 50 *(fermé dim. soir)* (37 €) Menu 44/49 € – Carte 56/98 €
◆ Luxueux hôtel design à deux pas de la place de l'Étoile. Le décor marie haute technologie, meubles contemporains et répliques de fresques et de croquis de la Renaissance italienne. Au M64, esprit lounge et cuisine du marché contemporaine et spontanée.

Daniel

8 r. Frédéric Bastiat Ⓜ *St-Philippe du Roule – ✆ 01 42 56 17 00 – www.hoteldanielparis.com*
23 ch – †290/350 € ††390/570 € – 3 suites – ☕ 24 €
Rest – *(fermé 31 juil.-31 août, sam. et dim.)* Menu 40 € (sem.) – Carte 45/76 €
◆ Cet hôtel a le goût du voyage ! Toiles de Jouy, meubles et objets du monde entier campent un décor raffiné et chaleureux... pour globe-trotters parisiens. Cuisine influencée par la Méditerranée et suggestions du marché.

De Sers

41 av. Pierre 1er de Serbie Ⓜ *George V – ✆ 01 53 23 75 75 – www.hoteldesers.com*
45 ch – †450/680 € ††480/680 € – 7 suites – ☕ 35 €
Rest – *(fermé août)* (32 €) Menu 49/99 € – Carte 50/80 €
◆ Cet hôtel particulier de la fin du 19e s. mélange les styles avec succès : si le hall a gardé son caractère d'origine, les chambres, elles, sont résolument contemporaines. Produits bio et carte actuelle dans un cadre design ; agréable terrasse.

François 1er sans rest

7 r. Magellan Ⓜ George V – ℰ 01 47 23 44 04 – www.hotelfrancoispremier.com
40 ch – †250/480 € ††270/490 € – 2 suites – ⯐ 22 €

♦ Marbre de Carrare, moulures, objets chinés, meubles anciens et tableaux à foison : Pierre-Yves Rochon a créé un cadre luxueux et raffiné. Copieux petit-déjeuner (buffet).

Chateaubriand sans rest

6 r. Chateaubriand Ⓜ George V – ℰ 01 40 76 00 50
– www.hotelchateaubriand.com
28 ch – †240/1040 € ††250/1040 € – ⯐ 22 €

♦ Des peintures, des bibelots et de beaux meubles d'antiquaire dans les chambres : le charme d'une maison particulière ! On prend son petit-déjeuner face au petit patio.

Bradford Élysées sans rest

10 r. St-Philippe-du-Roule Ⓜ St-Philippe du Roule – ℰ 01 45 63 20 20
– www.astotel.com
50 ch – †199/569 € ††199/569 € – ⯐ 21 €

♦ Cheminées en marbre, moulures, parquet, petit-déjeuner sous une jolie verrière, décor rétro et ascenseur d'époque : un conservatoire du charme parisien... la modernité en plus.

Opéra Diamond sans rest

4 r. de la Pépinière Ⓜ St-Lazare – ℰ 01 44 70 02 00
– www.paris-hotel-diamond.com
30 ch – †169/510 € ††169/510 € – ⯐ 23 €

♦ Hôtel ouvert en 2009, tout de noir et de cristal vêtu. Le concept : rendre hommage à la féminité et aux diamants. Esprit baroque dans les chambres ; patio avec fontaine et brin de verdure.

Royal sans rest

33 av.de Friedland Ⓜ Charles de Gaulle-Etoile – ℰ 01 43 59 08 14
– www.royal-hotel.com
58 ch – †250/700 € ††250/700 € – ⯐ 16 €

♦ Atmosphère feutrée dans les chambres : décor sobre, bonne insonorisation et, pour certaines, vue sur l'Arc de Triomphe ! Après une journée de balade, le salon est très reposant.

Le Mathurin sans rest

43 r. des Mathurins Ⓜ Havre Caumartin – ℰ 01 44 94 20 94
– www.le-mathurin.com
52 ch – †280/360 € ††320/450 € – 2 suites – ⯐ 30 €

♦ La devise de la maison : "Le luxe d'être chez soi." Et l'on aimerait faire de cet hôtel, garni de livres, feutré, élégant et apaisant, son home sweet home !

Pershing Hall

49 r. Pierre Charron Ⓜ George V – ℰ 01 58 36 58 00 – www.pershinghall.com
20 ch ⯐ – †282/780 € ††282/780 € – 6 suites
Rest – ℰ 01 58 36 58 36 – Carte 53/110 €

♦ Demeure du général Pershing, club de vétérans et enfin hôtel tendance scénographié par la designer Andrée Putman. Le décor est apaisant : voyez l'étonnant jardin vertical... Au restaurant, atmosphère contemporaine et cuisine "in" sur des bases classiques ; beau choix de champagnes.

Le 123 sans rest

123 r. du Faubourg St-Honoré Ⓜ St-Philippe-du-Roule – ℰ 01 53 89 01 23
– www.astotel.com
41 ch – †199/529 € ††199/529 € – ⯐ 22 €

♦ Mélange des genres, des couleurs et des matières, croquis de stylistes : les chambres de cet hôtel sont vraiment "haute couture". Parfait pour un séjour shopping dans un faubourg très... mode.

Le A sans rest 🛗 ♿ AC 🛇 📶 VISA ⊙⊙ AE ①
4 r. d' Artois Ⓜ *St-Philippe du Roule* – ℰ *01 42 56 99 99* – *www.hotel-le-a-paris.com*
25 ch – ✝205/499 € ✝✝205/499 € – 1 suite – ☲ 23 €
◆ Le plasticien Hyber et l'architecte Méchiche ont imaginé cet hôtel design en noir et blanc. Les chambres, comme les salons, jouent l'épure... avec un "e" majuscule !

Cristal sans rest 🛗 ♿ AC 🛇 📶 VISA ⊙⊙ AE
9 r. Washington Ⓜ *George V* – ℰ *01 45 63 27 33* – *www.hotel-le-cristal.com*
25 ch – ✝169/260 € ✝✝169/450 € – 1 suite – ☲ 18 €
◆ Un hôtel minéral, une explosion de couleurs, et pour cause... Toute la déco se décline autour du cristal de roche ! Effets d'optique, mobilier de designer : urbain et chic.

Opal sans rest 🛗 ♿ AC 📶 VISA ⊙⊙ AE ①
19 r. Tronchet Ⓜ *Havre Caumartin* – ℰ *01 42 65 77 97*
– *www.paris-hotel-opal.com*
33 ch – ✝195/410 € ✝✝225/410 € – 1 suite – ☲ 19 €
◆ Entre les grands magasins et la Madeleine, cet hôtel, rénové en 2008, propose des chambres chaleureuses (tissus rayés, couleurs vives). Esprit design au salon et... cheminée !

Relais Monceau sans rest 🛗 AC 🛇 📶 Ṡ VISA ⊙⊙ AE ①
85 r. Rocher Ⓜ *Villiers* – ℰ *01 45 22 75 11* – *www.relais-monceau.com*
51 ch – ✝130/264 € ✝✝130/264 € – ☲ 12 €
◆ Entre le parc Monceau et la gare St-Lazare, cet établissement dispose de chambres confortables et accueillantes. Pour se détendre, un joli salon et un agréable bar.

Élysées Mermoz sans rest 🛗 ♿ AC 🛇 📶 Ṡ VISA ⊙⊙ AE ①
30 r. J. Mermoz Ⓜ *Franklin D. Roosevelt* – ℰ *01 42 25 75 30*
– *www.hotel-elyseesmermoz.com*
22 ch – ✝150/250 € ✝✝150/250 € – 5 suites – ☲ 12 €
◆ Rénové en 2010, cet hôtel affiche un style contemporain très cosy. Expos d'art, chambres raffinées – les vertes sont charmantes ! – et salle des petits-déjeuners vraiment plaisante.

West-End sans rest 🛗 AC 📶 VISA ⊙⊙ AE ①
7 r. Clément-Marot Ⓜ *Alma Marceau* – ℰ *01 47 20 30 78*
– *www.hotel-west-end.com*
49 ch ☲ – ✝199/499 € ✝✝199/499 €
◆ Lithographies anciennes, copies de tableaux de maîtres et équipements dernier cri vous attendent dans ces chambres classiques, souvent très colorées. Agréable salon.

De l'Arcade sans rest 🛗 ♿ AC 📶 Ṡ VISA ⊙⊙ AE
9 r. de l'Arcade Ⓜ *Madeleine* – ℰ *01 53 30 60 00* – *www.hotel-arcade.com*
44 ch – ✝153/194 € ✝✝174/330 € – 4 suites – ☲ 15 €
◆ Depuis quatre générations, la même famille dirige cet hôtel situé tout près de la Madeleine. Chambres sobrement décorées, égayées de gravures et de tableaux.

Beauchamps 🛗 AC ch, 🛇 📶 Ṡ VISA ⊙⊙ AE ①
24 r. Ponthieu Ⓜ *Franklin D. Roosevelt* – ℰ *01 53 89 58 58*
– *www.hotelbeauchamps.com*
83 ch – ✝157/520 € ✝✝220/600 € – 6 suites – ☲ 22 €
Rest *Velvet* – (26 €) Menu 34 € – Carte environ 40 €
◆ Un lieu, deux atmosphères. Le grand hall contemporain dessert deux ailes très différentes : côté "Ponthieu" règne un esprit parisien élégant (mobilier design original) ; côté "Colisée", place au confort sobre et fonctionnel d'un ancien hôtel Mercure. Cuisine franco-italienne au Velvet (tapas le soir).

Le Vignon sans rest 🛗 AC 🛇 📶 VISA ⊙⊙ AE ①
23 r. Vignon Ⓜ *Madeleine* – ℰ *01 47 42 93 00* – *www.levignon.com*
28 ch – ✝180/330 € ✝✝180/390 € – ☲ 20 €
◆ Hôtel chaleureux à deux pas de la Madeleine. Dans les chambres, le mobilier, très coloré et presque pop, contraste avec les murs blancs. Au 6e étage, charme des mansardes !

PARIS

PARIS

🏠 **Arioso** sans rest   🛗 ⟨ AC ⟨⟨ ᵀ⟨ᵀ VISA ⟨⟨ AE

7 r. d'Argenson ⓜ Miromesnil – ℰ 01 53 05 95 00 – www.arioso-hotel.com
28 ch – ♦145/255 € ♦♦145/275 € – ☕ 15 €

◆ Bien situé, ce bel immeuble haussmannien dispose de chambres décorées avec goût, certaines avec de charmants balcons. Les salons sont agréables, de même le patio fleuri !

🏠 **Atlantic** sans rest   🛗 AC ⅍ ᵀ⟨ᵀ VISA ⟨⟨ AE ⓞ

44 r. de Londres ⓜ St-Lazare – ℰ 01 43 87 45 40 – www.atlanticparis.fr
82 ch – ♦110/165 € ♦♦165/220 € – ☕ 16 €

◆ Aquarelles, maquettes de bateaux... Quelques notes marines évoquent le voyage dans cet hôtel voisin de la gare St-Lazare, y compris dans les chambres rénovées, plus séduisantes.

🏠 **Le Lavoisier** sans rest   🛗 ⟨ AC ⅍ ᵀ⟨ᵀ VISA ⟨⟨ AE ⓞ

21 r. Lavoisier ⓜ St-Augustin – ℰ 01 53 30 06 06 – www.hotellavoisier.com
27 ch – ♦164/315 € ♦♦178/315 € – 3 suites – ☕ 15 €

◆ Chambres cosy, petit salon-bibliothèque intime faisant office de bar et salle voûtée pour les petits-déjeuners, tout près de l'église St-Augustin.

🏠 **St-Augustin Élysées** sans rest   🛗 ⟨ AC ⅍ ᵀ⟨ᵀ VISA ⟨⟨ AE ⓞ

9 r. Roy ⓜ St-Augustin – ℰ 01 42 93 32 17 – www.astotel.com
63 ch – ♦165/259 € ♦♦165/329 € – ☕ 17 €

◆ Situé dans une rue assez calme, un hôtel rénové en 2006, à la décoration harmonieuse et plutôt moderne. Chambres contemporaines, parées de bois sombre et de couleurs gaies.

🏠 **Astoria Opéra** sans rest   🛗 AC ᵀ⟨ᵀ VISA ⟨⟨ AE ⓞ

42 r. de Moscou ⓜ Rome – ℰ 01 42 93 63 53 – www.astotel.com
86 ch – ♦139/259 € ♦♦139/284 € – ☕ 15 €

◆ La clientèle d'affaires apprécie ces chambres sobres et actuelles dans le quartier de l'Europe. Fauteuils en cuir dans le coin salon, petits-déjeuners servis sous une verrière.

🏠 **Mercure Opéra Garnier** sans rest   🛗 AC ᵀ⟨ᵀ VISA ⟨⟨ AE ⓞ

4 r. de l'Isly ⓜ St-Lazare – ℰ 01 43 87 35 50 – www.mercure.com
140 ch – ♦160/350 € ♦♦180/350 € – ☕ 18 €

◆ Un hôtel de chaîne pratique, entre la gare St-Lazare et les grands magasins. Les chambres sont fonctionnelles et, l'été, on prend son petit-déjeuner (buffet) dans un jardinet.

🏡 **Cordélia** sans rest   🛗 AC ⅍ ᵀ⟨ᵀ VISA ⟨⟨ AE ⓞ

11 r. Greffulhe ⓜ Madeleine – ℰ 01 42 65 42 40 – www.cordelia-paris-hotel.com
30 ch ☕ – ♦160/190 € ♦♦190/210 €

◆ Une façade engageante, des petites chambres bien tenues, une sympathique salle voûtée pour les petits-déjeuners et un confortable salon : tous les atouts d'un hôtel familial.

🏡 **Alison** sans rest   🛗 AC ⅍ ᵀ⟨ᵀ VISA ⟨⟨ AE ⓞ

21 r. de Surène ⓜ Madeleine – ℰ 01 42 65 54 00 – www.hotelalison.com
34 ch – ♦99/177 € ♦♦122/197 € – ☕ 10 €

◆ Dans une rue calme près de la Madeleine, ce petit hôtel offre un bon rapport qualité-prix. Chambres fonctionnelles et de bon confort.

XXXXX **Le Cinq** – Hôtel Four Seasons George V   AC ⅍ ⟨⟩ ⟨⟨ᵀ VISA ⟨⟨ AE ⓞ
❀❀❀

31 av. George V ⓜ George V – ℰ 01 49 52 71 54 – www.fourseasons.com/paris
Rest – Menu 78 € (déj.), 170/230 € – Carte 200/350 €👑

Spéc. Ormeaux, Saint-Jacques et couteaux au beurre d'algues, soupe crémeuse au cresson. Dos de cabillaud nacré, soleil de courgette-fleur à la marjolaine, beurre à la prune salée (printemps-été). Fraises, croustillant au fenouil, sorbet marbré fromage blanc-fraise (printemps-été).

◆ Dans un décor majestueux – à la gloire du Grand Trianon –, les serveurs en costume jouent un ballet parfaitement orchestré et la succession des mets étourdit les sens. Une prestation de haute volée, sous l'égide du chef Éric Briffard. Superbe carte des vins.

Le Bristol – Hôtel Bristol

XXXXX ❀❀❀ 112 r. Fg St-Honoré Ⓜ Miromesnil – 𝒞 01 53 43 43 00
– www.lebristolparis.com

Rest – Menu 85 € (déj.)/260 € – Carte 135/280 €

Spéc. Macaronis farcis, truffe noire, artichaut et foie gras de canard. Poularde de Bresse cuite en vessie au vin jaune, royale d'abats. Précieux chocolat "nyangbo", cacao liquide, fine tuile croustillante.

♦ Un lieu exceptionnel ! Une salle habillée de boiseries et de tapisseries ; l'autre ouverte sur un jardin rare. De beaux échos à la cuisine d'Éric Fréchon, toute de classicisme et de fraîcheur. Technicien virtuose, il fait preuve d'une liberté exigeante à l'égard de la grande tradition et des plus belles saveurs.

Ledoyen

XXXXX ❀❀❀ 8 av. Dutuit (carré Champs-Élysées) Ⓜ Champs Elysées Clemenceau
– 𝒞 01 53 05 10 01
– Fermé 1ᵉʳ-21 août, lundi midi, sam. et dim.

Rest – Menu 88 € (déj.), 199/299 € bc – Carte 160/220 €

Spéc. Grosses langoustines à l'émulsion d'agrumes. Blanc de turbot braisé, pommes rattes truffées. Croquant de pamplemousse cru et cuit.

♦ Un pavillon néoclassique posé dans les jardins des Champs-Élysées... Le site est privilégié, le décor luxueux, la table remarquable ! Christian Le Squer revendique "une cuisine sans mise en scène, mais vraiment cuisinée". Le plaisir est tout simplement... imparable et intense.

Les Ambassadeurs – Hôtel Crillon

XXXXX ❀ 10 pl. de la Concorde Ⓜ Concorde
– 𝒞 01 44 71 16 16 – www.crillon.com
– Fermé août, dim. et lundi

Rest – Menu 68 € (déj. en sem.)/140 € – Carte 98/160 €

Spéc. Foie gras de canard des Landes, mousse parfumée à l'Irish coffee. Sole aux langues d'oursin, pommes de terre ratte et poireaux. Poire Belle Hélène, crème glacée à la vanille Bourbon, sauce aux deux chocolats.

♦ Dans l'ancienne salle de bal du célèbre hôtel de Crillon (18ᵉ s.) : la majesté faite décor ! Une jeune équipe a repris en 2010 les rênes de cette ambassade de la grande cuisine ; la carte, tout en harmonie et saveurs, est digne des lieux.

Alain Ducasse au Plaza Athénée – Hôtel Plaza Athénée

XXXXX ❀❀❀ 25 av. Montaigne Ⓜ Alma Marceau
– 𝒞 01 53 67 65 00 – www.alain-ducasse.com
– Fermé 23 juil.-29 août, 17-30 déc., lundi midi, mardi midi, merc. midi, sam., dim. et fériés

Rest – Menu 360 € – Carte 160/240 €

Spéc. Langoustines rafraîchies, caviar. Volaille Albufera, tartufi di Alba (15 oct au 31déc.). Caillé de brebis, caramel-poivre.

♦ Au cœur du célèbre palace, la griffe Ducasse dans sa quintessence : le geste brut, où les cuisiniers ignorent le superflu ; le produit, rendu dans sa vérité ; et l'harmonie des saveurs, cristallines ! Patrick Jouin, qui a repensé le décor Régence, en a lui aussi révélé la beauté...

Taillevent

XXXXX ❀❀ 15 r. Lamennais Ⓜ Charles de Gaulle-Etoile
– 𝒞 01 44 95 15 01 – www.taillevent.com
– Fermé 30 juil.-29 août, sam., dim. et fériés

Rest – (nombre de couverts limité, prévenir) Menu 80 € (déj.)/190 €
– Carte 130/225 €

Spéc. Rémoulade de tourteau à l'aneth, sauce fleurette citronnée. Selle et côte d'agneau de Lozère frottées à la sarriette, saveurs orientales. Tarte renversée au chocolat et au café grillé.

♦ Son nom évoque l'élégance, la discrétion, l'exigence, le style... Depuis 1946, Taillevent est incontournable dans le paysage de la haute gastronomie française, cultivant un classicisme brillant – et nullement figé.

PARIS

𝕏𝕏𝕏𝕏𝕏 Lasserre ❀ ❀
‎🅰️🅲 ⌀ ⬄ ⊐ VISA ⬤⬤ 🅰️🅴 ⓪

17 av. F.-D.-Roosevelt Ⓜ Franklin D. Roosevelt
– ℰ 01 43 59 53 43 – www.restaurant-lasserre.com
– *Fermé août, mardi midi, merc. midi, sam. midi, dim. et lundi*
Rest – Menu 85 € (déj.)/185 € – Carte 150/200 €
Spéc. Macaronis aux truffes noires et foie gras. Rouget croustillant à la marjolaine et courgette-fleur (mai-déc.). Fraises des bois à l'eau de rose, granité à la chartreuse.

◆ L'un des temples de la gastronomie parisienne... Colonnes, tentures, cristal : le décor ignore résolument l'époque et, sous l'égide d'une nouvelle équipe, l'assiette relève le défi d'exalter le classicisme dans la fraîcheur ! Ce qui est bien cuisiné semble indémodable...

𝕏𝕏𝕏𝕏𝕏 Laurent ❀
🎍 ⌀ ⬄ ⊐ VISA ⬤⬤ 🅰️🅴 ⓪

41 av. Gabriel Ⓜ Champs Elysées Clemenceau
– ℰ 01 42 25 00 39 – www.le-laurent.com
– *Fermé 23 déc.-5 janv., sam. midi, dim. et fériés*
Rest – Menu 80/141 € – Carte 136/225 €🍴
Spéc. Araignée de mer dans ses sucs en gelée, crème de fenouil. Flanchet de veau braisé, blettes à la moelle (avril à oct.). Glace vanille minute.

◆ Classique, la carte cultive les codes de la tradition bleu blanc rouge et séduit une clientèle d'habitués – et de célébrités – de longue date ! Décor néoclassique : pilastres, colonnes, frontons, chapiteaux antiques...

𝕏𝕏𝕏𝕏 Apicius (Jean-Pierre Vigato) ❀ ❀
🚗 🅰️🅲 ⌀ ⬄ ⊐ 🅿️ VISA ⬤⬤ 🅰️🅴

20 r. d'Artois Ⓜ St-Philippe du Roule
– ℰ 01 43 80 19 66 – www.restaurant-apicius.com
– *Fermé août, sam., dim. et fériés*
Rest – Menu 160/180 € – Carte 120/210 €🍴
Spéc. Variation de langoustines, à la plancha, mi-cuite et en tempura. Milieu de très gros turbot rôti, jus tranché aux épices. Soufflé à la vanille et fondue de framboises, glace vanille.

◆ Dans un hôtel particulier classé (18e s.), un cadre élégant – à la fois contemporain, baroque et rococo – sans être guindé… Jean-Pierre Vigato y signe une "cuisine vérité" guidée par le beau produit. Superbe cave.

𝕏𝕏𝕏𝕏 Pierre Gagnaire ❀ ❀ ❀
♿ 🅰️🅲 ⬄ ⊐ VISA ⬤⬤ 🅰️🅴 ⓪

6 r. Balzac Ⓜ George V
– ℰ 01 58 36 12 50 – www.pierre-gagnaire.com
– *Fermé 30 juil.-15 août, vacances de Noël, dim. midi et sam.*
Rest – Menu 105 € (déj.)/265 € – Carte 300/350 €🍴
Spéc. Les langoustines. L'agneau de Lozère. Le grand dessert Pierre Gagnaire.

◆ Le cadre contemporain, chic et feutré, s'efface devant l'avalanche de mets, d'inventivité, de curiosité, d'ouverture d'esprit... Grand amateur de jazz et d'art, Pierre Gagnaire fait chanter saveurs, couleurs et textures ! Une fête pour les sens.

𝕏𝕏𝕏 Senderens ❀ ❀
🅰️🅲 ⌀ ⬄ ⊐ VISA ⬤⬤ 🅰️🅴 ⓪

9 pl. de la Madeleine Ⓜ Madeleine
– ℰ 01 42 65 22 90 – www.senderens.fr
– *Fermé 2-22 août et fériés*
Rest – Menu 90/150 € bc – Carte 100/150 €🍴
Spéc. Encornets à la plancha, brunoise de tomates confites et dés de chorizo. Cochon de lait de Burgos, rougail de poireaux et mangue. Figues en impression d'épices, glace aux spéculos (saison).
Rest Bar le Passage – ℰ 01 42 65 56 66 – Menu 34 €
– Carte 34/52 €

◆ Hier Lucas-Carton, aujourd'hui Senderens. Les boiseries Art nouveau cohabitent avec un mobilier futuriste, l'ambiance est plus décontractée... et l'essentiel demeure : le plaisir du palais, à travers une cuisine excellente, créative et épurée ! Au Passage, ambiance lounge et cuisine du marché.

XXX ❀ **La Table du Lancaster** – Hôtel Lancaster 🍴 AC ⇄ 🚗 🅿 VISA ⬤⬤ AE ⓞ
7 r. de Berri Ⓜ George V – 𝒞 01 40 76 40 18 – www.hotel-lancaster.fr – Fermé
sam. midi
Rest – Menu 52 € bc (déj. en sem.), 115/145 € – Carte 82/149 €❀
Spéc. Poêlée de grenouilles meunière, satay de tamarin. Sole à la ciboulette selon
la recette historique des frères Troisgros. Soufflé à la noix de coco et à l'ananas
(été).
◆ Un cadre élégant avec chinoiseries et jardin zen... Cette table au nom légendaire ne pouvait qu'en appeler à un chef tel que Michel Troisgros (Roanne)
pour superviser la carte. On y retrouve tout son goût de l'ailleurs, décliné par thèmes : produits, saveurs et sens.

XXX **Les Enfants Terribles** AC 🚗 🅿 VISA ⬤⬤ AE
8 r. Lord-Byron Ⓜ Charles de Gaulle-Etoile
– 𝒞 01 53 89 90 91 – www.enfantsterribles-paris.com
– Fermé 1er-23 août, sam. midi et dim.
Rest – Menu 45 € (déj.) – Carte 55/98 €
◆ Terriblement chic : moulures classiques, verrière métallique, mobilier moderne
et stylé... La carte est riche, mêlant de multiples influences (tradition, Asie, etc.).

XXX **1728** AC ⇄ VISA ⬤⬤ AE
8 r. d'Anjou Ⓜ Madeleine – 𝒞 01 40 17 04 77 – www.restaurant-1728.com
– Fermé 5-25 août, dim. et fériés
Rest – (35 €) Menu 55 € (dîner) – Carte 52/122 €❀
◆ Ambiance romantique dans les salons de cet hôtel particulier du 18e s. La cuisine marie volontiers les saveurs de l'Orient et de l'Occident. Voyage dans le
temps et par le monde...

XXX **Fouquet's** 🍴 ⇄ VISA ⬤⬤ AE ⓞ
99 av. Champs Élysées Ⓜ George V – 𝒞 01 40 69 60 50 – www.lucienbarriere.com
Rest – Menu 78 € – Carte 60/150 €
◆ Le rendez-vous du Tout-Paris depuis 1899... On va au Fouquet's comme on
visite la tour Eiffel, pour son décor classé et sa terrasse sur les Champs. Mets classiques et plats de brasserie.

XXX **Copenhague** 🍴 AC 🅿 VISA ⬤⬤ AE ⓞ
142 av. des Champs-Élysées, (Maison du Danemark - 1er étage) Ⓜ George V
– 𝒞 01 44 13 86 26 – www.copenhague-paris.com – Fermé 7-21 août, sam. midi
et dim.
Rest – Menu 50 € (déj.), 72/110 € – Carte 70/130 €
◆ Dans la Maison du Danemark, avec le portrait de la reine ! Les saveurs danoises
ne font pas vitrine : blinis, aquavit, saumon, renne fumé... Vue sur les Champs, terrasse à l'arrière.

XXX ❀ **Stella Maris** (Tateru Yoshino) AC 🅿 VISA ⬤⬤ AE
4 r. Arsène Houssaye Ⓜ Charles de Gaulle-Etoile – 𝒞 01 42 89 16 22
– Fermé sam. midi, dim. et fériés
Rest – Menu 49 € (déj.), 70/130 € – Carte 114/182 €
Spéc. Millefeuille de thon mariné et aubergine, tapenade et caviar français. Lièvre
à la royale (oct à déc). Kouign aman façon penthièvre, sorbet cidre.
◆ Un chef japonais brillant, épris de gastronomie française, signe la carte classique de ce restaurant raffiné, proche de l'Arc de Triomphe. Décor épuré, touches Art déco.

XXX **Maison Blanche** ⪡ 🍴 AC ✂ 🅿 VISA ⬤⬤ AE
15 av. Montaigne Ⓜ Alma Marceau
– 𝒞 01 47 23 55 99 – www.maison-blanche.fr
– Fermé 5-25 août, sam. midi et dim. midi
Rest – (40 €) Menu 55 € (déj.), 69/110 € – Carte 80/150 €
◆ Prenez vos quartiers sur le toit du théâtre des Champs-Élysées, dans ce loft
design qui domine Paris ! Cuisine contemporaine : saveurs méditerranéennes,
d'Asie...

XXX **Le Chiberta**   [AC] [⇔] [⛛] [VISA] [●●] [AE] [①]
☺
3 r. Arsène-Houssaye Ⓜ *Charles de Gaulle-Etoile*
– ☎ 01 53 53 42 00 – www.lechiberta.com
– *Fermé 2 sem. en août, sam. midi et dim.*
Rest – Menu 49/155 € bc – Carte 80/100 €
Spéc. Crème de petits pois rafraîchis à l'huile d'amande. Bar de petit bateau à la
plancha, aubergines et jus de citron confit. Terrine de pamplemousse, thé earl
grey.
♦ Lumière tamisée, décor feutré et dépouillé conçu par J.-M. Wilmotte (tons sombres, insolites "murs à bouteilles") : l'écrin chic d'une cuisine inventive supervisée
par Guy Savoy.

XXX **Citrus Étoile**   [ᓬ] [AC] [⅋] [⛛] [VISA] [●●] [AE]
6 r. Arsène-Houssaye Ⓜ *Charles de Gaulle-Étoile*
– ☎ 01 42 89 15 51 – www.citrusetoile.com
– *Fermé 23 déc.-4 janv., sam., dim. et fériés*
Rest – Menu 39 € (déj.), 69 € bc/85 € – Carte 66/93 €
♦ Gilles Épié signe une cuisine originale, à la croisée d'une solide formation classique et de belles expériences à l'étranger (Californie). Déco élégante, accueil
délicieux.

XXX **Oth Sombath**   [ᓬ] [AC] [⛛] [VISA] [●●] [AE]
184 r. du Fg-St-Honoré Ⓜ *St-Philippe-du-Roule*
– ☎ 01 42 56 55 55 – www.othsombath.com
– *fermé août et dim.*
Rest – (26 €) Menu 32 €, 40/70 € – Carte 55/75 €
♦ Un décor résolument moderne et élégant pour ce thaï qui n'a rien de traditionnel : nem au foie gras, bar au citron vert, crevettes au curry jaune, émincé de
bœuf au basilic thaï...

XX **Le Relais Plaza** – Hôtel Plaza Athénée   [AC] [VISA] [●●] [AE] [①]
25 av. Montaigne Ⓜ *Alma Marceau*
– ☎ 01 53 67 64 00 – www.plaza-athenee-paris.com
– *Fermé 24 juil.-29 août*
Rest – Menu 48 € – Carte 68/138 €
♦ La cantine chic et feutrée des maisons de couture voisines. Très beau décor
des années 1930 inspiré du paquebot Normandie ; cuisine actuelle sur de sérieuses bases classiques.

XX **114, Faubourg** – Hôtel Bristol   [AC] [VISA] [●●] [AE] [①]
114 r. Fg St-Honoré Ⓜ *Miromesnil* – ☎ 01 53 43 44 44
– *www.lebristolparis.com*
Rest – *(fermé sam. midi et dim. midi)* (46 €) Carte 59/99 €
♦ Une brasserie so chic – colonnes dorées, motifs floraux, grand escalier – créée
en 2009 dans la nouvelle aile du Bristol. Un décor chatoyant pour une cuisine éclectique et pétillante !

XX **Mini Palais**   [🍴] [ᓬ] [AC] [⅋] [VISA] [●●] [AE] [①]
Au Grand Palais - 3 av. Winston Churchill Ⓜ *Champs Elysées Clemenceau*
– ☎ 01 42 56 42 42 – www.minipalais.com
Rest – (28 €) Carte 30/62 €
♦ Au Grand Palais se cache ce Mini Palais, dédié aux plaisirs... du palais !
Honneur aux beaux produits, à la générosité et à la simplicité ; en complément,
carte d'en-cas pour grignoter de midi à minuit et salon de thé. La terrasse est
exquise.

XX **Nolita**   [AC] [VISA] [●●] [AE]
1 av. Matignon, (Motor Village - 2ème étage) Ⓜ *Franklin D. Roosevelt*
– ☎ 01 53 75 78 78 – www.motorvillage.fr
Rest – Carte 45/90 € 🍷
♦ Un restaurant chic, au sein du MotorVillage (showroom d'un grand groupe
auto italien). La cuisine joue la carte de l'authenticité transalpine et les saveurs
démarrent au quart de tour !

XX
£3 **L'Arôme** [AC] [VISA] [CO] [AE]

3 r. St-Philippe-du-Roule Ⓜ *St-Philippe-du-Roule*
– ℰ 01 42 25 55 98 – www.larome.fr
– Fermé 3 sem. en août, 1 sem. en déc., sam. et dim.
Rest – (37 €) Menu 79/175 € bc

Spéc. Fleur de courgette farcie au tourteau breton (mai à sept.). Lièvre à la royale, airelles au sirop de poivre de Tasmanie (15 sept.-15 déc.). Millefeuille destructuré aux fraises des bois (15 avril- 30 sept.).

♦ En salle, Éric Martins vous conseille des vins en parfaite harmonie avec les plats de Thomas Boullault. Ce dernier réalise une cuisine française raffinée et inventive, accordant la toute première place aux produits de saison. Chic, chaleureux et... plein d'arômes !

XX **Le 39V** [AC] [%] [⌐ soir, [VISA] [CO]

39 av. George V, (6ème étage), entrée par le 17 r. Quentin Bauchart Ⓜ *George V*
– ℰ 01 56 62 39 05 – www.le39v.com
– Fermé 3 sem. en août, sam. et dim.
Rest – (40 €) Menu 50 € (déj. en sem.)/85 € – Carte 55/80 €

♦ Température ? 39V ! Il faut dire que ce restaurant est perché sur les toits d'un bel immeuble hausmannien, tout près du soleil. Le chef revisite la tradition avec brio et concocte des plats séduisants.

XX
£3 **L'Angle du Faubourg** [AC] [%] [⟷] [VISA] [CO] [AE] [①]

195 r. Fg St-Honoré Ⓜ *Ternes – ℰ 01 40 74 20 20 – www.taillevent.com*
– Fermé août, sam., dim. et fériés
Rest – Menu 40 € (déj.), 82 € bc/132 € bc – Carte 66/75 €▩

Spéc. Rémoulade de chair de crabe et d'avocat, gelée de tomate (juin à sept.). Risotto crémeux de bouche à oreille. Délice au chocolat manjari, glace à la fraise (juin à sept.).

♦ L'annexe de la maison Taillevent, à l'angle des rues du Faubourg-St-Honoré et Balzac : ambiance feutrée et contemporaine... La carte est courte et bien dans son époque : saveur, douceur et harmonie.

XX **Marius et Janette** [⟐] [AC] [⌐] [VISA] [CO] [①]

4 av. George V Ⓜ *Alma Marceau – ℰ 01 47 23 41 88*
Rest – Menu 48 € – Carte 71/117 €

♦ Un élégant décor façon yacht, des filets de pêche, etc. Ici, les produits de la mer sont évidemment à l'honneur ; la carte est renouvelée chaque jour, au gré des arrivages...

XX **Market** [AC] [⌐] [VISA] [CO] [AE]

15 av. Matignon Ⓜ *Franklin D. Roosevelt – ℰ 01 56 43 40 90*
– www.jean-georges.com
Rest – (36 €) Carte 47/80 € le soir

♦ Béton ciré, lin, bois et touches ethniques : un bistrot chic et "in" au service d'une belle cuisine fusion placée sous les auspices new-yorkais de Jean-Georges Vongerichten.

XX **Maxan** [AC] [⟷] [VISA] [CO] [AE]

37 r. Miromesnil Ⓜ *Miromesnil – ℰ 01 42 65 78 60 – www.rest-maxan.com*
– Fermé 1er-23 août, 24 déc.-3 janv., lundi soir, sam. midi et dim.
Rest – Menu 36/45 € – Carte 50/65 €

♦ Le décor contemporain signé Pierre Pozzi est vraiment original avec ses sculptures de papier. La cuisine est à l'avenant, plutôt créative et bien ficelée. Séduisant menu du jour.

XX **Spoon** [AC] [%] [⌐] [VISA] [CO] [AE] [①]

12 r. Marignan Ⓜ *Franklin D. Roosevelt – ℰ 01 40 76 34 44*
– www.spoon-restaurants.com – Fermé août, sam. et dim.
Rest – Menu 33 € (déj. en sem.)/76 € – Carte 36/62 €▩

♦ Une table signée Alain Ducasse dans l'hôtel Marignan. Le concept : "Nature, simple, sain et bon." Le lieu est lumineux et épuré, ouvert sur les cuisines, très nouveau chic.

Indra
`AC` `VISA` `CO` `AE`

10 r. Cdt-Rivière 🚇 St-Philippe-du-Roule – ℰ 01 43 59 46 40
– www.restaurant-indra.com
Rest – Menu 40 € (déj.), 44/65 € – Carte 40/60 €

◆ L'un des premiers restaurants indiens de France (1976), dont le cadre – ravissant – invite à un voyage culinaire au nord du pays des Maharadjas. Beau choix de plats végétariens.

Diep
`AC` `VISA` `CO` `AE`

55 r. Pierre-Charon 🚇 George V – ℰ 01 45 63 52 76 – www.diep.fr
Rest – Carte 30/65 €

◆ Du rouge, du noir, des alcôves et des panneaux sculptés : l'Asie dans le décor, tout comme dans l'assiette. Plats chinois et thaïlandais ; poissons et crustacés à l'honneur.

Le Stresa
`AC` `VISA` `CO` `AE`

7 r. Chambiges 🚇 Alma Marceau – ℰ 01 47 23 51 62 – www.lestresa.com
– Fermé août, 20 déc.-4 janv., 1ᵉʳ-8 mai, sam. et dim.
Rest – (prévenir) Carte 80/130 €

◆ Trattoria du Triangle d'or fréquentée par une clientèle très jet-set. Compressions de César, œuvres d'Arman... Les artistes aussi apprécient la cuisine italienne.

Bistrot du Sommelier
`AC` `VISA` `CO` `AE`

97 bd Haussmann 🚇 St-Augustin – ℰ 01 42 65 24 85
– www.bistrotdusommelier.com – Fermé 1ᵉʳ-28 août, 24 déc.-1ᵉʳ janv., sam. et dim.
Rest – (33 €) Menu 39 € (déj.), 43 € bc/110 € bc – Carte 53/75 €

◆ On vient dans ce bistrot de Philippe Faure-Brac, meilleur sommelier du monde en 1992, pour sa cuisine du marché, son joli caveau de dégustation et ses "vendredis du vigneron".

Al Ajami
`AC` `VISA` `CO` `AE`

58 r. François 1ᵉʳ 🚇 George V – ℰ 01 42 25 38 44 – www.ajami.com
Rest – (16 €) Menu 25 € (déj. en sem.)/48 € – Carte 31/60 €

◆ L'ambassade parisienne d'une enseigne créée à Beyrouth en 1920. La clientèle internationale apprécie ce lieu très oriental ; au déjeuner, sympathique menu beyrouthin à prix sage.

Hanawa
`AC` `VISA` `CO` `AE`

26 r. Bayard 🚇 Franklin D. Roosevelt – ℰ 01 56 62 70 70 – www.hanawa.fr
– Fermé dim.
Rest – Menu 35 € (déj.), 64/115 € – Carte 60/125 €

◆ Grand restaurant japonais raffiné et zen (bois, fleurs) sur 1 100 m². Sushi-bar et à l'étage et, au sous-sol, teppanyaki aux influences françaises.

Café Lenôtre - Pavillon Elysée
`AC` `P` `VISA` `CO` `AE`

10 av. des Champs-Elysées 🚇 Champs Elysées Clemenceau – ℰ 01 42 65 85 10
– www.lenotre.fr – Fermé 3 sem. en août, 12-28 fév., dim. sauf le midi d'avril
à oct. et lundi de nov. à mars
Rest – (35 €) Carte 45/78 €

◆ Ce pavillon, bâti pour l'Exposition universelle de 1900, distille une sobre élégance. Au déjeuner, le menu est attractif et, sous le soleil, la terrasse est exquise... Boutique dédiée aux arts de la table et école de cuisine.

L'Atelier de Joël Robuchon – Étoile
`AC`

🌸🌸

133 av. des Champs-Élysées, (Publicis Drugstore, niveau -1)
🚇 Charles de Gaulle-Étoile – ℰ 01 47 23 75 75 – www.joel-robuchon.com
– Accueil de 11h30 à 15h30 et de 18h30 à minuit. Réservations uniquement pour certains services : se renseigner
Rest – 150 € – Carte 60/130 €
Spéc. Caviar en gelée de crustacés, crème de chou-fleur. Saint-pierre avec fondue de tomate à la coriandre et citron vert. Clafoutis tradition.

◆ Le dernier né des "ateliers" du grand chef, à deux pas de l'Arc de Triomphe. Un concept éprouvé : long comptoir avec tabourets, tons rouge et noir... et recettes alliant finesse et simplicité, entre France, Espagne et Asie.

Dominique Bouchet

11 r. Treilhard Ⓜ *Miromesnil* – ℰ 01 45 61 09 46 – www.dominique-bouchet.com
– Fermé 1er-22 août, sam., dim. et fériés

Rest – *(prévenir)* (46 €) Menu 98 € (dîner) – Carte 60/85 €

Spéc. Charlotte de tomate et crabe, avocat, pomme verte, mangue et basilic (mai à sept.). Bar sur pomme ratte façon carbonara, huile d'olive à la vanille, câpres et citron (mai à sept.). Tarte au chocolat, sorbet de saison.

♦ C'est le genre d'adresse que l'on a envie de recommander à tous ses proches : atmosphère contemporaine et intime, service alerte, cuisine du marché savoureuse et bien troussée...

Royal Madeleine

11 r. Chevalier-St-George Ⓜ *Madeleine* – ℰ 01 42 60 14 36
– www.royalmadeleine.com – Fermé 1er-16 janv. et week-end en juil.-août

Rest – Carte 39/72 €

♦ Un bistrot des années 1940 (ancien café-charbon) avec ses miroirs d'époque et ses gravures rétro. Cuisine bistrotière et beau choix de vins à prix raisonnable.

Café Prunier

15 pl. de la Madeleine Ⓜ *Madeleine* – ℰ 01 47 42 98 91 – www.prunier.com

Rest – (30 €) Menu 36/95 € – Carte 45/120 €

♦ "Faire sympa, léger et goûteux" : mission accomplie pour ce café chic inspiré de la maison mère, institution du caviar et du saumon dans le 16e. Boutique au rez-de-chaussée.

Le Petit Marius

6 av. George V Ⓜ *Alma Marceau* – ℰ 01 40 70 11 76

Rest – Carte 45/69 €

♦ Le digne fils de la maison mère Marius et Janette : petites tables serrées et simplement dressées, décoration provençale colorée et cuisine de la mer bien iodée.

Aoki Makoto

19 r. Jean Mermoz Ⓜ *Mirosmenil* – ℰ 01 43 59 29 24 – Fermé 1er-21 août,
24 déc.-6 janv., sam. midi, dim. et fériés

Rest – (22 €) Menu 45 € (dîner)/65 € – Carte 50/93 €

♦ Aoki Makoto, chef japonais, réalise une cuisine on ne peut plus française ! Parmi ses spécialités : assiette aux treize légumes, pigeon rôti au foie gras, baba au rhum...

Chez Cécile - La Ferme des Mathurins

17 r. Vignon Ⓜ *Madeleine* – ℰ 01 42 66 46 39 – www.chezcecile.com – Fermé
sam. midi et dim.

Rest – Menu 33/59 € – Carte 33/55 €

♦ Simenon avait ses habitudes dans cette petite institution de la Madeleine, aujourd'hui tenue par une jeune femme dynamique. Vent de fraîcheur sur le décor et sur la cuisine, toute de saison.

Café Sud

12 r. de Castellane Ⓜ *Madeleine* – ℰ 01 42 65 90 52 – www.cafesud.com – Fermé
13-18 août, sam. midi et dim.

Rest – (24 €) Menu 48 € – Carte 45/60 €

♦ On se sent bien dans sa petite salle simple et chic. Une atmosphère reposante... La carte marie tradition, épices et influences du Sud.

Daru

19 r. Daru Ⓜ *Courcelles* – ℰ 01 42 27 23 60 – www.daru.fr – Fermé août et dim.

Rest – (28 €) Carte 60/100 €

♦ Fondée en 1918, la maison Daru fut la première épicerie russe de Paris. Elle perpétue la tradition slave et retrouve la Russie d'autrefois : taramas, bœuf Strognanov, blinis...

Le Percolateur

20 r. de Turin Ⓜ *Rome* – ℰ 01 43 87 97 59 – www.lepercolateur.fr – Fermé 3 sem.
en août, sam. midi et dim.

Rest – (15 €) Menu 20 € (déj.)/28 € – Carte 30/46 €

♦ Cette ancienne gargote s'est muée en bistrot où brille une collection de... percolateurs. Cuisine à l'image du lieu : terrine maison, macaronis aux olives, poulet saté, etc.

PARIS

Le Bouco

10 r. de Constantinople Ⓜ Europe – ℰ 01 42 93 73 33 – www.lebouco.com
– Fermé août, sam., dim. et fériés
Rest – *(nombre de couverts limité, prévenir)* (24 €) Menu 29 € (déj.)/35 €
– Carte 33/49 €

♦ Ce minuscule néobistrot revisite avec simplicité la cuisine du Sud-Ouest : jambon basque, terrine de foies de volaille, tartare de bœuf et frites maison, camembert à la truffe...

Shin Jung

7 r. Clapeyron Ⓜ Rome – ℰ 01 45 22 21 06 – www.shinjung.fr – Fermé dim. midi et fériés le midi
Rest – (14 €) Menu 37/45 € bc – Carte 25/35 €

♦ Une modeste adresse de quartier, simple, moderne et conviviale. Spécialités sud-coréennes : bibimbap, kimchi, barbecue, poissons crus...

S. Sauvignier/MICHELIN

Opéra · Grands Boulevards

9ᵉ arrondissement ✉ 75009

Intercontinental Le Grand

2 r. Scribe Ⓜ Opéra – ℰ 01 40 07 32 32
– www.paris.intercontinental.com
442 ch – †250/920 € ††250/920 € – 28 suites – ⏃ 39 €
Rest *Café de la Paix* – voir ci-après

♦ Le célèbre palace de la place de l'Opéra, inauguré en 1862 et rénové en 2003, arbore un parfait décor Second Empire, hautement élégant et avec tout le confort d'aujourd'hui.

Scribe

1 r. Scribe Ⓜ Opéra – ℰ 01 44 71 24 24 – www.hotel-scribe-paris.com
204 ch – †260/780 € ††260/780 € – 9 suites – ⏃ 35 €
Rest *Café Lumière* – Carte 45/95 €

♦ Dans un bel immeuble haussmannien, hôtel parfaitement tenu, apprécié pour son luxe discret. En 1895, le public y découvrit en première mondiale le cinématographe des frères Lumière. Carte actuelle au Café Lumière, éclairé par une verrière. Atmosphère feutrée et cosy.

Millennium Paris Opéra

12 bd Haussmann Ⓜ Richelieu Drouot – ℰ 01 49 49 16 00
– www.millenniumhotels.com
163 ch – †500/1000 € ††500/1000 € – 21 suites – ⏃ 25 €
Rest *Brasserie Haussmann* – ℰ 01 49 49 16 64 – (20 € bc) Carte 39/70 €

♦ Cet hôtel est né en 1927, pendant les années folles. Chambres garnies de meubles de style ou anciens, et aménagées avec un goût sûr. Équipements modernes. À la Brasserie Haussmann, cadre judicieusement revisité et plats typiques du genre.

Banke

20 r. Lafayette Ⓜ Chaussée d'Antin – ℰ 01 55 33 22 22 – www.derbyhotels.com
94 ch – †190/475 € ††190/580 € – ⏃ 28 €
Rest – Menu 29 € (déj. en sem.)/54 € – Carte 32/68 €

♦ Reconversion originale : cet ancien siège bancaire du début du 20ᵉ s. est devenu hôtel de luxe en 2009. Le hall opulent (tons or et cramoisi, immense verrière) mérite le coup d'œil. Le restaurant sert une cuisine actuelle relevée de quelques touches ibériques.

Ambassador Radisson Blu

16 bd Haussmann Ⓜ *Richelieu Drouot* – ✆ 01 44 83 40 40
– *www.radissonblu.com/ambassadorhotel-paris*
297 ch – ✝260/2000 € ✝✝260/2000 € – 8 suites – ⌸ 28 €
Rest 16 Haussmann – ✆ 01 48 00 06 38 *(fermé 4-25 août, sam. midi et dim.)*
Menu 37 € (dîner), 39/44 €

♦ Panneaux de bois peint, lustres en cristal et objets anciens ornent cet élégant hôtel Art déco (années 1920). Certaines chambres rénovées sont plus contemporaines. Au 16 Haussmann, cuisine au goût du jour évoluant avec le marché et les saisons, à savourer en admirant l'animation sur le boulevard.

Opéra Pavillon sans rest

7 r. de Parme Ⓜ *Liège* – ✆ 01 55 31 60 00 – *www.pavillonparis.com*
30 ch ⌸ – ✝210/270 € ✝✝270/310 €

♦ Dans une rue tranquille, hôtel contemporain aux chambres peu spacieuses, d'un luxe sobre mais dégageant une atmosphère plaisamment intimiste. Jardin japonais dans la minicour.

Jules sans rest

49 r. La Fayette Ⓜ *Le Peletier* – ✆ 01 42 85 05 44 – *www.hoteljules.com*
101 ch – ✝170/320 € ✝✝190/650 € – ⌸ 18 €

♦ Cet hôtel a pris le tournant de la modernité sans rien perdre de son élégance. Au sous-sol, salle des petits-déjeuners lumineuse et vitaminée (tons orange, motif floral). Fitness.

Astra Opéra sans rest

29 r. Caumartin Ⓜ *Havre Caumartin* – ✆ 01 42 66 15 15 – *www.astotel.com*
82 ch – ✝199/489 € ✝✝199/489 € – ⌸ 21 €

♦ Immeuble haussmannien aux chambres assez amples et confortables, rénovées dans un esprit actuel. Lumineux salon sous verrière, décoré de tableaux contemporains.

St-Pétersbourg sans rest

33 r. Caumartin Ⓜ *Havre Caumartin* – ✆ 01 42 66 60 38
– *www.hotelsaintpetersbourg.com*
98 ch ⌸ – ✝153/179 € ✝✝190/249 €

♦ Grand hôtel traditionnel au fonctionnement familial. Élégante entrée – sol en marbre et lustres –, nombreux salons et salles de réunion. Chambres spacieuses.

Secret de Paris sans rest

2 r. de Parme Ⓜ *Place de Clichy* – ✆ 01 53 16 33 33
– *www.hotelsecretdeparis.com*
29 ch – ✝186/380 € ✝✝186/380 € – ⌸ 17 €

♦ Son concept ? Placer chaque client au cœur d'un monument parisien. Du Moulin Rouge à l'Opéra Garnier. Le maître-mot est : "Chut" ! Un secret confort et hightech à divulguer sans tarder.

Joyce sans rest

29 r. La Bruyère Ⓜ *St-Georges* – ✆ 01 55 07 00 01 – *www.astotel.com*
44 ch – ✝149/299 € ✝✝149/299 € – ⌸ 17 €

♦ Têtes de lit, bibliothèques et boiseries sont dessinées sur les murs, tel un croquis d'architecte. Du style dans ce boutique-hôtel flambant neuf. Jolie verrière pour le petit-déjeuner.

Lorette Opéra sans rest

36 r. Notre-Dame-de-Lorette Ⓜ *St-Georges* – ✆ 01 42 85 18 81 – *www.astotel.com*
84 ch – ✝139/269 € ✝✝139/269 € – ⌸ 17 €

♦ Dans cet hôtel rénové, style contemporain et pierres de taille se mêlent harmonieusement. Agréables chambres actuelles, petit-déjeuner servi dans une salle voûtée.

ATN sans rest

21 r. d'Athènes Ⓜ *St-Lazare* – ✆ 01 48 74 00 55 – *www.atn-hotel-paris-opera.com*
36 ch – ✝137/320 € ✝✝137/320 € – ⌸ 12 €

♦ À deux pas de la gare St-Lazare. Design tendance, matériaux de qualité et aménagements réfléchis résument l'esprit de cet hôtel contemporain.

PARIS

Triangle d'Or sans rest

6 r. Godot-de-Mauroy ⓜ Havre Caumartin – ☏ 01 47 42 25 05
– www.hoteldutriangledor.com
45 ch – ✦169/219 € ✦✦229/330 € – ☲ 15 €

♦ Derrière l'Olympia, son décor ne pouvait qu'être musical ! Pour repenser les chambres, ses propriétaires ont fait appel à Rickie Lee Jones, Archie Shepp, Higelin, Mc Solar... Textes de chanson et photos, djembés en guise de têtes de lit, etc. De bonnes vibes !

9 Hotel sans rest

14 r. Papillon ⓜ Cadet – ☏ 01 47 70 78 34 – www.le9hotel.com
35 ch – ✦120/220 € ✦✦130/230 € – ☲ 15 €

♦ Établissement au style épuré. Agréable salon avec livres à disposition, chambres peu spacieuses mais fonctionnelles (mobilier contemporain, éclairage modulable).

Caumartin Opéra sans rest

27 r. Caumartin ⓜ Havre Caumartin – ☏ 01 47 42 95 95 – www.astotel.com
40 ch – ✦165/259 € ✦✦165/259 € – ☲ 17 €

♦ Ce petit hôtel, proche des grands magasins, propose des chambres au décor dans l'air du temps et aux salles de bains d'une blancheur immaculée.

Grand Hôtel Haussmann sans rest

6 r. Helder ⓜ Opéra – ☏ 01 48 24 76 10 – www.hotelhaussmann.com
59 ch – ✦154 € ✦✦170/235 € – ☲ 15 €

♦ Cette discrète façade dissimule des chambres de tailles variées, douillettes, personnalisées et rénovées par étapes. Presque toutes donnent sur l'arrière.

Anjou Lafayette sans rest

4 r. Riboutté ⓜ Cadet – ☏ 01 42 46 83 44 – www.hotelanjoulafayette.com
39 ch – ✦109/170 € ✦✦129/190 € – ☲ 12 €

♦ Près du square Montholon orné de grilles du Second Empire, chambres de bon confort, insonorisées et décorées dans des tons chaleureux.

Les Trois Poussins sans rest

15 r. Clauzel ⓜ St-Georges – ☏ 01 53 32 81 81 – www.les3poussins.com
40 ch – ✦150/165 € ✦✦150/250 € – ☲ 13 €

♦ Élégantes chambres offrant plusieurs niveaux de confort. Vue sur Paris depuis les derniers étages. Salle des petits-déjeuners joliment voûtée. Petite cour-terrasse.

Opéra d'Antin sans rest

75 r. de Provence ⓜ Chaussée d'Antin – ☏ 01 48 74 12 99
– www.operadantin.com
30 ch – ✦105/195 € ✦✦115/230 € – ☲ 13 €

♦ Hôtel proche des célèbres Galeries Lafayette. Salle des petits-déjeuners aménagée sous une verrière et plaisantes chambres optant pour le style Art déco.

Langlois sans rest

63 r. St-Lazare ⓜ Trinité – ☏ 01 48 74 78 24 – www.hotel-langlois.com
24 ch – ✦99/120 € ✦✦126/150 € – 3 suites – ☲ 13 €

♦ Bâti en 1870, l'immeuble abrita une banque, puis un hôtel à partir de 1896. Art nouveau, Art déco ou années 1950, toutes les chambres ont un caractère bien marqué.

Bergère Opéra sans rest

34 r. Bergère ⓜ Grands Boulevards – ☏ 01 47 70 34 34 – www.astotel.com
134 ch – ✦139/249 € ✦✦139/249 € – ☲ 15 €

♦ Entre Grands Boulevards, Opéra et la salle des ventes Drouot. Chambres fraîches, accessibles par un ascenseur panoramique ; certaines donnent sur un jardin d'hiver. Salon spacieux.

Acadia Opéra sans rest

4 r. Geoffroy-Marie ⓜ Grands Boulevards – ☏ 01 40 22 99 99 – www.astotel.com
36 ch – ✦139/249 € ✦✦139/249 € – ☲ 15 €

♦ Dans un quartier animé, près des Folies Bergère, ce petit immeuble abrite des chambres décorées avec goût dans un esprit contemporain, minimal et zen. Tenue sans reproche.

Relais Madeleine sans rest
🏠   📱 ⚹ 🄰🄲 📶 📶 📹 🅅🅸🅂🄰 ⊚ 🄰🄴 ⓞ

11 bis r. Godot-de-Mauroy Ⓜ *Havre Caumartin* – ✆ *01 47 42 22 40*
– www.relaismadeleine.fr
23 ch – ♦180/210 € ♦♦210/460 € – ⊡ 13 €
♦ Hôtel récemment rénové de pied en cap : décor soigné d'une maison de famille (mobilier stylé, portraits) dans le goût d'aujourd'hui (bons équipements). Service attentif.

Monterosa sans rest
🏠   📱 ⚹ 🄰🄲 ⅏ 📶 🅅🅸🅂🄰 ⊚ 🄰🄴 ⓞ

30 r. La Bruyère Ⓜ *St-Georges* – ✆ *01 48 74 87 90 – www.astotel.com*
36 ch – ♦139/249 € ♦♦139/249 € – ⊡ 15 €
♦ Urbain, sobre et fonctionnel, avec une pointe d'élégance : toute l'actualité de cet hôtel rénové en 2010, au cœur de la Nouvelle Athènes.

Du Pré sans rest
🏠   📱 📶 🅅🅸🅂🄰 ⊚ 🄰🄴

10 r. Pierre-Sémard Ⓜ *Poissonnière* – ✆ *01 42 81 37 11 – www.leshotelsdupre.com*
40 ch – ♦105 € ♦♦130/140 € – ⊡ 12 €
♦ Chambres fonctionnelles et joliment colorées, salon garni de canapés Chesterfield, salle des petits-déjeuners et bar de style bistrot.

PARIS

🍴🍴🍴 Café de la Paix – Intercontinental Le Grand
⚹ 🄰🄲 ⅏ ⇄ 🅅🅸🅂🄰 ⊚ 🄰🄴 ⓞ

12 bd des Capucines Ⓜ *Opéra* – ✆ *01 40 07 36 36 – www.cafedelapaix.fr*
Rest – (36 €) Menu 46 € (déj.)/83 € – Carte 60/130 €
♦ Fresques, lambris dorés et mobilier inspiré du style Napoléon III : ce luxueux et légendaire restaurant, ouvert de 7h à minuit, reste le rendez-vous du Tout-Paris.

🍴🍴 Jean
🄰🄲 ⇄ 🅅🅸🅂🄰 ⊚ 🄰🄴 ⓞ
❀

8 r. St-Lazare Ⓜ *Notre-Dame de Lorette* – ✆ *01 48 78 62 73*
– www.restaurantjean.fr – Fermé 8-22 août, sam. et dim.
Rest – Menu 46/95 € – Carte 66/85 €
Spéc. Escargots, crémeux de risotto, herbes hachées, beaufort, épices. Lotte, navets longs, pois gourmands, radis roses, coquillages, algues, sauce au pinot gris. Sablé coeur caramel coulant, quinoa soufflé caramélisé, framboises au citron vert.
♦ Séduisante cuisine actuelle dans ce restaurant à l'atmosphère chaleureuse (tons blanc-rosé, tissus à rayures, motifs fleuris, mosaïque au sol). Salon cosy à l'étage.

🍴🍴 Romain
🄰🄲 🅅🅸🅂🄰 ⊚ 🄰🄴

40 r. St-Georges Ⓜ *St-Georges* – ✆ *01 48 24 58 94 – Fermé août, sam. et dim.*
Rest – (26 €) Menu 34 € – Carte 40/65 €
♦ La carte de ce restaurant, niché derrière l'église Notre-Dame-de-Lorette, propose d'excellents produits transalpins dans un cadre soigné. Livre de cave dans le même esprit.

🍴🍴 Au Petit Riche
🄰🄲 ⇄ 🅅🅸🅂🄰 ⊚ 🄰🄴 ⓞ

25 r. Le Peletier Ⓜ *Richelieu Drouot* – ✆ *01 47 70 68 68 – www.aupetitriche.com*
– Fermé week-ends de mi-juil. à fin août et fériés
Rest – (22 €) Menu 28/34 € bc – Carte 32/50 € ⌂
♦ Banquettes en velours rouge, miroirs gravés, tables élégantes : voici intact le charme d'un bistrot à la mode du 19e s. Cuisine d'inspiration tourangelle et beau choix de vins de Loire.

🍴 Hotaru
🅅🅸🅂🄰 ⊚

18 r. Rodier Ⓜ *Notre-Dame de Lorette* – ✆ *01 48 78 33 74 – Fermé 2 sem.*
en août, 24 déc.-3 janv., dim. et lundi
Rest – (18 €) Menu 37/72 € – Carte 29/65 €
♦ Décor discret pour cette table nippone installée dans un ancien restaurant de quartier, enrichi à présent de touches japonisantes. Cuisine traditionnelle axée sur le poisson.

🍴 Casa Olympe
🄰🄲 ⅏ 🅅🅸🅂🄰 ⊚ 🄰🄴

48 r. St-Georges Ⓜ *St-Georges* – ✆ *01 42 85 26 01 – www.casaolympe.com*
– Fermé 29 avril-16 mai, 1er-26 août, 23 déc.-3 janv., sam. et dim.
Rest – (nombre de couverts limité, prévenir) Menu 43 € – Carte 47/65 €
♦ Deux petites salles ocre où l'on déguste à touche-touche les plats traditionnels qu'Olympe – Dominique Versini, égérie culinaire des années 1980 – interprète à sa façon.

La Petite Sirène de Copenhague · VISA CB AE

47 r. N.-D.-de-Lorette Ⓜ *St-Georges –* ℰ *01 45 26 66 66 – Fermé août,*
23 déc.-2 janv., sam. midi, dim. et lundi
Rest – *(prévenir)* Menu 29 € (déj.)/34 € – Carte 42/60 €
♦ Une salle à manger tout en sobriété – murs chaulés, éclairage tamisé à la mode danoise – pour des recettes originaires de la patrie d'Andersen. Accueil aux petits soins.

Carte Blanche · AC VISA CB AE

6 r. Lamartine Ⓜ *Cadet –* ℰ *01 48 78 12 20 – www.restaurantcarteblanche.com*
– Fermé 1er-24 août, sam. midi, dim. et fériés
Rest – (28 €) Menu 35/42 €
♦ Les patrons ont voyagé et cela se voit : objets et photos ramenés des quatre coins du globe, vaisselle exotique et bonne cuisine métissant influences françaises et étrangères.

Villa Victoria · AC VISA CB AE

52 r. Lamartine Ⓜ *Notre-Dame de Lorette*
– ℰ *01 48 78 60 05 – www.la-villa-victoria.com*
– Fermé août, sam. midi et dim.
Rest – (25 €) Menu 35 € – Carte 40/50 €
♦ Ce néobistrot au cadre chaleureux (pierres apparentes, petites tables serrées, menus et vins sur de grandes ardoises) propose une bonne cuisine traditionnelle.

I Golosi · AC VISA CB

6 r. Grange-Batelière Ⓜ *Richelieu Drouot –* ℰ *01 48 24 18 63 – Fermé 6-22 août,*
sam. soir et dim.
Rest – Carte 26/50 €
♦ Au 1er étage, design italien dont le "minimalisme" est compensé par la jovialité du service. Au rez-de-chaussée, café, boutique et coin dégustation. Cuisine transalpine.

Le Pré Cadet · AC VISA CB AE

10 r. Saulnier Ⓜ *Cadet –* ℰ *01 48 24 99 64*
– Fermé 1er-8 mai, 3-21 août, 24 déc.-1er janv., sam. midi et dim.
Rest – *(nombre de couverts limité, prévenir)* Menu 30 € – Carte 30/50 €
♦ Sympathie, convivialité et plats canailles dont la tête de veau, orgueil de la maison, font le succès de cette petite adresse voisine des Folies Bergère. Belle carte des cafés.

Sizin · AC VISA CB

47 r. St-Georges Ⓜ *St-Georges –* ℰ *01 44 63 02 28 – www.sizin-restaurant.com*
– Fermé août et dim.
Rest – Menu 15 € (déj. en sem.) – Carte 20/33 €
♦ Gravures anciennes et faïences d'Iznik donnent le ton : c'est du côté de la Turquie et de ses richesses gastronomiques que vous emmène cet accueillant restaurant.

Georgette · VISA CB AE

29 r. St-Georges Ⓜ *Notre-Dame de Lorette –* ℰ *01 42 80 39 13 – Fermé vacances*
de Pâques, août, vacances de la Toussaint, sam., dim. et lundi
Rest – Menu 35 € – Carte 27/47 €
♦ Avec ses tables multicolores en formica et ses chaises en skaï, ce restaurant cultive un cachet rétro des plus sympathiques. Cuisine de bistrot réalisée avec de bons produits.

L'Oriental · AC VISA CB

47 av. Trudaine Ⓜ *Pigalle –* ℰ *01 42 64 39 80 – www.loriental-restaurant.com*
Rest – Menu 34 € – Carte 31/50 €
♦ Sur l'avenue Trudaine, où s'étend une agréable terrasse aux beaux jours, chaleureux et confortable restaurant au décor oriental. Plats marocains parfumés, couscous en tête.

✗ L'Office ⁣ AC VISA ⬤⬤

3 r. Richer Ⓜ Poissonnière – ☏ 01 47 70 67 31 – Fermé 8-22 août, 24 déc.-4 janv., dim., lundi et le midi sauf jeudi et vend.

Rest – *(nombre de couverts limité, prévenir)* (17 €) Carte 30/42 €

◆ Adresse au cadre sobre, qui s'inscrit dans la lignée des tables tendance. Le chef, autodidacte passionné, propose une cuisine du marché bien pensée, à prix serrés.

✗ Les Diables au Thym ⁣ AC ✗ VISA ⬤⬤ AE

35 r. Bergère Ⓜ Grands Boulevards – ☏ 01 47 70 77 09
– www.lesdiablesauthym.com – Fermé 3 sem. en août, sam. midi et dim.

Rest – (24 €) Menu 30 € – Carte 40/49 €

◆ Près des Grands Boulevards, une salle toute simple d'esprit bistrot (quelques tableaux contemporains). Cuisine actuelle rythmée par les saisons et suggestions de vins bio à l'ardoise.

✗ Kiku ⁣ AC ✗ VISA ⬤⬤ AE

56 r. Richer Ⓜ Cadet – ☏ 01 44 83 02 30 – Fermé sam. midi et dim.

Rest – Menu 25 € (déj.)/35 €

◆ Restaurant japonais contemporain façon izakaya (bar à saké servant des petits plats), où l'on savoure une cuisine nippone actuelle, hors des sentiers battus (pas de sushis).

✗ Momoka ⁣ AC ✗ VISA ⬤⬤

5 r. Jean-Baptiste Pigalle Ⓜ Trinité d'Estienne d'Orves – ☏ 01 40 16 19 09
– Fermé août, sam. midi, dim. et lundi

Rest – (25 €) Menu 29 € (déj.), 39/68 €

◆ Pensez à réserver dans ce minirestaurant tenu par un couple franco-japonais. Masayo y cuisine de délicieuses recettes nippones, renouvelées chaque jour. Authentique et familial.

Ph. Gajic/MICHELIN

Gare de l'Est · Gare du Nord · Canal St-Martin

10e arrondissement

PARIS

🏨 Mercure Terminus Nord *sans rest* ⁣ 📶 ⭐ AC ⁞⁰ 🛗 VISA ⬤⬤ AE ⓪

12 bd Denain Ⓜ Gare du Nord – ☏ 01 42 80 20 00 – www.mercure.com

236 ch – ♦120/340 € ♦♦140/360 € – ⊇ 15 €

◆ Une habile rénovation a redonné à cet hôtel de 1865 son éclat d'antan. Vitraux Art nouveau, décor british et atmosphère cosy lui donnent un air de belle demeure victorienne.

🏨 Windsor Opéra *sans rest* ⁣ 📶 ⭐ AC ⁞⁰ VISA ⬤⬤ AE ⓪

10 r. G.-Laumain Ⓜ Bonne Nouvelle – ☏ 01 48 00 98 98
– www.hotelwindsor.com

24 ch – ♦145/296 € ♦♦150/296 € – ⊇ 14 €

◆ Parquet massif, mobilier en bois blond, matériaux de qualité : des chambres très bien tenues, assez spacieuses et au calme d'une rue peu passante.

🏨 Eurostars Panorama *sans rest* ⁣ 📶 ⭐ AC ✗ ⁞⁰ VISA ⬤⬤ AE ⓪

9 r. des Messageries Ⓜ Poissonnière – ☏ 01 47 70 44 02
– www.eurostarshotels.com

43 ch – ♦95/545 € ♦♦100/550 € – ⊇ 14 €

◆ Cet hôtel tout neuf, qui se veut une vitrine du Paris moderne, dénote pour le quartier par son allure très contemporaine. Décor design soigné, références à la culture française.

PARIS

Paris-Est sans rest

4 r. du 8-Mai-1945 Ⓜ *Gare de l'Est* – ℰ *01 44 89 27 00* – *www.kyriad.com*
45 ch – †79/145 € ††79/145 € – ☲ 11 €

♦ Bien que jouxtant la gare, cet établissement propose des chambres calmes, car tournées vers une arrière-cour ; elles sont refaites et insonorisées.

Albert 1er sans rest

162 r. Lafayette Ⓜ *Gare du Nord* – ℰ *01 40 36 82 40* – *www.albert1erhotel.com*
55 ch – †115/139 € ††136/159 € – ☲ 16 €

♦ Hôtel dont les chambres, modernes et bien aménagées, sont équipées d'un double vitrage et bénéficient d'efforts constants de rénovation. Atmosphère conviviale.

Du Nord sans rest

47 r. Albert Thomas Ⓜ *Jacques Bonsergent* – ℰ *01 42 01 66 00*
– www.hoteldunord-leparivelo.com
24 ch – †69/82 € ††69/82 € – ☲ 8 €

♦ Dans une rue tranquille, le lieu se distingue par son cachet rustique et le charme de ses petites chambres personnalisées. Salle voûtée pour le petit-déjeuner. Vélo à disposition.

Café Panique

12 r. des Messageries Ⓜ *Poissonnière* – ℰ *01 47 70 06 84*
– www.cafepanique.com – Fermé août,1 sem. en fév., sam., dim. et fériés
Rest – (20 €) Menu 35 €

♦ Pas de panique, cet ancien atelier textile a désormais l'allure d'un loft contemporain ! Cuisine d'auteur : ravioles de foie gras, capuccino de verveine, gâteau de veau, etc.

Chez Michel

10 r. Belzunce Ⓜ *Gare du Nord* – ℰ *01 44 53 06 20* – *Fermé 2 sem. en août, lundi midi, sam. et dim.*
Rest – Menu 32/45 €

♦ Breizh ! Ce bistrot au look rétro, un rien rustique, propose de succulents plats du terroir breton – origines du chef obligent – et du gibier en saison.

Chez Casimir

6 r. Belzunce Ⓜ *Gare du Nord* – ℰ *01 48 78 28 80*
Rest – (22 €) Menu 26/50 €

♦ Esprit cent pour cent bistrot dans la cuisine – simple mais franche – et dans le décor (boiseries, cuivres, serviettes à carreaux, etc.) de cette sympathique adresse.

H. Le Gac/MICHELIN

Nation · Voltaire · République

11e arrondissement ✉ 75011

Les Jardins du Marais

74 r. Amelot Ⓜ *St-Sébastien Froissart* – ℰ *01 40 21 22 23*
– www.lesjardinsdumarais.com
263 ch – †350/750 € ††350/750 € – 8 suites – ☲ 20 €
Rest – *(fermé dim.)* Menu 22/30 €

♦ Un quartier au sein du quartier : des bâtiments tous différents et des chambres réparties dans une belle ruelle pavée. Hall et bar très design (velours rouge, lustres à pendeloques, mobilier Starck) ; touches Art déco dans les chambres.

Gabriel sans rest

25 r. du Grand-Prieuré Ⓜ *Oberkampf* – ℰ *01 47 00 13 38*
– www.hotel-gabriel-paris.com
41 ch – ♦119/160 € ♦♦139/280 € – ⊴ 17 €

◆ Cet hôtel ultramoderne joue la carte du haut de gamme dans une atmosphère zen. Chambres blanches, certaines équipées d'un système "NightCove" (jeux de lumière avec musique).

Le Général sans rest

5 r. Rampon Ⓜ *République* – ℰ *01 47 00 41 57* – *www.legeneralhotel.com*
43 ch – ♦157/177 € ♦♦192/252 € – 3 suites – ⊴ 18 €

◆ Agréable hôtel proche de la place de la République : les chambres sont décorées dans un style contemporain très sobre et épuré. Petit business center ; fitness et sauna.

Le Standard Design sans rest

29 r. des Taillandiers Ⓜ *Bastille* – ℰ *01 48 05 30 97*
– www.standard-design-hotel-paris.com
36 ch – ♦115/250 € ♦♦115/280 € – ⊴ 15 €

◆ Design en effet, mais pas standard : du style, des tissus aux motifs osés, aussi bien dans les chambres que dans le hall. Même la salle de petit-déjeuner est sous les toits...

Le Patio St-Antoine sans rest

289bis r. du Faubourg-St-Antoine Ⓜ *Nation* – ℰ *01 40 09 40 00*
– www.homeplazza.com
89 ch – ♦115/465 € ♦♦115/465 € – ⊴ 18 €

◆ Le point fort de cet hôtel aux chambres fonctionnelles (équipées d'une cuisinette) : le calme et la verdure de ses patios fleuris. Petit-déjeuner servi dans une salle agréable.

Le 20 Prieuré Hôtel sans rest

20 r. Grand Prieuré Ⓜ *Oberkampf* – ℰ *01 47 00 74 14* – *www.20ph-paris.com*
32 ch – ♦105/150 € ♦♦115/170 € – ⊴ 12 €

◆ Rénové en 2007, cet hôtel s'aligne sur le style citadin contemporain et propose de petites chambres agréables : nuances de blancs, mobilier design, immenses photos évoquant Paris...

Grand Hôtel Français sans rest

223 bd Voltaire Ⓜ *Nation* – ℰ *01 43 71 27 57* – *www.grand-hotel-francais.fr*
36 ch – ⊴ ♦115/250 € ♦♦130/175 €

◆ Cet hôtel a été entièrement rénové avec de beaux matériaux et le résultat est vraiment plaisant. Ses atouts : bonne situation, literie de qualité et chambres joliment meublées.

Nord et Est sans rest

49 r. Malte Ⓜ *Oberkampf* – ℰ *01 47 00 71 70* – *www.paris-hotel-nordest.com*
45 ch – ♦95/145 € ♦♦95/145 € – ⊴ 10 €

◆ Proche de la République, cet hôtel a su fidéliser ses clients grâce à son ambiance familiale et ses tarifs raisonnables. Préférez les chambres rénovées, plus contemporaines.

✕✕ Mansouria

11 r. Faidherbe Ⓜ *Faidherbe Chaligny* – ℰ *01 43 71 00 16* – *www.mansouria.fr*
– Fermé lundi midi et dim.
Rest – (*prévenir*) Menu 28/36 € – Carte 32/50 €

◆ Tajines, couscous, crème à la fleur d'oranger... Des spécialités très parfumées, préparées par d'habiles cuisinières marocaines, sous la houlette de Fatema Hal, ethnologue, écrivain et véritable figure de la gastronomie nord-africaine.

✕✕ Chardenoux

1 r. Jules-Vallès Ⓜ *Charonne* – ℰ *01 43 71 49 52* – *www.restaurantlechardenoux.com*
Rest – Menu 25 € (*déj. en sem.*) – Carte 40/47 €

◆ Rouvert pour ses 100 ans (en 2008) sous l'impulsion de Cyril Lignac, ce charmant bistrot remet à la mode la tradition : pâté en croûte, œuf cocotte aux cèpes, bœuf aux olives...

Astier

44 r. J.-P.-Timbaud M Parmentier – 𝒞 01 43 57 16 35
– www.restaurant-astier.com
Rest – (prévenir) (20 €) Menu 26 € (déj.)/34 € – Carte 34/58 € ❧
♦ Une ambiance décontractée règne dans ce bistrot traditionnel très animé. Suggestions à l'ardoise et grand choix de vins au classement original : vins de soif, de méditation...

Villaret

13 r. Ternaux M Parmentier – 𝒞 01 43 57 75 56 – Fermé août, 24 déc.-4 janv., sam. midi et dim.
Rest – (20 €) Menu 25 € (déj.)/32 € – Carte 40/50 € ❧
♦ Dès la porte d'entrée, cela sent bon ! Ce bistrot convivial propose des plats de saison attrayants : œuf cocotte au foie gras, lotte au petit salé, croustillant chocolat... Beau choix de vins.

Auberge Pyrénées Cévennes

106 r. Folie-Méricourt M République – 𝒞 01 43 57 33 78 – Fermé 30 juil.-20 août, sam. midi, dim. et fériés
Rest – Menu 30 € – Carte 30/82 €
♦ Les plaisanteries fusent, la patronne prodigue un accueil inégalable et les assiettes – un véritable tour de France gourmand – débordent de générosité... L'adresse pour bons vivants !

Bistrot Paul Bert

18 r. Paul-Bert M Faidherbe Chaligny – 𝒞 01 43 72 24 01 – Fermé août, dim. et lundi
Rest – (prévenir) (15 €) Menu 17 € (déj. en sem.), 34/49 € ❧
♦ Sur la façade de ce sympathique bistrot s'affiche "Cuisine familiale". Traduisez : entrecôte, parmentier de joue de bœuf, etc. Gardez de la place pour le baba au rhum !

Le Chateaubriand

129 av. Parmentier M Goncourt – 𝒞 01 43 57 45 95 – Fermé 25 déc.-1ᵉʳ janv., dim. et lundi
Rest – (dîner seult) Menu 50 €
♦ Le chef très médiatique de ce bistrot branché propose un menu unique qui change au gré de son inspiration et des saisons. Les assiettes, très graphiques, valent le coup d'œil.

Au Vieux Chêne

7 r. du Dahomey M Faidherbe Chaligny – 𝒞 01 43 71 67 69
– www.vieux-chene.fr – Fermé 9-17 avril, 23 juil.-15 août, 24 déc.-2 janv., sam. et dim.
Rest – (14 €) Menu 18 € (déj.), 28/33 € – Carte 38/55 € ❧
♦ Ce bistrot de quartier ne désemplit pas. Sa cuisine bistrotière et son cadre authentique y sont pour beaucoup, de même sa carte des vins qui propose des crus à prix très sages.

L'Écailler du Bistrot

22 r. Paul-Bert M Faidherbe Chaligny – 𝒞 01 43 72 76 77 – Fermé août, dim. et lundi
Rest – Menu 17 € (déj. en sem.)/50 € – Carte 40/60 € ❧
♦ Le point fort de la maison ? Des produits de la mer très frais, et des huîtres ! Ambiance 100 % marine, ardoise du jour iodée, menu homard toute l'année et belle carte des vins.

Le Temps au Temps

13 r. Paul-Bert M Faidherbe Chaligny – 𝒞 01 43 79 63 40 – Fermé 2-25 août, 20-29 déc., dim. et lundi
Rest – (18 €) Menu 30 €
♦ Prenez donc le temps de découvrir cette charmante petite adresse. L'ardoise énumère de belles suggestions bistrotières : veau Stroganov, crème de topinambours, tarte aux fruits, etc.

✂ **Caffé dei Cioppi** 🗋 VISA 🔴
159 r. du Faubourg-St-Antoine Ⓜ *Ledru Rollin* – ☎ 01 43 46 10 14 – *Fermé août, 24 déc.-2 janv., lundi soir, mardi soir, sam. et dim.*
Rest – *(nombre de couverts limité, prévenir)* Carte 22/34 €
♦ Un restaurant minuscule et spartiate, mais épatant. Elle vient de Milan, lui de Sicile, leurs assiettes ont le charme de l'Italie : charcuteries, risottos, linguini aux palourdes...

S. Sauvignier/MICHELIN

Bastille · Bercy · Gare de Lyon

12e arrondissement ✉ 75012

PARIS

 Pullman Paris Bercy 🗋 🛗 ♿ ch. 🆊 ¶ 🏊 VISA 🔴 AE ⓪
1 r. de Libourne Ⓜ *Cour St-Émilion* – ☎ 01 44 67 34 00
– www.pullmanhotels.com
385 ch – ♦180/350 € ♦♦180/350 € – 11 suites – ⌂ 22 €
Rest *Café Ké* – ☎ 01 44 67 34 71 – Menu 33 € (sem.) – Carte 52/73 €
♦ Un immeuble reconnaissable à son imposante façade en verre. Les chambres, dont certaines offrent une belle vue sur Paris, sont de style contemporain. Au Café Ké, règne l'ambiance sympathique du "village" de Bercy ; brunch le dimanche.

 Novotel Gare de Lyon 🔲 🆊 🛗 ♿ ch. 🆊 ¶ 🏊 🚗 VISA 🔴 AE ⓪
2 r. Hector-Malot Ⓜ *Gare de Lyon* – ☎ 01 44 67 60 00
– www.accorhotels.com
253 ch – ♦119/299 € ♦♦119/299 € – ⌂ 16 €
Rest – (16 €) Carte environ 25 €
♦ Bâtiment récent donnant sur une place calme. Chambres conformes aux dernières normes de la chaîne, avec des terrasses au 6e étage. Piscine, fitness et espace enfant bien aménagé. Décor contemporain au Novotel Café.

Novotel Bercy 🗋 🛗 ♿ ch. 🆊 ¶ 🏊 VISA 🔴 AE ⓪
85 r. de Bercy Ⓜ *Bercy* – ☎ 01 43 42 30 00
151 ch – ♦115/260 € ♦♦115/260 € – ⌂ 15 €
Rest – (12 €) Carte 18/49 €
♦ Des chambres contemporaines et lumineuses avec balcon, près du parc de Bercy, pour un bon rapport qualité-prix. À la belle saison, la terrasse du restaurant est prisée pour son calme. Carte traditionnelle et recettes à la plancha.

Mercure Gare de Lyon sans rest 🛗 ♿ 🆊 ¶ 🏊 VISA 🔴 AE ⓪
2 pl. Louis-Armand Ⓜ *Gare de Lyon* – ☎ 01 43 44 84 84
– www.mercure.com
315 ch – ♦140/300 € ♦♦155/315 € – ⌂ 17 €
♦ L'architecture récente de cet hôtel contraste avec le beffroi de la gare de Lyon tout proche. Les chambres sont de taille moyenne, résolument tendance et bien équipées.

 Paris Bastille sans rest 🛗 ♿ 🆊 ¶ 🏊 VISA 🔴 AE ⓪
67 r. de Lyon Ⓜ *Bastille* – ☎ 01 40 01 07 17 – www.hotelparisbastille.com
37 ch – ♦181/278 € ♦♦195/278 € – ⌂ 13 €
♦ Beaux tissus, bois exotique et teintes choisies caractérisent les chambres et la salle des petits-déjeuners de cet hôtel moderne et confortable, situé face à l'Opéra Bastille.

Claret

🏨 🏨 ♨️ 🔥 📶 🍴 VISA ⦿ AE ⓞ

44 bd de Bercy Ⓜ *Bercy* – ℰ *01 46 28 41 31* – *www.hotel-claret.com*
52 ch – 🛏115/165 € 🛏🛏135/235 € – ☕ 12 €
Rest – *(fermé sam. et dim.)* (15 €) Menu 19 € – Carte 30/37 €

◆ Cet ancien relais de poste est l'un des derniers vestiges du Bercy d'antan. Les chambres ont du caractère grâce à un savant mélange d'ancien et de moderne. Cadre et carte façon bistrot, avec quelques recettes lyonnaises.

Color Design *sans rest*

🏨 AC 📶 📶 VISA ⦿ AE ⓞ

35 r. de Citeaux Ⓜ *Faidherbe Chaligny* – ℰ *01 43 07 77 28*
– www.colordesign-hotel-paris.com
46 ch – 🛏154/250 € 🛏🛏154/250 € – ☕ 15 €

◆ L'enseigne dit tout ! Chaque chambre arbore un mobilier en plexiglas de couleur différente (jaune, vert, bleu, violet...). Belle salle voûtée pour les petits-déjeuners.

Terminus Lyon *sans rest*

🏨 AC 📶 📶 VISA ⦿ AE ⓞ

19 bd Diderot Ⓜ *Gare de Lyon* – ℰ *01 56 95 00 00*
– www.hotelterminuslyon.com
60 ch – 🛏88/134 € 🛏🛏124/134 € – ☕ 11 €

◆ Face à la gare de Lyon, une adresse familiale bien tenue. Les chambres sont sobres, plus grandes côté boulevard et plus calmes côté cour. Plateau-repas sur demande.

Quartier Hotel Bercy Square *sans rest* 🌿

🏨 AC 📶 📶 VISA ⦿ AE ⓞ

33 bd de Reuilly Ⓜ *Daumesnil* – ℰ *01 44 87 09 09*
– www.lequartierhotelbs.com
57 ch – 🛏110/135 € 🛏🛏125/195 € – ☕ 13 €

◆ Atout majeur de cet hôtel : son emplacement au calme et sa courette typiquement parisienne. Les chambres et les parties communes sont décorées dans un esprit design.

L'Oulette

🌿 AC VISA ⦿ AE ⓞ

15 pl. Lachambeaudie Ⓜ *Cour St-Émilion* – ℰ *01 40 02 02 12*
– www.l-oulette.com – Fermé 7-23 août, sam. et dim.
Rest – Menu 39/95 € bc – Carte 68/105 € 🏵

◆ Dans le quartier de Bercy, derrière une élégante façade, un restaurant contemporain... sous la houlette d'un chef amoureux du Sud-Ouest. Bon choix de bourgognes et de côtes-du-rhône.

Au Trou Gascon

AC VISA ⦿ AE

40 r. Taine Ⓜ *Daumesnil* – ℰ *01 43 44 34 26* – *www.autrougascon.fr*
– Fermé août, 25 déc.-3 janv., sam. et dim.
Rest – Menu 38 € (déj.)/49 € – Carte 53/73 € 🏵
Spéc. Crabe royal, fraîcheurs du jardin et tomate de "plein champ" en gaspacho (été). Filet de colvert, épices et coing confit (hiver). Crumble rhubarbe, fraises mara des bois en gelée, sorbet au caillé de brebis (été).

◆ Cet ancien bistrot 1900 marie moulures d'époque, mobilier design et tons gris. Cuisine généreuse et savoureuse à base de produits des Landes, de la Chalosse et de l'océan.

Jodhpur Palace

🌿 AC 📶 ♻️ VISA ⦿ AE

42 allée Vivaldi Ⓜ *Daumesnil* – ℰ *01 43 40 72 46*
– www.jodhpurpalace.com
Rest – (13 €) Menu 25/29 € – Carte 27/45 €

◆ L'Inde du Nord et ses saveurs parfumées s'invitent à la table de ce "palace" oriental au décor exotique (fresques, bois ouvragé). Calme terrasse ; accueil aimable et prix sages.

Le Janissaire

🌿 VISA ⦿ AE ⓞ

22 allée Vivaldi Ⓜ *Daumesnil* – ℰ *01 43 40 37 37* – *www.lejanissaire.fr*
– Fermé sam. midi et dim.
Rest – Menu 13 € (déj.), 25/45 € – Carte 25/43 €

◆ Ambiance et cuisine sous le signe de la Turquie, comme l'indique l'enseigne. Profitez de la terrasse ou franchissez la "Sublime Porte" pour déguster mezze, aubergines farcies, köfte...

L'Auberge Aveyronnaise 🦐 AC VISA ⑤ AE

40 r. Gabriel-Lamé Ⓜ Cour St-Émilion – ℰ 01 43 40 12 24
– Fermé 1er-15 août
Rest – (19 €) Menu 25 € (déj.)/31 €

♦ Nappes à carreaux, décoration un peu rustique : on célèbre ici, à deux pas du Bercy Village, le terroir rouergat et les spécialités aveyronnaises, tripoux et aligot compris.

Quincy AC

28 av. Ledru-Rollin Ⓜ Gare de Lyon – ℰ 01 46 28 46 76 – www.lequincy.fr
– Fermé 15 août-15 sept., sam., dim. et lundi
Rest – Carte 55/70 €

♦ Une ambiance chaleureuse règne dans ce lieu où l'on sert une des dernières vraies cuisines de bistrot parisien qui, comme "Bobosse", le patron, ne manque pas de caractère !

Ô Rebelle VISA ⑤

24 r. Traversière Ⓜ Gare de Lyon – ℰ 01 43 40 88 98 – www.o-rebelle.fr
– Fermé 4-26 août, 24 déc.-1er janv., sam. midi et dim.
Rest – (24 €) Menu 36 € – Carte 39/60 €

♦ Une cuisine actuelle qui respecte les saisons et s'inspire des produits frais dénichés au marché d'Aligre tout proche. Vins du Nouveau Monde et d'ailleurs ; cadre cosy.

La Biche au Bois VISA ⑤ AE ①

45 av. Ledru-Rollin Ⓜ Gare de Lyon – ℰ 01 43 43 34 38 – Fermé 24 juil.-23 août,
23 déc.-2 janv., lundi midi, sam. et dim.
Rest – (20 € bc) Menu 27/40 € – Carte environ 29 €

♦ On mange au coude-à-coude dans ce discret restaurant car les habitués sont nombreux et l'ambiance animée. Cuisine traditionnelle et gibier en saison... de la biche bien entendu.

La Gazzetta AC VISA ⑤ AE

29 r. de Cotte Ⓜ Ledru Rollin – ℰ 01 43 47 47 05 – www.lagazzetta.fr
– Fermé août, dim. et lundi
Rest – (17 €) Menu 39/52 €

♦ Adresse dédiée à la Méditerranée. Son concept "tout en un" – restaurant, bar à vins, café (presse étrangère à disposition) – en fait un repaire branché. Belle cuisine du Sud.

Jean-Pierre Frelet AC VISA ⑤

25 r. Montgallet Ⓜ Montgallet – ℰ 01 43 43 76 65 – Fermé 16-24 mai,
30 juil.-30 août, sam. midi et dim.
Rest – (21 €) Menu 29 € (dîner) – Carte 44/55 €

♦ Un décor volontairement dépouillé, des tables serrées qui invitent à la convivialité et une généreuse cuisine du marché... Pleins feux sur les produits !

Le Lys d'Or AC VISA ⑤ AE

5 pl. Col-Bourgoin Ⓜ Reuilly Diderot – ℰ 01 44 68 98 88
– www.lysdorming.com
Rest – (14 € bc) Menu 24/34 € – Carte environ 28 €

♦ Beaucoup de plantes vertes, des fontaines... comme en Asie ! Le propriétaire cultive l'art culinaire chinois à travers ses régions phare : Sichuan, Shanghai, Canton, Pékin.

Assaporare AC VISA ⑤

7 r. St-Nicolas Ⓜ Ledru-Rollin – ℰ 01 44 67 75 77 – Fermé août, vacances de
Noël, mardi soir, merc. soir, dim. et lundi
Rest – (nombre de couverts limité, prévenir) (14 €) Carte 35/45 €

♦ Dans un cadre charmant tout en poutres et pierres apparentes, on vient "assaporare" (savourer) des spécialités napolitaines ; carte de vins français et italiens.

PARIS

S. Sauvignier/MICHELIN

Place d'Italie · Gare d'Austerlitz · Bibliothèque nationale de France

13e arrondissement ✉ 75013

PARIS

🏨 **All Seasons Paris Tolbiac** sans rest 〔❘ 占 ⅄⅄ ⁿ⁰ 过 ⌂ ⅦSA ⲱ AE ①〕
21 r. Tolbiac Ⓜ *Bibliothèque F. Mitterrand* – ℰ 01 45 84 61 61
– *www.all-seasons-hotels.com*
71 ch �) – ♥95/145 € ♥♥105/155 €
♦ Nouvelle enseigne et cure de jouvence pour cet établissement situé à quelques pas des berges de la Seine. Les chambres et le bar ont été redécorés avec goût et sobriété.

🏨 **Mercure Place d'Italie** sans rest 〔❘ ⅄⅄ ⁿ⁰ 过 ⅦSA ⲱ AE ①〕
25 bd Auguste-Blanqui Ⓜ *Place d'Italie* – ℰ 01 45 80 82 23 – *www.mercure.com*
50 ch – ♥160/280 € ♥♥160/280 € – ⊃ 16 €
♦ À proximité de la place d'Italie, un hôtel plutôt intime, décoré de photos du vieux Paris. Les chambres sont fonctionnelles, chaleureuses et bien insonorisées.

🏨 **La Demeure** sans rest 〔❘ ⅄⅄ ⅍ ⁿ⁰ ⅦSA ⲱ AE ①〕
51 bd St-Marcel Ⓜ *Les Gobelins* – ℰ 01 43 37 81 25
– *www.hotel-paris-lademeure.com*
37 ch – ♥125/175 € ♥♥145/225 € – 6 suites – ⊃ 10 €
♦ Un bel immeuble haussmannien où l'on saura faciliter votre séjour ! Chambres pratiques et colorées, salon cosy, petit-déjeuner buffet. Belle collection de photos du Paris d'autrefois.

🏠 **La Manufacture** sans rest 〔❘ ⅄⅄ ⁿ⁰ ⅦSA ⲱ AE ①〕
8 r. Philippe-de-Champagne Ⓜ *Place d'Italie* – ℰ 01 45 35 45 25
– *www.hotel-la-manufacture.com*
56 ch – ♥90/165 € ♥♥95/195 € – ⊃ 12 €
♦ À deux pas de la place d'Italie, un hôtel chaleureux décoré avec élégance, où l'on cultive le sens de l'accueil. Les chambres sont plutôt petites mais impeccablement tenues.

🏠 **Le Vert Galant** sans rest ⌂ 〔⅍ ⁿ⁰ ⅦSA ⲱ AE〕
43 r. Croulebarbe Ⓜ *Les Gobelins* – ℰ 01 44 08 83 50 – *www.vertgalant.com*
15 ch – ♥90/100 € ♥♥95/130 € – ⊃ 10 €
♦ Un luxe à Paris : un hôtel familial aux chambres coquettes et calmes, qui donnent presque toutes sur un jardin privé bordé de ceps de vigne.

✕✕ **Au Petit Marguery** 〔⅄⅄ ⌂ ⅦSA ⲱ AE〕
🙂
9 bd Port-Royal Ⓜ *Les Gobelins* – ℰ 01 43 31 58 59 – *www.petitmarguery.fr*
Rest – (23 €) Menu 26 € bc (déj. en sem.), 30/35 €
♦ Un décor Belle Époque authentique, plaisant et convivial. La carte est dans la grande tradition, avec de belles spécialités de gibier. Une adresse qui a une âme !

✕✕ **Anacréon** 〔⅄⅄ ⅦSA ⲱ〕
53 bd St-Marcel Ⓜ *Les Gobelins* – ℰ 01 43 31 71 18 – *www.anacreon.fr*
– *fermé 3 sem. en août, dim. et lundi*
Rest – (20 €) Carte 30/45 €
♦ Malgré l'allusion au poète grec, il s'agit bien d'un restaurant dédié aux produits de la mer. La carte, fort attractive, se marie à merveille au charmant décor contemporain.

L'Avant Goût

26 r. Bobillot Ⓜ *Place d'Italie –* ☎ *01 53 80 24 00 – www.lavangout.com – Fermé 8-30 août, dim. et lundi*

Rest – *(nombre de couverts limité, prévenir)* (14 € bc) Menu 31 € – Carte 31/48 €
♦ Non loin de la place d'Italie, on déguste au coude-à-coude une cuisine du marché assez originale (le pot-au-feu de cochon aux épices !), dans une ambiance décontractée.

Les Cailloux

58 r. des Cinq-Diamants Ⓜ *Corvisart –* ☎ *01 45 80 15 08 – www.lescailloux.fr – Fermé 1 sem. en août et à Noël*

Rest – (14 € bc) Menu 17 € bc (déj.) – Carte 22/60 €
♦ Parmi les nombreuses tables de la Butte-aux-Cailles, il y a ce bistrot italien à l'ambiance décontractée, où l'on se régale sans se ruiner d'une belle cuisine ensoleillée.

L'Ourcine

92 r. Broca Ⓜ *Les Gobelins –* ☎ *01 47 07 13 65 – Fermé 3 sem. en août, dim. et lundi*

Rest – (26 €) Menu 34/54 €
♦ Ce petit bistrot, reconnaissable à sa façade grenat, reste simple tout en proposant une cuisine inspirée et liée aux saisons. Menu du jour et ardoise "coups de cœur".

Variations

18 r. des Wallons Ⓜ *Saint-Marcel –* ☎ *01 43 31 36 04 – www.restaurantvariations.com – Fermé 8-30 août, sam. midi et dim.*

Rest – (17 €) Menu 35/40 € – Carte 40/55 €
♦ Cuisine traditionnelle généreuse et goûteuse, osant les variations au gré du marché et des saisons. Le chef, un ancien pilote de chasse, est amoureux du beau produit.

Impérial Choisy

32 av. de Choisy Ⓜ *Porte de Choisy –* ☎ *01 45 86 42 40*

Rest – Carte 25/50 €
♦ Authentique restaurant chinois apprécié par de nombreux Asiatiques qui en ont fait leur cantine. Logique, à en juger par les délicieuses spécialités cantonaises qu'on y sert !

Lao Lane Xang 2

102 av. d'Ivry Ⓜ *Tolbiac –* ☎ *01 58 89 00 00 – www.restolaolanexang.com*

Rest – (11 € bc) Carte 20/30 €
♦ Ce restaurant familial du Chinatown parisien exalte les saveurs du Laos, du Vietnam et de la Thaïlande. Le cadre, sobre et contemporain, change des "cantines" du quartier.

Mer de Chine

159 r. Château-des-Rentiers Ⓜ *Place d'Italie –* ☎ *01 45 84 22 49 – Fermé juil.*

Rest – Menu 15 € (déj.)/25 € – Carte 25/45 €
♦ Dans ce restaurant près de la place d'Italie, on prépare de la cuisine teochew, traduisez : du sud de Canton. Goûteux et accueillant, le tout sur une bande-son bien chinoise !

Sukhothaï

12 r. Père-Guérin Ⓜ *Place d'Italie –* ☎ *01 45 81 55 88 – Fermé 1er-21 août, lundi midi et dim.*

Rest – (12 € bc) Menu 21/23 € – Carte 20/34 €
♦ Dans une ruelle calme à deux pas de la place d'Italie, une savoureuse cuisine thaïe servie dans un décor adéquat... où l'on joue des coudes. Accueil tout sourire.

Bambou

70 r. Baudricourt Ⓜ *Les Olympiades –* ☎ *01 45 70 91 75 – Fermé 1er-15 oct. et lundi*

Rest – Carte 15/30 €
♦ On se presse pour déguster cette cuisine vietnamienne bien parfumée (large choix de soupes). Attention, le succès est tel que l'on ne reste pas attablé bien longtemps !

J.-P. Clapham/MICHELIN

Montparnasse · Denfert Rochereau · Parc Montsouris

14e arrondissement ✉ 75014

PARIS

Pullman Montparnasse ⟨ 🍴 ⬚ 🛗 ⬚ ch, AC ⚡ rest, ☎ 🏊

19 r. du Cdt Mouchotte Ⓜ Montparnasse Bienvenüe
– ✆ 01 44 36 44 36 – www.pullmanhotels.com VISA ⬤ AE ①
918 ch – ♦179/449 € ♦♦179/449 € – 35 suites – ☐ 27 €
Rest – Menu 35 € – Carte 45/70 €
♦ Repris par la chaîne Pullman début 2011, l'ancien Méridien du quartier Montparnasse abrite des chambres spacieuses et très modernes. Belle vue sur la capitale des derniers étages.

Concorde Montparnasse 🍴 🛗 🛗 AC ch, ⚡ 🏊 🚗 VISA ⬤ AE ①

40 r. du Cdt Mouchotte Ⓜ Gaîté – ✆ 01 56 54 84 00
– www.concorde-montparnasse.com
354 ch – ♦150/450 € ♦♦150/450 € – ☐ 23 €
Rest – (21 €) Menu 31 € (sem.) – Carte 31/52 €
♦ Sur la place de Catalogne, cet hôtel propose des chambres de bonne taille, calmes et d'esprit contemporain. Jardin intérieur, bar au cadre moderne. Le restaurant sobre et moderne – bois exotiques, touches colorées – propose une cuisine internationale.

Aiglon sans rest 🛗 AC ⚡ ⚡ 🚗 VISA ⬤ AE ①

232 bd Raspail Ⓜ Raspail – ✆ 01 43 20 82 42 – www.aiglon.com
36 ch – ♦140/175 € ♦♦140/212 € – 10 suites – ☐ 12 €
♦ L'Aiglon où vécurent Giacometti et Buñuel se modernise par étapes. Couleurs gaies et détails soignés (mosaïques dans les salles de bains, photos...) signent le nouveau décor.

Villa Royale Montsouris sans rest 🛗 🛗 AC ⚡ VISA ⬤ AE ①

144 r. de la Tombe-Issoire Ⓜ Porte d'Orléans – ✆ 01 56 53 89 89
– www.villa-montsouris.com
36 ch – ♦109/230 € ♦♦119/290 € – ☐ 15 €
♦ Dépaysement garanti dans ce bel hôtel... arabo-andalou. Les chambres, un peu petites mais très cosy, arborent 1 001 détails : tons chatoyants, mobilier et objets du Maroc, bougies.

Lenox Montparnasse sans rest 🛗 AC ⚡ VISA ⬤ AE ①

15 r. Delambre Ⓜ Vavin – ✆ 01 43 35 34 50 – www.hotellenox.com
52 ch – ♦200/350 € ♦♦200/350 € – ☐ 16 €
♦ Cet établissement soigne son élégance : bar et salons intimistes, chambres aux décors variés (mobilier de style, objets anciens), agréables suites au 6e étage.

Nouvel Orléans sans rest 🛗 AC ⚡ VISA ⬤ AE ①

25 av. du Gén.-Leclerc Ⓜ Mouton Duvernet – ✆ 01 43 27 80 20
– www.hotelnouvelorleans.com
46 ch – ♦90/145 € ♦♦145 € – ☐ 12 €
♦ Cet hôtel proche de la porte d'Orléans jouit d'une tenue parfaite. Mobilier contemporain et chaleureux tissus colorés dans les chambres, plus calmes sur l'arrière.

Mercure Raspail Montparnasse sans rest 🛗 ⚡ AC ⚡

207 bd Raspail Ⓜ Vavin – ✆ 01 43 20 62 94 VISA ⬤ AE ①
– www.mercure.com
63 ch – ♦130/220 € ♦♦140/230 € – ☐ 15 €
♦ Immeuble haussmannien proche des célèbres brasseries du quartier Montparnasse. Chambres bien tenues, sobres et actuelles (meubles en bois vernis, rideaux colorés).

Delambre sans rest
35 r. Delambre Ⓜ *Edgar Quinet* – ℰ *01 43 20 66 31*
– www.hoteldelambreparis.com
30 ch – ♦85/160 € ♦♦99/160 € – ☷ 11 €
◆ André Breton séjourna dans ces murs, à l'abri d'une rue tranquille proche de la gare Montparnasse. Cadre d'esprit contemporain ; chambres simples et gaies, souvent spacieuses.

Du Midi sans rest
4 av. René Coty Ⓜ *Denfert Rochereau* – ℰ *01 43 27 23 25*
– www.midi-hotel-paris.com
45 ch – ♦85/125 € ♦♦98/180 € – ☷ 12 €
◆ Proximité de la place Denfert-Rochereau, chambres insonorisées, parfois dotées de baignoires balnéo, et petit-déjeuner biologique : ne cherchez plus Midi... à quatorze heures !

Elysée Montparnasse sans rest
11 bis r. de la Gaîté Ⓜ *Edgar Quinet* – ℰ *01 43 20 95 12*
– www.elyseemontparnasse.com
48 ch – ♦129/159 € ♦♦189/219 € – ☷ 9 €
◆ Près de nombreux théâtres, restaurants, cabarets... Idéal pour profiter de la vie parisienne ! Décor classique, avec de grandes reproductions d'œuvres de Klimt, Monet, etc.

Chatillon Paris Montparnasse sans rest
11 square Châtillon Ⓜ *Porte d'Orléans* – ℰ *01 45 42 31 17*
– www.hotelchatillon.fr
31 ch – ♦85/140 € ♦♦85/140 € – ☷ 8 €
◆ Hôtel fréquenté par des habitués, sensibles à son calme : les chambres donnent sur un square au fond d'une impasse. La propriétaire, qui aime la déco, refait peu à peu les chambres.

De la Paix sans rest
225 bd Raspail Ⓜ *Raspail* – ℰ *01 43 20 35 82* – *www.hoteldelapaix.com*
39 ch – ♦95/150 € ♦♦99/220 € – ☷ 12 €
◆ Ne vous fiez pas à sa façade des années 1970 : cet hôtel rénové en 2009 propose des chambres simples, claires et actuelles, assez avenantes.

Apollon Montparnasse sans rest
91 r. Ouest Ⓜ *Pernety* – ℰ *01 43 95 62 00* – *www.apollon-montparnasse.com*
33 ch – ♦90/115 € ♦♦99/139 € – ☷ 12 €
◆ Cet hôtel familial se rénove en douceur. Dans les chambres, bien tenues, les rayures et les rideaux fleuris dominent. Accueil courtois.

Cécil sans rest
47 r. Beaunier Ⓜ *Porte d'Orléans* – ℰ *01 45 40 93 53* – *www.cecil-hotel-paris.com*
25 ch – ♦98 € ♦♦98 € – ☷ 9 €
◆ Dans une rue paisible près du parc Montsouris. Meubles et objets chinés confèrent à chaque chambre sa personnalité ("Cuba", "Provence", etc.). Petit-déjeuner dans le jardinet l'été.

Le Dôme
108 bd Montparnasse Ⓜ *Vavin* – ℰ *01 43 35 25 81* – *Fermé dim. et lundi en août*
Rest – Carte 75/160 €
◆ L'un des temples de la bohème littéraire et artistique des années folles : son cadre Art déco est plein d'allure, de même que le service fait à l'ancienne. Produits de la mer.

Le Duc
243 bd Raspail Ⓜ *Raspail* – ℰ *01 43 20 96 30* – *Fermé 31 juil.-23 août,*
24 déc.-3 janv., sam. midi, dim. et lundi
Rest – Menu 50 € (déj.) – Carte 90/120 €
◆ Cuisine de la mer servie dans un décor de confortable cabine de yacht, avec lambris en acajou, appliques illustrant des thèmes marins et cuivres rutilants. Un classique.

PARIS

XX **Pavillon Montsouris**   VISA ⬤ AE

20 r. Gazan Ⓜ *Cité Universitaire –* 𝄐 *01 43 13 29 00*
*– www.pavillon-montsouris.fr – Fermé vacances de fév. et dim. soir de mi-sept. à
Pâques*
Rest – Menu 49/67 € – Carte 57/89 €
♦ Ce pavillon créé à la Belle Époque dans le parc Montsouris offre le calme de la
campagne en plein Paris : la terrasse est très prisée en saison. Cuisine au goût
du jour.

XX **Maison Courtine**   AC VISA ⬤ AE
☺
157 av. du Maine Ⓜ *Mouton Duvernet –* 𝄐 *01 45 43 08 04*
*– www.lamaisoncourtine.com – Fermé 3 sem. en août, 1 sem. en fév., lundi
midi, sam. midi et dim.*
Rest – Menu 24 € (déj.), 30/35 € – Carte environ 33 €
♦ Révolution en 2009 : cet ancien bastion de la cuisine du Sud-Ouest a cédé la
place à un restaurant contemporain (tons rose et anis) qui propose une cuisine
méridionale du marché.

XX **Monsieur Lapin - Chez Franck Enée**   AC VISA ⬤ AE

11 r. R. Losserand Ⓜ *Gaîté –* 𝄐 *01 43 20 21 39 – www.monsieur-lapin.fr
– Fermé août, dim. et lundi*
Rest – *(nombre de couverts limité, prévenir)* (25 €) Menu 35/45 €
– Carte 46/86 €
♦ Dans le décor de la salle comme dans l'assiette où il est accommodé à moult
sauces, Monsieur Lapin – du Gâtinais – joue les stars, mais le poisson occupe
aussi la scène.

X **Millésimes 62**   VISA ⬤ AE

13 pl. de Catalogne Ⓜ *Gaîté –* 𝄐 *01 43 35 34 35 – www.millesimes62.com
– Fermé sam. midi et dim.*
Rest – (20 €) Menu 23 € (déj.), 26/29 € – Carte 28/38 €
♦ En plein sur la place de Catalogne, on y apprécie une cuisine du marché à
prix serrés. En vedette : pavé de bœuf au poivre du Sichuan et crème brûlée à
la bergamote.

X **La Régalade**   AC VISA ⬤
☺
49 av. Jean-Moulin Ⓜ *Porte d'Orléans –* 𝄐 *01 45 45 68 58 – Fermé
25 juil.-20 août, 1ᵉʳ-10 janv., lundi midi, sam. et dim.*
Rest – *(prévenir)* Menu 32 €
♦ Le cadre est informel, la cuisine du marché bien ficelée et généreuse, et la
sélection de vins judicieuse. Une adresse sympathique qui ne désemplit pas ;
mieux vaut réserver.

X **L'Assiette**   VISA ⬤ AE

181 r. du Château Ⓜ *Mouton Duvernet –* 𝄐 *01 43 22 64 86
– www.restaurant-lassiette.com – Fermé août, lundi et mardi*
Rest – *(prévenir)* (23 €) Carte 45/60 €
♦ Goût d'autrefois dans ce bistrot patiné par les années... Carte courte et belle
cuisine classique, un brin bourgeoise, à base de bons produits.

X **Le Bistro T**   AC VISA ⬤ AE ⓞ

17 bis r. Campagne-Première Ⓜ *Raspail –* 𝄐 *01 43 20 79 27 – www.bistro-t.fr
– Fermé 30 juil.-23 août, dim. et lundi*
Rest – (18 €) Menu 24 € (déj.) – Carte 32/40 €
♦ Pot-au-feu, poêlée d'asperges, parmentier de queue de bœuf, crème brûlée...
La carte joue à fond le registre bistrotier, comme le décor : miroir, luminaires Art
déco, banquettes rouges !

X **La Cerisaie**   VISA ⬤
☺
70 bd E.-Quinet Ⓜ *Edgar Quinet –* 𝄐 *01 43 20 98 98
– www.restaurantlacerisaie.com – Fermé 14 juil.-15 août, 19 déc.-4 janv., sam.
et dim.*
Rest – *(prévenir)* Menu 32/39 € – Carte 32/46 €
♦ Restaurant de poche situé en plein quartier breton. Le patron écrit sur l'ardoise,
chaque jour et à la craie, les plats du Sud-Ouest qu'il a consciencieusement
mitonnés.

Bistrot du Dôme

1 r. Delambre Ⓜ *Vavin* – ℰ *01 43 35 32 00*

Rest – Carte 45/50 €

• L'annexe du Dôme, spécialisée elle aussi dans les produits de la mer. Ambiance décontractée dans la grande salle à manger au plafond orné de feuilles de vignes.

La Cagouille

10 pl. Constantin-Brancusi Ⓜ *Gaîté* – ℰ *01 43 22 09 01 – www.la-cagouille.fr*

Rest – (23 €) Menu 38 € bc – Carte 36/70 €

• Accord parfait entre le cadre feutré (boiseries, poulies, cordages de vieux navires) et les beaux produits de la mer préparés simplement. Terrasse au calme d'une placette.

L'Ordonnance

51 r. Hallé Ⓜ *Mouton Duvernet* – ℰ *01 43 27 55 85 – Fermé 1er-15 août, sam. sauf le soir en hiver et dim.*

Rest – (25 €) Menu 32 €

• À quelques pas de la place Michel-Audiard, un bistrot nouvelle vague mené par un patron chaleureux. Carré d'agneau rôti au thym, œuf poché, foie gras poêlé, etc. : franc et précis.

La Grande Ourse

9 r. Georges Saché Ⓜ *Mouton Duvernet* – ℰ *01 40 44 67 85 – www.restaurantlagrandeourse.fr – Fermé août, dim. et lundi*

Rest – Menu 18 € (déj.)/37 € – Carte 37/48 € le soir

• Nouvelle constellation dans la galaxie des bistrots du 14e. Cadre chatoyant (orange et prune) et cuisine actuelle, à base de produits frais travaillés avec soin.

L'Atelier d'Antan

9 r. L.-Robert Ⓜ *Raspail* – ℰ *01 43 21 36 19 – Fermé sam. midi et dim.*

Rest – (15 €) Menu 17 € (déj.)/33 € – Carte 20/35 € le midi

• Un atelier gourmand et sympathique, tendance sépia et douce France... Allure de bistrot et cuisine traditionnelle simple et bonne, où le produit frais est la règle.

La Cantine du Troquet

101 r. de l'Ouest Ⓜ *Pernety*

Rest – (23 €) Menu 30 € – Carte 29/39 €

• Petite sœur du Troquet (15e) en version simplifiée – ni réservation ni téléphone –, cette cantine respire la convivialité : banquettes rouges, tables en bois, ardoise du jour.

L'Entêtée

4 r. Danville Ⓜ *Denfert Rochereau* – ℰ *01 40 47 56 81 – www.wix.com/lentetee – Fermé août, dim., lundi et fériés*

Rest – (dîner seult) (nombre de couverts limité, prévenir) Menu 32/30 € – Carte environ 39 €

• L'Entêtée ou le pari réussi de la chef qui a repris ce discret bistrot, à deux pas de la rue Daguerre. Elle signe une cuisine du marché teintée d'herbes et d'épices.

Les Fils de la Ferme

5 r. Mouton-Duvernet Ⓜ *Mouton Duvernet* – ℰ *01 45 39 39 61 – www.filsdelaferme.com – Fermé 3 sem. en août, 1er-10 janv., dim. et lundi*

Rest – (21 €) Menu 30 €

• Deux frères tiennent ce restaurant et travaillent à quatre mains de bons produits de saison, dans un style bistrot légèrement modernisé. Cadre rustique, façon auberge.

Les Petits Plats

39 r. des Plantes Ⓜ *Alésia* – ℰ *01 45 42 50 52 – fermé 1er- 22 août, vacances de Noël et dim.*

Rest – (nombre de couverts limité, prévenir) (15 €) Menu 32 € – Carte 25/56 €

• Moulures, miroirs, comptoir en bois, grande ardoise présentant les mets du moment : un petit bistrot élégant, dans son jus 1910, pour une cuisine canaille et familiale à prix doux.

PARIS

Le Jeu de Quilles   AC �%_ VISA ⊙⊙

45 r. Boulard Ⓜ *Mouton Duvernet* – ☎ *01 53 90 76 22* – *Fermé 3 sem. en août,*
24 déc.-2 janv., dim., lundi et mardi
Rest – *(prévenir)* Menu 21 € (déj.) – Carte 35/60 €
♦ Avec le coin épicerie à l'entrée et la cuisine au fond de la minisalle, ce bistrot
"brut", plein de vie, éveille l'appétit. Ardoise courte, bons produits et convivialité
sans égal.

L'Amuse Bouche   VISA ⊙⊙

186 r. du Château Ⓜ *Mouton Duvernet* – ☎ *01 43 35 31 61* – *Fermé 1er-20 août,*
dim. et lundi
Rest – (19 €) Carte 33/40 €
♦ Tables serrées et murs aux couleurs vives... Ce petit restaurant simple et familial sert des plats traditionnels, parmi lesquels se distinguent des spécialités de
soufflés.

Le Bis du Severo   VISA ⊙⊙

16 r. des Plantes Ⓜ *Mouton Duvernet* – ☎ *01 40 44 73 09* – *Fermé 1 sem.*
en avril, août, 24 déc.-3 janv., vacances de fév., sam. soir, lundi midi et dim.
Rest – (21 €) Menu 25 € (déj. en sem.) – Carte 30/45 €
♦ Annexe du Severo (au n° 8) : même allure de bistroquet, même passion de la
viande, mais avec des infidélités, vite pardonnées, côté poisson. Excellents produits.

Severo   AC VISA ⊙⊙

8 r. des Plantes Ⓜ *Mouton Duvernet* – ☎ *01 45 40 40 91* – *Fermé 23 juil.-21 août,*
24 déc.-2 janv., sam., dim. et fériés
Rest – Carte 25/54 €
♦ La qualité de la viande – rassise sur place – et de la charcuterie est l'atout
majeur de ce chaleureux bistrot, tenu par un ancien boucher. Spécialités d'Auvergne et du Limousin.

Porte de Versailles ·
Vaugirard · Beaugrenelle

15e arrondissement   ✉ 75015

H. Le Gac/MICHELIN

🏨 Pullman Rive Gauche   ⇐ 🖥 Ⅰ☎ 🛗 ⅼ ch, AC �%_ rest, ☎ 🛎 🚗

8 r. L.-Armand Ⓜ *Balard* – ☎ *01 40 60 30 30*   VISA ⊙⊙ AE ⓪
– *www.pullmanhotels.com*
612 ch – ♦129/440 € ♦♦129/440 € – 15 suites – ⌑ 22 €
Rest *Brasserie* – ☎ *01 40 60 33 77* – (34 €) Carte 38/80 €
♦ Face à l'héliport, hôtel pensé pour la clientèle d'affaires. Chambres contemporaines bien insonorisées. Fitness, points Internet et espaces séminaires. Cuisine simple à la brasserie, bar de style anglais et salle des petits-déjeuners panoramique.

🏨 Novotel Tour Eiffel   ⇐ 🖥 Ⅰ☎ 🛗 ⅼ ch, AC ☎ 🛎 🚗 VISA ⊙⊙ AE ⓪

61 quai de Grenelle Ⓜ *Charles Michels* – ☎ *01 40 58 20 00*
– *www.novotel-paris-convention.com*
758 ch – ♦179/400 € ♦♦179/400 € – 6 suites – ⌑ 22 €
Rest *Benkay* – voir ci-après
Rest *L'Envie* – ☎ *01 40 58 20 75* – Carte 31/45 €
♦ L'hôtel, situé en bord de Seine, dispose de confortables chambres actuelles
(bois, teintes claires), majoritairement tournées vers le fleuve. Centre de conférences high-tech. Carte aux accents méditerranéens au restaurant L'Envie.

Mercure Suffren Tour Eiffel

20 r. Jean-Rey ⓜ *Bir-Hakeim* – 📞 *01 45 78 50 00*
– *www.mercure.com*

405 ch – ♦180/315 € ♦♦195/315 € – ☑ 20 €   **Rest** – (25 €) Carte 32/45 €

♦ Cet hôtel moderne rénove petit à petit ses chambres ; quelques unes regardent la tour Eiffel. Salle de fitness ouverte 24h/24. Restaurant d'esprit lounge, associé à un bar et une cave à vins.

Le Marquis *sans rest*

15 r. Dupleix ⓜ *Dupleix* – 📞 *01 43 06 31 50* – *www.lemarquisparis.com*

36 ch – ♦149/350 € ♦♦149/350 € – ☑ 19 €

♦ Bonne adresse à proximité du Champ de Mars. Chambres confortables, aménagées avec un certain sens du détail, dans des tons contemporains assez chauds (brun, crème, chocolat).

Océania *sans rest*

52 r. Oradour-sur-Glane ⓜ *Porte de Versailles* – 📞 *01 56 09 09 09*
– *www.oceaniahotels.com*

232 ch – ♦270 € ♦♦287 € – 18 suites – ☑ 17 €

♦ Cet hôtel né en 2005 a tout prévu pour offrir un confort moderne dans un cadre élégant et actuel. Chambres bien équipées, espace détente complet, terrasse-jardin exotique.

Novotel Gare Montparnasse

17 r. Cotentin ⓜ *Montparnasse Bienvenüe*
– 📞 *01 53 91 23 75*

197 ch – ♦139/350 € ♦♦149/350 € – 2 suites – ☑ 16 €
Rest – (12 €) Carte 15/35 €

♦ Cet hôtel proche de la gare propose des chambres zen d'esprit contemporain (équipements dernier cri, bonne insonorisation). Copieux buffet au petit-déjeuner.

Holiday Inn Montparnasse *sans rest*

10 r. Gager-Gabillot ⓜ *Vaugirard* – 📞 *01 44 19 29 29*
– *www.holidayinn.fr/paris-mountain*

60 ch – ♦90/310 € ♦♦90/310 € – ☑ 14 €

♦ Bâtisse moderne située dans une rue calme. Hall spacieux et salon contemporain sous une pyramide de verre. Chambres fonctionnelles, quelques unes avec balcon.

Eiffel Cambronne *sans rest*

46 r. Croix-Nivert ⓜ *Av. Emile Zola* – 📞 *01 56 58 56 78* – *www.eiffel-cambronne.fr*

31 ch – ♦109/189 € ♦♦109/189 € – ☑ 13 €

♦ Hall-salon aux fauteuils moelleux (feu de cheminée en hiver) ; chambres simples et bien entretenues, plus calmes sur l'arrière. Copieux petit-déjeuner servi sous une verrière.

Mercure Paris XV *sans rest*

6 r. St-Lambert ⓜ *Boucicaut* – 📞 *01 45 58 61 00* – *www.mercure.com*

54 ch – ♦115/171 € ♦♦120/177 € – ☑ 14 €

♦ Adresse située à 800 m de la porte de Versailles. Accueil et salons sont aménagés dans le style contemporain, de même que les chambres, rénovées en 2009.

Aberotel *sans rest*

24 r. Blomet ⓜ *Volontaires* – 📞 *01 40 61 70 50* – *www.aberotel.com*

28 ch – ♦80/130 € ♦♦90/150 € – ☑ 8 €

♦ Tout l'hôtel est décoré d'objets rapportés de Bali par la directrice ; petites chambres coquettes et cour intérieure où l'on prend le petit-déjeuner en été. Une adresse prisée.

Le Quinzième - Cyril Lignac

14 r. Cauchy ⓜ *Javel* – 📞 *01 45 54 43 43* – *www.restaurantlequinzieme.com*
– *Fermé 10-20 août, sam. midi, dim. et lundi*
Rest – (49 €) Menu 120/160 € bc – Carte 90/100 €

♦ Élégant décor contemporain, table d'hôte avec vue sur les fourneaux et goûteuse cuisine actuelle : le restaurant du très médiatique Cyril Lignac s'avère séduisant.

PARIS

XXX   **Benkay** – Novotel Tour Eiffel   ⟨ ⟨ ⟨ AC ⟨ ⟨ VISA ⟨⟨ AE ⟨⟨
61 quai de Grenelle ⓜ *Bir-Hakeim* – ℰ *01 40 58 21 26*
– www.restaurant-benkay.com – Fermé août
Rest – Menu 32 € (déj.), 38/150 € – Carte 55/150 €
♦ Élégant cadre japonisant au dernier étage d'un hôtel dominant la Seine. Cuisine teppanyaki au comptoir (exécutée devant vous sur plaque chauffante) ou washoku (service à table).

XX   **Le Quinze - Lionel Flury**   AC ⟨ ⟨ VISA ⟨⟨ AE
8 r. Nicolas-Charlet ⓜ *Pasteur* – ℰ *01 42 19 08 59 – www.lequinzelionelflury.fr*
– Fermé 25 juil.-21 août, 20-27 déc., lundi soir et dim.
Rest – Menu 42 € (déj.), 55/80 € – Carte 54/80 €
♦ Lotte en tarte fine et son fondant de tomates, ris de veau et macaronis lard parmesan, orange en millefeuille... Des mets séduisants pour ce Quinze repris en 2010 par un chef d'expérience.

XX   **Chen Soleil d'Est**   AC ⟨ ⟨ VISA ⟨⟨ AE ⟨⟨
15 r. du Théâtre ⓜ *Dupleix* – ℰ *01 45 79 34 34 – Fermé août et dim.*
Rest – Menu 40 € (déj.)/75 € – Carte 65/95 €
♦ Dans le quartier Beaugrenelle, ce restaurant concocte une fine cuisine chinoise avec de bons produits. Salle dans le plus pur style asiatique. Intéressante sélection de vins.

XX   **La Gauloise**   ⟨ ⟨ ⟨ VISA ⟨⟨ AE
59 av. La Motte-Picquet ⓜ *La Motte Picquet Grenelle* – ℰ *01 47 34 11 64*
Rest – Menu 22/28 € – Carte 31/50 €
♦ Cette brasserie des années 1900 a dû voir passer bon nombre de personnalités, à en juger par les photos dédicacées tapissant les murs. Plaisante terrasse sur le trottoir.

XX   **L'Atelier du Parc**   ⟨ ⟨ AC VISA ⟨⟨ AE
35 bd Lefèbvre ⓜ *Porte de Versailles* – ℰ *01 42 50 68 85 – www.atelierduparc.fr*
– Fermé 2 sem. en août, lundi midi et dim.
Rest – (20 € bc) Menu 35/75 €
♦ Cet atelier séduit avec une savoureuse cuisine qui s'échappe des chemins "bistrotiers". Présentations soignées, à l'image de la salle (couleurs vives, beaux matériaux).

XX   **Le Caroubier**   AC VISA ⟨⟨ AE ⟨⟨
82 bd Lefèbvre ⓜ *Porte de Vanves* – ℰ *01 40 43 16 12*
– www.restaurant-lecaroubier.com – Fermé 24 juil.-25 août et lundi
Rest – Menu 18 € (déj. en sem.)/28 € – Carte 30/45 €
♦ Couscous délicats, tajines aux saveurs subtiles et franches, pastillas gorgées du soleil de l'Atlas... Une véritable oasis de douceur, tout près de la porte de Versailles !

XX   **Fontanarosa**   ⟨ ⟨ AC VISA ⟨⟨
28 bd Garibaldi ⓜ *Cambronne* – ℰ *01 45 66 97 84*
– www.restaurantfontanarosa.com
Rest – (19 €) Menu 26/30 € – Carte 44/74 €
♦ Oubliés le métro aérien et l'agitation urbaine, cap sur l'Italie ! Ici, le soleil s'invite dans l'assiette : honneur aux plats transalpins et aux spécialités sardes. Terrasse d'été.

XX   **La Dînée**   AC ⟨ ⟨ VISA ⟨⟨ ⟨⟨
85 r. Leblanc ⓜ *Balard* – ℰ *01 45 54 20 49 – www.restaurant-ladinee.com*
– Fermé sam. et dim.
Rest – (39 €) Menu 47 €
♦ Cadre actuel, agrémenté de tableaux contemporains, où déguster des recettes au diapason. Cuisine à la plancha servie dans le bistrot attenant.

XX   **Erawan**   AC VISA ⟨⟨ AE
76 r. Fédération ⓜ *La Motte Picquet Grenelle* – ℰ *01 47 83 55 67 – Fermé 3 sem. en août, lundi midi et dim.*
Rest – (12 € bc) Menu 20/29 € – Carte 20/50 €
♦ Bois sculptés, tons pastel et objets asiatiques composent le cadre feutré de ce restaurant. Goûteux plats thaïlandais, service assuré en costume du pays et accueil charmant.

XX **L'Épopée** AC VISA ◑ AE

89 av. Émile-Zola Ⓜ *Charles Michels – ℰ 01 45 77 71 37 – www.lepopee.fr*
– Fermé 9-17 août, 24 déc.-3 janv. et dim. soir
Rest – (29 €) Menu 35 €

♦ Cuisine traditionnelle – sagement actualisée – et bons vins de propriétaires
ravissent les habitués qui trouvent toujours leur bonheur sur la carte ramassée
de ce restaurant.

XX **Le Court-Bouillon** 🍴 AC VISA ◑ AE

51 r. du Théâtre Ⓜ *Av. Émile Zola – ℰ 01 45 77 08 18 – www.lecourtbouillon.com*
– Fermé août, vacances de Noël, dim. et lundi
Rest – Menu 32/45 €

♦ Un couple de bons professionnels a lancé cette table en 2009 : salle élégante
tout en camaïeu de beiges, cuisine actuelle à base de produits choisis, accueil
charmant.

X **Stéphane Martin** AC ⅍ ⇄ VISA ◑

⊛ *67 r. des Entrepreneurs* Ⓜ *Charles Michels – ℰ 01 45 79 03 31*
– www.stephanemartin.com – Fermé 17-25 avril, 31 juil.-22 août, 24 déc.-3 janv.,
dim. et lundi
Rest – (17 €) Menu 21 € (déj. en sem.)/35 € – Carte 38/55 €

♦ Chaleureux restaurant décoré dans l'esprit d'une bibliothèque (fresque figurant
des rayonnages de livres), où l'on propose une cuisine au goût du jour inspirée
par le marché.

X **Bernard du 15** VISA ◑ AE

⊜ *62 r. des Entrepreneurs* Ⓜ *Charles Michels – ℰ 01 40 59 09 27*
– Fermé août et dim. soir
Rest – Menu 17/33 € – Carte 35/52 €

♦ Le chef de ce restaurant apporte une touche actuelle à des plats traditionnels,
principalement orientés "mer" (bons produits). Prix doux et service agréable.

X **Bistro d'Hubert** VISA ◑ AE ◐

41 bd Pasteur Ⓜ *Pasteur – ℰ 01 47 34 15 50 – www.bistrodhubert.com – Fermé*
lundi midi, sam. midi, dim. et fériés
Rest – (28 €) Menu 32 € – Carte 40/70 €

♦ Bocaux et bonnes bouteilles sur les étagères, nappes à carreaux, vue directe
sur les fourneaux et les cuivres rutilants : le cadre de ce bistrot évoque une
ferme landaise.

X **Yanasé** AC ⅍ ⇄ VISA ◑

75 r. Vasco-de-Gama Ⓜ *Lourmel – ℰ 01 42 50 07 20 – www.yanase.fr – Fermé*
1er-15 août, lundi midi et dim.
Rest – (18 €) Menu 40/60 € – Carte 38/60 € le soir

♦ Décor épuré au Yanasé (cèdre du Japon) qui propose des sushis et des grillades nippones cuites, sous vos yeux autour du comptoir, au "robata", un barbecue
au charbon de bois.

X **Afaria** VISA ◑

15 r. Desnouettes Ⓜ *Convention – ℰ 01 48 56 15 36*
– Fermé 31 juil.-22 août, dim. et lundi
Rest – (21 €) Menu 24 € (déj. en sem.)/45 € – Carte 33/61 €

♦ Gros succès pour cette adresse qui met à l'honneur le terroir basque, revisité
par quelques apports culinaires "des" cuisines du monde. C'est peu dire qu'il
faut réserver.

X **Beurre Noisette** ⅍ VISA ◑ AE

⊛ *68 r. Vasco-de-Gama* Ⓜ *Lourmel – ℰ 01 48 56 82 49 – Fermé 1er-24 août, dim. et*
lundi
Rest – (22 €) Menu 30 € (déj. en sem.), 32/48 € – Carte 32/45 €

♦ Une adresse chaleureuse. Le chef a fréquenté les fourneaux de grandes maisons parisiennes et concocte, au gré du marché, de jolis mets, simples ou plus
ambitieux. Bon choix de vins.

Le Grand Pan

VISA ⓒⓓ

20 r. Rosenwald Ⓜ *Plaisance – ℰ 01 42 50 02 50 – Fermé 1 sem. en mai,*
10-30 août, vacances de Noël, sam. et dim.

Rest – (20 €) Menu 28 € (déj.) – Carte 30/50 €

• Un bistrot de quartier qu'aurait pu fréquenter Georges Brassens, qui habita tout près. Des soupes en entrée, de bons desserts à l'ancienne et surtout, de superbes viandes !

Le Troquet

VISA ⓒⓓ

21 r. François-Bonvin Ⓜ *Cambronne – ℰ 01 45 66 89 00 – Fermé 1 sem.*
en mai, 3 sem. en août, 1 sem. en déc., dim. et lundi

Rest – (26 €) Menu 32 € (déj.)/41 €

• "Le" troquet parisien : décor rétro et belle cuisine du marché, sous la houlette de Christian Etchebest, célèbre représentant du Sud-Ouest. Pour les titis... et les autres !

Le Cristal de Sel

Ⓐ ⓢ *VISA* ⓒⓓ

13 r. Mademoiselle Ⓜ *Commerce – ℰ 01 42 50 35 29 – www.lecristaldesel.fr*
– Fermé 26 avril-2 mai, 3 sem. en août, vacances de Noël, dim. et lundi

Rest – (18 €) Menu 27 € (déj.) – Carte 36/58 €

• Dans ce restaurant au cadre simple et convivial, l'ardoise propose de belles recettes au goût du jour réalisées avec des produits frais. Service très attentif.

La Villa Corse

Ⓐ ⓢ 🖭 *VISA* ⓒⓓ Ⓐ

164 bd Grenelle Ⓜ *La Motte Picquet Grenelle – ℰ 01 53 86 70 81*
– www.lavillacorse.com

Rest – (25 € bc) Menu 35 € bc (déj. en sem.)/38 € – Carte 50/60 €

• La cuisine corse s'exprime avec cœur dans cette attractive Villa parisienne. Les trois salles offrent une atmosphère différente : bibliothèque, bar-salon et "terrasse".

Le Mûrier

ⓢ *VISA* ⓒⓓ

42 r. Olivier-de-Serres Ⓜ *Convention – ℰ 01 45 32 81 88 – Fermé 9-22 août, sam. et dim.*

Rest – (19 €) Menu 21/25 €

• Sympathique pause-repas dans ce restaurant proche des boutiques de la rue de la Convention. Salle à manger ornée de vieilles affiches et recettes traditionnelles.

Le Bélisaire

VISA ⓒⓓ

2 r. Marmontel Ⓜ *Vaugirard – ℰ 01 48 28 62 24 – Fermé 30 juil.-21 août,*
24 déc.-1ᵉʳ janv., sam. midi et dim.

Rest – Menu 24 € (déj.), 33/35 € – Carte 22/32 €

• Ce bistrot au cadre soigné s'est bâti une solide réputation dans le quartier Convention grâce à la qualité de son accueil et de sa cuisine bien dans notre époque.

Le Dirigeable

VISA ⓒⓓ Ⓐ

37 r. d'Alleray Ⓜ *Vaugirard – ℰ 01 45 32 01 54 – Fermé 1ᵉʳ-24 août,*
24 déc.-1ᵉʳ janv., dim. et lundi

Rest – (19 €) Menu 22 € (déj.) – Carte 30/40 €

• Restaurant de quartier à l'ambiance décontractée et au cadre simple : banquettes, mobilier en bois et murs clairs avec miroirs. Cuisine traditionnelle, menu du midi à prix doux.

Jadis

VISA ⓒⓓ Ⓐ

208 r. de la Croix-Nivert Ⓜ *Convention – ℰ 01 45 57 73 20 – Fermé 3 sem. en août, sam. et dim.*

Rest – (25 €) Menu 34/65 € – Carte 42/60 €

• "Jadis" et pourtant si nouveau ! Ce restaurant d'esprit bistrot est à l'image de son jeune chef-patron, sympathique et prometteur. Menu-carte actuel renouvelé au fil des saisons.

L'Os à Moelle

🏡 *VISA* ⓒⓓ Ⓐ

3 r. Vasco-de-Gama Ⓜ *Lourmel – ℰ 01 45 57 27 27 – Fermé 2-25 août, sam. midi, dim. et lundi*

Rest – (21 €) Menu 28 € (déj.)/35 €

• Un refuge pour gourmands. Dans une petite salle aux murs ensoleillés, on choisit ses plats sur l'ardoise du jour : une belle cuisine du marché tendance bistrot.

✗ Le Concert de Cuisine   VISA ⓒⓓ AE

14 r. Nélaton Ⓜ *Bir-Hakeim –* ☏ *01 40 58 10 15 – Fermé 7-28 août, lundi midi, sam. midi et dim.*

Rest – *(nombre de couverts limité, prévenir)* (24 €) Menu 29 € (déj.), 40/57 €

♦ En homme-orchestre, le chef, d'origine japonaise, s'exécute devant vous sur son teppanyaki. Le foie gras rencontre l'anguille teriyaki et les épices sansho : une belle fusion !

✗ Du Marché   🍴 ⬦ VISA ⓒⓓ

59 r. Dantzig Ⓜ *Porte de Versailles –* ☏ *01 48 28 31 55 – Fermé août, dim. et lundi*

Rest – (26 €) Menu 36 €

♦ Près du parc Georges-Brassens, cette adresse ne manque pas d'atouts : une goûteuse cuisine de bistrot, une terrasse cachée derrière un rideau de verdure et des prix serrés.

✗ Le Gastroquet   VISA ⓒⓓ AE

10 r. Desnouettes Ⓜ *Convention –* ☏ *01 48 28 60 91 – Fermé août et dim.*

Rest – Menu 22 € (déj. en sem.), 29/59 € – Carte environ 48 €

♦ La cuisine traditionnelle mijotée avec soin en ce "gastronomique troquet" familial séduit gourmands du quartier et visiteurs du parc des expositions de la Porte de Versailles.

✗ Gwon's Dining   AC VISA ⓒⓓ

51 r. Cambronne Ⓜ *Cambronne –* ☏ *01 47 34 53 17 – Fermé le midi*

Rest – Menu 55 € – Carte 40/50 €

♦ Décor contemporain de bon goût, avec ici et là des touches asiatiques : une ambiance douce (malgré l'affluence) propice à la dégustation d'une cuisine coréenne typique.

✗ Kaiseki   🍴 VISA ⓒⓓ AE

7 r. André-Lefebvre Ⓜ *Javel André Citroën –* ☏ *01 45 54 48 60 – www.kaiseki.com – Fermé dim.*

Rest – *(nombre de couverts limité, prévenir)* (20 €) Menu 40 € (déj.), 70/220 € – Carte 50/70 €

♦ Resto-labo atypique, parfois déroutant, tant la cuisine japonaise du chef étonne. Décor minimaliste et tables à partager. Expérience insolite pour initiés. Salon de thé.

✗ Le Pétel   AC VISA ⓒⓓ AE ⓞ

4 r. Pétel Ⓜ *Vaugirard –* ☏ *01 45 32 58 76 – www.lepetel.com – Fermé 1ᵉʳ-24 août, dim. et lundi*

Rest – (17 €) Menu 32 € – Carte 36/43 €

♦ Une adresse de quartier où l'on se presse le soir, dans une chaleureuse atmosphère de bistrot. Cuisine traditionnelle du marché proposée sous forme d'un menu-carte à l'ardoise.

✗ L'Inattendu   AC VISA ⓒⓓ

99 r. Blomet Ⓜ *Vaugirard –* ☏ *01 55 76 93 12 – www.restaurant-inattendu.fr – Fermé en août, sam. midi et dim.*

Rest – (24 €) Menu 30/37 €

♦ Table créée par deux professionnels expérimentés, Loïc en salle et Patrick aux fourneaux. Beaucoup de saveurs dans l'assiette, avec des associations... inattendues, à prix d'amis.

✗ Banyan   AC VISA ⓒⓓ

24 pl. E. Pernet Ⓜ *Félix Faure –* ☏ *01 40 60 09 31 – www.lebanyan.com – Fermé dim. en juil.-août*

Rest – (14 €) Menu 25 € (déj. en sem.), 35/55 € – Carte 36/56 €

♦ Dépaysement des papilles assuré en ce petit restaurant thaïlandais qui concocte une cuisine subtilement parfumée. Plaisant cadre actuel épuré ; accueil familial.

G. Targat/MICHELIN

Trocadéro · Étoile · Passy · Bois de Boulogne

16ᵉ arrondissement   ✉ 75016

PARIS

🏠🏠🏠🏠 Shangri-La   ← 🔲 💯 🕭 🍴 ⚿ 🅰🅲 🕪 🎇 VISA AE ⓪
10 av. d'Iéna ✉ 75116 Ⓜ Iéna – ℰ 01 53 67 19 98 – www.shangri-la.com
54 ch – †750/1675 € ††750/1675 € – 27 suites – ⏄ 48 €
Rest *L'Abeille* – *(fermé août, dim., lundi et le midi)* Menu 180 € – Carte 110/150 €🅐
Rest *Shang Palace* – *(ouverture prévue en avril) (fermé mardi et merc.)*
Carte 50/200 €
Rest *La Bauhinia* – Carte 75/120 €
◆ L'Empire mâtiné d'Asie... La signature du dernier né des palaces parisiens, créé dans l'ancien hôtel du prince Roland Bonaparte (1896). Luxe opulent, sentiment d'exclusivité ! L'Abeille est dédiée à la gastronomie française. Spécialités cantonaises au Shang Palace. "All day dining" à la Bauhinia.

🏠🏠🏠🏠 Raphael   🍴 ⛮ ⚿ ch. 🅰🅲 🕪 🎇 VISA ◍ AE ⓪
17 av. Kléber ✉ 75116 Ⓜ Kléber – ℰ 01 53 64 32 00 – www.raphael-hotel.com
83 ch – †375/535 € ††375/535 € – 37 suites – ⏄ 39 €
Rest *La Salle à Manger* – *(fermé août, sam. et dim.)* Menu 55 € bc *(déj.)*/
65 € bc – Carte 80/120 €
Rest *Les Jardins Plein Ciel* – ℰ 01 53 64 32 30 *(ouvert de mai à sept. et fermé sam. midi et dim.)* Menu 55 € bc *(déj.)*/65 € bc – Carte 80/150 €
◆ Superbe galerie habillée de boiseries, chambres raffinées, toit-terrasse panoramique et bar anglais "mondain" sont les trésors du Raphael (1925). Registre traditionnel à la belle Salle à Manger d'esprit "palace". Exceptionnelle vue sur Paris et cuisine saisonnière aux Jardins Plein Ciel (7ᵉ étage).

🏠🏠🏠 St-James Paris ⌚   🚗 🌳 🍴 ⛮ 🅰🅲 🕪 🎇 🅿 VISA ◍ AE ⓪
43 av. Bugeaud ✉ 75116 Ⓜ Porte Dauphine – ℰ 01 44 05 81 81
– www.saint-james-paris.com
30 suites – ††500/920 € – 18 ch – ⏄ 32 €
Rest – *(fermé sam., dim. et fériés) (résidents seult)* Menu 60 € – Carte 64/220 €
◆ Bel hôtel particulier élevé en 1892 au cœur d'un jardin arboré. Escalier majestueux, spacieuses chambres contemporaines et bar-bibliothèque à l'atmosphère de club anglais.

🏠🏠🏠 Costes K.   🔲 🍴 ⛮ ⚿ ch. 🅰🅲 ch. 🕪 🎇 VISA ◍ AE ⓪
81 av. Kléber ✉ 75116 Ⓜ Trocadéro – ℰ 01 44 05 75 75 – www.costes.com
83 ch – †250/550 € ††300/550 € – ⏄ 20 €
Rest *Costes K.* – Carte 50/60 €
◆ Signé Ricardo Bofill, cet hôtel dans l'air du temps est une invite discrète à la sérénité. Vastes chambres aux lignes épurées ordonnées autour d'un joli patio japonisant. Cadre lumineux dans la petite salle à manger contemporaine où l'on sert des plats actuels.

🏠🏠🏠 Renaissance Parc-Trocadéro ⌚   🌳 🍴 ⛮ 🅰🅲 🕪 🎇 ⛴
55 av. R. Poincaré ✉ 75116 Ⓜ Victor Hugo   VISA ◍ AE ⓪
– ℰ 01 44 05 66 66 – www.renaissanceleparctrocadero.com – Ré-ouverture prévue fin mars après rénovation
122 ch – †219/569 € ††269/599 € – 4 suites – ⏄ 27 €
Rest *Le Relais du Parc* – ℰ 01 44 05 66 10 *(fermé 1ᵉʳ-22 août, vacances de Noël, sam. midi et dim.)* (33 €) Menu 37 € *(déj.)*, 47/95 € bc – Carte 35/55 €
◆ Une enseigne de circonstance, car l'hôtel renaît en ce printemps 2011 après une fermeture pour travaux. Beaucoup de confort, avec une belle situation au nord de l'arrondissement. Décor cosy au restaurant, façon "bistrot chic" ; cuisine actuelle.

Baltimore

88 bis av. Kléber ⊠ 75116 Ⓜ *Boissière* – 𝒞 01 44 34 54 54
– www.hotel-baltimore-paris.com
102 ch – 🛉195/580 € 🛉🛉195/580 € – 1 suite – ⌑ 26 €
Rest *La Table du Baltimore* – voir ci-après
◆ Mobilier épuré, tissus tendance, photos : le décor contemporain des chambres contraste avec l'architecture de cet immeuble du 19e s. Salon-bar cosy et chaleureux.

Villa Majestic

30 r. Lapérouse ⊠ 75016 Ⓜ *Kléber* – 𝒞 01 45 00 83 70
– www.majestic-hotel.com
29 ch – 🛉300/800 € 🛉🛉300/800 € – 23 suites – ⌑ 34 €   **Rest** – Carte 42/52 €
◆ Luxueuse sans ostentation, très confortable et pleine de style, cette Villa (19e s.) s'avère... majestic. De l'espace dans les chambres, de belles prestations au spa : bien-être à deux pas des Champs-Élysées. Cuisine actuelle au restaurant.

Square

3 r. Boulainvilliers ⊠ 75016 Ⓜ *Mirabeau* – 𝒞 01 44 14 91 90
– www.hotelsquare.com
20 ch – 🛉300/650 € 🛉🛉300/650 € – 4 suites – ⌑ 25 €
Rest *Zébra Square* – 𝒞 01 44 14 91 91 – Menu 38 € (déj. en sem.)
– Carte 50/60 €
◆ Architecture récente face à la Maison de la Radio abritant des chambres modernes aux tons gris ou rouges. Équipements high-tech et collection d'art contemporain. Couleurs apaisantes et cadre très actuel au restaurant ; cuisine dans l'air du temps.

Keppler sans rest

10 r. Keppler ⊠ 75116 Ⓜ *George V* – 𝒞 01 47 20 65 05 – www.keppler.fr
34 ch – 🛉220/370 € 🛉🛉240/400 € – 5 suites – ⌑ 22 €
◆ Cet établissement offre un décor tout en luxe et raffinement signé Pierre-Yves Rochon. Espaces d'accueil et chambres allient styles, matières et lumière : la magie opère...

Dokhan's Radisson Blu sans rest

117 r. Lauriston ⊠ 75116 Ⓜ *Trocadéro* – 𝒞 01 53 65 66 99
– www.radissonblu.com/dokhanhotel-paristrocadero
41 ch – 🛉230/720 € 🛉🛉230/720 € – 4 suites – ⌑ 28 €
◆ Bel hôtel particulier (1910) à l'architecture palladienne et au décor intérieur néoclassique. Boiseries céladon (18e s.) dans les salons "cocooning". Bar à champagne très intimiste.

Sezz sans rest

6 av. Frémiet ⊠ 75016 Ⓜ *Passy* – 𝒞 01 56 75 26 26 – www.hotelsezz.com
35 ch – 🛉400/600 € 🛉🛉600/800 € – 1 suite – ⌑ 32 €
◆ Jolie bâtisse de 1913 entièrement relookée dans un style très contemporain (pierre grise, mobilier original et équipements high-tech). Service personnalisé, hammam, jacuzzi.

La Villa Maillot sans rest

143 av. Malakoff ⊠ 75116 Ⓜ *Porte Maillot* – 𝒞 01 53 64 52 52
– www.lavillamaillot.fr
39 ch – 🛉150/430 € 🛉🛉150/430 € – 3 suites – ⌑ 25 €
◆ À proximité de la porte Maillot. Chambres aux couleurs douces bénéficiant d'une bonne isolation phonique. Petits-déjeuners servis sous une verrière. Sauna et hammam.

Pergolèse sans rest

3 r. Pergolèse ⊠ 75116 Ⓜ *Argentine* – 𝒞 01 53 64 04 04
– www.parishotelpergolese.com
40 ch – 🛉130/276 € 🛉🛉140/348 € – ⌑ 17 €
◆ Derrière une sage façade du beau 16e, un intérieur design et apaisant (murs blancs, mobilier en bois clair). Plaisante salle des petits-déjeuners face à un patio ; bar cosy.

PARIS

Élysées Régencia sans rest   🔊 AC ✇ ᵀᵢ ⁵ᴬ VISA ⚫⚫ AE ⓪
41 av. Marceau ⊠ 75116 Ⓜ George V – ☎ 01 47 20 42 65 – www.regencia.com
43 ch – †175/355 € ††195/375 € – ⊇ 19 €
♦ Hôtel décoré dans un style design : chambres modernes et raffinées (bleu, fuschia ou anis) ; deux juniors suites provençales dépaysantes. Élégants salon, bar et bibliothèque.

Waldorf Trocadero sans rest   🔊 AC ✇ ᵀᵢ ⁵ᴬ VISA ⚫⚫ AE ⓪
97 r. Lauriston ⊠ 75116 Ⓜ Boissière – ☎ 01 45 53 83 30
– www.hotelswaldorfparis.com
44 ch – †300/410 € ††320/410 € – ⊇ 20 €
♦ Entre l'Arc de Triomphe et le Trocadéro, ce bel immeuble haussmannien abrite d'agréables chambres d'ampleurs variées et au sobre décor contemporain (mobilier en bois blond).

Le Metropolitan Radisson Blu   🔊 & AC ✇ ch, ᵀᵢ ⁵ᴬ VISA ⚫⚫ AE ⓪
10 pl. de Mexico ⊠ 75116 Ⓜ Trocadéro – ☎ 01 56 90 40 04
– www.radissonblu.com/hotel-pariseiffel
48 ch – †240/630 € ††270/740 € – 10 suites – ⊇ 24 €
Rest – (fermé 3 sem. en août, dim. et lundi) (26 €) Carte 48/59 €
♦ Cet hôtel ouvert en 2009 propose des chambres au décor contemporain épuré : murs blancs, parquet brut, mobilier en teck. Certaines offrent une petite vue sur la tour Eiffel. Salle à manger moderne tout en longueur et cuisine aux accents méditerranéens.

Garden Élysée sans rest ⊗   ✦ 🔊 AC ✇ ᵀᵢ VISA ⚫⚫ AE ⓪
12 r. St-Didier ⊠ 75116 Ⓜ Boissière – ☎ 01 47 55 01 11
– www.paris-hotel-gardenelysee.com
46 ch – †190/515 € ††200/650 € – ⊇ 22 €
♦ Situé en retrait de la rue dans une cour, hôtel idéal pour les amateurs de calme, à deux pas du Trocadéro. Chambres sobrement contemporaines et plaisant salon-bar.

Mon Hôtel   ✦ 🔊 AC ✇ ᵀᵢ VISA ⚫⚫ AE ⓪
1 r. d'Argentine Ⓜ Argentine – ☎ 01 45 02 76 76 – www.monhotel.fr
37 ch – †242/690 € ††242/690 € – ⊇ 22 €
Rest – (fermé août, sam. midi, lundi midi et dim.) Carte 34/60 €
♦ Un hôtel rien que pour soi ? Un rêve... Pourtant cette adresse dégage un je-ne-sais-quoi de confidentiel très appréciable à deux pas des Champs ! Chambres très design et confortables. Selon les heures, le lounge se fait Mon Bar ou Mon resto.

Bassano sans rest   🔊 AC ✇ ᵀᵢ VISA ⚫⚫ AE ⓪
15 r. Bassano ⊠ 75116 Ⓜ George V – ☎ 01 47 23 78 23
– www.hotel-bassano.com – Fermé août
33 ch – †175/325 € ††195/345 € – 1 suite – ⊇ 19 €
♦ Entièrement rénové en 2008, cet hôtel situé en retrait des avenues passantes arbore un décor ancré dans le 21e s. : chambres élégantes et fonctionnelles, aux tons bleu et gris.

Duret sans rest   🔊 AC ✇ ᵀᵢ VISA ⚫⚫ AE ⓪
30 r. Duret ⊠ 75116 Ⓜ Argentine – ☎ 01 45 00 42 60 – www.hotelduret.com
25 ch – †200/330 € ††200/330 € – 2 suites – ⊇ 16 €
♦ Atmosphère lounge dans le hall, bar cosy et chambres contemporaines colorées – moulures au plafond – font toute l'ambiance chaleureuse de cet hôtel proche de la porte Maillot.

Passy Eiffel sans rest   🔊 ᵀᵢ VISA ⚫⚫ AE ⓪
10 r. de Passy ⊠ 75016 Ⓜ Passy – ☎ 01 45 25 55 66 – www.passyeiffel.com
49 ch – †96/160 € ††111/185 € – ⊇ 14 €
♦ Dans une rue animée, hôtel familial disposant de chambres fonctionnelles, aux styles très différents, mais bien tenues. Certaines regardent la tour Eiffel. Petit patio zen.

Trocadéro La Tour sans rest

5 bis r. Massenet Ⓜ *Passy –* 𝒞 *01 45 24 43 03 – www.trocaderolatour.com*
41 ch – 🛉169/260 € 🛉🛉199/310 € – � 19 €
◆ Les chambres offrent un décor plaisant avec murs blancs, mobilier de style Louis XVI et gravures anciennes. Atmosphère de club anglais au salon-bar lambrissé d'acajou.

Étoile Résidence Impériale sans rest

155 av. de Malakoff ✉ *75116* Ⓜ *Porte Maillot –* 𝒞 *01 45 00 23 45*
– www.residenceimperiale.com
37 ch – 🛉150/240 € 🛉🛉150/240 € – ⊄ 14 €
◆ À deux pas du Palais des Congrès, chambres soit contemporaines (agréable décor aux tons brun et beige), soit fonctionnelles (1ᵉʳ et 2ᵉ étages). Toutes sont bien insonorisées.

Résidence Foch sans rest

10 r. Marbeau ✉ *75116* Ⓜ *Porte Maillot –* 𝒞 *01 45 00 46 50*
– www.residencefoch.com
25 ch – 🛉120/200 € 🛉🛉140/200 € – ⊄ 13 €
◆ Entre la porte Maillot et l'avenue Foch, ce petit hôtel familial héberge des chambres joliment décorées dans un style classique. Agréable salle des petits-déjeuners.

Nicolo sans rest

3 r. Nicolo ✉ *75116* Ⓜ *Passy –* 𝒞 *01 42 88 83 40 – www.hotel-nicolo.fr*
28 ch ⊄ – 🛉135/141 € 🛉🛉145/205 €
◆ Nuits calmes dans cet hôtel, auquel on accède par une arrière-cour. Meubles chinés (indonésiens, africains...) et bibelots asiatiques décorent les jolies chambres de caractère.

Du Bois sans rest

11 r. du Dôme ✉ *75116* Ⓜ *Charles De Gaulle-Etoile –* 𝒞 *01 45 00 31 96*
– www.hoteldubois.com
39 ch – 🛉130/210 € 🛉🛉145/235 € – ⊄ 15 €
◆ À l'angle de l'avenue Victor-Hugo et d'une rue piétonne, hôtel entièrement rénové proposant des chambres qui marient charme parisien et décor contemporain soigné.

Marceau Champs Élysées sans rest

37 av. Marceau ✉ *75016* Ⓜ *George V –* 𝒞 *01 47 20 43 37*
– www.hotelmarceau.com
35 ch – 🛉148/234 € 🛉🛉158/254 € – ⊄ 12 €
◆ Sur une avenue passante, cet immeuble haussmannien rénové en 2009 abrite des chambres sobres et lumineuses, équipées de salles de bains en marbre. Coin salon moderne.

Victor Hugo sans rest

19 r. Copernic ✉ *75116* Ⓜ *Victor Hugo –* 𝒞 *01 45 53 76 01*
– www.victorhugohotel.com
75 ch – 🛉167/268 € 🛉🛉187/412 € – ⊄ 19 €
◆ Hôtel situé dans un quartier calme, face aux réservoirs de Passy. Chambres décorées de mobilier traditionnel et aux derniers étages, balcons offrant une vue dégagée.

Floride Étoile sans rest

14 r. St-Didier ✉ *75116* Ⓜ *Boissière –* 𝒞 *01 47 27 23 36*
– www.floride-paris-hotel.com
63 ch – 🛉125/250 € 🛉🛉145/250 € – ⊄ 16 €
◆ Une adresse pratique pour son emplacement proche du Trocadéro, de la tour Eiffel et de nombreux musées. Chambres fonctionnelles et sobres, plus calmes côté cour.

Chambellan Morgane sans rest

6 r. Keppler ✉ *75116* Ⓜ *George V –* 𝒞 *01 47 20 35 72*
– www.hotel-paris-morgane.com
20 ch – 🛉90/200 € 🛉🛉110/220 € – ⊄ 13 €
◆ Petit hôtel situé dans une rue calme, à deux pas des Champs-Élysées. Les chambres, intimes et confortables, ont toutes été rénovées en 2010.

PARIS

 Windsor Home sans rest · 🛜 📶 VISA ⓒⓞ AE

3 r. Vital ⊠ 75016 Ⓜ La Muette – 🕿 01 45 04 49 49
– www.windsorhomeparis.com
8 ch – ♦90/170 € ♦♦105/195 € – ☑ 15 €

◆ Cette charmante demeure centenaire ressemble davantage à une maison d'hôtes qu'à un hôtel : meubles anciens, moulures, coloris lumineux et touches contemporaines.

 Queen's sans rest · 🛗 AC 📶 VISA ⓒⓞ AE ①

4 r. Bastien Lepage ⊠ 75016 Ⓜ Michel Ange Auteuil – 🕿 01 42 88 89 85
– www.hotel-queens-hotel.com
20 ch – ♦102/109 € ♦♦130/155 € – ☑ 12 €

◆ Des tableaux d'artistes contemporains égayent le joli hall ainsi que la plupart des chambres ; leur coquet aménagement fait vite oublier la petitesse des surfaces.

 Le Hameau de Passy sans rest ॐ · 🛗 📶 VISA ⓒⓞ AE ①

48 r. de Passy ⊠ 75016 Ⓜ La Muette – 🕿 01 42 88 47 55
– www.hameaudepassy.com
32 ch ☑ – ♦69/140 € ♦♦74/156 €

◆ Une impasse mène à ce discret hameau et à sa charmante cour intérieure envahie de verdure. Nuits calmes assurées dans des chambres petites, mais actuelles et bien tenues.

Gavarni sans rest · 🛗 AC 📶 VISA ⓒⓞ AE ①

5 r. Gavarni ⊠ 75116 Ⓜ Passy – 🕿 01 45 24 52 82
– www.gavarni.com
25 ch – ♦110/170 € ♦♦160/300 € – ☑ 15 €

◆ Compensation carbone, énergies renouvelables, etc. : cet hôtel a reçu l'Ecolabel européen. Chambres petites, mais au joli décor classique. Produits bio au petit-déjeuner.

XXXX **Hiramatsu** · AC ⇔ ➪🕿 soir, VISA ⓒⓞ AE ①
ॐ
52 r. Longchamp ⊠ 75116 Ⓜ Trocadéro
– 🕿 01 56 81 08 80 – www.hiramatsu.co.jp
– Fermé août, 24 déc.-3 janv., sam. et dim.
Rest – *(nombre de couverts limité, prévenir)* Menu 48 € (déj.), 95/130 €
– Carte 164/212 €🍷
Spéc. Gourmandise de homard et pigeon fumé, œuf poché, crème de noix. Fines lamelles d'agneau, compotée d'oignons blancs, jus de truffe au thym. Gâteau au chocolat "Hiramatsu".

◆ Sous son enseigne japonaise, Hiramatsu honore la cuisine française avec inventivité et talent. La haute gastronomie dans un cadre très élégant orné de fleurs. Superbes vins.

XXX **Prunier** · 🍴 AC 🛜 ⇔ VISA ⓒⓞ AE ①

16 av. Victor-Hugo Ⓜ Charles de Gaulle-Etoile – 🕿 01 44 17 35 85
– www.prunier.com – Fermé août, dim. et fériés
Rest – Menu 45 € (déj. en sem.), 65/150 € – Carte 70/180 €

◆ Institution créée en 1925 par l'architecte Boileau, au superbe décor Art déco classé (marbre noir, mosaïques, vitraux). Excellents produits de la mer (caviars, saumons).

XXX **Relais d'Auteuil** (Patrick Pignol) · AC ➪🕿 VISA ⓒⓞ AE ①
ॐ
31 bd Murat ⊠ 75016 Ⓜ Michel Ange Molitor
– 🕿 01 46 51 09 54 – www.relaisdauteuil-pignol.com
– Fermé août, vacances de Noël, sam. midi, dim. et lundi
Rest – Menu 75 € (déj.), 125/145 € – Carte 105/170 €🍷
Spéc. Crevettes "Cristal Bay" à l'huile de crustacés. Pigeon rôti, béatilles farcies au parfum de bergamote. Beignets de chocolat bitter.

◆ Cadre intimiste aux tons neutres mettant en valeur peintures et sculptures modernes. Belle cuisine au goût du jour (gibier en saison). Superbe livre de cave et beau choix de champagnes.

XXX
£3 **La Table du Baltimore** – Hôtel Baltimore ⬛ ⬛ ⬛ ⬛ 𝗩𝗜𝗦𝗔 ⬛ ⬛ ⬛
1 r. Léo Delibes ⬛ *75016* Ⓜ *Boissière –* ☏ *01 44 34 54 34*
– www.hotel-baltimore-paris.com – Fermé août, sam. et dim.
Rest – Menu 51 € bc (déj.), 59/78 € – Carte 60/98 €
Spéc. Le foie gras (automne-hiver). Le bœuf. Le chocolat.
◆ Le cadre du restaurant associe boiseries anciennes, mobilier contemporain, couleurs chaleureuses et collection de dessins. Belle cuisine dans l'air du temps.

XXX
£3 £3 £3 **Astrance** (Pascal Barbot) ⬛ ⬛ 𝗩𝗜𝗦𝗔 ⬛ ⬛ ⬛
4 r. Beethoven ⬛ *75016* Ⓜ *Passy –* ☏ *01 40 50 84 40 – Fermé 28 juil.-30 août, 29 oct.-7 nov., 19 fév.-1ᵉʳ mars, sam., dim., lundi et fériés*
Rest – *(nombre de couverts limité, prévenir)* Menu 70 € (déj.), 120/190 €⬛
Spéc. Homard poché, nectarine en salade, herbes et fleurs sauvages. Ris de veau grillé, girolles cuisinées aux abricots et amandes. Tartelette aux fruits de la passion et thé vert.
◆ La dira-t-on "à la Barbot", cette formule qu'il a consacrée et qui fait tant d'émules ? À chaque service, le chef-artiste réinvente la cuisine pour une représentation unique : sans carte ni menu, on se laisse surprendre par des créations qui subjuguent les sens, et les produits livrent leurs plus belles confidences.

XXX
Tsé Yang ⬛ ⬛ ⬛ ⬛ 𝗩𝗜𝗦𝗔 ⬛ ⬛
25 av. Pierre-1ᵉʳ-de-Serbie Ⓜ *Iéna –* ☏ *01 47 20 70 22 – www.tse-yang.fr*
Rest – Menu 39/49 € – Carte 34/90 €
◆ D'élégantes salles à manger (noir dominant, plafond à caissons doré) servent d'écrin à une cuisine traditionnelle chinoise de Pékin, de Shanghai et du Sechuan.

XXX
Les Tablettes de JL Nomicos ⬛ 𝗩𝗜𝗦𝗔 ⬛ ⬛
16 av. Bugeaud ⬛ *75116* Ⓜ *Victor Hugo –* ☏ *01 56 28 16 16 – www.restaurant-les tablettes.com – Fermé 1ᵉʳ-16 août*
Rest – Menu 55 € bc (déj.), 60/120 € – Carte 70/105 €
◆ Après avoir servi la tradition et l'excellence chez Lasserre, Jean-Louis Nomicos œuvre aujourd'hui en solo, en lieu et place de Joël Robuchon qui avait ici sa Table. De jolis auspices pour une cuisine soignée, rehaussée de touches de modernité. Décor élégant.

XXX
£3 **Antoine** ⬛ ⬛ ⬛ 𝗩𝗜𝗦𝗔 ⬛ ⬛ ⬛
10 av. de New-York ⬛ *75116* Ⓜ *Alma Marceau –* ☏ *01 40 70 19 28*
– www.antoine-paris.fr – Fermé août
Rest – Menu 48 € (déj.) – Carte 76/128 €
Spéc. Tartare de saint-pierre. Sole de l'Île d'Yeu meunière, purée de rattes. Déclinaison de chocolat noir grands crus en chaud-froid.
◆ En lien direct avec les ports bretons, basques, méditerranéens... presque au gré des vagues ! Le meilleur de la marée, travaillé avec grande finesse et originalité. Décor contemporain.

XXX
£3 **Le Pergolèse** (Stéphane Gaborieau) ⬛ ⬛ ⬛ 𝗩𝗜𝗦𝗔 ⬛ ⬛
40 r. Pergolèse ⬛ *75116* Ⓜ *Porte Maillot –* ☏ *01 45 00 21 40*
– www.lepergolese.com – Fermé 3 sem. en août, sam. midi et dim.
Rest – Menu 48 € bc (déj.)/95 € – Carte 80/100 €
Spéc. Moelleux de sardines marinées, sorbet tomate. Volaille de Bresse en ballottine, truffe et foie gras. Baba au rhum au carpaccio de figue.
◆ Une cuisine d'inspiration classique joliment revisitée par un chef Meilleur Ouvrier de France. À découvrir dans un cadre élégant et agréable (bois, tons taupe et bordeaux).

XXX
Les Arts ⬛ ⬛ ⬛ 𝗩𝗜𝗦𝗔 ⬛ ⬛
Maison des Arts et Métiers - 9 bis av. d'Iéna ⬛ *75116* Ⓜ *Iéna –* ☏ *01 40 69 27 53*
– www.sodexo-prestige.fr – Fermé 25 juil.-22 août, 24 déc.-2 janv., sam., dim. et fériés
Rest – Menu 40 € – Carte 55/71 €
◆ Salle à manger intimiste nichée dans un hôtel particulier (1892), siège de la Maison des Arts et Métiers. Aux beaux jours, ravissante terrasse. Cuisine traditionnelle.

XX   Cristal Room Baccarat   `AC` `⌗` `↔` `VISA` `OO` `AE` `①`

11 pl. des Etats-Unis - Maison Baccarat, (1er étage) ✉ *75116*
Ⓜ *Boissière* – ☏ *01 40 22 11 10 – www.baccarat.fr*
– Fermé dim. et fériés
Rest – (29 €) Menu 55 € (déj.), 99/149 € bc – Carte 79/100 €
♦ L'ancien hôtel particulier de Mme de Noailles sert d'écrin à la célèbre maison Baccarat. Magnifique salle (fresque peinte, lustres en cristal) relookée par Philippe Starck. Cuisine actuelle.

XX   Bon   `⌂` `AC` `↔` `⊐❶` `VISA` `OO` `AE`

25 r. de la Pompe ✉ *75116* Ⓜ *La Muette* – ☏ *01 40 72 70 00*
– www.restaurantbon.fr
Rest – (25 € bc) Menu 30 € bc (déj.) – Carte 40/59 €
♦ Trois salles à manger originales aux ambiances très différentes, imaginées par Philippe Starck : la vinothèque, la cheminée et la bibliothèque. Cuisine fusion axée sur l'Asie.

XX   Passiflore *(Roland Durand)*   `AC` `⊐❶` `VISA` `OO` `AE`
❀

33 r. de Longchamp ✉ *75116* Ⓜ *Trocadéro* – ☏ *01 47 04 96 81*
– www.restaurantpassiflore.com – Fermé 14 juil.-15 août, sam. midi, dim. et lundi
Rest – Menu 49/75 € – Carte 72/90 € le soir
Spéc. Ravioles de homard en nage aux herbes d'Orient. Caille de Vendée en forestière gourmande aux girolles. Gâteau chaud au chocolat grand cru, sorbet cacao.
♦ Vous pourrez apprécier une cuisine au goût du jour, parfumée et soignée, dans un cadre contemporain millésimé an 2009 (tons gris et violet, appliques en forme de champignon).

XX   Marius   `⌂` `⊐❶` `VISA` `OO` `AE`

82 bd Murat ✉ *75016* Ⓜ *Porte de St-Cloud* – ☏ *01 46 51 67 80 – Fermé août, sam. midi et dim.*
Rest – Carte 40/77 €
♦ Près du Parc des Princes, une charmante adresse dédiée aux produits de la mer agrémentés de quelques notes provençales. Salle-véranda claire ornée de photos en noir et blanc.

XX   6 New York   `AC` `VISA` `OO` `AE` `①`

6 av. de New York ✉ *75016* Ⓜ *Alma Marceau*
– ☏ 01 40 70 03 30 – www.6newyork.fr
– Fermé août, sam. midi et dim.
Rest – (30 €) Menu 35 € (déj.), 63/78 € bc – Carte 49/66 €
♦ L'enseigne vous dit tout sur l'adresse... postale, loin d'une table nord-américaine ! Cuisine en parfaite harmonie avec le cadre : résolument contemporaine et joliment présentée.

XX   A et M Restaurant   `⌂` `⊐❶` `VISA` `OO` `AE`
☺

136 bd Murat ✉ *75016* Ⓜ *Porte de St-Cloud* – ☏ *01 45 27 39 60*
– www.am-restaurant.com – Fermé août, sam. midi et dim.
Rest – Menu 30 € – Carte 37/45 €
♦ Parmentier de joue de bœuf, mousse glacée au fenouil confit... Un vrai "bistrot de chef", au décor chic et chaleureux. Le menu offre un excellent rapport qualité-prix à Paris !

XX   Tang   `AC` `⌗` `⊐❶` soir, `VISA` `OO`

125 r. de la Tour ✉ *75116* Ⓜ *Rue de la Pompe*
– ☏ 01 45 04 35 35 – www.restaurant-tang.fr
– Fermé 14 juil.-15 août, lundi midi et dim. midi
Rest – Menu 39 € (déj.), 65/108 € – Carte 62/136 €
♦ Cuisine chinoise "made in France" : la carte annonce la couleur pour cette table mariant saveurs asiatiques et touches créatives. Agréable salle à manger au sobre décor.

XX **Terrasse Mirabeau**   🛱 🗗 VISA 🐠 AE
5 pl. de Barcelone ⊠ *75016* Ⓜ *Mirabeau –* ℰ *01 42 24 41 51*
– www.terrasse-mirabeau.com – Fermé 30 juil.-22 août, 23 déc.-1er janv., sam. et dim.
Rest *–* (25 €) Menu 31/65 € *–* Carte 45/83 €
◆ Sa terrasse sur la place de Barcelone est fort séduisante, autant que sa cuisine simple et parfumée, appuyée sur de solides bases classiques. Décor moderne dans la salle.

XX **Chez Géraud**   VISA 🐠
😊 *31 r. Vital* ⊠ *75016* Ⓜ *La Muette –* ℰ *01 45 20 33 00*
– Fermé 29 juil.-29 août, sam. et dim.
Rest *–* Menu 30 € *–* Carte 50/70 €
◆ Dans ce bistrot, on cultive la discrétion autant que la tradition, avec de beaux classiques et du gibier en saison. Le menu du jour (non servi le vendredi soir) est très intéressant !

XX **etc...**   AC ✂ 🗗 VISA 🐠 AE
❀ *2 r. La Pérouse* ⊠ *75016* Ⓜ *Kléber –* ℰ *01 49 52 10 10 – Fermé 1er-22 août, sam. midi et dim.*
Rest *–* Menu 45 € (déj.)/62 € *–* Carte 68/80 €
Spéc. Fantaisie voyageuse "terre et mer". Boudin maison, jus de fruit passion. Caramel au goût de carambar glacé.
◆ Cette table menée par Christian Le Squer a été conçue sous la forme d'un bistrot chic épuré, en noir et gris. Cuisine actuelle de qualité, courte carte misant sur la saisonnalité.

XX **Le Vinci**   AC 🗗 VISA 🐠 AE
23 r. P. Valéry ⊠ *75116* Ⓜ *Victor Hugo –* ℰ *01 45 01 68 18 – Fermé août, sam. et dim.*
Rest *–* Menu 35 € (dîner) *–* Carte 55/65 €
◆ Goûteuse cuisine italienne, sympathique intérieur coloré et service aimable : un établissement très prisé à deux pas de la commerçante et huppée avenue Victor-Hugo.

XX **Conti**   AC VISA 🐠 AE ◑
72 r. Lauriston Ⓜ *Boissière –* ℰ *01 47 27 74 67 – Fermé 1er-21 août, 26 déc.-2 janv., sam. et dim.*
Rest *–* Menu 34 € (déj.) *–* Carte 49/75 €
◆ Les deux couleurs fétiches de Stendhal se retrouvent dans le décor de ce restaurant où brillent miroirs et lustres de cristal. Cuisine italienne et belle carte des vins.

XX **Bistro de la Muette**   AC VISA 🐠 AE
10 chaussée de la Muette ⊠ *75016* Ⓜ *La Muette –* ℰ *01 45 03 14 84*
– www.bistrocie.fr
Rest *–* (25 €) Menu 38 € bc *–* Carte 37/65 € le midi
◆ La formule tout compris très attractive est l'un des atouts de cet élégant bistrot prisé par la clientèle du quartier. Décor moderne et chaleureux aux tons bruns. Véranda.

X **Chaumette**   🛱 🗗 VISA 🐠 AE
7 r. Gros ⊠ *75016* Ⓜ *Mirabeau –* ℰ *01 42 88 29 27*
– www.restaurant-chaumette.com – Fermé 6-22 août, 23 déc.-2 janv., sam. midi et dim.
Rest *–* (19 €) Carte 29/52 €
◆ Un beau bistrot à l'ancienne, tel qu'on se l'imagine : boiseries sombres, tables alignées, comptoir. La clientèle chic du quartier apprécie sa cuisine traditionnelle soignée.

X **Le Petit Pergolèse**   AC 🗗 VISA 🐠
38 r. Pergolèse ⊠ *75016* Ⓜ *Porte Maillot –* ℰ *01 45 00 23 66 – Fermé août, sam. et dim.*
Rest *–* Carte 38/55 €
◆ Le cadre moderne, à la fois bistrot chic et galerie d'art contemporain, crée une atmosphère très conviviale. Cuisine visible de tous et plats traditionnels revisités.

PARIS

Mets Gusto
79 r. de la Tour ✉ *75116* Ⓜ *Rue de la Pompe –* ✆ *01 40 72 84 46*
– www.metsgusto.com – Fermé 1ᵉʳ-23 août, vacances de Noël, sam. midi, dim. et lundi
Rest – Carte 39/54 €
♦ Savoureuse table méditerranéenne, entre Provence, Espagne et Italie : plats limpides, centrés sur des produits choisis, au juste prix. Décor sobre, dans une ancienne boulangerie.

La Villa Corse
141 av. Malakoff Ⓜ *Porte Maillot –* ✆ *01 40 67 18 44 – www.lavillacorse.com*
– Fermé dim.
Rest – (25 € bc) Menu 35 € bc (déj.) – Carte 50/60 €
♦ Cette villa de la rive droite, petite sœur de celle du 15ᵉ, mixe terroir corse et esprit lounge dans une grande salle à manger surmontée d'une mezzanine. Décontracté et branché.

Il Gusto Sardo
18 r. Chaillot ✉ *75016* Ⓜ *Alma Marceau –* ✆ *01 47 20 08 90*
– www.restaurant-ilgustosardo.com – Fermé vacances de Printemps, août, vacances de Noël, sam. midi, dim. et fériés
Rest – Carte 39/65 €
♦ Ici, tout le goût de la Sardaigne rayonne dans les assiettes et dans les verres à vin ! Suggestions du jour à l'ardoise. Ambiance familiale et conviviale.

L 'Acajou
35 bis r. Jean-de-la-Fontaine ✉ *75016* Ⓜ *Jasmin –* ✆ *01 42 88 04 47*
– www.l-acajou.com – Fermé août, sam. midi et dim.
Rest – (12 €) Carte 35/60 €
♦ Recettes contemporaines, grande table d'hôte dans un décor noir laqué et petite salle blanche immaculée : ici, on joue la carte des contrastes et de l'originalité.

Juan
144 r. de la Pompe Ⓜ *Rue de la Pompe –* ✆ *01 47 27 43 51 – Fermé août, dim., lundi et fériés*
Rest – *(nombre de couverts limité, prévenir)* Menu 34 € (déj.), 63/70 €
♦ Une devanture noire, des vitres fumées et une salle minuscule, typiquement nippone. Ambiance très feutrée, où la cuisine concentre tout : authenticité, épure, saveur... le Japon.

La Table Lauriston
129 r. Lauriston Ⓜ *Trocadéro –* ✆ *01 47 27 00 07 – Fermé août, 24 déc.-2 janv., sam. midi et dim.*
Rest – (25 €) Carte 42/70 €
♦ Cette table des beaux quartiers mise sur la simplicité et la qualité : une cuisine de bistrot à déguster avec bonne humeur dans un décor sans chichi, mais joliment coloré.

La Marée Passy
71 av. P. Doumer ✉ *75016* Ⓜ *La Muette –* ✆ *01 45 04 12 81*
– www.lamareepassy.com
Rest – Carte 39/50 €
♦ Boiseries, tons rouges et objets liés à la navigation : le décor sied parfaitement aux repas iodés de cette adresse vouée à la mer. Atmosphère conviviale.

Tokyo Eat
Palais de Tokyo - 13 av. du Président Wilson ✉ *75016* Ⓜ *Iéna*
– ✆ *01 47 20 00 29 – Fermé lundi*
Rest – Carte 25/65 €
♦ Espace industriel, mezzanine avec DJ, vaste terrasse en été, cuisine fusion, brunch le dimanche... Bienvenue au restaurant du Palais de Tokyo, très branché (service décontracté).

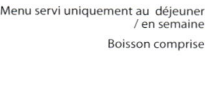

■ Komfortkategorien

Categorie di comfort ■

In jeder Kategorie drückt die Reihenfolge eine weitere Rangordnung aus		*Per ogni categoria gli esercizi sono elencati in ordine di preferenza*

Die Hotels sind nach ihrem Komfort von 5 bis zu 1 Häuschen klassifiziert — Gli alberghi sono classificati da 5 a 1 casette in base al comfort

Familiär geführter Gasthof — Locande, affittacamere

Die Restaurants sind nach ihrem Standard von 5 bis zu 1 Besteck klassifiziert — I ristoranti sono classificati da 5 a 1 forchette in base alla qualità del servizio e dall'ambiente del locale

■ Auszeichnungen

Simboli distintivi ■

Die Küche ist eine Reise wert — ✿✿✿ — La cucina vale il viaggio

Die Küche verdient einen Umweg — ✿✿ — La cucina merita una deviazione

Eine sehr gute Küche — ✿ — Un'ottima cucina

Sorgfältig zubereitete, preiswerte Mahlzeiten ≤ 29 € (35 € in Paris) — "Bib Gourmand" — Pasti accurati a prezzi contenuti ≤ 29 € (35 € nelle Paris)

Hier übernachten Sie gut und preiswert ≤ 90 € — "Bib Hôtel" — Un buon riposo a prezzi contenuti ≤ 90 €

■ Annehmlichkeiten

Amenità ■

Angenehme Hotels — Alberghi ameni

Sehr ruhiges Hotel / ruhiges Hotel — Albergo molto tranquillo/tranquillo

Reizvolle / interessante Aussicht — Vista eccezionale / interessante

Angenehme Restaurants — Ristoranti ameni

Besonders interessante Weinkarte — Carta dei vini con proposte particolarmente interessanti

■ Einrichtung & Service

Installazioni e servizi ■

Garten - Park — Giardino - Parco

Terrasse — Servizio ristorante in terrazza

Freibad / Hallenbad - Wellness — Piscina all'aperto / coperta Wellness centre

Fitnessraum - Tennis — Palestra - Tennis

Fahrstuhl - Für Körperbehinderte leicht zugängliches Haus — Ascensore - Strutture per persone con difficoltà motorie

Klimaanlage — Aria condizionata

Wireless Lan / ADSL im Zimmer — Wireless Lan / ADSL in camera

Konferenzraum - Veranstaltungsräume — Sala per conferenze- Saloni particolari

Wagenmeister - Parkplatz - Geschlossener Parkplatz - Garage — Servizio di posteggiatore - Parcheggio - Parcheggio chiuso - Garage

Golfplatz und Anzahl der Löcher — Golf e numero di buche

■ Preise

Prezzi ■

Hochsaisonpreise in Euro		*Prezzi alta stagione*

Mindest- und Höchstpreis für Einzelzimmer / Doppelzimmer inkl. Frühstück — **Ch –** 🛉50/80 € 🛉🛉60/100 € — Prezzo minimo / massimo di una camera singola / doppia comprensivo della colazione

Zimmerpreis inkl. Frühstück — **Ch** 🍽 — Prima colazione compresa

Preis des Frühstücks — 🍽 9 € — Prezzo per la prima colazione

Mindest- und Höchstpreis für Halbpension pro Person — 1/2 P 50/70 € — Prezzo minimo / massimo della 1/2 pensione per persona

Preis für ein Menü (2 Gerichte zur Wahl), das unter der Woche mittags serviet wird — (13 €) — Pasto composto dal piatto del giorno (2 piatti alla scelta) in settimana

Menü unter 19 € — Pasto per meno di 19 €

Mindest- und Höchstpreis der Menüs — Menu 16/38 € — Menu: il meno caro / il più caro

Menü wird nur mittags / unter der Woche angeboten — Menu 19 € (déj) /(sem.) — Menu servito solo a mezzogiorno / nei giorni feriali

Getränke inklusive — bc — Bevanda compresa

FR 11

Rosimar   AE VISA 🌐 AE

26 r. Poussin ✉ *75016* Ⓜ *Michel Ange Auteuil –* 📞 *01 45 27 74 91 – Fermé août, 24-31 déc., mardi soir, sam., dim., lundi et fériés*

Rest – Menu 38 € bc – Carte 35/65 €

♦ Généreuse cuisine espagnole traditionnelle servie dans une salle à manger au décor un brin kitsch (multiples miroirs, nappes roses). Une sympathique petite affaire familiale !

au Bois de Boulogne – ✉ 75016

Le Pré Catelan   🍴 🍴 🕭 AE 🌫 ✿ ➡️ 🅿 VISA 🌐 AE ①

rte de Suresnes ✉ *75016 –* 📞 *01 44 14 41 14 – www.precatelanparis.com – Fermé 31 juil.-22 août, 23-31 oct., 19 fév.-5 mars, dim. et lundi*

Rest – Menu 85 € (déj. en sem.), 180/230 € – Carte 180/250 € ⚘

Spéc. Crabe préparé en coque, fine gelée de corail et caviar de France, soupe de fenouil. Cabillaud cuit meunière, fondue d'aubergine, crème légère d'avocat. Pomme soufflée croustillante, crème glacée caramel, cidre et sucre pétillant.

♦ Œil vif, geste sûr : impossible de distinguer, dans les créations de Frédéric Anton, la technique exigeante de l'intuition fulgurante. Si chaque assiette est un chef-d'œuvre, toutes s'érigent en monuments de plaisir – plaisir sensible et communicatif – à déguster, au cœur du bois, dans un décor de fête blanc et argent.

La Grande Cascade   🍴 ✿ ➡️ 🅿 VISA 🌐 AE ①

allée de Longchamp ✉ *75016 –* 📞 *01 45 27 33 51 – www.grandecascade.com*

Rest – Menu 65/185 € – Carte 140/190 € ⚘

Spéc. Macaronis farcis au céleri rave, foie gras et truffe noire. Pomme de ris de veau, olives, câpres et croûtons. Dégustation d'un chocolat pure origine "Baïano" du Brésil.

♦ Charmant pavillon 1850 situé à quelques pas de la Grande Cascade du bois de Boulogne. Cuisine raffinée, servie dans la rotonde ou sur la ravissante terrasse.

Palais des Congrès · Wagram · Ternes · Batignolles

17ᵉ arrondissement   ✉ 75017

S. Sauvignier/MICHELIN

Renaissance Arc de Triomphe   👁 🏢 🕭 AE ♨ 🍴 🚗 VISA 🌐 AE ①

39 av. Wagram Ⓜ *Ternes –* 📞 *01 55 37 55 37 – www.renaissancearcdetriomphe.fr*

118 ch – ♦279/649 € ♦♦279/649 € – 5 suites – ☕ 28 €

Rest *Makassar* – (17 €) Menu 39 € (déj.) – Carte 40/56 €

♦ En 2009, le théâtre de l'Empire a laissé place à cet hôtel dessiné par Christian de Portzamparc. Les chambres revisitent la décoration des années 1970 ! Équipements high-tech. Ambiance lounge au restaurant ; plats d'ici et spécialités indonésiennes.

Le Méridien Étoile   🏢 🕭 ch, AE ♨ 🍴 🚗 VISA 🌐 AE ①

81 bd Gouvion St-Cyr Ⓜ *Neuilly-Porte Maillot –* 📞 *01 40 68 34 34 – www.lemeridienetoile.fr*

1004 ch – ♦169/559 € ♦♦169/559 € – 21 suites – ☕ 23 €

Rest *L'Orénoc* – 📞 *01 40 68 30 40 (fermé 26 juil.-30 août, 1 sem. à Noël, sam. midi et dim. soir)* (30 €) Menu 38/75 € – Carte 48/75 €

Rest *Le Jazz Club Lounge* – 📞 *01 40 68 30 42* – Carte 35/68 €

♦ Luminaires acier, couleurs tranchées, équipements design : ce gigantesque hôtel cultive un certain esprit futuriste et seventies ! Cuisine actuelle et décor colonial à L'Orénoc. Les amateurs de sushis et de musique live apprécient le Jazz Club Lounge.

PARIS

Concorde La Fayette

3 pl. Gén. Koenig Ⓜ *Porte Maillot –* ℰ *01 40 68 50 68*
– www.concorde-lafayette.com
950 ch – ♦165/600 € ♦♦165/600 € – 21 suites – ⬚ 30 €
Rest *La Fayette* – ℰ 01 40 68 51 19 – (28 €) Menu 35 € – Carte 51/72 €
♦ Intégrée au Palais des Congrès, cette tour de 33 étages offre une vue imprenable sur Paris, surtout du bar panoramique. Préférez les chambres rénovées,
très contemporaines. Repas servis sous forme de buffets à volonté au restaurant
La Fayette.

Regent's Garden *sans rest*

6 r. P.-Demours Ⓜ *Ternes –* ℰ *01 45 74 07 30*
– www.hotel-regents-paris.com
40 ch – ♦290/490 € ♦♦290/490 € – 1 suite – ⬚ 20 €
♦ Savant mélange d'ancien (cheminée, mobilier de style) et de moderne (teintes
sombres, motifs originaux) dans cet hôtel particulier. Avec un délicieux petit jardin japonisant...

Splendid Étoile

1bis av. Carnot Ⓜ *Charles de Gaulle-Etoile –* ℰ *01 45 72 72 00*
– www.hsplendid.com
54 ch – ♦330/370 € ♦♦330/370 € – 3 suites – ⬚ 25 €
Rest *Le Pré Carré* – ℰ 01 46 22 57 35 *(fermé 1er-21 août, sam. midi et dim.)*
Menu 36 € (dîner) – Carte 45/65 €
♦ On reconnaît cette belle façade à ses balcons ouvragés. Grandes chambres de
caractère meublées Louis XV, certaines avec vue sur l'Arc de Triomphe. Deux
miroirs reflètent à l'infini l'élégant décor du restaurant, où le chef propose une
cuisine au goût du jour.

Ampère

102 av. de Villiers Ⓜ *Pereire –* ℰ *01 44 29 17 17*
– www.hotel-ampere-paris.com
95 ch – ♦280/360 € ♦♦280/360 € – 1 suite – ⬚ 17 €
Rest *Le Jardin d'Ampère* – ℰ 01 44 29 16 54 *(fermé août et dim. soir)* (24 €)
Menu 28 € (déj. en sem.)/80 € – Carte 38/74 € le soir
♦ Les chambres, décorées dans un style contemporain, donnent sur la cour intérieure. Avec son bar feutré et son patio fleuri, voici un hôtel bien agréable. Cuisine traditionnelle sur la jolie terrasse du Jardin d'Ampère (dîners-concerts aux
beaux jours).

Balmoral *sans rest*

6 r. Gén. Lanrezac Ⓜ *Charles de Gaulle-Etoile –* ℰ *01 43 80 30 50*
– www.hotel-balmoral.com
57 ch – ♦100/245 € ♦♦100/245 € – ⬚ 11 €
♦ Ambiance feutrée et raffinement des décors intérieurs (mobilier de style, boiseries) caractérisent cet hôtel. Chambres au confort douillet, rénovées dans un
esprit moderne.

Les Jardins de la Villa *sans rest*

5 r. Bélidor Ⓜ *Porte Maillot –* ℰ *01 53 81 01 10*
– www.jardinsdelavilla.com
33 ch – ♦290/480 € ♦♦290/480 € – ⬚ 27 €
♦ Les fashion addicts vont raffoler de ce petit hôtel très couture. Noir, rose shoc-
king, les références à l'univers de la mode sont nombreuses. Original, chic et
confortable !

Banville *sans rest*

166 bd Berthier Ⓜ *Porte de Champerret –* ℰ *01 42 67 70 16*
– www.hotelbanville.fr
38 ch – ♦250/320 € ♦♦250/500 € – ⬚ 20 €
♦ Un véritable hôtel de charme, décoré avec goût. Les chambres (bois patiné,
détails précieux) sont séduisantes, certaines avec une vue magique ! Le mardi,
soirées jazz au piano-bar.

Hidden sans rest

28 r. de l'Arc-de-Triomphe Ⓜ *Charles de Gaulle-Étoile* – ℰ *01 40 55 03 57*
– www.hidden-hotel.com
23 ch – ♦205/465 € ♦♦215/465 € – ☲ 15 €
♦ Ambiance "nature" revendiquée pour cet hôtel ouvert en 2009 : matériaux nobles comme le bois et l'ardoise ; literie en fibres de coco. Un lieu apaisant et très dépaysant.

Waldorf Arc de Triomphe sans rest

36 r. Pierre-Demours Ⓜ *Ternes* – ℰ *01 47 64 67 67*
– www.hotelswaldorfparis.com
44 ch – ♦330/460 € ♦♦340/460 € – ☲ 20 €
♦ Façade élégante, atmosphère raffinée, chambres reposantes et contemporaines, espace de relaxation avec petite piscine : détente assurée dès que l'on franchit la porte.

Villa Alessandra sans rest ॐ

9 pl. Boulnois Ⓜ *Ternes* – ℰ *01 56 33 24 24*
– www.villa-alessandra.com
49 ch – ♦129/280 € ♦♦189/380 € – ☲ 15 €
♦ Un hôtel des Ternes charmant et tranquille, sur une ravissante petite place. Les chambres, avec leurs lits en fer forgé et leur mobilier en bois peint, évoquent la Provence.

PARIS

Amarante Arc de Triomphe sans rest

25 r. Th.-de-Banville Ⓜ *Pereire* – ℰ *01 47 63 76 69*
– www.amarantearcdetriomphe.com
50 ch – ♦150/250 € ♦♦180/300 € – ☲ 20 €
♦ Cet hôtel bien situé, dont les chambres coquettes s'inspirent du style Directoire (certaines donnant sur le patio), est plébiscité par les touristes et la clientèle d'affaires.

Princesse Caroline sans rest

1bis r. Troyon Ⓜ *Charles de Gaulle-Étoile* – ℰ *01 58 05 30 00*
– www.hotelprincessecaroline.fr
53 ch – ♦162/218 € ♦♦162/218 € – ☲ 16 €
♦ Dans une ruelle voisine de l'Étoile, cet établissement rend hommage à Caroline Murat, sœur de Napoléon Iᵉʳ. Chambres bourgeoises, lumineuses et cosy, très calmes côté cour.

Champerret Élysées sans rest

129 av. Villiers Ⓜ *Porte de Champerret* – ℰ *01 47 64 44 00*
– www.champerret-elysees.fr
45 ch – ♦150 € ♦♦150 € – ☲ 15 €
♦ Cet hôtel de la porte de Champerret propose des chambres confortables, plus tranquilles sur cour. Avant de visiter la capitale, un petit-déjeuner buffet vous attend.

Tilsitt Étoile sans rest

23 r. Brey Ⓜ *Charles de Gaulle-Étoile* – ℰ *01 43 80 39 71*
– www.tilsitt.com
38 ch – ♦140/165 € ♦♦160/225 € – ☲ 13 €
♦ Une adresse avec un certain cachet, des chambres cosy bien mignonnes, un bar design et un jardinet japonisant... Le tout dans une rue calme du quartier de l'Étoile.

Magellan sans rest ॐ

17 r. J.-B. Dumas Ⓜ *Porte de Champerret* – ℰ *01 45 72 44 51*
– www.hotelmagellan.com
72 ch – ♦90/149 € ♦♦131/164 € – ☲ 16 €
♦ Cet hôtel aux chambres coquettes, peu à peu rénové, est aménagé dans un bel immeuble 1900. Toujours appréciable à Paris, son beau jardin où l'on prend le petit-déjeuner en été.

PARIS

Mercure Wagram Arc de Triomphe sans rest   🖥 ₺ 𝔸�ℂ 📶
3 r. Brey Ⓜ Charles de Gaulle-Etoile – ℰ 01 56 68 00 01   𝚅𝙸𝚂𝙰 ⓞⓞ 𝔸𝔼 ⓞ
– www.mercure.com
43 ch – ⭠205/270 € ⭠⭠215/280 € – ⌑ 16 €
♦ Entre l'Étoile et les Ternes, cet hôtel de chaîne propose de petites chambres aux boiseries claires. Cela leur donne, comme au reste de l'établissement, un petit air nautique.

Champlain sans rest   🖥 ₺ 𝔸�ℂ 📶 𝚅𝙸𝚂𝙰 ⓞⓞ 𝔸𝔼
99 bis r. de Rome Ⓜ Rome – ℰ 01 42 27 49 52 – www.hotelchamplainparis.com
51 ch – ⭠170/220 € ⭠⭠220/330 € – ⌑ 14 €
♦ Hôtel récemment rénové, proche de la gare St-Lazare. Bar et salon chaleureux ; chambres raffinées d'esprit contemporain. Des deux derniers étages, vue imprenable sur Montmartre.

Monceau Élysées sans rest   🖥 ₺ 𝔸�ℂ 📶 𝚅𝙸𝚂𝙰 ⓞⓞ 𝔸𝔼 ⓞ
108 r. Courcelles Ⓜ Courcelles – ℰ 01 47 63 33 08 – www.monceau-elysees.com
29 ch – ⭠110/220 € ⭠⭠125/250 € – ⌑ 11 €
♦ Près du parc Monceau, cet hôtel propose des chambres toutes différentes, où dominent les coloris chaleureux et le bois cérusé. Petits-déjeuners dans une jolie salle voûtée.

Guy Savoy   𝔸ℂ ⇔ 𝚅𝙸𝚂𝙰 ⓞⓞ 𝔸𝔼 ⓞ
18 r. Troyon Ⓜ Charles de Gaulle-Etoile – ℰ 01 43 80 40 61 – www.guysavoy.com
– Fermé 3 sem. en août, 24 déc.-2 janv., sam. midi, dim. et lundi
Rest – Menu 285/360 € – Carte 168/324 €
Spéc. "Colors of caviar". Bar en écailles grillées aux épices douces. Chariot des glaces, sorbets, les bocaux et biscuits d'autrefois.
♦ Verre, cuir et wengé, œuvres signées de grands noms de l'art contemporain, sculptures africaines, cuisine raffinée et inventive : "l'auberge du 21e s." par excellence.

Michel Rostang   𝔸ℂ ⇔ 𝚅𝙸𝚂𝙰 ⓞⓞ 𝔸𝔼 ⓞ
20 r. Rennequin Ⓜ Ternes – ℰ 01 47 63 40 77 – www.michelrostang.com
– Fermé lundi sauf le soir de sept. à juin, sam. midi et dim.
Rest – Menu 76 € (déj.), 169/198 € – Carte 125/182 €
Spéc. Salade de homard bleu cuit au moment, servi entier. Canette au sang en deux services. Tarte moelleuse au chocolat amer.
♦ Boiseries, figurines de Robj, œuvres de Lalique et vitrail Art déco composent le décor, à la fois luxueux et insolite. La cuisine est fine, superbement classique, embellie d'une magnifique carte des vins.

Sormani   𝔸ℂ ⇔ 𝚅𝙸𝚂𝙰 ⓞⓞ 𝔸𝔼
4 r. Gén. Lanrezac Ⓜ Charles de Gaulle-Etoile – ℰ 01 43 80 13 91 – Fermé
1er-21 août, sam., dim. et fériés
Rest – Menu 60 € – Carte 64/135 €
♦ Près de la place de l'Étoile, un joli restaurant habillé de rouge, un peu baroque avec ses lustres en Murano. Charme latin, ambiance "dolce vita" et cuisine italienne.

Dessirier par Rostang Père et Filles   🎏 ₺ 𝔸ℂ ⇔
9 pl. Mar.-Juin Ⓜ Pereire – ℰ 01 42 27 82 14   𝚅𝙸𝚂𝙰 ⓞⓞ 𝔸𝔼 ⓞ
– www.restaurantdessirier.com – Fermé sam. et dim. en juil.-août
Rest – (37 €) Menu 45 € – Carte 51/94 €
♦ Contemporain, arty et chic : le nouveau Dessirier, par Michel Rostang... et ses filles Caroline et Sophie. On y fait toujours la part belle aux produits de la mer, avec finesse.

Pétrus   🎏 𝔸ℂ ⇔ 𝚅𝙸𝚂𝙰 𝔸𝔼
12 pl. du Mar.-Juin Ⓜ Pereire – ℰ 01 43 80 15 95 – Fermé 6-24 août
Rest – Carte 45/90 €
♦ L'élégance de la façade se retrouve tant dans le cadre, contemporain, que dans l'assiette : on se régale ici d'une cuisine actuelle et soignée. Une belle halte gourmande.

Frédéric Simonin
🔲 VISA ⊕ AE

25 r. Bayen Ⓜ *Ternes*
– ✆ 01 45 74 74 74 – www.fredericsimonin.com
– Fermé 30 juil.-22 août, dim. et lundi
Rest – Menu 38 € (déj.), 120/170 € bc – Carte 60/110 €
Spéc. Tourteau dans une gelée acidulée à l'avocat. Pomme de ris de veau dorée aux girolles. Soufflé chaud au yuzu et sa glace.
♦ Dans ce restaurant né en 2010 non loin de la place des Ternes, le décor est très chic, tout de noir et de blanc. Il sied à la cuisine fine et délicate d'un chef au beau parcours...

La Braisière (Jacques Faussat)
🔲 ⬄ 🪑 VISA ⊕ AE

54 r. Cardinet Ⓜ *Malesherbes – ✆ 01 47 63 40 37 – Fermé août,*
24 déc.-2 janv., sam. sauf le soir d'oct. à avril et dim.
Rest – Menu 38 € (déj.) – Carte 59/83 €🪑
Spéc. Esturgeon de l'Adour mariné au citron vert et piquillos. Croustillant de pigeon fermier du Gers (fév. à sept.). Soufflé chaud aux fruits de saison.
♦ Dans un quartier tranquille, un restaurant chaleureux et confortable. La carte, qui évolue au gré du marché et selon l'inspiration du chef, a les délicieuses inflexions du Sud-Ouest.

Rech
🌿 🔲 VISA ⊕ AE ⓞ

62 av. des Ternes Ⓜ *Ternes – ✆ 01 45 72 29 47 – www.alain-ducasse.com*
– Fermé août, 24-31 déc., dim. et lundi
Rest – Menu 30/54 € – Carte 52/79 €
♦ Un vénérable restaurant d'esprit Art déco aux alléchantes spécialités : les coquillages, les poissons entiers pour deux, le camembert de Rech, les éclairs XXL...

Timgad
🔲 🚫 🪑 VISA ⊕ AE ⓞ

21 r. Brunel Ⓜ *Argentine – ✆ 01 45 74 23 70*
– www.timgad.fr
Rest – Carte 65/115 €
♦ Retrouvez la splendeur passée de la cité de Timgad dans ce cadre mauresque raffiné (stucs sculptés). Côté assiette, les parfums des couscous et autres tajines sont envoûtants.

La Maison de Charly
🔲 ⬄ VISA ⊕ AE ⓞ

97 bd Gouvion-St-Cyr Ⓜ *Porte Maillot – ✆ 01 45 74 34 62*
– www.lamaisondecharly.fr – Fermé 1er-23 août et lundi
Rest – Menu 34 € – Carte environ 37 €
♦ L'entrée est encadrée d'oliviers ! Élégant décor mauresque, palmier sous verrière et trio couscous-tajines-pastillas sérieusement exécuté : une sympathique parenthèse orientale.

Agapé
🔲 🚫 🪑 VISA ⊕ AE ⓞ

51 r. Jouffroy-d'Abbans Ⓜ *Wagram – ✆ 01 42 27 20 18 – www.agape-paris.fr*
– Fermé août, sam. et dim.
Rest – Menu 35 € (déj.), 90/120 € – Carte 80/100 €
Spéc. Noix de veau fumée au bois de hêtre, citron-vanille. Pêche côtière de l'Île d'Yeu, légumes de saison. Chocolat grand cru, passion, vanille.
♦ Un nom grec célébrant l'amour, un lieu chic au décor minimaliste en teintes douces, une carte courte et alléchante. Cette table contemporaine ravit les gourmets.

Graindorge
VISA ⊕ AE

15 r. Arc-de-Triomphe Ⓜ *Charles de Gaulle-Étoile – ✆ 01 47 54 00 28*
– Fermé 1er-15 août, sam. midi et dim.
Rest – (24 €) Menu 28 € (déj.), 35/55 € – Carte 44/70 €
♦ Potjevlesch, bintje farcie, waterzoï aux crevettes grises d'Ostende, kippers de Boulogne... Une cuisine du "Ch'Nord" généreuse, avec de belles bières artisanales ! Joli cadre Art déco.

Les Fougères

AC VISA ⓿

10 r.Villebois-Mareuil Ⓜ *Ternes –* ℰ *01 40 68 78 66*
– www.restaurant-les-fougeres.fr – Fermé 24 avril-2 mai, 1er-21 août,
25 déc.-2 janv., sam. et dim.
Rest – (22 €) Menu 38/60 € – Carte 65/85 €

◆ De délicates fougères poussent sur les banquettes et les rideaux. La carte varie au gré des saisons : gibier et champignons en automne, truffe en hiver, légumes au printemps...

Le Congrès

🍴 AC VISA ⓿ AE Ⓞ

80 av. de la Grande-Armée Ⓜ *Porte Maillot –* ℰ *01 45 74 17 24*
– www.gerard-joulie.com
Rest – Menu 35 € bc/58 € – Carte 31/76 €

◆ À deux pas du Palais des Congrès, goûteuse cuisine de brasserie dans un cadre qui répond aux canons du genre : nappes blanches, fauteuils Empire, banc d'écailler, etc.

Meating

AC 🍴 VISA ⓿ AE Ⓞ

122 av. de Villiers Ⓜ *Péreire –* ℰ *01 43 80 10 10 – www.restaurantmeating.com*
– Fermé sam. midi et dim.
Rest – (29 € bc) Menu 35 € bc – Carte 40/75 €

◆ Sous la houlette d'un jeune chef plein d'allant, un décor chic et tendance, et une cuisine très soignée, en particulier de belles viandes "cuites au degré près" !

Samesa

♿ AC VISA ⓿ AE

13 r. Brey Ⓜ *Charles De Gaulle-Etoile –* ℰ *01 43 80 69 34 – www.samesa.fr*
– Fermé dim.
Rest – Menu 19 € (déj.)/30 € – Carte 38/50 €

◆ La cuisine transalpine se porte bien dans ce restaurant proche de la place de l'Étoile. Belle sélection de vins italiens et service tout sourire : la vita è bella !

Le Ballon des Ternes

AC ⇔ VISA ⓿ AE

103 av. Ternes Ⓜ *Porte Maillot –* ℰ *01 45 74 17 98 – www.leballondesternes.fr*
Rest – Carte 38/65 €

◆ Non, vous n'avez pas bu trop de ballons ! La table dressée à l'envers au plafond fait partie du plaisant décor 1900 de cette brasserie voisine du Palais des Congrès.

Caïus

AC 🍴 VISA ⓿ AE

6 r. d'Armaillé Ⓜ *Charles de Gaulle-Etoile –* ℰ *01 42 27 19 20*
– Fermé 10-25 août, 22 déc.-2 janv., sam. et dim.
Rest – (23 €) Menu 39 € – Carte 39/51 €

◆ Chaque saison, le chef particulièrement inventif de ce restaurant chic et feutré concocte une cuisine ludique et parfumée, rehaussée d'épices et de produits "oubliés".

Bigarrade (Christophe Pelé)

AC VISA ⓿ AE

106 r. Nollet Ⓜ *Brochant –* ℰ *01 42 26 01 02 – www.bigarrade.fr – Fermé août,*
vacances de Noël, sam., dim. et lundi
Rest – *(nombre de couverts limité, prévenir)* Menu 35 € (déj.), 45/85 €
Spéc. Menu du marché.

◆ Petit restaurant épuré (blanc et vert pomme), grand ouvert sur les cuisines où l'on admire le ballet de la brigade menée par Christophe Pelé. Prestation de haute tenue, où la simplicité le dispute à l'invention, pour le plaisir du produit. Pas de carte ni de menu, on se fie à l'inspiration du chef.

Chez Léon

⇔ VISA ⓿ AE

32 r. Legendre Ⓜ *Villiers –* ℰ *01 42 27 06 82 – Fermé 26 juil.-24 août,*
24 déc.-4 janv., sam., dim. et fériés
Rest – (22 €) Menu 32/42 € – Carte 40/50 €

◆ Un vieux zinc, un mobilier moderne et coloré... ce restaurant a pris le meilleur de la tradition et de la modernité. Résultat : une ambiance sympathique et une cuisine gourmande.

Le Bistrot d'À Côté Flaubert

10 r. Gustave-Flaubert Ⓜ *Ternes* – ℰ *01 42 67 05 81* – *www.bistrotflaubert.com*
– Fermé 2 sem. en août, sam. midi, dim. et lundi
Rest – (29 €) Menu 35 € (déj.) – Carte 40/55 €
♦ Un bistrot sympathique, sous l'égide de Michel Rostang dont le restaurant gastronomique se trouve juste à côté. Cuisine bistrotière valorisant de beaux produits.

Chez Fred

190 bis bd Pereire Ⓜ *Porte Maillot* – ℰ *01 45 74 20 48* – *Fermé 24 déc.-1er janv.,*
sam. et dim. en juin, juil. et août
Rest – Menu 30 € – Carte 40/65 €
♦ Un bouchon lyonnais à la décoration chaleureuse et rétro. À l'ardoise, des plats canailles bien ficelés, réalisés à partir de produits de qualité.

MBC - Gilles Choukroun

4 r. du Débarcadère Ⓜ *Porte Maillot* – ℰ *01 45 72 22 55*
– www.gilleschoukroun.com – Fermé août, sam. midi et dim.
Rest – (19 €) Menu 29 € (déj.) – Carte environ 55 € le soir
♦ M pour menthe, B pour basilic et C pour coriandre : trois produits pris comme symbole d'une cuisine créative et métissée. Cadre contemporain, bien dans l'air du temps.

Karl & Erick

20 r. de Tocqueville Ⓜ *Villiers* – ℰ *01 42 27 03 71* – *Fermé août, sam. midi et dim.*
Rest – Menu 26 € (déj.) – Carte 40/60 €
♦ Des jumeaux, l'un en salle, l'autre en cuisine, dirigent ce bistrot aux airs de loft contemporain. À l'ardoise : foie gras chaud aux raisins, millefeuille de boudin noir...

Le Café d'Angel

16 r. Brey Ⓜ *Charles de Gaulle-Etoile* – ℰ *01 47 54 03 33* – *Fermé août,*
24 déc.-2 janv., sam., dim. et fériés
Rest – (24 €) Menu 28 € (déj.) – Carte 42/50 €
♦ Cette petite adresse a la nostalgie des bistrots parisiens d'antan : banquettes en skaï, faïences aux murs, plats traditionnels à l'ardoise et cuisine visible derrière le comptoir.

Hier et Aujourd'hui

145 r. Saussure Ⓜ *Pereire* – ℰ *01 42 27 35 55* – *Fermé août, 1 sem. fin déc., sam.,*
dim. et jours fériés
Rest – *(nombre de couverts limité, prévenir)* (20 €) Menu 30 € – Carte environ
33 €
♦ Une bonne raison de rejoindre la porte d'Asnières : dans ce néobistrot (murs en brique, zinc), on déguste de belles recettes... d'hier et d'aujourd'hui, soignées et généreuses.

L'Accolade

23 r. Guillaume-Tell Ⓜ *Pereire* – ℰ *01 42 67 12 67* – *www.laccolade.com*
– Fermé août, 1 sem. à Noël, dim. et lundi
Rest – (20 €) Menu 34 €
♦ Bistrot mariant l'ancien et le contemporain (murs d'un vert éclatant). Le résultat dans l'assiette : oreille de cochon croustillante, rognons, risotto de langoustines...

Le Clou de Fourchette

121 r. de Rome Ⓜ *Rome* – ℰ *01 48 88 09 97* – *Fermé 13-22 août et dim.*
Rest – (16 €) Carte 28/40 €
♦ Le clou du spectacle se joue autour du cochon, de la plancha, des brochettes (tapas)... Bons produits, large choix de vins au verre et convivialité sont les atouts du lieu.

Les prix indiqués devant le symbole 🛉 correspondent au prix le plus bas en basse saison puis au prix le plus élevé en haute saison, pour une chambre single. Même principe avec le symbole 🛉🛉 cette fois pour une chambre double.

PARIS

✕ **Kifuné** VISA ⦿

44 r. St-Ferdinand ⓜ Porte Maillot – ℰ 01 45 72 11 19 – Fermé dim. et lundi
Rest – Menu 30 € (déj.) – Carte 50/90 €
◆ Sushi, sashimi, tempura, yakimono (grillades) et agemono (fritures) sont à la carte de ce restaurant japonais où règne une ambiance familiale. Cuisine ouverte sur la salle.

✕ **L'Huîtrier** AC ✕ VISA ⦿ AE

16 r. Saussier-Leroy ⓜ Ternes – ℰ 01 40 54 83 44 – www.huitrier.fr
– Fermé août et lundi
Rest – Carte 40/80 €
◆ À l'entrée, le banc d'écailler vous mettra l'eau à la bouche. Vous dégusterez huîtres et fruits de mer, au coude à coude, dans une salle à manger sagement contemporaine.

✕ **La Fourchette du Printemps** (Nicolas Mouton) VISA ⦿
❀

30 r. du Printemps ⓜ Wagram – ℰ 01 42 27 26 97 – Fermé août, vacances de Noël, sam. midi et dim.
Rest – (nombre de couverts limité, prévenir) Menu 26 € (déj.), 42 €
Spéc. Crème d'artichaut aux langoustines. Lotte et Saint-pierre en bouillabaisse. Paris-brest.
◆ Le printemps en toute saison ! Ce bistrot contemporain sort du lot : deux jeunes chefs, passés par de belles maisons, y cultivent le goût du produit. Même la simplicité se fait finesse...

✕ **L'Entredgeu** VISA ⦿
☺

83 r. Laugier ⓜ Porte de Champerret – ℰ 01 40 54 97 24 – Fermé 1 sem. fin avril-début mai, 3 sem. en août, 1 sem. à Noël, dim. et lundi
Rest – (23 €) Menu 33 €
◆ Accueil souriant, décor aux accents du Sud-Ouest, ambiance animée et savoureuse cuisine du marché : entraînez-vous à prononcer son nom, l'Entredgeu en vaut la peine !

✕ **Caves Petrissans** ⛺ ⌂ VISA ⦿ AE

30 bis av. Niel ⓜ Pereire – ℰ 01 42 27 52 03 – Fermé 23-30 avril, août, sam., dim. et fériés
Rest – (prévenir) Menu 36 € – Carte 42/59 €🍷
◆ Céline, Abel Gance, Roland Dorgelès aimaient fréquenter ces caves plus que centenaires, à la fois boutique de vins et restaurant. Cuisine bistrotière bien ficelée.

✕ **Zinc Caïus** ✕ VISA ⦿ AE

11 r. d'Armaillé ⓜ Charles De Gaulle-Étoile – ℰ 01 44 09 05 10
– Fermé 1ᵉʳ-20 août, dim. et lundi
Rest – (nombre de couverts limité, prévenir) (15 € bc) Menu 35 €
– Carte 29/45 €
◆ À deux pas de la maison mère (Caïus), ce bistrot de poche – une dizaine de tables hautes – sert surtout des plats canailles : boudin béarnais, tartare, mousse au chocolat...

✕ **Le Palanquin** AC ✕ VISA ⦿

4 pl. Boulnois ⓜ Ternes – ℰ 01 43 80 46 90 – Fermé août, sam. et dim.
Rest – (nombre de couverts limité, prévenir) Carte 31/46 €
◆ Un petit restaurant – à peine 20 couverts – très convivial, tenu par toute une famille. On y déguste une authentique cuisine vietnamienne. Beaucoup de parfums !

✕ **Le P'tit Musset** AC VISA ⦿ AE

132 r. Cardinet ⓜ Malesherbes – ℰ 01 42 27 36 78 – Fermé 1ᵉʳ-21 août, 23 déc.-2 janv., sam. midi et dim.
Rest – (20 €) Menu 24/33 €
◆ Musset ? C'est le nom du propriétaire de ce bistrot convivial ! L'équipe, jeune et dynamique, concocte une cuisine canaille bien présentée, aux suggestions délicates et goûteuses.

S. Sauvignier/MICHELIN

Montmartre · Pigalle

18e arrondissement

 75018

Terrass' Hôtel

12 r. J.-de-Maistre Ⓜ *Place de Clichy –* ☏ *01 46 06 72 85 – www.terrass-hotel.com*
98 ch – †285/550 € ††285/550 € – ☐ 17 €
Rest *Le Diapason* – ☏ *01 44 92 34 00 (fermé dim. soir et lundi)* (23 €)
Menu 29/38 € – Carte 45/70 €
◆ Au pied de Montmartre, hôtel au luxe discret, doté de chambres spacieuses meublées sobrement et parfaitement tenues. Beaux salon et piano-bar ; cheminée en hiver. Cuisine actuelle servie dans une salle contemporaine ou sur la terrasse du toit, dominant Paris...

Kube ⌚

1-5 passage Ruelle Ⓜ *La Chapelle –* ☏ *01 42 05 20 00 – www.kubehotel.com*
41 ch – †250 € ††300/900 € – ☐ 25 €
Rest – (19 €) Menu 41 € – Carte 37/55 €
◆ La façade du 19e s. cache un hôtel du 21e s., design et high-tech. Chambres d'esprit loft, matériaux bruts. Deux bars, dont le glacial Ice Kube (- 10°C, tenue fournie) à l'étage. Restaurant lounge : carte actuelle et "finger food".

Mercure Montmartre sans rest

3 r. Caulaincourt Ⓜ *Place de Clichy –* ☏ *01 44 69 70 70 – www.mercure.com*
305 ch – †89/320 € ††104/335 € – ☐ 14 €
◆ Bien situé (près de la place Clichy, du Moulin Rouge et du cimetière Montmartre), cet hôtel totalement rénové propose de confortables chambres actuelles. Personnel accueillant.

L'Hôtel Particulier Montmartre sans rest ⌚

23 av. Junot Ⓜ *Lamarck Caulaincourt –* ☏ *01 53 41 81 40*
– www.hotel-particulier-montmartre.com
5 ch – †290/590 € ††290/590 € – 3 suites – ☐ 20 €
◆ Étonnante, cette demeure Directoire forme un havre de paix au cœur de Montmartre. Entrée discrète par un passage pavé, jardin luxuriant, atmosphère intime, décors d'artistes.

Relais Montmartre sans rest ⌚

6 r. Constance Ⓜ *Abbesses –* ☏ *01 70 64 25 25 – www.relaismontmartre.fr*
26 ch – †130/205 € ††130/205 € – ☐ 13 €
◆ À proximité de Pigalle, retrouvez le charme – inattendu dans ce quartier très vivant – d'une demeure villageoise et paisible. Coquet décor classique et équipements modernes.

Holiday Inn Paris Montmartre sans rest

23 r. Damrémont Ⓜ *Lamarck Caulaincourt*
– ☏ *01 44 92 33 40 – www.holiday-inn.com*
54 ch – †145/300 € ††145/300 € – ☐ 13 €
◆ Dans une rue calme, entre la butte Montmartre et la place Clichy. Chambres spacieuses et fonctionnelles, salle des petits-déjeuners ouverte sur une petite terrasse.

Le Chat Noir sans rest

68 bd de Clichy Ⓜ *Blanche –* ☏ *01 42 64 15 26 – www.hotel-chatnoir-paris.com*
39 ch – †120/280 € ††120/280 € – ☐ 12 €
◆ L'enseigne fait référence au célèbre cabaret du bas de la Butte. On retrouve partout le félin dessiné par Steinlen. Décor sans nostalgie : très moderne, avec des notes d'humour.

PARIS

Timhotel sans rest

11 r. Ravignan ⓜ Abbesses – ℰ 01 42 55 74 79 – www.timhotel.com
59 ch – ♦75/170 € ♦♦85/180 € – ⌑ 10 €

◆ Sur l'une des plus charmantes places du quartier, hôtel coquet et fonctionnel. Les chambres des 4e et 5e étages, rénovées, offrent une vue imprenable sur la capitale.

Chamarré Montmartre

52 r. Lamarck ⓜ Lamarck Caulaincourt – ℰ 01 42 55 05 42
– www.chamarre-montmartre.com
Rest – (23 €) Menu 37 € (déj.), 49/95 € – Carte 62/73 €

◆ Sur la butte Montmartre, côté Lamarck, confortable salle moderne avec (petite) vue sur les cuisines, bar avec tables mange-debout et agréable terrasse. Cuisine franco-mauricienne.

Bistro Poulbot

39 r. Lamarck ⓜ Lamarck Caulaincourt – ℰ 01 46 06 86 00
– www.bistropoulbot.com – Fermé août, vacances de Noël, dim. et lundi
Rest – (14 €) Menu 35 € – Carte 35/60 €

◆ L'enseigne de ce bistrot évoque les gamins de Montmartre immortalisés par Poulbot. Recettes simples et traditionnelles le midi, cuisine au goût du jour plus élaborée le soir.

Chéri bibi

15 r. André-del-Sarte ⓜ Barbès Rochechouart – ℰ 01 42 54 88 96 – Fermé 2 sem. en août , dim. et le midi
Rest – (22 €) Menu 26 €

◆ Lieu branché, animé, un brin bobo. Mobilier chiné des années 1950, vieux zinc. La cuisine marie classiques de bistrot, recettes de grand-mère et touches plus personnelles.

Miroir

94 r. des Martyrs ⓜ Abbesses – ℰ 01 46 06 50 73 – Fermé 3 sem. en août, 23-31 déc., dim., lundi et fériés
Rest – (18 €) Menu 25/32 € – Carte 32/45 €

◆ Un bistrot parisien typique, avec une salle sous verrière. Ardoise inspirée par le marché, cuisine franche et juste, joli choix de vins : l'aubaine des Abbesses.

La Table d'Eugène

18 r. Eugène-Sue ⓜ Jules Joffrin – ℰ 01 42 55 61 64 – Fermé 1er-25 août, 24 déc.-3 janv., dim. et lundi
Rest – (nombre de couverts limité, prévenir) (18 € bc) Menu 35 €

◆ Agneau de sept heures au ras el hanout, crumble d'abricots rôtis... Un cocktail réussi, près de la mairie du 18e : un peu de nostalgie (tables bistrot, moulures) et beaucoup de saveurs !

L'Oxalis

14 r. Ferdinand-Flocon ⓜ Jules Joffrin – ℰ 01 42 51 11 98
– www.restaurantoxalis.com – Fermé 8-23 août, dim. et lundi
Rest – (15 €) Menu 18 € (déj. en sem.)/28 € – Carte environ 38 €

◆ Oxalis, le nom savant de l'oseille sauvage... Saveurs traditionnelles très joliment apprivoisées dans ce petit restaurant proche de la mairie, tenu par un couple fort aimable.

Le Café qui Parle

24 r. Caulaincourt ⓜ Lamarck Caulaincourt
– ℰ 01 46 06 06 88 – www.lecafequiparle.com
– Fermé 1er-14 août, 3-9 janv. et soir
Rest – (13 €) Menu 17 € (déj. en sem.) – Carte 27/48 €

◆ Après avoir travaillé dans de grandes maisons parisiennes, à New York et au Québec, le jeune chef creuse son propre sillon : explorer la tradition. Ambiance conviviale.

Ph. Gajic/MICHELIN

Parc de la Villette ·
Parc des Buttes Chaumont

19ᵉ arrondissement

✉ 75019

Holiday Inn La Villette

216 av. J. Jaurès Ⓜ *Porte de Pantin –* ✆ *01 44 84 18 18*
– www.holidayinn-parisvillette.com
182 ch – †120/250 € ††120/250 € – ⌴ 18 €
Rest – *(fermé sam. et dim.)* Menu 18 € – Carte 29/51 €
◆ Construction moderne face à la Cité de la Musique. Les chambres, spacieuses et insonorisées, allient sobriété et confort actuels. Salons pour séminaire, auditorium, fitness. Cuisine traditionnelle servie dans un décor de brasserie moderne.

Canal St-Martin *sans rest*

5 av. Secrétan Ⓜ *Jaurès –* ✆ *01 42 06 62 00 – www.hotel-canal-saint-martin.com*
69 ch – †130/160 € ††130/160 € – ⌴ 8 €
◆ Entre le canal St-Martin et le bassin de la Villette, chambres récentes pour les "Confort" et "Privilège", traditionnelles pour les "Classiques". Cours fleuries, accueil aimable.

Laumière *sans rest*

4 r. Petit Ⓜ *Laumière –* ✆ *01 42 06 10 77 – www.hotel-lelaumiere.com*
54 ch – †64 € ††79 € – ⌴ 9 €
◆ En manque d'espaces verts ? Cet hôtel, simple et bien tenu, vous invite à profiter de son agréable jardinet (petit-déjeuner) et du parc des Buttes-Chaumont tout proche.

Crimée *sans rest*

188 r. de Crimée Ⓜ *Crimée –* ✆ *01 40 36 75 29 – www.hotelcrimee.com*
31 ch – †60/75 € ††65/80 € – ⌴ 8 €
◆ À 300 m du canal de l'Ourcq. Les chambres, fonctionnelles, sont bien insonorisées et climatisées, avec vue sur jardinet pour certaines. Service de qualité.

Au Bœuf Couronné

188 av. Jean-Jaurès Ⓜ *Porte de Pantin –* ✆ *01 42 39 44 44 – www.rest-gj.com*
Rest – Menu 32 € bc – Carte 27/75 €
◆ Succès indéfectible pour cette institution face aux anciennes halles de la Villette. Cuisine copieuse (les amateurs de viande sont à la fête), service aimable et décor rétro.

Au Relais des Buttes-Chaumont

86 r. Compans Ⓜ *Botzaris –* ✆ *01 42 08 24 70*
– www.aurelaisdesbutteschaumont.com – Fermé août, sam. midi et dim.
Rest – Menu 34 € – Carte 50/75 €
◆ Ce restaurant à l'allure d'auberge provinciale joue la carte du classicisme, tant par sa cuisine que par son décor. Cour intérieure avec terrasse fleurie ou salle avec cheminée.

Vincent Cozzoli

r. Botzaris, Parc des Buttes-Chaumont, entrée : av. Bolivar Ⓜ *Buttes Chaumont*
– ✆ *01 42 02 22 45 – www.vincentcozzoli.com – Fermé dim.*
Rest – *(dîner seult)* Menu 35/50 € – Carte 40/50 €
◆ Ancien violoniste, cuisinier autodidacte, Vincent Cozzoli n'a jamais oublié les saveurs de son enfance italienne ("on n'avait rien, on avait tout"). Sa cuisine, simple et authentique, ravit ! Jolie situation dans un pavillon des Buttes-Chaumont...

La Table de Botzaris
☒   AC VISA ⓪

10 r. du Gén.-Brunet Ⓜ *Botzaris – ℰ 01 40 40 03 30 – www.latabledebotzaris.fr
– Fermé 3 sem. en août, 1 sem. en fév., sam. midi et dim.*
Rest – (29 € bc) Menu 39 €
◆ Une carte bien ficelée, des intitulés limpides, une vraie cuisine de cuisinier : cette Table cultive l'art de la bistronomie avec tact et générosité ! Sobre décor contemporain.

La Violette
☒   ☂ ⟷ VISA ⓪

11 av. Corentin Cariou Ⓜ *Corentin Cariou – ℰ 01 40 35 20 45
– www.restaurant-laviolette.com – Fermé 8-16 mai, vacances de Noël, sam., dim.
et fériés*
Rest – *(nombre de couverts limité, prévenir)* (20 €) Carte 38/60 €
◆ Accueil très chaleureux, décor tendance (teintes noir et blanc, banquette violette, murs couverts de casiers à bouteilles) et goûteux petits plats dans l'air du temps.

Que du bon
☒   ☆ VISA ⓪
🍴

22 r. du Plateau Ⓜ *Buttes-Chaumont – ℰ 01 42 38 18 65 – Fermé 24 déc.-2 janv.,
sam. midi et dim.*
Rest – (14 €) Menu 17 € (déj.), 26/37 € – Carte 31/42 € le soir 🍴
◆ Des assiettes toutes bonnes en effet, proposées dans un chaleureux décor de bistrot contemporain, alliant tons gris et collection de tire-bouchons. Vins de petits producteurs.

L'Hermès
☒   VISA ⓪
🍴

23 r. Mélingue Ⓜ *Pyrénées – ℰ 01 42 39 94 70 – Fermé vacances de
Pâques, août, vacances de fév., merc. midi, dim. et lundi*
Rest – Menu 17 € (déj.)/33 € – Carte 34/45 €
◆ Délicieuse atmosphère provinciale (tons ocre, bois, nappes fleuries) et généreuse cuisine bistrotière proposée à l'ardoise : une bonne petite adresse aux allures de guinguette.

S. Sauvignier/MICHELIN

Cimetière du Père Lachaise · Gambetta · Belleville

20ᵉ arrondissement
✉ 75020

Mama Shelter
☂ 📶 & AC 📶 🏋 ☁ VISA ⓪ AE ⓪

109 r. de Bagnolet Ⓜ *Gambetta – ℰ 01 43 48 48 48 – www.mamashelter.com*
169 ch – †79/299 € ††89/309 € – 1 suite – ☐ 15 €
Rest – (19 €) Menu 29 € (dîner) – Carte 29/79 €
◆ L'imaginaire de Starck insuffle une originalité au décor, à la fois épuré, design et fantaisiste, de ce nouvel et vaste hôtel, à la pointe de la modernité. Grand bar lounge. Restaurant éclairé par de larges baies vitrées, longue terrasse surplombant la petite ceinture.

Palma sans rest
📶 AC 📶 VISA ⓪ AE ⓪

77 av. Gambetta Ⓜ *Gambetta – ℰ 01 46 36 13 65 – www.palmahotel.com*
32 ch – †74/78 € ††84/93 € – ☐ 8 €
◆ Voisin de la place Gambetta et du cimetière du Père-Lachaise, cet hôtel, rénové en 2009, dispose de petites chambres fraîches, parfaitement insonorisées et très bien tenues.

XX
🍽
😊
Les Allobroges
71 r. des Grands-Champs Ⓜ *Maraîchers –* ℰ *01 43 73 40 00 – Fermé 2 sem.*
en août, dim. soir et lundi
Rest – Menu 19 € (sem.), 33/44 €

♦ Sortez des "quartiers battus" pour découvrir ce restaurant proche de la porte
de Montreuil. Fine cuisine traditionnelle à l'excellent rapport qualité-prix. Service
attentionné.

X
🍽
La Boulangerie
15 r. des Panoyaux Ⓜ *Ménilmontant –* ℰ *01 43 58 45 45 – Fermé août,*
24 déc.-2 janv., sam. midi, dim. et lundi
Rest – (14 €) Menu 17 € (déj.)/32 € – Carte 32/42 €

♦ L'adresse séduit les habitués et les touristes par son décor de bistrot
patiné. Plats généreux et jolie carte des vins. Impressionnant choix de cognacs,
whiskys et bourbons.

X
😊
Le Baratin
3 r. Jouye-Rouve Ⓜ *Pyrénées –* ℰ *01 43 49 39 70*
– Fermé 1ᵉʳ-8 mai, août, 10-16 janv., sam. midi, dim. et lundi
Rest – (prévenir) (16 €) Menu 30/42 € – Carte 31/40 €

♦ Une ardoise alléchante, des prix sages, un choix de beaux vins. On comprend
le succès de ce petit bistrot de quartier qui semble hors du temps...

PARIS

Ph. Gajic/MICHELIN

Environs de Paris

40 km autour de Paris

cartes 18 à 21

ANTONY – 92 Hauts-de-Seine – **311** J3 – **101** 25 – 60 552 h. **20** B3
– alt. 80 m – ✉ 92160

▶ Paris 13 – Bagneux 6 – Corbeil-Essonnes 28 – Nanterre 23

i place Auguste Mounié ✆ 01 42 37 57 77

◉ Sceaux : parc★★ et musée de l'Île-de-France★ N : 4 km - Châtenay-Malabry : église St-Germain-l'Auxerrois★, Maison de Chateaubriand★ NO : 4 km, ▮ Île-de-France

De Berny sans rest

129 av. A.-Briand – ✆ 01 46 11 43 90 – www.hotel-berny.com

40 ch – †150 € ††160 € – 4 suites – ☕ 12 €

◆ À proximité de la Croix de Berny, hôtel récent doté d'un salon feutré, de chambres bien équipées et de quelques suites. Esprit contemporain pour la déco et le mobilier.

L 'Amandier

8 r. de l'Église – ✆ 01 46 66 22 02 – www.restaurant-lamandier.fr – Fermé en août, 25 déc.-1er janv., sam. midi, dim. soir et lundi

Rest – Menu 38/70 € – Carte 42/60 €

◆ Ce restaurant du vieil Antony abrite une spacieuse et confortable salle à manger mi-classique, mi-actuelle. La carte, inventive, est renouvelée régulièrement.

La Tour de Marrakech

72 av. Division Leclerc – ✆ 01 46 66 00 54 – www.latourdemarrakech.com – Fermé août et lundi

Rest – Menu 22 € (déj. en sem.) – Carte 25/45 €

◆ Un voyage bien moins cher qu'un Paris-Marrakech ! Décor délicieusement mauresque, plats du pays mitonnés avec doigté, sans oublier l'accueil et le service prévenants.

ARGENTEUIL – 95 Val-d'Oise – **305** E7 – **101** 14 – 102 683 h. **20** B1
– alt. 33 m – ✉ 95100 ▮ Île de France

▶ Paris 16 – Chantilly 38 – Pontoise 20 – St-Germain-en-Laye 19

La Ferme d'Argenteuil

2 bis r. Verte – ✆ 01 39 61 00 62 – www.lafermedargenteuil.com – Fermé 1er-8 mai, 1er-22 août, lundi soir, mardi soir, merc. soir et dim.

Rest – Menu 37/72 € – Carte 55/65 €

◆ Un restaurant légèrement excentré, tenu par deux sœurs : Amélia s'occupe de l'accueil dans la salle totalement redécorée, tandis que Marie, en cuisine, prépare des plats actuels.

ASNIÈRES-SUR-SEINE – 92 Hauts-de-Seine – **311** J2 – **101** 15 – 82 351 h. **20** B1
– alt. 37 m – ✉ 92600 ▮ Île de France

▶ Paris 10 – Argenteuil 6 – Nanterre 8 – Pontoise 26

Van Gogh

2 quai Aulagnier, (accès par cimetière des chiens) – ✆ 01 47 91 05 10 – www.levangogh.com – Fermé dim. soir

Rest – Menu 39 € – Carte 48/90 €

◆ Van Gogh immortalisa dans ses tableaux ce bord de Seine. Intérieur façon bateau de plaisance, terrasse d'été face à l'eau et cuisine actuelle (poissons de l'Atlantique).

XX **La Petite Auberge** `VISA` `CO`
118 r. Colombes – `C` *01 47 93 33 94 – Fermé 6-24 août, dim. soir, merc. soir et lundi*
Rest – Menu 30/39 €
◆ Petite auberge de bord de route à l'ambiance sympathique. Objets anciens, tableaux et collection d'assiettes décorent la salle à manger rustique. Cuisine traditionnelle.

AULNAY-SOUS-BOIS – 93 Seine-Saint-Denis – **305** F7 – **101** 18   **21** D1
– 81 600 h. – alt. 46 m – ✉ 93600

▶ Paris 19 – Bobigny 9 – Lagny-sur-Marne 23 – Meaux 30

XXX **Auberge des Saints Pères** (Jean-Claude Cahagnet) `AC` `VISA` `CO` `AE`
212 av. Nonneville – `C` *01 48 66 62 11 – www.auberge-des-saints-peres.fr – Fermé 3 sem. en août, merc. soir, sam. et dim.*
Rest – Menu 41/85 € – Carte 60/92 € 🏵
Spéc. Courgette en velouté glacé, faux caviar et vieux comté. Bouchée de veau aux gambas, chapelure de chips de crevettes et balsamique. Soufflé amande, fraises et crème glacée agastache-mélisse.
◆ Cette maison offre un cadre épuré d'inspiration zen (matières naturelles). Le chef réalise une cuisine inventive, bien présentée et relevée par les herbes de son jardin aromatique.

AUVERS-SUR-OISE – 95 Val-d'Oise – **305** E6 – **106** 6 – **101** 3 – 6 956 h.   **18** B1
– alt. 30 m – ✉ 95430 ▮ Île de France

▶ Paris 36 – Beauvais 52 – Chantilly 35 – Compiègne 84
🄕 rue de la Sansonne `C` 01 30 36 10 06
🄾 Maison de Van Gogh★ - Parcours-spectacle "voyage au temps des Impressionnistes"★ au château de Léry.

XXX **Hostellerie du Nord** avec ch 🛜 `AC` ch, 📶 `SA` `P` `VISA` `CO` `AE`
6 r. Gén.-de-Gaulle – `C` *01 30 36 70 74 – www.hostelleriedunord.fr – Fermé dim. soir*
8 ch – ♦99/129 € ♦♦99/189 € – ⏢ 13 €
Rest – (49 € bc) Menu 59/69 € – Carte 59/69 €
◆ Ancien relais de poste (17e s.), proche de la célèbre église. Salle à manger sobre, aux tons clairs ; même classicisme dans la cuisine du chef, qui démontre un savoir-faire certain. Chambres traditionnelles, arborant le nom de grands peintres ayant fréquenté la région.

X **Auberge Ravoux** 🛜 `VISA` `CO` `AE`
52 r. du Gén.-de-Gaulle , (face à la mairie) – `C` *01 30 36 60 60 – www.maisondevangogh.fr – Ouvert début mars à nov. et fermé dim. soir, merc. soir, jeudi soir, lundi et mardi*
Rest – (nombre de couverts limité, prévenir) (27 €) Menu 32/75 € bc – Carte 51/69 €
◆ Ambiance attachante et généreuse cuisine des cafés d'artistes du 19e s. dans l'auberge où Van Gogh logea au crépuscule de sa vie. La petite chambre du peintre se visite (6 €).

BAGNOLET – 93 Seine-Saint-Denis – **305** F7 – **101** 17 – 34 069 h.   **21** C2
– alt. 96 m – ✉ 93170

▶ Paris 8 – Bobigny 6 – Lagny-sur-Marne 32 – Meaux 39

🏨 **Novotel Paris Est** 🛏 📶 ⅃ `AC` 📶 `SA` 🚗 `VISA` `CO` `AE` `OD`
1 av. de la République, (échangeur porte de Bagnolet) – `C` *01 49 93 63 00 – www.novotel.com*
602 ch – ♦108/186 € ♦♦108/186 € – 7 suites – ⏢ 14 €   **Rest** – Carte 17/35 €
◆ En bordure du périphérique, l'un des premiers hôtels de la chaîne (construit en 1973), entièrement rénové dans un style contemporain. Tenue impeccable. Hommes d'affaires, groupes et touristes du monde entier se croisent au restaurant, ouvert assez tard le soir.

ENVIRONS DE PARIS

BOIS-COLOMBES – 92 Hauts-de-Seine – **311** J2 – **101** 15 – 27 151 h. — **20** B1
– alt. 37 m – ✉ 92270

▶ Paris 12 – Nanterre 6 – Pontoise 25 – St-Denis 11

✗
🍽

Le Chefson — 𝖵𝖨𝖲𝖠 ⦿ ⒜⒠
17 r. Ch.-Chefson – ✆ *01 42 42 12 05 – Fermé août, vacances de fév., lundi soir, sam. et dim.*
Rest *– (nombre de couverts limité, prévenir)* (21 €) Menu 26/35 €
◆ L'ambiance bistrot et la cuisine traditionnelle, simple et généreuse, font le charme du lieu, apprécié de la clientèle locale. Suggestions sur ardoise au gré du marché.

BOUGIVAL – 78 Yvelines – **311** I2 – **101** 13 – 8 418 h. – alt. 40 m — **20** A2
– ✉ 78380 ▮ Île de France

▶ Paris 21 – Rueil-Malmaison 5 – St-Germain-en-Laye 6 – Versailles 8

🛈 10, rue du Général Leclerc ✆ 01 39 69 21 23

🏨

Holiday Inn — 🛜 📶 ㊂ ⒜⒞ 📞 🛎 🚗 𝖵𝖨𝖲𝖠 ⦿ ⒜⒠ ⓪
10-12 r. Yvan Tourgueneff, (D 113) – ✆ *01 30 08 18 28 – www.holiday-inn.com*
181 ch – ♦89/265 € ♦♦89/265 € – ⏴ 18 € **Rest** – (27 €) Carte 27/45 €
◆ Hôtel des années 1970 entièrement rénové, restructuré autour d'un patio. Chambres spacieuses, dont une dizaine au mobilier de style tournées vers la Seine. Côté restaurant, tons ensoleillés, grande terrasse et cuisine traditionnelle aux accents du Sud.

🏨

Villa des Impressionnistes *sans rest* — 🔇 📶 ㊂ 📶 🛎 🚗 𝖵𝖨𝖲𝖠 ⦿ ⒜⒠
15 quai Rennequin Sualem, (D 113) – ✆ *01 30 08 40 00*
– www.villa-impressionnistes.fr
50 ch – ♦120/170 € ♦♦140/190 € – 1 suite – ⏴ 16 €
◆ Le charmant décor de cet hôtel – bibelots, mobilier choisi, couleurs vives – évoque les peintres impressionnistes. Chambres spacieuses, bien insonorisées et agréable parc.

🏠

La Vasconia *sans rest* 🦢 — 🚗 🗝 📶
7 r. de la Butte-de-la-Celle, (allée St-Michel) – ✆ *01 39 69 03 93*
– www.la-vasconia.com
3 ch ⏴ – ♦70/80 € ♦♦80/90 €
◆ Au cœur d'un paisible quartier pavillonnaire, on pénètre dans cette maison par un grand jardin arboré et fleuri. Chambres personnalisées et soignées (meubles anciens ou chinés).

✗✗✗
❀

Le Camélia (Thierry Conte) — ⒜⒞ 🗝 𝖵𝖨𝖲𝖠 ⦿ ⒜⒠
7 quai Georges Clemenceau – ✆ *01 39 18 36 06 – www.lecamelia.com – Fermé 1 sem. vacances de Pâques, août, 1 sem. vacances de Noël, dim. et lundi*
Rest – (37 € bc) Menu 45/75 € – Carte 90/105 € 🍽
Spéc. Salade de homard. Sole française. Fondant au chocolat.
◆ L'enseigne évoque le passé artistique de cette charmante auberge. Dans l'élégante salle colorée, vous appréciez l'œuvre du chef : une cuisine inventive réalisée au gré du marché.

BOULOGNE-BILLANCOURT 👁 – 92 Hauts-de-Seine – **311** J2 – **101** 24 — **20** B2
– 110 251 h. – alt. 35 m – ✉ 92100 ▮ Île de France

▶ Paris 10 – Nanterre 9 – Versailles 11

👁 Musée départemental Albert-Kahn★ : jardins★ – Musée Paul Landowski★.

🏨

Radisson Blu — 🚗 🛜 🄵🄴 📶 ㊂ ⒜⒞ 📶 🛎 🚗 𝖵𝖨𝖲𝖠 ⦿ ⒜⒠
33 av. E.-Vaillant – ✆ *01 46 08 85 00 – www.boulogne.radissonblu.com*
170 ch – ♦175/395 € ♦♦175/395 € – ⏴ 24 €
Rest A O C – 33 av. E. Vaillant *(fermé août et vacances de Noël)* Menu 22 € (sem.)/28 € – Carte 32/50 €
◆ Respect de l'environnement est le leitmotiv de cet "hôtel vert" : depuis le choix des matériaux (bois exotique) et des équipements jusqu'à la très forte implication du personnel. Cuisine actuelle à l'A.O.C., ouvert sur un patio-terrasse planté de vignes.

Mercure Porte de St-Cloud 🛐 📶 ⛐ ch. AC ᵖ ⇋ VISA ☺ AE ◑

37 pl. René-Clair – ℰ *01 49 10 49 10 – www.mercure.com*
180 ch – ⭒99/300 € ⭒⭒99/300 € – ⌁ 19 €
Rest *Croisette Café* – ℰ *01 49 10 49 50 (fermé le soir en août et fériés)* (21 €)
Menu 27 € (sem.) – Carte 26/40 €

♦ Immeuble moderne en verre dont les chambres, toutes rénovées, offrent un bon confort. Business-center complet et lounge bar orné de photos de stars par le studio Harcourt. Des fresques figurant quelque 400 personnalités du monde du spectacle égayent le Croisette Café.

Acanthe sans rest 📶 ⛐ AC ᵖ ⇋ VISA ☺ AE ◑

9 rd-pt Rhin-et-Danube – ℰ *01 46 99 10 40*
– www.quality-acanthe-paris.com
69 ch – ⭒195/215 € ⭒⭒195/215 € – 1 suite – ⌁ 15 €

♦ Voisin des studios de Boulogne et des insolites jardins du musée Albert-Kahn, hôtel insonorisé disposant de chambres rénovées dans un style actuel. Agréable patio fleuri.

Sélect Hôtel sans rest 📶 AC ᵖ ⇋ P VISA ☺ AE

66 av. du Gén.-Leclerc – ℰ *01 46 04 70 47 – www.select-hotel.fr*
61 ch – ⭒130 € ⭒⭒150 € – ⌁ 12 €

♦ Établissement confortable situé sur la nationale conduisant de Paris à Versailles. Chambres bien insonorisées, de style Art nouveau dans l'aile principale ou Art déco à l'annexe.

Paris sans rest 📶 AC ᵖ VISA ☺ AE ◑

104 bis r. de Paris – ℰ *01 46 05 13 82 – www.hotel-paris-boulogne.com*
31 ch – ⭒81 € ⭒⭒90 € – ⌁ 9 €

♦ Dans un secteur calme, hôtel familial simple à la tenue irréprochable. Les petites chambres sont fonctionnelles et bien insonorisées. Accueil sympathique des propriétaires.

Au Comte (Henri et Benoit Charvet) AC ⇔ VISA ☺ AE
🕱
89 av. J.-B.-Clément – ℰ *01 46 03 47 27 – www.au-comte.fr*
– Fermé août et dim.
Rest – Menu 90 € – Carte 79/120 €🕮
Spéc. Grande assiette de foies gras, chutney de tamarin aux pommes. Ragoût de homard aux pommes de terre safranées, pinces grillées sur salade d'herbes. Glace vanille Bourbon, madeleines chaudes.
Rest *Le Bistrot* – (28 €) Menu 35 € – Carte 35/60 €

♦ Une table élégante, sous la lumière d'une belle verrière... Saveur, fraîcheur, simplicité : le sens du produit est un héritage chez les Charvet et, dorénavant, le fils réinterprète joliment les classiques de la maison. Autre déclinaison du côté du Bistrot, chic et moderne.

L'Auberge AC VISA ☺ AE

86 av. J.-B.-Clément – ℰ *01 46 05 67 19*
– www.restaurant-boulogne-billancourt.com – Fermé 1ᵉʳ-25 août, sam. midi, dim. soir et lundi
Rest – Menu 38 € – Carte 44/78 €

♦ Teintes rouille, chocolat ou taupe et poutres apparentes caractérisent cette charmante auberge. Le chef revisite les recettes classiques et élabore ses menus au gré des saisons.

Ducoté Cuisine (Julien Ducoté) 🛐 ᵖ VISA ☺ AE
🕱
112 av. Victor-Hugo – ℰ *01 48 25 49 20 – www.ducotecuisine.com – Fermé 3 sem. en août, sam. midi, dim. et lundi*
Rest – (35 €) Menu 48/105 € – Carte 80/100 €
Spéc. Tourteau décortiqué. Homard rôti au beurre salé. Soufflé chaud coulant au chocolat.

♦ De discrètes notes modernes ponctuent la cuisine traditionnelle, savoureuse et soignée de ce sympathique restaurant à l'allure contemporaine et dirigé par une jeune équipe.

Chez Michel

VISA ❶ AE

4 r. Henri Martin – ☏ 01 46 09 08 10 – Fermé août, 24 déc.-2 janv., sam. midi, dim. et fériés

Rest – (13 €) Menu 30 €

◆ Fricassée de bar aux légumes de saison ; millefeuille de mirabelle et glace vanille... Dans le sympathique bistrot de Michel, les plats dépendent du marché. Fraîcheur et simplicité.

BRIE-COMTE-ROBERT – 77 Seine-et-Marne – 312 E3 – 101 39   19 C2
– 14 943 h. – alt. 90 m – ⊠ 77170 ▌Île de France

▶ Paris 30 – Brunoy 10 – Évry 20 – Melun 18

🛈 rue Gambetta ☏ 01 64 05 30 09

🔟 Clément Ader à Gretz-Armainvilliers Domaine du Château Péreire, NE : 12 km par D 216, ☏ 01 64 07 34 10

🔟 de Marolles en Brie à Marolles-en-Brie Mail de la Justice, NO : 6 km, ☏ 01 45 95 18 18

🔟 ASPTT Paris Golf des Corbuches à Lésigny Ferme des Hyvernaux, N : 6 km par N 104, ☏ 01 60 02 07 26

🔟 du Réveillon à Lésigny Ferme des Hyvernaux, N : 6 km par N 104, ☏ 01 60 02 17 33

◉ Verrière★ du chevet de l'église.

À la Grâce de Dieu

🛋 ᵗⁱ ⚘ P VISA ❶ AE ⓞ

79 r. du Gén.-Leclerc, (D 619) – ☏ 01 64 05 00 76
– www.gracededieu.com

16 ch – ♦45 € ♦♦52/70 € – � 12 € – ½ P 54 €

Rest – (fermé vend. soir et dim. soir) (12 €) Menu 28/35 € – Carte 26/42 €

◆ Ce relais postal du 17ᵉ s. était l'ultime halte avant de possibles rencontres avec les bandits de grands chemins. Enseigne restée certes fataliste, mais confort actuel. Restaurant aux allures d'auberge provinciale (mobilier de style Louis XIII) et cuisine traditionnelle.

> Un important déjeuner d'affaires ou un dîner entre amis ?
> Le symbole ⇔ vous signale les salles à manger privées.

BRY-SUR-MARNE – 94 Val-de-Marne – 312 E2 – 101 18 – 14 985 h.   21 D2
– alt. 40 m – ⊠ 94360

▶ Paris 16 – Créteil 12 – Joinville-le-Pont 5 – Nogent-sur-Marne 3

🛈 2, grande rue ☏ 01 48 82 30 30

Auberge du Pont de Bry "La Grapille" (François Le Quillec)

AC VISA ❶

3 av. du Gén.-Leclerc – ☏ 01 48 82 27 70
– Fermé 25 juil.-16 août, lundi et mardi

Rest – Menu 30/50 € – Carte 40/60 €

Spéc. Tartare de Saint-Jacques et saumon, crème de wasabi yuzu. Parmentier de homard. Nougat glacé, cake à la noix de coco.

◆ Une très bonne auberge ! Des produits bien choisis et cuisinés avec soin, de jolies assiettes, beaucoup de saveurs... sous l'égide d'un couple franco-japonais. Cadre moderne.

CERGY-PONTOISE P – 95 Val-d'Oise – 305 D6 – 106 5 – 101 2   18 B1
– 178 656 h. – ⊠ 95 ▌Île de France

▶ Paris 35 – Mantes-la-Jolie 40 – Pontoise 3 – Rambouillet 60

🔟 de Cergy-Pontoise à Vauréal 2 allée de l'Obstacle d'Eau, O : 7 km par D 922, ☏ 01 34 21 03 48

🔟 d'Ableiges à Ableiges Chaussée Jules César, NO : 14 km par rte d'Ableiges, ☏ 01 30 27 97 00

🔟 de Gadancourt à Gadancourt, par rte de Rouen : 20 km, ☏ 01 34 66 12 97

Plans pages suivantes

CERGY-PONTOISE

Bougara (Av. Rédouane) . . . **BV** 4
Bouticourt (Bd Ch.) . . . . **BV** 6

Constellation (Av. de la) . . . . **AV** 13
Delarue (Av. du Gén.-G.) . . . **BV** 15
Genottes (Av. des) . . . . **AV** 28
Lavoye (R. Pierre) . . . . **BV** 40
Mendès-France (Mail) . . . . **AX** 44
Mitterrand (Av. Fr.) . . . . **BVX** 45
Moulin à Vent (Bd du) . . . . **AV** 47
Petit Albi (R. du) . . . . **AV** 55
Verdun (Av. de) . . . . **BX** 76
Viosne (Bd de la) . . . . **BVX** 83

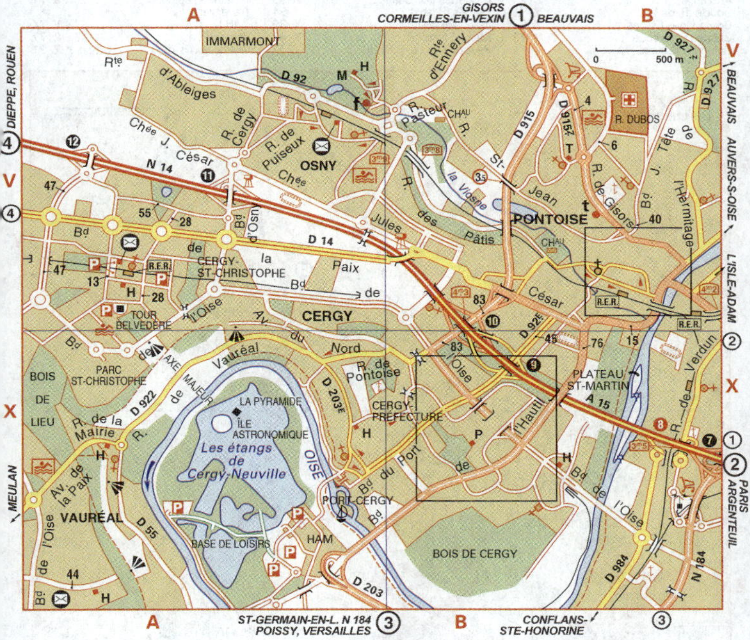

ENVIRONS DE PARIS

[Map of Cergy-Pontoise area]

Cergy – 56 873 h. – alt. 30 m – ⊠ 95000

Mercure sans rest

*3 r. Chênes Émeraude , par bd de l'Oise – ✆ 01 34 24 94 94
– www.mercure.com*

Ya

56 ch – ♦140/150 € ♦♦140/180 € – ⊇ 13 €

♦ Construction récente aux vastes chambres bien équipées, dotées d'un mobilier de style anglais. Celles sur l'arrière profitent d'un plus grand calme. Salon-bar contemporain.

Hérouville au Nord-Est par D 927 : 8 km – 568 h. – alt. 120 m
– ⊠ 95300

✕ Les Vignes Rouges

*3 pl. de l'Église – ✆ 01 34 66 54 73 – www.vignesrouges.fr – Fermé
1er-10 mai, 1er-23 août, 3-15 janv., dim. soir, lundi et mardi*

Rest – Menu 38 € – Carte 46/65 €

♦ L'enseigne de cette maison francilienne évoque une œuvre de Van Gogh. Véranda tournée vers l'église, exposition de tableaux d'un peintre local et plats traditionnels.

Un nom d'établissement passé en rouge désigne un « espoir ».
Le restaurant est susceptible d'accéder à une distinction supérieure :
première étoile ou étoile supplémentaire. Vous les retrouverez dans
la liste des tables étoilées en début de guide.

CERGY-PRÉFECTURE

Arts (Pl. des)	Z 2
Boucle (R. de la)	Y 3
Bourgognes (R. des)	Z 5
Chênes Émeraude	Y 13
Columbia (Square)	Y 14

Diapason (Square du)	Y 17
Écureuil (R. de l')	Y 19
Étoile (Allée de l')	Y 21
Galeries (R. des)	Y 24
Gare (R. de la)	Z 25
Grouettes (Av. des)	Z 33
Herbes (R. aux)	Y 34
Italiens (R. des)	Y 39
Marché Neuf (R. du)	Y 43
Pays de France (R. des)	Y 52

Pergola (Pl. de la)	Z 53
Platanes (Allée des)	Z 59
Préfecture (Parvis de la)	Z 63
Préfecture (R. de la)	Z 64
Prieuré (R. du)	Z 66
Théâtre (Allée du)	Z 71
Traversière (R.)	Y 74
Verger (R. du)	Z 77
Villaroeaux (R. de)	Z 81

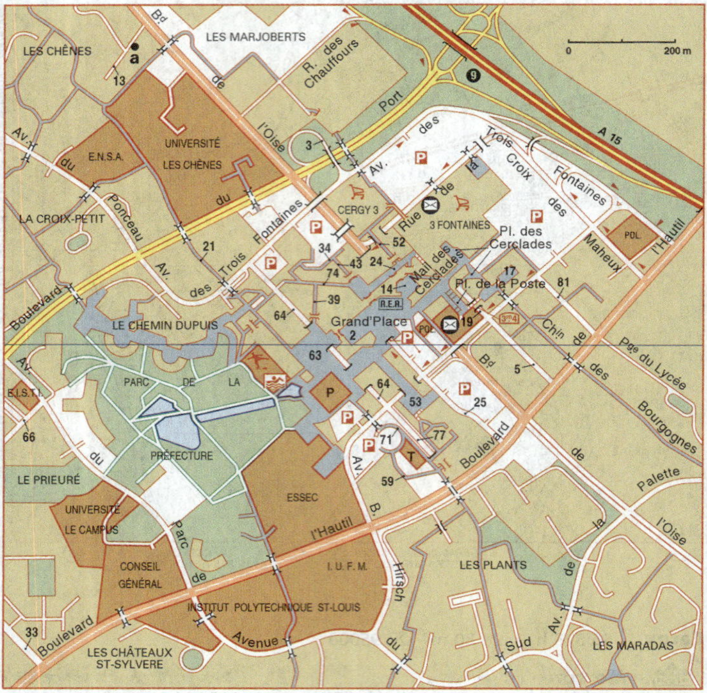

Méry-sur-Oise – 9 178 h. – alt. 29 m – ⊠ 95540

i 30, avenue Marcel Perrin – ☏ 01 34 64 85 15

Château de Méry
9 bis r. de L'Isle-Adam – ☏ 01 30 36 00 82 – www.chateaudemery.fr
68 ch – †180/270 € ††180/270 € – 2 suites – ☑ 18 €
Rest – (fermé 1er-15 août) Carte 42/65 €
◆ Construction moderne bien intégrée dans le superbe parc de 23 ha du château (18e s.). Grandes chambres contemporaines avec balcon. Au restaurant, belle cheminée ouverte, immense terrasse tournée vers la nature et cuisine du marché privilégiant herbes et épices.

Le Chiquito (Alain Mihura)
93 r. de l'Oise, La Bonneville, 1,5 km par D 922, rte de Pontoise – ☏ 01 30 36 40 23
– www.lechiquito.fr – Fermé 2-9 janv., sam. midi, dim. soir et lundi
Rest – Menu 56/73 €
Spéc. Terrine de foie gras aux poires caramélisées. Coeur de pomme de ris de veau au beurre mousseux de cacahuète, champignons du moment. Paris-brest.
◆ Une maison francilienne du 17e s., cachant un joli jardin. Le chef concocte une cuisine classique tout en finesse et simplicité, avec des produits de belle qualité. Agréable véranda.

PONTOISE

Bretonnerie (R. de la) . . . . . **D** 7
Butin (R. Pierre) . . . . **DE** 8
Canrobert (Av. du Mar.) . . . . . **D** 10
Château (R. du) . . . . **E** 12
Delacour (R.) 14
Écluse (Quai de l') . . . . **E** 18
Flamel (Pl. Nicolas) . . . . **E** 22
Gisors (R. de) . . . . **D** 30
Grand Martroy (Pl. du) . . . . . **D** 32
Hôtel de Ville (R. de l') . . . . . **E** 36
Hôtel Dieu (R. de l') . . . . **E** 37
Lavoye (R. Pierre) . . . . **D** 40
Leclerc (R. du Gén.) . . . . **E** 41
Lecomte (R. A.) . . . . **E** 42
Parc aux Charrettes (Pl. du) . **D** 50
Petit Martroy (Pl. du) . . . . . . **D** 56
Pierre aux Poissons (R. de la) **D** 57
Pothuis (Quai du) . . . . **E** 62
Roche (R. de la) . . . . **E** 67
Rouen (R. de) . . . . **D** 69
Souvenir (Pl. du) . . . . **D** 70
Thiers (R.) . . . . **E** 72
Vert Buisson (R. du) . . . . **E** 80

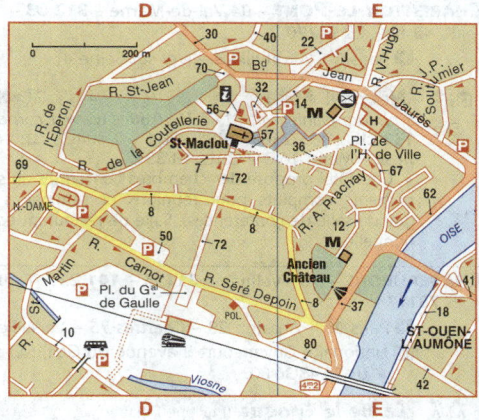

ENVIRONS DE PARIS

Osny – 15 996 h. – alt. 37 m – ⌧ 95520

⭑⭑ Moulin de la Renardière

r. Gd Moulin – ☎ 01 30 30 21 13 – www.moulinrenardiere.fr – Fermé dim. soir et lundi
Rest – (28 € bc) Menu 36/38 € bc – Carte environ 39 € **AVf**
◆ Moulin du 18e s. niché dans un parc. Deux salles au choix : l'une avec belle cheminée, l'autre égayée de peintures. Terrasse ombragée au bord de la rivière. Carte classique.

Pontoise – 28 674 h. – alt. 48 m – ⌧ 95000

🛈 6, place du Petit Martroy ☎ 01 30 38 24 45

⭑⭑ Auberge du Cheval Blanc

47 r. Gisors – ☎ 01 30 32 25 05 – www.chevalblanc95.com – Fermé 1er-25 août,
sam. midi, dim. et lundi **BVt**
Rest – (35 €) Menu 43/58 €
◆ Restaurant au cadre actuel où sont exposées des peintures d'artistes régionaux (terrasse d'été). Cuisine au goût du jour ; belle sélection de vins de petits viticulteurs.

CERNAY-LA-VILLE – 78 Yvelines – **311** H3 – **106** 29 – **101** 31 – 1 652 h. **18** B2 – alt. 170 m – ⌧ 78720

▶ Paris 45 – Chartres 52 – Longjumeau 31 – Rambouillet 12
◉ Abbaye★ des Vaux-de-Cernay O : 2 km, **▮** Île-de-France

🏛 Abbaye des Vaux de Cernay

2,5 km à l'Ouest par D 24 – ☎ 01 34 85 23 00
– www.abbayedecernay.com
54 ch – ♦125/320 € ♦♦125/320 € – 3 suites – ⌷ 16 € – ½ P 130/250 €
Rest – (28 €) Menu 50/88 € – Carte 60/120 €
◆ On accède par un grand parc à cette abbaye cistercienne, magnifique ensemble architectural du 12e s. Salons gothiques, vastes chambres au mobilier ancien ou plus actuel. Cuisine traditionnelle servie dans l'étonnante salle à manger coiffée de superbes voûtes.

à La Celle-les-Bordes Sud : 4 km par D 72 – 914 h. – alt. 125 m – ⌧ 78720

⭑ L'Auberge de l'Élan

5 r. du Village (Les Bordes) – ☎ 01 34 85 15 55 – www.laubergedelelan-78.com
– Fermé 10-31 août, 19-26 déc., 20-26 fév., dim. soir, mardi et merc.
Rest – (28 €) Menu 38/60 €
◆ Maison de village où se mêlent déco rustique et vaisselle moderne. Bon accueil ; cuisine du marché et de passion concoctée par le chef-patron. Vente de produits régionaux.

CHARENTON-LE-PONT – 94 Val-de-Marne – **312** D3 – **101** 26 – 28 395 h.   **21** C2
– alt. 45 m – ✉ 94220

> ▶ Paris 8 – Alfortville 3 – Ivry-sur-Seine 4

Novotel Atria   ⌂ 🏢 ⅋ 📶 🍸 🎿 🚗 𝑉𝐼𝑆𝐴 ⊙ 𝐴𝐸 ⓘ
5 pl. Marseillais – ✆ 01 46 76 60 60 – www.accorhotels.com
132 ch – ♦95/250 € ♦♦95/250 € – 1 suite – ⊊ 14 €
Rest – Menu 16 € – Carte 18/39 €
♦ Cet hôtel propose des chambres conformes au style de la chaîne et des équipements complets pour réunions et séminaires (du bureau individuel à la grande salle de conférences). Salle de restaurant contemporaine et cuisine traditionnelle.

CHÂTEAUFORT – 78 Yvelines – **311** I3 – **101** 22 – 1 409 h. – alt. 153 m   **20** A3
– ✉ 78117

> ▶ Paris 28 – Arpajon 28 – Chartres 75 – Versailles 15
> 🏌 National à Guyancourt 2 avenue du Golf, NO : 7 km par D 36,
> ✆ 01 30 43 36 00

La Belle Époque (Philippe Delaune)   ⌂ 𝑉𝐼𝑆𝐴 ⊙ 𝐴𝐸
10 pl. de la Mairie – ✆ 01 39 56 95 48 – www.labelleepoque78.fr
– Fermé 1er-25 août, 21-28 déc., dim. et lundi
Rest – Menu 36 € (sem.), 58/98 € bc – Carte 65/80 €
Spéc. Langoustines rôties au beurre demi-sel citronné à l'ail doux caramélisé. Escalopes de foie gras de canard poêlées aux topinambours. Soufflé chaud de pommes calville au Grand Marnier.
♦ L'enseigne évoque le style du décor : zinc, poutres, cuivres. On apprécie la cuisine mitonnée au gré des saisons et la terrasse ombragée avec vue sur la vallée de Chevreuse.

CHÂTILLON – 92 Hauts-de-Seine – **311** J3 – **101** 25 – 32 077 h.   **20** B2
– alt. 115 m – ✉ 92320

> ▶ Paris 10 – Bobigny 25 – Créteil 19 – Nanterre 23
> 🛈 21, rue Gabriel Péri ✆ 01 46 57 93 32

Barbezingue   📶 𝑉𝐼𝑆𝐴 ⊙ 𝐴𝐸
14 bd de la Liberté – ✆ 01 49 85 83 50 – www.barbezingue.com – Fermé 3 sem. en août, dim. soir et lundi
Rest – Menu 19/30 €
♦ Généreuse cuisine canaille dans ce bistrot qui fait aussi table d'hôte (à l'étage) et barbier. Terrasse idéale pour l'apéro et terrain de pétanque. Un concept, un lieu de vie.

CLAMART – 92 Hauts-de-Seine – **311** J3 – **101** 25 – 50 655 h. – alt. 102 m   **20** B2
– ✉ 92140

> ▶ Paris 10 – Boulogne-Billancourt 7 – Issy-les-Moulineaux 4 – Nanterre 15
> 🛈 22, rue Paul Vaillant Couturier ✆ 01 46 42 17 95

La Brèche du Bois sans rest   🍸 𝑉𝐼𝑆𝐴 ⊙ 𝐴𝐸
7 pl. J. Hunebelle – ✆ 01 46 42 29 06
– www.hotel-brechedubois.com
30 ch – ♦63/66 € ♦♦70/76 € – ⊊ 8 €
♦ Dans un quartier verdoyant, cet hôtel propose des chambres pratiques, plus tranquilles sur l'arrière. À deux pas, les sentiers du bois de Clamart vous attendent.

Trosy sans rest   📶 🍸 🅿 𝑉𝐼𝑆𝐴 ⊙ 𝐴𝐸
41 r. P. Vaillant-Couturier – ✆ 01 47 36 37 37 – www.hoteldutrosy.com
40 ch – ♦60 € ♦♦65 € – ⊊ 8 €
♦ Il règne une ambiance familiale dans cette bâtisse moderne. Les chambres sont fonctionnelles et bien tenues ; préférez celles côté cour pour bénéficier du calme.

CLICHY – 92 Hauts-de-Seine – **311** J2 – **101** 15 – 57 162 h. – alt. 30 m   **20** B1
– ✉ 92110

▶ Paris 9 – Argenteuil 8 – Nanterre 9 – Pontoise 26

🆔 61, rue Martre ☎ 01 47 15 31 61

Holiday Inn   🖼 ⅃₅ 🅘 ⅄ 🅐🅒 ⅂ ⁽¹⁾ ⅄ 🚗 🆅🅸🆂🅰 🅐🅴 ⓪
2 r. 8 mai 1945 – ☎ 01 76 68 77 00 – www.holidayinn.com/parisclichy
270 ch – ♦180/350 € ♦♦200/370 € – ☑ 20 €
Rest – (17 €) Menu 20 € (déj. en sem.)/29 € – Carte 20/42 €
♦ Malgré la proximité du périphérique, l'excellente insonorisation préserve l'hôtel
de tout bruit. L'architecture moderne abrite des espaces harmonieux aux équipements de pointe.

Europe sans rest   🖼 ⅃₅ 🅘 ⅄ 🅐🅒 ⁽¹⁾ ⅄ 🅿 🆅🅸🆂🅰 🅐🅴
52 bd Gén.-Leclerc – ☎ 01 47 37 13 10 – www.hotel-residence-europe.com
83 ch – ♦150/170 € ♦♦160/180 € – ☑ 10 €
♦ Cet immeuble en briques (1920) a bénéficié d'une cure de jouvence. Les chambres, confortables, arborent un décor reposant et tendance. Espace détente complet et de qualité.

Résidence Europe 🏠 sans rest   🅘 ⅄ 🅐🅒 ⁽¹⁾ 🆅🅸🆂🅰 🅐🅴 ⓪
15 r. Pierre-Curie – ☎ 01 47 37 13 10 – www.hotel-residence-europe.com
28 ch – ♦130/150 € ♦♦140/160 € – ☑ 10 €
♦ Dans une rue tranquille, établissement proposant des chambres rénovées et meublées en bois cérusé. Salle des petits-déjeuners feutrée (buffet).

La Romantica   🍽 ⇔ 🖼 🆅🅸🆂🅰 🅐🅴
73 bd J.-Jaurès – ☎ 01 47 37 29 71 – www.laromantica.fr – Fermé sam. midi et dim.
Rest – Menu 45 € (déj. en sem.)/80 € – Carte 60/90 € 🐛
♦ La clientèle d'affaire apprécie la fine cuisine italienne et la superbe cave de cette adresse soignée, mêlant classique, détails romains et rustiques. Terrasse fleurie sur cour.

La Barrière de Clichy   🅐🅒 ⇔ 🆅🅸🆂🅰 🅐🅴
1 r. de Paris – ☎ 01 47 37 05 18 – Fermé août, sam., dim. et fériés
Rest – Menu 34/43 € – Carte 60/72 €
♦ Restaurant qui séduit par son cadre élégant, lumineux et épuré. Plats saisonniers et dans l'air du temps ; le menu du marché change chaque jour.

COLOMBES – 92 Hauts-de-Seine – **312** C2 – **101** 14 – 82 026 h.   **20** B1
– alt. 38 m – ✉ 92700

▶ Paris 19 – Boulogne-Billancourt 19 – Montreuil 23 – Nanterre 9

Courtyard by Marriott   🍽 🖼 🅘 🅐🅒 ⅄ ⁽¹⁾ ⅄ 🚗 🆅🅸🆂🅰 🅐🅴 ⓪
91 bd Charles-de-Gaulle – ☎ 01 47 69 59 49 – www.courtyardcolombes.com
150 ch – ♦99/159 € ♦♦169/289 € – ☑ 18 €
Rest – (fermé sam. midi et dim. midi) (15 €) Menu 27 € (dîner)
– Carte 28/39 € le soir
♦ Ce bâtiment neuf est doté de chambres fonctionnelles. Hall-salon moderne, réchauffé par une cheminée, accueillant un "market" (boutique self-service). Salle de musculation. Cuisine méditerranéenne servie au restaurant contemporain. Formule buffet à midi.

CONFLANS-STE-HONORINE – 78 Yvelines – **311** I2 – **101** 3 – 33 671 h.   **18** B1
– alt. 25 m – ✉ 78700 ▌Île de France

▶ Paris 38 – Mantes-la-Jolie 39 – Poissy 10 – Pontoise 8

🆔 1, rue René Albert ☎ 01 34 90 99 09

👁 ≼ ★ de la terrasse du parc du château - Musée de la Batellerie.

Au Bord de l'Eau   🅐🅒 🆅🅸🆂🅰 🅐🅴
15 quai Martyrs-de-la-Résistance – ☎ 01 39 72 86 51 – Fermé 8-26 août, lundi et le soir sauf sam.
Rest – Menu 31 € (déj. en sem.), 45/62 €
♦ Cet ancien bistrot de bateliers du bord de l'Oise abrite un restaurant familial. L'intérieur rend hommage à la batellerie conflanaise. Sympathique cuisine traditionnelle.

CORBEIL-ESSONNES – 91 Essonne – **312** D4 – **101** 37 – 40 929 h.   **18** B2
– alt. 37 m – ⊠ 91100

> ▣ Paris 36 – Créteil 27 – Évry 6 – Fontainebleau 37
>
> 🛈 36, rue Saint-Spire ☏ 01 64 96 23 97
>
> 🏌 Blue Green Golf de Villeray à Saint-Pierre-du-Perray, E : 6 km,
>   ☏ 01 60 75 17 47
>
> 🏌 de Greenparc à Saint-Pierre-du-Perray Route de Villepècle, NE : 6 km par
> D 947, ☏ 01 60 75 40 60

au Coudray-Montceaux Sud-Est : 6 km par N 7 – 4 070 h. – alt. 81 m
– ⊠ 91830

🏨 **Mercure** ⌂   🌳 🛖 ⌛ 🏊 ⅙ ✕ 🛗 க் 🅰🅲 ⁿⁱ 🛎 ℙ 💳 ⑳ 🅰🅴 ⓪
   rte de Milly-la-Forêt – ☏ 01 64 99 00 00
   125 ch – ♦79/229 € ♦♦89/239 € – � 16 €
   Rest – (17 €) Carte environ 30 €
   ◆ Au cœur d'un parc, cet hôtel dispose d'un complexe sportif (tennis, golf, piscine...) apprécié des hommes d'affaires et des familles, et de chambres décorées avec soin. Le restaurant-véranda s'ouvre sur la forêt et la campagne et sert des plats traditionnels.

COURBEVOIE – 92 Hauts-de-Seine – **311** J2 – **101** 15 – 84 415 h.   **20** B1
– alt. 28 m – ⊠ 92400 🔳 Île de France

> ▣ Paris 10 – Asnières-sur-Seine 4 – Levallois-Perret 4 – Nanterre 5

🏨 **George Sand** sans rest   🛗 🅰🅲 ⁿⁱ 🚗 💳 ⑳ 🅰🅴 ⓪
   18 av. Marceau – ☏ 01 43 33 57 04
   – www.georgesandhotel.com
   32 ch – ♦80/145 € ♦♦90/145 € – � 12 €
   ◆ Adoptez cet hôtel à jolie façade Art déco pour son intérieur raffiné évoquant l'univers de George Sand, son mobilier du 19ᵉ s. et son salon romantique où l'on écoute du Chopin.

🏠 **Central** sans rest   🛗 ✕ ⁿⁱ 💳 ⑳ 🅰🅴
   99 r. du Cap.-Guynemer – ☏ 01 47 89 25 25
   – www.central-courbevoie-hotel.com
   55 ch – ♦107/124 € ♦♦107/124 € – � 7 €
   ◆ Près de la Défense, cet hôtel familial a repris des couleurs. Des espaces communs aux chambres (insonorisées), il a été relooké dans un esprit actuel agréable.

Quartier Charras

🏨 **Mercure La Défense 5**   ⅙ 🛗 க் ch, 🅰🅲 ⁿⁱ க🅰 🚗 💳 ⑳ 🅰🅴 ⓪
   18 r. Baudin – ☏ 01 49 04 75 00 – www.mercure.com
   502 ch – ♦75/250 € ♦♦75/250 € – 5 suites – � 17 €
   Rest Le Bistrot de l'Echanson – ☏ 01 49 04 75 85 (fermé août, vend. soir, dim. midi et sam.) Menu 22 € – Carte 25/45 €
   ◆ Originale façade en arc de cercle dissimulant des chambres fonctionnelles récemment rajeunies ; vue sur Paris ou la Défense pour certaines, à partir du 8ᵉ étage. Fitness, hammam et solarium. Décor design et ambiance chaleureuse au Bistrot de l'Échanson.

au Parc de Bécon

🍴 **Les Trois Marmites**   🅰🅲 💳 ⑳ 🅰🅴
   215 bd St-Denis – ☏ 01 43 33 25 35
   – Fermé août, le soir, sam., dim. et fériés
   Rest – (34 €) Menu 39 €
   ◆ La clientèle d'affaires apprécie ce petit restaurant de quartier proche des quais, face au parc de Bécon et au musée Roybet-Fould (œuvres de Carpeaux). Carte traditionnelle.

CRÉTEIL P – 94 Val-de-Marne – **312** D3 – **101** 27 – 88 939 h. – alt. 48 m **21** C2
– ✉ 94000 ▮ Île de France

▶ Paris 14 – Bobigny 22 – Évry 32 – Lagny-sur-Marne 29

🏌 de Marolles-en-Brie à Marolles-en-Brie Mail de la Justice, SE : 10 km,
ℰ 01 45 95 18 18

🏌 d'Ormesson à Ormesson-sur-Marne Chemin du Belvédère, E : 15 km,
ℰ 01 45 76 20 71

◉ Hôtel de ville★ : parvis★.

Novotel ॐ
r. Jean Gabin, (au lac) – ℰ 01 56 72 56 72 – www.novotel.com
110 ch – †99/179 € ††99/179 € – ☲ 14 €
Rest – (17 €) Carte 18/40 €
♦ L'atout majeur de cet hôtel est son emplacement face au lac (base de loisirs et parcours de jogging). Chambres agréables, agencées selon le concept de la chaîne. Restaurant au cadre design, animé par des écrans plasma ; cuisine traditionnelle.

DAMPIERRE-EN-YVELINES – 78 Yvelines – **311** H3 – **101** 31 – 1 162 h. **18** B2
– alt. 100 m – ✉ 78720

▶ Paris 38 – Chartres 57 – Longjumeau 32 – Rambouillet 16

🛈 9, Grande Rue ℰ 01 30 52 57 30

🏌 de Forges-les-Bains à Forges-les-Bains Route du Général Leclerc, SE :
14 km, ℰ 01 64 91 48 18

◉ Château de Dampierre★★ ▮ Île de France

Auberge du Château ''Table des Blot'' (Christophe Blot) avec ch
1 Grande Rue – ℰ 01 30 47 56 56
– www.latabledesblot.com – Fermé 20-31 août, 20-30 déc., 20-28 fév., dim. soir, lundi et mardi
10 ch – †80/90 € ††80/90 € – ☲ 8 €
Rest – Menu 30 € (sem.), 45/70 € – Carte environ 60 €
Spéc. Homard poêlé, décortiqué et fumé minute à la livèche. Pigeon étuvé, finement émincé, servi très rosé au jus de viande dissocié. Chocolat en soufflé, l'autre mi-cuit et le dernier en mousse.
♦ La décoration soignée de cette belle auberge du 17e s. marie l'ancien et le moderne. Le talent du chef et les saisons rythment la créativité des recettes. Accueil chaleureux. Jolies chambres façon maison de campagne.

Les Écuries du Château
2 Grande Rue, (au château) – ℰ 01 30 52 52 99 – www.lesecuriesduchateau.com
– Fermé 17 fév.-2 mars, 1er-26 août, mardi et merc.
Rest – (30 €) Menu 45/55 € – Carte 42/49 €
♦ Lieu magique pour ce restaurant installé dans la sellerie du Château de Dampierre. Vous apprécierez une cuisine traditionnelle dans un décor rustique et cosy avec vue sur le parc.

LA DÉFENSE – 92 Hauts-de-Seine – **311** J2 – **101** 14 – ✉ 92400 ▮ Paris **20** B1

▶ Paris 10 – Courbevoie 1 – Nanterre 4 – Puteaux 2

◉ Quartier★★ : perspective★ du parvis.

Pullman La Défense
11 av. Arche, sortie Défense 6 ✉ 92081
– ℰ 01 47 17 50 00 – www.pullmanhotels.com
368 ch – †175/470 € ††175/470 € – 16 suites – ☲ 22 €
Rest Avant Seine – ℰ 01 47 17 50 99 (fermé 29 juil. -21 août, 17 déc.-2 janv., vend. soir, sam., dim. et fériés) (29 €) Carte environ 54 €
♦ Belle architecture en proue de navire, toute de verre et de pierre ocre. Chambres spacieuses et élégantes, salons et auditorium très bien équipés (avec cabines de traduction). Décor design de qualité et cuisine à la broche au restaurant l'Avant Seine.

ENVIRONS DE PARIS

1293

Renaissance

60 Jardin de Valmy, par bd circulaire, sortie La Défense 7 ⌧ *92918*
– ℰ 01 41 97 50 50 – www.renaissanceladefense.fr
324 ch – †169/450 € ††169/450 € – 3 suites – ⊡ 25 €
Rest *– (fermé fériés le midi, dim. midi et sam.)* (25 €) Menu 34 € (déj.)/45 € bc
– Carte 51/68 €
◆ Luxe et raffinement caractérisent cet immeuble contemporain posé au pied de
la Grande Arche : matériaux nobles, confort absolu, chambres chaleureuses parfaitement équipées. Vue sur les jardins de Valmy, plats classiques et suggestions saisonnières à la brasserie.

Hilton La Défense

2 pl. de la Défense ⌧ *92053 – ℰ 01 46 92 10 10 – www.hilton.com*
148 ch – †195/550 € ††195/550 € – 9 suites – ⊡ 26 €
Rest *Côté Parvis* *– (fermé vend. soir, dim. midi et sam.)* (45 € bc) Menu 55 € bc
(déj. en sem.) – Carte 39/72 €
◆ Hôtel situé dans l'enceinte du CNIT. Certaines chambres ont été pensées pour
le bien-être de la clientèle d'affaires : espaces travail, repos, relaxation et salle de
bains-jacuzzi. Côté Parvis, cuisine dans l'air du temps et jolie vue sur l'Arche.

Sofitel Paris La Défense

34 cours Michelet, par bd circulaire sortie La Défense 4 ⌧ *92060 Puteaux*
– ℰ 01 47 76 44 43 – www.sofitel-paris-ladefense.com
150 ch – †150/535 € ††150/535 € – 1 suite – ⊡ 26 €
Rest *L'Italian Lounge* *– ℰ 01 47 76 72 40* – Menu 37 € (sem.), 60/115 €
– Carte 55/85 €
◆ Architecture en arc de cercle intégrée au paysage des tours de la Défense.
Chambres spacieuses et bien équipées, joliment contemporaines. Cadre ten-
dance, table méditerranéenne et beau choix de vins à l'Italian Lounge.

Novotel La Défense

2 bd Neuilly, sortie Défense 1 – ℰ 01 41 45 23 23 – www.novotel.com
280 ch – †79/390 € ††79/490 € – ⊡ 16 €   **Rest** – Carte 25/40 €
◆ Cet hôtel se dresse aux pieds de La Défense, véritable musée de plein air. Chambres rénovées, en partie tournées vers Paris, et bar relooké dans l'esprit Novotel
Café. Décor contemporain et cuisine élaborée selon les saisons au restaurant.

ENGHIEN-LES-BAINS – 95 Val-d'Oise – **305** E7 – **101** 5 – 12 121 h.   **20** B1
– alt. 45 m – **Stat. therm. : toute l'année – Casino** – ⌧ 95880 ▮ Île de France

▶ Paris 17 – Argenteuil 7 – Chantilly 34 – Pontoise 22

🇮 81, rue du Général-de-Gaulle ℰ 01 34 12 41 15

🔟 de Domont Montmorency à Domont Route de Montmorency, N : 8 km,
ℰ 01 39 91 07 50

◎ Lac★ - Deuil-la-Barre : chapiteaux historiés★ de l'église Notre-Dame NE :
2 km.

Grand Hôtel Barrière sans rest

85 r. du Gén.-de-Gaulle – ℰ 01 39 34 10 00
– www.grand-hotel-enghien.fr
43 ch – †234/326 € ††234/326 € – 6 suites – ⊡ 19 €
◆ Décor classique pour cet établissement doté de l'un des plus grands spas et
fitness de France, face au lac d'Enghien. Chambres élégantes, garnies d'un beau
mobilier de style.

Du Lac

89 r. du Gén.-de-Gaulle – ℰ 01 39 34 11 00 – www.hotel-du-lac-enghien.com
137 ch – †119/379 € ††119/379 € – 4 suites – ⊡ 17 €
Rest *– (fermé sam. midi)* (22 €) Menu 26 € – Carte 34/59 €
◆ Hôtel moderne aux airs de villégiature. Chambres confortables, avec vue sur le
lac (plus calmes côté jardin). Possibilité d'accès au spa et au fitness. La salle à
manger contemporaine préserve l'intimité ; terrasse face au plan d'eau, cuisine
traditionnelle.

Aux Saveurs d'Alice 🛡️ ⇔ VISA ⊕ AE

32 bd d'Ormesson – ☎ *01 34 12 78 36 – www.auxsaveursdalice.fr – Fermé dim. soir, merc. soir et lundi*

Rest – (21 €) Menu 28 € – Carte 29/45 €

♦ On apprécie ce restaurant du centre-ville pour sa cuisine traditionnelle simple, calée sur les saisons et le marché. Décor sagement rustique dans les trois salles à manger.

ÉVRY 🅿 **– 91 Essonne – 312** D4 **– 101** 37 **–** ✉ **91000** 📗 Île de France **18** B2

▶ Paris 32 – Chartres 80 – Créteil 30 – Étampes 36

🔵 Cathédrale de la Résurrection ★ - 5 mai-janv. Epiphanies (Exposition).

All Seasons 🏡 🖥 ⅘ ch, 🛡️ ⅓ 🕸 🔉 VISA ⊕ AE

52 bd Coquibus, (face à la cathédrale) – ☎ *01 69 47 30 00*
– www.all-seasons-hotels.com – Fermé 29 juil.-21 août et 22 déc.-1ᵉʳ janv.

110 ch � **–** ♦78/102 € ♦♦88/112 €

Rest – *(fermé vend. soir, sam., dim. et fériés)* (18 €) Carte 25/32 €

♦ Face à la cathédrale de la Résurrection, voici un hôtel contemporain mis en scène avec des couleurs gaies. Chambres à la décoration dans l'air du temps et prix raisonnables. Le restaurant, très mode, propose une cuisine au goût du jour.

à Courcouronnes **– 14 409 h. – alt. 80 m –** ✉ **91080**

🔢 de Bondoufle à Bondoufle Départementale 31, O : 3 km, ☎ 01 60 86 41 71

Le Canal ⅘ 🛡️ ⇔ ⌧ VISA ⊕ AE

31 r. du Pont Amar, (près de l'hôpital) – ☎ *01 60 78 34 72*
– www.restaurant-lecanal.fr – Fermé août, 24-31 déc., sam. et dim.

Rest – Menu 23/32 €

♦ Une adresse d'esprit brasserie un brin rétro. On y sert une cuisine du marché, franche et simple, dont l'incontournable spécialité du patron : le pied de cochon farci.

à Lisses **– 6 911 h. – alt. 86 m –** ✉ **91090**

Mercure 🏡 ⅘ 🛡️ ⅙ rest, 🕸 🅿 VISA ⊕ AE ⓘ

8 r. du Bois Chaland, ZAC du Bois Chaland – ☎ *01 60 86 90 00*
– www.mercure.com

53 ch – ♦65/99 € ♦♦65/109 € **–** ⊃ 12 €

Rest – *(fermé vend. soir, sam. et dim.)* (19 €) Menu 23 € – Carte environ 27 €

♦ Rénovation réussie pour cet hôtel au calme, préservé de l'activité environnante par un écran de verdure. Les chambres, confortables et chaleureuses, affichent une décoration actuelle. Salle à manger ouverte sur une terrasse-véranda et cuisine traditionnelle.

GAGNY **– 93 Seine-Saint-Denis – 305** G7 **– 101** 18 **– 37 729 h. – alt. 70 m** **21** D1
– ✉ **93220**

▶ Paris 17 – Bobigny 11 – Raincy 3 – St-Denis 18

🅱 1, avenue Jean-Jaurès ☎ 01 43 81 49 09

Le Vilgacy 🏠 🅿 VISA ⊕

45 av. H. Barbusse – ☎ *01 43 81 23 33 – www.vilgacy.com*
– Fermé 25 juil.-19 août, 15-25 fév., dim. soir, mardi soir et lundi sauf fériés

Rest – (26 €) Menu 36 € – Carte 50/65 €

♦ Vous serez accueilli dans le décor contemporain et coloré des deux salles (tableaux en exposition-vente) ou dans le jardin-terrasse en été. Recettes traditionnelles.

Les prix indiqués devant le symbole ♦ correspondent au prix le plus bas en basse saison puis au prix le plus élevé en haute saison, pour une chambre single. Même principe avec le symbole ♦♦ cette fois pour une chambre double.

LA GARENNE-COLOMBES – 92 Hauts-de-Seine – **311** J2 – **101** 14 **20** B1
– 27 188 h. – alt. 40 m – ⊠ 92250

▶ Paris 13 – Argenteuil 7 – Asnières-sur-Seine 5 – Courbevoie 2

🅸 24, rue d'Estienne-d'Orves ☏ 01 47 85 09 90

✕✕ L'Instinct 🍴 AC VISA ⦾ AE
1 r. Voltaire – ☏ 01 56 83 82 82 – www.restaurant-linstinct.com – Fermé
7-22 août, lundi soir, sam. midi et dim.
Rest – *(prévenir)* (25 €) Menu 34 € – Carte 39/45 €
♦ Face au marché couvert, restaurant au cadre résolument moderne et coloré.
Salle claire et lumineuse et très beau bar en bois pour l'apéritif. Cuisine au goût
du jour.

GRESSY – 77 Seine-et-Marne – **312** F2 – **101** 10 – 896 h. – alt. 98 m **19** C1
– ⊠ 77410

▶ Paris 32 – Meaux 20 – Melun 56 – Senlis 35

🏠 Le Manoir de Gressy ⏠ 🚗 🍴 🏊 🕒 🚹 ch, AC rest, 🎛 🧖 P
– ☏ 01 60 26 68 00 – www.manoirdegressy.com – Fermé VISA ⦾ AE ①
23 déc.-3 janv.
85 ch ⊑ – ♦115/230 € ♦♦130/260 € **Rest** – Menu 46 €
♦ Ce manoir, dressé sur le site d'une ferme fortifiée du 18ᵉ s., marie joliment les
styles. Les chambres, personnalisées, ouvrent sur le jardin et la piscine. Murs patinés et parquets habillent la grande salle de restaurant où buffets et carte évoluent au gré des saisons.

ISSY-LES-MOULINEAUX – 92 Hauts-de-Seine – **311** J3 – **101** 25 **20** B2
– 61 471 h. – alt. 37 m – ⊠ 92130 ▮ Île de France

▶ Paris 8 – Boulogne-Billancourt 3 – Clamart 4 – Nanterre 11

🅸 Esplanade de l'Hôtel de Ville ☏ 01 41 23 87 00

👁 Musée de la Carte à jouer★.

✕✕ La Table des Montquartiers AC ⇔ VISA ⦾
5 chemin Montquartiers – ☏ 01 46 44 05 45 – www.latabledesmontquartiers.com
– Fermé août, sam., dim., fériés et le soir
Rest – (26 €) Menu 35 € – Carte 43/52 € 🏵
♦ Pénétrez dans ce cadre insolite – les galeries d'une ancienne carrière de craie
– et découvrez un choix exceptionnel de vins pour accompagner la carte réalisée
au fil des saisons.

✕✕ River Café 🍴 AC 🍽 VISA ⦾ AE ①
Pont d'Issy, 146 quai Stalingrad – ☏ 01 40 93 50 20 – www.lerivercafe.net
Rest – (27 €) Menu 32/36 € – Carte 36/56 €
♦ Voyage gourmand ! Embarquement immédiat à bord de cette ex-barge
pétrolière, amarrée face à l'île St-Germain. Cuisine du marché dans un décor
colonial ; voiturier.

✕✕ L'Ile 🍴 AC 🍽 🍽 P VISA ⦾ AE
Parc Ile St-Germain, 170 quai Stalingrad – ☏ 01 41 09 99 99
– www.restaurant-lile.com
Rest – (21 €) Menu 44/60 € – Carte 28/62 €
♦ Cette caserne postée sur une île de la Seine invite aujourd'hui au "repos", sans
discussion... Un lieu tendance et convivial, où la carte met à l'honneur les produits
de saison.

✕✕ Manufacture 🍴 AC VISA ⦾
20 espl. Manufacture, (face au 30 r. E. Renan) – ☏ 01 40 93 08 98
– www.restaurantmanufacture.com – Fermé 5-20 août, 25 déc.-1ᵉʳ janv., sam. et
dim.
Rest – (29 €) Menu 36 €
♦ Reconversion réussie : cette ancienne manufacture de tabac (1904) abrite un
restaurant design et sa belle terrasse. Recettes de bistrot revues et corrigées à la
mode d'aujourd'hui.

✗ **Coquibus** ⬦ VISA ⓒⓓ AE
16 av. de la République – ℰ 01 46 38 75 80 – www.coquibus.com
– Fermé dim.
Rest – (18 €) Menu 22 € – Carte 30/60 €
♦ Adresse sympathique où boiseries, tableaux colorés et coqs en terre cuite reconstituent parfaitement un décor brasserie des années 1930. Cuisine traditionnelle au gré du marché.

JANVRY – 91 Essonne – **312** B4 – **101** 33 – 626 h. - alt. 160 m – ✉ 91640   **18** B2
▶ Paris 35 – Briis s/s Forges 4 – Dourdan 20 – Palaiseau 19

✗✗ **Bonne Franquette** VISA ⓒⓓ
1 r. du Marchais – ℰ 01 64 90 72 06 – www.bonnefranquette.fr
– Fermé 25 avril-16 mai, 29 août-26 sept., 19 déc.-9 janv., sam. midi, dim. soir et lundi
Rest – Menu 35 €
♦ Ex-relais de poste situé face au château (17e s.) d'un joli village francilien. Deux grandes ardoises annoncent la cuisine du jour servie dans un cadre de bistrot chaleureux.

JOINVILLE-LE-PONT – 94 Val-de-Marne – **312** D3 – **101** 27 – 17 177 h.   **21** D2
– alt. 49 m – ✉ 94340
▶ Paris 12 – Créteil 7 – Lagny-sur-Marne 22 – Maisons-Alfort 5
🛈 23, rue de Paris ℰ 01 42 83 41 16

🏠 **Cinépole** sans rest 🕪 ⁜ 🚗 VISA ⓒⓓ AE
8 av. Platanes – ℰ 01 48 89 99 77 – www.cinepole.com
34 ch – †64/66 € ††64/66 € – ☲ 8 €
♦ L'enseigne de cet hôtel familial évoque les anciens studios de cinéma de Joinville. Chambres pratiques et bien tenues ; belle terrasse où l'on sert le petit-déjeuner l'été.

LE KREMLIN-BICÊTRE – 94 Val-de-Marne – **312** D3 – **101** 26 – 25 567 h.   **21** C2
– alt. 60 m – ✉ 94270
▶ Paris 5 – Boulogne-Billancourt 11 – Évry 28 – Versailles 23

🏨 **Novotel Porte d'Italie** 🕪 � ⒶⒸ ⁜ ⅀ 🚗 VISA ⓒⓓ AE ⓞ
22 r. Voltaire – ℰ 01 45 21 19 09 – www.novotel.com
168 ch – †95/220 € ††95/220 € – ☲ 15 €
Rest – (12 €) Menu 16 € – Carte 19/38 €
♦ Tout proche de la porte d'Italie, bâtiment moderne arborant une façade en granit poli. Chambres aménagées selon le dernier concept de la chaîne. Mobilier contemporain au restaurant, carte Novotel Café.

🏠 **Express by Holiday Inn** sans rest 🕪 ⅃ ⅀ 🚗 VISA ⓒⓓ AE ⓞ
1-3 r. Elisée Reclus – ℰ 01 47 26 26 26
89 ch – ☲ – †70/180 € ††70/180 €
♦ À proximité immédiate des quartiers sud de la capitale, hôtel apprécié de la clientèle d'affaires. Petites chambres habillées de bois clair et de tissus chamarrés.

LEVALLOIS-PERRET – 92 Hauts-de-Seine – **311** J2 – **101** 15 – 62 851 h.   **20** B1
– alt. 30 m – ✉ 92300
▶ Paris 9 – Argenteuil 8 – Nanterre 8 – Pontoise 27

🏨 **Evergreen Laurel** 🍴 ⅃ 🕪 ⅃ ch, ⒶⒸ ⅀ ⁜ ⅀ 🚗 VISA ⓒⓓ AE ⓞ
8 pl. Georges Pompidou – ℰ 01 47 58 88 99
– www.evergreenhotel-paris.com
337 ch – †350 € ††350 € – 1 suite – ☲ 19 €
Rest *Omega* – (18 €) Menu 22 € (sem.)/58 € – Carte 35/72 €
♦ Luxe, élégance et luminosité : un hôtel pensé pour la clientèle d'affaires. Les chambres, dotées d'un plaisant mobilier en bois de rose, sont spacieuses. Rencontre de l'Asie et de la cuisine française au restaurant Omega.

Espace Champerret sans rest 🕮 ⅙ AC °I° VISA ⓩ AE ⓞ
26 r. Louise Michel – ℰ 01 47 57 20 71 – www.hotel-espace-champerret.com
39 ch – †64/99 € ††70/109 € – ☑ 8,50 €
◆ Une cour, où l'on sert le petit-déjeuner en été, sépare les deux bâtiments de cet hôtel ; celui sur l'arrière est plus calme. Chambres rénovées, insonorisées et bien tenues.

L'Audacieux VISA ⓩ
51 r. Danton – ℰ 01 47 59 94 17 – Fermé août
Rest – Menu 17 € (déj. en sem.) – Carte 32/45 €
◆ Accueil tout sourire par une équipe très pro dans ce restaurant de poche à la déco minimaliste égayée de touches colorées. Table actuelle soignée cultivant le goût du produit.

LIVRY-GARGAN – 93 Seine-Saint-Denis – **305** G7 – **101** 18 – 41 556 h. **21** D1
– alt. 60 m – ✉ 93190

▶ Paris 19 – Aubervilliers 14 – Aulnay-sous-Bois 4 – Bobigny 8
🎗 5, place François Mitterrand ℰ 01 43 30 61 60

La Petite Marmite 🛖 AC VISA ⓩ
8 bd de la République – ℰ 01 43 81 29 15 – Fermé 5 août-1er sept., dim. soir et merc.
Rest – Menu 35/60 € – Carte 40/65 € 🏵
◆ Derrière une façade arborant un auvent couvert de chaume, salle confortable avec boiseries. Monsieur fait le marché et madame cuisine (plats traditionnels). Bon choix de bordeaux.

LONGJUMEAU – 91 Essonne – **312** C3 – **101** 35 – 21 048 h. – alt. 78 m **20** B3
– ✉ 91160

▶ Paris 20 – Chartres 70 – Dreux 84 – Évry 15

St-Pierre AC VISA ⓩ AE ⓞ
42 r. F. Mitterrand – ℰ 01 64 48 81 99 – www.lesaintpierre.com
– Fermé 25 juil.-18 août, lundi soir, merc. soir, sam. midi et dim.
Rest – Menu 25 € bc (déj.), 33/46 € – Carte 44/60 €
◆ Les patrons aiment à faire partager leur amour des produits du Gers : canard et foie gras en tête, les plats du Sud-Ouest défilent dans un chaleureux cadre d'esprit rustique.

MAISONS-ALFORT – 94 Val-de-Marne – **312** D3 – **101** 27 – 53 233 h. **21** C2
– alt. 37 m – ✉ 94700 ▌Île de France

▶ Paris 10 – Créteil 4 – Évry 34 – Melun 39

La Bourgogne AC ⟷ VISA ⓩ AE
164 r. J.-Jaurès – ℰ 01 43 75 12 75 – www.restaurant94labourgogne.com
– Fermé 9-21 août, 24 déc.-1er janv., sam. midi et dim.
Rest – Menu 30/46 € bc – Carte 49/65 €
◆ Cette maison fleure bon la province. On y sert une savoureuse cuisine de produits, soucieuse des saisons, et de belles spécialités bourguignonnes. Accueil chaleureux.

MAISONS-LAFFITTE – 78 Yvelines – **311** I2 – **101** 13 – 22 566 h. **20** A1
– alt. 38 m – ✉ 78600 ▌Île de France

▶ Paris 21 – Mantes-la-Jolie 38 – Poissy 9 – Pontoise 17
🎗 41, avenue de Longueil ℰ 01 39 62 63 64
◉ Château★.

Tastevin (Michel Blanchet) 🚗 🛖 P VISA ⓩ AE ⓞ
9 av. Eglé – ℰ 01 39 62 11 67 – www.letastevin-restaurant.fr – Fermé 3-26 août,
22 fév.-8 mars, lundi et mardi
Rest – (36 €) Menu 45 € (sem.)/95 € – Carte 80/105 € 🏵
Spéc. Foie gras chaud au vinaigre de banyuls, frite de polenta. Noix de ris de veau rôtie au bouton de marguerite, charlotte de macaroni aux champignons. Assiette du maître chocolatier.
◆ À l'orée du parc, une maison de maître à l'intérieur cossu. On y cultive une certaine idée de l'art de vivre à la française et l'amour des beaux produits. Jolie carte des vins.

✗ **La Plancha** 〔AC〕〔⇄〕〔VISA〕〔◉◉〕〔AE〕
5 av. de St-Germain – ℰ 01 39 12 03 75 – Fermé 15 juil.-20 août, 17-27 fév., dim.
soir, mardi soir et merc.
Rest – Menu 33/60 € – Carte 53/72 €
◆ Ambiance "voyage" dans ce restaurant proche de la gare. La carte, assez originale, propose des recettes combinant avec succès les produits français, espagnols
et japonais.

MARLY-LE-ROI – 78 Yvelines – **312** B2 – **101** 12 – 16 655 h. – alt. 90 m   **20** A2
– ✉ 78160

▶ Paris 24 – Bougival 5 – St-Germain-en-Laye 5 – Versailles 9
🏛 2, avenue des Combattants ℰ 01 39 16 16 35

✗✗ **Le Village** (Uido Tomohiro) 〔AC〕〔VISA〕〔◉◉〕〔AE〕
❀ *3 Grande-Rue – ℰ 01 39 16 28 14 – www.restaurant-levillage.fr – Fermé 3 sem.*
en août, sam. midi, dim. soir et lundi
Rest – *(nombre de couverts limité, prévenir)* (31 €) Menu 39/78 €
– Carte 95/113 €
Spéc. Duo de foie gras de canard et sa brioche aux truffes. Nems de belles langoustines et huîtres. Gourmandise de patates douces.
◆ Une jolie auberge du vieux Marly. Le chef, né au Japon, signe une cuisine très
maîtrisée, avec de jolis accords de textures et de saveurs. La France inspire l'Asie,
et réciproquement...

MARNE-LA-VALLÉE – Île-de-France – **312** E2 – **101** 19 – 246 607 h.   **19** C2
– ✉ 77206 🏳 Île de France

▶ Paris 27 – Meaux 29 – Melun 40
🏌 de Bussy-Saint-Georges à Bussy-Saint-Georges Promenade des Golfeurs,
ℰ 01 64 66 00 00
🚣 de Torcy à Torcy Base Régionale de loisirs, N : 5 km, ℰ 01 64 80 80 90
🎢 Disneyland Paris à Magny-le-Hongre Allée de la Mare Houleuse,
ℰ 01 60 45 68 90

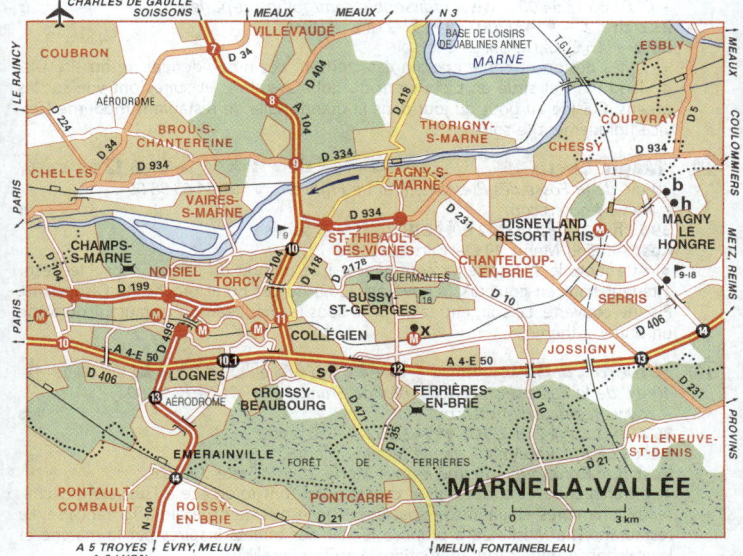

à Bussy-St-Georges – 18 772 h. – alt. 105 m – ✉ 77600

Tulip Inn Marne la Vallée 🛗 ⅃ ch, 🅰️🄿 ⚡ 🛜 🕾 🚗 VISA ⅏ 🅰🄴

44 bd A. Giroust – ☎ 01 64 66 11 11 – www.tulipinnmarnelavallee.com

87 ch – †129 € ††129 € – � 12 €   **x**

Rest – *(fermé sam. midi et dim.)* (17 €) Menu 20 €

◆ Intégré à un grand ensemble immobilier, face à la station RER, hôtel doté de chambres fonctionnelles, bien insonorisées, et d'un bar décoré façon "Louisiane". Carte traditionnelle rehaussée de notes italiennes, dans la salle à manger aux tons pastel.

à Collégien – 3 191 h. – alt. 105 m – ✉ 77090

Novotel 🚗 🍽 ⅃ 🛗 ⅃ ch, 🅰️🄿 ⚡ rest, ⅏ 🅿 VISA ⅏ 🅰🄴 ⅏

2 allée du Clos des charmes , (sortie 12) – ☎ 01 64 80 53 53 – www.novotel.com

195 ch – †90/135 € ††90/148 € – ⊇ 14 €   **s**

Rest – (12 €) Carte 18/41 €

◆ Hôtel adapté à la clientèle d'affaires et aux séminaires. Chambres au décor actuel (mobilier en bois, belles teintes). Hall et bar "tendance". Restauration traditionnelle dans un cadre design ou en terrasse, autour de la piscine. Plats simples au Novotel Café.

à Disneyland Resort Paris accès par autoroute A 4 et bretelle Disneyland – ✉ 77777

🔘 Disneyland Paris ★★★ (voir Guide Vert Île-de-France)-Centrale de réservations hôtels : ☎ (00 33) 08 25 30 60 30 (0,15 €/mn) - Les hôtels du Parc Disneyland Resort Paris pratiquent des forfaits journaliers comprenant le prix de la chambre et l'entrée aux parcs à thèmes - Ces prix variant selon la saison, nous vous suggérons de prendre contact avec la centrale de réservation.

à Magny-le-Hongre – 4 954 h. – alt. 117 m – ✉ 77700

Radisson Blu at Disneyland 🦢 🚗 🍽 🔲 ⅏ 🅵⅃ 🛗 ⅃ 🅰️🄿 ⚡ ⅏ 🅿

allée de la Mare-Houleuse , (près du golf)   VISA ⅏ 🅰🄴 ⅏

– ☎ 01 60 43 64 00 – www.radissonblu.com/golfresort-paris   **r**

232 ch ⊇ – †143/200 € ††157/214 € – 18 suites

Rest – (16 €) Carte 35/55 € le soir

◆ Styles design et contemporain caractérisent cet hôtel, dernier né du site Disneyland Paris et situé en plein cœur du golf. Chambres et suites ont vue sur les greens. Cuisine au goût du jour dans la grande salle de restaurant moderne (service uniquement le soir).

Magic Circus 🦢 🚗 🍽 🔲 ⅏ 🅵⅃ 🛗 ⅃ 🅰️🄿 ⚡ ⅏ ⅏ 🅿 VISA ⅏ 🅰🄴

20 av. de la Fosse-des-Pressoirs, (Val de France) – ☎ 01 64 63 38 00

– www.vi-hotels.com   **h**

396 ch ⊇ – †218/242 € ††218/242 € – 5 suites

Rest – (25 €) Menu 29 € – Carte 25/35 €

◆ Attention, le spectacle va commencer ! Le monde du cirque inspire le décor intérieur haut en couleurs (rénové en 2009) de cet hôtel proche de Disneyland. Piscine couverte. Le soir, entrez en piste sous le chapiteau du restaurant où trône un buffet à thème.

Dream Castle 🦢 🚗 🔲 ⅏ 🅵⅃ 🛗 ⅃ 🅰️🄿 ⚡ ⅏ ⅏ 🅿 VISA ⅏ 🅰🄴 ⅏

40 av. de la Fosse-des-Pressoirs, (Val de France) – ☎ 01 64 17 90 00

– www.dreamcastle-hotel.com   **b**

397 ch ⊇ – †218/228 € ††242/252 € – 10 suites

Rest *The Musketeer's* – *(fermé le midi)* Menu 29 €

Rest *Bar Excalibur* – *(fermé le soir)* Menu 25 € – Carte 20/35 €

◆ L'architecture et la décoration de cet hôtel font référence à l'univers des châteaux. Chambres élégantes et spacieuses, jolie piscine et jardin à la française. Le restaurant The Musketeer's propose le soir des buffets inspirés par le marché et les saisons. À midi, carte internationale au bar Excalibur.

MASSY – 91 Essonne – **312** C3 – **101** 25 – 40 183 h. – alt. 78 m – ✉ 91300   **20** B3

▶ Paris 19 – Arpajon 19 – Évry 20 – Palaiseau 4

🏨   **Mercure**   🛜 📶 ▤ AC 📶 🎾 🚗 VISA 🌐 AE ⓞ
21 av. Carnot, (gare T.G.V.) – ℰ 01 69 32 80 20 – www.mercure.com
116 ch – ♦89/214 € ♦♦99/224 € – ☑ 16 €   **Rest** – (19 €) Menu 22 € Carte 22/33 €
◆ Adresse face à la gare TGV disposant de chambres fonctionnelles et pratiques, les "privilège" ont adopté un style contemporain plaisant. Salon-bar design. Le restaurant propose la grande carte des vins Mercure autour d'une cuisine traditionnelle.

LE MESNIL-AMELOT – 77 Seine-et-Marne – **312** E1 – **101** 9 – 682 h.   **19** C1
– alt. 80 m – ✉ 77990

▶ Paris 34 – Bobigny 25 – Goussainville 15 – Meaux 28

🏨   **Radisson Blu Charles de Gaulle Airport**   🛜 🛜 ▤ 🕭 ✕ 📶
r. de la Chapelle   ⚙ ch, AC ✕ rest, 📶 🎾 P 🚗 VISA 🌐 AE ⓞ
– ℰ 01 60 03 63 00 – www.radissonblu.com/hotel-parisairport
240 ch – ♦95/350 € ♦♦95/350 € – ☑ 20 € – ½ P 165/263 €
Rest – ℰ 01 60 03 63 55 – Menu 27 € – Carte 33/57 €
◆ Ce bâtiment en verre, proche de l'aéroport de Roissy, multiplie les atouts : équipements de loisirs, espaces séminaires, salon-bar et chambres actuelles. Grande brasserie au décor moderne, ouverte sur la terrasse ; formule buffet pour les entrées.

MEUDON – 92 Hauts-de-Seine – **311** J3 – **101** 24 – 44 745 h. – alt. 100 m   **20** B2
– ✉ 92190 ▮ Île de France

▶ Paris 11 – Boulogne-Billancourt 4 – Clamart 4 – Nanterre 12
◉ Terrasse ★ ★ - ※ ★ - Forêt de Meudon ★.

✕✕   **L'Escarbille** (Régis Douysset)   🛜 ⇄ VISA 🌐
⛬   *8 r. Vélizy* – ℰ 01 45 34 12 03 – www.lescarbille.fr – Fermé 7-23 août,
24 déc.-3 janv., 20 fév.-8 mars, dim. et lundi
Rest – Menu 46 €, 61/98 € bc
Spéc. Cuisses de grenouille sautées minute, purée de cresson, crème légère à l'ail doux. Suprême de pigeon, petits pois et girolles, jus au foie gras. Truffes fondantes au chocolat, crème glacée aux pignons de pin.
◆ Cure de jouvence pour cette maison centenaire jouxtant la gare. Façade rafraîchie, intérieur soigné et belle cuisine dans l'air du temps variant au gré du marché et des saisons.

MONTMORENCY ⊲⊳ – 95 Val-d'Oise – **305** E7 – **101** 5 – 21 416 h.   **18** B1
– alt. 82 m – ✉ 95160 ▮ Île de France

▶ Paris 19 – Enghien-les-Bains 4 – Pontoise 24 – St-Denis 9
🅸 1, avenue Foch ℰ 01 39 64 42 94
◉ Collégiale St-Martin ★.
🄲 Château d'Écouen ★★ : musée de la Renaissance ★★ (tenture de David et de Bethsabée ★★★).

✕✕   **Au Cœur de la Forêt**   🚗 🛜 P VISA 🌐
av. Repos de Diane, et accès par chemin forestier – ℰ 01 39 64 99 19
– www.aucoeurdelaforet.com – Fermé août, 15-25 fév., jeudi soir, dim. soir et lundi
Rest – Menu 46/54 €
◆ Intérieur chaleureux : deux salles rustiques, dont une grande avec poutres au plafond et cheminée. Terrasse d'été ombragée. Carte traditionnelle simple rythmée par les saisons.

MONTREUIL – 93 Seine-Saint-Denis – **311** K2 – **101** 17 – 101 587 h.   **21** C2
– alt. 70 m – ✉ 93100 ▮ Île de France

▶ Paris 11 – Argenteuil 28 – Bobigny 10 – Boulogne-Billancourt 18
🅸 1, rue Kléber ℰ 01 41 58 14 09

🏨   **Franklin** sans rest   ▤ ⚙ AC 📶 🚗 VISA 🌐 AE
15 r. Franklin – ℰ 01 48 59 00 03 – www.hotel-franklin.fr
96 ch ☑ – ♦125/135 € ♦♦155/160 €
◆ Hôtel contemporain, ouvrant au rez-de-chaussée sur un jardin d'esprit zen. Chambres agréables, avec mobilier en bois exotique. Bons équipements, accueil sympathique.

ENVIRONS DE PARIS

XX **Villa9Trois**

28 r. Colbert – 𝒞 01 48 58 17 37 – www.villa9trois.com – *Fermé dim. soir*
Rest – Menu 39/44 € – Carte 50/60 €

◆ Havre de verdure en pleine banlieue, cette villa à l'intérieur design vous reçoit pour un repas chic et décontracté, bien dans l'air du temps. Grande terrasse dans le jardin.

MONTROUGE – 92 Hauts-de-Seine – **311** J3 – **101** 25 – 45 178 h.   **20** B2
– alt. 75 m – ✉ 92120

▶ Paris 5 – Boulogne-Billancourt 8 – Longjumeau 18 – Nanterre 16

Mercure

13 r. François Ory – 𝒞 01 58 07 11 11 – www.accorhotels.com
181 ch – ♦89/225 € ♦♦99/235 € – 7 suites – ⬭ 18 €
Rest – *(fermé sam. et dim.)* (19 €) Menu 24 € – Carte 31/38 €

◆ En léger retrait du périphérique, vaste construction abritant des chambres modernes de bon goût, climatisées et bien insonorisées. Restaurant rénové dans le style contemporain, égayé de lithographies sur le thème des légumes. Cuisine traditionnelle.

MORANGIS – 91 Essonne – **312** D3 – **101** 35 – 11 481 h. – alt. 85 m   **21** C3
– ✉ 91420

▶ Paris 21 – Évry 14 – Longjumeau 5 – Versailles 23

XXX **Sabayon**

15 r. Lavoisier – 𝒞 01 69 09 43 80 – www.restaurantlesabayon.com
– *Fermé 1er-29 août, lundi soir, mardi soir, merc. soir, sam. midi et dim.*
Rest – Carte 39/60 €

◆ Ce restaurant est un vrai rayon de soleil dans une ZI un peu grise : tons jaune et rouge, toiles contemporaines et plantes vertes. Cuisine dans l'air du temps.

NANTERRE Ⓟ – 92 Hauts-de-Seine – **311** J2 – **101** 14 – 88 316 h.   **20** B1
– alt. 35 m – ✉ 92000

▶ Paris 13 – Beauvais 81 – Rouen 124 – Versailles 15

🄓 4, rue du Marché 𝒞 01 47 21 58 02

Mercure La Défense Parc

r. des 3 Fontanot – 𝒞 01 46 69 68 00 – www.mercure.com
135 ch – ♦109/230 € ♦♦109/230 € – 25 suites – ⬭ 17 €
Rest – *(fermé 18 juil.-21 août, 24-27 déc., 31 déc.-4 janv., dim. midi, vend. soir et sam.)* (21 €) Menu 27 € – Carte environ 36 €

◆ Immeuble moderne et son annexe situés à côté du parc André Malraux. Meubles design, équipement complet : demandez une chambre rénovée. Cuisine du monde à déguster dans une chaleureuse et confortable salle à manger dotée d'une ligne de mobilier contemporain.

NEUILLY-SUR-SEINE – 92 Hauts-de-Seine – **311** J2 – **101** 15 – 61 471 h.   **20** B1
– alt. 34 m – ✉ 92200 🟩 Île de France

▶ Paris 9 – Argenteuil 10 – Nanterre 6 – Pontoise 29

Courtyard by Marriott

58 bd V.-Hugo – 𝒞 01 55 63 64 65
– www.courtyardneuilly.com
242 ch – ♦169/450 € ♦♦169/450 € – 69 suites – ⬭ 22 €
Rest – (24 €) Carte 37/75 €

◆ Près de l'Hôpital américain, imposant hôtel (années 1970) conjuguant confort et modernité. Belles chambres, atmosphère tendance dans le lobby et le bar, terrasses. Cuisine traditionnelle et brunch le dimanche midi, servis dans un plaisant cadre contemporain.

Paris Neuilly sans rest   [icons]

1 av. Madrid – ℰ 01 47 47 14 67 – www.hotel-paris-neuilly.com
80 ch – †92/242 € ††108/258 € – 6 suites – � 18 €

◆ Chambres disposées autour d'un atrium de huit étages en balcons. Petits-déjeuners dans le patio couvert orné de fresques rappelant le château de Madrid bâti par François 1er.

Jardin de Neuilly sans rest ⚜   [icons]

5 r. P.-Déroulède – ℰ 01 46 24 22 77 – www.hoteljardindeneuilly.com
29 ch – †130/173 € ††140/285 € – ⊇ 16 €

◆ Hôtel particulier du 19e s. à 300 m de la Porte Maillot. Chambres personnalisées et rénovées. Certaines donnent côté jardin : la campagne aux portes de Paris !

De la Jatte sans rest   [icons]

4 bd du Parc – ℰ 01 46 24 32 62 – www.hoteldelajatte.com
69 ch – †102/160 € ††124/185 € – 2 suites – ⊇ 12 €

◆ Charme et tranquillité pour cette élégante maison située sur l'île de la Jatte, aujourd'hui très prisée des Parisiens. Décor original, chambres design et plaisante véranda.

Neuilly Park sans rest   [icons]

23 r. M.-Michelis – ℰ 01 46 40 11 15 – www.hotelneuillypark.com
30 ch – †155/175 € ††155/175 € – ⊇ 12 €

◆ Sympathique hôtel du quartier des Sablons, entièrement rénové : mobilier 1900 de style Art nouveau et tissus tendus personnalisent les menues chambres.

XX **Foc Ly**   [icons]

79 av. Ch.-de-Gaulle – ℰ 01 46 24 43 36 – www.focly.com – Fermé 1er-23 août et dim.
Rest – (21 €) Carte 36/75 €

◆ Deux lions encadrent l'entrée de ce restaurant qui dévoile un intérieur contemporain orné de bois clair et de lithographies. Cuisine goûteuse thaï et chinoise.

XX **La Truffe Noire** (Patrice Hardy)   [icons]
✿

2 pl. Parmentier – ℰ 01 46 24 94 14 – www.truffenoire.net – Fermé 1er-29 août, sam. et dim.
Rest – Menu 36/150 € – Carte 70/150 €❀

Spéc. Salade de pommes de terre fumées et lamelles de truffe (oct. à mars). Bar cuit en coque d'argile, beurre de truffe noire. Crème glacée et soufflé à la truffe.
◆ Cette jolie maison au décor romantique célèbre le "diamant noir" mais aussi – en hommage à Parmentier qui fit aux "Sablons" ses premiers essais de culture – la pomme de terre.

XX **Jarrasse L'Ecailler de Paris**   [icons]

4 av. de Madrid – ℰ 01 46 24 07 56 – www.jarrasse.com – Fermé sam. et dim. en juil. et août
Rest – (prévenir) Menu 40 € – Carte 42/82 €❀

◆ Les salles décorées dans un style actuel aux tons pastel procurent une atmosphère reposante. Produits de la mer en provenance des petits bateaux de pêche bretons, banc d'écailler.

X **Le Bistrot d'à Côté la Boutarde**   [icons]

4 r. Boutard – ℰ 01 47 45 34 55 – www.bistrotboutarde.com – Fermé sam. midi et dim.
Rest – Menu 28 € – Carte 41/53 €

◆ Un vrai bistrot ! Service décontracté, boiseries, collection de moulins à café, vin "à la ficelle" (on paie ce que l'on boit) et ardoise du jour suivant l'inspiration du chef.

X **À la Coupole**   [icons]

3 r. de Chartres – ℰ 01 46 24 82 90 – Fermé août, sam., dim. et fériés
Rest – Carte 33/54 €

◆ Une collection de véhicules miniatures réalisés à Madagascar décore la salle de ce restaurant familial relooké en 2010. Cuisine traditionnelle et huîtres en saison.

ENVIRONS DE PARIS

NOGENT-SUR-MARNE ✏ – 94 Val-de-Marne – **312** D2 – **101** 27   **21** D2
– 30 632 h. – alt. 59 m – ✉ 94130 ▮ Île de France

> ❷ Paris 14 – Créteil 10 – Montreuil 6 – Vincennes 6
> ❼ 5, avenue de Joinville ☎ 01 48 73 73 97

🏠🏠🏠   **Nogentel**   🍴 📶 🗚 ch, 🛜 🔾 🚗 VISA ⓒ AE

8 r. du Port – ☎ 01 48 72 70 00 – www.nogentel-hotel.com
60 ch – †120 € ††135 € – ☲ 15 €
Rest *Le Canotier* – ☎ 01 48 72 72 26 *(fermé 2 sem. en août)* Menu 32 €
– Carte 39/46 €

◆ Hôtel des bords de Marne proposant des chambres actuelles. L'esprit de Nogent flotte encore sur la berge, le long de la promenade fleurie. La spacieuse salle à manger du Canotier (décor marin) ouvre sur le port de plaisance ; table traditionnelle.

NOISY-LE-GRAND – 93 Seine-Saint-Denis – **305** G7 – **101** 18 – 61 341 h.   **21** D2
– alt. 82 m – ✉ 93160 ▮ Île de France

> ❷ Paris 19 – Bobigny 17 – Lagny-sur-Marne 14 – Meaux 38
> ❼ 167, rue Pierre Brossolette ☎ 01 43 04 51 55

🏠🏠🏠   **Novotel**   🍴 🏊 📶 🕭 ⅍ rest, 🛜 🔾 🚗 VISA ⓒ AE ⓞ

2 allée Bienvenue - quartier Horizon – ☎ 01 48 15 60 60 – www.accorhotels.com
144 ch – †85/185 € ††85/215 € – ☲ 14 €
Rest – (12 €) Menu 16 € – Carte 22/39 €

◆ Dans un quartier d'affaires, un bâtiment des années 1990 abritant des chambres fonctionnelles et bien tenues. Novotel Café.

✕✕   **L'Amphitryon**   🍴 ⅍ 🗚 VISA ⓒ AE

56 av. A. Briand – ☎ 01 43 04 68 00 – http://amphitryon.over-blog.com
– Fermé 5-26 août, vacances de fév., sam. midi et dim. soir
Rest – Menu 26/43 € – Carte 43/58 €

◆ Murs rouge orangé et vaisselle chamarrée donnent le ton de cette élégante salle de restaurant. Cuisine traditionnelle, à base de produits frais.

ORGEVAL – 78 Yvelines – **311** H2 – **101** 11 – 5 456 h. – alt. 100 m   **18** B1
– ✉ 78630

> ❷ Paris 32 – Mantes-la-Jolie 28 – Pontoise 22 – St-Germain-en-Laye 11
> ⛳ de Villennes à Villennes-sur-Seine Route d'Orgeval, N : 2 km,
> ☎ 01 39 08 18 18

🏠🏠   **Moulin d'Orgeval** ✽   🍴 🍴 🏊 🗚 🛜 ⅍ 🅿 VISA ⓒ AE

r. de l'Abbaye, 1,5 km au Sud – ☎ 01 39 75 85 74 – www.moulindorgeval.com
14 ch – †120/130 € ††140/150 € – ☲ 15 €
Rest – *(fermé 20 déc.-3 janv. et dim. soir)* (32 €) Menu 39 € bc/68 €
– Carte 39/84 €

◆ Au cœur d'un parc arboré (4 ha) baigné par un étang, ancien moulin propice au calme et à la détente. Chambres classiques ; bar de style anglais. Cuisine traditionnelle servie dans la grande salle de restaurant, ouvrant sur la terrasse et le plan d'eau.

ORLY (AÉROPORTS DE PARIS) – 91 Essonne – **312** D3 – **101** 26   **21** C3
– 21 646 h. – alt. 89 m – ✉ 94390

> ❷ Paris 16 – Corbeil-Essonnes 24 – Créteil 14 – Longjumeau 15
> ✈ Aérogare d'Orly ☎ 39 50 (0,34 €mn)

🏠🏠🏠🏠   **Hilton Orly**   🗚 📶 ⅍ 🗚 🕭 ⅍ 🅿 VISA ⓒ AE ⓞ

près de l'aérogare, Orly Sud ✉ 94544 – ☎ 01 45 12 45 12 – www.hilton.fr
340 ch – †99/295 € ††99/295 € – ☲ 25 €
Rest – Menu 30/39 € – Carte 32/61 €

◆ Dans cet hôtel des années 1960 : intérieur design, chambres sobres et élégantes, équipements de pointe pour les réunions et services liés au standing de la clientèle d'affaires. Cadre contemporain au restaurant où l'on sert une cuisine traditionnelle.

Mercure ⟨ 🏨 🛜 🍴 🅿 VISA ⚪⚪ AE ⓪

allée Cdt Mouchotte, sortie Orlytech ⊠ *94547 –* ℰ *01 49 75 15 50*
– www.mercure.com
192 ch – †80/215 € – ††90/225 € – ⊑ 15 €
Rest – *(fermé sam. et dim.)* (21 €) Carte 27/40 €
♦ Ce Mercure s'avère être une adresse très pratique entre deux vols : accueil souriant, cadre agréable (îlot de verdure), et chambres relookées dans les tons actuels. Restauration de bar ou cuisine plus traditionnelle adaptées aux horaires des voyageurs en transit.

OZOIR-LA-FERRIÈRE – 77 Seine-et-Marne – **312** F3 – **106** 33 – **101** 30   **19** C2
– 20 152 h. – alt. 110 m – ⊠ 77330

▶ Paris 34 – Coulommiers 42 – Lagny-sur-Marne 22 – Melun 29
🛈 43, avenue du Général-de-Gaulle ℰ 01 64 40 10 20

🍴🍴🍴 La Gueulardière 🌿 ⟨ ⇔ 🅿 VISA ⚪⚪ AE

66 av. Gén. de Gaulle – ℰ *01 60 02 94 56 – www.la-gueuladiere.com – Fermé dim. soir*
Rest – Menu 25 € (sem.), 35/78 € – Carte 58/127 €
♦ Cette ancienne maison de village, dotée de salles élégantes et feutrées aux tons pastel, propose une cuisine actuelle soignée. Belle terrasse d'été, dressée sous une pergola.

LE PERREUX-SUR-MARNE – 94 Val-de-Marne – **312** E2 – **101** 18   **21** D2
– 32 067 h. – alt. 50 m – ⊠ 94170

▶ Paris 16 – Créteil 12 – Lagny-sur-Marne 23 – Villemomble 6
🛈 75, avenue Ledru Rollin ℰ 01 43 24 26 58

🍴🍴🍴 Les Magnolias (Jean Chauvel) 🅰 VISA ⚪⚪ AE
❀
48 av. de Bry – ℰ *01 48 72 47 43 – www.lesmagnolias.com – Fermé 3 sem.*
en août, sam. midi, dim. et lundi
Rest – (41 €) Menu 58/92 €🍸
Spéc. Foie gras de canard poêlé envoûté de "shiso-rhubarbe", croquants spaghettis de légumes. Cabillaud des côtes bretonnes cuit lentement au four, courgettes au safran du Quercy. Mystère d'un "chocolat-pralin", glace à l'hibiscus.
♦ Une invitation à la découverte d'une cuisine inventive et ludique. Cadre élégant (boiseries blondes) et lumineux, égayé de tableaux contemporains et de fauteuils amusants.

LE PRÉ ST-GERVAIS – 93 Seine-Saint-Denis – **305** F7 – **101** 16   **21** C1
– 17 240 h. – alt. 82 m – ⊠ 93310

▶ Paris 8 – Bobigny 6 – Lagny-sur-Marne 33 – Meaux 38

🍴 Au Pouilly Reuilly 🅰 VISA ⚪⚪ AE
68 r. A. Joineau – ℰ *01 48 45 14 59 – Fermé sam. midi, lundi soir et dim.*
Rest – (23 €) Menu 29 € – Carte 40/65 €
♦ Décor de bistrot au charme rétro d'avant-guerre, joyeuse ambiance et cuisine roborative, où les abats sont à l'honneur (mais le poisson trône aussi à la carte).

PUTEAUX – 92 Hauts-de-Seine – **311** J2 – **101** 14 – 42 981 h. – alt. 36 m   **20** B1
– ⊠ 92800

▶ Paris 11 – Nanterre 4 – Pontoise 30 – St-Germain-en-Laye 17

🏠 Vivaldi sans rest 🛗 🅰 🛜 VISA ⚪⚪ AE
5 r. Roque de Fillol – ℰ *01 47 76 36 01 – www.hotelvivaldi.com*
27 ch ⊑ – †64/164 € ††76/196 €
♦ Dans une rue tranquille proche de l'hôtel de ville, cet immeuble abrite des chambres rénovées, équipées d'un mobilier fonctionnel. L'été, petit-déjeuner servi dans le patio.

ROISSY-EN-FRANCE (AÉROPORTS DE PARIS) – 95 Val-d'Oise – **305** G6   **19** C1
– **101** 8 – 2 564 h. – alt. 85 m – ⊠ 95700

▶ Paris 26 – Chantilly 28 – Meaux 38 – Pontoise 39
✈ Charles-de-Gaulle ℰ 03 36 68 15 15.
🛈 Allée des vergers ℰ 01 34 29 43 14

ENVIRONS DE PARIS

Z. I. Paris Nord II – ⊠ 95912

ENVIRONS DE PARIS

Hyatt Regency
🔲 ⅃ゟ ✕ 🛉 ㄘ ch, 🎧 🌐 ⅋ᗺ 🄿 VISA ⊗ AE

351 av. Bois de la Pie – ℰ *01 48 17 12 34* – *www.paris.charlesdegaulle.hyatt.com*
376 ch ⊂⊐ – 🛉105/420 € – 🛉🛉105/420 € – 12 suites
Rest – (39 €) Carte 42/55 €
◆ Architecture contemporaine idéalement située près de l'aéroport. Grandes chambres feutrées aux équipements ultramodernes à l'attention d'une clientèle d'affaires. Buffets ou carte classique au restaurant, coiffé d'une verrière.

à Roissy-Ville

Marriott
🍃 ⅃ゟ 🛗 ㄘ 🎧 ⅓ ⅋ 🌐 ⅋ᗺ 🄿 ⟲ VISA ⊗ AE ⓞ

allée du Verger – ℰ *01 34 38 53 53* – *www.parismarriottcharlesdegaulle.fr*
298 ch – 🛉139/459 € – 🛉🛉139/459 € – 2 suites – ⊂⊐ 22 €
Rest – (24 €) Menu 35 € – Carte 31/67 €
◆ Derrière sa façade blanche à colonnades, cet établissement offre des équipements modernes parfaitement adaptés à une clientèle d'affaires transitant par Paris. Carte brasserie autour d'un thème, servie dans la vaste salle à manger au décor soigné.

Millennium
🍃 🔲 ⅃ゟ 🛗 ㄘ ch, 🎧 ⅋ᗺ 🌐 VISA ⊗ AE ⓞ

allée du Verger – ℰ *01 34 29 33 33* – *www.millenniumhotels.com*
239 ch – 🛉350/380 € – 🛉🛉350/380 € – ⊂⊐ 20 €   **Rest** – (37 € bc) Carte 25/50 €
◆ Bar, pub irlandais, fitness, belle piscine, salles de séminaires, chambres spacieuses et un étage spécialement aménagé pour la clientèle d'affaires : un hôtel bien équipé. Cuisine internationale et buffets à la brasserie, ou plats rapides servis côté bar.

Novotel Convention et Wellness
🔲 🌐 ⅃ゟ 🛗 ㄘ 🎧 ⅋ ⅋ᗺ 🄿 ⟲

allée du Verger – ℰ *01 30 18 20 00* – *www.novotel.com*   VISA ⊗ AE ⓞ
289 ch – 🛉99/350 € – 🛉🛉99/350 € – 7 suites – ⊂⊐ 18 €
Rest – Menu 12 € – Carte 18/41 €
◆ Cet hôtel moderne offre des services performants : vaste espace séminaires avec régie intégrée, coin enfants et wellness center très complet. Au Novotel Café, grande salle actuelle, cuisine de brasserie traditionnelle et carte diététique.

Mercure
⟲ 🍃 🛗 ㄘ 🎧 ⅋ ⅋ᗺ 🄿 VISA ⊗ AE ⓞ

allée du Verger – ℰ *01 34 29 40 00* – *www.mercure.com*
203 ch – 🛉89/320 € – 🛉🛉99/330 € – ⊂⊐ 19 €
Rest – (20 €) Menu 24 € (déj. en sem.) – Carte 30/50 €
◆ Cet hôtel offre un décor soigné : cadre provençal dans le hall, zinc à l'ancienne au bar et spacieuses chambres habillées de bois clair. Plats actualisés évoluant selon les saisons à goûter dans une agréable salle à manger ou sur une terrasse dressée côté jardin.

à Roissypole

Hilton
🔲 ⅃ゟ 🛗 ㄘ 🎧 ⅋ ⅋ᗺ 🌐 VISA ⊗ AE ⓞ

– ℰ *01 49 19 77 77* – *www.hilton.com*
385 ch – 🛉159/600 € – 🛉🛉159/600 € – ⊂⊐ 25 €
Rest Les Aviateurs – ℰ *01 49 19 77 95* – Carte 36/65 €
◆ Architecture audacieuse, espace et lumière caractérisent cet hôtel. Ses équipements de pointe en font un lieu propice au travail comme à la détente. Carte de brasserie aux Aviateurs.

Pullman
🔲 ⅃ゟ ✕ 🛗 ㄘ ch, 🎧 ⅋ ⅋ᗺ 🄿 VISA ⊗ AE ⓞ

Zone centrale Ouest – ℰ *01 49 19 29 29* – *www.pullmanhotels.com*
339 ch – 🛉145/525 € – 🛉🛉145/525 € – 5 suites – ⊂⊐ 22 €
Rest L'Escale – (29 €) Menu 40 € (sem.) – Carte 31/54 €
◆ Accueil personnalisé, atmosphère feutrée, salles de séminaires, bar élégant et chambres soignées sont les atouts de cet hôtel bâti entre les deux aérogares. Véritable invitation au voyage au restaurant L'Escale qui célèbre les saveurs du monde.

ENVIRONS DE PARIS

à l'aérogare n° 2

🏨 Sheraton   ⟨ ♨ ▦ & ch. 🅰🅒 💱 rest. 📞 🕭 🅿 🆅🅸🆂🅰 ⓒⓞ 🅰🅴 ⓪
– ☏ 01 49 19 70 70 – www.sheraton.com/parisairport
252 ch – ♦199/599 € ♦♦199/599 € – � 30 €
Rest Les Étoiles – ☏ 01 41 84 64 54 *(fermé 22 juil.-26 août et 21 déc.-3 janv.)*
Menu 49 € (sem.) – Carte 70/105 €
Rest Les Saisons – Menu 31 € (déj. en sem.) – Carte environ 35 €
◆ Descendez de l'avion ou du TGV et montez dans ce "paquebot" à l'architecture
futuriste. Décor d'Andrée Putman, vue sur le tarmac, calme absolu et chambres
raffinées. Carte au goût du jour et beau cadre contemporain aux Étoiles. Plats de
brasserie aux Saisons.

RUEIL-MALMAISON – 92 Hauts-de-Seine – **311** J2 – **101** 14 – 77 625 h.   **20** A1
– alt. 40 m – ✉ 92500 ▮ Île de France

🄳 Paris 16 – Argenteuil 12 – Nanterre 3 – St-Germain-en-Laye 9

🄸 160, avenue Paul Doumer ☏ 01 47 32 35 75

🄵 de Rueil-Malmaison 25 Boulevard Marcel Pourtout, ☏ 01 47 49 64 67

🄾 Château de Bois-Préau★ - Buffet d'orgues★ de l'église - Malmaison :
musée★★ du château.

🏨 Le Relais de la Malmaison   🌿 🍴 🖼 ♨ 💱 ▦ & 🅰🅒 💱 📶 🕭 🅿
93 bd Franklin-Roosevelt – ☏ *01 47 32 01 33*   🆅🅸🆂🅰 ⓒⓞ 🅰🅴
– www.relaismalmaison.fr – Fermé 30 juil.-21 août et 24 déc.-1ᵉʳ janv.
60 ch – ♦140/310 € ♦♦140/310 € – ⊆ 18 €
Rest – (25 €) Menu 28 € bc (déj.)/38 € bc – Carte 25/30 € le soir
◆ Dans un parc paysager clos, cet hôtel créé en 2008 abrite des chambres contemporaines. Mobilier aux lignes épurées en bois massif et équipement technologique
de qualité. Atmosphère chaleureuse au restaurant ; cuisine traditionnelle.

🏨 Novotel   ▦ & ch. 🅰🅒 rest. 📶 🕭 🌐 🆅🅸🆂🅰 ⓒⓞ 🅰🅴 ⓪
21 av. Ed. Belin – ☏ *01 47 16 60 60 – www.novotel.com*
118 ch – ♦68/225 € ♦♦68/225 € – ⊆ 15 €   **Rest** – (12 €) Carte 25/35 €
◆ Immeuble moderne du quartier d'affaires Rueil 2000, à deux pas de la gare
RER. Les chambres contemporaines bénéficient d'un bon équipement. Centre de
conférences. Au restaurant, cadre actuel et cuisine au goût du jour, soucieuse de
votre équilibre.

✕✕ Les Écuries de Richelieu   🆅🅸🆂🅰 ⓒⓞ 🅰🅴
21 r. du Dr-Zamenhof – ☏ *01 47 08 63 54 – www.ecuries-richelieu.com*
– Fermé dim. et lundi
Rest – (19 €) Menu 33 €
◆ Deux amis ont uni leur expérience pour créer cette table après un parcours
dans des maisons de renom. Jolie salle voûtée intimiste et cuisine traditionnelle
pleine de vérité.

✕✕ Le Bonheur de Chine   🅰🅒 ⇔ 🆅🅸🆂🅰 ⓒⓞ 🅰🅴 ⓪
6 allée A. Maillol, (face 35 av. J. Jaurès à Suresnes) – ☏ *01 47 49 88 88*
– www.bonheurdechine.com – Fermé lundi
Rest – Menu 20 € (déj. en sem.), 38/59 € – Carte 38/50 €
◆ Mobilier et autres éléments de décor en provenance d'Extrême-Orient composent le cadre authentique de ce restaurant où confluent toutes les saveurs de la
cuisine chinoise.

RUNGIS – 94 Val-de-Marne – **312** D3 – **101** 26 – 5 644 h. – alt. 80 m   **21** C3
– ✉ 94150

🄳 Paris 14 – Antony 5 – Corbeil-Essonnes 30 – Créteil 13

✕✕ La Grange   🍴 🅿 🆅🅸🆂🅰 ⓒⓞ
28 r. Notre-Dame – ☏ *01 46 87 08 91 – www.restaurant-lagrange-rungis.com*
– Fermé 3 sem. en août, 2 sem. en fév., dim. et lundi
Rest – (32 €) Menu 38/45 €
◆ Dans une rue commerçante, cette Grange propose une cuisine soignée, calée
sur les saisons et le marché. Décor simple et, l'été, agréable terrasse fleurie.

à Pondorly accès : de Paris, A6 et bretelle d'Orly ; de province, A6 et sortie Rungis – ⊠ 94150 Rungis

Holiday Inn
🏨 ⮾ AC 🕻 📶 P VISA ⬤⬤ AE ⓪

4 av. Charles Lindbergh – ✆ *01 49 78 42 00*
– www.holidayinn-parisorly.com
169 ch – †77/270 € ††77/270 € – ⊑ 19 €
Rest *– (fermé vacances scolaires, vend. soir , sam., dim. et fériés)* (24 €)
Menu 27/60 € – Carte 30/43 €
♦ Au bord de l'autoroute, établissement de bon confort. Ses spacieuses chambres, bien insonorisées, offrent un équipement moderne et des teintes harmonieuses. Salle à manger actuelle rehaussée de discrètes touches Art déco ; plats traditionnels.

SACLAY – 91 Essonne – **312** C3 – **101** 24 – 3 003 h. – alt. 147 m   **20** A3
– ⊠ 91400

▶ Paris 27 – Antony 14 – Chevreuse 13 – Montlhéry 16

Novotel
🚗 🛏 🏊 ※ 🏨 ⮾ ch, AC 🕻 📶 P VISA ⬤⬤ AE ⓪

r. Charles Thomassin – ✆ *01 69 35 66 00*
– www.novotel.com
138 ch – †59/199 € ††59/199 € – ⊑ 14 €
Rest – (16 €) Carte 20/40 €
♦ Cour pavée, maison bourgeoise du 19ᵉ s. et ancien corps de ferme : vous êtes au Novotel Saclay ! Chambres conformes aux standards de la chaîne, équipements sportifs complets. Agréable restaurant ouvert sur la piscine et le bois planté d'arbres centenaires.

ST-CLOUD – 92 Hauts-de-Seine – **311** J2 – **101** 14 – 29 385 h. – alt. 63 m   **20** B2
– ⊠ 92210 ▮ Île de France

▶ Paris 12 – Nanterre 7 – Rueil-Malmaison 6 – St-Germain 16

🏌 du Paris Country Club 1 rue du Camp Canadien, (Hippodrome),
✆ 01 47 71 39 22

◉ Parc★★ (Grandes Eaux★★) - Église Stella Matutina★.

Quorum
🏨 ⮾ ch, AC rest, 🕻 📶 P 🚗 VISA ⬤⬤ AE

2 bd République – ✆ *01 47 71 22 33*
– www.hotel-quorum-paris.com
58 ch – †90/140 € ††100/150 € – ⊑ 10 €
Rest *– (fermé août, sam. et dim.) (dîner seult)* Carte 32/40 €
♦ Le beau parc de Saint-Cloud est à deux pas de cet hôtel où vous logerez dans des chambres relookées en 2007 (mobilier épuré dont quelques pièces signées Starck). Repas traditionnel dans une ample salle à manger contemporaine, dotée de sièges violets.

※ L'Heureux Père
VISA ⬤⬤

47 bis bd Semard – ✆ *01 46 02 09 43 – www.lheureuxpere.com – Fermé 3 sem.*
en août, 24 déc.-1ᵉʳ janv., sam. midi, dim. soir et fériés
Rest – (19 €) Menu 24 € (déj.) – Carte 36/52 €
♦ Les frontières de la cuisine s'effacent, dans la salle et dans l'assiette. Le chef aime surprendre avec les associations de saveurs et d'épices à dominante créole. Terrasse fleurie.

※ Le Garde-Manger
VISA ⬤⬤ AE

21 r. d'Orléans – ✆ *01 46 02 03 66 – www.legardemanger.com*
– Fermé dim., lundi et fériés
Rest – (15 €) Carte 30/38 €
♦ Cet établissement qui avait déménagé a retrouvé son adresse d'origine et offre à présent un cadre flambant neuf. Cuisine généreuse de bistrot et sympathique carte des vins.

ST-DENIS 〰 – 93 Seine-Saint-Denis – **305** F7 – **101** 16 – 97 875 h. **21** C1
– alt. 33 m – ⊠ 93200 ▌Île de France

> ▶ Paris 11 – Argenteuil 12 – Beauvais 70 – Chantilly 31
> 🔖 1, rue de la République ⌀ 01 55 87 08 70
> ◉ Basilique★★★ - Stade de France★.

🏠🏠🏠 **Courtyard Paris St-Denis** 🛜 ⅃ら 🗐 & 🖾 ⅌ ꝰ 🖾 🚗 VISA ⬤⬤ 🖎 ⓪
34 bd de la Libération, (ZAC Pleyel) – ⌀ 01 58 34 91 10
– www.courtyardsaintdenis.com
150 ch – ♦99/350 € ♦♦99/350 € – ⌑ 17 €
Rest – Menu 30 € – Carte 39/59 €
♦ Près du Stade de France, hôtel récent au décor tendance, très coloré. Chambres confortables et bien insonorisées. Au restaurant, cuisine méditerranéenne
sans prétention, à dominantes italiennes.

ST-GERMAIN-EN-LAYE 〰 – 78 Yvelines – **311** I2 – **101** 13 – 41 312 h. **20** A1
– alt. 78 m – ⊠ 78100 ▌Île de France

> ▶ Paris 25 – Beauvais 81 – Dreux 66 – Mantes-la-Jolie 36
> 🔖 38, rue au Pain ⌀ 01 34 51 05 12
> 🏴 de Joyenval à Chambourcy Chemin de la Tuilerie, par rte de Mantes : 6 km
> par D 160, ⌀ 01 39 22 27 50
> ◉ Terrasse★★ - Jardin anglais★ - Château★ : musée des Antiquités
> nationales★★ - Musée Maurice Denis★.

Plan page suivante

🏠🏠🏠 **Pavillon Henri IV** 🞩 ⇐ 🛜 🗐 ⅌ rest, ꝰ 🕰 🅿 VISA ⬤⬤ 🖎
21 r. Thiers – ⌀ 01 39 10 15 15 – www.pavillonhenri4.fr **BYZt**
42 ch – ♦100/270 € ♦♦100/270 € – ⌑ 16 €
Rest – *(sam. midi et dim. soir)* (35 €) Menu 53 € (dîner) – Carte 55/95 €
♦ Achevée en 1604 sous l'impulsion d'Henri IV, à la lisière du parc du château,
cette belle demeure vit naître Louis XIV. Chambres au décor très classique, joliment apprêtées. La confortable salle à manger offre un superbe panorama sur la
vallée de la Seine et Paris.

🏠🏠 **Ermitage des Loges** 🚴 🛜 🗐 & rest, ⅌ rest, ꝰ 🕰 🅿 VISA ⬤⬤ 🖎 ⓪
11 av. des Loges – ⌀ 01 39 21 50 90
– www.ermitagedesloges.com **AYx**
56 ch – ♦91/138 € ♦♦102/155 € – ⌑ 13 €
Rest – *(fermé 3 sem. en août, sam. et dim.)* (24 €) bc) Menu 35 € (sem.)/50 € bc
♦ En lisière de la forêt de St-Germain, hôtel composé de deux bâtiments dont
le principal date du 19ᵉ s. Les chambres sont plus actuelles à l'annexe et ont
vue sur le jardin. Grande salle de restaurant décorée sur le thème de l'aéronautique.

au Nord par ① et D 284 : 2,5 km – ⊠ 78100 St-Germain-en-Laye

🏠🏠🏠 **La Forestière** 🞩 🚴 🗐 & ꝰ 🕰 🅿 VISA ⬤⬤ 🖎 ⓪
1 av. Prés. Kennedy – ⌀ 01 39 10 38 38 – www.cazaudehore.fr
27 ch – ♦205/220 € ♦♦205/220 € – 3 suites – ⌑ 20 €
Rest *Cazaudehore* – voir ci-après
♦ Charme et confort sont au rendez-vous dans cette séduisante maison entourée
de verdure. Beau mobilier contemporain et coloris choisis agrémentent les chambres, toutes uniques.

🍴🍴 **Cazaudehore** – Hôtel La Forestière 🚴 🛜 & 🖾 ⇔ 🅿 VISA ⬤⬤ 🖎 ⓪
1 av. Prés. Kennedy – ⌀ 01 30 61 64 64 – www.cazaudehore.fr
– Fermé dim. soir en août et de nov. à mars et lundi
Rest – Menu 47 € (déj. en sem.)/59 € – Carte 58/75 € 🍷
♦ Ambiance chic et cosy, décor dans l'air du temps, délicieuse terrasse sous les
acacias, cuisine soignée et belle carte des vins... Une vraie histoire de famille
depuis 1928.

ST-GERMAIN-EN-LAYE

Bonnenfant (R. A.) .... **AZ**
Coches (R. des) .... **AZ** 4
Denis (R. M.) .... **AZ** 5
Detaille (Pl. É.) .... **AY** 6
Gde-Fontaine (R. de la) .... **AZ** 10
Giraud-Teulon (R.) .... **BZ** 9
Loges (Av. des) .... **AY** 14
Malraux (Pl. A.) .... **BZ** 16
Marché-Neuf (Pl. du) ..... **AZ**
Mareil (Pl.) .... **AZ** 19
Pain (R. au) .... **AZ** 20
Paris (R. de) .... **AZ**
Poissy (R. de) .... **AZ** 22
Pologne (R. de) .... **AY** 23
Surintendance
   (R. de la) .... **AY** 28
Victoire (Pl. de la) .... **AY** 30
Vieil-Abreuvoir (R. du) ... **AZ** 32
Vieux-Marché (R. du) ..... **AZ** 33

ENVIRONS DE PARIS

ST-MANDÉ – 94 Val-de-Marne – **312** D2 – **101** 27 – 22 211 h. – alt. 50 m **21** C2
– ✉ 94160

▶ Paris 7 – Créteil 10 – Lagny-sur-Marne 29 – Maisons-Alfort 6

L'Ambassade de Pékin
XX 🍴 AC VISA ⦾ AE

6 av. Joffre – ℰ 01 43 98 13 82
Rest – Menu 12 € (déj. en sem.), 24/45 € – Carte 25/65 €
◆ Adresse appréciée pour l'originalité de sa cuisine chinoise, vietnamienne et thaïlandaise servie dans une salle revêtue de bois et ornée d'un aquarium à homards et poissons exotiques.

L'Ambre d'Or
XX 🍴 AC VISA ⦾ ①

44 av. du Gén.-de-Gaulle – ℰ 01 43 28 23 93 – Fermé août, 25-30 déc., dim. et lundi
Rest – (25 €) Menu 32 € – Carte 68/76 €
◆ Face à la mairie, ce discret restaurant sert une savoureuse cuisine au goût du jour rythmée par les saisons. Salle à manger avec poutres anciennes et mobilier contemporain.

St-Maur-des-Fossés – 94 Val-de-Marne – **312** D3 – **101** 27 – 75 214 h. – alt. 38 m – ⊠ 94100

21 D2

▶ Paris 12 – Créteil 6 – Nogent-sur-Marne 6

à La Varenne-St-Hilaire – ⊠ 94210

XXX **La Bretèche**   🅰🅲 ⇔ 🆅🅸🆂🅰 ⚬⚬ 🅰🅴 ⓪

171 quai Bonneuil – ℰ 01 48 83 38 73 – www.labreteche.fr – Fermé dim. soir et lundi

Rest – Menu 40/60 € – Carte 64/106 €

◆ Cet établissement au décor classique est situé sur les rives de la Marne. À la belle saison, réservez une table en terrasse. Cuisine au goût du jour.

X **Faim et Soif**   🅰🅲 🆅🅸🆂🅰 ⚬⚬ 🅰🅴

28 r. St-Hilaire – ℰ 01 48 86 55 76 – www.faimetsoif.com – Fermé 3 premières sem. d'août, dim. et lundi

Rest – Carte 52/65 €

◆ Adresse résolument tendance : tableaux contemporains, mobilier design et écran plasma en guise d'ardoise du jour. Plats actuels et épurés, évoluant selon le marché.

St-Ouen – 93 Seine-St-Denis – **305** F7 – **101** 16 – 42 950 h. – alt. 36 m – ⊠ 93400

21 C1

▶ Paris 9 – Bobigny 12 – Chantilly 46 – Meaux 49

🔒 30, avenue Gabriel Péri ℰ 01 40 11 77 36

🅱🅷 **Manhattan**   🔐 🛗 🐾 🅰🅲 🖋 rest, 🍽 🏋 🛁 🆅🅸🆂🅰 ⚬⚬ 🅰🅴 ⓪

115 av. Gabriel Péri – ℰ 01 41 66 40 00 – www.hotel-le-manhattan.com

126 ch – †162/190 € ††174/200 € – ☲ 14 €

Rest – *(fermé août, sam., dim. et fériés)* (22 €) Menu 26/55 € – Carte 40/55 €

◆ Cette architecture moderne en verre et granit abrite des chambres claires et pratiques ; elles sont plus calmes sur l'arrière. Salle à manger-véranda perchée au 8ᵉ étage : vue sur les toits et carte traditionnelle.

XX **Le Coq de la Maison Blanche**   🔐 🅰🅲 ⇔ 🆅🅸🆂🅰 ⚬⚬ 🅰🅴

37 bd Jean Jaurès – ℰ 01 40 11 01 23 – www.lecoqdelamaisonblanche.com – Fermé sam. et dim.

Rest – Menu 29 € – Carte 40/78 € 🍷

◆ Cuisine traditionnelle (produits frais, saumon fumé sur place), authentique décor de 1950, service efficace et habitués de longue date : on se croirait dans un film d'Audiard !

St-Pierre-du-Perray – **312** E4 – **101** 39 – 7 733 h. – alt. 88 m – ⊠ 91280

19 C2

▶ Paris 39 – Brie-Comte-Robert 16 – Évry 7 – Melun 20

🔞 de Greenparc route de Villepècle, ℰ 01 60 75 40 60

🅰🅷🅷 **Novotel**   🚗 🔐 🛗 🐾 🅰🅲 🖋 🏋 🅿 🆅🅸🆂🅰 ⚬⚬ 🅰🅴 ⓪

golf de Greenparc – ℰ 01 69 89 75 75 – www.novotel.com/1783

78 ch – †82/125 € ††82/129 € – 2 suites – ☲ 14 €

Rest – (12 €) Menu 17 € (sem.) – Carte 18/41 €

◆ Hôtel moderne assurant repos et détente : golf, piscine, fitness, sauna. Les chambres "Harmonie" donnent pour moitié sur la verdure. Certaines ont un balcon. Salle à manger et salon contemporains, largement ouverts sur le green. Cuisine traditionnelle.

St-Prix – 95 Val-d'Oise – **305** E6 – **101** 5 – 7 214 h. – alt. 70 m – ⊠ 95390

18 B1

▶ Paris 26 – Cergy 22

🏠 **Hostellerie du Prieuré** 🥂   🐾 ch, 🅰🅲 🍽 🅿 🆅🅸🆂🅰 ⚬⚬ 🅰🅴

74 r. A.-Rey – ℰ 01 34 27 51 51 – www.hostelduprieure.com – Fermé 7-21 août

8 ch – †115 € ††115 € – 1 suite – ☲ 15 € – ½ P 85/100 €

Rest – *(Fermé sam. midi, lundi midi et dim.)* Carte 35/56 €

◆ Ancien café de village dont les murs datent du 17ᵉ s. Les chambres, vastes et charmantes, invitent à la rêverie – certaines dédiées à la romance, d'autres aux pays lointains… Petit-déjeuner copieux. Cuisine actuelle servie côté bistrot ou côté salon (plus cosy).

St-Quentin-en-Yvelines – 78 Yvelines – **311** H3 – **101** 21   **18** B2
– 116 082 h. 🟩 Île de France

> ▶ Paris 33 – Houdan 33 – Palaiseau 28 – Rambouillet 21
>
> 🏌 Blue Green Golf St-Quentin-en-Yvelines à Trappes Base de loisirs,
> 𝒞 01 30 50 86 40
>
> 🏌 National à Guyancourt 2 avenue du Golf, 𝒞 01 30 43 36 00

Montigny-le-Bretonneux – 33 968 h. – alt. 162 m – ✉ 78180

🏨	**Mercure** 🌳 ⚅ ⬛ 𝔸ℂ 🎾 rest, ⛄ ⚐ 🐾 🆅🆘🅰 ⬛ ⒶⒺ ⓪

9 pl. Choiseul – 𝒞 01 39 30 18 00 – www.mercure.com
74 ch – †109/200 € ††119/210 € – ⊇ 17 €
Rest – *(fermé 6-15 août, 24 déc.-1er janv., vend. soir, sam., dim. et fériés)* (20 €)
Menu 25/36 € – Carte 30/45 €
♦ En centre-ville (gare RER à proximité), hôtel récent dont les chambres affichent un style épuré. Salon-bar design et feutré avec écran plasma. Le restaurant, contemporain, propose des plats traditionnels ; terrasse ombragée l'été.

Voisins-le-Bretonneux – 12 366 h. – alt. 163 m – ✉ 78960

> 🔵 Vestiges de l'abbaye Port-Royal des Champs★ SO : 4 km.

🏨	**Novotel St-Quentin Golf National** 🦢 ≼ 🌳 🌳 ⊼ 🏊 🎾 🏌 ⚅
🔗	*au Golf National, 2 km à l'Est par D 36* 🔵 𝔸ℂ ⛄ 🐾 🅿 🆅🆘🅰 ⬛ ⒶⒺ ⓪

✉ 78114 – 𝒞 01 30 57 65 65 – www.novotel.com
130 ch – †60/200 € ††60/200 € – 1 suite – ⊇ 14 €
Rest – (12 €) Menu 17 € – Carte 20/40 €
♦ Idéalement situé sur le golf, au grand calme, hôtel créé en 1990 : chambres "Novation" et équipements de détente (piscine, solarium, tennis). Ambiance branchée au Novotel café. Le Club House propose à midi des formules rapides.

🏠	**Port Royal** *sans rest* 🚗 🔵 ⛄ 🅿 🆅🆘🅰 ⬛

20 r. Hélène Boucher – 𝒞 01 30 44 16 27 – www.hotelportroyal.com
– Fermé 30 juil.-18 août et 24 déc.-3 janv.
40 ch – †82 € ††82 € – ⊇ 9 €
♦ À l'orée de la vallée de Chevreuse, calme et convivialité sont les maîtres mots de cette maison. Les chambres, sobres, sont d'une tenue irréprochable. Agréable jardin arboré.

Ste-Geneviève-des-Bois – 91 Essonne – **312** C4 – **101** 35 – 34 024 h.   **18** B2
– alt. 78 m – ✉ 91700 🟩 Île de France

> ▶ Paris 27 – Arpajon 10 – Corbeil-Essonnes 18 – Étampes 30

✕✕	**La Table d'Antan** 𝔸ℂ 🆅🆘🅰 ⬛ ⒶⒺ
🙂	*38 av. Gde-Charmille-du-Parc, (près de l'hôtel de ville)* – 𝒞 01 60 15 71 53

– www.latabledantan.fr – Fermé 8-24 août, mardi soir, merc. soir, dim. soir et lundi
Rest – Menu 29/47 € – Carte 39/58 €
♦ Vous serez d'abord séduit par un accueil prévenant en ce restaurant d'un quartier résidentiel. On y savoure une cuisine classique et des spécialités du Sud-Ouest de qualité.

Sénart – 77 Seine-et-Marne – **312** E4 – **101** 39 🟩 Île de France   **19** C2

Lieusaint – 9 355 h. – alt. 89 m – ✉ 77127

🏨	**Clarion Suites** 🌳 ⊼ 🌐 ⛄ ⚅ 🔵 📺 ⛆ 🅿 🚗 🆅🆘🅰 ⬛ ⒶⒺ ⓪

12 allée du Trait-d'Union, Carré Sénart – 𝒞 01 64 13 72 00
– www.clarionsenart-paris.com
144 ch – †215/265 € ††215/265 € – 21 suites – ⊇ 16 €
Rest – (17 € bc) Carte 25/38 €
♦ Cette solide construction cubique abrite de grandes chambres au style contemporain. Équipements très complets, à l'image du spa et de la salle de fitness. Un bel hôtel. Au restaurant (bistrot moderne), cuisine au goût du jour réalisée avec soin.

le Plessis-Picard – ✉ 77550

🍴🍴🍴 La Mare au Diable 🔔 🍴 ⚴ ❀ ✦ 🅿 🆅🅸🆂🅰 ⓒⓑ 🄰🄴 ⓞ

– ✆ 01 64 10 20 90 – www.lamareaudiable.fr – Fermé dim. soir et lundi
Rest – (35 € bc) Menu 45/60 € – Carte 55/75 €

◆ Demeure du 15ᵉ s. tapissée de vigne vierge, que fréquenta George Sand. Intérieur de caractère, avec solives patinées et cheminée. Recettes classiques et spécialités italiennes.

Pouilly-le-Fort – ✉ 77240

🍴🍴 Le Pouilly 🚗 🍴 🅿 🆅🅸🆂🅰 ⓒⓑ 🄰🄴 ⓞ
❀

*1 r. de la Fontaine – ✆ 01 64 09 56 64 – www.lepouilly.fr – Fermé
10 août-7 sept., 21-27 déc., dim. soir et lundi*
Rest – Menu 25 € (déj. en sem.), 45/78 € – Carte 75/95 €
Spéc. Foie gras aux fruits de saison. Gibier à notre façon (période de chasse). Déclinaison autour du chocolat.

◆ La salle à manger, agencée dans la grange d'une vieille ferme briarde, offre un décor plein de charme : pierres apparentes, tapisseries, cheminée. Savoureuse cuisine actuelle.

SUCY-EN-BRIE – 94 Val-de-Marne – **312** E3 – **101** 28 – 26 261 h.   **21** D2
– alt. 96 m – ✉ 94370

▶ Paris 21 – Créteil 6 – Chennevières-sur-Marne 4
◉ Château de Gros Bois★ : mobilier★★ S : 5 km ▮ Île-de-France

🍴🍴 Le Clos de Sucy ❀ 🆅🅸🆂🅰 ⓒⓑ 🄰🄴

*17 r. de la Porte – ✆ 01 45 90 29 29 – www.leclosdesucy.fr – Fermé 1ᵉʳ-23 août,
24-27 déc., 3-10 janv., sam. midi, dim. soir et lundi*
Rest – (20 € bc) Menu 35/45 € – Carte 36/62 €

◆ Cloisons à pans de bois, poutres apparentes et tons lie de vin : la salle à manger se niche à l'étage d'une maison du 16ᵉ s. La carte revisite la tradition.

quartier les Bruyères Sud-Est : 3 km – ✉ 94370 Sucy-en-Brie

🏨 Le Tartarin 🌿 🍴 🛰 🙟 🆅🅸🆂🅰 ⓒⓑ

*carrefour de la Patte d'Oie – ✆ 01 45 90 42 61 – www.auberge-tartarin.com
– Fermé août*
11 ch – ♦57 € ♦♦67 € – ☲ 8,50 €   **Rest** – *(fermé mardi soir, merc. soir, jeudi
soir, dim. soir et lundi)* Menu 24/52 € – Carte 36/62 €

◆ Cet ancien rendez-vous de chasse posté à l'orée de la forêt est tenu par la même famille depuis trois générations. Chambres classiques. Salle à manger d'esprit rustique, pour une cuisine traditionnelle.

SURESNES – 92 Hauts-de-Seine – **311** J2 – **101** 14 – 44 197 h. – alt. 42 m   **20** B2
– ✉ 92150 ▮ Île de France

▶ Paris 12 – Nanterre 4 – Pontoise 32 – St-Germain-en-Laye 13
🄸 50, boulevard Henri Sellier ✆ 01 41 18 18 76
◉ Fort du Mont Valérien (Mémorial National de la France combattante).

🏨🏨 Novotel 🖥 👤 ch. 🄰🄲 📶 🛰 🚗 🆅🅸🆂🅰 ⓒⓑ 🄰🄴 ⓞ
🐕

7 r. Port aux Vins – ✆ 01 40 99 00 00 – www.novotel.com
112 ch – ♦85/240 € ♦♦85/240 € – 1 suite – ☲ 16 €
Rest – (16 €) Menu 19 € – Carte 16/42 €

◆ Hôtel récemment rénové, situé dans une rue calme proche des quais. L'ensemble arbore un décor contemporain chic ; tons clairs, sobres et reposants côté chambres. Cuisine traditionnelle au restaurant ou formule snack-bar au Novotel Café.

🍴🍴 Les Jardins de Camille ≼ 🍴 🆅🅸🆂🅰 ⓒⓑ 🄰🄴

*70 av. Franklin Roosevelt – ✆ 01 45 06 22 66 – www.les-jardins-de-camille.fr
– Fermé dim. soir*
Rest – (29 € bc) Menu 42/80 € bc – Carte 42/63 € 🍷

◆ Salle à manger (grandes baies vitrées et jeux de miroirs) et terrasse ménagent une vue magnifique sur Paris et la Défense. Belle carte de bourgognes et de vins du monde.

ENVIRONS DE PARIS

THIAIS – 94 Val-de-Marne – **312** D3 – **101** 26 – 29 315 h. – alt. 60 m **21** C2
– ✉ 94320

▶ Paris 18 – Créteil 7 – Évry 27 – Melun 37

✗ **Ophélie - La Cigale Gourmande** 🛜 AC VISA ⓿

82 av. de Versailles – ℰ *01 48 92 59 59 – Fermé 4-28 août, 22-31 déc., merc. soir,
sam. midi, dim. soir et lundi*
Rest – Menu 20 € (déj. en sem.), 29/33 € – Carte environ 35 €
◆ Un petit coin de Provence aux portes de Paris ! Salle décorée dans les tons lin
et taupe, goûteuse cuisine actuelle aux produits frais, mâtinée de saveurs méditerranéennes.

TREMBLAY-EN-FRANCE – 93 Seine-Saint-Denis – **305** G7 – **101** 18 **21** D1
– 35 340 h. – alt. 60 m – ✉ 93290

▶ Paris 24 – Aulnay-sous-Bois 7 – Bobigny 13 – Villepinte 4

au Tremblay-Vieux-Pays

✗✗ **Le Cénacle** AC 🌿 ⇔ VISA ⓿ AE

1 r. de la Mairie – ℰ *01 48 61 32 91 – Fermé 20-27 fév., sam. midi et dim. soir*
Rest – Menu 38 € (sem.)/68 € – Carte 55/170 €
◆ Repas traditionnels dans deux salles agréables, dont l'une aux murs tendus
de tissu et de cuir. On choisit homards et langoustes dans le vivier, et ils sont
sitôt cuisinés.

✗✗ **La Jument Verte** 🛜 VISA ⓿ AE
♨
43 rte de Roissy – ℰ *01 48 60 69 90 – www.aubergelajumentverte.fr*
– Fermé août, sam., dim. et fériés
Rest – (22 €) Menu 26/50 € – Carte 46/68 €
◆ Près du parc des expositions de Villepinte et de l'aéroport de Roissy, auberge
gourmande qui sert une cuisine actuelle à base de bons produits. Décor avenant,
terrasse d'été.

TRIEL-SUR-SEINE – 78 Yvelines – **311** I2 – **101** 10 – 11 834 h. – alt. 20 m **18** B1
– ✉ 78510 ▮ Île de France

▶ Paris 39 – Mantes-la-Jolie 27 – Pontoise 18 – Rambouillet 55
◉ Église St-Martin★.

✗ **St-Martin** VISA ⓿ AE

2 r. Galande, (face à la poste) – ℰ *01 39 70 32 00*
www.restaurantsaintmartin.com – Fermé 1ᵉʳ-20 août, vacances de Noël, merc. et dim.
Rest – *(nombre de couverts limité, prévenir)* (16 €) Menu 23 € (déj. en sem.),
33/50 € – Carte 32/63 € le soir
◆ Proche d'une jolie église gothique du 13ᵉ s., ce restaurant propose une cuisine
traditionnelle actualisée, dans un décor contemporain.

VANVES – 92 Hauts-de-Seine – **311** J3 – **101** 25 – 26 878 h. – alt. 61 m **20** B2
– ✉ 92170

▶ Paris 7 – Boulogne-Billancourt 5 – Nanterre 13
▮ 2, rue Louis Blanc ℰ 01 47 36 03 26

🏨 **Mercure Paris Porte de Versailles Expo** 🛗 ᴴ ch, AC 🛜 🎿 🚗

36 r. du Moulin – ℰ *01 46 48 55 55 – www.mercure.com* VISA ⓿ AE ⓪
388 ch – ♦99/289 € ♦♦109/299 € – ☲ 17 € **Rest** – Menu 25 € Carte 25/37 €
◆ Ce bâtiment abrite un hall-patio, clos jusqu'au toit translucide et baigné de verdure, sur lequel s'ouvrent les chambres modernes, décorées dans des tons
chauds. Cadre actuel, mobilier contemporain et mise en place simple au restaurant. Carte de style brasserie.

✗✗✗ **Pavillon de la Tourelle** 🚗 🛜 ⇔ P VISA ⓿ AE

10 r. Larmeroux – ℰ *01 46 42 15 59 – www.lepavillondelatourelle.com*
– Fermé 11-14 avril, 25 juil.-24 août, 2-7 janv., 14-17 fév., dim. soir et lundi soir
Rest – (27 € bc) Menu 43/96 € bc – Carte 64/77 €
◆ Bordant le parc, pavillon surmonté d'une tourelle abritant un élégant restau-
rant : tons pastel, lustres, fleurs, tableaux et tables joliment dressées. Cuisine tra-
ditionnelle.

VAUCRESSON – 92 Hauts-de-Seine – **311** I2 – **101** 23 – 8 547 h.
– alt. 160 m – ⊠ 92420   **20** A2

▶ Paris 18 – Mantes-la-Jolie 44 – Nanterre 11 – St-Germain-en-Laye 11
🏌 Stade Francais 129 av. de la Celle St Cloud, N : 2 km, ✆ 01 47 01 15 04
◉ Etang de St-Cucufa★ NE : 2,5 km - Institut Pasteur - Musée des
   Applications de la Recherche★ à Marnes-la-Coquette SO : 4 km
🟩 Île-de-France

voir plan de Versailles

🍴🍴 **Auberge de la Poularde**   🌳 ⇔ **P** 𝖵𝖨𝖲𝖠 ⦿ 𝖠𝖤

36 bd Jardy, (près de l'autoroute), D 182 – ✆ *01 47 41 13 47* – *Fermé août,*   **U a**
vacances de fév., dim. soir, mardi soir et merc.
Rest – Menu 30 € – Carte 35/68 €
   ◆ Accueil aimable et service impeccable distinguent cette auberge à la charmante atmosphère provinciale. La carte, classique, met la poularde de Bresse à
l'honneur.

VÉLIZY-VILLACOUBLAY – 78 Yvelines – **311** J3 – **101** 24 – 20 030 h.
– alt. 164 m – ⊠ 78140   **20** B2

▶ Paris 19 – Antony 12 – Chartres 81 – Meudon 8

🏨🏨 **Holiday Inn**   🖥 𝕝𝕒 📶 ⛓ 𝔸ℂ 𝕏 rest, ¶¹ 𝔰𝔞 **P** � 𝖵𝖨𝖲𝖠 ⦿ 𝖠𝖤 ⓪

22 av. de l'Europe, (près du centre commercial Vélizy II) – ✆ *01 39 46 96 98*
– *www.holidayinn.com/paris-velizy*
182 ch – †250/450 € ††250/450 € – ⊆ 20 €
Rest – Menu 27 € – Carte 28/55 €
   ◆ Les chambres de cet hôtel, pour moitié rénovées dans un style plus moderne,
sont spacieuses, confortables et bien insonorisées. Préférez celles tournant le
dos à l'autoroute. Salle de restaurant coiffée de poutres apparentes ; cuisine traditionnelle.

VERSAILLES Ⓟ – 78 Yvelines – **311** I3 – **101** 23 – 87 549 h. – alt. 130 m   **20** A2
– ⊠ 78000 🟩 Île de France

▶ Paris 22 – Beauvais 94 – Dreux 59 – Évreux 90
🄳 2 bis, avenue de Paris ✆ 01 39 24 88 88
🏌 du Stade Français à Vaucresson 129 av. de la Celle St Cloud, par rte de
   Rueil : 7 km, ✆ 01 47 01 15 04
🏌 de Saint-Aubin à Saint-Aubin Route du Golf, par rte de Chevreuse : 17 km,
   ✆ 01 69 41 25 19
🏌 de Feucherolles à Feucherolles Sainte Gemme, par rte de Mantes (D 307) :
   17 km, ✆ 01 30 54 94 94
🏌 du haras de jardy à Marnes-la-Coquette Boulevard de Jardy, NE : 9 km,
   ✆ 01 47 01 35 80
◉ Château★★★ - Jardins★★★ (Grandes Eaux★★★ et fêtes de nuit★★★ en
   été) - Ecuries Royales★ - Trianon★★ - Musée Lambinet★ Y **M.**
🄲 Jouy-en-Josas : la "Diège"★ (statue) dans l'église, 7 km par ③.

Plans pages suivantes

🏨🏨🏨 **Trianon Palace** ⚘   ← 🌿 🌳 🍴 🏊 𝕝𝕒 𝕏 📶 ⛓ 𝔸ℂ 𝕏 rest, 📞 𝔰𝔞 **P** 🚗

1 bd de la Reine – ✆ *01 30 84 50 00*   𝖵𝖨𝖲𝖠 ⦿ 𝖠𝖤 ⓪
– *www.trianonpalace.com*   **X r**
166 ch – †229/649 € ††229/649 € – 23 suites – ⊆ 34 € – ½ P 278/698 €
Rest *Gordon Ramsay au Trianon* – voir ci-après
Rest *La Véranda* – ✆ *01 30 84 55 56* – Menu 44/65 €
– Carte 44/55 €
   ◆ Un hôtel luxueux, à la lisière du parc du château. Très belles chambres, mariant
avec aisance l'élégance du design contemporain et le classicisme du lieu. Bel
espace bien-être. Carte actuelle dans le cadre plus simple, mais tout aussi chic,
de la Véranda.

VERSAILLES

Bellevue (Av. de) . . . . **U** 2
Coste (R.) . . . . **V** 9
Dr-Schweitzer (Av. du) . . . . . . **U** 12
Franchet-d'Esperey
  (Av. du Mar.) . . . . **U** 15

Glatigny (Bd de) . . . . **U** 19
Leclerc (Av. du Gén.) . . . . **V** 22
Marly-le-Roi (R. de) . . . . **U** 26
Mermoz (R. Jean) . . . . **V** 27
Moxouris (R.) . . . . **U** 29
Napoléon III (Rte) . . . . **U** 30
Pelin (R. L.) . . . . **U** 32

Porchefontaine
  (Av.) . . . . **V** 33
Pottier (R.) . . . . **U** 35
Rocquencourt (Av. de) . . . . . **U** 39
St-Antoine (Allée) . . . . **V** 40
Sports (R. des) . . . . **U** 43
Vauban (R.) . . . . **V** 45

ENVIRONS DE PARIS

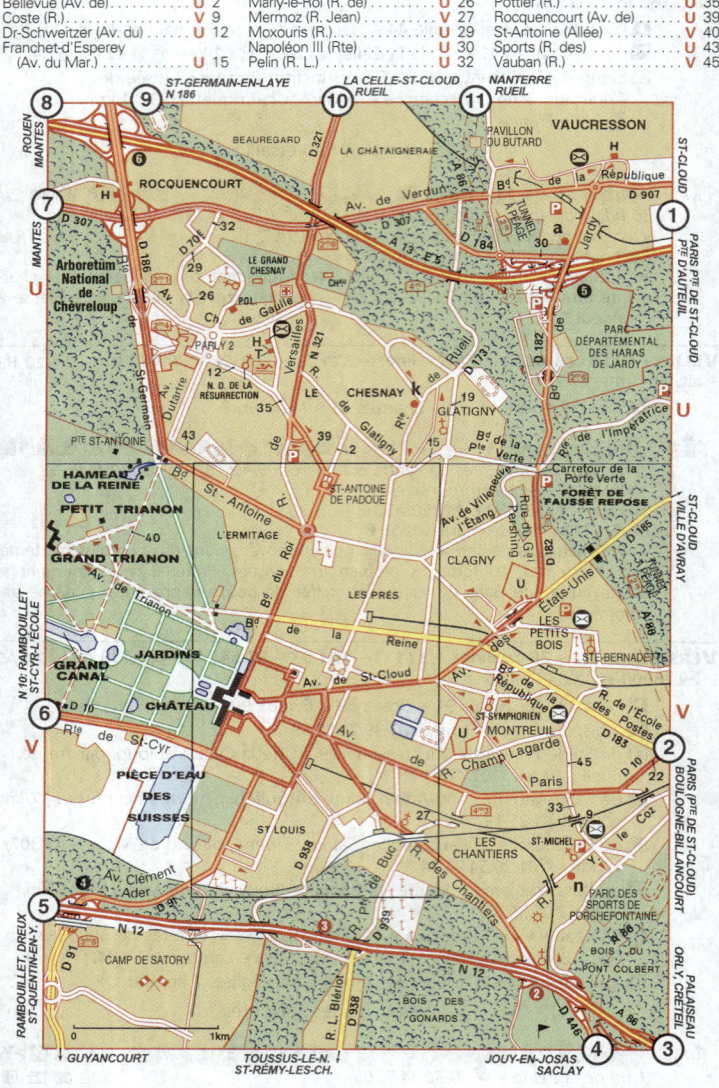

♨♨♨♨ Pullman 🛜 ⼶ 🛗 🛗 ⅗ ⅖ ℻ 🗡 🛁 🚗 VISA ⊙ ΔΕ ① **Ya**
2 bis av. de Paris – ℰ 01 39 07 46 46 – www.pullmanhotels.com
146 ch – ♦165/295 € ♦♦165/295 € – 6 suites – �??? 23 €
Rest – (29 €) Menu 36 € – Carte 35/45 €
  ♦ Protégé par son portail d'époque, cet hôtel dispose d'un hall-salon élégant et
design. Décoration versaillaise dans les chambres, plus moderne dans les suites.
Esprit lounge au restaurant pour apprécier une cuisine actuelle aux notes méridionales.

1316

VERSAILLES

Carnot (R.) . . . . **Y**
Chancellerie (R. de la) . . . . . **Y** 3
Clemenceau (R. Georges) . **Y** 7
Cotte (R. Robert de) . . . . . . **Y** 10
Etats-Généraux (R. des) . . . **Z**

Europe (Av. de l') . . . . **Y** 14
Foch (R. du Mar.) . . . . . . **XY**
Gambetta (Pl.) . . . . **Y** 17
Gaulle (Av. du Gén.-de-) . . **YZ** 18
Hoche (R.) . . . . **Y**
Indép.-Américaine (R. de l') **Y** 20
Leclerc (R. du Gén.) . . . . . **Z** 24
Mermoz (R. Jean) . . . . . . **Z** 27

Nolhac (R. Pierre-de-) . . . . **Y** 31
Orangerie (R. de l') . . . . . **YZ**
Paroisse (R. de la) . . . . . . **Y**
Porte-de-Buc (R. de la) . . **Z** 34
Rockefeller (Av.) . . . . **Y** 37
Royale (R.) . . . . **Z**
Satory (R. de) . . . . **YZ** 42
Vieux-Versailles (R. du) . . **YZ** 47

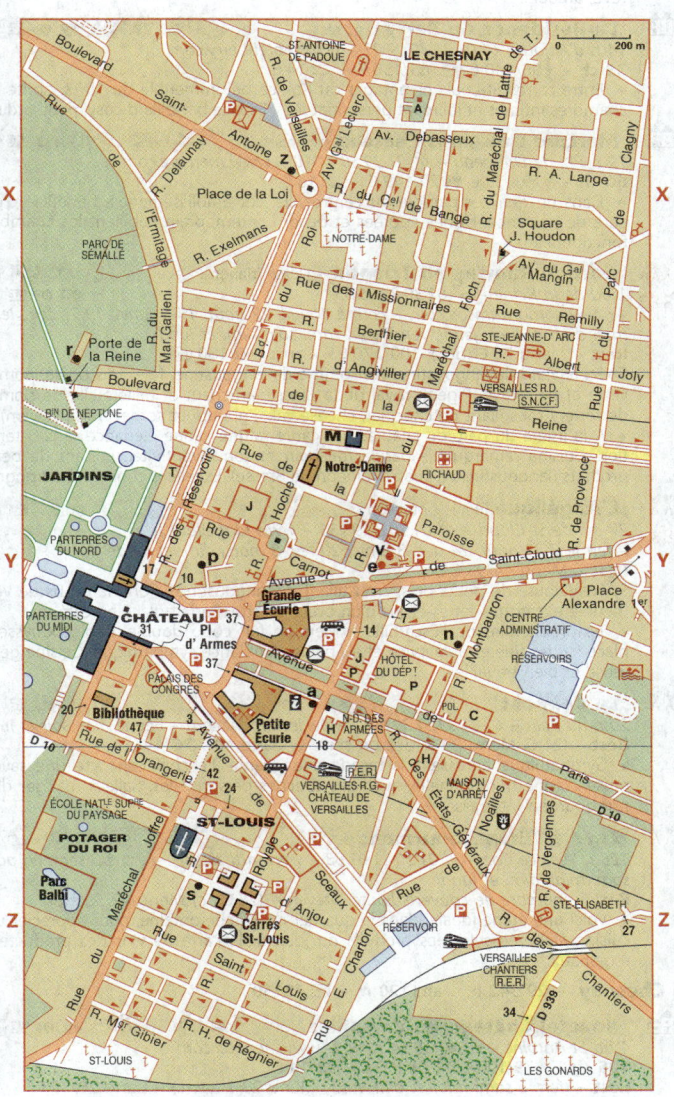

ENVIRONS DE PARIS

Le Versailles sans rest 🛏

7 r. Ste-Anne – ℰ 01 39 50 64 65 – www.hotel-le-versailles.fr – Fermé 22 déc.-7 janv.
45 ch – †135 € ††145 € – ☲ 14 €   Yp
- Près du château et au calme, établissement entièrement rénové. Chambres de style Art déco ou plus contemporaines, décorées selon une thématique : voyage, rêve, amour...

La Résidence du Berry sans rest

14 r. d'Anjou – ℰ 01 39 49 07 07 – www.hotel-berry.com   Zs
38 ch – †95/140 € ††105/150 € – ☲ 14 €
- Entre carrés St-Louis et potager du Roi, ce bel immeuble du 18ᵉ s. abrite des chambres intimes et joliment personnalisées. Espace bar-billard cosy, petit jardinet.

Mercure Versailles Château sans rest

19 r. Ph. de Dangeau – ℰ 01 39 50 44 10 – www.mercure.com   Yn
60 ch – †79/139 € ††79/149 € – ☲ 13 €
- Dans un quartier paisible du centre-ville, cet établissement a bénéficié d'une cure de jouvence. Lignes épurées et décor contemporain habillent les chambres, fonctionnelles.

Gordon Ramsay au Trianon – Hôtel Trianon Palace

1 bd de la Reine – ℰ 01 30 84 55 55
– www.gordonramsay.com – Fermé 31 juil.-22 août, 1ᵉʳ-9 janv., 19-26 fév., le midi du mardi au jeudi, vend. soir, sam. soir, dim. et lundi   Xr
Rest – Menu 75 € (déj.), 100/170 € – Carte 140/180 €
Spéc. Raviolo de langoustine, consommé de langoustine, foie gras poêlé, pomme verte et betterave. Pigeon royal de la Bresse, artichaut et millefeuille de pomme de terre. Croustillant de chocolat, cheese cake, granité et sorbet fraise (saison).
- À la lisière du parc du château, un cadre raffiné, d'une élégance sans ostentation. Cuisine remarquable par sa fraîcheur et son inventivité, utilisant de beaux produits (langoustines d'Écosse, pigeon de Bresse). Excellent choix de bourgognes.

L'Angélique (Régis Douysset)

27 av. de St-Cloud – ℰ 01 30 84 98 85 – www.langelique.fr
– fermé 7-23 août, 24 déc.-3 janv., 20 fév.-8 mars, dim. et lundi.   Ye
Rest – Menu 44/98 € bc
Spéc. Velouté de petits pois, croustillant de langoustines. Pomme de ris de veau meunière, carottes fanes et jus d'un bœuf-carotte. Parfait glacé au café.
- Le propriétaire de l'Escarbille à Meudon fait coup double. Régis Douysset a placé ici des fidèles au service et au piano. Ambiance sympathique. Cuisine généreuse et bien travaillée.

Le Valmont

20 r. au Pain – ℰ 01 39 51 39 00 – www.levalmont.com – Fermé dim. soir et lundi
Rest – (21 €) Menu 33 € (déj. en sem.) – Carte 40/70 €   Yv
- Sympathique adresse à la façade engageante. Le chef concocte une savoureuse cuisine traditionnelle, avec des touches personnelles. Salle à manger d'esprit bourgeois, terrasse.

Zin's à l'Étape Gourmande

125 r. Yves Le Coz – ℰ 01 30 21 01 63 – www.arti-zins.fr – Fermé 3 sem. en août, sam. midi, dim. et lundi   Vn
Rest – (nombre de couverts limité, prévenir) (28 € bc) Menu 42/53 €
- Voici une étape idéale, dans le quartier de Porchefontaine, pour apprécier une cuisine élaborée selon les produits du jour. Belle carte de vins des producteurs régionaux.

au Chesnay – 29 542 h. – alt. 120 m – ⊠ 78150

Novotel Château de Versailles

4 bd St-Antoine – ℰ 01 39 54 96 96 – www.novotel.com   Xz
105 ch – †79/199 € ††79/199 € – ☲ 14 €
Rest – (fermé sam. midi et dim. midi) Menu 23 € (sem.) – Carte 20/39 €
- À l'entrée de la ville, établissement situé face à la place de la Loi. Un atrium (aménagé en salon contemporain) dessert des chambres fonctionnelles et bien insonorisées. Salle à manger au décor moderne et épuré ; carte dans l'air du temps.

✗ **L' Armoise**　　　　　　　　　　　　　　　　　[AC] [無] [VISA] [CO] [AE]

41 rte de Rueil – ℰ *01 39 55 63 07 – www.restaurant-larmoise.fr – Fermeture*
2-5 juin, août, sam. midi, dim. soir et lundi　　　　　　　　　　**Uk**

Rest – (31 €) Menu 38/48 €

◆ Le jeune chef délivre une cuisine actuelle rythmée par les saisons, mêlant subtilement les bons produits et les saveurs. Décor contemporain épuré, relevé de
couleurs vives.

LE VÉSINET – 78 Yvelines – **311** I2 – **101** 13 – 16 419 h. – alt. 44 m　　**20** A1
– ✉ 78110

　　▶ Paris 19 – Maisons-Laffitte 9 – Pontoise 23 – St-Germain-en-Laye 4
　　🅕 60, boulevard Carnot ℰ 01 30 15 47 00

🏠 **Auberge des Trois Marches**　　　　　[⬆] [AC] rest, ⁛ [VISA] [CO] [AE]

15 r. Jean Laurent, (pl. de l'église) – ℰ *01 39 76 10 30*
– www.auberge-des-3-marches.com – Fermé 8-24 août

15 ch – †95 € ††105 € – ⊡ 10 €

Rest – *(fermé dim. soir et lundi midi)* (18 €) Carte 34/55 €

◆ Accueil sympathique dans cette discrète auberge d'un quartier à l'ambiance
villageoise (église, marché). Chambres fonctionnelles bien tenues. Cuisine traditionnelle servie dans la salle de restaurant décorée d'une fresque évoquant les
années 1930.

VILLE-D'AVRAY – 92 Hauts-de-Seine – **311** J3 – **101** 24 – 11 255 h.　　**20** B2
– alt. 130 m – ✉ 92410

　　▶ Paris 14 – Antony 16 – Boulogne-Billancourt 5 – Neuilly-sur-Seine 10

🏘 **Les Étangs de Corot** ⌇　　　　　[🖼] [⬆] [♿] ch, [AC] [無] rest, ⁛ [♨] [🛏]

55 r. de Versailles – ℰ *01 41 15 37 00*　　　　　　　　[VISA] [CO] [AE] [①]
– www.etangs-corot.com

43 ch – †195/400 € ††195/400 € – ⊡ 20 €

Rest *Le Corot* – *(Fermé août, 21-30 déc., 2-10 janv., dim. soir, merc. midi, lundi
et mardi)* (prévenir) Menu 57 € (déj. en sem.)/85 €

Rest *Le Café des Artistes* – (26 €) Menu 32 €

◆ Ce ravissant hameau bâti au bord d'un étang inspira le peintre Camille Corot. Il
abrite aujourd'hui un hôtel de charme (élégantes chambres personnalisées).
Décor cosy et carte créative au Corot ouvert sur le jardin ; terrasse avec vue sur
l'eau aux beaux jours. Recettes de bistrot au Café des Artistes.

VILLENEUVE-LA-GARENNE – 92 Hauts-de-Seine – **311** J2 – **101** 15　　**21** C1
– 24 568 h. – alt. 30 m – ✉ 92390

　　▶ Paris 13 – Nanterre 14 – Pontoise 23 – St-Denis 3

✗✗ **Les Chanteraines**　　　　　　　　　　◁ [📶] [P] [VISA] [CO] [AE]

av. 8 Mai 1945 – ℰ *01 47 99 31 31 – www.leschanteraines.net – Fermé août,
sam. et dim.*

Rest – Menu 37 € (sem.)/47 € – Carte 45/80 €

◆ Ce restaurant est aménagé dans le complexe contemporain qui jouxte le parc
des Chanteraines. Table actuelle dressée dans une salle avec véranda et terrasse
d'été, face au lac.

VILLENEUVE-LE-ROI – 94 Val-de-Marne – **312** D3 – **101** 26 – 18 531 h.　　**21** C3
– alt. 100 m – ✉ 94290

　　▶ Paris 20 – Arpajon 29 – Corbeil-Essonnes 21 – Créteil 9

✗✗ **Beau Rivage**　　　　　　　　　　　◁ [📶] [AC] [VISA] [CO] [AE]

17 quai de Halage – ℰ *01 45 97 16 17 – Fermé 15 août-4 sept., mardi soir, merc.
soir, dim. soir et lundi*

Rest – (26 €) Menu 37/45 €

◆ Comme son nom l'indique, le Beau Rivage borde la rivière ; attablez-vous
près des baies vitrées pour jouir de la vue sur la Seine. Cadre actuel et cuisine
traditionnelle.

ENVIRONS DE PARIS

VILLEPARISIS – 77 Seine-et-Marne – **312** E2 – **101** 19 – 23 302 h.   **19** C1
– alt. 72 m – ✉ 77270

▸ Paris 26 – Bobigny 15 – Chelles 10 – Tremblay-en-France 5

✗✗   **La Bastide**   🆅🆂🅰 ⭐ 🅰🅴

15 av. J. Jaurès – ℰ 01 60 21 08 99 – www.labastide-villeparisis.fr – Fermé 3 sem. en août, 1 sem. début mai, dim. et lundi
Rest – (25 €) Menu 30/51 € – Carte 42/75 €
♦ Sympathique auberge du centre-ville : décor rustique et gai (poutres, cheminée, murs jaunes), accueil chaleureux et assiette au diapason des quatre saisons.

VINCENNES – 94 Val-de-Marne – **312** D2 – **101** 17 – 47 488 h. – alt. 51 m   **21** C2
– ✉ 94300

▸ Paris 7 – Créteil 11 – Lagny-sur-Marne 26 – Meaux 47

🄸 11, avenue de Nogent ℰ 01 48 08 13 00

◉ Château★★ - Bois de Vincennes★★ : Zoo★★, Parc floral de Paris★★, Musée des Arts d'Afrique et d'Océanie★ ▯ Paris

🏨   **St-Louis** sans rest   🄸 & 🅰🄲 🛜 ⭐ 🆅🆂🅰 ⭐ 🅰🅴

2 bis r. R. Giraudineau – ℰ 01 43 74 16 78 – www.hotel-paris-saintlouis.com
25 ch – †120/150 € ††136/170 € – ☷ 13 €
♦ Cet immeuble proche du château abrite des chambres élégantes au mobilier de style. Quelques-unes, de plain-pied avec le jardinet, ont leur salle de bains en sous-sol.

🏨   **Daumesnil Vincennes** sans rest   🄸 🅰🄲 🛜 🚗 🆅🆂🅰 ⭐ 🅰🅴 ⓞ

50 av. Paris – ℰ 01 48 08 44 10 – www.hotel-daumesnil.com
50 ch – †92/115 € ††109/205 € – ☷ 13 €
♦ Une jolie décoration d'inspiration provençale égaye cet hôtel situé sur une avenue commerçante. Salle des petits-déjeuners aménagée dans une véranda ouverte sur un minipatio.

✗   **La Rigadelle**   🅰🄲 🆅🆂🅰 ⭐ ⓞ

23 r. de Montreuil – ℰ 01 43 28 04 23 – Fermé 27 juil.-25 août, 24 déc.-1er janv., dim. et lundi
Rest – *(nombre de couverts limité, prévenir)* (24 €) Menu 32/51 € – Carte environ 58 €
♦ Dans une salle à manger actuelle, ensoleillée et aux notes marines, dégustez des plats au goût du jour privilégiant poissons et produits de la mer (arrivages de Bretagne).

VIRY-CHÂTILLON – 91 Essonne – **312** D3 – **101** 36 – 31 252 h. – ✉ 91170   **21** C3

▸ Paris 26 – Corbeil-Essonnes 15 – Évry 8 – Longjumeau 10

✗✗   **Dariole de Viry**   🍽 🅰🄲 🆅🆂🅰 ⭐

21 r. Pasteur – ℰ 01 69 44 22 40 – www.ladarioledeviry.com – Fermé 3 sem. en août, sam. midi, dim. soir et lundi
Rest – (25 €) Menu 35 €
♦ On réalise ici une cuisine du marché sensible au rythme des saisons. Le décor, contemporain, est plaisant. Voilà la bonne adresse du secteur.

✗   **Marcigny**   🅰🄲 🆅🆂🅰 ⭐

27 r. D. Casanova – ℰ 01 69 44 04 09 – www.lemarcigny.fr – Fermé sam. midi, dim. soir et lundi
Rest – Menu 25 € (sem.)/35 €
♦ La Bourgogne mise à l'honneur ! Ce petit restaurant à succès porte le nom du village dont est originaire l'épouse du chef. Plats traditionnels, pain maison et vins régionaux.

YERRES – 91 Essonne – **312** D3 – **101** 38 – 28 572 h. – alt. 45 m – ✉ 91330   **21** D3

▸ Paris 25 – Bobigny 31 – Créteil 12 – Évry 20

✗✗   **Chalet du Parc**   🍽 ⭐ 🄿 🆅🆂🅰 ⭐

2 r. de Concy – ℰ 01 69 06 86 29 – www.chaletduparc.fr
Rest – (27 €) Menu 32 € (sem.), 39/64 € – Carte 53/66 €
♦ Ce parc qui fut la propriété du peintre Gustave Caillebotte (musée) accueille depuis 2009 un agréable restaurant au décor design. Cuisine actuelle à base de bons produits.

PARTHENAY ⚑ – 79 Deux-Sèvres – **322** E5 – 10 494 h. – alt. 175 m   **38** B1
– ⊠ 79200 ▌ Poitou Vendée Charentes

▶ Paris 377 – Bressuire 32 – Niort 42 – Poitiers 50

🔢 8, rue de la Vau Saint-Jacques ℰ 05 49 64 24 24

🏌 Château des Forges à Les Forges Domaine des Forges, SE : 23 km par D 59
et D 121, ℰ 05 49 69 91 77

◉ ≼★ du Pont-Neuf - ≼★ de la terrasse de l'hôtel de ville - Pont et porte
St-Jacques★ - Rue de la Vau-St-Jacques★ - Église St-Pierre★ de Parthenay-
le-Vieux.

🏠 **St-Jacques** sans rest   ⬚ 🔲 🖥 📶 🛁 🅿 🆅🅸🆂🅰 ☎ 🅰🅴 ⓣ
13 av. du 114ᵉ R.I. – ℰ 05 49 64 33 33 – www.hotel-parthenay.com
46 ch – ♦49/92 € ♦♦49/92 € – ☲ 8,50 €
◆ En contrebas de la citadelle, un immeuble des années 1980 de bonne
tenue. Chambres très sobres, à préférer sur l'arrière pour plus d'espace.

au Nord 8 km par N 149 et D 127

⌂ **Château de Tennessus** sans rest ⚑   🚗 ⬚ ⁂ 🅿 🆅🅸🆂🅰 ☎
– ℰ 05 49 95 50 60 – www.tennessus.com
3 ch ☲ – ♦115/140 € ♦♦120/145 €
◆ Ce château médiéval, une forteresse du 14ᵉ s. bien rénovée, est un vrai rêve de
princesse et de chevalier : pont-levis, machicoulis et douves ! Du caractère, beaucoup d'âme.

PARVILLE – 27 Eure – **304** G7 – rattaché à Évreux

PASSENANS – 39 Jura – **321** D6 – rattaché à Poligny

PATRIMONIO – 2B Haute-Corse – **345** F3 – voir à Corse

PAU 🅿 – 64 Pyrénées-Atlantiques – **342** J5 – 83 903 h. –   **3** B3
Agglo. 181 413 h. – alt. 207 m – Casino – ⊠ 64000 ▌ Aquitaine

▶ Paris 773 – Bayonne 112 – Bordeaux 198 – Toulouse 198

✈ de Pau-Pyrénées : ℰ 05 59 33 33 00, 12 km par ①.

🔢 place Royale ℰ 05 59 27 27 08

🏌 Pau Golf Club à Billère Rue du Golf, ℰ 05 59 13 18 56

🏌 de Pau-Artiguelouve à Artiguelouve Domaine de Saint-Michel, par rte de
Lourdes : 11 km, ℰ 05 59 83 09 29

Circuit automobile de Pau-Arnos ℰ 05 59 77 11 36, 20 km par ⑦.

◉ Boulevard des Pyrénées ⁂ ★★★ **DEZ** - Château★★ : tapisseries★★★
- Musée des Beaux-Arts★ **EZ M.**

Plans pages suivantes

🏨 **Parc Beaumont** ⬚   ≼ 🏡 🏊 📶 🖥 🛁 📶 ☎ 🅰 🅿 🚗 🆅🅸🆂🅰 ☎ 🅰🅴 ⓣ
1 av. Edouard VII – ℰ 05 59 11 84 00 – www.hotel-parc-beaumont.com
69 ch – ♦220/310 € ♦♦220/310 € – 11 suites – ☲ 22 €   **FZb**
Rest *Le Jeu de Paume* – (28 €) Menu 38/80 € – Carte 65/90 €
◆ Côté parc Beaumont ou côté ville, ces chambres sont confortables, élégantes
et design (certaines familiales). Équipements pour séminaires ; piscine, jacuzzi et
spa pour la détente. Décor chaleureux au restaurant et jolie vue sur la verdure.
Terrasse plein sud.

🏨 **Villa Navarre** ⚑   ≼ 🔲 🏡 🏊 🖥 📶 🛁 📶 ☎ 🅿 🆅🅸🆂🅰 ☎ 🅰🅴 ⓣ
59 av. Trespoey – ℰ 05 59 14 65 65 – www.accorhotels.com   **BXa**
30 ch – ♦159/219 € ♦♦179/239 € – 4 suites – ☲ 19 €
Rest – (fermé dim. soir et fériés le soir) (18 €) Menu 25 € (sem.)/50 €
– Carte 35/75 €
◆ Atmosphère délicieusement british dans cette belle maison de maître de 1865
et son aile récente nichées au cœur d'un parc de 2 ha. Chambres vastes et claires.
Salle à manger raffinée, largement ouverte sur la nature ; registre culinaire actuel.

BILLÈRE

Baron Séguier (Av. du).... **AX** 7
Château d'Este (Av. du)... **AX** 23
Claverie (R.) .... **AX** 24
Entrepreneurs (R. des).... **AX** 57
Galas (R. de) .... **BV** 70
Golf (R. du) .... **AX** 81
J.J. Rousseau (R.) .... **AX** 145
Lalanne (Av.)........... **AVX** 91
Lavoir (R. du) .... **AX** 95
Lons (Av. de) .... **ABV** 100
Piedmont (R.) .... **AX** 129
Pilar (R.)............... **BV** 130
Plaine (R. de la)......... **AX** 132

BIZANOS

Albert 1er (Av.)......... **BCX** 2
Clemenceau (R. G.) ..... **BX** 27
Foch (R. Maréchal) ..... **BX** 64
Larribau (Chemin)....... **CX** 93
Pic du Midi (R. du) ..... **CX** 127
République (Av. de la).... **CX** 138

GELOS

Barthou (R. L.)......... **BX** 9
Gélos (Av. de) .... **BX** 80
Leclerc (Av. du Maréchal) . **BX** 96
Vallée Heureuse (Av. de la) **BX** 162

JURANÇON

Cambot (Av. G.) .... **AX** 17
Corps Franc Pommiès
  (Av. du) .... **AX** 36
Espagne (Pont d')....... **AX** 58
Gaulle (R. Ch.-de) ...... **AX** 77
Ollé-Laprune........... **AX** 115

LESCAR

Carrérot (Av.)........... **AV** 19
Coustettes (Chemin des).. **AV** 42
Lacau (R.) .... **AV** 89
Santos-Dumont (Av.) .... **AV** 147
Vigné (Côte du)......... **AV** 168

LONS

Ampère (Av. André-Marie). **AV** 3
Ariste (R.) .... **AV** 6
Château (R. du)......... **AX** 22
Dassault (Av. Marcel).... **AX** 45
Écoles (R. des) .... **AV** 51
Église (R. de l') .... **AV** 53
Frères Farman (Bd des) .. **AX** 67
Frères Mongolfier (Av. des) **AX** 68
Mairie (R. de la)......... **AV** 103
Moulin (Av. du) .... **AV** 110
Pau (Av. de)............ **AV** 125
Souvenir
  (R. du) .... **AV** 152

PAU

Bérard (Cours Léon)..... **BV** 12

🏠 La Palmeraie

🛜 ⛔ 🆎 📶 🅰 🅿 VISA 🆎 ①

1 passage de l'Europe – ℰ 05 59 14 14 14
– www.paupalmeraie.com   **BVf**
36 ch – †84/99 € – ††91/138 € – ⊑ 15 €
Rest – *(fermé dim.)* (13 €) Menu 18 € (déj.) – Carte 24/38 €
♦ Hôtel récent dans un environnement verdoyant, à deux tours de roue du Zénith. Chambres fonctionnelles, aux tons pastel. La salle de restaurant, lumineuse et moderne, ouvre sur une terrasse ombragée. Cuisine traditionnelle.

🏠 De Gramont sans rest

🛗 📶 VISA 🆎 🆎 ①

3 pl. Gramont – ℰ 05 59 27 84 04
– www.hotelgramont.com
– Fermé 19 déc.-2 janv.   **DZt**
35 ch – †77/96 € ††86/126 € – 2 suites – ⊑ 10,50 €
♦ Ce relais de poste du 18e s. abriterait le plus vieil hôtel de Pau. Chambres peu à peu rénovées et quelques suites contemporaines. Copieux buffet au petit-déjeuner, billard.

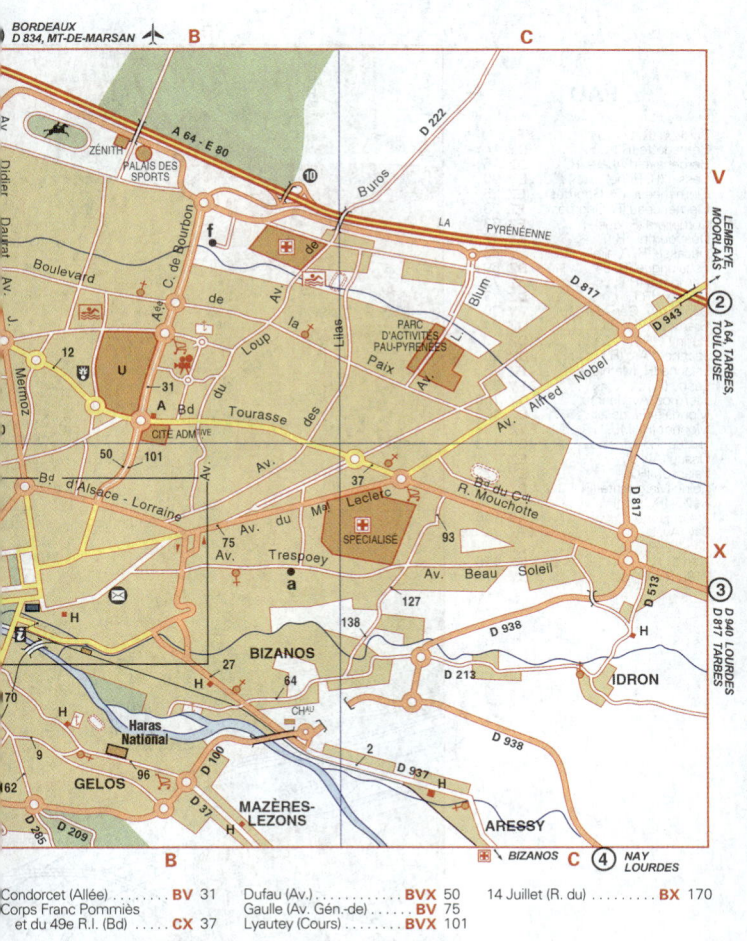

Condorcet (Allée) . . . . **BV** 31
Corps Franc Pommiès
et du 49e R.I. (Bd) . . . . . **CX** 37
Dufau (Av.) . . . . **BVX** 50
Gaulle (Av. Gén.-de) . . . . . . **BV** 75
Lyautey (Cours) . . . . **BVX** 101
14 Juillet (R. du) . . . . **BX** 170

Bosquet sans rest   🖃 AC 🕻 VISA ☻☻ AE

11 r. Valéry Meunier – 📞 *05 59 11 50 11 – www.hotel-bosquet.com*   EZ**e**

30 ch – †65 € ††70 € – ☲ 8 €

◆ À proximité du centre-ville, cet établissement arbore un décor frais et gai (tons orangé, mobilier en bois clair). Chambres de bon confort.

Le Bourbon sans rest   🖃 AC 🚿 🕪 VISA ☻☻ AE

12 pl. Clemenceau – 📞 *05 59 27 53 12 – www.hotel-lebourbon.com*   EZ**d**

33 ch – †63 € ††70 € – ☲ 8 €

◆ Hôtel situé dans un quartier animé (nombreux cafés). Les chambres, joliment contemporaines, donnent en majorité sur la place, tout comme la salle des petits-déjeuners.

Central sans rest   🕪 VISA ☻☻ AE ①

15 r. L. Daran – 📞 *05 59 27 72 75 – www.hotelcentralpau.com – Fermé*

30 déc.-2 janv.   EZ**t**

26 ch – †52/74 € ††58/84 € – ☲ 8 €

◆ Central, cet hôtel l'est en effet ! Chaque chambre, simple et fonction-nelle, décline une thématique qui lui est propre (mer, montagne, etc.).

PAU

Barthou (R. Louis) . . . . **EFZ**
Bernadotte (R.) . . . . **DZ** 14
Bordenave-d'Abère (R.) . . . . **DZ** 15
Cassin (R. René) . . . . **EY** 20
Clemenceau (Pl. Georges) . . **EZ** 25
Clemenceau (R. Georges) . . **FZ** 28
Cordeliers (R. des) . . . . **EZ** 33
Despourrins (R.) . . . . **EY** 47
Ducasse (R. Amiral) . . . . . . **DY** 48
Espalungue (R. d') . . . . **DZ** 59
Gambetta (R.) . . . . **EZ** 72
Gassion (R.) . . . . **DZ** 73
Gaulle (Av. Gén.-de) . . . . . . **FY** 75
Gramont (Pl.) . . . . **DZ** 84
Henri-IV (R.) . . . . **DZ** 87
Jeanne-d'Arc (R.) . . . . **DY** 88
Lalanne (R. Mathieu) . . . . . . **EZ** 92
Lespy (R.) . . . . **EFY** 98
Mermoz (Av. Jean) . . . . **DY** 105
Monnaie (Pl. de la) . . . . **DZ** 106
Monnet (R. J.) . . . . **EYZ** 108
Nogue (R.) . . . . **EY** 113
Ossau (Av. d') . . . . **EZ** 121
Palassou (R.) . . . . **EZ** 123
Reine-Marguerite (Pl.) . . . . . **EZ** 135
Réveil (R. Jean) . . . . **EY** 140
St-Louis (R.) . . . . **EZ** 146
Say (Av. L.) . . . . **EFZ** 149
Serviez (R.) . . . . **EZ**
Tran (R.) . . . . **EZ** 158
218e-R.I. (R. du) . . . . **DY** 172

Au Fin Gourmet

🌿 AC VISA ✪ AE ①

24 av. G. Lacoste, (face à la gare) – ✆ 05 59 27 47 71
– www.restaurant-aufingourmet.com – Fermé 25 juil.-10 août, vacances de fév.,
dim. soir, merc. midi et lundi   **EZv**
Rest – Menu 27 € (sem.), 38/74 € bc – Carte 52/67 €
◆ Un lieu très agréable au pied du funiculaire : on s'attable dans un joli kiosque aux
allures de jardin d'hiver, ou au salon, raffiné et charmant. Cuisine au goût du jour.

Les Papilles Insolites

VISA ✪

5 r A.-Taylor – ✆ 05 59 71 43 79 – http://lespapillesinsolites.blogspot.com – Fermé
1 sem. en mai, 3 sem. en août, vacances de fév., dim., lundi et mardi
Rest – (prévenir) (13 €) Carte 28/40 €   **EZz**
◆ Objets insolites et rétro, petites tables en bois : voilà un néobistrot-cave atypique
et raffiné ! Courte carte du marché, japonisante, et belle sélection de vins naturels.

X **Marc Destrade**
30 r. Pasteur – 📞 *05 59 27 62 60*
– Fermé août, dim. soir, merc. soir et lundi   EY**s**
Rest – Menu 14 € (déj. en sem.), 26/34 € – Carte 30/50 €
◆ Poussez la porte de cette avenante maison ancienne ! Accueil tout sourire, cuisine du marché et quelques tables au coin du feu, très appréciées l'hiver venu.

X **Ô Bons Bouchons**
3 r. Viard – 📞 *05 59 62 40 34 – www.obonsbouchons.fr*
– Fermé dim. et lundi   DY**x**
Rest – (15 € bc) Menu 25/30 €
◆ Le chef a une véritable passion pour les bouchons de liège et les cannes à pêche ! Sa cuisine du marché est relevée de notes originales et épicées.

✕ **La Michodière** ⬬⬬

34 r. Pasteur – ℰ 05 59 27 53 85 – Fermé 23 juil.-20 août, dim. et fériés
Rest – Menu 14 € (déj.)/27 € – Carte 36/70 €   DY**b**

♦ Derrière cette façade ornée de galets, deux salles à manger, dont une avec vue sur les cuisines. Au menu, suggestions du marché faisant la part belle aux poissons et coquillages.

✕ **La Table d'Hôte**

1 r. du Hédas – ℰ 05 59 27 56 06 – Fermé vacances de Noël, lundi sauf le soir en juil.-août et dim.   EZ**k**
Rest – (18 €) Menu 23/30 €

♦ Briques, poutres et galets donnent un petit air champêtre à cette ancienne tannerie du 17ᵉ s. nichée dans une ruelle médiévale. Ambiance sympathique, cuisine actuelle.

à Bizanos 2 km à l'Est – 4 612 h. – alt. 186 m – ✉ 64320

🏨 **Eden Park** sans rest

2 r. de l'Aubisque – ℰ 05 59 40 64 64 – www.hotel-edenpark-pau.com
26 ch – †79/169 € ††89/179 € – ⊊ 10 €

♦ En périphérie de Pau (zone commerciale), bâtiments blancs aux lignes épurées, dans un esprit californien. Chambres spacieuses et agréables : coin salon, cuisinette et terrasse.

à Jurançon 2 km au Sud-Ouest – 6 937 h. – alt. 177 m – ✉ 64110

✕✕✕ **Chez Ruffet** ✿

3 av. Ch. Touzet – ℰ 05 59 06 25 13 – www.restaurant-chezruffet.com – Fermé dim. et lundi   AX**e**
Rest – (prévenir) Menu 26 € (déj. en sem.), 45/80 €
Spéc. Raie braisée, artichauts barigoule, beurre au Jurançon et gingembre (été). Pluma ibérique au sautoir, purée de céleri à la cannelle (automne). Abricots pochés à la vanille, sorbet framboise (été). **Vins** Jurançon, Madiran.

♦ Délicieuse atmosphère en cette ancienne ferme béarnaise, savant mélange d'authenticité (poutres, bois ciré), d'élégance et de décontraction. Belle cuisine régionale actualisée.

PAUILLAC – 33 Gironde – **335** G3 – 5 291 h. – alt. 20 m – ✉ 33250   **3** B1
🟩 Aquitaine

▶ Paris 625 – Arcachon 113 – Blaye 16 – Bordeaux 54
🅱 La Verrerie ℰ 05 56 59 03 08
◉ château Mouton Rothschild★ : musée★★ NO : 2 km.

🏛 **Château Cordeillan Bages** ✿ ✿✿

61 r. des Vignerons, 1 km au Sud par D 2
– ℰ 05 56 59 24 24 – www.cordeillanbages.com – Fermé 12 déc.-12 fév.
28 ch – †199/517 € ††199/517 € – ⊊ 28 € – ½ P 251/382 €
Rest – (fermé sam. midi, lundi et mardi) Menu 60 € (déj. en sem.), 90/175 €
– Carte 120/140 €

Spéc. Foie gras confit dans sa graisse, moelleux de maïs et pomme verte. Agneau de lait. Cœur coulant chocolat, café irlandais. **Vins** Pauillac, Graves.

♦ Une chartreuse du 17ᵉ s. alanguie au cœur du vignoble, avec de belles chambres et une atmosphère cosy... Le restaurant se distingue par son goût de l'inédit, hier sous l'égide du célèbre Thierry Marx, aujourd'hui de Jean-Luc Rocha qui fut son second. La continuité dans l'invention !

✕ **Café Lavinal**

à Bages, pl. Desquet – ℰ 05 57 75 00 09 – www.villagedebages.com – Fermé 24 déc.-29 janv. et dim. soir
Rest – (13 €) Menu 25/35 € – Carte 23/57 €

♦ Joli bistrot néo-rétro créé en 2006 au centre de Pauillac. Savoureuse cuisine de tradition ancrée dans le Médoc ; ardoise du jour et vins locaux de propriété.

PAVILLON (COL DU) – 69 Rhône – **327** F3 – rattaché à Cours

PÉGOMAS – 06 Alpes-Maritimes – **341** C6 – 6 235 h. – alt. 18 m — 42 E2
– ⌧ 06580

▶ Paris 896 – Cannes 12 – Draguignan 59 – Grasse 9

🖼 287, avenue de Grasse ☎ 04 92 60 20 70

Le Bosquet sans rest ⌂ 〽 ⊠ ⌦ 🅿 VISA ⓿ AE

chemin des Périssols, rte de Mouans-Sartoux – ☎ 04 92 60 21 20
– www.hoteldubosquet.com – Fermé 15 janv.-1ᵉʳ fév.
23 ch – ♦65 € ♦♦70/82 € – � 7 €

◆ Accueil tout sourire, agréable parc planté d'oliviers, tenue méticuleuse et confitures maison : un hôtel où l'on se sent bien. Chambres et studios rénovés (style contemporain).

L'Écluse 🌐 AC 🅿 VISA ⓿ AE ⓪

chemin de l'Écluse, au bord de la Siagne – ☎ 04 93 42 22 55
– www.restaurant-lecluse.com – Fermé nov., du mardi au vend. d' oct. à mi-avril et lundi
Rest – (18 €) Menu 26/34 € – Carte 29/40 €

◆ Restaurant apprécié pour son ambiance décontractée et sa grande terrasse au bord de l'eau, lui donnant un petit air de guinguette. Cuisine traditionnelle et soignée.

De Felice 🌐 AC 🅿 VISA ⓿ AE

1 prom. des Prés Vergers – ☎ 04 93 36 08 27
– Fermé dim. et lundi sauf fériés
Rest – Menu 29 € (sem.) – Carte 50/80 €

◆ Ici, tout respire l'Italie ! On déguste d'excellentes pâtes dans une jolie salle aux tons chatoyants avec vue sur les cuisines. Suivez les conseils avisés et enjoués du chef.

PEILLON – 06 Alpes-Maritimes – **341** F5 – 1 322 h. – alt. 200 m — 42 E2
– ⌧ 06440 🟩 Côte d'Azur

▶ Paris 947 – Contes 14 – L'Escarène 14 – Menton 38

🖼 620, avenue de l'Hôtel de Ville ☎ 04 93 79 91 04

◉ Village★ - Fresques★ dans la chapelle des Pénitents Blancs.

Auberge de la Madone (Christian et Thomas Millo) ⌂ ⪯ 🚗 🌐 〽

3 place Auguste Arnulf – ☎ 04 93 79 91 17 🔥 🅿 VISA ⓿ AE
– www.auberge-madone-peillon.com – Fermé 8 nov.-22 déc. et merc.
14 ch – ♦98/230 € ♦♦98/230 € – 1 suite – ⊠ 20 € – ½ P 115/190 €
Rest – (30 € bc) Menu 52/62 € – Carte 50/80 €
Spéc. Feuilleté de blette et herbes fines, escalope de foie gras poêlée, jus de veau. Agneau rôti au four en deux cuissons, parfumé aux aromates de notre garrigue. Macaron à la blette, confit de pomme-poire, glace à la fleur. **Vins** Côtes de Provence.

◆ Cette auberge de caractère entourée d'un jardin fleuri abrite des chambres soignées et calmes. Belle cuisine régionale servie dans une coquette salle à manger provençale ou sur une agréable terrasse tournée vers le village médiéval perché sur son piton rocheux.

Lou Pourtail sans rest ⌂ ⪯ VISA ⓿ AE

3 pl. A. Arnulf, accueil à l'Auberge de la Madone – ☎ 04 93 79 91 17
– Fermé 8 nov.-25 déc., 14-31 janv. et merc.
6 ch – ♦44 € ♦♦78 € – ⊠ 13 €

◆ Le charme d'une maison ancienne – murs chaulés, voûtes ou hauts plafonds, mobilier campagnard – à l'entrée du village-crèche. Chambres simples, sans TV.

PEISEY-NANCROIX – 73 Savoie – **333** N4 – 642 h. – alt. 1 320 m — 45 D2
– ⌧ 73210 🟩 Alpes du Nord

▶ Paris 635 – Albertville 55 – Bourg-St-Maurice 13

🖼 Le Chalet T 9 ☎ 04 79 07 94 28

à Plan-Peisey 4 km à l'Est – ✉ 73210

🏠 **La Vanoise** ♨   ⟨ 🏖 🏊 🏖 ℹ̃ 🛗 🛎 🕉 ch, 🍴 **P** VISA ◯◯
– 𝒞 04 79 07 92 19 – www.hotel-la-vanoise.com
– Ouvert 1ᵉʳjuil.-31 août et 16 déc.-28 avril
32 ch (½ P seult) – ½ P 63/109 €
Rest – Menu 19 € (déj.)/32 € – Carte 30/38 €
◆ Châlet au bord des pistes ménageant une jolie vue sur le dôme de Bellecôte.
Agréables chambres au décor alpin, avec balcon pour celles orientées sud. Espace
bien-être. Au restaurant, plats savoyards ; le midi, restauration rapide de type
brasserie côté bar.

PENHORS – 29 Finistère – **308** E7 – rattaché à Pouldreuzic

PENNEDEPIE – 14 Calvados – **303** N3 – rattaché à Honfleur

PENVÉNAN – 22 Côtes-d'Armor – **309** C2 – 2 562 h. – alt. 70 m   **9** B1
– ✉ 22710

   ▶ Paris 521 – Guingamp 34 – Lannion 16 – St-Brieuc 70
   ℹ 12, place de l'Église 𝒞 02 96 92 81 09

✕ **Le Crustacé**   VISA ◯◯
2 r.de la Poste – 𝒞 02 96 92 67 46
– Fermé mardi soir de sept. à juin, dim. soir et merc.
Rest – Menu 17/37 € – Carte 27/64 €
◆ En face de l'église, petit restaurant familial où l'on cultive le sens de l'accueil
dans une salle rustique, simple et bien tenue. Cuisine traditionnelle et produits
de la mer.

Ne confondez pas les couverts ✕ et les étoiles ❀ ! Les couverts définissent
une catégorie de confort et de service. L'étoile couronne uniquement la
qualité de la cuisine, quel que soit le standing de la maison.

PENVINS – 56 Morbihan – **308** O9 – rattaché à Sarzeau

PERI – 2A Corse-du-Sud – **345** C7 – voir à Corse

PÉRIGNAC – 17 Charente-Maritime – **324** H6 – rattaché à Pons

---

PÉRIGNAT-LÈS-SARLIÈVE – 63 Puy-de-Dôme – **326** F8 – rattaché à
Clermont-Ferrand

PÉRIGNY – 86 Vienne – **322** H5 – rattaché à Poitiers

PÉRIGUEUX Ⓟ – 24 Dordogne – **329** F4 – 29 558 h. – alt. 86 m   **4** C1
– ✉ 24000 🟩 Périgord Quercy

   ▶ Paris 482 – Agen 138 – Bordeaux 128 – Limoges 96
   ℹ 26, place Francheville 𝒞 05 53 53 10 63
   ▦ de Périgueux à Marsac-sur-l'Isle Domaine de Saltgourde, par rte
   d'Angoulème : 5 km, 𝒞 05 53 53 02 35
   ◉ Cathédrale St-Front★★, église Saint-Étienne de la Cité★ - Quartier
   St-Front★★★: rue Limogeanne★ BY , escalier★ Renaissance de l'hôtel de
   Lestrade (rue de la sagesse) BY - Galerie Daumesnil★ face au n° 3 de la rue
   Limogeanne - Musée du Périgord★★ CY **M².**

Plans pages suivantes

Mercure sans rest ♦ 🄰 🄰🄲 📶 🏊 📶 🄰 ①
7 pl. Francheville – ℰ 05 53 06 65 00 – www.mercure.com BZ**e**
66 ch – †89/99 € ††101/111 € – ☐ 15 €
• Adossé à une façade en pierre de taille classée, cet hôtel flambant neuf bénéficie d'une situation idéale, près d'un jardin et d'un multiplex. Agréables chambres contemporaines.

Bristol sans rest ♦ 🄰🄲 📶 🄿 📶 🄰
37 r. A. Gadaud – ℰ 05 53 08 75 90 – www.bristolfrance.com
– Fermé 19 déc.-2 janv. BY**u**
29 ch – †61/69 € ††68/79 € – ☐ 8 €
• Hôtel familial à deux pas du centre et des curiosités touristiques. Les chambres, impeccablement tenues, sont assez bien insonorisées et, pour la plupart, de bonne dimension.

Le Rocher de l'Arsault ♿ 🄰🄲 ⬩ 🄿 📶 🄰 ①
15 r. L'Arsault – ℰ 05 53 53 54 06 – www.rocher-arsault.com
– Fermé 15 août-4 sept., dim. soir et lundi CY**s**
Rest – (21 €) Menu 31/48 € – Carte 37/55 €
• L'élégance contemporaine nichée au creux d'un rocher... Les tons anis, pistache et orange, tout en douceur feutrée, s'harmonisent ici à la bonne cuisine de saison.

Le Clos St-Front 🍴 ⬩ 📶 🄰
5-7 r. de la Vertu – ℰ 05 53 46 78 58 – www.leclossaintfront.com
– Fermé vacances de fév., dim. soir et lundi sauf de juin à sept. CY**r**
Rest – (20 €) Menu 25 € (sem.), 37/62 € bc – Carte 37/52 €
• Deux cheminées monumentales, des œuvres d'art contemporain, une terrasse sous les tilleuls... un restaurant agréable, dont la carte mêle exotisme et saveurs du terroir.

Hercule Poireau 🄰🄲 📶
2 r. Nation – ℰ 05 53 08 90 76
– Fermé 15-25 janv., mardi soir en hiver et merc. CZ**r**
Rest – (21 €) Menu 25/39 € – Carte 40/61 €
• On s'attable dans une salle rustique (poutres, pierres) ou dans une cave voûtée du 16e s. pour déguster une agréable cuisine traditionnelle et du terroir revue par le chef.

La Taula 🄰🄲 📶 🄰
3 r. Denfert-Rochereau – ℰ 05 53 35 40 02 – Fermé 7-13 mars, 4-10 juil. et lundi hors saison BZ**k**
Rest – (18 €) Menu 30/37 € – Carte 40/48 €
• Produits frais au service d'une appétissante cuisine régionale, pâtés, terrines et cous farcis maison : cette Taula ("table" en patois local) a bien des atouts.

Le Grain de Sel 📶
7 r. des Farges – ℰ 05 53 53 45 22 – Fermé 28 juin-20 juil., 20 déc.-4 janv., dim. et lundi BZ**t**
Rest – (20 €) Menu 29/55 € – Carte 45/60 €
• Une ruelle du vieux Périgueux, près de la cathédrale. Le cadre serait rustique sans le mobilier, contemporain. On découvre des saveurs subtiles, souvent inspirées par la mer.

L'Essentiel (Éric Vidal) 🍴 🄰🄲 ⬩ 📶
8 r. de la Clarté – ℰ 05 53 35 15 15 – www.restaurant-lessentiel.fr
– Fermé 2-19 juil., vacances de la Toussaint, 31 déc.-16 janv., dim. et lundi
Rest – (nombre de couverts limité, prévenir) (27 €) Menu 39/74 € BZ**n**
– Carte 39/84 €
Spéc. Lasagne de jeunes poireaux aux truffes noires du Périgord, foie gras de canard rôti (15 déc. au 15 mars). Lièvre à la royale (15 déc. au 1er mars). Fines feuilles croustillantes de pistache aux fraises du Périgord et crème mousseline (15 mars au 15 sept.). **Vins** Pécharmant, Vin de pays du Périgord.
• Essentiel et... fondamental ! Derrière cette discrète façade, une excellente surprise : une cuisine tout en finesse et une cave recelant les meilleures signatures régionales.

PÉRIGUEUX

Abreuvoir (R. de l') . . . . **CY** 2
Amphithéâtre (R. de l') . . . . **AZ** 3
Arènes (Bd des) . . . . **AZ** 6
Aubergerie (R.) . . . . **BZ** 9
Barbecane (R.) . . . . **CY** 12
Barbusse (Av. Henri). . . . . . **AY** 13
Bride (R. de la) . . . . **BZ** 15
Bugeaud (Pl.). . . . . **BZ**
Calvaire (R. du) . . . . **BZ** 16
Cavaignac (Av.) . . . . **AZ** 18
Cité (R. de la) . . . . **ABZ** 23
Clarté (R. de la) . . . . **BZ** 24
Clautre (Pl. de la) . . . . **BZ** 26
Clos-Chassaing . . . . **BY** 27
Coderc (Pl. du) . . . . **BYZ** 28
Condé (R.). . . . . **BZ** 29
Constitution (R. de la) . . . . . **CY** 30
Daumesnil (Av. et Pl.). . . . **BCZ** 32
Daumesnil (Galerie) . . . . . **BYZ** 31
Durand (Rd-Pt Charles). . . . **AZ** 34
Eguillerie (R.). . . . . **BY** 35
Fénelon (Cours). . . . . **BZ**
Goudeau (Pl. Émile) . . . . . . **CY** 36
Hôtel de Ville (Pl. de l') . . . . **BZ** 37
Lammary (R.) . . . . **BY** 38
Limogeanne (R.). . . . . **BY**
Maurois (Pl. André). . . . . . . **BY** 39
Miséricorde (R. de la) . . . . . **BY** 40
Mobiles-de-Coulmiers (R.) . **AY** 41
Montaigne (Bd M.). . . . . . . **BYZ**
Montaigne
  (Cours et Pl. M.) . . . . **BYZ**
Notre-Dame (R.). . . . . **CY** 42
Port-de-Graule (R. du) . . . **CYZ** 44
Port (Allée du) . . . . **AY** 43
Président-Wilson (R. du). . . **AY**
République (R. de la) . . . . **BYZ** 45
Sagesse (R. de la) . . . . **BY** 46
Ste-Marthe (R.) . . . . **CZ** 50
St-Pierre-ès-Liens (R.) . . . **ABZ** 47
St-Roch (R.). . . . . **BZ** 48
St-Silain (Pl.) . . . . **BY** 49
Sully (R.). . . . . **BZ** 53
Taillefer (R.) . . . . **BZ**
Talleyrand-Périgord (R.). . . . **CZ** 54
Théâtre (Espl. du) . . . . **BY** 55
Turenne (R. de) . . . . **AZ** 60
15e-Régt-de-Tirailleurs-Algériens
  (R. du) . . . . **AZ** 61
50e-Régt-d'Infanterie
  (Av. du). . . . . **AZ** 62

à Chancelade par ⑤, D 710 et D 1 : 5,5 km – 4 126 h. – alt. 88 m – ⊠ 24650

◉ Abbaye★.

🏯🏯 **Château des Reynats** 🎵 🍴 🏊 ⛳ 👥 ⁉️ 🎿 🅿 🚗 💳 ⑩ 🆎 ⓪
⊗ *15 av. des Reynats –* 𝒞 *05 53 03 53 59 – www.chateau-hotel-perigord.com*
45 ch – ♥92/104 € ♥♥92/104 € – 5 suites – ⊇ 14 € – ½ P 84/90 €
Rest – *(fermé 2-26 janv., lundi midi, sam. midi et dim.)* Menu 28/75 €
– Carte 63/111 € 🍷

Spéc. Foie gras de canard poêlé griotte-pistache. Sole laquée, pomme de terre éclatée aux algues kombu et pamplemousse confit. Chocolat noir, croustillant praliné et glace au persil plat.

◆ Dans un parc arboré, beau château du 19e s. aux accents médiévaux. Chambres au décor soigné, plus petites et sobres à l'annexe. Dans la salle à manger typiquement "châtelaine", on déguste une belle cuisine créative, à laquelle le chef sait insuffler une âme...

PERNAND-VERGELESSES – 21 Côte-d'Or – **320** J7 – rattaché à Beaune

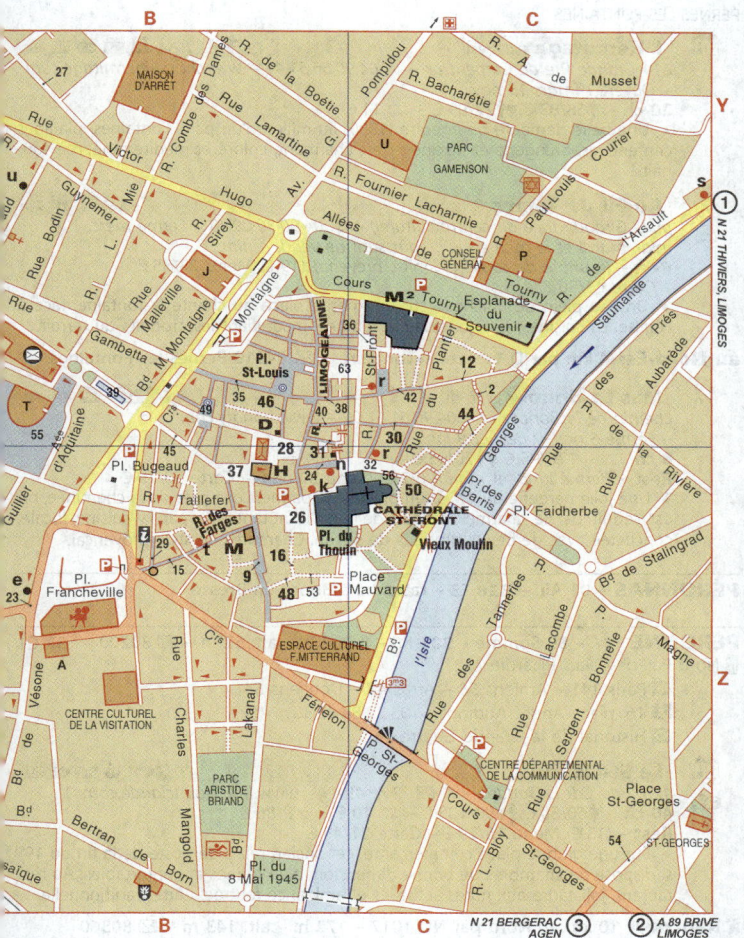

PERNAY – 37 Indre-et-Loire – **317** L4 – 997 h. – alt. 76 m – ✉ 37230   **11** B2

▶ Paris 256 – Orléans 132 – Tours 21 – Joué-lès-Tours 26

⌂ **Domaine de l'Hérissaudière** sans rest 🌿   🎧 ⚒ ✕ ﴾ AC 🐾 ↯ P
3 km au Nord-Est par D 48 – 📞 06 03 22 34 45   VISA ⑩⑩
– www.herissaudiere.com – Ouvert 15 avril-15 nov.
5 ch ⬚ – ♦110/120 € ♦♦130/150 €

◆ Maison de maître bâtie en 1640, blottie dans un parc aux essences rares. Mobilier d'époque et chambres aux noms gouleyants (Vouvray, Chinon...). Bon petit-déjeuner maison.

PERNES-LES-FONTAINES – 84 Vaucluse – **332** D10 – 10 410 h.   **42** E1
– alt. 75 m – ✉ 84210 ⬛ Provence

▶ Paris 685 – Apt 43 – Avignon 23 – Carpentras 6
🅸 place Gabriel Moutte 📞 04 90 61 31 04
◉ Porte Notre-Dame★.

L'Hermitage sans rest

614 Grande Rte de Carpentras – ✆ 04 90 66 51 41 – www.hotel-lhermitage.com – Ouvert 1er mars-15 nov.

20 ch – †68/83 € ††72/99 € – ☕ 11 €

◆ Une belle demeure bourgeoise (1890) au milieu d'un parc. Fontaines, platanes centenaires, orangerie et piscine : c'est charmant, coloré et méditerranéen à souhait !

Au Fil du Temps

pl. L.-Giraud, (face au centre culturel) – ✆ 04 90 30 09 48 – Fermé merc. midi, mardi et le midi en juil.-août sauf de vend. à dim.

Rest – *(nombre de couverts limité, prévenir)* (19 €) Menu 28/35 € – Carte 43/50 €

◆ Un lieu plein de fraîcheur, sur une petite place où chante la fontaine, face à l'église. La cuisine y est goûteuse et raffinée, magnifiant les produits du terroir.

au Nord-Est 4 km par D 1 et rte secondaire – ✉ 84210 Pernes-les-Fontaines

Mas La Bonoty avec ch

chemin de la Bonoty – ✆ 04 90 61 61 09 – www.bonoty.com – Fermé 6 nov.-9 déc. et 9 janv.-11 fév.

8 ch ☕ – †70/95 € ††70/95 € – ½ P 71/84 €

Rest – *(fermé lundi et mardi)* (22 €) Menu 30/68 € – Carte 50/70 €

◆ Une jolie bergerie du 17e s., en pleine campagne. Lové près de la cheminée, on est séduit par le charme rustique de la salle autant que par la cuisine locale, concoctée avec de beaux produits de saison. Chambres de style provençal.

PÉRONNAS – 01 Ain – 328 E3 – rattaché à Bourg-en-Bresse

PÉRONNE – 80 Somme – 301 K8 – 8 218 h. – alt. 52 m – ✉ 80200 **37 C1**

Nord Pas-de-Calais Picardie

Paris 141 – Amiens 58 – Arras 48 – Doullens 54

16, place André Audinot ✆ 03 22 84 42 38

Historial de la Grande Guerre★★.

Le St-Claude

42 pl. du Cdt-L.-Daudré – ✆ 03 22 79 49 49 – www.hotelsaintclaude.com

40 ch – †60/80 € ††90/105 € – ☕ 10 € – ½ P 86 €

Rest – (13 €) Menu 15/29 € – Carte 21/48 €

◆ Sur une grande place commerçante, cet ancien relais de poste de la fin du 19e s. dispose de chambres de bonne dimension, bien tenues et confortables. Au restaurant, joli cadre aux notes actuelles et ambiance feutrée. Carte traditionnelle.

à Rancourt 10 km au Nord par ND 1017 – 172 h. – alt. 143 m – ✉ 80360

Le Prieuré

24 rte nationale – ✆ 03 22 85 04 43 – www.hotel-le-prieure.fr

27 ch – †65 € ††68 € – ☕ 8 €

Rest – Menu 15 € (sem.), 29/43 € – Carte 24/57 €

◆ Architecture d'inspiration mauresque abritant des chambres de bon confort, plus spacieuses sur l'arrière. Au détour d'une arche, découvrez le bar écossais. Cuisine traditionnelle et régionale, à apprécier dans une élégante salle habillée de pierres et de briques.

PÉROUGES – 01 Ain – 328 E5 – 1 189 h. – alt. 290 m – ✉ 01800 **44 B1**

Lyon Drôme Ardèche

Paris 460 – Bourg-en-Bresse 39 – Lyon 37 – Villefranche-sur-Saône 58

entrée de la Cité ✆ 04 74 46 70 84

18 de la Sorelle à Villette-sur-Ain Domaine de Gravagneux, N : 12 km par D 984, ✆ 04 74 35 47 27

Cité★★ : place de la Halle★★★.

Ostellerie du Vieux Pérouges ✍   🚗 🛴 P 🚙 VISA ◎ AE
pl. du Tilleul – ℰ 04 74 61 00 88 – www.hostelleriedeperouges.com
– *Fermé 28 fév.-13 mars*
13 ch – †130 € ††230 € – 2 suites – � 17 € – ½ P 155/180 €
Rest – Menu 38/65 € – Carte 45/70 €
◆ Admirables bâtisses de style médiéval réparties dans tout le village. Chambres alliant mobilier ancien (quelques lits à baldaquin) et confort moderne. Au restaurant, plusieurs salles et ambiances ; plats du terroir, dont la fameuse galette. Service en costume.

Le Pavillon 🏨 ✍   VISA ◎ AE
13 ch – †89/95 € ††124/156 € – ⊒ 16 € – ½ P 115/138 €
◆ Chambres plus simplement meublées qu'à l'Ostellerie, et avant tout pratiques ; celles de l'annexe contiguë offrent un meilleur niveau de confort.

PERPIGNAN P – 66 Pyrénées-Orientales – 344 I6 – 115 326 h.   **22** B3
– **Agglo. 162 678 h. – alt. 60 m – Casino : à Port-Barcarès –** ✉ 66000
🟩 Languedoc Roussillon

▶️ Paris 848 – Andorra-la-Vella 170 – Béziers 94 – Montpellier 156
🛫 de Perpignan-Rivesaltes : ℰ 04 68 52 60 70, 3 km par ①.
🅸 place Armand Lanoux ℰ 04 68 66 30 30
🔘 Le Castillet★ - Loge de mer★ BY K - Hôtel de ville★ BY H - Cathédrale St-Jean★ - Palais des rois de Majorque★ - Musée numismatique Joseph-Puig★ - Place Arago : maison Julia★.

Plans pages suivantes

 Villa Duflot 🔔 🚗 🏊 ๒ & ch, 🄰🄲 ๆ 🛴 P VISA ◎ AE ⓪
rd-pt Albert Donnezan, 3 km par ④, dir.autoroute – ℰ 04 68 56 67 67
– *www.villa-duflot.com*
24 ch – †150/210 € ††150/210 € – ⊒ 17 € – ½ P 110/137 €
Rest – (20 €) Menu 23 € (déj. en sem.) – Carte 39/48 €
◆ Cadre lumineux et élégant (statues contemporaines), grandes chambres au mobilier Art déco côté patio ou côté parc : un petit havre de verdure... en pleine zone commerciale ! Charme méridional de la cuisine et du restaurant ouvert sur la piscine.

Park Hôtel 📺 & ch, 🄰🄲 ch, ๆ 🛴 🚙 VISA ◎ AE
18 bd J. Bourrat – ℰ 04 68 35 14 14 – www.parkhotel-fr.com   CYy
69 ch – †70/140 € ††70/140 € – ⊒ 12 €
Rest *Le Chap'* – ℰ 04 68 35 31 16 *(Fermé 23 juil.-9 août, 2-24 janv., sam. midi, dim. et lundi)* (30 € bc) Menu 32/55 € – Carte 40/69 €
◆ L'Espagne s'invite dans cet hôtel proche du square Bir-Hakeim. Différentes catégories de chambres colorées et bien tenues (certaines avec un lit majorquin). Cuisine au goût du jour, servie dans un décor très contemporain (harmonie du minéral et du végétal, tons beige et gris, écrans plats...).

La Fauceille 🚗 🏊 ๒ & 🄰🄲 🌙 ๆ 🛴 P VISA ◎ AE ⓪
860 chemin de la Fauceille, par ③, (rocade Sud - CZ) – ℰ 04 68 21 09 10
– *www.lafauceille.com*
35 ch – †120/240 € ††120/240 € – ⊒ 15 € – ½ P 98/158 €
Rest – (20 €) Menu 29/75 € – Carte 52/121 €
◆ Un ensemble moderne et élégant, dont les chambres bien équipées et joliment décorées (mobilier en bois clair, penderie en forme de malle) bénéficient de balcon ou terrasse. Restaurant lumineux avec cave vitrée et cuisine actuelle à base de produits frais.

Le Mas des Arcades 🚗 🏊 📺 & 🄰🄲 🌡 ๆ 🛴 P 🚗 VISA ◎
840 av. d'Espagne, par ④ : 2 km sur N 9 ✉ 66100 – ℰ 04 68 85 11 11
– *www.mas-arcades.com*
60 ch – †88/128 € ††88/128 € – 3 suites – ⊒ 12 €
Rest – *(fermé sam. et dim. de nov. à mars)* (20 €) Menu 28/48 € – Carte 45/52 €
◆ Établissement récemment rénové : réception et salons tendance. Chambres pimpantes, pour moitié dotées d'un balcon et agréablement tournées côté piscine. Au restaurant, jardin d'hiver, choix traditionnel ou plus actuel et grillades l'été en plein air.

PERPIGNAN

Alsace-Lorraine (R.) . . . . . **BY** 2
Anciens-Combattants-
  d'Indochine (Pl. des) . . **BY** 3
Ange (R. de l') . . . . **BZ** 4
Arago (Pl.) . . . . **BZ** 5
Argenterie (R. de l') . . . . **BY** 6
Barre (R. de la) . . . . **BY** 7
Bartissol (R. E.) . . . . **BY** 8
Batllo (Quai F.) . . . . **BY** 9
Castillet (R. du) . . . . **BY** 21
Clemenceau (Bd G.) . . . . **BY**
Cloche d'Or (R. de la) . . **BYZ** 22
Côte des Carmes (R.) . . . **CZ** 23
Fabriques d'En Nabot
  (R. des) . . . . **BY** 24
Fabriques d'En Nadal
  (R. des) . . . . **BY** 25
Fontaine-Neuve (R.) . . . . **CZ** 26
Fontfroide (R.) . . . . **BY** 27
Gambetta (Pl.) . . . . **BY** 28
Grande la Monnaie (R.) . . **BZ** 31
Lattre-de-Tassigny
  (Quai de) . . . . **BZ** 32
Loge (R. et Pl. de la) . . . **BZ** 33
Louis-Blanc (R.) . . . . . . **ABY** 34
Marchands (R. des) . . . . **BY** 35
Mermoz (Av. J.) . . . . **CZ** 36
Mirabeau (R.) . . . . **BY** 37
Payra (R. J.) . . . . **BY** 38
Péri (Pl. Gabriel) . . . . . . **BZ** 39
Petite la Monnaie (R.) . . **BZ** 40
Porte d'Assaut (R.) . . . . **BZ** 41
Porte de Canet (R.) . . . . **CZ** 42
Remparts la Réal (R. des) **BZ** 43
République (Pl. de la) . . . **BY** 44
Résistance (Pl. de la) . . . **BY** 45
Révolution Française
  (R. de la) . . . . **CY** 46
Rigaud (Pl.) . . . . **BZ** 47
Sadi-Carnot (Quai) . . . . . **BY** 50
St-Jean (R.) . . . . **BY** 52
Théâtre (R. du) . . . . **BZ** 55
Trois-Journées (R. des) . . **BY** 58
Vauban (Quai) . . . . **BY** 60
Verdun (Pl. de) . . . . **BY** 64
Victoire (Pl. de la) . . . . . . **BY** 67
Vielledent (R. J.) . . . . . . **CZ** 69
Waldeck-Rousseau (R.) . . **CZ** 72

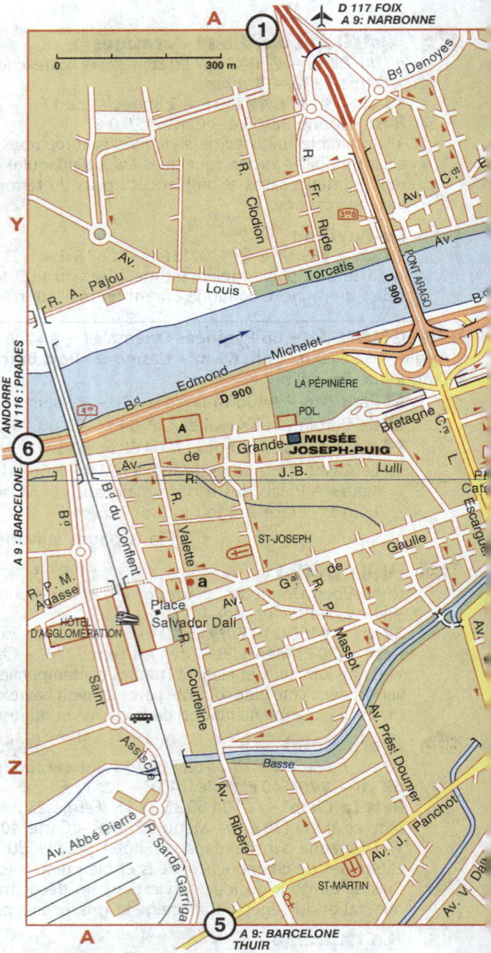

New Christina

🛏 🖥 ⚞ ch, 🆎 🌐 ⌂ 💳 ⑥ ⓪

51 cours Lassus – ℰ 04 68 35 12 21 – www.hotel-newchristina.com – Fermé 17 déc.-2 janv.
         CYw

25 ch – ♦78/93 € ♦♦78/93 € – ☲ 10 €

Rest – *(fermé 16 juil.-1ᵉʳ sept., vend., sam., dim. et le midi)* Menu 22/36 € bc – Carte environ 25 €

◆ Chambres fonctionnelles d'allure simple (mobilier en bois cérusé) mais réguliè-rement rafraîchies. Pour la détente : petite piscine sur le toit, jacuzzi, hammam et bar. Salle à manger façon bistrot moderne et recettes traditionnelles présentées sur ardoise.

Kyriad sans rest

🖥 ⚞ 🆎 🌐 🏊 💳 ⑥ 🅰🅴

8 bd Wilson – ℰ 04 68 59 25 94 – www.kyriad-perpignan-centre.fr
         BYt

38 ch – ♦79/160 € ♦♦79/160 € – 11 suites – ☲ 12 €

◆ Hôtel actuel bénéficiant d'un mobilier fonctionnel en bois roux dans les cham-bres et d'une suite décorée à la catalane. Salon-bar cosy et cour intérieure ornée d'une fontaine.

PALAIS DES EXPOSITIONS · BOMPAS

La Galinette (Christophe Comes)

✗✗

23 r. Jean Payra – ℰ 04 68 35 00 90 – Fermé 15 juil.-15 août, 22 déc.-5 janv., dim. et lundi

BYe

Rest – Menu 19 € (déj. en sem.)/58 € – Carte 55/72 €

Spéc. Déclinaison de tomates "anciennes" (juil. à oct.). Rouget de roche et ravioles de cèpes au foie gras (sept. à nov.). Dégustation de fraises gariguette (mars à juin). **Vins** Côtes du Roussillon, Vin de pays des Côtes Catalanes.

◆ Mobilier actuel, moulures : un décor soigné où l'on se régale de belles spécialités de poisson accompagnées de légumes et herbes du jardin. Choix complet de vins régionaux.

La Passerelle

✗✗

1 cours Palmarole – ℰ 04 68 51 30 65 – www.restaurant-perpignan-lapasserelle.com – Fermé 1er-9 mai, 14-22 août, 18 déc.-2 janv., lundi midi et dim.

BYz

Rest – Menu 22 € (déj. en sem.) – Carte 42/55 €

◆ Agréable restaurant familial au bord de la Basse. Atmosphère marine raffinée (lustre de Murano), spécialités de poisson (quelques plats régionaux) et service souriant.

Les Antiquaires   🅰🅲 VISA ◍ 🅐🅔

pl. Desprès, (r. Michel Torrent) – ℰ 04 68 34 06 58
*– www.lesantiquairesperpignan.fr.gd – Fermé 22 juin-14 juil.,17 janv.-3 fév., dim.
soir et lundi* BZ**u**
Rest – Menu 25/44 € – Carte 31/57 €
• Sympathique adresse du vieux Perpignan décorée d'objets anciens chinés chez les antiquaires voisins. Dans l'assiette, cuisine d'inspiration catalane.

Le Garriane   🅰🅲 VISA ◍

15 r. Valette – ℰ 04 68 67 07 44
– Fermé sam. midi, dim., lundi et mardi AZ**a**
Rest – *(nombre de couverts limité, prévenir)* (13 €) Menu 16 € (déj.)/29 €
• Salle rustique aux touches colorées, musique d'ambiance jazzy, fine cuisine actuelle et belle sélection de vins régionaux : une bonne petite adresse près de la gare.

au Nord par ① près échangeur Perpignan-Nord 10 km – ⊠ 66600 Rivesaltes

Novotel   🛏 🍽 ⬚ ⚓ 🅰🅲 ⒯ 👪 🅿 🅿 VISA ◍ 🅐🅔 ⓘ

7 r. Alfred Sauvy – ℰ 04 68 64 02 22 – *www.accor.com*
56 ch – ✝85/145 € ✝✝85/145 € – ⊑ 13 €   **Rest** – (16 €) Carte 30/50 €
• À deux pas de l'autoroute, hôtel entouré de verdure. Chambres en partie relookées dans un esprit contemporain zen ; bar à la mode catalane. Restaurant face à la piscine, avec terrasse et grillades en été.

à Cabestany 5 km par ③ et D22ᶜ – 8 360 h. – alt. 35 m – ⊠ 66330

Les Deux Mas   🍽 👪 ch, 🅰🅲 ⒯ 👪 🅿 🛏 VISA ◍ 🅐🅔

1 r. Madeleine Brès, face Médipôle – ℰ 04 68 50 08 08 – *www.les2mas.com*
32 ch – ✝69/75 € ✝✝89/95 € – 1 suite – ⊑ 9 € – ½ P 75/78 €
Rest – *(fermé sam. midi et dim.)* Menu 20 € (déj.)/29 € – Carte 30/50 €
• Hôtel orné d'une peinture originale en façade (le visage stylisé d'une femme endormie). Petites chambres colorées et relevées de touches mauresques, entourant un patio andalou. Piscine-jacuzzi. Cuisine catalane simple dans un cadre ensoleillé.

LE PERREUX-SUR-MARNE – 94 Val-de-Marne – **312** E2 – **106** 20 – **101** 18
– voir à Paris, Environs

PERRIER – 63 Puy-de-Dôme – **326** G9 – rattaché à Issoire

PERROS-GUIREC – 22 Côtes-d'Armor – **309** B2 – 7 369 h. – alt. 60 m   **9** B1
– Casino A – ⊠ **22700** 🟩 Bretagne

▶ Paris 527 – Lannion 12 – St-Brieuc 76 – Tréguier 19
🅘 21, place de l'Hôtel de Ville – ℰ 02 96 23 21 15
◉ Nef romane★ de l'église B - Pointe du château ⩽★ - Table d'orientation ⩽★ B E - Sentier des douaniers★★ - Chapelle N.-D. de la Clarté★ 3 km par ② - Sémaphore ⩽★ 3,5 km par ②.
◉ Les Sept-Iles★★ - Ploumanach★★ : parc municipal★★, rochers★★
- Sentier des Douaniers★★.

L' Agapa 🌿   ⩽ 🍽 ⬚ ◍ ⭐ 🔥 👪 🅰🅲 rest, 🍽 ⒯ 👪 🅿 VISA ◍ 🅐🅔 ⓘ

12 r. des Bons-Enfants – ℰ 02 96 49 01 10 – *www.lagapa.com* A**y**
47 ch – ✝160/450 € ✝✝160/450 € – 1 suite – ⊑ 18 €
Rest Le Belouga – *(fermé 3-27 déc. et 7-31 janv.)* (25 € bc) Menu 48/78 €
– Carte 58/106 €
Spéc. Huîtres bretonnes sur caillé au citron vert, tagliatelles de concombre au litchi (nov. à mai). Pavé de turbot sauvage cuit vapeur, galette de blé noir aux palourdes et pommes (mars à juin). Croquant de chocolat et arabica, crème glacée au miel de bruyère.
• Surplombant la mer, cet hôtel tout de verre, granit et acier, propose des chambres au design épuré : confort zen et high-tech propice à la détente (spa Nuxe). Cuisine actuelle aux saveurs flatteuses et à l'inspiration aboutie, où domine la pêche bretonne. Salle panoramique sobre et confortable ; service agréable.

PERROS-GUIREC

Le Bihan (Bd J.)		**A**	7
Bons-Enfants			
(R. des)		**A**	2
Le Braz (R. A.)		**B**	8
Casino (Av. du)		**A**	3
Foch (R. du Mar.)		**A**	5
Gaulle (R. Gén.-de)		**AB**	6
L'Héveder			
(R. Sergent)		**B**	10
Joffre (R. du Mar.)		**B**	
Leclerc (R. du Mar.)		**B**	9
Messe			
(Chemin de la)		**B**	12
Renan (R. Ernest)		**B**	20
Rohellou (R. de)		**A**	22

 Le Manoir du Sphinx   ◁ 🚗 🛏 🖐 **P** **VISA** **©©** **AE** **①**

67 chemin de la Messe

– ℰ 02 96 23 25 42 – www.lemanoirdusphinx.com

– *Fermé 14 nov.-2 déc. et 16 janv.-24 fév.*   **Be**

20 ch – †110/114 € ††110/128 € – ☺ 10 € – ½ P 104/121 €

Rest – *(fermé dim. soir d'oct. à mars vacances scolaires, lundi midi et vend. midi sauf fériés)* Menu 29/49 € – Carte 45/65 €

◆ Ravissante villa 1900 surplombant la mer. Ses chambres, d'esprit british, contemplent à loisir la baie et les îles, et son charmant jardin dégringole jusqu'aux rochers. Salle à manger-véranda panoramique au cadre bourgeois ; recettes au goût du jour et marines.

 Les Feux des Îles   ◁ 🚗 ᴅ ch, 🐾 🖐 **P** **VISA** **©©** **AE** **①**

53 bd Clemenceau

– ℰ 02 96 23 22 94 – www.feux-des-iles.com

– *Fermé 10-20 oct. et 20 déc.-15 janv.*   **Bn**

18 ch – †75/85 € ††100/140 € – ☺ 12 € – ½ P 100/125 €

Rest – *(fermé dim. soir et vend. soir d'oct. à mai et le midi sauf dim.)*

Menu 29/63 € – Carte 35/42 €

◆ Hôtel familial composé d'une maison en pierre et d'une aile récente dont les chambres, plus amples et actuelles, ont vue sur mer et parfois accès direct au jardin. Salle à manger tournée vers les "feux" (phares) îliens ; repas traditionnels et notes marines.

 Mercure sans rest   🖐 ᴅ 🖐 🏂 **VISA** **©©** **AE** **①**

100 av. du Casino – ℰ 02 96 91 22 11

– www.accorhotels.com   **Ax**

49 ch – †95/116 € ††100/121 € – ☺ 14 €

◆ Cet hôtel fonctionnel, tout près de la plage, a conçu chaque étage selon une thématique (oiseaux marins) et une teinte différentes. Les chambres répondent aux normes de la chaîne.

Petit déjeuner compris ? La tasse ☺ suit directement le nombre de chambres.

Hermitage 🌿
🚭 🛜 rest, 🅿 VISA ⚙ AE

20 r. Frères Le Montréer – ℰ 02 96 23 21 22 – www.hotelhermitage-22.com
– Ouvert 9 avril-30 sept.   **Bf**
20 ch – ♦48/56 € ♦♦56/66 € – ⏖ 7 € – ½ P 58/64 €
Rest – *(ouvert 8 mai-15 sept. et fermé sam. et le midi) (résidents seult)*
Menu 23 €

♦ Un grand hôtel du centre-ville, dans un jardin arboré. Chambres assez petites mais de bonne tenue. Les habitués viennent ici autant pour le cadre que pour l'ambiance familiale.

Le Levant
⟨ 📶 🕪 VISA ⚙ AE Ⓞ

91 r. E. Renan, (sur le port) – ℰ 02 96 23 20 15 – www.le-levant.fr   **Bm**
19 ch – ♦56/76 € ♦♦56/76 € – ⏖ 6 € – ½ P 62/72 €
Rest – *(fermé sam. midi, dim. soir et vend. d'oct. à avril)* (15 € bc) Menu 19/38 €
– Carte 28/52 €

♦ Cet hôtel récent convient à une clientèle d'affaires. Les chambres petites, fonctionnelles, toutes dotées de balcon ou terrasse, regardent le port de plaisance. La salle à manger au décor marin jouit d'une jolie vue sur les mâts. Carte traditionnelle de la mer.

La Clarté (Daniel Jaguin)
🕭 🅿 VISA ⚙ AE
🏵

24 r. Gabriel Vicaire, à La Clarté par ② – ℰ 02 96 49 05 96 – www.la-clarte.com
– Fermé 17 déc.-4 fév., dim. soir, lundi et merc.
Rest – Menu 27 € (déj. en sem.), 43/75 € – Carte 63/80 €
Spéc. Huîtres tièdes, velouté de poule aux champignons (sept. à avril). Homard breton rôti au four au beurre salé, ses pinces en ragoût (avril à oct.). Fraises et tomates du pays en tartare, sorbet poivron rouge-framboise (juin à sept.).

♦ Cette jolie maison de granit rose, prisée par la clientèle locale, affiche fièrement son nouveau décor élégant et actuel, dans des tons lumineux. Appétissants menus de la mer.

Au Bon Accueil
🕭 AC VISA ⚙ AE

11 r. Landerval – ℰ 02 96 23 24 11 – www.aubonaccueil-perros.com – Fermé
15 fév.-2 mars, dim. soir et lundi sauf juil.-août   **Bv**
Rest – (18 €) Menu 27/40 € – Carte 30/52 €

♦ Ce restaurant panoramique, au cadre contemporain, occupe un pavillon moderne dominant le port de plaisance. Table traditionnelle.

à Ploumanach 6 km par ② – ✉ 22700 Perros-Guirec

◉ Rochers★★ - Parc municipal★★.

Castel Beau Site
⟨ 🕪 🅿 VISA ⚙ AE

plage St-Guirec – ℰ 02 96 91 40 87 – www.castelbeausite.com
33 ch – ♦120/270 € ♦♦120/270 € – ⏖ 13 € – ½ P 105/180 €
Rest – (20 €) Menu 32/65 € – Carte 41/86 €

♦ Grande bâtisse en granit rose des années 1930 en bord de plage et presque les pieds dans l'eau. Les chambres, rénovées, offrent un bon confort et une vue sur la mer. Cuisine actuelle. L'été, carte brasserie et fruits de mer servis en terrasse à midi.

Du Parc
🚭 🕭 🛜 rest, 🕪 🅿 VISA ⚙

174 pl. St-Guirec – ℰ 02 96 91 40 80 – www.hotelduparc.com – Ouvert
9 fév.-10 nov.
10 ch – ♦64/80 € ♦♦64/80 € – ⏖ 10 €
Rest – *(fermé sam. midi et mardi)* (13 €) Menu 15 € (sem.), 20/45 €
– Carte 25/65 €

♦ Au centre du village, avec la plage et les célèbres rochers tout proches, une maison familiale en granit rose dotée d'un beau jardin. Chambres petites, mais bien tenues. Produits de la mer servis sur les grandes terrasses ou dans un cadre marin. Coin crêperie.

PERTUIS – 84 Vaucluse – 332 G11 – 18 611 h. – alt. 246 m – ✉ 84120   40 B2
🟩 Provence

▶ Paris 747 – Aix-en-Provence 23 – Apt 36 – Avignon 76
🚏 place Mirabeau ℰ 04 90 79 15 56

Sévan Parc Hôtel ⬥ 🚲 🏤 🍴 ⚟ AC ch. �🌐 🏖 P VISA ⚫ AE ⓪
rte de la Bastidonne, 1,5 km à l'Est – 𝄐 04 90 79 19 30
– www.sevanparchotel.com
46 ch – 🛏82/117 € 🛏🛏102/163 € – ⌷ 11 €
Rest *L'Olivier* – 𝄐 04 90 79 08 19 *(fermé dim. soir et lundi soir sauf juil.-août,
merc. midi en juil.-août et lundi midi)* (19 €) Menu 31/52 € – Carte 37/48 €
Rest *La Paillote* – 𝄐 04 90 09 63 67 *(fermé de mi-déc. à mi-janv. et mardi)*
(13 €) Carte 26/47 €
⬥ Au pied du Luberon, dans un parc fleuri, cet hôtel profite d'un environnement
calme et verdoyant. Chambres ensoleillées d'inspiration provençale. Cuisine régionale à L'Olivier (agréable salle contemporaine). Ambiance décontractée à La Paillote, terrasse au bord de la piscine, grillades et plats tex-mex.

⌂ **Château Grand Callamand** sans rest 🌿 🚲 🍴 🌐 P VISA ⚫
rte de la Loubière, 2 km par r. Léon-Arnoux – 𝄐 04 90 09 61 00
– www.chateaugrandcallamand.fr
4 ch ⌷ – 🛏130/160 € 🛏🛏130/160 €
⬥ Superbe bastide du 16ᵉ s. posée au cœur d'un domaine viticole. Accueil charmant, quiétude, piscine, terrasse face à la montagne Ste-Victoire et déco de bon
goût dans les chambres.

Le Boulevard AC VISA ⚫ AE
50 bd Pecout – 𝄐 04 90 09 69 31 – www.restaurant-le-boulevard.com
– Fermé 1ᵉʳ-10 juil., vacances de fév., dim. soir, mardi soir et merc.
Rest – *(nombre de couverts limité, prévenir)* Menu 19/38 € – Carte 35/44 €
⬥ Aménagé à l'étage d'une maison ancienne, ce restaurant du centre-ville vous
reçoit dans une jolie salle rustique. Cuisine traditionnelle évoluant au gré des
saisons.

PETIT-BERSAC – 24 Dordogne – **329** C4 – 177 h. – alt. 90 m – ⌂ 24600　**39** C3
▶ Paris 501 – Bordeaux 121 – Périgueux 50 – Angoulême 49

Château Le Mas de Montet 🌿 🔊 🍴 ⚟ P VISA ⚫ AE
– 𝄐 05 53 90 08 71 – www.lemasdemontet.com
10 ch ⌷ – 🛏180/350 € 🛏🛏180/350 €
Rest – *(fermé le midi)* Menu 30/45 € – Carte 36/52 €
⬥ Abords très soignés pour ce superbe château Renaissance : parc fleuri, piscine,
potager, terrasse. L'intérieur, romantique et raffiné, séduit tout autant. Cuisine traditionnelle servie dans la salle à manger grandiose et terriblement "châtelaine"...

PETITE-HETTANGE – 57 Moselle – **307** I2 – rattaché à Malling

---

LA PETITE-PIERRE – 67 Bas-Rhin – **315** H3 – 605 h. – alt. 340 m　**1** A1
– ⌂ 67290 ▌ Alsace Lorraine
▶ Paris 433 – Haguenau 41 – Sarreguemines 48 – Sarre-Union 24
🖪 2a, rue du Château 𝄐 03 88 70 42 30

La Clairière 🌿 🏤 🔊 🔗 🌐 ⅃⅃ ⚟ ch. AC rest. �🌐 🏖 P VISA ⚫ AE ⓪
63 rte d'Ingwiller, 1,5 km par D 7 – 𝄐 03 88 71 75 00 – www.laclairiere.com
– Fermé 2 sem. en janv.
50 ch – 🛏103/175 € 🛏🛏129/249 € – 4 suites – ⌷ 25 € – ½ P 119/179 €
Rest – Menu 37 € (dîner), 49/54 € – Carte 40/54 €
⬥ Lové au cœur de la forêt, cet hôtel moderne est dédié au bien-être : spa de 1
200 m², piscine ouverte sur la terrasse en teck, salles de séminaire avec possibilité
d'épreuves sportives... Chambres spacieuses. Un restaurant feutré ; une cuisine
saine et des vins bio.

Au Lion d'Or ⬥ 🚲 🏤 🌐 🍴 🔗 ⚟ AC rest. �🌐 🏖 P VISA ⚫ AE
15 r. Principale – 𝄐 03 88 01 47 57 – www.liondor.com
38 ch – 🛏80/190 € 🛏🛏80/190 € – ⌷ 15 € – ½ P 85/140 €
Rest – (17 €) Menu 31/61 € – Carte 38/68 €
⬥ Parfaite adresse pour se ressourcer ! En pleine nature, cet établissement dispose
d'un centre d'arbrothérapie. Les chambres de la maison ancienne, actuelles et épurées, sont plaisantes. Au restaurant, vue sur la cité et sur la forêt ; cuisine régionale.

Des Vosges ⬩ 🛜 🚗 🅿 L₆ 📶 ⅙ ch, 🆔 rest, 🏊 ch, 📞 🛎 🅿 VISA ⓪ AE
30 r. Principale – ℰ 03 88 70 45 05 – www.hotel-des-vosges.com
– Fermé 18-29 juil. et 17 fév.-5 mars
30 ch – ♦61 € ♦♦71/87 € – 🖙 10 € – ½ P 66/75 €
Rest – (fermé mardi hors saison) Menu 27 € (sem.), 30/58 € – Carte 27/50 €
◆ Chambres douillettes et bien tenues, à la décoration soignée (certaines typiquement alsaciennes) ; agréable espace bien-être. Salle à manger bourgeoise ouverte sur la vallée, spécialités régionales (truite au bleu) et vins choisis (vieux millésimes).

à Graufthal 11 km au Sud-Ouest par D 178 et D 122 – ⬚ 67320 Eschbourg

Au Vieux Moulin ⬩ ⬩ ⬩ 🚗 🍴 ⅙ ch, 🍴 🅿 VISA ⓪ AE
7 r. du Vieux-Moulin – ℰ 03 88 70 17 28 – www.auvieuxmoulin.eu – Fermé
26 juin-8 juil. et 26 fév.-12 mars
14 ch – ♦55/72 € ♦♦55/72 € – 🖙 8,50 € – ½ P 52/62 €
Rest – (fermé lundi sauf résidents) Menu 13 € (déj.), 19/35 € – Carte 30/50 €
◆ Dans ce hameau dont Erckmann et Chatrian ont vanté la sérénité, cette maison vous réserve un accueil chaleureux. Chambres de style actuel, simples et fraîches. Au restaurant, on déguste une cuisine familiale aux accents alsaciens.

Au Cheval Blanc 🚗 🍴 🏊 🅿 VISA ⓪ AE
19 r. Principale – ℰ 03 88 70 17 11 – www.auchevalblanc.net
– Fermé 25 août-10 sept., 1er-21 janv., lundi soir, merc. soir et mardi
Rest – (24 €) Menu 27/58 € – Carte environ 36 €
◆ Une auberge engageante ! Le décor, rustique et hétéroclite (poêle en faïence, bibelots...), sert à merveille une cuisine de tradition pleine de finesse.

LE PETIT-PRESSIGNY – 37 Indre-et-Loire – 317 O7 – 326 h.   **11** B3
– alt. 80 m – ⬚ 37350
▶ Paris 290 – Le Blanc 38 – Châtellerault 36 – Châteauroux 68

La Promenade (Fabrice et Jacky Dallais)   AE VISA ⓪
11 r. du Savoureulx – ℰ 02 47 94 93 52 – Fermé 19 sept.-5 oct., 2 janv.-2 fév.,
mardi sauf le soir en juil.-août, dim. soir et lundi
Rest – Menu 40/85 € – Carte 55/95 € 🍴
Spéc. Bouillon de carotte. Lièvre à la royale (mi-oct. à fin déc.). Sorbet cacao. **Vins** Touraine, Cheverny.
◆ Le rétro est à la mode : une salle aux airs de vieille halle ; l'autre plus rustique. Sur des bases classiques, le chef crée des accords originaux et des saveurs bien marquées.

LE PETIT QUEVILLY – 76 Seine-Maritime – 304 G5 – rattaché à Rouen

PETRETO-BICCHISANO – 2A Corse-du-Sud – 345 C9 – voir à Corse

PEYRAT-LE-CHÂTEAU – 87 Haute-Vienne – 325 H6 – 1 019 h.   **25** C2
– alt. 426 m – ⬚ 87470 ▌ Limousin Berry
▶ Paris 409 – Aubusson 45 – Guéret 52 – Limoges 53
🄕 1, rue du Lac ℰ 05 55 69 48 75

au Lac de Vassivière – ⬚ 23460 Royère-de-Vassivière
◉ Centre international d'art et du paysage ★.

Au Golf du Limousin ⬩ ⬩ ⬩ 🚗 🍴 🏊 rest, 🅿 VISA ⓪
à Auphelle, (Lac de Vassivière) – ℰ 05 55 69 41 34 – www.hotel-golfdulimousin.fr
– Fermé 15 nov.-31 janv.
18 ch – ♦45/55 € ♦♦45/55 € – 🖙 8 € – ½ P 46/54 €
Rest – Menu 16/28 €
◆ Idéal pour les familles, hôtel perché à 650 m d'altitude avec vue sur le lac. Les chambres, simples et bien tenues, offrent suffisamment d'ampleur et sont mansardées au 2e étage. Cuisine traditionnelle servie dans une salle néo-rustique ou sur la terrasse d'été.

PEYREHORADE – 40 Landes – **335** E13 – 3 477 h. – alt. 19 m – ⊠ 40300 ⬛ Aquitaine

3 B3

▶ Paris 808 – Bordeaux 229 – Mont-de-Marsan 96 – Pau 80

ℹ 147, avenue des évadés ☏ 05 58 73 00 52

🏠 Le Central
🎴 ⚕ rest, ⁽ᵗ⁾ 🛁 VISA ⬤⬤

pl. Aristide-Briand – ☏ 05 58 73 01 44 – www.hotel-le-central.fr – Fermé
20 déc.-10 janv., 15-28 fév.

17 ch – †55 € ††69 € – 1 suite – ☐ 8,50 € – ½ P 75 €

Rest – (fermé vend. soir, dim. soir et lundi) (11 €) Menu 15/37 € – Carte 38/66 €

◆ Cet ancien relais de poste du 18ᵉ s. est vraiment... central ! Les chambres sont simples et spacieuses, et l'accueil prévenant. Cuisine traditionnelle réalisée à partir de produits frais : poulet des Landes rôti, terrine de foie gras maison, poêlée de cèpes...

PÉZENAS – 34 Hérault – **339** F8 – 8 484 h. – alt. 15 m – ⊠ 34120

23 C2

⬛ Languedoc Roussillon

▶ Paris 734 – Agde 22 – Béziers 24 – Lodève 39

ℹ place des Etats duLlanguedoc ☏ 04 67 98 36 40

👁 Vieux Pézenas★★ : Hôtels de Lacoste★, d'Alfonce★, de Malibran★.

🏠 Villa Juliette sans rest
🎴 🛋 📶 ⁽ᵗ⁾ P

6 Chemin de la Faissine – ☏ 04 67 35 25 38 – www.villajuliette.com

4 ch ☐ – †64/99 € ††64/99 €

◆ Face au parc Sans-Souci... Une villa propice à la détente, avec un jardin de mimosas et de palmiers, une belle piscine et un bon petit-déjeuner (confitures maison, produits frais).

🍴🍴 L'Entre Pots
🎴 🆎 ⇔ VISA ⬤⬤

8 av. Louis-Montagne – ☏ 04 67 90 00 00 – www.restaurantentrepots.fr – Fermé
dim. et lundi

Rest – (21 €) Menu 26 € (déj.)/29 € – Carte 21/40 € 🌿

◆ Un ancien entrepôt dédié à tous les plaisirs du palais... Cuisine mêlant saveurs du terroir et touches créatives, belle sélection de vins régionaux et petite épicerie fine.

🍴 Le Pré St-Jean
🎴 🆎 VISA ⬤⬤ AE ①

18 av. Mar. Leclerc – ☏ 04 67 98 15 31 – http://restaurant-leprestjean.fr – Fermé
jeudi soir sauf juil. août, dim. soir et lundi

Rest – (18 €) Menu 25/45 € – Carte 40/60 € 🌿

◆ Sur le boulevard circulaire, un bon restaurant traditionnel : classiques bistrotiers (tête de veau sauce gribiche, pâté de Pézenas) et belle sélection de vins languedociens.

à Nézignan-l'Évêque Sud 5 km par D 609 et D 13 – 1 259 h. – alt. 40 m – ⊠ 34120

🏨 Hostellerie de St-Alban 🐦
🎴 🎴 🛋 🍴 ⚕ ch, ⁽ᵗ⁾ 🛁 P

31 rte Agde – ☏ 04 67 98 11 38 – www.saintalban.com
– Ouvert 14 fév.-14 nov.
VISA ⬤⬤ AE ①

13 ch – †82/160 € ††98/160 € – ☐ 15 € – ½ P 96/125 €

Rest – (24 €) Menu 32/42 € – Carte 41/54 €

◆ Jolie maison de maître du 19ᵉ s., nichée dans un coquet jardin fleuri. Espace, couleur et mobilier en fer forgé caractérisent les chambres, parfois très originales. Au restaurant, murs immaculés, œuvres contemporaines et cuisine actuelle (un menu du terroir).

PEZENS – 11 Aude – **344** F3 – rattaché à Carcassonne

PÉZILLA-LA-RIVIÈRE – 66 Pyrénées-Orientales – **344** H6 – 3 052 h. – alt. 75 m – ⊠ 66370

22 B3

▶ Paris 857 – Argelès-sur-Mer 35 – Le Boulou 25 – Perpignan 12

🍴 L'Aramon Gourmand
🎴 🆎 P VISA ⬤⬤

127 av. du Canigou, rte Baho, D 614 – ☏ 04 68 92 43 59
– www.aramongourmand.fr – Fermé 1 sem. fin oct., 1 sem. fin fév., dim. soir,
mardi soir et merc.

Rest – (14 €) Menu 29/39 € – Carte environ 33 €

◆ Mets traditionnels et saveurs du Roussillon à apprécier dans une salle aux couleurs catalanes (rouge et or) ou à l'ombre de mûriers-platanes. Cave visible.

PFAFFENHOFFEN – 67 Bas-Rhin – **315** J3 – 2 663 h. – alt. 170 m **1** B1
– ✉ 67350 Alsace Lorraine

Paris 457 – Haguenau 16 – Sarrebourg 55 – Sarre-Union 50

Musée de l'Imagerie peinte et populaire alsacienne★.

De l'Agneau avec ch — rest, ch, VISA

3 r. de Saverne – 03 88 07 72 38 – www.hotel-restaurant-delagneau.com
– Fermé 8-13 mars, 14-19 juin, 7-23 sept., lundi et mardi
12 ch – †55/61 € ††61/73 € – ☕ 13 € – ½ P 60/89 €
Rest – (12 €) Menu 27/75 € bc – Carte 42/62 €
◆ Cuisine traditionnelle et belle carte des vins dans cette auberge de 1769 tenue par deux sœurs (7e génération). Jolie salle alsacienne et terrasse dans la cour intérieure fleurie. Chambres coquettes pour l'étape.

PFULGRIESHEIM – 67 Bas-Rhin – **315** K5 – rattaché à Strasbourg

PHALSBOURG – 57 Moselle – **307** O6 – 4 608 h. – alt. 365 m **27** D2
– ✉ 57370 Alsace Lorraine

Paris 435 – Metz 110 – Sarrebourg 17 – Sarreguemines 50

30, place d'Armes 03 87 24 42 42

Erckmann-Chatrian — ch, rest, VISA

pl. d'Armes – 03 87 24 31 33
16 ch – †68/70 € ††82 € – ☕ 9 € – ½ P 75 €
Rest – *(fermé mardi midi et lundi)* (13 €) Menu 23/47 € – Carte 30/60 €
◆ Maison ancienne dont la façade fleurie ne manque pas de cachet. Les chambres, de bonnes dimensions, sont pourvues de meubles de style et parfois d'un coin-salon. Repas traditionnel à apprécier dans une salle aux boiseries sombres ou dans une ambiance brasserie.

Au Soldat de l'An II (Georges Schmitt) avec ch — ch, VISA

1 rte Saverne – 03 87 24 16 16 – www.soldatan2.com
– Fermé 1er-11 mars, 30 oct.-18 nov., 2-19 janv., dim. soir, mardi midi et lundi
7 ch – †150/175 € ††150/175 € – ☕ 26 € – ½ P 176 €
Rest – Menu 45 € bc (sem.), 88 € bc/148 € – Carte 95/140 €
Spéc. Le célèbre foie gras de l'An II. Assiette de la Saint-Hubert (nov. à fév.). Un monde de chocolat. **Vins** Vins de Moselle blanc et rouge.
◆ Les bibelots et le "soldat" gardant l'entrée de cette ex-grange évoquent l'épopée des patriotes au pantalon tricolore. Plats au goût du jour et belle carte de vins. Des chambres tout confort au décor raffiné vous attendent dans la maison voisine.

à Bonne-Fontaine Est : 4 km par D 604 et rte secondaire
– ✉ 57370 Danne-et-Quatre-Vents

Notre-Dame de Bonne Fontaine — VISA

212 rte Bonne-Fontaine – 03 87 24 34 33
– www.notredamebonnefontaine.com – Fermé 1 sem. en fév., vend. soir, dim. soir et sam. en janv.-fév.
33 ch – †57/67 € ††69/82 € – ☕ 10 € – ½ P 130/146 €
Rest – *(fermé dim. soir en janv., fév., mars et nov.)* (11 €) Menu 20/49 € bc – Carte 20/47 €
◆ La même famille tient depuis plusieurs générations cet hôtel niché dans un site forestier proche d'un centre de pèlerinage. Chambres sobres ; jolies balades sylvestres au programme. Restaurant-véranda et terrasse ombragée ; table traditionnelle régionale.

PHILIPPSBOURG – 57 Moselle – **307** Q5 – 539 h. – alt. 215 m – ✉ 57230 **27** D1

Paris 450 – Haguenau 29 – Strasbourg 58 – Wissembourg 42

186, rue de Baerenthal 03 87 06 56 12

Au Tilleul — VISA

24 rte de Niederbronn – 03 87 06 50 10 – www.resto.fr/autilleul
– Fermé janv., lundi soir, mardi soir et merc.
Rest – Menu 12 € (déj. en sem.), 17/51 € – Carte 25/50 €
◆ L'entrée de cette auberge familiale abrite un bar qui sert des plats du jour, tandis que l'agréable salle à manger propose une cuisine traditionnelle.

à l'étang de Hanau Nord-Ouest : 5 km parD 662 et rte secondaire – ⊠ 57230 **Philippsbourg**

○ Étang★ Alsace Lorraine

Beau Rivage sans rest ⌂ ← 🚗 🔲 🏊 🛎 **P** VISA ⓿
– ☏ 03 87 06 50 32 – www.hotel-beau-rivage-fr.com – Fermé nov. et fév.
22 ch – ♦41/45 € ♦♦61/75 € – � 8,50 €
◆ Les chambres de cet hôtel isolé dans la campagne ouvrent sur la forêt ou un étang. Mobilier alsacien dans certaines ; celles tournées vers le "beau rivage" ont souvent un balcon.

PIANA – 2A Corse-du-Sud – **345** A6 – **voir à Corse**

LE PIAN-MÉDOC – 33 Gironde – **335** H5 – 5 268 h. – alt. 36 m   **3** B1
– ⊠ 33290

◗ Paris 578 – Bordeaux 20 – Mérignac 18 – Pessac 24

Golf du Médoc Hôtel & Spa ⌂ 🎾 🔲 💆 🏊 📠 📶 ♿ 🆎 📶 🛎 **P**
chemin de Courmanteau, à Louens – ☏ 05 56 70 31 31   VISA ⓿ 🆎 ⓪
– www.hotelgolfdumedoc.com
79 ch – ♦99/185 € ♦♦110/205 € – ⊒ 17 €
Rest – Menu 26 € (déj.)/39 € – Carte 35/50 €
◆ Ensemble hôtelier bâti sur le site renommé du golf du Médoc, abritant des chambres modernes, spacieuses et fonctionnelles. Agréable spa (soins esthétiques et massages). Déjeuner sportif au Club House et dîner à La Table du Médoc. Terrasse face au green.

PIERRE-BUFFIÈRE – 87 Haute-Vienne – **325** F6 – 1 128 h. – alt. 330 m   **24** B2
– ⊠ 87260

◗ Paris 415 – Limoges 22 – Brantôme 84 – Guéret 107
🛈 place du 8 Mai 1945 ☏ 05 55 00 94 33

La Providence 🚗 📶 ⌂ VISA ⓿
pl. Adeline – ☏ 05 55 00 60 16 – www.hotel-limoges.net – Fermé janv., dim. soir et lundi midi du 15 nov. au 15 mars
14 ch – ♦59 € ♦♦66/120 € – ⊒ 10 € – ½ P 72 €
Rest – Menu 18/75 € – Carte 65/72 €⌘
◆ Cet établissement familial borde la place centrale d'un village limousin. Les chambres, confortables et actuelles, sont tenues avec soin. Le restaurant propose une cuisine traditionnelle élaborée avec des produits régionaux, dans une salle aux notes rustiques.

PIERREFITTE-EN-AUGE – 14 Calvados – **303** N4 – **rattaché à Pont-L'Évêque**

PIERREFITTE-SUR-SAULDRE – 41 Loir-et-Cher – **318** J6 – 863 h.   **12** C2
– alt. 125 m – ⊠ 41300

◗ Paris 185 – Orléans 52 – Aubigny-sur-Nère 23 – Blois 73
🛈 10, place de l'Église ☏ 02 54 88 67 15

Le Lion d'Or 🚗 🚗 VISA ⓿
1 pl. de l'Église – ☏ 02 54 88 62 14 – Fermé 29 août-21 sept., 2-16 janv., merc. soir et jeudi soir hors saison, lundi et mardi sauf fériés
Rest – Menu 32/40 € – Carte 45/58 €
◆ Solognote dans l'âme, cette maison ne badine pas avec la tradition : cadre rustique (murs à pans de bois, poutres, faïences anciennes), cuisine régionale et gibier en saison.

PIERREFONDS – 60 Oise – **305** I4 – 2 039 h. – alt. 81 m – ⊠ 60350   **37** C2
Nord Pas-de-Calais Picardie

◗ Paris 82 – Beauvais 78 – Compiègne 15 – Soissons 31
🛈 place de l'Hôtel de Ville ☏ 03 44 42 81 44
○ Château★★ - St-Jean-aux-Bois : église★ O : 6 km.

à Chelles 4,5 km à l'Est par D 85 – 422 h. – alt. 75 m – ⌧ 60350

XX **Relais Brunehaut** avec ch ⌖   🐾 🎧 📶 **P** 𝕍𝕀𝕊𝔸 ⓪⓪
3 r. de l'Église – ✆ 03 44 42 85 05 – www.lerelaisbrunehaut.fr
11 ch (½ P seult) – ½ P 69/72 €
Rest – (fermé 15 janv.-15 fév., mardi midi et lundi du 15 avril au 15 nov., merc. midi et jeudi midi du 16 nov. au 15 avril) Menu 25/40 € – Carte 30/60 €
♦ Ordonnés autour d'une cour fleurie, le moulin – avec sa roue à aubes – abrite des chambres agréables, et l'auberge, une plaisante salle à manger rustique. Carte traditionnelle.

à St-Jean-aux-Bois : 6 km par D 85 – 321 h. – alt. 71 m – ⌧ 60350

XXX **Auberge à la Bonne Idée** avec ch ⌖   🎧 ᕀ ch, 📶 🔐 **P** 𝕍𝕀𝕊𝔸 ⓪⓪
✿ 3 r. des Meuniers – ✆ 03 44 42 84 09 – www.a-la-bonne-idee.fr
– Fermé 3 janv.-3 fév., dim. soir et lundi d'oct. à avril
21 ch – ♥87/160 € ♥♥87/160 € – ⭯ 13 € – ½ P 85/125 €
Rest – Menu 33 € (sem.), 49/77 € – Carte 70/85 €🍴
Spéc. Raviole de foie gras de canard. Turbot à la plancha aux cocos, émulsion chorizo. Barre chocolat-noisette, glace pralin.
♦ Plus qu'une bonne, une excellente idée qu'un repas en cette jolie auberge (pierres, poutres, cheminée…). La cuisine est raffinée et harmonieuse, portée par une équipe animée par le désir de bien faire. Chambres agréables, au charme suranné ou plus contemporaines.

PIERREFORT – 15 Cantal – 330 F5 – 932 h. – alt. 950 m – ⌧ 15230   5 B3
▶ Paris 540 – Aurillac 64 – Entraygues-sur-Truyère 55 – Espalion 62
🅘 29, avenue Georges Pompidou ✆ 04 71 23 38 04

🏠 **Du Midi**   📶 🔐 🌀 𝕍𝕀𝕊𝔸 ⓪⓪
5 av. G. Pompidou – ✆ 04 71 23 30 20 – www.hoteldumidi-pierrefort.com
– Fermé 23 déc.-15 janv.
13 ch – ♥50/52 € ♥♥52/54 € – ⭯ 7 € – ½ P 56/59 €
Rest – (11 €) Menu 14 € (sem.), 27/40 € – Carte 28/57 €
♦ Chambres fonctionnelles, espace réunions, jeux pour enfants, salle à langer : cette adresse centrale convient à la clientèle d'affaires comme aux familles. Salle à manger de caractère dans une ancienne maison de vigneron adjacente, cuisine de terroir actualisé.

PIERRELATTE – 26 Drôme – 332 B7 – 12 315 h. – alt. 50 m – ⌧ 26700   44 B3
▐ Lyon Drôme Ardèche
▶ Paris 624 – Bollène 17 – Montélimar 23 – Nyons 45
🅘 place du Champ de Mars ✆ 04 75 04 07 98
◙ Ferme aux crocodiles★, S : 4 km par N 7 jusqu'à l'échangeur avec la D 59.

🏠 **Du Tricastin** sans rest   📶 **P** 🌀 𝕍𝕀𝕊𝔸 ⓪⓪ 𝔸𝔼
r. Caprais-Favier – ✆ 04 75 04 05 82 – www.hoteldutricastin.com
13 ch – ♥46/54 € ♥♥49/57 € – ⭯ 7 €
♦ Dans une rue calme, ce petit hôtel abrite des chambres bien équipées (climatisées côté jardin). Tenue sérieuse et service attentionné. Parking clos.

PIERRELONGUE – 26 Drôme – 332 E8 – 169 h. – alt. 285 m – ⌧ 26170   44 B3
▶ Paris 690 – Avignon 62 – Lyon 227 – Valence 129

X **Bio Tee Full**   🍴 🎧 🏊 ᕀ ♿ **P** 𝕍𝕀𝕊𝔸 ⓪⓪
Les Grès, par D5 – ✆ 04 75 27 73 82 – www.bioteefull.net – Fermé mardi
Rest – (16 €) Menu 20 € (déj. en sem.), 30/35 € – Carte 40/60 €
♦ Une maison bioclimatique en bois, avec une belle terrasse ombragée, une piscine et un jardin. Cuisine volontiers créative, concoctée avec des produits frais. C'est savoureux !

PIERRE-PERTHUIS – 89 Yonne – 319 F7 – rattaché à Vézelay

PIETRANERA – 2B Haute-Corse – 345 F3 – voir à Corse (Bastia)

PIGNA – 2B Haute-Corse – **345** C4 – **voir à Corse (Ile-Rousse)**

LE PIN-AU-HARAS – 61 Orne – **310** J2 – 360 h. – alt. 202 m – ⊠ 61310 **33** C2

▶ Paris 183 – Alençon 47 – Caen 78 – Lisieux 68

XX **La Tête au Loup** 🍴 **P** VISA ©©

– 𝒞 02 33 35 57 69 – www.lateteauloup.fr – Fermé 4-10 juil., 18 déc.-3 janv.
et 26 fév.-14 mars

Rest – Menu 28/46 € – Carte 37/52 €

♦ Cadre moderne et lumineux dans la véranda, plus chic dans la salle située à l'arrière. En terrasse, vue imprenable sur la vallée. Cuisine traditionnelle et recettes des îles.

LE PIN-LA-GARENNE – 61 Orne – **310** M4 – **rattaché à Mortagne-au-Perche**

PINSOT – 38 Isère – **333** J5 – **rattaché à Allevard**

PIOGGIOLA – 2B Haute-Corse – **345** C4 – **voir à Corse**

PIRIAC-SUR-MER – 44 Loire-Atlantique – **316** A3 – 2 254 h. – alt. 7 m **34** A2
– ⊠ 44420 ▮ Bretagne

▶ Paris 462 – La Baule 17 – Nantes 88 – La Roche-Bernard 33

🚺 7, rue des Cap-Horniers 𝒞 02 40 23 51 42

◉ Pointe du Castelli ⤟ ★ SO : 1 km.

🏠 **De la Poste** 🍴 ⅍ ⟨⟩ VISA ©© AE

26 r. de la Plage – 𝒞 02 40 23 50 90 – www.piriac-hoteldelaposte.com
– Fermé 15 nov.-19 déc., 4-6 fév., dim. soir et merc. d'oct. à mars

10 ch – †65/78 € ††65/78 € – ⌿ 9 € – ½ P 62/70 €

Rest – (fermé de lundi à jeudi en mars, dim. soir et lundi midi de mi-sept. à avril
et merc. d'oct. à mi-nov.) (13 €) Menu 25/42 € – Carte 20/67 €

♦ Une grande villa des années 1930 où les familles sont bienvenues : certaines chambres peuvent accueillir de 4 à 6 personnes. Une bonne base pour découvrir ce charmant petit port de pêche et ses maisons de granit. Cuisine traditionnelle toute simple.

PISCIATELLO – 2A Corse-du-Sud – **345** C8 – **voir à Corse (Ajaccio)**

PITHIVIERS ⬌ – 45 Loiret – **318** K2 – 8 839 h. – alt. 115 m **12** C1
– ⊠ 45300 ▮ Châteaux de la Loire

▶ Paris 82 – Chartres 74 – Fontainebleau 46 – Montargis 46

🚺 1, mail Ouest 𝒞 02 38 30 50 02

🏠 **Le Relais de la Poste** ⟨⟩ 🄵 VISA ©© AE ①

10 Mail Ouest – 𝒞 02 38 30 40 30 – www.le-relais-de-la-poste.com

41 ch – †54 € ††59 € – ⌿ 8 € – ½ P 71 €

Rest – (fermé dim. soir) (12 €) Menu 17/32 € – Carte 12/54 €

♦ Dans une grande bâtisse du centre-ville, autrefois relais de poste. Les chambres sont grandes et rustiques. Il faut aimer les lambris car tous les murs en sont garnis ! La carte semble traditionnelle, mais on y trouve aussi de l'antilope, de l'autruche ou du hoki...

X **Aux Saveurs Lointaines** VISA ©©

1 pl. Martroi – 𝒞 02 38 30 18 18 – www.auxsaveurslointaines.com – Fermé dim.
soir et lundi

Rest – Menu 12 € (déj. en sem.) – Carte environ 24 €

♦ Rideaux en bambou, paille tressée, mobilier en teck et fer forgé ; ces détails évoquent les contrées et saveurs lointaines. Cuisine traditionnelle vietnamienne et fruits exotiques.

PIZAY – 69 Rhône – **327** H3 – **rattaché à Belleville**

PLAGE DE CALALONGA – 2A Corse-du-Sud – **345** E11 – **voir à Corse (Bonifacio)**

LA PLAGNE – 73 Savoie – **333** N4 – ✉ 73210 🗻 Alpes du Nord   **45** D2
▶ Paris 678 – Bourg-St-Maurice 32 – Grenoble 140 – Lyon 219

à Plagne-Bellecôte 4 km à l'Est – ✉ 73210

🏨 **Carlina** ≼ 😀 🛍 📶 📶 🖧 📺 🛁 ☆ rest, ☎ 🅿 📶 💳 ⑩ 🗚

– ☎ 04 79 09 78 46 – www.carlina-belleplagne.com – Ouvert 12 juil.-21 août et 12 déc.-25 avril

47 ch (½ P seult) – ½ P 125/260 €

Rest – (dîner pour résidents seult) Carte 31/45 €

Rest *Le C* – (fermé le midi et lundi) Carte 44/61 €

♦ Situé sur les hauteurs, ce grand chalet tout en pierre et bois bénéficie d'un accès direct aux pistes. Chambres douillettes d'esprit montagnard classique ou contemporain. Belle vue sur les sommets depuis la terrasse du Carlina ; plats régionaux et salle rustique. Le soir, ambiance moderne et plats actuels au "C".

PLAGNE-BELLECÔTE – 73 Savoie – **333** N4 – **rattaché à la Plagne**

PLAILLY – 60 Oise – **305** G6 – 1 646 h. – alt. 100 m – ✉ 60128   **19** C2
▶ Paris 40 – Beauvais 69 – Chantilly 16 – Compiègne 46

✗✗ **La Gentilhommière**   💳 ⑩ 🗚

25 r. Georges Bouchard, (derrière l'église) – ☎ 03 44 54 30 20
– http://lagentilhommiere-plailly.perso.neuf.fr
– Fermé 7-31 août, 20 fév.-6 mars, sam. midi, dim. soir, mardi midi et lundi
Rest – Menu 24 € (déj. en sem.), 34/44 € – Carte 55/64 €

♦ Cette table prend ses aises dans l'ancienne étable d'un relais de poste du 17e s. : cheminée, poutres et cuivres ! Carte traditionnelle et suggestions du jour selon le marché.

PLAIMPIED-GIVAUDINS – 18 Cher – **323** K5 – 1 672 h. – alt. 165 m   **12** C3
– ✉ 18340
▶ Paris 254 – Bourges 14 – Châteauroux 74 – Orléans 128

✗ **Aux Marais**   😀 ⇔ 🅿 💳 ⑩
😊
12 r. des Marais – ☎ 02 48 25 54 45 – Fermé 2-23 janv., 20 juil.-10 août, lundi et mardi

Rest – (19 €) Menu 26/35 €

♦ Une cuisine réalisée à quatre mains... à Plaimpied ! La carte, fraîche et un brin audacieuse, est revue tous les deux mois : mariage terre-mer, sucré-salé... Décor rustique.

LA PLAINE-SUR-MER – 44 Loire-Atlantique – **316** C5 – 3 474 h.   **34** A2
– alt. 26 m – ✉ 44770
▶ Paris 438 – Nantes 58 – Pornic 9 – St-Michel-Chef-Chef 7
🛈 square du Fort Gentil ☎ 02 40 21 52 52
◉ Pointe de St-Gildas★ O : 5 km 🗻 Poitou Charentes Vendée

🏨 **Anne de Bretagne** (Philippe Vételé) 🕭   ≼ 🚲 🛍 🏖 📶 🛁 ☎ 🚤 🅿
❀❀
au Port de la Gravette, 3 km au Nord-Ouest   💳 ⑩ 🗚
– ☎ 02 40 21 54 72 – www.annedebretagne.com
– Fermé de début janv. à mi-fév.

20 ch – ♦125/250 € ♦♦140/290 € – ⊡ 19 € – ½ P 146/230 €

Rest – (fermé mardi sauf le soir d'avril à sept., dim. soir d'oct. à juin et lundi) (29 €) Menu 36 € (dîner en sem.), 60/118 € – Carte 75/120 €🍷

Spéc. Palourdes et couteaux, poireaux, sorbet vinaigrette balsamique blanc. Bar de petit bateau en cuisson lente, concassé de sardines, huîtres et aromates. Carottes "nantaise", dacquoise réglisse, crème brûlée, glace cumin, pain d'épice. **Vins** Vin de pays du Jardin de la France, Muscadet de Sèvre et Maine.

♦ Cette maison blanche posée sur une dune abrite des chambres au design épuré (très beaux meubles et tableaux contemporains). Au restaurant, ouvert sur la mer, Philippe Vételé témoigne d'une grande adresse en s'appropriant recettes classiques et meilleurs produits ; accord mets-vin remarquable.

PLAISIANS – 26 Drôme – **332** E8 – 192 h. – alt. 612 m – ✉ 26170 **44** B3
▶ Paris 690 – Carpentras 44 – Nyons 33 – Vaison-la-Romaine 27

※ **Auberge de la Clue** ⇐ 🌣 AK 🕿 **P**
pl. de l'Église – ℰ 04 75 28 01 17 – Ouvert 1ᵉʳ avril-17 oct., week-ends et fériés
de nov. à mars sauf fév. et fermé dim. soir et lundi
Rest – Menu 27/33 € – Carte 31/51 €
◆ On vient parfois de loin pour savourer ici une alléchante cuisine face au mont
Ventoux : caillette aux herbes, blanquette de chevreau, lapin à la tapenade... Sympathique !

PLANCOËT – 22 Côtes-d'Armor – **309** I3 – 2 934 h. – alt. 41 m – ✉ 22130 **10** C2
▶ Paris 417 – Dinan 17 – Dinard 20 – St-Brieuc 46
🛈 1, rue des Venelles ℰ 02 96 84 00 57

※※※ **Maxime et Jean-Pierre Crouzil et Hôtel L'Ecrin** avec ch
20 les quais – ℰ 02 96 84 10 24 – www.crouzil.com   AK rest, **P** VISA ◐◐ AE
– Fermé 1ᵉʳ-15 oct., 3 sem. en janv., dim. soir et
mardi soir sauf juil.-août et lundi
7 ch – †75/120 € ††120 € – ⊇ 23 € – ½ P 85/145 €
Rest – (prévenir le week-end) Menu 35 € (déj.), 65/130 € – Carte 55/99 €
Spéc. Saint-Jacques dorées au sautoir, verjus et pétales de tomates confites au
basilic. Homard breton rôti et brûlé au lambic. Moelleux tiède au chocolat noir,
crème glacée à la vanille.
◆ Plancoët, une ville connue pour son eau minérale et… son hostellerie du siècle
dernier. Cuisine bretonne servie dans une salle à manger élégante. Boutique de produits maison. Côté hôtel, des chambres classiques, cossues et d'une tenue excellente.

PLAN-DE-CUQUES – 13 Bouches-du-Rhône – **340** H5 – rattaché à Marseille

---

PLAN-DE-LA-TOUR – 83 Var – **340** O5 – 2 700 h. – alt. 69 m – ✉ 83120 **41** C3
▶ Paris 859 – Cannes 68 – Draguignan 36 – Fréjus 28
🛈 1, rue du 19 mars 1962 ℰ 04 94 43 01 50

🏠 **Mas des Brugassières** sans rest 🌣   🌣 🔟 AK 🕈 **P** VISA ◐◐ AE
1,5 km au Sud par rte de Grimaud – ℰ 04 94 55 50 55
– www.mas-des-brugassieres.com – Ouvert de Pâques à mi-oct.
12 ch – †78/90 € ††85/99 € – ⊇ 10 €
◆ Joli mas au cœur des Maures. Chambres coquettes, bien rénovées dans un esprit
zen et nature. Certaines disposent d'une terrasse ; d'autres ouvrent sur le jardin.

PLAN-DU-VAR – 06 Alpes-Maritimes – **341** E4 – ✉ 06670 Levens **41** D2
▶ Paris 941 – Antibes 38 – Cannes 48 – Nice 32
🔎 Gorges de la Vésubie★★★ NE - Défilé du Chaudan★★ N : 2 km.
🔎 Bonson : site★, ⇐★★ de la terrasse de l'église 📗 Côte d'Azur

※※ **Cassini** 🌣 ᵫ AK ⇎ VISA ◐◐
231 av. Porte des Alpes, D 6202 – ℰ 04 93 08 91 03 – www.restaurantcassini.com
– Fermé 7-14 mars, 1ᵉʳ-20 août, 26-30 déc., mardi soir, merc. soir et jeudi soir du
15 sept. au 15 juin, dim. soir et lundi
Rest – (19 €) Menu 29/55 € – Carte 35/63 €
◆ Sur la rue principale du village, cette auberge est tenue par les Cassini depuis
80 ans, soit quatre générations ! Cuisine traditionnelle et, pour les amateurs, cours de cuisine.

PLANGUENOUAL – 22 Côtes-d'Armor – **309** G3 – 1 736 h. – alt. 76 m **10** C2
– ✉ 22400
▶ Paris 449 – Rennes 96 – Saint-Brieuc 19 – Saint-Malo 89

🏠 **Manoir de la Hazaie** 🌣   🔊 🔟 🕿 **P** VISA ◐◐ AE
2,5 km au Sud-Est par D 59 – ℰ 02 96 32 73 71 – www.manoir-hazaie.com
6 ch – †130/145 € ††145/260 € – ⊇ 14 €   **Table d'hôte** – Menu 47 € bc
◆ Une bonne adresse pour se mettre au vert que cet manoir en granit du 16ᵉ s.
dans son parc arboré. Chambres aux meubles de style où chaque détail est
soigné (baignoires balnéo).

PLAN-PEISEY – 73 Savoie – **333** N4 – rattaché à Peisey-Nancroix

PLAPPEVILLE – 57 Moselle – **307** H4 – rattaché à Metz

PLAZAC – 24 Dordogne – **329** H5 – 686 h. – alt. 110 m – ⊠ 24580   **4** D1
▶ Paris 530 – Bordeaux 170 – Périgueux 38 – Brive-la-Gaillarde 60

⌂   **Béchanou** ⊗   ≤ 🚗 🌳 🏊 ℘ 🐾 🅿
4 km au Nord par D 6 et rte secondaire – ℘ 05 53 50 39 52 – www.bechanou.com
5 ch ⊇ – †85 € ††95 €   **Table d'hôte** – Menu 28 € bc
♦ Vieille demeure en pierre située au bout d'un chemin pentu, qui offre tranquillité et panorama de choix sur la vallée. Chambres sobres, préservant le cadre du lieu. Piscine. Alléchante cuisine familiale servie dans une salle à manger rustique ou en terrasse.

PLÉLO – 22 Côtes-d'Armor – **309** E3 – 3 103 h. – alt. 110 m – ⊠ 22170   **10** C1
▶ Paris 470 – Lannion 54 – Rennes 118 – Saint-Brieuc 22

✕   **Au Char à Bancs** avec ch ⊗   🚗 🌳 ℘ ch, 🍽 🅿 VISA ◯◯
Moulin de la ville Geffroy, 1 km au Nord par D 84 – ℘ 02 96 74 13 63
– www.aucharabanc.com – Fermé janv.
5 ch ⊇ – †65/95 € ††70/105 €
Rest – *(fermé en sem. hors saison et mardi en juil.-août)* Carte 15/30 €
♦ L'auberge vous réserve un accueil familial autour de sa table en bois massif. On y sert une cuisine concoctée avec les produits de la ferme (potée mijotée dans la cheminée...). Chambres cosy, logées sous des poutres séculaires, et jolies salles de bain rétro.

PLÉNEUF-VAL-ANDRÉ – 22 Côtes-d'Armor – **309** G3 – 3 965 h.   **10** C1
– alt. 52 m – Casino : la Rotonde au Val-André – ⊠ 22370
▶ Paris 446 – Dinan 43 – Erquy 9 – Lamballe 16
🛈 1, rue Winston Churchill ℘ 02 96 72 20 55
🏌 de Pleneuf-Val-André Rue de la plage des Vallées, E : 1 km par D 515,
℘ 02 96 63 01 12

au Val-André 2 km à l'Ouest – ⊠ 22370 Pléneuf-Val-André 🟩 Bretagne

◉ Pointe de Pléneuf★ N 15 mn - Le tour de la Pointe de Pléneuf
≤ ★★ N 30 mn.

🏨   **Georges** sans rest   🛗 & 🍽 VISA ◯◯ 𝔸𝔼
131 r. Clemenceau – ℘ 02 96 72 23 70 – www.hotelvalandre.com – *Ouvert*
1er mai-30 sept.
24 ch – †75/107 € ††85/107 € – ⊇ 10 €
♦ Cet hôtel, situé au centre de la station balnéaire, dispose de chambres simples, claires et fonctionnelles. L'ensemble est décoré dans un style actuel.

🏨   **Grand Hôtel du Val André** ⊗   ≤ 🌳 🛗 & ℘ rest, 🍽 🕭 🅿
80 r. Amiral Charner – ℘ 02 96 72 20 56   VISA ◯◯ 𝔸𝔼
– www.grand-hotel-val-andre.fr – Fermé 3-28 janv.
39 ch – †74/85 € ††90/110 € – ⊇ 11 € – ½ P 95/106 €
Rest – *(fermé mardi midi, dim. soir et lundi sauf juil.-août)* (17 €) Menu 28/52 €
– Carte 35/55 €
♦ Créé en 1895, cet hôtel face à la mer respire la tradition. Mobilier en rotin dans les chambres, régulièrement rajeunies. Lumineux restaurant et terrasse où vous aurez presque les pieds dans l'eau... Longue carte mettant à l'honneur les spécialités marines.

✕✕   **Au Biniou**   ℘ VISA ◯◯ 𝔸𝔼
😊 *121 r. Clemenceau* – ℘ 02 96 72 24 35 – *Fermé vacances de fév., mardi et merc.*
sauf juil.-août
Rest – (17 €) Menu 27/35 € – Carte 47/54 €
♦ Un décor contemporain vaguement marin, mais une cuisine personnelle tout en saveurs iodées, réalisée à partir des meilleurs poissons et coquillages. Ce Biniou-là sonne juste !

LE PLESSIS-PICARD – 77 Seine-et-Marne – **312** E4 – voir à Paris, Environs (Sénart)

PLESTIN-LES-GRÈVES – 22 Côtes-d'Armor – **309** A3 – 3 615 h.   **9** B1
– alt. 45 m – ✉ 22310 🟩 Bretagne

▶ Paris 528 – Brest 79 – Guingamp 46 – Lannion 18

🛈 place de la Mairie 📞 02 96 35 61 93

◉ Lieue de Grève ★ - Corniche de l'Armorique ★ N : 2 km.

🏠   **Les Panoramas** sans rest ॐ   ⟨ **P** *VISA* ⚫⚫
rte Corniche Nord : 5,5 km par D 42 – 📞 02 96 35 63 76 – www.lespanoramas.fr
– Ouvert 15 mars-15 nov.
13 ch – ♦42/60 € ♦♦42/60 € – ☑ 6 €
♦ Hôtel fonctionnel face au port de Beg Douar. Presque toutes les chambres sont
dotées de bow-windows pour jouir du panorama sur la plage de St-Effalm et la
côte des Bruyères.

PLEUDIHEN-SUR-RANCE – 22 Côtes-d'Armor – **309** K3 – 2 717 h.   **10** D2
– alt. 62 m – ✉ 22690

▶ Paris 395 – Rennes 59 – Saint-Brieuc 71 – Saint-Malo 22

🏠   **Manoir de Saint-Meleuc** sans rest ॐ   ⟨ ⟨ᵀ⟩ **P** *VISA* ⚫⚫
St-Meleuc – 📞 02 96 83 34 26 – www.manoir-de-saint-meleuc.com
4 ch – ♦95 € ♦♦135/190 € – ☑ 10 €
♦ Petit manoir du 15ᵉ s. bien rénové, au cœur d'un parc de 2,5 ha. Petit-déjeuner
servi dans une grande salle avec pierres et poutres apparentes et chambres de
style ancien.

PLÉVEN – 22 Côtes-d'Armor – **309** I4 – 619 h. – alt. 80 m – ✉ 22130   **10** C2

▶ Paris 431 – Dinan 24 – Dinard 28 – St-Brieuc 38

◉ Ruines du château de la Hunaudaie ★ SO : 4 km 🟩 Bretagne

🏠   **Manoir de Vaumadeuc** sans rest ॐ   ⟨ **P** *VISA* ⚫⚫ ⚠ ①
– 📞 02 96 84 46 17 – www.vaumadeuc.com – Ouvert de Pâques à la Toussaint
13 ch – ♦85/195 € ♦♦95/220 € – ☑ 12 €
♦ Manoir du 15ᵉ s. niché dans un parc. Boiseries, cheminée et meubles de style
composent un majestueux décor de caractère ; les chambres du 2ᵉ étage sont
cosy et mansardées.

PLEYBER-CHRIST – 29 Finistère – **308** H3 – 3 061 h. – alt. 131 m   **9** B1
– ✉ 29410 🟩 Bretagne

▶ Paris 548 – Brest 55 – Châteaulin 47 – Morlaix 12

🏠   **De la Gare**   ᕦ ❄ ch, ⟨ᵀ⟩ **P** *VISA* ⚫⚫ ⚠
2 r. Parmentier – 📞 02 98 78 43 76 – www.hotel-pleyber.com – Fermé
22 déc.-14 janv. et dim. sauf juil.-août
8 ch – ♦53/58 € ♦♦56/61 € – ☑ 8 € – ½ P 53/61 €
Rest – *(fermé sam. midi et dim.)* Menu 14 € (déj.), 20/37 € – Carte 19/40 €
♦ Étape familiale commode située face à la gare. Chambres fonctionnelles, peu
spacieuses mais très bien tenues, et sympathique petit salon donnant sur jardin.
Cuisine traditionnelle simple et généreuse servie dans une salle sans chichi. Prix
serrés.

PLOBSHEIM – 67 Bas-Rhin – **315** K6 – rattaché à Strasbourg

PLOEMEUR – 56 Morbihan – **308** K8 – 18 455 h. – alt. 45 m – ✉ 56270   **9** B2

▶ Paris 509 – Concarneau 51 – Lorient 6 – Quimper 68

🛈 25, place de l'Église 📞 02 97 85 27 88

🏒 de Ploemeur-Océan Saint Jude Kerham, O : 8 km par D 162,
📞 02 97 32 81 82

✕   **Le Haut du Panier**   ⟨⟩ *VISA* ⚫⚫ ⚠ ①
20 bd de l'Atlantique, Le Courégant, 3 km au Sud par D 152 – 📞 02 97 82 88 60
– www.lehautdupanier.net – Fermé 15-30 nov., mardi d'oct. à avril et lundi
Rest – Carte 30/45 €
♦ Ce panier-là contient de beaux produits de saison, proposés à l'ardoise, que
l'on déguste dans un décor épuré ou sur une délicieuse terrasse offrant une
échappée sur l'océan.

à Lomener 4 km au Sud par D 163 – ✉ 56270 Ploemeur

Le Vivier 🐦 ⟨ ⚹ rest, ⁕ P 🚗 VISA 🏧 AE

9 r. de Beg-Er-Vir – ✆ 02 97 82 99 60 – www.levivier-lomener.com
– *Fermé 23 déc.-4 janv.*
14 ch – ♦85/110 € ♦♦95/120 € – ⛶ 12 € – ½ P 95/110 €
Rest – Menu 28 € (sem.), 30/75 € – Carte 45/75 €🍷
♦ Cette maison ancrée sur un rocher semble vouée à Neptune : superbe vue sur l'océan et l'île de Groix depuis les chambres modernes et accueillantes. Le restaurant, contemporain, a presque les pieds dans l'eau ; belle carte privilégiant les produits de la mer.

PLOËRMEL – 56 Morbihan – 308 Q7 – 8 538 h. – alt. 93 m – ✉ 56800   10 C2

▶ Paris 417 – Lorient 88 – Loudéac 47 – Rennes 68
ℹ 5, rue du Val ✆ 02 97 74 02 70
▣ du Lac-au-Duc Le Clos Hazel, N : 2 km par D 8, ✆ 02 97 73 64 64

Le Roi Arthur 🐦 ⟨ 🐾 ▤ ⊞ ⬚ ⚹ 🅰 rest, ⁕ 🕹 P VISA 🏧 AE ①

au lac au Duc : 1,5 km par D 8 – ✆ 02 97 73 64 64 – www.hotelroiarthur.com
– *Fermé 26 fév.-14 mars*
46 ch – ♦83/164 € ♦♦96/204 € – ⛶ 15 € – ½ P 88/141 €
Rest – Menu 21 € (déj. en sem.), 36/47 € – Carte 46/64 €
♦ En quête du Graal ? Il se cache peut-être ici, entre le lac et le golf. Les chambres sont confortables et d'esprit actuel (quelques-unes plus anciennes). Lumineuse salle à manger, véranda tournée vers les flots, cuisine classique et service sans fausse note.

Le Cobh ⁂ rest, ⁕ P VISA 🏧 AE

10 r.des Forges – ✆ 02 97 74 00 49 – www.hotel-lecobh.com – *Fermé 19 déc.-11 janv.*
12 ch – ♦65/108 € ♦♦65/108 € – ⛶ 9 €
Rest – *(fermé lundi midi, sam. midi et dim.)* (20 €) Menu 28/70 €
– Carte 56/68 €
♦ Ancien relais de poste (1845) proposant des chambres fonctionnelles, décorées sur le thème des légendes de Brocéliande. Agréable salon-bar. Au restaurant, classique et intime (tons bordeaux et jaune), on sert une cuisine au goût du jour, un brin inventive.

PLOGOFF – 29 Finistère – 308 D6 – 1 410 h. – alt. 70 m – ✉ 29770   9 A2

▶ Paris 610 – Audierne 11 – Douarnenez 32 – Pont-l'Abbé 43

Ker-Moor ⟨ 🏡 ⁕ P VISA 🏧

plage du Loch, 2,5 km rte d'Audierne – ✆ 02 98 70 62 06
– www.kermoor-audierne.com – *Fermé 5 janv.-8 fév.*
12 ch – ♦55/85 € ♦♦55/90 € – ⛶ 10 € – ½ P 67/72 €
Rest – *(fermé 1er-21 déc., dim. soir et lundi sauf le soir de mi-avril à fin sept.)*
(15 €) Menu 19 € (sem.), 27/36 € – Carte 21/78 €
♦ Seule la route sépare cette maison néobretonne de l'océan. Le mobilier et la vue varient selon les chambres ; certaines ont même une terrasse orientée vers les flots. Goûtez le ragoût de homard au cidre, spécialité maison (sur commande), tout en admirant la baie d'Audierne.

PLOMBIÈRES-LES-BAINS – 88 Vosges – 314 G5 – 1 936 h.   27 C3
– alt. 429 m – Stat. therm. : mi mars-mi nov. – Casino – ✉ 88370 ▌ Alsace Lorraine

▶ Paris 378 – Belfort 79 – Épinal 38 – Gérardmer 43
ℹ 1, place Maurice Janot ✆ 03 29 66 01 30
◉ La Feuillée Nouvelle ⟨ ★ - Vallée de la Semouse ★.

Le Prestige Impérial 🍽 🏡 ⁂ ⚹ ch, ⟨ 🕹 P VISA 🏧 AE

av. des Etats-Unis – ✆ 03 29 30 07 07 – www.plombieres-les-bains.com
78 ch – ♦80 € ♦♦136 € – 2 suites – ⛶ 12 € – ½ P 104 €   **Rest** – Menu 24/35 €
♦ On entre dans cet hôtel Napoléon III – relié aux thermes de la ville – par un hall lumineux, sous une verrière. Vastes chambres d'esprit Art déco. Au restaurant, immense salle à manger Belle Époque et cuisine au goût du jour.

PLOMEUR – 29 Finistère – **308** F7 – 3 420 h. – alt. 33 m – ⊠ 29120   **9** A2

🟩 Bretagne

▶ Paris 579 – Douarnenez 39 – Pont-l'Abbé 6 – Quimper 26

🇮 1, place Mairie 🕿 02 98 82 09 05

🏠 **La Ferme du Relais Bigouden** sans rest ♨   🚗 📶 **P** **VISA** 🌐

à Pendreff, rte Guilvinec : 2,5 km – 🕿 02 98 58 01 32 – www.hotel-bigouden.com – Fermé 1er déc.-15 janv.

16 ch – ♦56/60 € ♦♦56/60 € – ☲ 8 €

♦ Entourée d'un grand jardin ombragé, ancienne ferme du pays bigouden abritant des chambres sobres et confortables. La salle des petits-déjeuners a conservé son cachet d'origine.

PLOMODIERN – 29 Finistère – **308** F5 – 2 122 h. – alt. 60 m – ⊠ 29550   **9** A2

▶ Paris 559 – Brest 60 – Châteaulin 12 – Crozon 25

🇮 place de l'Église 🕿 02 98 81 27 37

◉ Retables★ de la chapelle Ste-Marie-du-Ménez-Hom N : 3,5 km
- Charpente★ de la chapelle St-Côme NO : 4,5 km.

🄶 Ménez-Hom ❄★★★ N : 7 km par D 47 🟩 Bretagne

🍴🍴🍴 **Auberge des Glazicks** (Olivier Bellin)   ⇔ **VISA** 🌐

❀❀ 7 r. de la Plage – 🕿 02 98 81 52 32 – www.aubergedesglazick.com – Fermé en mars, en nov., lundi et mardi

Rest – Menu 49 € (déj. en sem.), 65/135 € – Carte 150/200 €🍷

Spéc. Langoustine "rouge" en involtini, ananas et coriandre. Turbot rôti, deux ou trois tomates, lait ribot émulsionné. Abricot rafraîchi, nage glacée au basilic.

♦ Cette ancienne maréchalerie offre une vue plongeante sur la baie de Douarnenez. Tout en mariages osés mais raisonnés, la cuisine d'Olivier Bellin ne sacrifie ni l'équilibre des saveurs à l'invention, ni la terre à la mer.

PLOUBALAY – 22 Côtes-d'Armor – **309** J3 – 2 488 h. – alt. 32 m   **10** C1
– ⊠ 22650 🟩 Bretagne

▶ Paris 412 – Dinan 18 – Dol-de-Bretagne 35 – Lamballe 36

◉ Château d'eau ❄★★ : 1 km NE.

🍴🍴 **De la Gare**   🔛 💱 **VISA** 🌐

🅐 4 r. Ormelets – 🕿 02 96 27 25 16 – www.restaurant-la-gare-ploubalay.com – Fermé 25 juin-5 juil., 1er-10 oct., 22 fév.-10 mars, lundi soir et mardi soir de sept. à juin, mardi midi et lundi en juil.-août et merc.

Rest – (15 €) Menu 25/53 € – Carte 38/60 €

♦ Cuisine actuelle "terre-mer", servie dans deux salles : esprit rustique pour l'une et vue sur le jardinet pour l'autre. Accueil et service avenants.

PLOUBAZLANEC – 22 Côtes-d'Armor – **309** D2 – rattaché à Paimpol

---

PLOUER-SUR-RANCE – 22 Côtes-d'Armor – **309** J3 – 3 058 h.   **10** D2
– alt. 62 m – ⊠ 22490 🟩 Bretagne

▶ Paris 397 – Dinan 13 – Dol-de-Bretagne 20 – Lamballe 53

🏠 **Manoir de Rigourdaine** sans rest ♨   ⇔ 🅛 ⅗ 💱 **P** **VISA** 🌐 **AE**

(à Rigourdaine), 3 km par rte de Langrolay puis rte secondaire – 🕿 02 96 86 89 96 – www.hotel-rigourdaine.fr – Ouvert de début avril à mi-nov.

19 ch – ♦75/89 € ♦♦75/89 € – ☲ 8,50 €

♦ Dominant l'estuaire de la Rance, ancienne ferme joliment restaurée où poutres ancestrales, cheminée et mobilier campagnard composent un décor de caractère. Calme garanti !

PLOUGASNOU – 29 Finistère – **308** I2 – 3 240 h. – alt. 55 m – ⊠ 29630   **9** B1

▶ Paris 550 – Rennes 198 – Quimper 100 – Lannion 34

🇮 place du Général Leclerc 🕿 02 98 67 31 88

🏠 **Ar Velin Avel** ♨   🅛 📶 **P** **VISA** 🌐

4 rte de Kerlevenez – 🕿 02 98 67 81 35 – www.arvelinavel.com

5 ch – ♦121/350 € ♦♦121/370 € – ☲ 27 €   **Table d'hôte** – Menu 35/80 €

♦ Lieu d'exception réservant à ses hôtes un séjour de luxe : salon cossu, chambres thématiques (Asie, mer, romantisme), espace sauna-massage, environnement bucolique. À table, le client est roi : carte "terre et mer" étoffée ; petit-déjeuner haut de gamme (caviar parfois).

PLOUGASTEL-DAOULAS – 29 Finistère – **308** E4 – 12 880 h.   **9** A2
– alt. 113 m – ⊠ 29470 ▌Bretagne

▶ Paris 596 – Brest 12 – Morlaix 60 – Quimper 64

🛈 4 bis, place du Calvaire ✆ 02 98 40 34 98

👁 Calvaire★★ - Site★ de la chapelle St-Jean NE : 5 km - Kernisi ✳★ SO : 4,5 km.

📷 Pointe de Kerdéniel ✳★★ SO : 8,5 km puis 15 mn.

☒ **Le Chevalier de l'Auberlac'h**   🏠 **P** 🆅🅸🆂🅰 ⚫⚫ 🄰🄴 ⓞ
5 r. Mathurin-Thomas – ✆ 02 98 40 54 56 – www.chevalier-auberlach.com
– Fermé 1er-10 janv., lundi sauf le midi en juil.-août et dim. soir
Rest – Menu 18 € (déj. en sem.), 26 € bc/43 € – Carte 33/54 €
◆ Vitraux, poutres, cheminée soulignent l'orientation rustique du cadre. Terrasse d'été dans un jardin planté de camélias et de rhododendrons. Cuisine traditionnelle et terroir.

PLOUGONVEN – 29 Finistère – **308** I3 – 3 202 h. – alt. 176 m   **9** B1
– ⊠ 29640 ▌Bretagne

▶ Paris 535 – Lannion 38 – Morlaix 12 – Rennes 183

⌂ **La Grange de Coatélan** 🍃   🚗 🏠 ✻ 🍴 **P**
Coatélan, 4 km à l'Ouest par D 109 – ✆ 02 98 72 60 16
– www.lagrangedecoatelan.com – Fermé vacances de Noël
5 ch ⌷ – †50 € ††70 €   **Table d'hôte** – Menu 22 €
◆ Située en pleine campagne, cette ferme bretonne du 16e s. offre un calme absolu. Chambres lambrissées, de tailles variables, aménagées dans les dépendances. À table, menu unique tourné vers le terroir servi dans une ancienne grange (réservé aux résidents).

PLOUGRESCANT – 22 Côtes-d'Armor – **309** C1 – 1 359 h. – alt. 53 m   **9** C1
– ⊠ 22820 ▌Bretagne

▶ Paris 514 – Guingamp 38 – Lannion 23 – Rennes 162

⌂ **Manoir de Kergrec'h** sans rest 🍃   🔔 ✻ 🍴 **P** 🆅🅸🆂🅰 ⚫⚫ ⓞ
– ✆ 02 96 92 59 13 – www.manoirdekergrech.com
5 ch ⌷ – †100 € ††110 €
◆ Ancien manoir épiscopal (17e s.) au milieu d'un parc majestueux dégringolant jusqu'à la mer. Salon cossu, chambres dotées de meubles familiaux. Petit-déjeuner soigné (cheminée).

PLOUHARNEL – 56 Morbihan – **308** M9 – 1 883 h. – alt. 21 m   **9** B3
– ⊠ 56340 ▌Bretagne

▶ Paris 492 – Lorient 50 – Rennes 141 – Vannes 32

🛈 Rond-Point de l'Océan ✆ 02 97 52 32 93

🏨 **Carnac Lodge** sans rest 🍃   🚗 ⛲ & 🍴 **P** 🆅🅸🆂🅰 ⚫⚫ 🄰🄴
Kerhueno – ✆ 02 97 58 30 30 – www.carnaclodge.com – Fermé 3 janv.-12 fév.
20 ch – †83/110 € ††93/150 € – ⌷ 9 €
◆ Entre Carnac et Plouharnel, cet hôtel dispose de chambres au décor soigné, un brin branché (plexiglas, touches néobaroques, etc.). Agréable piscine ; jardin calme et verdoyant.

PLOUIDER – 29 Finistère – **308** F3 – 1 899 h. – alt. 74 m – ⊠ 29260   **9** A1

▶ Paris 582 – Brest 36 – Landerneau 21 – Morlaix 46

🏨 **La Butte**   ⪕ 🚗 ▯ & ch, 🍴 🔖 **P** 🆅🅸🆂🅰 ⚫⚫ 🄰🄴
10 r. de la Mer – ✆ 02 98 25 40 54 – www.labutte.fr – Fermé 3 sem. en janv.
24 ch – †60/116 € ††65/125 € – ⌷ 14 € – ½ P 75/125 €
Rest – (fermé dim. soir et lundi midi) (18 €) Menu 29 € (dîner), 39/80 €
– Carte 36/110 €
◆ Établissement familial sympathique (deux générations vous accueillent). Belles chambres claires d'esprit contemporain, bénéficiant pour la plupart de la vue sur la baie de Goulven. À table, la cuisine traditionnelle valorise les produits de la mer et du terroir.

PLOUIGNEAU – 29 Finistère – **308** I3 – 4 367 h. – alt. 156 m – ⊠ 29610   **9** B1
▶ Paris 530 – Lannion 32 – Quimper 96 – Rennes 177

⌂   **Manoir de Lanleya** sans rest ⅏   🍴 ⅏ 🕻 🅿
4 km au Nord par D 64 et rte secondaire – ℰ 02 98 79 94 15
– www.manoir-lanleya.com
5 ch ⊑ – ⊖71 € ⊖⊖76 €
◆ Sis dans un pittoresque hameau, ce manoir du 16ᵉ s. magnifiquement restauré propose de jolies chambres meublées d'ancien. Délicieux jardin, lavoir, rivière. Accueil exemplaire.

PLOUMANACH – 22 Côtes-d'Armor – **309** B2 – **rattaché à Perros-Guirec**

PLUVIGNER – 56 Morbihan – **308** M8 – 6 315 h. – alt. 87 m – ⊠ 56330   **10** C2
▶ Paris 482 – Lorient 38 – Rennes 131 – Vannes 36
🄑 place Saint-Michel ℰ 02 97 24 79 18

⌂   **Domaine de Kerbarh** ⅏   🍴 🍴 ⅏ 🖤 🅿 VISA ◉ ᴀᴇ
r. de Kerbarh, par rte de Ste-Anne – ℰ 02 97 59 40 15
– www.domaine-dekerbarh.com
5 ch ⊑ – ⊖100/150 € ⊖⊖100/150 €
Table d'hôte – Menu 28 €
◆ Cette ferme rénovée propose des chambres personnalisées (tons vifs, mobilier oriental, équipements high-tech, poêle à bois). Pour la détente : sauna, hammam, jacuzzi, piscine. Petit-déjeuner copieux à la manière d'un brunch et table d'hôte traditionnelle le soir.

LE POËT-LAVAL – 26 Drôme – **332** D6 – **rattaché à Dieulefit**

POGGIO-MEZZANA – 2B Haute-Corse – **345** F5 – **voir à Corse**

POINCY – 77 Seine-et-Marne – **312** G2 – **rattaché à Meaux**

POINTE DE MOUSTERLIN – 29 Finistère – **308** G7 – **rattaché à Fouesnant**

POINTE DE ST-MATHIEU – 29 Finistère – **308** C5 – **rattaché au Conquet**

POINTE DU GROUIN – 35 Ille-et-Vilaine – **309** K2 – **rattaché à Cancale**

POINTE-DU-RAZ ★★★ – 29 Finistère – **308** C6 – ⊠ 29770 Plogoff   **9** A2
▌Bretagne
▶ Paris 614 – Douarnenez 37 – Pont-l'Abbé 48 – Quimper 53
◉ ❄★★.

à La Baie des Trépassés par D 784 et rte secondaire : 3,5 km – ⊠ Cleden Cap Sizun

⌂   **De La Baie des Trépassés** ⅏   ≼ ᴀᴄ rest, ⅏ 🅿 VISA ◉
– ℰ 02 98 70 61 34 – www.baiedestrepasses.com – *Ouvert 12 fév.-13 nov.*
25 ch – ⊖45/140 € ⊖⊖45/140 € – ⊑ 11 € – ½ P 64/112 €
Rest – *(fermé lundi midi du 1ᵉʳ oct. au 1ᵉʳ mai sauf vacances scolaires)* (19 €)
Menu 25/59 € – Carte 33/60 €
◆ Hôtel situé dans un site sauvage très touristique en journée, mais déserté le soir. Préférez les chambres tournées vers les flots ou celles mansardées du 2ᵉ étage. Les tables du restaurant contemplent la pointe du Raz. Cuisine traditionnelle inspirée par la mer.

POINT-SUBLIME – 04 Alpes-de-Haute-Provence – **334** G10   **41** C2
– ⊠ 04120 Rougon ▌Alpes du Sud
▶ Paris 803 – Castellane 18 – Digne-les-Bains 71 – Draguignan 53
◉ ≼★★★ sur Grand Canyon du Verdon 15 mn - Couloir Samson★★ S : 1,5 km - Rougon ≼★ N : 2,5 km - Clue de Carejuan★ E : 4 km.
Ⓖ Belvédères SO : de l'Escalès★★★ 9 km, de Trescaïre★★ 8 km, du Tilleul★★ 10 km, des Glacières★★ 11 km, de l'Imbut★★ 13 km.

✕ **Auberge du Point Sublime** avec ch   ⇐ 🍽 🅿 𝕍𝕀𝕊𝔸 ◯◯
D 952 – 𝒞 04 92 83 60 35 – Ouvert 23 avril-2 nov.
13 ch – ♦65 € ♦♦65 € – � 8 € – ½ P 63 €
Rest – *(fermé jeudi midi sauf 14 juil.-31 août et merc.)* (15 €) Menu 25/35 €
– Carte environ 33 €
◆ Un point de vue… sublime, au cœur des gorges du Verdon ! Cette sympathique auberge familiale propose une cuisine qui fleure bon le terroir (bonne
viande et frites maison), dans un cadre à l'ancienne. Pratique : les petites chambres pour l'étape.

POISSON – 71 Saône-et-Loire – **320** E11 – rattaché à Paray-le-Monial

---

POITIERS 🅿 – 86 Vienne – **322** H5 – 88 776 h. – **Agglo.** 119 371 h.   **39** C1
– alt. 116 m – ✉ 86000 ▌ Poitou Vendée Charentes

▶ Paris 335 – Angers 134 – Limoges 126 – Nantes 215
✈ de Poitiers-Biard-Futuroscope : 𝒞 05 49 30 04 40 AV.
🛈 45, place Charles-de-Gaulle 𝒞 05 49 41 21 24
🔹 de Poitiers à Mignaloux-Beauvoir 635 route de Beauvoir, par rte de Lussac-
   les-Châteaux : 8 km, 𝒞 05 49 55 10 50
🔹 du Haut-Poitou à Saint-Cyr Parc des Loisirs de Saint Cyr, par rte de
   Châtellerault : 22 km, 𝒞 05 49 62 53 62
◉ Église N.-D.-la-Grande★★ : façade★★★ - Église St-Hilaire-le-Grand★★
   - Cathédrale St-Pierre★ - Église Ste-Radegonde★ **D** - Baptistère St-Jean★
   - Grande salle★ du Palais de Justice **J** - Boulevard Coligny ⇐★ - Musée
   Ste-Croix★★ - Statue N-D-des-Dunes : ⇐★.
🄶 Parc du Futuroscope★★★ : 12 km par ①.

Plans pages suivantes

🏨 **Le Grand Hôtel** sans rest ⊗   📶 ⛄ 🆔 🍴 🆘 🚗 𝕍𝕀𝕊𝔸 ◯◯ 🆎 ⓪
28 r. Carnot – 𝒞 05 49 60 90 60
– www.grandhotelpoitiers.fr   **CZk**
41 ch – ♦68/72 € ♦♦72/89 € – 6 suites – ⊛ 12 €
◆ Central mais bénéficiant du calme d'une cour, l'hôtel présente un chaleureux
cadre d'esprit Art déco. Chambres confortables et grande terrasse où l'on petit-
déjeune en été.

🏨 **De l'Europe** sans rest   🚗 📶 ⛄ 🆔 🆘 🅿 🚗 𝕍𝕀𝕊𝔸 ◯◯ 🆎
39 r. Carnot – 𝒞 05 49 88 12 00 – www.hotel-europe-poitiers.com
– Fermé 24 déc.-3 janv.   **CZn**
88 ch – ♦56/92 € ♦♦62/98 € – ⊛ 8 €
◆ Cet hôtel du centre-ville a installé ses chambres, rénovées en 2009, dans trois
bâtiments (dont un ancien relais de poste de 1810). Décoration de divers
styles.

🏨 **De France**   🚗 🍽 🏊 📶 ⛄ 🆔 rest, 🍴 🆘 🅿 𝕍𝕀𝕊𝔸 ◯◯ 🆎 ⓪
215 av. de Paris – 𝒞 05 49 01 74 74
– www.hotel-poitiers.fr   **BVb**
58 ch – ♦60/102 € ♦♦85/156 € – ⊛ 11 €
Rest – *(fermé dim. soir)* (17 €) Menu 22/26 € – Carte 22/32 €
◆ Une localisation à proximité des axes routiers (notamment en direction du
Futuroscope) fait l'attrait de cet hôtel des années 1970 aux chambres bien tenues.
Restaurant à l'atmosphère design où l'on savoure un menu-carte traditionnel complété à l'ardoise.

✕✕ **Le Poitevin**   🆔 𝕍𝕀𝕊𝔸 ◯◯ 🆎 ⓪
76 r. Carnot – 𝒞 05 49 88 35 04 – www.le-poitevin.fr – Fermé 28 mars-10 avril,
3-25 juil. et dim. soir   **CZr**
Rest – Menu 23/35 € – Carte 30/45 €
◆ Restaurant du centre-ville composé de trois salles : deux sont rustiques, la troisième contemporaine, toutes sont parées de peintures murales. Plats traditionnels
et régionaux.

POITIERS

Aérospatiale (R. de l') . . . . . . AV 3
Allende (R. Salvador) . . . . . . BX 7
Blaiserie (R. de la) . . . . AV 9
Ceuille-Mirebalaise (R.) . . . . AV 19
Coligny (Bd) . . . . BX 23
Demi-Lune (Carr. de la) . . . . AV 27
Fg-Ceuille-Mirebalaise (R. du) . . . . AV 29
Fg-du-Pont-Neuf (R. du) . . . . BX 30
Fg-St-Cyprien (R. du) . . . . . . AX 31
Fief-de-Grimoire (R.) . . . . . . AX 33
Gibauderie (R. de la) . . . . . . BX 39
Guynemer (R.) . . . . AX 43
Maillochon (R. de) . . . . AX 54
Miletrie (R. de la) . . . . BX 57
Montbernage (R. de) . . . . . . BV 58
Montmidi (R. de) . . . . AX 62
Pierre-Levée (R.) . . . . BX 69
Rataudes (R. des) . . . . AX 70
Schuman (Av. R.) . . . . BV 88
Vasles (Rte de) . . . . AX 93

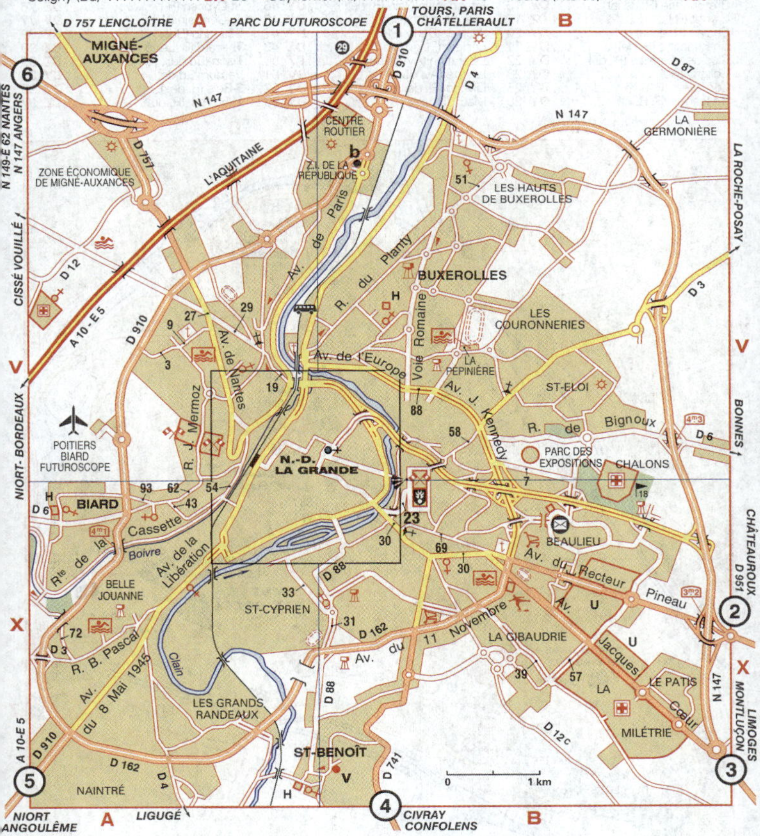

à Chasseneuil-du-Poitou 9 km par ① – ✉ 86360 Chasseneuil-du-Poitou – 4 425 h. – alt. 75 m

place du Centre ✆ 05 49 52 83 64

Mercure Alisée

D 910, 14 r. du Commerce – ✆ 05 49 52 90 41 – www.mercure.com

77 ch – †90 € ††105 € – ☕ 15 €

Rest *Les 3 Garçons* – ✆ 05 49 37 86 09 *(fermé lundi soir, sam. midi et dim.)* (10 €) Menu 13 € (déj.)/24 € – Carte 24/31 €

◆ Les couloirs, décorés à la façon d'une rue pavée, vous conduisent à des chambres fonctionnelles et bien tenues, dont une partie bénéficie du calme du jardin. Aux 3 Garçons, carte traditionnelle et suggestions proposées à l'ardoise, salon cosy et belle bibliothèque.

POITIERS

Abbé-Frémont (Bd)	**DY**	2
Alexandre (R. J.)	**DZ**	4
Blossac (R. de)	**CZ**	10
Boncenne (R.)	**CDY**	12
Bouchet (R. Jean)	**DY**	14
Bretonnerie (R. de la)	**DY**	16
Carnot (R.)	**CZ**	17
Chaine (R. de la)	**DY**	20
Champagne (R. de)	**DY**	21
Clos-des-Carmes (Pl. du)	**DY**	22
Coligny (Bd)	**DZ**	23
Cordeliers (R. des)	**DY**	25
Descartes (R. René)	**DY**	28
Fg-du-Pont-Neuf	**DZ**	30
Gabillet (R. H.)	**DY**	34
Gambetta (R.)	**DY**	35
Gaulle (Pl. Ch.-de)	**DY**	36
Grand-Rue	**DY**	
Grignon-de-Montfort (R.)	**DY**	40
Hôtel-Dieu (R. de l')	**DY**	45
Intendant-le-Nain (R. de l')	**DY**	46
Jeanne-d'Arc (Bd)	**DY**	48
Jean-de-Berry (Pl.)	**DY**	47
Leclerc (Pl. du Mar.)	**DZ**	49
Libération (Av. de la)	**CZ**	50
Liberté (Av. de la)	**BV**	51
Liberté (Pl. de la)	**DY**	52
Macé (R. Jean)	**DY**	53
Marché-Notre-Dame (R. du)	**DYZ**	55
Marne (R. de la)	**CY**	56
Mouton (R. du)	**DY**	63
Oudin (R. H.)	**DY**	67
Puygarreau (R. du)	**DZ**	70
Rat (R. Pierre)	**DY**	71
Riffault (R.)	**DY**	74
St-Cyprien (R.)	**DZ**	76
St-Germain (R.)	**DY**	77
Solférino (Bd)	**CY**	90
Thezard (R. Léopold)	**CZ**	90
Tison (Bd de)	**CZ**	92
Verdun (Bd de)	**DY**	94
3-Rois (R. des)	**DY**	95
125e-R.-I. (R. du)	**CZ**	97

Parc du Futuroscope 12 km par ① – ✉ 86360 Chasseneuil du Poitou

Plaza Futuroscope

av. du Futuroscope Téléport 1 – ✆ 05 49 49 07 07
– www.hotel-plaza-futuroscope.com

274 ch – †118 € ††118 € – ☐ 13 €

Rest *Relais Plaza* – *(fermé sam. midi et dim. midi hors vacances scolaires)* (11 €)
Menu 20 € (déj. en sem.), 23/31 € – Carte 36/46 €

◆ L'établissement jouxte le palais des congrès. Il dispose de chambres spacieuses dont le décor a évolué vers un style résolument contemporain, et d'une belle piscine intérieure. Le restaurant, un lieu épuré, propose une cuisine traditionnelle légèrement revisitée.

Novotel Futuroscope 🐾 🏊 ⅃₆ 🛗 ⅃ AC ᴪ 🔥 🅿 🅿 VISA 🏧 AE ⬤

Téléport 4 – 𝒞 *05 49 49 91 91 – www.novotel.com*
110 ch – ♦95/120 € ♦♦108/139 € – ☕ 14 €
Rest – Menu 13/17 € – Carte 25/36 €
◆ Sa façade de verre et d'acier s'accorde avec l'architecture futuriste du parc. Entièrement rénové, l'hôtel abrite des chambres dans la dernière tendance Novotel. Restaurant ouvrant ses baies vitrées sur la piscine : cadre design et cuisine fidèle à la tradition.

Mercure Aquatis Futuroscope 🛗 & ch, AC ᴪ 🔥 🅿 VISA 🏧 AE

av. Jean Monnet, Téléport 3 ✉ 86962 – 𝒞 *05 49 49 55 00*
– www.mercure.com
84 ch – ♦91 € ♦♦91/96 € – ☕ 14 €
Rest – (15 €) Menu 18 € – Carte environ 25 €
◆ Une silhouette épurée contrastant avec les singulières architectures du Futuroscope. Chambres pratiques, rénovées en 2009 dans un style actuel et contemporain. Vaste restaurant orné de colonnes, arcades et statues ; plats traditionnels et petite carte "assiettes et rôtisserie".

Ibis Futuroscope 🐾 🏊 🛗 & AC ᴪ 🔥 🅿 VISA 🏧 AE ⬤

av. Thomas Edison – 𝒞 *05 49 49 90 00 – www.ibishotel.com*
140 ch – ♦59/81 € ♦♦59/81 € – ☕ 8 €   **Rest** – (15 €) Menu 19 €
◆ Chambres fonctionnelles, bar-salon confortable, salles de conférences... Cet Ibis séduira autant la clientèle d'affaires que les amoureux de la quatrième dimension. Côté table, décor marin (grand aquarium) et buffets privilégiant les produits de l'océan.

rte de Limoges 10 km par ③, N 147 et rte secondaire – ✉ 86550 Mignaloux

Manoir de Beauvoir 🌿 ≤ 🌳 🐾 🏊 🔞 🛗 & AC ch, ᴪ 🔥 🅿

635 rte de Beauvoir, au golf – 𝒞 *05 49 55 47 47*   VISA 🏧 AE
– www.manoirdebeauvoir.com
45 ch – ♦69/99 € ♦♦69/99 € – ☕ 11 €
Rest – (18 €) Menu 23/29 € – Carte 25/55 €
◆ Les chambres se trouvent dans la maison bourgeoise datant du 19ᵉ s., les appartements avec kitchenette dans la "résidence". Parc de 90 ha et golf de 18 trous. La table du Manoir vous donne le choix entre la salle habillée de boiseries et celle plus british du club-house.

à St-Benoît 4 km au Sud du plan par D 88 – 6 859 h. – alt. 77 m – ✉ 86280

🛈 18, rue Paul Gauvin 𝒞 05 49 88 42 12

%% Passions et Gourmandises (Richard Toix) ≤ 🐾 & 🍴 ⇄ 🅿 VISA 🏧

6 r. du Square – 𝒞 *05 49 61 03 99 – www.passionsetgourmandises.com*
– Fermé 23-27 déc., 2-8 janv., dim. soir, merc. midi et lundi   **BX**v
Rest – (20 €) Menu 29 € (déj. en sem.), 39/85 €
Spéc. Version 2010 d'un vol au vent d'écrevisses. Pavé de bar en croûte de noisette. Gourmandises du pâtissier. **Vins** Vin blanc de pays Charentais, Sauvignon du Poitou.
◆ Séduisante cuisine actuelle dans ce restaurant tout en longueur dont l'espace, la clarté et la blancheur résument l'esprit contemporain. Belle terrasse au bord du ruisseau.

rte d'Angoulême 6 km par ⑤, sortie Hauts-de-Croutelle – ✉ 86240 Croutelle

%%% La Chênaie 🚗 🐾 🅿 VISA 🏧 AE

Les Hauts de Croutelle, lieu dit La Berlanderie, r. du Lejat – 𝒞 *05 49 57 11 52*
– www.la-chenaie.com – Fermé 20 juil.-9 août, vacances de fév., dim. soir et lundi
Rest – Menu 20/46 €
◆ Ancienne ferme joliment restaurée, située en léger retrait de la route. Salle à manger assez cossue ouvrant sur un jardin planté de chênes séculaires. Cuisine au goût du jour.

à Aslonnes par ⑤ : 11 km , D 910, N 10 et route secondaire – 936 h. – alt. 121 m
– ✉ 86340

⌂ **Le Moulin de Port Laverré** sans rest ⌂ ⬧ ⬧ ⬧ ⬧ ⬧ ⬧ ⬧ P
17 Le Port Laverré, rte de Vaintray – ℰ *05 49 61 08 38 – www.moulinlaverre.com*
5 ch ⊑ – ♦65 € ♦♦80 €
♦ Chambres d'hôtes au décor moderne aménagées dans de vieux murs en pierre, idéales pour se détendre. Au programme : billard, piscine, pêche et balades en barque sur le Clain.

POLIGNY – 05 Hautes-Alpes – **334** E4 – 285 h. – alt. 1 062 m – ✉ 05500   **41** C1
▶ Paris 658 – Gap 19 – Marseille 199 – Vizille 71

⌂ **Le Chalet des Alpages** ⬧ ⬧ ⬧ ⬧ ⬧ ⬧ ⬧
Les Forestons, 1,5 km à l'Ouest – ℰ *04 92 23 08 95*
– www.lechaletdesalpages.fr – Fermé 28 mars-21 avril et 14 nov.-8 déc.
5 ch ⊑ – ♦95/130 € ♦♦95/130 €   **Table d'hôte** – Menu 25 € bc
♦ Belle propriété de 6 000 m² d'où l'on admire le col du Noyer, la barrière de Faraud et le Vieux Chaillol. Chambres douillettes d'esprit montagnard ; bain norvégien à l'extérieur. La table d'hôte propose une cuisine mêlant saveurs locales et provençales.

POLIGNY – 39 Jura – **321** E5 – 4 318 h. – alt. 373 m – ✉ 39800   **16** B3
⬛ Franche-Comté Jura
▶ Paris 397 – Besançon 57 – Dole 45 – Lons-le-Saunier 30
🏛 20, place des Déportés ℰ 03 84 37 24 21
◉ Collégiale★ - Culée de Vaux★ S : 2 km - Cirque de Ladoye ⬧★★ S : 2 km.

à Passenans Sud-Ouest : 11 km par D 1083 et D 57 – 292 h. – alt. 320 m
– ✉ 39230

⌂ **Domaine du Revermont** ⬧ ⬧ ⬧ ⬧ ⬧ ⬧ ⬧ ⬧ ⬧ ch, ⬧ ⬧ P
600 rte de Revermont – ℰ *03 84 44 61 02*   ⬧ VISA ⬧ AE
– www.domaine-du-revermont.fr – Fermé 19 déc.-1ᵉʳ mars
28 ch – ♦73/112 € ♦♦73/112 € – ⊑ 13 € – ½ P 73/93 €
Rest – (15 €) Menu 24/48 € – Carte 28/55 €
♦ Dans un environnement privilégié (champs et vignes), cette demeure rénove progressivement ses chambres dans un agréable style actuel. Bon équipement, accueil attentionné. Salle à manger rustique (poutres, pierres, cheminée) et cuisine franc-comtoise actualisée.

POLLIAT – 01 Ain – **328** D3 – 2 296 h. – alt. 260 m – ✉ 01310   **44** B1
▶ Paris 415 – Bourg-en-Bresse 12 – Lyon 74 – Mâcon 26

✕✕ **De la Place** avec ch   ⬧ AC rest, ⬧ P VISA ⬧
51 pl. de la Mairie – ℰ *04 74 30 40 19 – Fermé 24 juil.-14 août, 2-15 janv., jeudi soir, dim. soir et lundi*
7 ch – ♦49 € ♦♦53 € – ⊑ 8 € – ½ P 52 €
Rest – Menu 18 € (déj. en sem.), 25/54 € – Carte 26/48 €
♦ Un décor aux tons lumineux (mobilier rustique ou en fer forgé) où l'on sert, avec le sourire, une goûteuse et généreuse cuisine du terroir. Chambres rénovées.

POLMINHAC – 15 Cantal – **330** D5 – 1 118 h. – alt. 650 m – ✉ 15800   **5** B3
▶ Paris 553 – Aurillac 15 – Murat 34 – Vic-sur-Cère 5
🏛 rue de la Gare ℰ 04 71 47 50 68

⌂ **Au Bon Accueil**   ⬧ ⬧ ⬧ AC rest, ⬧ ⬧ P VISA ⬧
9 allée des Monts d'Auvergne – ℰ *04 71 47 40 21 – www.hotel-bon-accueil.com*
– Fermé 15 oct.-1ᵉʳ déc., dim. soir et lundi
23 ch – ♦44/51 € ♦♦46/56 € – ⊑ 7 € – ½ P 43/47 €
Rest – Menu 11 € (sem.), 17/25 €
♦ Grande bâtisse blanche plantée au milieu des champs. Les chambres sont simples et fonctionnelles ; celles situées à l'arrière profitent d'une vue sur la vallée de la Cère. Au menu, cuisine familiale qui met à l'honneur les légumes du potager.

LA POMARÈDE – 11 Aude – **344** C2 – 169 h. – alt. 304 m – ⊠ 11400 **22** A2

▶ Paris 728 – Auterive 49 – Carcassonne 49 – Castres 38

XXX 🕸
Hostellerie du Château de la Pomarède (Gérald Garcia) avec ch 🕸
Château de la Pomarède 🕸 ⅙ **AC** rest, ℡ 🕸 **P** **VISA** 🕮 **AE** **①**
– ℰ 04 68 60 49 69 – www.hostellerie-lapomarede.fr – Fermé 15 fév.-14 mars
7 ch – 🕈90/110 € 🕈🕈150/195 € – ⊑ 18 €
Rest – *(fermé dim. soir d' oct. à mai, merc. midi de juin à sept., mardi midi et lundi)* (20 €) Menu 43/89 € – Carte 70/90 € 🕸
Spéc. Bonbon au foie et ormeaux du Cotentin sauce aigre douce. Côte de bœuf fumée comme au barbecue, raviole du Royans. Crumble citron meringué. **Vins** Vin de pays du Languedoc. Vin de pays de l'Aude.
♦ Dans la dépendance d'un château "cathare" du 11ᵉ s. Cuisine personnalisée et inventive servie dans une salle à manger mariant avec élégance classique et contemporain, ou sur une terrasse panoramique. Vins régionaux. Chambres modernes.

Le Presbytère 🕸 🕸 🏠 ⅙ ℡ **VISA** 🕮 **AE** **①**
– Fermé 15 fév.-14 mars, dim. soir et lundi soir du 15 sept. au 15 juin
7 ch – 🕈150/200 € 🕈🕈200/250 € – 1 suite – ⊑ 18 € – ½ P 160/185 €
♦ Nouvelles chambres résolument contemporaines dans le presbytère. Beaux matériaux.

POMMARD – 21 Côte-d'Or – **320** I7 – **rattaché à Beaune**

POMMEUSE – 77 Seine-et-Marne – **312** H3 – **rattaché à Coulommiers**

POMMIERS – 69 Rhône – **327** H4 – 2 109 h. – alt. 315 m – ⊠ 69480 **43** E1

▶ Paris 442 – Lyon 32 – Villeurbanne 45 – Vénissieux 45

XX 🕸
Les Terrasses de Pommiers ← 🕸 ⅙ **P** **VISA** 🕮
La Buisante – ℰ 04 74 65 05 27 – www.terrasses-de-pommiers.com
– Fermé vacances de la Toussaint et de fév., mardi et merc.
Rest – (19 € bc) Menu 29/48 € – Carte 42/62 €
♦ Coquette salle à manger-véranda pour déguster une fine cuisine. Belle vue sur la vallée de la Saone et les monts du Lyonnais depuis la terrasse abritée où l'on s'attable en été.

PONS – 17 Charente-Maritime – **324** G6 – 4 454 h. – alt. 39 m **38** B3
– ⊠ 17800 ▮ Poitou Vendée Charentes

▶ Paris 493 – Blaye 64 – Bordeaux 97 – Cognac 24

🄳 place de la République ℰ 05 46 96 13 31

◉ Donjon★ de l'ancien château - Hospice des Pèlerins★ SO par D 732
- Boiseries★ du château d'Usson 1 km par D 249.

🏠
De Bordeaux 🕸 **AC** ch, ℡ **VISA** 🕮
1 av. Gambetta – ℰ 05 46 91 31 12 – www.hotel-de-bordeaux.com
– Fermé vacances de Noël, sam. midi et dim. d'oct. à avril
16 ch – 🕈63 € 🕈🕈68 € – ⊑ 9 € – ½ P 61 €
Rest – (12 €) Menu 16/49 € – Carte 28/43 €
♦ Dans une rue du centre-ville, hôtel centenaire remis au goût du jour proposant de coquettes chambres contemporaines et un bar d'esprit anglais. Le décor du restaurant, ouvert sur un charmant patio-terrasse, s'accorde avec la créativité de la cuisine. Vaste choix de cognacs.

à Pérignac Nord-Est : 8 km par rte de Cognac – 972 h. – alt. 41 m – ⊠ 17800

XX
La Gourmandière 🕸 🕸 **VISA** 🕮
42 av. de Cognac – ℰ 05 46 96 36 01 – Fermé 4-14 juin, 25 janv.-3 fév., mardi et merc. d'oct. à mi-juin sauf fériés et dim. soir de mi-juin à sept.
Rest – Menu 19/68 € bc – Carte 34/52 €
♦ Une charmante maison de village redécorée par ses propriétaires dans un style actuel et chaleureux. Agréable terrasse dressée côté jardin et cuisine au goût du jour.

à Mosnac Sud : 11 km par rte de Bordeaux et D 134 – 465 h. – alt. 23 m – ✉ 17240

 Moulin du Val de Seugne 🐾   🚗 🚲 🏊 & rest, ⚿ ch, ▯ 🛠

– ⌀ 05 46 70 46 16 – www.valdeseugne.com – Fermé   *VISA* ⚫⚫ ⒶⒺ ⓞ
2 janv.-12 fév.
14 ch – ▮109/169 € – ▮▮109/169 € – 🍽 14 € – ½ P 90/120 €
Rest – (21 €) Menu 29/79 € – Carte 47/96 €
♦ Élégante hostellerie au bord de la Seugne. Chambres raffinées décorées de meubles anciens ; luxueuses salles de bains. Salon ouvert sur la roue du moulin. Au restaurant, terrasse tournée vers la rivière et cuisine actuelle à base de produits du terroir.

PONT (LAC DE) – 21 Côte-d'Or – **320** G5 – rattaché à Semur-en-Auxois

---

PONTAILLAC – 17 Charente-Maritime – **324** D6 – rattaché à Royan

---

PONT-A-MOUSSON – 54 Meurthe-et-Moselle – **307** H5 – 13 879 h.   **26** B2
– alt. 180 m – ✉ 54700 ▌ Alsace Lorraine

     ▶ Paris 325 – Metz 31 – Nancy 30 – Toul 48
     🛈 52, place Duroc ⌀ 03 83 81 06 90
     ◙ Place Duroc★ - Anc. abbaye des Prémontrés★.

✗   **Le Fourneau d'Alain**   ⒶⒸ *VISA* ⚫⚫ ⓞ
64 pl. Duroc, (1er étage)
– ⌀ 03 83 82 95 09 – www.lefourneaudalain.com
– Fermé 1er-7 mai, 1er-15 août, merc. soir, dim. soir et lundi
Rest – Menu 28/53 € – Carte 31/48 €
♦ Restaurant sagement contemporain installé sur la place principale, à l'étage d'une des maisons à arcades du 16e s. Tables bien dressées et service sans tralala.

PONTARLIER ◈ – 25 Doubs – **321** I5 – 18 778 h. – alt. 838 m   **17** C2
– ✉ 25300
▌ Franche-Comté Jura
     ▶ Paris 462 – Besançon 60 – Dole 88 – Lausanne 67
     🛈 14 bis, rue de la Gare ⌀ 03 81 46 48 33
     🅖 Pontarlier Les Étraches La Grange des Pauvres, E : 8 km par D 47, ⌀ 03 81 39 14 44
     ◙ Portail★ de l'ancienne chapelle des Annonciades.
     🅖 Grand Taureau ❄★★ par ② : 11 km.

✗✗   **L' Alchimie**   🍸 🔄 *VISA* ⚫⚫ ⒶⒺ
1 av. Armée de l'Est – ⌀ 03 81 46 65 89 – www.l-alchimie.com
– Fermé 17 avril-2 mai, 17 juil.-7 août, 2-14 janv., dim. soir, mardi soir et merc.   **B**e
Rest – Menu 18 € (déj.), 40/70 € – Carte environ 59 €
♦ Le chef-alchimiste prépare des plats inventifs bien pensés en "transmutant" produits régionaux, épices et saveurs exotiques. Cadre tendance, en adéquation avec la cuisine.

à Doubs par ④ : 2 km – 2 405 h. – alt. 813 m – ✉ 25300

✗   **Le Doubs Passage**   Ⓟ *VISA* ⚫⚫
11 Gde Rue, D 130 – ⌀ 03 81 39 72 71
– http://ledoubspassage.monsite-orange.fr
– Fermé 20 août-1er sept., dim. soir, merc. soir et lundi
Rest – Menu 17/30 € – Carte 20/42 €
♦ Cuisine traditionnelle dans une accueillante maison de pays située près du pont enjambant le Doubs. Salle claire et épurée précédée d'une petite galerie agrémentée de volières.

PONTARLIER

Arçon (Pl. d') .... **A** 2
Augustins (R. des) .... **B** 3
Bernardines (Pl. des) ...... **AB** 4
Capucins (R. des) .... **A** 7
Crétin (Pl.) .... **B** 8
Écorces (R. des) .... **A** 12
Gambetta (R.) .... **B** 13

Halle (R. de la) .... **B** 15
Industrie (R. de l') .... **B** 16
Latttre-de-Tassigny
  (Pl. Mar.-de) .... **B** 19
Mathez (R. Jules) .... **B** 26
Mirabeau (R.) .... **B** 27
Moulin Parnet
  (R. du) .... **A** 29
Pagnier (Pl. J.) .... **B** 30
République (R. de la) ...... **AB**

Ste-Anne (R.) .... **AB** 35
St-Étienne (R. du Fg) ...... **B**
St-Pierre (Pl.) .... **A**
Salengro (Pl. R.) .... **A** 36
Tissot (R.) .... **AB** 37
Vannolles (R. de) .... **B** 38
Vieux-Château
  (R. du) .... **A** 39
Villingen-Schwenningen
  (Pl. de) .... **A** 40

PONTAUBAULT – 50 Manche – **303** D8 – 469 h. – alt. 25 m   **32** A3
– ✉ 50220

▶ Paris 345 – Avranches 9 – Dol-de-Bretagne 35 – Fougères 38

Les 13 Assiettes
6 rte de la Quintine, 1 km au Nord sur D 43ᴱ (ancienne rte d'Avranches)
– ☎ 02 33 89 03 03 – www.hotel-le-mont-saint-michel.com
39 ch – ♦55/75 € ♦♦65/85 € – ☷ 10 € – ½ P 57/67 €
Rest – Menu 16/63 € – Carte 23/48 €

◆ Petites chambres dans les bungalows, un peu plus spacieuses dans le bâtiment d'origine (quelques familiales). Lumineuse salle à manger classique, ouverte sur un jardin-terrasse ; plats traditionnels et fruits de mer.

PONTAUBERT – 89 Yonne – **319** G7 – rattaché à Avallon

PONT-AUDEMER – 27 Eure – **304** D5 – 8 761 h. – alt. 15 m   **32** B3
– ✉ 27500 🟢 Normandie Vallée de la Seine

▶ Paris 164 – Caen 74 – Évreux 68 – Le Havre 44

🛈 place Maubert ☎ 02 32 41 08 21

◉ Vitraux★ de l'église St-Ouen.

Belle Isle sur Risle 🏨

112 rte de Rouen, à l'Est par D 810 – ℰ 02 32 56 96 22 – www.bellile.com
– Ouvert 18 mars-15 nov. et 30 déc.-3 janv.
24 ch – ♦109/175 € ♦♦120/264 € – ⊑ 17 € – ½ P 130/216 €
Rest – *(fermé lundi midi, mardi midi et merc. midi)* Menu 38/63 €
– Carte 45/65 €

◆ Sur un îlot de la Risle, ce joli manoir (1856) couvert de verdure se fond dans le paysage d'un superbe parc (2 ha, pêche fluviale). Chambres d'ampleurs variées, bien personnalisées. Restaurant profitant d'une terrasse aménagée au milieu d'arbres bicentenaires.

Erawan

4 r. Sëule – ℰ 02 32 41 12 03 – Fermé août, dim. et lundi
Rest – Menu 20 € – Carte 25/42 €

◆ Carte cent pour cent thaïlandaise et cadre aux trois quarts normand : étonnant contraste, et mariage des cultures réussi en ce charmant restaurant des bords de la Risle.

à Campigny 6 km au Sud-Est par D 810 et D 29 – 836 h. – alt. 121 m – ✉ 27500

Le Petit Coq aux Champs avec ch 🏨

– ℰ 02 32 41 04 19 – www.lepetitcoqauxchamps.fr – Fermé 20 déc.-20 janv., dim. soir et lundi du 1er octobre au 31 mars
12 ch – ♦139/159 € ♦♦139/159 € – ⊑ 13 € – ½ P 124/132 €
Rest – Menu 29 € (déj. en sem.), 39/68 € – Carte 41/101 €

◆ Accueil chaleureux et joli décor rustique actualisé en cette chaumière normande. Belle terrasse face au parc fleuri. Cuisine classique et carte des vins étoffée. Chambres calmes et confortables, quelquefois rajeunies par des tissus de lin coordonnés.

La sélection de ce guide s'enrichit avec vous : vos découvertes et vos commentaires nous intéressent. Faites-nous part de vos satisfactions ou de vos déceptions. Coup de cœur ou coup de colère : écrivez-nous !

PONT-AVEN – 29 Finistère – **308** I7 – 2 953 h. – alt. 18 m – ✉ 29930   **9** B2
🟩 Bretagne

🚹 Paris 536 – Carhaix-Plouguer 65 – Concarneau 15 – Quimper 36
🚹 5, place de l'Hôtel de Ville ℰ 02 98 06 04 70
◙ Promenade au Bois d'Amour★.

Les Ajoncs d'Or

1 pl. Hôtel de Ville – ℰ 02 98 06 02 06 – www.ajoncsdor-pontaven.com
– Fermé 14-21 oct., vacances de fév., dim. soir et lundi hors saison
20 ch – ♦59 € ♦♦59/75 € – ⊑ 8,50 € – ½ P 59 €
Rest – *(fermé lundi d'oct. à mai et dim. soir)* (18 €) Menu 25/46 €
– Carte 32/59 €

◆ Gauguin aurait logé dans cette maison bretonne (1892) située sur la place du village. Calmes et coquettes, les chambres portent des noms de peintres. Repas traditionnel dans une salle claire égayée de tableaux (expo-vente) ou en terrasse. Accueil charmant.

Mimosas

22 square Théodore-Botrel – ℰ 02 98 06 00 30 – www.hotels-pont-aven.com
– Fermé de mi-nov. à mi-déc.
10 ch – ♦55/80 € ♦♦55/80 € – ⊑ 8 €
Rest – *(fermé mardi et merc. sauf vacances scolaires)* (14 €) Menu 21/40 €
– Carte 18/47 €

◆ Maison bretonne sur le port de Pont-Aven. Les chambres, classiques et bien tenues, profitent d'une vue imprenable sur les bateaux. La salle de restaurant se prolonge en une véranda ouverte sur les quais, en adéquation avec la cuisine traditionnelle et marine.

Le Moulin de Rosmadec (Frédéric Sebilleau) avec ch

près du pont, centre ville – ℰ 02 98 06 00 22
– www.moulinderosmadec.com – Fermé 12 nov.-10 déc. et vacances de fév.
5 ch – ♦85/98 € ♦♦85/98 € – ☑ 14 €
Rest *– (fermé lundi midi d'oct. à mai, dim. soir et jeudi)* (28 €) Menu 38 € bc
(sem.), 55/76 € – Carte 50/70 €
Spéc. Parmentier de homard, légumes tièdes en vinaigrette de truffe, ravioles de
chèvre. Blanc de Saint-pierre grillé aux artichauts poivrade et tomates confites.
Crêpes soufflées au citron, coulis muroise.
♦ Ce moulin du 15ᵉ s. cache une salle rustique soignée (nouveaux luminaires), et
une terrasse ombragée au bord de l'eau. Séduisante cuisine, entre tradition et
modernité. Belles chambres au décor épuré (tons blancs), avec vue sur le bief.

Sur le Pont …

11 pl. Paul-Gauguin – ℰ 02 98 06 16 16 *– www.surlepont.fr – Fermé mardi soir
hors saison, dim. soir sauf juil.-août et merc.*
Rest *–* (18 €) Menu 22 € (déj. en sem.)/28 € – Carte 40/50 €
♦ Un bistrot branché proposant une attrayante cuisine au goût du jour. Ce fut
aussi le lieu de tournage du célèbre film "Les Galettes de Pont-Aven" avec J.-P.
Marielle.

rte de Concarneau Ouest : 4 km par D 783 – ☒ 29930 Pont-Aven

La Taupinière

Croissant St-André – ℰ 02 98 06 03 12 *– www.la-taupiniere.com
– Fermé 16-22 mars, 19 sept.-13 oct., lundi et mardi*
Rest – Menu 53/88 € – Carte 65/100 €
♦ Une jolie chaumière dans la campagne, cachant un décor rustique animé par le
spectacle des fourneaux… Cuisine de la mer traditionnelle, faisant la part belle aux
langoustines.

PONTCHARTRAIN – 78 Yvelines – 311 H3 – ☒ 78760   18 A2

▶ Paris 37 – Dreux 42 – Mantes-la-Jolie 31 – Montfort-l'Amaury 10
Isabella à Plaisir Sainte Appoline, E : 3 km, ℰ 01 30 54 10 62
Domaine de Thoiry★★ NO : 12 km **Ile de France.**

Bistro Gourmand

7 rte du Pontel, (N 12) – ℰ 01 34 89 25 36 *– www.bistrogourmand.fr – Fermé
dim. soir, merc. soir et lundi*
Rest *–* (32 €) Menu 38/46 €
♦ Au menu, cuisine traditionnelle teintée de touches actuelles et suggestions à
l'ardoise. Salle classique (bordeaux et grise) et terrasse au calme pour les beaux
jours.

à Ste-Apolline Est : 3 km par N 12 et D 134 – ☒ 78370 Plaisir

La Maison des Bois

av. d'Armorique – ℰ 01 30 54 23 17 *– www.lamaisondesbois.fr – Fermé
4-25 août, dim. soir, merc. soir et jeudi*
Rest – Menu 45 € – Carte 45/72 €
♦ Dans la même famille depuis 1926, cette auberge typique abrite deux salles
cossues, l'une ouverte sur le jardin et la terrasse. Carte traditionnelle et suggestions du marché.

PONT-CROIX – 29 Finistère – 308 E6 – 1 695 h. – alt. 25 m – ☒ 29790   9 A2
Bretagne

▶ Paris 602 – Brest 105 – Quimper 40 – Rennes 251
rue Laënnec ℰ 02 98 70 40 38

L'Orée du Cap *sans rest*

29 r. du Goyen – ℰ 02 98 70 47 10 *– www.oreeducapsizun.com – Fermé
30 déc.-1ᵉʳ mars*
4 ch ☑ – ♦50/53 € ♦♦53/65 €
♦ Chambres personnalisées et cosy dans cette maison parfaitement tenue. Paisible
jardin fleuri et petits-déjeuners soignés (produits maison). Un charme indéniable.

⛩ **Villa les Hortensias** ⌖   🖨 ⍓ 🛜 P
rte de Lochrist – ℰ 02 98 70 56 85 – www.villa-leshortensias.com
5 ch ⌂ – ❙55 € ❙❙55/70 €   **Table d'hôte** – Menu 22 € bc
◆ Dans son grand jardin, cette villa bretonne entourée d'hortensias abrite cinq chambres à thème (Louis XV, chinois, romantique, charme ou familial). Décoration soignée ; bon accueil et calme garantis. Table d'hôte sur demande hors saison.

PONT-DE-BRIQUES – 62 Pas-de-Calais – **301** C3 – rattaché à Boulogne-sur-Mer

PONT-DE-CHAZEY-VILLIEU – 01 Ain – **328** E5 – rattaché à Meximieux

PONT-DE-CHERUY – 38 Isère – **333** E3 – 4 778 h. – alt. 220 m – ⌧ 38230   **44** B1
▶ Paris 486 – Belley 57 – Bourgoin-Jallieu 22 – Grenoble 89

🏠 **Bergeron**   🛜 P 🚗 VISA ⦿ AE
3 r. Giffard, (près de l'église) – ℰ 04 78 32 10 08 – www.hotelbergeron.com – Fermé 1 sem. en août
17 ch – ❙32/53 € ❙❙45/67 € – ⌂ 6 € – ½ P 57 €
Rest – *(fermé le midi, sam. et dim.)* Menu 13/25 €
◆ Adresse modeste mais bien tenue. Chambres rustiques (avec écrans plats), plus spacieuses dans la maison principale et plus calmes côté jardin. Annexe simplement aménagée. Cuisine traditionnelle servie dans la salle à manger campagnarde ou sur la terrasse provençale.

PONT-DE-DORE – 63 Puy-de-Dôme – **326** H7 – rattaché à Thiers

PONT-DE-FILLINGES – 74 Haute-Savoie – **328** L4 – rattaché à Bonne

PONT-DE-L'ARCHE – 27 Eure – **304** G6 – 3 898 h. – alt. 20 m   **33** D2
– ⌧ 27340 ▮ Normandie Vallée de la Seine
▶ Paris 114 – Les Andelys 30 – Elbeuf 15 – Évreux 36

🏨 **De la Tour** sans rest   🖨 ⍓ 🛜 P VISA ⦿ AE ①
41 quai Foch – ℰ 02 35 23 00 99 – www.hoteldelatour.org – Fermé 8-27 août et 24 déc.-2 janv.
18 ch – ❙68 € ❙❙72 € – ⌂ 9 €
◆ Deux pimpantes maisons mitoyennes adossées aux remparts. Dans les chambres personnalisées, couleurs vives, mobilier de style et tenue sans reproche. Accueil familial.

🍴🍴 **La Pomme**   🖨 🏡 ⍓ P VISA ⦿
aux Damps 1,5 km au bord de l'Eure – ℰ 02 35 23 00 46 – www.laubergedelapomme.com
Rest – (29 €) Menu 42/84 € bc – Carte 65/87 €
◆ Aménagé dans une belle demeure normande à colombages située sur les bords de l'Eure, ce restaurant au cadre douillet et gentiment champêtre propose une cuisine au goût du jour.

PONT-DE-L'ISÈRE – 26 Drôme – **332** C3 – rattaché à Valence

LE PONT-DE-PACÉ – 35 Ille-et-Vilaine – **309** L6 – rattaché à Rennes

PONT-DE-ROIDE – 25 Doubs – **321** K2 – 4 639 h. – alt. 351 m   **17** C2
– ⌧ 25150 ▮ Franche-Comté Jura
▶ Paris 478 – Belfort 36 – Besançon 77 – La Chaux-de-Fonds 55

🍴 **La Tannerie**   🏡 VISA ⦿ AE
1 pl. Gén. de Gaulle – ℰ 03 81 92 48 21 – Fermé dim. soir, jeudi soir et merc.
Rest – Menu 12 € (déj. en sem.)/26 € – Carte 22/50 €
◆ Au pied du pont, une maison ancienne avec sa salle chaleureuse et sa terrasse surplombant le Doubs. Plats traditionnels et truites du vivier ; suggestions à l'ardoise.

PONT-DES-SABLES – 47 Lot-et-Garonne – **336** C3 – rattaché à Marmande

PONT-DE-VAUX – 01 Ain – **328** C2 – 2 102 h. – alt. 177 m – ⌧ 01190　　**44** B1

　▶ Paris 380 – Bourg-en-Bresse 40 – Lons-le-Saunier 69 – Mâcon 24
　🛈 Place de Dornhan　☎ 03 85 30 30 02

XXX　　**Le Raisin** avec ch　　　　　　　　　　　よ AC rest, ☏ P VISA ⦾ AE ⓪

　2 pl. M.-Poisat – ☎ 03 85 30 30 97 – www.leraisin.com – Fermé 9 janv.-11 fév.,
　dim. soir sauf juil.-août, mardi midi et lundi
　18 ch – ♦65 € ♦♦70 € – ⊇ 9 €　**Rest** – Menu 25/65 € – Carte 47/64 €
　◆ Dès l'entrée de cette maison bressane, le vieux fourneau et les ustensiles de cui-
　vre donnent le ton : ici, le terroir et la tradition sont à l'honneur. Chambres d'esprit
　"auberge" dans la bâtisse d'origine ; fonctionnelles et actuelles dans l'extension.

XX　　**Les Platanes** avec ch　　　　　　　　　⇌ 🛁 AC ch, ☏ P VISA ⦾ AE

　aux Quatre-Vents – ☎ 03 85 30 32 84 – www.hotelplatanes.com – Fermé
　20 fév.-20 mars, vend. midi et jeudi
　8 ch – ♦60 € ♦♦60/72 € – ⊇ 9 € – ½ P 52/56 €
　Rest – (17 € bc) Menu 26/65 € – Carte 32/47 €
　◆ Coquette salle à manger rustique, belle terrasse sous les platanes, cuisine bres-
　sane généreuse et chambres simples (demandez l'une de celles qui ont été réno-
　vées) font de cette auberge une sympathique étape.

à St-Bénigne Nord-Est : 2 km sur D 2 – 1 072 h. – alt. 208 m – ⌧ 01190

X　　**St-Bénigne**　　　　　　　　　　　　　　　⇌ AC P VISA ⦾

　– ☎ 03 85 30 96 48 – Fermé 19 déc.-10 janv., 15-28 fév., lundi et le soir sauf sam.
　Rest – Menu 13 € (déj. en sem.), 21/36 € – Carte 23/42 € le midi
　◆ On vient ici pour... les grenouilles, la spécialité maison. Le chef mitonne des plats
　régionaux servis dans une salle à manger rustique ou dans une autre plus coquette.

PONT-D'OUILLY – 14 Calvados – **303** J6 – 1 040 h. – alt. 65 m　　**32** B2
– ⌧ 14690　🟩 Normandie Cotentin

　▶ Paris 230 – Briouze 24 – Caen 41 – Falaise 20
　🛈 boulevard de la Noë　☎ 02 31 69 29 86
　◉ Roche d'Oëtre★★　S : 6,5 km.

🏨　　**Du Commerce**　　　　　　　　　⇌ 🛁 ☏ P VISA ⦾ AE ⓪

　8 r. de la Vᵉᵐᵉ République – ☎ 02 31 69 80 16 – www.relaisducommerce.fr
　– Fermé 3-27 janv., dim. soir et lundi
　12 ch – ♦60 € ♦♦74 € – ⊇ 8 € – ½ P 75 €
　Rest – (14 €) Menu 16 € (sem.), 25/53 € – Carte 35/85 €
　◆ Dans un charmant village de la Suisse normande, cet hôtel totalement renové
　a pris un nouveau départ. Vous disposerez de chambres fraîches et bien tenues.
　Fruits de mer et plats traditionnels, comme la tête de veau, à déguster dans une
　ambiance classique ou en terrasse.

PONT-DU-BOUCHET – 63 Puy-de-Dôme – **326** D7 – ⌧ 63770　　**5** B2
Les Ancizes Comps

　▶ Paris 390 – Clermont-Ferrand 39 – Pontaumur 13 – Riom 36
　◉ Méandre de Queuille★★　NE : 11,5 km puis 15 mn 🟩 Auvergne

🏨　　**La Crémaillère** ⌾　　　　　　　　　⇌ 🛁 🛁 ⅍ ☏ P VISA ⦾

　– ☎ 04 73 86 80 07 – www.hotel-restaurant-cremaillere.com – Fermé
　29 août-3 sept., 16 déc.-15 janv., vend. soir, dim. soir et sam. hors saison
　16 ch – ♦45/47 € ♦♦47/49 € – ⊇ 8 € – ½ P 44/49 €
　Rest – Menu 15 € (sem.), 20/42 € – Carte 22/59 €
　◆ Une vraie bouffée d'oxygène ! Un établissement familial, dans la plus pure tra-
　dition des auberges de village, au-dessus du lac. Côté restaurant, décor campa-
　gnard et plats régionaux.

PONT-DU-CHAMBON – 19 Corrèze – **329** N4 – rattaché à Marcillac-la-Croisille

---

PONT-DU-CHÂTEAU – 63 Puy-de-Dôme – **326** G8 – 10 102 h.　　**5** B2
– alt. 365 m – ⌧ 63430　🟩 Auvergne

　▶ Paris 418 – Billom 13 – Clermont-Ferrand 16 – Riom 21
　🛈 rond-point de Montboissier　☎ 04 73 83 37 42

L'Estredelle
≤ 🛜 ⚅ ch, ⁇ 🏋 🅿 🚗 VISA 🔵

24 r. du Pont – 𝒞 04 73 83 28 18 – www.hotel-estredelle.com
– Fermé 24 déc.-3 janv., dim. soir et soirs fériés
44 ch – †46 € ††49 € – 🛏 7 € – ½ P 46 €
Rest – (12 € bc) Menu 19/31 € – Carte 19/41 €

♦ Dans l'ancien quartier de la batellerie, trois pavillons modernes dominant l'Allier. Chambres fonctionnelles, parfaitement tenues, certaines avec vue sur la rivière. Grande salle de restaurant (style contemporain) et terrasse panoramiques ; carte traditionnelle.

Auberge du Pont
≤ 🛜 AC ⬦ 🅿 VISA 🔵

70 av. Dr.-Besserve – 𝒞 04 73 83 00 36 – www.auberge-du-pont.com – Fermé 19-25 avril, 15 août-6 sept., 1ᵉʳ-15 janv., dim. soir, lundi soir, mardi soir et merc.
Rest – Menu 20 € (déj. en sem.), 29/95 € bc – Carte 48/80 €

♦ La terrasse verdoyante de ce relais de batellerie du 19ᵉ s. borde l'Allier. La cuisine du jeune chef s'inspire de ses origines bretonnes et de son Auvergne d'adoption.

Le Calliope
AC VISA 🔵 AE

6 r. de la Poste – 𝒞 04 73 83 50 03 – www.restaurant-calliope.com
– Fermé 1ᵉʳ-16 août, 4-18 janv., dim. soir, lundi et merc.
Rest – (12 €) Menu 17 € (déj. en sem.), 27/46 € – Carte environ 43 €

♦ Au centre du bourg, on reconnaît ce restaurant grâce à son élégante façade. Côté fourneaux, le chef propose une cuisine mariant tradition et saveurs actuelles.

PONT-DU-GARD – 30 Gard – 339 M5 – ⊠ 30210 Vers Pont du Gard   23 D2
🟩 Languedoc Roussillon

▶ Paris 688 – Alès 48 – Arles 40 – Avignon 26
◉ Pont-aqueduc romain ★★★.

à Castillon-du-Gard Nord-Est : 4 km par D 19 et D 228 – 1 152 h. – ⊠ 30210

Le Vieux Castillon 🍃
🚗 🛜 ⼦ 🍽 ⚅ ch, AC 🏋 🅿 VISA 🔵 AE ⓪

r. Turion-Sabatier – 𝒞 04 66 37 61 61 – www.vieuxcastillon.com – Fermé 2 janv.-14 fév.
30 ch – †205/390 € ††205/390 € – 3 suites – 🛏 20 € – ½ P 206/310 €
Rest – (fermé lundi midi et mardi midi) Menu 55/120 € – Carte 55/125 € le soir
Spéc. Sphère de foie gras de canard confit. Filet de rouget barbet "aller et retour". Pêche de vigne en mousse légère et dés de brugnon rôtis au miel (été). **Vins** Costières de Nîmes, Lirac.

♦ Au cœur de ce beau village médiéval qui domine la région, un hôtel au luxe discret : vieilles pierres, patios et terrasses, décor provençal, grand confort... Au restaurant, poutres apparentes, couleurs du Sud et cuisine gastronomique gorgée de soleil.

L'Amphitryon
🛜 ⚅ VISA 🔵

pl. 8 Mai 1945 – 𝒞 04 66 37 05 04 – Fermé mardi sauf juil.-août et merc.
Rest – Menu 48/57 € – Carte 60/85 €

♦ Voûtes, pierre brute et touches modernes composent le cadre de cette demeure ancienne. Joli patio pour l'été. Cuisine régionale actualisée, ambiance à la fois chic et conviviale.

à Collias Ouest : 7 km par D 981, D 112 et D 3 – 953 h. – alt. 45 m – ⊠ 30210

Hostellerie Le Castellas 🍃
🚗 🛜 ⼦ AC ch, ⁇ 🅿 VISA 🔵 AE ⓪

Grand'rue – 𝒞 04 66 22 88 88 – www.lecastellas.com – Fermé 24 janv.-3 mars
15 ch – †70/210 € ††90/210 € – 2 suites – 🛏 18 € – ½ P 150/200 €
Rest – (fermé 14 nov.-16 déc., 24 janv.-3 mars, mardi d'oct. à mai et merc.)
(32 €) Menu 42 € (déj. en sem.), 60/160 € – Carte 100/160 €
Spéc. Bouillon léger aux cocos de Paimpol et Saint-Jacques justes raidies (oct. à mars). Bœuf de race Aubrac en trois versions. Gelée tremblotante de pêche infusée à la verveine citron, espuma champagne (juin à sept.). **Vins** Costières de Nîmes, Côtes du Rhône-Villages.

♦ Parenthèse de plaisir dans cette hostellerie en pierre du pays (17ᵉ s.), qui ouvre sur un jardin verdoyant... Les chambres sont confortables, aux styles variés : provençal, ethnique, moderne, etc. La table est excellente, sublimant les saisons et défendant – fait remarquable – la simplicité dans la sophistication...

Le Gardon 🐟

Campchestève – ℰ 04 66 22 80 54 – www.hotel-le-gardon.com
– *Ouvert 27 fév.-4 nov.*
14 ch – ♦69/79 € ♦♦69/79 € – ☷ 10 € – ½ P 65/71 €
Rest – *(fermé le midi du lundi au vend. et lundi soir sauf juil.-août)*
Menu 22/44 € – Carte 34/45 €
◆ Agréable refuge dans la garrigue, cet hôtel récent bordé par une oliveraie respire la sérénité. Jardin, piscine et chambres confortables (mobilier en fer forgé). Cuisine du Sud teintée d'épices à déguster sous la véranda ou en terrasse ; tout est maison !

à Vers-Pont-du-Gard 3,5 km au Nord par D 19 et D 112 – 1 566 h. – alt. 40 m
– ⊠ 30210

Lisa M avec ch

3 pl. de la Madone – ℰ 04 66 22 92 12 – www.lisam.fr – *Fermé 20 janv.-14 fév.*
4 ch ☷ – ♦120/140 € ♦♦120/140 €
Rest – *(fermé lundi et mardi) (dîner seult) (nombre de couverts limité, prévenir)*
Menu 52/59 €
◆ Cette maison ancienne est un petit bijou : décor romantique, tons gris perle et ivoire, tomettes blondes, salons voûtés, patio... Lisa Muncan concocte chaque jour un joli menu unique, actuel et créatif. Quelques chambres au charme d'antan.

PONT-EN-ROYANS – 38 Isère – 333 F7 – 878 h. – alt. 197 m   43 E2
– ⊠ 38680 ▮ Alpes du Nord

▶ Paris 604 – Grenoble 63 – Lyon 143 – Valence 45
🛈 Grande rue ℰ 04 76 36 09 10

Du Musée de l'Eau

pl. Breuil – ℰ 04 76 36 15 53 – www.musee-eau.com – *Fermé 3-16 janv.*
31 ch – ♦40 € ♦♦52/60 € – ☷ 7 € – ½ P 47/52 €
Rest – *(fermé dim. soir de nov. à mars)* (13 €) Menu 16/36 €
– Carte 20/37 €
◆ Grand bâtiment rénové surplombant la Bourne. Petites chambres dotées de mobilier design ; certaines ouvrent sur la montagne et le village suspendu. Salle à manger aux lignes épurées, prolongée d'une terrasse avec brumisateurs. Bar à eaux.

LE PONTET – 84 Vaucluse – 332 C10 – rattaché à Avignon

PONTGIBAUD – 63 Puy-de-Dôme – 326 E8 – 768 h. – alt. 735 m   5 B2
– ⊠ 63230 ▮ Auvergne

▶ Paris 432 – Aubusson 68 – Clermont-Ferrand 23 – Le Mont-Dore 37
🛈 rue du Commerce ℰ 04 73 88 90 99

Poste avec ch

pl. de la République – ℰ 04 73 88 70 02 – www.hoteldelaposte-pontgibaud.com
– *Fermé 26 fév.-14 mars, dim. soir et lundi d'oct. à mai*
10 ch – ♦41/49 € ♦♦41/49 € – ☷ 6,50 € – ½ P 45 €
Rest – (13 €) Menu 20/48 € – Carte 32/65 €
◆ Maison de pays séculaire au cœur d'un bourg tranquille. Parquet peint de Hongrie bien ciré, lustres et tables bourgeoises agrémentent la salle à manger ; recettes régionales. Chambres simples et bien tenues.

à La Courteix Est : 4 km sur D 941ᴮ – ⊠ 63230 St-Ours

L'Ours des Roches

– ℰ 04 73 88 92 80 – www.oursdesroches.com – *Fermé 2-22 janv., 1 sem. en sept., mardi d'oct. à juin, dim. soir et lundi sauf fériés*
Rest – (19 € bc) Menu 26/68 € – Carte 43/75 €
◆ Non loin de Vulcania, sous les voûtes d'une ancienne bergerie : un cadre de pierre pour une cuisine de douceur, signée par un chef amoureux du produit (inspiration régionale).

PONTHIERRY – 77 Seine-et-Marne – **312** E4 – ⊠ **77310** St Fargeau   **19** C2
Ponthierry

▶ Paris 44 – Corbeil-Essonnes 12 – Étampes 35 – Fontainebleau 20

XXX **L'Inédit**   🕭 AC ⇄ P VISA ◎ ①
20 av. de Fontainebleau, à Pringy - D 607 – ℰ *01 60 65 57 75 – www.linedit.fr*
– Fermé août, dim. soir, mardi et merc.
Rest – (25 €) Menu 38 € – Carte 61/82 € 🍴

♦ Souhaitons que cet Inédit ne cesse de surprendre ! La cuisine, créative, privilégie notamment la truffe, les champignons et le gibier en saison. Élégant
décor tout de blanc et de brun.

PONTIVY ◁◐▷ – 56 Morbihan – **308** N6 – 13 518 h. – alt. 99 m   **10** C2
– ⊠ **56300** ▍Bretagne

▶ Paris 460 – Lorient 59 – Rennes 110 – St-Brieuc 58

🅸 61, rue du Général de Gaulle ℰ 02 97 25 04 10

🅶 de Rimaison à Bieuzy, S : 15 km par D 768, ℰ 02 97 27 74 03

◉ Maisons anciennes ★.

🏠 **Le Rohan** sans rest   🕭 ⓦ 🖧 P VISA ◎ AE
90 r. Nationale – ℰ *02 97 25 02 01 – www.hotelpontivy.com – Fermé 25 déc.-2 janv.*
16 ch – †62/72 € ††72/82 € – ⊡ 12 €   **Zu**

♦ Belle demeure fin 19ᵉ sur la rue principale de Pontivy. Orientale, marine, romantique, BD ou cinéma : chaque chambre est unique ; toutes sont douillettes...

🏠 **L'Europe** sans rest   🕭 ⓦ P VISA ◎ AE
12 r. François Mitterrand – ℰ *02 97 25 11 14 – www.hotellerieurope.com – Fermé*
27 déc.-2 janv.
18 ch – †65/120 € ††75/140 € – ⊡ 10 € – ½ P 73/105 €   **Zt**

♦ Dans cette maison Napoléon III, les chambres sont classiques, et l'on prend son
petit-déjeuner dans un salon à l'élégance bourgeoise (parquet et boiseries) ou
sous une jolie véranda.

PONTIVY

Anne-de-Bretagne (Pl.) . . . . **Y** 2
Cainain (R.) . . . . **Z** 3
Couvent (Q. du) . . . . **Y** 4
Dr-Guépin (R. du) . . . . **Y** 5
Fil (R. du) . . . . **Y** 6
Friedland (R. de) . . . . **Y** 8
Gaulle (R. du Gén.-de) . . . . **Y** 9
Le Goff (R.) . . . . **Z** 16
Jean-Jaurès (R.) . . . . **Z** 10
Lamennais (R. J.-M. de) . . . . . . **Z** 13
Lorois (R.) . . . . **Z** 17
Marengo (R.) . . . . **Z** 19
Martray (Pl. du) . . . . **Y** 20
Mitterrand (R. François) . . . . . . **Z** 24
Nationale (R.) . . . . **YZ**
Niémen (Q.) . . . . **Y** 27
Plessis (Q. du) . . . . **YZ** 29
Pont (R. du) . . . . **Y** 28
Presbourg (Q.) . . . . **Y** 32
Récollets (Q. des) . . . . **Y** 33
Viollard (Bd) . . . . **Z** 38

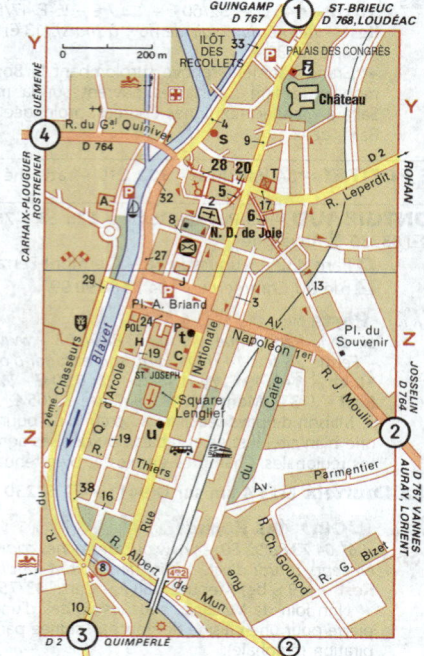

XX **La Pommeraie** `VISA` `CO` `AE`

17 quai du Couvent – ℰ 02 97 25 60 09 – Fermé 30 avril-9 mai, 19 août-5 sept.,
26 déc.-3 janv., dim. et lundi   **Ys**
Rest – (18 €) Menu 27/56 € – Carte 39/46 €

◆ Des plats tout en simplicité et finement cuisinés, de bons produits du terroir...
Cette Pommeraie à la façade framboise et citron ne manque pas de piquant !

PONT-L'ABBÉ – 29 Finistère – **308** F7 – 8 132 h. – alt. 5 m – ✉ 29120   **9** A2
🟩 Bretagne

▶ Paris 573 – Douarnenez 33 – Quimper 20

ℹ 11 place Gambetta ℰ 02 98 82 37 99

ⓖ Manoir de Kerazan★ 3 km par ② - Calvaire★★ de la chapelle
   N.-D.-de-Tronoën O : 8 km.

🏠 **De Bretagne** `VISA` `CO` `AE`

24 pl. de la République – ℰ 02 98 87 17 22 – www.hoteldebretagne29.com
18 ch – ♦46/62 € ♦♦51/67 € – ☄ 8 € – ½ P 66/70 €
Rest – *(fermé lundi midi)* (13 €) Menu 16 € (déj. en sem.), 26/41 €
– Carte 28/78 €

◆ Sans prétention, les petites chambres de cet hôtel familial du centre-ville,
sobrement meublées mais bien tenues, offrent une étape calme et pratique. Cuisine de la mer dans une salle à manger rustique régionale ou sur la terrasse dressée dans la cour intérieure.

PONT-L'ÉVÊQUE – 14 Calvados – **303** N4 – 4 158 h. – alt. 12 m   **32** A3
– ✉ 14130 🟩 Normandie Vallée de la Seine

▶ Paris 190 – Caen 49 – Le Havre 43 – Rouen 78

ℹ 16 bis, Place Jean Bureau ℰ 02 31 64 12 77

🏌 de Saint-Julien, SE : 3 km par D 579, ℰ 02 31 64 30 30

ⓖ La belle époque de l'automobile★ au Sud par D 48.

🏨 **Le Lion d'Or** sans rest   `VISA` `CO` `AE` `①`

8 pl. Calvaire – ℰ 02 31 65 01 55 – www.leliondorhotel.com
25 ch – ♦69/120 € ♦♦69/160 € – ☄ 12 €

◆ Cet ancien relais de poste du 17ᵉ s. propose des chambres sobres (mobilier en
fer forgé), la plupart en duplex. Petit-déjeuner servi dans le salon-bar décoré d'objets chinés.

à St-Martin-aux-Chartrains 3 km par D 677, direction Deauville – 382 h.
– alt. 13 m – ✉ 14130

🏨 **Mercure** `rest` `VISA` `CO` `AE` `①`

– ℰ 02 31 64 40 40 – www.hoteldeauville.fr
63 ch – ♦87/122 € ♦♦97/155 € – ☄ 13 €
Rest – *(fermé sam. midi et dim. midi sauf en juil.-août)* (18 €) Menu 21 €
– Carte 28/41 € le soir

◆ Au calme d'un parc avec un plan d'eau, un hôtel contemporain aux chambres
confortables (certaines plus vastes), meublées classiquement et bien tenues.
Nombreux espaces séminaires. Salle à manger aux grandes baies vitrées, où l'on
sert des plats de type brasserie. Terrasse.

🏠 **Manoir le Mesnil** sans rest   `P`

rte de Trouville – ℰ 02 31 64 71 01 – www.manoirlemesnil.com – Fermé en mars
et en nov.
5 ch ☄ – ♦70 € ♦♦75 €

◆ Demeure (fin 19ᵉ s.) ouverte sur un petit domaine. Chambres personnalisées et
deux studios. L'accueillante maîtresse de maison prépare des petits-déjeuners
gourmands servis au salon-bibliothèque.

à Pierrefitte-en-Auge 5 km au Sud-Est par D 48 et D 280^A – 143 h. – alt. 59 m – ✉ 14130

※ **Auberge des Deux Tonneaux** ≤ ⌂ VISA ◉◉

– ✆ 02 31 64 09 31 – www.aubergedesdeuxtonneaux.com – Fermé lundi soir et mardi

Rest – Carte 26/50 €

♦ Ravissante chaumière avec sa terrasse ombragée face à la vallée. L'intérieur rustique rappelle l'esprit d'un pub anglais. Copieuse cuisine de terroir (boudin, tripes, teurgoule).

PONTLEVOY – 41 Loir-et-Cher – **318** E7 – 1 540 h. – alt. 99 m   **11** A1
– ✉ 41400 🟢 Châteaux de la Loire

▶ Paris 211 – Amboise 25 – Blois 27 – Montrichard 9

🔢 5, rue du Collège ✆ 02 54 71 60 77

◎ Ancienne abbaye ★.

※※ **De l'École** avec ch ⇔ ⌂ 🛜 P P VISA ◉◉

12 rte Montrichard – ✆ 02 54 32 50 30 – www.hotelrestaurantdelecole.com – Fermé deux sem. en déc., deux sem. en janv. et une sem. en fév.

10 ch – †60/85 € ††60/85 € – ⟷ 10 € – ½ P 67 €

Rest – (fermé dim. soir, lundi et merc. sauf juil.-août et fériés) (prévenir le week-end) (19 €) Menu 24/56 € – Carte 29/62 €

♦ Cuisine traditionnelle dans une jolie maison ligérienne abritant deux salles rustiques, dont l'une avec cheminée. En été, on s'installe dans le jardin fleuri où murmure une fontaine... Chambres peu à peu rénovées dans un style contemporain ; copieux petit-déjeuner.

PONTOISE – 95 Val-d'Oise – **305** D6 – **106** 5 – **101** 3 – **voir à Paris, Environs** (Cergy-Pontoise)

PONT-RÉAN – 35 Ille-et-Vilaine – **309** L6 – ✉ 35580 Guichen   **10** D2

▶ Paris 361 – Châteaubriant 57 – Fougères 67 – Nozay 60

※※ **Auberge de Réan** ⌂ ♿ 🅰️🅲 ⅋ ⇔ VISA ◉◉ 🆎

86 rte de Redon – ✆ 02 99 42 24 80 – www.auberge-de-rean.com – Fermé dim. soir et lundi

Rest – (15 € bc) Menu 20 € (déj. en sem.), 28/55 € – Carte 36/69 €

♦ Maison bretonne postée face au pont de pierre (18e s.) qui enjambe la Vilaine. Salle à manger aux couleurs ensoleillées, jolie terrasse tournée vers la rivière et carte actuelle.

PONT-ST-PIERRE – 27 Eure – **304** H5 – 1 111 h. – alt. 15 m   **33** D2
– ✉ 27360 🟢 Normandie Vallée de la Seine

▶ Paris 106 – Les Andelys 20 – Évreux 47 – Louviers 23

◎ Boiseries ★ de l'église - Côte des Deux-Amants ≤ ★★ SO : 4,5 km puis 15 mn - Ruines de l'abbaye de Fontaine-Guérard ★ NE : 3 km.

※※ **Auberge de l'Andelle** VISA ◉◉ 🆎

27 Grande Rue – ✆ 02 32 49 70 18 – www.aubergedelandelle.fr

Rest – (18 €) Menu 22 € (sem.), 25/65 € – Carte 42/94 €

♦ Le cadre rustique égayé d'une cheminée en pierre et un espace recélant de multiples recoins font le charme de cette auberge normande. Sympathique carte traditionnelle.

PONT-STE-MARIE – 10 Aube – **313** E4 – **rattaché à Troyes**

PONT-SCORFF – 56 Morbihan – **308** K8 – 3 037 h. – alt. 42 m   **9** B2
– ✉ 56620 🟢 Bretagne

▶ Paris 503 – Lanester 13 – Lorient 13 – Rennes 152

🔢 route de Lorient ✆ 02 97 32 50 27

✗✗ **Laurent Le Berrigaud** 🛋 ⚐ 🅿 VISA ⓪ AE

Le Moulin des Princes – ℰ 02 97 32 42 07 – www.laurentleberrigaud.com – Fermé dim. soir et lundi

Rest – (20 €) Menu 47 € (dîner)/57 €

♦ Un moulin alliant pierres, poutres et tomettes, une terrasse sur pilotis donnant sur un riant cours d'eau... ce lieu est charmant ; on y savoure une cuisine inventive et ludique.

✗ **L'Art Gourmand** ⚐ AC VISA ⓪ AE
🍴

14 pl. de la Maison-des-Princes – ℰ 02 97 32 65 08 – Fermé 1 sem. en fév., 1 sem. en juil. et le merc.

🍴 **Rest** – (nombre de couverts limité, prévenir) (12 €) Menu 18/30 € – Carte 31/43 €

♦ Merlu rôti et sauce aux épices douces ; poire pochée, vin chaud et financier... Ce petit restaurant allie simplicité et sens du détail, ce qui est loin d'être l'enfance de l'art !

LES PONTS-NEUFS – 22 Côtes-d'Armor – **309** G3 – ✉ 22400   **10** C2
Morieux

▶ Paris 441 – Dinan 51 – Dinard 52 – Lamballe 9

✗✗ **La Cascade** ≼ 🅿 VISA ⓪ AE

4 r. des Ponts Neufs, sur D 786 – ℰ 02 96 32 82 20
– www.restaurantlacascade.com – Fermé mardi soir, merc. soir et jeudi soir du 16 sept. au 14 juin, dim. soir et lundi

Rest – Menu 23 € (déj.), 32/50 € – Carte 38/69 €

♦ De la salle à manger, vous profiterez de la vue sur l'étang. Le cadre est contemporain, associé à une séduisante cuisine traditionnelle.

PORNIC – 44 Loire-Atlantique – **316** D5 – 13 681 h. – alt. 20 m   **34** A2
– Casino : le Môle – ✉ 44210 🟩 Bretagne

▶ Paris 429 – Nantes 49 – La Roche-s-Yon 89 – Les Sables-d'Olonne 93

🛈 place de la Gare ℰ 02 40 82 04 40

⛳ de Pornic Avenue Scalby Newby, O : 1km, ℰ 02 40 82 06 69

🏨 **Alliance** ⊗ ≼ 🔲 ⊕ Ⅰ⅙ ✗ 🛋 🆒 AC rest, ✗ 🍸 ⅍ 🅿 VISA ⓪ AE ⓪

plage de la Source, 1 km au Sud – ℰ 02 40 82 21 21 – www.thalassopornic.com – Fermé 3-16 janv.

120 ch – ♦129/255 € ♦♦149/275 € – 8 suites – � 16 €

Rest *La Source* – (22 €) Menu 32 € – Carte 34/40 €

Rest *La Terrasse* – Menu 32 € – Carte 34/40 €

♦ Dans une crique hérissée de rochers et de pins, vaste complexe hôtelier avec centre de thalasso. Chambres spacieuses, dotées d'une terrasse. À La Source, décor contemporain (large rotonde face au large) et plats classiques ou du terroir à base de produits bio. À La Terrasse, menu détox minceur dans un cadre épuré.

🏨 **Auberge La Fontaine aux Bretons** ⊗ ≼ ❀ 🏊 ✗ ⚐ 🍸 ⅍ 🅿

chemin des Noëlles, 3 km au Sud-Est par rte de la Bernerie 🅿 VISA ⓪
– ℰ 02 51 74 07 07 – www.auberge-la-fontaine.com – Fermé 3 janv.-11 fév.

12 suites – ♦♦166/227 € – 11 ch – ⊑ 12 €

Rest – (fermé dim. soir et lundi hors saison sauf fériés et vacances scolaires) (15 €) Menu 20 € (sem.), 29/49 € – Carte 30/53 €

♦ Entre mer et campagne, cette ancienne ferme (1867) conserve un grand potager et des enclos avec animaux. Avis aux enfants ! Chambres rustiques et cosy, excellent petit-déjeuner. Superbe salle à manger d'autrefois ; cuisine du terroir, avec les légumes bio du jardin.

🏠 **Beau Soleil** sans rest ≼ 🍸 VISA ⓪

70 quai Leray – ℰ 02 40 82 34 58 – www.hotel-beausoleil-pornic.com

17 ch – ♦60/120 € ♦♦60/120 € – ⊑ 10 €

♦ Bâtiment récent face au port et au château : la plupart des chambres offrent une jolie vue. Décor contemporain, simple et avenant. Faïence de Pornic pour le petit-déjeuner.

Maison Solveig 🐾   ⚑ 🌿 ⌛ & ℅ ch, ⁽¹⁾ 𝘝𝘐𝘚𝘈 ⊙⊙

4 r. Charles-Babin – ℰ *02 40 82 53 62 – www.solveig-pornic.com – Fermé oct.*
4 ch ⌐ – ♦90 € ♦♦100 €   **Table d'hôte** – Menu 25 € bc/50 €

♦ Non loin du chemin des Douaniers, maison récente cernée de coursives de bois, d'esprit colonial. Chambres à thème : "Val d'Isère" façon chalet, "Victorine" d'esprit Louis XV, etc. Cuisine régionale servie dans une belle porcelaine de Gien.

Beau Rivage   ≤ 𝘈𝘊 𝘝𝘐𝘚𝘈 ⊙⊙ 𝘈𝘌

plage Birochère, 2,5 km au Sud-Est – ℰ *02 40 82 03 08*
– www.restaurant-beaurivage.com – Fermé 15 déc.-31 janv., mardi sauf juil.-août et lundi
Rest – (23 €) Menu 37/80 € – Carte 50/70 €

♦ Sur le chemin des douaniers, derrière une façade marquée par les embruns, une salle charmante, évoquant la cabine d'un bateau. Produits de la pêche et belle sélection de muscadets.

L'Ana'Gram   🌿 ⅍ 𝘝𝘐𝘚𝘈 ⊙⊙

pl. du Petit-Nice – ℰ *02 40 82 51 25 – Fermé 12 nov.-10 déc., 14-24 mars, dim. soir et lundi*
Rest – (14 €) Menu 19 € (sem.)/29 € – Carte 25/45 €

♦ À l'intérieur, décor de bistrot d'esprit marin ; à l'extérieur, terrasse dressée face au château. Dans l'assiette, recettes iodées et plats traditionnels.

à Ste-Marie Ouest : 3 km – ✉ 44210 Pornic

Les Sablons 🐾   ⚑ 🌿 ⅍ ⁽¹⁾ 𝐏 𝘝𝘐𝘚𝘈 ⊙⊙

13 r. des Sablons – ℰ *02 40 82 09 14 – www.hotelesablons.com*
28 ch – ♦56/90 € ♦♦56/90 € – ⌐ 9 € – ½ P 58/76 €
Rest – *(fermé 20 déc.-15 janv., dim. soir, mardi midi et lundi sauf du 15 juin au 15 sept.)* (15 €) Menu 18/41 € – Carte 28/58 €

♦ Il règne une ambiance familiale dans cet hôtel construit dans les années 1970, entre le village et la plage. Chambres simples et propres, certaines avec vue sur la mer. Salle à manger colorée et, en été, tables dressées côté jardin ; cuisine traditionnelle.

PORNICHET – 44 Loire-Atlantique – **316** B4 – **10 423 h.** – alt. 12 m   **34** A2
– Casino – ✉ 44380 ▮ Bretagne

▶ Paris 444 – La Baule 6 – Nantes 70 – St-Nazaire 11
🖪 3, boulevard de la République ℰ 02 40 61 33 33

Sud Bretagne   ⚑ 🛋 ⌛ 🏊 ⁽¹⁾ 𝘚𝘈 𝐏 𝘝𝘐𝘚𝘈 ⊙⊙ 𝘈𝘌 ⓪

42 bd de la République – ℰ *02 40 11 65 00 – www.hotelsudbretagne.com*
30 ch – ♦100/170 € ♦♦120/200 € – ⌐ 15 €
Rest – *(fermé dim. hors saison)* Menu 38/75 € – Carte 50/75 €

♦ Entre port, commerces et plages, hôtel d'un certain cachet : chaque chambre a une vraie personnalité (design, classique, baroque, etc.) ; la moitié ouvre sur le grand jardin avec piscine. Salle à manger soignée, coquette terrasse et cuisine iodée.

Villa Flornoy 🐾   ⚑ 🛋 & ch, ⅍ rest, ⁽¹⁾ 𝘚𝘈 𝘝𝘐𝘚𝘈 ⊙⊙ 𝘈𝘌

7 av. Flornoy, (près de l'hôtel de ville) – ℰ *02 40 11 60 00*
– www.villa-flornoy.com – Fermé déc. et janv.
30 ch – ♦50/112 € ♦♦60/124 € – ⌐ 10 € – ½ P 58/86 €
Rest – *(ouvert 1ᵉʳ avril-30 sept. et fermé le midi)* Carte 27/54 €

♦ Dans un quartier résidentiel proche de l'hôtel de ville, grande villa de style anglo-normand. Chambres assez spacieuses, colorées ou plus classiques (toile de Jouy), d'un bon rapport confort-prix. Salle à manger claire et confortable ; cuisine actuelle (poisson).

Escale Océanide sans rest   ⅃⅍ 🛋 & 𝘈𝘊 ⁽¹⁾ 𝘚𝘈 🚲 𝘝𝘐𝘚𝘈 ⊙⊙ 𝘈𝘌 ⓪

50 av. de la plage – ℰ *02 40 11 26 26 – www.oceaniahotels.com*
52 ch – ♦100/160 € ♦♦100/160 € – ⌐ 10 €

♦ Un hôtel flambant neuf, très bien situé, entre le port et la plage des Libraires. Des chambres ou des appartements, bien équipés et confortables (bois wengé, parquet).

Le Régent

150 bd Océanides – ☎ 02 40 61 04 04 – www.le-regent.fr
23 ch – ✝89/113 € ✝✝89/113 € – ⏛ 11 € – ½ P 80/105 €
Rest *Grain de Folie* – (15 €) Menu 25/40 € – Carte 30/48 €
◆ Hôtel-restaurant centenaire tenu en famille : un lieu plein de vie ! Chambres chaleureuses, assez modernes, certaines avec terrasse embrassant l'Atlantique... Un Grain de Folie souffle côté cuisines : large véranda face à la mer, tons vifs et cuisine inventive.

PORQUEROLLES (ÎLE DE) – 83 Var – **340** M7 – **voir à Île de Porquerolles**

PORT-CAMARGUE – 30 Gard – **339** J7 – **rattaché au Grau-du-Roi**

PORT-CROS (ÎLE DE) – 83 Var – **340** N7 – **voir à Île de Port-Cros**

PORT-DE-CARHAIX – 29 Finistère – **308** J5 – **rattaché à Carhaix**

PORT-DE-GAGNAC – 46 Lot – **337** H2 – **rattaché à Bretenoux**

PORT-DE-SALLES – 86 Vienne – **322** J7 – **rattaché à l'Isle-Jourdain**

PORT-DE-SECHEX – 74 Haute-Savoie – **328** L2 – **rattaché à Thonon-les-Bains**

PORT-EN-BESSIN – 14 Calvados – **303** H3 – 1 958 h. – alt. 10 m   **32** B2
– ✉ 14520 Port en Bessin Huppain ▮ Normandie Cotentin
▶ Paris 275 – Bayeux 10 – Caen 41 – Cherbourg 92
ℹ 2, rue du Croiseur Montcalm ☎ 02 31 22 45 80

La Chenevière ⌂

1,5 km au Sud par D 6 – ☎ 02 31 51 25 25 – www.lacheneviere.com
– Ouvert mars à nov.
26 ch – ✝202/372 € ✝✝202/372 € – 3 suites – ⏛ 24 € – ½ P 172/262 €
Rest – *(Fermé le midi)* Menu 35 € (sem.), 50/90 € – Carte 55/110 €
◆ Cette noble demeure (19e s.) et ses dépendances entourées d'un beau parc abritent des chambres soignées aux tons pastel. Salons cossus, bar-caveau à l'insolite décor exotique. La salle à manger bourgeoise possède l'âme de ces belles maisons qui savent recevoir.

Mercure ⌂

chemin du Colombier, sur le golf, 2 km à l'Ouest par D 514 – ☎ 02 31 22 44 44
– www.mercure.com – Fermé 17 déc.-15 janv.
70 ch – ✝80/185 € ✝✝90/185 € – ⏛ 13 € – ½ P 75/95 €
Rest – (15 €) Menu 25/35 € – Carte 29/43 €
◆ Complexe hôtelier idéalement situé à l'orée du golf. Nuits calmes dans des chambres rénovées, pratiques et actuelles. Salle à manger-véranda proposant une cuisine traditionnelle et club-house où l'on sert une petite carte de type brasserie.

Fleur de Sel

6 quai Félix Faure – ☎ 02 31 21 73 01 – Fermé 20 déc.-14 fév., mardi d'oct. à Pâques et merc.
Rest – Menu 17/87 € – Carte 24/48 €
◆ Ce restaurant face au port concocte des plats simples à partir des produits de la pêche. Suggestions à l'ardoise ; décor rustique en bas, marin à l'étage (vue sur la Tour Vauban).

PORT-GOULPHAR – 56 Morbihan – **308** L11 – **voir à Belle-Ile-en-Mer**

PORT-GRIMAUD – 83 Var – **340** O6 – ✉ 83310 Cogolin ▮ Côte d'Azur   **41** C3
▶ Paris 867 – Brignoles 63 – Fréjus 27 – Hyères 47
◉ ≤★ de la tour de l'Église oecuménique.

Giraglia ⟨⟩   ⟨ 🛋 ⌁ 🖥 AC ⁹¹⁹ ⚒ P VISA ⚬⚬ AE ⓪

pl. du 14 Juin – ℰ 04 94 56 31 33 – www.hotelgiraglia.com – Ouvert fin mai à fin sept.

48 ch – 🚹300/490 € 🚹🚹300/490 € – 1 suite – ⚏ 23 €

Rest – Menu 60 € (dîner) – Carte 50/115 €

♦ Un bâtiment imposant, en bout de jetée, face à St-Tropez. Chambres confortables et lumineuses (teintes du Sud), la plupart donnant sur les flots. Plage privée. Le restaurant et ses terrasses fleuries ouvrent sur la grande bleue ; cuisine méditerranéenne.

Suffren *sans rest*   🖥 & AC ⁹¹⁹ VISA ⚬⚬ AE ⓪

16 pl. du Marché – ℰ 04 94 55 15 05 – www.hotelleriedusoleil.com – Ouvert 9 avril-30 oct.

19 ch – 🚹115/165 € 🚹🚹115/255 € – ⚏ 12 €

♦ Un hôtel moderne au cœur de la "Venise provençale", dans un secteur semi-piéton. Patines à l'ancienne et couleurs vives égayent les chambres, la plupart avec balcon.

PORTICCIO – 2A Corse-du-Sud – **345** B8 – voir à Corse

PORTIRAGNES – 34 Hérault – **339** F9 – 2 992 h. – alt. 10 m   **23** C2
– ✉ 34420

▶ Paris 762 – Agde 13 – Béziers 13 – Montpellier 72

🛈 place du Bicentenaire ℰ 04 67 90 92 51

Mirador   AC ch, ⁹¹⁹ VISA ⚬⚬

4 bd Front-de-Mer, à Portiragnes-Plage – ℰ 04 67 90 91 33 – www.hotel-le-mirador.com – Fermé 13 nov.-15 déc. et 3 janv.-2 fév.

16 ch – 🚹49/135 € 🚹🚹49/135 € – ⚏ 8 € – ½ P 52/95 €

Rest *Saveurs du Sud* – ℰ 04 67 90 97 67 *(fermé merc. midi hors saison)* (15 €) Menu 20/48 € – Carte 32/55 €

♦ Près du rivage, un hôtel familial aux chambres fonctionnelles et bien tenues. Certaines disposent de terrasses orientées vers les flots. Cuisine traditionnelle aux... Saveurs du Sud ; salle à manger avec véranda.

PORTIVY – 56 Morbihan – **308** M9 – rattaché à Quiberon

PORT-JOINVILLE – 85 Vendée – **316** B7 – voir à Île d'Yeu

PORT-LA-NOUVELLE – 11 Aude – **344** J4 – 5 553 h. – alt. 2 m   **22** B3
– Casino – ✉ 11210 ▌Languedoc Roussillon

▶ Paris 813 – Carcassonne 81 – Montpellier 120 – Perpignan 49

🛈 place Paul Valéry ℰ 04 68 48 00 51

Méditerranée   ⟨ 🛋 🖥 AC ch, ⁹¹⁹ ⚏ VISA ⚬⚬ AE ⓪

bd Front-de-Mer – ℰ 04 68 48 03 08 – www.hotelmediterranee.com – Fermé 7-16 nov. et 3 janv.-8 fév.

30 ch – 🚹78/90 € 🚹🚹78/98 € – ⚏ 9 € – ½ P 62/78 €

Rest – *(fermé dim. soir et lundi midi du 21 nov. au 1ᵉʳ avril)* Menu 13/45 € – Carte 28/64 €

♦ Construction balnéaire bâtie le long de la promenade, face à la plage. Chambres de bonne ampleur et correctement équipées, à choisir avec balcon côté mer pour profiter de la vue. Cuisine axée sur les produits de la pêche au restaurant. Terrasse-trottoir.

PORT-LESNEY – 39 Jura – **321** E4 – 506 h. – alt. 251 m – ✉ 39600   **16** B2
▌Franche-Comté Jura

▶ Paris 401 – Arbois 12 – Besançon 36 – Dole 39

Château de Germigney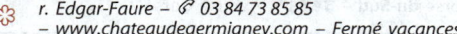

r. Edgar-Faure – ℰ 03 84 73 85 85
– www.chateaudegermigney.com – Fermé vacances de fév. et de la Toussaint
20 ch – †130 € ††220/350 € – ⌷ 17 €
Rest – (fermé lundi midi et mardi midi) Menu 39 € (déj.), 66/99 €
– Carte 58/108 €
Spéc. Raviole de langoustine, beurre au vin jaune et caramel salé. Volaille de Bresse cuite en terrine lutée. Saint-honoré aux figues noires confites, parfumé au citron, sorbet cassis-framboise (saison). **Vins** Arbois, Côtes du Jura.
♦ Manoir blotti dans un superbe parc doté d'une piscine écologique (eau venant d'un étang et filtrée naturellement). Grandes chambres personnalisées et salon feutré. Cuisine unissant pour le meilleur la Provence au Jura, servie dans une salle voûtée, à l'orangerie ou sur la terrasse.

Le Bistrot Pontarlier

pl. du 8 Mai-1945 – ℰ 03 84 37 83 27 – www.bistrotdeportlesney.com – Fermé 2 sem. en fév. et nov., lundi soir, mardi soir, merc. et jeudi sauf en juil.-août
Rest – (18 €) Menu 25 € – Carte 26/38 €
♦ Au bord de la Loue, un grand bistrot avec nappes à carreaux et objets chinés, et sa terrasse d'esprit guinguette à l'ombre d'un tulipier de Virginie. Goûteuse cuisine du terroir.

PORT-LEUCATE – 11 Aude – **344** J5 – **rattaché à Leucate**

PORT-LOUIS – 56 Morbihan – **308** K8 – 2 980 h. – alt. 5 m – ⌑ 56290   **9 B2**
▶ Paris 505 – Lorient 19 – Pontivy 61 – Vannes 50
🛈 1, rue de la Citadelle ℰ 02 97 82 14 75

Avel Vor (Patrice Gahinet)

25 r. de Locmalo – ℰ 02 97 82 47 59 – www.restaurant-avel-vor.com
– Fermé 28 juin-6 juil., 27 sept.-13 oct., mardi sauf juil.-août, dim. soir et lundi
Rest – Menu 28 € (sem.), 47/87 € – Carte 69/135 €
Spéc. Escalope de foie gras poêlé, langoustines rôties, écume de lait de coco aux épices (mai à sept.). Filets de sole rôtis meunière, pommes de terre écrasées, coque de langoustines (mai à sept.). Nectarine caramélisée, sablé breton, caramel salé, glace fromage blanc (mai à sept.).
♦ Un Avel Vor ("vent de mer" en breton) souffle sur cette table au cadre contemporain raffiné. Cuisine pleine de finesse qui sublime, entre autres, les poissons fraîchement pêchés.

PORT-MANECH – 29 Finistère – **308** I8 – ⌑ 29920 Nevez ▌Bretagne   **9 B2**
▶ Paris 545 – Carhaix-Plouguer 73 – Concarneau 18 – Quimper 44

Du Port et de l'Aven

30 r. Aven – ℰ 02 98 06 82 17 – www.hotelduport.com – Ouvert 1er avril-30 sept.
31 ch – †45/60 € ††48/70 € – ⌷ 8 € – ½ P 51/62 €
Rest – (fermé le midi hors saison, sam. midi et merc. en juil.-août) Menu 20/42 €
– Carte 29/48 €
♦ Près du port, une adresse familiale sympathique et bien tenue. Chambres rénovées dans un esprit contemporain, calmes et avec une vue plus dégagée dans l'annexe. Cuisine traditionnelle servie dans une véranda ou en terrasse, face au port. Spécialités de homard.

PORT-MORT – 27 Eure – **304** I6 – 1 008 h. – alt. 19 m – ⌑ 27940   **33 D2**
▶ Paris 89 – Les Andelys 11 – Évreux 33 – Rouen 55

Auberge des Pêcheurs

– ℰ 02 32 52 60 43 – Fermé 25 juil.-19 août, 2-20 janv., dim. soir, mardi soir et merc.
Rest – Menu 15 € (déj. en sem.), 25/35 € – Carte 35/55 €
♦ La Seine serpente à quelques encablures de cette auberge. Grande salle à manger de style rustique, prolongée par une véranda tournée vers le jardin. Registre traditionnel.

PORT-NAVALO – 56 Morbihan – **308** N9 – **rattaché à Arzon**

PORTO – 2A Corse-du-Sud – **345** B6 – voir à Corse

PORTO-POLLO – 2A Corse-du-Sud – **345** B9 – voir à Corse

PORTO-VECCHIO – 2A Corse-du-Sud – **345** E10 – voir à Corse

PORTSALL – 29 Finistère – **308** C3 – ⊠ 29830 ▌ Bretagne   **9** A1
▶ Paris 616 – Brest 29 – Quimper 98 – Rennes 263

⚲ **La Demeure Océane** sans rest ⌂   ⟨ 🚗 🛠 🎀 **P** _VISA_ ◯◯
20 r. Bar Al Lan – ℰ 02 98 48 77 42 – www.demeure-oceane.fr – Ouvert
16 fév.-14 oct.
5 ch ⌂ – ♦62/68 € ♦♦68/72 €
♦ Agréable maison bourgeoise du début 20ᵉ s., située au-dessus du port. Chambres
avec vue océane, joli salon-véranda côté jardin et salle à manger d'esprit anglais.

✗ **Les Littorines**   🏧 _VISA_ ◯◯ AE
8 square de l'Aberic – ℰ 02 98 48 61 85 – www.les-littorines.fr – Ouvert de fév. à oct.
Rest – (14 €) Menu 22/32 € – Carte 30/48 €
♦ Dans une maison néobretonne située sur le port, agréable cuisine au goût du
jour servie dans une salle avec tables et chaises en bois. Fonctionnement familial
et souriant.

PORT-SUR-SAÔNE – 70 Haute-Saône – **314** E6 – 2 927 h. – alt. 228 m   **16** B1
– ⊠ 70170
▶ Paris 347 – Besançon 61 – Bourbonne-les-Bains 46 – Épinal 75
🛈 rue de la Rézelle ℰ 03 84 78 10 66

à Vauchoux Sud : 3 km par D 6 – 123 h. – alt. 210 m – ⊠ 70170

✗✗✗ **Château de Vauchoux** (Jean-Michel Turin)   🝙 🚗 **P** _VISA_ ◯◯
🕸   rte de la vallée de la Saône – ℰ 03 84 91 53 55 – Fermé 21-28 fév., lundi et mardi
Rest – (prévenir) Menu 75/125 €🏵
Spéc. Saint-Jacques façon "Mère Jeanne". Dos d'oie rôti au caramel d'épices, cran-
berry et pollen de fleurs. Magie du chocolat noir "fête du miel", sorbet menthe
fraîche. **Vins** Charcenne, Champlitte.
♦ Une adresse pleine de charme que cet ancien pavillon de chasse : parc fleuri,
belle salle de style Louis XV, cuisine classique généreuse et cave riche, notamment en bordeaux.

PORT-VENDRES – 66 Pyrénées-Orientales – **344** J7 – 4 478 h.   **22** B3
– alt. 3 m – ⊠ 66660 ▌ Languedoc Roussillon
▶ Paris 881 – Montpellier 192 – Perpignan 32
🛈 1, quai François Joly ℰ 04 68 82 07 54
🄶 Tour Madeloc ❄ ★★ SO : 8 km puis 15 mn.

🏨 **Les Jardins du Cèdre**   ⟨ 🚗 🍴 🏊 AK ch, 🎀 ѕ̇à **P** **P** _VISA_ ◯◯
29 rte Banyuls – ℰ 04 68 82 01 05 – www.lesjardinsducedre.com
– Fermé 15 nov.-20 déc. et 7 janv.-1ᵉʳ fév.
19 ch – ♦66/110 € ♦♦66/110 € – 1 suite – ⌂ 10 € – ½ P 71/100 €
Rest – (fermé le midi en sem. et mardi soir) Menu 35/46 € – Carte 44/80 €
♦ Vue étendue sur le port et la mer, jolie piscine, palmiers et... vieux cèdre du
Liban caractérisent cet hôtel très séduisant. Chambres colorées progressivement
rénovées. Coquet restaurant et terrasse ombragée où l'on apprécie une fine cuisine de terroir actualisée.

✗✗ **Côte Vermeille**   ⟨ AK ↔ _VISA_ ◯◯ AE
quai du Fanal, direction la criée – ℰ 04 68 82 05 71 – Fermé 5 janv.-5 fév., dim.
et lundi sauf juil.-août
Rest – Menu 29 € bc (déj. en sem.), 36/82 € – Carte 48/65 €🏵
♦ Table ancrée sur le port : le chef n'a que deux pas à faire pour trouver à la
criée le meilleur de la Méditerranée ! Restauration plus simple côté terrasse (grill).

LA POTERIE – 22 Côtes-d'Armor – **309** H4 – rattaché à Lamballe

POUANÇAY – 86 Vienne – **322** F2 – 243 h. – alt. 73 m **39** C1
> ◗ Paris 348 – Bressuire 56 – Poitiers 75 – Saumur 29

✕✕ **Trésor Belge**
1 allée du Jardin Secret – 𝒞 05 49 98 72 25 – www.tresorbelge.com – *Fermé 1ᵉʳ-7 juil., 1ᵉʳ-7 sept., janv., lundi et mardi*
Rest – *(nombre de couverts limité, prévenir)* Menu 35/59 € – Carte 38/75 €
◆ Une "ambassade" de la cuisine flamande où l'on déguste en toute convivialité de belles spécialités belges arrosées d'incontournables bières (plus de 40 sortes différentes !).

POUGUES-LES-EAUX – 58 Nièvre – **319** B9 – 2 510 h. – alt. 198 m **7** A2
– Casino – ✉ 58320 ▌Bourgogne
> ◗ Paris 225 – Auxerre 123 – Bourges 65 – Nevers 12
> ▯ 44, avenue de Paris 𝒞 03 86 37 32 91

⌂ **Hôtel des Sources** sans rest
r. Mignarderie – 𝒞 03 86 90 11 90 – www.hoteldessources.fr
29 ch – †62 € ††62 € – ⌒ 9 €
◆ Un hôtel familial entouré de verdure. Chambres fonctionnelles et impeccablement tenues, atmosphère conviviale et bons petits-déjeuners... non loin du casino.

POUILLON – 40 Landes – **335** F13 – 2 746 h. – alt. 28 m – ✉ 40350 **3** B3
> ◗ Paris 742 – Dax 16 – Mont-de-Marsan 69 – Orthez 28
> ▯ chemin de Lahitte 𝒞 05 58 98 38 93

✕✕ **L'Auberge du Pas de Vent**
281 av. du Pas-de-Vent – 𝒞 05 58 98 34 65 – www.auberge-dupasdevent.com
– *Fermé 23 oct.-4 nov., 12-28 fév., dim. soir, lundi soir, mardi soir et merc.*
Rest – *(12 €)* Menu 21/30 € – Carte 40/65 €
◆ Le chef de cette sympathique auberge champêtre réalise une cuisine régionale qui remet à l'honneur de vieilles recettes de grand-mère. Terrain de "quilles de Neuf" attenant.

POUILLY-EN-AUXOIS – 21 Côte-d'Or – **320** H6 – 1 447 h. – alt. 390 m **8** C2
– ✉ 21320 ▌Bourgogne
> ◗ Paris 270 – Avallon 66 – Beaune 42 – Dijon 44
> ▯ le Colombier 𝒞 03 80 90 74 24
> ▣ du Château de Chailly Chailly s/Armançon, O : 6 km par D 977, 𝒞 03 80 90 30 40

✕ **De La Poste** avec ch
pl. de la Libération – 𝒞 03 80 90 86 44 – www.hoteldelapostepouilly.fr – *Fermé 14 nov.-5 déc., dim. soir et lundi*
7 ch – †49/55 € ††55/61 € – ⌒ 7 €
Rest – *(13 € bc)* Menu 19/45 € – Carte 26/44 €
◆ Auberge en pierre sur la place centrale de cette petite localité bourguignonne. Salle à manger-véranda de style campagnard et choix traditionnel aux accents régionaux. Chambres spacieuses et modestes.

à Chailly-sur-Armançon 6,5 km à l'Ouest par D 977ᵇⁱˢ – 270 h. – alt. 387 m
– ✉ 21320

⌂⌂⌂⌂ **Château de Chailly**
𝒞 03 80 90 30 30 – www.chailly.com – *Ouvert 1ᵉʳ mars-19 déc.*
42 ch – †219/549 € ††219/549 € – 3 suites – ⌒ 15 €
Rest *L'Armançon* – *(fermé mardi de nov. à mars, dim., lundi et le midi)* Menu 50/100 € – Carte 50/80 €
Rest *Le Rubillon* – *(fermé dim. soir, lundi et mardi de nov. à mars et le soir sauf dim. et lundi)* *(21 €)* Menu 29 € (déj.), 34/42 € – Carte 35/55 € le soir
◆ Une riche façade Renaissance, une autre rappelant son rôle défensif au Moyen-Âge : ce château agrémenté d'un vaste parc et d'un superbe golf offre à ses hôtes un cadre fastueux. Table classique et décor au diapason à L'Armançon. Terrasse tournée vers la piscine, buffets et plats traditionnels au Rubillon.

POUILLY-LE-FORT – 77 Seine-et-Marne – **312** E4 – **voir à Paris, Environs (Sénart)**

POUILLY-SOUS-CHARLIEU – 42 Loire – **327** D3 – 2 659 h.

44 A1

– alt. 264 m – ⊠ 42720

▶ Paris 393 – Charlieu 5 – Digoin 43 – Roanne 15

XXX **Loire** 🚗 🗏 ⇔ 🅿 VISA ◯◯ AE

r. de la Berge – ✆ 04 77 60 81 36 – www.restaurant-loire.fr – Fermé
26 sept.-7 oct., 2-28 janv., dim. soir, lundi et mardi sauf juil.-août
Rest – (16 €) Menu 21/70 € – Carte 31/82 €

♦ Cette auberge servait jadis de la friture. Aujourd'hui, c'est un élégant restaurant, avec une terrasse côté jardin où l'on déguste foie gras, grenouilles, homard et turbot.

POUILLY-SUR-LOIRE – 58 Nièvre – **319** A8 – 1 767 h. – alt. 168 m

7 A2

– ⊠ 58150 ▮ Bourgogne

▶ Paris 200 – Bourges 58 – Clamecy 54 – Cosne-Cours-sur-Loire 18

🚹 17, quai Jules Pabiot ✆ 03 86 39 54 54

🏠 **Relais de Pouilly** 🚗 🗏 ៥ ch, AC rest, ⑪ 🅿 VISA ◯◯ AE

rte de Mesves-sur-Loire, 3 km au Sud par D 28ᴬ – ✆ 03 86 39 03 00
– www.relaisdepouilly.com
24 ch – †56/72 € ††75/84 € – ⊊ 10 € – ½ P 75/80 €
Rest – (14 €) Menu 19/35 € – Carte 25/45 €

♦ Pour l'étape, un hôtel proche de la cité vigneronne et d'une aire d'autoroute (accès piétonnier). Chambres insonorisées tournées vers la réserve naturelle de la Loire ; jardin et aire de jeux. Cuisine traditionnelle, buffets, grillades et sélection de pouillys.

XX **Le Coq Hardi-Relais Fleuri** avec ch ≤ 🚗 🗏 ៥ ch, AC rest, ⑪ 🅿

42 av. de la Tuilerie – ✆ 03 86 39 12 99 – www.lecoqhardi.fr VISA ◯◯
– Fermé 20-29 déc., 15 fév.-13 mars, dim. soir, mardi midi et
lundi d'oct. à avril
9 ch – †75 € ††75 € – ⊊ 11 €
Rest – (19 €) Menu 24 € (sem.), 37/59 € – Carte 50/75 €

♦ Dans cette vénérable hostellerie, on s'installe dans une salle donnant sur le jardin qui borde la Loire... Le chef concocte une cuisine traditionnelle pleine de saveur. Certaines des chambres ouvrent sur la verdure.

POULDREUZIC – 29 Finistère – **308** E7 – 1 814 h. – alt. 51 m – ⊠ 29710

9 A2

▶ Paris 587 – Audierne 17 – Douarnenez 17 – Pont-l'Abbé 15

🚹 rue de la Mer ✆ 02 98 54 49 90

à Penhors Ouest: 4 km par D 40 – ⊠ 29710 Pouldreuzic

🏨 **Breiz Armor** ⌂ ≤ 🚗 🗏 🛏 ៥ ⑪ 🗂 🅿 VISA ◯◯

à la plage – ✆ 02 98 51 52 53 – www.breiz-armor.fr – Ouvert 2 avril-16 oct.
et 26-31 déc.
36 ch – †79/90 € ††79/90 € – ⊊ 10 € – ½ P 77/86 €
Rest – (fermé lundi sauf le soir en juil.-août) Menu 15 € (déj. en sem.), 23/56 €
– Carte 23/58 €

♦ Ensemble moderne tourné vers l'océan. Plaisantes chambres rénovées en 2009 dans un style actuel. Nombreux "plus" : billard, solarium, fitness, sauna, vélos, buanderie, etc. À table, belle vue sur le large, saveurs marines et spécialités du pays bigouden.

LE POULDU – 29 Finistère – **308** J8 – ⊠ 29360 Clohars Carnoet

9 B2

▮ Bretagne

▶ Paris 521 – Concarneau 37 – Lorient 25 – Moëlan-sur-Mer 10

🄲 St-Maurice : site ★ et ≤ ★ du pont NE : 7 km.

🏠 **Le Panoramique** sans rest ៥ ⑪ 🅿 VISA ◯◯

au Kérou-plage – ✆ 02 98 39 93 49 – www.hotel-panoramique.fr
– Ouvert 1ᵉʳ avril-2 nov.
25 ch – †51/67 € ††51/67 € – ⊊ 8,50 €

♦ Accueil très souriant dans cet hôtel bien tenu et aux installations de qualité. Petit-déjeuner dans une salle lumineuse avec vue sur mer, salons de lecture. Bar et TV.

POURVILLE-SUR-MER – 76 Seine-Maritime – **304** G2 – rattaché à Dieppe

POUZAY – 37 Indre-et-Loire – **317** M6 – rattaché à Ste-Maure-de-Touraine

LE POUZIN – 07 Ardèche – **331** K5 – 2 668 h. – alt. 90 m – ✉ 07250   **44** B3
   ▶ Paris 590 – Lyon 127 – Privas 16 – Valence 28

La Cardinale   🌐 📶 🎣 🅰🄲 ⁽¹⁾ 🅿 VISA ◯◯
Quartier Serre Petou – ℰ 04 75 41 20 39 – www.hotellacardinale.com
– Fermé 9 oct.-9 nov. et 17 déc.-1ᵉʳ mars
10 ch – ♥90/175 € ♥♥140/245 € – ⌂ 15 €
Rest – *(fermé lundi, mardi et merc. d'oct. à mai) (dîner seult) (prévenir)* Menu 25/38 €
   ◆ Un beau mas, un parc aux essences choisies, une jolie piscine, des kiosques...
C'est charmant !Chambres raffinées (salles de bains rétro, bois massif), certaines
de plain-pied dans l'annexe récente (avec terrasse). Cuisine actuelle de saison.

PRADES ◉ – 66 Pyrénées-Orientales – **344** F7 – 6 221 h. – alt. 360 m   **22** B3
– ✉ 66500 ▮ Languedoc Roussillon
   ▶ Paris 892 – Mont-Louis 36 – Olette 16 – Perpignan 46
   ▯ 10, place de la République ℰ 04 68 05 41 02
   ▯ de Marcevol à Arboussols Le Hameau de Marcevol, NE : 10 km par D 35,
      ℰ 04 68 96 18 08
   ◉ Abbaye St-Michel-de-Cuxa★★ S : 3 km - Village d'Eus★ NE : 7 km.

Pradotel sans rest   🎣 🎿 ⅙ ⁽¹⁾ 🛁 🅿 VISA ◯◯
av. Festival, sur la rocade – ℰ 04 68 05 22 66
39 ch – ♥50/62 € ♥♥54/72 € – ⌂ 8,50 €
   ◆ Bâtiment contemporain et fonctionnel. À l'arrière, belle perspective sur le Canigou depuis les balcons ; terrasses pour les chambres de plain-pied côté piscine.

à Clara au Sud 5 km par D 35 – ✉ 66500

🍴🍴 **Les Loges du Jardin d'Aymeric** avec ch ⌂   🎣 🎿 🎍 ch, 🅿
7 r. du Canigou – ℰ 04 68 96 08 72 – www.logesaymeric.com   VISA ◯◯ ◐
– Fermé janv.
3 ch ⌂ – ♥55/75 € ♥♥65/85 €   **Rest** – *(fermé mardi soir et merc. d'oct. à mai)*
(nombre de couverts limité, prévenir) Menu 34/50 €
   ◆ Dans un village au pied du Canigou, jolie bâtisse en pierre où vous serez
accueillis comme à la maison. Fine cuisine à base de beaux produits sélectionnés
par le chef passionné. Chambres spacieuses à la fois sobres et colorées. Agréable
piscine et jardin fleuri.

LE PRADET – 83 Var – **340** L7 – 10 603 h. – alt. 1 m – ✉ 83220   **41** C3
▮ Côte d'Azur
   ▶ Paris 842 – Draguignan 76 – Hyères 11 – Toulon 10
   ▯ place Général-de-Gaulle ℰ 04 94 21 71 69
   ◉ Musée de la mine de Cap Garonne : grande salle★, 3 km au Sud par D 86.

aux Oursinières Sud : 3 km par D 86 – ✉ 83320 Le Pradet

L'Escapade sans rest ⌂   🎣 🎿 🛋 VISA ◯◯
1 r. de la Tartane – ℰ 04 94 08 39 39 – www.hotel-escapade.com
– Ouvert 12 mars-4 nov.
9 ch – ♥115/215 € ♥♥125/250 € – 1 suite – ⌂ 13 €
   ◆ À 100 m de la mer, un petit nid au calme, idéal pour une escapade sous le
soleil... Atmosphère douillette dans les chambres, disséminées à travers le beau
jardin.

🍴🍴 **La Chanterelle**   🎣 🎍 VISA ◯◯
50 r. de la Tartane – ℰ 04 94 08 52 60 – www.hotel-escapade.com
– Fermé 6 nov.-2 déc., 3 janv.-6 mars, lundi et mardi de sept. à avril
Rest – Menu 39/49 € – Carte 54/65 €
   ◆ Une cuisine provençale délicate et pleine d'arômes, que l'on déguste avec
plaisir dans une jolie maison en pierre (plafond en bois sculpté, vitraux colorés,
jardin fleuri).

PRALOGNAN-LA-VANOISE – 73 Savoie – 333 N5 – 738 h.   45 D2
– alt. 1 425 m – **Sports d'hiver : 1 410/2 360 m** ⛄ 1 ⛷ 13 ⚡ – ⊠ 73710 ▮ Alpes du Nord

> ▶ Paris 634 – Albertville 53 – Chambéry 103 – Moûtiers 28
> ℹ avenue de Chasseforêt ℰ 04 79 08 79 08
> ◉ Site★ - Parc national de la Vanoise★★ - La Chollière★ SO : 1,5 km puis
> 30 mn - Mont Bochor ≼★ par téléphérique.

🏠 Les Airelles ⌂   ≼ 🏠 ⅃ ⅍ rest, **P** 🚗 _VISA_ ◎ 𝐀𝐄

les Darbelays, 1 km au Nord – ℰ *04 79 08 70 32 – www.hotel-les-airelles.fr*
– Ouvert 4 juin-16 sept. et 17 déc.-20 avril
21 ch (½ P seult) – ½ P 54/78 €   **Rest** – Menu 23 € – Carte 23/29 €
♦ Cet avenant chalet des années 1980 se situe à l'orée de la forêt des Granges.
Chambres coquettes et soignées, prédominance du bois et belle vue sur les montagnes. Table régionale chaleureuse et spécialités fromagères (tartiflettes, fondues, gratins...).

🏠 De la Vanoise ⌂   ≼ 🏠 ⅙ ch, 🎿 **P** _VISA_ ◎ 𝐀𝐄

– ℰ *04 79 08 70 34 – www.hoteldelavanoise.fr – Ouvert de mi-juin à mi-sept.*
et 20 déc.-20 avril
32 ch – †50/65 € ††70/140 € – � 9 € – ½ P 55/95 €
Rest – (15 €) Menu 18/38 € – Carte 22/39 €
♦ Au cœur de la station, près des remontées mécaniques. Chambres simples et
lambrissées (dont quelques duplex), toutes dotées d'un balcon. Sauna. Plats
savoyards ou végétariens dans un cadre alpin (bois blond et tissus fleuris).

🏠 Du Grand Bec   ≼ 🚲 🏠 ⅃ 🖵 ℀ 📶 ⅍ rest, 🚗 _VISA_ ◎

– ℰ *04 79 08 71 10 – www.hoteldugrandbec.fr – Ouvert 1ᵉʳ juin-18 sept.*
et 17 déc.-13 avril
39 ch – †55/80 € ††60/130 € – ⊃ 12 € – ½ P 54/84 €
Rest – Menu 22/50 € – Carte 25/58 €
♦ La crête du Grand Bec veille sur cette bâtisse postée à l'entrée de la station.
Chambres montagnardes avec balcon (certaines disposant d'un salon). Restaurant rustique et terrasse tournée vers le village et les sommets. Carte traditionnelle (produits régionaux).

PRA-LOUP – 04 Alpes-de-Haute-Provence – 334 H6 – rattaché à Barcelonnette

---

LE PRARION – 74 Haute-Savoie – 328 N5 – rattaché aux Houches

PRATS-DE-MOLLO-LA-PRESTE – 66 Pyrénées-Orientales – 344 F8   22 B3
– 1 141 h. – alt. 740 m – ⊠ 66230 ▮ Languedoc Roussillon

> ▶ Paris 905 – Céret 32 – Perpignan 64
> ℹ place du Foiral ℰ 04 68 39 70 83
> ◉ Ville haute★.

🏠 Bellevue   🚲 𝐀𝐂 rest, ℁ **P** _VISA_ ◎ 𝐀𝐄 ①

pl. du Foiral – ℰ *04 68 39 72 48 – www.hotel-le-bellevue.fr*
– Fermé 1ᵉʳ déc.-17 fév., mardi et merc. du 6 nov. au 1ᵉʳ avril
17 ch – †42/57 € ††51/70 € – ⊃ 10 € – ½ P 45/62 €
Rest – (17 €) Menu 22/50 € – Carte 36/51 €
♦ Bâtisse régionale dominant la place du foirail avec vue sur les remparts de la
cité médiévale et la montagne. La moitié des chambres a été rénovée dans un
esprit contemporain. Charmante salle à manger aux tons pastel ; fine cuisine catalane actualisée.

à La Preste : 8 km – ⊠ 66230 Prats-de-Mollo-la-Preste – Stat. therm. : début
avril-mi nov.

🏠 Ribes ⌂   ≼ ℁ rest, ℁ **P** _VISA_ ◎

– ℰ *04 68 39 71 04 – www.hotel-ribes.com – Ouvert 1ᵉʳ mai -16 oct.*
16 ch – †48/51 € ††48/57 € – ⊃ 9 € – ½ P 42/48 €
Rest – (11 €) Menu 18/30 € – Carte 28/42 €
♦ La ferme, isolée au milieu des prés, est devenue une sympathique hôtellerie
familiale. Chambres refaites par étapes, modestes mais bien tenues. Restaurant
campagnard tourné vers la vallée ; cuisine catalane en partie élaborée avec des
produits d'élevage maison.

PRATZ – 39 Jura – **321** E8 – 569 h. – alt. 682 m – ✉ 39170   **16** B3

▶ Paris 460 – Besançon 130 – Genève 113 – Lons-le-Saunier 47

✗ **Les Louvières**   🚲 🛳 ☕ **P** *VISA* ⚫ **AE**
– 𝄞 03 84 42 09 24 – www.leslouvieres.com – Fermé 6-21 sept., 19 déc.-3 fév.,
dim. soir, lundi et mardi
Rest – Menu 38 €
◆ Isolée, cette ferme de pays parfaitement rénovée offre un décor très contemporain sans rien renier de son style montagnard. Cuisine actuelle proposée sur ardoise, vins du monde.

LE PRAZ – 73 Savoie – **333** M5 – **rattaché à Courchevel**

LES PRAZ-DE-CHAMONIX – 74 Haute-Savoie – **328** O5 – **rattaché à**
Chamonix-Mont-Blanc

PRAZ-SUR-ARLY – 74 Haute-Savoie – **328** M5 – 1 315 h.   **46** F1
– alt. 1 036 m – **Sports d'hiver : 1 036/2 070 m** 🚡12 🎿 – ✉ 74120

▶ Paris 602 – Albertville 28 – Chambéry 79 – Chamonix-Mont-Blanc 37
ℹ Mairie 𝄞 04 50 21 90 57

🏠 **La Griyotire** 🦢   ⟨ ⬚ ☎ **P** *VISA* ⚫
rte La Tonnaz – 𝄞 04 50 21 86 36 – www.griyotire.com – Ouvert 18 juin-18 sept.
et 17 déc.-15 avril
16 ch – ♦80/124 € ♦♦80/124 € – ⬚ 11 € – ½ P 80/102 €
Rest – (dîner seult) Menu 20/35 € – Carte 28/52 €
◆ Cet élégant chalet savoyard, à la fois central et paisible, dispose de très belles chambres cosy et d'un salon-cheminée cossu. Hammam, sauna et massages. Au restaurant : chaleureux cadre montagnard, spécialités savoyardes et plats classiques.

PREIGNAC – 33 Gironde – **335** J7 – **rattaché à Langon**

PRÉNERON – 32 Gers – **336** D7 – **rattaché à Vic-Fezensac**

PRENOIS – 21 Côte-d'Or – **320** J5 – **rattaché à Dijon**

LE PRÉ-ST-GERVAIS – 93 Seine-Saint-Denis – **305** F7 – **101** 16 – **voir à Paris,**
Environs

LA PRESTE – 66 Pyrénées-Orientales – **344** F8 – **rattaché à Prats-de-Mollo**

PRINGY – 74 Haute-Savoie – **328** J5 – **rattaché à Annecy**

PRIVAS **P** – 07 Ardèche – **331** J5 – 8 624 h. – alt. 300 m – ✉ 07000   **44** B3
🟢 Lyon Drôme Ardèche

▶ Paris 596 – Montélimar 34 – Le Puy-en-Velay 91 – Valence 41
ℹ 3, place du Général-de-Gaulle 𝄞 04 75 64 33 35
◎ Site ★.

🏠 **La Chaumette**   ⬚ **AC** ☎ 🍴 **P** **P** *VISA* ⚫ **AE** ⓪
av. du Vanel – 𝄞 04 75 64 30 66 – www.hotelchaumette.fr – Fermé vacances de
la Toussaint et 2-15 janv.
36 ch – ♦60/79 € ♦♦77/96 € – ⬚ 15 € – ½ P 70/85 €
Rest – (fermé sam. et dim. sauf le soir de juin à mi-oct.) (18 €) Menu 35 € (déj.
en sem.), 39/65 € – Carte 60/78 €
◆ Cet hôtel moderne a l'âme voyageuse : les chambres évoquent le Midi, l'Afrique, la Chine... Moins loin, il fait bon lézarder au bord de la piscine ou au Bar des Suds. Agréable terrasse au restaurant, où le chef s'inpire du terroir.

à Rochessauve 11km au Sud-Est par D2 et D 299 – 368 h. – alt. 300 m
– ✉ 07210

Château de Rochessauve ≫   ⇐ 🚗 🛏 ⚒ P
– ℰ 04 75 65 07 06 – www.chateau-de-rochessauve.com
– Fermé 1er janv. à Pâques et nov.
5 ch ☲ – †110/120 € ††110/130 €
Table d'hôte – (fermé jeudi) Menu 25 € bc/40 € bc
◆ Un château du 13e s. perché sur un piton rocheux... Protégé du mistral par la
falaise, on contemple la chaîne des Alpes dans un calme absolu. Les propriétaires
sont d'anciens antiquaires (que de beaux objets !) et... de bons cuisiniers (volailles
et légumes maison).

PROJAN – 32 Gers – **336** A8 – 146 h. – alt. 157 m – ✉ 32400   **28** A2
▶ Paris 742 – Pau 42 – Tarbes 60 – Toulouse 169

Le Château de Projan ≫   ⇐ 🌲 🛏 ⚒ ※ 🅐 🛁 P 💳 ⑩ 🅰🅔
– ℰ 05 62 09 46 21 – www.chateau-de-projan.com
– Fermé vacances de la Toussaint, 19-26 déc., 6 fév.-10 mars et dim. soir
7 ch – †100/120 € ††120/200 € – ☲ 17 € – ½ P 90/120 €
Rest – (dîner seult) Menu 36/70 €
◆ Ambiance de maison d'hôtes dans ce château blotti dans un parc au sommet
d'une colline. Beau mobilier ancien et tableaux contemporains ornent chambres
et salons. Lumineuse salle à manger prolongée d'une terrasse où l'on sert des
plats régionaux. Cours de cuisine.

PROPRIANO – 2A Corse-du-Sud – **345** C9 – voir à Corse

Une bonne table sans se ruiner ? Repérez les Bib Gourmand ⑱.

PROVINS ◈ – 77 Seine-et-Marne – **312** I4 – 11 871 h. – alt. 91 m   **19** D2
– ✉ 77160 ▮ Champagne Ardenne
▶ Paris 88 – Châlons-en-Champagne 98 – Fontainebleau 55
   – Sens 47
ℹ chemin de Villecran ℰ 01 64 60 26 26
◉ Ville Haute★★ AV : remparts★★ AY, Tour César★★ : ⇐★ , Grange aux
Dîmes★ AV E - Place du Chatel★ - Portail central★ et groupe de
statues★★ dans l'église St-Ayoul BV - Choeur★ de la collégiale St-Quiriace
AV - Musée de Povins et du Provinois : collections de sculptures et de
céramiques★ M.
⊙ St-Loup-de-Naud : portail★★ de l'église★ 7 km par ④.

🏛 Aux Vieux Remparts ≫   🛏 🖥 ◉ 🖥 & ch, 🅐🅒 ch, 🖁 🛁 P 🅿
🕾 3 r. Couverte - ville haute, Cité Médiévale   💳 ⑩ 🅰🅔 ⑪
– ℰ 01 64 08 94 00 – www.auxvieuxremparts.com   **AVb**
40 ch – †90/265 € ††115/275 € – ☲ 18 € – ½ P 125/200 €
Rest – (21 €) Menu 28 € (sem.), 38/90 €
– Carte 60/90 €
Rest Le Petit Ecu – ℰ 01 64 08 95 00 – (15 €) Menu 18 € (sem.)/29 €
– Carte 25/33 €
◆ Au cœur de la cité médiévale, cet ensemble de trois maisons propose des
chambres au style actuel. Nouvel espace détente (piscine intérieure, sauna...). Cui-
sine classique servie dans des salles à la décoration moyenâgeuse, rustique ou
contemporaine ; belle terrasse d'été. Au Petit Écu, carte traditionnelle.

Demeure des Vieux Bains sans rest   🚗 ※ 🖁 🛁 P 💳 ⑩
7 r. du Moulin-de-la-Ruelle, au pied de la cité médiévale – ℰ 06 74 64 54 00
– www.demeure-des-vieux-bains.com   **BVd**
5 ch ☲ – †100 € ††160/290 €
◆ Une belle demeure seigneuriale (12e-17e s.) à flanc de colline. Le nom de
chaque chambre évoque son élégant décor : Hortensia, Pleyel (avec hammam),
Flamande (avec balnéo)...

PROVINS

Alips (R. Guy) . . . . **AX**
Anatole-France (Av.) . . . . . . **AV** 2
Arnoul (R. Victor) . . . . **BX** 3
Balzac (Pl. Honoré-de) . . . **BVX** 4
Bellevue (Rampe de) . . . . **BX**
Bordes (R. des) . . . . **BX** 7
Bourquelot (R. Félix) . . . . . . **BV** 8
Bray (Rte de) . . . . **AX**
Briand (R. Aristide) . . . . **BX**
Canal (R. du) . . . . **AX**
Carnot (Bd) . . . . **BX**
Champbenoist (Rte de) . . . . **BX** 13
Changis (R. de) . . . . **BX** 14
Châtel (Pl. du) . . . . **AV** 18
Chomton (Bd Gilbert) . . . . . **AX** 19
Collège (R. du) . . . . **ABV** 23

Cordonnerie (R. de la) . . . . . . **BV** 24
Courloison (R.) . . . . **BV** 27
Couverte (R.) . . . . **AV** 28
Delort (Rue du Gén.) . . . . . **BVX** 29
Desmarets (R. Jean) . . . . **AV** 30
Dromigny (R. Georges) . . . . . **AX**
Esternay (R. d') . . . . **BX**
Ferté (Av. de la) . . . . **BX** 33
Fourtier-Masson (R.) . . . . . . **BX** 35
Friperie (R. de la) . . . . **BX** 37
Garnier (R. Victor) . . . . **BX** 39
Gd-Quartier-Gén. (Bd du) . . **BX** 42
Hugues-le-Grand (R.) . . . . . **BX** 43
Jacobins (R. des) . . . . **BX** 44
Jean-Jaurès (Av.) . . . . **BX**
Leclerc (Pl. du Mar.) . . . . . . **BV** 47
Malraux (Av. André) . . . . . . **AVY**
Michelin (R. Maximilien) . . . . **AX**
Nanteuil (Rte de) . . . . **BV**

Nocard (R. Edmond) . . . . . **BVX** 54
Opoix (R. Christophe) . . . . . **BV** 57
Palais (R. du) . . . . **AV** 59
Pasteur (Bd) . . . . **BV**
Plessier (Bd du Gén.) . . . . **BVX** 64
Pompidou (Av. G.) . . . . **BV** 67
Pont-Pigy (R. du) . . . . **BV** 68
Prés (R. des) . . . . **BV** 69
Rebais (R.) . . . . **BV**
Remparts (Allée des) . . . . . . **AV** 72
Ste-Croix (R.) . . . . **BV**
St-Ayoul (Pl.) . . . . **BV** 73
St-Jean (R.) . . . . **AV** 74
St-Quiriace (Pl.) . . . . **AV** 77
St-Syllas (Rampe) . . . . **BV**
Val (R. du) . . . . **BV** 79
Voulzie (Av. de la) . . . . **BX** 85
29e-Dragons
  (Pl. du) . . . . **BV** 84

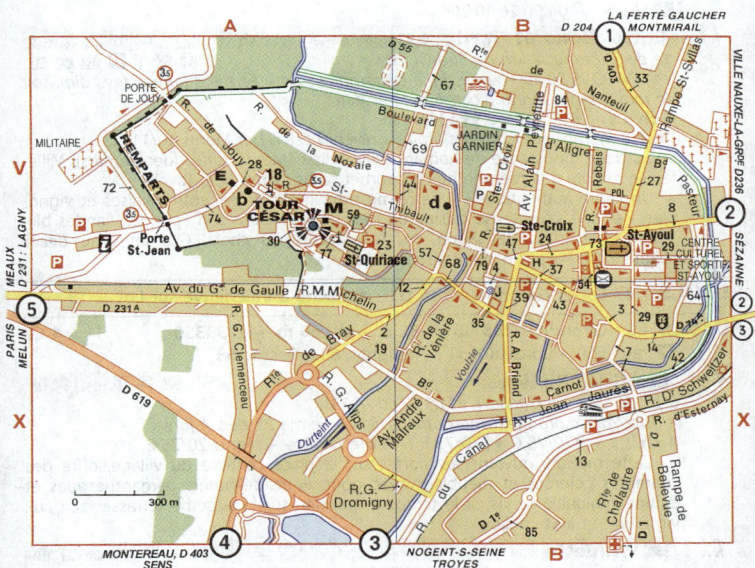

PRUNETE – 2B Haute-Corse – **345** F6 – voir à Corse (Cervione)

PUGET-SUR-ARGENS – 83 Var – **340** P5 – 6 977 h. – alt. 17 m   **41** C3
– ⊠ 83480

▶ Paris 871 – Marseille 143 – Monaco 88 – Toulon 86

⌂ **Le Clos des Escapades** ⌘

2323 bd Gén.-Leclerc – ℰ 04 94 45 89 88 – www.leclosdesescapades.com
– *Fermé nov.*

5 ch ⊾ – †90/155 € ††90/155 €   **Table d'hôte** – Menu 16/29 €

♦ En pleine nature, imposant mas en pierre avec jardin paysagé (mimosas, palmiers, oliviers) et belle piscine. Les chambres, aux tons pastel, sont toutes différentes et confortables. Pour se détendre, il y a un espace bien-être. Cuisine de saison à la table d'hôte.

PUGIEU – 01 Ain – **328** G6 – rattaché à Belley

PUIMICHEL – 04 Alpes-de-Haute-Provence – **334** E9 – 252 h.   **41** C2
– alt. 723 m – ⊠ 04700

▶ Paris 744 – Avignon 159 – Digne-les-Bains 31 – Marseille 113

⚜ Chez Jules 🛜 ♿ AC VISA ⊙⊙

pl. du Village – ☎ 04 92 74 98 10 – www.bistrotdepays.com – Fermé 22 oct.-3 nov., 25 fév.-12 mars, mardi soir en juil.-août, merc. et le soir sauf vend. et sam.

Rest – (14 €) Menu 15/24 €

◆ Épicerie, café, resto… dans la tradition des bistrots de pays, ce Jules reste l'un des poumons du village. On y savoure une cuisine 100 % terroir ! Excellent rapport qualité-prix.

PUJAUDRAN – 32 Gers – **336** I8 – rattaché à L'Isle-Jourdain

---

PUJAUT – 30 Gard – **339** N4 – 3 881 h. – alt. 70 m – ⌧ 30131 **23** D2

▶ Paris 683 – Marseille 117 – Montpellier 95 – Orange 23

🛈 Mairie ☎ 04 90 26 40 20

⚜⚜ Entre Vigne et Garrigue (Serge Chenet) avec ch 🛜 ♿ rest,

rte de St-Bruno, 2 km au Sud-Ouest AC ⚟ 📶 P VISA ⊙⊙ AE

– ☎ 04 90 95 20 29 – www.vigne-et-garrigue.com – Fermé 3 janv.-6 fév., dim. soir de mai à sept., mardi d'oct. à avril et lundi

4 ch ⊡ – †115/145 € ††135/145 €

Rest – (nombre de couverts limité, prévenir) (28 € bc) Menu 40/115 €

Spéc. Nage mousseuse de homard à la réglisse. Menu truffes (déc. à mars). Mille-feuille minute à la menthe fraîche, sorbet cacao. **Vins** Lirac, Tavel.

◆ Un cadre authentique – une ferme provençale isolée, entre falaises et vignobles – et une savoureuse cuisine du marché, bien dans son époque. Viandes bio, légumes et fruits de saison ont les faveurs du chef… Chambres au décor soigné, dans l'esprit d'une maison d'hôtes.

PUJOLS – 47 Lot-et-Garonne – **336** G3 – rattaché à Villeneuve-sur-Lot

---

PUJOLS – 33 Gironde – **335** K6 – 580 h. – alt. 60 m – ⌧ 33350 **4** C2

▶ Paris 560 – Bordeaux 51 – Mérignac 68 – Pessac 63

⌂ Les Gués Rivières 🛜 AC rest, ⚟ 📶

5 pl. du Gén. de Gaulle – ☎ 05 57 40 74 73

– http://perso.orange.fr/margotte.olivier/ – Fermé 22 déc.-4 janv.

4 ch ⊡ – †70/75 € ††70/75 € **Table d'hôte** – Menu 20/25 €

◆ Cette maison, ouvrant ses portes sur la place centrale du village, offre des chambres colorées et meublées avec goût. Petits-déjeuners gargantuesques et cuisine régionale servis, si le temps le permet, sur la superbe terrasse face aux vignobles et à St-Émilion.

⚜⚜ La Poudette 🛜 P VISA ⊙⊙ AE ⊙

La Rivière, (sur D17) – ☎ 05 57 40 71 52 – www.lapoudette.com – Fermé mi fév.-mi mars, dim. soir et mardi sauf le soir de juil. à sept., et lundi

Rest – (29 €) Menu 34/38 € – Carte environ 49 €

◆ Malgré son accès difficile, sa devanture anodine et son intérieur sobre, cette maison entourée d'un jardin sauvage vous réserve une belle cuisine actuelle et de saison.

PULIGNY-MONTRACHET – 21 Côte-d'Or – **320** I8 – rattaché à Beaune

---

PUPILLIN – 39 Jura – **321** E5 – rattaché à Arbois

PUTEAUX – 92 Hauts-de-Seine – **311** J2 – **101** 14 – voir à Paris, Environs

---

PUYCELCI – 81 Tarn – **338** C7 – 493 h. – alt. 258 m – ⌧ 81140 **29** C2

▶ Paris 637 – Albi 44 – Gaillac 25 – Montauban 40

🛈 chapelle Saint-Roch ☎ 05 63 33 20 47

⌂ L'Ancienne Auberge ⌂ 🛜 AC ch, ⚟ ⚙ VISA ⊙⊙

pl. de l'Église – ☎ 05 63 33 65 90 – www.ancienne-auberge.com – Fermé fév.

8 ch – †75 € ††150 € – ⊡ 15 € – ½ P 75 €

Rest – (fermé dim. soir et lundi) Menu 24/36 € – Carte 38/64 €

◆ Auberge de caractère installée dans les murs d'une demeure du 13e s., au cœur d'un village fortifié. Chambres personnalisées et magnifique cheminée dans le salon. Arcades en pierre et vitraux (fin 19e s.) font le cachet du restaurant.

LE PUY-DE-DÔME – 63 Puy-de-Dôme – **326** E8 – voir à Clermont-Ferrand

LE PUY-EN-VELAY P – 43 Haute-Loire – 331 F3 – 19 321 h.
6 C3
– alt. 629 m – ⊠ 43000 ▌ Lyon Drôme Ardèche

▶ Paris 539 – Clermont-Ferrand 129 – Mende 87 – St-Étienne 76

🛈 2, place du Clauzel ℰ 04 71 09 38 41

🛪 du Puy-en-Velay à Ceyssac Sénilhac, O : 7 km par D 590, ℰ 04 71 09 17 77

👁 Site ★★★ - L'île aux trésors ★★★ BY : cathédrale Notre-Dame ★★★ ,
cloître ★★ - Trésor d'art religieux ★★ dans la salle des États du Velay -
St-Michel d'Aiguilhe ★★ AY - Peinture des arts libéraux ★ de la chapelle
des Sacrements - Ancienne cité ★ - Musée Crozatier : collection
lapidaire ★, dentelles ★

🖻 Polignac ★ : ✳✳ ★ 5 km par ③.

Plan page suivante

Du Parc
🛏 AC 🛜 � 🕭 🏧 🚗 VISA 🐵 AE

4 av. C. Charbonnier – ℰ 04 71 02 40 40 – www.hotel-du-parc-le-puy.com
15 ch - ♦77/198 € ♦♦77/198 € – ⌂ 12 € AZs
Rest *François Gagnaire* – voir ci-après

◆ Tout près du beau jardin Vinay, cet hôtel moderne joliment rénové propose des
chambres séduisantes et fonctionnelles, dans un esprit design. Espace bar cosy.

Regina
🛏 & ch, AC rest, 🕭 🏧 🚗 VISA 🐵 AE ①

34 bd Mar. Fayolle – ℰ 04 71 09 14 71 – www.hotelrestregina.com BZd
25 ch - ♦55/91 € ♦♦65/91 € – 3 suites – ⌂ 10 € – ½ P 66 €
Rest – *(fermé dim. soir du 15 nov. au 15 mars)* (17 €) Menu 23/47 €
– Carte 43/52 €

◆ Ce bel immeuble (1905) possède un vrai cachet architectural. Chambres
contemporaines récemment rénovées, chaleureuses et très souvent spacieuses.
Salle à manger colorée ; cuisine traditionnelle avec quelques touches italiennes.

Le Brivas
🏞 ⅃♠ 🛏 🕭 🕭 🖻 P VISA 🐵 AE

2 av. Charles Massot, à Vals-près-le-Puy par D 31- AZ ⊠ 43750
– ℰ 04 71 05 68 66 – www.hotel-le-brivas.com – Fermé 17 déc.-10 janv., dim. soir
du 15 oct. au 15 avril, vend. soir et sam. midi
48 ch – ♦55/90 € ♦♦55/90 € – ⌂ 8,50 € – ½ P 52/65 €
Rest – (15 €) Menu 21/43 € – Carte 22/45 €

◆ Ce hôtel moderne d'un quartier résidentiel au sud du Puy propose des chambres fonctionnelles. Agréable jardin-terrasse au bord d'une rivière ; espace bien-
être. Restaurant relooké dans un esprit actuel pour une cuisine traditionnelle de
produits régionaux.

Le Val Vert
& ch, 🍴 rest, 🕭 P VISA 🐵 AE ①

6 av. Baptiste Marcet, 1,5 km par N 88 et rte Mende par ② – ℰ 04 71 09 09 30
– www.hotelvalvert.com – Fermé 25 déc.-9 janv.
23 ch – ♦55 € ♦♦60 € – ⌂ 9 € – ½ P 57 €
Rest – *(fermé sam. midi de nov. à juin)* (12 €) Menu 20/40 € – Carte 55/85 €

◆ Chambres colorées et chaleureuses avec, pour certaines, douche à jets, écran
plat et décoration à l'italienne. Bonne insonorisation qui permet d'oublier la rue
très passante. Cuisine traditionnelle servie dans une salle à manger coquette,
ouverte sur le village.

✗✗✗ François Gagnaire – Hôtel Du Parc
& AC VISA 🐵 AE

❀ *4 av. C. Charbonnier – ℰ 04 71 02 75 55 – www.francoisgagnaire.com – Fermé*
fin fév.-début mars, 27 juin-7 juil., 2-11 nov., dim. midi et lundi midi
en juil.-août, dim. soir et lundi de sept. à juin et mardi midi AZa
Rest – Menu 25 € (déj.), 55/92 € – Carte 73/80 €
Spéc. Caviar du Velay en gelée de crustacés, gaspacho de lentilles, coquillages et
condiments. Souris d'agneau "Noire du Velay" confite aux écorces d'orange et
coriandre (automne-hiver). Perles rouges du Velay et crémeux à la verveine verte
(été). **Vins** Côtes d'Auvergne blanc, Saint Pourçain rouge.

◆ Ce restaurant au cadre contemporain et raffiné, égayé de lithographies de
Raoul Dufy, séduit par sa belle cuisine personnalisée, mariant le terroir et les
saveurs d'ailleurs.

LE PUY-EN-VELAY

Aiguières (R. Porte) .... **AZ** 2
Becdelièvre (R.) .... **AY** 3
Bouillon (R. du) .... **BY** 5
Card.-de-Polignac (R.) ..... **BY** 8
Chamarlenc (R. du) .... **AY** 10
Charbonnier (Av. C.) .... **AZ** 12
Chaussade (R.) .... **BZ**
Chênebouterie (R.) .... **AY** 13
Clair (Bd A.) .... **AY** 14
Collège (R. du) .... **BZ** 17
Consulat (R. du) .... **AY** 19
Courrerie (R.) .... **AZ** 20

Crozatier (R.) .... **BZ** 23
Dr-Chantemesse (Bd) ...... **AY** 24
Fayolle (Bd Mar.) .... **BZ**
Foch (Av. Mar.) .... **BZ**
For (Pl. du) .... **BY** 27
Gambetta (Bd) .... **AY** 29
Gaulle (Av. Gén.-de) ...... **ABZ** 30
Gouteyron (R.) .... **AY** 31
Grangevieille (R.) .... **AY** 32
Martouret (Pl. du) .... **ABZ** 34
Monteil (R. A.-de) .... **AY** 35
Pannessac (R.) .... **AY**
Philibert (R.) .... **AY** 36
Pierret (R.) .... **BZ** 37
Plot (Pl. du) .... **AZ** 38

Raphaël (R.) .... **AY** 39
République (Bd de la) ...... **BY** 40
Roche-Taillade (R.) .... **AY** 42
Saint-François-Régis (R.) ... **BY** 43
Saint-Georges (R.) .... **BY** 45
Saint-Gilles (R.) .... **AZ**
Saint-Jean (R. du Fg) ...... **BY** 46
Saint-Louis (Bd) .... **AZ**
Saint-Maurice (Pl.) .... **AY** 47
Séguret (R.) .... **AY** 48
Tables (Pl. des) .... **AY** 49
Tables (R. des) .... **AY** 52
Vallès (R. J.) .... **BY** 54
Vaneau (R.) .... **AY** 55
Verdun (R.) .... **BY** 58

1386

XXX **Tournayre**   AC VISA ⚫⚫ AE

12 r. Chênebouterie – ℰ 04 71 09 58 94 – www.restaurant-tournayre.com
– Fermé 1er-7 sept., 18 déc.-31 janv., merc. soir, dim. soir et lundi   AY**f**
Rest – Menu 24/68 € – Carte 60/80 €
♦ Croisées d'ogives, pierres apparentes, boiseries et fresques composent le décor
de cette ancienne chapelle (16e s.) où l'on goûte une cuisine auvergnate géné-
reuse et bien faite.

X **Le Poivrier**   🅰 AC VISA ⚫⚫ AE

69 r. Pannessac – ℰ 04 71 02 41 30 – www.lepoivrier.fr – Fermé lundi sauf le soir
en août et dim.   AY**v**
Rest – Menu 16 € (sem.), 25/38 € – Carte 36/45 €
♦ Restaurant au style design épuré, assez tendance et non dénué de convivialité.
Exposition de photographies. Spécialités de viande de bœuf de Haute-Loire.

X **Comme à la Maison**   🍴 VISA ⚫⚫

7 r. Séguret – ℰ 04 71 02 94 73 – www.restaurant-43.com – Fermé 2-16 janv.,
19-26 avril, 20-30 sept., sam. midi, dim. soir et lundi sauf en saison
Rest – (18 €) Menu 23/53 € – Carte 33/50 €   AY**u**
♦ Caché dans la vieille ville, ce bistrot "gourmand" sert une bonne cuisine au
goût du jour dans un cadre mi-contemporain, mi-rustique. Agréable patio-terrasse
au grand calme.

X **Bambou et Basilic**   VISA ⚫⚫ AE

18 r. Grangevieille – ℰ 04 71 09 25 59 – www.bambou-basilic.com – Fermé dim.
et lundi   AY**b**
Rest – (17 €) Menu 24/45 €
♦ Le jeune chef s'inspire des quatre coins du monde pour réaliser une cuisine du
marché personnelle et inventive, aidée de son époux pâtissier. Salle intimiste
d'esprit bistrot.

à Espaly-St-Marcel 3 km par ③ – 3 586 h. – alt. 650 m – ✉ 43000

🏨 **L'Ermitage** sans rest   🅰 🛰 😘 P VISA ⚫⚫ AE

75 av. de l'Ermitage, rte de Clermont-Ferrand – ℰ 04 71 07 05 05
– www.hotelermitage.com – Fermé janv. et fév.
20 ch – ♦50/78 € ♦♦55/80 € – ☐ 10 €
♦ Un hôtel dont la terrasse offre une vue panoramique sur le site du Puy. Chambres fonctionnelles et calmes ; celles côté sud regardent la campagne.

XX **L'Ermitage**   🍴 P VISA ⚫⚫

73 av. de l'Ermitage, rte de Clermont-Ferrand – ℰ 04 71 04 08 99 – Fermé
30 août-6 sept., 17-22 oct., 11-30 janv., dim. soir et lundi
Rest – (19 €) Menu 24/54 € – Carte 34/53 €
♦ Cette ferme joliment restaurée a conservé son cachet rustique et dégage une
atmosphère cosy. Cuisine traditionnelle, servie sur la terrasse ombragée en été.

PUY-GUILLAUME – 63 Puy-de-Dôme – **326** H7 – 2 668 h. – alt. 285 m   **6** C2
– ✉ 63290

🄳 Paris 374 – Clermont-Ferrand 53 – Lezoux 27 – Riom 35

🏠 **Relais Hôtel de Marie**   🍴 📶 & ch, 🍽 rest, 🛰 P VISA ⚫⚫ AE

13 av. Edouard Vaillant – ℰ 04 73 94 18 88 – www.hotel-marie.com
12 ch – ♦48/62 € ♦♦48/62 € – ☐ 6 € – ½ P 59/65 €
Rest – (fermé vend. soir hors saison, dim. soir et lundi) (10 €) Menu 12 € (déj. en
sem.), 18/29 € – Carte 21/38 €
♦ Immeuble d'allure moderne situé en bord de route, pratique pour l'étape. Petites chambres actuelles et fonctionnelles, plus calmes côté parking. Salle de restaurant aux couleurs chaleureuses, où l'on sert des plats traditionnels et régionaux.

PUY-L'ÉVÊQUE – 46 Lot – **337** C4 – 2 178 h. – alt. 130 m – ✉ 46700   **28** B1
🟩 Périgord Quercy

🄳 Paris 601 – Agen 71 – Cahors 31 – Gourdon 41
🄸 12, Grande rue ℰ 05 65 21 37 63

Bellevue — ch, rest, VISA

pl. Truffière – ✆ 05 65 36 06 60 – www.hotelbellevue-puyleveque.com – Fermé 15 nov.-2 déc. et 5 janv.-4 fév.

11 ch – †68/96 € ††68/96 € – ☕ 12 € – ½ P 72/86 €

Rest *Côté Lot* – *(fermé dim. et lundi)* Menu 14 € (déj. en sem.), 20/38 € – Carte 25/40 €

Rest *L'Aganit* – *(fermé dim. soir et lundi)* Menu 14 € (déj. en sem.)/20 € – Carte 23/33 €

◆ L'hôtel, bâti sur un éperon dominant le Lot, mérite bien son nom. Les chambres, claires et spacieuses, sont de style contemporain. Au restaurant Côté Lot, cuisine légère et épurée et... vue splendide sur la vallée. Plats du terroir et esprit brasserie sous la véranda de l'Aganit.

à Mauroux 12 km au Sud-Ouest par D 8 et D 5 – 500 h. – alt. 213 m – ✉ 46700

ℹ le Bourg ✆ 05 65 30 66 70

Hostellerie le Vert — ch, ch, VISA

Lieu dit "Le Vert" – ✆ 05 65 36 51 36 – www.hotellevert.com – Ouvert 1er avril-31 oct.

6 ch – †85/130 € ††85/130 € – ☕ 10 € – ½ P 83/105 €

Rest – *(fermé le midi sauf dim.)* Menu 28/45 € – Carte 38/45 €

◆ Ambiance chaleureuse dans cette ferme quercinoise du 14e s. perdue en pleine nature. Dans les chambres, le mobilier de style cohabite avec les meubles campagnards. Cuisine réalisée à quatre mains à partir de produits frais et bio, au gré de l'inspiration.

à Anglars-Juillac 8 km à l'Est par D 811 et D 67 – 334 h. – alt. 98 m – ✉ 46140

XX **Clau del Loup** avec ch — VISA

Métairie Haute, D 8 – ✆ 05 65 36 76 20 – www.claudelloup.com

4 ch – †60/120 € ††60/120 € – ☕ 12 € – ½ P 96/107 €

Rest – (14 € bc) Menu 29/48 € – Carte 29/55 €

◆ Un belle demeure en pierre (1818), un univers feutré et une cuisine gastronomique aux accents du Sud, juste et savoureuse, signée par un enfant du pays. Terrasse sous les platanes. Chambres agréables et soignées, avec du joli mobilier.

PUYLOUBIER – 13 Bouches-du-Rhône – **340** J4 – 1 671 h. – alt. 380 m – ✉ 13114 **40** B3

▶ Paris 783 – Avignon 110 – Digne-les-Bains 133 – Marseille 55

ℹ square Jean Casanova ✆ 04 42 66 36 87

X **Les Sarments** — VISA

4 r. Qui Monte – ✆ 04 42 66 31 58 – Fermé 19 déc.-10 fév., mardi sauf le soir de juin à sept. et lundi

Rest – Menu 33/45 €

◆ Une ancienne bergerie, une terrasse, des figuiers : voilà le cadre idéal pour se régaler d'une cuisine goûteuse et inventive, et des produits du soleil. Choix à l'ardoise.

PUYMIROL – 47 Lot-et-Garonne – **336** G4 – 923 h. – alt. 153 m – ✉ 47270 Aquitaine **4** C2

▶ Paris 649 – Agen 17 – Moissac 35 – Villeneuve-sur-Lot 30

ℹ 7, place Maréchal Leclerc ✆ 05 53 67 80 40

Michel Trama — rest, VISA AE

52 r. Royale – ✆ 05 53 95 31 46 – www.aubergade.com – Fermé 2 sem. en nov., dim. soir et lundi hors saison, lundi midi en saison et mardi midi

9 ch – †200/620 € ††200/620 € – 1 suite – ☕ 30 €

Rest – (60 € bc) Menu 76/225 € – Carte 120/300 €

Spéc. Papillote de pomme de terre en robe de truffe. Hamburger de foie gras aux cèpes. Cristalline de pomme verte. **Vins** Buzet, Côtes de Duras.

◆ Murs des 13e et 17e s. (ancienne résidence des comtes de Toulouse), décor opulent et baroque signé Jacques Garcia, équipements luxueux : un établissement d'un confort suprême. Au restaurant, le hamburger de foie gras – un classique – résume l'esprit du style Trama, entre terroir et invention. Superbe carte des vins.

PUY-ST-PIERRE – 05 Hautes-Alpes – **334** H3 – rattaché à Briançon

PUY-ST-VINCENT – 05 Hautes-Alpes – **334** G4 – 285 h. – alt. 1 325 m   **41** C1
– Sports d'hiver : 1 400/2 700 m ⚡16 ⚡ – ✉ 05290 🟩 Alpes du Sud

🔼 Paris 700 – L'Argentière-la-Bessée 10 – Briançon 21 – Gap 83
ℹ️ les Alberts ☎ 08 10 00 11 12
👁 Les Prés ≼★ SE : 2 km - Église★ de Vallouise N : 4 km.

🏠   **La Pendine** ≳   ≼ 🛏 🍴 🛁 ⚡ 📶 ⛰ **P** 🟦 ⓥ 🆎
🈴 *aux Prés, 1 km à l'Est par D 404 – ☎ 04 92 23 32 62 – www.lapendine.com*
– *Ouvert 26 juin-31 août et 16 déc.-9 avril*
25 ch ⎚ – 🛏57/75 € 🛏🛏73/108 € – ½ P 63/78 €
Rest – (15 €) Menu 20 € (déj. en sem.), 26/36 € – Carte 29/50 €
◆ Perché sur les hauteurs, cet hôtel habillé de bois abrite des chambres plaisantes
au décor montagnard, certaines avec balcon. Espace détente (sauna, jacuzzi). Au
restaurant, plats traditionnels et magnifique panorama sur la Vallouise et les
Écrins.

PYLA-SUR-MER – 33 Gironde – **335** D7 – ✉ 33115   **3** B2
🟩 Pays Basque et Navarre

🔼 Paris 648 – Arcachon 8 – Biscarrosse 34 – Bordeaux 66
ℹ️ 2 , avenue Ermitage ☎ 05 56 54 02 22
👁 Dune du Pilat★★.

Voir plan d'Arcachon agglomération.

🍴🍴   **L'Authentic d'Éric Thore**   📶 🆎 🟦 ⓥ 🆎
35 bd de l'Océan – ☎ 05 56 54 07 94 – Fermé dim. soir et merc. sauf juil.-août
Rest – (18 €) Menu 29/65 € – Carte 53/97 €   AY**e**
◆ Une table rénovée dans un esprit chaleureux et contemporain (tons brun et
sable). Pergola appréciable aux beaux jours. La cuisine, créative, privilégie les produits du terroir.

QUARRÉ-LES-TOMBES – 89 Yonne – **319** G7 – 716 h. – alt. 457 m   **7** B2
– ✉ 89630 🟩 Bourgogne

🔼 Paris 233 – Auxerre 73 – Avallon 18 – Château-Chinon 49
ℹ️ rue des Écoles ☎ 03 86 32 22 20

🏠   **Du Nord**   🍴 👤 🆎 📶 ⛰ 🟦 ⓥ 🆎 ⓞ
25 pl. de l'Église – ☎ 03 86 32 29 30 – www.hoteldunord-morvan.com
– *Fermé 4 nov.-15 fév., lundi et jeudi*
8 ch – 🛏45/60 € 🛏🛏55/75 € – ⎚ 9 € – ½ P 55/65 €
Rest – (16 €) Menu 23 € (sem.), 30/34 € – Carte 30/45 €
◆ Face à la célèbre église St-Georges, cet ancien relais de poste a été restauré
avec goût. Les chambres y sont pratiques et bien tenues. Cuisine traditionnelle à
déguster dans salle d'esprit bistrot rustique.

🍴🍴   **Le Morvan** avec ch   🛏 🍴 👤 ch, 📶 **P** 🟦 ⓥ 🆎
🈴 *6 r. des Écoles, face au Parc Municipal – ☎ 03 86 32 29 29 – www.le-morvan.fr*
😊 – *Fermé 5 déc.-4 mars, merc. midi sauf juil.-août, lundi et mardi*
8 ch – 🛏51/71 € 🛏🛏57/77 € – ⎚ 10 € – ½ P 60/70 €
Rest – Menu 23/51 € – Carte 35/66 €
◆ Un petit salon feutré et une salle cosy, des poutres apparentes, une belle horloge comtoise... tout ici invite à la découverte du terroir, joliment revisité par le
chef. L'été, attablez-vous au jardin ! Chambres confortables.

aux Lavaults 5 km au Sud-Est par D 10 – ✉ 89630 Quarré-les-Tombes

🍴🍴🍴   **Auberge de l'Âtre** avec ch ≳   🛏 🍴 👤 📶 ⛰ **P** 🟦 ⓥ 🆎 ⓞ
– *☎ 03 86 32 20 79 – www.auberge-de-latre.com – Fermé 18 juin-2 juil.,*
16 fév.-10 mars, mardi et merc.
7 ch – 🛏58/65 € 🛏🛏75/95 € – ⎚ 10 €
Rest – *(prévenir)* Menu 30 € (sem.), 50/60 € – Carte 45/85 € 🍄
◆ Au bord d'une route de campagne, cette ferme distille un charme rustique et
authentique... Pour ne rien gâter, la carte célèbre le terroir (spécialité de champignons) et les bons vins. Chambres très bien tenues, agréables pour l'étape.

QUÉDILLAC – 35 Ille-et-Vilaine – **309** J5 – 1 036 h. – alt. 85 m – ⊠ 35290   **10** C2
▶ Paris 389 – Dinan 30 – Lamballe 45 – Loudéac 57

XXX **Le Relais de la Rance** avec ch   📶 **P** VISA ⓦ AE
6 r. de Rennes – 𝒞 02 99 06 20 20 – Fermé 20 déc.-20 janv., vend. soir et dim. soir
13 ch – †55/75 € ††55/75 € – ⊃ 10 € – ½ P 68/78 €
Rest – (17 €) Menu 20/68 € – Carte 40/66 €
◆ Cette maison de granit clair révèle un intérieur classique. La cuisine, goûteuse,
l'est elle-aussi, et l'on savoure aussi bien une terrine de lapereau que du homard
ou du poisson frais. Chambres bien tenues à prix raisonnable.

LES QUELLES – 67 Bas-Rhin – **315** G6 – **rattaché à Schirmeck**

QUEND – 80 Somme – **301** C6 – 1 376 h. – alt. 5 m – ⊠ 80120   **36** A1
▶ Paris 209 – Amiens 91 – Boulogne-sur-Mer 58 – Abbeville 35
🛈 8 bis, avenue Vasseur 𝒞 09.63.40.47.15

🏨 **Les Augustines** sans rest   ⟨ **P** VISA ⓦ AE
18 rte de la plage Monchaux – 𝒞 03 22 23 54 26 – www.hotel-augustines.com
15 ch – †68/82 € ††68/82 € – ⊃ 10 €
◆ Ces Augustines-là disposent de chambres confortables, fonctionnelles et de
plain-pied. Une adresse bien sympathique pour un séjour dans ce beau coin de
nature.

QUESTEMBERT – 56 Morbihan – **308** Q9 – 6 585 h. – alt. 100 m   **10** C3
– ⊠ 56230 🟩 Bretagne
▶ Paris 445 – Ploërmel 32 – Redon 34 – Rennes 96
🛈 15, rue des Halles 𝒞 02 97 26 56 00

XXX **Le Bretagne et sa Résidence** (Alain Orillac) avec ch   🚄 ⟨ ch, 📶
❀   r. St-Michel – 𝒞 02 97 26 11 12   🅢 **P** VISA ⓦ AE
– www.residence-le-bretagne.com – Fermé 3-31 janv.
9 ch – †70/90 € ††90/150 € – ⊃ 15 € – ½ P 125/145 €
Rest – (fermé dim. soir et mardi midi d'oct. à avril et lundi) (prévenir) (32 €)
Menu 55/105 € – Carte 68/131 €🕏
Spéc. Grenouilles à l'ail doux et vieux parmesan, sorbet roquette. Bar basse température à l'huile florale, émulsion de sureau, royale de moule de bouchot (été). Yuzu
et praliné, sablé gianduja, crémeux et émulsion yuzu, glace nougat (été).
◆ Une élégante salle habillée de boiseries et un jardin d'hiver dans un ancien
relais de poste de 1875. On y savoure une cuisine inventive qui joue avec l'originalité des saveurs. À l'annexe, chambres confortables et un brin rétro.

QUETTEHOU – 50 Manche – **303** E2 – 1 544 h. – alt. 14 m – ⊠ 50630   **32** A1
🟩 Normandie Cotentin
▶ Paris 345 – Barfleur 10 – Cherbourg 29 – St-Lô 66
🛈 place de la Mairie 𝒞 02 33 43 63 21

🏠 **Demeure du Perron** sans rest ⌂   🚄 ⟨ 📶 🅢 **P** VISA ⓦ ⓞ
rte de St-Vaast – 𝒞 02 33 54 56 09 – www.demeureduperron.com – Fermé dim.
soir du 15 nov. au 31 mars
20 ch ⊃ – †60/80 € ††66/86 €
◆ Pavillons disséminés dans un agréable jardin où l'on petit-déjeune en été.
Chambres parfaitement tenues, mais diverses en taille et en styles (récentes ou
plus rustiques).

X **Auberge de Ket Hou**   VISA ⓦ AE
17 r. du Général-de-Gaulle – 𝒞 02 33 54 40 23 – Fermé dim. soir et lundi
Rest – (15 €) Menu 19/44 € – Carte 29/45 €
◆ Cette auberge de village située au bord de la route départementale propose
une cuisine traditionnelle dans un cadre champêtre où dominent les vieilles pierres et le bois.

LA QUEUE-EN-BRIE – 94 Val-de-Marne – **312** E3 – **101** 29 – **voir à Paris, Environs**

QUEYRIÈRES – 43 Haute-Loire – **331** G3 – 312 h. – alt. 1 110 m
6 C3

– ✉ 43260

▶ Paris 563 – Clermont-Ferrand 149 – Le Puy-en-Velay 22 – Saint-Étienne 67

⌂

La Boria delh Castel ☞

Le bourg – ℰ 04 71 57 70 81 – www.laboria-queyrieres.com

4 ch ⌂ – ♦46 € ♦♦54 €   **Table d'hôte** – Menu 18 € bc

◆ Décoration rustique de qualité dans cette ancienne ferme du 18ᵉ s., au cœur du Meygal et sur le chemin de St-Jacques-de-Compostelle. Idéal pour se ressourcer au calme. À la table d'hôte, la propriétaire revisite la cuisine classique.

QUIBERON – 56 Morbihan – **308** M10 – 5 056 h. – alt. 10 m – Casino
9 B3

– ✉ 56170 ▮ Bretagne

▶ Paris 505 – Auray 28 – Concarneau 98 – Lorient 47

▮ 14, rue de Verdun ℰ 08 25 13 56 00

◉ Côte sauvage★★ NO : 2,5 km.

Sofitel Thalassa ☞

pointe de Goulvars, (réouverture prévue en mai après rénovation) – ℰ 02 97 50 20 00 – www.thalassa.com

VISA ●● AE ①
Ba

123 ch – ♦165/582 € ♦♦188/582 € – 6 suites – ⌂ 25 €

Rest – Menu 55 € – Carte 30/70 €

◆ Cet impeccable complexe hôtelier face à la plage, directement relié à l'institut de thalassothérapie, est parfait pour un séjour iodé. Chambres plus spacieuses côté océan. Après des soins aux algues : cuisine diététique et produits de la mer, en toute logique.

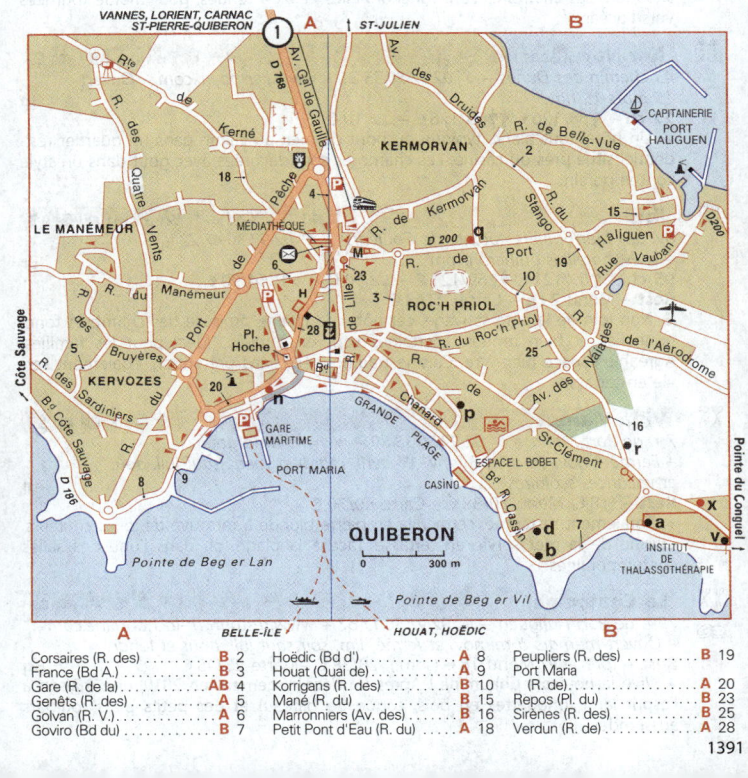

Corsaires (R. des)	**B** 2	Hoëdic (Bd d')	**A** 8	Peupliers (R. des)	**B** 19
France (Bd A.)	**B** 3	Houat (Quai de)	**A** 9	Port Maria	
Gare (R. de la)	**AB** 4	Korrigans (R. des)	**B** 10	(R. de)	**A** 20
Genêts (R. des)	**A** 5	Mané (R. du)	**B** 15	Repos (Pl. du)	**B** 23
Golvan (R. V.)	**A** 6	Marronniers (Av. des)	**B** 16	Sirènes (R. des)	**B** 25
Goviro (Bd du)	**B** 7	Petit Pont d'Eau (R. du)	**A** 18	Verdun (R. de)	**A** 28

Sofitel Diététique ⑤   ◁ 🍴 🛜 🗆 🌊 ⅙ ⅗ 🍽️ ⅙ ⅗ ch, ⅗ rest, 🛜 P

pointe de Goulvars,   VISA ⑩ AE ①
(réouverture prévue en mai après rénovation) – ℰ 02 97 50 20 00
– www.thalassa.com   **Bv**
74 ch – 2 suites – P 335/355 €
Rest – Menu 55 €

♦ C'est l'hôtel parfait pour retrouver la ligne. Les chambres sont toutes dotées de loggias tournées vers la mer. On accède directement au centre de thalassothérapie et le restaurant propose des menus diététiques. Attention, pas une goutte d'alcool, même au bar !

Bellevue ⑤   🌊 ⅗ rest, 🛜 P VISA ⑩ AE

r. de Tiviec – ℰ 02 97 50 16 28 – www.bellevuequiberon.com – *Ouvert d'avril à sept.*   **Bd**
38 ch – ♦55/103 € ♦♦61/121 € – ⅗ 10 € – ½ P 64/93 €
Rest – *(résidents seult)* Menu 27/31 € – Carte 33/44 €

♦ L'architecture est passe-partout, mais les chambres sont accueillantes ; certaines ouvrent sur l'océan, tandis que d'autres ont un accès direct sur la piscine. Cuisine traditionnelle mettant en valeur les produits de la mer et servie dans un cadre lumineux.

La Petite Sirène *sans rest*   ◁ ⅗ 🛜 P VISA ⑩

15 bd René Cassin – ℰ 02 97 50 17 34 – www.hotel-lapetitesirene.fr
– *Ouvert 1er mars-20 nov.*   **Bb**
21 ch – ♦47/101 € ♦♦47/101 € – ⅗ 11 €

♦ On vient dans cet hôtel, ancré à la pointe de Beg er Vil, avant tout pour sa situation. Les chambres sont fonctionnelles et bien tenues, pour moitié tournées vers l'océan.

Ker Noyal *sans rest* ⑤   ⅗ 🛜 P VISA ⑩ AE

43 chemin des Dunes – ℰ 02 97 50 33 31 – www.ker-noyal.com – *Ouvert 15 mars-15 nov.*   **Bp**
17 ch – ♦68/126 € ♦♦68/126 € – ⅗ 10 €

♦ Un hôtel tout blanc, typique du bord de mer, au calme dans un quartier résidentiel situé près du casino. Les chambres sont décorées avec goût dans un style contemporain.

Ibis   🍴 🛜 🗆 ⅙ ⅗ 🛜 ⅗ P VISA ⑩ AE ①

av. des Marronniers, (pointe de Goulvars) – ℰ 02 97 30 47 72
– www.hotelibis-quiberon.com   **Br**
95 ch – ♦69/121 € ♦♦69/121 € – ⅗ 10 € – ½ P 64/90 €
Rest – Menu 23 € – Carte 25/43 €

♦ Non loin de la côte sauvage, cet hôtel de chaîne propose des chambres fonctionnelles et bien tenues ; certaines sont en duplex... Idéal pour les familles. Agréable espace bien-être. Cuisine traditionnelle sans prétention, également servie en terrasse.

Villa Margot   ◁ 🛜 ⅗ VISA ⑩ AE

7 r. de Port Maria – ℰ 02 97 50 33 89 – www.villamargot.fr
– *Fermé 4 nov.-16 déc., 3 janv.-1er avril, mardi et merc. sauf juil.-août et vacances scolaires*   **An**
Rest – (18 €) Menu 30/38 € – Carte 40/70 €

♦ Totalement restaurée, cette villa en pierre blonde a retrouvé de jolies couleurs. Cuisine de la mer servie en terrasse, face à la plage, ou dans l'une des salles contemporaines.

La Chaumine   🛜 ⅗ AC VISA ⑩

79 r. de Port-Haliguen – ℰ 02 97 50 17 67 – www.restaurant-lachaumine.com
– *Ouvert mi-mars à mi-nov. et fermé dim. soir sauf juil.-août et lundi*
Rest – *(prévenir)* Menu 18 € (sem.), 28/38 € – Carte 25/45 €   **Bq**

♦ Vive la nouvelle Chaumine ! Après un déménagement en 2010, une maison à l'esprit large (mouettes en bois, coque de bateau) et des petits plats toujours aussi iodés...

✗✗ **Le Verger de la Mer**   VISA ✪✪

bd Goulvars – ℰ *02 97 50 29 12 – www.le-verger-de-la-mer.com*
– Fermé janv., fév., mardi soir, merc. sauf juil.-août et merc. midi en juil.-août
Rest *–* (18 €) Menu 23/36 € – Carte 28/48 €   **Bx**
◆ En face du centre de thalassothérapie se cache ce restaurant aux allures de
cabine de bateau. Spécialités de pied de porc aux langoustines, terrine de foie
gras au homard...

à St-Pierre-Quiberon 5 km au Nord par D 768 – 2 204 h. – alt. 12 m – ⊠ 56510
◎ Pointe du Percho ⩽ ★ au NO : 2,5 km.

🏠 **De la Plage**   ⩽ 🛁 🖵 🛇 ch, 🍴 rest, 🛁 P VISA ✪✪ AE ①
25 quai d'Orange – ℰ *02 97 30 92 10 – www.hotel-plage-quiberon.com – Ouvert*
début avril-fin sept.
31 ch – †55/125 € ††55/125 € – 6 suites – 🍴 11 € – ½ P 60/95 €
Rest *– (fermé le midi sauf dim.)* (24 €) Menu 33 € – Carte 35/55 €
◆ L'enseigne de cet hôtel familial dit la vérité : la plage est à vos pieds ! Chambres fonctionnelles et bien tenues, avec balcon côté baie. Cartes et menus typiques de la région ; saveurs iodées et vue superbe sur le large.

à Portivy 6 km au Nord par D 768 et rte secondaire – ⊠56150 St-Pierre-Quiberon

✗ **Le Petit Hôtel du Grand Large** (Hervé Bourdon) avec ch   ⩽ 🛁
✿ *11 quai St-Ivy –* ℰ *02 97 30 91 61*   🛇 rest, VISA ✪✪
– www.lepetithoteldugrandlarge.fr – Fermé mi-nov. à fin déc.
6 ch – †90/130 € ††90/130 € – 🍴 9 €
Rest *– (fermé mardi et merc. sauf le soir en saison)* (25 €) Menu 40 €
Spéc. Tube de maquereau au sumac, gaspacho aéré de tomates fraîches. Bar de
ligne et coques dans un bouillon dashi au sarrasin. Ananas "des îles à la presqu'île".
◆ Un étonnant bistrot marin, tenu par un chef autodidacte amoureux de la mer
et approvisionné chaque jour par un ami pêcheur ! Le poisson est remarquable
de qualité et de fraîcheur ; et il est parfaitement cuisiné, non sans originalité. Les
chambres, joliment décorées, donnent sur le petit port...

QUIÉVRECHAIN – 59 Nord – **302** K5 – rattaché à Valenciennes

QUILINEN – 29 Finistère – **308** G6 – rattaché à Quimper

QUILLAN – 11 Aude – **344** E5 – 3 445 h. – alt. 291 m – ⊠ 11500   **22** A3
▌ Languedoc Roussillon
　▶ Paris 797 – Andorra la Vella 113 – Carcassonne 52 – Foix 64
　🛈 square André Tricoire ℰ 04 68 20 07 78
　◎ Défilé de Pierre Lys ★ S : 5 km.

🏠 **La Chaumière**   🛁 AC ch, 🍴 🚗 VISA ✪✪ AE
25 bd Ch. de Gaulle – ℰ *04 68 20 02 00 – www.pyren.fr*
26 ch – †65/80 € ††75/90 € – 🍴 11 €
Rest *– (fermé lundi midi)* (20 € bc) Menu 24/53 € – Carte 55/70 €
◆ Cette vaste et engageante bâtisse en rotonde abrite des chambres spacieuses
et contemporaines (style actuel et équipements modernes). L'ample restaurant a
gardé son atmosphère rustique (cheminée, poutres). Cuisine mi-classique, mi-traditionnelle.

🏠 **Cartier**   🖵 AC rest, 🍴 VISA ✪✪ AE
☜ *31 bd Ch. de Gaulle –* ℰ *04 68 20 05 14 – www.hotelcartier.com – Fermé*
15 janv.-28 fév.
27 ch – †55/70 € ††55/70 € – 🍴 9 € – ½ P 55/70 €
Rest *– (fermé 15 déc.-15 mars)* (17 €) Menu 18/27 € – Carte environ 28 €
◆ Cette adresse familiale attire avec sa façade années 1950 de style "paquebot".
Chambres sobres et bien tenues, plus grandes et plus calmes sur l'arrière. Salle de
restaurant rustique, plats traditionnels et audois : lapin à l'ail, cassoulet, rouzole.

✗ **Canal** avec ch ✗ ✗ ⟨VISA⟩ ⊙⊙

☎ *36 bd Ch. de Gaulle –* ✆ *04 68 20 08 62*
– www.hotel-canal.com
– Fermé janv., dim. soir et lundi sauf juil.-août
12 ch – ✝32/36 € ✝✝42/44 € – � 7 € – ½ P 43/46 €
Rest – Menu 13 € bc (déj. en sem.), 17/32 € – Carte 25/39 €
◆ Sur l'artère principale de la ville, maison régionale où l'on déguste, en toute convivialité et dans un cadre sobre, une cuisine traditionnelle et locale. Chambres modestes.

> Une bonne table sans se ruiner ? Repérez les Bib Gourmand ⬤.

QUIMPER P – 29 Finistère – **308** G7 – 64 902 h. – Agglo. 120 441 h. **9** B2
– alt. 41 m – ✉ 29000 🟩 Bretagne

▶ Paris 564 – Brest 73 – Lorient 67 – Rennes 215
✈ de Quimper-Cornouaille : ✆ 02 98 94 30 30, 8 km par ⑥ AX.
🚉 place de la Résistance ✆ 02 98 53 04 05
◉ Cathédrale St-Corentin★★ - Le vieux Quimper★ : Rue Kéréon★ ABY
- Jardin de l'Évêché ⩽★ BZ K - Mont-Frugy ⩽★ ABZ - Musée des Beaux-Arts★★ BY M¹ - Musée départemental breton★ BZ M² - Musée de la faïence★ AX M³ - Descente de l'Odet★★ en bateau 1 h 30 - Festival de Cornouaille★ (fin juillet).

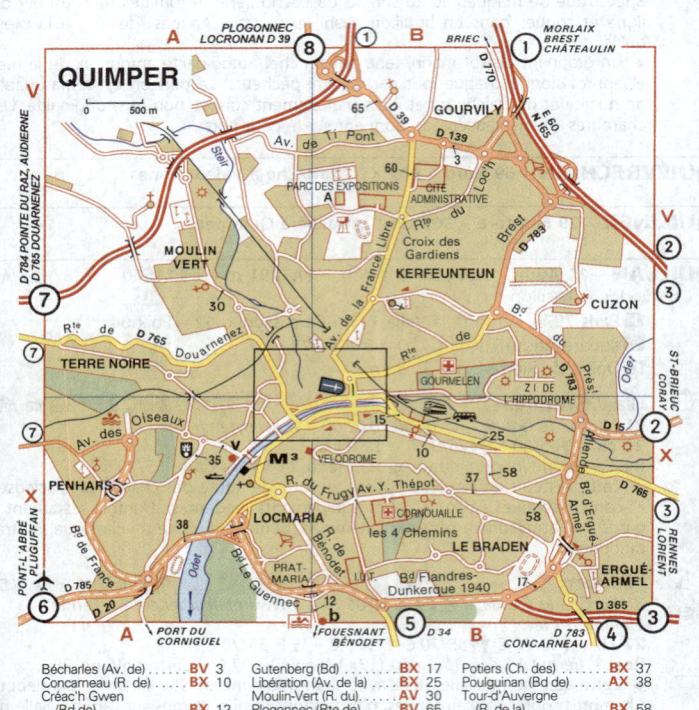

Bécharles (Av. de)	**BV** 3	Gutenberg (Bd)	**BX** 17	Potiers (Ch. des)	**BX** 37
Concarneau (R. de)	**BX** 10	Libération (Av. de la)	**BX** 25	Pouglinan (Bd de)	**AX** 38
Créac'h Gwen		Moulin-Vert (R. du)	**AV** 30	Tour-d'Auvergne	
(Bd de)	**BX** 12	Plogonnec (Rte de)	**BV** 65	(R. de la)	**BX** 58
Gare (Av. de la)	**BX** 15	Pont-l'Abbé (R. de)	**AX** 35	Ty-Nay (Rte de)	**BV** 60

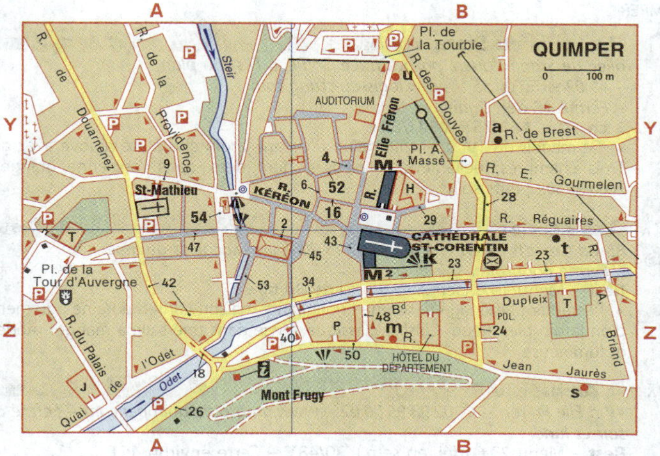

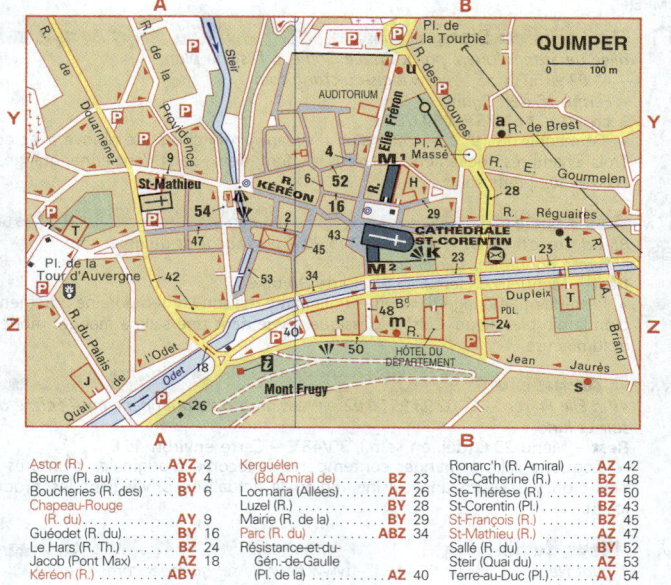

Astor (R.) .... AYZ 2
Beurre (Pl. au) .... BY 4
Boucheries (R. des) .... BY 6
Chapeau-Rouge (R. du) .... AY 9
Guéodet (R. du) .... BY 16
Le Hars (R. Th.) .... BZ 24
Jacob (Pont Max) .... AZ 18
Kéréon (R.) .... ABY
Kerguélen (Bd Amiral de) .... BZ 23
Locmaria (Allées) .... AZ 26
Luzel (R.) .... BY 28
Mairie (R. de la) .... BY 29
Parc (R. du) .... ABZ 34
Résistance-et-du-Gén.-de-Gaulle (Pl. de la) .... AZ 40
Ronarc'h (R. Amiral) .... AZ 42
Ste-Catherine (R.) .... BZ 48
Ste-Thérèse (R.) .... BZ 50
St-Corentin (Pl.) .... BZ 43
St-François (R.) .... BZ 45
St-Mathieu (R.) .... AZ 47
Sallé (R. du) .... BY 52
Steir (Quai du) .... AZ 53
Terre-au-Duc (Pl.) .... AY 54

Océania

17 r. Poher, zone de Kerdrézec par rte de Bénodet ⑤ – ✆ 02 98 90 46 26 – www.oceaniahotels.com

92 ch – 🚹79/135 € 🚹🚹79/135 € – ☕ 13 €

Rest – *(fermé vacances de Noël)* Menu 22/25 € – Carte 25/42 €

◆ Hôtel de chaîne dans un secteur commercial, judicieusement entouré d'un îlot de verdure. Grandes chambres rénovées ; les "Océane" sont joliment design et très bien équipées. Salle à manger contemporaine aux tables un peu serrées. Terrasse près de la piscine.

Manoir-Hôtel des Indes sans rest

1 allée de Prad ar C'hras, par ⑦ et D 765 – ✆ 02 98 55 48 40 – www.manoir-hoteldesindes.com

14 ch – 🚹95/135 € 🚹🚹126/266 € – ☕ 13 € – ½ P 122/192 €

◆ Cet hôtel rend hommage à son ancien propriétaire, navigateur de la route des Indes. Belles chambres sur le thème de l'exotisme. Parc, piscine, sauna.

Kregenn sans rest

13 r. des Réguaires – ✆ 02 98 95 08 70 – www.hotel-kregenn.fr BZ**t**

31 ch – 🚹80/150 € 🚹🚹95/180 € – 2 suites – ☕ 13 €

◆ Cet hôtel totalement refait proche du centre de Quimper vous réserve le meilleur accueil. Chambres cossues à la décoration actuelle, certaines disposant de baignoire balnéo.

Gradlon sans rest

30 r. de Brest – ✆ 02 98 95 04 39 – www.hotel-gradlon.com – Fermé 18 déc.-10 janv. BY**a**

20 ch – 🚹80/160 € 🚹🚹89/160 € – ☕ 12 €

◆ Chambres personnalisées cosy et raffinées donnant en majorité sur un patio fleuri, tout comme la véranda qui sert au petit-déjeuner. Accueil charmant.

⌂ **Le Logis du Stang** sans rest 🦢   🛗 ⚡ 📶 **P** VISA 🔴

allée de Stang-Youen, par r. Ch. Le Goffic, à l'Est du plan
– ℰ 02 98 52 00 55 – www.logis-du-stang.com
– *Fermé 18 déc.-5 janv.*
3 ch �*ç* – †60/75 € ††71/82 €

• Ce manoir du 19ᵉ s. entouré d'un ravissant jardin clos a été rénové avec goût. Trois chambres réellement délicieuses, dont deux dans l'ancienne grange, et accueil aux petits soins.

✕✕✕ **Les Acacias**   🛗 **P** VISA 🔴
😊
85 bd Creac'h Gwen – ℰ 02 98 52 15 20 – www.acacias-quimper.com
– *Fermé août, dim. soir et sam.*   **BXb**
Rest – Menu 19 € (sem.)/45 € – Carte 30/60 € 🍽

• Restaurant aménagé dans une engageante maison contemporaine agrémentée d'un jardin bien fleuri. Cuisine classique servie dans une salle à manger moderne et lumineuse.

✕✕ **L'Ambroisie**   ⚡ ↔ VISA 🔴
49 r. Elie Fréron – ℰ 02 98 95 00 02 – www.ambroisie-quimper.com – *Fermé dim. soir et lundi*   **BYu**
Rest – Menu 23 € (déj. en sem.), 30/48 € – Carte environ 45 €

• Coquette salle à manger contemporaine décorée d'originales peintures sur bois ; on y savoure une cuisine régionale actualisée privilégiant les produits locaux.

✕ **Fleur de Sel**   🏡 ⚡ VISA 🔴
1 quai Neuf – ℰ 02 98 55 04 71 – www.fleur-de-sel-quimper.com – *Fermé 24 déc.-2 janv., lundi sauf le soir en juil.-août, sam. midi et dim.*   **AXv**
Rest – Menu 28/40 € – Carte 33/50 €

• Sur un quai réservé aux piétons, adresse proposant des plats traditionnels dans une salle largement ouverte sur le cours de l'Odet, ou en plein air, au bord de l'eau.

✕ **L'Assiette**   ⚡ VISA 🔴
😊
5 bis r. Jean Jaurès – ℰ 02 98 53 03 65 – *Fermé 9-29 août, lundi soir, jeudi soir et dim.*   **BZs**
Rest – (15 €) Menu 19 € (déj. en sem.)/24 €

• Sympathique adresse familiale entre gare et centre-ville. Décor mi-bistrot, mi-brasserie et tables gentiment dressées. Recettes traditionnelles simples et fraîches.

✕ **La VIIe Vague**   🏡 VISA 🔴 AE ①
72 r. Jean Jaurès – ℰ 02 98 53 33 10 – *Fermé sam. et dim.*   **BZm**
Rest – (17 €) Menu 20 € (déj. en sem.)/23 € – Carte 28/43 €

• Décor tendance boisé sobre et reposant, paisible terrasse à l'étage, menus-cartes présentés à l'ardoise et cuisine du terroir : cette table a le vent en poupe.

à Ty-Sanquer 7 km au Nord par D 770 – ✉ 29000 Quimper

✕✕ **Auberge de Ti-Coz**   ↔ **P** VISA 🔴
😊
4 Hent-Coz – ℰ 02 98 94 50 02 – www.restaurantticoz.com – *Fermé dim. soir et lundi sauf fériés*
Rest – Menu 21 € (déj. en sem.), 29/60 € – Carte 42/62 € 🍽

• Charmante petite auberge locale au cadre actuel où le chef concocte une cuisine traditionnelle actualisée (épices, produits du Sud, légumes d'antan, etc.). Vins de propriétaires.

Les maisons d'hôtes ⌂ ne proposent pas les mêmes services qu'un hôtel. Elles se distinguent généralement par leur accueil et leur décor, qui reflètent souvent la personnalité de leurs propriétaires. Celles classées en rouge ⌂ sont les plus agréables.

à Quilinen 11 km par ① et D 770 – ⊠ 29510 Landrevarzec

X   **Auberge de Quilinen**   *VISA* ⊕⊚
⊝   – ℰ 02 98 57 93 63 – http://auberge.de.quilinen.monsite.orange.fr
– *Fermé 15-28 août, mardi soir, merc. soir, dim. soir et lundi*
Rest – Menu 18 € (déj. en sem.), 26/36 € – Carte 28/49 €
♦ Coquette maison bretonne située dans un hameau connu pour sa chapelle du
15ᵉ s. Plaisante salle rustique au mobilier campagnard et appétissantes recettes
du terroir.

au Sud-Ouest 5 km par bd Poulguinan - **AX** - et D 20 – ⊠ 29700 Pluguffan

XXX   **La Roseraie de Bel Air** (Lionel Hénaff)   ⇗ ℅ **P** *VISA* ⊕⊚ **AE**
❀   r. Boissière – ℰ 02 98 53 50 80 – www.roseraie-quimper.fr
– *Fermé en mai, en oct., dim. et lundi*
Rest – Menu 32 € (déj.), 50/95 €
Spéc. Ormeaux de l'Île Vierge, navet, yuzu, kombu et air de bonite séchée. Poisson de pêche côtière. Bonbon croustillant cœur de guanaja, café et cardamome.
♦ Belle maison bretonne du 19ᵉ s. La salle à manger en longueur, avec ses murs
en pierre et ses deux cheminées monumentales, offre un cadre chaleureux. Cuisine régionale revisitée.

QUIMPERLÉ – 29 Finistère – **308** J7 – 10 725 h. – alt. 30 m – ⊠ 29300   **9 B2**
▌Bretagne

▶ Paris 517 – Carhaix-Plouguer 57 – Concarneau 32 – Pontivy 76
🛈 45, place Saint-Michel ℰ 02 98 96 04 32
◉ Église Ste-Croix★★ - Rue Dom-Morice★.

▦   **Le Vintage** sans rest   ⇗ ⅙ (ꞌꞌ) *VISA* ⊕⊚ **AE**
20 r. Bremond d'Ars – ℰ 02 98 35 09 10 – www.hotelvintage.com – *Fermé
26 juin-3 juil.*
10 ch – †60/122 € ††89/122 € – ☱ 12 €
♦ Au cœur de la vieille ville, une maison de maître du 19ᵉ s. à la façade ouvragée. Les chambres sont vastes, bien équipées et ornées de fresques d'artistes
contemporains.

XX   **Le Bistro de la Tour**   *VISA* ⊕⊚ **AE**
2 r. Dom Morice – ℰ 02 98 39 29 58 – www.hotelvintage.com
– *Fermé 28 juin-11 juil., dim. midi en juil.-août, lundi sauf le soir en juil.-août et
sam. midi*
Rest – (22 €) Menu 29/61 € bc – Carte 38/55 €᪥
♦ Ce bistrot rétro et cossu (bibelots, tableaux, bouteilles) sert de généreux petits
plats oscillant entre tradition et terroir. Belle carte des vins. Épicerie fine attenante.

X   **La Cigale Egarée**   ⇗ 🍴 **P** *VISA* ⊕⊚
Villeneuve-Braouic par rte de Lorient
– ℰ 02 98 39 15 53 – www.lacigaleegaree.com
– *Fermé 2 sem. en sept. et en fév., dim. et lundi*
Rest – (nombre de couverts limité, prévenir) (17 €) Menu 21 € (déj.), 35/78 €
– Carte 40/60 €
♦ Derrière une zone d'activité, une maison colorée dans un grand jardin planté
de pommiers et d'oliviers. Cuisine inventive servie dans un original décor néo-
provençal.

au Nord-Est 6 km par rte d'Arzano et D 22 – ⊠ 29300 Arzano

⌂   **Château de Kerlarec** ⌘   ⅋ 🛋 ℅ **P**
rte d'Arzano – ℰ 02 98 71 75 06 – www.chateau-de-kerlarec.com – *Fermé
23-27 déc.*
5 ch ☱ – †110/150 € ††115/160 €
Table d'hôte – Menu 30/50 €
♦ Ce petit château de 1834 est blotti dans un parc ombragé et fleuri, nanti d'une
belle piscine. Les chambres comptent de nombreuses antiquités. On propose des
dîners aux chandelles (sur demande). Accueil charmant.

QUINCIÉ-EN-BEAUJOLAIS – 69 Rhône – **327** G3 – 1 164 h. **43** E1
– alt. 325 m – ✉ 69430

Paris 428 – Beaujeu 6 – Bourg-en-Bresse 55 – Lyon 57

Le Mont-Brouilly ch, rest, VISA

Le Pont des Samsons, 2,5 km à l'Est par D 37 – ✆ 04 74 04 33 73 – www.hotelbrouilly.com – Fermé 24-30 déc., 1er fév.-2 mars, dim. soir et lundi d'oct. à mai
28 ch – †65 € ††70/73 € – ☕ 8,50 € – ½ P 66/68 €
Rest – *(fermé dim. soir, lundi sauf le soir de juin à sept. et mardi midi)* (17 €) Menu 22/48 € – Carte 40/60 €
◆ Au pied du mont Brouilly, entouré de vignes, hôtel des années 1980 où l'on s'endort dans des chambres fonctionnelles toutes identiques. Vaste salle à manger offrant une vue sympathique sur le jardin ; à table, recettes traditionnelles.

QUINÉVILLE – 50 Manche – **303** E2 – 302 h. – alt. 29 m – ✉ 50310 **32** A1
Normandie Cotentin

Paris 338 – Barfleur 21 – Carentan 31 – Cherbourg 37
17, avenue de la Plage ✆ 02 33 21 40 29

Château de Quinéville ch, VISA

18 r. de l'Église – ✆ 02 33 21 42 67 – www.chateau-de-quineville.com – Ouvert 1er avril-5 nov.
30 ch – †70/170 € ††70/170 € – ☕ 11 € – ½ P 65/105 €
Rest – *(fermé le midi)* Menu 33 € – Carte 33/56 €
◆ Les chambres du château (18e s.) arborent un petit côté "Vieille France", celles des anciennes écuries sont plus récentes et plus grandes. Parc et jardin à la française. Cuisine traditionnelle servie dans deux salles avec boiseries d'origine ; vue sur la verdure.

QUINGEY – 25 Doubs – **321** F4 – 1 217 h. – alt. 275 m – ✉ 25440 **16** B2

Paris 397 – Besançon 23 – Dijon 84 – Dole 36

La Truite de la Loue VISA

2 rte de Lyon – ✆ 03 81 63 60 14 – www.latruitedelaloue.com – Fermé 1er-8 mars, 3-23 janv. et 20-29 fév.
10 ch – †49 € ††49 € – ☕ 7 € – ½ P 50/52 €
Rest – *(fermé mardi soir et merc. d'oct. à mai)* Menu 19/49 € – Carte 23/59 €
◆ À proximité du pont enjambant la Loue, cette maison propose des chambres fonctionnelles très bien tenues, claires et colorées. Salle rustique et terrasse au bord de la rivière ; cuisine traditionnelle et truites du vivier.

QUINSON – 04 Alpes-de-Haute-Provence – **334** E10 – 420 h. **41** C2
– alt. 370 m – ✉ 04500 Alpes du Sud

Paris 804 – Aix-en-Provence 76 – Brignoles 44 – Castellane 72
rue Saint-Esprit ✆ 04 92 74 01 12

Relais Notre-Dame ch, VISA

– ✆ 04 92 74 40 01 – www.relaisnotredame-04.com – Hôtel : ouvert 30 mars-15 nov. et fermé lundi et mardi sauf haute saison - rest : fermé 15 déc.-15 fév., lundi soir et mardi
14 ch – †55/57 € ††65/80 € – ☕ 10 € – ½ P 68/72 € **Rest** – Menu 17/43 €
◆ Sur la route des gorges du Verdon, près du musée de la Préhistoire, un hôtel familial avec jardin et piscine. Les chambres sont décorées dans un style provençal actuel. Beaucoup de générosité à la table (cuisine régionale) ; on se régale de truffe en saison.

QUINTIN – 22 Côtes-d'Armor – **309** E4 – 2 797 h. – alt. 180 m **10** C2
– ✉ 22800 Bretagne

Paris 463 – Lamballe 35 – Loudéac 31 – St-Brieuc 18
6, place 1830 ✆ 02 96 74 01 51

Du Commerce ☎ VISA ⬤

2 r. Rochonen – 𝒞 02 96 74 94 67 – www.hotelducommerce-quintin.com – Fermé 20 déc.-5 janv.

11 ch ⌑ – †57/62 € ††69/80 € – ½ P 56/61 €

Rest – *(fermé sam. et dim.)* Menu 15/46 € – Carte 45/70 €

◆ Cette maison en granit qui daterait du 18ᵉ s. était autrefois un relais de diligence. Les chambres, traditionnelles et bien tenues, portent toutes un nom d'épice exotique. La salle à manger est décorée de belles boiseries et d'une cheminée aux armoiries bretonnes.

RABAT-LES-TROIS-SEIGNEURS – 09 Ariège – **343** H7 – rattaché à **Tarascon-sur-Ariège**

RAGUENÈS-PLAGE – 29 Finistère – **308** I8 – rattaché à Névez

---

RAMATUELLE – 83 Var – **340** O6 – 2 271 h. – alt. 136 m – ✉ 83350   **41** C3

▮ Côte d'Azur

▶ Paris 873 – Fréjus 35 – Le Lavandou 34 – St-Tropez 10

🅸 place de l'Ormeau 𝒞 04 98 12 64 00

◉ Col de Collebasse ⬳ ★ S : 4 km.

La Réserve Ramatuelle ⟆   ⬳ 🍴 🍴 ⅀ 🖥 🔟 📶 ⌘ 🏊 ♿ AC 📶 P

     VISA ⬤ AE

chemin de la Quessine, au Sud-Est, direction Plage de l'Escalet et rte secondaire – 𝒞 04 94 44 94 44 – www.lareserve.ch – Ouvert avril-oct.

16 suites ⌑ – ††1000/3500 € – 7 ch

Rest – Carte 67/142 €

◆ Un superbe ensemble tout en transparence, suspendu au-dessus de la mer, où l'eau et la végétation méditerranéenne sont reines. Chambres design avec terrasse ou jardin privatif. Salles et grande terrasse d'esprit lounge pour une fine cuisine du Sud privilégiant le bio.

Le Baou ⟆   ⬳ 🍴 🍴 ⅀ 🔟 AC ch 📶 P 🚗 VISA ⬤ AE ⓞ

av. Gustave Etienne – 𝒞 04 98 12 94 20 – www.hostellerielebaou.com – Ouvert fin mai-fin sept.

39 ch – †215/390 € ††215/390 € – 2 suites – ⌑ 23 €

Rest *La Terrasse* – *(dîner seult)* Menu 60 € – Carte 65/105 €

◆ Le Baou ("sommet" en provençal) porte bien son nom : il domine l'anse de Pampelonne. Les grandes chambres contemporaines avec balcon permettent de profiter du paysage. Le restaurant, avec terrasse panoramique face à la mer, propose une cuisine d'inspiration locale.

La Vigne de Ramatuelle sans rest ⟆   ⬳ 🍴 ⅀ AC 📶 P VISA ⬤ AE

rte de La Croix-Valmer, à 3 km – 𝒞 04 94 79 12 50 – www.lavignederamatuelle.com – Ouvert 22 avril-1ᵉʳ nov.

14 ch – †170/380 € ††170/380 € – ⌑ 15 €

◆ Presque une maison d'amis, au milieu des vignes... Cette villa concilie charme, atmosphère contemporaine et tranquillité. Chambres raffinées, avec terrasse. Piscine dans la verdure.

L'Écurie du Castellas avec ch   ⬳ 🍴 📶 P VISA ⬤

rte du Moulins-de-Paillas – 𝒞 04 94 79 11 59 – www.lecurieducastellas.com – Fermé 15 nov.-20 déc.

16 ch – †76/220 € ††76/220 € – ⌑ 15 €

Rest – Menu 28/65 € – Carte 30/60 €

◆ Belle adresse, où l'on se régale d'une fine cuisine régionale, en profitant d'un superbe panorama : la terrasse domine le village, les pinèdes et, au loin, la grande bleue. Décor chic et contemporain. Côté hôtel, chambres apprêtées avec soin.

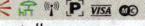

à la Bonne Terrasse 5 km à l'Est par D 93 et rte de Camarat
– ✉ 83350 Ramatuelle

✗ **Chez Camille** ⬅ 🏠 Ⓟ *VISA* ⊕⊖
quartier de Bonne Terrasse – ☎ 04 98 12 68 98 – www.chezcamille.fr
– *Ouvert 14 avril-2 oct. et fermé vend. midi et mardi*
Rest – *(prévenir en saison et le week-end)* Menu 43/78 €
◆ Depuis 1913, pères et fils se succèdent en cuisine. On vient ici pour déguster la "vraie" bouillabaisse et la pêche locale, les pieds dans l'eau... Authentique !

RAMBERVILLERS – 88 Vosges – **314** H2 – 5 714 h. – alt. 287 m   **27** C3
– ✉ 88700

▶ Paris 407 – Epinal 27 – Lunéville 36 – Nancy 68
🛈 2, place du 30 Septembre ☎ 03 29 65 49 10

✗✗ **Mirabelle** *VISA* ⊕⊖
6 r. de l'Église – ☎ 03 29 65 37 37 – *Fermé 15 août-15 sept., janv. et merc.*
Rest – (16 €) Menu 38/50 € – Carte 32/73 €
◆ Chaleureux accueil familial dans ce restaurant intimiste aux couleurs de la Lorraine. Vous aurez droit aux grands classiques, comme la tête de veau qui fait la fierté du chef.

RAMBOUILLET 👁 – 78 Yvelines – **311** G4 – 25 661 h. – alt. 160 m   **18** A2
– ✉ 78120 🟩 Île de France

▶ Paris 53 – Chartres 42 – Mantes-la-Jolie 50 – Orléans 93
🛈 place de la Libération ☎ 01 34 83 21 21
🔟 de Forges-les-Bains à Forges-les-Bains Route du Général Leclerc, E : 22 km par D 906 et D 24, ☎ 01 64 91 48 18
◉ Boiseries★ du château - Parc★★ : laiterie de la Reine★ Z **B**
- chaumière aux coquillages★ Z **E** - Bergerie nationale★ Z - Forêt de Rambouillet★.

RAMBOUILLET

Angiviller (R. d') . . . . **Z** 2
Chasles (R.) . . . . **Z** 3
Commune (R. de la) . . . . **Y** 4
Doumer (R. P.) . . . . **Z** 5
Félix-Faure (Pl.) . . . . **Z** 6
Gaulle (R. du Gén.-de) . . . . **Z** 8
Humbert (R. Gén.) . . . . **Z** 9
Libération (Pl. de la) . . . . . **Z** 10
Louvière (R. de la) . . . . **Z** 15
Motte (R. de la) . . . . **Y** 12
Poincaré (R. Raymond) . . . . **Y** 13
Providence (R. de la) . . . . . . **Y** 14

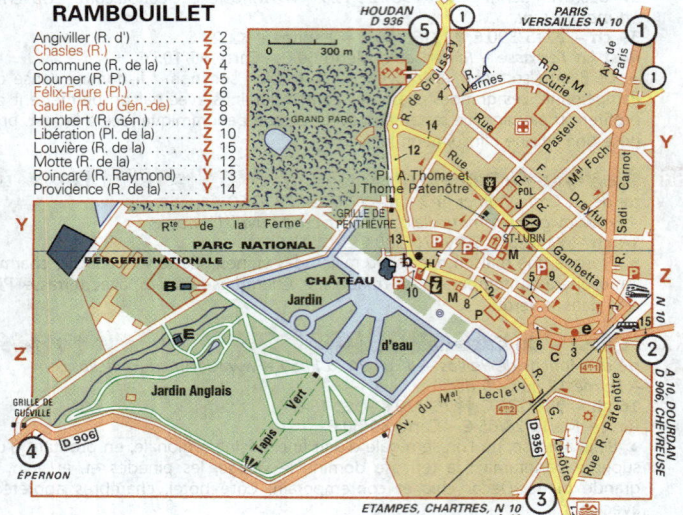

Mercure Relays du Château sans rest   [icons] VISA ⊕ AE ⓘ
1 pl. de la Libération – ☎ *01 34 57 30 00 – www.mercure-rambouillet.com*
83 ch – 🛏80/165 € 🛏🛏90/185 € – ⌷ 14 €   **Zb**
◆ Face au château, ancien relais de poste du 17ᵉ s. superbement rénové : l'intérieur mêle avec raffinement l'ancien et le moderne. Chambres bien équipées et
d'un grand confort.

L'Huître sur le Zinc   [icons] VISA ⊕
15 r. Chasles – ☎ *01 30 46 22 58 – www.lhuitresurlezinc.fr – Fermé
6-30 août, 17 déc.-3 janv., dim. et lundi*   **Ze**
Rest – Menu 30/39 € – Carte 37/92 €
◆ Spécialités exclusivement marines en provenance de… la poissonnerie adjacente tenue par le frère du chef-patron. Décor original aux couleurs de la mer et
beau jardin-terrasse.

à Gazeran 5 km par ④ – 1 162 h. – alt. 162 m – ✉ 78125

Villa Marinette   [icons] VISA ⊕ AE
20 av. du Gén.-de-Gaulle – ☎ *01 34 83 19 01 – www.villamarinette.fr
– Fermé dim. soir, mardi midi et lundi*
Rest – Menu 29 € bc (déj. en sem.)/60 € – Carte 54/61 €
◆ Auberge nantie de vigne vierge, cachant un intérieur cossu, au décor soigné ;
l'été, terrasse dressée dans le joli jardin clos. Cuisine inventive par un jeune chef
qui sait faire simple, sans faire simpliste. Accueil souriant.

RANCÉ – 01 Ain – **328** C5 – 640 h. – alt. 282 m – ✉ 01390   **43** E1
▶ Paris 437 – Bourg-en-Bresse 44 – Lyon 32 – Villefranche-sur-Saône 13

De Rancé   [icons] AC P VISA ⊕
☎ *04 74 00 81 83 – www.restaurantderance.com – Fermé 1 sem. en juil. et en oct.,
2 sem. janv., jeudi soir et merc. de sept. à avril, dim. soir, mardi soir et lundi*
Rest – Menu 17/60 € – Carte 28/70 €
◆ Face à la petite église du village, maison colorée où l'on propose une généreuse cuisine dombiste (grenouilles…) dans une salle rustique insensible aux effets
de mode.

RANCOURT – 80 Somme – **301** K7 – **rattaché à Péronne**

RÂNES – 61 Orne – **310** H3 – 1 026 h. – alt. 237 m – ✉ 61150   **32** B3
🟩 Normandie Cotentin
▶ Paris 212 – Alençon 40 – Argentan 20 – Bagnoles-de-l'Orne 20
🛈 Mairie ☎ 02 33 39 73 87

St-Pierre   [icons] P VISA ⊕ AE
6 r. de la Libération – ☎ *02 33 39 75 14 – www.hotelsaintpierreranes.com*
12 ch – 🛏55 € 🛏🛏58 € – ⌷ 8 € – ½ P 65 €
Rest – *(fermé mardi soir)* (10 €) Menu 12 € (déj. en sem.), 20/46 € – Carte 34/41 €
◆ Belle maison régionale dont les petites chambres rustiques soignées sont personnalisées et chaleureusement colorées. La cuisine, inspirée du terroir, met à
l'honneur les tripes et les cuisses de grenouilles. Accueil charmant.

RANGUEIL – 31 Haute-Garonne – **343** G3 – **rattaché à Toulouse**

RASTEAU – 84 Vaucluse – **332** C8 – **rattaché à Vaison-la-Romaine**

RATTE – 71 Saône-et-Loire – **320** L10 – 371 h. – alt. 201 m – ✉ 71500   **8** D3
▶ Paris 386 – Chalon-sur-Saône 47 – Dijon 111 – Mâcon 97

Le Chaudron   [icons] VISA ⊕
au bourg – ☎ *03 85 75 57 81 – www.restaurant-lechaudron-louhans.com
– Fermé 1 sem. en sept., 2-21 janv., lundi soir en hiver, mardi et merc.*
Rest – (13 € bc) Menu 16 € bc (déj. en sem.), 27/46 € – Carte 35/42 €
◆ Une bonne étape sur une route très fréquentée : accueil aimable, service
attentionné et cuisine traditionnelle caractérisent cette auberge au décor sobre
et rustique.

RAULHAC – 15 Cantal – **330** D5 – 346 h. – alt. 740 m – ⊠ 15800   **5** B3

▶ Paris 571 – Aurillac 31 – Clermont-Ferrand 156 – St-Flour 73

⌂   **Château de Courbelimagne** ⌘   ♤ 🈂 **P**
4 km au Sud par rte de Mur-de-Barrez (D 600) – 🕾 *04 71 49 58 25
– http://perso.wanadoo.fr/courbelimagne – Ouvert 2 avril-30 oct.*
5 ch ☐ – †75 € ††75/105 €   **Table d'hôte** – Menu 27 €
◆ Dans son parc romantique, ce beau manoir de famille (16ᵉ-19ᵉ s.) cultive les
bienfaits de la nature : collection de plantes de la région (1850) – certaines dispa-
rues –, soins de naturothérapie, etc. Champignons de la forêt, mûres des haies
alentour, herbes et fleurs... la table d'hôte puise dans le terroir local !

LE RAULY – 24 Dordogne – **329** D7 – rattaché à Bergerac

RAYOL-CANADEL-SUR-MER – 83 Var – **340** N7 – 583 h.   **41** C3
– alt. 100 m – ⊠ 83820

▶ Paris 886 – Fréjus 49 – Hyères 35 – Le Lavandou 13
🛈 place Michel Goy 🕾 04 94 05 65 69
◉ Domaine du Rayol Jardin des Méditerranées ★ ★

🏨   **Le Bailli de Suffren** ⌘   ≤ 🚲 🈂 🎐 🆓 ⛐ 🅰 ⚒ ♨ **P** **VISA** ⓿ 🆎
– 🕾 *04 98 04 47 00 – www.lebaillidesuffren.com – 0uvert de mi-avril à mi-oct.*
55 ch – †189/443 € ††189/443 € – ☐ 24 €
Rest *La Praya* – *(fermé le midi en juil.-août)* (42 €) Menu 58/80 € – Carte 70/90 €
Rest *L'escale* – *(ouvert de mai à sept.)* Carte 34/74 €
◆ Superbe vue sur les îles d'Hyères depuis ce bel hôtel qui embrasse la mer.
Chambres spacieuses et raffinées, dotées de balcons ou de terrasses. Plage privée.
Salle à manger feutrée et provençale, terrasse panoramique à la Praya. Cuisine
traditionnelle revisitée à L'Escale, dans un cadre actuel et lounge.

✕   **Le Relais des Maures** avec ch   🚲 🈂 ✂ rest, ⚒ **P** **VISA** ⓿
🈂   *av. Ch.-Koeklin, Le Canadel –* 🕾 *04 94 05 61 27 – www.lerelaisdesmaures.fr
– Fermé 7 nov.-31 janv., le midi en juil.-août, dim. soir, lundi et mardi hors saison*
10 ch – †65/95 € ††65/95 € – ☐ 8 €   **Rest** – Menu 29/49 € – Carte 38/55 €
◆ Cette grande auberge, décorée dans un style rétro plutôt chic, cultive le
goût du Sud. Le chef y réalise une cuisine fine et délicate, calée sur le marché.
Les petites chambres sont sobres et rustiques ; vue sur la mer au deuxième étage.

RÉ (ÎLE DE) – 17 Charente-Maritime – **324** B2 – voir à Île de Ré

RÉALMONT – 81 Tarn – **338** F8 – 3 179 h. – alt. 212 m – ⊠ 81120   **29** C2

▶ Paris 704 – Albi 21 – Castres 24 – Graulhet 18
🛈 8, place de la République 🕾 05 63 79 05 45

✕✕   **Les Secrets Gourmands**   🈂 **P** **VISA** ⓿
🈂   *72 av. Général-de-Gaulle, (D 612) –* 🕾 *05 63 79 07 67
– www.les-secrets-gourmands.fr – Fermé 25-31 août, 10-31 janv., dim. soir et mardi*
Rest – Menu 22 € (sem.), 29/52 € – Carte 37/59 €
◆ Trois petites salles à manger raffinées, rehaussées de tableaux contemporains
et ouvertes sur une agréable terrasse d'été. Cuisine actuelle gourmande.

REDON ⬉ – 35 Ille-et-Vilaine – **309** J9 – 9 601 h. – alt. 10 m   **10** C3
– ⊠ 35600 ▌Bretagne

▶ Paris 410 – Nantes 78 – Rennes 65 – St-Nazaire 53
🛈 place de la République 🕾 02 99 71 06 04
◉ Tour ★ de l'église St-Sauveur.

✕✕   **La Bogue**   **VISA** ⓿
3 r. des États – 🕾 *02 99 71 12 95 – Fermé dim. soir et lundi*
Rest – Menu 23/62 € – Carte 32/54 €
◆ Maison ancienne du centre-ville, au cadre classique (boiseries moulurées, chaises Louis XIII). Cuisine traditionnelle et simple, évoluant au fil des saisons.

rte de La Gacilly 3 km au Nord par D 873 – ⊠ 35600 Redon

XX **Moulin de Via**　　　　　　　🚗 🍴 ⇔ **P** VISA ⚫⚫
– *𝒞 02 99 71 05 16 – www.lemoulindevia.fr – Fermé 5-22 mars, sept., merc. d'oct.*
à juin, dim. soir, mardi soir et lundi
Rest – (15 €) Menu 20/65 €
◆ Mobilier champêtre, poutres et cheminée ajoutent au charme de cet ancien
moulin à eau (16ᵉ s.) blotti dans la verdure. Terrasse ombragée ouverte sur le jardin. Plats régionaux.

REHAUPAL – 88 Vosges – **314** I4 – 183 h. – alt. 510 m – ⊠ 88640　　**27** C3
▶ Paris 424 – Épinal 27 – Metz 151 – Strasbourg 132

🏠 **Auberge du Haut-Jardin** ⬨　　　🚗 🌲 👌 ♨ ♟ **P** VISA ⚫⚫ AE ⓘ
😊 *43 bis Le Village – 𝒞 03 29 66 37 06 – www.hautjardin.com – Fermé une sem.*
en mars, une sem. en nov. et une sem. en janv.
🍽 **9 ch** – †55/87 € ††55/87 € – � 13 € – ½ P 52/75 €
Rest – Menu 18/25 € – Carte 25/45 €
◆ Dans un village paisible, maison de pays engageante tenue par un couple
accueillant. Les chambres, d'esprit rustique, déclinent différents thèmes créés par
la déco et le mobilier. Au restaurant avec cheminée, cuisine du terroir privilégiant
les produits locaux.

REICHSTETT – 67 Bas-Rhin – **315** K5 – **rattaché à Strasbourg**

REILHAC – 43 Haute-Loire – **331** C3 – **rattaché à Langeac**

REILHANETTE – 26 Drôme – **332** J8 – 144 h. – alt. 579 m – ⊠ 26570　　**45** C3
▶ Paris 710 – Avignon 78 – Lyon 247 – Valence 149

X **L'Oustau de la Font** avec ch　　　⇐ 🌲 ♨ VISA ⚫⚫ AE
Le Village – 𝒞 04 75 28 83 77 – www.oustaudelafont.com – Ouvert
14 fév.-11 nov.
6 ch ⊠ – †73/100 € ††85/115 €
Rest – *(fermé merc. midi et jeudi midi de mi-sept. au 11 nov., merc. et jeudi de*
mi-fév. à Pâques) (14 €) Menu 32/49 € – Carte 37/47 €
◆ Cuisine de bistrot bien présentée et réalisée avec des produits locaux. Belle
sélection de vins de la vallée du Rhône. La terrasse offre une jolie vue sur le village de Montbrun. L'établissement propose cinq chambres et une maisonnette
de bonne tenue. Jacuzzi.

REIMS ⬨ – 51 Marne – **306** G7 – 183 837 h. – Agglo. 215 581 h.　　**13** B2
– alt. 85 m – ⊠ 51100 ▮ Champagne Ardenne
▶ Paris 144 – Bruxelles 218 – Châlons-en-Champagne 48 – Lille 208
✈ Reims-Champagne : 𝒞 03 26 07 15 15, 7 km par D 74 U.
🛈 2, rue Guillaume de Machault 𝒞 03 26 77 45 00
🏌 de Reims-Champagne à Gueux Château des Dames de France, par rte de
Paris : 9 km, 𝒞 03 26 05 46 10
◎ Cathédrale Notre-Dame★★★ - Basilique St-Rémi★★ : intérieur★★★
- Palais du Tau★★ BY **V** - Caves de Champagne★★ BCX, CZ - Place
Royale★ - Porte Mars★ - Hôtel de la Salle★ BY **R** - Chapelle Foujita★
- Bibliothèque★ de l'ancien Collège des Jésuites BZ **C** - Musée St-Rémi★★
CZ **M⁴** - Musée-hôtel Le Vergeur★ BX **M³** - Musée des Beaux-Arts★ BY **M².**
◉ Fort de la Pompelle (casques allemands★) 9 km par ③.

Plans pages 1405, 1406, 1407

Château les Crayères 🌿

64 bd Henry-Vasnier – ℰ 03 26 24 90 00 – www.lescrayeres.com
– Fermé 3 sem. en janv.   CZa
20 ch – †330/680 € ††330/680 € – ⌑ 28 €
Rest *Le Parc les Crayères* – (Fermé lundi et mardi) (nombre de couverts limité, prévenir) (65 €) Menu 185/305 € bc – Carte 120/170 €
Spéc. Écrevisses rôties au beurre d'abricot. Tronçon de turbot piqué aux olives noires. Sphère tout chocolat. **Vins** Champagne.
◆ Dans un grand parc, demeure altière dont les luxueux intérieurs dessinent un univers doré comme… un champagne. Somptueuse carte dudit vin au restaurant, où l'on déguste des mets originaux et légers, très bien exécutés – dans un décor magnifique (boiseries, stucs, tapisseries, etc.).

L'Assiette Champenoise (Arnaud Lallement) 🌿

à Tinqueux
40 av. Paul Vaillant-Couturier ✉ 51430 – ℰ 03 26 84 64 64
– www.assiettechampenoise.com – Fermé 15 fév.-3 mars   Ve
39 ch – †165 € ††165 € – 23 suites – ⌑ 19 €
Rest – *(fermé merc. midi et mardi)* (59 €) Menu 130/155 € – Carte 115/185 €
Spéc. Langoustines royales de Bretagne, pomme et gingembre. Turbot breton au vin jaune. Enfance et gourmandises. **Vins** Champagne, Coteaux Champenois.
◆ Belle maison de maître du fin 19ᵉ s. dans un grand parc clos. Les chambres, récemment refaites, adoptent un style actuel de bon ton (teintes taupe, rouge, blanc). Élégant restaurant, ouvert sur une terrasse, et délicieuse cuisine créative.

De la Paix

9 r. Buirette – ℰ 03 26 40 04 08 – www.hotel-lapaix.fr   AYq
168 ch – †125/225 € ††125/225 € – 1 suite – ⌑ 14 €
Rest *Café la Paix* – ℰ 03 26 47 00 45 – (13 €) Menu 33 € bc/34 € bc Carte 27/65 €
◆ Cet hôtel, tenu par la même famille depuis 1912, vit avec son temps : jolies chambres contemporaines (tableaux d'artistes rémois, meubles Starck) et bar pop, très tendance. Cadre design et carte de brasserie (fruits de mer, grillades…) au Café de la Paix.

Mercure-Cathédrale

31 bd Paul Doumer – ℰ 03 26 84 49 49 – www.mercure.com   AYv
126 ch – †70/159 € ††74/164 € – ⌑ 16 €
Rest – *(fermé le midi du 18 juil. au 21 août et du 19 déc. au 1ᵉʳ janv., sam. midi, dim. midi et fériés le midi)* (22 €) Menu 28/30 € – Carte environ 29 €
◆ Bordant un boulevard, ce grand bâtiment des années 1970, totalement insonorisé, vous assure des nuits calmes dans des chambres fonctionnelles bien équipées. À l'étage, le restaurant, contemporain, profite d'une vue panoramique sur le canal et les péniches. Cuisine actuelle.

Grand Hôtel des Templiers sans rest 🌿

22 r. des Templiers – ℰ 03 26 88 55 08
– www.grandhoteldestempliers-reims.com   BXa
18 ch – †190/280 € ††190/280 € – ⌑ 25 €
◆ Luxe et raffinement sont au rendez-vous dans cette belle demeure du 19ᵉ s. : mobilier de style, opulence des tissus, salon-bar bourgeois et chambres feutrées.

Grand Hôtel Continental sans rest

93 pl. Drouet d'Erlon – ℰ 03 26 40 39 35 – www.grandhotelcontinental.com
61 ch – †66/189 € ††79/189 € – ⌑ 14 €   AXYr
◆ La belle façade de 1862 abrite des chambres confortables, insonorisées et décorées dans des styles variés (classique, ancien, actuel, etc.), et un salon bourgeois.

Grand Hôtel de l'Univers

41 bd Foch – ℰ 03 26 88 68 08 – www.hotel-univers-reims.com   AXa
42 ch – †65/105 € ††70/115 € – ⌑ 13 €
Rest *Au Congrés* – *(fermé sam. midi et dim. midi sauf fériés)* Menu 15 € (sem.)/30 € – Carte 27/40 €
◆ À 150 m de la cathédrale du 13e s., un établissement (1932) d'inspiration Art déco, doté de chambres confortables et bien insonorisées. Salon-bar cosy. Le restaurant est habillé d'élégantes boiseries sombres. Recettes classiques.

REIMS

Berthelot (Bd M.) . . . . **U** 5
Brébant (Av.) . . . . **U** 8
Brimontel (R. de). . . . . **U** 10
Carré (R. du Gén.) . . . . . . **UV** 20
Champagne (Av. de) . . . . **V** 22
Cognacq-Jay (R.) . . . . **V** 25
Danton (R.) . . . . **U** 30
Dr-Lemoine (R.). . . . . **U** 35
Europe (Av. de l') . . . . **U** 42
Farman (Av. Henri) . . . . **U** 43
Maison-Blanche (R.) . . . . . . **U** 64
Paris (Av. de) . . . . **V** 69
Pompidou (Av. G.) . . . . **V** 71
Robespierre (Bd) . . . . **U** 74
Tinqueux (R. de) . . . . **U** 87
Vaillant-Couturier (Av.) . . . . **U** 89
Witry (Rte de) . . . . **U** 91
Zola (R. Émile). . . . . **U** 92

🏨 **Suite Novotel** sans rest   📶 & 🆎 📶 **P** VISA ⚫ AE ①

1 r. Édouard Mignot – 𝒞 *03 26 89 52 00*
– *www.suitehotel.com*   **AXb**

80 ch – 🛏130/140 € – 🛏🛏130/140 € – ☲ 12 €

◆ Hôtel situé dans un nouveau quartier d'affaires, juste derrière la gare. Chambres modernes et spacieuses, bien insonorisées et équipées.

🏠 **Crystal** sans rest   📶 📶 📶 VISA ⚫ AE

86 pl. Drouet d'Erlon – 𝒞 *03 26 88 44 44* – *www.hotel-crystal.fr* – *Fermé
24 déc.-3 janv.*   **AXYn**

31 ch – 🛏62/70 € – 🛏🛏68/80 € – ☲ 9 €

◆ La maison, située en centre-ville, se trouve au bout d'un passage garantissant calme et tranquillité. Chambres rajeunies et bien tenues, jardinet où l'on petit-déjeune l'été.

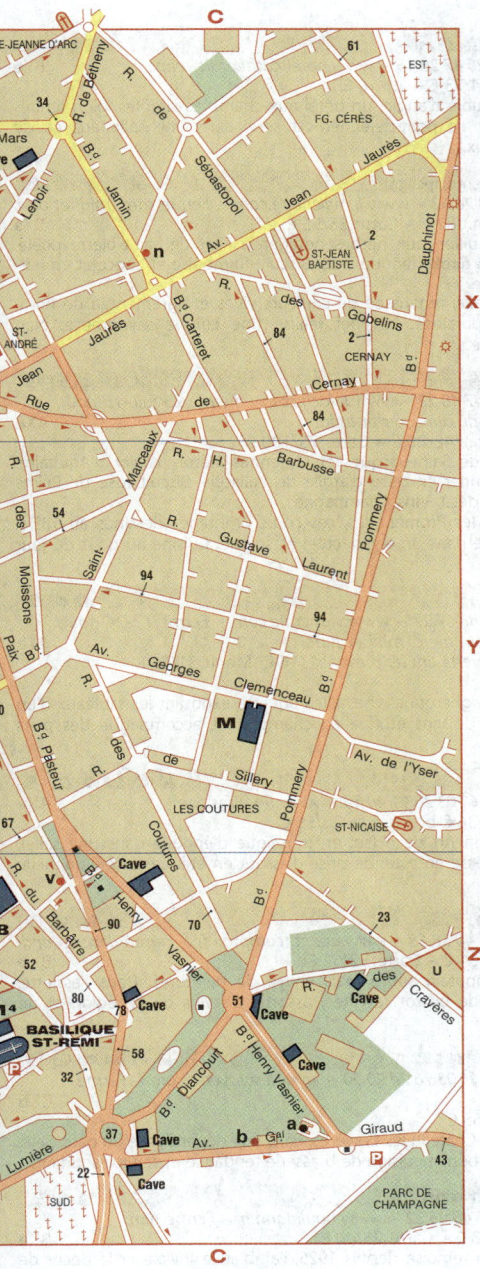

REIMS

Alsace-Lorraine (R. d')	CX	2
Anatole-France (Cours)	BY	3
Arbalète (R. de l')	BY	4
Boulard (R.)	BY	6
Boulingrin (Pl. de)	BX	7
Brébant (Av.)	AY	8
Buirette (R.)	AY	12
Cadran St-Pierre (R.)	BY	13
Carmes (R. des)	BZ	16
Carnégie (Pl.)	BY	17
Carnot (R.)	BY	19
Champagne (Av. de)	CZ	22
Chemin Vert (R. du)	CZ	23
Colbert (R.)	BXY	26
Desteuque (R. E.)	BY	31
Dieu-Lumière (R.)	CZ	32
Dr-Jacquin (R.)	BXY	33
Dr-Knoéri (Pl. du)	CX	34
Dr-Lemoine (R.)	BX	35
Droits-de-l'Homme (Pl. des)	CZ	37
Drouet d'Erlon (Pl.)	AY	38
Dubois (R. Th.)	AY	39
Etape (R. de l')	AY	40
Farman (Av. H.)	CZ	43
Foch (Bd)	ABX	46
Forum (Pl.)	BY	47
Gerbert (R.)	BCY	50
Gouraud (Pl. Gén.)	CZ	51
Grand-Cerf (R. du)	CZ	52
Herduin (R. Lt.)	BY	53
Houzeau-Muiron (R.)	CY	54
Jamot (R. Paul)	BY	56
Jean-Jaurès (Av.)	BCX	
J.-J.-Rousseau (R.)	BX	57
Lambert (Bd Victor)	CZ	58
Langlet (Crs J.-B.)	BY	59
Laon (Av. de)	ABX	
Leclerc (Bd Général)	AX	60
Lefèbvre (R. E.)	CX	61
Louvois (R. de)	BZ	62
Magdeleine (R.)	AY	63
Martyrs-de-la-Résistance (Pl. des)	BY	65
Montlaurent (R.)	CY	67
Myron-Herrick (Pl.)	BY	68
Philipe (R. Gérard)	CZ	70
Prés.-F.-Roosevelt (R.)	AX	72
République (Pl. de la)	BX	73
Rockefeller (R.)	BY	75
St-Nicaise (Pl.)	CZ	78
Salines (R. des)	CZ	80
Sarrail (R. Gén.)	BX	82
Strasbourg (R. de)	CX	84
Talleyrand (R. de)	ABY	
Temple (R. du)	BX	85
Thillois (R. de)	AY	86
Université (R. de l')	BY	88
Vesle (R. de)	ABY	
Victor-Hugo (Bd)	CZ	90
Zola (R. Emile)	AX	92
16e-et-22e-Dragons (R. des)	CY	94

De la Cathédrale *sans rest*

20 r. Libergier – *℃ 03 26 47 28 46* – www.hotel-cathedrale-reims.fr

17 ch – †56/64 € ††64/73 € – ⌷ 10 €

BYe

• Situé dans un immeuble d'angle, un hôtel aux chambres simples, bien tenues et rénovées par étape. Le petit-déjeuner est servi dans une salle égayée de tableaux d'artistes locaux.

Le Millénaire (Laurent Laplaige)

4 r. Bertin – *℃ 03 26 08 26 62* – www.lemillenaire.com – Fermé sam. midi et dim.

Rest – Menu 32 € (sem.)/82 € – Carte 85/95 €

BYs

Spéc. Langoustines, bouillon aux herbes potagères. Filet de saint-pierre poêlé, déclinaison autour de la girolle (août à oct.). Biscuit, framboise et chocolat en harmonie. **Vins** Champagne.

• Salle à manger actuelle, rehaussée de couleurs vives et agrémentée de nombreuses toiles contemporaines. Le chef réalise une cuisine savoureuse, bien ancrée dans son époque.

Le Foch (Jacky Louazé)

37 bd Foch – *℃ 03 26 47 48 22* – www.lefoch.com – Fermé 25 juil.-15 août, 20 fév.-7 mars, sam. midi, dim. soir et lundi

AXa

Rest – Menu 31 € (sem.), 48/80 € – Carte 75/100 €

Spéc. Raviole virtuelle de Saint-Jacques et Marennes-Oléron, caviar d'Aquitaine (oct. à avril). Bar cuit entier en terre d'argile de Vallauris. Biscuit rose de Reims "vu autrement" (sept. à déc.). **Vins** Champagne.

• Le restaurant borde les Promenades, ces cours ombragés dessinés au 18e s. Salle à manger relookée dans un style actuel et soigné. Cuisine au goût du jour sur une base classique.

La Vigneraie

14 r. Thillois – *℃ 03 26 88 67 27* – www.vigneraie.com – Fermé 1er-24 août, 27 fév.-13 mars, dim. soir, merc. midi et lundi

AYa

Rest – (nombre de couverts limité, prévenir) (16 €) Menu 31/66 €
– Carte 52/74 €

• Derrière une façade vigneronne, une salle coquette exposant les tableaux d'un artiste local. Une carte de vins étoffée en champagnes accompagne des plats actuels et de saison.

Flo

96 pl. Drouet d'Erlon – *℃ 03 26 91 40 50* – www.floreims.com

AXv

Rest – (23 €) Menu 29/36 € bc – Carte 28/55 €

• Joli cadre d'inspiration Art déco (sol en mosaïque d'époque dans une salle), boiseries, lustres et terrasse en rotonde prise d'assaut en été. Carte traditionnelle de brasserie.

Au Petit Comptoir

17 r. de Mars – *℃ 03 26 40 58 58* – www.aupetitcomptoir.fr – Fermé dim. et lundi

BXb

Rest – (18 € bc) Menu 29 € – Carte 32/62 €

• Un intérieur contemporain sobre mais égayé de peintures. Dans l'assiette, une généreuse cuisine de bistrot revisitée, assortie de vins de la région et du monde.

Le Jardin les Crayères

7 av. du Gén.-Giraud – *℃ 03 26 24 90 90* – www.lescrayeres.com – Fermé en janv.

CZb

Rest – (28 €) Carte 40/65 €

• La "petite adresse" du Château les Crayères, dans une dépendance du parc. Salle au cadre contemporain, bonne cuisine de brasserie tendance et service souriant.

Brasserie Le Boulingrin

48 r. de Mars – *℃ 03 26 40 96 22* – www.boulingrin.fr – Fermé dim.

BXe

Rest – Menu 18 € bc/23 € – Carte 25/40 €

• Dans cette institution rémoise depuis 1925, l'ambiance joviale et le décor de brasserie Art déco s'accordent à merveille avec une cuisine de produits frais sans chichi.

Le Jamin ❌ AC VISA ⓜ AE

18 bd Jamin – ℰ 03 26 07 37 30 – www.lejamin.com – Fermé 18-22 avril,
15-31 août, 17 janv.-1ᵉʳ fév., dim. soir et lundi **CXn**
Rest – (14 € bc) Menu 21 € bc (déj. en sem.)/32 € – Carte 24/48 €

♦ Un petit restaurant de quartier simple et généreux, au cadre sobre et actuel. Cuisine traditionnelle et suggestions du jour à l'ardoise, à prix doux. Service aimable et efficace.

Les Charmes ❌ VISA ⓜ AE

11 r. Brûlart – ℰ 03 26 85 37 63 – www.restaurantlescharmes.fr
– Fermé 29 juil.-22 août, janv., lundi soir, sam. midi et dim. **CZv**
Rest – (13 €) Menu 22/34 €

♦ Proche des grandes caves de champagne et de la basilique St-Remi, sympathique salle de restaurant familiale agrémentée de peintures sur bois. Bon choix de whiskies.

Le Pré Carré ❌ AC VISA ⓜ

1 r. Jean-Jacques-Rousseau – ℰ 03 26 24 27 15 – Fermé 1ᵉʳ-15 août, dim. et lundi
Rest – (16 €) Carte 39/50 € **BXk**

♦ Pré carré des gourmets, ce restaurant créé en 2010 est vraiment sympathique. On s'y sent bien – ambiance feutrée – et les plats de toujours s'habillent d'une belle modernité.

rte de Châlons-en-Champagne 3 km vers ③ – ✉ 51100 Reims

Mercure-Parc des Expositions 🌳 ⅃ 🦶 ch, AC ฿ ⅃ P

2 r. G. Voisin – ℰ 03 26 05 00 08 – www.accorhotels.com VISA ⓜ AE ①
100 ch – †87/140 € ††95/150 € – ⌁ 16 € **Vs**
Rest – (fermé sam. midi, dim. midi et fériés le midi) (20 €) Carte 20/60 €

♦ Cette construction des années 1970, relookée peu à peu, abrite des chambres lumineuses et bien tenues. Véranda, terrasse et piscine agrémentent le restaurant, où l'on propose une carte traditionnelle et l'ardoise du jour.

à Sillery 11 km par ③ et D 8ᴱ – 1 575 h. – alt. 90 m – ✉ 51500

Le Relais de Sillery 🌳 🌳 VISA ⓜ AE

3 r. de la Gare – ℰ 03 26 49 10 11 – www.relaisdesillery.fr – Fermé
14 août-7 sept., 2-8 janv., 25 fév.-12 mars, mardi soir, dim. soir et lundi
Rest – Menu 19 €, 39/65 € – Carte 45/60 € ஃ

♦ Une auberge élégante (boiseries, tableaux) dont la terrasse domine la Vesle. Beaux produits au service de recettes classiques ; cave impressionnante.

à Montchenot 11 km par ⑤ – ✉ 51500 Villers-Allerand

Le Grand Cerf (Dominique Giraudeau et Pascal Champion) 🌳 🌳 ✧ P

50 rte Nationale – ℰ 03 26 97 60 07 VISA ⓜ AE ①
– www.le-grand-cerf.fr – Fermé 10-31 août, vacances de fév., dim. soir, mardi soir et merc.
Rest – Menu 35 € (déj. en sem.), 70/86 € – Carte 70/100 € ஃ
Spéc. Homard-melon (été) ou homard-poire (hiver). Pigeonneau fermier à l'huile de noisette. Fine tarte chaude aux pommes, glace bergamote. **Vins** Champagne, Cumières rouge.

♦ Située au pied de la Montagne de Reims, auberge composée de deux salles élégantes (boiseries), dont une aménagée en véranda, côté jardin. Belle cuisine classique.

à l'Ouest 6 km par ⑦, autoroute A 4 sortie Tinqueux – ✉ 51430 Tinqueux

Novotel 🌳 🌳 ⅃ 🦶 ch, AC ฿ ⅃ P VISA ⓜ AE ①

– ℰ 03 26 08 11 61 – www.novotel.com **Vu**
127 ch – †115/150 € ††115/150 € – ⌁ 14 €
Rest – Menu 12/16 € – Carte 22/35 €

♦ Dans une zone commerciale et d'affaires, cet hôtel des années 1970 a retrouvé une seconde jeunesse : style épuré et concept Novation dans toutes les chambres, impeccables. Grande salle à manger façon bistrot, tournée vers la piscine. Préparations à la plancha.

Tip Top sans rest 　　　　　　　　🔲 ᴋ ᵗᵗ 🅿 VISA ◉◉
1 av. d'A.F.N. – ℰ 03 26 83 84 85 – www.tiptop-hotel.com 　　　　**Vt**
66 ch – ♦67/92 € ♦♦72/97 € – ⚏ 8 €
♦ Proche de l'autoroute, un hôtel récent aux chambres fonctionnelles bien tenues. Salon-bibliothèque et espace petits-déjeuners (buffet) au cadre contemporain.

REIPERTSWILLER – 67 Bas-Rhin – **315** I3 – 960 h. – alt. 230 m 　　　**1** A1
– ✉ 67340 ▌Alsace Lorraine
　▶ Paris 450 – Bitche 19 – Haguenau 33 – Sarreguemines 48

La Couronne 　　　　　　　🍴 ᴋ rest, 🔧 🅿 VISA ◉◉
13 r. Wimmenau – ℰ 03 88 89 96 21 – www.hotel-la-couronne.com
– Fermé 20 juin-7 juil., 2-10 novembre et 31 janv.-11 fév.
16 ch – ♦48/55 € ♦♦50/62 € – ⚏ 13 € – ½ P 56/62 €
Rest – *(fermé merc. midi et jeudi en janv.-fév., merc. soir, dim. soir, lundi et mardi)* Menu 20 € (déj. en sem.), 25/48 € – Carte 30/60 €
♦ Dans un paisible village du parc naturel des Vosges du Nord, hôtel confortable aménagé dans un esprit contemporain. Chambres spacieuses ; accueil familial. Au restaurant, le patron concocte une savoureuse cuisine classique ; décor cossu (boiseries) ouvert sur la nature.

LA REMIGEASSE – 17 Charente-Maritime – **324** C4 – voir à Île d'Oléron

---

REMIREMONT – 88 Vosges – **314** H4 – 8 182 h. – alt. 400 m 　　　**27** C3
– ✉ 88200 ▌Alsace Lorraine
　▶ Paris 413 – Belfort 70 – Colmar 80 – Épinal 28
　🅱 2, rue Charles-de-Gaulle ℰ 03 29 62 23 70
　◙ Rue Ch.-de-Gaulle★ - Crypte★ de l'abbatiale St-Pierre.

Du Cheval de Bronze sans rest 　　　　🍴 ᵗᵗ 🔊 VISA ◉◉ AE
59 r. Ch. de Gaulle – ℰ 03 29 62 52 24 – www.hotechevalbronze.com
35 ch – ♦33/60 € ♦♦39/66 € – ⚏ 8 € 　　　　　　　　　　**Bs**
♦ Hôtel aménagé dans un ancien relais de poste, sous les jolies arcades du centre-ville. Chambres un brin désuètes mais en cours de rénovation et bien tenues. Accueil chaleureux.

REMIREMONT

Abbaye (Pl. de l') . . . . **A** 2
Calvaire (Av. du). . . . . **A** 3
Courtine (R. de la) . . . . **A**
Écoles (R. des) . . . . **A** 5
États-Unis (R. des) . . . . **A** 6
Franche-Pierre (R.) . . . . **A** 7
Gaulle (R. Ch.-de) . . . . **AB**
Prêtres (R. des) . . . . **B** 14
Utard (Pl. H.) . . . . **A** 15
Xavée (R. de la) . . . . **A** 16
5e-et-15e-B.C.P.
　(R. des) . . . . **B** 18

✗✗ Le Clos Heurtebise 　　　　🚗 🏡 ⟺ 🅿 VISA ◉◉

13 chemin des Capucins, par r. Capit. Flayelle B – ✆ *03 29 62 08 04*
– www.leclosheurtebise.com – Fermé 1ᵉʳ-15 sept., 4-12 janv., jeudi soir
sauf juil.-août, dim. soir et lundi
Rest – Menu 17 € (sem.), 26/60 € – Carte 44/59 €
◆ Sur les hauteurs de la ville, cette engageante maison bourgeoise propose une bonne cuisine classique. De l'agréable terrasse, on aperçoit les Vosges.

✗ La Quarterelle 　　　　　　　　　　　　　　　　VISA ◉◉

3 r. de la Carterelle – ✆ *03 29 23 98 69* – *fermé fin mars-début avril,*
fin juin-début juil., fin sept.-début oct., fin déc.-début janv., dim. soir, lundi soir,
mardi soir et merc.　　　　　　　　　　　　　　　　　　　Aa
Rest – *(nombre de couverts limité, prévenir)* (19 €) Menu 24/27 €
◆ C'est en couple qu'on préside à la destinée de cette Quarterelle. Monsieur concocte une cuisine mâtinée d'épices et madame vous accueille avec le sourire. Pensez à réserver !

à Girmont-Val-d'Ajol 9 km au Sud-Est par D 23, D 57 et rte secondaire – 245 h. – alt. 650 m – ✉ 88340

🏠 La Vigotte ⌖　　　　⬉ 🚗 🏡 ✗ ⅙ rest, ⁽ℐ⁾ 🅿 VISA ◉◉

131 lieu-dit la Vigotte – ✆ *03 29 24 01 82* – *www.vigotte.com*
– Fermé 10-28 janv. et lundi midi
24 ch – ♦36/88 € ♦♦45/110 € – ⌑ 8 € – ½ P 50/69 €
Rest – (17 €) Menu 19/23 €
◆ Entourée de forêt vosgienne, de prairies et d'étangs, cette ferme de 1750 ravira les amoureux de la nature. Chambres simples et sympathiques. Cuisine de tradition et de terroir servie dans la grande salle rustique ; chaleureuse ambiance montagnarde.

RENAISON – 42 Loire – 327 C3 – 2 834 h. – alt. 387 m – ✉ 42370　　　44 A1
📗 Lyon Drôme Ardèche

　　▶ Paris 385 – Chauffailles 43 – Lapalisse 39 – Roanne 11
　　🛈 50, route de Roanne ✆ 04 77 62 17 07
　　◎ Bourg ★ de St-Haon-le-Châtel N : 2 km - Barrage de la Tache : rocher-belvédère ★ O : 5 km.

⛫ La Ferme d'Irène sans rest ⌖　　　　　　🚗 ⛵ ⁽ℐ⁾ 🅿

Platelin – ✆ *04 77 64 29 12* – *www.lafermedirene.fr*
3 ch ⌑ – ♦60/85 € ♦♦60/90 €
◆ Calme assuré dans cette ferme du 19ᵉ s. au style cosy (piano à queue, fourneau en faïence). Original : des chambres raffinées installées dans les étables et le poulailler.

✗✗ Jacques Cœur 　　　　　　　　　　🏡 VISA ◉◉ ◍

15 r. Roanne – ✆ *04 77 64 25 34* – *www.helloresto.fr* – *Fermé 13-29 nov., dim. soir, lundi et mardi*
Rest – Menu 20 € bc (sem.), 26/42 € – Carte 37/44 €
◆ "À cœur vaillant, rien d'impossible"... La devise de Jacques Cœur accompagne le chef, qui ne manque pas d'allant lorsqu'il s'agit de mitonner de bons petits plats de tradition !

St-Haon-le-Vieux 3 km au Nord par D 8 – 860 h. – alt. 424 m – ✉ 42370

✗✗ Auberge du Bon Accueil 　　　　　　🏡 VISA ◉◉

La Croix Lucas – ✆ *04 77 64 40 72* – *Fermé 6-13 avril,*
22 août-4 sept., 10-23 janv., lundi soir, mardi soir,merc. soir et sam. midi
Rest – (12 € bc) Menu 26/46 € – Carte 37/50 €
◆ En bordure de route, une agréable auberge avec un petit jardin et une terrasse ombragée. Déco actuelle pour une cuisine traditionnelle bien faite.

▶ Paris 349 – Angers 129 – Brest 246 – Caen 185

✈ de Rennes-St-Jacques : ℰ 02 99 29 60 00, 8 km par ⑦.

🛈 11, rue Saint-Yves ℰ 02 99 67 11 11

🏌 de la Freslonnière à Le Rheu, par rte de Ploërmel : 7 km,
ℰ 02 99 14 84 09

🏌 de Cicé Blossac à Bruz Domaine de Cicé-Blossac, par rte de Redon : 10 km,
ℰ 02 99 52 79 79

🏌 de Cesson-Sévigné à Cesson-Sévigné Ile de Tizé, E : 11 km par D 96,
ℰ 02 99 83 26 74

🏌 de Rennes Saint-Jacques à Saint-Jacques-de-la-Lande Le Temple du
Cerisier, par rte de Redon : 11 km, ℰ 02 99 30 18 18

◉ Le Vieux Rennes★★ - Jardin du Thabor★★ - Palais de justice★★
- Retable★★ à l'intérieur★ de la cathédrale St-Pierre AY - Musées : de
Bretagne★, des Beaux-Arts★ BY **M.**

RENNES

Bourgeois (Bd L.)	**DV** 3
Canada (Av. du)	**CV** 6
Churchill (Av. Sir W.)	**CU** 13
Combes (Bd E.)	**DV** 14
Duchesse-Anne (Bd de la)	**DU** 15

Guilloux (R. L.)	**CU** 23
Laennec (Bd)	**DU** 31
Leroux (Bd Oscar)	**DV** 36
Lorient (R. de)	**CU** 38
Maginot (Av. du Sergent)	**DU** 39
Mitterrand (Mail Fr.)	**CU** 43
Pompidou (Bd G.)	**CV** 55
St-Brieuc (R. du)	**CU** 64

St-Jean-Baptiste de la Salle (Bd)	**CU** 70
Strasbourg (Bd de)	**DU** 83
Ukraine (Allée d')	**CV** 84
Vitré (Bd de)	**DU** 87
Yser (Bd de l')	**CV** 88
3-Croix (Bd des)	**CU** 89

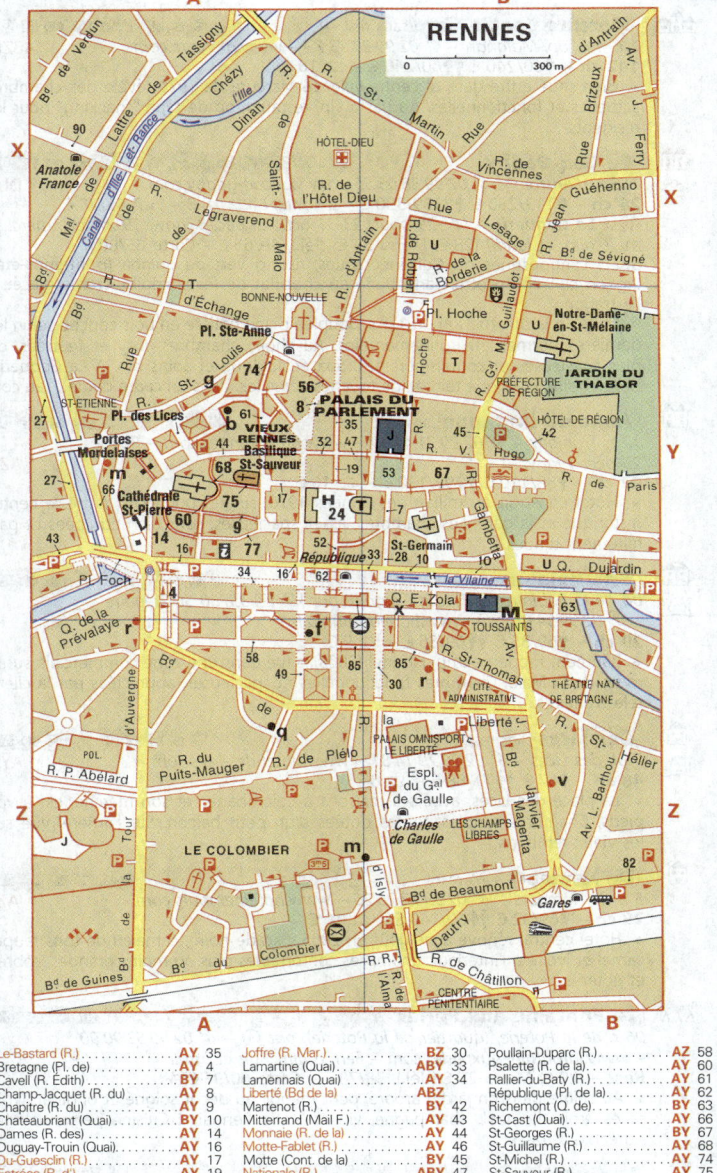

RENNES

0   300 m

Le-Bastard (R.)	**AY**	35
Bretagne (Pl. de)	**AY**	4
Cavell (R. Edith)	**BY**	7
Champ-Jacquet (R. du)	**AY**	8
Chapitre (R. du)	**AY**	9
Chateaubriant (Quai)	**BY**	10
Dames (R. des)	**AY**	14
Duguay-Trouin (Quai)	**AY**	16
Du-Guesclin (R.)	**AY**	17
Estrées (R. d')	**AY**	19
La-Fayette (R.)	**AY**	32
Hôtel-de-Ville (Pl. de l')	**AY**	24
Ille-et-Rance (Quai)	**AY**	27
Jean-Jaurès (R.)	**BY**	28
Joffre (R. Mar.)	**BZ**	30
Lamartine (Quai)	**ABY**	33
Lamennais (Quai)	**AY**	34
Liberté (Bd de la)	**ABZ**	
Martenot (R.)	**BY**	42
Mitterrand (Mail F.)	**AY**	43
Monnaie (R. de la)	**AY**	44
Motte-Fablet (R.)	**AY**	46
Motte (Cont. de la)	**AY**	45
Nationale (R.)	**ABY**	47
Nemours (R. de)	**AZ**	49
Orléans (R. d')	**AY**	52
Palais (Pl. du)	**BY**	53
Pont-aux-Foulons (R. du)	**AY**	56
Poullain-Duparc (R.)	**AZ**	58
Psalette (R. de la)	**AY**	60
Rallier-du-Baty (R.)	**AY**	61
République (Pl. de la)	**AY**	62
Richemont (Q. de)	**BY**	63
St-Cast (Quai)	**AY**	66
St-Georges (R.)	**BY**	67
St-Guillaume (R.)	**AY**	68
St-Michel (R.)	**AY**	74
St-Sauveur (R.)	**AY**	75
St-Yves (R.)	**AY**	77
Solférino (Bd)	**BZ**	82
Vasselot (R.)	**AZ**	85
41e-d'Infanterie (R.)	**AX**	90

1413

Mercure Centre Gare sans rest
1 r. du Cap.-Maignan – ✆ 02 99 29 73 73 – www.mercure.com ABZ**m**
142 ch – †60/240 € ††60/240 € – ☕ 16 €
◆ Bien situé entre gare et centre-ville, ce Mercure de 1970 révèle des chambres actuelles et fonctionnelles. Au bar à vin, restauration de type "snacking" pour les résidents.

Le Coq-Gadby
156 r. d'Antrain – ✆ 02 99 38 05 55 – www.lecoq-gadby.com DU**x**
24 ch – †119/280 € ††139/330 € – 2 suites – ☕ 18 € – ½ P 55/75 €
Rest *La Coquerie* – *(1er-29 août, 23-31 oct., 26 déc.-3 janv., 19-27 fév., merc. midi, dim. et lundi)* (28 €) Menu 35 € (déj.), 49/65 € – Carte 65/80 €
Spéc. Langoustines du Guilvinec rôties, risotto vert de quinoa (printemps-été). Pigeon cuit en cocotte. Tarte tiède au chocolat de fèves criollo, crème glacée à l'estragon.
◆ Dans un jardin, maison du 17e s. doublée d'une bâtisse en bois conçue selon les dernières normes environnementales. Au choix, chambres cosy et feutrées, ou plus spacieuses et contemporaines. Spa écologique et soins bio. À La Coquerie, belle cuisine classique teintée de touches actuelles, dans un cadre dédié… au coq.

Anne de Bretagne sans rest
12 r. Tronjolly – ✆ 02 99 31 49 49 – www.hotel-rennes.com – Fermé 23 déc.-3 janv. AZ**q**
42 ch – †88/110 € ††99/130 € – ☕ 10 €
◆ Hôtel construit au milieu des années 1970, sur un boulevard entre le centre historique et la gare. Les chambres, assez spacieuses, sont bien équipées et parfaitement tenues.

Britannia sans rest
bd de la Robiquette, Z. I. St Grégoire par ⑩ ✉ 35760 St-Grégoire – ✆ 02 99 54 03 03 – www.hotelbritannia.fr
29 ch – †69/85 € ††69/85 € – ☕ 9 €
◆ Bâtiment moderne impersonnel (2003), situé dans une zone commerciale sur la route de St-Malo. Chambres fonctionnelles et spacieuses, appréciées par la clientèle d'affaires.

Des Lices sans rest
7 pl. des Lices – ✆ 02 99 79 14 81 – www.hotel-des-lices.com AY**b**
48 ch – †67 € ††71/88 € – ☕ 8 €
◆ La place des Lices, avec ses maisons à colombages et son marché, est à vos pieds. Chambres simples, toutes dotées d'un petit balcon. Sur l'arrière, vue sur les vieux remparts.

De Nemours sans rest
5 r. de Nemours – ✆ 02 99 78 26 26 – www.hotelnemours.com AZ**f**
29 ch – †69/92 € ††69/140 € – ☕ 10 €
◆ Hôtel central rénové avec goût en 2005. Façade noire, camaïeu de tons taupe, camel et ivoire à l'intérieur. Chambres confortables plus ou moins grandes, sobres et épurées.

La Fontaine aux Perles
96 r. de la Poterie, (quartier de la Poterie), par ④ – ✆ 02 99 53 90 90 – www.lafontaineauxperles.com – Fermé dim. soir et lundi
Rest – (20 €) Menu 25 € (déj.), 38/78 € – Carte 60/95 €
◆ Au calme dans un jardin arboré, petit manoir au décor soigné et original. Trois salles, trois thèmes : champagne, vin et Stade Rennais ! Cuisine personnalisée. Agréable terrasse.

Le Guehennec
33 r. Nantaise – ✆ 02 99 65 51 30 – www.leguehennec.com – Fermé sam. midi, lundi soir et dim. AY**m**
Rest – Menu 18 € (déj.), 38/48 €
◆ Non loin de la place des Lices, petit restaurant intime proposant une cuisine soignée, rythmée par le retour du marché. Décor contemporain.

Le Galopin

AC ⇄ ☐♁ VISA ◉ AE

21 av. Janvier – ✆ *02 99 31 55 96 – www.legalopin.fr – Fermé sam. midi et dim.*
Rest – Menu 18/46 € – Carte 28/49 €   BZ**v**

• Jolie brasserie à la façade rétro. En salle : banquettes, vivier, tables serrées et toiles contemporaines. Carte à l'unisson, entre terre et mer (menu homard). Service voiturier.

Le Quatre B

AC VISA ◉ AE

4 pl. de Bretagne – ✆ *02 99 30 42 01 – www.quatreb.fr – Fermé lundi midi, sam. midi et dim.*   AYZ**r**
Rest – (12 €) Menu 16 € (déj. en sem.), 21/27 € – Carte 31/58 €

• Agréable véranda, salle épurée, banquettes rouge sombre, chaises design, grandes toiles à thème floral... Gourmand, le Quatre B impose son style moderne avec succès.

Le Cours des Lices

AC ⇄ VISA ◉ AE

18 pl. des Lices – ✆ *02 99 30 25 25 – www.lecoursdeslices.fr – Fermé 1ᵉʳ-15 août, dim. et lundi*   AY**g**
Rest – (16 €) Menu 19 € (déj. en sem.), 27/38 € – Carte 46/59 €

• Sur la place des Lices, maison de 1659 (anciennement L'Ouvrée) au décor contemporain, sur le thème des quatre saisons. Plats bistrotiers à midi, plus élaborés le soir.

Les Carmes

& ⇄ VISA ◉ AE

2 r. des Carmes – ✆ *02 99 79 28 95 – Fermé dim. et lundi*   BZ**r**
Rest – *(nombre de couverts limité, prévenir)* (15 €) Menu 19 € (déj.), 32/70 € bc – Carte 36/59 €

• Derrière une façade de bistrot, une salle très contemporaine. Le chef travaille avec les petits producteurs locaux et propose une cuisine d'aujourd'hui, attentive aux saisons.

Autre Sens

⇇ 斎 & AC VISA

11 r. Armand Rebillon – ✆ *02 99 14 25 14 – www.autre-sens.fr – Fermé 25 avril-1ᵉʳ mai, 24 juil.-15 août, 1ᵉʳ-9 janv., sam. midi et dim.*   CU**b**
Rest – (19 €) Menu 27/32 € – Carte 27/45 €

• Sur le pittoresque canal d'Ille-et-Rance, un bâtiment original, tout en verre, avec terrasse sur les deux niveaux. Déco épurée, aux tons pastel. Alléchant menu-carte contemporain.

Léon le Cochon

AC VISA ◉

1 r. du Mar.-Joffre – ✆ *02 99 79 37 54 – www.leonlecochon.com – Fermé dim. en juil.-août*   BY**x**
Rest – (11 €) Menu 15 € (déj.)/25 € – Carte 23/53 €

• Ambiance conviviale et animée dans ce bistrot du centre-ville. Décor décalé (arbre lumineux, colombages vert pomme) ; cochonnailles, poisson à la plancha et menu du marché.

Le Petit Sabayon

VISA ◉ AE

16 r. des Trente – ✆ *02 99 35 02 04 – Fermé 21-31 août, 15 fév.-2 mars, dim. et lundi*   CU**a**
Rest – *(nombre de couverts limité, prévenir)* (14 €) Menu 17 € (déj. en sem.), 25/45 € – Carte 35/45 € le soir

• Restaurant quasi confidentiel, à dénicher dans un quartier calme. Les habitués s'y régalent d'une appétissante cuisine du marché. Petite salle aux tons gris et orange.

à St-Grégoire 3 km au Nord par D82 - **CU** – 8 178 h. – alt. 45 m – ✉ 35760

Le Saison (David Etcheverry)

🚗 斎 & ⇄ P VISA ◉ AE

1 imp. du Vieux-Bourg, (près de l'église) – ✆ *02 99 68 79 35 – www.le-saison.com – Fermé 1ᵉʳ-5 janv., dim. soir et lundi*
Rest – (27 €) Menu 40/80 € – Carte 66/104 € 🍷

Spéc. Lait d'amande acidulé, homard breton mariné au vinaigre de sureau (automne). Bar de ligne, purée de cives et risotto d'encornet au shiso (automne). Coque de chocolat Caraïbes, crémeux d'hibiscus et trait de cherry (automne-hiver).

• Cette longère a été reconstruite à l'identique, mais ses deux salles sont résolument contemporaines, à la fois sobres et élégantes. Cuisine de saison très soignée, centrée sur le produit et subtile dans ses effets. Agréable terrasse sur le jardin.

à Cesson-Sévigné 6 km par ③ – 15 627 h. – alt. 28 m – ⊠ 35510

🏠 Le Germinal ⟨⟩ ⩽ 🍴 🛎 ✄ rest, 🍴 🔧 🆅🆂🅰 ⚌ 🅰🅴 ⓞ

9 cours de la Vilaine, au bourg – 𝒞 02 99 83 11 01
– www.legerminal.com
18 ch – †82/110 € ††98/160 € – ⊑ 12 €
Rest – (18 €) Menu 22 € (déj. en sem.), 32/60 € – Carte 48/70 €

♦ Empruntez le pont ! Cet ancien moulin est posé sur un îlot de la Vilaine. Chambres cosy, d'une tenue parfaite, bénéficiant du calme environnant. Côté restaurant, décor contemporain, avec véranda et terrasse tournées vers la rivière ; cuisine actuelle.

🍴 L'Adresse 🍴 🆅🆂🅰 ⚌ 🅰🅴

32 cours de la Vilaine – 𝒞 02 99 83 82 06 – www.restaurant-ladresse.com
– Fermé 1er-18 août, 1 sem. en fév., sam. midi, dim. soir et lundi
Rest – (13 €) Menu 16 € (déj. en sem.), 21/45 € – Carte 26/47 €

♦ Maison en pierre du pays bordant la Vilaine. Deux salles au cadre épuré (l'une assez intime) ; agréable terrasse au bord de l'eau, sous une glycine. Cuisine qui suit la tendance.

à Noyal-sur-Vilaine 12 km par ③ – 4 899 h. – alt. 75 m – ⊠ 35530

🍴🍴🍴 Auberge du Pont d'Acigné (Sylvain Guillemot) 🍴 ⅓ 🅿 🆅🆂🅰 ⚌ 🅰🅴

3 km au Nord par rte d'Acigné – 𝒞 02 99 62 52 55
– www.auberge-du-pont-dacigne.com – Fermé 1er-9 mai,
31 juil.-17 août, 2-7 janv., sam. midi, dim. soir et lundi
Rest – Menu 27 € (déj. en sem.), 40/130 € – Carte 69/114 €🐚
Spéc. Craquant tiède de homard, betterave rouge et estragon (mai à oct.). Ravioles de légumes au bouillon de truffe (déc. à mars). Millefeuille de fraise et mousse de fenouil confit (mai à août).

♦ Belle cuisine régionale revisitée à déguster dans une jolie salle ou sur la terrasse, au bord de la Vilaine ; vue sur le village. Excellentes propositions de vin au verre.

🍴🍴 Les Forges avec ch 🅰🅺 rest, ✄ 🍴 🅿 🆅🆂🅰 ⚌ 🅰🅴

22 av. du Gén.-de-Gaulle – 𝒞 02 99 00 51 08 – Fermé 3 sem. en août, vacances
de fév., vend. soir, dim. soir et soirs fériés
12 ch – †43/50 € ††47/60 € – ⊑ 7 €
Rest – Menu 15 € (déj. en sem.), 19/35 € – Carte 30/45 €

♦ Engageante auberge en bord de route, sur le site d'anciennes forges. Deux salles à manger, l'une contemporaine et épurée, l'autre plus classique. Cuisine traditionnelle teintée d'une touche de modernité. Chambres sobres et bien tenues.

rte de St-Nazaire 8 km par ⑦ – ⊠35170 Bruz

🏠 Kerlan 🍴 🖻 ⅓ 🅰🅺 ✄ rest, 📞 🔧 🅿 🆅🆂🅰 ⚌ 🅰🅴 ⓞ

– 𝒞 02 99 05 95 80 – www.hotel-kerlan.fr
52 ch – †75/82 € ††84/107 € – 3 suites – ⊑ 13 € – ½ P 108/118 €
Rest – (fermé août, 24 déc.-3 janv., sam. et dim.) (15 €) Menu 26 € (sem.)/31 €
– Carte 29/45 €

♦ Bâtiment récent situé entre l'aéroport et le golf de Cicé. Les chambres, réparties autour d'un patio, sont confortables et bien tenues. Piscine couverte. Restauration d'esprit brasserie, adaptée à la clientèle d'affaires.

Le Rheu 8 km par ⑧ et D 129 – 6 920 h. – alt. 30 m – ⊠ 35650

🏠🏠🏠 Château d'Apigné ⟨⟩ 🌿 🛎 ⅓ 🍴 🔧 🅿 🆅🆂🅰 ⚌ 🅰🅴 ⓞ

rte de Chavagne – 𝒞 02 99 14 80 66 – www.chateau-apigne.fr
16 ch – †100/150 € ††120/175 € – ⊑ 22 €
Rest – (fermé sam. midi, dim. soir et lundi) (19 €) Carte 50/90 €

♦ Au milieu d'un parc, cet élégant château néo-Renaissance (1833) abrite de vastes chambres classiques et raffinées (boiseries, tentures), avec salles de bains logées dans les tourelles. Restaurant au cadre raffiné et romantique ; cuisine créative teintée d'exotisme.

rte de Lorient 6 km par ⑧, N 24 – ✉ 35650 Le Rheu

XXX **Manoir du Plessis** avec ch 🔊 🏠 ᕼ rest, ⬛️ 🕯️ ⬛️ 🅿️ VISA ⬥⬥ AE
☕☕ – ☏ 02 99 14 79 79 – www.manoirduplessis.fr – Fermé 8-15 août,
26 déc.-2 janv. et 13-27 fév.
5 ch – ⭑95 € ⭑⭑100 € – ⊆ 12 €
Rest – (fermé sam. midi, dim. soir et lundi) Menu 17 € (déj. en sem.), 23/39 €
– Carte 44/58 €
♦ Charmante demeure du 18ᵉ s., au décor préservé, entourée d'un parc. Dans ses
salles en enfilade, on savoure une cuisine classique, avec quelques incursions sur le
terrain de l'invention. Profitez des jolies chambres, dignes d'une maison de famille.

LA RÉOLE – 33 Gironde – **335** K7 – 4 212 h. – alt. 44 m – ✉ 33190   **4** C2
▶ Paris 649 – Bordeaux 74 – Casteljaloux 42 – Duras 25
🅸 15, rue Armand Caduc ☏ 05 56 61 13 55

XX **Aux Fontaines** 🚗 🏠 VISA ⬥⬥ AE
☺ 8 r. de Verdun – ☏ 05 56 61 15 25 – Fermé 15 nov.-1ᵉʳ déc., vacances de fév.,
merc. soir hors saison, dim. soir et lundi
Rest – (nombre de couverts limité, prévenir) Menu 22/38 € – Carte 50/60 €
♦ Adossée à une colline, cette grande demeure du centre-ville abrite un restaurant où l'on déjeune l'été sur la terrasse, dressée dans un joli jardin. Cuisine traditionnelle.

LA RÉPARA-AURIPLES – 26 Drôme – **332** D6 – **rattaché à Crest**

RESTIGNÉ – 37 Indre-et-Loire – **317** K5 – **rattaché à Bourgueil**

RESTONICA (GORGES DE LA) – 2B Haute-Corse – **345** D6 – **voir à Corse (Corte)**

RETHONDES – 60 Oise – **305** I4 – **rattaché à Compiègne**

REUGNY – 03 Allier – **326** C4 – 268 h. – alt. 204 m – ✉ 03190   **5** B1
▶ Paris 312 – Bourbon-l'Archambault 43 – Montluçon 15 – Montmarault 45

XX **La Table de Reugny** 🚗 🏠 ⬛️ AC VISA ⬥⬥
☺ 25 rte de Paris – ☏ 04 70 06 70 06 – www.restaurant-reugny.com
– Fermé 16 août-7 sept., 2-18 janv., dim. soir, lundi et mardi
Rest – (15 €) Menu 20 € (sem.), 29/48 € – Carte environ 32 €
♦ C'est une maison rose, en bordure de route... Le chef, attaché aux bons produits
du terroir, y élabore une cuisine généreuse et savoureuse. Terrasse et aire de jeux.

REUILLY-SAUVIGNY – 02 Aisne – **306** D8 – 231 h. – alt. 78 m – ✉ 02850   **37** C3
▶ Paris 109 – Épernay 34 – Château-Thierry 16 – Reims 50

XXX **Auberge Le Relais** (Martial Berthuit) avec ch ⬅ 🚗 AC 🍽️ ch, ⬛️ 🅿️
❀ 2 r. de Paris – ☏ 03 23 70 35 36 – www.relaisreuilly.com   VISA ⬥⬥ AE
– Fermé 15 août-2 sept., 31 janv.-4 mars, mardi et merc.
7 ch – ⭑79/97 € ⭑⭑84/102 € – ⊆ 16 €
Rest – Menu 32 € (sem.), 52/85 € – Carte 88/115 €🕸
Spéc. Tartine croustillante de champignons, langoustines, artichaut poivrade
sauce gribiche. Turbot rôti, avocat, risotto au chorizo. Millefeuille aux perles de
pommes caramélisées, glace caramel au beurre salé. **Vins** Champagne, Coteaux
Champenois.
♦ Cette coquette auberge cumule de nombreux atouts : intérieur actuel et élégant, belle véranda entourée de verdure et fine cuisine mariant habilement tradition et modernité. Décor contemporain et tendance dans les chambres.

REVEL – 31 Haute-Garonne – **343** K4 – 8 856 h. – alt. 210 m – ✉ 31250   **29** C2
🟩 Midi-Toulousain
▶ Paris 727 – Carcassonne 46 – Castelnaudary 21 – Castres 28
🅸 place Philippe VI de Valois ☏ 05 34 66 67 68

🔠 Du Midi ⏱ 🛜 VISA 🅾 AE

34 bd Gambetta – ☏ 05 61 83 50 50 – www.hotelrestaurantdumidi.com – Fermé 22-30 nov.

17 ch – ♦50/56 € ♦♦56/72 € – 🍽 9 € – ½ P 60 €

Rest – *(fermé 23-30 mars, 12 nov.-6 déc., dim. soir et lundi midi d'oct. à juin sauf fériés)* (14 €) Menu 25 €, 30/48 € bc – Carte 32/48 €

◆ Situé en centre-ville, ce relais de poste du 19e s. propose des chambres diversement meublées, plus calmes sur l'arrière. Lumineuse salle à manger où l'on déploie une table alliant terroir et tradition.

à St-Ferréol 3 km au Sud-Est par D 629 – ⊠ 31250

🔲 Bassin de St-Ferréol★.

🏠 La Comtadine 🌿 🍽 🛗 ♿ ch, ⌗ rest, 🛜 🅿 VISA 🅾 AE

Lieu dit l'Hermitage – ☏ 05 61 81 73 03 – www.hotel-lacomtadine.com

9 ch – ♦55/80 € ♦♦55/80 € – 🍽 9 € – ½ P 55/65 €

Rest – (12 €) Menu 18 € (déj. en sem.)/25 €

◆ À quelques pas du lac, tranquille petite adresse entre hôtel et maison d'hôtes. Lumineuses chambres contemporaines agrémentées de meubles chinés. Au restaurant, ambiance familiale et cuisine du terroir.

REVENTIN-VAUGRIS – 38 Isère – **333** C5 – rattaché à Vienne

REVIGNY-SUR-ORNAIN – 55 Meuse – **307** A6 – 3 261 h.   **26** A2
– alt. 144 m – ⊠ 55800

    ▶ Paris 239 – Bar-le-Duc 18 – St-Dizier 30 – Vitry-le-François 36

    🅸 rue du Stade ☏ 03 29 78 73 34

🏠 La Maison Forte sans rest 🌿 🍽 🛜 🅿

6 pl. Henriot-du-Coudray – ☏ 03 29 70 78 94 – www.lamaisonforte.fr – Fermé 15-30 mars et 15 déc.-15 janv.

5 ch 🍽 – ♦75 € ♦♦120 €

◆ Cette demeure du 18e s. appartint jadis au Duc de Bar puis au Duc de Lorraine. Chambres de caractère et petit-déjeuner fait maison (confitures, tartes aux fruits du jardin).

RÉVILLE – 50 Manche – **303** E2 – 1 198 h. – alt. 12 m – ⊠ 50760   **32** A1

    ▶ Paris 351 – Carentan 44 – Cherbourg 30 – St-Lô 72

    🔲 La Pernelle ❋★★ du blockhaus O : 3 km - Pointe de Saire : blockhaus ≼★ SE : 2,5 km 🟩 Normandie Cotentin

🔠 La Villa Gervaiserie sans rest 🌿 ≼ 🍽 ♿ ⌗ 🛜 🅿 VISA 🅾 AE

17 rte des Monts – ☏ 02 33 54 54 64 – www.lagervaiserie.com – Ouvert avril à mi-nov.

10 ch – ♦85/116 € ♦♦85/116 € – 🍽 9 €

◆ Toutes les chambres bénéficient d'un balcon ou d'une terrasse regardant la mer et l'île de Tatihou. Plaisant décor actuel et accueil aux petits soins. Beau jardin arboré.

🏠 Au Moyne de Saire ♿ 🛜 🅿 VISA 🅾

15 r. Général de Gaulle – ☏ 02 33 54 46 06 – www.au-moyne-de-saire.com

11 ch – ♦52/62 € ♦♦52/83 € – 🍽 8 € – ½ P 49/57 €

Rest – (11 €) Menu 17 € (sem.), 22/33 € – Carte 24/52 €

◆ Auberge située au cœur du village proposant de petites chambres simples et bien tenues ; agréable véranda pour le petit-déjeuner. Cuisine normande servie au restaurant.

REY – 30 Gard – **339** G4 – rattaché au Vigan

REZÉ – 44 Loire-Atlantique – **316** G4 – rattaché à Nantes

LE RHEU – 35 Ille-et-Vilaine – **309** L6 – rattaché à Rennes

---

LE RHIEN – 70 Haute-Saône – **314** H6 – rattaché à Ronchamp

RHINAU – 67 Bas-Rhin – **315** K7 – 2 580 h. – alt. 158 m – ⊠ 67860   **1** B2

> ▶ Paris 525 – Marckolsheim 26 – Molsheim 38 – Obernai 28
> ◐ 35, rue du Rhin ✆ 03 88 74 68 96

XXX **Au Vieux Couvent** (Alexis Albrecht)   VISA CO AE

ꭍ 6 r. des Chanoines
– ✆ 03 88 74 61 15 – www.vieuxcouvent.fr
– Fermé 4-22 juil., une sem. en oct., deux sem. en fév.-mars, lundi soir, mardi et merc.
Rest – Menu 35 € (sem.)/92 € – Carte 68/95 €
Spéc. Rouelle d'anguille au vinaigre de miel et huile de noisette. Filet et cuisse de pigeon fermier farcis, polenta. Festival de desserts de Jean et Alexis. **Vins** Riesling, Pinot gris.
◆ Dans cette engageante maison à colombages, le chef utilise les herbes et les fleurs qu'il cultive avec son père ; sa cuisine, pleine d'inventivité, honore la gastronomie !

RIANS – 83 Var – **340** J4 – 4 194 h. – alt. 406 m – ⊠ 83560   **40** B3

> ▶ Paris 770 – Aix-en-Provence 40 – Avignon 100 – Manosque 33
> ◐ place du Posteuil ✆ 04 94 80 33 37

XX **La Roquette**   🏠 P VISA CO

☺ 1 km par rte de Manosque – ✆ 04 94 80 32 58 – Fermé 29 juin-5 juil., 2-24 janv., le soir en hiver sauf vend. et sam., dim. soir et merc.
Rest – Menu 25/49 €
◆ Demeure familiale où l'on déguste une cuisine régionale évoluant au fil des saisons. Trois salles en enfilade, discrètement provençales, et une agréable terrasse ombragée.

RIANTEC – 56 Morbihan – **308** L8 – 4 898 h. – alt. 4 m – ⊠ 56670   **9** B2

> ▶ Paris 503 – Rennes 152 – Vannes 59 – Lorient 16

⌂ **La Chaumière de Kervassal** sans rest ⤸   🛒 ✣ 📶 P

3 km au Nord rte de Kervassal – ✆ 02 97 33 58 66 – www.tymaya.com – Ouvert d'avril à mi-oct.
3 ch � – ♦75 € ♦♦75/100 €
◆ Cette "chaumière du vassal" date du 17e s. ; elle n'a rien perdu de sa rusticité (pierre, poutres) et cultive un style champêtre et cosy, ainsi qu'un joli jardin !

RIBEAUVILLÉ ◉ – 68 Haut-Rhin – **315** H7 – 4 973 h. – alt. 240 m   **2** C2
– Casino – ⊠ 68150 ▮ Alsace Lorraine

> ▶ Paris 439 – Colmar 16 – Mulhouse 60 – St-Dié 42
> ◉ Grand'Rue★★ : tour des Bouchers★.
> ◉ Riquewihr★★★ - Château du Haut-Ribeaupierre : ❉★★ - Château de St-Ullrich★ : ❉★★.

Plan page suivante

🏠 **Le Clos St-Vincent** ⤸   ≪ 🛒 🏠 🔲 ᴸᵇ 📶 P VISA CO AE

r. Osterbergweg, 1,5 km au Nord-Est par rte secondaire – ✆ 03 89 73 67 65
– www.leclossaintvincent.com – Ouvert 18 mars-18 déc.   **Bu**
20 ch – ♦99/225 € ♦♦110/225 € – 4 suites – � 18 €
Rest – (fermé le midi et mardi soir) Menu 40/60 €
◆ Admirez en toute quiétude la superbe vue sur la plaine d'Alsace de cette maison (1960) cernée par les vignes. Vastes chambres confortables. Espace fitness avec sauna et jacuzzi. Salle à manger et terrasse offrent un splendide panorama. Cuisine traditionnelle.

🏠 **Le Ménestrel** sans rest   🛒 📶 P VISA CO AE

27 av. Gén. de Gaulle, par ④ – ✆ 03 89 73 80 52
– www.menestrel.com
29 ch – ♦63/73 € ♦♦73/99 € – � 15 €
◆ Chambres agréablement actuelles, parfois dotées d'un balcon. Le patron, chef-pâtissier, prépare lui-même les viennoiseries et confitures du petit-déjeuner.

RIBEAUVILLÉ

Abbé-Kremp (R. de l')......... **A** 2
Château (R. du)............... **A** 3
Flesch (R.)................... **B** 5
Fontaine (R. de la).......... **A** 6
Frères-Mertian (R. des)....... **A** 7
Gaulle (Av. du Gén.-de)....... **B** 9
Gouraud (Pl.)................ **B** 10
Grand'Rue.................... **AB**
Grand'Rue de l' Eglise....... **A** 21
Halle aux Blés (R. de la).... **B** 12
Hôtel de Ville (Pl. de l').... **A** 13
Ortlieb (R.)................. **B** 14
Ste-Marie-aux-Mines (Rte).... **A** 15
Sinne (Pl. de la)............ **A** 16
Synagogue (R. de la)......... **B** 17
Tanneurs (R. des)............ **B** 18

🏨 La Tour sans rest

Ġ ⑃ ⁽ᵗ⁾ 🅿 VISA ☾ Ⓐ Ⓔ ⓪

1 r. de la Mairie – ℰ *03 89 73 72 73* – *www.hotel-la-tour.com*
– *Fermé 2 janv.-11 mars*

Aa

31 ch – †71/95 € ††77/103 € – ☟ 10 €

◆ Ex-propriété viticole au décor néo-alsacien. Chambres de tailles diverses et, pour celles du troisième étage, mansardées. Salon feutré au cadre rustique, grand espace fitness.

🏠 Cheval Blanc

🍴 ⁽ᵗ⁾ VISA ☾

122 Grand'Rue – ℰ *03 89 73 61 38* – *www.cheval-blanc-alsace.fr*
– *Fermé 12-22 nov. et 6 janv.-12 fév.*

Ae

18 ch – †58 € ††58 € – ☟ 8 € – ½ P 56 €

Rest – *(fermé mardi midi et merc.)* (11 €) Menu 19/40 € – Carte 28/48 €

◆ La façade de cette bâtisse régionale se couvre de fleurs en saison. Intérieur de style rustique. Petites chambres offrant un confort fonctionnel ; salon-cheminée. Au restaurant, cadre alsacien un rien original et cuisine régionale au goût du jour.

✗✗ Au Relais des Ménétriers

VISA ☾

10 av. Gén. de Gaulle – ℰ *03 89 73 64 52*
– *http://restaurant-menetriers.com*
– *Fermé 12-26 juil., 6-26 fév., jeudi soir, dim. soir et lundi*

Bs

Rest – Menu 11 € (déj. en sem.), 26/38 € – Carte 38/54 €

◆ Vaisselle alsacienne et légumes achetés chez le paysan : le chef concocte une vraie cuisine du pays. À déguster dans une salle rustique ou moderne (mobilier contemporain).

✗ Wistub Zum Pfifferhüs

VISA ☾

14 Grand'Rue – ℰ *03 89 73 62 28*
– *Fermé 30 juin-14 juil., fév., merc. et jeudi*

Bk

Rest – *(prévenir)* Menu 22 € – Carte 30/50 €

◆ Un charmant wistub qui conjugue convivialité, en particulier lors du Pfifferdaj (jour des fifres), et authenticité. Cadre rétro et appétissantes recettes locales.

rte de Ste-Marie-aux-Mines 4 km par ⑤ sur D 416 – ✉ 68150

XX **Au Valet de Coeur et Hostel de la Pépinière** avec ch

– ☎ 03 89 73 64 14 – www.valetdecoeur.fr &. ch, ⁋ ⵣ P ᴠɪꜱᴀ ᴏᴏ ᴀᴇ ⓘ
16 ch – ♦55/99 € ♦♦55/99 € – ⌂ 10 € – ½ P 85/105 €
Rest – (fermé mardi midi, dim. soir et lundi) Menu 30 € (déj. en sem.), 45/85 €
– Carte 70/84 €♨
♦ À la carte de cette bâtisse régionale, située en lisière de forêt : terrine de filet
de lièvre en baeckeofe, filet de bar rôti sur la peau, tartelette tiède de potimarron... Joli choix de pinots. Chambres coquettes.

RIBÉRAC – 24 Dordogne – **329** D4 – 4 107 h. – alt. 68 m – ✉ 24600 **4** C1
🟢 Périgord Quercy
▶ Paris 505 – Angoulême 58 – Barbezieux 58 – Bergerac 52
🚹 place Charles-de-Gaulle ☎ 05 53 90 03 10

🏠 **Rêv'Hôtel** sans rest &. ⁋ ⵣ P ᴠɪꜱᴀ ᴏᴏ
rte de Périgueux, à 1,5 km – ☎ 05 53 91 62 62 – www.rev-hotel.fr
29 ch – ♦42 € ♦♦47 € – ⌂ 6 €
♦ À la sortie de la ville, dans une petite zone d'activité, cet hôtel récent dispose
de chambres fonctionnelles et bien tenues, toutes en rez-de-jardin.

LES RICEYS – 10 Aube – **313** G6 – 1 367 h. – alt. 180 m – ✉ 10340 **13** B3
🟢 Champagne Ardenne
▶ Paris 210 – Bar-sur-Aube 48 – St-Florentin 58 – Tonnerre 37
🚹 14, place des Héros de la Résistance ☎ 03 25 29 15 38

🏨 **Le Marius** ⁋ P ᴠɪꜱᴀ ᴏᴏ ᴀᴇ
2 pl. de l'Église, Ricey-Bas – ☎ 03 25 29 31 65 – www.hotel-le-marius.com
– Fermé 21 oct.-14 nov., 17-27 déc. et 2-21 janv.
11 ch – ♦60/160 € ♦♦60/160 € – ⌂ 10 € – ½ P 69/109 €
Rest – (fermé dim. soir et lundi) (13 € bc) Menu 26/50 € – Carte 27/59 €
♦ À Ricey-Bas, très bel ensemble de quatre maisons du 16ᵉ s. : poutres, cheminées et pierres apparentes donnent un charme fou aux onze chambres parfaitement tenues. Cuisine au goût du jour servie dans de belles caves champenoises.

XX **Le Magny** avec ch ⸾ ⵣ ᙭ &. ⁋ P ᴠɪꜱᴀ ᴏᴏ
rte de Tonnerre, (D 452) – ☎ 03 25 29 38 39 – www.hotel-lemagny.com
– Fermé 30 août-2 sept., 24 janv.-5 mars, mardi sauf de mai à sept. et merc.
12 ch – ♦65/80 € ♦♦65/80 € – ⌂ 9 € – ½ P 65/72 €
Rest – Menu 15/42 € – Carte 30/50 €
♦ Dans une belle maison de pierre, le chef propose une cuisine traditionnelle
actualisée dont on profite dans une agréable salle rustique. Chambres spacieuses
et bien tenues (certaines ont été rénovées en 2009), équipements modernes et
piscine chauffée.

RIEC-SUR-BELON – 29 Finistère – **308** I7 – 4 129 h. – alt. 65 m – ✉ 29340 **9** B2
▶ Paris 529 – Carhaix-Plouguer 61 – Concarneau 20 – Quimper 43
🚹 2, rue des Gentilshommes ☎ 02 98 06 97 65

au Port de Belon 4 km au Sud par C 3 et C 5 – ✉ 29340 Riec-sur-Belon

X **Chez Jacky** ⵣ ᙭ ᴠɪꜱᴀ ᴏᴏ
port du Belon – ☎ 02 98 06 90 32 – www.chez-jacky.com – Ouvert Pâques à
fin sept. et fermé dim. soir et lundi sauf fériés
Rest – (prévenir en saison) Menu 25 € (déj.), 36/85 € – Carte 26/86 €
♦ Avenante maison d'ostréiculteur au bord du Belon, où l'on ne sert que des produits de la mer. Terrasse au-dessus des flots. Bassin d'affinage d'huîtres.

RIEDISHEIM – 68 Haut-Rhin – **315** I10 – rattaché à Mulhouse

RIEUMES – 31 Haute-Garonne – **343** E4 – 3 159 h. – alt. 270 m **28** B2
– ✉ 31370
▶ Paris 712 – Auch 56 – Foix 75 – Toulouse 39

Auberge les Palmiers   🛜 ⟁ & ch, 🅰️ rest, 🛜 ch, 🛜 🛏 VISA ⊙ AE

13 pl. du Foirail – 𝒞 05 61 91 81 01 – www.auberge-lespalmiers.com
– Fermé 20 août-5 sept., vacances de la Toussaint et 24 déc.-3 janv.
12 ch – †56 € – ††65 € – ⌂ 8 € – ½ P 65 €
Rest – *(fermé dim. soir et lundi)* (11 €) Menu 15 € (déj. en sem.), 24/32 €
– Carte 31/49 €
♦ Mobilier rustique et touches contemporaines se marient avec bonheur dans
cette accueillante maison du 19ᵉ s. Agréables chambres au décor personnalisé.
Cuisine traditionnelle et plats régionaux proposés dans un cadre plutôt coquet.

RIEUPEYROUX – 12 Aveyron – 338 F5 – 2 066 h. – alt. 750 m – ⊠ 12240   29 C1

▶ Paris 632 – Albi 54 – Carmaux 38 – Millau 94
🛈 3, place Gitat 𝒞 05 65 65 60 00

Du Commerce   🗐 🛜 ⟁ 🎬 🛜 🎿 🅿 🚙 VISA ⊙

60 r. l'Hom – 𝒞 05 65 65 53 06 – www.hotel-commerce-aveyron.com – Fermé 27
sept.-6 oct., 27 déc.-2 fév., vend. soir (sauf hôtel), dim. soir sauf du 15 juin au 15 sept.
22 ch – †50/62 € ††50/80 € – ⌂ 9 € – ½ P 55 €
Rest – (13 €) Menu 19/35 € – Carte 25/35 €
♦ Hôtel familial proposant des chambres fonctionnelles et bien tenues, pour la
plupart rénovées dans un esprit contemporain. Cuisine traditionnelle au restaurant.

RIGNY – 70 Haute-Saône – 314 B8 – rattaché à Gray

RILLIEUX-LA-PAPE – 69 Rhône – 327 I5 – rattaché à Lyon

RIMBACH-PRÈS-GUEBWILLER – 68 Haut-Rhin – 315 G9 – rattaché à Guebwiller

---

RIMONT – 09 Ariège – 343 F7 – 502 h. – alt. 525 m – ⊠ 09420   28 B3

▶ Paris 765 – Auch 136 – Foix 32 – St-Gaudens 56

Domaine de Terrac 🦢   🕊 🛜 🛜 🅿

4 km à l'Est par D 117 et rte secondaire – 𝒞 05 61 96 39 60
5 ch ⌂ – †80/90 € ††85/95 €   **Table d'hôte** – Menu 30 € bc
♦ Cette ferme merveilleusement restaurée n'aura aucun mal à vous séduire. Ses
chambres concilient charme et tranquillité ; deux d'entre elles ont une terrasse
dominant la vallée. À la table d'hôte, plats régionaux, végétariens et exotiques.

RIOM ⬷ – 63 Puy-de-Dôme – 326 F7 – 18 118 h. – alt. 363 m   5 B2
– ⊠ 63200 ▌Auvergne

▶ Paris 407 – Clermont-Ferrand 15 – Montluçon 102 – Thiers 45
🛈 27 place de la Fédération 𝒞 04 73 38 59 45
◎ Église N.-D.-du-Marthuret★ : Vierge à l'Oiseau★★★ - Maison des Consuls★
K - Cour★ de l'hôtel Guimeneau **B** - Ste-Chapelle★ du palais de justice **N**
- Cour★ de l'hôtel de ville **H** - Tour de l'Horloge★ **R** - Musées : Régional
d'Auvergne★ **M¹**, Mandet★ **M²**.
◎ Mozac : chapiteaux★★, trésor★★ de l'église★ 2 km par ④ - Marsat :
Vierge noire★★ dans l'église SO : 3 km par D 83.

Le Pacifique sans rest   🛜 🎿 🅿 VISA ⊙

52 av. de Paris, par ③ – 𝒞 04 73 38 15 65 – www.hotel-lepacifique-riom.com
– Fermé 20 déc.-10 janv.
16 ch – †59 € ††65 € – ⌂ 8 €
♦ Cette adresse de style motel présente plusieurs atouts : accueil tout sourire,
chambres très confortables et parking bien pratique pour l'étape.

Le Moulin de Villeroze   🛜 🅿 VISA ⊙

144 rte de Marsat, Sud-Ouest du plan par D 83 – 𝒞 04 73 38 62 23
www.le-moulin-de-villeroze.fr – Fermé 18 août-8 sept., merc. soir, dim. soir et lundi
Rest – Menu 25/51 € – Carte 44/64 €
♦ Ce moulin bâti à la fin du 19ᵉ s. abrite de chaleureuses salles à manger aux poutres apparentes. En été, on s'installe en terrasse pour un repas... dans l'air du temps.

RIOM

Bade (Fg de la) 2
Chabrol (R.) 3
Châtelguyon (Av. de) 4
Commerce (R. du) . . . .
Croisier (R.) 6
Daurat (R.) 7
Delille (R.) 8
Fédération (Pl. de la) 9
Hellénie (R.) 10
Horloge (R. de l') . . . .
Hôtel des Monnaies (R. de l') 12
Hôtel de Ville (R. de l') 13
Laurent (Pl. J.-B.) 14
Layat (Fg) 15
Libération (Av. de la) 16
Madeline (Av. du Cdt) 17
Marthuret (R. du) 18
Martyrs de la Résistance (Pl. des) 19
Menut (Pl. Marinette) 20
Pré Madame (Promenade du) . . . 21
République (Bd de la) 22
Reynouard (Av. J.) 23
Romme (R. G.) 26
St-Amable (R.) 27
St-Louis (R.) 29
Soanen (Pl. Jean) 32
Soubrany (R.) 34
Taules (Coin des) 36

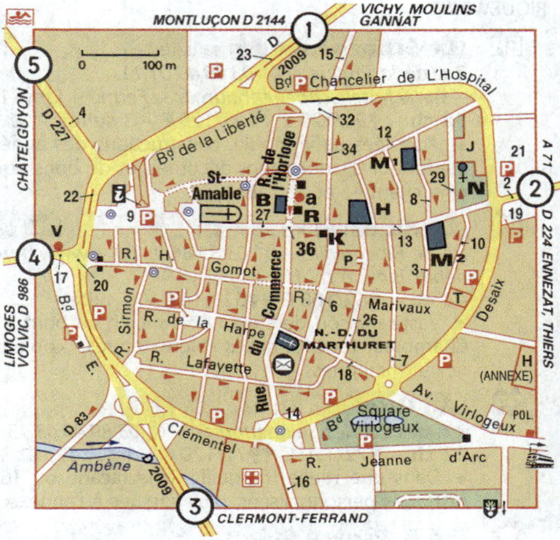

XX Le Flamboyant

21 bis r. de l'Horloge – ✆ 04 73 63 07 97 – www.restaurant-le-flamboyant.com – Fermé dim. soir, merc. midi et lundi **a**

Rest – (21 €) Menu 25 € (sem.), 30/62 € bc – Carte 45/52 €

◆ Admirez les cours intérieures des hôtels particuliers qui bordent la rue avant d'entrer dans ce restaurant au décor contemporain, sobre et coloré. Cuisine au goût du jour.

XX Le Magnolia

11 av. Cdt Madeline – ✆ 04 73 38 08 25 – www.lemagnolia.fr – Fermé 1er-15 mars, 2-16 août, dim. soir, sam. midi et lundi **v**

Rest – (16 € bc) Menu 23 € (sem.), 30/40 € – Carte 40/50 €

◆ Ce restaurant affiche un style résolument moderne : ciment brossé, boiseries exotiques, murs bordeaux et mise en place originale. Cuisine actuelle soignée.

RIOM-ÈS-MONTAGNES – 15 Cantal – 330 D3 – 2 727 h. – alt. 840 m – ✉ 15400 5 B3

▶ Paris 506 – Aurillac 80 – Clermont-Ferrand 91 – Ussel 46

ℹ 1, avenue Fernand Brun ✆ 04 71 78 07 37

St-Georges

5 r. Cap. Chevalier – ✆ 04 71 78 00 15 – www.hotel-saint-georges.com – Fermé 10-31 janv.

14 ch – †32/35 € ††44/52 € – ☕ 8,50 € – ½ P 38/42 €

Rest – *(fermé vend. soir du 15 oct. au 15 mars, dim. soir et lundi midi sauf juil.-août)* (10 €) Menu 14 € (sem.)/26 € – Carte 23/32 €

◆ Au centre du village, maison en pierre de la fin du 19e s. disposant de petites chambres fraîches, très bien équipées et tenues. Côté restaurant, plats traditionnels et terroir cantalien dans un décor coloré.

RIORGES – 42 Loire – 327 D3 – rattaché à Roanne

RIQUEWIHR – 68 Haut-Rhin – 315 H8 – 1 273 h. – alt. 300 m – ✉ 68340 2 C2

Alsace Lorraine

▶ Paris 442 – Colmar 15 – Gérardmer 52 – Ribeauvillé 5

ℹ ✆ 08 20 36 09 22

Village★★★.

Plan page 1425

Le Schoenenbourg sans rest

2 r. de la Piscine – ✆ 03 89 49 01 11
– www.hotel-schoenenbourg.fr – Fermé 4 janv.-15 fév.   Br
58 ch – †90/120 € ††95/125 € – 3 suites – ⌂ 13 €
♦ Adossées au vignoble, constructions des années 1980 disposant de chambres confortables, sobrement décorées, et de bons équipements dont une grande piscine chauffée et au calme.

Le Riquewihr sans rest

rte de Ribeauvillé – ✆ 03 89 86 03 00 – www.hotel-riquewihr.fr – Fermé de début janv. à mi-fév.
43 ch – †62/108 € ††62/118 € – 6 suites – ⌂ 11 €
♦ Vaste maison de style néo-alsacien au bord d'une route traversant les vignes. Chambres fonctionnelles bien tenues, copieux buffet pour le petit-déjeuner et minifitness.

À l'Oriel sans rest

3 r. des Ecuries Seigneuriales – ✆ 03 89 49 03 13 – www.hotel-oriel.com
22 ch – †72/120 € ††72/120 € – 1 suite – ⌂ 13 €   Ba
♦ Dans une ruelle tranquille, jolie façade du 16e s. ornée d'un oriel. Chambres rustiques personnalisées, plus cossues à l'annexe.

Le B. Espace Suites sans rest

48 r. Gén.-de-Gaulle – ✆ 03 89 86 54 55 – www.jlbrendel.com   At
5 ch – †115/295 € ††115/295 € – ⌂ 17 €
♦ Au B. Espace Suites, chambres à la déco contemporaine raffinée – tout en préservant l'ancien. Au B. Cottage, cadre bucolique (petite piscine) et confort complet pour une famille.

Table du Gourmet (Jean-Luc Brendel)

5 r. 1ère Armée – ✆ 03 89 49 09 09 – www.jlbrendel.com – Fermé 4 janv.-13 fév., merc. sauf le soir d'avril à mi-nov., jeudi midi et mardi   Au
Rest – Menu 39 € (déj.), 66/95 €
Spéc. Asperges vertes, chantilly au wasabi et givre d'olive noire (printemps). Chevreuil d'Alsace, jus rouge intense et polenta bio à l'abricot (été-automne). Air de marc de gewurztraminer sur glace lime et spiruline, filaments de cacahuète. **Vins** Riesling, Pinot gris.
♦ La touche décorative contemporaine, en rouge et noir, joue sur la présence de colombages. Mets créatifs réalisés avec de beaux produits bio issus en partie du potager du chef.

Auberge du Schoenenbourg

r. de la Piscine – ✆ 03 89 47 92 28 – www.auberge-schoenenbourg.com – Fermé 17-24 août, 2 janv.-3 fév., merc. soir et le midi sauf dim. et lundi   Bm
Rest – Menu 30 € (sem.), 40/75 € – Carte 58/72 €
♦ Restaurant chaleureux (tableaux figuratifs, vaisselier et meubles anciens), idéal pour savourer une belle cuisine d'aujourd'hui. Étonnant jardin d'herbes aromatiques rares.

Le Sarment d'Or avec ch

4 r. du Cerf – ✆ 03 89 86 02 86 – www.riquewihr-sarment-dor.com
– Fermé 1 sem. en nov. et 2 sem. en mars   Af
9 ch – †70/80 € ††70/80 € – ⌂ 8,50 €
Rest – (fermé mardi midi, dim. soir et lundi) (18 €) Menu 26/36 € – Carte 40/65 €
♦ Dans cette demeure du 17e s. (poutres apparentes, cheminée, mobilier choisi), cuisine classique que l'on accompagne de vin de la région (belle sélection). Chambres douillettes.

La Grappe d'Or

1 r. des Ecuries Seigneuriales – ✆ 03 89 47 89 52
– www.restaurant-grappedor.com – Fermé 25 juin-10 juil., 10-31 janv., merc. sauf le soir d'avril à sept. et jeudi   Ba
Rest – Menu 20/36 € – Carte 25/45 €
♦ Maison de 1554 au cadre personnalisé d'une foule d'objets agrestes, de poteries, de toiles contemporaines et d'un magnifique poêle en faïence. Carte actuelle et du terroir.

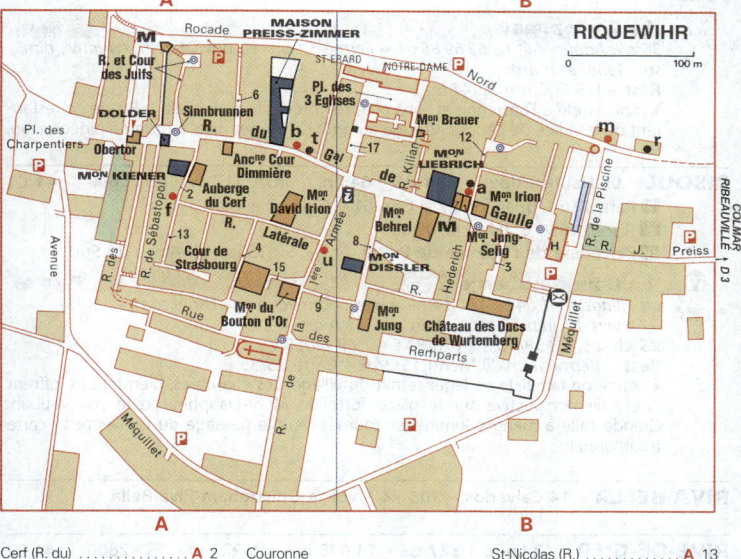

RIQUEWIHR

Cerf (R. du) . . . . **A** 2
Château (Cour du) . . . . **B** 3
Cheval (R. du) . . . . **A** 4
Cordiers (R. des) . . . . **A** 6
Couronne
  (R. de la) . . . . **B** 8
Dinzheim (R. de) . . . . **A** 9
Écuries (R. des) . . . . **B** 12
St-Nicolas (R.) . . . . **A** 13
Strasbourg
  (Cour de) . . . . **A** 15
3-Églises (R. des) . . . . **B** 17

d'Brendelstub

AC VISA ●● AE

48 r. Gén. de Gaulle – ℰ 03 89 86 54 54 – www.jlbrendel.com
– Fermé en janv.

A b

Rest – Menu 18/37 € – Carte 18/46 €

◆ Ancienne maison vigneronne à la façade lie-de-vin cachant un cadre tendance déployé sur deux niveaux. Vue sur les cuisines ; carte à la fois régionale et ouverte sur le monde.

à Zellenberg 1 km à l'Est par D 3 – 394 h. – alt. 300 m – ⌖ 68340

Maximilien (Jean-Michel Eblin)

← 🚗 🍴 AC ⌦ ⇆ P VISA ●●

19a rte Ostheim – ℰ 03 89 47 99 69 – www.le-maximilien.com – Fermé
23 août-6 sept., 24 déc.-11 janv., vend. midi, dim. soir et lundi

Rest – Menu 32 € (déj. en sem.), 46/92 € – Carte 72/89 € 😗

Spéc. Goujonnettes de grenouille en tempura, fricassée de cèpes et escargots au pesto. Noisettes de chevreuil, jus aux épices et betterave rouge (sept. à fév.). Millefeuille rhubarbe et fraise, sorbet fraise au poivre de Sechuan (mai à août). **Vins** Muscat, Riesling.

◆ Adossée à la colline, cette demeure offre un cadre élégant avec vue sur le vignoble. Délicieux repas en perspective avec une fine cuisine actuelle et un beau choix de vins.

Auberge du Froehn

AC VISA ●● AE

5 rte Ostheim – ℰ 03 89 47 81 57 – Fermé 28 juin-7 juil., 15-24 nov., 1er-15 janv.,
mardi et merc.

Rest – (12 €) Menu 23/40 € bc – Carte 30/40 €

◆ Le nom de cet ancien caveau évoque le vignoble – et le grand cru éponyme – que surplombe le village. Tons contemporains (chocolat, sable) et carte mariant cuisines régionale et actuelle.

RISCLE – 32 Gers – **336** B8 – 1 700 h. – alt. 105 m – ⌖ 32400   **28** A2

▶ Paris 739 – Aire-sur-l'Adour 17 – Auch 71 – Mont-de-Marsan 49

🛈 6, place du foirail ℰ 05 62 69 74 01

XX **Le Pigeonneau**   ⅙ VISA ⚫⚫

*36 av. Adour – ℰ 05 62 69 85 64 – Fermé 1 sem. en nov., 1 sem. en janv., dim.
soir, lundi et mardi*
Rest – (15 €) Carte 32/47 €

♦ Sol carrelé à l'ancienne et tons ocre renforcent le côté chaleureux de ce restaurant de la vallée de l'Adour. Cuisine au goût du jour et plats à base de pigeonneau.

RISOUL – 05 Hautes-Alpes – **334** H5 – 643 h. – alt. 1 117 m – ⊠ 05600   **41** C1

▶ Paris 716 – Briançon 37 – Gap 61 – Guillestre 4

🛈 Risoul 1850 ℰ 04 92 46 02 60

🄶 Belvédère de l'Homme de Pierre ✳✳ S : 15 km ▌ Alpes du Sud

🏠 **La Bonne Auberge** ⌂   ≤ 🍴 🛋 AC rest, 🍴 rest, P VISA ⚫⚫

*au village – ℰ 04 92 45 02 40 – www.labonneauberge-risoul.com
– Ouvert 1ᵉʳ juin-15 sept. et 26 déc.-31 mars*
25 ch ⊊ – †58/76 € ††78/84 € – ½ P 54/57 €
Rest – *(fermé le midi)* Menu 15/24 € – Carte 25/35 €

♦ Auberge familiale en léger retrait du village. Les chambres, bien tenues, offrent une jolie perspective sur la place forte de Mont-Dauphin, créée par Vauban. Grande salle à manger lumineuse tournée vers le paysage du Guillestrois ; carte traditionnelle.

RIVA-BELLA – 14 Calvados – **303** K4 – **voir à Ouistreham-Riva-Bella**

RIVE-DE-GIER – 42 Loire – **327** G6 – 14 678 h. – alt. 225 m – ⊠ 42800   **44** B2
▌ Lyon Drôme Ardèche

▶ Paris 494 – Lyon 38 – Montbrison 65 – Roanne 105

XXX **Hostellerie La Renaissance** avec ch   🍴 🏠 P VISA ⚫⚫ AE

*41 r. Antoine Marrel – ℰ 04 77 75 04 31 – www.hotellerie-la-renaissance.com
– Fermé 2 sem. en août, 2-10 janv., dim. soir, merc. soir et lundi*
5 ch – †48/56 € ††48/56 € – ⊊ 15 €
Rest – Menu 29/72 € – Carte 55/80 € 🍷

♦ Dans cette demeure bourgeoise couverte de lierre, la grande salle à manger et le bar coloré sont d'une grande gaieté. On s'y installe donc avec plaisir pour faire un bon repas. À l'étage, des chambres accueillent ceux qui voudraient s'attarder.

RIVEDOUX-PLAGE – 17 Charente-Maritime – **324** C3 – **voir à Île de Ré**

RIVESALTES – 66 Pyrénées-Orientales – **344** I6 – 8 610 h. – alt. 13 m   **22** B3
– ⊠ 66600 ▌ Languedoc Roussillon

▶ Paris 842 – Carcassonne 108 – Montpellier 146 – Perpignan 11

🛈 avenue Ledru-Rollin ℰ 04 68 64 04 04

X **La Table d'Aimé**   🏠 ⅙ AC P VISA ⚫⚫

*4 r. Fransisco-Ferrer – ℰ 04 68 34 35 77 – www.cazes-rivesaltes.com – Fermé
20 déc.-31 janv., dim. et lundi d'oct. à avril*
Rest – (16 €) Menu 19 € (déj. en sem.)/50 € bc 🍷

♦ Au domaine Cazes, ce nouveau restaurant sert une cuisine du marché actuelle réalisée avec de bons produits bio. Terrasse fleurie donnant sur les caves aux beaux foudres de chêne.

LA RIVIÈRE – 33 Gironde – **335** J5 – **rattaché à Libourne**

LA RIVIÈRE-ST-SAUVEUR – 14 Calvados – **303** N3 – **rattaché à Honfleur**

LA RIVIÈRE-THIBOUVILLE – 27 Eure – **304** E7 – alt. 72 m   **33** C2
– ⊠ 27550 Nassandres

▶ Paris 140 – Bernay 15 – Évreux 34 – Lisieux 39

XX **Le Manoir du Soleil d'Or**   ⟨ 🛖 **P** 📶 **VISA** ⚫⚫
23 Côte de Paris – ℰ *02 32 44 90 31* – *www.manoirdusoleildor.com* – *Fermé dim. soir et merc.*
Rest – (22 € bc) Menu 26/53 € – Carte 38/61 €
♦ Ce petit castel normand offre une vue imprenable sur la vallée de la Risle depuis sa terrasse et son élégante salle à manger. Cuisine actuelle.

X **L'Auberge de la Vallée**   🛖 ♨ **VISA** ⚫⚫
⊂⊃ *7 rte Brionne-Nassandres* – ℰ *02 32 44 21 73* – *Fermé merc. soir, dim. et lundi*
Rest – Menu 14/26 €
♦ Ce restaurant installé dans une belle maison à colombages abrite deux salles à manger champêtres, agrémentées d'une collection de paniers en osier. Cuisine au goût du jour.

RIXHEIM – 68 Haut-Rhin – **315** I10 – **rattaché à Mulhouse**

ROAIX – 84 Vaucluse – **332** D8 – **rattaché à Vaison-la-Romaine**

ROANNE ⟨⟩ – 42 Loire – **327** D3 – 36 126 h. – **Agglo. 104 892 h.**   **44** A1
– alt. 265 m – ✉ 42300 ▮ Lyon Drôme Ardèche

▶ Paris 395 – Clermont-Ferrand 115 – Lyon 84 – St-Étienne 85
✈ Roanne-Renaison : ℰ 04 77 66 83 55, 5 km par D 9 AV.
🛈 8, place de Lattre de Tassigny ℰ 04 77 71 51 77
🏳 du Roannais à Villerest, par rte de Thiers : 7 km, ℰ 04 77 69 70 60
◉ Musée Joseph-Déchelette : Faïences révolutionnaires ★.
◉ Belvédère de Commelle-Vernay ⟨ ★ : 7 km au S par quai Sémard BV.

Plan page suivante

🏨 **Troisgros**   🚿 ♨ 🛗 **AC** 📶 ⟨ **VISA** ⚫⚫ **AE** ⓪
pl. Jean-Troisgros – ℰ *04 77 71 66 97* – *www.troisgros.com*
– Fermé 2-17 août, 22 fév.-9 mars, mardi et merc.   **CXr**
11 ch – ♦195/390 € ♦♦195/390 € – 5 suites – � 27 €
Rest *Troisgros* – voir ci-après
♦ Un hôtel de gare… façon 21e s. ! De grandes signatures du design, des œuvres d'art contemporain, un confort pensé dans ses moindres détails, etc. Bref, un modèle pour la nouvelle hôtellerie française, tout au service de ses hôtes.

🏨 **Le Grand Hôtel** sans rest   🛗 📶 🛗 **P** **VISA** ⚫⚫ **AE**
54 cours de la République, (face à la gare) – ℰ *04 77 71 48 82*
– www.grand-hotel-roanne.com – *Fermé 31 juil.-15 août*   **CXf**
31 ch – ♦62/78 € ♦♦72/92 € – � 12 €
♦ Ce bâtiment du début du 20e s. abrite des chambres climatisées et correctement tenues (quelques-unes fraîchement rénovées). Salon feutré.

XXXX **Troisgros** (Michel Troisgros) – Hôtel Troisgros   🚿 **AC** **VISA** ⚫⚫ **AE** ⓪
✿✿✿ *pl. Jean-Troisgros* – ℰ *04 77 71 66 97* – *www.troisgros.com* – *Fermé 2-17 août,*
22 fév.-9 mars, lundi midi d'oct. à fév., mardi et merc.   **CXr**
Rest – *(nombre de couverts limité, prévenir)* Menu 95 € (déj. en sem.),
165/200 € – Carte 170/280 €🍷
Spéc. Langoustine "rivière de janvier" (printemps). Côte de veau "sur l'amer" (printemps-été). Petit pot de thé au jasmin (printemps-été). **Vins** Condrieu, Côte-Rôtie.
♦ Petit-fils… et grand chef ! Michel Troisgros aura résolument mis Roanne du centre de la France au centre du monde. Dans ce village dialoguent la canette de Challans, le wasabi, la ricotta, le jasmin… tous les terroirs sublimés par l'amour du goût. L'héritage Troisgros – trois étoiles en 1968 – porté avec audace !

XXX **L'Astrée**   **AC** **VISA** ⚫⚫
17 bis cours de la République, (face à la gare) – ℰ *04 77 72 74 22*
– Fermé 26 fév.-14 mars, 27 juil.-16 août, sam. et dim.   **CXf**
Rest – (25 €) Menu 35/75 € – Carte 55/75 €
♦ Râble de lapin à l'abricot, galette de polenta et ris d'agneau… Ici, le chef revisite la tradition à sa façon et tout cela sent bon : Astrée et Céladon adorent !

ROANNE

Alsace-Lor. (R.) .... **CY** 2
Anatole-France (R.) .... **CY** 3
Benoît (Bd C.) .... **AV** 5
Cadore (R. de) .... **CX** 7
Carnot (Av.) .... **BV** 8
Clemenceau (Pl. G.) .... **DX** 10
Clermont (R. de) .... **CY** 12
Dourdein (R. A.) .... **AV** 14
Edgar-Quinet (Bd) .... **BV** 15
Foch (R. Mar.) .... **CDY**
Gaulle (Av. Ch.-de) .... **AV** 16
Gaulle (R. Ch.-de) .... **CY** 18
Hoche (R.) .... **AV** 19
Hôtel de Ville (Pl.) .... **DY** 20
Jean-Jaurès (R.) .... **CDY**
Joffre (Bd Mar.) .... **BV** 21
Lattre-de-T. (Pl. de) .... **CX** 22
Leclerc (Quai Mar.) .... **DY** 24
Libération (Av. de la) .... **DY** 23
Marne (R. de la) .... **BV** 26
Renaison (Levée du) .... **DY** 28
République (Cours de la) ..... **CXY** 32
Roche (R. A.) .... **DX** 34
Semard (Q. P.) .... **BV** 35
Thiers (Bd de) .... **AV** 36
Thomas (R. A.) .... **AV** 38
Vachet (R. J.) .... **AV** 40
Villemontais (R. de) .... **AV** 42

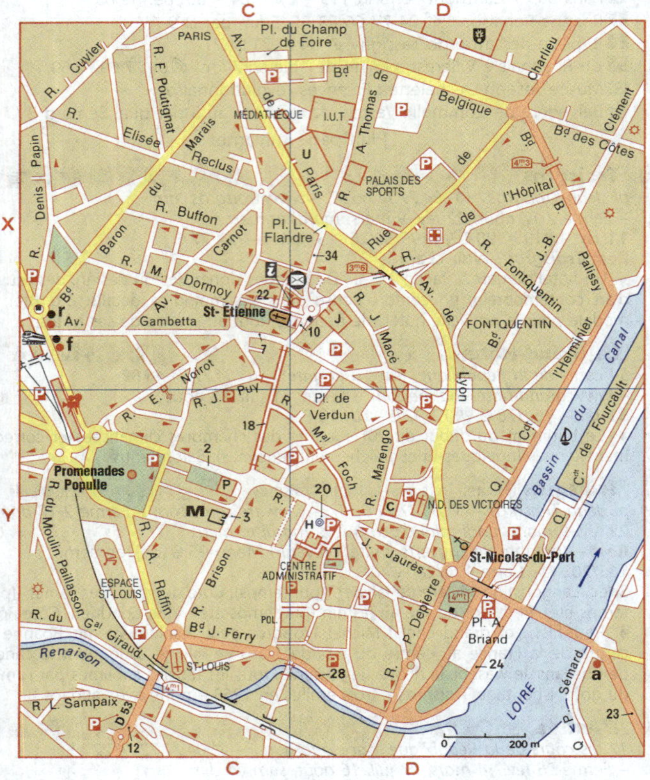

Le Relais Fleuri 🚗 🖼 🕏 AC P VISA ☎ ①

allée Claude Barge – 𝒞 04 77 67 18 52 – http://lerelaisfleuri.pagesperso-orange.fr
– Fermé dim. soir, mardi soir et merc. BVv
Rest – Menu 19/46 € – Carte 32/49 €

◆ Original : ici, on peut s'attabler sous un dôme vitré ! L'été, on profite du beau jardin ombragé en savourant une cuisine bien dans son époque.

Le Central AC ⇔ VISA ☎

58 cours de la République, (face à la gare) – 𝒞 04 77 67 72 72
– www.troisgros.com – Fermé 2-22 août, dim. et lundi CXr
Rest – (prévenir) (22 €) Menu 26 € (déj.)/29 € – Carte 47/65 €

◆ Dans ce "bistrot-épicerie", on savoure une cuisine simple et goûteuse au milieu de longs rayonnages garnis de gourmandises... Originalité et convivialité assurées !

au Coteau (rive droite de la Loire) – 7 065 h. – alt. 350 m – ✉ 42120

Des Lys AC ⬩ 🔊 🚗 VISA ☎

133 av. de la Libération – 𝒞 04 77 68 46 44 – www.hotel-des-lys.com
– Fermé 30 juil.-24 août, 22 déc.-3 janv., sam. midi et dim. BVe
17 ch – ✦71 € ✦✦91 € – 🍽 10 €
Rest – (fermé vend., sam. et dim.) (dîner seult) Menu 17 € (sem.), 22/27 €
– Carte 23/36 €

◆ Situé en face de la gare du Coteau, cet hôtel à la façade avenante propose des chambres propres et bien tenues. Cuisine traditionnelle au restaurant.

Ibis 🚗 🔊 🕏 ch, AC 🕇 🔊 P VISA ☎ AE ①

53 bd Ch. de Gaulle, (ZI Le Coteau - BV) – 𝒞 04 77 68 36 22 – www.ibishotel.com
74 ch – ✦59/77 € ✦✦59/77 € – 🍽 8 € **Rest** – (15 €) Menu 18/25 €

◆ Pratique pour l'étape, un hôtel mettant à votre disposition des chambres conformes aux standards de la chaîne. Les petites nouvelles sont plus spacieuses. Restaurant égayé de couleurs vives ; terrasse dressée face à la piscine.

L'Auberge Costelloise AC VISA ☎

2 av. de la Libération – 𝒞 04 77 68 12 71 – www.auberge-costelloise.fr
– Fermé 18 juil.-18 août, 2-12 janv., dim. soir, lundi et mardi DYa
Rest – (20 €) Menu 27/56 €

◆ Dans ce restaurant des bords de Loire, le chef renouvelle sa carte et ses menus – classiques – toutes les trois semaines ! Salle moderne et petite véranda.

à Commelle-Vernay 6 km au Sud par D 43 – 2 849 h. – alt. 340 m – ✉ 42120

Château de Bachelard sans rest 🐎 🔊 P

440 rte de Commelle – 𝒞 04 77 71 93 67 – www.chateaubachelard.com
5 ch 🍽 – ✦90/100 € ✦✦100/110 €

◆ Ce superbe manoir est niché dans une propriété de 18 ha... Élégance classique, mobilier de style, touches contemporaines et étang de pêche : la vie de château !

à Riorges 3 km à l'Ouest par D 31 – AV – 10 255 h. – alt. 295 m – ✉ 42153

Le Marcassin avec ch 🚗 ⅍ 🕇 P VISA ☎ AE

rte de St-Alban-les-Eaux – 𝒞 04 77 71 30 18 – Fermé vacances de fév., dim. soir et sam.
9 ch – ✦55/63 € ✦✦55/63 € – 🍽 8 € – ½ P 72 €
Rest – (21 €) Menu 25/53 € – Carte 45/65 €

◆ Quel sympathique Marcassin ! On y accède par une terrasse ombragée, on s'installe confortablement dans une salle plaisante, puis on savoure une agréable cuisine traditionnelle. Chambres simples et pratiques.

à Villerest 6 km par ③ – 4 392 h. – alt. 363 m – ✉ 42300

🖼 plage du Plan d'Eau 𝒞 04 77 69 67 21

Domaine de Champlong sans rest 🐾 🔊 ⅍ 🕇 P VISA ☎ AE

1218 chemin de Champlong – 𝒞 04 77 69 78 78 – www.hotel-champlong.com
– Fermé en fév. et dim. hors saison
20 ch – ✦58/63 € ✦✦63/67 € – 🍽 9 €

◆ Calme champêtre ! Cet hôtel est situé dans un parc à proximité du golf ; on peut y faire un tennis ou quelques brasses... Chambres spacieuses et pratiques, avec balcon ou terrasse.

ХХХ **Château de Champlong** avec ch   🕪 🛜 📶 ⅃ ch. Ⓐ ⁿ² 🅿 🆅🅸🆂🅰 ⓐⓑ 🅰🅴
100 chemin de la Chapelle, (près du golf) – ☎ 04 77 69 69 69
*– www.chateau-de-champlong.com – Fermé 20 fév.-15 mars, dim. soir, mardi
midi et lundi*
12 ch – ♦115/175 € ♦♦115/175 € – ☑ 12 €
Rest – Menu 25 € (sem.), 36/64 € – Carte 65/80 €🕮
◆ Une belle demeure du 18ᵉ s. en pleine verdure, pour déguster une cuisine
originale. Jetez un œil à la "salle des peintures" : tableaux d'époque, joli parquet et grande cheminée vous raviront. Chambres pimpantes, au-dessus du
restaurant.

ROBION – 84 Vaucluse – **332** D10 – 3 941 h. – alt. 140 m – ⊠ 84440   **42** E1
🄳 Paris 713 – Aix-en-Provence 69 – Avignon 31 – Marseille 82
🄸 485 rue oscar Roulet ☎ 04 90 05 84 31

Ⅹ   **L'Escanson**   🛜 Ⓐ 🆅🅸🆂🅰 ⓐⓑ 🅰🅴
🕭   *450 av. Aristide-Briand –* ☎ 04 90 76 59 61 – *www.lescanson.fr*
*– Fermé 21 déc.-12 janv., le midi en juil., merc. sauf le soir de mars à oct. et
mardi*
Rest – *(nombre de couverts limité, prévenir)* (20 €) Menu 27/39 €
– Carte 43/52 €
◆ Cette maison respire la fraîcheur et la simplicité : tons pastel, mobilier en fer
forgé... Ici, le chef ne travaille que des produits frais, mêlant tradition et inventivité.

Une bonne table sans se ruiner ? Repérez les Bib Gourmand 🕭.

ROCAMADOUR – 46 Lot – **337** F3 – 630 h. – alt. 279 m – ⊠ 46500   **29** C1
🄸 Périgord Quercy
🄳 Paris 531 – Brive-la-Gaillarde 54 – Cahors 60 – Figeac 47
🄸 L'Hospitalet ☎ 05 65 33 22 00
🄾 Site★★★ - Remparts ⁂★★★ - Tapisseries★ dans l'hôtel de ville - Vierge
noire★ dans la chapelle Notre-Dame - Musée d'Art sacré★ **M¹** - Musée du
Jouet ancien automobile : voitures à pédales - L'Hospitalet⁂★★ : Féerie
du rail : maquette★ par ②.

au château

🏨   **Château** 🛇   ≤ 🚗 🛜 ⅃ ℀ Ⓐ ⁿ² ♨ 🅿 🆅🅸🆂🅰 ⓐⓑ 🅰🅴
rte du Château – ☎ 05 65 33 62 22 – *www.hotelchateaurocamadour.com*
– Ouvert 2 avril-6 nov.   **AZr**
58 ch – ♦83/110 € ♦♦83/110 € – ☑ 10 € – ½ P 81/95 €
Rest – (16 €) Menu 26/53 € – Carte 36/80 € le soir
◆ Loin de l'agitation touristique, un hôtel disposant de chambres spacieuses et
fonctionnelles, avec piscine, tennis et jardin. Au restaurant, plats régionaux et terrasse sous les chênes truffiers.

Relais Amadourien 🏠   🅿 🆅🅸🆂🅰 ⓐⓑ 🅰🅴
– ☎ 05 65 33 62 22 – *www.hotelchateaurocamadour.com – Ouvert 2 avril-6 nov.*
19 ch – ♦54/56 € ♦♦54/56 € – ☑ 8 € – ½ P 63 €   **AZr**
◆ L'annexe de l'Hôtel du Château, de style motel, abrite de belles chambres
modernes, rénovées avec goût.

dans la cité

🏨   **Beau Site** 🛇   ≤ 🛜 📶 Ⓐ ch. ⁿ² 🅿 🎧 🆅🅸🆂🅰 ⓐⓑ 🅰🅴 ⓪
🕭   *–* ☎ 05 65 33 63 08 – *www.bestwestern-beausite.com – Ouvert 12 fév.-13 nov.*
38 ch – ♦60/135 € ♦♦70/145 € – ☑ 13 € – ½ P 74/84 €   **BZa**
Rest *Jehan de Valon* – Menu 19 € (déj.), 25/58 € – Carte 36/130 €🕮
◆ Au cœur de la cité, maison du 15ᵉ s. abritant un joli hall d'inspiration médiévale et des chambres de caractère. À l'annexe, le décor est plus actuel. Au restaurant, plats traditionnels arrosés de vins du Sud-Ouest ou du monde ; jolie vue sur
la vallée de l'Alzou.

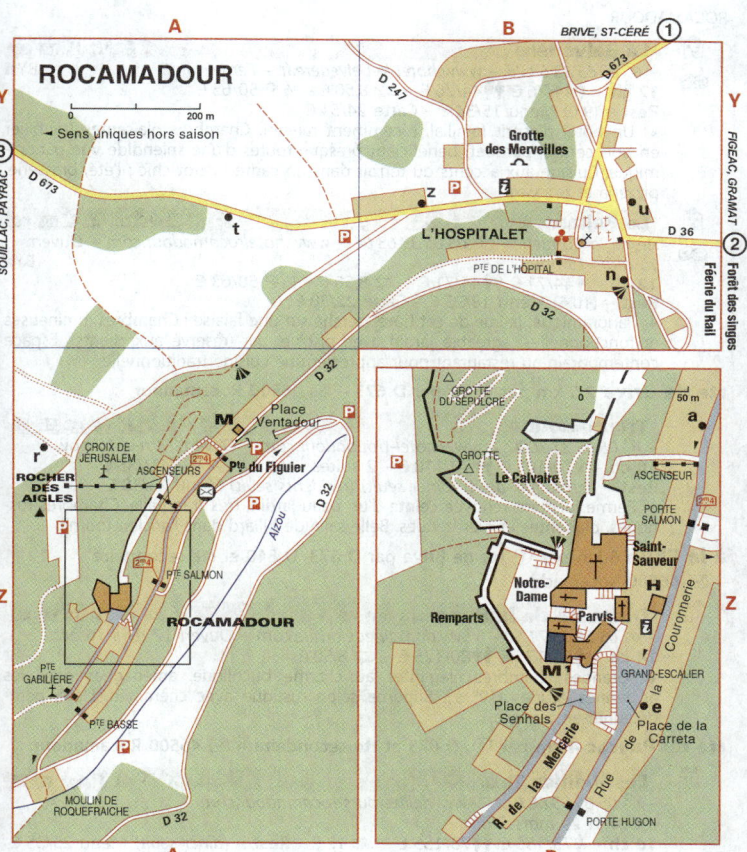

ROCAMADOUR

← Sens uniques hors saison

Grotte des Merveilles

L'HOSPITALET

Pᵗᴱ DE L'HÔPITAL

BRIVE, ST-CÉRÉ ①

FIGEAC, GRAMAT ②

Forêt des Singes

Féerie du Rail

SOUILLAC, PAYRAC ③

Place Ventadour

CROIX DE JÉRUSALEM

ROCHER DES AIGLES

ASCENSEURS

Pᵗᴱ du Figuier

Pᵗᴱ SALMON

ROCAMADOUR

Pᵗᴱ GABILIÈRE

Pᵗᴱ BASSE

MOULIN DE ROQUEFRAICHE

Alzou

GROTTE DU SÉPULCRE

GROTTE

Le Calvaire

ASCENSEUR

PORTE SALMON

Saint-Sauveur

Notre-Dame

Parvis

Remparts

M

GRAND-ESCALIER

Place des Senhals

Place de la Carreta

Couronnerie

R. de la Mercerie

Rue de la Carreta

PORTE HUGON

🏠 **Le Terminus des Pélerins** ⌘   ← 🚲 📶 📱 VISA 💳 AE

– 𝓒 05 65 33 62 14 – www.terminus-des-pelerins.com

– *Ouvert 4 avril-1ᵉʳ nov.*

BZe

12 ch – 🛏46/58 € 🛏🛏53/71 € – ☕ 8 € – ½ P 58/66 €

Rest – (14 €) Menu 17/35 € – Carte 31/78 €

◆ Au pied de la falaise escarpée, terminus dans ce petit hôtel, familial et chaleureux. Chambres sobres et classiques, bien équipées. De la terrasse, la vallée se donne en spectacle. Dans la salle à manger rustique, on s'attable autour de plats du terroir.

à l'Hospitalet

🏠 **Les Esclargies** sans rest ⌘   🚲 ⛰ ⚕ AC 📱 P VISA 💳 AE ①

rte de Payrac – 𝓒 05 65 38 73 23 – www.esclargies.com – *Fermé 20 déc.-15 janv. et 27 fév.-8 mars*

AYt

16 ch – 🛏72/113 € 🛏🛏74/142 € – ☕ 11 €

◆ Dans une "esclargie" (petite clairière en occitan), bel édifice récent, mêlant bois et pierre. Chambres soignées et chaleureuses, d'esprit nature (jonc de mer, tons crème).

Le Belvédère ← ☎ 🕭 P VISA ☺
– ☎ 05 65 33 63 25 – www.hotel-le-belvedere.fr – Fermé janv. BYn
17 ch – †44/76 € ††44/76 € – � 8,50 € – ½ P 50/65 €
Rest – (9 €) Menu 15/34 € – Carte 24/51 €
♦ Un hôtel d'esprit familial, récemment rajeuni. Chambres plaisantes (mobilier en bois cérusé, parquet) bénéficiant presque toutes d'une splendide vue panoramique. Cuisine aux accents du terroir dans un cadre bistrot chic ; l'été, brasserie, pizzeria et terrasse.

Le Bellaroc ← 🚗 ⌷ AC ch, 🕭 P VISA ☺
rte de la Corniche – ☎ 05 65 33 63 06 – www.hotelrocamadour.com – Ouvert 15 mars-15 nov. BYz
12 ch – †44/71 € ††44/71 € – � 8,50 € – ½ P 50/63 €
Rest – (10 €) Menu 18/25 € – Carte 22/38 €
♦ Panoramique, la vue de cet hôtel perché sur une falaise ! Chambres lumineuses et fonctionnelles, agréable jardin avec piscine, bar (réservé aux clients). Espace contemporain au restaurant pour apprécier une cuisine traditionnelle.

rte de Brive 2,5 km par ① et par D 673 – ✉ 46500 Rocamadour

Troubadour ⌷ ← 🚗 ⌷ 🌐 AC rest, 🕭 P VISA ☺ AE ⊙
– ☎ 05 65 33 70 27 – www.hotel-troubadour.com – Ouvert 13 fév.-15 nov.
10 ch – †70/105 € ††70/110 € – 2 suites – � 12 € – ½ P 72/85 €
Rest – (fermé juil.-août) (dîner seult) (résidents seult) Menu 26/38 €
♦ Ferme joliment rénovée ceinte d'un beau jardin, très tranquille. Chambres rustiques, plaisantes et bien tenues. Belle salle de billard dans l'ancien fournil.

à la Rhue 6 km par ① rte de Brive par D 673, D 840 et rte secondaire – ✉ 46500 Rocamadour

Domaine de la Rhue sans rest ⌷ ← 🚗 ⌷ ✂ P VISA ☺
– ☎ 05 65 33 71 50 – www.domainedelarhue.com – Ouvert 17 avril-16 oct.
14 ch – †80/175 € ††80/175 € – � 8,50 €
♦ Grandes chambres élégantes au charme bucolique, aménagées dans les anciennes écuries (19e s.). Superbe salon rustique avec cheminée. L'été, petit-déjeuner en terrasse.

rte de Payrac 4 km par ③, D 673 et rte secondaire – ✉ 46500 Rocamadour

Les Vieilles Tours ⌷ ← 🕭 ⌷ ⌷ SÀ P VISA ☺ AE
– ☎ 05 65 33 68 01 – www.vieillestours-rocamadour.com
– Ouvert 29 mars-5 nov.
16 ch – †73/155 € ††73/155 € – � 12 € **Rest** – (dîner seult) Menu 25/35 €
♦ Accueil avenant, quiétude, ambiance champêtre et raffinée en cet ex-relais de chasse dont le fauconnier (13e s.) abrite la plus belle chambre. Parc avec vue sur la vallée. Cuisine riche en saveurs, à déguster dans un cadre feutré et intimiste.

ROCBARON – 83 Var – **340** L6 – 3 264 h. – alt. 376 m – ✉ 83136 **41** C3
🚩 Paris 832 – Marseille 79 – Toulon 35 – La Seyne-sur-Mer 43

La Maison de Rocbaron 🚗 ⌷ ✂ 🕭 P
3 r. St-Sauveur, (face à la mairie) – ☎ 04 94 04 24 03
– www.maisonderocbaron.com
5 ch � – †80/115 € ††80/115 € **Table d'hôte** – Menu 39 € bc
♦ Atmosphère chaleureuse dans cette ancienne bergerie entourée de verdure. Boutis fleuris, mobilier chiné, parquet... Ici on cultive l'esprit "maison de famille" ; piscine et calme jardin. Cuisine du marché à la table d'hôte.

LA ROCHE-BERNARD – 56 Morbihan – **308** R9 – 761 h. – alt. 38 m **10** C3
– ✉ 56130 ▮ Bretagne
🚩 Paris 444 – Nantes 70 – Ploërmel 55 – Redon 28
🛈 14, rue du Docteur Cornudet ☎ 02 99 90 67 98
🏨 de la Bretesche à Missillac Domaine de la Bretesche, SE : 11 km,
☎ 02 51 76 86 86
◉ Pont du Morbihan★.

Le Manoir du Rodoir ⬙   🔿 🛁 🍽 ᓬ 🎍 rest, ⊤¶ 🗲 P VISA ☎ AE

rte de Nantes – ℰ *02 99 90 82 68 – www.lemanoirdurodoir.com*
– Fermé 15 déc.-30 janv.
24 ch – †75/130 € ††75/130 € – ⊑ 12 € – ½ P 80/100 €
Rest – *(fermé le midi et dim.)* Menu 26/39 € – Carte 24/45 €
♦ Cette ancienne fonderie de 1870 est entourée d'un parc aux chênes centenaires. Les chambres sont spacieuses et confortables, décorées dans un style cosy. Cuisine privilégiant les produits régionaux, servie dans un cadre rustique égayé de mobilier contemporain.

Le Domaine de Bodeuc ⬙   🔿 🛁 🎍 ᓬ ch, ⊤¶ P VISA ☎ AE

rte de St-Dolay, 6 km au Nord-Est par D 34 et rte secondaire – ℰ *02 99 90 89 63*
– www.hotel-bodeuc.com – Fermé 13 nov.-22 déc. et 9 janv.-17 mars
13 ch – †70/96 € ††82/196 € – 2 suites – ⊑ 12 € – ½ P 77/142 €
Rest – *(fermé le midi)* Menu 30/40 €
♦ Près de La Roche-Bernard, ce petit manoir du 19e s. niche dans un parc aux arbres centenaires, avec piscine ! Piano et cheminée confèrent aux salons un charme intime. Chambres plus spacieuses à l'annexe. Cuisine traditionnelle au restaurant.

XXX   L'Auberge Bretonne *avec ch*   ⊤¶ VISA ☎ AE ①

2 pl. Duguesclin – ℰ *02 99 90 60 28 – Fermé dim. soir, mardi midi et lundi*
11 ch – †76/164 € ††76/164 € – ⊑ 15 € – ½ P 98/142 €
Rest – (17 € bc) Menu 25 € bc/75 € – Carte 40/80 €
♦ Une maison ancienne en pierre, dressée sur une petite place, au cœur d'un bourg charmant. Cette table gastronomique bien connue dans la région a été reprise en 2010 par un jeune couple.

ROCHECORBON – 37 Indre-et-Loire – **317** N4 – **rattaché à Tours**

ROCHEFORT ◉ – 17 Charente-Maritime – **324** E4 – 26 299 h.   **38** B2
– alt. 12 m – Stat. therm. : mi mars-début déc. – ✉ 17300
🟩 Poitou Vendée Charentes

   ▶ Paris 475 – Limoges 221 – Niort 62 – La Rochelle 38
   Accès Pont de Martrou : passage gratuit.
   🅸 10, rue du Docteur Peltier ℰ 05 46 99 08 60
    du pays Rochefortais à Saint-Laurent-de-la-Prée 1608 route Impériale, NO : 7 km par D 137, ℰ 05 46 84 56 36
   👁 Quartier de l'Arsenal★ - Corderie royale★★ - Maison de Pierre Loti★ AZ - Musée d'Art et d'Histoire★ AZ **M²** - Les Métiers de Mercure★ (musée) BZ **D.**

Plan page suivante

La Corderie Royale ⬙   ⪡ 🚗 🛁 🎍 ᓬ 🗒 🖿 ᴷᴷ ⊤¶ ᓬ P VISA ☎ AE ①

r. Audebert – ℰ *05 46 99 35 35 – www.corderieroyale.com*
– Fermé 18 déc.-20 janv. et dim. soir de nov. à mars   BY**h**
44 ch – †80/255 € ††80/255 € – 3 suites – ⊑ 11 € – ½ P 79/158 €
Rest – *(fermé sam. midi, dim. soir et lundi de nov. à mars)* (17 €) Menu 36/66 € – Carte 47/78 €
♦ Une étape chargée d'histoire : dans les murs de l'ex-artillerie royale (17e s.), à deux pas du port, profitez de grandes chambres actuelles, calmes et bien équipées. La salle à manger et sa terrasse regardent la Charente ; plats actuels bien cuisinés.

Ibis *sans rest*   🖿 ᓬ ᴷᴷ ⊤¶ ᓬ VISA ☎ AE ①

1 r. Bégon – ℰ *05 46 99 31 31 – www.accorhotels.com*   BY**a**
66 ch – †64/78 € ††64/78 € – ⊑ 7,50 €
♦ Installé dans une vieille maison à la façade crépie, établissement moderne aux chambres en partie rénovées, toutes climatisées, assez spacieuses et bien entretenues.

ROCHEFORT

Audry-de-Puyravault (R.) . . . . **ABZ**
Combes (R. Emile) . . . . **ABZ** 5
Courbet (R. Amiral) . . . . . . **BZ** 2

La-Fayette (Av.) . . . . **ABZ**
Fosse-aux-Mâts (Av. de la) . . **BZ** 8
Galliéni (R.) . . . . **BY** 9
Gaulle (Av. Ch.-de) . . . . . **ABZ**
Grimaux (R. Édouard) . . . . **ABZ** 10
Laborit (R. Henri) . . . . **AY** 15

Lesson (R.) . . . . **BZ** 18
République (R. de la) . . . . **ABZ**
Résistance (Bd de la) . . . . . **AZ**
Rochambeau (Av.) . . . . . . **AZ** 23
11-Novembre-1918 (Av. du) . **BZ** 28
14-Juillet (R. du) . . . . **AZ** 29

Roca Fortis sans rest
14 r. de la République – ℰ 05 46 99 26 32 – www.hotel-rocafortis.com – Ouvert
de début avril à mi-nov.   **BYt**
16 ch – †49 € ††70 € – ⏷ 6,50 €
◆ Deux maisons régionales autour d'une cour carrelée et fleurie où peut être
servi le petit-déjeuner. Les chambres côté rue sont plus grandes et confortables.
Accueil très aimable.

⌂ **Palmier sur Cour** sans rest ⌘ ⁿ°

55 r. de la République – ℰ *05 46 99 55 54 – www.palmiersurcour.com – Fermé
20 déc.-10 janv.* **BYu**
3 ch ⌷ **–** †57 € ††64 €

♦ Les hôtes n'hésitent pas à revenir dans cette demeure du 19e s., emballés par
le calme et le raffinement des chambres, les goûteux petits-déjeuners et l'accueil
attentif.

par ② **3 km rte de Royan avant pont de Martrou –** ⊠ **17300 Rochefort**

🛏 **La Belle Poule** ⌂ **P** 𝘝𝘐𝘚𝘈 ⓿ AE

102 av. du 11-nov.-1918 – ℰ *05 46 99 71 87 – www.hotel-labellepoule.com
– Fermé 1er-22 nov. et 1er-5 janv.*
21 ch – †55/67 € ††60/75 € – ⌷ 8 € – ½ P 57/62 €
Rest *– (fermé vend. et dim. soir sauf juil.-août)* (15 €) Menu 25/45 €
– Carte 45/60 €

♦ À proximité du pont transbordeur de Martrou, bâtisse des années 1980 aux
chambres confortables et bien tenues. De belles maquettes navales (dont La
Belle Poule) ornent le restaurant ; la cuisine navigue entre tradition et modernité,
maniant épices et condiments.

ROCHEFORT-EN-TERRE – 56 Morbihan – **308** Q8 – 733 h. **10** C2
– **alt. 40 m** – ⊠ **56220** ▌Bretagne

▶ Paris 431 – Ploërmel 34 – Redon 26 – Rennes 82
ℹ 7, place du Puits ℰ 02 97 43 33 57
◉ Site★ - Maisons anciennes★.

XX **L'Ancolie** ⅃ ⇔ 𝘝𝘐𝘚𝘈 ⓿

12 r. St-Michel – ℰ *02 97 43 33 09 – Fermé 2 sem. en oct., 16 janv.-8 fév.
et mardi hors saison*
Rest *– (prévenir)* Menu 23 € (déj. en sem.), 28/46 €

♦ Une maison à l'âme musicale : accord de vieilles pierres (tour du 14e s.) et de
mobilier moderne ; cuisine actuelle bien interprétée ; concerts réguliers par le
patron-pianiste.

XX **Le Pélican** avec ch ⌂ ⌘ 𝘝𝘐𝘚𝘈 ⓿ ⓪
🐾 *pl. des Halles –* ℰ *02 97 43 38 48 – www.hotel-pelican-rochefort.com – Fermé
26 janv.-17 fév., dim. soir et lundi*
7 ch (½ P seult) – ½ P 51 € **Rest** – Menu 19/38 €

♦ Poutres apparentes, cheminée monumentale et meubles en bois sculpté confèrent à cette demeure des 16e et 18e s. une élégance rustique. Cuisine de région flirtant avec les tendances actuelles. Chambres coquettes parfaitement entretenues.

ROCHEFORT-EN-YVELINES – Yvelines – **311** H4 – 913 h. **18** B2
– **alt. 140 m** – ⊠ **78730** ▌Ile de France

▶ Paris 50 – Chartres 43 – Dourdan 9 – Étampes 26
◉ Site★ - Vaisseau★ de l'église de St-Arnoult-en-Yvelines SO : 3,5 km.

XX **L'Escu de Rohan** ⌂ ⇔ 𝘝𝘐𝘚𝘈 ⓿

15 r. Guy-le-Rouge – ℰ *01 30 41 31 33 – www.lescuderohan.com – Fermé août,
vacances de fév., merc. soir, dim. soir et lundi*
Rest – (27 €) Menu 35/41 €

♦ Dans les murs d'un relais de poste du 16e s., charmant restaurant d'esprit rustique : charpente apparente, cheminée monumentale... Cuisine traditionnelle et
gibier en saison.

ROCHEFORT-SUR-LOIRE – 49 Maine-et-Loire – **317** F4 – 2 128 h. **35** C2
– **alt. 25 m** – ⊠ **49190**

▶ Paris 315 – Angers 24 – Cholet 48 – Nantes 95
ℹ Place de l'Hôtel de Ville ℰ 02 41 78 70 24

Château Piegüe sans rest 🔕   🌿 🚗 📶 📱 **P** *VISA* ⦿

Piegüe, 2 km à l'Est par D 751 et rte secondaire – 📞 *06 14 62 30 84*
– www.chateaupiegue.com – Fermé du 15 déc. à début fév.
5 ch ⌷ – †96 € ††106 €
◆ Cette demeure bourgeoise (1840) au cœur de 27 ha de vignes plaira aux
amoureux du vin (dégustations de la production). Chambres sobres, presque
zen ; petit-déjeuner maison.

ROCHEFORT-SUR-NENON – 39 Jura – **321** D4 – **rattaché à Dôle**

ROCHEGUDE – 26 Drôme – **332** B8 – 1 372 h. – alt. 121 m – ⌧ 26790   **44** B3
▶ Paris 641 – Avignon 46 – Bollène 8 – Carpentras 34

Château de Rochegude 🔕   ⬅ 🏊 🛋 🎾 ⚙ **AC** 🚶 **P** *VISA* ⦿ **AE**
– 📞 *04 75 97 21 10 – www.chateauderochegude.com – Fermé dim. soir, mardi
midi et lundi de nov. à mars*
25 ch – †170/490 € ††170/490 € – ⌷ 20 € – ½ P 280/600 €
Rest – (26 € bc) Menu 39/89 € – Carte 76/101 € le soir
◆ Pierre blonde et verdure... Ce château du 11ᵉ s. – remanié au 18ᵉ – domine les
vignobles des Côtes-du-Rhône. Daims et biches vagabondent dans le parc de 10
ha. Chambres de caractère, parfaitement tenues. Au restaurant, cuisine gastronomique et belle sélection de vins.

LA ROCHE-L'ABEILLE – 87 Haute-Vienne – **325** E7 – 588 h.   **24** B2
– alt. 400 m – ⌧ 87800
▶ Paris 423 – Limoges 34 – Panazol 34 – St-Junien 63

Le Moulin de la Gorce (Pierre Bertranet) avec ch 🔕   ⬅ 🎞 🏡 **P**
– 📞 *05 55 00 70 66 – www.moulindelagorce.com*   *VISA* ⦿ **AE**
*– Ouvert de mi-mars à mi-nov. et fermé merc. midi,
lundi et mardi*
10 ch – †100/185 € ††100/185 € – ⌷ 19 €
Rest – (50 €) Menu 75/140 € 🍽
Spéc. Œufs brouillés aux truffes. Côte de cochon cul noir limousin de Saint-
Yrieix. Savarin au rhum ambré aux fruits frais, crème chantilly vanillée. **Vins** Bergerac blanc et rouge.
◆ Joli moulin du 16ᵉ s. et ses dépendances en bordure d'étang, dans un agréable
parc champêtre. Intérieur de caractère et belle cuisine classique. Chambres personnalisées.

ROCHE-LEZ-BEAUPRÉ – 25 Doubs – **321** G3 – **rattaché à Besançon**

LA ROCHELLE **P** – 17 Charente-Maritime – **324** D3 – 77 196 h.   **38** A2
– Agglo. 116 157 h. – alt. 1 m – Casino **AX** – ⌧ 17000 🟩 Poitou Vendée Charentes
▶ Paris 472 – Angoulême 150 – Bordeaux 183 – Nantes 141
Accès à l'Île de Ré par le pont par ③. **Péage** en 2010 : auto (AR) 16,50
(saison) 9,00 (hors saison), auto et caravane 27,00 (saison), 15,00 (hors
saison), camion 18,00 à 45,00, moto 2,00, gratuit pour piétons et vélos.
Renseignements par Régie d'Exploitation des Ponts : 📞 05 46 00 51 10,
Fax 05 46 43 04 71.
✈ de la Rochelle-Île-de-Ré : 📞 05 46 42 30 26, NO : 4,5 km **AV.**
🛈 2 Quai Georges Simenon 📞 05 46 41 14 68
⛳ de La Prée La Rochelle à Marsilly, N : 11 km par D 105, 📞 05 46 01 24 42
◉ Vieux Port★★ : tour St-Nicolas★, 🔭★★ de la tour de la Lanterne★ - Le
quartier ancien★★ : hôtel de ville★ **Z H**, Hôtel de la Bourse★ **Z C**, Porte de
la Grosse Horloge★ **Z N**, Grande-rue des Merciers★ - Maison Henry II★,
arcades★ de la rue du Minage, rue Chaudrier★, rue du Palais★, rue de
l'Escale★ - Aquarium★★ **CDZ** - Musées : Nouveau Monde★ **CDYM⁷**,
Beaux-Arts★ **CDY M²** d'Orbigny-Bernon★ (histoire rochelaise et
céramique) **Y M⁸**, Automates★ (place de Montmartre★★) **Z M¹**,
maritime★ : Neptunéa **C M⁵** - Muséum d'Histoire naturelle★★ **Y.**

Plans pages suivantes

Champlain-France Angleterre sans rest 🛋 🖥 AC 📶 🐕 🚗 🚇 VISA 🐵 AE ⓪

30 r. Rambaud – 𝒞 *05 46 41 34 66*
– *www.hotelchamplain.com* **CYb**
36 ch – †75/140 € ††75/165 € – 4 suites – ⌷ 11 €
♦ Cet ancien hôtel particulier est doté d'un romantique jardin de roses. Salons superbes ornés de très belles toiles d'artistes locaux et chambres spacieuses au mobilier de style.

Masqhôtel sans rest 🖥 ᴄ AC 📶 🚗 VISA 🐵 AE ⓪

17 r. Ouvrage à Cornes – 𝒞 *05 46 41 83 83*
– *www.masqhotel.com* **DZt**
76 ch – †99/170 € ††99/170 € – ⌷ 12 €
♦ Un masque africain symbole de fertilité trône dans le hall. Atmosphère minimaliste chic et high-tech, mobilier design et toiles contemporaines indonésiennes dans les chambres.

Novotel ⓑ 🛋 🦆 ᴄ AC 📶 🐕 P VISA 🐵 AE ⓪

av. Porte Neuve – 𝒞 *05 46 34 24 24*
– *www.novotel.com* **CYt**
94 ch – †120/180 € ††120/180 € – ⌷ 15 €
Rest – *(fermé sam. midi et dim. midi hors saison)* (17 €) Carte 23/38 €
♦ Rénovation complète et réussie pour cet imposant immeuble en verre entouré d'un parc : chambres contemporaines et zen, pourvues d'équipements dernier cri. Salle à manger largement ouverte sur la piscine (plats traditionnels) et petite restauration non-stop au bar.

LA ROCHELLE

Briand (Av. Aristide) . . . . . . **AV** 13
Cognehors (Bd de) . . . . **BV** 23
Coligny (Av.) . . . . **AVX** 25
Crépeau (Av. Michel) . . . . . **ABX** 29
Denfert-Rochereau (Av.) . . . **AV** 33

Fétilly (Av. de) . . . . **BV** 47
Joffre (Bd du Mar.) . . . . **BV** 61
Juin (Av. Mar.) . . . . **BX** 62
Lysiack (Av. Cdt.) . . . . **BX** 63
Mail (Allées du) . . . . **AX** 64
Marillac
  (Av.) . . . . **AX** 65
Moulin (Av. Jean) . . . . **BX** 74

République (Bd de la) . . . . . **BX** 90
Robinet (Av. L.) . . . . **BV** 92
Saintonge (R. A.-de) . . . . . . **AV** 103
Salengro (Av. Roger) . . . . . . **BX** 106
Sartre (Av. Jean-Paul) . . . . . **BX** 109
8-Mai-1945 (Av. du) . . . . . . **BV** 118
11-Novembre-1918
  (Av. du) . . . . **BV** 121

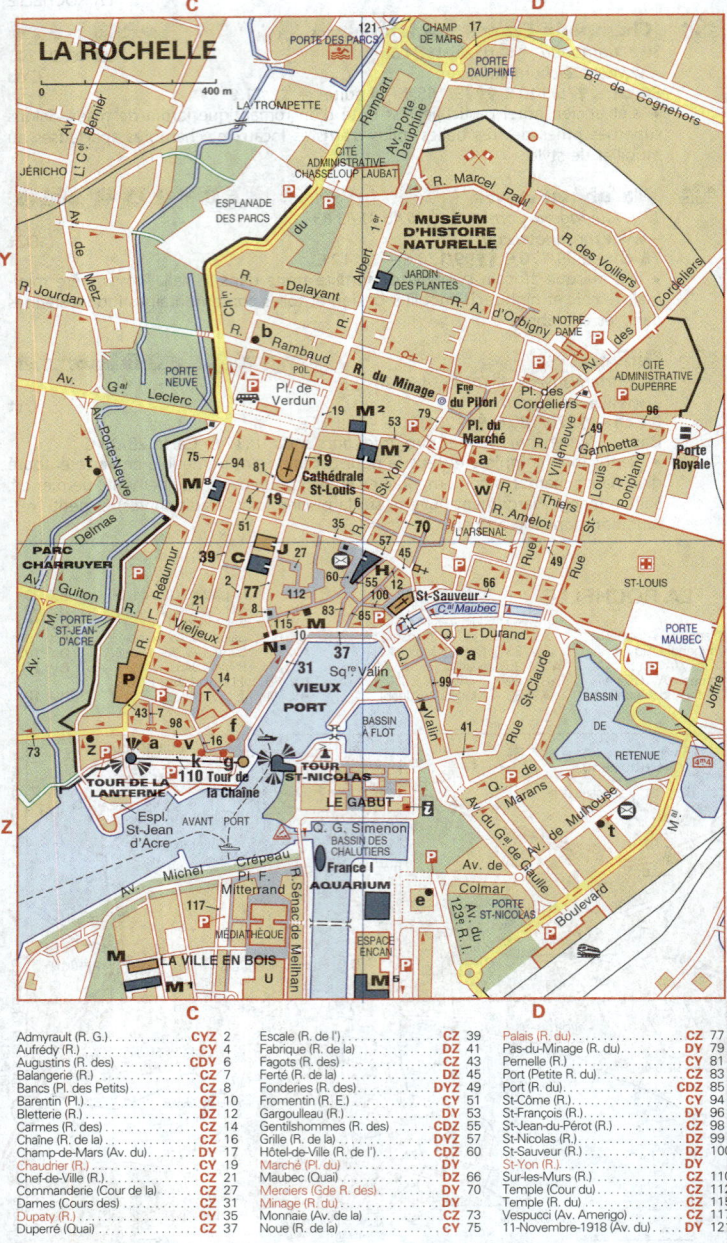

LA ROCHELLE

Admyrault (R. G.)	**CYZ**	2
Aufrédy (R.)	**CY**	4
Augustins (R. des)	**CDY**	6
Balangerie (R.)	**CZ**	7
Bancs (Pl. des Petits)	**CZ**	8
Barentin (Pl.)	**CZ**	10
Bletterie (R.)	**DZ**	12
Carmes (R. des)	**CZ**	14
Chaîne (R. de la)	**CZ**	16
Champ-de-Mars (Av. du)	**DY**	17
Chaudrier (R.)	**CY**	19
Chef-de-Ville (R.)	**CZ**	21
Commanderie (Cour de la)	**CZ**	27
Dames (Cours des)	**CZ**	31
Dupaty (R.)	**CY**	35
Duperré (Quai)	**CZ**	37

Escale (R. de l')	**CZ**	39
Fabrique (R. de la)	**DZ**	41
Fagots (R. des)	**CZ**	43
Ferté (R. de la)	**DZ**	45
Fonderies (R. des)	**DYZ**	49
Fromentin (R. E.)	**CY**	51
Gargoulleau (R.)	**CY**	53
Gentilshommes (R. des)	**CDZ**	55
Grille (R. de la)	**DYZ**	57
Hôtel-de-Ville (R. de l')	**CDZ**	60
Marché (R. du)	**DY**	
Maubec (Quai)	**DZ**	66
Merciers (Gde R. des)	**DY**	70
Minage (R. du)	**DY**	
Monnaie (Av. de la)	**CZ**	73
Noue (R. de la)	**CY**	75

Palais (R. du)	**CZ**	77
Pas-du-Minage (R. du)	**DY**	79
Pernelle (R.)	**CY**	81
Port (Petite R. du)	**CZ**	83
Port (R. du)	**CDZ**	85
St-Côme (R.)	**CY**	94
St-François (R.)	**DY**	96
St-Jean-du-Pérot (R.)	**CZ**	98
St-Nicolas (R.)	**DZ**	99
St-Sauveur (R.)	**CZ**	100
St-Yon (R.)	**DY**	
Sur-les-Murs (R.)	**CZ**	110
Temple (Cour du)	**CZ**	112
Temple (R. du)	**CZ**	115
Vespucci (Av. Amerigo)	**CZ**	117
11-Novembre-1918 (Av. du)	**DY**	121

Mercure Océanide
quai L. Prunier – ✆ 05 46 50 61 50 – www.mercure.com DZe
123 ch – 119/143 € 138/158 € – 14 €
Rest – *(fermé sam. et dim. du 3 déc. au 10 mars)* (20 €) Menu 23/52 € bc – Carte 20/55 €
◆ Cet hôtel posté sur le bassin externe du vieux port jouxte l'Aquarium et le musée maritime. Chambres à la déco actuelle façon cabine de bateau ; belle structure pour séminaires. Au restaurant, vue panoramique sur le port et carte traditionnelle.

St-Nicolas sans rest
13 r. Sardinerie – ✆ 05 46 41 71 55 – www.hotel-saint-nicolas.com DZa
86 ch – 85/120 € 85/120 € – 10 €
◆ On apprécie son hall design, ses chambres pour la plupart fraîchement rénovées et un petit-déjeuner gourmand. Autres points forts : emplacement central et parking privé.

Les Brises sans rest
r. Philippe Vincent, (chemin de la digue Richelieu) – ✆ 05 46 43 89 37 – www.hotellesbrises.com AXq
48 ch – 70/134 € 70/210 € – 13 €
◆ La terrasse au bord de la mer – où on prend le petit-déjeuner en été – et la vue sur le port sont très agréables. Chambres de style "cabine de bateau" à préférer côté océan.

De la Monnaie sans rest
3 r. de la Monnaie – ✆ 05 46 50 65 65 – www.hotel-monnaie.com CZz
31 ch – 119 € 139/169 € – 4 suites – 14 €
◆ Près de la tour de la Lanterne, hôtel particulier du 17e s. Chambres de bonne ampleur, tournées sur la jolie cour intérieure pavée où l'on petit-déjeune aux beaux jours.

Richard et Christopher Coutanceau
plage de la Concurrence – ✆ 05 46 41 48 19 – www.coutanceaularochelle.com – Fermé dim. AXr
Rest – Menu 55/95 € – Carte 82/130 €
Spéc. Saint-Jacques rochelaises (oct. à avril). Civet gourmand de homard breton et légumes de saison. Superposition à la framboise et pistache déclinaison (juin à août). **Vins** Vin de pays Charentais, Fiefs Vendéens.
◆ Salle à manger en rotonde, élégante et contemporaine, grande ouverte sur le port et l'océan : cet écrin feutré et raffiné sublime une savoureuse cuisine de la mer.

Les Flots
1 r. de la Chaîne – ✆ 05 46 41 32 51 – www.les-flots.com CZg
Rest – Menu 27 € (déj.), 39/69 € – Carte 54/72 €
◆ Estaminet du 18e s. au pied de la tour de la Chaîne. Décor mêlant rustique, moderne et esprit marin. Cuisine de l'océan personnalisée et beau livre de cave (900 références).

Les Quatre Sergents
49 r. St-Jean-du-Pérot – ✆ 05 46 41 35 80 – www.lesquatresergents.fr CZa
Rest – Menu 18/44 € – Carte 32/68 €
◆ Salle à manger façon jardin d'hiver profitant de la lumière d'une impressionnante verrière 1900, pour déguster une cuisine au goût du jour escortée de vins bien sélectionnés.

L'Entracte
35 r. St-Jean-du-Pérot – ✆ 05 46 52 26 69 – www.lentracte.net CZv
Rest – Menu 20 € bc/28 € – Carte 33/61 €
◆ Cette enseigne Coutanceau offre une ambiance de bistrot contemporain, avec cuisines visibles depuis la salle à manger principale, et des plats traditionnels aux accents régionaux.

✗ **André** 🛜 VISA ⦿ AE
pl. Chaîne – 𝒞 05 46 41 28 24 – www.barandre.com CZf
Rest – (18 €) Menu 34/36 € – Carte 24/77 €
◆ Cette institution locale vous accueille dans pas moins de sept salles avec des décors (tous différents) inspirés du nautisme. Cuisine iodée et beaux plateaux de fruits de mer.

✗ **La Cuisine de Jules** VISA ⦿
5 r. Thiers – 𝒞 05 46 41 50 91 – www.lacuisinedejules.com – fermé dim. et lundi
Rest – (14 €) Menu 27 € – Carte 31/56 € DYa
◆ À deux pas des halles, restaurant dont la façade discrète tranche avec un intérieur mariant murs en pierre et décoration tendance. Cuisine actuelle largement dédiée au poisson.

✗ **Les Orchidées** AC VISA ⦿ AE
24 r. Thiers – 𝒞 05 46 41 07 63 – www.restaurant-les-orchidees.com – Fermé 29 juil.-10 août DYw
Rest – (19 €) Menu 28 € – Carte 46/75 €
◆ Dans ce bistrot familial, le chef réalise des recettes modernes faisant quelques clins d'œil à l'Asie. Menu-carte et suggestions de poisson frais ; orchidées sur chaque table.

LA ROCHE-POSAY – 86 Vienne – **322** K4 – 1 522 h. – alt. 112 m **39** D1
– Stat. therm. : fin janv.-mi déc. – Casino – ⊠ 86270 ▌Poitou Vendée Charentes
▶ Paris 325 – Le Blanc 29 – Châteauroux 76 – Loches 49
🛈 14, boulevard Victor Hugo 𝒞 05 49 19 13 00
🏁 du Connetable Parc Thermal, S : 2 km par D 3, 𝒞 05 49 86 25 10

🏨 **Les Loges du Parc** sans rest 🎵 ⊼ ⅃ẞ 🖩 🖐 AC 🛁 ☈ 🛜 ⸸ P VISA ⦿ AE
10 pl. de la République – 𝒞 05 49 19 40 50 – www.la-roche-posay.info
– Ouvert 1ᵉʳ avril-31 oct.
42 ch – ♦88/180 € ♦♦106/198 € – 2 suites – ⊑ 13 €
◆ Vaste ensemble Belle Époque proposant une prestation hôtelière classique ou des séjours en résidence. Deux belles suites sur les thèmes du jazz et de l'Égypte ; nombreux loisirs.

🏨 **St-Roch** 🔲 🛜 🖩 🖐 AC ch, ⸸ P VISA ⦿ AE
4 cours Pasteur – 𝒞 05 49 19 49 00 – www.resorthotel-larocheposay.fr – Fermé 11 déc.-22 janv.
37 ch – ♦51/82 € ♦♦70/98 € – ⊑ 11 €
Rest – (22 €) Menu 30/40 € – Carte 40/82 €
◆ Cet établissement central est apprécié pour son accès direct aux thermes St-Roch. Chambres fonctionnelles ; certaines regardent le jardin. Cuisine au goût du jour (plats adaptés aux curistes) servie dans une salle fraîche et actuelle, ou en terrasse.

LE ROCHER – 07 Ardèche – **331** H6 – rattaché à Largentière

ROCHESERVIÈRE – 85 Vendée – **316** G6 – 2 691 h. – alt. 58 m **34** B3
– ⊠ 85620
▶ Paris 415 – La Roche-sur-Yon 34 – Nantes 34 – Saint-Herblain 42
🛈 21, rue du Péplu 𝒞 02 51 94 94 05

⌂ **Le Château du Pavillon** sans rest 🌿 ⟨ 🎵 ⊼ 🛁 ⸸ P
r. Gué-Baron – 𝒞 06 72 92 37 23 – www.le-chateau-du-pavillon.com
– Ouvert 29 avril-17 sept.
4 ch – ♦90/230 € ♦♦90/230 € – ⊑ 10 €
◆ Charme, élégance et confort se conjuguent en ce château de 1885, dressé au sein d'un parc avec étang. Chambres romantiques à souhait et détente assurée au bord de la piscine.

ROCHESSAUVE – 07 Ardèche – **331** J5 – rattaché à Privas

LA ROCHE-SUR-FORON – 74 Haute-Savoie – 328 K4
– 9 763 h. – alt. 548 m – ✉ 74800

🟩 Alpes du Nord

▶ Paris 553 – Annecy 34 – Bonneville 8 – Genève 26

ℹ place Andrevetan ✆ 04 50 03 36 68

👁 Vieille ville ★★

Le Foron sans rest 〰 ⟁ AC ⟨⟩ P 🚗 VISA ⓿ AE

imp. de l'Étang, (Z.I. du Dragiez), D 1203
– ✆ 04 50 25 82 76 – www.hotel-le-foron.com
– Fermé 26 déc.-3 janv. et dim.

26 ch – †58/68 € ††63/78 € – ⧄ 9 €

◆ Petit hôtel situé dans la zone industrielle de la Roche-sur-Foron, pour une étape avant tout pratique. Chambres fonctionnelles, insonorisées et bien tenues. Terrasse et piscine.

 Si vous recherchez un hébergement particulièrement agréable pour un séjour de charme, réservez dans un établissement classé en rouge : ⌂, 🏠...🏨🏨.

LA ROCHE-SUR-YON P – 85 Vendée – 316 H7 – 50 717 h.
– alt. 75 m – ✉ 85000 🟩 Poitou Vendée Charentes

▶ Paris 418 – Cholet 69 – Nantes 68 – Niort 91

ℹ rue Clemenceau ✆ 02 51 36 00 85

🏳 de La Domangère à Nesmy La Roche sur Yon, S : 8 km par D 746 et D 85,
✆ 02 51 07 65 90

Plan page suivante

Mercure 〰 ⟁ ⟨𝄞⟩ ⟁ ch, AC ⟨⟩ ⟁ VISA ⓿ AE ⓪

117 bd A. Briand – ✆ 02 51 46 28 00
– www.mercure.com   AZu
67 ch – †79/110 € ††85/115 € – ⧄ 15 €
Rest – ✆ 02 51 06 94 26 – (13 €) Carte 20/35 €

◆ À mi-chemin entre gare et place Napoléon, cet hôtel abrite des chambres spacieuses, fonctionnelles et bien insonorisées. Petits-déjeuners servis sous la verrière. Recettes traditionnelles à déguster dans une salle d'esprit bistrot ou en terrasse aux beaux jours.

Napoléon sans rest ⟨𝄞⟩ AC ⟨⟩ ⟁ VISA ⓿ AE ⓪

50 bd A. Briand
– ✆ 02 51 05 33 56 – www.hotel-le-napoleon.fr
– Fermé 23 déc.-1er janv.   AYr
29 ch – †80/100 € ††90/120 € – ⧄ 10 €

◆ La proximité d'un boulevard ne gêne en rien la tranquillité des chambres, cosy et feutrées, de cet hôtel rénové. Dans la salle des petits-déjeuners : cadre Empire et mobilier contemporain.

De la Vendée sans rest ⟨𝄞⟩ ⟨⟩ VISA ⓿ AE ⓪

4 r. Malesherbes – ✆ 02 51 37 28 67
– www.hotel-vendee.com   BZa
32 ch – †60/65 € ††64/69 € – ⧄ 8 €

◆ Au cœur du quartier des Halles, hôtel relooké dans un esprit tendance, proposant des chambres assez petites, mais bien équipées et adaptées à la clientèle d'affaires.

Le Rivoli 〰 VISA ⓿ AE

31 bd A. Briand – ✆ 02 51 37 43 41 – www.le-rivoli.com – Fermé 1er-15 août, lundi soir, sam. midi et dim.   AYv
Rest – (21 € bc) Menu 30/39 €

◆ Couleurs vives, tête de rhinocéros, banquettes et nappes aux motifs psychédéliques : le décor joue la carte de l'originalité. Et la cuisine reste sage et traditionnelle.

LA ROCHE-SUR-YON

Albert-1er (Pl.)	**BY** 3	La-Fayette (R.)	**AZ** 25	Molière (R.)	**AY** 31
Allende (R. Salv.)	**AY** 4	Gambetta (Av.)	**AY** 18	Poincaré (R. Raymond)	**AZ** 34
Baudry (R. Paul)	**BZ** 6	Gén.-de-Castelnau (R.)	**AY** 19	Pompidou (R. G.)	**BY** 35
Bérégovoy (R. P.)	**AZ** 8	Halles (R. des)	**BZ** 22	Résistance (Pl. de la)	**BY** 38
Berthelot (R. M.)	**BY** 9	Manuel (R.)	**AY** 26	Verdun (R. de)	**AY** 42
Bossuet (R.)	**BY** 12	Marché (R. du)	**BYZ** 27	Victor-Hugo	
Carnot (R. Sadi)	**BY**	Mazurelle (Esplanade J.)	**AZ** 28	(R.)	**BY** 43
Clemenceau (R. G.)	**AZ** 14	Mitterrand (Pl. F.)	**AZ** 30	93e-R.I. (R. du)	**BZ** 50

ROCHETAILLÉE – 42 Loire – **327** F7 – rattaché à St-Étienne

LA ROCHETTE – 73 Savoie – **333** J5 – 3 221 h. – alt. 360 m – ⊠ 73110   **46** F2

Alpes du Nord

▶ Paris 588 – Albertville 41 – Allevard 9 – Chambéry 28

ℹ Maison des Carmes ℰ 04 79 25 53 12

◉ Vallée des Huiles★ NE.

Du Parc   🛋 🛎 ✄ ℡ 🅿 VISA ◐ AE

64 r. de la Neuve – ℰ 04 79 25 53 37 – www.hotelduparcrochette.com
10 ch – ♦66 € ♦♦77/83 € – ⊑ 10 € – ½ P 80 €
Rest – *(fermé sam. hors saison et dim. soir)* (14 €) Menu 20 € (déj.), 29/39 €
– Carte 30/61 €

◆ Près des parcs naturels et du château, accueillante maison pourvue de chambres simples et bien tenues. À table, cuisine traditionnelle, terrasse et vue magnifique sur la chaîne des Belledonnes.

RODEZ ℙ – 12 Aveyron – **338** H4 – 24 028 h. – alt. 635 m – ✉ 12000　**29** C1

🟩 Midi-Toulousain

- ▶ Paris 623 – Albi 76 – Aurillac 87 – Clermont-Ferrand 213
- ✈ de Rodez-Marcillac : ℰ 05 65 76 02 00, 12 km par ③.
- 🛈 place Foch ℰ 05 65 75 76 77
- � du Grand Rodez à Onet-le-Château Route de Marcillac, N : 4 km par D 901, ℰ 05 65 78 38 00
- ◎ Clocher★★★ de la cathédrale N.-Dame★★ - Musée Fenaille★★ BZ **M¹**
  - Tribunes en bois★ de la chapelle des Jésuites.

La Ferme de Bourran sans rest ⏛　　　🏢 ❙ 🅰🅲 ⁽ⁱ⁾ ℙ 𝚅𝙸𝚂𝙰 ◎ 𝔸𝔼

r. de Berlin, à Bourran 1,5 km par ③ – ℰ 05 65 73 62 62
– www.fermedebourran.com

7 ch – ♦79/159 € ♦♦79/159 € – ⏛ 20 €

♦ Sept chambres confortables occupent cette ancienne ferme perchée sur une colline. Décoration contemporaine et équipements dernier cri. Copieux petit-déjeuner régional.

Mercure Cathédrale sans rest　　　🏢 🅰🅲 ⁽ⁱ⁾ 👥 𝚅𝙸𝚂𝙰 ◎ 𝔸𝔼

1 av. Victor-Hugo – ℰ 05 65 68 55 19
– www.mercure.com

34 ch – ♦69/94 € ♦♦79/104 € – ⏛ 12 €　　　ABY**p**

♦ Hôtel 1930 dont on a conservé les parties classées : mosaïques Art déco en façade et sur le sol de l'entrée, grand escalier en bois massif, peintures de Maurice Bompard. Agréables chambres modernes.

Biney sans rest　　　🏢 ⁽ⁱ⁾ 𝚅𝙸𝚂𝙰 ◎ 𝔸𝔼 ⓪

r. Victoire-Massol – ℰ 05 65 68 01 24
– www.hotel-biney.com

27 ch – ♦73 € ♦♦83/141 € – 1 suite – ⏛ 12 €　　　BY**k**

♦ Meubles en bois peint, jolis tissus colorés, literie confortable... : les chambres, certes parfois un peu petites, sont personnalisées et plutôt coquettes. Sauna.

RODEZ

Bordeaux (Av. de)	**BX**	3
Bourg (Pl. du)	**BZ**	4
Cité (Pl. de la)	**BY**	5
Denys-Puech (Bd)	**BY**	6
Douls (R. Camille)	**BY**	7
Fabié (Bd François)	**BZ**	8

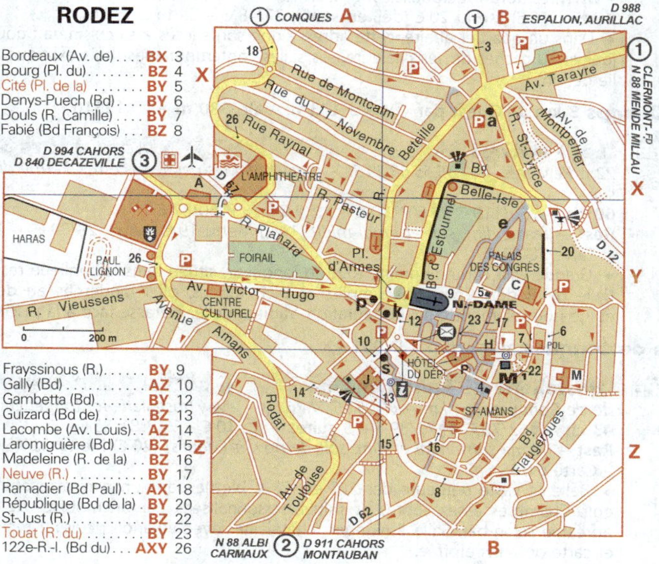

Frayssinous (R.)	**BY**	9
Gally (Bd)	**AZ**	10
Gambetta (Bd)	**BY**	12
Guizard (Bd de)	**BZ**	13
Lacombe (Av. Louis)	**AZ**	14
Laromiguière (Bd)	**BZ**	15
Madeleine (R. de la)	**BZ**	16
Neuve (R.)	**BY**	17
Ramadier (Bd Paul)	**AX**	18
République (Bd de la)	**BY**	20
St-Just (R.)	**BZ**	22
Touat (R. du)	**BZ**	23
122e-R.-I. (Bd du)	**AXY**	26

D 988 ESPALION, AURILLAC — CONQUES — D 994 CAHORS, D 840 DECAZEVILLE — CLERMONT-Fd N 88 MENDE MILLAU — N 88 ALBI CARMAUX — D 911 CAHORS MONTAUBAN

La Tour Maje sans rest   🖥 🍴 ⁽ꟷ⁾ 📶 VISA ◯◯ AE ◯

bd Gally – 𝒞 05 65 68 34 68 – www.hotel-tour-maje.fr – Fermé vacances de Noël
37 ch – ♦60/90 € ♦♦70/100 € – 3 suites – ☐ 13 €   **BZs**

♦ Hôtel des années 1970 adossé à une tour du 15ᵉ s. où sont aménagées des suites de style rustique (murs en pierres apparentes). Chambres sobres, sagement provençales au 5ᵉ étage.

Ibis sans rest   🖥 ⅙ AC ⁽ꟷ⁾ 🏊 VISA ◯◯ AE

46 r. St-Cyrice – 𝒞 05 65 76 10 30 – www.ibishotel.com   **BXa**
45 ch – ♦52/69 € ♦♦52/69 € – ☐ 8 €

♦ À proximité de la cathédrale et du palais des congrès, cet hôtel dispose de petites chambres fonctionnelles, parfois dotées d'un balcon. Salle de réunion et salon-bar.

Deltour sans rest   🖥 ⅙ ⁽ꟷ⁾ P VISA ◯◯

6 r. de Bruxelles, à Bourran, 1,5 km par ③ – 𝒞 05 65 73 03 03
– www.deltourhotel.com – Fermé 24 déc.-3 janv.
39 ch – ♦52/55 € ♦♦55/60 € – ☐ 8,50 €

♦ Ce récent hôtel répond aux attentes d'une clientèle d'affaires : les chambres, fonctionnelles et claires, concilient confort, insonorisation et décoration sobre.

✗✗ **Goûts et Couleurs** (Jean-Luc Fau)   🍴 VISA ◯◯ AE
🌫
38 r. Bonald – 𝒞 05 65 42 75 10 – www.goutsetcouleurs.com – Fermé
13 mars-7 avril, 4-21 sept., mardi midi , dim. et lundi hors saison   **BYe**
Rest – Menu 36/77 € – Carte 48/65 €🌫

Spéc. Escargots "gros gris" aux herbes, fleurs et graines germées. Lièvre à la royale en raviole de châtaignes, mousserons et gelée de café (oct. à déc.). Pastilla de fruits rouges à la fleur de sureau (juin à sept.). **Vins** Marcillac, Entraygues et du Fel.

♦ L'enseigne traduit bien l'assiette, goûteuse et colorée – et mâtinée d'épices. Salle décorée de tableaux du patron, artiste, et terrasse prisée. Belle carte de vins du Sud.

✗✗ **Les Jardins de l'Acropolis**   ⅙ AC ⟷ VISA ◯◯ AE
🌫
r. d'Athènes à Bourran, 1,5 km par ③ – 𝒞 05 65 68 40 07
– www.restaurant-acropolis.com – Fermé 1ᵉʳ-15 août, lundi soir et dim.
Rest – (16 €) Menu 20 € (déj. en sem.), 27/48 € – Carte 36/50 €

♦ Dans un quartier affairé, cette adresse doit son succès à sa cuisine au goût du jour et au cachet de ses chaleureuses salles contemporaines (bois exotique, tons lie de vin).

à Olemps 3 km à l'Ouest par ② – 3 133 h. – alt. 580 m – ⌧ 12510

Les Peyrières ⌂   🍴 🏊 🖥 ⅙ ⁽ꟷ⁾ 🏊 P VISA ◯◯ AE
🌫
22 r. Peyrières – 𝒞 05 65 68 20 52 – www.hotel-les-peyrieres.com – Fermé dim.
soir
60 ch – ♦60/110 € ♦♦60/110 € – ☐ 9 € – ½ P 60/87 €
Rest – (fermé dim. soir et lundi midi) (14 €) Menu 19 € (sem.), 28/39 €
– Carte 38/62 €

♦ Grande villa contemporaine tout en longueur, située dans la banlieue résidentielle de Rodez. Chambres simples et bien tenues, plus modernes au dernier étage nouvellement créé. Restauration traditionnelle. Terrasse face à la piscine.

rte de Conques au Nord par D 901 **AX**

Hostellerie de Fontanges ⌂   ⁽⁾ 🍴 🏊 ℔ ⁽ꟷ⁾ 🏊 P VISA ◯◯ AE ◯

rte de Conques, à 4 km – 𝒞 05 65 77 76 00 – www.hostellerie-fontanges.com
43 ch – ♦62/79 € ♦♦72/89 € – 5 suites – ☐ 10 € – ½ P 81/83 €
Rest – (fermé sam. midi et dim. soir de nov. à Pâques) (20 €) Menu 22/45 €
– Carte 61/85 €🌫

♦ Belle et vaste demeure des 16ᵉ et 17ᵉ s. blottie dans un parc attenant à un golf. Chambres assez sobres et suites personnalisées par un mobilier de style. Agréable salon-bar. Salle à manger "châtelaine" avec véranda ; cuisine régionale et carte des vins étoffée.

Château de Labro sans rest ⚐   🔊 ⊿ 🏄 P VISA ⚫
Onet Village, à 7 km par D 901 et D 568 – 📞 *05 65 67 90 62*
– www.chateaulabro.fr
15 ch ⊐ – 🛉110 € 🛉🛉130/150 €
♦ Chambres romantiques (beaux meubles chinés), salles de bains modernes, petit-déjeuner servi parmi des objets de brocante, piscine dans l'ancien verger... Ce château et son parc sont délicieux.

ROISSY-EN-FRANCE – 95 Val-d'Oise – **305** G6 – **101** – voir à Paris, Environs

---

ROLLEBOISE – 78 Yvelines – **311** F1 – 407 h. – alt. 20 m – ⊠ 78270   **18** A1
▶ Paris 65 – Dreux 45 – Mantes-la-Jolie 9 – Rouen 72

 **Le Domaine de la Corniche** ⚐   < 🚗 🌳 ⊿ 🍽 🛋 👥 🕭 AK ch, 🛉🛉 🏄
5 rte de la Corniche – 📞 *01 30 93 20 00*   P VISA ⚫ AE ❶
– www.domainedelacorniche.com
34 ch – 🛉70/170 € 🛉🛉70/170 € – ⊐ 15 € – ½ P 115/155 €
Rest *Le Panoramique* – *(fermé 19-31 déc. et 19 fév.-5 mars)* (32 € bc)
Menu 37 € (déj. en sem.), 47/57 € bc – Carte 56/93 €
♦ Dominant la Seine, une "folie" de Léopold II de Belgique pour son dernier amour. Chambres modernes et feutrées dans le manoir et les deux extensions. Piscine panoramique. Restaurant contemporain et terrasse-belvédère côté fleuve ; cuisine dans l'air du temps.

> Les prix indiqués devant le symbole 🛉 correspondent au prix le plus bas en basse saison puis au prix le plus élevé en haute saison, pour une chambre single. Même principe avec le symbole 🛉🛉 cette fois pour une chambre double.

ROMAGNIEU – 38 Isère – **333** G4 – 1 374 h. – alt. 298 m – ⊠ 38480   **45** C2
▶ Paris 539 – Grenoble 57 – Chambéry 35 – Lyon 109

Auberge les Forges de la Massotte ⚐   🚗 🌳 🍴 🛈 🍽 P 🚗 ⌂
655 chemin des Forges, 2 km à l'Ouest, sortie ⑩ sur l'A 43   VISA ⚫
– 📞 *04 76 31 53 00 – www.aubergemassotte.com – Fermé vacances de la Toussaint*
5 ch – 🛉57 € 🛉🛉65 € – ⊐ 9 € – ½ P 65 €
Rest – *(fermé dim. soir) (dîner seult) (résidents seult)* Menu 29 €
♦ Dans les murs d'une ancienne forge, coquettes chambres ornées de mobilier savoyard ou dauphinois en bois massif. Grand calme, accueil charmant, petit-déjeuner copieux. Menu unique, mi-traditionnel, mi-régional, servi dans une salle à manger campagnarde.

ROMANS-SUR-ISÈRE – 26 Drôme – **332** D3 – 33 138 h. – alt. 162 m   **43** E2
– ⊠ 26100 ▌Lyon Drôme Ardèche
▶ Paris 558 – Die 78 – Grenoble 81 – St-Étienne 121
🄸 place Jean Jaurès 📞 04 75 02 28 72
🄸🄸 de Valence Saint-Didier à Saint-Didier-de-Charpey, par rte de Crest : 15 km,
📞 04 75 59 67 01
◉ Tentures★★ de la collégiale St-Barnard - Collection de chaussures★ du musée international de la chaussure - Musée diocésain d'Art sacré★ à Mours-St-Eusèbe, 4 km par ①.

Plan page suivante

 L'Orée du Parc sans rest   🚗 ⊿ AK 🛈 P VISA ⚫ AE
6 av. Gambetta, par ② – 📞 *04 75 70 26 12 – www.hotel-oreeparc.com – Fermé 9-16 oct., 26 déc.-2 janv. et 10 fév.-4 mars*
10 ch – 🛉83 € 🛉🛉101 € – ⊐ 11 €
♦ À l'entrée de la ville, une ancienne maison bourgeoise (début 20e s.) dressée dans un jardin avec piscine. Les chambres ont été décorées avec soin, dans des tons très chauds.

ROMANS-SUR-ISÈRE

Clercs (R. des)	**CY** 4
Cordeliers (Côtes des)	**CY**
Écosserie (R. de l')	**BY** 8
Faure (Pl. M.)	**BY**
Fontaine des Cordeliers (R.)	**CY** 10
Gailly (Pl. E.)	**BY**
Guilhaume (R.)	**AZ** 12
Herbes (Pl. aux)	**BY** 14
Jacquemart (Côte)	**BY** 15
Jacquemart (R.)	**AZ** 16
Massenet (Pl.)	**CY** 17
Mathieu-de-la-Drôme (R.)	**CY** 18
Merlin (R.)	**CY** 20
Mouton (R. du)	**CY** 22
Palestro (R.)	**AZ** 24
Perrot-de-Verdun (Pl.)	**BY** 26
Sabaton (R.)	**CY** 28
Ste-Marie (R.)	**CY** 29
Semard (Av. P.)	**AZ** 30
Trois Carreaux (R.)	**CY** 32
Victor-Hugo (Av.)	**AZ** 34

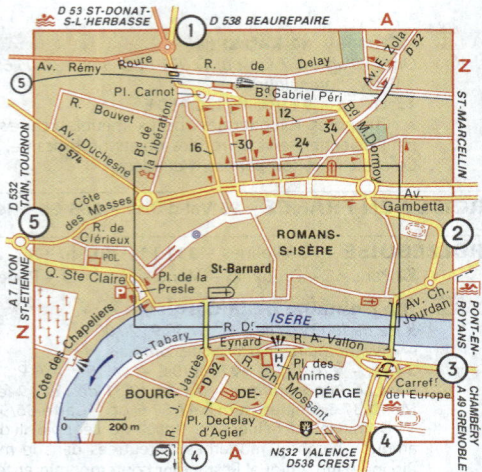

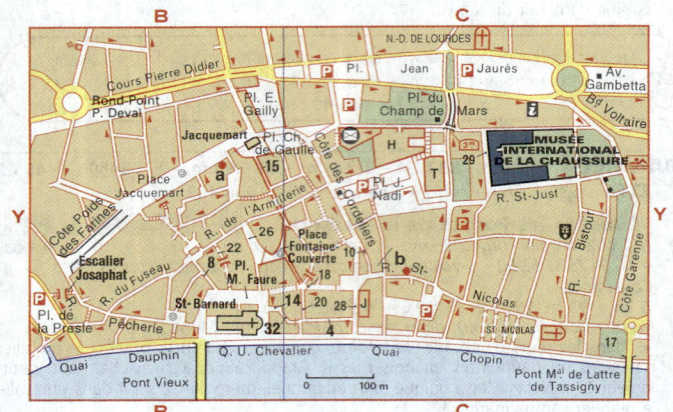

✗ **Mandrin** 🅰🅲 VISA ⊙⊙ 🅰🅴

70 r. St-Nicolas – ℰ *04 75 02 93 55*

– Fermé 2-22 août, 24 déc.-2 janv., dim. et lundi **CYb**

Rest – (17 €) Menu 22/39 € – Carte 25/40 €

• Du nom du célèbre contrebandier qui y aurait séjourné, une maison classée (16e s.), au charme ancien : murs à colombages, tomettes... Cuisine traditionnelle.

à Châtillon-St-Jean 11 km par ② – 1 179 h. – alt. 198 m – ⊠ 26750

⌂ **Maison Forte de Clérivaux** sans rest ⌂ 🛋 ⚒ ⑊ 🅿

2,5 km au Nord par D 123 direction Parnans
et D 184 direction St-Michel -sur-Savasse – ℰ *04 75 45 32 53*
– www.clerivaux.fr – Fermé 3 janv.-3 mars

4 ch ⌂ – †60/70 € ††65/75 €

• Au milieu des champs, une maison forte du 13e s. Les chambres se trouvent dans les jolies dépendances (16e-17e s.). Tout le cachet, simple et évocateur, des vieilles pierres...

à Granges-lès-Beaumont 6 km par ⑤ – 951 h. – alt. 155 m – ✉ 26600

XXXX **Les Cèdres** (Jacques Bertrand) 🛬 🈂️ AC ⟷ P VISA ☎️
🕸🕸 *Le Village –* ℰ *04 75 71 50 67 – www.restaurantlescedres.fr*
– Fermé 26 avril-5 mai, 16 août-1ᵉʳ sept., 24 déc.-4 janv., dim. soir sauf de juin à août, lundi et mardi
Rest *– (nombre de couverts limité, prévenir)* Menu 38 € (déj. en sem.), 80/120 €
– Carte 70/90 €🕸

Spéc. Feuilleté minute, langoustines royales poêlées, asperges du village, sauce hollandaise (printemps). Trilogie de chasse (saison). Moelleux aux abricots, biscuit aux amandes, crème glacée à la menthe poivrée (été). **Vins** Hermitage, Crozes Hermitage.

♦ Les cèdres dressent leurs ramures aériennes au-dessus de cette demeure éminemment bourgeoise. On y déguste une cuisine pleine de classicisme, à base de très beaux produits travaillés sans fausse note. La carte des vins honore les Côtes du Rhône.

X **Les Vieilles Granges** avec ch 🛬 🈂️ 📶 ⅃⅄ P VISA ☎️ AE
rte de Romans et chemin secondaire
– ℰ 04 75 71 62 83 – www.vieilles-granges.com
– Fermé 28 fév.-12 mars, 1ᵉʳ-9 août, 24 oct.-9 nov.
10 ch – †48 € ††48 € – ☐ 7 €
Rest *– (fermé dim. soir, lundi midi et mardi)* (16 €) Menu 25/40 €
– Carte 28/55 €

♦ Postée entre vergers et Isère, cette maison en pierre du pays vous réserve un accueil sympathique. Salle intimiste avec cheminée et cuisine au goût du jour. Chambres simples à la déco minimaliste (à choisir côté fleuve pour la vue).

à St-Paul-lès-Romans 8 km par ② – 1 626 h. – alt. 171 m – ✉ 26750

XXX **La Malle Poste** AC ⟷ VISA ☎️ AE
Le Village – ℰ *04 75 45 35 43 – www.lamalleposte.com*
– Fermé 7-31 août, 2-17 janv., dim. soir, mardi soir et lundi
Rest – Menu 34/65 €🕸

♦ Une cuisine classique, qui respecte le terroir et les saisons, accompagnée d'une très belle carte des vins (plus de 350 références). La salle à manger est chaleureuse.

ROMILLY-SUR-SEINE – 10 Aube – **313** C2 – 14 059 h. – alt. 76 m **13** B2
– ✉ 10100

🅳 Paris 124 – Châlons-en-Champagne 76 – Nogent-sur-Seine 18 – Sens 65
🄸 27, rue Saint-Laurent ℰ 03 25 24 87 80

🔓 **Auberge de Nicey** 🏊 ⅃⅄ 📶 ✏️ 📶 ⅃⅄ P VISA ☎️ AE
24 r. Carnot – ℰ *03 25 24 10 07 – www.denicey.com – Fermé 17 déc.-4 janv.*
23 ch – †86/101 € ††111/126 € – ☐ 13 € – ½ P 98/113 €
Rest *– (fermé sam. midi, dim. midi et lundi midi en août, et dim. soir)*
Menu 24/45 € – Carte 40/88 €

♦ À deux pas de la gare, établissement de bon confort abritant des chambres fonctionnelles et bien insonorisées. Celles du bâtiment principal sont plus cosy. Espace détente (piscine, fitness). Au restaurant, cuisine traditionnelle mise au goût du jour.

ROMORANTIN-LANTHENAY 🚅 – 41 Loir-et-Cher – **318** H7 **12** C2
– 17 572 h. – alt. 93 m – ✉ 41200 ⬛ Châteaux de la Loire

🅳 Paris 202 – Blois 42 – Bourges 74 – Orléans 67
🄸 place de la Paix ℰ 02 54 76 43 89
🗺️ Maisons anciennes★ **B** - Vues des ponts★ - Musée de Sologne★ **M².**

Plan page suivante

ROMORANTIN-LANTHENAY

Brault (R. Porte)	2
Capucins (R. des)	4
Clemenceau (R. Georges)	6
Four-à-Chaux (R. du)	8
Gaulle (Pl. Gén.-de)	10
Hôtel Dieu (Mail de l')	18
Ile-Marin (Quai de l')	13
Jouanettes (R. des)	14
Lattre-de-Tassigny (Av. du Mar. de)	15
Limousins (R. des)	17
Milieu (R. du)	20
Orléans (Fg d')	22
Paix (Pl. de la)	23
Pierre (R. de la)	24
Prés.-Wilson (R. du)	26
Résistance (R. de la)	28
St-Roch (Fg)	30
Sirène (R. de la)	33
Tour (R. de la)	34
Trois-Rois (R. des)	36
Verdun (R. de)	37

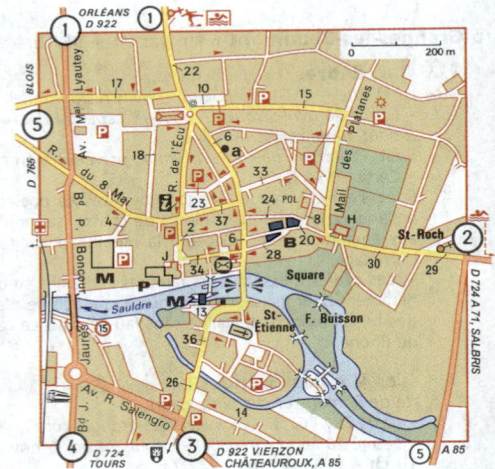

Grand Hôtel du Lion d'Or (Didier Clément) 🍽 🛗 ♿ ch, 🆑 ch, ℡

🌼 *69 r. Clemenceau –* ℰ *02 54 94 15 15*
– www.hotel-liondor.fr 🅿 VISA 🔴 ⓞ
– Fermé 19 fév.-30 mars **a**
13 ch – ♦150/490 € ♦♦150/490 € – 3 suites – ⌍ 24 €
Rest – *(fermé mardi midi)* (nombre de couverts limité, prévenir) (48 €)
Menu 63 € (déj. en sem.), 98/130 € – Carte 110/165 € 🈁
Spéc. Variation d'asperges blanches ou de girolles. Pigeon farci façon babylo-
nienne. Fraises mara des bois comme une confiture, lait glacé (printemps-été).
Vins Cour-Cheverny, Touraine.
◆ Une façade Renaissance, une autre Napoléon III pour cet établissement fondé
en 1774. Dans les chambres, boiseries et balcons ; importante rénovation pro-
grammée pour le printemps 2011. Cuisine actuelle, bons vins de la Loire et, au
déjeuner, menu à prix étudié.

Pyramide 🍽 🛗 ♿ rest, ✂ rest, ℡ 🅼 🅿 VISA 🔴

🍴 *r. Pyramide, par ① –* ℰ *02 54 76 26 34 – www.hotellapyramide.com*
66 ch – ♦50 € ♦♦60 € – ⌍ 10 € – ½ P 46 €
Rest – *(fermé 20 déc.-9 janv.)* (14 €) Menu 17 € (sem.), 25/34 € – Carte 24/40 €
◆ Pour l'étape, un hôtel moderne voisin d'un complexe culturel. Chambres
fonctionnelles et bien tenues ; grand parking. Cuisine traditionnelle sans
prétention.

RONCE-LES-BAINS – 17 Charente-Maritime – **324** D5 – ✉ 17390 **38** A2
La Tremblade ▮ Poitou Vendée Charentes
▶ Paris 505 – Marennes 9 – Rochefort 31 – La Rochelle 68
🛈 50, avenue Gabrielle Ronce les Bains ℰ 05 46 36 06 02

Le Grand Chalet 🍽 ⬔ ℡ 🅿 VISA 🔴 🅰🅴

🍴 *2 av. La Cèpe –* ℰ *05 46 36 06 41 – www.legrandchalet.net*
– Fermé 6 nov.-10 fév.
26 ch – ♦50/90 € ♦♦50/90 € – ⌍ 9 € – ½ P 60/80 €
Rest – *(fermé lundi midi et mardi)* Menu 27/50 €
◆ Hôtel de 1850 surplombant la mer ; accès direct à la plage. Chambres meublées simplement, à choisir avec vue panoramique sur l'île d'Oléron ou tournées
sur le jardin. Au restaurant, quelques tables offrent une belle échappée sur le
large. Carte traditionnelle.

RONCHAMP – 70 Haute-Saône – **314** H6 – 2 924 h. – alt. 380 m   **17** C1
– ✉ 70250 ▌Franche-Comté Jura

▶ Paris 399 – Belfort 22 – Besançon 88 – Lure 12

🇮 14, place du 14 Juillet ℰ 03 84 63 50 82

◉ Chapelle Notre-Dame-du-Haut★★.

au Rhien 3 km au Nord – ✉ 70250 Ronchamp

🏠 **Rhien Carrer** ॐ   🚗 🏠 ╳ ᴗ ॐ ch, ⁿⁱ 🏊 **P** *VISA* ⬤
    14 r. d'Orière – ℰ 03 84 20 62 32 – www.ronchamp.com
    19 ch – †46/48 € ††58/60 € – ⧠ 8 € – ½ P 62 €
    Rest – *(fermé dim. soir d'oct. à mars)* (8 €) Menu 12 € (sem.), 20/42 € Carte 25/55 €
    ◆ En pleine nature ! Dans cet agréable hôtel familial, préférez les chambres
    récemment rénovées dans un plaisant esprit contemporain. À table, le terroir et
    les spécialités franc-comtoises sont à l'honneur. Terrasse dans la verdure.

à Champagney 4,5 km à l'Est par D 4 – 3 552 h. – alt. 370 m – ✉ 70290

🏠🏠 **Le Pré Serroux**   🚗 🏠 🖼 🛋 ⏣ ⁿⁱ 🏊 **P** *VISA* ⬤ **AE** ⓪
    4 av. Gén. Brosset – ℰ 03 84 23 13 24 – www.lepreserroux.com – *Fermé*
    22 déc.-9 janv. et dim.
    25 ch – †75 € ††80 € – ⧠ 12 € – ½ P 68 €   **Rest** – *(fermé sam. midi, le midi*
    en août et dim.) Menu 15 € (déj. en sem.), 23/55 € – Carte 30/53 €ℬℬ
    ◆ Hôtel au décor original (collection de motos, mobylettes et machines à coudre).
    Chambres confortables, en partie meublées dans le style régional. Piscine couverte.
    Salle d'inspiration Art nouveau pour une cuisine de tradition ; belle sélection de vins.

LE ROND-D'ORLÉANS – 02 Aisne – **306** B5 – **rattaché à Chauny**

ROOST-WARENDIN – 59 Nord – **302** G5 – **rattaché à Douai**

ROPPENHEIM – 67 Bas-Rhin – **315** M3 – 941 h. – alt. 117 m – ✉ 67480   **1** B1

▶ Paris 503 – Haguenau 25 – Karlsruhe 41 – Strasbourg 48

╳ **A l'Agneau**   🏠 *VISA* ⬤
    11 r. Principale – ℰ 03 88 86 40 08 – *Fermé 18 juil.-12 août, 23 déc.-7 janv., dim.*
    et lundi
    Rest – *(dîner seult sauf sam.)* Carte 29/63 €
    ◆ Une maison typiquement alsacienne dont on apprécie la table généreuse (cui-
    sine du pays et spécialités de viandes) et l'ambiance très conviviale. Simple et
    authentique !

ROQUEBILLIÈRE – 06 Alpes-Maritimes – **341** E3 – 1 614 h.   **41** D2
– alt. 650 m – ✉ 06450

▶ Paris 889 – Barcelonnette 151 – Marseille 245 – Nice 56

🇮 26, Av. Corniglion Molinier ℰ 04.93.03.51.60

╳ **Le Provençal**   🏠 *VISA* ⬤ **AE**
    5 r. des Héros-de-14-18, (face à l'église) – ℰ 04 93 05 13 13
    – www.restaurant-le-provencal.com – *Fermé 12 nov.-12 déc., mardi et merc.*
    sauf juil.-août
    Rest – Menu 24 € (déj. en sem.)/30 € – Carte 30/45 €
    ◆ Ce restaurant joue la carte provençale côté décor et prône la tradition côté
    papilles. Le chef privilégie les produits du jardin et du marché, dans le respect
    des saisons.

ROQUEBRUNE-CAP-MARTIN – 06 Alpes-Maritimes – **341** F5   **42** E2
– 11 692 h. – alt. 257 m – ✉ 06190 ▌Côte d'Azur

▶ Paris 953 – Menton 3 – Monaco 9 – Monte-Carlo 7

🇮 218, avenue Aristide Briand ℰ 04 93 35 62 87

◉ Village perché★★ : rue Moncollet★, ⚶★★ du donjon★ - Cap Martin
    ⟨★★ X - ⟨★★ du belvédère du Vistaëro SO : 4 km.

◉ Site★ de Gorbio N : 8 km par D 50.

Plans : voir à Menton.

Victoria sans rest ⟨ 🛗 🚻 🏧 📶 🛁 🅿 🚗 VISA 🆎 ①

7 promenade Cap-Martin – 🌮 *04 93 35 65 90 – www.hotel-victoria.fr*
32 ch – †84/169 € ††109/174 € – ⌑ 12 € AV**k**
• Hôtel entièrement rénové en 2010, dans un immeuble résidentiel. Cure de jouvence design pour les chambres (bleu et blanc), avec de grands balcons côté mer, au calme côté jardin.

Le Roquebrune ⟨ 🚻 🏧 ⟨° 🅿 VISA 🆎 ①

100 av. J. Jaurès, par ③ et rte de Monaco (D 6098) par basse corniche
– 🌮 *04 93 35 00 16 – www.le-roquebrune.com – Fermé 20 nov.-20 déc.*
6 ch – †105/125 € ††105/125 € – ⌑ 10 €
Rest – *(dîner seult) (prévenir)* Menu 45/125 € – Carte 55/135 €
• Cette coquette maison surplombant les flots vous reçoit comme des amis. Les chambres, à dominante blanche, sont raffinées et reposantes (certaines avec terrasse-jardinet). Sur réservation, cuisine traditionnelle servie dans la petite salle à manger.

XX **Les Deux Frères** avec ch ⟨ �foodⅇ 🏧 ch, ⟨° VISA 🆎 ①

pl. des Deux Frères, au village, 3,5 km par ③ – 🌮 *04 93 28 99 00*
– www.lesdeuxfreres.com – Fermé 1 sem. en mars, 15 nov.-15 déc., dim. soir,
mardi midi et lundi
9 ch – †75/110 € ††75/110 € – ⌑ 9 € – ½ P 98 €
Rest – Menu 28 € bc (déj.), 48/65 €
• Restaurant aménagé dans l'ex-école communale, sur une placette-belvédère en surplomb de la mer ; plats au goût du jour. Jolies chambres thématiques ("Afrique", "Mariage", etc.).

XX **L'Hippocampe** ⟨ 🚻 VISA 🆎 ①

44 av. W.-Churchill – 🌮 *04 93 35 81 91 – http://l-hippocampe.org*
– Fermé 8 nov.-28 déc. et le soir de nov. à avril AV**h**
Rest – *(prévenir)* (23 € bc) Menu 34/42 € – Carte 29/76 €
• Cet établissement familial les pieds dans l'eau réserve, à midi, l'une de ses terrasses aux baigneurs. Spécialité de filet de sole en brioche (bouillabaisse et coq au vin sur commande).

LA ROQUE-D'ANTHÉRON – 13 Bouches-du-Rhône – 340 G3 **42** E1
– 4 945 h. – alt. 183 m – ⌧ 13640 ▌Provence

▶ Paris 726 – Aix-en-Provence 29 – Cavaillon 34 – Manosque 60
🔢 3, cours Foch 🌮 04 42 50 70 74
◉ Abbaye de Silvacane★★ E : 2 km.

Mas de Jossyl 🚲 🚻 ⊠ ♨ 🏧 ⟨° 🛁 🅿 VISA 🆎 ①

av. du Parc – 🌮 *04 42 50 71 00 – www.masdejossyl.com – Fermé 22 août-5 sept.*
28 ch – †76/147 € ††78/157 € – ⌑ 12 € – ½ P 62/110 €
Rest – *(fermé dim. soir, lundi midi et mardi midi hors saison)* Menu 14 € (déj. en sem.), 20/27 € – Carte 27/50 €
• Face au parc du château de Florans (17ᵉ s.), hôtel familial dans un mas récent aux chambres sobres et bien tenues, parfait pour assister au Festival international de piano. Cuisine régionale servie dans une grande salle lumineuse ou sur la terrasse ombragée.

ROQUEFORT – 40 Landes – 335 J10 – 1 903 h. – alt. 69 m – ⌧ 40120 **3** B2
▌Aquitaine

▶ Paris 667 – Bordeaux 107 – Mont-de-Marsan 23 – Saint-Pierre-du-Mont 31
🔢 140 rue Alphonse Castaing 🌮 05 58 45 50 46

Le Logis de St-Vincent 🚻 🛁 rest, ⟨° 🅿 VISA 🆎

76 r. Laubaner – 🌮 *05 58 45 75 36 – www.logis-saint-vincent.com – Fermé*
17-25 avril, 26 juin-3 juil., 23 oct.-2 nov., 20-27 fév.
6 ch – †67/115 € ††67/125 € – 1 suite – ⌑ 11 € – ½ P 73/114 €
Rest – *(fermé dim.) (prévenir)* Menu 30/50 €
• Cette maison de maître du 19ᵉ s. a du cachet : parquet d'origine, murs en pierre, mobilier de style... Le propriétaire, un Hollandais très accueillant, aime à décrire les objets que son père a rapportés de voyages lointains. Dans la salle à manger, une petite table est réservée aux amoureux ; cuisine traditionnelle.

ROQUEFORT-LES-PINS – 06 Alpes-Maritimes – **341** D6 – 6 058 h. **42** E2
– alt. 184 m – ⊠ 06330

> ▶ Paris 912 – Cannes 18 – Grasse 14 – Nice 25
>
> 🛈 Centre Culturel R D 2085 ℘ 04 93 09 67 54

Auberge du Colombier 🗯 🛋 ⌛ ⅍ 🖳 VISA ◍ AE
au Colombier, rte de Nice, sur D 2085 – ℘ 04 92 60 33 00
– www.auberge-du-colombier.com – Fermé 1er nov.-31 mars
19 ch – †60/100 € ††70/110 € – 2 suites – ⌸ 10 €
Rest – *(fermé merc. midi et mardi d'oct. à mars)* (23 €) Menu 30/39 €
– Carte 50/75 €
♦ Maison nichée dans un parc arboré dominant la vallée. Les chambres, progressivement refaites, sont garnies de meubles en bois patiné. La salle à manger rustique et l'agréable terrasse tournée vers la végétation servent de cadre à une cuisine traditionnelle.

LA ROQUE-GAGEAC – 24 Dordogne – **329** I7 – 420 h. – alt. 85 m **4** D3
– ⊠ 24250 🏷 Périgord Quercy

> ▶ Paris 535 – Brive-la-Gaillarde 71 – Cahors 53 – Périgueux 71
>
> 🛈 le Bourg ℘ 05 53 29 17 01
>
> 👁 Site ★★.

XX **La Belle Étoile** avec ch 🗯 🛋 AC rest, VISA ◍ AE ◑
😊 *Le Bourg – ℘ 05 53 29 51 44 – www.belleetoile.fr – Ouvert 10 avril-1er nov. et*
fermé merc. midi et lundi
15 ch – †55/65 € ††55/75 € – ⌸ 10 € – ½ P 78 €
Rest – (25 €) Menu 29/50 €
♦ Plats de tradition gourmands et généreux à savourer dans une atmosphère rustique ou sous la treille, face à la Dordogne. Chambres confortables pour l'étape.

XX **Auberge La Plume d'Oie** avec ch 🗯 «ﾂ» VISA ◍
Le Bourg – ℘ 05 53 29 57 05 – www.aubergelaplumedoie.com
– Fermé 15 nov.-20 déc., 10 janv. à début mars, mardi midi hors saison et lundi
sauf le soir en juil.-août
4 ch – †75/90 € ††75/90 € – ⌸ 13 €
Rest – *(nombre de couverts limité, prévenir)* Menu 29/45 € – Carte 50/81 €
♦ Cette demeure ancienne abrite un restaurant coquet et rustique : pierres, poutres et vue sur les gabares. En cuisine, on revisite la tradition avec des produits frais. Petites chambres bien tenues, pour une étape dans ce village magnifique.

rte de Vitrac au Sud-Est par D 703 – ⊠ 24250 La-Roque-Gageac

Le Périgord 🚗 🛋 ⌛ ⅍ AC ⅍ rest, ⅍ 🖳 VISA ◍
à 3 km – ℘ 05 53 28 36 55 – www.hotelleperigord.eu – Fermé 1er janv.-28 fév.
39 ch – †61/71 € ††61/71 € – ⌸ 9 € – ½ P 60/65 €
Rest – *(fermé lundi et mardi sauf de mai à mi-oct.)* Menu 23/40 €
– Carte 42/55 €
♦ Au pied de la bastide de Domme, maison d'allure régionale entourée d'un grand jardin. Chambres d'esprit rustique, simples et bien tenues. Recettes actuelles qui – enseigne oblige – reposent sur des bases périgourdines. Repas en terrasse ou sous la véranda.

XX **Les Prés Gaillardou** 🚗 🛋 🖳 VISA ◍ AE
😊 *rte D46 – ℘ 05 53 59 67 89 – www.les-pres-gaillardou.com*
– Fermé 15 déc.-13 fév., mardi soir hors saison, merc. sauf le soir de juin à sept.
et sam. midi
Rest – Menu 15 € (déj. en sem.), 23/30 €
♦ Murs en pierre, belle cheminée et poutres font le charme de cette ancienne ferme tenue en famille. L'ambiance est bucolique, et les menus du terroir vraiment intéressants.

LA ROQUE-SUR-PERNES – 84 Vaucluse – **332** D10 – 411 h. **42** E1
– alt. 250 m – ⊠ 84210

> ▶ Paris 697 – Avignon 34 – Marseille 99 – Salon-de-Provence 49

Château la Roque $\leftarrow$ 🚗 🏡 🏊 🎏 🛜 *VISA* ⚉ AE

263 chemin du Château – 𝒞 04 90 61 68 77 – www.chateaularoque.com
– *Fermé 4 janv.-10 fév.*
5 ch – 🛏150/280 € 🛏🛏150/280 € – ☷ 20 € – ½ P 133/198 €
Rest – *(fermé dim.)* *(dîner seult)* *(résidents seult)* Menu 40 €
◆ Ce château du 11ᵉ s. a été magnifiquement restauré. Chambres raffinées et
spacieuses ; terrasses en restanques et belle piscine dans la roche. Vue provençale
époustouflante ! Repas concoctés par le maître des lieux et pris dans la salle tem-
plière ou le jardin.

ROQUETTE-SUR-SIAGNE – 06 Alpes-Maritimes – **341** C6 – 4 865 h. **42** E2
– **alt. 12 m** – ✉ 06550

▶ Paris 912 – Antibes 20 – Marseille 165 – Nice 44

La Terrasse AC 🅿 *VISA* ⚉ AE

484 av. de la République, (quartier Saint-Jean) – 𝒞 04 92 19 04 88
– www.restaurantlaterrasse-06.com – *Fermé 24-30 déc., sam. midi, dim. et fériés*
Rest – (21 € bc) Menu 29/45 € – Carte 42/60 €
◆ Bois exotiques, plantes vertes et palmiers : dans une lumineuse salle à l'esprit
vacances, découvrez une cuisine actuelle et créative très soignée, à prix doux.

ROSAY – 78 Yvelines – **311** G2 – rattaché à Mantes-la-Jolie

---

ROSBRUCK – 57 Moselle – **307** M4 – rattaché à Forbach

ROSCOFF – 29 Finistère – **308** H2 – 3 705 h. – alt. 7 m – Casino **9** B1
– ✉ 29680 ▮ Bretagne

▶ Paris 563 – Brest 66 – Landivisiau 27 – Morlaix 27

🛈 Quai d'Auxerre 𝒞 02 98 61 12 13

◉ Église N.-D.-de-Croaz-Batz★ - Jardin exotique★.

Le Brittany 🛦 $\leftarrow$ 🚗 🏡 🔲 🖃 ⚅ ch, 🏊 rest, 🛜 🚶 🅿 *VISA* ⚉ AE

bd Ste-Barbe – 𝒞 02 98 69 70 78 – www.hotel-brittany.com – *Ouvert*
18 mars-12 nov. **Z**a
24 ch – 🛏140/265 € 🛏🛏140/265 € – 2 suites – ☷ 19 € – ½ P 295/325 €
Rest *Le Yachtman* – bd Ste Barbe *(fermé lundi et le midi) (nombre de couverts
limité, prévenir)* Menu 59/99 € – Carte 80/145 € 🦞
Spéc. Médaillons de homard bleu et ravioles de poireaux (mi-avril à mi-oct.). Lotte
rôtie sur l'arête, girolles, salade de pieds de couteaux et carottes (mi-juin à mi-
sept.). Paris-brest revisité au blé noir (mi-avril à mi-oct.).
◆ Beau manoir du 17ᵉ s. entièrement démonté puis reconstruit à l'identique sur
le port de Roscoff. Très jolies chambres (mobilier ancien ou contemporain) et
accueil aux petits soins. Vue sur l'île de Batz et belle cuisine de la mer dans l'élégante salle du Yachtman.

Le Temps de Vivre 🖃 ⚅ 🕙 *VISA* ⚉ AE

pl. de l'Église – 𝒞 02 98 19 33 19 – www.letempsdevivre.net – *Fermé 1 sem.
en oct., 1 sem. en janv., dim. et lundi en hiver* **Y**e
15 ch – 🛏95/268 € 🛏🛏95/268 € – ☷ 14 €
Rest *Le Temps de Vivre* – voir ci-après
◆ Grandes chambres très épurées et raffinées (pierre, wengé, chêne), logées
dans des maisons de corsaires réparties autour d'un patio fleuri ; certaines regardent la mer.

Talabardon $\leftarrow$ 🖃 🏊 🛜 🚶 🅿 *VISA* ⚉ AE

27 pl. Lacaze Duthiers, (près de l'église) – 𝒞 02 98 61 24 95
– www.hotel-talabardon.com – *Ouvert de mi-fév. à mi-nov.* **Y**b
37 ch – 🛏83/172 € 🛏🛏95/195 € – ☷ 13 € – ½ P 78/130 €
Rest – *(fermé dim. soir et jeudi)* (20 € bc) Menu 25 € (déj.)/35 € – Carte 40/90 €
◆ Cet hôtel, tenu par la même famille depuis 1890, a adopté un style tout en
sobriété contemporaine. Les chambres les plus prisées jouissent d'une vue sur la
mer. Au restaurant, poissons et crustacés se dégustent dans un cadre agrémenté
de tableaux colorés.

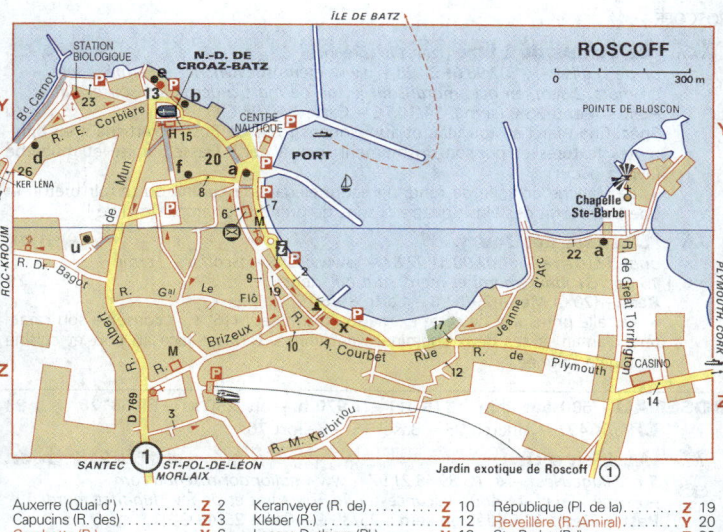

ROSCOFF

Auxerre (Quai d')	Z 2	
Capucins (R. des)	Z 3	
Gambetta (R.)	Y 6	
Gaulle (Q. Ch.-de)	Y 7	
Johnies (R. des)	Y 8	
Jules-Ferry (R.)	Z 9	
Keranveyer (R. de)	Z 10	
Kléber (R.)	Z 12	
Lacaze-Duthiers (Pl.)	Y 13	
Lannurien (R. G.-de)	Z 14	
Pasteur (R. L.)	Y 15	
Pen al Leur (Pl. de)	Z 17	
République (Pl. de la)	Z 19	
Reveillère (R. Amiral)	Y 20	
Ste-Barbe (Bd)	Z 22	
Tessier (Pl. G.)	Y 23	
Victor-Hugo (R.)	Y 26	

La Résidence *sans rest*

14 r. des Johnnies – ℰ 02 98 69 74 85 – www.hotelroscoff-laresidence.fr – Ouvert 1er mars-30 nov. **Yf**

30 ch – †55/69 € ††55/69 € – ☲ 8 €

◆ Dans un quartier calme proche du port et de l'église, maison aux chambres classiques bien tenues, pourvues de balcons au Sud. Accueil aimable.

Armen Le Triton *sans rest* ♿

r. du Dr. Bagot – ℰ 02 98 61 24 44 – www.hotel-le-triton.com **Zu**

44 ch – †44/59 € ††44/79 € – ☲ 8 €

◆ Repos garanti dans cet établissement situé à deux pas du centre-ville et des plages. Chambres de divers styles, peu à peu rénovées. Petits-déjeuners face au jardin.

Aux Tamaris *sans rest*

49 r. Edouard Corbière – ℰ 02 98 61 22 99 – www.hotel-aux-tamaris.com
– Ouvert 12 fév.-31 déc. **Yd**

26 ch – †55/95 € ††55/95 € – ☲ 9 €

◆ Maison bretonne de 1935 abritant des chambres décorées sur différents thèmes marins ; certaines ont vue sur les flots. Salle des petits-déjeuners avec vue sur l'île de Batz.

Du Centre

le Port – ℰ 02 98 61 24 25 – www.chezjanie.com
– Ouvert de mi-fév. à mi-nov. **Ya**

16 ch – †59/124 € ††59/124 € – ☲ 10 €

Rest – *(fermé dim. soir et mardi sauf juil.-août)* (14 € bc) Menu 22 €
– Carte 22/30 €

◆ Hôtel voisin de l'embarcadère pour l'île de Batz. Les chambres offrent deux expositions – côté port ou côté ville – et un décor actuel, avec des extraits de poèmes aux murs. Fruits de mer, grillades et salades composent la carte du bar-restaurant tourné vers la Manche.

1453

XXX **Le Temps de Vivre** (Jean-Yves Crenn) ⟨ VISA ⟨ AE
❀ *pl. de l'Église – ℰ 02 98 61 27 28 – www.letempsdevivre.net – Fermé 2 sem.*
en mars, 2 sem. en oct., mardi sauf le soir de mars à déc., dim. soir et lundi
Rest – Menu 35 € (sem.), 54/105 € – Carte 64/108 €❀ Y**e**
Spéc. Chou farci au tourteau et aux oignons rosés de Roscoff. Artichaut en différentes textures et poisson du moment (mai à déc.). Dessert fraise et rhubarbe
(avril à oct.).
◆ La Manche en toile de fond, un cadre élégant, la cuisine du terroir breton et
une belle carte des vins : quatre raisons de prendre le temps de vivre !

XX **L'Écume des Jours** ⟨ VISA ⟨⟨
quai d'Auxerre – ℰ 02 98 61 22 83 – www.ecume-roscoff.fr – Fermé
15 déc.-31 janv., mardi et merc. sauf juil.-août Z**x**
Rest – (20 €) Menu 29/53 € – Carte 39/80 €
◆ La salle principale de cette ex-maison d'armateur (16ᵉ s.) a conservé son caractère d'antan et ses deux cheminées anciennes. Terrasse face au port et cuisine
régionale soignée.

ROSENAU – 68 Haut-Rhin – **315** J11 – 1 970 h. – alt. 230 m – ⊠ 68128 **1 B3**
▶ Paris 492 – Altkirch 25 – Basel 15 – Belfort 70

XX **Au Lion d'Or** 🍴 🏠 AC ⚐ P VISA ⟨⟨
☺ *5 r. Village Neuf – ℰ 03 89 68 21 97 – www.auliondor-rosenau.com*
– Fermé 25 juil.-14 août, vacances de la Toussaint et de fév., lundi et mardi
Rest – Menu 12 € (déj. en sem.), 25/38 € – Carte 25/48 €❀
◆ Salle à manger boisée et agréable jardin-terrasse dans cette sympathique
auberge tenue par la même famille depuis 1928. Cuisine classique et belle sélection de vins au verre.

ROSHEIM – 67 Bas-Rhin – **315** I6 – 4 708 h. – alt. 190 m – ⊠ 67560 **1 A2**
▮ Alsace Lorraine
▶ Paris 485 – Erstein 20 – Molsheim 9 – Obernai 6
🛈 94, rue du Général-de-Gaulle ℰ 03 88 50 75 38
◉ Église St-Pierre et St-Paul★.

🏨 **Hostellerie du Rosenmeer** (Hubert Maetz) 🍴 🏠 🛏 ⅙ AC rest, ⅏
❀ *45 av. de la Gare, 2 km au Nord-Est sur D 35* P VISA ⟨⟨ AE
ℰ 03 88 50 43 29 – www.le-rosenmeer.com – Fermé 25 juil.-9 août et 15 fév.-8 mars
20 ch – ♟45/50 € ♟♟61/98 € – � 10 € – ½ P 79/98 €
Rest – *(fermé dim. soir, lundi et merc.)* Menu 33 € bc (déj. en sem.), 76 € bc/
110 € bc – Carte 40/69 €❀
Spéc. Cappuccino, foie de canard poêlé et jus aux fleurs. Omble chevalier, kaask-
nepfles et purée de chénopode. Crémeux au chocolat-myrtille, parfait à la tanaisie
(juil. à sept.). **Vins** Sylvaner.
Rest *Winstub d'Rosemer* – *(fermé dim. et lundi)* (10 €) Menu 32 € – Carte 20/43 €
◆ Cet hôtel d'inspiration alsacienne borde le ruisseau qui lui a donné son nom.
Chambres fonctionnelles, de facture classique, rustique ou plus contemporaine.
Au restaurant, bois blond, grandes baies vitrées et cuisine inventive inspirée du
terroir. Petite winstub typiquement régionale.

XX **Auberge du Cerf** VISA ⟨⟨
☺ *120 r. Gén.-de-Gaulle – ℰ 03 88 50 40 14 – www.aubergeducerf-rosheim.com*
– Fermé 17-29 janv., dim. soir et lundi
Rest – Menu 15/40 € – Carte 26/54 €
◆ Au cœur de la cité vigneronne, dégustez une cuisine traditionnelle et régionale
dans une auberge à colombages, joliment fleurie.

X **La Petite Auberge** 🏠 ⅙ AC ⟷ P VISA ⟨⟨ AE
41 r. du Gén.-de-Gaulle – ℰ 03 88 50 40 60 – www.petiteauberge.fr – Fermé
1ᵉʳ-21 fév., jeudi soir et lundi
Rest – Menu 22/38 € – Carte 26/47 €
◆ Dans la rue principale, maison alsacienne typique abritant un restaurant
habillé de boiseries. Nombreux menus traditionnels et, chaque jour, suggestions
du marché.

LA ROSIÈRE – 14 Calvados – **303** I4 – rattaché à Arromanches-les-Bains

LA ROSIÈRE 1850 – 73 Savoie – **333** O4 – alt. 1 850 m – **Sports**   **45** D2
d'hiver : 1 100/2 600 m ⚡20 ⚡ – ⊠ 73700 Montvalezan 🟩 Alpes du Nord
> ▶ Paris 657 – Albertville 76 – Bourg-St-Maurice 22 – Chambéry 125

🏠   **Relais du Petit St-Bernard** ⚜   ⩽ ᴍᴵ ⚟ VISA ⦿
– ℰ 04 79 06 80 48 – www.petit-saint-bernard.com – Ouvert 26 juin-10 sept. et
11 déc.-24 avril
20 ch – ♦52/62 € ♦♦70/86 € – � 9 € – ½ P 64/72 €
Rest – (17 €) Menu 21/29 € – Carte 18/39 €
◆ Ce petit St-Bernard propose le gîte et le couvert au pied des pistes : chambres
rustiques, bien tenues (certaines dotées d'un balcon panoramique) et taverne.
Cuisine simple et rapide le midi, traditionnelle (dont spécialités savoyardes) le soir.

LES ROSIERS-SUR-LOIRE – 49 Maine-et-Loire – **317** H4 – 2 281 h.   **35** C2
– alt. 22 m – ⊠ 49350 🟩 Châteaux de la Loire
> ▶ Paris 304 – Angers 32 – Baugé 27 – Bressuire 66
> 🛈 place du Mail ℰ 02 41 51 90 22

XXX   **La Toque Blanche**   AC ⚜ ⇔ P VISA ⦿
2 r. Quarte, (rte d'Angers) – ℰ 02 41 51 80 75 – Fermé 13-30 nov., 3-25 janv.,
mardi et merc.
Rest – Menu 27 € bc (sem.), 42/53 €
◆ De larges fenêtres s'ouvrent sur le fleuve : idéal pour déguster un sandre au
beurre blanc, de l'anguille ou d'autres recettes régionales arrosées de vin de Loire.

XX   **Au Val de Loire** avec ch   AC rest, ⁞¶ VISA ⦿
⊜   pl. de l'Église – ℰ 02 41 51 80 30 – www.au-val-de-loire.com – Fermé
15 fév.-15 mars, jeudi soir, dim. soir et lundi
8 ch – ♦55/65 € ♦♦55/65 € – � 8 €
Rest – Menu 14 € (sem.), 25/42 € – Carte 41/55 €
◆ Plantes aromatiques et fleurs apportent un zeste d'originalité à la cuisine traditionnelle, souvent à base de poisson, de cette hostellerie familiale. Les chambres,
elles aussi, portent des noms de fleurs et méritent que l'on s'y arrête pour la nuit.

ROSPEZ – 22 Côtes-d'Armor – **309** B2 – rattaché à Lannion

ROSTRENEN – 22 Côtes-d'Armor – **309** C5 – 3 397 h. – alt. 216 m   **9** B2
– ⊠ 22110
> ▶ Paris 485 – Carhaix-Plouguer 22 – Quimper 71 – St-Brieuc 58
> 🛈 6, rue Abbé Gilbert ℰ 02 96 29 02 72

XX   **L'Éventail des Saveurs**   ᴍᴵ VISA ⦿
⊜   3 pl. Bourg-Coz – ℰ 02 96 29 10 71 – www.restaurant-eventail-des-saveurs.com
– Fermé mardi soir de sept. à mai, dim. soir, merc. soir et lundi
🍴 **Rest** – Menu 14 € (déj. en sem.), 18/53 € – Carte 34/56 €
◆ Découvrez un éventail de saveurs bretonnes revisitées par un chef autodidacte
passionné. Au choix, élégante salle épurée (tons beige, chocolat) ou cadre d'esprit brasserie.

ROUBAIX – 59 Nord – **302** H3 – 97 952 h. – alt. 27 m – ⊠ 59100   **31** C2
🟩 Nord Pas-de-Calais Picardie
> ▶ Paris 232 – Kortrijk 23 – Lille 15 – Tournai 20
> 🛈 12, place de la Liberté ℰ 03 20 65 31 90
> 🏌 du Sart à Villeneuve-d'Ascq 5 rue Jean Jaurès, S : 5 km, ℰ 03 20 72 02 51
> 🏌 de Brigode à Villeneuve-d'Ascq 36 avenue du Golf, S : 6 km, ℰ 03 20 91 17 86
> 🏌 de Bondues à Bondues Château de la Vigne, par D 9 : 8 km, ℰ 03 20 23 20 62
> 🔲 Centre des archives du monde du travail - La Piscine★★, Musée d'Art et
> d'Industrie★ - Chapelle d'Hem★ (murs-vitraux★★ de Manessier) 5 km, voir
> plan de Lille.

Accès et sorties : voir plan de Lille

XX Le Beau Jardin "Saveurs" 🛜 VISA ⦿ AE

av. Le Nôtre, (Le Parc Barbieux) – ℰ 03 20 20 61 85 – www.lebeaujardin.fr
Rest – (22 €) Menu 27 € – Carte 48/57 €🏵

3AYe

◆ Environnement unique pour ce restaurant niché au cœur du parc de Barbieux.
Jolie salle contemporaine face à un plan d'eau et festival de saveurs dans l'assiette (herbes et épices).

ROUEN Ⓟ – 76 Seine-Maritime – 304 G5 – 107 904 h.

33 D2

– **Agglo. 389 862 h. – alt. 12 m** – ⊠ 76000 ▯ Normandie Vallée de la Seine

▶ Paris 134 – Amiens 122 – Caen 124 – Le Havre 87

Bac : de Dieppedalle ℰ 02 35 36 20 81 ; du Petit-Couronne ℰ 02 35 32 40 21.

🛧 de Rouen-Vallée de Seine : ℰ 02 35 79 41 00, par ③ : 10 km.

🛈 25, place de la Cathédrale ℰ 02 32 08 32 40

🏌 de Rouen Mont-St-Aignan à Mont-Saint-Aignan Rue Francis Poulenc,
ℰ 02 35 76 38 65

🏌 De Léry Poses à Poses Base de Loisirs & de Plein Air, ℰ 02 32 59 47 42

🏌 de la Forêt-Verte à Bosc-Guérard-Saint-Adrien, N : 15 km par D 121 et D 3,
ℰ 02 35 33 62 94

◉ Cathédrale Notre-Dame★★★ - Le Vieux Rouen★★★ : Église St-Ouen★★,
Église St-Maclou★★ Aître St-Maclou★★, palais de justice★★, rue du Gros-
Horloge★★, rue St-Romain★★ BZ, place du Vieux-Marché★ AY,
- Verrière★★ de l'église Ste-Jeanne-d'Arc AY **D**, rue Ganterie★, rue Damiette★
CZ - 35, rue Martainville★ CZ - Église St-Godard★ BY – Demeure★ (musée
national de l'Éducation) CZ **M¹⁵** - Vitraux★ de l'église St-Patrice - Musées :
Beaux-Arts★★★, Le Secq des Tournelles★★ BY **M¹³**, Céramique★★ BY **M³**,
départemental des Antiquités de la Seine-Maritime★★ CY **M¹** - Musée
national de l'Éducation★ - Jardin des Plantes★ EX - Corniche★★★ de la Côte
Ste-Catherine★★★ - Bonsecours★★ FX, 3 km - Centre Universitaire ❀★★ EV.

🄶 St-Martin de Boscherville : anc. abbatiale St-Georges★★, 11 km par ⑦.

Plans pages suivantes

🏨 De Bourgtheroulde 🔲 ⊕ ⒧ 🍴 ⵣ 🛗 💺 🐾 AC ❳ rest, 🛜 😘 🚗 VISA ⦿ AE ⓪

15 pl. de la Pucelle – ℰ 02 35 14 50 50 – www.hotelsparouen.com **AYm**
78 ch – †195/380 € ††215/480 € – ⊡ 18 € – ½ P 125/210 €
Rest *L'Aumale* – (fermé dim. et lundi) Menu 42 € (déj. en sem.) – Carte 52/82 €
Rest *La Brasserie des 2 Rois* – (19 €) Menu 24/40 € – Carte 28/41 €

◆ En plein cœur du vieux Rouen, cet hôtel particulier du 16ᵉ s. est un joyau ! Le
bar impressionne, avec une verrière Art déco et un plancher en verre dominant la
piscine. Chambres contemporaines dans un cadre historique. Cuisine actuelle à
l'Aumale. Décor contemporain à la Brasserie des 2 Rois.

🏨 Mercure Champ de Mars 🛗 💺 ch, AC ❳ 😘 🚗 VISA ⦿ AE ⓪

12 av. A. Briand – ℰ 02 35 52 42 32 – www.rouen-hotel.fr **CZj**
121 ch – †85/160 € ††100/175 € – ⊡ 16 €
Rest – (fermé le midi du 14 juil. au 21 août et du 24 déc. au 1ᵉʳ janv., dim. midi
et sam.) (23 €) Menu 27 € – Carte 25/41 €

◆ En bord de Seine, sur un boulevard au trafic dense, hôtel moderne aux chambres tout confort, fréquenté notamment par une clientèle d'affaires. Restaurant
rénové tourné vers le Champ-de-Mars et proposant des plats traditionnels.

🏨 Mercure Centre sans rest 🛗 💺 AC ❳ ❳ 😘 🚗 VISA ⦿ AE ⓪

7 r. de la Croix de Fer – ℰ 02 35 52 69 52 – www.mercure.com **BZf**
125 ch – †101/145 € ††116/161 € – 1 suite – ⊡ 16 €

◆ Situé dans le quartier piétonnier du vieux Rouen, ce bâtiment à colombages dédie sa décoration à la littérature. Certaines chambres donnent sur la célèbre cathédrale.

🏨 Du Vieux Marché sans rest 🛗 💺 ❳ Ⓟ 🚗 VISA ⦿ AE ⓪

15 r. Pie – ℰ 02 35 71 00 88 – www.bestwestern-hotel-vieuxmarche.com
48 ch – †111/180 € ††127/180 € – ⊡ 14 € **AYh**

◆ À deux pas de la place, ensemble de maisons en retrait de la rue ; les chambres chaleureuses, rénovées en 2009, sont décorées à l'anglaise. Salon cosy. Terrasse-solarium.

De Dieppe
🏨   🖾 rest, ⏹ 🔊 🅥🅸🆂🅰 ⓪ 🄰🄴

pl. B. Tissot, (face à la gare) – 𝒞 02 35 71 96 00 – www.hotel-dieppe.fr
41 ch – ♯95/105 € ♯♯105/150 € – ☑ 15 €   BY**z**
Rest *Le Quatre Saisons* – *(fermé 24 juil.-17 août, sam. midi et dim. soir)* (17 €)
Menu 23/52 € – Carte 38/80 €

◆ Cinq générations se sont succédé depuis 1880 dans cet hôtel situé face à la gare. Chambres diversement meublées, dotées d'équipements complets. Célèbre pour sa recette de canard à la rouennaise, le Quatre Saisons fait honneur à la tradition.

Suite Novotel sans rest
🏨   📶 ⧫ 🖾 ⏹ 🛜 🅥🅸🆂🅰 ⓪ 🄰🄴

10 quai de Boisguilbert – 𝒞 02 32 10 58 68 – www.suitehotel.com   EV**t**
80 ch – ♯99/145 € ♯♯99/145 € – ☑ 12 €

◆ Cet hôtel récent abrite d'agréables chambres d'esprit contemporain, vastes et claires, conçues aussi bien pour les hommes d'affaires que pour les familles (cuisinettes).

Dandy sans rest
🏨   📶 ⏹ 🛜 🅥🅸🆂🅰 ⓪ 🄰🄴

93 bis r. Cauchoise – 𝒞 02 35 07 32 00 – www.hotels-rouen.net   AY**p**
18 ch – ♯80/105 € ♯♯92/125 € – ☑ 11 €

◆ Dans une rue piétonne menant à la place du Vieux-Marché, un hôtel aux chambres classiques, meublées en style Louis XV ou Louis XVI. Agréable salle pour le petit-déjeuner.

De l'Europe
🏨   📶 ⌘ ch, ⏹ 🅥🅸🆂🅰 ⓪ 🄰🄴 ⓞ

87 r. aux Ours – 𝒞 02 32 76 17 76 – www.h-europe.fr – Fermé 24 déc.-3 janv.
26 ch – ♯95 € ♯♯120 € – ☑ 11 € – ½ P 77 €   AZ**e**
Rest – *(fermé 24 déc.-3 janv. et 13 juil.-23 août)* (13 €) Menu 24 € (sem.)/29 €
– Carte environ 30 €

◆ Dans le Rouen historique, bâtiment moderne dont les chambres, pratiques, offrent, au dernier étage, une belle perspective sur la ville. Au restaurant, tables sobrement dressées et cuisine traditionnelle.

Le Cardinal sans rest
🏠   📶 ⌘ ⏹ 🅥🅸🆂🅰 ⓪

1 pl. Cathédrale – 𝒞 02 35 70 24 42 – www.cardinal-hotel.fr – Fermé mars
16 ch – ♯75/120 € ♯♯85/130 € – ☑ 10 €   BZ**r**

◆ Voisin de la cathédrale Notre-Dame, chef-d'œuvre de l'art gothique, établissement familial aux petites chambres bien tenues, colorées en pastel. L'été, petit-déjeuner en terrasse.

Le Clos Jouvenet sans rest 🌿
◁ 🚗 ⌘ ⏹ 🅿

42 r. Hyacinthe Langlois – 𝒞 02 35 89 80 66 – www.leclosjouvenet.com – Fermé
15 déc.-15 janv.   EV**a**
4 ch ☑ – ♯85/100 € ♯♯100/120 €

◆ Belle demeure bourgeoise du 19ᵉ s. sur les hauteurs de la ville, au calme d'un grand jardin. Chambres cosy et impeccables, avec vue sur le verger ou les clochers.

Gill (Gilles Tournadre)
🖾 🅥🅸🆂🅰 ⓪ 🄰🄴 ⓞ
❀❀❀❀   ❀ ❀
🟢🟢   *9 quai Bourse* – 𝒞 02 35 71 16 14 – www.gill.fr – Fermé
17 avril-3 mai, 31 juil.-23 août, dim., lundi et fériés   BZ**a**
Rest – Menu 35 € (déj. en sem.), 65/92 € – Carte 80/110 € ❀
Spéc. Queues de langoustines poêlées en chutney de poivron et tomate. Pigeon à la rouennaise. Millefeuille "minute".

◆ Sur les quais de la Seine, élégante salle à manger confortable et épurée. La cuisine inventive, dans l'air du temps, met en scène les produits normands. Belle carte des vins.

Les Nymphéas
🚃 🅥🅸🆂🅰 ⓪ 🄰🄴
❀❀❀   *9 r. de la Pie* – 𝒞 02 35 89 26 69 – www.lesnympheas-rouen.com – Fermé
21 août-12 sept., vacances de fév., dim. et lundi sauf fériés   AY**h**
Rest – Menu 30 € (déj. en sem.), 42/52 € – Carte 60/91 €

◆ Plats traditionnels servis dans une maison à colombages située au fond d'une courette pavée. Décor soigné mêlant rustique et moderne, agréable terrasse fleurie.

ROUEN

Alliés (Av. des) . . . . **DX** 4
Ango (R. Jean) . . . . **EV** 7
Béthencourt (Quai de) . . . . **EV** 14
Bicheray (Av. du Cdt) . . . . **DV** 15
Boisguilbert (Quai de) . . . . **EV** 18
Bois-des-Dames (Av. du) . . . . **EV** 17
Bonsecours (Rte de) . . . . **EV** 21
Briand (R. Aristide) . . . . **DX** 33
Brossolette (Bd) . . . . **DX** 34
Bruyères (Rond-Point des) . . . . . . **EX** 36
Caen (Av. de) . . . . **EV** 37
Canteleu (Rte de) . . . . **DV** 39
Carnot (Av.) . . . . **DV** 40
Chasselièvre (R.) . . . . **EV** 52
Clères (Chemin de) . . . . **EV** 54
Coquelicots (R. des) . . . . **EX** 55
Corneille (R. Pierre) . . . . **EX** 58
Corniche (Rte de la) . . . . **FV** 60
Darnétal (Rte de) . . . . **FV** 64
Duclair (R. de) . . . . **DV** 69
Elbeuf (R. d') . . . . **EX** 75
Europe (Av. de l') . . . . **EV** 78
Europe (Bd de l') . . . . **EVX** 79
La-Fayette (R.) . . . . **EV** 103
Felling (Av. de) . . . . **EX** 82
Flaubert (Pt) . . . . **EV** 83
Fond-du-Val (Allée du) . . . . **EV** 85
France (Quai de) . . . . **DV** 87
Gaulle (Bd Charles-de) . . . . **DX** 88
Grand'Mare (Av. de la) . . . . **FV** 92
Grand-Cours (Av. du) . . . . **EX** 91
Jean-Jaurès (Av.) . . . . **DX** 97
Jean-Jaurès (Bd) . . . . **DV** 99
Leclerc-de-Hauteclocque
  (Av. du Gén.) . . . . **DX** 106
Leclerc (Av. Général) . . . . **DV** 105
Lesseps (Bd Ferdinand-de) . . . . . **EV** 107
Maréchal-Juin (Av. du) . . . . **FV** 109
Martyrs-de-la-Résistance
  (R. des) . . . . **DV** 110
Mont-Riboudet (Av. du) . . . . **EV** 112
Nansen (R.) . . . . **DV** 114
Paris (Rte de) . . . . **FX** 158
Pène (R. Annie-de) . . . . **FV** 118
Quatre-Mares (Grande R. de) . . **EX** 122
Renard (R. du) . . . . **FV** 125
République
  (R. de la BONSECOURS) . . . . **EX** 160
Rondeaux (Av. Jean) . . . . **EV** 131
Roosevelt (Bd Franklin) . . . . **DX** 132
Ste-Lucie (Rond-Point) . . . . **DX** 135
Siegfried (Bd André) . . . . **EX** 142
Sotteville (R. de) . . . . **EX** 145
Verdun (Bd de) . . . . **EV** 150
Verdun
  (Bd de GRAND-QUEVILLY) . . **DX** 165
11-Novembre (Bd du) . . . . **EX** 157

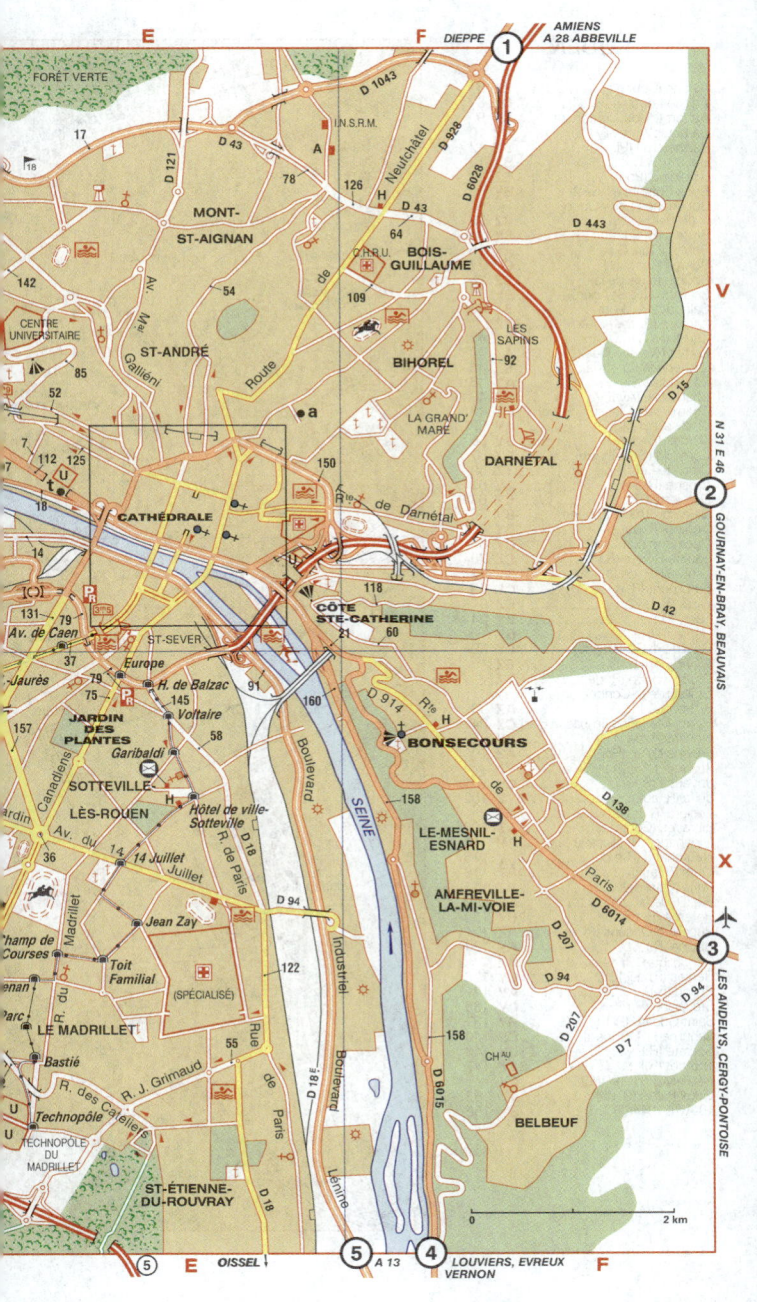

ROUEN

Albane (Cour d') .... **BZ** 3
Alsace-Lorraine (R. d') .... **CZ** 6
Aubert (Pl. du Lieutenant) .... **CZ** 9
Barbey-d'Aurevilly (R.) .... **AZ** 10
Barthélemy (Pl.) .... **BZ** 12
Belfroy (R.) .... **BY** 13
Boieldieu (Pont) .... **BZ** 16
Bons-Enfants (R. des) .... **ABY** 19
Boucheries-Saint-Ouen
   (R. des) .... **CZ** 22
Boudin (R. E.) .... **BY** 24
Boulet (Quai G.) .... **AY** 25
Bourg-l'Abbé (R.) .... **CY** 27
Bourse (Quai de la) .... **BZ** 28
Bouvreuil (R. St-André) ..... **BY** 30
Calende (Pl. de la) .... **BZ** 35
Carmes (R. des) .... **BYZ**
Carrel (R. A.) .... **CZ** 42
Cartier (Av. Jacques) .... **AZ** 43
Cathédrale (Pl. de la)....... **BZ** 45
Cauchoise (R.)............... **AY** 46
Champlain (Av.) .... **AZ** 49
Champ-des-Oiseaux (R. du) .. **BY** 48
Chasselièvre (R.)............ **AY** 52
Cordier (R. du) .... **BY** 56
Corneille (Quai Pierre). ..... **BZ** 57
Croix-de-Fer (R.)............ **BYZ** 59
Crosne (R. de) .... **AY** 61
Damiette (R.) .... **CZ** 63
Delacroix (Allée Eugène) .... **BY** 66
Donjon (R. du).............. **BY** 67
Duchamp (Espl. M.) .... **BY** 68
Eau-de-Robec (R.)........... **CZ** 70
Écureuil (R. de l')........... **BY** 72
Ernemont (R. d') .... **CY** 76
Faulx (R. des) .... **CZ** 81
Foch (Pl.) .... **BY** 84
Ganterie (R.) .... **BY**
Gaulle (Pl. Général-de) ..... **CY** 89
Grand-Pont (R.) .... **BZ**
Gros-Horloge (R. du) .... **ABYZ**
Guillaume-le-Conquérant
   (Pont)................... **AZ** 93
Hauts-Mariages (Impasse des) **CZ** 94
Hôpital (R. de l') .... **BY** 96
Jeanne-d'Arc (Pont) .... **AZ** 100
Jeanne-d'Arc (R.) .... **BYZ**
Joyeuse (R.) .... **CY** 101
Juifs (R. aux)............... **BYZ** 102
Leclerc (R. du Gén.) .... **BZ**
Libraires (Cour des) .... **BZ** 108
Mesnager (R. Nicolas) ...... **AY** 111
Neufchâtel (Rte de) .... **CY** 115
Ours (R. aux) .... **ABZ** 116
Paris (Quai de). .... **BZ** 117
Pie (R. de la) .... **AY** 119
Poterne (R. de la) .... **BY** 120
Pucelle-d'Orléans (Pl. de la) . **AZ** 121
Racine (R.)................. **AY** 124
République (R. de la) .... **BZ**
Requis (R. des) .... **CY** 128
Rollon (R.) .... **AY** 129
Ste-Marie (R.) .... **CY** 138
Saint-Godard (Pl.) .... **BY** 137
Schuman (R. Robert) .... **CS** 140
Socrate (R.) .... **BY** 143
Thouret (R.) .... **BYZ** 147
Vieux-Marché (Pl. du) .... **AY**
Vieux-Palais (R. du)......... **AY** 152
19-Avril-1944 (Pl. du) .... **BY** 155

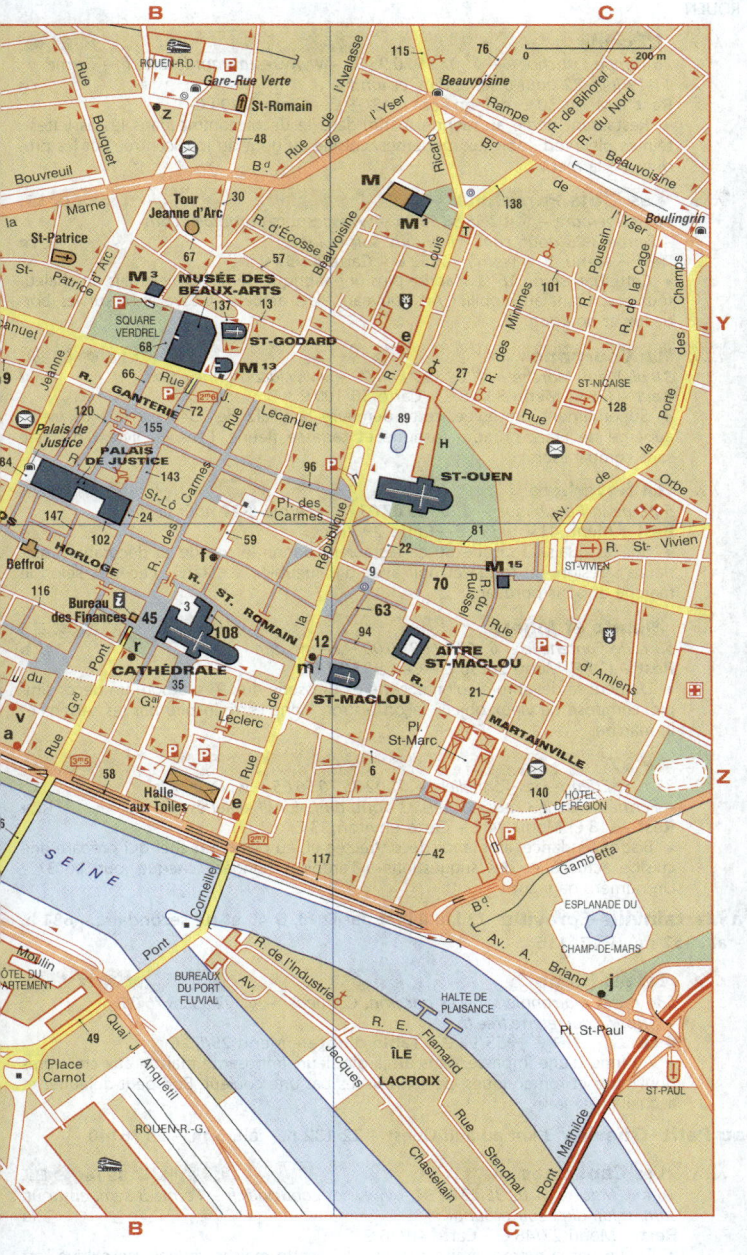

XXX L'Écaille
AC VISA ●●

26 rampe Cauchoise – ℰ 02 35 70 95 52 – www.restaurant-lecaille.fr – Fermé
11-19 juil., 22 août-6 sept., dim. et lundi   **AYg**
Rest – Menu 30 € (déj. en sem.), 45/79 € – Carte 60/93 €

◆ Restaurant dédié au monde marin, dans le décor comme dans les assiettes : teintes bleu-vert, tableaux modernes, cuisine au goût du jour centrée sur les produits de la mer.

XXX Les P'tits Parapluies
VISA ●● AE

pl. Rougemare – ℰ 02 35 88 55 26 – www.lesptits-parapluies.com
– Fermé 3-23 août, sam. midi, dim. soir et lundi   **CYe**
Rest – Menu 30 € (sem.), 42/52 € – Carte 42/57 €🎬

◆ Cette bâtisse du 16ᵉ s. n'abrite plus une fabrique de parapluies mais un chaleureux restaurant au mobilier Art nouveau. Plats actuels et cave axée sur les bordeaux et bourgognes.

XXX La Couronne
🎬 ⇄ VISA ●● AE ●

31 pl. Vieux Marché – ℰ 02 35 71 40 90 – www.lacouronne.com.fr   **AYd**
Rest – (25 €) Menu 33/48 € – Carte 50/100 €

◆ Superbement préservée, cette demeure familiale de 1345 est la plus vieille auberge de France. Cadre rustique et terrasse fleurie, l'été. Le livre d'or reste sans comparaison.

XX Le Reverbère
AC VISA ●● AE

5 pl. de la République – ℰ 02 35 07 03 14 – Fermé 3-24 août et dim.
Rest – Menu 41 € bc/57 € – Carte 29/70 €🎬   **BZe**

◆ Sur les quais, la façade de ce restaurant donne le ton de sa décoration intérieure : design, en rouge et noir avec des meubles de Starck. Recettes selon le marché et bons bordeaux.

X Minute et Mijoté
🎬 VISA ●● AE

58 r. de Fontenelle – ℰ 02 32 08 40 00 – Fermé dim.
Rest – (16 €) Menu 20/30 € – Carte 37/51 €   **AYb**

◆ Derrière sa devanture colorée, cette ex-brasserie du 19ᵉ s. arbore un décor simple, composé de vieux objets, façon bistrot. Menu-carte inspiré par les saisons et le marché.

X Le 37
AC VISA ●●

37 r. St-Étienne-des-Tonneliers – ℰ 02 35 70 56 65 – www.le37.fr
– Fermé 24 avril-3 mai, 31 juil.-23 août, dim., lundi et feriés   **BZv**
Rest – (18 €) Menu 24 € – Carte environ 33 €

◆ Bistrot tendance, ambiance décontractée et, au piano, un chef qui prépare une cuisine actuelle et des suggestions à l'ardoise changées chaque jour. Le 37 ? Un numéro gagnant !

à Martainville-Épreville 13 km à l'Est par D 13, D 43 et rte secondaire – 681 h.
– alt. 152 m – ✉ 76116

⌂ Sweet Home 🦢
🚗 🎬 ⌁ 🌐 P

534 r. des Marronniers, accès par imp. Coquetier – ℰ 02 35 23 76 05
– http://jy.aucreterre.free.fr
4 ch – ♦51 € ♦♦55/92 €   **Table d'hôte** – Menu 25/53 €

◆ Au fond d'une impasse, dans un jardin fleuri, imposante maison aux chambres douillettes et romantiques, personnalisées par une couleur. Bon petit-déjeuner et accueil chaleureux.

au Petit -Quevilly 3 km au Sud-Ouest – 22 132 h. – alt. 5 m – ✉ 76140

XXX Les Capucines
🎬 AC ⇄ P VISA ●● AE

16 r. J. Macé – ℰ 02 35 72 62 34 – www.les-capucines.fr – Fermé 3 sem. en août,
sam. midi, dim. soir et lundi   **DXs**
Rest – Menu 27/48 € – Carte 40/70 €

◆ Tenue par la même famille depuis 1957, cette maison rouennaise cultive l'art de recevoir. Cadre soigné et terrasse prisés par une clientèle d'affaires. Cuisine actuelle.

à Notre-Dame-de-Bondeville 8 km au Nord-Ouest – 7 239 h. – ⊠ 76960

X **Les Elfes** P VISA ⚫⚫
303 r. Longs Vallons – ℰ 02 35 74 36 21 – Fermé 15 juil.-17 août,
26 déc.-2 janv., dim. soir, lundi soir, mardi soir et merc. soir DV**n**
Rest – (17 €) Menu 22/42 € – Carte 33/58 €
♦ Un mobilier rustique et des nappes colorées participent au cadre chaleureux de
cette auberge régionale, située en contrebas d'une ligne de chemin de fer. Carte
traditionnelle.

ROUFFACH – 68 Haut-Rhin – **315** H9 – 4 620 h. – alt. 204 m – ⊠ 68250 **1** A3
🏳 Alsace Lorraine
▶ Paris 479 – Basel 61 – Belfort 57 – Colmar 16
🛈 place de la République ℰ 03 89 78 53 15
🏌 Alsace Golf Club Moulin de Biltzheim, E : 2 km par D 8, ℰ 03 89 78 52 12

🏨 **Château d'Isenbourg** ⊜ ≤ 🚗 🚗 🏊 🏂 spa 🐴 🍽 🏧 📶 🏋 P
rte de Pfaffenheim – ℰ 03 89 78 58 50 – www.isenbourg.com VISA ⚫⚫ AE ①
40 ch – ♦112/425 € ♦♦112/425 € – 1 suite – ⊊ 24 €
Rest – (25 €) Menu 54 € (déj. en sem.)/68 € – Carte 62/81 €
♦ Ce château du 18ᵉ s., bordé de vignes, domine la vieille ville. Grandes chambres cossues un peu anciennes ; équipement sportif (tennis) complété par un
spa (hammam, sauna...). Deux ambiances pour les repas : cave voûtée du 14ᵉ s.
ou salle à manger classique.

XXX **Philippe Bohrer** 🚗 🏧 ⟷ P VISA ⚫⚫ AE ①
⚫⚫ r. Poincaré – ℰ 03 89 49 62 49 – www.philippe-bohrer.fr – Fermé 7-20 mars et
✿ 25 juil.-7 août
Rest – (fermé lundi midi, merc. midi et dim.) Menu 29/89 € – Carte 53/78 €🏵
Spéc. Gaufrette de langoustine nacrée à l'encre de seiche, artichaut barigoule et
jus biscaïn. Chateaubriand de veau rôti sur fumet de cèpes, macaronis fourrés
aux oignons nouveaux. Millefeuille au chocolat noir, saveurs arabica. **Vins** Riesling, Pinot noir.
Rest *Brasserie Chez Julien* – ℰ 03 89 49 69 80 – (10 €) Menu 15 € (sem.),
22/27 € – Carte 28/54 €
♦ Dans un beau décor de bois blond, façon rustique chic, vous dégusterez une
cuisine inventive au goût du jour associée à une cave bien composée (nombreux
vins d'Alsace). Ambiance élégante et conviviale à la Brasserie Chez Julien, aménagée dans un ancien cinéma.

à Bollenberg 6 km au Sud-Ouest par D 83 et rte secondaire – ⊠ 68250 Westhalten

XX **Auberge au Vieux Pressoir** 🚗 P VISA ⚫⚫ AE ①
– ℰ 03 89 49 60 04 – www.bollenberg.com – Fermé 24-27 déc. et dim. soir de
mi-nov. à mi-mars
Rest – Menu 28 € bc (déj. en sem.)/76 € bc – Carte 25/97 €🏵
♦ Belles armoires et collection d'armes anciennes président au décor alsacien de
cette maison de vignerons. Cuisine régionale soignée et dégustations de vins de
la propriété.

ROUFFIAC-TOLOSAN – 31 Haute-Garonne – **343** H3 – **rattaché à Toulouse**

LE ROUGET – 15 Cantal – **330** B5 – 957 h. – alt. 614 m – ⊠ 15290 **5** A3
▶ Paris 549 – Aurillac 25 – Figeac 41 – Laroquebrou 15

🏠 **Des Voyageurs** 🚗 🏊 🏧 rest. 📶 🏋 P 🚲 VISA ⚫⚫ AE
⚫⚫ – ℰ 04 71 46 10 14 – www.hotel-des-voyageurs.com – Fermé 14 fév.-14mars
23 ch – ♦59/64 € ♦♦59/64 € – ⊊ 8,50 € – ½ P 58/61 €
Rest – (fermé dim. soir du 15 sept. au 1ᵉʳ mai) Menu 13 € (déj.), 20/32 €
– Carte 22/48 €
♦ Cette maison proche de la voie ferrée cultive depuis un demi-siècle la tradition
de l'hospitalité. Chambres actuelles décorées suivant trois styles : campagne,
moderne ou british. Restaurant avec petite terrasse ouverte sur la piscine et cuisine du terroir.

ROURE – 06 Alpes-Maritimes – **341** D3 – 198 h. – alt. 1 130 m **41** D2
– ✉ 06420

▶ Paris 892 – Digne-les-Bains 145 – Marseille 260 – Nice 70

Auberge le Robur avec ch ⌖ ← ⁽ᵗ⁾ VISA ⊕

(accès piétonnier) – ✆ 04 93 02 03 57 – www.aubergelerobur.fr – Fermé mars et janv.

7 ch – ♦64 € ♦♦64 € – ⌑ 7 € – ½ P 61/69 €

Rest – *(fermé merc. sauf juil.-août)* Menu 27/35 €

♦ Cette auberge nichée dans un charmant village vaut bien l'ascension à 1 100 m ! Superbe vue panoramique sur la vallée de la Tinée et cuisine mariant tradition et touches actuelles. Pour l'étape, des chambres confortables et accueillantes.

LE ROURET – 06 Alpes-Maritimes – **341** D5 – 3 763 h. – alt. 350 m **42** E2
– ✉ 06650

▶ Paris 913 – Cannes 19 – Grasse 10 – Nice 28

Du Clos sans rest ⌖ 🔊 🌊 & AC ⁽ᵗ⁾ VISA ⊕ AE

3 chemin des Écoles – ✆ 04 93 40 78 85 – www.hotel-du-clos.com – Fermé 20-26 déc.

11 ch – ♦123/253 € ♦♦123/253 € – ⌑ 15 €

♦ Dans le haut du village, bastide provençale et son ex-bergerie entourées d'un parc planté d'oliviers. Chambres personnalisées façon auberge. Piscine nichée dans une restanque.

Le Clos St-Pierre (Daniel Ettlinger) 🍴 VISA ⊕ AE

5 pl. de l'Église – ✆ 04 93 77 39 18 – www.le-clos-saint-pierre.com – Fermé 5-29 déc., 21 fév.-8 mars, mardi et merc.

Rest – *(nombre de couverts limité, prévenir)* Menu 33 € (déj. en sem.), 48/57 €

Spéc. Risotto piémontais à la truffe blanche d'Alba (automne). Carré d'agneau des Alpilles rôti au four, légumes de saison, pommes boulangères, jus corsé au thym. Tarte aux figues de pays à la frangipane, glace au yaourt (automne). **Vins** Côtes de Provence, Bellet.

♦ Sur la place de l'église, cette conviviale auberge sert une goûteuse cuisine méditerranéenne (menu unique, différent chaque jour). Bel intérieur provençal et jolie terrasse.

LES ROUSSES – 39 Jura – **321** G8 – 3 018 h. – alt. 1 110 m – **Sports** **16** B3
d'hiver : 1 100/1 680 m ✆40 ✦ – ✉ 39220 ▮ Franche-Comté Jura

▶ Paris 461 – Genève 45 – Gex 29 – Lons-le-Saunier 64

🚩 Fort des Rousses ✆ 03 84 60 02 55

🏌 des Rousses Route du Noirmont, E : 1 km par D 29, ✆ 03 84 60 06 25

🏌 du Mont Saint-Jean, E : 1 km par D 29, ✆ 03 84 60 09 71

◎ Gorges de la Bienne★ O : 3 km.

Le Lodge sans rest 🔏 ⁽ᵗ⁾ VISA ⊕

309 r. Pasteur – ✆ 03 84 60 50 64 – www.hotellelodge.com

11 ch – ♦78/94 € ♦♦78/94 € – ⌑ 10 €

♦ En plein centre-ville, hôtel de charme au décor de chalet. Chambres petites mais bien aménagées : mobilier en bois clair, excellente literie et couettes de qualité.

Chamois ⌖ ⁽ᵗ⁾ ⌂ P VISA ⊕

230 montée du Noirmont – ✆ 03 84 60 01 48 – www.lechamois.org – Fermé 6 avril-2 mai

12 ch – ♦62/130 € ♦♦62/130 € – ⌑ 10 € – ½ P 57/98 €

Rest – (18 €) Menu 19 € (déj. en sem.), 23/56 € – Carte 36/63 €

♦ Ce chalet, isolé de la station et proche des téléskis, dissimule de grandes chambres modernes (pour la moitié qui sont rénovées), chaleureuses et bien équipées. Calme assuré. À table, jolie vue sur la nature, mise en place soignée et cuisine créative.

La Redoute

357 rte Blanche – ℰ *03 84 60 00 40* – *www.hotellaredoute.com*
– *Fermé 3 avril-5 mai et 10 oct.-3 déc.*
25 ch – ♦52/72 € ♦♦52/72 € – ⊊ 8 € – ½ P 52/63 €
Rest – Menu 16/35 € – Carte 23/50 €
♦ Situation intéressante dans le village, malgré la proximité de la route, pour cet hôtel familial. Décor sans fioriture dans les chambres lumineuses, bien insonorisées et rénovées en 2010. Grande salle à manger rustique avec poutres et lustres en fer forgé ; plats du terroir.

Du Village *sans rest*

344 r. Pasteur – ℰ *03 84 34 12 75* – *www.hotelvillage.fr*
10 ch – ♦47/53 € ♦♦49/58 € – ⊊ 6,50 €
♦ Dans la rue principale du village, petit hôtel fonctionnel et bien tenu, disposant de chambres simples. Possibilité d'accueillir les familles.

ROUSSILLON – 84 Vaucluse – 332 E10 – 1 265 h. – alt. 360 m   42 E1
– ✉ 84220 🟩 Provence

▶ Paris 720 – Apt 11 – Avignon 46 – Bonnieux 12
🅳 place de la poste ℰ 04 90 05 60 25
👁 Site ★★ - Sentier des ocres ★★.

Le Clos de la Glycine

pl. de la Poste – ℰ *04 90 05 60 13*
– *www.luberon-hotel.com*
9 ch – ♦105/175 € ♦♦105/175 € – 1 suite – ⊊ 13 €
Rest *David* – *(fermé merc. du 15 oct. au 15 avril)* *(prévenir le week-end)*
Menu 33/65 € – Carte 45/80 €
♦ Un hôtel plein de charme, des chambres confortables et une vue magnifique sur la chaussée des Géants et le Ventoux. Très bon petit-déjeuner (fruits frais, yaourt fermier). Au restaurant David, appétissante cuisine provençale sous les glycines.

Les Sables d'Ocre *sans rest*

rte d'Apt – ℰ *04 90 05 55 55* – *www.sablesdocre.com* – *Ouvert de mars à nov.*
22 ch – ♦65/88 € ♦♦65/88 € – ⊊ 10 €
♦ Au cœur du pays de l'Ocre, ce mas récent à l'aspect engageant allie confort moderne et décoration d'inspiration provençale. Petite restauration prévue pour les résidents.

ROUSSILLON – 38 Isère – 333 B5 – 7 806 h. – alt. 200 m – ✉ 38150   44 B2

▶ Paris 505 – Annonay 24 – Grenoble 92 – St-Étienne 68
🅳 place de l'Edit ℰ 04 74 86 72 07

Médicis *sans rest*

r. Fernand Léger – ℰ *04 74 86 22 47* – *www.hotelmedicis.fr*
15 ch – ♦54 € ♦♦63 € – ⊊ 9 €
♦ Dans un quartier pavillonnaire calme, hôtel récent aux chambres spacieuses et fonctionnelles ; bonne isolation phonique. Salon équipé d'une TV grand écran.

ROUTOT – 27 Eure – 304 E5 – 1 314 h. – alt. 140 m – ✉ 27350   33 C2
🟩 Normandie Vallée de la Seine

▶ Paris 148 – Bernay 45 – Évreux 68 – Le Havre 57
👁 La Haye-de-Routot : ifs millénaires ★ N : 4 km.

Auberge de l'Écurie

pl. de la Mairie – ℰ *02 32 57 30 30* – *Fermé 20 juil.-5 août, dim. soir, mardi soir, merc. soir et lundi*
Rest – Menu 14 € (déj. en sem.), 20/40 € – Carte 43/61 €
♦ Cet ancien relais de poste situé face aux halles abrite un salon réchauffé par une belle cheminée en pierre et deux salles (rustique ou actuelle). Cuisine traditionnelle.

ROUVRES-EN-XAINTOIS – 88 Vosges – **314** E3 – 298 h. – alt. 330 m **26** B3
– ✉ 88500

▶ Paris 357 – Épinal 42 – Lunéville 58 – Mirecourt 9

Burnel ⟨sign⟩   🚗 🚗 ⅃ ch, ¶️ ℙ VISA ⚫ AE
22 r. Jeanne-d'Arc – 𝒞 03 29 65 64 10 – www.burnel.fr – Fermé 20-31 déc. et dim.
soir sauf du 12 juil. au 20 sept.
21 ch – ♦58 € ♦♦72 € – 2 suites – ☐ 10 € – ½ P 63 €
Rest – (fermé sam. midi et lundi midi) (10 €) Menu 15 € (sem.), 28/48 €
– Carte 42/74 €

◆ Certaines chambres, façon chalet, donnent sur le jardin. Les autres, plus
contemporaines, adoptent l'esprit "savane" ; enfin, le salon est paré de tissus originaux. Fine cuisine du terroir (civets, poissons de lac, andouillette) au bonheur
du marché.

ROUVROIS-SUR-OTHAIN – 55 Meuse – **307** E2 – rattaché à Longuyon
(M.-et-M.)

ROYAN – 17 Charente-Maritime – **324** D6 – 18 202 h. – alt. 20 m **38** A3
– Casino : Royan Pontaillac A – ✉ 17200 🟩 Poitou Vendée Charentes

▶ Paris 504 – Bordeaux 121 – Périgueux 183 – Rochefort 40
ℹ rond-point de la Poste 𝒞 05 46 05 04 71
🏌 de Royan à Saint-Palais-sur-Mer Maine Gaudin, par rte de St-Palais-sur-
Mer : 7 km, 𝒞 05 46 23 16 24
◎ Front de mer★ - Église Notre-Dame★ **E** - Corniche★ et Conche★ de
Pontaillac.

ROYAN

Alsace-Lorraine (R.) . . . . **B** 3
Briand (Bd A.) . . . . **B** 5
Conche-du-Chay (Av. de la) . **A** 6
Desplats (R. du Colonel) . . . **B** 7
Dr-Audouin (Bd du) . . . . . . **B** 8
Dr-Gantier (Pl. du) . . . . **C** 9
Dugua (R. P.) . . . . **B** 10
Europe (Cours de l') . . . . . . **C**
Façade de Foncillon . . . . . **B** 12
Foch (Pl. Mar.) . . . . **C** 15
Foncillon (R. de) . . . . **B** 16
Font-de-Cherves (R.) . . . . . **B** 17
Gambetta (R.) . . . . **B**
Gaulle (Pl. Ch.-de) . . . . . . **B** 19
Germaine-de-la-Falaise
   (Bd) . . . . **AB** 20
Grandière (Bd de la) . . . . . . **C** 21
Leclerc (Av. Mar.) . . . . **C** 26
Libération (Av. de la) . . . . . **C** 28
Loti (R. Pierre) . . . . **B**
Notre-Dame (R.) . . . . **B** 32
Parc (Av. du) . . . . **B** 35
République (Bd de la) . . . . . **B** 40
Rochefort (Av. de) . . . . **B** 42
Schuman (Pl. R.) . . . . **B** 45
Semis (Av. des) . . . . **C** 46
Thibeaudeau (Rd-Pt du Cdt.) **B** 48
5-Janvier-1945 (Bd du) . . . . **B** 52

Novotel

6 Allée des Rochers, (Conche du Chay) – ✆ 05 46 39 46 39 – www.novotel.com
83 ch – †136/205 € ††165/205 € – ☕ 17 € – ½ P 130/150 € **Ab**
Rest – (18 €) Menu 23/30 € – Carte 36/52 €
◆ Parmi les atouts de cet hôtel : une belle situation en surplomb de la plage, un centre de thalassothérapie et des chambres agréables (avec balcons) au style contemporain. Carte traditionnelle de qualité et vue sur la mer singularisent cette table Novotel.

Family Golf Hôtel sans rest

28 bd Garnier – ✆ 05 46 05 14 66 – www.hotel-family-golf.com – Ouvert 16 mars-29 nov. **Cm**
30 ch – †72/114 € ††85/114 € – ☕ 11 €
◆ Cette adresse du front de mer bénéficie de rénovations régulières. Chambres de bonne ampleur pour moitié tournées vers l'océan ; terrasse pour les petits-déjeuners estivaux.

Rêve de Sable sans rest

10 pl. Foch – ✆ 05 46 06 52 25 – www.revedesable.com – Fermé 1er-18 oct.
11 ch – †53/82 € ††53/82 € – ☕ 8 € **Cz**
◆ Hôtel familial près de la plage et du centre-ville. Chambres claires, bien équipées, donnant en partie sur la mer. Décor aux accents marins. Patio (petit-déjeuner).

Les Filets Bleus

14 r. Notre-Dame – ✆ 05 46 05 74 00 – Fermé 15 juin-5 juil., vacances de Toussaint, 2-10 janv., dim. et lundi **Bs**
Rest – (15 €) Menu 18 € (déj. en sem.), 26/58 € – Carte 45/60 €
◆ Restaurant dédié aux produits de la pêche et décoré à la façon d'un bateau : tons bleu et blanc, bois, hublots, lampes tempête, etc. Menu spécial homard en saison.

à Pontaillac – ✉ 17640

🏨 **Miramar** sans rest · ▥ &. ⦅ VISA ⦆

173 av. Pontaillac – ⌀ 05 46 39 03 64
– *www.miramar-pontaillac.com* · **An**
27 ch – ♦68/95 € ♦♦75/130 € – ⌤ 12 €
♦ Bâtiment des années 1950 que seule une route sépare de la plage. Chambres de bonne taille, bien tenues et rénovées peu à peu (décor moderne assez sobre), à choisir côté mer.

🏠 **Belle-Vue** sans rest · ⤡ ⦅ **P** VISA ⦆

122 av. Pontaillac – ⌀ 05 46 39 06 75 – *www.bellevue-pontaillac.com* – *Ouvert d'avril à nov.* · **Af**
22 ch – ♦51/82 € ♦♦51/82 € – ⌤ 8 €
♦ Vaste bâtisse des années 1950 bordant l'avenue du front de mer. Les chambres, très bien tenues, offrent une belle vue pour celles tournées côté plage.

🍴 **La Jabotière** · ⤡ VISA ⦅ AE ⦆
🥜
espl. Pontaillac
– ⌀ 05 46 39 91 29
– *Fermé 1 sem. en oct., 20-27 déc., janv., merc. soir, dim. soir et lundi*
Rest – (16 €) Menu 19/59 € – Carte 48/72 € · **Ax**
♦ Sur la plage, un restaurant au décor désuet mais grand ouvert sur l'Atlantique (terrasse). Cuisine traditionnelle à base de produits frais. Formule bistrot.

rte de St-Palais 3,5 km par ④ – ✉ 17640 Vaux-sur-Mer

🏨 **Résidence de Rohan** sans rest 🦢 · ⤡ ⦿ 🛁 ⦅ **P** VISA ⦆

7 av. de Rohan – ⌀ 05 46 39 00 75 – *www.residence-rohan.com* – *Ouvert 25 mars-14 nov.*
45 ch – ♦79/149 € ♦♦79/149 € – ⌤ 12 €
♦ Jadis salon littéraire de la duchesse de Rohan, jolie demeure du 19e s. complétée de deux pavillons dans un parc dominant la plage. Ambiance feutrée, chambres cosy, mobilier de style.

à St-Georges-de-Didonne 2 km au Sud-Est du plan par Bd F. Garnier - **C**
– 5 059 h. – alt. 7 m – ✉ 17110

🛈 7, boulevard Michelet ⌀ 05 46 05 09 73

🏠 **Colinette** · ⦅ VISA ⦆

16 av. de la Grande Plage
– ⌀ 05 46 05 15 75 – *www.colinette.fr*
– *Fermé 10 nov.-10 fév.*
14 ch – ♦45/110 € ♦♦45/110 € – ⌤ 8 € – ½ P 50/80 €
Rest – *(fermé le midi de fév. à juin et d'oct. à nov. et dim. soir hors saison)* (17 €) Menu 24 € – Carte 20/35 €
♦ Entre pinède et plage, maison des années 1930 aux allures de pension de famille. Chambres lumineuses et fonctionnelles. Cuisine régionale sans prétention servie dans un cadre marin.

ROYAT – 63 Puy-de-Dôme – **326** F8 – 4 709 h. – alt. 450 m – Stat. · **5** B2
therm. : début avril-mi oct. – Casino **B** – ✉ 63130 ▮ Auvergne

▶ Paris 423 – Aubusson 89 – La Bourboule 47 – Clermont-Ferrand 5
🛈 1, avenue Auguste Rouzaud ⌀ 04 73 29 74 70
⛳ Nouveau Golf de Charade Village de Charade, SO : 6 km, ⌀ 04 73 35 73 09
⛳ des Volcans à Orcines La Bruyère des Moines, N : 9 km, ⌀ 04 73 62 15 51
Circuit automobile de Charade, St Genès-Champanelle ⌀ 04 73 29 52 95.
◉ Église St-Léger★.

Accès et sorties : voir plan de Clermont-Ferrand agglomération.

ROYAT

Agid (Av. J.) . . . . **B** 3
Allard (Pl.) . . . . **B** 4
Cohendy (Pl. Jean) . . **A** 6
Jean-Jaurès (Av.) . . **AB**
Nationale (R.) . . . . . . **A** 8
Paulet (R. P.) . . . . . . **A** 9
Rouzaud (Av.) . . . . . **B** 10
Souvenir (R. du) . . . . **A** 12
Taillerie (Bd de la) . . **A** 14
Vaquez (Bd) . . . . **B** 15
Victoria (R.) . . . . **A** 16

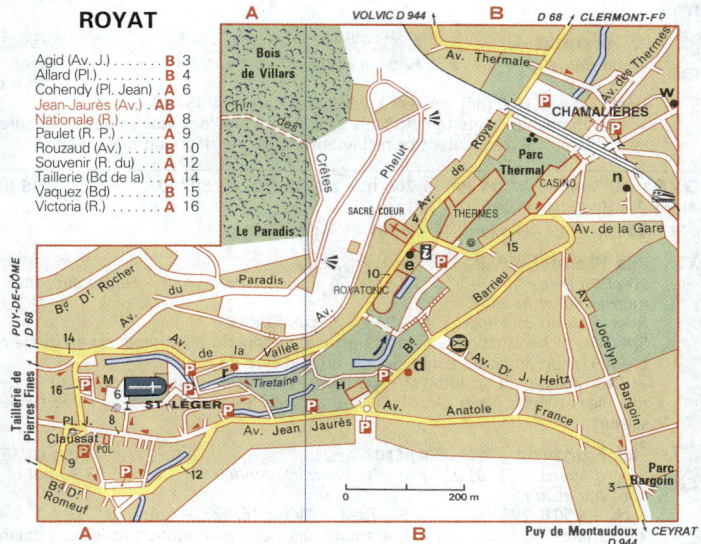

🏨 **Princesse Flore** 🛜 📶 ♿ 🅰️ 🎏 🛎 🚗 🚙 VISA ⊕ AE

5 pl. Allard – ℰ 04 73 35 63 63 – www.princesse-flore-hotel.com **Be**
40 ch – †160 € ††200 € – 3 suites – � 20 € – ½ P 146 €
Rest *La Table d' Isidore* – 5 pl Allard – (20 €) Menu 35/60 € – Carte 39/60 €
Rest *Le Panoramique* – *(ouvert juin-sept.)* (20 €) Menu 39 € – Carte 39/60 €
♦ Dans cet hôtel de prestige, le marbre Belle Époque côtoie désormais le
design contemporain. Chambres tout confort et prestations haut de gamme,
accès direct au centre thermoludique "Royatonic". À la Table d'Isidore, belle cuisine actuelle, servie dans une salle Art déco. Au Panoramique, vue remarquable
sur la région.

🏨 **Royal St-Mart** 🎏 🌳 📶 🛎 🅰️ 🅿️ VISA ⊕ AE ①

av. de la Gare – ℰ 04 73 35 80 01 – www.hotel-auvergne.com **Bn**
55 ch – †65/130 € ††70/135 € – ⊡ 12 € – ½ P 61/98 €
Rest – Menu 29/33 € – Carte 26/60 €
♦ Depuis 1853, la même famille vous accueille dans cette demeure bourgeoise ombragée de cèdres. Chambres de style composite ; préférez celles côté
jardin. Le registre culinaire est classique, voire traditionnel, et la terrasse donne
sur le jardin.

🏠 **Château de Charade** sans rest 🌳 🕭 🛇 📶 🅿️

5 km au Sud-Ouest par D 941 et D 5 – ℰ 04 73 35 91 67
– www.chateau-de-charade.com – Ouvert 15 avril-3 nov.
5 ch – †74/82 € ††74/82 € – ⊡ 6 €
♦ Mon premier est un château du 17ᵉ s. Mon second est à la lisière du golf de
Royat, avec des chambres face au parc et un beau billard dans le salon. Mon
tout est cette Charade !

🍴🍴🍴 **La Belle Meunière** avec ch 🎏 🛇 ch, 📶 🅰️ VISA ⊕ AE ①

25 av. Vallée – ℰ 04 73 35 80 17 – www.la-belle-meuniere.com
– Fermé 16-31 août, 15-28 fév., sam. midi, dim. soir et lundi **Ar**
8 ch – †75 € ††95 € – ⊡ 18 € – ½ P 75/95 €
Rest – (19 €) Menu 39/75 € – Carte 50/95 €❊
♦ En bord de Tiretaine, table inventive où fusionnent l'Auvergne et l'Asie, dans
un cadre d'esprit Napoléon III embelli de vitraux Art nouveau et de chinoiseries.
L'idylle entre la Belle Meunière et le général Boulanger inspire le décor (19ᵉ s.)
des chambres.

L'Hostalet
🍴 🖐 VISA ⓞ AE

47 bd Barrieu – ☎ 04 73 35 82 67 – Fermé 1ᵉʳ-15 mars, fév., dim. et lundi sauf fériés le dim. **Bd**

Rest – Menu 18 € (déj. en sem.), 25/36 € – Carte 24/35 € ♨

◆ Les immuables plats traditionnels et la riche carte des vins semblent rassurer les habitués qui fréquentent ce restaurant familial au décor un brin suranné.

ROYE – 80 Somme – **301** J9 – 6 268 h. – alt. 88 m – ✉ 80700 **36** B2
Nord Pas-de-Calais Picardie

▶ Paris 113 – Amiens 44 – Arras 75 – Compiègne 42

La Flamiche (Marie-Christine Borck-Klopp)
🍴🍴🍴 AC VISA ⓞ

20 pl. Hôtel de Ville – ☎ 03 22 87 00 56 – www.laflamiche.fr – Fermé dim. soir, mardi midi et lundi

Rest – Menu 35 € (sem.), 48/134 € – Carte 60/80 €

Spéc. Flamiche aux poireaux (oct. à avril). Caneton croisé, potimarron au gingembre et daïkon au citron confit. Soufflé au genièvre de Houlle.

◆ Des tableaux et sculptures (expositions) ornent les plaisantes salles à manger meublées dans le style picard. Cuisine actuelle à l'accent régional, calée sur les saisons.

Le Florentin Hôtel Central avec ch
🍴🍴 AC rest, 🖐 ch, 🌡 VISA ⓞ AE

36 r. d'Amiens – ☎ 03 22 87 11 05 – www.leflorentin.com – Fermé 13-30 août, dim. soir et lundi

8 ch – ♦50 € ♦♦52 € – ⌂ 7 € **Rest** – Menu 16/42 € – Carte 38/50 €

◆ Derrière une façade en brique rouge, une salle d'inspiration italienne : colonnes, moulures, marbres et fresques. Cuisine de tradition. Chambres fonctionnelles pour l'étape.

Le Roye Gourmet
🍴🍴 AC VISA ⓞ

1 pl. de la République – ☎ 03 22 87 10 87 – http://leroyegourmet.com – Fermé 2 sem. en août, merc. soir, dim. soir et lundi

Rest – Menu 18 € (sem.), 23/37 €

◆ Sur une place sympathique, cette enseigne célèbre le terroir par une cuisine au goût du jour. Deux salles, deux atmosphère : tendance ou plus rustique.

Hostellerie La Croix d'Or
🍴 📶 VISA ⓞ

123 r. St-Gilles – ☎ 03 22 87 11 57 – www.lacroixdor80.fr – Fermé le soir sauf vend. et sam.

Rest – (12 €) Menu 16 € (déj.), 22/38 € – Carte 34/47 €

◆ Une plaisante atmosphère campagnarde règne dans cette auberge située à l'entrée de la ville. On y déguste une savoureuse cuisine traditionnelle et régionale.

ROYE – 70 Haute-Saône – **314** H6 – rattaché à Lure

LE ROZIER – 48 Lozère – **330** H9 – 150 h. – alt. 400 m – ✉ 48150 **22** B1
Languedoc Roussillon

▶ Paris 632 – Florac 57 – Mende 63 – Millau 23

🅱 Le Bourg ☎ 05 65 62 60 89

🅾 Terrasses du Truel ≤★ E : 3,5 km - Gorges du Tarn ★★★.

🅶 Chaos de Montpellier-le-Vieux ★★★ S : 11,5 km - Corniche du Causse Noir ≤★★ SE : 13 km puis 15 mn.

Grand Hôtel de la Muse et du Rozier ⊗
🏠 ≤ 🚂 🏡 ⏌ 📶

🖐 rest, 🔧 P VISA ⓞ AE ⓞ

rte des Gorges, à La Muse (D 907)
rive droite du Tarn ✉ 12720 Peyreleau (Aveyron)
– ☎ 05 65 62 60 01 – www.hotel-delamuse.fr
– Ouvert 2 avril-11 nov. et fermé mardi et merc. en avril, oct. et nov.

38 ch – ♦85/165 € ♦♦85/165 € – ⌂ 13 €

Rest – (fermé le midi sauf dim.) Menu 33/65 € – Carte 49/69 €

◆ Une plage privée au bord du Tarn est aménagée dans le jardin de ce grand hôtel centenaire. Intérieur contemporain très zen, en harmonie avec les sublimes paysages environnants. Table créative respectueuse du terroir avec, en terrasse, la rivière pour décor.

⌂ **Doussière** sans rest   🚗 ∱⅚ ⁽ᵗ⁾ 🄿 🆅🅸🆂🄰 ⬤⬤ 🄰🄴
– 𝒢 05 65 62 60 25 – www.hotel-doussiere.com – Ouvert Pâques-11 nov.
20 ch – †40/58 € ††40/62 € – � 8 €
◆ Dans le village, deux bâtiments situés de part et d'autre de la Jonte. Les chambres de l'annexe sont plus rustiques. Vue plaisante au petit-déjeuner ; espace de remise en forme.

RUE – 80 Somme – **301** D6 – 3 104 h. – alt. 9 m – ✉ 80120   **36** A1
▌ Nord Pas-de-Calais Picardie
▶ Paris 212 – Abbeville 28 – Amiens 77 – Berck-Plage 22
🛈 10, place Anatole Gosselin 𝒢 03 22 25 69 94
◉ Chapelle du St-Esprit★ : intérieur★★.

à St-Firmin 3 km à l'Ouest par D 4 – ✉ 80550 Le Crotoy

⌂ **Auberge de la Dune** ⊗   🚗 & ch, 🕱 ch, ⁽ᵗ⁾ 🆅🅸🆂🄰 ⬤⬤ 🄰🄴
🔗 1352 r. de la Dune – 𝒢 03 22 25 01 88 – www.auberge-de-la-dune.com
– Fermé janv.
11 ch – †70 € ††70 € – ⊠ 10 € – ½ P 60 €
Rest – (13 €) Menu 18 € (sem.)/40 € – Carte 20/52 €
◆ Cette petite auberge, isolée au milieu des champs, se trouve à deux tours de roue du parc ornithologique. Chambres sobres, pratiques et très bien tenues. Spécialités picardes et intéressants produits locaux : salicornes, vitelottes, aster maritime, turbotin...

RUEIL-MALMAISON – 92 Hauts-de-Seine – **311** J2 – **101** 14 – **voir à Paris, Environs**

RUMILLY – 74 Haute-Savoie – **328** I5 – 12 781 h. – alt. 334 m   **45** C1
– ✉ 74150 ▌ Alpes du Nord
▶ Paris 530 – Aix-les-Bains 21 – Annecy 19 – Bellegarde-sur-Valserine 37
🛈 4, place de l'Hôtel de Ville 𝒢 04 50 64 58 32

✕ **Boîte à Sel**   🆅🅸🆂🄰 ⬤⬤ 🄰🄴
27 r. Pont-Neuf – 𝒢 04 50 01 02 52 – Fermé 1ᵉʳ-15 août, 1ᵉʳ-15 janv., jeudi soir, dim. soir et lundi
Rest – (11 €) Menu 25/32 € – Carte 26/39 €
◆ Modeste restaurant d'une rue commerçante proposant une cuisine traditionnelle façon bistrot. Trompe-l'œil paysager en toile de fond et aimable accueil.

RUNGIS – 94 Val-de-Marne – **312** D3 – **101** 26 – **voir à Paris, Environs**

RUPT-SUR-MOSELLE – 88 Vosges – **314** H5 – 3 571 h. – alt. 424 m   **27** C3
– ✉ 88360
▶ Paris 423 – Belfort 58 – Colmar 80 – Épinal 38

⌂ **Centre**   & rest, 🄺 rest, ⁽ᵗ⁾ 🆂🅰 🄿 🚗 🆅🅸🆂🄰 ⬤⬤ 🄰🄴
30 r. de l'Église – 𝒢 03 29 24 34 73 – www.hotelrestaurantducentre.com – Fermé 1ᵉʳ-8 mai, 2-9 juin, 6-13 oct., vacances de Noël, sam. midi, dim. soir et lundi
8 ch – †48/58 € ††58/74 € – ⊠ 8 € – ½ P 55/72 €
Rest – (14 €) Menu 26/50 € – Carte 35/65 €
◆ Aux portes du Parc régional des ballons des Vosges, cette maison mosellane, proche de l'église du village, abrite des chambres bien entretenues et confortables. Carte traditionnelle de saison et salle à manger toute simple, où trône une rôtisserie décorative.

⌂ **Relais Benelux-Bâle**   🚗 🚗 ⁽ᵗ⁾ 🄿 🆅🅸🆂🄰 ⬤⬤ 🄰🄴
69 r. de Lorraine – 𝒢 03 29 24 35 40 – www.benelux-bale.com – Fermé 1 sem. en août, 23 déc.-10 janv. et dim. soir
10 ch – †42/54 € ††47/65 € – ⊠ 8 € – ½ P 42/46 €
Rest – (12 €) Menu 23/35 € – Carte 25/39 €
◆ À l'entrée du village, chalet assez avenant, tenu par la même famille depuis 1921. Chambres sobres, lumineuses et bien équipées. Salon bourgeois. Au restaurant, cuisine traditionnelle et régionale servie dans un cadre moderne ou sur l'agréable terrasse.

LES SABLES-D'OLONNE ⊛ – 85 Vendée – **316** F8 – 15 596 h.   **34** A3
– alt. 4 m – Casinos : des Pins **CY**, des Atlantes **AZ** – ✉ 85100

🟩 Poitou Vendée Charentes

▶️ Paris 456 – Cholet 107 – Nantes 102 – Niort 115

ℹ️ 1, promenade Joffre ✆ 02 51 96 85 85

🏌️ des Olonnes à Olonne-sur-Mer, par rte de la Roche-sur-Yon : 6 km,
✆ 02 51 33 16 16

🏌️ de Port-Bourgenay à Talmont-Saint-Hilaire, S : 17 km, ✆ 02 51 23 35 45

👁️ Le Remblai ★.

Plans pages suivantes

Mercure Thalassa ⌖   ⋜ 🛐 🔲 🔌 ℹ️ ⛲ ♿ 🆎 ch, ⌗ rest, ℹ️ 🕍 🅿️
au Lac de Tanchet, 2,5 km par la corniche
– ✆ 02 51 21 77 77 – www.thalassa.com – Fermé 9-30 janv.   ⟨VISA⟩ ⚈ 🆎 ⓪
100 ch – ♦95/250 € ♦♦115/250 € – ⊑ 15 € – ½ P 100/145 €   CYf
Rest – Menu 24/30 € – Carte 34/49 €

◆ Dans un bâtiment intégré au centre de thalassothérapie, chambres fonctionnelles et contemporaines, décorées aux couleurs du Vendée Globe. Vue sur la pinède ou sur le lac. Restaurant et terrasse panoramiques ; plats traditionnels, diététiques ou allégés.

Atlantic Hôtel   ⋜ 🔲 🆎 ℹ️ 🕍 ⟨VISA⟩ ⚈ 🆎
5 prom. Godet – ✆ 02 51 95 37 71 – www.atlantichotel.fr   BYe
30 ch – ♦71/160 € ♦♦81/180 € – ⊑ 14 €
Rest Le Sloop – (fermé 19 déc.-3 janv., vend. et dim. d'oct. à mars et le midi)
Menu 35/60 € – Carte 36/78 €

◆ Hôtel des années 1970 aux chambres pratiques très bien tenues ; certaines donnent sur les flots. Salon aménagé autour de la piscine couverte d'un toit vitré amovible. Au restaurant, belle cuisine marine que l'on déguste dans un décor façon cabine de bateau.

Les Roches Noires sans rest   ⋜ 🚪 🆎 ℹ️ ⟨VISA⟩ ⚈ 🆎
12 promenade G. Clemenceau – ✆ 02 51 32 01 71
– www.hotel-lesrochesnoires.com – Fermé janv.   BYs
36 ch – ♦66/150 € ♦♦76/160 € – ⊑ 11 €

◆ Au cœur de la baie, chambres claires, pratiques, insonorisées et bien tenues (quelques balcons). La salle des petits-déjeuners offre un joli panorama iodé.

Arundel sans rest   🚪 🆎 ⌗ ℹ️ ⟨VISA⟩ ⚈ 🆎
8 bd F. Roosevelt – ✆ 02 51 32 03 77 – www.arundel-hotel.fr   AZk
42 ch – ♦75/120 € ♦♦75/120 € – ⊑ 11 €

◆ Belle situation face au casino pour cet établissement dont le nom évoque celui d'un donjon devenu phare. Chambres fonctionnelles et confortables, pourvues d'un balcon côté mer.

Admiral's sans rest   🚪 🆎 ℹ️ 🕍 🅿️ ⟨VISA⟩ ⚈ 🆎 ⓪
pl. Jean-David Nau, à Port Olona – ✆ 02 51 21 41 41 – www.admiralhotel.fr
33 ch – ♦59/96 € ♦♦59/96 € – ⊑ 10 €   AYq

◆ Construction proche des salines. Chambres bien entretenues, spacieuses et dotées de loggias. Certaines ont vue sur le port de plaisance d'où s'élance le Vendée Globe.

Le Calme des Pins sans rest   🚪 ♿ ℹ️ 🅿️ ⟨VISA⟩ ⚈
43 av. A. Briand – ✆ 02 51 21 03 18 – www.calmedespins.com
– Ouvert 15 mars-15 oct.   CYv
45 ch – ♦60/68 € ♦♦65/88 € – ⊑ 8 €

◆ Dans un secteur résidentiel, en retrait du littoral, jolie villa 1900 encadrée par deux imposantes extensions datant de l'après-guerre. Chambres fonctionnelles bien entretenues.

Antoine   ⌗ ℹ️ 🛏️ ⟨VISA⟩ ⚈
60 r. Napoléon – ✆ 02 51 95 08 36 – www.antoinehotel.com – Ouvert de
mi-mars à mi-oct.   AZa
20 ch – ♦60/75 € ♦♦60/75 € – ⊑ 8 € – ½ P 55/60 €
Rest – (fermé le midi) (résidents seult) Menu 23 €

◆ Une ancienne propriété d'armateur (18ᵉ s.) située à mi-chemin du port et de la plage. Chambres simples et de bonne ampleur, parfaitement tenues. Atmosphère familiale.

LES SABLES D'OLONNE

Arago (Bd)	**BY** 4
Baudry (R. P.)	**BY** 5
Beauséjour (R.)	**BY** 7
Briand (Av. A.)	**CY** 9
Castelnau (Bd de)	**BY** 12
Château-d'Olonne (Rte du)	**CY** 13
Dr-Canteteau (R. du)	**AY** 19
Dr-Schweitzer (R. du)	**BY** 22
Doumer (Av. P.)	**CY** 23
Estienne-d'Orves (Rd-Pt H. d')	**AY** 25
Fricaud (R. D.)	**BY** 26
Gabaret (Av. A.)	**BY** 27
Godet (Prom. G.)	**BY** 29
Ile Vertine (Bd de l')	**AY** 32
Nouch (Corniche du)	**AY** 43
Président-Kennedy (Prom.)	**CY** 48
Rhin-et-Danube (Av.)	**CY** 50
St-Nicolas (R.)	**AY** 55
Sauniers (R. des)	**AY** 57
Souvenir Français (Bd du)	**AY** 58

Les Hirondelles sans rest

🖼 & 🛗 **P** VISA 🆗 AE ①

44 r. Corderie – ☎ 02 51 95 10 50 – www.hotelhirondelles.com
– Ouvert 8 avril-9 oct.

BZp

31 ch – †59/65 € ††64/74 € – 🍴 8 €

♦ Hôtel situé au pied d'une longue plage de sable fin. Chambres fonctionnelles et claires, récemment rénovées. Agréable petit patio fleuri ; copieux petit-déjeuner buffet.

Les Embruns sans rest

🖼 🛗 **P** VISA 🆗 AE

33 r. Lt Anger – ☎ 02 51 95 25 99 – www.hotel-lesembruns.com – Ouvert 1er mars-3 nov.

AYn

20 ch – †51/65 € ††51/74 € – 🍴 8 €

♦ Adresse de qualité dans le quartier pittoresque de la Chaume : belles chambres personnalisées avec goût et bien équipées. Accueil tout sourire et prix raisonnables.

Arc en Ciel sans rest

🖼 🛗 **P** VISA 🆗

13 r. Chanzy – ☎ 02 51 96 92 50 – www.arcencielhotel.com
– Ouvert 16 avril-18 sept.

BZt

37 ch – †50/89 € ††57/89 € – 🍴 10 €

♦ À deux pas de la plage, cet hôtel propose des chambres pratiques aux tons pastel et une salle de petit-déjeuner (copieux buffet) au cadre Belle Époque parfaitement préservé.

Maison Richet sans rest

🛗 VISA 🆗

25 r. de la Patrie – ☎ 02 51 32 04 12 – www.maison-richet.fr – Fermé 1er déc.-31 janv.

AZd

17 ch – †48/74 € ††58/74 € – 🍴 8,50 €

♦ Charmante adresse familiale à l'atmosphère de maison d'hôtes. Petites chambres coquettes et reposantes, joli patio et salon douillet avec collections de guides et de globes.

LES SABLES D'OLONNE

Bauduère (R. de la)	**BZ**	6
Bisson (R.)	**AZ**	8
Caisse-d'Épargne (R. de la)	**AZ**	10
Collineau (Pl. du Gén.)	**BZ**	14

Commerce (Pl. du)	**AZ**	15
Digue (Pl. de la)	**BZ**	17
Dingler (Quai)	**AZ**	18
Église (Pl. de l')	**AZ**	24
Gabaret (Av. A.)	**BZ**	27
Gaulle (Av. Gén.-de)	**BZ**	
Guynemer (R.)	**BZ**	
Halles (R. des)	**AZ**	30
Hôtel-de-Ville (R. de l')	**AZ**	

Leclerc (R. Mar.)	**ABZ**	33
Liberté (Pl. de la)	**BZ**	35
Louis-XI (Pl.)	**BZ**	36
Nationale (R.)	**BZ**	
Navarin (Pl.)	**AZ**	40
Palais-de-Justice (Pl.)	**AZ**	46
Roosevelt (Bd F.)	**AZ**	53
Travot (R.)	**BZ**	60

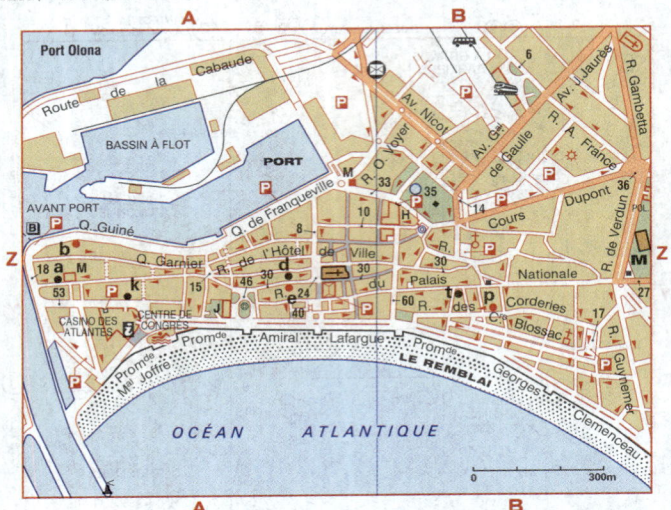

Loulou Côte Sauvage ✕✕ ← VISA ◉◉ AE

19 rte Bleue, à La Chaume AY

– ℰ 02 51 21 32 32 – www.louloucotesauvage.com

– *Fermé 23 nov.-16 déc., vacances de fév., dim. soir, lundi et merc.*

Rest – Menu 23 € (sem.), 34/64 € – Carte 41/70 €

♦ Ces anciens viviers accrochés au rocher abritent aujourd'hui un restaurant au décor modernisé, largement ouvert sur l'océan et la côte sauvage. Spécialités littorales.

Le Clipper ✕✕ 🌣 AC ↔ VISA ◉◉ AE

19 bis quai Guiné

– ℰ 02 51 32 03 61 – www.leclipper85.com

– *Fermé 20 nov.-17 déc., 17-25 janv., 28 fév.-16 mars, mardi midi et jeudi midi du 15 juin au 15 sept., mardi et merc. de mi-sept. à mi-juin* AZ**b**

Rest – Menu 18 € (sem.)/36 € – Carte 36/76 €

♦ Parmi les nombreux restaurants du port, cette maison se distingue par son décor marin : parquet acajou et chaises Louis XVI. Plats traditionnels et produits de la mer.

La Flambée ✕✕ ⅊ AC VISA ◉◉

81 r. des Halles – ℰ 02 51 96 92 35

– *Fermé dim. et lundi* AZ**e**

Rest – (20 € bc) Menu 38/46 € – Carte 44/59 €

♦ Dans une rue excentrée du quartier des Halles, restaurant au cadre intime, contemporain et épuré. Menu-carte mettant en valeur les produits de saison. Accueil attentionné.

Une bonne table sans se ruiner ? Repérez les Bib Gourmand 🟠.

La Pilotine

7 et 8 promenade Clemenceau – ℰ *02 51 22 25 25* – *Fermé lundi et mardi sauf juil.-août*

VISA ◯◯

BYa

Rest – *(nombre de couverts limité, prévenir)* Menu 16 € (sem.), 25/55 € – Carte 42/80 €

♦ Dans ce restaurant situé sur le front de mer, on déguste une cuisine soignée et axée sur les produits de la pêche. L'accueil est charmant et les prix doux.

à l'anse de Cayola 7 km au Sud-Est par la Corniche – CY
– ✉ 85180 Château-d'Olonne

Cayola

≼ 🚗 ✿ ⇔ 🅿 VISA ◯◯

76 promenade Cayola – ℰ *02 51 22 01 01* – *www.le-cayola.com* – *Fermé janv., dim. soir et lundi sauf fériés*

Rest – (25 €) Menu 39/95 € – Carte 64/85 €

Spéc. Homard bleu aux jeunes légumes et vinaigre d'agrumes (avril à oct.). Turbot cuit à basse température, légumes provençaux, écume de romarin. Mousse au chocolat java lactée, macaron et glace carambar. **Vins** Fiefs Vendéens.

♦ Dans une villa contemporaine sur la côte, une cuisine dans l'air du temps à déguster près des baies vitrées ou en terrasse, d'où l'on contemple l'Atlantique...

SABLES-D'OR-LES-PINS – 22 Côtes-d'Armor – **309** H3 – ✉ 22240   **10** C1
Frehel ▐ Bretagne

▶ Paris 437 – Dinan 42 – Dol-de-Bretagne 60 – Lamballe 26

▦ des Sables-d'Or à Fréhel Sables d'Or les Pins, S : 1 km, ℰ 02 96 41 42 57

La Voile d'Or - La Lagune

≼ 🚗 & ch, 🛜 🅿 VISA ◯◯ AE ◯

allée des Acacias – ℰ *02 96 41 42 49* – *www.la-voile-dor.fr* – *Fermé 1er janv.-13 fév.*

20 ch – ♦75/180 € ♦♦75/180 € – �□ 15 €

Rest – *(fermé merc. hors saison, mardi midi et lundi)* Menu 49/65 € – Carte 75/85 €

♦ Aux portes de la station, des chambres spacieuses décorées dans un plaisant style actuel ; certaines regardent l'aber. Le restaurant gastronomique, noyé de lumière, offre le spectacle de la lagune – et aussi des cuisines, ouvertes. Le chef valorise les produits locaux.

Diane

🚗 🛁 ▐ & ch, 🛜 ⚕ 🅿 VISA ◯◯ AE

allée des Acacias – ℰ *02 96 41 42 07* – *www.hoteldiane.fr*

47 ch – ♦84/110 € ♦♦84/110 € – �□ 11 € – ½ P 80/94 €

Rest – (14 €) Menu 27/45 € – Carte 35/65 €

♦ Sur l'axe principal de la localité et à deux pas de la mer, grande bâtisse dans le style du pays abritant des chambres fonctionnelles. Plats au goût du jour parfumés aux herbes du jardin, servis dans une salle à manger rustique et sous une véranda.

Le Manoir St-Michel sans rest ⌂

🚗 🅿 VISA ◯◯

38 r. de la Carquois, 1,5 km à l'Est par D 34 – ℰ *02 96 41 48 87* – *www.hotel-bretagne.de* – *Ouvert 1er avril-2 nov.*

20 ch – ♦47/118 € ♦♦47/118 € – �□ 7 €

♦ Dominant la plage, beau manoir du 16e s. entouré d'un vaste parc avec plan d'eau (pêche autorisée). Les chambres, spacieuses et douillettes, gardent leur charme d'antan.

SABLÉ-SUR-SARTHE – 72 Sarthe – **310** G7 – 12 602 h. – alt. 29 m   **35** C1
– ✉ 72300 ▐ Châteaux de la Loire

▶ Paris 252 – Angers 64 – La Flèche 27 – Laval 44

🛈 place Raphaël-Elizé ℰ 02 43 95 00 60

▦ de Sablé Solesmes Domaine de l'Outinière, S : 6 km par D 159, ℰ 02 43 95 28 78

SABLÉ-SUR-SARTHE

Parfum d'Epices

1 r. Plaisance, rte de Laval – ℰ 02 43 92 94 14 – www.parfumdepices.com – Fermé 3-18 avril, 28 août-5 sept. et lundi sauf fériés

Rest – Menu 16 € (déj. en sem.), 19/42 € – Carte 32/48 €

◆ Le nom évocateur de ce restaurant vous emmène déjà sur des terres lointaines. Cuisine régionale rehaussée d'épices et saveurs créoles dans un décor coloré, sur le thème du jazz.

à Solesmes 3 km au Nord-Est par D 22 – 1 338 h. – alt. 28 m – ✉ 72300

☑ Statues des "Saints de Solesmes"★★ dans l'église abbatiale★ (chant grégorien) - Pont ⬳★.

Grand Hôtel

16 pl. Dom Guéranger – ℰ 02 43 95 45 10 – www.grandhotelsolesmes.com – Fermé 26 déc.-4 janv.

30 ch – ✝86/108 € ✝✝95/140 € – 2 suites – ⬳ 12 € – ½ P 96/108 €

Rest – *(fermé sam. midi et dim. soir d'oct. à mars)* (20 €) Menu 26/65 € – Carte 46/80 €

◆ Hôtel confortable, face à l'abbaye St-Pierre où vous pourrez entendre des chants grégoriens. Jolis salons rénovés, chambres spacieuses et gaies, parfois dotées d'un balcon. Au restaurant, salle lumineuse et fraîche pour une cuisine classique modernisée.

SABLET – 84 Vaucluse – 332 D8 – 1 267 h. – alt. 147 m – ✉ 84110   **40** A2

▶ Paris 670 – Avignon 41 – Marseille 127 – Montélimar 67

🚹 8, rue du Levant ℰ 04 90 46 82 46

Les Abeilles avec ch

4 rte de Vaison – ℰ 04 90 12 38 96 – www.abeilles-sablet.com – Fermé 1er nov.-27 déc., dim. sauf le midi d' avril à sept. et lundi

5 ch – ✝43/93 € ✝✝60/138 € – ⬳ 19 €

Rest – (31 €) Menu 34 € (déj. en sem.)/65 € – Carte 67/81 €

◆ Une façade ocre, des volets verts et une charmante terrasse sous les platanes... de jolies Abeilles, piquantes et savoureuses ! Carte traditionnelle privilégiant les produits frais du marché (truffe en saison). Chambres coquettes et bien équipées.

SABRES – 40 Landes – 335 G10 – 1 189 h. – alt. 78 m – ✉ 40630   **3** B2

🟩 Aquitaine

▶ Paris 676 – Arcachon 92 – Bayonne 111 – Bordeaux 94

☑ Ecomusée★ de la grande Lande NO : 4 km.

Auberge des Pins

r. de la piscine – ℰ 05 58 08 30 00 – www.aubergedespins.fr – Fermé 3 sem. en janv., 1 sem. en oct.

25 ch – ✝60/85 € ✝✝73/150 € – ⬳ 11 €

Rest – *(fermé lundi sauf le soir en juil.-août et dim. soir)* Menu 19 € (déj.), 25/68 € – Carte 44/80 €

◆ Un bel esprit maison de famille dans cette grande demeure landaise à colombages : joli parc arboré, chambres au décor soigné (meubles rustiques, bois peint...) et salon cosy. Au restaurant, boiseries, poutres, cheminée et cuisine du pays.

SACHÉ – 37 Indre-et-Loire – 317 M5 – **rattaché à Azay-le-Rideau**

SACLAY – 91 Essonne – 312 C3 – 101 24 – **voir à Paris, Environs**

SAGELAT – 24 Dordogne – 329 H7 – **rattaché à Belves**

SAIGNON – 84 Vaucluse – 332 F10 – **rattaché à Apt**

SAILLAGOUSE – 66 Pyrénées-Orientales – 344 D8 – 984 h.   22 A3
– alt. 1 309 m – ⊠ 66800 ▮ Languedoc Roussillon

  ▶ Paris 855 – Bourg-Madame 10 – Font-Romeu-Odeillo-Via 12
     – Mont-Louis 12

  🄸 Mairie   𝒞 04 68 04 72 89

  ◉ Gorges du Sègre★ E : 2 km.

Planes (La Vieille Maison Cerdane)   🄸 ⁴⁰ VISA ◉ AE ⓞ

*6 pl. Cerdagne – 𝒞 04 68 04 72 08 – www.planotel.fr – Fermé 20-31 mars
et 7 nov.-16 déc.*
19 ch – ♦48/63 € ♦♦58/73 € – ⌷ 7 € – ½ P 55/66 €
Rest – *(fermé dim. soir et lundi hors saison)* (12 €) Menu 24/45 €
– Carte 30/48 €
  ♦ Cet ex-relais de diligences est une institution. Chambres en grande partie rénovées dans un style actuel. Charmant restaurant rustique (poutres, cheminée) où
apprécier une goûteuse cuisine du pays.

Planotel 🄸 ᔛ   ≤ 🚄 🖻 ᵇ P VISA ◉ AE ⓞ

*5 r. Torrent – 𝒞 04 68 04 72 08 – www.planotel.fr – Ouvert juin-sept. et vacances
scolaires*
20 ch – ♦50/64 € ♦♦55/75 € – ⌷ 8 € – ½ P 59/69 €
  ♦ Bâtisse des années 1980 idéale pour se détendre au calme. Chambres avec balcon, sauna et piscine avec toit coulissant.

à Llo 3 km à l'Est par D 33 – 148 h. – alt. 1 424 m – ⊠ 66800

  ◉ Site★.

L'Atalaya ᔛ   ≤ 🎋 🏊 ᔛ rest, ⁴⁰ P VISA ◉

*– 𝒞 04 68 04 70 04 – www.atalaya66.com
– Ouvert Pâques-15 oct.*
13 ch – ♦98/130 € ♦♦98/160 € – ⌷ 14 € – ½ P 100/160 €
Rest – *(fermé le midi sauf sam. et dim.)* Menu 26/38 € – Carte 61/67 €
  ♦ Perchée sur la montagne cerdane, jolie auberge restituant le charme raffiné et
personnalisé des maisons d'hôtes. Piscine panoramique. Carte classique et du terroir ; cadre romantique (mobilier catalan, piano, jarres de fruits) et magnifique vue
jusqu'à l'Espagne.

ST-AARON – 22 Côtes-d'Armor – 309 H3 – rattaché à Lamballe

ST-ADJUTORY – 16 Charente – 324 M5 – 317 h. – alt. 192 m   39 C3
– ⊠ 16310

  ▶ Paris 472 – Poitiers 134 – Angoulême 33 – Saint-Junien 48

Château du Mesnieux ᔛ   ⓞ ᔛ ⁴⁰ P

Le Mesnieux – 𝒞 05 45 70 40 18 – www.chateaudumesnieux.com
4 ch ⌷ – ♦80 € ♦♦90 €
Table d'hôte – Menu 30 € bc
  ♦ Ce petit château bénéficie d'un domaine vallonné propice à la promenade,
d'un beau salon rustique et de chambres spacieuses très cosy au mobilier ancien
chiné. Plats traditionnels servis en table d'hôte dans une salle à manger familiale avec grande cheminée.

ST-AFFRIQUE – 12 Aveyron – 338 J7 – 8 022 h. – alt. 325 m   29 D2
– ⊠ 12400 ▮ Languedoc Roussillon

  ▶ Paris 662 – Albi 81 – Castres 92 – Lodève 66

  🄸 boulevard de Verdun   𝒞 05 65 98 12 40

  ◉ Roquefort-sur-Soulzon : caves de Roquefort★, rocher St-Pierre ≤★.

Le Moderne   🌿 VISA ◉

*54 av. Alphonse Pezet – 𝒞 05 65 49 20 44 – www.lemoderne.com
– Fermé 17-23 oct. et 17 déc.-23 janv.*
Rest – (15 €) Menu 20/57 € – Carte 31/69 €
  ♦ Les amateurs de fromage aimeront cette maison qui propose un plateau d'une
douzaine de roqueforts de différentes caves. Salle rustique et colorée, cuisine
régionale authentique.

ST-AFFRIQUE-LES-MONTAGNES – 81 Tarn – **338** F9 – 706 h.   **29** C2
– alt. 244 m – ✉ 81290

▶ Paris 741 – Albi 55 – Carcassonne 53 – Castres 12

🏠 **Domaine de Rasigous** ⚜   🍴 🛋 🏊 ⅙ ch, ℅ ⁑ **P** VISA ⓪ AE
2 km au Sud par D 85
– ℰ 05 63 73 30 50 – www.domainederasigous.com
– Ouvert 15 mars-15 nov.
6 ch – ♦80/200 € ♦♦130/200 € – 2 suites – ☲ 12 €
Rest – *(fermé merc. et le midi) (résidents seult)* Menu 29 €
◆ La situation isolée, le cadre verdoyant et le nombre limité des chambres font de cette demeure du 19ᵉ s. un havre de paix. Peintures et sculptures témoignent de la passion du propriétaire pour l'art.

ST-AGNAN – 58 Nièvre – **319** H8 – 159 h. – alt. 525 m – ✉ 58230   **7** B2

▶ Paris 242 – Autun 53 – Avallon 33 – Clamecy 63

🏠 **La Vieille Auberge** ⚜   ⅙ **P** VISA ⓪ AE ①
🍴 *– ℰ 03 86 78 71 36 – www.vieilleauberge.com – Ouvert 15 fév.-10 nov.*
8 ch – ♦45 € ♦♦47/52 € – ☲ 8,50 € – ½ P 50/60 €
Rest – Menu 25/44 €
◆ Cette vieille auberge de campagne, autrefois café-épicerie, est située près d'un lac. Les chambres, mignonnes et colorées, sont parfaitement tenues, et quel calme ! On revisite ici la tradition culinaire bourguignonne, dans une ambiance champêtre.

ST-AGRÈVE – 07 Ardèche – **331** I3 – 2 588 h. – alt. 1 050 m – ✉ 07320   **44** A2
📗 Lyon Drôme Ardèche

▶ Paris 582 – Aubenas 68 – Lamastre 21 – Privas 64
🚩 Grand'Rue ℰ 04 75 30 15 06
◉ Mont Chiniac ≼ ★★.

✗✗ **Domaine de Rilhac** avec ch ⚜   ≼ 🚗 ℅ ch, ⁑ **P** VISA ⓪ AE ①
2 km au Sud-Est par D 120, D 21 et rte secondaire – ℰ 04 75 30 20 20
– www.domaine-de-rilhac.com – Fermé 20 déc. à mi-mars, mardi soir, jeudi midi et merc.
7 ch – ♦95/125 € ♦♦95/125 € – ☲ 14 € – ½ P 115/121 €
Rest – (24 €) Menu 39/65 € – Carte 48/63 €
◆ Calme assuré dans cette ferme ardéchoise perdue dans la campagne, où l'on savoure une cuisine de saison face au mont Gerbier-de-Jonc. Quelques chambres, dont certaines mansardées.

✗ **Faurie** (Philippe Bouissou) avec ch   🚗 **P** VISA ⓪
🌼 *36 av. des Cévennes – ℰ 04 75 30 11 45 – www.hotelfaurie.fr – Ouvert mi-mars à mi-déc.*
7 ch – ♦90/120 € ♦♦90/120 € – ☲ 25 €
Rest – *(nombre de couverts limité, prévenir)* Menu 85 €
Spéc. Le petit pois et l'asperge (printemps). Le rouget et l'oignon. Feuilleté framboise-marron (été). **Vins** Crozes Hermitage, Saint-Joseph.
◆ Philippe Bouissou cuisine au gré du marché et de son potager… Une véritable gastronomie de l'instant, très fine et créative, où les produits sont rendus avec pureté ! Menu unique. Le décor des chambres est aussi chic et joli que celui du restaurant.

✗ **Les Cévennes** avec ch   ℅ VISA ⓪ AE
😊 *10 pl. de la République – ℰ 04 75 30 10 22 – Fermé 12-25 nov. et vend. d'oct. à mai*
6 ch – ♦50 € ♦♦55 € – ☲ 9,50 € – ½ P 58/68 €
Rest – (12 €) Menu 14 € (déj. en sem.), 18/36 € – Carte 30/39 €
◆ Ambiance conviviale dans ce petit hôtel-restaurant familial. Copieux plats du terroir dans la salle "tout bois" ou repas rapides au café. Chambres fonctionnelles et bien tenues.

ST-AIGNAN – 41 Loir-et-Cher – **318** F8 – 3 257 h. – alt. 115 m   **11** A2
– ✉ 41110 🟩 Châteaux de la Loire

▶ Paris 221 – Blois 41 – Châteauroux 65 – Romorantin-Lanthenay 36

🛈 60, rue Constant Ragot ℰ 02 54 75 22 85

◉ Crypte★★ de l'église★ - Zoo Parc de Beauval★ S : 4 km.

Les Jardins de Beauval ⑆
(au zoo), parc de Beauval, 4 km par D 675 – ℰ *02 54 75 60 00*
– www.lesjardinsdebeauval.com – Fermé janv.
92 ch – ♦98/128 € ♦♦98/196 € – ☲ 12 €
Rest – (30 €) Menu 37/56 € – Carte 36/54 €
◆ Cinq pavillons dans un jardin paysagé, au pied du magnifique parc animalier de Beauval. Source d'inspiration affichée : l'Indonésie... et les chambres – classiques – s'habillent de mobilier en bois exotique. Au restaurant, cuisine traditionnelle sous forme de buffet.

ST-ALBAN-DE-MONTBEL – 73 Savoie – **333** H4 – rattaché à Aiguebelette-le-Lac

---

ST-ALBAN-LES-EAUX – 42 Loire – **327** C3 – 933 h. – alt. 410 m   **44** A1
– ✉ 42370

▶ Paris 390 – Lapalisse 45 – Montbrison 56 – Roanne 12

❌❌ Le Petit Prince
Le bourg – ℰ *04 77 65 87 13 – www.restaurant-lepetitprince.fr*
– Fermé 17 août-1ᵉʳsept., dim. soir, lundi et mardi
Rest – (20 €) Menu 28/54 €
◆ Ce charmant restaurant fut fondé en 1805 par les arrière-grands-tantes du patron actuel ! On y accède par une terrasse ombragée de tilleuls. Cuisine inventive et goûteuse.

ST-ALBAN-LEYSSE – 73 Savoie – **333** I4 – rattaché à Chambéry

---

ST-ALBAN-SUR-LIMAGNOLE – 48 Lozère – **330** I6 – 1 519 h.   **23** C1
– alt. 950 m – ✉ 48120

▶ Paris 552 – Espalion 72 – Mende 40 – Le Puy-en-Velay 75

🛈 Rue de l'hôpital ℰ 04 66 31 57 01

Relais St-Roch ⑆
chemin du Carreirou – ℰ *04 66 31 55 48 – www.relais-saint-roch.fr*
– Ouvert 15 avril-1ᵉʳ nov.
9 ch – ♦128/208 € ♦♦128/208 € – ☲ 15 € – ½ P 128/168 €
Rest *La Petite Maison* – voir ci-après
◆ Cette gentilhommière du 19ᵉ s. en granit rose vous accueille dans de coquettes chambres personnalisées et bien équipées. Confortable salon ; belle piscine chauffée au jardin.

❌ La Petite Maison – Hôtel St-Roch
av. de Mende – ℰ *04 66 31 56 00 – www.la-petite-maison.fr*
– Ouvert 15 avril-1ᵉʳ nov. et fermé lundi sauf le soir en juil.-août, mardi midi et merc. midi
Rest – (22 €) Menu 28/74 € – Carte 50/133 €
◆ Table régionale à l'ambiance chaleureuse et romantique. Spécialités de viande de bison et de friture de truitelles ; superbe choix de whiskys et de vins du Languedoc-Roussillon.

Les maisons d'hôtes ⌂ ne proposent pas les mêmes services qu'un hôtel. Elles se distinguent généralement par leur accueil et leur décor, qui reflètent souvent la personnalité de leurs propriétaires. Celles classées en rouge ⌂ sont les plus agréables.

ST-AMAND-MONTROND – 18 Cher – 323 L6 – 11 642 h. 12 C3
– alt. 160 m – ✉ 18200 Limousin Berry

Paris 282 – Bourges 52 – Châteauroux 65 – Montluçon 56
place de la République ✆ 0248961686, Fax 0248964664
Abbaye de Noirlac★★ 4 km par ⑥.
Château de Meillant★★ 8 km par ①.

Mercure L'Amandois ch, rest, VISA

7 r. H. Barbusse, (face pl. de la République) – ✆ 02 48 63 72 00 – www.mercure.com

43 ch – †49/65 € ††59/75 € – ☕ 10 €

Rest – (13 €) Menu 18/28 € – Carte 25/45 €

◆ Une adresse fonctionnelle et pratique, avec seize chambres récentes, modernes et fort bien équipées, réparties dans deux bâtiments. Restauration traditionnelle dans une salle donnant sur la rue.

à Noirlac 4 km au Nord-Ouest par D 2144 (rte de Bourges) et D 35 – ✉ 18200 Bruere Allichamps

Auberge de l'Abbaye de Noirlac VISA

– ✆ 02 48 96 22 58 – www.aubergeabbayenoirlac.free.fr – Ouvert 25 fév.-30 nov. et fermé mardi soir et merc. sauf juil.-août

Rest – Menu 22 € (sem.), 27/35 € – Carte 38/45 €

◆ Petite auberge sise dans une chapelle des voyageurs du 12e s. Salle à manger avec poutres et tomettes ; terrasse tournée vers l'abbaye cistercienne. Cuisine du terroir.

à Bruère-Allichamps 8,5 km au Nord-Ouest par rte de Bourges (D 2144) – 576 h. – alt. 170 m – ✉ 18200

Les Tilleuls avec ch VISA

rte de Noirlac – ✆ 02 48 61 02 75 – www.hotel-restaurant-tilleuls.com – Fermé 1er-8 mars, 23 oct.-8 nov., 18-27 déc., dim. du 15 sept. au 15 juin et lundi

11 ch – †56/58 € ††56/58 € – ☕ 9 € – ½ P 57/59 €

Rest – *(fermé mardi midi et merc. midi du 15 juin au 15 sept.)* (18 € bc) Menu 25/90 € bc – Carte 45/60 €

◆ Une belle halte gourmande sur la route touristique longeant le Cher ! De bons produits frais et une cuisine fine et bien réalisée, à prix doux... Chambres petites, mais bien tenues et au calme... face à la campagne.

ST-AMARIN – 68 Haut-Rhin – 315 G9 – 2 486 h. – alt. 410 m – ✉ 68550 1 A3

Paris 461 – Belfort 52 – Colmar 53 – Épinal 76
81, rue Charles-de-Gaulle ✆ 03 89 82 13 90

Auberge du Mehrbächel rest, ch, VISA

4 km à l'Est par rte du Mehrbächel – ✆ 03 89 82 60 68 – www.auberge-mehrbachel.com – Fermé 28 oct.-9 nov.

23 ch – †50 € ††62/70 € – ☕ 10 € – ½ P 57/65 €

Rest – *(fermé lundi soir, jeudi soir et vend.)* (11 €) Menu 18/38 € – Carte 18/46 €

◆ Ambiance "refuge" et confort actuel pour cette ancienne ferme tenue par la même famille depuis 1886 et bénéficiant d'une situation privilégiée sur le passage d'un GR. Le restaurant propose quelques spécialités alsaciennes à partager avec les randonneurs.

ST-AMBROIX – 30 Gard – 339 K3 – 3 559 h. – alt. 142 m – ✉ 30500 23 C1

Paris 686 – Alès 20 – Aubenas 56 – Mende 111
place de l'Ancien Temple ✆ 04 66 24 33 36

à St-Victor-de-Malcap 2 km au Sud-Est par D 51 – 629 h. – alt. 140 m
– ✉ 30500

XX **La Bastide des Senteurs** avec ch ⌂   🏤 ⛶ & AC ch, 📶 🅿
5 r. de la Traverse   VISA 🔵 AE
– 𝒞 04 66 60 24 45 – www.bastide-senteurs.com
– Ouvert 7 mars-30 oct.
14 ch – ♦75 € ♦♦75 € – ☷ 10 € – ½ P 86/96 €
Rest – (fermé sam. midi) (18 € bc) Menu 35/72 € – Carte 55/90 €&

◆ Dans cette magnanerie, quel plaisir de s'installer sur la terrasse dominant le
vallon et de savourer une agréable cuisine méditerranéenne. Spécialité : la poularde de Bresse en vessie. Boutique de vin et cave. Chambres aux noms de cépa-
ges, confortables et soignées.

à Larnac 3,5 km au Sud-Ouest par rte d'Alès – ✉ 30960 Les Mages

🏠 **Le Clos des Arts** sans rest ⌂   ⛶ & AC 📶 ⚗ 🅿 VISA 🔵 AE
⟨🍽⟩ Domaine Villaret – 𝒞 04 66 25 40 91
– www.closdesarts.com
15 ch – ♦55/79 € ♦♦55/79 € – ☷ 8 €

◆ Dans une ancienne filature de soie du 17ᵉ s., des chambres spacieuses, dont
deux thématiques (Inde et design). De nombreuses œuvres d'art donnent du
charme au domaine.

ST-AMOUR-BELLEVUE – 71 Saône-et-Loire – **320** I12 – 524 h.   **8** C3
– alt. 306 m – ✉ 71570

▶ Paris 402 – Bourg-en-Bresse 48 – Lyon 63 – Mâcon 13

🏠 **Auberge du Paradis**   🏤 ⛶ AC ch, 📶 VISA 🔵 AE
Le Plâtre Durand – 𝒞 03 85 37 10 26 – www.aubergeduparadis.fr – Fermé janv.
8 ch – ♦120/155 € ♦♦120/230 € – ☷ 20 €
Rest – (fermé lundi, mardi et le midi sauf dim.) Menu 55 €

◆ Un paradis bien sympathique : chambres originales et contemporaines, décorées avec goût et caractère. Couloir de nage, salon de lecture et excellent petit-
déjeuner. Cuisine inspirée des quatre coins du monde (menu unique), servie
dans un cadre romantique.

XX **Chez Jean Pierre**   🏤 VISA 🔵 AE ➀
Le Plâtre Durand – 𝒞 03 85 37 41 26 – www.restaurant-jeanpierre.fr – Fermé
22 déc.-11 janv., dim. soir, merc. soir et jeudi
Rest – Menu 21 € (déj. en sem.), 31/48 € – Carte 44/59 €
◆ Salle champêtre (cheminée en faïence bleue, gros billot de boucher) et terrasse
fleurie, où profiter de plats traditionnels accompagnés de vins du cru.

ST-ANDRÉ-DE-ROQUELONGUE – 11 Aude – **344** I4 – 1 003 h.   **22** B3
– alt. 72 m – ✉ 11200

▶ Paris 821 – Béziers 53 – Montpellier 112 – Perpignan 71

🏠 **Demeure de Roquelongue** ⌂   🛏 🏤 ⌘ ch, 📶 🅿 VISA 🔵
53 av. de Narbonne – 𝒞 04 68 45 63 57 – www.demeure-de-roquelongue.com
– Ouvert 15 mars-15 nov.
5 ch ☷ – ♦95/135 € ♦♦95/135 €
Table d'hôte – Menu 25 €
◆ Cette belle maison de vignerons (1885) possède un ravissant patio verdoyant.
Chambres décorées avec un goût sûr, mobilier chiné, salles de bains à l'ancienne
et salon cosy.

ST-ANDRÉ-LEZ-LILLE – 59 Nord – **302** G4 – rattaché à Lille

ST-ANDRÉ-LES-VERGERS – 10 Aube – **313** E4 – rattaché à Troyes

ST-ANTOINE-L'ABBAYE – 38 Isère – **333** E6 – 959 h. – alt. 339 m — **43** E2
– ⊠ 38160 ▮ Lyon Drôme Ardèche

▶ Paris 553 – Grenoble 66 – Romans-sur-Isère 26 – St-Marcellin 12

🛈 place Ferdinand Gilibert ✆ 04 76 36 44 46

◉ Abbatiale ★.

✗✗ **Auberge de l'Abbaye** 🛰 AC VISA ⓪ AE
Mail de l'Abbaye – ✆ 04 76 36 42 83 – www.auberge-abbaye.com – *Fermé 10 janv.-9 fév., lundi et mardi sauf le midi de juil. à sept. et dim. soir d'oct. à juin*
Rest – (18 €) Menu 23 € (sem.)/56 € – Carte 35/80 €
◆ Jolie maison (14ᵉ s.) au cœur du village médiéval. Chaleureux intérieur de style Louis XIII et terrasse donnant sur l'abbatiale. Cuisine utilisant les produis du terroir.

ST-ARCONS-D'ALLIER – 43 Haute-Loire – **331** D3 – 180 h. — **6** C3
– alt. 560 m – ⊠ 43300

▶ Paris 515 – Brioude 37 – Mende 87 – Le Puy-en-Velay 34

🏠 **Les Deux Abbesses** ⤴ ⤡ 🗚 ⛢ & ch. ⅏ P VISA ⓪ AE
– ✆ 04 71 74 03 08 – www.lesdeuxabbesses.com – *Ouvert 26 avril-2 oct.*
6 ch (½ P seult) – 6 suites – ½ P 240/340 €
Rest – *(fermé lundi et mardi sauf juil.-août et le midi) (nombre de couverts limité, prévenir)* Menu 70 €
◆ Chambres personnalisées réparties dans plusieurs maisons d'un magnifique village médiéval perché. Ambiance romantique, jardin soigné, salle de massage, piscine-belvédère. Menu du marché servi le soir au château. Mets classiques revisités ou teintés d'exotisme.

ST-AUBIN – 22 Côtes-d'Armor – **309** H3 – rattaché à Erquy

ST-AUBIN-DE-LANQUAIS – 24 Dordogne – **329** E7 – 264 h. — **4** C1
– alt. 110 m – ⊠ 24560

▶ Paris 548 – Bergerac 13 – Bordeaux 101 – Périgueux 56

🏠 **L'Agrybella** sans rest ⤴ ⤡ 🗚 & ⅏ P
pl. de l'Église – ✆ 05 53 58 10 76 – www.agrybella.fr.st – *Fermé janv. et fév.*
5 ch �_ – ♦90 € ♦♦90 €
◆ Au cœur d'un village tranquille, une belle demeure (18ᵉ s.) dans un jardin clos de murs... Choisissez votre chambre : Coloniale, Rétro, Marine, Périgourdine ou Cirque ! Une réussite, sous l'égide d'un couple charmant.

ST-AUBIN-DE-MÉDOC – 33 Gironde – **335** G5 – 5 550 h. – alt. 29 m — **3** B1
– ⊠ 33160

▶ Paris 592 – Angoulême 132 – Bayonne 193 – Bordeaux 19

✗✗ **Le Pavillon de St-Aubin-Thierry Arbeau** avec ch ⤴ 🛰 ⓦ
Le Hiou, rte de Picot – ✆ 05 56 95 98 68 P VISA ⓪ ⓞ
– www.thierry-arbeau.com
12 ch – ♦75/85 € ♦♦80/90 € – ⊑ 12 €
Rest – *(fermé 15-29 août)* (26 €) Menu 35/63 €🕸
◆ Cuisine au goût du jour, alliée à une très belle sélection de Bordeaux. Le cadre est plaisant : tons ensoleillés, cheminée et tables bien dressées. Les chambres de ce bâtiment moderne qui évoque une demeure coloniale sont fonctionnelles et bien tenues.

ST-AVÉ – 56 Morbihan – **308** O8 – rattaché à Vannes

ST-AVIT-DE-TARDES – 23 Creuse – **325** K5 – 194 h. – alt. 560 m — **25** C2
– ⊠ 23200

▶ Paris 415 – Limoges 151 – Guéret 55 – Ussel 67

🏠 **Le Moulin de Teiteix** ⤴ ⤡ 🛰 ⅏ P
– ✆ 05 55 67 34 18 – http://moulin-de-teiteix.pagesperso-orange.fr/
5 ch ⊑ – ♦59 € ♦♦79 € **Table d'hôte** – Menu 27 € bc
◆ Au grand calme au pied d'une petite rivière poissonneuse, ce moulin du 19ᵉ s. vous accueille dans un cadre rustique. Chambres spacieuses, toutes décorées différemment. La table d'hôte propose une cuisine traditionnelle élaborée à base de produits de la région.

ST-AVOLD – 57 Moselle – **307** L4 – 16 915 h. – alt. 260 m – ⊠ 57500   **27** C1
🟩 Alsace Lorraine

> ▶ Paris 372 – Metz 46 – Saarbrücken 33 – Sarreguemines 29
> 🛈 28, rue des Américains ℘ 03 87 91 30 19
> 🖼 de Faulquemont à Faulquemont Avenue Jean Monnet, SO : 16 km par D 20, ℘ 03 87 81 30 52
> 🟢 Groupe sculpté★ dans l'église St-Nabor.
> 🟢 Mine-image★ de Freyming-Merlebach NE : 10 km.

au Nord 2,5 km sur D 633 (près échangeur A 4) – ⊠ 57500 St-Avold

🏨   **Novotel**   🚗 🏡 ⅃ & ch, ⒶⓀ "¶" 🚣 🅿 ⱽ𝐼𝑆𝐴 ⓞⓞ ⒶⒺ �
RN 33 – ℘ 03 87 92 25 93 – www.novotel.com
61 ch – †64/125 € ††64/125 € – ⊑ 15 €   **Rest** – (18 €) Carte 20/50 €
♦ Grandes chambres à choisir de préférence face à la piscine, dans cet hôtel de chaîne établi à l'orée de la forêt. Côté restaurant, l'étape est sans surprise. Terrasse face à la lisière des arbres.

ST-AY – 45 Loiret – **318** H4 – 2 986 h. – alt. 100 m – ⊠ 45130   **12** C2
> ▶ Paris 140 – Orléans 13 – Blois 48 – Châteaudun 52
> 🛈 Mairie ℘ 02 38 88 44 44

✗✗   **La Grande Tour**   🏡 & ⇔ 🅿 ⱽ𝐼𝑆𝐴 ⓞⓞ ⒶⒺ
21 rte Nationale – ℘ 02 38 88 83 70 – www.lagrandetour.com
– Fermé 10-25 août, merc. soir, dim. soir et lundi
Rest – (16 €) Menu 25/66 € – Carte 47/66 €
♦ La "Pompadour" séjourna dans cet ancien relais de poste ! Cuisine traditionnelle (tête de veau, canette rôtie, sandre au beurre blanc), servie en terrasse l'été venu.

ST-AYGULF – 83 Var – **340** P5 – ⊠ 83370 🟩 Côte d'Azur   **41** C3
> ▶ Paris 872 – Brignoles 69 – Draguignan 35 – Fréjus 6
> 🛈 place de la Poste ℘ 04 94 81 22 09

🏠   **Cap Riviera** sans rest   ≼ ⒶⓀ "¶" 🅿 ⱽ𝐼𝑆𝐴 ⓞⓞ ⒶⒺ
21 r. de Claviers, (Plage du Grand Boucharel) – ℘ 04 94 81 21 42
– www.frejus-hotel.com – Ouvert 18 mars-17 oct.
18 ch – †54/138 € ††54/138 € – ⊑ 8 €
♦ Petit hôtel familial, sur la route côtière, face à la mer. Chambres coquettes et colorées, plus calmes côté patio ; accueil aimable (petite restauration en saison).

ST-BAZILE-DE-MEYSSAC – 19 Corrèze – **329** L5 – 156 h.   **25** C3
– alt. 230 m – ⊠ 19500
> ▶ Paris 514 – Limoges 125 – Tulle 37 – Brive-la-Gaillarde 28

🏡   **Le Manoir de la Brunie** sans rest 🌿   ≼ 🚗 🕉 "¶" 🅿
La Brunie – ℘ 05 55 84 23 07 – www.manoirlabrunie.com
3 ch ⊑ – †90/110 € ††90/110 €
♦ Manoir du 18e s. au cœur d'un jardin propice à la détente. Salon avec cantou et salle des petits-déjeuners agrémentés d'un beau mobilier de style. Chambres dans le même esprit.

ST-BEAUZEIL – 82 Tarn-et-Garonne – **337** B5 – 122 h. – alt. 181 m   **28** B1
– ⊠ 82150
> ▶ Paris 631 – Agen 32 – Cahors 55 – Montauban 64

🏠   **Château de l'Hoste** 🌿   🔊 🏡 ⅃ & ch, 🕉 🚣 🅿 ⱽ𝐼𝑆𝐴 ⓞⓞ ⒶⒺ
rte d'Agen, (D 656) – ℘ 05 63 95 25 61 – www.chateaudelhoste.com
26 ch ⊑ – †87/106 € ††106/209 €
Rest – (fermé le midi sauf dim.) Menu 25/57 € – Carte 37/57 €
♦ Jolie gentilhommière du 17e s. au cœur d'un parc boisé perdu dans la campagne quercynoise. Chambres plaisantes et confortables. La salle à manger mêle ambiances champêtre et aristocratique ; terrasse dressée dans le parc.

ST-BÉNIGNE – 01 Ain – **328** C2 – rattaché à Pont-de-Vaux

ST-BENOIT – 86 Vienne – **322** I5 – rattaché à Poitiers

ST-BENOÎT-SUR-LOIRE – 45 Loiret – 318 K5 – 1 972 h. – alt. 126 m   12 C2
– ⊠ 45730 ▮ Châteaux de la Loire

▶ Paris 166 – Bourges 92 – Châteauneuf-sur-Loire 10 – Gien 32

🛈 44, rue Orléanaise 𝒞 02 38 35 79 00

◉ Basilique ★★.

◉ Germigny-des-Prés : mosaïque ★★ de l'église ★ NO : 6 km.

Grand St-Benoît
7 pl. St-André – 𝒞 02 38 35 11 92 – www.hoteldulabrador.fr
– Fermé 16 août-1er sept., 17 déc.-3 janv., sam. midi, dim. soir et lundi
Rest – (nombre de couverts limité, prévenir) (16 €) Menu 27/57 € bc
– Carte 57/67 €

◆ Dans une maison régionale, avec sa terrasse dressée sur une place piétonne du village où repose le poète Max Jacob. Bonne cuisine classique avec des touches d'inventivité.

ST-BERNARD – 01 Ain – 328 B5 – 1 358 h. – alt. 250 m – ⊠ 01600   43 E1
▶ Paris 443 – Lyon 29 – Bourg-en-Bresse 57 – Villeurbanne 37

Le Clos du Chêne ⌂
370 chemin du Carré – 𝒞 04 74 00 45 39 – www.leclosduchene.com – Fermé
24 déc.-2 janv. et 27 janv.-26 mars
7 ch – ♥150/170 € ♥♥150/170 € – ☲ 13 €
Rest – (fermé mardi, sam. et le midi) (résidents seult) Menu 31 €

◆ En bordure de la Saône, superbes chambres romantiques et cosy dans une vaste propriété, alliant esprit de maison de famille, équipements modernes et thématique équestre.

ST-BONNET-LE-CHÂTEAU – 42 Loire – 327 D7 – 1 492 h.   44 A2
– alt. 870 m – ⊠ 42380 ▮ Lyon Drôme Ardèche
▶ Paris 484 – Ambert 48 – Montbrison 31 – Le Puy-en-Velay 66

🛈 7, place de la République 𝒞 04 77 50 52 48

◉ Chevet de la collégiale ⩽ ★ - Chemin des Murailles ★.

Le Béfranc ⌂
7 rte d'Augel – 𝒞 04 77 50 54 54 – www.hotel-lebefranc.com
– Fermé 24-31 oct., 13 fév.-14 mars, dim. soir et lundi sauf juil.-août
17 ch – ♥45 € ♥♥55 € – ☲ 7 € – ½ P 51 €
Rest – (13 € bc) Menu 19/37 € – Carte 22/39 €

◆ Aux portes de cette localité surnommée "la perle du Forez", une adresse familiale, simple et sympathique, qui met à profit les anciens locaux de la gendarmerie ! Cuisine traditionnelle au restaurant.

La Calèche
2 pl. Cdt Marey – 𝒞 04 77 50 15 58 – www.restaurantlacaleche.fr – Fermé
1er-7 juin , 23-31 août, 2-16 janv., dim. soir, lundi soir, mardi soir et merc.
Rest – Menu 22/55 € – Carte 45/60 €

◆ Un restaurant aménagé dans une maison classée (17e s.), où les produits sont bien choisis : escargots, ris de veau, asperges... La carte des vins fait la part belle aux côtes-du-rhône.

ST-BONNET-LE-FROID – 43 Haute-Loire – 331 I3 – 239 h.   6 D3
– alt. 1 126 m – ⊠ 43290
▶ Paris 555 – Annonay 27 – Le Puy-en-Velay 58 – St-Étienne 51

🛈 place de la Mairie 𝒞 04 71 65 64 41

Le Clos des Cimes
le village – 𝒞 04 71 59 93 72 – www.regismarcon.fr – Fermé 23 déc.-13 fév., lundi de nov. à juin et mardi
12 ch – ♥175/240 € ♥♥175/240 € – ☲ 22 €
Rest Bistrot la Coulemelle – 𝒞 04 71 65 63 62 – Menu 27/40 €

◆ Le Clos abrite des chambres personnalisées et confortables, tournées vers la vallée. De goûteux plats du terroir vous attendent dans le décor rustique et soigné du Bistrot la Coulemelle, annexe du restaurant Régis et Jacques Marcon.

1484

Le Fort du Pré   🚗 🏡 🖼 ᵢₛ ᵴ ch, ⅍ rest, ⁇⁇ P VISA 🗷 AE

rte du Puy – ℰ 04 71 59 91 83 – www.le-fort-du-pre.fr
– *Fermé 27 août-3 sept., 1ᵉʳ déc.-5 mars, dim. soir et lundi sauf juil.-août*
34 ch – ⅋75/85 € ⅋⅋75/85 € – ⌑ 10 € – ½ P 70/93 €
Rest – (18 €) Menu 26/65 € – Carte 35/56 €
♦ Imposante maison de maître en pierre, aux chambres simples et fonctionnelles. Nombreuses activités de loisirs (piscine couverte, fitness...), création d'une école de cuisine. Salle à manger-véranda ouverte sur la nature ; table de qualité valorisant le terroir.

XXXX **Régis et Jacques Marcon** avec ch 🦢   ⇐ 🖵 ᵴ AC ⁇⁇ ⌑⅋ soir, 🚗
✿✿✿ *Larsiallas, sur les hauteurs du village*   VISA 🗷 AE ⓪
– ℰ 04 71 59 93 72 – www.regismarcon.fr
– *Ouvert 2 avril-18 déc. et fermé lundi soir de nov. à juin, mardi et merc.*
10 ch – ⅋355 € ⅋⅋355 € – ⌑ 25 €
Rest – (prévenir) Menu 115/175 € – Carte 130/190 € 🐝
Spéc. Omble chevalier "association amande-artichaut". Cassoulet de homard aux lentilles vertes du Puy. Croustillant chocolat et praliné de cèpes. **Vins** Saint-Joseph, Vin de pays des Coteaux de l'Ardèche.
♦ Le restaurant, associant merveilleusement la pierre, le bois et le verre, a vue sur les massifs alentour, écrin idéal d'une cuisine envoûtante inspirée par les produits de la terre auvergnate (champignons). Élégantes chambres ouvertes sur la nature.

XX **André Chatelard**   🚗 AC VISA 🗷

pl. aux Champignons – ℰ 04 71 59 96 09 – www.restaurant-chatelard.com
– *Fermé 2 janv.-2 mars, mardi sauf août, dim. soir et lundi*
Rest – Menu 20 € (sem.), 30/72 € – Carte 29/66 €
♦ Solide maison de pays estimée pour sa cuisine régionale goûteuse et soignée. Salles néo-rustiques, salon-cheminée et jardinet avec terrasse. Tentant chariot de desserts.

au Nord-Ouest 6 km par D 44

⚿ **La Maison d'en Haut** sans rest 🦢   🚗 ⅍ ⁇⁇ P
Malatray – ℰ 04 71 61 96 20 – www.maison-den-haut.com – Ouvert avril-déc.
3 ch ⌑ – ⅋75/85 € ⅋⅋75/85 €
♦ Dans un petit hameau au grand calme, ancienne ferme en pierres de taille du 18ᵉ s. abritant des chambres chaleureuses avec leur mobilier de style. Ambiance familiale.

Une bonne table sans se ruiner ? Repérez les Bib Gourmand 🙂.

ST-BONNET-TRONÇAIS – 03 Allier – **326** D3 – 760 h. – alt. 224 m   **5 B1**
– ✉ 03360 🟩 Auvergne
▶ Paris 313 – Clermont-Ferrand 137 – Moulins 60 – Montluçon 44

à Tronçais 2 km au Sud-Est par D 250 – ✉ 03360

Le Tronçais 🦢   🔔 🚗 ⅍ rest, ⁇⁇ ᵴᵢ P VISA 🗷 AE
12 av. Nicolas-Rambourg, par D 978 – ℰ 04 70 06 11 95 – www.letroncais.com
– *Ouvert 15 mars-15 nov. et fermé dim. soir, mardi midi et lundi en mars-avril et oct.-nov.*
12 ch – ⅋49 € ⅋⅋57 € – ⌑ 9 € – ½ P 55 €
Rest – Menu 26/39 € – Carte 28/41 €
♦ Un parc, un étang et la magnifique forêt de Tronçais à proximité. Cette demeure et son annexe possèdent des chambres d'ampleurs variées, au grand calme. Côté restaurant, on s'installe dans une grande salle à manger pimpante pour déguster des plats traditionnels.

ST-BRANCHS – 37 Indre-et-Loire – **317** N5 – 2 324 h. – alt. 97 m   **11 B2**
– ✉ 37320
▶ Paris 259 – Orléans 135 – Tours 24 – Joué-lès-Tours 19

✗ **Le Diable des Plaisirs** 🛐 VISA ⓒⓔ
2 av. des Marronniers – ℰ 02 47 26 33 44
– www.restaurant-lediabledesplaisirs.com – Fermé dim. soir et merc.
Rest – (15 €) Menu 20/38 € – Carte 41/51 €
◆ Ce restaurant en retrait du centre du village vous reçoit dans le cadre très
coloré, ludique et nostalgique d'une ancienne salle de classe. Accueil souriant et
cuisine actuelle.

ST-BREVIN-LES-PINS – 44 Loire-Atlantique – **316** C4 – 11 750 h.   **34** A2
– alt. 9 m – Casino – ⊠ 44250 🟩 Poitou Vendée Charentes

▶ Paris 442 – Nantes 57 – Saint-Herblain 62 – Saint-Nazaire 15
🛈 10, rue de l'Église ℰ 02 40 27 24 32

🏨 **Du Beryl** ≤ 🛐 📶 🕭 🖫 🖭 🖤 🕪 🖪 P 🔁 VISA ⓒⓔ 🝙 ①
55 bd de l'Océan – ℰ 02 28 53 20 00
– www.groupe-emeraude.com
94 ch – †79/169 € ††79/169 € – ⊑ 15 € – ½ P 71/116 €
Rest – (17 €) Menu 19/32 € – Carte 30/41 €
◆ Vue sur la mer ou, à l'arrière, sur les pins qui recouvrent la station : dans cet
hôtel moderne, les chambres, lumineuses et spacieuses, sont en prise sur la côte
Atlantique. Casino. Restaurant assez confortable (terrasse face à l'océan) ; carte
traditionnelle.

ST-BRICE – 53 Mayenne – **310** G7 – 514 h. – alt. 71 m – ⊠ 53290   **35** C1

▶ Paris 271 – Laval 43 – Le Mans 70 – Nantes 147

🏠 **Au Manoir des Forges** 🞐 🔾 🛐 ⌶ 🕅 🖫 ch, 🕉 ch, 🕪 P
0,5 km à l'Est par D 212 – ℰ 02 43 70 84 40 – www.manoirdesforges.fr – Ouvert
12 mars-29 nov.
5 ch ⊑ – †95/135 € ††95/135 €
Table d'hôte – Menu 32 € bc
◆ Sur les hauteurs du village, petit manoir de 1850 au charme authentique : parc,
plan d'eau où nagent des cygnes noirs. Chambres rustiques et cosy (tomettes,
poutres, cheminée). Cuisine provençale et spécialités corses au coin du feu ou
sous la tonnelle.

ST-BRICE-EN-COGLÈS – 35 Ille-et-Vilaine – **309** N4 – 2 655 h.   **10** D2
– alt. 105 m – ⊠ 35460

▶ Paris 343 – Avranches 34 – Fougères 17 – Rennes 57
🛈 7, place Charles-de-Gaulle ℰ 02 99 97 85 44

🏠 **Le Lion d'Or** 🚗 🛐 🕭 ch, 🕅 rest, 🕪 🖫 P VISA ⓒⓔ 🝙 ①
6-8 r. Chateaubriand – ℰ 02 99 98 61 44 – www.hotel-leliondor.fr
28 ch – †60/75 € ††60/75 € – ⊑ 8,50 € – ½ P 60/85 €
Rest – *(fermé dim. soir de sept. à avril)* (12 € bc) Menu 18/32 € – Carte 27/50 €
◆ Dans la rue principale du village, cet ex-relais de diligence à la façade de granit abrite des chambres de confort simple, régulièrement rénovées. Confortable
restaurant et sa véranda servant des plats traditionnels et du terroir. À midi,
espace brasserie.

🏠 **Manoir de la Branche** sans rest 🞐 🔾 🕭 🕉 🕪 P
lieu-dit la Branche, 1 km au Nord par D 102
– ℰ 02 99 97 77 95 – www.manoirdelabranche.com
– Fermé 20 déc.-6 janv.
5 ch ⊑ – †120/180 € ††120/180 €
◆ Robuste manoir daté de 1412, en bordure de forêt. Vieilles pierres, poutres de
chêne, tomettes, murs à la chaux, mobilier de style : le décor fait remonter le
temps !

ST-BRIEUC 🅿 – 22 Côtes-d'Armor – 309 F3 – 46 437 h.

– Agglo. 121 237 h. – alt. 78 m – ⊠ 22000 ▌Bretagne

10 C2

▶ Paris 451 – Brest 144 – Quimper 127 – Rennes 101

🛧 de St-Brieuc-Armor : ℰ 02 96 94 95 00, 10 km par ①.

🛈 Bureau central 7, rue Saint-Gouéno ℰ 08 25 00 22 22

⛳ Club la Crinière à Lamballe Manoir de la Ville Gourio, par rte de Lamballe et D 786 : 15 km, ℰ 02 96 32 72 60

👁 Cathédrale St-Étienne★ - Tertre Aubé ≼★ BV.

Plan page suivante

🛏🛏 **De Clisson** sans rest

36 r. Gouët – ℰ 02 96 62 19 29

– www.hoteldeclisson.com

25 ch – †58/120 € ††76/120 € – ☷ 8 €

AYe

♦ Cette bâtisse blanche, à l'écart du centre, vous réserve un accueil charmant. Chambres diversement meublées ; celles avec baignoire balnéo sont plus spacieuses. Joli jardin.

🛏 **Ker Izel** sans rest

20 r. Gouët – ℰ 02 96 33 46 29 – www.hotel-kerizel.com

– Fermé 24 déc.-2 janv.

22 ch – †45/49 € ††47/65 € – ☷ 8 €

AYa

♦ Au cœur historique de la ville, c'est vraisemblablement le plus vieil hôtel de St-Brieuc. Chambres plutôt petites, mansardées au 2e étage, et bien tenues. Jardinet, piscine.

🛏 **Champ de Mars** sans rest

13 r. Gén. Leclerc – ℰ 02 96 33 60 99 – www.hotel-saint-brieuc.fr – Fermé vacances de Noël

BZs

21 ch – †49/55 € ††56/62 € – ☷ 8 €

♦ Emplacement pratique, près d'un grand parking public, pour ces chambres sobres et fonctionnelles, conçues à l'identique. Ici et là, quelques détails personnalisent cet hôtel simple.

XXX **Aux Pesked** (Mathieu Aumont)

❀ 59 r. Légué – ℰ 02 96 33 34 65 – www.auxpesked.com

– Fermé 29 avril-4 mai, 23 août-13 sept., 3-18 janv., sam. midi, dim. soir et lundi

AVa

Rest – (22 €) Menu 26 € (déj. en sem.), 42/68 € – Carte 70/87 €🕭

Spéc. Homard et maquereau, salade d'agrumes, sorbet lait ribot (printemps-été). Filet de saint-pierre, lard colonnata, émulsion fenouil sauvage, fleur de sel cuisinée (printemps-été). Fraises au poivre de Sechuan vert, mélisse du jardin, sorbet fraise et poivron rouge, sablé breton (printemps-été).

♦ Avec la vallée du Gouët pour paysage, ce chaleureux restaurant contemporain propose une fine carte actuelle, du marché, et mettant à l'honneur les Pesked (poissons en breton).

XX **Amadeus**

🔗 22 r. Gouët – ℰ 02 96 33 92 44

– Fermé merc. soir et dim.

AYb

Rest – (12 €) Menu 16 € (sem.)/55 € – Carte 30/56 €

♦ Ce restaurant familial a préservé son charme ancien (murs de pierre, beau plafond à solives), tout en modernisant et en épurant son décor. Cuisine dans l'air du temps.

XX **Ô Saveurs**

🔗 10 r. J.-Ferry – ℰ 02 96 94 05 34 – www.osaveurs-restaurant.com – Fermé 2 sem. en août, janv., dim. et lundi

AXn

Rest – (15 €) Menu 27/70 € bc – Carte 33/51 €

♦ Derrière la gare, ce restaurant affiche un cadre sobre, tout de noir et blanc, en parfait accord avec les mets proposés. Carte de saison. Accueil et service charmants.

ST-BRIEUC

Abbé-Garnier (R.) . . . . **AX** 2
Armor (Av. d') . . . . **BZ** 3
Chapitre (R. du) . . . . **AZ** 4
Charbonnerie (R.) . . . . **AY** 5
Corderie (R. de la) . . . . **AX** 13
Ferry (R. Jules) . . . . **AX** 16

Gambetta (Bd) . . . . **AV** 17
Gaulle (Pl. Gén.-de) . . . . **AV** 18
Glais-Bizoin (R.) . . . . **ABY** 20
Hérault (Bd) . . . . **AV** 23
Le Gorrec (R. P.) . . . . **AZ** 28
Jouallan (R.) . . . . **AY** 26
Libération (Av. de la) . . . . **BZ** 29
Lycéens-Martyrs (R.) . . . . **AY** 32
Martray (Pl. du) . . . . **AY** 33

Quinquaine (R.) . . . . **AY** 38
Résistance (Pl. de la) . . . . **AY** 39
Rohan (R. de) . . . . **AYZ** 40
St-Gilles (R.) . . . . **AY** 43
St-Gouéno (R.) . . . . **AY** 44
St-Guillaume (R.) . . . . **BZ** 46
Victor-Hugo (R.) . . . . **BX** 50
3-Frères-Le-Goff (R.) . . . . **AY** 52
3-Frères-Merlin (R.) . . . . **AY** 53

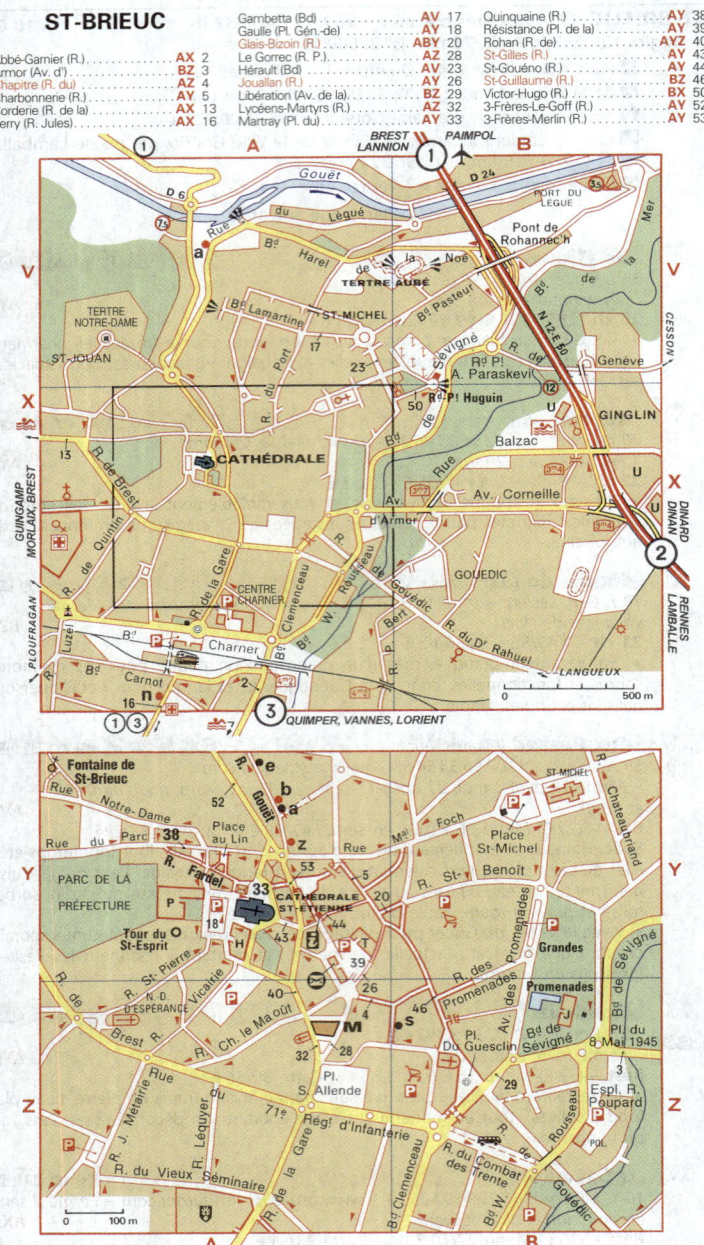

Ⓧ **Youpala Bistrot** (Jean-Marie Baudic)   🕸 _VISA_ ⚌

❀ _5 r. Palasne de Champeaux, Sud-Ouest par bd Charner_ – ☏ 02 96 94 50 74
– _www.youpala-bistrot.com_ – _Fermé 1er-15 juin, 1er-15 sept., 1er-25 janv.,
dim. et lundi_
Rest – _(nombre de couverts limité, prévenir)_ (20 €) Menu 26 € (déj. en sem.),
50/62 € bc
Spéc. Produits de saison autour de la mer et des légumes.
◆ Le chef créatif de ce bistrot rustique, contemporain et coloré, conçoit un
menu unique surprise, en fonction des produits du marché, et met à l'honneur
la marée bretonne.

Ⓧ **L'Air du Temps**   _VISA_ ⚌ ⓪

⌐⌐ _4 r. Gouët_ – ☏ 02 96 68 58 40 – _www.airdutemps.fr_ – _Fermé 3-20 juil.,
22 oct.-7 nov., 26 fév.-14 mars, dim. et lundi_   **AY**z
Rest – (12 €) Menu 16 € – Carte 28/56 €
◆ Optez pour l'agréable cadre rustico-contemporain du rez-de-chaussée ou l'atmosphère très épurée de l'étage. Côté cuisine, saveurs ensoleillées relevées d'herbes et d'épices.

à Sous-la-Tour 3 km au Nord-Est par Port Légué et D 24 **BV** – ✉ 22190 Plérin

↑ **La Maison du Phare** _sans rest_   ⛱ 🕸 📶 _VISA_ ⚌

93 r. de la Tour – ☏ 02 96 33 34 65 – _www.maisonphare.com_ – _Fermé
1er-14 sept. et 1er-14 janv._
5 ch – †75 € ††80/110 € – ☑ 8 €
◆ Adossée à la falaise, près du port, cette maison du 19e s. au cadre cosy, raffiné et actuel invite à la douceur de vivre. Chambres personnalisées (terrasse,
balcon, patio).

ⓍⓍ **La Vieille Tour** (Nicolas Adam)   Ⓐ𝖢 _VISA_ ⚌ Ⓐ𝖤

❀ _75 r. de la Tour_ – ☏ 02 96 33 10 30 – _www.la-vieille-tour.com_
– _Fermé 16 août-6 sept., vacances de fév., sam. midi, dim. et lundi_
Rest – _(nombre de couverts limité, prévenir)_ (18 €) Menu 27 € (sem.)/67 €
– Carte 59/112 € 🐝
Spéc. Mac'Adam de foie gras chaud aux Saint-Jacques et cèpes, ketchup de fram-
boises (sept. à déc.). Turbot sauvage au thym et laurier. Tarte coulante au choco-
lat manjari, menthe poivrée, glace carambar.
◆ Cadre très contemporain jouant sur la lumière et les matières (verre, wengé...),
en totale adéquation avec les saveurs fines et iodées de cette maison de pays,
face au chenal.

à Cesson 3 km à l'Est par r. Genève **BV** – ✉ 22000

ⓍⓍⓍ **La Croix Blanche**   🚗 ⇔ _VISA_ ⚌ Ⓐ𝖤

☺ _61 r. de Genève_ – ☏ 02 96 33 16 97 – _www.restaurant-lacroixblanche.fr_
– _Fermé 3-24 août, vacances de fév., dim. soir et lundi_
Rest – Menu 21/86 € – Carte 40/50 €
◆ Ce restaurant situé dans un quartier résidentiel abrite plusieurs salles à man-
ger confortables et personnalisées, ouvrant sur le jardin. Menu-carte où le pois-
son joue la vedette.

ⓍⓍ **Manoir le Quatre Saisons**   🚗 ⇔ _VISA_ ⚌

61 chemin Courses – ☏ 02 96 33 20 38 – _www.manoirquatresaisons.fr_
– _Fermé 1er-15 mars, 3-17 oct., dim. soir et lundi_
Rest – Menu 25 € (déj. en sem.), 35/70 € – Carte 55/75 €
◆ Auberge de pays tapie dans un vallon rejoignant la mer. Cuisine traditionnelle
servie dans deux pimpantes salles à manger aux jolis détails Art nouveau.

ST-CALAIS – 72 Sarthe – **310** N7 – 3 589 h. – alt. 155 m – ✉ 72120   **35** D1
▌ Châteaux de la Loire

▶ Paris 188 – La Ferté-Bernard 33 – Le Mans 47 – Tours 66
🄸 place de l'Hôtel de ville ☏ 02 43 35 82 95
◉ Façade★ de l'église Notre-Dame.

Rte de la Ferté-Bernard 3 km au Nord par D 1

⌂ **Château de la Barre** ⌂ 🔊 🕉 **P** 𝐕𝐈𝐒𝐀 ⊚⊚
– 𝒞 02 43 35 00 17 – www.chateaudelabarre.com – Fermé 10 janv.-10 fév.
5 ch – ♦130/150 € ♦♦180/330 € – ☷ 15 €
Table d'hôte – *(fermé dim. soir, lundi soir, merc. soir et vend. soir)*
Menu 95 € bc
♦ Ce beau château entouré d'un parc de 40 ha appartient à la même famille depuis le 15ᵉ s. Les chambres, raffinées et personnalisées, possèdent d'authentiques meubles anciens. Cuisine bourgeoise servie dans une salle à manger agrémentée d'un superbe vaisselier.

ST-CANADET – 13 Bouches-du-Rhône – **340** H4 – ✉ 13610   **40** B3
▶ Paris 765 – Marseille 46 – Aix-en-Provence 18 – Avignon 93

⌂ **Campagne le Bec** sans rest ⌂ 🚗 🏊 🕉 📶 **P**
– 𝒞 04 42 61 97 05 – www.campagnelebec.com
4 ch ☷ – ♦120/160 € ♦♦120/160 €
♦ En pleine campagne, cette ancienne bergerie mêle avec brio profusion baroque et élégance contemporaine. "Lin", tout en jaune, "Portugaise"... chaque chambre revêt un charme tout particulier. Table d'hôtes sur demande. Bassin de nage.

ST-CANNAT – 13 Bouches-du-Rhône – **340** G4 – 5 183 h. – alt. 216 m   **40** B3
– ✉ 13760 ▮ Provence
▶ Paris 731 – Aix-en-Provence 17 – Cavaillon 39 – Manosque 65
🇮 avenue Pasteur 𝒞 04 42 57 34 65

au Sud 2 km par rte d'Éguilles et rte secondaire – ✉ 13760 St-Cannat

🏙 **Mas de Fauchon** ⌂ 🚗 🏡 🏊 ఉ. ch, 🆎 ch, 🛗 **P** 𝐕𝐈𝐒𝐀 ⊚⊚ 𝐀𝐄
1666 chemin de Berre – 𝒞 04 42 50 61 77 – www.mas-de-fauchon.fr
15 ch – ♦125/180 € ♦♦125/240 € – 1 suite – ☷ 15 €
Rest – (17 €) Menu 34/56 € – Carte 50/80 €
♦ Le calme à l'état pur avec pour seule musique le chant des cigales. Cette bergerie du 17ᵉ s. propose des chambres d'un élégant style provençal. Agréable piscine. Cuisine classique (petits farcis, poisson au fenouil, tatin de pêches) et restaurant coquet.

ST-CAPRAISE-DE-LALINDE – 24 Dordogne – **329** E6 – **rattaché à Lalinde**

ST-CAST-LE-GUILDO – 22 Côtes-d'Armor – **309** I3 – 3 394 h.   **10** C1
– alt. 52 m – ✉ 22380 ▮ Bretagne
▶ Paris 427 – Avranches 91 – Dinan 32 – St-Brieuc 50
🇮 place Charles-de-Gaulle 𝒞 02 96 41 81 52
🇮🇸 de Saint-Cast Pen-Guen Chemin du Golf, S : 4 km, 𝒞 02 96 41 91 20
◉ Pointe de St-Cast ⩤ ★★ - Pointe de la Garde ⩤ ★★ - Pointe de Bay
⩤ ★ S : 5 km.

✕ **Ker Flore** 𝐕𝐈𝐒𝐀 ⊚⊚
40 r. Rioust des Villes Audrains, au bourg, près de l'église – 𝒞 02 96 81 03 79
– Fermé 21 déc.-2 fév., dim. soir, mardi soir et merc. soir sauf juil.-août et lundi
Rest – (14 €) Menu 21/27 € – Carte 26/40 €
♦ Cadre champêtre égayé de murs ensoleillés et d'objets chinés pour ce restaurant où l'on déguste des plats traditionnels, réalisés en fonction du marché.

ST-CÉRÉ – 46 Lot – **337** H2 – 3 540 h. – alt. 152 m – ✉ 46400   **29** C1
▮ Périgord Quercy
▶ Paris 531 – Aurillac 62 – Brive-la-Gaillarde 51 – Cahors 80
🇮 13, avenue Francois de Maynard 𝒞 05 65 38 11 85
🇮🇸 de Montal à Saint-Jean-Lespinasse, O : 3 km par D 807, 𝒞 05 65 10 83 09
◉ Site★ - Tapisseries de Jean Lurçat★ au casino - Atelier-musée Jean
Lurçat★ - Château de Montal★★ O : 3 km.
◉ Cirque d'Autoire★ : ⩤ ★★ par Autoire (site★) O : 8 km.

Les Trois Soleils de Montal (Frédérik Bizat) ⌀ ⟨ 🏠 🏡 🌲 🍴 🎐
rte de Gramat, 2 km par D 673 ᵉ ch, **AC** 🍽 rest, 🍷 🛁 **P** **VISA** ⓒⓒ
– 𝒞 05 65 10 16 16 – www.3soleils.fr
– *Fermé 1ᵉʳ déc.-31 janv.*
25 ch – ♦86/119 € ♦♦86/119 € – 4 suites – ⌑ 14 € – ½ P 95/124 €
Rest – *(fermé dim. soir et mardi midi d'oct. à mars, lundi sauf le soir d'avril à sept.)* Menu 27 € (déj. en sem.), 40/74 € – Carte 62/88 €
Spéc. Lasagne d'escargots "gros gris" à la crème d'oseille. Lobe de foie gras rôti, poires et épices douces. Dacquois à la noix de pécan, chocolat et coulis de griottes. **Vins** Cahors, Côtes du Marmandais.
♦ Cette grande maison située à proximité du château de Montal profite du calme d'un parc en pleine campagne. Chambres contemporaines, assez spacieuses. Savoureuse cuisine au goût du jour servie dans un décor élégant (toiles du 19ᵉ s.) ; le rapport qualité-plaisir est excellent !

🏠 **De France** 🚗 🏡 🌲 🍷 **P** **VISA** ⓒⓒ **AE**
av. François de Maynard, rte d'Aurillac
– 𝒞 05 65 38 02 16 – www.lefrance-hotel.com
– *Fermé 18 déc.-20 janv. et vend. soir de sept. à mars*
20 ch – ♦45/47 € ♦♦58/60 € – ⌑ 9 €
Rest – *(fermé le midi sauf mardi, merc. et jeudi)* (21 €) Menu 25/40 €
– Carte 32/53 €
♦ À l'entrée de St-Céré, un hôtel aux chambres fonctionnelles, sobres et rustiques ; préférez celles donnant sur le jardin. Terrasse ombragée au restaurant, d'esprit contemporain ; plats traditionnels et saveurs du Quercy.

🏠 **Villa Ric** ⌀ ⟨ 🚗 🏡 🌲 **AC** ch, 🍽 🍷 **P** **VISA** ⓒⓒ
rte Leyme, 2,5 km par D 48 – 𝒞 05 65 38 04 08 – www.villaric.com
– *Ouvert 8 avril-13 nov.*
5 ch – ♦79/109 € ♦♦79/109 € – ⌑ 10 € – ½ P 75/105 €
Rest – *(fermé le midi)* (résidents seult) Menu 36/52 €
♦ Maison accrochée à flanc de colline proposant des chambres d'esprit cosy aux tons pastel. On apprécie son cadre reposant et son ambiance guesthouse. Cuisine actuelle et salle à manger lumineuse au restaurant ; terrasse avec vue panoramique sur la vallée.

À la réservation, faites-vous bien préciser le prix et la catégorie de la chambre.

ST-CHAMAS – 13 Bouches-du-Rhône – **340** F4 – 7 268 h. – alt. 15 m **40 A3**
– ✉ 13250 ▌Provence
▶ Paris 738 – Arles 43 – Marseille 50 – Martigues 26
ℹ Place Saint Pierre 𝒞 04 90 50 90 54

🍴🍴 **Le Rabelais** avec ch 🏡 **AC** 🍽 ch, 🍷 **VISA** ⓒⓒ **AE**
8 r. Auguste Fabre, (centre ville)
– 𝒞 04 90 50 84 40 – www.restaurant-le-rabelais.com
– *Fermé dim. soir, merc. soir et lundi*
3 ch – ♦70 € ♦♦70 € – ⌑ 8 €
Rest – Menu 26 € (déj.), 39/60 € – Carte environ 42 €
♦ Installé dans la jolie salle voûtée du 17ᵉ s. d'un vieux moulin à blé, ce restaurant n'a rien de gargantuesque. On y sert plutôt une cuisine du moment, osant parfois des associations originales. Pour l'étape, deux jolies chambres à l'étage, simples et spacieuses.

ST-CHAMOND – 42 Loire – **327** G7 – 35 608 h. – alt. 388 m **44 B2**
– ✉ 42400 ▌Lyon Drôme Ardèche
▶ Paris 505 – Feurs 55 – Lyon 50 – Montbrison 53
ℹ 23, avenue de la Libération 𝒞 04 77 22 04 34

Les Ambassadeurs (Julien Thomasson)   AC rest, ᵀ VISA ⚫ AE

28 av. de la Libération, (près de la gare) – ☏ *04 77 22 85 80*
– www.hotel-ambassadeurs.fr
16 ch – †56/60 € ††56/70 € – ⭤ 8 €
Rest – *(fermé 25 juil.-21 août, 1ᵉʳ-5 janv., sam. midi, dim. soir et lundi)*
Menu 24 € (déj. en sem.), 29/54 € – Carte 55/65 €
Spéc. Foie gras de canard, pressé au rave, mousseline de céleri à l'huile de noisette. Agneau fermier du Bourbonnais, pulpe de pois chiche, roulé de blettes
aux noisettes. Chocolat du Vénézuela en soufflé chaud, banane caramélisée, sorbet fromage blanc et verveine.
◆ Cet hôtel-restaurant propose des chambres fonctionnelles, claires et joliment
agencées, parfaites pour prolonger la soirée. Aux fourneaux, le chef concocte
une cuisine sans fioriture et pleine de finesse, où les arômes s'épanouissent
avec justesse.

ST-CHARTIER – 36 Indre – **323** H7 – **rattaché à La Châtre**

ST-CHÉLY-D'APCHER – 48 Lozère – **330** H6 – 4 484 h. – alt. 1 000 m   **22** B1
– ✉ 48200

▶ Paris 540 – Aurillac 106 – Mende 45 – Le Puy-en-Velay 85
🗓 place du 19 mars 1962 ☏ 04 66 31 03 67

Les Portes d'Apcher   ≤ 🚗 🏡 & rest, 🛏 rest, ᵀ 🛁 P 🚗 VISA ⚫ AE

rte de St Flour, 1,5 km au Nord sur D 809 – ☏ *04 66 31 00 46 – Fermé 2 sem.*
en janv. et dim. soir
17 ch – †54/58 € ††54/58 € – ⭤ 8 € – ½ P 55 €   **Rest** – *(fermé lundi midi*
sauf juil.-août) Menu 14 € (déj. en sem.), 21/35 € – Carte 25/45 €
◆ Cette construction proche de l'autoroute a été reprise par de nouveaux propriétaires. Chambres fonctionnelles, dont la rénovation est programmée. Vue
dégagée depuis la salle à manger, relookée sur le thème de la nature, telle un
jardin ; cuisine au goût du jour.

à La Garde 9 km au Nord par D 809 – ✉ 48200 Albaret-Ste-Marie

Le Rocher Blanc   🚗 🏊 🏊 ℹ️ 🍽 AC rest, ᵀ P 🚗 VISA ⚫ AE

– ☏ *04 66 31 90 09 – www.lerocherblanc.com*
19 ch – †55/75 € ††55/75 € – ⭤ 8,50 € – ½ P 53/67 €
Rest – (12 €) Menu 17 € (déj. en sem.), 23/63 € – Carte 25/40 € ⚜
◆ Étape de charme où tout incite au repos : chambres à thèmes ("Mille et une
Nuits", "Temps modernes", etc.), jardin, piscine, espace détente... À table, douces
tonalités méridionales, saisonnalité, goût du terroir et zestes d'audace.

ST-CHÉLY-D'AUBRAC – 12 Aveyron – **338** J3 – 546 h. – alt. 700 m   **29** D1
– Sports d'hiver : à Brameloup 1 200/1 390 m ⚡9 🎿 – ✉ 12470

▶ Paris 589 – Espalion 20 – Mende 74 – Rodez 50
🗓 route d'Espalion ☏ 05 65 44 21 15

Voyageurs avec ch   🍽 ch, VISA ⚫

av. d'Aubrac – ☏ *05 65 44 27 05 – www.hotel-conserverie-aubrac.com*
– Ouvert 10 avril-15 oct. et fermé merc. sauf le soir en juil.-août
7 ch – †46 € ††46/51 € – ⭤ 8 € – ½ P 47/50 €
Rest – Menu 17/24 € – Carte 22/44 €
◆ Les villages perdus dans la campagne réservent de belles surprises ! Ici, on
déguste une bonne cuisine familiale à l'accent aveyronnais (tripoux, aligot...).
Conserverie artisanale. Pour l'étape, quelques chambres impeccables, simples et
coquettes.

ST-CHRISTOPHE-LA-GROTTE – 73 Savoie – **333** H5 – **rattaché aux Échelles**

ST-CIERS-DE-CANESSE – 33 Gironde – **335** H4 – 767 h. – alt. 40 m   **3** B1
– ✉ 33710

▶ Paris 548 – Blaye 10 – Bordeaux 45 – Jonzac 54
Ⓖ Citadelle de Blaye ★ NO : 8 km ▮ Pyrénées Aquitaine

La Closerie des Vignes 🕭 ⟨ 🚗 🏠 🛏 ch, 🕭 ch, 🕯 P VISA ◯

village Les Arnauds, 2 km au Nord par D 250 et D 135 – ℰ *05 57 64 81 90*
– www.hotel-restaurant-gironde.com – Ouvert 4 avril-31 oct.
7 ch – ♦90/96 € ♦♦90/96 € – ⌸ 10 € – ½ P 85 €
Rest – *(fermé mardi et le midi)* Menu 33/39 €

◆ Pavillon au milieu des vignes de Blaye, idéal pour les amoureux de la nature. Chambres de bonne ampleur, dotées d'un mobilier contemporain. Salle à manger lambrissée avec vue sur les ceps et le jardin. La cuisine, traditionnelle, joue la carte de la simplicité.

ST-CIRQ-LAPOPIE – 46 Lot – 337 G5 – 215 h. – alt. 320 m – ⊠ 46330   29 C1
▮ Périgord Quercy

▶ Paris 574 – Cahors 26 – Figeac 44 – Villefranche-de-Rouergue 37
🅳 place du Sombral ℰ 05 65 31 29 06
◉ Site★★ – Vestiges de l'ancien château ⟨★★ – Le Bancourel ⟨★
   – Bouziès : chemin de halage du Lot⟨ NO : 6,5 km.

Auberge du Sombral "Les Bonnes Choses" 🕭   🏠 🕯
– ℰ 05 65 31 26 08 – www.lesombral.com   VISA ◯
– Ouvert 1ᵉʳ avril-28 nov. et fermé jeudi d'oct. à juin
8 ch – ♦52/80 € ♦♦52/80 € – ⌸ 8,50 € **Rest** – *(fermé jeudi d'oct. à juin et le soir sauf vend. et sam.)* (16 €) Menu 20 € (déj.)/39 € – Carte 24/50 €

◆ Dans un superbe village médiéval dominant le Lot, cette auberge familiale abrite de petites chambres joliment relookées. Décor rustique (tomettes, cheminée) pour les petits-déjeuners. Au restaurant, on apprécie une sympathique cuisine du terroir.

Le Gourmet Quercynois   🕯 AC VISA ◯
r. de la Peyrolerie – ℰ 05 65 31 21 20
– www.restaurant-legourmetquercynois.com – Fermé mi-nov. à mi-déc. et janv.
Rest – (15 €) Menu 20/27 € – Carte 28/53 €

◆ Ce restaurant convivial aménagé dans une maison du 17ᵉ s. propose une cuisine du terroir mettant à l'honneur le canard. Petit musée du vin et boutique de produits régionaux.

à Tour-de-Faure 2 km à l'Est par D 8 – 365 h. – alt. 137 m – ⊠ 46330

Le Saint Cirq sans rest 🕭   ⟨ 🏊 🛏 AC 🕯 VISA ◯
ℰ *05 65 30 30 30 – www.hotel-lesaintcirq.com – Fermé de mi-nov. à mi-déc. et janv.*
25 ch – ♦68/140 € ♦♦78/160 € – ⌸ 12 €

◆ Face au cirque de Lapopie, cet hôtel flambant neuf s'inspire d'un hameau quercinois : accueil dans un ancien séchoir à tabac, matériaux nobles et parc planté d'arbres fruitiers.

Les Gabarres sans rest   🚗 🛏 🕯 P VISA ◯
– ℰ 05 65 30 24 57 – www.hotel-les-gabarres.com – Ouvert 4 avril-30 oct.
28 ch – ♦58 € ♦♦58 € – ⌸ 8,50 €

◆ Cet édifice récent niché près du Lot, au pied du magnifique village perché, invite à une halte touristique. Chambres fonctionnelles et pratiques. Le "petit plus" : la piscine.

ST-CLAIR – 83 Var – 340 N7 – rattaché au Lavandou

ST-CLAR – 32 Gers – 336 G6 – 980 h. – alt. 150 m – ⊠ 32380   28 B2
▮ Midi-Toulousain

▶ Paris 706 – Agen 49 – Auch 37 – Toulouse 79
🅳 2, place de la Mairie ℰ 05 62 66 34 45

La Garlande sans rest   🚗 🕯
12 pl. de la Mairie – ℰ 05 62 66 47 31 – www.lagarlande.com – Ouvert 25 mars-2 nov.
3 ch ⌸ – ♦52/63 € ♦♦61/69 €

◆ Maison du 18ᵉ s. pleine de cachet : on accède aux chambres cosy par un escalier ouvert sur un puits de lumière. Moulures, parquet et cheminée ajoutent au charme des lieux.

ST -CLAUD – 16 Charente – **324** M4 – 1 094 h. – alt. 144 m – ⌧ 16450　　**39** C2

▶ Paris 437 – Poitiers 111 – Angoulême 44 – Saint-Junien 38

⌂ **Logis de la Broue** ⌂　　　　　　　　　　　　🕭 ⌛ ✗ ⌘ ⌖ 🅿
　　r. Abbé-Rousselot – ☏ *05 45 71 43 96* – *www.logisdelabroue.com*
　3 ch ⌂ – 🛏80 € 🛏🛏95 € – **Table d'hôte** – Menu 18 € bc/28 € bc
　◆ Ex-propriété viticole, remontant en partie au 15ᵉ s., très bien restaurée. Salon
　bourgeois orné d'authentiques tapisseries d'Aubusson. Chambres au charme
　ancien. Parc, piscine. Cuisine qui revisite le terroir, servie dans une salle à man-
　ger rustique.

ST-CLAUDE ◉ – 39 Jura – **321** F8 – 11 950 h. – alt. 450 m　　**16** B3
– ⌧ 39200 ▮ Franche-Comté Jura

▶ Paris 465 – Annecy 88 – Genève 60 – Lons-le-Saunier 59

🛈 1, avenue de Belfort ☏ 03 84 45 34 24

🏌 de la Valserine à Mijoux La Pellagrue, par rte de Genève : 24 km,
　☏ 04 50 41 31 56

◉ Site★★ - Cathédrale St-Pierre★ : stalles★★ - Musée de l'Abbaye★
　- Exposition de pipes, de diamants et de pierres fine.

🆀 Georges du Flumen★ - Route de Morez '≤★★ 7 km.

⌂ **Jura**　　　　　　　　　　　　　　　🄰🄺 rest, ⌖ 🚗 🆅🄸🅂🄰 ⬤⬤ 🄰🄴
　40 av. de la Gare – ☏ *03 84 45 24 04* – *www.jurahotel.com*
　35 ch – 🛏48/60 € 🛏🛏48/66 € – ⌂ 8 € – ½ P 53/69 €
　Rest – *(fermé 23 déc.-10 janv. et dim. soir)* (13 €) Menu 16/29 €
　◆ Hôtel surplombant la rivière. Deux catégories de chambres : les meilleures, plus
　calmes, ont vue sur la montagne (une avec terrasse). Au restaurant, cuisine tradi-
　tionnelle bien réalisée, servie dans une salle spacieuse ; beau panorama sur la
　ville et la Bienne.

ST-CLÉMENT-DES-BALEINES – 17 Charente-Maritime – **324** A2 – **voir à Île de Ré**

ST-CLÉMENT-LES-PLACES – 69 Rhône – **327** F5 – 630 h.　　**44** A1
– alt. 625 m – ⌧ 69930

▶ Paris 458 – Lyon 54 – Saint-Étienne 69 – Villeurbanne 63

✗✗ **L'Auberge de Saint-Clément**　　　　　　'≤ 🏠 🅿 🆅🄸🅂🄰 ⬤⬤
　Le bourg – ☏ *04 74 26 03 83* – *Fermé 1ᵉʳ-18 août, 25-31 déc., merc. et le soir sauf
　vend. et sam.*
　Rest – Menu 18 € (déj. en sem.)/23 €
　◆ Dans les Monts du Lyonnais, paisible auberge avec vue sur la campagne (belle
　terrasse). Cuisine de bistrot tout en simplicité, réalisée avec la complicité des pro-
　ducteurs locaux.

ST-CLOUD – 92 Hauts-de-Seine – **311** J2 – **101** 14 – **voir à Paris, Environs**

ST-CRÉPIN – 05 Hautes-Alpes – **334** H4 – 583 h. – alt. 910 m　　**41** C1
– ⌧ 05600

▶ Paris 759 – Briançon 26 – Digne-les-Bains 140 – Gap 60

✗ **Les Tables de Gaspard** avec ch ⌂　　　　　　　⌖ 🆅🄸🅂🄰 ⬤⬤
　r. Principale – ☏ *04 92 24 85 28* – *www.lestablesdegaspard.com* – *Fermé mardi
　hors saison et merc.*
　3 ch ⌂ – 🛏44/50 € 🛏🛏44/50 €
　Rest – *(prévenir)* (17 €) Menu 24 € (sem.), 29 € – Carte 45/68 € le soir
　◆ Dans le décor suggestif d'une salle voûtée du 16ᵉ s., avec dallage en pierre et
　mobilier de fer forgé, goûteuse cuisine actuelle mettant en valeur les produits du
　terroir local. À l'étage, chambres d'hôtes agréables pour l'étape.

ST-CRÉPIN-ET-CARLUCET – 24 Dordogne – **329** I6 – 463 h.　　**4** D3
– alt. 262 m – ⌧ 24590 ▮ Périgord Quercy

▶ Paris 519 – Bordeaux 196 – Brive-la-Gaillarde 40 – Sarlat-la-Canéda 12

⌂ **Les Charmes de Carlucet** sans rest 🐾 ⟨ 🖧 🎿 AC 🛰 🛜 P VISA ©️

Carlucet – 🕾 *05 53 31 22 60 – www.carlucet.com – Ouvert 1ᵉʳmars-12 nov.*
4 ch ⌷ – †84/99 € ††89/119 €
• Cette tranquille propriété périgourdine dispose de chambres coquettes et spacieuses, dont deux mansardées. Belle véranda pour le petit-déjeuner ; accueil
attentionné.

ST-CYPRIEN – 66 Pyrénées-Orientales – **344** J7 – 10 140 h. – alt. 5 m   **22** B3
– Casino – ✉ 66750 ▌ Languedoc Roussillon

▶ Paris 859 – Céret 31 – Perpignan 17 – Port-Vendres 20
🖪 quai A. Rimbaud 🕾 04 68 21 01 33
🖪 de Saint-Cyprien à Saint-Cyprien-Plage Mas d'Huston, N : 1 km,
🕾 04 68 37 63 63

à St-Cyprien-Plage 3 km au Nord-Est par D 22 – ✉ 66750 St-Cyprien

🏨 **Mas d'Huston** 🐾 ⟨ 🕉 🖧 🎿 ℔ 🖼 🖻 & ch. AC 🛰 🍽 P

r. Jouy d'Arnaud, au golf – 🕾 *04 68 37 63 63*   VISA ©️ AE ①
– *www.saintcyprien-golfresort.com – Fermé 29 nov.-16 déc.*
50 ch – †125/190 € ††125/190 € – 2 suites – ⌷ 16 € – ½ P 105/135 €
Rest *Le Mas* – *(fermé le midi)* Menu 37/45 € – Carte 45/53 €
Rest *L'Eagle* – *(fermé le soir)* Carte 22/35 €
• Cet hôtel, dont la rénovation a été confiée à Henri Quinta, bénéficie de chambres modernes (avec balcon ou terrasse) décorées de ses fameuses "Toiles du
Soleil", rayées et très colorées. Espace bien-être. Carte classique, belle vue sur le
golf et décor trendy au Mas. Cuisine simple et cadre contemporain à L'Eagle.

à St-Cyprien-Sud 3 km – ✉ 66750 St-Cyprien

🏨 **L'Ile de la Lagune** 🐾 ⟨ 🕉 🎿 🖻 & AC 🛰 🍽 P 🚗 VISA ©️ AE ①
❀ *bd de l'Almandin, (par av. Armand Lanoux)* – 🕾 *04 68 21 01 02*
– *www.hotel-ile-lagune.com – Fermé 7-30 nov.*
18 ch – †130/240 € ††130/240 € – 4 suites – ⌷ 18 € – ½ P 125/180 €
Rest *L'Almandin* – Menu 30 € bc (déj.), 49/105 € – Carte 79/99 €
Spéc. Demi-homard rôti, escalavada d'aubergine, huile à l'orange et vanille. Filet
de bœuf au poivre de Penja, rigatonis fourrés de crème d'artichaut. Soufflé
chaud au Grand Marnier. **Vins** Côtes du Roussillon, Collioure.
• Architecture récente de style régional posée sur un îlot-marina. Chambres fonctionnelles avec balcon. En été, une petite navette vous emmène à la plage. Au restaurant, goûteuse cuisine de saison revisitant sa manière le terroir ; terrasse-véranda.

🏨 **La Lagune** 🐾 ⟨ 🕉 🎿 🕤 ℔ 🍴 & AC ch. 🛰 🍽 P VISA ©️ AE
28 av. Armand Lanoux – 🕾 *04 68 21 24 24 – www.hotel-lalagune.com*
– *Ouvert 7 avril-13 nov.*
49 ch – †94/155 € ††94/155 € – ⌷ 13 € – ½ P 85/115 €
Rest – Menu 28/33 € bc
• Directement sur la plage, hôtel dans un complexe résidentiel conçu pour une
clientèle "club". Chambres pratiques avec vue sur la piscine ou la lagune. En saison, animations musicales et repas servis en terrasse. Cuisine actuelle (formules
buffet à volonté).

ST-CYR-AU-MONT-D'OR – 69 Rhône – **327** I5 – rattaché à Lyon

ST-CYR-EN-TALMONDAIS – 85 Vendée – **316** H9 – 386 h.   **34** B3
– alt. 31 m – ✉ 85540

▶ Paris 444 – La Rochelle 57 – Luçon 14 – La Roche-sur-Yon 30
🖪 Mairie 🕾 02 51 30 82 82

✗ **Auberge de la Court d'Aron**   🕉 P VISA ©️
🍽 *1 allée des Tilleuls* – 🕾 *02 51 30 81 80 – www.court-d-aron.com*
– *Fermé 22 nov.-8 déc., 17 janv.-31 janv., dim. soir hors saison et lundi*
Rest – (15 €) Menu 17/43 € – Carte 25/51 €
• Auberge installée dans les anciennes écuries du château de la Court d'Aron.
Selon la saison, profitez de la chaleureuse salle à manger rustique, de la terrasse
ou du jardin.

ST-CYR-SUR-MER – 83 Var – **340** J6 – 11 797 h. – alt. 10 m   **40** B3
– ✉ 83270 ▌ Côte d'Azur

> ◨ Paris 810 – Bandol 8 – Le Beausset 10 – Brignoles 70
> 🄳 place de l'Appel du 18 Juin, les Lecques ✆ 04 94 26 73 73
> 🄸🄱 de Frégate Route de Bandol, S : 3 km par D 559, ✆ 04 94 29 38 00

Les Lecques – ✉ 83270 St Cyr sur Mer

🏨   **Grand Hôtel Les Lecques** ⌖   ⟨ ◑ ⌂ ⌶ ✕ ⊞ 🄰🄲 ⅙ rest. ⚙ **P**
24 av. du Port – ✆ 04 94 26 23 01   *VISA* ◍◍ 🄰🄴
– www.grand-hotel-les-lecques.com
60 ch ⊐ – ✚73/207 € ✚✚98/242 € – **Rest** – (18 €) Menu 30 € – Carte 41/47 €
♦ Élégante demeure Belle Époque au milieu d'un luxuriant parc fleuri. Préférez
les chambres situées côté pinède, plus actuelles. Cuisine traditionnelle servie
dans une salle aux airs de jardin d'hiver ou sur la belle terrasse.

rte de Bandol 4 km par D 559 – ✉ 83270 St-Cyr-sur-Mer

🏠🏠   **Dolce Frégate** ⌖   ⟨ ◑ ⌶ ⊠ ◍ ⌘ ↿ ✕ 🄵🄷 ⊞ ⅙ ⅙ rest. ⚙ **P**
– ✆ 04 94 29 39 39 – www.dolcefregate.com   🚗 *VISA* ◍◍ 🄰🄴
100 ch – ✚250/299 € ✚✚250/299 € – 33 suites – ⊐ 22 €
Rest *Le Mas des Vignes* – ✆ 04 94 29 39 47 *(fermé le midi)* Menu 49 €
– Carte 58/69 €
Rest *La Restanque* – ✆ 04 94 29 38 18 *(fermé le soir)* Menu 36 € – Carte 25/40 €
♦ Calme et verdure dans cet établissement d'esprit resort. Superbe vue sur la mer,
chambres de style provençal et espace séminaires. Au Mas des Vignes, cuisine gastronomique et cadre cosy. Repas plus décontracté à la Restanque. Agréable terrasse.

ST-DALMAS-DE-TENDE – 06 Alpes-Maritimes – **341** G3 – **rattaché à Tende**

ST-DIDIER – 35 Ille-et-Vilaine – **309** N6 – **rattaché à Châteaubourg**

ST-DIDIER – 84 Vaucluse – **332** D9 – **rattaché à Carpentras**

ST-DIDIER-DE-LA-TOUR – 38 Isère – **333** F4 – **rattaché à La Tour-du-Pin**

ST-DIDIER-EN-VELAY – 43 Haute-Loire – **331** H2 – 3 254 h.   **6** D3
– alt. 830 m – ✉ 43140

> ◨ Paris 538 – Le Puy-en-Velay 55 – St-Étienne 25 – St-Agrève 45
> 🄳 11, rue de l'ancien Hôtel de Ville ✆ 04 71 66 25 72

✕✕   **Auberge du Velay**   ⌂ ⟷ *VISA* ◍◍
⊜   Grand'place – ✆ 04 71 61 01 54 – Fermé 1 sem. en sept., 1 sem. en janv., mardi
soir, merc. soir, jeudi soir en hiver, dim. soir et lundi
Rest – Menu 15 € bc (sem.), 17 € bc/47 € – Carte 30/50 €
♦ Auberge rustique du centre-ville, connue depuis 300 ans pour sa cuisine du
terroir, aujourd'hui teintée de créativité. Cheminées et poutres, mise de table originale (étains).

ST-DIÉ-DES-VOSGES 👁 – 88 Vosges – **314** J3 – 21 642 h.   **27** C3
– alt. 350 m – ✉ 88100 ▌ Alsace Lorraine

> ◨ Paris 397 – Colmar 53 – Épinal 53 – Mulhouse 108
> 🄳 8, quai du Mal de L. de Tassigny ✆ 03 29 42 22 22
> ◉ Cathédrale St-Dié★ - Cloître gothique★.

🏠   **Ibis**   ⊞ ⅙ rest. 🄰🄲 🍴 ⚙ 🚗 *VISA* ◍◍ 🄰🄴 🄾
5 quai Jeanne d'Arc – ✆ 03 29 42 24 22 – www.ibishotel.com   B**a**
58 ch – ✚59/85 € ✚✚59/85 € – ⊐ 8 €   **Rest** – *(fermé le midi)* Carte 20/35 €
♦ Une adresse utile en centre-ville, sur un boulevard bordant la Meurthe.

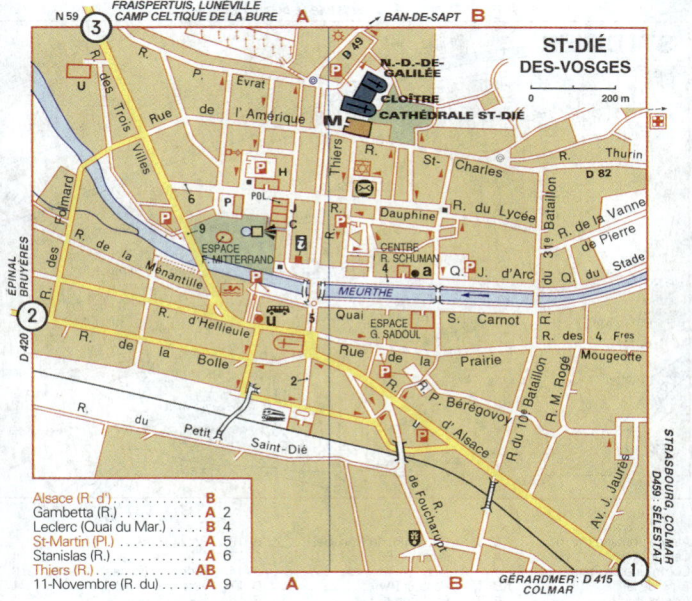

Voyageurs

XX AK VISA OD AE

22 r. Hellieule – ℰ 03 29 56 21 56 – Fermé 26 juil.-9 août, dim. soir et lundi
Rest – (17 €) Menu 21/32 € – Carte 27/49 €   **A**u

• On y apprécie une cuisine traditionnelle concoctée avec des produits frais scrupuleusement choisis. Sur la carte des vins, l'Alsace figure en tête.

ST-DISDIER – 05 Hautes-Alpes – **334** D4 – 135 h. – alt. 1 024 m   **40** B1
– ✉ 05250 ▮ Alpes du Nord

▶ Paris 643 – Gap 46 – Grenoble 81 – La Mure 41

◉ Défilé de la Souloise★ N.

La Neyrette ⬎

< 🐟 🍃 ⚒ P VISA OD AE

– ℰ 04 92 58 81 17 – www.la-neyrette.com – Ouvert 5 fév.-31 mars
et 17 avril-15 oct.
12 ch – †61/73 € ††74/87 € – ☐ 9 € – ½ P 68/75 €
Rest – (prévenir) (23 €) Menu 26/32 € – Carte 26/32 €

• Sympathique petite auberge dans un jardin avec plan d'eau où l'on peut ferrer sa truite pour le dîner ! Les chambres, proprettes, ont un petit côté désuet. Copieuse cuisine du terroir entre les murs de l'ancien moulin : foie gras, agneau, légumes du jardin...

ST-DIZIER ⬲ – 52 Haute-Marne – **313** J2 – 26 972 h. – alt. 147 m   **14** C2
– ✉ 52100 ▮ Champagne Ardenne

▶ Paris 212 – Bar-le-Duc 26 – Chaumont 74 – Nancy 99

ℹ 4, avenue de Belle-Forêt-sur-Marne ℰ 03 25 05 31 84

Plan page suivante

La Gentilhommière

X ⬌ VISA OD

29 r. J. Jaurès – ℰ 03 25 56 32 97 – Fermé sam. midi, dim. soir et lundi
Rest – (22 €) Menu 30 € – Carte environ 43 €   **A**u

• Cette maison avec jardin cache une salle à manger bourgeoise, simple et sympathique. On se sent presque en famille ; idéal pour déguster une agréable cuisine traditionnelle.

ST-DIZIER

A — D 635 BAR-LE-DUC ① — B

R. de la Tambourine
Canal de la Marne
Berthelot
R. E. Chambre
Rousseau
Rue Carnot
R. J. J. Rousseau
Rue Théuret
R. du Prince d'Orange
PARIS, REIMS N 4 VITRY-LE-FRANÇOIS ⑤
Rue François
Présid.
Lalande
R. Lamartine
R. de la Malterie
Sarne
POL.
Sqre W. Churchill
PI. E. de Lattre de Tassigny
R. du Mal
LA NOUE
Av. R. W. du de la République
Jaurès
PI. A. Briand
PI. E. Mauguet
N-DAME
PI. du 11 Nov 1918
GIGNY
N 4 NANCY ②
CENTRE CULTUREL G. PHILIPE
R. de l'Aune
l'Arquebuse
ESPACE C. CLAUDEL
R. de Vandeul
R. du Gén. Maistre
SALLE L. ARAGON
D 384 TROYES
MARNE
R. du Dr
Av. de Belle Forêt-s-Marne
LE JARD
C.H.S.
Despres
MARNE
0   200 m

A — ③ N 67 CHAUMONT DIJON — B

Alsace-Lorraine (Av. d') ..... **B** 3
Cartier (Av. M.) .... **A** 4
Commune de Paris
(R. de la) .... **AB** 7
Gambetta (R.) .... **B** 8
Gaulle (Pl. du Gén.-de) ..... **B** 10
Giros (R. E.) .... **B** 13
Liberté (Pl. de la) .... **B** 14
Pasteur (Av.) .... **B** 17
Paul Bert (R.) .... **B** 16
République
(Av. de la) .... **A**
Tanneurs (R. des) .... **B** 19
Verdun (Av. de) .... **A** 20
Vergy (R. de) .... **A** 22

Se régaler sans se ruiner ? Repérez les Bib Gourmand 🍴. Ils vous aideront à dénicher les bonnes tables sachant marier cuisine de qualité et prix ajustés !

ST-DONAT-SUR-L'HERBASSE – 26 Drôme – **332** C3 – 3 451 h.   **43** E2
– alt. 202 m – ⊠ 26260 �''Lyon Drôme Ardèche

▶ Paris 545 – Grenoble 92 – Hauterives 20 – Romans-sur-Isère 13
🛈 32, avenue Georges Bert ℰ 04 75 45 15 32

XXX   **Chartron** avec ch   🕮 🖕 ch, AC "¹" VISA ⬤⬤
av. Gambetta – ℰ 04 75 45 11 82 – www.restaurant-chartron.com
*– Fermé 26 avril-5 mai, 5-21 sept., 2-8 janv., merc. sauf le soir en juil.-août
et mardi*
8 ch – ✝75/95 € ✝✝95/125 € – � 12 € – ½ P 95 €
Rest – (25 €) Menu 35/85 €
♦ Une institution locale totalement rénovée en 2010 ! Élégante salle (tons pastel, tableaux colorés) et cuisine actuelle, goûteuse et soignée. Chambres à l'étage, contemporaines et confortables.

X   **La Mousse de Brochet**   AC VISA ⬤⬤
☜   *pl. de la Marne – ℰ 04 75 45 10 47 – Fermé 21 juin-13 juil., 31 janv.-13 fév.,
le soir en sem. de sept. à juin, dim. soir et lundi*
Rest – Menu 18/55 € – Carte 28/53 €
♦ Après avoir admiré les orgues de la collégiale, faites halte dans ce petit restaurant aux airs de bistrot de campagne et dégustez la mousse de brochet, spécialité de la maison.

ST-DYÉ-SUR-LOIRE – 41 Loir-et-Cher – **318** F6 – 1 075 h. – alt. 96 m   **11** B2
– ⊠ 41500 �''Châteaux de la Loire

▶ Paris 173 – Beaugency 21 – Blois 17 – Orléans 52
🛈 73, rue Nationale ℰ 02 54 81 65 45

1498

Manoir Bel Air ⌂ ≤ 🐾 🏠 ⅙ ch, ⅝ rest, 🖑 P VISA ⓪

1 rte d'Orléans – ℰ 02 54 81 60 10 – www.manoirbelair.com
– Fermé 24 janv.-6 mars
43 ch – †68/88 € ††78/98 € – ☷ 10 € – ½ P 76/85 €
Rest – Menu 28 € (déj. en sem.), 34/54 € – Carte 38/66 €
◆ Cette maison de maître (17e s.) et son jardin sont agréablement posés sur les bords de Loire. Les chambres, de facture classique, sont spacieuses. Au restaurant, on savoure des plats traditionnels et de vieux bordeaux millésimés en regardant couler le fleuve...

SAINTE voir après la nomenclature des Saints

ST-ÉMILION – 33 Gironde – 335 K5 – 2 124 h. - alt. 30 m – ⌗ 33330   4 C1
🟩 Aquitaine

▶ Paris 584 – Bergerac 58 – Bordeaux 40 – Langon 49
🛈 place des Créneaux ℰ 05 57 55 28 28
👁 Site★★ - Église monolithe★ - Cloître des Cordeliers★ - ≤★ de la tour du château du Roi.

Hostellerie de Plaisance ⌂ ≤ 🚄 🏠 ⅙ AC ⅜ 🖑 P

✿✿✿ *5 pl. du Clocher* – ℰ 05 57 55 07 55   VISA ⓪ AE ⓪
– www.hostellerie-plaisance.com *– Fermé 18 déc.-7 fév.*
21 ch – †350/650 € ††350/650 € – 4 suites – ☷ 28 €
Rest – *(fermé dim., lundi et le midi sauf sam.)* Menu 95/135 €𝅘
Spéc. Caviar d'Aquitaine primeur, tomate, pomme verte, flan de bruccio, amande et huile d'olive de Crète. Cochon de lait, le gigot rôti, aubergine, aromates, œufs d'escargot, jus de cochon épicé. Le Chocolat, crème carambar, écume chocolat, glace vanille Bourbon, craquant choco-pistache. **Vins** Saint-Émilion, Côtes de Castillon.
◆ Au cœur de la cité, luxe et calme en ces deux maisons en pierre blonde du 14e s., reliées par des jardins et abritant de confortables chambres personnalisées. Au restaurant, le menu unique change chaque jour ; cuisine pleine de saveurs et belle carte de saint-émilion.

Palais Cardinal 🚄 ⤢ ⅙ AC ⅝ ch, ⅜ 🖑 🚘 VISA ⓪

pl. 11-novembre-1918 – ℰ 05 57 24 72 39 – www.palais-cardinal.com
– Ouvert mars-nov.
27 ch – †71/180 € ††88/216 € – ☷ 15 € – ½ P 83 €
Rest – *(ouvert mai-nov. et fermé mardi et merc.)* (19 €) Menu 28/45 €
◆ L'hôtel occupe une partie de la résidence d'un cardinal du 14e s. Les chambres de l'aile récente sont grandes et décorées avec goût. Joli jardinet et agréable piscine. Au restaurant, mobilier de style, cuisine traditionnelle et saint-émilion de la propriété familiale.

Au Logis des Remparts sans rest 🚄 ⤢ AC ⅝ ⅜ 🖑 P VISA ⓪ AE

18 r. Guadet – ℰ 05 57 24 70 43 – www.logisdesremparts.com *– Fermé 15 déc.-31 janv.*
20 ch – †78/185 € ††78/185 € – ☷ 14 €
◆ Chambres actuelles au décor soigné, dans deux maisons des 14e et 17e s. Véranda pour les petits-déjeuners, terrasses, jardin fleuri et jolie piscine en lisière des vignes.

Auberge de la Commanderie sans rest ⅙ AC ⅜ 🖑 P VISA ⓪

r. des Cordeliers – ℰ 05 57 24 70 19 – www.aubergedelacommanderie.com
– Fermé 20 déc.-20 fév.
17 ch – †76/110 € ††76/110 € – ☷ 11 €
◆ Ancienne commanderie du 17e s. vous logeant dans de pimpantes petites chambres remises en phase avec l'époque ; celles de l'annexe, plus grandes, conviennent aux familles.

XX **Le Tertre** 🌿 AC VISA ⊙⊙ AE ⓞ
5 r. Tertre de la Tente – ☎ 05 57 74 46 33 – www.restaurant-le-tertre.com
– Fermé 12 nov.-10 fév., jeudi en fév.-mars et merc.
Rest – (23 €) Menu 31/70 € – Carte 52/92 € 🌿

♦ Accolé à l'église, restaurant champêtre agrémenté d'un vivier à crustacés et, au fond, d'un petit caveau creusé dans la roche. Table régionale et belle carte de saint-émilion.

XX **Le Clos du Roy** 🌿 ⅍ VISA ⊙⊙ AE
12 r. de la Petite Fontaine – ☎ 05 57 74 41 55 – www.leclosduroy.fr
– Fermé 1ᵉʳ janv.-13 fév., lundi et mardi
Rest – (25 €) Menu 29/80 € – Carte 80/100 € 🌿

♦ Maison en pierre blonde située à l'écart du circuit touristique. Cuisine au goût du jour servie dans d'agréables salles ou en terrasse. Beau choix de saint-émilion.

rte de Libourne 4 km par D 243 – ✉ 33330 St-Émilion

🏨 **Château Grand Barrail** ⤸ ≤ 🕊 🌿 🈳 ⅃♨ 🛗 ஃ ch, ⅍ rest, ☂
– ☎ 05 57 55 37 00 – www.grand-barrail.com ⅍ P VISA ⊙⊙ AE ⓞ
– Fermé 15 déc.-1ᵉʳ Mars
43 ch – ♦290/420 € ♦♦290/420 € – 3 suites – �) 24 €   **Rest** – (fermé lundi midi et mardi midi) Menu 28 € (déj. en sem.), 50/85 € – Carte 61/85 € 🌿

♦ Château du 19ᵉ s. restauré avec goût, au milieu d'un parc perdu parmi la vigne. Chambres récentes cosy et raffinées, beau spa, fitness et piscine d'été. Décor mauresque dans l'une des trois superbes salles à manger ; cuisine actuelle et riche choix de vins.

ST-ÉTIENNE P – 42 Loire – **327** F7 – 177 480 h. – Agglo. 291 960 h.   **44** A2
– alt. 520 m – ✉ 42000 🗐 Lyon Drôme Ardèche

▶ Paris 517 – Clermont-Ferrand 147 – Grenoble 154 – Lyon 61
🛧 de St-Étienne-Bouthéon : ☎ 04 77 55 71 71, 15 km par ⑤.
🛈 16, avenue de la Libération ☎ 04 77 49 39 00
🚩 de St-Étienne 62 rue Saint Simon, par rte d'Annonay et D 501 : 18 km, ☎ 04 77 32 14 63
🔘 Le Vieux St-Etienne★ - Musée d'Art moderne★★ T **M²** - Puits Couriot, musée de la mine★ AY - Musée d'Art et d'Industrie★★ - Site de la Manufacture des Armes et Cycles de St-Étienne : planétarium★.

Plans pages suivantes

🏨 **Du Golf** ⤸ 🌿 ⅏ ∑ 🛗 ஃ ch, ☂ ⅍ P VISA ⊙⊙ AE
67 r. St-Simon, (face au golf par r. Revollier T) – ☎ 04 77 41 41 00
– www.hoteldugolf42.com
48 ch ☟ – ♦135 € ♦♦165 € – 4 suites
Rest – (17 €) Menu 22/36 € – Carte 30/45 €

♦ Couleurs flashy, mobilier design, piscine et... chambres de grand confort : un hôtel au look très contemporain, en face du golf municipal et de la plaine du Forez. Au restaurant, cuisine traditionnelle et vue sur les greens.

🏨 **Du Midi** sans rest ⅏ ☂ 🚗 VISA ⊙⊙ AE
19 bd. Pasteur – ☎ 04 77 57 32 55 – www.hotelmidi.fr – Fermé 26 juil.-24 août et 27 déc.-5 janv. **V**e
33 ch – ♦75/83 € ♦♦84/92 € – ☟ 11 €

♦ Le charme des années 1930 saupoudré d'originalité et de design : voilà un hôtel aussi joli dedans que dehors... Chambres raffinées (tissus fleuris très tendance) et confortables.

🏨 **Mercure Parc de l'Europe** 🌿 ⅏ AC ☂ ⅍ P VISA ⊙⊙ AE ⓞ
r. Wuppertal, Sud-Est du plan, par cours Fauriel – ☎ 04 77 42 81 81
– www.mercure.com **V**a
120 ch – ♦109/159 € ♦♦119/159 € – ☟ 17 €
Rest La Ribandière – (fermé 1ᵉʳ-24 août, 24 déc.-4 janv.) Menu 21 € bc (déj. en sem.) – Carte 30/50 €

♦ En bordure de parc, cet hôtel dont le décor s'inspire de l'art théâtral propose des chambres fonctionnelles. Joli salon et ambiance feutrée au bar. Au restaurant, cuisine traditionnelle.

ST-ÉTIENNE

Aciéries (R. des) . . . . T 2
Barrouin (R.) . . . . T 13
Crozet-Boussingault (R.) . . . . V 22
Daguerre (Bd) . . . . UV 24
Déchaud (R. H.) . . . . V 25
Dr-F.-Merlin (R. du) . . . . V 30
Drs-Charcot (R. des) . . . . V 31
Drs-H.-et-B.-Muller (R. des) . . T 32
Dunkerque (R. de) . . . . V 36

Fraissinette (Bd A.-de) . . . . . . V 45
Franchet-d'Esperey (Bd Mar.) . U 46
Gauthier-Dumont (R.) . . . . . . U 48
Grignard (R. V.) . . . . V 55
Marx (Bd Karl) . . . . UV 67
Oddé (R. C.) . . . . V 78
Ogier (R. J.-B.) . . . . T 79
Paré (R. A.) . . . . V 131
Passementiers (R. des) . . . . . V 82
Pasteur (Bd) . . . . V 83
Péri (R. G.) . . . . V 84
Pompidou (Bd G.) . . . . T 88

Revollier (R. J.-F.) . . . . T 92
Robespierre (R.) . . . . V 95
Rochetaillée (Av. de) . . . . V 98
Scheurer-Kestner
(R.) . . . . T 104
Terrenoire (R. de) . . . . T 110
Valbenoite (Bd) . . . . UV 119
Verdun (Av. de) . . . . V 120
Vivaraize (R. de la) . . . . V 125
8-Mai-1945 (Bd du) . . . . V 127
11-Novembre (R. du) . . . . V 128
38e-R.-I. (Bd du) . . . . U 130

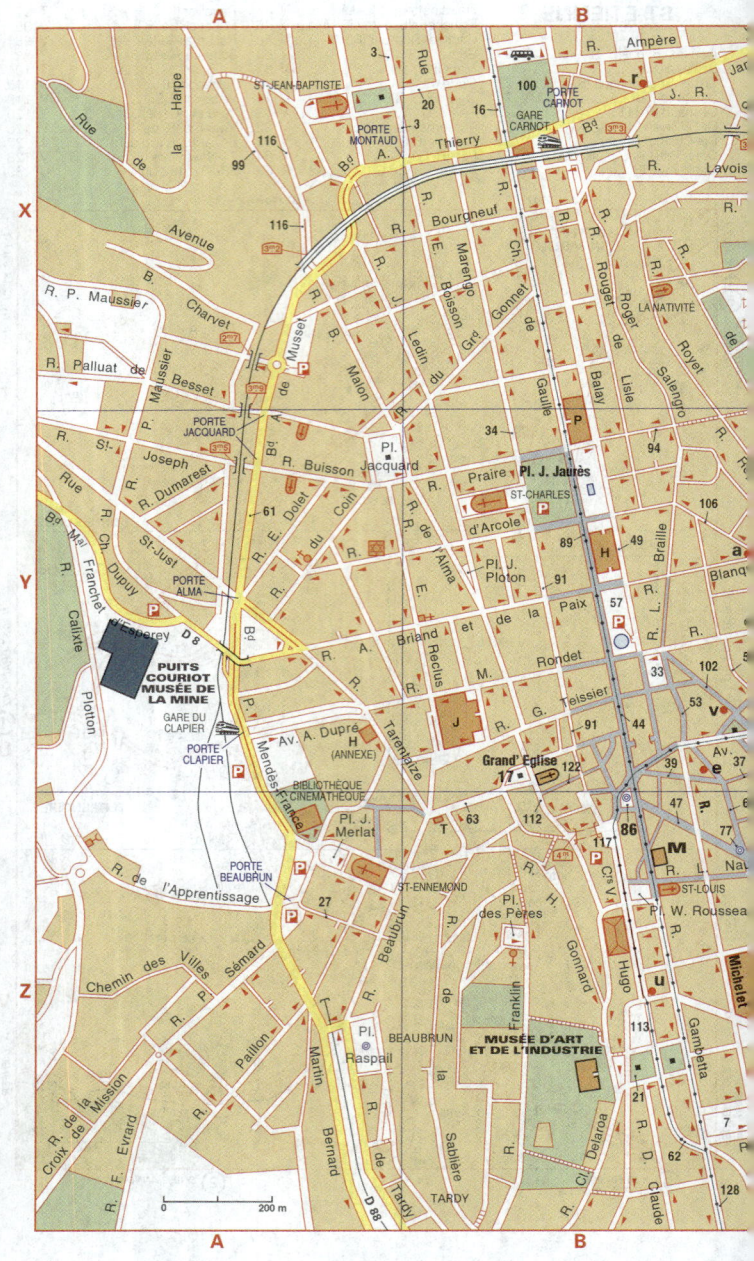

ST-ÉTIENNE

Albert-1er (Bd) . . . . **ABX** 3
Anatole-France (Pl.) . . . . **BZ** 7
Badouillère (R. de la) . . . . **CZ** 9
Barbusse (R. H.) . . . . **CZ** 12
Bérard (R. P.) . . . . **BCY** 14
Bergson (R.) . . . . **BX** 16
Boivin (R.) . . . . **BY** 17
Chavanelle (Pl.) . . . . **CZ** 18
Clovis-Hugues (R.) . . . . **BX** 20
Comte (Pl. Louis) . . . . **BY** 21
Denfert-Rochereau (Av.) . . . . . **CY** 26
Descours (R.) . . . . **AZ** 27
Dorian (Pl.) . . . . **BY** 33
Dormoy (R. M.) . . . . **BXY** 34
Dupré (R. G.) . . . . **BY** 37
Durafour (R. A.) . . . . **CZ** 38
Escoffier (R. D.) . . . . **BY** 39
Fougerolle (R.) . . . . **CZ** 41
Fourneyron (Pl.) . . . . **CY** 42
Foy (R. Gén.) . . . . **BY** 44
Frappa (R. J.) . . . . **BZ** 47
Gambetta (R.) . . . . **BZ**
Gaulle (R. Ch.-de) . . . . **BXY**
Gérentet (R.) . . . . **BY** 49
Gervais (R. E.) . . . . **CY** 50
Gillet (R. F.) . . . . **BY** 52
Grand Moulin (R. du) . . . . **BY** 53
Gris de lin (R. du) . . . . **CY** 54
Guesde (Pl. J.) . . . . **BY** 56
Hôtel-de-Ville (Pl. de l') . . . . . . **BY** 57
Jacob (R.) . . . . **CX** 58
Krumnow (Bd F.) . . . . **AY** 61
Leclerc (R. du Gén.) . . . . **BY** 62
Libération (Av. de la) . . . . **BCY**
Loubet (Av. du Président E.) . . . **BZ** 63
Martyrs-de-Vingré (R. des) . . . **BYZ** 66
Michelet (R.) . . . . **BYZ**
Moine (Pl. Antonin) . . . . **CYZ** 68
Moulin (Pl. J.) . . . . **CY** 72
Mulatière (R. de la) . . . . **CZ** 75
Neuve (Pl.) . . . . **BZ** 77
Peuple (Pl. du) . . . . **BZ** 86
Pointe-Cadet (R.) . . . . **BCZ** 87
Président-Wilson (R.) . . . . **BY** 89
République (R. de la) . . . . **BCY**
Résistance (R. de la) . . . . **BY** 91
Rivière (R. du Sergent) . . . . . . **CX** 93
Robert (R.) . . . . **BY** 94
Ruel (R. A.) . . . . **AX** 99
Sadi-Carnot (Pl.) . . . . **BX** 100
St-Jean (R.) . . . . **BY** 102
Sauzéa (Cours H.) . . . . **CY** 103
Servet (R. M.) . . . . **BY** 106
Stalingrad (Square de) . . . . . . **CY** 109
Théâtre (R. du) . . . . **BYZ** 112
Thomas (Pl. A.) . . . . **BZ** 113
Tilleuls (R. des) . . . . **AX** 116
Ursules (Pl. des) . . . . **BZ** 117
Valbenoite (Bd) . . . . **CZ** 119
Villeboeuf (Pl.) . . . . **CZ** 123
Ville (R. de la) . . . . **BY** 122
11-Novembre (R. du) . . . . **BZ** 128

Astoria sans rest

r. Henri Déchaud – *C* 04 77 25 09 56 – www.hotel-astoria.fr – Fermé 1er-14 août
33 ch – †69/89 € – ††79/89 € – ☐ 9 €   **V**n

♦ Un hôtel proche du centre de congrès, très pratique et au calme. Cadre moderne et lumineux, chambres fonctionnelles avec douche à l'italienne et parking privé.

André Barcet

19 bis cours V. Hugo – *C* 04 77 32 43 63 – www.restaurantandrebarcet.com
– Fermé 10 juil.-7 août, dim. soir et merc.   **BZ**u
Rest – (22 €) Menu 36/68 € – Carte 60/85 €

♦ Les habitués – nombreux – apprécient la cuisine classique du chef et aiment à se retrouver dans cette élégante maison, près des halles. Salon Chesterfield, pour patienter...

A la Table des Lys

5 cours Fauriel – *C* 04 77 25 48 55 – www.latabledeslys.fr – Fermé 30 mai-5 juin,
1er-21 août, 2-8 janv., sam. et dim.   **CZ**q
Rest – Menu 24 € (déj.), 35/80 € – Carte 37/91 €

♦ Le patron (et chef) vient de reprendre ce petit restaurant et l'a transformé en beau Lys contemporain. On y savoure une cuisine actuelle, goûteuse et légère.

Régency

17 bd J. Janin – *C* 04 77 74 27 06 – Fermé août, sam. et dim.   **BX**r
Rest – (18 €) Menu 32/41 € – Carte 35/50 €

♦ Un Régency frais et pimpant, avec ses murs acidulés et ses belles voûtes en brique rouge. L'assiette n'est pas en reste, qui varie au gré des saisons et du marché.

Nado

38 r. des Martyrs-de-Vingré – *C* 04 77 37 49 95 – www.nadoapebar.com
Rest – Menu 20/40 € – Carte 40/51 €   **BY**e

♦ Demi-homard en salade (fenouil, basilic) ; tournedos de lotte, bouillon aux herbes et légumes en barigoule... Une cuisine de saveurs, par un jeune chef formé dans de belles maisons.

à Sorbiers 10 km au Nord par D 106, N 82 et D 3 – 7 556 h. – alt. 560 m – ✉ 42290

🄳 2, avenue Charles-de-Gaulle *C* 04 77 01 11 42

Le Valjoly

9 r. de l'Onzon – *C* 04 77 53 60 35 – www.levaljoly.free.fr – Fermé 1er-14 août,
dim. soir et lundi
Rest – (13 €) Menu 16 € (déj. en sem.), 20/50 € – Carte 27/52 €

♦ Un restaurant dans la plus pure tradition, où le chef fait son marché pour trouver des produits de première fraîcheur. Les plats mijotent doucement et les parfums sont divins !

à Rochetaillée 8 km au Sud-Est par D 8 – ✉ 42100

Yves Genaille

3 r. du Parc – *C* 04 77 32 88 48 – www.restaurant-grenaille.fr
– Fermé 19-27 avril, août, dim. soir, lundi et mardi
Rest – (prévenir) Menu 24 € (déj.), 30/60 € – Carte 49/57 €

♦ Ce restaurant, installé au cœur d'un village médiéval, est pourtant résolument contemporain. La vue sur la campagne est superbe, et la cuisine très appréciée des Stéphanois.

à St-Priest-en-Jarez 4 km au Nord-Ouest – 6 022 h. – alt. 605 m – ✉ 42270

Clos Fleuri

76 av. A. Raimond – *C* 04 77 74 63 24 – www.closfleuri.fr et
www.createur-macarons.com – Fermé 7-14 mars, 1er-9 mai, 15-22 août et le soir
sauf sam.   **T**u
Rest – (15 €) Menu 27 € (déj. en sem.)/70 € – Carte 53/66 €

♦ Un salon de thé, une boutique de produits régionaux (macarons maison) et une salle élégante pour déguster une belle cuisine, un brin créative... Un Clos Fleuri et... parfumé !

✕ **Du Musée** 🔲 **P** VISA ⚫ AE

➰ *musée d'Art moderne la Terrasse* – 🕿 04 77 79 24 52 – www.nouvelle.fr
– *Fermé 25-30 déc., lundi en juil.-août et dim. sauf le midi de sept. à juin*

🍴 **Rest** – (11 €) Menu 18/26 € **Ts**
♦ De belles nourritures terrestres au musée d'Art moderne : les plats actuels du chef se dégustent sur des nappes à carreaux, sur fond d'art contemporain. Design et convivial.

ST-ÉTIENNE-DE-BAÏGORRY – 64 Pyrénées-Atlantiques – 342 D5 3 A3
– 1 602 h. – alt. 163 m – ⊠ 64430 🟩 Pays Basque et Navarre

▶ Paris 813 – Biarritz 51 – Cambo-les-Bains 31 – Pau 116
🅸 place de l'Église 🕿 05 59 37 47 28
◉ Église St-Etienne★.

🏨 **Arcé** 🌿 ⟨ 🛁 🛀 🏊 ✕ 🎿 ch. ⁽¹⁾ **P** VISA ⚫ AE ⓞ

rte du col d'Ispéguy – 🕿 05 59 37 40 14 – www.hotel-arce.com – *Ouvert du 2 avril à mi-nov.*
20 ch – †70/75 € ††125/145 € – 3 suites – ☑ 12 € – ½ P 100/105 €
Rest – *(fermé merc. midi et lundi midi du 15 sept. au 15 juil. sauf fériés) (prévenir le week-end)* Menu 30/45 € – Carte 45/56 €
♦ Authentique maison basque au pied du col d'Ispéguy et de la Nive. Atout charme : la passerelle métallique au-dessus de la rivière, permettant d'accéder à la piscine. Au restaurant – un ancien trinquet (salle de pelote basque) –, on savoure une cuisine du marché bien ancrée dans sa région. Terrasse sous les platanes.

ST-ÉTIENNE-DE-FURSAC – 23 Creuse – 325 G4 – rattaché à La Souterraine

---

ST-ÉTIENNE-DU-VAUVRAY – 27 Eure – 304 H6 – 704 h. – alt. 13 m 33 D2
– ⊠ 27430

▶ Paris 105 – Rouen 28 – Évreux 35 – Sotteville-lès-Rouen 29

✕ **La Ferme de la Haute Crémonville** 🔲 🎿 **P** VISA ⚫ ⓞ

rte de Crémonville, 2,5 km au Sud-Ouest par D 77 et rte secondaire
– 🕿 02 32 59 14 22 – www.restaurant-ferme-haute-cremonville.com – *Fermé 2-11 avril, 8-22 août et 24 déc.-3 janv.*
Rest – *(nombre de couverts limité, prévenir)* (19 €) Menu 28 € – Carte 28/45 €
♦ Une belle ferme normande (18e s.) rénovée à découvrir. Plongez dans l'ambiance campagnarde de ce restaurant. Registre traditionnel rythmé par les saisons et menus à l'ardoise.

ST-ÉTIENNE-LA-THILLAYE – 14 Calvados – 303 M4 – 480 h. 32 A3
– alt. 20 m – ⊠ 14950

▶ Paris 198 – Caen 45 – Le Havre 47 – Lisieux 28

🏠 **La Maison de Sophie** 🌿 🔊 🎿 ⁽¹⁾ **P** VISA ⚫

Lieu-dit Goguet – 🕿 02 31 65 69 97 – www.lamaisondesophie.com – *Fermé janv., dim. et lundi sauf vacances scolaires*
5 ch ☑ – †170 € ††170 € **Table d'hôte** – Menu 45 € bc/60 € bc
♦ Ancien presbytère (1789) en parfait état, parc et petit jardin à la française. Décor très étudié : chambres dépaysantes conçues sur divers thèmes associés à des musiques et senteurs. La médiatique Sophie vous proposera ses fameux cakes. Cours de cuisine.

ST-ÉTIENNE-LÈS-REMIREMONT – 88 Vosges – 314 H4 – rattaché à
Remiremont

ST-EUTROPE-DE-BORN – 47 Lot-et-Garonne – 336 G2 – rattaché à Cancon

---

ST-EVROULT-NOTRE-DAME-DU-BOIS – 61 Orne – 310 L2 33 C2
– 432 h. – alt. 355 m – ⊠ 61550 🟩 Normandie Vallée de la Seine

▶ Paris 155 – Argentan 42 – Caen 91 – Lisieux 52

Le Relais de l'Abbaye ⑤   ch, 🐾 🛌 VISA ⚫ AE

r. Principale – 📞 *02 33 84 19 00*

11 ch – 🛏40/45 € 🛏🛏50/60 € – 🍽 8 €

Rest – *(fermé dim. soir et vend.)* (13 €) Menu 23/37 € – Carte 25/45 €

♦ Dans la rue principale d'un village connu pour son ancienne abbatiale normande, hôtel entièrement rénové. Chambres fonctionnelles et bien insonorisées. Restaurant logé sous une originale verrière pyramidale. Cuisine traditionnelle.

ST-FARGEAU – 89 Yonne – **319** B6 – 1 660 h. – alt. 175 m – ✉ 89170   **7** A2

🟩 Bourgogne

▶ Paris 180 – Auxerre 45 – Clamecy 48 – Gien 41

🔼 3, place de la République 📞 03 86 74 10 07

◉ Château★.

Les Grands Chênes sans rest ⑤   🌙 ఉ 🛜 VISA ⚫

Les Berthes-Bailly, 4,5 km au Sud par D 18 – 📞 *03 86 74 04 05*

– www.hotellesgrandschenes.com – Fermé 15 déc.-4 janv. et 15 fév.-7 mars

13 ch – 🛏76/89 € 🛏🛏76/89 € – 🍽 8 €

♦ En pleine Puisaye, cet jolie demeure bourgeoise est en fait un hôtel, niché dans un grand parc. Le salon avec cheminée et les chambres colorées ont beaucoup de charme.

ST-FÉLIX-LAURAGAIS – 31 Haute-Garonne – **343** J4 – 1 348 h.   **29** C2

– alt. 332 m – ✉ 31540 🟩 Midi-Toulousain

▶ Paris 716 – Auterive 46 – Carcassonne 58 – Castres 38

🔼 place Guillaume de Nogaret 📞 05 62 18 96 99

◉ Site★.

Auberge du Poids Public avec ch   ⪡ 🛜 AC 🛜 🛌 VISA ⚫ AE

rte de Toulouse, fg. St Roch – 📞 *05 62 18 85 00*

– www.auberge-du-poids-public.fr – Fermé 3-31 janv., vacances de la Toussaint et dim. soir sauf juil.-août

12 ch – 🛏70/142 € 🛏🛏72/145 € – 🍽 11 € – ½ P 82/95 €

Rest – (25 €) Menu 32/72 € – Carte 62/90 €

♦ Vous serez accueillis dans un cadre agréable ouvrant sur la plaine du Lauragais (terrasse panoramique) ; décor mi-rustique, mi-contemporain et cuisine de terroir revisitée. Chambres confortables et fraîches.

ST-FERRÉOL – 31 Haute-Garonne – **343** K4 – rattaché à Revel

---

ST-FIACRE-SUR-MAINE – 44 Loire-Atlantique – **316** H5 – rattaché à Nantes

---

ST-FIRMIN – 80 Somme – **301** C6 – rattaché à Rue

ST-FLORENT – 2B Haute-Corse – **345** E3 – voir à Corse

ST-FLORENTIN – 89 Yonne – **319** F3 – 5 076 h. – alt. 120 m – ✉ 89600   **7** B1

🟩 Bourgogne

▶ Paris 169 – Auxerre 32 – Chaumont 145 – Dijon 172

🔼 8, rue de la Terrasse 📞 03 86 35 11 86

◉ Vitraux★ de l'église **E.**

Les Tilleuls ⑤   🛏 🛜 AC rest, 🛜 ch, 🛜 🅿 🚗 VISA ⚫ AE

3 r. Descourtive – 📞 *03 86 35 09 09 – www.hotel-les-tilleuls.com – Fermé 1ᵉʳ-20 mars, 13-20 nov., 24 déc.-4 janv., 19-29 fév.*

9 ch – 🛏54/58 € 🛏🛏61/71 € – 🍽 10 €

Rest – (16 €) Menu 28/43 € – Carte 44/62 €

♦ Hôtel familial aménagé dans un couvent des Capucins datant de 1635. Petites chambres bien tenues donnant parfois sur le jardin ombragé de tilleuls. Cuisine traditionnelle servie sous les poutres du restaurant ou sur la terrasse verdoyante.

ST-FLOUR

ST-FLOUR 🚲 – 15 Cantal – **330** G4 – 6 663 h. – alt. 783 m – ✉ 15100   **5** B3

🌲 Auvergne

▶ Paris 513 – Aurillac 70 – Issoire 67 – Le Puy-en-Velay 94

🛈 17 bis, place d'Armes ☎ 04 71 60 22 50

👁 Site ★★ - Cathédrale ★ - Brassard ★ dans le musée de la Haute Auvergne H.
Château d'Alleuze ★★ : site ★★ S : 12 km

Ville basse

🏨 Grand Hôtel de l'Étape   ⧉ 🍽 🚗 *VISA* 🆗 ㊎ ①

18 av. de la République, par ②
– ☎ 04 71 60 13 03 – www.hotel-etape.com
– *Fermé dim. soir sauf juil.-août*
23 ch – ♦55/75 € ♦♦65/80 € – ⧈ 9 € – ½ P 62/66 €
Rest – *(fermé dim. soir et lundi sauf juil.-août)* (16 € bc) Menu 24/31 €
– Carte 30/50 €
◆ Immeuble des années 1970 au fonctionnement familial. Chambres assez grandes et pratiques ; préférez celles avec vue sur la montagne. L'allure "seventies" du restaurant cache une authentique table régionale où la majorité des légumes viennent du potager maison.

🏠 L'Ander   ⧉ 🦽 🍽 🅿 *VISA* 🆗

6 av. du Cdt Delorme – ☎ 04 71 60 21 63
– www.hotel-ander.com
– *Fermé 20 janv.-10 mars*   **B**a
23 ch – ♦49/79 € ♦♦49/79 € – ⧈ 9 € – ½ P 49/60 €
Rest – *(fermé dim. soir hors saison)* (12 €) Menu 17/41 € – Carte 20/44 €
◆ Au pied de la ville haute juchée sur sa colline, cet hôtel a retrouvé une nouvelle jeunesse. Cadre intérieur coloré et douillet ; les chambres affichent une déco personnalisée. Cuisine traditionnelle axée terroir, servie dans une coquette salle à manger.

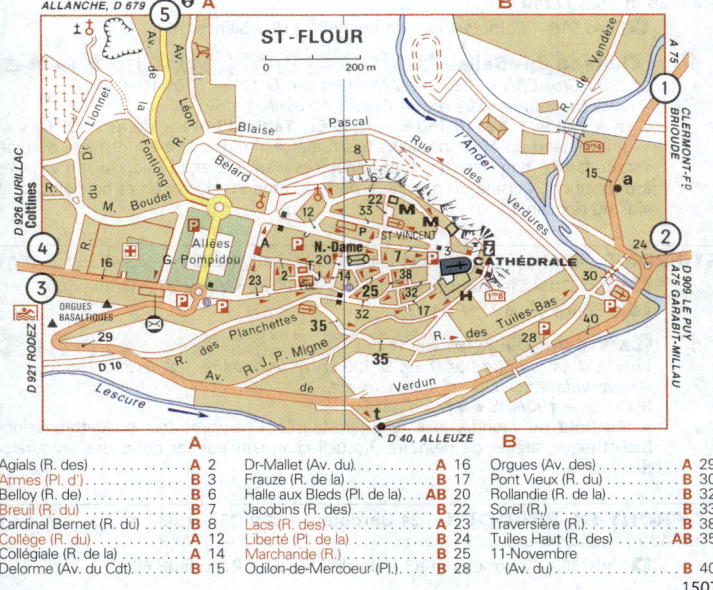

Agials (R. des)	**A** 2	Dr-Mallet (Av. du)	**A** 16	Orgues (Av. des)	**A** 29
Armes (Pl. d')	**B** 3	Frauze (R. de la)	**B** 17	Pont Vieux (R. du)	**B** 30
Belloy (R. de)	**B** 6	Halle aux Bleds (Pl. de la)	**AB** 20	Rollandie (R. de la)	**B** 32
Breuil (R. du)	**B** 7	Jacobins (R. des)	**A** 22	Sorel (R.)	**B** 33
Cardinal Bernet (R. du)	**A** 8	Lacs (R. des)	**A** 23	Traversière (R.)	**B** 38
Collège (R. du)	**B** 12	Liberté (Pl. de la)	**B** 24	Tuiles Haut (R. des)	**AB** 35
Collégiale (R. de la)	**A** 14	Marchande (R.)	**B** 25	11-Novembre	
Delorme (Av. du Cdt)	**B** 15	Odilon-de-Mercoeur (Pl.)	**B** 28	(Av. du)	**B** 40

Auberge de La Providence
&. ℅ (¹) P VISA ☎ AE

1 r. Château d'Alleuze, par D 40 (sud du plan) – ℘ *04 71 60 12 05*
– www.auberge-providence.com – Fermé 15 nov.-5 janv.   **Bt**
12 ch – †62 € ††65 € – � 9 € – ½ P 55/58 €
Rest – *(fermé le midi) (résidents seult)* Menu 28 €

♦ Accueil sympathique en cette auberge familiale légèrement excentrée. Chambres modestes mais très bien tenues et insonorisées (deux avec terrasse). L'imposant buffet en bois patiné donne du cachet au restaurant campagnard ; recettes simples à l'accent régional.

à St-Georges 5 km par ②, D 909 et rte secondaire – 1 128 h. – alt. 860 m
– ✉ 15100

Le Château de Varillettes ⌖
← ⌂ 🕭 ※ ℅ rest, P VISA ☎ AE ①

– ℘ *04 71 60 45 05 – www.chateaudevarillettes.com*
– Ouvert 22 avril-2 oct.
12 ch – †135/210 € ††135/210 € – 1 suite – ⊿ 14 € – ½ P 115/152 €
Rest – (20 €) Menu 35/50 € – Carte 40/65 €

♦ Château du 15ᵉ s., ex-résidence des évêques de St-Flour. Chambres confortables, avec mobilier de style ; l'une d'elles domine le jardin médiéval. Deux salles à manger, l'une voûtée et avec cantou, l'autre ouverte sur la terrasse l'été. Plats traditionnels.

à La Barge 12 km par ③ et D 921, D 116 puis D 10 – 205 h. – alt. 870 m
– ✉ 15100

Auberge d'Alleuze
🐑 VISA ☎ AE

– ℘ *04 71 60 96 91 – Fermé sam. sauf juil.-août*
Rest – Menu 18/34 € – Carte 22/42 €

♦ En pleine campagne, sympathique auberge située au cœur d'un hameau. On y sert une appétissante cuisine traditionnelle, cent pour cent maison, à partir de produits frais.

ST-FORT-SUR-GIRONDE – 17 Charente-Maritime – **324** F7 – 932 h.   **38 B3**
– alt. 28 m – ✉ 17240

▶ Paris 518 – Poitiers 186 – La Rochelle 115 – Saintes 45

Château des Salles ⌖
⌂ ℅ ch, (¹) P VISA ☎ AE

61 r. du Gros Chêne, 1,5 km au Nord-Est par D 125 – ℘ *05 46 49 95 10*
– www.chateaudessalles.com – Ouvert 1ᵉʳ avril-1ᵉʳ nov.
5 ch – †80/90 € ††110/150 € – ⊿ 12 €   **Table d'hôte** – Menu 29/38 €

♦ Joli château du 15ᵉ s. plusieurs fois remanié. Il règne une atmosphère de maison de famille dans les chambres, meublées d'ancien, et au salon (piano et livres à disposition). Cuisine du marché à base de produits du terroir et du potager, et vins du domaine.

ST-FRONT – 43 Haute-Loire – **331** G4 – 475 h. – alt. 1 223 m – ✉ 43550   **6 C3**

▶ Paris 570 – Clermont-Ferrand 156 – Le Puy-en-Velay 27 – Firminy 69
🎔 le Bourg ℘ 04 71 59 54 93

La Vidalle d'Eyglet *sans rest* ⌖
← 🛏 ℅

Vidalle, 7 km au Sud par D 39, D 500 et rte secondaire – ℘ *04 71 59 55 58*
– www.vidalle.fr – Ouvert 3 avril-15 oct.
5 ch ⊿ – †90/105 € ††105/120 €

♦ Au bout du monde, jolie ferme restaurée. Chambres très coquettes, salonbibliothèque, atelier de peinture. Accueil charmant par (et pour) des amoureux de la nature.

ST-FRONT-DE-PRADOUX – 24 Dordogne – **329** D5 – 1 032 h.   **4 C1**
– alt. 40 m – ✉ 24400

▶ Paris 582 – Angoulême 83 – Bordeaux 104 – Périgueux 40

Château la Thuilière ⌂

La Thuilière – *☏ 06 45 35 36 82* – *www.lathuiliere.net*
5 ch ⌂ – †70 € ††115 € **Table d'hôte** – Menu 35/48 €
♦ Dans son parc arboré, cet élégant châtelet dévoile de belles ambiances : très 19ᵉ s. (boiseries, stucs) ou résolument contemporaines (lignes épurées, grand confort) – tout en grâce et équilibre. Un chef argentin œuvre à la table d'hôte, où il réinvente le terroir !

ST-GALMIER – 42 Loire – **327** E6 – 5 705 h. – alt. 400 m – Casino   **44** A2
– ✉ 42330 ▮ Lyon Drôme Ardèche

▶ Paris 457 – Lyon 82 – Montbrison 25 – Montrond-les-Bains 11
ℹ Le Cloître, 15, boulevard Cousin ☏ 04 77 54 06 08
◉ Vierge du Pilier★ et triptyque★ dans l'église.

La Charpinière ⌂

– ☏ 04 77 52 75 00 – www.lacharpiniere.com
– Fermé 27 déc.-2 janv. et dim. soir
49 ch – †75/118 € ††75/118 € – ⌂ 13 € – ½ P 73/87 €
Rest *La Closerie de la Tour* – Menu 24/48 € – Carte 31/61 €
♦ Quel havre de paix que cette gentilhommière tapissée de vigne vierge dans un grand parc, avec piscine, tennis... Les chambres sont avant tout pratiques et bien tenues. Repas servis dans un agréable jardin d'hiver : cuisine traditionnelle bien tournée.

Hostellerie du Forez

6 r. Didier Guetton – *☏ 04 77 54 00 23* – *www.hostellerieduforez.com*
16 ch – †56 € ††66 € – ⌂ 9 € – ½ P 73 €
Rest – *(fermé 8-28 août, 23 déc.-2 janv., dim. soir et lundi midi)* (16 € bc)
Menu 20/35 € – Carte 31/41 €
♦ Dans cet ancien relais de poste du 19ᵉ s., les chambres sont avenantes et bien tenues... Au restaurant, tons chaleureux et cuisine actuelle. Caves voûtées pour les réceptions.

Le Bougainvillier avec ch

Pré Château – *☏ 04 77 54 03 31* – *www.restaurant-bougainvillier.com* – *Fermé 31 juil.-22 août, 26-30 déc., merc. soir, dim. et lundi*
4 ch – †85/95 € ††90/100 € – ⌂ 12 €
Rest – *(prévenir)* (25 €) Menu 40/62 € – Carte 57/66 €
♦ Tout près de cette maison coule une rivière. La décoration est contemporaine et élégante – tout en sobriété –, la cuisine joliment exécutée. Un endroit plaisant ! Même esprit design dans les chambres, où les matériaux nobles sont rois (béton ciré, acier, bois...).

ST-GATIEN-DES-BOIS – 14 Calvados – **303** N3 – 1 312 h.   **32** A3
– alt. 149 m – ✉ 14130

▶ Paris 195 – Caen 58 – Le Havre 36 – Deauville 10

Le Clos Deauville St-Gatien

4 r. des Brioleurs – *☏ 02 31 65 16 08*
– *www.clos-st-gatien.fr*
58 ch – †81/194 € ††81/194 € – ⌂ 13 € – ½ P 85/141 €
Rest *Le Michels* – (19 €) Menu 31/75 € – Carte 36/83 €
♦ A cœur d'un jardin arboré, cette ancienne ferme et ses dépendances disposent de chambres rafraîchies et de nombreux équipements de loisirs et de séminaires. Le Michels, qui a préservé son cachet (poutres, colombages), propose une cuisine traditionnelle.

ST-GAUDENS – 31 Haute-Garonne – **343** C6 – 11 000 h.   **28** B3
– alt. 405 m – ✉ 31800 ▮ Midi-Toulousain

▶ Paris 766 – Bagnères-de-Luchon 48 – Tarbes 68 – Toulouse 94
ℹ 2, rue Thiers ☏ 05 61 94 77 61
◉ Boulevards des Pyrénées ≶★ - Belvédères★.

🏨 **Du Commerce** 📶 ⅙ ch, AC ⅗ ch, ⁕ 🄸 ⟵ VISA ⚋ AE ①
2 av. de Boulogne – ℰ 05 62 00 97 00 – www.commerce31.com
– Fermé 17 déc.-10 janv.
48 ch – ♦59/76 € ♦♦59/76 € – ⏛ 9 € – ½ P 55/65 €
Rest – Menu 22/38 € – Carte 27/53 €
◆ Construction moderne à deux pas du centre-ville, avec garage. Les chambres, fonctionnelles, sont diversement meublées et toutes climatisées. Au restaurant, couleurs ensoleillées, mélange d'ancien et de contemporain et carte où le cassoulet figure en bonne place.

ST-GENIÈS – 24 Dordogne – **329** I6 – 971 h. – alt. 232 m – ⌧ 24590   **4** D1
▶ Paris 527 – Bordeaux 200 – Cahors 94 – Périgueux 71

🍴 **Le Château** avec ch 🍽 AC rest, ⁕ P VISA ⚋ AE
🍝 Le Bourg – ℰ 05 53 28 36 77 – www.restaurantduchateau.com – Ouvert de
😊 mi-avril à fin déc.
3 ch – ♦80/110 € ♦♦90/110 € – ⏛ 10 €
Rest – Menu 18/69 € – Carte 23/50 €🍷
◆ Beau monument historique (13e-16e s.) hérissé de tours robustes, couvertes de lauzes. Au restaurant, cheminée monumentale, tables en bois brut et cuisine gourmande aux accents du Sud. Quelques chambres pleines de cachet pour prolonger le plaisir...

ST-GENIS-POUILLY – 01 Ain – **328** J3 – 7 865 h. – alt. 445 m   **46** F1
– ⌧ 01630
▶ Paris 524 – Bellegarde-sur-Valserine 28 – Bourg-en-Bresse 100 – Genève 12
🄸 11 rue de Gex ℰ 04 50 42 29 37
🏌 des Serves Route de Meyrin, E : 2 km par D 984, ℰ 04 50 42 16 48

🍴🍴 **L'Amphitryon** 🍽 P VISA ⚋
– ℰ 04 50 20 64 64 – www.saint-genis-pouilly.com/amphitryon
– Fermé 1er-20 août, 26 déc.-15 janv., mardi soir, dim. soir et lundi
Rest – (20 € bc) Menu 32/53 € – Carte 35/54 €
◆ Derrière la sage façade de ce pavillon récent se cache une surprenante salle à manger : fresques, voûtes et statuettes de style antique. Cuisine classique et cave fournie.

ST-GENIX-SUR-GUIERS – 73 Savoie – **333** G4 – 2 094 h. – alt. 235 m   **45** C2
– ⌧ 73240
▶ Paris 513 – Belley 22 – Chambéry 34 – Grenoble 58
🄸 rue du Faubourg ℰ 04 76 31 63 16

à Champagneux 4 km au Nord-Ouest par D 1516 – 471 h. – alt. 214 m
– ⌧ 73240

🏨 **Les Bergeronnettes** 🍝 ⟨ � 🍽 🖽 ⅙ ch, P VISA ⚋
🍝 Le Bourg, près de l'église – ℰ 04 76 31 50 30 – Fermé 26 déc.-1er janv.
18 ch – ♦75 € ♦♦75/125 € – ⏛ 15 € – ½ P 70 €
Rest – (fermé dim. soir) Menu 14/36 € – Carte 18/35 €
◆ Un cadre verdoyant et champêtre pour cet hôtel alangui abritant des chambres spacieuses et fonctionnelles. Petits-déjeuners sous forme de buffet. Au restaurant, cuisine régionale simple (spécialités de cuisses de grenouille) et terrasse sous un chapiteau.

ST-GEOIRE-EN-VALDAINE – 38 Isère – **333** G5 – 2 271 h.   **45** C2
– alt. 410 m – ⌧ 38620
▶ Paris 549 – Chambéry 42 – Grenoble 42 – Lyon 90

XX   **Sylvain Devaux-Auberge du Val d'Ainan** avec ch   🕏 &. rest,
     pl. André-Bonin – 𝒞 *04 76 06 54 14*   🕏 rest, 𝓥𝓘𝓢𝓐 ⓓⓑ
😊   *– www.sylvain-devaux.com – Fermé vacances de la Toussaint, 2 sem. en janv.,*
     dim. soir, lundi et merc.
     5 ch – 🛏40 € 🛏🛏65 € – ⌑ 6 €
     Rest – (11 €) Menu 16 € (déj. en sem.), 25/50 € – Carte 36/60 €
     ◆ Dans ce village à deux pas du Parc naturel de Chartreuse, plaisante cuisine soi-
     gnée qui fait la part belle aux épices. Salle à manger à l'esprit "brocante". Terrasse
     aux beaux jours. La maison compte cinq chambres fraîches et bien tenues, propo-
     sées à prix doux.

ST-GEORGES – 15 Cantal – **330** G4 – **rattaché à St-Flour**

ST-GEORGES-DE-DIDONNE – 17 Charente-Maritime – **324** D6 – **rattaché à Royan**

ST-GEORGES-D'ESPÉRANCHE – 38 Isère – **333** D4 – **2 976 h.**   **44** B2
– alt. 400 m – ✉ 38790
          ▶ Paris 496 – Bourgoin-Jallieu 25 – Grenoble 92 – Lyon 40

XX   **Castel d'Espéranche**   🕏 P. 𝓥𝓘𝓢𝓐 ⓓⓑ 𝔸𝔼
     15 rte Lafayette – 𝒞 *04 74 59 18 45 – www.castel-esperanche.com*
     – Fermé 25 janv.-10 fév., lundi, mardi et merc.
     Rest – (17 €) Menu 24/54 € – Carte 47/57 €
     ◆ Restaurant installé en partie dans une tour de garde du 13e s. dont quelques
     vestiges agrémentent les salles à manger. Cuisine régionale et menu "du
     Moyen Âge".

ST-GEORGES-DES-SEPT-VOIES – 49 Maine-et-Loire – **317** H4   **35** C2
– 638 h. – alt. 83 m – ✉ 49350
          ▶ Paris 314 – Angers 30 – Nantes 127 – Saumur 27

X   **Auberge de la Sansonnière** avec ch 🍃   &. ch, 𝔸𝕂 rest, 🕏 rest,
     (près de la mairie) – 𝒞 *02 41 57 57 70*   𝓥𝓘𝓢𝓐 ⓓⓑ 𝔸𝔼
😊   *– www.auberge-sansonniere.com – Fermé 10-25 mars, 5-30 nov., 1 sem. en janv.,*
     dim. soir et lundi
     7 ch – 🛏65/85 € 🛏🛏75/90 € – ⌑ 10 € – ½ P 53/61 €
     Rest – (12 €) Menu 17/38 € – Carte 31/67 €
     ◆ On peut s'arrêter lors d'une étape dans ce prieuré (17e s.) joliment restauré,
     dans un esprit bistrot moderne. Cuisine de saison et joli jardin fleuri. Pour dor-
     mir, l'auberge dispose de chambres claires et toutes simples.

ST-GEORGES-SUR-CHER – 41 Loir-et-Cher – **318** D8 – **2 268 h.**   **11** A1
– alt. 70 m – ✉ 41400
          ▶ Paris 225 – Blois 40 – Orléans 102 – Tours 40

⌂   **Prieuré de la Chaise** sans rest 🍃   🝐 ⌱ 𝔸𝕂 🕏 🕪 P. 𝓥𝓘𝓢𝓐 ⓓⓑ
     8 r. Prieuré – 𝒞 *02 54 32 59 77 – www.prieuredelachaise.com*
     5 ch ⌑ – 🛏70/130 € 🛏🛏70/130 €
     ◆ Un charmant prieuré du 16e s. niché dans un parc... au calme. Tomettes et
     meubles anciens dans les chambres. L'hiver venu, belles flambées dans la chemi-
     née de la salle à manger.

ST-GERMAIN-DE-BELVÈS – 24 Dordogne – **329** H7 – **137 h.**   **4** D1
– alt. 230 m – ✉ 24170
          ▶ Paris 598 – Bordeaux 197 – Cahors 71 – Périgueux 66

⌂   **Les Boudines** sans rest 🍃   🝐 ⌱ 🕪 P.
     Les Boudines – 𝒞 *05 53 29 15 03 – www.lesboudines.com – Fermé de mi-fév. à*
     mi-mars et déc.
     5 ch ⌑ – 🛏65/105 € 🛏🛏69/105 €
     ◆ Ancienne ferme périgourdine en pierres sèches. Les chambres, décorées dans
     des matières naturelles, ont toutes une terrasse. Piscine à débordement avec vue
     imprenable sur la campagne.

ST-GERMAIN-DE-JOUX – 01 Ain – **328** H3 – 496 h. – alt. 507 m   **45** C1
– ✉ 01130

▶ Paris 487 – Bellegarde-sur-Valserine 13 – Belley 61 – Bourg-en-Bresse 63

✗✗ **Reygrobellet** avec ch   ⚇ ⊚ 🅿 VISA ⊙⊙
D 1084 – ✆ 04 50 59 81 13 – www.hotel-reygrobellet.com – Fermé 1er-8 mars,
5-20 juil., 24 oct.-8 nov., 11-27 fév., dim. soir et lundi
10 ch – ♦57/68 € ♦♦57/68 € – ⊡ 9 €
Rest – (17 €) Menu 22/61 € – Carte 36/82 €
◆ Outre son confortable intérieur campagnard, cette maison a pour elle
une généreuse cuisine traditionnelle (beau chariot de desserts). Chambres simples
en partie rénovées.

ST-GERMAIN-DES-VAUX – 50 Manche – **303** A1 – 428 h.   **32** A1
– alt. 59 m – ✉ 50440

▶ Paris 383 – Barneville-Carteret 48 – Cherbourg 28 – Nez de Jobourg 7

◉ Baie d'Ecalgrain★★ S : 3 km – Port de Goury★ NO : 2 km.
◉ Nez de Jobourg★★ S : 7,5 km puis 30 mn - ⬉★★ sur anse de Vauville SE :
9,5 km par Herqueville, 🟩 **Normandie Cotentin.**

🏨 **L'Erguillère** sans rest ♨   ⬉ 🚗 ⅙ ⊚ 🅿 VISA ⊙⊙
Port Racine, 1,8 km à l'Est par D 45 – ✆ 02 33 52 75 31
– www.hotel-lerguillere.com – Fermé 23 fév.-12 mars
10 ch – ♦75/140 € ♦♦75/140 € – ⊡ 13 €
◆ Direction le bout du monde... À la pointe de la Hague, au-dessus de la mer et
de Port Racine, hôtel très cosy où se réfugier à la suite de Jacques Prévert, qui le
fréquenta.

✗ **Le Moulin à Vent**   ⬉ 🚗 🅿 VISA ⊙⊙
10 rte de Port Racine, (Hameau Danneville), 1,5 km à l'Est par D 45
– ✆ 02 33 52 75 20 – www.le-moulin-a-vent.fr – Fermé 14-30 déc., 8-27 fév.,
merc. et jeudi sauf en juil.-août
Rest – (prévenir) Menu 23/43 € – Carte 35/45 €
◆ Cette auberge, isolée au bout de la presqu'île du Cotentin, sert une cuisine
actuelle privilégiant les produits de la mer. Cadre épuré et lumineux, ouvert sur
un beau panorama.

ST-GERMAIN-DU-BOIS – 71 Saône-et-Loire – **320** L9 – 1 874 h.   **8** D3
– alt. 210 m – ✉ 71330 🟩 Bourgogne

▶ Paris 367 – Chalon-sur-Saône 33 – Dole 58 – Lons-le-Saunier 29

🏠 **Hostellerie Bressane**   ⊚ 🅿 VISA ⊙⊙ AE
⊗⊗ 2 rte de Sens – ✆ 03 85 72 04 69 – www.giot-hostelleriebressane.fr – Fermé dim.
🅐 soir sauf juil.-août et lundi
9 ch – ♦48 € ♦♦53 € – ⊡ 6 € – ½ P 54 €
Rest – Menu 14 € (déj. en sem.), 21/40 € – Carte 39/55 €
◆ Hôtel particulier du 18e s. dont l'intérieur régional et pittoresque a été rénové
avec soin. Chambres de caractère, plus calmes côté cour. Généreuse cuisine traditionnelle, préparée sans fioritures et proposée à des prix raisonnables.

ST-GERMAIN-EN-LAYE – 78 Yvelines – **311** I2 – **101** 13 – voir à Paris,
Environs

ST-GERMAIN-LÈS-ARLAY – 39 Jura – **321** D6 – 521 h. – alt. 255 m   **16** B3
– ✉ 39210

▶ Paris 398 – Besançon 74 – Chalon-sur-Saône 58 – Dole 46

✗✗ **Hostellerie St-Germain** avec ch   ⌂ ⊚ 🅿 VISA ⊙⊙
635 Grande rue – ✆ 03 84 44 60 91 – www.hostelleriesaintgermain.com
7 ch – ♦65/75 € ♦♦65/75 € – ⊡ 9 € – ½ P 64 €
Rest – (fermé mardi sauf en saison et lundi) (18 €) Menu 23/69 €
– Carte 42/66 € ⅜
◆ Face à l'église, cet ancien relais de poste du 17e s. propose une cuisine actuelle
raffinée, dans un cadre rustico-bourgeois. Belle carte de vins du Jura. Chambres
bien tenues, plus calmes côté terrasse.

ST-GERVAIS – 33 Gironde – 335 I4 – 1 398 h. – alt. 39 m – ⊠ 33240   **3** B1

▶ Paris 543 – Bordeaux 29 – Mérignac 38 – Pessac 44

XX **Au Sarment**   🎕 💱 🔄 VISA ⓒⓞ AE
50 r. la Lande – ⟋ 05 57 43 44 73 – www.au-sarment.com – *Fermé vacances de fév., 2 sem. fin août, sam. midi, dim. soir et lundi*
Rest – (20 € bc) Menu 39/59 € – Carte 55/78 €
◆ Le chef, d'origine martiniquaise, rehausse ses bons petits plats de saveurs créoles. L'intérieur de cette belle maison de pays, clair et sobre, donne sur une terrasse ombragée.

ST-GERVAIS-D'AUVERGNE – 63 Puy-de-Dôme – 326 D6 – 1 341 h.   **5** B2
– alt. 725 m – ⊠ 63390 ▌Auvergne

▶ Paris 377 – Aubusson 72 – Clermont-Ferrand 55 – Gannat 41
🛈 rue du Général Desaix ⟋ 04 73 85 80 94

🏨 **Castel Hôtel 1904** 🍃   🎕 💱 ⑪ P VISA ⓒⓞ
ⓒⓞ *r. du Castel* – ⟋ 04 73 85 70 42 – www.castel-hotel-1904.com – *Ouvert 1er avril-11 nov.*
15 ch – ♦55/70 € ♦♦59/75 € – ⌷ 9 € – ½ P 55/62 €
Rest – *(fermé lundi)* Menu 32/53 €
Rest *Le Comptoir à Moustaches* – (13 €) Menu 17 € – Carte 29/45 €
◆ Cette demeure de charme du 17e s. dispose de chambres décorées de mobilier de style. La même famille tient la maison depuis 1904, toujours avec le sourire. Repas tout simples au Comptoir à Moustaches. L'autre restaurant propose des mets traditionnels dans une salle au décor délicieusement suranné.

🏨 **Le Relais d'Auvergne**   ⑪ P VISA ⓒⓞ AE
▣▣ *rte de Châteauneuf* – ⟋ 04 73 85 70 10 – www.relais-auvergne.com – *Ouvert de mars à nov. et fermé dim. soir et lundi en oct. et mars*
12 ch – ♦54/58 € ♦♦55/70 € – ⌷ 7 € – ½ P 55/58 €
Rest – *(fermé lundi midi)* (13 €) Menu 20 € (déj. en sem.)/38 € – Carte 20/49 €
◆ Les meubles et les bibelots chinés confèrent à cet hôtel un certain charme d'antan, et les clients peuvent même les acheter ! Les chambres sont chaleureuses et bien équipées. Contraste entre la salle à manger tendance et la cuisine traditionnelle qu'on y sert.

ST-GERVAIS-EN-VALLIÈRE – 71 Saône-et-Loire – 320 J8 – 356 h.   **7** A3
– alt. 203 m – ⊠ 71350

▶ Paris 324 – Beaune 16 – Chalon-sur-Saône 24 – Dijon 57

à Chaublanc 3 km au Nord-Est par D 94 et D 183 – ⊠
71350 St-Gervais-en-Vallière

🏨 **Le Moulin d'Hauterive** 🍃   🔌🎕 ⊼ ᴸ⑤ 💱 ⅙ ch, ﷽ rest, ⑪ ᵴᴬ P
8 r. du Moulin – ⟋ 03 85 91 55 56   VISA ⓒⓞ AE ①
– www.moulinhauterive.com – *Fermé 3 janv.-11 fév., merc. soir, mardi d'oct. à mai et merc. en juin et sept.*
20 ch – ♦70/139 € ♦♦70/239 € – 7 suites – ⌷ 16 € – ½ P 114/144 €
Rest – *(fermé lundi midi, merc. midi, jeudi midi, mardi sauf fériés et juil.-août)* Menu 29 €, 39/62 € – Carte 55/70 €
◆ Isolé en pleine nature, ce vieux moulin à farine bordant la Dheune fut bâti au 12e s. par les moines de l'abbaye de Cîteaux. Chambres personnalisées ; beaux meubles anciens. Deux salles à manger cossues et terrasse au bord de l'eau ; belle carte de bourgognes.

ST-GERVAIS-LES-BAINS – 74 Haute-Savoie – 328 N5 – 5 594 h.   **46** F1
– alt. 820 m – Sports d'hiver : 1 400/2 000 m ✑2 ✑25 ✑ – Stat. therm. : toute l'année – Casino – ⊠ 74170 ▌Alpes du Nord

▶ Paris 597 – Annecy 84 – Bonneville 42 – Chamonix-Mont-Blanc 25
� ⟋ 3635 et tapez 42 (0,34 €/mn)
🛈 43, rue du Mont-Blanc ⟋ 04 50 47 76 08
⚿ Route du Bettex ★★★ 8 km par ③ puis D 43.

Plan page suivante

ST-GERVAIS-LES-BAINS   LE FAYET

Comtesse (R.) 2
Gontard (Allée) 4
Miage (Av. de) 5
Mont-Blanc (R. et jardin du) . . 6
Mont-Lachat (R. du) 7

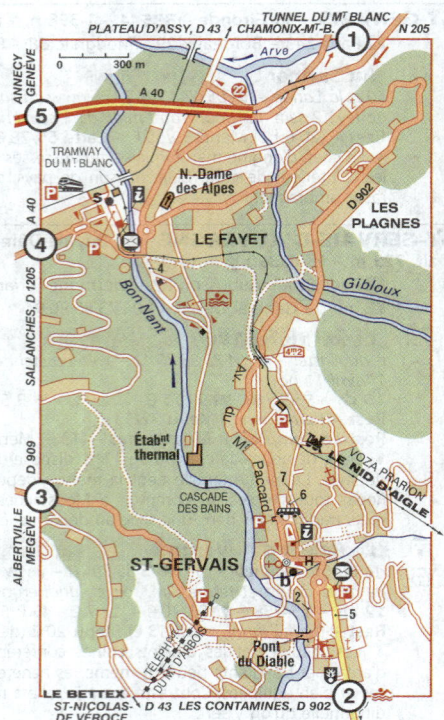

🏠 **Val d'Este** *sans rest*   ⟨ 📶 VISA ◉ AE

pl. de l'Église – ℰ 04 50 93 65 91 – www.hotel-valdeste.com
– Fermé 5 nov.-5 déc.   **b**
14 ch – 🛏59/87 € – 🛏🛏59/87 € – ⌷ 8,50 €

♦ Au cœur de la station, petit hôtel familial à l'accueil chaleureux. Les chambres qui donnent sur les montagnes, plus calmes, sont équipées d'une baignoire.

✕✕ **Le Sérac**   ⟨ 🍴 VISA ◉
😊
pl. de l'Église – ℰ 04 50 93 80 50 – www.serac-restaurant.com
– Fermé 20 avril-8 mai, 15-30 nov., merc. sauf le soir en été, jeudi midi et lundi midi   **b**
Rest – (20 €) Menu 28/56 € – Carte 39/55 €

♦ Cuisine mariant habilement saveurs régionales et méditerranéennes, avec les sommets en toile de fond. Les amateurs de chocolat seront séduits par la carte des desserts !

au Fayet 4 km au Nord-Ouest par D 902 – ⌧ 74190

🛈 104, avenue de la gare ℰ 04 50 93 64 64

🏠 **Deux Gares**   🔲 🛗 ⚒ 📶 P 🚗 VISA ◉

50 impasse des Deux Gares – ℰ 04 50 78 24 75 – www.hotel2gares.com
– Fermé 1er-14 mai, 24 sept.-1er oct. et 1er nov.-18 déc.   **s**
29 ch (½ P seult) – ½ P 44/50 €
Rest – (dîner seult) (résidents seult) Menu 16 €

♦ Face à la gare de départ du fameux tramway du mont Blanc. Petites chambres récemment rénovées ; bon équipement de loisirs. Belle piscine couverte. Excellent rapport qualité-prix.

au Bettex 8 km au Sud-Ouest par D 43 ou par télécabine, station intermédiaire
– ⊠ 74170 St-Gervais-les-Bains

🏨 **Arbois-Bettex** ⌂   ⬅ 🛰 🖥 📶 **P** 𝗩𝗜𝗦𝗔 ⦿ 🅰🅴
– *𝒞 04 50 93 12 22 – www.hotel-arboisbettex.com – Ouvert 28 mai-26 sept. et
20 déc.-19 avril*
33 ch – †85/175 € ††110/310 € – � 14 €
Rest – Menu 25/55 € – Carte 33/85 €
  ◆ Superbe vue sur le massif du Mont-Blanc depuis ce chalet voisin des télécabines. Chambres fonctionnelles. Piscine couverte, spa et massage. Cuisine traditionnelle et plats savoyards ; terrasse exposée plein sud.

*Autres ressources hôtelières voir **Les Houches** (au Prarion) et **Megève** (sommet
du Mont d'Arbois)*

ST-GILLES – 30 Gard – **339** L6 – 13 234 h. – alt. 10 m – ⊠ 30800   **23** D2
🟩 Languedoc Roussillon
▶ Paris 724 – Arles 18 – Beaucaire 27 – Lunel 31
🛈 1, place Frédéric Mistral 𝒞 04 66 87 33 75
◉ Façade★★ et crypte★ de l'église - Vis de St-Gilles★.

🏠 **Domaine de la Fosse** ⌂   🚗 🔲 🄰🄲 ch, 🛰 **P** 𝗩𝗜𝗦𝗔 ⦿ 🅰🅴 ⓞ
*rte de Sylvéréal, 7 km au Sud par D 179, croisement D 202 – 𝒞 04 66 87 05 05
– www.domainedelafosse.com*
5 ch � – †95/120 € ††115/145 €   **Table d'hôte** – Menu 20/35 €
  ◆ Camargue ! Au cœur d'un immense domaine rizicole, cette ancienne commanderie des Templiers (17ᵉ s.) abrite des chambres de caractère (mansardes, mobilier chiné). Sauna, hammam, jacuzzi.

ST-GILLES-CROIX-DE-VIE – 85 Vendée – **316** E7 – 7 281 h.   **34** A3
– alt. 12 m – **Casino :** Le Royal Concorde – ⊠ 85800 🟩 Poitou Vendée Charentes
▶ Paris 462 – Cholet 112 – Nantes 79 – La Roche-sur-Yon 44
🛈 boulevard de l'Égalité 𝒞 02 51 55 03 66
🏌 des Fontenelles à L'Aiguillon-sur-Vie Route de Coëx, E : 11 km par D 6,
𝒞 02 51 54 13 94

🍴 **Le Casier**   🛰 𝗩𝗜𝗦𝗔 ⦿ 🅰🅴
*pl. du Vieux Port – 𝒞 02 51 55 01 08 – www.lecasier.com – Fermé 20 déc.-2 mars,
lundi en mars, nov. et déc.*
Rest – Menu 15 € (déj. en sem.), 19/28 € – Carte 19/42 €
  ◆ Décor de bistrot marin très convivial, cuisine iodée simple et bien faite : le
patron de cette ex-charcuterie proche des quais a troqué le tablier pour la
toque, avec succès !

🍴 **La Cotriade**   🄰🄲 𝗩𝗜𝗦𝗔 ⦿
*8 r. Louis Cristau – 𝒞 02 51 55 09 62 – Fermé 20 déc.-31 janv., mardi soir, merc.
soir, jeudi soir hors saison, dim. soir soir sauf du 11 juil. au 23 août et lundi*
Rest – (14 €) Menu 20/37 € – Carte 28/52 €
  ◆ Dans ce restaurant en retrait de l'agitation touristique, on déguste une séduisante cuisine au goût du jour et quelques spécialités plus traditionnelles. Cadre
rustique rafraîchi.

à Coëx 14 km à l' Est par D 6 – 2 684 h. – ⊠ 85220
🛈 place de l'Église 𝒞 02 51 54 28 80

🍴🍴 **Le Balata**   🛰 ᵭ 🄰🄲 **P** 𝗩𝗜𝗦𝗔 ⦿ 🅰🅴
*Golf des Fontenelles, 2 km à l'Ouest par D 6 – 𝒞 02 28 10 63 96
– www.lebalata.com – Fermé 2 sem. en janv., dim. soir, lundi soir, mardi soir en
hiver et merc.*
Rest – (14 €) Menu 18 € (déj. en sem.), 25/29 € – Carte 35/45 €
  ◆ La tomate se décline en gaspacho, tartare ou sorbet ; la fraise s'allie au romarin... Une cuisine raffinée dans une atmosphère contemporaine feutrée, avec vue
sur les greens.

à Sion-sur-l'Océan 5 km à l'Ouest par la Corniche Vendéenne – ⊠ 85270

🏠 **Frédéric** sans rest ≼ 🛜 **P** 🚘 **VISA** **CO** **AE**
25 r. des Estivants – ℰ 02 51 54 30 20 – www.hotel-frederic.com
13 ch – †68/124 € ††68/124 € – ⌂ 12 €
◆ Cette jolie villa des années 1930 a été modernisée tout en conservant son cachet d'antan. Choisir une chambre avec vue sur l'océan. Bar à huîtres au délicieux cadre rétro.

ST-GINGOLPH – 74 Haute-Savoie – **328** N2 – 651 h. – alt. 385 m **46** F1
– ⊠ 74500 ▌Alpes du Nord
▶ Paris 560 – Annecy 102 – Évian-les-Bains 19 – Montreux 21

XXX **Aux Ducs de Savoie** ≼ 🍴 **P** **VISA** **CO** **AE**
r. du 23 Juillet 44 – ℰ 04 50 76 73 09 – www.ducsdesavoie.net – Fermé
22 oct.-4 nov., 12-27 janv., mardi sauf juil.-août et lundi
Rest – (20 €) Menu 40/70 € – Carte 36/72 €
◆ Agréable chalet situé en aplomb du village. Cadre bourgeois, terrasse d'été ombragée face au lac et côté cuisine, goûteuses recettes classiques (appétissant chariot de desserts).

ST-GIRONS ◉ – 09 Ariège – **343** E7 – 6 533 h. – alt. 398 m **28** B3
– ⊠ 09200 ▌Midi-Toulousain
▶ Paris 774 – Auch 123 – Foix 45 – St-Gaudens 43
🖪 place Alphonse Sentein ℰ 05.61.96.26.60

🏠 **Château de Beauregard** ⧉ 🔔 ⛷ ৬ rest, **AC** rest, 🛜 **P** **VISA** **CO**
⚭ av. de la Résistance – ℰ 05 61 66 66 64 – www.chateaubeauregard.net
– Fermé nov.
10 ch – †60/220 € ††60/220 € – 3 suites – ⌂ 15 € – ½ P 82/102 €
Rest Auberge d'Antan – (fermé merc. et jeudi) Menu 15 € (déj. en sem.),
29/38 € – Carte 33/55 €
◆ Petit château et ses dépendances (19ᵉ s.), au calme d'un parc. Chambres confortables d'esprit bourgeois (mobilier chiné), suites de caractère et spa original dans une ancienne écurie. À l'auberge, décor rustique et plats de grand-mère préparés au feu de bois.

🏠 **La Clairière** ⧉ 🔔 🍴 ⛷ ৬ **AC** rest, ⅍ rest, 🛜 🔊 **P** **VISA** **CO** **AE** **①**
av. de la Résistance – ℰ 05 61 66 66 66 – www.hotel-clairiere.com
19 ch – †60/70 € ††60/70 € – ⌂ 9 € – ½ P 64/69 €
Rest – (23 €) Menu 29/64 € – Carte 40/51 € 🎜
◆ Dans un parc, insolite construction moderne dotée d'un toit de bardeaux tombant jusqu'au sol. Chambres fonctionnelles, certaines aménagées pour les familles. Au restaurant, cuisine traditionnelle et salle actuelle ouverte sur une terrasse, face à la piscine.

à Lorp-Sentaraille 4 km au Nord-Ouest par D 117 – 1 242 h. – alt. 361 m
– ⊠ 09190

XX **La Petite Maison** 🍴 **VISA** **CO**
⊛ rte de Toulouse – ℰ 05 61 66 54 49 – www.lapetitemaison-magnypao.com
– Fermé janv., lundi et mardi
Rest – (16 €) Menu 26/100 € bc – Carte 40/60 €
◆ Bien dans l'air du temps, la cuisine de cette maison discrète, située en léger retrait de la route, vous réservera d'agréables surprises. Cadre frais aux teintes ensoleillées.

ST-GRÉGOIRE – 35 Ille-et-Vilaine – **309** L6 – rattaché à Rennes

ST-GUÉNOLÉ – 29 Finistère – **308** E8 – ⊠ 29760 Penmarch ▌Bretagne **9** A2
▶ Paris 587 – Douarnenez 47 – Guilvinec 8 – Pont-l'Abbé 14
🖪 Pl. du Mar. Davout ℰ 02 98 58 81 44
◉ Musée préhistorique★ - ≼★★ du phare d'Eckmühl★ S : 2,5 km
- Église★ de Penmarch SE : 3 km - Pointe de la Torche ≼★ NE : 4 km.

Sterenn ⌂

plage de la Joie – ☎ 02 98 58 60 36 – www.hotel-sterenn.com – *Fermé 3 sem. en janv. et de mi-nov. à mi-déc.*
16 ch – ♦60/88 € ♦♦60/88 € – ☕ 11 € – ½ P 72/98 €
Rest – *(fermé lundi)* (15 €) Menu 22/45 € – Carte 26/60 €

◆ Face à la plage, cette construction néobretonne (1978) a changé de propriétaires sans rien perdre de son charme. Fonctionnement familial ; chambres sobres et nettes. Dans la salle ouverte sur la côte, agréable cuisine de la mer au bon rapport qualité-prix.

Les Ondines ⌂

90 r. Pasteur, rte du phare d'Eckmühl – ☎ 02 98 58 74 95 – www.lesondines.com – *Ouvert 8 avril-13 nov. et fermé mardi sauf juil.-août*
14 ch – ♦55/69 € ♦♦55/69 € – ☕ 8 € – ½ P 53/63 €
Rest – Menu 16/39 € – Carte 25/60 €

◆ A l'extrême pointe du pays bigouden et à deux pas de la mer, ambiance marine dans cet hôtel parfaitement tenu. Plaisantes chambres avec mobilier en bois. Coin salon-billard. Salle à manger-véranda où l'océan règne sur les repas : même la choucroute n'y échappe pas !

ST-GUILHEM-LE-DESERT – 34 Hérault – **339** G6 – 243 h. – alt. 89 m **23** C2
– ✉ 34150

▶ Paris 726 – Montpellier 41 – Lodève 31 – Millau 90
🛈 2 rue Font de Portal ☎ 04 67 57 44 33

Le Guilhaume d'Orange

2 av. Guillaume d'Orange – ☎ 04 67 57 24 53 – www.guilhaumedorange.com – *Fermé 15 déc.-8 janv. et merc. hors saison*
10 ch – ♦68/98 € ♦♦68/98 € – ☕ 8 € – ½ P 58/74 €
Rest – Menu 20/28 € – Carte 22/35 €

◆ Face aux gorges de l'Hérault, cette bâtisse restaurée avec goût a su conserver son cachet d'origine. Les chambres sont coquettes et romantiques à souhait. En salle ou sur la belle terrasse, vous apprécierez une cuisine simple et familiale.

ST-HAON – 43 Haute-Loire – **331** E4 – 385 h. – alt. 1 000 m – ✉ 43340 **6** C3
🟩 Auvergne

▶ Paris 559 – Langogne 25 – Mende 68 – Le Puy-en-Velay 29

Auberge de la Vallée avec ch ⌂

– ☎ 04 71 08 20 73 – www.auberge-de-la-vallee.fr – *Fermé 1er janv.-30 mars, dim. soir et lundi d'oct. à avril*
10 ch – ♦40 € ♦♦46 € – ☕ 8 € – ½ P 46 €
Rest – Menu 17/40 € – Carte 24/47 €

◆ Auberge familiale modeste établie dans un village d'altitude. Grande salle aux tables simplement dressées pour des repas traditionnels connotés terroir. Chambres proprettes.

ST-HAON-LE-VIEUX – 42 Loire – **327** C3 – rattaché à Renaison

ST-HERBLAIN – 44 Loire-Atlantique – **316** G4 – rattaché à Nantes

ST-HILAIRE-DE-BRETHMAS – 30 Gard – **339** J4 – rattaché à Alès

ST-HILAIRE-DES-LOGES – 85 Vendée – **316** L9 – rattaché à Fontenay-le-Comte

ST-HILAIRE-DU-HARCOUËT – 50 Manche – **303** F8 – 4 232 h. **32** A3
– alt. 70 m – ✉ 50600 🟩 Normandie Cotentin

▶ Paris 339 – Alençon 100 – Avranches 27 – Caen 102
🛈 avenue, Maréchal Leclerc ☎ 02 33 79 38 88
👁 Centre d'Art Sacré★.

Le Cygne et Résidence 🍴 🏡 ♨ 📶 ⚏ ch, 🍽 **P** 🚗 𝐕𝐈𝐒𝐀 ⓩ 𝐀𝐄

99 r. Waldeck Rousseau, rte de Fougères – ℰ *02 33 49 11 84*
– www.hotel-le-cygne.fr – Fermé 26 fév.-14 mars
28 ch – ♦58/60 € ♦♦72/74 € – ⚏ 9 € – ½ P 68/100 €
Rest *– (fermé dim. soir et vend. d'oct. a Pâques)* (13 €) Menu 19/72 € bc
– Carte 30/58 €
♦ Hébergement familial partagé entre une plaisante résidence bourgeoise et une construction récente. Chambres sobrement agencées, plus calmes sur l'arrière. À table, produits de la mer, recettes normandes et belle carte des vins. Terrasse côté jardin.

ST-HILAIRE-LE-CHÂTEAU – 23 Creuse – **325** I5 – 273 h.　　　　**25** C1
– alt. 453 m – ✉ 23250

　▶ Paris 385 – Guéret 27 – Le Palais-sur-Vienne 56 – Limoges 64

à l'Est 3 km par D 941 (rte Aubenas), D10 et rte secondaire
– ✉ 23250 St-Hilaire-le-Château

Château de la Chassagne 🌿　　　　🔊 🍽 **P**

La Chassagne – ℰ *05 55 64 55 75 – www.chateau-lachassagne.com*
– Fermé 20 déc.-15 mars
4 ch ⚏ – ♦95/120 € ♦♦100/140 € **Table d'hôte** – Menu 30 € bc
♦ Robuste château des 15e et 17e s. isolé dans un parc où paissent des chevaux. Un escalier à vis dessert des chambres raffinées, dont une nichée sous une superbe charpente. Table d'hôte. Accueil avenant.

ST-HILAIRE-ST-FLORENT – 49 Maine-et-Loire – **317** I5 – rattaché à Saumur

---

ST-HIPPOLYTE – 25 Doubs – **321** K3 – 936 h. – alt. 380 m – ✉ 25190　　**17** C2
🟩 Franche-Comté Jura

　▶ Paris 490 – Basel 93 – Belfort 48 – Besançon 89
　🛈 place de l'Hôtel de Ville ℰ 03 81 96 58 00
　◉ Site★ - Vallée du Dessoubre★ S.

Le Bellevue 　　　🍴 🍽 ⚐ **P** 🚗 𝐕𝐈𝐒𝐀 ⓩ

rte de Maîche – ℰ *03 81 96 51 53 – http://hotel.bellevue.free.fr – Fermé 2 sem.*
en janv., dim. soir et vend. soir de sept. à avril
16 ch – ♦57/68 € ♦♦60/77 € – ⚏ 11 € – ½ P 62/70 €
Rest *– (fermé lundi midi)* (12 €) Menu 26/36 € – Carte 32/56 €
♦ À la sortie du village, sympathique hostellerie dominant le Dessoubre. Chambres classiques ou plus actuelles (préférez ces dernières). Cuisine traditionnelle à déguster dans une salle rustique ou sur la terrasse panoramique.

ST-HIPPOLYTE – 68 Haut-Rhin – **315** I7 – 1 050 h. – alt. 234 m　　**2** C1
– ✉ 68590 🟩 Alsace Lorraine

　▶ Paris 439 – Colmar 21 – Ribeauvillé 8 – St-Dié 42
　◙ Château du Haut-Koenigsbourg★★ : ❄★★ NO : 8 km.

Le Parc 🌿　　🍴 ♨ ℔ 📶 ⚏ ch, 🅰 rest, 🍽 🕿 **P** 𝐕𝐈𝐒𝐀 ⓩ 𝐀𝐄 ⓞ

6 r. du Parc – ℰ *03 89 73 00 06 – www.le-parc.com – Fermé 8 janv.-3 fév.*
32 ch – ♦80 € ♦♦90/175 € – 3 suites – ⚏ 14 €
Rest *Joséphine* – *(fermé lundi et mardi)* Menu 38/70 € – Carte 52/71 € 🍷
Rest *Winstub Rabseppi-Stebel* – *(fermé lundi midi et mardi midi)* (10 €)
Menu 20/27 € – Carte 28/55 €
♦ Profusion de couleurs, à l'intérieur comme à l'extérieur, dans cet hôtel situé face à un parc. Chambres raffinées, progressivement rénovées, et bons équipements de loisirs. Cuisine dans l'air du temps au restaurant. Spécialités et vins du cru à la Winstub.

Hostellerie Munsch Aux Ducs de Lorraine ⟨ 🏡 📶 🛗 ch,
– ☏ 03 89 73 00 09   🅺 rest, 🍴 ch, 🕾 🅂🄰 🅿 𝘝𝘐𝘚𝘈 ⓪⓪
– www.hotel-munsch.com – Fermé 10 janv.-10 mars
40 ch – ♦50/90 € ♦♦80/154 € – � 12 € – ½ P 82/132 €
Rest – *(fermé 4-14 juil., mardi soir et merc.)* (16 €) Menu 23/56 €
– Carte 26/65 €

♦ Dans cette imposante auberge d'allure régionale, les chambres personnalisées (parfois avec balcon) donnent sur le château du Haut-Koenigsbourg ou sur les vignes. Boiseries sculptées, terrasse fleurie, plats traditionnels et carte de vins régionaux au restaurant.

ST-HUBERT – 57 Moselle – **307** I3 – 233 h. – alt. 220 m – ⊠ 57640   **27** C1
▶ Paris 336 – Luxembourg 63 – Metz 21 – Saarbrücken 69

⌂ **La Ferme de Godchure** sans rest ⌂   🚗 🍴 📶 🅿
r. Principale – ☏ 03 87 77 03 96 – www.lafermedegodchure.fr
4 ch �"" – ♦85/110 € ♦♦85/110 €

♦ Aux portes d'un village agreste, maison d'hôtes logée dans la grange d'une ex-ferme cistercienne. Chambres personnalisées, bon accueil et service aux petits soins. Minispa.

ST-ISIDORE – 06 Alpes-Maritimes – **341** E5 – rattaché à Nice

ST-JACQUES-DES-BLATS – 15 Cantal – **330** E4 – 316 h. – alt. 990 m   **5** B3
– ⊠ 15800
▶ Paris 536 – Aurillac 32 – Brioude 76 – Issoire 91

L'Escoundillou ⌂   ⟨ 🚗 🛗 rest, 🅿 𝘝𝘐𝘚𝘈 ⓪⓪
rte de la gare – ☏ 04 71 47 06 42 – www.hotel-escoundillou.com
– Fermé 15 nov.-20 déc., vend. soir et sam. du 15 oct. au 15 nov.
12 ch – ♦45 € ♦♦48 € – ⊯ 8 € – ½ P 47/50 €   **Rest** – (12 € bc) Menu 14/23 €

♦ Au bord d'une pittoresque route de campagne, petite cachette ("escoundillou" en patois) idéale pour ceux qui aiment la verdure. Chambres fraîches et nettes. Cuisine cantalienne servie dans une salle claire et sobre.

ST-JEAN – 06 Alpes-Maritimes – **341** C6 – rattaché à Pégomas

ST-JEAN-AUX-AMOGNES – 58 Nièvre – **319** D9 – 463 h. – alt. 230 m   **7** B2
– ⊠ 58270
▶ Paris 252 – Bourges 81 – Château-Chinon 51 – Clamecy 61

✗✗ **Le Relais de Bourgogne**   🚗 🏡 ⇔ 𝘝𝘐𝘚𝘈 ⓪⓪
– ☏ 03 86 58 61 44 – Fermé 2 sem. en janv., dim. soir et merc. sauf juil.-août
Rest – Menu 23/40 € – Carte 38/54 €

♦ Dans cette maison de village, le décor est champêtre et chaleureux, la véranda ouvre sur un sympathique jardin et les plats respirent la générosité et la tradition.

ST-JEAN-AUX-BOIS – 60 Oise – **305** I4 – rattaché à Pierrefonds

ST-JEAN-CAP-FERRAT – 06 Alpes-Maritimes – **341** E5 – 2 172 h.   **42** E2
– alt. 12 m – ⊠ 06230 ▮ Côte d'Azur
▶ Paris 935 – Menton 25 – Nice 8
🄩 59, avenue Denis Semeria ☏ 04 93 76 08 90
◉ Site de la Villa Ephrussi-de-Rothschild ★★ **M** : musée Île de France ★★, jardins ★★ - Phare ❅ ★★ - Pointe de St-Hospice : ⟨ ★ de la chapelle, sentier ★ - Promenade Maurice-Rouvier ★.

Plan page suivante

ST-JEAN-CAP-FERRAT

Albert-1er (Av.)	2
Gaulle (Bd Gén.-de)	6
Grasseuil (Av.)	7
Libération (Bd)	9
Mermoz (Av. J.)	12
Passable (Ch. de)	13
Phare (Av. du)	14
Prince-Rainier III de Monaco . (Av.)	3
Puncia (Av. de la)	15
Sabatier (Av. Marie-Louise) . .	5
St-Jean (Pont)	16
Sauvan (Bd H.)	17
Semeria (Av. D.)	18
Verdun (Av. de)	20
Vignon (Av. C.)	21

Les flèches noires indiquent les sens uniques supplémentaires l'été

Grand Hôtel du Cap Ferrat

71 bd Gén.de Gaulle, au Cap-Ferrat – ℰ 04 93 76 50 50
– www.ghcf.fr

49 ch – ♥265/1550 € ♥♥265/1550 € – 24 suites – ☑ 45 €

Rest *Le Cap* – *(ouvert 2 avril-30 oct. et fermé le midi)* Menu 138/158 €
– Carte 147/250 €

Spéc. Fine lasagne au caviar d'Aquitaine. Agneau allaiton de l'Aveyron rôti en croûte d'olive noire. Soufflé au citron flambé au limoncello, choco-banane au gingembre. **Vins** Côtes de Provence, Vin de Pays du Var.

Rest *Club Dauphin* – ℰ 04 93 76 50 21 *(ouvert 2 avril-30 oct. et fermé le soir)*
Menu 59 € – Carte 77/135 €

Rest *La Véranda* – (58 € bc) Menu 68 € – Carte 66/100 €

◆ Le luxe à l'état pur émane de cette magnifique demeure (1908) entièrement redécorée. Suites remarquables, funiculaire privé pour rejoindre le bassin à débordement, vue sur la mer. Restaurant raffiné (murs à l'effigie de Jean Cocteau), superbe terrasse et belle cuisine classique. Repas face à la piscine au Club Dauphin. La Véranda propose des plats méditerranéens.

Royal Riviera

3 av. Jean Monnet – ℰ 04 93 76 31 00
– www.royal-riviera.com – Fermé 27 nov.-16 janv.

94 ch – ♥255/1645 € ♥♥255/1645 € – 3 suites – ☑ 31 €

Rest *Le Panorama* – *(fermé le midi en juil.-août)* Menu 54 € – Carte 54/140 €

Rest *La Pergola* – *(ouvert de mi-avril à mi-oct. et fermé le soir)* (44 €)
Carte 47/82 €

◆ Palace bâti en 1904 et son beau jardin au bord de l'eau. Chambres raffinées, tournées pour la plupart vers le large (décor provençal contemporain à l'Orangerie). Élégantes salles à manger feutrées au Panorama. Buffets et grillades à la Pergola (brunch le dimanche).

La Voile d'Or ⚓

7 av. Jean Mermoz, au port – ☎ *04 93 01 13 13* – *www.lavoiledor.fr* – *Ouvert de début avril à début oct.* **f**

45 ch ⊑ – †372/890 € ††372/890 €

Rest – (48 € bc) Menu 85/150 € – Carte 110/190 €🐚

◆ Idéalement situé face au port de plaisance, avec piscines en bord de mer et décor soigné : l'hôtel, ancré sur un rocher, est la promesse d'un agréable séjour. Salle à manger panoramique, belle terrasse d'été et table classique. Petite restauration sur la plage.

Brise Marine sans rest ⚓

58 av. J. Mermoz – ☎ *04 93 76 04 36* – *www.hotel-brisemarine.com* – *Ouvert de mars à oct.* **x**

16 ch – †150/185 € ††150/185 € – ⊑ 15 €

◆ En surplomb d'une rue calme, jolie villa de style italien (1878) recevant ses clients dans de coquettes chambres. La terrasse des petits-déjeuners domine le jardin en espaliers.

Le Panoramic sans rest ⚓

3 av. Albert 1er – ☎ *04 93 76 00 37* – *www.hotel-lepanoramic.com* – *Fermé 15 nov.-25 déc.* **s**

20 ch – †98/145 € ††145/175 € – ⊑ 11 €

◆ Enseigne-vérité pour cet hôtel familial des années 1950 : vue exceptionnelle sur le village et la pointe St-Hospice. Chambres au mobilier rustique bien tenues, avec balcons.

Capitaine Cook

11 av. J. Mermoz – ☎ *04 93 76 02 66* – *Fermé 7 nov.-26 déc., jeudi midi et merc.* **n**

Rest – Menu 27/32 € – Carte 37/66 €

◆ Adresse discrète à dénicher au-delà du port de St-Jean. On y mange des saveurs traditionnelles iodées au coude à coude dans une salle rustique, ou bien sur la petite terrasse.

ST-JEAN-D'ALCAS – 12 Aveyron – 338 K7 – ✉ 12250   29 D2
🟩 Languedoc Roussillon

▶ Paris 677 – Toulouse 170 – Rodez 118 – Millau 35

Le Moulin de Gauty sans rest ⚓

– ☎ *05 65 97 51 90* – *www.moulindegauty.com*

4 ch ⊑ – †70/115 € ††80/125 €

◆ En pleine nature, ancien moulin propice au repos. Chambres de style contemporain épuré et beau jardin traversé par une rivière. Piscine, salle commune avec coin repas, barbecue.

ST-JEAN-DE-BLAIGNAC – 33 Gironde – 335 K6 – 374 h. – alt. 50 m   4 C1
– ✉ 33420

▶ Paris 592 – Bergerac 56 – Bordeaux 40 – Libourne 17

Auberge St-Jean

8 r. du Pont – ☎ *05 57 74 95 50* – *Fermé dim. soir et merc.*

Rest – (16 € bc) Menu 38/48 € – Carte 55/70 €

◆ Ex-relais de poste tourné vers la Dordogne. Un salon feutré orné de vieux cuivres donne accès à deux salles de bon goût, dont une terrasse fermée. Repas classique actualisé.

ST-JEAN-DE-BRAYE – 45 Loiret – 318 I4 – rattaché à Orléans

ST-JEAN-DE-LINIERES – 49 Maine-et-Loire – 317 F4 – rattaché à Angers

ST-JEAN-DE-LUZ – 64 Pyrénées-Atlantiques – **342** C4 – 13 579 h.
– alt. 3 m – Casino **ABY** – ⊠ **64500** ▮ Aquitaine

▶ Paris 785 – Bayonne 24 – Biarritz 18 – Pau 129

🄸 place du Maréchal Foch ℰ 05 59 26 03 16

🄸 de Chantaco Route d'Ascain, par rte d'Ascain : 2 km,
ℰ 05 59 26 14 22

🄸 de la Nivelle à Ciboure Place William Sharp, S : 3 km par D 704,
ℰ 05 59 47 18 99

◉ Port★ – Église St-Jean-Baptiste★★ – Maison Louis-XIV★ **N** – Corniche
basque★★ par ④ – Sémaphore de Socoa ⩽★★ 5 km par ④.

Grand Hôtel Loreamar Thalasso & Spa
43 bd Thiers – ℰ *05 59 26 35 36*
– www.luzgrandhotel.fr

BYd

49 ch – ♦175/590 € ♦♦175/590 € – 3 suites – ☑ 26 €
Rest *Le Rosewood* – (28 €) Menu 39 € (déj.), 55/85 € – Carte 58/74 €

◆ Élevé en 1909, face à la baie, cet hôtel balnéaire de la Belle Époque séduit par
son mobilier de style, ses équipements modernes et ses chambres raffinées. Spa
haut de gamme. Au Rosewood, superbe panorama sur l'Océan depuis la salle en
rotonde ; cuisine actuelle.

Bibal (R. F.) .... **BZ** 3	Infante (Quai de l') .... **AZ** 10	République (R. de la) .... **AZ** 17
Chauvin-Dragon (R.) .... **BZ** 4	Jaurréguiberry (Av.) .... **BZ** 12	Salagoity (R. de) .... **BZ** 18
Elizaga (Sq.) .... **BY** 9	Labrouche (Av.) .... **BZ** 13	Verdun (Av. de) .... **AZ** 19
Gambetta (R.) .... **AZ, BY** 6	Louis-XIV (Pl.) .... **AZ** 15	Victor-Hugo
Garat (R.) .... **AYZ** 7	Pyrénées (Av. des) .... **BZ** 16	(Bd) .... **BYZ**

Parc Victoria 🔊 🌿 🛋 🏊 📶 🍴 ♿ ch, 🅰 ✂ rest, ¶ 🎿 🅿 🚗 VISA ◉ AE ①
5 r. Cépé, par bd Thiers et rte Quartier du Lac BY – ☎ 05 59 26 78 78
– *www.parcvictoria.com* – *Ouvert 15 mars -14 nov.*
14 ch – †170/340 € ††185/380 € – 6 suites – ⊑ 21 € – ½ P 147/229 €
Rest *Les Lierres* – Menu 45/90 € – Carte 80/117 €
• Villa fin 19e s. et ses annexes au cœur d'un parc très fleuri, avec piscine et jacuzzi. Atmosphère cossue, où domine le mobilier Art déco. Suites dotées d'un jardinet privé. Salles-vérandas logées dans un pavillon verdoyant : ambiance jardin d'hiver ou style 1930.

Zazpi sans rest 🔊 📶 🅰 🕻 VISA ◉ AE
21 bd Thiers – ☎ 05 59 26 07 77 – *www.zazpihotel.com* – *Fermé 2 nov.-2 déc.*
et 2 janv.-11 fév. BYa
7 ch – †150/450 € ††150/450 € – 1 suite – ⊑ 16 €
• Dans les chambres et suites de cet hôtel particulier (1900) du centre-ville, le blanc, le design et les équipements high-tech dominent. Salon de thé en terrasse ; solarium.

 Hélianthal 🌿 spa 🛁 🏊 ♿ 🅰 ✂ rest, ¶ 🎿 🚗 VISA ◉ AE ①
pl. M. Ravel – ☎ 05 59 51 51 51 – *www.helianthal.fr* – *Fermé 28 nov.-17 déc.*
100 ch – †83/263 € ††118/298 € – ⊑ 15 € BYv
Rest – (24 €) Menu 38 € – Carte 42/53 €
• Hôtel associé à un beau centre de thalassothérapie. L'esprit des années 1930 imprègne les chambres, fonctionnelles et conçues à l'identique. Cuisine au goût du jour dans une salle à manger ornée de fresques représentant un paquebot. Terrasse donnant sur le large.

La Devinière sans rest 🔊 ¶ VISA ◉
5 r. Loquin – ☎ 05 59 26 05 51 – *www.hotel-la-deviniere.com* BYf
10 ch – †120/160 € ††120/180 € – ⊑ 12 €
• Tableaux, bibelots, photos et livres anciens participent au charme de cette maison basque. Chambres coquettes, avec balcons côté jardinet (très fleuri). Salon de thé à l'anglaise.

La Marisa sans rest 🔊 🗄 ✂ ¶ 🚗 VISA ◉
16 r. Sopite – ☎ 05 59 26 95 46 – *www.hotel-lamarisa.com* – *Fermé 2 janv.-10 fév.*
16 ch – †75/105 € ††95/160 € – ⊑ 11 € BYb
• Invitation au voyage dans cet hôtel à la décoration soignée : meubles chinés ou rapportés d'Asie. Délicieux petit-déjeuner, pris dans le patio à la belle saison.

La Réserve 🔊 📶 🚗 🌿 🛋 🏊 🍴 🗄 ♿ 🅰 ¶ 🎿 🅿 🚗 VISA ◉ AE ①
1 av Gaëtan de Bernoville, (rd-pt Ste-Barbe), 2 km au Nord par bd Thiers BY
– ☎ 05 59 51 32 00 – *www.hotel-lareserve.com* – *Fermé 15 nov.-4 mars*
35 ch – †95/265 € ††95/265 € – 6 suites – ⊑ 15 €
Rest – (18 €) Menu 39/65 € – Carte environ 45 €
• Au sommet des falaises, le site de cette Réserve est idyllique : parc, jardin fleuri ponctué de sculptures, piscine à débordement face à l'Océan... Chambres pimpantes et fonctionnelles. Restaurant panoramique avec terrasse ; recettes basques actualisées.

De la Plage 🚗 📶 ♿ ch, 🅰 ch, ¶ ¶ 🚗 VISA ◉
48 promenade J.-Thibaud – ☎ 05 59 51 03 44 – *www.hoteldelaplage.com*
– *Fermé 13 nov.-22 déc. et 2 janv.-17 fév.* AYa
22 ch – †78/168 € ††78/168 € – ⊑ 9 €
Rest *Le Brouillarta* – ☎ 05 59 51 29 51 *(fermé dim. soir et lundi)* Carte 35/42 €
• Comme son nom l'indique, cette grande bâtisse de style régional borde l'Océan. Cadre actuel et fonctionnel dans les chambres ouvrant en majorité sur la plage. Restaurant avec accès indépendant. Cuisine traditionnelle et jolie vue sur la baie de St-Jean-de-Luz.

 Les Almadies sans rest ✂ ¶ VISA ◉ AE ①
58 r. Gambetta – ☎ 05 59 85 34 48 – *www.hotel-les-almadies.com* – *Fermé*
13 nov.-11 déc. BYx
7 ch – †80/130 € ††80/130 € – ⊑ 12 €
• Décor soigné dans ce charmant petit hôtel mêlant touches design et mobilier rustique. Chambres impeccables, terrasse fleurie.

1523

Colbert sans rest
🖥 AC ⚙ ☝ 📶 VISA ⚫ AE ⓪

3 bd du Cdt Passicot – ☏ *05 59 26 31 99 – www.hotelcolbertsaintjeandeluz.com*
– Fermé 28 nov.-7 janv.   BZu
34 ch – †80/160 € ††80/160 € – ☐ 14 €

♦ Hôtel face à la gare. Côté décoration, la sobriété est de mise (bois clair et camaïeux de marron) ; côté repos, chambres confortables et douillettes. Buffet au petit-déjeuner.

Villa Bel Air sans rest
≤ 🖥 ☝ 📶 VISA ⚫

60 promenade J.-Thibaud – ☏ *05 59 26 04 86 – www.hotel-bel-air.com*
– Ouvert 8 avril-13 nov.   BYh
21 ch – †75/160 € ††75/180 € – ☐ 11 €

♦ Villa basque (1875) située au cœur du centre piétonnier, face à la baie de St-Jean-de-Luz. Petit salon cossu et chambres bien tenues, la plupart tournées vers la plage.

✕✕ Le Kaïku
🍴 VISA ⚫

17 r. de la République – ☏ *05 59 26 13 20 – Fermé 23 nov.-8 déc., mardi et merc.*
sauf juil.-août   AZx
Rest – (20 €) Menu 30 € – Carte 30/45 €

♦ Deux maisons réunies (dont une du 16ᵉ s., la plus vieille de la ville), des pierres apparentes, un éclairage doux et une cuisine de bistrot axée poisson... Un lieu sobre et cosy.

✕✕ Zoko Moko
🍴 VISA ⚫

6 r. Mazarin – ☏ *05 59 08 01 23 – www.zokomoko.com – Fermé 1ᵉʳ-14 mars et*
lundi   AZa
Rest – (19 €) Menu 24 € (déj. en sem.), 41/65 € – Carte 41/65 €

♦ Un "coin tranquille" (zoko moko en basque), qui n'en est pas moins très couru... Élégant décor contemporain dans une maison du 18ᵉ s. et cuisine du marché aux teintes basques.

✕ Petit Grill Basque "Chez Maya"
VISA ⚫ AE ⓪

2 r. St-Jacques – ☏ *05 59 26 80 76 – Fermé 20 déc.-25 janv., jeudi midi, lundi*
midi et merc.   AYu
Rest – Menu 22/30 € – Carte 25/35 €

♦ Incontournable, cette auberge basque ! Fresques et assiettes de Louis Floutier, cuivres, amusant système de ventilation manuelle et... plats régionaux dans toute leur authenticité.

✕ Olatua
🍴 VISA ⚫ AE

30 bd Thiers – ☏ *05 59 51 05 22 – www.olatua.fr*   BYm
Rest – (18 €) Menu 28/35 € – Carte 28/35 €

♦ Institution locale revisitant le répertoire culinaire basque ; intérieur aux tons beiges habillé de bois exotique, terrasse abritée et fumoir dans un jardinet.

à Urrugne 4 km par ③ – 7 668 h. – alt. 34 m – ✉ 64122
🛈 place René Soubelet ☏ 05 59 54 60 80

Château d'Urtubie sans rest
🕭 🏊 ✕ 🖥 AC ⚙ ☝ 📶 VISA ⚫ AE

1 r. B. de Coral – ☏ *05 59 54 31 15 – www.chateaudurtubie.fr*
– Ouvert avril-oct.
10 ch – †70/160 € ††80/160 € – ☐ 11 €

♦ Sur la route de l'Espagne, château fort du 14ᵉ s. remanié au fil du temps. Aujourd'hui musée et hôtel, il abrite des chambres de caractère, garnies de mobilier de famille.

✕ Ferme Lizarraga
🍴 🍴 ♿ 📶 VISA ⚫

chemin de Lizarraga – ☏ *05 59 47 03 76 – www.lizarraga.fr*
– Fermé 18-29 juin
Rest – (17 €) Carte 35/42 €

♦ Dans un environnement champêtre, ferme du 17ᵉ s. joliment restaurée. Sans esbroufe, le chef réalise une cuisine du marché qui honore la tradition et le terroir.

à Ciboure 1 km par ④ – 6 282 h. – alt. 3 m – ⊠ 64500

🚹 27, quai Maurice Ravel ℰ 05 59 47 64 56

◎ Chapelle N.-D. de Socorri : site★ 5 km par ③.

voir plan de St-Jean-de-Luz

XX **L'Ephémère**   🛜 AC VISA ◎◎

15 quai M.-Ravel – ℰ 05 59 47 29 16 – www.lephemere-ciboure.fr – Fermé
1er-8 juin, 15-30 nov., 15-30 janv., mardi et merc.
Rest – (32 €) Menu 60/90 € – Carte 47/75 €

♦ Voiles d'acier, murs gris métallisé, vaisselle design : la version moderniste du
style nautique. La cuisine est tendance, foisonnante de saveurs et de contrastes.

X **Chez Mattin**   AC VISA ◎◎ AE

63 r. E. Baignol – ℰ 05 59 47 19 52 – Fermé 1 sem. en juin, 1 sem. en oct.,
20 janv.-début mars, dim. sauf du 14 juil. au 31 août et lundi   **AZv**
Rest – Carte 28/45 €

♦ Ambiance très familiale dans cette maison de pays rustique à souhait (poutres,
cuivres...). Spécialités basques et suggestions au gré du marché ; le poisson est à
l'honneur.

à Socoa 3 km par ④ – ⊠ 64122

XX **Pantxua**   🛜 VISA ◎◎

au port de Socoa – ℰ 05 59 47 13 73 – Fermé janv. et mardi de nov. à fév.
Rest – Menu 25 € (sem.) – Carte 30/80 €

♦ Tableaux basques et tresses de piments dans la salle ; agréable vue sur la baie
dans la véranda ou sur la terrasse. Dans l'assiette, les poissons frais ont le beau rôle.

ST-JEAN-DE-MAURIENNE ⊚ – 73 Savoie – 333 L6 – 8 685 h. 46 F2
– alt. 556 m – ⊠ 73300 ▮ Alpes du Nord

▶ Paris 635 – Albertville 62 – Chambéry 75 – Grenoble 105

🚹 place de la Cathédrale ℰ 04 79 83 51 51

◎ Ciborium★ et stalles★★ de la cathédrale St-Jean-Baptiste.

🏠 **St-Georges** sans rest   🛗 AC ⍢ P VISA ◎◎ AE ①

334 r. de la République – ℰ 04 79 64 01 06 – www.hotel-saintgeorges.com
30 ch – †57/60 € ††67/70 € – ⊑ 10 €

♦ Au calme, cet ancien relais de poste (1866) proche du centre-ville abrite des
chambres simples et fonctionnelles. Adresse idéale pour une halte.

🏠 **Nord**   🛗 ⍩ rest, ⍢ P VISA ◎◎ AE ①

pl. Champ de Foire – ℰ 04 79 64 02 08 – www.hoteldunord.net
– Fermé 23 avril-9 mai, 22 oct.-6 nov., dim. soir sauf juil.-août et lundi midi
19 ch – †43/47 € ††60/62 € – ⊑ 9 € – ½ P 50 €
Rest – (14 €) Menu 25/46 € – Carte 30/78 €⍤

♦ A proximité de la cathédrale et du musée Opinel, ancien relais de poste dont
les chambres sont simples et bien tenues. Dans la salle voûtée, cuisine traditionnelle à base de bons produits et sympathique carte de vins (sélection régionale).
Service souriant.

ST-JEAN-DE-MONTS – 85 Vendée – 316 D7 – 7 650 h. – alt. 16 m 34 A3
– Casino : La Pastourelle – ⊠ 85160 ▮ Poitou Vendée Charentes

▶ Paris 451 – Cholet 123 – Nantes 73 – La Roche-sur-Yon 61

🚹 67, esplanade de la Mer ℰ 08 26 88 78 87

▥ de Saint-Jean-de-Monts Av. des Pays de la Loire, O : 2 km, ℰ 02 51 58 82 73

🏠🏠 **Mercure** ⍢   🖼 🛜 ⍬ 🛗 & ch, ⍫ P VISA ◎◎ AE ①

16 av. Pays de Monts – ℰ 02 51 59 15 15 – www.mercure-st-jean.com
– Fermé 1er-28 janv.
44 ch – †98/173 € ††104/184 € – ⊑ 15 € – ½ P 92/130 €
Rest – (fermé dim. midi d'oct. à avril et lundi midi de nov. à mars) (16 €)
Menu 29/34 € – Carte 32/45 €

♦ Curistes et vacanciers apprécieront la proximité de la plage, du golf et du centre de
thalassothérapie. Chambres de bon confort possédant toutes un balcon. Au choix, cuisine traditionnelle ou allégée. La vue sur les pins est comprise dans l'addition !

Le Robinson
🔲 🛏 ⚙ 🅰️ 🛜 🛁 🚗 🆚 ⓪ 🅰️ ⓪

28 bd Gén. Leclerc – ℰ 02 51 59 20 20 – www.hotel-lerobinson.com – Fermé 20 nov.-31 déc., 1ᵉʳ janv.-12 fév.

58 ch – †60/85 € ††60/85 € – ⊇ 8,50 € – ½ P 60/75 €
Rest – (13 €) Menu 16 € (sem.), 25/47 € – Carte 29/53 €

♦ Distribuées autour du patio-terrasse, les chambres, rénovées par étape, offrent différents niveaux de confort. Belle piscine intérieure et petite salle de musculation. Trois salles à manger accueillent les convives autour de produits de la mer.

De la Forêt sans rest 🕊
🔲 🅰️ 🅿️ 🆚 ⓪

13 r. Pouvreau – ℰ 02 51 58 00 36 – www.hotel-de-la-foret.fr – Fermé 3 janv.-15 mars

16 ch – †56/105 € ††77/105 € – ⊇ 10 €

♦ Paisible hôtel de style "maison de vacances" situé en lisière de forêt. Les chambres, plaisantes et insonorisées, se répartissent dans divers bâtiments autour d'une minipiscine.

L'Espadon
🛏 🅰️ ch, 🕊 🛁 🅿️ 🆚 ⓪ 🅰️

8 av. de la forêt – ℰ 02 51 58 03 18 – www.hotel-espadon.com

27 ch – †55/92 € ††55/92 € – ⊇ 9 € – ½ P 60/75 €
Rest – (fermé de mi-nov. à début fév., dim. soir et lundi sauf de juin à sept.) Menu 20/45 €

♦ Sur une large avenue menant à la plage, cette construction des années 1970 abrite des chambres pour la plupart rénovées et climatisées, presque toutes dotées d'un balcon. Cuisine iodée servie dans deux salles à manger lumineuses, et brasserie le midi.

Le Petit St-Jean
🅰️ 🅿️ 🆚 ⓪

128 rte Notre-Dame-de-Monts – ℰ 02 51 59 78 50 – Fermé vacances de fév., merc. soir de sept. à juin, dim. soir et lundi soir

Rest – (16 €) Menu 24/34 € – Carte 26/42 €

♦ Sympathique décor mêlant pierres, poutres, bibelots et meubles anciens dans cette auberge où l'on déguste une cuisine traditionnelle influencée par les produits de la région.

à Orouët 7 km au Sud-Est sur D 38 – ✉ 85160

La Chaumière
🍴 🏠 🔲 🍽 🅰️ rest, 🍽 rest, 🕊 🅿️ 🆚 ⓪ 🅰️

103 av. Orouët – ℰ 02 51 58 67 44 – www.chaumierehotel.fr – Fermé 15 nov.-1ᵉʳ fév.

32 ch – †49/59 € ††59/69 € – ⊇ 8 € – ½ P 48/58 €
Rest – (fermé dim. soir et lundi d'oct. à mars) (11 €) Menu 18/33 € – Carte 20/49 €

♦ Longue bâtisse aux auvents couverts de chaume, appréciée pour son jardin et sa piscine découvrable. Chambres assez petites, mais fraîches et bien tenues (la moitié avec balcons). Salle à manger d'esprit rustique sous charpente et cuisine traditionnelle.

ST-JEAN-DU-BRUEL – 12 Aveyron – 338 M6 – 683 h. – alt. 520 m
– ✉ 12230 ▌ Languedoc Roussillon **29 D2**

▶ Paris 676 – Lodève 43 – Millau 40 – Montpellier 97
🚩 32, Grand'Rue ℰ 05 65 62 23 64
☑ Gorges de la Dourbie ★★ NE : 10 km.

Du Midi-Papillon – Hôtel du Midi Papillon
🍴 🔲 🅿️ 🆚 ⓪

pl. du Manège – ℰ 05 65 62 26 04 – Ouvert 16 avril-13 nov.

18 ch – †19/42 € ††38/68 € – ⊇ 6 € – ½ P 44/60 €
Rest – Menu 15 € (sem.), 24/42 € – Carte 21/50 €

♦ Au bord de la Dourbie, maison ancienne romantique et douillette, alliant le charme du bien recevoir au confort de chambres joliment personnalisées. Savoureuse cuisine du terroir à base de produits maison ; belle vue sur la rivière et le pont médiéval.

ST-JEAN-EN-ROYANS – 26 Drôme – **332** E3 – 2 999 h. – alt. 250 m   **43** E2
– ✉ 26190 ▮ Alpes du Nord

> ▶ Paris 584 – Die 62 – Romans-sur-Isère 28 – Grenoble 71
> 🛈 13, place de l'Église ✆ 04 75 48 61 39

au col de la Machine 11 km au Sud-Est par D 76 – alt. 1 011 m – ✉ 26190

> ◉ Combe Laval★★★.

Du Col de la Machine ❧   ⇐ 🚗 🛆 ⌁ ₺ rest. ⅌ 🛆 🅿 🚗
– ✆ 04 75 48 26 36 – www.hotel-coldelamachine.com   _VISA_ ⬥⬥ AE
– Fermé 14 mars-3 avril, 21-31 oct., 28 nov.-27 déc., mardi
soir et merc. sauf vacances scolaires
11 ch – ♦55/58 € ♦♦61/63 € – ⌁ 10 € – ½ P 64/68 €
Rest – Menu 18/43 € – Carte 26/53 €
◆ Grande bâtisse tenue par la même famille depuis 1848. Esprit chalet et confort douillet dans les chambres (mobilier en bois brut, lambris...) ; jardin en lisière de forêt. Au restaurant, bonne cuisine traditionnelle dans un cadre montagnard.

ST-JEAN-LE-BLANC – 45 Loiret – **318** I4 – rattaché à Orléans

---

ST-JEAN-LE-CENTENIER – 07 Ardèche – **331** J6 – 634 h.   **44** B3
– alt. 350 m – ✉ 07580

> ▶ Paris 632 – Lyon 169 – Le Puy-en-Velay 109 – Valence 71

Le Mas de Mon Père   🚗 🛆 ⌁ ₺ AC ⋔ 🅿 _VISA_ ⬥⬥
quartier Argence, RN 102 – ✆ 04 75 36 71 23 – www.lemasdemonpere.com
– Fermé 15 déc.-15 janv.
13 ch – ♦60/90 € ♦♦69/105 € – ⌁ 9 € – ½ P 59/81 €
Rest – (15 € bc) Menu 17 € bc (déj. en sem.), 26/46 € – Carte 36/59 €
◆ En bord de route, une bâtisse en pierre idéale pour faire étape : parking, chambres sobres et bien équipées (plus calmes côté jardin), balançoire et piscine. Au restaurant, cuisine traditionnelle sous une belle charpente en bois.

ST-JEAN-LE-COMTAL – 32 Gers – **336** F8 – rattaché à Auch

ST-JEAN-PIED-DE-PORT – 64 Pyrénées-Atlantiques – **342** E6   **3** B3
– 1 513 h. – alt. 159 m – ✉ 64220 ▮ Pays Basque et Navarre

> ▶ Paris 817 – Bayonne 54 – Biarritz 55 – Pau 106
> 🛈 14, place Charles-de-Gaulle ✆ 05 59 37 03 57
> ◉ Trajet des pèlerins★ de St-Jacques.

Plan page suivante

Les Pyrénées (Philippe Arrambide)   ⌁ ▮⋔ AC ⅌ ch. ☏ 🛆 🚗
19 pl. Ch. de Gaulle – ✆ 05 59 37 01 01   _VISA_ ⬥⬥ AE ⑪
– www.hotel-les-pyrenees.com – Fermé 20 nov.-22 déc., 5-28 janv., lundi soir
de nov. à mars et mardi du 20 sept. au 30 juin sauf fériés   **a**
14 ch – ♦105 € ♦♦160/250 € – 4 suites – ⌁ 17 € – ½ P 160/230 €
Rest – (prévenir en saison et le week-end) Menu 42/105 € – Carte 64/95 €
Spéc. Petits poivrons farcis à la morue. Assiette de langoustine sous toutes ses formes. Soufflé chaud aux fruits de la passion. **Vins** Irouléguy.
◆ Cet ancien relais de poste abrite des chambres vastes et raffinées (belles salles de bains). Agréable piscine au milieu de la végétation luxuriante. Le restaurant cultive le classicisme et le goût du Pays basque.

Central   🛆 ⅌ ch. ⋔ _VISA_ ⬥⬥
1 pl. Ch. de Gaulle – ✆ 05 59 37 00 22 – Ouvert 15 mars-1er déc. et fermé mardi
de mars à juin   **s**
12 ch – ♦60/75 € ♦♦64/80 € – ⌁ 9 € – ½ P 61/69 €
Rest – Menu 21/47 € – Carte 28/72 €
◆ Un hôtel... central, à deux pas de la citadelle. Escalier bicentenaire en bois ciré desservant de grandes chambres, simples et fonctionnelles. Plats régionaux servis dans la salle à manger ou sur la terrasse au bord de la Nive.

ST-JEAN-PIED-DE-PORT

Caro (Rte de) 2
Citadelle (R. de la) 4
Église (R. de l') 6
Espagne (R. d') ....
France (R.) 12
Fronton (Av. du) 15
Gaulle (Pl. Ch.-de) 16
Liberté (R. de la) 17
St-Jacques (Ch. de) 18
St-Michel (Rte de) 21
Trinquet (Pl. du) 24
Uhart (R. d') 27
Zuharpeta (R.) 30

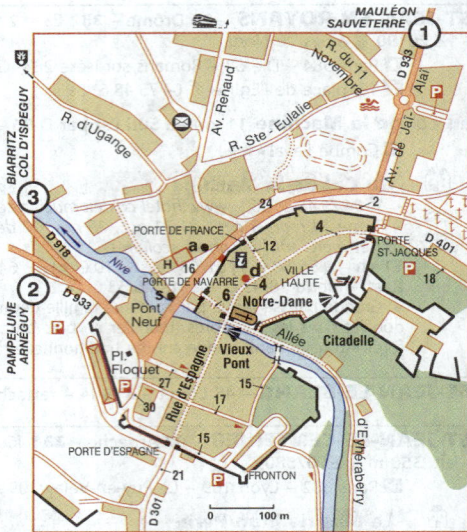

✗ **Iratze Ostatua** ⌂ⁱ VISA ☰
11 r. de la Citadelle – ℰ 05 59 49 17 09 – Fermé 2 janv.-10 fév. et mardi
Rest – Menu 24 € – Carte 32/50 € **d**
♦ "L'auberge des fougères" en basque ! Pour retrouver les saveurs d'antan et la belle simplicité de la cuisine paysanne : gazpatxo, axoa, chipirons à l'encre, koka, etc.

ST-JEAN-ST-MAURICE-SUR-LOIRE – 42 Loire – 327 D4 — 44 A1
– ⊠ 42155 ▮ Lyon Drôme Ardèche

▶ Paris 406 – Lyon 95 – Roanne 15 – Vichy 79

⌂ **L'Échauguette** ⌂ ⌂ ✗
ruelle Guy de la Mure – ℰ 04 77 63 15 89 – www.echauguette-alex.com
4 ch ⌂ – †58/68 € ††68/78 € **Table d'hôte** – Menu 28 € bc
♦ Ces trois maisonnettes ouvrent sur les eaux paisibles du lac de Villerest. Les chambres, décorées dans des styles différents et toujours avec goût, disposent d'une entrée indépendante. Repas servis directement en cuisine ou sur la terrasse si le temps le permet.

ST-JEAN-SUR-VEYLE – 01 Ain – 328 C3 – 1 009 h. – alt. 200 m — 44 B1
– ⊠ 01290

▶ Paris 402 – Bourg-en-Bresse 32 – Mâcon 12 – Villefranche-sur-Saône 45

✗ **La Petite Auberge** ⌂ⁱ ⌂ VISA ☰ ①
Le bourg – ℰ 03 85 31 53 92 – www.chefscuisiniers-ain.com – Fermé
30 août-12 sept., 31 déc.-16 janv., mardi soir, merc. soir, dim. soir et lundi
Rest – (13 € bc) Menu 26/42 € – Carte 33/50 €
♦ La salle à manger coquette de cette maison à colombages (briquettes rouges, poutres, tableaux d'artistes locaux) sert de décor à la dégustation de spécialités régionales.

ST-JOACHIM – 44 Loire-Atlantique – 316 C3 – 3 915 h. – alt. 5 m — 34 A2
– ⊠ 44720 ▮ Bretagne

▶ Paris 435 – Nantes 61 – Redon 40 – St-Nazaire 14

◉ Tour de l'île de Fédrun★ O : 4,5 km - Promenade en chaland★★.

XXX **La Mare aux Oiseaux** (Eric Guérin) avec ch
☼ *Ile de Fedrun* – ℰ *02 40 88 53 01* – *www.mareauxoiseaux.fr*
– *Fermé lundi midi*
15 ch – ♦145/265 € ♦♦145/265 € – ☲ 20 €
Rest – (28 €) Menu 40/85 € – Carte 77/87 €⅞
Spéc. Cuisine du marché. **Vins** Muscadet de Sèvre et Maine, Savennières.
♦ Moment de poésie au cœur de la Brière, parmi les oiseaux en liberté... Éric Gué-
rin signe une cuisine ludique et inventive, à base de beaux produits régionaux.
Pour prolonger la magie, des chambres luxueuses (certaines dans des bungalows)
et un espace détente. Une grue viendra peut-être toquer à votre porte...

ST-JOSSE – 62 Pas-de-Calais – **301** C5 – 1 170 h. – alt. 35 m – ✉ 62170   **30** A2
🟩 Nord Pas-de-Calais Picardie
▶ Paris 223 – Lille 144 – Arras 94 – Boulogne-sur-Mer 39

X **Le Relais de St-Josse**
☜ *17 Grand'Place, (près de l'église)* – ℰ *03 21 94 61 75*
– *www.le-relais-de-st-josse.com* – *Fermé 3 janv.-10 fév., lundi soir et mardi*
Rest – (10 €) Menu 16 € (déj. en sem.), 27/40 € – Carte 30/45 €
♦ Sur la place du village, le taxi anglais garé devant cette auberge colorée ne
passe pas inaperçu ! Ici, la cuisine est traditionnelle et la salle vraiment accueillante.

au Moulinel 2 km au Nord-Est par D 145 – ✉ 62170 St-Josse

XX **Auberge du Moulinel**
116 chaussée de l'Avant Pays – ℰ *03 21 94 79 03* – *www.aubergedumoulinel.com*
– *Fermé 5-25 janv., mardi sauf juil.-août, dim. soir et lundi*
Rest – (20 €) Menu 28/49 € – Carte 55/75 €
♦ Un ancien café de village typiquement régional. Poutres, cuivres, cafetières
anciennes : le décor est charmant et la carte renouvelée chaque mois.

ST-JOUAN-DES-GUÉRETS – 35 Ille-et-Vilaine – **309** K3 – 2 660 h.   **10** D1
– alt. 31 m – ✉ 35430
▶ Paris 398 – Rennes 65 – Saint-Malo 10 – Granville 89

🏨 **La Malouinière des Longchamps** sans rest
1,5 km à l'Est par D 204 – ℰ *02 99 82 74 00*
– *www.malouiniere.com* – *Fermé 3 janv.-5 fév.*
9 ch – ♦69/198 € ♦♦79/198 € – ☲ 13 €
♦ Idéal pour un séjour reposant et champêtre ! Cette ancienne ferme et ses
dépendances disposent de chambres d'esprit actuel. Jardin fleuri, piscine, espace
beauté et bien-être.

ST-JOUIN-BRUNEVAL – 76 Seine-Maritime – **304** A4 – 1 782 h.   **33** C1
– alt. 110 m – ✉ 76280
▶ Paris 202 – Fécamp 25 – Le Havre 20 – Rouen 92

XX **Le Belvédère**
– ℰ *02 35 20 13 76* – *www.restaurant-lebelvedere.com* – *Fermé 10 janv.-10 fév.,*
dim. soir, lundi soir et mardi soir d'oct. à mars, merc. soir et jeudi sauf fériés
Rest – Menu 23 € (sem.), 32/43 € – Carte 40/65 €
♦ Tout en savourant plats traditionnels et spécialités de la mer, vous jouirez
d'une vue panoramique impressionnante sur les falaises et le grand large. Décor
contemporain soigné.

ST-JULIEN-AUX-BOIS – 19 Corrèze – **329** N5 – 481 h. – alt. 594 m   **25** C3
– ✉ 19220
▶ Paris 524 – Aurillac 53 – Brive-la-Gaillarde 66 – Mauriac 29

✗ **Auberge de St-Julien-aux-Bois** avec ch   🚲 🛜 ⓣ P VISA 🚧 AE
1 rte des Pierres Blanches – ℰ 05 55 28 41 94 – www.auberge-saint-julien.com
– Fermé vacances de fév.
6 ch – ✝45 € ✝✝52/59 € – ⚏ 8 € – ½ P 47/50 €
Rest – (fermé dim. soir, merc. hors saison et merc. midi en juil.-août) (14 €)
Menu 18/21 € – Carte 20/42 €
♦ Maison villageoise à l'âme "verte" : cuisine assez originale et saine, à base de produits bio, desserts à la mode allemande, cadre champêtre. Chambres coquettes et fleuries.

ST-JULIEN-CHAPTEUIL – 43 Haute-Loire – **331** G3 – 1 877 h.   **6** C3
– alt. 815 m – ✉ 43260 🟩 Lyon Drôme Ardèche
▶ Paris 559 – Lamastre 52 – Privas 88 – Le Puy-en-Velay 20
🛈 Place Saint-Robert ℰ 04 71 08 77 70
◉ Site ★ - Montagne du Meygal ★ : Grand Testavoyre ❄★★ NE : 14 km puis 30 mn.

✗✗ **Vidal**   VISA 🚧 AE
18 pl. du Marché – ℰ 04 71 08 70 50 – www.restaurant-vidal.com – Fermé
27-30 juin, 1ᵉʳ-4 sept. et 17 janv.-24 fév.
Rest – (fermé mardi soir hors saison, dim. soir et lundi) Menu 28/75 €
– Carte 50/70 €
Rest Bistrot de Justin – (fermé dim. et lundi) Menu 15 € bc – Carte 15/20 €
♦ Dans une ambiance familiale, on profite d'une cuisine tournée vers le terroir local et son célèbre bœuf "fin gras du Mézenc". Salle mi-rustique, mi-contemporaine. Au déjeuner, cuisine plus simple au Bistrot de Justin.

ST-JULIEN-DE-LAMPON – 24 Dordogne – **329** J6 – 590 h.   **4** D1
– alt. 120 m – ✉ 24370
▶ Paris 530 – Bordeaux 253 – Limoges 141 – Périgueux 124

✗ **La Gabarre**   🛜 ♿ VISA 🚧
Le Mondou – ℰ 05 53 29 61 43 – www.restaurantlagabarre.com – Fermé de
mi-janv. à mi-fév. et merc.
Rest – Menu 13 € (déj. en sem.), 25/34 €
♦ Les deux terrasses de cette jolie maison dominent la Dordogne et ses forêts verdoyantes. Cuisine à l'ardoise utilisant judicieusement le terroir avec une pointe d'inventivité.

ST-JULIEN-DU-SAULT – 89 Yonne – **319** C3 – 2 339 h. – alt. 82 m   **7** A1
– ✉ 89330
▶ Paris 137 – Dijon 187 – Auxerre 40 – Sens 25

✗✗ **Les Bons Enfants**   🛜 ♿ VISA 🚧 AE
4 pl. de la Mairie – ℰ 03 86 91 17 38 – www.bonsenfants.fr – Fermé
19 sept.-2 oct., 2-15 janv., dim. soir, lundi et mardi
Rest – (nombre de couverts limité, prévenir) Menu 39 € (déj. en sem.), 55/77 €
– Carte 59/66 €
Rest Le Bistrot – (fermé dim. soir) (16 €) Menu 21 € (déj. en sem.)/29 €
– Carte environ 37 €
♦ Ces Enfants-là ont élu domicile dans une auberge de 1823, au pied de la collégiale. La cuisine inventive du chef, japonais d'origine, ose des plats pleins de finesse, tel l'ormeau au foie gras. Au Bistrot, petits plats mijotés dans une ambiance bon enfant.

ST-JULIEN-EN-CHAMPSAUR – 05 Hautes-Alpes – **334** E5 – 296 h.   **41** C1
– alt. 1 050 m – ✉ 05500
▶ Paris 658 – Gap 17 – Grenoble 95 – La Mure 55

XX **Les Chenets** avec ch · AC rest, ⁿ VISA ◯◯

◉ *Le village – ℰ 04 92 50 03 15 – www.les-chenets.com – Fermé avril,*
11 nov.-27 déc., dim. soir et merc. hors saison
16 ch – ♦29/33 € ♦♦42/48 € – ☲ 8 € – ½ P 43/46 €
Rest – Menu 22/38 € – Carte 32/51 €

♦ Au cœur du verdoyant Champsaur, restaurant dont le décor associe bois, pierre et verre. Cuisine soignée, entre plats traditionnels et spécialités du terroir. Chambres modestes, pour l'étape.

ST-JULIEN-EN-GENEVOIS ⟨SP⟩ – **74** Haute-Savoie – **328** J4 · **46** F1
– 11 019 h. – alt. 460 m – Casino – ⊠ 74160

🄳 Paris 525 – Annecy 35 – Bonneville 36 – Genève 11
🄸 2, place du Crêt ℰ 04 50 04 71 63

à Archamps 5 km à l'Est par A 40, sortie 13.1 – 1 636 h. – alt. 535 m – ⊠ 74160

🏨 **Porte Sud de Genève** · 🚗 🗦 🖵 Ⅰ☒ 🖨 🗦 AC ⁿ ☒ P P VISA ◯◯ AE

parc d'affaires international, (site d'Archamps) – ℰ 04 50 31 16 06
– www.bestwesterngeneve.com
90 ch – ♦95/120 € ♦♦110/135 € – ☲ 15 € – ½ P 120/160 €
Rest – *(fermé le sam. midi)* (28 €) Carte 28/40 €

♦ Hôtel moderne installé au cœur d'une technopole franco-suisse. Les chambres, contemporaines, sont à la fois reposantes et idéalement pensées pour la clientèle d'affaires. Salle à manger lumineuse, terrasse dressée dans le jardin et recettes au goût du jour.

à Bossey 7 km à l'Est par D 1206 – 664 h. – alt. 438 m – ⊠ 74160

XXX **La Ferme de l'Hospital** (Jean-Jacques Noguier) · 🗦 AC P

❀ *rte du golf – ℰ 04 50 43 61 43 – www.ferme-hospital.com* · VISA ◯◯ AE ◑
– Fermé 1ᵉʳ-16 août, vacances de fév., dim. et lundi
Rest – *(prévenir)* (38 €) Menu 52/78 € – Carte 70/95 € 🕭

Spéc. Royale de brochet du lac à la légère bisque d'écrevisse. Meunière d'omble du Léman au lait de tanaisie. Tatin de coing confit au jus de sureau (hiver). **Vins** Chignin-Bergeron, Mondeuse.

♦ Ne vous fiez pas à l'aspect extérieur de cette ferme (ex-propriété de l'hôpital de Genève). Intérieur de caractère chaleureux, belle cuisine actuelle et vins judicieusement sélectionnés.

rte d'Annecy 9,5 km au Sud par N 201 – ⊠ 74350 Cruseilles

🏨 **Rey** sans rest · 🚗 ☒ XX 🖨 ⁿ P VISA ◯◯ AE

131 rte d'Annecy, au Col du Mont Sion – ℰ 04 50 44 13 29 – www.hotel-rey.com
– Fermé 26 déc.-31 janv.
30 ch – ♦64/87 € ♦♦64/87 € – ☲ 8 €

♦ Séparé de la route par un cadre de verdure, l'hôtel abrite des chambres fonctionnelles et gaies, plus calmes sur l'arrière. Petit-déjeuner servi dans la véranda côté jardin.

ST-JULIEN-EN-VERCORS – 26 Drôme – **332** F3 – 220 h. – alt. 905 m · **45** C2
– ⊠ 26420

🄳 Paris 623 – Gap 173 – Grenoble 49 – Valence 69

X **Café Brochier** avec ch 🐌 · 🗦 XX ⁿ VISA ◯◯

⊖⊖ *pl. du village – ℰ 04 75 48 20 84 – www.cafebrochier.com – Fermé janv., mardi*
et merc. sauf vacances scolaires
3 ch ☲ – ♦62 € ♦♦62 €
Rest – Menu 14 € (déj. en sem.), 22/35 € – Carte 26/39 €

♦ Une institution locale qui connaît un nouveau souffle depuis que le jeune chef y a posé ses valises en 2006... Sa cuisine, bien ancrée dans la région, s'aventure habilement côté mer. Du bio et du beau. À l'étage, trois chambres sobres et confortables.

ST-JULIEN-LE-FAUCON – 14 Calvados – **303** M5 – 670 h. – alt. 40 m · **33** C2
– ⊠ 14140

🄳 Paris 192 – Caen 41 – Falaise 32 – Lisieux 14

✗ Auberge de la Levrette   `VISA` `◐◑`

48 r. Lisieux – ℰ 02 31 63 81 20 – Fermé 1ᵉʳ-6 mars, 28 juin-4 juil., 8-14 nov., 22 déc.-3 janv., dim. soir et lundi sauf fériés

Rest – Menu 21/35 €

◆ Jadis relais de poste, cette maison à colombages (1550), typique du Pays d'Auge, abrite un petit musée dédié à la musique mécanique. Table traditionnelle sensible aux saisons.

ST-JULIEN-SUR-CHER – 41 Loir-et-Cher – **318** H8 – 737 h.   **12** C2
– alt. 110 m – ✉ 41320

▶ Paris 227 – Blois 51 – Bourges 66 – Châteauroux 62

✗ Les Deux Pierrots   `VISA` `◐◑`

9 r. Nationale – ℰ 02 54 96 40 07 – Fermé août, lundi et mardi

Rest – Menu 28/38 € – Carte 33/42 €

◆ Chaises en paille, tables en bois, jardin potager : cette auberge de village est tellement rustique ! En cuisine, produits frais au service de la tradition, tout simplement...

ST-JULIEN-VOCANCE – 07 Ardèche – **331** J2 – 257 h. – alt. 680 m   **44** B2
– ✉ 07690

▶ Paris 553 – Saint-Étienne 56 – Valence 68 – Annonay 18

✗✗ Julliat   🏡 ᴖ 🅿 `VISA` `◐◑`

Le Marthouret – ℰ 04 75 34 71 61 – www.restaurant-julliat.com – Fermé 2-9 janv., 14 fév.-13 mars, mardi et merc.

Rest – Menu 20 € (déj. en sem.), 32/64 €

Rest *La Table de Solange* – Menu 12 € bc (déj. en sem.)/25 €

◆ Dans cette belle maison ancienne, le chef réalise une cuisine résolument créative et met en valeur les produits régionaux... Au bistrot-épicerie "La Table de Solange", place aux petits plats du terroir (caillette, truite, charcuterie...).

ST-JUNIEN – 87 Haute-Vienne – **325** C5 – 11 605 h. – alt. 240 m   **24** A2
– ✉ 87200 ▮ Limousin Berry

▶ Paris 416 – Angoulême 73 – Bellac 34 – Confolens 27

🄸 place du Champ de Foire ℰ 05 55 02 17 93

🄸 de Saint-Junien Les Jouberties, O : 4 km, ℰ 05 55 02 96 96

◉ Collégiale ★.

🏠 Le Relais de Comodoliac   🚗 🏡 ❦ rest, ¶¶ 🛁 🅿 `VISA` `◐◑` `AE` `①`

22 av. Sadi-Carnot – ℰ 05 55 02 27 26 – www.comodoliac.fr – Fermé 24 fév.-4 mars

29 ch – †62/72 € ††69/79 € – ⫤ 10 € – ½ P 70/75 €

Rest – *(fermé dim. soir d'oct. à Pâques)* Menu 18/40 € – Carte 30/54 €

◆ Hôtel logé dans une construction des années 1970 séparée de la route par un joli jardin. Style contemporain dans l'air du temps pour chambres relookées. Agréable salle à manger-véranda ouverte sur une petite terrasse verdoyante. Carte traditionnelle.

au Sud 2 km par rte de Rochechouart, D 675 et rte secondaire
– ✉ 87200 St-Junien

✗✗ Lauryvan   🚗 🏡 ᴖ ❦ 🅿 `VISA` `◐◑`

200 allée du Bois au Boeuf – ℰ 05 55 02 26 04 – www.lauryvan.fr – Fermé 2-10 janv., dim. soir, lundi et fériés le soir

Rest – (32 €) Menu 42 € bc (sem.)/57 € bc – Carte 39/67 €

Rest *L' Auberge* – (14 €) Menu 25 € bc – Carte 27/39 €

◆ Dans cette maison récente, deux ambiances et deux types de restauration s'offrent à vous. Cuisine de tradition servie dans une salle à manger lumineuse donnant côté jardin. À L'Auberge, plats bistrotiers plus simples et cadre sobrement actuel.

ST-JUST-ET-VACQUIÈRES – 30 Gard – **339** K4 – 263 h. – alt. 190 m   **23** C1
– ✉ 30580

▶ Paris 699 – Montpellier 104 – Nîmes 54 – Alès 18

⛫ **Mas Vacquières** sans rest   🛏 🔲 🛁 📶 **P** 🅅🅸🅂🅰 ⓽⓽

hameau de Vacquières – ℰ 04 66 83 70 75 – www.masvac.com

5 ch �="" – †80/125 € ††85/130 €

♦ Dans une ruelle du hameau, maison typique blottie dans un jardin fleuri bien au calme. Chambres fraîches et impeccablement tenues. Copieux petit-déjeuner servi en terrasse.

ST-JUSTIN – 40 Landes – **335** J11 – 841 h. – alt. 90 m – ⊠ 40240   **3** B2

▶ Paris 694 – Aire-sur-l'Adour 38 – Casteljaloux 49 – Dax 84

🛈 place des Tilleuls ℰ 05 58 44 86 06

✕ **France** avec ch   📶 📶 🅅🅸🅂🅰 ⓽⓽

pl. des Tilleuls – ℰ 05 58 44 83 61 – *Fermé 12 déc.-3 janv. et le dim. soir*

8 ch – †40/48 € ††40/48 € – ⊒ 7 €

Rest – (25 €) Menu 32/46 € – Carte 32/46 €

♦ Belle maison gasconne s'ouvrant sous les arcades de la place médiévale, où l'on dresse la terrasse en saison. Deux salles et deux formules : bistrot ou gastronomique, dans un registre traditionnel.

ST-JUST-ST-RAMBERT – 42 Loire – **327** E7 – 14 809 h. – alt. 380 m   **44** A2 – ⊠ 42170

▶ Paris 542 – Lyon 81 – Montbrison 18 – St Etienne 17

🛈 7, place de la Paix ℰ 04 77 52 05 14

✕✕✕ **Le Neuvième Art** (Christophe Roure)   🅰🅲 **P** 🅅🅸🅂🅰 ⓽⓽ 🅰🅴 ⓪

❀❀ *pl. du 19 Mars 1962* – ℰ 04 77 55 87 15 – www.leneuviemeart.com – *Fermé 7 août-1er sept., 23-29 déc., 11-27 fév., dim. et lundi*

Rest – (nombre de couverts limité, prévenir) Menu 70/125 € – Carte environ 95 €

Spéc. Tranche de foie gras rôti, duchesse spéculos au kumquat, émulsion d'agrumes. Grosse langoustine bretonne pochée dans un bouillon d'infusion, petit artichaut violet. Pureté géométrique d'un vacherin "minute" fruit de la passion réglisse et inversement. **Vins** Vin de pays d'Urfé, Saint-Joseph.

♦ Concentré de créativité pour une cuisine contemporaine pleine de saveurs. Un cadre moderne et un service aux petits soins en prime, cette ancienne gare réserve de belles surprises !

ST-LARY – 09 Ariège – **343** D7 – 151 h. – alt. 692 m – ⊠ 09800   **28** B3

▶ Paris 786 – Bagnères-de-Luchon 48 – St-Gaudens 36 – St-Girons 24

🏠 **Auberge de l'Isard**   📶 📶 🅅🅸🅂🅰 ⓽⓽ 🅰🅴 ⓪

⌂ *r. des Bains* – ℰ 05 61 96 72 83 – www.hotel.logis.ariege.com – *Fermé fév. et lundi sauf juil.-août*

🍽 **8 ch** – †42/45 € ††45/50 € – ⊒ 7 € – ½ P 48/50 €

Rest – (Ouvert de mi-mars à nov.) Menu 18/29 € – Carte 24/45 €

♦ Sympathique auberge bien tenue où l'on trouve aussi le bar du village et une boutique de produits du terroir. Décor rustique dans les chambres, fraîches et fonctionnelles. Le restaurant, séparé de l'hôtel par un torrent, sert une carte traditionnelle assez étoffée.

ST-LARY-SOULAN – 65 Hautes-Pyrénées – **342** N8 – 1 073 h.   **28** A3 – alt. 820 m – Sports d'hiver : 1 680/2 450 m ⛷2 ⛷30 ⛷ – Stat. therm. : début avril-fin oct. – ⊠ 65170 🟩 Midi-Toulousain

▶ Paris 830 – Arreau 12 – Auch 103 – Bagnères-de-Luchon 44

🛈 37, rue Vincent Mir ℰ 05 62 39 50 81

🏠🖿 **La Pergola** 🛁   ← 🛏 🍴 🖿 ᵴ ch, 🛁 ch, 📶 🛠 **P** 🅅🅸🅂🅰 ⓽⓽ 🅰🅴

⌂ *25 r. Vincent Mir* – ℰ 05 62 39 40 46 – www.hotellapergola.fr

21 ch – †64/78 € ††72/114 € – ⊒ 11 € – ½ P 69/93 €

Rest – (fermé 31 oct.-27 nov.) (11 €) Menu 14 € (déj.), 26/51 € – Carte 44/54 €

♦ Paisible maison dans un jardin, avec de grandes chambres orientées au sud et ouvertes sur les cimes. Décor traditionnel au restaurant. À la carte, magret rôti à la cardamome ; gaspacho de tomates, nems de gambas ; caillé de brebis, parfait au caramel...

⌂ **Neste de Jade** sans rest   ⌿ ⇱ 🛜 📶 _VISA_ ⓒⓞ
lieu-dit Graouès – ℰ *05 62 39 42 79 – www.hotelnestedejade.com*
– Ouvert 3 déc.-3 avril et 15 juin-15 sept.
20 ch – ♦70/80 € ♦♦70/80 € – ☲ 8 €
♦ Authentique et chaleureux : lambris, parquet, tissus chatoyants... Certaines
chambres sont mansardées. En bordure de rivière et proche de la télécabine.

⌂ **Les Arches** sans rest   ⌿ ⇱ 🛗 📶 🄰 P 🚗 _VISA_ 🄰🄴
15 av. des Thermes, (près de l'église) – ℰ *05 62 49 10 10*
– www.hotel-les-arches.com – Fermé 2 sem. en nov.
30 ch – ♦50/80 € ♦♦50/80 € – ☲ 9 €
♦ Bâtisse moderne (2000) à deux pas de la télécabine, abritant de petites chambres fonctionnelles et bien tenues. Agréable salon avec vue sur la terrasse et
la piscine.

⌂ **Aurélia** ⌇   🛏 🛋 ⌿ 🅸🅳 ✕ ⇱ 📶 P _VISA_ ⓒⓞ
à Vielle-Aure, par D 116 et D 19 – ℰ *05 62 39 56 90 – www.hotel-aurelia.com*
– Fermé 25 sept.-16 déc.
20 ch – ♦43/47 € ♦♦52/58 € – ☲ 8 € – ½ P 51/60 €
Rest – *(résidents seult)* Menu 21 €
♦ Près des thermes, un hôtel familial prisé pour ses activités de loisirs, sa piscine
et son fitness. Chambres simples et bien tenues, mansardées au 3e étage. Au restaurant, cuisine traditionnelle modernisée.

✗✗ **La Grange**   🛋 ✓ P _VISA_ ⓒⓞ
rte d'Autun – ℰ *05 62 40 07 14 – http://hotel-angleterre-arreau.com – Fermé*
26 avril-5 mai, 27 juin-6 juil., 2 nov.-9 déc., mardi et merc. sauf le soir en saison
Rest – (12 €) Menu 20/45 € – Carte 34/56 €
♦ Cette grange s'est muée en un confortable et coquet restaurant au chaleureux
décor de bois. En hiver, belles flambées dans la cheminée. Menus régionaux.

ST-LATTIER – 38 Isère – **333** E7 – 1 192 h. – alt. 170 m – ⌧ 38840   **43** E2
▶ Paris 571 – Grenoble 67 – Romans-sur-Isère 13 – St-Marcellin 15

⌂ **Le Lièvre Amoureux**   🛋 📶 P _VISA_ ⓒⓞ 🄰🄴 ⓞⓘ
La Gare – ℰ *04 76 64 50 67 – www.lelievreamoureux.com – Fermé 12-22 août et*
10-20 fév.
5 ch – ♦65 € ♦♦75 € – ☲ 11 €   **Table d'hôte** – Menu 35/55 €
♦ Cet ancien relais de chasse a été habilement rénové pour faire place à trois
belles chambres, spacieuses et personnalisées, et deux duplex. Une grande cheminée veille sur la table d'hôte où l'on déguste de savoureux produits du terroir dauphinois.

✗ **Auberge du Viaduc** avec ch   🛋 🛏 ⌿ P _VISA_ ⓒⓞ
D 1092 (hameau de la rivière) – ℰ *04 76 64 51 65*
– www.auberge-du-viaduc.new.fr – Fermé 29 nov.-12 fév., dim. soir de nov.
à avril, merc. midi de juin à sept., lundi et mardi (sauf hôtel)
7 ch – ♦85 € ♦♦85 € – ☲ 11 €
Rest – *(nombre de couverts limité, prévenir)* Menu 32/62 € – Carte 44/80 €
♦ Demeure familiale ancienne ouverte sur un agréable jardin. Salle à manger
intime. Mobilier régional dans les chambres. Piscine de plein air et pool house
équipé d'un bar.

✗ **Brun** avec ch   🛏 📶 P _VISA_ ⓒⓞ
Les Fauries, D 1092 – ℰ *04 76 64 54 08 – www.hotel-brun.com – Fermé*
10-27 oct., 21 fév.-9 mars et dim. soir
11 ch – ♦49 € ♦♦59 € – ☲ 7 € – ½ P 47 €
Rest – (14 €) Menu 30/44 € – Carte 32/45 €
♦ Restaurant champêtre agrandi d'une belle terrasse sous les tilleuls, au bord de
l'Isère. Les chambres se trouvent dans un bâtiment distant de 400 m.

ST-LAURENT-DE-CERDANS – 66 Pyrénées-Orientales – **344** G8   **22** B3
– 1 299 h. – alt. 675 m – ⌧ 66260 ▌ Languedoc Roussillon
▶ Paris 901 – Céret 28 – Perpignan 60
🄳 7, rue Joseph Nivet ℰ 04 68 39 55 75

au Sud-Ouest 6,5 km par D 3 et rte secondaire – ⊠ 66260 St-Laurent-de-Cerdans

Domaine de Falgos ⌂
– ℰ 04 68 39 51 42 – www.falgos.com
– Ouvert 20 mars-14 nov.
25 ch – †84/129 € ††119/207 € – 7 suites – ⌷ 14 € – ½ P 106/149 €
Rest – Menu 29 € – Carte 34/44 €
◆ Isolée sur la frontière espagnole, ancienne ferme d'altitude devenue complexe hôtelier : spacieuses chambres cosy bien équipées, parcours de golf et bel espace remise en forme. Carte brasserie à midi et traditionnelle le soir. Terrasse d'été face aux greens.

ST-LAURENT-DE-LA-SALANQUE – 66 Pyrénées-Orientales   **22** B3
– **344** I6 – 8 440 h. – alt. 2 m – ⊠ 66250

🄳 Paris 845 – Elne 26 – Narbonne 62 – Perpignan 19
🄸 place Gambetta ℰ 04 68 28 31 03
🄶 Fort de Salses★★ NO : 9 km, ▌ Languedoc Roussillon

Le Commerce avec ch
2 bd de la Révolution – ℰ 04 68 28 02 21 – www.lecommerce66.com
– Fermé 7-29 nov., 14-29 mars, dim. soir sauf de mi-juil. à fin août et lundi sauf le soir en juil.-août
11 ch – †52 € ††52 € – ⌷ 8,50 € – ½ P 53 €
Rest – (14 €) Menu 17 € (sem.), 28/36 € – Carte 40/67 €
◆ Au centre de la localité, cuisine du terroir servie dans une coquette salle à manger rafraîchie. Petites chambres garnies d'un mobilier catalan.

ST-LAURENT-DE-MURE – 69 Rhône – **327** J5 – 4 855 h. – alt. 252 m   **43** E1
– ⊠ 69720

🄳 Paris 478 – Lyon 19 – Pont-de-Chéruy 16 – La Tour-du-Pin 38

Hostellerie Le St-Laurent
8 r. Croix Blanche – ℰ 04 78 40 91 44 – www.lesaintlaurent.fr
– Fermé 31 juil.-21 août, 30 oct.-1er nov., 26 déc.-1er janv., vend. soir, fériés le soir, sam. et dim.
30 ch – †75/125 € ††75/125 € – ⌷ 10 €
Rest – (19 €) Menu 22 € (déj. en sem.), 29/61 € – Carte 38/58 €
◆ Belle demeure dauphinoise du 18e s. au cœur d'un parc arboré. Chambres au décor personnalisé (mobilier et couleurs actuels). Une bonne adresse familiale. Salle à manger parée de boiseries et terrasse à l'ombre d'un tilleul tricentenaire.

ST-LAURENT-DES-ARBRES – 30 Gard – **339** N4 – 2 072 h.   **23** D2
– alt. 60 m – ⊠ 30126

🄳 Paris 673 – Alès 70 – Avignon 20 – Nîmes 47
🄸 Tour de Ribas ℰ 04 66 50 10 10

Le Saint-Laurent sans rest ⌂
pl. de l'Arbre – ℰ 04 66 50 14 14 – www.lesaintlaurent.biz
7 ch – †95/185 € ††95/185 € – 3 suites – ⌷ 19 €
◆ Sur les hauteurs du village, cette ancienne maison de viticulteur est charmante : meubles anciens, chambres-bonbonnières (Liberty, toile de Jouy...), poutres, piscine et solarium.

Felisa sans rest
6 r. Barris – ℰ 04 66 39 99 84 – www.maison-felisa.com
– Ouvert 3 avril-3 janv.
5 ch ⌷ – †125/165 € ††125/165 €
◆ Une ancienne maison de vigneron (1830) très zen d'esprit ! Massages, yoga, piscine et chambres épurées... l'ambiance est jeune et branchée. Table d'hôte en fin de semaine.

1535

ST-LAURENT-DU-PONT – 38 Isère – 333 H5 – 4 489 h. – alt. 410 m   45 C2
– ⌧ 38380 ▮ Alpes du Nord

> ▶ Paris 560 – Chambéry 29 – Grenoble 34 – La Tour-du-Pin 42
> 🛈 place de la Mairie ⌀ 04 76 06 22 55
> ◉ Gorges du Guiers Mort★★ SE : 2 km - Site★ de la Chartreuse de Curière SE : 4 km.

✕✕   La Blache   🈂 VISA
2 pl. du 10ème Groupement – ⌀ 04 76 55 29 57 – *Fermé 1er-15 sept., 4-26 janv., dim. soir, lundi et mardi*
Rest – Menu 30/60 € – Carte 40/70 €
♦ Sobre restaurant meublé de fauteuils en bois originaux dans cette ex-gare située à proximité des gorges du Guiers Mort. Cuisine du marché concoctée à base de produits frais.

ST-LAURENT-DU-VAR – 06 Alpes-Maritimes – 341 E5 – 30 076 h.   42 E2
– alt. 18 m – ⌧ 06700 ▮ Côte d'Azur

> ▶ Paris 919 – Antibes 16 – Cagnes-sur-Mer 5 – Cannes 26
> 🛈 1819, route du Bord de Mer ⌀ 04 93 31 31 21
> ◉ Corniche du Var★ N.

Voir plan de NICE Agglomération

au Cap 3000

🏨   Novotel   🚗 🈂 ⌒ 🕴 ✆ ch. Ⓐ 🌐 🅵 🅿 VISA ◯ AE ①
40 av. de Verdun - AU – ⌀ 04 93 19 55 55 – www.novotel.com
103 ch – ♦84/174 € ♦♦84/174 € – ⌸ 14 € – ½ P 135/225 €
Rest – (12 €) Menu 16 € – Carte 18/41 €
♦ On choisit cet établissement pour sa situation en bord de mer, dans une zone commerciale proche de l'aéroport de Nice, et pour ses chambres Novation. Restauration de registre traditionnel dans un cadre moderne et lumineux, avec option terrasse côté piscine.

au Port St-Laurent

🏨   Holiday Inn Resort   ⪜ 🈂 🏊 🕴 ✆ ch. Ⓐ 🌐 🅵 VISA ◯ AE ①
167 promenade Flots Bleus - AU – ⌀ 04 93 14 80 00 – www.holidayinn.com
124 ch – ♦120/750 € ♦♦120/800 € – ⌸ 23 €
Rest *Chez Panisse* – ⌀ 04 93 14 80 25 – Menu 22/32 € – Carte 31/55 €
♦ Hôtel joignant l'utile à l'agréable : au cœur de la marina, directement sur la plage, confortables chambres côté flots azurés ou arrière-pays. Jardin méditerranéen. Ambiance balnéaire, déco ensoleillée, saveurs provençales et viandes à la broche Chez Panisse.

✕   La Mousson   🈂 ✆ Ⓐ 🍽 VISA ◯ AE
promenade Flots Bleus - AU – ⌀ 04 93 31 13 30 – *Fermé 2 sem. en nov., dim. et lundi*
Rest – Menu 48 € – Carte 30/45 €
♦ Saveurs thaïlandaises et épices exotiques vous transportent au royaume de Siam le temps d'un repas, agréablement installé dans ce restaurant situé sur le front de mer.

ST-LAURENT-DU-VERDON – 04 Alpes-de-Haute-Provence   41 C2
– 334 E10 – 92 h. – alt. 468 m – ⌧ 04500

> ▶ Paris 806 – Brignoles 49 – Castellane 70 – Digne-les-Bains 59

🏠   Le Moulin du Château 🌿   🚗 🈂 ✆ ch. 🍽 rest. ✆ VISA ◯
– ⌀ 04 92 74 02 47 – www.moulin-du-chateau.com – *Ouvert 12 mars-6 nov.*
10 ch – ⌸ ♦80/112 € ♦♦98/140 € – 1 suite – ½ P 79/100 €
Rest – *(fermé lundi et jeudi) (dîner seult) (résidents seult)* Menu 32 €
♦ Dans ce charmant moulin à huile du 17e s., l'ancienne meule a toujours sa place dans le décor très soigné ! Farniente au jardin et éthique écologique (citerne d'eau de pluie, produits bio...). Table d'hôte à la provençale (menu unique pour les résidents).

ST-LAURENT-EN-GRANDVAUX – 39 Jura – **321** F7 – 1 740 h. **16** B3
– alt. 904 m – ⌧ 39150 ▌Franche-Comté Jura

▶ Paris 442 – Champagnole 22 – Lons-le-Saunier 45 – Morez 11

ℹ 7, place Charles Thevenin ✆ 03 84 60 15 25

Au Moulin des Truites Bleues 🍽 🌿 ⁙ ⚅ **P** **VISA** 🅌
4 km au Nord par N5 – ✆ 03 84 60 83 03 – www.truites-bleues.com
17 ch – ♦61/78 € ♦♦61/82 € – ⌑ 10 € – ½ P 63/73 €
Rest – *(fermé dim. soir et lundi midi)* Menu 22 € (déj.)/42 €
♦ Cette grande bâtisse blanche possède des chambres spacieuses et bien tenues,
à l'esprit montagnard (murs en bois clair). Confort moderne (wifi, écrans plats).
Dans l'élégante salle rustique ou sur la terrasse dominant la Lemme, recettes aux
accents franc-comtois.

ST-LAURENT-LA-GÂTINE – 28 Eure-et-Loir – **311** F3 – 446 h. **11** B1
– alt. 134 m – ⌧ 28210

▶ Paris 77 – Évreux 66 – Orléans 121 – Versailles 57

Clos St-Laurent sans rest ♨ 🍽 ⁙ ⚅ **P**
*6 r. de l'Église – ✆ 02 37 38 24 02 – www.clos-saint-laurent.com – Fermé
22 déc.-5 janv.*
4 ch ⌑ – ♦73 € ♦♦79 €
♦ Cet ancien corps de ferme abrite quatre grandes chambres décorées avec goût
dans un style à la fois rustique et chic. Charmante salle des petits-déjeuners et
jardin-terrasse.

ST-LAURENT-SUR-SAÔNE – 01 Ain – **328** C3 – rattaché à Mâcon

ST-LÉON – 47 Lot-et-Garonne – **336** D4 – 289 h. – alt. 80 m – ⌧ 47160 **4** C2
▶ Paris 667 – Bordeaux 107 – Agen 43 – Villeneuve-sur-Lot 44

Le Hameau des Coquelicots sans rest ♨ 🍽 ⚄ ⁙ ⚅ **P**
*Lieu dit Goutte-d'Or, 2 km au Sud par D 285 – ✆ 05 53 84 06 13
– www.lehameaudescoquelicots.com*
5 ch ⌑ – ♦135 € ♦♦145 €
♦ Trois maisons en pleine campagne. Au calme du lieu s'ajoutent un accueil
charmant et un décor épuré fait de matériaux naturels et d'œuvres d'art. Potager,
piscine "naturelle".

ST-LÉONARD-DE-NOBLAT – 87 Haute-Vienne – **325** F5 – 4 634 h. **24** B2
– alt. 347 m – ⌧ 87400 ▌Limousin Berry

▶ Paris 407 – Aubusson 68 – Brive-la-Gaillarde 99 – Guéret 62

ℹ place du Champ de Mars ✆ 05 55 56 25 06

◉ Église★ : clocher★★.

XXX **Le Grand St-Léonard** avec ch ⚅ ⚅ **VISA** 🅌 **AE** ⑩
*23 av. du Champ de Mars – ✆ 05 55 56 18 18 – www.hotel-restaurant-87.fr
– Fermé 20 déc.-20 janv., lundi sauf le soir du 15 juin au 15 sept. et mardi midi*
14 ch – ♦57 € ♦♦60 € – ⌑ 10 €
Rest – (15 € bc) Menu 22 € (sem.), 41/60 € – Carte 57/68 €
♦ Ex-relais de poste à l'ambiance vieille France. Cuisine classique servie dans un
cadre rustique soigné ; collections de moules à gâteaux et de vaisselle en Limoges. Chambres au charme provincial, parfois désuètes.

X **Le Relais St-Jacques** avec ch ⁙ **VISA** 🅌
*6 bd A. Pressemane – ✆ 05 55 56 00 25 – www.lerelaissaintjacques.com – Fermé
23 déc.-2 janv., 20 fév.-11 mars, dim. soir et lundi midi d'oct. à avril*
9 ch – ♦59 € ♦♦59 € – ⌑ 9 € – ½ P 52 €
Rest – Menu 19/40 € – Carte 30/45 €
♦ En bordure du boulevard circulaire, une adresse familiale tenue par un jeune
couple charmant ; on y déguste une cuisine traditionnelle aux saveurs franches.
Chambres classiques, bien tenues.

ST-LIGUAIRE – 79 Deux-Sèvres – **322** C7 – rattaché à Niort

▶ Paris 774 – Foix 46 – Ordino 151 – Toulouse 99

🔒 place de l'Église ℰ 05 61 96 77 77

※※ **Le Carré de l'Ange**   🈺 P̄ VISA ⦾

Palais des Evêques – ℰ *05 61 65 65 65* – *www.lecarredelange.com*
– *Fermé nov., mars, dim. soir, mardi midi de sept. à juin et lundi*
Rest – Menu 22 € (déj. en sem.), 35/90 € – Carte 42/59 €

◆ On doit laisser sa voiture pour monter dans les caves voûtées du palais épiscopal. Un cadre exceptionnel pour une cuisine tournée vers de beaux produits, souvent régionaux.

🟩 Normandie Cotentin

▶ Paris 296 – Caen 62 – Cherbourg 80 – Laval 154

🔒 place Général-de-Gaulle ℰ 02 33 77 60 35

🏌 Centre Manche à Saint-Martin-d'Aubigny Le Haut Boscq, par D900 : 20 km,
ℰ 02 33 45 24 52

◎ Haras national★ - Tenture des Amours de Gombaut et Macée du musée
des Beaux-Arts.

🏨 **Mercure**   🈺 🛗 ⅛ ⅟ rest, 🍴 🔊 VISA ⦾ AE ⓪

1 av. Brivère – ℰ *02 33 05 10 84* – *www.mercure.com*   **A**v
67 ch – ♦67/105 € ♦♦67/135 € – ☡ 14 € – ½ P 107/177 €
Rest – *(fermé dim.)* (13 €) Menu 23/28 € – Carte 23/39 €

◆ Cet hôtel proche de la gare dispose de chambres de bon confort, certaines sont
plus contemporaines que d'autres. Réservez de préférence face aux remparts pour
être au calme. Au restaurant, la cuisine, traditionnelle, prend l'accent régional.

※※ **Le Péché Mignon**   VISA ⦾ AE
🍴

84 r. Mar. Juin – ℰ *02 33 72 23 77* – *http://le-peche-mignon.monsite.wanadoo.fr*
– *Fermé 14 juil.-1ᵉʳ août, 16-22 fév., dim. soir et lundi*   **B**e
Rest – (13 €) Menu 18/50 € – Carte 30/50 €

◆ L'adresse se trouve à proximité du haras national. Deux petites salles à manger,
simples mais confortables, où l'on sert une cuisine traditionnelle mâtinée de
modernité.

ST-LÔ

Alsace-Lorraine (R.) . . . . **A** 2	Feuillet (R. Octave) . . . . **A** 12	Neufbourg (R. du) . . . . **B** 23
Baltimore (R. de) . . . . **A** 3	Gaulle (Pl. Gén.-de) . . . . **A** 13	Notre-Dame (Parvis) . . . . **A** 24
Beaucoudray (R. de) . . . . **A** 5	Gerhardt (R. Gén.) . . . . **B** 14	Noyers (R. des) . . . . **A** 27
Belle (R. du) . . . . **A** 7	Grimouville (R. de) . . . . **A** 16	Poterne (R. de la) . . . . **A** 28
Brivère (Av. de) . . . . **A** 8	Havin (R.) . . . . **A** 17	Ste-Croix (Pl.) . . . . **B** 30
Champ-de-Mars (Pl.) . . . . . . **B** 9	Houssin-Dumanoir (R.) . . . . . **A** 18	St-Thomas (R.) . . . . **A**
	Lattre-de-T. (R. Mar.-de) . . . . **B** 19	Torteron (R.) . . . . **A**
	Leclerc (R. Mar.) . . . . **B**	Vieillard-de-Boismartin (R.) . . **B** 31
	Mesnilcroc (R. du) . . . . **B** 22	80e-et-136e-Territorial (R. des) **A** 33

au Calvaire 7 km par ② et D 972 – ✉ 50810 St-Pierre-de-Semilly

XXX **La Fleur de Thym** 🍴 P VISA ✹ AE
– ☎ 02 33 05 02 40 – www.la-fleur-de-thym.com – Fermé 8-26 août,
2-18 janv., sam. midi, dim. soir et lundi
Rest – (15 €) Menu 33/65 € – Carte 45/106 €
• Cette ancienne ferme possède une terrasse d'été ombragée bien préservée
des bruits de la route voisine. Répertoire culinaire classique rehaussé de saveurs
du Sud.

à Agneaux 3 km par ⑥ – 4 095 h. – alt. 60 m – ✉ 50180

🏨 **Château d'Agneaux** 🍃 🐾 🍴 ﾖ rest, ¶¶ 🏊 P VISA ✹
av. Ste-Marie – ☎ 02 33 57 65 88 – www.chateau-agneaux.com – Fermé dim. soir
d'oct. à mars et 21-26 déc.
11 ch – ♦125/156 € ♦♦125/156 € – ☷ 12 €
Rest *La Tour Carrée* – (fermé dim. soir et lundi midi d'oct. à mars) (prévenir)
Menu 35/55 €
Rest *La Table de Louis* – (fermé le midi du 23 juil. au 13 août, dim. soir, sam.
midi et lundi midi d'oct. à avril) Menu 17/25 € – Carte 25/44 €
• En retrait de St-Lô, hôtel logé dans un château du 13ᵉ s. Escalier en pierres de
taille et chambres pleines de cachet (parquet ou tomettes, poutres apparentes et
mobilier rustique). Atmosphère intimiste et plats actuels à La Tour Carrée. Cuisine du marché à La Table de Louis, dans un cadre mariant ancien et moderne.

ST-LOUBÈS – 33 Gironde – **335** I5 – 7 639 h. – alt. 28 m – ✉ 33450   **3** B1
▶ Paris 568 – Bordeaux 18 – Créon 20 – Libourne 18

X **Le Coq Sauvage** avec ch 🍃 🍴 AC rest, ¶¶ 🏊 P VISA ✹ AE ①
71 av. du Port-Cavernes, à Cavernes, 4 km au Nord-Ouest – ☎ 05 56 20 41 04
– www.hotel-restaurant-coqsauvage.com
6 ch – ♦55 € ♦♦55 € – ☷ 7 € – ½ P 48 €
Rest – (fermé sam. et dim.) (15 € bc) Menu 27/48 € – Carte 35/54 €
• Maison au charme rustique installée sur le port de plaisance, avec la Dordogne
en toile de fond. Plats régionaux servis dans un agréable patio en été. Chambres
au calme.

ST-LOUIS – 68 Haut-Rhin – **315** J11 – 19 875 h. – alt. 250 m – ✉ 68300   **1** B3
▶ Paris 498 – Altkirch 29 – Basel 5 – Belfort 76

🏠 **Ibis** 🖥 ﾖ ch, AC ¶¶ 🏊 🚗 VISA ✹ AE ①
17 r. Gén. de Gaulle – ☎ 03 89 69 06 58 – www.ibishotels.com
65 ch – ♦61/145 € ♦♦61/149 € – ☷ 8 €
Rest – (fermé dim.) (11 € bc) Menu 14 € bc/25 €
• Cet hôtel récent à la façade en briques rouges vous mettra à quelques pas des
cinémas et du théâtre de la Coupole. Chambres fonctionnelles, spacieuses et bien
tenues. Repas simple et rapide au restaurant où vous sélectionnerez votre menu
sur un écran tactile.

🏠 **Berlioz** sans rest 🎿 ¶¶ P 🚗 VISA ✹ AE
r. Henner, (près de la gare) – ☎ 03 89 69 74 44 – www.hotelberlioz.com – Fermé
24 déc.-3 janv.
20 ch – ♦63/73 € ♦♦63/73 € – ☷ 8 €
• Petit immeuble des années 1930 proche de la gare, aux chambres pratiques,
bien équipées et parfaitement tenues. Copieux petit-déjeuner à déguster dans
un agréable salon.

XXX **Le Trianon** 🍴 AC 🍴 VISA ✹
46 r. de Mulhouse – ☎ 03 89 67 03 03 – Fermé dim. soir, merc. soir et lundi
Rest – Menu 20 € (sem.), 25/62 € – Carte 47/65 €
• Face à une placette, un ancien centre des impôts devenu restaurant. Tables
soigneusement dressées et cuisine au goût du jour influencée par les saisons. Terrasse d'été fleurie.

à Huningue 2 km à l'Est par D 469 – 6 358 h. – alt. 245 m – ⊠ 68330

Tivoli 🛜 📺 ⅃ ch, 🆔 🍴 🗚 🅿 🚗 VISA ⓪ AE
15 av. de Bâle – ℰ 03 89 69 73 05 – www.tivoli.fr
39 ch – †62/100 € ††67/120 € – ⊑ 11 €
Rest *Philippe Schneider* – *(fermé 15 juil.-11 août et 23 déc.-3 janv.)* (13 €)
Menu 24 € (sem.), 37/46 € – Carte 34/62 €

• L'hôtel, situé à deux pas des frontières suisse et allemande, propose des chambres actuelles et bien tenues. Celles rénovées adoptent un look contemporain. Restaurant élégant (carte au goût du jour et bon choix de vins) ou salle plus tendance (menu à l'ardoise).

à Village-Neuf 3 km au Nord-Est par D 66 et D 21 – 3 452 h. – alt. 240 m – ⊠ 68128

🚇 81, rue Vauban ℰ 03 89 70 04 49

Au Cerf 🛜 VISA ⓪
72 r. Gén. de Gaulle – ℰ 03 89 67 12 89 – Fermé juil., 24 déc.-1er janv., jeudi soir, dim. soir et lundi
Rest – (10 €) Menu 18 € (déj.)/42 € – Carte 22/49 €

• Près de la Petite Camargue alsacienne, auberge familiale au cadre rustique orné de trophées de chasse. Plats traditionnels et, en saison, spécialités d'asperges et de gibier.

à Hésingue 4 km à l'Ouest par D 419 – 2 336 h. – alt. 290 m – ⊠ 68220

Au Boeuf Noir 🛜 🆔 🅿 VISA ⓪
2 r. de Folgensbourg – ℰ 03 89 69 76 40 – www.auboeufnoir.fr – Fermé 18-25 mars, 18-31 août, sam. midi, dim. et lundi
Rest – (27 €) Menu 50/65 € – Carte environ 68 €

• Accueillant restaurant décoré de tableaux réalisés par le patron-artiste. Cuisine classique revisitée, suggestions du jour et le jeudi formule avec un classique (pot au feu...).

ST-LOUP-DE-VARENNES – 71 Saône-et-Loire – **320** J9 – rattaché à Chalon-sur-Saône

ST-LUNAIRE – 35 Ille-et-Vilaine – **309** J3 – rattaché à Dinard

ST-LUPERCE – 28 Eure-et-Loir – **311** D5 – rattaché à Chartres

ST-LYPHARD – 44 Loire-Atlantique – **316** C3 – 4 030 h. – alt. 12 m – ⊠ 44410 🟩 Bretagne **34** A2

🚗 Paris 447 – La Baule 17 – Nantes 73 – Redon 43
🚇 place de l'Eglise ℰ 02 40 91 41 34
◉ Clocher de l'église ✻★★.

Les Chaumières du Lac et Auberge Les Typhas 🛜 🛜
rte Herbignac – ℰ 02 40 91 32 32 ⅃ rest, 🍴 🗚 🅿 VISA ⓪ AE
– www.leschaumieresdulac.com – Fermé 23 déc.-17 janv.
20 ch – †66/76 € ††66/118 € – ⊑ 10 € – ½ P 70/78 €
Rest – *(fermé dim. soir, mardi midi et merc. d'oct. à mai, merc. midi et mardi de juin à sept.)* (15 €) Menu 20/44 € – Carte 30/64 €

• Sur l'une des routes principales de la Brière, plusieurs petits bâtiments construits en 1990 dans un esprit traditionnel (toits de chaume). Chambres simples et classiques. Avis aux courageux : on peut se baigner dans le lac contigu.

rte de St-Nazaire 3 km au Sud par D 47 – ⊠ 44410 St-Lyphard

Auberge le Nézil 🛜 🛜 ⇔ 🅿 VISA ⓪ AE
– ℰ 02 40 91 41 41 – www.aubergelenezil.com – Fermé 3-10 oct., 24 déc.-16 janv., merc. soir sauf juil.-août, dim. soir et lundi
Rest – (18 €) Menu 27/50 € – Carte 36/69 €

• Toit de chaume, porcelaine et fleurs fraîches, feu de cheminée l'hiver, jardin l'été... La tradition est agréable en cette maison centenaire. Joli choix de poissons de la Loire.

à Bréca 6 km au Sud par D 47 et rte secondaire – ✉ 44410 St-Lyphard

✗✗ **Auberge de Bréca** 🛋 🍴 ⅙ 𝘝𝘐𝘚𝘈 ⓐⓔ 𝖠𝖤
D 47 – ℰ 02 40 91 41 42 – www.auberge-breca.com – Fermé 2-21 janv., merc.
soir de nov. à mars, dim. soir et lundi hors saison
Rest – (19 €) Menu 28/55 € – Carte 48/60 €
♦ Une auberge traditionnelle pleine de chaleur. Comment choisir entre la salle
restée dans son jus (cheminée) et la grande véranda sur le jardin ? Anguilles, cuisses de grenouille...

ST-MACAIRE – 33 Gironde – 335 J7 – rattaché à Langon

ST-MACLOU – 27 Eure – 304 C5 – 532 h. – alt. 114 m – ✉ 27210   **32** A3
▶ Paris 179 – Le Grand-Quevilly 67 – Le Havre 35 – Rouen 73

✗ **La Crémaillère** 🍴 🅿 𝘝𝘐𝘚𝘈 ⓐⓔ 𝖠𝖤 ⓞ
– ℰ 02 32 41 17 75 – www.la-cremaillere.fr – Fermé 25 juil.-5 août, 14-24 nov.,
21 fév.-2 mars, mardi soir et merc.
Rest – (10 €) Menu 13 € (sem.), 22/40 € – Carte 37/61 €
♦ Charmante petite auberge fleurie située au cœur du village. Boiseries et couleurs gaies dans l'agréable salle à manger ouverte sur la terrasse d'été. Cuisine
régionale créative.

ST-MAIXENT-L'ÉCOLE – 79 Deux-Sèvres – 322 E6 – 7 643 h.   **38** B2
– alt. 85 m – ✉ 79400 🎗 Poitou Vendée Charentes
▶ Paris 383 – Angoulême 106 – Niort 24 – Parthenay 30
🅳 porte Châlon ℰ 05 49 05 54 05
🅸18 du Petit Chêne à Mazières-en-Gâtine, O : 20 km par D 6, ℰ 05 49 63 20 95
◉ Église abbatiale★ - Musée du sous-officier (série d'uniformes★).

🏨 **Le Logis St-Martin** 🛪 🎵 🍴 ⊼ 🍴 rest, 📶 🅿 𝘝𝘐𝘚𝘈 ⓐⓔ 𝖠𝖤
chemin de Pissot – ℰ 05 49 05 58 68 – www.logis-saint-martin.com
11 ch – †115/145 € ††135/170 € – 1 suite – ⊡ 16 € – ½ P 125/145 €
Rest – (fermé sam. midi, mardi midi et lundi sauf le soir en saison) (27 €)
Menu 47/84 € – Carte 47/80 €🦞
♦ Au cœur d'un parc bordé par la Sèvre, cette gentilhommière du 17ᵉ s., restaurée avec goût, propose des chambres décorées avec un certain classicisme. Au
restaurant, les poutres et l'ancienne cheminée sont agréablement mises en
valeur. Cuisine de terroir revisité.

à Soudan 7,5 km à l'Est par N 11 – 407 h. – alt. 155 m – ✉ 79800
◉ Musée des Tumulus de Bougon★★.

✗ **L'Orangerie** 🛋 🍴 ⊡ 🅿 𝘝𝘐𝘚𝘈 ⓐⓔ 𝖠𝖤
10 rte de l'Atlantique – ℰ 05 49 06 56 06 – www.lorangerie79.com – Fermé janv.,
lundi midi en juil.-août, dim. soir et lundi de sept. à juin
Rest – Menu 15 € (sem.), 23/45 € – Carte 41/58 €
♦ Jolie cuisine traditionnelle réalisée par deux frères, respectivement cuisinier et
pâtissier. De la salle, on a une jolie vue sur le jardin.

ST-MAIXME-HAUTERIVE – 28 Eure-et-Loir – 311 D4 – 417 h.   **11** B1
– alt. 194 m – ✉ 28170
▶ Paris 105 – Chartres 31 – Évreux 61 – Orléans 112

🏠 **La Rondellière** 🛪 🛋 🍴 📶 🅿
11 r. de la Mairie – ℰ 02 37 51 68 26 – www.ferme-rondelliere.com
4 ch ⊡ – †35 € ††44 €   **Table d'hôte** – (fermé dim. soir) Menu 15 € bc
♦ Les chambres, spacieuses et bien aménagées, sont logées dans les anciens greniers à foin de cette ferme pratiquant la culture de céréales. Calme garanti et
accueil sympathique. Cuisine élaborée avec les produits du potager à la table
d'hôte (sur réservation).

– Casino **AXY** – ⊠ **35400** ▌Bretagne

▶ Paris 404 – Avranches 68 – Dinan 32 – Rennes 70

✈ de Dinard-Pleurtuit-St-Malo : ✆ 02 99 46 18 46, 14 km par ③.

🛈 esplanade Saint-Vincent ✆ 08 25 13 52 00

◉ Remparts★★★ - Château★★ : musée d'Histoire de la ville et d'Ethnographie du pays malouin★ **M²**, tour Quic-en-Groigne★ **DZ E** - Fort national★ : ≤★★ 15 mn - Vitraux★ de la cathédrale St-Vincent - Mystères de la mer★★ (aquarium) par ③ - Rothéneuf : musée-manoir Jacques-Cartier★, 3 km par ① - St Servan sur Mer : corniche d'Aleth ≤★, tour Solidor★, échappées du parc des Corbières★, belvédère du Rosais★.

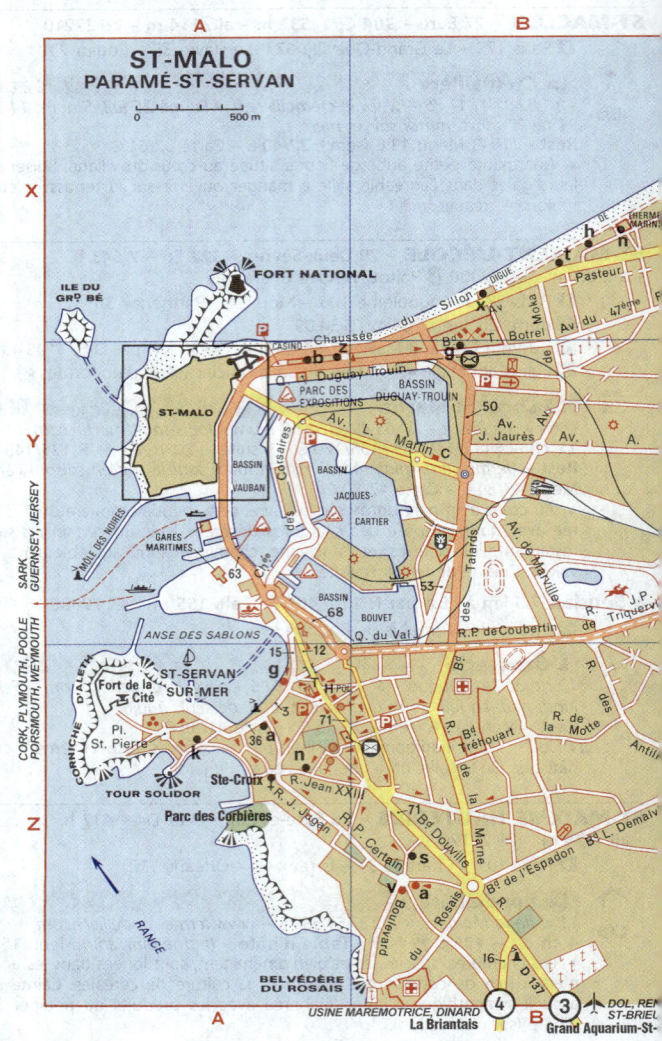

Intra muros

Ajoncs d'Or sans rest

10 r. des Forgeurs
– ℰ 02 99 40 85 03
– www.st-malo-hotel-ajoncs-dor.com

DZa

22 ch – †69/115 € ††69/150 € – ⊇ 13 €

◆ Un hôtel situé dans une rue tranquille de la vieille ville ; les chambres, classiques, distillent une atmosphère feutrée. Touches rétro dans la salle des petits-déjeuners.

En saison: zone piétonne intra-muros.

Bardelière (R. M. de la)	**CZ** 2
Bas-Sablons (R. des)	**AZ** 3
Broussais (R.)	**DZ**
Cartier (R. J.)	**DZ** 5
Chartres (R. de)	**DZ** 6
Chateaubriand (Pl.)	**DZ** 8
Clemenceau (R. Georges)	**AZ** 12
Cordiers (R. des)	**DZ** 13
Dauphine (R.)	**AZ** 15
Dinan (R. de)	**DZ**
Doutreleau (R.)	**BZ** 16
Flaubert (R. G.)	**CX** 17
Forgeurs (R. du)	**DZ** 18
Fosse (R. de la)	**DZ** 19
Herbes (Pl. aux)	**DZ** 25
Lamennais (Pl. Fr.)	**DZ** 28
Mettrie (R. de la)	**DZ** 35
Mgr-Duchesne (Pl.)	**AZ** 36
Pilori (Pl. du)	**DZ** 38
Poids-du-Rois (Pl. du)	**DZ** 39
Poissonnerie (Pl. de la)	**DZ** 42
Porcon-de-la-Barbinais (R.)	**DZ** 43
République (Bd de la)	**BY** 50
Roosevelt (Av. F.)	**BY** 53
St-Benoist (R.)	**DZ** 56
St-Vincent (R.)	**DZ** 57
Schuman (R. du Président-Robert)	**CX** 58
Tabarly (Chaussée Eric.)	**AY** 63
Trichet (Q. de)	**AY** 68
Umbricht (R. du R. P.)	**CX** 69
Vauban (Pl.)	**DZ** 70
Ville-Pépin (R.)	**ABZ** 71

Du Louvre sans rest 📶 ⅙ 🛇 🕪 🐾 VISA ⦿ AE ⓪

2 r. des Marins – ℰ 02 99 40 86 62 – www.hoteldulouvre-saintmalo.com
50 ch – †71/127 € ††80/141 € – � 12 € DZb

♦ Au cœur de la cité corsaire, cet hôtel dispose de chambres sobres et fonctionnelles. Copieux petit-déjeuner proposé dans une salle ornée de toiles d'un artiste local.

Quic en Groigne sans rest 🛇 🕪 🚗 VISA ⦿

8 r. d'Estrées – ℰ 02 99 20 22 20 – www.quic-en-groigne.com – Fermé 24-26 déc.
et 7-28 janv. DZu
15 ch – †57/71 € ††65/92 € – ⊠ 9 €

♦ Quic-en-Groigne ? Le nom de la tour accolée au château... et de cet hôtel disposant de chambres actuelles et de bonne tenue. Petit-déjeuner sous la véranda ; accueil souriant.

Le Nautilus sans rest 📶 🛇 🕪 VISA ⦿ AE

9 r. de la Corne-de-Cerf – ℰ 02 99 40 42 27 – www.lenautilus.com – Fermé
14 nov.-4 fév. DZg
15 ch – †45/57 € ††59/69 € – ⊠ 8 €

♦ Dans une ruelle typique, cette maison érigée en 1692 (classée) abrite de petites chambres colorées, bien tenues et cosy. Décor marin au bar et bon accueil de l'équipage.

San Pedro sans rest 📶 🛇 🕪 VISA ⦿

1 r. Ste-Anne – ℰ 02 99 40 88 57 – www.sanpedro-hotel.com – Ouvert
11 mars-30 nov. DZf
12 ch – †51/54 € ††61/74 € – ⊠ 9 €

♦ À deux pas de la plage de Bon-Secours, un hôtel de poche dont l'accueil est incomparable. Petites chambres impeccablement tenues et petit-déjeuner très soigné.

✕✕ **Le Chalut** (Jean-Philippe Foucat) AC VISA ⦿

❀ *8 r. de la Corne de Cerf – ℰ 02 99 56 71 58 – Fermé mardi sauf le soir*
en juil.-août et lundi DZd
Rest – *(nombre de couverts limité, prévenir)* Menu 25 € (déj. en sem.), 40/70 €
– Carte 42/56 €
Spéc. Saint-Jacques et truffe blanche à l'huile de noix. Turbot aux jeunes girolles et cocos à la bretonne. Moelleux chaud au chocolat et sa glace nougatine.

♦ Filets de pêche, bouées, vivier : ici, la mer est à l'honneur... Cuisine raffinée et menu "tout homard" pour les amateurs. Embarquez sur ce chalut !

✕✕ **Delaunay** ⅙ VISA ⦿

6 r. Ste-Barbe – ℰ 02 99 40 92 46 – www.restaurant-delaunay.com – Fermé
de mi-janv. à mi-fév., lundi hors saison, dim. et le midi DZx
Rest – Menu 32/80 € – Carte 36/64 €

♦ Couleurs et saveurs ! Une devanture lie-de-vin, une petite salle cosy mêlant le jaune et le parme et une cuisine dans l'air du temps.

✕✕ **À la Duchesse Anne** (Serge Thirouard) 🍴 VISA ⦿

❀ *5 pl. Guy La Chambre – ℰ 02 99 40 85 33 – Fermé déc., janv., dim. soir hors*
saison, lundi midi et merc. DZe
Rest – Menu 79 € – Carte 36/80 €
Spéc. Filets de maquereau marinés au vin blanc. Homard à l'Armoricaine. Tarte Tatin.

♦ Découvrez cette institution malouine (1945) et son beau décor de mosaïques et de fresques. Un vrai conservatoire de la cuisine bourgeoise d'il y a cent ans.

✕ **Gilles** VISA ⦿

2 r. de la Pie qui boit – ℰ 02 99 40 97 25 – www.restaurant-gilles-saint-malo.com
– Fermé jeudi d'oct. à mai et merc. DZt
Rest – *(nombre de couverts limité, prévenir)* (22 €) Menu 25/39 €

♦ La superbe promenade sur les remparts vous a ouvert l'appétit ? Savourez une agréable cuisine de saison près des grandes baies vitrées de ce restaurant.

✗ **L'Ancrage** 🈀 🔁 VISA ⊙⊙

😊 *7 r. Jacques-Cartier –* 🖋 *02 99 40 15 97 – Fermé 3 janv.-5 fév., mardi et merc.*
hors saison **DZr**
Rest – Menu 16/36 € – Carte 37/56 €

• Dans une agréable atmosphère "cabine de bateau" (boiseries sombres, lampes
en laiton) ou dans la salle voûtée, on jette l'ancre en se régalant de bons produits
de la mer.

St-Malo Est et Paramé – ✉ 35400 St-Malo

🏨 **Grand Hôtel des Thermes** 🛥 ⟨ 🖥 🅿 ƒ♨ 🛏 ら ch, 🄰🄲 🛎 rest, ☎

100 bd Hébert – 🖋 *02 99 40 75 75* 🛁 ⚓ VISA ⊙⊙ 🄰🄴 ⊙
– www.thalassotherapie.com – Fermé 2-15 janv. **BXn**
168 ch – †85/365 € ††120/490 € – 7 suites – ⊊ 21 € – ½ P 118/302 €
Rest *Le Cap Horn* – 🖋 *02 99 40 75 40* – Menu 31/58 € – Carte 40/77 €
Rest *La Verrière* – (25 €) Menu 34/43 € – Carte 34/46 €

• Sur le front de mer, ancien palace du 19ᵉ s. et son centre de thalasso (six piscines à l'eau de mer et soins de qualité). Chambres et suites confortables (classiques ou contemporaines). Jolie vue sur le large et carte classique au Cap Horn.
Décor Belle Époque et cuisine diététique à La Verrière.

🏨 **Océania** *sans rest* ⟨ ƒ♨ 🖥 ら 🄰🄲 ☎ 🛁 ⚓ VISA ⊙⊙ 🄰🄴 ⊙

2 r. Joseph-Loth – 🖋 *02 99 56 84 84 – www.oceaniahotels.com* **AYb**
78 ch – †99/360 € ††99/360 € – ⊊ 15 €

• Situé aux portes de la vieille ville, cet hôtel rénové en 2008 jouxte le palais
du Grand Large et le casino. Chambres sobres et épurées, certaines avec vue
sur la mer.

🏨 **Alexandra** ⟨ 🈀 🖥 ら 🄰🄲 🛎 rest, ☎ 🛁 🅿 ⚓ VISA ⊙⊙ 🄰🄴 ⊙

138 bd Hébert – 🖋 *02 99 56 11 12 – www.hotelalexandra.com – Fermé janv.*
31 ch – †105/148 € ††120/175 € – ⊊ 15 € – ½ P 99/126 € **BXh**
Rest – (19 €) Menu 24/72 € – Carte 28/52 €

• Hôtel situé sur la digue de St-Malo, face à la mer. Les chambres sont fonctionnelles et bien tenues (la plupart avec terrasse ou bow-window). Au restaurant, belle
vue sur le large. La carte, traditionnelle, privilégie les poissons et fruits de mer.

🏨 **La Villefromoy** *sans rest* 🖥 ら ☎ 🅿 VISA ⊙⊙ 🄰🄴 ⊙

7 bd Hébert – 🖋 *02 99 40 92 20 – www.villefromoy.fr – Fermé 13 nov.-3 fév.*
26 ch – †89/183 € ††89/183 € – ⊊ 14 € **CXs**

• Une belle bâtisse Second Empire et une villa balnéaire d'esprit 1900 : deux
lieux, une même atmosphère feutrée. Chambres confortables et cosy (mobilier
acajou) ; accueil charmant.

🏨 **Grand Hôtel Courtoisville** 🛥 🚃 🈀 🖥 ら 🄰🄲 rest, 🛎 rest, ☎

69 bd Hébert – 🖋 *02 99 40 83 83* 🛁 🅿 VISA ⊙⊙ 🄰🄴
– www.courtoisville.com – Fermé 1ᵉʳ-17 déc. et 10-31 janv. **BXa**
44 ch – †89/179 € ††89/179 € – ⊊ 13 € – ½ P 74/115 €
Rest – (18 €) Menu 24/32 € – Carte 29/48 €

• Au calme ! Près des thermes marins, belle pension familiale du début du 20ᵉ s.
entourée d'un beau jardin. Chambres spacieuses, la plupart équipées de lits de
relaxation. Au restaurant, plats traditionnels et produits de la mer.

🏨 **Mercure** *sans rest* 🖥 ら 🛎 ☎ 🅿 VISA ⊙⊙ 🄰🄴 ⊙

36 chaussée du Sillon – 🖋 *02 23 18 47 47 – www.mercure.com* **AYz**
51 ch – †76/157 € ††83/167 € – ⊊ 15 €

• Un Mercure idéalement situé sur le Sillon, face à la mer. Aménagements fonctionnels et décoration contemporaine. Buffet pour le petit-déjeuner, servi également en chambre.

🏨 **Alba** *sans rest* ⟨ 🛎 ☎ 🅿 VISA ⊙⊙ ⊙

17 r. des Dunes – 🖋 *02 99 40 37 18 – www.hotelalba.com* **BXt**
22 ch – †70/171 € ††79/171 € – ⊊ 12 €

• Face à la plage ! Cette villa du 19ᵉ s. n'aurait pu rêver plus agréable situation. Les
chambres, très claires (tons crème, bois blond), donnent pour moitié sur le large.

🏨 **Beaufort** sans rest ⟨ 🛗 🎙 📶 VISA ⓒⓞ AE ⓞ

*25 chaussée du Sillon – ℰ 02 99 40 99 99 – www.hotel-beaufort.com – Fermé
12-25 déc.* BX**x**
22 ch – ♦73/243 € ♦♦83/243 € – ⌑ 13 €

◆ Belle demeure malouine (1860) aux chambres cosy décorées dans un esprit
colonial – la moitié côté mer. On prend son petit-déjeuner les yeux rivés sur
le large.

🏠 **Aubade** sans rest 🗐 � & 🎙 VISA ⓒⓞ AE

*8 pl. Duguesclin – ℰ 02 99 40 47 11 – www.aubade-hotel.com
– Fermé 20-27 déc. et 9-31 janv.* BXY**g**
20 ch – ♦74/113 € ♦♦81/140 € – ⌑ 11 €

◆ Ce bâtiment d'après-guerre (pierre de pays) fait face à l'ancien port industriel. Style design épuré ; chambres feutrées. Petite bibliothèque dédiée à
St-Malo et au Québec.

à St-Servan-sur-Mer – ✉ 35400 St Malo

🏘 **Malouinière Le Valmarin** sans rest ॐ 🔊 🎙 🅿 VISA ⓒⓞ

7 r. Jean XXIII – ℰ 02 99 81 94 76 – www.levalmarin.com AZ**n**
12 ch – ♦100 € ♦♦100/165 € – ⌑ 11 €

◆ Parquet d'origine, trumeaux, moulures : une authentique malouinière de la fin
du 17e s., au charme raffiné. Les plus belles chambres s'ouvrent sur le paisible parc arboré.

🏘 **Manoir du Cunningham** sans rest ⟨ & 🅿 VISA ⓒⓞ AE

*9 pl. Mgr Duchesne – ℰ 02 99 21 33 33 – www.st-malo-hotel-cunningham.com
– Ouvert de mi-mars à mi-nov., week-ends, vacances de Noël et de fév.* AZ**o**
13 ch – ♦90/190 € ♦♦90/190 € – ⌑ 8 €

◆ Jolie maison aux allures de manoir anglo-normand, face à l'anse des Sablons.
Grandes chambres cosy aux charmants noms d'îles paradisiaques, la plupart donnant sur la mer...

🏠 **L'Ascott** sans rest ॐ 🚗 🎙 🅿 VISA ⓒⓞ AE

35 r. du Chapitre – ℰ 02 99 81 89 93 – www.ascotthotel.com – Fermé 3-30 janv.
10 ch – ♦70/95 € ♦♦75/155 € – ⌑ 12 € BZ**s**

◆ Heureux mariage de meubles contemporains et d'objets chinés (lustres à pendeloques, trumeaux) en cette demeure bourgeoise de 1890. L'été, on prend le
petit-déjeuner au jardin.

🏠 **La Rance** sans rest ⟨ ॐ 🎙 VISA ⓒⓞ

*15 quai Sébastopol, (port Solidor) – ℰ 02 99 81 78 63 – www.larancehotel.com
– Ouvert de début fév. à mi-nov.* AZ**k**
11 ch – ♦55/85 € ♦♦60/85 € – ⌑ 8 €

◆ Dans cet hôtel donnant sur la mer et la tour Solidor, les propriétaires vous
reçoivent en amis. Les chambres sont petites, mais cosy (préférez celles en
façade, avec balcon).

✕✕ **Le St-Placide** (Luc Mobihan) & AC VISA ⓒⓞ AE
✿

*6 pl. du Poncel – ℰ 02 99 81 70 73 – www.st-placide.com – Fermé mardi et merc.
sauf le soir en juil.-août* BZ**a**
Rest – Menu 23 € (déj. en sem.), 42/120 € – Carte 55/85 €

Spéc. Tartare de bœuf et huîtres (automne-hiver). Risotto homard-bacon (printemps-été). Chocolat de la princesse Hoptiwa.

◆ Dans le décor contemporain de son restaurant de poche, le chef laisse voguer
son imagination, concoctant une cuisine en prise avec son époque. Accueil prévenant.

✕ **La Gourmandise** VISA ⓒⓞ AE
✿

*2 r. des Bas-Sablons – ℰ 02 99 21 93 53 – www.lagourmandise.book.fr
– Fermé 1 sem. en oct., 22-28 déc., 1 sem. en janv., mardi soir hors saison,
sam. midi et dim.* AZ**g**
Rest – (16 €) Menu 27/59 €

◆ Dégustez une agréable cuisine de saison aux accents méditerranéens dans
une atmosphère minimaliste, derrière l'anse des Sablons (quartier St-Servan).
Accueil souriant.

✗ **Le Poncel** 🛋 VISA ⚫⚫

3 pl. du Poncel – ℰ 02 99 19 57 26 – Fermé 23 déc.-15 janv., dim. et lundi
Rest – (16 €) Menu 21 € – Carte 33/53 €   BZ**v**

♦ Un bon plan que ce bistrot et sa terrasse tranquille pour les beaux jours. Au menu ou à l'ardoise : fraîcheur, simplicité et bons produits aux saveurs respectées.

rte de Rennes 3 km par ③ et av. Gén. de Gaulle – ⊠ 35400 St-Malo

🏨 **La Grassinais** 🛋 ⅙ ₳ rest, ❄ ch, ⁆ ₴ **P** VISA ⚫⚫ ⅍

12 allée de la Grassinais – ℰ 02 99 81 33 00 – www.saint-malo-hebergement.com
– Fermé janv.
29 ch – †59/89 € ††59/92 € – ⌚ 9 € – ½ P 65/81 €
Rest – (fermé sam. midi, lundi de sept. à mi-juil. et dim. soir sauf de mi-juil. à fin août) (17 €) Menu 25 € (déj. en sem.)/39 € – Carte 39/57 €

♦ En périphérie de St-Malo, une ancienne ferme joliment restaurée au cœur d'une zone artisanale et commerciale. Chambres simples et de bonne tenue. Restaurant rustique et carte traditionnelle.

ST-MANDÉ – 94 Val-de-Marne – **312** D2 – **101** 27 – voir à Paris, Environs

ST-MARC – 44 Loire-Atlantique – **316** C4 – rattaché à St-Nazaire

ST-MARC-A-LOUBAUD – 23 Creuse – **325** I5 – 133 h. – alt. 705 m   **25** C2
– ⊠ 23460

▶ Paris 411 – Aubusson 24 – Guéret 54 – Limoges 78

✗ **Les Mille Sources** 🛋 🛋 ⇄ **P** VISA ⚫⚫

Le Bourg – ℰ 05 55 66 03 69 – Ouvert 9 avril-3 nov. et fermé dim. soir et lundi
sauf vacances scolaires
Rest – (prévenir) Menu 39/50 € – Carte 36/53 €

♦ Ancienne ferme au joli cachet, dont le jovial patron vous accueille comme des amis. Canards de Challans et gigots rôtissent dans la cheminée d'époque de la salle rustique.

ST-MARCEL-DU-PÉRIGORD – 24 Dordogne – **329** F6 – 141 h.   **4** C1
– alt. 160 m – ⊠ 24510

▶ Paris 538 – Bordeaux 144 – Périgueux 58 – Bergerac 26

✗ **Auberge Lou Peyrol** avec ch 🛋 ❄ rest, ⁆ VISA ⚫⚫

au bourg – ℰ 05 53 24 09 71 – www.loupeyrol.com – Fermé 2 sem. en mars, de
mi-nov. à mi-déc., 1 sem. en janv., merc. en hiver, lundi d'oct. à juin et mardi
3 ch – †70/75 € ††70/90 € – ⌚ 16 €   **Rest** – Carte 35/52 €

♦ Une auberge périgourdine au charme on ne peut plus rustique, avec une terrasse à l'ombre d'un vénérable tilleul. Cuisine régionale de saison. Sous les toits, les chambres, spacieuses, sont simples et romantiques.

ST-MARCEL-LÈS-ANNONAY – rattaché à Annonay

ST-MARCEL-LÈS-SAUZET – 26 Drôme – **332** B6 – rattaché à Montélimar

ST-MARCELLIN – 38 Isère – **333** E7 – 7 694 h. – alt. 282 m – ⊠ 38160   **43** E2
🟩 Lyon Drôme Ardèche

▶ Paris 570 – Die 76 – Grenoble 55 – Valence 46

🄸 2, avenue du Collège ℰ 04 76 38 53 85

✗✗ **La Tivollière** ⋖ 🛋 **P** VISA ⚫⚫ ⅍ ⓪

Château du Mollard – ℰ 04 76 38 21 17 – www.lativolliere.com
– Fermé 3-24 janv., jeudi soir, dim. soir et lundi
Rest – Menu 29/48 € – Carte 30/55 €
Rest Face B – (15 €) Menu 20 € (déj. en sem.) – Carte 30/55 €

♦ Restaurant au décor moderne assez inattendu, aménagé dans un château du 15e s. dominant la ville. La terrasse ombragée offre une petite échappée sur le Vercors. Au Face B, plats de bistrot au déjeuner en semaine.

ST-MARTIAL-DE-NABIRAT – 24 Dordogne – **329** I7 – 614 h.   **4** D2
– alt. 175 m – ✉ 24250

▶ Paris 556 – Bordeaux 213 – Périgueux 82 – Cahors 43

✗✗ **Le St-Martial**   🌫 AC 🕏 VISA ⓒ
au bourg – ✆ 05 53 29 18 34 – *www.lesaintmartial.com* – *Fermé 15-28 mars,*
28 juin-6 juil., 24 déc.-2 janv. lundi midi de mi-juil. à fin août, mardi et merc. sauf
le soir du 16 juil. au 31 août
Rest – (25 €) Menu 32/60 € – Carte 45/65 €
◆ Cette charmante maison en pierre, située au cœur du village, est une bonne surprise : chips de légumes, millefeuille de Saint-Jacques, pintade en croûte de saté...

ST-MARTIN-AUX-CHARTRAINS – 14 Calvados – **303** N4 – rattaché à Pont-
L'Évêque

ST-MARTIN-D'ARDÈCHE – 07 Ardèche – **331** J8 – 834 h. – alt. 46 m   **44** B3
– ✉ 07700 ▯ Lyon Drôme Ardèche

▶ Paris 653 – Avignon 62 – Lyon 190 – Nîmes 86
🛈 place de l'Église ✆ 04 75 98 70 91

🏠 **L'Escarbille**   🌫 ⛴ AC 🕏 P VISA ⓒ
quartier Androlle – ✆ 04 75 04 64 37 – *www.hotel-restaurant-lescarbille.com*
– *Ouvert de mars à mi-nov.*
11 ch – ♦52/62 € ♦♦58/68 € – ☲ 8 € – ½ P 58/68 €
Rest – Menu 20/27 € – Carte 26/43 €
◆ Près de la rivière, cette jolie maison en pierre abrite de petites chambres simples. Terrasse sous les acacias et piscine face au village d'Aiguèze. Idéal avant ou
après une randonnée. Cuisine traditionnelle et spécialité de caillette maison aux
épinards.

ST-MARTIN-DE-BELLEVILLE – 73 Savoie – **333** M5 – 3 079 h.   **46** F2
– alt. 1 450 m – Sports d'hiver : 1 450/2 850 m ⛷9 ⛷37 ⛷ – ✉ 73440
▯ Alpes du Nord

▶ Paris 624 – Albertville 44 – Chambéry 93 – Moûtiers 20
🛈 Immeuble L'Épervière ✆ 04 79 00 20 00

🏨 **Saint-Martin** ⑤   ≤ 🌫 ₤⑤ ⓒ ch, AC ch, 🕏 ch, 🕏 🔊 🕏 VISA ⓒ AE
🍃 *r. des Grangeraies* – ✆ 04 79 00 88 00 – *www.hotel-stmartin.com* – *Ouvert*
23 avril-17 déc.
27 ch ☲ – ♦135/380 € ♦♦180/410 € – 4 suites – ½ P 105/220 €
Rest – (19 €) Carte 39/65 €
Rest *Le Grenier* – Menu 19 € (déj.), 30/35 € – Carte 39/65 €
◆ Ce plaisant chalet couvert de lauzes abrite des chambres douillettes à la mode
alpine, toutes dotées d'un balcon. Plats traditionnels dans la salle à manger au
charme feutré. Au Grenier, cuisine du terroir et suggestions du jour sur de grandes ardoises du pays ; cadre rustique.

🏠 **L'Edelweiss** sans rest   🕏 🕏 VISA ⓒ
r. St-François – ✆ 04 79 08 96 67 – *www.hotel-edelweiss73.com* – *Ouvert*
10 juil.-31 août et 20 déc.-26 avril
16 ch ☲ – ♦90/110 € ♦♦130/175 €
◆ L'esprit montagnard fleurit à l'Edelweiss : chambres où domine le pin, sauna...
Demi-pension proposée à l'Étoile des Neiges et, le matin, navette pour la télécabine.

✗✗ **La Bouitte** (René et Maxime Meilleur) avec ch ⑤   ≤ 🌫 🄢 🕏 P
✿✿✿ *à St-Marcel, 2 km au Sud-Est* – ✆ 04 79 08 96 77   VISA ⓒ AE ①
– *www.la-bouitte.com* – *Ouvert 1er juil.-3 sept. et 2 déc.-30 avril*
8 ch ☲ – ♦220/245 € ♦♦276/380 €
Rest – *(fermé lundi en été)* Menu 70/180 € – Carte 100/150 €🍴
Spéc. Perles d'œufs d'escargot, mousse d'aubergine, escargots dorés, chapelure
végétale. Ris de veau caramélisé, pomme de terre agria, "cigarette russe" au raifort, fumée de chêne. Pêche rôtie en coque, jus concentré de groseille (été). **Vins**
Roussette de Savoie, Vin de pays d'Allobrogie.
◆ Décor de vieux chalet, cuisine sucrée-salée inventive (herbes alpestres) et raffinée, service attentif : cette "bouitte" offre un délicieux concentré de Savoie aux
gourmets avertis. Superbes chambres montagnardes et espace détente.

XX **Étoile des Neiges**   🛜 🕹 VISA ⚫⚫

r. St-Martin – 𝒞 04 79 08 92 80 – www.hotel-edelweiss73.com – Ouvert
10 juil.-30 août, et 20 déc.-25 avril
Rest – Menu 30 € (dîner)/50 € – Carte 45/80 €

• Table familiale et traditionnelle dont la spécialité est le foie de veau. Salles au
cadre montagnard, réchauffées par une cheminée centrale ; mezzanine à l'étage
et jolie terrasse.

X **Le Montagnard**   VISA ⚫⚫

– 𝒞 04 79 01 08 40 – www.le-montagnard.com – Ouvert 1ᵉʳ juil.-28 août
et 9 déc.-1ᵉʳ mai
Rest – Carte 30/70 €

• Murs chaulés, mobilier en pin, vieux skis, bibelots et photos des aïeux composent
le sympathique décor de cette ancienne étable. Cuisine régionale et du marché.

ST-MARTIN-DE-LONDRES – 34 Hérault – **339** H6 – 2 126 h.   **23** C2
– alt. 194 m – ⊠ 34380 ▮ Languedoc Roussillon

🚩 Paris 744 – Montpellier 25 – Le Vigan 37
ℹ️ Maison de Pays 𝒞 04 67 55 09 59

XXX **Les Muscardins**   AC P VISA ⚫⚫ AE ⓘ

19 rte des Cévennes – 𝒞 04 67 55 75 90 – www.les-muscardins.fr
– Fermé 15 fév.-10 mars, lundi et mardi sauf fériés
Rest – (27 €) Menu 42/72 €

• Ravissante salle à manger et son petit salon d'attente décorés dans des tons
chaleureux et ornés de tableaux colorés. Cuisine au goût du jour et service traiteur.

au Sud 12 km par D 32, D 127 et D 127ᴱ⁶ – ⊠ 34380 Argelliers

XX **Auberge de Saugras** avec ch 🅟   🛜 🍽 AC ch, 🕹 P VISA ⚫⚫ AE

Domaine de Saugras – 𝒞 04 67 55 08 71 – www.aubergedesaugras.fr – Fermé
8-24 août, 19 déc.-11 janv., lundi midi en juil.-août, mardi sauf le soir
en juil.-août et merc.
7 ch – †45/85 € ††45/85 € – � 9 € – ½ P 59/79 €
Rest – (prévenir) (17 €) Menu 21 € (sem.), 29/65 € – Carte 35/100 €

• N'hésitez pas à braver la garrigue sauvage ! Avec à la clé, la découverte de ce
mas en pierre du 12ᵉ s. Généreuse cuisine du terroir, jolie terrasse et chambres
fonctionnelles.

ST-MARTIN-D'ENTRAUNES – 06 Alpes-Maritimes – **341** B3 – 85 h.   **41** C2
– alt. 1 050 m – ⊠ 06470

🚩 Paris 778 – Barcelonnette 50 – Castellane 66 – Digne-les-Bains 104

🏠 **Hostellerie de la Vallière**   ⇐ 🛜 🕹 P VISA ⚫⚫

le village – 𝒞 04 93 05 59 59 – www.hotel-lavalliere.com
– Ouvert 15 avril-30 oct., vacances de Noël et fév.
10 ch – †40 € ††45 € – ⊇ 8 € – ½ P 46/55 €
Rest – Menu 19/45 € bc – Carte environ 26 €

• Randonneurs et chasseurs de repos apprécieront cette auberge colorée tournée vers le massif du Mercantour. Décor champêtre et confort simple dans les
chambres (sans TV). Repas de tradition à savourer dans une salle rustique prolongée d'une petite terrasse.

ST-MARTIN-DE-LA-PLACE – 49 Maine-et-Loire – **317** I5 – 1 152 h.   **35** C2
– alt. 80 m – ⊠ 49160

🚩 Paris 314 – Nantes 147 – Angers 60 – Saumur 11
ℹ️ Mairie 𝒞 02 41 38 43 06

🏠 **Domaine de la Blairie** 🅟   🍃 🍽 🚹 🕹 🦺 P VISA ⚫⚫ AE

5 r. de la Mairie – 𝒞 02 41 38 42 98 – www.hotel-blairie.com – Fermé
15 déc.-1ᵉʳ fév. et dim. soir de nov. à mars
44 ch – †58/84 € ††58/84 € – ⊇ 10 € – ½ P 53/66 €
Rest – Menu 16/24 € – Carte 18/30 €

• Rien ne vaut le calme de cette demeure du Saumurois et de son grand jardin
avec piscine. Parmi les chambres, toutes fonctionnelles, préférez celles qui ont été
rénovées. Cuisine traditionnelle à prix attractifs servie dans un cadre chaleureux.

ST-MARTIN-DE-RÉ – 17 Charente-Maritime – **324** B2 – voir à Île de Ré

ST-MARTIN-DE-VALGALGUES – 30 Gard – **339** J3 – rattaché à Alès

ST-MARTIN-DU-FAULT – 87 Haute-Vienne – **325** E5 – rattaché à Limoges

ST-MARTIN-DU-TOUCH – 31 Haute-Garonne – **343** G3 – rattaché à Toulouse

ST-MARTIN-DU-VAR – 06 Alpes-Maritimes – **341** E5 – 2 463 h. **41** D2
– alt. 110 m – ✉ 06670

Paris 938 – Antibes 34 – Cannes 44 – Nice 28

XXX **Jean-François Issautier** A/C P VISA MC AE

3 km rte de Nice (D 6202) – ✆ 04 93 08 10 65 – www.issautier.fr – Fermé 25 oct.-3 nov., début janv. à début fév., dim. soir, lundi et mardi

Rest – (26 €) Menu 39/108 € – Carte 69/100 €

Spéc. Pied de cochon croustillant, salade bistrot, réduction balsamique. Rognon de veau rôti en casserole, confiture d'oignons rouges. Incontournable baba au rhum dans un sirop parfum d'orange. **Vins** Bellet, Côtes de Provence.

◆ Adresse discrète protégée par une haie de conifères. La salle, haute sous plafond et bourgeoisement décorée, offre une vue sur les cuisines. Recettes classiques ou régionales.

ST-MARTIN-EN-BRESSE – 71 Saône-et-Loire – **320** K9 – 1 826 h. **8** C3
– alt. 192 m – ✉ 71620

Paris 353 – Beaune 48 – Chalon-sur-Saône 18 – Dijon 86

XX **Au Puits Enchanté** avec ch P VISA MC

1 pl. René-Cassin – ✆ 03 85 47 71 96 – www.aupuitsenchante.com – Fermé 6-15 mars, 18-27 sept., 20-29 nov., 2-25 janv., dim. soir, lundi sauf le soir en juil.-août et mardi

12 ch – †56/65 € ††56/65 € – ☕ 10 € – ½ P 52/58 €

Rest – (17 €) Menu 21/50 € – Carte 30/50 €

◆ Au centre d'un bourg de la Bresse bourguignonne, maison de pays où l'on se met en quatre pour vous faire passer un délicieux moment. Généreuse cuisine à base des produits du terroir. Chambres pour l'étape.

ST-MARTIN-LA-MÉANNE – 19 Corrèze – **329** M4 – 358 h. **25** C3
– alt. 500 m – ✉ 19320

Paris 510 – Aurillac 67 – Brive-la-Gaillarde 54 – Mauriac 48

Barrage du Chastang★ SE : 5 km, Limousin Berry

X **Des Voyageurs** P VISA MC AE

pl. Mairie – ✆ 05 55 29 11 53 – www.hotellesvoyageurs.com – Ouvert 28 mars-11 nov. et fermé dim. soir et lundi sauf de mai à sept.

Rest – Menu 23/36 € – Carte 40/55 €

◆ Charmante auberge en pierre où le temps s'arrête à la faveur d'une cuisine du terroir servie dans un cadre campagnard ou, en été, dans le jardin prolongé d'un étang (pêche).

ST-MARTIN-LE-BEAU – 37 Indre-et-Loire – **317** O4 – 2 606 h. **11** B2
– alt. 55 m – ✉ 37270 Châteaux de la Loire

Paris 231 – Amboise 9 – Blois 45 – Loches 34

X **Auberge de la Treille** avec ch A/C VISA MC

2 r. d'Amboise – ✆ 02 47 50 67 17 – www.auberge-de-la-treille.com – Fermé 1 sem. en mars, vacances de Toussaint, de fév., dim. soir et merc. sauf juil.-août

2 ch – †55 € ††55/62 € – ☕ 8 € – ½ P 56 €

Rest – Menu 20/40 € – Carte environ 38 €

◆ À quelques minutes de l'Aquarium de Touraine. La carte propose une cuisine plutôt actuelle dans un cadre rustique, égayé de colombages. Les chambres sont fonctionnelles, lumineuses et colorées.

ST-MARTIN-LE-GAILLARD – 76 Seine-Maritime – **304** I2 – 326 h.   **33** D1
– alt. 60 m – ✉ 76260 ❚ Normandie Vallée de la Seine

   ▶ Paris 168 – Amiens 99 – Dieppe 27 – Eu 12

✗✗   **Moulin du Becquerel**   🛱 🛱 **P** *VISA* ◐◐
2 r. des Moulins , Nord-Ouest : 1,5 km sur D 16 – ✆ 02 35 86 74 94
– www.moulindubecquerel.fr – Fermé fin janv. à début mars, dim. soir, lundi,
mardi et merc. sauf fériés
Rest – (20 €) Menu 29/45 € – Carte 32/59 €
♦ Paisible maison normande longée par une rivière. Intérieur rustique et terrasse
dressée dans le jardin invitent les hôtes à s'attabler autour de plats traditionnels
du marché.

ST-MARTIN-VÉSUBIE – 06 Alpes-Maritimes – **341** E3 – 1 331 h.   **41** D2
– alt. 1 000 m – ✉ 06450 ❚ Côte d'Azur

   ▶ Paris 845 – Antibes 73 – Barcelonnette 111 – Cannes 83

   🛈 place Félix Faure ✆ 04 93 03 21 28

   ◉ Venanson : ≤ ★, fresques★ de la chapelle St-Sébastien S : 4,5 km.

   ◙ Le Boréon★★ (cascade★) N : 8 km - Cirque★★ du vallon de la Madone de
       Fenestre NE : 12 km.

🏠🏠   **Le Boréon** 🌿   🛱 ⅏ ch, 📶 **P** *VISA* ◐◐ AE
hameau du Boéron, (quartier le Boéron la Cascade), 13 km au Nord-Est
– ✆ 04 93 03 20 35 – www.hotel-boreon.com
– Ouvert avril-oct.
13 ch – ♦68 € ♦♦68 € – � 9 € – ½ P 64 €
Rest – Menu 23/36 €
♦ Beau chalet situé aux abords d'un petit lac. Les chambres, douillettes et bien
équipées, révèlent un décor de style montagnard contemporain. Salle à manger
rustique ornée d'une monumentale cheminée, agréable terrasse colorée et plats
traditionnels.

ST-MATHURIN – 85 Vendée – **316** F8 – 1 623 h. – alt. 30 m   **34** A3
– ✉ 85150

   ▶ Paris 451 – Challans 66 – Nantes 95 – La Roche-sur-Yon 29

⌂   **Le Château de la Millière** sans rest 🌿   ◑ ⚊ ⅏ **P**
La Millière – ✆ 02 51 22 73 29 – www.chateau-la-milliere.com – Ouvert
1er mai-30 sept.
4 ch � – ♦92 € ♦♦100 €
♦ Un vaste parc – piscine, étangs, allées – renforce l'attrait de ce château (19e s.)
qui a préservé son caractère (mobilier d'époque) tout en se dotant d'un confort
actuel.

ST-MAUR-DES-FOSSÉS – 94 Val-de-Marne – **312** D3 – **101** 27 – voir à Paris,
Environs

ST-MAURICE-DE-SATONNAY – 71 Saône-et-Loire – **320** I11 – 415 h.   **8** C3
– alt. 250 m – ✉ 71260

   ▶ Paris 400 – Dijon 129 – Mâcon 17 – Chalon-sur-Saône 61

✗   **Auberge des Grenouillats**   🛱 *VISA* ◐◐
Le Bourg – ✆ 03 85 33 40 50
– Fermé 1er-9 mars, 29 août-5 sept., 24 oct.-28 nov., 18 déc.-3 janv., 25-29 fév.,
mardi soir et merc.
Rest – (nombre de couverts limité, prévenir) Menu 21/27 €
♦ Dans l'ancien café du village, petit bistrot proposant, entre autres, des spéciali-
tés régionales (grenouilles, bœuf charolais). Terrasse à l'ombre des platanes.

ST-MAXIMIN-LA-STE-BAUME – 83 Var – **340** K5 – 14 183 h.   **40** B3
– alt. 289 m – ✉ 83470 ❚ Provence

   ▶ Paris 793 – Aix-en-Provence 44 – Marseille 51 – Toulon 55

   🛈 Hôtel de Ville ✆ 04 94 59 84 59

Couvent Royal 🛏 🍴 🖥 ⚕ 📶 ♨ P VISA ∞ AE

pl. Jean Salusse – ☎ *04 94 86 55 66 – www.hotelfp-saintmaximin.com*
67 ch – 🛏90/345 € – 🛏🛏90/345 € – ⊑ 13 € – ½ P 169/219 €
Rest – (30 €) Menu 39 € – Carte 40/56 €
◆ Hôtellerie originale, accolée à une basilique du 13e s. Chambres douillettes mettant à profit d'anciennes cellules de moines. Repas traditionnel servi dans la belle salle capitulaire. Aux beaux jours, on profite d'une terrasse donnant sur le cloître.

ST-MÉDARD – 46 Lot – **337** D4 – 163 h. – alt. 170 m – ✉ 46150   **28** B1
▶ Paris 571 – Cahors 17 – Gourdon 34 – Villeneuve-sur-Lot 59

🍴🍴🍴 **Gindreau** (Alexis Pélissou)   ⇐ 🍴 AK VISA ∞ AE ⓪
✿ – ☎ *05 65 36 22 27 – www.legindreau.com – Fermé 26 avril-11 mai,*
5-7 août, 17-25 oct., 19 déc.-11 janv., merc. midi de janv. à mars, dim. soir hors saison, lundi et mardi
Rest – *(prévenir le week-end)* Menu 38 € (sem.), 50/120 € – Carte 60/100 €🍴
Spéc. Œuf truffé en baluchon. Double côte d'agneau fermier du Quercy panée à la truffe. Soufflé à la subtile alliance de truffe et marasquin. **Vins** Cahors, Vins de pays du Lot.
◆ Goûteuse cuisine contemporaine qui met en valeur le terroir, à découvrir dans cette ancienne école de village. Salles aux couleurs pastel et terrasse avec les marronniers.

ST-MICHEL-EN-L'HERM – 85 Vendée – **316** I9 – 1 958 h. – alt. 9 m   **34** B3
– ✉ 85580
▶ Paris 453 – Luçon 15 – La Rochelle 46 – La Roche sur Yon 47
🄴 5, place de l'Abbaye ☎ 02 51 30 21 89

🍴🍴 **La Rose Trémière**   AK ⇔ VISA ∞
☙ *4 r. de l'Église –* ☎ *02 51 30 25 69 – Fermé 4-20 oct., 15 fév.-4 mars, mardi sauf juil.-août, dim. soir et lundi*
Rest – Menu 16 € (déj.), 25/49 € – Carte 31/57 €
◆ Maison ancienne abritant une agréable salle au décor rustique soigné. Plats traditionnels à savourer autour de la cheminée centrale.

ST-MICHEL-ESCALUS – 40 Landes – **335** D11 – 274 h. – alt. 23 m   **3** B2
– ✉ 40550
▶ Paris 721 – Bayonne 67 – Bordeaux 135 – Dax 30

🏠 **La Bergerie-St-Michel** sans rest 🌿   🚗 🍴 P
50 chemin du Plomb, à St-Michel le Bourg, par D 142, rte de Castets
– ☎ *05 58 48 74 04 – www.bergeriestmichel.fr*
4 ch ⊑ – 🛏75/80 € 🛏🛏95/130 €
◆ La forêt landaise entoure cette ancienne ferme à colombages magnifiquement restaurée. Chambres de grand confort mariant meubles anciens et contemporains. Copieux petits-déjeuners.

ST-MICHEL-MONT-MERCURE – 85 Vendée – **316** K7 – 1 875 h.   **34** B3
– alt. 284 m – ✉ 85700 🄸 Poitou Vendée Charentes
▶ Paris 383 – Bressuire 36 – Cholet 35 – Nantes 85
◉ ❄ ★★ du clocher de l'église.

🏠 **Château de la Flocellière** 🌿   ⇐ 🐕 🏊 📶 P VISA ∞ AE
La Flocellière, 2 km à l'Est – ☎ *02 51 57 22 03 – www.chateaudelaflocelliere.com*
5 ch – 🛏105/145 € 🛏🛏155 € – ⊑ 11 €
Table d'hôte – Menu 35 € bc/50 € bc
◆ Ce lieu chargé d'histoire était au Moyen Âge une importante forteresse du bas Poitou. Il abrite aujourd'hui des chambres vastes et tranquilles avec vue sur le parc ; celles du donjon sont splendides. Dîners à thème médiéval ou Renaissance dans une époustouflante salle à manger du 16e s.

✕✕ Auberge du Mont Mercure ⟨ ⇔ P VISA ⦿

8 r. l'Orbrie, (près de l'église) – ℰ 02 51 57 20 26
– www.aubergemontmercure.com – Fermé vacances de la Toussaint, de fév.,
lundi soir sauf juil.-août, mardi soir et merc.
Rest – Menu 15 € (sem.), 22/35 € – Carte 21/41 €
♦ De cette auberge familiale perchée, la vue plonge sur le bocage vendéen. Cuisine traditionnelle de saison servie dans un joli cadre rustique. Salle de jeux pour les enfants.

ST-MIHIEL – 55 Meuse – **307** E5 – 4 872 h. – alt. 228 m – ✉ 55300   **26** B2

▌ Alsace Lorraine

▶ Paris 287 – Metz 63 – Nancy 66 – Bar-le-Duc 35

🅭 rue du Palais de Justice ℰ 03 29 89 06 47

🆗 de Madine à Nonsard Base de Loisirs, NE : 25 km par D 901 et D 179, ℰ 03 29 89 56 00

◉ Sépulcre★★ dans l'église St-Étienne - Pâmoison de la Vierge★ dans l'église St-Michel.

à Heudicourt-sous-les-Côtes 15 km au Nord-Est par D 901 et D 133 – 184 h. – alt. 240 m – ✉ 55210

◉ Butte de Montsec : ✳✳★★, monument★ S : 13 km.

🏠 Lac de Madine 🛖 ♿ ch. 🎛 🛋 P VISA ⦿ AE

22 r. Charles de Gaulle – ℰ 03 29 89 34 80 – www.hotel-lac-madine.com – Fermé 20 déc.-10 fév.
41 ch – †58/98 € ††58/98 € – 🍽 10 €
Rest – *(fermé dim. soir du 25 oct. au 25 avril et lundi midi)* Menu 26/37 €
– Carte 40/60 €
♦ Près du lac, maison ancienne rénovée, aux chambres fraîches et actuelles dont dix avec une baignoire balnéo. Celles de l'annexe donnent sur le jardin. Table traditionnelle dressée dans une salle à manger lumineuse et coiffée d'une charpente apparente. Terrasse ombragée.

ST-MONT – 32 Gers – **336** B8 – 304 h. – alt. 133 m – ✉ 32400   **28** A2

▶ Paris 719 – Auch 84 – Bordeaux 160 – Mont-de-Marsan 47

⌂ Château Monastère de Saint-Mont sans rest 🐌 ⟨ 🕯 🛋 🍳

(près de l'église) – ℰ 05 62 69 62 80   P
– www.chateau-monastere-de-saint-mont.com
– Ouvert 14 mars-11 nov.
5 ch 🍽 – †80 € ††80/140 €
♦ Sur les hauteurs du village, cet ancien monastère du 11e s. assure d'un séjour au calme dans ses chambres pleines de charme (cheminée, tommettes). Grand parc, piscine, billard...

ST-NAZAIRE ⬡ – 44 Loire-Atlantique – **316** C4 – 68 838 h. – **34** A2
– Agglo. 136 886 h. – alt. 4 m – ✉ 44600 ▌ Bretagne

▶ Paris 435 – La Baule 19 – Nantes 61 – Vannes 79

Accès Pont de Saint-Nazaire : passage gratuit

🅭 boulevard de la Légion d'Honneur ℰ 02 40 22 40 65

🆗 de Savenay à Savenay Le Chambeau, par rte de Nantes : 27km, ℰ 02 40 56 88 05

🆗 de Guérande à Guérande Ville Blanche, par rte de Guérande : 22 km, ℰ 02 40 60 24 97

◉ Base de sous-marins★ - Forme-écluse "Louis-Joubert"★ - Terrasse panoramique★ **B** - Pont routier de St-Nazaire-St-Brévin★ par ①.

Plan page suivante

ST-NAZAIRE

Amérique Latine (Pl. de l')	**BZ** 2	Jean-Jaurès (R.)	**ABY**	Perrin (Bd P.)	**AY** 20
Auriol (R. Vincent)	**BZ** 3	Lechat (R. A. B.)	**AY** 15	Quatre Z'Horloges	
Blancho (Pl. F.)	**AZ** 5	Légion-d'Honneur		(Pl. des)	**BZ** 21
Chêneveaux (R.)	**AZ** 9	(Bd de la)	**BZ** 16	République (Av. de la)	**AYZ**
Coty (Bd René)	**BZ** 10	Martyrs-de-la-Résistance		Salengro (R. R.)	**AYZ** 22
Croisic (R. du)	**BZ** 12	(Pl. des)	**AY** 18	Verdun (Bd de)	**BZ** 23
Herminier (Av. Cdt-l')	**AY** 13	Mendès-France (R.)	**AZ** 19	28-Février-1943	
Ile-de-France (R. de l')	**AY** 14	Paix et des Arts (R. de la)	**AYZ**	(R. du)	**BZ** 24

Le Berry

🛗 ♿ 🛎 ♫ 📶 🅿 VISA ⦿⦿ AE ①

1 pl. Pierre Semard – ℰ 02 40 22 42 61 – www.hotel-du-berry.fr – Fermé 24 déc.-2 janv.

AYr

27 ch – ♦80/135 € ♦♦90/145 € – ⌧ 12 € – ½ P 77 €

Rest – *(fermé dim. midi et sam.)* Menu 19/30 € – Carte 30/63 €

Rest Brasserie – *(fermé dim. midi et sam.)* Menu 16 € – Carte 24/55 €

♦ Bâtiment de l'après-guerre, face à la gare. Chambres d'esprit moderne, bien tenues et insonorisées. Choix de mets traditionnels au restaurant, clair et agréable.

Holiday Inn Express sans rest

🛗 🛎 ♫ 🅿 VISA ⦿⦿ AE ①

1 r. de la Floride – ℰ 02 40 19 01 01 – www.hotelsaintnazaire.com

BZa

75 ch ⌧ – ♦97/150 € ♦♦97/150 €

♦ Hôtel né en 2008, face à l'ancienne base sous-marine, transformée en centre culturel. Déco moderne, équipements high-tech et bon confort, dans le nouveau cœur de la ville.

✗ **Le Sabayon** 🍴 *VISA* ◯ⓒ AE
☺ *7 r. de la Paix – ☎ 02 40 01 88 21 – Fermé 27 fév.-12 mars, trois sem. en août, dim. et lundi* AZ**b**
Rest – Menu 18/52 € – Carte 30/55 €
♦ Sur une rue semi-piétonne, cette petite adresse familiale propose, dans un décor tout simple, une cuisine respectueuse de la tradition (préparations maison, produits frais).

à St-Marc 5 km à l'Ouest par ② – ✉ 44600

🏠 **Hôtel de la Plage** ✍ ≼ 🍴 ⬛ ⅍ ⌕ ☝ 🅿 *VISA* ◯ⓒ AE
plage de M.-Hulot – ☎ 02 40 91 99 01 – www.hotel-delaplage.fr
30 ch – ♦89/209 € ♦♦89/209 € – ⌐ 12 € **Rest** – Carte 25/40 €
♦ Tati filma Les Vacances de Monsieur Hulot dans cette grande bâtisse blanche qui donne directement sur la plage ! Ravissantes petites chambres (terrasses au 1er étage, mansardes au dernier). Brasserie face aux flots (fruits de mer, poisson et viande à la plancha).

ST-NAZAIRE-EN-ROYANS – 26 Drôme – 332 E3 – 677 h. 43 E2
– alt. 172 m – ✉ 26190 ▮ Alpes du Nord
▶ Paris 576 – Grenoble 69 – Pont-en-Royans 9 – Romans-sur-Isère 19

🏠 **Rome** ≼ 🍴 ⬛ AC rest, ⁏⁏ ⅍ 🅿 ⌂ *VISA* ◯ⓒ AE
☺ *Le Village – ☎ 04 75 48 40 69 – www.hotelrestaurantrome.com*
– Fermé 4-17 janv., vacances de la Toussaint, dim. soir hors saison et lundi
10 ch – ♦47/56 € ♦♦50/60 € – ⌐ 8 € – ½ P 50 €
Rest – (13 €) Menu 19 € (sem.)/46 € – Carte 29/46 €
♦ Imposante maison abritant des chambres propres et insonorisées, les plus agréables avec vue sur l'aqueduc et le lac de la Bourne. Ravioles et caillettes bien connues des gourmets : autant de spécialités de cette table drômoise vouée à la cuisine régionale.

ST-NECTAIRE – 63 Puy-de-Dôme – 326 E9 – 713 h. – alt. 700 m – Stat. 5 B2
therm. – Casino – ✉ 63710 ▮ Auvergne
▶ Paris 453 – Clermont-Ferrand 43 – Issoire 27 – Le Mont-Dore 24
🛈 les Grands Thermes ☎ 04 73 88 50 86
◉ Église★★ : trésor★★ - Puy de Mazeyres ✳★ E : 3 km puis 30 mn.

🏨 **Mercure** 🔊 ⌧ ⅙ ⬛ 🛗 ch, ⁏⁏ ⅍ *VISA* ◯ⓒ AE ⓞ
Les Bains Romains – ☎ 04 73 88 57 00 – www.hotel-bains-romains.com
71 ch – ♦100/120 € ♦♦120/140 € – ⌐ 14 € – ½ P 85/100 €
Rest – Menu 25/29 € – Carte 32/42 €
♦ Belles prestations en cet hôtel installé dans les anciens thermes de la cité. Hall et salon d'un élégant classicisme, chambres contemporaines (parquet, touches colorées). Salle à manger raffinée et terrasse en bord de piscine l'été ; carte traditionnelle.

ST-NEXANS – 24 Dordogne – 329 E7 – rattaché à Bergerac

ST-NIZIER-SOUS-CHARLIEU – Loire – 327 D3 – 1 644 h. 44 A1
– alt. 260 m – ✉ 42190
▶ Paris 406 – Clermont-Ferrand 140 – Mâcon 113 – Saint-Étienne 98

⌂ **Aux Forêt** 🔊 ⌀ ⌧ AC ch, ✗ ch, ⁏⁏ 🅿 *VISA* ◯ⓒ
996 rte de Fleury – ☎ 06 22 48 75 95 – www.aux-forets.fr
3 ch ⌐ – ♦78 € ♦♦95 € **Table d'hôte** – Menu 30 € bc
♦ Ancienne maison de vigneron du 18e s. sur une propriété arborée et fleurie. Les chambres sont confortables et raffinées (mobilier de famille et chiné). Jolie bibliothèque.

Un classement passé en rouge met en avant le charme de la maison 🏨 XXX.

▶ Paris 257 – Arras 77 – Boulogne-sur-Mer 52 – Calais 43

🖪 4, rue du Lion d'Or ℰ 03 21 98 08 51

🏌 Saint-Omer Golf Club à Acquin Chemin des Bois, par rte de Boulogne-sur-Mer : 15 km, ℰ 03 21 38 59 90

◎ Quartier de la cathédrale★★ : cathédrale Notre-Dame★★ - Hôtel Sandelin et musée★ AZ - Anc. chapelle des Jésuites★ AZ **B** - Jardin public★ AZ.

◧ Ascenseur à bateaux des Fontinettes★ SE : 5,5 km - Coupole d'Helfaut-Wizernes★★, S : 5 km.

🏠 **St-Louis** ⤢ ▥ rest, ✗ rest, ╏╏ ᏻ P ᵥᵢₛₐ ⊙ ஊ
⚭ 25 r. d'Arras – ℰ 03 21 38 35 21 – www.hotel-saintlouis.com – Fermé 18 déc.-5 janv.
30 ch – ♥69 € ♥♥76 € – ⚏ 9 € – ½ P 63 €
BZ**s**
Rest – (fermé le midi du 13 juil. au 23 août, sam. midi et dim. midi) (13 €)
Menu 17/32 € – Carte 19/36 €

♦ À proximité de la cathédrale, dans un ancien relais de poste, un hôtel simple, typique de la région. Chambres propres et bien entretenues, plus récentes dans l'annexe. Cuisine axée terroir au Flaubert, décoré dans un style "brasserie moderne".

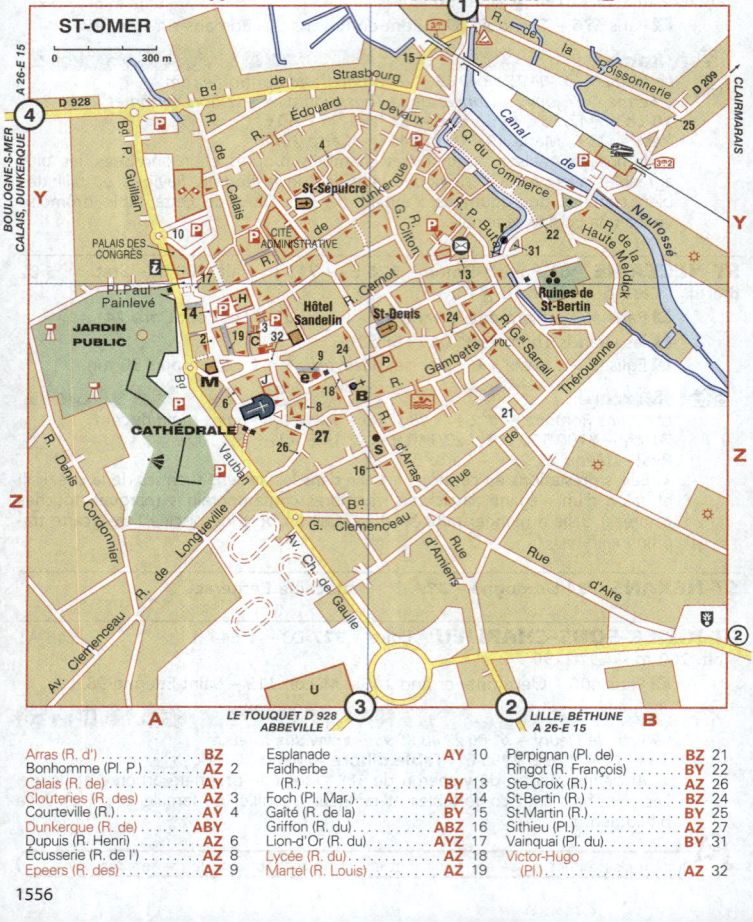

Arras (R. d') .... **BZ**	Esplanade .... **AY** 10	Perpignan (Pl. de) .... **BZ** 21
Bonhomme (R. P.) .... **AZ** 2	Faidherbe	Ringot (R. François) ...... **BY** 22
Calais (R. de) .... **AY**	(R.) .... **BY** 13	Ste-Croix (R.) .... **AZ** 26
Clouteries (R. des) ...... **AZ** 3	Foch (Pl. Mar.) .... **AZ** 14	St-Bertin (R.) .... **BZ** 24
Courteville (R.) .... **AY** 4	Gaîté (R. de la) .... **BY** 15	St-Martin (R.) .... **BY** 25
Dunkerque (R. de) ...... **ABY**	Griffon (R. du) .... **ABZ** 16	Sithieu (R.) .... **AZ** 27
Dupuis (R. Henri) .... **AZ** 6	Lion-d'Or (R. du) .... **AYZ** 17	Vainquai (Pl. du). .... **BY** 31
Écusserie (R. de l') ...... **AZ** 8	Lycée (R. du) .... **AZ** 18	Victor-Hugo
Epeers (R. des) .... **AZ** 9	Martel (R. Louis) .... **AZ** 19	(Pl.) .... **AZ** 32

🏠 Le Bretagne ♨ & ch. ☝ 🚗 P VISA ⚫ AE

2 pl. du Vainquai – ℰ 03 21 38 25 78 – www.hotellebretagne.com – Fermé
1ᵉʳ-15 août, 1ᵉʳ-15 janv.   BY**r**
69 ch – ☝70 € ☝☝70/120 € – ☐ 10 €
Rest – *(fermé sam. midi, dim. et fériés)* (15 €) Menu 28 € – Carte 35/70 €
♦ Une grande maison sur une petite place du centre-ville. Les chambres sont
sobres et confortables, décorées de mobilier hôtelier récent. Restaurant de style
brasserie moderne (banquettes rouges, miroirs) pour déguster soles, turbot
sauce mousseline, etc.

🍴🍴🍴 Le Cygne 🐎 AC ⇔ VISA ⚫

8 r. Caventou – ℰ 03 21 98 20 52 – www.restaurantlecygne.fr – Fermé 3 sem.
en août, 2 sem. en fév., dim. soir et lundi sauf fériés   AZ**e**
Rest – (15 €) Menu 18 € (sem.), 28/50 € – Carte 32/64 €
♦ Cadre agréablement bourgeois et menus de saison ; clins d'œil aux différentes régions et au Nord ! Bœuf au maroilles, granité à la Kriek cerise, parfait au
speculoos...

à Blendecques 4 km par ② et D 211 – 5 087 h. – alt. 25 m – ✉ 62575

🍴 Le St-Sébastien avec ch ☝ VISA ⚫

2 pl. de la Libération – ℰ 03 21 38 13 05 – www.lesaintsebastien.fr – Fermé
20-30 déc., dim. soir et fériés le soir
7 ch – ☝49 € ☝☝59 € – ☐ 8 €   **Rest** – (15 €) Menu 16/36 € – Carte 36/46 €
♦ Une sympathique auberge de l'agglomération audomaroise, dans une jolie
maison de pays : accueil familial, coquet décor rustique et bonnes recettes traditionnelles. Quelques chambres à l'étage, décorées avec goût et simplicité, parfaites pour se reposer.

à Tilques 6 km par ④, D 943 et rte secondaire – 1 036 h. – alt. 27 m – ✉ 62500

🏰 Château Tilques 🍃 🌳 🛁 🖼 🍴 🐕 rest. ☝ 🚗 P VISA ⚫ AE ①

– ℰ 03 21 88 99 99 – www.chateautilques.com
53 ch – ☝125/370 € ☝☝125/370 € – ☐ 19 €
Rest – *(fermé le midi sauf sam. et dim.)* (14 €) Menu 35/50 € – Carte 53/75 €
♦ Cygnes et paons en liberté se promènent dans le parc de ce château en brique
de 1891. Tentures fleuries et meubles de style dans les chambres ; atmosphère
plus contemporaine dans l'annexe. Restaurant cossu dans les anciennes écuries,
pour déguster une cuisine classique.

ST-OUEN – 93 Seine-Saint-Denis – **305** F7 – **101** 16 – **voir à Paris, Environs**

ST-OUEN – 41 Loir-et-Cher – **318** D5 – **rattaché à Vendôme**

ST-OUEN-LES-VIGNES – 37 Indre-et-Loire – **317** O4 – **rattaché à Amboise**

ST-PALAIS – 64 Pyrénées-Atlantiques – **342** F5 – 1 874 h. – alt. 50 m   **3** B3
– ✉ 64120 ▮ Pays Basque et Navarre

▶ Paris 788 – Bayonne 52 – Biarritz 63 – Dax 60
🛈 14, place Charles-de-Gaulle ℰ 05 59 65 71 78

🏠 La Maison d'Arthezenea 🚗 🌳 🐕 ch. P VISA ⚫

42 r. du Palais de Justice – ℰ 05 59 65 85 96
– www.gites64.com/maison-darthezenea
4 ch ☐ – ☝65/70 € ☝☝70/75 €   **Table d'hôte** – Menu 25 € bc
♦ Dans cette demeure en pierre et son jardin verdoyant, on se sent comme chez
soi. Élégante atmosphère "maison de famille" : parquet, gravures et mobilier
ancien... À la table d'hôte, belles spécialités (foie gras maison, ris d'agneau et
palombe flambée en saison).

XX **Trinquet** avec ch 🛋 🚼 rest, 𝐀𝐂 rest, 🛜 𝚅𝙸𝚂𝙰 ⓐ

31 r. du Jeu de Paume – 𝄢 *05 59 65 73 13 – www.le-trinquet-saint-palais.com*
– Fermé 11 avril-3 mai et 19 sept.-4 oct.
9 ch – ♦58 € ♦♦59/70 € – ⌁ 7 €
Rest – *(fermé dim. soir et lundi)* (12 €) Carte 25/43 €
♦ Sur la place du foirail, derrière une façade rétro, cette maison possède un authentique trinquet, pour jouer à la pelote ! La cuisine, simple et de qualité, privilégie le terroir ; agréable décor de bistrot contemporain. Chambres confortables, d'esprit actuel.

ST-PALAIS-SUR-MER – 17 Charente-Maritime – 324 D6 – 3 769 h.   38 A3
– alt. 5 m – ⌖ 17420 🛈 Poitou Vendée Charentes

▶ Paris 512 – La Rochelle 82 – Royan 6
🛈 1, avenue de la République 𝄢 05 46 23 22 58
👁 La Grande Côte★★ NO : 3 km - Zoo de la Palmyre★★ NO : 10 km.

🏠 **De la Plage** ⤓ 𝒮 ch, 🛜 𝚅𝙸𝚂𝙰 ⓐ
⟜ *1 pl. de l'Océan –* 𝄢 *05 46 23 10 32 – www.hoteldelaplage-stpalais.fr – Ouvert*
9 fév.-1ᵉʳ nov.
29 ch – ♦55/73 € ♦♦55/73 € – ⌁ 9 € – ½ P 59/65 €
Rest – *(ouvert 8 mars-11 oct. et fermé dim. soir et lundi sauf de mai à sept.)*
(16 €) Menu 19 € (déj.), 28/33 € – Carte 26/33 €
♦ Dans le centre-ville, cet hôtel-restaurant familial propose des chambres sympathiques, certes petites, mais très bien tenues. Le fils des patrons œuvre aux fourneaux ; cuisine actuelle. Accueil proche du client.

🏠 **Ma Maison de Mer** ⌇ ⤓ 🛋 𝒮 ch, 🛜 𝐏 𝚅𝙸𝚂𝙰 ⓐ
21 av. du Platin – 𝄢 *05 46 23 64 86 – www.mamaisondemer.com*
5 ch ⌁ – ♦70/100 € ♦♦80/155 €
Table d'hôte – *(ouvert juil.-août)* Menu 29 € bc
♦ Au cœur d'un jardin et d'une pinède, à 200 m de la plage. Une famille anglaise tient cette demeure bourgeoise dont le beau décor marin – entre autres – dégage un charme fou. Petits-déjeuners préparés avec des produits frais du marché.

XX **Les Agapes** 🛋 🚼 𝐀𝐂 𝚅𝙸𝚂𝙰 ⓐ 𝐀𝐄
🍃 *8 r. M.-Vallet –* 𝄢 *05 46 23 10 23 – www.les-agapes.fr – Fermé vacances de la*
Toussaint, janv. et lundi
Rest – (15 € bc) Menu 25/48 € – Carte 50/74 €
♦ Intérieur actuel et agréable terrasse dans cette maison voisine du marché. En cuisine, le chef concocte des recettes traditionnelles bien tournées, avec une pointe d'invention.

X **Le Flandre** 🛋 𝐏 𝚅𝙸𝚂𝙰 ⓐ 𝐀𝐄
av. Tamaris, rte de la Palmyre – 𝄢 *05 46 23 36 16 – www.leflandre.com – Fermé*
14 nov.-25 déc., 9 janv.-10 fév., dim. soir, mardi et merc. d' oct. à mars
Rest – (17 €) Menu 22/39 € – Carte 28/59 €
♦ Plafond façon coque de bateau renversée, vivier à homards et produits de la mer dans l'assiette : ce restaurant niché dans une forêt de pins affirme un bel ancrage maritime.

ST-PAL-DE-MONS – 43 Haute-Loire – 331 H2 – 1 960 h. – alt. 840 m   6 D3
– ⌖ 43620

▶ Paris 516 – Clermont-Ferrand 177 – Le Puy-en-Velay 57 – Saint-Étienne 35

🏠 **Les Feuillantines** ⪡ 🛋 🚼 𝒮 rest, 🛜 🔊 𝚅𝙸𝚂𝙰 ⓐ 𝐀𝐄
⟜ *La Vialatte –* 𝄢 *04 71 75 63 25 – www.lesfeuillantines.com*
– Fermé 25 avril-2 mai, 8 août-5 sept., 26 déc.-2 janv.
12 ch – ♦60/63 € ♦♦60/63 € – ⌁ 8,50 € – ½ P 59/62 €
Rest – *(fermé dim. soir et vend.)* Menu 19 € (sem.), 27/47 € – Carte 31/54 €
♦ Sur les hauteurs du village, construction contemporaine dotée de chambres spacieuses et confortables, ouvertes sur la vallée et les massifs. Certaines disposent d'un balcon. Les grandes baies vitrées du restaurant ménagent un joli panorama agreste.

ST-PATERNE – 72 Sarthe – 310 J4 – rattaché à Alençon

ST-PAUL – 06 Alpes-Maritimes – **341** D5 – 3 338 h. – alt. 125 m   **42** E2
– ⊠ 06570 🟩 Côte d'Azur

▶ Paris 922 – Antibes 18 – Cagnes-sur-Mer 7 – Cannes 28
🅸 2, rue Grande ✆ 04 93 32 86 95
🔵 Site★ – Remparts★ – Fondation Maeght★★.

 Le Saint-Paul ⍖   ≼ 🀆 🕮 🅰🅲 ⚂ 🆅🅸🆂🅰 🆖 🅰🅴 ⓪
86 r. Grande, (au village) – ✆ 04 93 32 65 25 – www.lesaintpaul.com – Fermé
15 nov.-1er mars
16 ch – ✝270/650 € ✝✝290/750 € – 1 suite – ⌓ 22 €
Rest – *(fermé mardi et merc. de nov. à mars)* (50 €) Menu 70/110 €
– Carte 50/120 €
♦ Belles pierres, fresques champêtres, fontaine et meubles colorés : voilà le décor
raffiné de cette demeure du 16e s. perchée dans le village médiéval. Élégante salle
à manger et terrasse verdoyante ; cuisine gastronomique rythmée par les saisons.

 La Colombe d'Or   🛋 🀆 🕮 🅰🅲 ch, ⁋ 🅿 🆅🅸🆂🅰 🆖 🅰🅴 ⓪
pl. Ch. de Gaulle – ✆ 04 93 32 80 02 – www.la-colombe-dor.com – Fermé
26 oct.-18 déc. et 5-15 janv.
14 ch – ✝200/300 € ✝✝220/300 € – 11 suites – ⌓ 15 €
Rest – Menu 30 € – Carte 40/80 €
♦ Prisé des artistes et des célébrités, cet hôtel-musée abrite une superbe collection de peintures et sculptures modernes. Cadre "vieille Provence" et chambres
personnalisées. Terrasse délicieusement ombragée et confortable restaurant
décoré avec un goût sûr.

🏠 **Le Mas de Pierre** ⍖   🛋 🀆 ⌱ 🆖 🛁 🛗 🕭 🅰🅲 ⚂ 🕭 🚗 🆅🅸🆂🅰 🆖 🅰🅴 ⓪
2320 rte des Serres, 2 km au Sud – ✆ 04 93 59 00 10 – www.lemasdepierre.com
46 ch – ✝240/780 € ✝✝240/780 € – 2 suites – ⌓ 26 €
Rest – Menu 95 € – Carte 65/115 €
♦ Chambres raffinées, réparties dans cinq bastides au cœur d'un beau jardin
méridional. Luxe, confort et ressourcement (spa). Agréable cuisine traditionnelle
dans un cadre soigné. L'été, restauration légère au bord de la superbe piscine.

✂ **La Toile Blanche** avec ch ⍖   🀆 🍽 rest, 🆅🅸🆂🅰 🆖
826 chemin Pounchounière – ✆ 04 93 32 74 21 – www.toileblanche.com
6 ch – ✝175/290 € ✝✝175/290 € – ⌓ 15 €
Rest – *(ouvert de mi-juin à mi-sept.)* (nombre de couverts limité, prévenir)
Menu 60 € (dîner) – Carte 40/77 €
♦ Sur un chemin en contrebas dans le vallon... Beaucoup de calme pour bien
apprécier une cuisine inventive et moderne – en terrasse à la belle saison ! Agréables chambres d'hôtes : mobilier et objets contemporains, tons gris et provençaux, piscine tout en longueur...

✂ **Le Tilleul Menthe**   🀆 ⇄ 🆅🅸🆂🅰 🆖 🅰🅴
pl. du Tilleul – ✆ 04 93 32 80 36 – www.restaurant-letilleul.com
Rest – (25 €) Menu 29 € (déj. en sem.), 39/45 € – Carte 35/55 €
♦ Des saveurs traditionnelles aux parfums de Provence proposées à l'ardoise et
servies dans un cadre moderne. Le charme de ce bistrot sur une placette du village opère sans mal.

par rte de La Colle-sur-Loup – ⊠ 06570 St-Paul

🏠 **Mas d'Artigny** ⍖   ≼ 🐾 🀆 ⌱ 🆖 🛁 🍽 🕭 🅰🅲 ch, 🛗 🅿 🆅🅸🆂🅰 🆖 🅰🅴 ⓪
chemin des Salettes, 3 km rte des Hauts de St-Paul – ✆ 04 93 32 84 54
– www.mas-artigny.com
55 ch – ✝165/210 € ✝✝165/1599 € – 30 suites – ⌓ 27 €
Rest – (25 €) Menu 65 € (dîner), 75/95 € – Carte 50/80 €
♦ Dans la pinède, dominant la baie des Anges, ce complexe hôtelier voit les choses en grand : appartements avec piscine privée, superbe et immense spa, parc
orné de sculptures. Salle à manger et terrasse panoramiques ; registre culinaire à
dominante littorale.

La Grande Bastide sans rest

1350 rte de la Colle – ℰ 04 93 32 50 30 – www.la-grande-bastide.com – Fermé 26 nov.-20 déc. et 15 janv.-15 fév.
14 ch – †145/210 € ††145/250 € – 2 suites – � 25 €
◆ Préservé dans la verdure, ce mas du 18ᵉ s. vous reçoit dans un décor de style agrémenté de beaux tissus. Chambres avec balcon (trois en duplex), vue sur le village et la mer.

Les Vergers de St Paul sans rest

940 rte de la Colle – ℰ 04 93 32 94 24 – www.vergersdesaintpaul.com
17 ch – †110/260 € ††115/260 € – ⊑ 15 €
◆ Hôtel niché dans un jardin à l'entrée du village de St-Paul. Autour de la piscine, chambres harmonieuses (murs blancs, tissus rayés, parquet) avec terrasse ou balcon.

Le Hameau sans rest

528 rte de la Colle, à 500 m. – ℰ 04 93 32 80 24 – www.le-hameau.com – Ouvert 12 fév.-13 nov.
15 ch – †105/230 € ††120/230 € – 2 suites – ⊑ 16 €
◆ Cadre rustique, jardin planté d'arbres fruitiers et petites chambres douillettes font le charme de cette ferme entourée de maisonnettes blanches. Confitures maison, boutique.

Hostellerie des Messugues sans rest

allée des Lavandes, 500 m, quartier Gardettes par rte de la Fondation Maeght – ℰ 04 93 32 53 32 – www.hotel-messugues-saintpaul.com – Ouvert 1ᵉʳ avril-30 oct.
15 ch – †95/170 € ††95/170 € – ⊑ 14 €
◆ Au calme d'une pinède, villa provençale, bien rénovée, et son originale piscine. Petite curiosité dans les couloirs : les portes des chambres proviennent d'une prison du 19ᵉ s. !

ST-PAUL-DOUEIL – 31 Haute-Garonne – **343** B8 – rattaché à Bagnères-de-Luchon

ST-PAUL-LÈS-DAX – 40 Landes – **335** E12 – rattaché à Dax

ST-PAUL-LÈS-ROMANS – 26 Drôme – **332** D3 – rattaché à Romans-sur-Isère

ST-PAUL-TROIS-CHATEAUX – 26 Drôme – **332** B7 – 8 214 h. — **44** B3
– alt. 90 m – ⊠ 26130 ▮ Lyon Drôme Ardèche

▶ Paris 628 – Montélimar 28 – Nyons 39 – Orange 33
🛈 place Chausy ℰ 04 75 96 59 60
👁 Cathédrale St-Paul★ - Barry ⩽★★ S : 8 km.

Villa Augusta

14 r. Serre Blanc – ℰ 04 75 97 29 29 – www.villaaugusta.fr – Fermé 2-24 janv.
23 ch – †120/360 € ††120/360 € – 1 suite – ⊑ 18 €
Rest *David Mollicone* – *(fermé dim. soir sauf juil.-août et lundi)* Menu 28 € bc (déj. en sem.), 48/98 € – Carte 72/98 €
◆ Belle maison de maître du 19ᵉ s. et son jardin arboré. La décoration, d'esprit méridional, mêle les couleurs vives et le style contemporain. Accueil prévenant. Le restaurant est élégant : décor gris blanc et cuisine gastronomique assez inventive.

Vieille France-Jardin des Saveurs

chemin des Goudessards, 1,2 km rte La Garde Adhémar – ℰ 04 75 96 70 47 – www.restaurant-vieillefrance-jardindessaveurs.com – Fermé 1 sem. en avril, 1 sem. en oct., le midi en juil.-août sauf dim., lundi et mardi
Rest – *(nombre de couverts limité, prévenir)* Menu 25 € (déj. en sem.), 39/60 €
◆ Dans un beau jardin, ce mas – de construction récente – cache un décor provençal soigné. Goûteuse cuisine méridionale (menu truffe en saison), superbe choix de côtes-du-rhône.

✗ **L et Lui** 🛜 VISA ᴏᴏ

2 r. Charles-Chaussy – ☎ 04 75 46 61 14 – www.letlui.com – Fermé
15-23 nov., 3-7 janv., merc. soir en hiver, dim. et lundi
Rest – (22 €) Menu 27 € (déj.), 33/48 €

◆ L jardine et Lui cuisine… les produits de son potager, à travers des menus
"Improvisations" ! Chaque mois, la cave met à l'honneur un vigneron. Décor acidulé, comme le concept.

ST-PÉE-SUR-NIVELLE – 64 Pyrénées-Atlantiques – **342** C4 – 5 106 h. **3 A3**
– alt. 30 m – ⊠ 64310

▶ Paris 785 – Bayonne 22 – Biarritz 17 – Cambo-les-Bains 17
🛈 place du Fronton ☎ 05 59 54 11 69

✗✗ **L' Auberge Basque** (Cédric Béchade) avec ch 🚗 🛜 ⬆ AC ⸬ ຯ) ⠦ P
❀ *quartier Helbarron, D 307* VISA ᴏᴏ AE ➊
(ancienne rte de St-Pée à St-Jean-de-Luz) – ☎ 05 59 51 70 00
– www.aubergebasque.com – Fermé 27-30 juin, 10 janv.-3 fév.
11 ch – ♦90/190 € ♦♦90/190 € – ☲ 28 €
Rest – *(fermé mardi midi et lundi)* (26 €) Menu 46/106 € ⣿
Spéc. Piperade, copeaux d'épaule de cochon ibérique. Merlu de ligne, sauce à
l'encre et fricassée de courgette (avril à sept.). Tarte caramel et piment d'Espelette
(oct. à mars). **Vins** Irouléguy.

◆ Cette ferme du 17ᵉ s. cache une aile très contemporaine, ouverte sur la Rhune
et la campagne… Même alliage en cuisine : le chef signe des mets très inventifs,
dont les racines plongent dans le terroir. Assiettes pleines de saveurs et de couleurs ! Chambres confortables ; "grand" petit-déjeuner tout en gourmandises…

✗✗ **Le Fronton** 🛜 VISA ᴏᴏ AE

quartier Ibarron, rte de St-Jean-de-Luz – ☎ 05 59 54 10 12
– Fermé 1ᵉʳ fév.-12 mars, dim. soir, lundi, mardi, merc. et jeudi
Rest – Menu 39 € – Carte environ 45 €

◆ Ici, cuisine rime avec tradition : les produits du marché et nombreux poissons
frais vous mettront en appétit. Décor confortable et compassé, façon jardin d'hiver ; terrasse.

ST-PÉRAY – 07 Ardèche – **331** L4 – 7 091 h. – alt. 124 m – ⊠ 07130 **43 E2**

▶ Paris 562 – Lamastre 35 – Privas 39 – Tournon-sur-Rhône 15
🛈 1, rue la République ☎ 04 75 40 46 75
◎ Ruines du château de Crussol : site★★★ et ≼★★ SE : 2 km.
◉ Saint-Romain-de-Lerps ☀★★★ NO : 9,5 km par D 287,
　🍴 Lyon Drôme Ardèche

à Soyons 7 km au Sud par D 86 – 1 952 h. – alt. 106 m – ⊠ 07130

🏠 **Domaine de Soyons** 🔥 🛜 ☲ 🄵 ⛳ ⋇ 📺 AC ⋇ rest, ⠦ P
D 86, 670 rte de Nîmes – ☎ 04 75 60 83 55 VISA ᴏᴏ AE ➊
– www.ledomainedesoyons.com – Fermé 22 oct.-3 nov., 1ᵉʳ-10 janv. et 20-28 fév.
28 ch – ♦96/151 € ♦♦112/188 € – ☲ 18 € – ½ P 99/139 €
Rest – (21 €) Menu 26 € (déj.), 32/63 € – Carte 60/90 €

◆ Une chaleureuse atmosphère règne dans cette belle demeure du 19ᵉ s. entourée d'un parc verdoyant (cèdre tricentenaire). Chambres de style Empire ou d'esprit provençal. Goûteuses recettes actuelles servies dans une salle à manger bourgeoise prolongée d'une véranda.

ST-PÈRE – 89 Yonne – **319** F7 – **rattaché à Vézelay**

ST-PHILBERT-DE-GRAND-LIEU – 44 Loire-Atlantique – **316** G5 **34 B2**
– 7 312 h. – alt. 10 m – ⊠ 44310 🍴 Poitou Vendée Charentes

▶ Paris 405 – Nantes 27 – Niort 150 – Rennes 138
🛈 place de l'Abbatiale ☎ 02 40 78 73 88

La Bosselle 🛜 ᴋ 🅰️ rest, ⚬ ch, ⚬ 🚣 P P 📶 ⚬ 🅰️

8 r. du Port – ☎ *02 40 78 73 47 – www.la-bosselle.fr*
14 ch – †60 € ††60/63 € – ☑ 8 € – ½ P 69 €
Rest – (13 €) Menu 18/35 € – Carte 30/40 €
♦ Près de l'abbatiale, cet établissement familial créé en 2001 propose des chambres simples et fonctionnelles, plus calmes sur l'arrière. Au restaurant, salle lumineuse et spécialités de poissons du lac (pêchés à la bosselle) et de grillades au feu de bois.

ST-PHILIBERT – 56 Morbihan – **308** N9 – 1 442 h. – alt. 15 m **9** A3
– ✉ 56470

▶ Paris 489 – Lorient 50 – Rennes 137 – Vannes 29

Le Galet sans rest ⚬ 🗠 ⛱ ᴋ ⚬ ⚬ 🚣 P 📶 ⚬

rte de la Trinité-sur-Mer, 1,2 km au Nord par D 28 et D 781 – ☎ *02 97 55 00 56
– www.legalet.fr*
21 ch – †75/190 € ††75/190 € – 2 suites – ☑ 12 €
♦ Pour une escale tranquille à deux minutes de la Trinité-sur-Mer : un hôtel design entouré d'un joli jardin. Espace bien-être parfaitement conçu (soins du corps, sauna, hammam).

ST-PIERRE-CANIVET – 14 Calvados – **303** K6 – rattaché à Falaise

---

ST-PIERRE-D' ALBIGNY – 73 Savoie – **333** J4 – 3 630 h. – alt. 410 m **46** F2
– ✉ 73250

▶ Paris 596 – Annecy 77 – Chambéry 29 – Lyon 137
🄸 place de l'Europe ☎ 04 79 25 19 38

Château des Allues ⚬ ⬳ 🕭 🕱 ⚬ P

Lieu-dit les Allues – ☎ *06 75 38 61 56 – www.chateaudesallues.com – Fermé
1ᵉʳ nov.-15 déc.*
5 ch ☑ – †110 € ††120/150 € **Table d'hôte** – *(fermé lundi)* Menu 44 € bc
♦ Manoir du 19ᵉ s. rénové avec goût, dans un esprit mêlant subtilement ancien et contemporain : superbes boiseries, mobilier chiné, tissus raffinés. Vue sur les montagnes. À la table d'hôte, bons petits plats à base de légumes du jardin.

ST-PIERRE-DE-CHARTREUSE – 38 Isère – **333** H5 – 851 h. **46** F2
– alt. 885 m – Sports d'hiver : 900/1 800 m 🚡1 🚡13 ⚬ – ✉ 38380
🇫🇷 Alpes du Nord

▶ Paris 571 – Belley 62 – Chambéry 39 – Grenoble 28
🄸 place de la Mairie ☎ 04 76 88 62 08
🔵 Terrasse de la Mairie ≤★ - Prairie de Valombré ≤★ 0 : 4 km - Site★ de Perquelin E : 3 km - La Correrie : musée Cartusien★ du couvent de la Grande Chartreuse NO : 3,5 km - Décoration★ de l'église de St-Hugues-de-Chartreuse S : 4 km.

Beau Site ≤ 🕭 🕱 🛏 ᴋ rest, ⚬ 🚣 📶 ⚬

Le Bourg – ☎ *04 76 88 61 34 – www.hotelbeausite.com – Fermé 1ᵉʳ-30 avril
et 1ᵉʳ nov.-20 déc.*
26 ch – †50/65 € ††65/70 € – ☑ 9 €
Rest – *(fermé mardi midi, dim. soir et lundi d'oct. a juin)* Menu 15/26 €
– Carte environ 28 €
♦ Cette grande maison centenaire recèle une collection d'œuvres du peintre local Peter Rahmsdorf. Chambres sobres et confortables et piscine avec vue sur la vallée. Spacieuse salle à manger, terrasse panoramique et plats traditionnels.

ST-PIERRE-DE-JARDS – 36 Indre – **323** H4 – 128 h. – alt. 148 m **12** C3
– ✉ 36260

▶ Paris 232 – Bourges 35 – Issoudun 22 – Romorantin-Lanthenay 40

XX **Les Saisons Gourmandes** 🛗 ♿ 🆎 VISA ⓞⓑ

pl. des Tilleuls – ℰ 02 54 49 37 67 – Fermé 17 oct.-2 nov., 2-30 janv., lundi sauf le midi de sept. à juin, mardi soir et merc. sauf juil.-août, dim. soir

Rest – Menu 20/44 € – Carte 25/48 €

♦ La salle de cette typique maison a conservé ses poutres d'origine, aujourd'hui peintes en "bleu berrichon". Agréable terrasse et carte traditionnelle bien composée.

ST-PIERRE-DE-MANNEVILLE – 76 Seine-Maritime – **304** F5 — 33 C2
– 728 h. – alt. 6 m – ✉ 76113 🏛 Normandie Vallée de la Seine

▶ Paris 150 – Évreux 72 – Rouen 18 – Sotteville-lès-Rouen 20

⌂ **Manoir de Villers** sans rest ॐ ⩽ ♨ ✿ 🅿

30 rte de Sahurs – ℰ 02 35 32 07 02 – www.manoirdevillers.com – Fermé 15 déc.-15 janv.

4 ch – ♦140 € ♦♦140 € – ☲ 10 €

♦ Ce fabuleux manoir des 16e et 19e s. ressemble à un musée. Décor d'époque dans les pièces communes ouvertes à la visite. Chambres parquetées garnies de beaux meubles anciens.

ST-PIERRE-DES-CHAMPS – 11 Aude – **344** G4 – 154 h. – alt. 146 m — 22 B3
– ✉ 11220

▶ Paris 808 – Carcassonne 41 – Narbonne 41 – Perpignan 84

🏠 **La Fargo** ॐ 🚗 🛗 🔄 ♿ ch, ✿ ch, 🍴 🔏 🅿 VISA ⓞⓑ

– ℰ 04 68 43 12 78 – www.lafargo.fr – Ouvert mi-mars-mi-nov.

12 ch – ♦85/150 € ♦♦85/150 € – ☲ 10 €

Rest – *(fermé le midi sauf week-ends)* Menu 30 € – Carte 39/60 €

♦ Cette ancienne forge isolée dans les Corbières assure un séjour reposant et oxygénant. Chambres joliment meublées et épurées, avec des touches indonésiennes. Plaisante terrasse ombragée et salle à manger d'esprit contemporain, logée dans un bâtiment ancien.

ST-PIERRE-D'OLÉRON – 17 Charente-Maritime – **324** C4 – voir à Île d'Oléron

---

ST-PIERRE-DU-MONT – 14 Calvados – **303** G3 – 78 h. – alt. 25 m — 32 B2
– ✉ 14450

▶ Paris 291 – Bayeux 29 – Caen 58 – St-Lô 58

⌂ **Le Château Saint Pierre** sans rest ॐ 🚗 ✿ 🍴 🅿 VISA ⓞⓑ

1 km à l'Ouest sur D 514 – ℰ 02 31 22 63 79
– www.chambresdhotes-bayeuxarromanchesgrancamp.com

5 ch ☲ – ♦58 € ♦♦70 €

♦ Adresse idéale pour visiter les plages du débarquement. Entouré d'un jardin, ce château de 1600 au décor rustique propose des chambres confortables. Petit-déjeuner normand.

ST-PIERRE-DU-PERRAY – 91 Essonne – **312** D4 – **101** 38 – voir à Paris, Environs

---

ST-PIERRE-LA-NOAILLE – 42 Loire – **327** D2 – rattaché à Charlieu

---

ST-PIERREMONT – 88 Vosges – **314** H2 – 159 h. – alt. 251 m — 27 C2
– ✉ 88700

▶ Paris 366 – Lunéville 24 – Nancy 56 – St-Dié 43

🏠 **Le Relais Vosgien** 🚗 🛗 ♿ 🆎 rest, 🍴 🔏 🅿 VISA ⓞⓑ AE

9 Grande Rue – ℰ 03 29 65 02 46 – www.relais-vosgien.fr – Fermé 11-22 janv.

19 ch – ♦68/110 € ♦♦83/120 € – 1 suite – ☲ 12 €

Rest – *(fermé dim. soir)* (18 €) Menu 29/60 € bc – Carte environ 58 € 🎵

♦ Une grande maison – ancienne ferme – au cœur du bourg, tenue à ce jour par la 4e génération Thénot, famille d'hôteliers dévoués. Chambres confortables, au décor sobre et soigné. Petit espace bien-être. Cuisine traditionnelle alléchante ; dégustation de vins.

ST-PIERRE-QUIBERON – 56 Morbihan – **308** M9 – rattaché à Quiberon

ST-PIERRE-SUR-DIVES – 14 Calvados – **303** L5 – 3 647 h. – alt. 30 m   **33** C2
– ✉ 14170 ▮ Normandie Cotentin
> ▶ Paris 194 – Caen 35 – Hérouville-Saint-Clair 34 – Lisieux 27
> 🛈 23, rue Saint-Benoist 🕾 02 31 20 97 90

✕   **Auberge de la Dives** avec ch   📶 **P** *VISA* **◎**
27 bd Collas – 🕾 02 31 20 50 50
– Fermé 17 nov.-6 déc., 15-27 mars, dim. soir du 15 nov. au 30 mars, lundi soir et mardi
5 ch – †36 € ††40 € – ⯐ 6,50 € – ½ P 58 €
Rest – (15 €) Menu 20/32 € – Carte 32/59 €
♦ Cette auberge champêtre, dont la terrasse se trouve au bord de la Dives, propose des plats traditionnels faisant la part belle aux produits normands. Chambres simples à l'étage.

ST-POL-DE-LÉON – 29 Finistère – **308** H2 – 7 068 h. – alt. 60 m   **9** B1
– ✉ 29250 ▮ Bretagne
> ▶ Paris 557 – Brest 62 – Brignogan-Plages 31 – Morlaix 21
> 🛈 place Evêché 🕾 02 98 69 05 69
> 🞢 de Carantec à Carantec Rue de Kergrist, S : 10 km par D 58,
>   🕾 02 98 67 09 14
> 👁 Clocher★★ de la chapelle du Kreisker★ : ⁂★★ de la tour - Ancienne cathédrale★ - Rocher Ste-Anne : ≤★ dans la descente.

🏠   **France** sans rest   🚗 🛉 ⅍ **P** *VISA* **◎** **AE** **◑**
29 r. des Minimes – 🕾 02 98 29 14 14 – www.hotel-saint-pol.com – Fermé 5-25 janv.
22 ch – †50/60 € ††60/65 € – ⯐ 6,50 €
♦ Dans une rue assez tranquille, élégante demeure régionale des années 1930. Chambres fonctionnelles et bien tenues ; optez pour celles ouvrant sur le Kreisker ou le jardin.

✕✕   **Auberge La Pomme d'Api**   *VISA* **◎** **AE**
49 r. Verderel – 🕾 02 98 69 04 36 – www.aubergelapommedapi.com
– Fermé 3 sem. en mars, 1 sem. en oct. , dim. soir et lundi sauf juil.-août
Rest – (15 €) Menu 25 € bc (déj.), 28/80 € bc – Carte 45/53 €
♦ Maison bretonne de 1562 où trône une superbe cheminée ancienne, en harmonie avec un décor contemporain mariant pierre et bois. Table au goût du jour, mettant en valeur de bons produits.

ST-PONS – 07 Ardèche – **331** J6 – 249 h. – alt. 350 m – ✉ 07580   **44** B3
> ▶ Paris 621 – Aubenas 24 – Montélimar 21 – Privas 24

🏠   **Hostellerie Gourmande "Mère Biquette"** 🐾   ≤ 🚗 📶 🏊
Les Allignols, 4 km au Nord par rte secondaire   ✕ ᕳ ch, 📞 **P** *VISA* **◎** **AE**
– 🕾 04 75 36 72 61 – www.merebiquette.fr – Fermé 12 nov.-10 fév., dim. soir d'oct. à mars, lundi midi, mardi midi et merc. midi
15 ch – †66/114 € ††66/114 € – ⯐ 11 € – ½ P 69/91 €
Rest – Menu 24/45 € – Carte 35/45 €
♦ Les amoureux de nature et de grand calme apprécieront cette ferme ardéchoise nichée entre vignes et châtaigniers. Chambres pratiques, plus spacieuses dans l'aile récente. Au restaurant, plats régionaux et vue sur la vallée.

ST-PONS – 04 Alpes-de-Haute-Provence – **334** H6 – rattaché à Barcelonnette

ST-PORCHAIRE – 17 Charente-Maritime – **324** E5 – 1 543 h.   **38** B2
– alt. 16 m – ✉ 17250
> ▶ Paris 474 – Niort 77 – Rochefort 27 – La Rochelle 56

ⅩⅩ **Le Bruant** avec ch   🚗 🏡 ⅙ 🏖 ch, 🏊 🅿 𝚅𝙸𝚂𝙰 ⑳
76 r. Nationale – ℰ 05 46 94 65 36 – www.lebruant.com – Fermé dim. soir et lundi
4 ch – ♦50 € ♦♦55 € – ⌚ 8 €
Rest – (15 €) Menu 20/45 € – Carte 30/45 €
♦ Cette maison charentaise incarne peut-être l'auberge du 21ᵉ s. : décor campagnard chic très tendance, cuisine traditionnelle revisitée et beau jardin ombragé de mûriers platanes. Les chambres sont des nids modernes (tons clairs, sculptures d'animaux, fleurs).

ST-PORQUIER – 82 Tarn-et-Garonne – **337** D7 – 1 271 h. – alt. 95 m   **28** B2
– ✉ 82700
▶ Paris 651 – Colomiers 60 – Montauban 18 – Toulouse 55

⌂ **Les Hortensias** sans rest ⌖   🚗 🔟 🕸 🕻 🅿 𝚅𝙸𝚂𝙰 ⑳
r. Ste-Catherine – ℰ 05 63 31 85 57 – www.chambres-hotes-leshortensias.com
3 ch ⌚ – ♦60 € ♦♦60 €
♦ Les chambres de cette maison en briques roses s'égayent de jolies couleurs. Vous apprécierez aussi l'ancien chai où est servi le petit-déjeuner et l'agréable jardin fleuri.

ST-PÔTAN – 22 Côtes-d'Armor – **309** I3 – 764 h. – alt. 55 m – ✉ 22550   **10** C1
▶ Paris 429 – Rennes 79 – Saint-Brieuc 46 – Saint-Malo 35

ⅩⅩ **Auberge du Manoir**   🕸 𝚅𝙸𝚂𝙰 ⑳ 𝙰𝙴
31 r. du 19 mars 1962 – ℰ 02 96 83 72 58
– www.auberge-du-manoir.pays-de-matignon.net – Fermé 2 sem. en nov., 2 sem. en fév., mardi soir, dim. soir et merc.
Rest – (13 €) Menu 26/46 €
♦ Agréable étape gourmande en cette accueillante maison située sur la traversée du village : attrayants plats du jour le midi côté bar et carte traditionnelle plus élaborée à découvrir dans la salle à manger néo-rustique.

ST-POURÇAIN-SUR-SIOULE – 03 Allier – **326** G5 – 5 046 h.   **5** B1
– alt. 234 m – ✉ 03500 ▌Auvergne
▶ Paris 325 – Montluçon 66 – Moulins 33 – Riom 61
🖪 29, rue Marcellin Berthelot ℰ 04 70 45 32 73
🔟 de Briailles chemin du Château, E : 3 km, ℰ 04 70 45 49 49
◉ Église Ste-Croix★ - Musée de la Vigne et du Vin★.

⌂ **Le Chêne Vert**   🕸 ⅞ 🏊 🅿 𝚅𝙸𝚂𝙰 ⑳ 𝙰𝙴 ⑩
☙ 35 bd Ledru-Rollin – ℰ 04 70 47 77 00 – www.hotel-restaurant-chene-vert.com
– Fermé 2-23 janv.
29 ch – ♦55/62 € ♦♦64/72 € – ⌚ 8 €
Rest – (fermé dim. soir hors saison, mardi midi hors saison et lundi sauf le soir en saison) (14 €) Menu 18/40 € – Carte 28/42 €
♦ À deux pas du centre historique, un hôtel de tradition, formé de deux maisons séparées par la rue. Préférez les chambres rajeunies. Salles de réunion. Cuisine traditionnelle et vins du cru au restaurant ; agréable terrasse ombragée.

ST-PRIEST-BRAMEFANT – 63 Puy-de-Dôme – **326** H6 – 798 h.   **6** C2
– alt. 290 m – ✉ 63310
▶ Paris 365 – Clermont-Ferrand 49 – Riom 34 – Thiers 26

🏰 **Château de Maulmont** ⌖   🍴 🏡 🔟 ⅙ ⅙ ch, ⅞ 🏊 🅿 𝚅𝙸𝚂𝙰 ⑳ 𝙰𝙴
1,5 km au Sud sur D 59 – ℰ 04 70 59 14 95 – www.chateau-maulmont.com
– Ouvert 1ᵉʳ avril-6 nov.
18 ch – ♦135/220 € ♦♦135/220 € – 3 suites – ⌚ 15 € – ½ P 108/150 €
Rest – (fermé le midi en sem. , dim. soir et lundi soir) Menu 30/85 € bc
– Carte 54/81 €
♦ On goûte la tranquillité de ce château en faisant un saut dans le 19ᵉ s., époque où Mme Adélaïde, sœur de Louis-Philippe, le redécora. Meubles de style, boiseries, jardin à la française...

ST-PRIEST-EN-JAREZ – 42 Loire – **327** F7 – rattaché à St-Étienne

ST-PRIEST-TAURION – 87 Haute-Vienne – **325** F5 – 2 675 h.   **24** B2
– alt. 255 m – ✉ 87480 ▮ Limousin Berry

▶ Paris 387 – Bellac 47 – Bourganeuf 33 – Limoges 15

◎ - ⩝ ★ du parc de Montméry N : 9 km par D 44.

☓

Relais du Taurion   ⊞ ⛱ **P** VISA ⦿

⊚ *2 chemin des Contamines* – ℰ 05 55 39 70 14 – *Fermé 3-18 oct., 12-27 déc.,*
3-11 janv., dim. soir, mardi midi et lundi
Rest – Menu 21 €, 29/39 € – Carte 32/45 €

◆ Un vent nouveau souffle sur ce restaurant tout juste repris par un jeune couple. Vaste maison bourgeoise au cadre sobrement rustique et cuisine de base traditionnelle.

ST-PRIVAT-DES-VIEUX – 30 Gard – **339** J4 – rattaché à Alès

ST-PRIX – 71 Saône-et-Loire – **320** E8 – 228 h. – alt. 464 m – ✉ 71990   **7** B2

▶ Paris 308 – Le Creusot 41 – Dijon 107 – Montceau-les-Mines 54

☓☓

Chez Franck et Francine   ⅙ **P** VISA ⦿

Le bourg – ℰ 03 85 82 45 12 – *www.chez-franck-et-francine.fr.st* – *Fermé janv.,*
dim. soir et lundi
Rest – *(nombre de couverts limité, prévenir)* Menu 39/47 €

◆ Restaurant de village à l'ambiance familiale. Salle à manger au sobre décor, feu
dans la cheminée en hiver. Cuisine au goût du jour personnalisée.

ST-PRIX – 95 Val-d'Oise – **305** E6 – **101** 5 – voir à Paris, Environs

ST-PUY – 32 Gers – **336** E6 – 570 h. – alt. 171 m – ✉ 32310   **28** A2

▶ Paris 731 – Agen 52 – Auch 32 – Toulouse 107

⌂

La Lumiane ❧   ⊞ ⛱ ⅃ ⁒ ⁺◦) VISA ⦿

Grande rue – ℰ 05 62 28 95 95 – *www.lalumiane.com*
5 ch ⊑ – †42/58 € ††51/67 €   **Table d'hôte** – Menu 24 € bc

◆ Cette maison de notable du 17ᵉ s., voisine de l'église du 12ᵉ s., abrite de belles
chambres rustiques (poutres, tomettes), un salon de lecture empreint de sérénité
et un agréable jardin fleuri. La table d'hôte fait la part belle aux produits du terroir.

ST-QUAY-PORTRIEUX – 22 Côtes-d'Armor – **309** F3 – 3 091 h.   **10** C1
– alt. 25 m – Casino – ✉ 22410 ▮ Bretagne

▶ Paris 470 – Étables-sur-Mer 3 – Guingamp 29 – Lannion 54

🛈 17 bis, rue Jeanne d'Arc ℰ 02 96 70 40 64

🖬 des Ajoncs d'Or, O : 7 km, ℰ 02 96 71 90 74

🏠🏠

Ker Moor sans rest ❧   ⩝ ⊞ ▯ ⁺◦) **P** VISA ⦿ AE

13 r. Prés. Le Sénécal – ℰ 02 96 70 52 22 – *www.ker-moor.com*
27 ch – †85/129 € ††109/157 € – ⊑ 13 €

◆ Cette villa centenaire d'inspiration mauresque est perchée au sommet d'une
petite falaise. Les chambres disposent de balcons et d'une jolie vue sur le large.

🏠

Gerbot d'Avoine   ⊞ AC rest, ⁺◦) **P** VISA ⦿

2 bd Littoral – ℰ 02 96 70 40 09 – *www.gerbotdavoine.com*
18 ch – †62/82 € ††68/98 € – ⊑ 10 € – ½ P 72/92 €
Rest – *(fermé 17 oct.-1ᵉʳ avril, dim. soir et lundi hors saison)* *(dîner seult)*
Menu 28/52 € – Carte 42/88 €

◆ Dans la station balnéaire, maison bretonne aux chambres donnant en partie
sur la Manche. Deux salles à manger dont une profitant d'une échappée sur la
mer... Là où, précisément, la cuisine du chef puise son inspiration.

☓

Le Saint-Quay avec rest   ⁒ **P** VISA ⦿

72 bd. Foch – ℰ 02 96 70 40 99 – *www.lesaintquay.fr*
7 ch – †49 € ††55 € – ⊑ 8 €
Rest – *(17 €)* Menu 25/59 € – Carte 43/69 €

◆ Petit restaurant familial au sobre cadre néorustique où l'on goûte une cuisine au
goût du jour. La carte des vins est... sur le tableau. Chambres simples en bon état.

ST-QUENTIN
👁 – 02 Aisne – **306** B3 – 56 792 h. – **Agglo. 103 781 h.** **37** C2
– alt. 74 m – ✉ 02100 ▌Nord Pas-de-Calais Picardie

▶ Paris 165 – Amiens 81 – Charleroi 161 – Lille 113

🛈 espace Victor Basch ☎ 03 23 67 05 00

🏌 de Saint-Quentin-Mesnil à Mesnil-Saint-Laurent Rue de Chêne de Cambrie, SE : 10 km par D 12, ☎ 03 23 68 19 48

◎ Basilique★ - Hôtel de ville★ - Collection de portraits de Maurice Quentin de La Tour★★ au musée Antoine-Lécuyer.

Plan page suivante

Le Grand Hôtel sans rest
📶 📶 🛁 P VISA ⓒⓞ AE ⓘ
6 r. Dachery – ☎ 03 23 62 69 77 – www.grand-hotel2.cabanova.fr – Fermé 3 sem.
en août et 2 sem. en déc.
BZn
24 ch – 🛉105/114 € 🛉🛉115/129 € – ⵥ 9 €

• Cette grande bâtisse construite au pied de la colline propose des chambres de tailles variées, fonctionnelles et desservies par un ascenseur panoramique.

Les Canonniers sans rest
🚗 📶 🛁 P VISA ⓒⓞ AE ⓘ
15 r. Canonniers – ☎ 03 23 62 87 87 – www.hotel-canonniers.com – Fermé
8-21 août et dim. soir
AZm
7 ch – 🛉55/95 € 🛉🛉65/120 € – ⵥ 14 €

• On pénètre dans cette demeure bourgeoise par une belle cour pavée. Chambres calmes et personnalisées (avec cuisinette). Salons habillés de boiseries donnant sur un parc.

Mémorial sans rest
📶 📶 P VISA ⓒⓞ AE ⓘ
8 r. Comédie – ☎ 03 23 67 90 09 – www.hotel-memorial.com
AZb
18 ch – 🛉41/114 € 🛉🛉41/114 € – ⵥ 8,50 €

• Cet ancien hôtel particulier jouit d'une grande cour intérieure arborée. Chaque chambre a été rénovée avec goût : mobilier rustique, de style ou plus actuel.

Ibis sans rest
📶 ⅙ AC 📶 VISA ⓒⓞ AE ⓘ
14 pl. Basilique – ☎ 03 23 67 40 40 – www.ibishotels.com
ABZr
76 ch – 🛉58/75 € 🛉🛉58/75 € – ⵥ 8 €

• Des chambres simples et bien tenues, derrière une élégante façade en briques rouges. Situation idéale pour une visite de la ville.

Auberge de l'Ermitage
🚗 ⅙ ⇔ P VISA ⓒⓞ
331 rte de Paris, 3 km par ⑤ – ☎ 03 23 62 42 80 – Fermé 2 sem. en août, sam.
midi, dim. soir et merc.
Rest – (20 €) Menu 27/53 € – Carte 45/60 €

• Cette auberge a fière allure avec sa façade, sa terrasse et ses extérieurs joliment rénovés. Plaisante salle à manger mi-classique mi-champêtre, petits plats traditionnels.

Villa d'Isle
🚗 🚗 ⇔ P VISA ⓒⓞ AE
111-113 r. d'Isle – ☎ 03 23 67 08 09 – www.villadisle.com – Fermé 1er-15 août,
1er-5 janv., sam. midi, dim. soir et lundi
BZh
Rest – (17 €) Menu 25/46 € – Carte 34/48 €

• Belle verrière, objets anciens et décoration moderne et ethnique : cette maison a l'art d'associer évocations du passé et touches actuelles. Cuisine bistrotière très alléchante.

Le Rouget Noir
AC VISA ⓒⓞ AE
19 r. Victor-Basch – ☎ 03 23 62 44 44 – www.lerougetnoir.com – Fermé dim. soir
Rest – (16 € bc) Menu 22 € bc (déj. en sem.), 28/35 € – Carte 37/57 €
AYZa
• Face aux halles de la ville, un restaurant contemporain tout en... "rouge et noir". Cuisine traditionnelle concoctée avec de bons produits.

à Neuville-St-Amand 3 km par ③ et D 12 – 849 h. – alt. 82 m – ✉ 02100

Château 🌿
🔊 ⅙ ch, 🌿 ch, 🛁 P VISA ⓒⓞ AE
11 r. de la Fontaine – ☎ 03 23 68 41 82 – www.chateauneuvillestamand.com
– Fermé 1er-22 août, 23 déc.-5 janv., sam. midi, dim. soir, lundi et férié
15 ch – 🛉73 € 🛉🛉84 € – ⵥ 12 €   **Rest** – Menu 29/67 € – Carte 40/70 €

• Un parc bien entretenu entoure cette maison de maître restaurée, gage d'une agréable quiétude. Chambres d'esprit rustique avec salles de bains spacieuses. À l'heure des repas, le chef prépare une cuisine traditionnelle de qualité, à base de produits frais.

ST-QUENTIN

Aumale (R. d') . . . . **AZ** 2
Basch (R. Victor) . . . . **AYZ** 3
Basilique (Pl. de la) . . . . . . **ABY** 4
Campions (Pl. des) . . . . **AZ** 5
Croix-Belle-Porte (R.) . . . . . . **AY** 6
Dufour-Denelle (Pl.) . . . . **AY** 7
États-Généraux (R. des) . . . . **AY** 8
Foy (R. du Gén.) . . . . **AZ** 10
Gaulle (Av. du Gén.-de) . . . . **BZ** 13

Gouvernement (R. du) . . . . . **BY** 15
Héros-du-2-Septembre-1945
  (Pl. des) . . . . **BZ** 16
Herriot (R. Édouard) . . . . . . **BZ** 17
Hôtel-de-Ville (Pl. de l') . . . . **AZ** 18
Isle (R. d') . . . . **BZ**
Leclerc (R. Gén.) . . . . **BZ** 21
Lyon (R. de) . . . . **BZ** 24
Mulhouse (Pl.) . . . . **BY** 25
Ovres (R. E.) . . . . **BY** 26
Paringault (R.) . . . . **ABY** 27
Pompidou (R. G.) . . . . **AY** 28

Prés.-J.-F.-Kennedy (R. du) . . **AY** 29
Raspail (R.) . . . . **AY**
Rémicourt (Av. de) . . . . **BY** 31
St-André (R.) . . . . **AY** 32
Sellerie (R. de la) . . . . **BZ** 33
Le Sérurier (R.) . . . . **AY** 23
Sous-Préfecture (R. de la) . . **BZ** 34
Thomas (R. A.) . . . . **AY** 36
Toiles (R. des) . . . . **BZ** 37
Verdun (Bd) . . . . **AZ** 38
Zola (R. Émile) . . . . **AZ**
8-Octobre (Pl. du) . . . . **BZ** 41

à Holnon 6 km par ⑥ et D 1029 – 1 364 h. – alt. 102 m – ⌧ 02760

Le Pot d'Étain   ⮕ ⮕ ⮗ ch, ⸮ ⸮ **P** ⸜VISA⸝ ⮲

D 1029 – ⌕ 03 23 09 34 35 – www.lepotdetain.fr
30 ch – ⮛63/72 € – ⮛⮛85/110 € – ⭤ 10 € – ½ P 64/84 €
Rest – (18 € bc) Menu 22 € bc/42 € – Carte 40/70 €
◆ À l'entrée du bourg, un pavillon aux allures d'hacienda complété par un motel.
Chambres fonctionnelles et bien insonorisées, peu à peu rénovées. Cuisine tradi-
tionnelle au restaurant.

ST-QUENTIN-EN-YVELINES – 78 Yvelines – **311** H3 – **106** 29 – **101** 21 – voir
à Paris, Environs

ST-QUENTIN-LA-POTERIE – 30 Gard – **339** L4 – rattaché à Uzès

ST-QUIRIN – 57 Moselle – **307** N7 – 821 h. – alt. 305 m – ⊠ 57560 **27** D2
🟩 Alsace Lorraine

▶ Paris 433 – Baccarat 40 – Lunéville 56 – Phalsbourg 34
🗓 Mairie 𝒞 03 87 08 60 34

✗✗ **Hostellerie du Prieuré** avec ch   � ⌖ 🛆 P VISA ⚊ AE
😊 *163 r. du Gén.-de-Gaulle – 𝒞 03 87 08 66 52 – www.saintquirin.com*
– Fermé vacances de la Toussaint et de fév., sam. midi, mardi soir et merc.
8 ch – ♥48/50 € ♥♥58/60 € – ⌷ 8 €
Rest – (12 €) Menu 28/70 € – Carte 29/53 €
♦ Ancien couvent du 18ᵉ s. au cœur de ce village apprécié des randonneurs. Cuisine traditionnelle servie dans des salles à manger colorées. Chambres pratiques pour l'étape, aménagées dans la maison familiale, typique, située à deux pas.

ST-RAMBERT-D'ALBON – 26 Drôme – **332** B2 – 5 086 h. **43** E2
– alt. 142 m – ⊠ 26140

▶ Paris 522 – Grenoble 93 – Lyon 59 – Valence 53

🏨 **Domaine de Senaud** 🌿   ⌖ 🛋 ⌖ ⌖ ch, AC ⌖ 🛆 P
😊 *au golf d'Albon-Senaud, 4 km au Sud par D 26 et D 122*   VISA ⚊ AE
– 𝒞 04 75 03 03 90 – www.golf-albon.com
30 ch ⌷ – ♥104/119 € ♥♥113/129 € – ½ P 78/85 €
Rest – *(fermé le dim. soir)* (15 €) Menu 17/28 €
♦ Modernité et confort résument l'esprit de cet hôtel récent situé en pleine nature. Chambres spacieuses (certaines avec lits king size) en prise avec le jardin. Côté restaurant, agréable salle panoramique, cuisine traditionnelle et formules spéciales "golfeurs".

ST-RAPHAËL – 83 Var – **340** P5 – 33 804 h. – Casino Z – ⊠ 83700 **41** C3
🟩 Côte d'Azur

▶ Paris 870 – Aix-en-Provence 121 – Cannes 42 – Fréjus 4
🗓 rue Waldeck Rousseau 𝒞 04 94 19 52 52
🗓 Esterel Latitudes 745 Boulevard Darby, E : 5 km, 𝒞 04 94 52 68 30
🗓 de Cap Estérel, E : 3 km, 𝒞 04 94 82 55 00
🔵 Collection d'amphores★ dans le musée archéologique **M.**

Accès et sorties : voir plan de Fréjus.

Plan page suivante

🏨 **La Marina**   ⌖ 🛋 ⌖ 📶 ⌖ AC ⌖ 🛆 🚗 VISA ⚊ AE ⓞ
port Santa-Lucia (Palais des Congrès), par ① – 𝒞 04 94 95 31 31
– www.hotel-lamarina.fr
100 ch – ♥105/275 € ♥♥105/275 € – ⌷ 13 € – ½ P 175/345 €
Rest – Menu 24/48 € – Carte 27/56 €
♦ Les chambres, teintées de bleu ou de rouge, affichent une décoration dans l'air du temps. La plupart ont un balcon et certaines ouvrent sur la piscine ou sur le port de plaisance. Carte simple et traditionnelle à savourer en terrasse en été, au bord du quai.

🏨 **Continental** sans rest   ⌖ 📶 ⌖ AC ⌖ 🛆 🚗 VISA ⚊ AE
100 promenade René Coty – 𝒞 04 94 83 87 87 – www.hotels-continental.com
– Ouvert de mars à début nov. et 20 déc.-1ᵉʳ janv. **Ze**
44 ch – ♥79/239 € ♥♥79/239 € – ⌷ 13 €
♦ Face à la plage, au cœur de l'animation, hôtel occupant le 1ᵉʳ étage d'une vaste bâtisse néoclassique blanche. Chambres claires et confortables à choisir de préférence côté mer.

🏨 **Excelsior**   ⌖ 📶 ⌖ AC ⌖ 🛆 VISA ⚊ AE ⓞ
193 bd Félix Martin, (prom. R. Coty) – 𝒞 04 94 95 02 42 – www.excelsior-hotel.com
36 ch ⌷ – ♥62/205 € ♥♥128/205 € **Zh**
Rest – (23 €) Menu 29 € (déj.), 35/42 € – Carte 39/66 €
♦ Face à la plage, grande bâtisse blanche fin 19ᵉ s. Chambres contemporaines et cosy (tons chaleureux, fauteuils club), avec vue sur la baie ou sur la ville. Recettes régionales à déguster en terrasse, aux beaux jours, en admirant la mer. Petit pub à l'anglaise.

ST-RAPHAËL

Aicard (R. J.) .... **Z** 2
Albert-1er (Quai) .... **Z** 3
Allongue (R. Marius) .... **Y** 5
Barbier (R. J.) .... **Z** 6
Basso (R. Léon) .... **Y** 7

Baux (R. Amiral) .... **Y** 9
Carnot (Pl.) .... **Y** 10
Coty (Promenade René) ..... **Z** 13
Doumer (Av. Paul) .... **Z** 14
Gambetta (R.) .... **Y** 15
Gounod (R. Ch.) .... **Z** 17
Guilbaud (Cours Cdt) .... **Y** 18
Karr (R. A.) .... **Y** 21

Libération (Bd de la) .... **Z** 22
Liberté (R. de la) .... **Y** 23
Martin (Bd Félix) .... **YZ** 24
Péri (Pl. Gabriel) .... **Y** 26
Remparts (R. des) .... **Y** 28
Rousseau
    (R. W.) .... **Y** 30
Vadon (R. H.) .... **Z** 31

🏠 **Santa Lucia** sans rest   🛏 AC 🌐 🅿 VISA 🆗 AE
418 Corniche D'Or, par ① *–* ℰ *04 94 95 23 00 – www.hotelsantalucia.fr – Fermé 23 déc.-13 fév.*
12 ch ⬜ *–* †*70/140 €* ††*85/155 €*
♦ Adresse familiale au décor de paquebot où chaque chambre, impeccablement tenue, évoque l'atmosphère d'un pays lointain : Louisiane, Chine, Kenya... À l'arrière, vue sur la mer.

🍴 **La Brasserie "Tradition & Gourmandise"**   🍽 AC ↔ VISA 🆗 AE
😊 *6 av. de Valescure –* ℰ *04 94 95 25 00 – www.labrasserietg.fr*   **Y**r
Rest *–* (16 €) *Menu* 19 € (déj.) *– Carte* 26/48 €
♦ Une brasserie contemporaine avec une terrasse très fleurie – un havre de paix en centre-ville ! Cuisine canaille bien ficelée, dans l'esprit "tradition et gourmandise".

🍴 **La Cave**   AC VISA 🆗 AE
23 r. Thiers – ℰ *04 94 95 79 62 – www.la-cave-restaurant.com*
– Fermé 1ᵉʳ-7 juin, 6-27 janv., le midi en juil.-août, dim. soir et lundi
hors saison   **Y**t
Rest *–* (12 €) *Menu* 29 € bc (déj. en sem.)/39 € *– Carte* 24/45 €
♦ Le chef de ce bistrot contemporain propose une cuisine du marché et des plats d'autrefois, comme les mitonnaient nos grands-mères. Belle cave à vins et épicerie fine attenante.

à Valescure 5 km au Nord-Est – ✉ 83700

Golf de Valescure ⌖ ♫ 🏠 ⌿ 🏖 ✗ 🔞 🔊 ⌖ ch, Ⓐ Ⓒ rest, 🔢 ⌖ **P**
55 av. Paul L'Hermite, (au golf) – ✆ 04 94 52 85 00 · ⌖ VISA ⓜ Ⓐ Ⓓ
– www.valescure.com
62 ch – ✝82/275 € – ✝✝82/275 € – 8 suites – ⊐ 20 € – ½ P 44 €
Rest *Les Pins Parasols* – *(dîner seult)* Menu 35/65 € – Carte 35/70 €
Rest *Club House* – ✆ 04 94 52 85 03 *(déj. seult)* Menu 20 € bc/26 € bc
– Carte 25/36 €
◆ Face aux greens, cet hôtel abrite d'agréables chambres décorées dans un style
actuel (bois clair et wengé, tons beige ou chocolat), dotées de terrasses privatives.
Aux Pins Parasols, recettes provençales revisitées et atmosphère cosy. Repas
façon brasserie au Club House, ex-Pavillon de l'Exposition universelle de 1900.

La Chêneraie sans rest ⌖   🚗 🏊 Ⓐ Ⓒ 🔊 **P** VISA ⓜ Ⓐ
167 av. des Gondins – ✆ 04 94 44 48 84 – www.lacheneraie.com
– Fermé 14 nov.-11 déc. et 17 janv.-13 fév.
10 ch – ✝85/125 € – ✝✝100/190 € – ⊐ 15 €
◆ Cette demeure de 1890 aurait presque des allures de maison d'hôtes. Décorées
avec goût, les chambres mêlent ancien, moderne et tons reposants. Piscine et
beau jardin au calme.

Le Jardin de Sébastien 🏠 Ⓐ Ⓒ **P** VISA ⓜ
599 av. des Golfs – ✆ 04 94 44 66 56 – Fermé vacances de la Toussaint, sam.
midi en juil.-août, dim. soir et merc. midi de sept. à juin et lundi
Rest – Menu 28/52 € – Carte 28/60 €
◆ Agréable villa cernée par les pins : la terrasse profite du jardin méditerranéen...
Cuisine fine aux saveurs régionales (produits frais).

La Table d' Emi 🏠 Ⓐ Ⓒ VISA ⓜ
rte des Golfs, (angle r. Jean Rostand) – ✆ 04 94 44 63 44 – www.latabledemi.fr
– Fermé 31 déc.-24 janv., dim. soir de sept. à juin et lundi
Rest – (22 €) Menu 29/43 €
◆ Carte traditionnelle et du marché, aux accents du Sud, et ardoise du jour. La
salle, décorée de toiles contemporaines, s'ouvre sur une charmante terrasse verdoyante.

Le Sud 🏠 Ⓐ Ⓒ **P** VISA ⓜ
16 bd Darby, rte des golfs – ✆ 04 94 44 67 86 – Fermé 3-10 juin,
22 déc.-5 janv., mardi et merc. sauf juil.-août, sam. midi, dim. midi et lundi midi
Rest – (18 €) Menu 32/42 €
◆ Une enseigne, une vocation : de ce restaurant voisin du golf, la Provence inspire le décor, coloré et lumineux, comme la cuisine, goûteuse et valorisant de
beaux produits.

ST-RÈGLE – 37 Indre-et-Loire – **317** P4 – **rattaché à Amboise**

ST-RÉMY – 71 Saône-et-Loire – **320** J9 – **rattaché à Chalon-sur-Saône**

ST-RÉMY – 21 Côte-d'Or – **320** G4 – **rattaché à Montbard**

ST-RÉMY-DE-CHARGNAT – 63 Puy-de-Dôme – **326** G9 – **rattaché à Issoire**

ST-RÉMY-DE-PROVENCE – 13 Bouches-du-Rhône – **340** D3   **42** E1
– 10 203 h. – alt. 59 m – ✉ 13210 ▮ Provence

▶ Paris 702 – Arles 25 – Avignon 20 – Marseille 89

🅳 place Jean Jaurès ✆ 04 90 92 05 22

🔞 de Servanes à Mouriès Domaine de Servanes, SE : 17 km, ✆ 04 90 47 59 95

◉ Le plateau des Antiques★★ : Mausolée★★, Arc municipal★, Glanum★
1km par ③ - Cloître★ de l'ancien monastère de St-Paul-de-Mausole par
③ - Hôtel de Sade : dépôt lapidaire★ **L** - Donation Mario Prassinos★ **S.**

◉ ❄★★ de la Caume 7 km par ③.

Plan page suivante

ST-RÉMY-DE-PROVENCE

Commune (R.) . . . . **Z** 2
Estrine (R.) . . . . **YZ** 3
La-Fayette (R.) . . . . **Z** 6
Hoche (R.) . . . . **Z** 4
Libération (Av. de la) . . . . . . **Y** 7
Mauron (Av. Ch.) . . . . **Y** 8
Mirabeau (Bd) . . . . **YZ** 9
Nostradamus (R.) . . . . **Y** 10
Parage (R.) . . . . **Y** 12
Pelletan (R. C.) . . . . **YZ** 14
Résistance (Av.) . . . . **Z** 15
Roux (R.) . . . . **Z** 16
Salengro (R. R.) . . . . **Y** 18
8 Mai 1945 (R. du) . . . . **Z** 20

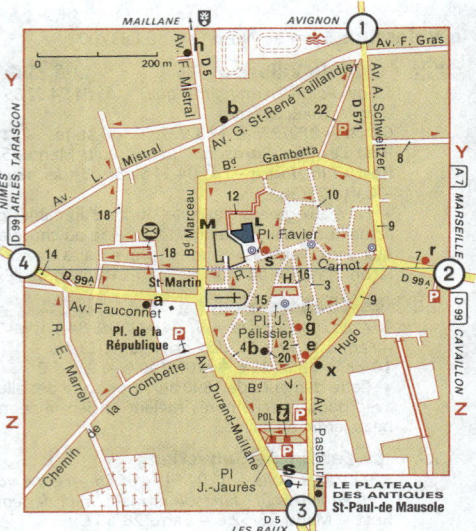

 Hostellerie du Vallon de Valrugues ⬧

chemin Canto Cigalo, 1 km par ②
– ℰ 04 90 92 04 40 – www.vallondevalrugues.com – Fermé 2-26 janv.
47 ch – ♦190/1200 € ♦♦190/1200 € – 1 suite – ☲ 23 €
Rest *Marc de Passorio* – voir ci-après
Rest *Bistrot Gourmand* – *(fermé le soir)* (26 €) Menu 32 € – Carte 45/77 €
◆ Dans un quartier résidentiel, grande villa entourée d'un beau jardin arboré
avec piscine. Le décor luxueux et les chambres contemporaines participent au
sentiment de détente. Cuisine méditerranéenne et parfumée au bistrot.

 Le Château des Alpilles ⬧

2 km à l'Ouest par D 31 – ℰ 04 90 92 03 33
– www.chateaudesalpilles.com – Fermé 3 janv. au 17 mars
16 ch – ♦190/210 € ♦♦210/290 € – 4 suites – ☲ 20 €
Rest – *(fermé merc. hors saison)* (22 €) Menu 43 € (dîner) – Carte 45/69 € le soir
◆ Superbe demeure du 19e s. décorée avec goût, dans un parc aux platanes centenaires. Chambres classiques au château, contemporaines dans les annexes (mas,
lavoir, chapelle). Entre chic bourgeois et design seventies, le restaurant mêle les
styles ! Cuisine méridionale.

 Les Ateliers de l'Image ⬧

36 bd V. Hugo – ℰ 04 90 92 51 50 – www.hotelphoto.com
– *Ouvert d'avril à oct.*
30 ch – ♦165/450 € ♦♦165/450 € – 2 suites – ☲ 19 €
Rest – *(fermé mardi et merc. de mi-sept. à mi-juin)* (29 €) Menu 34/59 €
– Carte 59/67 €
◆ Un "hôtel-atelier" dédié à la photo (expositions, stages) au milieu d'un superbe
parc. Chambres aux lignes épurées, dont la moitié avec terrasse. Originale suite-cabane
dans un arbre. À table, optez pour le sushi bar ou une carte fleurant bon la Provence.

 Château de Roussan ⬧

rte de Tarascon – ℰ 04 90 90 79 00 – www.chateauderoussan.com – Fermé 3-28 janv.
16 ch – ♦180/300 € ♦♦180/300 € – 4 suites – ☲ 19 €
Rest – *(fermé dim. soir et lundi sauf en saison)* (23 € bc) Menu 38/52 €
– Carte 43/76 €
◆ Les cactus prennent le soleil dans la magnifique serre du 19e s., tandis que les carpes ondoient dans le bassin... Raffinement, élégance et douceur de vivre dans ce beau
château des 17e et 18e s. ! Douce intimité dans la salle voûtée et courte carte actuelle.

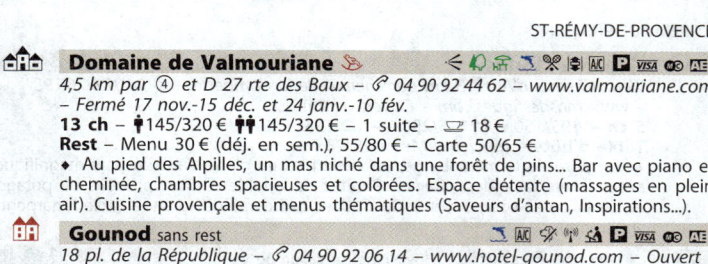

Domaine de Valmouriane ⊗ ≤ 🐕 🏠 🏊 ✕ 🅰 🛏 **P** VISA ⊚ AE
4,5 km par ④ et D 27 rte des Baux – ℰ 04 90 92 44 62 – www.valmouriane.com
– Fermé 17 nov.-15 déc. et 24 janv.-10 fév.
13 ch – †145/320 € ††145/320 € – 1 suite – ⊡ 18 €
Rest – Menu 30 € (déj. en sem.), 55/80 € – Carte 50/65 €
◆ Au pied des Alpilles, un mas niché dans une forêt de pins... Bar avec piano et cheminée, chambres spacieuses et colorées. Espace détente (massages en plein air). Cuisine provençale et menus thématiques (Saveurs d'antan, Inspirations...).

Gounod sans rest 🏊 ✕ 🅰 **P** VISA ⊚
18 pl. de la République – ℰ 04 90 92 06 14 – www.hotel-gounod.com – Ouvert
d'avril à oct. **Za**
30 ch ⊡ – †100/230 € ††110/230 €
◆ Charles Gounod composa ici son opéra Mireille. Décor d'inspiration baroque, exubérant et haut en couleurs. Jardin, piscine et bon petit-déjeuner servi dans le salon de thé cosy.

Le Mas des Carassins ⊗ ≤ 🚲 🏠 🏊 🅰 ch, ✆ **P** VISA ⊚
1 chemin Gaulois, 1 km par ③ – ℰ 04 90 92 15 48 – www.masdescarassins.com
– Fermé 28 nov.-18 déc. et 3 janv.-7 mars
13 ch ⊡ – †99/197 € ††99/197 € – 3 suites   **Rest** – (dîner seult) Menu 31 €
◆ Lavandes, citronniers, oliviers, fontaines et bassins, piscine... Dans un beau jardin, se dresse ce mas du 19e s. aménagé avec goût (jolies chambres provençales). Menu unique le soir au restaurant, servi dehors ou dans une salle lumineuse avec poutres et cheminée.

Sous les Figuiers sans rest ⊗ 🚲 🏊 🅰 ✆ **P** VISA ⊚
3 av. Taillandier – ℰ 04 32 60 15 40 – www.hotel-charme-provence.com
– Fermé 16 janv.-18 mars **Yb**
13 ch – †65/87 € ††80/148 € – ⊡ 12 €
◆ Petit hôtel de charme aux chambres raffinées (boutis, meubles chinés), certaines avec terrasse... sous les figuiers. Le petit-déjeuner est délicieux ! Cours de peinture.

Canto Cigalo sans rest 🚲 🏊 ✆ **P** VISA ⊚
8 chemin Canto-Cigalo , 1 km par ② – ℰ 04 90 92 14 28
– www.cantocigalo.com – Fermé 2 sem. en nov. et 2 sem. en janv.
20 ch – †59/87 € ††59/87 € – ⊡ 8 €
◆ Dans un quartier résidentiel calme, un petit hôtel sympatique et plein de fraîcheur : crépi, bois peint et notes provençales. Piscine et terrasse face aux Alpilles.

L'Amandière sans rest ⊗ 🚲 🏊 **P** VISA ⊚ AE
av. Théodore Aubanel, (dite plaisance du Touch), 1 km par ① puis rte Noves
– ℰ 04 90 92 41 00 – www.hotel-amandiere.com
26 ch – †65 € ††65 € – ⊡ 8 €
◆ Villa moderne de style provençal dans un agréable jardin arboré et fleuri. Chambres paisibles et pimpantes avec balcon ou terrasse. Petit-déjeuner servi dans le jardin d'hiver.

Du Soleil sans rest ⊗ 🏊 🅰 ✕ ✆ **P** VISA ⊚ AE Ⓞ
35 av. Pasteur – ℰ 04 90 92 00 63 – www.hotelsoleil.com – Ouvert 4 avril-13 nov.
27 ch – †69/88 € ††69/88 € – ⊡ 8 € **Zz**
◆ Du soleil... et de la Provence. Cette ancienne fabrique de chardons s'organise autour d'une vaste cour, arborée et avec piscine. Chambres fraîches et paisibles.

Le Chalet Fleuri sans rest 🚲 🏊 ✕ ✆ **P** VISA ⊚ AE
15 av. Frédéric Mistral – ℰ 04 90 92 03 62 – www.hotel-lechaletfleuri.com
– Fermé 3 janv.-14 fév. **Yh**
12 ch – †64/90 € ††64/115 € – ⊡ 10 €
◆ Dans une petite maison 1900 – bien nommée – à quelques minutes du centre-ville. Chambres lumineuses et bien tenues ; jardin de pins, tilleuls et palmiers.

La Maison du Village sans rest 🅰 ✆ VISA ⊚
10 r. du 8 mai 1945 – ℰ 04 32 60 68 20 – www.lamaisonduvillage.com
5 ch – †170/210 € ††170/210 € – ⊡ 12 € **Zb**
◆ Jolie maison du 18e s. située en plein centre historique. Chambres au charme rétro, décorées de teintes chaleureuses (écru, parme, pourpre), pour réinventer le passé...

Mas de Figues ⚘ 🔊 🍴 ≛ ♿ ch, 🎙 📶 📇 💳 ⓒⓞ 🆎 ⓘ
Vieux Chemin d'Arles, 3 km par chemin de la Combette – 📞 04 32 60 00 98
– www.masdesfigues.com – Ouvert avril à oct.
5 ch – 🛏95/150 € 🛏🛏115/250 € – ⊆ 15 €
Table d'hôte – *(prévenir)* Menu 28/48 €
♦ En guise de ferme-auberge, un vieux mas en pierre dans un parc magnifique,
avec oliviers, lavandes, piscine... Profitez de la table d'hôte : produits du potager
et de la basse-cour, saveurs du Sud et cadre raffiné (grande table, charpente
apparente).

Marc de Passorio – Hostellerie du Vallon de Valrugues ≤ 🍴 📇
chemin Canto Cigalo, 1 km par ② *–* 📞 04 90 92 04 40   💳 ⓒⓞ 🆎 ⓘ
*– www.restaurant-marcdepassorio.com – Fermé 3-30 janv., dim. soir, mardi
midi et lundi hors saison*
Rest – *(nombre de couverts limité, prévenir)* Menu 58/98 € – Carte 96/124 €🍴
Spéc. Escargots, endives caramélisées et oignons de Provence. Épaule d'agneau
confite aux légumes et carré rôti minute. Comme un "After Height" menthe-cho-
colat. **Vins** Les Baux de Provence.
♦ Cette cuisine gastronomique valorise le terroir et les meilleurs produits régionaux. Cadre élégant et serein, où classicisme et modernité cohabitent en harmonie ; terrasse fleurie.

La Maison Jaune (François Perraud)   🍴 💳 ⓒⓞ
15 r. Carnot – 📞 04 90 92 56 14 *– www.lamaisonjaune.info*
– Fermé 1ᵉʳ déc.-31 janv., dim. soir en hiver, mardi midi de juin à sept. et lundi
Rest – *(nombre de couverts limité, prévenir)* Menu 38/68 €   **Y**s
– Carte 56/82 €
Spéc. Artichauts violets de Provence, huile de persil, poutargue (été). Filet de
canette de Challans, mangue poivrée. Nectarine, verveine, citron, sablé aux figues,
granité au fruit de la passion (été). **Vins** Les Baux de Provence.
♦ Sur la terrasse de cette belle demeure, à l'ombre d'un toit de tuiles du pays, on
domine la vieille ville... Cuisine provençale lumineuse et précise, desserts délicats.

L'Aile ou la Cuisse 🍴 ♿ 📇 💳 ⓒⓞ
5 r. Commune – 📞 04 32 62 00 25 *– Fermé de mi-janv. à fin fév., dim. d'oct. à
Paques et lundi*   **Z**g
Rest – (18 €) Menu 23 € (déj.), 37 € – Carte 45/55 € le soir
♦ Jadis réfectoire d'un ancien couvent, ce lieu ne laisse pas indifférent : intérieur
feutré et chic, ravissant patio-terrasse, savoureuse cuisine bistrotière et vente de
pâtisseries.

Le Bistrot Découverte 🍴 📇 ⟷ 💳 ⓒⓞ 🆎
19 bd Victor Hugo – 📞 04 90 92 34 49 *– www.bistrotdecouverte.com
– Fermé 3 sem. en fév., 2 sem. en nov., le soir en hiver et lundi*   **Z**e
Rest – (16 €) Menu 30 € – Carte 35/50 €🍴
♦ Ce bistrot de caractère, avec véranda, est remarquable pour sa belle cave voûtée en pierre et ses crus à déguster sur place ou à emporter. Cuisine de tradition
provençale.

au Domaine de Bournissac 11 km par ②, D 30 et D 29
– ✉ 13550 Paluds-de-Noves

La Maison de Bournissac (Christian Peyre) ⚘ ≤ 🔊 🍴 ≛ ♿ 📇
montée d'Eyragues – 📞 04 90 90 25 25   🎙 🛁 📶 💳 ⓒⓞ 🆎
– www.lamaison-a-bournissac.com – Fermé 3 janv.-10 fév.
10 ch – 🛏145/165 € 🛏🛏145/165 € – 3 suites – ⊆ 17 € – ½ P 60 €
Rest – *(fermé lundi et mardi d'oct. à avril)* (30 € bc) Menu 45/150 €
– Carte 74/117 €
Spéc. Langoustines rôties en vinaigrette de romarin. Pigeon fermier rôti, croustillant de cuisse au massalé et pois chiche. Rhubarbe pochée sur un macaron rose,
sorbet framboise. **Vins** Les Baux de Provence, Cairanne.
♦ Un beau et grand mas entouré de vignes et d'oliviers, dominant Luberon, Alpilles et Ventoux. Chambres et salons sont décorés dans un style provençal sobre et
raffiné. Cuisine gastronomique méridionale, servie dans une salle chaleureuse ou
le patio orné de figuiers.

à Verquières 11 km par ②, D 30 et D 29 – 786 h. – alt. 48 m – ⊠ 13670

   Le Croque Chou   🍴 *VISA* 🔴 AE
pl. de l'Église – ℰ 04 90 95 18 55 – www.le-croque-chou.fr – *Fermé mardi midi du 19 juin au 4 sept., dim. soir et merc. soir du 4 sept. au 17 juin et lundi*
Rest – *(prévenir)* (18 €) Menu 22/70 € bc – Carte 57/88 €
◆ On vous reçoit en famille, avec le sourire, dans cette ancienne bergerie transformée en auberge. Goûteuse cuisine du Sud, beaux produits bio et carte de vins naturels.

à Maillane 7 km au Nord-Ouest par D 5 – 2 092 h. – alt. 14 m – ⊠ 13910

   L'Oustalet Maïanen   🍴 AC *VISA* 🔴 AE
16 av. Lamartine – ℰ 04 90 95 74 60 – *Fermé 2-5 juil., 23 oct.-3 fév., mardi midi en juil.-août, sam. midi et dim. soir sauf juil.-août et lundi*
Rest – (18 €) Menu 27/52 € – Carte 36/52 €
◆ Face à la maison de Frédéric Mistral, un restaurant discret et agréable. Sous la tonnelle de vigne vierge, les Mireille d'aujourd'hui y savourent une goûteuse cuisine provençale...

ST-RÉMY-DU-PLAIN – 35 Ille-et-Vilaine – **309** M4 – 698 h.   **10** D2
– alt. 108 m – ⊠ 35560
▶ Paris 383 – Rennes 38 – Saint-Malo 58 – Fougères 40

   La Haye d'Irée   🌿 ⅃ ✁ ch, 🏱 *VISA* 🔴
1,5 km au Sud par D 90 puis D 12 – ℰ 02 99 73 62 07
– www.chateaubreton.com – *Ouvert d'avril à oct.*
4 ch ⊇ – ▪65/100 € ▪▪90/130 €   **Table d'hôte** – Menu 25 €
◆ Dans un grand parc (étang, piscine, roseraie), ce manoir en granit vous plonge dans une atmosphère typique : salon avec cheminée, pierres, poutres, chambres au mobilier ancien. Repas traditionnels (sur réservation) servis dans une salle à manger rustique.

ST-RIQUIER – 80 Somme – **301** E7 – **rattaché à Abbeville**

ST-ROMAIN – 21 Côte-d'Or – **320** I8 – 243 h. – alt. 350 m – ⊠ 21190   **7** A3
▶ Paris 330 – Dijon 59 – Chalon-sur-Saône 41 – Le Creusot 50

   Les Roches avec ch   🍴 ✁ ch, 🏱 *VISA* 🔴
pl. de la Mairie – ℰ 03 80 21 21 63 – www.les-roches.fr – *Fermé 20 déc.-5 janv., vacances de fév., mardi et merc.*
8 ch – ▪68 € ▪▪68 € – ⊇ 10 € – ½ P 85 €   **Rest** – Carte 23/46 €
◆ Une sympathique adresse où l'accueil se veut proche du client. Copieuse cuisine de terroir et plats canailles à l'ardoise, soignés et servis dans un cadre de bistrot simple. Quelques chambres sobres et fonctionnelles pour l'étape.

ST-ROMAIN-LE-PUY – 42 Loire – **327** D6 – **rattaché à Montbrison**

ST-ROME-DE-TARN – 12 Aveyron – **338** J6 – 820 h. – alt. 360 m   **29** D2
– ⊠ 12490
▶ Paris 660 – Millau 21 – Rodez 68 – Toulouse 170
🅳 place du Terral ℰ 05 65 62 50 89

   Les Raspes   ⅃ ✁ ch, 🏱 *VISA* 🔴
av. Denis Affre – ℰ 05 65 58 11 44 – *Fermé vacances de la Toussaint*
17 ch – ▪55/85 € ▪▪65/85 € – ⊇ 10 € – ½ P 72 €
Rest – *(fermé dim. soir d'oct. à mai, lundi midi et merc. midi)* Menu 20/60 €
– Carte 35/70 €
◆ Cette maison traditionnelle en pierre, située dans le village perché, était à l'origine un couvent. Les cellules sont aujourd'hui des chambres douillettes, sobres et soignées. Jolie salle à manger et terrasse où l'on goûte une cuisine locale aux accents du Sud.

ST-SATUR – 18 Cher – **323** N2 – **rattaché à Sancerre**

ST-SATURNIN – 63 Puy-de-Dôme – **326** F9 – 1 120 h. – alt. 520 m   **5** B2
– ⊠ 63450 ▌ Auvergne

　　▶ Paris 438 – Clermont-Ferrand 24 – Cournon-d'Auvergne 18 – Riom 37

Château Royal de Saint-Saturnin ⌂ 　　🖘 🍴 🐾 📶 📡 **P** **VISA** ⊕ **AE**
pl. de l'Ormeau – ℰ 04 73 39 39 64 – www.chateaudesaintsaturnin.com
– *Ouvert 25 mars-6 nov.*
5 ch – ♦160/220 € ♦♦160/220 € – � 14 €
Table d'hôte – *(fermé juil.-août)* Menu 45 € bc

　◆ On replonge au temps du Moyen Âge dans ce château du 13ᵉ s. dominant le village. Les chambres sont raffinées et, dans la suite Duchesse, il y a même une baignoire balnéo... Sous les voûtes, on sert une bonne cuisine bourgeoise aux résidents (sur réservation).

ST-SATURNIN – 72 Sarthe – **310** J6 – rattaché au Mans

ST-SATURNIN-DE-LUCIAN – 34 Hérault – **339** F6 – rattaché à Clermont-l'Hérault

---

ST-SATURNIN-LÈS-APT – 84 Vaucluse – **332** F10 – 2 587 h.   **42** E1
– alt. 420 m – ⊠ 84490 ▌ Provence

　　▶ Paris 728 – Apt 9 – Avignon 55 – Carpentras 44

Domaine des Andéols avec ch ⌂ 　　≤ 🏡 🍴 🌊 ⅃ ⅗ 🄰🄲 🐾 📡 **P**
D2 – ℰ 04 90 75 50 63 – www.domainedesandeols.com　　　**VISA** ⊕ **AE**
– *Ouvert 26 mars-14 nov. et fermé lundi midi et mardi*
10 ch – ♦260/1220 € ♦♦260/1220 € – �cup 25 €
Rest – Menu 34 € (déj.) – Carte environ 45 € le soir

　◆ Un lieu magique au cœur du Luberon : cadre ultrachic et belles saveurs provençales réinventées avec maestria. Appartements-maisons spectaculaires (œuvres d'art et mobilier design), certaines avec piscine privative. Espace détente haut de gamme.

ST-SAUD-LACOUSSIÈRE – 24 Dordogne – **329** F2 – 859 h.   **4** C1
– alt. 370 m – ⊠ 24470

　　▶ Paris 443 – Brive-la-Gaillarde 105 – Châlus 23 – Limoges 57

Hostellerie St-Jacques ⌂ 　　🏡 🍴 ⅃ ⅗ **P** **VISA** ⊕ **AE**
– ℰ 05 53 56 97 21 – www.hostellerie-st-jacques.com
– *Ouvert 2 mars-30 nov. et fermé lundi midi du 16 juin au 14 sept., dim. soir, lundi et mardi du 15 sept. au 30 nov.*
12 ch – ♦70/150 € ♦♦70/150 € – 1 suite – �cup 13 €
Rest – (25 € bc) Menu 40/80 € – Carte 60/80 €🍽

　◆ Ancienne halte des pèlerins de Compostelle, cette maison tapissée de lierre n'est en rien austère : chambres au décor précieux, piscine et jardin fleuri. Agréables mets (coq au vin, espuma de choux fleurs...) et belle carte des vins. Terrasse ombragée.

ST-SAUVANT – 17 Charente-Maritime – **324** G5 – rattaché à Saintes

---

ST-SAUVEUR-DE-MONTAGUT – 07 Ardèche – **331** J5 – 1 147 h.   **44** B3
– alt. 218 m – ⊠ 07190

　　▶ Paris 597 – Le Cheylard 24 – Lamastre 29 – Privas 24
　　🛈 quartier de la Tour ℰ 04 75 65 43 13

Le Montagut 　　🍴 **VISA** ⊕ **AE**
pl. de l'Église – ℰ 04 75 65 40 31 – www.lemontagut.fr – *Fermé 26 fév.-14 mars, mardi soir, dim. soir sauf juil.-août*
Rest – (15 € bc) Menu 28/40 €

　◆ Auberge familiale où l'on propose une cuisine traditionnelle et quelques plats actuels. En décor, une salle sobre et une sympathique terrasse avec un salon zen.

ST-SAVIN – 65 Hautes-Pyrénées – **342** L7 – rattaché à Argelès-Gazost

ST-SAVIN – 86 Vienne – **322** L5 – 925 h. – alt. 76 m – ⊠ 86310   **39** D1

🟩 Poitou Vendée Charentes

> ▶ Paris 344 – Poitiers 44 – Belac 62 – Châtellerault 48
> ◉ Peintures murales★★★ de l'Abbaye★★.

XXX   **Christophe Cadieu**   AC ⇔ VISA ☻ AE

🏵   15 r. de l'Abbaye – 𝒞 05 49 48 17 69 – www.cadieu-86.com – Fermé 25 juin-6 juil., 26 sept.-13 oct., 2-15 janv., merc. sauf le midi de juil. à sept., dim. soir et lundi

Rest – (21 €) Menu 50/75 €

Spéc. Foie gras de canard confit. Agneau du Poitou-Charentes. Tarte chocolat revisitée. **Vins** Vin de pays de la Vienne. Montlouis.

♦ Non loin de l'abbaye, ancienne grange convertie en un confortable restaurant. Appétissante cuisine dans l'air du temps, bien présentée et à base de bons produits locaux.

ST-SEINE-L'ABBAYE – 21 Côte-d'Or – **320** I5 – 365 h. – alt. 451 m   **8** C2
– ⊠ 21440 🟩 Bourgogne

> ▶ Paris 289 – Autun 78 – Dijon 28 – Châtillon-sur-Seine 57
> 🅸 place de l'Église 𝒞 03 80 35 07 63
> 🅶 Dolce Chantilly à Salives Larçon, N : 32 km par D 16, 𝒞 03 80 75 68 54

🏠   **La Poste**   🛏 🍽 ⅃ ᵴ ch, ⍢ 🖐 🅿 VISA ☻

17 r. Carnot – 𝒞 03 80 35 00 35 – www.postesoleildor.fr – Fermé 18 déc.-10 janv. et dim.

15 ch – ⸶60/69 € ⸶⸶66/90 € – ☲ 10 € – ½ P 68/71 €

Rest – (fermé sam.) Menu 22/38 € – Carte 23/55 €

♦ Louis XIV aurait séjourné dans cet ancien relais de poste apprécié pour le calme de son jardin ombragé. Chambres assez spacieuses (en cours de rénovation), piscine. Le restaurant avec sa belle cheminée a conservé son cachet bourguignon. Cuisine traditionnelle.

ST-SERNIN-DU-BOIS – 71 Saône-et-Loire – **320** G8 – rattaché au Creusot

---

ST-SERNIN-SUR-RANCE – 12 Aveyron – **338** H7 – 652 h.   **29** D2
– alt. 300 m – ⊠ 12380 🟩 Languedoc Roussillon

> ▶ Paris 694 – Albi 50 – Castres 69 – Lacaune 29
> 🅸 avenue d'Albi 𝒞 05 65 99 29 13

🏨   **Carayon** 🦢   ⪡ 🌐 🍽 ⅃ 🔲 🖐 ✕ 🎎 ⍢ 🅿 🚗 VISA ☻ AE ①

😵   pl. du Fort – 𝒞 05 65 98 19 19 – www.hotel-carayon.fr – Fermé dim. soir, lundi sauf juil.-août et fériés

73 ch – ⸶43/74 € ⸶⸶43/102 € – ☲ 8 € – ½ P 50/79 €

Rest – Menu 14/54 € bc – Carte 20/46 €

♦ Hôtel centré sur les loisirs où divers types de chambres occupent soit le bâtiment principal, soit les annexes du parc (pigeonnier, maison de pêcheur, chalet et pavillon). Copieux repas du terroir servis dans deux salles claires et amples ou en terrasse.

ST-SERVAN-SUR-MER – 35 Ille-et-Vilaine – **309** K3 – rattaché à St-Malo

---

ST-SEURIN-D'UZET – 17 Charente-Maritime – **324** F6 – 572 h.   **38** B3
– alt. 47 m – ⊠ 17120

> ▶ Paris 516 – Poitiers 183 – La Rochelle 113 – Rochefort 67

🏠   **Blue Sturgeon** 🦢   🛏 🕻

3 r. de la Cave – 𝒞 05 46 74 17 18 – www.bluesturgeon.com – Ouvert de mars à oct.

4 ch ☲ – ⸶120/150 € ⸶⸶120/150 €   **Table d'hôte** – Menu 45/70 €

♦ Le propriétaire, anglais et décorateur, a joliment restauré cette grange viticole du 17ᵉ s. Mélange d'ancien et de contemporain (dont des tableaux "maison"), jardin et plan d'eau. Belle hauteur sous plafond et poutres peintes dans la salle à manger.

ST-SIFFRET – 30 Gard – **339** L4 – rattaché à Uzès

ST-SILVAIN-BELLEGARDE – 23 Creuse – 325 K5 – 220 h.   25 D1
– alt. 535 m – ⊠ 23190

> ▶ Paris 413 – Guéret 53 – Limoges 148 – Montluçon 75

Les Trois Ponts ⊗   🍴 🕭 🌊 ఈ ch, ⬥ P VISA 🚫 AE
D 9 – ℰ 05 55 67 12 14 – www.lestroisponts.nl
5 ch ⊆ – †65 € ††85 € – **Table d'hôte** – Menu 28 € bc
• Un couple d'Hollandais a rénové cet ancien moulin au bord de la Tardes en préservant son authenticité. Douillettes chambres d'esprit provençal, aménagements pour la détente. Ambiance conviviale garantie autour de la superbe table d'hôte (légumes du potager).

ST-SORNIN – 17 Charente-Maritime – 324 E5 – 307 h. – alt. 16 m   38 B2
– ⊠ 17600 Poitou Vendée Charentes

> ▶ Paris 500 – Poitiers 167 – Rochefort 26 – La Rochelle 56

La Caussolière sans rest ⊗   🍴 🌊 ఈ 🌿 🕯 P
10 r. du Petit Moulin – ℰ 05 46 85 44 62 – www.caussoliere.com – Ouvert d'avril à oct.
4 ch ⊆ – †63/77 € ††70/89 €
• Cette ex-ferme du 19ᵉ s. s'ouvre sur un superbe jardin agrémenté d'un bassin. Les chambres, cosy, disposent toutes d'une entrée indépendante. Accueil convivial.

ST-SULIAC – 35 Ille-et-Vilaine – 309 K3 – 901 h. – alt. 30 m – ⊠ 35430   10 D1
Bretagne

> ▶ Paris 396 – Rennes 62 – Saint-Malo 14 – Granville 87

La Ferme du Boucanier   🏠 ఈ ⇔ VISA 🚫
2 r. de l'Hôpital – ℰ 02 23 15 06 35 – Fermé fin déc. à début fév., le midi en sem., merc. sauf de mai à sept. et mardi
Rest – (prévenir) Menu 29/40 €
• Ambiance conviviale dans cette auberge en pierre du pays... On savoure des plats du terroir relevés d'épices en se régalant du spectacle des cuisines, ouvertes sur la salle.

ST-SULPICE – 81 Tarn – 338 C8 – 7 378 h. – alt. 112 m – ⊠ 81370   29 C2

> ▶ Paris 666 – Albi 46 – Castres 54 – Montauban 44
> 🄸 parc Georges Spenale ℰ 05 63 41 89 50
> 🄸₈ de Palmola à Buzet-sur-Tarn Route d'Albi, O : 9km par N 88,
>   ℰ 05 61 84 20 50

Auberge de la Pointe   🏠 P VISA 🚫
D 988 – ℰ 05 63 41 80 14 – www.aubergedelapointe.fr – Fermé 5-18 janv., 28 nov.-11 déc., jeudi midi en juil.-août, mardi soir de sept. à juin, dim. soir et merc.
Rest – (15 €) Menu 24/48 € – Carte 32/50 €
• Ancien relais de poste à la façade rosée et au bel intérieur rustique. La terrasse ombragée dominant le Tarn vaut qu'on s'y attarde ! Plats traditionnels.

ST-SULPICE-LE-VERDON – 85 Vendée – 316 H6 – 726 h. – alt. 65 m   34 B3
– ⊠ 85260 Poitou Vendée Charentes

> ▶ Paris 430 – Nantes 45 – Angers 130 – Cholet 51
> 🄸 Logis de la Chabotterie ℰ 02 51 42 81 00

Thierry Drapeau Logis de la Chabotterie   🍴 🏠 ఈ 🌿 P
– ℰ 02 51 09 59 31 – www.restaurant-thierrydrapeau.com   VISA 🚫 AE
– Fermé 27 juin-17 juil., 24 oct.-6 nov., dim. soir et lundi
Rest – Menu 38 € bc (déj. en sem.), 63/128 € bc – Carte 76/103 € 🍴
Spéc. Aiguillette de homard poêlée au beurre demi-sel (mai à sept.). Suprême de pintade rôti au beurre frais, risotto d'avoine au sang (janv. à avril). Sphère éphémère au chocolat moelleux tiède, émulsion kamok (nov. à fév.). **Vins** Fiefs Vendéens.
• La guerre de Vendée prit fin près de cette belle demeure historique (musée). Point de heurts aujourd'hui en ces lieux, qui conjuguent même révolution et aristocratie : Thierry Drapeau met tout son sens de l'invention au service de saveurs... faites reines.

ST-SULPICE-SUR-LÈZE – 31 Haute-Garonne – **343** F5 – 1 785 h. – **28** B2
– alt. 200 m – ✉ 31410

▶ Paris 709 – Auterive 14 – Foix 53 – St-Gaudens 66

XX **La Commanderie** 🍴 🎏 VISA ⦿⦿
pl. Hôtel de Ville – ℰ 05 61 97 33 61 – www.lacommanderie.venez.fr
– Fermé dim. soir, lundi,mardi et merc. en janv.-fév. et mardi en juil.-août
Rest – Menu 19 € (déj. en sem.), 35/60 €
♦ Salle de caractère avec quelques touches contemporaines, terrasse ouverte sur
le jardin et belle cuisine au goût du jour ; le tout dans une ex-commanderie des
Templiers (13ᵉ s.).

ST-SYMPHORIEN – 72 Sarthe – **310** I6 – 543 h. – alt. 135 m – **35** C1
– ✉ 72240

▶ Paris 231 – Laval 65 – Le Mans 28 – Nantes 201

X **Relais de la Charnie** ⇔ P VISA ⦿⦿
4 pl. Louis des Cars – ℰ 02 43 20 72 06 – Fermé 28 fév.-14 mars, 1ᵉʳ-15 août,
dim. soir et lundi
Rest – (11 € bc) Menu 15/26 € – Carte 33/49 €
♦ Ambiance un brin vieille France dans cet ancien relais de poste avec sa salle
rustique dotée de poutres et d'une grande cheminée. Cuisine traditionnelle.

ST-THÉGONNEC – 29 Finistère – **308** H3 – 2 523 h. – alt. 83 m – **9** B1
– ✉ 29410 🟩 Bretagne

▶ Paris 549 – Brest 50 – Châteaulin 50 – Morlaix 13
◉ Enclos paroissial★★ – Guimiliau : Enclos paroissial★★ , SO : 7,5 km.

🏨 **Auberge Saint-Thégonnec** 🎏 ☎ P VISA ⦿⦿
6 pl. de la Mairie – ℰ 02 98 79 61 18 – www.aubergesaintthegonnec.com
– Fermé 17 déc.-9 janv. et dim. de sept. à mars
19 ch – ♦68/85 € ♦♦78/100 € – ☲ 11 € – ½ P 74/90 €
Rest – (Fermé dim. soir et lundi sauf le soir de mai à août et sam. midi) (18 €)
Menu 27/44 € – Carte 34/55 €
♦ Maison bretonne face à l'église et son célèbre enclos. Chambres contemporaines ouvrant, pour la plupart, sur le jardin. Plats traditionnels soignés et décor
sobre (tons clairs, tableaux modernes) caractérisent le restaurant.

ST-THIBAULT – 18 Cher – **323** N2 – **rattaché à Sancerre**

ST-THIERRY – 51 Marne – **306** F7 – 610 h. – alt. 140 m – ✉ 51220 **13** B2
▶ Paris 149 – Châlons-en-Champagne 64 – Reims 18 – Soissons 66

⌂ **Le Clos du Mont d'Hor** sans rest ⌖ ⟨ ⦿ ⅋ P VISA ⦿⦿
8 r. du Mont-d' Hor – ℰ 03 26 03 12 42 – www.mhchampagne.com
5 ch – ♦90 € ♦♦90 € – ☲ 7 €
♦ Partez à la découverte de la vinification du champagne dans cette belle ferme
restaurée au sein d'un vignoble clos. Confortables chambres (mezzanine) sur le
thème du voyage.

ST-THOMÉ – 07 Ardèche – **331** J6 – 381 h. – alt. 140 m – ✉ 07220 **44** B3
▶ Paris 628 – Lyon 165 – Privas 46 – Montélimar 19

⌂ **La Bastide Bernard** sans rest ⌖ ⟨ ⌿ ⅋ ⦿
à Chasser, 1,5 km au Sud-Est par D 107 – ℰ 06 83 34 60 54
– www.bastidebernard.com – Fermé 20 déc.-20 janv.
4 ch ☲ – ♦80/90 € ♦♦90/120 €
♦ Maison perchée sur une colline, avec une belle vue sur Saint-Thomé. Chambres
claires, spacieuses et bien tenues. Petit-déjeuner en terrasse, piscine avec transats...

ST-TROJAN-LES-BAINS – 17 Charente-Maritime – **324** C4 – **voir à Île**
d'Oléron

▶ Paris 872 – Aix-en-Provence 123 – Cannes 73 – Draguignan 47

🛈 40, rue Gambetta ℰ 08 92 68 48 28

🛇 de Sainte-Maxime à Sainte-Maxime Route du Débarquement, par rte de Ste-Maxime : 16 km, ℰ 04 94 55 02 02

🛇 Gassin Golf Country Club à Gassin Route de Ramatuelle, S : 9 km par D 93, ℰ 04 94 55 13 44

◉ Port★★ - Musée de l'Annonciade★★ - Môle Jean Réveille ≤★
- Citadelle★ : ≤★ des remparts, ☀★★ du musée de la Citadelle
- Chapelle Ste-Anne ≤★ S : 1 km par av. P. Roussel.

Byblos ◈   🛏 🍽 ⅃ 💷 🛁 🎠 ch, 🍴 🚿 ℙ Ⓟ 🚬 💳 ⓒ 🄰 ⓘ

av. P. Signac – ℰ 04 94 56 68 00 – www.byblos.com – Ouvert 13 avril-23 oct.
68 ch – 🛉325/500 € 🛉🛉410/1460 € – 23 suites – ⌣ 38 €   **Z**d
Rest *Spoon-Byblos* – voir ci-après
Rest *Le B* – ℰ 04 94 56 68 19 *(fermé dim. et lundi sauf juil.-août)* Menu 68 € (dîner) – Carte 50/100 €
♦ Maisons colorées entrelacées de jardins et de patios : un luxueux village dans le village, qui compte parmi les lieux mythiques de St-Tropez. Très beau spa. Le B propose une carte snacking, finger food et byni'z, à apprécier autour de la terrasse intérieure. L'alliance du luxe et de la convivialité.

Résidence de la Pinède ◈   ≤ 🛏 🍽 ⅃ 🍴 🛁 ch, 🄰 🍴 Ⓟ

❀❀   1 km par ①, à la plage de la Bouillabaisse
– ℰ 04 94 55 91 00 – www.residencepinede.com – Ouvert début mai à début oct.
35 ch – 🛉385/910 € 🛉🛉385/910 € – 4 suites – ⌣ 30 €
Rest – *(Fermé le midi)* Menu 95 € (sem.), 135/225 € – Carte 120/180 €
Spéc. Sariole de Méditerranée et chair d'esquinado, marinées au limono médica. Volaille jaune élevée au lait en deux services. Autour de la pomme verte ravivée au cumbawa, éphémère d'un soufflé chaud. **Vins** Côtes de Provence.
♦ Des pins bien sûr, mais aussi une vue superbe sur le golfe, une plage privée avec son ponton, des chambres d'un confort imparable… En cuisine, le chef Arnaud Donckele dresse des plats rares, où dialoguent les saveurs et textures des meilleurs produits méditerranéens. Service attentionné ; carte plus simple à midi.

La Bastide de St-Tropez ◈   🛏 🍽 ⅃ 🛁 🄰 ch, 🍴 🛁 Ⓟ

rte Carles : 1 km par av. P. Roussel - **Z** – ℰ 04 94 55 82 55   💳 ⓒ 🄰 ⓘ
– www.bastidesaint-tropez.com – Fermé 2 janv.-11 fév.
16 ch – 🛉275/1100 € 🛉🛉275/1100 € – 10 suites – ⌣ 28 €
Rest – Menu 50/85 €
♦ Atmosphère chic et feutrée dans cette maison tropézienne et ses quatre mas : mobilier chiné, pointe de baroque et soupçon provençal relevés d'un luxuriant jardin méditerranéen (belle piscine). Au restaurant, cuisine actuelle et véranda ouverte sur la verdure.

Pan Deï Palais   🛏 🍽 ⅃ 🍴 🛁 🄰 🍴 Ⓟ 💳 ⓒ 🄰

52 r. Gambetta – ℰ 04 94 17 71 71 – www.pandei.com – Fermé nov.
10 ch – 🛉100/260 € 🛉🛉195/515 € – 2 suites – ⌣ 28 €   **Z**v
Rest – *(fermé lundi de janv. à mars et le midi)* Menu 45/65 € – Carte 75/115 €
♦ Une demeure construite en 1835, présent d'un général napoléonien à son épouse indienne. Ici règne un élégant parfum d'exotisme : tissus chamarrés, bois précieux, hammam… Sérénité ! Cuisine inventive par un chef japonais ; petite restauration au déjeuner.

Le Yaca   🍽 ⅃ 🄰 🍴 🚬 💳 ⓒ 🄰 ⓘ

1 bd Aumale – ℰ 04 94 55 81 00 – www.hotel-le-yaca.fr – Ouvert Pâques-30 oct.
26 ch – 🛉275/795 € 🛉🛉275/795 € – 2 suites – ⌣ 35 €   **Y**e
Rest – *(fermé lundi sauf de juil. à sept.)* (dîner seult) Carte 55/76 €
♦ Cet hôtel de charme (18e s.), le premier de St-Tropez, fut et demeure le refuge des artistes (P. Signac, Colette, B. Bardot, etc.). Chambres soignées : tomettes, meubles anciens… Inventive cuisine italienne servie sur une terrasse intime, autour de la piscine.

Kube �🏊♨️🦽🏋️🤳🚗📶VISA💳AE ⓞ

2 km par ① – ☎ 04 94 97 20 00 – www.kubehotel.com
40 ch – †250/1700 € ††250/2100 € – 1 suite – ☑ 30 €
Rest – *(fermé nov.)* (25 € bc) Menu 30 € bc (déj.) – Carte 50/80 €

◆ Face au golfe de St-Tropez, un hôtel design (mobilier en forme de cube) réservé à une clientèle ultrabranchée ! Enseigne lumineuse de trois mètres dans le jardin, piscine à débordement, DJ... Deux restaurants et quatre bars, dont le "Ice Kube" à - 7° C.

 Villa Cosy sans rest 🚲🚗♨️🦽AC📶🖨VISA💳AE

chemin de la Belle-Isnarde, par r. de la Résistance Z – ☎ 04 94 97 57 18
– www.villacosy.com
11 ch – †150/490 € ††150/490 € – 1 suite – ☑ 25 €

◆ Sur les hauteurs, un hôtel d'esprit maison d'hôte, dont les chambres, minimalistes (béton ciré, tons beige et chocolat), ouvrent sur la piscine. Petite restauration au bar.

 La Ponche 📶🍴♨️AC📶🚗VISA💳AE ⓞ

3 r. des Remparts, (pl. Revelin) – ☎ 04 94 97 02 53 – www.laponche.com – Ouvert
15 fév.-1er nov. **Y**v
17 ch – †155/240 € ††180/500 € – 1 suite – ☑ 19 €
Rest – Menu 27/40 € – Carte 44/62 €

◆ Ces anciennes maisons de pêcheurs colorées, dans le pittoresque quartier de la Ponche, firent le bonheur de Romy Schneider, entre autres personnalités. Au restaurant, l'esprit provençal s'épanouit dans le décor et dans l'assiette. Terrasse ouverte sur la mer.

 Y sans rest 📶VISA💳AE ⓞ

av. Paul Signac – ☎ 04 94 55 55 15 – www.hotel-le-yaca.fr – Ouvert 19 mai-2 oct.
11 ch – †275/505 € ††275/505 € – 2 suites – ☑ 35 € **Y**z

◆ Jolie bâtisse ocre postée au pied de la citadelle... Chambres contemporaines très confortables (meubles d'inspiration années 1960 du designer italien Gio Ponti).

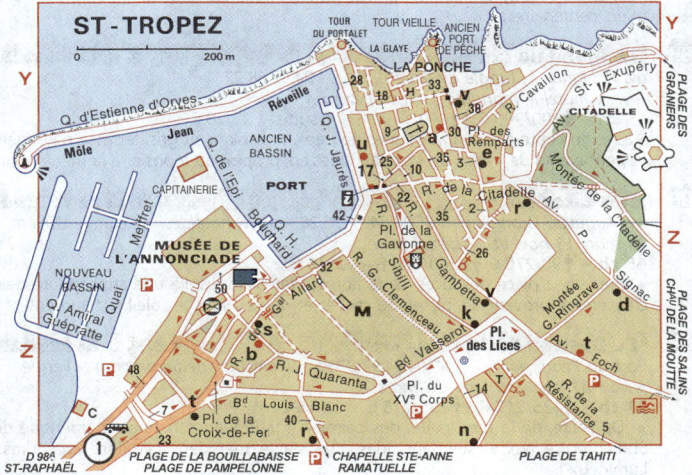

En saison: zone piétonne dans la vieille ville

Aire du Chemin (R.) .... **Y** 2	Herbes (Pl. aux) .... **Y** 17	Péri (Quai Gabriel) .... **Z** 32
Aumale (Bd d') .... **Y** 3	Hôtel de ville (Pl. de l') ... **Y** 18	Ponche (Rue de la) .... **Y** 33
Belle Isnarde (Rte de la) ... **Z** 5	Laugier (R. V.) .... **Y** 22	Portail Neuf (R. du) .... **YZ** 35
Blanqui (Pl. Auguste) ...... **Z** 7	Leclerc (Av. Général) ...... **Z** 23	Remparts (R. des) .... **Y** 36
Clocher (R. du) .... **Y** 9	Marché (R. du) .... **Y** 25	Roussel (Av. Paul) .... **Z** 40
Commerçants (R. des) ...... **Y** 10	Miséricorde (R.) .... **Z** 26	Suffren (Quai) .... **Y** 42
Grangeon (Av.) .... **Z** 14	Mistral (Quai Frédéric) .... **Y** 28	8-Mai-1945 (Av. du) .... **Z** 48
Guichard (R. du Cdt) .... **Y** 15	Ormeau (Pl. de l') .... **Y** 30	11-Novembre (Av. du) ...... **Z** 50

Domaine de l'Astragale ⅋ 🚗 🍴 ⚒ 🍽 & ch, AC 🍽 rest, 📶 🏄 P

1,5 km par ①, chemin de la Gassine ✉ 83580 Gassin   VISA ◉◉ AE
– ℰ 04 94 97 48 98 – www.lastragale.com – Ouvert 27 mai-30 sept.
34 ch – ♦320/470 € ♦♦320/470 € – 16 suites – ☷ 23 €
Rest – Menu 60 € (dîner) – Carte 60/95 €
  ◆ Dans cette jolie villa colorée et ses annexes, on peut paresser au bord de trois piscines ! Chambres vastes, avec balcon ou terrasse. Agréables suites, certaines avec jacuzzi. Cuisine traditionnelle servie dans une salle bourgeoise ou sous un pavillon ouvert.

La Mistralée ⅋ 🚗 ⚒ AC ch, 📶 P VISA ◉◉ AE

1 av. Gén. Leclerc – ℰ 04 98 12 91 12 – www.hotel-mistralee.com – Fermé
5 nov.-26 déc.   **Zt**
8 ch – ♦190/600 € ♦♦190/600 € – 2 suites – ☷ 25 €
Rest – (ouvert 2 avril-29 sept.) Carte 50/70 €
  ◆ Jadis pied-à-terre d'Alexandre, coiffeur des stars, cette villa (1850) ceinte d'un jardin plaisant a gardé son empreinte baroque. Chambres "Maroc", "Chanel", "Tarzan"... Barbecue et tapas à savourer autour de la piscine.

La Maison Blanche sans rest & AC 📶 VISA ◉◉ AE ◉

6 pl. des Lices – ℰ 04 94 97 52 66 – www.hotellamaisonblanche.com – Fermé fév.
5 ch – ♦180/460 € ♦♦180/460 € – 4 suites – ☷ 25 €   **Zk**
  ◆ Tout près et pourtant si loin de l'agitation tropézienne... Ce bel hôtel particulier distille son charme épuré, entre design, blancheur immaculée et romantisme. Bar à champagne.

Pastis sans rest ⚒ & AC 🍽 📶 P VISA ◉◉ AE

61 av. Gén. Leclerc , par ① – ℰ 04 98 12 56 50 – www.pastis-st-tropez.com
– Fermé 30 nov.-27 déc.
9 ch – ♦150/650 € ♦♦175/650 € – ☷ 20 €
  ◆ Chaque pièce de cet hôtel est superbe : mobilier ancien, provençal, contemporain, tableaux, objets d'art. Chambres plus calmes côté piscine et jardin avec palmiers centenaires.

Le Mandala sans rest & AC 📶 P VISA ◉◉ AE

av. P. Signac Z, (angle av. Foch) – ℰ 04 94 97 68 22
– www.hotel-le-mandala-saint-tropez.com
15 ch – ♦190/990 € ♦♦190/1190 € – 1 suite – ☷ 28 €
  ◆ Design contemporain aux lignes épurées, tons blanc et gris, terrasse paysagère et petit bassin de nage : un Mandala très zen, propice au repos et à la médiation.

Des Lices sans rest ⚒ AC 📶 P VISA ◉◉ AE ◉

av. Augustin Grangeon – ℰ 04 94 97 28 28 – www.hoteldeslices.com – Ouvert
25 mars-13 nov. et 27 déc.-8 janv.   **Zn**
45 ch – ♦90/270 € ♦♦260/400 € – ☷ 16 €
  ◆ Près de la place des Lices, cette adresse familiale distille une atmosphère délicieusement provençale, pleine de cachet et de vie. Sous le soleil exactement.

La Bastide du Port sans rest ⩽ & AC 📶 P VISA ◉◉ AE

Port du Pilon, par ① – ℰ 04 94 97 87 95 – www.bastideduport.com – Fermé
5 nov.-31 déc. et 5 janv.-25 mars
27 ch – ♦135/215 € ♦♦135/215 € – ☷ 15 €
  ◆ De l'ocre, de la terre cuite, des palmiers : la Provence patinée d'Amérique du Sud, propice aux siestes languides. Vue sur la mer dans certaines chambres... Lumineux !

Le Mouillage sans rest ⚒ & AC 📶 P VISA ◉◉ AE

port du Pilon , par ① – ℰ 04 94 97 53 19 – www.hotelmouillage.fr
– Fermé mi-nov.-mi-déc. et janv.
14 ch – ♦100/280 € ♦♦130/450 € – ☷ 17 €
  ◆ Jetez l'ancre à une encablure du port du Pilon, dans cet hôtel aux chatoyantes couleurs du Sud. La décoration joue la carte du voyage : Maroc, Asie, etc.

🏠 **La Villa** sans rest 🛎 ⅋ AC ⅋ ℗ P VISA ⓪ AE

6 av. du Rivalet, 3 km par ① – ℰ 04 94 97 70 14 – www.la-villa-hotel.com
– Ouvert avril-oct.
21 ch – ♦100/310 € ♦♦100/310 € – ☷ 13 €

◆ Contemporaines ou traditionnelles, les chambres cossues de cet hôtel fleurent bon la Provence. La plupart profitent d'une vue sur le golfe de St-Tropez.

🏠 **Playa** sans rest AC ⅋ ℗ VISA ⓪ AE

57 r. Allard – ℰ 04 98 12 94 44 – www.playahotelsttropez.com – Ouvert de mars à oct. **Zs**
16 ch – ♦95/134 € ♦♦95/134 € – ☷ 10 €

◆ Au cœur de St-Tropez, dans une rue commerçante et pleine de vie. Confort méridional dans les chambres... Pour vous préserver une plage de tranquillité, logez plutôt à l'arrière.

🏠 **Lou Cagnard** sans rest ⅋ ℗ P VISA ⓪

av. P. Roussel – ℰ 04 94 97 04 24 – www.hotel-lou-cagnard.com – Fermé 1er nov.-27 déc. **Zr**
19 ch – ♦58/71 € ♦♦58/148 € – ☷ 11 €

◆ Cette maison ancienne s'est dorée sous le cagnard et a pris de belles couleurs provençales. L'été, on prend le petit-déjeuner à l'ombre des mûriers et figuiers, à la fraîche.

✕✕ **Le Girelier** 🍽 ᴴ VISA ⓪ AE

quai Jean-Jaurès – ℰ 04 94 97 03 87 – www.legirelier.fr – Ouvert 15 mars-30 oct. et 18 déc.-2 janv. **Yu**
Rest – (25 €) Menu 29 € (déj.)/39 € – Carte 45/85 €

◆ Sur le port, cette cabane de pêcheur au décor rajeuni a atteint sa vitesse de croisière : poissons et crustacés ultrafrais simplement cuisinés à la plancha, bouillabaisse.

✕✕ **La Table du Polo** 🍽 ᴴ P VISA ⓪ AE

rte du Bourrian, Haras de Gassin, 5 km par ① – ℰ 04 94 55 22 14
– www.polo-st-tropez.com – Ouvert 2 avril-14 oct. et fermé lundi sauf juil.-août
Rest – (28 € bc) Menu 45/80 € – Carte 36/135 €

◆ Au vert ! Loin de l'agitation tropézienne, un cadre reposant et chic en bordure des gazons du Polo Club, où savourer une fine cuisine italienne. Charmante terrasse.

✕✕ **Spoon Byblos** – Hôtel Byblos 🍽 VISA ⓪ AE ⓪

av. du Mar.-Foch – ℰ 04 94 56 68 20 – www.byblos.com – Ouvert 13 avril-23 oct.
Rest – (dîner seult) Menu 89 € – Carte 60/125 € 🍷 **Zt**

◆ Voici la déclinaison méditerranéenne du "Spoon" parisien, le concept ludique de Ducasse. Cadre design et éclairage tamisé pour se régaler d'une cuisine créative. Vins du monde.

✕ **L'Auberge des Maures** VISA ⓪ AE

4 r. du Dr-Boutin – ℰ 04 94 97 01 50 – www.aubergedesmaures.com
– Ouvert mars-nov. **Zb**
Rest – (dîner seult) Menu 49 € – Carte 49/57 €

◆ On vient ici pour la généreuse et goûteuse cuisine provençale, mais aussi pour les trouvailles décoratives de la patronne, sans cesse renouvelées... Originalité et tradition !

✕ **Le Banh Hoï** 🍽 AC ⟷ VISA ⓪ AE

12 r. Petit St-Jean – ℰ 04 94 97 36 29 – Ouvert 1er avril-4 oct. **Ya**
Rest – (dîner seult) Carte 54/74 €

◆ Feutré... Lumière tamisée, murs et plafonds laqués de noir, bouddhas stylisés servent d'écrin à une sympathique cuisine parfumée, vietnamienne et thaïlandaise.

> Le symbole ⅌ vous garantit des nuits au calme. En rouge ⅌ ? Une délicieuse tranquillité : juste le chant des oiseaux au petit matin...

au Sud-Est par av. Foch - **Z** – ✉ 83990 St-Tropez

Sezz ॐ — 🚗 🛋 🏊 📶 ♿ 🅰🅲 📶 🅿 🆅🅸🆂🅰 🅼🅾 🅰🅴 🅾

rte des Salins, à 2 km – ☎ 04 94 55 31 55 – www.hotelsezz.com – *Ouvert 2 avril-16 oct.*

35 ch – 🕴400/600 € 🕴🕴600/800 € – 1 suite – �) 32 €

Rest *Colette* – Carte 76/122 €

◆ Le Sezz parisien s'exporte à St-Tropez : ultramoderne, design et ouvert au maximum sur l'extérieur pour profiter de la nature et du climat... Colette, qui vécut dans la région, aurait sans doute aimé la cuisine, aux parfums du Sud, d'épices et d'Asie.

La Tartane Saint-Amour ॐ — 🍃 🛋 🏊 ♿ 🅰🅲 ch, 🎿 rest, 📶 🅿 🆅🅸🆂🅰 🅼🅾 🅰🅴 🅾

rte des Salins – ☎ 04 94 97 21 23 – www.saintamour-hotel.com – *Ouvert de mai à début oct.*

24 ch – 🕴290/595 € 🕴🕴290/670 € – 4 suites – �) 25 €

Rest – *(fermé le midi)* Carte 50/95 €

◆ Chic, précieux, raffiné : un lieu idéal pour se ressourcer... Tons chauds, chambres thématiques (Afrique, Provence...) et beau hammam en mosaïque. Au restaurant, l'Asie se déguste dans un esprit lounge et baroque. Carte actuelle en terrasse ; bar à sushi le soir.

Benkiraï — 🚗 🛋 🏊 ♿ ch, 🅰🅲 📶 🅂🄰 🅿 🆅🅸🆂🅰 🅼🅾

11 chemin du Pinet, à 3 km – ☎ 04 94 97 04 37 – www.hotel-benkirai.com – *Ouvert 21 avril-9 oct.*

39 ch – 🕴200/800 € 🕴🕴200/800 € – �) 28 €

Rest – (35 €) Menu 45 € (dîner)/75 € – Carte 55/85 €

◆ Le designer Patrick Jouin a signé la déco du Benkiraï, mêlant lignes pures, blancheur immaculée, béton ciré et jeux de lumière... Au restaurant, cuisine thaï signée Oth Sambath et terrasse surplombant la piscine. Brunch le dimanche.

La Bastide des Salins sans rest ॐ — 🚗 🏊 🅰🅲 🎿 📶 🅿 🆅🅸🆂🅰 🅼🅾 🅰🅴

chemin des Salins, à 4 km – ☎ 04 94 97 24 57 – www.bastidedessalins.com – *Ouvert avril-oct.*

14 ch – 🕴200/700 € 🕴🕴200/750 € – �) 27 €

◆ Un jardin et ses senteurs du Sud, le bleu saisissant de la piscine, la fraîcheur reposante du lin quand on regagne sa chambre... Les vacances rêvées dans une bien belle bastide.

Le Pré de la Mer sans rest ॐ — 🚗 🏊 🛁 ♿ 🅰🅲 📶 🅂🄰 🅿 🆅🅸🆂🅰 🅼🅾 🅰🅴

rte des salins, à 2 km – ☎ 04 94 97 12 23 – www.lepredelamer.fr – *Ouvert de Pâques à mi-oct.*

13 ch – 🕴210/410 € 🕴🕴210/410 € – 1 suite – �) 22 €

◆ Il y a le ciel, le soleil et le Pré de la Mer. Un endroit nature et cosy, où se ressourcer. Galets, boiseries, terrasses privatives, jardin fleuri, belle piscine et hammam : zen !

au Sud-Est par av. Paul Roussel et rte de Tahiti

Château de la Messardière ॐ — 🍃 🛋 🏊 🌊 📶 🛁 �📶 🍽 ch, 🅰🅲 📶

🅂🄰 🅿 🚗 🆅🅸🆂🅰 🅼🅾 🅰🅴

à 2 km – ☎ 04 94 56 76 00 – www.messardiere.com – *Ouvert 15 avril-30 oct.*

73 ch �) – 🕴260/920 € 🕴🕴260/920 € – 45 suites

Rest *Les Trois Saisons* – *(fermé lundi soir en avril et oct.)* (dîner seult)
Menu 48 € – Carte 84/118 € 🎋

Rest *Terra Cotta* – *(déj. seult)* Menu 48 € – Carte 65/75 €

◆ Niché dans un superbe parc de 10 ha dominant la baie, un château de conte de fées (19ᵉ s.) aux teintes ensoleillées. Magnifique spa. L'agréable cuisine gastronomique ravit le palais ; terrasse princière surplombant la mer.

La Ferme d'Augustin sans rest ॐ — 🍃 🏊 ♿ 🅰🅲 📶 🅿 🆅🅸🆂🅰 🅼🅾 🅰🅴

plage de Tahiti, à 4 km ✉ 83350 Ramatuelle – ☎ 04 94 55 97 00 – www.fermeaugustin.com – *Ouvert 20 mars-20 oct.*

44 ch – 🕴185/680 € 🕴🕴185/680 € – 2 suites – �) 15 €

◆ Bien-être et authenticité provençale à 100 m de la plage de Tahiti. Chambres au décor soigné (boutis, mobilier chiné) et pleines de cachet. Jardin ombragé, petite restauration.

St-Vincent ॐ

à 4 km ⊠ *83350 Ramatuelle* – ℰ *04 94 97 36 90* – *www.hotelsaintvincent.com*
– Ouvert 24 mars-9 oct.
20 ch ⊡ – ♦190/290 € ♦♦190/290 €
Rest – *(Ouvert mai-sept.)* Carte 30/45 €

◆ Quatre maisons provençales au milieu des vignes et des lauriers-roses !
Quiétude, convivialité et touche de rusticité : un petit paradis bucolique...
Saveurs ensoleillées, grillades et salades à déguster au bord de la piscine.

Mas Bellevue ॐ

à 2 km – ℰ *04 94 97 07 21* – *www.masbellevue.com* – *Ouvert 24 mai-24 oct.*
40 ch ⊡ – ♦105/445 € ♦♦105/445 € – 7 suites
Rest – (29 € bc) Carte 38/75 €

◆ Mas Bellevue... Peut-on être plus explicite ? Sur les hauteurs de la baie de Pampelonne, quiétude provençale dans de grandes chambres (balcon) ou des roulottes. Minicarte à l'heure du déjeuner et choix plus étoffé le soir. Terrasse au bord de la piscine.

rte de Ramatuelle par ① et D 93le – ⊠ **83350 Ramatuelle**

Villa Marie ॐ

chemin Val Rian – ℰ *04 94 97 40 22* – *www.villamarie.fr* – *Ouvert 29 avril-2 oct.*
42 ch – ♦320/500 € ♦♦320/820 € – ⊡ 31 € **Rest** – Carte 54/140 €

◆ Raffinement, luxe et charme réunis sous le même toit en cette villa enchanteresse nichée dans une pinède dominant la baie de Pampelonne. Au séduisant restaurant : camaïeu de beige, touche baroque, vue sur les cuisines, terrasse ombragée et plats ensoleillés.

Muse ॐ

rte des Marres – ℰ *04 94 43 04 40* – *www.muse-hotels.com*
12 suites – ♦♦350/3000 € – 2 ch – ⊡ 32 € **Rest** – Carte 60/120 €

◆ Les muses ont dû inspirer cet hôtel design, intime et chic. Confort dernier cri et chambres d'esprit zen au milieu d'un luxuriant jardin méditerranéen. Le restaurant, au bord de la piscine, propose une cuisine actuelle (variations autour de la truffe).

Les Bouis ॐ

6 km par rte des plage et rte secondaire – ℰ *04 94 79 87 61*
– www.hotel-les-bouis.com – Ouvert 1er avril-31 oct.
23 ch – ♦150/250 € ♦♦150/250 € – ⊡ 15 €
Rest – *(déj. seult) (résidents seult)* Carte 22/30 €

◆ Un décor de carte postal ! La baie de Pampelonne pour tout horizon et l'ombre des pins parasols... Chambres au calme, d'esprit provençal, avec terrasse ou balcon. En saison, plats familiaux et grillades à apprécier près de la piscine.

au Sud-Ouest par ① et rte secondaire – ⊠ **83580 Gassin**

Villa Belrose ॐ
✿

bd des Crêtes, à 3 km – ℰ *04 94 55 97 97* – *www.villabelrose.com* – *Ouvert 22 avril-23 oct.*
37 ch – ♦300/510 € ♦♦390/600 € – 3 suites – ⊡ 32 €
Rest – *(Fermé le midi sauf dim. et fériés)* (42 €) Menu 105/125 €
– Carte 105/160 €
Spéc. Langouste royale de Méditerranée, tomates confites, amandes fraîches et courgettes marinées. Bar de ligne et sardine, ratatouille et risotto aux aubergines. Myrtille au coeur d'un soufflé, fort en goût et en couleurs, sur un sablé. **Vins** Côtes de Provence.

◆ Une villa contemporaine qui embrasse la baie de St-Tropez. Chambres cossues et confortables (marbre, moquettes colorées...). Au restaurant, le raffinement florentin se met au service d'une agréable cuisine gastronomique. Déjeuner plus simple au bord de la piscine.

ST-UZE – 26 Drôme – **332** C2 – **rattaché à St-Vallier**

ST-VAAST-LA-HOUGUE – 50 Manche – **303** E2 – 2 083 h. – alt. 4 m   **32** A1
– ✉ 50550 ▮ Normandie Cotentin

   ▶ Paris 347 – Carentan 41 – Cherbourg 31 – St-Lô 68
   🖥 1, place Général de Gaulle ☏ 02 33 23 19 32

La Granitière sans rest   🚗 "P" 🅿 𝖵𝖨𝖲𝖠 ⚫⚫ 𝖠𝖤 ⓪
74 r. du Mar.-Foch – ☏ 02 33 54 58 99 – www.hotel-la-granitiere.com
9 ch – ♦61/98 € ♦♦61/123 € – �a 10 €
◆ Station balnéaire et port de pêche, "St-Va" abrite cette belle demeure ancienne en granit gris, où l'on se sent comme chez des amis. Chambres personnalisées et salon cosy.

France et Fuchsias   🚗 � 𝔸�ℂ rest, "P" 🆚 𝖵𝖨𝖲𝖠 ⚫⚫ 𝖠𝖤 ⓪
20 r. du Mar.-Foch – ☏ 02 33 54 40 41 – www.france-fuchsias.com
– Fermé 28 nov.-7 déc., 3 janv.-12 fév., lundi d'oct. à mai et mardi de nov. à mars
35 ch – ♦53/135 € ♦♦53/135 € – � 12 € – ½ P 66/104 €
Rest – (19 €) Menu 30/60 € – Carte 52/62 €
◆ Fuchsias, palmiers, mimosas et eucalyptus agrémentent le jardin de cet hôtel familial. Les chambres, au confort simple, sont plus spacieuses et récentes à l'annexe. Salle à manger rustique avec véranda et terrasse ; cuisine au goût du jour.

Le Chasse Marée   🚗 𝖵𝖨𝖲𝖠 ⚫⚫
8 pl. du Gén.-de-Gaulle – ☏ 02 33 23 14 08 – Fermé janv. à mi-fév., lundi et mardi hors saison
Rest – Menu 17 € (déj. en sem.), 21/35 € – Carte 30/76 €
◆ Photos de bateaux, fanions laissés par les clients navigateurs, terrasse sur le port, produits de la pêche locale : une charmante petite adresse où l'on se sent simplement bien.

ST-VALENTIN – 36 Indre – **323** H5 – rattaché à Issoudun

ST-VALERY-EN-CAUX – 76 Seine-Maritime – **304** E2 – 4 546 h.   **33** C1
– alt. 5 m – Casino – ✉ 76460 ▮ Normandie Vallée de la Seine

   ▶ Paris 190 – Bolbec 46 – Dieppe 35 – Fécamp 33
   🖥 quai Amont ☏ 02 35 97 00 63
   ◉ Falaise d'Aval ⬳★ O : 15 mn.

Du Casino   🌿 𝓛♨ |ᴥ| ♿ 𝔸ℂ "P" 🆚 🅿 𝖵𝖨𝖲𝖠 ⚫⚫ 𝖠𝖤 ⓪
14 av. Clemenceau – ☏ 02 35 57 88 00 – www.hotel-casino-saintvalery.com
76 ch – ♦79/96 € ♦♦87/105 € – � 12 € – ½ P 76/81 €
Rest – (fermé dim. soir de nov. à mars) (16 €) Menu 22/31 € – Carte 23/49 €
◆ Face au port de plaisance, cet hôtel récent abrite des chambres contemporaines et fonctionnelles, appréciées par la clientèle d'affaires et touristique. Dans une grande salle claire, on sert une cuisine du terroir actualisée privilégiant les produits locaux et de la mer.

Les Remparts sans rest   𝖵𝖨𝖲𝖠 ⚫⚫
4 r. des Bains – ☏ 02 35 97 16 13 – Fermé janv.
15 ch – ♦45 € ♦♦50/56 € – � 8 €
◆ Sympathique petite adresse proche de la mer et des falaises. Chambres parfaitement tenues, garnies de meubles anciens (style années 1930). Accueil très aimable.

La Maison des Galets   "P" 𝖵𝖨𝖲𝖠 ⚫⚫
22 cour Le Perrey – ☏ 02 35 97 11 22 – www.lamaisondesgalets.fr
14 ch – ♦45/50 € ♦♦65/80 € – � 8 €
Rest – (fermé janv., merc. et jeudi) (16 €) Menu 19/27 € – Carte 28/43 €
◆ Face à la plage, hôtel familial agréable (meubles anciens, objets chinés, palmiers, cheminée). Chambres actuelles au décor marin. Ouvert en 2009, le restaurant propose une carte privilégiant les produits de la mer ; cadre classique ouvert côté flots.

Du Port   ⬳ 𝖵𝖨𝖲𝖠 ⚫⚫
18 quai d'Amont – ☏ 02 35 97 08 93 – Fermé dim. soir, jeudi soir et lundi
Rest – Menu 25/45 € – Carte 45/85 €
◆ Le ballet des bateaux rythme agréablement les repas dans ce restaurant du port. Cuisine de la mer (produits des pêcheurs locaux) ou plus traditionnelle. Cadre classique.

au Sud-Est 7 km par D 20 et D 70 - ✉ 76740 Ermenouville

⌂ **Château du Mesnil Geoffroy** sans rest ⬙ ⟨ 🌡 ⚘ **P** 𝖵𝖨𝖲𝖠 ⦾
2 r. Dame Blanche – ℰ *02 35 57 12 77* – *www.chateau-mesnil-geoffroy.com*
5 ch – †85/120 € ††85/120 € – ⌂ 12 €
♦ Ce château du 18ᵉ s. vous replonge au temps de la Pompadour comme si rien n'avait changé ! Authentiques chambres Louis XV, objets d'art d'époque, parc à la française, roseraie.

à Ingouville 3 km au Sud-Ouest par D 925 E2 – 265 h. – alt. 80 m – ✉ 76460 Ingouville

❌❌ **Les Hêtres** avec ch ⬙ ⟨ 🌡 ⟐ ⭑ ch, 🏋 **P** 𝖵𝖨𝖲𝖠 ⦾
❀ *24 r. des Fleurs* – ℰ *02 35 57 09 30* – *www.leshetres.com* – *Fermé 2 janv.-10 fév., lundi et mardi sauf juil.-août*
4 ch – †60/160 € ††60/160 € – ⌂ 12 €
Rest – Menu 39/85 € – Carte 82/99 €
Spéc. Lisette marinée au vin blanc et jus d'agrumes. Rouget rôti en filet, ratatouille de légumes parfumée au romarin. Tarte fine aux pommes, glace vanille de Tahiti, caramel au beurre salé.
♦ Pierres vives, tomettes cirées, colombages, cheminée monumentale... cette longère du 17ᵉ s. ne manque ni de caractère ni de charme ! Un cadre élégant pour déguster une cuisine joliment apprêtée, par un jeune chef formé aux quatre coins du monde...

ST-VALERY-SUR-SOMME – 80 Somme – 301 C6 – 2 790 h. 36 A1
– **alt. 27 m** – ✉ 80230 ▌ Nord Pas-de-Calais Picardie
▶ Paris 206 – Abbeville 18 – Amiens 71 – Blangy-sur-Bresle 45
🛈 2, place Guillaume-Le-Conquérant ℰ 03 22 60 93 50
◉ Digue-promenade⋆ - Chapelle des Marins ⟨⋆ - Ecomusée Picarvie⋆ - La baie de Somme⋆⋆.

🏨 **Les Corderies** ⬙ ⟨ 🚃 🌡 🖼 ⭑ ch, 🏋 🏋 𝖵𝖨𝖲𝖠 ⦾ 𝖠𝖤
214 r. des Moulins – ℰ *03 22 61 30 61* – *www.lescorderies.com*
11 ch – †150/204 € ††150/204 € – ⌂ 14 € – ½ P 125/152 €
Rest – Menu 39/52 €
♦ Un hôtel récent, de facture régionale. Sobriété, design et confort : quel plaisir de regagner sa chambre après une balade sur la plage... surtout si on a opté pour la vue sur la baie ! Au restaurant, atmosphère résolument contemporaine et cuisine actuelle.

🏨 **Du Cap Hornu** ⬙ ⟨ 🌡 🏊 ❌ ⭑ ch, 🏋 🖾 **P** 𝖵𝖨𝖲𝖠 ⦾ 𝖠𝖤
Au Cap Hornu au Nord : 2 km – ℰ *03 22 60 24 24*
91 ch ⌂ – †78/89 € ††88/98 € – ½ P 63/72 € **Rest** – (15 €) Menu 20 €
♦ Dans un immense parc surplombant la baie de Somme, ces maisons régionales respectueuses de l'environnement disposent de chambres récentes (certaines avec mezzanine). Piscine, tennis. Cuisine de tradition axée terroir à déguster dans un cadre classique.

🏨 **Picardia** sans rest ▤ ⭑ 🏋 🖾 **P** 𝖵𝖨𝖲𝖠 ⦾ 𝖠𝖤
41 quai Romerel – ℰ *03 22 60 32 30* – *www.picardia.fr*
18 ch – †75 € ††98 € – ⌂ 13 €
♦ Sympathique maison de pays à deux pas du petit quartier médiéval. Chambres spacieuses et lumineuses ; certaines, avec mezzanine, accueillent volontiers les familles.

🏨 **Du Port et des Bains** ⟨ 🌡 🆎 rest, ⭑ ch, 𝖵𝖨𝖲𝖠 ⦾ 𝖠𝖤 ⓘ
 1 quai Balvet – ℰ *03 22 60 80 09* – *www.hotelhpb.com*
– *Fermé 15 nov.-6 déc. et 2-25 janv.*
16 ch – †55/80 € ††65/90 € – ⌂ 9 €
Rest – (15 €) Menu 20/35 € – Carte 15/35 €
♦ Près du port, cet hôtel offre une jolie vue sur la baie. Chambres classiques et colorées, dont une plus familiale avec baignoire balnéo. Au restaurant, peintures évoquant St-Valery au début du 20ᵉ s., plats traditionnels et produits de la mer. C'est frais et bon !

Le Relais Guillaume de Normandy ⌂ ≤ 🍴 AC rest. ❄ 🛜 P

46 quai Romerel – 📞 *03 22 60 82 36* VISA 🅾 AE
– www.relais-guillaume-de-normandy.com – Fermé 18 déc.-12 janv. et mardi
sauf du 12 juil. au 23 août
14 ch – 🛏57 € 🛏🛏66/83 € – ⛭ 11 € – ½ P 65/73 €
Rest – Menu 18/43 € – Carte 30/68 €

♦ C'est du port valéricain que Guillaume partit conquérir l'Angleterre. Face à la baie, ce joli manoir en brique honore sa mémoire et assure le repos du guerrier avec des chambres pratiques. Cuisine classique, salle panoramique dominant les flots et agréable terrasse.

ST-VALLIER – 26 Drôme – 332 B2 – 4 017 h. – alt. 135 m – ⊠ 26240   43 E2
🟩 Lyon Drôme Ardèche

▶ Paris 526 – Annonay 21 – St-Étienne 61 – Tournon-sur-Rhône 16
ℹ avenue Désiré Valette 📞 04 75 23 45 33
🏙 d'Albon à Saint-Rambert-d'Albon Château de Senaud, N : 9 km par N 7 et D 122, 📞 04 75 03 03 90

Le Bistrot d'Albert 🍴 AC VISA 🅾 AE

116 av. J.-Jaurès, (rte de Lyon) – 📞 *04 75 23 01 12*
– Fermé 2 sem. en août et 2 sem. en fév.
Rest – Menu 15/28 € – Carte 24/39 €

♦ Belle hauteur sous plafond, lumineuse véranda et goûteuse cuisine du marché vous attendent dans ce bistrot voisin de la gare. Ambiance conviviale garantie.

au Nord-Est 8 km par N 7, D 122 et D 132 – ⊠ 26140 Albon

Domaine des Buis ⌂ ≤ 🏊 ❄ 🛜 P VISA 🅾

rte de St-Martin-des-Rosiers – 📞 *04 75 03 14 14 – www.domaine-des-buis.com*
– Fermé 15 déc.-15 fév.
8 ch – 🛏95/110 € 🛏🛏105/120 € – ⛭ 12 €   **Table d'hôte** – Menu 30 €

♦ Dans un parc aux senteurs de cèdre et de magnolia, entouré de collines, une demeure du 18e s. disposant de chambres spacieuses et cosy. Billard américain. Plats traditionnels concoctés par la maîtresse de maison et servis dans un cadre raffiné.

à St-Uze 6 km à l'Est par D 51 – 1 783 h. – alt. 189 m – ⊠ 26240

Philip Liversain AC VISA 🅾

23 r. P. Sémard – 📞 *04 75 03 52 58 – www.philip-liversain.com – Fermé 13*
juillet-4 août, dim. soir et lundi
Rest – (12 €) Menu 16 € (déj. en sem.), 29/36 €

♦ Le soleil et la fraîcheur sont au rendez-vous dans cet ancien relais de poste (19e s.). Tons clairs, fer forgé, nappes colorées et... carte inspirée du marché.

ST-VALLIER-DE-THIEY – 06 Alpes-Maritimes – 341 C5 – 3 030 h.   42 E2
– alt. 730 m – ⊠ 06460 🟩 Côte d'Azur

▶ Paris 907 – Cannes 29 – Castellane 52 – Draguignan 57
ℹ 10, place du Tour 📞 04 93 42 78 00
🔭 Pas de la Faye ≤★★ NO : 5 km - Grotte de Beaume Obscure★ S : 2 km
- Col de la Lèque ≤★ SO : 5 km.

Le Relais Impérial 🍴 🛗 🛜 🧖 VISA 🅾 AE ⓛ

2 et 4 pl. Cavalier Fabre, rte Napoléon – 📞 *04 92 60 36 36*
– www.relaisimperial.com
29 ch – 🛏49/69 € 🛏🛏59/79 € – ⛭ 9 € – ½ P 58/68 €
Rest – (16 €) Menu 21 € (sem.)/45 € – Carte 27/52 €
Rest *Le Grill du Relais* – 📞 *04 92 60 36 30* – (14 €) Menu 18 € – Carte 25/45 €

♦ Petites chambres rustiques rénovées par étapes dans ce relais séculaire posté sur la route Napoléon (l'Empereur s'est arrêté ici le 2 mars 1815). Repas traditionnel dans un décor de style Louis XIII ou côté véranda. Pizzas et plats simples au Grill du Relais.

ST-VIANCE – 19 Corrèze – **329** J4 – 1 573 h. – alt. 119 m – ⊠ 19240   **24** B3
🟩 Périgord Quercy

▶ Paris 479 – Limoges 90 – Tulle 45 – Brive-la-Gaillarde 12

🏠   **Auberge sur Vézère**   😤 🐕 rest, 📞 🅿 VISA 🌐
23 r. du Pontel – 📞 *05 55 84 28 23* – *www.aubergesurvezere.com* – *Fermé 24 déc.-26 janv. et dim. sauf juil.-août*
10 ch – 🛏 †68 € – ††72 € – ♀ 9 € – ½ P 65 €
Rest – *(fermé sam. midi, dim. soir et lundi) (prévenir)* (22 €) Menu 28/35 €
♦ À l'entrée du village, petite auberge de pays tenue par un sympathique couple franco-britannique. Chambres fonctionnelles et bien équipées. Atmosphère familiale dans la lumineuse salle à manger où l'on propose un menu-carte actuel. Terrasse sous les arbres.

ST-VIATRE – 41 Loir-et-Cher – **318** I6 – 1 188 h. – alt. 107 m   **12** C2
– ⊠ 41210

▶ Paris 179 – Orléans 53 – Blois 106 – Vierzon 53

🏠   **Villepalay** *sans rest* 🐾   🎧 🐕 ᵀ 🅿
2 km par rte de Nouan le Fuzelier – 📞 *02 54 88 22 35* – *www.villepalay.com* – *Fermé mars*
3 ch ⊡ – †60/70 € ††65/75 €
♦ Cette ferme solognote au charme bucolique – étang pour la pêche et le canotage – vous réserve le meilleur accueil. Chambres soignées, petit-déjeuner bio avec confitures maison.

ST-VICTOR – 03 Allier – **326** C4 – **rattaché à Montluçon**

ST-VICTOR-DE-MALCAP – 30 Gard – **339** K3 – **rattaché à St-Ambroix**

ST-VICTOR-DES-OULES – 30 Gard – **339** L4 – **rattaché à Uzès**

ST-VINCENT – 43 Haute-Loire – **331** F3 – 937 h. – alt. 605 m – ⊠ 43800   **6** C3
▶ Paris 543 – La Chaise-Dieu 37 – Le Puy-en-Velay 18 – St-Étienne 76

🍴🍴   **La Renouée**   🚗 ♿ AC ⇔ VISA 🌐
à Cheyrac, 2 km au Nord par D 103 – 📞 *04 71 08 55 94* – *www.larenouee.fr* – *Fermé vacances de la Toussaint, 3 janv.-5 mars, mardi soir, merc. soir et jeudi soir du 15 oct. au 31 mars, dim. soir et lundi*
Rest – *(nombre de couverts limité, prévenir)* Menu 25/47 € – Carte 23/42 €
♦ Maison centenaire devancée par un jardinet. Grande cheminée en pierre et beau vaisselier rustique en merisier dans la salle redécorée. Carte régionale teintée de créativité.

ST-VINCENT-DE-TYROSSE – 40 Landes – **335** D13 – 6 785 h.   **3** B3
– alt. 24 m – ⊠ 40230

▶ Paris 743 – Anglet 32 – Bayonne 29 – Bordeaux 157
🅸 placette du Midi 📞 05 58 77 12 00

🍴🍴🍴   **Le Hittau**   🚗 😤 🅿 VISA 🌐 AE
1 r. du Nouaou – 📞 *05 58 77 11 85* – *Fermé 27 juin-7 juil., 8 fév.-3 mars, mardi sauf du 14 juil. au 30 août et merc.*
Rest – (19 €) Menu 36/75 € – Carte environ 50 €
♦ Cette ancienne bergerie ne manque pas de cachet avec sa charpente apparente et sa cheminée monumentale. Agréable terrasse. Cuisine actuelle avec de bons produits de saison.

ST-VINCENT-SUR-JARD – 85 Vendée – **316** G9 – 1 146 h.   **34** B3
– alt. 10 m – ⊠ 85520 🟩 Poitou Vendée Charentes

▶ Paris 454 – Luçon 34 – La Rochelle 70 – La Roche-sur-Yon 35
🅸 place de l'Eglise 📞 02 51 33 62 06

L'Océan ⚜   🍴 🗘 ⚒ 👌 ch, 🅰 rest, 🅿 VISA ⓪

72 r. Georges-Clemenceau, 1 km au Sud (près maison de Clemenceau)
– ☎ 02 51 33 40 45 – www.hotel-restaurant-ocean.com – Fermé 15 nov.-25 fév.
et merc. d'oct. à mars
33 ch – †58/74 € ††58/74 € – ☑ 8 € – ½ P 55/68 €
Rest – Menu 22/65 € – Carte 25/55 €
♦ Imposante villa balnéaire tenue par la même famille depuis trois générations.
Chambres simples esprit "vieille France", jardin ombragé de pins et véranda
pour le petit-déjeuner. Au restaurant, carte traditionnelle valorisant les produits
de l'océan.

ST-WITZ – 95 Val-d'Oise – **305** G6 – 2 565 h. – alt. 180 m – ⬚ 95470   **19** C1
▶ Paris 41 – Amiens 123 – Bobigny 28 – Pontoise 48

 Villa 1865 ⚜   🍴 🗘 ⚒ 📶 🅿 VISA ⓪

3 r. C.-Peguy – ☎ 01 34 68 30 98 – www.villa1865.com
3 ch ☑ – †85/105 € ††95/140 €   **Table d'hôte** – Menu 38 € bc/48 € bc
♦ Au grand calme en lisière de forêt, grande demeure toute blanche (1865), où
fit étape Charles Péguy en 1914, avant la bataille de la Marne. Chambres d'une
élégance simple, claires et spacieuses. Le patron, d'origine italienne, exprime ses
racines à la table d'hôte.

ST-YBARD – 19 Corrèze – **329** K3 – **rattaché à Uzerche**

STE-ANNE-D'AURAY – 56 Morbihan – **308** N8 – 2 102 h. – alt. 42 m   **9** A3
– ⬚ 56400 ▌Bretagne
▶ Paris 475 – Auray 7 – Hennebont 33 – Locminé 27
🛈 26, rue de Vannes ☎ 02 97 57 69 16
◉ Trésor★ de la basilique - Pardon (26 juil.).

 L'Auberge   🍴 🗘 🖭 👌 🅰 📶 🅿 VISA ⓪ 🅰🅴

56 r. de Vannes – ☎ 02 97 57 61 55 – www.auberge-sainte-anne.com – Fermé
11-19 oct., 28 nov.-7 déc. et 2-19 janv.
16 ch ☑ – †85/210 € ††105/220 € – 2 suites – ½ P 113/175 €
Rest – (fermé merc. midi) (15 €) Menu 22/85 € – Carte 39/99 €🕮
♦ L'hôtel joue la carte Art nouveau : palissandre, loupe d'orme, reproductions de
Mucha, pâtes de verre Lalique. C'est douillet et raffiné. Au restaurant, décor plus
classique et savoureuse cuisine dans l'air du temps.

STE-ANNE-DU-CASTELLET – 83 Var – **340** J6 – **rattaché au Castellet**

STE-ANNE-LA-PALUD (Chapelle de) – 29 Finistère – **308** F6   **9** A2
– alt. 65 m – ⬚ 29550 ▌Bretagne
▶ Paris 584 – Brest 68 – Châteaulin 20 – Crozon 27
◉ Pardon (fin août).

 De La Plage ⚜   ≤ 🍴 🗘 ⚒ 🖭 🅰 rest, 📶 🅿 VISA ⓪ 🅰🅴

à la plage – ☎ 02 98 92 50 12 – www.plage.com – Ouvert 2 avril-3 nov.
24 ch – †187/350 € ††187/350 € – ☑ 19 € – ½ P 169/251 €
Rest – (ferme lundi midi, mardi midi, merc. midi et vend. midi) (40 €)
Menu 52/92 € – Carte 71/120 €🕮
♦ Belle demeure isolée en bordure de plage. Les chambres (certaines rénovées
en 2009) donnent sur la baie ou sur le jardin fleuri. Beaucoup de charme ; prix
en conséquence. Au restaurant, cuisine soignée à déguster face à la mer.

STE-CÉCILE-LES-VIGNES – 84 Vaucluse – **332** C8 – 2 179 h.   **40** A2
– alt. 108 m – ⬚ 84290
▶ Paris 646 – Avignon 47 – Bollène 13 – Nyons 26

✗ Campagne, Vignes et Gourmandises 🍴 AC P VISA ⚫

rte de Suze-la-Rousse – ℰ 04 90 63 40 11 – www.restaurant-cvg.com
– *Fermé vacances de la Toussaint et de Noël, 1 sem. en mars, dim. soir hors
saison et lundi*
Rest – *(nombre de couverts limité, prévenir)* (16 €) Menu 21/53 €
– Carte 40/69 €

◆ Dans un paisible quartier résidentiel, ce petit mas respire l'air des vignes. Salle
à manger champêtre complétée par une jolie terrasse ; cuisine goûteuse aux
accents du Sud.

STE-COLOMBE – 84 Vaucluse – **332** E9 – **rattaché à Bédoin**

STE-CROIX – 01 Ain – **328** D5 – **rattaché à Montluel**

STE-CROIX-DE-VERDON – 04 Alpes-de-Haute-Provence – **334** E10   **41** C2
– 149 h. – alt. 530 m – ⌧ 04500 ∎ Alpes du Sud

▶ Paris 780 – Brignoles 59 – Castellane 59 – Digne-les-Bains 51

✗ L'Olivier ⬅ VISA ⚫

Le Cours, (au village) – ℰ 04 92 77 87 95 – www.l-olivier-restaurant.com – *Ouvert
de mi-fév. à mi-nov. et fermé lundi et mardi sauf juil.-août*
Rest – (19 €) Menu 29/46 € – Carte 48/74 €

◆ Dans ce village escarpé, ce petit restaurant jouit d'une vue plongeante sur le
lac de Ste-Croix : splendide ! La cuisine, soignée et parfumée, montre un net penchant pour la Provence.

STE-CROIX-EN-PLAINE – 68 Haut-Rhin – **315** I8 – **rattaché à Colmar**

STE-ÉNIMIE – 48 Lozère – **330** I8 – 517 h. – alt. 470 m – ⌧ 48210   **23** C1
∎ Languedoc Roussillon

▶ Paris 612 – Florac 27 – Mende 28 – Meyrueis 30
🛈 village ℰ 04 66 48 53 44
◉ ⬅ ★★ sur le canyon du Tarn S : 6,5 km par D 986.

🏠 Auberge du Moulin 🍴 ⅛ ch, P VISA ⚫

r. Combe – ℰ 04 66 48 53 08 – www.aubergedumoulin.free.fr – *Ouvert de
fin mars à début nov. et fermé dim. soir sauf juil.-août et fériés*
10 ch – †50/65 € ††55/70 € – ⌗ 8 € – ½ P 55/65 €
Rest – *(fermé lundi sauf juil.-août et fériés et du 16 au 29 oct.)* (14 €)
Menu 18/36 € – Carte 20/40 €

◆ Belle demeure en pierre dressée au cœur d'un des plus beaux villages de
France. Chambres simples, pour moitié avec terrasse tournée vers le Tarn. Salle à
manger ornée d'une cheminée ou terrasse ouverte sur les gorges. Plats traditionnels et légumes du potager.

STE-EULALIE – 07 Ardèche – **331** H5 – 235 h. – alt. 1 233 m   **44** A3
– ⌧ 07510

▶ Paris 587 – Aubenas 47 – Langogne 47 – Privas 51
🛈 Mairie ℰ 04 75 38 81 05

🏠 Du Nord ◈ 🍴 ⅍ rest, ⅙ ⅛ P VISA ⚫ AE

– ℰ 04 75 38 80 09 – www.hoteldunord-ardeche.com
– *Ouvert 12 mars-11 nov.*
15 ch – †55/63 € ††55/63 € – ⌗ 8,50 € – ½ P 58/60 €
Rest – *(fermé mardi soir et merc.)* Menu 27/42 € – Carte 30/43 €

◆ Sympathique hostellerie appréciée des pêcheurs qui viennent ferrer le poisson
dans la Loire, qui prend sa source à 5 km ! Chambres sobres, régulièrement rénovées. Cuisine du terroir, ambiance familiale et cadre néorustique au restaurant.

STE-EUPHÉMIE – 01 Ain – **328** B5 – 1 332 h. – alt. 247 m – ⊠ 01600   **43** E1

▶ Paris 435 – Bourg-en-Bresse 49 – Dijon 168 – Lyon 36

X   **Au Petit Moulin**   🛜 *VISA* ⦿

☺ *615 rte d'Ars – ℰ 04 74 00 60 10 – www.aupetitmoulin-01.com*
– Fermé 3-23 janv., jeudi soir, lundi, mardi et merc.
Rest – Menu 23/35 € – Carte 30/40 €
♦ Sur la carte de cette modeste auberge de campagne voisine de la Dombes : grenouilles, poissons d'eau douce et volailles, soigneusement mitonnés et généreusement servis.

STE-FEYRE – 23 Creuse – **325** I4 – rattaché à Guéret

STE-FLORINE – 43 Haute-Loire – **331** B1 – 3 105 h. – alt. 440 m   **6** C2
– ⊠ 43250

▶ Paris 465 – Brioude 16 – Clermont-Fd 55 – Issoire 19

🏠   **Le Florina**   🛜 🛎 *VISA* ⦿ *AE* ⓘ

☺ *pl. Hôtel de Ville – ℰ 04 73 54 04 45 – www.hotel-leflorina.com – Fermé*
19 déc.-10 janv.
14 ch – ♦45 € ♦♦45 € – � 7 € – ½ P 42 €
Rest – *(fermé dim. soir)* Menu 15/28 € – Carte 19/46 €
♦ Située en plein centre-ville, cette adresse familiale propose des chambres fonctionnelles et pratiques. Celles du premier étage viennent d'être rénovées dans un style actuel. Restaurant au cadre contemporain où l'on sert une sobre cuisine traditionnelle.

STE-FOY-LA-GRANDE – 33 Gironde – **335** M5 – 2 588 h. – alt. 10 m   **4** C1
– ⊠ 33220 ▌Aquitaine

▶ Paris 555 – Bordeaux 71 – Langon 59 – Marmande 44
🔢 102, rue de la République ℰ 05 57 46 03 00
🔞 Chateau des Vigiers Golf Club à Monestier, SE : 9 km par D 18,
  ℰ 05 53 61 50 33

XX   **Côté Bastide**   ⇐ 🛜 ᕃ *AC* 🛎 *VISA* ⦿ *AE*

4 r. de l'Abattoir, (près hôpital) – ℰ 05 57 46 14 02 – fermé dim. et merc.
Rest – (17 € bc) Menu 25/42 € – Carte 37/50 €🐌
♦ Maison au cadre agréable tenue par un couple, madame aux fourneaux et monsieur en salle. Goûteuses recettes modernes allégées, réalisées avec des produits locaux.

XX   **Au Fil de l'Eau**   *AC* *VISA* ⦿ *AE*

☺ *3 r. de la Rouquette, à Port-Ste-Foy – ℰ 05 53 24 72 60*
– www.restaurantaufildeleau.com – Fermé 11-18 avril, 14 nov.-6 déc., 15-22 fév.,
merc. soir d'oct. à mars, dim. soir et lundi
Rest – Menu 14 € (déj. en sem.), 21/53 € – Carte 41/69 €
♦ Salle à manger-véranda au décor contemporain (tons gris, photos anciennes du port de Ste-Foy) pour savourer une cuisine actuelle à base de produits du terroir. Vue sur la Dordogne

au Sud-Est 8 km sur D 18 par av. Foch

🏨   **Château des Vigiers** ⌖   ⇐ 🕉 🛜 ⚒ ᕃ ☆ 🔟 🛎 ᕃ ch, *AC* ch, ☆ 🛎

au golf des Vigiers ⊠ 24240 Monestier   ♨ **P** *VISA* ⦿ *AE* ⓘ
– ℰ 05 53 61 50 00 – www.vigiers.fr – Fermé 18-25 déc., 18-27 fév.
87 ch – ♦165/390 € ♦♦165/390 € – ⊇ 20 € – ½ P 118/220 €
Rest *Les Fresques* – ℰ 05 53 61 50 39 *(Ouvert 1ᵉʳ mars-31 oct. et fermé mardi et merc.) (dîner seult)* Menu 45/79 € – Carte 51/85 €
Rest *Brasserie Le Chai* – *(fermé le soir de déc. à fév.)* – (22 €) Menu 25 € (déj.)/35 € – Carte 32/46 €
♦ Situé en bordure du golf, ce château du 16ᵉ s. abrite de grandes chambres personnalisées et d'autres plus modernes dans une nouvelle aile en bois, façon séchoir à tabac. Cadre chic, carte actuelle et vins de la propriété aux Fresques. Brasserie occupant l'ancien chai.

STE-FOY-TARENTAISE – 73 Savoie – **333** O4 – 849 h. – alt. 1 050 m   **45** D2
– ⊠ 73640 ▮ Alpes du Nord

> ▶ Paris 647 – Albertville 66 – Chambéry 116 – Moûtiers 40
> ℹ Maison du Tourisme ℰ 04 79 06 95 19

Le Monal   ≤ ▮ ⅌ rest, ⁏⁏ ⏖ �🅥🅢🅐 ⏚⏚

– ℰ 04 79 06 90 07 – www.le-monal.com
20 ch – ♦60/90 € ♦♦70/110 € – ⏤ 10 € – ½ P 70/85 €
Rest – Menu 20 € (déj. en sem.)/35 € – Carte 40/60 €⏚⏚

• Dans ce relais de poste, appartenant à la même famille depuis 1888, bois brut, chaux, pierre et atrmosphère montagnarde. Chambres confortables, la plupart familiales. Au restaurant, cadre tout bois et carte traditionnelle avec dégustation et vente de vin.

---

rte de la Station 6 km au SE par rte secondaire – ⊠ 73640 Ste-Foy-Tarentaise

La Ferme du Baptieu ⇲   ≤ ⏚ ⅌ ch, ⁏⁏ 🅿 ⏚

Le Baptieu, (D 84) – ℰ 04 79 06 97 52 – www.lafermedubaptieu.com
– Ouvert juil.-août et déc.-avril
5 ch ⏤ – ♦130/179 € ♦♦130/179 €   **Table d'hôte** – Menu 39 €

• Ce chalet du 18e s., restauré avec goût, mêle traditions savoyardes et touches méditérranéennes. Chaque chambre possède une superbe salle de bains et un balcon ouvert sur la montagne. À la table d'hôtes, cuisine familiale avec les produits de la région.

STE-GEMME-MORONVAL – 28 Eure-et-Loir – **311** E3 – rattaché à Dreux

---

STE-GENEVIÈVE-DES-BOIS – 91 Essonne – **312** C4 – **101** 35 – voir à Paris, Environs

---

STE-GENEVIÈVE-SUR-ARGENCE – 12 Aveyron – **338** I2 – 1 020 h.   **29** D1
– alt. 800 m – ⊠ 12420

> ▶ Paris 571 – Aurillac 56 – Chaudes-Aigues 34 – Espalion 40
> ℹ Syndicat d'Initiative ℰ 05 65 66 19 75
> 🄶 Barrage de Sarrans★ N : 8 km, ▮ Midi-Toulousain

✕ Des Voyageurs avec ch   ⏚ 🅥🅢🅐 ⏚⏚

r. du Riols – ℰ 05 65 66 41 03 – Fermé 20 sept-12 oct., 20 déc.-5 janv., dim. soir et sam. du 15 oct. au 10 juil.
14 ch – ♦45/48 € ♦♦45/48 € – ⏤ 6 € – ½ P 46 €
Rest – (10 €) Menu 12 € (déj. en sem.), 14/32 € – Carte 20/29 €

• Cet ex-relais de diligences accueille les voyageurs depuis 1872. Décor rustique au restaurant, ouvert sur un jardin ; plats régionaux préparés à l'ancienne. Chambres simples et pratiques.

STE-HERMINE – 85 Vendée – **316** J8 – 2 512 h. – alt. 28 m – ⊠ 85210   **34** B3

> ▶ Paris 433 – Nantes 93 – La Roche-sur-Yon 35 – La Rochelle 59
> ℹ 35 route de Nantes ℰ 02 51 27 39 32

Clem'otel   ⏚ ▮ ⅖ 🄰🄲 ⁏⁏ 🅂🄰 🅿 🅥🅢🅐 ⏚⏚

parc Atlantique Vendée, 2 km au Sud sur D 137 – ℰ 02 51 28 46 94
– www.clemotel.com – Fermé 24 déc.-3 janv.
49 ch – ♦52/54 € ♦♦64/66 € – ⏤ 8 € – ½ P 52/54 €
Rest – (fermé dim. de nov. à fin mars) (12 €) Menu 15/22 € – Carte 14/35 €

• Hôtel récent au cœur d'une zone artisanale, à la sortie de l'autoroute. Chambres d'ampleurs variables, bien insonorisées ; petits-déjeuners servis dans un patio. À table, régalez-vous de grillades ou de plats du terroir dans un décor mi-contemporain, mi-rustique.

STE-LUCIE-DE-PORTO-VECCHIO – 2A Corse-du-Sud – **345** F9 – voir à Corse

---

STE-LUCIE-DE-TALLANO – 2A Corse-du-Sud – **345** D9 – voir à Corse

STE-MAGNANCE – 89 Yonne – **319** H7 – 373 h. – alt. 310 m **7** B2
– ✉ 89420 ▮ Bourgogne

▶ Paris 224 – Avallon 15 – Auxerre 65 – Dijon 68

◉ Tombeau★ dans l'église.

✕✕ **Auberge des Cordois** ☂ Ⓟ VISA MC

D 606 – ✆ 03 86 33 11 79 – Fermé 26 juin-6 juil., 1er-26 janv., lundi soir, mardi et merc.

Rest – (15 €) Menu 27/42 € – Carte 33/58 €

◆ En bord de route, cette auberge du 18e s. ne passe pas inaperçue avec sa façade jaune. Cuisine régionale servie dans une salle rustique ; formule bistrot dans l'ancien bar.

STE-MARGUERITE (ÎLE) – 06 Alpes-Maritimes – **341** D6 – voir à Île Sainte-Marguerite

STE-MARIE – 44 Loire-Atlantique – **316** D5 – rattaché à Pornic

STE-MARIE-DE-RÉ – 17 Charente-Maritime – **324** C3 – voir à Île de Ré

STE-MARIE-DE-VARS – 05 Hautes-Alpes – **334** I5 – rattaché à Vars

STES-MARIES-DE-LA-MER – voir après Saintes

STE-MARIE-SICCHÉ – 2A Corse-du-Sud – **345** C8 – voir à Corse

STE-MARINE – 29 Finistère – **308** G7 – rattaché à Bénodet

STE-MAURE – 10 Aube – **313** E3 – rattaché à Troyes

STE-MAURE-DE-TOURAINE – 37 Indre-et-Loire – **317** M6 **11** B3
– 3 995 h. – alt. 85 m – ✉ 37800 ▮ Châteaux de la Loire

▶ Paris 273 – Le Blanc 71 – Châtellerault 39 – Chinon 32

ℹ rue du Château ✆ 02 47 65 66 20

🏨 **Hostellerie des Hauts de Ste-Maure** ♣ ☂ ≈ ≈ ⇅ ♿ A/C Ⓟ

2-4 av. Gén. de Gaulle – ✆ 02 47 65 50 65 VISA MC
– www.hostelleriehautsdestemaure.fr – Fermé janv., lundi (sauf hôtel) et dim. d'oct. à mai

19 ch – 🚹135/265 € 🚹🚹135/265 € – ☕ 14 €

Rest *La Poste* – *(fermé lundi midi et dim. d'oct. à mai)* Menu 38/80 € – Carte 60/95 € ❀

◆ Ce relais de poste du 16e s. et sa dépendance proposent des chambres confortables, décorées dans un style actuel. Piscine intérieure avec balnéo, jardin, potager. Le restaurant La Poste occupe l'ancien pressoir. On y sert une cuisine classique.

⌂ **Le Grand Menasson** sans rest ♘ ♣ ⊘ ((•)) Ⓟ

lieu dit Le Grand Menasson, 2 km par r. de Loches et rte secondaire – ✆ 06 11 08 51 80 – www.augrandmenasson.fr

5 ch ☕ – 🚹70/95 € 🚹🚹70/140 €

◆ Pour les amoureux du calme et de la nature, une ferme et sa tour couverte de vigne vierge, avec parc et étang, où l'on vous accueille avec chaleur. Les chambres sont avenantes.

à Pouzay 8 km au Sud-Ouest – 788 h. – alt. 51 m – ✉ 37800

✕ **Au Gardon Frit** ☂ VISA MC

∞ *16 pl. de l'Eglise – ✆ 02 47 65 21 81 – www.au-gardon-frit.com – Fermé 10-20 avril, 15-30 sept., 15-31 janv., mardi et merc. sauf fériés*

Rest – (9 €) Menu 14 € (déj. en sem.), 18/40 € – Carte 23/59 €

◆ Point de "gardon frit" sur la carte de ce restaurant familial, mais des produits de la mer en direct de l'océan et un décor ad hoc... Terrasse sous un préau.

rte de Chinon 2,5 km à l'Ouest : par D 760 – ⊠ 37800 Noyant-de-Touraine

XX
La Ciboulette ⌂ P VISA ⬤⬤

78 rte de Chinon, (face échangeur A 10, sortie n° 25) – ☏ 02 47 65 84 64
– www.laciboulette.fr – Fermé le soir de dim. à jeudi d'oct. à mars sauf vacances scolaires et fériés
Rest – (20 €) Menu 26/56 € – Carte 32/60 €

◆ L'attrait de cette grande maison couverte de vigne vierge ? Ses formules et ses menus à prix plutôt sages, mais aussi son intérieur chaleureux et sa terrasse.

à Noyant-de-Touraine 5 km à l'Ouest – 815 h. – alt. 92 m – ⊠ 37800

🏰
Château de Brou ⬤ ⬅ 🐎 ⌂ AK ⬤ rest, 🎾 🏊 P VISA ⬤⬤ AE ①

2 km au Nord par rte secondaire – ☏ 02 47 65 80 80 – *www.chateau-de-brou.fr*
– Fermé 18-26 déc., 3 janv.-17 fév.
10 ch – †120/175 € ††120/175 € – 2 suites – � 15 € – ½ P 130/158 €
Rest – *(fermé dim. et lundi d'oct. à mars)* (dîner seult) Menu 40/70 €
– Carte 56/77 €

◆ Beau château du 15e s. isolé dans un vaste parc, avec un ravissant pigeonnier aménagé en suite et une chapelle du 19e s. : le décor, chargé d'histoire, est remarquable, sans parler du confort ! Cuisine traditionnelle servie dans une pièce élégante (jolie cheminée).

STE-MAXIME – 83 Var – **340** O6 – 13 739 h. – alt. 10 m – Casino **41** C3
– ⊠ 83120 ▯ Côte d'Azur

▶ Paris 872 – Cannes 59 – Draguignan 34 – Fréjus 20

▯ 1, promenade Simon-Loriere BP 107 ☏ 04 94 55 75 55

▯ de Sainte-Maxime Route du Débarquement, N : 2 km, ☏ 04 94 55 02 02

▯ de Beauvallon Boulevard des Collines, par rte de Toulon : 4 km,
☏ 04 94 96 16 98

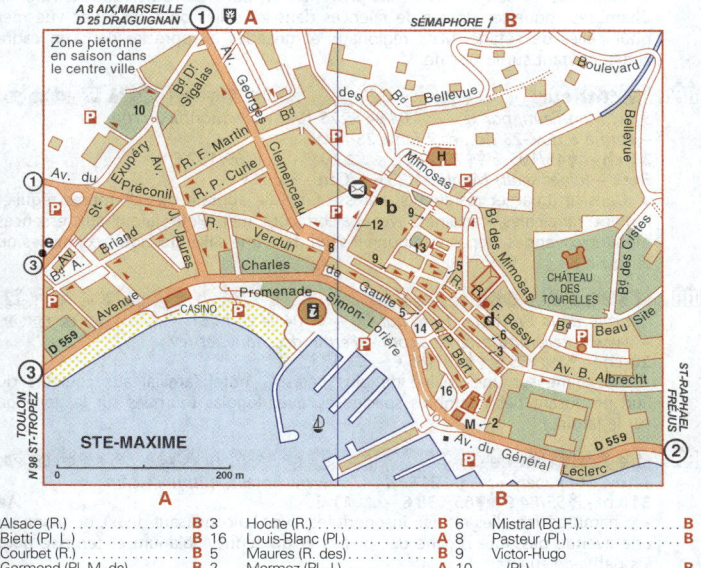

Alsace (R.)	**B** 3	Hoche (R.)	**B** 6	Mistral (Bd F.)	**B** 12
Bietti (Pl. L.)	**B** 16	Louis-Blanc (Pl.)	**A** 8	Pasteur (Pl.)	**B** 13
Courbet (R.)	**B** 5	Maures (R. des)	**B** 9	Victor-Hugo	
Germond (Pl. M. de)	**B** 2	Mermoz (Pl. J.)	**A** 10	(Pl.)	**B** 14

Hostellerie la Belle Aurore
⟨← 🕭 🏊 AC P VISA ⓐⓄ AE ⓄⓇ⟩

5 bd Jean Moulin, par ③ – ℰ 04 94 96 02 45 – www.belleaurore.com
– Ouvert 9 avril-16 oct.
16 ch – †145/440 € ††145/440 € – 1 suite – ⊑ 20 € – ½ P 133/350 €
Rest – *(fermé lundi midi et merc. sauf juil.-août)* (25 €) Menu 40/88 €
– Carte 87/120 €

◆ Cet hôtel les pieds dans l'eau est une institution. Les chambres aux teintes chaleureuses, confortables et paisibles, ont toutes une terrasse ou un balcon donnant sur la mer. Salle panoramique pour une table soignée honorant la Provence... et le Gers !

Villa les Rosiers
⟨← 🌊 🏊 ᵫ AC 🍴 rest, ⟨¹⟩ P VISA ⓐⓄ AE⟩

4 chemin de Guerrevieille Beauvallon-Grimaud, 5 km par ③ – ℰ 04 94 55 55 20
– www.villa-les-rosiers.com – Ouvert 16 mars-31 oct. et 23 déc.-9 janv.
12 ch – †170/495 € ††170/495 € – ⊑ 22 €
Rest – *(ouvert 1ᵉʳ avril-31 oct.)* Carte 55/79 €

◆ Une villa provençale aux murs roses, dans un jardin fleuri de... rosiers. De quoi embaumer la vue superbe sur le golfe de St-Tropez ! Sculptures et tableaux contemporains, tons clairs : beaucoup de raffinement. Élégant décor immaculé au restaurant ; cuisine actuelle.

Martinengo sans rest
⟨🌊 ᵫ AC 🍴 ⟨¹⟩ P VISA ⓐⓄ⟩

34 bd Jean-Moulin, par ③ – ℰ 04 94 55 09 09 – www.hotel-martinengo.com
– Ouvert 2 avril-5 oct.
9 ch – †65/183 € ††65/183 € – 1 suite – ⊑ 18 €

◆ Face à la mer, dans un jardin planté d'imposants pins parasols... Son architecture ne manque pas de cachet ; ses chambres offrent simplicité et chaleur. Accueil familial.

Les Santolines
⟨🌊 🏊 ᵫ ch, AC ⟨¹⟩ P VISA ⓐⓄ AE⟩

la Croisette par ③ – ℰ 04 94 96 31 34 – www.hotel-les-santolines.com
13 ch – †75/152 € ††75/152 € – 1 suite – ⊑ 12 €
Rest *Le Sarment de Vigne* – ℰ 04 94 96 34 99 *(fermé 1ᵉʳ nov.-28 fév.)* (16 €)
Menu 27/42 € – Carte 45/90 €

◆ Pimpante maison de style mas provençal en bord de route (double vitrage). Chambres coquettes dotées de faïences dans les salles de bains, avec vue mer pour celles de l'étage. Mets régionaux et grillades à apprécier dans un cadre actuel ouvrant sur la piscine.

Montfleuri
⟨🌊 🕭 🏊 🛏 AC ch, ⟨¹⟩ ♨ P VISA ⓐⓄ⟩

3 av. Montfleuri, par ② – ℰ 04 94 55 75 10 – www.montfleuri.com
– Fermé 6 nov.-23 déc. et 2 janv.-28 fév.
31 ch – †45/105 € ††70/235 € – ⊑ 10 € – ½ P 69/152 €
Rest – *(dîner seult)* Menu 24/35 € – Carte 35/55 €

◆ Dans un quartier résidentiel, adresse familiale abritant des chambres régulièrement rafraîchies, certaines avec balcon côté mer. Petit jardin aux essences méditerranéennes. Repas traditionnel servi dans une salle aux notes coloniales ou en plein air.

Le Mas des Oliviers sans rest ♨
⟨← 🌊 🏊 ✗ ᵫ AC ⟨¹⟩ P VISA ⓐⓄ AE⟩

quartier de la Croisette, 1 km par ③ – ℰ 04 94 96 13 31
– www.hotellemasdesoliviers.com – Fermé déc., janv. et fév.
20 ch – †59/165 € ††59/165 € – ⊑ 13 €

◆ Au calme sur une colline de pins parasols, hôtel familial aux couleurs du Sud proposant des chambres spacieuses, avec loggias tournées sur le golfe ou sur le jardin.

Le Petit Prince sans rest
⟨🛏 ᵫ AC ⟨¹⟩ P VISA ⓐⓄ AE ⓄⓇ⟩

11 av. St-Exupéry – ℰ 04 94 96 44 47 – www.hotellepetitprince.com
31 ch – †55/84 € ††65/138 € – ⊑ 11 €   **Ae**

◆ Chambres actuelles et bien insonorisées, avec balcons (sauf deux), donnant sur une avenue passante proche des plages et du centre. Solarium et terrasse pour les petits-déjeuners.

Croisette sans rest ⚃ 🚗 🗻 📶 ⓺ 🅰️ 📶 𝖵𝖨𝖲𝖠 ⓪ 🄰🄴

2 bd Romarins, par ③ – ☎ 04 94 96 17 75 – www.hotel-la-croisette.com – Ouvert 1ᵉʳ avril-15 oct.

11 ch – †80/174 € ††80/174 € – 1 suite – ⌚ 12 €

◆ Belle villa au calme sur les hauteurs de la ville, agrémentée d'un jardin-terrasse autour de la piscine. Chambres fraîches et lumineuses, certaines avec vue sur le large.

Hôtellerie de la Poste sans rest 🗻 📶 ⓺ 🅰️ 📞 🄂 𝖵𝖨𝖲𝖠 ⓪ 🄰🄴 ⓪

11 bd F. Mistral – ☎ 04 94 96 18 33 – www.hotellieriedusoleil.com – Fermé 6-27 déc.   **B**b

28 ch – †70/140 € ††70/230 € – ⌚ 12 €

◆ Face à la poste, cet hôtel bien rénové vous accueille dans un décor d'inspiration cubaine. Chambres aux tons chauds, plus calmes sur l'arrière. Petit patio avec piscine.

La Badiane (Geoffrey Poësson) 🅰️ 𝖵𝖨𝖲𝖠 ⓪

6 r. Fernand-Bessy – ☎ 04 94 96 53 93 – Fermé 27 nov.-11 déc., 15 janv.-5 fév., le midi et dim. soir   **B**d

Rest – *(nombre de couverts limité, prévenir)* Menu 38/68 € – Carte 74/108 €

Spéc. Cannellonis d'artichaut truffés, foie gras et magret de canard en copeaux. Tartelette de pagre aux points bleus, texture de fenouil et éclats d'olives. Nougat glacé au safran et fruits exotiques.

◆ Un cadre intime (notes zen, bougies) pour une cuisine soignée et sophistiquée : le jeune chef fait son marché chaque matin, avant d'élaborer "à l'instinct" les mets du soir... Les assiettes sont très graphiques !

au Nord-Est par ①, av. Clemenceau et rte du Débarquement
– ✉ 83120 Ste-Maxime

Jas Neuf sans rest 🚗 🗻 🅰️ 📶 🅿️ 𝖵𝖨𝖲𝖠 ⓪ 🄰🄴

112 av. du Débarquement – ☎ 04 94 55 07 30 – www.hotel-jasneuf.com – Fermé 30 nov.-17 déc. et 4-28 janv.

24 ch – †69/165 € ††69/165 € – ⌚ 11 €

◆ Un ensemble de jolies petites maisons méridionales en retrait de la ville. Chambres fraîches et coquettes aux couleurs de la Provence, la plupart avec terrasse et balcon.

à la Nartelle 4 km par ② – ✉ 83120 Ste-Maxime

La Plage sans rest 🅰️ 🄂 📶 🅿️ 𝖵𝖨𝖲𝖠 ⓪ 🄰🄴

36 av. Gén.-Touzet-du-Vigier – ☎ 04 94 96 14 01 – www.hotel-la-plage.fr

18 ch – †49/160 € ††69/160 € – ⌚ 9 €

◆ Agréable hôtel rénové, bordant la route et la plage. Agréable esprit contemporain, bons équipements. Toutes les chambres offrent un balcon face au large...

à Val d'Esquières 6 km au Nord-Ouest par ② et rte des Issambres
– ✉ 83120 Ste-Maxime

La Villa 🛏 🅰️ 🄂 ch, 📶 🅿️ 𝖵𝖨𝖲𝖠 ⓪

122 av. Croiseur-Léger-Le-Malin, à la Garonnette, D 559 – ☎ 04 94 49 40 90 – www.hotellavilla.fr – Fermé déc.-fin mars

8 ch – †65/150 € ††65/150 € – 4 suites – ⌚ 8 €

Rest – *(dîner seult)* Menu 18/28 € – Carte 25/42 €

◆ Face à la plage (il faut simplement traverser la route), cet établissement familial abrite de charmantes chambres d'esprit provençal ; certaines donnent sur la mer. La table conjugue ambiance chaleureuse (couleurs vives, meubles en rotin) et mets provençaux.

STE-MÉNÉHOULD ⬢ – 51 Marne – **306** L8 – 4 662 h. – alt. 137 m   **14** C2
– ✉ 51800 🟩 Champagne Ardenne

▶ Paris 221 – Bar-le-Duc 50 – Châlons-en-Champagne 48 – Reims 80

🛈 5, place du Général Leclerc ☎ 03 26 60 85 83

👁 ≼★ de la butte appelée "Le château" - Château de Braux-Ste-Cohière★ O : 5,5 km.

Le Cheval Rouge

1 r. Chanzy – 📞 *03 26 60 81 04 – www.lechevalrouge.com*

24 ch – 🛏50/60 € 🛏🛏60/70 € – ⚏ 10 € – ½ P 60/65 €

Rest – *(fermé dim. soir et lundi)* Menu 22/65 € – Carte 55/80 €

◆ À deux pas de l'hôtel de ville, cette auberge ancienne, aux chambres impeccablement tenues, assure des nuits paisibles. Dans une salle classique agrémentée de touches rustiques (cheminée, poutres apparentes), on sert un savoureux répertoire traditionnel.

à Futeau 13 km à l'Est par D 603 et D 2 – 152 h. – alt. 190 m – ⌧ 55120

L'Orée du Bois avec ch ⌖

1 km au Sud – 📞 *03 29 88 28 41 – www.aloreedubois.fr – Fermé 22 nov.-22 déc., 4-26 janv., lundi et mardi sauf le soir de Pâques à fin sept. et dim. soir*

14 ch – 🛏93 € 🛏🛏110/170 € – ⚏ 14 € – ½ P 98/138 €

Rest – (30 €) Menu 46/72 € – Carte 65/78 €

◆ En lisière de la forêt d'Argonne, cette auberge accueillante abrite deux jolies salles à manger tournées vers la campagne. Carte classique. Confort et bonne tenue des chambres.

STE-MÈRE-ÉGLISE – 50 Manche – **303** E3 – 1 612 h. – alt. 28 m **32** A2
– ⌧ 50480 ▐ Normandie Cotentin

▶ Paris 321 – Bayeux 57 – Cherbourg 39 – St-Lô 42

🄳 6, rue Eisenhower 📞 02 33 21 00 33

◉ Musée Airborne ★

au Sud-Ouest 6 km par D 67 et D 70 - ⌧ 50360 Picauville

Château de L'Isle Marie sans rest ⌖

– 📞 *02 33 21 37 25 – www.islemarie.com – Ouvert 1ᵉʳ mars-15 nov. et 20 déc.-2 janv.*

5 ch ⚏ – 🛏130/170 € 🛏🛏160/195 €

◆ Ce somptueux château médiéval qui appartiendrait à la même famille depuis mille ans se dresse dans un immense domaine. Grand confort, romantisme et authenticité : un lieu unique.

STE-NATHALÈNE – 24 Dordogne – **329** I6 – 510 h. – alt. 145 m **4** D3
– ⌧ 24200

▶ Paris 538 – Bordeaux 205 – Périgueux 74 – Brive-la-Gaillarde 63

La Roche d'Esteil ⌖

La Croix d'Esteil – 📞 *05 53 29 14 42 – www.larochedesteil.com*

5 ch – 🛏69/90 € 🛏🛏69/90 € – ⚏ 6,50 € **Table d'hôte** – Menu 25 € bc

◆ Un domaine restauré avec goût par des propriétaires passionnés, dans le respect de la tradition périgourdine. Chambres soignées au charme rustique, installées dans les anciennes granges. Le soir, décor plus contemporain et ambiance conviviale à la table d'hôte.

STE-PREUVE – 02 Aisne – **306** F5 – 89 h. – alt. 115 m – ⌧ 02350 **37** D2

▶ Paris 188 – Saint-Quentin 69 – Laon 29 – Reims 49

Domaine du Château de Barive ⌖

3 km au Sud-Ouest – 📞 *03 23 22 15 15*
– www.chateau-de-barive.com

18 ch – 🛏90/120 € 🛏🛏120/450 € – 4 suites – ⚏ 20 €

Rest *Les Epicuriens* – (30 €) Menu 35/85 € – Carte 66/111 €

◆ Cette superbe bâtisse (19ᵉ s.) et son vaste parc profitent du calme de la campagne. Chambres cosy, mansardées au 2ᵉ étage, et belles suites. Accueil avenant. Salle à manger ouverte sur la verdure, cuisine actuelle (produits de saison) et bon choix de bourgogne.

SAINTES
SAINTES ⟨SP⟩ – 17 Charente-Maritime – **324** G5 – 26 531 h. – alt. 15 m **38** B3
– ✉ **17100** 🟢 Poitou Vendée Charentes

▶ Paris 469 – Bordeaux 117 – Poitiers 138 – Rochefort 42
ℹ place Bassompierre ℰ 05 46 74 23 82
🏌 de Saintonge 43, route du Golf, par rte de Niort : 5 km, ℰ 05 46 74 27 61
👁 Abbaye aux Dames : église abbatiale★ - Vieille ville★ - Arc de Germanicus★ **B** - Église St-Eutrope : église inférieure★ **E** - Amphithéâtre gallo-romain★ - Musée des Beaux-Arts★ : Musée Archéologique : char de parade★.

🏨 **Relais du Bois St-Georges** ⟨🐕⟩ ⟨≤ 🐾 🚭 🎬 ⟨ch, 📶 ⟨"⟩ 🚿 🅿 🚗⟩
132 cours Genet, (Parc Atlantique) – ℰ 05 46 93 50 99 〔VISA ⟨🌐⟩ AE ⓘ〕
– www.relaisdubois.com **Y**d
30 ch – 🛏105/185 € 🛏🛏105/360 € – ⟨☐⟩ 19 €
Rest – Menu 68/154 € bc – Carte 49/91 €🎋
Rest *La Table du Bois* – (24 €) Menu 31/35 €
◆ Bâti sur le site d'un ancien chai, cet hôtel propose des chambres personnalisées, parfois très originales : capitaine Némo, Tombouctou, Monte Cristo... Parc avec étangs. Cuisine au goût du jour et salle à manger rustique ouverte sur la nature. À La Table du Bois, ambiance cosy et formule bistrot.

SAINTES

Allende (Av. Salvador)	**Y** 2
Alsace-Lorraine (R.)	**AZ** 3
Arc-de-Triomphe (R.)	**BZ** 4
Bassompierre (Pl.)	**BZ** 5
Berthonnière (R.)	**AZ** 7
Blair (Pl.)	**AZ** 9
Bois d'Amour (R.)	**AZ** 10
Bourignon (R.)	**Y** 12
Brunaud (R. A.)	**AZ** 13
Clemenceau (R.)	**AZ** 15
Denfert-Rochereau (R.)	**BZ** 16
Dufaure (Av. J.)	**AZ** 18
Foch (Pl. Mar.)	**AZ** 20
Gambetta (Av.)	**BZ**
Jacobins (R. des)	**AZ** 25
Jean (R. du Dr)	**Y** 27
Kennedy (Av. J.-F.)	**Y** 31
Lacurie (R.)	**Y** 33
Leclerc (Crs Mar.)	**AZ** 34
Lemercier (Cours)	**AZ** 35
Marne (Av. de la)	**BZ** 37
Mestreau (R. F.)	**AZ** 38
Monconseil (R.)	**AZ** 39
National (Cours)	**AZ**
République (Quai)	**AZ** 41

St-Eutrope (R.)	**AZ** 42
St-François (R.)	**AZ** 43
St-Macoult (R.)	**AZ** 45
St-Pierre (R.)	**AZ** 46
St-Vivien (Pl.)	**AZ** 47
Victor-Hugo (R.)	**AZ** 49

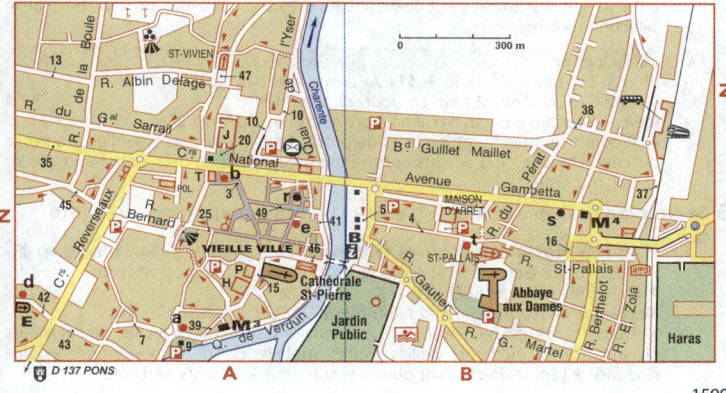

🏠 **Des Messageries** sans rest ⚘ 〖¹〗 🚼 🛋 VISA ⱺ
r. des Messageries – ℰ 05 46 93 64 99 – www.hotel-des-messageries.com – Fermé
vacances de Noël   AZr
34 ch – †62/88 € ††68/88 € – ⌑ 8,50 €
♦ Ex-relais de diligences (1792) situé dans le quartier historique. Les chambres
arborent un style actuel. Produits du terroir au petit-déjeuner. Accueil charmant.

🏠 **L'Avenue** sans rest 〖¹〗 🅿 VISA ⱺ
114 av. Gambetta – ℰ 05 46 74 05 91 – www.hoteldelavenue.com   BZs
15 ch – †46/71 € ††47/72 € – ⌑ 8 €
♦ Accueil tout sourire dans cet établissement des années 1970 bordant un axe
passant. Les chambres, personnalisées et chaleureuses, donnent sur l'arrière et
sont calmes.

✕✕ **Le Bistrot Galant** 𝔸𝕂 VISA ⱺ 𝔸𝔼
🥜 28 r. St-Michel – ℰ 05 46 93 08 51 – www.lebistrotgalant.com – Fermé 1 sem.
en mars, 15-31 oct., dim. et lundi   AZe
Rest – (13 €) Menu 15/38 € – Carte 35/41 €
♦ Au cœur d'une rue piétonne, la façade vitrée cache deux petites salles à manger dont une relookée dans un style actuel. Cuisine traditionnelle (produits frais
du marché).

✕✕ **Saveurs de l'Abbaye** avec ch 🌳 ᵴ rest, 〖¹〗 VISA ⱺ
1 pl. St Palais – ℰ 05 46 17 17 91 – www.saveurs-abbaye.com – Fermé 1 sem.
en mai, 19 sept.-5 oct. et vacances de fév.   BZt
8 ch – †49 € ††52 € – ⌑ 8 € – ½ P 59 €
Rest – (fermé dim. et lundi) (16 €) Menu 26/46 € – Carte 31/39 €
♦ Cette maison familiale, à deux pas de l'Abbaye aux Dames, offre un cadre
actuel chaleureux (bois, tons chocolat). Cuisine associant produits régionaux, herbes et épices. Chambres modernes avec une touche de personnalisation ("Couleurs d'Asie", "Côté Mer"...).

✕ **Clos des Cours** 🌳 𝔸𝕂 🍴 VISA ⱺ
🥜 2 pl. du Théâtre – ℰ 05 46 74 62 62 – www.closdescours.com – Fermé
😊 30 oct.-11 nov., 24 déc.-7 janv. et dim.   AZb
Rest – Menu 14 € (déj. en sem.), 26/36 € – Carte 30/44 €
♦ Un décor contemporain, une spacieuse terrasse bien agréable en été et une
cuisine moderne savamment épicée font le charme de cette table située à proximité du théâtre.

✕ **La Table de Marion** 𝔸𝕂 VISA ⱺ
😊 10 pl. Blair – ℰ 05 46 74 16 38 – Fermé mardi soir et merc.   AZa
Rest – (nombre de couverts limité, prévenir) Menu 25 € (déj.), 37/47 €
– Carte 35/55 € ❀
♦ Sur une placette bordée par la Charente, restaurant actuel où l'on prend place
entre des murs en pierre. Cuisine créative évoluant au gré du marché ; belle
sélection de vins.

✕ **L'Adresse** VISA ⱺ
😊 48 r. St-Eutrope – ℰ 05 46 94 51 62 – www.adresserestosaintes.fr
– Fermé 15-31 janv., 2 sem. en août, dim. et lundi   AZd
Rest – (nombre de couverts limité, prévenir) (14 €) Menu 29 €
♦ Produits du marché et légumes de producteurs locaux, sans oublier... l'adresse
du chef : tous les ingrédients sont réunis pour un repas très gourmand. Décor
actuel, intimiste.

à St-Sauvant 13 km à l'Est par ② et N 141 – 508 h. – alt. 18 m – ⊠ 17610

🏠 **Design Hôtel des Francs Garçons** ⚘ 🏊 🛁 𝔸𝕂 〖¹〗 VISA ⱺ 𝔸𝔼
1 r. des Francs-Garçons – ℰ 05 46 90 33 93 – www.francsgarcons.com
7 ch – †88/138 € ††88/138 € – 3 suites – ⌑ 12 €
Rest – (dîner seult) (résidents seult) Menu 25/39 € – Carte 30/39 €
♦ Dans un village médiéval, maison rénovée par des architectes. Sur plusieurs
niveaux : décor moderne, vieilles pierres, mobilier design, jeux de lumières. Piscine face à l'église. Restaurant ouvert le soir pour les clients de l'hôtel.

à Thénac 10 km au Sud par ③ et D 6 – 1 582 h. – alt. 62 m – ✉ 17460

Domaine les Chais de Thénac sans rest ॐ
41 r. de la République – ℰ *05 46 91 05 74*
– *www.domainedeschais.com*
6 ch – †85 € ††95 €

◆ Domaine du 18ᵉ s. entièrement restauré, abritant un petit hôtel. Profitez du calme de la campagne, du jardin, de la piscine d'été et des spacieuses chambres décorées avec goût.

L'Atelier Gourmand de Jean-Yves
41 r. de la République – ℰ *05 46 97 84 26* – *www.l-ateliergourmand.fr*
– *Fermé 2 sem. en janv., 1 sem. en oct., dim. soir et lundi*
Rest – (21 €) Menu 24 € (déj.), 28/68 € bc – Carte 40/59 €

◆ Ce restaurant installé dans les anciennes écuries d'un chai affiche une belle convivialité. Cuisines ouvertes sur la salle rustique, terrasse face au parc et plats régionaux.

STE-SABINE – 24 Dordogne – 329 F7 – 376 h. – alt. 133 m – ✉ 24440   **4** C2
▶ Paris 565 – Bergerac 32 – Bordeaux 130 – Périgueux 79

Étincelles-La Gentilhommière (Vincent Lucas) avec ch ॐ
– ℰ *05 53 74 08 79* – *www.gentilhommiere-etincelles.com*
– *Fermé 21-30 juin, 20-30 sept., vacances de la Toussaint, vacances de fév., mardi sauf le soir en juil.-août, vend. midi et merc. sauf juil.-août, dim. soir, jeudi midi et sam. midi*
4 ch – †80 € ††85 €
Rest – *(nombre de couverts limité, prévenir)* Menu 31 € (déj. en sem.), 49/99 €
Spéc. Tomate "Riviera", salade façon périgourdine et haricots verts fumés. Agneau du Périgord au poivre de Chiloé, asperges fines au lard, jus de pousses de radis. Meringue de foie gras au poivre de Tasmanie, sorbet mangue. **Vins** Bergerac blanc, Côtes de Bergerac rouge.

◆ Une chaleureuse maison périgourdine, dans un jardin aux arbres majestueux. Le concept : on réserve la veille, car le chef ne travaille que des produits frais. Il propose un menu unique et sa créativité fait des étincelles ! Chambres thématiques (romantique, orientale, montagnarde...).

STE-SAVINE – 10 Aube – 313 E4 – **rattaché à Troyes**

STES-MARIES-DE-LA-MER – 13 Bouches-du-Rhône – 340 B5   **40** A3
– 2 341 h. – alt. 1 m ▮ Provence
▶ Paris 778 – Arles 39 – Marseille 129 – Nîmes 67
🛈 5, avenue Van Gogh ℰ 04 90 97 82 55

Plan page suivante

Mas de Cocagne sans rest
rte d'Arles – ℰ *04 90 97 96 17* – *www.mas-cocagne.com* – *Ouvert 26 mars-13 nov.*
18 ch – †90/140 € ††130/185 € – ☲ 13 €

◆ Près du centre-ville, cet hôtel de standing moderne propose des chambres impeccables, au décor contemporain et coloré, et avec terrasses privatives. Agréable piscine.

Le Galoubet sans rest
rte de Cacharel – ℰ *04 90 97 82 17* – *www.hotelgaloubet.com* – *Fermé 15 nov.-26 déc. et 4 janv.-13 fév.*   **B**s
21 ch – †58 € ††75/77 € – ☲ 7 €

◆ Un petit hôtel familial proposant des chambres rustiques mais bien tenues ; au 1ᵉʳ étage, quatre ont un balcon avec une jolie vue sur l'étang de la réserve des Impériaux.

STES-MARIES -DE- LA-MER

Aubanel (R. Théodore) . . . . . . **A** 2
Bizet (R. Georges). . . . . **A** 6
Carrière (R. Marcel) . . . . **B** 8

Châteaubriand (R.) . . . . **A** 10
Château d'eau (R. du) . . . . **A** 12
Crin Blanc (R.) . . . . **A** 15
Eglise (Pl. de l') . . . . **A** 17
Espelly (R.). . . . . **A** 18
Etang (R. de l') . . . . **A** 20
Ferrade (R. de la) . . . . **B** 22
Fouque (R. du Capitaine) . . . . **A** 23

Gambetta (Av. Léon) . . . . . . **AB** 25
Lamartine (Pl.) . . . . **A** 27
Marquis-de-Baroncelli
(Pl.) . . . . **A** 28
Médina (R. François) . . . . **B** 29
Pénitents Blancs (R. des) . . . . **A** 30
Portalet (Pl.) . . . . **A** 32
Razeteurs (R. des) . . . . **A** 34

Le Mas des Salicornes   🛜 🌊 AC ⁷ℓ rest, P VISA ∞

rte d'Arles – ℰ 04 90 97 83 41 – www.hotel-salicornes.com – Ouvert mars- nov.
24 ch – †55/120 € ††55/120 € – ⌷ 8,50 €   **Ay**
Rest – *(fermé dim.)* Menu 24/29 €

♦ Un petit hôtel camarguais typique : plain-pied, murets blancs et lauriers roses. Chambre sobres, toutes avec terrasse privative. Agréable jardin planté d'arbres fruitiers. Produits frais et cuisine à l'huile d'olive dans le cadre rustique du restaurant.

Hostellerie du Pont Blanc *sans rest* ॐ   🌊 & ⁷ℓ P VISA ∞

chemin du Pont-Blanc, par rte d'Arles – ℰ 04 90 97 89 11
– www.pont-blanc.camargue.fr – Fermé 20 nov.-27 déc.   **Az**
15 ch – †50/62 € ††50/70 € – ⌷ 6,50 €

♦ Pour les budgets serrés : un petit mas fleuri aux chambres toutes simples, avec terrasse donnant sur la campagne. Belle cabane de gardian au fond du jardin (deux duplex).

Le Fangassier *sans rest*   & ⁷ℓ VISA ∞ AE

12 rte de Cacharel – ℰ 04 90 97 85 02 – www.fangassier.camargue.fr – Ouvert 15 fév.-15 nov.   **Be**
22 ch – †44/62 € ††44/62 € – ⌷ 6,50 €

♦ Non loin du centre-ville et de la mer, maison traditionnelle aux volets bleus, sobre et rustique. Certaines chambres disposent d'une petite terrasse, d'autres sont mansardées.

rte du Bac du Sauvage 4 km au Nord-Ouest par D 38
– ✉ 13460 Les Stes-Maries-de-la-Mer

Lodge de la Fouque ॐ   ≼ 🌿 🛜 🌊 🕸 ⅃ ⁊ℰ ℋ & ch, AC ℱ rest, ⁷ℓ ⅃ᵭ P VISA ∞ AE ⓪

rte du Petit-Rhône – ℰ 04 90 97 81 02
– www.lodgedelafouque.com – Ouvert 15 mars-15 nov.
22 ch – †190/325 € ††190/325 € – 6 suites – ⌷ 20 € – ½ P 184/239 €
Rest – *(fermé lundi midi et dim. soir du 15 mars au 9 avril et du 1ᵉʳ oct. au 15 nov.)* (38 €) Menu 60/65 € – Carte 60/80 €

♦ Un mas ultraluxueux, au milieu d'une nature enchanteresse. Superbes chambres thématiques (baroque, exotique, design, etc.). Spa et héliport. Le soir, on se croirait à Bali : dîner les pieds dans l'eau sous un gazebo. Cuisine fine et inventive.

L'Estelle ॐ   ≼ ₰ 🛜 🌊 🕸 & ch, AC ℱ rest, ⁷ℓ VISA ∞ AE ⓪

rte du Petit-Rhône, D 38 – ℰ 04 90 97 89 01 – www.hotelestelle.com
– Ouvert 1ᵉʳ avril-13 nov.
19 ch ⌷ – †160/230 € ††190/490 € – 1 suite
Rest – *(fermé lundi midi et mardi midi)* Menu 25 € (déj.), 40/82 €
– Carte 57/81 € 🕸

♦ Ravissant jardin et chambres provençales avec vue sur la piscine à débordement ou les étangs : un hôtel plein de charme, au bord du Petit-Rhône. Goûteuse cuisine d'inspiration méridionale dans un cadre cossu ou sur une charmante terrasse. Bistrot le midi.

rte d'Arles Nord-Ouest par D 570 – ✉ 13460 Les Stes-Maries-de-la-Mer

Le Pont des Bannes   🛜 🌊 🕸 & ch, ℱ ⅃ᵭ P VISA ∞ AE ⓪

rte d'Arles, à 1 km – ℰ 04 90 97 81 09 – www.pontdesbannes.net
– Fermé 30 janv.-6 mars
27 ch ⌷ – †135/175 € ††135/175 €   **Rest** – (32 €) Carte environ 43 €

♦ Les chambres, installées dans des cabanes de gardians au milieu des marais, ont un charme fou ! Pour les amoureux de la Camargue : centre équestre et arènes privées. Belle cuisine régionale au restaurant (tomettes, poutres, cheminée) et agréable vue sur la piscine (baies vitrées).

Lodge Ste-Hélène 🏠 ॐ   ≼ & ℱ P

à 800 m. – ℰ 04 90 97 83 29 – www.lodge-saintehelene.com – fermé 1ᵉʳ fév.-8 mars
13 ch ⌷ – †135/175 € ††135/175 €

♦ Le Lodge Ste-Hélène, situé sur une presqu'île de l'étang des Launes, propose des chambres au décor épuré (chaux, laine et bois) idéales pour observer la faune et la flore.

Les Rizières sans rest ⌂   🏊 AC 🛜 P VISA ◑ AE

rte d'Arles, à 2,5 km – ℰ 04 90 97 91 91 – www.lesrizieres-camargue.com – Fermé 12 nov.-1ᵉʳ fév.

27 ch – †78/112 € ††78/112 € – ⊑ 9 €

◆ Dans une ancienne manade (élevage camarguais) près d'un étang, au calme. Les chambres, simples et nettes, sont situées autour d'un patio verdoyant. Grande piscine.

Hostellerie du Pont de Gau avec ch   AC ch, P VISA ◑ AE

rte d'Arles, à 5 km – ℰ 04 90 97 81 53 – www.hotelpontdegau.com
– Fermé 4 janv.-12 fév. et merc. du 15 nov. à Pâques sauf vacances scolaires

9 ch – †54 € ††54 € – ⊑ 8,50 €   **Rest** – Menu 23/56 € – Carte 48/70 €

◆ À côté du parc ornithologique, salle à manger avec poutres apparentes, cheminée et véranda. Cuisine traditionnelle à prix abordable. Chambres simples et climatisées, pratiques pour une étape impromptue.

STE-VERGE – 79 Deux-Sèvres – **322** E2 – **rattaché à Thouars**

LES SAISIES – 73 Savoie – **333** M3 – **Sports d'hiver : 1 600/1 870 m**   **45** D1
⚴24 – ✉ 73620

▶ Paris 597 – Albertville 29 – Annecy 61 – Bourg-St-Maurice 53

🄸 avenue des Jeux Olympiques ℰ 04 79 38 90 30

Le Calgary ⌂   ≤ 🚅 🛋 🏊 ▣ & ch, 🍴 rest, 🛜 ⇐ VISA ◑ AE

73 r. des Periots – ℰ 04 79 38 98 38 – www.hotelcalgary.com
– Ouvert 18 juin-10 sept. et 17 déc.-22 avril

39 ch ⊑ – †60/130 € ††65/195 € – 1 suite – ½ P 72/135 €

Rest – *(ouvert 18 déc.-23 avril et fermé le midi)* (17 €) Menu 26/42 €
– Carte 31/47 €

◆ Chalet à la tyrolienne dont le nom rappelle les exploits de F. Piccard – enfant du pays – aux JO de 1988. Confort et bois blond dans les chambres, en partie rénovées. Sauna, hammam. Dans la vaste salle à manger, cuisine actuelle et plats savoyards.

SALBRIS – 41 Loir-et-Cher – **318** J7 – 5 777 h. – alt. 104 m – ✉ 41300   **12** C2
▮ Châteaux de la Loire

▶ Paris 187 – Blois 65 – Bourges 62 – Montargis 102

🄸 27, boulevard de la République ℰ 02 54 97 22 27

🄶 de Nançay à nançay Domaine de Samord, SE : 15 km, ℰ 02 48 51 86 55

Le Parc   🌿 🛋 🛜 ♨ P ⇐ VISA ◑ AE

8 av. d'Orléans – ℰ 02 54 97 18 53 – www.leparcsalbris.com
– Fermé 15 déc.-7 janv.

23 ch – †72/105 € ††78/130 € – ⊑ 10 €

Rest – *(fermé lundi midi, mardi midi, sam. midi, dim. et le midi de nov. à mars)* (14 €) Menu 23/49 € – Carte 48/60 €

◆ Grande demeure bourgeoise dans un beau jardin arboré. Les chambres, sobres et élégantes, sont bien tenues. Au restaurant, ambiance rustique, cuisine traditionnelle et vaste cheminée pour réchauffer les rudes journées d'hiver de la Sologne...

SALERS – 15 Cantal – **330** C4 – 368 h. – alt. 950 m – ✉ 15140   **5** B3
▮ Auvergne

▶ Paris 509 – Aurillac 43 – Brive-la-Gaillarde 100 – Mauriac 20

🄸 Place Tyssandier d'Escous ℰ 04 71 40 70 68

◉ Grande-Place★★ - Église★ - Esplanade de Barrouze ≤★.

Le Bailliage 🕭

r. Notre-Dame – ☎ 04 71 40 71 95 – www.salers-hotel-bailliage.com – *Fermé 15 nov.-6 fév.*
23 ch – 🛏75/80 € 🛏🛏80/110 € – 4 suites – ☲ 13 € – ½ P 67/128 €
Rest – *(fermé lundi midi)* (16 €) Menu 23/43 € – Carte 28/60 €
♦ Cette demeure régionale propose de grandes chambres personnalisées avec goût, ouvertes sur le jardin ou la campagne. Celles rénovées arborent un cadre moderne ("Zen", "Marilyn"...). Salle à manger champêtre et jolie terrasse pour une savoureuse cuisine auvergnate.

Demeure de Jarriges 🏠 🕭

à 300 m – *Fermé 15 nov.-6 fév.*
26 ch – 🛏49/65 € 🛏🛏65/140 € – ☲ 10 € – ½ P 65/120 €
♦ Une atmosphère de maison de famille (mobilier ancien, draps brodés main) règne dans les chambres cosy de cette demeure. Agréable jardin, idéal pour le farniente.

Le Gerfaut sans rest 🕭

rte de Puy Mary, 1 km au Nord-Est par D 680 – ☎ 04 71 40 75 75
– www.salers-hotel-gerfaut.com – *Ouvert de mars à nov. et vacances de fév.*
25 ch – 🛏58/85 € 🛏🛏60/88 € – ☲ 12 € – ½ P 65/85 €
♦ L'environnement verdoyant et le calme font l'attrait de cet hôtel moderne situé sur les hauteurs du bourg. Chambres fonctionnelles, certaines avec balcon tourné vers la vallée.

Saluces sans rest 🕭

r. Martille – ☎ 04 71 40 70 82 – www.hotel-salers.fr – *Fermé 12 nov.-20 déc.*
8 ch – 🛏66/99 € 🛏🛏66/99 € – ☲ 10 €
♦ Ex-propriété du marquis de Lur Saluces (16ᵉ s.). Les chambres allient matériaux naturels et décor raffiné. Petit-déjeuner servi sous le vieux marronnier avec confitures maison.

à Fontanges 5 km au Sud par D 35 – 223 h. – alt. 692 m – ⊠ 15140

Auberge de l'Aspre 🕭

– ☎ 04 71 40 75 76 – www.auberge-aspre.fr – *Fermé 20 nov.-25 mars, dim. soir et lundi d'oct. à mai*
8 ch – 🛏55 € 🛏🛏55 € – ☲ 8 € – ½ P 59 €
Rest – (15 €) Menu 19/30 € – Carte 28/45 €
♦ En pleine nature, cette ancienne ferme propose des chambres simples et fonctionnelles (salles de bains en mezzanine), dont une avec vue sur la chapelle monolithe. Carte régionale (légumes issus de l'agriculture bio) servie dans un décor rustique ou en terrasse.

Château de la Fromental 🕭

par D 35 – ☎ 04 71 40 77 20 – www.chateaulafromental.com – *Fermé 3-29 janv.*
5 ch ☲ – 🛏133/167 € 🛏🛏140/170 € **Table d'hôte** – Menu 35 € bc
♦ Château de 1890 restauré avec goût : plafond peint et moulures dans le hall, mobilier original et objets chinés dans les chambres, baptisées de noms de reines. À la table d'hôte, joli service en faïence personnalisé par la propriétaire et plats traditionnels.

au Theil 6 km au Sud-Ouest par D 35 et D 37 – ⊠ 15140 St-Martin-Valmeroux

Hostellerie de la Maronne 🕭

☎ 04 71 69 20 33 – www.maronne.com – *Ouvert 9 avril-4 nov.*
11 ch – 🛏100/110 € 🛏🛏110/180 € – 5 suites – ☲ 14 € – ½ P 102/142 €
Rest – *(Fermé le midi et lundi soir hors saison)* Menu 35/45 €
♦ Ensemble de caractère (19ᵉ s.) en pierre et toit de lauzes, où les chambres et les salons offrent un cadre confortable. Chemin de randonnée dans le très beau parc, piscine et tennis. Cuisine actuelle à savourer dans un décor bourgeois.

SALIES-DE-BÉARN – 64 Pyrénées-Atlantiques – 342 G4 – 4 793 h. 3 B3
– alt. 50 m – Stat. therm. : début mars-mi déc. – Casino – ⊠ 64270 🟩 Aquitaine
▶ Paris 762 – Bayonne 60 – Dax 36 – Orthez 17
🖼 rue des Bains ☎ 05 59 38 00 33
🅶 Sauveterre-de-Béarn : site★, ≼★★ du vieux pont, S : 10 km.

Hôtel du Parc

bd Saint-Guily – ℰ 05 59 38 31 27 – *www.hotelcasinoduparc.fr*
51 ch – †79 € ††89 € – 1 suite – � 10 €
Rest – (12 €) Menu 17 € (déj. en sem.)/29 € – Carte 22/33 €
♦ L'entrée impressionne, avec ses galeries à l'italienne et sa verrière... et il y a un casino ! Heureusement, l'isolation est parfaite, y compris dans les chambres, modernes et bien agencées. Cuisine traditionnelle au restaurant.

Hôtel du Golf Le Lodge

chemin de Labarthe – ℰ 05 59 67 75 23 – *www.le-lodge-salies.com*
31 ch – †60/70 € ††75/85 € – � 12 € – ½ P 75 €
Rest – (fermé 15 déc.-20 janv., sam. midi et dim. soir) (12 €) Menu 22/29 €
– Carte 30/53 €
♦ La construction peut sembler banale mais les propriétaires ont soigné la décoration dans un style lodge : plantes exotiques, bambou, portraits d'animaux africains... Certaines chambres donnent sur le golf. Spécialités régionales, préparées avec simplicité.

Maison Léchémia ⌂

quartier du Bois, 3 km au Nord-Ouest par rte de Caresse et rte secondaire
– ℰ 05 59 38 08 55 – *www.chambresdhoteslechemia.com*
3 ch ☐ – †40 € ††55 € **Table d'hôte** – Menu 17 € bc/25 € bc
♦ Cette ferme isolée dans la campagne conjugue accueil chaleureux et confort. Petites chambres décorées avec goût, dont une familiale, disposant d'une mezzanine. À table, produits du potager servis sur la terrasse ou devant la cheminée. Bon petit-déjeuner.

Des Voisins

12 r. des Voisins – ℰ 05 59 38 01 79 – *www.restaurant-des-voisns.com* – Fermé
20 juin-4 juil., 21 nov.-5 déc., mardi midi et lundi
Rest – (22 €) Menu 27/38 € bc – Carte 35/48 €
♦ Vieux piano, béton ciré, œuvres contemporaines : une agréable adresse, dans la plus ancienne maison de la cité. La cuisine ne triche pas avec les produits (cultures locales, bio).

à Castagnède 8 km au Sud-Ouest par D 17, D 27 et D 384 – 206 h. – alt. 38 m
– ✉ 64270

La Belle Auberge

– ℰ 05 59 38 15 28 – Fermé 1er-14 juin, 19 déc.-31 janv.
Rest – (fermé dim. soir et lundi soir sauf juil.-août) Menu 13/25 €
– Carte 17/35 €
♦ Ce paisible hameau du Béarn abrite une auberge rustique, où l'on sert une cuisine traditionnelle et généreuse. Terrasse sous les tilleuls et jardin fleuri.

SALIES-DU-SALAT – 31 Haute-Garonne – **343** D6 – 1 936 h.
– alt. 300 m – Stat. therm. : début avril-fin oct. – Casino – ✉ 31260   **28** B3
▌ Midi-Toulousain
▶ Paris 751 – Bagnères-de-Luchon 73 – St-Gaudens 27 – Toulouse 79
🛈 boulevard Jean Jaurès ℰ 05 61 90 53 93

Du Parc sans rest

6 r. d'Austerlitz – ℰ 05 61 90 51 99 – *www.hotelduparcsaliesdusalat.com*
– Fermé 23 déc.-5 janv.
21 ch – †53/65 € ††75/95 € – ☐ 7 €
♦ Dans le parc du casino, cet hôtel des années 1920 – bien entretenu – dispose de chambres pratiques et insonorisées. Formule buffet au petit-déjeuner, service en terrasse l'été.

SALINS-LES-BAINS – 39 Jura – **321** F5 – 3 082 h. – alt. 340 m – Stat.   **16** B2
therm. : fin fév.-début déc. – Casino – ✉ 39110 ▌ Franche-Comté Jura
▶ Paris 419 – Besançon 41 – Dole 43 – Lons-le-Saunier 52
🛈 place des Salines ℰ 03 84 73 01 34
◉ Fort Belin ★★★

Grand Hôtel des Bains

pl. des Alliés – ✆ 03 84 37 90 50 – www.hotel-des-bains.fr

31 ch – †71/94 € ††71/94 € – ☕ 10 € – ½ P 63/75 €

Rest – (13 €) Menu 22/51 € bc – Carte 36/64 €

◆ Décoration contemporaine pour cet hôtel de 1860 abritant un salon classé. Chambres fonctionnelles, piscine thermale et fitness indépendant. Salle à manger moderne et cuisine à composantes régionales. Espace brasserie pour un repas plus simple.

Charles Sander sans rest

26 r. de la République – ✆ 03 84 73 36 40 – www.residencesander.com – Fermé janv.

14 ch – †63/71 € ††71/77 € – ☕ 8,50 €

◆ Ancienne maison vigneronne dotée de chambres chaleureuses (une seule sans cuisinette). Les amateurs de produits régionaux feront une halte à l'épicerie fine du rez-de-chaussée.

SALLANCHES – 74 Haute-Savoie – 328 M5 – 15 469 h. – alt. 550 m — 46 F1

– ✉ 74700 Alpes du Nord

Paris 585 – Annecy 72 – Bonneville 29 – Chamonix-Mont-Blanc 28

32, quai de l'Hôtel de Ville ✆ 04 50 58 04 25

❋★★ sur le Mt-Blanc - Chapelle de Médonnet : ❋★★ - Cascade d'Arpenaz★ N : 5 km.

Les Prés du Rosay

285 rte de Rosay – ✆ 04 50 58 06 15 – www.lespresdurosay.com

15 ch – †79/85 € ††90/96 € – ☕ 10 €

Rest – *(fermé sam. et dim. sauf vacances de fév. et saison)* Menu 16 € (déj. en sem.), 20/36 € – Carte 32/41 €

◆ Hôtel traditionnel situé dans un quartier résidentiel ; chambres simples et fonctionnelles (écran plat, wifi) tournées vers les sommets. Espace forme complet. Au restaurant, décor coquet, vue bucolique sur les prés et cuisine aux accents méridionaux.

Auberge de l'Orangerie

carrefour de la Charlotte, 2,5 km par rte Passy (D 13) – ✆ 04 50 58 49 16 – www.orangeriemontblanc.fr – Fermé 27 juin-11 juil.

18 ch – †59/69 € ††71/81 € – ☕ 11 €

Rest – *(fermé 27 juin-11 juil., 9-30 janv. et dim. soir) (dîner seult)* Carte 44/66 €

◆ Accueil charmant et chambres douillettes à choisir dans le bâtiment principal ou à la nouvelle annexe, dont les balcons sont tournés vers le mont Blanc. Espace bien-être. À table, convivialité, cuisine traditionnelle et spécialités locales.

Le St-Julien

53 r. Chenal – ✆ 04 50 58 02 24 – Fermé dim. soir, lundi et merc.

Rest – Menu 25/40 € – Carte 36/45 €

◆ Avenante façade fleurie en été. Salle à manger entièrement lambrissée d'épicéa, où l'on sert une cuisine axée sur les produits de saison assortie de quelques plats régionaux.

SALLES-LA-SOURCE – 12 Aveyron – 338 H4 – 1 935 h. – alt. 450 m — 29 C1

– ✉ 12330 Midi-Toulousain

Paris 670 – Rodez 13 – Toulouse 160 – Villefranche-de-Rouergue 71

Gîtes de Cougousse sans rest

r. du Père Colombier, à Cougousse 4 km au Nord Ouest par D 901 – ✆ 05 65 71 85 52 – www.gites.cougousse.free.fr – Ouvert 1er avril-15 oct.

4 ch ☕ – †55 € ††60 €

◆ Belle et grande demeure du 15e s. agrémentée d'un jardin avec potager baigné par une rivière. Chambres calmes et personnalisées, salon rustique aménagé dans l'ancienne cuisine.

LES SALLES-SUR-VERDON – 83 Var – **340** M3 – 193 h. – alt. 440 m   **41** C2
– ✉ 83630 🟩 Alpes du Sud

▶ Paris 790 – Brignoles 57 – Draguignan 49 – Digne-les-Bains 60

ℹ place Font Freye ℰ 04 94 70 21 84

◉ Lac de Ste-Croix★★.

🏠 **Auberge des Salles** sans rest ◇   ⟨ 🚿 🛗 & 🛜 P 🚗 VISA ◐ AE ⓪
18 r. Ste-Catherine – ℰ 04 94 70 20 04 – www.visitvar.fr
– *Ouvert 3 avril-2 oct.*
30 ch – ♦58/78 € ♦♦58/78 € – ☐ 8 €
◆ Paisible hôtel surplombant les rives du lac de Ste-Croix. Mobilier rustique dans les chambres, lumineuses et presque toutes avec balcon. Agréable salon avec cheminée.

SALON-DE-PROVENCE – 13 Bouches-du-Rhône – **340** F4   **40** B3
– 40 147 h. – alt. 80 m – ✉ 13300 🟩 Provence

▶ Paris 720 – Aix-en-Provence 37 – Arles 46 – Avignon 50

ℹ 56, cours Gimon ℰ 04 90 56 27 60

🏌 de Miramas à Miramas Mas de Combe, SO : 10 km, ℰ 04 90 58 56 55

🏌 Pont Royal Country Club à Mallemort Domaine de Pont Royal, NE : 16 km par D 538 et D 17, ℰ 04 90 57 40 79

◉ Musée de l'Empéri★★.

🏠 **Angleterre** sans rest   🛜 VISA ◐ AE
98 cours Carnot – ℰ 04 90 56 01 10 – www.hotel-dangleterre.biz
– *Fermé 15 déc.-3 janv.*   AY**b**
26 ch – ♦51/56 € ♦♦56/65 € – ☐ 7,50 €
◆ Une adresse familiale près des musées. Fresques un brin naïves aux murs, salle des petits-déjeuners sous une coupole en verre. Chambres nettes et fonctionnelles.

SALON-DE-PROVENCE

Ancienne Halle (Pl.) . . . . **BY** 2
Capucins (Bd des) . . . . **BZ** 3
Carnot (Cours) . . . . **AY** 4
Centuries (Pl. des) . . . . **BY** 6
Clemenceau (Bd Georges) . . . **AY** 7
Coren (Bd Léopold) . . . . **AY** 8
Craponne (Allées de) . . . . **BZ** 10
Crousillat (Pl.) . . . . **BY** 12
Farreyroux (Pl.) . . . . **BZ** 13
Ferrage (Pl.) . . . . **BZ** 14
Fileuses de Soie (R. des) . . . . **AY** 15
Frères J. et R.-Kennedy
  (R. des) . . . . **AY**
Gambetta (Pl.) . . . . **BZ** 18
Gimon (Cours) . . . . **BZ**
Horloge (R. de l') . . . . **BY** 20
Ledru-Rollin (Bd) . . . . **AY** 22
Massenet (R.) . . . . **AY** 23
Médicis (Pl. C. de) . . . . **BZ** 24
Mistral (Bd Frédéric) . . . . **BY** 26
Moulin d'Isnard (R.) . . . . **BY** 27
Nostradamus (Bd) . . . . **AY** 28
Pasquet (Bd) . . . . **BZ** 30
Pelletan (Cours Camille) . . . . **AY** 32
Raynaud-d'Ursule (R.) . . . . . . **BZ** 34
République (Bd de la) . . . . . . **AY** 33
St-Laurent (Square) . . . . **BY** 35
Victor-Hugo (Cours) . . . . **BY** 38

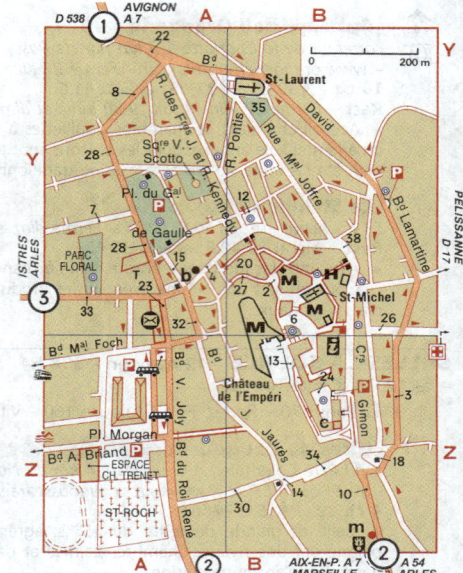

XXX **Le Mas du Soleil** avec ch 🦫   🚗 🛏 ⅃ & ch. 🅰🅲 ⁽ᵗ⁾ 🅿 VISA ⦵⦵ 🅐🅔 ⓞ
38 chemin St-Côme, (Est par D 17 - BY) – ℰ *04 90 56 06 53*
– www.lemasdusoleil.com
10 ch – ♦118/280 € ♦♦155/280 € – ☲ 15 € – ½ P 105/195 €
Rest – *(fermé dim. soir et lundi sauf fériés)* Menu 33/87 € – Carte 55/80 €
♦ Villa méridionale où l'on goûte des plats aux saveurs du Sud dans un cadre
lumineux et élégant, face au jardin. Chambres vastes et confortables, donnant
parfois sur la piscine.

XX **Le Craponne**   🚗 VISA ⦵⦵
146 allées de Craponne – ℰ *04 90 53 23 92 – Fermé 24 août-15 sept.,*
23 déc.-5 janv., dim. soir, merc. soir et lundi   **BZm**
Rest – *(14 €)* Menu 23/38 € – Carte 32/58 €
♦ L'enseigne évoque le bienfaiteur de la Crau. Boiseries sombres, murs jaune
citron et mobilier campagnard. À la belle saison, repas dans une courette fleurie.
Accueil familial.

au Nord-Est 5 km par D 17 BY puis D 16 – ✉ 13300 Salon-de-Provence

🏚 **Abbaye de Sainte-Croix** 🦫   ≤ 🕭 🚗 ⅃ 🅰🅲 ch. ⁽ᵗ⁾ 🛁 🅿
rte du Val de Cuech – ℰ *04 90 56 24 55*   VISA ⦵⦵ 🅐🅔 ⓞ
– www.relaischateaux.com/saintecroix – Ouvert vacances de fév., de mi-avril à
fin oct. et week-ends de début nov. à fin déc. et fin fév. à mi-avril
21 ch – ♦149/230 € ♦♦149/355 € – 4 suites – ☲ 23 €
Rest – *(fermé le midi en sem. et dim. soir sauf en saison)* (30 € bc) Menu 48 €
(déj.) – 68/75 € – Carte environ 75 €
♦ Dans un parc isolé, parmi les cyprès et les pieds de lavande, cette abbaye du
12ᵉ s. n'a rien d'ascétique ! Chambres confortables, certaines dans d'anciennes
cellules. Salle provençale et terrasse panoramique ombragée pour les amateurs
de cuisine classique. Formule bistrot également.

à la Barben 8 km au Sud-Est par ②, D 572 et D 22ᴱ – 706 h. – alt. 105 m – ✉ 13330

XX **La Touloubre** avec ch   🚗 🅰🅲 ch. ⁽ᵗ⁾ 🛁 🅿 VISA ⦵⦵ 🅐🅔
29 chemin Salatier – ℰ *04 90 55 16 85 – www.latouloubre.com – Fermé fév.*
12 ch – ♦68/85 € ♦♦68/85 € – ☲ 9 € – ½ P 64/74 €
Rest – *(fermé dim. soir d'oct. à mars)* (18 €) Menu 21/42 € – Carte 35/71 €
♦ La Touloubre, du fleuve du même nom : un cadre provençal lumineux et une
belle terrasse sous les platanes. On y goûte une cuisine régionale, généreuse et
gourmande. Chambres simples et nettes, idéales avant d'attaquer une randonnée...

au Sud 5 km par ②, N 538, N 113 et D 19 (direction Grans)
– ✉ 13250 Cornillon-Confoux

🏠 **Devem de Mirapier** sans rest 🦫   ≤ 🕭 ⅃ 🚗 🅰🅲 ⁽ᵗ⁾ 🛁 🅿 VISA ⦵⦵ 🅐🅔
rte de Grans – ℰ *04 90 55 99 22 – www.mirapier.com*
15 ch – ♦82/98 € ♦♦102/128 € – 2 suites – ☲ 10 €
♦ Au milieu des pins et de la garrigue, l'impression d'être chez soi : salon sympathique, piano, billard et chambres douillettes. Le plus : la terrasse autour de la
piscine.

SALT-EN-DONZY – 42 Loire – **327** E5 – rattaché à Feurs

SALVAGNAC – 81 Tarn – **338** C7 – 1 001 h. – alt. 231 m   **29** C2
◻ Paris 657 – Albi 44 – Montauban 33 – Toulouse 49
🄸 les Sourigous ℰ 05 63 33 57 84

🏠 **Le Relais des Deux Vallées**   🚗 & 🅰🅲 ⁽ᵗ⁾ VISA ⦵⦵
Grand'rue – ℰ *05 63 33 61 90 – Fermé 29 août-9 sept. et 3-10 janv.*
10 ch – ♦45 € ♦♦48 € – ☲ 7 € – ½ P 70 €
Rest – *(fermé lundi)* Menu 12 € *(déj. en sem.)*, 19/38 € – Carte 21/54 €
♦ Petit hôtel familial situé sur la place du village. Chambres mignonnettes, garnies de meubles en bois ou en fer forgé ; certaines bénéficient d'une terrasse. La
salle à manger ouvre ses baies vitrées sur la campagne. Cuisine traditionnelle simple et goûteuse.

SAMATAN – 32 Gers – **336** H9 – 2 130 h. – alt. 170 m – ⊠ 32130   **28** B2

▶ Paris 703 – Auch 37 – Gimont 18 – L'Isle-Jourdain 21

🛈 3, rue du chamoine Dieuzaide ✆ 05 62 62 55 40

🏌 du Château de Barbet à Lombez Route de Sauveterre, SO : 5 km,
✆ 05 62 66 44 49

※※ **Au Canard Gourmand** avec ch   🖼 ৬ rest, 🖳 ch, ☜ 🅿 𝘃𝘪𝘴𝘢 🚫
La Rente, par D 632 – ✆ 05 62 62 49 81 – www.aucanardgourmand.com
6 ch – ♦65/85 € ♦♦75/95 € – � 10 € – ½ P 82/92 €
Rest – *(fermé merc. midi, lundi soir et mardi) (nombre de couverts limité, prévenir)* (13 € bc) Menu 32/40 € bc – Carte environ 48 €
♦ Le cadre, design et ultravitaminé, accompagne bien la cuisine gasconne – véritable ode au canard – ainsi qu'une carte un peu plus tendance. Les chambres jouent leurs thèmes et variations (Sienne, Lolypop, Voyage...) avec raffinement ; une invitation au cocooning.

※ **Côté Sud**   🖼 𝘃𝘪𝘴𝘢 🚫
2 bis pl. Fontaine – ✆ 05 62 62 63 29 – www.restaurant-cote-sud.com
– Fermé 1 sem. en mai, vacances de Noël, dim. soir d'oct. à avril, mardi et merc.
Rest – (14 € bc) Menu 29 € (sem.)/33 € – Carte 42/56 €
♦ Les briques rouges, les poutres apparentes et les tables en bois ciré font ici bon ménage. Le chef réconcilie saveurs basques et provençales pour une gastronomie côté Sud.

LE SAMBUC – 13 Bouches-du-Rhône – **340** D4 – ⊠ 13200   **40** A3

▶ Paris 742 – Arles 25 – Marseille 117 – Stes-Marie-de-la-Mer 50

🏠 **Le Mas de Peint** 🌿   🎐 🖼 ⚍ ৬ ch, 🖳 ☜ 🅿 𝘃𝘪𝘴𝘢 🚫 🖼 ⓘ
2,5 km par rte Salins – ✆ 04 90 97 20 62 – www.masdepeint.com
– Ouvert 19 mars-14 nov. et 23 déc.-5 janv.
13 ch – ♦235/410 € ♦♦235/410 € – � 22 €
Rest – *(fermé mardi midi, jeudi midi et merc.) (nombre de couverts limité, prévenir)* (42 €) Menu 48 € (dîner)/59 € – Carte 48/68 € le midi
♦ Dans un vaste domaine, ce superbe mas du 17ᵉ s. cultive les traditions camarguaises (promenades à cheval, arènes privées). La décoration est réussie, les chambres raffinées. Cuisine "rétrochic" (gravlax de taureau, gaspacho de tomates anciennes, etc.).

SAMER – 62 Pas-de-Calais – **301** D4 – 3 377 h. – alt. 70 m – ⊠ 62830   **30** A2

▶ Paris 244 – Lille 132 – Arras 112 – Calais 50

🛈 rue de Desvres ✆ 03 21 87 10 42

※※ **Le Clos des Trois Tonneaux**   🖳 ⚘ ⟷ 𝘃𝘪𝘴𝘢 🚫
73 r. de Montreuil – ✆ 03 21 92 33 33 – www.leclosdes3tonneaux.com – Fermé sam. midi, dim. soir et lundi
Rest – (15 €) Menu 26/38 € – Carte 35/53 €
♦ L'ancienne distillerie n'a rien perdu de son caractère et l'on y brasse toujours la bière (blanche, blonde, etc.). Salon feutré dans la cave voûtée. Cuisine actuelle, bons vins.

SAMOËNS – 74 Haute-Savoie – **328** N4 – 2 332 h. – alt. 710 m – Sports   **46** F1
d'hiver : 720/2 480 m ✦8 ✦70 ✦ – ⊠ 74340 ▮ Alpes du Nord

▶ Paris 581 – Annecy 75 – Chamonix-Mont-Blanc 60 – Genève 53

🛈 Gare Routière ✆ 04 50 34 40 28

🅾 Place du Gros Tilleul★ - Jardin alpin Jaÿsinia★.

🄶 La Rosière ≼★★ N : 6 km - Cascade du Rouget★★ S : 10 km - Cirque du Fer à Cheval★★ E : 13 km.

🏠 **Neige et Roc**   ≼ 🚠 🖼 ⚍ 🖼 🕺 ※ 🖼 🍽 rest, ☜ 🅐 🅿 𝘃𝘪𝘴𝘢 🚫 🖼
rte de Taninges – ✆ 04 50 34 40 72 – www.neigeetroc.com – Ouvert 13 juin-20 sept. et 18 déc.-17 avril
50 ch – ♦70/150 € ♦♦80/160 € – � 15 € – ½ P 76/130 €
Rest – (20 €) Menu 35/55 € – Carte 50/70 €
♦ Chalet de 1969 abritant de spacieuses chambres dotées de balcons. Un autre bâtiment héberge des studios avec cuisinette. Piscines d'été et d'hiver ; espace bien-être. Vaste salle à manger-véranda rustique (poutres, bois blond, pierres) ; carte régionale.

1610

Gai Soleil
 ⇐ 🚗 🔲 ↳ 🛏 AC rest, ♚ **P** VISA ⚫ AE
– ☎ 04 50 34 40 74 – www.hotel-samoens.com – Ouvert 1er juin-18 sept. et
17 déc.-20 avril
22 ch – ♦58/109 € ♦♦58/109 € – ⊇ 11 € – ½ P 60/94 €
Rest – (fermé merc.) (dîner seult) Menu 22/37 € – Carte 17/42 €
♦ À l'entrée du village, ce chalet dispose de chambres sobres, au décor savoyard,
et donnant toutes sur un grand balcon. Bar-salon au coin du feu ; activités pour
les enfants dans le parc. Le restaurant propose des recettes régionales.

Edelweiss ⚶
 ⇐ 🏠 ♚ **P** VISA ⚫ AE
La Piaz, 1,5 km au Nord-Ouest par rte de Plampraz – ☎ 04 50 34 41 32
– www.edelweiss-samoens.com – Fermé 23 avril-16 mai, 30 juin-10 juil.
et 25 sept.-17 déc.
20 ch – ♦60/70 € ♦♦70/85 € – ⊇ 8,50 € – ½ P 65/75 €
Rest – (dîner seult) Menu 19/46 € – Carte 36/46 €
♦ L'edelweiss figure parmi les 5 000 espèces du jardin alpin créé par Mme
Cognacq-Jay et situé à proximité de ce chalet-hôtel simple et familial. Vue panoramique sur le village et la vallée. Salle à manger orientée plein sud et prolongée
d'une terrasse. Cuisine traditionnelle.

✗ Le Monde à L'Envers
 🏠 VISA ⚫ AE
pl. Criou – ☎ 04 50 34 19 36 – Fermé 1er juin-1er juil., 1er nov.-15 déc.,
merc. sauf juil.-août, vacances scolaires d'hiver et mardi
Rest – (17 € bc) Carte 36/47 €
♦ Ambiance sympathique dans ce restaurant dont le chaleureux décor cultive le
goût du voyage (objets du monde entier). Cuisine séduisante au goût du jour.

à Morillon 4,5 km à l'Ouest – 533 h. – alt. 687 m – Sports d'hiver : 700/2 200 m
⛷5 ⛷74 ⛷ – ⊠ 74440
🅩 Chef-lieu ☎ 04 50 90 15 76

Le Morillon
 ⇐ 🚗 🔲 ↳ 🛏 🚫 ♚ **P** VISA ⚫ AE
– ☎ 04 50 90 10 32 – www.hotellemorillon.com – Ouvert 5 juin-18 sept.
et 18 déc.-15 avril
22 ch (½ P seult en hiver) – ♦75/95 € ♦♦75/95 € – ⊇ 12 € – ½ P 70/135 €
Rest – (fermé le midi) Menu 22/35 € – Carte 28/40 €
♦ Chalet à l'atmosphère familiale situé au centre de la station. Deux catégories
de chambres ; les plus récentes bénéficient d'un décor d'esprit montagnard
actuel. Agréable espace balnéo. Cuisine traditionnelle servie dans une lumineuse
salle tout en bois.

SAMOUSSY – 02 Aisne – **306** E5 – rattaché à Laon

SAMPANS – 39 Jura – **321** C4 – rattaché à Dole

SANARY-SUR-MER – 83 Var – **340** J7 – 18 023 h. – alt. 1 m   **40** B3
– ⊠ 83110 🟩 Côte d'Azur

▶ Paris 824 – Aix-en-Provence 75 – La Ciotat 23 – Marseille 55
🅩 1 quai du Levant ☎ 04 94 74 01 04
◉ Chapelle N.-D.-de-Pitié ⇐ ★.

Plan page suivante

Soleil et Jardin Le Parc sans rest
 🔲 ♚ 🚫 AC ♚ ♨ **P** 🚗 VISA ⚫ AE
445 av. Europe-Unie, par ② – ☎ 04 94 25 80 08
– www.sanary-hotel-soleiljardin.com
39 ch – ♦110/190 € ♦♦130/380 € – 4 suites – ⊇ 15 €
♦ Non loin de la plage, bâtiment régional et son extension récente abritant des
chambres de qualité et bien équipées. Excellente insonorisation. Accueil tout
sourire.

Avenir (Bd de l')	3	Gaulle (Quai Charles-de)	12	Pacha (Pl. Michel)	19
Blanc (R. Louis)	4	Giboin (R.)	13	Péri (R. Gabriel)	20
Clemenceau (Av. G.)	7	Granet (R.)	15	Prudhomie (R. de la)	21
Esménard (Quai M.)	8	Gueirard (R. L.)	16	Sœur-Vincent	
Europe-Unie (Av. de l')	9	Jean-Jaurès (R.)	17	(Montée)	22
Galliéni (Av. du Mar.)	11	Lyautey (Av. Mar.)	18	Tour (Pl. de la)	23

🏠 **De La Tour** ♨ 🅰🅲 📶 🚗 VISA ⊕ 🅰🅴

quai Gén. de Gaulle – 𝒞 04 94 74 10 10 – www.sanary-hoteldelatour.com

24 ch ⊑ – †71/98 € ††80/150 € – ½ P 80/105 €   **n**

Rest – *(Fermé 19-27 oct., mardi sauf juil.-août et merc.)* Menu 34/48 €
– Carte 35/56 €

♦ Un charmant hôtel familial ! La plupart des chambres ont été rénovées dans un style chaleureux (tons chauds, boutis) et donnent sur le port. De la terrasse du restaurant, on observe les bâteaux de pêche. Carte variant au gré des marées et des saisons.

🏠 **Synaya** sans rest ⅗ 🚿 🍴 ♿ 🅰🅲 📶 ☎ VISA ⊕ 🅰🅴 ⓞ

92 chemin Olive – 𝒞 04 94 74 10 50 – www.hotelsynaya.fr
– *Ouvert 1ᵉʳ avril-3 nov.*   **r**

11 ch – †90/155 € ††90/180 € – ⊑ 11 €

♦ Dans un quartier résidentiel, ce petit hôtel est agrémenté d'un jardin planté de palmiers. Chambres sobres et fonctionnelles ; belles salles de bains.

SANCERRE – 18 Cher – 323 M3 – 1 789 h. – alt. 342 m – ⊠ 18300   12 D2
🟩 Limousin Berry

▶ Paris 198 – Bourges 46 – La Charité-sur-Loire 30 – Salbris 69

ℹ Esplanade Porte César 𝒞 02 48 54 08 21

📷 du Sancerrois, 6 km par D 9 et D4, 𝒞 02 48 54 11 22

◉ Esplanade de la porte César ≤★★ - Carrefour D 923 et D 7 ≤★★ O :
4 km par D955.

🏢 **Panoramic** sans rest ≤ 🍴 🖥 ♿ 🅰🅲 📶 🐾 VISA ⊕ 🅰🅴

rempart des Augustins – 𝒞 02 48 54 22 44 – www.panoramicotel.com

57 ch – †55/195 € ††61/205 € – ⊑ 12 €   **a**

♦ Le Panoramic n'a pas volé son nom ! Il offre un superbe point de vue sur le vignoble. Chambres fonctionnelles, plus agréables côté vignes ; boutique de vins.

SANCERRE

Abreuvoirs (Remp. des) 2
Marché-aux-Porcs (R. du) 5
Nouvelle Place 6
Paix (R. de la) 8
Panneterie (R. de la). 9
Pavé-Noir (R. du) 12
Porte-César (R.) 13
Porte-Serrure (R.) 15
Puits-des-Fins (R. du) 16
St-André (R.) 18
St-Jean (R.) 20
St-Père (R.) 22
Trois-Piliers (R. des) 23

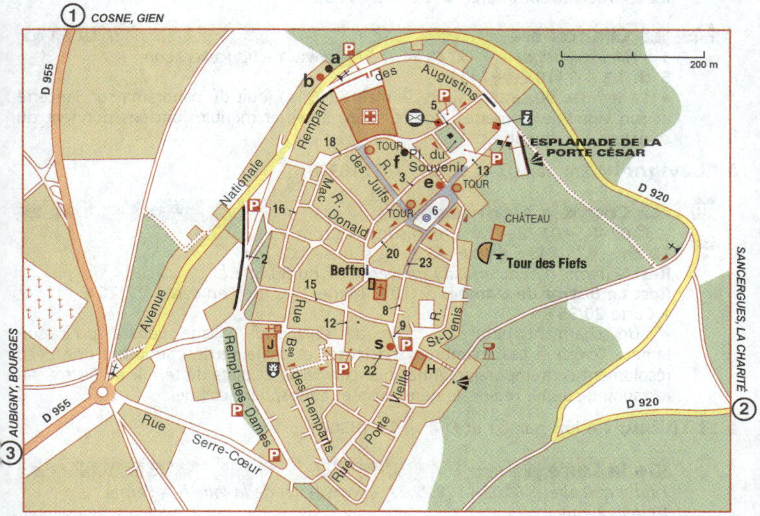

Le Clos Saint-Martin sans rest

10 r. St Martin – ✆ 02 48 54 21 11 – www.leclos-saintmartin.com – Ouvert de fin mars à mi-nov. **f**

41 ch – 🛉53/125 € 🛉🛉59/125 € – ☕ 10 €

◆ Au cœur du village, cet ancien relais de poste (19e s.) dispose de chambres pratiques, sobres et agréables. Petit salon cosy de style napolénien... Un endroit douillet et coquet !

La Tour (Baptiste Fournier)

Nouvelle Place – ✆ 02 48 54 00 81 – www.la-tour-sancerre.fr – Fermé dim. soir et lundi **e**

Rest – Menu 27 € (sém.), 35/80 € bc – Carte 45/65 €

Spéc. Fraîcheur de tourteau en déclinaison, aigre-doux, avocat et tomate concassée. Ris de veau poêlé, moutarde à l'ancienne, légumes de saison. Baba au rhum, banane, crème glacée à la vanille.

◆ Saveurs et fraîcheur, au pied d'une tour du 14e s. ! Un jeune chef œuvre ici et concocte, avec de beaux produits, une cuisine non dénuée de finesse et de caractère… Deux ambiances : chaleur des colombages en bas ; cadre contemporain et vue sur les vignobles en haut.

La Pomme d'Or

r. de la Panneterie – ✆ 02 48 54 13 30 – Fermé vacances de Noël, dim. soir d'oct. à mars, mardi soir et merc. **s**

Rest – *(nombre de couverts limité, prévenir)* Menu 20 € (déj. en sem.), 29/43 €

◆ Bar aux girolles, croustillant aux framboises : ici, le chef joue avec bonheur la carte de la tradition. Plaisant et champêtre (jolie fresque évoquant le vignoble sancerrois) !

Les Augustins

113 rempart des Augustins – ✆ 02 48 54 01 44 – www.restaurant-traiteur-lesaugustins.com – Fermé 1 sem. en janv. et merc. midi

Rest – (18 €) Menu 25/53 € – Carte 30/65 € **b**

◆ Ce restaurant familial jouit d'une vue panoramique sur le vignoble de Sancerre... Trinquez donc à tant de beauté ! Plats traditionnels tout simples.

à St-Satur 3 km par ① et D 955 – 1 712 h. – alt. 155 m – ⊠ 18300

🖪 25, rue du Commerce 𝒞 02 48 54 01 30

⌂ **La Chancelière** sans rest   🕭 🕭 ⚥ 🕪 P VISA ⊛

5 r. Hilaire-Amagat – 𝒞 02 48 54 01 57 – www.la-chanceliere.com
5 ch ⌂ – †110 € ††140 €

◆ La terrasse de cette maison de maître (18ᵉ s.) jouit du panorama sur Sancerre et son vignoble. Tomettes, poutres apparentes et meubles anciens donnent du caractère aux chambres.

à Chavignol 4 km par ① et D 183 – ⊠ 18300

▦ **La Côte des Monts Damnés**   🕭 🕭 ⚥ AC 🕪 VISA ⊛
⇄ – 𝒞 02 48 54 01 72 – www.montsdamnes.com
10 ch – †75/145 € ††90/175 € – 2 suites – ⌂ 13 €
Rest – *(fermé 1 sem. en juil.) (prévenir)* Menu 33/58 € 🏵
Rest *Le Bistrot de Damnés* – (10 €) Menu 13 € (déj. en sem.), 17/26 €
– Carte 20/35 €

◆ Un charmant hôtel au cœur de Chavignol, village vénéré pour son fameux "crottin". Les chambres, spacieuses et chaleureuses, adoptent une déco résolument contemporaine. Ambiance conviviale et plats du terroir au Bistrot. Au restaurant, cuisine régionale généreuse et atmosphère cossue...

à St-Thibault 4 km par ① et D 4 – ⊠ 18300

▥ **De la Loire** sans rest   ⇐ AC 🕪 P VISA ⊛
2 quai de Loire – 𝒞 02 48 78 22 22 – www.hotel-de-la-loire.fr – Fermé 19 déc.-2 janv.
11 ch – †63/92 € ††63/92 € – ⌂ 10 €

◆ Original et confortable ! Des chambres décorées sur le thème du voyage, en bord de Loire... Ici, Georges Simenon écrivit deux romans. Grand choix de pains et confitures maison.

SANCOINS – 18 Cher – **323** N6 – 3 240 h. – alt. 210 m – ⊠ 18600   **12** D3

▶ Paris 284 – Orléans 172 – Bourges 51 – Nevers 46
🖪 13, place du Commerce 𝒞 02 48 74 65 85

▥ **Le St-Joseph**   🕪 ⚥ P VISA ⊛
⇄ *pl. de la Libération – 𝒞 02 48 74 61 21*
14 ch – †47 € ††47/57 € – ⌂ 15 € – ½ P 42/52 €
Rest – *(fermé jeudi)* (12 €) Menu 16 € (sem.), 24/31 € – Carte 26/45 €

◆ Sur la place principale du village, cette grande maison propose des chambres pratiques et confortables, aux touches rustiques. Au restaurant, cuisine traditionnelle et crêperie ; c'est simple et sympathique.

SANCY – 77 Seine-et-Marne – **312** G2 – 336 h. – alt. 142 m – ⊠ 77580   **19** C2

▶ Paris 55 – Château-Thierry 48 – Coulommiers 14 – Meaux 13

▦▦ **Château de Sancy** ⤷   🐎 🕭 ▦ ⚒ 🕭 ⚥ ch, 🕪 P VISA ⊛ AE ①
1 pl. de l'Église – 𝒞 01 60 25 77 77 – www.chateaudesancy.com
21 ch – †138/190 € ††138/270 € – ⌂ 14 € – ½ P 158/185 €
Rest – (30 €) Menu 42/55 €

◆ Les nombreux équipements de loisirs proposés sur le domaine de cette gentilhommière du 18ᵉ s. invitent à la détente. Chambres douillettes, plus fonctionnelles au pavillon. Salle à manger bourgeoise à l'atmosphère intime pour une cuisine sensible aux saisons.

Se régaler sans se ruiner ? Repérez les Bib Gourmand 🏵. Ils vous aideront à dénicher les bonnes tables sachant marier cuisine de qualité et prix ajustés !

SAND – 67 Bas-Rhin – **315** J6 – 1 137 h. – alt. 159 m – ⊠ 67230   **1** B2
> ▶ Paris 501 – Barr 15 – Erstein 7 – Molsheim 26

🏠
La Charrue ⏚   AC rest. ⚒ 🛰 🅿 VISA ⬤⬤
4 r. 1er décembre – ℰ 03 88 74 42 66 – www.lacharrue.com – Fermé 15-28 août
et 31 oct.-6 nov.
23 ch – 🛉55 € 🛉🛉65 € – ⊔ 9 € – ½ P 58 €
Rest – (fermé lundi et le midi sauf sam., dim. et fériés) Menu 21/31 €
– Carte 25/42 €
♦ Une auberge familiale et conviviale en lieu et place d'un ancien relais de char-
retiers. Chambres rustiques à l'hôtel et modernes dans l'aile attenante. Sympathique bar winstub. Au restaurant, plats régionaux dans un décor sobre et chaleureux (belle cheminée).

SANDARVILLE – 28 Eure-et-Loir – **311** E5 – 380 h. – alt. 171 m   **11** B1
– ⊠ 28120
> ▶ Paris 105 – Brou 23 – Chartres 16 – Châteaudun 36

✕✕
Auberge de Sandarville   🚃 🏠 VISA ⬤⬤
14 r. Sente aux Prêtres, (près de l'église) – ℰ 02 37 25 33 18 – Fermé 16-27 août,
2-22 janv., 15-21 fév., mardi soir en hiver, dim. soir et lundi
Rest – Menu 28 € (déj. en sem.), 33/57 € – Carte 49/74 €
♦ Dans une ferme beauceronne de 1850, trois charmantes salles campagnardes
avec poutres, cheminée, tomettes, meubles et bibelots chinés. Jolie terrasse dans
le jardin fleuri.

SANDILLON – 45 Loiret – **318** J4 – 3 578 h. – alt. 101 m – ⊠ 45640   **12** C2
> ▶ Paris 148 – Orléans 13 – Châteaudun 65 – Châteauneuf-sur-Loire 16

à l'Est 2 km par D 951 et rte secondaire

⌂
Château de Champvallins sans rest ⏚   ⬤ 🛌 ⚒ 🛰 ☝ 🅿
1079 r. de Champvallins – ℰ 02 38 41 16 53   VISA ⬤⬤ AE
– www.chateaudechampvallins.com
5 ch – 🛉110/190 € 🛉🛉110/190 € – ⊔ 13 €
♦ À 10 km au sud d'Orléans, mais si loin de la ville... et des temps modernes !
Dans son parc de 10 ha, ce château du 18e s. cultive classicisme, raffinement et
goût de l'ancien.

SANILHAC – 07 Ardèche – **331** H6 – rattaché à Largentière

SAN-MARTINO-DI-LOTA – 2B – **345** F3 – Voir à Corse (Bastia)

SAN-PEIRE-SUR-MER – 83 Var – **340** P5 – rattaché aux Issambres

SANTA-GIULIA (GOLFE DE) – 2A Corse-du-Sud – **345** E10 – voir à Corse
(Porto-Vecchio)

SANT'ANTONINO – 2B Haute-Corse – **345** C4 – voir à Corse

SANTENAY – 21 Côte-d'Or – **320** I8 – 847 h. – alt. 225 m – Casino   **7** A3
– ⊠ 21590 ▌ Bourgogne
> ▶ Paris 330 – Autun 39 – Beaune 18 – Chalon-sur-Saône 25
> 🚇 gare SNCF ℰ 03 80 20 63 15

✕✕
Le Terroir   🏠 AC ↔ VISA ⬤⬤
pl. du Jet-d'Eau – ℰ 03 80 20 63 47 – www.restaurantleterrroir.com
– Fermé 4 déc.-11 janv., merc. soir de nov. à mars, dim. soir et jeudi
Rest – Menu 22/46 € – Carte 35/65 €🍷
♦ Cette maison au centre du village vous régale de ses plats du terroir dans une
salle élégante où trône une tapisserie d'Aubusson. Bon choix de crus régionaux.

LE SAPPEY-EN-CHARTREUSE – 38 Isère – 333 H6 – 1 007 h.   45 C2
– alt. 1 014 m – Sports d'hiver : au Sappey et au Col de Porte 1 000/1 700 m 🎿 11
🎿 – ✉ 38700 ▮ Alpes du Nord

▶ Paris 577 – Chambéry 61 – Grenoble 14 – St-Pierre-de-Chartreuse 14
🏢 Le Bourg ℰ 04 76 88 84 05
🟩 Charmant Som ❄ ★★★ NO : 9 km puis 1 h.

XX   **Les Skieurs** avec ch ⌂   ≤ 🚗 🛋 🛋 🎿 🏊 ✆ 🚇 P VISA ⦿ AE
– ℰ 04 76 88 82 76 – www.lesskieurs.com – Fermé vacances de Pâques, de Noël,
mardi midi, dim. soir et lundi
11 ch – 🛏85 € 🛏🛏85 € – ⊔ 12 € – ½ P 73 €
Rest – (17 €) Menu 28 € (sem.), 35/42 € – Carte 32/66 €
♦ Charmante salle à manger de chalet de montagne – murs lambrissés, cheminée et mobilier rustique – pour déguster une cuisine régionale soignée et généreuse. Belle terrasse. Petites chambres pratiques où le bois s'impose (quelques-
unes avec balcon).

SARE – 64 Pyrénées-Atlantiques – 342 C5 – 2 271 h. – alt. 70 m   3 A3
– ✉ 64310 ▮ Pays Basque et Navarre

▶ Paris 794 – Biarritz 26 – Cambo-les-Bains 19 – Pau 138
🏢 Herriko Etxea ℰ 05 59 54 20 14

🏨   **Arraya**   🚗 🛋 🛋 ch, ☏ P VISA ⦿ AE
pl. du village – ℰ 05 59 54 20 46 – www.arraya.com
– Ouvert 31 mars-2 nov.
20 ch – 🛏84/94 € 🛏🛏94/135 € – ⊔ 11 € – ½ P 83/104 €
Rest – (fermé lundi midi, jeudi midi et dim. soir sauf du 4 juil. au 11 sept.) (17 €)
Menu 23/35 € – Carte 40/50 €
♦ Cet ancien relais de Compostelle, d'architecture traditionnelle, abrite des chambres coquettes (mobilier en bois, tissus cousus main), certaines ouvrant sur le jardin classé. Décor basque au restaurant, avec terrasse ombragée : plats régionaux
et boutique gourmande.

🏨   **Lastiry**   🛋 ₺ ch, AC ch, ☏ ✆ 🚇 VISA ⦿
pl. du Village – ℰ 05 59 54 20 07 – www.hotel-lastiry.com – Ouvert
15 mars-15 nov.
11 ch ⊔ – 🛏81/91 € 🛏🛏91/130 €
Rest – (fermé mardi et merc. sauf de mi-juil. à fin août) Menu 18/35 €
– Carte 40/55 €
♦ Derrière une façade typiquement basque, un hôtel chaleureux et familial. Les
chambres sont confortables et soignées, certaines avec un petit cachet ancien.
Au restaurant, l'ambiance est plus rustique (pierres, poutres, jambons suspendus) ;
cuisine du terroir.

🏠   **Pikassaria** ⌂   🚗 🛋 ₺ ch, AC rest, ☏ P VISA ⦿
à Lehenbiscay 2 km au Sud par D 409
– ℰ 05 59 54 21 51 – www.hotel-pikassaria.com
– Ouvert 15 mars-11 nov.
18 ch – 🛏55/56 € 🛏🛏60 € – ⊔ 7 € – ½ P 49/52 €
Rest – (fermé le midi sauf dim.) Menu 16/22 € – Carte 30/45 €
♦ Bâtisse d'aspect régional située dans la campagne, sur la route de l'Espagne.
Chambres propres et fonctionnelles, mais anciennes pour la plupart. Idéal pour
l'étape. Au restaurant, décor rustique et cuisine traditionnelle.

🏠   **Baratxartea**   ≤ ₺ ch, ✆ rest, ☏ P VISA ⦿
quartier Ihalar, 2 km à l'Est par D 4 – ℰ 05 59 54 20 48
– www.hotel-baratxartea.com – Ouvert 15 mars-11 nov.
22 ch – 🛏50/58 € 🛏🛏50/72 € – ⊔ 8 € – ½ P 45/55 €
Rest – (fermé mardi soir) (dîner seult) Menu 20/28 € – Carte 20/35 €
♦ À l'écart du bourg, une maison familiale "entre les jardins" (son nom en basque).
Chambres rustiques dans le bâtiment principal, plus fonctionnelles dans l'annexe.
Cuisine régionale servie dans une salle à manger agrémentée d'une véranda.

✕✕ **Olhabidea** avec ch ⊗   🛋 ᕃ rest, 🚫 ☎ **P** **VISA** ◎

quartier Sainte-Catherine, 2 km à l'Est par D 4 – ℰ 05 59 54 21 85
– www.olhabidea.com – Fermé 5-11 juil., déc., janv.
3 ch ☐ – ✝75 € ✝✝75/80 €
Rest *– (fermé le midi sauf dim., dim. soir, mardi de sept. à juin et lundi) (nombre de couverts limité, prévenir)* Menu 39 €

◆ Un charme fou... Cette ferme du 16ᵉ s., dans un parc de 4 ha, est une vraie maison de famille, regorgeant d'objets personnels et de souvenirs. Le menu du jour (choix unique) est réalisé selon le marché et le potager. Trois vastes chambres, d'esprit champêtre et douillettes à souhait.

SARLAT-LA-CANÉDA ⊚ – **24 Dordogne** – **329** I6 – **9 432 h.**   **4 D3**
– alt. 145 m – ✉ **24200** ▮ Périgord Quercy

▶ Paris 526 – Bergerac 74 – Brive-la-Gaillarde 52 – Cahors 60

ⓘ 3, rue Tourny ℰ 05 53 31 45 45

🏌 du Domaine de Rochebois Route de Montfort, S : 8 km par D 46,
ℰ 05 53 31 52 52

👁 Vieux Sarlat★★★ : place du marché aux trois Oies★ Y, hôtel Plamon★ Y,
hôtel de Maleville★ Y - Maison de La Boétie★ Z - Quartier Ouest★.

Ⓒ Décor★ et mobilier★ du château de Puymartin NO : 7 km.

Plan page suivante

🏠 **Clos La Boëtie** sans rest   🔲 ⅃﹩ 🛗 ᕃ 🅰🅲 🚫 ☎ **P** **VISA** ◎ 🅰🅴 ◑

97 av. de Selves – ℰ 05 53 29 44 18 – www.closlaboetie-sarlat.com
– Ouvert 1ᵉʳ avril-15 nov.   **Vb**
11 ch – ✝210/280 € ✝✝210/280 € – 3 suites – ☐ 20 €

◆ Cette belle demeure bourgeoise superbement conçue associe l'ancien et le contemporain. Chambres très confortables à l'ambiance romantique et raffinée.

🏠 **De Selves** sans rest   🚅 🔲 🛗 ᕃ 🅰🅲 🚫 ⅃﹩ 🛁 **VISA** ◎ 🅰🅴 ◑

93 av. de Selves – ℰ 05 53 31 50 00 – www.selves-sarlat.com
– Fermé 3 janv.-12 fév.   **Vv**
40 ch – ✝83/125 € ✝✝95/145 € – ☐ 12 €

◆ Bâtiment moderne aux chambres fonctionnelles ; certaines avec des loggias plutôt originales donnant sur le jardin. Piscine chauffée, découverte l'été, et sauna.

🏠 **Plaza Madeleine** sans rest   ⅃﹩ 🛗 ᕃ 🅰🅲 ☎ ⅃﹩ 🛁 **VISA** ◎ 🅰🅴 ◑

1 pl. Petite-Rigaudie – ℰ 05 53 59 10 41 – www.hoteldelamadeleine-sarlat.com
39 ch – ✝88/153 € ✝✝88/153 € – ☐ 11 €   **Ye**

◆ Cure de jouvence pour cette belle demeure (19ᵉ s.) située aux portes de la vieille ville. Styles contemporain et baroque dans les chambres ; piscine à débordement et espace bien-être.

🏠 **Le Renoir** sans rest   ⅃﹩ 🛗 🅰🅲 ☎ **VISA** ◎ 🅰🅴 ◑

2 r. Abbé-Surgier – ℰ 05 53 59 35 98 – www.hotel-renoir-sarlat.com
36 ch – ✝80/98 € ✝✝90/135 € – ☐ 13 €   **Xu**

◆ Deux maisons traditionnelles, séparées par la terrasse et la piscine. Les chambres ne sont pas très grandes, mais joliment décorées dans un style soigné.

🏠 **Compostelle** sans rest   🛗 ᕃ 🅰🅲 **P** **VISA** ◎ 🅰🅴

66 av. de Selves – ℰ 05 53 59 08 53 – www.hotel-compostelle-sarlat.com
– Ouvert 15 mars-15 nov.   **Vr**
23 ch – ✝78/92 € ✝✝78/92 € – ☐ 10 €

◆ À 400 m du centre historique, un établissement familial progressivement rénové dans un style design. Préférez les chambres récentes, d'esprit plus contemporain.

🏠 **Le Mas del Pechs** sans rest ⊗   🚅 ⅃﹩ ᕃ 🅰🅲 🚫 ☎ **P** **VISA** ◎

10 rte des Pechs, 1,5 km à l'Est, par chemin des Monges -VX – ℰ 05 53 31 12 11
– www.sarlat-hotel.com – Fermé 4 janv.-29 fév.
18 ch – ✝55/72 € ✝✝58/78 € – ☐ 8,50 €

◆ Sur les hauteurs de Sarlat, au grand calme, une demeure entourée d'un jardin très fleuri. Chambres de plain-pied, refaites pour la plupart dans un style coquet et chaleureux.

SARLAT-LA-CANÉDA

Albusse (R. d') . . . . YZ 2
Allende (Pl. Salvador) . . . . Y 3
Arlet (Bd Henri) . . . . YZ
La Boétie (R. de) . . . . Z 21
Bouquerie (Pl. de la) . . . . Y
Breuil (R. du) X
Brossard (Av.) . . . . Y 4
Cahors (R. de) X
Cahuet (R. Alberic) . . . . YZ
Chanoines (Cour des) . . . . Z 6
Consuls (R. des) . . . . Y 7
Cordil (R. du) . . . . Z 8
Delpeyrat (R. J.-Baptiste) . . . . X 10
Desmouret (Chemin de) V
Escande (R. J.-Joseph) . . . . . . Z
Faure (R. Émile) . . . . X, Z 12
Fénelon (R.) . . . . Y
Fontaines (Cour des) . . . . Z 13
Frères Chambon (R. des) . . . . . V 16
Gabin (R. Jean) . . . . V 17
Gallière (R.) X
Gambetta (Av.) . . . . Y 18
Gaubert (R.) V
Gaulle (Av. du Gén.-de) . . . . . Y 20
Grande Rigaudie (Pl. de la) . . . Z
Jean-Jaurès (R.) . . . . Y
J.-J.-Rousseau (R.) . . . . Y
Lakanal (R.) . . . . Y 22
Landry (R.) . . . . Y 25
Leclerc (Av. du Gén.) . . . . . X, Z 26
Leroy (Bd Eugène) . . . . Y
Libération (Pl. de la) X
Liberté (Pl. de la) . . . . Y 27
Liberté (R. de la) . . . . YZ 30
Marché aux Oies (Pl. du) V
Monges (Chemin de) V
Montaigne (R.) . . . . Z
Montfort (R. Sylvia) . . . . Y 31
Moulin (R. Jean) . . . . Y 32
Nessmann (Bd Victor) . . . . Y
Papucie (R.) . . . . Y 34
Pasteur (Pl.) X
Peyrou (Pl. du) . . . . Z 35
Plantier (Chemin du) X
Présidial (R. du) . . . . Y 36
République (R. de la) . . . . YZ
Rossignol (R. Pierre) . . . . X 38
Rousset (R.) . . . . Z 39
Salamandre (R. de la) . . . . Y 40
Ségogne (Pass. Henri-de) . . . . Z 42
Selves (Av. de) . . . . V 43
Siège (R. du) . . . . Z
Thiers (Av.) . . . . Y
Tourny (R.) . . . . Z 44
Trappe (R. de la) . . . . X 46
Trois Conils (R. des) . . . . Z 47
Troubadour Cayrels (R. du) . . . X 48
Tunnel (R. du) . . . . X 50
Turenne (R. de) . . . . Z 51
Victor-Hugo (R.) . . . . Z 52
Voltaire (Bd) . . . . X, Z
8-Mai-1945 (Square du) . . . . . Y
11-Novembre (Pl. du) . . . . Y
14-Juillet (Pl. du) . . . . Z
19-Mars-1962 (Pl. du) . . . . V 54
26-Juin-1944 (R. du) . . . . V 55

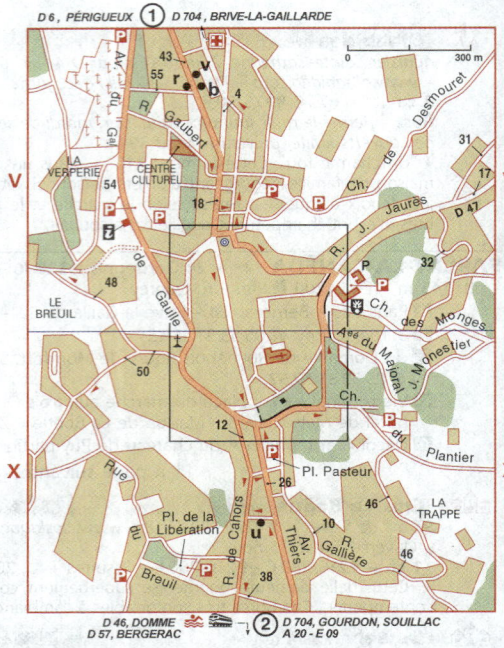

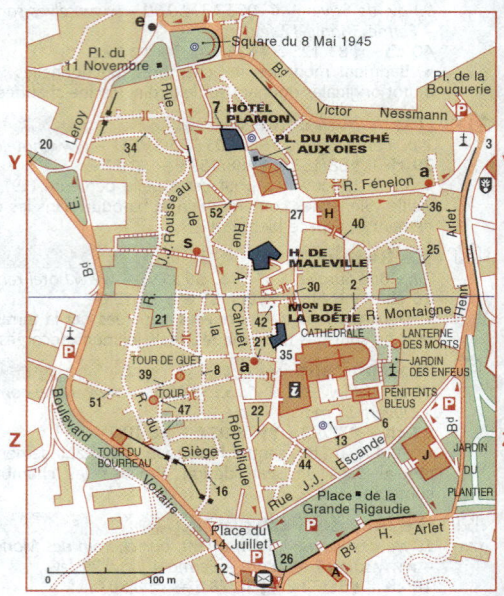

La Maison des Peyrat ☞

Le Lac de la Plane, à l'Est par chemin des Monges-VX
– ℰ 05 53 59 00 32 – www.maisondespeyrat.com
– *Ouvert 1ᵉʳ avril-15 nov.*
10 ch – ♦55/100 € ♦♦55/100 € – ⊂⊐ 9 € – ½ P 58/81 €
Rest – *(fermé merc. et dim. en saison et la sem. hors saison) (dîner seult)
(résidents seult)* Menu 23 €
♦ Belle maison noyée sous la verdure, dont le jardin et la piscine d'eau salée invitent au repos. Les chambres – poutres peintes et murs blancs – ont un charme bucolique. L'accueil est charmant. Bonne cuisine familiale réalisée avec les produits du potager.

Les Peyrouses ☞

aux Peyrouses, 2 km à l'Ouest - V – ℰ 05 53 28 89 25 – www.lespeyrouses-24.com
5 ch – ♦60/74 € ♦♦60/74 € – ⊂⊐ 8 €
Table d'hôte – Menu 26 €
♦ Étape au calme, dans un environnement vallonné à deux pas du centre de Sarlat. Dans l'agréable salon avec cheminée, on se sent comme chez des amis. Chambres de belle taille, joliment rustiques. Sur réservation, table d'hôte le soir.

Le Grand Bleu (Maxime Lebrun)

43 av. de la Gare, par ② – ℰ 05 53 31 08 48 – www.legrandbleu.eu
– *Fermé janv., mardi midi, merc. midi, dim. soir et lundi*
Rest – Menu 33/90 €
Spéc. Roulé de bœuf, langoustines marinées et foie gras poêlé, sauce umami. Homard et son risotto au caviar d'aubergine fumé, écume de truffe. Duo de pomme granny et betterave à la truffe, glace truffe. **Vins** Bergerac.
♦ De son passage dans de grandes maisons, le jeune chef a retenu l'amour du travail bien fait et un vrai sens de la générosité. Une cuisine de l'instant, en phase avec les saisons.

Le Quatre Saisons

2 Côte de Toulouse – ℰ 05 53 29 48 59
– *Fermé mardi et merc. sauf juil.-août* **Ys**
Rest – (20 €) Menu 29/38 €
♦ Ancienne maison de pays proche de l'hôtel de Maleville (16ᵉ s.). Plats du terroir servis dans une salle à manger contemporaine. Bel escalier à vis et terrasse entre de vieux murs.

Les Jardins d' Harmonie

*pl. André-Malraux – ℰ 05 53 31 06 69 – www.lesjardinsdharmonie.com – Fermé
15 fév.-31 mars, mardi midi et vend. midi en juil.-août, mardi et merc.*
Rest – Menu 28/45 € – Carte 22/45 € **Za**
♦ Un restaurant familial situé au cœur de la cité médiévale. Le cadre est cossu, un peu baroque, et les assiettes, réalisées à partir de produits choisis, font plaisir à voir.

Rossignol

15 r. Fénelon – ℰ 05 53 31 02 30 – Fermé lundi **Ya**
Rest – Menu 22/60 € – Carte 33/55 €
♦ La salle a un petit air champêtre, avec son mobilier en bois et ses cuivres accrochés aux murs. Cuisine familiale et régionale à base de produits frais.

au Sud 5 km rte de Gourdon puis rte de la Canéda et rte secondaire
– ✉ 24200 Sarlat-la-Canéda

Le Mas de Castel sans rest ☞

Le Sudalissant – ℰ 05 53 59 02 59 – www.hotel-lemasdecastel.com
– *Ouvert 1ᵉʳ avril-1ᵉʳ nov.*
13 ch – ♦50/75 € ♦♦55/100 € – ⊂⊐ 8,50 €
♦ À la campagne, cet ancien corps de ferme est aménagé en sympathique hostellerie. Dans ses chambres confortables et pimpantes (certaines en rez-de-jardin), les nuits sont paisibles.

au Sud par ② 3 km rte de Bergerac et rte secondaire – ⊠24200 Sarlat-la-Canéda

---

🏨 **Relais de Moussidière** sans rest ✦   ≤ ♨ ⊼ 🖭 ♿ 🎨 🏊 🅿

Moussidière Basse – ℰ 05 53 28 28 74   VISA ⦿ AE
– *www.hotel-moussidiere.com* – Ouvert d'avril à oct.
35 ch ⊂ – ♦133/173 € ♦♦146/186 €
◆ Calme absolu pour cette maison de caractère bâtie à flanc de rocher, dans un parc en terrasses descendant jusqu'à un étang. Chambres confortables, décorées d'objets exotiques.

SARPOIL – 63 Puy-de-Dôme – **326** H10 – rattaché à Issoire

SARRAS – 07 Ardèche – **331** K2 – 1 992 h. – alt. 133 m – ⊠ 07370   **43** E2
▶ Paris 527 – Annonay 20 – Lyon 72 – St-Étienne 60
◎ De la D 506 coup d'œil★★ sur le défilé de St-Vallier★ S : 5 km,
🏛 Lyon Drôme Ardèche

✕✕ **Le Vivarais** avec ch   AC rest, 🅿 VISA ⦿ AE
🐌 ℰ 04 75 23 01 88 – Fermé 1ᵉʳ-23 août, 24 janv.-13 fév., dim. soir, lundi soir et mardi
6 ch – ♦50 € ♦♦50 € – ⊂ 7 €
Rest – Menu 18 € (sem.), 28/52 € – Carte 36/52 €
◆ Dans cette auberge familiale, on déguste une généreuse cuisine classique dans une élégante salle à manger aux couleurs vives. Le chariot de desserts est très appétissant ! Chambres pratiques pour une étape sur la route des vacances...

SARREBOURG ⦿ – 57 Moselle – **307** N6 – 12 722 h. – alt. 282 m   **27** D2
– ⊠ 57400 🏛 Alsace Lorraine
▶ Paris 426 – Épinal 86 – Lunéville 59 – Metz 95
🛈 place des Cordeliers ℰ 03 87 03 11 82
🏌 du Pays de Sarrebourg Route de Winkelhof, O : 2 km, ℰ 03 87 23 01 02
◎ Vitrail★ dans la chapelle des Cordeliers.

🏨 **Les Cèdres** ✦   🛜 🖭 ♿ 🎨 🅿 VISA ⦿
🐌 *à la zone de loisirs, chemin d'Imling, 3 km au Sud-Ouest* – ℰ 03 87 03 55 55
– *www.hotel-lescedres.fr*
44 ch – ♦68/76 € ♦♦75/83 € – ⊂ 9 €
Rest – (fermé sam. midi et dim. soir) Menu 15 € (déj. en sem.), 26/49 €
◆ Étape tranquille au cœur d'une zone de loisirs, près d'une forêt et d'un étang, dans cet hôtel récent aux chambres claires et fonctionnelles. Salle à manger moderne et spacieuse, largement ouverte sur la nature environnante ; table régionale.

✕✕ **Mathis** (Ernest Mathis)   AC ✦ VISA ⦿
🌸 7 r. Gambetta – ℰ 03 87 03 21 67 – Fermé 7-11 mars,
25 juil.-5 août, 5-9 sept., 31 oct.-4 nov., 19 déc.-6 janv., dim. soir, lundi et mardi
Rest – Menu 29/78 € – Carte 48/89 €
Spéc. Minute de sandre au mycryo flanquée d'une tranche de ventrêche, croquant d'ostergruss, jus de volaille à l'ail des ours (mars à juin). Baeckeofe d'agneau de lait et copeaux de truffe aux dés de foie gras (fin janv. à début mars). Gratin de framboises et son sorbet. **Vins** Muscat, Pinot blanc.
◆ Décor de table soigné, comme il se doit au pays du cristal et de la faïence, accueil chaleureux et plaisirs d'une assiette inventive : un restaurant aux multiples atouts.

SARREGUEMINES ⦿ – 57 Moselle – **307** N4 – 21 733 h.   **27** D1
– alt. 210 m – ⊠ 57200 🏛 Alsace Lorraine
▶ Paris 396 – Metz 70 – Nancy 96 – Saarbrücken 18
🛈 11, rue rue du Maire Massing ℰ 03 87 98 80 81
🏌 de Sarreguemines Chemin Départemental n 81 A, O : 3 km par D 81,
ℰ 03 87 27 22 60
◎ Musée : jardin d'hiver★★, collection de céramiques★ BZ **M.**
🅖 Parc archéologique européen de Bliesbruck-Reinheim : thermes★, 9,5 km par ①.

SARREGUEMINES

Chamborand (R. du Marquis-de) . . . . . . BZ 2
Chapelle (R. de la) . . . . BZ 3
Cremer (R. des Généraux) ABZ 6
Faïenceries (Bd des) . . . . BZ 7
France (R. de) . . . . AZ 8
Gare (Av. de la) . . . . BZ 12
Louvain (Chaussée de) . . . BYZ 15
Marché (Pl. du) . . . . AZ 17
Nationale (R.) . . . . ABZ 20
Or (R. de l') . . . . AZ 22
Paix (R. de la) . . . . AY 23
Pasteur (R. L.) . . . . BZ 24
Ste-Croix (R.) . . . . BZ 27
St-Nicolas (R.) . . . . AZ 26
Sibille (Pl. du Gén.) . . . . BZ 28
Utzschneider (R.) . . . . BZ 30
Verdun (R. de) . . . . AZ 33

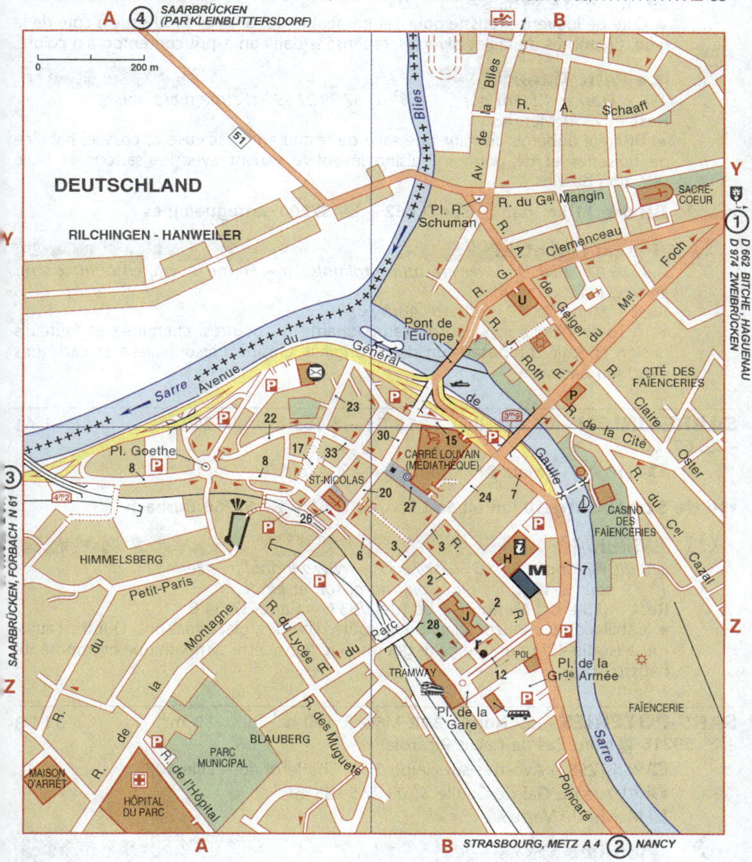

A
B
Y
Z
4 SAARBRÜCKEN (PAR KLEINBLITTERSDORF)
0 200 m
DEUTSCHLAND
RILCHINGEN - HANWEILER
Blies
Av. de la Blies
R. A. Schaaff
R. du Gal Mangin
SACRÉ-COEUR
Pl. R. Schuman
Clemenceau
Foch
R. de Geiger
du Mal
R. J. Roth
Pont de l'Europe
Sarre
Avenue du Général de Gaulle
CITÉ DES FAÏENCERIES
R. de la Cité
Claire Oster
R. du Col Cazal
CARRÉ LOUVAIN (MÉDIATHÈQUE)
ST-NICOLAS
Pl. Goethe
CASINO DES FAÏENCERIES
HIMMELSBERG
Petit-Paris
R. de la Montagne
R. du Lycée
R. du Parc
TRAMWAY
Pl. de la Gare
Pl. de la Grde Armée
FAÏENCERIE
POL
BLAUBERG
PARC MUNICIPAL
R. des Muguets
R. de l'Hôpital
MAISON D'ARRÊT
HÔPITAL DU PARC
Poincaré
1 D 662 BITCHE, HAGUENAU D 974 ZWEIBRÜCKEN
3 SAARBRÜCKEN, FORBACH N 61
B STRASBOURG, METZ A 4 2 NANCY

Auberge St-Walfrid (Stephan Schneider) ch, rest,
58 r. de Grosbliederstroff, 2 km par ③ et rte de Grosbliederstroff – *☎ 03 87 98 43 75* – *www.stwalfrid.com* ch, VISA AE
– *Fermé 23 juil.-8 août et 26 fév.-14 mars*

11 ch – †98/158 € ††98/158 € – ☐ 15 € – ½ P 128/158 €

Rest – *(fermé sam. midi, lundi midi et dim.)* Menu 30 € (sem.), 48/82 € – Carte 58/88 €

Spéc. Foie gras poêlé, cèpes tièdes en vinaigrette, purée froide de coco blanc (sept. à oct.). Lotte rôtie à l'ail nouveau, cœurs d'artichaut et olives vertes (mai à juin). Croustillant à la mirabelle de Lorraine (sept.). **Vins** Moselle blanc et rouge.

◆ Belle maison en pierre où, depuis cinq générations, la même famille cultive l'art de recevoir. Le décor associe plaisamment rustique et contemporain. Chambres soignées. Salle à manger ornée de tableaux colorés et d'objets en faïence. Goûteuse cuisine régionale.

🏠 **Amadeus** sans rest · 🛗 & 𝗩𝗜𝗦𝗔 ⓿ 𝗔𝗘 ⓞ

🍽 *7 av. de la Gare – 𝒞 03 87 98 55 46 – www.amadeus-hotel.fr – Fermé 15-21 août et 23 déc.-3 janv.* BZ**r**

39 ch – †56 € ††65 € – ☐ 8,50 €

◆ Cure de jouvence réussie pour cet immeuble des années 1930 situé à côté de la gare. Chambres de tailles diverses, repensées dans un esprit contemporain coloré.

🍴 **Le Petit Thierry** 𝗣 𝗩𝗜𝗦𝗔 ⓿

135 r. France, 1,5 km par ③ – 𝒞 03 87 98 22 59 – Fermé merc. soir
Rest – (23 €) Menu 33 €

◆ Discrète auberge abritant une salle de restaurant spacieuse et cossue, habillée de boiseries et de poutres. Cuisine inventive variant avec les saisons et belle sélection de vins.

rte de Bitche 11 km par ① sur D 662 – ✉ 57200 Sarreguemines

🍴🍴 **Pascal Dimofski** 🚗 🍽 𝗣 𝗩𝗜𝗦𝗔 ⓿ 𝗔𝗘

– 𝒞 03 87 02 38 21 – www.restaurantdimofski.fr – Fermé 3 sem. en août, 2 sem. en fév., lundi et mardi
Rest – Menu 28/79 € – Carte 48/84 € 🎋

◆ À l'orée d'un bois, auberge campagnarde où poutres, cheminée et fauteuils design en cuir composent un décor original. Cuisine personnalisée et carte des vins bien balancée.

SARRE-UNION – 67 Bas-Rhin – 315 G3 – 3 185 h. – alt. 240 m 1 A1
– ✉ 67260

▶ Paris 407 – Metz 81 – Nancy 84 – St-Avold 37

rte de Strasbourg 10 km au Sud-Est par N 61 – ✉ 67260 Burbach

🍴🍴🍴 **Windhof** 🍽 𝗔𝗖 𝗣 𝗩𝗜𝗦𝗔 ⓿

lieu-dit Windhof – 𝒞 03 88 01 72 35 – www.windhof.fr – Fermé 1er-19 août, 2-17 janv., dim. soir, mardi soir et lundi
Rest – (15 € bc) Menu 28 € bc (déj.)/53 € – Carte 37/54 €

◆ Cabillaud au chorizo, agneau en croûte d'herbes, glace maison... Quittez l'autoroute (sortie 43) pour une halte gourmande dans cette sympathique et imposante bâtisse isolée.

SARS-POTERIES – 59 Nord – 302 M6 – 1 490 h. – alt. 181 m 31 D3
– ✉ 59216 ▌ Nord Pas-de-Calais Picardie

▶ Paris 258 – Avesnes-sur-Helpe 12 – Charleroi 46 – Lille 107
🛈 20, rue du Gal-de-Gaulle 𝒞 03 27 59 35 49
◉ Musée du Verre ★.

🏠 **Marquais** sans rest ⌖ 🚗 🍽 📶 𝗣 𝗩𝗜𝗦𝗔 ⓿

🍽 *65 r. du Gén.-de-Gaulle – 𝒞 03 27 61 62 72 – www.hoteldumarquais.com – Fermé 15-28 fév.*
11 ch – †52 € ††62 € – ☐ 8 €

◆ Deux pétillantes sœurs jumelles – d'environ 70 ans ! – tiennent à la perfection ce petit hôtel. Mobilier ancien et couleurs "bonbon" dans les chambres. Pas de TV : repos garanti.

SARTÈNE – 2A Corse-du-Sud – 345 C10 – voir à Corse

SARZEAU – 56 Morbihan – 308 O9 – 7 155 h. – alt. 30 m – ✉ 56370 9 A3
▌ Bretagne

▶ Paris 478 – Nantes 111 – Redon 62 – Vannes 23
🛈 rue du Père Coudrin 𝒞 02 97 41 82 37
⛳ de Rhuys à Saint-Gildas-de-Rhuys, O par D 780 : 7 km, 𝒞 02 97 45 30 09
◉ Ruines ★ du château de Suscinio SE : 3,5 km - Presqu'île de Rhuys ★.

à Penvins 7 km au Sud-Est par D 198 – ✉ 56370 Sarzeau

XX   **Le Mur du Roy** avec ch ⌂   ⟨ 🚗 🏡 ⚐ rest. ⁗ **P** **VISA** ⚫⚫
43 chemin du Mur du Roy Penvins – ℰ 02 97 67 34 08 – www.lemurduroy.com
– Fermé 15 déc.-31 janv., lundi sauf hôtel et mardi midi
10 ch – †54/88 € ††54/88 € – ☲ 10 € – ½ P 66/83 €
Rest – Menu 25/45 € – Carte 32/72 €
◆ Cuisine iodée servie dans deux vérandas au décor marin. L'emplacement est
idéal ; la terrasse et le jardin donnent sur l'océan. Petites chambres simples
pour l'étape.

SASSENAY – 71 Saône-et-Loire – **320** J9 – rattaché à Chalon-sur-Saône

---

SASSETOT-LE-MAUCONDUIT – 76 Seine-Maritime – **304** D3   **33** C1
– 927 h. – alt. 89 m – ✉ 76540

▶ Paris 198 – Bolbec 29 – Fécamp 16 – Le Havre 55
🛈 4, rue des Fusillés ℰ 02 35 29 79 88

XX   **Le Relais des Dalles** avec ch   🚗 🏡 ⁗ **VISA** ⚫⚫ **AE**
😊   *6 r. Élisabeth-d'Autriche, près du château – ℰ 02 35 27 41 83*
– www.relais-des-dalles.fr – Fermé 18 déc.-27 janv., lundi et mardi sauf le soir du
14 juil. au 17 août, merc. midi et jeudi midi
4 ch – †75/145 € ††75/145 € – ☲ 12 €
Rest – *(prévenir le week-end)* Menu 29/48 € – Carte 43/64 €🌿
◆ Une sympathique auberge normande, rustique à souhait, où l'on se régale de
savoureux plats traditionnels. Beau choix de vins de Loire et de bordeaux. Chambres cosy.

SAUBUSSE – 40 Landes – **335** D13 – 767 h. – alt. 10 m – Stat.   **3** B3
therm. : début mars-fin nov. – ✉ 40180

▶ Paris 736 – Bayonne 43 – Biarritz 50 – Dax 19
🛈 rue Vieille ℰ 05 58 57 76 68

XX   **Villa Stings**   ⟨ 🏡 **AC** ⟺ **VISA** ⚫⚫ **AE**
9 r. du Port – ℰ 05 58 57 70 18 – Fermé 13-20 juin, 7-14 nov., fév., sam. midi,
dim. soir et lundi du 5 sept. au 26 juil. et merc. soir du 7 sept. au 26 avril
Rest – Menu 35/80 €
◆ Grande demeure en pierre (19ᵉ s.) posée au bord de l'Adour. Vaste salle à
manger, où l'on sert une cuisine mêlant répertoires classique et actuel. Terrasse
sur le perron.

SAUGUES – 43 Haute-Loire – **331** D4 – 1 917 h. – alt. 960 m – ✉ 43170   **6** C3
🟩 Auvergne

▶ Paris 529 – Brioude 51 – Mende 72 – Le Puy-en-Velay 43
🛈 Cours Dr Gervais ℰ 04 71 77 71 38

🏠   **La Terrasse**   **AC** rest. ⟨⟩ ⁗ **VISA** ⚫⚫ **AE**
😊   *cours du Dr-Gervais – ℰ 04 71 77 83 10 – www.hotellaterrasse-saugues.com*
– Fermé 15 nov.-15 fév., dim. soir et lundi hors saison
🍽 **9 ch** – †60 € ††72 € – ☲ 12 € – ½ P 65 €   **Rest** – Menu 20 € (sem.), 29/75 €
◆ Au centre du village dominé par la tour des Anglais, maison ancienne tenue
par la même famille depuis 1795. Chambres d'esprit contemporain, fraîches et
bien équipées. Le restaurant, au cadre classique et soigné (cheminée), propose
une goûteuse cuisine traditionnelle.

SAUJON – 17 Charente-Maritime – **324** E5 – 6 281 h. – alt. 7 m   **38** B3
– ✉ 17600 Saujon

▶ Paris 499 – Poitiers 165 – La Rochelle 71 – Saintes 28
🛈 22, place du Général-de-Gaulle ℰ 05 46 02 83 77

SAUJON

Le Richelieu   ch, AC ch, ⁽¹⁾ VISA ⏺

pl. Richelieu – ✆ 05 46 02 82 43 – www.hotel-lerichelieu-saujon.com – Fermé 5-24 janv.

20 ch – ♦57/77 € ♦♦57/77 € – �4 10 € – ½ P 57/68 €

Rest Le Ménestrel – *✆ 05 46 06 92 35 (fermé 16-26 mai, 3-14 oct., 3-14 janv., mardi midi hors saison, dim. soir et lundi)* (19 €) Menu 27/70 € bc – Carte 30/55 €

◆ Cet édifice ancien (18ᵉ s.), doublé d'une extension récente, abrite des chambres fonctionnelles d'esprit contemporain. Décor moderne dans le restaurant, où est servie une cuisine actuelle.

SAULES – 25 Doubs – **321** G4 – **rattaché à Ornans**

SAULGES – 53 Mayenne – **310** G7 – 341 h. – alt. 97 m – ✉ 53340   **35** C1

▌ Châteaux de la Loire

▶ Paris 249 – Château-Gontier 37 – La Flèche 48 – Laval 33

🛈 4, place Jacques Favrot ✆ 02 43 90 49 81

L'Ermitage ⌀   🍽 🍽 ⚓ ⭧ ⁽¹⁾ 🏋 P 🚗 VISA ⏺

3 pl. St-Pierre – ✆ 02 43 64 66 00 – www.hotel-ermitage.fr – Fermé 21 oct.-1ᵉʳ nov., 16 déc.-8 janv., 25 fév.-6 mars et vend. soir et dim. soir d'oct. à avril

35 ch – ♦75/107 € ♦♦75/107 € – ⊊ 10 € – ½ P 78/94 €

Rest – *(fermé sam. midi)* (12 € bc) Menu 24 € (déj. en sem.), 28/60 € – Carte 44/59 €

◆ Cette maison ancienne abrite de coquettes chambres tournées vers la campagne ou le village. Celles du "Relais", bien rénovées, sont plus actuelles. Piscine, minigolf, jardin. Cuisine teintée d'exotisme servie dans une salle ouverte sur la terrasse.

SAULIEU – 21 Côte-d'Or – **320** F6 – 2 643 h. – alt. 535 m – ✉ 21210   **8** C2

▌ Bourgogne

▶ Paris 248 – Autun 40 – Avallon 39 – Beaune 65

🛈 24, rue d'Argentine RN6 ✆ 03 80 64 00 21

◉ Basilique St-Andoche★ : chapiteaux★★ .

SAULIEU

Argentine (R. d') 3
Bertin (R. J.) 4
Collège (R. du) 6
Courtépée (R.) 7
Foire (R. de la) 8
Fours (R. des) 9
Gambetta (R.) 10
Gare (Av. de la) 12
Gaulle (Pl. Ch.-de) 14
Grillot (R.) 15
Marché (R. du) 17
Parc des Sports (R. du) 18
Sallier (R.) 19
Tanneries (R. des) 20
Vauban (R.) 21

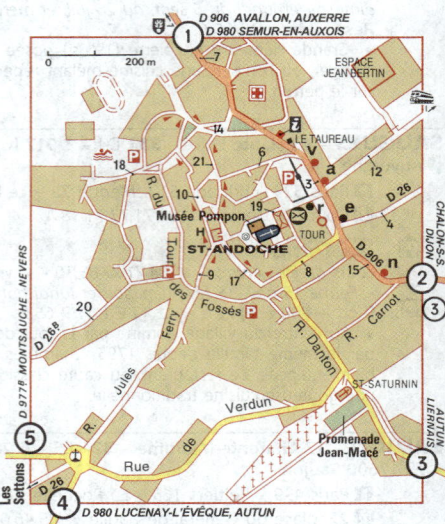

Le Relais Bernard Loiseau 🏠

2 r. d'Argentine – ☎ *03 80 90 53 53*
– www.bernard-loiseau.com – Fermé 3 janv.-9 fév.

23 ch – †145/345 € ††145/345 € – 9 suites – ☕ 30 €

Rest *Le Relais Bernard Loiseau* – voir ci-après

◆ Un Relais dans la grande tradition française, qui fait honneur à l'hospitalité bourguignonne. Murs du 18e s., poutres et colombages patinés par les ans, sols en terre cuite, mobilier ancien... C'est l'esprit de toujours qui règne ici, avec chaque jour le sens de l'accueil et du service.

Hostellerie la Tour d'Auxois

sq. Alexandre Dumaine
– ☎ *03 80 64 36 19 – www.tourdauxois.com*
– Fermé 17 janv.-12 fév.

6 ch ☕ – †99 € ††99 € – 6 suites

Rest – *(fermé mardi midi d'oct. à mai, dim. soir et lundi)* Menu 23/57 €
– Carte 9/24 €

◆ Hôtel charmant mettant à profit un ancien couvent. Jardin paysager avec piscine, chambres cosy et jolie salle aux allures de bistrot pour le petit-déjeuner. Carte au goût du jour dans la salle en rotonde côté verdure.

Le Relais Bernard Loiseau – Hôtel Le Relais Bernard Loiseau

2 r. d'Argentine – ☎ *03 80 90 53 53*
– www.bernard-loiseau.com
– Fermé 3 janv.-9 fév.

Rest – *(fermé mardi et merc. sauf de mai à sept. et sauf vacances de Noël)*
Menu 66 € (déj.), 120/195 € – Carte 117/179 €

Spéc. Jambonnettes de grenouilles à la purée d'ail et au jus de persil. Filet de bœuf charolais cuit au foin en croûte d'argile. Crémeux, croustillant, coulant de chocolat praïa, fine nougatine de fève de cacao. **Vins** Chassagne-Montrachet, Chambolle-Musigny.

◆ On n'y pénètre pas sans émotion... Intacte la superbe mécanique héritée du "maître de Saulieu", guidée par le souci de l'excellence. Toujours étincelantes ses recettes géniales, portées aujourd'hui – avec une sensibilité propre – par celui qui fut son second pendant vingt ans. Mémorables les sentiments suscités...

La Borne Impériale avec ch

16 r. d'Argentine – ☎ *03 80 64 19 76 – www.borne-imperiale.com*
– Fermé 10 janv.-10 fév., lundi soir sauf juil.-août et mardi

7 ch – †37 € ††52/57 € – ☕ 10 € – ½ P 60 €

Rest – (18 €) Menu 25/49 € – Carte 40/55 €

◆ Cuisine de tradition régionale, copieuse et soignée, servie dans la salle classique ou sur la belle terrasse ouverte sur un jardin. Hébergement pratique à l'étage.

Auberge du Relais

8 r. d'Argentine – ☎ *03 80 64 13 16 – Fermé 17-30 nov.*

Rest – (19 €) Menu 22/32 € – Carte 30/40 €

◆ En centre ville, cette auberge à la façade rose propose une carte qui privilégie le terroir. Décor intérieur un brin rustique et terrasse au calme.

La Vieille Auberge

15 r. Grillot – ☎ *03 80 64 13 74 – Fermé 1er-8 juil., 14-27 janv., 26 fév.-8 mars, mardi soir et merc. du 1er sept. au 13 juil.*

Rest – Menu 13/39 €

◆ Restaurant familial situé à proximité du centre. Table régionale, salle rajeunie dans les tons jaune et orange, terrasse sur un jardinet bien apprécié en saison.

SAULON-LA-RUE – 21 Côte-d'Or – **320** K6 – 561 h. – alt. 215 m   **8 D1**
– ✉ 21910

▶ Paris 324 – Dijon 12 – Beaune 43 – Gevrey-Chambertin 9

🅱 Château de Saulon ⑤ 〔icons〕
rte de Seurre – ℰ *03 80 79 25 25 – www.chateau-saulon.com*
– Fermé 20 fév.-13 mars
32 ch – ♦85/90 € ♦♦100/150 € – ⬜ 15 €
Rest – *(fermé dim. soir d'oct. à mai)* Menu 21 € (déj. en sem.), 30/55 €
– Carte 50/80 €
♦ Joli petit château du 17ᵉ s. entouré d'un parc arboré agrémenté d'une piscine
et d'un étang privé. Les chambres offrent un cadre contemporain (mobilier fonc-
tionnel). Dans une dépendance, salle à manger où l'on sert une cuisine actuelle.
Boutique de vins ; dégustation.

SAULT – 84 Vaucluse – **332** F9 – 1 285 h. – alt. 765 m – ✉ 84390   **42** E1
🟩 Alpes du Sud
▶ Paris 718 – Aix-en-Provence 86 – Apt 31 – Avignon 69
ℹ avenue de la Promenade ℰ 04 90 64 01 21
🟢 Gorges de la Nesque★★ : belvédère★★ SO : 11 km par D 942 - Mont
  Ventoux ❄★★★ NO : 26 km.

🏠 Hostellerie du Val de Sault ⑤ 〔icons〕
2 km, rte St-Trinit et rte secondaire – ℰ *04 90 64 01 41*   〔icons〕
– www.valdesault.com – Ouvert 1ᵉʳ avril-13 nov.
14 suites – ♦♦245/350 € – 6 ch – ⬜ 14 € – ½ P 97/198 €
Rest – *(dîner seult sem. sauf juil.-août)* Menu 42 € (déj.), 48/92 €
♦ Parfum de lavande, vue enchanteresse sur le mont Ventoux, chambres avec
salon et miniterrasse : un charme qui ne laisse pas de séduire ! Apaisante salle
à manger mariant les styles, terrasse bien exposée et menu régional honorant
la truffe.

SAULT-DE-NAVAILLES – 64 Pyrénées-Atlantiques – **342** H1 – 830 h.   **3** B3
– alt. 65 m – ✉ 64300
▶ Paris 756 – Bordeaux 177 – Mont-de-Marsan 44 – Pau 58

✗ La Tour Galante 〔icons〕
699 r. de France, (à côté de l'église) – ℰ *05 59 67 55 29 – www.latourgalante.com*
– Fermé 14-21 mars, 1ᵉʳ-22 sept., lundi soir, mardi et merc.
Rest – (13 €) Menu 20/27 € – Carte 29/62 €
♦ La façade pimpante de ce restaurant donne sur la tour de Gaston Fébus. Ici, tout
est frais et fait maison : garbure, foie gras, salade landaise et volaille basquaise.

SAULXURES – 67 Bas-Rhin – **315** G6 – 518 h. – alt. 535 m – ✉ 67420   **1** A2
▶ Paris 407 – Épinal 71 – Strasbourg 67 – Lunéville 65

🅱 La Belle Vue ⑤ 〔icons〕
36 r. Principale – ℰ *03 88 97 60 23 – www.la-belle-vue.com – Fermé 3 sem. en janv.*
9 ch – ♦94/124 € ♦♦94/124 € – 2 suites – ⬜ 13 € – ½ P 81/103 €
Rest – *(fermé mardi et merc. d'oct. à mai)* Menu 15 € (déj. en sem.), 25/50 €
– Carte 35/60 €
♦ La même famille tient cette auberge depuis quatre générations. Suites, duplex
et chambres au décor contemporain et au charme douillet. À la table, la simplicité – comme un souvenir de la bonne cuisine d'antan – se marie à une pointe
d'exotisme.

SAUMUR 〔icon〕 – 49 Maine-et-Loire – **317** I5 – 28 654 h. – alt. 30 m   **35** C2
– ✉ 49400 🟩 Châteaux de la Loire
▶ Paris 300 – Angers 67 – Le Mans 124 – Poitiers 97
ℹ place de la Bilange ℰ 02 41 40 20 60
🏌 de Saumur 2, route des Mortins, O : 5 km par D 751 et D 161,
  ℰ 02 41 50 87 00
👁 Château★★ : musée d'Arts décoratifs★★, musée du Cheval★, tour du
  Guet ❄★ - Église N.-D.-de-Nantilly★ : tapisseries★★ - Vieux quartier★ BY :
  Hôtel de ville★ H ,tapisseries★ de l'église St-Pierre - Musée de l'école de
  Cavalerie★ M¹ - Musée des Blindés★★ au Sud.

SAUMUR

Anjou (R. d')	**BZ**	2
Beaurepaire (R.)	**AY**	3
Bilange (Pl. de la)	**BY**	4
Cadets (Ponts des)	**BX**	5
Dr-Bouchard (R. du)	**AZ**	6
Dupetit-Thouars (Pl.)	**BZ**	7
Fardeau (R.)	**AZ**	9
Gaulle (Av. Général-de)	**BX**	
Leclerc (R. du Mar.)	**AZ**	
Nantilly (R. de)	**BZ**	10
Orléans (R. d')	**ABY**	
Poitiers (R. de)	**AZ**	12
Portail-Louis (R. du)	**BY**	13
République (Pl. de la)	**BY**	15
Roosevelt (R. Fr.)	**BY**	16
St-Jean (R.)	**BY**	18
St-Pierre (Pl.)	**BY**	19
Tonnelle (R. de la)	**BY**	20
Vieux-Pont (R. de la)	**BY**	22

[Map of Saumur]

Château de Verrières sans rest

53 r. d'Alsace – ℰ 02 41 38 05 15

– www.chateau-verrieres.com

AYv

10 ch – †150/290 € ††150/290 € – ⌷ 15 €

◆ Un lieu idéal pour un séjour romantique : un bel édifice Napoléon III, des boiseries aux teintes chaudes, un décor Belle Époque et un grand parc... Accueil amical des châtelains.

St-Pierre sans rest

8 r. Haute-St-Pierre – ℰ 02 41 50 33 00

– www.saintpierresaumur.com

BYb

15 ch – †80/130 € ††95/200 € – ⌷ 13 €

◆ Poutres massives, colombages, hautes cheminées en tuffeau, escalier à vis et meubles de style : un bien charmant hôtel installé dans des maisons du 17ᵉ s. joliment restaurées.

1627

Anne d'Anjou sans rest ⟨ 🛋 ⚙ 📶 🛎 🅿 VISA AE ①
32 quai Mayaud – ℰ 02 41 67 30 30 – www.hotel-anneanjou.com   BY**k**
43 ch – †85/140 € ††105/225 € – ☕ 12 €
♦ Un bel édifice classé (escalier en pierre), comme un lys dans la vallée… Les chambres, de style Empire ou plus fonctionnelles, donnent sur la Loire ou sur le charmant jardin.

Adagio sans rest 🛋 ⚙ AK 📶 🛎 🅿 VISA ∞ AE ①
94 av. du Gén.-de-Gaulle – ℰ 02 41 67 45 30 – www.hoteladagio.com – Fermé 23-26 déc. et 29 déc.-2 janv.   BX**t**
38 ch – †75/104 € ††89/139 € – ☕ 12 €
♦ Au cœur de l'île d'Offard, hôtel plutôt agréable proposant cinq catégories de chambres, toutes décorées dans un style contemporain et coloré. Pratique pour découvrir la ville.

Mercure Bord de Loire sans rest 🦢 ⟨ 🛋 AK 📶 🛎 🅿 🛥
r. du vieux-Pont – ℰ 02 41 67 22 42 – www.mercure.com   VISA ∞ AE ①
45 ch – †76/135 € ††92/175 € – 1 suite – ☕ 14 €   BY**g**
♦ Sur l'île d'Offard, un hôtel moderne aux chambres fonctionnelles bien équipées. Atout de choix : certaines offrent un beau panorama sur la Loire et le centre historique.

Kyriad sans rest 📶 🛥 VISA ∞ AE ①
23 r. Daillé – ℰ 02 41 51 05 78 – www.central-kyriad.com   BY**d**
27 ch – †50/89 € ††69/99 € – ☕ 9 €
♦ Situation centrale et calme assuré en cet établissement classique, abritant de petites chambres confortables. Le décor est agréable : meubles de style ancien, teintes claires…

De Londres sans rest 📶 🅿 VISA ∞ AE
48 r. d'Orléans – ℰ 02 41 51 23 98 – www.lelondres.com   BY**t**
26 ch – †45/70 € ††56/75 € – ☕ 8 €
♦ Depuis quelques années, ses propriétaires ont su donner de la personnalité et un véritable coup de jeune à cet hôtel de 1837. Une belle idée : le salon-bibliothèque dédié à la BD.

XXX Les Ménestrels 🍴 VISA ∞ AE
11 r. Raspail – ℰ 02 41 67 71 10 – Fermé 15-27 déc., 1 sem. en mars, lundi sauf le soir d'avril à nov. et dim.   BZ**u**
Rest – (17 €) Menu 24 € (déj.), 32/68 € – Carte 68/87 € 🍷
♦ Près du château, troubadours de passage et autres trouvères goûteront le raffinement de cette demeure ancienne. De beaux vins de Loire accompagnent la carte ou la formule bistrot.

XX Le Gambetta (Mickael Pihours) VISA ∞ AE
£3
*12 r. Gambetta – ℰ 02 41 67 66 66 – www.restaurantlegambetta.com
– Fermé 25 juil.-18 août, 16 janv.-2 fév., dim. soir, lundi et merc.*   AY**w**
Rest – Menu 30/92 € – Carte 65/77 €
Spéc. Gambas et œuf en déclinaison. Saint-pierre côtier et petits gris rôtis (sept. à fév.). Fraise, mascarpone et hibiscus (avril à sept.). **Vins** Saumur blanc, Saumur-Champigny.
♦ Jeux sur les textures, les associations de saveurs et les présentations ; le jeune chef bouscule la tradition. Menu de saison, espumas en petites touches, fleurs et fruits, clins d'œil à l'Asie : les sens sont ravis…

X L'Escargot 🍴 ⚙ VISA ∞
∞
30 r. Maréchal-Leclerc – ℰ 02 41 51 20 88
😊
– Fermé 16 août-2 sept., 22-29 déc., 2 sem. en fév., mardi et merc.   AZ**a**
Rest – (nombre de couverts limité, prévenir) (13 €) Menu 17 € (déj. en sem.), 24/32 €
♦ Un joli petit Escargot où prendre le temps de bien manger ! Décor feutré et savoureuse cuisine traditionnelle, élaborée à partir de produits de premier choix. Agréable terrasse.

L'Alchimiste 🍴 🚲   🍷 VISA ⓒⓓ

6 r. de Lorraine – 📞 02 41 67 65 18 – fermé 1 sem. en juin, vacances de la Toussaint , 1 sem. en fév., dim. soir, mardi soir et merc.   **AYb**

Rest – *(nombre de couverts limité, prévenir)* (15 €) Menu 18 € – Carte 22/49 €

◆ On ne sert pas ici de cuisine moléculaire mais de bons petits plats (flan de courgette au chèvre frais, poire pochée...). Mieux vaut réserver car c'est souvent complet !

à St-Hilaire-St-Florent 3 km par av. Foch **AXY** et D 751 – ✉ 49400 Saumur

🔵 École nationale d'Équitation★.

Les Terrasses de Saumur ⊗   ⟨ 🚗 🚲 🏊 🍴 rest, 📶 🏊 P

chemin de l'Alat – 📞 02 41 67 28 48   VISA ⓒⓓ AE
– www.lesterrassesdesaumur.fr – Fermé 22 déc.-28 janv.
20 ch – †75/90 € ††75/90 € – ⊇ 12 € – ½ P 83/90 €
Rest – *(fermé lundi midi et mardi midi)* (22 €) Menu 28/60 € – Carte 38/66 €
◆ Tout près du Cadre noir, cet hôtel plaira à une clientèle branchée : couleurs tranchées, lumière travaillée, spa... sans oublier la piscine et la terrasse en bois exotique ! Le restaurant propose une cuisine classique, avec une vue superbe sur la ville...

à Chênehutte-les-Tuffeaux 8 km par av. Foch **AXY** et D 751 – 1 057 h. – alt. 29 m – ✉ 49350

Le Prieuré ⊗   ⟨ 🌿 🚲 🏊 🍴 🅰🅲 rest, 📞 🏊 P VISA ⓒⓓ AE ⓞ

– 📞 02 41 67 90 14 – www.prieure.com
20 ch – †104/130 € ††104/130 € – 1 suite – ⊇ 21 €
Rest – (24 €) Menu 33 € (dîner)/70 € – Carte 36/68 € le soir🥂
◆ La dévotion reste tentante dans ce prieuré du 12ᵉ s. d'un grand charme : les chambres, stylées, ouvrent sur la Loire... Cuisine délicate, rehaussée d'épices, et vins du cru dans la salle à manger panoramique.

Les Résidences du Prieuré 🏠 ⊗   🌿 🏊 🍴 VISA ⓒⓓ AE ⓞ
15 ch – †130 € ††130 € – ⊇ 23 €
◆ Chambres avec terrasse et jardinet privé, nichées dans six bungalows disséminés dans un immense parc boisé.

SAUSHEIM – 68 Haut-Rhin – **315** I10 – **rattaché à Mulhouse**

LA SAUSSAYE – 27 Eure – **304** F6 – 1 932 h. – alt. 137 m – ✉ 27370   **33 D2**
▶ Paris 130 – Évreux 40 – Louviers 20 – Pont-Audemer 49

Manoir des Saules (Jean-Paul Monnaie) ⊗   🚗 🚲 🏃 ch, 🅰🅲 rest,
2 pl. St Martin – 📞 02 35 87 25 65   🍴 rest, 🏊 P VISA ⓒⓓ
– www.manoirdessaules.com – Fermé 3 sem. en nov., 15 fév.-3 mars, dim. soir, lundi et mardi
9 ch – †210/315 € ††210/315 € – ⊇ 25 €
Rest – *(nombre de couverts limité, prévenir)* (70 €) Menu 90/110 € – Carte 95/135 €🥂
Spéc. Buisson de homard à l'huile de truffe. Poulette de Bresse aux échalotes confites. Soufflé passion truffé chocolat noir.
◆ Accueil charmant dans cet authentique manoir normand avec jardin. Colombages et tourelles ornent la façade ; un beau mobilier décore les chambres. Originales salles à manger où l'on savoure une cuisine actuelle, privilégiant les produits locaux. Belle cave.

SAUSSET-LES-PINS – 13 Bouches-du-Rhône – **340** F6 – 7 278 h. – alt. 15 m – ✉ 13960 🟩 Provence   **40 B3**
▶ Paris 768 – Aix-en-Provence 41 – Marseille 37 – Martigues 13
ℹ Bureau Municipal de Tourisme - 16, avenue du Port 📞 04 42 45 60 65

XX **Les Girelles** ◁ 🍴 AK VISA ⚫ AE ⓞ
*r. Frédéric-Mistral – ℰ 04 42 45 26 16 – www.restaurant-les-girelles.com – Fermé
2-31 janv., dim. soir de sept. à juin, merc. midi et lundi*
Rest – Menu 20 € bc (déj.), 28/65 € – Carte 40/80 €
◆ Un restaurant de bord de mer typique, face à la grande bleue, avec une
véranda. Beaucoup de produits de la mer, bien sûr : de la bouillabaisse et du
homard rôti au pèbre d'ail...

SAUTERNES – 33 Gironde – **335** I7 – 679 h. – alt. 50 m – ✉ 33210   **3 B2**
🟩 Aquitaine

▶ Paris 624 – Bazas 24 – Bordeaux 49 – Langon 11
🔎 11, rue Principale ℰ 05 56 76 69 13

🏠 **Relais du Château d'Arche** sans rest ⌂ ◁ 🚗 📞 P VISA ⚫
*0,5 km au Nord, rte de Bommes – ℰ 05 56 76 67 67
– www.chateaudarche-sauternes.com*
9 ch – ♦120/160 € ♦♦120/160 € – ⊡ 10 €
◆ Chartreuse du 17e s. au cœur du domaine viticole du Château d'Arche, dont on
peut déguster les grands crus après une visite. Chambres classiques et cosy, avec
vue sur les vignes.

XX **Saprien** ◁ 🚗 🍴 P VISA ⚫ AE ⓞ
😊 *14 r. Principale – ℰ 05 56 76 60 87 – www.saprien.free.fr – Fermé 21 déc.-4 janv.,
16 fév.-10 mars, dim. soir et merc. soir d'avril à oct., le soir en sem. de nov.
à mars et lundi*
Rest – (15 €) Menu 25/37 € – Carte 40/63 €
◆ Belle maison de vigneron (cheminée rustique, toiles contemporaines), avec terrasse face aux vignes. Bonne sélection de sauternes et goûteuse cuisine régionale,
à prix très doux.

SAUTRON – 44 Loire-Atlantique – **316** F4 – rattaché à Nantes

---

SAUVE – 30 Gard – **339** I5 – 1 836 h. – alt. 103 m – ✉ 30610   **23 C2**
▶ Paris 747 – Montpellier 48 – Alès 28 – Nîmes 40
🔎 place René Isouard ℰ 04 66 77 57 51

XX **La Magnanerie** avec ch ⌂ 🚗 🍴 ⛱ 📞 P VISA ⚫ AE
rte de Nîmes – ℰ 04 66 77 57 44 – www.lamagnanerie.fr
8 ch – ♦49/57 € ♦♦56/65 € – ⊡ 7 € – ½ P 67/75 €
Rest – *(fermé 15-30 nov., merc. soir sauf juil.-août, mardi midi et lundi)* (14 €)
Menu 26/50 € – Carte 45/53 €
◆ En bord de rivière, une noble bastide du 17e s., entourée d'un jardin luxuriant
qui conserve les vestiges d'un ancien aqueduc. On y sert une goûteuse cuisine
appuyée sur la tradition (produits frais). Petites chambres bien tenues dans un
bâtiment voisin.

SAUVETERRE – 30 Gard – **339** N4 – 1 793 h. – alt. 23 m – ✉ 30150   **23 D2**
▶ Paris 669 – Alès 77 – Avignon 15 – Nîmes 49

🏠 **Château de Varenne** sans rest ⌂ 📞 🔲 AK 📞 ⛱ P VISA ⚫ AE
pl. St-Jean – ℰ 04 66 82 59 45 – www.chateaudevarenne.com – Ouvert avril-oct.
13 ch – ♦98/168 € ♦♦98/268 € – ⊡ 19 €
◆ Le parc à la française, où trône un superbe cèdre du Liban, ajoute au charme
de cette élégante demeure du 18e s. Chambres raffinées, décorées de riches tissus et objets anciens.

SAUVETERRE-DE-BÉARN – 64 Pyrénées-Atlantiques – **342** G2   **3 B3**
– 1 352 h. – alt. 69 m – ✉ 64390 🟩 Aquitaine
▶ Paris 777 – Pau 64 – Bayonne 60 – Orthez 22
🔎 place Royale ℰ 05 59 38 32 86

La Maison de Navarre 🚗 🌳 ⌂ ⅙ ch, ⅙ ch, ⁽ᵀ⁾ 🅿 VISA 🐷

– ☎ 05 59 38 55 28 – www.lamaisondenavarre.com – Ouvert avril-sept.
7 ch – †58/67 € ††60/80 € – �️ 8 €
Rest – *(fermé merc. sauf juil.-août et dim. soir) (dîner seult)* Menu 19 €
– Carte environ 40 €

♦ Près de la route, charmante maison de maître (fin 18ᵉ s.) blottie dans un écrin de verdure où paissent des ânes. Chambres coquettes : mobilier chiné, parquet et couleurs gaies. Au restaurant, plats inventifs autour des produits du terroir.

Domaine de Bétouzet sans rest 🌳 🔉 ⌂ 🌳 🅿

Andrein, 3 km à l'Est par D 27 – ☎ 05 59 38 91 40 – www.betouzet.com
– Ouvert 20 mars-11 nov.
5 ch – †180 € ††230 € – ⊡ 15 €

♦ Arbres centenaires et haies de buis bien taillées parent le parc de cette jolie gentilhommière. Chambres calmes et confortables. Sauna et jacuzzi en bois dans l'orangeraie.

SAUVETERRE-DE-COMMINGES – 31 Haute-Garonne – 343 C6 — 28 B3
– 724 h. – alt. 480 m – ⌨ 31510

▶ Paris 777 – Bagnères-de-Luchon 36 – Lannemezan 31 – Tarbes 71

Hostellerie des 7 Molles 🌳 ⩽ 🚗 🌳 🔉 🌳 ⅙ 🅿 VISA 🐷 AE

à Gesset – ☎ 05 61 88 30 87 – www.hotel7molles.com – Fermé 15 fév.-15 mars, mardi et merc. d'oct. à juin
18 ch – †92/128 € ††105/158 € – ⊡ 12 € – ½ P 102/127 €
Rest – *(Fermé mardi et merc. sauf le soir de juil. à sept. et le midi en sem.)* Menu 30/47 € – Carte 45/62 €

♦ Une agréable atmosphère familiale règne dans cette maison. Les chambres, confortables, bénéficient pour certaines d'un balcon ouvert sur le jardin orné de citronniers et d'orangers. Salles à manger bourgeoises (faïence du pays sur les tables) et cuisine classique.

SAUVETERRE-DE-ROUERGUE – 12 Aveyron – 338 F5 – 803 h. — 29 C1
– alt. 460 m – ⌨ 12800 ▓ Midi-Toulousain

▶ Paris 652 – Albi 52 – Millau 88 – Rodez 30

🛈 place des Arcades ☎ 05 65 72 02 52

◉ Place centrale ★.

Le Sénéchal (Michel Truchon) 🌳 🚗 🌳 🔉 ⋕ ⅙ AC ⁽ᵀ⁾ 🎴 VISA 🐷 AE

✿ *Le bourg* – ☎ 05 65 71 29 00 – www.hotel-senechal.fr – Fermé 1ᵉʳjanv.-15 mars, mardi midi et jeudi midi sauf juil.-août et lundi
8 ch – †140 € ††140 € – 3 suites – ⊡ 16 € – ½ P 150 €
Rest – *(nombre de couverts limité, prévenir)* Menu 27 € (sem.), 55/120 €
– Carte 55/120 €
Spéc. Gnocchis de pommes de terre aux truffes noires. Ris et selle d'agneau d'Aveyron. Desserts aux fruits de saison. **Vins** Marcillac, Gaillac.

♦ Une bastide royale du 13ᵉ s. sert de cadre à cette auberge reconstruite dans le style du pays. Intérieur mariant le moderne à l'ancien. Cuisine actuelle et décor original : poisson rouge en bocal à chaque table, œuvre d'art contemporain en fer, salon design.

SAUVIAT-SUR-VIGE – 87 Haute-Vienne – 325 G5 – 955 h. — 24 B2
– alt. 450 m – ⌨ 87400

▶ Paris 404 – Limoges 34 – Guéret 49 – Panazol 30

Auberge de la Poste ⁽ᵀ⁾ 🅿 VISA 🐷

141 r. Emile Dourdet – ☎ 05 55 75 30 12 – www.aubergedelaposte.fr – Fermé 13 déc.-13 janv.
10 ch – †45 € ††55 € – ⊡ 6,50 € – ½ P 55 €
Rest – *(fermé dim. soir et lundi)* (13 €) Menu 19/36 € – Carte 24/55 €

♦ Auberge familiale sur l'axe principal du village. Les chambres, fonctionnelles et de style rustique, sont logées dans un bâtiment à l'abri des nuisances de la route. Cuisine traditionnelle servie dans un agréable cadre campagnard (pierres apparentes, poutres, parquet).

SAUVIGNY-LES-BOIS – 58 Nièvre – **319** C10 – rattaché à Nevers

---

SAUXILLANGES – 63 Puy-de-Dôme – **326** H9 – 1 122 h. – alt. 460 m   **6** C2
– ⊠ 63490 🟩 Auvergne

➤ Paris 455 – Ambert 46 – Clermont-Ferrand 45 – Issoire 14

🅹 place de l'Ancienne Poste 𝒞 04 73 96 37 63

⊙ Pic d'Usson ❄★ SO : 4 km.

✕✕ **Restaurant de la Mairie**   AC ⇔ VISA ●● AE
⊜⊜ *11-17 pl. St-Martin – 𝒞 04 73 96 80 32 – www.fontbonne.fr*
🔴 *– Fermé 20 juin-1er juil., 26 sept.-7 oct., 2-20 janv., mardi soir et merc. soir de la*
     Toussaint à Pâques, dim. soir et lundi
Rest – (14 €) Menu 18 € (sem.), 28/68 € – Carte 28/71 €
◆ Face à la mairie, une maison de village datant de 1811 au cadre feutré. En cuisine, mère et fille œuvrent avec finesse et imagination et renouvellent la tradition régionale.

LE SAUZE – 04 Alpes-de-Haute-Provence – **334** I6 – rattaché à Barcelonnette

---

SAUZON – 56 Morbihan – **308** L10 – voir à Belle-Ile-en-Mer

SAVERNE ⊛ – 67 Bas-Rhin – **315** I4 – 11 907 h. – alt. 200 m   **1** A1
– ⊠ 67700 🟩 Alsace Lorraine

➤ Paris 450 – Lunéville 88 – St-Avold 89 – Sarreguemines 65

🅹 37, Grand'Rue 𝒞 03 88 91 80 47

⊙ Château★ : façade★★ - Maisons anciennes à colombage★ N.

SAVERNE

	Églises (R. des) . . . . **B** 8		Murs (R. des) . . . . **AB** 16	
Bouxwiller (R. de) . . . . **B** 2	Foch (R. Mar.) . . . . **A** 12		Pères (R. des) . . . . **B** 17	
Clés (R. des) . . . . **B** 3	Gare (R. de la) . . . . **A** 13		Poincaré (R.) . . . . **A** 20	
Côte (R. de la) . . . . **B** 5	Gaulle (Pl. Gén.-de) . . . . . . **B** 14		Poste (R. de la) . . . . **B** 22	
Dettwiller (R. de) . . . . **B** 6	Grand'Rue . . . . **AB**		Tribunal (R. du) . . . . **B** 24	
	Joffre (R. Mar.) . . . . **B** 15		19-Novembre (R. du) . . . . **A** 26	

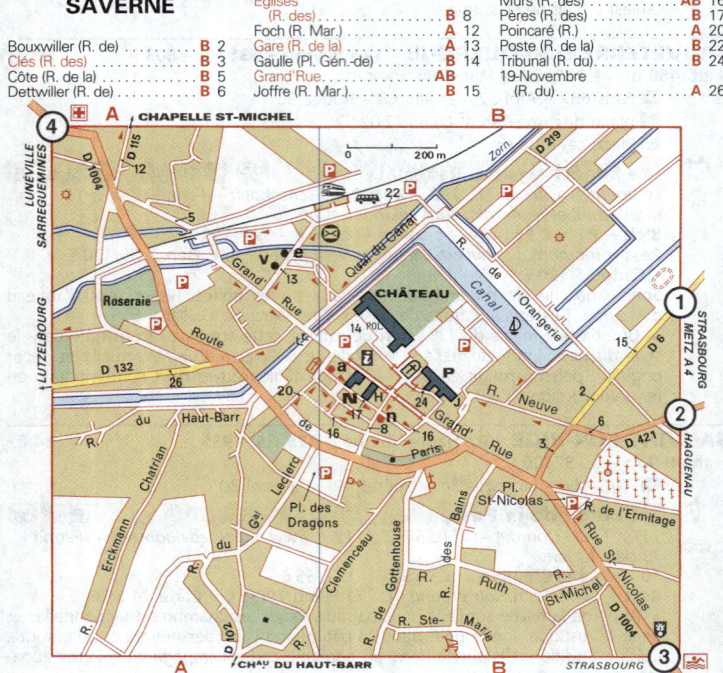

🏠 Europe sans rest

7 r. de la Gare – ℰ 03 88 71 12 07 – www.hotel-europe-fr.com – Fermé 19 déc.-2 janv.
28 ch – †66/76 € ††72/100 € – ⌷ 10 €   **A**e
• L'Europe : une belle façade en brique du début du 20ᵉ s., des chambres classi-ques et confortables, parfaitement tenues. Plaisante salle des petits-déjeuners ; élégant bar anglais.

🏠 Chez Jean

3 r. de la Gare – ℰ 03 88 91 10 19 – www.chez-jean.com
40 ch – †65/90 € ††82/129 € – ⌷ 10 € – ½ P 78/90 €   **A**v
Rest – *(fermé 20 déc.-10 janv., dim. soir et lundi)* (12 €) Menu 15 € (déj. en sem.), 31/48 € – Carte 32/57 €
Rest *Winstub s'Rosestiebel* – *(fermé 20 déc.-10 janv.)* (12 €) Menu 15 € (déj. en sem.), 33/45 € – Carte 32/57 €
• À deux pas des rues piétonnes, ce Jean dispose de chambres confortables et bien agencées, d'esprit alsacien (bois patiné, couettes). Cuisine régionale servie dans une salle habillée de boiseries. Il règne une ambiance conviviale dans la Winstub s'Rosestiebel.

🍴🍴 Zum Staeffele

1 r. Poincaré – ℰ 03 88 91 63 94 – www.strasnet.com/staeffele.htm – Fermé 27 juil.-17 août, 22 déc.-3 janv., dim. soir, jeudi midi et merc.
Rest – Menu 23 € (déj. en sem.), 31/56 € – Carte 45/53 €   **B**a
• Lotte braisée à l'encre de seiche, taboulé de quinoa... Une cuisine dans l'air du temps tout près du château des Rohan. Cadre classique dans une maison ancienne (18ᵉ et 19ᵉ s.).

🍴🍴 Le Clos de la Garenne avec ch 🐾

88 rte du Haut-Barr, 1,5 km par rte de Haut-Barr – ℰ 03 88 71 20 41 – www.closgarenne.fr
14 ch – †37/52 € ††52/95 € – ⌷ 10 €
Rest – *(fermé merc. midi, sam. midi et dim. soir de janv. à sept.)* Menu 17 € (déj. en sem.), 27/75 € – Carte 31/85 €
• Sur les hauteurs de la ville, maison du début du 20ᵉ s. entourée de verdure. On savoure une belle cuisine – sagement créative – dans une ambiance rustique et conviviale. Chambres chaleureuses (boiseries anciennes et tissus à carreaux).

🍴 Taverne Katz

80 Grand'Rue – ℰ 03 88 71 16 56 – www.tavernekatz.com
Rest – Menu 40/54 € – Carte 35/75 €   **B**n
• Belle maison (1605) à la façade en bois sculpté, située dans une rue piétonne. Sal-les chaleureuses dans l'esprit winstub et cuisine régionale (spécialités alsaciennes).

à l'Est par ② 3 km sur D 421 – ✉ 67700 Monswiller

🍴🍴 Kasbür

8 r. de Dettwiller – ℰ 03 88 02 14 20 – www.restaurant-kasbur.fr – Fermé 25 juil.-17 août, vacances de fév., dim. soir, merc. soir et lundi
Rest – (20 €) Menu 44/78 € – Carte 44/70 €
• Dans cette maison en pleine campagne, largement ouverte sur le jardin arboré, on savoure une cuisine inventive (carotte de foie gras, mousse au chocolat et sirop de basilic...).

SAVIGNEUX – 01 Ain – **328** C4 – 1 140 h. – alt. 267 m – ✉ 01480   **43** E1
▶ Paris 444 – Bourg-en-Bresse 44 – Mâcon 51 – Saint-Étienne 102

🏠 Domaine de Fontanelle 🐾

chemin de la Rose – ℰ 04 74 08 12 15 – www.theclementcollection.com – Hôtel : fermé de nov. à mars Rest. : fermé 1ᵉʳ janv.-15 fév.
6 ch ⌷ – †200/500 € ††400/1000 € – 6 suites – ½ P 240/540 €
Rest – *(fermé mardi du 15 mars au 15 sept.)* (12 €) Menu 40/55 € – Carte 50/59 €
• C'est le grand jeu dans cette métairie du 17ᵉ s. transformée en hôtel de luxe. Suites à thèmes spacieuses (300 m² pour la plus grande) et suréquipées. Piscine avec jacuzzi et parc de 8 ha. Au restaurant "The Eleutheran", cuisine tournée vers les saveurs exotiques.

SAVIGNEUX – 42 Loire – **327** D6 – rattaché à Montbrison

SAVIGNÉ-L'ÉVÊQUE – 72 Sarthe – **310** K6 – rattaché au Mans

SAVIGNY-LÈS-BEAUNE – 21 Côte-d'Or – **320** I7 – rattaché à Beaune

SAVONNIÈRES – 37 Indre-et-Loire – **317** M4 – 2 558 h. – alt. 47 m   **11** B2
– ⊠ 37510 ▐ Châteaux de la Loire

◗ Paris 263 – Blois 88 – Orléans 139 – Tours 17

XX ◈ **La Maison Tourangelle**   ⌂ ᴀᴋ ↻ ⱽⁱˢᴬ ⓿ ᴀᴇ
9 rte des Grottes-Pétrifiantes – ℰ 02 47 50 30 05
– www.lamaisontourangelle.com – Fermé 16 août-2 sept., 24-30 oct.,
16 fév.-2 mars, lundi soir de déc. à fév., sam. midi, dim. soir et merc.
Rest – Menu 28/58 € bc
◆ Le rustique marié au moderne, une délicieuse terrasse sur le Cher et une belle
cuisine de produits : voilà les atouts de cette maison tourangelle du 18ᵉ s.

SAZILLY – 37 Indre-et-Loire – **317** L6 – rattaché à L'Île-Bouchard

SCEAUX-SUR-HUISNE – 72 Sarthe – **310** M6 – 577 h. – alt. 93 m   **35** D1
– ⊠ 72160

◗ Paris 173 – Châteaudun 75 – La Ferté-Bernard 12 – Mamers 41

XX **Le Panier Fleuri**   ↻ ⱽⁱˢᴬ ⓿
1 av. Bretagne – ℰ 02 43 93 40 08 – Fermé 4-21 juil., 3-19 janv., dim. soir, lundi
soir, mardi soir et merc.
Rest – (13 €) Menu 22/30 € – Carte 25/55 €
◆ Au cœur de la localité, cette maison du 19ᵉ s. abrite un petit salon et une
salle tout en longueur, dotée de poutres et de boiseries. Cuisine actuelle revisitant le terroir.

SCHERWILLER – 67 Bas-Rhin – **315** I7 – 2 958 h. – alt. 185 m – ⊠ 67750   **2** C1

◗ Paris 439 – Barr 21 – Colmar 27 – St-Dié 42
🛈 30, rue de la Mairie ℰ 03 88 92 25 62

▐▐ ◈ **Auberge Ramstein**   ⇐ ⌂ 🖼 & ch, ⅋ rest, 🐾 ⅏ 🅿 ⱽⁱˢᴬ ⓿
1 r. Riesling, (direction Dambach-la-Ville) – ℰ 03 88 82 17 00
– www.hotelramstein.fr – Fermé 23 déc.-15 janv. et vacances de fév.
21 ch – ♦54/68 € ♦♦66/76 € – ⊇ 10 € – ½ P 69/74 €
Rest – (fermé dim., merc. et le midi du 15 juil. au 31 août) (19 €) Menu 29/48 €
– Carte 38/48 € 🕸
◆ "L'Alsace m'a adoptée !" affirme avec le sourire la patronne autrichienne... Cette
demeure régionale, ouverte sur le vignoble, est très accueillante. Chambres spacieuses et soignées. Au restaurant : esprit campagne et belle cuisine de tradition,
fraîche et de saison.

SCHIRMECK – 67 Bas-Rhin – **315** H6 – 2 425 h. – alt. 315 m – ⊠ 67130   **1** A2
▐ Alsace Lorraine

◗ Paris 412 – Nancy 101 – St-Dié 41 – Saverne 48
🛈 114, Grand'Rue ℰ 03 88 47 18 51
◉ Vallée de la Bruche★ N et S.

aux Quelles 7,5 km au Sud-Ouest par D 1420, D 261 et rte forestière – ⊠ 67130
La Broque

▐▐ ◈ **Neuhauser** ⌂   ⇐ 🚗 🖼 🍴 & ⅏ 🅿 ⱽⁱˢᴬ ⓿ ᴀᴇ ⓪
– ℰ 03 88 97 06 81 – www.hotel-neuhauser.com – Fermé
14 nov.-2 déc. et 19 fév.-10 mars
17 ch – ♦78 € ♦♦86 € – ⊇ 12 € – ½ P 84 €
Rest – (10 €) Menu 19/45 € – Carte 26/50 €
◆ Calme garanti dans cette auberge tapie dans un vallon de la forêt vosgienne.
Chambres confortables (mobilier en bois clair) ; quelques chalets individuels sur
le terrain. Au restaurant, cuisine régionale et... eau-de-vie de la distillerie familiale
en digestif !

– 88 Vosges – **314** K4 – voir à Col de la Schlucht

SECLIN – 59 Nord – **302** G4 – 12 276 h. – alt. 30 m – ⊠ 59113   **31** C2
🟩 Nord Pas-de-Calais Picardie

▶ Paris 212 – Lens 26 – Lille 17 – Tournai 33
🚉 70, rue Roger Bouvry ☎ 03 20 90 12 12
◉ Cour★ de l'hôpital.

🍴🍴🍴 **Auberge du Forgeron** avec ch   📶 *VISA* ⊚⊚ ⅀Ἑ
17 r. Roger Bouvry – ☎ 03 20 90 09 52
– www.aubergeduforgeron.com
– Fermé 25 juil.-23 août et 24-30 déc.
16 ch – 🛏80/95 € 🛏🛏85/189 € – ⌧ 13 € – ½ P 85 €
Rest – (fermé sam. midi et dim.) Menu 37/75 €
– Carte 59/99 €𝄪

◆ On se laisse prendre par le charme de cette auberge familiale. Cadre actuel dans la salle à manger-véranda (cuisine au goût du jour, belle cave) et rustique à la brasserie (plats traditionnels). Chambres confortables pour l'étape.

SEDAN ⊲⊳ – 08 Ardennes – **306** L4 – 19 934 h. – alt. 154 m – ⊠ 08200   **14** C1
🟩 Champagne Ardenne

▶ Paris 246 – Charleville-Mézières 25 – Metz 134 – Reims 101
🚉 35 rue du Menil et 7 bis promenoir des prêtres ☎ 03 24 27 73 73
◉ Château fort★★.

SEDAN

Alsace-Lorraine (Pl. d')	**BZ** 2	
Armes (Pl. d')	**BY** 3	
Bayle (R. de)	**BY** 4	
Berchet (R.)	**BY** 5	
Blanpain (R.)	**BY** 6	
Capucins (Rampe)	**BY** 7	
Carnot (R.)	**BY** 8	
Crussy (Pl.)	**BY** 9	
Fleuranges (R. de)	**AY** 10	
Francs-Bourgeois (R. des)	**BY** 12	
Gambetta (R.)	**BY** 13	
Goulden (Pl.)	**BY** 14	
Halle (Pl. de la)	**BY** 15	
Horloge (R. de l')	**BY** 17	
Jardin (Bd du Gd)	**BY** 18	
Lattre-de-Tassigny (Bd Mar.-de)	**AZ** 21	
Leclerc (Av. du Mar.)	**BY** 24	
Margueritte (Av. du G.)	**ABY** 26	
Martyrs-de-la-Résistance (Av. des)	**AY** 27	
Mesnil (R. du)	**BY**	
Nassau (Pl.)	**BZ** 31	
Promenoir-des-Prêtres	**BY** 33	
Rivage (R. du)	**BY** 34	
La Rochefoucauld (R. de)	**BY** 20	
Rochette (Bd de la)	**BY** 35	
Rovigo (R.)	**BY** 36	
Strasbourg (R. de)	**BZ** 39	
Turenne (Pl.)	**BY** 41	
Vesseron-Lejay (R.)	**AY** 42	
Wuildet-Bizot (R.)	**BZ** 44	

⌂⌂⌂ Hôtellerie le Château Fort   🛗 📶 ⚅ 🕸 🔥 ℙ 🅅🄸🅂🄰 ⑩ 🄰🄴

dans le château fort : accès Porte des Princes – ✆ 03 24 26 11 00
– www.hotelfp-sedan.com   **BYa**
44 ch – ♦75/134 € ♦♦75/134 € – 10 suites – � 13 € – ½ P 80/100 €
Rest – (fermé lundi midi) (16 €) Menu 24/45 € – Carte 24/63 €
◆ Ce château fort du 15ᵉ s., aujourd'hui classé, surplombe la ville et abrite un hôtel
dans son ancien magasin à poudre. Chambres et suites agrémentées de peintures
à thème médiéval. Les repas se déroulent dans l'ex-logis du lieutenant du roi.

✗✗✗ Au Bon Vieux Temps   🄰🄲 🅅🄸🅂🄰 ⑩ 🄰🄴 ⓪

3 pl. de la Halle – ✆ 03 24 29 03 70 – www.restaurant-aubonvieuxtemps.com
– Fermé 29 août-5 sept., 26 déc.-1ᵉʳ janv., 15 fév.-7 mars, dim. soir, merc. soir et
lundi   **BYZr**
Rest – Menu 26/47 € – Carte 32/62 €
Rest Marmiton – Menu 14 € (déj. en sem.)/16 € – Carte 15/27 €
◆ Au rez-de-chaussée d'une maison du 17ᵉ s., restaurant orné de fresques murales : vues de Sedan dans les années 1900 et paysages régionaux. Registre culinaire classique. Décor de bistrot et ambiance décontractée au Marmiton (menu,
plat du jour et carte simple).

à Bazeilles 3 km par ① – 1 979 h. – alt. 161 m – ✉ 08140

⌂⌂ Auberge du Port ⌖   🚗 🕸 🕸 🔥 ℙ 🅅🄸🅂🄰 ⑩ 🄰🄴 ⓪

r. de la Gare, 1 km au Sud par rte Remilly-Aillicourt – ✆ 03 24 27 13 89
– www.auberge-du-port.fr – Fermé août, 17 déc.-4 janv.
20 ch – ♦60 € ♦♦70 € – ⊵ 8,50 € – ½ P 62 €
Rest – (fermé vend. sauf le soir du 1ᵉʳ avril au 30 oct., sam. midi et dim. soir)
(17 €) Menu 29/48 € – Carte environ 47 € 🕸
◆ Atout de cette auberge familiale : son petit jardin qui longe un bras de la
Meuse... Calme garanti dans les chambres, simples et fonctionnelles avant tout.
La table séduira particulièrement les amateurs de vin avec sa cave richement
fournie (dégustation et vente).

⌂⌂ Château de Bazeilles ⌖   🌙 🕸 ⚅ ch, 🕸 🔥 ℙ 🅅🄸🅂🄰 ⑩ 🄰🄴 ⓪

r. Galliéni – ✆ 03 24 27 09 68 – www.chateau-bazeilles.com
20 ch – ♦74 € ♦♦92 € – ⊵ 9 € – ½ P 83/102 €
Rest L'Orangerie – (ouvert le midi uniquement sur réservation et fermé 24-
30 déc., dim. soir du 15 nov. au 15 mars et sam. midi) Menu 20/45 €
– Carte 38/48 €
◆ Hôtel aménagé dans les dépendances (anciennes écuries) et la conciergerie du
château de 1750. Chambres spacieuses, propres et calmes. Le cadre du restaurant
l'Orangerie a du caractère : charpente apparente, grande cheminée et terrasse
tournée vers les jardins.

SÉES – 61 Orne – **310** K3 – 4 508 h. – alt. 186 m – ✉ 61500   **33** C3
▌Normandie Cotentin
  ▶ Paris 183 – L'Aigle 42 – Alençon 22 – Argentan 24
  🄳 place du Général-de-Gaulle ✆ 02 33 28 74 79
  ◎ Cathédrale Notre-Dame★ : choeur et transept★★ - Forêt
    d'Écouves★★ SO : 5 km.

à Macé 5,5 km par rte d'Argentan, D 303 et D 747 – 495 h. – alt. 173 m
– ✉ 61500
  ◎ Château d'O★ NO : 5 km.

⌂ Île de Sées ⌖   🌙 🕸 🕸 rest, 🕸 🔥 ℙ 🅅🄸🅂🄰 ⑩

– ✆ 02 33 27 98 65 – www.ile-sees.fr – Ouvert mars-nov. et fermé dim. soir
16 ch – ♦69 € ♦♦69 € – ⊵ 9 € – ½ P 70 €
Rest – (fermé lundi midi, mardi midi et merc. midi) (20 €) Menu 18/35 €
◆ En pleine campagne normande, cette belle maison de pays entourée d'un parc
propose d'agréables chambres (mobilier lasuré, tons pastel). Petit-déjeuner sous
forme de buffet. Salle à manger élégante et chaleureuse où l'on sert une cuisine
traditionnelle.

SEGONZAC – 19 Corrèze – **329** I4 – 232 h. – alt. 345 m – ⊠ 19310   **24** B3
🟩 Périgord Quercy

▶ Paris 506 – Limoges 117 – Tulle 58 – Brive-la-Gaillarde 31

⌂ **Pré Laminon** ⌖   ⌦ ℅ ch, P

😊 *Laurégie* – ℰ 05 55 84 17 39 – www.prelaminon.com
– *Ouvert avril-sept.*
3 ch ⌑ – †40/50 € ††52/60 €   **Table d'hôte** – Menu 18 € bc
◆ Ancienne grange corrézienne dans un paysage de collines. L'intérieur est
aussi chaleureux qu'un chalet savoyard : cadre artisanal tout en bois, chambres
douillettes. Piscine. La table d'hôte sert une bonne cuisine du terroir (confits
maison).

SÉGOS – 32 Gers – **336** A8 – rattaché à Aire-sur-l'Adour

SEGRÉ – 49 Maine-et-Loire – **317** D2 – 6 671 h. – alt. 40 m – ⊠ 49500   **34** B2
▶ Paris 334 – Nantes 83 – Angers 44 – Laval 55
🛈 5, rue David d'Angers ℰ 02 41 92 86 83

🏨 **All Seasons**   🛗 ⅏ ⅓ AC 🛜 ⅍ P VISA ⤳ AE ①

😊 *r. Gustave-Eiffel* – ℰ 02 41 94 81 81 – www.all-seasons-hotels.com
48 ch ⌑ – †58/62 € ††72/88 € – ½ P 84 €
Rest – *(fermé dim.)* Menu 12 € (déj. en sem.), 15/34 € – Carte 25/37 €
◆ À côté d'une zone artisanale semée d'espaces verts, complexe récent d'esprit
régional. Les chambres offrent un bon confort et une décoration sobre et
contemporaine. Cuisine traditionnelle au restaurant (formules buffet et grillades).

SÉGURET – 84 Vaucluse – **332** D8 – rattaché à Vaison-la-Romaine

---

SEIGNOSSE – 40 Landes – **335** C12 – 2 779 h. – alt. 15 m – ⊠ 40510   **3** A3
▶ Paris 747 – Biarritz 36 – Dax 32 – Mont-de-Marsan 85
🛈 avenue des Lacs ℰ 05 58 43 32 15
🏌 de Seignosse Avenue du Belvédère, O : 4 km par D 86, ℰ 05 58 41 68 30

🏠 **Villa de l'Étang Blanc** ⌖   ≤ 🚗 🛜 AC rest, ℅ 🛜 P VISA ⤳

2265 rte de l'Étang Blanc, 2,5 Km au Nord par D 185 et D 432
– ℰ 05 58 72 80 15 – www.villaetangblanc.fr – *Fermé nov. et janv.*
8 ch – †70/130 € ††70/130 € – ⌑ 15 €
Rest – *(fermé lundi et mardi)* Menu 28 € – Carte 35/45 €
◆ Des chambres aux tons pastel, agrémentées de jolis tissus et boutis colorés,
pour une atmosphère un brin champêtre. Salle à manger ouverte sur l'étang et
terrasse en teck ; cuisine actuelle et, les dimanches d'hiver, dîner terroir près de
la cheminée.

SEILH – 31 Haute-Garonne – **343** G2 – rattaché à Toulouse

SEILLANS – 83 Var – **340** O4 – 2 489 h. – alt. 350 m – ⊠ 83440   **41** C3
▶ Paris 890 – Marseille 142 – Toulon 106 – Antibes 54
🛈 1, rue du Valat ℰ 04 94 76 85 91

🏠 **Des Deux Rocs** ⌖   🛜 🛜 VISA ⤳ AE

1 pl. Font d'Amont – ℰ 04 94 76 87 32 – www.hoteldeuxrocs.com
– *Fermé 2 janv.-13 fév.*
13 ch – †73 € ††75/135 € – ⌑ 13 € – ½ P 49 €
Rest – *(fermé dim. soir et mardi midi d'oct. à mai et lundi)* Menu 40/60 €
– Carte 58/76 €
◆ Sur les hauteurs du bourg, belle bastide du 18ᵉ s. où règnent une atmosphère
et un charme dignes des maisons d'antan. Chambres personnalisées de meubles
chinés. Au restaurant, goûteuse cuisine traditionnelle revisitée et charmante terrasse ombragée.

✗
☺
Le Relais 🛜 ⚅ 🅰🅲 _VISA_ ⚈⚉
1 pl. Thouron – ℰ 04 94 60 18 65 – www.restaurant-seillans.com – Fermé 2 sem.
en nov. , 2 sem. en mars, lundi sauf juil.-août et mardi
Rest – Menu 26/45 € – Carte 27/35 €
◆ Dans ce bistrot tendance, Hermance et Quentin œuvrent à quatre mains, célé-
brant le produit frais avec rigueur et justesse. Sous les platanes, ça fleure bon la
Provence !

✗
La Gloire de mon Père 🛜 ⚅ _VISA_ ⚈⚉
pl. du Thouron – ℰ 04 94 76 98 68 – www.lagloiredemonpere.fr – Fermé
5 janv.-5 fév.
Rest – (21 € bc) Menu 27/37 € – Carte 35/63 €
◆ L'atout de ce restaurant : sa terrasse dressée sur la place du village, entourant
la belle fontaine et le lavoir. Au frais sous les vieux platanes, on déguste des plats
traditionnels.

SEILLONNAZ – 01 Ain – **328** F6 – 141 h. – alt. 530 m – ✉ 01470   **45** C1
▶ Paris 498 – Lyon 87 – Bourg-en-Bresse 66 – Villeurbanne 75

✗✗
☺
La Cigale d'Or 🛜 ⇆ _VISA_ ⚈⚉ 🅰🅴
au village – ℰ 04 74 36 13 61 – www.restaurantlacigaledor.fr – Fermé vacances
de la Toussaint, 22-28 déc., lundi soir du 15 oct. au 15 mars, dim. soir, mardi soir
et merc.
Rest – (15 € bc) Menu 30/65 € – Carte 39/48 €
◆ Ne manquez pas cette adresse d'un village perché : vous y dégusterez de
savoureuses recettes actuelles dans une salle feutrée et voûtée (pierres). Terrasse
dominant la vallée.

SEIN (ÎLE DE) – 29 Finistère – **308** B6 – voir à Île de Sein

---

SÉLESTAT ⬥ – 67 Bas-Rhin – **315** I7 – 19 459 h. – alt. 170 m   **2** C1
– ✉ 67600 ▌Alsace Lorraine
▶ Paris 441 – Colmar 24 – Gérardmer 65 – St-Dié 44
🅸 boulevard Leclerc ℰ 03 88 58 87 20
◉ Vieille ville★ : église Ste-Foy★ , église St-Georges★ , Bibliothèque
humaniste★ **M.**
ℂ Ebermunster : intérieur★★ de l'église abbatiale★, 9 km par ①.

🏠
Hostellerie Abbaye de la Pommeraie 🚗 📶 🅰🅲 ⌖ ch, 🍴 🔋
8 bd du Mar.-Foch – ℰ 03 88 92 07 84 🛜 _VISA_ ⚈⚉ 🅰🅴 ⓪
– www.relaischateaux.com/pommeraie   BYa
12 ch – ♦150 € ♦♦165/250 € – 2 suites – ⌑ 18 € – ½ P 84 €
Rest _Le Prieuré_ – _(fermé dim. soir et lundi midi)_ (28 €) Menu 50 € bc (déj. en
sem.)/100 € – Carte 70/94 €
Rest _S'Apfelstuebel_ – (28 €) Menu 34 € bc (déj. en sem.)/52 € bc
– Carte 35/61 €
◆ Dans la vieille ville, noble demeure du 17ᵉ s. : chambres spacieuses, toutes différentes, avec beau mobilier ancien ou de style. Décor élégant au Prieuré, s'accordant à la cuisine au goût du jour. Plats traditionnels et cadre où domine le bois à
la winstub S'Apfelstuebel.

🏨
☺
Vaillant 📶 🅰🅲 ⌖ rest, 🍴 🔋 _VISA_ ⚈⚉ 🅰🅴
7 r. Ignace Spiess – ℰ 03 88 92 09 46 – www.hotel-vaillant.com   AZe
47 ch – ♦67/110 € ♦♦80/110 € – ⌑ 9 € – ½ P 62/77 €
Rest – _(fermé 24 déc.-3 janv., sam. midi et dim. soir hors saison)_ (12 €)
Menu 15 € (sem.)/35 € – Carte 28/58 €
◆ De nombreuses œuvres d'artistes locaux sont exposées dans cet hôtel
moderne bordant une placette ombragée. Spacieuses chambres d'esprit actuel,
très soignées. Salles design ou classique, proposant plats de brasserie et spécialités régionales.

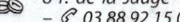

(Carte de SÉLESTAT avec les repères A, B, 1, 2, Y, Z et les rues et monuments : OBERNAI BARR, A 35 STRASBOURG, ST-ANTOINE, ST-GEORGES, Tour des Sorcières, STE-FOY, Marché aux Choux, Tour de l'Horloge, AGENCE CULTURELLE D'ALSACE, MARCKOLSHEIM FREIBURG I. BR., etc.)

Armes (Pl. d')	**BY** 2	Lattre-de-Tassigny		
Babil (R. du)	**BY** 4	(Pl. du Mar.de)	**BY** 17	
Bibliothèque (R. de la)	**BY** 5	Maire-Knoll (Allée du)	**BY** 19	
Charlemagne (Bd)	**BY** 7	Marché-Vert (Pl. du)	**BY** 20	
Chevaliers (R. des)	**BYZ** 9	Paix (R. de la)	**AY** 22	
Clefs (R. des)	**BYZ** 10	Prés-Poincaré		
Église (R. de l')	**BY** 12	(R. du)	**BZ**	
Gallieni (R. du Gén.)	**AZ** 14	Sainte-Barbe (R.)	**BZ** 26	
Hôpital (R. de l')	**BZ** 15	Schweisguth (Av.)	**ABY** 27	
		Serruriers (R. des)	**BY** 28	
		Strasbourg (Pl. Pte-de)	**BY** 30	
		Tanneurs (Quai des)	**BZ** 33	
		Victoire (Pl. de la)	**BZ** 35	
		Vieux-Marché aux Vins		
		(R. du)	**BY** 36	
		4e-Zouaves (R. du)	**BZ** 38	
		17-Novembre		
		(R. du)	**BZ** 39	

La Vieille Tour

8 r. de la Jauge
– ☎ 03 88 92 15 02
– www.vieille-tour.com
– Fermé 10 juil.-1er août, 15-28 fév. et lundi   BYs
Rest – *(prévenir)* Menu 12 € (déj. en sem.), 27/43 €
– Carte 31/55 €
◆ Dans cette chaleureuse maison alsacienne flanquée d'une tour (13e-15e s.), deux frères concoctent une jolie carte alliant tradition et recettes actuelles. Une adresse prisée !

à Rathsamhausen 5 km à l'Est par D 21 et D 209 – ✉ 67600 Baldenheim

Les Prés d'Ondine

5 rte Baldenheim
– ☎ 03 88 58 04 60
– www.presdondine.com
– Fermé 16 janv.-12 fév.
12 ch – †60/139 € ††70/139 € – ∯ 12 €
Rest – *(fermé dim. soir et merc.)* *(prévenir)* Menu 22 € bc (déj. en sem.)/
32 € bc
◆ Atmosphère bucolique et cosy dans cette ancienne maison forestière transformée en hôtel de caractère : salon feutré, bibliothèque et chambres raffinées (mobilier chiné). À la table d'hôte, vue sur l'Ill – qui borde le jardin – et plats inspirés du marché.

Le Schnellenbuhl 8 km par ②, D 159 et D 424 – ✉ 67600 Sélestat

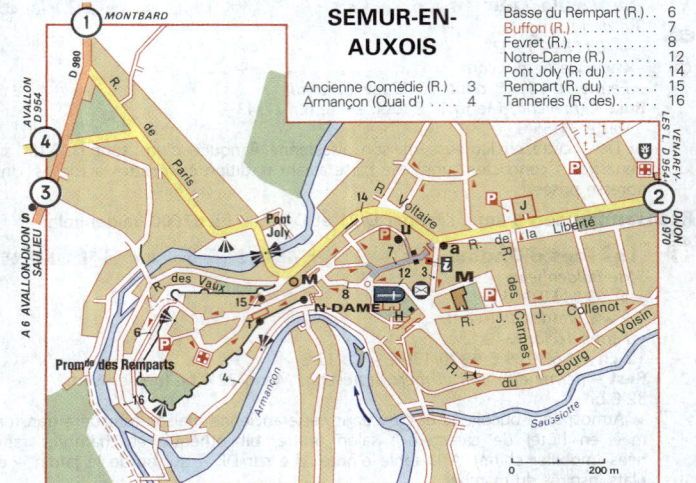

Auberge de l'Illwald �︎ 🚗 ⚃ ⅃ ch, 🔠 ch, ⅊ ⅄ 🅿 🆅🅸🆂🅰 💳
– ☏ 03 90 56 11 40 – www.illwald.fr – Fermé 1er-15 janv.
10 ch – ♦75 € ♦♦90 € – 6 suites – ⏛ 13 €
Rest – (fermé 24 déc.-15 janv., mardi et merc.) (11 €) Menu 32 € (déj.)/45 €
– Carte 30/45 €
♦ Authentique ! Ces jolies bâtisses régionales bordent une route de campagne.
Les chambres, très confortables, sont décorées avec goût, dans un bel esprit rustique ou un style contemporain épuré. Saveurs traditionnelles dans une atmosphère de pavillon de chasse.

SELONNET – 04 Alpes-de-Haute-Provence – **334** F6 – **rattaché à Seyne**

SEMBLANÇAY – 37 Indre-et-Loire – **317** M4 – 1 963 h. – alt. 100 m   **11** B2
– ✉ 37360

▶ Paris 248 – Angers 96 – Blois 77 – Le Mans 70

✕✕ **La Mère Hamard** avec ch   🚗 ⅊ ⅄ 🅿 🆅🅸🆂🅰 💳 🅰🅴
🍴 pl. de l'Église – ☏ 02 47 56 62 04 – www.lamerehamard.com
– Fermé 2 janv.-10 fév., dim. soir, mardi midi et lundi
11 ch – ♦75/99 € ♦♦80/105 € – ⏛ 13 € – ½ P 79/90 €
Rest – Menu 20 € (sem.), 29/62 € – Carte 55/75 €🥢
♦ Une petite institution née en 1903. Dans un décor un brin rétro, la table cultive le classicisme avec soin : râble de lapin farci, baba au rhum... et vins de Loire. De l'autre côté de la rue, l'ancien presbytère abrite les chambres, coquettes et confortables.

SEMÈNE – 43 Haute-Loire – **331** H1 – **rattaché à Aurec-sur-Loire**

SEMNOZ (MONTAGNE DU) – 74 Haute-Savoie – **328** J6 – **Voir à Montagne du Semnoz**

SEMUR-EN-AUXOIS – 21 Côte-d'Or – **320** G5 – 4 261 h. – alt. 286 m   **8** C2
– ✉ 21140 ▮ Bourgogne

▶ Paris 246 – Auxerre 87 – Avallon 42 – Beaune 78

🛈 2, place Gaveau ☏ 03 80 97 05 96

🖰 Pré-Lamy à Précy-sous-Thil Le Brouillard, S : 18 km par D980, ☏ 03 80 64 46 83

◉ Église N.-Dame★ - Pont Joly ⩻ ★.

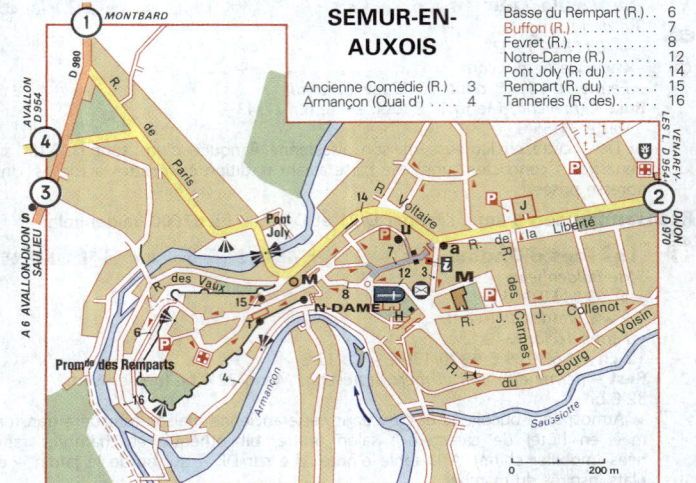

SEMUR-EN-AUXOIS

Ancienne Comédie (R.) .	3
Armançon (Quai d')	4
Basse du Rempart (R.)..	6
Buffon (R.)	7
Fevret (R.)	8
Notre-Dame (R.)	12
Pont Joly (R. du)	14
Rempart (R. du)	15
Tanneries (R. des)	16

Hostellerie d'Aussois ⬅ 🍴 🏊 ⅃๋ & ch, 🗚 '𝐢' 🎿 🅿 𝚟𝚒𝚜𝚊 ⓒⓞ 🅰🅴

rte de Saulieu – ✆ *03 80 97 28 28*
– www.hostellerie.fr   **s**
42 ch – †95/97 € ††110/112 € – ⌷ 13 € – ½ P 80/83 €
Rest *– (fermé sam. midi et vend. de nov. à mars)* (20 €) Menu 26/57 €
– Carte 40/63 €

◆ Cet hôtel propose des chambres toutes rénovées, fonctionnelles et bien insonorisées, au cadre design. Agréable hall-salon-bar. Le restaurant d'esprit actuel
ouvre sur la piscine et sa terrasse, avec les remparts de Semur à l'arrière-plan. Cuisine traditionnelle.

Les Cymaises *sans rest* 🛏 🚗 '𝐢' 🅿 𝚟𝚒𝚜𝚊 ⓒⓞ

7 r. Renaudot
– ✆ *03 80 97 21 44 – www.hotelcymaises.com*
– Fermé 4-30 nov. et 8 fév.-8 mars   **u**
18 ch – †60 € ††65/70 € – ⌷ 8,50 €

◆ Demeure cossue (18-19ᵉ s.) située au cœur de la cité médiévale. Calmes
chambres classiquement aménagées, petit-déjeuner sous véranda, cour et jardin de repos.

La Côte d'Or *sans rest* 🛗 & '𝐢' 𝚟𝚒𝚜𝚊 ⓒⓞ

1 r. de la Liberté – ✆ *03 80 97 24 54 – www.auxois.fr*   **a**
15 ch – †75/115 € ††85/125 € – ⌷ 12 € – ½ P 70/85 €

◆ Relais de poste refait à neuf dont les chambres spacieuses et bien insonorisées sont toutes personnalisées. Excellente literie et décoration intérieure
soignée.

SÉNART – **312** E4 – **101** 39 – **voir à Paris, Environs**

SENLIS ⬡ – **60** Oise – **305** G5 – **16 452** h. – alt. 76 m – ✉ 60300   **36** B3
🟩 Île de France

▶ Paris 52 – Amiens 102 – Beauvais 56 – Compiègne 33
🅾 place du Parvis Notre Dame BP 80024 ✆ 03 44 53 06 40
🅾 d'Apremont à Apremont CD 606, NO : 5 km par D 1330,
   ✆ 03 44 25 61 11
🅾 Dolce Chantilly à Vineuil-Saint-Firmin Route d'Apremont, par rte de
   Chantilly : 8 km, ✆ 03 44 58 47 74
🅾 Château Raray Paris Golf Club à Raray Domaine de Raray, par rte de
   Compiègne : 26 km, ✆ 03 44 54 70 61
🔵 Cathédrale N.-Dame★★ - Vieilles rues★ ABY
   - Place du Parvis★ BY - Chapelle royale St-Frambourg★ B
   - Jardin du Roy ⬅★ - Musée d'Art et d'Archéologie★.
🟩 Parc Astérix★★ S : 12 km par autoroute A1.

Plan page suivante

Le Scaramouche 🍴 🗚 𝚟𝚒𝚜𝚊 ⓒⓞ 🅰🅴 ⓞ

4 pl. Notre-Dame
– ✆ *03 44 53 01 26 – www.le-scaramouche.fr*
– Fermé 17 août-2 sept., mardi et merc.   BY**e**
Rest – Menu 31 € (sem.), 39/68 € – Carte 53/97 €

◆ Pour un repas classique face à la cathédrale Notre-Dame. Agréable terrasse entre vieilles pierres et pavés ; intérieur feutré, orné de tableaux et
tapisseries.

Le Julianon 🍴 𝚟𝚒𝚜𝚊 ⓒⓞ

5 pl. G.-de-Nerval – ✆ *03 44 32 12 05 – Fermé 25 juil.-14 août, 20-27 déc., lundi
midi, sam. midi et dim.*   AY**d**
Rest *– (nombre de couverts limité, prévenir)* (14 € bc) Menu 24 € (déj. en sem.)
– Carte 35/45 € le soir

◆ Crème de marron aux coques ; turbot cuit à basse température, câpres et noisettes ; sabayon aux poires... Une cuisine inventive, en prise sur les saisons, en
cette maison du 17ᵉ s.

SENLIS

Apport-au-Pain (R.)	**AY**	2
Boutteville (Cours)	**BY**	5
Bretonnerie (R. de la)	**AZ**	6
Clemenceau (Av. G.)	**BY**	7
Cordeliers (R. des)	**AZ**	9
Halle (Pl. de la)	**BY**	12

Heaume (R. du)	**AZ**	13
Leclerc (Av. Gén.)	**BY**	15
Montagne St-Aignan (R. de la)	**AY**	17
Montauban (Rempart du)	**AY**	19
Moulin St-Rieul (R. du)	**BY**	21
Odent (R.)	**BY**	24
Parvis (Pl. du)	**BY**	26
Poterne (R. de la)	**BY**	29

Poulaillerie (R. de la)	**AY**	31
Puits-Tiphaine (R. du)	**AY**	27
Ste-Geneviève (R.)	**BZ**	40
St-Vincent (Rempart)	**BZ**	36
St-Yves-à-l'Argent (R.)	**BZ**	38
Treille (R. de la)	**AY**	42
Vernois (Av. F.)	**AY**	47
Vignes (R. des)	**BZ**	49
Villevert (R. de)	**BY**	52

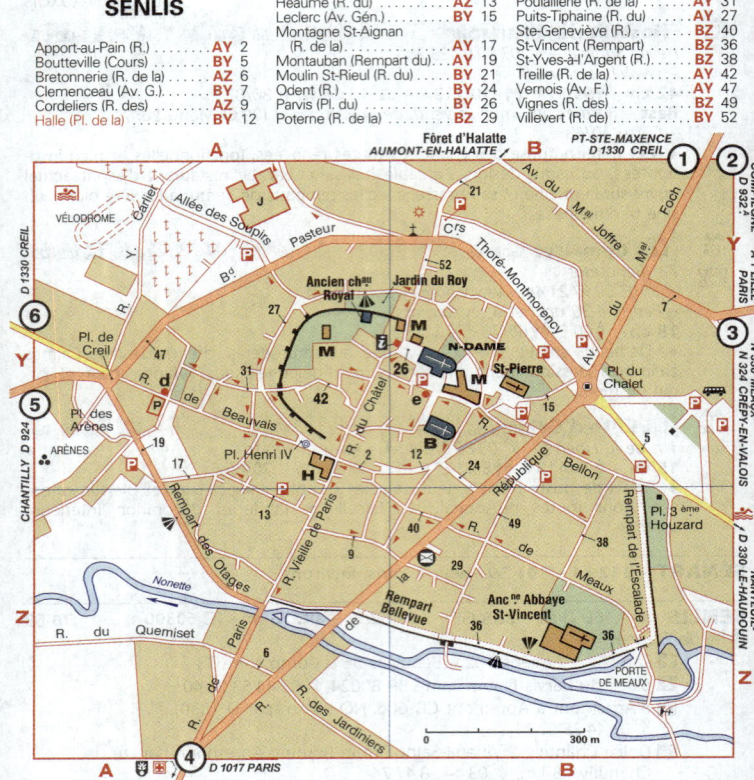

SENNECÉ-LÈS-MÂCON – 71 Saône-et-Loire – **320** J11 – **rattaché à Mâcon**

SENNECEY-LE-GRAND – 71 Saône-et-Loire – **320** J10 – 2 961 h. **8** C3
– alt. 200 m – ✉ 71240 ▌ Bourgogne

▶ Paris 359 – Dijon 89 – Mâcon 42 – Chalon-sur-Saône 18

🔢 place de l'hôtel de ville ✆ 03 85 44 82 54

à Jugy 4 km au Sud par D 182 – 290 h. – alt. 230 m – ✉ 71240

⌂ **Crot Foulot** 🐾   🚗 🏡 ⚐ 🆔 ch, 🍴 📶 **P**
– ✆ 03 85 94 81 07 – www.crotfoulot.com
5 ch ⚌ – ♦79/108 € ♦♦98/108 €
Table d'hôte – Menu 35 € 🎋
♦ Une auguste maison de vignerons ayant pris le tournant "demeure de charme". Entre pierres et poutres anciennes, la décoration des chambres joue avec réussite la carte contemporaine. À la table d'hôte, cuisine de tradition et vins locaux.

SENONCHES – 28 Eure-et-Loir – **311** C4 – 3 232 h. – alt. 223 m **11** B1
– ✉ 28250

▶ Paris 115 – Chartres 38 – Dreux 38 – Mortagne-au-Perche 42

🔢 2, rue Louis Peuret ✆ 02 37 37 80 11

XX La Pomme de Pin avec ch

15 r. M. Cauty – ℰ *02 37 37 76 62*
– *www.restaurant-pommedepin.com*
– *Fermé 15-30 juil., 2-18 janv., dim. soir et lundi*
10 ch – ♦50 € ♦♦60/75 € – ☐ 8 €
Rest – (14 €) Menu 28/45 € – Carte 39/53 €

◆ Essayez la spécialité culinaire de cet ancien relais de poste : le pâté de Chartres. Belle façade à colombages, agréable salle à manger, salon de thé, terrasse. Chambres simples.

SENONES – 88 Vosges – **314** J2 – 2 781 h. – alt. 340 m – ✉ 88210   **27** C2
🟩 Alsace Lorraine

▶ Paris 392 – Épinal 57 – Lunéville 50 – St-Dié 23
🅩 18, place Dom Calmet ℰ 03 29 57 91 03
🅖 Route de Senones au col du Donon★ NE : 20 km.

X Au Bon Gîte avec ch

3 pl. Vaultrin
– ℰ *03 29 57 92 46 – www.aubongite.fr*
– *Fermé 7-27 mars, 5-25 sept., jeudi soir, dim. soir, et lundi*
7 ch – ♦45 € ♦♦55 € – ☐ 7 € – ½ P 58 €
Rest – Menu 12 € (déj. en sem.), 27/35 € – Carte 30/50 €

◆ Une bâtisse rose sur la place centrale de cette bourgade, ancienne capitale de la principauté de Salm. La salle de restaurant est constellée de photographies et de bibelots divers ; cuisine actuelle. Chambres simples.

SENS ◈ – 89 Yonne – **319** C2 – 26 961 h. – alt. 70 m – ✉ 89100   **7** B1
🟩 Bourgogne

▶ Paris 116 – Auxerre 59 – Fontainebleau 54 – Montargis 50
🅩 place Jean Jaurès ℰ 03 86 65 19 49
🅖 du Senonais à Lixy Les Ursules, O : 22 km par D 26, ℰ 03 86 66 58 46
◎ Cathédrale St-Étienne★ - Trésor★★ - Musée et palais synodal★ **M¹**.

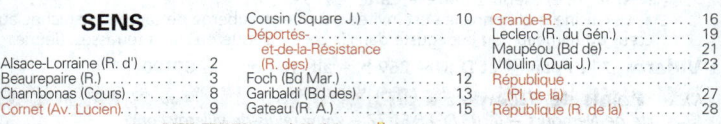

SENS

	Cousin (Square J.) 10	Grande-R. 16	
	Déportés-	Leclerc (R. du Gén.) 19	
	et-de-la-Résistance	Maupéou (Bd de) 21	
Alsace-Lorraine (R. d') 2	(R. des)	Moulin (Quai J.) 23	
Beaurepaire (R.) 3	Foch (Bd Mar.) 12	République	
Chambonas (Cours) 8	Garibaldi (Bd des) 13	(Pl. de la) 27	
Cornet (Av. Lucien) 9	Gateau (R. A.) 15	République (R. de la) 28	

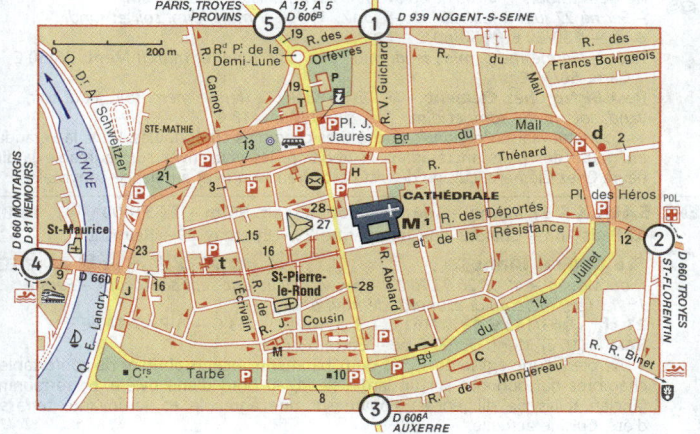

La Madeleine (Patrick Gauthier) 　　　　　　　AC VISA ☯

*1 r. Alsace-Lorraine, (1er étage) – ℰ 03 86 65 09 31 – www.restaurant-lamadeleine.fr
– Fermé 6-21 juin, 7-22 août, 18 déc.-3 janv., mardi midi, dim. et lundi* 　　　　　**d**
Rest – *(nombre de couverts limité, prévenir)* Menu 49 € (déj. en sem.), 62/110 €
– Carte 96/128 €❀

Spéc. Foie gras de canard poêlé au cassis d'Arcenant. Bar de ligne à l'huile de
Maussane. Desserts aux fruits de saison. **Vins** Côtes d'Auxerre, Chablis.

◆ Dans le vestibule, un ancien fourneau et des rayonnages d'épicerie plantent un
décor... gourmand. Et dans l'assiette s'exprime tout l'amour de Patrick Gauthier pour
les beaux produits et les saveurs raffinées. Du grand art dans une atmosphère cossue.

Le Clos des Jacobins 　　　　　　　AC VISA ☯ AE

*49 Gde-Rue – ℰ 03 86 95 29 70 – www.restaurantlesjacobins.com – Fermé
14 juil.-4 août, 22 déc.-4 janv., dim. soir, mardi soir et merc.* 　　　　　**t**
Rest – (22 € bc) Menu 29/42 € – Carte 37/68 €

◆ Croustillant de camembert au caramel poivré, joues de porc façon tajine... De
bons petits plats à savourer dans un cadre cosy, à deux pas de l'Yonne et de la
cathédrale.

Miyabi 　　　　　　　AC VISA ☯

*1 r. Alsace-Lorraine – ℰ 03 86 95 00 70 – www.patrickgauthier.fr – Fermé
9-23 août, 19 déc.-4 janv., dim. soir et lundi* 　　　　　**d**
Rest – *(nombre de couverts limité, prévenir)* Menu 24 € (sem.), 36/45 €

◆ Beau mariage des cultures culinaires japonaise et française dans un cadre zen :
comptoir occupant une étroite salle tout en épure, musique nippone... Dépaysant.

Au Crieur de Vin 　　　　　　　AC VISA ☯

*1 r. Alsace-Lorraine – ℰ 03 86 65 92 80 – www.patrickgauthier.fr
– Fermé 7-22 juin, 9-23 août, 20 déc.-4 janv., mardi midi, dim., lundi et fériés*
Rest – Menu 24/38 € – Carte 47/67 € 　　　　　**d**

◆ Un bistrot typique, où tradition et convivialité sont de mise. La carte fait honneur aux viandes à la broche ; petite sélection de vins proposée à l'ardoise.

à Subligny 7 km par ④ et D 660 – 483 h. – alt. 150 m – ✉ 89100

La Haie Fleurie 　　　　　　　🍴 🏡 P VISA ☯

*30 rte de Coutenay, 2 km au Sud-Ouest – ℰ 03 86 88 84 44 – Fermé dim. soir,
merc. soir et jeudi*
Rest – (18 €) Menu 24/48 € – Carte 43/70 €

◆ La cuisine traditionnelle s'est invitée dans cette auberge de campagne nichée au
cœur du hameau ; on la déguste dans la salle rustique ou sur la terrasse... fleurie.

à Villeroy 7 km par ④ et D 81 – 269 h. – alt. 184 m – ✉ 89100

Relais de Villeroy avec ch 　　　　　　🍴 🏡 📶 P VISA ☯ AE

*rte de Nemours – ℰ 03 86 88 81 77 – www.relais-de-villeroy.com
– Fermé 27 juin-8 juil., 20 déc.-8 janv., 15 fév.-5 mars, dim. soir et lundi*
8 ch – †50/60 € ††50/60 € – ☞ 8,50 €
Rest – *(Fermé merc. midi, jeudi midi, dim. soir, lundi et mardi)* Menu 28/50 €
– Carte 50/70 €
Rest *Bistro Chez Clément* – ℰ 03 86 88 86 73 *(fermé merc. soir, jeudi soir,
vend. soir, lundi, sam. et dim.) (déj. seult)* Menu 18 €

◆ Coquette maison régionale aux petites chambres confortables. Dans la véranda,
on goûte des plats ancrés dans la tradition, les yeux rivés sur l'agréable jardin
fleuri. Chez Clément, cuisine de bistrot, cadre rustique et ambiance conviviale.

SEPT-SAULX – 51 Marne – 306 H8 – 560 h. – alt. 96 m – ✉ 51400　　　13 B2
🖸 Paris 167 – Châlons-en-Champagne 29 – Épernay 29 – Reims 26

Le Cheval Blanc 🐾 　　　　　　🍴 🏡 ☕ ⴰ ch, ⵙ P VISA ☯ AE

*r. du Moulin – ℰ 03 86 03 90 27 – www.chevalblanc-sept-saulx.com – Fermé
1er-13 fév., merc. midi et mardi de nov. à fév.*
21 ch – †65/143 € ††71/161 € – 3 suites – ☞ 13 € – ½ P 97/142 €
Rest – (16 €) Menu 33/90 € bc – Carte 53/67 €

◆ Au pied d'une église du 13e s., deux bâtiments récents abritant de confortables
chambres qui donnent sur un jardin fleuri, au bord d'une rivière. Le restaurant
(ancien relais de diligences) s'ouvre sur une agréable et verdoyante terrasse
d'été. Cuisine actuelle.

SÉREILHAC – 87 Haute-Vienne – **325** D6 – 1 644 h. – alt. 322 m   **24** B2
– ⊠ 87620

> ◗ Paris 405 – Confolens 50 – Limoges 19 – Périgueux 77

🏠   **Le Relais des Tuileries**   🍴 ⌐ AC ⁽ᵗᵖ⁾ P VISA ⊕ⓞ
♾   *aux Betoulles, 2 km au Nord-Est sur N 21* – ℰ 05 55 39 10 27
   – www.relais-tuileries.fr – Fermé 15 nov.-2 déc., 15 janv.-5 fév., dim. soir et lundi
   sauf juil.-août
   10 ch – †60 € ††60/65 € – ⊅ 10 € – ½ P 70/90 €
   Rest – Menu 16 € (sem.), 29/40 € – Carte 30/58 €
   ◆ En rez-de-jardin, chambres sobres réparties dans deux pavillons. À découvrir dans le parc, les éléments restaurés d'une ancienne tuilerie limousine. Menus du terroir proposés dans une salle à manger rustique agrémentée de poutres apparentes et d'une cheminée.

SÉRIGNAN – 34 Hérault – **339** E9 – 6 522 h. – alt. 7 m – ⊠ 34410   **23** C2

> ◗ Paris 770 – Montpellier 70 – Béziers 12 – Narbonne 39

> 🛈 1, avenue Béziers ℰ 04 67 32 42 21

🍴🍴   **L'Harmonie**   🍴 🍴 ⌐ AC VISA ⊕ⓞ AE
☺   *chemin de la Barque, parking de la Cigalière* – ℰ 04 67 32 39 30
   – www.lharmonie.fr – Fermé 24 oct.-7 nov., mardi soir de sept. à juin, jeudi midi
   en juil.-août, sam. midi et merc.
   Rest – (18 € bc) Menu 25/60 € – Carte 50/80 €
   ◆ Des murs ocre et une terrasse au bord de l'Orb : ce restaurant occupe l'ancienne maison du gardien du pont (1800). Généreuse cuisine méridionale, concoctée avec de bons produits.

SÉRIGNAN-DU-COMTAT – 84 Vaucluse – **332** C8 – rattaché à Orange

---

SERMAIZE-DU-BAS – 71 Saône-et-Loire – **320** F11 – rattaché à Paray-le-Monial

---

SERMERSHEIM – 67 Bas-Rhin – **315** J6 – 802 h. – alt. 160 m – ⊠ 67230   **2** C1

> ◗ Paris 506 – Lahr/Schwarzwald 41 – Obernai 21 – Sélestat 14

🏠   **Au Relais de l'Ill** *sans rest*   🍴 ⌐ ⁽ᵗᵖ⁾ P VISA ⊕ⓞ
⊞   *11 r. des Remparts*
   – ℰ 03 88 74 31 28 – www.hotel-au-relais-de-lill.fr
   – Fermé 20 déc.-5 janv.
   22 ch – †55/65 € ††65/75 € – ⊅ 6 €
   ◆ À l'entrée du village et près de la voie rapide (qui se fait vite oublier), cet hôtel familial aux abords fleuris dispose de chambres spacieuses et bien tenues. Accueil chaleureux.

SERRE-CHEVALIER – 05 Hautes-Alpes – **334** H3 – alt. 2 483 m   **41** C1
– Sports d'hiver : 1 200/2 800 m 🚡9 ⏬67 🎿 – ⊠ 05330 ▮ Alpes du Sud

> ◗ Paris 678 – Briançon 7 – Gap 95 – Grenoble 110

> 🛈 Chantemerle ℰ 04 92 24 98 98

> ◉ ❄★★.

à Chantemerle – alt. 1 350 m – ⊠ 05330 St Chaffrey

> ◉ Col de Granon ❄★★ N : 12 km.

🏠   **Les Marmottes**   🍴 ⁽ᵗᵖ⁾ VISA ⊕ⓞ
   22 r. du Centre – ℰ 04 92 24 11 17 – www.chalet-marmottes.com
   5 ch ⊅ – †60/101 € ††80/135 €
   Table d'hôte – Menu 23 € bc
   ◆ Il fait bon hiberner dans cette vieille grange convertie en maison d'hôtes : salon au coin du feu et douillettes chambres personnalisées, tournées vers les sommets alentour. Cuisine familiale bien faite (menu unique changé chaque jour) sur la grande table en bois.

à Villeneuve-la-Salle – ⊠ 05240 La Salle les Alpes

🔘 Eglise St-Marcellin ★ de La-Salle-les-Alpes.

🏠 Christiania   🚗 🍴 ℅ rest, 🛜 **P** 𝚟𝚒𝚜𝚊 ⓒⓑ

23 rte de Briançon – ℰ 04 92 24 76 33 – www.le-christiania.com – Ouvert de mi-juin à mi-sept. et de mi-déc. à mi-avril
26 ch – †90/115 € ††90/115 € – ☑ 10 € – ½ P 82/91 €
Rest – *(ouvert 19 juin-4 sept. et 18 déc.-3 avril) (dîner seult)* Menu 23/34 €
– Carte 32/46 €
♦ Au bord d'un torrent, sympathique hôtel familial : aujourd'hui la 3e génération aux commandes, et toujours le même respect des clients. Jolies chambres montagnardes ou plus classiques, espace bien-être. Restaurant au cadre alpin (vieux objets), cuisine du terroir.

🏠 Le Mont Thabor *sans rest*   🛋 🛎 ৬ 🛜 𝚟𝚒𝚜𝚊 ⓒⓑ ⒶⒺ

1 bis chemin Envers – ℰ 04 92 24 74 41 – www.mont-thabor.com
– Fermé 26 avril-15 juin et 8 sept.-1er déc.
27 ch ☑ – †89/140 € ††99/170 €
♦ Sur la route principale du village, hôtel récent et fonctionnel, au sobre décor d'inspiration montagnarde, sans le charme de l'ancien, mais très propre. Sauna, hammam et jacuzzi.

au Monêtier-les-Bains – 1 062 h. – alt. 1 480 m – ⊠ 05220

🏠 L'Auberge du Choucas 🐾   🚗 🍴 🛜 🎿 𝚟𝚒𝚜𝚊 ⓒⓑ

17 r. de la Fruitière – ℰ 04 92 24 42 73 – www.aubergeduchoucas.com – Fermé 2-31 mai et 1er nov.-4 déc.
12 ch – †80/220 € ††100/280 € – ☑ 17 € – ½ P 90/220 €
Rest – *(fermé 17 avril-31 mai, 16 oct.-16 déc., et le midi du lundi au jeudi en avril, juin, sept. et oct.)* (19 €) Menu 29/79 € – Carte 57/100 €
♦ Auberge de caractère voisine de l'église datant du 15e s., recelant un intérieur montagnard à la fois authentique et raffiné (chambres ou duplex). Salle à manger voûtée, feu dans l'âtre et cuisine bien goûteuse : recettes traditionnelles ou plus actuelles.

🏠 Alliey   ← 🚗 🍴 🛜 🌐 ℅ rest, 🛜 𝚟𝚒𝚜𝚊 ⓒⓑ

11 r. Ecole – ℰ 04 92 24 40 02 – www.alliey.com – Ouvert mi juin-début sept. et mi déc.-fin avril
22 ch – †99/149 € ††99/149 € – ☑ 14 € – ½ P 85/115 €
Rest *Maison Alliey* – *(dîner seult)* (26 €) Carte environ 32 €❄
♦ Cette maison de village propose un hébergement de charme : l'omniprésence du bois y crée une ambiance chaleureuse. Douillettes chambres montagnardes et bel espace balnéo. Cuisine actuelle dans la salle de restaurant où pierre et bois se marient subtilement.

🍴 La Table du Chazal   🍴 ℅ 𝚟𝚒𝚜𝚊 ⓒⓑ
🔴

Les Guiberts, 2,5 km au Sud-Est par rte de Briançon – ℰ 04 92 24 45 54 – Fermé 1er-17 mai, 17-20 juin, 13 nov.-13 déc., le midi sauf dim., mardi sauf août et lundi
Rest – *(prévenir)* Menu 29/55 €
♦ Une table chaleureuse dont le décor mêle épure et zen avec élégance. Saint-Jacques et leur réduction de bière, soufflé à l'orange... le chef aime son métier et cela se sent !

SERRIÈRES – 07 Ardèche – **331** K2 – 1 163 h. – alt. 140 m – ⊠ 07340   **43** E2
🔲 Lyon Drôme Ardèche

▶ Paris 514 – Annonay 16 – Privas 91 – St-Étienne 55
🄸 quai Jule Roche ℰ 04 75 34 06 01

🍴🍴🍴 Schaeffer *avec ch*   🛜 Ⓐ𝗖 ch, 🛜 🎿 𝚟𝚒𝚜𝚊 ⓒⓑ

D 86 – ℰ 04 75 34 00 07 – www.hotel-schaeffer.com – Fermé 2-17 août, 1er-9 nov., 2-17 janv., sam. midi, dim. soir et lundi
15 ch – †59/65 € ††70/88 € – ☑ 12 €
Rest – (21 €) Menu 36/95 € – Carte 58/65 €❄
♦ Face au pont à haubans qui enjambe le Rhône, un restaurant bourgeois qui propose une cuisine très classique. Belle carte de côtes-du-rhône. Chambres fonctionnelles pour l'étape.

SERVON – 50 Manche – **303** D8 – 273 h. – alt. 25 m – ✉ 50170   **32** A3

▶ Paris 352 – Avranches 15 – Dol-de-Bretagne 30 – St-Lô 72

XX   **Auberge du Terroir** avec ch ♿   🚗 🍴 ✗ ♿ ch, 🛜 **P** VISA ⚫ ⓘ

Le Bourg – ℰ 02 33 60 17 92 – www.aubergeduterroirservon.fr – Fermé
25-30 juin,18 nov.-10 déc., 24 fév.-14 mars, jeudi midi, sam. midi et merc.

6 ch – ♦55 € ♦♦65 € – ⚼ 10 € – ½ P 66 €

Rest – (prévenir) Menu 19/45 € – Carte 28/48 €

♦ Un bon repas traditionnel vous sera concocté dans cette charmante auberge
villageoise occupant l'ex-école de filles et l'ancien presbytère. Salle rafraîchie et
terrasse. Coquettes chambres rénovées en 2009, personnalisées avec du mobilier
de famille, d'une tenue exemplaire.

SERVOZ – 74 Haute-Savoie – **328** N5 – 895 h. – alt. 816 m – ✉ 74310   **46** F1
▮ Alpes du Nord

▶ Paris 598 – Annecy 85 – Bonneville 43 – Chamonix-Mont-Blanc 14

🛈 les Houches ℰ 04 50 55 50 62

X   **Les Gorges de la Diosaz** avec ch   🍴 🛜 VISA ⚫ AE

Le Bouchet – ℰ 04 50 47 20 97 – www.hoteldesgorges.com – Fermé 7-15 juil.,
7 nov.-1er déc., dim. soir et lundi sauf vacances scolaires

6 ch – ♦65/75 € ♦♦65/75 € – ⚼ 8,50 €

Rest – (18 €) Menu 28/38 € – Carte 45/55 €

♦ Chalet de village sur la route des gorges. Réception et salle à manger aux typiques boiseries montagnardes ; savoureuse cuisine régionale actualisée. Terrasse
avec vue. Chambres pratiques pour l'étape dans l'hôtel entièrement rénové.

SESSENHEIM – 67 Bas-Rhin – **315** L4 – 2 023 h. – alt. 120 m – ✉ 67770   **1** B1
▮ Alsace Lorraine

▶ Paris 497 – Haguenau 18 – Strasbourg 39 – Wissembourg 44

XX   **Au Bœuf**   🍴 AC **P** VISA ⚫ AE

1 r. Église – ℰ 03 88 86 97 14 – www.auberge-au-boeuf.com – Fermé 1er-15 janv.,
lundi et mardi

Rest – (18 € bc) Menu 28 € (sem.), 45/58 € – Carte 39/60 €

♦ Des bancs d'église du 18e s. agrémentent l'une des chaleureuses salles de cette
belle maison alsacienne. Petit musée dédié à Goethe et fine cuisine pleine de personnalité.

SÈTE – 34 Hérault – **339** H8 – 43 008 h. – alt. 4 m – Casino – ✉ 34200   **23** C2
▮ Languedoc Roussillon

▶ Paris 787 – Béziers 48 – Lodève 63 – Montpellier 35

🛈 60, Grand'Rue Mario Roustan ℰ 04 99 04 71 71

👁 Mont St-Clair★ : terrasse du presbytère de la chapelle N.-D. de la Salette
❄★★ AZ - Le Vieux Port★ - Cimetière marin★.

Plan page suivante

🏨   **Le Grand Hôtel**   🔲 AC 🛜 ♿ 🗜 VISA ⚫ AE ⓘ

17 quai Mar. de Lattre de Tassigny – ℰ 04 67 74 71 77
– www.legrandhotelsete.com – Fermé 22 déc.-1er janv.   AYt

42 ch – ♦85/139 € ♦♦85/139 € – 1 suite – ⚼ 10 €

Rest Quai 17 – ℰ 04 67 74 71 91 (fermé 15-31 juil., sam. midi et dim.) (19 €)
Menu 26/47 € – Carte 32/72 €

♦ Près de la maison natale de Brassens et face au canal, un élégant hôtel (1882)
de style Belle Époque. Chambres raffinées mêlant ancien et moderne, joli patio
sous verrière. Cuisine actuelle au restaurant décoré de jolies fresques retraçant
l'histoire maritime sétoise.

🏨   **Port Marine**   ◁ 🔲 ♿ AC 🛜 🗜 **P** 🗜 VISA ⚫ AE ⓘ

Môle St-Louis – ℰ 04 67 74 92 34 – www.hotel-port-marine.com   AZd

46 ch – ♦75/100 € ♦♦75/118 € – 6 suites – ⚼ 11 € – ½ P 70/92 €

Rest – (16 €) Menu 27 € – Carte 32/42 €

♦ Architecture moderne face au môle St-Louis d'où L'Exodus prit la mer en 1947.
Chambres fonctionnelles au mobilier de style bateau. Solarium sur le toit. Cuisine
traditionnelle servie au restaurant ou sur la terrasse avec vue sur la grande bleue.

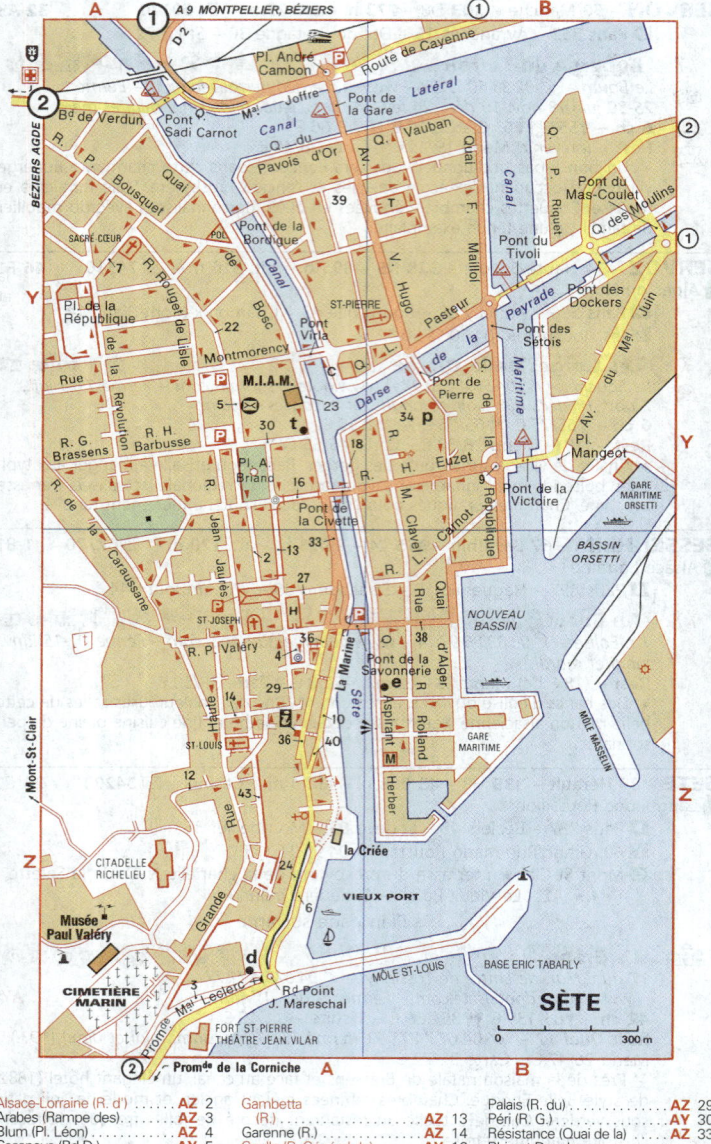

SÈTE

0   300 m

Alsace-Lorraine (R. d') . . . . . **AZ** 2
Arabes (Rampe des) . . . . **AZ** 3
Blum (Pl. Léon) . . . . **AZ** 4
Casanova (Bd D.) . . . . **AY** 5
Consigne (Quai de la) . . . . . . **AZ** 6
Danton (R.) . . . . **AY** 7
Delille (Pl.) . . . . **BY** 9
Durand (Quai Gén.) . . . . **AZ** 10
Euzet (R. H.) . . . . **BY**
Franklin (R.) . . . . **AZ** 12

Gambetta
  (R.) . . . . **AZ** 13
Garenne (R.) . . . . **AZ** 14
Gaulle (R. Général-de) . . . . . **AY** 16
Guignon (Quai N.) . . . . **AY** 18
Jardins (R. des) . . . . **AY** 22
Lattre-de-Tassigny
  (Quai Mar.-de) . . . . **AY** 23
Marty (Prom. J.-B.) . . . . **AZ** 24
Mistral (R. F.) . . . . **AZ** 27

Palais (R. du) . . . . **AZ** 29
Péri (R. G.) . . . . **AY** 30
Résistance (Quai de la) . . . . . **AZ** 33
Rhin-et-Danube
  (Quai) . . . . **BY** 34
Roustan (Gd-R.-Mario) . . . . . **AZ** 36
Savonnerie (R. de la) . . . . . . **BZ** 38
Stalingrad (Pl.) . . . . **AZ** 39
Valéry (Rampe P.) . . . . **AZ** 40
Villaret-Joyeuse (R.) . . . . **AZ** 43

Orque Bleue sans rest 🏠 📶 AC ☂ ☎ 🚗 VISA ⓶ AE

10 quai Aspirant-Herber – ☏ 04 67 74 72 13 – www.hotel-orquebleue-sete.com
– Fermé janv. BZe

30 ch – ✝65/125 € ✝✝65/125 € – ☄ 12 €

◆ Sur les quais, bel immeuble en pierre avec des balcons en fer forgé. Chambres confortables à choisir au calme côté patio ou côté canal pour découvrir les joutes sétoises !

Paris Méditerranée 🍴 AC VISA ⓶ AE

47 r. Pierre-Semard – ☏ 04 67 74 97 73 – Fermé 1er-15 juil., 1 sem. en fév., sam. midi, dim. et lundi BYp

Rest – Menu 25/45 €

◆ Une enseigne à la Brassens et un décor hors des conventions, dû à la patronne, formée aux Beaux-Arts... Son époux signe une cuisine gourmande et inventive ! Décalé et séduisant.

sur la Promenade du Lido 3 km au Sud du plan par D 2 – ✉ 34200 Sète

Thierry Alix 🍴 ⪡ 🌳 ⚹ AC VISA ⓶ AE

621 r. Jean Monnet – ☏ 04 67 74 10 91 – Fermé 3 sem. en janv., mardi hors saison et lundi

Rest – (20 €) Menu 30 € – Carte 38/70 €

◆ Sur la promenade du Lido, face à la mer... Le chef, grand voyageur, concocte une savoureuse cuisine de saison, avec une pointe de créativité. Vue sur cuisines.

SEVENANS – 90 Territoire de Belfort – **315** F11 – rattaché à Belfort

SÉVÉRAC-LE-CHÂTEAU – 12 Aveyron – **338** K5 – 2 409 h.   **29** D1
– alt. 735 m – ✉ 12150 ▮ Languedoc Roussillon

  ▣ Paris 605 – Espalion 46 – Florac 74 – Mende 64
  ▯ 5, rue des Douves ☏ 05 65 47 67 31

Des Causses 🍴 🌳 P VISA ⓶ ⓪

38 av. Aristide Briand – ☏ 05 65 70 23 00 – www.hotel-causses.com – Fermé 13-28 mars, 25 sept.-24 oct., dim. soir de sept. à juin et lundi sauf le soir en juil.-août

Rest – Menu 15/39 € – Carte 17/56 €

◆ On apprécie une copieuse cuisine du terroir dans le cadre chaleureux d'une salle à manger pimpante ou, dès les premiers beaux jours, sur une terrasse ombragée.

SÉVRIER – 74 Haute-Savoie – **328** J5 – rattaché à Annecy

SEYNE – 04 Alpes-de-Haute-Provence – **334** G6 – 1 426 h. – alt. 1 200 m   **41** C2
– ✉ 04140 ▮ Alpes du Sud

  ▣ Paris 719 – Barcelonnette 43 – Digne-les-Bains 43 – Gap 54
  ▯ place d'Armes ☏ 04 92 35 11 00
  ◉ Col du Fanget ⪡★ SO : 5 km.

à Selonnet 4 km au Nord-Ouest par D 900 – 424 h. – alt. 1 060 m – Sports d'hiver : 1 500/2 050 m ✠12 ⚐ – ✉ 04140

Relais de la Forge ⚘ 🏠 🌳 ☄ VISA ⓶

– ☏ 04 92 35 16 98 – www.relaisdelaforge.fr – Fermé 16-24 avril, 11 nov.-20 déc., dim. soir et lundi hors vacances scolaires

14 ch – ✝44/58 € ✝✝50/64 € – ☄ 8,50 € – ½ P 47/56 €

Rest – Menu 16/30 € – Carte 22/43 €

◆ Bâti sur le site d'une ancienne forge, cet hôtel familial, aux chambres simples et bien tenues, comprend un espace sauna et une piscine couverte (toit amovible). Restaurant de style rustique, avec une cheminée ; le chef concocte une généreuse cuisine traditionnelle.

LA SEYNE-SUR-MER – 83 Var – **340** K7 – 56 768 h. – alt. 3 m   **40** B3
– ✉ 83500 ▮ Côte d'Azur

▸ Paris 830 – Aix-en-Provence 81 – La Ciotat 32 – Marseille 60
🛈 corniche Georges Pompidou ✆ 04 98 00 25 70
◉ ⪡ ★ de la terrasse du fort Balaguier E : 3 km.

Kyriad Prestige sans rest   ⪡ ⛵ 🛏 📶 🛗 AC 📶 🛁 P VISA ☺ AE
1 quai du 19-Mars-1962 – ✆ 04 94 05 34 00 – www.kyriadprestige.fr
93 ch – †75/129 € ††75/129 € – 1 suite – ⛲ 13 €   AV**k**
♦ Face au port se dresse cet hôtel tout neuf, ancré dans la modernité. Intérieur chaleureux, décoré sur le thème des bateaux. Chambres très confortables, toutes avec terrasse.

à Fabrégas 4 km au Sud par rte de St-Mandrier et rte secondaire
– ✉ 83500 La Seyne-sur-Mer

Chez Daniel et Julia "rest. du Rivage"   ⪡ 🏡 P VISA ☺
– ✆ 04 94 94 85 13 – Fermé nov., dim. soir et lundi sauf fériés
Rest – Menu 40/52 € – Carte 53/80 €
♦ Au bout du monde... et au cœur du Midi ! Dans une crique isolée, cette table familiale digne de Pagnol propose une savoureuse cuisine axée sur la marée et, en saison, la truffe.

SÉZANNE – 51 Marne – **306** E10 – 5 276 h. – alt. 137 m – ✉ 51120   **13** B2
▮ Champagne Ardenne

▸ Paris 116 – Châlons-en-Champagne 59 – Meaux 78 – Melun 89
🛈 place de la République ✆ 03 26 80 51 43

Le Relais Champenois   🛗 ch, AC rest, 📶 📶 P VISA ☺ AE
157 r. Notre-Dame – ✆ 03 26 80 58 03 – www.lerelaischampenois.com – Fermé 15-31 août, 22 déc.-5 janv. et dim. soir
19 ch – †42 € ††50/85 € – ⛲ 10 € – ½ P 65/85 €
Rest – (18 €) Menu 23/55 € – Carte 30/65 €
♦ Façade champenoise rénovée, joliment fleurie, abritant des chambres fraîches et bien meublées, plus calmes à l'annexe (deux sont climatisées). Salles à manger champêtres agrémentées de boiseries et de poutres apparentes. Bon choix de menus traditionnels.

à Mondement-Montgivroux 12 km par D 951 et D 439 – 48 h. – alt. 188 m
– ✉ 51120

Domaine de Montgivroux sans rest ⪡   📶 ⛵ 🛗 📶 🛁 P VISA ☺
rte d'Epernay – ✆ 03 26 42 06 93 – www.audomainedemontgivroux.com
20 ch – †70/100 € ††100/110 € – 1 suite – ⛲ 11 €
♦ Au cœur d'un vaste domaine, cette ancienne ferme champenoise (17ᵉ s.) magnifiquement rénovée vous invite à séjourner dans des chambres spacieuses à la décoration personnalisée.

SIERCK-LES-BAINS – 57 Moselle – **307** J2 – 1 730 h. – alt. 147 m   **27** C1
– ✉ 57480 ▮ Alsace Lorraine

▸ Paris 355 – Luxembourg 40 – Metz 46 – Thionville 17
🛈 rue du Château ✆ 03 82 83 74 14
◉ ⪡ ★ du château fort.

à Montenach 3,5 km au Sud-Est sur D 956 – 445 h. – alt. 200 m – ✉ 57480

Auberge de la Klauss   🚗 🏡 P VISA ☺ AE
1 rte de Kirschnaumen – ✆ 03 82 83 72 38 – www.auberge-de-la-klauss.com
– Fermé 24 déc.-7 janv. et lundi
Rest – Menu 14/52 € – Carte 28/69 € 🍷
♦ Ferme de 1869 où palmipèdes et cochons évoluent en plein air. Côté auberge, joli cadre rustique, produits maison (dont un délicieux foie gras) et beau livre de cave. Vente à emporter.

1650

à Manderen 7 km à l'Est par D 654 et D 64 – 403 h. – alt. 290 m – ✉ 57480

🏠 **Relais du Château Mensberg** ♨   🚗 🛁 ♿ ch, 🛏 ¶° ♨ **P**
15 r. du Château – ℰ *03 82 83 73 16*   VISA 🅾 AE ①
– *www.relais-mensberg.com* – Fermé 26 déc.-24 janv.
13 ch – †36/48 € ††48/60 € – � 8 € – ½ P 52/60 €
Rest – *(fermé lundi midi et mardi)* (12 €) Menu 24/60 € – Carte 19/67 €
♦ Cette ancienne ferme montant la garde au pied du château fort de Malbrouck
(15ᵉ s.) vous héberge en toute simplicité dans ses petites chambres avant tout
pratiques. Table traditionnelle et de terroir ; salle à manger rustique où trône
une cheminée.

SIERENTZ – 68 Haut-Rhin – **315** I11 – **2 647 h.** – alt. 270 m – ✉ 68510   **1** A3
▶ Paris 487 – Altkirch 19 – Basel 18 – Belfort 65
🛈 57, rue Rogg-Haas ℰ 03 89 81 68 58

✗✗✗ **Auberge St-Laurent** (Marco et Laurent Arbeit) avec ch   🛁 AC ¶° ♨ **P**
ॐ *1 r. Fontaine* – ℰ *03 89 81 52 81*   VISA 🅾 AE
– *www.auberge-saintlaurent.fr* – Fermé 11-28 juil., 12-22 sept.,
15 fév.-3 mars, lundi et mardi
10 ch – ⊂ †93/133 € ††126/170 € – ½ P 91 €
Rest – (28 €) Menu 36/85 € – Carte 58/90 €⫯
Spéc. Foie gras au confit de choucroute. Homard braisé au jus corsé, crème onctueuse de châtaigne (hiver). Poêlée d'abricots au miel et amandes fraîches, tranche de kougelhopf doré (été). **Vins** Pinot blanc, Sylvaner.
♦ Le chaleureux décor mi-rustique mi-bourgeois de cet ancien relais de poste sert
de cadre à une fine cuisine classique misant sur l'équilibre des saveurs. Plaisante
terrasse. Jolies chambres personnalisées.

SIGNY-L'ABBAYE – 08 Ardennes – **306** I4 – **1 365 h.** – alt. 240 m   **13** B1
– ✉ 08460 🟩 Champagne Ardenne
▶ Paris 208 – Charleville-Mézières 31 – Hirson 41 – Laon 74
🛈 cour Rogelet ℰ 03 24 53 10 10

✗ **Auberge de l'Abbaye** avec ch   🛁 ¶° ♨ **P** VISA 🅾
ॐ *2 pl. A. Briand* – ℰ *03 24 52 81 27* – *www.auberge-de-labbaye.com*
– *Fermé 24 janv.-7 mars*
7 ch – †46 € ††56/60 € – ⊂ 10 € – ½ P 48 €
Rest – *(fermé mardi soir et merc.)* (11 €) Menu 14/30 € – Carte 17/42 €
♦ Cet ex-relais de poste, dans la même famille depuis 1803, cultive la tradi-
tion : cadre rustique, cuisine valorisant les produits terroir (ferme et potager).
Chambres sobres.

SIGNY-LE-PETIT – 08 Ardennes – **306** H3 – **1 284 h.** – alt. 238 m   **13** B1
– ✉ 08380
▶ Paris 228 – Châlons-en-Champagne 168 – Charleville-Mézières 37 – Hirson 15
🛈 Place de l'Église ℰ 03 24 53 55 44

🏠 **Au Lion d'Or**   ♿ ch, ¶° ♨ **P** VISA 🅾 AE
pl. de l'Église – ℰ *03 24 53 51 76* – *www.lahulotte-auliondor.fr* – Fermé
1ᵉʳ-15 juil., 24 déc.-15 janv. et dim.
18 ch – †68/85 € ††68/115 € – ⊂ 10 € – ½ P 63/70 €
Rest – *(fermé dim. sauf le midi de mars à fin sept., mardi midi, merc. midi et
sam. midi)* (prévenir dim.) (15 €) Menu 20/40 € – Carte 25/52 €
♦ Ancien relais de poste situé face à l'église de Signy. Chambres proprettes, toutes différentes, réparties entre la bâtisse principale et les dépendances. Restaurant
rustique, tableaux et bibelots figurant des chouettes (l'emblème de la maison) et
cuisine actuelle.

SILLÉ-LE-GUILLAUME – 72 Sarthe – **310** I5 – **2 360 h.** – alt. 161 m   **35** C1
– ✉ 72140 🟩 Normandie Cotentin
▶ Paris 230 – Alençon 39 – Laval 55 – Le Mans 35
🛈 place de la Résistance ℰ 02 43 20 10 32

✗✗ **Le Bretagne** avec ch   🌿 ⅖ rest, ¶" 🅿 VISA ◉◉
⊗⊗ *pl. Croix-d'Or – ℰ 02 43 20 10 10 – www.hotelsarthe.com – Fermé*
24 juil.-15 août, vend. soir, sam. midi et dim. soir
😊 **15 ch** – ♦59 € ♦♦64 € – ⊊ 7 € – ½ P 58 €
Rest – Menu 17 € (déj. en sem.), 28/50 € – Carte 52/63 €
♦ Ancien relais de diligences situé à l'orée du Parc Normandie-Maine. Cuisine traditionnelle soignée, servie dans une coquette salle. Chambres fonctionnelles, à choisir côté cour.

SILLERY – 51 Marne – **306** G7 – rattaché à Reims

SIMORRE – 32 Gers – **336** G9 – 660 h. – alt. 200 m – ✉ 32420   **28** B2
🟩 Midi Toulousain
▶ Paris 749 – Auch 34 – Tarbes 76 – Toulouse 77
🅳 rue de la Mairie ℰ 05 62 65 36 34

✗ **Les Rendez-vous d'Eole**   🌿 AK 🅿 VISA ◉◉
lieu-dit Burgelles, 2,5 km à l'Est par D 129 et rte secondaire – ℰ 05 62 06 28 24
– http://rendezvousdeole.canalblog.com – Fermé 4-12 avril, 5-13 sept., 14-29 nov.,
2-12 janv., dim. soir, merc. et jeudi du 1er nov. au 14 avril, lundi et mardi
Rest – (15 €) Menu 30/45 € – Carte 42/47 €
♦ Une jolie propriété en pleine nature, sous l'égide des vents. Ambiance champêtre et produits de qualité (canard, foie gras, brebis fermier), mis en valeur avec générosité.

SION-SUR-L'OCÉAN – 85 Vendée – **316** E7 – rattaché à St-Gilles-Croix-de-Vie

---

SIORAC-EN-PÉRIGORD – 24 Dordogne – **329** G7 – 982 h. – alt. 77 m   **4** C3
– ✉ 24170 🟩 Périgord Quercy
▶ Paris 548 – Sarlat-la-Canéda 29 – Bergerac 45 – Brive-la-Gaillarde 73
🅳 place de Siorac ℰ 05 53 31 63 51
🅸🄶 de Lolivarie, S : 5km par D 51, ℰ 05 53 30 22 69

🏨 **Relais du Périgord Noir**   🚿 ⅃ Ⅎ🄰 🛗 ⅖ ch, AK ch, ⅘ rest, ¶" VISA ◉◉
pl. de la Poste – ℰ 05 53 31 60 02 – www.relais-perigord-noir.fr
– Ouvert 20 avril-30 sept.
43 ch – ♦78/98 € ♦♦78/98 € – ⊊ 10 € – ½ P 68/75 €
Rest – (fermé le midi) (résidents seult) Menu 28/33 €
♦ Une beau relais de poste du 19e s. aux chambres fonctionnelles (adaptés aux handicaps). Pour s'occuper, le dilemme est cornélien : jouer au billard ou aller nager ? Les résidents peuvent découvrir la cuisine périgourdine sous la véranda.

SISTERON – 04 Alpes-de-Haute-Provence – **334** D7 – 7 251 h.   **40** B2
– alt. 490 m – ✉ 04200 🟩 Alpes du Sud
▶ Paris 704 – Barcelonnette 100 – Digne-les-Bains 40 – Gap 52
🅳 1, place de la République ℰ 04 92 61 36 50
👁 Vieux Sisteron★ - Site★★ - Citadelle★ : ≼★ - Cathédrale Notre-Dame-des-Pommiers★.

🏨 **Grand Hôtel du Cours**   🌿 🛗 ⅖ AK rest, ¶" 🚗 VISA ◉◉ AE ⓄⒹ
pl. de l'Église – ℰ 04 92 61 04 51 – www.hotel-lecours.com – Ouvert 1er mars-5 nov.
45 ch – ♦68/78 € ♦♦75/90 € – 5 suites – ⊊ 11 € – ½ P 65/75 €
Rest – (ouvert 1er mars-10 déc.) (15 €) Menu 25/33 € – Carte 31/48 €
♦ Tenu par la même famille depuis 1932, cet hôtel se trouve en plein centre historique, près des tours d'enceinte du 14e s. Chambres plus spacieuses et calmes sur l'arrière. Cuisine traditionnelle copieuse et savoureuse, avec en vedette l'agneau de Sisteron.

SIZUN – 29 Finistère – **308** G4 – 2 129 h. – alt. 112 m – ✉ 29450 🟩 Bretagne   **9** B2
▶ Paris 572 – Brest 37 – Châteaulin 36 – Landerneau 16
🅳 3, rue de l'Argoat ℰ 02 98 68 88 40
👁 Enclos paroissial★ - Bannières★ dans l'église de Locmélar N : 5 km.

🏠 Les Voyageurs
ch, ⫞ 🅿 VISA ◐

2 r. Argoat – ℰ 02 98 68 80 35 – www.hotelvoyageur.fr – Fermé 10 sept.-3 oct., vend. soir, dim. soir et sam. d'oct. à juin
22 ch – ♦53 € ♦♦56 € – 🍽 8 € – ½ P 54 €
Rest – (11 €) Menu 14 € (sem.), 18/37 €
 ♦ Hôtel familial voisin de l'enclos paroissial du village. Les chambres, simples et bien tenues, bénéficient de plus d'ampleur dans le bâtiment principal. Menus traditionnels à prix sages servis près de la cheminée, dans une salle à manger au décor classique.

SOCHAUX – 25 Doubs – **321** L1 – 4 328 h. – alt. 310 m – ⊠ 25600   **17** C1
▌Franche-Comté Jura
 ▶ Paris 478 – Audincourt 5 – Belfort 18 – Besançon 77
 ◉ Musée de l'Aventure Peugeot★★ AX.

Voir plan de Montbéliard agglomération.

🏨 Arianis
rest, ⫞ 🅿 VISA ◐ AE ⓪

11 av. du Gén. Leclerc – ℰ 03 81 32 17 17 – www.hotelrestaurantarianis.com
62 ch – ♦72 € ♦♦77 € – 3 suites – 🍽 9 € – ½ P 81 €   Xu
Rest – (fermé dim. soir et sam.) (17 €) Menu 29/42 € – Carte 36/63 €
Rest *Brasserie de l'Arianis* – (fermé dim. soir et sam.) Menu 17/42 € – Carte 25/48 €
 ♦ À côté du musée Peugeot, cet hôtel des années 1990 dispose de chambres confortables, actuelles et bien équipées. Petit-déjeuner sous forme de buffet. Au restaurant, grande salle classique (vivier à homard) et cuisine traditionnelle. Formule brasserie dans la jolie véranda ou sur la terrasse, en toute sérénité.

à Étupes 3 km par ③ et D 463 – 3 284 h. – alt. 337 m – ⊠ 25460

✕✕ Au Fil des Saisons
VISA ◐ AE

3 r. de la Libération – ℰ 03 81 94 17 12 – www.aufildessaisons.eu – Fermé 30 juil.-23 août, 25 déc.-6 janv., sam. midi, dim., lundi et fériés
Rest – Menu 26/35 € – Carte 32/62 €
 ♦ Comme son nom le laisse deviner, ce restaurant familial propose une cuisine évoluant au fil des saisons mais aussi... de l'eau (bon choix de poissons). Plaisante salle épurée.

SOCOA – 64 Pyrénées-Atlantiques – **342** B2 – rattaché à St-Jean-de-Luz

SOCX – 59 Nord – **302** C2 – 972 h. – alt. 24 m – ⊠ 59380   **30** B1
 ▶ Paris 287 – Lille 64 – Calais 52 – Dunkerque 20

✕✕ Au Steger
🅿 VISA ◐

27 rte de St-Omer – ℰ 03 28 68 20 49 – www.restaurant-lesteger.com – Fermé 1er-20 août et le soir sauf sam.
Rest – Menu 16 € (sem.), 24/45 € – Carte 18/50 €
 ♦ De génération en génération, cette table s'est forgée une belle réputation dans la région. Le chef est passionné par le vin et les terroirs, et il aime partager ses découvertes...

SOISSONS ⬡ – 02 Aisne – **306** B6 – 28 442 h. – alt. 47 m – ⊠ 02200   **37** C2
▌Nord Pas-de-Calais Picardie
 ▶ Paris 102 – Compiègne 39 – Laon 37 – Reims 59
 ℹ 16, place Fernand Marquigny ℰ 03 23 53 17 37
 ◉ Anc. Abbaye de St-Jean-des-Vignes★★ - Cathédrale St-Gervais-et-St-Protais★★.

Plan page suivante

✕✕ L'Assiette Gourmande
VISA ◐

16 av. de Coucy – ℰ 03 23 93 47 78 – Fermé sam. midi, dim. soir et lundi
Rest – Menu 14 € (déj. en sem.), 30/51 € – Carte 40/55 €   BYe
 ♦ Cette adresse a conquis sans mal le cœur des Soissonais grâce à son décor élégant, son ambiance feutrée et douce, et sa goûteuse cuisine de tradition revisitée.

SOISSONS

Arquebuse (R. de l')	**BZ** 2
Château-Thierry (Av.)	**BZ** 4
Collège (R. du)	**AY** 5
Commerce (R. du)	**BY** 6
Compiègne (Av.)	**AY** 8
Desmoulins (Bd C.)	**ABZ** 12
Gambetta (Bd L.)	**BY** 14

Intendance (R. de l')	**BY** 15
Leclerc (Av. Gén.)	**BZ** 22
Marquigny (Pl. F.)	**BY** 23
Paix (R. de la)	**BY** 24
Panleu (R. de)	**AY** 25
Prés.-Kennedy (Av.)	**AZ** 26
Quinquet (R.)	**ABY** 28
Racine (R.)	**BZ** 29
République (Pl. de la)	**BZ** 30

St-Antoine (R.)	**BY** 31
St-Christophe (Pl.)	**AY** 32
St-Christophe (R.)	**AY** 33
St-Jean (R.)	**AZ** 34
St-Martin (R.)	**BY** 35
St-Quentin (R.)	**BY** 36
St-Rémy (R.)	**AY** 37
Strasbourg (Bd de)	**BY** 38
Villeneuve (R. de)	**BZ** 39

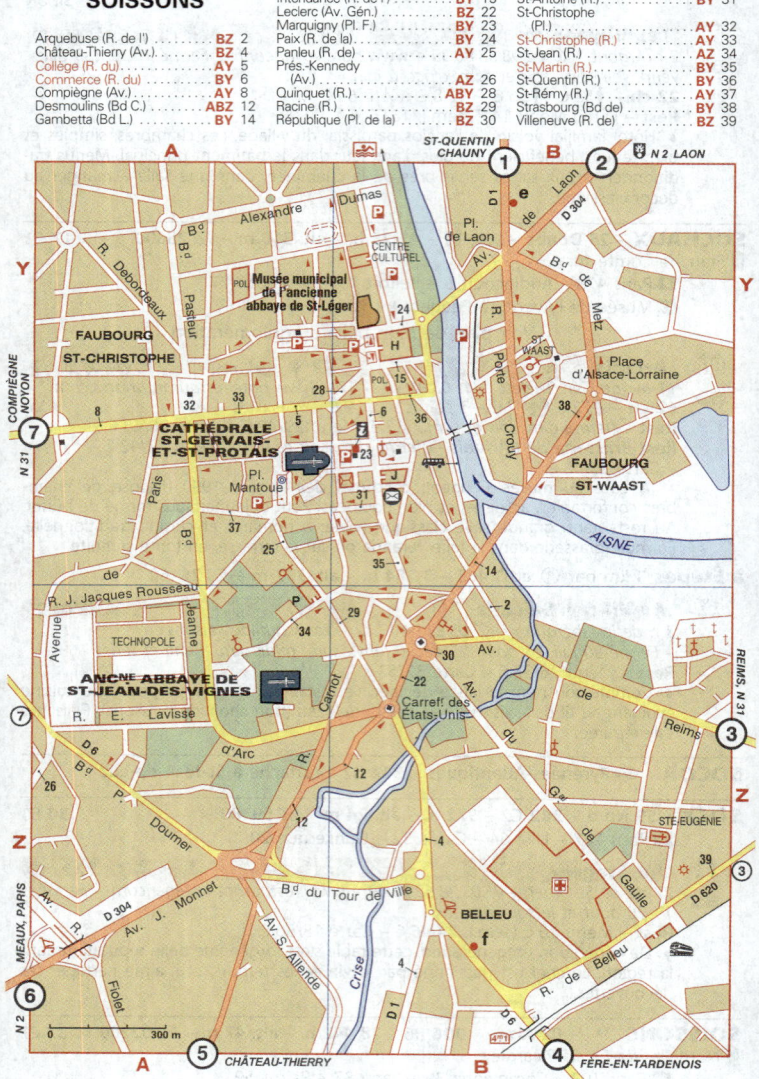

à **Belleu** 3 km au Sud par D 1 et D 690 – 3 969 h. – alt. 55 m – ⊠ 02200

Le Grenadin

19 rte de Fère-en-Tardenois – ℰ 03 23 73 20 57 – *Fermé 1er-17 janv., dim. soir, lundi et fériés*   **BZf**

Rest – (14 €) Menu 23/45 € bc – Carte 28/52 €

◆ Perché sur la façade, un angelot veille sur cette sympathique maison régionale. Cuisine traditionnelle soignée variant avec les saisons. L'été, on se régale au jardin.

SOLAIZE – 69 Rhône – **327** I6 – **2 527 h.** – **alt. 232 m** – ✉ **69360** **44** B2

Paris 472 – Lyon 17 – Rive-de-Gier 25 – La Tour-du-Pin 58

Soleil et Jardin

44 r. de la République – ☎ 04 78 02 44 90 – www.soleiletjardin.fr

22 ch – †110 € ††120 € – ☕ 10 €

Rest – *(fermé 23 déc.-3 janv., sam. et dim.)* (18 €) Menu 26/34 € – Carte 32/48 €

◆ Sur la place centrale du village, cette maison abrite des chambres rénovées en 2008, spacieuses et colorées. Trois d'entre elles possèdent une terrasse. Salon-bar lumineux. Dans la salle à manger, cuisine traditionnelle bien composée. Terrasse fleurie.

SOLENZARA – **2A Corse-du-Sud** – **345** F8 – **voir à Corse**

SOLESMES – **72 Sarthe** – **310** H7 – **rattaché à Sablé-sur-Sarthe**

SOLIGNAC – 87 Haute-Vienne – **325** E6 – **1 454 h.** – **alt. 251 m** – ✉ **87110** **24** B2

Paris 400 – Bourganeuf 55 – Limoges 10 – Nontron 70

place Georges Dubreuil ☎ 05 55 00 42 31

St-Éloi

ch, ch,

66 av. St-Éloi – ☎ 05 55 00 44 52 – www.lesainteloi.fr – Fermé 30 mai-6 juin, 12-26 sept., 24 déc.-18 janv., sam. midi, dim. soir et lundi

15 ch – †60/95 € ††60/95 € – ☕ 11 € – ½ P 70/72 €

Rest – (14 €) Menu 17 € (déj. en sem.), 25/45 € – Carte 37/55 €

◆ La façade en pierre et colombages dissimule un intérieur de caractère, avec des chambres actuelles (mobilier de divers styles, tons ensoleillés). Ambiance familiale. Cuisine personnalisée servie dans une lumineuse salle à manger. Petit patio-terrasse.

SOMMIÈRES – 30 Gard – **339** J6 – **4 505 h.** – **alt. 34 m** – ✉ **30250** **23** C2

Paris 734 – Montpellier 35 – Nîmes 29

5, quai Frédéric Gaussorgues ☎ 04 66 80 99 30

Auberge du Pont Romain

rest,

2 r. Emile Jamais – ☎ 04 66 80 00 58 – www.aubergedupontromain.com – Ouvert 15 mars-31 oct. et 1er déc.-15 janv.

18 ch – †69/128 € ††69/128 € – ☕ 14 € – ½ P 58/111 €

Rest – (18 €) Menu 35/52 € – Carte 47/82 €

◆ Cette belle demeure en pierre du Gard abritait au 19e s. une fabrique de draps de laine. Chambres d'esprit provençal, agréables et assez spacieuses. Le restaurant privilégie les produits du terroir et les légumes bio ; décor chic et champêtre, jolie terrasse.

De l'Estelou sans rest

297 av. de la Gare, à 200 m par rte d'Aubais – ☎ 04 66 77 71 08 – www.hoteldelestelou.free.fr – Fermé 20 déc.-10 janv.

24 ch – †50/55 € ††56/80 € – ☕ 8 €

◆ Cet hôtel installé dans l'ancienne gare de Sommières (1870) a du cachet : chambres modernes décorées avec goût, jolie véranda pour les petits-déjeuners et jardin au calme.

SONDERNACH – 68 Haut-Rhin – **315** G9 – **647 h.** – **alt. 540 m** – ✉ **68380** **1** A2

Paris 466 – Colmar 27 – Gérardmer 41 – Guebwiller 39

A l'Orée du Bois avec ch

4 rte du Schnepfenried – ☎ 03 89 77 70 21 – www.oredubois.com – Fermé 27 juin-8 juil. et 2 janv.-2 fév.

7 ch ☕ – †32 € ††64 € – ½ P 47 €

Rest – *(fermé merc. midi et mardi)* (8 €) Menu 11 € (déj. en sem.)/38 €

◆ Chaleureuse salle à manger rustique (boiseries, poêle en faïence) ou grande terrasse tournée vers la vallée pour apprécier une carte régionale avec tartes flambées et fondues. Chambres façon chalet : l'Alsace dans toute sa générosité.

SONNAZ – **73 Savoie** – **333** I4 – **rattaché à Chambéry**

SOPHIA-ANTIPOLIS – **06 Alpes-Maritimes** – **341** D6 – **rattaché à Valbonne**

SORBIERS – 42 Loire – **327** F7 – rattaché à St-Étienne

SORÈZE – 81 Tarn – **338** E10 – 2 542 h. – alt. 272 m – ⌧ 81540   **29** C2
▌Midi-Toulousain
  ▪ Paris 732 – Toulouse 59 – Carcassonne 44 – Castelnaudary 26
  ▪ rue Saint-Martin ✆ 05 63 74 16 28

▐ **Hôtel Abbaye Ecole Le Logis des Pères** ⌇   ⌂ 🍴 ▣ ⌕ ch, ▐
  18 r. Lacordaire – ✆ *05 63 74 44 80*   ⌕ᴬ **P** ᴠᴵˢᴬ ◉◎ ᴬᴱ
  – www.hotelfp-soreze.com
  52 ch – ▮70/159 € ▮▮70/159 € – ⊡ 12 €
  Rest – *(fermé dim. soir)* (18 €) Menu 21 € (sem.), 26/42 € – Carte 32/54 €
  ◆ Hôtel installé dans une aile de la célèbre abbaye-école des bénédictins (17ᵉ s.),
  fondée en 754 par Pépin le Bref. Sobres chambres joliment décorées et parc
  arboré de 6 ha. Repas traditionnels servis dans l'ancien réfectoire ou à l'ombre
  des platanes.

  Le Pavillon des Hôtes ⌂ ⌇   ⌂ ⌕ ᴠᴵˢᴬ ◉◎ ᴬᴱ
  – ✆ 05 63 74 44 80 – www.hotelfp-soreze.com
  20 ch – ▮55/65 € ▮▮55/65 € – ⊡ 12 € – ½ P 61/66 €
  ◆ Chambres simples, réparties autour d'une cour intérieure.

SORGES – 24 Dordogne – **329** G4 – 1 166 h. – alt. 178 m – ⌧ 24420   **4** C1
▌Périgord Quercy
  ▪ Paris 463 – Brantôme 24 – Limoges 77 – Nontron 36
  ▪ écomusée de la Truffe ✆ 05 53 46 71 43

▐ **Auberge de la Truffe**   ⬚ 🍴 ⌇ ᴬᶜ rest, ⌕ᴬ **P** ᴠᴵˢᴬ ◉◎ ᴬᴱ ⓞ
⌘ *par N 21* – ✆ *05 53 05 02 05 – www.auberge-de-la-truffe.com*
  21 ch – ▮52 € ▮▮56 € – 7 suites – ⊡ 11 € – ½ P 63/90 €
☺ **Rest** – *(fermé dim. soir et merc. midi du 12 nov. au 30 mars)* (11 €) Menu 18 €
  (sem.), 24/100 € – Carte 30/90 €
  ◆ À proximité de la Maison de la Truffe, une demeure villageoise accueillante,
  aux chambres confortables, grandes et bien meublées, parfois en rez-de-jardin.
  Ici, le chef a du nez : cuisine du terroir, "diamant noir" et foie gras tiennent le
  haut du pavé.

SORGUES – 84 Vaucluse – **332** C9 – 18 411 h. – alt. 24 m – ⌧ 84700   **42** E1
  ▪ Paris 672 – Avignon 12 – Carpentras 20 – Cavaillon 34

XXX **Alonso**   🍴 ⌕ ⇆ ᴠᴵˢᴬ ◉◎
  12 r. 19-Mars-1962, (pl. de l'Hôtel-de-Ville) – ✆ *04 90 39 11 02 – http://restaurant-*
  alonso.fr – Fermé 21 déc.-5 janv., dim. et lundi
  Rest – *(nombre de couverts limité, prévenir)* Menu 35 € (déj.)/48 € ⌘
  ◆ Une maison de maître où l'on vient savourer une belle cuisine de saison,
  concoctée avec d'excellents produits frais (menu du soir variant chaque semaine).
  Terrasse sous les pins.

SOUDAN – 79 Deux-Sèvres – **322** F6 – rattaché à St-Maixent-l'École

---

SOUILLAC – 46 Lot – **337** E2 – 3 970 h. – alt. 104 m – ⌧ 46200   **28** B1
▌Périgord Quercy
  ▪ Paris 516 – Brive-la-Gaillarde 39 – Cahors 68 – Figeac 74
  ▪ boulevard Louis-Jean Malvy ✆ 05 65 37 81 56
  ▪ Souillac Country Club à Lachapelle-Auzac, N : 8 km par D 15,
    ✆ 05 65 27 56 00
  ◉ Anc. église abbatiale : bas-relief "Isaïe" ★★, revers du portail★ - Musée
  national de l'Automate et de la Robotique★.

▐ **Le Pavillon St-Martin** sans rest   ⇕ ⌕ **P** ᴠᴵˢᴬ ◉◎
  5 pl. St-Martin – ✆ *05 65 32 63 45 – www.hotel-saint-martin-souillac.com*
  11 ch – ▮49 € ▮▮75/99 € – ⊡ 9 €   **Zf**
  ◆ Maison de caractère (16ᵉ s.) face au beffroi ; dans les chambres, on mêle classique et touches actuelles (moulures, tons taupe…). Belle salle voûtée pour le
  petit-déjeuner.

SOUILLAC

Abbaye (Pl. de l') . . . . **Z** 2
Barebaste (R.) . . . . **Z** 4
Barnicou (Pl.) . . . . **Z** 5
Bénétou (R.) . . . . **Y** 7
Betz (Pl. Pierre) . . . . . . **Y**
La Borie (Pl. de) . . . . . **Y** 20
La Borie (R. de) . . . . . **Y**
Bouchier (Pl. J.-B.) . . . . **Z** 8
Doussot (Pl.) . . . . **Z** 9
Figuier (Pl. du) . . . . . . **Y** 12
Forail Marsalès
 (Pl. du) . . . . **YZ**
Frégière (R. de la) . . . . **Z**
Gambetta (Av.) . . . . . **Y** 14
Gaulle
 (Av. du Gén.-de) . . . **Y** 15
Gourgue (R. de) . . . . . **Z** 16
Granges (R. des) . . . . **Z**
Grozel (R. de) . . . . . . **Y**
Haile (R. de la) . . . . . . **Y** 17
Juillet (R. du) . . . . **Y**
Louqsor (R.) . . . . **Z** 21
Malvarès (R.) . . . . **Z** 22
Malvy (Av. Martin) . . . **Y**
Malvy
 (Bd Louis-Jean) . . **YZ**
Morlet (R.) . . . . **Z** 24
Pons (Pl. de l'Abbé) . . **Y** 25
Pont (R. du) . . . . **Z** 26
Puits (R. des) . . . . . . **Y** 28
Rajol (Pl. du) . . . . . . **Y** 29
Recège (R. de la) . . . . **Y**
St-Martin (R.) . . . . . . **Z** 32
Sarlat (Av. de) . . . . . . **Z**
Verlhac (Av. P.) . . . . . **Y**

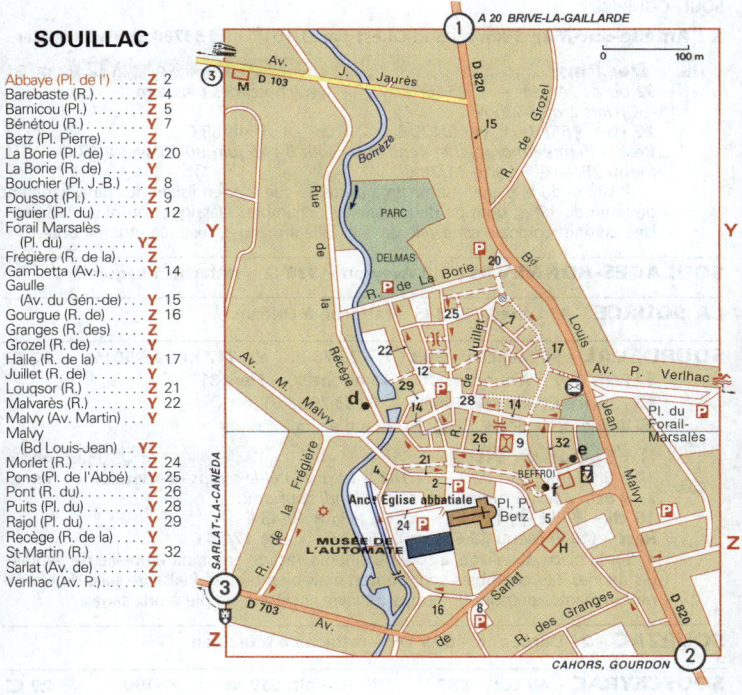

Le Quercy sans rest

1 r. Recège – ℰ 05 65 37 83 56 – www.le-quercy.fr
– Ouvert 20 mars-12 nov.

Yd

25 ch – †53/57 € ††66/74 € – ⊡ 10 €

◆ Accueil familial dans cet hôtel confortable, à l'écart du centre. Des chambres toutes différentes, mêlant classique, moderne et exotisme... la plupart avec balcon.

Belle Vue sans rest

68 av. J. Jaurès, (à la gare) – ℰ 05 65 32 78 23 – www.hotelbellevue-souillac.com
– Fermé 3 janv.-3 mars

26 ch – †50/52 € ††50/52 € – ⊡ 6,50 € – ½ P 46 €

◆ À deux pas de la gare, cette grande bâtisse des années 1960 dispose de chambres simples, fraîches et bien tenues. Piscine côté jardin et petite boutique de produits régionaux.

Le Redouillé

28 av. de Toulouse , par ② – ℰ 05 65 37 87 25 – www.leredouille.c.la
– Fermé 6 mars-1er avril, 7 janv.-4 fév., dim. soir et lundi
Rest – Menu 19/44 € – Carte 40/79 €

◆ Deux salles, deux ambiances : salle à manger bourgeoise et feutrée ou tons chauds, très méridionaux. Cuisine traditionnelle réalisée par les propriétaires, à quatre mains.

SOULAC-SUR-MER – 33 Gironde – **335** E1 – 2 690 h. – alt. 7 m   **3 B1**
– Casino : de la Plage – ✉ 33780 ▮ Aquitaine

▶ Paris 515 – Bordeaux 99 – Lesparre-Médoc 31 – Royan 12
▮ 68, rue de la plage ℰ 05 56 09 86 61

à l'Amélie-sur-Mer 5 km au Sud-Ouest par D 101ᴱ – ✉ 33780 Soulac sur Mer

| 🏨 | **Des Pins** | 🚗 🛋 🅰ᴄ rest, ⚓ 🐕 🛎 🅿 🆅🅸🆂🅰 ⊚ 🅰🅴 |

92 bd de l'Amélie – ℰ 05 56 73 27 27 – www.hotel-des-pins.com
– Ouvert 2 avril-2 nov.
29 ch – ✝55/100 € ✝✝60/120 € – ⊇ 10 € – ½ P 48/88 €
Rest – (fermé lundi midi et vend. midi sauf du 15 juin au 15 sept.) (17 €)
Menu 28/40 € – Carte 31/70 €
♦ À 100 m de la plage – sable fin à perte de vue – et en lisière des pins, bâtiment de la fin du 19ᵉ s. doté de deux annexes ; chambres classiques ou plus modernes. Une cuisine régionale est servie dans la salle à manger, rustique et lumineuse.

SOULAGES-BONNEVAL – 12 Aveyron – **338** I2 – rattaché à Laguiole

LA SOURCE – 45 Loiret – **318** I5 – rattaché à Orléans

SOURDEVAL – 50 Manche – **303** G7 – 2 878 h. – alt. 217 m – ✉ 50150   **32** B2
▶ Paris 310 – Avranches 36 – Domfront 30 – Flers 31
🚺 2, place Charles De Gaulle ℰ 02 33 79 35 61
◉ Vallée de la Sée★ O, ▌ Normandie Cotentin

| 🏠 | **Le Temps de Vivre** | 🛋 🅿 🆅🅸🆂🅰 ⊚ 🅰🅴 |

12 r. St-Martin – ℰ 02 33 59 60 41 – http://hotel-le-temps-de-vivre.com – Fermé
2-19 oct., 2 fév.-6 mars, dim. soir et lundi sauf août
10 ch – ✝37 € ✝✝42/51 € – ⊇ 6 € – ½ P 40/43 €
Rest – (10 €) Menu 12 € (sem.), 16/25 € – Carte 17/34 €
♦ Sur la place du village, à côté du cinéma, façade en granit embellie de jardinières fleuries. Les chambres sont petites, mais bien tenues. Plaisante salle de restaurant invitant à prendre le "temps de vivre" ; cuisine simple à prix sages.

SOURZAC – 24 Dordogne – **329** D5 – rattaché à Mussidan

SOUSCEYRAC – 46 Lot – **337** I2 – 920 h. – alt. 559 m – ✉ 46190   **29** C1
▶ Paris 548 – Aurillac 47 – Cahors 96 – Figeac 41
🚺 place de l'Église ℰ 05 65 33 02 20

| 🍴🍴 | **Au Déjeuner de Sousceyrac** (Patrick Lagnès) avec ch | ⚓ ch, 🆅🅸🆂🅰 ⊚ |

Le Bourg – ℰ 05 65 33 00 56 – www.au-dejeuner-de-sousceyrac.com
– Fermé 15 déc.-28 fév., dim. soir et lundi
10 ch – ✝50 € ✝✝50 € – ⊇ 8 € – ½ P 65 €
Rest – (nombre de couverts limité, prévenir) Menu 18/50 € – Carte 60/70 €
Spéc. Foie gras de canard poêlé aux coques. Ris de veau fermier, jus d'herbes émulsionné. Vacherin déstructuré à la châtaigne. **Vins** Cahors, Vin de pays du Lot.
♦ Beaucoup de générosité, des produits qui honorent le terroir, des assiettes pleines de saveurs, un excellent rapport qualité-prix... On quitte cette maison avec l'envie d'y revenir bien vite. Quelques chambres agréables pour prolonger l'étape.

SOUS-LA-TOUR – 22 Côtes-d'Armor – **309** F3 – rattaché à St-Brieuc

SOUSTONS – 40 Landes – **335** D12 – 6 794 h. – alt. 9 m – ✉ 40140   **3** B2
▌ Aquitaine
▶ Paris 736 – Anglet 51 – Bayonne 47 – Bordeaux 150
🚺 Grange de Labouyrie ℰ 05 58 41 52 62

| 🏡 | **Domaine de Bellegarde** ⬙ | 🌀 ⚓ 🐕 ch, 🛎 🅿 🆅🅸🆂🅰 ⊚ |

23 av. Ch. de Gaulle, dir. N 10 – ℰ 05 58 41 24 06 – www.qsun.co.uk – ouvert de
Pâques à nov.
5 ch – ✝95/225 € ✝✝115/295 € – ⊇ 15 €
Table d'hôte – Menu 45 € bc (déj. en sem.)/50 € bc
♦ Dans un parc aux arbres centenaires, cette grande villa 1900 propose des chambres décorées avec goût (sol en coco, lit en fer forgé, couettes blanches...). L'une d'elles possède une terrasse, une autre un sauna privatif. Cuisine familiale au gré du marché.

XX **Auberge Batby** avec ch · 🔐 rest, 🍽 ch, 🍴 VISA ☎

63 av. Galleben – ℰ *05 58 41 18 80 – www.aubergebatby.fr – Fermé vacances de Noël*

6 ch – 🛉75/150 € 🛉🛉75/150 € – ☐ 16 €

Rest – Menu 25 € (déj.)/55 € – Carte 45/61 €

◆ Cette ancienne pension de famille, située au bord du lac, propose une plaisante cuisine du terroir, telle cette pintade fermière farcie à l'ancienne... Quelques chambres permettent de prolonger l'étape.

LA SOUTERRAINE – 23 Creuse – **325** F3 – 5 273 h. – alt. 390 m — ☒ 23300 🟩 Limousin Berry · **24** B1

　▶ Paris 344 – Bellac 41 – Châteauroux 79 – Guéret 35

　🖪 place de la Gare ℰ 05 55 63 10 06

　🟦 Église★.

à St-Étienne-de-Fursac 11 km au Sud par rte de Fursac (D 1) – 842 h. – alt. 322 m – ☒ 23290

XX **Nougier** avec ch · 🔐 🔲 🍴 **P** VISA ☎ AE

😊 *2 pl. de l'Église* – ℰ *05 55 63 60 56 – www.hotelnougier.fr*

　– Ouvert de mi-mars à fin déc. et fermé lundi sauf le soir en juil.-août, dim. soir de sept. à juin et mardi midi

12 ch – 🛉55 € 🛉🛉65/85 € – ☐ 10 € – ½ P 63/70 €

Rest – (13 €) Menu 23/55 € – Carte 40/65 €

◆ Depuis trois générations, on cultive l'art du bon accueil et du bien manger dans cette auberge de village. Cuisine gourmande et soignée ; chambres plaisantes, piscine.

SOUVIGNY – 03 Allier – **326** G3 – 1 958 h. – alt. 242 m – ☒ 03210 · **5** B1

🟩 Auvergne

　▶ Paris 301 – Bourbon-l'Archambault 16 – Montluçon 70 – Moulins 13

　🟦 Prieuré St-Pierre★★ - Calendrier★★ dans l'église-musée St-Marc.

XX **Auberge des Tilleuls** · 🟫 VISA ☎

😊 *pl. St-Éloi* – ℰ *04 70 43 60 70 – www.auberge-tilleuls.com*

　– Fermé 23 août-6 sept., 27 déc.-5 janv., vacances de fév., mardi soir de sept. à mars, dim. soir et lundi

Rest – (12 €) Menu 18/45 € – Carte 30/59 €

◆ Cette pimpante auberge vous accueille dans deux salles champêtres soignées, dont une agrémentée de colombages en trompe-l'œil. Étroite terrasse ombragée à l'arrière.

SOYAUX – 16 Charente – **324** L6 – **rattaché à Angoulême**

SOYONS – 07 Ardèche – **331** L4 – **rattaché à St-Péray**

STEENVOORDE – 59 Nord – **302** D3 – 3 964 h. – alt. 50 m – ☒ 59114 · **30** B1

　▶ Paris 259 – Calais 73 – Dunkerque 33 – Hazebrouck 12

　🖪 place Jean-Marie Ryckewaert BP 10 ℰ 03 28 42 97 98

X **Auprès de mon Arbre** · 🟫 🟫 **P** VISA ☎

😊 *932 rte d'Eecke* – ℰ *03 28 49 79 49 – www.aupresdemonarbre.fr – Fermé le soir sauf vend. et sam.*

😊 **Rest** – (16 €) Menu 18 € (déj. en sem.), 29/44 € – Carte 34/63 €

◆ Cette jolie ferme recèle une cheminée et un poêle Godin dont on ne voudra plus s'éloigner... Sauf en été, pour s'attabler dans le délicieux jardin. Cuisine authentique et soignée.

STELLA-PLAGE – 62 Pas-de-Calais – **301** C5 – **rattaché au Touquet**

STIRING-WENDEL – 57 Moselle – **307** M3 – **rattaché à Forbach**

Le Vieux Strasbourg

STRASBOURG

Département : P 67 Bas-Rhin
Carte Michelin LOCAL : 315 K5
▶ Paris 489 – Basel 141 – Karlsruhe 81
– Stuttgart 149
Population : 272 975 h.
Pop. agglomération : 427 245 h.

Altitude : 143 m
Code Postal : ✉ 67000
▌ Alsace Lorraine
Carte régionale : 1 B1

PLANS DE STRASBOURG

AGGLOMÉRATION   1662

STRASBOURG CENTRE   1664

CENTRE (ZOOM)   1666

HÔTELS ET RESTAURANTS   1668

RENSEIGNEMENTS PRATIQUES

🛈 OFFICE DE TOURISME
17, place de la Cathédrale ☎03 88 52 28 28
Place de la Gare ☎03 88 32 51 49

TRANSPORTS
🚃 Auto-train ☎ 3635 (dîtes auto-train - 0,34 €/mn)

AÉROPORT
✈ Strasbourg-International ☎ 03 88 64 67 67 AT

QUELQUES GOLFS
🏌 de La Wantzenau à La Wantzenau C.D. 302, ☎03 88 96 37 73
🏌 Le Kempferhof Golf Club à Plobsheim 351 rue du Moulin, S : 15 km par D 468,
☎03 88 98 72 72

👁 A VOIR

QUARTIER DE LA CATHÉDRALE

Cathédrale Notre-Dame ★★★ : horloge
astronomique★ ≼ ★de la flèche - Place
de la cathédrale ★ : maison
Kammerzell ★ **KZ** Musée★★ du palais
Rohan★- Musée alsacien★★ **KZ M**[1]
Musée de l'Œuvre Notre-Dame★★
KZ M[6] - Musée historique★ **KZ M**[5]

LA PETITE FRANCE

Rue du Bains-aux-Plantes★★ **HJZ**
- Ponts couverts★ **HZ** - Barrage
Vauban❋★★ **HZ** - Mausolée du
maréchal de Saxe★★ dans l'église St-
Thomas **JZ** - Musée d'Art moderne et
contemporain★★ **HZ M**[3] - Promenade
en vedette sur l'Ill

AUTOUR DES PLACES KLÉBER ET BROGLIE

Place Kléber★ , la plus célèbre place de
Strasbourg, bordée au Nord par
l'Aubette **JY** Place Broglie : hôtel de
ville★**KY** H

L'EUROPE À STRASBOURG

Palais de l'Europe★ **FGU** - Nouveau
palais des Droits de l'Hommes **GU**
- Orangerie★ **FGU**

BISCHHEIM

Marais (R. du)	**CS**	121
Périgueux (Av. de)	**BS**	159
Robertsau (R. de la)	**BS**	179
Triage (R. du)	**BS**	219

ECKBOLSHEIM

Gaulle (Av. du Gén.-de)	**BS**	67
Wasselonne (Rte de)	**BS**	237

HŒNHEIM

Fontaine (R. de la)	**BR**	55
République (R. de la)	**BR**	174

ILLKIRCH-GRAFFENSTADEN

Bürkell (Rte)	**BT**	24
Ceinture (R. de la)	**BT**	27
Faisanderie (R. de la)	**BT**	48
Industrie (R. de l')	**BT**	97
Kastler (R. Alfred)	**BT**	99
Lixenbühl (R.)	**BT**	115
Messmer (Av.)	**BT**	138
Neuhof (Rte de)	**BT**	144
Strasbourg (Rte de)	**BT**	207
Vignes (R. des)	**BT**	233

LINGOLSHEIM

Eckbolsheim (R. d')	**BS**	44
Ostwald (R. d')	**BT**	152
Près (R. des)	**BS**	168

OBERHAUSBERGEN

Mittelhausbergen (Rte de)	**BS**	139
Oberhausbergen (Rte de)	**BS**	149

OSTWALD

Foch (R. du Maréchal)	**BT**	50
Gelspolsheim (R. de)	**BT**	73
Leclerc (R. du Gén.)	**BT**	112
Vosges (R. des)	**BT**	232
23-Novembre (R. du)	**BT**	246

SCHILTIGHEIM

Bischwiller (Rte de)	**BS**	18
Gaulle (Rte du Gén.-de)	**BS**	70
Hausbergen (Rte de)	**BS**	81
Mendès-France (Av. P.)	**BS**	132
Pompiers (R. des)	**BS**	164

STRASBOURG

Atenheim (Rte d')	**CT**	8
Austerlitz (Pont d')	**BS**	9
Bauerngrund (R. de)	**CT**	15
Ganzau (R. de la)	**BT**	66
Holtzheim (R. de)	**AS**	88
Ill (R. de l')	**CS**	96
Neuhof (Rte de)	**CT**	144
Plaine des Bouchers (R. de la)	**BS**	163
Polygone (Rte du)	**BS**	165
Pont (R. du)	**BT**	166
Ribeauvillé (R. de)	**CS**	177
Romains (R. des)	**BS**	180
Schirmeck (Rte de)	**BS**	198

WOLFISHEIM

Oberhausbergen (R. d')	**AS**	148
Seigneurs (R. des)	**AS**	204

STRASBOURG
AGGLOMÉRATION

0   2 km

A

BERSTETT

TRUCHTERSHEIM · PFETTISHEIM

KLEINFRANKENHEIM

R

BEHLENHEIM

PFULGRIESHEIM

WIWERSHEIM

STUTZHEIM OFFENHEIM

GRIESHEIM - SUR - SOUFFEL

DINGSHE

HURTIGHEIM

7 · ITTENHEIM

de   Paris

D 1004

S

OBERSCHAEFFOLSHEIM

148

BREUSCHWICKERSHEIM

204

WOLFISHEI

Bruche

ACHENHEIM

HANGENBIETÉN

HOLTZHEIM

KOLBSHEIM

D 222

Canal

T

STRASBOURG-INTERNATIONAL

DUPPIGHEIM

ENTZHEIM

8

6

10

GLOECKELSBERG

GEISPOLSHEIM

5

BLAESHEIM

LIPSHEIM

A

COLMAR, SÉLESTAT

4

1

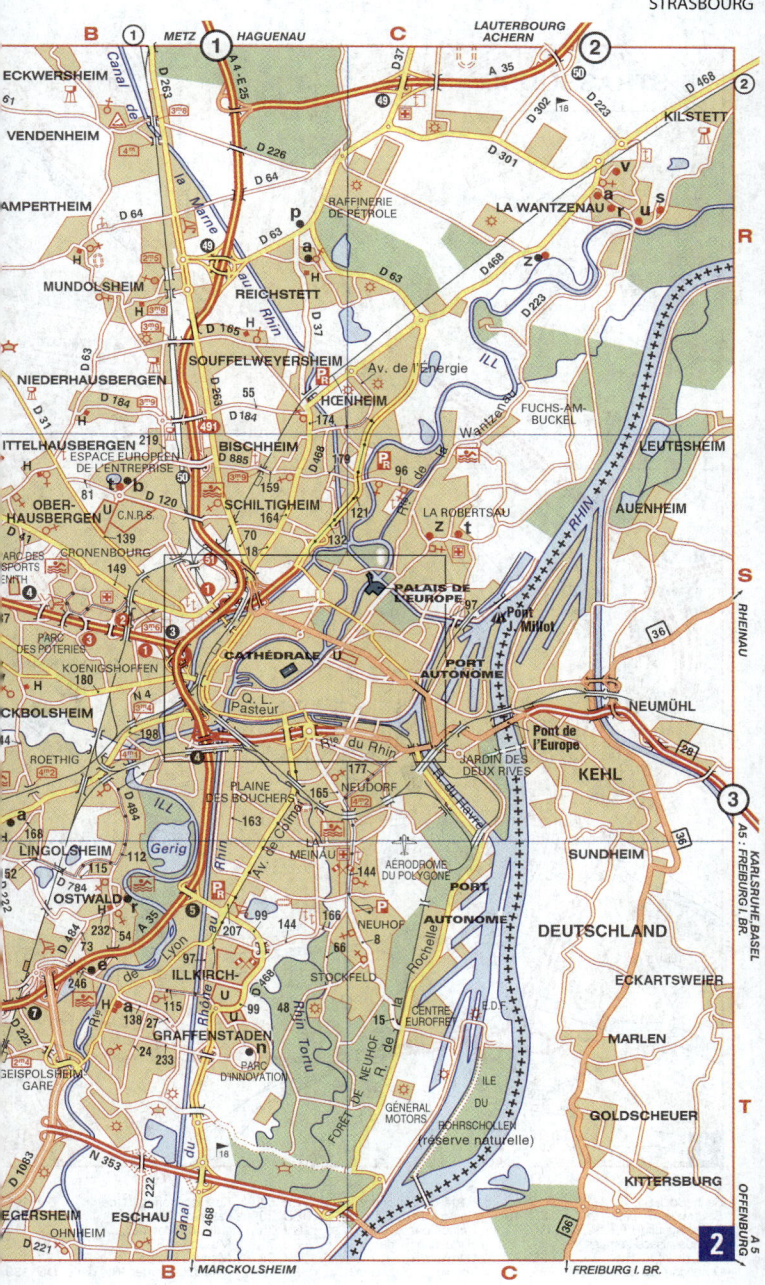

Bach (Bd J. S.) . . . . **GUV** 13
Bischwiller (R. de) . . . . **EU** 16
Boussingault (R.) . . . . **GU** 21
Brigade Alsace-Lorraine
  (R. de la) . . . . **FU** 22
Dordogne (Bd de la) . . . . . . **EX** 39

Fustel-de-Coulanges (Quai) . . **EX** 64
Gaulle (Rte du Gén.-de) . . . . **DEU** 70
Grand-Pont (R. du) . . . . **GV** 75
Haguenau (R. de) . . . . **EU** 79
Humann (R.) . . . . **DX** 94
Koenig (Quai du Gén.) . . . . . **FX** 103

Koenigshoffen (R. de) . . . . . **DV** 105
Lattre-de-Tassigny
  (Pl. du Mar.-de) . . . . **EX** 110
Massenet (R.) . . . . **FUV** 130
Mendès-France (Rd-Pt. P.) . . **FX** 133
Mittelhausbergen (Rte de) . . **DU** 139

Ohmacht (R.) . . . . **FU** 151
Pierre (R. du Fg-de) . . . . . . **EU** 160
Plaine des Bouchers
(R. de la) . . . . **DX** 163
Président-Edwards (Bd du) . . **FU** 169

Président-Poincaré (Bd) . . . . . **EU** 171
Richter (R. Fr.-Xavier) . . . . . . **GU** 178
Schirmeck (Rte de) . . . . **DX** 198
Schutzenberger (Av.) . . . . . . **FU** 200
Schweighaeuser (R.) . . . . . . **FV** 201

Tarade (R.) . . . . **GV** 210
Travail (R. du) . . . . **EUV** 222
Vienne (Rte de) . . . . **FX** 226
Wasselonne (R. de) . . . . **DV** 238
Wissembourg (R. de) . . . . . . **EU** 240

STRASBOURG

Abreuvoir (R. de l') . . . . **LZ** 3
Arc-en-Ciel (R. de l') . . . . . **KLY** 7
Austerlitz (R. d') . . . . **KZ** 10
Auvergne (Pont d') . . . . **LY** 12
Bateliers (R. des) . . . . **LZ** 14
Bonnes-Gens (R. des) . . . . . **JY** 19
Bouclier (R. du) . . . . **JZ** 20
Castelnau (R. Gén.-de) . . . **KY** 25
Cathédrale (Pl. de la) . . . . . **KZ** 26
Chaudron (R. du) . . . . **KY** 28
Cheveux (R. des) . . . . **JZ** 29
Corbeau (Pl. du) . . . . **KZ** 31
Cordiers (R. des) . . . . **KZ** 32
Courtine (R. de la) . . . . **LY** 34
Dentelles (R. des) . . . . **JZ** 36
Division-Leclerc (R.) . . . . **JKZ**
Écarlate (R. de l') . . . . **JZ** 43
Escarpée (R.) . . . . **JZ** 45
Étudiants (R. et Pl. des) . . **KY** 46
Faisan (Pont du) . . . . **JZ** 47
Fonderie (Pont de la) . . . . **KY** 52
Fossés-des-Treize (R. du) . . **KY** 58
Fossé-des-Tanneurs (R. du) **JZ** 57
Francs-Bourgeois (R. des) . **JZ** 60
Frey (Quai Charles) . . . . . . **JZ** 63
Grande-Boucherie (Pl. de la)**KZ** 76
Gutenberg (R.) . . . . **JKZ** 78
Hallebardes (R. des) . . . . . **KZ** 80
Haute-Montée (R.) . . . . **JY** 82
Homme de Fer (Pl. de l') . . **JY** 90
Hôpital-Militaire (R. de l') . **LZ** 91
Humann (R.) . . . . **HZ** 94
Ill (Quai de l') . . . . **HZ** 95
Kellermann (Quai) . . . . **JY** 100
Kléber (Pl.) . . . . **JY**
Krutenau (R. de la) . . . . . . **LZ** 106
Kuss (Pont) . . . . **HY** 108
Lamey (R. Auguste) . . . . . . **LY** 109
Lezay-Marnésia
   (Quai) . . . . **LY** 114
Luther (R. Martin) . . . . **JZ** 117
Maire Kuss (R. du) . . . . . . **HY** 120
Marché-aux-Cochons-de-Lait
   (Pl. du) . . . . **KZ** 124

Marché-aux-Poissons
  (Pl. du) . . . . **KZ** 125
Marché-Gayot (Pl. du) . . . **KYZ** 126
Marché-Neuf (Pl. du) . . . . **KYZ** 127
Maroquin (R. du) . . . . **KZ** 129
Mercière (R.) . . . . **KZ** 135
Mésange (R. de la) . . . . . . **JKY** 136
Monnaie (R. de la) . . . . **JZ** 141
Munch (R. Ernest) . . . . **LZ** 142
Noyer (R. du) . . . . **JY** 147
Nuée-Bleue (R. de la) . . . . . . **KY**
Obernai (R. d') . . . . **HZ** 150
Outre (R. de l') . . . . **KY** 153
Paix (Av. de la) . . . . **KLY** 154
Parchemin (R. du) . . . . **KY** 156

Pierre (R. du Fg-de) . . . . **JY** 160
Pontonniers (R. des) . . . . . . **LY** 167
Récollets (R. des) . . . . **KLY** 172
Ste-Madeleine (Pont et R.) **KLZ** 192
St-Étienne (Quai) . . . . **LY** 183
St-Michel (R.) . . . . **HZ** 187
St-Nicolas (Pont) . . . . **KZ** 189
St-Pierre-le-Jeune (Pl.) . . . **JKY** 190
Salzmann (R.) . . . . **JZ** 193
Sanglier (R. du) . . . . **KY** 194
Saverne (Pont de) . . . . **HY** 195
Schoelcher (Av. Victor) . . . . **LY** 199
Sébastopol (R. de) . . . . **JY** 202
Serruriers (R. des) . . . . **JKZ** 205
Temple-Neuf (Pl. du) . . . . . . **KY** 213

Temple-Neuf (R. du) . . . . . . **KY** 214
Théâtre (Pont du) . . . . **KY** 216
Thomann (R. des) . . . . **JY** 217
Tonneliers (R. des) . . . . **KZ** 220
Turckheim (Quai) . . . . **HZ** 225
Vieil-Hôpital (R. du) . . . . **KZ** 228
Vieux-Marché-aux-Poissons
  (R. du) . . . . **KZ** 229
Vieux-Marché-aux-Vins
  (R. et Pl. du) . . . . **JY** 230
Vieux-Seigle (R. du) . . . . **JZ** 231
Wasselonne (R.) . . . . **HZ** 238
Wodli (R. Georges) . . . . **HY** 242
22-Novembre
  (R. du) . . . . **HJYZ**

Régent Petite France ⊗   ⤶ 🛐 *Lõ* 🏢 & 🔤 % rest, 🍴 🏊 ⛵

5 r. des Moulins – ✆ *03 88 76 43 43*   VISA ⓸ AE ①
– www.regent-hotels.com   **5JZf**
63 ch – ♦155/575 € ♦♦155/575 € – 9 suites – � 22 €
Rest – *(fermé le midi sauf juil.-août, dim. et lundi)* Carte 42/50 €
• Dans la Petite France, une grande et belle adresse, aménagée dans les ex-gla-cières des bords de l'Ill. Intérieurs confortables, modernes et chic, sans ostentation ; chambres agréablement feutrées. Carte actuelle au restaurant, bar lounge et ter-rasse sur la rivière.

Sofitel   🛐 *Lõ* 🏢 & 🔤 🍴 🏊 ⛵ VISA ⓸ AE ①

4 pl. St-Pierre-le-Jeune – ✆ *03 88 15 49 00 – www.sofitel-strasbourg.com*
151 ch – ♦105/345 € ♦♦105/345 € – 2 suites – ⊒ 23 €   **5JYs**
Rest *Goh* – ✆ *03 88 15 49 10 (fermé trois sem. en août, une sem. en janv., sam. midi, dim. et fériés)* Menu 31 € bc/65 € – Carte 46/78 €
• Dans un quartier calme, au nord de la cathédrale, cet établissement conjugue espace, esprit contemporain et tenue impeccable. Les chambres comme le bar sont propices à la quiétude. Au restaurant, cadre élégant, stammtisch et cuisine cultivant terroir et modernité.

Hilton   *Lõ* 🏢 & ch, 🔤 🍴 🏊 🅿 ⛵ VISA ⓸ AE ①

av. Herrenschmidt – ✆ *03 88 37 10 10 – www.strasbourg.hilton.fr*   **3EUe**
238 ch – ♦99/360 € ♦♦99/360 € – 5 suites – ⊒ 23 €
Rest *La Table du Chef* – ✆ *03 88 37 41 42 (fermé juil.-août, sam. et dim.)*
Menu 28 € (déj.)/34 € – Carte 33/58 €
Rest *Le Jardin du Tivoli* – ✆ *03 88 35 72 61* – Menu 31 € – Carte 30/48 €
• Face au Palais des Congrès, bâtiment de verre et d'acier parfaitement conçu, idéal pour la clientèle d'affaires internationale (chambres très confortables, salles de séminaire, nombreux services, bars). À La Table du Chef, cadre british et gas-tronomie traditionnelle. Buffets à la brasserie Le Jardin du Tivoli.

Cour du Corbeau sans rest ⊗   🏢 & 🔤 🍴 VISA ⓸ AE ①

6 r. des Couples – ✆ *03 90 00 26 26 – www.cour-corbeau.com*   **6KZc**
55 ch – ♦155/550 € ♦♦155/550 € – 2 suites – ⊒ 22 €
• Près du pont du Corbeau, l'alliance du confort le plus contemporain et du charme des vieilles pierres : cet hôtel s'épanouit dans plusieurs superbes maisons anciennes (16e-19e s.).

Régent Contades sans rest   🏢 🔤 🍴 🏊 VISA ⓸ AE ①

8 av. de la Liberté – ✆ *03 88 15 05 05 – www.regent-contades.com*
45 ch – ♦110/525 € ♦♦110/525 € – 2 suites – ⊒ 20 €   **6LYf**
• Derrière la belle façade de cet hôtel particulier du 19e s., on évolue dans un décor empreint de raffinement et de classicisme (boiseries, tableaux). Prestations à l'unisson.

Beaucour sans rest   🏢 🔤 🍴 🏊 VISA ⓸ AE ①

5 r. Bouchers – ✆ *03 88 76 72 00 – www.hotel-beaucour.com*   **6KZk**
49 ch – ♦110 € ♦♦135/169 € – ⊒ 14 €
• Deux maisons alsaciennes du 18e s. autour d'un charmant patio fleuri. Cham-bres très confortables, de style alsacien ou classique (certaines avec poutres, bai-gnoires balnéo...).

Maison Rouge sans rest   🏢 & 🔤 % 🍴 🏊 VISA ⓸ AE ①

4 r. des Francs-Bourgeois – ✆ *03 88 32 08 60 – www.maison-rouge.com*
140 ch – ♦79/158 € ♦♦95/174 € – 2 suites – ⊒ 15 €   **5JZg**
• Hôtel de tradition associant confort et service de standing. Chambres spacieu-ses et soignées (tissus griffés, mobilier de qualité), desservies par des paliers ornés d'objets d'art.

Le Grand Hôtel sans rest   🏢 🍴 🏊 VISA ⓸ AE ①

12 pl. de la Gare – ✆ *03 88 52 84 84 – www.le-grand-hotel.com*   **5HYa**
83 ch ⊒ – ♦177/287 € ♦♦177/287 €
• Face à la gare TGV, cet hôtel n'a pas raté le train de la modernité : décor design, ambiance zen, mobilier à la fois sobre et cossu, tenue minutieuse. Le cen-tre-ville est à 5mn.

Monopole-Métropole sans rest

16 r. Kuhn – ℰ 03 88 14 39 14 – www.bw-monopole.com **5HYp**
86 ch ☑ – †85/200 € ††90/220 €
♦ Entre gare et Petite France, immeuble bourgeois dégageant un certain charme : antiquités alsaciennes, tableaux de maîtres régionaux... Chambres classiques ou plus contemporaines.

Novotel Centre Halles

4 quai Kléber – ℰ 03 88 21 50 50 – www.novotel.com **5JYk**
96 ch – †107/222 € ††107/222 € – ☑ 14 €   **Rest** – (12 €) Carte 20/40 €
♦ Dans le centre commercial des Halles, hôtel moderne proposant des chambres claires et spacieuses. Fitness avec vue sur la cathédrale au dernier étage. Bar et restaurant ouvrent sur la galerie marchande ; carte simplifiée et pratique.

Hannong sans rest

15 r. du 22 Novembre – ℰ 03 88 32 16 22 – www.hotel-hannong.com – Fermé 2-9 janv. **5JYa**
72 ch – †65/184 € ††75/222 € – ☑ 14 €
♦ Sur le site de la faïencerie Hannong (18ᵉ s.), un hôtel qui a une âme : objets d'art et agencement contemporain, matériaux de qualité, tenue méticuleuse. Agréable espace terrasse.

Diana-Dauphine sans rest

30 r. de la 1ʳᵉ Armée – ℰ 03 88 36 26 61 – www.hotel-diana-dauphine.com – Fermé 22 déc.-2 janv. **3EXa**
45 ch – †90/150 € ††90/170 € – ☑ 11 €
♦ Au pied du tramway menant à la vieille ville. Hall-salon moderne, chambres d'esprit contemporain (et donc sobres), pour la plupart spacieuses. Garage fermé accessible 24h/24.

Du Dragon sans rest

12 r. du Dragon – ℰ 03 88 35 79 80 – www.dragon.fr **5JZd**
32 ch – †79/116 € ††89/129 € – ☑ 12 €
♦ Dans un quartier calme, deux demeures du 17ᵉ s. autour d'un patio fleuri (où le petit-déjeuner est servi l'été). Chambres confortables et actuelles, mansardées au dernier étage.

Royal Lutetia sans rest

2 bis r. du Gén. Rapp – ℰ 03 88 35 20 45 – www.royal-lutetia.fr **3EUt**
39 ch – †68/100 € ††68/100 € – ☑ 9 €
♦ Cette façade évoquant le style Art déco cache de plaisantes chambres contemporaines, garnies de mobilier clair ou foncé et très bien tenues. Confortable bar-salon anglais.

Mercure St-Jean sans rest

3 r. Maire Kuss – ℰ 03 88 32 80 80 – www.mercure.com **5HYe**
61 ch – †79/165 € ††79/175 € – ☑ 16 €
♦ Entre gare et vieille ville, hôtel moderne aux chambres agréables (confort actuel). À tenter, la "chambre 2030", avec tous les équipements du futur, parfois très... imaginatifs !

Mercure Centre sans rest

25 r. Thomann – ℰ 03 90 22 70 70 – www.mercure.com **5JYq**
98 ch – †87/215 € ††92/225 € – ☑ 16 €
♦ Situation centrale pour cet établissement rénové avec des tons vifs et un mobilier design. Au 7ᵉ étage, la salle des petits-déjeuners jouit d'une petite vue sur la cathédrale.

Chut - Au Bain aux Plantes

4 r. Bain-aux-Plantes – ℰ 03 88 32 05 06 – www.hote-strasbourg.fr **6HZv**
8 ch – †75/95 € ††95/160 € – 1 suite – ☑ 12 € – ½ P 180/210 €
Rest – (fermé 1ᵉʳ-10 mai, 6-16 août, 30 oct.-8 nov., 23-27 déc., 2-6 janv., 20 fév.-1ᵉʳ mars, dim. et lundi) (15 €) Menu 18 € (déj. en sem.), 35/49 € bc – Carte 32/50 €
♦ Dans une rue pittoresque près de la Petite France, hôtel digne d'une maison d'hôtes, charme compris : objets et mobilier design ou chinés, ambiance zen... La cuisine, mâtinée d'épices, fuit la routine et change chaque jour ; salle intime, avec cour-terrasse.

🏠 **Le Kléber** sans rest · 🖁 🦅 �🎮 VISA ⓵ AE ⓿
29 pl. Kléber – 𝒞 03 88 32 09 53 – www.hotel-kleber.com · **5**JY**p**
30 ch – ♦60/88 € ♦♦67/95 € – 🖙 8,50 €
♦ "Meringue", "Fraise", "Cannelle", etc. : ici, toutes les chambres se prêtent à une thématique sucrée-salée, richement colorée. Situation imparable sur la célèbre place Kléber.

🏠 **Couvent du Franciscain** sans rest · 🖁 ⚹ ⚿ 🦅 🛁 P VISA ⓵ AE
18 r. du Fg de Pierre – 𝒞 03 88 32 93 93 – www.hotel-franciscain.com – Fermé 24 juil.-7 août · **5**JY**e**
43 ch – ♦43/74 € ♦♦78/84 € – 🖙 10 €
♦ Au fond d'une impasse, ce "Couvent" propose des chambres simples et nettes, à des tarifs compétitifs. Petits-déjeuners dans un caveau aux faux-airs de winstub (fresque amusante).

🏠 **Aux Trois Roses** sans rest · 🖁 🦅 ⚿ VISA ⓵ AE
7 r. Zürich – 𝒞 03 88 36 56 95
– www.hotel3roses-strasbourg.com · **6**LZ**y**
32 ch – ♦53 € ♦♦69/89 € – 🖙 8,50 €
♦ Immeuble classique engageant, proche de l'Ill : salon bourgeois près de l'accueil, chambres simples (mobilier en pin) et d'une propreté méticuleuse, à prix doux. Sauna.

XXXX **Au Crocodile** · AC VISA ⓵ AE
🕊 10 r. de l'Outre – 𝒞 03 88 32 13 02 – www.au-crocodile.com
– Fermé 24 juil.-8 août, dim. et lundi · **6**KY**x**
Rest – Menu 35 € (déj. en sem.), 69/138 € – Carte 101/196 € 🍷
Spéc. Foie de canard poêlé, choucroute imaginaire. Cabillaud en viennoise, purée légère à la livèche. Forêt noire revisitée à notre façon. **Vins** Riesling, Pinot Gris.
♦ Élégance feutrée et harmonie règnent dans cette institution strasbourgeoise, chantre d'un certain classicisme. La table est à l'unisson : beaux produits de saison, préparations flatteuses et pleines de justesse.

XXX **Buerehiesel** (Éric Westermann) · ⪡ 🌳 AC P VISA ⓵ AE ⓿
🕊 dans le parc de l'Orangerie – 𝒞 03 88 45 56 65 – www.buerehiesel.com
– Fermé 1er-22 août, 1er-23 janv., dim. et lundi · **4**GU**a**
Rest – Menu 33 € (déj. en sem.), 65/88 € – Carte 52/85 € 🍷
Spéc. Schniederspaetle et cuisses de grenouille poêlées au cerfeuil. Poulette pattes noires cuite entière comme un baeckeofe. Brioche caramélisée à la bière, glace à la bière et poire rôtie. **Vins** Pinot Blanc, Riesling.
♦ Adresse exquise, sise dans une belle ferme à colombages du 17ᵉ s., remontée dans le parc de l'Orangerie (vue bucolique de la salle en verrière et de la terrasse). Cuisine très fine et sûre, ancrée dans la région ; superbe choix de vins alsaciens. Service agréable.

XXX **Maison des Tanneurs dite "Gerwerstub"** · VISA ⓵ AE
42 r. Bain aux Plantes – 𝒞 03 88 32 79 70 – www.maison-des-tanneurs.com
– Fermé 26 juil.-8 août, 30 déc.-24 janv., dim. et lundi · **5**JZ**t**
Rest – Menu 20 € (déj. en sem.)/26 € – Carte 30/50 €
♦ Au bord de l'Ill, dans la Petite France, cette maison alsacienne pleine de caractère (1572) est une institution de la choucroute, parmi d'autres célèbres spécialités régionales.

XX **La Cambuse** (Babette Lefebvre) · AC VISA ⓵
🕊 1 r. des Dentelles – 𝒞 03 88 22 10 22 – Fermé 1er-10 mai, 1er-23 août, 24 déc.-12 janv., dim. et lundi · **5**JZ**a**
Rest – (nombre de couverts limité, prévenir) Carte 40/55 €
Spéc. Œuf fermier au crabe et écrevisses. Lotte aux shiitakés et coriandre. Tarte au chocolat amer, crème à la noix de coco.
♦ La salle, intime, évoque une cabine de yacht… On y déguste une cuisine de la mer qui marie avec finesse et simplicité saveurs françaises et notes d'Asie (épices, cuissons courtes).

L'Atable 77

    🅐🅒 VISA ◉◎ AE ⓞ

77 Grand'Rue – ℰ 03 88 32 23 37 – www.latable77.com – Fermé 22 avril-2 mai,
31 juil.-21 août, 1ᵉʳ-10 janv., dim., lundi et fériés le midi   **5JZh**
Rest – (26 €) Menu 33/85 € bc ⊗

◆ Un séduisant restaurant tendance revendiquant de bout en bout sa modernité : décor épuré égayé de tableaux, vaisselle design et très appétissante cuisine au goût du jour. À table !

La Casserole (Éric Girardin)

    🅐🅒 VISA ◉◎ AE

❀

24 r. des Juifs – ℰ 03 88 36 49 68 – www.restaurantlacasserole.fr
– Fermé 22 avril-2 mai, 31 juil.-17 août, 24 déc.-2 janv., sam. midi, dim., lundi et
fériés le midi   **6KYb**
Rest – *(nombre de couverts limité, prévenir)* Menu 39 € (déj.), 60/80 €
– Carte 66/83 € ⊗
Spéc. Langoustines juste saisies, carpaccio de fenouil, agrume (automne-hiver). Carré d'agneau cuit au four, polenta moelleuse aux olives noires. Vanille de Madagascar en crème légère et onctueuse. **Vins** Riesling, Pinot gris.
◆ Derrière la cathédrale, une Casserole en forme de chaudron magique : Éric Girardin crée des plats nobles et harmonieux, avec une dextérité saisissante. Cadre contemporain feutré, accueil charmant.

Le Violon d'Ingres

    �ិ VISA ◉◎ ⓞ

1 r. Chevalier Robert , à La Robertsau – ℰ 03 88 31 39 50
– www.violondingres.com – Fermé 25 avril-5 mai, 15-29 août, 2-10 janv., sam.
midi, dim. soir et lundi   **2CSz**
Rest – Menu 29/65 € – Carte 52/62 €

◆ Cuisine actuelle fort soignée en cette vieille maison alsacienne du quartier de la Robertsau, par-delà le Parlement Européen. Élégante salle à manger et terrasse ombragée.

Maison Kammerzell et Hôtel Baumann avec ch

  🎐 🅐🅒 📶 🏄
    VISA ◉◎ AE ⓞ

16 pl. de la Cathédrale – ℰ 03 88 32 42 14
– www.maison-kammerzell.com   **6KZe**
9 ch – †110 € ††135 € – ⊑ 10 €   **Rest** – Menu 27/46 € – Carte 28/64 €
◆ À côté de la cathédrale, maison strasbourgeoise du 16ᵉ s. dégageant une authentique ambiance moyenâgeuse : vitraux, peintures, bois sculpté, voûtes gothiques. Cuisine du terroir et carte de brasserie, avec en spécialité la choucroute. Chambres sobres.

Gavroche

    🅐🅒 VISA ◉◎ AE

4 r. Klein – ℰ 03 88 36 82 89 – www.restaurant-gavroche.com
– Fermé 25 juil.-16 août, 24 déc.-3 janv., sam. et dim.   **6KZg**
Rest – (28 €) Menu 38/56 € – Carte 59/81 €

◆ Pas de forfanterie à la Gavroche en cette adresse qui réserve un accueil aimable, dans un élégant cadre contemporain. Belle cuisine actuelle et créative, rythmée par le marché.

Umami (René Fieger)

    🅐🅒 VISA ◉◎ AE

❀

8 r. des Dentelles – ℰ 03 88 32 80 53 – www.restaurant-umami.com
– Fermé 24 avril-1ᵉʳ mai , 28 août-18 sept., 31 déc.-12 janv., dim. et le midi
sauf sam.   **5JZb**
Rest – *(nombre de couverts limité, prévenir)* Menu 45/60 €
Spéc. Menu du marché.
◆ Sucré, salé, acide, amer… et *umami*, la 5ᵉ saveur dans la gastronomie japonaise. Une signature pour une cuisine qui croise les goûts d'ici et d'ailleurs. Séduisant cadre moderne.

Le Pont aux Chats

    🌸 🗱 VISA ◉◎ AE

42 r. de la Krutenau – ℰ 03 88 24 08 77 – Fermé vacances de Pâques, 9-25 juil.,
sam. midi et merc.   **6LZt**
Rest – (22 €) Menu 38/62 € – Carte 38/62 €
◆ Mariage de colombages anciens et de mobilier contemporain, terrasse sur cour, produits de saison cuisinés dans l'air du temps : une petite adresse qui fait ronronner de plaisir.

XX **Pont des Vosges**   🛜 VISA 🔵 AE

15 quai Koch – ℰ 03 88 36 47 75 – Fermé dim.   **6LYh**
Rest – Carte 30/55 €

◆ À l'angle d'un immeuble ancien, cette brasserie, dont la réputation n'est plus à faire, régale de bons plats généreux. Vieilles affiches publicitaires et miroirs en décor.

X **L'Atelier du Goût**   AC ⚘ ⇔ VISA 🔵

17 r. des Tonneliers – ℰ 03 88 21 01 01 – www.atelier-du-gout.fr – Fermé 1 sem. vacances de fév., 2 sem. en août, dim. et fériés   **6KZd**
Rest – (23 €) Menu 29 € (déj. en sem.)/36 € – Carte 40/48 €

◆ Dans un quartier pittoresque, sympathique adresse d'esprit design. Les murs sont ornés d'ardoises pédagogiques (morceaux du bœuf, légumes…). Cuisine créative de saison.

X **La Table de Christophe**   AC VISA 🔵 AE

28 r. des Juifs – ℰ 03 88 24 63 27 – www.tabledechristophe.com
– Fermé 23 avril-2 mai, 26 juil.-16 août, dim., lundi et fériés   **6KYa**
Rest – (prévenir) (12 €) Carte 32/41 €

◆ Petit restaurant de quartier au cadre chaleureux et rustique, propice à la convivialité. Le chef mélange les influences terroir et actuelles tout en respectant les saisons.

X **L'Amuse Bouche**   ⇔ VISA 🔵 AE

3a r. Turenne – ℰ 03 88 35 72 82 – www.lamuse-bouche.fr – Fermé une sem. en mars, 15-31 août, dim. et lundi   **6LYt**
Rest – (19 €) Menu 35/74 € bc – Carte 41/52 €

◆ Restaurant discret hors du centre-ville. Salle classique aux tons pastel, pour une cuisine dans l'air du temps, fraîche et sans fausse note.

X **La Vignette**   🛜 VISA 🔵 AE

29 r. Mélanie, à la Robertsau – ℰ 03 88 31 38 10
– www.lavignette-strasbourg-robertsau.com – Fermé 1er-15 août, 23 déc.-4 janv., sam. midi, dim. et fériés   **2CSt**
Rest – Carte 25/35 €

◆ Photos en noir et blanc, nappes à carreaux, boiseries : le cadre authentique et convivial évoque une guinguette. Cuisine traditionnelle, proposée sur ardoise.

X **La Vieille Tour**   🛜 AC VISA 🔵 AE

1 r. A. Seyboth – ℰ 03 88 32 54 30 – Fermé dim. et lundi sauf en déc. hors fériés
Rest – (nombre de couverts limité, prévenir) (27 €) Menu 39 €   **5HZe**
– Carte 40/70 €

◆ Cette adresse, toute proche de la Petite France, cultive le goût de la tradition, au gré du marché (ardoise). Décor simple, relevé d'affiches humoristiques sur l'Alsace.

X **Kobus**   🛜 VISA 🔵 AE

7 r. des Tonneliers – ℰ 03 88 32 59 71 – www.restaurantkobus.com – Fermé 3-17 juil., 7-13 nov., 14-28 janv., dim. et lundi   **6KZz**
Rest – Menu 23 € (déj. en sem.)/45 €

◆ Dans une rue piétonne du centre, sympathique restaurant contemporain : la salle, tout en longueur et claire, mêle bois et pierre ; les produits du marché inspirent la cuisine.

LES WINSTUBS : *dégustation de vins et cuisine du pays, ambiance typiquement alsacienne*

X **L'Ami Schutz**   🛜 VISA 🔵 AE ⓞ

1 Ponts Couverts – ℰ 03 88 32 76 98 – www.ami-schutz.com – Fermé 23 déc.-12 janv.   **5HZr**
Rest – (16 € bc) Menu 27/42 € – Carte 28/55 €

◆ Dans le décor intemporel de la Petite France, au bord de l'Ill, une délicieuse terrasse ombragée et deux salles typiques (l'une rustique, l'autre plus raffinée). Carte à l'unisson.

Le Clou
🍴 AC VISA ⓪ AE

3 r. Chaudron – ☎ 03 88 32 11 67 – www.le-clou.com – Fermé merc. midi, dim. et fériés
6KYn

Rest – *(prévenir)* (15 €) Menu 19 € (déj. en sem.) – Carte 26/55 €

◆ À deux pas de la cathédrale, une winstub pleine d'authenticité, regorgeant d'objets d'antan et de scènes d'autrefois (belles marqueteries). Cuisine généreuse. L'Alsace éternelle !

Le Tire Bouchon
🍴 VISA ⓪ AE ⓪

5 r. des Tailleurs de Pierre – ☎ 03 88 22 16 32 – www.letirebouchon.fr
Rest – (14 €) Menu 23/42 € bc – Carte 22/48 €
6KZt

◆ Dans une ruelle au cœur de la ville, plusieurs salles de caractère (bois, tableaux) distribuées entre deux maisons anciennes. Cuisine typique, bien appréciée des Strasbourgeois.

Fink'Stuebel avec ch
🍴 VISA ⓪

26 r. Finkwiller – ☎ 03 88 25 07 57 – http://finkstuebel.free.fr – Fermé 9-30 août, dim. et lundi
5JZx

5 ch – ♦68 € ♦♦68 € – ☐ 9 €   **Rest** – Menu 10 € – Carte 30/55 €

◆ Colombages, parquet brut, bois peints, mobilier régional et nappes fleuries : cet endroit a tout de l'image d'Épinal. Cuisine du terroir évidemment, foie gras à l'honneur. Quelques chambres au-dessus de la winstub (une par étage !), décorées à l'alsacienne.

Au Pont du Corbeau
🍴 AC VISA ⓪ AE

21 quai St-Nicolas – ☎ 03 88 35 60 68 – Fermé 3 sem. en août, 1 sem. vacances de fév., dim. midi et sam. sauf en déc.
6KZb

Rest – (13 €) Carte 24/38 €

◆ À côté du Musée Alsacien dédié à l'art populaire, une savoureuse manière de passer à la pratique : spécialités du terroir et décor traditionnel (éléments Renaissance, affiches).

S'Muensterstuewel
🍴 AC VISA ⓪

8 pl. Marché-aux-Cochons-de-Lait – ☎ 03 88 32 17 63 – Fermé 2 sem. en janv., dim. soir et lundi soir
6KZy

Rest – Menu 19 € (sem.) – Carte 30/45 €

◆ Dans le vieux Strasbourg, avec une terrasse sur la pittoresque place du Marché-aux-Cochons-de-Lait, cette winstub chaleureuse propose une carte attractive, fidèle au genre.

Environs

à Schiltigheim 4 km au Nord par A 4 sortie n° 50 – 31 729 h. – alt. 140 m – ✉ 67300

Kyriad Prestige sans rest
🔳 🔳 ⚙ AC ⚙ 🅿 🔳 VISA ⓪ AE ⓪

2 av. de l'Europe, Espace Européen de l'Entreprise – ☎ 03 90 22 60 60 – www.kyriad.fr
66 ch – ♦73/145 € ♦♦73/145 € – ☐ 13 €
2BSb

◆ En périphérie, dans l'Espace Européen de l'Entreprise (accès facile de l'autoroute), hôtel né en 2006, associant fonctionnalité et confort. Salle de petit-déjeuner avec terrasse.

Côté Lac
🔳 ⚙ AC 🅿 VISA ⓪ AE

2 pl. de Paris, Espace Européen de l'Entreprise – ☎ 03 88 83 82 81 – www.cote-lac.com – Fermé 23 déc.-3 janv.
2BSt

Rest – (28 €) Menu 33/52 € – Carte 33/39 €

◆ En dehors du centre, dans une zone d'activité plutôt avenante, une table au cadre tendance, avec de grandes baies vitrées ouvrant côté lac (terrasse). Cuisine actuelle soignée.

à Reichstett 7 km au Nord par D 468 et D 37 ou par A 4 et D 63 – 4 558 h. – alt. 141 m – ✉ 67116

L'Aigle d'Or sans rest
⚙ VISA ⓪ AE ⓪

5 r. de la Wantzenau, (près de l'église) – ☎ 03 88 20 07 87 – www.aigledor.com – Fermé 5-21 août et 24 déc.-8 janv.
2BRa

17 ch – ♦59/99 € ♦♦59/99 € – ☐ 10 €

◆ Belle façade à colombages au cœur d'un village pittoresque. Chambres sans ampleur mais assez coquettes, aux tons chaleureux. Salle des petits-déjeuners façon jardin d'hiver.

à La Wantzenau 12 km au Nord-Est par D 468 – 5 809 h. – alt. 130 m – ⊠ 67610

Le Moulin de la Wantzenau ⊱

3 impasse du Moulin, 1,5 km au Sud par D 468 – ℰ *03 88 59 22 22*
– www.moulin-wantzenau.com – Fermé 24 déc.-3 janv. **2CRz**
20 ch – ❖72/95 € ❖❖85/120 € – ⌑ 13 € – ½ P 78/85 €
Rest *Au Moulin* – voir ci-après
♦ Ancien moulin isolé dans la campagne, sur une rive de l'Ill. Les lieux distillent un certain charme et les chambres, avec leurs petites fenêtres, sont plaisantes. Expositions.

Relais de la Poste avec ch

21 r. Gén.-de-Gaulle – ℰ *03 88 59 24 80 – www.relais-poste.com*
– Fermé 1er-15 août **2CRa**
18 ch – ❖75/95 € ❖❖85/155 € – ⌑ 15 €
Rest – *(fermé sam. midi, dim. soir et lundi)* (25 €) Menu 38/90 €
– Carte 60/120 € ♨
Spéc. Asperges vertes poêlées à cru, œuf poché, éminced d'anguille. Noisettes de biche au chou rouge et pommes aux airelles. Sablé aux agrumes, délice au chocolat.
♦ Une partition classique fort bien exécutée, fine et flatteuse : cette maison alsacienne, tout en colombages et toits de tuile, honore la tradition du goût – et aussi de l'accueil. Décor élégant : boiseries, véranda face à la verdure. Chambres cosy, d'esprit rustique.

Zimmer

23 r. Héros – ℰ *03 88 96 62 08 – www.restaurant-zimmer.fr*
– Fermé 25 juil.-12 août, 19 fév.-8 mars, dim. soir et lundi sauf fériés
Rest – (20 €) Menu 25 € (sem.)/60 € bc – Carte 62/72 € **2CRr**
♦ Trois salons élégants, agrémentés de lambris blanc et de poutres colorées, où l'on sert une cuisine conjuguant terroir et notes actuelles (menus d'un bon rapport qualité-prix).

Les Semailles

10 r. Petit-Magmod – ℰ *03 88 96 38 38 – www.semailles.fr*
– Fermé 10 août-1er sept., 21 fév.-10 mars, dim. soir, merc. et jeudi
Rest – (28 €) Menu 41/62 € – Carte 41/47 € **2CRs**
♦ Jolie graine que cette maison alsacienne chatoyante, dressée dans une petite rue calme. Aux beaux jours, profitez de la terrasse ombragée sous une glycine centenaire... Au menu : des produits au-dessus de tout soupçon, parfaitement cuisinés, avec personnalité.

Au Moulin – Hôtel Au Moulin

2 impasse du Moulin, 1,5 km au Sud par D 468 – ℰ *03 88 96 20 01*
– www.restaurant-moulin-wantzenau.fr – Fermé 8-28 juil.,
26 déc.-7 janv., 21-28 fév., dim. soir et fériés le soir **2CRz**
Rest – (18 €) Menu 23 € (sem.), 28/63 € – Carte 38/65 € ♨
♦ Un cadre élégant et lumineux, dans les dépendances d'un ancien moulin posté au bord de l'Ill. La terrasse profite du calme de la campagne environnante. Cuisine classique.

Le Jardin Secret

32 r. de la Gare – ℰ *03 88 96 63 44 – www.restaurant-jardinsecret.fr*
– Fermé 2-16 août, 27 déc.-10 janv., sam. midi, dim. soir et lundi **2CRv**
Rest – (19 €) Menu 33/75 € bc
♦ Face à la petite gare, accueillant restaurant tenu par une jeune équipe. Le cadre est contemporain (tons blanc et taupe, tableaux) et la cuisine.... bien d'aujourd'hui.

Au Pont de l'Ill

2 r. Gén. Leclerc – ℰ *03 88 96 29 44 – www.aupontdelill.com – Fermé 9-31 août*
et sam. midi **2CRu**
Rest – (13 €) Menu 22/39 € – Carte 22/45 € ♨
♦ Fruits de mer et poissons jouent les vedettes sur la carte de cette brasserie très fréquentée, abritant pas moins de cinq salles (au choix : style marin, Art nouveau, etc.).

à Illkirch-Graffenstaden 5 km par rte de Colmar BST ou par A 35 (sortie n° 7)
– 26 368 h. – alt. 140 m – ⊠ 67400

XXX **À l'Agneau** 🟥 🗚 🌂 VISA ⚫ AE
185 rte de Lyon – ℰ 03 88 66 06 58 – www.agneau-illkirch.com
– *Fermé 2-31 août, 27 déc.-9 janv., dim. soir, lundi et mardi* **2BTa**
Rest – (17 €) Menu 33 € – Carte 39/55 €
♦ Derrière une jolie façade peinte, deux salles contemporaines (écran diffusant des recettes) et un petit salon baroque, plus intime. Cuisine pour le moins créative.

à Fegersheim 14 km vers ④ par A 35 (sortie n° 7), N 283 et D 1083 – 5 104 h.
– alt. 145 m – ⊠ 67640

X **Auberge du Bruchrhein** 🟥 🗚 VISA ⚫ AE
⚫⚫ 24 r. de Lyon – ℰ 03 88 64 17 77 – *Fermé dim. soir, lundi soir et jeudi soir*
Rest – (12 €) Menu 16 € (déj. en sem.), 24/28 € – Carte 30/48 € **1ATx**
♦ Maison alsacienne colorée, simple et conviviale. Salle classique et sobre, où est servie une cuisine sans chichi, teintée d'influences régionales.

à Entzheim 12 km par A 35 (sortie n° 8), D 400 et D 392 – 1 827 h. – alt. 150 m
– ⊠ 67960

🏨 **Père Benoit** 🚳 📶 ⅏ ch, 🗚 rest, 🔊 ⁀ 🔼 🅿 VISA ⚫ AE
⚫⚫ 34 rte de Strasbourg – ℰ 03 88 68 98 00 – www.hotel-perebenoit.com
🏮 – *Fermé 24 juil.-15 août et 23 déc.-2 janv.* **1ATh**
60 ch – ♦62 € ♦♦68 € – ⊡ 9 €
Rest *Steinkeller* – ℰ 03 88 68 91 65 *(fermé sam. midi, lundi midi et dim.)* (17 €)
Menu 19/21 € – Carte 22/49 €
♦ Ferme à colombages du 18ᵉ s., alsacienne dans l'âme. Chambres chaleureuses, d'un bon confort ; délicieux petit-déjeuner. Au restaurant, quatre espaces au choix – caveau, belle winstub, véranda... – et spécialités régionales à prix doux (flammekueches au feu de bois).

à Ostwald 7 km par rte Schirmeck D 392 et D 484 ou par A35 (sortie n° 7) et
D 484 – 10 666 h. – alt. 140 m – ⊠ 67540

🏰 **Château de l'Île** 🌿 ← 🦢 🟥 🖼 📶 📶 🗚 ⁀ 🔼 🅿 VISA ⚫ AE ①
4 quai Heydt – ℰ 03 88 66 85 00 – www.chateau-ile.com **2BTr**
60 ch – ♦170/630 € ♦♦170/630 € – 2 suites – ⊡ 23 €
Rest – *(ouvert jeudi soir, vend. soir, sam. soir et dim. midi)* Menu 52/98 € bc
– Carte 63/81 €
Rest *Winstub* – *(fermé dim. midi)* (23 €) Menu 29 € (déj.)/42 € bc – Carte 37/60 €
♦ Dans un parc de 4 ha bordant l'Ill, petit château 19ᵉ s. entouré de bâtiments récents à colombages, où se répartissent les chambres – spacieuses et garnies de meubles de style. Salle à manger raffinée pour une cuisine classique ; belle terrasse longeant la rivière. L'élégante et chaleureuse winstub honore la tradition.

à Lingolsheim 5 km par rte de Schirmeck (D 392) – 16 784 h. – alt. 140 m – ⊠ 67380

🏨 **Kyriad** sans rest 📶 🗚 ⁀ 🔼 🅿 VISA ⚫ AE ①
59 r. Mar. Foch – ℰ 03 88 76 11 00 – www.kyriadstrasbourg.com **2BSa**
37 ch – ♦59/88 € ♦♦59/95 € – ⊡ 10 €
♦ Hôtel intégré à un ensemble résidentiel et commercial, à mi-chemin de l'aéroport et du centre de Strasbourg. Chambres confortables, fonctionnelles et bien équipées.

à Pfulgriesheim 10 km au Nord-Ouest par D 31 – 1 267 h. – alt. 135 m – ⊠ 67370

X **Bürestubel** 🟥 ⅏ ⇄ VISA ⚫
8 r. Lampertheim – ℰ 03 88 20 01 92 – www.restaurantburestubel.com – *Fermé
1ᵉʳ-17 août, 20 fév.-7 mars, dim. en juil.-août et en déc., mardi sauf en juil.-août
et en déc. et lundi* **1ARa**
Rest – Menu 20/30 € – Carte 21/48 €
♦ Cette ferme à colombages respire l'Alsace ! Joli décor régional et spécialités (très) locales : flammekueche, tartes flambées, sirops et sorbets réalisés avec les fruits du verger...

à Plobsheim 17 km par A35 (sortie n° 7) N 283, N 353 et D 468 – 3 651 h.
– alt. 150 m – ⊠ 67115

Le Kempferhof ⬙   ⬅ 🛋 ⬗ 🖤 rest, ⬙ 🛎 **P** 📵 ⬗ ⬗ ⬗
351 r. du Moulin, au golf – 🕾 *03 88 98 72 72* – *www.golf-kempferhof.com*
– *Fermé nov. et fév.*
27 ch – ✦173 € ✦✦195 € – 8 suites – ⊑ 18 € – ½ P 138/155 €
Rest *Le Bistrot* – *(fermé le soir)* (19 €) Menu 27/35 € – Carte 31/56 €
Rest *K* – *(fermé le midi)* Menu 40/50 € – Carte 54/64 € ⬗
◆ Cette demeure du 19ᵉ s. jouit d'un domaine boisé de 85 ha, incluant un golf 18
trous. Chambres personnalisées, certaines au décor actuel et épuré. Courte
carte au Bistrot dressé sous la véranda, avec terrasse face au green. Le restaurant
K propose une cuisine créative (touches japonisantes) et un beau choix de vins.

STURZELBRONN – 57 Moselle – **307** Q4 – 201 h. – alt. 250 m – ⊠ 57230   **27** D1
◘ Paris 449 – Strasbourg 68 – Bitche 13 – Haguenau 39

Au Relais des Bois   🚗 🛋 **P** 📵 ⬗
13 r. Principale – 🕾 *03 87 06 20 30* – *www.aurelaisdesbois.fr* – *Fermé fév., lundi
et mardi*
Rest – (10 €) Menu 17/24 € – Carte 18/36 €
◆ Modeste adresse familiale à débusquer au cœur d'un village du parc naturel
régional des Vosges du Nord. Cadre rustique, cuisine aux accents du terroir
(gibier).

SUBLIGNY – 89 Yonne – **319** C2 – **rattaché à Sens**

SUCÉ-SUR-ERDRE – 44 Loire-Atlantique – **316** G3 – **rattaché à Nantes**

SUCY-EN-BRIE – 94 Val-de-Marne – **312** E3 – **101** 28 – **voir à Paris, Environs**

SULLY-SUR-LOIRE – 45 Loiret – **318** L5 – 5 795 h. – alt. 115 m   **12** C2
– ⊠ 45600 ▍ Châteaux de la Loire
◘ Paris 149 – Bourges 84 – Gien 25 – Montargis 40
🖪 place de Gaulle 🕾 02 38 36 23 70
🖪 de Sully-sur-Loire Domaine de l'Ousseau, par rte de Bourges : 4 km,
🕾 02 38 36 52 08
◙ Château★ : charpente★★.

Hostellerie du Château   🖢 ⬗ ch, 🖭 ⬗ rest, ⬙ 🛎 **P** 📵 ⬗ ⬗
4 rte de Paris, à St-Père-sur-Loire, Nord 1 km par D 948 – 🕾 *02 38 36 24 44*
– *www.hostellerie-du-chateau.fr*
42 ch – ✦47/69 € ✦✦47/69 € – ⊑ 8 € – ½ P 64 €
Rest – *(fermé dim. soir)* (27 €) Menu 29/50 € – Carte 45/82 €
◆ Grand bâtiment récent abritant des chambres fonctionnelles et très bien
tenues, dont la moitié donne sur le château de Sully. Espace loisirs avec bowling,
billard, etc. Cuisine traditionnelle au restaurant Le Bellevue.

La Closeraie sans rest   ⬗ ⬙ 📵 ⬗ ⬗
14 r. Porte-Berry – 🕾 *02 38 05 10 90* – *www.hotel-la-closeraie.com*
9 ch – ✦55/65 € ✦✦55/65 € – ⊑ 8 €
◆ Dans cette maison du 19ᵉ s., on peut jouer sur le vieux piano ou paresser
dans la bibliothèque en attendant le soir. Chambres décorées avec goût et
simplicité.

aux Bordes Nord-Est 6 km par D 948 et D 961 – 1 678 h. – alt. 132 m – ⊠ 45460

La Bonne Étoile   🛋 🖭 **P** 📵 ⬗
D 952 – 🕾 *02 38 35 52 15* – *www.restaurant-labonneetoile.fr* – *Fermé dim. soir et
lundi*
Rest – Menu 16/37 €
◆ Votre bonne étoile vous conduira peut-être dans cette engageante petite
auberge champêtre en sortie de village. Cuisine traditionnelle se basant sur les
produits du marché.

SURESNES – 92 Hauts-de-Seine – **311** J2 – **101** 14 – voir à Paris, Environs

SUZE-LA-ROUSSE – 26 Drôme – **332** C8 – 1 787 h. – alt. 92 m **44** B3
– ✉ 26790 ▯ Lyon Drôme Ardèche

▶ Paris 641 – Avignon 59 – Bollène 7 – Nyons 28
🚩 le village ✆ 04 75 04 81 41

⌂ **Les Aiguières** 🚗 🍴 🐾 📶
r. Fontaine-d'Argent – ✆ 04 75 98 40 80 – www.les-aiguieres.com
– *Fermé 15 déc.-31 janv.*
5 ch ⬒ – †75 € ††85 € **Table d'hôte** – Menu 28 € bc
◆ À deux pas du château et de son université du vin, une maison du 18ᵉ s. avec jardin, piscine, grand salon (feu de cheminée en hiver) et chambres d'esprit provençal. Cuisine familiale ; menu dégustation "alliances de mets et vins" sur réservation.

TAILLECOURT – 25 Doubs – **321** L2 – rattaché à Audincourt

TAIN-L'HERMITAGE – 26 Drôme – **332** C3 – 5 764 h. – alt. 124 m **43** E2
– ✉ 26600

▶ Paris 545 – Grenoble 97 – Le Puy-en-Velay 105 – St-Étienne 76
🚩 place du 8 mai 1945 ✆ 04 75 08 06 81
◉ Belvédère de Pierre-Aiguille★ N : 4 km par D 241.

TAIN-L'HERMITAGE		
Batie (Quai de la)	**C**	3
Defer (Pl. H.)	**C**	8
Église (Pl. de l')	**C**	12
Gaulle (Q. Gén.-de)	**C**	14
Grande-Rue	**B**	16
Jean-Jaurès (Av.)	**BC**	

Michel (R. F.)	**C**	21
Peala (R. J.)	**B**	24
Prés.-Roosevelt (Av.)	**C**	29
Rostaing (Q. A.)	**C**	30
Seguin (Q. M.)	**B**	32
Souvenir-Français (Av. du)..	**C**	33
Taurobole (Pl. du)	**BC**	
8-Mai-1945 (Pl. du)	**BC**	39

TOURNON-SUR-RHÔNE		
Dumaine (R. A.)	**B**	9
Faure (R. G.)	**B**	13
Grande-Rue	**B**	
Juventon		
(Av. M.)	**B**	19
Thiers (R.)	**B**	35

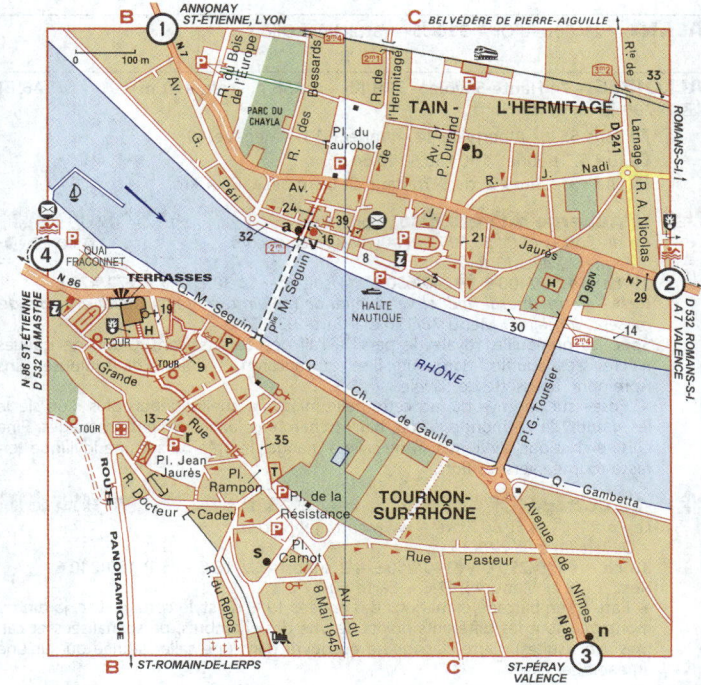

1677

Les 2 Coteaux sans rest
AC 📶 🛜 VISA ⬤⬤ AE
18 r. J. Péala – ℰ 04 75 08 33 01 – www.hotel-les-2-coteaux.com – Fermé
27 déc.-15 janv.
Ba
18 ch – ♦54/60 € ♦♦65/70 € – ⌧ 12 €
◆ Un hôtel familial au calme, face à l'ancien pont enjambant le Rhône. Les chambres sont sobres et lumineuses ; quelques-unes avec balcon.

Le Castel sans rest
🕭 AC 📶 P VISA ⬤⬤ AE
16 r. Paul Durand – ℰ 04 75 08 04 53 – www.hotel-lecastel.fr
Cb
10 ch – ♦60/65 € ♦♦65/70 € – ⌧ 8 €
◆ En centre-ville, près de la gare, un hôtel créé en 2009 dans une ancienne école ! Révisez vos leçons en dormant, dans un décor sobre et très propre (couettes, climatisation).

Le Quai
← 🕭 AC VISA ⬤⬤
17 r. J. Péala – ℰ 04 75 07 05 90 – www.michelchabran.fr
Bv
Rest – (17 €) Menu 21 € (sem.)/29 € – Carte environ 32 €
◆ On pourrait rester à quai pendant des heures, à admirer le Rhône et les vignobles. Terrasse façon paquebot et salle lumineuse. Assiette généreuse et soignée (tradition, brasserie).

Umia
← 🕭 🕭 AC P VISA ⬤⬤
2 r. de la Petite-Pierrelle, rte de Chantemerle-les-Blés
– ℰ 04 75 09 19 85 – www.umia.fr
– Fermé 21 août-14 sept., 2-8 janv., sam. midi, dim. et lundi
Rest – (24 € bc) Menu 39 € – Carte 40/55 €
◆ Umia ou "délicieux" en japonais... Un couple franco-nippon dirige cette ferme cernée par les vignes. Priorité aux produits frais, cuissons au four à bois et notes d'Asie. Élégant.

TALANT – 21 Côte-d'Or – 320 J5 – rattaché à Dijon

TALLOIRES – 74 Haute-Savoie – 328 K5 – 1 536 h. – alt. 470 m
46 F1
– ⌧ 74290 🔲 Alpes du Nord

▶ Paris 551 – Albertville 34 – Annecy 13 – Megève 49
🖪 rue A. Theuriet ℰ 04 50 60 70 64
👁 Site★★ - Site★★ de l'Ermitage St-Germain★ E : 4 km.

L'Auberge du Père Bise (Sophie Bise) 🌤
← 🕭 🕭 AC ch, 📶 🏖 P VISA ⬤⬤ AE ⓪
rte du Port – ℰ 04 50 60 72 01 – www.perebise.com
– Fermé 20 déc.-13 fév.
19 ch – ♦240/400 € ♦♦240/650 € – 4 suites – ⌧ 30 € – ½ P 272/477 €
Rest – *(fermé mardi midi et vend. midi de mi-juin à mi-sept., mardi et merc. de mi-sept. à mi-juin)* Menu 78/176 € – Carte 93/151 €
Spéc. La grenouille, royale de persil à l'ail des ours (saison). Gratin de queues d'écrevisses. Soufflé "Marguerite Bise" au macaron et violette de Toulouse. **Vins** Apremont, Roussette de Savoie.
◆ Posée sur une rive du lac, cette belle maison accueille depuis plus d'un siècle les grands de ce monde. Salon, bar et chambres luxueusement aménagés. Fine cuisine classique servie dans une salle à manger feutrée ou sur une idyllique terrasse tournée vers les flots.

Le Cottage 🌤
← 🚣 🕭 🏊 📶 🕭 rest, 🍴 rest, 📶 P VISA ⬤⬤ AE
Le Port – ℰ 04 50 60 71 10 – www.cottagebise.com
– Ouvert fin avril-début oct.
33 ch – ♦140/250 € ♦♦140/250 € – 2 suites – ⌧ 18 € – ½ P 120/240 €
Rest – (28 €) Menu 46/67 € – Carte 60/72 €
◆ Face à l'embarcadère, maisons des années 1930 de style cottage. Lac, jardin ou montagne sont les différents points de vue des chambres, personnalisées et calmes (trois suites). Carte classique à découvrir dans une salle raffinée ou sur une agréable terrasse.

L'Abbaye 🦢 ⚔ 🚗 🛋 🍽 🏄 **P** **VISA** **⊙⊙** **AE** **①**
chemin des Moines – *𝒞 04 50 60 77 33* – *www.abbaye-talloires.com* – *Ouvert mi-fév. à mi-nov.*
30 ch – †175/200 € ††175/200 € – 1 suite – ⊑ 23 € **Rest** – *(fermé jeudi midi et merc. sauf juin-sept., lundi et mardi sauf juil.-août)* Menu 42/80 € Carte 60/70 € 🏵
♦ Cette abbaye bénédictine du 17ᵉ s. accueillit en son temps Cézanne. Chambres raffinées de style classique ; jardin face au lac (ponton privé). Cuisine actuelle servie dans une salle à manger bourgeoise ou en terrasse. Belle carte des vins de Savoie et d'ailleurs.

La Charpenterie 🦢 🍴 🛋 🍽 **P** **VISA** **⊙⊙**
72 r. A. Theuriet – *𝒞 04 50 60 70 47* – *www.la-charpenterie.com* – *Fermé 14 nov.-10 fév.*
18 ch – †77/117 € ††77/117 € – ⊑ 11 € – ½ P 76/97 €
Rest – Menu 18 € (déj.)/38 € – Carte 38/54 €
♦ Chalet récent orné de balcons ouvragés. Intérieur chaleureux et confortable où le bois s'impose partout. Nombreuses chambres avec terrasse. Salle de restaurant lambrissée, décorée de photos anciennes ; cuisine ancrée dans la tradition (spécialités fromagères).

※※ **Villa des Fleurs** avec ch 🦢 ⚔ 🍴 🛋 🍽 🏄 **P** **VISA** **⊙⊙** **AE** **①**
rte du Port – *𝒞 04 50 60 71 14* – *www.hotel-lavilladesfleurs74.com*
– Fermé 30 nov.-1ᵉʳ fév., dim. soir et lundi
8 ch – †80/88 € ††103/142 € – ⊑ 14 € – ½ P 100/109 €
Rest – (27 €) Menu 33/60 € bc – Carte 45/60 €
♦ Dans le bourg mais entourée de verdure, confortable villa savoyarde où l'on déguste une cuisine régionale (poissons du lac d'Annecy). Chambres très calmes et deux appartements dans l'annexe.

à Angon 2 km au Sud par D 909a - ⊠ 74290 Talloires

Les Grillons ⚔ 🍴 ⛲ 🏖 rest, 🍽 **P** **VISA** **⊙⊙** **AE**
– 𝒞 04 50 60 70 31 – *www.hotel-grillons.com* – *Ouvert 29 avril-13 oct.*
30 ch (½ P seult) – ½ P 56/84 €
Rest – *(ouvert 1ᵉʳ mai-1ᵉʳ oct.)* Menu 25/48 € – Carte 30/55 €
♦ Établissement de style pension qui bénéficie d'une grande piscine, très agréable l'été. Chambres rafraîchies en 2009 ; la plupart ont vue sur le lac. Salle à manger au style actuel : poutres apparentes neuves, plantes vertes, tons rouge et blanc.

TALMONT-SUR-GIRONDE – 17 Charente-Maritime – **324** E6 – 79 h. **38** B3
– alt. 20 m – ⊠ 17120 ▮ Poitou Vendée Charentes
▶ Paris 503 – Blaye 72 – La Rochelle 93 – Royan 18
◉ Site ★ de l'église Ste-Radegonde ★.

※※ **L'Estuaire** avec ch 🦢 ⚔ **AC** rest, 🍴 ch, **P** **P** **VISA** **⊙⊙**
au Caillaud, 1 av. Estuaire – *𝒞 05 46 90 43 85* – *www.hotellestuaire.com*
– Ouvert 16 fév.-15 nov.
7 ch – †58/70 € ††58/70 € – ⊑ 8 €
Rest – *(fermé lundi et mardi sauf juil.-août)* (17 €) Menu 22/45 € – Carte 26/70 €
♦ Belle situation face à la Gironde pour ce restaurant rustique égayé de tons pastel. Plats régionaux et produits de la pêche locale. Chambres rénovées, claires et bien équipées.

LA TAMARISSIÈRE – 34 Hérault – **339** F9 – rattaché à Agde

TAMNIÈS – 24 Dordogne – **329** H6 – 301 h. – alt. 200 m – ⊠ 24620 **4** D3
▶ Paris 522 – Brive-la-Gaillarde 47 – Périgueux 60 – Sarlat-la-Canéda 14

Laborderie ⚔ 🍴 ⛲ 🏖 **AC** rest, 🍽 **P** **VISA** **⊙⊙**
Le Bourg – *𝒞 05 53 29 68 59* – *www.hotel-laborderie.com* – *Ouvert 9 avril-1ᵉʳ nov.*
45 ch – †42/94 € ††46/98 € – ⊑ 10 € – ½ P 50/78 €
Rest – *(fermé lundi midi, mardi midi et merc. midi)* Menu 23/46 € – Carte 29/75 €
♦ Dans cette maison périgourdine, tout est paisible ! Vaste parc tourné vers la vallée et chambres d'esprit rustique ou actuel. Au restaurant, atmosphère campagnarde et cuisine régionale à l'ancienne. À la belle saison, on profite de la terrasse.

TANCARVILLE – 76 Seine-Maritime – **304** C5 – 1 236 h. – alt. 10 m   **33** C2
– ⊠ 76430 ▯ Normandie Vallée de la Seine

▶ Paris 175 – Caen 86 – Le Havre 32 – Pont-Audemer 24

Pont de Tancarville : péage en 2010 : autos 2,30 €, auto et caravane 2,90 €,
camions et autocars 3,50 à 6,10 €, gratuit pour motos ✆ 02 35 39 65 60.
◙ ≤ ★ sur estuaire.

XXX   **La Marine** avec ch   ≤ 🚗 🚉 ⁿ¹ 🖄 **P** **VISA** **◉** **AE**
⊛   *10 rte du Havre, au pied du pont (D 982) – ✆ 02 35 39 77 15*
*– www.lamarine-tancarville.com – Fermé 22 juil.-20 août, sam. midi, dim. soir et
lundi*
9 ch – †65/85 € ††65/85 € – ⊡ 10 € – ½ P 80/95 €
Rest – Menu 13 € (sem.), 20/50 € – Carte 45/78 €
Rest *Le Bistro de la Marine* – Menu 13/19 €
♦ Hôtellerie des bords de Seine officiant au pied du célèbre pont de Tancarville.
Traditionnelle, la cuisine du restaurant évolue au gré des arrivages du marché et
de la pêche. Chambres récemment rafraîchies. Bistrot au décor boisé.

LA TANIA – 73 Savoie – **333** M5 – rattaché à Courchevel

TANNERON – 83 Var – **340** Q4 – 1 453 h. – alt. 376 m – ⊠ 83440   **42** E2
▯ Côte d'Azur

▶ Paris 903 – Cannes 20 – Draguignan 53 – Grasse 20
🛈 place de la Mairie ✆ 04 93 60 71 73

XX   **Le Champfagou** avec ch �´   🚗 🚉 **P** **VISA** **◉** **AE**
⊛   *53 pl. du Village – ✆ 04 93 60 68 30 – www.lechampfagou.fr – Fermé
25 oct.-15 nov., mardi soir et merc.*
9 ch – †50/55 € ††50/55 € – ⊡ 9 € – ½ P 60 €
Rest – (22 €) Menu 28/40 € – Carte 30/60 €
♦ Un restaurant niché au milieu des mimosas... Ici, le chef réinterprète les classiques
provençaux. L'été, on s'installe sur la terrasse fleurie. Petites chambres simples.

TANTONVILLE – 54 Meurthe-et-Moselle – **307** H8 – 623 h.   **26** B2
– alt. 300 m – ⊠ 54116

▶ Paris 327 – Épinal 48 – Lunéville 35 – Nancy 29

XX   **La Commanderie**   🚉 **P** **VISA** **◉**
⊛   *1 r. Pasteur – ✆ 03 83 52 49 83 – www.restaurant-la-commanderie.com
– Fermé 17 août-2 sept., 2-8 janv., mardi soir, merc. soir, dim. soir et lundi*
Rest – Menu 15 € (déj. en sem.), 30/55 € – Carte 36/62 €
♦ Cette maison du début du 20ᵉ s., ex-siège social de la brasserie Tourtel, abrite
un élégant restaurant décoré dans des tons chauds. Belle terrasse agrémentée
d'une fontaine.

TANUS – 81 Tarn – **338** F6 – 547 h. – alt. 439 m – ⊠ 81190   **29** C2
▶ Paris 668 – Albi 33 – Rodez 46 – St-Affrique 62
🛈 24, avenue Paul Bodin ✆ 05 63 76 36 71
◙ Viaduc du Viaur ★ NE : 7 km,.

⌂   **Des Voyageurs**   🚗 ⌁ **AC** rest, ⁿ¹ 🖄 **P** 🚭 **VISA** **◉**
⊛   *11 av. Paul Bodin – ✆ 05 63 76 30 06 – www.hoteldesvoyageurs-tarn.com
– Fermé dim. soir et lundi sauf juil.-août*
15 ch – †49/55 € ††49/55 € – ⊡ 7 € – ½ P 42/44 €
Rest – Menu 15 € (sem.), 24/38 € – Carte 22/46 €
♦ Près de l'église, hôtel tout simple doté d'un petit jardin ombragé d'un saule
pleureur. Chambres toutes rénovées, peu à peu remeublées dans un style plus
actuel. Cuisine traditionnelle et courte sélection de vins servis dans une confortable salle à manger.

TARARE – 69 Rhône – **327** F4 – 10 673 h. – alt. 383 m – ⊠ 69170   **44** A1
▯ Lyon Drôme Ardèche

▶ Paris 463 – Lyon 45 – Montbrison 60 – Roanne 40
🛈 place Madeleine ✆ 04 74 63 06 65

Burnichon 🏠

1,5 km à l'Est par D 307 – ℰ 04 74 63 44 01 – www.hotel-burnichon.com – Fermé 21-27 déc.

34 ch – ♦44/51 € ♦♦51/59 € – ⊇ 9 € – ½ P 49 €
Rest – *(fermé sam. soir et dim.)* Menu 16/37 € – Carte 26/41 €

◆ Bâtisse hôtelière des années 1980 qui propose des chambres fonctionnelles ayant conservé leur mobilier d'origine. À 50 m, piscine entourée de verdure. Restaurant-véranda misant sur un buffet d'entrées et une carte traditionnelle simple. Terrasse d'été.

Jean Brouilly 🍴🍴🍴

3 ter r. de Paris – ℰ 04 74 63 24 56 – www.restaurant-brouilly.com – Fermé 1ᵉʳ-11 août, dim. soir et lundi
Rest – (28 €) Menu 38/72 € – Carte 37/73 €

◆ Cette belle demeure (1906) au cœur d'un parc vous convie à une halte gourmande. Salle à manger au décor rajeuni ; cuisine classique et cave honorant les vins de Bourgogne.

TARASCON-SUR-ARIÈGE – 09 Ariège – 343 H7 – 3 489 h. — 29 C3
– alt. 474 m – ⊠ 09400 ▐ Midi-Toulousain

▶ Paris 777 – Ax-les-Thermes 27 – Foix 18 – Lavelanet 30
🛈 Centre multimédia - Avenue des Pyrénées ℰ 05 61 05 94 94
◉ Parc pyrénéen de l'art préhistorique★★ O : 3 km - Grotte de Niaux★★ (dessins préhistoriques) SO : 4 km - Grotte de Lombrives★ S : 3 km par N 20

à Rabat-les-Trois-Seigneurs 5,5 km au Nord-Ouest par D 618 et D 223 – ⊠ 09400

La Table de la Ramade 🍴

r. des Écoles – ℰ 05 61 64 94 32 – www.latabledelaramade.com – Fermé 27 sept.-20 oct., mardi et merc.
Rest – Menu 18/35 € – Carte 26/50 €

◆ Restaurant de village dont le jeune chef mitonne une alléchante cuisine actuelle sur base traditionnelle, relevée d'une touche épicée. Salle en étage et terrasse tropézienne.

TARBES 🅿 – 65 Hautes-Pyrénées – 342 M5 – 45 433 h. — 28 A3
– Agglo. 109 892 h. - alt. 320 m – ⊠ 65000 ▐ Midi-Toulousain

▶ Paris 831 – Bordeaux 218 – Lourdes 19 – Pau 44
🛧 de Tarbes-Lourdes-Pyrénées : ℰ 05 62 32 92 22, 9 km par ④.
🚆 ℰ 3635 et tapez 42 (0,34 €/mn)
🛈 3, cours Gambetta ℰ 05 62 51 30 31
🏇 de Tarbes les Tumulus à Laloubère 1 rue du Bois, par rte de Bagnères-de-Bigorre : 2 km, ℰ 05 62 45 14 50
🏇 Hippodrome de La Loubère à Laloubère Rue de la Châtaigneraie, par rte de Bagnères-de-Bigorre : 3 km, ℰ 05 62 45 07 10
◉ Jardin Massey★ ABY - Haras★ AZ.

Plan page suivante

Le Rex Hotel 🏨

10 cours Gambetta – ℰ 05 62 54 44 44 – www.lerexhotel.com — AZb
98 ch – ♦110/380 € ♦♦150/380 € – ⊇ 15 €
Rest – *(fermé dim.)* Menu 22/45 € bc – Carte 43/64 €

◆ Audacieuse architecture en verre et alu dont la façade s'anime de jeux de lumières la nuit. Chambres ultramodernes où cohabitent des créations de Starck et Panton. Lounge-bar et restaurant au cadre design. Cuisine tendance ; fond musical assorti.

Ibis sans rest 🏨

61 av. de Lourdes par ④ – ℰ 05 62 93 51 18 – www.ibishotel.com
76 ch – ♦58/68 € ♦♦58/68 € – ⊇ 8 €

◆ Hôtel situé aux portes de la ville. Chambres confortables (avec balcon donnant sur la piscine côté sud) et salon-bar lumineux (mobilier en bois clair).

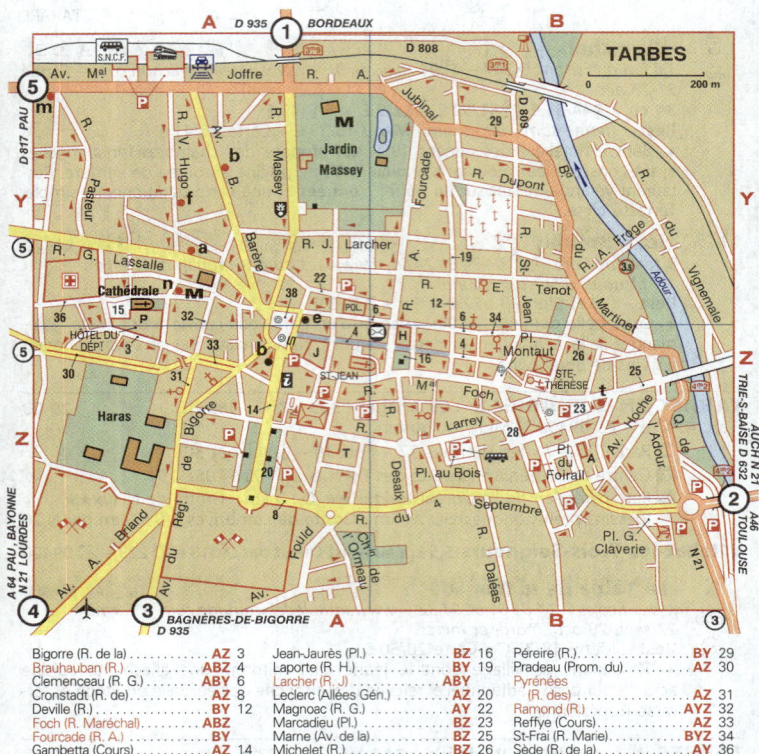

TARBES

Bigorre (R. de la) . . . . **AZ** 3	Jean-Jaurès (Pl.) . . . . **BZ** 16	Péreire (R.) . . . . **BY** 29
Brauhauban (R.) . . . . **ABZ** 4	Laporte (R. H.) . . . . **BY** 19	Pradeau (Prom. du) . . . . . . **AZ** 30
Clemenceau (R. G.) . . . . . . **ABY** 6	Larcher (R. J) . . . . **ABY**	Pyrénées
Cronstadt (R. de) . . . . **AZ** 8	Leclerc (Allées Gén.) . . . . . **AZ** 20	(R. des) . . . . **AZ** 31
Deville (R.) . . . . **BY** 12	Magnoac (R. G.) . . . . **AY** 22	Ramond (R.) . . . . **AYZ** 32
Foch (R. Maréchal) . . . . . . **ABZ**	Marcadieu (Pl.) . . . . **BZ** 23	Reffye (Cours) . . . . **AY** 33
Fourcade (R. A.) . . . . **BY**	Marne (Av. de la) . . . . **BZ** 25	St-Frai (R. Marie) . . . . **BYZ** 34
Gambetta (Cours) . . . . **AZ** 14	Michelet (R.) . . . . **BZ** 26	Sède (R. de la) . . . . **AY** 36
Gaulle (Pl. Gén.-de) . . . . . . **AY** 15	Parmentier (Pl.) . . . . **BZ** 28	Verdun (Pl. de) . . . . **AYZ** 38

🏠   **Foch** sans rest   🛗 AC 📶 *VISA* 🇲🇨 AE

18 pl. de Verdun – ℰ 05 62 93 71 58 – www.hotel-foch.eu   **AYZe**
30 ch – †54 € ††58 € – 3 suites – ⬚ 8 €
◆ En plein centre-ville, établissement bordant une place animée. Chambres simples et bien insonorisées, plus spacieuses et dotées d'agréables balcons aux deux derniers étages.

🍴🍴🍴   **L'Ambroisie**   🌳 AC 🍴 ⇄ *VISA* 🇲🇨 AE ⓘ

48 r. Abbé Torné – ℰ 05 62 93 09 34 – www.restaurant-lambroisie.com – Fermé
26 avril-12 mai, 21-29 déc., dim. et lundi   **AYn**
Rest – Menu 37/80 € – Carte 70/85 €
◆ Cet ancien presbytère de 1882 abrite une coquette salle à manger et un jardin où l'on s'attable aux beaux jours. Cuisine classique et du marché.

🍴   **Le Petit Gourmand**   🌳 AC 🍴 *VISA* 🇲🇨 AE

🍃   62 av. B. Barère – ℰ 05 62 34 26 86 – Fermé 2 sem. en août, début janv., sam.
midi, dim. soir et lundi   **AYb**
Rest – (14 €) Menu 18/32 € – Carte environ 32 €🍷
◆ Ambiance familiale et intérieur chaleureux de style bistrot chic. La cuisine, au goût du jour, privilégie les produits locaux ; jolie sélection de vins du Languedoc-Roussillon.

🍴   **Le Fil à la Patte**   AC *VISA* 🇲🇨

🍃   30 r. G. Lassalle – ℰ 05 62 93 39 23 – Fermé 9-29 août, sam. midi, dim. et lundi
Rest – Menu 17/26 € – Carte 20/28 €   **AYa**
◆ L'atmosphère est conviviale et sans chichi dans ce restaurant où l'on s'attable coude à coude autour de plats du marché et de saveurs qui fleurent bon le terroir.

Trait Blanc
🛏 VISA 💳

9 r. Victor-Hugo – ☏ 05 62 38 11 87 – Fermé 1er-20 août, 1er-10 janv., dim. soir et lundi
AYf

Rest – (14 €) Menu 18 € (déj. en sem.), 22/34 € – Carte 40/56 €
* Une salle immaculée et tout en longueur : un Trait Blanc original et sympathique, signé par deux jeunes amis d'enfance. Cuisine du marché haute en… couleurs et sans ratures !

L'Étoile
🛏 AC 🍽 VISA 💳

1 av. de la Marne – ☏ 05 62 93 09 30 – Fermé 24 juil.-14 août, dim. et lundi
Rest – (15 € bc) Menu 24/34 € – Carte 30/48 €
BZt
* Quartier animé, intérieur et accueil pleins de simplicité… et pour l'assiette, un chef passionné, qui prépare une cuisine mêlant saveurs du Sud, herbes et épices, sans esbroufe.

L'Isard
🛏 VISA 💳

70 av. du Mar.-Joffre – ☏ 05 62 93 06 69 – www.lisard.fr – Fermé 1er-15 sept., dim. soir et lundi
AYm

Rest – (10 €) Menu 18 € (sem.), 27/32 € – Carte 32/62 €
* Le jeune chef, de retour dans sa ville natale, propose de savoureux menus de saison, axés terroir (magret, porc noir de Bigorre). Produits nobles à la carte (truffe, foie gras).

rte de Lourdes par Juillan 4 km par ④ sur D 921^A – ✉ 65290 Juillan

L'Aragon avec ch
🛏 ♿ rest, 🍽 rest, 🎵 🛁 P VISA 💳 AE ⑩

2 ter rte de Lourdes – ☏ 05 62 32 07 07 – www.hotel-aragon.com – Fermé 1er-17 août, 1er-19 janv. et dim. soir
12 ch – ♦49 € ♦♦55 € – �), 8,50 €
Rest – (20 € bc) Menu 35/61 € – Carte 46/75 €
Rest Bistrot – (15 € bc) Menu 20 € bc – Carte 24/55 €
* Recettes au goût du jour dans une plaisante salle à manger d'esprit zen (murs d'eau, fleurs…) ou sur la terrasse ombragée. Chambres thématiques (rugby, golf, mer, vin, etc.). Au Bistrot : décor actuel et tables simplement dressées.

TAVEL – 30 Gard – 339 N4 – 1 688 h. – alt. 100 m – ✉ 30126   23 D2
▶ Paris 673 – Avignon 15 – Alès 68 – Nîmes 41

Les Chambres de Vincent
🛏 🛏 🍽 ch, 🍽

r. Grillons – ☏ 04 66 50 94 76 – www.chambres-de-vincent.com – Ouvert 8 fév.-8 nov.
5 ch �) – ♦65/70 € ♦♦75/80 €
Table d'hôte – (fermé mardi) Menu 30/75 € bc
* Cette maison se cache dans une ruelle étroite du village… Très joli jardin au parfum de garrigue, petites chambres fonctionnelles et agréable véranda. La patronne, avignonnaise, prépare une bonne cuisine familiale (bouillabaisse sur commande).

Auberge de Tavel avec ch
🛏 🔲 AC rest, 🍽 P VISA 💳 AE

7 rte Romaine – ☏ 04 66 50 03 41 – www.auberge-de-tavel.com – Fermé 15-25 nov. et 15 fév.-15 mars
10 ch �) – ♦87/122 € ♦♦114/145 €
Rest – (fermé jeudi midi et merc.) (20 €) Menu 25/72 € – Carte 40/47 €
* Sous les poutres de la jolie salle rustique – ou en terrasse –, on part à la découverte d'une cuisine d'aujourd'hui, qui explore le terroir provençal avec bonheur. Chambres fraîches et pimpantes (mobilier chiné, coloris vert anis, brun, framboise…).

Le Physalis
🛏 AC VISA 💳

127 r. Frédéric-Mistral – ☏ 04 66 50 29 53 – www.lephysalisrestaurant.com – Fermé 4-25 janv.
Rest – Menu 20/27 € – Carte 31/42 €
* De bons produits frais du marché pour une agréable cuisine provençale… Cette auberge de village est toute simple et l'accueil très sympathique !

TAVERS – 45 Loiret – 318 G5 – rattaché à Beaugency

TENCE – 43 Haute-Loire – **331** H3 – 3 232 h. – alt. 840 m – ⊠ 43190   **6** D3
▌ Lyon Drôme Ardèche

> ◪ Paris 564 – Lamastre 38 – Le Puy-en-Velay 46 – St-Étienne 52
> ▯ place du Chatiague ℰ 04 71 59 81 99

🏠 **Hostellerie Placide**   🚋 P̄ VISA ⚫⚫
av. de la Gare, rte d'Annonay – ℰ *04 71 59 82 76* – *www.hostellerie-placide.fr*
– *Ouvert début mars à fin nov. et fermé lundi et mardi de sept. à juin*
12 ch – ♦59/89 € ♦♦59/89 € – ⊇ 10 € – ½ P 64/75 €
Rest – *(fermé lundi midi et mardi midi en juil.-août)* (13 €) Menu 29/55 €
– Carte 43/62 €
◆ Cette demeure (1902) à la façade végétale servit de relais de diligence. Chambres classiques d'esprit bourgeois ; mobilier de style ou actuel. À table, carte au
goût du jour sur base classico-traditionnelle. L'été, apéritif au jardin.

⌂ **Les Prairies** sans rest ॐ   🔉 �&ⴵ P̄
1 r. du Prè-Long, (rte de St-Etienne) – ℰ *04 71 56 35 80* – *www.lesprairies.com*
– *Ouvert 15 avril-15 nov.*
5 ch ⊇ – ♦65 € ♦♦73/115 €
◆ Agréable maison bourgeoise en pierre (1850) dans un beau parc arboré. Grandes chambres fraîches, lumineuses et personnalisées. Tenue impeccable et accueil
charmant.

TENCIN – 38 Isère – **333** I6 – 1 150 h. – alt. 257 m – ⊠ 38570   **46** F2

> ◪ Paris 604 – Chambéry 38 – Grenoble 25 – Lyon 137
> ▯ route du Lac - Grangeneuve ℰ 04 76 13 00 00

🍴🍴 **La Tour des Sens**   🚋 🗄 &ⴵ ᴬᴷ P̄ VISA ⚫⚫ AE
La Tour, 1 km rte de Theys – ℰ *04 76 04 79 67* – *www.latourdessens.fr* – *Fermé*
24 avril-1er mai, 6-30 août, 24 déc.-11 janv., dim., lundi et fériés
Rest – Menu 23 € (déj. en sem.), 35/63 € – Carte 38/95 €
◆ De la terrasse du restaurant, vous pourrez contempler le massif de la Chartreuse. À l'intérieur, des touches de couleurs chaudes viennent égayer le mobilier
contemporain en bois sombre. Recettes inventives.

TENDE – 06 Alpes-Maritimes – **341** G3 – 2 025 h. – alt. 815 m   **41** D2
– ⊠ 06430 ▌ Côte d'Azur

> ◪ Paris 888 – Cuneo 47 – Menton 56 – Nice 78
> ▯ avenue du 16 septembre 1947 ℰ 04 93 04 73 71
> ▥ de Vievola Hameau de Vievola, N : 5 km par D 6204, ℰ 04 93 04 88 91
> ◙ Site★ - veille ville★ - Fresques★★★ de la chapelle Notre-Dame des
> fontaines★★ SE : 11 km.

à St-Dalmas-de-Tende 4 km au Sud par D 6204 – ⊠ 06430

🏠 **Le Prieuré** ॐ   🚋 🗄 &ⴵ rest, ᕧ P̄ VISA ⚫⚫ AE
⚭ *r. J. Médecin* – ℰ *04 93 04 75 70* – *www.leprieure.org*
24 ch – ♦47/63 € ♦♦54/71 € – ⊇ 8 € – ½ P 50/59 €
Rest – *(fermé 25 déc.-1er janv.)* (10 €) Menu 16/22 €
◆ Le hameau est célèbre pour sa gare monumentale bâtie sur les ordres de
Mussolini. Cet ancien prieuré, qui accueille un ESAT, abrite des chambres simples
et rustiques. Plats traditionnels servis dans une salle voûtée ou en terrasse, sous
la treille.

à la Brigue 6,5 km au Sud-Est par D 6204 et D 43 – 630 h. – alt. 810 m – ⊠ 06430

> ▯ 26, avenue du Général de Gaulle ℰ 04 93 79 09 34
> ◙ Collégiale St-Martin★.

🏠 **Mirval** ॐ   ≼ 🚋 P̄ VISA ⚫⚫
⚭ *3 r. Ferrier* – ℰ *04 93 04 63 71* – *www.lemirval.com* – *Ouvert 1er avril-2 nov.*
18 ch – ♦46/79 € ♦♦46/79 € – ⊇ 8,50 € – ½ P 46/65 €
Rest – *(fermé le midi sauf week-ends et fériés)* Menu 19/24 €
◆ Un joli pont de pierres enjambant une rivière poissonneuse donne accès à
cette accueillante auberge de montagne (19e s.). Chambres fonctionnelles nettes ;
patron randonneur. Salle à manger contemporaine et véranda tournées vers les
sommets ; cuisine régionale simple.

à Casterino 15 km au Nord-Ouest par D 91 – ⌧ 06430 Tende

Chamois d'Or ⌂   ≤ 🚗 🏊 🛗 🅿 🚘 VISA ◑ ◍
– ☏ 04 93 04 66 66 – www.hotelchamoisdor.net
22 ch – ♦75/90 € ♦♦85/130 € – ⌑ 13 € – ½ P 80/110 €
Rest – (11 €) Menu 25 € (dîner), 30/45 € – Carte 30/50 €
♦ Au cœur de la vallée des Merveilles, ce chalet fait face à la montagne et au torrent. Intérieur cossu et élégant ; chambres spacieuses et bien équipées (certaines avec terrasse). Salle à manger d'esprit rustique dotée d'une belle cheminée, cuisine créative.

Les Mélèzes avec ch ⌂   ≤ ⅍ ch, 🅿 VISA ◑
– ☏ 04 93 04 95 95 – Fermé 15 nov.-27 déc.
10 ch – ♦52/54 € ♦♦52/54 € – ⌑ 7 €
Rest – (fermé mardi soir et merc. hors saison) Menu 21/25 € – Carte 30/41 €
♦ Une petite adresse sympathique au décor régional, idéalement située pour randonner dans le massif du Mercantour. On y déguste des plats du terroir faits maison. Chambres simples et bien tenues.

TERRASSON-LAVILLEDIEU – 24 Dordogne – **329** I5 – 6 236 h.
– alt. 90 m – ⌧ 24120 ▮ Périgord Quercy   **4 D1**
▶ Paris 497 – Brive-la-Gaillarde 22 – Lanouaille 44 – Périgueux 53
🛈 Rue Jean Rouby ☏ 05 53 50 37 56
◉ Les jardins de l'imaginaire★.

L'Imaginaire (Éric Samson) avec ch ⌂   🏊 AK ch, ℗ 🅿 VISA ◑ AE
pl. du Foirail, (direction église St-Sour) – ☏ 05 53 51 37 27
– www.l-imaginaire.com – Fermé 21 fév.-21 mars, 14 nov.-5 déc., lundi midi du 11 juil. au 22 août, dim. soir, mardi midi et lundi de sept. à juin
6 ch – ♦85 € ♦♦120 € – ⌑ 12 € – ½ P 97/128 €
Rest – (25 €) Menu 31 € (sem.), 43/65 € – Carte 43/55 €
Spéc. Grillade de foie gras de canard au caramel de fruit de la passion, sorbet litchi. Pomme de ris de veau dorée au four, citron, câpres et curry. Fine gelée de verveine du Velay, fraises gariguettes en cappuccino de petit suisse vanillé. **Vins** Bergerac blanc sec, Bergerac rouge.
♦ Plaisirs des yeux et du palais rivalisent dans la salle à manger voûtée de cet ancien hospice du 17e s. Ce cadre élégant rehausse encore la qualité de la cuisine. Les chambres, romantiques et pleines de charme, invitent à la rêverie la plus douce.

TERRAUBE – 32 Gers – **336** F6 – 388 h. – alt. 150 m – ⌧ 32700   **28 B2**
▶ Paris 721 – Agen 48 – Auch 43 – Toulouse 114

Maison Ardure ⌂   🏊 🏊 🏊 ♨ 🌿 AK ℗ 🅿 VISA ◑
2 km par D 42 rte de Lectoure – ☏ 05 62 68 59 56 – www.ardure.fr – Fermé 2 janv.-1er avril, 2-9 juil., 29 août-2 sept., 2-21 oct., 2 nov.-17 déc.
5 ch ⌑ – ♦85 € ♦♦90 €   **Table d'hôte** – Menu 30 € bc
♦ Superbe manoir gascon du 17e s. entouré d'un joli parc planté d'arbres fruitiers. Chambres décorées avec goût selon des thèmes régionaux ou voyageurs. Beaux espaces de détente. Le soir, découvrez à la table d'hôte une cuisine créative inspirée du terroir.

TERTENOZ – 74 Haute-Savoie – **328** K6 – rattaché à Faverges

---

TÉTEGHEM – 59 Nord – **302** C1 – rattaché à Dunkerque

TEYSSODE – 81 Tarn – **338** D9 – 345 h. – alt. 270 m – ⌧ 81220   **29 C2**
▶ Paris 699 – Albi 54 – Castres 27 – Toulouse 51

Domaine d'En Naudet sans rest ⌂   🚗 ♨ 🌿 ℗ 🏊 🅿 VISA ◑
D 43 – ☏ 05 63 70 50 59 – www.domainenaudet.com
5 ch ⌑ – ♦82/92 € ♦♦92 €
♦ Cette demeure de caractère perchée sur une colline domine la campagne et jouit d'une grande tranquillité. Belles chambres rustiques chic, salle de sport, joli jardin. Accueil charmant.

THANN 🚄 – 68 Haut-Rhin – **315** G10 – 7 981 h. – alt. 343 m – ⊠ 68800   **1** A3
🏴 Alsace Lorraine

▶ Paris 464 – Belfort 42 – Colmar 44 – Épinal 87

🛈 7, rue de la 1ère Armée ℰ 03 89 37 96 20

◉ Collégiale St-Thiébaut★★ - Grand Ballon ❄★★★ N : 19 km.

🏨 **Le Parc** ⌂   🚗 🏡 ⌿ ᴸ5 ᵠ 🐍 🄿 𝘝𝘐𝘚𝘈 ⓪
23 r. Kléber – ℰ 03 89 37 37 47 – www.alsacehotel.com – Fermé 2-29 janv.
21 ch – †69/149 € ††79/199 € – ⌷ 16 € – ½ P 75/130 €
Rest – (19 € bc) Menu 28 € (déj. en sem.), 35/45 € – Carte 49/69 €
♦ Dans un parc arboré, une belle maison bourgeoise du 19ᵉ s. aux allures de petit palais : salon noble et raffiné, jolies chambres personnalisées et bien tenues. Lumineuse salle à manger, paisible terrasse d'été et cuisine traditionnelle.

🏠 **Aux Sapins** ⌂   🏡 ♿ ch, ᵠ 🄿 𝘝𝘐𝘚𝘈 ⓪
⚙ 3 r. Jeanne d'Arc – ℰ 03 89 37 10 96 – www.auxsapinshotel.fr
🍽 – Fermé 24 déc.-3 janv.
17 ch ⌷ – †44 € ††56 € – ½ P 53/57 €
Rest – (fermé 1ᵉʳ-16 août, 24 déc.-3 janv. et sam.) (11 €) Menu 19/35 €
– Carte 18/46 €
♦ Quelques sapins ombragent cette bâtisse construite en 1971, légèrement excentrée. Accueil soigné et chambres personnalisées aux tons pastel. Vous goûterez une cuisine traditionnelle dans un cadre contemporain ou dans un coquet bistrot façon winstub.

THANNENKIRCH – 68 Haut-Rhin – **315** H7 – 494 h. – alt. 520 m   **2** C2
– ⊠ 68590 🏴 Alsace Lorraine

▶ Paris 436 – Colmar 25 – St-Dié 40 – Sélestat 17

◉ Route★ de Schaentzel (D 48¹) N : 3 km.

🏨 **Auberge La Meunière** ⌂   ⟨ 🏡 ᴸ5 🛗 ♿ ch, 🐍 🄿 🛋 𝘝𝘐𝘚𝘈 ⓪ 🄰🄴
⚙ 30 r. Ste-Anne – ℰ 03 89 73 10 47 – www.aubergelameuniere.com – Ouvert
16 mars-22 déc.
25 ch ⌷ – †66 € ††74/116 € – ½ P 53/74 €
Rest – (13 €) Menu 17/39 € – Carte 40/60 €
♦ Les styles rustique et contemporain se marient bien dans cette ravissante auberge. Les chambres, spacieuses et souvent dotées d'un balcon, offrent de belles échappées sur la campagne. Chaleureuse salle à manger, terrasse panoramique et carte saisonnière à l'accent régional.

🏨 **Touring-Hôtel** ⌂   ⟨ 🚗 🏊 🛗 🛗 🍴 rest, ᵠ 🐍 🄿 𝘝𝘐𝘚𝘈 ⓪
⚙ 2 rte du Haut Koenigsbourg – ℰ 03 89 73 10 01 – www.touringhotel.com
– Fermé 2 janv.-25 mars
43 ch – †62/70 € ††62/138 € – ⌷ 10 € – ½ P 61/104 €
Rest – Menu 19/38 € – Carte 21/50 €
♦ Grand hôtel familial blotti dans le village, au pied du massif du Taennchel. Chambres à l'alsacienne, très coquettes. Espace wellness. Buffet campagnard au petit-déjeuner. À table, on privilégie recettes et vins régionaux.

THARON-PLAGE – 44 Loire-Atlantique – **316** C5 – ⊠ 44730   **34** A2

▶ Paris 437 – Challans 53 – Nantes 57 – St-Nazaire 24

🍴 **L'Empreinte** avec ch   ⟨ 🏡 🍴 rest, ᵠ 𝘝𝘐𝘚𝘈 ⓪
⚙ 119 bd de l'Océan – ℰ 02 40 27 82 17 – www.hotel-restaurant-lempreinte.com
🍴 – Fermé 3 sem. en fév., 2 sem. en oct., dim. soir, merc. soir et lundi
13 ch – †57/88 € ††57/88 € – ⌷ 8,50 €
Rest – (14 €) Menu 17 € (déj. en sem.), 27/37 € – Carte 34/56 €
♦ Face à l'Atlantique, maison régionale entièrement rénovée. Sur la terrasse ou près des baies, on dîne en profitant du coucher de soleil sur l'océan et d'une cuisine actuelle très soignée (poisson frais). Chambres ravissantes aux couleurs reposantes.

LE THEIL – 15 Cantal – **330** C4 – rattaché à Salers

LE THEIL – 03 Allier – **326** F4 – 393 h. – alt. 450 m – ⊠ 03240   **5** B1
- Paris 343 – Clermont-Ferrand 92 – Montluçon 46 – Vichy 43

⌂ **Château du Max** ॐ   🛏 P VISA ⓴
2 km au Nord-Ouest par D 129 – ℰ 04 70 42 35 23 – www.chateaudumax.com
4 ch ⇆ – †70 € ††80/100 €   **Table d'hôte** – Menu 20 € bc/28 € bc
- Château des 13ᵉ et 15ᵉ s. entouré de douves. Les chambres et suites ont été aménagées avec goût par la propriétaire, ancienne décoratrice de théâtre. À table, plats du terroir servis dans un cadre médiéval de toute beauté.

THÉNAC – 17 Charente-Maritime – **329** D7 – **rattaché à Saintes**

THENAY – 36 Indre – **323** E7 – 873 h. – alt. 120 m – ⊠ 36800   **11** B3
- Paris 299 – Le Blanc 30 – Châteauroux 33 – Limoges 104

✗ **Auberge de Thenay**   🛏 VISA ⓴
23 r. R. d'Helbingue – ℰ 02 54 47 99 00 – www.auberge-de-thenay.fr
– Fermé 29 août-12 sept., 17-31 janv., dim. soir et lundi
Rest – *(nombre de couverts limité, prévenir)* (12 € bc) Menu 24 € bc (déj. en sem.), 27/34 € ॐ
- Menus composés autour d'une viande rôtie à la broche et beau choix de vins. Le propriétaire organise régulièrement des soirées irlandaises et écossaises (carte de whiskies).

THÉOULE-SUR-MER – 06 Alpes-Maritimes – **341** C6 – 1 499 h.   **42** E2
– ⊠ 06590 ▮ Côte d'Azur
- Paris 895 – Cannes 11 – Draguignan 58 – Nice 42
🖈 1, corniche d'Or ℰ 04 93 49 28 28
G Massif de l'Estérel ★★★.

✗✗ **Chez Philippe**   🛏 VISA ⓴ AE
au port – ℰ 04 93 49 87 13 – www.restaurantchezphilippe.com – Fermé lundi de mi-sept. à mi-juin
Rest – Menu 28 € (déj.), 38/48 € – Carte 35/70 €
- Les arrivages journaliers de produits de la mer, en grande partie locaux, garantissent la fraîcheur des préparations. Salle élégante et baies vitrées ouvrant sur les flots.

à Miramar 5 km par D 6098 - rte de St-Raphaël - ⊠ 06590 Theoule sur Mer
▮ Côte d'Azur
O Pointe de l'Esquilon ≤ ★★ NE : 1 km puis 15 mn.

🏨 **Miramar Beach**   ≤ 🛏 🛏 ⌒ ◑ ໂ♭ ✗ 🖃 ᴚ ch, AC ᴵᵖᵎ ᵴᴬ P
47 av. Miramar – ℰ 04 93 75 05 05 – www.tiara-hotels.com   VISA ⓴ AE ⓞ
56 ch – †135/320 € ††135/320 € – 5 suites – ⇆ 19 €
Rest *L'Étoile des Mers* – (29 €) Menu 39 € – Carte 69/99 €
- Le charme de cet établissement tient à sa superbe situation les pieds dans l'eau, au creux d'une calanque de roches rouges. Chambres provençales raffinées et magnifique spa décoré à l'orientale. Cuisine actuelle servie au restaurant panoramique ou en terrasse l'été.

🏨 **Tiara Yaktsa** ॐ   ≤ 🛏 🛏 ⌒ ໂ♭ AC ch, ᐟᵖᵎ P VISA ⓴ AE ⓞ
6 bd de l'Esquillon – ℰ 04 92 28 60 30 – www.tiara-hotels.com – Ouvert 29 mars-31 oct.
21 ch – †186/560 € ††412/2480 € – ⇆ 29 €
Rest – Menu 35/49 € – Carte environ 60 €
- Accrochée à la falaise, cette demeure abrite des chambres luxueuses qui marient l'Orient et la Méditerranée. Un cadre sublime : jardin luxuriant, piscine à débordement... Cuisine inspirée par les saveurs du monde et jolie vue sur l'Esterel de la terrasse.

✗✗ **Jilali B**   ≤ 🛏 AC ⇆ P VISA ⓴ AE
16 av. du Trayas – ℰ 04 93 75 19 03 – www.jilalib.com – Fermé de mi-nov. à mi-janv., mardi de sept. à mai, dim. soir de juin à août et lundi
Rest – (28 €) Menu 35 €, 45 € – Carte 44/95 €
- Face à la mer, avec une grande terrasse envahie par la végétation. La carte propose un joli choix de poissons (pêche locale) – une simplicité appréciable dans la région.

THÉRONDELS – 12 Aveyron – **338** I1 – 486 h. – alt. 965 m – ✉ 12600   **29** D1

▶ Paris 561 – Aurillac 44 – Chaudes-Aigues 48 – Murat 43

⌂   **Miquel**   🚗 🍴 ⊼ 🛈 **P** 𝘝𝘐𝘚𝘈 ∞
🍴 *le bourg* – ☎ 05 65 66 02 72 – www.hotel-miquel.com – *Fermé sam. et dim.*
du 21 avril au 30 sept.
15 ch – †65/80 € ††65/80 € – � 8 €
Rest – Menu 18 € bc (déj. en sem.), 28/36 €
♦ Bâtisse du début du 20ᵉ s. aux chambres actuelles, donnant sur le jardin (piscine) ou sur la place du village. Restaurant au cadre contemporain (tons chocolat),
avec une terrasse sous une tonnelle ; cuisine à l'accent aveyronnais.

THIAIS – 94 Val-de-Marne – **312** D3 – **101** 26 – rattaché à Paris, Environs

---

THIBIVILLERS – 60 Oise – **305** C5 – 201 h. – alt. 110 m – ✉ 60240   **36** A3

▶ Paris 78 – Amiens 87 – Beauvais 26 – Rouen 77

⌂   **Le Puits d'Angle** ❧   🚗 🔲 🌿 🛈
2 r. des Tilleuls – ☎ 03 44 84 31 10 – www.lepuitsdangle.com
5 ch ⊆ – †60/70 € ††90 €   **Table d'hôte** – Menu 30 € bc
♦ Profitez d'un séjour au calme dans cette belle ferme picarde du 18ᵉ s. La décoration des chambres marie avec goût mobilier ancien et contemporain. Piscine
couverte et hammam. La bibliothèque sert de cadre à la table d'hôte, qui met à
l'honneur des recettes du terroir.

THIERS ⊛ – 63 Puy-de-Dôme – **326** I7 – 12 194 h. – alt. 420 m   **6** C2
– ✉ 63300 ▌Auvergne

▶ Paris 388 – Clermont-Ferrand 43 – Lyon 133 – St-Étienne 108

🛈 1 place Pirou ☎ 04 73 80 65 65

◉ Site★★ - Le Vieux Thiers★ : Maison du Pirou★ **N** - Terrasse du Rempart
❄★ - Rocher de Borbes ⩽★ S : 3,5 km par D 102.

⌂   **L'Aigle d'Or**   🛈 🔏 𝘝𝘐𝘚𝘈 ∞
🍴 *8 r. de Lyon* – ☎ 04 73 80 00 50 – www.aigle-dor.com
– *Fermé 25 oct.-14 nov., 27 fév.-14 mars, lundi midi, sam. midi et dim.*
18 ch – †55 € ††60/67 € – ⊆ 8 € – ½ P 54/64 €
Rest – (10 €) Menu 18/27 € – Carte 27/37 €
♦ Au cœur de la ville, établissement fondé en 1836, abritant des chambres rénovées, assez feutrées. Cadre du 19ᵉ s., meubles rustiques et couleurs chatoyantes
dans la salle de restaurant qui propose une cuisine traditionnelle.

à Pont-de-Dore Sud-Ouest 6 km par D 2089 – ✉ 63920 Peschadoires

⌂   **Eliotel**   🚗 🍴 🛈 **P** 𝘝𝘐𝘚𝘈 ∞
🍴 *rte de Maringues* – ☎ 04 73 80 10 14 – www.eliotel.fr – *Fermé 8-21 août et*
23 déc.-17 janv.
12 ch – †60/76 € ††60/76 € – ⊆ 8 € – ½ P 60/68 €
Rest – (17 €) Menu 19 € bc (sem.), 20/35 € – Carte 32/53 €
♦ Un établissement sympathique tenu par un passionné de coutellerie thiernoise
(vitrine de présentation et site Internet). Chambres de bonne ampleur, demandez
les plus récentes. Le chef, originaire d'Armorique, mitonne recettes auvergnates
et spécialités bretonnes.

THIÉZAC – 15 Cantal – **330** E4 – 602 h. – alt. 805 m – ✉ 15800 ▌Auvergne   **5** B3

▶ Paris 542 – Aurillac 26 – Murat 23 – Vic-sur-Cère 7

🛈 le Bourg ☎ 04 71 47 50 68

◉ Pas de Compaing★ NE : 3 km.

⌂   **Le Casteltinet**   ⩽ 🍴 ▤ 🌿 rest, 🛈 **P** 𝘝𝘐𝘚𝘈 ∞ 𝘈𝘌
🍴 *Grand-Rue* – ☎ 04 71 47 00 60 – www.casteltinet.com – *Fermé nov.*
21 ch – †50/57 € ††50/57 € – ⊆ 10 € – ½ P 51/56 €
Rest – (fermé mardi midi, dim. soir et lundi) Menu 18/55 € – Carte 27/51 €
♦ Cure de jouvence réussie pour cette agréable maison. Chambres variées (styles
rural, ethnique...), certaines avec balcon et vue imprenable sur les monts du Cantal. Plats traditionnels mis au goût du jour, servis dans une salle rustique tournée
vers la vallée.

LE THILLOT – 88 Vosges – **314** I5 – 3 745 h. – alt. 495 m – ⊠ 88160   **27** C3

🟩 Alsace Lorraine

▶ Paris 434 – Belfort 46 – Colmar 72 – Épinal 49

ℹ 11, avenue de Verdun ℰ 03 29 25 28 61

au Ménil 3,5 km au Nord-Est par D 486 – 1 180 h. – alt. 524 m – ⊠ 88160

🏠🏠 **Les Sapins**   🚗 🍴 ᙏ 🛜 P VISA ◉◉ AE

⊗⊗ 60 Gde Rue – ℰ 03 29 25 02 46 – www.hotel-les-sapins.fr – Fermé
27 juin-11 juil., 22 nov.-12 déc., dim. soir et lundi midi

🛏️ **22 ch** – ♦49 € ♦♦59/70 € – 😐 9 € – ½ P 58/67 €

Rest – (12 €) Menu 19/43 € – Carte 30/48 €

♦ L'architecture originale, l'aménagement des chambres – romantiques ou exotiques
–, le bon accueil et la vente de confitures artisanales font l'attrait du lieu. Au restaurant, cuisine au goût du jour dans une jolie salle éclairée par des baies vitrées.

THIONNE – 03 Allier – **326** I4 – alt. 275 m – ⊠ 03220   **6** C1

▶ Paris 333 – Clermont-Ferrand 101 – Moulins 36 – Nevers 89

🏠 **La Maison du Lac** ⤬   🐾 🍴 ᙏ ch, 🛜 P VISA ◉◉

⊗⊗ 4 km au Nord par D 161, rte de Chapeau – ℰ 04 70 34 74 23
– www.hotel-maisondulac.com – Fermé 25 déc.-15 fév.

7 ch – ♦45/53 € ♦♦45/53 € – 😐 6,50 € – ½ P 59/65 €

Rest – Menu 18 € (sem.), 26/38 € – Carte 25/50 €

♦ Du calme et de la verdure en cette bien nommée Maison du Lac, une jolie
bâtisse aux allures de fermette. Chambres sobres, fonctionnelles et lumineuses.
Au restaurant, le patron concocte une sympathique cuisine traditionnelle...
Agréable terrasse face à l'étang.

THIONVILLE ⊗⊗ – 57 Moselle – **307** I2 – 41 127 h.   **26** B1
– Agglo. 130 480 h. – alt. 155 m – ⊠ 57100 🟩 Alsace Lorraine

▶ Paris 339 – Luxembourg 32 – Metz 30 – Nancy 84

ℹ 16, rue du Vieux collège ℰ 03 82 53 33 18

◉ Château de la Grange★.

Plans pages suivantes

🏠 **Des Oliviers** sans rest   🍽️ 🛜 VISA ◉◉

1 r. du Four Banal – ℰ 03 82 53 70 27 – www.hoteldesoliviers.com – Fermé
20 déc.-2 janv.   **DYn**

26 ch – ♦57 € ♦♦59 € – 😐 8 €

♦ Petit hôtel familial situé dans une rue piétonne du centre. Chambres peu
spacieuses mais fonctionnelles, à la tenue irréprochable. L'été, petit-déjeuner en
terrasse.

🏠 **Du Parc** sans rest   🛗 🛜 ᙏᙏ VISA ◉◉

10 pl. de la République – ℰ 03 82 82 80 80 – www.hoteldu-parc.com

41 ch – ♦55/62 € ♦♦55/62 € – 😐 8,50 €   **CZa**

♦ Proche du centre-ville, immeuble du début du 20e s. tourné vers un petit parc
public. Les chambres, pratiques et toutes semblables, se répartissent sur six étages.

XXX **Aux Poulbots Gourmets**   🍴 VISA ◉◉

9 pl. aux Fleurs – ℰ 03 82 88 10 91 – www.poulbotsgourmets.com – Fermé
14-21 avril, 27 juil.-16 août, 1er-15 janv., sam. midi, dim. soir, merc. soir et lundi

Rest – Menu 45/65 € – Carte 50/80 €   **AVp**

♦ La réputation de cette table d'inspiration classique n'est plus à faire. Grandes
baies vitrées, chaises Lloyd Loom et lustres modernes participent au charme
contemporain du lieu.

X **Au Petit Chez Soi**   🍴 VISA ◉◉

23 r. du Luxembourg – ℰ 03 82 53 62 96 – Fermé vacances de printemps, 3 sem.
en août, vacances de Noël, merc. soir, dim. et lundi   **DYt**

Rest – (20 €) Carte 44/61 €

♦ Sympathique petit restaurant d'allure bistrot, installé dans une maison
ancienne (18e s.) du centre piétonnier. Cuisine traditionnelle et boutique-traiteur
juste en face.

THIONVILLE

Afrique (Chaussée d') . . . . AV 3
Amérique (Chaussée d') . . . . . BV 4
Asie (Chaussée d') . . . . AV 6
Bel Air (Allée) . . . . AV 7
Comte-de-Bertier (Av.) . . . . BV 10
Europe (Chaussée d') . . . . AV 13
Guentrange (Rte de) . . . . AV 15
Longwy (R. de) . . . . AV 18
Océanie (Chaussée d') . . . . BV 25
Paul-Albert (R.) . . . . AV 28
Pyramides (R. des) . . . . BV 29
Romains (R. des) . . . . AV 31
Terrasse (Allée de la) . . . . AV 34
14-Juillet (Av. du) . . . . AV 37

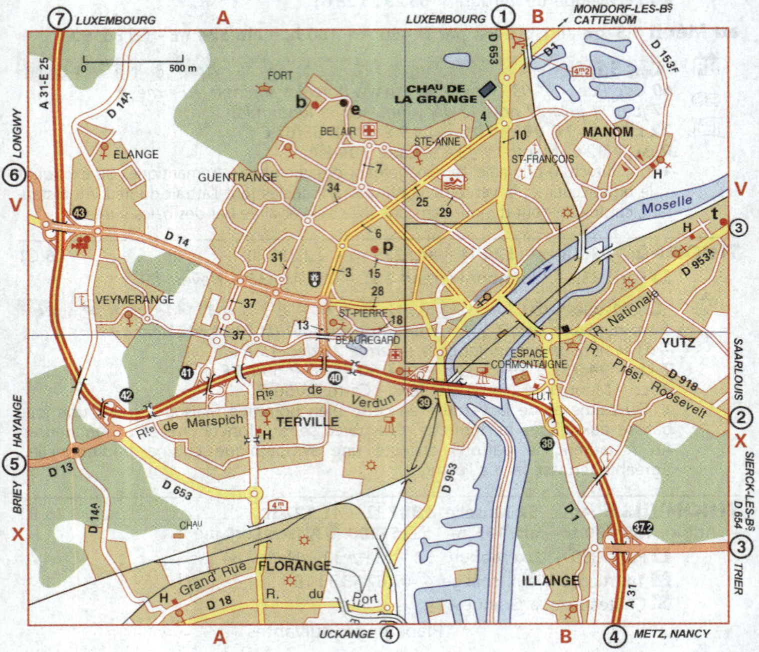

au Crève-Coeur – ✉ 57100 Thionville

L'Horizon

rest, VISA

50 rte du Crève-Coeur – *✆ 03 82 88 53 65* – *www.lhorizon.fr* – *Fermé 20 déc.-20 janv. et dim. soir de nov. à mars* AVe

13 ch – †98/164 € ††98/164 € – ☕ 14 €

Rest – *(fermé lundi midi, mardi midi, vend. midi et sam. midi)* Menu 36/46 € – Carte 52/62 €

◆ Belle demeure tapissée de vigne vierge et entourée de jardins fleuris. Ambiance feutrée, chambres soignées, salons raffinés et bar panoramique. Table classique par sa cuisine et son décor. Tapisserie d'Aubusson en salle ; belle vue dominant la ville.

Auberge du Crève-Cœur

VISA

9 Le Crève-Coeur – *✆ 03 82 88 50 52* – *www.aubergeducrevecoeur.com* – *Fermé 24-31 déc., 23 juil.-7 août, dim. soir, lundi soir, mardi soir et merc. soir*

Rest – Menu 34/54 € bc – Carte 50/70 € AVb

◆ La même famille tient cette auberge depuis 1899. Décor vigneron (tapisseries, tonneaux, pressoir géant du 18e s.), généreuse cuisine du terroir et terrasse dominant Thionville.

THIRON-GARDAIS – 28 Eure-et-Loir – **311** C6 – **1 103 h.** – **alt. 237 m** **11** B1 – ✉ **28480**

Paris 148 – Chartres 48 – Lucé 46 – Orléans 95

18 rue de l'Abbaye ✆ 02 37 49 49 01

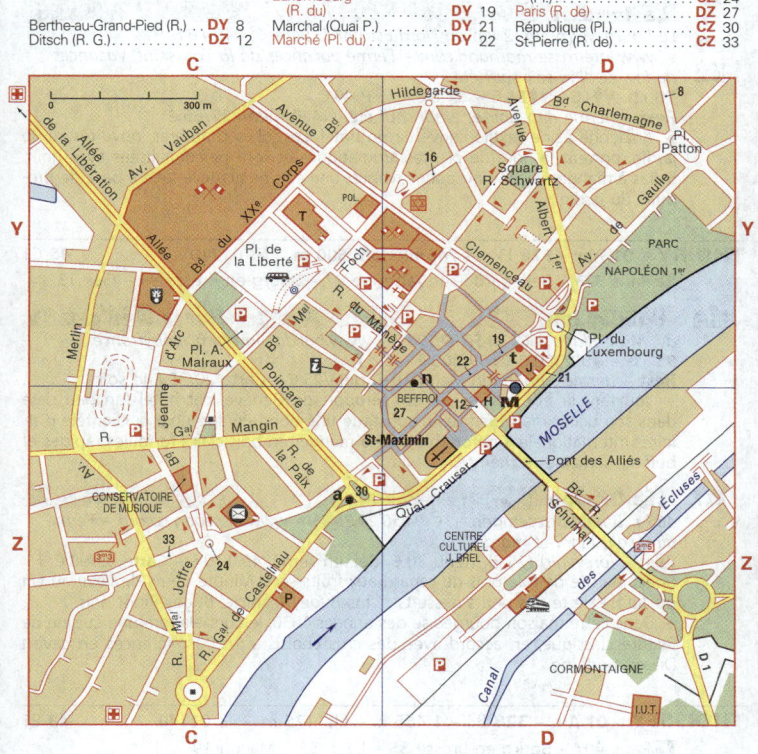

THIONVILLE

Berthe-au-Grand-Pied (R.) .. **DY** 8
Ditsch (R. G.) . . . . **DZ** 12
Hoche (R. Lazare) . . . . **DY** 16
Luxembourg
(R. du) . . . . **DY** 19
Marchal (Quai P.) . . . . **DY** 21
Marché (Pl. du) . . . . **DY** 22
Marie-Louise
(Pl.) . . . . **CZ** 24
Paris (R. de) . . . . **DZ** 27
République (Pl.) . . . . **CZ** 30
St-Pierre (R. de) . . . . **CZ** 33

La Forge 🚗 🛏 *VISA* ⊕⊕

1 r. Alfred Chasseriaud – ℰ 02 37 49 42 30 – www.a-la-forge.com – Fermé lundi et le soir sauf vend. et sam.
Rest – Menu 13 € (déj.), 26/32 € – Carte 26/49 €

◆ Le chef, également artiste peintre, expose ses œuvres dans son restaurant occupant les forges d'une abbaye du 16e s. Menu du jour en semaine, choix plus étoffé le week-end.

THIVIERS – 24 Dordogne – **329** G3 – 3 163 h. – alt. 273 m – ⊠ 24800　　　**4** C1
🟩 Périgord Quercy

▶ Paris 449 – Brive-la-Gaillarde 81 – Limoges 62 – Périgueux 34
🛈 place du Marechal Foch ℰ 05 53 55 12 50

De France et de Russie *sans rest*　🚗 📶 **P** *VISA* ⊕⊕

51 r. du Gén.-Lamy – ℰ 05 53 55 17 80 – www.thiviers-hotel.com
10 ch – ♦48/72 € ♦♦48/72 € – � 8 €

◆ Le foie gras de Thiviers faisait jadis la joie des tsars... Aujourd'hui, on cultive ce joli souvenir dans cette maison coquette (tapis fleuris à l'anglaise et jardinet verdoyant).

THIZY – 69 Rhône – **327** E3 – 2 456 h. – alt. 553 m – ⊠ 69240　　　**44** A1
▶ Paris 414 – Lyon 65 – Montbrison 74 – Roanne 22
🛈 rue Eugène Déchavanne ℰ 04 74 64 35 23

La Terrasse 🌿   ≤ 🍴 📶 ⚙ 🔊 ⚿ 🅿 VISA ⓒ

Le bourg Marnand, 2 km au Nord-Est par D 94 – 🕿 *04 74 64 19 22*
*– www.laterrasse-marnand.com – Fermé vacances de la Toussaint, vacances
de fév. et dim. soir sauf été*
10 ch – ♦46 € ♦♦54 € – 🛏 6 € – ½ P 49 €
Rest – *(fermé dim. soir et lundi sauf été)* (14 €) Menu 17/65 €
◆ Ancienne usine textile convertie en hôtel. Les jolies chambres, ouvertes sur le
jardin, portent le nom de plantes aromatiques et sont personnalisées avec goût.
Salles à manger cocooning pour savourer une cuisine actuelle faite à base de produits du jardin.

THOIRY – 01 Ain – 328 I3 – 4 746 h. – alt. 500 m – ✉ 01710   45 C1
▶ Paris 523 – Bellegarde-sur-Valserine 27 – Bourg-en-Bresse 99 – Gex 13

Holiday Inn   🍴 🍴 📶 ⚙ 🔊 AK 📶 ⚿ 🅿 VISA ⓒ AE ⓞ

av. Mont-Blanc – 🕿 *04 50 99 19 99 – www.holiday-inn.com/thoiryfrance*
95 ch – ♦99/300 € ♦♦99/300 € – 🛏 15 €
Rest – *(fermé sam. midi)* Menu 20 € (déj.)/25 € – Carte 20/35 € le soir
◆ Jouxtant la frontière suisse et l'aéroport de Genève, cet hôtel (un peu daté
dans son décor mais bien tenu) constitue une bonne étape pour la clientèle d'affaires internationale. Confortable salle à manger en bois clair ; formules rapides et
buffets, semaines à thèmes.

XXX   Les Cépages *(Jean-Pierre Delesderrier)*   🚗 📶 VISA ⓒ
✿
465 r. Briand-Stresemann – 🕿 *04 50 20 83 85 – www.lescepages.com – Fermé
dim. soir, lundi et mardi*
Rest – *(prévenir)* (25 €) Menu 30 € (déj. en sem.), 49/110 € – Carte 65/90 €⅚
Spéc. Marbré de foie gras de canard aux fruits secs. Minute de ris de veau au vin
du Jura. Palette des petits desserts. **Vins** Bugey Manicle, Bugey Pinot noir.
◆ Dans cette maison bourgeoise des années 1830, le chef élabore une cuisine de
facture classique, en accord avec des crus choisis – 1 200 références en cave !
Décor moderne.

THOISSEY – 01 Ain – 328 B3 – 1 465 h. – alt. 175 m – ✉ 01140   43 E1
▶ Paris 407 – Bourg-en-Bresse 35 – Lyon 55 – Mâcon 19
🛈 37, Grande Rue 🕿 04 74 04 90 17

XX   Côté Saône   📶 🅿 VISA ⓒ

au port – 🕿 *04 74 06 62 31 – Fermé janv., 24-30 sept., dim. soir et mardi soir
d'oct. à avril et lundi*
Rest – Menu 14 € (déj. en sem.), 26/38 € – Carte 28/57 €
◆ Belle cuisine traditionnelle qui rend hommage au terroir, servie dans la grande
et belle salle moderne à l'étage ou sur la terrasse, ombragée par des platanes
centenaires.

THÔNES – 74 Haute-Savoie – 328 K5 – 5 813 h. – alt. 650 m – ✉ 74230   46 F1
🟩 Alpes du Nord
▶ Paris 560 – Annecy 21 – Genève 59 – Lyon 171
🛈 place Avet 🕿 04 50 02 00 26

⌂   Le Clos Zénon 🌿   ≤ 🚗 ⅃ ⚿ 🌿 📶 🅿

rte de Bellossier – 🕿 *04 50 02 10 86 – www.thones-chalet-gite.com – Ouvert
1er avril-1er déc.*
5 ch 🛏 – ♦50/55 € ♦♦65/95 € – ½ P 60/75 €
Table d'hôte – Menu 30 € bc/40 € bc
◆ Bonne adresse pour les amoureux de la nature : un chalet récent avec piscine.
L'accueil sympathique, les chambres douillettes, le cadre montagnard sont les
autres atouts du lieu. Repas d'inspiration savoyarde servis dans une salle chaleureuse (belle cheminée).

▶ Paris 568 – Annecy 75 – Chamonix-Mont-Blanc 99 – Genève 34

ℹ place du Marché ℰ 04 50 71 55 55

🏌 Évian Masters Golf Club à Évian-les-Bains Rive Sud du Lac de Genève, par
rte d'Évian : 8 km, ℰ 04 50 75 46 66

👁 Les Belvédères sur le lac Léman★★ ABY - Voûtes★ de l'église St-Hippolyte
- Domaine de Ripaille★ N : 2 km.

🏨 **Arc en Ciel** sans rest   ⎘ ⌇ 𝕃ᵢ ♨ ⌾ 𝑆ᵢ **P** 🅿 ⏦ 𝘝𝘐𝘚𝘈 ⓴ 🄰🄴 ⓪
18 pl. Crête – ℰ 04 50 71 90 63 – www.hotelarcencielthonon.com
– Fermé 17 déc.-4 janv.   BZ**k**
40 ch – †59/78 € ††64/79 € – ⊊ 8 €
♦ Près du centre-ville, hôtel moderne profitant d'un jardin avec piscine. Chambres avec balcon ou terrasse, spacieuses et bien équipées ; certaines disposent
d'une kitchenette.

THONON-LES-BAINS

Allobroges (Av. des)	**BZ** 2		

Arts (R. des)	**BZ** 3	Moulin (Pl. Jean)	**AY** 12
Bordeaux (Pl. Henry)	**AY** 4	Paix (R. de la)	**AY** 20
Grande-Rue	**AYZ**	Ratte (Ch.de la)	**BZ** 13
Granges (R. des)	**BY** 5	Trolliettes (Bd des)	**AZ** 15
Léman (Av. du)	**BY** 6	Ursules (R. des)	**BY** 16
Michaud (R.)	**AY** 10	Vallées (Av. des)	**BZ** 18

À l'Ombre des Marronniers

17 pl. Crête – ✆ 04 50 71 26 18 – www.hotellesmarronniers.com – Fermé 25 avril-6 mai et 20 déc.-5 janv. BZ**t**

17 ch – †49/64 € ††50/65 € – ☕ 7 € – ½ P 44/54 €

Rest – *(fermé dim. soir du 15 nov. au 21 mai)* Menu 13/33 € – Carte 27/49 €

◆ Les chambres de cet hôtel aux allures de chalet sont quelque peu désuètes, mais fonctionnelles. Salle à manger-véranda et terrasse dressée à l'ombre des marronniers ; cuisine traditionnelle et spécialités montagnardes.

Le Prieuré (Charles Plumex)

68 Gde rue – ✆ 04 50 71 31 89 – Fermé 25 avril-10 mai, 7-23 nov., dim. soir, lundi et mardi AY**f**

Rest – (38 € bc) Menu 40/80 € – Carte 75/110 €

Spéc. Foie gras en fausse poire, masqué de pistaches, acidulée de mûres et canneberges. Pièce d'agneau fermier cuit au jus vif avec les légumes et l'ail en chemise. Soufflé chaud à l'eau de vie de framboise, coeur coulant au chocolat, sorbet framboise. **Vins** Ripaille, Vin de Savoie Fréterive

◆ À l'entrée d'un ancien hôtel particulier, restaurant voûté, habillé de boiseries et décoré de tableaux contemporains, proposant une cuisine inventive, généreuse et soignée.

Les Alpes du Léman

3 bis r. des Italiens – ✆ 04 50 26 51 24 – www.thononresto.com – Fermé 15 juil.-13 août, dim. soir et merc. AZ**a**

Rest – *(nombre de couverts limité, prévenir)* (18 €) Menu 26/61 € – Carte 42/63 €

◆ Nouveau décor tendance (tons beige et chocolat) pour ce restaurant familial situé dans une rue commerçante de la station thermale. Cuisine du marché soignée ; accueil cordial.

à Armoy 7 km au Sud-Est par ② et D 26 – 1 078 h. – alt. 620 m – ✉ 74200

À l'Écho des Montagnes

– ✆ 04 50 73 94 55 – www.echo-des-montagnes.com – Fermé 4-8 oct., 1er janv.-7 fév., dim. soir et lundi sauf de juin à août

47 ch – †36/54 € ††54/64 € – ☕ 9 € – ½ P 53/58 €

Rest – Menu 16/40 € – Carte 25/45 €

◆ Accueil familial dans cette imposante maison de la fin du 19e s. Chambres simples et fonctionnelles, un peu plus grandes à l'annexe. Le restaurant lambrissé est chaleureux et la cuisine régionale copieusement servie. Immense potager et basse-cour.

à Anthy-sur-Léman 6 km par ④ et D 33 – 1 866 h. – alt. 400 m – ✉ 74200

L'Auberge d'Anthy

2 r. des Écoles – ✆ 04 50 70 35 00 – www.auberge-anthy.com

13 ch – †53/70 € ††63/81 € – ☕ 8 € – ½ P 63/72 €

Rest – *(fermé 2 sem. en mars, 1 sem. en oct., dim. soir et lundi sauf juil.-août)* (15 €) Menu 32/45 € – Carte 33/60 €

◆ "Ici, on mange, on boit, et on dort !" Telle est la devise de cette auberge de village refusant tout superflu : petites chambres sobres, bistrot campagnard et cuisine du terroir.

aux Cinq Chemins 7 km par ④ – ✉ 74200 Margencel

Denarié

25 r. de Séchex – ✆ 04 50 72 63 45 – www.hotel-denarie.fr – Fermé 14-21 juin, 12-20 sept., 23 déc.-20 janv. et dim. soir sauf juil.-août

14 ch – †72/98 € ††77/98 € – ☕ 10 € – ½ P 75/88 €

Rest *Les Cinq Chemins* – *(fermé dim. soir de sept. à juin et lundi sauf le soir en juil.-août)* (17 €) Menu 26/42 € – Carte 28/49 €

◆ Proche de la route mais préservé du bruit, cet hôtel distille un charme savoyard simple et chaleureux. Chambres décorées avec goût et agréable jardin-piscine. Convivialité et authenticité aux Cinq Chemins, autour d'une assiette à l'accent régional.

au Port-de-Séchex 7 km par ④ – ✉ 74200

Le Clos du Lac avec ch 🏠 🌿 ch, 📶 🅿 VISA 🆎

*Port de Séchex – ✆ 04 50 72 48 81 – www.restaurant-leclosdulac.com – Fermé 27 juin
-7 juil., 26 sept.-6 oct., 2-26 janv., mardi sauf le soir en juil.-août, dim. soir et lundi*
3 ch – ♦69 € ♦♦69 € – �),10 € **Rest** – (23 €) Menu 29/62 € – Carte 45/65 €
◆ Dans cette vieille ferme restaurée, les anciennes mangeoires en pierre cohabitent harmonieusement avec un décor et des tableaux modernes. Cuisine dans
l'air du temps, soignée. Chambres personnalisées au décor contemporain.

à Bonnatrait 9 km par ④ – ✉ 74140 Sciez

Hôtellerie du Château de Coudrée 🌿 🕹 🌿 🍽 📶 🕯 🅿
– ✆ 04 50 72 62 33 – www.coudree.fr – Fermé 30 oct.-2 déc. VISA 🆎 🆎
17 ch – ♦138/386 € ♦♦138/386 € – �),15 €
Rest – *(fermé mardi et merc. sauf juil.-août)* (32 € bc) Menu 56/92 €
– Carte 65/95 €
◆ En bord de lac, ce château est un majestueux témoin du Moyen Âge. Chambres aux meubles anciens ; celle du donjon est particulièrement insolite. Élégante salle à manger – boiseries, tapisseries, cheminée – et carte actuelle (poissons du lac et légumes du potager).

LE THOR – 84 Vaucluse – **332** C10 – 7 675 h. – alt. 50 m – ✉ 84250 **42** E1
▶ Paris 696 – Arles 84 – Avignon 21 – Marseille 89

La Bastide Rose 🌿 🕹 🕹 ch, 🔤 ch, 🌿 rest, 📶 🅿 VISA 🆎 🆎
*99 chemin des Croupières – ✆ 04 90 02 14 33 – www.bastiderose.com – Fermé
9 janv.-20 mars*
5 ch – ♦120/200 € ♦♦120/200 € – 3 suites – �),16 €
Rest – *(résidents seult)* (20 €) Menu 25 € (déj.)/40 €
◆ Cette belle bastide est un vrai lieu culturel – musée à la mémoire du journaliste Pierre Salinger, expos – avec le charme d'une maison de famille : élégance, confort, vue sur le parc. Sous la verrière ou en terrasse, cuisine provençale inspirée par le terroir.

THORÉ-LA-ROCHETTE – 41 Loir-et-Cher – **318** C5 – 932 h. **11** B2
– alt. 75 m – ✉ 41100
▶ Paris 176 – Blois 42 – La Flèche 94 – Le Mans 72

Du Pont 🍽 VISA 🆎
*15 r. du Mar.-de-Rochambeau – ✆ 02 54 72 80 62 – Fermé 16 août-2 sept.,
16 janv.-10 fév., mardi soir, dim. soir et lundi*
Rest – Menu 22/50 € – Carte 35/59 €
◆ Vins et cuisine du terroir à déguster dans ce petit restaurant tout simple, situé
à proximité de l'arrêt du train touristique de la vallée du Loir.

THORENC – 06 Alpes-Maritimes – **341** B5 – alt. 1 250 m – ✉ 06750 **41** C2
Andon
▶ Paris 832 – Castellane 35 – Draguignan 64 – Grasse 40
👁 Col de Bleine ‹ ★★ N : 4 km ▮ Alpes du Sud

Auberge Les Merisiers avec ch 🌿 🚗 🏠 VISA 🆎
*24 av. Belvédère – ✆ 04 93 60 00 23 – www.aubergelesmerisiers.com – Fermé
8-22 mars, 23 oct.-5 nov., 23-26 déc., mardi soir et merc.*
12 ch – ♦45 € ♦♦50 € – �),12 € – ½ P 55/65 €
Rest – (20 €) Menu 28/35 € – Carte 27/47 €
◆ Pratique pour l'étape dans la montée du col de Bleine, auberge montagnarde
proposant des plats régionaux servis dans un cadre simple et rustique. Petites
chambres bien tenues.

THORIGNÉ-SUR-DUÉ – 72 Sarthe – **310** M6 – 1 589 h. – alt. 82 m **35** D1
– ✉ 72160
▶ Paris 178 – Châteaudun 80 – Mamers 44 – Le Mans 30
🛈 Mairie ✆ 02 43 89 05 13

🏠 Le St-Jacques   🚲 ६ ch, ⁇ P VISA ⊕ AE ①

pl. du Monument – ℰ 02 43 89 95 50 – www.hotel-sarthe.fr – Fermé 2 sem. en août et 1 sem. en nov.
15 ch – †68/84 € ††68/98 € – �) 10 € – ½ P 68/78 €
Rest – (19 €) Menu 26/52 € – Carte 32/52 €

◆ À l'entrée du village, cet hôtel à la façade jaune dispose de chambres rénovées pour la plupart, claires et bien tenues. Bar-salon cossu ; accueil chaleureux. Au restaurant (salle colorée), cuisine au goût du jour rehaussée d'épices.

LE THORONET – 83 Var – 340 M5 – 2 012 h. – alt. 120 m – ⊠ 83340   41 C3

▶ Paris 831 – Brignoles 24 – Draguignan 21 – St-Raphaël 51
ℹ boulevard du 17 août 1944 ℰ 04 94 60 10 94
◎ Abbaye du Thoronet ★★ O : 4,5 km ▮ Côte d'Azur

🏠 Hostellerie de l'Abbaye ॐ   🛋 ६ ch, AC ch, ⁇ ⅗Å P VISA ⊕ AE

r. Claudius Camail – ℰ 04 94 73 88 81 – www.hotelthoronet.fr – Fermé 20 déc.-1ᵉʳ fév.
23 ch – †63/79 € ††63/79 € – �) 9 € – ½ P 58/70 €
Rest – *(fermé dim. soir de nov. à mars)* (17 €) Menu 28/38 € – Carte 30/45 €

◆ Près de l'une des plus anciennes abbayes de Provence, bâtiment contemporain d'esprit méridional, ordonné autour d'une piscine. Chambres fraîches et fonctionnelles. Restaurant sobre et spacieux, avec une lumineuse véranda ; cuisine traditionnelle aux accents du Sud.

à l'Est 8 km par D 84 et rte secondaire

🏡 Bastide des Hautes Moures ॐ   ♨ 🞩 🛋 ⅗ ch, ⁇ P VISA ⊕

Les Moures – ℰ 04 94 60 13 36 – www.bastidedesmoures.com
4 ch – �) †75/145 € ††80/150 € – **Table d'hôte** – Menu 27 € bc/34 € bc

◆ Isolée en pleine campagne, cette ancienne ferme à l'allure de mas provençal ne manque pas de charme : décoration empreinte de classicisme, chambres au mobilier ancien, faïence colorée de Salerne dans les salles de bains. Cuisine de terroir à la table d'hôte.

THOUARCÉ – 49 Maine-et-Loire – 317 G5 – 1 789 h. – alt. 35 m   35 C2 – ⊠ 49380

▶ Paris 318 – Angers 29 – Cholet 43 – Saumur 38
ℹ Mairie ℰ 02 41 54 14 36
◎ Château ★★ de Brissac-Quincé, NE : 12 km ▮ Châteaux de la Loire

✗✗ Le Relais de Bonnezeaux   ≤ 🚲 🛋 AC ⇔ P VISA ⊕ AE ①

1 km rte d'Angers – ℰ 02 41 54 08 33 – www.relais-bonnezeaux.fr – Fermé 26 déc.-20 janv., mardi soir, dim. soir et lundi
Rest – (17 €) Menu 27 € (déj. en sem.)/58 € bc – Carte 32/45 €

◆ Sur la route des Vins, restaurant aménagé dans une ex-gare de campagne. Les tables de la véranda profitent de la vue sur les vignes. Cuisine traditionnelle et crus locaux.

THOUARS – 79 Deux-Sèvres – 322 E3 – 10 256 h. – alt. 102 m   38 B1 – ⊠ 79100 ▮ Poitou Vendée Charentes

▶ Paris 336 – Angers 71 – Bressuire 31 – Châtellerault 72
ℹ 3 bis, boulevard Pierre Curie ℰ 05 49 66 17 65
◎ Façade ★★ de l'église St-Médard ★ - Site ★ - Maisons anciennes ★.

🏠 Hôtellerie St-Jean   ≤ 🛋 AC ⁇ P VISA ⊕ AE

25 rte de Parthenay – ℰ 05 49 96 12 60 – www.hotellerie-st-jean.com – Fermé 21 fév.-6 mars, lundi en juil.-août et dim. soir
18 ch – †46 € ††46 € – �) 6,50 € – ½ P 45 €
Rest – (13 €) Menu 17 € (sem.), 25/36 € – Carte 40/62 €

◆ Cette bâtisse des années 1970 n'a rien de remarquable, mais elle a une jolie vue sur la vieille ville. Les chambres, plus calmes sur l'arrière, sont impeccablement tenues. Cuisine traditionnelle servie dans une salle aux larges baies vitrées.

à Ste-Verge 4 km au nord

XX **Le Logis de Pompois**   🌣 P VISA ☺ AE
13 r. de la Gosselinière – ℰ 05 49 96 27 84 – www.logis-de-pompois.com – Fermé 27 déc.-18 janv., 26 juil.-9 août, dim. soir, lundi et mardi
Rest – (20 €) Menu 27/48 €
♦ Domaine viticole des 18ᵉ-19ᵉ s. abritant un centre d'aide par le travail où l'on réalise et sert une sérieuse cuisine traditionnelle. Salle chaleureuse aménagée dans l'ancien chai.

THOURON – 87 Haute-Vienne – **325** E5 – 465 h. – alt. 374 m – ✉ 87140   **24** B1
▶ Paris 380 – Bellac 23 – Guéret 79 – Limoges 28

🏠 **La Pomme de Pin** 🕊   🌣 🌣 ᴴ rest, P VISA ☺
Étang de Tricherie, 2,5 km au Nord-Est par D 225 – ℰ 05 55 53 43 43 – Fermé sept., fin janv., mardi midi et lundi
6 ch – ♦59/69 € ♦♦59/69 € – 🍽 7 € – ½ P 59 €
Rest – (16 €) Menu 28 € – Carte 31/58 €
♦ Chambres confortables aménagées dans un ensemble en pierre qui abrita un moulin et une filature alimentés par la petite rivière traversant le jardin fleuri. Salle rustique réchauffée par une cheminée où le patron grille ses viandes limousines au feu de bois.

THUIR – 66 Pyrénées-Orientales – **344** H7 – 7 399 h. – alt. 99 m   **22** B3
– ✉ 66300 🟩 Languedoc Roussillon
▶ Paris 897 – Figueres 56 – Montpellier 168 – Perpignan 16
🅸 boulevard Violet ℰ 04 68 53 45 86

XX **Le Patio Catalan**   🌣 🕊 VISA ☺
🕿 *4 pl. du Gén.-de-Gaulle – ℰ 04 68 53 57 28 – Fermé vacances de Pâques, de la Toussaint, de Noël, merc. et jeudi*
Rest – Menu 13/34 € – Carte 27/44 €🕸
♦ Sur une place face aux caves de Byrrh, restaurant rustique et actuel, doté d'un charmant patio à l'entrée. Cuisine traditionnelle et cave axée sur les Côtes du Roussillon.

X **La Casa Dalie**   🌣 AK VISA ☺ AE ⓘ
21 r. de la République – ℰ 04 68 53 03 92 – www.casadalie.fr – Fermé vacances de la Toussaint, de Noël, mardi sauf le midi de sept. à mai, lundi soir de sept. à mai, sam. midi de juin à août et merc.
Rest – (16 €) Menu 22/46 € – Carte 34/65 €
♦ Une adresse conviviale où les clins d'œil à Salvador Dalí se retrouvent dans l'assiette (belle cuisine de terroir un brin inventive) et dans la déco (reproductions de tableaux).

THURET – 63 Puy-de-Dôme – **326** G7 – 721 h. – alt. 330 m – ✉ 63260   **5** B2
▶ Paris 379 – Clermont-Ferrand 32 – Vichy 24 – Cournon-d'Auvergne 35

🏰 **Château de la Canière** 🕊   🏋 🌣 🏊 ᴴ 🕊 SÀ P VISA ☺ AE
2 km au Nord par D 212 et D 12 – ℰ 04 73 97 98 44 – www.caniere.com
25 ch – ♦105/135 € ♦♦155/185 € – 1 suite – 🍽 18 €
Rest – Menu 28/48 € – Carte 44/82 €🕸
♦ Entouré d'un parc, ce château du 19ᵉ s. aux chambres spacieuses ose le mélange des styles et c'est réussi ! Au dernier étage, on profite de l'ambiance raffinée de la bibliothèque. Cuisine soignée, honorant les bons produits, servie dans la salle dédiée à Lavoisier.

THURY – 21 Côte-d'Or – **320** H7 – 283 h. – alt. 382 m – ✉ 21340   **8** C2
▶ Paris 303 – Autun 25 – Avallon 80 – Beaune 33

🏠 **Manoir Bonpassage** 🕊   🌣 🌣 🏊 ᴴ ch, 🕊 P VISA ☺
La Grande Pièce, 1 km au Sud par D 36 et rte secondaire – ℰ 03 80 20 26 16 – www.bonpassage.com – Ouvert d'avril à oct.
9 ch – ♦59/67 € ♦♦59/84 € – 🍽 9 €
Rest – *(fermé dim., mardi, jeudi et le midi) (résidents seult)* Menu 25 €
♦ Une halte propice au repos : des chambres sobres, d'une tenue excellente et tournées en partie vers la campagne, une piscine d'été, et une ambiance de maison d'hôte.

THURY-HARCOURT – 14 Calvados – **303** J6 – 1 818 h. – alt. 45 m   **32** B2
– ⊠ 14220 ▮ Normandie Cotentin

▶ Paris 257 – Caen 28 – Condé-sur-Noireau 20 – Falaise 27

🅘 2, place Saint-Sauveur ℰ 02 31 79 70 45

◉ Parc et jardins du château★ - Boucle du Hom★ NO : 3 km.

ⅩⅩ   **Le Relais de la Poste** avec ch   🕿 🕲 🅿 𝘝𝘐𝘚𝘈 ⨀ 🄰🄴

7 r. de Caen – ℰ 02 31 79 72 12 – www.hotel-relaisdelaposte.com
– Fermé mars, déc., vend. sauf le soir de mai à sept., jeudi midi de mai à sept.,
sam. midi et dim. soir d'oct. à avril

10 ch – ♥67/142 € ♥♥67/142 € – � 11 €

Rest – (20 €) Menu 28/64 € – Carte 40/60 €

◆ Ancien relais de poste agrémenté d'une cour et d'un jardin fleuris dès les premiers beaux jours. Petites chambres simples mais rénovées avec goût. Cuisine traditionnelle.

TIFFAUGES – 85 Vendée – **316** J5 – 1 460 h. – alt. 77 m – ⊠ 85130   **34** B3
▮ Poitou Vendée Charentes

▶ Paris 374 – Angers 85 – Cholet 20 – Clisson 19

🅷🄰   **Manoir de la Barbacane** sans rest ⏤   🚗 ⅃ 🌊 🕪 𝘝𝘐𝘚𝘈 ⨀ 🄰🄴

pl. de l'Église – ℰ 02 51 65 75 59 – www.hotel-barbacane.com

16 ch – ♥65/105 € ♥♥65/105 € – ⊊ 11 €

◆ À côté du château de Barbe-Bleue, ce manoir du 19ᵉ s. vous réserve un accueil
familial. Coquettes chambres bien tenues, salon-bibliothèque avec billard, jardin et
piscine au calme.

TIGNES – 73 Savoie – **333** O5 – 2 178 h. – alt. 2 100 m – Sports
d'hiver : 1 550/3 450 m 省 4 ⭳ 44 🎿 – ⊠ 73320 ▮ Alpes du Nord   **45** D2

▶ Paris 665 – Albertville 85 – Bourg-St-Maurice 31 – Chambéry 134

🅘 Tignes Accueil ℰ 04 79 40 04 40

🅸🄸 du Lac de Tignes Le Val Claret, S : 2 km, ℰ 04 79 06 37 42

◉ Site★★ - Barrage★★ NE : 5 km - Panorama de la Grande Motte★★ SO.

🅷🄰🅷🄰   **Les Suites du Montana** ⏤   ≤ 🖫 🕸 🅟 🛉 🕭 🕉 rest, 🕪 🅢🄰 🚗

Les Almes – ℰ 04 79 40 01 44 – www.vmontana.com   𝘝𝘐𝘚𝘈 ⨀ 🄰🄴 ⓪
– Ouvert mi-déc. à mi-avril

27 suites – ♥♥400/560 € – ⊊ 12 € – ½ P 235/340 €

Rest – (fermé le midi) Menu 50 € – Carte 52/61 €

◆ Un "hameau" de chalets abritant de grandes suites raffinées. De style savoyard,
autrichien ou provençal, elles sont dotées de saunas privatifs et de balcons orientés au sud. On tourne la broche sous vos yeux dans la rôtisserie "tout bois"
ouverte sur les pistes.

🅷🄰🄷   **Village Montana** ⏤   ≤ 🕿 ⅃ 🕸 🖫 🕭 🕉 rest, 🕪 🅢🄰 🚗 𝘝𝘐𝘚𝘈 ⨀ 🄰🄴 ⓪

Les Almes – ℰ 04 79 40 01 44 – www.vmontana.com – Ouvert fin juin à
mi-sept. et fin nov. à début mai

78 ch ⊊ – ♥108/218 € ♥♥166/416 € – 4 suites – ½ P 100/226 €

Rest – Menu 22 € (déj.)/32 € – Carte 20/40 €

Rest La Chaumière – (ouvert début déc. à début mai) (22 €) Carte 20/40 €

◆ Ces splendides chalets conjuguent tradition, calme et confort. Les chambres, spacieuses et familiales, disposent d'un balcon ouvert sur les pistes. Mini-
club. Carte de brasserie et spécialités savoyardes à la Chaumière (décor façon
vieille bergerie).

🅷🄰🄷   **Les Campanules** ⏤   ≤ 🕿 ⅃ 🕸 🖫 🕭 🕉 🕪 𝘝𝘐𝘚𝘈 ⨀ 🄰🄴

– ℰ 04 79 06 34 36 – www.campanules.com – Ouvert 8 juil.-26 août et
11 nov.-2 mai

31 ch ⊊ – ♥100/200 € ♥♥140/340 € – 10 suites – ½ P 105/215 €

Rest – (28 €) Menu 38 € (dîner), 45/50 € – Carte 42/60 €

◆ Au cœur de la station, chalet familial aux chambres spacieuses et douillettes,
dont un duplex au dernier étage. Piscine extérieure chauffée et spa panoramiques. Une fresque évoquant le vieux village orne les murs du restaurant. Cuisine
traditionnelle (buffets).

⌂ Le Paquis ⟡ ⟵ ⟦ ⟧ & ⟡ rest, ⟨ 🛏 VISA ⟨⟩

Le Rosset – ℰ 04 79 06 37 33 – www.hotel-lepaquis.fr – *Fermé 3 mai-28 juin et 3 sept.-28 oct.*

33 ch ⟐ – †55/152 € ††110/224 € – 1 suite – ½ P 80/137 €

Rest – *(ouvert de déc. à avril)* (18 €) Menu 20/29 € – Carte 33/49 €

◆ Un chalet des années 1960 où domine un esprit savoyard épuré : boiseries, mobilier pastel dans les chambres (certaines avec terrasse), bar cosy en bois et lauze, espace bien-être. Au restaurant, vue panoramique sur les pistes ; carte traditionnelle et régionale.

⌂ Le Lévanna ⟵ ⟦ ⟧ & ⟡ ch, ⟨ 🚗 VISA ⟨⟩ AE

Le Rosset – ℰ 04 79 06 32 94 – www.levanna.com
– *Ouvert d'oct. à mai*

40 ch ⟐ – †100/199 € ††136/284 € – ½ P 93/167 €

Rest – Carte 22/60 €

◆ Ce chalet récent abrite des chambres confortables et cosy. Toutes possèdent un balcon et certaines sont aménagées en duplex. Agréable espace sauna-hammam. Au restaurant, cuisine traditionnelle, spécialités fromagères et grande terrasse côté pistes.

⌂ L'Arbina ⟵ ⟦ VISA ⟨⟩

Le Rosset – ℰ 04 79 06 34 78 – www.hotel-arbina.com – *Ouvert 3 juil.-31 août et 25 oct.-10 mai*

22 ch – †49/106 € ††61/126 € – ⟐ 12 € – ½ P 60/104 €

Rest – *(ouvert 20 nov.-10 mai)* (24 €) Menu 30 € – Carte 37/69 €

◆ L'Arbina est aussi le nom de la perdrix des Alpes. À deux pas des télécabines, cet hôtel familial dispose de chambres simples et douillettes, tout en boiserie. Côté carte : poissons et fruits de mer à l'honneur. Terrasse donnant sur le glacier de la Grande Motte.

✗ La Ferme des 3 Capucines ⟦ P VISA ⟨⟩

– ℰ 04 79 06 35 10 – *Ouvert 10 déc.-5 mai et 10 juil.-25 août*

Rest – *(prévenir)* (20 €) Menu 28 € – Carte 29/39 €

◆ Une ferme-laiterie atypique et sympathique : on peut y déguster une copieuse cuisine de terroir en admirant les vaches de l'étable attenante, puis acheter du fromage.

au Val Claret 2 km au Sud-Ouest – alt. 2 100 m – ⊠ 73320 Tignes

⌂⌂⌂ Les Suites du Nevada ⟦ ⟨⟩ ⟦ & ⟨ 🚗 VISA ⟨⟩ AE ⟨⟩

– ℰ 04 79 41 68 30 – www.les-suites-du-nevada.com
– *Ouvert 15 déc.- 2 mai*

25 suites ⟐ – ††320/2451 € – ½ P 230/601 €

Rest *La Table en Montagne* – (28 €) Menu 38 € (déj.), 50/100 €
– Carte 48/120 €

◆ Matériaux nobles, tons bruts et équipements high-tech : atmosphère design et luxueuse. Belles suites et superbe appartement au dernier étage. Décoration épurée sur le thème de la forêt et de la montagne dans la salle à manger. Carte actuelle.

⌂ Le Ski d'Or ⟡ ⟵ ⟦ ⟡ rest, ⟨ 🛏 VISA ⟨⟩ AE

– ℰ 04 79 06 51 60 – www.hotel-skidor.com
– *Ouvert 24 oct.-1ᵉʳ mai*

27 ch ⟐ – †98/254 € ††150/390 € – ½ P 156/264 €

Rest – *(fermé le midi)* Menu 39 € – Carte 35/70 €

◆ L'hôtel arbore un joli décor contemporain, où dominent le bois et les couleurs crème et taupe. Les chambres sont confortables et raffinées. Salle à manger grande ouverte sur les montagnes et les pistes ; ambiance chaleureuse et cuisine du marché.

TILQUES – 62 Pas-de-Calais – **301** G3 – **rattaché à St-Omer**

LES TINES – 74 Haute-Savoie – **328** O5 – **rattaché à Chamonix-Mont-Blanc**

TONNEINS – 47 Lot-et-Garonne – **336** D3 – 9 141 h. – alt. 26 m   **4** C2
– ⊠ 47400

> ▪ Paris 683 – Agen 44 – Nérac 38 – Villeneuve-sur-Lot 37
>
> ℹ 3, avenue Charles-de-Gaulle ℰ 05 53 79 22 79
>
> 🏌 de Barthe à Tombeboeuf Route de Villeneuve, NE : 20 km par D 120,
> ℰ 05 53 88 83 31

✗   **Quai 36**   ⅏ 🅰🅲 ⇔ 🆅🅸🆂🅰 ⓒⓞ 🅰🅴 ⓞ
😾   *36 cours de l'Yser* – ℰ 05 53 94 36 38 – www.quai36.fr – Fermé 1ᵉʳ-22 août,
vacances de Noël, 1ᵉʳ-8 janv., sam. midi, dim. soir, mardi soir, merc. soir et lundi
Rest – (14 €) Menu 16 € (déj. en sem.), 21/45 € – Carte 40/60 €
• L'enseigne fait référence à l'adresse, située sur le bord de la Garonne. Cuisine de
produits frais, préparée avec soin, et servie par une équipe jeune et dynamique.

TONNERRE – 89 Yonne – **319** G4 – 5 322 h. – alt. 156 m – ⊠ 89700   **7** B1
▌ Bourgogne

> ▪ Paris 199 – Auxerre 38 – Châtillon-sur-Seine 49 – Montbard 45
>
> ℹ place Marguerite de Bourgogne ℰ 03 86 55 14 48
>
> 🏌 de Tanlay à Tanlay Parc du Château, par rte de Châtillon-s-Seine : 9 km,
> ℰ 03 86 75 72 92
>
> 🔲 Fosse Dionne★ - Intérieur★ de l'ancien hôpital : mise au tombeau★
> - Château de Tanlay★★.

🏠   **L'Auberge de Bourgogne**   🍽 ↳6 ⅏ 🅰🅲 rest, ⚑ 🛁 🅿 🆅🅸🆂🅰 ⓒⓞ 🅰🅴
😾   *D 905, 2 km par rte de Dijon* – ℰ 03 86 54 41 41
– *www.aubergedebourgogne.com* – *Fermé 18 déc.-18 janv.*
40 ch � – †68/72 € ††82 € – ½ P 57 €
Rest – *(fermé lundi midi, sam. midi et dim.)* Menu 19/28 € – Carte 29/38 €
• Tout près des vignobles d'Épineuil, un hôtel des années 1990 disposant de
chambres simples et mignonnes. Préférez-les sur l'arrière, pour la jolie vue champêtre. Salle de fitness. Au restaurant, cuisine régionale et rangées de ceps en
toile de fond.

TORCY – 71 Saône-et-Loire – **320** G9 – rattaché au Creusot

TORNAC – 30 Gard – **339** I4 – rattaché à Anduze

TÔTES – 76 Seine-Maritime – **304** G3 – 1 285 h. – alt. 150 m – ⊠ 76890   **33** D1
> ▪ Paris 168 – Dieppe 34 – Fécamp 60 – Le Havre 80

✗✗   **Auberge du Cygne**   ⇔ 🅿 🆅🅸🆂🅰 ⓒⓞ
5 r. G. de Maupassant – ℰ 02 35 32 92 03 – www.aubergeducygne-totes.com
– *Fermé 4-17 juil., dim. soir et lundi soir*
Rest – Menu 29/49 € – Carte 44/58 €
• Cette auberge de 1611 a toujours eu l'art de satisfaire ses hôtes, souvent illustres. Elle propose un répertoire traditionnel dans deux salles, l'une rustique, l'autre chinoise.

TOUL 👁 – 54 Meurthe-et-Moselle – **307** G6 – 16 617 h. – alt. 209 m   **26** B2
– ⊠ 54200 ▌ Alsace Lorraine

> ▪ Paris 291 – Bar-le-Duc 62 – Metz 75 – Nancy 23
>
> ℹ Parvis de la Cathédrale ℰ 03 83 64 90 60
>
> 🔲 Cathédrale St-Étienne★★ et cloître★ - Église St-Gengoult : cloître★★
> - Façade★ de l'ancien palais épiscopal **H** - Musée municipal★ : salle des
> malades★ **M**.

🏠   **L'Europe** sans rest   ⚑ 🛜 🆅🅸🆂🅰 ⓒⓞ
373 av. Victor Hugo, (près de la gare) – ℰ 03 83 43 00 10
– *www.hotel-europe54.com* – *Fermé 6-28 août et vacances de Noël*
21 ch – †51/54 € ††51/54 € – ⊐ 6 €   **AY**s
• Adresse pratique pour ceux qui voyagent par le train. Chambres joliment rétro
(parquet d'origine et mobilier Art déco). Tenue sérieuse et accueil familial.

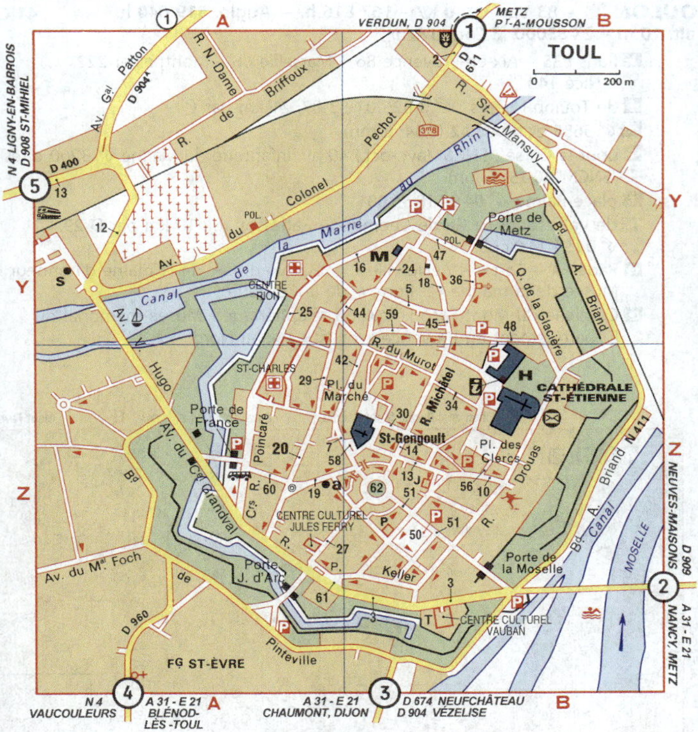

Albert-1er (Av.)	BY	2	Foy (R. du Gén.)	BY	18	Pont-de-Bois (R.)	BY	44
Anciens-Combattants d'Afrique-du-Nord (R.)	BZ	3	Gambetta (R.)	AZ	19	Porte-de-Metz (R.)	BY	47
Baron-Louis (R.)	BY	5	Gengoult (R. du Gén.)	AZ	20	Qui-Qu'en-Grogne (R.)	BY	48
Carnot (R.)	ABZ	7	Gouvion-St-Cyr (R.)	BY	24	République (Pl. de la)	BZ	50
Châtelet (R. du)	BZ	10	Hôpital-Militaire (R.)	AYZ	25	République (R. de la)	BZ	51
Clemenceau (Av.)	AY	12	Jeanne-d'Arc (R.)	ABZ	27	St-Waast (R.)	BZ	56
Corne-de-Cerf (R.)	BZ	13	Joly (R.)	AYZ	29	Schmidt (Pl. P.)	BZ	58
Dr-Chapuis (R. du)	BZ	14	Liouville (R.)	BZ	34	Tanneurs (R. des)	BY	59
Écuries-de-Bourgogne (R. des)	BY	16	Ménin (R. du)	BY	36	Thiers (R.)	AZ	60
La-Fayette (R.)	BZ	30	Michâtel (R.)	BZ		Vauban (R.)	AZ	61
			Petite-Boucherie (R.)	ABZ	42	3-Évêchés (Pl. des)	BZ	62
			Pont-des-Cordeliers (R.)	BY	45			

La Villa Lorraine sans rest

15 r. Gambetta – ✆ 03 83 43 08 95 – www.hotel-la-villa-lorraine.com – Fermé vacances de fév. AZa

21 ch – †49 € ††55 € – ☕ 8 €

◆ Ancien théâtre, ce petit hôtel du cœur de la cité abrite, derrière sa belle façade, des chambres fonctionnelles et rustiques, ainsi qu'une agréable salle des petits-déjeuners.

à Lucey 5 km par ⑤ et D 908 – 572 h. – alt. 260 m – ✉ 54200

Auberge du Pressoir

7 r. des Pachenottes – ✆ 03 83 63 81 91 – www.aubergedupressoir.com – Fermé 16-30 août, dim. soir, merc. soir et lundi

Rest – Menu 13 € (déj. en sem.), 17/40 € – Carte 35/45 €

◆ Le cadre de ce restaurant aménagé dans l'ancienne gare du village reste sobre ; quelques objets paysans décorent les murs. Terrasse bien ensoleillée.

TOULON Ⓟ – 83 Var – **340** K7 – 167 816 h. – **Agglo. 519 640 h.**
41 C3
– alt. 10 m – ⊠ 83000 ▮ Côte d'Azur

- ◪ Paris 835 – Aix-en-Provence 86 – Marseille 66 – Montpellier 222 – Nice 148
- ◪ de Toulon-Hyères : ☎ 0 825 01 83 87, 21 km par ①.
- ☎ ☎ 3635 et tapez 42 (0,34 €/mn)
- ⬚ pour la Corse : SNCM (avr.-oct.) 49 av. Infanterie de Marine ☎ 3260 dites "SNCM" (0,15 €/mn).
- ◪ place Raimu ☎ 04 94 18 53 00
- ◪ de Valgarde à La Garde Chemin de Rabasson, E : 10 km par D 29, ☎ 04 94 14 01 05
- ◉ Rade★★ - Port★ - Vieille ville★ **GYZ** : Atlantes★ de la mairie d'honneur **F**, Musée de la marine★ - Porte★ de la Corderie.
- ◉ Corniche du Mont Facon ⩻★ du téléphérique - Musée-mémorial du Débarquement en Provence★ et ⩻★★★ au Nord.

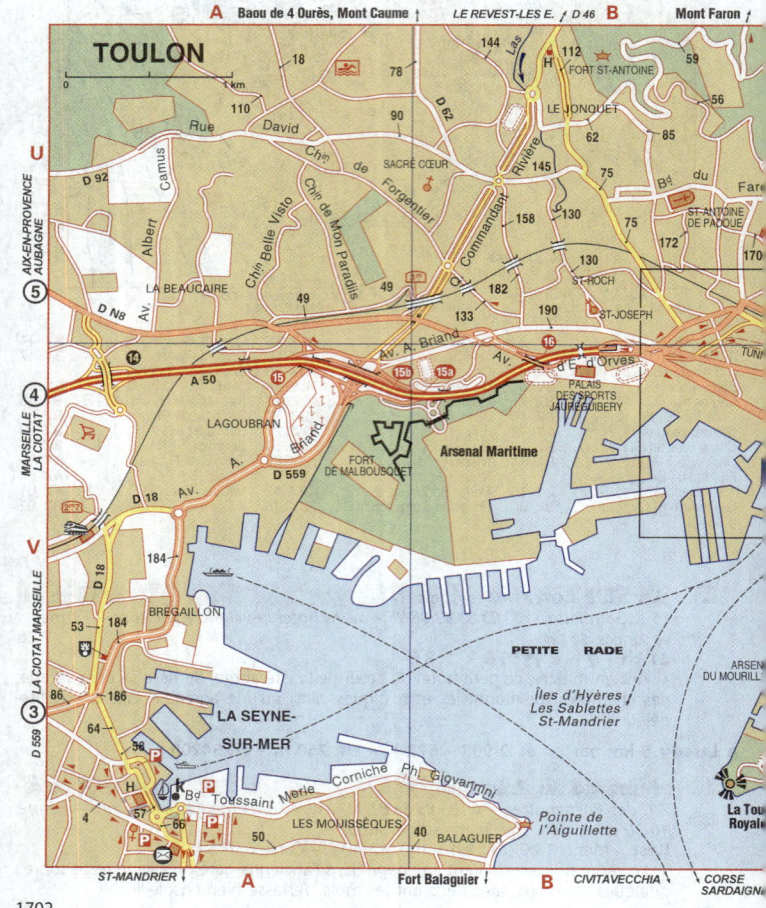

All Seasons 🏨 🛗 ⅃ ch. AC 🍽 rest, ⅃ ♨ 🚗 VISA ⓐ AE

pl. Besagne – ℰ 04 98 00 81 00 – www.all-seasons-hotels.com **GZr**

139 ch ⊏ – ♦80/101 € ♦♦90/111 €

Rest – *(fermé le midi)* Menu 14 € – Carte 17/32 €

◆ Face au Palais des Congrès, l'établissement, en grande partie rénové, propose des chambres très "pop" et bien équipées. Carte traditionnelle au restaurant, dont la salle bénéficie d'une verrière.

Grand Hôtel de la Gare sans rest 🛗 AC ⅃ VISA ⓐ AE

14 bd Tessé – ℰ 04 94 24 10 00 – www.grandhotelgare.com **FXa**

39 ch – ♦58/83 € ♦♦66/83 € – ⊏ 9 €

◆ En plein centre face à la gare, un hôtel confortable et bien tenu : chambres fonctionnelles, homogènes, parfaitement insonorisées et climatisées.

Dauphiné sans rest 🛗 AC ⅃ VISA ⓐ AE ⓞ

10 r. Berthelot – ℰ 04 94 92 20 28 – www.grandhoteldauphine.com **GYs**

55 ch – ♦57/72 € ♦♦57/76 € – ⊏ 11 €

◆ Adresse familiale idéalement située pour sillonner les ruelles enchevêtrées de la vieille ville. Chambres contemporaines (bois blond ou cérusé) et salles de bains modernes.

TOULON

0   200 m

Victoire — 146   Av.   de   la   Victoire

Rue Repufat

CONSEIL
GENERAL

Rue

Fraize

Impasse

Richard

Louvois   Bd   P

X

IMMACULÉE
CONCEPTION

SALLE
OMEGA ZENITH

R. Grandual

ESPACE CULTUREL
DES LICES

du 112e Rég d'Infanterie

R.   Delpech

Bd

22

Commandant

Nicolas

CENTRAL

de la Démocratie

de   Tesse

Bd de la Loubière

R.   Victor   Colbert

Clappier

Pl. du Souvenir français

175

Bd

128   de   Strasbourg

P

Raynouard

Pl. Victor
Hugo   T   — 12

Pl. Noël
Blache

TUNNEL NORD

Y

Amiral
enès   114   W   S
168   R. P. Landrin   R. de Lorgues

R. Philippe Lebon

178   P. Sémard   R. Beaulin   R. Hoche

CITÉ
ADMINISTRATIVE

Marchand

EILLE VILLE   72

Lafayette

180

Pl. A.
Vallée

U

Rond-Point
Bir Hakeim

Clemenceau

Av. F.
Cuzin

120   142   Alger
140   87
65   R.   152
132   80
134   124   32   25

Ste-Marie   M   68

Bernard

R. du Muiron

43

SQUARE DU
PRES! KENNEDY

P

ST-
PIE X

Av. A. Juin

Porte
d'Italie

I. S. E. M.

Roosevelt

Poincaré

Cours   97   H la
St-
François-
de-Paule   92   r

CENTRE MAYOL

4m 3

LA   RODE

Cronstadt   Q. de la Sinse   République

PALAIS
DES
CONGRÈS

3m 3

4m 3

s d'Hyères
Seyne
maris
s Sablettes
-Mandrier

STADE MAYOL

Franklin

Av.   E.

Bd Paul
Bert

Z

Rond-Point
Bonaparte

Rond-Point de
la 9ème D. I. C.

Jaujard

Bellegou

GARE
MARITIME

82   S. N. C. M.   88

Place
Pasteur

Rue   Amiral   Le

1705

RÉPERTOIRE DES RUES DE TOULON

LA SEYNE-SUR-MER

Alsace (R. d') . . . . **AV** 4
Corse Résistante
(Av. de la) . . . . **ABV** 40
Esprit Armando (Av.) . . . . . **AV** 50
Estienne-d'Orves (Av. d') . . **AV** 53
Fabre (Quai Saturnin) . . . . **AV** 57
Faidherbe (Av.) . . . . **AV** 58
Gagarine (Av. Y.) . . . . **AV** 64
Garibaldi (Av.) . . . . **AV** 66
Giovannini (Corniche Ph.) **ABV**
Juin (Bd Maréchal A.) . . . . **AV** 86
Merle (Bd Toussaint) . . . . . **AV**
1ère Armée Française
Rhin et Danube (Av.
de la) . . . . **AV** 184
8 Mai 1945
(Rond Point du) . . . . **AV** 186

LA VALETTE-DU-VAR

Anatole-France (Av.) . . . . . **DU** 4
Char Verdun (Av. du) . . . . **DU** 33
Mirasouleou (Av.) . . . . **DU** 104
Nice (R. de) . . . . **DU** 116
Terres Rouges
(Chemin des) . . . . **DU** 160

TOULON

Abel (Bd Jean-Baptiste) . . . **DV**
Albert-1er (Pl.) . . . . **FX**
Alger (R. d') . . . . **GY**
Amiral Senès (Pl.) . . . . **GY**
Anatole-France (R.) . . . . **FY**
Armand (Pont L.) . . . . **EX**
Armaris (Bd des) . . . . **DUV**
Armes (Pl. d') . . . . **FY**
Barre (Chemin de la) . . . . . **DV**
Barthou (Av. Louis) . . . . **GY** 7
Baudin (R.) . . . . **DV**
Bazeilles (Bd de) . . . . **CV** 8
Le Bellegou (Av. E.) . . . . . . **HZ**
Belle Visto (Chemin) . . . . . **AU**
Berthelot (R.) . . . . **GY** 12
Bert (Bd Paul) . . . . **HZ**
Besagne (Av. de) . . . . **GZ**
Bir-Hakeim (Rond-Point) . . **HY**
Blache (Pl. Noël) . . . . **HX**
Blondel (R. André) . . . . **DV** 15
Blum (R. Léon) . . . . **EY**
Bois Sacré (Corniche du) **ABV**
Bonaparte (Rond-Point) . **GHZ**
Bonnes Herbes
(Chemin des) . . . . **AU** 18
Bonnet (R. A.) . . . . **EX**
Bony (R. A.) . . . . **EX**
Boucheries (R. des) . . . . . . **GY** 20
Bozzo (Av. L.) . . . . **HX** 22
Brasserie (Bd de la) . . . . . . **DV**
Briand (Av. Aristide) . . . . . **ABV**
Brunetière (R. F.) . . . . **GYZ** 25
Camus (Av. Albert) . . . . **AU**
Carnot (Av. L.) . . . . **EXY**
Cartier (Av. Jacques) . . . . . **CV** 28
Cassin (Av. René) . . . . **DU** 30
Cathédrale (Traverse) . . . **GYZ** 32
Centrale (R.) . . . . **HX**
Chalucet (R.) . . . . **FXY**
Le Chatelier (Av. André) . **ABU** 34
Churchill (Av. W.) . . . . **EY** 36
Clamour (Bd) . . . . **DV** 38
Clappier (R. Victor) . . . . . . **GY**
Claret (Av. de) . . . . **EX**
Clemenceau (Av. G.) . . . . . **HY**
Colbert (Av.) . . . . **GY**
Collet (Av. Amiral) . . . . **EX**
Corderie (R. de la) . . . . **EFY**

Cronstadt (Quai) . . . . **FGZ**
Cuzin (Av. François) . . . **CV, HY**
Dardanelles (Av. des) . . . . **EXY**
Daudet (R. Alphonse) . . . . **HY** 43
David (R.) . . . . **AU**
Delpech (R.) . . . . **HX**
Démocratie (Bd de la) . . . . **HY**
Dr. Barnier (R.) . . . . **FX**
Dr. Barrois (R.) . . . . **CU**
Dr. Bourgarel (Bd) . . . . **DV** 46
Dr. Cunéo (Bd) . . . . **CV** 47
Dr. Fontan (R. du) . . . . **DV**
Escaillon (Bd de l') . . . . . . **AV** 49
Escartefigue
(Corniche Marius) . . . . . **CDU**
Estienne-d'Orves (Av. d') . . **BV**
Fabié (R. François) . . . . . . **GHY**
Fabre (Corniche Émile) . . . **BU** 56
Faron (Bd du) . . . . **BU**
Faron (Rte de) . . . . **BCU** 59
Foch (Av. Maréchal) . . . . . . **EY**
Font Pré (Av. de) . . . . **DUV** 60
Forgentier (Chemin de) . . . **AU**
Fort Rouge (Bd du) . . . . . . **BU** 62
Fraize (Impasse) . . . . **HX**
Gambetta (Pl.) . . . . **GYZ** 65
Garibaldi (Pl.) . . . . **GY** 68
Gasquet (Av. Joseph) . . . . **DV**
Gaulle
(Corniche du Gén.-de) . **CDV**
Glacière (R. de la) . . . . **GY** 70
Globe (Pl. du) . . . . **GY** 72
Gouraud (Av. Général) . . . . **BU** 75
Granval (R.) . . . . **HX**
Groignard (R. Antoine) . . **ABU** 78
Guillemard (R. G.) . . . . **EY**
Hoche (R.) . . . . **GY**
Huile (Pl. à l') . . . . **GZ** 80
Infanterie de Marine
(Av. de l') . . . . **CV, GZ** 82
Italie (Porte d') . . . . **HYZ**
Jacquemin (Bd) . . . . **BU** 85
Jaujard (R. Amiral) . . . . **HZ**
Jean-Jaurès (R.) . . . . **FGY**
Joffre (Bd Maréchal) . . . . . **CV**
Juin (Av. A.) . . . . **CV, HY**
Kléber (R.) . . . . **CUV**
Lafayette (Cours) . . . . **GYZ**
Lambert (Pl. Gustave) . . . . **GY** 87
Landrin (Cours) . . . . **GY**
Landrin (R. P.) . . . . **GY**
Lattre-de-Tassigny
(Av. Mar.-de) . . . . . **CV, HZ** 88
Lebon (R. Philippe) . . . . . . **HY**
Leclerc (Bd. du Mar.) . . . . **EFY**
Lesseps
(Bd Ferdinand de) . . . . **HXY**
Liberté (Pl. de la) . . . . **GY**
Lices (Av. des) . . . . **GHX**
Lices (Chemin des) . . . . . . **HX**
Lorgues (R. de) . . . . **HX**
Loti (Av. Pierre) . . . . **CV**
Loubière (Chemin de la) . . **HY**
Louis-Blanc (Pl.) . . . . **GZ** 92
Louvois (Bd) . . . . **FGX**
Lyautey (Av. Maréchal) . . . **EXY**
Magnan (Av. Gén.) . . . . **FY** 94
Marceau (Av.) . . . . **CV**
Marchand
(Av. Commandant) . . . . . **HY**
Méridienne (R.) . . . . **GZ** 97
Michelet (Bd Jules) . . . . . . **CV** 100
Micholet (Av. V.) . . . . **FY** 102
Mistral (Littoral Frédéric) . **CV** 106
Monsenergue
(Pl. Ingénieur-Gén.) . . . **FY** 108
Montserrat (R. de) . . . . **AU** 110
Mon Paradis
(Chemin de) . . . . **AU**

Moulins (Av. des) . . . . **BU** 112
Moulin (Av. Jean) . . . . **FY**
Muraire (R.) . . . . **GY** 114
Murier (R. du) . . . . **GYZ**
Nardi (Av. François) . . . . . **CDV**
Nicolas
(Bd Commandant) . . . . **FGX**
Noguès (Av. Gén.) . . . . **EX**
Notre Dame (R.) . . . . **GY** 118
Noyer (R. du) . . . . **GY** 120
Oliviers (Av. des) . . . . **DU** 122
Orfèvres (Pl. des) . . . . **GYZ** 124
Ortolan
(Av. Joseph-
Louis) . . . . **CDU**
Pagnol (Quai Marcel) . . . . **CV** 126
Pasteur (R.) . . . . **HZ**
Pastoureau (R. H.) . . . . **GY** 128
Péri (Pl. Gabriel) . . . . **EY**
Perrichi (R. Edouard) . . . . **CU** 129
Peyresc (R.) . . . . **FY**
Picon (Bd Louis) . . . . **BU** 130
Picot (Av. Colonel) . . . . . . **DU**
Poincaré (R. H.) . . . . **HZ**
Poisssonnerie (Pl. de la) . . **GZ** 132
Pont de Bois
(Chemin du) . . . . **BU** 133
Pressencé (R. F. de) . . . . . **GZ** 134
Pruneau (Av. Gén.) . . . . . . **CV** 136
Puget (Pl.) . . . . **GY**
Rageot-de-la-Touche
(Av.) . . . . **EXY**
Raimu (Pl.) . . . . **GY** 140
Raynouard (Bd) . . . . **HY**
Rebufat (R.) . . . . **HX**
République (Av. de la) . . . **FGZ**
Résistance (Av. de la) . . . . **HY**
Riaux (R. des) . . . . **GY** 142
Richard (Bd G.) . . . . **HX**
Rigoumel (R. de) . . . . **BU** 144
Rivière
(Av. Commandant) . . . . . **BU**
Roosevelt (Av. Franklin) . . **HZ**
Routes (Av. des) . . . . **BU** 145
Sainte-Anne (Bd) . . . . **CU, GX** 146
Sainte-Claire-Deville (R.) . **DUV** 150
Saint-Bernard (R.) . . . . **HY**
Saint-Roch (Av.) . . . . **EX**
Seillon (R. H.) . . . . **GZ** 152
Semard (R. Pierre) . . . . **GY**
Siblas (Av. des) . . . . **HX**
Sinse (Quai de la) . . . . **GZ**
Souvenir Français (Pl. du) . **HY**
Strasbourg (Bd de) . . . . . . **GY**
Temple (Chemin) . . . . **BU** 158
Tessé (Bd de) . . . . **GXY**
Thorez (Av. Maurice) . . . . . **AV** 162
Tirailleurs Sénégalais
(Av. des) . . . . **CV** 166
Toesca (Bd P.) . . . . **EFX**
Trois Dauphins (Pl. des) . . **GY** 168
Trucy (Bd) . . . . **BU** 170
Valbourdin (Av. de) . . . . . . **BU** 172
Vallée (Pl. A.) . . . . **HY**
Vauban (Av.) . . . . **FXY**
Vert Coteau (Av.) . . . . **HY** 175
Vezzani (Pl. César) . . . . . . **GY** 178
Victoire (Av. de la) . . . . . . **FGX**
Victor-Hugo (Pl.) . . . . **GY**
Vienne (R. Henri) . . . . **EX**
Vincent (Av. E.) . . . . **EFX**
Visitation (Pl. de la) . . . . . **GHY** 180
1er Bataillon de Choc
(Av. du) . . . . **BU** 182
9e D.I.C.
(Rond-Point de la) . . . . **HZ** 188
15e Corps (Av. du) . . . . . . **BU** 190
112e Régt d'Infanterie
(Bd du) . . . . **GXY**

⌂ **Bonaparte** sans rest   ☏ VISA ⦾ AE ⓞ
16 r. Anatole-France – ℰ 04 94 93 07 51 – www.hotel-bonaparte.com
22 ch – ♦53/55 € ♦♦60/62 € – 3 suites – ⌷ 8,50 €   **FYf**
♦ Cet immeuble napoléonien arbore une décoration provençale assez chaleureuse. Petit-déjeuner copieux façon table d'hôte. En été, chambres sur l'arrière plus calmes et fraîches.

✗✗ **Le Jardin du Sommelier**   AC VISA ⦾ AE
20 allée Amiral Courbet – ℰ 04 94 62 03 27 – www.lejardindusommelier.com
– Fermé sam. midi et dim.   **FYr**
Rest – (19 € bc) Menu 35 € – Carte 40/50 €
♦ Dans sa maison vigneronne, le patron-sommelier vous invite à partager sa passion pour grands et petits crus (de France et d'ailleurs) autour d'une cuisine du marché.

✗✗ **Le Pointilliste**   �   🅑 AC VISA ⦾
43 r. Picot – ℰ 04 94 71 06 01 – www.lepointilliste.com – Fermé 14 juil.-15 août
Rest – (20 €) Menu 35/55 € – Carte 51/67 €   **GYp**
♦ Agréable restaurant contemporain, dont le nom évoque les pointillistes qui peignirent la région (Seurat, Signac). À leur image, le chef compose des assiettes fines et délicates !

✗ **Au Sourd**   ☂ VISA ⦾ AE
10 r. Molière – ℰ 04 94 92 28 52 – www.ausourd.com – Fermé dim. et lundi
Rest – Menu 27 € – Carte 39/70 €   **GYw**
♦ Institution créée par un artilleur de Napoléon III... rendu sourd au combat ! Nouvelle direction et nouvelle fraîcheur : au menu, rien que les beaux poissons de la pêche locale.

au Mourillon – ⌧ 83100 Toulon

◉ Tour royale ❋ ★.

⌂⌂ **La Corniche** sans rest   ⟨ 🕮 ⅙ AC ⤫ ☏ VISA ⦾ AE ⓞ
17 littoral F. Mistral – ℰ 04 94 41 35 12 – www.bestwestern-hotelcorniche.com
28 ch – ♦95/150 € ♦♦110/180 € – ⌷ 12 €   **CVa**
♦ À deux pas du port St-Louis et des plages du Mourillon, cet hôtel propose des chambres ou des suites élégantes et confortables ; la plupart avec vue panoramique sur la mer.

✗✗ **Le Gros Ventre**   🕮 🅟 VISA ⦾ AE ⓞ
279 littoral F. Mistral – ℰ 04 94 42 15 42 – www.legrosventre.net – Fermé vend.
midi, merc. et jeudi   **CVe**
Rest – Menu 28/82 € – Carte 40/100 € ❀
♦ Le chef réalise de savoureux plats en croûte (bœuf ou poisson issu de la pêche locale) et sa fille, sommelière, saura vous conseiller sur les meilleurs accords mets et vins.

au Cap Brun – ⌧ 83100 Toulon

✗✗✗ **Les Pins Penchés**   ⟨ 🕭 🕮 AC ⬥ 🅟 VISA ⦾ AE
3182 av. de la Résistance – ℰ 04 94 27 98 98 – www.restaurant-pins-penches.com
– Fermé vacances de la Toussaint, de fév., dim. soir, mardi midi et lundi
Rest – (38 €) Menu 58/68 €   **DVa**
♦ Ce castel du 19ᵉ s., au charme cossu, jouit d'une vue superbe sur le parc arboré, le cap Brun et la Méditerranée. Cuisine traditionnelle ; service soigné.

TOULON-LA-MONTAGNE – 51 Marne – **306** F9 – ⌧ 51130   **13** B2
▶ Paris 128 – Châlons-en-Champagne 40 – Épernay 29 – Reims 58

⌂ **Les Corettes** ⊛   ⬚ 🅟
chemin du Pâti – ℰ 03 26 59 06 92 – Ouvert 16 mars-14 nov.
5 ch ⌷ – ♦60 € ♦♦70 €   **Table d'hôte** – Menu 20 € bc/40 € bc
♦ Au milieu du paisible vignoble, demeure dominant le village viticole. Chambres personnalisées, salon-billard et jardin fleuri. Salle à manger rustique où l'on sert une cuisine traditionnelle escortée de belles bouteilles de la cave familiale.

Bord de Garonne

TOULOUSE

Département : 🅿 31 Haute-Garonne
Carte Michelin LOCAL : 343 G3
▶ Paris 677 – Barcelona 320
  – Bordeaux 244 – Lyon 535
Altitude : 146 m
Population : 437 715 h.

Pop. agglomération : 761 090 h.
Code Postal : ✉ 31000
🔖 Midi-Toulousain
Carte régionale : 28 B2

PLANS DE L'AGGLOMÉRATION	1710
PLAN DU CENTRE	1712-1713
RÉPERTOIRE DES RUES DE TOULOUSE	1714
HÔTELS ET RESTAURANTS	1714

RENSEIGNEMENTS PRATIQUES

🛈 OFFICE DE TOURISME
Square Charles De Gaulle ☎ 05 61 11 02 22

TRANSPORTS
🚆 Auto-train ☎ 3635 (dites auto-train - 0,34 €/mn)

AÉROPORT
✈ Toulouse-Blagnac ☎ 0 825 380 000 (0,15 €/mn) AS

QUELQUES GOLFS
🏌 de Toulouse La Ramée à Tournefeuille Ferme du Cousturier, ☎ 05 61 07 09 09
🏌 de Toulouse à Vieille-Toulouse, S : 9 km par D 4, ☎ 05 61 73 45 48
🏌 Saint-Gabriel à Montrabé, par rte de Lavaur : 10 km, ☎ 05 61 84 16 65
🏌 Seilh Toulouse à Seilh Route de Grenade, par rte de Seilh : 12 km, ☎ 05 62 13 14 14
🏌 de Borde-Haute à Drémil-Lafage Borde-Haute, par rte de Castres (N126) : 15 km, ☎ 05 62 18 84 00
🏌 de Teoula à Plaisance-du-Touch 71, av. des Landes, SO : 20 km par D 632, ☎ 05 61 91 98 80
🏌 de Palmola à Buzet-sur-Tarn Rte d'Albi, NE : 22 km par A 68, sortie N°4, ☎ 05 61 84 20 50

CASINO
Du théâtre, 18 chemin de la Loge

HIPPODROME
Hippodrome de la Cépière 1 chemin des Courses ☎ 05 61 49 27 24

👁 A VOIR

TOULOUSE ET L'AÉRONAUTIQUE

Usine Clément-Ader à Colomiers dans la banlieue Ouest par ⑦

QUARTIERS DE LA BASILIQUE ST-SERNIN ET DU CAPITOLE

Basilique St-Sernin★★★ - Musée St-Raymond★★ - Église les Jacobins★★ (vaisseau de l'église★★) - Capitole★ - Tour d'escalier★ de l'hôtel de Bernuy EY

DE LA PLACE DE LA DAURADE À LA CATHÉDRALE

Hôtel d'Assézat et fondation Bemberg★★ EY - Cathédrale St-Étienne★ - Musée des Augustins★★ (sculptures★★★) FY

AUTRES CURIOSITÉS

Muséum d'histoire naturelle★★ FZ - Musée Paul-Dupuy★ FZ - Musée Georges-Labit★ DV M²

Agde (Rte d')	**CS**	
Albi (Rte d')	**CS**	
Arènes-Romaines (Av.)	**AT**	3
Bayonne (Rte de)	**AT**	
Biarritz (Av. de)	**AT**	12
Blagnac (Rte de)	**AST**	
Bonnefoy (R. Fg)	**CS**	15
Bordebasse (R. de)	**AS**	
Brunaud (Av.)	**CT**	
Casselardit (Av. de)	**AT**	28
Castres (Av. de)	**CT**	
Château d'Eau (Av. du)	**BT**	32
Chaubet (Av. Jean)	**CT**	
Cornebarrieu (Av. de)	**AS**	33
Crêtes (Bd des)	**CT**	
Déodat-de-Sév. (Bd)	**BU**	43
Dr-Baylac (Pl. du)	**AT**	47
Eisenhower (Av. du Gén.)	**AU**	
Espagne (Rte d')	**BU**	
Etats-Unis (Av. des)	**BS**	55
Fronton (Av. de)	**BS**	
Gloire (Av. de la)	**CT**	
Gonin (Av. Cl.)	**AS**	
Grande-Bretagne (Av. de)	**AT**	67
Grenade (Rte de)	**AS**	
Julien (Av. J.)	**BU**	80
Langer (Av. M.)	**BU**	84
Lardenne (Av. de)	**AT**	
Lombez (Av. de)	**AT**	88
Minimes (Av. des)	**BS**	104
Mirail (Av. du)	**AU**	
Narbonne (Rte de)	**BCU**	
Paris (Barrière de)	**BS**	109
Pt-Guilheméry (R.)	**CT**	119
Pujol (Av. C.)	**CT**	121
Ramelet-Moundi (Ch. de)	**AU**	
Récollets (Bd des)	**BU**	123
Revel (Rte de)	**CU**	125
Rieux (Av. J.)	**DV**	
Saint-Exupéry (Av.)	**CU**	
St-Simon (Rte de)	**AU**	136
Ségoffin (Av. V.)	**BU**	140
Suisse (Bd de)	**BST**	
Trentin (Bd S.)	**BS**	148
U.R.S.S. (Av. de l')	**BU**	154
Victor-Hugo (Pl.)	**FX**	
Wagner (Bd Richard)	**BT**	160

TOULOUSE

Alsace-Lorraine (R. d') . **EXY**
Arnaud-Bernard (R.) . . . . **EX** 4
Astorg (R. d') . . . . **FY** 5
Baronie (R.) . . . . **EY** 9
Billières (Av. E.) . . . . **DV** 13
Bonrepos (Bd) . . . . **DV** 16
Boulbonne (R.) . . . . **FY** 18
Bouquières (R.) . . . . **FZ** 19
Bourse (Pl. de la) . . . . . . **EY** 20
Cantegril (R.) . . . . **EY** 23
Capitole (Pl. du) . . . . **EY**
Cartailhac (R. E.) . . . . . . **EX** 26
Chaîne (R. de la) . . . . . . **EX** 31
Cugnaux (R. de) . . . . . . **DV** 35
Cujas (R.) . . . . **EY** 36
Daurade (Quai de la) . . . **EY** 38
Demoiselles (Allée des) . . **DV** 40

Esquirol (Pl.) . . . . **EY** 54
La-Fayette (R.) . . . . **EY**
Fonderie (R. de la) . . . . . **EZ** 60
Frères-Lion (R. des) . . . . **FY** 62
Griffoul-Dorval (Bd) . . . **DV** 72
Henry-de-Gorsse (R.) . . **EZ** 76
Jules-Chalande (R.) . . . . **EY** 79
Lapeyrouse (R.) . . . . **FY** 85
Leclerc (Bd Mar.) . . . . . **DV** 87
Magre (R. Genty) . . . . . **EY** 91
Malcousinat (R.) . . . . . . **EY** 92
Marchands (R. des) . . . . **EY** 95
Mercié (R. A.) . . . . **EY** 103
Metz (R. de) . . . . **EFY**
Peyras (R.) . . . . **EY** 113
Pleau (R. de la) . . . . **FZ** 114
Poids-de-l'Huile (R.) . . . **EY** 115
Polinaires (R. des) . . . . . **EZ** 116
Pomme (R. de la) . . . . . **EFY** 117
Pompidou (Allée) . . . . . **DV** 118

Rémusat (R. de) . . . . . . **EX**
République (R. de la) . . . **DV** 124
Riquepels (R.) . . . . **FY** 127
Romiguières (R.) . . . . . . **EY** 129
Roosevelt (Allées) . . . . **FXY** 130
Ste-Ursule (R.) . . . . **EY** 137
St-Antoine-du-T.
(R.) . . . . **FY**
St-Etienne (Port) . . . . . **DV** 133
St-Michel (Gde-R.) . . . . **DV** 134
St-Rome (R.) . . . . **EY**
Sébastopol (R. de) . . . . **DV** 139
Semard (Bd P.) . . . . **DV** 142
Suau (R. J.) . . . . **EY** 146
Temponières (R.) . . . . . **EY** 147
Trinité (R. de la) . . . . . . **EY** 149
Vélane (R.) . . . . **FZ** 158
Wilson (Pl. Prés.) . . . . . **FY**
3-Journées (R. des) . . . . **FY** 162
3-Piliers (R. des) . . . . . . **EX** 164

RÉPERTOIRE DES RUES DE TOULOUSE

Agde (Rte d')	**CS**
Albi (Rte d')	**CS**
Alsace-Lorraine (R. d')	**EXY**
Arcole (Bd)	**EX**
Arcs-St-Cyprien (R. des)	**DV**
Arènes-Romaines (Av.)	**AT** 3
Arnaud-Bernard (Pl.)	**EX**
Arnaud-Bernard (R.)	**EX** 4
Arts (R. des)	**FY**
Astorg (R. d')	**FY** 5
Aubuisson (R. d')	**EX**
Austerlitz (R. d')	**FX**
Barcelone (Allée)	**DV**
Baronie (R.)	**EY** 9
Bayard (R. de)	**FX**
Bayonne (Rte de)	**AT**
Béarnais (R. du)	**DV**
Belfort (R.)	**FX**
Biarritz (Av. de)	**AT** 12
Billières (Av. E.)	**DV** 13
Blagnac (Rte de)	**AST**
Bonnefoy (R. Fg)	**CS** 15
Bonrepos (Bd)	**DV** 16
Bordebasse (R. de)	**AS**
Born (R. B. de)	**FX**
Boulbonne (R.)	**FY** 18
Bouquières (R.)	**FZ** 19
Bourse (Pl. de la)	**EY** 20
Bourse (R. de la)	**EY**
Brienne (Allée de)	**DV**
Brunaud (Av.)	**CT**
Cantegril (R.)	**FY** 23
Capitole (Pl. du)	**EY**
Carmes (R. des)	**EZ**
Carnot (Bd L.)	**FY**
Cartailhac (R. E.)	**EX** 26
Casselardit (Av. de)	**AT** 28
Castres (Av. de)	**CT**
Chaîne (R. de la)	**EX** 31
Changes (R. des)	**EY**
Château d'Eau (Av. du)	**BT** 32
Chaubet (Av. Jean)	**CT**
Colombette (R. de la)	**FZ**
Concorde (R. de la)	**FZ**
Cornebarrieu (Av. de)	**AS** 33
Couteliers (R. des)	**EYZ**
Crêtes (Bd des)	**CT**
Croix-Baragnon (R.)	**FY**
Cugnaux (R. de)	**DV** 35
Cujas (R.)	**EY** 36
Dalbade (R. de la)	**EZ**
Daurade (Pl. de la)	**EY**
Daurade (Quai de la)	**EY** 38
Demoiselles (Allée des)	**DV** 40
Denfert-Rochereau (R.)	**FX**
Déodat-de-Sév. (Bd)	**BU** 43
Déville (R.)	**EX**
Dr-Baylac (Pl. du)	**AT** 47
Duméril (R. A.)	**DV**
Duportal (Bd A.)	**DV**
Eisenhower (Av. du Gén.)	**AU**
Embouchure (Bd de l')	**DV**
Espagne (Rte d')	**BU**
Espinasse (R.)	**FZ**
Esquirol (Pl.)	**EY** 54
Etats-Unis (Av. des)	**BS** 55
Europe (Pl. de l')	**DV**
La-Fayette (R.)	**EY**
Fermat (R.)	**FYZ**
Fer-à-Cheval (Pl. du)	**DV**
Feuga (Allée P.)	**EZ**
Filatiers (R. des)	**EYZ**
Fitte (Allée Ch.-de)	**DV**
Fonderie (R. de la)	**EZ** 60
Fonvielle (R. M.)	**EY**
France (Pl. A.)	**EX**
Frères-Lion (R. des)	**FY** 62
Frizac (Av.)	**DV**
Fronton (Av. de)	**BS**
Gambetta (R.)	**EY**
Gare (Bd de la)	**DV**
Garonnette (R. de la)	**EZ**
Gatien-Arnoult (R.)	**EX**
Gloire (Av. de la)	**CT**
Gonin (Av. Cl.)	**AS**
Grande-Bretagne (Av. de)	**AT** 67
Grand-Rond	**FZ**
Grenade (Rte de)	**AS**
Griffoul-Dorval (Bd)	**DV** 72
Guesde (Allée J.)	**EZ**
Hauriou (Av. M.)	**EZ**
Henry-de-Gorsse (R.)	**EZ** 76
Jeanne-d'Arc (Pl.)	**FX**
Jean-Jaurès (Allées)	**FX**
Jules-Chalande (R.)	**EY** 79
Julien (Av. J.)	**BU** 80
Lafourcade (Pl. A.)	**EZ**
Laganne (R.)	**DV**
Lakanal (R.)	**EY**
Langer (Av. M.)	**BU** 84
Languedoc (R. du)	**EZ**
Lapeyrouse (R.)	**FY** 85
Lardenne (Av. de)	**AT**
Lascrosses (Bd)	**DV**
Lautmann (R.)	**EX**
Leclerc (Bd Mar.)	**DV** 87
Lois (R. des)	**EY**
Lombez (Av. de)	**AT** 88
Lyon (Av. de)	**DV**
Mage (R.)	**FZ**
Magre (R. Genty)	**EY** 91
Malcousinat (R.)	**EY** 92
Marchands (R. des)	**EY** 95
Marquette (Bd de la)	**DV**
Matabiau (Bd)	**DV**
Matabiau (R.)	**DV**
May (R. du)	**EY**
Mercié (R. A.)	**EY** 103
Merly (R.)	**FZ**
Metz (R. de)	**EFY**
Minimes (Av. des)	**BS** 104
Minimes (Bd des)	**DV**
Mirail (Av. du)	**AU**
Mistral (Allées-F.)	**FZ**
Montoulieu (Pl.)	**FZ**
Muret (Av. de)	**DV**
Narbonne (Rte de)	**BCU**
Nazareth (Gde-R.)	**EFZ**
Ninau (R.)	**FZ**
Occitane (Pl.)	**FY**
Ozenne (R.)	**FZ**
Pargaminières (R.)	**EY**
Paris (Barrière de)	**BS** 109
Parlement (Pl. du)	**EZ**
Paulhac (R. C.)	**EFX**
Perchepinte (R.)	**FZ**
Périgord (R. du)	**EX**
Péri (R. G.)	**FX**
Peyras (R.)	**EY** 113
Peyrolières (R.)	**EY**
Pharaon (R.)	**EY**
Pleau (R. de la)	**FZ** 114
Poids-de-l'Huile (R.)	**EY** 115
Polinaires (R. des)	**EZ** 116
Pomme (R. de la)	**EFY** 117
Pompidou (Allée)	**DV** 118
Potiers (R. des)	**FZ**
Pt-Guilhemery (R.)	**CT** 119
Pujol (Av. C.)	**CT** 121
Ramelet-Moundi (Ch. de)	**AU**
Raymond IV (R.)	**FX**
Récollets (Bd des)	**BU** 123
Rémusat (R. de)	**EX**
République (R. de la)	**DV** 124
Revel (Rte de)	**CU** 125
Rieux (Av. J.)	**DV**
Riguepels (R.)	**FY** 127
Riquet (Bd)	**DV**
Romiguières (R.)	**EY** 129
Roosevelt (Allées)	**FXY** 130
Rouaix (Pl.)	**EY**
Ste-Lucie (R.)	**DV**
Ste-Ursule (R.)	**EY** 137
St-Antoine-du-T. (R.)	**FY**
St-Bernard (R.)	**EX**
St-Etienne (Port)	**DV** 133
Saint-Exupéry (Av.)	**CU**
St-Georges (Pl.)	**FY**
St-Jacques (Pl.)	**FZ**
St-Michel (Gde-R.)	**DV** 134
St-Pierre (Pl.)	**DV**
St-Rome (R.)	**EY**
St-Sernin (Pl.)	**EX**
St-Simon (Rte de)	**AU** 136
Salin (Pl. du)	**EZ**
Sébastopol (R. de)	**DV** 139
Ségoffin (Av. V.)	**BU** 140
Séjourné (Av. P.)	**DV**
Semard (Bd P.)	**DV** 142
Serres (Av. H.)	**DV**
Seysses (Rte de)	**AU**
Strasbourg (Bd de)	**FX**
Suau (R. J.)	**EY**
Suisse (Bd de)	**BST**
Taur (R. du)	**EX**
Temponières (R.)	**EY** 147
Tolosane (R.)	**FYZ**
Tounis (Quai de)	**EZ**
Trentin (Bd S.)	**BS** 148
Trinité (R. de la)	**EY** 149
U.R.S.S. (Av. de l')	**BU** 154
Vélane (R.)	**FZ** 158
Verdier (Allées F.)	**FX**
Victor-Hugo (R.)	**FX**
Wagner (Bd Richard)	**BT** 160
Wilson (Pl. Prés.)	**FY**
3-Journées (R. des)	**FY** 162
3-Piliers (R. des)	**EX** 164

Pullman Centre ⬡ 🛗 ♿ 🅰🅲 ⌘ rest, 🍴 🛁 🚗 VISA CB AE ①

84 allées Jean Jaurès – ℰ 05 61 10 23 10
– www.pullmanhotels.com

4FXv

119 ch – ♦185/240 € ♦♦185/240 € – 6 suites – ⌑ 22 €
Rest S W Café – ℰ 05 61 10 23 40 *(fermé sam. midi et dim. midi)* (16 €)
Menu 23 € *(dîner en sem.)* – Carte 28/48 €

◆ Hôtel entièrement rénové en 2009 dans un esprit contemporain : chambres épurées et équipements haut de gamme (centre d'affaires, salle de fitness). Au SW Café, décor minimaliste et recettes panachant produits régionaux et épices du monde.

Crowne Plaza 🛜 ⅃ᴀ 🛢 ᴄh, 🅰ᴄ 🕻 🔏 ᴠɪsᴀ ◉ ᴀᴇ ◉

7 pl. du Capitole – ℘ *05 61 61 19 19 – www.crowne-plaza-toulouse.com*
162 ch – †120/295 € ††135/310 € – 3 suites – ☑ 23 €   **4EYt**
Rest – *(fermé août)* (17 €) Menu 21 € (déj.), 26/45 € – Carte 37/63 €
♦ Situation prestigieuse sur la place du Capitole pour cet établissement doté d'un centre d'affaires. Chambres spacieuses et bien équipées ; certaines regardent l'hôtel de ville. Le restaurant donne sur un agréable patio florentin.

Grand Hôtel de l'Opéra sans rest 🛢 🅰ᴄ 🕻 🔏 ᴠɪsᴀ ◉ ᴀᴇ ◉

1 pl. du Capitole – ℘ *05 61 21 82 66 – www.grand-hotel-opera.com*
49 ch – †120/490 € ††150/490 € – ☑ 20 €   **4EYa**
♦ Chambres cossues habillées de boiseries et de velours, salle de réception confortable et plaisant salon-bar : le charme du passé perdure en cet ancien couvent du 17ᵉ s.

Mercure Atria 🛜 🛢 🅰ᴄ 🕻 🔏 ᐤ ᴠɪsᴀ ◉ ᴀᴇ ◉

8 espl. Compans Caffarelli – ℘ *05 61 11 09 09 – www.mercure.com*
136 ch – †80/190 € ††90/205 € – 2 suites – ☑ 16 €   **3DVk**
Rest – *(fermé 1ᵉʳ-21 août)* (15 €) Carte 25/40 €
♦ À proximité du palais des congrès, bâtiment d'allure moderne – vous remarquerez une de ses façades tout en transparence –, disposant de chambres confortables décorées sur le thème de l'opéra. Cuisine actuelle servie dans un restaurant d'esprit bistrot contemporain.

Novotel Centre 🐾 🛜 ⅃ 🛢 ᴄh, 🅰ᴄ 🕻 🔏 ᐤ ᴠɪsᴀ ◉ ᴀᴇ ◉

5 pl. A. Jourdain – ℘ *05 61 21 74 74 – www.novotel.com*
135 ch – †80/195 € ††80/195 € – 2 suites – ☑ 14 €   **3DVu**
Rest – (17 €) Carte 25/47 €
♦ Dans un quartier résidentiel du centre, établissement proche d'un jardin japonais et d'un parc, abritant des chambres de bonne ampleur aménagées selon les derniers standards de la chaîne. Restaurant de cuisine traditionnelle ouvrant sur la piscine de l'hôtel.

Le Grand Balcon sans rest 🛢 🅰ᴄ 🕻 🔏 ᴠɪsᴀ ◉ ᴀᴇ ◉

10 r. Romiguière – ℘ *05 34 25 44 09 – www.grandbalconhotel.com*
47 ch – †160/190 € ††160/390 € – ☑ 20 €   **4EYx**
♦ L'hôtel des pilotes de l'aéropostale vient de rouvrir, célébrant ses anciens hôtes à travers un design contemporain plein d'imagination. La n° 32 reproduit la chambre de Saint-Exupéry.

Garonne sans rest 🅰ᴄ 🕻 🔏 ᴠɪsᴀ ◉ ᴀᴇ ◉

22 descente de la Halle-aux-Poissons – ℘ *05 34 31 94 80 – www.hotelgaronne.com*
14 ch – †95/230 € ††95/230 € – ☑ 19 €   **4EYd**
♦ Bâtisse ancienne dans une venelle du vieux Toulouse. Bel intérieur contemporain : parquet en chêne teinté, meubles design, tentures soyeuses et petites touches japonisantes.

Des Beaux Arts sans rest ⩤ 🛢 🅰ᴄ 🔏 🕻 ᴠɪsᴀ ◉ ᴀᴇ ◉

1 pl. du Pont-Neuf – ℘ *05 34 45 42 42 – www.hoteldesbeauxarts.com*
19 ch – †110/250 € ††110/250 € – ☑ 14 €   **4EYv**
♦ Maison du 18ᵉ s. aménagée avec goût aux chambres douillettes et raffinées. La majorité a vue sur la Garonne et la n° 42 possède un atout supplémentaire : une miniterrasse.

Les Capitouls sans rest 🛢 🅰ᴄ 🕻 🔏 ᴠɪsᴀ ◉ ᴀᴇ ◉

29 allées Jean-Jaurès – ℘ *05 34 41 31 21 – www.bestwestern-capitouls.com*
55 ch – †110/181 € ††110/181 € – ☑ 15 €   **4FXg**
♦ Un bel immeuble bourgeois : tel se présente cet hôtel central possédant un hall de caractère (voûtes en briques roses) et des chambres fonctionnelles et confortables.

Citiz sans rest 🛢 🅰ᴄ 🕻 🔏 ᴠɪsᴀ ◉ ᴀᴇ ◉

18 allées Jean Jaurès – ℘ *05 61 11 18 18 – www.citizhotel.com*
56 ch – †100/290 € ††115/305 € – ☑ 18 €   **4FXb**
♦ En plein centre, au croisement des deux lignes de métro de la ville, un hôtel flambant neuf, fonctionnel et très design. Parfait pour la clientèle d'affaires, mais pas seulement.

Mercure Wilson sans rest   🗣 🖐 AC 🛜 🚗 VISA ⓑ ⓪
7 r. Labéda – ☎ 05 34 45 40 60 – www.mercure.com   **4FYm**
95 ch – ♦74/185 € ♦♦84/195 € – ☲ 15 €
◆ Derrière la façade toulousaine, chambres bien équipées et égayées de teintes ensoleillées. Aux beaux jours, petits-déjeuners servis en terrasse. Garage très pratique.

De Brienne sans rest   🗣 🖐 AC 🛜 🚗 VISA ⓑ ⓪
20 bd du Mar.-Leclerc – ☎ 05 61 23 60 60 – www.hoteldebrienne.com
70 ch – ♦75/100 € ♦♦85/110 € – 1 suite – ☲ 11 €   **3DVn**
◆ Hôtel proche du centre-ville proposant des chambres fonctionnelles sobrement décorées, à choisir sur l'arrière pour plus de calme. Parking gratuit et agréable salon de détente.

Athénée sans rest   🗣 🖐 AC 🛜 🕍 🅿 🚗 VISA ⓑ ⓐ ⓪
13 bis r. Matabiau – ☎ 05 61 63 10 63 – www.hotel-toulouse-athenee.com
35 ch ☲ – ♦85/147 € ♦♦85/157 €   **4FXa**
◆ Voici un immeuble moderne à deux pas du centre-ville abritant des chambres fonctionnelles, sobres et colorées. Pour le côté pratique : garage et parking à disposition.

Mermoz sans rest ❧   🗣 🖐 AC 🛜 🚗 VISA ⓑ ⓐ ⓪
50 r. Matabiau – ☎ 05 61 63 04 04 – www.hotel-mermoz.com   **4DVf**
52 ch – ♦105/145 € ♦♦115/155 € – ☲ 14 €
◆ Cet hôtel est mis en valeur par une nouvelle décoration (2010), où plane toujours le souvenir des pilotes de l'Aéropostale. Salle des petits-déjeuners sous verrière.

Le Clos des Potiers sans rest   🛜 🅿 VISA ⓑ ⓐ
12 r. des Potiers – ☎ 05 61 47 15 15 – www.le-clos-des-potiers.com   **4FZe**
9 ch – ♦100/220 € ♦♦100/220 € – ☲ 13 €
◆ Dans une rue calme près du centre-ville, maison de maître pleine de charme. Chambres joliment décorées dans un style classique. Une adresse cosy, entre hôtel et maison d'hôtes.

St-Claire sans rest   🗣 AC 🍽 🛜 VISA ⓑ ⓐ
29 pl. N.-Bachelier – ☎ 05 34 40 58 88 – www.stclairehotel.fr   **4FXu**
16 ch – ♦50/72 € ♦♦70/129 € – ☲ 10 €
◆ Des petites chambres cosy aux teintes pastel, des aménagements soignés (meubles réalisés par un artisan et sols en jonc de mer) : voici une sympathique adresse du centre-ville.

Albert 1er sans rest   🗣 AC 🍽 🛜 🕍 VISA ⓑ ⓐ
8 r. Rivals – ☎ 05 61 21 17 91 – www.hotel-albert1.com   **4EXr**
47 ch – ♦55/109 € ♦♦65/119 € – ☲ 10 €
◆ Adresse familiale pratique pour sillonner à pied la Ville rose. Les chambres, progressivement relookées, sont fonctionnelles et bien équipées ; plus calmes sur l'arrière.

Castellane sans rest   🗣 🖐 AC 🛜 🕍 🚗 VISA ⓑ ⓐ ⓪
17 r. Castellane – ☎ 05 61 62 18 82 – www.castellanehotel.com   **4FXf**
53 ch – ♦68/78 € ♦♦68/78 € – ☲ 8,50 €
◆ Hôtel familial situé en centre-ville. Les chambres, décorées sobrement, sont fonctionnelles, plus paisibles côté patio ; certaines conviennent particulièrement aux familles.

Les Loges de St-Sernin sans rest   🍽 🛜 VISA ⓑ
12 r. St-Bernard – ☎ 05 61 24 44 44 – www.dormiratoulouse.net – Fermé 1 sem. en fév.
4 ch ☲ – ♦110/125 € ♦♦110/125 €   **4EXt**
◆ Au 2e étage de cet immeuble totalement refait se trouvent des chambres raffinées, mariant l'ancien au confort d'aujourd'hui. Une adresse de charme bien sympathique.

Michel Sarran   🌿 AC ✢ ⇱ VISA ⓑ ⓐ
❀❀ 21 bd A. Duportal – ☎ 05 61 12 32 32 – www.michel-sarran.com
– Fermé août, 20-28 déc., merc. midi, sam. et dim.   **3DVm**
Rest – (prévenir) Menu 44 € bc (déj.), 98/165 € bc – Carte 95/135 €
Spéc. Foie gras en éclair pâtissier à la feuille d'or et éclats de noisette. Pigeon du Mont Royal, suprêmes frits en kadaïf et jus à l'encre, abattis en croquette. Pommes granny en compote et mousseux, glace blanche à la cannelle, soufflé "pomme d'Amour". **Vins** Fronton, Côtes du Marmandais.
◆ Cette demeure de charme du 19e s., à l'atmosphère conviviale et au décor moderne épuré, sublime une belle cuisine inventive. Plaisante terrasse à l'italienne pour les beaux jours.

XXX **Les Jardins de l'Opéra**   AC ⇔ VISA ◎◎ AE

1 pl. du Capitole – ℰ 05 61 23 07 76 – www.lesjardinsdelopera.com – Fermé midi fériés, dim. et lundi   **4EYq**

Rest – Menu 29/99 € – Carte 54/88 €

♦ Élégante salle à manger en rotonde coiffée d'une verrière offrant un puits de lumière. La cuisine, actuelle et inventive, valorise de beaux produits. Cour intérieure fleurie.

XX **En Marge** (Frank Renimel)   AC ⅍ VISA ◎◎ AE ◎

✿ *8 r. Mage – ℰ 05 61 53 07 24 – www.restaurantenmarge.com – Fermé 4-10 mai, 13 juil.-10 août, dim., lundi et mardi*   **4FZv**

Rest – *(nombre de couverts limité, prévenir)* (30 €) Menu 60/120 €

Spéc. Tartare de Saint-Jacques, crème de potimarron, émulsion à la truffe (nov. à mars). Suprême de pigeon rôti, tatin de céleri, jus de viande au caviar citron (mars-avril). Cigare au rhum et à la feuille de tabac.

♦ Accueil attentif, ambiance très conviviale, décor moderne un brin baroque et nombre limité de couverts pour déguster de beaux menus inventifs, renouvelés au gré des saisons.

XX **Metropolitan**   🏡 ⅖ AC ⇔ P VISA ◎◎ AE

✿ *2 pl. Auguste-Albert – ℰ 05 61 34 63 11 – www.metropolitan-restaurant.fr – Fermé 1er-15 août, sam. midi, dim. et lundi*   **2CTa**

Rest – Menu 39 € (sem.), 64/92 € – Carte 76/100 €

Spéc. Canneloni de tourteau et ananas à la coriandre. Volaille fermière et homard au vin jaune, fricassée de légumes d'été (juin-juil.). Barre glacée au chocolat ivoire et violette, cristalline et sirop de violette. **Vins** Gaillac, Côtes de Duras.

♦ Adresse tendance proche de la Cité de l'Espace. Un cadre contemporain, étudié dans ses choix de design, met en valeur la talentueuse cuisine actuelle du chef. Service sympathique.

XX **Le L**   🏡 AC ⇔ VISA ◎◎

24 pl. de la Bourse – ℰ 05 61 21 69 05 – www.restaurantlel.com – Fermé 5-25 août, dim. et lundi   **4EYc**

Rest – Menu 48 € (dîner)/89 € – Carte 25/40 €

♦ Au cœur de la vieille ville, cette table contemporaine propose une carte créative aux influences asiatiques, renouvelée souvent, et plus étoffée au dîner. Terrasse d'été.

XX **Anges et Démons**   AC ⇔ VISA ◎◎ AE

1 r. Perchepinte – ℰ 05 61 52 66 69 – www.restaurant-angesetdemons.com – Fermé dim. soir, lundi et le midi sauf dim.   **4FZa**

Rest – Menu 40/55 € ❀

♦ Engageant restaurant de la vieille ville misant sur un concept original : le prix du plat principal choisi correspond à celui d'un menu complet. Décor cosy, en partie sous des voûtes du 16e s.

XX **PY-R**   VISA ◎◎

19 r. des Paradoux – ℰ 05 61 25 51 52 – www.py-r.com – Fermé 2 sem. en août, 1 sem. en janv., dim. et lundi   **4ZEf**

Rest – (19 €) Menu 34/65 €

♦ De l'inventivité, du goût, beaucoup d'envie, une vitalité débordante – et parfois un brin débordée... Misez sur le meilleur de cette table lancée en 2010 par un tout jeune chef !

XX **Le Fouquet's**   🏡 AC ⅍ ⇔ P VISA ◎◎ AE

18 chemin de la Loge – ℰ 05 61 33 37 77 – www.lucienbarriere.com

Rest – (21 €) Menu 32 € bc (déj.)/34 € – Carte 33/68 €   **2BUa**

♦ Sur une île de la Garonne, voici le dernier-né de la famille Fouquet's. Feuilles d'or, lumière tamisée, collection de photos servent d'écrin à une cuisine dans l'air du temps.

XX **7 Place St-Sernin**   🏡 AC ⇔ VISA ◎◎ AE

7 pl. St-Sernin – ℰ 05 62 30 05 30 – www.7placesaintsernin.com – Fermé 1er-15 août, 1 sem. en déc., sam. midi et dim.   **4EXv**

Rest – Menu 22 € bc (déj.), 28/55 € bc – Carte 53/82 €

♦ Dans les murs d'une toulousaine, restaurant élégant orné de toiles contemporaines. La cuisine est à l'image du lieu : de tradition actualisée. Terrasse face à la basilique.

XX **Brasserie Flo "Les Beaux Arts"** 🛬 AC 🚗 VISA 🐗 AE ⓪
1 quai Daurade – ℰ 05 61 21 12 12 – www.brasserielesbeauxarts.com
Rest – Menu 23/38 € – Carte 27/56 €   **4**EY**v**

• Les Toulousains apprécient l'ambiance et le décor rétro de cette brasserie des bords de la Garonne, jadis fréquentée par Ingres, Matisse et Bourdelle. Carte très variée.

XX **Chez Laurent Orsi "Bouchon Lyonnais"** 🛬 AC VISA 🐗 AE
13 r. de l'Industrie – ℰ 05 61 62 97 43 – www.le-bouchon-lyonnais.com
Rest – Menu 22/37 € – Carte environ 38 €   **4**FY**f**

• Grand bistrot où banquettes en cuir, tables serrées et miroirs recréent une attachante ambiance du passé. Saveurs du Sud-Ouest, du Lyonnais et marée à l'honneur.

XX **Émile** 🛬 AC VISA 🐗 AE ⓪
13 pl. St-Georges – ℰ 05 61 21 05 56 – www.restaurant-emile.com – Fermé
21 déc.-10 janv., lundi sauf le soir de mai à sept. et dim.   **4**FY**r**
Rest – Menu 20 € (déj.), 30/55 € – Carte 39/61 € 🕸

• Belle carte des vins, cuisine axée sur le terroir (spécialité de cassoulet) et le poisson : cette adresse pourvue d'une agréable terrasse est très prisée.

X **L'Adresse** AC VISA 🐗
4 r. Baronie – ℰ 05 61 22 55 48 – www.adresserestaurant.com
– Fermé 7-13 mars, 8-28 août, mardi soir, dim., lundi et fériés   **4**EY**b**
Rest – (15 €) Menu 26/39 € – Carte 42/49 €

• Mobilier contemporain, miroirs, bibliothèque, bouteilles, ardoises de suggestions du jour : un décor à la mode pour cette "adresse" servant une cuisine actuelle bien mitonnée.

X **L'Empereur de Huê** AC VISA 🐗
17 r. des Couteliers – ℰ 05 61 53 55 72 – www.empereurdehue.com – Fermé le
midi, dim. et lundi   **4**EZ**a**
Rest – (prévenir) Menu 37 € (sem.) – Carte 47/54 €

• Une chef talentueuse, des produits sélectionnés, des herbes aromatiques, ou l'alchimie d'un concentré de Vietnam au service d'une fine cuisine. Cadre résolument contemporain.

X **Brasserie du Stade** AC P VISA 🐗 AE ⓪
114 r. Troënes ⊠ 31200 – ℰ 05 34 42 24 20 – www.stadetoulousain.fr
– Fermé 18 juil.-26 août, 20 déc.-1er janv., lundi soir, mardi soir, sam. et dim.
Rest – Menu 26 € (déj.) – Carte 30/45 €   **1**AS**x**

• Grande salle de restaurant située dans l'enceinte du temple du rugby toulousain. Entre photos et trophées, on mange des petits plats soignés d'inspiration brasserie.

X **Rôtisserie des Carmes** ⇔ VISA 🐗 AE
38 r. Polinaires – ℰ 05 61 53 34 88 – Fermé 30 juil.-29 août, 23-26 déc.,
31 déc.-2 janv., sam., dim. et fériés   **4**EZ**x**
Rest – (16 €) Menu 21 € (déj.)/31 € bc – Carte 40/60 € le soir

• Voisinage du marché des Carmes oblige, la petite carte et le menu du jour évoluent selon les arrivages. Le truculent patron officie dans une cuisine offerte à la vue de tous.

à Gratentour 15 km au Nord par D 4 et D 14 - **BS** – 3 491 h. – alt. 174 m
– ⊠ 31150

🏠 **Le Barry** ⌖ 🍽 🛬 🍳 🐟 ch, AC rest, ⚓ P VISA 🐗
🔗 *47 r. Barry – ℰ 05 61 82 22 10 – www.lebarry.fr – Fermé 16 déc.-3 janv., vend.,*
sam. et dim. d'oct. à mars
22 ch – †53 € ††60 € – � 8 €
Rest – (fermé 29 juil.-21 août, vend. soir, sam. et dim.) (10 €) Menu 13 € (déj.)/
30 € – Carte 17/41 €

• Le calme est au rendez-vous dans cette ancienne ferme de briques roses proche du vignoble du Frontonnais. Chambres fonctionnelles, petit jardin et piscine pour la détente. Salle à manger accueillante et soignée ; répertoire culinaire traditionnel.

à l'Union 7 km au Nord-Est - **CS** – 12 300 h. – alt. 146 m – ✉ 31240

XX **La Bonne Auberge** 🏡 AC ⇔ P VISA ☺ AE ⓘ
2 bis r. Autan-Blanc, (N 88) – 𝒞 *05 61 09 32 26 – www.bonneauberge31.fr*
– Fermé 8-30 août, 24 déc.-3 janv., dim. et lundi
Rest – (20 €) Menu 28/52 € – Carte 37/51 €
♦ Sur la rue principale, restaurant occupant une ancienne grange : mobilier rustique, poutres et cheminée. Carte dans l'air du temps composée par un chef soucieux du produit.

à Rouffiac-Tolosan 12 km par ② – 1 646 h. – alt. 210 m – ✉ 31180

XXX **Ô Saveurs** (Daniel Gonzalez et David Biasibetti) 🏡 AC ⇔ VISA ☺ AE
🌸 *8 pl. Ormeaux, (au village)* – 𝒞 *05 34 27 10 11 – http://o.saveurs.free.fr*
– Fermé 2-10 mai, 15 août-7 sept., 15-23 fév., sam. midi, dim. soir et lundi
Rest – (23 €) Menu 39/85 € – Carte 70/100 € 🍴
Spéc. Fricassée de langoustines et foie gras de canard aux pleurotes et coulis de corail. Paraillade de poissons à la plancha, huile d'olive et petits légumes. Assiette de chocolat grand cru pour amateur de cacao. **Vins** Gaillac, Madiran.
♦ Charmante maison de village sur une petite place pavée. On réalise ici une cuisine à quatre mains avec une bonne dose de tradition relevée d'un zeste de créativité... Savoureux !

à Rangueil 5 km au Sud-Est – ✉ 31400

X **Mas de Dardagna** 🚗 🏡 AC 🍴 P VISA ☺
1 chemin de Dardagna, près de l'hôpital Rangueil – 𝒞 *05 61 14 09 80*
– www.masdedardagna.com – Fermé août, 26-30 déc., sam., dim. et fériés
Rest – (prévenir le soir) Menu 20 € (déj.), 30/58 € **2BUe**
♦ Une cuisine soignée qui oscille entre modernité et tradition, à déguster dans un décor agréable : une ancienne ferme aux murs de briques rouges agrémentée d'un jardin-terrasse.

à Castanet-Tolosan 12 km par ⑤ et N 113 – 10 329 h. – alt. 164 m – ✉ 31320

X **La Table des Merville** 🏡 ⇔ VISA ☺ AE
🍴 *3 pl. Richard* – 𝒞 *05 62 71 24 25 – www.table-des-merville.fr – Fermé 7-16 août,*
24 déc.-2 janv., lundi soir et dim.
Rest – (16 €) Menu 28/40 € – Carte 40/70 €
♦ Séduisante petite adresse familiale du centre du village où gastronomie et convivialité font bon ménage. Les gourmets voient le chef réaliser ses plats de bistrot savoureux.

à Vigoulet-Auzil 13 km au Sud par D4 et D35ᵉ - **BU** - 970 h. – alt. 290 m – ✉ 31320

⌂ **Château d'Arquier** sans rest 🌿 🌿 ☎ 📶 P
17 av. des Pyrénées – 𝒞 *05 61 75 80 76 – www.arquier.com*
3 ch ⊂⊃ – †90/95 € ††95/100 €
♦ Posée sur un coteau arboré, maison de famille typiquement toulousaine avec une façade percée de nombreuses fenêtres. Intérieur bourgeois ; peintures murales de Marc Saint-Saëns.

à Lacroix-Falgarde 13 km au Sud par D 4 - **BU** – 1 873 h. – alt. 154 m – ✉ 31120

XX **Le Bellevue** ⇐ 🏡 P VISA ☺ AE ⓘ
♽ *1 av. des Pyrénées* – 𝒞 *05 61 76 94 97 – http://restolebellevue.free.fr – Fermé*
15 oct.-15 nov., 28 fév.-9 mars, merc. de sept. à avril et mardi
Rest – Menu 18 € (déj. en sem.), 28/41 € – Carte 41/64 €
♦ Ancienne guinguette entourée de verdure bordant l'Ariège. Aux beaux jours, la grande terrasse à fleur d'eau a beaucoup de succès. Plats traditionnels et spécialités du Sud-Ouest.

Il fait beau ? Savourez le plaisir de manger en terrasse : 🏡

à Tournefeuille 10 km à l'Ouest par D 632 AT – 25 444 h. – alt. 155 m – ⊠ 31170

XX **L'Art de Vivre**

279 chemin Ramelet-Moundi – ℰ 05 61 07 52 52 – www.lartdevivre.fr – Fermé vacances de Pâques, 10-31 août, vacances de Noël, dim. soir, lundi soir, mardi soir et merc.
Rest – Menu 25 € (déj. en sem.), 38/60 € – Carte 48/65 €

◆ Maison noyée dans la verdure et terrasse permettant de profiter du charme bucolique du lieu aux beaux jours. Décor dans l'air du temps ; cuisine actuelle sur bases traditionnelles.

à Purpan 6 km à l'Ouest par N 124 - ⊠ 31300 Toulouse

🏨 **Palladia**

271 av. de Grande Bretagne – ℰ 05 62 12 01 20 – www.hotelpalladia.com
90 ch – †99/260 € ††99/260 € – 1 suite – ⊇ 18 €   1ATe
Rest – *(fermé dim. et fériés)* (25 € bc) Menu 28/59 € bc – Carte 39/74 €

◆ Cet imposant immeuble à la façade rideau en verre et béton, situé à égale distance de l'aéroport et du centre-ville, est idéal pour les séminaires. Chambres spacieuses, progressivement rénovées. Confortable restaurant profitant d'une terrasse aux beaux jours.

🏨 **Novotel Aéroport**

23 impasse Maubec – ℰ 05 61 15 00 00 – www.novotel.com   1ATa
123 ch – †17/175 € ††79/175 € – ⊇ 14 €
Rest – *(fermé sam. midi et dim. midi sauf juil.-août)* (12 €) Carte 33/50 €

◆ Équipements de loisirs – jeux pour enfants, tennis, piscine – orientent cette adresse pour la détente autant que pour les affaires. Décor revu selon le dernier concept Novotel. Le restaurant contemporain et la terrasse regardent la piscine ; cuisine traditionnelle.

à St-Martin-du-Touch vers ⑦– ⊠ 31300 Toulouse

🏠 **Airport Hôtel** sans rest

176 rte de Bayonne – ℰ 05 61 49 68 78 – www.airport-hotel-toulouse.com
45 ch – †74 € ††90 € – 3 suites – ⊇ 10 €   1ATs

◆ À proximité de l'aéroport, hôtel des années 1980 à l'ambiance familiale. Façade colorée en parement de briques ; chambres sobres et fonctionnelles ; garage ; plateaux repas.

XX **Le Cantou**

98 r. Velasquez, (D 2B) – ℰ 05 61 49 20 21 – www.cantou.fr – Fermé 2 sem. en août, vacances de Noël, sam. et dim.   1ATh
Rest – Menu 31/58 € – Carte 45/56 € 🍷

◆ La campagne à la ville ! Découvrez cette coquette ferme et sa terrasse entourée d'un immense jardin. Goûteuse cuisine actuelle et remarquable sélection de vins (1 300 références).

à Colomiers 10 km par ⑦, sortie n° 3 puis direction Cornebarrieu par D 63 – 32 110 h. – alt. 182 m – ⊠ 31770

XXX **L'Amphitryon** (Yannick Delpech)
🏵🏵 *chemin de Gramont – ℰ 05 61 15 55 55 – www.lamphitryon.com*
Rest – Menu 30 € (déj. en sem.), 69/122 € – Carte 98/168 € 🍷
Spéc. Caviar des Pyrénées et sardine taillée au couteau, crème de morue et condiments. Pigeonneau du Mont-Royal rôti et fumé au bois de hêtre, les cuisses en "vrai faux" sushi. Tajine de clémentines et olives taggiasche, grog au rhum et glace à l'huile d'olive (hiver). **Vins** Vin de pays du Comté Tolosan, Côtes du Frontonnais.

◆ Nouvelles ambiances : air (la verrière), terre (la table d'hôte) et feu (la salle cheminée) pour une brillante cuisine créative, très originale, sublimant les produits du terroir.

à Pibrac 12 km par ⑦, sortie n° 6 – 7 712 h. – alt. 157 m – ⊠ 31820

X **Le Pavillon St-Jean**

1 chemin Beauregard – ℰ 05 61 06 71 71 – www.lepavillonst-jean.fr – Fermé 1er-22 août, 25 déc.-2 janv., 28 fév.-6 mars, sam. midi, dim. soir et lundi
Rest – Menu 20 € (déj. en sem.), 32/50 €

◆ En léger retrait du centre, paisible maison régionale proposant une cuisine traditionnelle dans un sobre cadre contemporain, ou en terrasse pour profiter des belles journées.

TOULOUSE

à Blagnac 7 km au Nord-Ouest – 21 199 h. – alt. 135 m – ⊠ 31700

Radisson Blu
2 r. Dieudonné-Costes – ℰ 05 61 16 18 00 – www.toulouse.radissonblu.com
200 ch ⊑ – †120/300 € ††120/300 €   1ASx
Rest – Menu 20 € (déj. en sem.)/27 € – Carte 30/45 €
◆ À deux pas de l'aéroport, hôtel contemporain reconnaissable à sa façade ponctuée de volets multicolores transparents. Une modernité assumée aussi dans le design des chambres. Le restaurant aux larges baies vitrées sert une cuisine surfant sur l'air du temps (terrasse protégée sur patio).

Pullman
2 av. Didier Daurat, dir. aéroport (sortie n° 3) – ℰ 05 34 56 11 11
– www.pullmanhotels.com   1ASe
100 ch – †95/335 € ††95/335 € – ⊑ 22 €
Rest *Le Corridor* – (fermé 24 juil.-21 août, vend. soir, sam., dim. et fériés) (25 €)
Menu 30 € – Carte 42/74 €
◆ Ne vous fiez pas à l'architecture années 1970 de cet hôtel, il cache des espaces communs tendance et une partie des chambres a adopté le même style (aubergine, rouge). Petite restauration façon tapas au bar ou carte plus traditionnelle en salle.

à Seilh 15 km par ⑧ – 2 812 h. – alt. 133 m – ⊠ 31840

Latitudes Golf de Seilh
rte de Grenade – ℰ 05 62 13 14 15
– www.latitudes-hotels-toulouse.com
170 ch – †96/205 € ††96/205 € – 2 suites – ⊑ 16 €
Rest – Menu 16 € (déj.)/35 € – Carte 24/59 €
◆ Complexe hôtelier doté de nombreux équipements sportifs (deux parcours de golf 18 trous). Belle capacité pour séminaires ; possibilité de location de studios et d'appartements. Restaurant décoré sur le thème de l'aéropostale ; cuisine aux accents du Sud-Ouest.

TOUQUES – 14 Calvados – **303** M3 – rattaché à Deauville

LE TOUQUET-PARIS-PLAGE – 62 Pas-de-Calais – **301** C4 – 5 438 h.   **30** A2
– alt. 5 m – Casino : du Palais BZ, les 4 Saisons AYZ – ⊠ 62520
🟩 Nord Pas-de-Calais Picardie

  ▶ Paris 242 – Abbeville 58 – Arras 99 – Boulogne-sur-Mer 30
  ▯ place de l'Hermitage ℰ 03 21 06 72 00
  ▱ du Touquet Avenue du Golf, S : 2 km, ℰ 03 21 06 28 00

Plan page suivante

Westminster
av. Verger – ℰ 03 21 05 48 48 – www.opengolfclub.com   BZa
114 ch – †77/350 € ††120/405 € – 1 suite – ⊑ 21 € – ½ P 126/252 €
Rest *Le Pavillon* – (fermé 2 janv.-31 mars, mardi sauf juil.-août et le midi)
Menu 55/130 € bc – Carte 76/118 €
Spéc. Chèvre frais de Montreuil, coques, homard, carottes des sables, jus d'orange et citron vert. Bar cuit à 53°, amandes, condiment pamplemousse, tilleul yuzu. Ananas Victoria, croquant macaron, sorbet coco-ananas, grain passion.
Rest *Les Cimaises* – ℰ 03 21 06 74 95 – (30 € bc) Menu 35 € – Carte 43/90 €
◆ Séduisant palace d'architecture anglo-normande (1925-1928), posté entre la mer et la pinède. Hall aux superbes ascenseurs ; chambres de style Art déco ou tout simplement rétro. Terrasse prisée en été. Beau spa. Cuisine inventive et remarquable carte des vins au Pavillon. Buffets et plats de brasserie aux Cimaises.

Holiday Inn
av. Mar. Foch – ℰ 03 21 06 85 85 – www.holidayinnletouquet.com   BZn
88 ch – †149/245 € ††149/245 € – 2 suites – ⊑ 17 €
Rest *Le Picardy* – (22 €) Menu 26 € – Carte 36/50 €
◆ Entre mer et forêt, un bâtiment récent dont les chambres, fonctionnelles, sont desservies par une galerie fleurie. Parquet et plantes vertes apportent une petite touche d'originalité à la belle salle à manger en rotonde. Carte traditionnelle.

1721

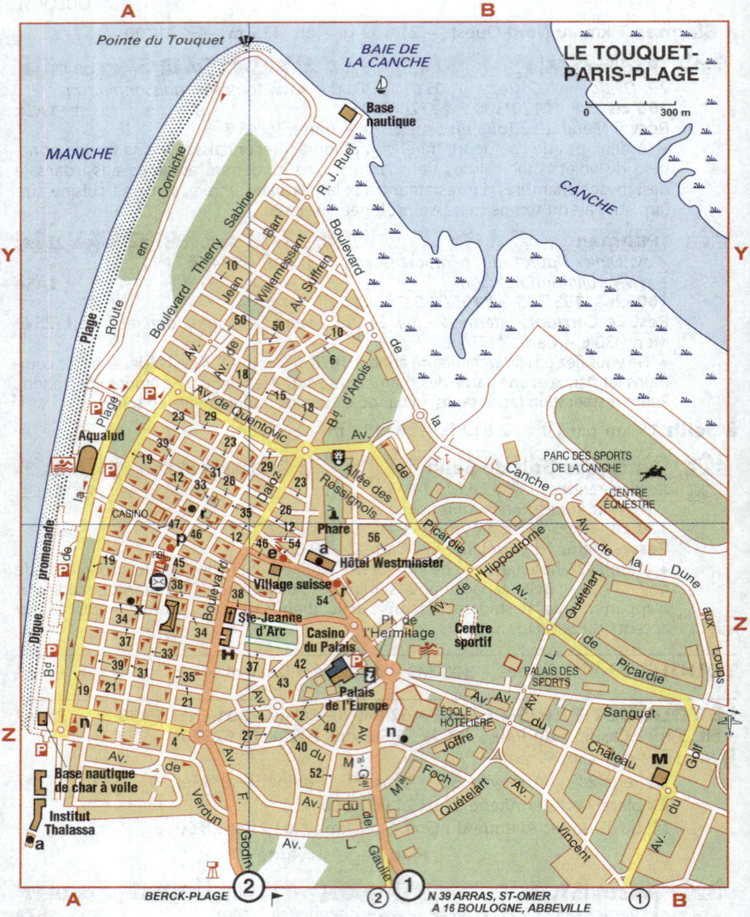

LE TOUQUET-PARIS-PLAGE
0
300 m
A
B
Y
Z
Pointe du Touquet
BAIE DE LA CANCHE
MANCHE
CANCHE
Base nautique
R. J. Ruet
Boulevard de la Canche
Corniche
Route en Corniche
Boulevard Thierry Sabine
Plage
Av. Jean Bart
Willemessant
Av. Suffren
Av. de Quentovic
Bd d'Artois
Av. de Picardie
Allée des Rossignols
Phare
Hôtel Westminster
Village suisse
Ste-Jeanne d'Arc
Casino du Palais
Palais de l'Europe
Pl. de l'Hermitage
Centre sportif
Av. de l'Hippodrome
PARC DES SPORTS DE LA CANCHE
CENTRE ÉQUESTRE
Av. de la Dune aux Loups
Av. L. Quételart
PALAIS DES SPORTS
ÉCOLE HÔTELIÈRE
Av. du Château
Av. Sanguet
Av. du Golf
Av. Joffre
Av. Foch
Av. Quételart
Av. Vincent
Av. du Mal Foch
Av. du Gal de Gaulle
Av. L. Garet
Av. F. Godin
Av. de Verdun
Aqualud
CASINO
POL
Digue promenade
Bd de la Plage
Base nautique de char à voile
Institut Thalassa
BERCK-PLAGE
N 39 ARRAS, ST-OMER
A 16 BOULOGNE, ABBEVILLE

Aboudaram (Av. L.)	BZ 2	Garet (Av. et R. L.)	ABY 26	Pins (Av. des)	BZ 40
Atlantique (Av. de l')	ABZ 4	Genets (Av. des)	ABZ 27	Recoussine (Av. F.)	BZ 42
Bardol (R. E.)	BY 6	Hubert (Av. L.)	ABY 29	Reine-May (Av. de la)	ABZ 43
Bourdonnais (Av. de la)	ABY 10	Londres (R. de)	AYZ 31	St-Amand (R.)	AZ 45
Bruxelles (R. de)	AYZ 12	Metz (R. de)	AYZ 33	St-Jean (Av. et R.)	ABZ 46
Calais (R. de)	BY 15	Monnet (R. J.)	AZ 34	St-Louis (R.)	AZ 47
Desvres (R. de)	ABY 18	Moscou (R. de)	AYZ 35	Tourville (Av. de l'Amiral)	ABY 50
Docteur-J.-Pouget (Bd du)	AYZ 19	Oyats (Av. et R. des)	ABZ 37	Troènes (Av. des)	BZ 52
Dorothée (R.)	AZ 21	Paix (Av. et R. de la)	ABZ 38	Verger (Av. du)	BZ 54
Duboc (Av. et R. J.)	ABY 23	Paris (R. de)	AYZ 39	Whitley (Av. J.)	BZ 56

Le Manoir Hôtel

av. du Golf, 2,5 km par ② – ✆ 03 21 06 28 28 – www.opengolfclub.com – Fermé 1er-31 janv.

40 ch – 🛉70/240 € 🛉🛉140/290 € – 1 suite – ½ P 103/178 €

Rest – (20 €) Menu 36/55 € – Carte 53/67 €

◆ Beau manoir du début du 20e s. entouré d'un jardin fleuri, à proximité immédiate de la forêt et du golf. Chambres douillettes. Bar de style anglais. Clientèle de golfeurs. Cuisine traditionnelle accordée au cadre classique de la plaisante salle à manger.

Novotel

⟨ 🛎 📶 🅳 ♨ ₤🔒 🚭 ⚓ 🍽 rest, ¶¶ 🧖 🅿 ⚓ VISA 🏧 AE ①

Front de Mer – ℰ 03 21 09 85 00 – www.thalassa.com – *Fermé 2-16 janv.*
146 ch – ♯120/270 € ♯♯120/270 € – 3 suites – ⯎ 17 €   AZ**a**
Rest – (23 €) Menu 33 € – Carte 34/58 €

◆ Ce Novotel bénéficie d'un agréable emplacement au bord de la plage et à proximité d'un centre de thalassothérapie. Chambres de norme "Novation". Les baies du restaurant sont tournées vers le rivage ; carte consacrée aux produits de la mer.

Bristol *sans rest*

🛗 🚭 🧖 🅿 🚘 VISA 🏧 AE ①

17 r. Jean Monnet – ℰ 03 21 05 49 95 – www.hotelbristol.fr   AZ**x**
49 ch – ♯80/180 € ♯♯80/180 € – ⯎ 12 €

◆ Entre plage et centre-ville, une coquette villa des années 1920 aux chambres petit à petit redécorées dans un style contemporain. Bar feutré et agréable patio intérieur.

Red Fox *sans rest*

🛗 🚭 AC ¶¶ ⚓ VISA 🏧 AE ①

60 r. de Metz – ℰ 03 21 05 27 58 – www.hotelredfox.com   AY**r**
71 ch – ♯57/105 € ♯♯67/105 € – ⯎ 13 €

◆ Dans une rue animée, des chambres pratiques, un peu plus "pop" pour les plus récentes et mansardées au dernier étage. Salon confortable et copieux buffet au petit-déjeuner.

XXX Flavio

🍴 VISA 🏧 AE ①

1 av. Verger – ℰ 03 21 05 10 22 – www.flavio.fr – *Fermé 10 janv.-10 fév. et lundi sauf juil.-août*   BZ**r**
Rest – Menu 26/153 € – Carte 58/138 €

◆ Une institution du Touquet, connue pour ses beaux produits (langoustine royale, foie gras, ail d'Arleux, soupe de truffe). Piano, lustres et meubles de style pour le décor.

XX Le Village Suisse

🍴 AC VISA 🏧

52 av. St-Jean – ℰ 03 21 05 69 93 – www.levillagesuisse.fr – *Fermé 2-27 janv., dim. soir d'oct. à avril, mardi midi et lundi de sept. à juin*   BZ**e**
Rest – Menu 25 € (sem.), 37/80 € bc – Carte 42/76 €

◆ Cette jolie villa, construite en 1905, surplombe des boutiques d'antiquités (terrasse sur les toits de ces dernières)... Cuisine classique revisitée, attentive aux saisons.

XX Le Paris

🍴 VISA 🏧

⚓   *88 r. de Metz* – ℰ 03 21 05 79 33 – *Fermé 1 sem. fin juin, 1 sem. mi-nov., 1 sem. mi-mars, dim. soir hors saison, mardi soir et merc.*   AZ**p**
Rest – (16 €) Menu 19 € (sem.)/40 € – Carte 41/60 €

◆ Situation très centrale et décor contemporain (tons rouge et chocolat) pour ce restaurant où l'on déguste aussi bien des fruits de mer que du foie fras ou de la soupe de poissons.

XX Côté Sud

🍴 AC VISA 🏧 AE

⚓   *187 bd du Dr Pouget* – ℰ 03 21 05 41 24 – www.le-touquet-cote-sud.com – *Fermé 26 juin-4 juil., 25 fév.-12 mars, dim. soir hors saison, lundi midi et merc.*
Rest – (14 €) Menu 18 € (sem.)/53 € – Carte 41/60 €   AZ**n**

◆ Accueil sympathique dans ce restaurant situé le long de la digue du Touquet, face à la mer. Cadre minimaliste soigné, tout blanc, et cuisine actuelle honorant le poisson.

à Stella-Plage 7 km par ② – ✉ 62780 Cucq

🛈 Place Jean Sapin ℰ 03 21 09 04 32

Des Pelouses

🍴 🛗 🧖 🅿 VISA 🏧

bd E. Labrasse – ℰ 03 21 94 60 86 – www.lespelouses.com – *Fermé 15 déc.-20 janv.*
26 ch – ♯55/65 € ♯♯70/75 € – ⯎ 8,50 €
Rest – *(fermé dim. soir et lundi du 15 sept. au 15 juin)* Menu 20/27 € – Carte 24/36 €

◆ Construction cubique située à environ 2 km de la plage, à l'écart de l'agitation. Chambres actuelles et nettes, plus spacieuses sur l'arrière. La carte du restaurant fait la part belle aux recettes régionales.

TOURCOING – 59 Nord – **302** G3 – 92 357 h. – alt. 37 m – ✉ 59200   **31** C2

▌ Nord Pas-de-Calais Picardie

▶ Paris 234 – Kortrijk 19 – Gent 61 – Lille 17

🏢 9, rue de Tournai ☎ 03 20 26 89 03

🏌 des Flandres à Marcq-en-Baroeul 159 boulevard Clémenceau, par D 670 : 9 km, ☎ 03 20 72 20 74

Accès et sorties : voir plan de Lille

Altia   🚗 🏠 ☒ 🖥 AC 🔊 ⚲ P VISA ⦿ AE ①

r. Vertuquet, au Nord près échangeur de Neuville-en-Ferrain (sortie 18) – ☎ 03 20 28 88 00 – www.altia-hotel.com   **plan de Lille 3HRe**

108 ch – ♦79/135 € ♦♦79/145 € – ⚌ 14 €   **Rest** – Carte 22/37 €

♦ Situé proche de la frontière belge (300 m), rénovation complète pour cet hôtel repris récemment. Chambres colorées et partie séminaire lumineuse et bien équipée. Agréable jardin. Au restaurant, salle ouverte sur la terrasse et la piscine ; cuisine traditionnelle.

La Baratte   🏠 AC ⟷ VISA ⦿ AE

395 r. Clinquet – ☎ 03 20 94 45 63 – www.la-baratte.com – Fermé 1 sem. en août, sam. midi, dim. soir et lundi   **plan de Lille 3HRd**

Rest – Menu 20 € (sem.), 29/60 € – Carte 52/65 €

♦ Un restaurant élégant ouvert sur le jardin, avec des murs gris bleuté et de belles cheminées. La cuisine, généreuse et gourmande, est particulièrement axée sur le produit.

LA TOUR-D'AIGUES – 84 Vaucluse – **332** G11 – 3 912 h. – alt. 250 m   **40** B2
– ✉ 84240 ▌ Provence

▶ Paris 752 – Aix-en-Provence 29 – Apt 35 – Avignon 81

🏢 le Château ☎ 04 90 07 50 29

Le Petit Mas de Marie   🚗 🏠 ☒ AC ch, 🔊 P VISA ⦿ AE ①

quartier Revol – ☎ 04 90 07 48 22 – www.lepetitmasdemarie.com – fermé vacances de la Toussaint et de fév.

15 ch – ♦50/70 € ♦♦65/80 € – ⚌ 10 € – ½ P 76 €   **Rest** – *(résidents seult)*

♦ Cette accueillante maison du pays d'Aigues est ceinte d'un jardin fleuri. Chambres provençales impeccablement tenues. Cuisine aux accents du Sud à savourer dans une salle spacieuse et claire ou sur l'agréable terrasse.

TOUR-DE-FAURE – 46 Lot – **337** G5 – **rattaché à St-Cirq-Lapopie**

LA TOUR-DU-PIN 👁 – 38 Isère – **333** F4 – 7 431 h. – alt. 350 m   **45** C2
– ✉ 38110 ▌ Lyon Drôme Ardèche

▶ Paris 516 – Aix-les-Bains 57 – Chambéry 51 – Grenoble 67

🏢 rue de Châbons ☎ 04 74 97 14 87

🏌 du Château de Faverges à Faverges-de-la-Tour, E : 9 km par D 1516, ☎ 04 74 88 89 51

Le Bec Fin   VISA ⦿

pl. Champs-de-Mars – ☎ 04 74 97 58 79 – Fermé 2-23 août, dim. soir et lundi

Rest – Menu 17 € (déj. en sem.), 28/48 €

♦ Ex-maison de négociant en vins tenue par un jeune couple accueillant. Généreuses recettes régionales proposées sous forme de menus, dans deux salles aux tons vert et jaune.

à St-Didier-de-la-Tour 3 km à l'Est par N 6 – 1 630 h. – alt. 380 m – ✉ 38110

Ambroisie   ≤ 🏠 AC ⅍ P VISA ⦿

64 rte du lac, (au bord du lac) – ☎ 04 74 97 25 53 – www.restaurant-ambroisie.com – Fermé 15-30 oct., dim. soir, mardi soir et merc.

Rest – *(nombre de couverts limité, prévenir)* Menu 28/55 € – Carte 58/70 €

♦ Dans ce pavillon bordant un lac, on se restaure dans une salle aux tons grège et chocolat, ou sur la terrasse abritée par beaux platanes. Cuisine actuelle.

à Montagnieu 5 km au Sud par D 17 – 819 h. – alt. 500 m – ⊠ 38110

✗ **Le Petit Dauphinois**　　　　　　　　　　　AC P VISA ⬤⬤
*1 rte de Virieu – ℰ 04 74 97 27 23 – www.lepetitdauphinois.com – Fermé
15-30 août et 15-31 déc.*
Rest – *(nombre de couverts limité, prévenir)* Menu 18/32 €
◆ Dans cette maison traditionnelle, la cuisine est délicate, féminine, avec un penchant pour les jolis produits. Le cadre, quant à lui, est délicieusement rétro.

à Rochetoirin 4 km au Nord-Ouest par N 6 et D 92 – 980 h. – alt. 449 m – ⊠ 38110

✗ **Le Rochetoirin**　　　　　　　　　⬅ 🕾 🕭 ⅇ P VISA ⬤⬤
*10 rte de la Tour du Pin, (au village) – ℰ 04 74 97 60 38 – www.lerochetoirin.fr
– Fermé 22 août-5 sept., 23 déc.-16 janv., mardi soir et merc. soir d'oct. à avril,
dim. soir et lundi*
Rest – Menu 22/52 € – Carte 38/51 €
◆ Ce restaurant a le mérite de proposer deux styles culinaires : traditionnel ou
inventif (renouvelé à chaque saison). Une petite salle conviviale, une autre plus
cossue ; terrasse.

TOURNEFEUILLE – 31 Haute-Garonne – **343** G3 – **rattaché à Toulouse**

TOURNON-SUR-RHÔNE ⬷⬗ – 07 Ardèche – **332** B3 – 10 582 h. 　　**43** E2
– alt. 125 m – ⊠ 07300 ▮ Lyon Drôme Ardèche
　▶ Paris 545 – Grenoble 98 – Le Puy-en-Velay 104 – St-Étienne 77
　🛈 2, place Saint-Julien ℰ 04 75 08 10 23
　◉ Terrasses★ du château B - Route panoramique★★★ B.

Plan : voir à Tain-l'Hermitage

🏢 **Les Amandiers** *sans rest*　　　　　📶 AC ✄ 🌐 P VISA ⬤⬤ AE ⓤ
*13 av. de Nîmes – ℰ 04 75 07 24 10 – www.hotel-amandiers.com
– Fermé 17 déc.-3 janv.*　　　　　　　　　　　　　　**Cn**
25 ch – ✝64 € ✝✝74 € – ⊡ 8,50 €
◆ Bâtisse moderne fréquentée par la clientèle d'affaires en semaine. Chambres
climatisées et bien insonorisées, avec de grandes salles de bain. Pratique et
confortable à prix doux.

🏠 **Azalées**　　　　　　　　🕾 AC ✄ ch, 🌐 ➶ P VISA ⬤⬤
*6 av. Gare – ℰ 04 75 08 05 23 – www.hotel-azalees.com – Fermé 25 oct.-1er nov.
et 20 déc.-2 janv.*　　　　　　　　　　　　　　　　**Bs**
37 ch – ✝62 € ✝✝62/85 € – ⊡ 8,50 € – ½ P 54 €
Rest – *(fermé dim. soir du 15 oct. au 15 mars)* (12 € bc) Menu 21/29 €
– Carte 20/33 €
◆ Entre la gare et le centre-ville, deux bâtiments autour d'une cour, avec des
petites chambres propres et bien conçues (tons colorés ou pastel, parquet). Au
restaurant, le chef concocte des recettes traditionnelles avec les légumes de son
potager.

✗✗ **Tournesol**　　　　　　　　　　🕾 ⟷ VISA ⬤⬤ AE
*44 av. du Mar.-Foch par ④ – ℰ 04 75 07 08 26 – www.letournesol.net – Fermé
vacances de Pâques, de la Toussaint et de fév., dim. soir, mardi et merc.*
Rest – Menu 17 € (sem.)/34 € – Carte 27/38 €🏵
◆ Un restaurant chaleureux, aux murs habillés de bois. Comme le tournesol, la
carte suit le soleil et les saisons. Belle sélection de côtes-du-rhône exposés dans
une cave vitrée.

✗ **Le Chaudron**　　　　　　　　　　　　🕾 VISA ⬤⬤ AE
*7 r. St-Antoine – ℰ 04 75 08 17 90 – Fermé 8-21 août, 24 déc.-2 janv., mardi soir,
jeudi soir et dim.*　　　　　　　　　　　　　　　　**Br**
Rest – (12 € bc) Menu 27/36 € – Carte 32/52 €🏵
◆ Un petit bistrot sympathique, dans une ruelle du centre-ville. Boiseries, banquettes...
et dans le chaudron du chef, les produits du marché. Beau choix de vins du Rhône.

TOURNUS – 71 Saône-et-Loire – **320** J10 – 5 892 h. – alt. 193 m

8 C3

– ✉ 71700 ▮ Bourgogne

> ▶ Paris 360 – Bourg-en-Bresse 70 – Chalon-sur-Saône 28 – Mâcon 37
>
> ❏ 2, place de l'Abbaye ℰ 03 85 27 00 20
>
> ◉ Abbaye ★★.

Hôtel de Greuze ⊗

5 pl. de l'Abbaye – ℰ 03 85 51 77 77 – www.hotelgreuze.com – Fermé une sem. en nov.
19 ch – †120/205 € ††140/235 € – 2 suites – ☷ 26 €   **e**
Rest *Greuze* – voir ci-après
• Entre l'abbaye de St-Philibert (10ᵉ s.) et le centre-ville, une belle demeure bressane. Spacieuses chambres raffinées de styles variés : Louis XVI, Directoire, Empire...

Le Rempart

2 av. Gambetta – ℰ 03 85 51 10 56 – www.lerempart.com   **x**
33 ch – †100 € ††125/265 € – 11 suites – ☷ 16 €
Rest – Menu 32/67 € – Carte 48/84 €
Rest *Le Bistrot* – Menu 18/27 € – Carte 28/36 €
• Sur l'ancien rempart de Tournus, maison du 15ᵉ s. aux chambres presque toutes refaites dans un esprit contemporain (matériaux nobles, beaux équipements). Cuisine d'inspiration régionale à déguster dans un restaurant cossu (vestiges romans). Toit ouvrant et petits plats sympathiques au Bistrot.

Rest. Greuze (Yohann Chapuis) – Hôtel de Greuze

1 r. A. Thibaudet – ℰ 03 85 51 13 52 – www.restaurant-greuze.fr
– Fermé 21 nov.-8 déc., 23 janv.-9 fév., mardi sauf le soir d'avril à oct., jeudi
midi et merc.   **e**
Rest – Menu 36/85 € – Carte 90/110 €
Spéc. Cuisses de grenouille en deux façons. Volaille de Bresse au vinaigre de vin vieux. Soufflé chaud au Grand Marnier. **Vins** Mâcon Viré-Clessé, Rully.
• Vénérable maison (vieilles pierres, poutres) rendue célèbre par Jean Ducloux. Fine cuisine actuelle signée par un jeune chef qui jongle entre tradition régionale et modernité.

Aux Terrasses (Jean-Michel Carrette) avec ch

18 av. 23-Janvier – ℰ 03 85 51 01 74 – www.aux-terrasses.com
– Fermé 30 mai-6 juin, 31 oct.-14 nov., 2-23 janv., dim. soir, mardi midi
et lundi   **d**
18 ch – †68/80 € ††68/82 € – ☷ 12 €
Rest – Menu 24 € (déj. en sem.), 32/75 € – Carte 52/71 €
Spéc. Goutière d'escargots de Bourgogne à la tomate, émulsion coco-persil, mousseline d'ail. Poitrine de pigeon rôti, les cuisses en stick croustillant. Soufflé chaud à la liqueur épicée, marmelade de fruits rouges. **Vins** Rully, Mâcon-Vinzelles.
• Étape de charme : salles à manger alliant touches classiques, baroques et modernes, beau jardin intérieur, cuisine traditionnelle complice du terroir, et chambres insonorisées.

Meulien

1 bis av. Alpes – ℰ 03 85 51 20 86 – www.meulien.com – Fermé dim. soir, mardi
midi et lundi   **t**
Rest – Menu 21/56 € – Carte 40/79 €
• Ce restaurant de la rive gauche s'agrémente d'une décoration contemporaine aux tons crème et chocolat. Chaleureuse atmosphère familiale et cuisine au goût du jour soignée.

Le Terminus avec ch

21 av. Gambetta – ℰ 03 85 51 05 54 – www.hotel-terminus-tournus.com
– Fermé dim. midi, jeudi midi et merc.   **s**
11 ch – †70 € ††70 € – ☷ 11 €
Rest – Menu 18 € (déj. en sem.), 26/50 € – Carte 32/62 €
• Cette maison du début du 20ᵉ s., à deux pas de la gare, abrite des chambres au décor contemporain. Salle des petits-déjeuners délicieusement rétro. Cuisine actuelle.

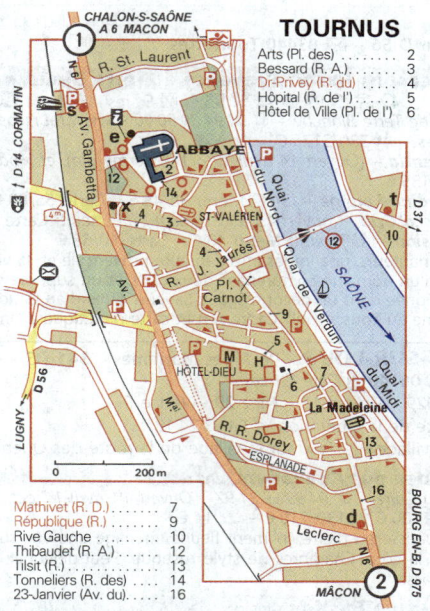

TOURNUS

Arts (Pl. des) 2
Bessard (R. A.) 3
Dr-Privey (R. du) 4
Hôpital (R. de l') 5
Hôtel de Ville (Pl. de l') . 6

Mathivet (R. D.) 7
République (R.) 9
Rive Gauche 10
Thibaudet (R. A.) 12
Tilsit (R.) 13
Tonneliers (R. des) ... 14
23-Janvier (Av. du)... 16

---

au Villars 4 km au Sud par N 6 et D 210 – 240 h. – alt. 184 m – ⊠ 71700

L'Auberge des Gourmets
pl. de l'Église – ℰ 03 85 32 58 80 – www.aubergedesgourmets.fr
– Fermé 20-29 juin, 2-13 nov., 22-25 déc., 9 janv.-1ᵉʳ fév., dim. soir, mardi et merc.
Rest – Menu 23 € (sem.), 29/50 € – Carte 38/68 €
◆ Sympathique petite auberge à la façade engageante, dont la salle conviviale accueille des expositions de peintures. On y sert une bonne cuisine traditionnelle.

à Ozenay 6 km au Sud-Ouest par D 14 – 219 h. – alt. 250 m – ⊠ 71700

Le Relais d'Ozenay
Le Bourg – ℰ 03 85 32 17 93 – www.le-relais-dozenay.com – Fermé
30 oct.-2 nov., 1ᵉʳ-21 janv., mardi soir hors saison et merc.
Rest – (19 €) Menu 24/47 € – Carte 42/80 €
◆ Bâtisse en pierre d'un village pittoresque. Cuisine actuelle (à prix sages) et vins du Mâconnais servis dans une élégante salle ; espace café ; grande terrasse sur l'arrière.

à Brancion 14 km à l'Ouest par D 14 – ⊠71700 Martailly-les-Brancion

◉ Donjon du château ⩠ ★.

La Montagne de Brancion
au col de Brancion – ℰ 03 85 51 12 40 – www.brancion.com
– Fermé 2 janv.-15 mars
19 ch – †95/165 € ††120/195 € – ⊡ 18 € – ½ P 132/174 €
Rest – (fermé mardi midi, merc. midi et jeudi midi) (25 €) Menu 48/75 €
– Carte 50/80 €
◆ Cette charmante demeure perchée sur la colline face au vignoble offre une vue agréable sur les monts du Mâconnais. Chambres calmes. Beau panorama au restaurant où l'on propose une cuisine traditionnelle, généreuse et goûteuse.

TOURRETTES – 83 Var – **340** P4 – 2 551 h. – alt. 350 m – ⊠ 83440   **41** C3
🟩 Côte d'Azur
▶ Paris 884 – Castellane 56 – Draguignan 31 – Fréjus 35

au Sud 6 km sur D 56 – ✉ 83440 Tourrettes

🏠🏠🏠🏠 **Four Seasons Resort Provence at Terre Blanche** ⬗

🕭 🛜 🏊 🏞 🐕 🍴 🧖 ✕ 🛏 🛗 Ⓐ 🕌 rest, 🛎 🖇 **P** 🅿 🚗 🅥🅸🅂🅰 ⓪ 🅰🅴 ⓪

Domaine de Terre Blanche – 𝒞 04 94 39 90 00 – www.fourseasons.com/provence
114 suites – 👫380/2125 € – ⇔ 45 €
Rest *Faventia* – *(Ouvert 14 avril-30 oct. et fermé dim. et lundi) (dîner seult)*
Carte 95/135 €
Rest *Gaudina Lounge* – (34 €) Menu 38/48 € – Carte 55/80 €
Rest *Tousco Grill* – *(ouvert 15 juin-15 sept.) (déj. seult)* Carte 45/65 €
Rest *Infusion* – *(déj. seult)* Menu 40 € – Carte 40/68 €
♦ Sur les hauteurs, une imposante demeure provençale et 45 villas (vastes suites), au cœur d'un domaine comprenant deux golfs et un superbe spa… Au Faventia, cuisine soignée dans un décor élégant. Saveurs du Sud au Gaudina Lounge. Buffet côté piscine au Tousco Grill. Cadre zen et carte diététique à l'Infusion.

TOURRETTES-SUR-LOUP – 06 Alpes-Maritimes – **341** D5 – 4 272 h.   **42** E2
– **alt. 400 m** – ✉ 06140 ▮ Côte d'Azur

▶ Paris 929 – Grasse 18 – Nice 29 – Vence 6
🛈 2, place de la Libération 𝒞 04 93 24 18 93
◉ Vieux village★ - ⬉★ sur le village de la route des Quenières.

🏠🏠 **Résidence des Chevaliers** sans rest ⬗   ⬉ 🚙 🏊 ✕ 🛎 **P** 🚗

521 rte du Caire – 𝒞 04 93 59 31 97 – *Ouvert 1ᵉʳ avril-1ᵉʳ oct.*   🅥🅸🅂🅰 ⓪
12 ch – 👤100 € 👫130/210 € – ⇔ 14 €
♦ Cette bâtisse en pierre, joliment fleurie, ménage une vue sur le village médiéval et sur la côte. Chambres de style rustique. Petit-déjeuner servi sur une plaisante terrasse.

🏠 **Histoires de Bastide** sans rest ⬗   🚙 🏊 Ⓐ ✕ 🛎 **P** 🅥🅸🅂🅰 ⓪

chemin du Moulin à Farine – 𝒞 04 93 58 96 49 – www.histoiresdebastide.com
4 ch – 👤150/210 € 👫150/210 € – ⇔ 15 €
♦ Ambiance provençale raffinée dans cette bastide pétrie de charme. Ravissantes chambres nommées d'après l'œuvre de Pagnol. Terrasse, belle piscine et oliviers vénérables au jardin.

✕ **Clovis**   Ⓐ 🅥🅸🅂🅰 ⓪

21 Grand-Rue – 𝒞 04 93 58 87 04 – www.clovis-gourmand.fr – *Fermé lundi et mardi*
Rest – (22 €) Menu 35/48 €
♦ Cuisine actuelle sensible aux saisons proposée à l'ardoise, avec mise en valeur d'un même produit en entrée et plat principal. Bistrot contemporain dans des murs anciens.

✕ **Le Médiéval**   🛜 🅥🅸🅂🅰 ⓪

6 Grand-Rue – 𝒞 04 93 59 31 63 – *Fermé déc., merc. et jeudi*
Rest – Menu 20/35 € – Carte 45/72 €
♦ Restaurant familial situé dans une ruelle du ravissant vieux village investi par artistes et artisans. Longue salle rustique où l'on sert une généreuse cuisine traditionnelle.

TOURS 🅿 – 37 Indre-et-Loire – **317** N4 – 136 942 h.   **11** B2
– **Agglo. 297 631 h.** – **alt. 60 m** – ✉ 37000 ▮ Châteaux de la Loire

▶ Paris 237 – Angers 124 – Bordeaux 346 – Le Mans 84
✈ de Tours-Val de Loire 𝒞 02 47 49 37 00, 7 km au NE **U**.
🛈 78-82, rue Bernard Palissy 𝒞 02 47 70 37 37
🏌 de Touraine à Ballan-Miré Château de la Touche, SO : 10 km par D 751, 𝒞 02 47 53 20 28
🏌 d'Ardrée à Saint-Antoine-du-Rocher, N : 12 km par D 2, 𝒞 02 47 56 77 38
◉ Quartier de la cathédrale★★ : cathédrale St-Gatien★★, musée des Beaux-Arts★★ - La Psalette (cloître St-Gratien)★, Place Grégoire-de-Tours★ - Vieux Tours★★★ : place Plumereau★, hôtel Gouïn★, rue Briçonnet★ - Quartier de St-Julien★ : musée du Compagnonnage★★, Jardin de Beaune-Semblançay★ **BY K** - Musée des Équipages militaires et du Train★ **V M⁵** - Prieuré de St-Cosme★ O : 3 km **V**.

Plans pages suivantes

CHAMBRAY-LÈS-TOURS

République (Av. de la) .... **X** 88

JOUÉ-LÈS-TOURS

Martyrs (R. des) .... **X** 64
Verdun (R. de) .... **X** 102

ST-AVERTIN

Brulon (R. Léon) .... **X** 14
Lac (Av. du) .... **X** 58
Larçay (R. de) .... **X** 59

ST-CYR-SUR-LOIRE

St-Cyr (Quai de) .... **V** 91

ST-PIERRE-DES-CORPS

Jaurès (Boulevard Jean) ...... **V** 57
Moulin (R. Jean) .... **V** 70

TOURS

Alouette (Av. de l') .... **X** 2
Bordeaux (Av. de) .... **X** 51
Bordiers (R. des) .... **U** 9
Boyer (R. Léon) .... **V** 10
Chevallier (R.A.) .... **V** 19
Churchill (Bd W.) .... **V** 20
Compagnons
  d'Emmaüs
  (Av. des) .... **U** 23
Eiffel (Av. Gustave) .... **U** 37
Gaulle (Av. Gén.-de) .... **V** 44

Giraudeau (R.) .... **V** 46
Grammont (Av. de) .... **V** 47
Groison (R.) .... **U** 54
Marmoutier
  (Quai de) .... **U** 63
Monnet (Bd J.) .... **V** 69
Portillon (Quai de) .... **U** 81
Proud'hon (Av.) .... **V** 82
République
  (Av. de la) .... **X** 88
St-Avertin (Rte de) .... **X** 89
St-François (R.) .... **V** 92
St-Sauveur (Pont) .... **V** 94
Sanitas (Pont du) .... **VX** 95
Tonnellé (Bd) .... **V** 97
Tranchée (Av. de la) .... **U** 98
Vaillant (R. E.) .... **V** 99
Wagner (Bd R.) .... **V** 105

TOURS

Amandiers (R. des) . . . . **CY** 4
Berthelot (R.) . . . . **BCY** 7
Bons Enfants (R. des) . . . . **BY** 8
Bordeaux (R. de) . . . . **CZ**
Boyer (R. Léon) . . . . **AZ** 10
Briçonnet (R.) . . . . **AY** 13

Carmes (Pl. des) . . . . **BY** 16
Châteauneuf (Pl. de) . . . . . **BY** 17
Châteauneuf (R. de) . . . . . **AY** 18
Coeur-Navré (Passage du) . **CY** 21
Commerce (R. du) . . . . **BY**
Constantine (R. de) . . . . . . **BY** 24
Corneille (R.) . . . . **CY** 25
Courier (R. Paul-Louis) . . . . **BY** 27
Courteline (R. G.) . . . . **AY** 28

Cygne (R. du) . . . . **CY** 29
Descartes (R.) . . . . **BZ** 33
Dolve (R. de la) . . . . **BZ** 35
Favre (R. Jules) . . . . **BY** 38
Fusillés (R. des) . . . . **BY** 41
Gambetta (R.) . . . . **BZ** 43
Giraudeau (R.) . . . . **AZ** 46
Grammont (Av. de) . . . . . . **CZ**
Grand-Marché (Pl. du) . . . . **AY** 49

Grand Passage . . . . **CZ** 50
Grégoire-de-Tours (Pl.) . . . **DY** 52
Grosse-Tour (R. de la) . . . **AY** 55
Halles (Pl. des) . . . . **AZ**
Halles (R. des) . . . . **BY**
Herbes (Carroi aux) . . . . . . **AY** 56
Lavoisier (R.) . . . . **CY** 60
Manceau (R.) . . . . **DY** 61
Marceau (R.) . . . . **BYZ**

Merville (R. du Prés.) . . . . . **BY** 65
Meusnier (R. Gén.) . . . . . . **DY** 66
Monnaie (R. de la) . . . . . . **BY** 68
Mûrier (R. du) . . . . **AY** 71
Nationale (R.) . . . . **BYZ**
Paix (R. de la) . . . . **BY** 73
Petites-Boucheries
  (Pl. des) . . . . **DY** 80
Petit-Cupidon (R. du) . . . . **DY** 77

Petit-St-Martin (R. du) . . . . **AY** 78
Racine (R.) . . . . **DY** 84
Rapin (R.) . . . . **AZ** 85
St-Pierre-le-Puellier
  (Pl.) . . . . **ABY** 93
Scellerie (R. de la) . . . . . **BCY**
Sully (R. de) . . . . **BZ** 96
Victoire (Pl. de la) . . . . . . **AY** 103
Vinci (R. Léonard de) . . . . . **BZ** 104

De l'Univers
🛗 ⚐ AC ✂ rest, ⓘ 🕯 ☕ VISA ⚭ AE ⓪

5 bd Heurteloup – ℰ *02 47 05 37 12 – www.oceaniahotels.com*
CZu

77 ch – ♦198/270 € ♦♦198/270 € – 8 suites – ☷ 15 €

Rest *– (fermé sam. et dim. sauf le soir en juil.-août)* (22 €) Menu 28/39 €
– Carte 34/52 €

◆ Fleuron de la grande galerie : de superbes fresques représentant les visiteurs célèbres de l'hôtel depuis 1846. Esprit "petit palace", chambres cossues et suites luxueuses. Cuisine traditionnelle au restaurant et superbe bar américain (belle carte de whiskys).

Central Hôtel sans rest
🛗 ⚐ AC ⚐ P ☕ VISA ⚭ AE ⓪

21 r. Berthelot – ℰ *02 47 05 46 44 – www.bestwesterncentralhoteltours.com*
– Fermé 24 déc.-2 janv.
CYr

35 ch – ♦93/155 € ♦♦93/155 € – 2 suites – ☷ 14 €

◆ Une bâtisse du 19ᵉ s. en plein centre-ville. Chambres de style classique (mobilier en bois, tissus chaleureux). Petit-déjeuner en terrasse par beau temps.

Mercure Centre sans rest
🛗 ⚐ AC ⓘ P ☕ VISA ⚭ AE

29 r. Edouard-Vaillant – ℰ *02 47 60 40 60 – www.mercure.com*
DZf

92 ch – ♦105/125 € ♦♦125/145 € – ☷ 13 €

◆ Une adresse pratique, à deux pas de la gare. Les chambres sont fonctionnelles, climatisées, et donnent sur la rue ou la voie ferrée. Heureusement, l'insonorisation est bonne !

Kyriad sans rest
🛗 ⚐ AC ⓘ ✂ ☕ VISA ⚭ AE ⓪

65 av. de Grammont – ℰ *02 47 64 71 78 – www.kyriad-tours-centre.fr*
Vs

50 ch – ♦85/100 € ♦♦90/110 € – ☷ 10 €

◆ Situé sur un grand boulevard menant au centre-ville, un hôtel de chaîne avec des chambres fonctionnelles bien tenues et des salons classiques. Copieux buffet au petit-déjeuner.

Du Manoir sans rest
🛗 ⓘ P VISA ⚭ AE

2 r. Traversière – ℰ *02 47 05 37 37 – http://site.voila.fr/hotel.manoir.tours*
CZa

20 ch – ♦54/64 € ♦♦60/72 € – ☷ 9 €

◆ Cette demeure du 19ᵉ s., située non loin de la cathédrale, abrite des chambres classiques et bien tenues. Au petit-déjeuner, produits bio et maison.

L'Adresse sans rest
AC ✂ ⓘ ⚭ AE

12 r. de la Rôtisserie – ℰ *02 47 20 85 76 – www.hotel-ladresse.com*
AYu

17 ch – ♦50 € ♦♦70/100 € – ☷ 8 €

◆ Ses petites chambres douillettes, mêlant harmonieusement contemporain et ancien (poutres), font de cette demeure du 18ᵉ s. une bien charmante "adresse" du quartier historique.

Du Théâtre sans rest
✂ ⓘ VISA ⚭

57 r. de la Scellerie – ℰ *02 47 05 31 29 – www.hotel-du-theatre37.com*
CYt

14 ch – ♦60/76 € ♦♦66/76 € – ☷ 8 €

◆ L'intérieur de cette maison du 15ᵉ s. a quelque chose d'assez intimiste : petites chambres chaleureuses et bien tenues (plus calmes côté cour), vieilles poutres et colombages.

Ronsard sans rest
⚐ AC ✂ ⓘ VISA ⚭ AE

2 r. Pimbert – ℰ *02 47 05 25 36 – www.hotel-ronsard.com – Fermé*
24 déc.-8 janv.
CYb

20 ch – ♦55/69 € ♦♦62/74 € – ☷ 8 €

◆ Près du centre historique, cet hôtel a été entièrement rénové en 2009. Chambres décorées avec goût, sobriété et sens du fonctionnel. Parfait pour découvrir la ville.

Châteaux de la Loire sans rest
🛗 ⓘ VISA ⚭ AE

12 r. Gambetta – ℰ *02 47 05 10 05 – www.hoteldeschateaux.fr – Ouvert de*
mi-mars à mi-déc.
BZx

30 ch – ♦49/70 € ♦♦49/80 € – ☷ 8 €

◆ Cet hôtel central, situé entre la gare et le vieux Tours, propose des chambres fonctionnelles et bien tenues. Accueil sympathique et familial.

La Roche Le Roy (Alain Couturier) 🔲 🅿 VISA ⓪ AE

55 rte St-Avertin – ℰ 02 47 27 22 00 – www.rocheleroy.com – Fermé
1ᵉʳ-26 août, 20 fév.-8 mars, dim. et lundi   **Xr**

Rest – Menu 31 € (déj. en sem.), 55/75 € – Carte 55/95 €
Spéc. Queues de langoustines snackées au beurre de vanille Bourbon, charlotte
de carotte (été). Poitrine de pigeonneau de Racan rôti "Apicius", tartine de foie
et pastilla de légumes. Soufflé chaud à l'orange et granité Grand Marnier. **Vins**
Vouvray, Saint-Nicolas de Bourgueil.
♦ Dans cette charmante gentilhommière tourangelle, on continue d'apprécier
une belle cuisine classique, préparée avec maîtrise et assurance. Accueil et service
des plus charmants.

Charles Barrier (Hervé Lussault) 🔲 AC ⇔ 🅿 VISA ⓪ AE ⓪

101 av. de la Tranchée – ℰ 02 47 54 20 39 – www.restaurantcharlesbarrier.fr
– Fermé sam. midi et dim. sauf fériés   **Ue**

Rest – Menu 32 € (sem.)/95 € – Carte 72/145 €
Spéc. Langoustines croustillantes aux épices douces et légumes confits. Cœur de ris
de veau braisé au vin jaune. Soufflé chaud au Grand Marnier. **Vins** Vouvray, Chinon.
♦ En apportant sa touche personnelle à de sérieuses bases classiques, le chef fait
revivre l'illustre passé gastronomique de cette belle demeure bourgeoise. Jolie
véranda et terrasse fleurie.

Le Thélème AC VISA ⓪

30 r. Charles-Gille – ℰ 02 47 61 28 40 – www.letheleme.com – Fermé 2 sem.
en août, sam. midi , dim. et fériés   **CZp**

Rest – (18 €) Menu 25/43 € – Carte 31/46 €
♦ Un restaurant facile à trouver, non loin de la gare. Le cadre est original – sur
trois niveaux façon mezzanine. Cuisine du moment et produits de belle fraîcheur.

La Chope AC VISA ⓪ AE ⓪

25 bis av. de Grammont – ℰ 02 47 20 15 15 – www.lachope.info
– Fermé 25 juil.-8 août   **CZf**

Rest – (17 €) Menu 19/23 € – Carte 31/57 €
♦ L'écailler de Tours depuis 1902, avec son décor Belle Époque : banquettes en
velours rouge, miroirs et lampes tulipe. Grand choix d'huîtres, de poissons et
de fruits de mer.

L'Odéon AC ⇔ VISA ⓪

10 pl. du Gén.-Leclerc – ℰ 02 47 20 12 65 – www.restaurant-lodeon.com
– Fermé 1ᵉʳ-16 août, 25 déc.-2 janv., sam. midi et dim.   **CZr**

Rest – Menu 24 € (sem.), 32/49 € – Carte 47/55 €
♦ Ce restaurant, ouvert en 1893, est l'un des plus anciens de Tours ! On y
retrouve l'esprit d'une brasserie Art déco. Cuisine classique et bien exécutée.

Le St-Honoré 🔲 ⟨ VISA ⓪

7 pl. des Petites-Boucheries – ℰ 02 47 61 93 82 – Fermé 1ᵉʳ-15 août,
23 déc.-4 janv., vacances de fév., sam. et dim.   **DYa**

Rest – (nombre de couverts limité, prévenir) Menu 26/42 € – Carte 41/49 €
♦ Une ancienne boulangerie de 1625, près de la cathédrale, avec son four à pain
et ses poutres. Cuisine délicate : ris de veau au foin, pâté à la géline, poire tapée
au vouvray.

Barju 🔲 VISA ⓪ AE ⓪

15 r. du Change – ℰ 02 47 64 91 12 – www.barju.fr – Fermé 1 sem. vacances de
printemps, de la Toussaint, de Noël, dim. et lundi   **ABYt**

Rest – (prévenir) Menu 20 € bc (déj.)/48 € – Carte 42/60 €
♦ Dans un quartier animé du vieux Tours, ce restaurant est comme son cadre :
"presque" traditionnel et plutôt surprenant. Cuisine savoureuse ; produits de la
mer en vedette.

La Deuvalière AC ✗ VISA ⓪

18 r. de la Monnaie – ℰ 02 47 64 01 57 – www.restaurant-ladeuvaliere.com
– Fermé 2 sem. en juil., sam. midi, dim. et lundi   **BYe**

Rest – (17 €) Menu 29 €
♦ Heureux mariage entre les vieilles pierres d'une maison tourangelle du 15ᵉ s.
et le style contemporain. Les produits de saison, cuisinés avec soin, mettent
l'eau à la bouche !

La Trattoria des Halles
🅰🅲 🎸 VISA ⓒⓞ

31 pl. Gaston Pailhou – ℰ 02 47 64 26 64 – Fermé août, dim. et lundi
Rest – Carte 25/50 €   AZb

♦ Ambiance brasserie branchée et déco design dans ce restaurant situé face aux Halles. Original : la chef, d'origine russe, prépare une cuisine fusion d'inspiration italienne.

Olivier Arlot
🅰🅲 VISA ⓒⓞ 🅰🅴

33 r. Colbert – ℰ 02 47 66 33 08 – Fermé 3 sem. en août, sam. et dim.
Rest – (nombre de couverts limité, prévenir) (23 €)   BYh
Menu 29/59 €🕸

♦ Non loin du musée du Compagnonnage, ce restaurant flirte avec le style bistrot contemporain. Cuisine créative inspirée par les saisons. Belle sélection de vins de Touraine.

Le Bistrot de la Tranchée
🅰🅲 VISA ⓒⓞ 🅰🅴
😊

103 av. de la Tranchée – ℰ 02 47 41 09 08 – www.restaurantcharlesbarrier.fr
– Fermé 23 juil.-24 août, dim. et lundi   Us
Rest – (9 €) Menu 14 € (déj. en sem.), 18/25 € – Carte 26/42 €

♦ Belle façade en bois, décor simple et chaleureux, vue sur les cuisines, plats soignés et ardoise du jour ! Ce sympathique bistrot gourmand fait souvent salle comble.

Casse-Cailloux
🏠 VISA ⓒⓞ
😊

26 r. Jehan-Fouquet – ℰ 02 47 61 60 64 – www.casse-cailloux.fr – Fermé 1 sem. à Pâques, 3 sem. en août, 24-31 déc., merc. midi, sam. midi et dim.   BZd
Rest – (nombre de couverts limité, prévenir) (16 €) Menu 26 €

♦ Ce bistrot de poche, situé près de la place du Palais et du jardin des Prébendes, est aussi un bistrot gourmand ; le chef nous met l'eau à la bouche avec ses menus de saison !

L'Atelier Gourmand
🏠 VISA ⓒⓞ

37 r. Étienne Marcel – ℰ 02 47 38 59 87 – www.lateliergourmand.fr
– Fermé 20 déc.-15 janv., sam. midi, dim. et lundi   AYz
Rest – (12 €) Menu 23 € – Carte 31/45 €

♦ Cette maison (15ᵉ s.) du vieux Tours ose le mariage d'un cadre rustique à une décoration franchement design. La cuisine reste sage, surtout en hiver : navarin, tête de veau...

Les Linottes
🎸 ↔ VISA ⓒⓞ

22 r. Georges Courteline – ℰ 02 47 38 34 82 – www.leslinottesgourmandes.com
– Fermé 2 sem. en août, dim. et merc.   AYb
Rest – (nombre de couverts limité, prévenir) (16 €) Menu 23 € (déj.)/45 €

♦ Ambiance bistronomie dans le cadre chaleureux de cette maison à colombages du vieux Tours. Réjouissant menu à l'ardoise ; les têtes de linottes – et les autres – apprécieront !

Le Rif
🅰🅲 🎸 VISA ⓒⓞ

12 av. Maginot – ℰ 02 47 51 12 44 – www.le-rif.fr
– Fermé 20 juil.-20 août, merc. soir du 20 sept. au 20 juin, dim. sauf le midi du 20 juin au 20 sept. et lundi.   Uf
Rest – Menu 26 € bc/30 € bc – Carte 20/32 €

♦ Bricks, couscous et tajines (aux pruneaux, aux olives...) sont, avec l'accueil, les vedettes de ce restaurant marocain tenu en famille depuis plus de 20 ans.

au Sud par ② 9 km

L'Arche de Meslay
🚻 🅰🅲 🅿 VISA ⓒⓞ 🅰🅴
😊

14 r. des Ailes ⊠ 37210 Parçay-Meslay – ℰ 02 47 29 00 07
– www.larchedemeslay.fr – Fermé 3-25 août, dim. et lundi sauf fériés
Rest – (15 €) Menu 25/46 € – Carte 39/69 €

♦ Décor pseudo-antique ! On vient ici pour la gastronomie et la spécialité du chef, la bouillabaisse à la tourangelle : rouget, rascasse, rillons et andouillette !

à Rochecorbon 6 km par ④ – 3 213 h. – alt. 58 m – ☒ 37210

🛈 place observatoire 𝒞 02 47 52 80 22

Les Hautes Roches ⇐ 🚗 🛖 ⛲ 🛗 🕏 🅿 VISA ⓪ AE ⓪
86 quai de Loire – 𝒞 02 47 52 88 88 – www.leshautesroches.com – Fermé 15 fév.-31 mars
14 ch – †170/295 € – ††170/295 € – ☷ 20 € – ½ P 165/233 €
Rest – *(fermé dim. soir et lundi)* Menu 55/75 € – Carte 66/88 €
Spéc. Foie gras de canard cuit au vin du Coteau. Dos de sandre au beurre blanc nantais (saison). Tarte fine aux pommes caramélisées. **Vins** Vouvray, Bourgueil.
♦ Cet insolite castel du 18ᵉ s. surplombant la Loire était autrefois un monastère. Belles chambres parfois troglodytes. Élégante salle de restaurant et sa délicieuse terrasse panoramique tournée vers le fleuve. Recettes dans l'air du temps.

L'Oubliette 🛖 🅿 VISA ⓪
34 r. des Clouets – 𝒞 02 47 52 50 49 – Fermé 23 août-7 sept., dim. soir, lundi et merc. hors saison
Rest – (19 €) Menu 24/45 € – Carte 38/56 €
♦ Cette maison troglodyte et sa cour fleurie, en retrait des bords de Loire, sont parfaites pour un dîner en amoureux. Cuisine soignée à base de produits frais et de saison.

à Joué-lès-Tours 5 km au Sud-Ouest, par rte de Chinon – 36 233 h. – alt. 65 m – ☒ 37300

🛈 39, avenue de la République 𝒞 02 47 80 05 97

Château de Beaulieu ⇘ ⇐ 🎭 🛖 AC 🎛 🕏 🅿 VISA ⓪ AE
67 r. de Beaulieu – 𝒞 02 47 53 20 26 – www.chateaudebeaulieu37.com
18 ch – †75/90 € – ††90/180 € – ☷ 14 € **Xb**
Rest – Menu 26/75 € – Carte 40/75 €
♦ Pour ceux qui aiment la vie de château, une gentilhommière du 18ᵉ s. (moulures et mobilier de style) située sur les hauteurs de Tours. La moitié des chambres se trouve dans un pavillon indépendant. Élégante salle à manger bourgeoise ; cuisine classique de saison.

Mercure 🛗 🔲 🎰 🕏 🛗 AC 🎴 rest, 🎛 🕏 🅿 VISA ⓪ AE ⓪
parc des Bretonnières – 𝒞 02 47 53 16 16 – www.mercure.com **Xu**
75 ch – †98/145 € – ††118/165 € – ☷ 14 €
Rest – Menu 19 € (déj.)/25 € – Carte 25/32 €
♦ Cet hôtel, intégré au centre de congrès Malraux, propose des chambres aux normes de la chaîne, idéales pour une clientèle d'affaires. Espace de remise en forme complet. Cuisine traditionnelle servie en salle ou en terrasse.

Chéops 🛗 🕏 ch, AC rest, 🎛 🕏 🅿 🔲 VISA ⓪ AE
75 bd Jean Jaurès – 𝒞 02 47 67 72 72 – www.inter-hotel-cheops.fr **Xa**
58 ch – †71/92 € – ††71/92 € – ½ P 57/68 € **Rest** – *(fermé 23 déc.-2 janv., vend., sam. et dim. d'oct. à avril) (dîner seult)* Menu 15/18 € – Carte 17/37 €
♦ Près du centre de Joué, hôtel intégré à un ensemble résidentiel du début des années 1990. Les chambres, meublées de fer forgé, sont assez fonctionnelles et pour moitié climatisées. Cuisine traditionnelle sans prétention, pratique pour l'étape.

à Vallières 8 km par ⑬, rte de Langeais - ☒ 37230 Fondettes

Auberge de Port Vallières 🛖 AC VISA ⓪
D 952 – 𝒞 02 47 42 24 04 – www.auberge-de-port-vallieres.fr – Fermé 17-31 août, 2-7 janv., 18-28 fév., dim. soir et lundi
Rest – (16 €) Menu 18 € (déj. en sem.), 26/44 € – Carte 35/65 €
♦ Une cuisine d'inspiration tourangelle vous attend dans cette ancienne guinguette transformée depuis bien longtemps en auberge. Salle à manger intime, décorée d'objets chinés.

TOURTOUR – 83 Var – **340** M4 – 533 h. – alt. 652 m – ☒ 83690 **41** C3
🟩 Côte d'Azur
▶ Paris 827 – Aups 10 – Draguignan 17 – Salernes 11
🛈 Château communal 𝒞 04 94 70 59 47
◉ Église ❄ ★.

La Bastide de Tourtour ⌖ 🞔🞔🞔 rest, ⌖ ♨ **P** VISA ◍ AE ⦿
rte de Flayosc – ℰ 04 98 10 54 20
– www.bastidedetourtour.com
25 ch – †110/350 € †† 150/350 € – ☷ 21 €
Rest – *(fermé le midi en sem. sauf juil.-août)* Menu 28/69 € – Carte 54/75 €
◆ Cette belle bastide juchée sur une colline, dans un environnement bucolique, domine toute la région et le massif des Maures ! Chambres bourgeoises,
parfois avec loggia. Belle salle à manger voûtée et idyllique terrasse ombragée
pour apprécier une cuisine actuelle.

La Petite Auberge ⌖ ch, ⌖ **P** VISA ◍ AE
rte de Flayosc, 1,5 km par D 77 – ℰ 04 98 10 26 16 – www.petiteauberge.net
– Ouvert 2 avril-13 nov.
11 ch – †80/178 € ††80/218 € – ☷ 13 € – ½ P 84/154 €
Rest – *(fermé le midi et lundi)* Menu 38 €
◆ En retrait du village, face au massif des Maures, un mas entouré de végétation...
et ouvert sur l'horizon côté piscine. Les chambres ne sont pas dénuées de romantisme ! On dîne dans un décor élégant d'une savoureuse cuisine traditionnelle.

Auberge St-Pierre ⌖ rest, **P** VISA ◍ AE ⦿
534 chemin de Fonfiguière , 3 km à l'Est par D 51 et rte secondaire
– ℰ 04 94 50 00 50 – www.guideprovence.com/hotel/saint-pierre/
– Ouvert 22 avril-16 oct.
16 ch ☷ – †97/114 € ††108/138 € – ½ P 80/95 €
Rest – *(fermé le midi sauf sam., dim. et fériés)* Menu 26/50 €
◆ Passez le bonjour aux chèvres et aux moutons ! Au cœur d'une ferme de 90 ha,
cette bâtisse du 16e s. (poutres, pierres, mobilier rural) ne manque pas de
cachet. Chambres confortables et piscine assez originale. Cuisine du terroir face
à la campagne...

XX
❀ **Les Chênes Verts** (Paul Bajade) avec ch ⌖   rest, **P** VISA ◍
rte de Villecroze, 2 km par D 51 – ℰ 04 94 70 55 06 – Fermé 1er juin-15 juil., mardi
et merc.
3 ch – †100 € ††110 € – ☷ 20 €
Rest – *(nombre de couverts limité, prévenir)* Menu 56/145 € – Carte 95/150 €
Spéc. Brouillade aux truffes. Agneau de pays. Grand dessert. **Vins** Côtes de Provence, Coteaux Varois en Provence.
◆ Maison provençale isolée dans un joli cadre forestier. Cuisine régionale forte en
caractère (spécialités de truffes) servie dans deux confortables salles à manger ou
en terrasse.

X **La Table** AC VISA ◍
1 Traverse du Jas, Les Ribas – ℰ 04 94 70 55 95 – www.latable.fr – Fermé
26 juin-3 juil., lundi de mi-déc. à mi-avril et mardi sauf du 15 juil. au 15 août
Rest – *(nombre de couverts limité, prévenir)* Menu 28/41 € – Carte 50/90 €
◆ Charmant petit restaurant contemporain (tableaux, chaises design) situé à
l'étage d'une maison en pierre. Goûteuse cuisine valorisant les produits du marché, notamment les légumes.

LA TOUSSUIRE – 73 Savoie – **333** K6 – alt. 1 690 m – Sports **46** F2
d'hiver : 1 800/2 400 m ⚶19 ⚶ – ✉ 73300 ▮ Alpes du Nord
▶ Paris 651 – Albertville 78 – Chambéry 91 – St-Jean-de-Maurienne 16

Les Soldanelles rest, ⌖ **P** VISA ◍
r. des Chasseurs Alpins – ℰ 04 79 56 75 29 – www.hotelsoldanelles.com – Ouvert
28 juin-31 août et 18 déc.-24 avril
38 ch – †55/117 € ††79/206 € – ☷ 10 € – ½ P 80/119 €
Rest – Menu 17/46 € – Carte 33/60 €
◆ Hôtel familial perché sur les hauteurs de la station. Accueil chaleureux, chambres
spacieuses avec balcon (jolie vue côté sud), cours d'aquagym, hammam. Plats traditionnels et spécialités fromagères servis dans la salle à manger panoramique.

TRACY-SUR-MER – 14 Calvados – **303** I3 – rattaché à Arromanches-les-Bains

TRAENHEIM – 67 Bas-Rhin – **315** I5 – 630 h. – alt. 200 m – ⊠ 67310   **1** A1

▶ Paris 471 – Haguenau 54 – Molsheim 8 – Saverne 22

✕ **Zum Loejelgucker**   🛜 ᴳ AC VISA ©©

17 r. Principale – ℰ 03 88 50 38 19 – www.aubergedetraenheim.com
– Fermé 24 déc.-3 janv., 22 fév.-3 mars, lundi soir et mardi
Rest – (12 €) Menu 21/53 € bc – Carte 27/55 €

♦ Dans un village au pied des Vosges, cette ferme alsacienne du 18ᵉ s. ne manque pas de charme : bons plats régionaux, boiseries sombres, fresques et cour fleurie l'été.

LA TRANCHE-SUR-MER – 85 Vendée – **316** H9 – 2 644 h. – alt. 4 m   **34** B3
– ⊠ 85360 ▮ Poitou Vendée Charentes

▶ Paris 459 – La Rochelle 64 – La Roche-sur-Yon 40 – Les Sables-d'Olonne 39
🄯 place de la Liberté ℰ 02 51 30 33 96
🄖 Parc de Californie★ (parc ornithologique) E : 9 km.

🏠 **Les Dunes**   ⪕ 🔲 ᴵ⅙ AC rest, 🕉 ch, 🕪 P VISA ©©

68 av. M. Samson – ℰ 02 51 30 32 27 – www.hotel-les-dunes.com
– Ouvert avril-sept.
45 ch – ♦43/60 € ♦♦62/112 € – ⊡ 9 € – ½ P 58/86 €
Rest – *(ouvert 11 juin-18 sept.) (résidents seult)*

♦ Établissement apprécié pour sa situation calme, sa tenue parfaite et sa superbe piscine sous verrière tournée vers la mer. Certaines chambres avec balcon profitent de la vue.

à la Grière 2 km à l'Est par D 46 - ⊠85360 La-Tranche-sur-Mer

🏠 **Les Cols Verts**   🛜 🔲 ᵇ AC rest, 🕪 VISA ©© AE

48 r. de Verdun – ℰ 02 51 27 49 30 – www.hotelcolsverts.com
– Ouvert 1ᵉʳ avril-2 oct.
30 ch – ♦52/73 € ♦♦65/99 € – ⊡ 10 € – ½ P 66/84 €
Rest – (16 €) Menu 25/34 € – Carte 22/48 €

♦ Près de la plage, hôtel des années 1970 abritant des chambres bien tenues, plus calmes et plus petites à l'annexe de l'autre côté du jardin. Piscine dans un bâtiment voisin. À table, cuisine actuelle avec quelques produits bios et des touches asiatiques.

TRAVEXIN – 88 Vosges – **314** I5 – rattaché à Ventron

TRÉBEURDEN – 22 Côtes-d'Armor – **309** A2 – 3 733 h. – alt. 81 m   **9** B1
– ⊠ 22560 ▮ Bretagne

▶ Paris 525 – Lannion 10 – Perros-Guirec 14 – St-Brieuc 74
🄯 place de Crec'h Héry ℰ 02 96 23 51 64
🄖 Le Castel ⪕★ 30 mn - Pointe de Bihit ⪕★ SO : 2 km - Pleumeur-Bodou : Radôme et musée des Télécommunications★, Planétarium du Trégor★, NE : 5,5 km.

🏠 **Manoir de Lan-Kerellec** 🌿   ⪕ 🍴 🕉 rest, 🕪 P VISA ©© AE ①

Allée de Lan-Kerellec – ℰ 02 96 15 00 00 – www.lankerellec.com
– Ouvert 19 mars-13 nov.
19 ch – ♦145/479 € ♦♦185/479 € – ⊡ 20 € – ½ P 162/309 €
Rest – *(fermé le midi du lundi au jeudi)* Menu 40 € (déj.), 50/71 €
– Carte 65/110 €
Spéc. Oursin et Saint-Jacques au naturel, crème de chou fleur et caviar (oct. à mars). Homard poêlé au beurre d'algues, fenouil acidulé et crème de courgette (mars à oct.). Sablé breton, fraises au miel et citron vert, glace réglisse (avril à sept.).

♦ Dominant les îles de la côte de granit rose, ce noble manoir breton du 19ᵉ s. déborde de charme : vastes chambres aux tissus chatoyants, avec balcons ou terrasse. Une splendide charpente en carène de bateau coiffe le restaurant ; carte de la mer attentive aux saisons.

Ti al Lannec 🍃

⇇ 🌙 🏠 🔳 🖥 ⛱ 🗽 🍽 rest, 🍴 🛄 P VISA ◉ ◐

14 allée de Mezo Guen – 🕿 02 96 15 01 01 – www.tiallannec.com – Ouvert de mars à mi-nov.

26 ch – †92/140 € ††175/403 € – 7 suites – 🖙 17 €

Rest – Menu 20 € (déj. en sem.), 40/81 € – Carte 61/167 €

♦ Paisible maison familiale juchée sur une colline surplombant la mer. Les chambres coquettes regardent en partie le parc descendre jusqu'à la plage. Au restaurant, le spectacle vaut le coup d'œil et les produits de la pêche valent... le coup de fourchette ! Belle cave.

Toëno *sans rest*

⇇ & 🍴 P VISA ◉ AE

56 corniche de Goas-Treiz, 1,5 km par rte de Trégastel – 🕿 02 96 23 68 78 – www.hoteltoeno.com – Fermé 3 janv.-6 fév.

17 ch – †57/108 € ††57/108 € – 🖙 10 €

♦ Construction récente aux chambres lumineuses et fonctionnelles, sobrement décorées et dotées de balcons ou terrasses face à la Manche. Confortable salon.

Le Quellen *avec ch*

VISA ◉ AE

18 corniche Goas Treiz – 🕿 02 96 15 43 18 – www.le-quellen.com – Fermé 7-31 mars, 14 nov.-6 déc., dim. soir, lundi et mardi hors saison

6 ch – †40/65 € ††40/65 € – 🖙 8 € – ½ P 46/55 €

Rest – (15 €) Menu 25/55 € – Carte 37/53 €

♦ Sur la route principale de Trébeurden, mais non loin de la mer. Cuisine traditionnelle servie dans une grande salle lumineuse. Chambres simples.

TRÉBOUL – 29 Finistère – **308** E6 – rattaché à Douarnenez

TREFFORT – 38 Isère – **333** G8 – 208 h. – alt. 618 m – ⊠ 38650   **45** C2

▶ Paris 598 – Grenoble 36 – Monestier-de-Clermont 9 – La Mure 43

au bord du lac 3 km au Sud par D 110^E – ⊠ 38650 Treffort

Le Château d'Herbelon 🍃

⇇ 🚗 🏠 🍽 ch, 🍴 🛄 P VISA ◉

– 🕿 04 76 34 02 03 – www.chateau-herbelon.fr – Ouvert 1er avril-16 nov. et fermé lundi et mardi sauf juil.-août

10 ch – †82/140 € ††82/140 € – 🖙 11 € – ½ P 80/110 €

Rest – Menu 24/54 € – Carte 27/70 €

♦ Au bord du lac de Monteynard, demeure du 17e s. à la façade recouverte de vigne vierge et de rosiers grimpants. Chambres spacieuses. L'hiver, une imposante cheminée réchauffe la salle à manger rustique ; aux beaux jours, on dresse des tables sur la pelouse.

TREFFORT – 01 Ain – **328** F3 – 2 000 h. – alt. 280 m – ⊠ 01370   **44** B1

▶ Paris 436 – Bourg-en-Bresse 18 – Lons-le-Saunier 57 – Mâcon 51

L'Embellie

🏠 & rest, 🍴 P VISA ◉

pl. du Champ-de-Foire – 🕿 04 74 42 35 64 – Fermé 25 déc.-3 janv.

8 ch – †41 € ††53 € – 🖙 6 € – ½ P 44 €

Rest – (fermé dim. soir hors saison) (12 €) Menu 16/29 € – Carte 19/37 €

♦ Cette jolie maison en pierre se trouve sur la place centrale du village. Accueil sympathique dans de petites chambres toutes simples, peu à peu rafraîchies. Cuisine traditionnnelle et plats bressans servis dans un agréable décor actuel ou sur la terrasse.

TRÉGASTEL – 22 Côtes-d'Armor – **309** B2 – 2 377 h. – alt. 58 m   **9** B1
– ⊠ 22730 ▌ Bretagne

▶ Paris 526 – Lannion 11 – Perros-Guirec 9 – St-Brieuc 75

🛈 place Sainte-Anne 🕿 02 96 15 38 38

🏌 de Saint-Samson à Pleumeur-Bodou Avenue Jacques Ferronière, S : 3 km, 🕿 02 96 23 87 34

🔲 Rochers★★ - Ile Renote★★ NE - Table d'Orientation ⇇★.

Park Hotel Bellevue ⚜ ⫷ 🚗 🌳 ⁀ 🛎 ♨ **P** *VISA* ⊕ *AE* ⓪
20 r. Calculots – ☎ 02 96 23 88 18 – www.hotelbellevuetregastel.com – Ouvert 15 mars-11 nov.
31 ch – ♦68/88 € ♦♦95/155 € – ⊑ 14 €
Rest – *(ouvert 1ᵉʳ mai-30 sept.) (dîner seult)* Menu 30/64 € – Carte 38/85 €
♦ Une grosse bâtisse des années 1930, dans un site calme et verdoyant. Les chambres simples et bien tenues sont plus petites dans l'annexe. Billard au salon. Bon accueil. Au restaurant, nappes colorées, sièges exotiques et terrasse face à la mer. Cuisine classique.

Beau Séjour ⫷ 🌳 ⁀ **P** *VISA* ⊕ *AE* ⓪
5 plage du Coz-Pors – ☎ 02 96 23 88 02 – www.hotel-beausejour-tregastel.com – Fermé 12 nov.-15 déc. et 5 janv.-5 fév.
16 ch – ♦40/60 € ♦♦50/75 € – ⊑ 8 € – ½ P 60/75 €
Rest – *(fermé lundi)* Menu 21/34 € – Carte 26/39 €
♦ Situation idéale près du Forum et de la plage, nombreuses chambres avec vue sur la mer, petit-déjeuner buffet : un beau séjour en perspective ! Salle à manger dont le décor, en trompe-l'œil, représente la Côte de Granit rose. Cuisine actuelle.

De la Mer et de la Plage sans rest ⎣⎤ ⫶ *VISA* ⊕ *AE*
plage du Coz-Pors – ☎ 02 96 15 60 00 – www.hoteldelamer-tregastel.com – Ouvert 28 mars-15 nov.
19 ch – ♦45/130 € ♦♦45/130 € – ⊑ 8,50 €
♦ Maison traditionnelle en bordure de la plage, à côté du Forum. Préférez les chambres du troisième étage, modernes et conçues à la façon d'une cabine de bateau.

à la plage de Landrellec 3 km au Sud par D 788 et route secondaire
– ✉ 22560 Pleumeur-Bodou

✕ **Le Macareux** ⫷ 🌳 *VISA* ⊕
21 r. des Plages – ☎ 02 96 23 87 62 – Fermé 1ᵉʳ janv.-13 fév., dim. soir, mardi midi sauf juil.-août et lundi
Rest – Menu 26/57 € – Carte 35/75 €
♦ Rendez-vous dans cette auberge bretonne pour déguster des spécialités (homards, ormeaux) et d'autres produits issus de la pêche locale. Terrasse face à la mer. Ambiance conviviale.

TRÉGUIER – 22 Côtes-d'Armor – **309** C2 – 2 676 h. – alt. 40 m   **9** B1
– ✉ 22220 ▮ Bretagne
▶ Paris 509 – Guingamp 28 – Lannion 19 – Paimpol 15
ℹ 67, rue Ernest Renan ☎ 02 96 92 22 33
◉ Cathédrale St-Tugdual★★ : cloître★.

🏨 **Aigue Marine** ⫷ 🚗 🌳 ⊐ *ᴵ♨* ⌨ ♿ ch, *AC* rest, ⫶ rest, ⁀ ♨ **P P**
                                                          VISA ⊕ *AE*
5 r. M. Berthelot, (sur le port) – ☎ 02 96 92 97 00
– www.aiguemarine-hotel.com – Fermé 13-21 nov., 23-26 déc., 2 janv.-21 fév. et dim. de nov. à mars
33 ch – ♦75/99 € ♦♦91/99 € – 15 suites – ⊑ 14 € – ½ P 90/96 €
Rest – *(fermé 13 nov.-29 fév., sam. midi, dim. soir et lundi hors saison et le midi sauf dim. de juin à sept.)* (24 € bc) Menu 34/64 € – Carte 49/78 €
♦ Hôtel doté de chambres fonctionnelles côté port ou côté piscine et jardin ; certaines ont un balcon, d'autres sont prévues pour les familles. Buffet soigné au petit-déjeuner. Table au goût du jour dans un cadre actuel, lumineux et fleuri.

rte de Lannion 2 km au Sud-Ouest par D 786 et rte secondaire
– ✉ 22220 Tréguier

🏠 **Kastell Dinec'h** sans rest ⚜ 🚗 ⊐ **P** *VISA* ⊕
lieu-dit le Castel, rte de Lannion – ☎ 02 96 92 92 92 – www.kastelldinech.com – Fermé 18 déc.-26 fév.
15 ch – ♦60/80 € ♦♦60/130 € – ⊑ 13 €
♦ Ancienne ferme-manoir (17ᵉ s.) profitant du calme de la campagne... Petites chambres soignées et cosy, réparties dans la maison principale et ses dépendances. Restauration possible.

TRÉGUNC – 29 Finistère – **308** H7 – 6 704 h. – alt. 45 m – ⊠ 29910   **9** B2

▶ Paris 543 – Concarneau 7 – Pont-Aven 9 – Quimper 29

🛈 Kérambourg ⌀ 02 98 50 22 05

🏨 Auberge Les Grandes Roches 🕭   🕭 🛋 🕭 ch. 🛇 🎱 P VISA ☎ AE

r. Grandes Roches, 0,6 km au Nord-Est par rte secondaire – ⌀ 02 98 97 62 97
– www.hotel-lesgrandesroches.com – Fermé déc. et janv.
17 ch – †95/155 € ††95/155 € – 1 suite – ☲ 14 €
Rest – (fermé mardi et merc. en fév.-avril et oct.-nov.) Menu 26/49 €
– Carte environ 60 €

♦ Une ferme et des chaumières réunies dans un parc de 5 ha où se dressent dolmens et menhirs. Rustiques ou actuelles, les chambres sont ravissantes et très bien tenues. Élégante salle de restaurant, avec cheminée en granit, où apprécier une cuisine de notre temps.

TREIGNAC – 19 Corrèze – **329** L2 – 1 376 h. – alt. 500 m – ⊠ 19260   **25** C2

▶ Paris 490 – Limoges 102 – Tulle 40 – Brive-la-Gaillarde 74

🛈 1, place de la République ⌀ 05 55 98 15 04

🏠 Maison Grandchamp   🚜 🛇 ch. 🎱

9 pl. des Pénitents – ⌀ 05 55 98 10 69 – www.hotesgrandchamp.com – Ouvert 1er avril-15 déc.
3 ch ☲ – †74/84 € ††74/86 €   **Table d'hôte** – Menu 27 € bc/32 € bc

♦ Dans cette maison familiale de la fin du 17e s. décorée de meubles anciens, de portraits des aïeux et de souvenirs de voyages, les chambres sont coquettes et fraîches. Menu unique du terroir servi dans une salle à manger ou dans la cuisine devant le cantou.

TRÉLAZÉ – 49 Maine-et-Loire – **317** G4 – rattaché à Angers

TRÉLON – 59 Nord – **302** M7 – 2 965 h. – alt. 188 m – ⊠ 59132   **31** D3

▌Nord Pas-de-Calais Picardie

▶ Paris 218 – Avesnes-sur-Helpe 15 – Charleroi 53 – Lille 115

🛈 3, rue Clavon Collignon ⌀ 03 27 57 08 18

🍴 Le Framboisier   🏠 P VISA ☎

rte Val Joly – ⌀ 03 27 59 73 34 – Fermé 15 fév.-1er mars, 16 août-7 sept., dim. soir, mardi soir et lundi
Rest – (14 €) Menu 18 € bc (déj. en sem.), 28/50 € – Carte 38/65 €

♦ Ancien corps de ferme bordant un axe passant. Accueillante façade, salles à manger intimes, meublées dans le style rustique et cuisine renouvelée au fil des saisons.

TREMBLAY-EN-FRANCE – 93 Seine-Saint-Denis – **305** G7 – **101** 18 – voir à Paris, Environs

---

LE TREMBLAY-SUR-MAULDRE – 78 Yvelines – **311** H3 – 931 h.   **18** A2
– alt. 132 m – ⊠ 78490

▶ Paris 42 – Houdan 24 – Mantes-la-Jolie 32 – Rambouillet 18

🏌 du Domaine du Tremblay Place de l'Eglise, S : par D 34, ⌀ 01 34 94 25 70

🍴🍴🍴 Laurent Trochain   🏠 ⇆ VISA ☎

3 r. du Gén.-de-Gaulle – ⌀ 01 34 87 80 96 – www.restaurant-trochain.fr
– Fermé août, lundi et mardi
Rest – (29 €) Menu 35 € (déj. en sem.), 60/78 € bc – Carte 50/69 €
Spéc. "L'esprit" d'un lièvre à la royale (saison). Ris de veau rôti au saté, crème de lard et légumes de saison. Chariot des fromages affinés et marinés dans des huiles différentes.

♦ Poutres et cheminée créent une ambiance chaleureuse dans cette coquette maison au décor mi-rustique, mi-bourgeois assez cossu. Belle cuisine au goût du jour personnalisée.

TRÉMOLAT – 24 Dordogne – **329** F6 – 666 h. – alt. 53 m – ⊠ 24510   **4** C3
🟩 Périgord Quercy
▶ Paris 532 – Bergerac 34 – Brive-la-Gaillarde 87 – Périgueux 46
🅕 Îlot Saint-Nicolas ⌀ 05 53 22 89 33
◉ Belvédère de Racamadou★★ N : 2 km.

Le Vieux Logis ⌀   ← 🕭 🌳 ⤢ 🗚 ch, ⒫ 🅿 🅿 VISA ⚏ AE ⓪
Le Bourg – ⌀ 05 53 22 80 06 – www.vieux-logis.com
18 ch – †190/400 € ††190/400 € – ⌑ 22 € – ½ P 180/285 €
Rest – *(Fermé merc. et jeudi du 15 oct. au 15 avril)* Menu 42 € (déj. en sem.),
55/95 € – Carte 80/120 €
Spéc. Foie gras cuit au torchon. Sandre rôti sur la peau, fine galette d'oignons
et jus soja-noix (mai à sept.). Baba "couleurs Sud-Ouest" à la châtaigne et armagnac (sept. à mars). **Vins** Bergerac, Côtes de Bergerac.
♦ Cet ancien prieuré est le vivant récit de l'histoire de la famille des propriétaires,
vieille de presque cinq siècles ! Chambres et jardin sont meublés avec goût et le
jardin est superbe. La cuisine, classique et délicieuse, se déguste dans le cadre
insolite d'un ancien séchoir à tabac.

🍴 **Bistrot d'en Face**   🍴 VISA ⚏
Le Bourg – ⌀ 05 53 22 80 69 – Fermé lundi et mardi
Rest – (14 €) Menu 24 € – Carte 25/37 €
♦ Une adresse pour se régaler dans le village où Chabrol tourna Le Boucher (1970).
Vieilles pierres, poutres et goûteuse cuisine du terroir : andouillette, confit de canard...

TRÉMONT-SUR-SAULX – 55 Meuse – **307** B6 – rattaché à Bar-le-Duc

LE TRÉPORT – 76 Seine-Maritime – **304** I1 – 5 698 h. – alt. 12 m   **33** D1
– Casino – ⊠ 76470 🟩 Normandie Vallée de la Seine
▶ Paris 180 – Abbeville 37 – Amiens 92 – Blangy-sur-Bresle 26
🅕 quai Sadi Carnot ⌀ 02 35 86 05 69
◉ Calvaire des Terrasses ←★.

🏠 **Golf Hôtel** sans rest ⌀   🚿 🎱 🅿 VISA ⚏
102 rte de Dieppe, (D 940) – ⌀ 02 27 28 01 52 – www.treport-hotels.com
– Fermé 20-28 déc.
17 ch – †46/49 € ††79/90 € – ⌑ 8 €
♦ Demeure de style normand proposant des petites chambres meublées dans un
esprit anglais. Coquette salle rustique et sa cheminée pour les petits-déjeuners.

🍴🍴 **Le St-Louis**   🗚 VISA ⚏
43 quai François 1ᵉʳ – ⌀ 02 35 86 20 70 – Fermé 20 nov.-20 déc.
Rest – Menu 19 € (sem.), 26/60 € – Carte 35/55 €
♦ La grande baie vitrée donnant sur les quais dévoile une sympathique salle de
style brasserie. Carte et menus évoluent au gré de la pêche et du marché.
Ambiance conviviale.

TRÉVOU-TRÉGUIGNEC – 22 Côtes-d'Armor – **309** B2 – 1 414 h.   **9** B1
– alt. 56 m – ⊠ 22660
▶ Paris 524 – Guingamp 36 – Lannion 14 – Paimpol 27
🅕 28, rue de Trestel ⌀ 02 96 23 71 92

🏠 **Kerbugalic** ⌀   ← 🚿 🅿 VISA ⚏
1 Vieille Côte de Trestel – ⌀ 02 96 23 72 15 – www.kerbugalic.fr
18 ch – †56/92 € ††56/92 € – ⌑ 9 € – ½ P 64/84 €
Rest – *(fermé 2 nov.-15 mars et le midi en sem.)* Menu 25/29 € – Carte 29/70 €
♦ La situation de cette maison posée sur les hauteurs de la baie de Trestel est
plus qu'agréable : on peut profiter du jardin et de la vue sur la mer. Belle salle à
manger panoramique dominant la plage ; carte traditionnelle où l'océan est roi.

TRIEL-SUR-SEINE – 78 Yvelines – **311** I2 – **101** 10 – voir à Paris, Environs

TRIGANCE – 83 Var – **340** N3 – 158 h. – alt. 800 m – ⊠ 83840   **41** C2
▶ Paris 817 – Castellane 20 – Digne-les-Bains 74 – Draguignan 43
🅕 RD 955 - Ferme de la Sagne ⌀ 04 94 85 68 40

Château de Trigance 🏠
rte du château, accès par voie privée – ☎ 04 94 76 91 18
– www.chateau-de-trigance.fr – Ouvert avril-oct.
10 ch – ♦117 € ♦♦127/147 € – ☐ 15 € – ½ P 118/153 €
Rest – (fermé merc. midi sauf fériés) Menu 27/50 € – Carte 50/65 €
♦ Cet hôtel occupe les murs d'un château fort dominant la vallée, et les chambres ont des lits à baldaquin ! Une adresse originale à l'esprit médiéval. Le restaurant prend ses aises dans une salle sarrasine du 12ᵉ s. et propose... une cuisine bien d'aujourd'hui.

Le Vieil Amandier 🏠
montée de St-Roch – ☎ 04 94 76 92 92 – http://levieilamandier.free.fr – Ouvert 25 avril-31 oct.
12 ch – ♦63/72 € ♦♦69/99 € – ☐ 10 € – ½ P 63/87 €   **Rest** – (résidents seult)
♦ Au pied du village, construction récente entourée d'un jardin méditerranéen. Chambres impeccables, certaines avec terrasse. Sauna et jacuzzi à disposition. Une belle charpente coiffe la salle à manger ; cuisine traditionnelle méridionale (le soir uniquement).

TRILBARDOU – 77 Seine-et-Marne – **312** F2 – **rattaché à Meaux**

LA TRINITÉ-SUR-MER – 56 Morbihan – **308** M9 – 1 531 h. – alt. 20 m   **9** B3
– Casino – ✉ 56470 ▮ Bretagne
▶ Paris 488 – Auray 13 – Carnac 4 – Lorient 52
🛈 30, cours des Quais ☎ 02 97 55 72 21
◉ Pont de Kerisper ≪★.

Le Lodge Kerisper sans rest 🏠
4 r. du Latz – ☎ 02 97 52 88 56 – www.lodge-kerisper.com – Fermé 3-23 janv.
18 ch – ♦95/255 € ♦♦95/255 € – 2 suites – ☐ 15 €
♦ Ces deux longères du 19ᵉ s. ont beaucoup de cachet : intérieur tout en matériaux nobles, meubles chinés et parquets bruts... Un véritable "boutique hôtel"!

Le Petit Hôtel des Hortensias
4 pl. Yvonne Sarcey – ☎ 02 97 30 10 30 – www.leshortensias.info – Fermé janv.
6 ch – ♦99/160 € ♦♦99/160 € – ☐ 13 €
Rest L'Arrosoir – ☎ 02 97 30 13 58 (ouvert de mi-mars à mi-nov. et fermé merc. midi et lundi soir hors vacances scolaires, lundi midi et mardi midi) Carte 25/50 €
♦ La silhouette nordique de cette charmante villa (1880) domine le port. Inspiration nautique, meubles et bibelots anciens, ambiance guesthouse... Le début du voyage ! Coquet décor de bistrot marin, belle terrasse panoramique et cuisine océane à l'Arrosoir.

L'Azimut
1 r. du Men-Dû – ☎ 02 97 55 71 88 – www.lazimut-latrinite.com
– Fermé 16-27 nov., 16-27 fév., mardi et merc. sauf juil.-août
Rest – (27 €) Menu 35/60 € – Carte 44/67 €
♦ Ambiance maritime tous azimuts dans la salle à manger et agréable terrasse offrant une échappée sur le port... À la carte, alliances terre et mer et recherche esthétique.

TRIZAY – 17 Charente-Maritime – **324** E4 – 1 252 h. – alt. 20 m – ✉ 17250   **38** B2
▶ Paris 475 – Rochefort 13 – La Rochelle 52 – Royan 36
🛈 48, rue de la République ☎ 05 46 82 34 25

au Lac du Bois Fleuri 2,5 km à l'Ouest par D 238, D 123 et rte secondaire – ✉ 17250 Trizay

Les Jardins du Lac avec ch 🏠
3 chemin Fontchaude – ☎ 05 46 82 03 56
– www.jardins-du-lac.com – Fermé janv., dim. soir, lundi et mardi de nov. à mars
8 ch – ♦118/124 € ♦♦118/124 € – ☐ 13 €
Rest – Menu 38/42 € – Carte 55/90 €
♦ Dans un parc au-dessus du lac, deux pavillons reliés par une passerelle enjambant un ruisseau. La cuisine, traditionnelle, fait la part belle aux produits régionaux. Chambres avec terrasse ou balcon offrant une vue sur le plan d'eau.

LES TROIS-ÉPIS – 68 Haut-Rhin – 315 H8 – alt. 658 m – ⊠ 68410   2 C2
🟩 Alsace Lorraine

▶ Paris 445 – Colmar 11 – Gérardmer 51 – Munster 18
🛈 2, Impasse Poincaré ✆ 03 89 49 80 56

🏠 **Villa Rosa**   ≼ 🚗 🍃 ⌁ 🎣 rest, ⁽ᵗ⁾ **P** 𝐕𝐈𝐒𝐀 ⓪
*4 r. Thierry Schoeré – ✆ 03 89 49 81 19 – www.villarosa.fr
– Fermé 3 janv.-10 fév., 3-25 nov.*
8 ch – �62/67 € ♥♥62/67 € – ⊑ 8,50 € – ½ P 63/83 €
Rest – *(dîner seult)* Menu 26 €
♦ Ambiance guesthouse dans cette maison 1900 entourée d'un jardin fleuri. Chambres coquettes portant des noms de roses ; séjours à thèmes. Au restaurant, Anne-Rose concocte des plats régionaux à partir de produits bio et de son potager.

TRONÇAIS – 03 Allier – 326 D3 – rattaché à St-Bonnet-Tronçais

LE TRONCHET – 35 Ille-et-Vilaine – 309 K4 – 960 h. – alt. 65 m   10 D2
– ⊠ 35540 🟩 Bretagne

▶ Paris 391 – Saint-Malo 27 – Dinan 19 – Fougères 56

🏨 **Golf & Country Club** 🐦   ≼ 🚗 🍃 📺 ⮾ ﭪ 🅰🅒 rest, ﮩ **P** 𝐕𝐈𝐒𝐀 ⓪ 🄰🄴
Domaine St-Yvieux – ✆ 02 99 58 98 99 – www.saintmalogolf.com – Ouvert 16 mars-19 nov.
29 ch – ♤90/149 € ♥♥90/149 € – ⊑ 12 €
Rest – *(fermé le midi)* (15 € bc) Menu 20/40 € – Carte 30/54 €
♦ Dans un golf, cet ancien prieuré du 19ᵉ s. abrite de grandes chambres aux tons clairs (jolis tissus), disposant d'une loggia ou d'une petite terrasse. Le restaurant donne sur l'étang et offre une vue panoramique sur les greens. Cuisine traditionnelle.

⌂ **Le Mesnil des Bois** sans rest 🐦   ⌁ 🎣 ﮩ **P**
*2 km au Sud-Ouest par D 9 et D 73 – ✆ 02 99 58 97 12
– www.le-mesnil-des-bois.com – Fermé de mi-nov. à fin fév.*
5 ch ⊑ – ♤95/120 € ♥♥95/120 €
♦ Ce beau manoir (16ᵉ s.) isolé dans la campagne, en lisière de forêt, appartenait aux descendants du corsaire Surcouf. Jolies chambres aux meubles de famille ou chinés.

TROUVILLE-SUR-MER – 14 Calvados – 303 M3 – 4 992 h. – alt. 2 m   32 A3
– Casino AY – ⊠ 14360 🟩 Normandie Vallée de la Seine

▶ Paris 201 – Caen 51 – Le Havre 43 – Lisieux 30
🛫 de Deauville-St-Gatien : ✆ 02 31 65 65 65, 7 km par ② BZ.
🛈 32, boulevard Fernand-Moureaux ✆ 02 31 14 60 70
📷 de l'Amirauté à Tourgéville Route Départementale 278, par rte de Pont-L'Évêque et D 278 : 5 km, ✆ 02 31 14 42 00
👁 Corniche ≼ ★.

Plan page suivante

🏨 **Hostellerie du Vallon** sans rest 🐦   🔲 🕭 🆒 ﭪ ﮩ 🅰 **P** 𝐕𝐈𝐒𝐀 ⓪ 🄰🄴
12 r. Sylvestre Lasserre – ✆ 02 31 98 35 00 – www.hostellerieduvallon.com
64 ch – ♤120/220 € ♥♥120/220 € – ⊑ 15 €   BZv
♦ Cette hostellerie de style normand offre un joli panorama sur les hauteurs de la ville. Chambres spacieuses, la plupart rénovées. Salon-bar cosy, billard, piscine, fitness.

🏨 **Le Flaubert** sans rest   ≼ 🕭 ﮩ **P** 𝐕𝐈𝐒𝐀 ⓪
2 r. Gustave Flaubert – ✆ 02 31 88 37 23 – www.flaubert.fr – Ouvert de mi-fév. à mi-nov.   AYt
32 ch – ♤80/140 € ♥♥80/140 € – ⊑ 10 €
♦ À deux pas des célèbres "planches", villa à colombages de 1936 très romantique : mobilier chiné, affiches anciennes, tons doux. Chambres souvent rafraîchies (la moitié côté mer).

TROUVILLE-SUR-MER

Bains (R. des) . . . . AY 3
Carnot (R.) . . . . AY 5
Chalet-Cordier (R.) . . . . BY 6
Chapelle (R. de la) . . . . AY 7
Foch (Pl. Mar.) . . . . AY 9
Gaulle (R. Gén.-de) . . . . BZ 10
Lattre-de-Tassigny (Pl. Mar.-de) . . . . AY 12
Maigret (R. A.-de) . . . . AY 20
Moureaux (Bd F.) . . . . BZ
Moureaux (Pl. F.) . . . . BZ 22
Notre-Dame (R.) . . . . BY 23
Plage (R. de la) . . . . AY 26
Verdun (R. de) . . . . BY 29
Victor-Hugo (R.) . . . . AY 31

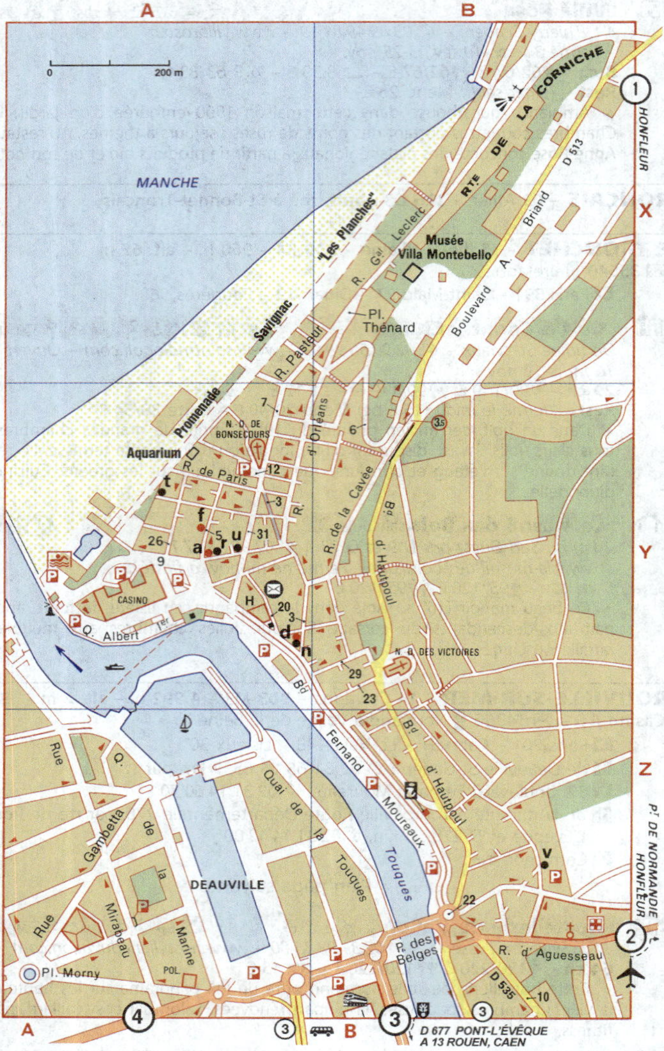

Le Fer à Cheval sans rest

11 r. Victor Hugo – ✆ *02 31 98 30 20* – *www.hotel-trouville.com* AYu

34 ch – †53/96 € ††77/102 € – ☕ 11 €

◆ Au cœur de Trouville, dans plusieurs bâtisses mitoyennes, des chambres fonctionnelles et de douillettes suites familiales. Viennoiseries maison au petit-déjeuner.

Le Central

🛜 📶 📻 *VISA* 🅌 🅰🅴

5 et 7 r. des Bains – ℰ 02 31 88 80 84 – www.le-central-trouville.com

22 ch – ♥87 € ♥♥87/131 € – ⌷ 9 € – ½ P 78/85 €   **AYn**

Rest – ℰ 02 31 88 13 68 – Menu 19/28 € – Carte 21/70 €

◆ Au cœur de Trouville, deux des chambres feutrées tout en sobriété (tons harmonieux, mobilier en bois blanc patiné). Vues sur le port, les hauteurs de la ville ou la rue piétonne. Le cadre de la brasserie, très touristique, s'inspire des années 1930. Vaste terrasse chauffée l'hiver.

Les Sablettes sans rest

🎇 *VISA* 🅌

15 r. P.-Besson – ℰ 02 31 88 10 66 – www.trouville-hotel.com – Fermé

15 nov.-7 déc.   **AYr**

18 ch – ♥40/45 € ♥♥49/69 € – ⌷ 7 €

◆ Une adresse familiale, proche du Casino et de la plage. Chambres simples, plutôt calmes, donnant sur la cour ou la rue ; deux sont aménagées dans l'annexe. Bon accueil.

La Petite Auberge

VISA 🅌

7 r. Carnot – ℰ 02 31 88 11 07 – www.lapetiteaubergesurmer.fr

– Fermé 1er-15 déc., mardi et merc.   **AYf**

Rest – (prévenir) (23 €) Menu 35/54 € – Carte 55/70 €

◆ Dans une petite rue du centre-ville, à l'écart de la foule, cette auberge conviviale, au cadre simple et avenant, valorise le terroir et les produits régionaux.

Les Mouettes

🛜 *VISA* 🅌 🅰🅴

11 r. Bains – ℰ 02 31 98 06 97 – www.brasserie-les-mouettes.com   **AYd**

Rest – Menu 28 € bc – Carte 21/45 €

◆ Ambiance et décor de bistrot, carte typique du genre, joli plafond peint et terrasse-trottoir abritée pour cette table conviviale naguère fréquentée par Marguerite Duras.

TROYES ℗ – 10 Aube – **313** E4 – 61 344 h. – Agglo. 128 945 h.   **13** B3
– alt. 113 m – ⌂ 10000 ▯ Champagne Ardenne

▶ Paris 170 – Dijon 185 – Nancy 186

✈ de Troyes-Barberey ℰ 03 25 71 79 00, 5 km au NO   AV

🛈 16, boulevard Carnot ℰ 03 25 82 62 70

🏌 de la Forêt d'Orient à Rouilly-Sacey Route de Geraudot, par rte de Nancy : 11 km, ℰ 03 25 43 80 80

🏌 de Troyes à Chaource Château de la Cordelière, par rte de Tonnerre (D 444) : 31 km, ℰ 03 25 40 18 76

◉ Le Vieux Troyes★★ BZ : Ruelle des Chats★ - Cathédrale St-Pierre-et-St-Paul★★ - Jubé★★ de l'église Ste-Madeleine★ - Basilique St-Urbain★ BCY B - Église St-Pantaléon★ - Apothicairerie★ de l'Hôtel-Dieu CY M⁴ - Musée d'Art Moderne★★ CY M³ - Maison de l'Outil et de la Pensée ouvrière★★ dans l'hôtel de Mauroy★★ BZ M² - Musée historique de Troyes et de Champagne★ et musée de la Bonneterie dans l'hôtel de Vauluisant★ BZ M¹ - Musée des Beaux-Arts et d'Archéologie★ dans l'abbaye St-Loup.

Plans pages suivantes

La Maison de Rhodes

🛏 🛜 ♿ ch, 📻 ℗ *VISA* 🅌 🅰🅴

18 r. Linard Gonthier – ℰ 03 25 43 11 11 – www.maisonderhodes.com

8 ch – ♥165/225 € ♥♥165/225 € – 3 suites – ⌷ 17 €   **CYu**

Rest – (fermé le midi et dim.) Carte 49/68 €

◆ Belles demeures du 17ᵉ s. nichées dans une ruelle pavée. Poutres, pierres, torchis, tommettes, mobiliers ancien et contemporain se marient avec élégance dans ce délicieux hôtel. Charmante salle à manger rustique ; plats traditionnels à base de poduits bio.

Le Champ des Oiseaux sans rest

🛜 📻 🚗 *VISA* 🅌 🅰🅴 🅞

20 r. Linard Gonthier – ℰ 03 25 80 58 50 – www.champdesoiseaux.com

12 ch – ♥140/240 € ♥♥140/240 € – 1 suite – ⌷ 17 €   **CYe**

◆ Ces trois maisons des 15ᵉ-16ᵉ s., dont le nom viendrait de cigognes ayant niché ici, encadrent une cour pavée verdoyante. Chambres confortables et cosy (boiseries).

TROYES

Anatole-France (Av.) . . . . **AX** 2
Brossolette (Av. Pierre) . . . . **AX** 6
Buffard (Av. M.) . . . . **AV** 8
Chanteloup (R. de) . . . . **AX** 9
Clemenceau (R. G.) . . . . **AV** 12
Croix-Blanche (R. de la) . . . . **AX** 13
Croncels (R. du Faubourg) . . **AX** 14
Jean-Jaurès (Av.) . . . . **AV** 18
Lattre-de-Tassigny (Av. Mar.-de) . . . . **AV** 21
Leclerc (Av. Gén.) . . . . **AV** 22
Marots (R. des) . . . . **AV** 24
Noës (R. des) . . . . **AX** 26
Notre-Dame-des-Prés (R.) . . . . **AX** 27
Pasteur (R.) . . . . **AV** 32
Salengro (Av. Roger) . . . . **AV** 36
Salengro (R. Roger) . . . . **AV** 37
Schuman (Av. Robert) . . . . . . **AV** 38
Vouldy (Chaussée du) . . . . . . **AX** 42
1er Mai (Av. du) . . . . **AV** 48

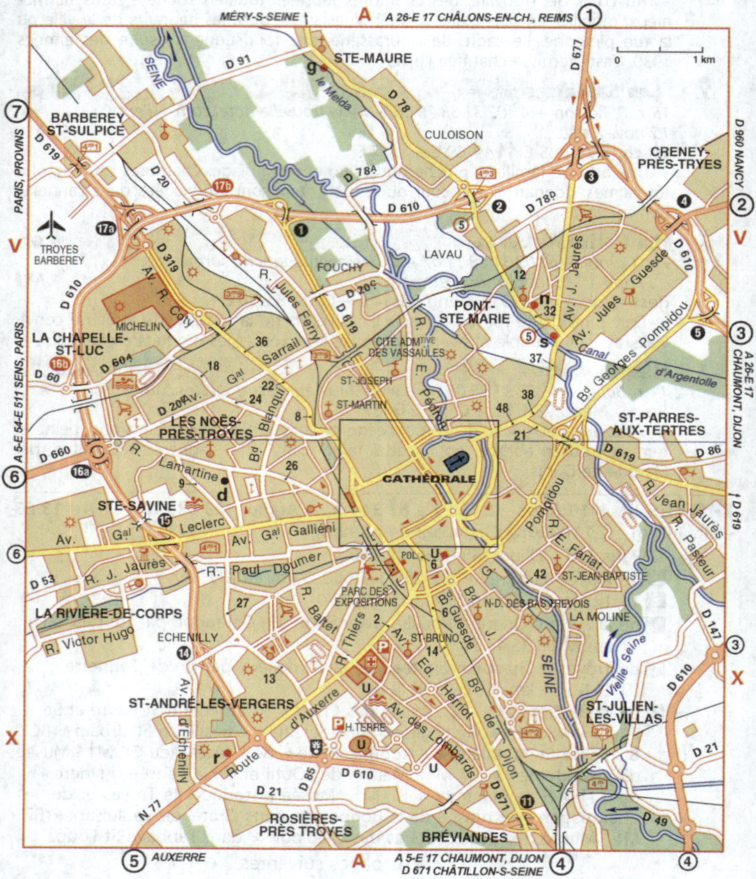

Mercure sans rest
11 r. Bas-Trévois – ✆ 03 25 46 28 28 – www.mercure-troyes.com **CZh**
70 ch – †90/174 € ††99/199 € – ☕ 14 €
◆ Chambres spacieuses, reposantes (moquette, teintes beiges) et modernes (écrans plats et connexions haut-débit) : cet hôtel – une ancienne bonneterie – conserve un certain charme.

Le Relais St-Jean sans rest
51 r. Paillot-de-Montabert – ✆ 03 25 73 89 90 – www.relais-st-jean.com **BZs**
24 ch – †95/195 € ††95/195 € – ☕ 15 €
◆ Décorations personnalisées dans les chambres (objets anciens et actuels), salles de bains spacieuses, salle de fitness avec sauna : ce Relais, bien tenu, ne manque pas de cachet.

TROYES

Boucherat (R.) . . . . **CY** 4
Champeaux (R.) . . . . **BZ** 12
Charbonnet (R.) . . . . **BZ** 13
Clemenceau (R. G.) . . . . **BCY** 15
Comtes-de-Champagne
(Q. des) . . . . **CY** 16
Dampierre (Quai) . . . . **BCY** 17
Delestraint (Bd Gén.-Ch.) . . **BZ** 18
Driant (R. Col.) . . . . **BZ** 20
Girardon (R.) . . . . **CY** 22

Hennequin (R.) . . . . **CY** 23
Huez (R. Claude) . . . . **BYZ** 27
Israël (Pl. Alexandre) . . . . . **BZ** 28
Jaillant-Deschaînets (R.) . . . **BZ** 29
Jean-Jaurès (Pl.) . . . . **BZ** 31
Joffre (Av. Mar.) . . . . **BZ** 33
Langevin (Pl. du Prof.) . . . . **BZ** 35
Libération (Pl. de la) . . . . . **CZ** 49
Marché aux Noix (R. du) . . **BZ** 36
Michelet (R.) . . . . **CY** 39
Molé (R.) . . . . **BZ** 44
Monnaie (R. de la) . . . . **BZ** 45
Paillot-de-Montabert (R.) . . **BZ** 47

Palais-de-Justice
(R.) . . . . **BZ** 48
République (R. de la) . . . . . **BZ** 51
St-Pierre (Pl.) . . . . **CY** 52
St-Rémy (Pl.) . . . . **BY** 53
Siret (R. Nicolas) . . . . **CZ** 79
Synagogue (R. de la) . . . . . **BZ** 54
Tour-Boileau (R. de la) . . . . **BZ** 59
Trinité (R. de la) . . . . **BZ** 60
Turenne (R. de) . . . . **BZ** 61
Voltaire (R.) . . . . **BZ** 64
Zola (R. Émile) . . . . **BCZ**
1er-R.A.M. (Bd du) . . . . **BZ** 69

🏨 **Royal Hôtel** 🛗 & ch, 🅰🅒 ⁽ᵗᵖ⁾ 🆅🅸🆂🅰 ⓒⓑ 🅰🅴 ⓓ

22 bd Carnot – ☎ 03 25 73 19 99 – www.royal-hotel-troyes.com
– Fermé 16 déc.-9 janv.   **BZn**
40 ch – 🛏69/80 € 🛏🛏82/120 € – ☷ 12 € – ½ P 78/95 €
Rest – (fermé sam. midi, lundi midi et dim.) (19 €) Menu 25 € (sem.)/30 €
– Carte 49/67 €

◆ Bien situé près de la gare, cet hôtel dispose de chambres simples, fonctionnelles et bien tenues. Celles de la catégorie supérieure (décor classique) sont plus
spacieuses. Agréable salon-bar feutré et élégante salle à manger actuelle ; cuisine
traditionnelle.

🏨 **Ibis** sans rest 🛗 & 🅰🅒 ⁽ᵗᵖ⁾ 🅎 🚗 🆅🅸🆂🅰 ⓒⓑ 🅰🅴 ⓓ

r. Camille Claudel – ☎ 03 25 75 99 99 – www.ibishotel.com   **CZw**
77 ch – 🛏65/79 € 🛏🛏65/79 € – ☷ 8 €

◆ Au cœur d'un espace de loisirs (bowling, patinoire, cinéma), cet établissement
bénéficie de chambres climatisées de bonne taille. Véranda pour les petits-
déjeuners.

XXX La Mignardise 🛏 & ⇔ VISA ⊕ AE ⊕

1 ruelle des Chats – ℰ 03 25 73 15 30 – www.lamignardise.net – Fermé dim. soir et lundi
BZe

Rest – (23 €) Menu 29 € (déj.)/59 € – Carte 60/90 €

◆ Élégant intérieur (pierres, briques, bois et touches modernes), cuisine au goût du jour et service attentionné : on passe un bon moment dans cette maison à colombages du 16ᵉ s.

XX Valentino 🛏 VISA ⊕ AE

35 r. Paillot-de-Montabert – ℰ 03 25 73 14 14 – Fermé 2 sem. en août, 2 sem. en janv., dim. et lundi
BZs

Rest – Menu 25 € (déj.), 33/55 € – Carte 50/77 €

◆ Cette maison à colombages propose, dans sa salle contemporaine ou sur sa jolie terrasse fleurie, une goûteuse cuisine centrée sur les produits de la mer. Service attentionné.

X Au Jardin Gourmand 🛏 VISA ⊕

31 r. Paillot-de-Montabert – ℰ 03 25 73 36 13 – Fermé 14-27 mars, 5-25 sept., lundi midi et dim.
BZs

Rest – (17 €) Carte 30/50 €

◆ Cadre intimiste et romantique dans ce restaurant du vieux Troyes. De bons plats du terroir – dont l'andouillette ! – côtoient des recettes plus créatives. Terrasse sous les glycines.

à Ste-Maure 7 km par D 78 – 1 472 h. – alt. 111 m – ✉ 10150

XXX Auberge de Ste-Maure 🛏 ⇔ P VISA ⊕ AE

99 rte de Mery – ℰ 03 25 76 90 41 – www.auberge-saintemaure.fr – Fermé 20 déc.-17 janv., dim. soir et lundi
AVg

Rest – Menu 20 € (sem.), 44/54 € – Carte 44/66 €🍷

◆ C'est sur l'agréable terrasse qui borde la rivière que vous apprécierez le mieux la cuisine au goût du jour qui se joue habilement de la tradition. Salle intérieure classique.

à Pont-Ste-Marie 3 km par D 77 – 4 813 h. – alt. 110 m – ✉ 10150

XXX Hostellerie de Pont-Ste-Marie (Christian Chavanon) AC ⇔

❀ *34 r. Pasteur, (près de l'église) – ℰ 03 25 83 28 61 – Fermé 2-25 août, 3-13 janv., dim. soir et merc.*
VISA ⊕ AE

Rest – Menu 43/119 € bc – Carte 70/97 €
AVn

Spéc. Autour du foie gras et du potager. Homard rôti au beurre de ratafia et risotto au jus de homard et safran. Tatin aux pommes, glace carotte-cannelle. **Vins** Champagne.

◆ Dans le village, chaleureuse salle à manger mêlant ancien et contemporain. Le chef signe, à base de bons produits, d'appétissantes recettes actuelles qui marient bien les saveurs.

X Bistrot DuPont 🛏 AC VISA ⊕

∞ *5 pl. Ch.-de-Gaulle – ℰ 03 25 80 90 99 – www.bistrotdupont.com*
🍴 *– Fermé 1 sem. à Pâques, 2-24 août, 24 déc.-3 janv., jeudi soir, dim. soir et lundi*
AVs

Rest – (prévenir) Menu 19/30 € – Carte 30/50 €

◆ Tout à côté de la Seine, sympathique établissement de type bistrot proposant une cuisine copieuse et soignée. Ne ratez pas la spécialité maison : l'andouillette.

à Moussey 10 km par ④, D 671 et D 444 – 471 h. – alt. 131 m – ✉ 10800

⌂ Domaine de la Creuse sans rest ॐ 🚗 ✗ P

D 444 – ℰ 03 25 41 74 01 – www.domainedelacreuse.com – Fermé 20 déc.-5 janv.

5 ch �}교 – ✦105 € ✦✦120/130 €

◆ Demeure champenoise du 18ᵉ s. Adorables chambres de plain-pied disposées autour d'une cour intérieure aménagée en jardin. Délicieux petits-déjeuners et accueil parfait.

à St-André-les-Vergers 5 km au Sud-Ouest – 11 264 h. – alt. 112 m – ⊠ **10120**

ⓑ 21, avenue Maréchal Leclerc ✆ 03 25 71 91 11

⟨⟨   **La Gentilhommière**   🍴 ✿ P VISA ⦿

180 rte d'Auxerre – ✆ 03 25 49 35 64 – www.lagentilhommiere10.fr – Fermé
3 sem. en août, vacances de fév., sam. midi, dim. soir et lundi   **AXr**
Rest – (22 €) Menu 25/38 € – Carte 39/66 €
◆ Les salles à manger de ce pavillon moderne ont été agréablement rafraîchies
(tissus orangés, murs clairs). Cuisine au goût du jour bien réalisée ; bon rapport
qualité-prix.

à Ste-Savine 3 km – 10 442 h. – alt. 116 m – ⊠ **10300**

🏠   **Motel Savinien** ⤳   🍴 🔊 ᚡ ᚡ ch, ⦿ ⚙ P VISA ⦿

⧳   *87 r. Jean de la Fontaine – ✆ 03 25 79 24 90 – www.motelsavinien.com – Fermé*
17 déc.-2 janv.   **AXd**
49 ch – ♦56/78 € ♦♦66/82 € – ⊇ 10 € – ½ P 59/68 €
Rest – *(fermé dim. soir et lundi)* (13 €) Menu 15/32 €
◆ Rénovation de qualité (style contemporain, mobilier en bois foncé) dans la plupart des chambres de ce motel. Confort moderne (écrans plats) et salles de bains
parfaitement équipées. Espace détente. Cuisine simple au restaurant.

TRUN – 61 Orne – **310** J1 – 1 322 h. – alt. 90 m – ⊠ **61160**   **33** C2

▶ Paris 198 – Caen 63 – Alençon 60 – Lisieux 47
ⓑ place Charles-de-Gaulle ✆ 02 33 36 93 55

⌂   **La Villageoise**   🚗 ⚙ 🛏

66 r. de la République – ✆ 09 71 38 56 87 – www.lavillageoise.fr
5 ch ⊇ – ♦60/70 € ♦♦70/90 €   **Table d'hôte** – Menu 25 € bc/30 € bc
◆ Cette maison abrite un beau salon ouvert sur une grande cour fleurie, autour
de laquelle sont aménagées la plupart des chambres, agrémentées de bibelots.
Bon accueil. Des petits plats du terroir vous sont proposés dans un décor rustique.

TULETTE – 26 Drôme – **332** C8 – 1 857 h. – alt. 147 m – ⊠ **26790**   **44** B3

▶ Paris 657 – Lyon 195 – Valence 95 – Avignon 56
ⓑ place des Tisserands ✆ 04 75 98 34 53

⌂   **K-Za** ⤳   🚗 🔊 ᴀᴋ ch, ⚙ ⦿ P

rte du Moulin – ✆ 04 75 98 34 88 – www.maison-hotes-k-za.com – Fermé
24-31 août et 9-16 fév.
5 ch ⊇ – ♦140/160 € ♦♦140/160 €
Table d'hôte – *(fermé dim. soir)* Menu 35/80 €
◆ Che bella casa ! Anne-Élisabeth, maîtresse des lieux, est d'origine italienne. Architecture de galets roulés du Rhône (17ᵉ s.) et superbe intérieur design :
confort, originalité, sophistication contemporaine... À table, une belle cuisine bourgeoise et des vins locaux.

TULLE P – 19 Corrèze – **329** L4 – 15 734 h. – alt. 210 m – ⊠ **19000**   **25** C3

🟩 Limousin Berry

▶ Paris 475 – Aurillac 83 – Brive-la-Gaillarde 27 – Clermont-Ferrand 141
ⓑ 45, quai Aristide Briand ✆ 05 55 26 59 61
🔲 Maison de Loyac★ Z **B** - Clocher★ de la Cathédrale Notre-Dame.

Plan page suivante

🏨   **Mercure** sans rest   🔊 ᴀᴋ ⦿ ⚙ VISA ⦿ AE ①

16 quai de la République – ✆ 05 55 26 42 00 – www.mercure.com   **Zb**
48 ch – ♦76 € ♦♦87 € – 1 suite – ⊇ 12 €
◆ Hôtel doté d'un bar confortable et de chambres chaleureuses et insonorisées,
plus spacieuses côté quai de la Corrèze. Vue sur la rivière depuis la salle des
petits-déjeuners.

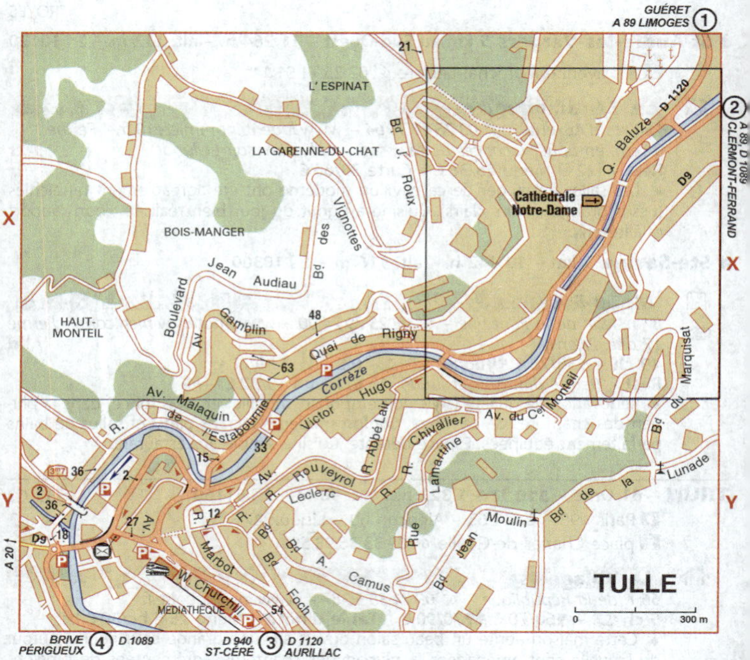

L' ESPINAT

LA GARENNE-DU-CHAT

X

BOIS-MANGER

Cathédrale
Notre-Dame →

X

HAUT-
MONTEIL

Jean Audiau

Boulevard

Av. Malaquin

de

Gamblin

48

63

Quai de Rigny

Corrèze

Victor Hugo

Av. Abbé Lair

R. Chivallier

Av. du Cdt Monteil

Bd du Marquisat

Lunade

Y

36

2

36

18

27

Av.

Marbot

R. Fou veyrol

R. Leclerc

B

B

Bd

A. Camus

R.

Lamartine

Rue de la

Bd Jean

Moulin

Y

TULLE

MÉDIATHÈQUE

54

0   300 m

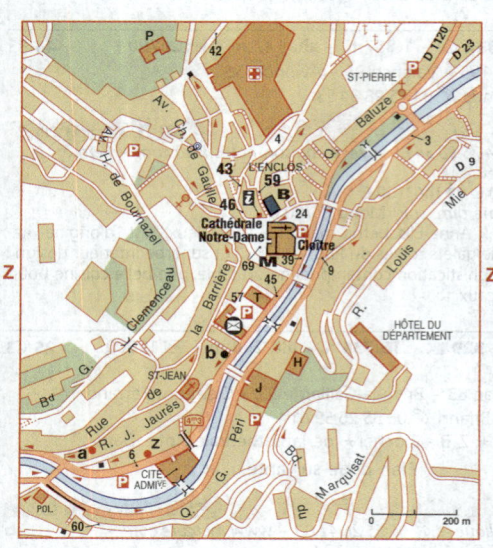

Alsace-Lorraine (Av.)	**Y** 2
Baluze (Quai)	**Z**
Briand (Quai A.)	**Z** 3
Bride (Pl. de la)	**Z** 4
Brigouleix (Pl. Martial)	**Z** 6
Chammard (Quai A.-de)	**Z** 9
Condamines (R. des)	**Y** 12
Dunant (R. Henri)	**Y** 15
Faucher (Pl. Albert)	**Y** 18
Faugeras (Bd J.-F.)	**X** 21
Gambetta (Pl.)	**Z** 24
Gaulle (Av. Ch.-de)	**Z**
Jean-Jaurès (R.)	**Z**
Lovy (R. Sergent)	**Y** 27
Mermoz (R.)	**Y** 33
Pauphile (R.)	**Y** 36
Perrier (Quai Edmond)	**Z** 39
Poincaré (Av.)	**Z** 42
Portes-Chanac (R. des)	**Z** 43
République (Quai de la)	**Z** 45
Riche (R.)	**Z** 46
Roche-Bailly (Bd de la)	**X** 48
Sampeix (R. Lucien)	**Y** 54
Tavé (Pl. Jean)	**Z** 57
Tour-de-Maïsse (R. de la)	**Z** 59
Vialle (R. Anne)	**Z** 60
Victor-Hugo (Av.)	**XY**
Vidalie (Av.)	**X** 63
Zola (Pl. Émile)	**Z** 69

✗✗✗ Le Central ⓐ ⇔ VISA ◑

12 r. Barrière – ℰ 05 55 26 24 46 – Fermé 1ᵉʳ-15 août, dim. soir et sam.
Rest – Menu 27/60 € – Carte 50/70 €   **Z**a

• Ce restaurant traditionnel, logé dans une maison à colombages du 18ᵉ s, vous sert le tourtou corrézien et les rillettes d'oie en guise de bienvenue. Brasserie au rez-de-chaussée.

✗✗ La Toque Blanche ⓐ ⇔ VISA ◑ AE

pl. M. Brigouleix – ℰ 05 55 26 75 41 – www.hotel-latoqueblanche.com – Fermé 1 sem. en juil., 15-26 fév., dim. soir et lundi   **Z**z
Rest – (19 €) Menu 27/32 € – Carte 55/65 €

• Installée au cœur de la ville, cette toque-là vous mijote une copieuse cuisine régionale à base de produits du terroir. À déguster dans la grande salle au décor chaleureux.

TUNNEL DU MONT-BLANC H.-Savoie – 74 H.-Savoie – **328** O5 – **voir à** Chamonix-Mont-Blanc

---

TUNNEL SOUS LA MANCHE voir à Calais.

LA TURBALLE – 44 Loire-Atlantique – **316** A3 – 4 341 h. – alt. 6 m   **34** A2
– ⊠ 44420 🟩 Bretagne

▶ Paris 457 – La Baule 13 – Guérande 7 – Nantes 84

🛈 place du Général-de-Gaulle ℰ 02 40 23 39 87

🏠 Les Chants d'Ailes sans rest ⩽ 🕳 📶 P VISA ◑

11 bd Bellanger – ℰ 02 40 23 47 28 – http://laturballe.free.fr/hotel-chantsdailes/ – Fermé 14 nov.-17 déc. et 11 janv.-6 fév.
19 ch – †40/66 € ††55/71 € – ☑ 8 €

• Au bord de la longue plage de la Turballe, un petit hôtel construit dans les années 1980, aux prix raisonnables. Balcons ou bow-windows côté océan au 1ᵉʳ, mansardes au 2ᵉ étage.

✗✗ Le Terminus ⅊ ⓐ VISA ◑ AE

18 quai St-Paul – ℰ 02 40 23 30 29 – Fermé fin nov.-début déc.,dim. soir et merc. hors saison
Rest – (17 €) Menu 26/75 € – Carte 32/80 €

• On y descend pour la vue sur le port de La Turballe, dont on jouit depuis toutes les tables ! La cuisine explore évidemment les produits de la mer.

à Pen-Bron 3 km au Sud par D 92 – ⊠ 44420 La Turballe

🏨 Pen Bron ⮑ ⩽ 🏊 ⌂ 📶 ⅊ SA P VISA ◑

ℰ 02 28 56 77 99 – www.hotels-aptitudes.com – Fermé 6-27 nov., 18 déc.-10 janv.
45 ch – †70/160 € ††70/195 € – ☑ 10 € – ½ P 72/134 €
Rest – (fermé lundi et mardi en hiver) Menu 30 € – Carte 32/48 €

• Tout à la pointe de la presqu'île guérandaise, face au Croisic... L'atout de cette maison bretonne : son aménagement moderne, pensé en détail pour les personnes à mobilité réduite. Restauration traditionnelle avec vue sur les flots.

LA TURBIE – 06 Alpes-Maritimes – **341** F5 – 3 155 h. – alt. 495 m   **42** E2
– ⊠ 06320

▶ Paris 943 – Monaco 8 – Menton 13 – Nice 16

✗✗ Hostellerie Jérôme (Bruno Cirino) avec ch ⩽ 🕳 ⓐ ch, 📶 ⅊ VISA ◑
✿✿ 20 r. Comte de Cessole – ℰ 04 92 41 51 51 – www.hostelleriejerome.com
– Fermé 2 nov.-13 fév., lundi et mardi sauf de juil. à sept.
5 ch – †110/160 € ††110/160 € – ☑ 16 €
Rest – (dîner seult) Menu 70/130 € – Carte 110/130 €

Spéc. Spaghettis pilés aux truffes, foie gras et blettes. Scampi en croûte d'amandes à la verveine (été). Galette soufflée au citron à la mentonnaise. **Vins** Bellet, Bandol.

• Ancien réfectoire des moines cisterciens (13ᵉ s.), la salle à manger est aujourd'hui confortable, illuminée par des teintes pastel et de jolies fresques. Délicieuse cuisine méridionale. Les chambres sont spacieuses, l'une d'elles aurait hébergé Napoléon.

✕ Café de la Fontaine 🛜 🗛 ♿ 🆅🅸🆂🅰 ⓐ
4 av. Gén.-de-Gaulle – ℰ 04 93 28 52 79 – www.hostelleriejerome.com – Fermé lundi de nov. à mars
Rest – (19 €) Menu 25 € – Carte environ 26 €
♦ Une adresse sympathique où l'on passe un agréable moment autant pour l'ambiance que pour l'assiette. Goûteuse cuisine du marché aux nuances provençales, proposée à l'ardoise.

TURCKHEIM – 68 Haut-Rhin – **315** H8 – 3 714 h. – alt. 225 m **2** C2
– ✉ 68230 ▌ Alsace Lorraine
▶ Paris 471 – Colmar 7 – Gérardmer 47 – Munster 14
�ℹ Corps de Garde ℰ 03 89 27 38 44

✕✕ À l'Homme Sauvage 🛜 ⬦ 🆅🅸🆂🅰 ⓐ
19 Grand'Rue – ℰ 03 89 27 56 15 – www.restaurant-hommesauvage.com – Fermé mardi soir de nov. à avril, dim. soir et merc.
Rest – (13 €) Menu 18 € (déj. en sem.), 28/39 € – Carte 38/45 €🍴
♦ Cette auberge accueille les amateurs de bonne chère depuis 1609. Cuisine actuelle à déguster dans un cadre mi-rustique mi-contemporain, ou l'été, dans la cour pavée ombragée.

TURENNE – 19 Corrèze – **329** K5 – 795 h. – alt. 350 m – ✉ 19500 **24** B3
▌ Périgord Quercy
▶ Paris 496 – Brive-la-Gaillarde 15 – Cahors 91 – Figeac 76
�ℹ place du Belvédère ℰ 05 55 24 12 95
◉ Site★ du château et ❄★★ de la tour de César.
◉ Collonges-la-Rouge : village★★ E : 10 km.

✕ Maison des Chanoines avec ch ♿ 🛜 🗛 rest, ♿ ch, 🆅🅸🆂🅰 ⓐ
r. Joseph Rouveyrol – ℰ 05 55 85 93 43 – www.maison-des-chanoines.com – Ouvert 16 avril-6 nov.
7 ch – ♦70/75 € ♦♦80/150 € – ⌷ 10 € – ½ P 70/86 €
Rest – (fermé 14-22 oct. et le midi) (nombre de couverts limité, prévenir)
Menu 35/90 €
♦ Charmante maison du 16ᵉ s. : porte d'entrée sculptée, escalier à vis, salle à manger voûtée (meuble d'esprit Marjorelle), chambres coquettes. Carte traditionnelle et créative.

TURQUANT – 49 Maine-et-Loire – **317** J5 – 516 h. – alt. 68 m **35** C2
– ✉ 49730
▶ Paris 294 – Angers 76 – Châtellerault 68 – Chinon 21

🏠 Demeure de la Vignole sans rest ♿ ⬅ �Ⓢ 🞌 ♿ 📶 🄰 🅿
imp. Marguerite d'Anjou – ℰ 02 41 53 67 00 🆅🅸🆂🅰 ⓐ 🄰🄴
– www.demeure-vignole.com – Ouvert 15 mars-15 nov.
8 ch – ♦98/140 € ♦♦98/140 € – 3 suites – ⌷ 15 €
♦ Ambiance guesthouse dans cette belle demeure bâtie à flanc de coteau. Chambres bien décorées, dont plusieurs troglodytiques, comme la piscine ! Terrasse face au vignoble.

TUSSON – 16 Charente – **324** K4 – 302 h. – alt. 125 m – ✉ 16140 **39** C2
▶ Paris 421 – Angoulême 41 – Cognac 49 – Poitiers 83
�ℹ le bourg ℰ 05 45 30 32 87

✕✕ Le Compostelle 🛜 🆅🅸🆂🅰 ⓐ 🄰🄴
– ℰ 05 45 31 15 90 – http://le-compostelle.monsite-orange.fr – Fermé 26 sept.-9 oct., 2-25 janv., dim. soir, lundi et jeudi
Rest – (20 €) Menu 28 € bc (déj. en sem.)/41 € – Carte 42/58 €
♦ Au cœur du village et sur l'antique route des pèlerins, un sympathique restaurant rustique où la carte, variée, revisite avec simplicité la tradition régionale.

TY-SANQUER – 29 Finistère – **308** G6 – rattaché à Quimper

UBERACH – 67 Bas-Rhin – **315** J3 – 1 156 h. – alt. 175 m – ⊠ 67350   **1** B1
▶ Paris 473 – Baden-Baden 59 – Offenburg 64 – Strasbourg 38

XX   **De la Forêt**   🕿 🗚 VISA ⦿ 🝙
⊙   *94 Grande Rue – ℰ 03 88 07 73 17 – Fermé 1ᵉʳ-15 août, 15 fév.-5 mars, lundi soir,*
mardi soir et merc.
Rest – (9 €) Menu 15 € (déj. en sem.), 25/65 € – Carte 38/45 €
◆ Un accueil charmant, une cuisine traditionnelle concoctée avec les légumes et
les herbes aromatiques du jardin... une Forêt très chaleureuse !

UCHAUD – 30 Gard – **339** K6 – 3 799 h. – alt. 26 m – ⊠ 30620   **23** C2
▶ Paris 726 – Avignon 57 – Montpellier 42 – Nîmes 13

⌂   **Le Huit** ⌘   🗚 ⅃ ᴸᵃ 🗚 ⅌ ch, 📞 🝙 VISA ⦿
  8 pl. de l'Église – ℰ 06 17 95 49 15 – www.le-huit.com
5 ch ⊡ – †120/240 € ††120/240 €   **Table d'hôte** – Menu 38/60 €
◆ Face à l'église, une façade discrète cache ce petit havre de paix et de confort...
Murs anciens, chambres spacieuses, décor contemporain, belles salles de bains et
invitations à la détente (minispa, piscine). La table d'hôte propose une cuisine assez moderne (cuissons vapeur).

UCHAUX – 84 Vaucluse – **332** B8 – 1 373 h. – alt. 80 m – ⊠ 84100   **40** A2
▶ Paris 645 – Avignon 40 – Montélimar 45 – Nyons 37

🏛   **Château de Massillan** ⌘   🔊 🕿 ⅃ ₺ ch, 🗚 ch, ⅌ 🝙 🅿
  Hauteville, 3 km au Nord par D 11 et rte secondaire   VISA ⦿ 🝙 ⑩
  – ℰ 04 90 40 64 51 – www.chateau-de-massillan.com – Ouvert 1ᵉʳ avril-30 oct.
13 ch – †275/655 € ††275/655 € – 1 suite – ⊡ 19 €
Rest – (38 €) Menu 56 € bc/110 €
◆ L'ancien relais de chasse de Diane de Poitiers niché au cœur d'un magnifique
parc entouré de vignes... Design contemporain, pierres et poutres d'époque se
mêlent : c'est splendide ! Cuisine du marché dans un décor grandiose, entre
épure et lustres à pampilles.

XX   **Côté Sud**   🗚 🕿 ₺ ⅌ 🅿 VISA ⦿
⊙   *rte d'Orange – ℰ 04 90 40 66 08 – www.restaurantcotesud.com*
  – Fermé 18 oct.-4 nov., 17 déc.-12 janv., lundi soir et mardi sauf juil.-août et merc.
Rest – (nombre de couverts limité, prévenir) Menu 24/50 € – Carte 44/62 €
◆ Garrigue, colline... Les noms des menus, tout comme la cuisine, célèbrent la
Provence. Ambiance cosy dans cette charmante maison en pierre et son ravis-
sant jardin.

XX   **Le Temps de Vivre**   🕿 🗚 🅿 VISA ⦿
⊙   *Les Farjons, 3,5 km au Nord par D 11 – ℰ 04 90 40 66 00 – Fermé*
  24 oct.-10 nov., 17 déc.-6 janv., jeudi de sept. à avril et merc.
🝙   **Rest** – Menu 18 € (déj. en sem.), 32/41 € – Carte 40/57 €
◆ Chant des cigales, garrigue et vignes alentour... Une maison en pierre du 18ᵉ s.
à l'ambiance champêtre, avec terrasse ombragée. Cuisine actuelle qui séduit par
sa générosité.

UGINE – 73 Savoie – **333** L3 – 7 004 h. – alt. 484 m – ⊠ 73400   **45** C1
▶ Paris 581 – Annecy 37 – Chambéry 63 – Lyon 162
🄸 15, place du Val d'Arly ℰ 04 79 37 56 33

XX   **La Châtelle**   ⇐ 🕿 ⇔ VISA ⦿ 🝙
⊙   *3 r. P.-Proust – ℰ 04 79 37 30 02 – www.lachatelle.com – Fermé dim. soir et lundi*
  sauf fériés
Rest – Menu 19 € (déj. en sem.), 25/45 € – Carte 40/60 € ⅌
◆ Une maison forte du 13ᵉ s. : jolie salle voûtée, véranda au décor contemporain et... agréable panorama. Cuisine actuelle assortie d'une belle carte de
vins d'ici et d'ailleurs.

L'UNION – 31 Haute-Garonne – **343** G3 – rattaché à Toulouse

---

UNTERMUHLTHAL – 57 Moselle – **307** Q5 – rattaché à Baerenthal

URÇAY – 03 Allier – **326** C3 – 288 h. - alt. 169 m – ⊠ 03360   **5** B1

▶ Paris 297 – La Châtre 55 – Montluçon 34 – Moulins 66

✗ **L'Étoile d'Urçay**   🖼 **P** _VISA_ ⚙

42 rte Nationale – ℰ 04 70 06 92 66 – Fermé 22 nov.-6 déc., 15 fév.-7 mars,
mardi soir, merc. soir et jeudi soir d'oct. à juin, dim. soir et lundi de juil. à sept.
Rest – (11 €) Menu 26/32 € – Carte 35/67 €

◆ Un restaurant simple, rustique et convivial à proximité de la forêt de Tronçais.
Le chef y réalise une cuisine de tradition.

URIAGE-LES-BAINS – 38 Isère – **333** H7 – alt. 414 m – Stat.   **45** C2
therm. : fin janv.-début déc. – Casino : Palais de la Source – ⊠ 38410
🟩 Alpes du Nord

▶ Paris 576 – Grenoble 11 – Vizille 11

🛈 5, avenue des Thermes ℰ 04 76 89 10 27

🏌 Uriage à Vaulnaveys-le-Haut Les Alberges, au Sud, ℰ 04 76 89 03 47

◎ Forêt de Prémol★ SE : 5 km par D 111.

🏨 **Grand Hôtel**   ≼ 🖼 🖥 ⚙ 🍴 🛗 🖬 🏋 🐾 **P** _VISA_ ⚙ AE ⓪
❀❀ *pl. Déesse Hygie – ℰ 04 76 89 10 80 – www.grand-hotel-uriage.com*
– Fermé 18 déc.-3 janv.
39 ch – ♦112/197 € ♦♦140/225 € – 3 suites – ⊇ 25 €
Rest *Les Terrasses* – *(fermé 14-31 août, 18 déc.-19 janv., vend. midi en juil.-*
août, merc. midi, jeudi midi, dim. soir, lundi et mardi) Menu 55 € (déj.), 98/179 €
– Carte 130/170 €🌸

Spéc. Homard rôti, coriandre, mélisse, amandes et sel fumé (hiver). Féra du
Léman au pain, citron, fenouil, poireau et bergamote (automne). Pain perdu,
glace au sucre de palme et pêche de vigne (été). **Vins** Saint-Joseph, Mondeuse.

◆ Naguère fréquentée par Coco Chanel ou Sacha Guitry, cette belle hostellerie
Napoléon III, reliée au centre thermal, abrite des chambres très élégantes et personnalisées. Au restaurant, cuisine créative valorisant les produits du Vercors et
du Dauphiné ; cadre raffiné et délicieuse terrasse.

🏠 **Le Manoir**   🖼 🍴 **P** _VISA_ ⚙ AE

62 rte Prémol – ℰ 04 76 89 10 88 – www.hotel-manoir.fr
– Ouvert 21 mars-30 sept.
15 ch – ♦36 € ♦♦48/72 € – ⊇ 8 € – ½ P 51/63 €
Rest – *(fermé dim. soir)* (15 €) Menu 21 € (sem.), 26/45 € – Carte 26/52 €

◆ Une façade colorée signale aux passants cette maison 1900 postée à l'entrée
de la station. Grandes chambres au 1ᵉʳ étage, plus petites et rénovées dans un
esprit actuel au 2ᵉ. Agréables salles à manger, salon chaleureux et véranda
ouverte sur une plaisante terrasse.

au Sud 2 km par D 524 - ⊠ 38410 Uriage-les-Bains

🏠 **Le Manoir des Alberges** ⌁   ≼ 🔥 🐾 🍴 🖬 **P** _VISA_ ⚙ AE

251 chemin des Alberges – ℰ 04 76 51 92 11 – www.lemanoirdesalberges.com
5 ch ⊇ – ♦113/135 € ♦♦113/135 €   **Table d'hôte** – Menu 32 € bc/45 € bc

◆ Cette maison, dont le corps central date de 1903, surplombe un golf et abrite
cinq chambres de styles différents : bavarois, indien, ethnique, Art déco... La
patronne concocte une cuisine inventive servie en salle ou en terrasse aux
beaux jours.

URMATT – 67 Bas-Rhin – **315** H5 – 1 427 h. - alt. 240 m – ⊠ 67280   **1** A2

▶ Paris 487 – Molsheim 15 – Saverne 37 – Sélestat 49

◎ Église★ de Niederhaslach NE : 3 km 🟩 Alsace Lorraine

🏨 **Clos du Hahnenberg** ⌁   🖥 🍴 🖬 🏋 🐾 **P** _VISA_ ⚙ AE

65 r. du Gén.-de-Gaulle – ℰ 03 88 97 41 35 – www.closhahnenberg.com
43 ch – ♦40/65 € ♦♦40/65 € – ⊇ 10 € – ½ P 48/62 €
Rest *Chez Jacques* – (15 €) Menu 20/29 € – Carte 25/46 €

◆ Ce petit immeuble, en retrait de la rue principale du village, abrite des chambres récemment rénovées, sobres, confortables et bien insonorisées. Cuisine traditionnelle, avec des spécialités alsaciennes.

🏠 **La Poste**   🚗 AK rest, ⚙ ch, ¶ P VISA ⚫ AE
74 r du Gén.-de-Gaulle – ℰ 03 88 97 40 55 – www.hotel-rest-laposte.fr
– Fermé 17 juil.-2 août , 24 déc.-4 janv. et vacances scolaires de fév.
14 ch – ♦43/51 € – ♦♦57/63 € – ⊑ 8 € – ½ P 58/62 €
Rest – *(fermé dim. soir et lundi)* (11 €) Menu 19/40 € – Carte 23/51 €
♦ Ambiance familiale dans cette auberge villageoise centenaire, située face à la mairie. Chambres confortables et bien tenues ; certaines ont été soigneusement rénovées. Vitraux et boiseries rehaussent le décor des salles à manger ; cuisine régionale.

URRUGNE – 64 Pyrénées-Atlantiques – **342** B4 – rattaché à St-Jean-de-Luz

---

USCLADES-ET-RIEUTORD – 07 Ardèche – **331** G5 – 119 h.   **44** A3
– alt. 1 270 m – ⊠ 07510
  ▶ Paris 590 – Aubenas 45 – Langogne 41 – Privas 59

à Rieutord – ⊠ 07510 Usclades-et-Rieutord

✗ **Ferme de la Besse**   P
– ℰ 04 75 38 80 64 – www.aubergedelabesse.com – Ouvert 2 mars-19 déc.
Rest – *(prévenir)* (16 €) Menu 30/40 €
♦ Une authentique ferme du 15e s. au toit de lauzes... Dans son décor rustique superbement préservé (pierres, poutres, cheminée), on apprécie charcuterie, cèpes, viandes locales...

USSEAU – 86 Vienne – **322** J3 – rattaché à Châtellerault

USSEL ◁▷ – 19 Corrèze – **329** O2 – 10 250 h. – alt. 631 m – ⊠ 19200   **25** D2
▌ Limousin Berry
  ▶ Paris 444 – Aurillac 99 – Clermont-Ferrand 83 – Guéret 101
  ℹ place Voltaire ℰ 05 55 72 11 50
  ▸ de Neuvic à Neuvic Legta Henri Queuille, S : 14 km, ℰ 05 55 95 98 89
  ▸ du Chammet à Peyrelevade Geneyte, NO : 42 km, ℰ 05 55 94 77 54

✗ **Auberge de l'Empereur**   🚗 P VISA ⚫
La Goudouneche, (parc d'activité de l'Empereur), 5 km au Sud-Ouest par D 1089
– ℰ 05 55 46 04 30 – www.aubergedelempereur.com – Fermé 6-22 fév., dim. soir et lundi
Rest – *(prévenir)* (17 €) Menu 23 € (déj. en sem.), 28/55 € – Carte 31/54 €
♦ Cette auberge, une ancienne grange (vaste hauteur sous plafond, poutres, lambris et décor hétéroclite), bénéficie d'un site calme près de la zone industrielle. Cuisine actuelle.

UTELLE – 06 Alpes-Maritimes – **341** E4 – 660 h. – alt. 800 m – ⊠ 06450   **41** D2
▌ Côte d'Azur
  ▶ Paris 883 – Levens 24 – Nice 51 – Puget-Théniers 53
  ◉ Retable★ dans l'église St-Véran - Madone d'Utelle ❄★★★ SO : 6 km.

✗ **Bellevue**   ◁ 🚗 ⤢ P VISA ⚫ AE
rte de la Madone – ℰ 04 93 03 17 19 – Fermé en janv., le soir et merc. sauf juil.-août
Rest – Menu 17/34 € – Carte 20/50 €
♦ Décor agreste, vue sur les montagnes et terrasse à l'ombre des platanes caractérisent cette maison située dans un village d'altitude. Cuisine régionale (potager familial).

UZER – 07 Ardèche – **331** H6 – 385 h. – alt. 165 m – ⊠ 07110   **44** A3
  ▶ Paris 663 – Alès 63 – Lyon 196 – Privas 44

🏠 **Château d'Uzer** ⬥   🚗 🏡 ⤢ ⚙ P
– ℰ 04 75 36 89 21 – www.chateau-uzer.com – Fermé 20 déc.-4 fév.
5 ch ⊑ – ♦100/125 € ♦♦110/135 €
Table d'hôte – *(fermé mardi, jeudi, sam. et dim.)* Menu 32 € bc
♦ La fibre décorative des propriétaires, leur belle hospitalité, le mélange des styles ancien et moderne, le jardin semi-sauvage, la piscine, le petit-déjeuner maison... Ce château médiéval a tout pour plaire. Plats régionaux servis en terrasse aux beaux jours.

🟩 Limousin Berry

▶ Paris 444 – Brive-la-Gaillarde 38 – Limoges 57 – Périgueux 106

🈲 place de la Libération ✆ 05 55 73 15 71

🔘 Ste-Eulalie ⬳★ E : 1 km.

Teyssier   🛋 AC 📶 P VISA ⦾

r. Pont Turgot – ✆ 05 55 73 10 05 – www.hotel-teyssier.com – Fermé 5-13 mars, 17 déc.-23 janv., mardi et merc. sauf de juil. à sept.

14 ch – ♦54/59 € ♦♦54/59 € – ☐ 8 € – ½ P 54/60 €

Rest – Menu 20/32 € – Carte 30/44 €

◆ Près de la Vézère, cette auberge du 18ᵉ s. à la façade blanche propose des chambres tout confort ; certaines avec vue sur la rivière. Cuisine épurée aux accents du Sud servie dans une salle à manger moderne et panoramique.

à St-Ybard 6 km au Nord-Ouest par D 920 et D 54 – 643 h. – alt. 320 m – ⊠ 19140

Auberge Saint-Roch   🛋 AC 💱 VISA ⦾

2 r. du Château – ✆ 05 55 73 09 71 – www.auberge-saint-roch.fr – Fermé 24 juin-11 juil., 10-17 oct., 22 déc.-23 janv., le soir d'oct. à mai (sauf sam. soir), dim. soir et lundi

Rest – (10 €) Menu 13 € (déj. en sem.), 19/40 € – Carte 22/75 €

◆ Au centre du village, auberge campagnarde comprenant deux belles salles et un bar à clientèle locale. Agréable terrasse ombragée avec vue sur l'église. Recettes régionales.

▶ Paris 682 – Montpellier 83 – Alès 34 – Arles 52

🈲 place Albert 1ᵉʳ ✆ 04 66 22 68 88

🏌 d'Uzès Mas de la Place, par rte d'Avignon : 5 km, ✆ 04 66 22 40 03

🔘 Ville ancienne★★ - Duché ★ : ❄★★ de la Tour Bermonde - Tour Fenestrelle★★ - Place aux Herbes★ - Orgues★ de la Cathédrale St-Théodorit **V.**

UZÈS

Alliés (Bd des)	**A** 2	Évêché (R. de l')	**B** 12	Port Royal (R.)	**B** 20
Boucairie (R.)	**B** 4	Foch (Av. Mar.)	**A** 13	Raffin (R.)	**B** 21
Collège (R. du)	**B** 6	Foussat (R. Paul)	**A** 14	République (R.)	**A** 23
Dampmartin (Pl.)	**A** 7	Gambetta (Bd)	**A**	St-Etienne (R.)	**A** 25
Dr-Blanchard (R.)	**B** 8	Gide (Bd Ch.)	**AB**	St-Théodorit (R.)	**B** 27
Duché (Pl. du)	**A** 9	Marronniers (Prom. des)	**B** 16	Uzès (R. J.-d')	**A** 29
Entre les Tours (R.)	**A** 10	Pascal (Av. M.)	**B** 17	Victor-Hugo (Boulevard)	**A** 32
		Pelisserie (R.)	**A** 18	Vincent (Av. Gén.)	**A**
		Plan de l'Oume		4-Septembre	
		(R.)	**B** 19	(R.)	**A** 35

Hostellerie Provençale ch,

1-3 r. Grande-Bourgade – 04 66 22 11 06 – www.hostellerieprovencale.com
9 ch – 79/89 € 103/142 € – 11 €   **A a**
Rest – *(fermé 15 nov.-15 déc., lundi et mardi)* (21 €) Menu 36 € Carte environ 25 €
♦ À deux pas de la place aux Herbes, une maison ancienne très joliment rénovée : mobilier et tissus provençaux, pierres et poutres apparentes, tomettes, etc., pour une ambiance cosy et chaleureuse. Menu du marché servi dans un cadre coloré, au charme d'antan...

Le Patio de Violette rest,

chemin Trinquelaïgues par ⑤, *(lieu dit la Perrine)* – 04 66 01 09 83
– www.patiodeviolette.com
25 ch – 60/80 € 60/80 € – 8,50 € – ½ P 64/72 €
Rest – *(ouvert d'avril à oct.)* *(dîner seult)* *(résidents seult)* Menu 23/30 €
♦ À l'écart du centre, une villa contemporaine aux formes géométriques, abritant des chambres très propres, au décor épuré. Dans un cadre minimaliste, le restaurant propose des plats simples, façon bistrot (ardoise), accompagnés de vins locaux.

L'Artemise

chemin de la Fontaine-aux-Bœufs, par r. du Collège – 04 66 63 94 14
– www.lartemise.com – Fermé nov., vacances de Noël, fév., jeudi en hiver, mardi et merc.
Rest – (35 €) Menu 50/65 €
♦ Dans cet agréable mas du 16ᵉ s. embelli d'œuvres d'art et de photographies, la cuisine est inventive et parfumée, très influencée par l'Asie. Par un chef au beau parcours...

Le 80 Jours

2 pl. Albert-1ᵉʳ – 04 66 22 09 89 – *Fermé fév., dim. et lundi de nov. à mars*
Rest – (15 €) Menu 21 € (déj. en sem.), 28/36 € – Carte 36/56 €   **A b**
♦ Voûtes et vieilles pierres, décor ethnique, joli patio ombragé : il fait bon s'attabler dans cette brasserie moderne dont l'enseigne évoque Jules Verne et... les voyages du patron.

à St-Victor-des-Oules 7 km par ① , D 982 et rte secondaire – 249 h.
– alt. 168 m – ✉ 30700

Villa St-Victor

pl. du Château – 04 66 81 90 47 – www.villasaintvictor.com
– Fermé 2 janv.-7 mars
19 ch – 105/245 € 120/260 €
Rest – *(fermé lundi hors saison et dim. soir)* (18 €) Menu 35 € (déj.)/39 €
♦ Ambiance familiale dans ce petit château du 19ᵉ s., entouré d'un parc arboré. Les chambres sont spacieuses et joliment décorées : mobilier chiné, style rétro ou boudoir, toile de Jouy... La table propose une cuisine du marché teintée de terroir.

à St-Quentin-la-Poterie 5 km par ① et D 5 – 2 869 h. – alt. 113 m – ✉ 30700

Clos de Pradines

pl. du Pigeonnier – 04 66 20 04 89 – www.clos-de-pradines.com – *Fermé 14-27 nov. et 9-29 janv.*
20 ch – 73/175 € 73/175 € – 13 € – ½ P 76/127 €
Rest – Menu 30/43 € – Carte 34/50 €
♦ Sur les hauteurs du village, un hôtel paisible proposant de ravissantes chambres de style néoprovençal, avec miniterrasse ou balcon orienté plein sud. Au restaurant, belle terrasse dominant la vallée, décor actuel et cuisine traditionnelle.

à St-Siffret 5 km par ① et D982 – 922 h. – alt. 140 m – ✉ 30700

L'Authentic

Ancienne École – 04 66 22 60 09 – *Fermé 15 nov.-15 déc., mardi et merc.*
Rest – Menu 29 €
♦ Ce restaurant est installé dans une ancienne école : vous serez accueilli dans la salle de classe où le menu du marché (choix unique) et les vins sont écrits sur le tableau noir !

à St-Maximin 4 km par ② – 630 h. – alt. 110 m – ✉ 30700

⌂ **Villa Fauve** sans rest ⌐ 🛋 ⌐ AC ⌐ ⌐
1 r. des Templiers – ℰ 04 66 22 62 39 – www.couleursfauves.com – *Ouvert 1er avril-30 sept.*
3 ch ⌐ – ♦90/150 € ♦♦100/160 €
◆ Dans un village pittoresque, cette maison en pierre de 1824 cache un joli jardin agrémenté d'une piscine et d'une terrasse ombragée. Chambres sobres et chic, bien équipées.

à Montaren-et-St-Médiers 6 km par ④ et D 337 – 1 351 h. – alt. 115 m – ✉ 30700

⌂ **Clos du Léthé** sans rest ⌐ 🛋 ⌐ ⌐ ⌐ ⌐ P VISA ⌐
Hameau de St-Médiers – ℰ 04 66 74 58 37 – www.closdulethe.com – *Ouvert de début avril à fin oct.*
5 ch ⌐ – ♦200/300 € ♦♦200/300 €
◆ Intimité, confort luxueux, décor design, accueil adorable, calme, superbe piscine à débordement, hammam... Cette belle maison en pierre – un ancien prieuré – a tout pour plaire !

⌂ **Mas d'Oléandre** ⌐ 🛋 ⌐ ⌐ ⌐ P VISA ⌐
Hameau de St-Médiers – ℰ 04 66 22 63 43 – www.masoleandre.com – *Ouvert mars à nov.*
4 ch ⌐ – ♦75/110 € ♦♦75/110 € **Table d'hôte** – Menu 30 € bc/33 € bc
◆ Sur les hauteurs du hameau, cette ancienne bergerie abrite des chambres bien tenues, décorées à la provençale. Toutes de plain-pied, elles ouvrent sur un écrin de verdure... Le soir, une terrasse couverte abrite la table d'hôte où l'on sert une cuisine familiale.

VAAS – 72 Sarthe – **310** K8 – 1 635 h. – alt. 41 m – ✉ 72500 **35** D2
🟩 Châteaux de la Loire
▶ Paris 237 – Angers 77 – Château-du-Loir 8 – Château-la-Vallière 15

⌂ **Le Vedaquais** ⌐ 🛋 ⌐ ch. ⌐ P VISA ⌐ AE
pl. de la Liberté – ℰ 02 43 46 01 41 – www.vedaquais-72.com – *Fermé vend. soir, dim. soir et lundi*
12 ch – ♦52/62 € ♦♦52/62 € – ⌐ 8 € – ½ P 66/76 €
Rest – (12 € bc) Menu 16 € (sem.), 19/31 € bc – Carte 45/60 €
◆ Du nom des habitants de Vaas, l'ancienne mairie-école du village abrite des chambres personnalisées, récentes et pratiques (quelques-unes plus rustiques occupent l'annexe).

LA VACHETTE – 05 Hautes-Alpes – **334** I3 – **rattaché à Briançon**

VACQUEYRAS – 84 Vaucluse – **332** C9 – 1 048 h. – alt. 117 m – ✉ 84190 **42** E1
▶ Paris 662 – Avignon 35 – Nyons 34 – Orange 19
🅸 place de la Mairie ℰ 04 90 12 39 02

⌂ **Le Pradet** sans rest ⌐ 🛋 ⌐ ⌐ ⌐ ⌐ P VISA ⌐ AE
rte de Vaison – ℰ 04 90 65 81 00 – www.hotellepradet.fr – *Ouvert de mars à nov.*
32 ch – ♦55/61 € ♦♦64/85 € – ⌐ 10 €
◆ À l'entrée du village, une maison disposant de chambres fonctionnelles et bien insonorisées, certaines avec terrasse ou balcon. Jardinet fleuri, salle de jeux et fitness.

✕ **L'Éloge** ⌐ AC ⌐ P VISA ⌐
rte de Vaison-la-Romaine – ℰ 04 90 62 64 81 – www.leloge.fr – *Fermé 1 sem. en juil., 2 sem. en nov. et 2 sem. en fév., sam. midi, dim. soir et lundi*
Rest – *(nombre de couverts limité, prévenir)* (15 €) Menu 27/45 € – Carte 40/52 €
◆ Dans les anciens chais de la coopérative locale, la robe épouse la chère : goûteuse cuisine mariée aux vins de l'appellation et audacieux décor, tout en voilages blancs...

à Montmirail 2 km à l' Est par rte secondaire – ✉ 84190

🏨 **Montmirail** ⌖   🚳 🍽 ⅀ &. ch, 🍽 **P** **VISA** **◎◎** **AE**
Château des Eaux – 𝒞 04 90 65 84 01 – www.hotelmontmirail.com
– Ouvert 10 avril-20 oct.
39 ch – †59/73 € ††82/122 € – ⅀ 13 € – ½ P 85/105 €
Rest – *(fermé jeudi midi et sam. midi)* Menu 23 € (déj. en sem.), 27/39 € Carte 37/56 €
◆ Au pied des célèbres Dentelles de Montmirail, demeure de caractère (19ᵉ s.) au
milieu d'un plaisant jardin planté de pins et de platanes. Chambres bien tenues.
Au restaurant, l'ambiance est cosy... c'est idéal pour déguster une appétissante
cuisine traditionnelle.

VACQUIERS – 31 Haute-Garonne – **343** G2 – 1 231 h. – alt. 200 m   **28 B2**
– ✉ 31340
▶ Paris 658 – Albi 71 – Castres 80 – Montauban 35

🏨 **La Villa les Pins** sans rest ⌖   🕭 🍽 🖴 **P** **VISA** **◎◎**
1660 rte de Bouloc , 2 km à l'Ouest par D 30 – 𝒞 05 61 84 96 04
10 ch – †59 € ††69 € – ⅀ 7 €
◆ Vaste villa bénéficiant du calme d'un parc arboré. Un escalier en marbre dessert les chambres, bourgeoises et confortables : un décor classique dans l'esprit
maison de famille.

VAGNAS – 07 Ardèche – **331** I7 – 515 h. – alt. 200 m – ✉ 07150   **44 A3**
▶ Paris 678 – Alès 38 – Aubenas 37 – Mende 112

🏨 **La Bastide d'Iris** sans rest ⌖   🚳 ⅀ &. 🅐🅒 🍽 🍽 **P** **VISA** **◎◎** **AE**
D 579 – 𝒞 04 75 88 44 77 – www.labastidediris.com
12 ch – †70/93 € ††70/130 € – ⅀ 12 €
◆ Murs joliment colorés comme les salles de bains, tissus assortis : les chambres
de cette bastide flambant neuve sont agréables, tout comme le jardin.

VAGNEY – 88 Vosges – **314** I4 – 3 940 h. – alt. 412 m – ✉ 88120   **27 C3**
▶ Paris 437 – Metz 163 – Épinal 40 – Belfort 99
🛈 11, place Caritey 𝒞 03 29 24 88 69

✗ **Les Lilas**   🏡 🍽 **P** **VISA** **◎◎**
⊗⊗   *12 r. du Général-de-Gaulle* – 𝒞 03 29 23 69 47 – www.restaurantleslilas.fr
– *Fermé 16 août-6 sept., 23 janv.-13 fév., mardi soir et merc.*
😊   **Rest** – *(nombre de couverts limité, prévenir)* (13 €) Menu 18 € (sem.), 21/38 €
– Carte 33/50 €
◆ Une décoration tout en douceur, aux tons parme ; une cuisine traditionnelle et
créative... Enfin, pour ne rien gâter, une plaisante terrasse. On voit la vie en lilas !

VAIGES – 53 Mayenne – **310** G6 – 1 157 h. – alt. 90 m – ✉ 53480   **35 C1**
▶ Paris 255 – Château-Gontier 35 – Laval 24 – Le Mans 61

🏨 **Du Commerce**   🚳 🏡 ⅀ 🛗 &. 🅐🅒 rest, 🍽 🍽 🖴 **P** 🚗 **VISA** **◎◎** **AE**
r. du Fief-aux-Moines – 𝒞 02 43 90 50 07 – www.hotelcommerce.fr
– *Fermé 1 sem. en oct., 18 déc.-10 janv., dim. soir et vend. soir d'oct. à avril*
32 ch – †65/95 € ††69/110 € – ⅀ 11 € – ½ P 66/86 €
Rest – (16 €) Menu 22/50 € – Carte 40/60 €
◆ Dans un village du bocage mayennais, cet hôtel est tenu par la même famille
depuis 1883 ; les chambres y sont propres et fonctionnelles. Billard, sauna. Cuisine
traditionnelle servie dans un cadre rustique (poutres, cheminée) ou sous la véranda.

VAILHAN – 34 Hérault – **339** E7 – 158 h. – alt. 181 m – ✉ 34320   **23 C2**
▶ Paris 740 – Albi 173 – Carcassonne 127 – Montpellier 71

✗ **L'Auberge du Presbytère**   ⪡ 🏡 🅐🅒 **P** **VISA** **◎◎**
😊   *4 r. de l'Église* – 𝒞 04 67 24 76 49 – www.aubergedupresbytere.fr – *fermé en nov.,
en janv, mardi et merc.*
Rest – *(nombre de couverts limité, prévenir)* (18 €) Menu 24 € 🎋
◆ Ancien presbytère offrant une belle vue sur la retenue du barrage des Olivettes. De vieux ustensiles de cuisine décorent la salle ; les plats, actuels, changent
au gré du marché.

VAISON-LA-ROMAINE – 84 Vaucluse – **332** D8 – 6 313 h. **40** B2
– alt. 193 m – ✉ 84110 ▮ Provence

▶ Paris 664 – Avignon 51 – Carpentras 27 – Montélimar 64

🛈 place du Chanoine-Sautel ✆ 04 90 36 02 11

◎ Les vestiges gallo-romains★★ : théâtre antique★ , musée archéologique
Théo-Desplans★ **M** - Haute Ville★ - cloître★ **B.**

🏨 Hostellerie le Beffroi ⌂ ⟨ � 🚗 🌲 🏊 ⅍ rest, ¶⁰ 🅿 VISA ◎ AE ⓪

r. de l'Evêché, (Haute Ville) – ✆ 04 90 36 04 71 – www.le-beffroi.com
– Fermé 20 janv. à fin mars et 21-26 déc.   **Za**
22 ch – ¶75/150 € ¶¶95/150 € – ⌐ 12 €
Rest – (ouvert 2 avril à fin oct. et fermé mardi et le midi en sem.) Menu 26/45 €
– Carte 35/50 €

◆ Au pied du château et dominant la cité, deux demeures des 16e et 17e s. au cachet
préservé. Chambres joliment décorées (mobilier d'époque) ; jardin ombragé et fleuri.
Dans la salle rustique, cuisine classique, mais aussi saladerie et salon de thé.

⌂ Les Tilleuls d'Élisée sans rest ⌂ ⟨ 🚗 AK ⅍ (ᵗᵖ) 🅿

1 av. Jules-Mazen, (chemin du Bon-Ange) – ✆ 04 90 35 63 04
– www.vaisonchambres.info – Fermé 22 déc.-4 janv.   **Yd**
5 ch ⌐ – ¶60/65 € ¶¶65/70 €

◆ Entre le site antique et la cathédrale, une belle ferme de 1880 entourée d'oliviers et
d'arbres fruitiers ; on loge dans des chambres simples et fraîches. Confitures maison.

✕✕ Le Moulin à Huile (Robert Bardot) avec ch   ⟨ 🚗 AK VISA ◎
❀

quai Mar. Foch – ✆ 04 90 36 20 67 – www.moulin-huile.com
– Fermé dim. soir et lundi sauf fériés et sauf hôtel   **Ze**
3 ch – ¶130/150 € ¶¶130/150 € – ⌐ 25 €
Rest – (prévenir) (40 €) Menu 65/120 € – Carte 83/100 €
Spéc. Nage de homard, salpicon dans une crème gelée, crème de chou fleur et
caviar de hareng. Suprême de pigeon à la crème de coco, quinoa aux girolles et
chorizo. Millefeuille à la crème vanillée. **Vins** Cairanne, Côtes du Ventoux.

◆ Charmant moulin à huile des bords de l'Ouvèze ! Au programme : une généreuse cuisine à l'ancienne, servie dans la véranda ou l'élégante cave voûtée.
Chambres décorées avec soin, dans un esprit "maison de famille". Petite piscine.

VAISON-LA-
ROMAINE

Aubanel (Pl.)	**Z** 2
Bon Ange (Chemin du)	**Y** 3
Brusquet (Chemin du)	**Y** 4
Burrus (R.)	**Y** 5
Chanoine-Sautel (Pl.)	**Y** 7
Coudray (Av.)	**Y** 8
Daudet (R. A.)	**Y** 9
Église (R. de l')	**Z** 10
Évêché (R. de l')	**Z** 12
Fabre (Cours H.)	**Y** 13
Foch (Quai Maréchal)	**Z** 14
Géoffray (Av. C.)	**Z** 15
Gontard (Quai P.)	**Z** 17
Grande-Rue	**Y** 18
Jean-Jaurès (R.)	**Y** 22
Mazen (Av. J.)	**Y** 23
Meffre (Espl. Y.)	**Y** 6
Mistral (R. Frédéric)	**Y** 24
Montée du Château	**Z** 25
Montfort (Pl.)	**Z** 26
Noël (R. B.)	**Y** 27
Poids (Pl. du)	**Z** 29
République (R.)	**Y** 32
St-Quenin (Av.)	**Y** 33
Sus Auze (Pl.)	**Y** 34
Taulignan (Crs)	**Y** 35
Victor-Hugo (Av.)	**Y** 36
Vieux Marché (Pl. du)	**Z** 38
11 Novembre (Pl. du)	**Y** 40

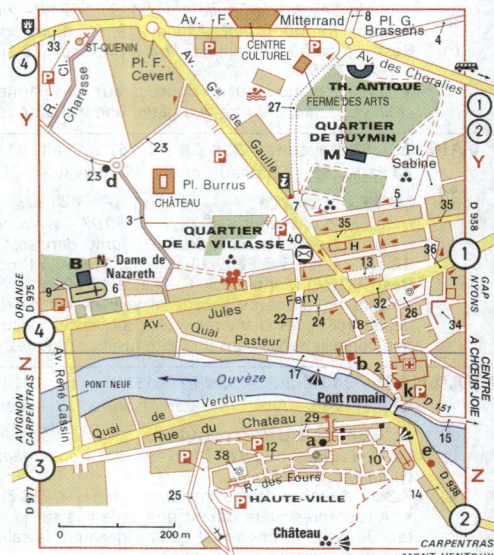

XX **Le Brin d'Olivier**   🌿 AC VISA ⓪ ①
🏵 *4 r. du Ventoux –* ℰ *04 90 28 74 79 – www.restaurant-lebrindolivier.com*
    – Fermé 4-11 nov., sam. midi et merc. midi de juil. à sept. et merc. d'oct. à juin
    Rest – (18 €) Menu 24 € (sem.), 29/39 € – Carte 40/53 €   **Z**b
    ◆ Estragon, basilic, romarin.... l'assiette fleure bon la Provence et met en appétit !
    Décor tout en douceur champêtre (poutres, cheminée) et patio planté d'un bel
    olivier.

X   **Le Bateleur**   AC VISA ⓪
    1 pl. Théodore-Aubanel – ℰ *04 90 36 28 04 – www.le-bateleur.com – Fermé jeudi*
    soir, dim. soir sauf juil.-août et lundi   **Z**k
    Rest – (17 €) Menu 22 € (déj. en sem.), 26/38 € – Carte 39/56 €
    ◆ Tirez la carte du Bateleur... Au menu, spécialités du Sud relevées d'épices ; her-
    bes et légumes du potager familial. Certaines tables ont vue sur l'Ouvèze.

à Entrechaux 7 km par ②, D 938 et D 54 – 989 h. – alt. 280 m – ✉ 84340
🟩 Alpes du Sud

XX **St-Hubert**   🚗 🌿 ✛ P VISA ⓪
😊 *Le Village –* ℰ *04 90 46 00 05 – www.restaurantsthubert.free.fr – Fermé*
    3-15 oct., 30 janv.-10 mars, lundi soir de nov. à fév., mardi et merc.
    Rest – Menu 16 € (déj. en sem.), 27/52 € – Carte 30/70 €
    ◆ Un établissement tenu en famille depuis 1929... Esprit rustique, cuisine géné-
    reuse et gibier en saison. L'été, repas sous la treille, où fleurit la glycine.

à Séguret 10 km par ③, D 977 et D 88 – 904 h. – alt. 250 m – ✉ 84110

🏠 **Domaine de Cabasse** 🌿   ⩽ 🚗 🌿 ⁀ & ch.,% P VISA ⓪
    rte de Sablet – ℰ *04 90 46 91 12 – www.cabasse.fr – Ouvert d'avril à oct.*
    13 ch – †75/95 € ††100/135 € – ⌷ 13 €
    Rest – *(fermé le midi)* Menu 27 € – Carte 31/53 €
    ◆ Au pied des Dentelles de Montmirail, un hôtel au cœur d'un domaine viticole
    qui permet de mieux comprendre la vigne (visite, dégustation). Chambres simples
    et très calmes. Belle salle à manger, terrasse ombragée, cuisine régionale et vins
    de la propriété.

XXX **La Table du Comtat** avec ch 🌿   ⩽ 🌿 ⁀ AC rest, P VISA ⓪ AE
    Le Village – ℰ *04 90 46 91 49 – www.table-comtat.fr*
    – Hôtel : fermé nov. à début mars, merc. et jeudi sauf juil.-août.
    Rest. : fermé 2-8 nov., janv., fév., merc. et jeudi sauf juil.-août
    8 ch – †70/90 € ††70/90 € – ⌷ 13 € – ½ P 75/100 €
    Rest – (18 €) Menu 20 € (déj. en sem.), 29/48 € – Carte 50/65 €
    ◆ La vue sur la plaine et les Dentelles de Montmirail est déjà un régal ! La cui-
    sine offre de goûteuses interprétations des classiques régionaux (beignet de fleur
    de courgette, pintade rôtie, dessert à la figue). Chambres avenantes pour faire
    une pause.

X   **Le Mesclun**   🌿 ⁀ VISA ⓪ AE
    r. Poternes, (accès piétonnier) – ℰ *04 90 46 93 43 – www.lemesclun.com*
    – Fermé janv., mardi sauf juil.-août et lundi
    Rest – *(nombre de couverts limité, prévenir)* (19 €) Menu 27/60 € bc
    ◆ Sympathique adresse nichée au cœur d'un ravissant village. Ambiance proven-
    çale et douce terrasse ombragée. Les plats, joliment présentés, ont l'accent du Sud.

à Rasteau 9 km par ④, D 975 et D 69 – 742 h. – alt. 200 m – ✉ 84110
🛈 place du Village ℰ 04 90 46 18 73

🏠 **Bellerive** 🌿   ⩽ 🚗 🌿 ⁀ AC 📶 P VISA ⓪ AE ①
    rte de Violès – ℰ *04 90 46 10 20 – www.hotel-bellerive.fr – Ouvert 24 avril-2 nov.*
    20 ch – †85/180 € ††85/180 € – ⌷ 16 € – ½ P 95/145 €
    Rest – *(fermé mardi midi, vend. midi et lundi)* (23 €) Menu 28/55 €
    – Carte 46/88 €
    ◆ Au milieu des vignes, cette grande villa vous invite à la détente autour de sa pis-
    cine. Chambres avec terrasse ou loggia donnant sur la vallée de l'Ouvèze. Au menu,
    une cuisine ensoleillée à déguster face au vignoble, accompagnée d'un cru local.

à Roaix 5 km par ④ et D 975 – 606 h. – alt. 168 m – ⌗ 84110

XX **Le Grand Pré** (Raoul Reichrath)　　　　🏡 ⌘ **P** _VISA_ **©©** AE
ॐ *rte de Vaison-la-Romaine –* 🕿 *04 90 46 18 12 – www.legrandpre.com
– Fermé début déc. à fin janv., merc. midi, sam. midi et mardi*
Rest *– (prévenir)* Menu 37 € (déj. en sem.), 59/95 € – Carte 75/115 €ॐ
Spéc. Gâteau d'asperge et foie gras, herbes sauvages et chutney de tomate
séchée (avril à juil.). Pigeonneau rôti au four, riz rouge de Camargue. Figues écrasées au thym citron et huile d'olive (sept.-oct.). **Vins** Côtes du Rhône Roaix, Vin de
pays de Vaucluse.
Rest *Bistro Préface* – voir ci-après
♦ Un Grand Pré ? Plutôt une corne d'abondance où s'épanouit une cuisine gorgée de soleil, accompagnée de beaux côtes-du-rhône. Élégante salle immaculée et
terrasse verdoyante.

X **Bistro Préface** – Restaurant Le Grand Pré　　　🏡 ⌘ **P** _VISA_ **©©** AE
ॐ *rte de Vaison-la-Romaine –* 🕿 *04 90 36 07 95 – www.legrandpre.com – Fermé
début déc. à fin janv., merc. midi et mardi*
Rest – (21 €) Menu 29 € – Carte 35/53 €ॐ
♦ Bistrot contemporain rattaché au Grand Pré. Belles variations autour de produits
fétiches de la maison-mère (asperges, figues) et subtiles saveurs méridionales.

VAÏSSAC – 82 Tarn-et-Garonne – **337** F7 – 704 h. – alt. 134 m　　**29** C2
– ⌗ 82800

　▶ Paris 620 – Albi 60 – Montauban 23 – Toulouse 76

🏠 **Terrassier**　　　　🏡 ⌇ 🛰 ⌃ **P** _VISA_ **©©** AE
– 🕿 *05 63 30 94 60 – www.chezterrassier.net – Fermé 1 sem. en nov., 1er-15 janv.,
vend. soir et dim. soir*
18 ch – ✝48/82 € ✝✝48/82 € – ⌕ 8 € – ½ P 50/65 €
Rest – (12 €) Menu 21/43 € – Carte 30/50 €
♦ Cette auberge familiale, pratique pour rayonner dans le Quercy et l'Albigeois,
propose des chambres bien tenues. Préférez celles de l'annexe récente. Salle de
restaurant lumineuse (teintes jaunes) et actuelle, pour une cuisine régionale.

LE VAL – 83 Var – **340** L5 – 3 867 h. – alt. 242 m – ⌗ 83143　　**41** C3
　▶ Paris 818 – La Seyne-sur-Mer 63 – Marseille 70 – Toulon 55
　🛈 place de la Mairie 🕿 04 94 37 02 21

X **La Crémaillère**　　　　🏡 AC _VISA_ **©©**
23 r. Nationale – 🕿 *04 94 86 40 00 – Fermé 28 juin-3 juil.,
22 nov.-11 déc., vacances de fév., dim. soir d'oct. à Pâques, merc. sauf le soir
en juil.-août et lundi*
Rest – (18 € bc) Menu 26/34 € – Carte 30/45 €
♦ Dans cet accueillant restaurant familial situé au cœur du village, la Provence
est reine : lapereau en gelée, filet de loup, légumes du soleil... et on peut dîner
sous les étoiles !

VALADY – 12 Aveyron – **338** G4 – 1 380 h. – alt. 350 m – ⌗ 12330　　**29** C1
　▶ Paris 625 – Decazeville 20 – Rodez 20

XX **Auberge de l'Ady**　　　　AC _VISA_ **©©**
☜ *1 av. du Pont-de-Malakoff, (près de l'église) –* 🕿 *05 65 72 70 24
☺ – www.auberge-ady.com – Fermé 3 sem. en janv., merc. soir d'oct. à avril, dim.
soir, mardi soir et lundi*
Rest – Menu 16 € (déj. en sem.), 28/62 € bc – Carte 44/74 €
♦ Au cœur d'un village rural de l'Aveyron, sympathique auberge transformée en
table contemporaine. Le chef, de retour au pays, compose de savoureuses recettes dans l'air du temps.

LE VAL-ANDRÉ – 22 Côtes-d'Armor – **309** G3 – voir à Pléneuf-Val-André

VALAURIE – 26 Drôme – **332** B7 – 531 h. – alt. 162 m – ✉ 26230   **44** B3
▶ Paris 622 – Montélimar 21 – Nyons 33 – Pierrelatte 14

 Le Moulin de Valaurie ⌂   ♫ 🏡 ᔭ ✕ ᕦ ch, ⑭ ⅍ **P** VISA ⚫⚫ AE
Le Foulon – ℰ 04 75 97 21 90 – www.lemoulindevalaurie.com – *Fermé vacances de la Toussaint, fév. et dim. soir d'oct. à avril*
16 ch – ♗135/215 € ♗♗135/215 € – ⌕ 12 €
Rest – *(fermé dim. soir d'oct. à juin, merc. midi de juin à oct., mardi midi et lundi)* (25 € bc) Menu 36/42 €
◆ Bucolique ! Au bout du petit chemin entouré de vignes… un beau moulin du 19e s. Les chambres, décorées dans un esprit provençal (objets et meubles chinés), sont charmantes. Au restaurant, cuisine traditionnelle et régionale.

 Domaine Les Méjeonnes ⌂   🏡 ᔭ ᕦ ch, ⑭ ⅍ **P** VISA ⚫⚫
9 Chemin de la Méjeonne, 2 km rte de Montélimar – ℰ 04 75 98 60 60
– www.mejeonnes.com
25 ch – ♗75/115 € ♗♗75/115 € – ⌕ 10 €   **Rest** – (20 €) Menu 25 €
◆ Une charmante ferme en pierre, posée sur un coteau. On y loge dans des chambres d'esprit provençal, ou plus actuelles et épurées… Et quel plaisir de lézarder près de la piscine ! Cuisine du terroir dans un décor chaleureux (objets et affiches anciennes).

VALBERG – 06 Alpes-Maritimes – **341** C3 – alt. 1 669 m – Sports   **41** D2
d'hiver : 1 430/2 100 m ⛷26 ⚡ – ✉ 06470 Peone ▮ Alpes du Sud
▶ Paris 803 – Barcelonnette 75 – Castellane 67 – Nice 84
🄯 Centre Administratif ℰ 04 93 23 24 25
🄵 Valberg Golf Club Route de la Colle, ℰ 06 86 69 97 26
🄾 Intérieur ★ de la chapelle N.-D.-des-Neiges.

 Le Chalet Suisse   🏡 ⅍ rest, ⓣ⑭ 🚗 VISA ⚫⚫
4 av. Valberg – ℰ 04 93 03 62 62 – www.chalet-suisse.com – *Ouvert de mi-juin à sept. et de mi-déc. à mars*
23 ch – ♗72/89 € ♗♗90/122 € – ⌕ 12 € – ½ P 94/110 €
Rest – Menu 25 € (déj.)/45 € – Carte 40/70 €
◆ Confort, détente, chambres agréables, grande terrasse, sauna et hammam agrémentent ce joli chalet d'allure helvétique, situé au centre de la station. Le restaurant propose des recettes traditionnelles sans prétention et des plats montagnards.

L'Adrech de Lagas   ⌕ 🏡 🛗 🖐 ⑭ ⅍ **P** VISA ⚫⚫ AE
⚙
63 av. Valberg – ℰ 04 93 02 51 64 – www.adrech-hotel.com – *Ouvert juin-sept. et déc.-mars*
20 ch ⌕ – ♗84/115 € ♗♗101/147 € – ½ P 76/99 €
Rest – Menu 19 € (déj.)/25 € – Carte 22/43 € le midi
◆ L'enseigne de ce chalet bien rénové, situé au pied des pistes, rappelle l'esprit catalan de son origine. Chambres colorées, avec loggias exposées au sud et peu à peu refaites. Une cuisine traditionnelle et copieuse vous attend dans la lumineuse salle à manger.

Blanche Neige   🏡 ⑭ **P** 🚗 VISA ⚫⚫
10 av. Valberg – ℰ 04 93 02 50 04 – www.hotelblancheneige.fr
18 ch – ♗65/74 € ♗♗70/150 € – ⌕ 10 € – ½ P 75/87 €
Rest – *(dîner seult)* Menu 25 €
◆ Coquet chalet bien rénové qui évoque la maison des sept nains avec ses petites chambres douillettes, rehaussées de tissus fleuris. À l'heure des repas, on se restaure d'une cuisine niçoise au coin du feu l'hiver ou en terrasse l'été.

VALBONNE – 06 Alpes-Maritimes – **341** D6 – 12 114 h. – alt. 250 m   **42** E2
– ✉ 06560 ▮ Côte d'Azur
▶ Paris 907 – Antibes 14 – Cannes 13 – Grasse 11
🄯 1, place de l'Hôtel de Ville ℰ 04 93 12 34 50
🄵 Victoria Golf Club Chemin du Val Martin, S : 4 km, ℰ 04 93 12 23 26
🄵 Opio Valbonne à Opio Route de Roquefort les Pins, N : 1 km,
   ℰ 04 93 12 00 08

🏠 **La Bastide de Valbonne** sans rest　　　🚗 🛄 ⚠️ ⚙️ 📶 **P** 🆚 ⚹ 🅰️🅴
107 rte Cannes – ☏ 04 93 12 33 40 – www.bastidevalbonne.com
34 ch – ✝95/155 € ✝✝95/155 € – 🍽 15 €
♦ Agréable demeure provençale où vous dormirez dans des chambres pastel cosy, spacieuses et confortables. Mention pour les petits-déjeuners, servis dans une salle tutoyant la piscine.

🏠 **Les Armoiries** sans rest　　　　　　🈁 🅰️🅲 ⚙️ 🆚 ⚹ 🅰️🅴 ⓪
pl. des Arcades – ☏ 04 93 12 90 90 – www.hotellesarmoiries.com
16 ch – ✝97/169 € ✝✝97/169 € – 🍽 12 €
♦ Cette bâtisse du 17e s. dotée d'une belle décoration intérieure se trouve dans le secteur piétonnier de ce pittoresque village. Chambres coquettes, progressivement rajeunies.

au golf d'Opio-Valbonne Nord-Est : 2 km par rte de Biot (D 4 et D 204) – ✉ 06650 Opio

🏠🏠 **Château de la Bégude** ⤸　　　🔙 🕗 🍴 🛄 ⚙️ 📺 🅰️🅲 ch, 📞 🚿 **P**
rte de Roquefort les Pins – ☏ 04 93 12 37 00　　　🆚 ⚹ 🅰️🅴 ⓪
– www.opengolfclub.com/begude – Fermé 20 nov.-27 déc.
28 ch – ✝120/250 € ✝✝190/310 € – 6 suites – 🍽 20 € – ½ P 153/233 €
Rest – *(fermé dim. soir du 1er oct. au 31 mars)* (24 €) Menu 34 € (déj.), 38/65 € – Carte 54/62 €
♦ Bordée d'un rideau de chênes-lièges, sur l'un des golfs les plus réputés de la région, une charmante bastide du 16e s. et sa bergerie. Chambres superbes, romantiques à souhait. Salle à manger-véranda et agréable terrasse dominant le trou n° 9 du parcours.

rte d'Antibes au Sud par D 3 – ✉ 06560 Valbonne

🏠 **Castel Provence** sans rest　　　🚗 🛄 ⚙️ ♿ 🅰️🅲 ⚙️ **P P** 🆚 ⚹ 🅰️🅴 ⓪
30 chemin Pinchinade, à 2,5 km – ☏ 04 93 12 11 92
– www.hotelcastelprovence.com
36 ch – ✝85/130 € ✝✝95/180 € – 🍽 15 €
♦ Cette construction récente de style régional abrite des chambres spacieuses et joliment décorées ; certaines offrent une vue sur la piscine et le jardin.

XXX **Daniel Desavie**　　　　　　　🍴 🅰️🅲 **P** 🆚 ⚹
1360 rte d'Antibes – ☏ 04 93 12 29 68 – www.restaurantdanieldesavie.fr
– Fermé 2 sem. en nov., dim. et lundi
Rest – Menu 35 € (déj. en sem.), 40/55 € – Carte 57/84 €
♦ Belle cuisine classique aux accents provençaux à déguster dans une lumineuse salle à manger contemporaine ou sous les arcades d'une galerie tournée vers le jardin fleuri.

à Sophia-Antipolis 7 km au Sud-Est par D 3 et D 103 - ✉ 06560 Valbonne

🏠🏠 **Sophia Country Club Grand Mercure** ⤸　🚗 🍴 🛄 🏋️ ⚙️ 🈁
Les Lucioles 2, 3550 rte Dolines　　　　♿ 🅰️🅲 ⚙️ 🚿 **P P** 🆚 ⚹ 🅰️🅴 ⓪
– ☏ 04 92 96 68 78 – www.mercure.com – Fermé 21 déc.-3 janv.
155 ch – ✝110/300 € ✝✝120/350 € – 🍽 19 €
Rest *Le Club* – ☏ 04 92 96 68 98 – (20 €) Carte 25/50 €
♦ Complexe hôtelier doté d'un centre sportif très complet : club de tennis, practice de golf, fitness, piscines. Préférez les nouvelles chambres, spacieuses et soignées. Restaurant-brasserie et terrasse tournée vers la piscine. Cuisine actuelle.

🏠🏠 **Novotel** ⤸　　　　　🚗 🍴 🛄 ⚙️ 🈁 ♿ 🅰️🅲 ⚙️ 🚿 **P** 🆚 ⚹ 🅰️🅴 ⓪
Les Lucioles 1, 290 r. Dostoievski – ☏ 04 92 38 72 38 – www.novotel.com
97 ch – ✝114/174 € ✝✝114/174 € – 🍽 14 €
Rest – (18 €) Menu 25/35 € – Carte 20/35 €
♦ Cet établissement tout juste sorti d'une cure de jouvence propose des chambres refaites selon les derniers canons Novotel. Côté détente : piscine et tennis entourés d'arbres. Restauration au goût du jour servie à toute heure dans un cadre plaisant (terrasse verte).

🏨 **Mercure** ⬧

Les Lucioles 2, r. A. Caquot – 𝒞 *04 92 96 04 04* – *www.mercure.com*

104 ch – †91/164 € ††101/174 € – ⊡ 17 € **Rest** – (19 €) Carte 30/52 €

♦ Ensemble moderne aux couleurs provençales niché sur le plateau boisé de Sophia-Antipolis. Toutes les chambres sont rénovées. Piscine et essences méridionales au jardin. Côté restaurant : menu du marché à l'accent du pays et rafraîchissantes salades estivales.

🏨 **Relais Omega**

Les Lucioles 1, 49 r. L. Van Beethoven – 𝒞 *04 92 96 07 07*
– *www.hotelomega.com* – *Fermé 17 déc.-2 janv.*

60 ch – †102/112 € ††112/122 € – 4 suites – ⊡ 14 €

Rest – (18 €) Menu 23 € (sem.) – Carte 35/100 €

♦ Une décoration provençale raffinée et des équipements complets (climatisation, wi-fi, salle de séminaires) vous attendent dans ce confortable hôtel entièrement refait. Au restaurant, plats traditionnels simples et tons méridionaux.

VALCEBOLLÈRE – 66 Pyrénées-Orientales – **344** D8 – 40 h.   **22** A3
– alt. 1 470 m – ✉ 66340

▶ Paris 856 – Bourg-Madame 9 – Font-Romeu-Odeillo-Via 27
– Perpignan 107

🏨 **Auberge Les Ecureuils** ⬧

Caer de la coma – 𝒞 *04 68 04 52 03* – *www.aubergeecureuils.com*
– *Fermé 5 nov.-5 déc.*

15 ch – †72/90 € ††75/105 € – ⊡ 12 € – ½ P 68/85 €

Rest – *(fermé lundi et mardi)* (19 €) Menu 25/52 € – Carte 29/56 €

♦ Ex-bergerie convertie en coquette auberge rustique. Agréables chambres personnalisées. Jardin au bord du torrent. Organisation de randonnées ; skis et raquettes à disposition. Restaurant de caractère, carte classique et plats catalans. Petite crêperie.

VAL-CLARET – 73 Savoie – **333** O5 – rattaché à Tignes

VALDAHON – 25 Doubs – **321** I4 – 4 728 h. – alt. 645 m – ✉ 25800   **17** C2

▶ Paris 436 – Besançon 33 – Morteau 33 – Pontarlier 32

🏨 **Relais de Franche Comté**

1 r. Charles-Schmitt – 𝒞 *03 81 56 23 18* – *www.relais-franche-comte.com*
– *Fermé 26 avril-2 mai, 27 août-2 sept., 17 déc.-10 janv., vend. soir, sam. midi sauf du 10 juil. au 27 août et dim. soir de sept. à juin*

20 ch – †48/50 € ††57/63 € – ⊡ 8 € – ½ P 57/60 €

Rest – Menu 14 € (déj. en sem.), 17/48 € – Carte 22/50 €

♦ À l'entrée de la ville, un hôtel imposant dont les chambres, actuelles et pratiques, sont égayées de tissus colorés. Au restaurant, produits du terroir et délices de la gastronomie franc-comtoise à portée de bourse... Une bonne surprise !

LE VAL-D'AJOL – 88 Vosges – **314** G5 – 4 178 h. – alt. 380 m   **27** C3
– ✉ 88340 ▌Alsace Lorraine

▶ Paris 382 – Épinal 41 – Luxeuil-les-Bains 18 – Plombières-les-Bains 10
🛈 17, rue de Plombières 𝒞 03 29 30 61 55

🏨 **La Résidence** ⬧

5 r. des Mousses, par rte de Hamanxard – 𝒞 *03 29 30 68 52*
– *www.la-residence.com* – *Fermé 26 nov.-26 déc.*

49 ch – †53/68 € ††65/95 € – ⊡ 11 € – ½ P 68/84 €

Rest – *(fermé dim. soir d'oct. à mai sauf vacances scolaires et fériés)* (13 €)
Menu 26/60 € – Carte 35/65 €

♦ Adossée à un beau parc arboré et fleuri, cette maison bourgeoise du milieu du 19e s. et ses deux annexes abritent des chambres spacieuses, modernisées pour la plupart. Dans le respect de la tradition et du terroir, le chef sait concocter une cuisine originale.

VAL-D'ESQUIÈRES – 83 Var – **340** P5 – rattaché à Ste-Maxime

VAL-D'ISÈRE – 73 Savoie – 333 O5 – 1 710 h. – alt. 1 850 m – Sports 45 D2
d'hiver : 1 850/2 560 m ⚡ 6 ⚡ 45 ⚡ – ✉ 73150 🟩 Alpes du Nord

- ▶ Paris 667 – Albertville 86 – Chambéry 135
- 🛈 Le Bourg ⚏ 04 79 06 06 60
- 🚠 du Lac de Tignes à Tignes Le Val Claret, par rte de Bourg-St-Maurice : 14km, ⚏ 04 79 06 37 42
- ◉ Rocher de Bellevarde ❄ ★★★ par téléphérique - Route de l'Iseran★★★

Les Barmes de l'Ours ⚜ ⟨ 🖃 🌐 ⚙ 🖥 ⚛ 💆 ⚶ ⚑ 🚗 VISA ⚌ AE ⓪
❀

chemin des Carats – ⚏ 04 79 41 37 00 – www.hotel-les-barmes.com
– Ouvert 9 déc.-26 avril   **A**b
56 ch ⚏ – 🛏290/1240 € 🛏🛏320/1270 € – 20 suites – ½ P 430/1380 €
Rest *La Table de l'Ours* – *(fermé dim.) (dîner seult)* Menu 85/175 €
– Carte 140/200 € 🎴
Spéc. Tartiflette repensée à la poitrine de cochon truffée. Magret de canard, pomme fruit et polenta. "Souvenir de nos alpages". **Vins** Vin de pays d'Allobrogie, Mondeuse.
Rest *Le Pas de l'Ours* – (35 €) Menu 55 € (dîner)/75 €
◆ Dans ce vaste chalet, quatre ambiances, quatre décors : scandinave, lodge américain, chalet d'alpage ou contemporain. Salon, bar et spa. Cuisine gastronomique ou rôtisserie, selon le lieu choisi…

Le Savoie ⟨ 🍴 🖃 🌐 🖥 ⚛ 💆 ⚶ ⚑ 🚗 VISA ⚌ AE

av. Olympique – ⚏ 04 79 00 01 15 – www.lesavoie.com
– Ouvert de déc. à avril   **A**d
14 ch ⚏ – 🛏320/730 € 🛏🛏320/730 € – 11 suites
Rest – Menu 70 € (dîner)/90 € – Carte environ 35 € le midi
◆ Ce chalet rivalise de charme et de luxe discret : salons intimes, chambres à l'esprit montagnard épuré (suite "royale" sous une superbe charpente), très beau spa. Agréable restaurant avec terrasse : cuisine de brasserie le midi, plus raffinée le soir.

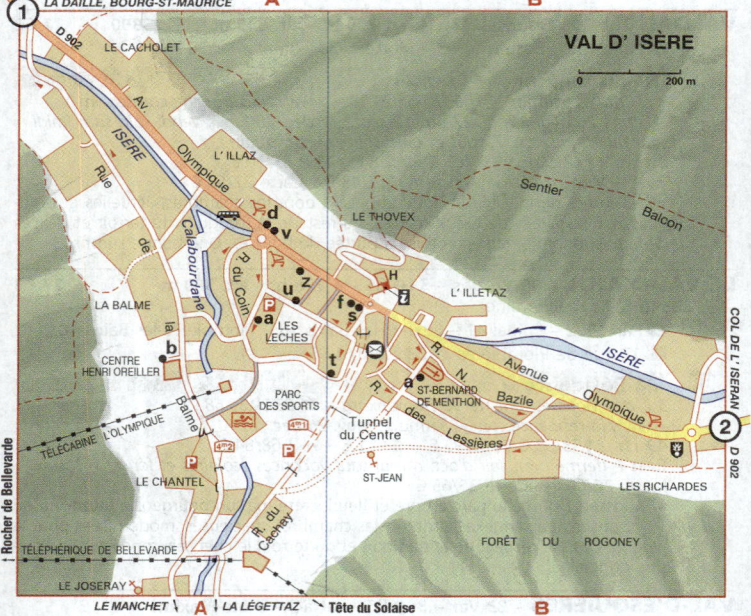

Christiania ⌖   ◁ 🍴 🖼 𝄢 ⌨ 🛗 ♿ ch, ⌖ 🍴 ♨ 🅅🅸🅂🄰 ⏏ 🄰🄴 ⓘ
– ℰ 04 79 06 08 25 – www.hotel-christiania.com – *Ouvert de déc. à avril*
68 ch 🖵 – ♦302/898 € ♦♦316/912 € – 1 suite – ½ P 194/492 €   **Aa**
Rest – (35 €) Menu 46 € (déj.)/62 € – Carte 44/142 €

♦ Grand chalet dont les chambres, confortables, sont pour certaines décorées dans un charmant esprit alpin. Espace de remise en forme ; vue sur les pistes. Salle de restaurant montagnarde, terrasse panoramique et plats traditionnels.

Le Blizzard   ◁ 🍴 🏊 🕙 🖸 🍴 ⌖ rest, ♨ 🅅🅸🅂🄰 ⏏ 🄰🄴 ⓘ
r. Principale – ℰ 04 79 06 02 07 – www.hotelblizzard.com – *Ouvert 11 déc.-2 mai*
70 ch 🖵 – ♦325/790 € ♦♦390/1110 € – ½ P 250/610 €   **Bf**
Rest – Menu 58 € (dîner) – Carte 65/96 €
Rest *La Luge* – ℰ 04 79 06 69 39 *(dîner seult)* Carte 44/65 €

♦ Blizzard, vous avez dit Blizzard ? Ici, point de tempête de neige, mais des chambres cosy, en majorité rénovées dans un esprit contemporain (certaines avec cheminée ou poêle). Très beau spa. Au restaurant, carte classique. Viandes rôties à la broche et recettes fromagères à la Luge, dans une ambiance savoyarde.

Avenue Lodge   🖼 🕙 🛗 ♿ 🍴 ♨ 🔺 🅅🅸🅂🄰 ⏏ 🄰🄴 ⓘ
av. Olympique – ℰ 04 79 00 67 67 – www.hotelavenuelodge.com – *Fermé 1er mai-30 nov.*   **Az**
54 ch 🖵 – ♦320/430 € ♦♦340/525 €   **Rest** – *(fermé le midi)* Carte 46/61 €

♦ Atmosphère design et cosy dans ce beau chalet flambant neuf. Dans les chambres, tonalités brunes, tapisserie peau de bête, bois wengé et petit coin salon. Spécialités bistrotières dans une ambiance rouge et noir.

Le Tsanteleina   ◁ 🚗 🍴 🖼 🕙 🛗 ♨ 🄿 🅅🅸🅂🄰 ⏏ 🄰🄴
av. Olympique – ℰ 04 79 06 12 13 – www.tsanteleina.com – *Ouvert 3 déc.-1er mai*
71 ch 🖵 – ♦145/426 € ♦♦208/610 € – ½ P 135/335 €   **Bs**
Rest – Menu 29 € (déj.)/85 € – Carte 50/83 €

♦ Point culminant de Val-d'Isère, le Tsanteleina est aussi un agréable hôtel, disposant de chambres chaleureuses et spacieuses avec, côté sud, vue sur la piste olympique de Bellevarde. Piscine à débordement. Cuisine actuelle (quelques spécialités fromagères).

Grand Paradis   ◁ 🍴 🛗 ♨ 🄿 🔺 🅅🅸🅂🄰 ⏏ 🄰🄴 ⓘ
ℰ 04 79 06 11 73 – www.hotelgrandparadis.com – *Ouvert début déc. à début mai*
40 ch (½ P seult) – ½ P 100/310 €   **Bt**
Rest – Menu 25 € (déj.)/80 € bc – Carte 35/55 €

♦ L'hôtel jouxte la spectaculaire face de Bellevarde, "Grand Paradis" des skieurs. Dans les chambres, cadre chaleureux (savoyard ou autrichien) et balcon plein sud. Au restaurant, cuisine de saison sous forme de menu unique ; grande terrasse.

La Savoyarde   🛗 🛗 ♨ 🅅🅸🅂🄰 ⏏ 🄰🄴 ⓘ
r. Noël Machet – ℰ 04 79 06 01 55 – www.la-savoyarde.com – *Ouvert 11 déc.-5 mai*
50 ch 🖵 – ♦150/300 € ♦♦165/315 € – ½ P 163/223 €   **Au**
Rest – (25 € bc) Menu 35 € (dîner), 40/45 € – Carte 30/45 € le soir

♦ Chambres douillettes, belles boiseries, salon cosy autour de la cheminée, espace forme... Un agréable hôtel à la mode alpine. Au restaurant, buffet traditionnel à midi et cuisine du marché le soir (menu unique).

Kandahar   🛗 🛗 ♿ ch, 🔺 🅅🅸🅂🄰 ⏏
av. Olympique – ℰ 04 79 06 02 39 – www.hotel-kandahar.com – *Ouvert de début déc. à début mai*   **Av**
41 ch 🖵 – ♦138/210 € ♦♦170/320 €   **Rest** – *(dîner seult)* Carte 31/50 €

♦ Kandahar... un nom qui évoque les splendeurs de l'Orient et la prestigieuse épreuve de ski autrichienne. Les chambres, typiquement montagnardes, sont coquettes et très chaleureuses. À la taverne, toute de bois vêtue, l'Alsace et la Savoie sont à l'honneur.

Les Lauzes sans rest   🛗 ♿ ⌖ ♨ 🅅🅸🅂🄰 ⏏
pl. de l'Église – ℰ 04 79 06 04 20 – www.hotel-lauzes.com
– *Ouvert 25 nov.-1er mai*   **Ba**
23 ch 🖵 – ♦112/172 € ♦♦132/182 €

♦ Charmant chalet à deux pas de l'église. Chambres propres et confortables (vue sur les toits du village au dernier étage). Beau salon tout en bois.

🏠 **La Becca** (Anthony Tempesta) 🐦 ⌂ 🅿 & ch, 🛁 📶 🅿 VISA ⚫⚫ AE
🌸 *Le Laisinant, rte de l'Iseran, 0,8 km par ② – 📞 04 79 06 09 48*
– www.labecca-val.com – Ouvert de mi-juin à mi-sept. et de déc. à avril
11 ch ⌂ – ♥155/245 € ♥♥210/290 € – ½ P 142/192 €
Rest – (30 €) Menu 34 € (déj.), 70/95 € – Carte 72/107 €
Spéc. Foué d'escargots au vert, anguille fondante, cromesqui à l'ail et émulsion
de persil. Filet de bœuf charolais fumé, jus aux échalotes grises, grosses frites, far-
cette de bette à la queue de bœuf. "Tout au miel" coque crémeuse, madeleine,
cannelé et glacé.
♦ Bois blond, pierres, meubles peints, cheminée, etc. Dans son hameau isolé, ce
chalet et ses chambres douillettes respirent la Savoie… Le restaurant réserve de
beaux moments, sous l'égide d'un jeune chef qui manie les bons produits sans
complexe et avec subtilité (carte plus simple le midi).

🍴🍴 **L'Atelier d'Edmond** ⪡ 🛁 VISA ⚫⚫ AE
au Fornet, rte de l'Iseran, 2 km par ② – 📞 04 79 00 00 82
*– www.atelier-edmond.com – Ouvert 15 déc.-15 avril et fermé dim. soir et lundi
soir*
Rest – Menu 55 € (dîner)/72 € – Carte 35/56 € le midi
♦ Joyeuse nostalgie dans ce beau chalet (pierre et bois) qui évoque un atelier de
menuiserie et rend hommage au grand-père du propriétaire. Cuisine simple, plus
élaborée le soir.

à la Daille 2 km par ① - ⊠ 73150 Val-d'Isère

🏠🏠 **Le Samovar** 📶 VISA ⚫⚫ AE ①
– 📞 04 79 06 13 51 – www.lesamovar.com – Ouvert 10 déc.-18 avril
18 ch ⌂ – ♥120/230 € ♥♥130/330 €
Rest – (14 €) Menu 22 € (déj.)/45 € – Carte 20/48 €
♦ Grand chalet au pied des pistes : chambres douillettes (décor de bois brut tout
en épure), dont certaines familiales. Restauration traditionnelle (spécialités
savoyardes, pizzas).

VALENÇAY – 36 Indre – **323** F4 – 2 641 h. – alt. 140 m – ⊠ 36600　　**11** B3
🟩 Châteaux de la Loire

　▶ Paris 233 – Blois 59 – Bourges 73 – Châteauroux 42
　🇮 2, avenue de la Résistance 📞 02 54 00 04 42
　◉ Château ★★★.

à Veuil 6 km au Sud par D 15 et rte secondaire – 366 h. – alt. 140 m – ⊠ 36600

🍴🍴 **Auberge St-Fiacre** 🛁 VISA ⚫⚫
*5 r. de la Fontaine – 📞 02 54 40 32 78 – Fermé 31 août-24 sept., janv., mardi
de sept. à juin, dim. soir et lundi*
Rest – Menu 21 € (sem.), 30/46 € – Carte 32/59 €
♦ Maison du 17e s. et sa terrasse sous les marronniers bercées par le murmure
d'un ruisseau. Bel intérieur rustique et cuisine au goût du jour.

VALENCE 🅿 – 26 Drôme – **332** C4 – 65 263 h. – Agglo. 117 448 h.　　**43** E2
– alt. 126 m – ⊠ 26000 🟩 Lyon Drôme Ardèche

　▶ Paris 558 – Avignon 126 – Grenoble 96 – St-Étienne 121
　🛪 de Valence-Chabeuil : 📞 04 75 85 26 26, 5 km par ③ AX.
　🇮 11, boulevard Bancel 📞 08 92 70 70 99
　🏌 des Chanalets à Bourg-lès-Valence Route de Châteauneuf sur Isère, par rte
　　de Lyon : 6km, 📞 04 75 83 16 23
　🏌 New Golf du Bourget à Montmeyran, S : 17 km par D 538, 📞 04 75 59 48 18
　◉ Maison des Têtes★ CY - Intérieur★ de la cathédrale St-Apollinaire BZ
　　- Champ de Mars ⪡★ BZ - Sanguines de Hubert Robert★★ au musée des
　　Beaux-Arts BZ.
　◉ Site★★★ de Cruzol 5 km O.

Plans pages suivantes

VALENCE

André (Bd G.) . . . . **AV** 3
Beaumes (Av. des). . . . . . . **AX** 8

Belle Meunière (R.) . . . . **AV** 10
Bonnet (R. G.) . . . . **AV** 13
Châteauvert (R.) . . . . **AX** 18
Grand Charran (Av. du) . . . . **AX** 34
Kennedy (Bd J.-F.) . . . . **AV** 40

Lattre-de-Tassigny
(Av. Mar. de) . . . . **AV** 41
Libération (Av. de la) . . . . . . **AX** 44
Montplaisir (R.) . . . . **AVX** 52
Roosevelt (Bd Franklin) . . . **AX** 67

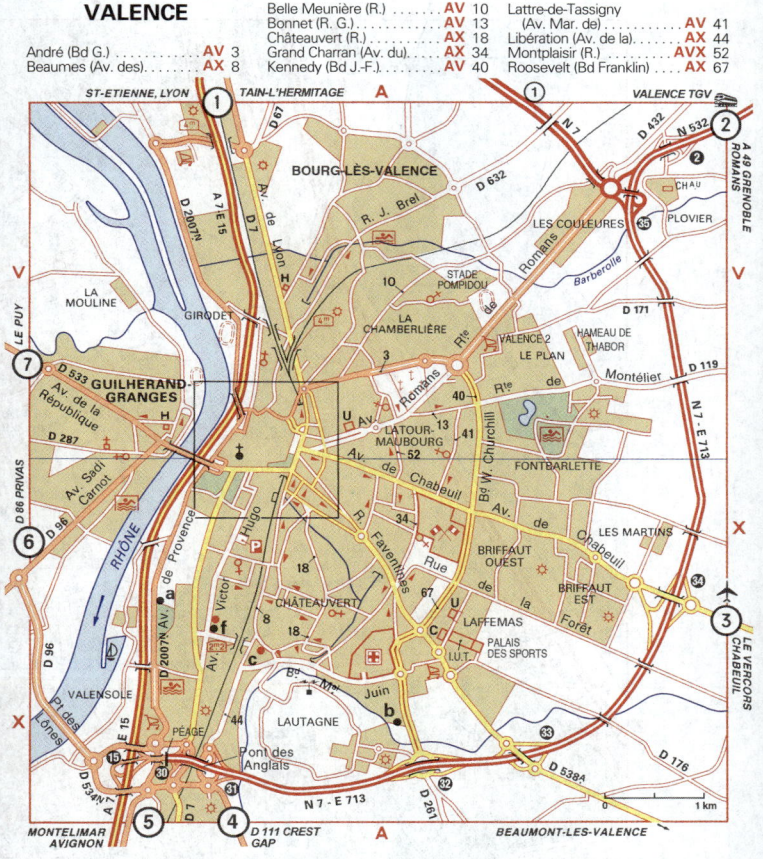

🏨🏨🏨 **Pic**

285 av. Victor-Hugo – 🕾 *04 75 44 15 32 – www.pic-valence.com*
– Fermé 2-20 janv.   **AXf**
12 ch – 👤260/290 € 👤👤260/410 € – 3 suites – 🍴 30 €
Rest *Pic et Le 7* – voir ci-après

♦ L'une des grandes maisons nées avec la nationale 7 et qui accueille aujourd'-
hui... une clientèle internationale, entre New York et Tokyo ! Aura d'une cuisine
d'exception (voir ci-après) et d'un art de l'accueil sans cesse renouvelé : les lieux
sont d'un chic extrême, valant un précis de style(s) contemporain(s).

🏨🏨🏨 **Novotel**

217 av. de Provence – 🕾 *04 75 82 09 09 – http://novotelvalence.com*   **AXa**
107 ch – 👤100/160 € 👤👤100/160 € – 🍴 14 €
Rest – (16 €) Menu 25 € – Carte 27/47 €

♦ Entre l'autoroute et un parc boisé. Les chambres bénéficient des dernières normes de la chaîne (bois blond, lits avec couette). Carte Novotel Café au restaurant.

🏨🏨 **De France** sans rest

16 bd du Gén.-de-Gaulle – 🕾 *04 75 43 00 87 – www.hotel-valence.com*
47 ch – 👤80/88 € 👤👤95/125 € – 🍴 12 €   **CZw**

♦ Sur un large boulevard du centre-ville, ce joli immeuble cache un agréable
intérieur contemporain, aux couleurs douces. Bien dans l'époque et assez élégant.

Clos Syrah ch,

quartier Maninet, bd Pierre-Tézier, (rte de Montéléger)

– ✆ *04 75 55 52 52* **AXb**

38 ch – †79/94 € ††89/105 € – ☕ 10 € – ½ P 99/149 €

Rest – *(fermé 15 déc.-2 janv., sam., dim. d'août à mai et sam. midi en juin-juil.)*
Menu 22 € (sem.)/33 € – Carte 33/40 €

♦ Hôtel apprécié par la clientèle d'affaires : ce bâtiment néoprovençal des années 1980 abrite des chambres modernes et propres. Chacune possède un juke-box ! Au restaurant, plats traditionnels (spécialités de poisson) et bon choix de côtes-du-rhône.

VALENCE

Alsace (Bd d')	DY	
Arménie (R. d')	DY	4
Augier (R. Émile)	CYZ	
Balais (R. des)	BCY	5
Bancel (Bd)	CY	6
Barrault (R. J.-L.)	DY	7
Belle Image (R.)	CY	9
Bonaparte (R. du Lieutenant)	BCY	12
Chambaud (R. Mirabel)	BZ	15
Championnet (Pl.)	BCZ	16
Chapeliers (Côte des)	BY	17
Clercs (Pl. des)	BCZ	23
Clerc (Bd M.)	CYZ	22
Docteur-Schweitzer (R. du)	BY	25
Dragonne (Pl. de la)	DY	26
Dupré-de-Loire (Av.)	DY	27
Farre (R. du Gén.)	CZ	29
Félix-Faure (Av.)	DZ	
Gaulle (Bd du Gén.-de)	CZ	32
Huguenel (Pl. Ch.)	CY	36
Jacquet (R. V.)	BZ	37
Jeu-de-Paume (R. du)	CYZ	39
Lecardonnel (Pl. L.)	CY	42
Leclerc (Pl. Gén.)	DY	43
Liberté (Pl. de la)	CY	45
Madier-de-Montjau (R.)	CY	47
Mistral (Pont Frédéric)	BZ	50
Montalivet (Pl. de)	DY	51
Ormeaux (Pl. des)	BZ	55
Palais (Pl. du)	CZ	56
Paré (R. Ambroise)	BY	57
Pérollerie (R.)	BY	59
Petit Paradis (R.)	BY	60
Pierre (Pl. de la)	BY	62
Repenties (R. des)	BZ	65
République (Pl. de la)	CZ	
Sabaterie (R.)	BY	68
St-Didier (R.)	BCZ	71
St-Estève (Côte)	BY	72
St-Jacques (Faubourg)	DY	75
St-Martin (Côte et R.)	BY	77
St-Nicolas (Q.)	BY	78
Saunière (R.)	CZ	80
Semard (Av.)	CZ	
Sylvante (Côte)	BY	84
Temple (R. du)	BCY	85
Université (Pl. de l')	CZ	88
Vernoux (R.)	CY	90
Victor-Hugo (Av.)	CZ	

Les Négociants — rest,

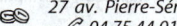

27 av. Pierre-Sémard
– ✆ 04 75 44 01 86
– www.hotel-lesnegociantsvalence.com CZa

37 ch – †49/64 € ††49/64 € – ☕ 7 € – ½ P 41/48 €

Rest – *(fermé 11-17 août, 26-31 déc., sam., dim. et fériés)* (12 €) Menu 14 € (sem.) – Carte 27/34 €

◆ Un hôtel sympathique et bien tenu, à deux pas de la gare. Dans une veine contemporaine, les chambres arborent des tons taupe et marron. Copieux petit-déjeuner. Le restaurant sert une cuisine familiale et simple.

Atrium sans rest 🟦 📶 ♿ 🅿 🛜 VISA ⦿ AE

20 r. J.-L. Barrault – 𝒞 04 75 55 53 62 – www.atrium-hotel.fr DYc
63 ch – †64/69 € ††72/77 € – ⌑ 9 €
◆ Immeuble moderne dans un quartier un peu excentré. À noter : chaque chambre dispose d'un coin cuisine ! Au dernier étage, on trouve des duplex tournés vers le Vercors ou l'Ardèche.

XXXXX **Pic** (Anne-Sophie Pic) – Hôtel Pic 🚗 AC ♿ 🅿 VISA ⦿ AE ⓞ
✿✿✿ *285 av. Victor-Hugo – 𝒞 04 75 44 15 32 – www.pic-valence.com*
– Fermé 2-20 janv., dim. et lundi AXf
Rest – *(prévenir le week-end)* Menu 90 € (déj. en sem.), 210/320 €
– Carte 150/275 € 🍷
Spéc. Petits légumes et parmigiano reggiano, truffe d'été, en tarte fine sablée (juin à août). Saint-pierre à la vapeur de menthe poivrée, râpée de truffe noire et asperges vertes (nov. à mars). Profiteroles revisitées selon la saison. **Vins** Condrieu, Hermitage.
◆ 1934, 1973, 2007. Après André et Jacques, Anne-Sophie atteint l'excellence et confirme que l'histoire de la famille Pic est aussi celle de la plus grande cuisine. Toujours le même souci de la perfection, du meilleur produit et de l'assemblage inédit – à la pointe du goût de l'époque. Impeccable et impeccablement servi.

XXX **Flaveurs** (Baptiste Poinot) AC VISA ⦿ AE
✿ *32 Grande Rue – 𝒞 04 75 56 08 40 – www.flaveurs-restaurant.com*
– Fermé 1er-24 août, 1er-7 janv., dim. et lundi CYb
Rest – *(nombre de couverts limité, prévenir)* Menu 35 € (sem.), 51/89 €
Spéc. Sucette de foie gras de canard, pistaches pulvérisées, confiote de melon (juin à août). Bar de ligne cuit à la vapeur douce, bouillon de coquillages (juil. à sept.). Poire william au sirop d'érable, caramel d'épices et crème glacée "croustillante" (sept. à oct.). **Vins** Crozes-Hermitage blanc, Côtes du Rhône rouge.
◆ Dans un décor sobre et élégant, une belle table gastronomique où chaque assiette atteste de la réflexion mûrie, avec des produits excellents et une technique soignée.

XX **L'Épicerie** 🛜 VISA ⦿ AE
18 pl. St-Jean, (ex Belat) – 𝒞 04 75 42 74 46 – http://pierre.seve.free.fr – Fermé 1er-10 mai, 20 juil.-20 août, 23-31 déc., sam. midi, dim. et fériés CYv
Rest – (16 €) Menu 26/68 € – Carte 33/60 € 🍷
◆ Au cœur de la vieille ville, une maison du 16e s. avec une agréable terrasse. Décor rustique ou design, selon la salle. Plats traditionnels, formule le midi dans la partie bistrot.

XX **La Cachette** (Masashi Ijichi) 🛜 VISA ⦿ AE ⓞ
✿ *16 r. des Cévennes – 𝒞 04 75 55 24 13 – www.lacachette-valence.com*
– Fermé 24 avril-2 mai, 21 août-5 sept., 2-16 janv., dim. et lundi BYx
Rest – *(nombre de couverts limité, prévenir)* Menu 28 € (déj.), 35/80 €
– Carte 60/90 € le soir
Spéc. Salade de homard breton et gaspacho de tomate cœur de bœuf (juil.-août). Pavé de thon, foie gras poêlé et purée de pomme de terre aux épices douces. Passion chocolat guanaja (hiver). **Vins** Saint-Péray, Cornas.
◆ Dans la ville basse, une Cachette qui gagne à être découverte ! Le chef, d'origine japonaise, prépare une cuisine fine et délicate. Quand le terroir drômois rencontre l'esprit d'Asie...

X **Le Bistrot des Clercs** 🛜 AC VISA ⦿
48 Grande Rue – 𝒞 04 75 55 55 15 – www.michelchabran.fr CYd
Rest – Menu 21 € (sem.)/30 € – Carte 33/40 €
◆ Près de la belle maison des Têtes (1532), un bistrot à la parisienne, cuisine copieuse et décor nostalgique compris. Pour l'anecdote, Napoléon Bonaparte séjourna dans ces murs !

X **L'Origan** 🏡 🏊 ♻ 🅿 VISA ⦿ AE
🍃 *58 av. Baumes – 𝒞 04 75 41 60 39 – http://squashclubvalence.free.fr/leclub.htm*
– Fermé 1er-23 août, 24 déc.-3 janv., sam. et dim. AXc
Rest – (19 €) Menu 19/40 € – Carte 19/30 €
◆ Ce restaurant s'épanouit dans un club de squash ! Faites le plein de calories avec des plats de saison, centrés sur la région. À voir : la terrasse, traversée par un ruisseau...

✗ **Le 7** – Hôtel Pic   🐤 ₰ Ⓐ🄺 P. 🆅🅸🆂🅰 ⬤ 🄰🄴 ⓞ

😊 *285 av. Victor-Hugo – 𝒞 04 75 44 53 86 – www.anne-sophie-pic.com*
Rest – (18 € bc) Menu 29 € – Carte 38/69 €   AXf
♦ Sur l'historique N 7, nouvelle étape gourmande avec cet excellent bistrot estampillé Pic (terrine de canard maison, ravioles de gambas au gingembre). Chic et canaille.

à Pont de l'Isère 9 km par ① – 2 620 h. – alt. 120 m – ✉ 26600

🏠🏠🏠 **Michel Chabran**   🐤 Ⓐ🄺 «T» P. 🆅🅸🆂🅰 ⬤

✿ *N 7 – 𝒞 04 75 84 60 09 – www.michelchabran.fr*
11 ch – ✝150/175 € ✝✝175/350 € – ☲ 23 € – ½ P 290/395 €
Rest – Menu 35/99 € – Carte 95/160 € 🏵
Spéc. Plats à la truffe (nov. à mars). Dos d'agneau de Sisteron. Palet au chocolat manjari, coeur fondant aux fruits de saison. **Vins** Hermitage, Saint Péray.
♦ Depuis plus de 40 ans, sur la nationale 7... La maison, tout ocre, abrite des chambres confortables, au style contemporain agréable. Le classicisme et la tradition sont maîtres au restaurant, ainsi que les vins des côtes du Rhône ; véranda côté jardin.

VALENCIENNES ◉ – 59 Nord – 302 J5 – 42 426 h.   31 C2
– Agglo. 357 395 h. – alt. 22 m – ✉ 59300 ▌ Nord Pas-de-Calais Picardie

  ▶ Paris 208 – Arras 68 – Bruxelles 105 – Lille 54
  🄲 1 r Askièvre 𝒞 03 27 28 89 10
  🔟🔞 de Mormal à Preux-au-Sart Bois Saint Pierre, par rte de Maubeuge : 13 km, 𝒞 03 27 63 07 00
  🔟🔞 de Valenciennes à Marly Rue du Chemin Vert, E : 1 km, 𝒞 03 27 46 30 10
  ◉ Musée des Beaux-Arts★ BY **M** - Bibliothèque des Jésuites★.

Plan page suivante

🏠🏠🏠 **Le Grand Hôtel**   🐤 🛗 «T» ♨ 🚗 🆅🅸🆂🅰 ⬤ 🄰🄴 ⓞ

8 pl. de la Gare – 𝒞 03 27 46 32 01
– www.grand-hotel-de-valenciennes.fr   AXd
95 ch – ✝82/115 € ✝✝94/127 € – 8 suites – ☲ 15 € – ½ P 72/89 €
Rest *Le Hans* – (15 €) Menu 30 €, 39/48 € bc – Carte 24/65 €
♦ La même famille cultive depuis plusieurs générations le sens de l'hospitalité dans ce bel établissement bâti au début du 20ᵉ s. Confortables chambres au look actuel. Restaurant traditionnel avec rôtissoire et flambage en salle.

🏠🏠 **Auberge du Bon Fermier**   🐤 «T» 🆅🅸🆂🅰 ⬤ 🄰🄴 ⓞ

64 r. Famars – 𝒞 03 27 46 68 25 – www.bonfermier.com   AYn
16 ch – ✝110/115 € ✝✝135/140 € – ☲ 12 €
Rest – Menu 26/52 € – Carte 24/52 €
♦ Cet authentique relais de poste du 17ᵉ s. a préservé son cachet : vieilles pierres et briques en façade, chambres de caractère (beaux meubles chinés) et jolie cour pavée. Restaurant-rôtisserie occupant d'anciennes écuries, terrasse et gibier en saison.

🏠🏠 **Le Chat Botté** sans rest   🛗 ₰ «T» 🚗 🆅🅸🆂🅰 ⬤ 🄰🄴

25 r. Tholozé – 𝒞 03 27 14 58 59 – www.hotel-lechatbotte.com – Fermé
1ᵉʳ-21 août   AXp
33 ch – ✝85 € ✝✝95 € – ☲ 11 €
♦ Fer forgé, bois, mobilier contemporain et couleurs gaies : décor ludique et ambiance chaleureuse dans une sympathique maison abritant des chambres paisibles et douillettes.

✗✗ **L'Endroit**   🐤 Ⓐ🄺 🆅🅸🆂🅰 ⬤ 🄰🄴

69 r. du Quesnoy – 𝒞 03 27 42 99 23 – www.restaurant-lendroit.fr – Fermé sam.
midi, dim. soir et lundi   BYf
Rest – Menu 34 € – Carte 40/50 €
♦ Un écran TV trône dans la salle et retransmet en direct l'activité des brigades en cuisine. Élégant décor contemporain, ambiance branchée, carte réduite et suggestions du marché.

VALENCIENNES

Albert-1er (Av.)	BY 2
Amsterdam (Av. d')	BY 5
Armes (Pl. d')	AY 6
Barbusse (R. H.)	CV 8
Bourgeois (Ch. des)	BV 9
Cairns (Av. Serg.)	ABZ 13
Capucins (R. des)	AY 15
Cardon (Pl.)	BZ 16
Charles-Quint (R.)	CV 17
Clemenceau (Av. G.)	AX 18
Desandrouin (Av.)	BV 20
Digue (R. de la)	AZ 22
Duchesnois (Av.)	CV 23
Dunkerque (Av. de)	AX 25
Faidherbe (Av.)	BV 26
Famars (R. de)	AYZ
Ferrand (R.)	AY 33
Fg de Cambrai (R.)	BV 29
Fg de Paris (R. du)	BV 30
Foch (Av. Mar.)	AX 34
Froissart (Pl. J.)	BY 35
Gaulle (Pl. Gén.-de)	BY 36
Glacis (R. des)	CV 37
Jacob (Pont)	AX 38
Jean-Jaurès (R.)	BV 39
Juin (Av. du Mar.)	AX 40
Lattre-de-Tassigny (Av. Mar.-de)	AX 42
Leclerc (Av. Mar.)	AX 43
Liège (Av. de)	BX 44
Lille (R. de)	AZ 46
Marquis (R. du)	CV 48
Paix (R. de la)	BY 50
Paris (R. de)	AY 52
Perdrix (R.)	CV 53
Pompidou (Av. G.)	AZ 54
Reims (Av. de)	BZ 56
St-Amand (Av. de)	BV 58
St-Géry (R.)	AY 59
Sénateur-Girard (Av.)	AX 63
Tholozé (R.)	AX 65
Vaillant-Couturier (R. Paul)	BV 67
Vauban (R.)	BY 68
Verdun (Av. de)	BZ 69
Vieille-Poissonnerie (R.)	AY 73
Villars (Av.)	AY 74
Watteau (Square)	AY 76

à Quiévrechain 12 km au Nord-Est par D 630 – 5 750 h. – alt. 32 m – ⊠ 59920

XX **Le Manoir de Tombelle** 🔲 🏫 ⇔ 🅿 VISA ⚫
*135 av. J. Jaurès – ℰ 03 27 35 12 30 – Fermé 25 juil.-14 août, 26 déc.-2 janv. et le
soir sauf sam.*
Rest – Menu 25 € (déj. en sem.), 29/54 € – Carte 40/68 €
♦ Villa années 1920 de style anglo-normand, dans un grand jardin avec étang.
Cuisine traditionnelle servie dans de confortables salles à manger (cheminées)
ou sous la tonnelle.

à Artres 11 km par ④, D 958 et D 400 – 1 059 h. – alt. 65 m – ⊠ 59269

🏠 **La Gentilhommière** 🌖 🔊 🏫 ⓟ 📶 🅿 VISA ⚫ AE ①
*2 r. de l'Eglise – ℰ 03 27 28 18 80 – www.hotel-lagentilhommiere.com – Fermé
dim. soir et fériés*
10 ch – ♦75/85 € ♦♦85/100 € – ☐ 11 €
Rest – *(fermé 6-27 août)* Menu 25/47 € – Carte 39/50 €
♦ Deux hectares de verdure entourent cette ferme seigneuriale de 1756 joliment
restaurée, dont les chambres, spacieuses et calmes, regardent le jardin intérieur.
Généreuse cuisine actuelle dans un séduisant restaurant voûté où affleurent les
briques rouges.

VALESCURE – 83 Var – **340** P5 – **rattaché à St-Raphaël**

VALGORGE – 07 Ardèche – **331** G6 – 421 h. – alt. 560 m – ⊠ 07110   **44** A3
🟦 Lyon Drôme Ardèche
🅳 Paris 614 – Alès 76 – Aubenas 37 – Langogne 46

🏠 **Le Tanargue** 🌖 ≤ 🔲 🛗 🅿 ⌂ VISA ⚫ AE
🕸 – ℰ 04 75 88 98 98 – www.hotel-le-tanargue.com – Ouvert 25 mars-20 nov. et
fermé dim. soir et lundi sauf du 17 avril au 26 sept.
🍴 **22 ch** – ♦38/51 € ♦♦49/61 € – ☐ 9 € – ½ P 50/56 €
Rest – (9 €) Menu 16/35 € – Carte 34/52 €
♦ Un hôtel familial au pied du massif du Tanargue. Les chambres sont cossues
et scrupuleusement tenues, à des tarifs compétitifs ! Quelques balcons face au
jardin ou à la vallée. Salle à manger d'inspiration rustique (vieux objets) ; vente
de produits du terroir.

VALIGNAT – 03 Allier – **326** F5 – **rattaché à Charroux**

VALLAURIS – 06 Alpes-Maritimes – **341** D6 – **rattaché à Golfe-Juan**

VALLERAUGUE – 30 Gard – **339** G4 – 1 072 h. – alt. 346 m   **23** C2
– ⊠ 30570 🟦 Languedoc Roussillon
🅳 Paris 684 – Mende 100 – Millau 75 – Nîmes 86
🛈 quartier des Horts ℰ 04 67 82 25 10

🏠 **Hostellerie Les Bruyères** 🔊 🔲 AK rest. ⓟ ⌂ VISA ⚫
🕸 *Quai A. Chamson – ℰ 04 67 82 20 06 – Ouvert 1ᵉʳ mai-5 oct.*
20 ch – ♦49/62 € ♦♦49/62 € – ☐ 8 € – ½ P 49/56 €
Rest – Menu 15/35 € – Carte 25/48 €
♦ Ancien relais de poste situé dans un pittoresque village cévenol. Un bel escalier
dessert les chambres, rustiques, simples et très propres. Restaurant au décor champêtre, avec une charmante terrasse en surplomb de la rivière. Plats traditionnels.

rte du Mont-Aigoual 4 km sur D 986 – ⊠ 30570

🏠 **Auberge Cévenole** 🌖 🔊 🍽 ⓟ 🅿 VISA ⚫
🕸 *La Pénarié – ℰ 04 67 82 25 17 – Fermé 4-29 janv., lundi soir et mardi sauf juil.-août*
🍴 **6 ch** – ♦42 € ♦♦42 € – ☐ 7 € – ½ P 47 €
Rest – (13 €) Menu 18/29 € – Carte 22/51 €
♦ L'Hérault musarde au pied de cette sympathique auberge de pays, située sur la
route du mont Aigoual. Petites chambres fraîches et rustiques. Coquette salle à
manger (poutres, cheminée, objets agricoles) et terrasse au-dessus de la rivière ;
cuisine régionale.

VALLIÈRES – 37 Indre-et-Loire – **317** M4 – rattaché à Tours

VALLOIRE – 73 Savoie – **333** L7 – 1 287 h. – alt. 1 430 m – Sports **45** D2
d'hiver : 1 430/2 600 m ⛷ 2 ⛷ 31 ⛷ – ⊠ 73450 ▮ Alpes du Nord
> ▶ Paris 664 – Albertville 91 – Briançon 52 – Chambéry 104
> 🛈 rue des Grandes Alpes ℰ 04 79 59 03 96
> 🔵 Col du Télégraphe ≤ ★ N : 5 km.

🄷🄸 **Christiania** 🛜 ℀ ☎ 𝑉𝐼𝑆𝐴 ⓿
av. de la Vallée d'Or – ℰ 04 79 59 00 57 – www.christiania-hotel.com – Ouvert
15 juin-15 sept. et 15 déc.-15 avril
24 ch – ✝60/75 € ✝✝68/83 € – 2 suites – ☲ 10 € – ½ P 62/85 €
Rest – (20 €) Menu 20/37 € – Carte 29/59 €
♦ Chalet situé au pied des pistes, joliment fleuri l'été. Chambres décorées dans un
esprit montagnard (lits gigogne) et très bien tenues. Au restaurant, boiseries claires,
vaste ouverture sur la terrasse et carte traditionnelle (brasserie au déjeuner).

🄷🄸 **Grand Hôtel de Valloire et du Galibier** ≤ 🍴 🛜 ☰ 𝐼ð 🔊 ☎
r. des Grandes-Alpes – ℰ 04 79 59 00 95 🅿 𝑉𝐼𝑆𝐴 ⓿ 𝐴𝐸 ⓵
– www.grand-hotel-valloire.com – Ouvert 13 juin-12 sept. et 19 déc.-10 avril
44 ch – ✝70/105 € ✝✝95/105 € – ☲ 15 € – ½ P 80/112 €
Rest L'Escarnavé – Menu 23/67 € – Carte 39/70 €
♦ Oubliez la façade un peu défraîchie de cet imposant hôtel. Face aux pistes, il
abrite des chambres claires, bien tenues et de bonne dimension. Piscine découverte. Salle rustique, cheminée pour le "feu de joie" (escarnavé en patois) et cuisine traditionnelle.

aux Verneys 2 km au Sud-⊠73450 Valloire

🄷 **Relais du Galibier** ≤ 🍴 ☎ 🅿 𝑉𝐼𝑆𝐴 ⓿
⊜ Les Verneys – ℰ 04 79 59 00 45 – www.relais-galibier.com – Ouvert
12 juin-5 sept. et 18 déc.-5 avril
26 ch – ✝53/58 € ✝✝59/67 € – ☲ 10 € – ½ P 59/81 €
Rest – Menu 16/33 € – Carte 26/35 €
♦ Chalet familial à proximité des pistes de ski. Chambres meublées sobrement ; certaines jouissent d'une vue sur le Grand Galibier. Dans une salle rustique
aux larges baies vitrées, plats traditionnels et recettes régionales.

VALLON-EN-SULLY – 03 Allier – **326** C3 – 1 728 h. – alt. 192 m **5** B1
– ⊠ 03190 ▮ Auvergne
> ▶ Paris 318 – Bourges 86 – Clermont-Ferrand 119 – Moulins 89

🆇 **Auberge des Ris** 🛜 🄰🄲 🅿 𝑉𝐼𝑆𝐴 ⓿
⊛ Les Ris, 2 km par D 2144, rte de Bourges – ℰ 04 70 06 51 12
www.aubergedesris.com – Fermé 10 jours en sept., en janv., lundi soir, mardi et merc.
Rest – (16 €) Menu 27/70 € bc – Carte 25/54 €
♦ Adresse tenue par un jeune couple dynamique. Cuisine traditionnelle inventive
servie dans une salle aux allures de chai, avec tonneaux et pressoir. Bacchus est
bien à l'honneur.

VALLON-PONT-D'ARC – 07 Ardèche – **331** I7 – 2 470 h. – alt. 117 m **44** A3
– ⊠ 07150 ▮ Lyon Drôme Ardèche
> ▶ Paris 658 – Alès 47 – Aubenas 32 – Avignon 81
> 🛈 1, place de l'ancienne gare ℰ 04 75 88 04 01
> 🔵 Gorges de l'Ardèche★★★ au SE - Arche★★ de Pont d'Arc SE : 5 km.

🄷🄸 **Le Clos des Bruyères** 🍴 🛜 ☰ & ch, 🄰🄲 ℀ 🔊 🅿 𝑉𝐼𝑆𝐴 ⓿ 𝐴𝐸
rte des Gorges – ℰ 04 75 37 18 85 – www.closdesbruyeres.fr – Ouvert avril-sept.
32 ch – ✝63/85 € ✝✝65/85 € – ☲ 8,50 € – ½ P 63/70 €
Rest – (fermé merc. midi sauf juil.-août) (12 €) Menu 22/30 € – Carte 32/45 €
♦ Hôtel récent situé à 100 m de l'Ardèche (location de canoës). Les chambres,
avec balcon ou terrasse en rez-de-jardin, sont spacieuses et décorées sobrement.
Sous la charpente apparente du restaurant, on savoure une cuisine traditionnelle
assez simple.

Le Manoir du Raveyron
🗁 ch, VISA ❶ AE

r. Henri Barbusse – ℰ 04 75 88 03 59 – www.manoir-du-raveyron.com – Ouvert de mi-mars à mi-oct.
8 ch ☷ – †55/60 € ††70/90 € – ½ P 60/70 €
Rest – *(fermé le midi sauf dim.)* Menu 28/48 € – Carte 38/56 €
♦ Monsieur est italien, madame belge et leur demeure aveyronnaise du 16ᵉ s., située dans une rue calme du centre-ville, est vraiment sympathique ! Chambres coquettes et agréable cour ombragée. Cuisine de tradition et du terroir.

VALLOUX – 89 Yonne – **319** G6 – rattaché à Avallon

VALMONT – 76 Seine-Maritime – **304** D3 – 975 h. – alt. 60 m   **33** C1
– ✉ 76540 ▐ Normandie Vallée de la Seine
▶ Paris 193 – Bolbec 22 – Dieppe 58 – Fécamp 11
🛈 Mairie ℰ 02 35 10 08 12
◉ Abbaye★.

Le Bec au Cauchois avec ch
🗁 🗁 rest, 🛈 P VISA ❶

22 r. A.-Fiquet, 1,5 km à l'Ouest par rte de Fécamp – ℰ 02 35 29 77 56 – www.lebecaucauchois.com – Fermé 5-30 janv., merc. sauf le soir de mai à sept. et mardi
5 ch – †76 € ††76 € – ☷ 12 €   **Rest** – (21 €) Menu 29/60 € – Carte 49/57 €
♦ Idéale pour une halte gourmande, cette auberge avance de jolis atouts : vue sur l'étang contigu, jardin potager et carte aux saveurs variées, honorant les produits locaux. Chambres simples et colorées, de plain-pied avec le jardin ou le plan d'eau.

VALOGNES – 50 Manche – **303** D2 – 7 274 h. – alt. 35 m – ✉ 50700   **32** A1
▶ Paris 336 – Caen 103 – Cherbourg 19 – St-Lô 64
🛈 place du Château ℰ 02 33 40 11 55
🗺 de Fontenay-sur-Mer à Fontenay-sur-Mer, E : 18 km par N 13 et D 42, ℰ 02 33 21 44 27

Agriculture
🛈 🔏 P VISA ❶

18 r. L.-Delisle – ℰ 02 33 95 02 02 – www.hotel-agriculture.com – Fermé 19 déc.-3 janv.
30 ch – †52/55 € ††59/66 € – ☷ 8 € – ½ P 52/60 €
Rest – Menu 15 € (déj. en sem.), 18/38 € – Carte 25/48 €
♦ Dans le centre de Valognes, cet hôtel familial à la façade recouverte de vigne vierge propose des chambres simples mais bien tenues. Restaurant au cadre rustique. Sur la carte, les grillades au feu de bois s'associent à la spécialité de la maison : la tête de veau.

Manoir de Savigny sans rest ⬥
🗁 🗁 🛈 P

lieu-dit Savigny, au Sud-Est – ℰ 02 33 08 37 75 – www.manoir-de-savigny.com
5 ch ☷ – †75/95 € ††80/120 €
♦ Une allée de peupliers conduit à ce manoir du 16e s. en pleine campagne, qui abrite des chambres décorées sur divers thèmes. Agréable salle des petits-déjeuners avec cheminée.

VALOJOULX – 24 Dordogne – **329** H5 – 236 h. – alt. 75 m – ✉ 24290   **4** D1
▶ Paris 523 – Bordeaux 195 – Périgueux 65 – Brive-la-Gaillarde 53

La Licorne ⬥
🗁 🗁 ⌾ P

– ℰ 05 53 50 77 77 – www.licorne-lascaux.com
5 ch ☷ – †68/98 € ††68/98 €   **Table d'hôte** – Menu 25 €
♦ Cette charmante demeure du 13ᵉ s., avec un grand jardin, est parfaite pour un séjour alliant tranquillité, découverte du Périgord et convivialité. Les chambres sont joliment rustiques. La propriétaire, fin cordon bleu, exprime sa créativité à la table d'hôte.

VALRAS-PLAGE – 34 Hérault – **339** E9 – 4 298 h. – alt. 1 m – Casino   **23** C2
– ✉ 34350 ▐ Languedoc Roussillon
▶ Paris 767 – Agde 25 – Béziers 16 – Montpellier 76
🛈 square René Cassin ℰ 04 67 32 36 04

Mira-Mar ← 🛋 🖺 AC ch. 🏊 VISA ⚹ AE

bd Front de Mer – ℰ *04 67 32 00 31 – www.hotel-miramar.org*
– Ouvert mars-oct.
27 ch – †61/105 € – ††61/105 € – 3 suites – � 8 € – ½ P 58/85 €
Rest *– (fermé dim. soir sauf juil.-août)* Menu 17 € (déj. en sem.)/28 €
– Carte 28/57 €

◆ Les hispanophones auront compris que cet hôtel regarde la mer… Les chambres sont agréables, d'esprit méridional ou plus contemporain, avec balcon côté plage. Trois appartements pour les familles. À table, carte traditionnelle (poisson) et vue sur la grande bleue.

Albizzia *sans rest* 🌳 🚗 🗟 🖢 🏓 P VISA ⚹ AE

bd Chemin Creux – ℰ *04 67 37 48 48 – www.hotelalbizzia34.com*
27 ch – †49/81 € – ††52/81 € – ⊆ 7 €

◆ À 200 m de la plage, un hôtel sympathique, d'architecture récente : la façade est scandée d'arceaux et de loggias. Des plantes méditerranéennes s'épanouissent autour de la piscine.

XX Le Delphinium 🗟 AC VISA ⚹

av. des Elysées, (face au casino) – ℰ *04 67 32 73 10 – Fermé vacances de la Toussaint, dim. soir en hiver et lundi*
Rest – (21 € bc) Menu 28/49 € – Carte 45/80 €

◆ À deux pas du casino, un restaurant discret qui cultive le goût et les belles senteurs. Menu du marché et savoureuses spécialités du chef.

XX La Méditerranée 🗟 AC VISA ⚹

32 r. Ch. Thomas – ℰ *04 67 32 38 60 – fermé 12-30 nov., 5-23 janv., mardi sauf le soir en saison et lundi*
Rest – (14 €) Menu 17/42 € – Carte 25/45 €

◆ Petit restaurant familial situé dans une rue piétonne tout près de l'embouchure de l'Orb. Cadre rustique, grande terrasse et cuisine traditionnelle orientée poisson.

VALS-LES-BAINS – 07 Ardèche – 331 I6 – 3 716 h. – alt. 210 m – Stat. 44 A3
therm. : fin fév.-début déc. – Casino – ⊠ 07600 ▌ Lyon Drôme Ardèche

▶ Paris 629 – Aubenas 6 – Langogne 58 – Privas 33
🚹 116 bis, avenue Jean Jaurès ℰ 04 75 37 49 27

Grand Hôtel de Lyon 🗟 🛋 🖺 AC ch. 🍴 🚗 VISA ⚹

11 av. P. Ribeyre – ℰ *04 75 37 43 70 – www.grandhoteldelyon.fr – Ouvert 2 avril-8 oct.* **s**
34 ch – †60/72 € – ††70/96 € – ⊆ 10 € – ½ P 60/73 €
Rest – (22 €) Menu 26/45 € – Carte 30/57 €

◆ Situation très centrale, à 100 m du parc de la source intermittente, pour cet hôtel familial abritant des chambres spacieuses et bien tenues. Piscine et solarium. De grandes baies vitrées éclairent l'agréable salle à manger ornée d'une fresque originale.

Helvie 🗟 🛋 🖺 🖢 ch. AC ch. 🍴 🏊 P VISA ⚹ AE ⓘ

5 av. Expilly – ℰ *04 75 94 65 85 – www.hotel-helvie.com – Fermé 1ᵉʳ-22 mars*
27 ch – †69/160 € – ††69/160 € – ⊆ 14 € **b**
Rest *Le Vivarais –* (Fermé 2 sem. en nov., dim. soir sauf juil.-août et lundi) (19 €)
Menu 29/87 € – Carte 65/110 € le soir

◆ À proximité du parc et du casino, cet hôtel Belle Époque a retrouvé tout son éclat d'antan, chic et feutré. Chambres confortables, salon cossu et belle piscine. Au restaurant, élégant, on déguste une cuisine soignée et délicate qui varie avec les saisons.

Château Clément 🌳 ← ⓛ 🗟 🛋 🖺 🍴 P VISA ⚹

La Châtaigneraie – ℰ *04 75 87 40 13 – www.chateauclement.com – Fermé 15 déc.-15 mars* **a**
5 ch ⊆ – †160/200 € – ††160/270 € **Table d'hôte** – Menu 60 € bc/70 € bc
◆ Les enfants seront les bienvenus dans cette maison de maître (19ᵉ s.) qui offre un accueil chaleureux. Escalier monumental, superbes chambres, parc aux essences exotiques… Massages sur rendez-vous. À la table d'hôte, spécialités régionales et produits bio.

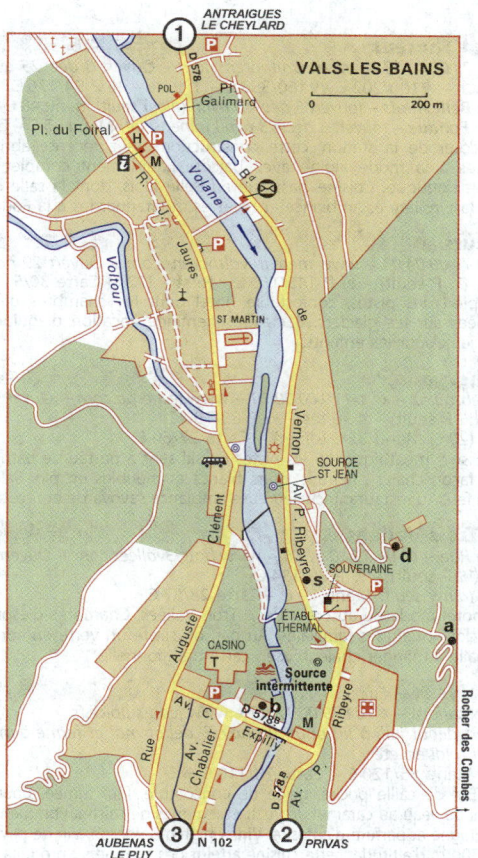

VALS-LES-BAINS

0   200 m

⌂ **Villa Aimée** ⌖   ◁ 🍴 🏊 📶 **P** *VISA* ⊚

8 montée des Aulagniers – ℰ *04 75 88 52 75* – *www.villaaimee.com*
4 ch ⊡ – †79/145 € ††89/145 €   **Table d'hôte** – Menu 35 € bc   **d**
◆ Cette grande villa bourgeoise sur les hauteurs de la station (vue superbe) est
une mer de tranquillité... Ses propriétaires : un commandant de marine (parfois à
quai) et son épouse australienne. Cuisine internationale – principalement d'Asie
– à la table d'hôte.

VAL-THORENS – 73 Savoie – **333** M6 – alt. 2 300 m – Sports d'hiver :   **46** F2
2 300/3 200 m ⛷ 4 ⛷25 – ⊠ 73440 St Martin de Belleville ▮ Alpes du Nord
    ▶ Paris 640 – Albertville 60 – Chambéry 109 – Moûtiers 36
    🛈 Immeuble Eskival ℰ 04 79 00 08 08
    ◉ Cime de Caron※ ★★★ (accès par le téléphérique de Caron).

🏨 **Fitz Roy** ⌖   ◁ 🍴 🏊 ⊛ *Fỏ* 🖸 🕭 ch, ※ 📶 *SÅ VISA* ⊚ *AE*

– ℰ *04 79 00 04 78* – *www.hotelfitzroy.com* – *Ouvert 10 déc.-28 avril*
48 ch (½ P seult) – 8 suites – ½ P 246/755 €   **Rest** – Menu 30/60 € – Carte 70/142 €
◆ Les chambres et suites, au style savoyard épuré (bois clair, tissus coordonnés),
jouissent toutes d'une terrasse (dont la moitié côté pistes, plein sud). Grande cheminée au salon-bar. Repas sur la belle terrasse ou dans la salle vitrée ; cuisine actuelle.

Le Val Thorens ⚜   ← 🏠 |🛏| & ch, 🛎 📶 📺 VISA ⓿ AE ⓪
– ☎ 04 79 00 04 33 – www.levalthorens.com – *Ouvert 3 déc.-25 avril*
80 ch ⊆ – 🛏100/202 € 🛏🛏160/352 € – 1 suite – ½ P 94/176 €
Rest *Le Bellevillois* – *(ouvert 5 déc.-16 avril) (dîner seult)* Menu 48 € – Carte 48/62 €
Rest *La Fondue* – *(ouvert 3 déc.-23 avril) (dîner seult)* Menu 23 € – Carte 26/46 €
♦ Au cœur de la station, cette construction assez récente abrite de grandes chambres à la mode alpine avec balcon. Équipement complet de remise en forme et boutique. Cuisine classique au Bellevillois, dont la salle est décorée de frises à la tyrolienne. Ambiance et recettes montagnardes à la Fondue.

Mercure ⚜   ← 🏠 |🛏| 📶 ⚿ VISA ⓿ AE ⓪
– ☎ 04 79 00 04 04 – www.mercurevalthorens.com – *Ouvert 29 nov.-1ᵉʳ mai*
105 ch (½ P seult) – ½ P 145/160 €   **Rest** – (22 €) Carte 30/51 €
♦ Au pied des pistes, confortable hôtel dont les chambres offrent de belles échappées sur les glaciers. Bar avec cheminée, location d'équipements de ski, espace jeux pour les enfants.

Le Sherpa ⚜   ← 🏠 |🛏| 🛎 rest, VISA ⓿
r. de Gébroulaz – ☎ 04 79 00 00 70 – www.lesherpa.com – *Ouvert 27 nov.-8 mai*
52 ch (½ P seult) – 4 suites – ½ P 85/190 €
Rest – (20 €) Menu 32 € (dîner) – Carte 27/60 €
♦ Adresse sympathique, où les pistes de ski sont à portée de bâton. Chambres et duplex façon chalet : lambris, murs blancs et meubles en pin. Salon-bar cosy au coin du feu. Au restaurant, chaleureuse ambiance savoyarde et recettes de tradition.

Des Trois Vallées ⚜   ← 🏠 rest, 🛎 VISA ⓿ AE
Grande Rue – ☎ 04 79 00 01 86 – www.hotel3vallees.com – *Ouvert 20 nov.-9 mai*
29 ch (½ P seult) – ½ P 89/154 €
Rest – *(dîner seult)* Menu 27 € – Carte 28/57 €
♦ Un hôtel moderne au cœur des... Trois-Vallées. Chambres d'esprit montagnard actuel, dont quelques familiales. Au bar, on sirote un verre en admirant les sommets. Salle à manger chaleureuse ; carte traditionnelle.

XXX   **L'Oxalys** (Jean Sulpice)   ← 🏠 P VISA ⓿ AE
✿✿ (entrée station) – ☎ 04 79 00 12 00 – www.jean-sulpice.fr
– *Ouvert début juil. à fin août, fin nov. à début mai et fermé dim. soir et lundi midi en été*
Rest – Menu 55/120 € – Carte 78/110 € 🦞
Spéc. Œuf de caille poché, gelée de concombre, féra fumée, bourrache et oxalis (été). Ris de veau au caramel de yuzu et légumes de saison. Pomme meringuée, miel de montagne et parfum d'antésite. **Vins** Chignin-Bergeron, Vin de pays d'Allobrogie.
♦ À 2 300 m d'altitude, cette cuisine atteint des sommets : produits savoyards d'exception, cuissons et assaisonnements parfaits, innovation réfléchie, harmonie des saveurs, sous la baguette de Jean Sulpice et de son épouse, excellente sommelière.

X   **L'Épicurien**   VISA ⓿ AE
r. du Soleil, (Résidence le Montana) – ☎ 04 79 00 21 30
– www.restaurantmontana.fr – *Ouvert mi-déc.-mi-avril et fermé sam. soir*
Rest – *(dîner seult)* Menu 49/75 € – Carte 60/77 €
♦ Une atmosphère feutrée et un décor teinté d'exotisme, à travers les objets rapportés de voyage par les propriétaires... Cuisine contemporaine de qualité.

LE VALTIN – 88 Vosges – **314** K4 – 95 h. – alt. 751 m – ✉ 88230   **27** D3
▶ Paris 440 – Colmar 46 – Épinal 55 – Guebwiller 55

XX   **Auberge du Val Joli** avec ch ⚜   🏠 🌳 & 🛎 P VISA ⓿ AE
☺ 12 bis le Village – ☎ 03 29 60 91 37 – www.levaljoli.com – *Fermé dim. soir, lundi soir, mardi midi sauf vacances scolaires et lundi midi sauf fériés*
10 ch – 🛏82/140 € 🛏🛏82/140 € – ⊆ 12 € – ½ P 72/90 €
Rest – (19 €) Menu 22 € (déj. en sem.), 31/62 € – Carte 55/80 €
♦ Petite hostellerie vosgienne tenue par la même famille depuis 1968. Atmosphère rustique dans la salle principale, ou nature devant la large verrière donnant sur la terrasse. Généreuse cuisine mettant joliment le terroir à l'honneur. Chambres pour l'étape.

LA VANCELLE – 67 Bas-Rhin – **315** H7 – rattaché à Lièpvre

VANDOEUVRE-LÈS-NANCY – 54 Meurthe-et-Moselle – **307** H7 – rattaché à Nancy

VANNES P – 56 Morbihan – **308** O9 – 53 079 h. – Agglo. 118 029 h. – alt. 20 m – ✉ 56000 Bretagne **9** A3

Paris 459 – Quimper 122 – Rennes 110 – St-Brieuc 107

quai Tabarly ✆ 08 25 13 56 10

de Baden à Baden Kernic, par rte d'Auray et D 101 : 14 km, ✆ 02 97 57 18 96

Vieille ville★★ AZ : Place Henri-IV★ AZ 10, Cathédrale St-Pierre★ **B**, Remparts★, Promenade de la Garenne ≤★★ - La Cohue★ (anciennes halles) - Musée archéologique★ - Aquarium océanographique et tropical★ - Golfe du Morbihan★★ en bateau.

Villa Kerasy sans rest

20 av. Favrel et Lincy – ✆ 02 97 68 36 83 – www.villakerasy.com – Fermé 3-30 janv. et 13 nov.-11 déc. BY**r**

15 ch – 105/140 € 140/250 € – 15 €

◆ Pondichéry, Cadix.... les chambres évoquent les différentes escales de la légendaire Compagnie des Indes. Jardin japonais, espace bien-être... élégance et harmonie !

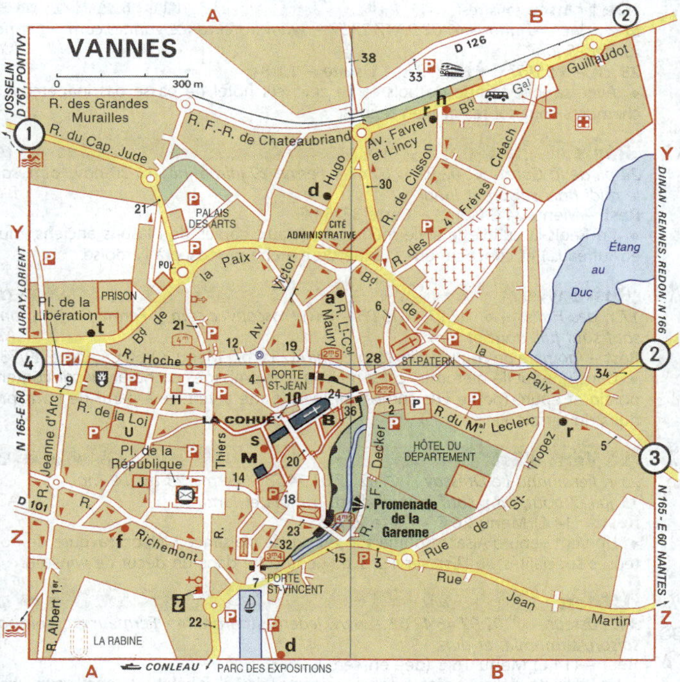

Allain Legrand (R.) . . . . **BZ** 2
Bazvalan (R. J. de) . . . . **BZ** 3
Billault (R.) . . . . **AZ** 4
Briand (R. A.) . . . . **BZ** 5
Le Brix (R. J.) . . . . **AY** 12
Fontaine (R. de la) . . . . **BY** 6
Gambetta (Pl.) . . . . **AZ** 7
Gougaud (R. J.) . . . . **AZ** 9
Le Hellec (R.) . . . . **AZ** 14
Henri-IV (Pl.) . . . . **AZ** 10
Lices (Pl. des) . . . . **AZ** 18
Mené (R. du) . . . . **AY** 19
Monnaie (R. de la) . . . . **AZ** 20
Monnet (Av. J.) . . . . **AY** 21
Le Pontois (R. A.) . . . . **AZ** 15
Porte-Poterne (R.) . . . . **AZ** 23
Porte-Prison (R.) . . . . **AZ** 24
Port (R. du) . . . . **AZ** 22
St-Nicolas (R.) . . . . **BZ** 28
St-Symphorien (Av.) . . . . **BY** 30
St-Vincent-Ferrier (R.) . . . . . . **AZ** 32
Strasbourg (R. de) . . . . **BY** 33
Verdun (Av. de) . . . . **BZ** 34
Vierges (R. des) . . . . **AZ** 36
Wilson (Av.) . . . . **ABY** 38

Best Western Vannes Centre

6 pl. de la Libération – 02 97 63 20 20 – www.bestwestern-vannescentre.com
58 ch – 🚹70/102 € 🚹🚹70/117 € – ☕ 13 € – ½ P 62/86 € AY**t**
Rest – (18 € bc) Menu 25/30 € – Carte 22/30 €
◆ Hôtel récent à deux pas du centre historique, idéal pour une clientèle d'affaires. Chambres de facture sobre et contemporaine ; salle de réunion et espace fitness. Au restaurant, cuisine traditionnelle sans prétention.

Marébaudière sans rest

4 r. Aristide Briand – 02 97 47 34 29 – www.marebaudiere.com BZ**r**
41 ch – 🚹79/114 € 🚹🚹79/114 € – ☕ 11 €
◆ En bordure du centre-ville, une bâtisse néobretonne devancée par un grand parking très pratique. Chambres fonctionnelles, offrant un bon niveau de confort et assez de calme.

Manche-Océan sans rest

31 r. du Lt-Col. Maury – 02 97 47 26 46 – www.manche-ocean.com – Fermé 18 déc.-10 janv. AY**a**
41 ch – 🚹52/96 € 🚹🚹52/96 € – ☕ 8,50 €
◆ Atmosphère familiale dans cet hôtel idéalement situé aux portes de la vieille ville. Chambres fonctionnelles aux teintes ensoleillées et de bonne tenue.

De France sans rest

57 av. Victor Hugo – 02 97 47 27 57 – www.hotelfrance-vannes.com – Fermé 21 déc.-5 janv. AY**d**
29 ch – 🚹55/67 € 🚹🚹59/72 € – 1 suite – ☕ 8 €
◆ Avec sa jolie façade de bois et de zinc, cet hôtel ne passe pas inaperçu. Les chambres sont sobres et bien tenues.

Régis

24 pl. de la Gare – 02 97 42 61 41 – Fermé 29 juin-6 juil., 16-30 nov., dim. sauf le midi hors saison et lundi BY**h**
Rest – Menu 24 € (sem.) – Carte 33/54 €
◆ Ce Régis-là cultive le style médiéval (vitraux, copies de blasons anciens, murs en tuffeau...) et concocte une cuisine du marché proposée à l'ardoise.

Roscanvec

17 r. des Halles – 02 97 47 15 96 – www.roscanvec.com – Fermé fin juin, lundi sauf sauf juil.-août et dim. AZ**s**
Rest – *(nombre de couverts limité, prévenir)* (25 € bc) Menu 30/60 € – Carte 49/73 €
◆ Dans une ruelle piétonne, cette maison à colombages cache un décor contemporain et épuré (petite vue sur les cuisines). Carte inventive à partir de bons produits du terroir.

Le Vent d'Est

23 r. Ferdinand-Le-Dressay – 02 97 01 34 53 – Fermé 23 avril-9 mai, 15 juil.-7 août, dim. sauf le midi d'oct. à mars et lundi AZ**d**
Rest – (14 €) Menu 26 € – Carte 27/53 €
◆ Un vent venu d'Alsace souffle sur le port de plaisance ! Ici, on savoure de goûteuses spécialités de l'Est, servies avec générosité dans un décor de winstub.

L'Éden

3 r. Pasteur – 02 97 46 42 62 – www.ledenrestaurant.fr – Fermé merc. soir hors saison, sam. midi et dim. AZ**f**
Rest – (14 €) Menu 16 € (déj. en sem.), 26/36 €
◆ Un jardin des délices à côté de l'ancien cinéma Éden... Les habitués – nombreux – viennent y savourer une cuisine fraîche et actuelle, qui ose les associations originales.

Les prix indiqués devant le symbole 🚹 correspondent au prix le plus bas en basse saison puis au prix le plus élevé en haute saison, pour une chambre single. Même principe avec le symbole 🚹🚹 cette fois pour une chambre double.

à St-Avé 6 km au Nord par ① et D 767 (près du centre hospitalier spécialisé) – 9 883 h. – alt. 50 m – ⌧ 56890

XXX   **Le Pressoir** (Vincent David)   AC ⇔ P VISA ◉◉ AE ◉
❀   *7 r. de l'Hôpital, à 1,5 km par rte de Plescop –* ℰ *02 97 60 87 63*
– *www.le.pressoir-st-ave.com – Fermé 28 fév.-15 mars, 27 juin-5 juil., 3-18 oct.,
dim. soir et lundi*
Rest – Menu 34 € (déj. en sem.), 62/85 € 🕮
Spéc. Carpaccio de langoustines crues juste tiédies à la fleur de thym, nage de kari
gosse. Noix de ris de veau panée d'amande et homard bleu sauté à cru (avril à oct.).
Pastilla de chocolat noir coulant, sorbet passion, caramel au beurre salé.
♦ Le Pressoir est mort, vive le Pressoir ! En 2010, Bernard Rambaud a passé la main à
Vincent David, et la table n'a rien perdu de sa superbe : le jeune homme réalise une cui-
sine d'auteur inspirée… avec quelques hommages à l'ancien chef. Accueil chaleureux.

à Meucon 9 km au Nord par ① et D 767 – **308** O8 – 1 919 h. – alt. 80 m – ⌧ 56890

XX   **Le Tournesol**   🚗 🏡 ⅙ P VISA ◉◉
20 rte de Vannes – ℰ *02 97 44 50 50 – www.restaurant-le-tournesol.com – Fermé
6-15 juil., 14-28 sept., 28 fév.-6 mars, dim. soir, merc. soir et lundi*
Rest – (16 €) Menu 22 € (sem.), 29/43 € – Carte 33/48 €
♦ Un soupçon de charme rustique (pierres apparentes), deux cuillérées contemporaines et quelques notes de verdure (jardin) : le décor est plaisant et la cuisine,
dans l'air du temps.

à Conleau 4,5 km au Sud-Est - **AZ** – ⌧ 56000 Vannes

◙ Presqu'île de Conleau★ 30 mn.

🏠   **Le Roof** ⌂   ⇐ 🚗 🏡 🏢 ⅙ ⅙ 🕌 P VISA ◉◉ AE ◉
10 allée des Frères Cadoret – ℰ *02 97 63 47 47 – www.le-roof.com*
40 ch – ❖79/119 € ❖❖89/165 € – ⚏ 14 € – ½ P 83/122 €
Rest – (24 € bc) Menu 29/59 € – Carte 35/65 €
Rest *Café de Conleau* – (15 €) Menu 20 € – Carte 22/45 €
♦ La presqu'île de Conleau domine une anse peuplée de voiliers... et c'est là que
se niche le Roof. Chambres fonctionnelles, certaines avec vue sur le golfe du Morbihan. Au restaurant, cuisine de la mer et somptueux panorama. Esprit bistrot
marin au Café...

rte d'Arradon 5 km par ④ et D 101 – ⌧ 56610 Arradon :

XX   **L'Arlequin**   🏡 ⅙ P VISA ◉◉
parc d'activités de Botquelen, (3 allée D. Papin) – ℰ *02 97 40 41 41 – Fermé sam.
midi, dim. soir et merc.*
Rest – (18 €) Menu 21/41 € – Carte 30/45 €
♦ Sur des bases traditionnelles, le chef concocte une cuisine ancrée dans son
époque et variant avec les saisons. Salle agréable, ouverte sur la terrasse et les
abords fleuris.

à Arradon 7 km par ④, D 101, D 101ᴬ et D 127 – 5 125 h. – alt. 40 m – ⌧ 56610

🖪 r Bouruet Aubertot ℰ 02 97 44 77 44
◙ ⇐ ★.

🏠   **Le Parc er Gréo** sans rest ⌂   🚗 🛌 ⅙ ⅙ 🖙 P VISA ◉◉ AE
9 r. Mané Guen, au Gréo, 2 km à l'Ouest (dir. le Moustoir) – ℰ *02 97 44 73 03*
– *www.parcergreo.com – Fermé 12 nov.-20 déc. et 2 janv.-10 fév.*
14 ch – ❖72/90 € ❖❖92/144 € – 1 suite – ⚏ 14 €
♦ On se sent bien dans cette jolie maison entourée de verdure. Maquettes de
bateaux et mobilier chiné dans le salon, chambres raffinées et douillettes, piscine
chauffée. Charmant !

🏠   **Les Vénètes** ⌂   ⇐ ⅙ rest, ⅙ ch, VISA ◉◉
à la pointe, 2 km – ℰ *02 97 44 85 85 – www.lesvenetes.com – Fermé 4-20 janv.*
10 ch – ❖100/230 € ❖❖100/230 € – ⚏ 13 € – ½ P 80/145 €
Rest – *(fermé dim. soir de sept. à juin)* Menu 35/75 € – Carte 60/90 €
♦ Les pieds dans l'eau : dans les chambres, joliment aménagées, on jouit d'une
vue exceptionnelle sur le golfe (balcons au 1ᵉʳ étage). Salle au décor marin, superbement située au bord de la mor bihan ("petite mer" en breton). Carte traditionnelle axée poisson.

LES VANS – 07 Ardèche – **331** G7 – 2 827 h. – alt. 170 m – ✉ 07140   **44** A3

🟩 Lyon Drôme Ardèche

▶ Paris 663 – Alès 44 – Aubenas 37 – Pont-St-Esprit 66

🅳 place Ollier ✆ 04 75 37 24 48

🏠 **Le Carmel** 🦢   🚄 🏡 🍽 🕹 ch, 🎝 🚿 🅿 VISA ⓜ AE

montée du Carmel – ✆ 04 75 94 99 60 – www.le-carmel.com – Hôtel : ouvert
1er mars-11 nov. ; restaurant : ouvert 1er avril-30 sept.
26 ch – †45/55 € ††65/85 € – ☐ 10 € – ½ P 60/78 €
Rest – Menu 28/42 € – Carte 42/54 €
♦ Dominant le bourg médiéval, cet ancien couvent carmélite (1847) abrite des
chambres de style provençal (murs ocres, mobilier en fer forgé). Joli jardin avec
piscine. Restaurant aux couleurs ensoleillées et terrasse ombragée pour apprécier
des plats du marché.

VANVES – 92 Hauts-de-Seine – **311** J3 – **101** 25 – **voir à Paris, Environs**

VARADES – 44 Loire-Atlantique – **316** J3 – 3 527 h. – alt. 13 m – ✉ 44370   **34** B2

▶ Paris 333 – Angers 40 – Cholet 42 – Laval 95

🅳 place Jeanne d'Arc ✆ 02 40 83 41 88

🍴 **La Closerie des Roses**   ⇐ VISA ⓜ AE ①

La Haute Meilleraie, 1,5 km au Sud par rte de Cholet – ✆ 02 40 98 33 30
– www.lacloseriedesroses.com – Fermé 3-19 oct., 16 janv.-8 fév., dim. soir, lundi
soir, mardi soir et merc.
Rest – Menu 17 € (déj. en sem.), 28/60 € – Carte 46/75 €
♦ Table ancrée depuis 1938 face à la Loire et à l'abbatiale de St-Florent-le-Vieil.
Le chef achète son poisson aux pêcheurs du coin et concocte une délicieuse cuisine régionale.

VARENGEVILLE-SUR-MER – 76 Seine-Maritime – **304** F2 – 1 071 h.   **33** D1
– alt. 80 m – ✉ 76119 🟩 Normandie Vallée de la Seine

▶ Paris 199 – Dieppe 10 – Fécamp 57 – Fontaine-le-Dun 18

🔵 Site★ église - Parc des Moustiers★ - Colombier★ du manoir d'Ango, S : 1 km
- Ste-Marguerite : arcades★ de l'église O : 4,5 km - Phare d'Ailly ⇐★ NO : 4 km.

à Vasterival 3 km au Nord-Ouest par D 75 et rte secondaire – ✉ 76119
Varengeville-sur-Mer

🏠 **De la Terrasse**   ⇐ 🚄 🍽 🍽 rest, 🎝 🚿 🅿 VISA ⓜ

rte de Vasterival – ✆ 02 35 85 12 54 – www.hotel-restaurant-la-terrasse.com
– Ouvert 20 mars-5 oct.
22 ch (½ P seult) – ☐ 8 € – ½ P 54/63 €
Rest – (17 €) Menu 22/35 € – Carte 25/43 €
♦ Au terme d'une route bordée de sapins, belle demeure (1902) entourée d'un
jardin ombragé. La moitié des chambres offre une vue plongeante sur la mer.
Cuisine traditionnelle dans la salle à manger tournée vers la Manche.

LA VARENNE-ST-HILAIRE – 94 Val-de-Marne – **312** E3 – **101** 28 – **voir à**
Paris, Environs (St-Maur-des-Fossés)

VARETZ – 19 Corrèze – **329** J4 – **rattaché à Brive-la-Gaillarde**

VARS – 05 Hautes-Alpes – **334** I5 – 597 h. – alt. 1 650 m – ✉ 05560   **41** C1
🟩 Alpes du Sud

▶ Paris 726 – Barcelonnette 41 – Briançon 46 – Digne-les-Bains 126

🅳 Cours Fontanarosa ✆ 04 92 46 51 31

aux Claux – ✉ 05560 Vars – **Sports d'hiver : 1 650/2 750 m** 🎿 2 💺56 🎿

🏠 **L'Écureuil** sans rest   ⇐ 🎝 🅿 VISA ⓜ AE

Les Claux – ✆ 04 92 46 50 72 – www.hotelecureil.com – Ouvert 1er juil.-31 août
et 12 déc.-25 avril
21 ch ☐ – †88/120 € ††110/128 €
♦ À 150 m des pistes, chalet dans le plus pur style savoyard. Bois omniprésent
depuis le chaleureux salon-cheminée jusqu'aux chambres feutrées (la plupart
avec balcon). Sauna.

Les Escondus 🏠

Les Claux – ℰ 04 92 46 67 00 – www.hotel-les-escondus.com
– Ouvert 1er juil.-31 août et 1er déc.-30 avril
22 ch � – †68/99 € – ††104/152 € – ½ P 71/99 €
Rest – (15 €) Menu 20 € (déj.)/30 € – Carte 29/39 €

◆ Tout pour se ressourcer : accès direct aux pistes, espace détente, piano-bar et chambres pratiques. Les amateurs d'insolite choisiront celle occupant une cabane dans les arbres ! Plats traditionnels dans la grande salle lambrissée ou en terrasse, côté forêt.

Chez Plumot ✕

– ℰ 04 92 46 52 12 – *Ouvert juil.-août et déc.-avril*
Rest – (19 €) Menu 31 € – Carte 25/55 €

◆ Un incontournable de la station. Le cadre rustique s'accorde bien avec les plats traditionnels proposés ici. Carte allégée à midi, en hiver (snack, spécialités du Sud-Ouest).

à Ste-Marie-de-Vars – ✉ 05560 Vars

Alpage 🏠

ℰ 04 92 46 50 52 – www.hotel-alpage.com – *Ouvert 15 juin-1er sept. et 15 déc.-26 avril*
17 ch ⊐ – †50/57 € – ††70/150 € – 2 suites – ½ P 52/104 €
Rest – Menu 20/29 € – Carte 25/32 €

◆ Vieille ferme de village joliment rénovée, tout en pierres et bois. Chambres spacieuses et agréables à vivre, comme les salons communs (billard, cheminée). Une sympathique cuisine traditionnelle vous attend au restaurant, logé sous les voûtes de l'ancienne étable.

Le Vallon 🏠

– ℰ 04 92 46 54 72 – www.hotelvallon.com
– Ouvert juil.-août et 19 déc.-19 avril
32 ch – †44/75 € – ††65/111 € – ⊐ 8 € – ½ P 55/79 €
Rest – *(fermé le midi en été)* (14 €) Menu 19/23 € – Carte 21/35 €

◆ Un séjour tout schuss ! Emplacement idéal au pied des pistes, accueil convivial, ambiance et décor montagnards, chambres ouvertes sur la nature, sauna, billard et ping-pong. Le restaurant, égayé de photos représentant le pays, propose des plats traditionnels.

VASSIVIÈRE (LAC DE) – 23 Creuse – 326 i6 – rattaché à Peyrat-le-Château (87 H.-Vienne)

VASTERIVAL – 76 Seine-Maritime – 304 F2 – rattaché à Varengeville-sur-Mer

VAUCHOUX – 70 Haute-Saône – 314 E7 – rattaché à Port-sur-Saône

VAUCHRÉTIEN – 49 Maine-et-Loire – 317 G5 – 1 558 h. – ✉ 49320   35 C2

▶ Paris 313 – Nantes 119 – Angers 22 – Cholet 66
🛈 Mairie ℰ 02 41 91 24 18

Le Moulin de Clabeau sans rest ⌂

5 km au Nord par D 55 puis D 123 – ℰ 02 41 91 22 09 – www.gite-brissac.com
4 ch ⊐ – †67 € – ††70 €

◆ Pour les amoureux de la nature, des vignobles et des vieilles pierres, un moulin à eau de 1320 et sa belle maison de meunier du 19e s. Confitures et gâteaux maison au petit-déjeuner.

VAUCRESSON – 92 Hauts-de-Seine – 311 I2 – 101 23 – voir à Paris, Environs

VAUDEVANT – 07 Ardèche – 331 J3 – 209 h. – alt. 600 m – ✉ 07410   44 B2

▶ Paris 558 – Lyon 96 – Privas 89 – Saint-Étienne 67

La Récré ✕

– ℰ 04 75 06 08 99 – www.restaurant-la-recre.com – *Fermé déc., janv. et le soir sauf sam. de sept. à mars, dim. soir, lundi et mardi*
Rest – *(nombre de couverts limité, prévenir)* (12 €) Menu 18/55 €

◆ Tableau noir, photos d'écoliers, cartes de géographie : jadis, ce restaurant était... une école ! À l'heure de la récré, on vient y savourer une cuisine bien dans son époque.

VAULT-DE-LUGNY – 89 Yonne – **319** G7 – rattaché à Avallon

VAULX – 74 Haute-Savoie – **328** I5 – 803 h. – alt. 530 m – ✉ 74150 **46** F1
▶ Paris 539 – Annecy 19 – Genève 50 – Lyon 158

✗ **Par Monts et Par Vaulx** 🛋 ♿ ♻ 𝖵𝖨𝖲𝖠 ⊕⊖
– ℰ 04 50 60 57 20 – www.restaurant-vaulx.fr – Fermé 15-30 août, 10 jours
début janv., dim. soir, lundi soir, mardi soir et merc.
Rest – (nombre de couverts limité, prévenir) Menu 28/36 € – Carte 27/36 €
♦ Sur la route qui traverse le village, auberge ancienne reprise par un jeune couple.
Cadre rustique, terrasse ombragée et goûteuse cuisine de bistrot (excellent paris-brest).

VAUX-EN-BEAUJOLAIS – 69 Rhône – **327** G3 – 946 h. – alt. 360 m **43** E1
– ✉ 69460
▶ Paris 443 – Lyon 49 – Villeurbanne 58 – Lyon 51

✗✗ **Auberge de Clochemerle** avec ch 🛋 ♿ 𝖵𝖨𝖲𝖠 ⊕⊖
⊠ r. Gabriel-Chevallier – ℰ 04 74 03 20 16 – www.aubergedeclochemerle.fr – Fermé
5-13 sept. et 3-25 janv.
7 ch – †70 € ††75 € – � 10 €
Rest – (fermé lundi et mardi) Menu 30/65 € – Carte 61/78 €
♦ Auberge d'un village rendu célèbre par le roman "Clochemerle" de Gabriel
Chevallier. Le chef écrit un menu actuel et captivant, mariant les beaux produits
avec une sensibilité croissante. Agréable cadre néorustique. Chambres fraîches au
mobilier de famille.

VAUX-LE-PÉNIL – 77 Seine-et-Marne – **312** F4 – rattaché à Melun

VAUX-SOUS-AUBIGNY – 52 Haute-Marne – **313** L8 – 662 h. **14** C3
– alt. 275 m – ✉ 52190
▶ Paris 304 – Dijon 44 – Gray 43 – Langres 25

✗✗ **Auberge des Trois Provinces** ♻ 𝖵𝖨𝖲𝖠 ⊕⊖ ⓞ
⊜ r. de Verdun – ℰ 03 25 88 31 98 – Fermé 4-25 janv., 1 sem. en nov., dim. soir et
lundi
Rest – (prévenir) Menu 19/29 € – Carte 40/98 €
♦ Une auberge accueillante sous la glycine, avec poutres et belle cheminée. Le
décor est soigné, la cuisine aussi (plus traditionnelle à la carte).

⊠ **Le Vauxois** 🏠 🖺 📶 ℙ 𝖵𝖨𝖲𝖠 ⊕⊖
⊜ 6 r. de l'église – ℰ 03 25 84 36 74 – Fermé 4-25 janv., dim. soir et lundi
9 ch – †48 € ††55 € – ⊃ 6,50 €
♦ Chambres fonctionnelles parfaites pour l'étape, à 50 m de l'Auberge des Trois
Provinces et à deux pas de l'église.

VELARS-SUR-OUCHE – 21 Côte-d'Or – **320** J6 – rattaché à Dijon

VÉLIZY-VILLACOUBLAY – 78 Yvelines – **311** J3 – **101** 24 – voir à Paris, Environs

VELLÈCHES – 86 Vienne – **322** J3 – 371 h. – alt. 69 m – ✉ 86230 **39** C1
▶ Paris 302 – Poitiers 58 – Joué-lès-Tours 60 – Châtellerault 21

✗ **La Table des Écoliers** 🛋 🅰🅒 ℙ 𝖵𝖨𝖲𝖠 ⊕⊖
⊜ 1 bis r. de l'Étang – ℰ 05 49 93 35 51 – www.latabledesecoliers.com – Fermé
mardi et merc.
Rest – Menu 15 € (sem.)/45 €
♦ On replonge en enfance dans une ancienne salle de classe (tables d'écoliers,
porte-manteaux...), pour une intéressante leçon gustative. Accueil sympathique
et plats actuels.

VELLUIRE – 85 Vendée – **316** K9 – rattaché à Fontenay-le-Comte

VENAREY-LES-LAUMES – 21 Côte-d'Or – **320** G4 – 3 068 h. **8** C2
– alt. 235 m – ✉ 21150 ▮ Bourgogne
▶ Paris 259 – Avallon 54 – Dijon 66 – Montbard 15
🄳 place Bingerbrück ℰ 03 80 96 89 13

à Alise-Ste-Reine 2 km à l'Est – 695 h. – alt. 415 m – ⊠ 21150

🄾 Mont Auxois★ : ✳✳ ★ - Château de Bussy-Rabutin★.

XX **Auberge du Cheval Blanc** P VISA ⊕
r. du Miroir – ℰ 03 80 96 01 55 – www.regis-bolatre.com – Fermé 6-14 sept.,
2 janv.-10 fév., mardi sauf le midi en juil.-août, dim. soir et lundi
Rest – (15 €) Menu 18 € (déj. en sem.), 32/45 € – Carte 36/55 €
◆ Bâtisse en pierre où l'intérieur, rafraîchi et actuel, est agréablement réchauffé
l'hiver par un bon feu de bois. Généreuse cuisine à composantes bourguignonnes.

à Mussy-la-Fosse 3 km à l'Ouest par rte secondaire – **320** G4 – 82 h.
– alt. 280 m – ⊠ 21150

⌂ **Clos Mussy** ⚘ 🛏 ⤳ ❀ ch, ⤲ P
8 r. du Château – ℰ 03 80 96 97 87 – www.closmussy.fr – Fermé 24 déc.-3 janv.
3 ch ⊑ – ✝65 € ✝✝75 € **Table d'hôte** – Menu 35 € bc
◆ Face au site d'Alésia, cette maison forte (16ᵉ s.) témoigne de l'architecture militaire du Moyen Âge. Vastes chambres personnalisées ; grange aménagée en salon
rustique. Table d'hôte proposée dans une grande salle médiévale dotée d'une
cheminée monumentale.

VENASQUE – 84 Vaucluse – **332** D10 – 1 131 h. – alt. 310 m **42** E1
– ⊠ 84210 ▍Provence

▶ Paris 690 – Apt 32 – Avignon 33 – Carpentras 13
🄸 Grand 'Rue ℰ 04 90 66 11 66
🄾 Baptistère★ - Gorges★ E : 5 km par D 4.

⌂ **La Fontaine** sans rest ⚘ AC ❀ P VISA ⊕
pl. de la Fontaine – ℰ 04 90 60 64 05 – www.maisondecharme-venasque.com
– Fermé mars, 2 sem. en nov., et fév.
4 ch ⊑ – ✝115/125 € ✝✝115/125 €
◆ Dans ce beau village, cette Fontaine abrite quatre charmants duplex (boutis,
cheminée, meubles chinés...) avec vue sur les toits ou le patio, ainsi qu'une boutique de décoration !

VENCE – 06 Alpes-Maritimes – **341** D5 – 18 931 h. – alt. 325 m **42** E2
– ⊠ 06140 ▍Côte d'Azur

▶ Paris 923 – Antibes 20 – Cannes 30 – Grasse 24
🄸 8, place du Grand Jardin ℰ 04 93 58 06 38
🄾 Chapelle du Rosaire★ (chapelle Matisse) - Place du Peyra★ **B 13**
   - Stalles★ de la cathédrale **B E** - ≼★ de la terrasse du château N. D. des
   Fleurs NO : 2,5 km par D 2210.
🄲 Col de Vence ✳✳★★ NO : 10 km par D 2 - St-Jeannet : site★, ≼★ 8 km par ③.

Alsace Lorr. (R.) . . . . **B** 3
Évêché (R. de l') . . . . **B** 5
Hôtel de Ville (R.) . . . . **B** 6
Leclerc (Av. Gén.) . . . . **A** 9
Marché (R. du) . . . . **B** 10
Meyère (Av. Col.) . . . . **B** 12
Peyra (Pl. du) . . . . **B** 13
Place Vieille (R. de la) . . . . **B** 14
Poilus (Av. des) . . . . **A** 15
Portail Levis (R. du) . . . . . . **B** 16
Résistance (Av. de la) . . **A, B** 17
Rhin et Danube (Av.) . . . . . **A** 18
St-Lambert (R.) . . . . **B** 19
Tuby (Av.) . . . . **A** 21

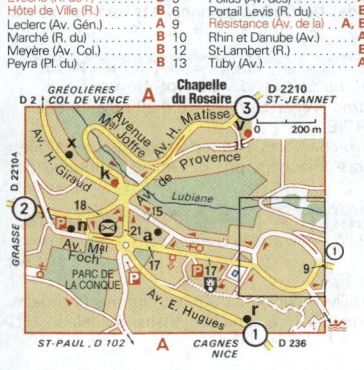

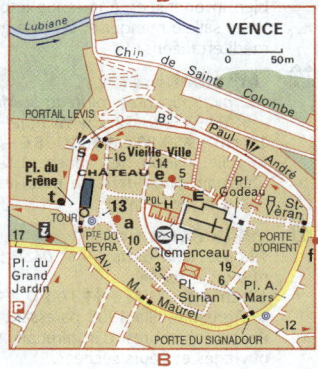

Château St-Martin & Spa 🕊️ ⟨🌸 🍸 🚭 ⅙ ✂️ ☎ 🏊 ch, 🅰️ 🌐
av. des Templiers, 2,5 km par rte du col de Vence (D 2) 🏊 🚗 🆚 💳 🆎 ①
A – ℰ 04 93 58 02 02 – www.chateau-st-martin.com – Fermé 11 déc.-11 fév.
45 ch � – ✝360/1250 € ✝✝360/1250 € – 7 suites
Rest *Le St-Martin* – voir ci-après
Rest *La Rôtisserie* – *(fermé merc. et jeudi sauf de mai à sept.)* Menu 52/64 € bc
– Carte 55/80 €
Rest *L'Oliveraie* – *(ouvert 1er juin-19 sept.) (déj. seult)* (52 €) Menu 64 € – Carte 54/80 €
♦ Cadre d'exception pour ce luxueux palace provençal dominant Vence et la mer
depuis son vaste parc planté d'oliviers... Décors classiques, d'un parfait confort.
À la Rôtisserie, grillades et recettes à la broche. Déjeuner servi l'été en terrasse au
grill L'Oliveraie.

Cantemerle 🕊️ 🚲 🍴 🍸 🚭 ⅙ ⅚ 🅰️ ch, 🌐 🏊 🅿️ 🆚 💳 🆎
*258 chemin Cantemerle, au Sud-Est par av. Col. Meyère B – ℰ 04 93 58 08 18
– www.hotelcantemerle.com – Ouvert d'avril à mi-oct.*
26 ch – ✝210/230 € ✝✝235/260 € – 1 suite – ⊃ 16 €
Rest – *(fermé mardi midi et lundi de début sept. à mi-oct. et de début avril à mi-
juin et dim. soir)* (22 €) Menu 28 € (déj. en sem.), 32/53 € – Carte 45/60 €
♦ Villa méridionale agencée autour d'un jardin ombragé avec piscine. Chambres
élégantes et spacieuses, la plupart en duplex, et bel espace bien-être pour une
détente complète ! Restaurant aux tons chocolat et terrasse dans la verdure ; cuisine traditionnelle.

Diana sans rest ⅙ 🖥️ 🅰️ 🌐 🚗 🆚 💳 🆎 ①
79 av. des Poilus – ℰ 04 93 58 28 56 – www.hotel-diana.fr **Aa**
27 ch – ✝75/140 € ✝✝85/160 € – ⊃ 12 €
♦ Hôtel central aux chambres confortables, peu à peu relookées dans un style
actuel (toiles d'artistes locaux). Belle véranda ; fitness, solarium et jacuzzi sur le
toit-terrasse.

Floréal 🚲 🍴 🍸 🖥️ 🅰️ ✂️ rest, 🌐 🏊 🅿️ 🆚 💳 🆎
*440 av. Rhin et Danube, par ②
– ℰ 04 93 58 64 40 – www.hotel-floreal.fr*
41 ch – ✝60/112 € ✝✝78/137 € – ⊃ 12 € – ½ P 62/98 €
Rest – *(fermé dim. hors saison et le midi) (résidents seult)* Menu 21/26 €
♦ Un jardin d'essences méditerranéennes entoure cet hôtel situé aux portes de
Vence. Les chambres, dotées de balcons, bénéficient peu à peu d'une cure de
jouvence. Cuisine traditionnelle servie dans une salle à manger prolongée d'une
terrasse face à la piscine.

Mas de Vence 🚲 🍴 🍸 🖥️ ⅚ 🅰️ 🌐 🏊 🅿️ 🚗 🆚 💳 🆎 ①
539 av. E. Hugues – ℰ 04 93 58 06 16 – www.azurline.com/mas **Ar**
41 ch – ✝62/88 € ✝✝85/115 € – ⊃ 9 € – ½ P 79/86 €
Rest – (17 € bc) Menu 30 € – Carte 24/42 €
♦ Cette construction récente aux tons ocre surplombe un axe passant. Chambres
bien insonorisées, à la tenue impeccable, souvent avec loggia. Hall sous verrière.
Vaste salle à manger et terrasse à arcades bordant la piscine. Plats traditionnels et
méditerranéens.

Miramar sans rest ⟨🚲 🍸 🌐 🅿️ 🆚 💳 🆎 ①
*167 av. Bougearel, (plateau St-Michel), au Sud-Est par av. Col. Meyère B
– ℰ 04 93 58 01 32 – www.hotel-miramar-vence.com – Fermé 20 nov.-10 déc.*
18 ch – ✝58/88 € ✝✝68/158 € – ⊃ 12 €
♦ Jolie maison des années 1920 aux chambres coquettement personnalisées.
Charmant jardin-terrasse pour les petits-déjeuners, pris devant le panorama des
baous et de la vallée.

Villa Roseraie sans rest 🚲 🍸 ✂️ 🌐 🅿️ 🆚 💳 🆎
*128 av. Henri Giraud – ℰ 04 93 58 02 20 – www.villaroseraie.com – Fermé de
mi-nov. à mi-fév.* **Ax**
12 ch – ✝87/147 € ✝✝87/147 € – ⊃ 12 €
♦ Agréable villa 1900 paressant au milieu d'un jardin conçu comme une oasis.
Petites chambres d'inspiration typiquement régionale : tissus Souleiado, lits
ouvragés et fleurs séchées.

⛫ **La Maison du Frêne** sans rest   🗚🅲 🗣️ 𝘝𝘐𝘚𝘈 ⓪⓿
1 pl. du Frêne – ℰ 06 88 90 49 69 – www.lamaisondufrene.com
4 ch 🖙 – †150/170 € ††150/170 €   **Bt**
♦ Demeure 18ᵉ s. du vieux Vence où vous partagerez, le temps d'un séjour, la passion de l'art et du design contemporains. Une adresse de standing à l'atmosphère furieusement arty.

🗶🗶🗶🗶🗶 **Le St-Martin** – Hôtel Château St-Martin & Spa   ⬗ 🗚🅲 🏊 🗚🅲 🗝
❀❀ – ℰ 04 93 58 02 02 – www.chateau-st-martin.com   𝘝𝘐𝘚𝘈 ⓪⓿ 🗚🅴 ⓪
– *Fermé 11 déc.-11 fév.*
Rest – *(fermé lundi et mardi hors saison et le midi du 15 juin au 15 sept.)*
Menu 65 € (déj.), 75 € bc/190 € – Carte 115/200 €
Spéc. Langoustine juste saisie, beurre émulsionné au jus de yuzu et jeunes ormeaux. Rouget en croûte de pain de mie, billes de concombre, fenouil et cébettes, rouille safranée. Tarte soufflée banane-rhum-raisin. **Vins** Bandol, Côtes de Provence.
♦ L'inventif Yannick Franques marie la délicatesse à la puissance, les saveurs les plus subtiles et les plus entêtantes. Une expérience rare et exquise, au Château St-Martin.

🗶🗶🗶 **Auberge Les Templiers**   🏠 🗚🅲 ⬗ 𝘝𝘐𝘚𝘈 ⓪⓿ 🗚🅴 ⓪
39 av. Joffre – ℰ 04 93 58 06 05 – www.restaurant-vence.com – Fermé 24 oct.-3 nov., 19 fév.-6 mars, mardi midi et merc. midi en juil.-août, dim. et lundi
Rest – (29 € bc) Menu 39/69 € – Carte 51/77 €   **Ak**
♦ Cette auberge ancienne est devancée par une avenante terrasse ombragée. Cadre rénové et frais de style provençal. Cuisine au goût du jour dans la note méridionale.

🗶🗶 **Le Vieux Couvent**   🗝 𝘝𝘐𝘚𝘈 ⓪⓿ 🗚🅴
☺ *37 av. Alphonse-Toreille – ℰ 04 93 58 78 58 – www.restaurant-levieuxcouvent.com*
– *Fermé 5 janv.-12 fév., merc. sauf le soir en été et jeudi midi*   **Bf**
Rest – *(nombre de couverts limité, prévenir)* Menu 27/38 € – Carte 32/50 €
♦ Cadre élégant pour ce restaurant installé dans un ancien séminaire du 17ᵉ s. Peintures et sculptures modernes contrastent avec les voûtes et murs en pierre. Cuisine régionale.

🗶 **Les Bacchanales** (Christophe Dufau)   🏠 ⬗ 🅿 𝘝𝘐𝘚𝘈 ⓪⓿ 🗚🅴
❀ *247 av. de Provence – ℰ 04 93 24 19 19 – www.lesbacchanales.com*
– *Fermé 12-28 déc., mardi et merc.*   **Av**
Rest – (35 €) Menu 55 € (dîner)/80 €
Spéc. Rouget et crevettes de Méditerranée, consommé de poissons de roche et aïoli de fruits. Veau de lait corse glacé à la réglisse, raviole végétale. Nèfles et framboises du pays aux amandes fraîches. **Vins** Côtes de Provence, Vin de pays des Bouches du Rhône.
♦ Le chef signe une cuisine créative pleine de spontanéité, qui fait la part belle aux légumes, dans ce restaurant lumineux et contemporain (œuvres d'art). La chapelle Matisse est à deux pas.

🗶 **Auberge des Seigneurs** avec ch   🏠 🗣️ 𝘝𝘐𝘚𝘈 ⓪⓿ 🗚🅴
1, rue du Dr Binet – ℰ 04 93 58 04 24 – www.auberge-seigneurs.com – Fermé de mi-déc. à mi-janv.
6 ch – †65 € ††85/95 € – 🖙 9 € – ½ P 95 €   **Bs**
Rest – *(fermé lundi)* (22 €) Menu 31/37 € – Carte 43/62 €
♦ François 1ᵉʳ, Renoir, Modigliani... Cette auberge historique sise dans une aile du château de Villeneuve eut de célèbres convives. Plats provençaux, agneau à la broche.

🗶 **L'Armoise**   🏠 🗚🅲 🗝 𝘝𝘐𝘚𝘈 ⓪⓿ 🗚🅴
9 pl. du Peyra – ℰ 04 93 58 19 29 – www.larmoise.com – Fermé le midi du 5 juil. au 23 août, dim. soir, mardi midi et lundi de sept. à juin   **Ba**
Rest – *(nombre de couverts limité, prévenir)* (24 €) Menu 38 € – Carte environ 52 €
♦ Ce restaurant dédié aux saveurs de la mer occupe une ancienne poissonnerie et dresse sa terrasse sur la jolie place du Peyra. Grands classiques (bouillabaisse) et recettes maison.

✂ **La Litote** 🛏 VISA ⦿ AE

5 r. Évêché – ☎ 04 93 24 27 82 – www.lalitote.com – Fermé 12 nov.-16 déc.,
14 janv.-5 fév., mardi d'oct. à avril, dim. soir et lundi **B**e
Rest – (18 €) Menu 20 € (déj. en sem.), 25/35 € – Carte environ 35 €
♦ Adresse située sur une placette du vieux Vence, réservée aux piétons. Accueil
et service avenants, cadre chaleureux, terrasse et carte actuelle à composantes
provençales.

VENDÔME 🚐 – **41** Loir-et-Cher – **318** D5 – 17 029 h. – alt. 82 m **11** B2
– ✉ 41100 ▮ Châteaux de la Loire

▶ Paris 169 – Blois 34 – Le Mans 78 – Orléans 91

ℹ parc Ronsard ☎ 02 54 77 05 07

⛳ de La Bosse à Oucques La Guignardière, par rte de Beaugency : 20 km,
☎ 02 54 23 02 60

👁 Anc. abbaye de la Trinité★ : église abbatiale★★, musée★ BZ **M** - Château :
terrasses ≤★.

Abbaye (R. de l')	**BZ** 2	États-Unis (R. des)	**AY** 10	Rochambeau (R. Mar.)	**AY** 19
Béguines (R. des)	**BY** 3	Gaulle (R. Gén.-de)	**BZ** 12	St-Bié (R.)	**BZ** 20
Bourbon (R. A)	**BZ** 5	Italie (R. d')	**BX** 14	St-Martin (Pl.)	**BZ** 22
Change (R. du)	**BY** 7	Poterie (R.)	**AZ**	Saulnerie (R.)	**AZ** 23
Clemenceau (Av. G.)	**BX** 8	République (Pl. de la)	**BZ** 17	Verrier (R. Cdt)	**AXY** 25

Le St-Georges 🛜 |⚙| & ch, 📞 🅿 🆚 💳 🏧

14 r. Poterie – ℰ 02 54 67 42 10 – www.hotel-saint-georges-vendome.com
28 ch – ♦65/85 € ♦♦75/95 € – ⊐ 9 € – ½ P 79/89 €   AZ**t**
Rest – *(fermé dim. sauf fériés)* (18 € bc) Menu 25/39 € – Carte 38/50 €
♦ Cet immeuble du centre-ville, en angle de rue, cache un hôtel bien dans l'air du temps. Chambres fonctionnelles de style actuel, certaines avec baignoire balnéo. Au restaurant, cuisine aux saveurs des quatre continents sur fond de décor ethnique. Bar lounge africain.

Mercator 🗚 rest, ⁿⁱ 🖄 🅿 🆚 💳 🏧

rte de Blois, 2 km par ③ – ℰ 02 54 89 08 08 – www.hotelmercator.fr
56 ch – ♦52/61 € ♦♦58/64 € – ⊐ 8 €
Rest – *(fermé 26 juil.-22 août, sam. et dim.)* Menu 17 €
♦ Proche d'un rond-point mais bordé d'espaces verts, hôtel dont les petites chambres chaleureuses affichent un style actuel. L'accueil familial est soigné. Au restaurant, cadre contemporain épuré et recettes traditionnelles.

Le Vendôme sans rest |⚙| ⁿⁱ 🆚 💳 🏧

15 fg Chartrain – ℰ 02 54 77 02 88 – www.hotelvendomefrance.com
35 ch – ♦59/65 € ♦♦69/85 € – ⊐ 10 €   BY**e**
♦ Adresse familiale au cœur de la ville : une maison d'angle à la façade blanche abritant des chambres pratiques et un salon cosy (piano). Au petit-déjeuner, buffet très complet.

Le Terre à TR 🛜 🆚 💳

14 r. du Mar.-de-Rochambeau – ℰ 02 54 89 09 09 – Fermé 1 sem. en fév., sam. midi, dim. soir et lundi   AY**v**
Rest – (17 € bc) Menu 28/32 €
♦ Dans les faubourgs de la ville, ce restaurant a pour particularité d'être installé dans une cave troglodytique. Il possède aussi une terrasse d'été. Menu-carte au goût du jour.

Auberge de la Madeleine avec ch 🛜 📞 🆚 💳

6 pl. de la Madeleine – ℰ 02 54 77 20 79 – Fermé merc.   AY**d**
8 ch – ♦40/47 € ♦♦40/54 € – ⊐ 7 € – ½ P 53/56 €
Rest – Menu 18 € (sem.), 26/39 € – Carte 50/58 €
♦ Face à une placette, auberge régionale et sa sympathique terrasse, sur l'arrière, bordant le Loir. Salle à manger sur deux niveaux. Petites chambres sobres et néo-rustiques.

à St-Ouen 4 km au Nord-Est par D 92 et rte secondaire BX – 3 363 h. – alt. 81 m – ⊠ 41100

La Vallée 🛜 ✧ 🅿 🆚 💳 🏧

34 r. Barré-de-St-Venant – ℰ 02 54 77 29 93 – www.restaurant-la-vallee.com – Fermé 7-21 mars, 3-11 janv., dim. soir, lundi et mardi sauf fériés
Rest – (17 €) Menu 24/36 € – Carte 36/49 €
♦ Accueillante maisonnette à l'abri des regards et du bruit. Couleurs ensoleillées et poutres dans la coquette salle à manger. Carte traditionnelle et beau plateau de fromages.

VENOSC – 38 Isère – 333 J8 – 894 h. – alt. 1 000 m – Sports d'hiver : 45 C2
1 650/3 420 m ⚡ 58 – ⊠ 38520 ▌Alpes du Nord

▶ Paris 633 – Gap 105 – Grenoble 66 – Lyon 166
🛈 La Condamine ℰ 04 76 80 06 82

Château de la Muzelle ⚲ 🚍 🛜 ⁿⁱ 🅿 🛜 🆚 💳

Bourg d'Arud – ℰ 04 76 80 06 71 – www.chateaudelamuzelle.com – Ouvert 29 mai-11 sept.
21 ch – ♦64 € ♦♦64 € – ⊐ 10 € – ½ P 62/67 €
Rest – Menu 23/42 € – Carte 29/55 €
♦ De pimpants volets rouges égayent la sobre façade de ce petit château du 17ᵉ s. Chambres fonctionnelles et bien tenues, mansardées au deuxième étage. Ambiance familiale. Bonne cuisine traditionnelle mettant à profit les légumes du potager.

VENTABREN – 13 Bouches-du-Rhône – **340** G4 – 4 842 h. – alt. 210 m   **40** B3
– ✉ 13122 ▮ Provence

> ▶ Paris 746 – Aix-en-Provence 14 – Marseille 33 – Salon-de-Provence 27
> ℹ 11, boulevard de Provence ℰ 04 42 28 76 47
> ◎ ≤★ des ruines du Château.

XX **La Table de Ventabren** (Dan Bessoudo)   ≤ 🍴 ⅌ VISA ☾
⸙ *r. F.-Mistral – ℰ 04 42 28 79 33 – www.latabledeventabren.com
– Fermé 23 déc.-31 janv., merc. soir d'oct. à mars, dim. soir d'oct. à avril
et lundi*
Rest – *(prévenir)* Menu 43/74 € – Carte 50/80 €
Spéc. Caviar d'aubergine fumée, chèvre frais de Provence, pastèque et chips de
parmesan (été). Pigeon rôti, légumes de pot-au-feu, chantilly à la moutarde
et viennoise au persil (hiver). Mousse au chocolat tiède, bonbons de banane
croustillants et sucettes exotiques. **Vins** Palette, Côtes de Provence.
♦ Au cœur d'un village pittoresque, une belle occasion de faire une pause gourmande sur une terrasse dominant la vallée. La cuisine est fraîche, parfumée et
met en relief avec justesse les saveurs franches de bons produits. Le tout à prix
plutôt raisonnables...

VENTRON – 88 Vosges – **314** J5 – 928 h. – alt. 630 m – Sports   **27** C3
d'hiver : 850/1 110 m ⚡8 ⚶ – ✉ 88310

> ▶ Paris 441 – Épinal 56 – Gérardmer 25 – Mulhouse 51
> ℹ 4, place de la Mairie ℰ 03 29 24 07 02
> ◱ Grand Ventron ❄★★ NE : 7 km ▮ Alsace Lorraine

à l'Ermitage-du-Frère-Joseph 5 km au Sud par D 43 et D 43E – Sports
d'hiver : 850/1 110 m ⚡8 ⚶ – ✉ 88310 Ventron

🏨 **Les Buttes** ⬙   ≤ 🅽 📶 ⅌ rest, 🎙 🛁 🅿 VISA ☾ ⒶⒺ
*Ermitage Frère Joseph – ℰ 03 29 24 18 09 – www.ermitage-resort.com
– Fermé 6 nov.-15 déc.*
26 ch – †145/190 € ††145/190 € – 1 suite – ⭨ 18 € – ½ P 105/159 €
Rest – *(fermé le midi sauf dim. et fériés)* Menu 28/40 € – Carte 30/40 €
♦ Cadre montagnard chic, chambres douillettes (certaines avec jacuzzi) égayées
d'images d'Épinal et salon cossu tapissé de dessins de Claudon : un chalet bien
agréable ! Restaurant chaleureux et élégant, face aux pistes. Carte traditionnelle
souvent renouvelée.

à Travexin 3 km à l'Ouest – ✉ 88310 Cornimont

🏠 **Le Géhan**   🚳 🍴 📶 🅿 VISA ☾ ⒶⒺ
⸙ *9 rte de Travexin – ℰ 03 29 24 10 71 – www.legehan-charlemagne.com – Fermé
19 juil.-1er août*
11 ch – †50 € ††50 € – ⭨ 9 € – ½ P 57 €
Rest – *(fermé dim. soir et lundi)* Menu 11 € (déj. en sem.), 18/42 €
– Carte 23/48 €
♦ Derrière la façade colorée de cette maison de pays, des chambres bien insonorisées et joliment agrémentées de meubles de famille. Tenue exemplaire et
accueil attentionné. Salle à manger lumineuse où l'on sert des menus traditionnels et quelques plats régionaux.

VERDUN ◉ – 55 Meuse – **307** D4 – 19 374 h. – alt. 198 m – ✉ 55100   **26** A1
▮ Alsace Lorraine

> ▶ Paris 263 – Metz 78 – Bar-le-Duc 56 – Châlons-en-Champagne 89
> ℹ place de la Nation ℰ 03 29 86 14 18
> ◎ Ville Haute★ : Cathédrale Notre-Dame★, BYZ Palais épiscopal★ (Centre
> mondial de la paix) BZ - Citadelle souterraine★ : circuit★★ BZ - Les
> champs de bataille★★★ : Mémorial de Verdun, Fort et Ossuaire de
> Douaumont, Tranchée des Baïonnettes, le Mort-Homme, la Cote 304.

VERDUN

Douaumont (Av. de) . . . . **CY** 6	Mazel (R.) . . . . **CY** 14
Foch (Pl. Mar.) . . . . **CY** 7	Prés.-Poincaré (R.) . . . . **CZ** 17
Fort de Vaux (R. du) . . . . **CZ** 8	République (Quai de la) . . . . . **CY** 18
Frères-Boulhaut (R. des) . . . . **CY** 9	Rû (R. de) . . . . **BZ** 19
Lattre-de-Tassigny	St-Paul (R.) . . . . **CY** 20
(Av. Mar.-de) . . . . **CY** 10	St-Pierre (R.) . . . . **BY** 21
Mautroté (R.) . . . . **BY** 13	Soupirs (Allée des) . . . . **BY** 24

Alsace-Lorraine (Av.) . . . . . . **CZ** 2	
Beaurepaire (R.) . . . . **CZ** 3	
Belle-Vierge (R. de la) . . . . . **BY** 4	
Chevert (Pl.) . . . . **CZ** 5	

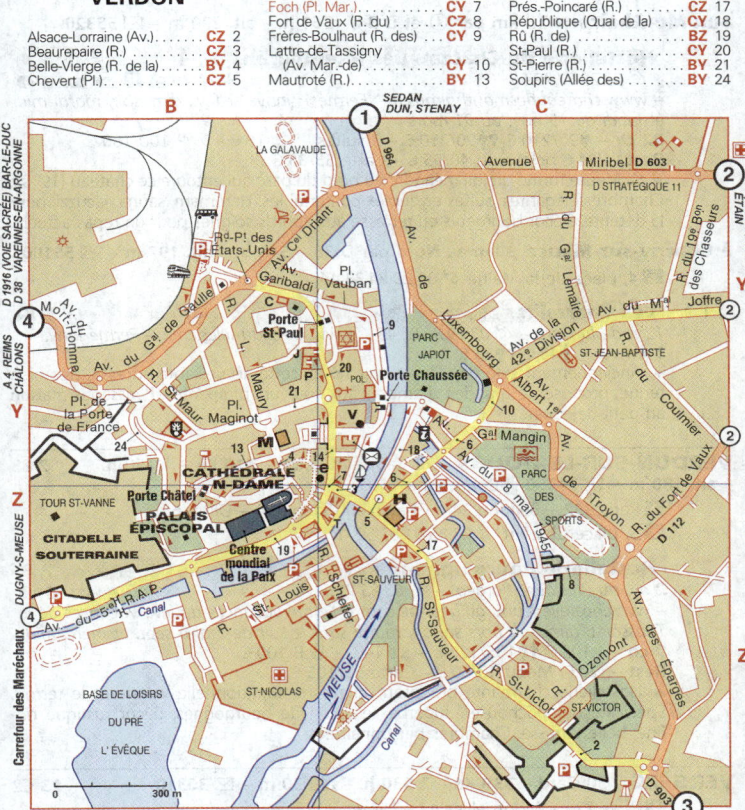

Hostellerie du Coq Hardi
🛰 🖥 ♿ ch, ☎ 🏊 VISA ☎ AE

8 av. Victoire – ✆ *03 29 86 36 36*
– *www.coq-hardi.com*　　　　　　　　　　　　　　　　**CY**v

33 ch – ♦70/150 € ♦♦90/150 € – 2 suites – ⏛ 20 € – ½ P 85/115 €
Rest – *(fermé de mi-fév. à mi-mars, sam. midi, dim. soir et vend.)* Menu 42/99 €
– Carte 60/110 € le midi🍴
Rest *Le Chantaco* – *(fermé dim. soir et mardi d'oct. à avril)* (14 € bc)
Menu 21 € bc (sem.)/42 € bc – Carte 25/56 €
◆ Maison de tradition (1827) teintée de charme rétro : collection de coqs dans le
hall, salon-cheminée, mobilier lorrain et quelques chambres dotées de super-
bes lits à baldaquin. Au restaurant, vénérables boiseries et cuisine classique. For-
mule brasserie au Chantaco.

Montaulbain *sans rest*
VISA ☎

4 r. de la Vieille-Prison – ✆ *03 29 86 00 47*　　　　　　　**BCY**e
10 ch – ♦35/42 € ♦♦35/42 € – ⏛ 5,50 €
◆ Dans une rue semi-piétonne, cet hôtel propose des petites chambres simples,
propres et au calme. Le hall, rustique, fait office de salle des petits-déjeuners.

aux Monthairons 13 km par ④ et D 34 – 361 h. – alt. 200 m – ⊠ 55320

Hostellerie du Château des Monthairons ⑤ 　⑁ ⑥ 🖤 🏠

– ☎ 03 29 87 78 55 　　　ዿ ch, 🛰 🛰 🏛 🅿 [VISA] ⑳ [AE] ⑥

– www.chateaudesmonthairons.fr – Fermé 1er janv.-11 fév., dim. soir, mardi midi et lundi du 15 nov. au 31 mars

22 ch – †90/210 € ††90/210 € – 3 suites – � 16 € – ½ P 100/160 €

Rest – (24 € bc) Menu 40/95 € – Carte 55/85 €

◆ La Meuse forme un joli méandre au bord du parc qui entoure ce château (19e s.). Chambres élégantes, suites et duplex confortables. Hammam, sauna, jacuzzi, pour la détente. Décor bourgeois ou terrasse aux abords soignés pour un repas actuel.

à Charny-sur-Meuse 8 km au Nord par D 38 – 543 h. – alt. 197 m – ⊠ 55100

🖪 4, place de la Mairie ☎ 03 29 84 33 44

Les Charmilles sans rest 　　　　　　　　　　　 🛰 🛰 🅿

12 r. de la Gare – ☎ 03 29 86 93 49 – www.les-charmilles.com – Fermé janv.

3 ch ⊴ – †45 € ††55 €

◆ Anciennement café de village, puis hôtel, cette accueillante adresse, très bien tenue, propose de grandes chambres aux couleurs pimpantes. Pâtisseries maison au petit-déjeuner.

VERDUN-SUR-LE-DOUBS – 71 Saône-et-Loire – **320** K8 – 1 150 h. 　　　**7** B3
– alt. 180 m – ⊠ 71350 ▊ Bourgogne

▶ Paris 332 – Beaune 24 – Chalon-sur-Saône 24 – Dijon 65

🖪 3, place Charvot ☎ 03 85 91 87 52

Hostellerie Bourguignonne avec ch 　　　🚗 🛰 🖪 ch, 🛰 🅿

2 av. du Président Borgeot – ☎ 03 85 91 51 45 　　　　　[VISA] ⑳ [AE] ⑥

– www.hostelleriebourguignonne.com – Fermé vacances de fév., vacances de la Toussaint, dim. soir hors saison, mardi sauf le soir de mai à sept. et merc. midi

9 ch – †105 € ††105/126 € – ⊴ 14 € – ½ P 100 €

Rest – (20 €) Menu 40/80 € – Carte 55/105 €

◆ Hostellerie charmante proposant une carte traditionnelle valorisant le terroir. Spécialité de "pôchouse", superbe sélection de bourgognes, décor rustique raffiné, belle terrasse. Chambres personnalisées.

VERGÈZE – 30 Gard – **339** K6 – 3 930 h. – alt. 30 m – ⊠ 30310 　　　**23** C2

▶ Paris 724 – Montpellier 43 – Nîmes 20

🖪 Les Coudourelles RN 113 ☎ 04 66 35 45 92

La Passiflore sans rest ⑤ 　　　　　　　　🛰 🅿 [VISA] ⑳ [AE]

1 r. Neuve – ☎ 04 66 35 00 00 – www.hotelpassiflore.com

11 ch – †57/68 € ††57/68 € – ⊴ 8 €

◆ Façade avenante pour cette ancienne ferme du 18e s. Elle abrite de petites chambres simples, tournées vers une jolie cour.

VERGONCEY – 50 Manche – **303** D8 – 215 h. – alt. 70 m – ⊠ 50240 　　**32** A3

▶ Paris 352 – Caen 120 – Saint-Lô 86 – Saint-Malo 60

Château de Boucéel sans rest ⑤ 　　　　⑁ 🛰 🛰 🅿 [VISA] ⑳ [AE]

Lieu-dit Boucéel, 4 km à l'Est par D 108, D 40 et D 308 – ☎ 02 33 48 34 61
– www.chateaudebouceel.com – Fermé 11 janv.-8 fév.

5 ch ⊴ – †120/175 € ††120/175 €

◆ Entouré d'un parc à l'anglaise et d'étangs, château de famille (1763) au décor raffiné : mobilier de style, parquet à caisson, portraits d'ancêtres. Chambres personnalisées.

VERGONGHEON – 43 Haute-Loire – **331** B1 – 1 758 h. – alt. 440 m 　　**6** C2
– ⊠ 43360

▶ Paris 470 – Clermont-Ferrand 60 – Le Puy-en-Velay 72 – St-Flour 51

✗
⊛
La Petite École   🍴 VISA ⊙⊙

à Rilhac, 3 km au Sud-Est par D 174 – ℰ 04 71 76 97 43
– www.restaurant-lapetiteecole.com – fermé 2 sem. en juin, 1 sem.
en sept., 2 sem. en janv., dim. soir, mardi midi et lundi
Rest – (prévenir) Menu 29/33 €
◆ Bureau de la maîtresse, plumiers et ardoises sont encore là... Dans cette
ancienne école, la cuisine, fine et savoureuse mérite un A sans hésitation.
Accueil adorable.

LA VERNARÈDE – 30 Gard – **339** J3 – 367 h. – alt. 345 m – ⊠ 30530   **23** C1
▶ Paris 708 – Montpellier 124 – Nîmes 74 – Alès 29

✗
Lou Cante Perdrix avec ch ⑤   🚗 🍴 AC rest, ℡ ⑤ VISA ⊙⊙ AE ①

Le Château – ℰ 04 66 61 50 30 – www.canteperdrix.fr – Fermé 2 janv.-13 fév.
13 ch – †52/58 € ††52/58 € – ⊇ 7 € – ½ P 55 €
Rest – Menu 20 € (déj. en sem.), 28/39 €
◆ Perdue au milieu des pins, cette imposante maison en pierre (1860) abrite
une coquette salle (cheminée, plantes, tableaux...) où l'on sert une cuisine traditionnelle.

VERN-D'ANJOU – Maine-et-Loire – **317** E3 – 1 700 h. – alt. 50 m   **35** C2
– ⊠ 49220
▶ Paris 327 – Angers 36 – Laval 68 – Nantes 77

✗✗
⊛
Le Pigeon Blanc   🍴 AC ⇔ P. VISA ⊙⊙

13 r. de l'Église – ℰ 02 41 61 41 25 – www.lepigeonblanc.com – Fermé
7-25 août, mi- janv.-mi- fév., dim. soir, mardi soir et merc.
Rest – (15 €) Menu 19/52 € – Carte 43/92 €
◆ Cuisine gourmande et généreuse réalisée par le jeune chef – au parcours déjà
riche – qui a repris la maison familiale. Ambiance contemporaine et mobilier
épuré. Accueil charmant.

VERNET-LES-BAINS – 66 Pyrénées-Orientales – **344** F7 – 1 488 h.   **22** B3
– alt. 650 m – Stat. therm. : mi mars-fin nov. – Casino – ⊠ 66820
▌Languedoc Roussillon
▶ Paris 904 – Mont-Louis 36 – Perpignan 57 – Prades 11
🏛 2, rue de la Chapelle ℰ 04 68 05 55 35
◉ Site★ – Abbaye Saint-Martin-du-Canigou 2,5 km S★★.

🏠
⊛
Princess ⑤   🍴 ▐ AC rest, ✗ ch, ⑤ P. ⊘ VISA ⊙⊙

r. des Lavandières – ℰ 04 68 05 56 22 – www.hotel-princess.fr
– Ouvert 20 mars-20 nov.
40 ch – †47/109 € ††47/109 € – ⊇ 10 € – ½ P 48/79 €
Rest – (14 €) Menu 18/33 € – Carte 27/50 €
◆ Au pied du vieux Vernet. Chambres au décor actuel, certaines avec un balcon
tourné vers les montagnes, d'autres donnant sur les toits du village. Vaste restaurant avec terrasse où l'on sert plusieurs menus dont un "du terroir".

VERNEUIL-SUR-AVRE – 27 Eure – **304** F9 – 6 699 h. – alt. 155 m   **33** C3
– ⊠ 27130 ▌Normandie Vallée de la Seine
▶ Paris 114 – Alençon 77 – Argentan 77 – Chartres 57
🏛 129, place de la Madeleine ℰ 02 32 32 17 17
🏌 de Center Parcs Center Parcs, par rte de Mortagne : 9 km, ℰ 02 32 60 50 02
◉ Église de la Madeleine★ – Statues★ de l'église Notre-Dame.

🏠🏠🏠
Le Clos   ◐ 🍴 ⅃♨ AC ch, ℡ ⑤ P VISA ⊙⊙ AE ①

98 r. de la Ferté-Vidame – ℰ 02 32 32 21 81 – www.leclos-normandie.com
7 ch – †190 € ††190 € – 3 suites – ⊇ 22 €
Rest – (fermé mardi sauf le midi d'avril à sept. et lundi sauf fériés) Menu 45 €
(déj. en sem.), 60/85 € – Carte 70/109 €⊛
◆ Entouré d'un parc, ce castel normand en briques rouges, coiffé d'ardoises, offre
un cadre d'une grande élégance. Confortables chambres personnalisées (mobilier de style). Salles à manger au décor raffiné, charmante terrasse, cuisine actuelle
et bon choix de bordeaux.

Du Saumon 🕏 ch, 🕮 🖐 VISA ⊙⊙

89 pl. de la Madeleine – 𝄐 02 32 32 02 36 – www.hoteldusaumon.fr
– Fermé 17 déc.-10 janv. et dim. soir de nov. à mars
29 ch – ♦49/75 € ♦♦49/75 € – ☞ 8 €
Rest – (11 €) Menu 17/51 € – Carte 40/50 €

◆ Ex-relais de poste (18ᵉ s.) tourné sur une cour intérieure. Les chambres du bâtiment principal, plus grandes, sont garnies de meubles anciens. En tartare, fumé, mariné, poêlé, grillé... : le saumon est ici chez lui ! Salle rajeunie et terrasse-trottoir.

à Bâlines 4 km par rte de Dreux – 423 h. – alt. 150 m – ✉ 27130

Le Moulin de Bâlines avec ch 🚗 🏤 & 🕮 **P** VISA ⊙⊙

rte de Courteilles, RN 12 – 𝄐 02 32 39 40 78 – www.moulindebalines.com
– Fermé 1ᵉʳ-15 oct.
11 ch ☞ – ♦80 € ♦♦90 € **Rest** – Menu 25/55 € – Carte 42/66 €

◆ Ce moulin du 18ᵉ s. bénéficie d'un cadre agréable au bord de l'Avre, malgré la N12 toute proche. Cuisine actuelle servie dans deux salles rustiques et en terrasse aux beaux jours. Côté hôtel, chambres fonctionnelles bien tenues. Accueil charmant.

VERNON – 27 Eure – **304** I7 – 24 018 h. – alt. 32 m – ✉ 27200   **33** D2
▊ Normandie Vallée de la Seine

▶ Paris 77 – Beauvais 66 – Évreux 34 – Mantes-la-Jolie 25

🖪 36, rue Carnot 𝄐 02 32 51 39 60

◉ Église Notre-Dame★ - Château de Bizy★ 2 km par ③ - Giverny★ 3 km.

Albuféra (R. d') . . . . **BXY** 2	Évreux (Pl. d') . . . . **BY** 14	Potard (R.) . . . . **BX** 29
Barette (Pl.) . . . . **BY** 3	Gambetta (Av.) . . . . **BY** 16	République (Pl. de la) . . . . **BY** 33
Bonnard (R. P.) . . . . **BX** 4	Gamilly (R. de) . . . . **BY** 18	Riquier (R. Ch.-J.) . . . . . . **BXY** 34
Carnot (Pl.) . . . . **BXY** 5	Gaulle (Pl. Charles-de) . . . . **BY** 19	Ste-Geneviève
Combattants-	Giverny (R. de) . . . . **BX** 20	(R.) . . . . **BY** 38
d'Indochine (R. des) . . . . **BX** 8	Leclerc (Bd du Mar.) . . . . . **BXY** 22	St-Jacques (R.) . . . . **BY** 36
Dr-Burnet (R.) . . . . **BY** 9	Ogereau (R. F.) . . . . **BX** 24	Soret (R. Jules) . . . . **BX** 39
Dr-Chanoine (R. du) . . . . **BX** 10	Paris (Pl. de) . . . . **BY** 25	Steiner (R. E.) . . . . **AY** 42
Écuries-des-Gardes (R.) . . . **BX** 13	Point-du-Jour (R. du) . . . . **ABX** 28	Victor-Hugo (Av.) . . . . **BX** 44

Normandy

1 av. P.-Mendès-France – ☏ 02 32 51 97 97 – www.le-normandy.net
50 ch – †79 € ††79/125 € – ☑ 10 €   BY**t**
Rest – *(fermé sam. midi, lundi midi et dim.)* Menu 23/30 €

♦ Situé au centre-ville, cet hôtel propose des chambres bien tenues, garnies d'un mobilier fonctionnel. Salon et bar à l'ambiance cosy. Au restaurant, cuisine traditionnelle à déguster dans un plaisant décor de style brasserie-pub.

Les Fleurs

71 r. Carnot – ☏ 02 32 51 16 80 – www.restaurant-lesfleurs.fr – Fermé dim. soir sauf de mai à août, lundi et mardi midi   BX**a**
Rest – *(nombre de couverts limité, prévenir)* (18 € bc) Menu 28/50 €
– Carte 38/59 €

♦ Dans une ruelle du centre-ville, vénérable maison dont l'arrière-corps présente de beaux colombages. Agréable salle contemporaine à l'ambiance feutrée et carte traditionnelle.

Côté Marine

2 pl. Chantereine – ☏ 02 32 51 01 95 – Fermé vacances de Noël   BX**d**
Rest – Menu 18/38 € – Carte environ 40 €

♦ En bordure de Seine, face au "Vieux Moulin" et au château des Tourelles, ce bâtiment année 1970 cache une agréable salle panoramique dans les tons pastel. Cuisine traditionnelle.

Le Bistro

73 r. Carnot – ☏ 02 32 21 29 19 – Fermé 1er-9 mars, 25 juil.-19 août, dim. et lundi
Rest – Menu 18 € bc/35 € bc – Carte 20/33 €   BX**a**

♦ Cet ancien bar a conservé son comptoir aujourd'hui réservé aux clients pressés. Plats traditionnels à découvrir sur l'ardoise du jour et excellent choix de vins au verre.

VERNOUILLET – 28 Eure-et-Loir – **311** E3 – **rattaché à Dreux**

VERQUIÈRES – 13 Bouches-du-Rhône – **340** E2 – **rattaché à St-Rémy-de-Provence**

VERRIERES – 86 Vienne – **322** J6 – 869 h. – alt. 115 m – ✉ 86410   **39** C2
▶ Paris 368 – Poitiers 31 – Châtellerault 68 – Buxerolles 33

Les Deux Porches sans rest

1 pl. de la Mairie – ☏ 05 49 42 83 85 – www.hotel-des-deux-porches.fr
16 ch – †47/50 € ††47/50 € – ☑ 7 €

♦ Sa situation centrale et ses chambres fonctionnelles décorées dans un style actuel font de cette adresse un point de chute bien pratique. Aimable accueil et petite restauration.

VERSAILLES – 78 Yvelines – **311** I3 – **101** 23 – **voir à Paris, Environs**

VERS-PONT-DU-GARD – 30 Gard – **339** M5 – **rattaché à Pont-du-Gard**

VERTEUIL-SUR-CHARENTE – 16 Charente – **324** L4 – 717 h.   **39** C2
– alt. 100 m – ✉ 16510 ▮ Poitou Vendée Charentes
▶ Paris 414 – Poitiers 78 – Angoulême 42 – Soyaux 44

Le Couvent des Cordeliers ⌂

8 r. du Docteur Deux-Després – ☏ 05 45 31 01 19
– www.lecouventdescordeliers.com – Fermé en janv.
5 ch ☑ – †95 € ††105 € **Table d'hôte** – Menu 32 € bc

♦ Une adresse de caractère installée dans un couvent du 15e s., au passé chargé d'histoire. Chambres raffinées et chaleureuses. Expositions et concerts dans l'ancienne chapelle. La maîtresse de maison vous fait découvrir le terroir charentais à sa table d'hôte.

VERTOU – 44 Loire-Atlantique – **316** H4 – **rattaché à Nantes**

VERTUS – 51 Marne – **306** G9 – 2 653 h. – alt. 85 m – ✉ 51130   **13** B2
▮ Champagne Ardenne
▶ Paris 139 – Châlons-en-Champagne 30 – Épernay 21 – Montmirail 39

à Bergères-les-Vertus 3,5 km au Sud par D 9 – 538 h. – alt. 108 m – ⌖ 51130

| 🏠🏠 | **Hostellerie du Mont-Aimé** | 🚗 ◫ ⅃⅃ 🛗 ⅙ 🄰🄲 rest. ᵗⁱ ⅗⅄ 🄿 |

4-6 r. de Vertus – ℰ *03 26 52 21 31*   🆅🅸🆂🅰 ⚫⚫ 🄰🄴 ⓪
– *www.hostellerie-mont-aime.com*
45 ch – ♦80/90 € ♦♦110/140 € – ⌷ 13 € – ½ P 95 €
Rest – *(fermé dim. soir de nov. à mars)* Menu 28/90 € – Carte 75/100 €🍇
♦ Au pied du Mont-Aimé, cet hôtel dispose de chambres bien tenues, le plus souvent de plain-pied sur le jardin ou avec balcon. Goûteuse cuisine traditionnelle proposée dans l'élégante salle à manger fleurie, dotée d'une verrière. Belle carte de vins (champagnes).

LES VERTUS – 76 Seine-Maritime – **304** G2 – **rattaché à Dieppe**

VERZY – 51 Marne – **306** G8 – 1 067 h. – alt. 210 m – ⌖ 51380   **13** B2
🟩 Champagne Ardenne
▶ Paris 163 – Châlons-en-Champagne 32 – Épernay 23 – Reims 22
🅱 place de l'Hôtel de Ville ℰ 03 26 97 93 65
💿 Faux de Verzy★ S : 2 km.

| ✕✕ | **Au Chant des Galipes** | 🍴 ℅⅄ 🆅🅸🆂🅰 ⚫⚫ |

2 r. Chanzy – ℰ *03 26 97 91 40* – Fermé 20 juil.-8 août, 20 déc.-20 janv., lundi
soir, mardi soir, jeudi soir, dim. soir et merc.
Rest – (15 €) Menu 25/41 € – Carte 37/49 €
♦ Au cœur du bourg vigneron, une table sympathique (tons chauds, peinture au plafond représentant le ciel), où l'on peut écouter le chant des Galipes. Recettes dans l'air du temps.

VESCOUS – 06 Alpes-Maritimes – **341** D4 – **rattaché à Gilette**

LE VÉSINET – 78 Yvelines – **311** I2 – **101** 13 – **voir à Paris, Environs**

VESOUL 🄿 – 70 Haute-Saône – **314** E7 – 16 370 h. – alt. 221 m   **16** B1
– ⌖ 70000 🟩 Franche-Comté Jura
▶ Paris 360 – Belfort 68 – Besançon 47 – Épinal 91
🅱 2,rue Gevrey ℰ 03 84 97 10 85

| 🏠 | **Du Lion** sans rest | 🛗 ᵗⁱ 🄿 🆅🅸🆂🅰 ⚫⚫ 🄰🄴 ⓪ |

4 pl. de la République – ℰ *03 84 76 54 44* – www.hoteldulion.fr – Fermé
7-21 août et 26 déc.-3 janv.   **a**
18 ch – ♦55 € ♦♦55/63 € – ⌷ 7 €
♦ Hôtel familial donnant sur une grande place et situé à proximité des rues commerçantes du centre-ville. Chambres simples et fonctionnelles, scrupuleusement tenues.

| ✕ | **Le Caveau du Grand Puits** | 🍴 🆅🅸🆂🅰 ⚫⚫ 🄰🄴 ⓪ |

r. Mailly – ℰ *03 84 76 66 12* – Fermé 29 mai-5 juin, 15 août-5 sept.,
24 déc.-3 janv., merc. soir, sam. midi, dim. et fériés   **u**
Rest – Menu 18 € (sem.), 23/37 € – Carte 20/65 €
♦ Dans une ruelle de la vieille ville, cave voûtée aux murs de pierre complétée d'une mezzanine, où l'on savoure des plats de tradition. Paisible cour intérieure aux beaux jours.

à Épenoux 5 km par ①, rte de St-Loup-sur-Semouse et D10 – 479 h. alt. 240
– ⌖ 70000 Pusy-et-Épenoux

| 🏠 | **Château d'Épenoux** | 🕭 ⅃ ℅⅄ ᵗⁱ 🄿 🆅🅸🆂🅰 ⚫⚫ |

5 r. Ruffier-d'Épenoux – ℰ *03 84 75 19 60* – www.chateau-epenoux.com – Fermé
2-15 janv.
5 ch ⌷ – ♦89/118 € ♦♦118 €   **Table d'hôte** – Menu 27 €
♦ Petit château du 18e s. et son parc planté d'arbres centenaires. Meubles et lustres anciens agrémentent les chambres spacieuses. Grand salon bourgeois et piscine écologique. Élégante salle à manger joliment dressée pour apprécier une cuisine traditionnelle.

VESOUL

Aigle-Noir (R. de l') 2
Alsace-Lorraine (R. d') 3
Annonciades (R. des) 4
Bains (R. des) 6
Banque (R. de la) 7
Châtelet (R. du) 8
Faure (R. Edgar) 10
Fleurier (R. de) 12

Gare (Av. de la) 13
Gaulle (Bd Ch.-de) 14
Genoux (R. Georges) 15
Gevrey (R.) 16
Girardot (R. du Cdt) 20
Grandes-Faulx
   (R. des) 22
Grand-Puits (Pl. du) 21
Ilottes (R. des) 23
Kennedy (Bd) 24
Leblond (R.) 25

Maginot (R. A.) 26
Moilly (R. de) 36
Morel (R. Paul) 27
Moulin-des-Prés
   (Pl. du) 28
République (Pl. de la) 29
St-Georges (R.) 30
Salengro (R. Roger) 31
Tanneurs (R. des) 32
Vendémiaire (R.) 33
Verlaine (R.) 35

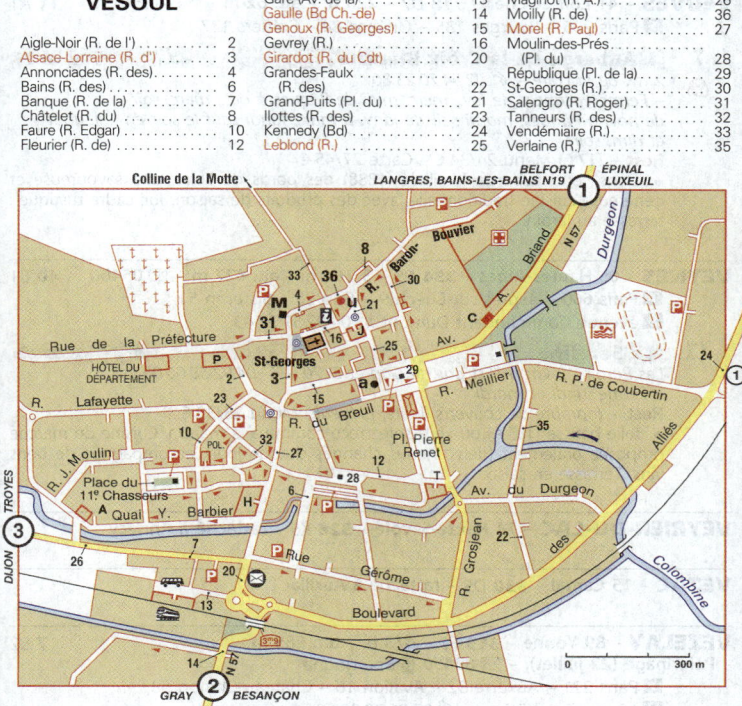

VEUIL – 36 Indre – **323** F4 – rattaché à Valençay

VEULES-LES-ROSES – 76 Seine-Maritime – **304** E2 – 586 h.   **33** C1
– alt. 15 m – ⊠ 76980 ▮ Normandie Vallée de la Seine

> ▶ Paris 188 – Dieppe 27 – Fontaine-le-Dun 8 – Rouen 57
> ⓘ 27, rue Victor-Hugo ℰ 02 35 97 63 05

XXX   **Les Galets**   🖭 ⇦ 𝘝𝘐𝘚𝘈 ⓿ 𝘈𝘌 ⓪
         à la plage – ℰ 02 35 97 61 33 – *http://restaurant-lesgalets-veuleslesroses.com
         – Fermé merc. sauf août et mardi*
         Rest – (30 €) Menu 36/80 € – Carte 60/75 €
         ◆ Bâtisse en briques proche d'une plage de galets typique de la Côte d'Albâtre.
         Confortables salles à manger-véranda, tables soigneusement dressées et recettes
         d'aujourd'hui.

LE VEURDRE – 03 Allier – **326** F2 – 550 h. – alt. 190 m – ⊠ 03320   **5** B1
▮ Auvergne

> ▶ Paris 272 – Bourges 66 – Montluçon 73 – Moulins 36

🏨   **Le Pont Neuf** ⌖   🕭 🛋 🏊 ⅃ᵥ 🎾 ⅋🗚 🅿 𝘝𝘐𝘚𝘈 ⓿ 𝘈𝘌 ⓪
😊   *2 faubourg de Lorette* – ℰ 04 70 66 40 12 – *www.hotel-lepontneuf.com – Fermé
       mi-nov. à mi-fév. et dim. soir du 15 oct. au 31 mars*
       46 ch – †52/57 € ††57/96 € – �ș 9 € – ½ P 57/77 €
       Rest – (14 €) Menu 19 € (sem.)/41 € – Carte 28/60 €
       ◆ Tennis, piscine, sauna, salle de sport : cet hôtel traditionnel, situé non loin de la
       forêt de Tronçais, est idéal pour un moment de détente au vert. Certaines cham-
       bres donnent sur le parc. Au restaurant, carte classique et suggestions de saison.

VEUVES – 41 Loir-et-Cher – **318** D7 – 220 h. – alt. 62 m – ⊠ 41150   **11** A1
  ■ Paris 205 – Bourges 135 – Orléans 84 – Poitiers 137

✕   **L'Auberge de la Croix Blanche**   🚗 🌿 ⚹ **P** VISA ⚫ AE
😊   *2 av. de la Loire –* ℰ *02 54 70 23 80*
     – Fermé vacances de fév., merc. midi de Pâques à oct., merc. soir
     de nov. à Pâques, mardi soir de janv. à mars, lundi sauf le soir en juil.-août
     et dim. soir
     Rest – (17 €) Menu 24/34 € – Carte 27/45 €
     ◆ Dans cette auberge familiale (1888) des bords de Loire, une savoureuse et
     généreuse cuisine traditionnelle, avec des produits de saison. Joli cadre rustique ;
     terrasse au jardin.

VEYNES – 05 Hautes-Alpes – **334** C5 – 3 164 h. – alt. 827 m – ⊠ 05400   **40** B1
  ■ Paris 660 – Aspres-sur-Buëch 9 – Gap 25 – Sisteron 51
  🖈 avenue Commandant Dumont ℰ 04 92 57 27 43

✕✕   **La Sérafine**   🚗 🌿 VISA ⚫ ⓪
      Les Parois, 2 km à l'Est par rte Gap et D 20 – ℰ *04 92 58 06 00*
      – Fermé lundi et mardi
      Rest – *(nombre de couverts limité, prévenir)* Menu 25/32 €🕸
      ◆ Jolie bâtisse (18ᵉ s.) où vous serez reçu comme à la maison. Cuisine du marché
      proposée oralement (deux menus changés chaque jour), accompagnée de bons
      vins. Terrasse en saison.

VEYRIER-DU-LAC – 74 Haute-Savoie – **328** K5 – **rattaché à Annecy**

VÉZAC – 15 Cantal – **330** D5 – **rattaché à Aurillac**

VÉZELAY – 89 Yonne – **319** F7 – 473 h. – alt. 285 m   **7** B2
– Pèlerinage (22 juillet). – ⊠ 89450 ▯ Bourgogne
      ■ Paris 221 – Auxerre 52 – Avallon 16 – Château-Chinon 58
      🖈 12, rue Saint-Etienne ℰ 03 86 33 23 69
      ◉ Basilique Ste-Madeleine★★★ : tympan du portail central★★★,
      chapiteaux★★★.

🏠   **Poste et Lion d'Or**   🚗 🌿 AK ⸰ **P** VISA ⚫ AE ⓪
      pl. du Champ de Foire
      – ℰ *03 86 33 21 23 – www.laposte-liondor.com*
      – Fermé 3 janv.-24 fév.
      38 ch – ♦82/164 € ♦♦82/164 € – ⇨ 12 €
      Rest – *(fermé mardi midi de nov. à mars et lundi)* (18 €) Menu 22/58 €
      ◆ Cet ancien relais de poste accueille les voyageurs depuis plus de 200 ans !
      Confortables chambres de style classique, dont certaines – très prisées – don-
      nent sur la campagne. Cuisine régionale revisitée au restaurant et vente de pro-
      duits du terroir à la boutique.

✕✕   **Le St-Étienne**   VISA ⚫ AE
      39 r. St-Étienne – ℰ *03 86 33 27 34 – www.le-saint-etienne.fr*
      – Fermé 1ᵉʳ janv.-28 fév., merc. et jeudi
      Rest – Menu 25/49 € – Carte 54/87 €
      ◆ Dans cette jolie maison en pierre du 18ᵉ s., on déguste une agréable cuisine
      traditionnelle. Chaleureuse salle rustique (belles poutres peintes).

✕   **Le Bougainville**   VISA ⚫
     28 r. St-Etienne – ℰ *03 86 33 27 57*
     – Ouvert mi-fév. à mi-nov. et fermé lundi hors saison, mardi et merc.
     Rest – Menu 22/29 € – Carte environ 34 €
     ◆ Ce restaurant familial – une maison ancienne – est idéalement situé sur la
     rue principale menant à la basilique. On y savoure une généreuse cuisine du
     terroir.

à St-Père 3 km au Sud-Est par D 957 – 385 h. – alt. 148 m – ⊠ 89450

🔵 Église N.-Dame★.

🏠 **L'Espérance** (Marc Meneau) ⊗ 〈 🚗 🔤 📧 rest, ⚙ �</> 🅿
🌼🌼 *rte de Vézelay – ℰ 03 86 33 39 10* 🆅🅸🆂🅰 ⓬ 🅰🅴 ⓪
– *www.marc-meneau-esperance.com – Fermé mi-janv. à début mars, lundi midi et merc. midi et mardi sauf fériés*
19 ch – †150/300 € ††150/300 € – 8 suites – ⊇ 30 € – ½ P 250/350 €
Rest – *(prévenir)* Menu 95 € bc (déj.), 160/210 € – Carte 120/180 €🏵
Spéc. "Drôlerie végétale". Rouget et fumet au foie, boudin aux pommes crues et confites. Blanc-manger au poivron rouge confit, glace aux framboises. **Vins** Bourgogne Vézelay, Chablis.
◆ Serge Gainsbourg aimait à séjourner dans cette belle maison de maître. Esprit cottage, classique ou contemporain : plusieurs atmosphères et un seul cap... le raffinement. Au restaurant, ouvert sur le ravissant jardin, on apprécie de belles saveurs relevées de créativité et une superbe sélection de bourgognes !

à Fontette 5 km à l'Est par D 957 – ⊠ 89450 Vézelay

🏠 **Crispol** ⊗ 〈 🚗 🍴 ♿ ch, 🅿 🚗 🆅🅸🆂🅰 ⓬
rte d'Avallon – ℰ 03 86 33 26 25 – www.crispol.com – Ouvert mars-nov. et fermé lundi de nov. à avril
12 ch – †78/118 € ††78/118 € – ⊇ 10 € – ½ P 78 €
Rest – *(fermé mardi midi et lundi)* Menu 25/56 € – Carte 33/58 €
◆ Maison en pierre à l'entrée du village, avec la Colline éternelle en toile de fond. L'annexe abrite de vastes chambres, datant des années 1990 et bien tenues. Au restaurant, les baies ménagent une belle vue sur la basilique. Plats de tradition.

à Pierre-Perthuis 6 km au Sud-Est par D 957 et D 958 – 118 h. – alt. 220 m – ⊠ 89450

🏠 **Les Deux Ponts** 🍴 ♿ ⚙ rest, 🅿 🆅🅸🆂🅰 ⓬
1 rte de Vézelay – ℰ 03 86 32 31 31 – Ouvert 15 mars-30 nov.
7 ch – †50/55 € ††50/65 € – ⊇ 7 € – ½ P 57 €
Rest – *(fermé merc. d'oct. à mai et mardi) (nombre de couverts limité, prévenir)* Menu 23/39 € – Carte 33/49 €
◆ Maison de pays avenante et fleurie au bord d'une route de campagne. Chambres simples et confortables (sans télévision), de très bonne tenue. Salle de restaurant originale, épurée et égayée d'amusants lustres hollandais en verre.

VIA – 66 Pyrénées-Orientales – **344** D8 – **rattaché à Font-Romeu**

VIADUC DE GARABIT ★★ – 15 Cantal – **330** H5 – ⊠ 15100 ▯ Auvergne   **5 B3**
▣ Paris 520 – Aurillac 84 – Mende 74 – Le Puy-en-Velay 90
🄶 Maison du paysan★ à Loubaresse S : 7 km - Belvédère de Mallet 〈★★ SO : 13 km puis 10 mn.

🏠 **Beau Site** 〈 🚗 🍴 🔤 🍽 📧 rest, ⚙ 🅿 🚗 🆅🅸🆂🅰 ⓬ 🅰🅴
🚾 *N 9 – ℰ 04 71 23 41 46 – www.beau-site-hotel.com – Ouvert 1er avril-3 nov.*
🍽 **17 ch** – †55/70 € ††57/74 € – 3 suites – ⊇ 11 € – ½ P 55/70 €
Rest – (14 €) Menu 19/51 € – Carte 40/56 €
◆ Viaduc, lac ou jardin : à vous de choisir la vue ! Les chambres, coquettes et confortables, arborent une déco moderne et colorée. Tennis, piscine, aire de jeux. Au restaurant, on apprécie une cuisine régionale tout en admirant le célèbre ouvrage de Gustave Eiffel.

Anglards-de-St-Flour 3 km au Nord – 321 h. – alt. 840 m – ⊠ 15100

🏠 **La Méridienne** 🚗 🍴 ♿ ⚙ 🔐 🅿 🚗 🆅🅸🆂🅰 ⓬
🚾 *– ℰ 04 71 23 40 53 – www.hoteldelameridienne.com – Fermé 20 déc.-6 fév.*
16 ch – †43/58 € ††43/58 € – ⊇ 8,50 € – ½ P 51/57 €
Rest – *(fermé dim. soir et lundi midi d'oct. à avril)* Menu 16 € (sem.), 24/38 € – Carte 30/56 €
◆ Accueil tout en gentillesse dans cette maison récente. Chambres pratiques, sans fioritures mais très bien tenues ; choisir celles avec terrasse donnant sur le grand jardin. Carte régionale au restaurant.

VIBRAC – 16 Charente – **324** J6 – rattaché à Jarnac

VIC-EN-BIGORRE – 65 Hautes-Pyrénées – **342** M4 – 5 092 h.　　　　**28** A2
– alt. 216 m – ⊠ 65500
　　　　▶ Paris 775 – Pau 47 – Aire sur l'Adour 53 – Auch 62

　🏠　　**Réverbère** ⊗　　　　　　　　🌿 AC rest. ¶ P VISA ⊕ AE
　⊗　29 bd d'Alsace – ℰ 05 62 96 78 16 – www.lereverbere.fr
　　– Fermé 17-31 déc.
　🍽　**10 ch** – ¶50/53 € ¶¶50/53 € – ☲ 7 € – ½ P 47/49 €
　　Rest – (fermé sam. sauf le soir de juin à août et dim. soir) (11 €) Menu 13 €
　　(sem.), 21/35 € – Carte environ 51 €
　　♦ En léger retrait de la route, maison bigourdanne dont les chambres sont fonc-
　　tionnelles et bien tenues. Cuisine traditionnelle servie dans une salle lumineuse et
　　égayée de touches colorées.

　⌂　　**La Maison d'Anaïs** ⊗　　　　　　　🚗 ✆ ¶ P
　　3 r. Pasteur – ℰ 05 62 96 84 04 – www.chambres-d-hotes-pyrenees.com
　　3 ch ☲ – ¶60 € ¶¶65 €
　　Table d'hôte – Menu 25/40 €
　　♦ Jolie ferme régionale aux faux airs de mas (façade saumon, volets bleus) dans
　　un jardin verdoyant. Chambres au décor raffiné (meubles anciens, beaux tissus...) ;
　　salon et bibliothèque. Petit-déjeuner et dîner en cuisine, autour de la grande
　　table en bois.

VIC-FEZENSAC – 32 Gers – **336** D7 – 3 651 h. – alt. 110 m – ⊠ 32190　　**28** A2
　　　　▶ Paris 778 – Auch 32 – Bordeaux 182 – Toulouse 106
　　　　🛈 22, place Julie-Saint-Avit ℰ 05 62 06 34 90

à Préneron 6 km au Sud-Ouest par N 124, D 157 et rte secondaire – 140 h.
– alt. 173 m – ⊠ 32190

　✕　　**Auberge La Baquère**　　　　　　　🌿 P VISA ⊕ AE
　⊗　lieu-dit la Baquère – ℰ 05 62 06 42 75 – www.aubergelabaquere.canalblog.com
　　– Fermé 2-15 déc., 24 janv.-7 fév. et lundi
　☺　**Rest** – Menu 18/29 € – Carte 28/35 €
　　♦ Cette ferme-auberge a beau être isolée en pleine campagne, les clients sont
　　nombreux. Et pour cause : canard, ramier, truite et anguille y sont cuisinés avec
　　style.

VICHY ⊚ – 03 Allier – **326** H6 – 26 108 h. – alt. 340 m – Stat.　　　**6** C1
therm. : 1er mars-fin nov. – Casinos : Le Grand Café BZ, Elysée Palace – ⊠ 03200
🟩 Auvergne
　　　　▶ Paris 353 – Clermont-Ferrand 55 – Montluçon 99 – Moulins 57
　　　　🛈 Office de tourisme, 19, rue du Parc ℰ 04 70 98 71 94, Fax 04 70 31 06 00
　　　　🔞 du Sporting Club de Vichy à Bellerive-sur-Allier Allée Georges Baugnies,
　　　　ℰ 04 70 32 39 11
　　　　🔞 la Forêt de Montpensier à Bellerive-sur-Allier Domaine du château de
　　　　Rilhat, par rte de Clermont-Ferrand : 8 km, ℰ 04 70 56 58 39
　　　　◉ Parc des Sources★ - Les Parcs d'Allier★ - Chalets★ (boulevard des États-
　　　　Unis) BYZ - Le quartier thermal★ - Grand casino-théâtre★.

　🏨　**Vichy Spa Hôtel & Resort Les Célestins**　🚗 🌿 📶 ⊕ ♨ 🛗 AC
　　111 bd États-Unis – ℰ 04 70 30 82 00　　　　✆ rest. ¶ 🧖 🚗 VISA ⊕ AE ⊕
　　– www.vichy-spa-hotel.com　　　　　　　　　　　　　　　BYe
　　131 ch – ¶195/315 € ¶¶240/360 € – 5 suites – ☲ 21 €
　　Rest N 3 – (33 €) Menu 44/140 € bc – Carte 70/100 €
　　Rest Le Bistrot des Célestins – (fermé dim. soir) (19 €) Menu 25 €
　　– Carte 30/45 €
　　♦ Hôtel de facture moderne, au milieu du parc des Sources, à recommander aux
　　curistes pour son accès direct au spa Vichy. Chambres très spacieuses et piscine
　　panoramique. Gastronomie et diététique sont à l'honneur au N 3, qui bénéficie
　　d'une jolie terrasse. Plats traditionnels et grillades au Bistrot.

BELLERIVE-SUR-ALLIER

Auberger (Av. F.) . . . . **A** 2
Jean-Jaurès (Av.) . . . . **A** 16
Ramin (R. G.) . . . . **A** 28
République (Av.) . . . . **A** 30

VICHY

Alquié (R.) . . . . **BY** 15
Belgique (R. de) . . . . **BZ** 3
Besse (R.) . . . . **CZ** 20
Briand (Av. A.) . . . . **BZ** 4
Casino (R. du) . . . . **BZ** 5
Clemenceau (R. G.) . . . . **BZ** 6
Colombier (R. Hubert) . . . . **BZ** 23
Coulon (Av. P.) . . . . **BY** 7
Foch (R. Mar.) . . . . **CZ** 8
Glénard (Pl. Frantz) . . . . **BY** 9
Gramont (Av. de) . . . . **A** 10
Hôpital (Bd de l') . . . . **A** 13
Lattre-de-T. (Bd Mar.-de) . . . . . **A** 17
Hôtel des Postes (R.) . . . . **CY** 14
Lucas (R.) . . . . **BY** 18
Lyautey (R. du Mar.) . . . . **A** 19
Parc (R. du) . . . . **BZ** 22
Paris (R. de) . . . . **CY**
Poincaré (Av.) . . . . **A** 24
Porte-Verrier (R. de la) . . . . **BZ** 31
Prés.-Eisenhower (Av. du) . . . . **BY** 25
Prés.-Wilson (R.) . . . . **BZ** 26
Prunelle (R.) . . . . **BZ** 27
République (Av.) . . . . **A** 29
Tour (R. de la) . . . . **BZ** 32

Aletti Palace 🔝 🖥 ➿ ch, 🆊 ℗ 🛜 💳 ⓞ 🅰🅴 ①

3 pl. Joseph Aletti – ℰ 04 70 30 20 20 – www.hotel-aletti.fr   BZ**u**
129 ch – †131/148 € ††150/167 € – ➿ 13 €
Rest La Véranda – ℰ 04 70 30 21 21 – (17 € bc) Menu 25/38 €
– Carte 23/56 €

◆ Face au Grand Casino, élégant hôtel du début du 20e s. qui a su conserver un peu de son charme d'antan. Chambres spacieuses, grands salons pour les séminaires et les banquets. Restaurant aux grandes baies vitrées, d'où son nom ; cuisine style brasserie.

Les Nations 🖥 🆊 rest, ➿ 🛜 💳 ⓞ 🅰🅴

13 bd Russie – ℰ 04 70 98 21 63 – www.lesnations.com – Ouvert 1er avril-20 oct.
71 ch – †62/88 € ††62/107 € – ➿ 12,50 € – ½ P 56/80 €   BZ**c**
Rest – (18 €) Menu 22/28 € – Carte 27/39 €

◆ Situation centrale pour ce bel immeuble 1900 à la façade ouvragée. Le hall et les salons sont confortables ; les chambres sont décorées dans les tons gris, taupe ou prune. Cuisine traditionnelle ou diététique servie dans deux salles chaleureuses.

Pavillon d'Enghien 🛜 🔝 🖥 ➿ 🛜 💳 ⓞ 🅰🅴

32 r. Callou – ℰ 04 70 98 33 30 – www.pavillondenghien.com
– Fermé 20 déc.-1er fév.   BY**b**
22 ch – †62/85 € ††62/85 € – ➿ 9 € – ½ P 56/69 €
Rest Les Jardins d'Enghien – (fermé vend. soir de nov. à avril, dim. soir et lundi) (17 €) Menu 21/30 € – Carte 30/40 €

◆ Sympathique adresse dans un bâtiment du début du 20e s. disposant de chambres coquettes, décorées façon maison de famille. Restaurant au décor actuel, avec une terrasse au bord de la piscine, pour une cuisine simple et dépaysante.

Chambord 🖥 🆊 rest, ➿ 🛜 💳 ⓞ 🅰🅴 ①

82 r. de Paris – ℰ 04 70 30 16 30 – www.hotel-chambord-vichy.com
– Fermé 20 déc.-30 janv.   CY**k**
27 ch – †48/57 € ††55/70 € – ➿ 12 € – ½ P 60/70 €
Rest L'Escargot qui Tette – (fermé dim. soir et lundi) Menu 24 € (sem.), 35/45 €
– Carte 36/60 €

◆ Depuis 1930, l'affaire est tenue par la même famille. Chambres confortables et chaleureuses, parfaites pour une étape. Cet escargot, emblème du restaurant, "tette" du vin rouge et figure en bonne place sur une carte privilégiant la cuisine traditionnelle.

Arverna sans rest 🖥 ➿ 🛜 💳 ⓞ 🅰🅴 ①

12 r. Desbrest – ℰ 04 70 31 31 19 – www.hotels-vichy.com
– Fermé 29 déc.-2 janv. et 11 fév.-6 mars   CY**g**
26 ch – †50/80 € ††55/80 € – ➿ 8 €

◆ Un hôtel familial en plein centre, dans une rue calme. Chambres fonctionnelles, parfaites pour une bonne nuit de repos. Accueil sympathique.

Central Hôtel Kyriad 🌊 🖥 ➿ 🛜 💳 ⓞ 🅰🅴 ①

6 av. Prés.-Doumer – ℰ 04 70 31 45 00   CZ**h**
35 ch – †65/85 € ††75/110 € – ➿ 9 € – ½ P 82/100 €
Rest – (13 €) Carte 20/50 €

◆ Dans le quartier commerçant de la ville, hôtel proposant des chambres de taille modeste, pratiques et bien insonorisées. Espace détente (jacuzzi, sauna, bain à remous).

🍴🍴🍴 Maison Decoret (Jacques Decoret) avec ch 🖥 ➿ 🆊 ℗ 🛜 💳 ⓞ 🅰🅴 ①
🍱

15 r. du Parc – ℰ 04 70 97 65 06 – www.jacquesdecoret.com – Fermé mi-août à début sept., 28 fév.-17 mars, mardi et merc.   BZ**b**
5 ch – †150/180 € ††150/180 € – ➿ 18 €   **Rest** – (40 €) Menu 65/110 €
Spéc. Foie gras de canard des Landes, carottes et pain d'épice. Jarret de veau confit, jus de blé brûlé et légumes marinés. Sablé amande, mousseux jasmin, mousse de lait et banane glacée. **Vins** Saint-Pourçain, Côte Roannaise.

◆ Une bâtisse du 19e s., une grande véranda cubique jouant sur la transparence : tel est le décor voulu par le chef Jacques Decoret. Recherche esthétique et créativité au rendez-vous. Quelques chambres style maison d'hôtes, rappelant l'esprit contemporain du lieu.

XX L'Alambic `VISA` `●○`

8 r. N.-Larbaud – ℰ 04 70 59 12 71 – Fermé 31 juil.-24 août, 22 déc.-4 janv.,
27 fév.-16 mars, dim. soir, lundi et mardi **CYu**
Rest – *(nombre de couverts limité, prévenir)* Menu 28/67 € bc
♦ Près du quartier commerçant, un restaurant grand comme un mouchoir de
poche ! Cuisine de base traditionnelle, jouant avec gourmandise avec les saveurs,
sans être alambiquée...

XX La Table d'Antoine `AC` `VISA` `●○`

8 r. Burnol – ℰ 04 70 98 99 71 – www.latabledantoine.com – Fermé
21-26 juin, 1er-14 mars, 1er-6 nov., jeudi soir en hiver, dim. soir et lundi sauf fériés
Rest – *(20 €)* Menu 30/60 € – Carte 44/59 € **BZd**
♦ Cette table-là affiche un petit air "Baltard" (verre et fonte). Cuisine gastronomique, inspirée par les voyages du chef, et beaux fromages auvergnats. Terrasse
fleurie en été.

XX La Table de Marlène `AC` `VISA` `●○`

bd de Lattre-de-Tassigny, La Rotonde – ℰ 04 70 97 85 42
– www.restaurantlarotonde-vichy.com – Fermé 10-30 janv., lundi et mardi
Rest – Menu 29/55 € – Carte 40/53 € **BYa**
Rest *Le Bistrot de la Rotonde* – *(fermé dim. soir, mardi soir et lundi)* (14 €)
Menu 16/26 € – Carte environ 33 €
♦ Vaisseau futuriste de verre et d'acier posé sur le lac d'Allier. À l'étage, cette Table
propose une cuisine fine et généreuse, à base de beaux produits (caille, pavé de cha-
rolais, escargot de Bourgogne). Cuisine traditionnelle au Bistrot, posé à fleur d'eau.

XX Brasserie du Casino `VISA` `●○`

4 r. du Casino – ℰ 04 70 98 23 06 – www.umih-allier.com – Fermé
27 oct.-21 nov., 24 fév. -6 mars, mardi et merc. **BZa**
Rest – *(18 €)* Menu 26 € – Carte 33/45 €
♦ Juste en face de l'opéra, cette brasserie a conservé son cadre 1920 tout en
moulures, miroirs et photos anciennes. Cuisine de brasserie classique, généreuse
et bien réalisée.

X L'Hippocampe `VISA` `●○` `AE` `①`

3 bd de Russie – ℰ 04 70 97 68 37 – Fermé juin, 20 nov.-15 déc., mardi midi, dim.
soir et lundi **BZz**
Rest – *(18 € bc)* Menu 28/56 € – Carte 40/60 €
♦ Sur un boulevard jalonné de villas 1900, une adresse qui fait la part belle aux
produits de la mer (homard breton, médaillon de lotte, bouillabaisse), frais et bien
accommodés.

à Creuzier-le-Vieux 4 km au Nord – 3 074 h. – alt. 400 m – ✉ 03300

XX La Fontaine `VISA` `●○`

16 r. de la Fontaine – ℰ 04 70 31 37 45 – www.lafontainevichy.fr – fermé
22 août-8 sept., 22 déc.-7 janv., dim. soir, mardi soir et merc.
Rest – *(18 €)* Menu 26/37 € – Carte 38/50 €
♦ Beaucoup de simplicité et de saveurs au menu de cette auberge : viandes grillées dans la cheminée, produits de qualité et recettes traditionnelles. Terrasse
sous la glycine.

VIC-LE-COMTE – 63 Puy-de-Dôme – **326** G9 – 4 583 h. – alt. 472 m **5** B2
– ✉ 63270 ▌Auvergne

▶ Paris 433 – Ambert 56 – Clermont-Ferrand 23 – Issoire 16
◉ Ste-Chapelle★ - Château de Busséol★ N : 6,5 km.

à Longues 4 km au Nord-Ouest par D 225 - ✉ 63270 Vic-le-Comte

XX Le Comté `AC` `P` `VISA` `●○`

186 bd. du Gén. de Gaulle – ℰ 04 73 39 90 31 – www.restaurantlecomte.com
– Fermé 2 premières sem. de sept., merc. soir, dim. soir et lundi
Rest – Menu 21/38 €
♦ Une maison régionale du début du 20e s. près de la Banque de France. Quar-
tier oblige, le décor est classique, et l'on y croise les notables locaux amateurs de
gastronomie.

VIC-SUR-CÈRE – 15 Cantal – **330** D5 – 1 971 h. – alt. 678 m – Casino **5 B3**
– ⊠ 15800 ▮ Auvergne

▶ Paris 549 – Aurillac 19 – Murat 29

🛈 avenue André Mercier ✆ 04 71 47 50 68

Bel Horizon ◈ ⟨ 🚗 🏡 🖥 🖩 ⸾ 🛁 🅿 𝗩𝗜𝗦𝗔 ◑
r. Paul-Doumer – ✆ 04 71 47 50 06 – www.hotel-bel-horizon.com – Fermé
13 nov.-16 déc., dim. soir et lundi hors vacances scolaires de nov. à avril
24 ch – †51/58 € ††53/59 € – ⊇ 8 € – ½ P 49/53 €
Rest – (15 €) Menu 19/36 € – Carte 20/60 €
◆ La perspective sur le Carladès justifie l'enseigne de cet établissement traditionnel
proche de la gare. Chambres simples et fonctionnelles. Généreuse cuisine appuyée
sur le terroir régional ; belle vue sur les monts du Cantal à travers de larges baies.

Family Hôtel ⟨ 🚗 🎿 🍽 ⸾ & ch, 🛁 🅿 𝗩𝗜𝗦𝗔 ◑
av. E. Duclaux – ✆ 04 71 47 50 49 – www.family-hotel.fr
55 ch – †45/69 € ††55/79 € – 16 suites – ⊇ 8 € – ½ P 44/57 €
Rest – (fermé 16 nov.-15 déc.) (12 € bc) Menu 17/30 € – Carte 17/28 €
◆ Idéal pour les familles, cet ensemble hôtelier propose au choix des chambres fonctionnelles ou des studios, et diverses activités : piscines, tennis, animations, excursions... Restaurant de type pension, vue panoramique sur la vallée ; carte traditionnelle.

au Col de Curebourse 6 km au Sud-Est par D 54 – alt. 994 m – ⊠ 15800 St Clement

Hostellerie St-Clément ◈ ⟨ 🏡 & 🖩 ch, ⸾ 🛁 🅿 𝗩𝗜𝗦𝗔 ◑
– ✆ 04 71 47 51 71 – www.hotelstclementcantal.com – Fermé 4 janv.-28 fév., dim.
soir et lundi sauf juil.-août
21 ch – †60/70 € ††60/70 € – ⊇ 9 € – ½ P 61/71 €
Rest – Menu 28/96 € – Carte 50/73 €
◆ Longue bâtisse perchée à 1 000 m d'altitude. Depuis les chambres – certaines
agrémentées d'un balcon en bois –, jolie vue plongeante sur la vallée ou sur le
jardin. Au restaurant : beau panorama, terrasse sous une tonnelle et cuisine classique à dominante poisson.

VIDAUBAN – 83 Var – **340** N5 – 9 569 h. – alt. 60 m – ⊠ 83550 **41 C3**
▶ Paris 841 – Cannes 63 – Draguignan 19 – Fréjus 29

🛈 56, avenue du Président Wilson ✆ 04 94 73 10 28

La Bastide des Magnans avec ch 🏡 🍽 ch, ⸾ 🛁 🅿 𝗩𝗜𝗦𝗔 ◑ 𝗔𝗘 ⓞ
32 av. Galliéni, rte La Garde-Freinet – ✆ 04 94 99 43 91
– www.bastidedesmagnans.com – Fermé 27 juin-4 juil., 24-31 déc., dim. soir,
merc. soir hors saison et lundi
5 ch – †75/85 € ††85/95 € – ⊇ 10 € – ½ P 90/105 €
Rest – (19 €) Menu 30/78 € – Carte 70/95 €
◆ Cette ancienne magnanerie abrite deux lumineuses salles à manger décorées dans
un style campagnard chic. Carte traditionnelle bien composée. Intérieur soigné pour les
cinq chambres de charme, toutes imaginées sur un thème et une ambiance différents.

Concorde 🚗 𝗩𝗜𝗦𝗔 ◑
9 pl. Georges Clemenceau – ✆ 04 94 73 01 19 – www.restaurant-leconcorde.com
– Fermé mardi soir en hiver et merc.
Rest – (18 € bc) Menu 31/58 € – Carte 50/90 €
◆ Sur la place du village, ce restaurant typiquement provençal propose une
généreuse cuisine cent pour cent terroir avec, en saison, des spécialités de gibier
et de champignons.

VIEILLEVIE – 15 Cantal – **330** C7 – 115 h. – alt. 220 m – ⊠ 15120 **5 B3**
▶ Paris 600 – Aurillac 45 – Entraygues-sur-Truyère 15 – Figeac 44

La Terrasse 🚗 🏡 🎿 🍽 🅿 𝗩𝗜𝗦𝗔 ◑ 𝗔𝗘
Le Bourg – ✆ 04 71 49 94 00 – www.hotel-terrasse.com – Ouvert début avril à mi-nov.
24 ch – †50/68 € ††50/68 € – ⊇ 10 € – ½ P 56/65 €
Rest – (fermé dim. soir et lundi sauf juil.-août) (12 €) Menu 26/40 € – Carte 36/50 €
◆ Au bord du Lot, hôtel familial (depuis 1870) aux chambres anciennes mais bien
tenues. Belle piscine avec vue sur des collines arborées. Côté restaurant, salle rustique (pressoir à vis) et terrasse ombragée sous une glycine. Généreuse cuisine
actuelle axée sur la mer.

1806

VIENNE ⚐ – **38 Isère** – **333** C4 – 30 092 h. – alt. 160 m – ✉ 38200   **44** B2

🌿 Lyon Drôme Ardèche

▶ Paris 486 – Grenoble 89 – Lyon 31 – St-Étienne 49

🛈 Cours Brillier ✆ 04 74 53 80 30

◎ Cathédrale St-Maurice ★★ - Temple d'Auguste et de Livie ★★ **R** - Théâtre romain ★ - Église ★ et cloître ★ de St-André-le-Bas - Esplanade du Mont Pipet ‹⩽★ - Anc. église St-Pierre ★ - Groupe sculpté ★ de l'église de Ste-Colombe **AY** - Cité gallo-romaine de St-Romain-en-Gal ★★ (musée ★, site ★).

Plans pages suivantes

La Pyramide (Patrick Henriroux)   🍽 🍽 🖹 ఉ. ch. 🗚 ⸭ ⚲ 🅿 ⛽
14 bd Fernand Point, cours de Verdun, Sud du plan   VISA ⚫ ᴁ ⓪
– ✆ 04 74 53 01 96 – www.lapyramide.com
– Fermé 1ᵉʳ-16 mars, 19-25 août et 11-27 fév.
20 ch – ♦190/225 € ♦♦200/240 € – 4 suites – ⚏ 22 €
Rest – (fermé mardi et merc.) Menu 59 € bc (déj. en sem.), 99/158 €
– Carte 115/150 €🕮
Spéc. Homard bleu à la vapeur de sel et d'aromates, cocotte de légumes au gingembre, jus cornouillaise (saison). Pigeon rôti "Terre de feu", quinoa vert et blanc, jus à boire "lippia" (saison). Piano au chocolat-praliné, amandes et noisettes, sauce café grillé. **Vins** Vins de pays des Collines Rhodaniennes.
Rest **L'Espace PH3** – Menu 29 € (sem.)/32 € – Carte 30/50 €
♦ En son agréable jardin, belle maison régionale aux chambres vastes et très élégantes (tendance provençale). Au restaurant gastronomique, fine cuisine aux saveurs actuelles, mise en valeur par quelques rares flacons... Intéressant menu du marché à midi en semaine. Au bistrot PH3, cadre cosy ouvert sur les cuisines.

Le Bec Fin   🖱 🗚 🖨 VISA ⚫
7 pl. St-Maurice – ✆ 04 74 85 76 72 – Fermé merc. soir, dim. soir et lundi
Rest – Menu 24 € (déj. en sem.)/62 € – Carte 38/75 €   **AY**r
♦ À l'image de son jovial patron, la cuisine mi-régionale, mi-traditionnelle de ce restaurant ne manque pas de caractère. Décor sobre ; terrasse dressée sur la place en été.

Le Cloître   🖱 🗚 ⟺ VISA ⚫ ᴁ
2 r. Cloîtres – ✆ 04 74 31 93 57 – www.le-cloitre.net – Fermé sam. soir et dim.
Rest – Menu 22/41 € – Carte 50/60 €🕮   **BY**n
♦ Aimable maison au pied de la cathédrale St-Maurice. Vitraux, pierres et poutres forment le cadre de la salle à manger principale. Recettes au goût du jour et bon choix de vins.

Saveurs du Marché   🗚 VISA ⚫
34 cours de Verdun – **AZ** – ✆ 04 74 31 65 65 – www.lessaveursdumarche.fr
– Fermé 9 juil.-8 août, 24 déc.-4 janv., sam., dim. et fériés
Rest – (14 €) Menu 19 € (dîner)/38 € – Carte 36/52 € le soir🕮
♦ Petite salle à manger colorée près de la pyramide de l'ancien cirque romain. Menu du marché à midi ; cuisine au goût du jour plus élaborée le soir. Carte de côtes-du-rhône.

L'Estancot   VISA ⚫
4 r. Table Ronde – ✆ 04 74 85 12 09 – Fermé 1ᵉʳ-16 sept., Noël à mi-janv., dim., lundi et fériés   **BY**e
Rest – (16 €) Menu 20/30 € – Carte 24/40 €
♦ Sympathique adresse fréquentée par une clientèle d'habitués. Carte traditionnelle et régionale, avec en spécialité, les criques (des galettes de pommes de terre).

à Chasse-sur-Rhône 8 km par ① (Échangeur A7 - sortie Chasse-sur-Rhône)
– 4 981 h. – alt. 180 m – ✉ 38670

Mercure   🖹 🗚 ⸭ ⚲ 🅿 VISA ⚫ ᴁ ⓪
1363 av F. Mistral – ✆ 04 72 49 58 68 – www.mercure.com
115 ch – ♦79/129 € ♦♦89/139 € – ⚏ 14 €
Rest – (fermé sam. midi, dim. midi et fériés) (18 €) Menu 22 € – Carte 26/38 €
♦ Grand bâtiment proche de l'autoroute. Les chambres, conçues pour être pratiques, sont décorées sur le thème du jazz, clin d'œil au célèbre festival de Vienne. Au restaurant, cadre contemporain et cuisine traditionnelle assortie de quelques "lyonnaiseries".

STE-COLOMBE

Briand (Pl. A.) . . . . **AY**
Cochard (R.) . . . . **AY**
Égalité (Pl. de l') . . . . **AY**
Garon (R.) . . . . **AY**
Herbouville (Q. d') . . . . **AY**
Joubert (Av.) . . . . **AY**
Nationale (R.) . . . . **AY**
Petits Jardins (R. des) . . . . **AY**

VIENNE

Allmer (R.) . . . . **BZ** 2
Allobroges (Pl. des) . . . . **AZ**
Anatole-France (Quai) . . . . **BCY**
Aqueducs (Ch. des) . . . . **CY**
Asiaticus (Bd) . . . . **AZ**
Beaurnur (Montée) . . . . **BCZ**
Boson (R.) . . . . **AZ**
Bourgogne (R. de) . . . . **BY**
Brenier (R. J.) . . . . **BY**
Briand (Pl. A.) . . . . **BY** 3
Brillier (Cours) . . . . **ABZ**
Capucins (Pl. des) . . . . **BCY**
Célestens (R. des) . . . . **CY** 4
Chantelouve (R.) . . . . **BY** 5
Charité (R. de la) . . . . **BCY** 6
Cirque (R. du) . . . . **CY** 7
Clémentine (R.) . . . . **BY** 8
Clercs (R. des) . . . . **BY** 9
Collège (R. du) . . . . **BY** 10
Coupe-Jarret (Montée) . . . . **BZ**
Éperon (R. de l') . . . . **BY** 12
Gère (R. de) . . . . **CY**
Jacquier (R. H.) . . . . **BY**
Jean-Jaurès (Q.) . . . . **AYZ**
Jeu-de-Paume (Pl. du) . . . . **BY** 15
Jouffray (Pl. C.) . . . . **AZ**
Juiverie (R. de la) . . . . **BZ** 16
Lattre-de-Tassigny (Pont de) . . . **ABY**
Laurent (R. Florentin) . . . . **AZ**
Marchande (R.) . . . . **BY**
Miremont (Pl. de) . . . . **BY** 18
Mitterrand (Pl. F.) . . . . **BY** 19
Orfèvres (R. des) . . . . **BY** 20
Pajot (Quai) . . . . **BY** 22
Palais (Pl. du) . . . . **BY** 23
Peyron (R.) . . . . **BZ** 24
Pilori (Pl. du) . . . . **BY** 25
Pipet (R.) . . . . **CY**
Pompidou (Bd Georges) . . . . **AZ**
Ponsard (R.) . . . . **BY** 28
République (Bd et Pl.) . . . . **ABZ** 29
Riondet (Quai) . . . . **AZ**
Rivoire (Pl. A.) . . . . **CY**
Romanet (R. E.) . . . . **ABZ**
Romestang (Cours) . . . . **BZ**
St-André-le-Haut (R.) . . . . **CY** 34
St-Louis (Pl.) . . . . **BY**
St-Marcel (Montée) . . . . **CYZ**
St-Maurice (Pl.) . . . . **AY**
St-Paul (Pl.) . . . . **BY**
St-Pierre (Pl.) . . . . **AZ**
Schneider (R.) . . . . **CY** 37
Sémard (Pl. P.) . . . . **BZ**
Table-Ronde (R. de la) . . . . **BY** 38
Thomas (R. A.) . . . . **CY**
Tupinières (Montée des) . . . . **CZ**
Ursulines (R. des) . . . . **CY** 39
Verdun (Cours de) . . . . **AZ**
Victor-Hugo (R.) . . . . **BCYZ**
11-Novembre (R. du) . . . . **AZ** 43

à Estrablin 8 km par ② et D 41 – 3 300 h. – alt. 223 m – ⌧ 38780

La Gabetière sans rest
269 Le Logis Neuf, sur D 502
– ✆ 04 74 58 01 31
– *www.la-gabetiere.com*
– *Fermé 25 déc.-17 janv.*
12 ch – †55 € ††62/74 € – ⌧ 10 €

♦ Dans un parc, charmant manoir du 16ᵉ s. joliment restauré et ses annexes. Chambres diversement décorées (styles "bonbonnière", provençal, ancien...). Piscine et aire de jeux.

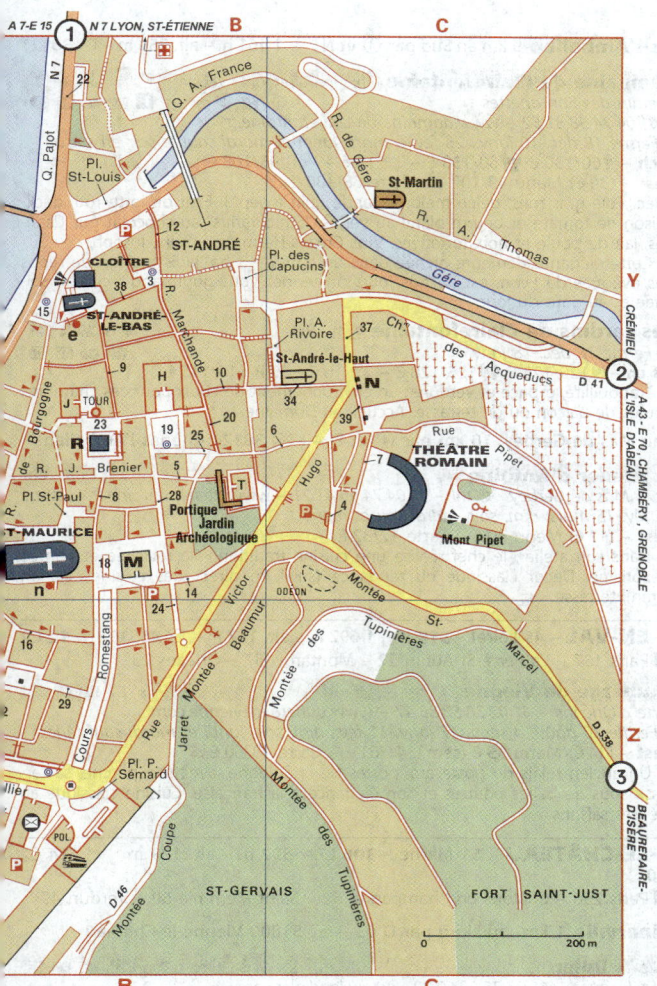

à **Reventin-Vaugris (village)** 9 km par ④, N 7 et D 131 – 1 649 h. – alt. 230 m – ⊠ 38121

※※ **La Maison de l'Aubressin** ⟨ 🚗 🏠 ⇔ 🅿 VISA ⊕

847 chemin Aubressin, 1 km au Nord par rte secondaire – ℰ 04 74 58 83 02 – *Fermé avril, sept., 24-31 déc., dim. soir, lundi et mardi*
Rest – *(nombre de couverts limité, prévenir)* Menu 48 € bc/78 € bc – Carte 35/75 €
◆ Maison tapissée de lierre, perchée sur une colline avec vue sur le Pilat. Cuisine de tradition servie au milieu de reproductions de tapisseries du musée de Cluny ou en terrasse.

à Chonas-l'Amballan 9 km au Sud par ④ et N 7 – 1 461 h. – alt. 250 m – ⊠ 38121

XXX **Domaine de Clairefontaine** (Philippe Girardon) avec ch   🔊 🍴 ✖
🕸 chemin des Fontanettes   &. ch, 🏧 ✖ rest, 🎙 **P** 💳 ⬤ 🅰🅴 ⓘ
– 𝒞 04 74 58 81 52 – www.domaine-de-clairefontaine.fr
– Fermé 18 déc.-10 janv., 28 fév.-9 mars, lundi et mardi sauf le soir en saison
7 ch – ♦60/130 € ♦♦60/130 € – ⊆ 15 € – ½ P 95/108 €
Rest – (30 €) Menu 49/107 € – Carte 68/100 €
Spéc. Foie gras frais, gelée melon-lavande (juin à sept.). Filet de lotte rôti, déclinaison de tomate et beurre blanc au verjus. "Stradivarius" au chocolat pur Caraïbes, lait de poule et noix torréfiées. **Vins** Crozes-Hermitage, Saint-Joseph.
◆ Cette élégante demeure nichée dans un parc de 3 ha, jadis maison de repos des évêques de Lyon, est de nos jours un rendez-vous gourmand : cuisine soignée et au goût du jour.

Les Jardins de Clairefontaine 🏨 🐾   📺 &. 🏧 📞 🛎
– Fermé 18 déc.-18 janv.   💳 ⬤ 🅰🅴 ⓘ
18 ch – ♦125/128 € ♦♦125/128 € – ⊆ 16 € – ½ P 113/115 €
◆ Tranquillité, espace et verdure : un environnement de choix pour ces chambres dotées de balcon ou de terrasse. Accueil au Domaine.

au Sud au Mas de Gerbey, 10 km par ④ et D 4 - ⊠ 38121 Chonas-l'Amballan

X **L'Atelier d'Antoine**   🏡 **P** 💳 ⬤
2176 Mas de Gerbey - CD 4 – 𝒞 04 74 56 41 21 – www.atelier-antoine.fr – Fermé 25 fév.-15 mars, dim. soir, mardi soir et merc.
Rest – (17 €) Menu 30 € – Carte 12/32 €
◆ Dans son atelier, le chef réalise une cuisine traditionnelle revisitée et teintée d'exotisme. Décor classique ou tendance (suivi en direct des cuisines via un écran), terrasse.

VIENNE-EN-VAL – 45 Loiret – 318 J5 – 1 692 h. – alt. 112 m – ⊠ 45510   12 C2
▶ Paris 157 – La Ferté-St-Aubin 22 – Montargis 57 – Orléans 23

XX **Auberge de Vienne**   🏡 &. 🏧 ✖ ⇄ 💳 ⬤ 🅰🅴
2 rte d'Orléans – 𝒞 02 38 58 85 47 – www.aubergedevienne.com
– Fermé 30 août-14 sept., 17 janv.-11 fév., dim. soir, lundi et mardi sauf fériés
Rest – (24 €) Menu 35 € (sem.), 41/61 € – Carte 43/60 € 🍽
◆ Un ancien relais de poste aux portes de la Sologne, avec son porche, sa terrasse sous de belles poutres et son élégance à la française. Cuisine classique au gré des saisons.

VIENNE-LE-CHÂTEAU – 51 Marne – 306 L7 – 597 h. – alt. 129 m   14 C2
– ⊠ 51800
▶ Paris 236 – Châlons-en-Champagne 52 – Saint-Memmie 50 – Verdun 49

rte de Binarville 1 km au Nord par D 63 – ⊠ 51800 Vienne-le-Château

🏨 **Le Tulipier** 🐾   🔊 🏡 📺 📶 &. 🏧 rest, 🎙 🛎 **P** 💳 ⬤ 🅰🅴
🕸 r. St-Jacques – 𝒞 03 26 60 69 90 – www.letulipier.com
38 ch – ♦57/73 € ♦♦68/82 € – ⊆ 8,50 € – ½ P 60/68 €
Rest – (fermé dim. en hiver) Menu 15/58 € – Carte 47/68 €
◆ Les amateurs de calme et de nature apprécieront cet hôtel moderne bordant la forêt d'Argonne. Chambres fonctionnelles, piscine couverte et salle de fitness. Plaisante salle à manger actuelle agencée autour d'une cheminée design. Cuisine au goût du jour.

VIERZON ⬳ – 18 Cher – 323 I3 – 28 147 h. – alt. 122 m – ⊠ 18100   12 C2
🟩 Limousin Berry
▶ Paris 207 – Bourges 39 – Châteauroux 58 – Orléans 84
ℹ 11, rue de la Société Française 𝒞 02 48 53 06 14
🏌 de la Picardière Chemin de la Picardière, par rte de Gien : 8 km,
𝒞 02 48 75 21 43
🏌 de Nançay à Nançay Domaine de Samord, NE : 18 km par D 926 et D944,
𝒞 02 48 51 86 55

VIERZON

Baron (R. Bl.) . . . . **A** 2
Briand (Pl. Aristide) . . . . **B** 3
Brunet (R. A.) . . . . **B**
Dr-P.-Roux (R. du) . . . . **B** 6

Foch (Pl. du Mar.) . . . . **B** 7
Gaucherie (R. de la) . . . . **A** 8
Gaulle (R. Gén.-de) . . . . **A** 9
Joffre (R. du Mar.) . . . . **B** 12
Larchevêque
(R. M.) . . . . **A** 13
Nation (Bd de la) . . . . **A** 14

Péri (Pl. Gabriel) . . . . **A**
Ponts (R. des) . . . . **B**
République (Av. de la) . . . . . . **B** 16
Roosevelt (R. Th.) . . . . **B** 18
Voltaire (R.) . . . . **B** 20
11-Novembre-1918
(R. du) . . . . **A** 22

🏠 **Continental** sans rest   🖥 📶 ♿ 🅿 🚗 VISA 🆖

104 bis av. Ed.-Vaillant, 1,5 km par ① – ☎ 02 48 75 35 22
– www.hotelcontinental18.com – Fermé 24-31 déc.
37 ch – †48/56 € ††60/75 € – ⌅ 8 €

♦ En sortie de ville, dans une construction moderne, une adresse familiale pratique pour l'étape (chambres simples, plus calmes sur l'arrière). Petite restauration type snack.

à Méreau 4 km au Sud par D 918, rte d'Issoudun – 2 216 h. – alt. 106 m – ✉ 18120

🏠 **Château le Briou d'Autry** sans rest 🌿   🌙 🅿 VISA 🆖

31 r. d'Autry – ☎ 06 88 49 98 98 – www.lebrioudautry.fr
5 ch ⌅ – †85/115 € ††85/115 €

♦ Cette gentilhommière du 19ᵉ s. cultive l'esprit maison de famille. "Rodin", "George Sand"... chaque chambre honore la mémoire d'un artiste. Aux beaux jours, on profite du parc.

rte de Tours 2,5 km par ⑤ – ✉ 18100 Vierzon

🍴🍴 **Le Champêtre**   🌳 🅿 VISA 🆖

89 rte de Tours – ☎ 02 48 75 87 18 – Fermé 1 sem. en fév., dim. soir, lundi soir, mardi soir et merc.
Rest – Menu 20 € (sem.), 24/44 € – Carte 30/52 €

♦ Petite maison sympathique à la salle à manger sagement champêtre. Au programme des réjouissances : de savoureuses recettes classiques et régionales.

VIEUX-MOULIN – 60 Oise – **305** I4 – rattaché à Compiègne

VIEUX-VILLEZ – 27 Eure – **304** H6 – **rattaché à Gaillon**

LE VIGAN ☜ – 30 Gard – **339** G5 – 4 059 h. – alt. 221 m – ⌧ 30120 **23** C2
🛑 Languedoc Roussillon
▶ Paris 707 – Alès 66 – Lodève 50 – Mende 108
🖥 place du Marché ℰ 04 67 81 01 72
◉ Musée Cévenol★.

au Rey 5 km à l' Est par D 999 – ⌧ 30570 St Andre de Majencoules

🛏 **Château du Rey** ⬡ 🍷 🍴 🏊 🅿 VISA ◉◉ AE
– ℰ 04 67 82 40 06 – www.chateaudurey.fr – Ouvert d'avril à sept.
13 ch – †75/98 € ††75/98 € – 1 suite – ⌚ 9 € – ½ P 68/81 €
Rest – (fermé dim. soir et lundi sauf juil.-août) (12 €) Menu 23/34 € Carte 34/63 €
♦ Tours et mâchicoulis... cette forteresse médiévale a été restaurée par Viollet-le-Duc ! Un certain raffinement a percé les murs : chambres cosy, avec un joli décor à l'ancienne (mobilier de famille, notes rétro). Le restaurant est logé sous les voûtes d'une bergerie du 13ᵉ s. Priorité au terroir !

VIGNOUX-SUR-BARANGEON – 18 Cher – **323** J3 – 2 020 h. **12** C3
– alt. 157 m – ⌧ 18500
▶ Paris 215 – Bourges 26 – Cosne-sur-Loire 69 – Gien 70
🖥 23, rue de la République ℰ 02 48 51 11 41

XXX **Le Prieuré** avec ch ⬡ 🚗 🍷 🏊 ㎢ ch, 🎵 🅿 VISA ◉◉ AE
r. Jean Graczyk – ℰ 02 48 51 58 80 – www.leprieurehotel.com – Fermé
28 août-4 sept., vacances de la Toussaint et de fév., mardi et merc. hors saison
6 ch – †66/84 € ††66/84 € – ⌚ 8 € – ½ P 72/78 €
Rest – (18 €) Menu 25 € (sem.), 40/91 € bc – Carte 45/66 €
♦ Dans un presbytère du 19ᵉ s., un restaurant familial, clair et calme (carte à base de produits frais). Belle terrasse au bord de la piscine ; petites chambres sobrement décorées.

VIGOULET-AUZIL – 31 Haute-Garonne – **343** G3 – **rattaché à Toulouse**

VILLAGE-NEUF – 68 Haut-Rhin – **315** J11 – **rattaché à St-Louis**

VILLAINES-LA-JUHEL – 53 Mayenne – **310** H4 – 3 106 h. **35** C1
– alt. 185 m – ⌧ 53700
▶ Paris 222 – Alençon 32 – Bagnoles-de-l'Orne 31 – Le Mans 58
🖥 boulevard du Général-de-Gaulle ℰ 02 43 03 78 88

🏠 **Oasis** sans rest 🎵 Ⅰ♨ 🎵 ᏚᎯ 🅿 VISA ◉◉ AE
La Sourderie, 1 km par rte de Javron – ℰ 02 43 28 67 – www.oasis.fr
14 ch – †48 € ††60/105 € – ⌚ 10 €
♦ Cette ferme au cachet rustique dispose de chambres ornées de poutres et de murs en briquette. Petit parc (plan d'eau, minigolf) ; restauration rapide au bar.

VILLARD-DE-LANS – 38 Isère – **333** G7 – 4 088 h. – alt. 1 040 m – Sports **45** C2
d'hiver : 1 160/2 170 m ⛷ 2 ⛷27 ⛷ – Casino – ⌧ 38250 🛑 Alpes du Nord
▶ Paris 584 – Die 67 – Grenoble 34 – Lyon 123
🖥 101, place Mure Ravaud ℰ 08 11 46 00 15
🚏 de Corrençon-en-Vercors, S : 6 km par D 215, ℰ 04 76 95 80 42
◉ Gorges de la Bourne★★★ – Route de Valchevrière★ O par D 215ᶜ.

🛏 **Le Christiania** ⬡ 🚗 🍷 🏊 🅿 🎵 rest, 🎵 ᏚᎯ VISA ◉◉
av. Prof. Nobecourt – ℰ 04 76 95 12 51 – www.hotel-le-christiania.fr
23 ch – †60/145 € ††90/220 € – ⌚ 8 € – ½ P 90/130 € **k**
Rest Le Tétras – (fermé le midi en hiver) Menu 25 € (déj.), 30/35 € Carte 35/60 €
♦ Hôtel familial dont les vastes chambres personnalisées évoquent parfois un chalet de montagne ; presque toutes possèdent un balcon et regardent les sommets. Piscine couverte. Restaurant orné de bibelots et de trophées de chasse ; cuisine à l'accent du pays.

La Roseraie

309 av. Nobecourt – ℰ 04 76 95 11 99 – www.hotellaroseraie.com – Fermé 23-30 avril et 5 nov.-15 déc.

d

22 ch – †70/120 € ††80/150 € – ⌷ 12 € – ½ P 80/120 €

Rest – *(fermé 18-30 avril et 20 sept.-20 déc.)* (28 €) Menu 35/45 € – Carte 35/50 €

♦ À deux pas du centre du village, affaire familiale récemment rénovée. Les chambres, bien équipées et tenues, bénéficient d'un balcon côté sud. Ambiance montagnarde et mobilier contemporain dans la salle à manger ; cuisine traditionnelle (produits régionaux).

Les Trente Pas

16 r. des Francs-Tireurs – ℰ 04 76 94 06 75 – Fermé 3-28 avril, 13 nov.-15 déc., jeudi soir, lundi et mardi sauf fériés

b

Rest – Menu 16 € (déj. en sem.), 29/53 € bc – Carte 50/70 €

♦ À quelques pas – une trentaine ? – de l'église du village, petit restaurant proposant une généreuse cuisine traditionnelle. Les œuvres d'un peintre local décorent la salle.

au Sud-Ouest par D 215 et rte du col du Liorin – ✉38250 Villard-de-Lans

Auberge des Montauds

aux Montauds : 4 km – ℰ 04 76 95 17 25 – www.auberge-des-montauds.fr – Fermé 14 avril-8 mai et 4 nov.-18 déc.

12 ch – †53/55 € ††63/70 € – ⌷ 8 € – ½ P 59/69 €

Rest – *(fermé lundi et mardi sauf juil.-août)* Menu 19 € (sem.), 23/36 € – Carte 26/50 €

♦ Pittoresque adresse installée dans une ancienne ferme, à l'extrémité d'un hameau d'altitude. Chaleureuses petites chambres de style chalet. Plats traditionnels, spécialités du Vercors, raclettes et fondues servis devant les flambées de la salle ou en terrasse.

La Ferme du Bois Barbu avec ch

à Bois-Barbu : 3 km – ℰ 04 76 95 13 09 – www.fermeboisbarbu.com – Fermé 28 mars-9 avril, 3-8 oct., 14 nov.-10 déc.

8 ch – †52 € ††62 € – ⌷ 9 € – ½ P 56 €

Rest – *(fermé dim. soir et merc.)* Menu 19/34 €

♦ Non loin des pistes de ski de fond, agréable restaurant rustique (lambris, cheminée, etc.). Cuisine traditionnelle à l'accent du terroir. Chambres d'inspiration montagnarde.

VILLARD-DE-LANS

Adret (R. de l') 2
Chabert (Pl. P.) 4
Chapelle-en-Vercors (R. de la) 5
Croix Margot (Chemin de la) 27
Dr-Lefrançois (R. du) 6
Francs-Tireurs (Av. des) 8
Galizon (Chemin de) 9
Gambetta (R.) 10
Gaulle (Av. Gén.-de) 12
Libération (Pl. de la) 13
Lycée Polonais (R. du) 14
Martyrs (Pl. des) 15
Moulin (R. Jean) 16
Mure-Ravaud (Pl. R.) 17
Pouteil-Noble (R. P.) 19
Professeur Nobecourt (Av.) 20
République (R. de la) 22
Roux-Fouillet (R. A.) 23
Victor-Hugo (R.) 26

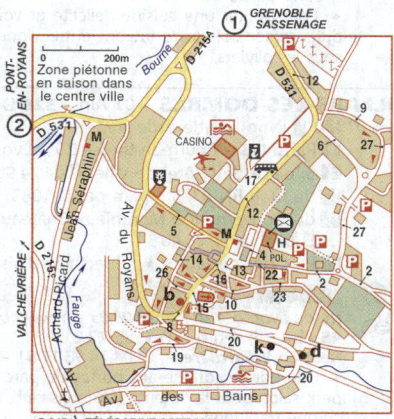

D 215 ⟍ TÉLÉCABINE CÔTE 2000

au Balcon de Villard rte Côte 2000, 4 km au Sud-Est par D 215 et D 215ᴮ
– ⊠ 38250 Villard-de-Lans

🏠 **Les Playes** ⌂   ≤ 🚗 😊 🛉 P 𝘝𝘐𝘚𝘈 ⓪
    Les Pouteils Côte 2000 – 𝒞 04 76 95 14 42 – www.hotel-playes.com
    – Ouvert 13 mai-25 sept. et 16 déc.-9 avril
    22 ch – 🛉58/78 € 🛉🛉75/110 € – ⊇ 11 € – ½ P 72/90 €
    Rest – *(ouvert 1ᵉʳ juin-10 sept. et 16 déc.-30 mars) (dîner seult en hiver)*
    Menu 22/40 € bc
    ◆ Robuste chalet aux chambres progressivement rénovées dans un esprit monta-
gnard actualisé ; quelques balcons face au massif de la Grande Moucherolle. Restaurant et terrasse ménagent une belle vue sur les sommets ; plats régionaux en
hiver, traditionnels en été.

à Corrençon-en-Vercors 6 km au Sud par D 215 – 367 h. – alt. 1 105 m
– ⊠ 38250

    🛈 place du Village 𝒞 04 76 95 81 75

🏤 **Du Golf** ⌂   ≤ 🚗 😊 ⊐ 🛉 P 𝘝𝘐𝘚𝘈 ⓪ 𝘈𝘌
✿   *Les Ritons – 𝒞 04 76 95 84 84 – www.hotel-du-golf-vercors.fr*
    – Ouvert 6 mai-18 oct. et 19 déc.-28 mars
    17 ch – 🛉80/105 € 🛉🛉105/180 € – 5 suites – ⊇ 13 € – ½ P 97/145 €
    Rest – *(fermé le midi sauf sam., dim. et fériés)* Menu 34/88 € – Carte 60/100 €🍴
    Spéc. Quasi de veau de Méaudre en tartare et truffe (printemps). Selle d'agneau
allaiton de l'Aveyron à la plancha, quelques ris, mûre et écume de chèvre (été).
"Les 3 C"... café, caramel et chocolat, en sept textures. **Vins** Châtillon-en-Diois,
Vin de pays des Balmes Dauphinoises.
    ◆ Chambres coquettes, superbe extension "tout bois", beau bar cosy, sauna et
jacuzzi flambant neufs, copieux petit-déjeuner : nouveau départ réussi pour cet
hôtel familial ! Cuisine inventive soignée (produits du terroir), servie au coin du
feu ou sur la jolie terrasse.

LE VILLARS – 71 Saône-et-Loire – **320** J10 – **rattaché à Tournus**

VILLARS – 84 Vaucluse – **332** F10 – 718 h. – alt. 330 m – ⊠ 84400   **42** E1
    ▶ Paris 739 – Aix-en-Provence 96 – Avignon 58 – Marseille 112

✗ **La Table de Pablo**   😊 & ⅗ P 𝘝𝘐𝘚𝘈 ⓪
🙂   *Hameau des Petits-Cléments – 𝒞 04 90 75 45 18 – www.latabledepablo.com*
    – Fermé 1ᵉʳ janv.-11 fév., jeudi midi, sam. midi et merc. de sept. à mai
    Rest – *(nombre de couverts limité, prévenir)* (16 €) Menu 28/50 €
    – Carte 32/50 €
    ◆ Pour goûter une cuisine délicate et volontiers créative, à base de beaux pro-
duits régionaux, ce restaurant entre vignes et cerisiers est tout trouvé. Terrasse
sous les oliviers.

VILLARS-LES-DOMBES – 01 Ain – **328** D4 – 4 303 h. – alt. 281 m   **43** E1
– ⊠ 01330 ▮ Lyon Drôme Ardèche
    ▶ Paris 433 – Bourg-en-Bresse 29 – Lyon 37 – Villefranche-sur-Saône 29
    🛈 3, place de l'Hôtel de Ville 𝒞 04 74 98 06 29
    🏌18 du Clou RN 83, S : 3 km par D 1083, 𝒞 04 74 98 19 65
    🏌36 du Gouverneur à Monthieux Château du Breuil, SO : 8 km par D 904 et
    D 6, 𝒞 04 72 26 40 34
    👁 Parc des oiseaux★★ : Spectacle d'oiseaux en vol★★ S : 1 km.

🏠 **Ribotel**   😊 ⬚ & ch, 🛉 🛎 P 𝘝𝘐𝘚𝘈 ⓪ 𝘈𝘌
⊂⊃   *rte de Lyon – 𝒞 04 74 98 08 03 – www.ribotel.fr – Fermé 22 déc.-3 janv.*
    45 ch (½ P seult) – ½ P 55/72 €
    Rest *La Villardière* – 𝒞 04 74 98 11 91 – Menu 11 € (déj.)/35 € – Carte 34/68 €
    ◆ Une bonne adresse aux portes du parc ornithologique : chambres rénovées et
petit salon pour la détente (fauteuils club, écran LCD). Au restaurant La Villardière,
cuisine traditionnelle servie dans la salle à manger en rotonde.

à Bouligneux 4 km au Nord-Ouest par D 2 – 302 h. – alt. 282 m – ⊠ 01330

X **Hostellerie des Dombes** 🛜 ✿ **P** _VISA_ ⲟⲟ
Le Village – ℰ *04 74 98 08 40 – www.hostelleriedesdombes.com*
– Fermé 21-31 août, vacances de fév., jeudi soir et merc.
Rest – Menu 24 € (sem.), 29/52 € – Carte 35/55 €
♦ Maison traditionnelle qui abrite une salle à manger d'esprit champêtre, remplie par l'alléchant parfum d'une cuisine de terroir (grenouilles, gibier). Agréable terrasse.

X **Le Thou** 🛜 🛜 も **AK** _VISA_ ⲟⲟ
Le Village – ℰ *04 74 98 15 25 – www.lethou.com – Fermé vacances de la Toussaint et de fév., dim. soir, lundi et mardi*
Rest – Menu 25 € (sem.)/48 € – Carte 38/55 €
♦ Lumineuse entrée sous verrière pour cette ex-auberge de village superbement fleurie, dont la carte célèbre les terroirs de la Bresse et de la Dombes (grenouilles).

VILLARS-SOUS-DAMPJOUX – 25 Doubs – **321** K2 – 407 h. – **17** C2
alt. 362 m – ⊠ 25190

▶ Paris 482 – Baume-les-Dames 50 – Besançon 81 – Montbéliard 24

à Bief 3 km au Sud   – 116 h. – alt. 362 m – ⊠ 25190

X **L'Auberge Fleurie** 🛜 **P** _VISA_ ⲟⲟ **AE**
4 chemin de Dampjoux – ℰ *03 81 96 53 01 – Fermé 28 août-21 sept., vacances de fév., lundi et mardi*
Rest – (11 €) Menu 20/35 € – Carte 26/44 €
♦ Cette petite auberge de village, qui surplombe le Doubs, met le terroir et la tradition à l'honneur. On se restaure dans une salle colorée.

VILLÉ – 67 Bas-Rhin – **315** H6 – 1 676 h. – alt. 260 m – ⊠ 67220 **2** C1
▌ Alsace Lorraine

▶ Paris 445 – Lunéville 82 – St-Dié 48 – Ste-Marie-aux-Mines 27
🚹 place du Marché ℰ 03 88 57 11 69

🏠 **La Bonne Franquette** 🛜 ⁽ᵠ⁾ _VISA_ ⲟⲟ
⊜ *6 pl. Marché –* ℰ *03 88 57 14 25 – www.hotel-bonne-franquette.com*
– Fermé 1ᵉʳ-7 juil., 22 oct.-7 nov. et 26 fév.-12 mars
🍽 **9 ch** – ✝52/57 € ✝✝55/60 € – � 11 € – ½ P 53/55 €
Rest – *(fermé sam. midi, dim. soir et lundi)* (9 €) Menu 18/32 € – Carte 28/54 €
♦ Sur une placette du centre-ville, auberge familiale, abondamment fleurie en saison. Chambres bien tenues, simples et fraîches. Accueil chaleureux. Deux salles de restaurant, une rustique et l'autre moderne, pour une agréable cuisine traditionnelle.

LA VILLE-AUX-CLERCS – 41 Loir-et-Cher – **318** D4 – 1 287 h. – **11** B2
alt. 143 m – ⊠ 41160

▶ Paris 159 – Brou 41 – Châteaudun 29 – Le Mans 74
🚹 Mairie ℰ 02 54 80 62 35

🏠 **Manoir de la Forêt** 🌿 ≤ 🜊 🛜 ⁽ᵠ⁾ 🍴 **P** _VISA_ ⲟⲟ **AE** ⓪
r. Françoise de Lorraine, à Fort-Girard : 1,5 km à l'Est par rte secondaire
– ℰ *02 54 80 62 83 – www.manoirdelaforet.fr – Fermé 1 sem. en nov., 2-19 janv., lundi midi de mai à sept., dim. soir et lundi d'oct. à avril*
16 ch – ✝58/75 € ✝✝60/80 € – 2 suites – � 12 € – ½ P 75/88 €
Rest – (18 €) Menu 27/51 € – Carte 38/75 €
♦ Pavillon de chasse du 19ᵉ s. isolé dans un parc. Les chambres (préférez celles du 1ᵉʳ étage, rénovées) aux meubles de style et le salon avec cheminée composent un cadre cossu. Le jeune chef s'applique à créer une cuisine bien dans son époque.

LA VILLE-BLANCHE – 22 Côtes-d'Armor – **309** B2 – **rattaché à Lannion**

VILLECOMTAL-SUR-ARROS – 32 Gers – **336** D9 – 801 h. – **28** A2
alt. 177 m – ⊠ 32730

▶ Paris 760 – Pau 70 – Aire-sur-l'Adour 67 – Auch 48

XXX   Le Rive Droite   🍴 ⚘ ♿ VISA ⬤

1 chemin Saint Jacques – ℰ 05 62 64 83 08 – www.lerivedroite.com – Fermé lundi, mardi et merc. sauf du 17 juil. au 21 août

Rest – (25 € bc) Menu 34 € – Carte environ 34 €

♦ George Sand séjourna dans cette élégante chartreuse (18e s.) située au bord de la rivière. L'ancien et le contemporain s'y mèlent avec brio ; belle cuisine dans l'air du temps.

VILLECROZE – 83 Var – **340** M4 – 1 093 h. – alt. 300 m – ✉ 83690   **41** C3

Côte d'Azur

▶ Paris 835 – Aups 8 – Brignoles 38 – Draguignan 21

🛈 rue Amboise Croizat ℰ 04 94 67 50 00

👁 Belvédère★ : ❄★ N : 1 km.

XX   Le Colombier *avec ch*   🍽 🍴 ₲ ch, 🅰🅲 ch, ⚘ 🍴 🅿 VISA ⬤ 🅰🅴

rte de Draguignan – ℰ 04 94 70 63 23 – www.lecolombier-var.com – Fermé 20 nov.-14 déc.

6 ch – ♦80/90 € ♦♦90/120 € – ⊐ 15 € – ½ P 75/80 €

Rest – (fermé jeudi soir en hiver, dim. soir et lundi) (20 €) Menu 29/55 € – Carte 45/67 €

♦ Cette maison régionale vous réserve un accueil chaleureux. Appétissante carte traditionnelle servie l'hiver dans un ravissant cadre provençal, et l'été sous la véranda. Coquettes chambres avec balcon.

au Sud-Est 3 km par rte de Draguignan et rte secondaire – ✉ 83690 Salernes

X   Au Bien Être *avec ch* 🍃   🍽 🍴 🏊 🅰🅲 ch, ⚘ 🅿 VISA ⬤

chemin du Bien-être – ℰ 04 94 70 67 57 – www.aubienetre.com – Ouvert mars-oct., fermé lundi midi, mardi midi et merc. midi

8 ch – ♦50/78 € ♦♦50/82 € – ⊐ 9 € – ½ P 53/68 €

Rest – (19 €) Menu 26/68 € – Carte 47/65 €

♦ Coquette salle à manger dans les tons bordeaux et blanc, cheminée, agréable terrasse sous les chênes et cuisine du terroir avec un menu spécifique dédié à la truffe : bien-être assuré ! Pour l'étape, chambres fraîches ouvertes sur la piscine.

VILLE D'AVRAY – 92 Hauts-de-Seine – **311** J3 – voir à Paris, Environs

---

VILLEDIEU-LES-POÊLES – 50 Manche – **303** E6 – 3 920 h.
– alt. 105 m – ✉ 50800 █ Normandie Cotentin   **32** A2

▶ Paris 314 – Alençon 122 – Avranches 26 – Caen 82

🛈 43 place de la République ℰ 02 33 61 05 69

👁 Fonderie de cloches★.

🏨   Le Fruitier   🎏 ₲ 🅰🅲 rest, 🍴 🐾 🚗 VISA ⬤

pl. Costils – ℰ 02 33 90 51 00 – www.le-fruitier.com

51 ch – ♦55/120 € ♦♦55/200 € – ⊐ 8,50 € – ½ P 59/78 €

Rest – (fermé 23 déc.-21 janv. et dim. soir de mi-nov. a début avril) (17 €) Menu 26/34 € – Carte 27/50 €

Rest *La Poêle de Gargantua* – ℰ 02 33 90 51 03 (fermé 23 déc.-3 janv.) Menu 13/15 € – Carte 17/37 €

♦ Dans le centre de Villedieu-les-Poêles, hôtellerie familiale aux chambres fonctionnelles et bien tenues, certaines en duplex. Cuisine traditionnelle tournée vers les produits de l'océan servie dans la salle de restaurant au cadre contemporain sobre et chic. Snack à toute heure à La Poêle de Gargantua.

XXX   La Ferme de Malte   🎏 🍴 🏊 VISA ⬤ ⓞ

11 r. Jules Tétrel – ℰ 02 33 91 35 91 – www.lafermedemalte.fr – Fermé 13 déc.-16 janv., dim. soir, merc. soir et lundi

Rest – Menu 18/40 € – Carte 35/55 €

♦ Cette ancienne ferme de l'ordre de Malte abrite des salles à manger chaleureuses donnant sur une terrasse. Cuisine traditionnelle et quelques préparations dans l'air du temps.

✗✗ **Manoir de l'Acherie** avec ch ⌂ 🚗 🔥 ch, 🍽 ☎ ♨ 🅿 VISA ⓪ AE
😊
37 r. Michel-de-l'Épinay, à l'Acherie, 3,5 km à l'Est par D 975 et D 554
😊 *(autoroute A 84 sortie 38) – ℰ 02 33 51 13 87 – www.manoir-acherie.fr*
– *Fermé 14 nov.-6 déc., 13-27 fév., dim. soir du 16 oct. au 10 avril et lundi*
18 ch – ♦60/115 € ♦♦60/115 € – ⊡ 9 € – ½ P 71/98 €
Rest – (15 €) Menu 18/40 € – Carte 35/45 €
♦ Au cœur du bocage normand, manoir du 17e s. et petite chapelle groupés autour d'un jardin. Un cadre authentique pour se régaler de plats du terroir et de grillades sur la braise. Les chambres, bien tenues et au calme, garantissent un séjour serein.

VILLEFARGEAU – 89 Yonne – **319** E5 – **rattaché à Auxerre**

VILLEFORT – 48 Lozère – **330** L8 – 639 h. – alt. 600 m – ✉ 48800   **23** C1
🟩 Languedoc Roussillon
▶ Paris 616 – Alès 52 – Aubenas 61 – Florac 63
🛈 rue de l'Église ℰ 04 66 46 87 30

✗ **Balme** avec ch 🚗 🚗 VISA ⓪
pl. Portalet – ℰ 04 66 46 80 14 – www.hotelbalme.free.fr – Fermé 15-20 oct.,
15 nov.-15 fév., dim. soir et lundi sauf juil.-août
14 ch – ♦49/56 € ♦♦49/56 € – ⊡ 8,50 € – ½ P 59 €   **Rest** – Menu 21/38 €
♦ Sympathique maison régionale située dans un bourg comptant parmi les portes d'entrée du Parc national des Cévennes. Cadre rustique et cuisine aux accents cévenols, un brin créative. Chambres simples pour l'étape.

VILLEFRANCHE-DE-CONFLENT – 66 Pyrénées-Orientales – **344** F7   **22** B3
– 237 h. – alt. 435 m – ✉ 66500 🟩 Languedoc Roussillon
▶ Paris 898 – Mont-Louis 31 – Olette 11 – Perpignan 51
🛈 place de l'Église ℰ 04 68 96 22 96
🔲 Ville forte★ - Fort Liberia : ≪★★.

✗✗✗ **Auberge Saint-Paul** 🚗 VISA ⓪ AE ①
😊
7 pl. de l'Église – ℰ 04 68 96 30 95 – www.perso.wanadoo.fr/auberge.stpaul
😊 – *Fermé 20-27 juin, 2 sem. fin nov., 3-27 janv., mardi hors saison, dim. soir et*
lundi
Rest – Menu 19/75 € bc – Carte 48/80 € ♨
♦ Cette chapelle du 13e s. abrite un restaurant soigné. Salle rustique et terrasse ombragée. Cuisine féminine et subtile ; bon choix de vins de Bourgogne et du Roussillon.

VILLEFRANCHE-DE-ROUERGUE ⊛ – 12 Aveyron – **338** E4   **29** C1
– 12 040 h. – alt. 230 m – ✉ 12200 🟩 Midi-Toulousain
▶ Paris 614 – Albi 68 – Cahors 61 – Montauban 80
🛈 Maison du tourisme promenade du Guiraudet ℰ 05 65 45 13 18
🔲 La Bastide★ : place Notre-Dame★, église Notre-Dame★ - Ancienne chartreuse St-Sauveur★ .

✗✗ **L'Épicurien** 🚗 🔥 AC VISA ⓪
😊
8 bis av. Raymond-St-Gilles – ℰ 05 65 45 01 12 – Fermé 15-30 nov., merc., jeudi,
😊 *dim. soir hors saison, mardi sauf le soir en saison et lundi*
Rest – Menu 14 € (déj. en sem.), 26/36 € – Carte 30/40 €
♦ Vous apprécierez l'atmosphère chaleureuse de cette ex-droguerie, à moins que la fraîcheur du soir ne vous attire vers sa terrasse. Goûteuse cuisine axée sur le poisson et la région.

✗✗ **Côté Saveurs** AC ↔ VISA ⓪
😊
5 r. Belle-Isle – ℰ 05 65 65 83 64 – Fermé dim. et lundi
😊 **Rest** – Menu 16 € (déj. en sem.), 28/58 € – Carte 46/60 €
♦ Un lieu dans l'air du temps, cosy et contemporain (pierres apparentes, touches pop). La cuisine, colorée, fraîche et goûteuse, sait mettre en valeur le terroir aveyronnais.

L'Assiette Gourmande

pl. André Lescure – ☎ 05 65 45 25 95
– www.lassiettegourmande.com
– Fermé 16-30 mars, 8-15 juin, 7-14 sept., 14 déc.-4 janv., dim. sauf le midi de sept. à juin, mardi soir et merc. sauf juil.-août
Rest – Menu 15 € (sem.)/35 € – Carte 25/45 €
♦ Emplacement privilégié au cœur de la vieille ville pour cette maison du 13ᵉ s. rénovée dans un esprit mi-rustique, mi-moderne. Grillades et recettes régionales.

au Farrou Nord 4 km par D 1ᴱ – ⊠ 12200 Villefranche de Rouergue

Relais de Farrou

– ☎ 05 65 45 18 11 – www.relaisdefarrou.com – Fermé 25 janv.-7 fév., 3-14 nov., 19-26 déc.
26 ch – †62/97 € ††67/108 € – ☑ 10 € – ½ P 67/90 €
Rest – *(fermé sam. midi, dim. soir et lundi hors saison)* (15 €) Menu 23/50 €
– Carte 48/65 €
♦ Ancien relais de poste de 1792 entièrement rénové dans un esprit actuel. Chambres confortables de tailles variables et équipements de détente (tennis, minigolf, piscine, fitness). Salle à manger vaste et claire ouverte sur un patio ; cuisine au goût du jour.

VILLEFRANCHE-SUR-MER – 06 Alpes-Maritimes – **341** E5 — **42** E2
– **6 610 h.** – **alt. 30 m** – ⊠ **06230** ▌Côte d'Azur

▶ Paris 932 – Beaulieu-sur-Mer 3 – Nice 5
🛈 jardin François Binon ☎ 04 93 01 73 68
◙ Rade★★ - Vieille ville★ - Chapelle St-Pierre★ - Musée Volti★.

Accès et sorties : Voir plan de Nice

Versailles

7 bd Princesse Grace de Monaco – ☎ 04 93 76 52 52 – www.hotelversailles.com
– Ouvert du 1ᵉʳ avril à fin oct. **k**
46 ch – †120/160 € ††150/170 € – ☑ 15 €
Rest – *(fermé lundi et mardi)* (31 €) Menu 44 €
♦ Hôtel rénové dans un style actuel, bénéficiant d'une situation idyllique face à la mer. Les chambres, au décor épuré, jouissent d'un panorama unique sur la rade. Salle à manger moderne et vaste terrasse tournée vers la grande bleue ; carte régionale.

Welcome sans rest

3 quai Courbet – ☎ 04 93 76 27 62 – www.welcomehotel.com
– Fermé 15 nov.-24 déc. **n**
35 ch – †105/180 € ††105/255 € – 2 suites – ☑ 15 €
♦ Jean Cocteau fréquenta ce charmant hôtel et décora la chapelle Saint-Pierre également située sur le port. Plaisantes chambres personnalisées avec balcon et vue sur la mer.

La Flore sans rest

5 bd Princesse Grace de Monaco – ☎ 04 93 76 30 30
– www.hotel-la-flore.fr **e**
31 ch – †52/150 € ††52/217 € – ☑ 12 €
♦ Cette bâtisse ocre rouge domine agréablement la rade de Villefranche. Les chambres, coquettes et peu à peu rafraîchies, sont souvent pourvues d'une loggia.

L'Oursin Bleu

11 quai Courbet – ☎ 04 93 01 90 12 – Fermé 10 janv.-10 fév. et mardi du 1ᵉʳ nov. au 30 mars **b**
Rest – (28 €) Menu 41 € – Carte 50/95 €
♦ Aquarium, hublots, jeux d'eau, fresques et belle terrasse installée sur les quais, face aux bateaux : la mer célébrée dans le décor autant que dans l'assiette, fine et actuelle.

VILLEFRANCHE-SUR-MER

Cauvin (Av. V.) 2
Corderie (Quai de la) 3
Corne d'Or (Bd de la) 5
Courbet (Quai Amiral) 6
Église (R. de l') 7
Foch (Av. du Maréchal) 8
Gallieni (Av. Général) 9
Gaulle (Av. Général-de) 10
Grande-Bretagne (Av. de) ... 12
Joffre (Av. Maréchal) 14
Leclerc (Av. Général) 15
Marinières (Promenade des).. 16
May (R. de) 18
Obscure (R.) 19
Paix (Pl. de la) 20
Poilu (R. du) 22
Pollonais (Pl. A.) 24
Ponchardier (Quai Amiral) .. 25
Poullan (Pl. F.) 26
Sadi-Carnot (Av.) 28
Settimelli-Lazare (Bd) 30
Soleil d'Or (Av. du) 31
Verdun (Av. de) 32
Victoire (R. de la) 34
Wilson (Pl.) 35

✗✗ La Mère Germaine   ← 🛜 ⚓ & VISA ⓪ AE

9 quai Courbet – 𝒞 04 93 01 71 39 – www.meregermaine.com
– Fermé 13 nov.-31 déc.   **a**
Rest – Menu 43 € – Carte 60/150 €
◆ Emplacement idéal sur le port de pêche pour ce restaurant de produits de la mer, avec sa terrasse sur le quai. Depuis 1938, on y propose du beau poisson frais.

VILLEFRANCHE-SUR-SAÔNE ◎ – 69 Rhône – **327** H4 – 34 188 h.   **43** E1
– alt. 190 m – ⊠ 69400 ⬛ Lyon Drôme Ardèche

▶ Paris 432 – Bourg-en-Bresse 54 – Lyon 33 – Mâcon 47
ℹ️ 96, rue de la sous-préfecture 𝒞 04 74 07 27 40
⛳ du Beaujolais à Lucenay, S : 8 km par D 306 et D 30,
𝒞 04 74 67 04 44

Plans pages suivantes

🏠 La Ferme du Poulet   🛜 |≣| AC ch, ⚒ rest, ⅃ P VISA ⓪

180 r. Mangin, (Z.I. Nord-Est) – 𝒞 04 74 62 19 07
– www.lafermedupoulet.com
– Fermé 10-30 août, 24-31 déc., dim. soir et lundi   **DXs**
9 ch – ♦110 € ♦♦110 € – � 14 €
Rest – Menu 42/68 € – Carte 45/70 €
◆ Solide ferme du 17ᵉ s. joliment rénovée, où se marient le rustique et le contemporain. Chambres spacieuses et lumineuses. Élégant restaurant coiffé d'un plafond à la française.

Barbusse (Bd Henri) . . . . . . **CX** 2
Beaujolais (Av. du) . . . . **CX** 3
Berthier (R. Pierre) . . . . **DX** 7
Chabert (Ch. du) . . . . **CX** 12

Charmilles (Av. des) . . . . . . **CX** 14
Condorcet (R.) . . . . **DX** 15
Desmoulins (R. Camille) . . . **DX** 17
Écossais (R. de l') . . . . **DX** 18
Joux (Av. de) . . . . **DX** 25
Leclerc (Bd du Gén.) . . . . . . **CX** 27
Libération (Av. de la) . . . . . **CX** 28
Maladière (R. de la) . . . . . . **CX** 30

Nizerand (R. du) . . . . **CX** 35
Paradis (R. du) . . . . **CX** 37
Pasquier (Bd Pierre) . . . . . . **DX** 39
Plage (Av. de la) . . . . **DX** 40
St-Roch (Montée) . . . . **CX** 43
Salengro (Bd Roger) . . . . . . **CX** 46
Savoye (R. C.) . . . . **DX** 48
Tarare (R. de) . . . . **CX** 54

🏨 **Plaisance** 🏴 AC rest, ¶¶ 🔥 P 🚗 VISA 🐧 AE ①

96 av. de la Libération – 𝒞 04 74 65 33 52 – www.hotel-plaisance.com – Fermé 24 déc.-3 janv. **AZn**

68 ch – †75/103 € ††75/103 € – 5 suites – ☲ 12 €

Rest – 𝒞 04 74 68 10 37 *(fermé merc. midi, sam. midi et dim. midi)*
Menu 25/40 € – Carte 27/41 €

♦ Immeuble des années 1970 situé au cœur de la capitale du Beaujolais. Jolies chambres et suites au look récemment actualisé. Parking et garage pratiques. Salle à manger agrémentée de fresques ; cuisine traditionnelle.

🏠 **Newport** 🚗 🔥 ch, AC ¶¶ 🔥 P VISA 🐧 AE

610 av. de l'Europe, (Z.I. Nord-Est) – 𝒞 04 74 68 75 59 – Fermé 10-17 juil., 14-21 août et 24 déc.-4 janv. **DXv**

48 ch – †65 € ††75 € – ☲ 7 € – ½ P 61 €

Rest – *(fermé sam., dim. et fériés)* (16 €) Menu 29 € (sem.)/44 €
– Carte 20/50 €

♦ Ce gros pavillon proche d'axes passants et jouxtant le parc des expositions, dispose d'une insonorisation efficace. Chambres plus récentes dans l'annexe. Restaurant décoré de vieilles plaques émaillées ; plats traditionnels, menu du terroir et vins du cru.

✗ **Le Juliénas** AC VISA 🐧
😊
*236 r. d'Anse – 𝒞 04 74 09 16 55 – www.restaurant-lejulienas.com
– Fermé 2-21 août, lundi soir, sam. midi et dim.* **BZv**

Rest – (18 €) Menu 26/48 € – Carte 53/62 €

♦ Dans ce petit restaurant, murs pâtinés recouverts de miroirs, luminaires rétro et tables bien espacées composent un cadre charmant. Carte actuelle de mets fins et savoureux.

VILLEFRANCHE-SUR-SAÔNE

Belleville (R. de) . . . . **BY** 5
Carnot (Pl.) . . . . **BZ** 9
Faucon (R. du) . . . . **BY** 19
Fayettes (R. des) . . . . **BZ** 20
Grange-Blazet (R.) . . . . **BZ** 23
Marais (Pl. des) . . . . **BZ** 32
Nationale (R.) . . . . **BYZ**
République (R. de la) . . . . . . **AZ** 41
Salengro (Bd Roger) . . . . . . **AY** 46
Savigny (R. J.-M.) . . . . **AZ** 47
Sous-Préfecture (R.) . . . . . . **AZ** 50
Stalingrad (R. de) . . . . **BZ** 52

Arts (Pl. des) . . . . **AZ** 49

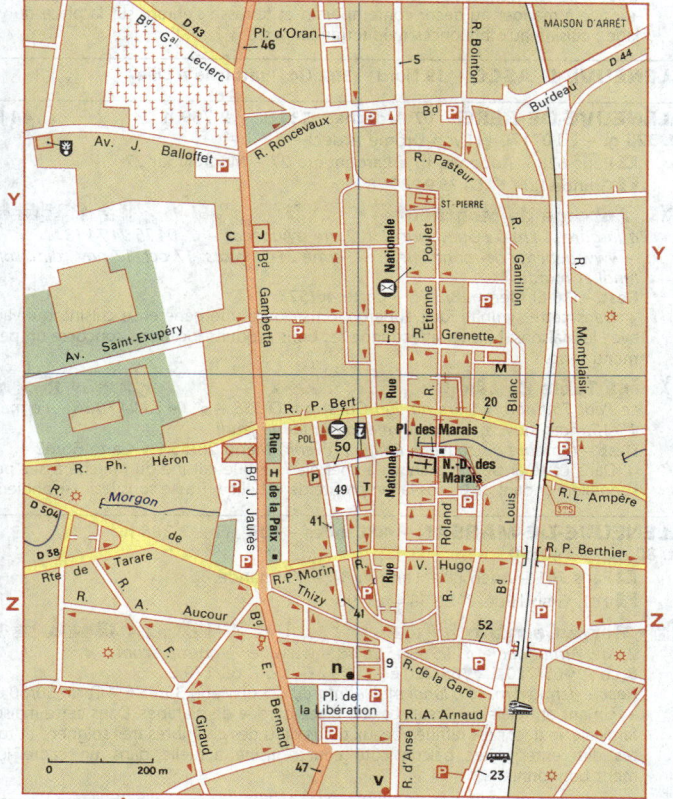

VILLEMAGNE-L'ARGENTIÈRE – 34 Hérault – **339** D7 – rattaché à Bédarieux

---

VILLEMONTAIS – 42 Loire – **327** C4 – 941 h. – alt. 466 m – ✉ 42155   **44** A1

▶ Paris 404 – Lyon 95 – Roanne 13 – Vichy 77

⌂   **Domaine du Fontenay** sans rest ⌖   ⊞ ⌖ ⌖ **P** **VISA** **◑◐**
Lieu-dit Fontenay – ☎ 04 77 63 12 22
– *www.domainedufontenay.com*
4 ch ⊇ – ♦58 € ♦♦68 €

◆ Un domaine et sa chapelle abritant un retable du 15ᵉ s. Les chambres ont une jolie vue sur la plaine de la Loire. Les propriétaires, vignerons, aiment partager leur passion.

VILLEMOYENNE – 10 Aube – **313** F4 – 651 h. – alt. 130 m   **13** B3
– ✉ 10260

▶ Paris 184 – Troyes 21 – Bar-sur-Aube 46 – Châtillon-sur-Seine 51

X **La Parentèle**   🌞 ⇄ VISA ⑩

32 r. Marcellin Lévêque – ℰ 03 25 43 68 68 – www.la-parentele-caironi.com
– Fermé 1 sem. en mars, 2-10 janv., dim. soir, jeudi soir, lundi et mardi
Rest – (24 €) Menu 29/49 € – Carte 29/42 €

◆ Salle à manger au décor contemporain et terrasse s'étirant sur la place du village ; cuisine aux influences méditerranéennes.

VILLENEUVE-D'ASCQ – 59 Nord – **302** G4 – **rattaché à Lille**

VILLENEUVE-DE-BERG – 07 Ardèche – **331** J6 – 2 789 h.   **44** B3
– alt. 320 m – ⊠ 07170 ▮ Lyon Drôme Ardèche
    ▶ Paris 628 – Aubenas 16 – Largentière 27 – Montélimar 27
    🄳 Grande Rue ℰ 04 75 94 89 28

XX **Auberge de Montfleury**   🌞 🍽 P VISA ⑩

à la gare, 4 km à l'Ouest par N 102, rte d'Aubenas – ℰ 04 75 94 74 13
– www.auberge-de-montfleury.fr – Fermé 21-31 mars, 17 oct.-17 nov., dim. soir,
lundi et mardi
Rest – (16 €) Menu 28/53 € – Carte 46/52 €

◆ Dans cette sympathique auberge, on savoure une généreuse cuisine qui varie avec les saisons. Le chef affectionne les bons produits locaux et concocte un petit menu terroir.

XX **La Table de Léa**   🌞 🌞 ♿ AK P VISA ⑩

Le Petit Tournon, 1,5 km au Sud-Ouest par D 558 – ℰ 04 75 94 70 36 – Fermé
1er-15 mars, nov., merc. et le midi du lundi au jeudi
Rest – (nombre de couverts limité, prévenir) Menu 26/55 € – Carte 56/62 €

◆ Dans cette ancienne grange, la chef élabore une cuisine du marché assez personnelle. Pendant ce temps-là, on profite de la belle terrasse sous les marronniers...

VILLENEUVE-DE-MARSAN – 40 Landes – **335** J11 – 2 306 h.   **3** B2
– alt. 80 m – ⊠ 40190
    ▶ Paris 701 – Auch 88 – Langon 81 – Marmande 86
    🄳 181, Grand'Rue ℰ 05 58 45 80 90

🏠🏠 **Hervé Garrapit**   🌞 🍽 AK 🌞 rest, 🍴 P VISA ⑩ AE ⓪

21 av. Armagnac – ℰ 05 58 45 20 08 – www.herve-garrapit.com
8 ch – ♦65/220 € ♦♦65/220 € – ⊊ 12 € – ½ P 68/170 €
Rest – (fermé dim. soir, lundi midi et mardi) (25 €) Menu 35/85 € – Carte 50/80 €

◆ Un ancien relais de poste sur une place bordée de platanes. Dans cette maison familiale, le décor est raffiné : beaux tissus dans des chambres très soignées et toutes différentes, avec balcon côté cour. Cuisine actuelle dans un cadre joliment bonbonnière.

VILLENEUVE-LA-GARENNE – 92 Hauts-de-Seine – **311** J2 – **101** 15 – **voir à Paris, Environs**

VILLENEUVE-LA-SALLE – 05 Hautes-Alpes – **334** H3 – **rattaché à Serre-Chevalier**

VILLENEUVE-LE-COMTE – 77 Seine-et-Marne – **312** F3 – 1 755 h.   **19** C2
– alt. 126 m – ⊠ 77174
    ▶ Paris 40 – Lagny-sur-Marne 13 – Meaux 19 – Melun 38

XXX **A la Bonne Marmite**   🌞 🌞 P VISA ⑩ AE

15 r. Gén.-de-Gaulle – ℰ 01 60 43 00 10 – www.restaurant-labonnemarmite.com
– Fermé 6-25 août, 15 janv.-3 fév., dim. soir, lundi et mardi
Rest – (26 €) Menu 32 € (sem.), 51/72 € – Carte 53/75 €

◆ Superbe ferme briarde du 16e s., devenue ensuite relais de poste. Salles bourgeoises, belle terrasse d'été fleurie sous une treille, cuisine actuelle et beau choix de vins.

VILLENEUVE-LE-ROI – 94 Val-de-Marne – **312** D3 – **101** 26 – **voir à Paris, Environs**

VILLENEUVE-LÈS-AVIGNON – 30 Gard – **339** N5 – 12 471 h.   **23** D2
– alt. 23 m – ✉ 30400 ▮ Provence

▶ Paris 678 – Avignon 8 – Nîmes 46 – Orange 28

🛈 1, place Charles David   ℰ 04 90 25 61 33

◉ Fort et Abbaye St-André★ : ‹≤★★ **AV** - Tour Philippe-le-Bel ‹≤★★ **AV**
   - Vierge★★ au musée municipal Pierre de Luxembourg★ **AV M**
   - Chartreuse du Val-de-Bénédiction★ **AV**.

Plan : voir à Avignon

🏠🏠🏠   Le Prieuré   🍴 🍴 🏖 ✕ 🛏 ᐤ 🆑 🔤 📶 �️ 🅿 🚗 VISA ☎ AE ①
✤

7 pl. Chapitre – ℰ 04 90 15 90 15 – www.leprieure.com – *Fermé janv. et fév.*
26 ch – ♦93/280 € ♦♦185/560 € – 13 suites – �");立 19 €   **AVt**
Rest – *(fermé dim. soir, mardi midi et lundi sauf de juin à sept.)* (35 € bc)
Menu 48 € bc (déj. en sem.), 68/88 € – Carte 84/118 €🏵

Spéc. Cabillaud confit et pommes de terre tiédies à l'huile d'olive et truffe. Langoustines snackées à l'huile d'olive, fondue de poireaux aux algues. Parfait nougatine, crémeux acidulé, marmelade aux citrons bio. **Vins** Côtes du Rhône.

◆ Ce prieuré du 14ᵉ s. a été aménagé dans un esprit résolument contemporain :
ses espaces feutrés et stylés enchantent. À table, place aux saveurs du Sud : le
chef réalise une cuisine délibérément simple, pleine des parfums de saison. Salle
élégante et terrasse face au jardin de curé.

🏠🏠🏠   La Magnaneraie 🦢   🍴 🏖 🛏 ᐤ 🔤 📶 �️ 🅿 🚗 VISA ☎ AE ①
37 r. Camp de Bataille – ℰ 04 90 25 11 11 – www.hostellerie-la-magnaneraie.com
30 ch – ♦121/362 € ♦♦121/362 € – 2 suites – � 25 €   **AVb**
Rest – *(fermé merc. du 1ᵉʳ nov. au 30 avril, sam. midi, dim. soir et le midi
en juil.-août)* (20 €) Menu 25 € (déj. en sem.), 31/89 € – Carte 60/86 €

◆ Cette élégante demeure du 15ᵉ s. propose des chambres contemporaines (styles romantique, colonial...). Bar ouvert sur une terrasse ombragée de platanes, jardin fleuri. Restaurant rehaussé de fresques et de colonnes ; cuisine provençale.

🏠   L'Atelier sans rest   📶 🚗 VISA ☎
5 r. Foire – ℰ 04 90 25 01 84 – www.hoteldelatelier.com – *Fermé 14-20 nov.*
20 ch – ♦69/98 € ♦♦79/140 € – �"立 9,50 €   **AVe**

◆ Une vraie maison de charme (16ᵉ s.) : bel escalier, chambres dotées de meubles anciens, poutres apparentes, objets d'art et, aux beaux jours, petit-déjeuner dans le joli patio.

✕   L'Estaminet   🏖 VISA ☎
r. Francis Pouzol – ℰ 04 32 61 12 74 – www.restaurant-estaminet.com – *Fermé
15 oct.-31 déc., dim. soir et lundi*   **AVr**
Rest – *(nombre de couverts limité, prévenir)* (18 €) Menu 23 € (déj.), 28/33 €

◆ Derrière un haut mur en pierre se cache une cour fleurie, ombragée par un
if. La cuisine du marché prend de jolies accents du Sud et fait la part belle aux
produits de la mer.

aux Angles **AV** – 8 115 h. – alt. 66 m – ✉ 30133

✕✕   Fabrice Martin   🏖 🔤 🅿 VISA ☎
22 bd Victor-Hugo – ℰ 04 90 84 09 02 – http://restaurantfabricemartin.over-blog.com
– *Fermé 22 août-5 sept., 24 oct.-2 nov., 27 fév.-5 mars, sam. midi, dim. soir et lundi*
Rest – *(nombre de couverts limité, prévenir)* (18 €) Menu 26/65 € – Carte environ 59 €

◆ Les murs de ce petit restaurant sont couverts de portraits d'Indiens d'Amérique – la
passion des patrons – et l'on déguste ici une cuisine du marché assez sophistiquée.

VILLENEUVE-LÈS-BÉZIERS – 34 Hérault – **339** E9 – rattaché à Béziers

VILLENEUVE-LOUBET – 06 Alpes-Maritimes – **341** D6 – 14 104 h.   **42** E2
– alt. 10 m – ✉ 06270 ▮ Côte d'Azur

▶ Paris 915 – Antibes 12 – Cannes 22 – Grasse 24

🛈 16, avenue de la Mer   ℰ 04 92 02 66 16

⛳ de Villeneuve-Loubet Route de Grasse, par D 2085 : 4 km, ℰ 04 93 22 52 25

◉ Musée de l'Art culinaire★ **AX M²**.

Voir plan de Cagnes-sur-Mer-Villeneuve-Loubet Haut-de-Cagnes.

XX **L'Auberge Fleurie** 🛜 AC VISA ⚫

au village, 13 r. Mesures – ☎ *04 93 73 90 92*
– www.aubergefleurievilleneuveloubetvillage.com – Fermé 15 nov.-1er déc., jeudi
sauf le soir en juil.-août et merc. AX**u**
Rest *– (prévenir)* (19 €) Menu 27/39 € – Carte 37/55 €
♦ Dans le village natal du célèbre cuisinier Auguste Escoffier, sympathique
auberge proposant des plats inspirés du terroir. Poutres, pierres, tableaux modernes et terrasse d'été.

XX **La Flibuste-Martin's** 🛜 AC VISA ⚫ AE

Port Marina Baie des Anges – ☎ *04 93 20 59 02 – www.lerepairedelaflibuste.fr*
– Fermé mi-nov. à mi-déc., merc. et jeudi d'oct. à mars AY**e**
Rest – (25 €) Menu 30 € (sem.)/35 € bc – Carte 36/112 €
♦ Cuisine de la mer mettant parfaitement en valeur la qualité des poissons
(pêche de petits bateaux). Cadre chic et élégant, avec en toile de fond le port
de plaisance.

à Villeneuve-Loubet-Plage – ✉ **06270**

🏨 **Galoubet** sans rest 🕭 🚗 🗕 AC 🛠 🖊 P VISA ⚫ AE

174 av. Castel – ☎ *04 92 13 59 00 – www.hotellegaloubet.com – Fermé*
22-26 déc. AY**s**
22 ch – †95/114 € ††95/114 € – ☐ 9 €
♦ Le son du galoubet (instrument à vent méridional) ne viendra pas troubler
votre repos dans ces chambres actuelles meublées en rotin et dotées d'une terrasse ou d'une loggia.

VILLENEUVE-SUR-LOT ◉ – **47** Lot-et-Garonne – **336** G3 **4** C2
– 23 466 h. – alt. 51 m – ✉ **47300** 🟩 Aquitaine

🖸 Paris 622 – Agen 29 – Bergerac 60 – Bordeaux 146

🔢 3, place de la Libération ☎ 05 53 36 17 30

🔞 de Villeneuve-sur-Lot à Castelnau-de-Gratecambe, par rte de Bergerac :
  12 km, ☎ 05 53 01 60 19

🏠 **La Résidence** sans rest 🖊 🛜 VISA ⚫

17 av. L. Carnot – ☎ *05 53 40 17 03 – www.hotellaresidence47.com – Fermé*
27 déc.-5 janv. BZ**s**
18 ch – †33/55 € ††33/55 € – ☐ 7 €
♦ Aux portes de la bastide médiévale, hôtel convivial offrant un hébergement
simple. Les chambres côté cour, claires et calmes, ont l'avantage de donner sur
les jardins voisins.

XX **La Table des Sens** (Hervé Sauton) AC VISA ⚫
❁
8 r. de Penne – ☎ *05 53 36 97 04 – www.latabledessens.com – Fermé dim. soir,*
mardi soir et lundi BY**a**
Rest – (18 €) Menu 28/55 € – Carte 44/60 €
Spéc. Homard en ravioles, bouillon mousseux à l'estragon. Ris de veau aux carottes confites à l'orange. Figues noires rôties et gâteau noisette.
♦ Le chef, au beau parcours, se fonde sur l'essentiel – les produits au naturel !
– et taquine les saveurs venues d'ailleurs... Des plats subtils et personnels, dans
un décor qui rend zen.

à Pujols 4 km au Sud-Ouest par D 118 – 3 657 h. – alt. 180 m – ✉ **47300**

🔢 place Saint Nicolas ☎ 05 53 36 78 69
◉ ≼ ★.

🏨 **Des Chênes** sans rest 🕭 ≼ 🗕 AC 🖑 P VISA ⚫

Bel Air – ☎ *05 53 49 04 55 – www.hoteldeschenes.com – Fermé 23 déc.-15 janv.*
et dim. de nov. à avril
21 ch – †57/80 € ††73/96 € – ☐ 11 €
♦ Face au village perché de Pujols, bâtisse inspirée de l'architecture régionale, égayée par sa piscine et sa terrasse. Chambres fraîches, bien tenues, d'une
tranquillité assurée.

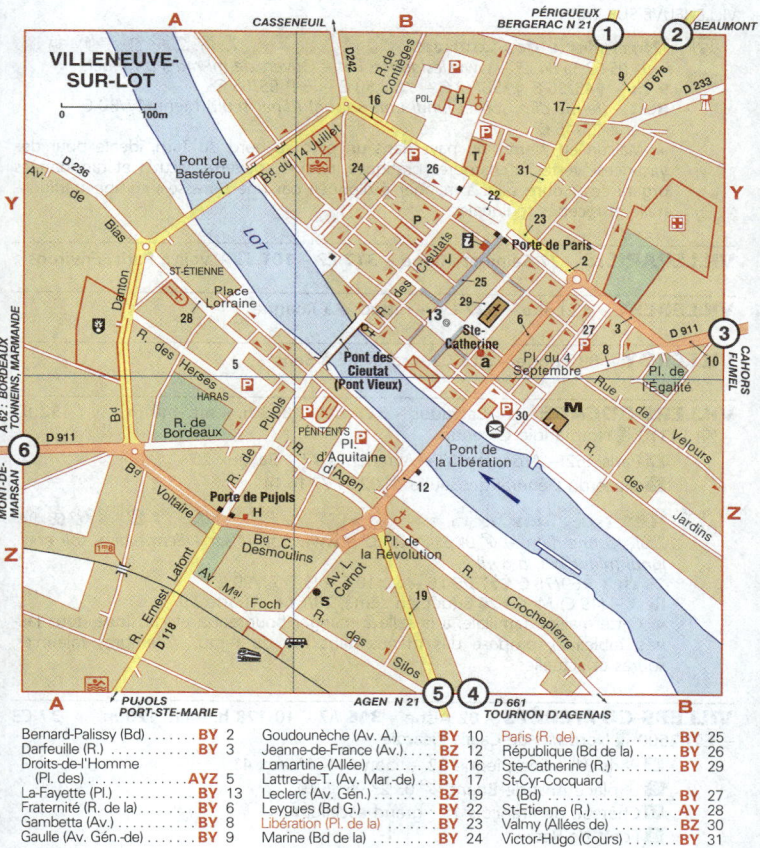

VILLENEUVE-SUR-LOT

Bernard-Palissy (Bd)	**BY** 2	Goudounèche (Av. A.)	**BY** 10	Paris (R. de)	**BY** 25
Darfeuille (R.)	**BY** 3	Jeanne-de-France (Av.)	**BZ** 12	République (Bd de la)	**BY** 26
Droits-de-l'Homme		Lamartine (Allée)	**BY** 16	Ste-Catherine (R.)	**BY** 29
(Pl. des)	**AYZ** 5	Lattre-de-T. (Av. Mar.-de)	**BY** 17	St-Cyr-Cocquard	
La-Fayette (Pl.)	**BY** 13	Leclerc (Av. Gén.)	**BZ** 19	(Bd)	**BY** 27
Fraternité (R. de la)	**BY** 6	Leygues (Bd G.)	**BY** 22	St-Etienne (R.)	**AY** 28
Gambetta (Av.)	**BY** 8	Libération (Pl. de la)	**BY** 23	Valmy (Allées de)	**BZ** 30
Gaulle (Av. Gén.-de)	**BY** 9	Marine (Bd de la)	**BY** 24	Victor-Hugo (Cours)	**BY** 31

XXX **La Toque Blanche** ≤ 🛋 AC ↔ P VISA OO AE

– 𝒞 05 53 49 00 30 – www.la-toque-blanche.com – Fermé 6-21 juin, 14-29 nov., 17-25 janv., dim. et lundi

Rest – Menu 23 € (sem.), 39/85 € – Carte 50/100 €

♦ Pavillon tourné vers le bourg. Service à midi dans une véranda panoramique, le soir dans une élégante salle à manger. Cuisine de tradition avec des touches actuelles.

XX **Lou Calel** ≤ 🛋 VISA OO

Le bourg – 𝒞 05 53 70 46 14 – Fermé 2 sem. en juin, 2 sem. en oct., 2 sem. en janv., mardi et merc.

Rest – Menu 24/40 € – Carte 42/54 €

♦ Cette auberge située dans le village vous accueille dans deux salles rustiques (dont une panoramique) ou sur sa terrasse surplombant la vallée du Lot. Goûteuse cuisine du terroir.

VILLENEUVE-SUR-TARN – 81 Tarn – **338** G7 – alt. 272 m — **29** C2
– ⊠ 81250 Curvalle

▶ Paris 714 – Albi 33 – Castres 67 – Lacaune 44

Hostellerie des Lauriers
🕊 ☂ 🔲 🏊 ch, ⁣¶ P VISA ©©

– ☎ 05 63 55 84 23 – www.leslauriers.net – Ouvert de mi-mars à mi-oct.
9 ch – ♦45/56 € ♦♦58/72 € – ☐ 8,50 € – ½ P 55/65 €
Rest – *(fermé dim. soir et lundi hors saison) (dîner seult)* Menu 17/30 €
– Carte 25/45 €
♦ Maison en pierres du pays dans un parc au bord du Tarn, idéale pour des vacances "vertes" : chambres pratiques, piscine couverte, jacuzzi et randonnées organisées. Sobre salle à manger prolongée par une terrasse ; cuisine traditionnelle et recettes régionales.

VILLEPARISIS – 77 Seine-et-Marne – **312** E2 – **101** 19 – voir à Paris, Environs

---

VILLEREST – 42 Loire – **327** D4 – rattaché à Roanne

VILLEROY – 89 Yonne – **319** C2 – rattaché à Sens

VILLERS-BOCAGE – 14 Calvados – **303** I5 – 2 868 h. – alt. 140 m   **32** B2
– ⊠ 14310 ▯ Normandie Cotentin

▶ Paris 262 – Argentan 83 – Avranches 77 – Bayeux 26
🛈 place du Général de Gaulle ☎ 02 31 77 16 14

Les Trois Rois avec ch
🚗 ☂ ⁣¶ P VISA ©© AE ①

2 pl. Jeanne d'Arc – ☎ 02 31 77 00 32 – www.trois-rois.fr – Fermé dim. soir et lundi midi d'oct. à avril
13 ch – ♦69/78 € ♦♦75/90 € – ☐ 10 € – ½ P 71/90 €
Rest – (19 €) Menu 26 € (déj. en sem.), 29/61 € – Carte 50/74 €
♦ Cette maison familiale, à la salle à manger bourgeoise et classique (tons jaunes, tableaux), propose des menus dans l'air du temps. Chambres rajeunies, sobres et actuelles.

VILLERS-COTTERÊTS – 02 Aisne – **306** A7 – 10 128 h. – alt. 126 m   **37** C3
– ⊠ 02600 ▯ Nord Pas-de-Calais Picardie

▶ Paris 81 – Compiègne 32 – Laon 61 – Meaux 41
🛈 6, place Aristide Briand ☎ 03 23 96 55 10
◉ Château de François 1er : grand escalier★.
🌲 Forêt de Retz★.

Le Régent sans rest
⁣¶ ♨ P VISA ©© AE

26 r. du Gén. Mangin – ☎ 03 23 96 01 46 – www.hotel-leregent.com
30 ch – ♦72 € ♦♦82 € – ☐ 9 €
♦ Relais de poste du 18e s., organisé autour d'une cour pavée où trône un bel abreuvoir. Chambres au charme d'antan (meubles anciens) agrémentées de petites touches contemporaines.

VILLERSEXEL – 70 Haute-Saône – **314** G7 – 1 423 h. – alt. 287 m   **17** C1
– ⊠ 70110 ▯ Franche-Comté Jura

▶ Paris 386 – Belfort 41 – Besançon 59 – Lure 18
🛈 33, rue des Cités ☎ 03 84 20 59 59

Le Relais des Moines
☂ ♿ ch, ☂ ch, ⁣¶ ♨ P VISA ©© AE

1 r. du 13 Septembre 1944 – ☎ 03 84 20 50 50 – www.lerelaisdesmoines.fr
– Fermé 23 déc.-9 janv. et dim. soir
24 ch – ♦52 € ♦♦52/68 € – ☐ 8 € – ½ P 48 €
Rest – (12 €) Menu 26/34 € – Carte 26/60 €
♦ Un hôtel de belle ampleur, composé de plusieurs bâtiments. Chambres pratiques et très bien entretenues (les plus récentes dans une maison bourgeoise). Au restaurant, cuisine traditionnelle dont salaisons maison et spécialités franc-comtoises.

La Terrasse 🚗 🛱 ☏ **P** 𝘝𝘐𝘚𝘈 ⓐⓑ

rte de Lure – ☏ 03 84 20 52 11 – www.laterrasse-villersexel.com
– Fermé 24-26 déc., 31 déc.-2 janv., vend. soir et dim. soir d'oct. à mars
13 ch – †45/52 € ††52/62 € – � 8,50 € – ½ P 53/56 €
Rest – (12 €) Menu 15 € (sem.), 25/35 € – Carte 24/51 €
♦ Dans la même famille depuis 1921, cette engageante maison dispose de chambres fonctionnelles et bien tenues, égayées de couleurs vives. Carte traditionnelle au restaurant ; agréable terrasse ombragée et fleurie en saison.

VILLERS-LE-LAC – 25 Doubs – **321** K4 – 4 339 h. – alt. 730 m   **17** C2
– ✉ 25130 ▮ Franche-Comté Jura

▶ Paris 471 – Basel 116 – Besançon 68 – La Chaux-de-Fonds 18
🛈 rue Pierre Berçot ☏ 03 81 68 00 98
◉ Saut du Doubs★★★ NE : 5 km - Lac de Chaillexon★ NE : 2 km - Musée de la montre★.

Le France (Hugues Droz) 🛱 ☏ 🕍 🛏 𝘝𝘐𝘚𝘈 ⓐⓑ 𝔸𝔼 ⓞ

8 pl. Cupillard – ☏ 03 81 68 00 06 – www.hotel-restaurant-lefrance.com – Fermé 24 oct.-9 nov. et 24 déc.-24 janv.
12 ch – †50/65 € ††60/100 € – � 10 € – ½ P 60/90 €
Rest – *(fermé mardi midi d'oct. à mai, dim. soir et lundi)* Menu 19 € (déj.), 29/72 € – Carte 41/62 €🌿
Spéc. Menu "Tout morilles". Filet de bœuf du Bourbonnais, réduction de trousseau et pommes de terre en fumée. Grand dessert. **Vins** Arbois-Savagnin, Arbois-Trousseau.
♦ Cet établissement accueillant perpétue la tradition familiale : quatre générations s'y sont succédé depuis 1900. Chambres actuelles et espace bien-être. Association de beaux produits, parfait mélange de saveurs et cuisine créative : Hugues Droz ravit les papilles dans une atmosphère chaleureuse.

VILLERS-SUR-MER – 14 Calvados – **303** L4 – 2 541 h. – alt. 10 m   **32** A3
– Casino ▮ Normandie Vallée de la Seine

▶ Paris 208 – Caen 35 – Deauville 8 – Le Havre 52
🛈 place Jean Mermoz ☏ 02 31 87 01 18

Domaine de Villers 🌿 ⇐ 🛋 🖿 ᴧ ⅙ rest, ☏ 🕍 𝘝𝘐𝘚𝘈 ⓐⓑ 𝔸𝔼

chemin Belvédère – ☏ 02 31 81 80 80 – www.domainedevillers.com – Fermé 23-25 déc.
17 ch – †130/255 € ††130/255 € – � 19 €
Rest – *(fermé le midi du lundi au jeudi)* Menu 36/54 € – Carte 53/82 €
♦ Manoir récent entouré d'un parc, avec vue sur la baie de Deauville. Ses chambres, luxueuses, déclinent les styles contemporain, marin, Art déco ou Directoire. Séduisante carte au goût du jour servie au coin du feu, dans une salle confortable ; terrasse panoramique.

VILLERVILLE – 14 Calvados – **303** M3 – rattaché à Honfleur

VILLETOUREIX – 24 Dordogne – **329** D4 – 823 h. – alt. 67 m – ✉ 24600   **4** C1

▶ Paris 510 – Angoulême 59 – Bordeaux 119 – Périgueux 35

Le Moulin de Larcy 🛋 🖿 **P** 𝘝𝘐𝘚𝘈 ⓐⓑ 𝔸𝔼

– ☏ 05 53 91 23 89 – www.le-moulin-de-larcy.com
3 ch � – †160/240 € ††160/240 €   **Table d'hôte** – Menu 18/28 €
♦ Le murmure de la rivière, la végétation luxuriante, l'intérieur élégant mis en scène par un propriétaire décorateur : ce moulin du 19e s. est un havre de paix ! Chambres avec salon et cuisine privée. À la table d'hôtes, menu suggéré la veille pour le lendemain.

VILLEURBANNE – 69 Rhône – **327** I5 – rattaché à Lyon

VILLIÉ-MORGON – 69 Rhône – **327** H3 – 1 740 h. – alt. 262 m   **43** E1
– ✉ 69910 ▮ Lyon Drôme Ardèche

▶ Paris 412 – Lyon 54 – Mâcon 23 – Villefranche-sur-Saône 22
◉ La Terrasse ❋★★ près du col du Fût d'Avenas NO : 7 km

✕ **L'Atelier du Cuisinier** 🛏 VISA ⦿

🍝 *17 r. Baudelaire – ℰ 04 74 62 20 76*
Rest – Menu 14 € (déj.)/23 € – Carte 24/45 €🎵
◆ À l'ardoise de ce bistrot à l'ancienne plein de charme, des suggestions appétissantes aux couleurs du terroir (pâté maison) et un grand choix de vins locaux. Terrasse ombragée.

à Morgon 2 km au Sud par D 68 – ✉ 69910

✕ **Le Morgon** 🛏 VISA ⦿

🍝 *– ℰ 04 74 69 16 03 – Fermé 3-10 mars, 15 déc.-1er fév., fériés le soir, mardi soir, dim. soir et merc.*
Rest – Menu 15 € (sem.), 20/40 € – Carte 22/42 €
◆ Restaurant villageois disposant d'une salle à manger rajeunie dans un style restant assez classique, avec une petite cheminée et des tableaux colorés. Cuisine du terroir.

VILLIERS-LE-MAHIEU – 78 Yvelines – **311** G2 – 692 h. – alt. 127 m — **18** A2 – ✉ 78770

▶ Paris 53 – Dreux 37 – Évreux 63 – Mantes-la-Jolie 18

🏰 **Château de Villiers-le-Mahieu** 🌿 🐾 🛏 ⛲ 🏊 📶 🍸 *Lå* ✕ 🍽 ᴳ AC

r. du Centre – ℰ 01 34 87 44 25 🏊 📶 *Lå* 📶 VISA ⦿ AE ①
– www.chateauvilliers.com – Fermé 24 déc.-1er janv. et 15-27 fév.
95 ch – 🛏230/410 € 🛏🛏230/410 € – ☕ 20 € – ½ P 155/165 €
Rest – *(fermé le midi en sem. sauf vacances scolaires et fériés)* Carte 35/49 €
◆ Cerné de tours et de douves en eau, ce château du 17e s. (fondations du 13e s.) mêle charme du passé et goût du confort. Belles prestations dans les chambres (plusieurs annexes aux styles variés), spa de 700 m². Ambiance lounge au restaurant, cuisine actuelle.

VILLIERS-SOUS-GREZ – 77 Seine-et-Marne – **312** E6 – 763 h. — **19** C3 – alt. 86 m – ✉ 77760

▶ Paris 75 – Corbeil-Essonnes 42 – Évry 43 – Savigny-sur-Orge 52

🏠 **La Cerisaie** sans rest 🌿 🚗 🛏 📶

10 r. Larchant – ℰ 01 64 24 23 71 – www.cerisaie.fr
4 ch ☕ – 🛏75/85 € 🛏🛏75/85 €
◆ Remarquablement restaurée, cette ferme du 19e s. est un vrai paradis. Meubles chinés et objets coup de cœur ornent les chambres aux noms évocateurs : Photographe, Orientale...

VILLIERS-SUR-MARNE – 52 Haute-Marne – **313** K4 – ✉ 52320 — **14** C3

▶ Paris 282 – Bar-sur-Aube 41 – Chaumont 31 – Neufchâteau 52

✕✕ **La Source Bleue** avec ch 🌿 🚗 🛏 ᴳ ch, 📶 VISA ⦿

🍝 *2 km au Sud par D 194 – ℰ 03 25 94 70 35 – www.hotelsourcebleue.com*
🍽 *– Fermé 21 déc.-5 janv., dim. soir, lundi midi et mardi midi*
11 ch – 🛏75/90 € 🛏🛏75/90 € – 1 suite – ☕ 10 €
Rest – Menu 18 € (déj.), 29/50 € – Carte 52/61 €🎵
◆ Moulin du 18e s. entouré d'un grand parc longeant la rivière. Intérieur sobre et plaisant, terrasse les pieds dans l'eau pour déguster poissons de rivière, cresson et vins du cru. Chambres fraîchement créées, très spacieuses et en pleine nature.

VINAY – 51 Marne – **306** F8 – rattaché à Épernay

VINCELOTTES – 89 Yonne – **319** E5 – rattaché à Auxerre

VINCENNES – 94 Val-de-Marne – **312** D2 – **101** 17 – voir à Paris, Environs

VINCEY – 88 Vosges – **314** F2 – rattaché à Charmes

VINON-SUR-VERDON – 83 Var – **340** J3 – 3 734 h. – alt. 280 m — **40** B2 – ✉ 83560

▶ Paris 775 – Aix-en-Provence 47 – Brignoles 52 – Digne-les-Bains 70
🛈 rue Saint-André ℰ 04 92 78 84 45

✕ ∞ **Relais des Gorges** avec ch ☂ ((•)) 🅿 VISA ◎ AE

230 av. de la République – ✆ 04 92 78 80 24 – Fermé 26 oct.-9 nov.,19-29 déc. et dim. soir d'oct. à mars

9 ch – †43 € ††52 € – ☕ 6,50 € – ½ P 48 € **Rest** – Menu 17/40 € – Carte 40/68 €

◆ Aux portes des grandioses gorges du Verdon, faites halte dans cette auberge où l'on sert une appétissante cuisine traditionnelle. Petites chambres sobres et pratiques.

VIRE ⟨SP⟩ – **14 Calvados** – **303** G6 – **12 347 h.** – **alt. 275 m** – ✉ **14500** **32** B2

▮ Normandie Cotentin

▶ Paris 296 – Caen 64 – Flers 31 – Laval 103

ℹ square de la Résistance ✆ 02 31 66 28 50

⛳ de Vire la Dathée à Saint-Manvieu-Bocage Ferme de la Basse Haie, SE : 8 km par D 150, ✆ 02 31 67 71 01

⌂ ∞ **De France** ⇅ ♿ ((•)) ⛯ VISA ◎

4 r. d'Aignaux – ✆ 02 31 68 00 35 – www.hoteldefrancevire.com – fermé 6 déc.-4 janv. et dim. soir

20 ch – †60 € ††60 € – ☕ 8,50 € – ½ P 54 €

Rest – Menu 16/29 € – Carte 16/50 €

◆ Maison en pierre du centre-ville récemment rénovée, pour un résultat plaisant : des chambres contemporaines et épurées. Restaurant relooké (tableaux, poutres blanchies). Carte actuelle aux bases traditionnelles ; l'andouille est mise à l'honneur.

rte de Flers **2,5 km par D 524** – ✉ **14500 Vire :**

✕✕ **Manoir de la Pommeraie** 🌳 ☂ 🅿 VISA ◎ AE

– ✆ 02 31 68 07 71 – www.manoirdelapommeraie.com – Fermé dim. soir et lundi

Rest – (18 € bc) Menu 25/48 € – Carte 36/47 €

◆ En retrait de Vire, petit manoir du 18e s. isolé dans un parc aux arbres centenaires. Le nouveau chef propose une alléchante cuisine actuelle à base de bons produits de saison.

VIRÉ – **71 Saône-et-Loire** – **320** J11 – **1 056 h.** – **alt. 225 m** – ✉ **71260** **8** C3

▶ Paris 378 – Mâcon 20 – Cluny 23 – Tournus 19

⌂ ✿ **Frédéric Carrion Cuisine Hôtel** ⇅ ♿ AC ((•)) VISA ◎ AE

pl. A. Lagrange – ✆ 03 85 33 10 72 – www.relais-de-montmartre.fr – Fermé 8-31 janv.

10 ch – †130/320 € ††140/380 € – ☕ 16 €

Rest – *(fermé 29 août-5 sept., 8-31 janv., sam. midi, dim. soir et lundi)* (26 €) Menu 39/75 € – Carte 60/98 € ❀

Spéc. Langoustine bretonne au parfum de pistache, tomates collection aux aromates (printemps-été). Volaille de Bresse cuisinée en cocotte, poire confite à la vanille et poivre vert de Penja. Soufflé chaud au Grand Marnier. **Vins** Mâcon Viré-Clessé, Mâcon Burgy.

◆ Décor contemporain et couleurs acidulées dans les chambres et la suite de cette belle bâtisse en pierre. Petit-déjeuner dans les vignes, fitness. Cuisine traditionnelle personnalisée, servie dans une élégante salle à manger (drapés, lustres en verre de Murano).

VIRIVILLE – **38 Isère** – **333** E6 – **1 291 h.** – **alt. 380 m** – ✉ **38980** **43** E2

▶ Paris 549 – Lyon 92 – Grenoble 62 – Saint-Priest 73

⌂ **Hostellerie de Chambaran** ⛭ ⛱ ☂ ⛲ ((•)) ⛯ 🅿 VISA ◎

185 Grande-Rue-Jeanne-Sappey – ✆ 04 74 54 02 18 – www.hostelleriedechambaran.com

19 ch – †70 € ††90 € – ☕ 8 € – ½ P 75 €

Rest – *(fermé sam. midi)* Menu 24/49 € – Carte 22/55 €

◆ Au cœur d'un pittoresque village aux maisons en galets roulés, affaire familiale dont les chambres, sans fioriture mais rafraîchies, donnent sur un grand jardin-piscine. Chaleureuse salle à manger, terrasse ombragée et cuisine traditionnelle au restaurant.

VIRY-CHÂTILLON – **91 Essonne** – **312** D3 – **101** 36 – **voir à Paris, Environs**

VISCOS – 65 Hautes-Pyrénées – **342** L7 – 44 h. – alt. 800 m – ✉ 65120   **28** A3

> ▶ Paris 880 – Pau 75 – Tarbes 50 – Argelès-Gazost 17

⌂ **La Grange aux Marmottes** ⌖   ◁ 🍴 ⌇ 🛉 ⓦ 🎧 💳 ⓒ⓪

au village – ℰ 05 62 92 88 88 – www.grangeauxmarmottes.com
– *Fermé 1er nov.-15 déc.*
14 ch – ♦35/60 € ♦♦70/120 € – ⌷ 11 € – ½ P 62/88 €
Rest – Menu 21/52 € – Carte 26/45 €

◆ À la recherche du calme absolu ? Vous serez séduit par cette ancienne grange en pierre, située aux portes du Parc national des Pyrénées. Chambres vastes et douillettes. Atmosphère campagnarde dans la salle à manger et cuisine honorant la région.

VITERBE – 81 Tarn – **338** D8 – 330 h. – alt. 141 m – ✉ 81220   **29** C2

> ▶ Paris 693 – Albi 62 – Castelnaudary 52 – Castres 31

ⅩⅩ **Les Marronniers** ⌖   🍴 🍴 🄰🄲 🅿 💳 ⓒ⓪

⌾ *2 Grand Rue* – ℰ 05 63 70 64 96 – www.lesmarronniers-viterbe.com
– *Fermé 2-19 nov., 23-25 fév., lundi soir d'oct. à mars, mardi soir et merc.*
Rest – (11 €) Menu 19 € (sem.), 27/42 € bc – Carte 28/44 €

◆ Salle contemporaine dans les tons sable et chocolat, éclairage étudié, chaises à médaillon ajouré, salon-cheminée et plaisante terrasse face au jardin. Carte traditionnelle.

VITRAC – 24 Dordogne – **329** I7 – 831 h. – alt. 150 m – ✉ 24200   **4** D3

> ▶ Paris 541 – Brive-la-Gaillarde 64 – Cahors 54 – Périgueux 85

ℹ *lieu-dit le bourg* ℰ 05 53 28 57 80

▣ du Domaine de Rochebois à Sarlat-la-Canéda Route de Montfort, SE : 2 km, ℰ 05 53 31 52 52

◉ Château de Montfort ★ NE : 2 km - Cingle de Montfort ★ NE : 3,5 km
       🕮 Périgord Quercy

🏠 **Domaine de Rochebois** *sans rest* ⌖   ◁ 🄽 ⌇ 🛉 ⚬ 🄰🄲 🎾 🕊 🅿

rte de Montfort, 2 km à l'Est par D 703 – ℰ 05 53 31 52 52   💳 ⓒ ⓐⓔ ⓪
– www.rochebois.com – *Ouvert début mai à fin sept.*
10 ch – ♦165/295 € ♦♦195/350 € – ⌷ 15 €

◆ Un grand parc, un 9-trous, des jardins en terrasse et une décoration intérieure raffinée : cette demeure du 19e s. est un petit paradis au cœur du Périgord Noir.

🏨 **Plaisance** ⌖   🍴 🍴 🄽 🛉 ⚬ & ch, 🄰🄲 🎧 🕊 🅿 💳 ⓒ⓪ ⓐⓔ

⌾ *au port* – ℰ 05 53 31 39 39 – www.hotelplaisance.com – *Ouvert 5 mars-11 nov.*
48 ch – ♦55/64 € ♦♦55/110 € – ⌷ 9 € – ½ P 64/82 €
Rest – *(fermé dim. soir et vend. d'oct. à avril, vend. midi et sam. midi de mai à sept.)* Menu 16 € (déj. en sem.), 25/45 € – Carte 31/69 €

◆ Bâtisse régionale construite en 1808 à flanc de rocher, aux chambres bien tenues. L'annexe se trouve dans un ancien moulin et le jardin longe la Dordogne. On sert ici une copieuse cuisine du pays, à déguster en été sous la fraîcheur des tilleuls.

⌂ **Le Clos Roussillon** *sans rest* ⌖   🍴 🄽 🄰🄲 🎧 🅿 💳 ⓒ⓪ ⓐⓔ ⓪

1 km à l'Ouest par D 703 et rte secondaire – ℰ 05 53 28 13 00
– www.closroussillon-perigord.com – *Ouvert 9 avril-31 oct.*
31 ch – ♦55/75 € ♦♦55/90 € – ⌷ 8 €

◆ Un hôtel des années 1980 bien rénové, avec des chambres modernes et confortables, parfois pourvues de balcons et de kitchenettes, au milieu d'un parc : parfait en famille.

ⅩⅩ **La Treille** *avec ch*   🍴 🄰🄲 ch, 🎧 💳 ⓒ⓪ ⓐⓔ

⊛ *Le Port* – ℰ 05 53 28 33 19 – www.latreille-perigord.com – *Fermé 14 nov.-17 déc., 15 fév.-5 mars, mardi sauf le soir du 15 juin au 15 oct. et lundi*
8 ch – ♦48/54 € ♦♦48/56 € – ⌷ 8 € – ½ P 68 €
Rest – (17 €) Menu 20/45 € – Carte 40/63 €

◆ Cette maison tapissée de vigne vierge doit son nom aux Latreille, ses propriétaires depuis 1866. La bonne surprise vient de la cuisine, traditionnelle mais jamais ennuyeuse.

VITRAC – 15 Cantal – **330** B6 – 292 h. – alt. 490 m – ⊠ 15220   **5** A3

▶ Paris 561 – Aurillac 26 – Figeac 44 – Rodez 77

🏠   **Auberge de la Tomette** 🕸   🚗 🛖 ☒ ⅗ rest, ⁞⁞ 🅿 *VISA* ⊛ AE
     – ℰ 04 71 64 70 94 – www.auberge-la-tomette.com – Ouvert Pâques-12 nov.
     16 ch – ♦86/95 € ♦♦86/95 € – ☲ 10 € – ½ P 72/80 €
     Rest – (dîner seult) Menu 24/39 €
     ♦ Agréable auberge mise en valeur par ses nouveaux propriétaires : chambres claires
     et actuelles, jardin fleuri avec jeux pour enfants, espace relaxation (sauna, hammam).
     La salle à manger rustique ouvre sur une terrasse-pergola. Cuisine traditionnelle.

VITRÉ – 35 Ille-et-Vilaine – **309** O6 – 16 156 h. – alt. 106 m – ⊠ 35500   **10** D2
🟩 Bretagne

▶ Paris 310 – Châteaubriant 52 – Fougères 30 – Laval 38
🛈 place Général de Gaulle ℰ 02 99 75 04 46
🏰 des Rochers Sévigné Château des Rochers, par rte d'Argentré : 6 km,
   ℰ 02 99 96 52 52
👁 Château★★ : tour de Montalifant ≼★, tryptique★ - La Ville★ : rue
   Baudrairie★★ A 5, remparts★, église Notre-Dame★ B - Tertres noirs
   ≼★★ par ④ - Jardin du parc★ par ③ - ≼★★ des D178 B et D857 A
   - Champeaux : place★, stalles★ et vitraux★ de l'église 9 km par ④.

🏠   **Ibis** sans rest   📶 ♿ 🅰🄲 ⁞⁞ 🕸 *VISA* ⊛ AE
     1 bd Chateaubriant, par ③ – ℰ 02 99 75 51 70 – www.ibishotel.com
     62 ch – ♦54/95 € ♦♦54/95 € – ☲ 8 €
     ♦ Non loin du centre médiéval, un hôtel récent proposant des chambres fonc-
     tionnelles et bien tenues. Préférez celles situées sur l'arrière, plus au calme.

✕✕   **Le Pichet**   🚗 🛖 *VISA* ⊛ AE
🍴   17 bd de Laval, par ① – ℰ 02 99 75 24 09 – www.lepichet.fr – Fermé merc. soir,
     jeudi soir et dim.
     Rest – (nombre de couverts limité, prévenir) Menu 18 € (sem.)/50 € - Carte 39/52 €
     ♦ Un Pichet confortable, qui verse à boire et à manger ! Le patron achète ses
     viandes chez les producteurs locaux et concocte une cuisine agréable. L'été, on
     profite du joli jardin.

VITRÉ

Argentré (R. B.-d')	**B** 2	
Augustins (R. des)	**A** 3	
Baudrairie (R. de la)	**A** 5	
Borderie (R. de la)	**B**	
En-Bas (R. d')	**A** 8	
Garengeot (R.)	**B** 12	
Gaulle (Pl. Gén.-de)	**B** 13	
Jacobins (Bd des)	**B** 15	
Leclerc (Pl. Gén.)	**B** 17	
Liberté (R. de la)	**B** 18	
Notre-Dame (Pl. et R.)	**B** 20	
Paris (R. de)	**B**	
Pasteur (R.)	**A**	
Poterie (R.)	**B**	
Prêche (Bd du)	**A** 21	
Rochers (Bd des)	**B** 22	
St-Louis (R.)	**AB** 23	
St-Yves (Pl.)	**A** 25	
Sévigné (R.)	**B** 26	
70e-R.-I. (R. du)	**B** 27	

VITRY-LE-FRANÇOIS ◉ – 51 Marne – **306** J10 – 15 086 h. **13** B2
– alt. 105 m – ⊠ 51300 ▌Champagne Ardenne

■ Paris 181 – Bar-le-Duc 55 – Châlons-en-Champagne 33 – Verdun 96
🖪 6, Boulevard François 1er ℰ 03 26 74 45 30

🏨 **La Poste** 🛎 ⊪ 🖾 P 💳 ⓿ 🅰 ⓪
pl. Royer-Collard – ℰ 03 26 74 02 65 – www.hotellaposte.com
– Fermé 21 déc.-4 janv. et dim.
27 ch – ♦63/78 € ♦♦71/86 € – ☲ 10 €
Rest – *(fermé 2-23 août)* (20 €) Menu 23/75 € bc – Carte 65/80 €
◆ Face à la collégiale Notre-Dame, cet hôtel abrite des chambres pratiques, bien
entretenues (certaines avec baignoire balnéo), et un agréable coin salon. Cuisine
dans l'air du temps au restaurant.

🏠 **De la Cloche** 🖾 🖾 rest, ⊪ 🛎 🖾 💳 ⓿ 🅰 ⓪
34 r. Aristide Briand – ℰ 03 26 74 03 84 – www.hotel-de-la-cloche.com – *Fermé*
3-9 janv. et dim. soir du 1er nov. au 30 avril
22 ch – ♦53/87 € ♦♦58/120 € – ☲ 9 €
Rest *Jacques Sautet* – Menu 27/60 € – Carte 58/103 €
Rest *Vieux Briscard* – *(13 €)* Menu 19/25 € – Carte 35/60 €
◆ Établissement du centre-ville disposant de chambres fonctionnelles et de
bonne ampleur. Chez Jacques Sautet, cuisine classique dans un cadre bourgeois.
Carte de brasserie au Vieux Briscard.

VITTEAUX – 21 Côte-d'Or – **320** H5 – 1 100 h. – alt. 320 m – ⊠ 21350 **8** C2
▌Bourgogne

■ Paris 259 – Auxerre 100 – Avallon 55 – Beaune 64
🖪 16, rue Hubert Languet ℰ 03 80 33 90 14

🍴 **Vieille Auberge** 🖾 💳 ⓿
🕸 *19 r. Verdun* – ℰ 03 80 49 60 88 – *Fermé 21-30 juin, 17-31 oct., 2-9 janv., vend.*
en juil.-août et lundi
Rest – *(déj. seult sauf sam.)* (12 €) Menu 15/28 € – Carte 25/42 €
◆ Un bar à l'ambiance rurale dessert les deux salles rustiques de cette auberge
familiale villageoise où l'on sert une cuisine traditionnelle. Petite terrasse ombragée.

VITTEL – 88 Vosges – **314** D3 – 5 684 h. – alt. 347 m – Stat. **26** B3
therm. : début avril-mi déc. – Casino AY – ⊠ 88800 ▌Alsace Lorraine

■ Paris 342 – Belfort 129 – Chaumont 84 – Épinal 43
🖪 place de la Marne ℰ 03 29 08 08 88
🖪₃₆ de Vittel Ermitage Hôtel Ermitage, ℰ 03 29 08 81 53
🖪 du Bois de Hazeau Centre Préparation Olympique, SO : 1 km,
ℰ 03 29 08 20 85
◉ Parc★.

🏠 **Providence** 🛎 ⊪ P 💳 ⓿ 🅰
🅇 *125 av. Châtillon* – ℰ 03 29 08 08 27 – www.hotelvittel.com – *Fermé 1er-4 janv.*
24 ch – ♦49/80 € ♦♦70/110 € – ☲ 9 € – ½ P 54/84 € AYa
Rest *L'Avenue* – *(fermé lundi midi, sam. midi et dim.)* (15 €) Menu 22/38 €
– Carte 22/46 €
◆ La providence vous fera peut-être vous arrêter ici : jolies petites chambres
aux tons chauds et junior suites plus spacieuses et bien équipées (grande baignoire). Plaisant restaurant de style contemporain ; cuisine traditionnelle particulièrement soignée.

à l'Ouest 3 km par r. de la Vauviard AZ – ⊠ 88800 Vittel

🏨 **L'Orée du Bois** 🚗 🖾 🖾 🖾 🛁 ✖ 🛎 🖾 ⊪ 🛎 🖾 💳 ⓿ 🅰
🕸 – ℰ 03 29 08 88 88 – www.loreeduboisvittel.fr
57 ch ☲ – ♦78 € ♦♦88 €
Rest – (16 €) Menu 18 € (sem.), 25/38 € – Carte 30/50 €
◆ Face à l'hippodrome, un établissement conçu pour la détente : balnéothérapie,
massages, hammam, soins esthétiques. Chambres soignées ; testez les bio ou les
familiales. Cuisine traditionnelle mettant en valeur les produits du terroir.
Agréable terrasse.

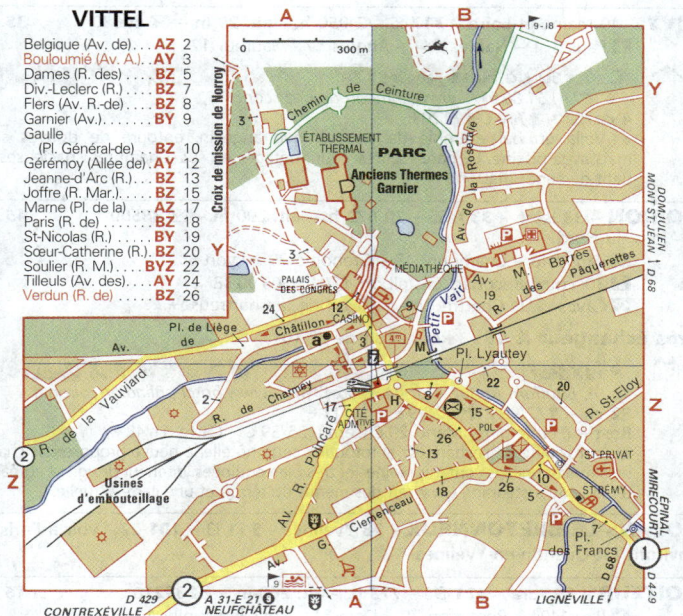

VITTEL

Belgique (Av. de)... **AZ** 2
Bouloumié (Av. A.)... **AY** 3
Dames (R. des)... **BZ** 5
Div.-Leclerc (R.)... **BZ** 7
Flers (Av. R.-de)... **BZ** 8
Garnier (Av.)... **BY** 9
Gaulle
(Pl. Général-de)... **BZ** 10
Gérémoy (Allée de)... **AY** 12
Jeanne-d'Arc (R.)... **BZ** 13
Joffre (R. Mar.)... **BZ** 15
Marne (Pl. de la)... **AZ** 17
Paris (R. de)... **BZ** 18
St-Nicolas (R.)... **BY** 19
Sœur-Catherine (R.)... **BZ** 20
Soulier (R. M.)... **BYZ** 22
Tilleuls (Av. des)... **AY** 24
Verdun (R. de)... **BZ** 26

VIVÈS – 66 Pyrénées-Orientales – **344** H7 – rattaché au Boulou

---

VIVIERS – 07 Ardèche – **331** K7 – 3 841 h. – alt. 65 m – ⊠ 07220   **44** B3

   ▶ Paris 618 – Lyon 163 – Marseille 167 – Montpellier 158
   🛈 5, place Riquet ✆ 04 75 52 77 00

XX   **Le Relais du Vivarais** avec ch   🍽 🛋 🔧 ᕕ 📠 ch, 🅿 🚾 ⊕
   31 rte Nationale 86 – ✆ 04 75 52 60 41 – www.relaisduvivarais.fr – Fermé
   en mars et 23 déc.-5 janv.
   6 ch – †72/78 € ††75/96 € – ⊡ 10 €
   Rest – *(fermé dim. soir sauf résidents)* (17 €) Menu 29/47 € – Carte 32/70 €
   ♦ Dans cette sympathique auberge familiale, la cuisine met en valeur le terroir et
   les produits régionaux, ne dédaignant pas, çà et là, quelques détours exotiques.
   Jolies chambres au décor sobre ; pain et confitures maison au petit-déjeuner.

VIVONNE – 86 Vienne – **322** H6 – 2 975 h. – alt. 103 m – ⊠ 86370   **39** C2
🟩 Poitou Vendée Charentes

   ▶ Paris 354 – Angoulême 94 – Confolens 62 – Niort 67
   🛈 place du Champ de Foire ✆ 05 49 43 47 88

🏠   **Le St-Georges**   ᕕ 📠 rest, 🍴 🏋 🚾 ⊕
   Grande Rue, (près de l'église) – ✆ 05 49 89 01 89 – www.hotel-st-georges.com
   – Fermé 23 déc.-1ᵉʳ janv.
   30 ch – †50/64 € ††57/83 € – ⊡ 7 € – ½ P 88/126 €
   Rest – *(fermé dim. soir, sam. midi, jeudi et vend. d' oct. à mars sauf résidents)*
   (10 €) Menu 21/30 € – Carte 26/44 €
   ♦ Ravaillac eut à Vivonne la terrible vision qui le conduisit au régicide. Dormez
   tranquille dans cet hôtel disposant de chambres fonctionnelles et bien tenues.
   Salle à manger contemporaine (cuisine traditionnelle) et espace bistrot pour le
   menu du jour.

VIVY – 49 Maine-et-Loire – **317** I5 – 2 050 h. – alt. 29 m – ⊠ 49680   **35** C2
▶ Paris 311 – Nantes 144 – Angers 57 – Saumur 12

⌂ **Château de Nazé** sans rest ⌃   ⟡ ⌥ ✂ ⌤ **P**
– ☏ 02 41 51 80 91 – www.chateau-de-naze.com
4 ch ⌑ – ╂110 € ╂╂120 €
◆ Voilà un bel exemple de néogothique angevin, entouré de douves soit, mais avec piscine. Le parc est très fleuri, potager en sus. Chambres spacieuses et petit-déjeuner maison.

VOIRON – 38 Isère – **333** G5 – 20 672 h. – alt. 290 m – ⊠ 38500   **45** C2
▌ Alpes du Nord
▶ Paris 546 – Chambéry 43 – Grenoble 29 – Lyon 85
🅩 30, cours Becquart Castelbon ☏ 04 76 05 00 38
◉ Caves de la Chartreuse★ - Massif de la Chartreuse★★.

près échangeur A 48 3 km par sortie n° 10

🅗🅗 **Palladior** sans rest   🍴 ⌥ 🖥 ⌥ AC ☏ ⌤ **P** VISA ⓸⓸ AE
4 r. A. Bouffard Roupé – ☏ 04 76 06 47 47 – www.hotel-palladior-voiron.fr
82 ch – ╂72/99 € ╂╂72/99 € – ⌑ 11 €
Rest – (Fermé dim.) Menu 29 € (sem.), 35/39 € – Carte 31/48 €
◆ À proximité de l'échangeur autoroutier, cette hôtellerie neuve propose des chambres fonctionnelles contemporaines et très bien équipées. Intérieur design et agréable terrasse au restaurant. On y sert des menus du terroir et une carte actuelle.

VOISINS-LE-BRETONNEUX – 78 Yvelines – **311** I3 – **101** 22 – **voir à Paris, Environs (St-Quentin-en-Yvelines)**

VOITEUR – 39 Jura – **321** D6 – 773 h. – alt. 260 m – ⊠ 39210   **16** B3
▶ Paris 409 – Besançon 79 – Dole 51 – Lons-le-Saunier 12
🅩 3, place de la Mairie ☏ 03 84 44 62 47

⌂ **Château Saint-Martin** sans rest ⌃   ⟡ **P**
– ☏ 03 84 44 91 87 – www.juranatura.fr – Fermé déc.-janv.
4 ch – ╂100 € ╂╂110 € – ⌑ 7 €
◆ Un apéritif accueille les hôtes de ce château classé monument historique. Ses chambres, de styles différents, donnent parfois sur le parc et la chapelle du 14ᵉ s. Piano à disposition.

VOLLORE-VILLE – 63 Puy-de-Dôme – **326** I8 – 707 h. – alt. 540 m   **6** C2
– ⊠ 63120
▶ Paris 408 – Clermont-Ferrand 58 – Roanne 63 – Vichy 52

⌂ **Château de Vollore** sans rest ⌃   ⟨ ⟡ ⌥ ✂ **P** VISA ⓸⓸
– ☏ 04 73 53 71 06 – www.chateauvollore.com
5 ch ⌑ – ╂110/210 € ╂╂130/250 €
◆ Ce château avec vue sur le Sancy a appartenu aux La Fayette ! Salons en enfilade, plafond vertigineux et chambres avec lits à baldaquin : un voyage dans l'histoire.

VOLNAY – 21 Côte-d'Or – **320** I7 – **rattaché à Beaune**

VONNAS – 01 Ain – **328** C3 – 2 623 h. – alt. 200 m – ⊠ 01540 ▌ Bourgogne   **43** E1
▶ Paris 409 – Bourg-en-Bresse 23 – Lyon 69 – Mâcon 21
🅩 rue du Moulin ☏ 04 74 50 04 47

🅗🅗🅗🅗 **Georges Blanc** ⌃   ⌫ ⟡ ⌥ 🖥 🕙 ⌖ ✂ 🖥 ⌤ AC ⌤ ⌥ **P** 🍴
pl. du Marché – ☏ 04 74 50 90 90   VISA ⓸⓸ AE ⓸
– www.georgesblanc.com – Fermé janv.
30 ch – ╂180/425 € ╂╂180/425 € – 11 suites – ⌑ 30 €
Rest Georges Blanc – voir ci-après
◆ D'une génération à l'autre, Vonnas est devenu... Blanc. Cette hôtellerie aux rouages huilés par les ans cultive avec chaleur l'art de recevoir à la bressane ! Luxe sans ostentation, bois, pierre, superbe parc : une image du terroir qui sait vivre avec son temps.

⌂⌂ **Résidence des Saules** sans rest ⌖   `AC` `VISA` `OO` `AE` `O`
pl. du Marché – ℰ *04 74 50 90 51 – www.georgesblanc.com – Fermé janv.*
6 ch – ♦160/180 € ♦♦160/180 € – 4 suites – ⌷ 30 €
◆ Cette très jolie maison fleurie de géraniums est un peu l'annexe de l'hôtel
Georges Blanc situé de l'autre côté de la place. Au-dessus de la boutique, chambres confortables.

XXXX **Georges Blanc** – Hôtel Georges Blanc   `🍽` `🕙` `AC` `P` `VISA` `OO` `AE` `O`
ⁿⁿⁿ *pl. du Marché –* ℰ *04 74 50 90 90 – www.georgesblanc.com*
– fermé janv., merc. midi, jeudi midi, lundi et mardi
Rest – *(nombre de couverts limité, prévenir)* Menu 120/195 €
– Carte 145/260 €🍷
Spéc. Éclaté de homard confit au vin jaune, fines ravioles à l'oseille, parure sylvestre. Volaille de Bresse sauce foie gras, royale de foies blonds à l'artichaut. Panouille bressane glacée à la confiture de lait. **Vins** Mâcon-Lugny, Volnay.
◆ Sa propre grand-mère avait été sacrée "meilleure cuisinière du monde" par Curnonsky. La tradition reste reine à Vonnas, sans être figée ! L'inspiration de Georges Blanc, c'est la Bresse et sa poularde, les sauces aux goûts profonds, les cuissons savantes qui révèlent les saveurs… Le plaisir de manger, tout simplement.

X **L'Ancienne Auberge**   `🍽` `VISA` `OO` `AE` `O`
pl. du Marché – ℰ *04 74 50 90 50 – www.georgesblanc.com – Fermé janv.*
Rest – Menu 22 € (déj.), 32/52 € – Carte 35/62 €
◆ Bistrot au décor rétro en mémoire de l'auberge – ex-fabrique de limonade – ouverte par la famille Blanc à la fin du 19ᵉ s. (photos et affiches anciennes). Cuisine régionale.

VOSNE-ROMANEE – 21 Côte-d'Or – **320** J7 – 444 h. – alt. 242 m   **8** D1
– ✉ 21700

▶ Paris 330 – Chalon-sur-Saône 49 – Dijon 21 – Dole 71

⌂⌂⌂ **Le Richebourg**   `🍽` `&` ch, `AC` ch, `🕙` `SÁ` `P` `🚗` `VISA` `OO` `AE` `O`
ruelle du Pont – ℰ *03 80 61 59 59 – www.hotel-lerichebourg.com – Fermé
19-26 déc.*
24 ch – ♦139/239 € ♦♦139/239 € – 2 suites – ⌷ 19 €
Rest – Menu 32/45 € – Carte 40/60 €
◆ Au cœur du célèbre village, hôtel contemporain offrant tout le confort moderne et un espace détente (soins, sauna, hammam) pour rendre votre séjour agréable. Chambres spacieuses.

VOUGEOT – 21 Côte-d'Or – **320** J6 – 216 h. – alt. 239 m – ✉ 21640   **8** D1
🟩 Bourgogne

▶ Paris 325 – Beaune 27 – Dijon 17
👁 Château du Clos de Vougeot★ O.

⌂ **Le Clos de la Vouge**   `🍽` `🍽` `🛏` `🕙` `SÁ` `P` `VISA` `OO` `AE`
1 r. du Moulin – ℰ *03 80 62 89 65 – www.vougeot-hotel.com – Fermé
20 déc.-31 janv.*
10 ch – ♦69/119 € ♦♦69/119 € – ⌷ 9 € – ½ P 67/77 €
Rest – (15 €) Menu 23 € (sem.), 30/37 € – Carte 27/52 €
◆ À proximité du célébrissime château du clos de Vougeot, cette bâtisse dispose de chambres bien tenues et joliment décorées. Ambiance familiale et cuisine traditionnelle.

à Gilly-lès-Cîteaux 2 km à l'Est par D 251 – 595 h. – alt. 227 m – ✉ 21640

⌂⌂⌂⌂ **Château de Gilly** ⌖   `🕙` `🍽` `🛏` `&` ch, `%` rest, `🕙` `SÁ` `P` `VISA` `OO` `AE` `O`
– ℰ *03 80 62 89 98 – www.chateau-gilly.com*
37 ch – ♦165/345 € ♦♦165/345 € – 11 suites – ⌷ 23 €
Rest *Clos Prieur* – *(dîner seult sauf dim.)* Menu 46/69 € – Carte 70/110 €🍷
Rest *Côté Terroirs* – *(fermé dim.) (déj. seult)* (24 €) Menu 29/39 €
◆ Calme et raffinement caractérisent cet ancien palais abbatial cistercien abritant de spacieuses chambres personnalisées. Agréables jardins à la française. Le Clos Prieur occupe un superbe cellier voûté d'ogives du 14ᵉ s. Plats classiques, superbe carte des vins. Au Côté Terroirs, formule bistrot et ambiance conviviale.

L'Orée des Vignes sans rest ⌂   🚗 🖆 AC 📶 🖴 P VISA ⓪ AE

6 rte d'Épernay – ⌀ 03 80 62 49 77 – www.oreedesvignes.com
– Fermé 19 déc.-11 janv.
26 ch – ✝70/125 € – ✝✝70/125 € – ⊊ 10 €

◆ Ferme du 16ᵉ s. encadrant une belle cour aménagée en jardin. Chambres calmes, assez grandes et équipées de meubles fonctionnels. Bel espace petit-déjeuner.

à Flagey-Échezeaux 3 km au Sud-Est par D 971 et D 109 – 500 h. – alt. 227 m – ⊠ 21640

Losset sans rest ⌂   AC 📶 📶 VISA ⓪ AE

10 pl. de l'Église – ⌀ 03 80 62 46 00 – www.hotel-losset-bourgogne.com
7 ch – ✝85 € – ✝✝85/150 € – ⊊ 10 €

◆ Hôtel récent aux chambres confortables diversement aménagées : certains meubles réalisés par un ébéniste, parquet, poutres au plafond, parfois un petit salon avec cheminée.

Petit Paris sans rest ⌂   🔊 📶 📶

6 r. du Petit-Paris – ⌀ 03 80 62 84 09 – www.petitparis.bourgogne.free.fr
4 ch ⊊ – ✝80/85 € ✝✝80/85 €

◆ Accueil chaleureux et chambres personnalisées dans cette maison (17e s.) entourée d'un parc. Artiste, la propriétaire expose ses œuvres et vous initiera à la peinture (cours).

XX **Simon**   AC ⟺ VISA ⓪ AE ⓪

12 pl. de l'Église – ⌀ 03 80 62 88 10 – www.restaurant-simon.fr
– Fermé 1ᵉʳ-15 août, 23-27 déc., 16 fév.-5 mars, dim. soir et merc.
Rest – (nombre de couverts limité, prévenir) Menu 20 € bc (déj.), 36/85 €
– Carte 42/85 €

◆ Au centre d'un village viticole, un élégant restaurant contemporain apprécié par une clientèle fidèle. Appétissante cuisine actuelle à base de beaux produits. Accueil aimable.

VOUGY – 74 Haute-Savoie – **328** L4 – **rattaché à Bonneville**

VOUILLÉ – 86 Vienne – **322** G5 – 3 200 h. – alt. 118 m – ⊠ 86190   **39** C1

▶ Paris 345 – Châtellerault 46 – Parthenay 34 – Poitiers 18
🛈 10, place de l'Eglise ⌀ 05 49 51 06 69

XX **Cheval Blanc** avec ch   🌳 🖭 🖆 📶 P VISA ⓪ AE
⊖⊖
3 r. Barre – ⌀ 05 49 51 81 46 – www.cheval-blanc-clovis.fr – Fermé 8-22 fév.
13 ch – ✝55 € ✝✝55/68 € – ⊊ 6,50 € – ½ P 49 €
Rest – (12 €) Menu 18 € (sem.), 25/45 € – Carte 24/46 €

◆ Au cœur du bourg, plusieurs salles à manger contemporaines (dont une avec cheminée) donnant sur une rivière, tout comme la paisible terrasse d'été. Chambres pratiques.

Clovis 🏠   🖆 📶 🖴 P VISA ⓪ AE

29 ch – ✝55 € ✝✝55/68 € – ⊊ 6,50 € – ½ P 49 €

◆ À 100 m de la maison mère, construction récente aux chambres aménagées simplement. Petits-déjeuners proposés sous forme de buffet.

VOUTENAY-SUR-CURE – 89 Yonne – **319** F6 – 196 h. – alt. 130 m   **7** B2
– ⊠ 89270

▶ Paris 206 – Auxerre 37 – Avallon 15 – Vézelay 15

XX **Auberge Le Voutenay** avec ch   🔊 📶 📶 P VISA ⓪

– ⌀ 03 86 33 51 92 – www.aubergelevoutenay.com
– Fermé 26 juin-5 juil., 1ᵉʳ-21 janv., dim. soir, lundi et mardi
7 ch – ✝50 € ✝✝60 € – ⊊ 9 €
Rest – (nombre de couverts limité, prévenir) Menu 27/57 €

◆ Dans cette auberge du 18ᵉ s. bordant la route, il règne une plaisante atmosphère rustique, propice à la dégustation d'une cuisine traditionnelle et sympathique. Joli parc, coin bistrot et petite boutique de produits du terroir. Chambres simples et bien tenues.

VOUVRAY – 37 Indre-et-Loire – **317** N4 – 3 083 h. – alt. 55 m   **11** B2
– ⌧ 37210 ▐ Châteaux de la Loire

▶ Paris 240 – Amboise 18 – Blois 51 – Château-Renault 25

🛈 12, rue Rabelais ⌀ 02 47 52 68 73

⌂ **Domaine des Bidaudières** sans rest ☜   ≤ ⟲ ⓧ Ⅰ₅ ⓘ ⒶⒸ ⅍ ⓣ 🅿
r. de Peu Morier, rte de Vernou-sur-Brenne, par D 46   ⓥⓘⓢⓐ ⓒⓓ
– ⌀ 02 47 52 66 85 – www.bidaudieres.com
5 ch ⌑ – †90/110 € ††120/135 €

◆ Quel charme ! Ce beau castel en tuffeau du 18e s. domine la vallée de son parc
somptueux. Toile de Jouy et meubles chinés dans les chambres, belle piscine et
orangerie.

VOVES – 28 Eure-et-Loir – **311** F6 – 2 910 h. – alt. 146 m – ⌧ 28150   **12** C1

▶ Paris 99 – Ablis 36 – Bonneval 23 – Chartres 25

⌂ **Le Quai Fleuri** ☜   ⟲ ⌂ Ⅰ₅ ⅙ ⓣ ⅍ 🅿 ⓥⓘⓢⓐ ⓒⓓ ⒶⒺ
15 r. Texier Gallas – ⌀ 02 37 99 15 15 – www.quaifleuri.com
21 ch – †71/91 € ††81/141 € – 4 suites – ⌑ 12 €
Rest – (fermé dim. soir) (20 €) Menu 25/65 € bc – Carte 50/60 €

◆ Cet hôtel récent, flanqué d'un moulin reconstitué – emblème beauceron –,
abrite de petites chambres personnalisées. Celles logées dans l'annexe sont plus
spacieuses et de plain-pied avec le parc. Au restaurant, lumineux décor contemporain et cuisine traditionnelle.

VRON – 80 Somme – **301** D6 – 820 h. – alt. 15 m – ⌧ 80120   **36** A1

▶ Paris 211 – Abbeville 27 – Amiens 76 – Berck-sur-Mer 17

⌂ **L'Hostellerie du Clos du Moulin** ☜   ⌂ ⌂ ⅙ ⓣ 🅿 ⓥⓘⓢⓐ ⓒⓓ ⒶⒺ
1 r. Maréchal Leclerc – ⌀ 03 22 23 74 75 – www.leclosdumoulin.fr
15 ch ⌑ – †79/99 € ††99/139 € – ½ P 79 €
Rest – (21 €) Menu 26/55 € – Carte 38/70 €

◆ Un beau jardin, des poutres et des vieilles pierres... du cachet ! Les chambres de
ce joli domaine allient douceur champêtre et confort moderne. Cuisine de saison sous une grandiose charpente apparente... On se rêve gentleman-farmer !

WAHLBACH – 68 Haut-Rhin – **315** I11 – **rattaché à Altkirch**

WAILLY-BEAUCAMP – 62 Pas-de-Calais – **301** D5 – 938 h.   **30** A2
– alt. 39 m – ⌧ 62170

▶ Paris 214 – Amiens 86 – Arras 89 – Lille 139

⌂ **La Prairière** sans rest   ⌂ ⅍ ⓣ 🅿
– ⌀ 03 21 81 02 99 – http://laprairiere.com – Fermé 15 nov.-20 fév.
4 ch ⌑ – †100 € ††100/120 €

◆ Une ancienne ferme (15e s.) réhabilitée avec goût. Salon feutré avec
une superbe cheminée en brique et pierre ; jolies chambres meublées d'ancien
et de contemporain.

WANGENBOURG – 67 Bas-Rhin – **315** H5 – alt. 452 m – ⌧ 67710   **1** A1
▐ Alsace Lorraine

▶ Paris 469 – Molsheim 30 – Sarrebourg 36 – Saverne 19

🛈 32a, rue du Gén. de Gaulle ⌀ 03 88 87 33 50

◉ Région de Dabo-Wangenbourg★★.

⌂ **Parc Hôtel**   ⟲ ⌂ ⅍ ⓘ ⅍ ⓣ ⅙ 🅿 ⓥⓘⓢⓐ ⓒⓓ ⒶⒺ
39 r. du Gén.-de-Gaulle – ⌀ 03 88 87 31 72 – www.parchotelalsace.com
– Ouvert 25 mars-5 nov.
29 ch – †69/99 € ††69/109 € – ⌑ 10 € – ½ P 63/78 €
Rest – (fermé le midi en sem.) Menu 20/43 € – Carte 38/48 €

◆ Cette grande maison vosgienne se dresse dans un parc peuplé d'arbres centenaires, propice à la sérénité... Accueil chaleureux, chambres spacieuses et confortables (modernes ou de style). Cuisine traditionnelle dans un cadre cossu.

LA WANTZENAU – 67 Bas-Rhin – **315** K5 – **rattaché à Strasbourg**

WENGELSBACH – 67 Bas-Rhin – **315** K2 – **rattaché à Niedersteinbach**

WESTHALTEN – 68 Haut-Rhin – 315 H9 – 904 h. – alt. 240 m   1 A3
– ✉ 68250 ▌Alsace Lorraine

▶ Paris 480 – Colmar 22 – Guebwiller 11 – Mulhouse 28

XXX   **Auberge du Cheval Blanc** (Gilbert Koehler) avec ch 🐾   🏠 📶 ⅙ ch,
✿   *20 r. Rouffach –* 🕾 *03 89 47 01 16*   ⁅AK⁆ 🛜 ⅙ **P** VISA ⲱ
– www.auberge-chevalblc.com – *Fermé 18-29 juin, 15 janv.-9 fév., lundi et mardi*
11 ch – †85 € ††95 € – ⏛ 13 € – ½ P 92/106 €
Rest – (26 € bc) Menu 38/75 € – Carte 54/92 € �それ

Spéc. Dégustation de foie gras. Filet de pigeon. Vacherin nouvelle mode. **Vins**
Riesling, Pinot noir.

♦ Voici une élégante maison, tenue par la même famille de vignerons depuis
1785. Cuisine à la fois classique et créative ; belle carte de vins d'Alsace dont
ceux de la propriété. Les chambres, spacieuses, sont confortables et modernes.

WETTOLSHEIM – 68 Haut-Rhin – 315 H8 – rattaché à Colmar

WEYERSHEIM – 67 Bas-Rhin – 315 K4 – 3 098 h. – alt. 140 m – ✉ 67720   1 B1
▶ Paris 486 – Haguenau 18 – Saverne 49 – Strasbourg 21

X   **Auberge du Pont de la Zorn**   🍽 🏠 ⅌ **P** VISA ⲱ
🍴   *2 r. République –* 🕾 *03 88 51 36 87 – Fermé 16 août-2 sept., 1 sem. vacances*
scolaires de fév., le midi sauf dim. et merc. soir
😊   **Rest** – *(prévenir)* Menu 14 € (déj. en sem.)/33 € – Carte 16/36 €
♦ Reproductions de dessins signés Hansi, objets anciens, spécialités régionales et
tartes flambées servies le soir : un concentré d'Alsace ! Bucolique terrasse en
bord de Zorn.

WIERRE-EFFROY – 62 Pas-de-Calais – 301 D3 – 777 h. – alt. 28 m   30 A2
– ✉ 62720
▶ Paris 262 – Calais 29 – Abbeville 88 – Boulogne-sur-Mer 14

🏠   **La Ferme du Vert** 🐾   🍽 🏠 ⅌ rest, 🛜 ⅙ **P** VISA ⲱ AE
😊   *r. du Vert –* 🕾 *03 21 87 67 00 – www.fermeduvert.com – Fermé 19 déc.-20 janv.*
et dim. sauf juil.-août
16 ch – †64/97 € ††69/100 € – 1 suite – ⏛ 13 € – ½ P 72/103 €
Rest – *(fermé sam. midi, lundi midi et dim.)* Menu 25/49 € – Carte 32/57 €
♦ Le calme et la campagne réunis dans cette ancienne ferme du Boulonnais.
Chambres décorées avec goût et simplicité. À table, régalez-vous de petits plats
traditionnels élaborés avec des produits maison, dont de délicieux fromages au
lait de vache (en vente).

🏠   **Le Beaucamp** sans rest 🐾   ⏚ ⅌ VISA ⲱ
1 km au Sud par D 232 (rte de Wimille) – 🕾 *03 21 30 56 13*
– www.lebeaucamp.com – Fermé 1ᵉʳ janv.-14 mars et 15 oct.-31 déc.
5 ch ⏛ – †85 € ††110 €
♦ Manoir familial (1850) au milieu d'un grand parc aux arbres centenaires. Vieux
objets, tableaux, mobilier ancien forment un ensemble plaisant, et le confort est
au rendez-vous !

WIHR-AU-VAL – 68 Haut-Rhin – 315 H8 – rattaché à Munster

WILLGOTTHEIM – 67 Bas-Rhin – 315 J4 – 1 072 h. – alt. 240 m – ✉ 67370   1 A1
▶ Paris 463 – Metz 138 – Saarbrücken 94 – Strasbourg 33

XX   **La Cour de Lise** avec ch   🍽 🏠 ⅙ ⁅AK⁆ rest, ⅌ ch, 🛜 **P** VISA ⲱ
26 r. Principale – 🕾 *03 88 64 93 36 – www.lacourdelise.fr – Fermé lundi et mardi*
6 ch – †70/80 € ††90/120 €
Rest – *(nombre de couverts limité, prévenir)* (15 €) Menu 28/48 €
– Carte 25/50 €
♦ Une auberge devenue ferme, puis retournée à ses premières amours. Dans une
salle coquette, on savoure une cuisine traditionnelle, tout en raffinement ; l'accueil est charmant. Pour l'étape, chambres d'esprit contemporain.

WILLIERS – 08 Ardennes – **306** N4 – 44 h. – alt. 277 m – ⊠ 08110   **14** C1

▶ Paris 277 – Châlons-en-Champagne 174 – Charleville-Mézières 57 – Arlon 44

Chez Odette ⚜   ⊞ ⚙ rest, ⁜ VISA ⚈ ⓞ

– ℰ 03 24 55 49 55 – www.chez-odette.com

9 ch – ♦175/265 € ♦♦175/265 € – ⊑ 19 € **Rest** – (fermé 29 mars -7 avril, 23 août-15 sept., et du lundi au jeudi) Menu 50/70 €

◆ Odette tenait autrefois cette auberge convertie aujourd'hui en un hôtel plein de charme. Meubles contemporains et chinés dans les chambres, parfaitement équipées. Table gastronomique et café où l'on sert les mêmes plats et boissons qu'à l'époque d'Odette...

WIMEREUX – 62 Pas-de-Calais – **301** C3 – 7 410 h. – alt. 7 m   **30** A2
– ⊠ 62930 ▮ Nord Pas-de-Calais Picardie

▶ Paris 269 – Arras 125 – Boulogne-sur-Mer 7 – Calais 33

🚺 quai Alfred Giard ℰ 03 21 83 27 17

Du Centre   🚗 AK rest, ⁜ P VISA ⚈ AE

78 r. Carnot – ℰ 03 21 32 41 08 – www.hotelducentre-wimereux.fr
– Fermé 13 déc.-24 janv.

21 ch – ♦60/70 € ♦♦70/90 € – ⊑ 10 €

Rest – (fermé lundi) (19 €) Menu 23/31 € – Carte 24/40 €

◆ Bâtisse ancienne bordant la rue principale de cette station balnéaire de la Côte d'Opale. Les chambres, fonctionnelles, sont parfois dotées d'une mezzanine. Le restaurant affiche un sympathique look bistrot ; plats traditionnels et produits de la mer.

Liégeoise et Atlantic Hôtel avec ch   ⟨ 🖥 ⚙ ch, ⁜ 🛗 P
digue de mer – ℰ 03 21 32 41 01   VISA ⚈ AE ⓞ
– www.atlantic-delpierre.com – Fermé fév.

18 ch – ♦130/170 € ♦♦130/170 € – ⊑ 13 € – ½ P 138/158 €

Rest – (fermé dim. soir et lundi midi) (29 €) Menu 36/65 € – Carte 61/81 €

Rest L'Aloze – (fermé dim. soir et lundi midi) (18 €) Menu 23/28 €

◆ Bien situé sur le front de mer, face à la Manche. Belle salle à manger panoramique, décorée dans les tons gris et vert, pour apprécier huîtres chaudes, turbot et agneau aux olives... Les chambres, contemporaines, sont à préférer côté mer. Cadre convivial et plats traditionnels à l'Aloze.

Épicure (Philippe Carrée)   VISA ⚈

1 r. Pompidou – ℰ 03 21 83 21 83 – Fermé 25 août-10 sept., 20 déc.-10 janv., merc. soir et dim.

Rest – (nombre de couverts limité, prévenir) Menu 25/40 € – Carte 40/70 €

Spéc. Homard côtier, ravioli aubergine-tomate (juin à oct.). Turbot sauvage, épeautre crémé aux champignons (oct. à avril). Ganache chocolat passion, fenouil confit, sauce cerise (mai à juil.).

◆ En centre-ville, derrière une façade discrète, un petit restaurant au cadre intime et feutré. Attrayante cuisine du moment, axée sur les produits de la mer.

WINKEL – 68 Haut-Rhin – **315** H12 – 382 h. – alt. 575 m – ⊠ 68480   **1** A3

▶ Paris 466 – Altkirch 23 – Basel 35 – Belfort 50

Au Cerf avec ch   ⁜ 🛗 VISA ⚈

76 r. Principale – ℰ 03 89 40 85 05

6 ch – ♦46 € ♦♦52 € – ⊑ 7,50 € – ½ P 50/55 €

Rest – (fermé dim. soir, lundi et jeudi) (13 €) Menu 28/57 € – Carte 29/37 €

◆ Accueillante auberge à la façade rouge située à deux pas de la source de l'Ill. Salles à manger cossues dont une aux allures de winstub. Plaisantes chambres sous les combles.

WISSEMBOURG ⚛ – 67 Bas-Rhin – **315** L2 – 8 008 h. – alt. 157 m   **1** B1
– ⊠ 67160 ▮ Alsace Lorraine

▶ Paris 512 – Haguenau 33 – Karlsruhe 42 – Sarreguemines 80

🚺 9, place de la République ℰ 03 88 94 10 11

◉ Vieille ville★ : église St-Pierre et St-Paul★.

◉ Village★★ d'Hunspach 11 km par ②.

Plan page suivante

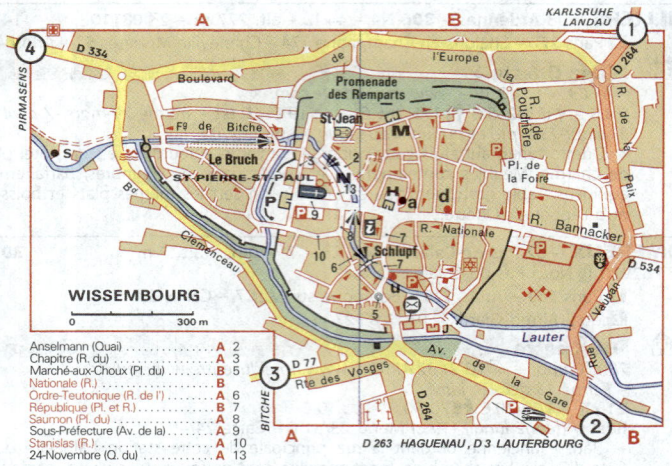

Anselmann (Quai) . . . . **A** 2
Chapitre (R. du) . . . . **A** 3
Marché-aux-Choux (Pl. du) . . . . . **B** 5
Nationale (R.) . . . . **B**
Ordre-Teutonique (R. de l') . . . . . **A** 6
République (Pl. et R.) . . . . **B** 7
Saumon (Pl. du) . . . . **A**
Sous-Préfecture (Av. de la) . . . . . **A** 8
Stanislas (R.) . . . . **A** 10
24-Novembre (Q. du) . . . . **A** 13

Au Moulin de la Walk 🕸   🚗 ♿ ch, 🍽 ch, 🛜 🛁 P. 📷 ⦿ AE ⓘ

2 r. Walk – ℰ 03 88 94 06 44 – www.moulin-walk.com – Fermé 9-29 janv.
25 ch – ♦58/72 € ♦♦67/72 € – ⌨ 9 € – ½ P 75 €   **As**
Rest – (fermé 4-18 juil., 9-29 janv., vend. midi, dim. soir et lundi) Menu 32/50 €
– Carte 30/50 €

◆ Au bord d'une rivière, bâtiments aménagés sur les vestiges d'un moulin dont la roue
tourne encore. Décor chaleureux et épuré avec du bois brut pour rappeler le style local.
Carte classique et régionale (plusieurs recettes à base de foie gras), vins choisis.

Hostellerie du Cygne avec ch   AC rest, 🍽 ch, 🛜 📷 ⦿ AE

3 r. Sel – ℰ 03 88 94 00 16 – www.hostellerie-cygne.com – Fermé 4-18 juil.,
7-21 nov. et 16 fév.-3 mars   **Ba**
23 ch – ♦50/150 € ♦♦50/250 € – ⌨ 10 €
Rest – (fermé jeudi midi, dim. soir et merc.) (15 €) Menu 27/70 € – Carte 30/70 €
◆ Au cœur du pittoresque Wissembourg, hostellerie aménagée dans plusieurs
maisons anciennes. Cuisine traditionnelle servie à la winstub ou dans une salle
de style alsacien Renaissance. Chambres agréables et confortables.

L'Ange   🛜 📷 ⦿

2 r. de la République – ℰ 03 88 94 12 11 – www.restaurant-ange.com
– Fermé 16-26 juin, 10-18 nov., 16 fév.-3 mars, dim. soir en hiver, lundi et mardi
Rest – Menu 27/38 € – Carte 35/45 €   **Bu**
◆ Spécialité de cet Ange ? La bonne choucroute maison, à déguster dans une
atmosphère alsacienne ou plus classique. Dans cette maison de 1617, on se
régale aussi de plats actuels.

Le Carrousel Bleu   🛜 📷 ⦿

17 r. Nationale – ℰ 03 88 54 33 10 – www.le-carrousel-bleu.fr – Fermé
1er-15 août, dim. et le soir en sem.   **Bd**
Rest – (13 €) Menu 28/50 € – Carte 25/45 €
◆ Une adresse familiale (lui en cuisine ; elle en salle) dans une maison du 18e s. Carte
dans l'air du temps (carpaccio de canard, raviolis de ricotta...) ; cadre moderne.

à Altenstadt 2 km par ② – ✉ 67160

Rôtisserie Belle Vue   🛜 AC P. 📷 ⦿

1 r. Principale – ℰ 03 88 94 02 30 – www.bellevue-wiss.com
– Fermé 8 août-1er sept., 14 fév.-3 mars, dim. soir, lundi et mardi
Rest – Menu 27/55 € – Carte 30/60 €
◆ Dans cette grande maison familiale, on est reçu chaleureusement et on
savoure une cuisine traditionnelle dans une atmosphère cossue. Plats du jour ser-
vis au bar-winstub.

XONRUPT-LONGEMER – 88 Vosges – 314 J4 – rattaché à Gérardmer

YERVILLE – 76 Seine-Maritime – 304 F4 – 2 260 h. – alt. 156 m   33 C1
– ✉ 76760

▶ Paris 164 – Dieppe 44 – Fécamp 48 – Le Havre 69

🚗 de Yerville 367 rue des Acacias, NO : 0,5 km, 𝒞 02 32 70 15 49

Hostellerie des Voyageurs   ☐ 🅿 VISA ⨂

3 r. Jacques Ferny – 𝒞 02 35 96 82 55 – www.hostellerie-voyageurs.com – Fermé dim. soir et lundi sauf fériés

Rest – Menu 15 € (déj. en sem.), 25/48 € – Carte 47/70 €

◆ Ex-relais de poste (1875) proposant une cuisine traditionnelle dans une grande salle rustique en deux parties. Terrasse côté jardin utilisée pour l'apéritif et le café.

YEU (ÎLE D') – 85 Vendée – 361 BC7 – voir à Île d'Yeu

YGRANDE – 03 Allier – 326 E3 – 756 h. – alt. 333 m – ✉ 03160   5 B1

▶ Paris 310 – Clermont-Ferrand 111 – Moulins 34 – Montluçon 41

Château d'Ygrande ⌂   ≤ 🌿 🌳 🏊 ᷿ rest, 🏋 🅿 VISA ⨂ AE ①

Le Mont, 4 km à l'Est par D 192 et rte secondaire – 𝒞 04 70 66 33 11 – www.chateauygrande.fr – Fermé 2 janv.-25 fév., mardi midi, dim. soir et lundi sauf juil.-août

19 ch – †130/230 € ††130/230 € – ⏄ 16 € – ½ P 129/179 €

Rest – Menu 29/70 € – Carte 54/64 €

◆ Charme et élégance règnent dans ce château des années 1830. Des séjours à thème sont proposés (équitation, randonnée). Très beau panorama sur la campagne. Cuisine classique faisant la part belle aux produits du potager, salle à manger de style Directoire.

YSSINGEAUX ⊙ – 43 Haute-Loire – 331 G3 – 6 888 h. – alt. 829 m   6 C3
– ✉ 43200 🟩 Lyon Drôme Ardèche

▶ Paris 565 – Ambert 73 – Privas 98 – Le Puy-en-Velay 27

🛈 16, place Foch 𝒞 04 71 59 10 76

Le Bourbon   AC rest, ⁽ᵗ⁾ 🏋 VISA ⨂ AE

5 pl. Victoire – 𝒞 04 71 59 06 54 – www.le-bourbon.com – Fermé 23 juin-6 juil., 13-26 oct., 22 déc.-20 janv., dim. soir, mardi midi et lundi

11 ch – †65/75 € ††65/75 € – ⏄ 12 € – ½ P 60/65 €

Rest – (16 €) Menu 22/56 € – Carte 41/55 €

◆ Petite auberge accueillante établie sur une place agréable. Chambres fonctionnelles colorées et dotées de jolies salles d'eau récentes. Au restaurant, cuisine régionale traditionnelle à base de produits en provenance des petits producteurs locaux.

YVETOT – 76 Seine-Maritime – 304 E4 – 10 943 h. – alt. 147 m   33 C1
– ✉ 76190 🟩 Normandie Vallée de la Seine

▶ Paris 171 – Dieppe 57 – Fécamp 35 – Le Havre 58

🛈 8, place Maréchal Joffre 𝒞 02 35 95 08 40

🚗 de Yerville à Yerville 367 rue des Acacias, NE: 13 km, 𝒞 02 32 70 15 49

◙ Verrières ★★ de l'église St-Pierre.

Du Havre   ⁽ᵗ⁾ VISA ⨂ AE

pl. des Belges – 𝒞 02 35 95 16 77 – www.hotel-du-havre.fr

23 ch – †53/58 € ††58/66 € – ⏄ 10 € – ½ P 54/58 €

Rest – 𝒞 02 35 95 63 63 *(fermé vend. soir et sam. soir en hiver, férié en saison et dim.)* (10 €) Menu 21/25 € – Carte 42/50 €

◆ Une ambiance conviviale vous attend dans cet hôtel familial du centre. Chambres personnalisées de bon confort. Repas traditionnels à déguster dans une salle classique, où le décor évolue au gré de l'actualité, sportive notamment.

Le Manoir aux Vaches ⌂ ⌂   ⁽ᵗ⁾ 🅿 VISA ⨂ AE

2 r. Guy de Maupassant – 𝒞 02 35 95 65 65 – www.lemanoirauxvaches.com

9 ch ⏄ – †86/96 € ††96/116 €

◆ Belles chambres à mezzanine au décor original sur le thème des bovidés.

au Sud-Est 5 km sur D 5 – ✉ 76190 Yvetot

✗ **Auberge du Val au Cesne** avec ch   🖫 ⅍ P VISA ⬤ AE
*rte Duclair – ✆ 02 35 56 63 06 – www.valaucesne.fr – Fermé 22 août-4 sept.
et 10-30 janv.*
5 ch – †90 € ††90 € – ⌧ 10 €
Rest – *(fermé lundi et mardi)* (15 €) Menu 28 € – Carte 50/60 €🕸
♦ En pleine campagne, ravissante auberge normande du 17ᵉ s. proposant,
dans cinq salles à manger rustiques (meubles anciens, cheminées), une cuisine traditionnelle et du marché. Mobilier de divers styles dans les chambres (régional,
Art nouveau ou actuel). Bon confort.

à Motteville 9 km à l'Est par D 929 et D 20 – 719 h. – alt. 160 m – ✉ 76970

✗✗ **Auberge du Bois St-Jacques**   P VISA ⬤ AE
🕸 *à la gare – ✆ 02 35 96 83 11 – www.aubergebsj.com
– Fermé 3 sem. en août, 1 sem. en fév., dim. soir, lundi soir et mardi*
Rest – (12 €) Menu 17/46 € – Carte 36/42 €🕸
♦ Ex-buffet de gare offrant le choix entre deux salles : l'une rustique (poutres,
cuivres), l'autre actuelle, dans les tons rouges, en forme de rotonde. Cuisine au
goût du jour.

YVOIRE – 74 Haute-Savoie – **328** K2 – 810 h. – alt. 380 m – ✉ 74140   **46** F1
▌Alpes du Nord

▶ Paris 563 – Annecy 71 – Bonneville 41 – Genève 26
🛈 place de la Mairie ✆ 04 50 72 80 21
👁 Village médiéval★★ : jardin des Cinq Sens★.

🏠 **Villa Cécile** ⚘   ≤ 🖫 🍽 ⌧ 🖫 ⅍ AK ℅ ch, ℅ᵉ P 🚗 VISA ⬤ AE
*156 rte de Messery, par D 25 – ✆ 04 50 72 27 40 – www.villacecile.com – Fermé
3 janv.-7 fév.*
15 ch – †100/260 € ††100/260 € – ⌧ 15 €
Rest – *(fermé lundi)* (25 €) Menu 36/47 € – Carte 47/67 €
♦ Piscines, jacuzzi, sauna et hammam invitent à la détente dans cette paisible
villa en léger retrait de la cité médiévale. Chambres claires ornées de toiles d'artistes locaux. Cheminée l'hiver et terrasse ensoleillée aux beaux jours pour une
cuisine traditionnelle.

🏠 **Les Flots Bleus**   ≤ 🍽 🖫 ⅍ AK ℅ᵉ ⅍ 🚗 VISA ⬤ AE
🕸 *– ✆ 04 50 72 80 08 – www.flotsbleus-yvoire.com – Ouvert de Pâques à mi-oct.*
17 ch – †110/195 € ††110/195 € – ⌧ 11 € – ½ P 91/129 €
Rest – Menu 22 € (sem.), 34/88 € – Carte 33/63 €
♦ Vue imparable sur le lac, terrasse ou balcon, confort moderne et équipements
au top... Des chambres actuelles au cadre élégant. Beau mobilier contemporain
ou montagnard. Cuisine de qualité 100 % maison à l'esprit brasserie.

🏠 **Le Pré de la Cure**   ≤ 🖫 🍽 🖫 ⅍ ⅍ᵉ P 🚗 VISA ⬤ AE
🕸 *pl. de la Mairie – ✆ 04 50 72 83 58 – www.pre-delacure.com
– Ouvert 3 mars-13 nov.*
25 ch – †74/98 € ††84/115 € – ⌧ 10 € – ½ P 82/88 €
Rest – Menu 20 € (sem.), 27/49 € – Carte 35/60 €
♦ À l'entrée de la cité médiévale. Les grandes chambres, rénovées dans un esprit
actuel, bénéficient de la vue sur le lac ou du calme côté jardin. Accueil attentionné. Cuisine régionale (pêche locale), salle-véranda et terrasse face à Yvoire et
au Léman.

✗✗ **Vieille Porte**   🍽 🖫 VISA ⬤
*2 pl. de la Mairie – ✆ 04 50 72 80 14 – www.la-vieille-porte.com – Fermé
15 nov.-15 fév. et lundi sauf juil.-août*
Rest – Menu 26 € (sem.)/41 € – Carte environ 45 €
♦ Maison du 14ᵉ s. appartenant à la même famille depuis 1587 ! Bel intérieur
avec tomettes, poutres et pierres. Terrasse à l'ombre des remparts, face aux
flots. Plats régionaux.

✕✕ **Du Port** avec ch   ⇐ 🏡 |🛏| 🅰🅲 ch, ✗ ch, 📶 𝓥𝓘𝓢𝓐 ⚫⚪ 🅰🅴
r. du Port – ☎ 04 50 72 80 17 – www.hotelrestaurantduport-yvoire.com – Ouvert
1ᵉʳ mars-31 oct.
7 ch – 👤120/220 € 👥👥120/220 € – 🍽 17 € – ½ P 105/155 €
Rest – (fermé merc. sauf de mai à sept.) (27 €) Menu 32 € (sem.)/52 €
– Carte 51/66 €
◆ Terrasse au bord du lac et plaisante façade fleurie pour cette maison idéalement située sur le port de plaisance. Spécialités de poissons. Belles chambres de
style lacustre.

YVOY-LE-MARRON – 41 Loir-et-Cher – **318** I6 – 595 h. – alt. 129 m   **12** C2
– ✉ 41600

▶ Paris 163 – Blois 45 – La Ferté-St-Aubin 13 – Orléans 35
ℹ route de Chaumont ☎ 02 54 88 07 14

🏠 **Auberge du Cheval Blanc**   🏡 ⅙ ch, 📞 🅿 𝓥𝓘𝓢𝓐 ⚫⚪ 🅰🅴
🐤 1 pl. du Cheval-Blanc – ☎ 02 54 94 00 00 – www.aubergeduchevalblanc.com
– Fermé 1ᵉʳ-17 mars et 18 déc.-5 janv.
15 ch – 👤90/95 € 👥👥95/100 € – 🍽 14 € – ½ P 90/110 €
Rest – (fermé 1ᵉʳ-21 juil., lundi midi, mardi midi et merc. midi) Menu 28/46 €
– Carte 45/85 €
◆ Une avenante maison solognote au cœur du village. Les chambres sont chaleureuses et raffinées, certaines sur cour. Tomettes, poutres et trophées de chasse :
tout un idéal champêtre ressuscité au restaurant. Beaux plats de tradition et jolis
détours exotiques...

ZELLENBERG – 68 Haut-Rhin – **315** H7 – **rattaché à Riquewihr**

ZIMMERSHEIM – 68 Haut-Rhin – **315** I10 – **rattaché à Mulhouse**

ZONZA – 2A Corse-du-Sud – **345** E9 – **voir à Corse**

ZOUFFTGEN – 57 Moselle – **307** H2 – 667 h. – alt. 250 m – ✉ 57330   **26** B1
▶ Paris 341 – Luxembourg 20 – Metz 48 – Thionville 18

✕✕✕ **La Lorraine** (Marcel Keff) avec ch 🍃   🚗 🏡 🅰🅲 rest, 📶 🅿 𝓥𝓘𝓢𝓐 ⚫⚪
✿✿ 80 r. Principale – ☎ 03 82 83 40 46 – www.la-lorraine.fr – Fermé lundi et mardi
3 ch – 👤115 € 👥👥150/180 € – 🍽 18 €
Rest – (26 €) Menu 42/110 € – Carte 78/105 €🍷
Spéc. Fricassée d'escargots de Cleurie, coulis de persil, émulsion de pommes de
terre rattes. Cochon de lait de Kanfen rôti sur sa peau croustillante. Œuf tiède au
chocolat, sabayon au rhum. **Vins** Auxerrois, Pinot Noir
◆ Table frontalière estimée pour sa cuisine actuelle. La cave s'expose sous vos
pieds, à travers des hublots. Véranda et terrasse sur jardin agrandissent la salle,
contemporaine. Chambres amples et cossues, de style lorrain. Petit-déjeuner gastronomique.

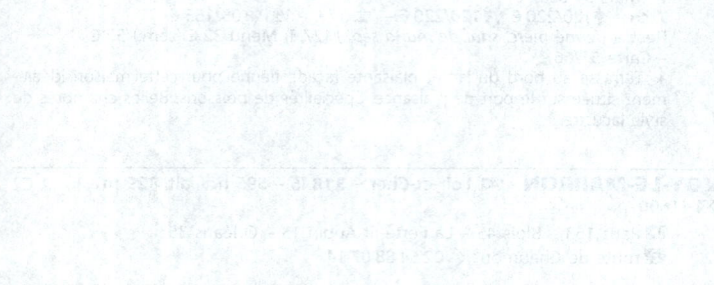

Cyrillus/Fotolia.com

Principauté d'Andorre

ANDORRE – **343** H9 – 83 137 h. 🁢 Midi-Toulousain

🛈 rue du Dr-Vilanova, Andorre-la- Vieille ✆ (00-376) 82 02 14

La Principauté d'Andorre, d'une superficie de 464 km², est située au cœur des Pyrénées, entre la France et l'Espagne. Depuis 1993, la Principauté est un État souverain membre de l'ONU. La langue officielle est le catalan mais la majorité de la population parle aussi le français et l'espagnol. La monnaie locale est l'euro. Pour se rendre en Andorre, les citoyens de l'Union Européenne ont besoin d'un passeport ou d'une carte d'identité en cours de validité.

Transports

Accès depuis la France : RN 22 passant par le tunnel d'Envalira.

Liaison par autocars : depuis l'aéroport de Toulouse-Blagnac par la Cie Novatel, renseignements ✆ (00-376) 803 789 et la Cie Nadal ✆ (00-376) 805 151. Depuis les gares SNCF de l'Hospitalet et Latour-de-Carol par la Cie Hispano-Andorrane, renseignements ✆ (00-376) 807 000.

ANDORRA-LA-VELLA **Capitale de la Principauté** – **343** H9   **28** B3
– 23 587 h. – alt. 1 029 m – ⊠ AD500

▶ Paris 861 – Carcassonne 165 – Foix 102 – Perpignan 170
🛈 13 rue du Dr-Vilanova ✆ 00 376 82 02 14
◉ Vallée du Valira del Nord★ N.

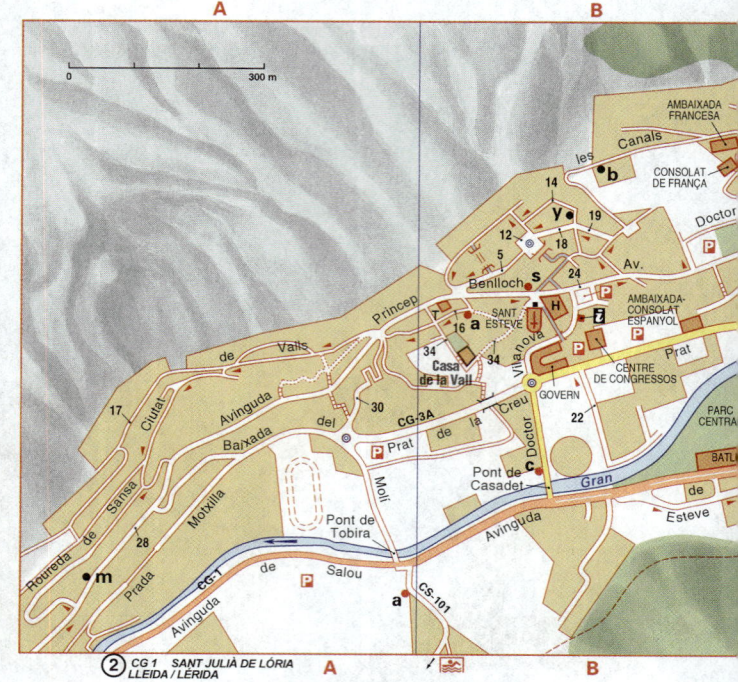

Andorra Park H.

Les Canals 24 – ☎ (00-376) 87 77 77 – www.parkhotelandorra.com **Bb**
89 ch – 🛉105/210 € 🛉🛉120/300 € – 1 suite
Rest *És Andorra* – Carte 36/48 €
Rest *Racó del Park* – *(dîner seult)* Carte environ 35 €
◆ Situé dans la partie la plus haute de la ville, il est entouré de jardins. Les parties communes sont spacieuses et les chambres très bien équipées, toutes avec terrasse. Spa complet. És Andorra, le restaurant gastronomique, propose une carte traditionnelle actualisée et de belles vues.

Plaza

María Pla 19 – ☎ (00-376) 87 94 44 – www.plazandorra.com **Ca**
45 ch – 🛉106/226 € 🛉🛉127/269 € – 45 suites – 17,50 €
Rest – *(Fermé lundi soir et mardi)* Carte 47/56 €
◆ Cet hôtel à l'élégance classique se distingue par son hall de réception, de mise sobre, mais qui dispose de deux ascenseurs panoramiques et offre une vue sur les couloirs menant aux chambres. Très soigné également, le restaurant propose une cuisine au goût du jour.

Arthotel

Prat de la Creu 15-25 – ☎ (00-376) 76 03 03 – www.arthotel.ad **Cd**
125 ch – 🛉62/207 € 🛉🛉65/218 € – 9 €
Rest – Menu 19 €
Rest *Plató* – Carte 27/46 €
◆ Grand professionnalisme pour cet établissement d'esprit actuel, offrant des chambres assez spacieuses. Une cafétéria vient compléter les parties communes. Aménagement fonctionnel et entrée indépendante pour le restaurant Plató.

ANDORRA LA VELLA

Baixada del Molí . . . . . A
Bonaventura Armengol . . . . . C 2
Bonaventura Riberaygua C
Canals . . . . . BC
Casadet (Pont de) . . . . . B
Ciutat de Valls . . . . . A
Consell d'Europa (Av. del) C
Creu Grossa . . . . . C 4
Doctor Mitjavila (Av.) C
Doctor Molines . . . . . BC
Doctor Néqui . . . . . B 5
Doctor Vilanova . . . . . B
Escaler (Pl.) C
Esteve Dolça Pujal . . . . . BC
Fener C
Fiter i Rossell . . . . . C 10
Guillemó (Pl.) . . . . . B 12
Joan Maragall C
Llacuna . . . . . B 14
Major (Antic Carrer) . . . . . B 16
Maria Pla C
Meritxell (Av.) C
Mestre Xavier Plana . . . . . A 17
Mossèn Cinto Verdaguer . . . . . B 18
Mossèn Tremosa . . . . . B 19
Obac C
Pere d'Urg C
Pompeu Fabra . . . . . C 20
Prada Casadet . . . . . B 22
Prada de la Creu . . . . . BC
Prada Motxilla . . . . . A
Prat de la Creu (Pont) C
Príncep Benlloch (Av. de) . . . . . AB
Rebés (Pl.) . . . . . B 24
Roda . . . . . C 26
Rotonda (Pont de la) C
Roureda de Sansa . . . . . A
Salou (Av.) . . . . . A
Santa Coloma (Av. de) . . . . . A 28
Sant Andreu C
Sardana C
Tarragona (Av. de) . . . . . BC
Toriba . . . . . A 30
Toriba (Pont de) . . . . . A
Unió C
Vall . . . . . B 34

President

av. Santa Coloma 44 – ℰ (00-376) 87 72 77 – www.janhotels.com **Am**
100 ch ☌ – ♦60/124 € ♦♦80/165 € **Rest** – Carte 29/43 €

◆ Ce complexe hôtelier mi-classique, mi-actuel, propose de bonnes parties communes et des chambres confortables, dotées de parquet. Piscine couverte et solarium au 7ᵉ étage. Correctement aménagé, le restaurant arbore un cadre au modernisme épuré.

Diplomatic

av. Tarragona – ℰ (00-376) 80 27 80 – www.diplomatichotel.com **Cm**
83 ch ☌ – ♦52/116 € ♦♦65/165 € – 2 suites **Rest** – Menu 18,50 €

◆ Situé au cœur d'un centre commercial et d'affaires, cet établissement abrite des chambres fonctionnelles qui conviendront aussi bien à une clientèle d'affaires qu'aux touristes. Cuisine internationale sans prétention servie dans un cadre sagement contemporain.

Florida sans rest

Llacuna 15 – ℰ (00-376) 82 01 05 – www.hotelflorida.ad **By**
27 ch ☌ – ♦41/86 € ♦♦45/95 €

◆ Cet hôtel familial à la façade actuelle dispose de parties communes réduites, de confortables chambres parquetées, d'un petit gymnase et d'un sauna.

Borda Estevet

carret. de La Comella 2 – ℰ (00-376) 86 40 26 – www.bordaestevet.com
Rest – Carte environ 40 € **Aa**

◆ Les magnifiques murs de pierre de cette ancienne grange abritent plusieurs salles à manger au décor rustique, dont une dispose d'une cheminée. Cuisine traditionnelle du marché et catalane.

La Borda Pairal 1630

Doctor Vilanova 7 – ℰ (00-376) 86 99 99 – www.labordapairal1630.com – Fermé dim. soir et lundi **Bc**
Rest – Carte 26/40 €

◆ Cette ancienne borda en pierre se distingue par son décor rustique. Bar d'accueil, salle à manger avec cave vitrée et salle de réception au premier.

Taberna Ángel Belmonte

Ciutat de Consuegra 3 – ℰ (00-376) 82 24 60 – www.tabernaangelbelmonte.com
Rest – Carte 40/56 € **Cb**

◆ Un restaurant agréable aux allures de taverne, qui arbore une mise en place impeccable et un beau décor où domine le bois. À la carte, produits du terroir, poissons et fruits de mer.

Can Benet

antic carrer Major 9 – ℰ (00-376) 82 89 22 – www.restaurant_canbenet.com – Fermé 15-30 juin et lundi sauf fériés **Ba**
Rest – Carte 26/53 €

◆ Petit espace doté d'un bar d'accueil au rez-de-chaussée. À l'étage, la salle principale, avec ses murs de pierre et son plafond en bois, arbore un style andorran.

CANILLO – 343 H9 – 4 633 h. – alt. 1 531 m – ⊠ AD100   29 C3

◗ Andorra la Vella 12

◉ Crucifixion★ dans l'église de Sant Joan de Caselles NE : 1 km – Sanctuaire de Meritxell★ SE : 3 km.

Ski Plaza

carret. General – ℰ (00-376) 73 94 44 – www.plazandorra.com
121 ch – ♦74/226 € ♦♦95/269 € – ☌ 17,50 € **Rest** – Menu 26 €

◆ Perché à 1600 m d'altitude, cet établissement bien équipé propose des chambres de style montagnard extrêmement confortables, dont certaines possèdent un jacuzzi et d'autres sont réservées aux enfants. Ce vaste restaurant propose principalement ses repas sous forme de buffet.

▶ Andorra la Vella 8

ℹ pl. Consell ✆ 00 376 73 10 00, Fax 00 376 83 98 78

◎ Casa Cristo★ - Musée National de l'Automobile★.

Coray   ⬅ 🚲 🛗 🆑 rest, 🚫 🅿 🆚 ⓒⓓ

Caballers 38 – ✆ *(00-376) 83 15 13 – Fermé nov.*

85 ch ⬜ – ♦40/70 € ♦♦48/72 €   **Rest** – *(buffet seult)* Menu 11 €

◆ Bel emplacement pour cet hôtel perché sur les hauteurs de la localité. Parties communes actuelles et chambres fonctionnelles donnant, pour la plupart, sur la campagne environnante. Dans cette salle à manger vaste et lumineuse, les repas sont principalement servis sous forme de buffet.

Univers   🛗 🚫 📶 🅿 🆚 ⓒⓓ

René Baulard 13 – ✆ *(00-376) 73 11 05 – www.hoteluniversandorra.com – Fermé nov.*

31 ch – ♦38/42 € ♦♦65/75 € – ⬜ 8 €   **Rest** – Menu 14 €

◆ Posé sur les berges du Valira d'Orient, cet hôtel familial sympathique, d'esprit classique et fonctionnel, abrite des chambres exiguës mais de bon confort. Une carte réduite aux saveurs traditionnelles proposée dans une salle à manger correcte.

▶ Andorra-la-Vella 2

ℹ place dels Co-Princeps ✆ (00-376) 82 09 63

ESCALDES ENGORDANY

Carlemany (Av.)	**DE**	
Ciutat de Sabadell	**D**	2
Constitució	**D**	
Coprínceps (Pl.)	**D**	6
Copríncep de Gaulle (Av.)	**E**	4
Creu Blanca (Pl.)	**D**	8
Escalls	**D**	
Escoles (Av. de les)	**E**	10
Església de l'	**E**	12
Esteve Albert	**D**	
Fener del (Av.)	**D**	
Fiter i Rossell (Av.)	**D**	
Josep Viladomat	**DE**	
l'Obac	**E**	
Obac (Ctra de l')	**DE**	
Pessebre del (Av.)	**DE**	
Picó	**E**	
Santa Anna	**E**	16
Santa Anna (Pl.)	**E**	18
Sant Jaume (Av.)	**E**	
Unió	**D**	
Vinya	**E**	

ESCALDES-ENGORDANY

🏨 Roc de Caldes ⚜️   ⟨🔲 📶 ♿ ch, 🆔 rest, 🏊 ♨️ 🅿️ 🚗 VISA ⑳ AE
carret. d'Engolasters, par ① carretera de l'Obac – ℰ (00-376) 87 45 55
– www.rocdecaldes.com
45 ch – 🛏100/220 € – ⊑ 15 €   **Rest** – Menu 18 €
♦ L'architecture contemporaine de ce luxueux hôtel bâti à flanc de montagne se
fond dans le paysage naturel. Les chambres, décorées avec goût, jouissent d'une
superbe vue. Cadre classique et superbe panorama au restaurant.

🏨 Roc Blanc   🔲 ⯒ 📶 ♿ ch, 🆔 🏊 ⁄ ♨️ 🚗 VISA ⑳
pl. dels Co-Prínceps 5 – ℰ (00-376) 87 14 00 – www.rocblanchotels.com
157 ch ⊑ – 🛏75/240 € 🛏🛏90/310 € – 3 suites   **Da**
Rest L'Entrecôte – Carte 30/41 €
♦ Situé au centre de la localité, ce complexe composé de trois bâtiments reliés
entre eux propose des espaces communs complets et des chambres accueillantes
au mobilier mi-classique, mi-actuel. Correctement aménagé, le restaurant l'Entrecôte dispose d'une entrée indépendante.

🏨 Casa Canut   📶 ♿ 🆔 ⁄ ♨️ 🚗 VISA ⑳ AE
av. Carlemany 107 – ℰ (00-376) 73 99 00 – www.casacanuthotel.com
33 ch – 🛏120/250 € – ⊑ 15 €   **Ds**
Rest Casa Canut – voir ci-après
♦ Ceux qui passeront le seuil de cet hôtel à la façade discrète ne pourront qu'ê-
tre séduits par son raffinement. Chambres personnalisées, très confortables et
extrêmement bien équipées.

🏨 Espel   📶 ♿ ch, 🆔 rest, ⁄ 🚗 VISA ⑳
pl. Creu Blanca 1 – ℰ (00-376) 82 08 55 – www.hotelespel.com
– Fermé 2 mai-24 juin   **Ev**
84 ch ⊑ – 🛏51/77 € 🛏🛏67/111 €   **Rest** – (menu unique) Menu 16 €
♦ D'importants travaux de rénovation ont permis de remettre cet établissement
au goût du jour. Chambres confortables avec parquet et mobilier fonctionnel. Un
petit-déjeuner sous forme de buffet et un menu sont proposés dans ce restaurant
au cadre sobre.

🏨 Metropolis sans rest   📶 🆔 ⁄ ♨️ 🚗 VISA ⑳ ⑩
av. de les Escoles 25 – ℰ (00-376) 80 83 63 – www.hotel-metropolis.com
68 ch – 🛏61/142 € 🛏🛏74/161 €   **Eq**
♦ Cet établissement à la décoration sobre jouit d'un emplacement privilégié,
entre Caldea et les boutiques duty-free. Chambres fonctionnelles et confortables.

XXX Casa Canut – Hotel Casa Canut   🆔 ⁄ VISA ⑳ AE
av. Carlemany 107 – ℰ (00-376) 73 99 00 – www.casacanuthotel.com
Rest – Carte 46/79 €   **Ds**
♦ Plusieurs salles à l'élégance classique, dont une avec vue partielle sur les cuisines. Carte du marché traditionnelle, avec un bon choix de poissons et de fruits
de mer.

XX Gínjol   🆔 VISA ⑳
de la Unió 11 baixos – ℰ (00-376) 82 67 16 – Fermé 21 jours en mai, 7 jours
en sept., dim. soir et lundi   **Dw**
Rest – Carte 34/50 €
♦ Ce petit restaurant recrée une atmosphère actuelle avec son sol parqueté, ses
lumières tamisées et ses tables bien dressées. La cuisine proposée est plutôt
audacieuse.

INCLES – voir à Soldeu

LLORTS – voir à Ordino

LA MASSANA – **343** H9 – 9 276 h. – alt. 1 241 m – ✉ AD400   **28** B3
▶ Andorra la Vella 7
🛈 avenue Sant-Antoni ℰ (00-376) 82 56 93
◎ Casa Areny-Plandolit★.

⌂⌂⌂ **Rutllan** ⪡ 🚲 ⊐ 🖥 & ch, 🄰🄲 rest, ⚹ 📶 ⌚ 𝚟𝚒𝚜𝚊 ⓪ 🄰🄴
av. del Ravell 3 – ℰ (00-376) 83 50 00 – www.hotelrutllan.com
96 ch ⊇ – ♦50/135 € ♦♦80/160 €
Rest – Menu 28 €
♦ Une adresse familiale, logée dans un bâtiment où le bois est omniprésent. Chambres confortables, dotées de balcons joliment fleuris à la belle saison. Restaurant de mise classique, décoré de nombreux vases en cuivre ou en céramique.

⌂⌂⌂ **Abba Xalet Suites H.** ⌖ ⊐ 🖥 ⚹ rest, 📶 📵 🄿 ⌚ 𝚟𝚒𝚜𝚊 ⓪ 🄰🄴
carret. de Sispony, Sud : 1,8 km – ℰ (00-376) 73 73 00
– www.abbaxaletsuiteshotel.com
47 ch ⊇ – ♦62/166 € ♦♦78/208 € – 36 suites
Rest – Menu 23 €
♦ La particularité de cet établissement composé de deux bâtiments : l'un ouvre toute l'année et dispose de chambres classiques, tandis que l'autre, fermé hors saison, propose exclusivement des suites. Chaque bâtiment possède son propre restaurant, tous deux correctement aménagés et servant matin, midi et soir.

ХХХ **El Rusc** 🄰🄲 ⚹ 🄿 𝚟𝚒𝚜𝚊 ⓪ 🄰🄴
carret. de Arinsal 1,5 km – ℰ (00-376) 83 82 00 – www.elrusc.com – Fermé 15 juin-15 juil., dim. soir et lundi
Rest – Carte environ 56 €
♦ Cette jolie maison en pierre abrite une élégante salle à manger rustique. Plats traditionnels, spécialités basques et bonne cave.

MERITXELL – 343 H9 – 61 h. – alt. 1 527 m – ✉ AD100 **28** B3
🚊 Andorra la Vella 11

⌂ **L'Ermita** 🖥 & ch, ⚹ 📶 ⌚ 𝚟𝚒𝚜𝚊 ⓪
Meritxell – ℰ (00-376) 75 10 50 – www.hotelermita.com – Fermé 8-14 juin et 19 oct.-18 nov.
27 ch ⊇ – ♦35/55 € ♦♦60/98 € **Rest** – Carte 24/35 €
♦ Joli cadre montagnard pour cet hôtel familial, situé à proximité du sanctuaire de Meritxell. Agréables espaces communs et chambres fonctionnelles. Le restaurant arbore un style rustique et propose une carte complète de spécialités régionales.

ORDINO – 343 H9 – 3 309 h. – alt. 1 304 m – Sports d'hiver : **28** B3
1 940/2 640 m ⚶14 – ✉ AD300
🚊 Andorra la Vella 9

⌂⌂ **Coma** ⌖ ⪡ 🚲 ⊐ ⚹ 🖥 & ch, 🄰🄲 rest, ⚹ 🄿 ⌚ 𝚟𝚒𝚜𝚊 ⓪
– ℰ (00-376) 73 61 00 – www.hotelcoma.com
48 ch ⊇ – ♦35/80 € ♦♦70/100 €
Rest – (Fermé 2-26 nov.) Carte 30/54 €
♦ Une même famille gère cet hôtel accueillant depuis 1932. Mobilier fonctionnel d'esprit actuel et baignoire avec hydromassage dans les chambres, qui disposent pour la plupart d'une terrasse. Le restaurant, spacieux et polyvalent, sert une savoureuse cuisine traditionnelle.

à Llorts – ✉ AD300

ХХ **La Neu** ⚹ 𝚟𝚒𝚜𝚊 ⓪
carret. General, Nord-Ouest : 5,5 km – ℰ (00-376) 85 06 50
– www.restaurant-laneu.com – Fermé 15 jours en mai, 15 jours en oct. et merc.
Rest – Carte 30/52 €
♦ Belle décoration et jolie vue sur les montagnes dans ce petit restaurant vitré. La carte, annoncée oralement, présente de séduisants plats personnalisés.

PAS-DE-LA-CASA – 343 I9 – alt. 2 085 m – Sports d'hiver : **29** C3
1 710/2 640 m ⚶4 ⚶67 – ✉ AD200
🚊 Andorra-la-Vella 29
◉ Site★
Ⓖ Col d'Envalira★★

rte de Soldeu Sud-Est : 10 km

Grau Roig ⌖   ⩽ 🛋 🖥 ⅃∱ 🛗 & ch, 🍴 rest, 🎙 🅿 🆅🅸🆂🅰 ⓒ🅑 🄰🄴
Grau Roig ⊠ AD200 – 🕾 (00-376) 75 55 56 – www.hotelgrauroig.com
– Fermé 25 avril-16 juin et 15 oct.-25 nov.
42 ch ⌑ – †91/290 € ††108/350 €
Rest – Carte 42/58 €🕸
◆ Le cirque de Pessons sert de cadre à cette typique construction montagnarde aux chambres coquettes et bien équipées. Agréable restaurant paré d'un plafond à caissons, de murs en pierre et d'objets anciens.

SANT JULIÀ DE LÒRIA – 343 G10 – 9 207 h. – alt. 909 m   **28** B3
– ⊠ AD600

  ▶ Andorra-la-Vella 7

  ◉ Musée du Tabac★.

au Sud-Est : 7 km

Coma Bella ⌖   ⩽ 🛋 ⅃ ∱ 🛗 🍴 🎙 🏊 🅿 🆅🅸🆂🅰 ⓒ🅑
carret. de La Rabassa - alt. 1 300 ⊠ AD600 – 🕾 (00-376) 74 20 30
– www.hotelcoma-bella.com – Fermé 2-23 nov.
30 ch ⌑ – †37/57 € ††56/96 €
Rest – Menu 13 €
◆ Belle situation en pleine forêt de la Rabassa pour cet hôtel très reposant. Vastes parties communes et chambres fonctionnelles, dotées de salles de bain actuelles. Un honnête restaurant qui offre une vue magnifique sur les montagnes environnantes.

SOLDEU – 343 H9 – 698 h. – alt. 1 826 m – Sports d'hiver :   **29** C3
1 710/2 640 m ⛷ 4 ⛷67 – ⊠ AD100

  ▶ Andorra la Vella 20

Sport H. Hermitage   ⩽ 🖥 ⅃∱ 🛗 & ch, 🅰🅲 🎙 🕿 🏊 🚐 🆅🅸🆂🅰 ⓒ🅑 ⓞ
carret. de Soldeu – 🕾 (00-376) 87 06 70 – www.sporthotels.ad – Fermé mai et juin
114 ch ⌑ – ††150/785 € – 6 suites
Rest – Carte environ 60 €
◆ Cet établissement au cadre luxueux, qui combine les styles zen et contemporain, offre un vaste spa, une gamme complète de services thérapeutiques et une superbe vue sur les montagnes. Au restaurant, deux thématiques : la Méditerranée et l'Asie.

Xalet Montana   ⩽ 🖥 ⅃∱ 🛗 & ch, 🍴 🎙 🅿 🆅🅸🆂🅰 ⓒ🅑
carretera General – 🕾 (00-376) 73 93 33 – www.xaletmontana.net
– 20 déc.-15 avril
40 ch ⌑ – †87/117 € ††117/156 €
Rest – *(résidents seult buffet)* Menu 18 €
◆ Hôtel à la décoration soignée dont toutes les chambres offrent une vue sur les pistes de ski. Cadre nordique au salon et agréable espace de détente.

à Incles Ouest : 1,5 km – 538 h. – ⊠ AD100

Galanthus   ⅃∱ 🛗 & ch, 🅰🅲 🎙 ch, 🎙 🏊 🚐 🆅🅸🆂🅰 ⓒ🅑
carret. General – 🕾 (00-376) 75 33 00 – www.somriuhotels.com
– Fermé 2 mai-30 juin et 17 oct.-17 nov.
55 ch – †50/180 € ††65/240 € – ⌑ 15 €
Rest – Menu 25 €
◆ Plusieurs salons viennent compléter les parties communes de cet établissement aux lignes actuelles. Les chambres parquetées sont pourvues d'un mobilier fonctionnel et d'une douche à l'italienne. Carte créative agrémentée de quelques spécialités japonaises au restaurant.

à El Tarter Ouest : 3 km – 1 052 h. – ⊠ AD100

 Nordic ⟨ 🔦 🖥 ☕ 🛗 AC rest, ✄ ⁽ᵀᵖ⁾ 🕯 🅿 🚗 VISA ⊙⊙
⊠ AD100 – ℰ (00-376) 73 95 00 – www.grupnordic.ad – Fermé 1ᵉʳ-15 mai
et nov.
120 ch ☕ – †70/198 € ††94/264 €
Rest – *(dîner seult) (buffet seult)* Menu 20 €
♦ Cet hôtel se distingue par son vaste hall agrémenté d'une collection de voitures et de motos anciennes. Toutes dotées d'une terrasse, les chambres offrent
une vue sur le village ou sur les montagnes. Restaurant assez spacieux dont les
repas sont principalement servis sous forme de buffets.

EL TARTER – voir à Soldeu

Principauté de Monaco

MONACO – **341** F5 – **115**]27]28 – **32 020 h.** – **alt. 163 m** ▮ Côte d'Azur

État souverain enclavé dans le département français des Alpes-Maritimes et bordant la Méditerranée, la principauté de Monaco s'étend sur 1,5 km². Elle comprend le Rocher de Monaco (la vieille ville) et Monte-Carlo (la ville neuve), réunis par la Condamine (le port), Fontvieille à l'Ouest (l'industrie) et Larvotto à l'Est (la plage). Depuis 1993, la principauté est un état souverain membre de l' ONU.

Transports

Depuis l'héliport de Monaco-Fontvieille, liaisons quotidiennes avec l'aéroport de Nice-Côte d'Azur. Renseignements : Héli Air Monaco ☏ 08 26 10 50 50

Comment choisir, dans une localité, entre deux adresses de même catégorie (nombre de 🏠 ou de 🗶) ? Sachez que les établissements sont classés par ordre de préférence au sein de chaque catégorie : les meilleures adresses d'abord.

MONACO Capitale de la Principauté – MCO Monaco – **341** F5   **42** E2
– **32 020 h.** – **alt. 163 m** – ⌧ **98000**

▶ Paris 949 – Menton 11 – Nice 23 – San Remo 41

🛈 2, boulevard des Moulins, Monte Carlo ☏ (00-377) 92 16 61 16

Circuit automobile urbain.

◉ Jardin exotique★★ CZ : ⩽★ - Grotte de l'Observatoire★ CZ **D** - Jardins St-Martin★ DZ - Ensemble de primitifs niçois★★ dans la cathédrale DZ - Christ gisant★ dans la chapelle de la Miséricorde D **B** - Place du Palais★ CZ - Palais du Prince★ : musée napoléonien et des Archives du palais★ CZ - Musées : océanographique★★ DZ (aquarium★★, ⩽★★ de la terrasse), d'anthropologie préhistorique★ CZ **M³**, - Collection des voitures anciennes★ CZ **M¹**.

Plans pages suivantes

à Fontvieille

🏠🏠🏠   **Columbus**   ⩽ 🈸 🎏 🎵 🀄 🛗 🕭 ch, 🄰🄲 🕭 🕳 🚗 🆚🆂🅰 🆎 ⓞ
23 av. Papalins – ☏ (00-377) 92 05 90 00
– www.columbusmonaco.com   AV**s**
170 ch – ♦160/400 € ♦♦160/400 € – **11 suites** – ⌑ 25 €
Rest – (18 €) Menu 40 € (dîner) – Carte 32/45 €
◆ Entre le port et la roseraie Princesse Grace, un hôtel de style contemporain, cultivant une ambiance lounge. Chambres contemporaines, certaines avec balcon, et piscine avec vue sur la mer. Cuisine aux influences multiples (française, proven-çale, italienne) dans un cadre chic ou sur l'agréable terrasse.

🗶🗶   **Beefbar**   ⩽ 🄰🄲 🆚🆂🅰 🆎
🚗   42 quai Jean-Charles-Rey – ☏ (00-377) 97 77 09 29 – www.beefbar.com
Rest – (18 € bc) Menu 39 € bc – Carte 48/90 €   AV**a**
◆ Un "bar à viandes"... de bœuf (en provenance d'Europe, d'Amérique du Sud ou des États-Unis) réservé aux carnivores. Cadre tendance, très prisé de la clien-tèle locale.

MONTE-CARLO Centre Mondain de la Principauté – MCO Monaco   **42** E2
– **341** F5 – **15 507 h.** – **Casinos : Grand Casino** DY, **Monte-Carlo Sporting Club** BU, **Sun Casino** DX

▶ Paris 947 – Menton 9 – Monaco 2 – Nice 20

🚠 Monte-Carlo , par rte de la Turbie : 11 km, ☏ (33) (0)4 92 41 50 70

◉ Terrasse★★ du Grand casino DXY - Musée de poupées et automates★ DX **M⁵** - Jardin japonais★ U.

Albert II (Av.)	**AV**	42
Larvotto (Bd du)	**BU**	25
Moulins (Bd des)	**BU**	32
Papalins (Av. des)	**AV**	36
Pasteur (Av.)	**AV**	39
Princesse-Grace (Av.)	**BU**	52
Rainier III (Bd)	**AV**	56
Turbie (Bd de la)	**BU**	65
Verdun (Bd de)	**BU**	66
Victor-Hugo (R.)	**AV**	67
Villaine (Av. de)	**AU**	68

Paris ← 🏛 🖼 ⚙ ♨ 🏊 🅰🅲 ch, 🍽 rest, 🛎 🏃 🚗 VISA ⦿ 🅰🅴 ⓪

pl. du Casino – ☎ (00-377) 98 06 30 00
– www.hoteldeparismontecarlo.com   **DYy**
143 ch – †425/3 280 € ††425/3 280 € – 39 suites – ⭐ 42 €
Rest *Le Louis XV-Alain Ducasse et Grill de l'Hôtel de Paris* – voir ci-après
Rest Salle Empire – ☎ (00-377) 98 06 89 89 *(ouvert juil.-août et fermé le midi)*
Carte 92/166 €
Rest Côté Jardin – ☎ (00-377) 98 06 39 39 *(fermé le soir)* (49 €)
Carte 50/78 €

♦ Situation idyllique, aménagements somptueux, luxe sans fausse note, espace bien-être fabuleux : le plus prestigieux des palaces monégasques... une légende ! La majestueuse Salle Empire (ors, stucs et cristal) accueille une brasserie chic en saison. Côté Jardin, terrasse avec vue sur le Rocher et buffet méditerranéen.

MONACO
MONTE-CARLO

Albert II (Av.) . . . . **CZ** 42
Albert I (Bd) . . . . **CYZ**
Armes (Pl. d') . . . . **CZ** 2
Basse (R.) . . . . **CDZ** 3
Castro (R. Col.-de) . . . . **CZ** 7
Comte-Félix-Gastaldi
  (R.) . . . . **DZ** 10
Crovetto-Frères (Av.) . . **CZ** 12
Gaulle (Av. du Gén.-de) **DX** 14
Grimaldi (R.) . . . . **CYZ**
Kennedy (Av. J.-F.) . . . . **DY** 23
Larvotto (Bd du) . . . . . . **DX** 25
Leclerc (Bd du Gén.) . . . **DX** 26
Libération (Pl. de la) . . . **DX** 27
Madone (Av. de la) . . . . **DX** 28
Major (Rampe) . . . . **CZ** 29
Monte-Carlo (Av. de) . . . **DY** 30
Moulins (Bd des) . . . . . . **DX** 32
Notari (R. L.) . . . . **CYZ** 33
Ostende (Av. d') . . . . . . **DY** 34
Palais (Pl. du) . . . . **CZ** 35
Papalins (Av. des) . . . . . **CZ** 36

Pêcheurs (Ch. des) . . . . **DZ** 40
Porte-Neuve (Av. de la) . . . . **DZ** 41
Princesse-Antoinette (Av.) . . **CY** 46
Princesse-Caroline (R.) . . . . **CZ** 48
Princesse-Charlotte (Bd) . . **DXY**
Princesse-Marie-de-Lorraine
  (R.) . . . . **DZ** 54

Prince-Pierre (Av.) . . . . **CZ** 44
République (Bd de la) . . . . **DX** 58
Ste-Dévote (Pl.) . . . . **CY** 63
Spélugues (Av. des) . . . . . . **DX** 62
Suffren-Reymond (R.) . . . . . **CZ** 64

Hermitage

□ □ □ □ □ ch, ♨ rest, ⟨ ⟩ 🅰️ 🅿️ VISA 🆗 AE ⓘ

square Beaumarchais – ☎ (00-377) 98 06 40 00
– *www.montecarloresort.com*   **DYr**
252 ch – 🛏273/2 760 € 🛏🛏273/2 760 € – 28 suites – ⌸ 38 €
Rest *Vistamar* – voir ci-après
Rest *Limun Bar* – ☎ (00-377) 98 06 48 48 – Carte 46/70 €
♦ Derrière une foisonnante façade 1900, une coupole signée Eiffel, un déluge de mosaïques, moulures, pampilles... Confort extrême, à la pointe de l'élégance contemporaine dans les deux ailes récemment rénovées. Beaux équipements pour séminaires. Petite restauration et salon de thé au Limun Bar.

Monte Carlo Bay Hotel and Resort

40 av. Princesse-Grace – ℰ *(00-377)*
98 06 02 00 – www.montecarlobay.com　　　　　　　　　　　BUr
334 ch – ♥250/2 180 € ♥♥250/2 180 € – 22 suites – ⊑ 35 €
Rest *Le Blue Bay* – ℰ *(00-377) 98 06 03 60 (fermé le midi de juin à sept., sam. midi, dim. soir et lundi d'oct. à mai)* (27 €) Menu 37 € (déj. en sem.), 65/75 €
– Carte 63/197 €
Rest *L'Orange Verte* – ℰ *(00-377) 98 06 03 60* – Carte 41/72 €
Rest *Las Brisas* – ℰ *(00-377) 98 06 03 60 (ouvert de mai à sept. et fermé le soir)* (27 €) bc) Menu 37 € bc – Carte 49/85 €
♦ Ce palace monégasque s'étend sur 4 ha en bord de mer et abrite même un casino ! Chambres et suites résolument contemporaines. Piscine-lagon. Cadre élégant et invitation au voyage gastronomique au Blue Bay. Belle cuisine internationale à L'Orange Verte. Salades et grillades au Las Brisas dans une ambiance estivale.

Métropole

4 av. Madone – ℰ *(00-377) 93 15 15 15 – www.metropole.com*　　DXz
126 ch – ♥420/800 € ♥♥420/800 € – 15 suites – ⊑ 37 €
Rest *Joël Robuchon Monte-Carlo et Yoshi* – voir ci-après
♦ Luxe et raffinement à tous les étages de ce palace (1886) relooké par Jacques Garcia. Beaux salons, bar feutré et magnifique spa.

Méridien Beach Plaza

22 av. Princesse Grace, à la plage du Larvotto
– ℰ *(00-377) 93 3098 80 – www.lemeridienmontecarlo.com*　　BUb
403 ch – ♥230/549 € ♥♥249/549 € – 6 suites – ⊑ 33 €
Rest *L'Intempo* – ℰ *(00-377) 93 15 78 88* – (42 €) Menu 55/74 €
– Carte 65/90 €
Rest *La Muse* – ℰ *(00-377) 93 15 78 50 (Ouvert 1er juin-15 sept.)*
Carte 50/100 €
♦ Grand hôtel de style moderne avec sa plage privée. Les chambres les plus agréables sont panoramiques et donnent sur la mer. Superbes suites design, belles piscines et centre de conférences. Cuisine méditerranéenne à L'Intempo (ouvert 24 h/24). Espace plein air et ambiance balnéaire au Muse.

Fairmont Monte-Carlo

12 av. Spélugues – ℰ *(00-377) 93 50 65 00*
– *www.fairmont.com/montecarlo*　　　　　　　　　　　　　　DYf
572 ch – ♥229/829 € ♥♥229/829 € – 30 suites – ⊑ 45 €
Rest *L'Argentin Grill* – ℰ *(00-377) 93 30 93 30 (fermé le midi)* Carte 65/145 €
Rest *Horizon* – Menu 49 € (déj.) – Carte 42/80 €
♦ Un immense complexe hôtelier avec galerie marchande, centre de conférences et casino. Toutes les chambres sont parées de couleurs fraîches, avec une vue superbe côté mer. Cuisine du moment et beau choix de grillades au bien nommé Argentin Grill. Un Horizon sur le toit ; cuisine méditerranéenne et ambiance yacht-club.

Port Palace

7 av. J. F. Kennedy – ℰ *(00-377) 97 97 90 00 – www.portpalace.com*
50 ch – ♥365/540 € ♥♥365/540 € – 9 suites – ⊑ 22 €　　　　DYt
Rest *Mandarine* – voir ci-après
♦ Hôtel intime et luxueux, en face du port et de ses yachts. Grandes chambres élégantes (cuir piqué, tissus italiens, teintes apaisantes). Minispa au sous-sol.

Novotel

16 bd Princesse-Charlotte – ℰ *(00-377) 99 99 83 00 – www.novotel.com*
218 ch – ♥115/405 € ♥♥115/405 € – 17 suites – ⊑ 17 €　　　　CYk
Rest *Les Grandes Ondes* – ℰ *(00-377) 99 99 83 20* – (24 €) Menu 35 €
– Carte 32/42 €
Rest *Novotel Café* – (18 €) Carte 28/38 €
♦ Sur les hauteurs de la principauté, les anciens studios de RMC ont laissé place à cet hôtel contemporain. Préférez les chambres côté jardin, plus calmes. Solarium au 7e étage. Cuisine méditerranéenne aux Grandes Ondes et clin d'œil aux grandes heures de la radio. Cuisine plus simple au plaisant Novotel Café.

🏠 **Ni** sans rest   🔽 AC 🛜 VISA ⚫ AE

1bis r. Grimaldi – ℰ (00-377) 97 97 51 51 – www.nihotel-nibar.com
17 ch – 🛏150/230 € 🛏🛏180/260 € – 2 suites – ☲ 13 €   **CZx**
◆ Derrière une façade typiquement monégasque, un hôtel surprenant, tourné vers l'art contemporain (œuvres de Ben ou Combas). Décor minimaliste et design dans les chambres.

✗✗✗✗✗ **Le Louis XV-Alain Ducasse** – Hôtel de Paris   🏠 AC ✗ ⬜ P
❀❀❀ *pl. du Casino – ℰ (00-377) 98 06 88 64*   VISA ⚫ AE ①
– www.alain-ducasse.com – Fermé 29 nov.-30 déc., 22 fév.-9 mars, merc. sauf le soir du 27 juil. au 17 août et mardi   **DYy**
Rest – Menu 140 € bc (déj.), 210/280 € – Carte 193/224 €🕸
Spéc. Légumes des jardins de Provence à la truffe noire, huile d'olive taggiasche. Poitrine de pigeonneau et foie gras de canard sur la braise, polenta et jus goûteux (15 oct. au 15 mars). Le Louis XV au croustillant de pralin. **Vins** Bandol, Côtes de Provence.
◆ Une harmonie parfaite entre un somptueux décor classique et des saveurs méditerranéennes sublimées ; même la simplicité atteint la perfection... Cave exceptionnelle.

✗✗✗✗ **Joël Robuchon Monte-Carlo** – Hôtel Métropole   AC ⬜
❀❀ *4 av. de la Madone – ℰ (00-377) 93 15 15 10*   VISA ⚫ AE ①
– www.metropole.com   **DXz**
Rest – (34 €) Menu 43 € (déj.), 60/180 € – Carte 77/225 €
Spéc. Légumes primeurs bigarrés au king crabe et à la mozzarella "di buffala". "El arroz bomba" dans un bouillon aux saveurs de paella. Mikado chocolat orizaba, strudel aux graines de pavot, chantilly au café. **Vins** Côtes de Provence, Les Baux de Provence.
◆ La luxueuse salle à colonnades offre une vue sur les cuisines. À la carte, associations de saveurs inventives basées sur des produits nobles.

✗✗✗✗ **Grill de l'Hôtel de Paris** – Hôtel de Paris   ⬸ 🏠 AC ✗ ⬜ P
❀ *pl. du Casino – ℰ (00-377) 98 06 88 88*   VISA ⚫ AE ①
– www.hoteldeparismontecarlo.com – Fermé 10 janv.-7 fév. et le midi en juil.-août
Rest – Menu 68 € bc (déj.) – Carte 90/183 €   **DYy**
◆ Du 8ᵉ étage de l'hôtel, entre ciel et mer, la vue sur la principauté est à couper le souffle ! La cuisine est classique, avec des viandes et des poissons au gril ou à la broche.

✗✗✗ **Vistamar** – Hôtel Hermitage   ⬸ 🏠 AC ✗ ⬉ VISA ⚫ AE ①
❀ *square Beaumarchais – ℰ (00-377) 98 069 898 – www.montecarloresort.com*
Rest – *(fermé le midi en juil.-août)* (39 € bc) Menu 95 € (dîner)   **DYr**
– Carte 74/121 €
Spéc. Encornet farci aux herbes. Saint-Jacques en pot-au-feu et bouillon de homard (saison). Contraste de poire en croûte feuilletée, glace au miel.
◆ Votre plat idéal ? Produits, cuissons, garnitures : ici, le chef et sa brigade vous composent une assiette "sur mesure"... et savent exaucer vos souhaits ! Beau décor moderne : teintes douces et terrasse regardant le port.

✗✗✗ **Mandarine** – Hôtel Port Palace   ⬸ 🏠 AC ✗ VISA ⚫ AE ①
❀ *7 av. J.F. Kennedy – ℰ (00-377) 97 97 80 00 – www.mandarinemonaco.com*
– Fermé 1ᵉʳ-29 nov.   **DYt**
Rest – (37 €) Menu 49 € (déj. en sem.)/95 € – Carte 70/110 €🕸
Spéc. Asperges vertes et maïs, crème glacée au caviar. Lotte rôtie en persillade de coriandre, jus passion. Figues pochées sur gelée de citron de pays. **Vins** Côtes de Provence, Bellet.
◆ Au 6ᵉ étage de l'hôtel, salle panoramique aux grandes baies vitrées et terrasse avec vue sur le port. Les produits sont beaux ; la table originale et raffinée.

✗✗ **Yoshi** – Hôtel Métropole   ♿ AC ✗ VISA ⚫ AE ①
❀ *4 av. Madone – ℰ (00-377) 93 15 13 13 – www.metropole.com*   **DXz**
Rest – *(fermé lundi)* (34 €) Menu 49 € (déj.), 90/180 € – Carte 73/258 €
Spéc. Fruits de mer au vinaigre en gelée. Black cod mariné et cuit. Yuzu aux pommes confites et crème cannelle. **Vins** Côtes de Provence, Bellet.
◆ La seconde table de Joël Robuchon au Métropole rend hommage à la cuisine nippone. Bouillons parfumés, sushis et makis y sont traités avec Yoshi ("bonté").

XX **Café de Paris**　　　　🏠 AK ⇆ VISA ⓒⓞ ⓪
pl. du Casino – ℰ *(00-377) 98 06 76 23 – www.montecarloresort.com*
Rest – (35 € bc) Carte 43/101 €　　　　　　　　　　　　　**DYn**
♦ Un lieu mythique sur la place du casino. Le décor est Belle Époque et l'on y inventa la recette des crêpes Suzette ! Cuisine de brasserie inspirée par la Méditerranée.

XX **Maya Bay**　　　　🏠 ⓑ AK ⇆ VISA ⓒⓞ AE
24 av. Princesse-Grace – ℰ *(00-377) 97 70 74 67 – www.mayabay.mc*
– Fermé nov., dim. et lundi　　　　　　　　　　　　　　**BUd**
Rest – (18 €) Carte 50/75 €
Rest *Sushi Bar* – (18 €) Carte 35/75 €
♦ Dans un même lieu, un restaurant japonais au cadre inventif et ultramoderne, et un restaurant thaïlandais, plus cosy, décoré de kimonos et d'orchidées. Une même gamme de prix et de qualité ; il ne reste qu'à choisir entre le parfumé et l'épure.

XX **La Trattoria**　　　　🏠 AK ⇆🐾 VISA ⓒⓞ AE
Sporting d'été - 26 av. Princesse-Grace – ℰ *(00-377) 98 06 71 71*
– Ouvert mai-sept. et fermé le midi　　　　　　　　　　　**BUm**
Rest – Carte 40/80 €
♦ Les atouts de cette trattoria chic montée sous la houlette d'Alain Ducasse ? Sa terrasse face à la mer bien sûr, et ses antipasti, pâtes fraîches et poissons, cuisinés à la toscane.

XX **La Maison du Caviar**　　　　🏠 VISA ⓒⓞ AE
1 av. St-Charles – ℰ *(00-377) 93 30 80 06 – Fermé sam. midi et dim.*
Rest – Menu 28 € (déj.), 35/46 € – Carte 38/85 €　　　　**DXr**
♦ On ne sert pas ici que du caviar, mais aussi des blinis, du foie gras, des rognons de veau... Une cuisine et un décor traditionnels plébiscités par les Monégasques depuis 1954.

XX **La Romantica**　　　　🏠 AK VISA ⓒⓞ AE
3 av. Saint-Laurent – ℰ *(00-377) 93 25 65 66 – Fermé 15-25 fév., dim.*
Rest – (19 €) Menu 36/50 € – Carte environ 60 €　　　　**DXb**
♦ Un sympathique restaurant familial en plein centre-ville. Un cadre élégant pour savourer une authentique cuisine du Nord italien, agrémentée de saveurs marines.

XX **Le Saint-Benoit**　　　　≤ 🏠 AK VISA ⓒⓞ AE ⓪
10 ter av. Costa – ℰ *(00-377) 93 25 02 34 – www.monte-carlo.mc/lesaintbenoit*
– Fermé 20 déc.-6 janv.　　　　　　　　　　　　　　　**DYb**
Rest – (22 € bc) Menu 27/38 € – Carte 42/60 €
♦ Saint Benoît vous aidera dans votre quête gastronomique... Jolie vue sur le port et le Rocher. Carte traditionnelle avec de belles spécialités de poisson, à prix raisonnable.

XX **Zest**　　　　🏠 AK ⇆ VISA ⓒⓞ AE ⓪
6 rte de la Piscine – ℰ *(00-377) 97 98 49 70 – www.zestmonaco.mc*
– Fermé lundi soir, sam. midi et dim. midi　　　　　　　**DZv**
Rest – (18 € bc) Carte 36/60 €
♦ Un zeste de mobilier de style, une pincée d'esprit lounge et une terrasse animée face aux yatchs. Produits frais, plats goûteux et bien réalisés dans un lieu vraiment branché.

X **Loga**　　　　🏠 AK VISA ⓒⓞ AE ⓪
25 bd des Moulins – ℰ *(00-377) 93 30 87 72 – www.leloga.com – Fermé*
13-31 août, merc. soir et dim.　　　　　　　　　　　　**DXv**
Rest – (14 € bc) Menu 31 € (déj. en sem.) – Carte 31/56 €
♦ Bonne petite adresse familiale proposant des salades, des pâtes et des plats régionaux, le tout complété par l'ardoise du jour. L'après-midi, on fait salon de thé.

MONTE-CARLO

à Monte-Carlo-Beach (France Alpes-Mar.) 2,5 km au Nord-Est **BU** – ⊠ 06190
Roquebrune-Cap-Martin

🏠🏠 **Monte-Carlo Beach Hôtel** ⤵   ⟨ 🛋 🌊 ㎜ ⅃♨ ⅍ ⅀ 🏊 ⅀ ch. AC ℀ ℀
     av. Princesse Grace – ℰ (00-377) 98 06 52 65   🄿 🄿 VISA ⦿ AE ⓞ
     – www.montecarlobeachhotel.com – Ouvert 4 mars-30 oct.
     28 ch – †315/845 € ††315/845 € – 12 suites – ⌸ 32 €
     Rest Elsa – ℰ (00-377) 98 06 50 05 – Menu 39 € bc (déj. en sem.)/80 €
     – Carte 60/109 €
     Rest Le Deck – ℰ (00-377) 98 06 51 00 (ouvert 23 avril-23 oct. et fermé le soir)
     Carte 39/107 €
     Rest La Vigie – ℰ (00-377) 98 06 52 52 (ouvert 1ᵉʳ juil.-28 août et fermé lundi)
     Menu 45 € (déj.)/55 €
     Rest Le Sea Lounge – ℰ (00-377) 98 06 54 54 (ouvert 20 mai-28 août et fermé
     le midi) Carte 36/51 €
     ♦ Petit hôtel de luxe entièrement rénové en 2009. Ambiance marine de grand
     standing (tons bleu et blanc, mobilier sur mesure) dans les chambres, ouvertes
     sur la mer. Impressionnant complexe balnéaire. Poissons et Méditerranée à l'hon-
     neur à l'Elsa. Brasserie au Deck. Poisson grillé à la Vigie. Tapas et DJ au Sea Lounge.

*Voir aussi ressources hôtelières à **Beausoleil** et **Cap d'Ail***

→ *Dénicher la meilleure table ?*
→ *Trouver l'hôtel le plus proche ?*
→ *Vous repérer sur les plans et les cartes ?*
→ *Décoder les symboles utilisés dans le guide...*

Suivez les Bibs rouges !

Les conseils du **Bib Chef**
pour vous aider au restaurant.

Les « bons tuyaux » et les informations du
Bib Astuce pour vous repérer dans le guide... et sur la route.

Les conseils du **Bib Groom**
pour vous aider à l'hotel.

Localité possédant au moins

- ● un hôtel ou un restaurant
- ❀ une table étoilée
- 🅑 un restaurant « Bib Gourmand »
- 🏨 un hôtel « Bib Hôtel »
- 🕺 un restaurant agréable
- 🏠 une maison d'hôte agréable
- 🏨 un hôtel agréable
- 🐾 un hôtel très tranquille

Place with at least

- ● a hotel or a restaurant
- ❀ a starred establishment
- 🅑 a restaurant « Bib Gourmand »
- 🏨 a hotel « Bib Hôtel »
- 🕺 a particularly pleasant restaurant
- 🏠 a particularly pleasant guesthouse
- 🏨 a particularly pleasant hotel
- 🐾 a particularly quiet hotel

La France en 46 cartes

C

Natzwiller

Barr

Le Hohwald

Mittelbergheim

Eichhoffen

Andlau

Itterswiller

Sermersheim

Villé

Blienschwiller

1

Dambach-la-Ville

Ebersmunster

Dieffenbach-au-Val

Dieffenthal

Scherwiller

La Vancelle

Lièpvre

Sélestat

St-Hippolyte

Thannenkirch

Bergheim

E 25

ILLHAEUSERN

Ribeauvillé

Fréland

Zellenberg

Riquewihr

Beblenheim

Mittelwihr

Kaysersberg

Ammerschwihr

2

Labaroche

Katzenthal

Ingersheim

Les Trois-Épis

Turckheim

Colmar

Wihr-au-Val

Eguisheim

D 415

Husseren-les-Châteaux

Neuf-Brisach

C

3 Aquitaine

Localité possédant au moins :

- un hébergement ou un restaurant
- ❀ une table étoilée
- 😊 un restaurant "Bib Gourmand"
- 🏨 un hôtel "Bib Hôtel"
- ✗ un restaurant agréable
- ↑ une maison d'hôte agréable
- 🏠 un hôtel agréable
- 🌿 un hôtel très tranquille

POITOU -

Soulac-sur-Mer

Jonzac

GIRONDE

Pauillac

Margaux

St-Ciers-de-Canesse

Arcins
Avensan

Libourn
St-Gervais

Le Pian-Médoc
St-Aubin-de-Médoc

La Rivière
St-Loubès
Lormont

Ares

Bordeaux
Bègles

Cenon
Génissa

Bouliac

Créon

Arcachon

Martillac

Cap-Ferret
Pyla-sur-Mer

A 660
Gujan-Mestras

La Brède
Le Barp
Eyre

Cadillac
St-Macaire
Langon

Sauternes

Biscarrosse

Bazé

Bernos-Beaulac

Parentis-en-Born

Mimizan

Sabres

Mézos

Roquefort

Lesperon

St-Justin

St-Michel-Escalus

Villeneuve-de-Marsan

Léon

Mont-de-Marsan

Messanges

Magescq

Grenade-s-l'Adour

Seignosse
St-Vincent-de-Tyrosse

Soustons
Dax

Montfort-en-Chalosse

Aire-l'Ado

Hossegor
Capbreton

Saubusse

Duhort-Bachen

Biarritz
Anglet
Arcangues
Bidart
Guéthary
St-Jean-de-Luz
Hendaye
DONOSTIA
S. SEBASTIÁN

Peyrehorade
Bayonne

Pouillon
Amou
Sault-de-Navailles

Hagetmau

EUGÉNIE-LES-BAINS

La Bastide-Clairence
Arbonne
Ahetze
Sare
St-Pée-s-Nivelle
Ainhoa
Espelette
St-Étienne-de-Baïgorry

Ortheville
Hasparren

Orthez

Morlanne

Itxassou
Bidarray
Ossès

St-Palais

Salies-de-Béarn
Sauveterre-de-Béarn

Cambo-les-Bains

Navarrenx
Monein

Lons
Jurançon
Pau

L'Hôpital-Saint-Blaise
Barcus

Lasseube

Bosdarr

St-Jean-Pied-de-Port

Oloron-Ste-Marie

Lestelle
Bétharra

Larrau

Bielle

Gouret

ESPAÑA

GOLFE DE GASCOGNE

PAMPLONA

A

B

5 Auvergne

Localité possédant au moins :

- un hébergement ou un restaurant
- ❀ une table étoilée
- ❀ un restaurant "Bib Gourmand"
- 🏨 un hôtel "Bib Hôtel"
- ✗ un restaurant agréable
- 🏠 une maison d'hôte agréable
- 🏠 un hôtel agréable
- ⌣ un hôtel très tranquille

St-Amand-Montrond

CENTRE (plans 11 12)

Le Veurdre
St-Bonnet-Tronçais
Urçay   Tronçais
Cérilly   Bourbon-l'Archambault
Meaulne   Coulando
Ygrande   Souvigny
Vallon-en-Sully
Reugny   Meillard
Estivareilles   N 79
Le Theil
Montluçon   St-Pourçain-s-Sioule
D 2371
Montmarault
Néris-les-Bains   Charroux
Valignat   Gannat
La Crouzille

GUÉRET

St-Gervais-d'Auvergne   Thure
Pont-du-Bouchet   Davayat
Châtel-Guyon   Riom
Pontgibaud   Pont-d-Châtea
Clermont-Ferrand
Mazaye   Orcines   Lempd
Chamalières
Orcival   Royat
Laqueuille   Vic-le-Comte
La Bourboule   St-Saturnin
Le Mont-Dore   St-Nectaire   Champeix
Lac Chambon   Montaigut-le-Blanc   Perrier
Besse-et-St-Anastaise   Issoir
Champs-s-Tarentaine   Boudes

LIMOUSIN (plans 24 25)

Aubusson

Vienne

Ussel

TULLE

Blesle
Riom-Ès-Montagnes   Massiac
Mauriac
Ally   Murat
Salers   St-Flour
Le Falgoux   Fontanges
Le Theil   Lascelle   St-Jacques-des-Blats   St-Georges
Marmanhac   Thiézac   Viaduc-de-Garabit
Vic-s-Cère   Pailherols   Neuvéglise
Polminhac   Pierrefort
Lacapelle-Viescamp   Aurillac   Vézac   Raulhac
Le Rouget
Vitrac
Boisset   Chaudes-Aigues
Calvinet
Montsalvy

Brive-la-Gaillarde

MIDI-PYRÉNÉES (plans 28 29)

Figeac   Vieillevie

Dordogne
Truyère

7 Bourgogne

Localité possédant au moins :

- ● un hébergement
  ou un restaurant
- ❀ une table étoilée
- 😊 un restaurant "Bib Gourmand"
- 🏨 un hôtel "Bib Hôtel"
- ✗ un restaurant agréable
- 🏠 une maison d'hôte agréable
- 🏠 un hôtel agréable
- 🌀 un hôtel très tranquille

B

TROYES

Sens ❀❀

A 19

Yonne

St-Julien-du-Sault ❀❀❀ 🏠 ✗
JOIGNY

St-Florentin

Armançon

Appoigny
Montigny-la-Resle

Tonnerre

Aillant-sur-Tholon

A 6

🏠 🏠 Auxerre

Chablis 🏠

Bléneau

😊 Vincelottes
Cravant
Accolay

Nitry

Noyers ✗

LOIRE

St-Fargeau

Merry-sur-Yonne

Voutenay-sur-Cure

Massangis
L'Isle-sur-Serein

😊 Vault-de-Lugny
Vézelay

Valloux 😊 ✗

Avallon 🌀

Clamecy

Ste-Magnance
Pierre-Perthuis

Quarré-les-Tombe

CENTRE
(plans **11** **12**)

Cosne-Cours-sur-Loire

🏠 ❀❀ St-Père

😊 Les Lavaults

St-Agna

Donzy 🏨

Corvol-d'Embernard

St-Prix

Pouilly-sur-Loire

N 151

Corbigny

2

BOURGES

La Charité-sur-Loire

Pougues-les-Eaux

St-Jean-aux-Amognes

Allier

❀ Nevers ●

Sauvigny-les-Bois 😊

Decize

Luzy 😊

St-Amand-Montrond

Bourbon-Lancy

Digoin

AUVERGNE
(plans **5** **6**)

Paray-le-Monia

3

❀ Pernand-Vergelesses
🌀 🏠 Savigny-lès-Beaune ●
🏠 Nantoux
🏨 ✗ 🏠 🏠 😊 ❀ Beaune
😊 🏠 St-Romain
Nolay
Montagny-lès-Beaune
Puligny-Montrachet 🏠
😊 Chassagne-Montrachet ❀ 🏠
😊 Santenay
CHAGNY ❀❀❀ 🏠 ✗ 😊

Ladoix-Serrigny 😊
Aloxe-Corton
A 6
Challanges
Levernois ❀ 🏠 😊 🌀
Chaublanc
St-Gervais-en-Vallière
Verdun-sur-le-Doubs ✗

Iguerande ✗

A

B

9 Bretagne

Plougresca
la Ville Blanche
Roscoff
Perros-Guirec
Trévou-Tréguignec
Île-de-Batz
Trégastel
Trébeurden
Penvéna
Plougasnou
Lannion
Tréguie
Guissény
St-Pol-de-Léon
Locquirec
Portsall
Plouider
Plouider
Plestin-les-Grèves
Brélidy
Île d'Ouessant
Brélès
Lannilis
Plouaix
Morlaix
Plouigneau
Lampaul-Plouarzel
St-Thégonnec
Plougonven
Guingamp
Pleyber-Christ
Le Conquet
Brest
Plougastel-Daoulas
Sizun
Logonna-Daoulas
Hanvec
Camaret-sur-Mer
Crozon
Le Faou
Carhaix-Plouguer
Aune
Morgat
Plomodiern
Châteauneuf-du-Faou
Rostrenen
Pointe-du-Raz
Ste-Anne-la-Palud
Tréboul
Locronan
Île-de-Sein
Douarnenez
Plogoff
Pont-Croix
Ty-Sanquer
Audierne
Quimper
La Forêt-Fouesnant
Pont-Aven
Pouldreuzic
Fouesnant
Bannalec
Quimperlé
Bénodet
Concarneau
Riec-sur-Belon
Pont-Scorff
Ste-Marine
Plomeur
Névez
Guidel
Hennebon
St-Guénolé
Loctudy
Trégunc
Pont-l'Abbé
Raguenès-Plage
Ploemeur
Lorient
Port-Manech
Lomener
Riantec
Moëlan-sur-Mer
Larmor-Plage
Le Pouldu
Plouharnel
Île de Groix
Carnac
Port-Louis
Portivy
Quiberon
La Trinité-sur-M
Sauzon
BELLE-ÎLE
Le Pa
Port-Goulphar
Bangor

Ste-Anne-d'Auray
St-Avé
Auray
Vannes
Bono
Baden
Arradon
St-Philibert
Île-d'Arz
Noyalo
Larmor-Baden
Île-aux-Moines
Locmariaquer
Arzon
Sarzeau
Penvins
Damgan

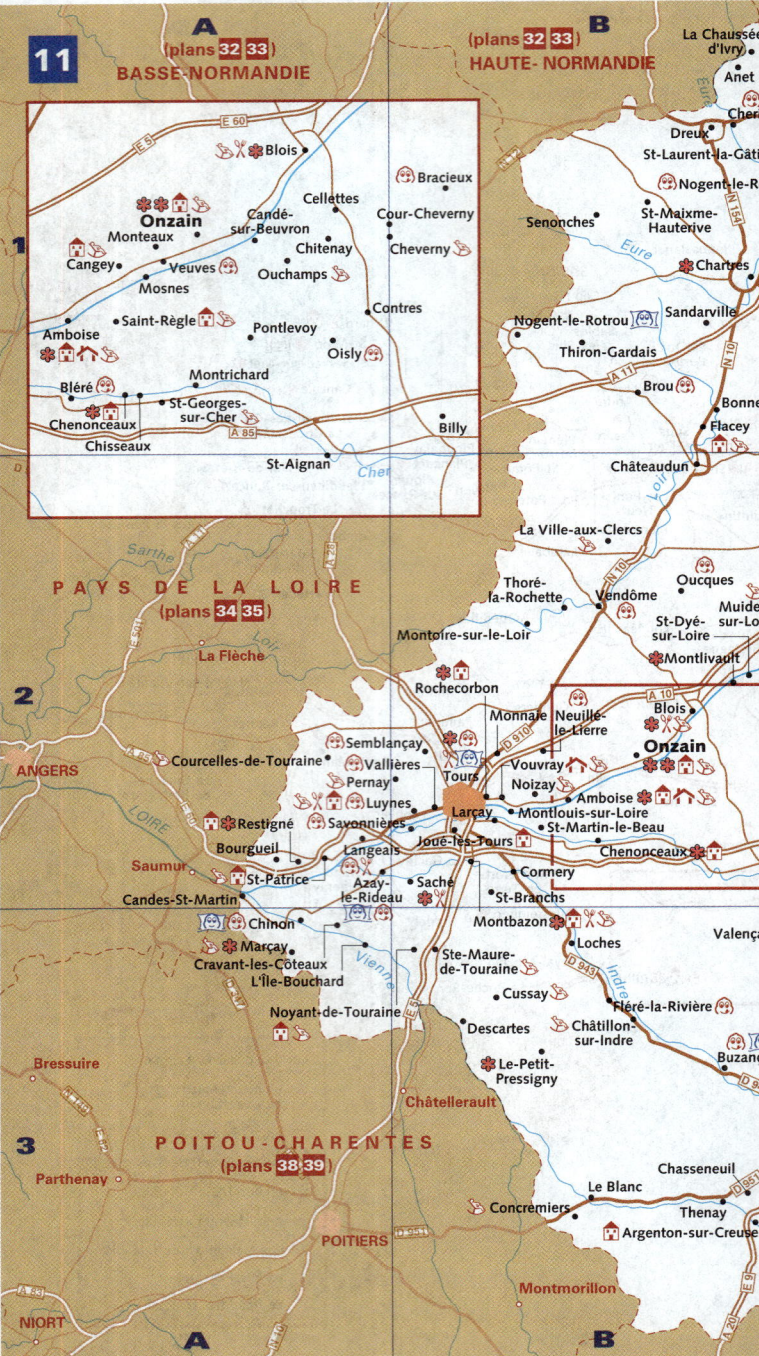

11

La Chaussée-d'Ivry

Anet

Cheril

Dreux

St-Laurent-la-Gâtir

Nogent-le-Ro

St-Maixme-Hauterive

Senonches

Eure

Chartres

Blois

Bracieux

Cellettes

Candé-sur-Beuvron

Cour-Cheverny

Onzain
Monteaux

Chitenay

Cheverny

Cangey

Veuves

Ouchamps

Mosnes

Contres

Nogent-le-Rotrou

Sandarville

Saint-Règle

Pontlevoy

Thiron-Gardais

Amboise

Oisly

Brou

Bonne

Montrichard

Flacey

Bléré

St-Georges-sur-Cher

Chenonceaux

Billy

Châteaudun

Chisseaux

St-Aignan

Cher

La Ville-aux-Clercs

Sarthe

PAYS DE LA LOIRE
(plans **34 35**)

Thoré-la-Rochette

Oucques

Muide

La Flèche

Loir

Vendôme

St-Dyé-sur-Loire

Loir

Montoire-sur-le-Loir

Montlivault

Rochecorbon

Monnaie

Neuillé-le-Lierre

Blois

ANGERS

Semblançay

Vallières

Vouvray

Onzain

Courcelles-de-Touraine

Pernay

Noizay

Amboise

Luynes

Tours

Larçay

Montlouis-sur-Loire

Restigné

Savonnières

St-Martin-le-Beau

Bourgueil

Langeais

Joué-lès-Tours

Chenonceaux

Saumur

St-Patrice

Azay-le-Rideau

Saché

Cormery

Candes-St-Martin

St-Branchs

Chinon

Montbazon

Valença

Marçay

Loches

Cravant-les-Côteaux

Ste-Maure-de-Touraine

L'Île-Bouchard

Noyant-de-Touraine

Cussay

Fléré-la-Rivière

Descartes

Châtillon-sur-Indre

Buzanç

Bressuire

Le-Petit-Pressigny

Indre

Châtellerault

3 **POITOU-CHARENTES**
(plans **38 39**)

Chasseneuil

Parthenay

Le Blanc

Thenay

Concremiers

Argenton-sur-Creuse

POITIERS

Montmorillon

NIORT

A

B

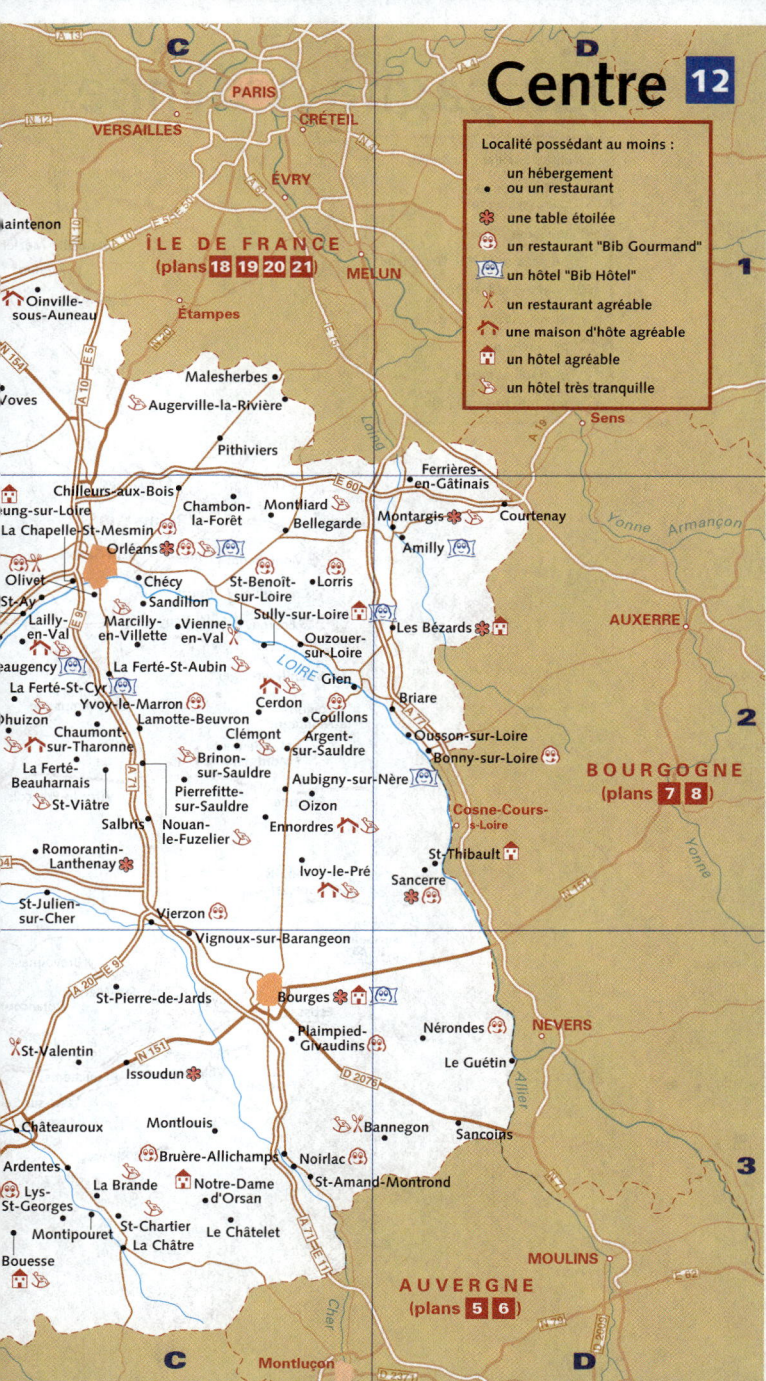

Centre 12

PARIS
VERSAILLES
CRÉTEIL
ÉVRY
MELUN

ÎLE DE FRANCE
(plans 18 19 20 21)

Maintenon
Oinville-sous-Auneau
Étampes
Voves
Malesherbes
Augerville-la-Rivière
Pithiviers

Sens

Ferrières-en-Gâtinais
Chilleurs-aux-Bois
ung-sur-Loire
La Chapelle-St-Mesmin
Chambon-la-Forêt
Montliard
Bellegarde
Montargis
Courtenay
Orléans
Amilly
Olivet
Chécy
Sandillon
St-Benoît-sur-Loire
Lorris
St-Ay
Marcilly-en-Villette
Vienne-en-Val
Sully-sur-Loire
Les Bézards
Lailly-en-Val
La Ferté-St-Aubin
Ouzouer-sur-Loire
AUXERRE
Beaugency
Glen
La Ferté-St-Cyr
Yvoy-le-Marron
Cerdon
Briare
Dhuizon
Lamotte-Beuvron
Coullons
Chaumont-sur-Tharonne
Clémont
Argent-sur-Sauldre
Ousson-sur-Loire
Brinon-sur-Sauldre
Aubigny-sur-Nère
Bonny-sur-Loire
La Ferté-Beauharnais
Pierrefitte-sur-Sauldre
Oizon
BOURGOGNE
(plans 7 8)
St-Viâtre
Salbris
Nouan-le-Fuzelier
Ennordres
Cosne-Cours-s-Loire
Romorantin-Lanthenay
St-Thibault
St-Julien-sur-Cher
Ivoy-le-Pré
Sancerre
Vierzon
Vignoux-sur-Barangeon

St-Pierre-de-Jards
Bourges
NEVERS
St-Valentin
Plaimpied-Givaudins
Nérondes
Issoudun
Le Guétin
Sancoins
Châteauroux
Montlouis
Bannegon
Ardentes
Bruère-Allichamps
Noirlac
Lys-St-Georges
La Brande
Notre-Dame d'Orsan
St-Amand-Montrond
Montipouret
St-Chartier
Le Châtelet
Bouesse
La Châtre
MOULINS
AUVERGNE
(plans 5 6)
Montluçon

LOIRE
Loing
Yonne
Armançon
Cher
Allier

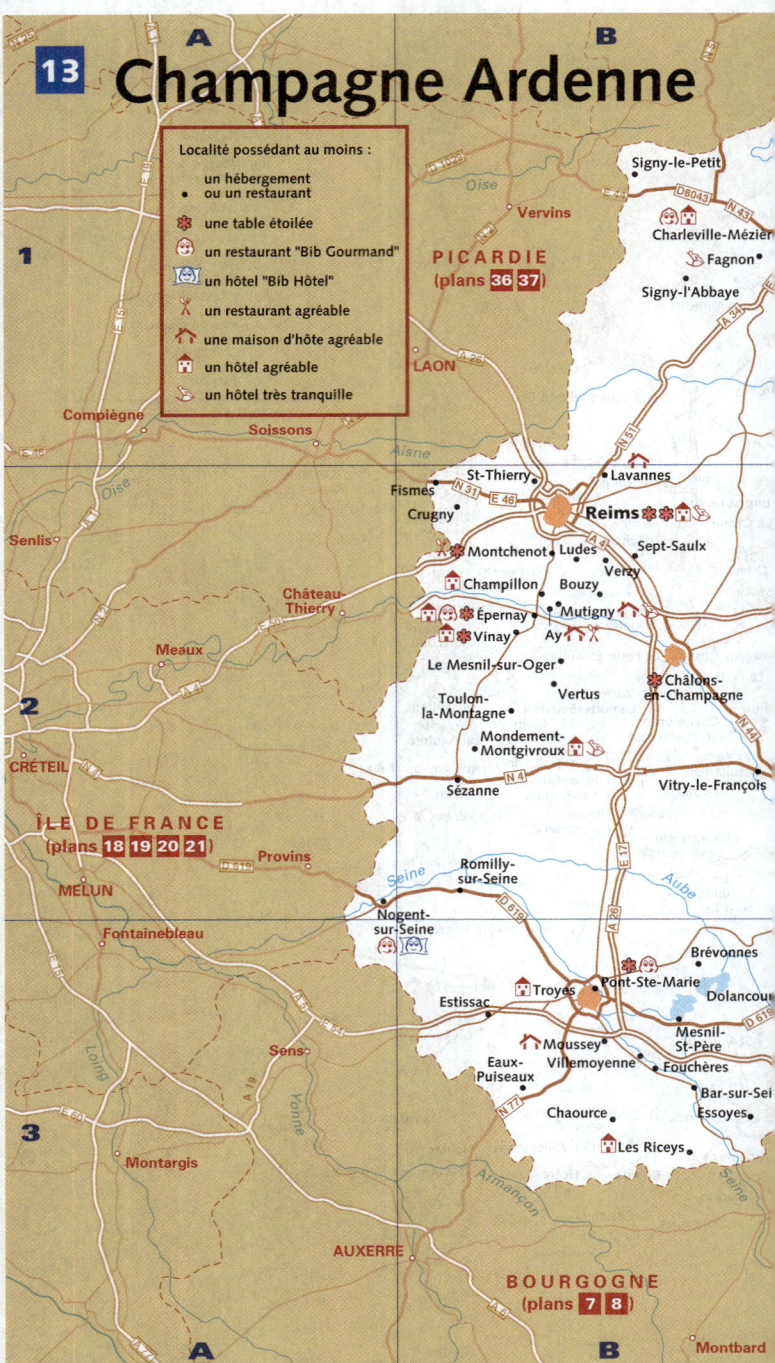

Champagne Ardenne

13

A · B

Localité possédant au moins :

- un hébergement ou un restaurant
- une table étoilée
- un restaurant "Bib Gourmand"
- un hôtel "Bib Hôtel"
- un restaurant agréable
- une maison d'hôte agréable
- un hôtel agréable
- un hôtel très tranquille

PICARDIE
(plans 36 37)

Signy-le-Petit
Charleville-Mézières
Fagnon
Signy-l'Abbaye

Vervins

Oise

LAON

Compiègne

Soissons

Aisne

Senlis

Fismes
St-Thierry
Lavannes
Crugny
Reims
Montchenot
Ludes
Sept-Saulx
Verzy
Champillon
Bouzy
Château-Thierry
Épernay
Mutigny
Meaux
Vinay
Ay
Le Mesnil-sur-Oger
Châlons-en-Champagne
Toulon-la-Montagne
Vertus
Mondement-Montgivroux
Sézanne
Vitry-le-François

ÎLE DE FRANCE
(plans 18 19 20 21)

Provins

MELUN

Fontainebleau

Seine

Romilly-sur-Seine

Nogent-sur-Seine

Aube

Brévonnes

Troyes
Pont-Ste-Marie
Dolancourt
Estissac
Mesnil-St-Père
Moussey
Villemoyenne
Fouchères
Eaux-Puiseaux
Bar-sur-Seine
Chaource
Essoyes
Les Riceys

Sens

Loing

Yonne

Montargis

Armançon

Seine

AUXERRE

BOURGOGNE
(plans 7 8)

Montbard

A · B

15 Corse

Localité possédant au moins :

- un hébergement ou un restaurant
- une table étoilée
- un restaurant "Bib Gourmand"
- un hôtel "Bib Hôtel"
- un restaurant agréable
- une maison d'hôte agréable
- un hôtel agréable
- un hôtel très tranquille

Ersa
Macinaggio
Nonza
Erbalunga
San-Martino-di-Lota
Patrimonio
Bastia
Saint-Florent
Oletta
L'Île-Rousse
N 193
N 197
Casamozza
Algajola
Pigna
Lumio
Sant'Antonino
Calvi
Muro
Feliceto
Poggio-Mezzana
Ferayola
Cervione
Galéria
Prunete
Calacuccia
Corte
Porto
Évisa
Piana
N 200
Cargèse
Aléria
Bocognano
Bastelica
N 193
Peri
Eccica-Suarella
Ajaccio
N 196
Sta-Maria-Sicché
Solenzara
Porticcio
Col de Bavella
Favone
Petreto-Bicchisano
Aullène
Zonza
Coti-Chiavari
Levie
Ste-Lucie-de-Porto-Vecchio
Olmeto
Ste-Lucie-de-Tallano
Cala Rossa
Porto-Pollo
Propriano
Porto-Vecchio
Sartène
N 196
N 198
Bonifacio

A   B

Le Guide MICHELIN
Une collection à savourer!

Belgique & Luxembourg
Deutschland
España & Portugal
France
Great Britain & Ireland
Italia
Nederland
Portugal
Suisse-Schweiz-Svizzera
Main Cities of Europe

Et aussi:

Chicago
Hong Kong Macau
Kyoto Osaka Kobe
London
New York City
Paris
San Francisco
Tokyo

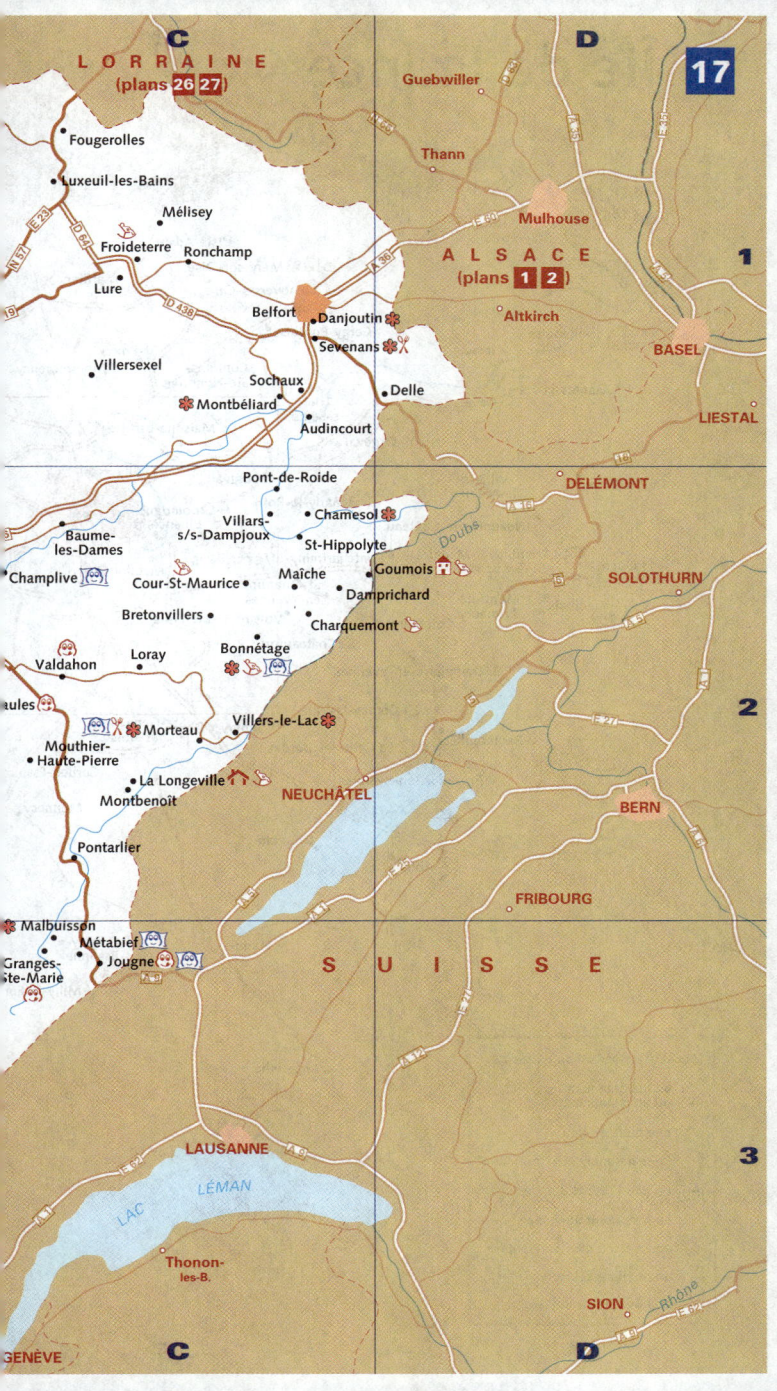

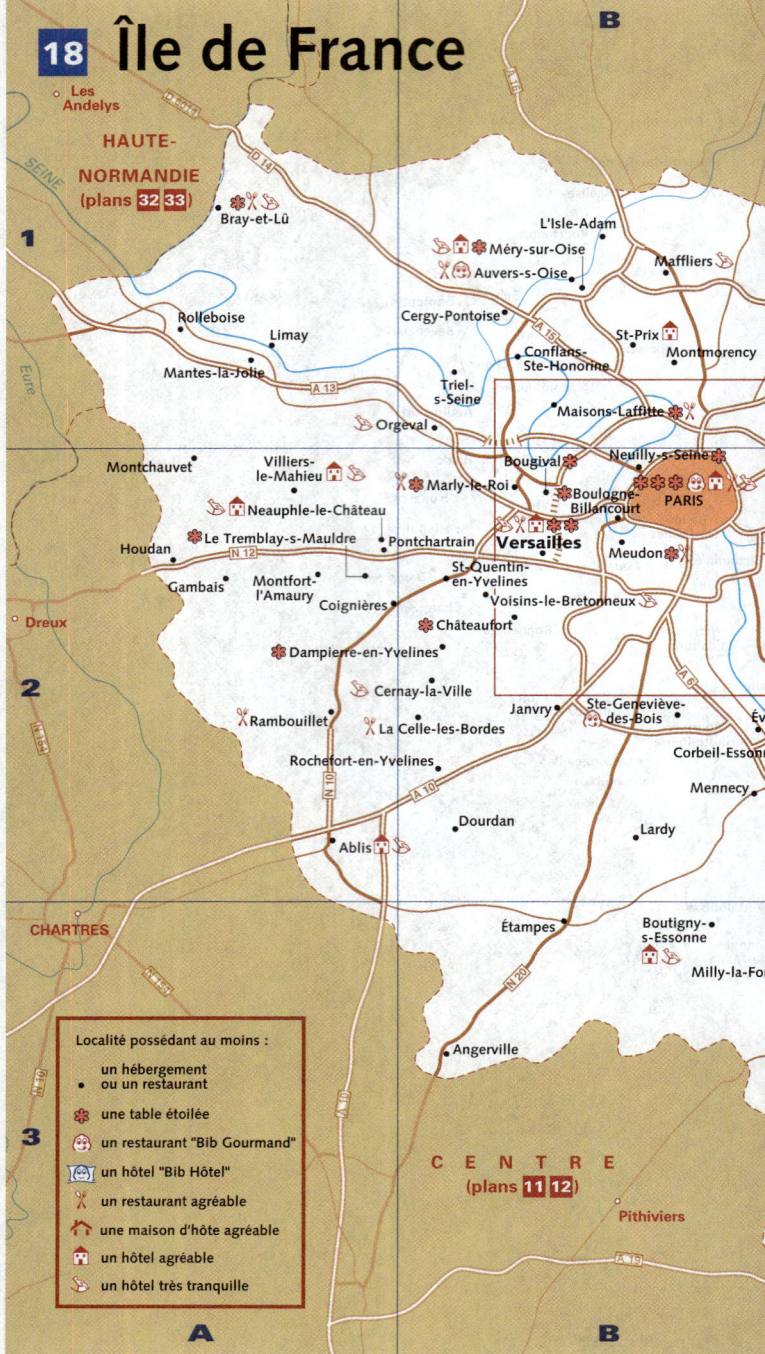

Île de France

18

B

Les Andelys

HAUTE-NORMANDIE
(plans **32** **33**)

L'Isle-Adam

Méry-sur-Oise
Auvers-s-Oise

Maffliers

Bray-et-Lû

1

Rolleboise
Limay

Cergy-Pontoise

St-Prix
Montmorency

Conflans-Ste-Honorine

Mantes-la-Jolie

Triel-s-Seine

Maisons-Laffitte

Montchauvet

Orgeval

Villiers-le-Mahieu

Bougival

Neuilly-s-Seine

Marly-le-Roi

Boulogne-Billancourt

PARIS

Neauphle-le-Château

Le Tremblay-s-Mauldre

Pontchartrain

Versailles

Meudon

Houdan

St-Quentin-en-Yvelines

Gambais

Montfort-l'Amaury

Coignières

Voisins-le-Bretonneux

Dreux

Châteaufort

Dampierre-en-Yvelines

2

Cernay-la-Ville

Rambouillet

La Celle-les-Bordes

Janvry

Ste-Geneviève-des-Bois

Év

Rochefort-en-Yvelines

Corbeil-Essonn

Mennecy

Ablis

Dourdan

Lardy

CHARTRES

Étampes

Boutigny-s-Essonne

Milly-la-For

C E N T R E
(plans **11** **12**)

3

Angerville

Pithiviers

A

B

Localité possédant au moins :

• un hébergement
  ou un restaurant

❀ une table étoilée

😊 un restaurant "Bib Gourmand"

🏨 un hôtel "Bib Hôtel"

✗ un restaurant agréable

⌂ une maison d'hôte agréable

🏠 un hôtel agréable

🛏 un hôtel très tranquille

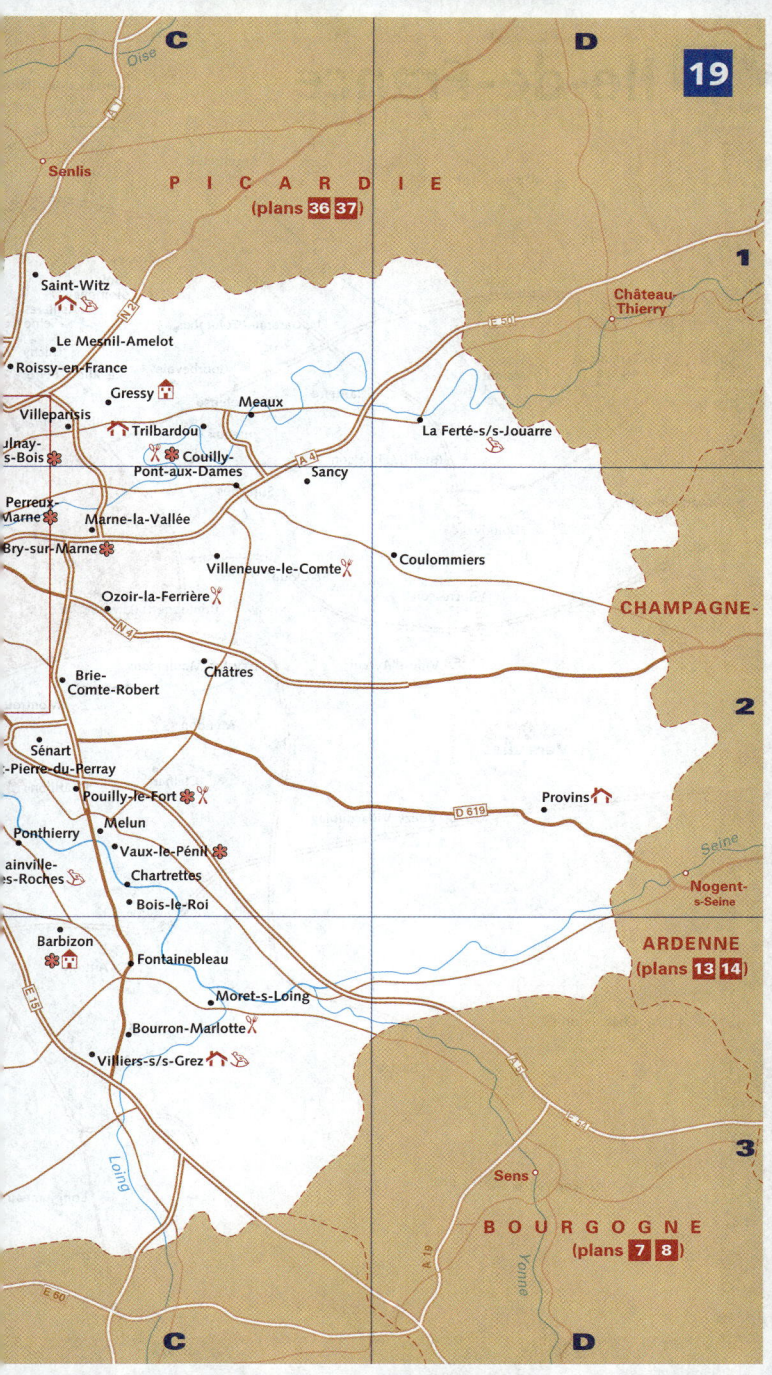

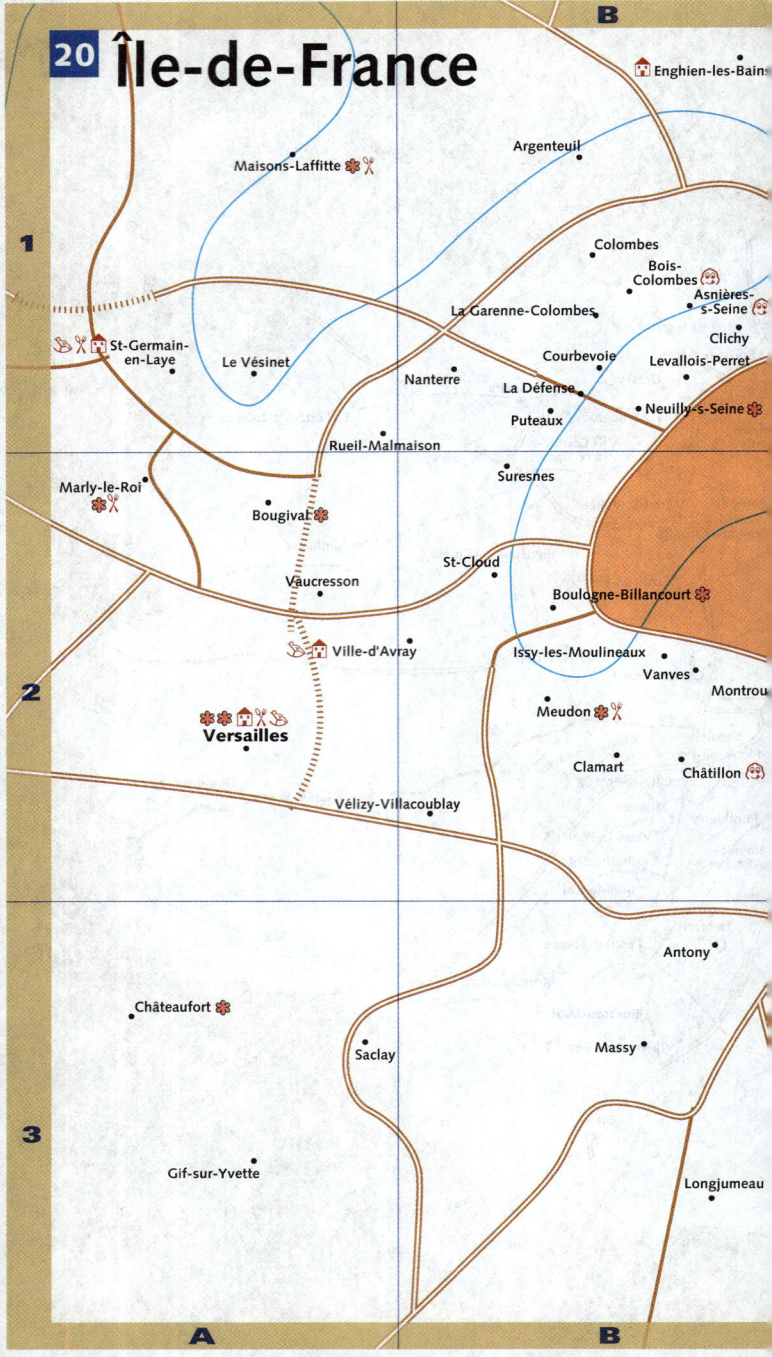

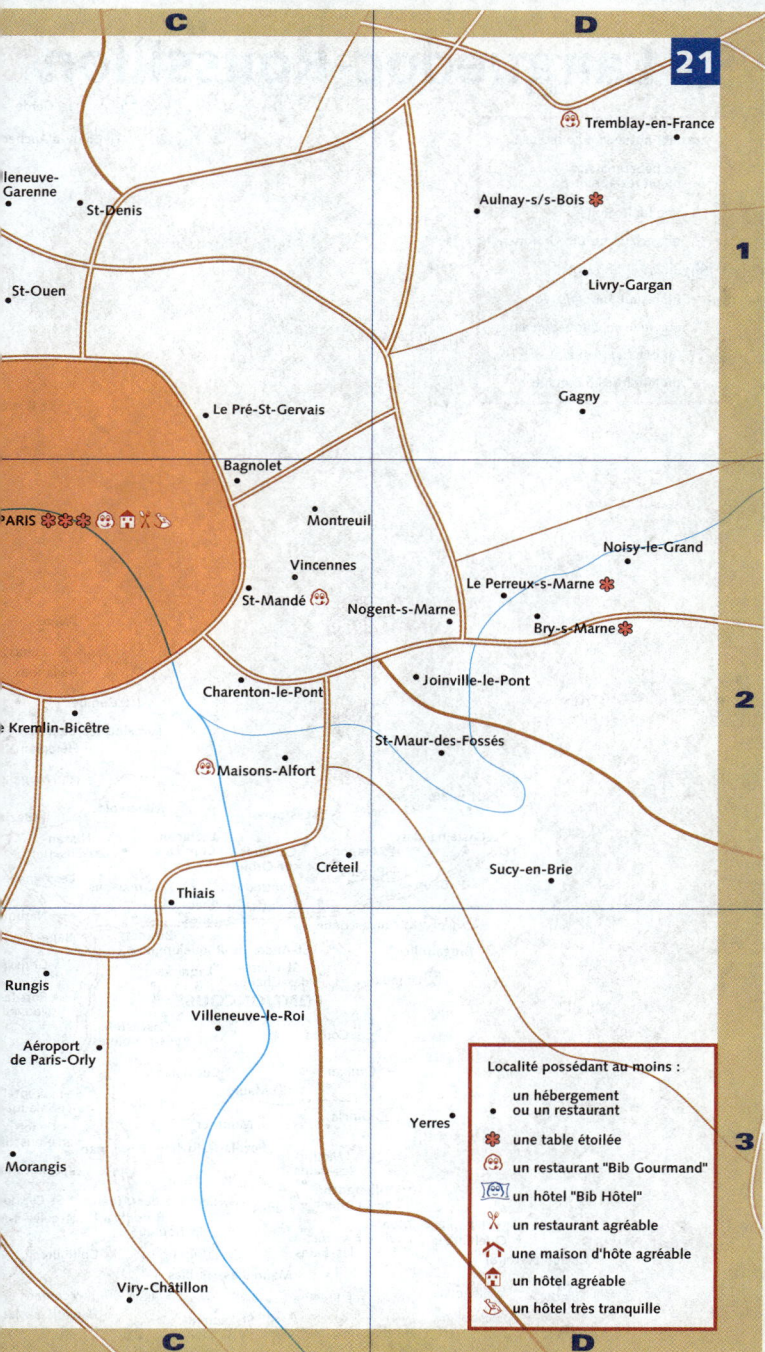

A   B

Localité possédant au moins :

• un hébergement
• ou un restaurant
❀ une table étoilée
☺ un restaurant "Bib Gourmand"
🏨 un hôtel "Bib Hôtel"
✗ un restaurant agréable
⋔ une maison d'hôte agréable
🏠 un hôtel agréable
⌇ un hôtel très tranquille

Figeac

Villefranche-de-Rouergue

RODEZ

La Garde –
St-Chély-d'Apcher

Le Rozier

Millau

MONTAUBAN

ALBI

MIDI-PYRÉNÉES
(plans 28 29)

TOULOUSE

Castres

Avène

Lunas
Bédarieux
Combes
Lamalou-les-Bains
Hérépian
Magala

Muret

Pamiers

FOIX

La Pomarède
Lastours
Castelnaudary
Aragon
Pézens
Bram
Conques-sur-Orbiel
Montredon
Conilhac-Corbières
Lézignan-Corbières
Bize-Minervois
Béziers
Nissan-Lez-Enserune
Lespignan
Ornaisons
Narbonne
Bages

Carcassonne
Brugairolles
Limoux
St-André-de-Roquelongue
St-Pierre-des-Champs
Lagrasse
Bizanet
Gruissa
FONTJONCOUSE
Couiza
Cascastel-des-Corbières
Port-la-Nouvell

Quillan
Maury
Cucugnan
Leucate

Gincla
Montner
Rivesaltes
Pézilla-la-Rivière
Perpignan
St-Laurent-de-la-Salanque
Canet-en-Roussill
Molitg-les-Bains
Villefranche-de-Conflent
Prades
Thuir
Laroque-des-Albères
Brouilla
Le Boulou
St-Cyprier
Canet-Pla
Argelès-s-M

PRINCIPAUTÉ-D'ANDORRE
Font-Romeu-Odeillo-Via
Mont-Louis
Vernet-les-Bains
Céret
Collioure
Latour-de-Carol
Llo
Maureillas-las-Illas

ESPAÑA

Saillagouse
Valcebollère
La Preste
Prats-de-Mollo-la-Preste
St-Laurent-de-Cerdans
Las Illas
Port-Vendres
Banyuls-s-Mer

A   B

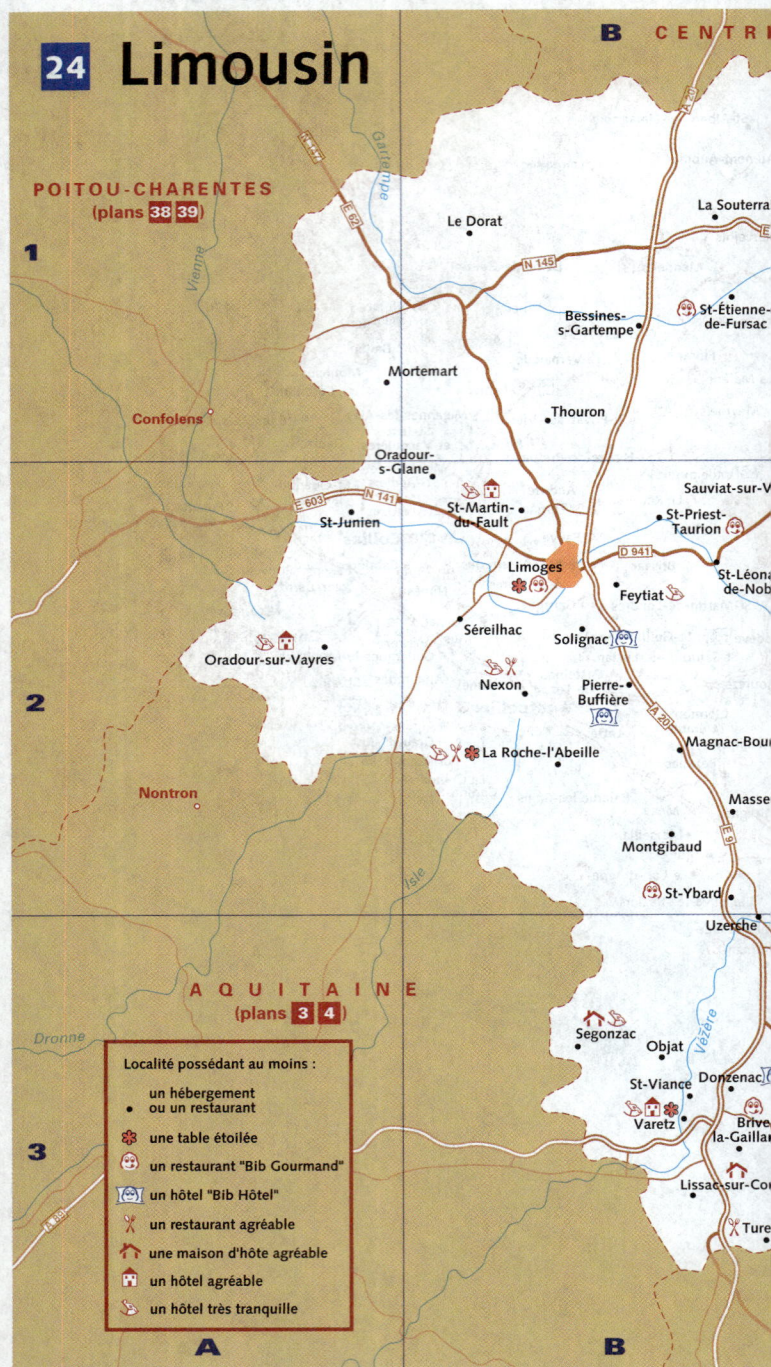

25

Crozant

Creuse

Bonnat

Boussac

Montluçon

Dun-le-Palestel

Jouillat

1

Guéret

Busseau-
s-Creuse

Chénérailles

St-Hilaire-
le-Château

St-Silvain-Bellegarde

Aubusson

Saint-Avit-de-Tardes

St-Marc-à-Loubaud

Peyrat-le-Château

A U V E R G N E
(plans 5 6)

Vienne

Eymoutiers

La Courtine

2

Chamberet

Treignac

Meymac

Ussel

Affieux

Le Lonzac

Dordogne

Chamboulive

Corrèze

Égletons

Tulle

Gimel-les-
Cascades

Marcillac-la-Croisille

Mauriac

Lagarde-Enval

Pont du Chambon

Auriac

3

bazines

St-Martin-la-Méanne

ollonges-la-Rouge

Argentat

St-Julien-aux-Bois

St-Bazile-
de-Meyssac

Brivezac

Beaulieu-s-Dordogne

MIDI-PYRÉNÉES (plans 28 29)

C

AURILLAC

D

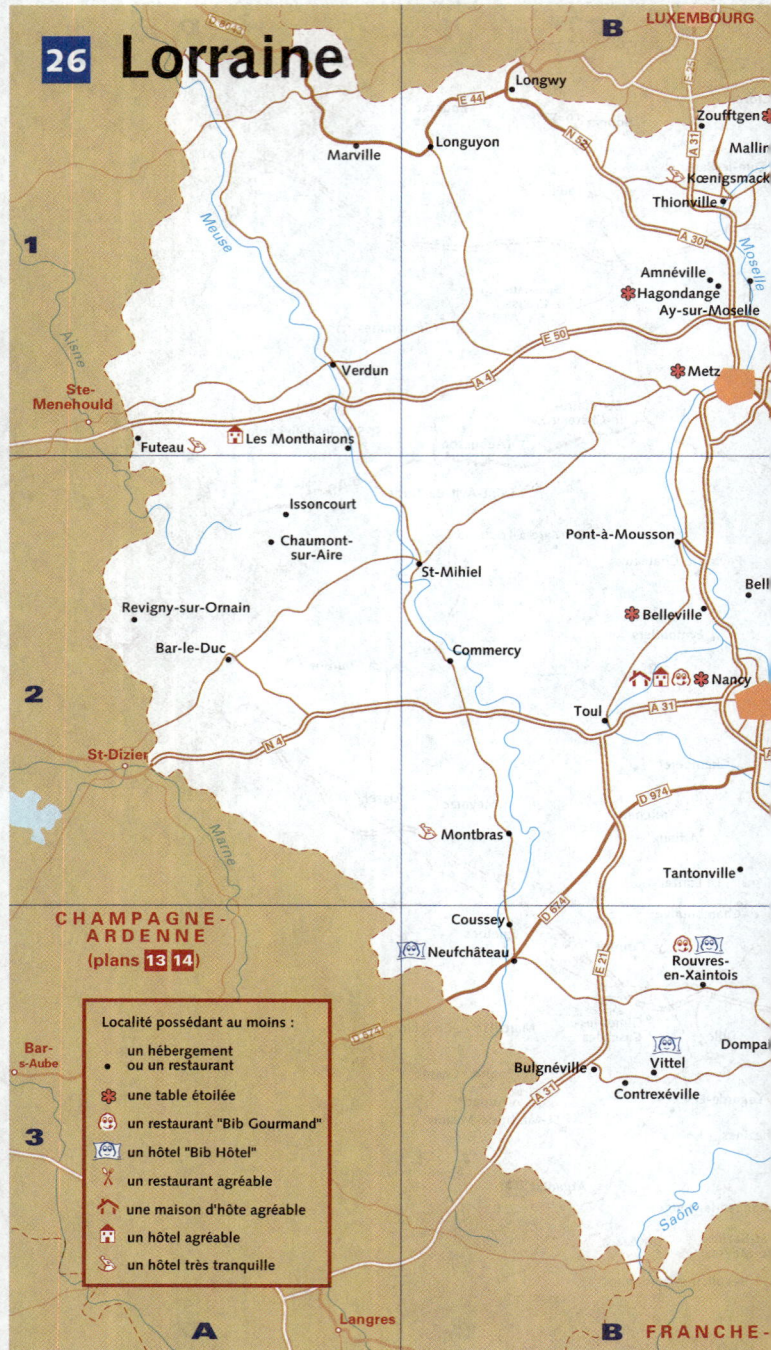

LUXEMBOURG

Longwy

Zoufftgen

Marville · Longuyon

Mallir

Kœnigsmack

Thionville ·

Amnéville

Hagondange

Ay-sur-Moselle

1

Meuse

Aisne

Ste-Menehould

Verdun ·

Metz

Futeau · 🏠 Les Monthairons

Issoncourt ·

Chaumont-sur-Aire ·

Pont-à-Mousson

St-Mihiel

Bell

Revigny-sur-Ornain ·

Belleville

Bar-le-Duc ·

Commercy ·

🏡🏨🙂 Nancy

2

Toul ·

St-Dizier

Marne

Montbras

Tantonville ·

D 974

CHAMPAGNE-ARDENNE

(plans **13** **14**)

Coussey ·

Neufchâteau

Rouvres-en-Xaintois

Localité possédant au moins :

un hébergement
ou un restaurant

· ou un restaurant

🌸 une table étoilée

😊 un restaurant "Bib Gourmand"

🏨 un hôtel "Bib Hôtel"

✗ un restaurant agréable

🏡 une maison d'hôte agréable

🏨 un hôtel agréable

🌊 un hôtel très tranquille

Bar-s-Aube

Vittel ·

Dompa

Bulgnéville ·

Contrexéville ·

3

Saône

Langres

FRANCHE

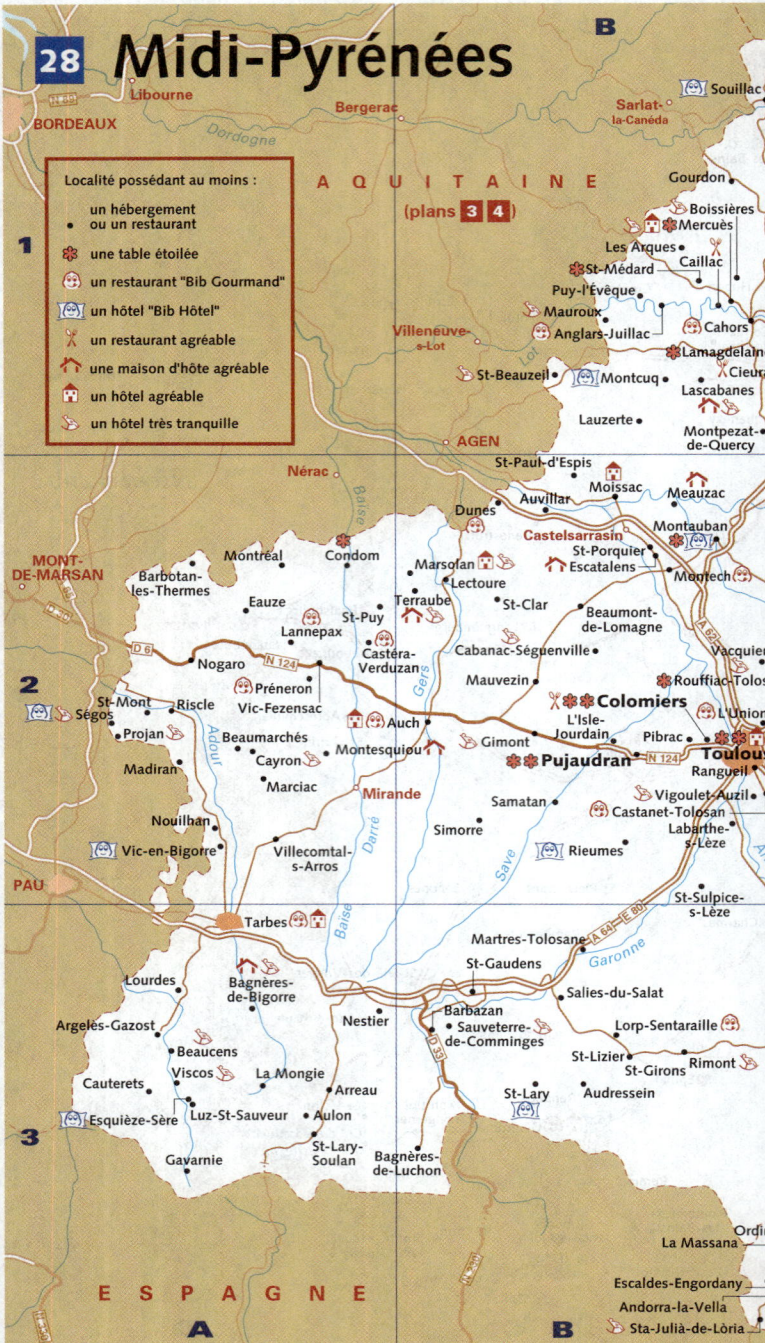

Tunnel sous la Manche

BELGIQU

Dunkerque
Coudekerque-Branche
Bergues
Hondschoote

Calais
Brouckerque
Socx

Cap Gris-Nez
Bollezeele

Ardres
Steenvoorde

Wimereux
Wierre-Effroy
Tilques
Cassel
Godewaersvelde

Boulogne-sur-Mer
St-Omer
Hazebrouck
Bailleul

Hardelot-Plage
Condette
Desvres
Lumbres
Aire-sur-la-Lys
Isbergues
Bois-Grenier
Laventie

Samer

Le Touquet-Paris-Plage
Coupelle-Vieille
Busnes

Étaples
Fléchin
Béthune

St-Josse
La Madelaine-sous-Montreuil
Gosnay

Berck-sur-Mer
Montreuil
Nœux-les-Mines
Lens

Wailly-Beaucamp
Gouy-St-André
Bermicourt

Hesdin

Arras

PICARDIE
(plans **36** **37**)

AMIENS

Localité possédant au moins :

• un hébergement ou un restaurant
❀ une table étoilée
☺ un restaurant "Bib Gourmand"
☺ un hôtel "Bib Hôtel"
✕ un restaurant agréable
⌂ une maison d'hôte agréable
🏠 un hôtel agréable
🌊 un hôtel très tranquille

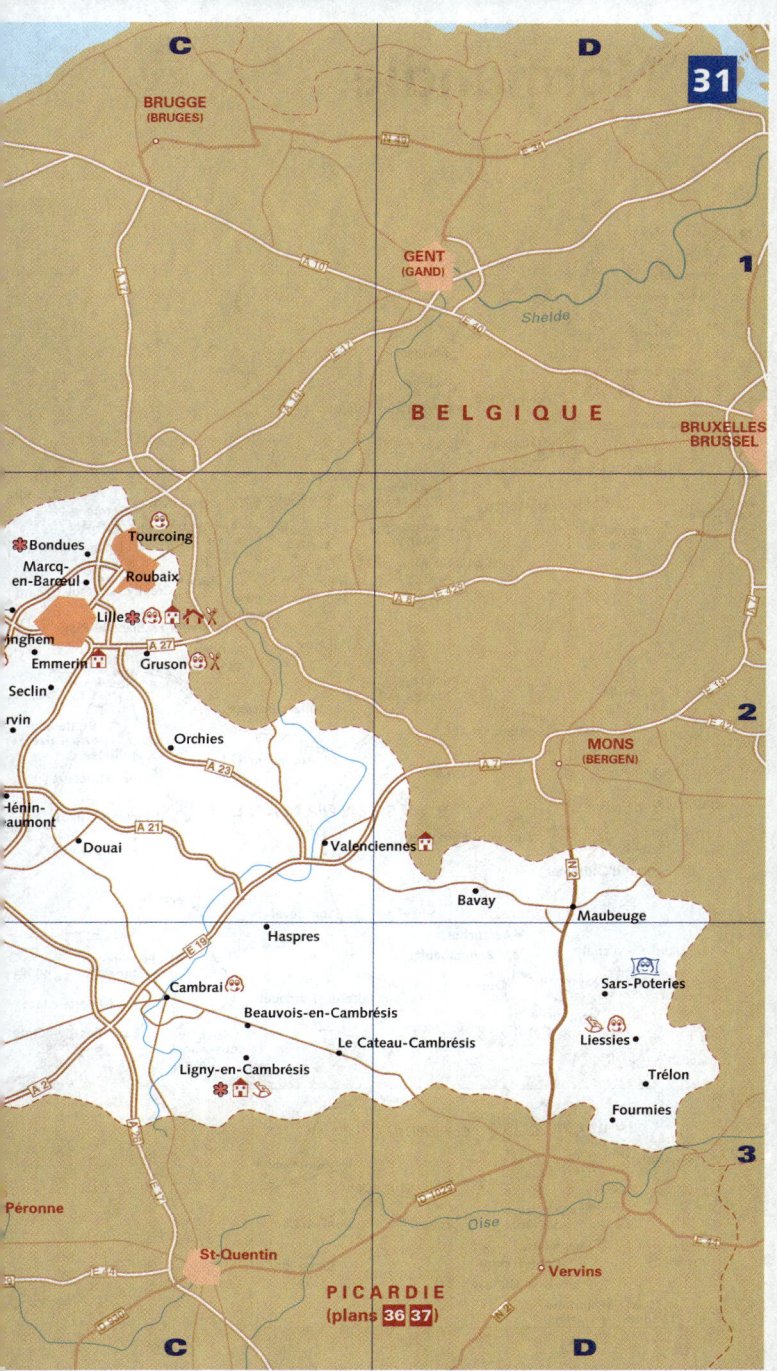

Normandie

32
B
H
E
C
N
A
M

1

Auderville
St-Germain-des-Vaux
Omonville-la-Petite
Cherbourg-Octeville
Barfleur
Réville
Quettehou
St-Vaast-la-Hougue
Flamanville
Négreville
Valognes
Quinéville
Bricquebec

Carteret
Ste-Mère-Église
St-Pierre-du-Mont
Port-en-Bessin
Courseulles-sur-Mer
Bernières-sur-Mer
Houlga
Cabourg
Barneville-Carteret
Grandcamp-Maisy
Colleville-sur-Mer
Arromanches-les-Bains
Luc-sur-Mer
Isigny-sur-Mer
La Cambe
Bayeux
Crépon
Creully
Ouistreham
Douvres-la-Délivrande
Merville-Franceville-Plage
Dive
sur-
Balleroy
Audrieu
Caen

2

Blainville-sur-Mer
Agneaux
St-Lô
Villers-Bocage
Bretteville-sur-Laize
Goupillières
Thury-Harcourt
Coutances
Aunay-sur-Odon
Hambye
BASSE NORMANDIE
St-Pierre-Canivet
Falais
Villedieu-les-Poêles
Pont-d'Ouilly
Îles Chausey
Granville
Vire
Orne
La Lucerne-d'Outremer
Cuves
Sourdeval
Flers

3

Le Mont-St-Michel
Avranches
Pontaubault
La Ferrière-aux-Étangs
Rânes
Servon
Ducey
St-Hilaire-du-Harcouët
La Ferté-Macé
Vergoncey
Juvigny-sous-Andaine
Bagnoles-de-l'Orne
BRETAGNE
(plans **9** **10**)
Lalacelle

Honfleur
Conteville
Deauville
Trouville-sur-Mer
Bourneville
Mayenne
Blonville-sur-Mer
Genneville
St-Maclou
Touques
St-Gatien-des-Bois
Beuzeville
Pont-Audemer
Villers-sur-Mer
Canapville
Pont-l'Évêque
Épaignes
Campigny
PAYS DE LA LOIR
(plans **34** **35**)
St-Étienne-la-Thillaye
La Haie-Tondue
Beaumont-en-Auge
Cormeilles

A
B

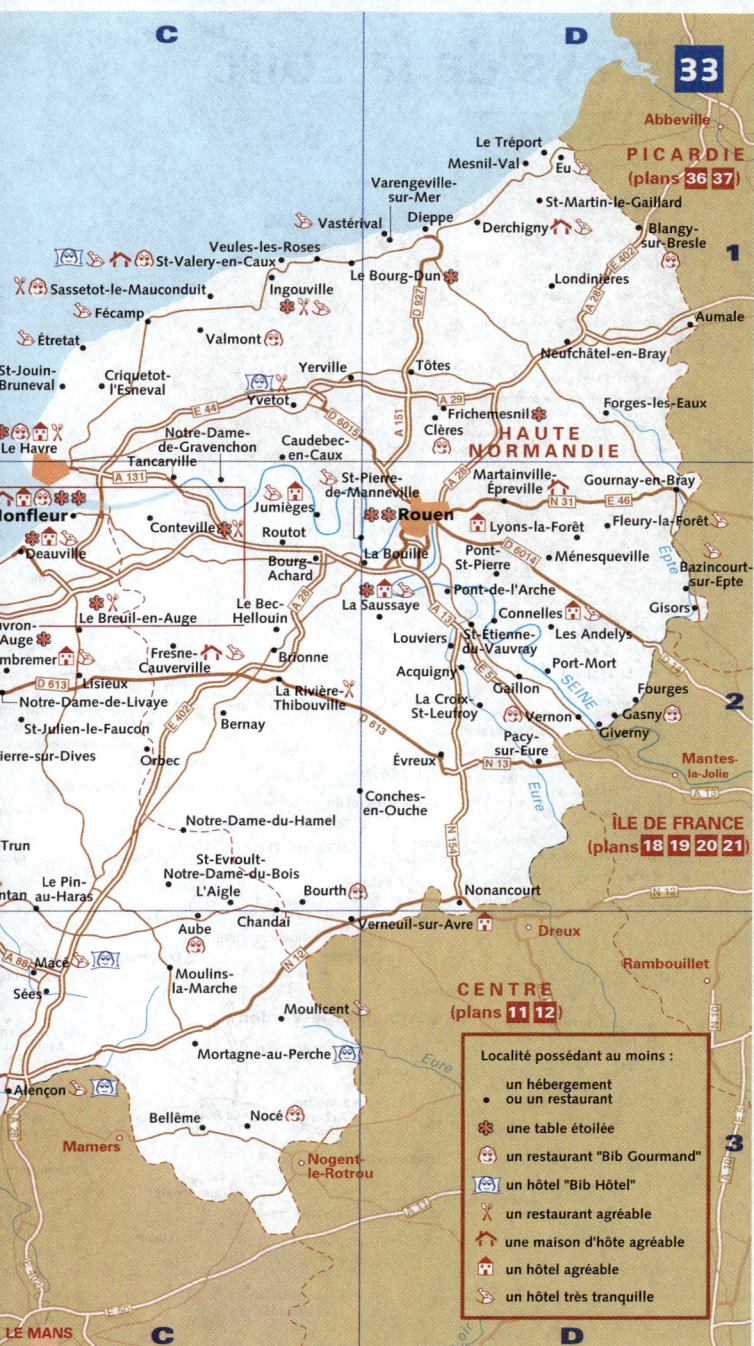

33

Abbeville

PICARDIE
(plans 36 37)

Le Tréport
Mesnil-Val
Eu
St-Martin-le-Gaillard
Varengeville-sur-Mer
Dieppe
Derchigny
Blangy-sur-Bresle
Vastérival
Veules-les-Roses
St-Valery-en-Caux
Le Bourg-Dun
Londinières
Ingouville
Sassetot-le-Mauconduit
Aumale
Fécamp
Valmont
Étretat
Yerville
Tôtes
Neufchâtel-en-Bray
St-Jouin-Bruneval
Criquetot-l'Esneval
Yvetot
Frichemesnil
Forges-les-Eaux
Notre-Dame-de-Gravenchon
Clères
Caudebec-en-Caux
HAUTE
NORMANDIE
Tancarville
Martainville-Épreville
Gournay-en-Bray
St-Pierre-de-Manneville
Rouen
Jumièges
Honfleur
Conteville
Routot
La Bouille
Lyons-la-Forêt
Fleury-la-Forêt
Ménesqueville
Deauville
Bourg-Achard
Pont-St-Pierre
Bazincourt-sur-Epte
Le Bec-Hellouin
La Saussaye
Pont-de-l'Arche
Connelles
Gisors
Juvron-Auge
Le Breuil-en-Auge
Louviers
St-Étienne-du-Vauvray
Les Andelys
Cambremer
Fresne-Cauverville
Brionne
Acquigny
Port-Mort
Lisieux
La Rivière-Thibouville
La Croix-St-Leufroy
Gaillon
Fourges
Notre-Dame-de-Livaye
Bernay
Vernon
Gasny
St-Julien-le-Faucon
Orbec
Pacy-sur-Eure
Giverny
Pierre-sur-Dives
Évreux
Mantes-la-Jolie
Trun
Conches-en-Ouche
ÎLE DE FRANCE
(plans 18 19 20 21)
Notre-Dame-du-Hamel
ntan
Le Pin-au-Haras
St-Evroult-Notre-Dame-du-Bois
L'Aigle
Bourth
Nonancourt
Macé
Aube
Chandai
Verneuil-sur-Avre
Dreux
Sées
Rambouillet
Moulins-la-Marche
Moulicent
CENTRE
(plans 11 12)
Mortagne-au-Perche
Alençon
Bellême
Nocé
Mamers
Nogent-le-Rotrou

Localité possédant au moins :

• un hébergement
  ou un restaurant

  une table étoilée

  un restaurant "Bib Gourmand"

  un hôtel "Bib Hôtel"

  un restaurant agréable

  une maison d'hôte agréable

  un hôtel agréable

  un hôtel très tranquille

LE MANS

34 Pays de la Loire

BRETAGNE
(plans 9 10)

Fougères

Err

N 12

RENNES

Châteaubriant

Redon
Avessac

Se

Guenrouet

Loiré

Missillac

La Turballe
Piriac-sur-Mer
Herbignac
Mesquer
St-Lyphard
St-Joachim

Varades

Couffé
Ancenis

Sucé-sur-Erdre

Montj
sur-L

Guérande
St-Nazaire

Drain

Le Croisic
Batz-sur-Mer
La Baule
Pornichet

Champtoceaux

Sautron

Nantes

Haute-Goulaine

St-Brevin-les-Pins

Couëron
St-Herblain

Tharon-Plage
La Plaine-sur-Mer

Andre

St-Fiacre-sur-Maine

Bois-de-la-Chaize
L'Herbaudière
ÎLE DE NOIRMOUTIER

Pornic
La Bernerie-en-Retz
Château-Thébaud

Clisson
Gétigné

Chol

Noirmoutier-en-l'Île
Bouin

Fresnay-en-Retz

Geneston

La Garnache

St-Philbert-de-Grand-Lieu

Montaigu
Tiffauges

Rocheservière

Les Brouzils

Notre-Dame-de-Monts
Challans

Legé
Beaurepaire

Chambre

St-Jean-de-Monts
St-Sulpice-le-Verdon

L'Oie
St-Miche
Mont-Mer

Port-Joinville
ÎLE D'YEU

Aizenay

Coëx

Chantonnay

St-Gilles-Croix-de-Vie

Mouilleror
en-Pareds

Brétignolles-sur-Mer

La Mothe-Achard

La Roche-sur-Yon

Ste-Hermine

St-Mathurin

St-Cyr-en-Talmondais

Fonte
le-Co

Les Sables-d'Olonne

Luçon

St-Vincent-sur-Jard

St-Michel-en-l'Herm

Vellu

La Tranche-sur-Mer

Sèvre Niortaise

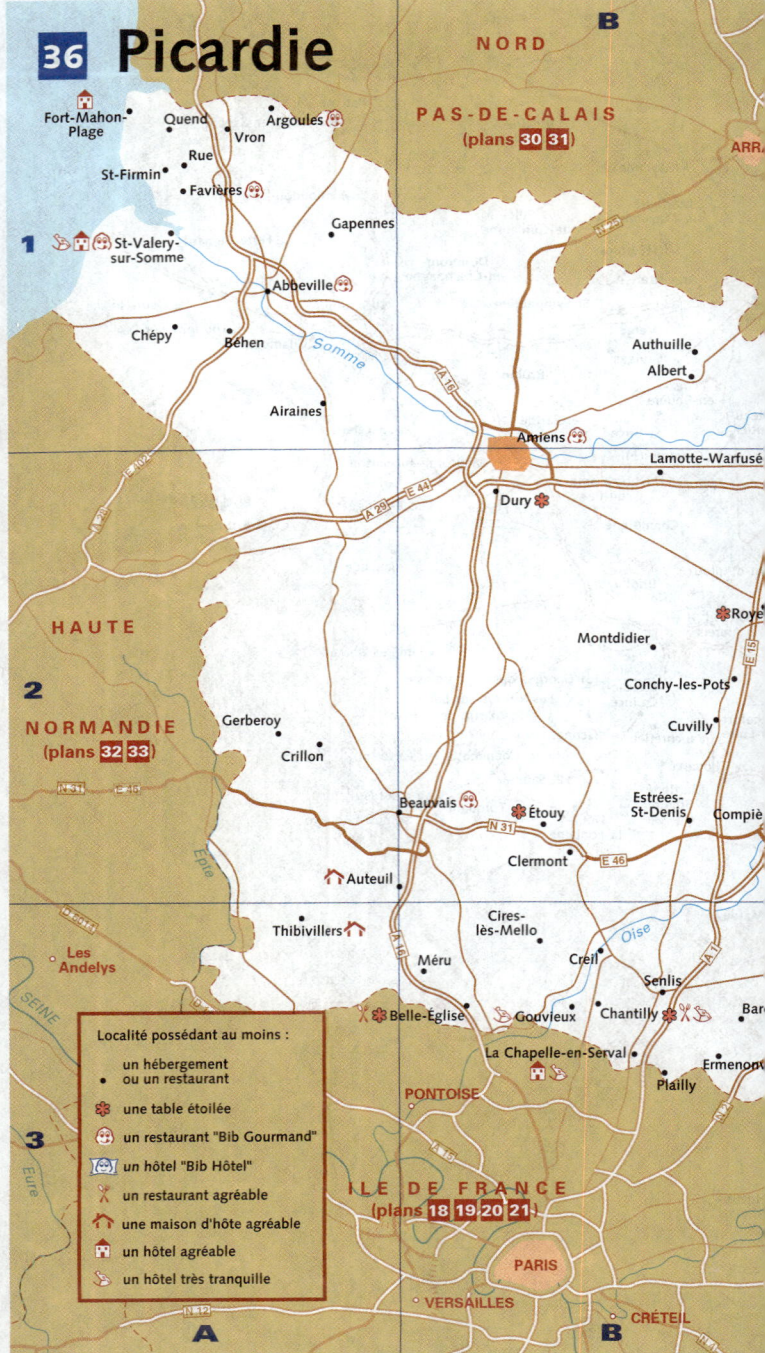

36 Picardie

NORD

B

PAS-DE-CALAIS
(plans **30** **31**)

ARRA

Fort-Mahon-Plage

Quend

Argoules

Vron

St-Firmin

Rue

Favières

Gapennes

1 St-Valery-sur-Somme

Abbeville

Authuille

Albert

Chépy

Béhen

Somme

A 16

Airaines

Amiens

Lamotte-Warfusé

A 29

E 44

Dury

Roye

HAUTE

Montdidier

Conchy-les-Pots

2

Cuvilly

NORMANDIE
(plans **32** **33**)

Gerberoy

Crillon

Beauvais

Étouy

Estrées-St-Denis

Compiè

N 31

E 46

Clermont

Auteuil

Cires-lès-Mello

Thibivillers

Méru

Oise

Creil

Les Andelys

SEINE

Senlis

Belle-Église

Gouvieux

Chantilly

Bar

La Chapelle-en-Serval

Ermenon

Plailly

ILE DE FRANCE
(plans **18** **19** **20** **21**)

Eure

3

PONTOISE

Localité possédant au moins :

• un hébergement ou un restaurant

une table étoilée

un restaurant "Bib Gourmand"

un hôtel "Bib Hôtel"

un restaurant agréable

une maison d'hôte agréable

un hôtel agréable

un hôtel très tranquille

PARIS

VERSAILLES

CRÉTEIL

A

B

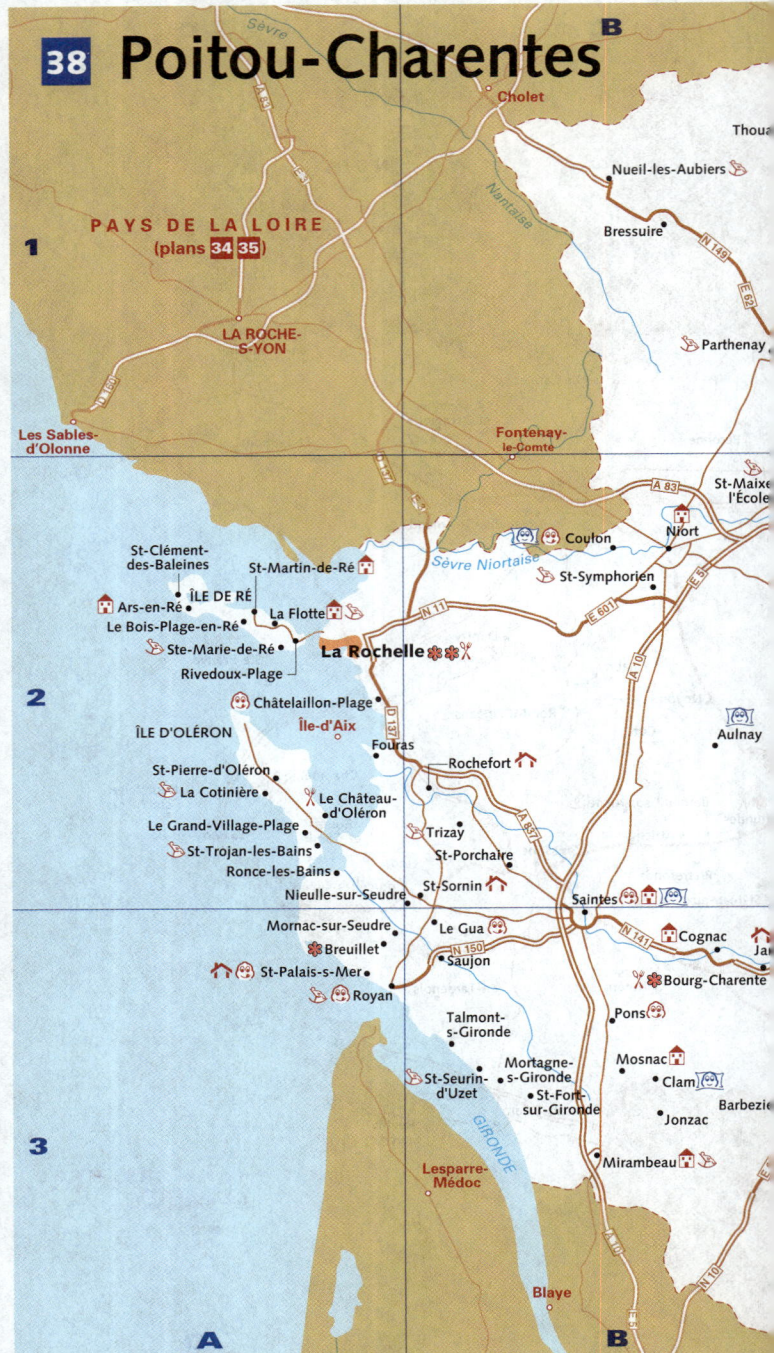

38 Poitou-Charentes

B

Cholet

Thoua

Nueil-les-Aubiers

1 PAYS DE LA LOIRE
(plans 34 35)

Bressuire

N 149

Parthenay

LA ROCHE-
S-YON

Les Sables-
d'Olonne

Fontenay-
le-Comte

St-Maixe
l'École

A 83

Coulon

Niort

Sèvre Niortaise

St-Clément-
des-Baleines

St-Martin-de-Ré

St-Symphorien

ÎLE DE RÉ

Ars-en-Ré

La Flotte

Le Bois-Plage-en-Ré

N 11

Ste-Marie-de-Ré

La Rochelle

Rivedoux-Plage

2

Châtelaillon-Plage

Île-d'Aix

Aulnay

ÎLE D'OLÉRON

Fouras

St-Pierre-d'Oléron

Rochefort

La Cotinière

Le Château-
d'Oléron

Le Grand-Village-Plage

Trizay

St-Trojan-les-Bains

St-Porchaire

Ronce-les-Bains

St-Sornin

Nieulle-sur-Seudre

Saintes

Mornac-sur-Seudre

Le Gua

Cognac

Ja

Breuillet

N 150

Saujon

N 141

St-Palais-s-Mer

Bourg-Charente

Royan

Pons

Talmont-
s-Gironde

Mosnac

St-Seurin-
d'Uzet

Mortagne-
s-Gironde

Clam

Barbezie

St-Fort-
sur-Gironde

Jonzac

3

Mirambeau

Lesparre-
Médoc

GIRONDE

Blaye

B

A

F

LÉMAN

LAC

St-Gingolph
Évian-les-Bains
Amphion-les-Bains
Yvoire
Messery
Col de La Faucille
Gex
Échenevex
Crozet
Ferney-Voltaire
St-Genis-Pouilly
GENÈVE
Divonne-les-Bains
Douvaine
Bons-en-Chablais
Machilly
Annemasse
Bossey
St-Julien-en-Genevois
La Muraz
Bonne
Lucinges
Les Gets
Morzine
Habère-Poche
Bellevaux
La Baume
La Chapelle-d'Abondance
Châtel
Bernex
La Beunaz
Thonon-les-Bains
Port-de-Séchex
Bonnatrait
Contamine-s-Arve
Vougy
Bonneville
La Roche-s-Foron
Mont-Saxonnex
Cluses
Samoëns
Les Carroz-d'Araches
Servoz
Les Houches
Le Prarion
St-Gervais-les-Bains
Combloux
Sallanches
Le Chinaillon
Le Grand-Bormand
Le Bouchet
Cordon
Combloux
Megève
Praz-s-Arly
Le Bettex
Flumet
Marlgod
Crest-Voland
Les Contamines-Montjoie
N-D-de-Bellecombe
Thônes
La Clusa
Crusellis
Croisy
Vaulx
Veyrier-du-Lac
Annecy
Menthon-St-Bernard
Talloires
Duingt
Marigny-St-Marcel
Montagne du Semnoz
Gruffy
Doussard

F

2

La Toussuire
St-Jean-de-Maurienne
Tencin
St-Pierre-de-Chartreuse
Les Menuires
Val-Thorens
St-Martin-de-Belleville
Méribel
La Tania
Brides-les-Bains
Allevard
La Rochette
Montmélian
Moûtiers
Coise
Aiguebelette-le-Lac
Cevins
Monthion
Gresy-s-Isère
Chambéry-le-Vieux
St-Pierre-d'Albigny
Chambéry
Les Catons
Le Bourget-du-Lac
Albertville
Aix-les-Bains

F

1

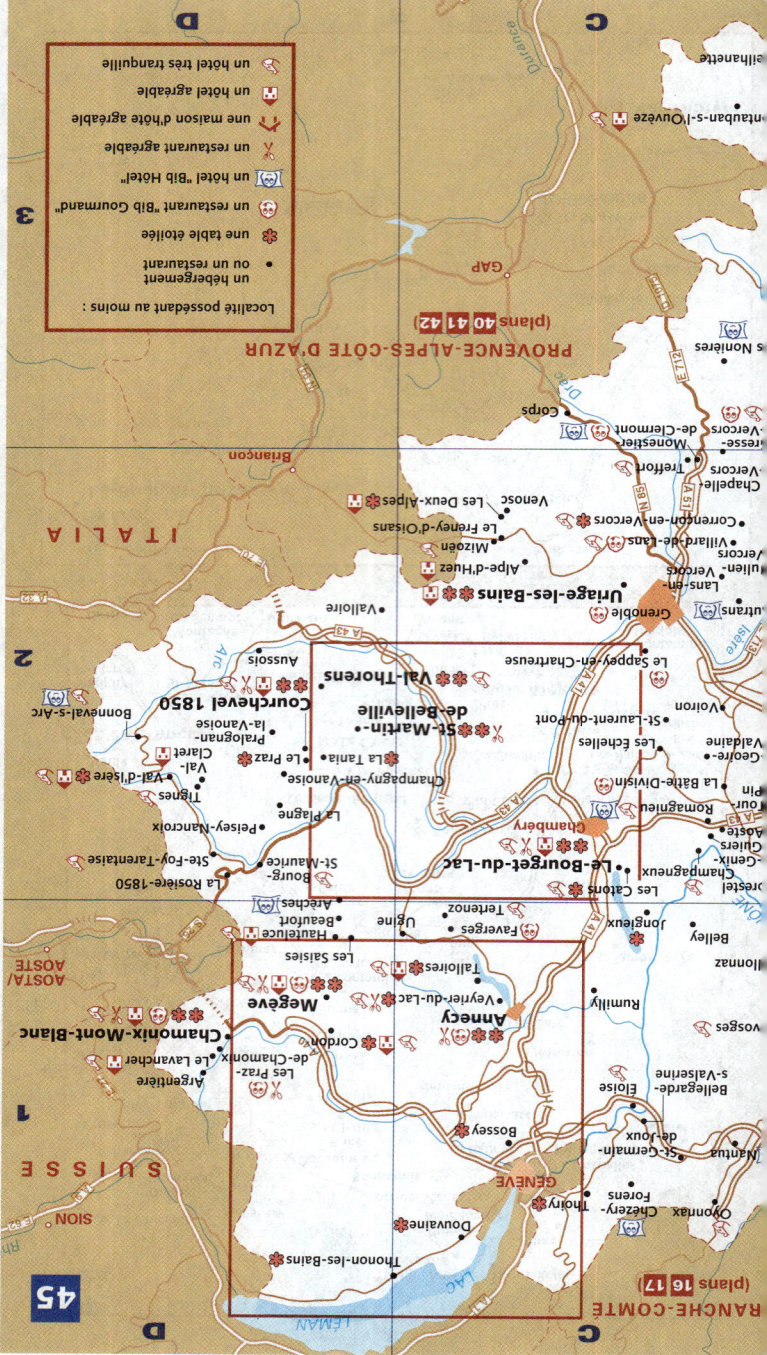

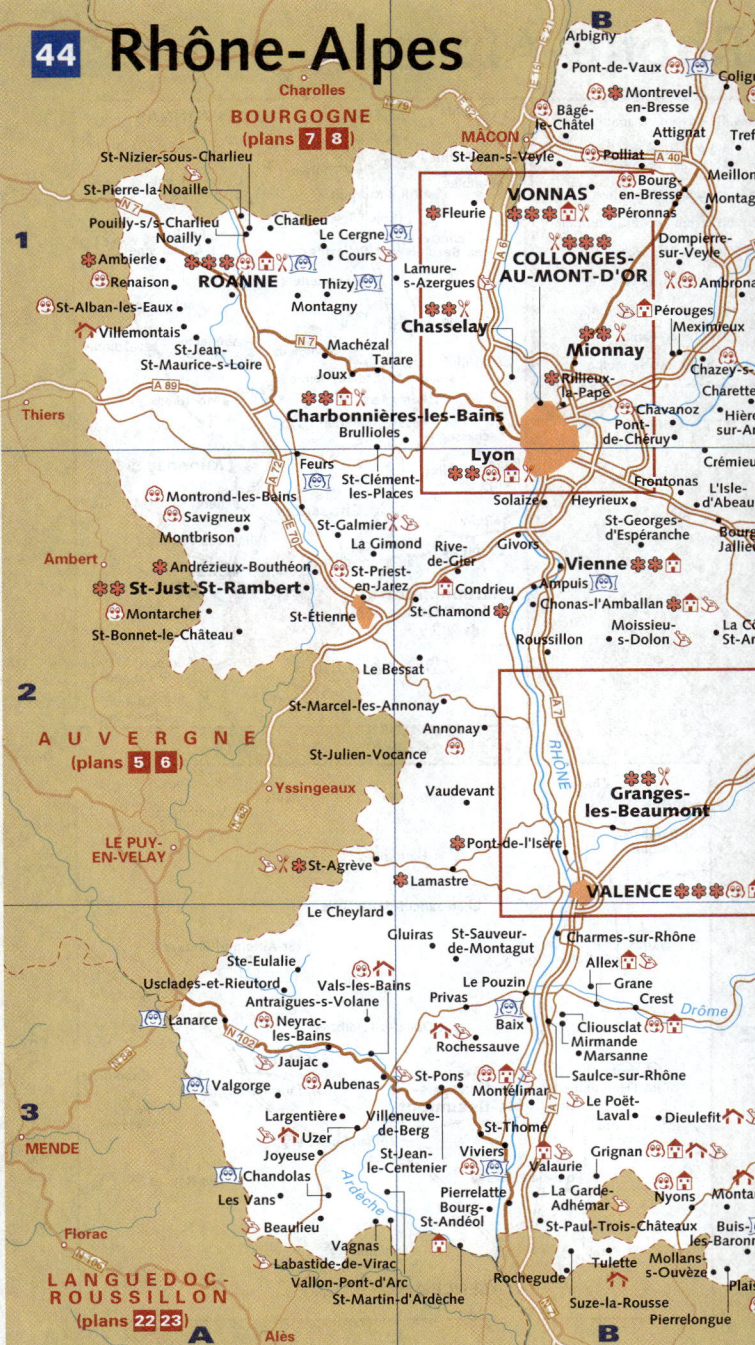

Rhône-Alpes

44

A

B

Arbigny
Pont-de-Vaux
Montrevel-en-Bresse
Colign
Attignat
Treff
Charolles
Bâgé-le-Châtel
Bourg-en-Bresse
Meillo
Montag
BOURGOGNE
(plans **7 8**)
St-Nizier-sous-Charlieu
MÂCON
St-Jean-s-Veyle
Polliat
St-Pierre-la-Noaille
VONNAS
Dompierre-sur-Veyle
Pouilly-s/s-Charlieu
Fleurie
Péronnas
Charlieu
Noailly
Le Cergne
COLLONGES-AU-MONT-D'OR
Ambierle
Cours
Lamures-s-Azergues
Ambrona
Renaison
ROANNE
Thizy
Pérouges
Meximeux
St-Alban-les-Eaux
Montagny
MIONNAY
Chazey-s-
Villemontais
St-Jean-St-Maurice-s-Loire
Machézal
Tarare
Rillieux-la-Pape
Charette
Joux
Chavanoz
Hière-sur-An
Thiers
Pont-de-Chéruy
Charbonnières-les-Bains
Brullioles
Lyon
Frontonas
Crémieu
Feurs
St-Clément-les-Places
Solaize
Heyrieux
L'Isle-d'Abeau
Montrond-les-Bains
St-Georges-d'Espéranche
Bourg-Jalliu
Savigneux
St-Galmier
Rive-de-Gier
Givors
Ambert
Montbrison
La Gimond
Vienne
Andrézieux-Bouthéon
St-Priest-en-Jarez
Condrieu
Ampuis
St-Just-St-Rambert
Chonas-l'Amballan
La Cô
Montarcher
St-Étienne
St-Chamond
Moissieu-s-Dolon
St-An
St-Bonnet-le-Château
Roussillon
Le Bessat

2

AUVERGNE
(plans **5 6**)
St-Marcel-les-Annonay
Annonay
St-Julien-Vocance
Yssingeaux
Vaudevant
Granges-les-Beaumont
LE PUY-EN-VELAY
St-Agrève
Pont-de-l'Isère
Lamastre
VALENCE
Le Cheylard
Gluiras
St-Sauveur-de-Montagut
Charmes-sur-Rhône
Ste-Eulalie
Allex
Usclades-et-Rieutord
Vals-les-Bains
Le Pouzin
Grane
Antraigues-s-Volane
Privas
Crest
Drôme
Lanarce
Neyrac-les-Bains
Baix
Cliousclat
Jaujac
Rochessauve
Mirmande
Marsanne
Valgorge
Aubenas
St-Pons
Saulce-sur-Rhône

3

Largentière
Villeneuve-de-Berg
Montélimar
Le Poët-Laval
Dieulefit
Uzer
St-Jean-le-Centenier
St-Thomé
MENDE
Joyeuse
Viviers
Grignan
Montau
Chandolas
Valaurie
Nyons
Les Vans
Ardèche
Pierrelatte
La Garde-Adhémar
Buis-les-Baronn
Beaulieu
Bourg-St-Andéol
St-Paul-Trois-Châteaux
Mollans-s-Ouvèze
Plais
Florac
Vagnas
Tulette
Labastide-de-Virac
Rochegude
Vallon-Pont-d'Arc
Suze-la-Rousse
Pierrelongue
LANGUEDOC-ROUSSILLON
(plans **22 23**)
St-Martin-d'Ardèche
Alès

1

Chasselay

A

B

Rhône-Alpes

Localité possédant au moins :

- un hébergement
  ou un restaurant
- une table étoilée
- un restaurant "Bib Gourmand"
- un hôtel "Bib Hôtel"
- un restaurant agréable
- une maison d'hôte agréable
- un hôtel agréable
- un hôtel très tranquille

E

Jullié • Juliénas
Chénas
Fleurie • Lancié
Chiroubles
• Villié-Morgon
• Pizay
Quincié-
en-Beaujolais • Belleville
• Montmerle-s-Saône
Vaux-en-Beaujolais
Villefranche-
s-Saône • Savigneux
Ste-Euphémie
Pommiers
Anse • St-Bernard
Lachassagne
Bagnols Alix
• Bully
L'Arbresle
St-Cyr-
au-Mont-d'Or
**Charbonnières-
les-Bains**
Écully
Lyon

Thoissey
L'Abergement-
Clémenciat
Châtillon-
s-Chalaronne
Bouligneux
Villars-
les-Dombes
Ambérieux-
en-Dombes
Rancé • Monthieux
Chasselay
Rillieux-la-Pape
**COLLONGES-
AU-MONT-D'OR**
• Meyzieu
• Genas
Aéroport de Lyon-
St-Exupéry
St-Laurent-
de-Mure

VONNAS
• Buellas

Mionnay
Les
Échets
Montluel
Jons

1

E

Chanas
Serrières
St-Rambert-
d'Albon
Hauterives
• Châteauneuf-de-Galaure
Sarras
• St-Vallier
Margès
• St-Donat-s-l'Herbasse
**Granges-
les-Beaumont**
Tain-l'Hermitage
Tournon-
s-Rhône
Pont-de-l'Isère
St-Péray
Montélier
VALENCE

Bressieux
Viriville
• Marnans
St-Antoine-l'Abbaye
St-Marcellin
St-Lattier
St-Nazaire-en-Royans
Choranche
Pont-
en-Royans
Romans-s-Isère
St-Jean-
en-Royans

2

E

E

Vacqueyras
Gigondas
Lafare
Le Barroux
Ste-Colombe
Orange
Montmirail
Beaumes-de-Venise
Bédoin
Sault
Caderousse
Crillon-le-Brave
Châteauneuf-du-Pape
Carpentras
Mazan
Monteux
Sorgues
Pernes-les-Fontaines
Venasque
Le Beaucet
St-Saturnin-lès-Apt
Le Pontet
La Roque-sur-Pernes
Fontaine-de-Vaucluse
Joucas
Roussillon
Villars
Avignon
Le Thor
Gordes
Gargas
Montfavet
L'Isle-sur-la-Sorgue
Cabrières-d'Avignon
Apt
Saignon
Barbentane
Coustellet
Goult
Bonnieux
Boulbon
Graveson
Noves
Robion
Maubec
Ménerbes
Cucuron
Eyragues
Verquières
Cavaillon
Maillane
Mollégès
Orgon
Lourmarin
St-Rémy-de-Provence
Eygalières
Durance
Fontvieille
Les Baux-de-Provence
La Roque-d'Anthéron
Paradou
Maussane-les-Alpilles
Aureille
Alleins
Mouriès
Eyguières

RHÔNE

1

E

Peillon
Menton
Falicon
Roquebrune
Tourrettes-sur-Loup
Vence
Aire St-Michel
La Turbie
Beausoleil
Le Bar-sur-Loup
St-Paul
Monaco
MONTE-CARLO
Gourdon
Cap-d'Ail
Èze
St-Vallier-de-Thiery
La Colle-sur-Loup
Nice
Èze-Bord-de-Mer
Opio
Le Rouret
St-Laurent-du-Var
Beaulieu-sur-Mer
Grasse
Roquefort-les-Pins
St-Jean-Cap-Ferrat
Valbonne
Cagnes-sur-Mer
Villefranche-sur-Mer
Mougins
Biot
Villeneuve-Loubet
Auribeau-sur-Siagne
Le Cannet
Tanneron
Antibes
Pégomas
Juan-les-Pins
La Roquette-sur-Siagne
Golfe-Juan
Cap d'Antibes
Mandelieu
Cannes
Théoule-sur-Mer
Île Ste-Marguerite
La Napoule
Miramar
Agay

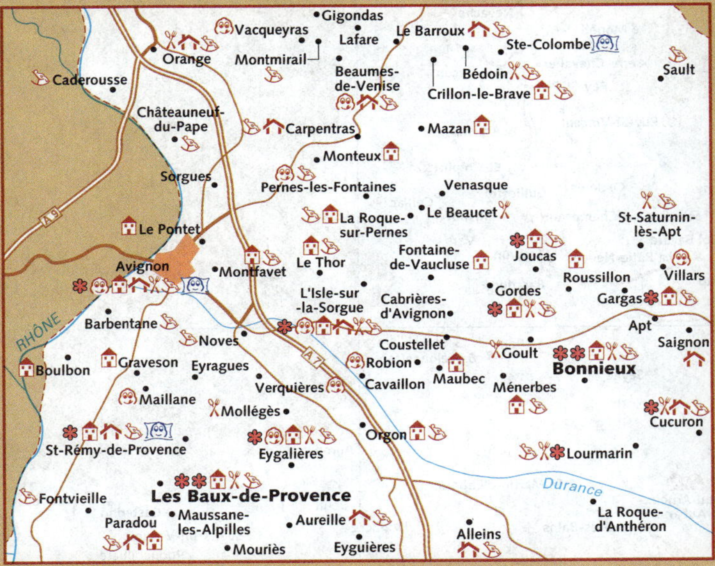

2

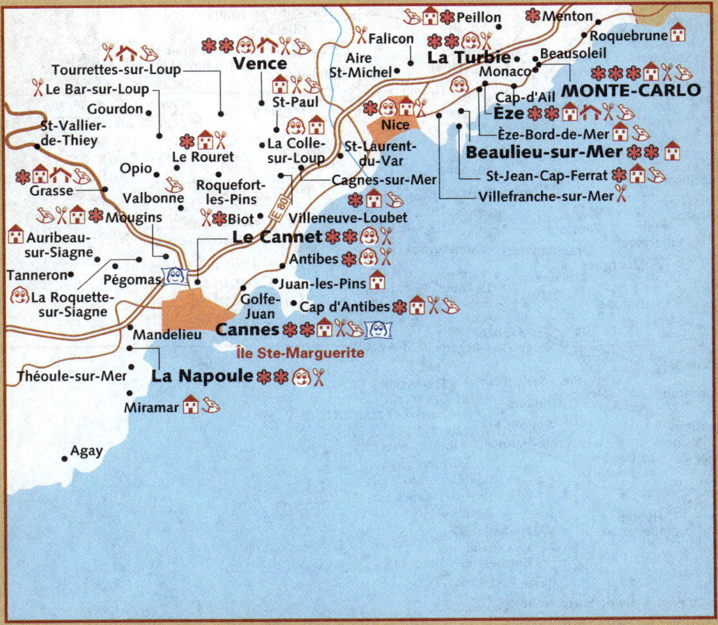

E

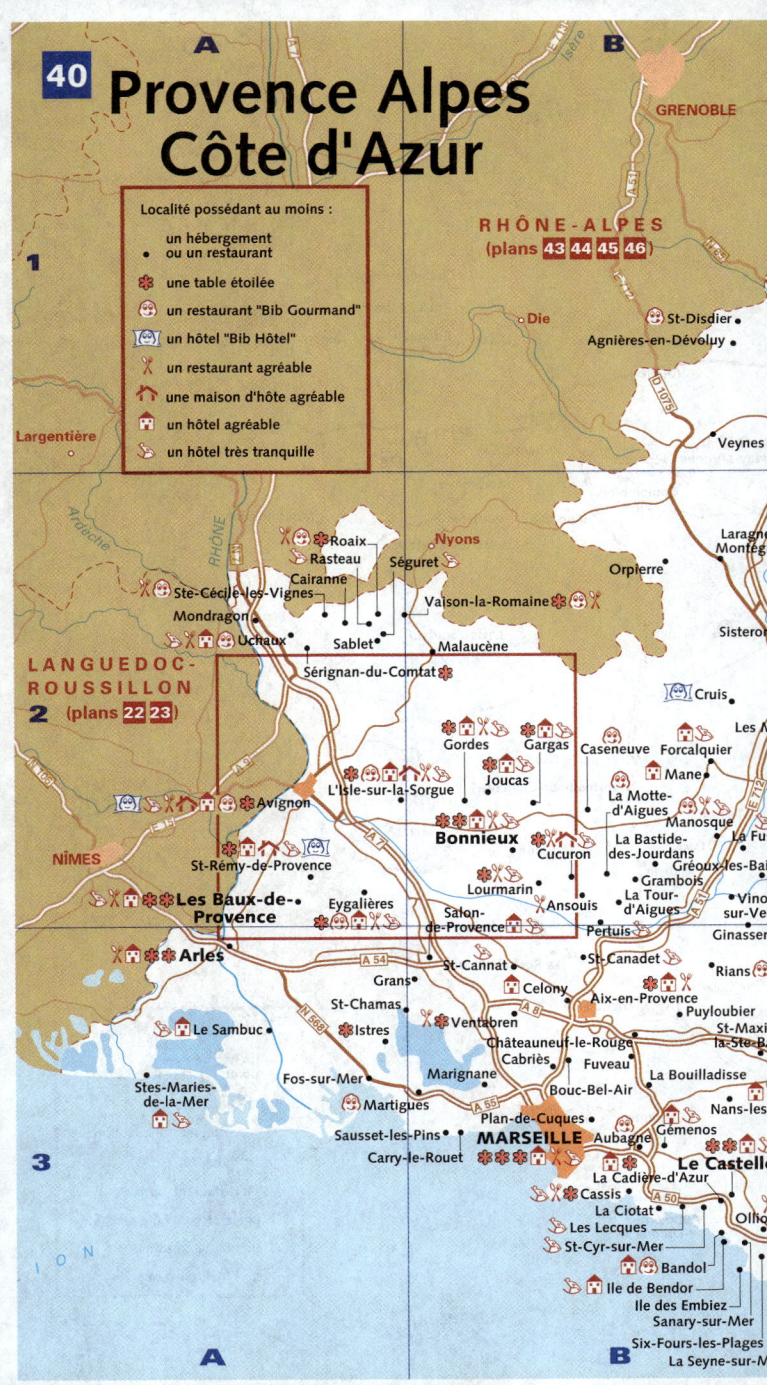

Provence Alpes Côte d'Azur

GRENOBLE

Localité possédant au moins :

- un hébergement
ou un restaurant
- une table étoilée
- un restaurant "Bib Gourmand"
- un hôtel "Bib Hôtel"
- un restaurant agréable
- une maison d'hôte agréable
- un hôtel agréable
- un hôtel très tranquille

RHÔNE - ALPES
(plans 43 44 45 46)

Die   St-Disdier
Agnières-en-Dévoluy

Largentière

Veynes

Laragne
Monté

Roaix   Nyons
Rasteau
Cairanne   Séguret   Orpierre
Ste-Cécile-les-Vignes
Mondragon   Vaison-la-Romaine   Sisteron
Uchaux   Sablet   Malaucène

LANGUEDOC-ROUSSILLON
(plans 22 23)

Sérignan-du-Comtat

Cruis   Les A

Gordes   Gargas   Caseneuve   Forcalquier
Joucas   Mane
L'Isle-sur-la-Sorgue   La Motte-
d'Aigues   Manosque
Avignon   Bonnieux   La Bastide-   La Fu
Cucuron   des-Jourdans
St-Rémy-de-Provence   Lourmarin   Gréoux-les-Bai
NÎMES   Ansouis   Grambois
La Tour-   Vino
Les Baux-de-   Eygalières   Salon-   d'Aigues   sur-Ver
Provence   de-Provence   Pertuis   Ginasser

Arles   St-Cannat   St-Canadet   Rians
Grans   Celony   Aix-en-Provence   Puyloubier
St-Chamas   St-Maxi
Le Sambuc   Istres   Ventabren   Châteauneuf-le-Rouge   la-Ste-B
Cabriès   Fuveau   La Bouilladisse
Fos-sur-Mer   Marignane   Bouc-Bel-Air   Nans-les
Stes-Maries-   Martigues   Plan-de-Cuques   Gémenos
de-la-Mer   Sausset-les-Pins   MARSEILLE   Aubagne   Le Castell
Carry-le-Rouet   La Cadière-d'Azur
Cassis   Olho
La Ciotat
Les Lecques
St-Cyr-sur-Mer   Bandol
Ile de Bendor
Ile des Embiez
Sanary-sur-Mer
Six-Fours-les-Plages
La Seyne-sur-M